DR.-ING. RICHARD ERNST

DICCIONARIO

DE LA TÉCNICA INDUSTRIAL

TOMO V

ALEMÁN - ESPAÑOL

Cuarta edición enteramente refundida y muy aumentada

por

RUDOLF J. KÖSTLER

Coautor de la tercera edición: Wolfgang Gleich

OSCAR BRANDSTETTER VERLAG · WIESBADEN

DR.-ING. RICHARD ERNST

WÖRTERBUCH

DER INDUSTRIELLEN TECHNIK

BAND V

DEUTSCH - SPANISCH

Vierte, vollkommen überarbeitete und erweiterte Auflage

von

RUDOLF J. KÖSTLER

Mitverfasser der dritten Auflage: Wolfgang Gleich

OSCAR BRANDSTETTER VERLAG · WIESBADEN

Die Deutsche Bibliothek - CIP-Einheitsaufnahme

Ein Titeldatensatz für diese Publikation ist bei
Der Deutschen Bibliothek erhältlich

In diesem Wörterbuch werden, wie in allgemeinen Nachschlagewerken üblich, etwa bestehende Patente, Gebrauchsmuster oder Warenzeichen nicht erwähnt. Wenn ein solcher Hinweis fehlt, heißt das also nicht, dass eine Ware oder ein Warenname frei ist.

En este diccionario no se hace mención - de acuerdo con los usos habituales en las obras de consulta generales - de patentes, marcas y modelos registrados. La ausencia de una indicación en tal sentido no significa, por consiguiente, que una mercancía o una denominación comercial determinada carezca de protección legal.

Dieses Werk ist urheberrechtlich geschützt. Die dadurch begründeten Rechte, insbesondere die der Übersetzung, des Nachdruckes, der Funksendung, der Wiedergabe auf fotomechanischem oder ähnlichem Wege und der Speicherung in Datenverarbeitungsanlagen bleiben, auch bei nur auszugsweiser Verwertung, vorbehalten.

Esta obra se acoge al amparo del Derecho de la Propiedad Intelectual. Quedan reservados todos los derechos inherentes, en especial los de traducción, de reimpresión, de radiodifusión, de reproducción en forma fotomecánica o en cualquier otra forma, y de almacenamiento en instalaciones de procesamiento de datos, aun cuando no se utilice más que parcialmente el texto.

4. Auflage 2006

Copyright © 1958 by
OSCAR BRANDSTETTER VERLAG GMBH & CO. KG, WIESBADEN

Datentechnische Verarbeitung: Acolada GmbH, Nürnberg
Druck: Druckwerkstätte H.Kunze GmbH und Partner KG, Mainz-Hechtsheim
Buchbinderische Verarbeitung: Leipziger Großbuchbinderei Treuleben & Bischof GmbH

Library of Congress Catalog Card Number Af 28080

ISBN 3-87097-215-7

Printed in Germany

Prefacio

Tras un periodo de elaboración de varios años, se puede poner a disposición del mundo especializado la cuarta edición del tomo V (alemán-español) – esperada desde hace mucho – dentro de la serie de los Diccionarios de la Técnica Industrial, creada por el Dr. Richard Ernst (†1992).

El vocabulario ya muy voluminoso de la tercera edición ha sido sometido a una completa refundición, eliminándose cuidadosamente los términos anticuados y aumentando en su lugar las nuevas entradas procedentes de todos los sectores de la Técnica, las cuales alcanzan ahora un total de 206.000. Se ha tomado en consideración el uso lingüístico de los países hispanoamericanos, con frecuencia caracterizado por los localismos y un sinnúmero de variantes, teniéndose en cuenta los numerosos anglicismos que también son frecuentes en el lenguaje técnico hispanoalemán.

En la elaboración se han observado los acreditados criterios establecidos por el Dr. Ernst, a saber: ofrecer lo más esencial de los distintos sectores, una clasificación de los términos lo más clara posible, y, sobre todo, una precisa diferenciación de los distintos significados de una entrada mediante la indicación del sector especial, o mencionando también breves alusiones contextuales. Las numerosísimas abreviaturas técnicas están integradas en el alfabeto corriente, sin constituir una lista propia. También esta edición se ha atenido estrictamente a indicar siempre el artículo gramatical, observándose una minuciosa adjudicación de cada término a su ámbito especial correspondiente. No obstante, se ha vuelto a evitar el llamado „sistema de referencias", que tanto tiempo exige para localizar el término deseado.

Se han tenido en cuenta las normas de la nueva ortografía alemana, que han entrado definitivamente en vigor en agosto de 2006.

El presente tomo V se publicará también (en combinación con el tomo VI) como CD-ROM, de modo que a los usuarios se les ofrecerá la posibilidad de localizar rápida y cómodamente un término, así como de ampliar el vocabulario mediante entradas propias del usuario.

Quiero expresar mi agradecimiento a todos los colegas especializados – ya como profesores, ya como expertos de la práctica – que, con su rica experiencia como traductores técnicos, me han proporcionado valiosos estímulos durante la refundición del presente tomo. Consta mi gratitud igualmente a los especialistas por su asidua recogida y elaboración de datos, así como al señor Udo Amm, jefe de lectorado de la Editorial Oscar Brandstetter, por sus numerosos consejos y advertencias durante la elaboración del presente tomo.

Tanto el autor como la Editorial quedan muy agradecidos por cualquier sugerencia y crítica constructiva de parte de los usuarios.

Rudolf J. Köstler   Gauting, octubre de 2006
(ex-profesor de español técnico
del Instituto de Idiomas e Intérpretes de Munich)

Vorwort

Nach mehrjähriger Bearbeitungszeit kann nun die lang erwartete vierte Auflage des deutsch-spanischen Bandes (V) der von Dr.-Ing. Richard Ernst († 1992) geschaffenen Reihe der Wörterbücher der industriellen Technik der Fachwelt zur Verfügung gestellt werden.

Der bereits sehr umfangreiche Wortbestand der dritten Auflage wurde nun vollständig überarbeitet, dabei behutsam von älteren Ausdrücken bereinigt und beträchtlich um Neueinträge aus allen Bereichen der Technik erweitert, so dass die Gesamteintragszahl auf rund 206000 angestiegen ist. Der eigenständige, aber auch in sich variierende Sprachgebrauch der hispanoamerikanischen Länder wurde berücksichtigt unter Einbeziehung der zahlreichen Anglizismen, die auch in Spanien in der Fachsprache zu finden sind.

Die Bearbeitung folgte dabei den bewährten Prinzipien von Dr. Ernst, das Wichtigste aus den einzelnen Gebieten und eine möglichst klare Einordnung der Termini zu bieten, vor allem eine deutliche Unterscheidung der einzelnen Bedeutungen einer Benennung durch Fachgebietsangaben oder auch durch kurze sachliche Hinweise. Die sehr zahlreichen fachsprachlichen Abkürzungen haben kein eigenes Register, sondern sind im Gesamtalphabet integriert. Beibehalten wurde die lückenlose Angabe der Geschlechtswörter und die Zuordnung der Einträge zu ihren Fachgebieten. Vermieden wurden jedoch wieder Querverweise, die bei der Suche sehr zeitraubend sind.

Die ab August 2006 definitiv gültigen Normen der neuen deutschen Rechtschreibung wurden berücksichtigt.

Der vorliegende Band V erscheint auch (kombiniert mit Band VI) als CD-ROM, wodurch den Benutzern die Möglichkeit der schnellen und komfortablen Suche sowie der Erweiterung des Wörterbuchs um eigene Einträge geboten wird.

Mein Dank geht an alle Fachkollegen und -kolleginnen in Praxis und Lehre, die mir aufgrund ihrer langjährigen reichen Erfahrung als technische Übersetzer wertvolle Anregungen bei der Neubearbeitung dieses Bandes geben konnten. Dank auch an die Fachkräfte der Datenerfassung und -verarbeitung sowie an Herrn Udo Amm, Leiter des Lektorats des Brandstetter Verlags, für zahlreiche Hinweise und Ratschläge bei der Erstellung des vorliegenden Bandes.

Für jede Anregung und konstruktive Kritik seitens der Benutzer sind Bearbeiter und Verlag stets dankbar.

Rudolf J. Köstler Gauting, im Oktober 2006
(ehem. Dozent für technisches Spanisch
am Sprachen- und Dolmetscher-Institut München)

A

α- s. Alpha ...
@, Klammeraffe *m* (ugs.) (DV) / @, at, arroba ‖ ≃, kommerzielles Zu-Zeichen, zu je (Druck) / @, a, a por
a, A = Jahr / a.
a, Ar *n* (=100 m²) / a, área *f*
a!, a Fakultät (Math) / a factorial, a!
a' (lies: a-Strich) (Math) / a' (a de prima)
à jour, durchbrochen (Bau, Tex) s. Ajour ...
A (Kfz) = Automatik
A *n* (= Ampere) / A *m* (= amperio)
A$_{int}$ internationales Ampere
A₁, A₂, A₃ (Motorölqualität für Ottomotoren)
A eins, AI, A₁ (Math) / A [índice] uno
AA (DV) = Analogausgabe ‖ ≃ (DV) Anfangsadresse ‖ ≃ (DV) absolute Adresse
a-Ader *f* (Fernm) / hilo *m* a
A-Adresse *f* **der E/A-Einheit** (DV) / modificador *m* entrada/salida
A-Adressregister *n* (DV) / registro *m* A de direcciones
AAE (DV) = automatische Anrufeinrichtung
Aalleiter *f* (Hydr) / escalera *f* de peces (anguilas)
AAN (DV) = All Area Network
A-Anlasser *m* (Bosch) (Kfz) / motor *m* de arranque, arrancador *m* tipo Bendix ‖ ≃, Schraubtrieb-, Bendix-Anlasser *m* / arrancador *m* Bendix
AAS (Luftf) Advanced Automatic System (USA)
Aas *n* (Gerb) / carnaza *f*, descarnadura(s) *f (pl)*
AAS = Atomabsorptionsspektroskopie
aasen *vt*, Fleischseite *f* (Gerb) / descarnar
Aasseite *f* / carnaza *f*, lado *m* de carne
ab, abwärts / abajo, hacia abajo ‖ ~ **Grube** / ex mina ‖ ~ **jetzt** / de ahora en adelante, en lo sucesivo, a partir de ahora, a contar de ahora ‖ ~ **Kai o. Pier** / ex muelle, entregado en muelle, puesto en muelle ‖ ~ **Stuttgart** / puesto o entregado en Stuttgart ‖ ~ **Werk** / ex fábrica, puesto en fábrica, ex works
ab..., an... (Bahn) / salida..., llegada...
AB (Kfz) = Airbag ‖ ≃ (= Adressbus) (DV) / bus *m* de direcciones ‖ ≃ (= Arbeitsbereich) (allg, DV) / área *f* de trabajo, zona *f* de trabajo ‖ ≃ (= Aussetzbetrieb) / servicio *m* intermitente ‖ ≃ (= armierter Beton) / hormigón *m* armado ‖ ≃ (= Anodenbatterie) / batería *f* anódica
Abaca, Abaka *f*, Manilafaser *f*, Abacahanf *m*, Musa textilis (Tex) / cáñamo *m* de Aacá
Abachi *n*, Obeche *n* (Bot) / obeche *n*, samba *m*
Abakus *m*, Rechenbrett *n* (Math) / ábaco *m* ‖ ≃, Kapitellplatte *f* (einer Säule) / ábaco *m*
abändern *vt* / cambiar, modificar, variar, alterar ‖ ~, umändern, bereinigen / modificar, transformar, corregir, rectificar ‖ ~, modifizieren / modificar
Abänderung *f* / alteración *f*, modificación *f*, rectificación *f* ‖ ≃, Modifikation, Variante *f* / modificación *f*, variación *f*, variante *f*
Abänderungspatent *n* / patente *f* de modificación
ABAP-Software *f* / software *m* ABAP
abarbeiten *vt* (Material) / desgastar ‖ ~ (DV) / procesar o elaborar datos ‖ ~ (einen Befehl) (DV) / ejecutar (una instrucción) ‖ **sich ~**, sich abnützen / gastarse, desgastarse ‖ ≃ *n* **eines Prozesses** / elaboración *f* de un proceso
abarisch (Sehstörung bei verminderter Schwere) (Raumf) / abárico, oculográvico

Abart *f*, Modifikation *f* / modificación *f*, variante *f* ‖ ≃, Spielart *f* / variedad *f*, modalidad *f*, variante *f*
A-Batterie *f*, Anodenbatterie *f* (Eltronik) / batería *f* anódica
abätzen *vt* / quitar con agua fuerte, cauterizar, quitar con mordiente
Abb., Abbildung *f* (Druck, Foto) / figura *f*, ilustración *f*
abbaggern, Halden ~ (Bau, Bergb) / recoger del depósito, desmontar, descombrar
abbaken *vt* (Schiff) / marcar con balizas o boyas, abalizar
Abbastmaschine, Flachsbrechmaschine *f* (Tex) / agramadora *f*, agramadera *f*
Abbau *m*, Zerlegung, Demontage *f* (Masch) / desmontaje *m*, desensamblado *m*, despiece *m* ‖ ≃ (Chem) / descomposición *f*, degradación *f* ‖ ≃ (Plast) / degradación *f* ‖ ≃ (Biol) / biodegradación *f* ‖ ≃ (Vorgang) (Bergb) / explotación *f*, laboreo *m*, desmonte *m*, arranque *m*, extracción *f* ‖ ≃ (als Bau) (Bergb) / explotación *f* ‖ ≃, Personalentlassung *f* / reducción *f* (de personal) ‖ ≃ **der Gleise** (Bahn) / desmontaje *m* o desmantelamiento de la vía ‖ ≃ **der Stärke** / peptonización *f* ‖ ≃ **in horizontalen Bänken**, Teilsohlenbau *m* (Bergb) / explotación *f* en pisos intermedios ‖ ≃ **von Kohlen** (Bergb) / explotación *f* hullera o carbonera ‖ ≃ **von Lagerbeständen** / reducción *f* de existencias (en almacén) ‖ ≃ **von Spannungen** (Mech) / eliminación *f* de tensiones
abbaubar (Plast) / degradable ‖ ~ (biologisch) / degradable biológicamente, biodegradable
Abbau•barkeit *f*, -fähigkeit *f* / degradabilidad *f* ‖ ≃**beleuchtung** *f* (Bergb) / iluminación *f* eléctrica de la galería ‖ ≃**bohrer** *m* / picabarrenas *m*
abbauen *vt*, demontieren (Bau) / desmontar, desensamblar ‖ ~, entfernen (Ausrüstung) / desmontar, desmantelar, quitar ‖ ~ (Kran) / desmontar, desmantelar ‖ ~, auflösen (Chem) / descomponer, desintegrar, disolver, degradar ‖ ~ (Bergb) / explotar, agotar ‖ **den Ausstellungsstand ~** / desmontar el stand (en una feria) ‖ **Lagerbestände ~** / reducir stocks ‖ **sich ~** (Feld) / desaparecer ‖ **Spannungen ~** / reducir tensiones ‖ ≃ *n* **des Gesteins** (Bergb) / explotación *f* de la roca
abbauend, sich ~ / desapareciendo
Abbau•erzeugnis *n* / producto *m* de descomposición ‖ ~**fähig** (Bergb) / explotable ‖ ≃**fähigkeit** *f* / explotabilidad *f* ‖ ≃**feld** *n* (Bergb) / campo *m* de explotación ‖ ≃**firste** *f* (Bergb) / techo *m* de arranque ‖ ≃**förderer** *m* (Bergb) / transportador *m* del material explotado ‖ ≃**fördermittel** *n* (Bergb) / medio *m* de transporte [para material arrancado], transportador *m* para el frente de arranque ‖ ≃**förderstrecke** *f* / trayecto *m* de extracción ‖ ≃**front**, Strosse *f* (Tagebau) / frente *m* de explotación, frente *m* de corte ‖ ≃**gebiet** *n* (Bergb) / zona *f* de explotación ‖ ≃**halde** *f* / escombrera *f* ‖ ≃**hammer** *m* (Bergb) / martillo *m* de minero, martillo *m* picador ‖ ≃**höhe** *f*, Vorgriff *m* (Bergb) / altura *f* de desmonte ‖ ≃**horizont** *m* / horizonte *m* de explotación ‖ ≃**kratzer** *m* / traílla *f* de extracción ‖ ≃**maschine** *f* (Bergb) / máquina *f* de desmonte, máquina *f* de arranque ‖ ≃**meißel** *m* (Bergb) / broca *f* de minero
abbäumen *vt* (Web) / desplegar la urdimbre, desarrollar la urdimbre
Abbaumittel *n* (Gummi) / peptizador *m*
Abbäumvorrichtung *f* (Web) / aparato *m* de desarollo/desplegado
Abbau•ort *n* (Kohle) / frente *m* de arranque ‖ ≃**pfeiler** *m* (Bergb) / pilar *m* ‖ ≃**produkt** *n* (Chem) / producto *m* de descomposición ‖ ≃**produkt** (Eiweiß) / producto *m* proteolítico, producto *m* proteoclástico ‖ ≃**produkt** (Stärke) / producto *m* de peptonización ‖ ≃**reaktion** *f* / reacción *f* de degradación ‖ ≃**sohle** (Bergb) / nivel *m* de arranque, nivel *m* de extracción ‖ ≃**stoß** *m* (Bergb) / frente *m* de ataque ‖ ≃**strecke** *f* (Bergb) / galería *f* de

1

Abbaustrecke

arranque ‖ ≈**strecke**, Förderstollen *m* (Bergb) / galería *f* de extracción ‖ ≈**strecke** (parallel zur Grundstrecke), Sohlstrecke *f* / galería *f* secundaria ‖ ≈**-Streckenförderung** *f* (Bergb) / transporte *m* por las galerías de extracción ‖ ≈**verfahren** *n* / procedimiento *m* de extracción, método *m* de explotación, método *m* de arranque ‖ **~würdig** (Bergb) / explotable, comercial, digno de explotación ‖ **~würdig**, förderwürdig (Reserven) / recuperable ‖ **~würdige Eisenlager** *n pl* / yacimiento *m* de hierro digno de explotación ‖ **~würdige o. förderwürdige Reserven** *f pl* / reservas recuperables *f pl* ‖ ≈**zeit** *f* (Baukran) / tiempo *m* de desmontaje
abbeeren *vt* / desgranar
Abbeermaschine *f* / desgranadora *f* [de uva]
abbeilen *vt* (Holz) / quitar con el hacha
abbeizen *vt*, Lack entfernen / desbarnizar ‖ **~** (Stahl) / desoxidar, decapar, cauterizar ‖ **~**, ablaugen / limpiar en baño químico, quitar con corrosivos o con lejía, quitar con mordiente o con agua fuerte o con agua decapante ‖ ≈ *n* **von galvanischen Überzügen** (Galv) / decapado *m*, decapaje *m*
Abbeiz•mittel *n* (Farbe) / decapante *m*, mordiente *m*, desbarnizante *m*, agente *m* de decapaje ‖ ≈**mittel für teilweises Entmetallisieren** (Galv) / compuesto *m* de despojamiento parcial ‖ ≈**paste** *f* / pasta *f* quitapinturas
Abbe•refraktometer, Eintauchrefraktometer *n* / refractómetro *m* según Abbe, refractómetro *m* de inmersión ‖ ≈**sche Sinusbedingung** / ley *f* de los senos ‖ ≈**sche Zahl** *f* (Opt) / coeficiente *m* de Abbe
Abbiegemaschine *f* / plegadora *f*
abbiegen *vt* / doblar, plegar, curvar ‖ **~** *vi* (Kfz) / doblar, torcer ‖ **~der Verkehr** / tráfico *m* de desviación ‖ ≈ *n* (bei grünem Pfeil) (Verkehr) / acción de doblar (existiendo una flecha verde)
Abbieger *m* (Kfz) / vehículo *m* que dobla ‖ ≈**spur** *f* (in Straßenmitte, in Dtschld nach links) **mit Verzögerungsstrecke u. Stauraum** (Straßb) / carril *m* de girar, carril *m* de desviación
Abbiegung *f* (Straße) / desviación *f* (calle), ramificación *f*
Abbild der Ätzvorlage (Halbl) / reproducción *f* del diseño
abbilden *vt* / formar una imagen, reproducir, representar, retratar, proyectar, ilustrar ‖ **~** (Math) / aplicar, representar, transformar ‖ **~** [auf] (Math, Mengenlehre) / proyectar [sobre] ‖ **~** (DV) / representar
Abbildung *f*, Illustration *f* / figura *f*, ilustración *f*, grabado *m* ‖ ≈ (Math) / aplicación *f*, representación *f*, transformación *f* ‖ ≈ (Druck) / clisé *m*, imagen *f*, grabado *m*, reproducción *f* ‖ ≈, Darstellung *f* / representación *f* ‖ ≈ *f* (DV, Opt) / imagen *f* ‖ ≈ **auf 2 gegenüberliegenden Seiten** (Druck) / ilustración *f* de página doble ‖ ≈ **von Informationen im Speicher** (DV) / almacenamiento *m* de informaciones ‖ **getrennt stehende** ≈ (Druck) / ilustración *f* separada del texto ‖ **mit** ≈**en versehen** / ilustrar
Abbildungs•fehler *m* (Opt) / defecto *m* de la imagen, distorsión *f* de la imagen ‖ ≈**fehler**, Aberration *f* / aberración *f*, defecto *m* de aberración ‖ ≈**funktion** *f* (Math) / función *f* de representación ‖ ≈**gesetz** *n* **nach Abbe** / ley *f* de proyección según Abbe ‖ ≈**magnet** *m*, Fokussiermagnet *m* / imán *m* de enfoque ‖ ≈**maßstab** *m*, Lateralvergrößerung *f* (Opt) / escala *f* de la imagen, ampliación *f* lateral ‖ ≈**maßstab** (Radar) / escala *f* de la imagen ‖ ≈**optik** *f* / óptica *f* de reproducción ‖ ≈**spule**, Fokussierspule *f* (TV) / bobina *f* de enfoque ‖ ≈**tiefe** *f* (Foto) / profundidad *f* de la imagen ‖ ≈**verfahren** *n* (Ultraschall) / método *f* de representación ‖ ≈**verhältnis** *n* (Faksimile) / relación *f* de reproducción, razón *f* de reproducción ‖ ≈**zeichen** *n* (DV) / ideograma *m*
abbimsen *vt*, mit Bimsstein abschleifen / apomazar, amolar con [piedra] ‖ ≈ *n* / apomazado *m*

Abbinde•beginn *m* / comienzo *m* del fraguado ‖ ≈**beschleuniger** *m* (Beton) / acelerador *m* de fraguado ‖ ≈**beschleuniger**, BE, Erstarrungsbeschleuniger *m* (Beton) / acelerador *m* de fraguado, acelerador de solidificación ‖ ≈**faden** *m* (Eltronik) / bramante *m* para forrar ‖ ≈**halle** *f* (Zimm) / nave *f* de ensamblaje
abbinden *vt*, abschnüren / ligar, estrangular, aislar, separar ‖ **~**, losbinden / desatar, desliar, desligar ‖ **~**, umwickeln (Kabel) / envolver ‖ **~**, zulegen *vt* (Zimm) / unir, ensamblar ‖ **~** *vi* (Zement) / fraguar ‖ **~**, trocknen (Leim, Druckfarben) / secarse ‖ **ein Seil mit Draht ~** / envolver [un cabo o una maroma] con alambre ‖ ≈ *n* (Zement) / fraguado *m*, proceso *m* de fraguado ‖ ≈ (Spanplatte) / curado *m* ‖ **im ≈ begriffener Beton** / hormigón *m* en fase o estado de fraguar
Abbinde•prüfer *m* (Bau) / comprobador *m* del fraguado ‖ ≈**regler** *m* (Bau) / regulador *m* del fraguado ‖ ≈**technik** *f* (Tex) / técnica *f* de anudar ‖ ≈**verlauf**, -prozess *m*, -vorgang *m* (Beton, Zement) / proceso *m* de fraguado ‖ ≈**verzögerer** *m* (Bau) / agente *m* retardador ‖ ≈**zeit** *f* (Beton, Zement) / tiempo *m* de fraguado
Abbindungsschrumpfung *f*, -schwindung *f* (Beton) / contracción *f* de fraguado
Abblase•druck *m* / presión *f* de purga, presión *f* de descarga ‖ ≈**leitung** *f* (Heizung, Warmwasser) / tubería *f* de purga
abblasen *vt*, wegblasen / eliminar soplando, quitar soplando ‖ **~**, ablassen (Gas, Luft) / purgar, descargar, aliviar ‖ **~**, sandstrahlen (Gieß) / tratar con chorro de arena, chorrear, arenar ‖ **~** (stoßweise, Sicherheitsventil) / dejar escapar intermitentemente (válvula de seguridad) ‖ **Dampf ~** / vaciar, hacer escapar ‖ ≈ *n* / purga *f*, descarga *f*
Abblase•rohr *n* (Hütt) / pechina *f*, peche *m*, embecadura *f*, enjuta *f* ‖ ≈**ventil** *n* / válvula *f* de purga, válvula de descarga o de aliviar
Abblatten *n* (Zuck) / desfollonado *m*
abblättern *vi* (Farbe, Belag), -platzen / exfoliarse, desconcharse, descascarillarse ‖ **~** (Hütt) / exfoliarse, descascararse ‖ **~**, sich schuppen / exfoliarse, descamarse, desconcharse ‖ ≈ *n* / exfoliación *f*, descamación *f* ‖ ≈ (Farbe) / desconchado *m*, desconchadura *f* ‖ ≈, Abbröckeln *n* (Feuerfest) / fragmentación *f*, exfoliado *m*, escamado *m*
Abblätterung *f* (Stahl) / descascarillado *m*, picado *m*, desprendimiento *m* del material
abblendbar (Spiegel) (Kfz) / orientable
abblenden *vt* (Licht) / amortiguar la luz ‖ **~** (Kfz) / bajar las luces, dar la luz de cruce, amortiguar los faros ‖ **~** (Opt) / diafragmar ‖ **~** (Kfz) / diafragmado *m*, diafragmación *f* ‖ ≈ (Kfz) / cambio *m* de luces, amortiguación *f* (de los faros)
Abblendlicht *n* (Kfz) / luz *f* de cruce, luz *f* de paso, luz *f* corta **asymmetrisches** ≈ (Kfz) / haz *m* asimétrico de corta distancia, haz *m* asimétrico de corto alcance, luz *f* de cruce con haz asimétrico
Abblendschalter *m* (Kfz) / interruptor *m* para luz de cruce o de paso, conmutador *m* para luz de cruce o de paso
abbohren *vt* (z.B. Bolzen) / contrataladrar [bulones] ‖ **ein Gelände ~** / explorar el subsuelo por perforación ‖ **Gestein (o. Gebirge) ~** / cortar la roca perforándola, taladrar, barrenar
abbolzen *vt* / fijar con pernos, sujetar con pernos, empernar
abböschen *vt* / ataludar, aluzar
Abbrand *m* (Elektrode) / erosión *f* eléctrica ‖ ≈ (Hütt) / menoscabo *m*, pérdida *f* por fusión, pérdida *f* por combustión o al fuego ‖ ≈, Verzunderungsverlust *m* (Hütt) / pérdida[s] *f* [*pl*] por cáscara ‖ ≈ *m* (beim Kalzinieren) / residuo[s] *m* [*pl*] calcinados ‖ ≈ (Nukl, Vorgang) / combustión *f* nuclear ‖ **spezifischer** ≈ (Nukl,

/ quemadura[s] *f[pl]* específicas ‖ ⁓**mechanismus** *m* (Rakete) / mecanismo *m* de combustión ‖ ⁓**rate** *f* (Nukl) / tasa *f* de combustión nuclear, tasa *f* de consumo ‖ ⁓**ring** *m* (Elektr) / anillo *m* apagachispas ‖ ⁓**verlust**, Glühverlust *m* (Hütt) / pérdida[s] *f[pl]* por calentamiento, merma *f* por combustión ‖ ⁓**ziffer** *f* (Reaktor) / índice *m* de combustión

abbrausen *vt* / duchar, rociar ‖ ⁓ *n* (Drahtziehen) / roña *f*

Abbrechanschnitt *m* (Gieß) / ataque *f* de rotura

abbrechen *vt*, losbrechen *vt* / separar, soltar, romper, desprender rompiendo, quebrar ‖ ⁓ (Masch) / desmontar, desmantelar ‖ ⁓ (Bau) / derribar, demoler ‖ ⁓, kürzen (Math) / truncar, simplificar, reducir ‖ ⁓ (DV, Programm) / truncar ‖ ⁓ (Gerüst) / desarmar, quitar ‖ ⁓, unterbrechen / interrumpir ‖ ⁓ *vi* / romperse, quebrarse ‖ **die Spitze** ⁓ / despuntar, romper la punta ‖ **Gestein** ⁓ (Bergb) / romper la roca dura ‖ **von einer Oberfläche** ⁓ (Bergb) / desprenderse ‖ ⁓ *n* (Math) / truncamiento *m*

Abbrech•fehler *m* (DV) / error *m* de truncamiento, error de corte ‖ ⁓**spitze** *f* (Abfall) / punta *f* de caída

abbremsbar / frenable

abbremsen *vt* / frenar, aplicar el freno ‖ ⁓, moderieren (Nukl) / moderar, frenar ‖ **den Motor** ⁓ / probar el motor [en el banco de pruebas], comprobar el motor ‖ **die Geschwindigkeit** ⁓ / reducir la velocidad [frenando], moderar la velocidad ‖ **die Landungsgeschwindigkeit** ⁓ (Luftf) / frenar el avión durante el aterrizaje ‖ **durch Gleichstrom** ⁓ (Walzw) / frenar por corriente continua

Abbremsung *f*, Abbremsen *n* (Kfz) / frenado *m*, frenaje *m*

abbrennbar•er Absorber (Nukl) / absorbedor *m* de compensación ‖ ⁓**es Reaktorgift**, abbrennbares Gift (Nukl) / veneno *m* de compensación

abbrennen *vt* / quemar, destruir por el fuego ‖ ⁓ *vi*, völlig verbrennen (Gebäude) / quemar hasta los cimientos, reducir a cenizas ‖ ⁓ *vt* (Landw) / rozar ‖ ⁓, abflammen (Form) / secar con llama [un molde] ‖ ⁓ *vt* (Feuerwerk) / quemar (fuegos artificiales) ‖ **an der Oberfläche** ⁓, absengen / chamuscar ‖ **Bohrlöcher** (o. **Schüsse**) ⁓ / pegar, volar, dinamitar ‖ **Rost** ⁓ / limpiar quemando (orín) ‖ ⁓ *n*, Ablation *f* (Raumf) / ablación *f* ‖ ⁓ (Sintern) / quema *f* ‖ ⁓ (z.B. von Lackierungen) / quemado *m* (de la pintura) ‖ ⁓ (z.B. von Kartoffelstauden) (Landw) / roza *f* (p.ej. de hierba de patata)

Abbrenn•kontakt *m* / contacto *m* apagachispas ‖ ⁓**schutzschild** *m* (Raumf) / pantalla *f* térmica (contra ablación) ‖ ⁓**schweißmaschine** *f* / máquina *f* para soldadura por chispa ‖ ⁓**stumpfschweißen** *n* / soldadura *f* a tope por chispa, soldeo *m* a tope por chispa

Abbreviatur *f* (Druck) / abreviación *f*

abbringen *vt*, wieder flott machen (Schiff) / poner o sacar a flote

abbröckeln *vi*, zerbröckeln *vi* / desmigajarse ‖ ⁓ / descascarillarse, desmenuzarse, desconcharse, desmoronarse ‖ ⁓ *n* / desconchamiento *m*, desconchadura *f*, desmenuzamiento *m*

Abbruch *m*, Niederreißen *n* / demolición *f*, derribo *m*, destrucción *f* ‖ ⁓ (Geol) / descenso *m* ‖ ⁓ (DV) / terminación *f* anormal, aborto *m* ‖ ⁓ **der Fahrleitung** (Bahn) / desmontaje *m* de la línea tomacorriente

Abbruch•arbeit *f* (Bau) / trabajo *m* de demolición o de derribo ‖ ⁓**material** *n* (Bau) / material *m* de demolición ‖ ⁓**reaktion** *f* (Chem) / reacción *f* de interrupción ‖ ⁓**routine** *f* (DV) / rutina *f* de aborto ‖ ⁓**stelle**, Spaltenbildung *f* (Bergb, Geol) / lugar *m* de fractura ‖ ⁓**-Unternehmen** *n*, -Unternehmer *m* / empresa *f* de derribos, empresa *f* de demolición, empresario *m* de derribos ‖ ⁓**zone** *f* (Geol) / zona *f* de cizallamiento

abbrühen *vt*, blanchieren (Lebensmittel) / blanquear ‖ ⁓ (Färb) / escaldar con agua hirviendo

abbuffen *vt* (Leder) / esmerilar

abbürsten *vt* / cepillar, acepillar

a/b-Bürsten *f pl* (Fernm) / escobillas *f pl* de línea

ABC (= Antibalance control), automatischer Wankausgleich (Kfz) / compensación *f* automática del balanceo

abchecken *vt* / chequear

ABC•-Kriegsführung *f* (atomar, biologisch, chemisch) / guerra *f* ABQ (atómica, biológica, química) ‖ ⁓**-Waffen** *f pl* / armas *f pl* ABQ (atómicas, biológicas, químicas)

Abdach *n*, einhängiges Dach (Bau) / tejado *m* vertedero, tejado *m* a simple vertiente, tejado *m* a una sola agua

Abdachung, Böschung *f* / declive *m*, talud *m*, pendiente *m* ‖ ⁓ *f* (Zahn) / biselado *m* (de dientes) ‖ ⁓ **zum Wasserablauf** (Bau) / tejado vertedero

abdämmen, eindeichen / poner diques, represar, embalsar

Abdämmung, Absperrung *f* (Hydr) / cierre *m* estanco, ataguiamiento *m* ‖ ⁓ *f*, Spundwanddamm *m* (Wassb) / dique *m* de tablestacas

Abdampf *m* (Nukl) / vapor *m* de descarga ‖ ⁓ (Masch) / vapor *m* de escape ‖ ⁓**düse** *f* / tobera *f* de vapor de escape

abdampfen [lassen], verdicken / [hacer] evaporar (se), [hacer] volatilizar

abdämpfen (Stöße) / amortiguar

Abdampf•entöler *m* / desaceitador *m* de vapor de escape, separador *m* de aceite para vapores de escape ‖ ⁓**gefäß** *n*, Verdampfschale *f* (Chem) / cápsula *f* de evaporación ‖ ⁓**heizung** *f* / calefacción *f* por o mediante escape ‖ ⁓**injektor** *m*, Auspuffdampfstrahlpumpe *f* / inyector *m* de vapor de escape, bomba *f* de chorro de vapor de escape ‖ ⁓**kessel** *m* / caldera *f* de vapor de escape ‖ ⁓**kessel**, -pfanne *f* (Zuck) / evaporadora *f*, caldera *f* de evaporación ‖ ⁓**kondensator** *m* / condensador *m* del vapor de escape ‖ ⁓**leitung** *f* / tubería *f* [de vapor] de escape, conducto *m* [de vapor] de escape ‖ ⁓**probe**, Verharzungsprobe *f* (Kraftstoff, Öl) / prueba *f* de goma ‖ ⁓**rückstand** *m* (Chem) / residuo *m* [sólido] de la evaporación ‖ ⁓**rückstand** (Kraftstoff, Öl) / goma *f* residual en el carburante ‖ ⁓**rückstand nach der Alterung**, potentieller Rückstand / goma *f* potencial ‖ ⁓**schale** *f* (Labor) / cápsula *f* de evaporación ‖ ⁓**stutzen** *m* / tubuladura *f* (E) de vapor de escape, empalme *m* (LA) de vapor de escape ‖ ⁓**turbine** *f* / turbina *f* recuperadora de escape, turbina *f* de o para vapor de escape ‖ ⁓**verwertung** *f* / recuperación *f* del vapor de escape, utilización *f* del vapor de escape ‖ ⁓**vorwärmer** *m* / precalentador *m* de vapor de escape

abdarren *vt* (Brau) / tostar, desecar

Abdarrhorde *f* (Brau) / piso *m* de desecar o de tostar

Abdeck•anstrich *m*, -anstrichfarbe *f* / pintura *f* de enmascarar ‖ ⁓**band** *n* (Masch) / cinta *f* [de] cobertura, cinta *f* protectora ‖ ⁓**band** (Nähm) / cinta *f* cobertora

abdeckbar (Skala) / escamotable

Abdeck•blech *n* / disco *m* protector, chapa *f* protectora ‖ ⁓**blech** (Färb) / mancuerna *f*

abdecken *vt*, bedecken / cubrir, tapar, revestir, recubrir ‖ ⁓, mit einer Abdeckung versehen (Bau) / poner una cubierta, montar una cubierta o tapa ‖ ⁓, ausblenden (Opt) / obturar, desvanecer ‖ ⁓, frei machen / descubrir, destapar, desescombrar ‖ ⁓ (Dach) / destechar, destejar ‖ ⁓ (Lack) / enmascarar ‖ ⁓, die Haut abziehen (Gerb) / desollar ‖ ⁓ (Geräusch, Geruch) / emascarar, cubrir, neutralizar ‖ ⁓ *n*, Zudecken *n* / tapadura *f*, tapado *m* ‖ ⁓ **[mit Schutzlack]** (Galv, IC) / aislamiento *m* con barniz protector

Abdeck•farbe *f* (Druck) / tinta *f* de recubrimiento ‖ ⁓**flansch** *f* / brida *f* cobertora ‖ ⁓**flügel** *m*, Flügelblende *f* (Film) / pala *f* obturadora o de

3

obturación ‖ ≃**folie** *f* / lámina *f* recubridora, hoja *f* recubridora ‖ ≃**frequenz** *f* (Film) / frecuencia *f* de obturación, frecuencia *f* de cortes de luz ‖ ≃**gitter** *n* (Schacht) / rejilla *f* de protección, enrejado *m* cobertor protector ‖ ≃**glas** *n*, -scheibe *f* / cristal *m* cobertor, cristal *m* de protección ‖ ≃**haube** *f* / capucha *f* cobertora, tapa *f* cobertora, caperuza *f* de protección, capote *m* de protección ‖ ≃**haube** (Klemme) / capote *m* de protección ‖ ≃**kappe**, -klappe *f* / tapadera *f* abatible ‖ ≃**krepp** *m* (Pap) / papel *m* cresponado adhesivo, papel *m* crepé cobertor ‖ ≃**lack** *m* (Foto) / laca *f* opaca, barniz *m* cobertor, barniz *m* opaco ‖ ≃**lack**, Resist *m* (IC) / laca *f* de reserva ‖ ≃**lack für Äste** (Tischl) / barniz *m* cubrenudos ‖ ≃**leiste** *f* (Tischl) / listón *m* cobertor, listón *m* tapajunta[s] ‖ ≃**maske** *f* (Halbl) / máscara *f* de estarcido, máscara *f* de difusión ‖ ≃**maske**, -vorrichtung *f* (Lackiererei) / dispositivo *m* cubridor ‖ ≃**masse** *f* (Lackiererei) / masa *f* cubridora ‖ ≃**metall** *n* (Hütt) / metal *m* cubridor ‖ ≃**mittel** *n* / agente *m* cubridor ‖ ≃**plane** *f* (Bahn, LKW, Wirkm) / toldo *m* de lona, cubierta *f* de lona ‖ ≃**platte** *f* / placa *f* de cubierta, placa *f* de recubrimiento, plancha *f* cobertora ‖ ≃**platte** (Bau) / plancha *f* de acceso, panel *f* de acceso ‖ ≃**platte** (Presse) / anillo *m* reductor ‖ ≃**rahmen** *m* (Foto) / máscara *f* ‖ ≃**rosette** *f* / roseta *f* recubridora ‖ ≃**rost** *m*, Gitterrost *m*, Schutzgitter *n* / emparrillado *m*, rejilla *f* de luz, rejilla *f* de protección, parrilla *f* de luz, parrilla *f* de protección ‖ ≃**salz** *n* (Hütt) / sal protectora *f* ‖ ≃**scheibe** *f* / tapa *f* de protección ‖ ≃**scheibe** (Glas) / cristal *m* de protección ‖ ≃**schieber** *m* / corredera *f* recubridora ‖ ≃**schiene** *f* (Masch) / banda *f* de recubrimiento ‖ ≃**schirm** *m* an **Signalleuchten** (Bahn, Straß) / visera *f* ‖ ≃**schlacke** *f* (Hütt) / escoria *f* protectora ‖ ≃**stab** *m* / barra *f* cobertora, listón *m* tapajunta(s)
Abdeckung *f*, Abdecken *n*, Bedeckung *f* / cubierta *f*, tapa *f*, cobertura *f*, funda *f*, defensa *f*, protección *f* ‖ ≃, Abdecklack *m* (IC) / reserva *f* ‖ ≃ (Nukl) / revestimiento *m* ‖ ≃, Mauerabdeckung *f* (Bau) / corona *f* de muro ‖ ≃, Maske *f* (Foto) / máscara *f* ‖ ≃ *f* (Galv) / pantalla *f* ‖ ≃ (Elektr) / barrera *f* ‖ ≃ **des Arbeitsraums** (Wzm) / cubierta *f* de la zona de mecanizado ‖ ≃ **des Landeklappenschlitzes** (Luftf) / revestimiento *m* ‖ ≃ **durch Vignette** (Foto) / viñetado *m*
Abdeckungs•bereich *m* (Fernm) / zona *f* de cobertura ‖ ≃**frequenz** *f* (Elektr) / frecuencia *f* de ocultación
Abdeckwinkel *m* / pieza *f* angular (de recubrimiento)
abdeichen *vt*, abdämmen (Hydr) / represar
Abdeichung *f*, Eindeichung *f* / cierre *m* condiques
abdestillieren / destilar, separar por destilación
abdichten *vt* / estanqueizar, impermeabilizar, obturar, hermetizar ‖ ≃ (Ritzen) / tapar (juntas) ‖ ≃, verschließen / obturar, cerrar [herméticamente], hacer estanco ‖ **mit** (Teer)**werg** ≃ / zulaquear ‖ ≃, Verschließen *n* / obturación *f*, sellado *m* ‖ ≃ **der Mikroporen**, Nachverdichtung *f* (Galv) / sellado *m* de los microporos ‖ ≃ *n* **von Rissen** / calafateado *m* de grietas ‖ ≃ **von Türen** / taponamiento *m* de puertas
Abdicht•hülse *f* / casquillo *m* de obturación, manguito *m* de obturación ‖ ≃**kante** *f* / chaflán *m* obturador ‖ ≃**klappe** *f* (Hydr) / chapaleta *f* de cierre [hermético] ‖ ≃**masse** *f* / masa *f* de obturación ‖ ≃**mittel** *n* / medio *m*, agente *m*, material de obturación, impermeabilizante *m* ‖ ≃**ring** *m* / retén *m*, anillo *m* de obturación
Abdichtung, Schließvorrichtung *f* / junta *f*, empaquetadura *f*, cierre *m* hermético, obturador *m*, dispositivo *m* de obturación, dispositivo *m* de cierre ‖ ≃ *f*, -dichten *n*, Abdichtungsarbeit *f* / estanqueización *f*, cierre *m*, impermeabilización *f*, hermetización *f*, sellado *m* ‖ ≃ (mit Werg) / estanqueización *f* con estopa ‖ ≃ (Fenster, Schiff) / burlete *m*, gualdrín *m* ‖ ≃, Dichtheit *f* / estanqueidad *f*, hermeticidad *f*, cierre *m*

hermético ‖ ≃ **des Pulverraums** (Mil) / obturación *f* ‖ ≃ **einer Verwahrung** (Bau) / obturación *f*, taponamiento de una cubrejunta...
Abdichtungs•arbeit *f* / trabajo *m* de taponamiento, trabajo *m* de estancamiento ‖ ≃**gummi[ring]** *m* / junta *f* anular de goma
abdocken *vt* (Spinn) / desbobinar, debobinar ‖ ≃ (DV) / desconectar
abdrängen *vt* (Schiff) / abatir, derrotar ‖ ≃ (Luftf) / desviar [de la ruta]
Abdräng•kraft *f* (Wzm) / fuerza *f* de reacción ‖ ≃**ring**, Abweisring *m* (Kabelherst) / anillo *m* de rechazo
Abdrängung, Abtrift *f*, Abtrieb *m* (Luftf, Schiff) / abatimiento *m*, deriva *f*, desviación *f*
Abdrängungsschreiber *m* (Luftf) / registrador-inscriptor *m* de la deriva, derivómetro *m* registrador
Abdreh•apparat *m* **für Schleifscheiben** / aparato *m* retorneador de muelas ‖ ≃**diamant** *m* (Wzm) / diamante *m* de tornear, diamante *m* de corte
abdrehen *vt*, verwinden (Mech) / girar [demasiado] ‖ ≃, ausschalten / apagar (luz, radio), quitar ‖ ≃ *vi* (Luftf, Schiff) / cambiar de rumbo ‖ **auf Maß** ≃ (Wzm) / reducir torneando (hasta la medida deseada), quitar torneando, tornear [a medida], rebajar mediante torno ‖ **das Gas** ≃ / cerrar el grifo, apagar, cerrar el gas ‖ ≃ *n* (Vorgang) / corte *m*, torneado *m*
Abdreh•rädchen *n* **für Schleifscheiben** / ruedecita *f* de cortar para muelas afiladoras ‖ ≃**vorrichtung** *f* **für Kollektoren** / dispositivo *m* para tornear colectores ‖ ≃**werkzeug** *n* **für Schleifscheiben** / útil *m* de cortar para muelas
Abdrift *f* (Schiff) / deriva *f*
abdrosseln (Masch, Mot) / estrangular
Abdrosselung *f* / estrangulamiento *m*
Abdruck *m* (eines Buches) / copia *f* (de un libro), reproducción *f* ‖ ≃, gedrucktes Exemplar (Druck) / copia *f*, ejemplar *m*, copia *f* impresa, copia *f* estampada ‖ ≃, Eindruck *m* / impresión *f*, huella *f* ‖ ≃ *m*, Abformung *f* / molde *m* ‖ ≃, Versteinerung *f* (Geol) / impresión *f*, huella *f* fósil ‖ ≃, Sonder[ab]druck *m* / reimpresión *f*, separata réplica *f*
abdrucken *vt* (Druck) / imprimir, reimprimir, estampar ‖ ≃, abziehen (Druck) / tirar (una prueba), sacar copias
abdrücken *vt* (Bahn, Wagengruppe) / empujar hacia atrás [los vagones] ‖ ≃, abprägen / moldear ‖ ≃ (z.B. Räder) / desmontar con prensa ‖ ≃, abscheren / cizallar, cortar [por presión] ‖ ≃, durch Druck trennen / separar por presión ‖ **auf Wachs** ≃ / moldear en cera ‖ **einen Kessel** ≃ / timbrar por presión [hidráulica], comprobar una caldera por presión (hidráulica) ‖ ≃ *n*, Druckprüfung *f* (mittels Druckwasser) / prueba *f* hidráulica de presión ‖ ≃ **von oben** (Plast) / expulsión *f* superior, eyección *f* superior
Abdrücker *m* (Bergb) / empujavagonetas *m*
Abdrückhebel *m* / palanca *f* de extracción
Abdruckmasse, plastische Masse *f* / material *m* de moldeo, masa *f* de moldeo
Abdrück•mutter *f* / tuerca *f* para sacar, tuerca *f* de extracción, tuerca *f* de desmontaje ‖ ≃**platte** *f* (Formen) / placa *f* de desmoldeo ‖ ≃**schraube** *f* (für Räder) / tornillo *m* para desmontar ruedas, tornillo *m* extractor, tornillo *m* de presión ‖ ≃**spindel** *f* / husillo *m* de presión o de extracción
Abdrucktechnik *f* (Mat.Prüf) / técnica *f* de réplica
Abdrückungen, Drucklagen *f pl* (Bergb) / estratificaciones *f pl* prensadas
Abdrück•versuch *m* (Schw) / ensayo *m* del cojín ‖ ≃**versuch** (Hydr) / prueba *f* hidráulica de presión, ensayo *m* hidráulico de presión ‖ ≃**vorrichtung** *f* (Schiff) / dispositivo *m* de presión
ABD-Transistor *m* / transistor *m* ABD
Abduckstempel *m* (Hütt) / bloque *m* de presión
abdunkeln *vt*, nachdunkeln (Färb) / rebajar, ensombrecer ‖ ≃, verdunkeln (als

Luftschutzmaßnahme) (Mil) / oscurecer ‖ ~, dimmen / atenuar la luz en la sala
ABE (Kfz) = Allgemeine Betriebserlaubnis
Abeggsche Regel *f* (Chem) / regla *f* de Abeg
Abel • it *m* (Sprengstoff) / abelita *f* ‖ ⁓**[-Pensky] Test** *m* / prueba *f* de Abel-Pensky [del punto de inflamación] ‖ ⁓**sche Gruppe**, kommutative Gruppe (Math) / grupo *m* de Abel ‖ ⁓**sches Integral** / integral *f* de Abel ‖ ⁓**sche Repräsentationen** *f pl* (Math) / representaciones *f pl* de Abel
Aberration *f* (Astr, Opt) / aberración *f*
Aberrationskreis *m* / corona *f* de aberración
Aberrationswinkel *m* / ángulo *m* de aberración
aberregen (Elektr) / desexcitar(se)
Abessinierbrunnen, Ramm-, Schlagbrunnen *m* / pozo *m* abisinio
A-Betrieb *m* (Fernm) / funcionamiento *m* en clase A
abfachen *vt* (Zimm) / cubrir con paneles
Abfackelmast *m* (Raffinerie) / tubo-mástil *m* de combustión de gas de fuga
abfackeln (Öl) / quemar (gas de fuga, gas sobrante) ‖ ⁓ *n* (Öl) / quemado
Abfahr • auftrag *m*, -befehl *m* (Bahn) / orden *f* de salida o partida ‖ ⁓**auftragssignal** (fest), -befehlssignal *n* (Bahn) / señal *f* de salida o de partir ‖ ⁓**bereit** (Bahn) / preparado para salir, listo para salir
abfahren *vi*, abgehen / salir, partir, (buque) zarpar ‖ ⁓ *vt* (Ggs.: anfahren) (Elektr) / parar un turbogrupo ‖ ⁓, abschalten (Reaktor) / desconectar, parar ‖ ⁓ (eine Strecke) / recorrer ‖ ⁓ (Magnetband), starten / poner en marcha ‖ **eine Anlage** ⁓ / cerrar una instalación o planta, parar ‖ **Erde** ⁓, abkarren *vt*, wegfahren / acarrear (tierra), transportar (tierras) a otro lugar ‖ **Lagerstätten** ⁓ / examinar las capas ‖ **mit Lkw** ⁓ / camionar, transportar en camión
Abfahrt *f* (Bahn) / salida *f*, partida *f* ‖ ⁓, Starten *n* (Kfz) / arranque *m*, puesta *f* en marcha ‖ ⁓, Auslaufen *n* (Schiff) / salida *f* ‖ ⁓**periode** *f* (zwischen Normalbetrieb u. Stillstand) (Turbosatz) / período *m* de desaceleración hasta la parada
Abfahrts • bahnsteig *m* (Bahn) / andén *m* de salida ‖ ⁓**gleis** *n* (Bahn) / vía *f* de salida o partida ‖ ⁓**signal** *n* (Bahn) / señal *f* de partida ‖ ⁓**tafel** *f* (Bahn) / tabla *f* de salidas ‖ ⁓**zeit** *f* (Bahn) / hora *f* de salida
Abfall *m*, Abfälle *m pl* / desperdicios *m pl*, inmundicias *f pl*, barreduras *f pl* ‖ ⁓ (z.B. in der Fertigung) / desecho *m*, restos *m pl*, basuras *f pl* ‖ ⁓ (Schnitzel u.ä.) / retajo *m*, retajina *f* ‖ ⁓ (Schaumstoff) / desperdicios *m pl* de materiales esponjados ‖ ⁓, Verschnitt *m* / recortes *m pl*, retales *m pl* ‖ ⁓ *m*, Abfallstück *n* (Masch) / pieza *f* de desecho ‖ ⁓, Überreste *m pl* / restos *m pl*, residuos ‖ ⁓, Abgang *m* / desecho[s] *m[pl]* ‖ ⁓, Angussstutzen *m* (Plast) / residuo *m* de transferencia ‖ ⁓ *m* (Papierstarzung) / recortes *m* de papel, desperdicios de papel ‖ ⁓, Atommüll *m* (Nukl) / basura *f* atómica, desechos *m pl* nucleares, residuos *m pl* nucleares ‖ ⁓ (Relais) / desexcitación *f*, vuelta *f* al reposo ‖ ⁓, Verfall *m*, Abnehmen *n* / disminución *f*, caída *f* ‖ ⁓, Kurvenabfall *m* / caída *f* ‖ ⁓ *m* (bei Mineralienaufbereitung) / mixtos *m pl* de lavadero ‖ ⁓ **beim Kämmen** (Tex) / cardaduras *f pl*, borras *f pl* ‖ ⁓ **der Spannung** / descenso *m* de la tensión, caída *f* de la tensión ‖ ⁓ **der Temperatur** / descenso *m*, caída *f* de la temperatura ‖ ⁓ **des Geländes** / declive *m*, talud *m* ‖ ⁓ **vom Beschneiden** (Pap) / recortes *m pl* ‖ ⁓ **von Baumwolle** / desechos *m pl* de algodón, desperdicios *m pl* de algodón ‖ **[wiederverwendbarer]** ⁓ / desperdicios *m pl* o desechos reprocesables o recuperables, producto *m* residual ‖ **zusammengefegter** ⁓ / basura *f*, barreduras *f pl*
Abfall • abzieher *m* / extractor *m* de desechos ‖ ⁓**-Ansprechverzögerung** *f* (Relais) / tiempo *m* de liberación ‖ ⁓**aufbereitung** *f* / recuperación *f* de desechos ‖ ⁓**baumwolle** *f* / desperdicios *m pl* de algodón ‖ ⁓**behälter** *m* / depósito *m* para desperdicios, recipiente *m* para desperdicios ‖ ⁓**behälter**, -eimer *m* / cubo *m* de la basura ‖ ⁓**beseitigung** *f* / eliminación *f* de desperdicios o de desechos, evacuación *f* de desperdicios o de desechos ‖ ⁓**beseitigung**, Entsorgung *f* / acarreo *m* de barreduras ‖ ⁓**beutel** *m* / bolsa *f* para basura[s] ‖ ⁓**blech** *n*, Entfallblech *n* / chapa *f* de desecho ‖ ⁓**boden**, Abschussboden *m* (Hydr) / fondo *m* protector
Abfälle, pflanzliche ⁓ / desechos *m pl* vegetales ‖ **tierische** ⁓ / desechos *m pl* animales, despojos *m pl* (matadero)
Abfall • eisen *n* / hierro *m* viejo, hierro *m* de desecho, chatarra *f* ‖ **Klumpen** ⁓**eisen** (Walzw)
abfallen, herabfallen / caer ‖ ⁓, nachlassen / decrecer, decaer, descender, bajar ‖ ⁓ (Putz) / desprenderse ‖ ⁓, sich verschlechtern (Qualität), mermar *f* (calidad), resultar inferior ‖ ⁓, den Gehalt verlieren / empobrecer ‖ ⁓ (Geschwindigkeit) / caer, disminuir ‖ ⁓ (Gelände) / ir en declive ‖ ⁓ (Elektr) / caer, decaer ‖ ⁓ (Relais) / abrir, desexcitarse ‖ ⁓ *n*, Sinken *n* / caída *f*, descenso *m* ‖ ⁓ **des Relais** / abertura *f*, desexcitación *f* (del relé)
abfallend, geneigt / inclinado, pendiente, en declive, escarpado ‖ ⁓, laubwechselnd (Bot) / deciduo, caducifolio, de hoja caduca
Abfall • -Ende *n* (Gieß) / despunte *m* ‖ ⁓**entsorgung** *f* / gestión *f* de residuos
"Abfall"-Entwicklung *f* (Raumf) / desarrollo *m* indirecto
Abfall • erzeugnis (unverwertbar), -produkt *n* / desechos *m pl* ‖ ⁓**flanke** *f* (Impuls) / flanco *m* del descenso ‖ ⁓**frei**, -los (Stanz) / sin recortaduras, sin retales ‖ ⁓**gas** *n* / gas *m* residual ‖ ⁓**gummi** *n* / desperdicios *m pl* de goma, goma *f* de desecho ‖ ⁓**halde** *f*, -platz *m* / basurero *m*, mutador *m* ‖ ⁓**haufen** *m* / montón *m* de basura, basural *m* (LA) ‖ ⁓**holz** *n* / desperdicios *m pl* de madera, residuos *m pl* de aserrío ‖ ⁓**kasten**, -behälter *m* (Bahn) / cubo *m* de inmundicias ‖ ⁓**kohle** *f*, Abrieb *m* / desechos *m pl* de carbón ‖ ⁓**koks** *m* / desechos *m pl* de coque ‖ ⁓**-Lagerung** *f* / almacenamiento *m* de desperdicios ‖ ⁓**lauge** / lejía *f* de desecho
abfallloser Rohling (Schm) / pieza *f* bruta ‖ ⁓**es Stanzen**, Flächenschluss *m* (Stanz) / estampado *m* sin recortes, estampación *f* sin recortes
Abfall • öl *n*, Altöl *n* / aceite usado *m*, aceite residual ‖ ⁓**papier** *n*, Makulatur *f* / desperdicios *m pl* de papel, maculatura *f* ‖ ⁓**platz** *m* / basurero *m* ‖ ⁓**presse** *f* / prensa *f* de desperdicios ‖ ⁓**produkt** *n* (verwertbar) / producto *m* residual, residuos *m pl* ‖ ⁓**produkt**, -erzeugnis *n* (unverwertbar) / desechos *m pl* ‖ ⁓**produkt** *n* (auch aus der Forschung) / producto *m* residuo, resultado *m* indirecto ‖ ⁓**recycling** *n* / reciclaje *m* de desperdicios o de basuras ‖ ⁓**reiniger** *m* (Spinn) / limpiadora *f* para cardaduras ‖ ⁓**rohr** *n* (Klosett) / tubo *m* bajante, bajante *m*, tubo *m* de bajada o de caída ‖ ⁓**rohr**, Dachröhre *f* / tubo *m* vertical de descarga, bajante *m* de agua de lluvia ‖ ⁓**-Rückholung** *f*, -Ausgrabung *f* (Atom, Nukl) / re-excavación *f* de residuos [radiactivos]
Abfalls... (Elektr) / de variación en sentido negativo
Abfall • sammelanlage *f* / planta *f* de desechos o desperdicios o basuras ‖ ⁓**sammler** *m* (Gerät) / recogedero *m* ‖ ⁓**sammler**, *m* / colector *m* de residuos o de desechos ‖ ⁓**saum** *m* / borde *m* de desecho o de recorte ‖ ⁓**säure** *f* / ácido *m* residual ‖ ⁓**schacht** *m* (Hydr) / pozo *m* de sobrante ‖ ⁓**schacht** (f. Abfall) / pozo *m* de inmundicias ‖ ⁓**schere** *f* / cizallas *f pl* para desperdicios y materiales residuales ‖ ⁓**schneider** *m* / cortador *m* de tiras estampadas ‖ ⁓**schotter** *m* (Bahn) / caído *m* (cribado del balasto) ‖ ⁓**seide**, Bourette[seide] *f* / desperdicios *m pl* de seda

≈**seidengarn** n / hilo m de desechos de seda ‖ ≈**sicherheitsfaktor** m (Relais) / coeficiente m de seguridad de desaccionamiento ‖ ≈**span** m (Spanplatten) / viruta f de desecho ‖ ≈**spannung** f (Relais) / valor m de desexcitación, tensión f de desexcitación (relé) ‖ ≈**spinnerei** f / hilandería f de desperdicios ‖ ≈**stoff** m (Pap) / materia f residual, residuo m, heces f pl ‖ ≈**stoff**, Altstoff m / sustancia f de desecho ‖ ≈**strom** m (Reaktor) / corriente f de material agotado ‖ ≈**stromstärke** f (Relais) / intensidad f [de la corriente] de desexcitación, valor m de paso al reposo ‖ ≈**stück** n, Ausschussstück n / pieza f de desecho, pieza f desechada ‖ ≈**trichter** m, -rumpf m / embudo m para desechos, tolva f para desechos ‖ ≈**verbrennungsofen** m / horno m de incineración de desechos o basuras ‖ ≈**verwertung** f / aprovechamiento m de basuras o de desperdicios, utilización f de desechos, reciclaje m ‖ ≈**verzögerung** f (Relais) / tiempo m de abertura retardada ‖ ≈**wärme** f / calor m residual ‖ ≈**wolle**, Klunkerwolle f / lana f de cascarría ‖ ≈**zeit** f (DV, Signal) / tiempo m de conmutación ‖ ≈**zeit** (Relais) / tiempo m de demora o de retardo, tiempo m de vuelta al reposo ‖ ≈**zeit** (Transistor) / tiempo m de decrecimiento ‖ ≈**zerkleinerer** m / desmenuzadora f de desperdicios, trituradora f de desechos

abfangen vt, abstützen (Bau, Bergb) / apuntalar, sostener, entibar ‖ ~ (Stöße) / absorber, amortiguar ‖ ~, sammeln / recoger ‖ ~, am Weglaufen hindern / detener, capturar ‖ ~, vor der Landung ausrunden (Luftf) / enderezar, tomar dirección horizontal ‖ **eine Nachricht** ~ (Fernm) / interceptar, captar ‖ **mit Stempeln** ~, abstempeln (Bergb) / apuntalar, sostener ‖ ≈ n / interceptación f, interceptación f ‖ ≈ **beim Landen** (Luftf) / acción f de enderezar

Abfang•graben m / foso m interceptor, zanja f de interceptación, conducto m de desagüe ‖ ≈**jäger** m (Mil) / [avión] interceptor m, caza m interceptor ‖ ≈**kanal** m (Hydr) / canal m circular, conducto m circular ‖ ≈**klappe** f (Luftf) / flap m de recuperación ‖ ≈**kloben** m / polipasto m de atirantado ‖ ≈**lastvielfaches** n (Luftf) / factor m de carga de maniobra ‖ ≈**netz** n (Luftf) / barrera f de intercep[ta]ción ‖ ≈**neutralpunkt** m (Luftf) / punto m [neutral] de maniobra ‖ ≈**radius** m (Luftf) / radio m del corrido de frenado ‖ ≈**rakete** f / cohete m anticohete ‖ ≈**ring** m (Plasma) / anillo m de rigidez (plasma) ‖ ≈**sammler** m (Bau) / canal m interceptor de aguas residuales ‖ ≈**satellit** m (Mil) / satélite m interceptor ‖ ≈**schmelze** f (Hütt) / colada f detenida ‖ ≈**seil** n (Flugzeugträger) / cable m de frenado ‖ ≈**speicherstelle** f (DV) / posición f de interceptación de almacenamiento de datos ‖ ≈**stahl** m (Hütt) / acero m de contenido en carbono limitado ‖ ≈**system** n **für Rendezvous** (Raumf) / sistema m de autoguía para "rendez-vous" ‖ ≈**träger** m (z.B. über Türen) / dintel m, cargadero m, lintel m ‖ ≈**weg** m (Luftf) / distancia f de frenado al gancho, recorrido m de frenado

abfärben vi / desteñir[se], perder [el] color ‖ ~ **[auf]** / manchar ‖ **rot** ~ (Färb) / desteñirse de rojo, manchar

abfärbend, [leicht] ~ / manchadizo

abfasen / biselar, achaflanar

abfasern vi (Holz) / deshilacharse, desfibrarse

Abfaslanzette f (Gieß) / espátula f de biselar, lanceta f de biselar

Abfasung f / biselado m, achaflanado m

abfaulen vi / pudrirse, caer podrido

abfedern vt / dotar de resortes o de muelles o de ballestas, suspender elásticamente, amortiguar ‖ ~ (Stöße) / amortiguar

Abfederung f / suspensión f elástica, suspensión f a resorte ‖ ≈, Federsystem n / sistema m de resortes ‖ ≈, Dämpfung f / amortiguamiento m, amortiguación f

abfeilen vt / limar, rebajar (con la lima), quitar (con la lima)

abfertigen vt (Bahn) / expedir ‖ ~ (Luftf, Schiff) / despachar ‖ **am Schalter** ~ / despachar

Abfertigung f, Versand m / despacho m, expedición f

Abfertigungs•priorität f, Auswahlpriorität f (DV) / prioridad f de despacho ‖ ≈**vorfeld** n, Abstellbahn f (Luftf) / área f de estacionamiento y acceso

abfeuern vt (Schuss) / disparar, descargar

abfiltern vt, abfiltrieren / filtrar, separar por filtración

Abflach[ungs]..., Glätt[ungs]... / filtrante

abflachen vt / allanar, nivelar, suavizar ‖ ~, abplatten / aplanar, achatar, rebajar

Abflachung f, Abplattung f / aplanamiento m, achatamiento m ‖ ≈ (Kurve) / suavización f ‖ ≈ **einer Krümmung** / suavización f de una curva, suavización f de un codo ‖ ≈ **eines Zylinders** / achatamiento m de un cilindro

Abflach[ungs]..., Glätt[ungs]... (Eltronik) / de aplanamiento

Abflachungs•drossel f (Fernm) / bobina f de reactancia o de suavización ‖ ≈**gebiet** n (Reaktor) / zona f de aplanamiento ‖ ≈**mittel** n (Reaktor) / sustancia f de aplanamiento

abflammen vt, abbrennen (Form) / secar un molde con llama ‖ ~ (Tex) / chamuscar ‖ ≈ n, Sengen n (Tex) / chamuscado m

abflauen vi (Wind) / amainar, calmarse, aflojarse

abfleischen vt / descarnar

Abfleischmaschine f (Gerb) / descarnadora f

abfliegen vi, starten (Luftf) / despegar, levantar el vuelo, salir volando ‖ ~ (Person) / salir en avión

abfließen, ablaufen / escurrir[se], chorrear, correr, desaguar ‖ ~, sich ergießen / salir[se], desaguar, derramarse, evacuarse ‖ ≈ n **von Luft** (Fallschirm) / escape m de aire

abfluchten vt / alinear

Abflug m (Person) / salida f, partida f en avión ‖ ≈, Start m (Luftf) / despegue m ‖ ≈**deck** n, Start- und Landedeck n (Schiff) / cubierta f de despegue ‖ ≈**gewicht** n, -masse f / peso m al despegue, peso m de despegue ‖ ≈**hafen** m / aeropuerto m de salida ‖ ≈**masse** f / peso m de despegue ‖ ≈**schneise** f / pasillo m de despegue, pasillo m aéreo ‖ ≈**sektor** m / sector m de ascenso ‖ ≈**zeit** f / hora f de salida

Abfluss m (die Stelle) / desaguadero m, desaguador m ‖ ≈, Ausguss m / vaciadero m, sumidero m ‖ ≈, Gully m (Bau, Straßb) / sumidero m ‖ ≈, Abfließen n / escurrimiento m, escorrentía (LA), salida, derrame, descarga, desaguado, desagüe ‖ ≈, Drain[anschluss] m (Eltronik) / dren m, borne m de dren ‖ ≈ m **eines Staudammes** (Hydr) / evacuador m, vaciadero m, desaguadero m, aliviadero m ‖ ≈ **eines Wasserkraftwerkes** / salida f, compuerta m de desagüe

Abfluss•becken n **für Schmutzwasser** (Bau) / vertedor m, sumidero m ‖ ≈**beiwert** m, -verhältnis n (Hydr) / coeficiente m de descarga ‖ ≈**geschwindigkeit** f / velocidad f de flujo ‖ ≈**graben** m, -rinne f / canal m de desagüe, conducto m de desagüe, zanja f de desagüe, albañal m, aguadera f, desaguadero f ‖ ≈**graben**, Durchlass m / alcantarilla f ‖ **überwölbter** ≈**graben** (z.B. unter Bahndämmen) / alcantarilla f ‖ ≈**hahn** m / grifo m de descarga, grifo m de purga, grifo m de alivio, grifo m de evacuación ‖ ≈**jahr** n (Hydr) / año m de descarga ‖ ≈**kanal** m / canal m de salida ‖ ≈**kanal**, Überlauf m (Talsperre) / aliviadero m, rebosadero m ‖ ≈**kühler**, Übertreibkühler m / condensador m de eflujo ‖ ≈**leitung** f / tubería f de salida, tubería f de evacuación, tubería f de alivio, desagüe m ‖ **gewöhnliche** ≈**menge** (Hydr) / volumen m característico de salida medio ‖ ≈**öffnung** f (Bad) / orificio m de salida o de evacuación, orificio m de desagüe ‖ ≈**querschnitt** m / sección f del

Abgabevorrichtung

descargadero || ~**regler** *m* (Lagertank, Wasserspeicher) / regulador *m* de salida || ~**reiniger** *m* (Küche, Bad) / desatascador *m* químico || ~**reiniger** *m* / limpiasumideros *m* flexible || ~**rinne** *f* / conducto *m* de desagüe || ~**rohr** *n* / tubo *m* de salida, tubo *m* de descarga || ~**rohr** (senkrecht) (Abwasser) / tubo *m* de descarga vertical, tubo *m* de bajada, tubo *m* de drenaje o de desagüe || ~**schlauch** *m* / manguera *f* de desagüe || ~**stollen** *m* (Bergb) / galería *f* de desagüe || ~**stopfen** *m* (Waschbecken) / tapón *m* (del lavabo) || ~**ventil** *n* / válvula *f* de descarga, válvula *f* de alivio o de escape || ~**ventil**, Überlaufventil *n* / válvula *f* de sobrecarga, válvula *f* de sobrante || ~**verhältnis** *n*, -beiwert *m* (Hydr) / coeficiente *m* de descarga || ~**wasser** *n* / desagües *m pl*, aguas *f pl* residuales
Abformanlage *f* **für Styropor** / instalación *f* de moldeado para poliestireno
abformen, [zum Guss] formen (Gieß) / moldear, amoldar || ~ (durch Gießen) / vaciar || ~ (vom Gussstück) / sobremoldear || ~ *n* **vom Gussstück** (Duplikat) / amoldamiento *m* (del duplicado), sobremoldamiento *m*
Abform•masse *f*, -material *n* (Dental) / masa *f* de moldeo, material *m* de moldeo || ~**technik** *f* / técnica *f* de moldeo
Abformung *f* (durch Gießen o. plastisches Verformen) (Erzeugnis) / pieza *f* amoldada || ~, Abdruck *m* (Tätigkeit) / moldeo *m*, moldeado *m*
Abfrage *f* (eines Systems) (DV) / consulta *f*, exploración *f* de datos || ~ (DV) / solicitud *f* || ~ (Radar) / interrogación *f* || ~ **durch Beispiel [eingabe]** (DV) / consulta *f* mediante ejemplo || ~ **nach jeweils gleichen Umlaufperioden** (Raumf) / intercepción *f* en períodos iguales [de revolución] || ~ **von Terminals** (DV) / interrogación *f*, consulta *f*
Abfrage•apparat *m* (Fernm) / aparato *m* de [escucha y] contestación || ~**bake** *f* (Radar) / baliza *f* de respuesta || ~**befehl** *m* (DV) / orden *f* de consulta || ~**betrieb** *m* (Fernm) / servicio *m* con llamada previa || ~**einheit** *f* (DV) / estación *f* de consulta, unidad *f* de consulta || ~**einrichtung** *f* (DV) / dispositivo *m* interrogador, scanner *m* || ~**folge** *f* (Radar) / secuencia *f* de interrogación || ~**folgefrequenz** *f* (Radar) / frecuencia *f* de repetición || ~**frequenz** *f* (Regeln) / cadencia *f* de sondeo || ~**impuls** *m* (Fernm) / impulso *m* examinador, impulso *m* de consulta || ~**impuls** (DV) / impulso *m* de interrogación || ~**impulspaar** *n* (Radar) / par *m* de impulso interrogador || ~**klinke** *f* (Fernm) / jack *m* de contestación || ~**maske** *f* (DV) / máscara *f* de interrogación
abfragen *vt* (Fernm) / comprobar una línea, probar una línea, aceptar una llamada, contestar a un abonado, interrogar, consultar || ~, durchsuchen (DV) / explorar, rastrear, barrer || **[der Reihe nach]** ~ (durch den Zentralrechner) (DV) / consultar sucesivamente, sondear || ~ *n* (DV, Fernm, Radar) / consulta *f*, interrogación *f* || ~, Polling *n* (DV) / habilitación *f* para transmitir || ~ **von o. aus Datenträgern** (DV) / scanning *m*, exploración *f*, barrido *m*
abfrage•orientierter Typ (DV) / tipo *m* orientado de interrogación || ~**platz** *m* (DV) / terminal *m* de consulta o de interrogación
Abfrager *m*, abfragende Stelle (Radar) / interrogador *m*
Abfrage•radar *m n* / radar *m* interrogador || ~**schaltung** *f* (Fernm) / circuito *m* de escucha || ~**schleife** *f* (DV) / bucle *m* de consulta || ~**sender** *m* (Radar) / emisor *m* interrogador || ~**sequenz** *f* (Unterprogramm), Abruffolge *f* / secuencia *f* de llamada || ~**station** *f*, -terminal *n* (DV) / estación *f* terminal de consulta || ~**stelle** *f* (DV, Mil) / puesto *m* de interrogación || ~**stromkreis** *m* (Fernm) / circuito *m* del operador o de contestación || ~**taste** *f* (Fernm) / llave *f* de escucha, botón *m* de contestación ||

~**terminal** *n* (DV) / terminal *m* de consulta || ~**- u. Speicherglied** *n* (Regeln) / unidad *f* de muestreo y de retención || ~**-Verstärker** *m* (Eltronik) / amplificador *m* de salida || ~**vorrichtung** *f* (DV) / scanner *m*, explorador *m* || ~**weg** *m* (Radar) / camino *m* de interrogación
Abfragung *f*, Abfrage *f* (DV) / interrogación *f*, consulta *f*, demanda *f*
abfräsen *vt* / quitar fresando
abfressen *vt*, korrodieren / corroer
abfrieren *vi* / helarse
Abfühl... (DV) / .....de lectura, lector *adj*
abfühlen *vt* (DV) / leer (tarjetas), captar (impulsos), explorar (datos) || ~ (Mech) / palpar
Abfühl•nadel *f* **für Schablonen** (Fräsen) / aguja *f* palpadora para patrones de copiar || ~**stift** *m* / perno *m* de lectura, ciavija *f* de lectura, espiga *f* exploradora
Abfühlung *f* **bei ruhender Karte** (DV) / lectura *f*, exploración *f*
Abfuhr *f*, Abführung *f* / transporte *m*, acarreo *m*, recogida *f* (de basuras) || ~ **mit Lkw** / camionaje *m*
abführbar (Wärme) / que puede ser disipado
abführen *vt* / eliminar, descargar, acarrear, transportar, conducir, evacuar || ~ (Dampf, Gas, Wärme) / evacuar || **Wässer** ~ (Bergb) / evacuar aguas, dar salida al agua || **Wetter** ~ (Bergb) / ventilar (aire viciado), eliminar
Abführkanal *m*, Freigerinne *n* / canal *m* de descarga
Abfuhrrollgang *m* (Walzw) / vía *f* de rodillos, rodillos *m pl* de descarga, mesa *f* de salida
Abführung *f* (Spinn) / salida *f*, entrega *f* || ~ **des Dampfes** / evacuación *f* del vapor || ~ **des Wassers** (Bahndamm) / conducción *f* del agua
Abführungsscheibe *f* (Pap) / disco *m* de salida
Abfüll•anlage *f*, Rack *n* (Ölraffin) / instalación *f* llenadora || ~**anlage für Flaschen** / instalación *f* de embotellado || ~**anlage für Nichtflüssigkeiten** / instalación *f* de envasado
abfüllen *vt* (in Gefäße, Verpackungen) / envasar || ~ (in Flaschen) / embotellar || ~ (in Fässer) / embarrilar, llenar barriles || ~ (in Säcke) / ensacar || ~, umfüllen / envasar, trasegar, trasvasar || ~, ablassen (Flüssigkeit) / vaciar, hacer salir, dar salida, descargar || ~, zapfen (Bier) / sacar (cerveza) del barril || **auf Fässer** ~ / llenar [en] barriles || **in Flaschen** ~ / embotellar || **in Säcke** ~ / envasar (en sacos), ensacar || ~ *n* (in Gefäße, Verpackungen) / envasado *m*, envase *m*, llenada *m* || ~ (in Flaschen) / embotellado *m*
Abfüll•maschine *f*, -vorrichtung *f* (Flaschen) / embotelladora *f*, dispositivo *m* embotellador || ~**pumpe** *f* / bomba *f* de trasiego || ~**raum** *m*, Abfüllhalle *f* / sala *f* de embotellado (o de llenado) || ~**waage** *f* / balanza *f* envasadora, ensacadora-pesadora *f*, empaquetadora-pesadora *f*, báscula *f* envasadora || ~**waage** (Öl) / plataforma *f* pesadora
abfüttern (mit Innenauskleidung versehen) / forrar
ABG (Kfz) = Allgemeine Bauartgenehmigung
Abgabe *f* (z.B. aus Glasuren) / descarga *f*, salida *f*, elución *f* || ~ (von Leistung) / suministro *m* de potencia || ~ **von Elektronen** / salida de electrones *f*, pérdida *f*, liberación *f*, donación *f*, emisión *f* de electrones || **unter** ~ [von] (Chem) / bajo emisión [de], bajo liberación [de], bajo desprendimiento [de]
Abgabe•druck *m* / presión *f* de salida || ~**leistung** *f*, Abtriebsleistung *f* / potencia *f* suministrada, potencia *f* generada || ~**rutsche** *f* (Förderer) / plano *m* inclinado de descarga, vertedor *m* de descarga, tolva *f* de descarga || ~**spannung** *f* (Akku) / voltaje *m* suministrado, tensión *f* suministrada || ~**tanklager** *n* (Öl) / almacén *m* distribuidor de carburantes líquidos || ~**vorrichtung** *f* / dispositivo *m* distribuidor, dispositivo *m* de descarga || ~**vorrichtung** (für Kabel usw) / dispositivo *m* de entrega

7

Abgang *m*, Verlust *m*, Schwund *m* (Handel, Spinn) / pérdida *f*, menoscabo *m*, merma *f*, deficiencia *f* ‖ ≈, Abfall *m* / desecho[s] *m[pl]* ‖ ≈ *m*, -gänge *m pl* (Flotation) / ganga *f* rechazada, ganga *f* eliminada ‖ ≈, Ausgang *m* / salida *f* ‖ ≈, Bestandsabnahme *f* / merma *f*, disminución *f*, reducción *f* ‖ ≈, Leckage *f* / derrame *m* ‖ ≈ *m* **an Maß o. Gewicht** / pérdida *f* de peso, merma *f* de peso ‖ **Abgänge** *m pl* (Hütt) / pérdidas *f pl*
Abgangs • aufbereitung *f* (Spinn) / preparación *f* de desechos ‖ ≈**bahnhof** *m* (Personenverkehr) (Bahn) / estación *f* de salida o de partida ‖ ≈**fehler** *m* (Mil) / error *m* de disparo, error *m* de reelevación ‖ ≈**fehlerwinkel** *m* (Mil) / ángulo *m* de reelevación ‖ ≈**richtung** *f* / línea *f* de proyección ‖ ≈**winkel** *m*, Erhöhungswinkel *m* (Ballistik) / ángulo *m* de proyección, ángulo *m* de salida
abgaren *vt* (Koks) / carbonizar (coque)
Abgas *n* / gas *m* de escape, gas *m* perdido, humo[s] *m [pl]*, gas *m* de desecho, gases *m pl* quemados ‖ ≈ (Raffinerie) / gases *m* de salida ‖ ≈**e eines neuen Motors berechnet auf 100000 Meilen Stadtverkehr** (Kfz) / gases *m pl* de escape de un motor calculados a base de 10^5 millas de circulación urbana ‖ ≈ *n* **von Kesseln** / humos *m pl*, gases *m pl* de escape (de chimenea)
Abgas • anlage *f* (Turbine) / sistema *m* de escape ‖ ≈**aufladegebläse** *n*, Abgasturbogebläse *n*, -turbine *f* (Mot) / sobrealimentador *m* (accionado por gas de escape), turbocompresor *m* de sobrealimentación (de gases de escape) ‖ ≈**aufladung** *f* / sobrealimentación *f*, turbocompresión *f* ‖ ≈**behandlung** *f* (Nukl) / tratamiento *m* de emisiones gaseosas ‖ ≈**echt** (Tex) / resistente a los gases de escape ‖ ≈**echtheit** *f* (Tex) / solidez *f* a los gases residuales ‖ ≈**emission** *f* / emisión *f* de gas[es] de escape ‖ ≈**-Entnahmesonde** *f* (Hütt) / sonda *f* para la toma de gases de escape ‖ ≈**fackel** *f* (Öl) / quemador *m* de gas sobrante o gas de salida ‖ ≈**fahne** *f* (Schornstein) / estela *f* de humo ‖ ≈**gebläse** *n* (Zement) / ventilador *m* de gas de combustión ‖ ≈**heizung** *f* (Kfz) / calefacción *f* por gas de escape ‖ ≈**kanal** *m* / conducto *m* de gas de escape, canal *m* de salida de humos, conducto *m* de salida de humos ‖ ≈**kappe** *f* (Mot) / chapaleta *f* de escape ‖ ≈**katalysator** *m* (Kfz) / catalizador *m* [de gas de escape] ‖ ≈**kessel** *m* / caldera *f* de gas de escape ‖ ≈**klappe** *f* (Heizung) / chapaleta *f* de gas de escape ‖ ≈**kühler** *m* (Hütt) / refrigerador *m* de gases de escape o de humos ‖ ≈**leitung** *f* (Mot) / colector *m* de gases de escape, tubería *f* de gases de escape ‖ ≈**pfosten** *m* (statt Schornstein), -mast *m* (Schiff) / pilar *m* de gas de escape ‖ ≈**prüfer** *m*, Rauchgasprüfer *m* / analizador *m* de gases de escape o de humos ‖ ≈**reiniger** *m* (Hütt) / purificador *m* de humos ‖ ≈**reinigung** *f* / depuración *f* de efluentes gaseosos ‖ ≈**reinigungsanlage** *f* / instalación *f* depuradora de gases de escape ‖ ≈**rohr** *n* (Mot) / tubo *m* de escape ‖ ≈**rückführung** *f*, AGR (Kfz) / reciclaje *m* o recirculación de gases de escape ‖ ≈**sammelleitung** *f* / colector *m* de gas de escape ‖ ≈**sammelring** *m* (Mot) / anillo *m* colector de gas de escape ‖ ≈**sammler** *m* (Turbine) / colector *m* de [gas de] escape ‖ ≈**schieber** *m* / registro *m* de gas de escape ‖ ≈**-Schubrohr** *n* (Luftf) / tubo *m* de eyección, tubo *m* de reacción ‖ ≈**strahl** *m* (Rakete) / chorro *m* de escape (del cohete) ‖ ≈**turbine** *f* / turbina *f* de gas de escape ‖ ≈**turbolader** *m* (Mot) / turbocompresor-sobrealimentador *m* de gases de escape, turbocargador *m* de gas de escape ‖ ≈**überwachung** *f* (Umw) / control *m* de gases de escape ‖ ≈**umwälzung** *f* / circulación *f* de gases de escape ‖ ≈**ventil** *n* / válvula *f* de escape ‖ ≈**verlust** *m* / pérdida *f* por gases de escape ‖ ≈**verwertung** *f* / aprovechamiento *m* de gas[es] de escape (o humos), utilización *f* de gases de escape ‖ ≈**vorwärmer** *m* (für Speisewasser) / economizador *m* ‖ ≈**wärme** *f* / calor *m* de gas de escape ‖ ≈**zug** *m* / canal *m* colector

abgebaut (z.B. Gerüst) (Bau) / desarmado, desmontado ‖ ≈**e Strecke** (Bahn) / trecho *m* desmontado, trecho *m* desmantelado ‖ **wenig** ≈ (Zellulose) / poco degradado
abgebeizte Wolle / lana *f* mordentada, lana *f* adobada
abgeben *vt*, abspalten (Chem) / desprender[se] ‖ ≈ (Wärme) / ceder, desprender ‖ ≈, freisetzen / librar, ceder ‖ ≈, abtreten / ceder ‖ ≈, abliefern / entregar, suministrar ‖ ≈ (Dampf) / dar ‖ ≈ (Leistung) / suministrar ‖ ≈ **einen Schuss** ≈ / disparar un tiro
abgebend, Sauerstoff ≈ / desprendiendo oxígeno
abgeblendet (Kfz) / con luz de cruce, con luz bajada o corta
abgebrannt (Reaktorbrennstoff) / quemado, gastado
abgebremst, retardiert (Phys) / retardado
abgebrochen / cortado, fragmentado
abgebunden (Bau) / fraguado
abgedichtet / cerrado, estanqueizado
abgedreht (stirnseitig) (Dreh) / refrentado, torneado, mandrilado, mandrinado
abgedunkelt (Kfz-Scheibe) / oscurecido (cristal)
abgefahren (Reifen) (Kfz) / desgastado, liso (banda de rodadura del neumático)
abgefallener Sand (Fehler) (Gieß) / caída *f* de arena
abgefast / biselado, achaflanado ‖ ≈ **Mutter** / tuerca *f* biselada ‖ ≈**e Spitze o. Ecke** (Schneidwz) / punta *f* biselada
abgefedert / suspendido por muelles, amortiguado por muelles ‖ ≈**es Gewicht** / peso *m* suspendido por muelles, peso *m* amortiguado
abgeflacht, -geplattet / aplanado, achatado, aplastado ‖ ≈**e Welle** (gegenüber der Sinusform) (Eltronik) / onda *f* aplanada ‖ ≈**er Zapfen**, Blattzapfen *m* (Masch) / muñón *m* aplanado, pivote *m* aplanado ‖ **[oben]** ≈ / aplanado en el extremo o por arriba
abgegeben • e Energie / energía *f* desprendida ‖ ≈**e Leistung** / potencia *f* de salida, potencia *f* suministrada ‖ **an die Umgebung** ≈ / cedido al ambiente
abgeglichen, gut ≈ / enrasado
abgehackt, [oben o. unten] ≈**es Bild** (TV) / imagen *f* truncada
abgehängt (Decke) (Bau) / suspendido (techo)
abgehauenes Stück (Schm, Zimm) / pieza fragmentada
Abgehauenes *n*, abgehauenes Stück (Schm, Zimm) / trozo *m*, pedazo *m*, casco *m*
abgehen *vi* (Genageltes) / desclavarse ‖ ≈, losgehen, aus dem Leim gehen, aus der Lötung gehen / deshacerse, desoldarse, descocerse ‖ ≈, losgehen / desprenderse, soltarse, deshacerse ‖ ≈, abfahren (Verkehr) / salir, partir
abgehend (Bahn, Schiff) / que sale, que está saliendo o zarpando ‖ ≈ (Elektr) / saliente, emergente ‖ ≈**er Leitungskreis** (Eltronik) / circuito *m* de línea saliente ‖ ≈**er Strom** / corriente *f* de salida, corriente *f* emitida ‖ ≈**e [Verbindungs]leitung** (Fernm) / enlace *m* de salida, línea *f* auxiliar de salida ‖ ≈**er Verkehr** (Fernm) / tráfico *m* de salida, tráfico *m* nacido ‖ ≈**e Versorgungsleitung** / línea *f* de alimentación saliente o de salida
abgeholzt / talado, deforestado
abgekantet (Blech) / plegado ‖ ≈**es Profil**, Abkantprofil *n* / perfil *m* plegado, perfil *m* doblado
abgekommen, vom Kurs ≈ **sein** (Raumf) / estar desviado de su trayectoria
Abgekratztes *n*, Abschabsel *n* / raspadura[s] *f [pl]*
abgekröpft (Rohr), gekröpft / acodado
abgekürzt (allg) / abreviado ‖ ≈ (Division, Multiplikation) / abreviado (división, multiplicación) ‖ ≈**e Expansionsdüse** (Raumf) / sección *f* divergente truncada ‖ ≈**e Prüfung** / inspección *f* abreviada
abgelagert, gealtert / madurado, envejecido ‖ ≈ (Bier) / madurado, estacionado ‖ ≈, sedimentär (Geol) / sedimentario ‖ ≈ (Wein) / reposado
abgelängt (Holz) / tronzado, cortado

abgelaufen • er Fahrausweis / billete *m* caducado || **~er Spurkranz** (Bahn) / pestaña *f* desgastada
abgelegte Buchstaben *m pl* (Druck) / materia *f* distribuida
abgeleitet [von] / derivado [de] || **~**, sekundär (Math) / derivado [de], secundario [a] || **~e Einheit** / unidad *f* derivada || **~e Funktion** (Math) / función *f* diferencial || **~e Größe** / magnitud *f* derivada, cantidad *f* derivada
abgelöst, lose / desprendido, suelto || **~** (Furnier) / desprendido || **~e Strömung** (Hydr) / corriente *f* interrumpida
Abgeltung *f* / compensación *f*, indemnización *f*
abgemagert, abgespeckt (DV) / reducido
abgemeißelter Grat (Gieß) / rebaba *f* cincelada, rebaba *f* quitada por cincel
abgenutzt, verbraucht / usado, gastado, desgastado || **~**, unbrauchbar / desgastado, inutilizable, usado || **~er Spurkranz** (Bahn) / pestaña *f* desgastada || **~e Stelle** / marca *f* desgastada, punto *m* desgastado || **~ werden** / desgastarse
abgepackt / envasado, embalado, empaquetado
abgepasst, eingepasst / ajustado || **~**, richtig bemessen / debidamente dimensionado || **~es Maß** / medida *f* justa || **~e Wellenlänge** / longitud *f* de onda adaptada
abgeplattet, -geflacht / aplanado, aplastado || **~** (Sphäroid) / achatado || **[an den Polen] ~ o. abgeflacht** (Math) / achatado
abgereichert (Uran) / desenriquecido, empobrecido (uranio) || **~es Material** (Nukl) / material *m* agotado, material *m* empobrecido || **~er o. verarmter Brennstoff** (Nukl) / combustible *m* agotado
abgeriebene Stelle / marca *f* desgastada, punto *m* desgastado
Abgeriebenes *n*, Abrieb *m* / producto *m* de abrasión, partículas *f pl* de abrasión
abgerissene Leiste (Fehler, Web) / trama *f* desmoronada de la canilla
abgerundet, rund (Material, Math) / redondeado || **~e Anfangsstufe** (Treppe) / peldaño *m* de arranque redondeado || **~es Pulver** (Sintern) / polvo *m* nodular || **~e Schneidkante** (Wz) / arista *f* cortante redondeada
abgerüstet / desarmado
abgeschaltet / desconectado || **~es od. stillgelegtes AKW** / central *f* nuclear pasiva
abgeschäumt (Öl) / espumado (aceite)
abgeschiefert (Schiene) / exfoliado
abgeschirmt (Elektr, Eltronik) / apantallado, blindado || **~er Arbeitsplatz** / lugar *m* de trabajo blindado || **~er Lagerraum** (Nukl) / depósito *m* blindado || **~er Nasenausgleich** (Luftf) / compensación *f* aerodinámica interna || **~er Transportbehälter** / contenedor *m* blindado || **in der Ebene ~** (Straßenleuchte) / con pantalla horizontal
abgeschlagener Schuss (Fehler, Web) / trama *f* despuntada
abgeschleudert (Mot, Öl) / salpicado
abgeschliffene Kante, Facette *f* (Krist) / truncadura *f*
abgeschlossen / cerrado, aislado || **~** [durch] / acabado [con], terminado [por] || **~** (Intervall, Menge) (Math) / cerrado (intervalo, cantidad) || **~e Elektronenschale** (Phys) / capa de electrones cerrada || **~es Programm** (DV) / programa *m* cerrado, rutina *f* cerrada || **~es System** (Vakuum) / sistema *m* cerrado || **~es Unterprogramm** (DV) / subprograma *m* cerrado, subrutina *f* cerrada || **~es Vakuumsystem** / sistema de vacío cerrado o obturado || **für sich ~ in einer Kapsel** / encapsulado || **in sich ~**, unabhängig / cerrado en sí mismo, independiente
abgeschmolzen (Ampulle, Glühlampe) / cerrado por fusión
abgeschnitten / cortado, separado
abgeschopftes Ende (Hütt) / extremo *m* despuntado o de despunte
abgeschorene Wolle / lana *f* tundida

abgeschotteter Raum (Schiff) / compartim[i]ento *m* estanco
abgeschrägt, angefast / biselado, achaflanado || **~**, schräg [verlaufend] / sesgado, oblicuo, inclinado, diagonal || **~** (z.B. Zahn, Kante) (Masch) / biselado, achaflanado || **~es Heck**, Schrägheck *n* (Kfz) / popa *f* inclinada
abgeschriebenes Material (Nukl) / material *m* descartado
abgesengt (Tex) / chamuscado, gaseado
abgesenkt (Hydr, Straßb) / bajado, reducido (nivel)
abgesetzt, versetzt / no en línea recta || **~**, eingezogen (z.B. Werkzeugschaft) / escalonado || **~**, abgestuft (Bohrung) / escalonado, en escalones || **~** (Druck) / compuesto || **~er Bohrer** / broca *f* escalonada || **~e Ladung**, Zweischritt-Ladung *f* (Elektr) / carga *f* por dos corrientes || **~er Nadelschaft** (Tex) / vástago *m* de aguja estampada || **~e Peripherie** (DV) / periféricos *m pl* apartados || **~es PPI-Sichtgerät** (Luftf) / indicador *m* PPI remoto || **~er Stirndrehmeißel** / cuchilla *f* de torno rebajada || **~e Verjüngung** / reducción *f* escalonada || **~er Zugriff** (DV) / acceso *m* a distancia, teleacceso *m* || **zeitlich ~**, in Absätzen / compuesto
abgesichert (Elektr) / protegido por fusible o por cortacircuito || **gemeinsam ~e [Teil]stromkreise** / subcircuitos *m pl* protegidos por cortacircuito común
abgesondert, separat / separado, segregado, independiente || **~**, lose / suelto || **~**, isoliert / aislado
abgespannt (Mast) / arriostrado, amarrado, retenido
abgespeckte Version (DV) / versión *f* reducida
abgesprengt, Fachwerk... / entramado *adj* || **~** (z.B. Stufe der Kapsel) (Raumf) / separado por explosión (por ej. etapa del cohete) || **~er Träger** (Zimm) / viga *f* jabalconada
Abgesprungenes, abgesprungenes Stück *n* / partícula *f* saltada, añicos *m pl*
abgestalten / trazar, formar, describir
abgestanden, nicht mehr frisch / rancio, añejo, manido, reposado || **~er (o. abgestorbener o. verwitterter) Kalk** (Chem) / cal *f* muerta, cal apagada *f*
abgestellt, mit ~em Motor (Kfz, Luftf) / con el motor parado
abgestimmt, koordiniert / coordinado || **~ [auf]** / ajustado [a], haciendo juego, adaptado || **~** (Akust, Hohlraumresonator, Magnetron) / sintonizado || **~**, Abstimmungs... (Eltronik) / sintónico *adj* || **~e Antenne** / antena *f* resonante, antena *f* sintonizada, antena *f* modulada || **~er Laser** / láser *m* equilibrado || **~e Leitung** (Eltronik) / línea *f* sintonizada, línea *f* resonante || **~es Relais**, Resonanzrelais *n* / relé *m* de resonancia || **~er Schwingungsdämpfer** (Masch) / amortiguador *m* dinámico de vibraciones, reductor *m* dinámico de vibraciones || **~er symmetrischer Gegentaktverstärker** / amplificador *m* simétrico sintonizado o equilibrado || **für eine bestimmte Wellenlänge ~er Empfänger** / receptor *m* armonizado
abgestorben • er Baum, Dürrständer *m* / árbol *m* muerto || **~es Holz** / madera *f* muerta
abgestrahlt (Eltronik) / irradiado
abgestreift (Atom) / despojado de electrones
abgestuft, stufenweise / graduado, escalonado, en escalones || **~**, stufenweise (Bahn, Bremsen) / graduado || **~** (Gelände), gestuft / abancalado || **~**, -getreppt (Bau, Bergb) / escalonado, banqueado, en bancos || **~**, gestaffelt / escalonado || **~** (Bohrung) / escalonado || **~** (Filter) / graduado || **~** (Werte) / escalonado || **~er Graukeil** / cuña *f* [gris] sensitométrica || **~e Spule** (Elektr) / bobina *f* escalonada || **~er Widerstand** / resistencia *f* graduada
abgestumpft (Ecke) (Bau) / romo, truncado || **~** (Math) / truncado, obtuso || **~**, abgebrochen / roto (por la punta), sin punta || **~**, stumpf (Werkzeug) / embotado, desafilado, sin filo

abgestürzt (PC) (DV) / se ha colgado (E) o congelado (LA)
abgestützt (Bau, Bergb) / apuntalado, apoyado ‖ ~**es Gewölbe** / bóveda f apuntalada
abgetastet • es Band (Eltronik) / cinta f barrida ‖ ~**es Gebiet** (Radar) / zona f sondeada, área f sondeada, área f barrida
abgeteilt (allg) / dividido, separado, aislado ‖ ~**e Menge, Posten** m / lote m
abgetrennt / separado, independiente, aislado ‖ ~**er Teil** (allg, Raumf) / parte f separada, sección f separada
abgewalmt (Dach) / de copete o a cuatro aguas
abgewandt, entgegengesetzt / opuesto [a]
abgewickelte Reifenbreite / ancho m desenrollada de la banda de rodadura
abgewinkelt, Winkel... / acodado, doblado, angular ‖ ~ (Schraubenschlüssel) / acodado, en ángulo de 90° ‖ ~**er Doppelsteckschlüssel** / llave f de vaso o de pipa doble, acodada ‖ ~**e Schere** / tijeras f pl acodadas ‖ ~**er Steckschlüssel** / llave f de pipa simple, acodada
abgewogenes Quantum (Chem) / cantidad f pesada
abgewürgt (Motor) / calado
abgießen vt, wegschütten, fortgießen / echar, verter, vaciar ‖ ~, dekantieren (Chem) / decantar, verter, trasvasar, trasegar ‖ ~, einen Abguss fertigen (Hütt) / colar, fundir [en molde] ‖ ~, Gießen n (Hütt) / fundición f, colada f
abgittern, abzäunen / poner rejas, enrejar, separar por una reja
Abglänzen n (Galv) / abrillantado m
Abgleich m, Abgleichung f / ajuste m, igualación f ‖ ~ (Eltronik) / equilibrio m, sintonía f, compensación f ‖ ~, Einregelung f, Einpegeln n (Elektr) / reglaje m, compensación f, ajuste m de un circuito ‖ ~ (Bau) / enrase m ‖ ~ (Thermoelement) / tarado m ‖ ~ **der Durchlasskurve** (TV) / alineación f
Abgleichbohle f (Bau) / viga f para enrasar
abgleichen vt (allg, Uhr) / igualar ‖ ~, ein- oder anpassen / ajustar, adaptar, amoldar ‖ ~, justieren (Instr) / ajustar ‖ ~, eintrimmen (Eltronik) / alinear, calibrar ‖ ~, ausbalancieren / equilibrar, balancear ‖ ~, in eine Ebene bringen / nivelar, alisar ‖ ~ (Mauern), zu gleicher Höhe aufführen / enrasar, igualar (muros) ‖ ~ (Mauerflächen), planieren / agramilar ‖ ~ (elektr. Widerstand) / variar, ajustar (la resistencia eléctrica) ‖ ~ (DV) / alinear, comparar, sincronizar ‖ ~, justieren (Druck) / parangonar, justificar ‖ ~, das Register zurichten, Seiten abgleichen (Druck) / alinear (las páginas) ‖ ~, den Zeilen richtige Länge geben (Druck) / alinear el margen ‖ **Bretter** ~ (auf gleiche Höhe bringen) / nivelar tablas, enrasar tablas ‖ **Gelände** ~ / nivelar el terreno ‖ **Kurven** ~ / ajustar curvas
Abgleicher m, Nivellierer m (Bau) / nivelador m ‖ ~ (Straßb) / niveladora f
Abgleich • fehler m, Unbalanz f (Masch) / defecto de equilibrio, error de equilibrio, error de balance, desbalance, desajuste, desequilibrio ‖ ~**filter** m n (Funk, Opt) / filtro m de ajuste, filtro m de alineación ‖ ~**frequenz** f / frecuencia f de ajuste ‖ ~**genauigkeit** f (Fernm) / precisión f de alineación ‖ ~**indikator** m (Instr) / indicador m de zero, detector m de zero ‖ ~**klemme** f (Elektr) / borne m compensador ‖ ~**kondensator** m (Funk) / condensador m de ajuste, condensador m compensador ‖ ~**latte** f (Bau) / regla f igualadora ‖ ~**leitung** f (Elektr) / línea f de equilibrio ‖ ~**platte** f / placa f de ajuste ‖ ~**potentiometer** n / potenciómetro m ajustable ‖ ~**punkt** m / punto m compensador ‖ ~**reihe** f (Bau) / línea f de referencia, ladrillos m pl de referencia ‖ ~**reihen** f pl (Bau) / hileras f pl igualadoras ‖ ~**säge** f (Tischl) / sierra f para igualar ‖ ~**schaltung** f **für Verstärker** (Fernm) / conexión f de equilibrio para amplificador[es], compensación f del amplificador ‖ ~**schraube** f

(Fernm) / tornillo m de sintonizar ‖ ~**spule** f (Fernm) / bobina f de compensación ‖ ~**steine** m pl (Bau) / ladrillos m pl igualadores o de enrase ‖ ~**tabelle** f (Instr) / cuadro m de reglaje, tabla f de reglaje ‖ ~**toleranz** f (Elektr) / precisión f de ajuste
Abgleichung f (Instr) / ajuste m ‖ ~, Abstimmung f (Eltronik) / equilibración f, balanceo m ‖ ~, Mauergleiche f (Bau) / enrase m, enrasamiento m
Abgleich • vorrichtung f **für Messgeräte** / servomecanismo m para instrumentos de medida ‖ ~**waage** f / balanza f de ajuste ‖ ~**widerstand** m (Eltronik) / resistencia f de ajuste, resistencia f equilibradora
abgleiten vi, abrutschen / resbalar, deslizarse, patinar ‖ ~ n / deslizamiento m, resbalamiento m ‖ ~ **unter Scherbeanspruchung** / deslizamiento m bajo cizallamiento
Abglimmen n, kathodisches Ätzen / grabado m catódico
abgraben vt / bajar, excavar, cavar, minar, allanar, nivelar ‖ ~ (Wasserlauf) / avenar ‖ ~ (Gelände) / desmontar ‖ **die Sohle** ~ (Bergb) / rebajar la solera
Abgrabung f, Abtragung f (Bau) / desmonte m
Abgrat • bandschleifmaschine f / máquina f desbarbadora de cinta abrasiva ‖ ~**bürste** f / cepillo m para desbarbar
abgraten vt, entgraten (allg) / desbarbar, rebarbar, quitar las rebabas, efectuar el desbarbado ‖ **eine Schneide** ~ / desbarbar un filo ‖ ~ n / desbarbado m, desbarbadura f
Abgrat • hammer m (Wz) / martillo m para desbarbar ‖ ~**kante, unsaubere** (Gesenkschm) / arista f de desbarbado deseaseada ‖ ~**maschine** f / desbarbadora f, máquina f para desbarbar ‖ ~**matrize** f / matriz f desbarbadora ‖ ~**presse** f / prensa f desbarbadora, prensa f recortadora ‖ ~**scheibe**, Grobschleifscheibe f (Galv) / muela f desbarbadora ‖ ~**schnitt** m, Abgratwerkzeug n (Schm, Stanz) / herramienta f desbarbadora, matriz f desbarbadora
abgreifen, abnutzen (sich) / manosear, desgastar(se) por el uso constante ‖ ~ (z.B. einen Wert) / tomar (por ej. un parámetro) ‖ **mit dem Zirkel** ~ / medir [la distancia] con el compás, tomar una medida [con un compás], acompasar
Abgreifer m, Läufer m (Elektr) / cursor m
Abgreif • klemme f / pinza f de derivación, borne m de toma ‖ ~**schelle** f (Widerstand) / anillo m cursor, brida f variable
abgrenzen vt / delimitar, limitar, demarcar, deslindar ‖ ~, definieren / definir, precisar ‖ ~, trennen / separar, delimitar
abgrenzende Ebene / plano m determinante
Abgrenzung f / delimitación f, deslinde m, demarcación f ‖ ~ (Patent) / delimitación f, definición f
Abgriff m, Abgriffstelle f (Elektr) / toma f ‖ ~, Abnehmen n / toma f ‖ **mit** ~ (Eltronik) / con tomas [intermedias], con derivaciones ‖ ~**klammer** f (Elektr) / abrazadera f de conexión
Abguss m, Abgießen n (Hütt) / vaciado m, fundición f, colada f, moldeado m, moldura f ‖ ~, Gussstück n / pieza f fundida o de fundición ‖ ~ **in Gips** / vaciado m en yeso ‖ ~ **von einem Gussstück**, Abformung f / sobremolde m
abhaaren vt / quitar el pelo o el pelamen
abhacken vt / cortar a hachazos ‖ ~, Scheren n (Schm) / corte m, cizallamiento m
abhaken, anstreichen (Liste) (F.Org) / puntear, marcar, chequear, cotejar, colacionar ‖ ~, loshaken / desenganchar ‖ ~ n (z.B. einer Liste) / chequeo m, punteo m
abhalden vt (Bergb) / tomar del vaciadero o montón, tomar de la canchamina
abhämmern vt / quitar a martillazos
Abhang m, Neigung f, Hang m (Geol) / pendiente f, repecho m, declive m, cuesta f, falda f

abhängen *vt*, trennen [von] / separar [de] ‖ ~ (Bahn, Fahrzeug) / desenganchar ‖ ~, herabnehmen / descolgar ‖ ~ *vi*, abhängig sein [von] / depender [de], estar dependiente [de] ‖ ≙ *n*, Abkuppeln *n* / desenganche *m*
abhängig [von] / dependiente [de] ‖ ~ [von], unterworfen / sujeto [a], sometido [a] ‖ ~ (DV) / contiguo ‖ ~, verschlossen (Bahn, Signal) / enclavado ‖ ~**e Größe** / magnitud *f* dependiente ‖ ~**e Verriegelung spitzbefahrener Weichen** (Bahn) / cerrojo *m* con el mismo mando que la aguja ‖ ~ **verzögert** / de retardo dependiente ‖ ~ **voneinander o. untereinander** / interdependiente
Abhängigkeit *f* [von] / dependencia *f* [de] ‖ ≙, Funktion *f* (Math) / función *f* ‖ ≙ **vom Zufall** / contingencia *f* ‖ **in** ≙ [von] / en función [de] ...
Abhängigkeits•faktor *m* / factor *m* de dependencia ‖ ≙**verhältnis** (zeitlich) (Netzplan) / dependencia *f* en función del tiempo ‖ ≙**verschluss** *m* (Bahn) / enclavamiento *m* [invertido]
abhaspeln *vt*, abspulen (allg) / desbobinar, debobinar ‖ ~, abwickeln (Spinn) / devanar, desdevanar, hilar ‖ ~ (Walzw) / desenrollar ‖ ≙ *n* (allg) / desbobinado *m*, desdevanado *m* ‖ ≙ (Seide) / devanado *m*
abhauen *vt*, abschlagen / separar cortando a golpes, tajar, separar a martillazos
abhäuten *vt* (Gerb) / desollar, despellejar
abhebbar / levantable, levadizo, alzadizo
Abhebe•festigkeit *f* (Furnier) / resistencia *f* al levantamiento [de la chapa], resistencia *f* al desprendimiento [de la madera] ‖ ≙**formmaschine** *f* (Gieß) / máquina *f* de moldeo con dispositivo para levantar la caja superior ‖ ≙**formmaschine mit Wendeplatte** / máquina *f* de moldeo con dispositivo levantadoro o con placa de volteo ‖ ≙**knopf** *m* (Opt) / botón *m* elevador ‖ ≙**maschine** *f* (Gieß) / desmoldeadora *f*
abheben, anheben *vt* / levantar, quitar [de encima], deprender, elevar ‖ ~ (Deckel) / destapar ‖ ~ *vi* (Luftf) / alzarse, despegar, levantarse ‖ ~ (Relaisanker) / levantarse ‖ ~ (sich) (Farben) / destacarse, contrastar [con] ‖ **eine Schicht** ~ / quitar de encima (una capa) ‖ **sich** ~ [von], kontrastieren / contrastar [con] ‖ **sich** ~ [von], überragen / resaltar, destacarse ‖ **Späne** ~ / desprender virutas ‖ ≙ *n*, Loskommen (Luftf, Raumf) / despegue *m*, levantamiento *m* ‖ ≙ (Relaisanker) / levantamiento *m* ‖ ≙ **der Schienen** / levantamiento *m* de los carriles ‖ ≙ **des Brückenlagers** (Bau) / levantamiento *m* del apoyo del puente ‖ ≙ **des Meißels** (Wzm) / levantamiento *m* del útil cortante ‖ ≙ **o. Abblättern der Schicht** (Galv, Hütt) / exfoliación *f*, desconchado *m*, descascarillamiento *m*
Abhebe•punkt *m* (Strangguss) / punto *m* de contracción ‖ ≙**punkt beim Start** (Luftf) / punto *m* de despegue
Abheber *m* (Hütt) / dispositivo *m* elevador
Abheberahmen *m* (Gieß) / bastidor *m* de desmoldeo
abhebern (Flüssigkeit) (Chem) / sifonar
Abhebestift *m* (Gieß) / espiga *f* de desmoldeo ‖ ≙, Formstift *m* (Gieß) / punta *f* de moldear, espiga *f* para levantar las cajas
abheften *vt* / archivar
abhelfen / remediar
Abhieb *m*, Überhauen *n* (Bergw) / arranque *m* hacia arriba ‖ ≙ (Forstw) / desmonte *m*
Abhilfe *f*, Abhilfsmaßnahme *f* / remedio *m*, ayuda *f*, auxilio *m*, medidas *f pl* de subsanación ‖ ≙ **schaffen** / poner remedio, remediar, subsanar
Abhitze *f* / calor *m* perdido, calor *m* de escape ‖ ≙**kessel** *m* / caldera *f* recuperadora ‖ ≙**ofen** *m* / horno *f* de recuperación del calor perdido ‖ ≙**rückgewinnung** *f* / recuperación *f* del calor perdido ‖ ≙**verwerter** *m* (Hütt) / regenerador *m* ‖ ≙**verwertung** *f* / utilización *f* del calor perdido, aprovechamiento *m* del calor perdido

abhobeln / acepillar, cepillar, rebajar con cepillo
abholzen *vt*, entwalden / talar, deforestar, desmontar
Abholzung *f* / deforestación *f*, tala *f* del bosque
Abhör•barkeit *f* (Fernm) / escucha[bilidad] *f* ‖ ≙**box**, Mischkabine *f* (Film, Radio) / cabina *f* de escucha, cabina *f* de control, gabinete *m* de control
abhorchen *vt* / escuchar ‖ **ein Gespräch** ~ (Fernm) / escuchar [disimuladamente], interceptar
Abhorchgerät, Horchgerät *n* (Fernm, Mil) / aparato *m* de escucha
Abhöreinrichtung, Mithöreinrichtung *f* (Fernm) / aparato *m* de escucha telefónica, monitor *m*, dispositivo *m* interceptor
abhören / escuchar, interceptar ‖ **ein Lager** ~ / escuchar el ruido de un rodamiento, auscultar un rodamiento ‖ **Gespräche** ~, Leitung "anzapfen" (Fernm) / escuchar ilegalmente, derivar [un hilo de escucha], intervenir el teléfono ‖ ≙ *n* (Tonaufzeichn) / playback *m*, escucha *f* de control ‖ ≙, Mithören *n* (Fernm) / escucha *f* telefónica [de control], intercepción *f* telefónica ‖ **[unbefugtes]** ≙, Lauschangriff *m* (Fernm) / escucha *f* ilegal
Abhörer, Horcher *m* (Fernm) / espía *m* acústico
Abhör•gerät *n* (Eltronik) / receptor *m* monitor[io] ‖ ≙**gerät**, Mithörgerät *n* / aparato *m* de escucha ‖ ≙**kabine** *f* (Eltronik) / cabina *f* de control, cabina *f* para escucha de control ‖ ≙**kopf** *m* (Magn.Bd) / cabeza *f* de lectura ‖ ≙**lautsprecher** *m*, Kontroll-Lautsprecher *m* / altavoz *m* de escucha o de control (E), altoparlante *m* de escucha o de control (LA) ‖ ≙**pegel** *m* (TV) / nivel *m* de escucha ‖ ≙**schalter** *m*, Mithörschalter *m* (Fernm) / conmutador *m* o interruptor de escucha o de control, llave *f* de escucha ‖ ≙**schaltung** *f* (Fernm) / circuito *m* de escucha [de control] ‖ ~**sicher** (Fernm, Mil) / a prueba de escucha o de intercepción ‖ ≙**tätigkeit** *f* / actividad *f* interceptora ‖ ≙**tisch** *m* (Fernm) / mesa *f* de escucha ‖ **[Kontroll-]**≙**tisch** (Tonfilm) / mesa *f* de escucha, mesa *f* de control ‖ ≙**verstärker** *m* (Fernm) / amplificador *m* de escucha o de audibilidad
Abhub, Deckschutt *m* (Bau, Straßb) / material *m* quitado de encima ‖ ≙ *m* (Erdarbeiten) / obras *f pl* [de tierra], capa *f* [de tierra etc.] quitada de encima
abhülsen / desvainar
ABI (DV) = Application Binary Interface
Abietat *n* / abietato *m*
Abietin *n* / abietina *f* ‖ ≙**säure** *f* / ácido *m* abiético o abietínico
Ab-initio-Flugzeug *n*, Schulflugzeug *n* / avión *m* escuela
abiotisch / abiótico
abisolieren *vt* (Elektr) / pelar (cables), desguarnecer, quitar el aislamiento, desaislar
abisoliert (Elektr) / blanco, desnudo, desaislado
Abisolierzange *f* / alicates *m pl* pelacables, pinzas *f pl* pelacables, pinzas *f pl* de decoletaje (gal.)
Abis-Schnittstelle *f* (UMTS) / interface *m* Abis
Abk., Abkürzung *f* / abreviación *f*
abkaltlehren *vt* (Plast) / conformar en frío
abkanten *vt*, -ecken, -stoßen, -fasen (Zimm) / achaflanar, biselar, descantear ‖ ~ (Blech) / rebordonar, rebordear, plegar los cantos ‖ ~ (Tuch) / cortar la orilla del tejido ‖ ~, falzen (Stanz) / plegar, doblar
Abkant•klappe *f* (Plast) / placa *f* rebatible de plegado ‖ ≙**maschine** *f* (Tischl, Zimm) / máquina *f* de biselar, máquina *f* de achaflanar ‖ ≙**presse** *f*, Schwenkbiegemaschine *f* (DIN) (Stanz, Wzm) / prensa *f* plegadora, rebordeadora *f*, prensa *f* dobladora ‖ ≙**profil** *n* (Blech) / perfil *m* plegado [de chapa] ‖ ≙**profil** / perfil *m* doblado ‖ ≙**säge** *f* (Holz) / sierra *f* de achaflanar ‖ ≙**schiene** *f* / reglón *m* de plegado ‖ ≙**werkzeug** *n* / herramienta *f* de plegar
Abkapper *m* (Elektr) / recortador *m*
abketteln *vt* (Wirkm) / fijar las mallas (con la aguja)

abkippen *vt* (Ladung) / bascular, volcar ‖ ~ *vi* (Luftf) / picar
Abkippgeschwindigkeit *f* (Luftf) / velocidad *f* de picar
abklappbar (Masch) / rebatible, abatible
abklappen *vt* / abatir, rebatir
Abklärbecken *n* / pileta *f* de decantación
abklären *vt*, filtrieren / clarificar, filtrar ‖ ~ (Zuck) / hacer reposar (líquido), hacer depositar (sedimentos)
Abklärgefäß, Absitzgefäß *n* (Chem) / recipiente *m* de decantación, vaso *m* de decantación
Abklärung *f*, Läuterung *f* / defecación *f*
Abklatsch *m* (Druck) / copia *f*, prueba *f*, calco *m*
abklatschen *vt* (Stoffdruck) / transferir ‖ ~ (Stereot) / clisar, estereotipar
abklemmen *vt*, abpressen / estrangular, separar prensando ‖ ~ (Elektr) / desembornar, desconectar (un borne) ‖ ~ (Tex) / despinzar ‖ ≃ *n* (Tex) / despinzado *m*
Abklingbecken *n* (Nukl) / pila *f* de desactivación, pileta *f* de desactivación
Abklingeln *n* (Kabel) / prueba *f* de timbre
abklingen *vi*, verschwinden / ir desapareciendo, extinguirse ‖ ~ (Ton) / apagarse, extinguirse ‖ ~ (Reaktor) / desactivarse ‖ **auf null** ~ / volver al cero, decrecer hasta cero ‖ ≃ *n*, Abklingung *f* (Nukl) / desactivación *f* radiactiva ‖ ≃ (Röhre) / descarga *f* ‖ ≃ **der Schwingung**, Ausschwingen *n* / extinción *f*, decrecimiento *m*, amortiguación *f* de la oscilación, decremento *m*
abklingend, konvergent (Nukl) / convergente ‖ ~ (Schwingung) / decreciente, evanescente ‖ **~e aperiodische Bewegung** / subsidencia *f*, movimiento *m* de atenuación aperiódico
Abkling•konstante *f* (Eltronik) / constante *f* de atenuación, constante *f* de extinción ‖ ≃**konstante**, Dämpfungskonstante *f* (Phys) / coeficiente *m* de amortiguación ‖ ≃**konstante** (Nukl) / alfa *m* de Rossi ‖ ≃**kurve** *f* (Schwingung) / curva *f* de relajación, curva *f* de decrecimiento ‖ ≃**kurve** (Nukl) / curva *f* de desactivación ‖ ≃**modul** *m* (Eltronik) / módulo *m* de desactivación
Abklingzeit *f*, Relaxationszeit *f* (Oszilloskop) / tiempo *m* de relajación ‖ ≃ (Fernm, Radar) / duración *f* de la vuelta al cero ‖ ≃ (Verstärker) / tiempo *m* de relajación ‖ ≃ **von Impulsen** (Eltronik) / tiempo *m* de relajación de impulsos
abklopfen *vt* [mit dem Hammer], abhämmern / quitar a martillazos (o con el martillo) ‖ ~ (Schw) / golpear, percutir, martillar ‖ ~ (Radreifen) / examinar al martillo, comprobar con martillo ‖ ~ (Kesselstein) / desincrustar por martillo ‖ ≃ *n* (Bahn, Reifen) / martilleo *m*, prueba *f* de martilleo
Abklopf•hammer *m* (Kesselstein) / martillo *m* desincrustador o para desincrustar ‖ ≃**prüfung**, Abhörprüfung *f* (Schw) / prueba *f* de escucha, prueba *f* acústica de golpeo
Abknallen *n* (der Flamme), Abknall *m* (Schw) / apagón *m*
abkneifen *vt* / cortar, arrancar con pinzas ‖ **Eingüsse** ~ (Gieß) / quitar los bebederos
Abkneifer *m*, Abschneidesenk *n* (Wzm) / matriz *f* para cortar, troquel *m*
Abkneifpresse *f* (Gieß) / prensa *f* trogueladora
abknicken *vt* / doblar, retorcer, romper doblando ‖ ~ (Kurve) / quebrar ‖ ~ *vi* / pandearse ‖ ≃ *n*, Knicken *n* / pandeo *m*
abknickende Lenksäule (Kfz) / columna *f* de dirección acodada
Abknickung *f* / dobladura *f*
Abkoch•apparat *m* (Web) / aparato *m* de descrudado, aparato *m* de desengrasado ‖ ≃**druckapparat** *m*, Beuchapparat *m* (Web) / aparato *m* para descrudar a presión, autoclave *f* para descrudar

abkochen *vt* / ebullir, llevar a la ebullición, hacer hervir, cocer, someter a ebullición ‖ ~ (Chem) / hacer una decocción ‖ ~ (Milch) / hervir ‖ ≃ *n*, Abkochung *f* / cocimiento *m*, decocción *f* ‖ ≃, Beuchen *n* (Tex) / desengrasado *m*, descrudado *m*
Abkochentfettung *f* / desengrasado *m* o desengrase en caliente
Abkocherei *f*, Reinigungsanlage *f* (Eisenbahnwerkstatt) / instalación *f* de limpieza de piezas sueltas
Abkochmaschine *f* (Tex) / equipo *m* de desengrasado ‖ ≃**n** *f pl* (Web) / máquinas *f pl* de hervir, máquinas *f pl* de cocción
Abkochung *f*, Absud *m* (Produkt) (Chem, Pharm) / decocto *m*, decocción *f* ‖ ≃ (Vorgang) (Chem) / decocción *f*
abkohlen *vt* (Bergb) / arrancar carbón, picar carbón
Abkohler *m* (Bergb) / picador *m*, obrero *m* picador
Abkohlung *f* (Hütt) / descarburación *f* parcial
abkommen *vi* (von etwas), außer Gebrauch kommen / caer en desuso ‖ ~ (vom Kurs) / desviarse del rumbo, abatir, perder el rumbo
Abkommen *n* **betreffend den internationalen Eisenbahngüterverkehr**, AIM *n* / Acuerdo sobre el Transporte Internacional por Ferrocarril
Abkömmling *m*, Derivat *n* (Chem) / derivado *m*
abkoppeln *vt* / desacoplar, separar
Abkopplung *f*, Loskoppeln *n* (Raumf) / desacoplamiento *m*, desatracada *f*
Abkrammen *n* (Abziehen von Schlacke) (Gieß) / descorificado *m*
Abkrammlöffel *m* (Gieß) / cuchara *f* de descorificar
abkratzen *vt* / rascar, raer ‖ ≃ *n* **von Farbe** / rascado *m* de pintura
Abkratzgerät *n* / rascador *m*
abkreiden *vt* (Bau) / marcar con tiza
Abkreuzung *f*, Andreaskreuz *n* (Zimm) / cruz *f* de San Andrés, tornapuntas *f pl* cruzadas, aspa *f* ‖ ≃ **von Balkenlagen**, Kreuzspreize *f*, Kreuzstake *f* / codal *m* en cruz, zoquete *m*
abkrümmen *vt*, abbiegen / curvar, doblar, combar
abkühlen *vt*, kühlen / enfriar, refrigerar ‖ ~ (Nukl) / desactivar ‖ ~ **lassen** / dejar enfriarse ‖ **scharf** ~ / refrigerar [bruscamente], enfriar ‖ **sich** ~ / enfriarse ‖ **sich** ~, kühl werden / enfriarse ‖ ≃ *n*, -kühlung *f* / enfriamiento *m* ‖ ≃, Erstarren *n* (Hütt) / congelación *f*, solidificación *f*
Abkühlung, Kühlung *f* / enfriamiento *m*, refrigeración *f* ‖ ≃ *f*, Auskühlen *n* (Nukl) / desactivación *f* ‖ **schnelle starke** ≃ / enfriamiento *m* brusco
Abkühlungs•bottich *m* / cuba *f* de refrigeración o de enfriamiento ‖ ≃**geschwindigkeit** *f* (Hütt) / velocidad *f* de enfriamiento o de refrigeración ‖ ≃**kurve** *f* / curva *f* de enfriamiento ‖ ≃**rollgang** *m* (Hütt) / tren *m* de rodillos de enfriamiento ‖ ≃**verlust** *m* / pérdida *f* por enfriamiento ‖ ≃**vorrichtung** *f* (Gieß) / dispositivo *m* de enfriamiento
Abkühlzeit *f* (Schw) / tiempo *m* de enfriamiento
abkuppeln *vt* (Bahn, Fahrzeug) / desenganchar
abkürzen (zeitlich), verkürzen / abreviar, acortar ‖ ~ (Strecke, Weg) / acortar ‖ ~ (Lieferzeit) / abreviar, reducir el plazo de entrega ‖ ~, beschneiden / acortar, recortar, cortar, tronzar, reducir ‖ ≃ *n* / acortamiento *m*, tronzado *m*, reducción *f*, [re]corte *m* ‖ ≃, Abbrechen *n* (DV) / truncado *m*
Abkürzsäge *f* (Holz, Wzm) / sierra *f* tronzadora
Abkürzung, Verkürzung *f* / abreviación *f*, acortamiento *m* ‖ ≃, Abkürzungsweg *m* / atajo *m* ‖ ≃ *f* / abreviación *f*
Abkürzungs•verfahren *n* (Prüfen) / método *m* acelerado (o rápido) de ensayo (o prueba) ‖ ≃**verfahren** (Mat.Prüf) / procedimiento *m* de ensayo rápido ‖ ≃**verzeichnis** *n* (DV) / diccionario *m*, índice *m* de abreviaturas o siglas ‖ ≃**zeichen** *n* / sigla *f*, abreviatura *f*

Abladeanlage f / instalación f de descarga
abladen vt, ausladen / descargar, desembarcar || ~ (NC, Wzm) / descargar [el útil], desmontar || ~ (z. B. Schutt), aufschütten / descargar, depositar, echar (tierras)
Ablade•platz m (allg) / descargadero m || ⁓**platz** (z.B. für Schutt) / vertedero m, depósito m para escombros, descargadero m, escombrera f
Ablader m / descargador m
Ablade•rampe f / rampa f de descarga || ⁓**schneidgebläse** n (Landw) / descargadora f cortaforrajes neumática || ⁓**tiefe** f (einer Wasserstraße) (Schiff) / profundidad f de descarga
abladiert, abgetragen (Plasma) / sacado por ablación
Ablage f (allg) / depósito m || ⁓, (spez.:) Handschuhkasten m (Kfz) / guantera f, bandeja f, repisa f portaobjetos, hueco m para objetos || ⁓ (Platz, Stelle) (Büro) / bandeja f, depósito m || ⁓, Ablagegestell n / estante m || ⁓, Ablegeabteilung f, Registratur f / archivo m || ⁓ (Mikrosk) / bandeja f [portaobjetos] || ⁓ (Schiff) / desviación f, deriva f del rumbo || ⁓, Bogenausgang m (Druck) / recepción f || ⁓ **für Werkzeug** / bandeja f herramental || ⁓ **hinter dem Rücksitz** (Kfz) / bandeja f trasera || ⁓**anzeiger** m (Schiff) / indicador m de deriva o de desviación del rumbo || ⁓**box** f / caja f [portaobjetos] || ⁓**fach** n (Tischl) / casilla f, casillero m || ⁓**fach** (Kfz) / bandeja f [portaobjetos]
ablagern vt, sedimentieren / depositar, sedimentar, posar, dejar reposar || ~, absetzen (Chem, Geol) / depositar, sedimentar || ~, altern / madurar, curar (madera) || ~ vi, altern / [dejar] envejecer || **sich** ~ / depositarse || **sich** ~ (Chem) / precipitarse || **sich** ~ o. absetzen (Chem) / depositar[se], posarse, sedimentarse, precipitarse
Ablagerung f, Bodensatz m (Brau, Chem) / depósito m, sedimento m, precipitado m, residuo m || ⁓, Anspülung f / aluvión m || ⁓, Inkrustation f / incrustación f || ⁓ (Materie) / depósito m, sedimento m, residuo m || ⁓, Sedimentation f (Geol) / acumulación f, sedimentación f, depósito m, sedimento m || ⁓ f, Anlagerung f (Polymere) / adición f de polímeros || ⁓ **der Sinkstoffe** / sedimentación f de materia en suspension || ⁓ **von Nukleiden**, Plate-out n / plate-out n, depósito m químico de nucleidos
Ablagerungs•gebiet n (Geol) / área f de detritos || ⁓**gestein** n (Geol) / roca f sedimentaria || ⁓**mulde** f (Bergb) / cavidad f de sedimentación
Ablage•stapel m (Druck) / pila f de recepción || ⁓**tisch** m (Druck) / mesa f de recepción || ⁓**verhältnis** n (Mil, Schiff) / relación f de desviación
ablandig (Wind) / de tierra, terral
ablängen vt / tronzar, cortar a medida || ~ (Baumstamm) / trozar
Ablänger m (Forstw) / tronzador m
Abläng•kreissäge / sierra f circular tronzadora || ⁓**- und Bördelmaschine** f / máquina f para cortar y bordonear || ⁓**säge** f / tronzador m, tronzadera f
ablaschen vt (Bahn, Schienen) / desembridar los carriles
Ablass f (Öffnung) / desguadero m, orificio m de desagüe || ⁓ m, Ablassen (Hydr) / salida f, desagüe m, escape f, descarga f || ⁓**druck** m / presión f de escape || ⁓**düker** m / sifón m regulador de un canal
ablassen vt (Behälterinhalt) / evacuar, hacer salir, vaciar || ~ (Dampf) / dar salida, dar escape || ~ (Gas, Luft) / desinflar, dejar salir || ~, abfließen lassen / drenar, purgar, desaguar || ~, entweichen lassen / dejar escapar || ~, [ab]senken / bajar || **das Roheisen** ~, aufbrechen (Hütt) / efectuar la colada, efectuar el arrabio, sangrar || **das Roheisen** ~ (Hütt) / sangrar el alto horno, abrir la piquera, dar salida al arrabio || **Luft** ~ (Reifen) / desinflar || **Öl** ~ / purgar aceite
Ablass•graben m (Hydr) / canal m de salida || ⁓**graben** (Wassb) / zanja f de salida, zanja f de desagüe || ⁓**hahn**

m / grifo m de purga, grifo m de desagüe, grifo m de escape o descarga, purgador m || ⁓**hahn** (Kfz) / grifo m de salida [para agua] || ⁓**kante** f (Luftf) / arista f de salida, borde m de escape || ⁓**öffnung** f / orificio m de salida o de purga || ⁓**rohr** n, Ablass m / tubo m de salida o de escape, conducto m de salida o de escape, caño m de salida o de escape || ⁓**rohr** (senkrecht) / tubo m [vertical] de salida || ⁓**schleuse** f / esclusa f de descarga || ⁓**schraube** (nicht: -stopfen), Verschlussschraube f (Kfz) / tornillo m de salida o de purga, tornillo m de cierre || ⁓**seite** f (Gieß) / lado m de la salida || ⁓**stollen** m (Talsperre) / túnel m de rebosadero || ⁓**stopfen** m / tapón m de vaciado, tapón m de salida || ⁓**stutzen** m, Entleerungsstutzen m / tubuladura f de descarga o de salida, tubuladura f de vaciado, tubuladura f de alivio || ⁓**ventil** n / valvula f de descarga, válvula f de salida o de purgado
Ablation, Abschmelzung f (Geol, Raumf) / ablación f || **eine** ⁓ **durchmachen** / sufrir una ablación
ablations•gekühlt / enfriado por ablación || ⁓**material** n, ablativer Werkstoff m (Raumf) / material m ablativo o de ablación || ⁓**platte** f, -kachel f (Raumf) / loseta f de protección térmica || ⁓**triebwerk** n / motor m cohético de ablación
ablativ, wärmeabsorbierend (Raumf) / ablativo, termoabsorbente
Ablauf, Verlauf m (zeitlich) / desarrollo m, curso m, transcurso m || ⁓ m (Serie von Operationen) (DV) / secuencia f de operaciones || ⁓ (Reaktion) / curso m de reacción, proceso m || ⁓ (der Geltungsdauer) (Patent) / expiración f (del plazo de validez), terminación f, vencimiento m || ⁓, Ausfluss m (Hydr) / descarga f, salida f || ⁓ (von Überschüssigem) (allg) / salida f (de material o líquido sobrante) || ⁓, Öffnung f / orificio m de salida || ⁓ m (Straßb) / sumidero m, boca f de alcantarillas || ⁓, Ausfluss m (Vorgang, Stoff, Menge) / eflujo m || ⁓ (Destillat) (Chem) / destilado m || ⁓ m (Zuck) / jarabe m de centrifugación || ⁓ **des Bremsmanövers** (Raumf) / retrosecuencia f, secuencia f de frenado || ⁓ **des Gewindebohrers** / disminución f del diámetro del macho de roscar || ⁓ **eines Programms** (DV) / ejecución f de un programa || ⁓ **eines Schneidwerkzeuges** / desviación f || ⁓ m **eines Seiles, einer Kette** / descenso m || ⁓ **eines Vorgangs** / desarrollo m, marcha f, evolución f || ⁓ **von Nachprodukt II** (Zuck) / jarabe m verde || ⁓ **von Programmschritten** (zeitlich) / sucesión f, desarrollo m temporal, ciclo m automático || ⁓ **während des Fluges** (Raumf) / secuencia f durante el vuelo || **dicker** ⁓ (Zuck) / melasa f viscosa || **weißer o. dicker** ⁓ (Destill.) / destilado m blanco oespeso
Ablauf•anforderung f (DV) / requerimiento m de secuencia || ⁓**backe** f (Bremse) / zapata f de arrastre || ⁓**bahn** f (Schiff) / imadas f pl, rampa f de deslizamiento || ⁓**bahn**, Schlipp, Slipp n (Schiff) / plano [inclinado] de botadura, varadero m || ⁓**bahn** (fester Teil der Stapellaufbahn) (Schiff) / rampa [fija] de botadura o botada || ⁓**begrenzung** f (Uhr) / dispositivo m de parada || ⁓**bereites Programm** (DV) / programa m ejecutable o explotable || ⁓**berg** m (Bahn) / albardilla f, lomo m de clasificación, joroba f (LA) || **zweiseitiger** ⁓**berg** / doble lomo de descomposición || ⁓**betrieb** m (Bahn) / clasificación f por gravedad || ⁓**bock** m **mit Achse** (Kabelherst) / caballete m desenrollador con eje || ⁓**bremse**, Gleisbremse f (Bahn) / freno m de lomo de asno || ⁓**deck** m (Flugzeugträger) / cubierta f de despegue || ⁓**diagramm** n, AD (DV) / diagrama m de operaciones || ⁓**diagramm**, Flussdiagramm n (DV) / organigrama m, fluxograma m, diagrama m de flujo || ⁓**diagramm** (DIN 40719) (Schaltanlage) / diagrama m de secuencia, distribución f eléctrica
ablaufen vi (Reaktion, Prozess) / desarrollarse || ~ (Patent) / expirar || ~, stehenbleiben (Uhr) / pararse || ~ (Kabel) / desenrollarse, desenvolverse || ~ (seitlich)

ablaufen

(Riemen) / descender ‖ ~, verlaufen (Säge) / desviarse ‖ ~, -fließen, auslaufen / escurrirse, chorrear, salir, verter, gotear ‖ ~ (Farbe, Leim) / escurrir ‖ **von der Rolle** ~ / desarrollarse ‖ ~ *n* **des Riemens** (seitlich) / descenso *m* de la correa
ablaufend (Flut, Riemen) / descendente ‖ **~e Backe** (Bremse) / zapata *f* secundaria ‖ **~e Pol[schuh]kante** (Elektr) / cuerno *m* polar secundario ‖ **~es Riementrumm** (Masch) / ramal *m* conducido de la correa
Ablaufende *n* **des Bremsschuhes**, Ankerseite *f* (Trommelbremse) / lado *m* de ataque de la zapata
Ablaufenlassen *n* (Farbe, Leim, Email) / escurrimiento *m*
ablauf•fähig, -bereit (Programm) / ejecutable ‖ **~figur**, Fließspur *f* (Fehler) (Anstrich, Email) / dibujo *m* de escurrimiento, figura *f* de escurrimiento, defecto *m* de escurrimiento ‖ **~förderer** *m*, Schwerkraftförderer *m* (Hütt) / transportador *m* por gravedad ‖ **~gestell** *n*, Ablauf *m* (Kabelherst) / caballete *m* desenrollador ‖ **~gewicht** *n* (Schiff) / peso *m* de botadura ‖ **~gleis** *n* (Bahn) / vía *f* de albardilla ‖ **~glied** *n* (pneumatische Steuerung) / elemento *m* de mando de secuencia ‖ **~haspel** *m f* (Hütt, Spinn) / bobina *f* de salida, desbobinadora *f*, aspa *f* de desdevanar ‖ **~invariant** (DV) / invariable durante el ciclo programado ‖ **~kanal** *m*, Gerinne *n* (Bau, Hydr) / canal *m* vertedero ‖ **~kasten**, unterer Wasserkasten *m* (am Motorkühler) (Kfz) / caja *f* de agua inferior ‖ **~kasten** *m* (Zuck) / caja *f* de lavazas ‖ **~kette** *f* (Fluidtechnik) / cascada *f* de secuencia, cadena *f* de secuencia ‖ **~konzentration** *f* (Chem) / concentración *f* cde escurrimiento ‖ **~krone** *f* (Kabelherst) / corona *f* desenrolladora ‖ **~krümmer** *m* / codo *m* de desagüe ‖ **~kurve** *f* (in der Fertigung) (F.Org) / curva *f* de desarrollo o de Wright ‖ **~kurve** (Nocken) / curva *f* de recorrido (leva) ‖ **~leitung** *f*, Abflussleitung *f* (allg) / tubería *f* de desagüe, cañería *f* de desagüe ‖ **~linie** *f* (Fehler im Email) / línea *f* de escurrimiento ‖ **~linie**, Flusslinie *f* (Plast) / línea *f* de flujo ‖ **~linie im Flussplan** (DV) / línea *f* de desarrollo funcional ‖ **~öffnung** *f* **für Kondensat** (Wärmeaustauscher) / orificio *m* de salida para condensado ‖ **~öl** *n* / aceite *m* desprendido ‖ **~organisation** *f* (F.Org) / organización *f* de trabajo ‖ **~parametergenerator** *m* (DV) / generador *m* de parámetro[s] de desarrollo ‖ **~phase** *f* (DV) / fase *f* operativa ‖ **~plan** *m* (DV) / diagrama *m* de operaciones, ciclograma *m*, organigrama *m* ‖ **~plan** (F.Org) / ciclograma *m* ‖ **~planung** *f* (F.Org) / planificación *f* operativa ‖ **~punkt** *m* (Transmission) / punto *m* de salida ‖ **~rampe** *f* (Bahn) / rampa *f* de arranque ‖ **~rangierbetrieb** *m* (Bahn) / clasificación *f* por gravedad ‖ **~richtung** *f*, Flussrichtung *f* (DV) / dirección *f* de[l] flujo ‖ **~rinne** *f*, Abzugsgraben *m*, Abzugsrinne *f* (Bau, Bergb, Landw) / canal *m*, gotera *f*, canalón *m*, vertedero *m*, zanja *f* de desagüe, vertedor *m* ‖ **~rinne**, -gerinne *n* (Gieß) / canal *m* de salida ‖ **~rohr** *n* (Bau) / tubo *m* de desagüe, tubo *m* de descarga ‖ **~rohr** (Masch) / tubo *m* de purga ‖ **~rolle**, -spule *f* / bobina *f* desenrolladora, bobina *f* de suministro ‖ **~rollgang** *m* (Walzw) / vía *f* de rodillos de descarga ‖ **~rutsche** *f* / canaleta *f* inclinada de salida ‖ **~schacht** *m* (Bergb) / pozo *m* de salida ‖ **~schacht** (Bau) / arqueta *m* [de] desagüe ‖ **~schacht einer Kolonne** (Chem) / descarga *f* de una columna ‖ **~schale** *f* (Öl) (Masch) / colector *m* de aceite ‖ **~schaltwerk** *n* (Pneum) / procesador *m* de secuencia ‖ **~schema** *n* (F.Org) / diagrama *m* de operaciones, esquema *m* de operaciones ‖ **~schlauch** *m* / tubo *m* flexible de desagüe, manga *f* de desagüe ‖ **~schleuse** *f* (Hydr) / esclusa *f* de descarga ‖ **~schlitten** *m*, Stapelschlitten *m* (Schiff) / cuña *f* de lanzamiento, anguila *f*, resbaladero *m* ‖ **~sieb** *n* / criba *f* escurridera ‖ **~signal** *n* (Bahn) / señal *f* de lomo de asno ‖ **~sirup** *m* (Zuck) / jarabe *m* centrifugado, jarabe *m* verde ‖ **~speicher** *m* (Bahn) / combinador *m* automático de clasificación (de abardilla) ‖ **~speicher**, Entleerungsspeicher *m* (Heißwasser) / depósito *m* de vaciado, termo *m* de vacido ‖ **~spule** *f* (Film, Magn.Bd) / bobina *f* dadora, carrete *m* dador ‖ **~stellwerk** *n* (Bahn) / puesto *m* de mando de agujas de clasificación, puesto *m* de enclavamiento ‖ **~steuerung** *f* (Programm) / secuenciado *m* ‖ **~steuerung** (Elektr, Fernm) / control *m* de secuencia ‖ **~stollen** *m*, Ablassstollen *m* (Talsperre) / galería *f* de salida o de descarga, túnel *m* de descarga ‖ **~streifen** *m* (Anstrich, Email, Fehler) / línea *f* de escurrimiento, estría *f* de escurrimiento ‖ **~studie** *f* (F.Org) / estudio *m* de operaciones, estudio *m* del proceso ‖ **~tabelle** *f* (DIN 40719) (Elektr) / tabla *f* de secuencia ‖ **~teil** *m* (Teil des Organisationsprogramms) (DV) / parte *f* de ejecución ‖ **~teller** *m* (Kabelherst) / plato *m* desenrollador ‖ **~trennung** *f* (Zuck) / separación *f* de lavazas ‖ **~trichter** *m* (Chem, F.Org) / embudo *m* de descarga ‖ **~- und Planungsforschung** *f* (F.Org) / "operational" research", investigación *f* de procesos y operaciones, investigación *f* de desarrollo ‖ **~unterbrechung** *f* (DV) / interrupción *f* del ciclo, condición *f* de excepción ‖ **~ventilbetätigung** *f* (Waschbecken) / palanquilla *f* de sifón, palanquilla *f* de desagüe ‖ **~verfolger** *m*, Ablaufüberwacher *m* (DV) / programa *m* de rastreo, rutina *f* de rastreo, seguidor *m* ‖ **~verfolgungsroutine** *f* (AV) / rutina *f* de análisis, rutina *f* de traza ‖ **~wasser** *n* (allg) / agua *f* de salida, desagüe *m* ‖ **~wasser** (Zuck) / lavazas *f pl* ‖ **~wasser** (Turbine) / agua *f* turbinada ‖ **~zähler** *m* (DV) / contador *m* de fases operativas, debitómetro *m* ‖ **~zeit** *f* (DV) / tiempo *m* de pasada, tiempo *m* de entrega ‖ **~zettel** *m* (Bahn) / programa *m* de descomposición ‖ **~zone**, Zerlegungs[gleis]gruppe *f* (Bahn) / haz *m* de vías de descomposición
Ablauge *f* (Chem) / lejía *f* usada, lejía *f* residual, lejía *f* de desecho ‖ ~ (Pap) / líquido *m* de desecho
ablaugen *vt*, abbeizen / decapar, mordentar, quitar con lejía, lixiviar
abläutern *vt* (Chem) / clarificar, abluir, purificar ‖ ~ (Brau) / clarificar, filtrar
abledern *vt* (Kfz) / secar con piel
Ablege•fach *n* / bandeja *f* ‖ **~fehler**, Zwiebelfisch *m* (Druck) / mano *f* perdida, pastel *m*
ablegen *vt* (allg) / depositar, almacenar ‖ ~ (in einem Speicher) (DV) / colocar, implantar ‖ ~ (Büro) / archivar, encarpetar ‖ ~, den Wickel abnehmen (Spinn) / extraer la tela ‖ ~ (Schiff) / salir, zarpar, desatracar (muelle) ‖ ~ (Schm) / conservar, mantener a temperatura fina ‖ ~ *n* (Schiff) / desatraque *m* ‖ ~ (Schm) / fin *m* de forjado ‖ ~ (der Warenbahn) (Tex) / plegado *m* ‖ ~ **o. Auswechseln der Seile** (Seilb) / sustitución *f* de los cablees [en servicio], recambio *m* de los cablees [en servicio]
Ableger *m* (Tex) / plegador *m* ‖ ~ **für Getreide**, Ablage *f* (Landw) / segadora *f* agavilladora
ablege•reif (Seil) / necesita recambio (cable) ‖ **~reife** *f* (Seil) / estado *m* de recambio del cable desgastado ‖ **~rutsche** *f* (Landw) / vertedor *m* inclinado ‖ **~schrift** *f*, -satz *m* (Druck) / composición *f* para distribuir ‖ **~temperatur** *f* (Schm) / temperatura *f* final de forjado ‖ **~wagen** *m* (Tex) / carro *m* para plegar
Ablehnungsbereich *m* (Stat) / zona *f* de rechazo
ablehren *vt* / calibrar
ableichtern *vt* (Schiff) / alijar
ableimen *vt*, ablösen / desencolar, separar (objetos encolados)
ableitbar / deducible ‖ ~ (Math) / derivable
ableiten *vt*, folgern / deducir ‖ ~, differenzieren (Math) / derivar, diferenciar ‖ ~, -lenken / apartar ‖ ~ (Wärme) / ceder calor, disipar, eliminar ‖ ~ (Elektr, Hydr) /

derivar ‖ **eine Formel** ~ (Chem) / desarrollar una fórmula ‖ **einen Fluss** ~ / desviar un río
Ableiter *m* (für Verunreinigungen) (Plasma) / divertor *m* ‖ ~ (Elektr) / descargador *m*, conductor *m*
Ableit•fähigkeit *f* **für elektrostatische Ladungen** / capacidad *f* de derivación para cargas electrostáticas ‖ ~**kondensator** *m* (Eltronik) / condensador *m* "by-pass", condensador *m* en derivación ‖ ~**manometer** *n* (Masch) / manómetro *m* de escape ‖ ~**strom** *m* (Elektr) / corriente *f* de escape, corriente *f* de fuga
Ableitung, Differentiation *f* (Math) / derivación *f*, derivada *f*, diferenciación *f* ‖ ~, abgeleitete Funktion (Math) / función *f* diferencial ‖ ~ *f* (Wirkleitwert der Isolation), "G" / conductancia *f* (de un dieléctrico) ‖ ~, Abzweigung *f* (Elektr) / derivación *f* ‖ ~, Verlust *m* (Elektr) / pérdida *f* [por escape] ‖ ~, Streuung *f* (Elektr) / dispersión *f*, difusión *f* ‖ ~ (Fluss) / desviación *f* ‖ ~ **des Wassers** (Wassb) / evacuación *f*, desagüe *m* ‖ ~ **durch Nässe** (Elektr) / pérdida *f* por humedad ‖ ~ **durch Nässe von einer Leitung zur anderen** (Elektr) / pérdida *f* entre dos líneas por humedad, escape *m* ‖ ~ **einer Ladung** (Elektr) / descarga *f* ‖ ~ **radioaktiver Stoffe** (z.B. in der Luft) / evacuación *f* de sustancias radiactivas ‖ ~ **zur Erde**, Erdableitung *f*, Erdung *f* (Elektr) / puesta *f* a tierra ‖ **erste** ~ (Math) / primera *f* derivada
Ableitungs•belag *m* (Elektr) / conductancia *f* por unidad de longitud ‖ ~**dämpfung** *f* (Fernm) / atenuación *f* debida a las pérdidas ‖ ~**kanal** *m*, -graben *m* (Hydr) / canal *m* de evacuación ‖ ~**messer** *m* (Elektr) / medidor *m* de [las] pérdidas ‖ ~**rinne** *f* / atarjeo *m* ‖ ~**rohr** *n* (Bau) / tubo *m* de evacuación, tubo *m* de desagüe, caña *f* ‖ ~**rohr für Schmutzwasser** (Abwasser) / tubo *m* de desagüe, tubo *m* de cloaca ‖ ~**sammler** *m* (Abwasser) / colector *m* de desagüe ‖ ~**strom** *m* (Elektr) / corriente *m* deescape ‖ ~**widerstand** *m* (Eltronik) / resistencia *f* de escape
ablenkbar (Opt) / desviable
Ablenkbarkeit *f* (allg, Phys) / desviabilidad *f*
Ablenk•bewegung *f* (TV) / movimiento *m* de barrido ‖ ~**blech** *n*, -scheibe, -platte *f* / chapa *f* deflectora, placa *f* deflectora ‖ ~**block** *m* (Keram) / bloque *m* deflector ‖ ~**dehnung** *f* (Radar) / barrido *m* ensanchado ‖ ~**einheit** *f*, -gerät *n* (TV) / deflector *m*, unidad *f* deflectora ‖ ~**elektrode** *f* / electrodo *m* de deflexión, electrodo *m* de desviación ‖ ~**empfindlichkeit** *f* (in cm/V) / sensibilidad *f* de desviación
ablenken *vt* / desviar, apartar ‖ ~, abtasten (TV) / barrer ‖ ~ (Astr) / perturbar ‖ ~ (Opt, Phys) / desviar ‖ ~, beugen / difractar ‖ ~ (Magnetnadel) / declinar
ablenkend, nach links ~ (Opt) / levógiro ‖ **nach rechts** ~ (Opt) / dextrógiro
Ablenker *m* (Masch) / deflector *m*, mecanismo *m* de desviación
Ablenk•fehler *m* (Kath.Str) / error *m* de deflexión ‖ ~**feld** *n* (Elektr) / campo *m* de desviación, campo *m* de deflexión ‖ ~**frequenz** *f* (TV) / frecuencia *f* de barrido ‖ ~**generator** *m* (TV) / oscilador *m* de deflexión, generador *m* de barrido ‖ ~**gerät** *n* (TV) / deflector *m* ‖ ~**geschwindigkeit** *f* (Kath.Str) / velocidad *f* de deflexión o de desviación ‖ ~**joch** *n*, Ablenkspulenjoch *n* (Kath.Str) / yugo *m* deflector ‖ ~**keil** *m* (Öl) / cuña *f* de sonda ‖ ~**kondensator** *m* (Eltronik) / condensador *m* de desviación ‖ ~**kraft**, Richtkraft *f* (Phys) / fuerza *f* de deflexión ‖ ~**kraft** *f* (Elektr) / fuerza *f* de desviación ‖ ~**kreis**, -generator *m* (Eltronik) / circuito *m* de desviación, generador *m* de desviación ‖ ~**mauer** *f* (Lawinen) / muro *m* de desviación ‖ ~**nase** *f* (Masch) / leva *f* ‖ ~**-Nichtlinearität** *f* (TV) / no-linealidad *f* de deflexión ‖ ~**platte**, -scheibe *f*, -blech *n* (Masch) / chapa *f* deflectora, placa *f* deflectora ‖ ~**platte** *f* (TV) / placa *f* deflectora ‖ ~**prisma** *n* (Opt) / prisma *m* desviador o de desviación ‖ ~**rad** *n*, -rolle *f* / polea *f* o rueda de desviación ‖ ~**richtung** *f* (Opt) / dirección *f* de la desviación ‖ ~**rolle** *f* / polea *f* de deflexión ‖ ~**rolle**, Führungsrolle, -scheibe *f* / polea-guía *f*, rodillo-guía *m* ‖ ~**rolle** *f* (Walzw) / polea *f* deflectora ‖ ~**rolle** (Seilb) / polea *f* de desviación ‖ ~**schaltung** *f* (TV) / conexión *f* deflectora, sistema *m* o circuito deflector ‖ ~**schuh** *m* (Seilbahn) / silla *f* de desviación ‖ ~**spannung** *f* (TV) / tensión *f* de desviación, tensión *f* desviadora o deflectora, potencial *f* desviador ‖ ~**spiegel** *m* (Opt) / espejo *n* de desviación ‖ ~**spule** *f* (Nukl) / arrollamiento *m* deflector ‖ ~**spule** (TV) / carrete *m* de deflexión, bobina *f* de deflexión ‖ ~**spulenjoch** *n* (Kath.Str) / yugo *m* deflector ‖ ~**steuerung** *f* (Eltronik) / mando *m* de desviación ‖ ~**stufe** *f* (TV) / etapa *f* de barrido ‖ ~**trommel**, Einschnürtrommel *f* (Förderband) / tambor *m* de contracción
Ablenkung *f* (allg) / desviación *f* ‖ ~ (Phys) / deflexión *f*, desviación *f* ‖ ~, Zeilenabtastung *f* (TV) / barrido *m* ‖ ~ (z.B. Strömung) / diversión *f*, desviación *f* ‖ ~, Umleitung *f* (Bahn) / desvío *m*, desviación *f* de itinerario ‖ ~ *f* **durch den Wind** / desviación *f* por el viento ‖ ~ **von Wellen** (Phys) / desviación *f* de ondas ‖ ~ **auf** ~ (Weiche) / hecho a vía desvíada
Ablenkungs•empfindlichkeit *f* (Opt) / sensibilidad *f* de desviación ‖ ~**faktor** *m*, Reziprokwert *m* der Ablenkempfindlichkeit (Kath.Str) / factor *m* de deflexión, valor *m* recíproco de la sensibilidad de desviación ‖ ~**generator** *m* **für X- o. Y-Achse** (TV) / generador *m* deflector para el eje x ó y ‖ ~**koeffizient** *m* (Eltronik) / coeficiente *m* de desviación ‖ ~**kurve** *f* (Kompass) / curva *f* de desviación ‖ ~**magnet**, Deviationsmagnet *m* / imán *m* de desviación ‖ ~**magnetfeld** *n* (Elektr) / campo *m* magnético deflector ‖ ~**messer** *m* / deflectómetro *m* ‖ ~**methode** *f* / método *m* de desviación ‖ ~**prisma** *n* / prisma *m* de desviación ‖ ~**vermögen** *n* **für polarisiertes Licht** / capacidad *f* de desviación para luz polarizada ‖ ~**weiche** *f* (Bahn) / cambio *m* de vía de seguridad ‖ ~**winkel** *m*, Ablenkwinkel *m* (Opt) / ángulo *m* de deflexión ‖ ~**wirkungsgrad** *m* (Opt) / rendimiento *m* de desviación
Ablenkweite, Kippamplitude *f* (TV) / amplitud *f* de barrido
ablesbar (Instr) / legible ‖ **auf eine Bogenminute genau** ~ / legible con precisión de un minuto de arco
Ablese•fehler *m* / error *m* de lectura ‖ ~**genauigkeit** *f* / exactitud *f* de lectura, precisión *f* de lectura ‖ ~**mikroskop** *n*, -lupe *f* / microscopio *m* de lectura, lupa *f* de lectura
ablesen *vt*, eine Ablesung vornehmen / leer, hacer una lectura, comprobar ‖ **einen Zähler** ~ / leer un contador
Ablese•okular *f* / ocular *m* de lectura ‖ ~**raster** *m* (Instr) / trama *f* de lectura ‖ ~**schieber** *m* **der Nivellierlatte** (Verm) / corredor *m* de la mira, cursor *m* de lectura ‖ ~**skala** *f* / escala *f* de lectura ‖ ~**strich** *m* / línea *f* de lectura ‖ ~**system** *n* / sistema *m* de lectura ‖ ~**vorrichtung** *f*, -okular *n* / dispositivo *m* de lectura, ocular *m* de lectura ‖ **bewegliche** ~**vorrichtung** (Instr) / dispositivo *m* móvil de lectura ‖ ~**vorrichtung** *f* **des Diopterlineals**, Diopter *n* / dioptra *f*, pínula *f* ‖ ~**zeit** *f* (DV) / tiempo *m* de lectura
Ablesung *f* (Instr, Zähler) / lectura *f* ‖ ~, Messergebnis *n* / resultado *m* de lectura
ableuchten *vt* / inspeccionar con linterna o lámpara ‖ ~ *n* / inspección *f* con linterna o lámpara
Ableucht•lampe *f* / linterna *f* de inspeccionar, lámpara *f* de inspeccionar ‖ ~**lampe** (Bergb) / lámpara *f* de seguridad
ablichten *vt* / fotocopiar ‖ ~ *n* / fotocopiado *m*
Ablichtung *f* / fotocopia *f*, fotocalco *m*
Ablichtungspapier *n* / papel *m* de fotocopiar

15

Ablieferung f (F.Org) / suministro m, entrega f ‖ ⁓ (Spinn) / entrega f, salida f
Ablieferungs•prüfung f / prueba f de aceptación ‖ ⁓**walzen** f pl, Abzugswalzen der Anlegemaschine f pl (Tex) / cilindros m pl de entrega
abliegen, abschmieren (Druck) / retinar, repintar, macularse
abliegende Zunge (Weiche) / aguja f desacoplada
ablösbar / desprendible, desatable, exfoliable, separable ‖ ⁓ (z.B. Tapete) / despegable
ablöschen vt, auslöschen (Feuer, Kalk) / apagar ‖ ⁓ (beim Härten) (Schm) / sumergir en un baño frío, apagar
Ablöschtemperatur f (Hütt) / temperatura f de apagado
Ablösekühlung f (Raumf) / refrigeración f por ablación
ablösen vt, lösen, losmachen / soltar, desprender, desatar, despegar, desligar, apartar ‖ ⁓ vr (sich) (F.Org) / relevarse ‖ sich ⁓ / turnarse ‖ sich ⁓ (Strömung) / separarse, apartarse ‖ ⁓ (Beton, Strömung), Abreißen n / separación f ‖ ⁓ n **der Emulsion** (Foto) / evacuación f de [la] emulsión ‖ ⁓ **des Niederschlags** (Fehler) (Galv) / exfoliación f
Ablösung f (allg, Geol) / desprendimiento m, separación f ‖ ⁓ (der Rinde) / exfoliación f ‖ ⁓ **einer laminaren Grenzschicht** / separación f laminar
Ablösungs•fläche f (Geol) / juntura f ‖ ⁓**fläche** (Krist) / superficie f de separación ‖ ⁓**mannschaft** f, Ablösung f (F.Org) / equipo m de relevo, relevo m, turno m ‖ ⁓**mittel** n **für Farben** / decapante-solvente m ‖ ⁓**punkt** m (allgemein, Strömung) / punto m de separación
ablöten vt / desoldar, deshacer la soldadura
Abluft f / aire m de escape, aire m de salida
Ablüfter m, Abluftrohr n (Klimaanlage) / tubo m de escape, tubo m de ventilación
Abluft•gitter n (Bau) / rejilla f de escape de aire ‖ ⁓**haube** f (Bau) / caperuza f de escape de aire ‖ ⁓**kamin** m / chimenea f de escape de aire ‖ ⁓**kanal** m, Entlüftungskanal m / canal m de escape de aire ‖ ⁓**leitung** f / tubería f de escape de aire, conducto m de escape de aire ‖ ⁓**reinigung** f (Nukl) / de[s]contaminación f del aire de escape ‖ ⁓**rohr** n / tubo m de escape de aire, tubo m de salida de aire ‖ ⁓**schacht** m (Bau) / pozo m de escape de aire ‖ ⁓**ventilator** m / ventilador m para escape de aire
ABM (= antiballistic missile) (Mil) / mísil m antibalístico
abmachen vt, losmachen / soltar, desatar, desligar, quitar, deshacer, desprender
Abmagern n (Keram) / empobrecimiento m
abmaischen (Brau) / terminar la maceración
Abmangel m, fehlendes Gewicht, fehlende Menge / cantidad f deficitaria [de peso], peso m deficitario
abmanteln vt, abisolieren (Elektr) / separar el aislamiento, quitar el aislamiento, pelar (pop)
Abmantelwerkzeug n, -zange f / alicates pelacables m pl, pinzas pelacables f pl
abmarken (Verm) / amojonar
Abmaß n, Abmessung f / dimensión f ‖ ⁓, Maßabweichung f (Zeichn) / diferencia f de medida, desviación f de la medida [correcta] ‖ ⁓, Toleranz f / tolerancia f [de medida] ‖ ⁓, Abweichung f / discrepancia f, divergencia f ‖ **größtes, [kleinstes]** ⁓ / diferencia f máxima, [mínima] ‖ **oberes, [unteres]** ⁓ / diferencia f superior [inferior]
abmeißeln vt / quitar con cincel, quitar con cortafrío, cincelar ‖ ⁓ n **von Defektstellen** (Hütt) / cincelado m, desbastado a mano
abmelden (sich) (DV) / desconectarse del ordenador, finalizar una sesión
Abmeldezeit f (Ölbrenner) / tiempo m de reacción después del corte
Abmeldung f (DV) / terminación f de una sesión, salida f del sistema
Abmessanlage f (Bau, Straßb) / instalación f de dosificación

abmessbar / medible, mensurable
abmessen vt, maßnehmen, messen [aus] / medir, tomar las medidas ‖ ⁓, abzirkeln / acompasar ‖ ⁓, dosieren / dosificar
Abmess•gefäß n (Bau) / caja f dosificadora, recipiente m dosificador ‖ ⁓**kasten** m (Bau) / cajón m dosificador ‖ ⁓**pumpe** f / bomba f dosificadora
Abmessung, Ausdehnung f / dimensión f, extensión f ‖ ⁓ f, Abmaß n / medida f, dimensión f ‖ **größte** ⁓ (Ladung) (Bahn) / límite m de carga
Abmessungs•faktor m (Reifen) / factor m de tamaño ‖ ⁓**norm** f, Maßnorm f / norma f de medida
ABM-Flugkörper m / misil m antibalístico
abmildern vt (Färb) / atenuar
Abminderungsbeiwert m, -faktor m (Stahlbau) / factor m de reducción, coeficiente m de reducción
abmontierbar / desmontable
abmontieren vt / desmontar, desarmar, deshacer
Abmustern n (Färb) / muestrado m
Abmusterungskammer f (Labor) s. Farbabmusterungskammer
Abnäher m / pinza f
Abnahme, Verringerung f, Rückgang m / disminución f, reducción f, merma f, descenso m ‖ ⁓ f, Schwund m / descenso m, baja f, merma f, retroceso m ‖ ⁓, Verschlechterung f (allg) / caída f, decremento m, empeoramiento m, deterioro m ‖ ⁓, Kontrolle f / recepción f, aceptación f, control m ‖ ⁓ **der Spannung** / caída f del voltaje ‖ ⁓ **eines Neubaus** / comprobación y toma en posesión de un edificio nuevo ‖ ⁓ **im Lieferwerk** / recepción f en la fábrica ‖ ⁓ **je Stich** (Walzw) / reducción a cada una de las pasadas ‖ ⁓ **von Lieferungen** / recepción f de suministros o de entregas ‖ **amtliche** ⁓ **o. Zulassung** / homologación f
Abnahme•beamter m, Inspektor m / inspector m, agente m receptor, encargado m de la inspección ‖ ⁓**bedingungen** f pl / condiciones f pl de recepción ‖ ⁓**bereit** / listo para la recepción (entrega), disponible ‖ ⁓**bericht** m / informe m de recepción ‖ ⁓**bescheinigung** f / nota f de recepción, certificado m de recepción ‖ ⁓**bestimmung** f / especificación f de recepción, norma f de recepción ‖ ⁓**boden** m (Chem) / bandeja f de quita y pon, piso m de quita y pon ‖ ⁓**fahrt** f / prueba f de recepción ‖ ⁓**flug** m / vuelo m de comprobación ‖ ⁓**grenze** f, -toleranz f / límite m de recepción, tolerancia f de recepción ‖ ⁓**kommission** f / comisión f receptora (y verificadora) ‖ ⁓**kontrolle** f / control m de recepción ‖ ⁓**lehre** f (des Käufers) / calibre m de recepción, calibre m de comprobación (del comprador) ‖ ⁓**pflichtig** / sujeto a aceptación, sujeto a recepción ‖ ⁓**protokoll** n, -niederschrift f / protocolo m de recepción, acta f de recepción ‖ ⁓**prüfprotokoll** n / protocolo m de inspección o verificación ‖ ⁓**prüfung** f, -versuch m / prueba f de recepción, examen m de recepción, ensayo m de recepción ‖ ⁓**prüfung für amtliche Zulassung** / examen m de recepción para homologación ‖ ⁓**prüfzeugnis** n / certificado m de recepción ‖ ⁓**raum** m / sala f de recepción ‖ ⁓**stempel** m / sello m de comprobación ‖ ⁓**stichprobe** f (im Haus des Lieferanten) / prueba f al azar para recepción, toma f de muestras para recepción (en la fábrica) ‖ ⁓**toleranz** f / tolerancia f de recepción ‖ ⁓**versuch** m / prueba f de recepción, ensayo m de recepción ‖ ⁓**verweigerung** f / negativa f de aceptación, rechazo m, no aceptación ‖ ⁓**vorrichtung** f / dispositivo m de quitar ‖ ⁓ **[vorrichtung]** f, Abnehmer m (Pap) / dispositivo m receptor ‖ ⁓**vorschrift**, -bestimmung f, -spezifikación f de recepción / especificaciones f pl de recepción ‖ ⁓**zeichen** n, -stempel m / sello m de comprobación, marca f de comprobación ‖ ⁓**zeugnis** n / certificado m de recepción

abnarben vt, schlichten (Gerb) / desflorar, desgranar

abnehmbar, trennbar, demontierbar, wegnehmbar, herausnehmbar / desmontable, amovible, de quita y pon, postizo ‖ ~ (Karosserieoberteil, Hardtop) (Kfz) / decapotable
abnehmen vt, entfernen, demontieren, abmontieren (allg) / quitar, desmontar, soltar ‖ ~ (den Hörer) / descolgar ‖ ~, entgegennehmen / aceptar, recibir ‖ ~, prüfen / aprobar, verificar, inspeccionar ‖ ~ (Bauarbeiten usw.) / recepcionar ‖ ~ vi, sich vermindern (allg) / disminuir, decrecer, reducirse ‖ ~, schwinden / decrecer, mermar, menguar ‖ ~ (Geschwindigkeit) / disminuir, reducirse ‖ **Deckel** ~ / destapar ‖ **die Maschen** ~ (Wirkm) / desprender mallas ‖ **Strom** ~ / tomar corriente
abnehmend, degressiv / degresivo ‖ ~**e Lautstärke** / volumen m decreciente ‖ ~**e Mondphase** (Astr) / fase f luna menguante
Abnehmepunkt m (o. **Tastpunkt**) **bei Messungen** / punto m de medición
Abnehmer m, Käufer m / comprador m ‖ ~, **Kunde** m / cliente m, comitente m ‖ ~ m, Verbraucher m / consumidor m ‖ ~, Benutzer m / usuario m ‖ ~, Prüfer m / verificador m ‖ ~ (an der Karde) (Tex) / descargador m ‖ ~**bündel** m (Fernm) / haz m de abonados ‖ ~**kamm** m (Tex) / peine m descargador ‖ ~**walze** f (Spinn) / cilindro m descargador o desprendedor ‖ ~**walze der Walzenkrempel** / cilindro m deslingotador
Abney-Farbsensitometer n / sensitómetro m de Abney
abnieten vt, losnieten / desremachar, desroblonar, sacar los remaches o roblones
abnorm, ungewöhnlich / anormal, anómalo, inusitado
abnormale Ausführung / ejecución f no estandarizada
abnorme Lagerluft / juego m interno no normalizado
abnutschen vt, durch Filter absaugen (Chem) / filtrar por succión (o vacío)
Abnutzbarkeit f / capacidad f de desgaste
abnutzen vt, abnützen / desgastar, gastar, usar, deteriorar ‖ ~, abreiben, abschleifen vt / abrasar ‖ **sich** ~, verschleißen / desgastarse
abnutzend / desgastador
Abnutzung f / desgaste m ‖ ~, Abnutzen, -reiben, Auswaschen n (Geol) / detrición f, erosión f, derrubio m ‖ ~ f **durch Reibung** / desgaste m por rozamiento, desgaste m por roce ‖ ~ **und Bruch** / desgaste m y rotura
Abnutzungs•anzeiger m (Reifen) / indicador m del desgaste ‖ ~**beständigkeit** f / resistencia f al desgaste ‖ ~**fest** / resistente al desgaste ‖ ~**fläche** f (allg) / superficie f de desgaste ‖ ~**fläche** (Bahn, Fahrdraht) / superficie f de deslizamiento, superficie f sometida al desgaste ‖ ~**grenze** f / límite m de desgaste ‖ ~**messer** m / dispositivo m para medir el desgaste ‖ ~**muster** n **der Reifenlaufflächen** (Kfz) / figuras f pl de desgaste del neumático ‖ ~**pigment** n, Lipofuscin n (Biol) / pigmento m de desgaste ‖ ~**prüflehre** f / calibre m de desgaste ‖ ~**prüfmaschine** f (allg) / máquina f verificadora del desgaste ‖ ~**prüfmaschine** (durch Abrieb) / máquina f verificadora del desgaste (por abrasión) ‖ ~**prüfung** f / prueba f de desgaste, verificación f de desgaste ‖ ~**spur** f, Schleifspur f / traza f de abrasión ‖ ~**tiefe** f **des Kollektors** (Elektr) / profundidad f de desgaste del colector ‖ ~**trommelprobe** f (Straßb) / ensayo m los Angeles ‖ ~**vorgang** m / proceso m de desgaste
Ablöl n / aceite m de desecho, aceite m perdido, aceite m de pérdida
Abonnement n / suscripción f
Abonnent m, Teilnehmer m, Telefonkunde m (Fernm) / abonado m
abonnieren, eine Zeitung ~ / suscribirse a un periódico
Abort m, Wasserklosett n / lavado m, wáter m, inodoro m, retrete m, baño m (Perú) ‖ ~**becken** n, -schüssel f / taza f [del retrete] ‖ ~**druckspüler** m / pulsador m a presión ‖ ~**sitz** m, Brille f / asiento m [del retrete] ‖ ~**spülapparat** m / aparato m de irrigación del inodoro
aboxidieren vt / oxidar, eliminar por oxidación
abpacken vt / empaquetar f
abpassen vt (Längen) / cortar a medida ‖ ~, anpassen / adaptar, proporcionar
abpausen vt / calcar
Abpfählen n, Abstecken n (Bau) / jalonado m
abpfeilen vt (Bergb) / quitar los pilares
abpflocken vt (Bau, Verm) / jalonar con tacos
abpipettieren vt / recoger con la pipeta
abplatten vt, flach machen / achatar, allanar, aplanar, aplastar ‖ ~ (z.B. Draht) / laminar (p.e. el hilo)
Abplattung f, Abflachung f (allg, Astr) / achatamiento m, aplanamiento m, allanamiento m
Abplatzeffekt m (Hohlladung) / efecto m [de] Hopkinson
abplatzen / desprenderse, separarse, desconcharse, saltar, reventar ‖ ~ n, Zerbröckeln n (Gummi) / desmenuzamiento m ‖ ~, Spalling n (Keram) / termoclasa f ‖ ~ (Farbe, Putz) / desconchamiento m ‖ ~ **der Reifen-Lauffläche** (Kfz) / separación f de la banda de rodaje, desprendimiento m ‖ ~ **durch Druck** (o. Schlag) (Keram) / descascarillamiento m mecánico
abplatzsicher (Email) / a prueba de desprendimiento, seguro contra el desprendimiento
abpölen vt, enthaaren (Gerb) / depilar, apelambrar
Abprall m / rebote m
abprallen vi / rebotar, resaltar ‖ ~ (Geschoss) (Mil) / rebotar
Abpraller m / rebotado m
Abprallpunkt m **eines Prellschusses** (Mil) / punto m de rebote [de un tiro]
abpressen vt, abklemmen / separar por presión ‖ ~ (Räder von der Achse) / separar por presión, quitar por presión ‖ ~, verpressen (Bergb) / rellenar a presión ‖ ~ (Behälter) / probar con aire comprimido, probar hidráulicamente ‖ ~ f n / prueba f hidráulica
Abpress•falz m (Druck) / cajo m ‖ ~**grad** m (Pap) / grado m de presión ‖ ~**maschine** f (Druck) / máquina f para sacar el cajo ‖ ~**versuch** m / ensayo m de probar hidráulicamente
Abprodukt n (Umw) / desechos m pl industriales ‖ ~**armes Verfahren** (Umw) / procedimiento m con pocos desechos ‖ ~**verwertung** f (Umw) / reciclaje m de desechos [industriales]
abpuffern (Chem) / taponar
Abpufferung f / taponamiento m
abpumpen vt / vaciar con bomba, extraer con la bomba, evacuar por bombeo
abputzen vt, verputzen (Bau) / revocar, enlucir ‖ ~ (Gieß) / desbarbar
Abputzhammer m, Abgrathammer m (Gieß) / martillo m de desbarbar ‖ ~ (des Maurers) (Bau) / martillo m del arbañil
Abquetsch•dichtung f (Vakuum) / junta f de rebaba ‖ ~**effekt** m **beim Foulardieren** (Tex) / efecto m estrangulador
abquetschen vt (Tex) / estrangular, aplastar, magullar, separar aplastando ‖ ~ n (nach dem Evakuieren) (Glühlampe) / sellado m por presión
Abquetsch•form f, Überlaufform f (Plast) / molde m de rebaba o de rebose ‖ ~**form kombiniert mit Füllraumform** / molde m semipositivo ‖ ~**foulard** m (Tex) / foulard m de exprimir, fulard m de exprimir ‖ ~**kante** f **beim Blasformen** (Plast) / canto m de cizalla ‖ ~**rand** m, -fläche f (Plast) / borde m de rebaba, superficie f de rebaba o de presión ‖ ~**ring** m (Plast) / anillo m de rebaba, ranura f de rebaba ‖ ~**walze** f, -rolle f (Hütt) / rodillo m extractor ‖ ~**walzenpaar** n / par m de rodillos extractores ‖ ~**werkzeug** n (Plast) / molde m de rababa
abrahmen vt (Milch) / desnatar, descremar ‖ ~ (Flotation) (Aufb, Chem Verf) / espumar

Abrasion

Abrasion f, abrasiver Verschleiß / abrasión f, desgaste m abrasivo o por abrasión
Abrasiv n / material m abrasivo
abrauchen (beim Sintern), abbrennen / evaporar el lubricante ‖ ≃ n **des presserleichternden Zusatzes** (Sintern) / combustión f ‖ **maschinelles** ≃ (Zigaretten) / fumar m mecánico
Abrauchmaschine f (Zigaretten) / máquina f fumadora [de cigarillos]
Abraum m (Bergb) / estéril m, escombros m pl, primera f tierra, cascote m ‖ ≃, Deckgebirge n, Abraummassen f pl / volúmenes m pl de tierras ‖ ≃**bagger** m / excavadora f de escombros ‖ ≃**bau** m, Tagebau m / explotación f a cielo abierto
abräumen vt, abtragen (Bau, Bergb) / desescombrar, escombrar, descombrar ‖ ~ (Darre) / descargar el tostador ‖ ≃ n (Bergb) / desescombramiento m, descombramiento m
Abräumer m (Landw) / pala f mecánica
Abraum•förderbrücke f / puente m transportador de tierras o de escombros ‖ ≃**förderung** f / transporte m de escombros ‖ ≃**halde** f / escombrera f ‖ ≃**lokomotive** f (Bergb) / locomotora f para el transporte de escombros
Abräummaschine f / máquina m de descombramiento
Abraum•pflug m / arado m descargador ‖ ≃**salz**, (jetzt:) Kalisalz n / sal f potásica ‖ ≃**schrapper** m / escrapeador f de escombros, tuerca f de extracción, tuerca f de desmontaje
abrechnen (z.B. Arbeit) (Bau) / liquidar (p.e. trabajos)
Abrechnung f, Nachkalkulation f / liquidación f ‖ ≃, Tagesabrechnung f (Bau) / liquidación f diaria
Abrechnungsmaschine f (DIN 9763) / contabilizadora f (E), transferidora f (LA)
Abrechnungsroutine f / rutina f de contabilidad
Abrechte, f, linke Seite (Web) / revés m, cara f reversa
abrecken vt (Hütt) / estirar
abregeln (Kfz) / limitar la velocidad
Abregelung f (Kfz) / regulación f de la velocidad, velocidad f máxima limitada ‖ ≃ (Kraftwerk) / dispositivo m de regulación
abreiben vt, abnutzen / desgastar por fricción, desgastar (por el roce) ‖ ~, reinigen / frotar, limpiar, estregar ‖ ~ (sich), abschleifen / abrasar[se] ‖ ~ (den Putz) (Bau) / alisar (el revoque) ‖ **mit Bimsstein** ~, abbimsen / apomazar ‖ ≃ n, Abreibung f / abrasión f
Abreibevorrichtung f **für Malz** / aparato m para pulir la malta, pulidor m de malta
abreichern (Nukl) / desenriquecer, empobrecer
Abreicherung f, Verarmung f (Nukl) / desenriquecimiento m, empobrecimiento m
Abreinigung f **von Staubfiltern** / despolvoreo m de filtros de polvos
Abreinigungskammer f (Sandstrahlen) (Hütt) / cabina f de chorrear [con arena]
Abreiß•... / arrancable ‖ ≃**anschnitt** m (Plast) / punto m de inyección arrancable ‖ ≃**block** m (Pap) / bloc m de hojas, talonario m ‖ ≃**bogen** m (Elektr) / arco m intermitente ‖ ≃**bremse** f (Kfz) / freno m automático de ruptura
abreißen vt, losreißen, abbrechen vt / arrancar, desgarrar, romper ‖ ~, niederreißen vt (Bau) / derribar ‖ ~, völlig zerstören / demolir, destruir, arrasar ‖ ~ vi, unterbrochen werden / romperse, quebrarse, interrumpirse ‖ ~ (Strömung) (Luftf) / romperse ‖ ≃ n / desprendimiento m (Anhänger) (Kfz) / ruptura f, rotura f ‖ ≃, Einreißen n (Bau) / demolición f, destrucción f ‖ ≃, Ablösen n (Strömung) / separación f ‖ ≃ n **der Flamme** (Schw) / desprendimiento m de la llama ‖ ≃ **der Kraftlinien** (Elektr) / ruptura f de las líneas de fuerza magnética ‖ ≃ **des Luftstroms** (Luftf) / ruptura f de la corriente de aire ‖ ≃ **des Wasserfilms** (Galv) / ruptura f de la película de agua

Abreißer m (Druck) / aguja f grabadora
Abreiß•feder f (Fernm) / resorte m antagonista ‖ ≃**funke[n]** m (Elektr) / chispa f de ruptura ‖ ≃**funkenstrecke** f / explosor m de ruptura ‖ ≃**kegel** m (Plast) / cono m de ruptura ‖ ≃**kraft** f (IC) / fuerza f de arranque ‖ ≃**[licht]bogen** m / arco m voltaico de ruptura ‖ ≃**linie** f (Formular) / línea f punteada ‖ ≃**menü** n (DV) / menú m separable ‖ ≃**schiene** f (Faxgerät, Schreibmaschine) / hoja f de corte ‖ ≃**schnur** f, Reißleine f / banda f de desgarre, cuerda f de ruptura ‖ ≃**seil** n (Kfz-Anhänger) / cable m de ruptura (del acoplamiento) ‖ ≃**versuch** m (Qualitätsprüfung) / ensayo m de adhesión para materiales aislantes fibrosos ‖ ≃**vorrichtung** f / ruptor m, dispositivo m de ruptura ‖ ≃**walze** f (Druck) / cilindro m arrancador ‖ ≃**zündung** f / encendido m por chispa de ruptura ‖ ≃**zylinder** m (Cottonm) / cilindro m de arranque
Abricht•diamant m / diamante m rectificador, diamante m para reavivar muelas, diamante m de repasar ‖ ≃**-Dickenhobelmaschine** f (Holz) / regruesadora-cepilladora f
abrichten vt, justieren (Masch) / ajustar ‖ **Schleifscheiben** ~ / rectificar las muelas abrasivas, reavivar las muelas abrasivas ‖ ≃ n **von Schleifscheiben** / reavivado m de muelas abrasivas, rectificación f
Abrichter m (Masch) / máquina f de reavivar o de repasar
Abricht•hammer m, Pritschhammer m (Schm) / destajador m ‖ ≃**hobel** m (Tischl) / cepillo m planeador ‖ ≃**hobelmaschine** f (Tischl) / acepilladora f planeadora ‖ ≃**hobelmaschine für größere Dicken** (Holz) / acepilladora f para espesores mayores ‖ ≃**hobel-** f **und Fügemaschine für Furnier** / acepilladora y ensambladora para chapas de madera ‖ ≃**platte** f, Touchierplatte f (Masch) / placa de rectificar (o de reavivar) ‖ ≃**rädchen** n / ruedecita f para reavivar muelas ‖ ≃**rolle** f / rodillo m de reavivar ‖ ≃**schleifmaschine** f (Holz) / lijadora f planeadora ‖ ≃**tisch** m (Tischl) / mesa f para enderezar ‖ ≃**vorrichtung** f (Wzm) / dispositivo m rectificador, rectificador m ‖ ≃**werkzeug** n / herramienta f para reavivar muelas
Abrieb m, Abreiben n / abrasión f ‖ ≃, Abnutzung f durch Reibung / desgaste m por el roce, desgaste m por abrasión ‖ ≃, Siebabrieb m (Bergb) / desgaste m de cribado ‖ ≃, Schleifabrieb m / desgaste m de rectificación ‖ ≃, Kohlenklein n, Kohlengrus n / cisco m, carbonilla f ‖ ≃ **nach Taber** / abrasión f según Taber ‖ ≃**eigenschaften** f pl / propiedades f pl abrasivas ‖ ~**fest** / resistente a la abrasión ‖ ~**fester Fahrbahnüberzug** (Straßb) / firme m resistente al desgaste ‖ ≃**festigkeit** f / resistencia f a la abrasión ‖ ≃**härte** f (Bau) / dureza f a la abrasión ‖ ≃**produkt** n (Aufb) / producto m de fricción ‖ ≃**protektor** m (Kfz, Reifen) / protector contra la abrasión (neumático) ‖ ≃**prüfgerät** n / aparato m para ensayo de la abrasión ‖ ≃**verlust** m (Hütt) / pérdidas f pl por abrasión ‖ ≃**versuch** m / ensayo m de abrasión
abriegeln vt, eindeichen (Hydr) / cerrar con diqe[s] ‖ ~ (Straße), sperren / barrear, interceptar, loquear ‖ **die Tür** ~ / echar el cerrojo (E), acerrojar (LA)
abrinden vt, schälen / descortezar
Abriss m, Übersicht f / sumario m, sinopsis f ‖ ≃, Skizze f / bosquejo m ‖ ≃, Abreißen n (Bau) / demolición f, destrucción f ‖ ≃**birne** f (Bau) / masa f de caída por demolición
Abroll•anlage f (Bahn) / tramo m de marcha en descenso ‖ ≃**bahn** f (Rad) / círculo m de rodadura ‖ ≃**bewegung** f / movimiento m de rodadura
abrollen vt, abwickeln (Hütt, Spinn) / desenrollar, desbobinar ‖ ~, wegrollen vt / rodear ‖ ~ vi, entlaufen (Bahn, Wagen) / escaparse ‖ **von der Haspel** ~ / devanar ‖ ≃ n (Hütt, Spinn) / devanado m, desbobinado m ‖ ≃

des Bildschirms / movimiento *m* continuo de la imagen
Abroller *m* (für Klebeband) (Büro) / portarrollos *m*
Abroll•gerät (für Drähte, Leitungen, Folien usw.) / dispositivo *m* dador, dispositivo *m* desenrollador ‖ ⁓**geschwindigkeit** *f* / velocidad *f* de desbobinar ‖ ⁓**haspel** *m f* (Hütt) / desbobinadora *f* ‖ ⁓**kipper** *m* / volquete *m* roll-on/off ‖ ⁓**maschine** *f* (Walzw) / máquina *f* de desenrollar ‖ ⁓**spule** *f*, Laufspule *f* (Web) / bobina *f* desenrolladora, bobina *f* dadora ‖ ⁓**stapler** *m* (Hütt) / desbobinadora-apiladora *f* ‖ ⁓**- und Zunderbrechvorrichtung** *f* (Walzw) / bobinadora *f* descascarilladora ‖ ⁓**verfahren** *n* (Zahnradprüfung) / procedimiento *m* de desarollado ‖ ⁓**vorrichtung** *f* (Pap) / dispositivo *m* desbobinador ‖ ⁓**walzwerk** *n* / tren *m* laminador con dispositivo desenrollador ‖ ⁓**weg** (Airport) (Luftf) / pista *f* de rodaje, vía *f* de rodaje
abrösten *vt* (Erz) / tostar, calcinar
abrücken / retirar, apartar ‖ **die Zeilen** ⁓ (Druck) / espaciar
Abrückrelais *n* (Bahn) / relé *m* desbloqueador
Abruf *m* **über Taste** (DV) / llamada *f* por tecla ‖ ⁓ **von Terminals** (DV) / llamada *f*
Abruf•auftrag *m* (DV) / orden *f* a demanda ‖ ⁓**bereit** (DV) / listo o disponible para la llamada ‖ ⁓**betrieb** *m* (DV) / servicio *m* de llamada
abrufen *vt*, im Abrufbetrieb arbeiten (DV) / llamar, trabajar en servicio de llamada ‖ ⁓ (aus einem Speicher) / llamar de la memoria ‖ ⁓ *n* (Fernm) / llamada *f* ‖ ⁓ (DV) / obtención *f*, extracción *f*, búsqueda *f* (de datos) ‖ ⁓ **eines gespeicherten Fax von einem 2. Faxgerät** / polling *m*
Abruf•programm *n* **von Unterprogrammen** (DV) / programa *m* de llamada de subprogramas ‖ ⁓**schaltung** *f* (DV) / circuito *m* de llamada ‖ ⁓**verfahren** *n* (DV) / procedimiento *m* de llamada
abrunden *vt* (allg) / redondear ‖ ⁓ (nach unten) (Math) / redondear (en menos) ‖ ⁓ (Ecken, Zähne) / redondear ‖ ⁓ *n*, Arrondieren *n* (allg) / redonde[ad]o *m*
Abrund•fräsmaschine *f* (Masch) / fresadora-redondeadora *f* ‖ ⁓**maschine** *f* / redondeadora *f*
Abrundung *f* (runde Form), Rundung *f* / rondeamiento *m*, parte *f* redondeada ‖ ⁓, Abrunden *n* (allg, Math, Walzw) / redondeo *m* ‖ ⁓ **des Zahnes** / redonde[ad]o *m* de un diente
Abrundungs•bogen *m* (Bau) / arco *m* de redondeo ‖ ⁓**fehler** *m* / error *m* de redondeo ‖ ⁓**radius** *m* / radio *m* de redondeo ‖ ⁓**tiefe** (Zähne) / profundidad *f* de redondo ‖ ⁓ **- und Entgratmaschine** *f* (Getriebe) / máquina *f* redondeadora y desbastadora
abrüsten *vt* / desmantelar ‖ ⁓, ausrüsten (Bau) / quitar, desmontar los andamios
abrutschen *vi*, ausgleiten / resbalar ‖ ⁓ (Fäden von der Spule) (Tex) / deslizarse ‖ **nach innen (o. über den Flügel)** ⁓ (Luftf) / resbalar por el ala ‖ **über den Schwanz** ⁓ (Luftf) / resbalar *m* sobre la cola ‖ ⁓ (Geol) / socavón *m* ‖ ⁓ **von Fäden** (Spinn) / deslizamiento *m*
Abrutsch-Instabilität *f* (Luftf) / inestabilidad *f* en espiral
ABS, Antiblockiersystem *n* (Kfz) / ABS *m*, sistema *m* [de] antibloqueo, SAB, ALB = Antilock Brake ‖ ⁓ *n* (= Acrylnitril-Butadien-Styrol) (Plast) / acrilnitrilo-butadieno-estireno *m* ‖ ⁓ = American Bureau of Shipping (Klassifizierungsgesellschaft, "Schiffs-TÜV")
absacken *vt*, in Säcke füllen / ensacar ‖ ⁓ *vi*, durchsacken (Luftf) / hundirse ‖ ⁓, Zusammenfallen *n*, Absackung *f* (Erdboden, Geol) / hundimiento *m* ‖ ⁓ *n*, Durchsacken *n* (Luftf) / hundimiento *m*
Absack•Körnerschnecke *f* (Landw) / transportador-ensacador *m* de granos ‖ ⁓**schnecke** *f* /

hélice *f* ensacadora ‖ ⁓**stand** *m* (Mähdrescher) / puesto *m* ensacador
Absackung *f* (eines Flussufers) / hundimiento *m* del borde
Absackwaage *f* / balanza *f* ensacadora
absägen / cortar con sierra
Absalzung *f*, Entsalzung *f* / desalinización *f*
absanden *vt* (Bau) / tratar con arena, cubrir de arena
Absatz *m*, Unterbrechung *f* / interrupción *f* ‖ ⁓, Stufe *f* (Masch) / escalón *m* ‖ ⁓ (Schuh) / tacón *m* (E), taco *m* (LA) ‖ ⁓, Berme *f* (Bau, Bergb) / banqueta *f*, berma *f*, banco *m* ‖ ⁓, Kesselstein *m* / incrustación *f* ‖ ⁓ (Drehkörper) / rebajo *m*, degüello *m* ‖ ⁓, Treppenvorplatz *m* (Bau) / descanso *m*, descansillo *m*, mesa *f*, meseta *f* ‖ ⁓, Abschnitt *m* (Druck) / párrafo *m*, inciso *m*, aparte *m* ‖ ⁓, Einzug *m* (Druck) / pasado *m*, remetido *m* ‖ **vor- o. rückspringender** ⁓ (Bau) / resalte *m* ‖ ⁓**aufnagelmaschine** *f* (Schuh) / máquina *f* para clavar tacones ‖ ⁓**drehen** *n* (Wzm) / rebajado *m*
Absatzgebiet *n* / zona *f* de venta
Absatz•gestein *n*, Sedimentit *m* (Geol) / piedras *f pl* acuosas o sedimentarias, sedimento *m* ‖ ⁓**muffe** *f*, Reduziermuffe *f* / manguito *m* de reducción ‖ ⁓**orientiert** (Unternehmen) / con intención de fomentar las ventas ‖ ⁓**stelle** *f*, Ablagerungsstelle *f* (Geol) / lugar *m* de sedimentación ‖ ⁓**stift**, Formstift *m* (Schuh) / estaquilla *f* para tacones ‖ ⁓**weise** / por escalones o intervalos, intermitente[mente] ‖ ⁓**weise Beschickung** / alimentación *f* escalonada ‖ ⁓**weise Datenverarbeitung** / tratamiento *m* secuencial de los datos ‖ ⁓**weises Schweißen** / soldeo *m* por depósitos fraccionados ‖ ⁓**weise Summierung** (Zähler) / totalización *f* intermitente
Absäuern *n* (Bau, Chem) / tratamiento *m* con ácido
absaufen (Bergb) / hundirse, sumergirse ‖ ⁓ (coll.) (Mot) / calarse por exceso de gasolina, ahogarse ‖ ⁓ *n* (coll.) (Mot) / calado *m*
Absaug•anlage *f*, Absaugevorrichtung *f* / instalación *f* de aspiración, dispositivo *m* de aspiración, instalación *f* exhaustadora ‖ ⁓**anlage** (Schleif) / instalación *f* despolvoradora, aspirador *m* de polvo
Absauge•gerät *n* / aparato *m* aspirador, aspirador *m*, aparato *m* exhaustador ‖ ⁓**maschine** *f* (Tex) / extractor *m* por aspiración
absaugen *vt* / aspirar, succionar ‖ ⁓, hebern / succionar líquidos por sifón
Absauger *m*, Entlüfter *m* (Bau) / ventilador *m* de aspiración
Absaugeverfahren *n* (Technicolor) (Druck, Foto) / embebimiento *m*
Absaug•filter *n* / filtro *m* exhaustador ‖ ⁓**gebläse** *n* / ventilador *m* de extracción ‖ ⁓**haube** *f* / campana *f* de aspiración, casco *m* de aspiración ‖ ⁓**klappe** *f* (Luftf) / chapeleta *f* de aspiración ‖ ⁓**kolben** *m* (Chem) / matraz *m* de succión ‖ ⁓**kopf** *m* / cabezal *m* de aspiración ‖ ⁓**leitung** *f* / tubería *f* de succión, tubería *f* de aspiración ‖ ⁓**-Melkanlage** *f* (Landw) / instalación *f* ordeñadora con aspirador de leche ‖ ⁓**-Milchsammelwagen** *m* (Landw) / camión *m* tanque con aspirador de leche ‖ ⁓**pumpe** *f* / bomba *f* de succión, bomba *f* aspiradora o de aspiración ‖ ⁓**rohr** *n* / tubo *m* de aspiración, aspirador *m* ‖ ⁓**schlitz** *m* (Luftf) / ranura *f* de succión ‖ ⁓**trichter** *m* (Bau) / embudo *m* de aspiración ‖ ⁓**trockenofen** *n* (Hütt) / horno *m* secador de aspiración
Absaugung *f* / aspiración *f*, succión *f*, eliminación *f* por succión
Absaug•ventilator *m* / ventilador *m* de succión, ventilador *m* aspirador o de aspiración ‖ ⁓**vorrichtung** *f* (Hütt, Spinn) / dispositivo *m* de aspiración, aspirador *m*
abscannen *vt* (DV) / escanear
Abschabeisen *n*, Schaber *m* (Bau) / raspadera *f*, raspador *m*

abschaben

abschaben *vt*, [ab]kratzen / rascar, raer, raclear ‖ ~, aasen (Gerb) / descarnar ‖ ~ / raspar, rascar ‖ ≃ *n* (Vorgang) / raspadura *f*
Abschaber *m*, Kratzer *m* / rascador *m*
Abschabsel *n* / raspadura *f*, raedura *f*
abschaffen *vt*, aufheben / suprimir, suspender, abolir
Abschaffung *f*, Aufhebung *f* / supresión *f*, suspensión *f*, abolición *f*
abschälen / pelar, exfoliar, mondar ‖ ~, entrinden (Holz) / descortezar ‖ ≃ *n*, Abblättern *n* (Walzw) / exfoliación *f* ‖ ≃, Absplittern *n* (Email) / descascarillamiento *m*
Abschälkraft *f* (IC) / fuerza *f* de arranque
Abschalt• ... (Halbl) / de desconectar, interruptible ‖ ≃**arbeit** *f* (Elektr) / trabajo *m* de desconectar ‖ ≃**bahn** *f* (Rakete) / trayecto *m* de desconexión
abschaltbarer Thyristor, GCS-Thyristor *m* (Halbl) / tiristor *m* desconectable
Abschalt•batterie *f* (Fernm) / pilas *f pl* de desconexión ‖ ≃**drehzahl** *f* (Elektr) / velocidad *f* de desconexión, velocidad *f* excesiva de giro ‖ ≃**druck** *m* (Kompressor) / presión *f* de desconexión
abschalten *vt* (allg) / desconectar ‖ ~ (Elektr) / desconectar, apagar, cortar la corriente ‖ ~ (Reaktor) / parar, desconectar ‖ ~ *vi* (Relais) / volver al reposo ‖ ≃ *n*, -schaltung *f* (Elektr) / desconexión *f*, interrupción *f* ‖ ≃ (Relais) / vuelta *f* al reposo ‖ ≃ (Reaktor) / parada *f*
abschaltender Regler (Masch) / regulador *m* desconectante
Abschaltenergie *f* / energía *f* de desconexión
A/B-Schalter *m* (Elektr) / interruptor *m* A/B
Abschalter *m* (Elektr) / interruptor *m* del circuito, desconectador *m*, disyuntor *m*, cortacorriente *m*
Abschalt•funken *m* / chispa *f* disruptiva, chispa *f* de interrupción ‖ ≃**klinke** *f* (Fernm) / trinquete *m* de desconexión ‖ ≃**knopf** *m* **für Lautsprecher** / botón *m* desconectador ‖ ≃**kontakt** *m* (Elektr) / contacto *m* de desconexión ‖ ≃**kontakt**, Sperrkontakt *m* / contacto *m* de bloqueo ‖ ≃**kreis** *m* (NC) / circuito *m* de desconexión ‖ ≃**leistung** *f* (Elektr) / potencia *f* de ruptura ‖ ≃**leistung** (Nukl) / potencia *f* crítica de desconexión ‖ ≃**lichtbogen** *m* / arco *m* de ruptura ‖ ≃**magnet** *m* / imán *m* de desconexión ‖ ≃**moment** *n* / momento *m* de desconexión ‖ ≃**reaktivität** *f* / reactividad *f* de desconexión ‖ ≃**relais** *n* / relé *m* de desconexión o de corte ‖ ≃**relais für Notabschaltung**, Entriegelrelais *n* (Reaktor) / relé *m* desconector de emergencia ‖ ≃**signalverstärker** *m* (Reaktor) / amplificador *m* para la señal de desconexión ‖ ≃**Spitzenstrom** *m* (Elektr) / corriente *f* [de cresta] desconectadora ‖ ≃**stab** *m* (Nukl) / barra *f* de seguridad ‖ ≃**stäbe** *m pl* (Nukl) / barras *f pl* de parada ‖ ≃**stromstärke** *f* / intensidad *f* de la corriente de desconexión ‖ ≃**system** *n* (Reaktor) / sistema *m* de parada ‖ ≃**thyristor** *m* / tiristor *m* desconector ‖ ≃**überstrom** *m*, -extrastrom *m* / extracorriente *f* de interrupción
Abschaltung *f* (Elektr, Fernm) / desconexión *f*, interrupción *f*, puesta *f* fuera de circuito ‖ ≃ **eines Betriebes** (Elektr, Masch, Nukl) / parada *f*
Abschalt•verzug *m* (Schw) / retardo *m* de desconexión ‖ ≃**vorgang** *m* (Elektr) / proceso *m* de desconexión ‖ ≃**zeit** *f* / tiempo *m* de desconexión ‖ ≃**zeit zum Reinigen** (Nukl) / tiempo *m* de desconexión para depuración ‖ ≃**zelle** *f* (Akku) / célula *f* de desconexión
Abschälvorrichtung *f* (Gummi, Leder) / dispositivo *m* para descortezar
abschärfen *vt* (Leder) / chiflar, adelgazar ‖ ~, abfinnen (Schm) / achaflanar, biselar
abschatten *vt* / sombrear
Abschattierung *f* (TV) / oscurecimiento *m* en los cantos
Abschattungsverluste *m pl* (Fotovoltaik) / pérdidas *f pl* por efecto de sombra
abschätzen *vt*, schätzen / estimar, evaluar
Abschätzung *f* / estimación *f*, evaluación *f*

Abschätzungsfehler *m* / error *m* de estima
abschauern *vt* (Bau) / separar por tabique
abschaufeln *vt* (Bau) / quitar on la pala
Abschaum *m* (Hütt) / escoria *f*
abschäumen *vt* (Hütt) / quitar la espuma, decantar ‖ ~ (Glas) / espumar
Abschäumer *m* (Glas) / espumadero *m*
Abschäumvorbau *m*, -nische *f*, Abfeimnische *f* (Glas) / nicho *m* espumadero
abscheidbar (Chem) / precipitable
Abscheide•anlage *f* (Aufb) / instalación *f* o planta separadora ‖ ≃**gewebe** *n* **für Tröpfchen** (Entsalzung) / tejido *m* separador para gotitas
abscheiden *vt* / separar ‖ **sich** ~ (Chem) / precipitarse, separarse ‖ **sich** ~ **od. absondern** (Chem) / separarse
Abscheider *m*, Trennanlage *f* / separador *m*, instalación *f* o planta separadora o de separación ‖ ≃ (Chem) / separador *m*, decantador *m* ‖ ≃ *m*, Sammler *m* / colector *m*, separador *m* ‖ ≃, Fang *m* (Straßb) / interceptor *m* ‖ ≃ *m* (Vakuum) / separador *m* ‖ ≃ (Nukl) / sección *f* de separación, sección *f* de extracción ‖ ≃ (Spinn) / separador *m* (p.ej. de sustancia grasa)
Abscheidevermögen *n*, -grad *m* / capacidad *f* separadora
Abscheidung *f*, Trennung *f* (allg) / separación *f*, desprendimiento *m* ‖ ≃ (Chem, Keram) / precipitación *f*
Abscheidungselektrode *f* / electrodo *m* de precipitación
abschelfern *vi* / exfoliarse, descascararse
Abscher•arbeit *f* / trabajo *m* de cizallamiento ‖ ≃**bolzen** *m*, -stift *m* / perno *m* de cizallamiento, perno *m* de corte, pasador *m* de seguridad por corte
abscheren *vt* / cizallar, cortar por cizallamiento o cizalladura ‖ ~, mit der Schere schneiden (abfallos über die ganze Breite) (Stanz) / cizallar, cortar con cizalla[s] ‖ ≃ *n*, [Ab]scherung *f* / cizallamiento *m*, cizalladura *f*, cortadura *f*
abscher•fest / resistente al cizallamiento ‖ ≃**festigkeit** *f*, Scherfestigkeit *f* / resistencia *f* al cizallamiento o a la cizalladura, resistencia *f* al corte ‖ ≃**gerät** *n* (Schiff) / acelerómetro *m* ‖ ≃**kraft** *f* / fuerza *f* de cizalladura ‖ ≃**kupplung** *f* / acoplamiento *m* de cortadura o de cizallamiento ‖ ≃**maschine** *f* / cizalladora *f*, cortadora *f* ‖ ≃**platte**, Brechplatte *f* / placa *f* cizalladora ‖ ≃**stift** *m* (Masch) / espiga *f* de cizallamiento
Abscherungsfläche *f* (Geol) / plano *m* de despegue
Abscher•werkzeug *n* (Stanz) / herramienta *f* cizalladora ‖ ≃**wirkung** *f* / efecto *m* cizallador, acción *f* de cizallamiento
abscheuern *vt*, aufscheuern / desgastar por el frote, abrasar ‖ ~ *vr* (sich), sich abnutzen / desgastarse por el uso ‖ ≃ *n* **der Isolation** / abrasión *f* del aislamiento
abschieben *vt* / desplazar, apartar, separar
Abschiebern *n*, Schließen *n* des Schiebers (Hydr) / cierre *m* de la válvula de compuerta
Abschiebevorrichtung *f*, Abschieber *m* (Walzw) / dispositivo *m* deslingotador, ripador *m*
abschießen / disparar ‖ **Bohrlöcher** ~ (Bergb) / dinamitar, hacer saltar taladros ‖ **ein Flugzeug** ~ / derribar un avión ‖ **eine Rakete** ~ / lanzar un cohete ‖ **einen Panzer** ~ / destruir un carro de combate ‖ ≃ *n*, Schuss *m* / disparo *m*
abschilfern *vi*, abschelfern (Hütt) / exfoliarse, astillarse
Abschilferung *f* / exfoliación *f*
Abschirm•becher *m* (Eltronik) / copa *f* de apantallamiento ‖ ≃**beton** *m* (Nukl) / hormigón *m* de protección ‖ ≃**blech** *n* (Spinn) / chapa *f* protectora ‖ ≃**elektrode** *f* / electrodo *m* de protección
abschirmen *vt* [gegen], schützen / apantallar, proteger [contra], cubrir ‖ ~, verdecken / cubrir, apantallar ‖ ~, entstören (Eltronik) / eliminar interferencias, desparasitar, blindar, apantallar
Abschirm•fenster *n* (Nukl) / ventanilla *f* de apantallamiento, ventana *f* blindada ‖ ≃**gehäuse** *n* (Eltronik) / caja *f* de blindaje ‖ ≃**kappe** *f*, -haube *f* (Entstörung) / calota *f* protectora, calota *f* de

apantallamiento ‖ ˗**konstante** f (Eltronik, Nukl) / constante f de apantallamiento ‖ ˗**mauer** f (Nukl) / muro m de protección ‖ ˗**schlauch**, Entstörschlauch m (Eltronik) / tubo m flexible de apantallamiento ‖ ˗**tiefe** f / profundidad f de apantallamiento ‖ ˗**topf** m (Eltronik) / copa f de apantallamiento, caja f de apantallamiento ‖ ˗**tür** f (Nukl) / puerta f de apantallamiento, puerta f de blindaje
Abschirmung, Entstörung f (Elektr) / apantallamiento m, desparasitaje m, blindaje m ‖ ˗, Schirmwirkung f (Eltronik) / efecto m apantallador ‖ ˗ f, Strahlenschutz m (Nukl, Radiol) / protección f contra las radiaciones ‖ ˗ (Eltronik, Reaktor) / blindaje m ‖ ˗ **gegen Magnetminen** (Mil, Schiff) / desmagnetización f
abschlacken vt (Hütt) / descorificar
Abschlag m, Abschlagen n (Bau) / separación f por pared ‖ ˗... (Wirkm) / ...desborrador ‖ ˗ m **im Streckenvortrieb** (Bergb) / arranque m por dinamitación ‖ ˗**barre** f (Tex) / barra f desprendemallas
abschlagen / quitar por golpes ‖ ~ (Wirkm) / desprender mallas ‖ ~ (Bau) / separar por pared ‖ ~ (Gerüst) (Bau) / desarmar, desmontar ‖ ~ (Bergb, Wagen) / desenganchar ‖ **den verlorenen Kopf** ~ (Gieß) / quitar la mazarota por golpes
Abschläger m (Gieß) / quitamazarotas m ‖ ˗ (Wirkm) / desprendedor m
Abschlag•kamm m (Wirkm) / peine m desprendedor o desprendemallas ‖ ˗**kasten** m, -rahmen m, Spreizkasten m (Gieß) / caja f de molde desmontable, caja f de moldeo articulada ‖ ˗**länge** f (Bergb) / longitud f de arranque ‖ ˗**längenverhältnis** n (Bergb) / relación f entre longitud deseada y efectiva de una dinamitación ‖ ˗**maschine** f (Holz) / máquina f tronzadora ‖ ˗**platine** f, -barre f, -kamm m (Tex) / platina f desprendemallas ‖ ˗**steg** m (Tex) / regleta f de abatimiento ‖ ˗**stellung** f (Tex) / posición f de abatimiento ‖ ˗**zahn** m (Wirkm) / diente m desprendedor
Abschlamm m / lodo m residual
Abschlamm- und Absetzgerät n (Abwasser) / dispositivo m de purga y de desmineralización
abschlämmen vt (allg) / decantar, lavar ‖ ~ / desenlodar, quitar el lodo ‖ ~, ausschlämmen (Dampfm) / sacar los barros
Abschlämmentsalzen n (Ionenaustauscher) / desmineralización f por purga
Abschlammventil n (Hydr) / grifo m de purga
abschleifen vt, schleifen (Masch) / amolar, rectificar, rebajar con la muela ‖ ~ (Tischl) / alisar, lijar ‖ ~, schärfen / afilar ‖ ~ / quitar afilando ‖ ~ (Schienen) / amolar los carriles ‖ ~, abnutzen / abrasar, desgastar por abrasión ‖ ~ vi (sich) / desgastarse por el roce ‖ **mit Sandpapier** ~ / lijar con papel de esmeril ‖ **sich** ~ / esmerilarse ‖ ˗, Abschaben n / abrasión f ‖ ˗ n, Schleifputzen n (Gieß) / amolado m, desbarbado m con muela
abschleifend / abrasivo
Abschleifer m / máquina f amoladora
Abschleifversuch m (Straßb) / prueba f de abrasión por muela
Abschlepp•[an]hänger m (Kfz) / remolque m de vehículo de arrastre ‖ ˗**dienst** m (Kfz) / servicio m de remolcar o degrúa
abschleppen (Kfz) / remolcar, arrastrar ‖ ˗ n (Kfz) / arrastre m, remolcaje m
Abschlepp•haken m (Kfz) / gancho m de arrastre ‖ ˗**kran** m (Kfz) / grúa f de arrastre ‖ ˗**kupplung** f (Kfz) / acoplamiento m de arrastre ‖ ˗**platz** m / lugar m de estacionamiento (para vehículos arrastrados) ‖ ˗**rolli** m, Pannenfahrzeug m (Kfz) / cochegrúa m ‖ ˗**seil** n (Kfz) / cable m de arrastre, cable m de remolcar ‖ ˗**stange** f (Kfz) / barra f de arrastre, barra f de remolcar ‖ ˗**vorrichtung** f (Kfz) / dispositivo m de arrastre, dispositivo m de remolcar ‖ ˗**wagen** m (Kfz) / vehículo m de arrastre, cochegrúa m (E), coche m de auxilio (LA) ‖ ˗**wagen für Panzer** / vehículo m para arrastrar carros de combate
abschleudern vt (Tex) / echar fuera, proyectar ‖ ~ (Öl) / lanzar ‖ ~ (Zuck) / centrifugar
abschlichten vt (Tünche) / imprimir
abschließbar / cerrable (con llave)
abschließen vt, absperren / cerrar (con llave) ‖ ~, verstopfen / tapar, hermeteizar, obstruir, obturar ‖ ~, beenden / terminar, acabar, concluir ‖ ~, absperren (Bau) / aislar, separar
Abschließung f (Bau) / oclusión f
Abschluss m, Beendigung f (Tätigkeit) / cierre m, terminación f ‖ ˗, Schluss m / término m, fin m ‖ ˗, Rand m / borde m ‖ ˗ (Buchung) / ajuste m de cuentas, balance m final ‖ ˗ (Elektr) / terminación f de una línea, terminal m de un cable ‖ ˗, Abschlussteil n, -stück n (Bau) / remate m ‖ ˗, Abschlusskante f (Hütt) / arista f ‖ ˗, Verschluss m / cierre m, tapa f ‖ ˗, Rand m / margen m f ‖ ˗ (Wellenleiter) / carga f adaptada ‖ **zum** ~ **bringen** / finalizar, terminar
Abschluss•... / terminal, de cierre, de remate ‖ ˗**anweisung** f (DV) / disposición f de cierre ‖ ˗**bericht** m / informe m final ‖ ˗**blech** n (Anker) (Elektr) / chapa f terminal (del rotor o inducido) ‖ ˗**blende** f (Opt) / diafragma f frontal ‖ ˗**deckel** m / tapón m, tapa f cobertora, tapa f de cierre ‖ ˗**deich** m (Hydr) / dique m de cierre ‖ ˗**ereignis** n (F.Org, PERT) / suceso m final ‖ ˗**flansch** m / brida f terminal ‖ ˗**gitter** n / reja f de cierre ‖ ˗**glas** n / cristal m protector ‖ ˗**hahn** m, Abschlussventil n / llave f de cierre, válvula f de cierre ‖ ˗**hülse** f / manguito m terminal ‖ ˗**immitanz** f (Elektr) / inmitancia f terminal ‖ ˗**impedanz** f (Elektr) / impedancia f terminal ‖ ˗**kabel** n (Fernm) / cable m terminal ‖ ˗**kante** f, -leiste f, -band f (Web) / orilla f del tejido ‖ ˗**kappe** f / calota f cobertora, placa f cobertora ‖ ˗**klappe** f (Masch) / tapa f de cierre ‖ ˗**kondensator** m (Eltronik) / condensador m terminal ‖ ˗**körper** m (Masch) / componente m de cierre ‖ ˗**leiste** f (Bau) / listón m terminal ‖ ˗**muffe** f, Kabelendmuffe f / manguito m terminal, caja f terminal ‖ ˗**platte** f (Masch) / placa f terminal ‖ ˗**ring** m / anillo m terminal ‖ ˗**stein** m (Glasofen) / ladrillo m de cierre ‖ ˗**übertrager** m (Eltronik) / transformador m terminal ‖ ˗**ventil** n / válvula f de cierre ‖ **verschiebbarer** ˗**widerstand** (Wellenleiter) / carga f móvil
Abschmelz•brenner m (Glühlampe) / mechero m de cierre por fusión ‖ ˗**draht** m (Elektr) / alambre m fusible ‖ ˗**elektrode** f (Hütt, Schw) / electrodo m fusible
abschmelzen vt / fundir ‖ ~ vi / fundirse, separarse por fusión ‖ ~, zuschmelzen (Glühlampe) / sellar
Abschmelz•geschwindigkeit f (Schw) / velocidad f de fusión ‖ ˗**kapillare** f / capilar m de fusión ‖ ˗**kathode** f / cátodo m de fusión ‖ ˗**konstante** f / coeficiente m de fusión ‖ ˗**schweißmaschine** f / máquina f soldadora por fusión ‖ ˗**schweißung** f, Abbrennschweißung f / soldadura f por fusión ‖ ˗**sicherung** f (Elektr) / fusible m ‖ ˗**streifen** (Elektr) / estira f fusible ‖ ˗**stromstärke** f / intensidad f de la corriente de fusión
Abschmelzung f, Schmelzen n (allg) / fusión f ‖ ˗ (Raumf., Gletscher), Ablation f / ablación f
Abschmelzzeit f (Schw) / tiempo m de fusión
abschmieren vt / engrasar, lubrificar, lubricar ‖ ~, abschmutzen (Druck) / repintar, retintar, macularse ‖ ~ vi (Luftf) / deslizarse de ala
Abschmier•fett n (Kfz) / grasa f lubri[fi]cante ‖ ˗**gerät** n / aparato m para el engrase ‖ ˗**grube** f (Kfz) / fosa f de engrase ‖ ˗**plan** m, -tabelle f / plan m de engrase, esquema m de engrase, diagrama m de engrase ‖ ˗**presse** f, Handschmierpresse f / engrasador m a mano o de presión ‖ ˗**schutz** m **für den**

Abschmierventil

Druckzylinder (Druck) / dispositivo *m* para descargar ‖ ⁓**ventil** *n* / válvula *f* de salida de lubricante, válvula *f* de engrase y desengrase ‖ ⁓**wagen** *m* / vehículo *m* de engrase, carro *m* de engrase (LA)
abschmirgeln / esmerilar
Abschmutzbogen *m* (Druck) / hoja *f* de descarga
abschmutzen *vt*, unsauber abziehen (Druck) / repintar, retintar, macularse
Abschmutzpapier *n* / papel *m* intercalado
abschnallen *vt* (Kfz, Luftf) / quitar el cinturón de seguridad, desabrochar
abschnappen (Feder) / arrebatar, soltarse [bruscamente]
Abschnappstarter *m* (Luftf) / arrancador *m* de impulsos
Abschneide•gesenk *n* (Stanz) / matiz *f* para cortar ‖ ⁓**messer** *n* (Teppich) / cortaalfombras *m*
abschneiden *vt* / cortar, tronzar, separar ‖ ~ (DV, Programm) / cortar, truncar ‖ ~ (Verbindung) / cortar, interrumpir, interceptar ‖ ~, scheren / cortar, esquilar, tundir ‖ **schräg** ~, die Kante brechen / cortar al sesgo ‖ ⁓ *n* (Vorgang), Zu-, Be-, Ausschneiden *n*, [Ab]kürzen *n*, Stutzen *n* / recorte *m*, recortadura *f*
Abschneider *m* (Stanz) / herramienta *f* cortadora o de corte
Abschneide•schere, Glasschere *f* / tijeras *f pl* para cortar vidrio, cizallas *f pl* para cortar vidrio ‖ ⁓**vorrichtung** *f* / dispositivo *m* cortador (o tronzador)
Abschneidlinie, Schnittlinie *f* (eines gezogenen Teils) (Plast) / línea *f* de corte
Abschneidungsfrequenz *f* (Eltronik) / frecuencia *f* de corte
abschnellen *vi*, auffedern *vi*, schnappen vi. / rebotar ‖ ⁓ *n*, Schlag *m* (Web) / batán *m*
Abschnellfeder *f* / resorte *m* de lanzamiento
Abschnitt *m*, Teilstück *n* / sección *f* ‖ ⁓ (z.B. aus Rollenmaterial) / trozo *m* ‖ ⁓, Segment *n* (DV, Math) / segmento *m* ‖ ⁓, Blechabfall *m* (Met) / recorte *m*, desperdicios *m pl* de chapa ‖ ⁓, Abfall *m*, Verschnitt *m* (Zimm) / desechos *m pl* ‖ ⁓ (Draht) / recorte *m* ‖ ⁓, Kontrollabschnitt *m* / talón *m* de comprobación, cupón *m* ‖ ⁓, Stufe *f* / escalón *m*, fase *f* ‖ ⁓, Unterabteilung *f* / subdivisión *f* ‖ ⁓ *m*, Abteilung *f* (Druck) / sección *f*, división *f* ‖ ⁓, Kapitel *n* (Druck) / capítulo *m* ‖ ⁓, Absatz *m* (Druck) / párrafo *m* ‖ ⁓ *m* **auf der x-Achse** (Math) / segmento *m* de la eje x ‖ ⁓ **auf einer Geraden**, Strecke *f* (Math) / segmento *m* de una línea ‖ **in** ⁓**e zerlegen** (DV) / seccionar, dividir en secciones
Abschnitt•punkt *m* (Fernm) / punto *m* de transposición ‖ ⁓**schalter** *m* (Elektr) / interruptor *m* de sección ‖ ~**weise** / por secciones ‖ ~**weise** (DV) / por lotes ‖ ⁓**zeichen** *n*, Paragraph *m*, § (Druck) / párrafo *m*
Abschnüreffekt *m* / efecto *m* estrangulador
abschnüren *vt* / estrangular ‖ ~ (Bau) / trazar con cordel ‖ ~ (Verm) / corregir con cordel ‖ ⁓ *n* (Schnürbodenarbeit) (Schiff) / trazado *m* con cordel ‖ ⁓ **der Gleisbogen** (Bahn) / corrección *f* de curvas con cordel
Abschnürspannung *f* (Feldeffekttransistor, Halbl) / tensión *f* de corte, tensión *f* de constriccion o de contracción
Abschnürung *f* (allg) / estrangulación *f*, constricción *f*
abschopfen *vt* (Hütt, Knüppel) / despuntar los lingotes
abschöpfen *vt*, ausschöpfen / evacuar a mano, vaciar ‖ ~ (Gewinn) / beneficiarse ‖ **Schaum** ~ / quitar la espuma, espumar
Abschöpfgerät *n* (Verzinken), Abschöpflöffel *m* / cuchara *f* espumadora
abschotten *vt* (Schiff) / poner mamparos
Abschottung *f* (Schiff) / separación *f* por mamparo[s]
abschrägen *vt*, abfasen / achaflanar, chaflanar, biselar, rebajar, cortar en bisel ‖ ~, zuschärfen / afilar ‖ ~, dossieren, abwässern (Bau) / desnivelar ‖ ⁓ *n* **der Kante** (Schw) / achaflanado en bisel del borde

Abschrägung *f* / rebajo *m* ‖ ⁓, Zuschärfung *f* (Masch) / afilado *m* ‖ ⁓, Dossierung *f* (Bau) / desnivel *m* ‖ ⁓ *f*, Abfasung *f* / achaflán *m*, chaflán *m*, bisel *m* ‖ ⁓ (einer Böschung) / talud *m*, declive *m* ‖ ⁓ **der Flügelenden** (Luftf) / achaflán *m* de las puntas de las alas ‖ ⁓ **zum Wasserablauf** (Bau) / desnivelación *f* ‖ **seitliche** ⁓ (z.B. am Hang) / excavación *f* con desmonte lateral (E), corte *f* lateral (LA)
Abschrägungsfläche, Fase *f* / bisel *m*, achaflán *m*
abschrauben *vt* / destornillar, desatornillar ‖ ~, das Gewinde aufbrechen (Öl) / destornillar (el trépano)
Abschreck•alterung *f* (Hütt) / envejecimiento *m* por enfriamiento brusco ‖ ⁓**anomalie** *f* / anomalía *f* producida por enfriamiento brusco ‖ ⁓**austenit** *m* (Hütt) / austenita *f* de temple ‖ ⁓**bad** *n* (Hütt) / baño *m* de enfriamiento (para templar) ‖ ⁓**biegeprobe** *f* / prueba *f* de flexión después del temple ‖ ⁓**dauer** *f* / duración *f* de temple ‖ ⁓**dilatometer** *n* (Hütt) / dilatómetro *m* de temple ‖ ⁓**einrichtung** *f* / instalación *f* de temple ‖ ⁓**empfindlichkeit** *f*, Härtungsempfindlichkeit *f* / sensibilidad *f* al temple
abschrecken *vt* (Hütt) / enfriar bruscamente, templar rápidamente ‖ ⁓ *n*, Abschreckung *f* (Hütt) / enfriamiento *m* brusco, temple *m* rápido ‖ ⁓ (Glas) / templado *m*, enfriamiento brusco ‖ ⁓ **an der Düse** (Spinn) / temple *m* brusco en la tobera ‖ ⁓ **im Beta-Temperaturgebiet** (Atom, Nukl) / temple *m* beta ‖ **gestuftes** ⁓ / temple *m* escalonado, temple *m* quebrado
Abschreck•flüssigkeit *f* (Hütt) / líquido *m* de temple ‖ ⁓**härtbarkeit** *f* / templabilidad *f* ‖ ⁓**härten** *n* / temple *m*, endurecimiento *m* por temple ‖ ⁓**heftigkeit** *f*, -schärfe *f* / severidad *f* de temple ‖ ⁓**mittel** *n* (Hütt) / agente *m* de temple, medio *m* de temple ‖ ⁓**platte** *f* (Gieß) / placa *f* de enfriamiento brusco ‖ ⁓**probe** *f* / prueba *f* de enfriamiento brusco ‖ ⁓**rissempfindlichkeit** *f* / sensibilidad *f* al agrietamiento por enfriamiento brusco, sensibilidad *f* a la rotura de temple ‖ ⁓**schale**, -platte, -schicht *f* (Gieß, Hütt) / capa *f* de temple ‖ ⁓**temperatur** *f* / temperatura *f* de temple
Abschreckungs•... (Mil) / de intimidación ‖ ⁓**mittel** *n* (Mil) / medio *m* intimidatorio
Abschreck•versuch *m* (Glas) / prueba *f* de enfriamiento brusco, ensayo *m* de enfriamiento brusco, ensayo *m* de resistencia al choque térmico ‖ ⁓**vorrichtung** *f* / dispositivo *m* de temple ‖ ⁓**zusatzmittel** *n* / aditivo *m* de temple
Abschreibung *f* / amortización *f*
abschreiten, eine Strecke ~ (Verm) / medir a pasos
Abschrift *f* / copia *f*, duplicado *m*
abschroten *vt* (Schm) / destajar, asentar
Abschrotmeißel *m* (Schm, Wz) / tajadera *f*, cortafrío *m*
abschruppen (Metall, Tischl) / desbastar
abschuppen, [sich] ~ (Anstrich) / desconcharse, exfoliarse
Abschuppung *f* / desconchado *m*, exfoliación *f*
abschürfen *vt*, abschleifen / abrasar, desgastar por abrasión
Abschuss (Rakete, Torpedo), Start *m* / lanzamiento *m* ‖ ⁓ *m* (eines Flugzeugs) / derribo *m* ‖ ⁓ (eines Panzers) / destrucción *m* ‖ ⁓**base** *f* / base *f* de lanzamiento ‖ ⁓**boden**, Abfallboden *m* (Hydr) / fondo *m* protector
abschüssig, steil / escarpado ‖ ⁓**e Bahn** / trayectoria *f* inclinada
Abschüssigkeit *f*, geneigte Stellung oder Lage / declividad *f*, declive *m*, pendiente *f*
Abschuss•plattform *f* **für senkrecht aufgestellte Raketen** / plataforma *f* de lanzamiento para misiles en posición vertical ‖ ⁓**punkte** *m pl* (Rakete) / puntos *m pl* de lanzamiento ‖ ⁓**rampe**, Startrampe, -plattform *f* (Raumf) / rampa *f* de lanzamiento, plataforma *f* de lanzamiento ‖ ⁓**rinne** *f* (Fernlenkgeschoss) / riel *m* de

lanzamiento ‖ ⁓**rohr** n (Rakete) / tubo m de lanzamiento
abschütteln, Staub ⁓ / sacudir el polvo
abschütten vt (Flüssigkeit), abgießen / decantar, echar
abschwächen (Kräfte), reduzieren / mermar, reducir, debilitar ‖ ⁓ (sich) / debilitarse, amortiguarse ‖ ⁓, dämpfen (Akust, Stöße) / amortiguar, atenuar ‖ ⁓ (Foto) / reducir, rebajar ‖ ⁓, verdünnen, verwässern (Chem) / diluir ‖ **ein Bad** ⁓ (Färb) / debilitar un baño ‖ **eine Farbe** ⁓ / amortiguar, matizar
Abschwächer m (Foto) / reductor m, baño m reductor ‖ ⁓, Minderer m / reductor m
Abschwächung f, Schwächung f / debilitación f ‖ ⁓, Dämpfung f (Phys) / amortiguamiento m, amortiguación f
Abschwächungsbad n (Foto) / rebajador m
Abschwächungs•blende f (Radiol) / diafragma m reductor ‖ ⁓**faktor** m (Fernm) / factor m de reducción ‖ **koaxiales** ⁓**glied mit Blindleitungen** (Fernm) / atenuador m coaxial con red reactiva ‖ ⁓**lösung** f (Foto) / solución f reductora ‖ ⁓**widerstand** m (Elektr) / resistencia f de debilitación
abschwarten, entrinden (Holz) / escuadrar
Abschwefelung f / desulfuración f
abschweißen / cortar con soplete, separar con soplete
Abschweiß-Ofen, Entzunderungs-Ofen m / horno m de descascarillado
abschwelken vt (Malz), trocknen (Brau) / secar al aire
abschwemmen vt / arrastrar por la corriente ‖ ⁓ n **der Erze** (Bergb) / transporte m hidráulico de los minerales
Abschwemmung, Ausspülung f (Abwasser) / derrubio m ‖ ⁓ f, [Selbst]reinigung f (Abwasser) / depuración f natural ‖ ⁓, Erosion f (Geol) / erosión f
abschwenken vt, spülen / lavar, enjuagar
Abscisinsäure f (Chem) / ácido m abscisínico
Abseifen n (Antifoulingfarbe) / autopulido m
abseigern vt (Metall) / segregar por fusión
Abseilen n / descenso en rapel
Abseite f (Dach) / faldón m [largo] ‖ ⁓ (Web) / cara f reversa, revés m
absenden vt, befördern / expedir, remitir
Absender m / remitente m ‖ ⁓-**Empfänger-Differenz** f (Nukl) / diferencia f remitente-recibidor
absengen vt / chamuscar, gasear ‖ ⁓, -**flammen** n / chamusco m
absenkbar / rebajable
Absenkbarkeit f (Ladekante) (Kfz) / rebajabilidad f
absenken vt, senken (allg) / bajar, rebajar ‖ ⁓ (Nukl) / disminuir, reducir ‖ ⁓ (Grundwasser) / rebajar el nivel freático ‖ ⁓, abteufen (Bergb) / profundizar, asentar ‖ ⁓ n, Sinkenlassen n / bajado m, rebajado m ‖ ⁓, Absenkung f (Hydr) / rebajado m ‖ ⁓ (Tonlage) (Eltronik) / acentuación f de los bajos o graves
Absenk•formmaschine f (Gieß) / máquina f moldeadora y desmoldeadora por rebajado del chasis ‖ ⁓**geschwindigkeit** f (Strangguss) / velocidad f de descenso, velocidad f de rebajado ‖ ⁓**rolle**, Strangförderrolle f (Strangguss) / rodillo m extractor
Absenkung f, Einschnitt m (Masch) / escotadura f ‖ ⁓ (eines Gebäudes) / sentamiento m ‖ ⁓, Reduzierung f / reducción f, disminución f ‖ ⁓ **des Hängenden** (Bergb) / descenso m del techo
Absenkungsfaktor m (Bergb) / factor m de hundimiento
Absenk•vorrichtung f / dispositivo m de bajar ‖ ⁓**walze** f, Transportrolle f (Walzw) / rodillo m de arrastre, rodillo m transportador ‖ ⁓**ziel** n, Mindeststauhöhe f, -stau m (Wassb) / altura f mínima de embalse
Absentismus m, Fernbleiben n vom Arbeitsplatz / absentismo m
Absetzanlage f (Bergb) / instalación f de sedimentación, instalación f de decantación
absetzbar, verkäuflich / vendible
absetzbarer Wohnaufbau (Wohnmobil) / pick-up m

Absetz•becken n, Versitzbecken n (Abwasser) / tanque m de decantación ‖ ⁓**becken**, Trenngefäß n / recipiente m de separación o de sedimentación, depósito m decantador
absetzen vr (sich)(Bodensatz), niederschlagen (sich) / depositar[se], sedimentar[se], reposar[se] ‖ ⁓ (sich)(Schlacke) (Hütt) / escupir[se] ‖ ⁓ (sich)(Kontrast) / contrastar[se] ‖ ⁓ (sich) (Bergb, Gang) / desviarse, tomar otra dirección ‖ ⁓ vt, niedersetzen, niederlegen / depositar, poneren ‖ ⁓, versetzen (allg, Bau) / desplazar ‖ ⁓, einen Absatz bilden (Dreh, Masch) / escalonar ‖ ⁓ (Schm) / degollar ‖ ⁓, verkaufen / comercializar ‖ ⁓ (submit) (DV) / submitear (angl.) ‖ ⁓ (Kurs) (Schiff) / trazar (la derrota) ‖ **die vollen Spulen** ⁓ (Spinn) / mudar las bobinas llenas ‖ **ein Manuskript** ⁓, setzen (Druck) / componer un texto ‖ **ein Programm** ⁓ (DV) / iniciar un programa ‖ **eine Nachricht** ⁓ / transmitir una noticia ‖ **eine Zeile** ⁓ (Druck) / componer un renglón ‖ **Köper** ⁓ / cortar la sarga ‖ **Lasten genau** ⁓ / depositar precisamente ‖ **Passagiere** ⁓ / desembarcar pasajeros ‖ **sich** ⁓ (z.B. Staub) / sentarse
Absetzer m (Bergb) / escombradora f
Absetz•kipper f (Bau, Müll) / volquete m multicaja, basculante m multicaja ‖ ⁓**raum** m, Klärraum m (Abwasser) / cámara f de decantación ‖ ⁓**teich** m (Bergb) / estanque m de decantación ‖ ⁓**verfahren** n (Schmierölreinigung) / procedimiento m de sedimentación ‖ ⁓**winkel** m (Lasten), Aufsetzwinkel m / ángulo m de depositar ‖ ⁓**wirkung** f / efecto m sedimentador ‖ ⁓**zeit** f (Chem) / tiempo m de sedimentación, tiempo m de depósito ‖ ⁓**zyklon** m (Aufb) / ciclón m de decantación
ABS-Harze n pl (aus Acrylnitril, Butadien u. Styrol) (Plast) / resinas f pl ABS (de acrilnitrilo, butadieno y estireno)
absichern (Elektr) / proteger por fusible, fusiblear
Absicherung f (Elektr) / protección f por fusible
Absichtserklärung f / declaración f de intención
absicken, walzsicken (Masch) / acanalar [y rebordear] por rodillo
absickern vi, langsam abfließen / escurrirse
absieben / cribar, tamizar
Absiebung f, Absieben n / cribado m, tamizado m
A/B-Signalgabe f (Fernm) / señalización f A/B
absinken vi / bajar, descender ‖ ⁓ (Geschwindigkeit) / bajar, reducirse, disminuir ‖ ⁓ (Gebäude) / hundirse, descender ‖ ⁓ n **der Gicht** (Hütt) / descenso m de la carga ‖ ⁓ **der Wirkung** (Bremse) / disminución f de la acción
Absitzbecken n, -tank m (Abwasser) / tanque m de decantación
absitzen vi / sedimentarse, decantarse
Absitz•gefäß, Abklärgefäß n (Chem) / recipiente m de decantación ‖ ⁓**grube** f, Senkgrube f, Versitzgrube f / fosa f séptica
Absitzung f (Chem, Geol) / sedimentación f ‖ ⁓ (Zuck) / clarificación f
Absitzverfahren n (Abwasser) / proceso m de sedimentación, procedimiento m de sedimentación
ABS-Kunststoff m s. ABS-Harze
absolut (allg, Chem) / absoluto ‖ ⁓, unbenannt (Math) / abstracto, desconocido ‖ ⁓ (Vakuum) / perfecto ‖ ⁓**e Adresse** (DV) / dirección f absoluta o específica ‖ ⁓**er Alkohol** (100 %) (Chem) / alcohol m absoluto ‖ ⁓ **anzeigendes Instrument** ⁓ / instrumento m indicador de valores absolutos ‖ ⁓**e Atmosphäre** (veraltet), ata (Phys) / atmósfera absoluta f (obsoleto) ‖ ⁓**er Block** (Bahn) / bloqueo m absoluto ‖ ⁓**es Blocksystem mit Nachfahrmöglichkeit** (Bahn) / bloqueo m permisivo absoluto ‖ ⁓**e Codierung** (DV) / programación f absoluta ‖ ⁓**e Dielektrizitätskonstante** (Phys) / permitividad f ‖ ⁓**er Differential-Kalkül**, Ricci-Kalkül m (Math) / cálculo m de Ricci, cálculo m

absolut

diferencial absoluto || ~**es Druckmessgerät o. Manometer** / aparato *m* medidor de la presión absoluta, manómetro *m* absoluto || ~**e Effektivität einer Schätzfunktion** (Stat) / efectividad absoluta de una función estimadora || ~**er Geräuschmesser** / medidor *m* absoluto de ruidos || ~**es Haltsignal** (Bahn) / señal *f* de parada absoluta || ~**e Häufigkeit** (Stat) / frecuencia *f* absoluta || ~**er Höchstwert** (Schwingungen) / valor *m* tope absoluto, valor *m* máximo absoluto || ~**e Höhe**, Höhe über Normal-Null o. über NN (Geo) / altitud *f* absoluta || ~**e Koinzidenz** (Nukl) / coincidencia *f* efectiva || ~ **konvergent** (Math) / absolutamente convergente || ~**e Luftfeuchtigkeit** (Gramm Wasserdampf auf 1m³ Luft) (Meteo) / humedad *f* absoluta || ~**e Massenzahl** (Phys) / número *m* absoluto de masa || ~**es Maßsystem** (Phys) / medida *f* absoluta || ~**es Maßsystem** (Phys) / sistema *m* absoluto de medidas || ~**er Nullpunkt** (= -273,15 ° C) (Temperatur) / cero *m* absoluto || ~**er Pegel** (Fernm) / nivel *m* absoluto || ~**es Potential** (Chem) / potencial *m* absoluto || ~**e Programmierung** (in Maschinensprache) (DV) / programación *f* absoluta o con direcciones absolutas || ~**e Temperatur** (gemessen in K) / temperatura *m* absoluta || ~**e Temperatur-Skala** (in K) / escala *f* de temperatura absoluta, escala *f* Kelvin || ~ **trocken** / absolutamente seco, seco en absoluto || ~**es Vakuummeter** / manómetro *m* de Knudsen, vacuómetro termomolecular o radiómetro || ~**e Viskosität** / viscosidad *f* absoluta || ~ **zuverlässig** (Eltronik) / absolutamente seguro, a prueba de fallos
Absolut•bewegungsanzeige *f* (Radar) / indicación *f* de movimiento absoluto || ~**druck in Atmosphären** *m* (veraltet), ata / atmósfera *f* absoluta || ~**-Encoder** *m* (DV) / codificador *m* absoluto || ~**grenzdaten** *pl* / datos *m pl* limítrofes absolutos, datos *m pl* límites || ~**ladedruck** *m* (Mot) / presión *f* absoluta de sobrealimentación || ~**maß** *n* (Passung) / medida *f* absoluta || ~**messung** *f* / medición *f* absoluta || ~**messverfahren** *n* (NC) / procedimiento *m* medidor absoluto, procedimiento *m* de medición absoluta || ~**wert** *n* / valor *m* absoluto
Absolutwertdarstellung *f* / representación *f* en valores absolutos
absondern *vt* / apartar, poner aparte, segregar, separar, aislar || ~, abscheiden (Biol) / secretar, segregar, excretar, eliminar, desagregar, disgregar || ~, entziehen (Chem) / extraer, abstraer, segregar || ~, dissoziieren / disociar || **sich** ~ (Chem) / separarse, precipitar[se], segregarse || **sich abscheiden od.** ~ (Chem) / separarse
absondernd, aussondernd, trennend / segregativo, secretor
Absonderung *f*, Trennung *f* / separación *f*, desagregación *f*, segregación *f*, disgregación *f*, aislamiento *m* || ~, Abgesondertes *n* (Biol, Chem) / sedimento *m*, precipitado *m* || ~ (Math) / eliminación *f* || ~, Absondern *n* (Chem) / sedimentación *f*, separación *f* || ~, spez.: Wasserentziehung *f* (Chem) / deshidratación *f* || ~, Entmischung *f* (Plast) / segregación *f* || ~**en** *f pl*, Schlacke *f* (Hütt) / escoria *f*
Absonderungs•fläche *f* (Bergb) / superficie *f* de desprendimiento || ~**kluft** *f* (Geol) / grieta *f* de separación
Absoprtionsmaß *n* (spektrales), Extinktion *f* / absorbancia *f*
Absorbens *n*, Absorptionsmittel *n* (Chem, Phys) / absorbente *m*
Absorber *m* (Kältetechnik, Nukl) / absorbedor *m* || ~**finger** *m*, Absorberstab *m* (Nukl) / barra *f* de absorción || ~**kühlschrank** *m* / refrigerador *m* de absorción, nevera *f* de absorción || ~**-Neutralisator** *m* **für Ergol** / absorbedor-neutralizador *m*
absorbierbar / absorbible

Absorbierbarkeit *f* / absorbibilidad *f*
absorbieren *vt* / absorber, reabsorber, resorber
absorbierend, Absorptions... / absorbente
Absorbierung, Absorption *f* / absorción *f*, absorbimiento *m*
Absorption *f* **der Ionosphärenwellen an den polaren Kappen** / absorción *f* de las ondas ionosféricas en los casquetes polares || ~ **durch molekulare Resonanz** (Phys) / absorción *f* por resonancia molecular || ~ *f* **von Wasserdampf** / absorción *f* de vapor de agua ||
~**-Desorption** *f* (Chem) / absorción *f* y desorción
Absorptions•analyse *f* / análisis *m* de absorción || ~**anlage** *f* / instalación *f* de absorción || ~**bande** *pl* (Opt) / bandas *f pl* de absorción || ~**erscheinungen** *f pl* **an den Polkappen** / fenómenos *m pl* de absorción en los casquetes polares || ~**fähigkeit** *f* / capacidad *f* de absorción || ~**falle** *f* (Chem, Phys) / trampa *f* de absorción || ~**färbung** *f* / coloración *f* de absorción || ~**filter** *n* / filtro *m* de absorción || ~**fläche** *f*, Wirkfläche *f* (Antenne) / área *f* de absorción, área *f* efectiva || ~**-Flammenphotometrie** *f* / fotometría *f* de llama por absorción || ~**gefäß** *n* (Chem) / recipiente *m* de absorción, célula *f* de absorción, cubeta *f* de absorción || ~**grad** *m* (Opt) / grado *m* de absorción || ~**hygrometer** *n* / higrómetro *m* de absorción, higrómetro *m* químico || ~**kältemaschine** *f* / máquina *f* frigorífica de absorción || ~**kante** *f* (Röntgen) / arista *f* de absorción || ~**koeffizient** *m*, -faktor *m* (Akust, Chem, Nukl) / coeficiente *m* de absorción, factor *m* de absorción || ~**kolonne** *f* (Chromatogr.) / columna *f* de cambio || ~**kolonne** (Öl) / absorbedor *m*, columna *f* de absorción || ~**kompressor** *m* / compresor *m* de absorción || ~**kreis** *m* (Eltronik) / circuito *m* de absorción || ~**kühlschrank**, Absorber *m* / frigorífico *m* de absorción, nevera *f* de absorción || ~**kurve** *f* (Nukl) / curva de absorción;.f. || ~**küvette** *f* (Chem) / cubeta *f* de absorción || ~**lichtschalter** *m* (Eltronik) / interruptor *m* absorbente || ~**linie** *f* (Opt) / línea *f* de absorción || ~**messgerät** *n* / absorciómetro *m*, absorbímetro *m* || ~**messung** *f* (Ultraschall) / medición *f* de la absorción || ~**methode** *f* / método *m* de absorción || ~**mittel** *n*, Absorbens *n* (Chem) / absorbente *m* || ~**modulation** *f* (Eltronik) / modulación *f* de absorción || ~**prüfung** *f* (Pap) / prueba *f* de absorción, medición *f* de la absorción capilar || ~**querschnitt** *m* (Eltronik) / sección *f* [eficaz] de absorción || ~**rohr** *n* (Chem) / tubo *m* de absorción || ~**sättigung** *f* (Eltronik) / saturación *f* de absorción || ~**schwächungskurve** *f* (Nukl) / curva *f* de atenuación || ~**schwelle** *f* (Eltronik) / umbral *m* de absorción || ~**spektrophotometer** *n* (Phys) / espectro *m* fotómetro de absorción || ~**spektrum** *n* / espectro *m* de absorción || ~**sprung** *m* (Nukl) / discontinuidad *f* de absorción, salto *m* de absorción || ~**stab** *m* (Nukl) / barra *f* de absorción || **[spektrale]** ~**stärke** (Phys) / capacidad *f* de absorción espectral || ~**turm** *m* (Öl) / columna *f* de absorción, torre *f* de absorción || ~**verlust** *m* (Eltronik) / pérdida *f* de absorción || ~**vermögen** *n*, Aufnahmefähigkeit *f* / capacidad *f* de absorción, poder *m* absorbente o de absorción || ~**vorgang** *m* (Ultraschall) / fenómeno *m* de absorción || ~**wärme** *f* / calor *m* de absorción || ~**wellenmesser** *m* / ondímetro *m* de absorción || ~**widerstand** *m* / resistencia *f* de absorción
absorptiv, absorbierend / absorbente
abspalten *vt* (Nukl) / desintegrar, fisionar || ~ (Chem) / disociar, desdoblar || ~, [ab]hauen (Bergb) / picar
Abspaltung *f* (Chem, Phys) / desdoblamiento *m*, disociación *f*
abspanen *vt* (Wzm) / cortar virutas, desprender virutas || ~ *n*, Spanen *n* (Wzm) / virutaje *m*, corte de virutas *m*
Abspann•abschnitt *m* (Elektr, Freileitung) / sección *f* de arriostramiento, tramo *m* de arriostramiento || ~**anker** *m* (Bau, Elektr) / ancla *f* de amarre || ~**bock** *m* /

caballete *m* de amarre || ≃**bügel** *m* (Elektr) / estribo *m* de amarre || ≃**bund** *m*, Abspannung *f* (Elektr, Freileitung) / anclaje *m* de línea aérea || ≃**draht**, Verankerungsdraht *m* (Bau, Elektr) / alambre *m* de retención de riostra, alambre *m* de amarre
abspannen *vt*, verankern (Bau, Elektr) / arriostrar por alambre, riostrar por alambre, anclar || ~, nachlassen, schlaff machen / destensar, aflojar, relajar || ~ (Wz) / desmontar, quitar || ~ (Werkstück) / descargar || ~, herabtransformieren (Elektr) / reducir el voltaje || **den Dampf** ~ (Dampfm) / destensar el vapor || ≃ *n* (Plast, Wz) / desmontaje *m*
Abspanner *m*, Trafo *m* / transformador *m* reductor
Abspann•feld *n* (Fahrleitung) / distancia *f* entre anclajes || ≃**fundament** *n* (Bau) / fundación *f* de anclaje || ≃**gerüst** *n* (Elektr) / estructura *f* de fin de línea || ≃**gestänge** *n* (Elektr) / varillaje *m* de amarre || ≃**gestänge**, Hausstütze *f* (Elektr) / poste *m* de retención || ≃**isolator** *m* (Elektr) / aislador *m* de anclaje || ≃**kette** *f* (Isolator) / cadena *f* de amarre || ≃**klemme** *f* (Elektr) / borne *m* de retención || ≃**klemme**, -befestigung *f* (Fernm) / pinza *f* terminal || ≃**kraft** *f* (Bau) / fuerza *f* de anclaje || ≃**mast** *m* (Elektr) / poste *m* de amarre o retención, torre *f* de amarre o anclaje || ≃**mast**, Eckmast *m* (Hochsp.Ltg) / poste *m* de esquina (E) o esquinero (LA) || ≃**mast**, Endmast *m* (Elektr, Fernm) / poste *m* terminal || ≃**mast** (Fahrleitung) / poste *m* de anclaje || ≃**material** *n* / material *m* de anclaje || ≃**platte** *f* (Förderer) / placa *f* de sujeción || ≃**ring** *m* / anillo *m* de anclaje || ≃**seil** *n*, -draht *m* (Bau, Elektr) / cable *m* de arriostramiento || ≃**stange** *f* (Bahn) / vara *f* de amarre || ≃**station** *f* (Förderer) / estación *f* de amarre || ≃**stempel** *m* (Bergb) / estemple *m* de amarre || ≃**stütze** *f* **am Haus** (Fernm) / soporte *m* final || ≃**trafo** *m*, Abspanner *m* / transformador *m* reductor || ≃**trafostation** *f* / subestación *f* transformadora [reductora]
Abspannung *f*, Verspannung *f* (Bau, Elektr) / arriostramiento *m* || ≃ (Freileitung) / atirantado *m* de la línea aérea
Abspannwerk *n* (Elektr) / planta *f* transformadora reductora
Abspan•rate *f* (= zerspante Menge) (Wzm) / volumen *m* de material arrancado || ≃**weg** *m* (Wz, Wzm) / recorrido *m* de virutaje
abspecken *vt* (DV) / simplificar
abspeichern, speichern (DV) / almacenar, memorizar
Abspeicherroutine *f* (DV) / programa *m* de momorización
Absperr•armatur *f* (Abwasser) / dispositivo *m* de cierre || ≃**blase** *f* / burbuja *f* de cierre || ≃**damm** *m* (Bergb) / dique *m* de cierre || ≃**damm**, Uferschutzdamm *m* (Hydr) / dique *m* de protección
absperren *vt*, sperren (allg, Leitung) / cerrar, interceptar, cortar || ~, blockieren, verriegeln / bloquear, barrear, obstruir || **Dampf [Gas, Strom, Wasser]** ~ / cortar el vapor [el gas, la corriente, el agua]
Absperr•furnier *n* / hoja *f* de madera contrachapeada || ≃**hahn** *m* (Masch) / grifo *m* de cierre, llave *f* de aislamiento || ≃**hebel** *m* / palanca *f* de cierre, palanca *f* de parada || ≃**klappe** *f* (Masch) / tapa *f* o chapeleta de cierre || ≃**klappe** (DIN 3538) (Gas) / válvula *f* de mariposa || ≃**leuchten** *f pl* (Straßb) / luces *f pl* de bloqueo || ≃**mittel** *n*, Porenschließer *m* (Farbe) / tapaporos *m* || ≃**nadel** *f* (Kfz, Vergaser) / aguja *f* de cierre || ≃**organ** *n* (Masch) / órgano *m* de cierre, dispositivo *m* de cierre || ≃**schieber** *m* (Masch, Schw) / llave-compuerta *f*, válvula *f* de compuerta, compuerta *f* de cierre || ≃**schieber**, Hauptschieber *m* / válvula *f* principal de cierre || ≃**schieber** *m* (Wasserturbine) / compuerta *f* de cierre || ≃**signal** *n* (Eltronik) / señal *f* de bloqueo
Absperrung *f* / cierre *m*, corte *m*, bloqueo *m*

Absperrventil *n* / válvula *f* de cierre, válvula *f* separadora, válvula *f* de aislamiento
Abspieldauer *f* (Magnetband) / duración *f* de la reproducción
Abspielen *n* **eines Bandes** (Funk) / reproducción *f* de una cinta magnetofónica || ≃ **eines Makros** (DV) / ejecución *f* de un macro
Abspiel•gerät *n* (z.B. DVD) / aparato *m* reproductor || ≃**kopf** *m* (Magnetbandgerät) / cabeza *f* de lectura
abspitzen *vt* (Steine) / aderezar piedras de cantera || ~, bossieren (Bau) / realzar || ~ (Beton), aufstocken (Bau) / granular
ABS-Plaste *m pl* / resinas *f pl* ABS
absplitten *vt*, Splitt ausbreiten (Straßb) / distribuir gravilla
absplittern *vi* / astillarse || ~, abblättern / exfoliarse
Absplittung *f* (Straßb) / distribución *f* de gravilla
abspreizen *vt* (Bergb, Zimm) / entibar, riostrar, arriostrar
absprengbare Kapsel (Raumf) / cápsula *f* separable por explosión
absprengen (Bergb, Raumf) / separar por explosión || ~, sprengen (Glas) / romper || ~, mit Hänge- o. Sprengwerk absteifen (Zimm) / sujetar por una estructura con pendolones jabalconados || **einen Bogen** ~ (Bau) / apoyar un arco || ≃ *n* (Raumf) / separación *f* por explosión
Absprengkanone, Schleuderkanone *f* (Luftf) / cañón *m* de eyección
abspringen *vi*, sich lösen / desprenderse, saltar[se] || ~ (Email, Farbe) / exfoliarse || ~, abprallen / rebotar || ~ (Splitter) / fragmentar[se] || ~ (Fallschirm) / descender con o bajar en paracaídas || ≃ *n* **des Reifens von der Felge** / salida *f* de un neumático de la llanta
abspringend [leicht] (Material), spröde / saltadizo
abspritzen *vt*, bespritzen / rociar, regar || ~, farbspritzen / pintar a pistola, pintar al duco
Abspritzreinigung *f* / limpieza *f* con pistola
Absprung *m* (Luftf) / descenso *m* con o bajada en paracaídas
abspulen *vi*, abhaspeln / devanar, desbobinar || ≃ *n* (Spinn) / devanado *m*, desbobinado *m* || ≃ (Tonband) / acción *f* de desbobinar
abspülen *vt* / lavar, fregar || ~, ausspülen, unterspülen, auswaschen (Wassb) / erosionar || ~, unterspülen (Bau) / socavar, derrubiar
Abspul•gerät *n* / aparato *m* devanador, aparato *m* desbobinador || ≃**maschine** *f* **für Kokons**, Kokonhaspler *m* (Spinn) / devanadora *f* para cocones
Abspülung *f*, Auswaschen *n* (Chem) / ablución *f*
ABS-Schaumstoff *m* (Chem) / materia *f* espumada ABS
abstammen *vi* [**von**] (Chem) / derivarse [de]
Abstand *m*, Entfernung *f* / distancia *f* || ≃ (z.B. zwischen Nieten) / distancia *f* entre remaches || ≃ Zwischenraum *m* / distancia *f*, intervalo *m*, espacio *m* || ≃ *m*, Intervall *n* (zeitlich, räumlich) / intervalo *m* || ≃ (z.B. Nutzabstand) (Funk) / distancia *f* útil || ≃, Hubverhältnis *n* (Eltronik) / relación *f* de desviación || ≃ **der Bandsprossen** (DIN 44300) (Magn.Bd) / distancia *f* entre columnas || ≃ **der Säulen**, Säulenweite *f* (Bau) / distancia *f* entre columnas, intercolumnio *m* || ≃ **der Signale** (Bahn) / distancia *f* de colocación de las señales || ≃ **einführen**, mit Zwischenraum anordnen / espaciar || ≃ **haben** / tener distancia || ≃ *m* **Nietmitte zu Außenkante Hindernis** / distancia *f* entre centro del remache y arista exterior de un obstáculo || ≃ **von Mitte zu Mitte** / distancia *f* entre centros || ≃ **zum Raster** (Bau) / distancia *f* modular || ≃ **zweier Gleise** / distancia *f* entre dos vías || ≃ **zweier Schienen eines Gleises**, Spurweite *f* / distancia *f* entre dos carriles de una vía, ancho *m* de vía (E), trocha *f* (LA) || ≃ **zwischen Achsen** (Kfz), batalla *f* || ≃ **zwischen Überholungen** (Luftf) / intervalo *m* entre revisiones || **den** ~ **anpassen** [an] / adaptar la distancia [a] || **in Abständen** / de trecho en trecho ||

Abstand

Abstände *m pl* **der Ölbohrungen untereinander** (Öl) / distancia *f* entre pozos
abständig (Bot) / muerto
Abstandrohr *n* / tubo *m* distanciador
Abstands•bremsung *f* (Bahn) / frenado *m* de espaciamiento ‖ ⁓**buchse** *f* (Lager) / casquillo *m* distanciador ‖ ⁓**gestell** *n*, -behälter *m* (Reaktor) / jaula *f* de transporte ‖ ~**getreu**, äquidistant (Fernm, Geo, Math) / equidistante ‖ ~**getreu** (Fernm) / correspondiente a la distancia ‖ ⁓**halt** *m* (Bahn) / parada *f* de distanciamiento ‖ ⁓**halter** *m*, Spreizer *m* / distanciador *m*, espaciador *m* ‖ ⁓**halter** (Fahrleitung) / barra *f* de arriostramiento, barra *f* de retención ‖ ⁓**hülse** *f*, Distanzröhre *f* (Magn.Bd) / manguito *m* de separación, casquillo *m* distanciador, tubo *m* distanciador ‖ ⁓**isolator** *m* (Elektr) / aislador *m* distanciador ‖ ⁓**klemme** *f* (Elektr) / terminal *m* de distancia ‖ ⁓**kurzschluss** *m* (Elektr) / defecto *m* kilométrico ‖ ⁓**melder** *m* (Eltronik) / sensor *m* de proximidad ‖ ⁓**messer** *m*, Entfernungsmesser *m* (Foto, Verm) / distanciómetro *m*, telémetro *m* ‖ ⁓**messmarke** *f* (Radar) / marca *f* de distancia ‖ ⁓**messsystem** *n* (Raumf) / sistema *m* medidor de distancia ‖ ⁓**messung** *f* (Radar) / medición *f* de la distancia ‖ ⁓**platte**, -scheibe *f* / placa *f* distanciadora, disco *m* distanciador ‖ ⁓**regelung** *f* (Verkehr) / regulación *f* de la distancia entre vehículos ‖ ⁓**ring** *m*, -scheibe *f* (Magn.Bd) / anillo *m* distanciador, arandela *f* distanciadora ‖ ⁓**ring** (Radar) / anillo *m* de distancia ‖ ⁓**rohr** *n* (Magn.Bd) / tubo *m* distanciador ‖ ⁓**-Schirm**, A-Schirm *m* (Radar) / pantalla *f* de distancia tipo A ‖ ⁓**schraube** *f* / tornillo *m* distanciador ‖ ~**stabilisiert** (Satellit) / estabilizado en la colocación ‖ ⁓**stück** *n* / pieza *f* distanciadora, componente *m* distanciador ‖ ⁓**unterscheidung** *f* (Radar) / selección *f* de distancia ‖ ⁓**zünder** *m* (Bergb) / espoleta *f* de aproximación
Abstand•verstärkungsgröße *f*, AVG (Ultraschall) / magnitud *f* amplificadora de distancia ‖ ⁓**warner** *m* (Kfz) / avisador *m* de proximidad
abstanzen *vt* / cortar por estampado, estampar ‖ ⁓ *n* / corte *m* por estampado
abstäuben *vt*, ausstäuben / desempolvorear, quitar el polvo
Abstech•arbeit *f* (Wzm.) / decol[l]etaje *f* (gal.) ‖ ⁓**arbeit** (Dreh) / tronzado *m*, trabajo *m* de tronzar ‖ ⁓**[dreh]maschine** *f* (Wzm) / torno *m* tronzador o de tronzado ‖ ⁓**drehmaschine** *f* für Blöcke, Blockteilmaschine *f* / torno *m* tronzador para lingotes
abstechen *vt* (Dreh) / tronzar ‖ ⁓, abschneiden / tronzar, cortar, degollar ‖ ⁓, abziehen, ablassen (Flüssigkeit) / trasegar un líquido, dejarsalir ‖ ⁓ (in Scheiben) (Dreh) / tronzar discos ‖ ⁓ (Rasen) / cortar ‖ ⁓ [gegen], abheben (sich) [von] / contrastar [con] ‖ **den Hochofen** ⁓ (Hütt) / sangrar, hacer colada ‖ ⁓ *n*, Abschneiden *n* (Wzm) / truncamiento *m*
Astecher *m*, Abstichspieß *m* (Hütt) / barra *f* de sangría ‖ ⁓ (Wz) / herramienta *f* de degollar, degollador *m*
Astech•herd *m* (Hütt) / solera *f* de sangría ‖ ⁓**maschine** *f* (Wzm) / tronzadora *f* ‖ ⁓**meißel** *m*, Stechdrehmeißel *m* (DIN) / herramienta *f* de tronzar ‖ ⁓**pflug** *m*, Schäl-, Rasenpflug *m* (Landw) / arado *m* rastrojero ‖ ⁓**schleifen** *n* / tronzado *m* con la muela ‖ ⁓**seite** *f* (Dreh) / lado *m* de tronzar, extremo *m* de tronzar
Absteckarbeiten *f pl* (Bau) / trabajos *m pl* de jalonar
abstecken, markieren (Verm) / estacar, jalonar, marcar ‖ ⁓, trassieren / trazar
Absteck•fähnchen *n*, Richtfähnchen *n* / banderita *f* ‖ ⁓**pfahl** *m*, -stab *m*, -stange *f* / estaca *f*, jalón *m*, piquete *m*, baliza *f* (Mex) ‖ ⁓**pfahl** *m* (für Höhen), -pflock *m* / estaca *f* de cota
Absteckung *f*, Abstecken *n* / jalonado *m*, trazado *m*
Absteckungslinie *f* (Verm) / línea *f* de trazado

Abstehbehälter *m* (Keram) / recipiente *m* de acondicionamiento
abstehen *vi*, entfernt sein [von] / distar [de] ‖ ⁓, schal werden / aflojarse, posarse ‖ ⁓ (Wein) / acedarse (vino) ‖ ⁓ **lassen**, beruhigen (Schmelze) (Hütt) / dejar reposar, calmar ‖ ⁓ *n* (Gieß) / reposo *m* en el caldero de colada
Absteh•ofen *m* (Keram) / horno *m* a recalentar ‖ ⁓**wanne** *f* (Glasofen) / cubeta *f* de reposo ‖ ⁓**zone** *f* (Keram) / zona *f* de acondicionamiento, sección *f* de acondicionamiento
Absteifbrett *n*, -bohle für Baugruben *f* / tablón *m* entibador
absteifen, abfangen (Bau, Bergb) / entibar, apuntalar, apear ‖ ⁓ (in Querrichtung), -streben / arriostrar, riostrar ‖ **mit Bögen** ⁓ (Bau) / sostener con arcos
Absteifung *f*, Abstützung *f* (Bau) / apuntalamiento *m* ‖ ⁓ (Bau, Bergb) / entibado *m*
absteigend (Kurvenast, Ordnung) / descendente ‖ ~**er Knoten** (Raumf) / nudo *m* descendente
absteigende [Reihen]**folge od. Ordnung** / secuencia *f* decreciente o descendente
Abstell•bahn *f*, Hängebahn *f* / vía *f* libre (monorriel) ‖ ⁓**bahnhof** *m* / estación *f* apartadero o de depósito ‖ ⁓**bezirk** *m* (Bahn) / zona *f* de estacionamiento
abstellen *vt* (Masch) / parar ‖ ⁓ (Wasser) / cerrar, cortar ‖ ⁓ (Licht, Radio), -drehen, -schalten / apagar, desconectar ‖ ⁓, niedersetzen / depositar, poner ‖ ⁓ (Fahrzeuge) / aparcar, estacionar ‖ ⁓ [auf], anpassen / adaptar (a una necessidad especial) ‖ **die Zündung** ⁓ (Mot) / desconectar el encendido ‖ ⁓ *n*, Abdrehen *n*, Ausschalten *n* (Masch) / parada *f*, desconexión *f* ‖ ⁓, Stillsetzen *n* / puesta *f* fuera de servicio ‖ ⁓, Parken *n* (Kfz) / aparcamiento *m*, estacionamiento *m*
Abstell•fläche *f*, -bahn *f*, Abfertigungsvorfeld *n* (Luftf) / campo *m* de estacionamiento ‖ ⁓**gleis** *n* (Bahn) / vía *m* de estacionamiento, vía *m* de deposito de material ‖ **beiderseits angeschlossenes** ⁓**gleis** (Bahn) / apartadero *m* con entrada directa por ambos extremos ‖ **auf das** ⁓**gleis bringen** (Bahn) / encerrar ‖ ⁓**hahn** *m* / grifo *m* de cierre ‖ ⁓**hebel** *m* / palanca *f* de parada, palanca *f* de interrupción ‖ ⁓**knopf** *m*, -taste *f* / botón *m* de parada, tecla *f* de parada ‖ ⁓**platte** *f* (Masch) / plataforma *f* de descanso ‖ ⁓**platz** *m*, Stellplatz *m* (Bau, Kfz) / lugar *m* de estacionamiento ‖ ⁓**platz**, Lagerplatz *m* / área *f* de depósito, área *f* de almacenamiento ‖ ⁓**platz**, Absetzplatz *m* / lugar *m* de depósito ‖ ⁓**raum** *m* (Bau) / trastera *f* ‖ ⁓**sicherung** *f* (Elektr) / fusible *m* de seguridad ‖ ⁓**tisch** *m* (Masch) / mesa *f*, bandeja *f*, consola *f*
Abstellung *f*, Abhilfe *f* / reparación *f*, remedio *m*
Abstellvorrichtung *f*, Selbstabstellung *f* / dispositivo *m* de parada, parada *f* automática
abstemmen *vt*, abmeißeln / labrar con cincel, quitar material con cincel
abstempeln *vt*, abstützen (Bergb) / apuntalar ‖ **eine Marke** ⁓ / matasellar ‖ **Papier** ⁓ / timbrar
absteppen (Näum) / pespunt[e]ar
absterben (Mot) / calarse ‖ ⁓, zersetzen (sich) / descomponerse ‖ ⁓ *n* (Halbl) / quemazón *f*
Astich *m*, Abstechen *n* (Gieß, Hütt) / colada *f*, sangría *f*, sangradura *f* ‖ ⁓**-Aufbrennmaschine** *f* (Ofen) / máquina *f* para el picado a la llama ‖ ⁓**brust** *f*, Ablassseite *f* (Gieß) / lado *m* de sangría ‖ ⁓**elektrode** *f* (Gieß) / electrodo *m* de picar ‖ ⁓**entgasung** *f* / desgasificación *f* en la cuchara de sangría ‖ ⁓**grube** *f* (Gieß) / fosa *f* de sangría ‖ ⁓**ladung** *f* (Hütt) / carga *f* explosiva para la piquera ‖ ⁓**loch** *n*, -öffnung *f* / piquera *f* (E), sangradera *f* (LA) ‖ ⁓**probe** *f* / muestra *f* de colada ‖ ⁓**rinne** *f* (Hütt) / canal *m* de sangría ‖ **längsgeteilte** ⁓**rinne** (Gieß) / canal *m* de sangría en forma de Y ‖ ⁓**schlacke** *f* (Hütt) / escoria *f* [líquida] de sangría ‖ ⁓**seite** *f* **für Schlacken** (Hütt) / lado *m* de sangría para escorias, salida *f* de escoria, lado *f*

bigotera ‖ ⁓**sohle** f / solera f de sangría ‖ ⁓**spieß** m, -stange f (Gieß) / barra f de sangría ‖ ⁓**stopfen** m / tapón m de sangría ‖ ⁓**vorrichtung** f / dispositivo m de colada ‖ ⁓**-zu-Abstichzeit** f, Schmelzenfolgezeit f (Hütt) / intervalo m de tiempo entre dos coladas, espacio m de tiempo entre dos coladas
Abstieg m / descenso m, bajada f ‖ ⁓**rolltreppe** f / escalera f mecánica de bajada
Abstiegs•bahn f (Raumf) / trayectoria f de descenso ‖ ⁓**phase** f **im luftleeren Raum** (Raumf) / fase f de descenso en vacío ‖ ⁓**triebwerk** n (Raumf) / motor m cohético de descenso
Abstimm•... (Eltronik) / sintonizador adj ‖ ⁓**anzeige** f (Radar) / indicador f de sintonización ‖ ⁓**anzeiger** m (Radio) / indicador m de sintonía ‖ ⁓**anzeigeröhre** f, magisches Auge / indicador m de sintonía, ojo m mágico o electrónico ‖ ⁓**automatik** f / sintonizador m automático
abstimmbar (Eltronik) / sintonizable, susceptible de sintonización ‖ ⁓**es Röhrenvoltmeter** / voltímetro m de lámparas selectivo
Abstimm•bereich m (Eltronik) / área f de sintonización, gama f de sintonización ‖ ⁓**diode** f / diodo m de sintonización ‖ ⁓**einheit** f / sintonizador m ‖ ⁓**empfindlichkeit** f / sensibilidad f sintonizadora
abstimmen vt [in Bezug auf], anpassen [an] / adaptar [a], adaptar [a] ‖ ⁓, in Übereinklang bringen / sincronizar, coordinar ‖ ⁓, modulieren / modular ‖ ⁓, einstellen (Eltronik) / sintonizar ‖ **auf gleiche Frequenz** ⁓ (Eltronik) / ajustar la frecuencia, sintonizar ‖ **Farben** ⁓ (Tex) / matizar colores ‖ ⁓ n, Anpassen n / adaptación f, ajuste m ‖ ⁓ (Eltronik) / sintonización f ‖ ⁓, Zusammenpassen n / coordinación f
Abstimm•gerät, -variometer n (Radio, TV) / sintonizador m, variómetro m ‖ ⁓**geschwindigkeit** f / velocidad f sintonizadora ‖ ⁓**häuschen** n (Antenne) / garita f de sintonización ‖ ⁓**knopf** m (Radio) / botón m sintonizador ‖ ⁓**kondensator** m / condensador m de sintonización (E), capacitor m de sintonización (LA) ‖ ⁓**kreis** m / circuito m sintonizador o de sintonización ‖ ⁓**kreis** (abgestimmter Kreis) / circuito m sintonizado ‖ ⁓**kurve** f (Eltronik) / curva f de sintonización ‖ ⁓**lampe** f / lámpara f de sintonización ‖ ⁓**leitung** f (Antenne) / línea f sintonizadora ‖ ⁓**rauschen** n (Radio) / ruido m de sintonización ‖ ⁓**scharf** / nítido f ‖ ⁓**schärfe** f (Eltronik) / nitidez f de sintonización o modulación ‖ ⁓**schärfe**, Selektivität f / selectividad f ‖ ⁓**spule** f (Eltronik) / bobina f sintonizadora o de sintonización, bobina f de selección
Abstimmung f, Einstellung f (Masch) / ajuste m ‖ ⁓, Anpassung f / adaptación f ‖ ⁓, Abstimmen n (Eltronik) / sintonización f ‖ ⁓, Abstimmen n (Antenne) / modulación f ‖ ⁓ (Baugruppe) / unidad f de sintonización ‖ ⁓ **(o. Einstellung) des Regelkreises** (Regeln) / sintonización f del circuito de regulación ‖ ⁓ **mittels Peilrahmen** (Radar) / sintonización f mediante una antena de cuadro
Abstimmungsantenne f / antena f de compensación
Abstimm[ungs]•kondensator m / condensador m de sintonización (E), capacitor m de sintonización (LA) ‖ ⁓**kreis** (für Kompensation) / circuito m de compensación
Abstimm•variometer n (Radio, TV) / sintonizador m, variómetro m de sintonización ‖ ⁓**verfahren** n (Normen) / procedimiento m de votar ‖ ⁓**widerstand** m / resistencia f de sintonización
abstocken vt (Beton, Steine) / granular
Abstopfen n (Kabel) / llenado m
abstoppen vt, anhalten / parar ‖ ⁓ (Chem) / interrumpir ‖ ⁓, die Zeit nehmen / cronometrar, contrastar con el cronómetro
Abstoppung f / cronometración f, cronometraje m

abstoßen vt, -schieben, wegstoßen / repulsar ‖ ⁓ (Wasser) / rechazar ‖ ⁓ (Biol, Chem) / eliminar ‖ ⁓ (Phys) / repeler ‖ ⁓ (Bahn) / lanzar [en clasificación] ‖ ⁓ (Gerb) / desgranar, desflorar ‖ **die Ecken** ⁓, abschrägen / redondear los cantos ‖ **sich gegenseitig** ⁓ / repelerse [mutuamente] ‖ **Wasser** ⁓ (Beton) / exudarse ‖ ⁓ n, Abdrücken n (Bahn) / lanzamiento m ‖ ⁓ **der Trägerrakete** (Raumf) / repulsión f, separación f del cohete portador
abstoßend / repelente, repulsivo, repulsor
Abstoß•gleis n (Bahn) / vía f de lanzamiento ‖ ⁓**mechanismus** m (Raumf) / mecanismo m repulsor ‖ ⁓**rangierbetrieb** m / clasificación f por lanzamiento
Abstoßung f, Abweisung f / repelencia f ‖ ⁓, Zurückstoßung f (Biol, Phys) / repulsión f
Abstoßungsvermögen n, -kraft f / fuerza repulsiva f, fuerza f de repulsión, poder m repulsivo
abstrahieren vt / abstraer
Abstrahlblech n (Eltronik) / chapa f de radiación, radiador m térmico
abstrahlen vt (Wärme, Energie) / radiar, irradiar ‖ ⁓, zerstreuen, abführen / dispersar, disipar, emitir ‖ ⁓ **mit Sand**, sandstrahlen (Hütt) / arenar, chorrear con arena, tratar con chorro de arena ‖ ⁓ **mit Schrot** / chorrear con granalla, tratar con chorro de granalla ‖ **hinter einem Satelliten** ⁓ / radiar desde un satélite ‖ **nasses** ⁓ (Gieß) / chorreo m hidráulico
abstrahlend (Wärme) / radiante
Abstrahl•gerät n s. Sandstrahlgerät ‖ ⁓**richtung** f (Eltronik) / dirección f del haz
Abstrahlung f / radiación f ‖ ⁓, Wiedereinstrahlung f / re-irradiación f
Abstrahlungs•fläche f (Wärme) / superficie f radiante o de radiación ‖ ⁓**winkel** m (Phys) / ángulo m de radiación
Abstrahlwinkel m (Radar) / ángulo m de emisión
abstrakt / abstracto
Abstraktionsniveau n, Abstraktionsstufe f / nivel m de abstracción
abstreben vt, mit Strebepfeilern versehen (Bau) / apuntalar, poner puntales, apoyar ‖ ⁓, abspreizen / entibar ‖ ⁓, -steifen (in Querrichtung) (Bau) / riostrar, arriostrar, poner riostras ‖ **mit Drähten** ⁓ (Bau, Elektr) / arriostrar con alambres
Astrebung, stählerne ⁓ (Stahlbau) / arriostramiento m
Abstreck•drücken n (Stanz) / formación f por estiraje y compresión combinada ‖ ⁓**durchziehen** n (Stanz) / formación f de valonas combinada con estiraje ‖ ⁓**tiefziehen** n / embutido m profundo combinado con estiraje ‖ ⁓**ziehen**, abstrecken (Stanz) / embutir y estirar simultáneamente ‖ ⁓**zug** m (Wz) / útil m de estiraje por anillo
Abstreich•blech n (Pflug) / vertedera f ‖ ⁓**bohle** f / viga f de enrase
abstreichen vt (DV) / eliminar ‖ ⁓, mit Komma trennen (DV) / separar por coma ‖ ⁓, abschlacken (Hütt) / descorificar ‖ ⁓, glatt streichen (Gieß) / alisar ‖ **mit dem Lineal** ⁓ (Bau) / nivelar con la regla, alisar con la regla ‖ ⁓ n, Glattstreichen n / alisadura f
Abstreicher, Abstreifer m, Abstreichlineal n, -holz n (Gieß) / racle m ‖ ⁓, Bandabstreicher m (Masch) / rasero m, rascador m, vertedera f
Abstreich•feile f / lima f niveladora ‖ ⁓**lineal** n, -holz n (Masch) / regla f niveladora o igualadora, rasero m ‖ ⁓**messer** n, Rakel f (Druck, Tuch) / cuchilla f rascadora, rasqueta f, racleta f ‖ ⁓**plan** m (F.Org) / lista f de punteo ‖ ⁓**teller**, -tisch m (Masch) / alimentador m de disco ‖ ⁓**walze** f (Spinn) / descargador m
Abstreif•band m (Gurtförderer) / cinta f rascadora ‖ ⁓**bar**, abziehbar (Plast) / pelable ‖ ⁓**blech** n (Spinn) / chapa f igualadora ‖ ⁓**bohle** f (Straßb) / viga f de enrase ‖ ⁓**daumen** m (Kettenführung) / desviador m de cadena
abstreifen vt, abziehen (allg) / desprender, quitar, sacar ‖ ⁓ (Gieß, Kokillen) / deslingotar, desmoldar ‖ **vom**

Abstreifen

Stempel ~ (Plast) / desmoldear, desprender ‖ ≃ *n*, Stripping *n* (Walzw) / deslingotado *m*
Abstreifer *m*, Abstreicher *m* (allg, Öl) / rascador *m*, rasero *m*, vertedera *f* ‖ ≃ (am Stanzwerkzeug) / rascador *m* del útil de estampación ‖ ≃, Stripper *m* (Hütt) / deslingotador *m* ‖ ≃ (Nukl) / sección *f* de separación ‖ ≃ (Repro) / escurridor *m* ‖ ≃**form** *f* (Plast) / molde *m* con placa extractora ‖ ≃**kran** *m* (Gieß) / grúa *f* deslingotadora ‖ ≃**werkzeug** *n* (Stanz) / herramienta *f* rascadora o con rascador
Abstreif•faktor *m* (Atom) / factor *m* de stripping ‖ ≃**formmaschine** *f* (Plast) / moldeadora *f* con placa extractora ‖ ≃**kamm** *m* (Tex) / peine *m* descargador ‖ ≃**klappe** *f* / trampilla *f* alisadora ‖ ≃**-Konzentration** *f* **einer Kaskade** (Nukl) / proporción *f* de rechazos de una cascada ‖ ≃**maschine** *f* (Gieß) / máquina *f* deslingotadora ‖ ≃**meißel** *m* (Hütt) / protector *m* ‖ ≃**messer** *n* (Spinn) / cuchillo *m* desmotador ‖ ≃**öler** *m* (Masch) / engrasador *m* de toma de aceite ‖ ≃**platte** *f* (Gieß) / placa *f* de protección ‖ ≃**reaktion** *f*, Stripping *n* (Nukl) / stripping *m* ‖ ≃**ring** *m* (für Öl) (Mot) / anillo *m* rascador (de aceite) ‖ ~**verzinkt** / galvanizado con rodilla ‖ ≃**vorverdichter** *m* / alisador *m* precompactador ‖ ≃**walze** *f* (Spanplatten) / cilindro *m* rascador ‖ ≃**walze**, Ausputz-, *f* Ausstoßwalze (Spinn) / cilindro *m* desborrador ‖ ≃**walze** (Schärmaschine) / peinador *m*, cilindro *m* peinador ‖ ≃**walze**, Rückstreifwalze *f* (Ballenbrecher) / cilindro *m* desprendedor de una abridora de balas
Abstreuung *f* (Bau) / capa *f* de arena
Abstrich *m* / trazo *m* vertical ‖ ≃, Grundstrich *m* (Druck) / pierna *f* de letra, grueso *m* ‖ ≃, Schlicker *m* (Hütt) / espuma *f* cuprífera, escorias *f pl* de plomo ‖ ≃**blei**, Hartblei *n* (Hütt) / plomo *m* duro ‖ ≃**ofen** *m* (Hütt) / horno *m* para espumas
abströmen *vi* (Abluft, Hydr) / salir, escaparse
abstrossen *vt*, abstufen (Bergb) / excavar por gradas rectas, abancalar
abstufbar / graduable, escalonable, regulable
abstufen (Bau) / escalonar, graduar ‖ ~ (Bau, Garten), terrassieren / abancalar, formar bancales ‖ ~ (Tiefziehen) / embutir a profundidad en escalones ‖ ~ (Färb) / matizar ‖ **die Einlagen** ~ / escalonar las piezas intercaladas
Abstufung *f*, Abstufen *n* / escalonamiento *m*, graduación *f* ‖ ≃ **des Geländes** (Bau) / abancalamiento *m*, formación *f* de bancales
Abstufungs•gerät *n* (Licht) / aparato *m* graduador ‖ ≃**ventil** *n* (Bahn) / válvula *f* de graduación
abstumpfen *vt*, stumpf machen / embotar, desafilar ‖ ~, abstutzen / despuntar, quitar la punta ‖ ~ (Chem, Galv) / neutralizar ‖ ~ (Geom) / truncar ‖ ~ (Gerb) / basificar ‖ ~ *vi*, stumpf werden / volverse romo, perder el filo, embotarse ‖ ~ *n* (Gerb) / basificación *f* ‖ ≃, Abstumpfung *f* (Wz) / embotamiento *m* ‖ ~**de Stoffe** *m pl* (Straßb) / abrasivos *m pl*
Abstumpfmittel *n* (Gerb) / agente *m* basificador
Abstumpfung *f* **der Spitze** (Rakete) / despunte *m* de la ojiva
Absturz *m* (DV) / colapso *m*, caída *f* (del sistema), fallo *m* total ‖ ≃ (Hydr, Luftf) / caída *f* ‖ ≃**bahn** *f* (Förd) / vía *f* elevada para vagones basculantes ‖ ≃**bett** *n* (Hydr) / lecho *m* de caída ‖ ≃**datum** *n* (Raumf) / fecha *f* de la terminación de la existencia
abstürzen *vi*, herabfallen (allg) / caer[se] ‖ ~ (Flugzeug) / caer a tierra ‖ ~, abschüssig sein / despeñarse, ser precipitoso ‖ ~, "hängen bleiben" (DV) / fallar [totalmente], paralizarse, colgarse (E), congelarse (LA)
Absturz•gefahr *f* / peligro *m* de caída, riesgo *m* de caída ‖ ≃**halde** *f* (Bergb) / vaciadero *m* ‖ ≃**schacht** *m* (Hydr) / pozo *m* de descenso ‖ ≃**treppe** *f* (Hydr) / escalera *f* de descenso

Abstütz•bock *m* (Masch) / caballete *m* de apoyo ‖ ≃**breite** *f* (Lager) / anchura *f* de apoyo
abstützen *vt* / apuntalar, apoyar, soportar ‖ ~, absteifen (Bau) / entibar, apuntalar ‖ ~ (Schiffsseiten) / escorar ‖ **mit Streben** ~ / jabalconar
Abstutzen *n* **einer Kette** (Math) / truncado *m* de una cadena
Abstütz•fläche *f* (Verp) / superficie *f* de apoyo ‖ ≃**fuß** *m* (Baukran) / pata *f* de apoyo ‖ ≃**lager** *n* (Masch) / cojinete *m* de apoyo
Abstützung *f* (allg, Bau, Bergb) / apuntalamiento *m*, apoyo *m*
absuchbar, durchsuchbar (DV) / explorable
absuchen *vt* (Eltronik, TV) / explorar ‖ ~ (Datei) / revisar el fichero, repasar el fichero
Absuch•vorgang *m* (Fernm) / proceso *m* de explorar, operación *f* de explorar ‖ ≃**wähler** *m* (Fernm) / selector *m* explorador
Absud *m* (Brau) / decocción *f*, decocto *m*, extracto *m*
absüßen, den Filterkuchen ~ (Zuck) / edulcorar, endulzar
Absüßkanal *m* / canal *m* de lavado
Absüßung *f* (Zuck) / edulcoración *f*
Absüßwässer *n pl*, Absüßer *m pl* (Zuck) / lavazas *f pl* de la edulcoración
Abszisse *f* (Math) / abscisa *f* ‖ **als** ≃ **auftragen** / poner en abscisa
Abszissen•achse *f* / eje *m* de abscisa[s] ‖ ≃**differenz** *f* **zweier Punkte** (Math) / diferencia *f* de abscisa[s], diferencia *f* de dos puntos
abtafeln *vt* (Tuch) / plegar
abtakeln *vt* (Schiff) / desaparejar
Abtast•blende *f* (Eltronik) / diafragma *m* de exploración ‖ ≃**bürste** *f* (Elektr) / escobilla *f* palpadora ‖ ≃**dauer** *f* / duración *f* de la exploración ‖ ≃**dose** *f*, Pick-up *m* (Audio) / fonocaptor *m*, lector *m*
abtasten *vt* (allg, Kopierfräsmasch) / palpar ‖ ~ (das Modell) / palpar el modelo, trazar el modelo ‖ ~ (Elektr, Radar, TV) / explorar, barrer ‖ ~ (DV) / explorar, leer ‖ ~, [ein]scannen / escanear ‖ ≃ *n* (allg, Wzm) / palpado *m* ‖ ≃ (TV) / análisis *m* ‖ ≃, Aufnahme *f* (TV) / toma *f* de vistas por exploración ‖ ≃, Abtastung *f* (Radar, TV) / exploración *f*, barrido *m* ‖ ≃ **des mikroskopischen Bildes** (Opt) / exploración *f* de la imagen microscópica ‖ ≃ **des Objekts durch Verschieben relativ zu einem stationären Detektor** (Opt) / exploración del objeto mediante desplazamiento relativo al detector ‖ ≃ **mit Scintillationszähler** / exploración *f* con escintilómetro
Abtaster *m* (Prozessrechn) / explorador *m*, aparato *m* lector ‖ ≃ (Regeln) / captador *m*, sensor *m*
Abtast•fenster *n* (TV) / ventanilla *f* de exploración, abertura *f* de exploración ‖ ≃**finger** *m*, Abtaster *m*, Fühler *m* (Wzm) / palpador *m*, dedo *m* palpador ‖ ≃**fläche** *f* (TV) / superficie *f* de exploración, área *f* de exploración ‖ ≃**fleck** *m* (TV) / punto *m* de exploración, punto *m* de barrido ‖ ≃**frequenz** *f* (Prozessrechn) / frecuencia *f* de exploración ‖ ≃**generator** *m* (TV) / generador *m* explorador, generador *m* de barrido ‖ ≃**gerät** *n* (Mech) / aparato *m* palpador ‖ ≃**gerät** (Opt, TV) / aparato *m* explorador, aparato *m* de barrido ‖ ≃**geschwindigkeit** *f* (TV) / velocidad *f* de exploración ‖ ≃**gitter** *n* (Opt) / rejilla *f* de exploración ‖ ≃**-Halte-Schaltung** (DV) / circuito *m* de exploración y parada ‖ ≃**hebel** *m* / palanca *f* exploradora ‖ ≃**impuls** *m* (Kath.Str) / impulso *m* explorador ‖ ≃**kopf** *m* (Fräsmaschine) (Wzm) / cabezal *m* palpador ‖ ≃**kopf** (Druck, Eltronik) / cabeza *f* exploradora ‖ ≃**lichtstrahl** *m* (TV) / haz *m* luminoso explorador ‖ ≃**linearität** *f* (TV) / lineabilidad *f* de exploración ‖ ≃**linie** *f*, -zeile *f* (TV) / línea *f* de exploración ‖ ≃**loch** *n*, -öffnung *f* (TV) / abertura *f* de exploración ‖ ≃**matrix** *f* (DV) / matriz *f* de exploración

‖ ≈**mechanismus** *m* (Mech) / mecanismo *m* explorador ‖ ≈**mikroskop** *n* (nach dem Fernsehprinzip) / microscopio *m* de exploración ‖ ≈**nadel** *f* (Schallplatte) / aguja *f* lectora, aguja *f* fonocaptora ‖ ≈**-Oszilloskop** *n* (Eltronik) / osciloscopio *m* explorador ‖ ≈**periode** *f* (Radar) / período *m* de exploración ‖ ≈**punkt** *m*, Lichtpunkt *m* (TV) / punto *m* de barrido, punto *m* de exploración ‖ ≈**-Radiometer** *n* (Raumf) / radiómetro *m* de exploración ‖ ≈**raster** *n* / trama *f* exploradora ‖ ≈**regelsystem** *n* (Regeln) / sistema *m* regulador por exploración ‖ ≈**röhre** *f*, Aufnahmeröhre *f* (TV) / lámpara *f* captadora, lámpara *f* iconoscopio ‖ ≈**scheibe** *f* (Elektr, TV) / disco *m* de exploración ‖ ≈**schlitz** *m* (Eltronik) / ranura *f* de exploración ‖ ≈**sektor** *m* (Antenne) / sector *m* de exploración ‖ ≈**signal** *n* / señal *f* de exploración ‖ ≈**sonde** *f* (Mech) / sonda *f* palpadora ‖ ≈**sonde** (Eltronik) / sonda *f* exploradora ‖ ≈**spannung** *f* / voltaje *m* de exploración, tensión *f* de exploración ‖ ≈**steuerung** *f* (NC) / control *m* por palpación ‖ ≈**stift**, Taster *m* (Wzm) / espiga *f* palpadora, vástago *m* palpador, palpador *m* ‖ ≈**strahl** *m* (TV) / haz *m* explorador ‖ ≈**system** *n* (Regeln) / sistema *m* regulador por exploración ‖ ≈**system** (Photogrammetrie) / sistema *m* de exploración ‖ [auswechselbares] ≈**system**, Tonabnehmereinsatz *m* (Audio) / cabeza *f* fonocaptora cambiable ‖ ≈**technik** *f* (Kath.Str) / técnica *f* de exploración

Abtastung *f*, Abtasten *n* (allg, Wzm) / palpación *f*, palpado *m*, palpamiento *m* ‖ ≈ (punktförmig) (TV) / barrido *m*, exploración *f* [por puntos] ‖ ≈ **der Laserplatte** / detección *f* del disco láser

Abtast•verstärker *m* (Eltronik) / amplificador *m* de exploración ‖ ≈**vocoder** *m* (Fernm) / vocóder *m* de exploración ‖ ≈**vorrichtung** *f* (TV) / dispositivo *m* de exploración ‖ ≈**vorschub** *m* (Eltronik) / avance *m* de exploración ‖ ≈**zeile** *f* (DV,TV) / línea *f* de exploración, línea *f* de barrido ‖ ≈**zeit** *f* (Eltronik) / tiempo *m* de exploración ‖ ≈**zeitpunkt** *m* (Eltronik) / instante *m* de exploración, momento *m* de exploración ‖ ≈**zyklus** *m* **der Gruppe** (Fernm) / ciclo *m* de exploración del grupo

Abtauautomatik *f* (Kühlschrank) / descongelación *f* automática

abtauen *vt* / deshelar, descongelar ‖ ~ *vi* / deshelarse, descongelarse ‖ **automatisches** ≈ (Kfz) / desempañado *m* automático

Abteil *n* (allg, Bahn) / compartim[i]ento *m*, departamento *m* ‖ ≈, Box *f* / caja *f* ‖ ≈, Kabine *f* (Luftf) / cabina *f*

abteilen *vt*, abtrennen / dividir, separar, compartir ‖ ~, klassifizieren / clasificar ‖ ~, abbrechen (Druck) / dividir [en sílabas] ‖ **durch eine Wand** ~ / partir por un tabique, dividir por un tabique, separar por un tabique ‖ ≈ *n* **in Felder oder Fächer** / encasillamiento *m*

Abteilung *f* (Tätigkeit) / división *f*, separación *f* ‖ ≈, Stamm *m* (Bot) / tipo *m* (entre el reino y el subtipo) ‖ ≈ *f* (Bergb) / departamento *m* de explotación ‖ ≈ (z.B. in einem Schrank), Fach *n* / compartim[i]ento *m*, casilla *f*, anaquel *m* ‖ ≈, Dienststelle *f* / servicio *m*, negociado *m* ‖ ≈ **einer Firma** / sección *f*, departamento *m*

Abteilungs•leiter *m* / jefe *m* de sección, jefe *m* de departamento ‖ ≈**zeichen** *n* (Druck) / signo *m* de división

Abteilwagen *m* (Bahn) / coche *m* de compartimientos

Abteufbetrieb *m* (Bergb) / laboreo *m* de profundización

abteufen *vt*, absenken, niederbringen (Bergb) / abrir un pozo, profundizar, excavar, ahondar ‖ ≈ *n* / profundización *f*, abertura *f* de un pozo

Abteuf•gerüst *n* / andamiaje *m* de profundización, castillete *m* de profundización ‖ ≈**greifer** *m* (Bergb) / cuchara *f* para profundizar ‖ ≈**kübel** *m* (Bergb) / cubo *m* de profundización, cangilón *m* de profundización ‖

≈**pumpe** *f*, Bohrlochpumpe *f* / bomba *f* de perforación, bomba *f* de agotamiento

abtönen *vt*, [ab]tonen / matizar ‖ ≈ *n*, Abtönung *f* / graduación *f*, matiz *m*

Abtön•maschine *f* (Farbe) / máquina *f* para matizar ‖ ≈**pigment** *n* (Pap) / pigmento *m* para matizar

Abtöten *n* (Chem) / destrucción *f*

Abtötung *f* (Schädlinge) / destrucción *f*, exterminio *m*

Abtrag *m*, Einschnitt *m* (Bahn, Straßb) / trinchera *f* (E), corte *m* (Chile) ‖ ≈, abgetragene Erde (Bau) / material *m* excavado, tierras *f pl* sobrantes, escombros *m pl* ‖ ≈**blech** *n* (für Oberflächenbearb.) (Masch) / chapa *f* abrasiva

Abtrageböschung *f*, Tiefböschung *f* (Bau, Straßb) / talud *m* en trinchera

abtragen *vt*, wegnehmen / quitar ‖ ~ (Gelände, Erde) / desmontar ‖ ~, planieren (Hügel) / aplanar, nivelar ‖ ·~, abreißen (Bau) / derribar, demoler ‖ ~, erodieren (Geol) / erodir ‖ ~, abnützen / gastar, desgastar ‖ **auf der Abszisse** ~ / poner en abscisa ‖ **in dünnen Lagen** ~ / quitar [en] capas finas ‖ **sich** ~, fadenscheinig werden (Tex) / deshilacharse, ser raído ‖ ≈ *n* (DIN 8590) (Wzm) / remoción *f* de material, desprendimiento *m*

Abtrag•höhe *f* (Bagger) (Bau) / altura *f* de desmonte ‖ ≈**profil** *n* / perfil *m* de desmonte

Abtragsböschung *f* (Bahn) / talud *m* en trinchera

Abtragung, Erosion *f*, Denudation *f* (Geol) / erosión *f*, desnudación *f* ‖ ≈ **gewachsenen Bodens** (Bau, Straßb) / excavación *f* primaria, desmonte *m* ‖ ≈ **und Auftrag** (Straßb) / desmonte *m* y terraplén

Abtragungs•arbeiten *f pl* (Bau) / desmontes *m pl* ‖ ≈**effekt** *m* (Halbl) / efecto *m* de desnudación, efecto *m* de decapación ‖ ≈**rate** *f* **durch Korrosion** (Hütt) / coeficiente *m* de merma por corrosión

Abtragwand *f* (Bergb) / frente *f* de explotación

Abtransport *m* / transporte *m*, acarreo *m*

Abtraufstelle *f* / sudadero *m*

Abtreibearbeit *f* (Hütt) / trabajo *m* de copelación

abtreiben *vt*, kupellieren (Hütt) / copelar, afinar en horno de copela ‖ ~ (Chem) / afinar, rectificar ‖ ~ *vi*, vom Kurs abkommen (Schiff) / desviar[se] del rumbo, derivar ‖ ≈ *n* (Öl) / afinado *m*, rectificación *f*

abtreibende Welle (Kfz, Masch) / árbol *m* conducido, árbol *m* de salida

Abtreibe•ofen *m* (Hütt) / horno *m* de copela ‖ ≈**säule**, -kolonne *f* (Chem) / columna *f* de separación

Abtreibwalze *f* (Web) / cilindro *m* desplegador

abtrennbar / separable ‖ ~**er Teil** (Raumf) / parte *f* separable, sección *f* separable

abtrennen *vt* (mit Gewalt) / separar ‖ ~ (Bau, Hydr) / atajar ‖ **Angüsse** ~ (Gieß) / quitar las mazarotas ‖ **durch eine Wand** ~, abschauern (Bau) / separar por un tabique ‖ **in Stücken** ~ (Holz) / truncar ‖ **vom Atomrumpf** ~, strippen (Phys) / despojar el átomo

Abtrennschalter *m* (Elektr) / seccionador *m*

Abtrennung *f*, Abtrennen *n* (allg, Raumf) / separación *f* ‖ ≈ (Elektr) / corte *m* de la corriente, desconexión *f*

Abtrennungsarbeit *f* (zur Loslösung von Elektronen) (Nukl) / energía *f* de expulsión, esfuerzo *m* de separación

abtreppen *vt* (Bau) / escalonar ‖ **Fundamentgruben** ~ (Bau) / escalonar la zanja de excavación ‖ ≈ *n* **von Fundamenten** (Bau) / escalonamiento *m* de la fundación

Abtreppung *f* (Bau) / escalonamiento *m*, banqueo *m*

abtreten *vt* (Boden, Schuhe), ablaufen / desgastar

Abtretung *f* **der Interessen** (Öl) / cesión *f*, dejación *f*

Abtrieb *m*, negativer Auftrieb (Luftf) / fuerza *f* de descenso ‖ ≈, Abtrift *f* (Luftf, Schiff) / desviación *f*, deriva *f* ‖ ≈ **vom Getriebe**, Zapfwellenantrieb *m* (Landw) / toma *f* de fuerza (de la caja de velocidades), árbol *m* secundario ‖ ≈**drehzahl** *f* (Masch) / número *m* de revoluciones de salida, velocidad *f* de salida ‖

Abtriebrechner

≃**rechner** *m* (Luftf, Schiff) / computadora *f* de deriva, ordenador *m* de deriva
Abtriebsaggregat *n* (Masch) / grupo *m* accionado
Abtrieb•säule *f*, Abtreibesäule *f* (Chem) / columna *f* de separación ‖ ≃**scheibe** *f* (Masch) / polea *f* conducida, polea *f* atacada ‖ ≃**seite** *f* (Mot) / lado *m* de salida
Abtriebs•ritzel *n* / piñón *m* conducido ‖ ≃**welle** *f*, angetriebene o. abtreibende Welle / árbol *m* receptor, árbol *m* secundario o conducido
Abtrift, Abdrängung *f*, Abtrieb *m* (Luftf, Schiff) / deriva *f*, abatimiento *m* ‖ ≃**anzeiger** *m* / indicador *m* de la deriva
abtriften *vi*, abtreiben (Luftf, Schiff) / abatirse
Abtrift•geschwindigkeit, Schiebegeschwindigkeit *f* (Luftf) / velocidad *f* de deriva, velocidad *f* lateral ‖ ≃**kompass** *m* (Luftf) / brújula *f* de deriva ‖ ≃**messer** *m* / derivómetro *m* ‖ ≃**messsonde** *f*, Einfallwinkelsonde *f* (Raumf) / sonda *f* para medir la deriva, sonda *f* para medir el abatimiento ‖ ≃**rechner** *m* (Luftf, Schiff) / computadora *f* de deriva, ordenador *m* de deriva ‖ ≃**schreiber** *m*, Abdrängungsschreiber *m* (Luftf) / derivógrafo *m*
abtripeln *vt* (Glas, Hütt) / pulimentar con tripol[i]
Abtrockenzeit *f* / tiempo *m* de secado
abtrocknen *vt*, trocknen / secar, enjugar ‖ ~ *vi* / secarse
abtropfen, -tröpfeln / gotear, escurrir ‖ ~ **lassen** / hacer escurrir [goteando]
Abtropf•gestell *n*, -ständer *m* (Foto) / escurridor *m*, escurridero *m*, bastidor *m* ‖ ≃**gewicht** *n* (Konserven), Einwaage *f* / peso *m* escurrido ‖ ≃**kante** *f* (Bau) / canto *m* de goteo ‖ ≃**ring** *m* (Gieß) / anillo *m* escurridor ‖ ≃**schale** *f* (Chem) / enjugador *m*, vasija *f* de goteo ‖ ≃**sieb**, -gefäß *n* / coladera *f* escurridora ‖ ≃**turm** *m* (Chem) / torre *f* de escurrimiento
abtrudeln *vi*, sich abtrudeln lassen (Luftf) / entrar en barrena, barrenar, volar en tirabuzón (LA) ‖ ≃ *n* (Luftf) / barrena *f*, deslizamiento *m* por el ala, descenso *m* en tirabuzón
Abtsche *f*[**Lamellen-**]**Zahnstange** (Bahn) / cremallera *f* de Abt
abtun (Bergb) / pegar, volar, dinamitar
abtupfen / tamponar
abundant (DV, Math) / abundante
A-Bus *m* (Progr) (DV) / bus *m* de direcciones
ABV (= automatischer Blockierverhinderer) (Kfz) / sistema *m* de frenado antibloqueo
AB-Verstärker *m* (Eltronik) / amplificador *m* AB
abvisieren, abfluchten (Verm) / alinear, jalonar
abwägen, gegeneinander ~ / ponderar
Abwälzbahn *f* / camino *m* de rodadura, pista *f* de rodadura
abwalzen *vt*, abgleichen (Straßb) / nivelar
abwälzen *vt* (Kinematik) / rodar, desarrollar, envolver
Abwälz•fräsautomat *m* / fresadora *f* automática por generación o por el sistema envolvente (E) o por el sistema creador (LA) ‖ ≃**fräsen** / fresar con fresa helicoidal (o espiral), fresar por el sistema envolvente (E) o creador (LA) ‖ ≃**fräsen**, -fräsverfahren *n* / procedimiento *m* de fresar por generación, fresado *m* con fresa helicoidal, fresado *f* por el sistema envolvente (E) o creador (LA) ‖ ≃**fräser** *m* / fresa *f* helicoidal, fresa *f* madre ‖ ≃**fräsmaschine** *f* / fresadora *f* por generación, fresadora *f* por el sistema envolvente (E) o creador (LA) ‖ ≃**mechanismus** *m* (als Antriebsglied) (Masch) / mecanismo *m* de contacto directo
Abwalzung, -blätterung *f* (Hütt) / exfoliación *f*
Abwälz•verhältnisse *f pl* / condiciones *f pl* de rodadura ‖ ≃**verzahnung** *f* / dentado *m* por generación, dentado *m* con fresa helicoidal
abwandeln *vt* / modificar, variar, cambiar
Abwärme *f*, Abhitze *f* (Hütt, Masch) / calor *f* de escape, calor *m* de desecho, calor *m* perdido ‖ ≃**belastung** *f* (Hydr, Umw) / polución *f* térmica ‖ ≃**verwertung** *f* / recuperación *f* del calor perdido
abwärts, von oben herab / hacia abajo ‖ ~, ab! (Aufzug) / ¡descenso! ‖ ~, unterstromig (Hydr) / aguas abajo ‖ ~ **fahren** (Fluss) / descender un río ‖ ~ **fördernder Kettenförderer** / transportador *m* por cadena con movimiento hacia abajo ‖ ~ **gehen**, -kommen, -fahren, -fließen / bajar, descender ‖ ~ **gerichtet** / dirigido hacia abajo ‖ ~ **getriebene Förderstrecke**, einfallende Hauptförderstrecke, Flaches *n* (Bergb) / galería *f* de extracción en dirección de incidencia ‖ ~ **kompatibel** (DV) / compatible hacia abajo ‖ ~ **zählen** / contar atrás
Abwärts•bahn *f* (Raumf) / trayectoria *f* descendente ‖ ≃**bewegung** *f*, -fahrt *f* / movimiento *m* descendente, baja[da] *f*, descenso *m* ‖ ≃**bewetterung** *f* (Bergb) / ventilación *f* descendente ‖ ≃**bohrung** *f* (Bergb) / profundización *f* de un pozo inferior ‖ ≃**förderer** *m* / transportador *m* descendente ‖ ≃**hub** *m* **des Kolbens** (Mot) / carrera *f* descendente (del émbolo) ‖ ≃**kompatibilität** *f* (DV) / compatibilidad *f* hacia abajo ‖ ≃**modulation** *f* (Eltronik) / modulación *f* descendente ‖ ≃**regelung** *f* (Instr) / control *m* hacia abajo, ajuste *m* hacia abajo ‖ ≃**regelung** (Transistor) / regulación *f* de ganancia inversa ‖ ≃**richtung** *f*, Richtung *f* Erde (Raumf) / dirección *f* hacia abajo ‖ ≃**schalten** *n*, Herunterschalten *n* (Kfz) / cambiar a una marcha inferior ‖ ≃**schalten**, Zurückschalten *n* (Elektr) / reducción *f*, regresión *f* ‖ ≃**schweißen** *n* / soldadura *f* descendente ‖ ≃**strecke** *f* **der Bahn** (Raumf) / trayecto *m* descendente ‖ ≃**strom** *m*, -fluss *m* (Hydr) / corriente *f* descendente, flujo *m* descendente o hacia abajo ‖ ≃**transformator** *m* (Elektr) / transformador *m* reductor, reductor *m* ‖ ≃**verbindung** *f* (Raumf) / contacto *m* con la estación terrestre ‖ ≃**verdampfung** *f* / evaporación *f* hacia abajo ‖ ≃**Visur** *f* (Verm) / intersección *f* hacia abajo ‖ ≃**wandler** *m*, -übertrager *m* (Eltronik) / reductor *m*, transformador reductor ‖ ≃**zähler** *m* (Mikroprozessor) / contador *m* de decremento
abwaschbar, waschecht (Tex) / resistente al lavado ‖ ~, durch Waschen entfernbar / lavable ‖ ~**e Tapete** / papel *m* pintado lavable
Abwaschbecken *n* (mit Zu- und Ablauf) (Bau) / fregadero *m*
abwaschen *vt* / lavar, limpiar por lavado
Abwaschung *f*, Auswaschen *n* (Chem) / ablución *f*
Abwaschwasser, Spülwasser *n* / lavazas *f pl*
Abwasser *n* (Sanitär) / aguas *f pl* residuales (E), aguas *f pl* inmundas, aguas *f pl* servidas (LA) ‖ ≃, Flüssigabfälle *m pl* (Reaktor) / desperdicios *m pl* líquidos ‖ [**vor**]**gereinigtes** ~ (Aufb) / aguas *f pl* residuales purificadas previamente ‖ ≃**ableitung**, -beseitigung *f*, -reinigung *f* (Umw) / eliminación *f* de aguas residuales, depuración *f* de aguas residuales, evacuación *f* de aguas residuales ‖ ≃**anlagen** *f pl* (Bau) / instalaciones *f pl* sanitarias ‖ ≃**aufbereitung** *f* (Sanitär, Umw) / procesamiento *m* de aguas residuales, acondicionamiento *m* de aguas residuales ‖ ≃**bakterien** *pl* (Umw) / bacterias *f pl* de las aguas residuales ‖ ≃**behandlung** *f* (Sanitär) / tratamiento *f* de aguas residuales ‖ ≃**entgiftung** *f* (Umw) / desintoxicación *f* de aguas residuales, decontaminación *f* de aguas residuales ‖ ≃**faulraum** *m* (Klärwerk) / depósito *m* de pudrición, tanque *m* de pudrición ‖ ≃**kanal** (Sanitär) / canal *m* de drenaje, abatidero *m* ‖ ≃**kanal** (als Bauwerk) / alcantarilla *f*, atarjea *f*, cloaca *f* ‖ ≃**kanal** (Kläranlage) / canal *m* de aguas residuales, albañal *m* ‖ ≃**kläranlage** *f* (Umw) / planta *f* depuradora de aguas residuales, instalación *f* clarificadora de aguas residuales, instalación *f* purificadora de aguas residuales ‖ ≃**klärteich** *m* (Kläranlage) / estanque *m* decantador, estanque *m* de sedimentación ‖ ≃**last** *f* (Umw) / carga *f* de un río o

30

lago por aguas residuales ‖ ⁓**leitung**, Kanalisation *f* (Bau, Hydr) / alcantarillado *m* ‖ ⁓**leitungen legen**, kanalisieren / alcantarillar
abwässern, abschrägen (Bau) / esviar, desnivelar
Abwasser•netz *n* / red *f* de alcantarillados ‖ ⁓**pilz** *m*, Leptomitus *m* (Umw) / hongo *m* de aguas residuales ‖ ⁓**reinigung** *f*, -klärung *f* (Umw) / purificación *f* de aguas residuales, depuración *f* de aguas residuales, clarificación *f* de aguas residuales ‖ **völlige** ⁓**reinigung** / clarificación *f* en tres escalones de aguas residuales ‖ ⁓**reinigung** *f* **von Schwimmbecken** (Bau) / depuración *f* de aguas de piscinas ‖ ⁓**rohre** *n pl* / tubería *f* de aguas residuales ‖ ⁓**schlamm** *m* (Kläranlage), -rückstand *m* / lodo *m* de aguas residuales, residuos *m pl* ‖ ⁓**teich** *m* / pantano *m* de oxidación ‖ ⁓**überwachungsanlage** *f* / instalación *f* de control de las aguas residuales ‖ ⁓**verrieselung** *f* (Landw, Umw) / riego *m* de aguas residuales ‖ ⁓**verwertung** *f* (Umw) / aprovechamiento *m* de aguas residuales ‖ ⁓**zone** *f* (Umw) / zona *f* de aguas residuales ‖ ⁓**zufluss** *m* / afluencia *f* de aguas residuales, entrada *f* de aguas residuales
ABW-Außenbogenweiche *f* (Bahn) / cambio *m* encurra desviado exteriormente
abweben *vt* / acabar el tejido, terminar la urdimbre
abwechseln *vt* / alternar, turnar ‖ **regelmäßig ~** / alternar por turno
abwechselnd *adj* / alterno, alternativo ‖ ~ *adv* / alternativamente, alternadamente ‖ **~**, diskontinuierlich / discontinuamente, intermitentemente ‖ **~**, umschichtig / por turnos ‖ **~ betreiben** *vt* / operar alternadamente, accionar alternadamente, explotar alternadamente ‖ **~ setzen**, im Zickzack setzen / colocar en zigzag ‖ **mannigfach ~** / variado
Abwehr *f* [von, gegen], Schutz *m* [vor, gegen] (allg) / defensa *f* [contra], protección *f* [contra] ‖ **~** (Luftf, Mil) / defensa *f* antiaérea ‖ ⁓**ferment** *n* (Biol) / fermento *m* de protección, enzima *f* de protección ‖ ⁓**flugkörper** *m* (Mil) / misil *m* de defensa, misil *m* interceptor ‖ ⁓**mittel** *n*, Repellent *n* (Biol, Chem) / medio *m* repelente ‖ ⁓**stoff** *m* / sustancia *f* protectora ‖ ⁓**tätigkeit** *f* (Mil) / actividad *f* defensiva ‖ ⁓**waffe** *f* / arma *f* defensiva
abweichen *vt*, losweichen / despegar humedeciendo ‖ ~ *vi*, sich unterscheiden, verschieden sein / diferenciarse, divergir, diferir, discrepar, ser diferente ‖ ~ [von ... um] / diferir, variar ‖ ~ / desviarse, apartarse [de] ‖ ~ (Säge) / desviarse del corte ‖ ~ (von der Lotrechten) / desplomarse, declinar de la vertical (o perpendicular) ‖ ~ (Opt) / aberrar ‖ ~ (vom Meridian) (Astr) / declinar *vi* ‖ ~ (Magn) / declinar ‖ **~**, abtreiben (Luftf, Schiff) / derivar, desviarse del rumbo, abatirse ‖ ~ **[lassen]** / [hacer] divergir ‖ ~ **vom Fahrplan** (die Fahrzeiten betreffend) (Bahn) / circular fuera de horario ‖ **~** *n* / desvío *m*, desviación *f*
abweichend, verschieden / diferente, distinto, discrepante ‖ ~ (Richtung) / divergente ‖ ~ **vom Üblichen** / irregular, anómalo
Abweichung *f*, Verschiedenheit *f* / divergencia *f*, discrepancia *f* ‖ **~**, Anomalie *f* / anomalía *f* ‖ **~**, Toleranz *f*, Zugabe *f* / tolerancia *f*, sobremedida *f* ‖ **~** (z.B. sphärische) (Opt) / aberración *f* (p.e. esférica) ‖ **~**, Unterschied *m* / diferencia *f*, variación *f* ‖ **~**, Deklination *f* (Kompass) / declinación *f* ‖ **~** *f* (Phys) / desviación *f* ‖ **~** (fehlerhafte) / error *m*, falta *f* ‖ **~** *f* **eines synchronen Apparates** / asincronismo *m* ‖ **~ im Beharrungszustand**, statische Abweichung / variación *f* estática ‖ **~** *f* **vom Sollwert** (Masch) / desviación *f* del valor nominal o prescrito ‖ **~ von Bestimmungen** / discrepancia *f* de las disposiciones, discrepancia *f* de las normas ‖ **~ von der Geraden** (Geom) / desviación *f* de la recta ‖ **~ von der**

Kugelgestalt (Geom) / desviación *f* asférica ‖ **~ von der Nennübersetzung** (Elektr) / error *m* en la relación de multiplicación ‖ **~ von der Rechtwinkligkeit** (Geom, Masch) / desviación *f* de la ortogonalidad ‖ **~ von der Regel** / excepción *f* de la regla, irregularidad *f* ‖ **~ von der Senkrechten** (Geom) / desplomo *m* ‖ **~ von einem Gesetz** (Phys) / desviación *f* de una ley ‖ **[größte] ~ von der Geradheit** (Walzw) / error *m* de rectitud, desviación *f* máxima de rectitud ‖ **[zulässige] ~ in der Form** (Masch) / variaciones *f pl* admisibles respecto a la forma
Abweichungs•messer *m* / derivómetro *m*, aberrómetro *m* ‖ ⁓**quadrate-Summe** *f* (Math) / suma *f* de los cuadrados de desviación ‖ ⁓**verhältnis** *n* (Regeln) / relación *f* de desviación ‖ ⁓**winkel** *m* **der Magnetnadel** / acimut *m* magnético, ángulo *m* acimutal, ángulo *m* de declinación de la aguja magnética
Abweis•arm *m* / brazo *m* de rechazo ‖ ⁓**balken** *m* (Landw) / barra *f* de rechazo, viga *f* de tope ‖ ⁓**blech** *n* (Masch) / chapa *f* protectora, defensa *f* de palastro ‖ ⁓**blende** *f* (Straßb) / barra *f* metálica o barrera
abweisen *vt*, ablehnen / rechazar, no aceptar, no admitir
Abweiser *m*, Dalbe *f* (Brücke) / deflector *m*, duque *m* de alba ‖ **~** (Schiff, Straßb) / defensa *f* ‖ **~**, Abweisbalken *m* / tope *m*, viga *f* de tope ‖ **~**, Ablenker *m* (Masch, Verkehr) / deflector *m*, desviador *m* ‖ **~ auf der Autobahnbrücke** / bordillo *m* guía
Abweis•messer *n* (Kabelherst) / cuchilla *f* de rechazo ‖ ⁓**ring**, Abdrängring *m* (Kabelherst) / anillo *m* de rechazo ‖ ⁓**signal** *n* (Fernm) / señal *f* de no-aceptación
Abweisung *f*, Zurückweisung *f* / rechazo *m*
Abweisungsmaßzahl *f* (DV) / nivel *m* de rechazo, coeficiente *m* de rechazo
Abweitung, Breitenentfernung *f* (Luftf, Verm) / distancia *f* paralela
abwelken (Leder) / mardular, desecar, secar a mitad, airear
Abwelkpresse *f* (Gerb) / prensa *f* de mardular
abwerfbar, Abwurf... (Luftf) / lanzable, de lanzamiento ‖ **~es Fahrgestell** (Luftf) / tren *m* de aterrizaje separable o desenganchable ‖ **~es Zusatztriebwerk** (Raumf) / motor *m* cohético adicional separable o desenganchable
Abwerfeinrichtung *f* (Fernm) / dispositivo *m* de ensayo para llamadas perdidas
abwerfen *vt*, wegwerfen (allg) / echar, tirar, arrojar, expulsar ‖ **~** (Entbehrliches) (Luftf, Schiff) / arrojar ‖ **~** (Bomben) / lanzar ‖ **~**, eintragen, -bringen / dar beneficio, rendir beneficio ‖ **~** (Rechen) / descargar ‖ **~** (DV) / vaciar la memoria ‖ **einen Grubenbau ~** (Bergb) / cerrar una galería, abandonar una galería ‖ **mit Fallschirm ~** / arrojar con paracaídas
Abwerf•vorrichtung *f*, Abwerfer *m* (Masch) / dispositivo *m* arrojador ‖ ⁓**vorrichtung** (Luftf) / dispositivo *m* lanzador
Abwesenheit *f* / ausencia *f* ‖ **~** *m* **vom Arbeitsplatz** / absentismo *m*
Abwetter *n pl* (Bergb) / aire *m* vicioso, mal *m* aire ‖ ⁓**schacht** *m* / pozo *m* de (o para) la salida de los aires de mina ‖ ⁓**strecke** *f* / galería *f* de ventilación ‖ ⁓**strom** *m* / corriente *f* de aire vicioso
abwetzen (sich), abscheuern (sich) / frotar[se], rozar[se]
abwickelbar (Geom) / desarrollable
Abwickel•bock *m* (Spinn) / bastidor *m* desenrollador, caballete *m* desenrollador ‖ ⁓**gerüst** *n* (Walzw) / bastidor *m* desarrollador ‖ ⁓**geschwindigkeit** *f* / velocidad *f* de desarrollamiento ‖ ⁓**haspel** *f m* (Hütt) / aspa *f* desarrolladora
abwickeln *vt* (Verkehr) / desarrollar el tráfico ‖ **~** (Aufgewickeltes) / desarrollar, desbobinar, desenrollar, desdevanar ‖ **eine Fläche ~** (Math) / desenvolver una superficie, desarrollar una superficie ‖ **eine Kurve ~** (Math) / rectificar una curva

Abwickel•spule, -rolle f (Magn.Bd) / carrete m alimentador || ≃**walze** f **der Karde** (Spinn) / cilindro m desarrollador || ≃**werk** n (Spinn) / mecanismo m desarrollador

Abwickler m (des Baumfärbeapparats) (Tex) / desenrolladora f

Abwicklung, Durchführung f / transacción f, ejecución f, realización f || ≃ f, Entwicklung f / desarrollo m || ≃ (Zeichn) / proyección f desenvuelta || ≃ **des Verkehrs** / desarrollo m del tráfico, flujo m del tráfico || ≃ **einer krummen Fläche** (Math) / desarrollo m de una superficie curva, desenvolvimiento m de una superficie curva || **positive** ≃ **der Kette** (Web) / desarrollo m positivo de la cadena

Abwicklungs•kurve, Involute f, Kreisevolvente f (Geom) / evolvente f || ≃**stern** m (eines Körpers) / estrellado m

Abwiegemaschine f, Wiegemaschine f / máquina f pesadora o de pesar || ≃, Dosiermaschine f / dosificadora f, máquina f dosificadora

abwiegen vt / pesar || ≃, Wiegen n / acción f de pesar, pesada f, pesaje m (galicismo)

Abwind m (Meteo) / corriente f descendente, viento m descendente || ≃ (Luftf) / corriente f de aire dirigida hacia abajo

Abwindehaspel m f / devanadera f

abwinden (Tex) / devanar, desbobinar, desarrollar

Abwinderegler m (Tex) / regulador m de la fricción del desapuntado

Abwind•feld n (Meteo) / campo m de viento descendente || ≃**[winkel]** m (Luftf) / ángulo m de deflexión

abwinkeln vt / acodar || **seitlich** ~, hochstellen (Stanz) / doblar en U

abwinken vt (Bahn) / dar la señal de salida

Abwischbausch m, Trockenbausch m / tapón m para limpiar o secar

abwischen vt, abstäuben / limpiar, despolvorear || ~, abtrocknen / secar || **mit Lappen** ~ / limpiar con un trapo

abwracken vt / desguazar, desaparejar, desmantelar, desarmar, desarbolar || ≃ n / desguace m, desguazamiento m, desmantelamiento m

Abwurf m (Luftf, Mil) / lanzamiento m || ≃, Speicherauszug m (DV) / vaciado m de la memoria || ≃ **der Verkleidung** (Raumf) / eyección f del revestimiento || ≃**ausleger** m (Bagger) / pescante m de descarga, pluma f de descarga || ≃**auslöser** m (Flugzeug) / disparador m de lanzamiento || ≃**band** n (Bergb) / cinta f de descarga, correa f de descarga || ≃**behälter** m (Luftf) / depósito m desenganchable, recipiente m desenganchable || ≃**einrichtung** f (Förderband) / descargador m || ≃**ende** n, -kopf m (Förderband) / extremo m de descarga, cabeza f de descarga || ≃**förderer** m (Bergb) / transportadora f de descarga || ≃**haube** f (Förderband) / calota f de descarga || ≃**hebel** m (Luftf) / palanca f de eyección, palanca f de lanzamiento, palanca f de desprendimiento || ≃**kanal** m / canal m vertedero || ≃**schurre** f / tolva f de descarga, plano m inclinado de descarga || ≃**stelle** f (Förderband) / lugar m de descarga || ≃**stelle** (Luftf) / punto m de lanzamiento || ≃**tisch** m (Pulv.Met) / mesa f deflectora || ≃**trommel** f (Förderband) / tambor m de descarga || ≃**vorrichtung** f (Luftf) / dispositivo m de lanzamiento || ≃**wagen**, Bandschleifenwagen m (Masch) / carro m de descarga

abwürgen vt (Kfz) / calar el motor || ≃ n (Kfz) / calado m

abyssisch, Tiefsee... (Ozean) / abismal || **am ~en Meeresboden lebend** / abisobéntico || **im ~en Bereich schwimmend** / abisopelágico

abzählbare Menge (Math) / cantidad f contable

Abzählen n / enumeración f, cuenta f

Abzähl•maschine f, -gerät n / máquina f contadora || ≃**werk** n / aparato m o dispositivo o mecanismo contador

abzapfen vt (Flüssigkeit) / sacar, tomar, extraer || ≃ n, Abzapfung f / toma f

Abzapfhahn m / espita f, grifo m, canilla f

Abzapfung f, [Wasser]entnahme f / sangradura f (riego)

Abzeichen n, Marke f / marca f distintiva o de distinción, distintivo m, insignia f, emblema m || ≃, Ansteckmarke f / pegatina f

abzeichnen (Zeichn) / copiar [dibujando], dibujar [copiando] || ~ (sich) / anunciarse, manifestarse || **sich** ~ / perfilarse

Abzeilen n [von Werkstücken](Fräsmaschine) / contorneado m [de piezas] línea por línea

abzetteln vt, Gewebtes auftrennen (Web) / deshacer

Abzieh•apparat m (Druck) / prensa f sacapruebas || ≃**apparat** (Büro) / multicopista m || ≃**apparat** (Brau) / aparato m de embotellamiento, embotelladora f || ≃**apparat für Klingen** / asentador m, suavizador m, afilador m || ≃**bad**, Entmetallisierbad n (Galv) / baño m desmetalizador

abziehbar (Math) / deducible || ~ (z.B. Lackauftrag) / pelable || **~er Film** m (Druck) / película f desprendible || **~er Schutzfilm** / película f pelable

Abzieh•bild n / calcomanía f || ≃**bilderverfahren** n / calcomanía f (procedimiento) || ≃**bogen** m, Einstechbogen m (Druck) / hoja f de descarga, pliego m de descarga, tímpano m || ≃**effekt** m (Tex) / efecto m de desmotado

abziehen vt / tirar, retirar || ~, auslösen (Masch) / desencadenar, desenganchar || ~, abmontieren / extraer, desmontar, sacar || ~ (Schlacke), abkrammen (Hütt) / descorificar, escorificar || ~, abstreifen / desprender, rascar || ~, ausschaben (Gerb) / raspar, rascar || ~ (Parkett) / cepillar (parquet) || ~ (Tischl) / pulir || ~ (z.B. Klebeband von der Unterlage) / quitar, despegar, desprender || ~, abschneiden (Jute, Spinn) / hacer la mudada || ~, schärfen (Klingen) / afilar, suavizar, repasar, asentar || ~, subtrahieren, wegnehmen (Math) / restar, su(b)straer, deducir || ~, abdrucken (Druck) / tirar, imprimir, sacar copias, sacar una tirada || ~ (Foto) / sacar copias, mimeografiar || ~, entfärben (Tex) / descolorear || ~, dekantieren (Chem) / decantar || ~, rektifizieren (Chem) / rectificar || ~, destillieren (Chem) / destilar || ~ (auf Fässer) / embarrilar || ~ (auf Flaschen) / embotellar || ~, abstechen (Flüssigkeit) / trasegar, sacar líquido || ~ vi (Rauch) / escapar[se], salir || **Abziehbilder** ~ / sacar calcomanías || **[auf dem Stein]** ~ / rectificar con piedra abrasiva || **den Faden** ~ (Tex) / devanar || **Erz aus Bunkern** ~ / sacar mineral de la tolva || **Häute** ~ (Gerb) / desollar con cuchillo || **in Fahnen** ~ (Druck) / sacar pruebas en galeradas || ≃ n, Schleifen n / afilado m, rectificación f, suavización f, repaso m || ≃, Schärfen n / afilado m || ≃, Abstechen n, Abstich m / trasiego m || ≃ **auf Fässer** (Brau) / embarrilamiento m || ≃ **der Abgase**, Abzug m der Abgase / salida f de los gases de escape || ≃ **der Matrize** (Sintern) / eyección f por descenso de la matriz || ≃ **des Fadens** (Spinn) / devanado m del hilo || ≃ **des Lagers** / extracción f del cojinete || ≃ **hochwertiger Verkehre**, Verkehrsabschöpfung f / discriminación f de tráfico(s), descremado m del tráfico || ≃ **von Abziehbildern** / acción de pasar calcomanías || ≃ **von einem Spulengatter** (Tex) / mudada f de las bobinas || ≃ **von Schlacke o. Krätze**, Abkrammen n / escorificación f, descorificación f

Abzieher m, Abziehvorrichtung f (Kfz, Masch) / extractor m, dispositivo m de extracción

Abzieh•feile f, Schlichtfeile f / lima f acabadora, lima f dulce, lima f fina || ≃**festigkeit** f, Haftvermögen n (DIN) (gedr.Schaltg) / resistencia f al pelado, poder m adhesivo || ≃**film**, Stripfilm m (Druck) / hoja f plástica desprendible ‖ ⁓gewinde n / rosca f extractora ‖ ⁓hahn m (Brau) / espita f de trasiego ‖ ⁓hebel m, Abzug m (Masch) / palanca f disparadora o de disparo, disparador m ‖ ⁓hülse f (Lager) / casquillo m de montaje y desmontaje, manguito m de extracción, manguito m de desmontaje ‖ ⁓hülse für Schrauben / manguito m extractor para tornillos ‖ ⁓klinkenachse f (Schnelldrucker) / eje m del trinquete de disparo ‖ ⁓kraft f (Magnet) / fuerza f de tracción ‖ ⁓kraft (Sintern) / fuerza f de eyección [por descenso de la matriz] ‖ ⁓lack m / barniz f o laca pelable ‖ ⁓latte f, Scheibe f (Bau) / lata f para aplanar o alisar, listón m ‖ ⁓mutter f (Masch) / tuerca f de montaje y desmontaje ‖ ⁓papier n für Trockenabziehbilder (Pap) / papel m antiadhesivo ‖ ⁓pflug m, Grabenpflug m / arado m zanjador ‖ ⁓presse f, Korrekturpresse f (Druck) / prensa f de pruebas, tórculo m ‖ ⁓presse für Reparaturen (Kfz) / prensa f de extracción ‖ ⁓riemen m (für Klingen) / suavizador m ‖ ⁓ring m / aro m extractor, anillo m extractor ‖ ⁓schraube f (Masch) / tornillo m extractor, tornillo m de presión ‖ ⁓stahl m, Wetzstahl m / afilador m[de acero] ‖ ⁓stein m / piedra f de suavizar, piedra f de repasar ‖ ⁓stein, Ölstein m / piedra f de aceite ‖ ⁓verfahren n (Sintern) / procedimiento m de descenso de la matriz ‖ ⁓vorrichtung f (Kfz, Masch) / dispositivo m de desmontaje ‖ ⁓walze f, Abstreichwalze f des Ballenbrechers (Spinn) / cilindro m desprendedor de una abridora de balas, cilindro m egalizador ‖ ⁓walze, Abstreifwalze f der Karde (Spinn) / cilindro m desprendedor de la carda ‖ ⁓werkzeug n (für Schleifscheiben) / herramienta f para rectificar muelas ‖ ⁓widerstand m (gedr.Schaltg) / resistencia f al pelado

abzirkeln vt, mit dem Zirkel abgreifen / medir [la distancia] con el compás, trazar con el compás

Abzug m, Abziehen n (Kfz, Masch) / extracción f ‖ ⁓ (für Gas o. Luft) / campana f de ventilación, escape m, salida f de humos ‖ ⁓ (Wassb) / desagüe m, salida f[de aguas] ‖ ⁓, Ableitungskanal m (Hydr) / canal m de evacuación, canal m de descarga, desaguadero m ‖ ⁓ m, Abstrich m (Hütt) / escoria[s] f[pl] ‖ ⁓, Masselgraben m (Hütt) / era f de colada ‖ ⁓ (Spinn) / desarrollo m ‖ ⁓ (Kabelherst) / cabrestante m de tiraje ‖ ⁓ (Druck) / prueba f, tirada f, galerada f ‖ ⁓ (Foto) / copia f, prueba f, impresión f ‖ ⁓, Abzugsschrank m, Digestorium n (Chem) / vitrina f de tiro, vitrina f de aspiración ‖ ⁓, Drücker m / disparador m ‖ ⁓ (Gewehr) / disparador m, gatillo m ‖ ⁓ **auf Kunstdruckpapier** / prueba f sobre papel cuché ‖ ⁓ **aus dem Speicher** (DV) / vuelco m del almacenamiento ‖ ⁓ **für Verbrennungsgase** (Ofen) / tubo m para gases de escape ‖ ⁓ **ins Freie** / salida f, escape m hacia fuera ‖ **einen** ⁓ **machen**, abziehen (Foto) / sacar una prueba

Abzughechel m, Grobhechel f (Flachs) / peine m desbastador, rastrillo m en grueso

abzüglich / menos, a deducir

abzug•los / sin ventilación, sin escape ‖ ⁓mantelmatrize f (Sintermetall) / matriz f a descenso mandado ‖ ⁓papier n, Saugpost f / papel m para duplicar o para multicopista ‖ ⁓röhre, Dole f / alcantarilla f atarjea (E), conducto m pluvial (LA)

Abzugs•bandstraße f (Förd) / transportador m con cinta colectora o de colección ‖ ⁓bügel m (Gewehr) / guardamonte m, guardagatillo m, portagatillos f ‖ ⁓bunker m (Bau) / tolva f de salida

Abzug•scheibe f (Kabelherst) / rueda f de tiraje, cabrestante m de tiraje ‖ ⁓schieber m (Masch) / válvula f de descarga, válvula f de salida ‖ ⁓seil n (Elektr) / cable m de tirar o de tiraje

Abzugs•feder f (Gewehr) / resorte m del disparador ‖ ⁓galetten f pl (Tex) / rodillos m pl de desarrollo ‖ ⁓graben m (Hydr) / aguadera f, alcantarilla f ‖ ⁓graben (Straßb) / desaguadero m, zanja f de desagüe ‖ ⁓graben (Entwässerung) (Landw) / zanja f de drenaje ‖ ⁓graben (Bewässerung), Ableitungsgraben m / sangradera f ‖ ⁓graben **für Flutwasser** (Hydr) / zanja f de inundación ‖ ⁓grube f, Sickergrube f (Bau, Hydr) / foso m de drenaje ‖ ⁓hängebank f (Bergb) / plataforma f de descarga a flor de tierra ‖ ⁓haube f, -glocke f (Chem, Schm) / campana f de salida de humos ‖ ⁓haube, -glocke f s. Abzugsschrank ‖ ⁓hebel m (Waffe) / disparador m, gatillo m ‖ ⁓hebelstift m (Gewehr) / perno m de la palanca del disparador ‖ ⁓kanal m (Entwässerung) / canal m de drenaje ‖ ⁓kanal (Dampf) / canal m de salida, canal m de escape ‖ ⁓kanal, Kloake f (Hydr) / alcantarilla f, albañal m, cloaca f ‖ ⁓kanal **für giftige Abwässer** / canal m de desagüe para residuos tóxicos ‖ ⁓kopf m, abziehender Kopf (Hütt) / campana f de salida de los humos ‖ ⁓kupfer m (Hütt) / cobre m retirado de la escoria ‖ ⁓loch n **im Dach** (Bau) / claraboya f, tragaluz m ‖ ~los (Ölofen) / sin escape ‖ ⁓nase f (Gewehr) / nariz f del gatillo ‖ ⁓papier n (Druck) / papel m de pruebas ‖ ⁓plattenband n (Bergb, Förd) / cinta f de placas articuladas de extracción ‖ ⁓rinne f (Bergb) / agogía f ‖ ⁓rohr n (Bau, Hütt) / tubo m de salida, tubo m de escape ‖ ⁓rohr (Chem) / tubo m de descarga, tubo m abductor [para gases] ‖ ⁓rohr **für Klosettentlüftung** (Sanitär) / chimenea f de evacuación de aire ‖ ⁓schieber (Hütt) / válvula f de descarga, válvula f de salida ‖ ⁓schlacke f (Hütt) / escoria f derramada ‖ ⁓schlacke, übergeflossene Schlacke (Hütt) / escoria f desbordada, escoria f derramada ‖ ⁓schleuse f (Hydr) / esclusa f de fondo, esclusa f de salida ‖ ⁓schleuse, Fluchtschleuse f (Wassb) / esclusa f de fuga ‖ ⁓schlot m (Hütt) / chimenea f[de ventilación] ‖ ⁓schnecke f (Förderer) / hélice f de extracción ‖ ⁓schrank f, Digestorium n (Chem) / vitrina f de tiro, vitrina f de aspiración, vitrina f de abducción ‖ ⁓sohle f (Bergb) / nivel m de salida ‖ ⁓spiel n (Gewehr) / juego m del gatillo ‖ ⁓teller m, Abziehteller m / evacuador m

Abzugstellung f (Sintern) / posición f de eyección

Abzugs•ventil m (Schiff) / válvula f de descarga ‖ ⁓walzen f pl, Ablieferungswalzen f pl der Anlegemaschine (Spinn) / cilindros m entregadores de la extendedora ‖ ⁓zunge f / lengüeta f del disparador

Abzug•teil n (Tex) / excéntrico m de formación, mecanismo m de estiraje ‖ ⁓vorrichtung f **des Dokumentenlesers** / brazo m de alimentación de la lectora de documentos ‖ ⁓walze f, -zylinder m (Wollkämmen) / cilindro m compressor del peinador de lana, cilindro m llevador

Abzweig m (Keram) / injerto m ‖ ⁓bahnhof m (Schweiz), Trennungsbahnhof m / estación f de bifurcación ‖ ⁓befehl m (DV) / orden f de bifurcación ‖ ⁓bund m (Elektr, Freileitung) / ligadura f de unión ‖ ⁓dose f (im Haus) (Elektr) / caja f de derivación, caja f de conexión

abzweigen vt, -trennen / separar, apartar ‖ ~ (Wasser)(Bewässerung), ableiten / sangrar ‖ ~ (Bahn, Straßb) / bifurcar, desviar ‖ ~ (Elektr) / derivar ‖ ~ vr (sich) / bifurcarse, ramificarse ‖ ~ vi (Straße) / desviarse ‖ ~ n **eines Speicherzyklus** (DV) / ramificación f de un ciclo ganado, utilización f de un ciclo robado

abzweigend, [Ab]zweig... / de ramificación, de bifurcación ‖ ⁓es Gleis, krummer Strang (Bahn) / vía f desviada, desviación f ‖ ~e Leitung (Elektr, Fernm) / línea f de derivación, línea f derivada

Abzweig•gehäuse n / caja f de desviación ‖ ⁓kabel n, Stichleitung f / cable m de derivación, cable m derivado ‖ ⁓kasten m (Elektr) / caja f de derivación, caja f de distribución, armario m de desviación ‖ ⁓kasten (Kabel) / caja f de derivación ‖ ⁓kasten **im Hause** (Elektr) / caja f de conexiones ‖ ⁓klemme f (Elektr) / borne m de derivación ‖ ⁓leitung f (Elektr) / línea f de desviación (Rohr) / tubería f de desviación || ⁓**mast** *m* (Elektr) / poste *m* de derivación, mástil *m* de derivación || ⁓**methode** *f* (Elektr) / método *m* de derivación || ⁓**muffe** *f* (Elektr) / manguito *m* de derivación, caja *m* de conexión en T || ⁓**punkt** *m* (Elektr, Rohr) / punto *m* de bifurcación, punto *m* de ramificación || ⁓**reaktanzspule**, Speisedrossel *f* (Elektr) / bobina *f* de reactancia de alimentación || ⁓**rohr** *n* / tubo *m* bifurcado, tubo *m* de ramales, tubo *m* de desviación, injerto *m* || ⁓**rohrleitung** *f* / tubería *f* bifurcada, tubería *f* de desviación || ⁓**schaltung** *f* (Elektr) / conexión *f* de derivación || ⁓**sicherung** *f* (Elektr) / fusible *f* de derivación || ⁓**spule** *f* (Fernm) / bobina *f* repetidora || ⁓**spule** (Elektr) / bobina *f* de bifurcación || ⁓**stange** *f* (Fernm) / barra *f* de bifurcación o derivación, poste *m* de bifurcación || ⁓**station** *f* (Elektr) / subestación *f* de derivación, subestación *f* de ramales || ⁓**stelle** *f* (allg) / punto *m* de ramificación, punto *m* de derivación || ⁓**stelle** (Leitung) / puesto *m* de derivación || ⁓**stromkreis** *m*, Abzweigung *f* / circuito *m* derivado || ⁓**stück** *n* (Rohr) / pieza *f* de bifurcación, pieza *f* en T, pieza *f* de ramales || ⁓**stutzen** *m* (Elektr, Rohr) / tubuladura *f* de bifurcación, ramal *m* || ⁓**übertrager** *m* (Eltronik) / transformador *m* de derivación

Abzweigung *f*, Gabelung *f* (Bahn, Straßb) / bifurcación *f* (E), empalme *m* (LA), entronque *m* (LA) || ⁓, Verzweigung *f* / ramificación *f* || ⁓ (Schienen) / desvío *m* || ⁓, Anschlussgleis *n* (Bahn) / ramal *m*, empalme *m* || ⁓ (bei der Kernmaterialüberwachung) (Nukl) / diversión *f* || ⁓ (Elektr, Fernm) / derivación *f* || ⁓, Abzweigstromkreis *m* (Elektr) / derivación *f*, circuito *m* derivado || ⁓ **in Form des halben Kleeblatts** (Autobahn) / bifurcación *f* en forma de medio trébol

Abzweigungsweiche *f* (Bahn) / cambio *m* de bifurcación, aguja *f* de bifurcación

Abzweig•verschraubung *f* (Rohr) / racor *m* bifurcado || ⁓**verstärker** *m* (Fernm) / repetidor *m*, amplificador *m* de derivación || ⁓**vorrichtung** *f* / dispositivo *m* de derivación || ⁓**wicklung** *f*, Parallelwicklung *f* / arrollamiento *m* en derivación, arrollamiento *m* paralelo, arrollamiento *m* shunt || ⁓**widerstand** *m* / resistencia *f* en derivación

abzwicken / cortar con tenazas

Ac, Actinium *n* (Chem) / Ac, actinio *m*

AC (= Wechselstrom) (Elektr) / CA, c.a., corriente *f* alterna || ⁓, Akkumulator[register] *m* (*n*) (DV) / acumulador *m* || ⁓ = Air Conditioning

Acacetin *n* (Pharm) / acacetina *f*

Acaciin *n* (Pharm) / acaciína *f*

AC-Adapter *m* (Elektr) / adaptador *m* AC

Acajoubaum *m*, Nierenbaum *m*, Mahagonibaum *m* (Bot) / anacardo *m*, cedro *m* de España

Acajou•-Gummi *n* / goma *f* de anacardo || ⁓**-Öl** *n* / aceite *m* de anacardo, aceite *m* de acayú, aceite *m* de acajaiba

Acaprin *n* (Pharm) / acaprina *f*

ACC (= Adaptive Cruise Control) (Kfz) = Tempomat

Accelerator, Akzelerator *m* (Abwasser) / acelerador *m*

Access Point (Basisstation) (DV) / punto *m* de acceso

ACC-Regelung *f* (adaptive cruise control) (Kfz) / control *m* de velocidad de crucero || ⁓, Grenzregelung *f* (Dreh) / mando *m* ACC

A.C.C.-Test *m* (Bau) / índice *m* de hinchazón, índice *m* de bentonita

ACD (= automatic call distribution/automatische Anrufverteilung) / distribución *f* automática de llamadas

ACE *n* (= automatic calling equipment/automatische Wähleinrichtung) (DV) / equipo *m* automático de selección

Aceconitsäure *f* (Chem) / ácido *m* acecónito

Acenaphten *n* (Chem) / acenafteno *m*

Acet... (Chem) / acet...

Acetal *n* (Chem) / acetal *m* || ⁓**-Copolymerisat** *n* (Chem) / copolímero *m* [de] acetal

Acet•aldehyd *m*, Ethanal *n* (Chem) / acetaldehído *m*, aldehído *m* acético, etanal *m* || **trimerer** ⁓**aldehyd** / paraldehído *m* || ⁓**aldoxim** *n* / acetaldoxima *f*, aldoxima *f*

Acetalharz *n* (Chem) / resina *f* acetal

Acet•amid *n* (Chem) / acetamida *f* || ⁓**anilid** *n* / acetanilida *f*

Acetat, Azetat *n* (Chem) / acetato *m* || ⁓**band** *n* (Magn.Bd) / cinta *f* magnética de acetato || ⁓**cellulosefasern** *f pl* (Chem, Tex) / fibras *f pl* de celulosa de acetato || ⁓**draht** *m* / hilo *m* de acetato || ⁓**film** *m* (Foto) / película *f* de acetato || ⁓**lack** *m* / barniz *m* al acetato, barniz *m* acetático, laca *f* al acetato || ⁓**polymerisat** *n* / copolímero *m* acetático || ⁓**seide** *f*, -reyon *m n* / seda *f* al acetato, rayón *m* de acetato

Acet•essigester *m*, Acetessigsäureethylester *m* (Chem) / éster *m* acetacético, éster *m* acetilacético || ⁓**essigsäure** *f* (Chem) / ácido *m* acetoacético || ⁓**iminchlorid** *n* (Chem) / acetiminocloruro *m*

Acetin, Glyzerinmonoacetat *n* (Chem) / acetina *f* || ⁓**blau** *n* / azul *m* de acetina

Acetol *n* / acetol *m*

Acetolyse *f* / acetólisis *m*

Aceton, Dimethylketon *n* (Chem) / acetona *f*, dimetilcetona *f* || ⁓**-Benzol-Prozess** *m* (Öl) / proceso *m* acetona-benzol || ⁓**cyanhydrin** *n* (Chem) / cianhidrina *f* de acetona || ⁓**festigkeit** *f* / resistencia *f* a la acetona || ⁓**harz** *n* / resina *f* de acetona || ⁓**indiz** *n* / índice *m* de acetona

Acetonitril *n*, Methylcyanid *n* / nitrilo *m* de acetona

Aceton•kautschuk *m* / caucho *m* de acetona || ⁓**kollodium** *n* / colodión *m* de acetona || ⁓**körper** *m* / cuerpo *m* acetónico || ⁓**lack** *m* / barniz *m* de acetona || ⁓**löslich** / soluble en acetona || ⁓**öl** *n* / aceite *m* de acetona

Acetophenon *n* / acetofenona *f*

Acet•oxisilan *n* / acetoxisilano *m* || ⁓**oxylgruppe** *f* / grupo *m* acetoxílico || ⁓**oxylierung** *f* / acetoxilación *f*

Acetyl, Azetyl *n* / acetilo *m* || ⁓**aceton** *n* / acetilacetona *f* || ⁓**cellulose** *f*, Celluloseacetat *n* / acetilcelulosa *f*, acetato *m* de celulosa, acetocelulosa *f* || ⁓**celluloselack** *m* / barniz *m* de acetilcelulosa || ⁓**chlorid** *n* / cloruro *m* de acetilo, acetilcloruro *m*

Acetylen, Azetylen *n*, Ethin *n* / acetileno *m* || **gelöstes** ⁓, Dissousgas *n* / acetileno *m* disuelto || ⁓**bindung** *f* / enlace *m* acetilénico, ligazón *f* acetilénica || ⁓**brenner** *m* (Schw) / mechero *m* de acetileno, soplete *m* de acetileno || ⁓**entwickler**, -erzeuger *m* (Schw) / generador *m* de acetileno || ⁓**entwickler** *m* **nach dem Schubkastensystem** / generador *m* de acetileno de caída de agua en cal pastosa || ⁓**entwickler nach dem Tauchsystem** / generador *m* de acetileno de inmersión || ⁓**entwickler nach dem Tropfsystem** / generador *m* de acetileno tipo cuentagotas || ⁓**flasche** *f* / botella *f* de acetileno || ⁓**gas** *n* (Chem, Schw) / gas *m* acetileno, acetileno *m* || ⁓**kohlenwasserstoffe** *m pl* / hidrocarburos *m pl* acetilénicos || ⁓**messer** *m* / contador *m* de acetileno || ⁓**reihe** *f* (Chem) / acetilenos *m pl* || ⁓**ruß** *m* (Chem) / negro *m* de acetileno || ⁓**sauerstoffschneidbrenner** *m* (Schw) / soplete *m* para corte oxiacetilénico || ⁓**schneidverfahren** *n* / oxicorte *m* con gas acetilénico || ⁓**schweißanlage** *f*, Acetylenanlage *f* / equipo *m* soldador con gas acetilénico, instalación *f* de soldadura con acetileno || ⁓**schweißbrenner** *m* / soplete *m* para soldadura con gas acetilénico || ⁓**schweißen** *n* / soldadura *f* con gas o con soplete || ⁓**schweißverfahren** *n* / procedimiento *m* soldador con gas acetilénico || ⁓**sicherheitsvorlage** *f* (Schw) / recipiente *m* de seguridad || ⁓**tetrachlorid** *n*, Tetrachlorethan *n* (Chem) / tetracloruro *m* de

acetileno, tetracloretano *m* ‖ ⁓**werk** *n* / planta *f* productora de acetileno
Acet[yl]essigsäure *f* (Chem) / ácido *m* acetoacético o acetilacético, ácido *m* diacético
Acetylgruppe *f* / grupo *m* acetilo
Acetylid *n*, **Acetylenid** *n* / acetiluro *m*
acetylieren *vt* (Chem) / acetilar
Acetylierung *f* / acetilación *f*
Acetylierungsmittel *n* / agente *m* de acetilación, acetilizante *m*
Acetyl•nitrozellulose *f* / nitrocelulosa *f* acetilada, acetilnitro-celulosa *f* hidracetina ‖ ⁓**phenylhydrazin** *n* / acetilfenilhidracina *f*, pirodina *f* ‖ ⁓**salizylsäure** *f*, Aspirin *n*, ASS (Pharm) / ácido *m* acetilsalicílico, aspirina *f* ‖ ⁓**stärke** *f* / acetilalmidón *m* ‖ ⁓**zahl** *f*, -wert *m* / índice *m* de acetilo
Achat *m* (Min) / ágata *f* ‖ ⁓**bohrer** *m* (Wz) / broca *f* de ágata (E), mecha *f* de ágata (LA) ‖ ⁓**glas** *n* / vidrio *m* de ágata de ágata ‖ ~**haltig** / agatífero ‖ ⁓**mörser** *m*, -reibschale *f* (Chem) / mortero *m* de ágata ‖ ⁓**schreiber** *m* (Tachograph) / estilo *m* de ágata ‖ ⁓**spitze** *f* / punta *f* de ágata (del estilo)
Achesongraphit *m* (Chem) / grafito *m* de Acheson, grafito *m* artificial
Achroit *m* (Min) / acroita *f*
Achromasie *f*, **Achromatismus** *m* (Opt) / acromatismo *m*
Achromat *m* (Opt) / objetivo *m* acromático, lente *f* acromática, acromat *m*
achromatisch, grau (Foto, Opt) / acromático, neutro, gris ‖ ~**er Bereich** / campo *m* acromático, zona *f* acromática ‖ ~**er Farbbereich** / campo *m* de color acromático, zona *f* de color acromático
achromatisieren *vt*, achromatisch machen / acromatizar
Achromatismus *m* / acromatismo *m*
Achs•abstand *m* (Bahn, Kfz) / distancia *f* entre centros de ejes, distancia *f* entre ejes, distancia *f* entre ruedas, batalla *f* ‖ ⁓**abstand** (spez. bei Kfz) (Kfz) / paso *m* ‖ ⁓**abstand eines Bandförderers** / distancia *f* entre centros de las poleas de inversión ‖ ⁓**abstrebung** *f* (Bahn) / apoyo *m* del eje, refuerzo *m* del eje ‖ ⁓**anordnung** *f* (Bahn) / disposición *f* de los ejes ‖ ⁓**antrieb** *m* (Bahn) / accionamiento *m* del eje ‖ ⁓**aufhängung** *f* (Fahrzeug) / suspensión *f* del eje ‖ ⁓**bolzen** *m* / perno *m* del eje ‖ ⁓**bruch** *m* / rotura *f* del eje ‖ ⁓**brücke** *f* (Kfz) / puente *m* trasero ‖ ⁓**buchse**, -büchse *f* (Bahn) / caja *f* de grasa o de engrase (E), cajón *m* chumacera (Perú), caja *f* de muñón (Mej) ‖ ⁓**buchsenführung** *f* (Bahn) / resbaladera *f* de caja de grasa, deslizadera *f* de caja de grasa ‖ ⁓**bund** *m* (Bahn) / resalto *m* del eje, collarín *m* del eje ‖ ⁓**drehung**, Umdrehung *f* / rotación *f* del eje ‖ ⁓**druck** *m*, -last, -belastung *f* / presión *f* sobre el eje, carga *f* sobre el eje, carga *f* por eje ‖ zulässiger ⁓**druck** / carga *f* máxima admisible sobre el eje ‖ ⁓**druck-Ausgleichvorrichtung** *f* / dispositivo *m* equilibrador de cargas sobre los ejes ‖ ⁓**druck-Ausgleichzylinder** *m* (Bahn) / cilindro *m* equilibrador de carga sobre los ejes ‖ ⁓**druckentlaster** *m* / descargador *m* de presión sobre el eje ‖ ⁓**druckentlastung** *f* / descarga *f* de la presión sobre un eje ‖ ⁓**druckgesperre** *n* / mecanismo *m* de trinquete para presión sobre ejes ‖ ⁓**druckwaage** *f* / báscula *f* de pesar los ejes
Achse *f*, Mittellinie *f* (Math, Mech, Opt) / eje *m* ‖ ⁓, Welle *f* (Masch) / árbol *m*, eje *m* (por error) ‖ ⁓, Radachse *f* (allg, Bahn) / eje *m* ‖ ⁓, Erdachse *f* / eje *m* terrestre ‖ ⁓ **der Waage** / pivote *m* de una balanza ‖ ⁓ **in Platinenmitte** (Uhr) / árbol *m* central ‖ ⁓ **mit Doppel-T-Querschnitt** (Kfz) / eje *m* de perfil de doble T ‖ ⁓ **mit U-Querschnitt** (Kfz) / eje *m* con sección en U, eje *m* de perfil de U ‖ **durchgehende** ⁓ (Kfz, Masch) / eje *m* pasante ‖ **heliothermische** ⁓ (Astr) / eje *m* heliotérmico ‖ **kleine** ⁓, Nebenachse *f* (Math) / eje *m* menor, eje *m* secundario ‖ **per** ⁓ / por camión, por ferrocarril, vía camión, vía ferrocarril ‖ **sich um seine** ⁓ **drehen** (Kfz) / girar alrededor de su eje ‖ **von** ⁓ **zu Achse** / de eje en eje
Achsel•[fläche] *f* (Druck) / hombro *m*, rebaba *f* ‖ ⁓**schräge** *f* (Druck) / cono *m* del hombro
Achsel[ung] *f* (Zimm) / espiga *f* a cepo
Achsen•..., axial, Axial... / axial ‖ ⁓**abschnitt** *m* (Math) / sección *f* de una coordenada, sección *f* de un eje ‖ ⁓**abstand** *m* (Bau) / interaxis *m* (pl.: -axes) ‖ ⁓**abstech- und Zentriermaschine** *f* (Wzm) / torno *m* para tronzar y centrar ejes ‖ ⁓**bildertubus** *m* (Eltronik) / tubo *m* de imagen axial ‖ ⁓**drehmaschine** *f* / torno *m* para ejes ‖ ⁓**drehung**, Kreisdrehung *f* / giración *f*, movimiento *m* giratorio ‖ ⁓**ende** *n* / extremo *m* del eje, muñón *m* del eje ‖ ⁓**kreuz** *n*, Koordinatenkreuz *n* (Math) / sistema *m* de coordenadas ‖ ⁓**kreuz** (Opt) / cruz *f* de ejes, retículo *m* ‖ ⁓**kreuz**, Koordinatendreibein *n* (Lufft) / triedro *m* aerodinámico ‖ ⁓**moment** *m* (Masch) / momento *m* axial ‖ ⁓**neigung** *f* (Math) / oblicuidad *f* de ejes, inclinación *f* de ejes ‖ ~**parallel**, paraxial (Opt) / paraxial ‖ ⁓**pol** *m* (Masch) / polo *m* axial ‖ ⁓**regler** *m* / regulador *m* axial ‖ ⁓**richtung** *f*, Richtung der Kreiselachse (Kompass) / dirección *f* del eje ‖ ⁓**schnitt** *m* (Math) / sección *f* meridional ‖ ⁓**schnittpunkt** *m* (Kegelräder) / punto *m* de intersección de los ejes ‖ ⁓**senkrecht** / perpendicular al eje ‖ ~**stabilisierter Satellit** / satélite *m* de eje estabilizado ‖ ~**symmetrisch** / axialsimétrico, axialmente simétrico, simétrico axialmente ‖ ⁓**system** (Math) / sistema *m* de ejes ‖ **parallaktisches** ⁓**system** / sistema *m* de ejes paralácticos ‖ ⁓**teilung** *f* 2 : 1 (Log.Pap, Math) / escalas *f pl* en la proporción 2:1
Achsentlastung *f* / descarga *f* de la presión sobre un eje
Achsen•vergrößerung, Längsvergrößerung *f* (Opt) / ampliación *f* longitudinal ‖ ⁓**verhältnis** *n* (Masch) / proporción *f* de ejes ‖ ⁓**winkel** *m* (Kegelräder) / ángulo *m* de o entre ejes ‖ ⁓**winkel** (Opt) / ángulo *m* axial
Achs•feder *f* (Bahn, Kfz) / resorte *m* del eje (E), muelle *m* del eje (E) ‖ ⁓**feder** (Blattfeder) / ballesta *f* del eje (E), elástico *m* de[l] eje (LA) ‖ ⁓**federung** *f* (allg) / suspensión *f* elástica del eje ‖ ⁓**federung des Drehgestellrahmens** (Bahn) / suspensión *f* primaria del bogie ‖ ⁓**folge** *f* (Bahn) / disposición *f* de los ejes ‖ ⁓**führung** *f* / resbaladera *f* del eje ‖ ⁓**gabel** *f*, -halter *m* (Bahn) / placa *f* de guarda ‖ ⁓**gabelsteg** *m* (Bahn) / tirante *m* de la placa de guarda ‖ ⁓**gehäuse** *m*, -kasten *m* (Bahn) / caja *f* del eje, cárter *m* del eje ‖ ⁓**generator** *m* (Bahn) / generador *m* accionado por el eje ‖ ⁓**getriebe** *n* (Bahn) / engranaje *m* motor de los ejes ‖ ⁓**hals**, -stummel *m*, Achsenhals *m* (Bahn) / cuello *m* del eje, muñón *m* del eje ‖ ⁓**halter** *m* (DIN 15058) (Landw, Traktor) / soporte *m* de eje ‖ ⁓**halter** (Bahn) / brazo *m* de placa de guarda ‖ ⁓**halter** (Masch) / soporte *m* de eje ‖ ⁓**halter-Gleitbacke** *f* (Bahn) / resbaladera *f* de la placa de guarda ‖ ⁓**halterpaar** *n* (Bahn) / placa *f* de guarda (E), pedestal *m* (Mej) ‖ ⁓**haltesteg** *m* (Bahn) / ataguía *m* de la placa de guarda ‖ ⁓**halterung** *f* (Kfz, Masch) / sujeción *f* del eje, apoyo *m* del eje ‖ ⁓**höhe** *f* (Elektr) / altura *f* del eje ‖ ⁓**innenlager** *n* / cojinete *m* interior del eje ‖ ⁓**kappe** *f*, Nabenkappe *f*, Achsdeckel *m* (Kfz) / tapacubo *m* ‖ ⁓**kappenzähler** *m* (Kfz) / odómetro *m* de tapacubo, contador *m* kilométrico de tapacubo ‖ ⁓**kilometer** *m*, Achs-km *m* (Bahn) / eje-kilómetro *m* ‖ ⁓**kompressor** *m* (Bahn) / compresor *m* de aire ‖ ⁓**körper** *m* (Bahn, Kfz) / cuerpo *m* del eje ‖ ⁓**kraftverlagerung** *f* (Kfz) / desplazamiento *m* de la carga sobre eje ‖ ⁓**kreuzungswinkel** *m* / ángulo *m* de cruce de los ejes
Achslager *n* (Bahn) / caja *f* de grasa o de engrase, caja *f* de muñón (Mej) ‖ ⁓ (Masch) / cojinete *m* o rodamiento del eje, soporte *m* del eje ‖ ⁓**ausschnitt** *m* (Bahn) / alojamiento *m* de caja de grasa ‖ ⁓**bügel** *m* (Bahn) / brida *f* de unión de la caja de grasa ‖ ⁓**deckel**

Achslagergehäuse

m (Bahn) / cubierta *f* de caja de grasa || ~**gehäuse** *n* (Bahn) / cuerpo *m* de la caja de grasa || ~**kasten** *m* (Bahn) / cárter *m* del rodamiento del eje || ~**motor** *m* (Bahn) / motor *m* suspendido por la matriz || ~**oberkasten** *m* (Bahn) / parte *f* superior de la caja || ~**schale** *f* (Bahn) / cojinete *m* de caja de grasa || ~**staubring** *m* (Bahn) / obturador *m* de la caja de grasa, guardapolvo *m* de la caja de grasa
Achslagerung *f* (Kfz) / suspensión *f* de los ejes
Achslagerunterkasten *m* (Bahn) / parte *f* inferior del cuerpo de caja de grasa
Achs•last, -belastung *f* (Kfz) / presión *f* sobre el eje [o de eje], carga *f* sobre el eje || ~**lenker** *m* (Bahn, Kfz) / guía *f* de eje || ~**lenkschenkel** *m* (Kfz) / mangueta *f* de dirección || ~**lenkung** *f* (allg, Kfz) / guía *f* de los ejes || ~**messgerät** *n* (Kfz) / aparato *m* medidor [y alineador] de ejes || ~**mittelhöhe** *f* (El.Mot) / altura *f* centro eje || ~**mittig** (Masch) / en el [o al] centro del eje || ~**montageständer** *m* / soporte *m* para montaje de ejes, bastidor *m* para montaje de ejes || ~**motor** *m* (Bahn) / motor *m* de ataque directo, motor *m* con accionamiento directo || ~**motorantrieb** *m* (Bahn) / transmisión *f* directa || ~**mutter** *f* (Masch) / tuerca *f* de eje || ~**nabe** *f* (Bahn) / cubo *m*, buje *m* || ~**neigung** *f* (Getriebe) / error *m* de inclinación || ~**nennlast** *f* (Flurförderer) / carga *f* nominal por eje || ~**parallel** / paralelo al eje || ~**parallelitätsfehler** *m* / error *m* de paralelismo de ejes || ~**querschnitt** *m* / sección *f* transversal del eje || ~**recht**, axial / axial || ~**reibung** *f* (Bahn) / fricción *f* del eje || ~**rohr** *n* / tubo *m* del eje || ~**satz** *m* (Bahn) / eje *m* montado || ~**schaft** *m* (Bahn, Kfz) / cuerpo *m* del eje || ~**scheibe** *f* (Bahn) / disco *m* del eje, plato *m* del eje || ~**schelle** *f* / casquillo *m* de eje || ~**schemel** *m* (Bahn) / caballete *m* de eje
Achsschenkel *m* (Bahn, Kfz, Masch) / muñón *m* del eje, muñequilla *f* del eje, cuello *m* del eje, mangueta *f*, palier *m* || ~**befestigung** *f* / sujeción *f* del muñón del eje, montaje *m* del muñón del eje || ~**bolzen** *m* (Kfz) / pivote *m* de mangueta, pivote *m* del muñón del eje, pivote *m* central || ~**bruch** *m* / rotura *f* del muñón del eje || ~**büchse** *f* / casquillo *m* del muñón del eje || ~**bund** *m* / reborde *m* de mangueta, pestaña *f* de la muñequilla || ~**drehmaschine** *f* (Wzm) / torno *m* para manguetas || ~**lenkung** *f* (Kfz) / dirección *f* por las manguetas, dirección *f* por los pivotes del eje || ~-**Prägepoliermaschine** *f* (Wzm) / pulidora *f* a presión de manguetas || ~**schleifmaschine** *f* / rectificadora *f* de muñones de eje || ~**stütze** *f* (Kfz) / soporte *m* para muñones de eje || ~**teile** *n pl* / accesorios *m pl* de manguetas
Achs•schnitt *m* (Geom, Masch) / sección *f* axial || ~**schnittprofil** *n* (Verzahnung) / perfil *m* axial || ~**schränkung** *f* (Getriebe) / interinclinación *f* de ejes || ~**schränkung** (Fehler) / error *m* de desviación || ~**senkbühne** *f* (Bahn) / aparato *m* para montar y desmontar ruedas, plataforma *f* elevadora de ejes || ~**senke** *f* (Bahn) / gato *m* hidráulico de foso || ~**sitz** *m* (Bahn) / asiento *m* del eje || ~**spiegeldrehmaschine** *f* (Wzm) / torno *m* para refrentar los ejes || ~**spiel** *n* (Lager) (Kfz) / juego *m* axial, juego *m* del eje || ~**stand**, Radstand *m* (Bahn) / distancia *f* entre ejes extremos, longitud *f* de rodado (LA), base *f* rodante rígida (LA) || **fester** ~**stand** (Lok) / base *f* rígida de locomotora || ~**steuerung** *f* (NC) / control *m* de ejes || ~**stummel** *m*, -schenkel *m* (Kfz) / muñón *m* del eje, extremo *m* del palier || ~**sturz** *m* (Kfz) / inclinación *f* del eje, caída *f* del eje, despunte *m* del eje || ~**stütze** *f* (Kfz) / soporte *m* del eje || ~**symmetrisch**, achsensymmetrisch / axialmente simétrico, axialsimétrico || ~**teilung** *f* (Zahnrad) / paso *m* axial || ~**trichter** *m* **des Differentials** (Kfz) / trompeta *f* (del diferencial) || ~**verkleidung** *f* (Bahn) / revestimiento *m* del eje || ~**versetzt** / de eje decalado || ~**versetzung** *f* (Masch) / decalaje *m* axial || ~**waage** *f* (Kfz) / báscula *f* de pesar por ruedas || ~**welle** *f* (Masch) / árbol *m* de las ruedas de accionamiento, árbol *m* primario || ~**welle** (Bahn) / cuerpo *m* del eje || ~**wellen[kegel]rad** *n* (Kfz) / engranaje *m* cónico del árbol primario, piñón *m* cónico del árbol primario || ~**wickler** *m* (Kabelmasch) / enrollador *m* con eje, enrolladora *f* con eje || [**elektrischer**] ~**widerstand** (Bahn) / shunt *m* [eléctrico] de un tren || ~**winkel** *m* (Kegelgetriebe) / ángulo *m* entre ejes || ~**wirbel** *m* (Aerodynamik) / remolino *m* axial || ~**zähler** *m* (Bahn) / contador *m* de ejes || ~**zapfen**, -schenkel *m* / muñón *m* del eje, manga *f* (del eje)
acht (am Telefon) / ocho (al telefonear), dos por cuatro || ~ *f*, achtförmig verbogenes Rad *n* / rueda *f* deformada en [forma de] ocho || ~**bindig** (Satin) / de ocho || ~-**Bit-Byte** *n* (DV) / byte *m* de ocho bits, octeto *m* || ~**dimensionale Zahlen**, Oktonionen *f pl* (Math) / octoniones *m pl* || ~**eck** *n*, Oktogon *n* (Geom) / octágono *m*, octógono *m* || ~**eckig** (Geom) / octagonal, octogonal, actangular
Achtel (Math) / octavo *m*, octava parte *f* || ~**blatt** *n* (Druck) / octavilla *f* || ~**kohleneisen** *n* (Chem) / carburo *m* octoférrico || ~**kreis** *m* (Geom) / octante *m* (de un círculo), octava *f* parte de un círculo || ~**kreisig**, Oktant... (Peilung) / de octante, de la octava parte de un círculo
Achter *m* (Math) / figura *f* en ocho || ~**bündel** *n* (Elektr) / alma *f* de ocho hilos o alambres || ~**charakteristik** *f* (Eltronik) / característica *f* en [forma de] ocho || ~**deck** *n* (Schiff) / cubierta *f* de popa, alcázar *m* || ~**diagramm** *n* (Ortung) / diagrama *m* en ocho || ~**gangspill** *n* (Schiff) / cabrestante *m* de popa || ~**holer** *m* (Halteseil) / retenida *f* || ~**lastig** / apopado, sentado por la popa, estibado de popa || ~**laterne** *f* / faro *m* de popa || ~**leitung** *f*, -kreis *m* (Fernm) / circuito *m* de doble fantoma, circuito *m* superfantasma || ~**luke** *f* (Schiff) / escotilla *f* de popa || ~**mikrophon** *n* (Elektr) / micrófono *m* bidireccional
achtern (Schiff) / a popa, en popa
Achter•pforte *f* / porta *f* de popa, portalón *m* || ~**piek**, Hinterpiek *f* (Schiff) / delgados *m pl* de popa, raseles *m pl* de popa || ~**raum** *m*, hinterer Laderaum / bodega *f* de popa || ~**schale** *f*, L-Schale *f* (Atom) / octeto *m*, capa *f* L, capa *f* de ocho electrones || ~**schaltung** *f*, -kreis *m* (Fernm) / circuito *m* superfantasma, circuito *m* de doble fantasma || ~**schiff** *n* / popa *f* de barco, casco *m* de popa || ~**spant** *n* / cuaderna *f* de popa || ~**spill** *n* / cabrestante *m* de popa || ~-**Steckscheibe** *f* (Pipeline) / obturador *m* en [forma de] ocho || ~**steven** *m* (Schiff) / codaste *m* || ~**stich** *m* (Knoten) / nudo *m* en forma de ocho || ~**verseilt** (Fernm) / cableado en forma de ocho, cableado en superfantasma || ~**verseilung** *f* (Fernm) / cableado *m* en forma de ocho
acht•fach, -fältig / óctuplo, ocho veces [tanto], óctuple || ~**facher Verzug** (Tex) / estirado *m* óctuplo || ~**fachschreiber** *m* / registrador *m* de ocho puntos || ~**fach-Weg-Modell** *n*, Oktett-Modell *n* (Nukl) / modelo *m* de octeto || ~**flach** *n*, Achtflachner *m*, vierseitige Doppelpyramide (Geom) / octaedro *m* || ~**flächig** / octaédrico || ~**flächig** (Krist) / octaedriforme || ~**förmig** (allg) / en forma de ocho || ~**förmige Steckscheibe** (Masch) / obturador *m* en forma de ocho || ~**kanal**... / de ocho canales, de ocho pistas || ~**kantig** / octagonal, octogonal || ~**kantige Reibahle** (Wz) / escariador *m* octagonal (E), calisnar *m* octagonal (LA) || ~**kantmaterial** *n*, -kantstahl *m* (Hütt) / acero *m* [de sección o perfil] octogonal || ~**kantmutter** *f* / tuerca *f* octagonal || ~**kantprofil** *n* (Hütt) / perfil *m* octogonal || ~**kantschraube** *f* / tornillo *m* de cabeza octagonal || ~**kantstab** *m* (Hütt) / barra *f* octagonal, vara *f* octagonal || ~**litzig** (Kabel) / de ocho hilos, de ocho cordones || ~**mal jährlich** (Druck) / sesquimestral, ocho veces al año || ~**phasig** (Elektr) / octofásico || ~**polgenerator** *m* / generador *m* exapolar

‖ ⁓**polröhre** f / octodo m ‖ ⁓**polschaltung** f / circuito m de ocho terminales ‖ ⁓**rädrig** / de ocho ruedas ‖ ⁓**schloss-Maschenware** f (Tex) / tricot m de ocho cerrojos ‖ ⁓**schloss-Wirkmaschine** f (Tex) / tricotasa f de ocho cerrojos ‖ ⁓**schraubenfutter** n / plato m de ocho tornillos sujetadores ‖ ⁓**seitig**, -eckig (Geom) / octagonal, octogonal ‖ ⁓**seitig**, -flächig (Krist) / de ocho caras, octaédrico ‖ ⁓**seitiger Körper** / cuerpo m octagonal ‖ ⁓**seitige Pyramide** / pirámide f octagonal ‖ ⁓**spindel-Automatendrehmaschine** f, Achtspindler m (Wzm) / torno m automático de ocho husillos ‖ ⁓**strang...** (Elektr) / de ocho hilos, de ocho cordones ‖ ⁓**stundenschicht** f / turno m de ocho horas
Achtung !, Vorsicht! / ¡ atención !, ¡ ojo !, ¡ cuidado !, ¡ precaución ! ‖ ⁓ !, Gefahr! / ¡ precaución !, ¡ peligro ! ‖ ⁓ ! **Baustelle!** (Straßb) / ¡ atención ! ¡ obras ! ‖ ⁓ ! **Lebensgefahr!** / ¡ atención ! ¡ peligro de muerte ! ‖ ⁓ ! **Steinschlag!** (Straßb) / ¡ atención ! ¡ desprendimiento de piedras ! ‖ ⁓ ! **Stufe!** / ¡ cuidado con el escalón ! ‖ ⁓ ! **unten!** (Schiff) / ¡ atención en las máquinas !
acht•wertig (Chem) / octovalente ‖ ⁓**zählige Symmetrie** (Phys) / simetría f del orden de ocho ‖ ⁓**zehnflächig** (Geom) / octodecimal‖ ⁓**zehnhundertfädig** (Tex) / dieciocheno
Achtzig-Meter-Box f (Luftf) / hangar m de 80 m
Achtzylindermotor m / motor m de ocho cilindros ‖ ⁓ **in Reihenanordnung**, 8-Zylinder-Reihenmotor m / motor m de ocho cilindros en línea ‖ ⁓ **in V-Anordnung**, 8-Zylinder V-Motor m / motor m de ocho cilindros en V
Acidimetrie f (Chem) / acidimetría f
acidisch (Chem) / acídico
Acidität f (Chem) / acidez f ‖ **m-**⁓ / acidez f m, acidez f al anaranjado de metilo ‖ **p-**⁓ / acidez f p, acidez f a la fenolftaleína
Acidobenzol n, Phenylazid n (Chem) / acidobenceno m
Acidol n, Betainhydrochlorid n / acidol m ‖ ⁓**echtgrün** n / verde m de acidol fijo
acidophil adj / acidófilo
Acker m, Feld n (Landw) / campo m de cultivo, tierra f de labrar, tierra f de labor ‖ ⁓**anhänger** m / remolque m agrícola ‖ ⁓**bau**, Anbau m, Landbau m (Landw) / agricultura f, cultivo m ‖ ⁓**bau...**, landwirtschaftlich, Agrar... / agrícola, agrario ‖ ⁓**bauchemie** f / química f agrícola, agroquímica f ‖ ⁓**bauerzeugnisse** n pl, landwirtschaftliche Erzeugnisse / productos m pl agrícolas ‖ ⁓**baukunde** f / agronomía f ‖ ⁓**baumaschine** f, Landmaschine f / máquina f agrícola ‖ ⁓**boden** m / tierra f laborable o de labranza, tierra f cultivable, tierra f arable, suelo m cultivable ‖ ⁓**egge** f / grada f de laboreo
Ackeret-Keller-Turbine f / turbina f de gas AK, turbina f Ackeret y Keller
acker•fähig / arable ‖ ⁓**fräse** f / fresa f de labranza ‖ ⁓**früchte** f pl / productos m pl agrícolas ‖ ⁓**furche** f / surco m ‖ ⁓**gerät** n, -werkzeug n, -gerätschaften f pl / aperos m pl de labranza ‖ ⁓**krume** f / capa f arable ‖ ⁓**land** n / terreno m de cultivo
Ackermanit m (Min) / ackermanita f (silicato de magnesio y calcio)
Ackermann•effekt, Spurdifferenzwinkel m (Kfz) / ángulo m de Ackermann ‖ ⁓**lenkung** f (Kfz) / dirección f de Ackermann, dirección f por las manguetas, dirección f por los pivotes del eje
Ackern n, Beackerung f, Ackerbau m / labranza f, cultivo m
Acker•reifen m / neumático m agrícola (E), llanta f agrícola (LA), neumático m para todo terreno ‖ ⁓**schädling** m (Landw) / parásito m agrícola, plaga f animal ‖ ⁓**schiene** f (starr)(Traktor) (Landw) / barra f de enganche, barra f de labranza, barra f para aperos [de labranza] ‖ ⁓**schleppe** f, Ackerschleife f / rastra f niveladora ‖ ⁓**schlepper** m / tractor m de cultivo, tractor m de labranza (E), tractor m agrícola, tractor

m rural (LA) ‖ ⁓**schmalwand** f (Versuchspflanze in der Gentechnik) / Arabidopsis thaliana ‖ ⁓**scholle**, Scholle f (Landw) / gleba f, terruño m, terrón m ‖ ⁓**wagen** m / carro m agrícola, carro m de labranza ‖ ⁓**wagen- u. -maschinenreifen** m / neumático m agrícola ‖ ⁓**walze** f / rodillo m agrícola, rulo m agrícola
ACM = Association for Computer Machinery ‖ ⁓ (= Acrylat-Kautschuk) (Plast) / caucho m acrílico
Acmé•spindel f (Spinn) / husillo m Acmé ‖ ⁓**trapezgewinde** n / rosca f trapecial Acmé, rosca f Acmé
Aconin n (Pharm) / aconina f
Aconitase f (Pharm) / aconitasa f
Aconitin n (Pharm) / aconitina f
Aconitsäure f (Chem, Pharm) / ácido m aconítico
ACO-Regelung, Optimierregelung f (NC) / optimización f del control [o mando] adaptivo
ACPI (DV) = Advanced Configuration and Power Interface
Ac-Punkt m **der Schmelzkurve** (Hütt) / punto m Ac
Acramin n (Chem) / acramina f
Acre n / acre m (= 4840 yardas cuadradas)
Acridin n (Chem) / acridina f ‖ ⁓**farbstoff** m / colorante m de acridina ‖ ⁓**gelb** n / amarillo m de acridina ‖ ⁓**orange** n / anaranjado m de acridina, acridina f anaranjada ‖ ⁓**säure** f / ácido m acridínico
Acriflavin n (Chem) / acriflavina f
Acrilan n (Tex) / acrilán m
Acrimin n / acrimina f
Acrolein n, Acrylaldehyd m / acroleína f, aldehído m acrílico
Acryl n (Chem) / acrilo m ‖ ⁓**...** / acrílico ‖ ⁓**amid** n / acrilamida f ‖ ⁓**at** n / acrilato m ‖ ⁓**ester** m / éster m acrílico ‖ ⁓**farbstoff** m / colorante m acrilo ‖ ⁓**faser** f / fibra f acrílica o de acrilo ‖ ⁓**-Fußboden** m / pavimento m acrílico ‖ ⁓**glas** n / vidrio m acrílico, cristal m acrílico, plexiglass m ‖ ⁓**harz** n (Chem) / resina f acrílica
Acrylic-Lack m / esmalte m acrílico, laca f acrílica
Acryl•nitrat m / nitrato m acrílico ‖ ⁓**nitril** n / acril[o]nitrilo m, nitrilo m acrílico ‖ ⁓**nitril-Butadien-Styrol-Copolymerisat** n, ABS / copolímero m de acrilnitrilo-estireno-butadieno ‖ ⁓**-Nitrilkautschuk** m / caucho m acrilnitrílico, caucho m de nitrilo acrílico ‖ ⁓**nitril-Styrol-Acrylester** m, ASA / éster m acrílico de acrilnitrilo-estireno ‖ ⁓**säure** f / ácido m acrílico ‖ ⁓**säureester** m / éster m acrílico ‖ ⁓**säuremethylester** m / éster m metílico del ácido acrílico ‖ ⁓**[säure]nitril** n (Öl) / acrilonitrilo m, nitrilo m del ácido acrílico
ACS (DV) Asynchronous Communications Server ‖ ⁓ = American Chemical Society ‖ ⁓ (Kfz) = Auto-Check-System
ACSR-Seil n (Elektr) / cable m ACSR, cable m de hilo de aluminio reforzado por acero
AC-System n (Regeln) / sistema m AC, sistema m de control adaptivo ‖ ⁓ / sistema m de control automático
ACTH, Corticotropin n (Pharm) / A.C.T.H., hormona f adreno-corticotrófica, corticotropina f
Actiniden pl, -gruppe f (Chem) / actínidos m pl
Actinium n, Ac (Chem) / actinio m ‖ ⁓**-Emanation** f, Actinon n / emanación f de actinio, actinón m
Actino•mycetes pl, Strahlenpilze m pl / actinomicetos m pl ‖ ⁓**rhodin** n / actinorrodina f ‖ ⁓**uran** n, Uran 235 n (Chem) / actinouranio m
Activit n / activita f
Actol n, Silberlaktat n / lactato m de plata
acyclisch (Chem) / acíclico
Acylamidase f / acilamidasa f
Acylase f / acilasa f
Acylgruppe f (Chem) / grupo m acilo
acylieren vt / acilar
Acylierung f / acilación f

Acylradikal, Säureradikal n / radical m acilo
AD (= Ablaufdiagramm) (DV) / diagrama m de flujo
A/D, analog/digital (DV) / análogo / digital
ADA = Atomic Development Authority / Autoridad de Desarrollo Atómico
ADAM (Bremsen) (Kfz) = Advanced Dynamic Aid Mecanism
Adamantan m (Chem) / adamantano m
adamantin (Krist) / diamantino
Adamin m, Adamit m (Min) / adamina f, adamita f
Adamon n / adamón m
Adamsit n / adamsita f
Adansit m / adansita f (variedad de mica)
ADA-Programmiersprache f / lenguaje m de programación ADA
ADAPT (eine Programmiersprache) (DV) / lenguaje m de programación ADAPT
Adap[ta]tion, Adaptierung, Anpassung f / adaptación f
Adaptations•breite f / gama f de adaptación ‖ ~**brille** f (Radiol) / gafas f pl adaptadoras o de adaptación ‖ ~**zeit** f (des Auges) / tiempo m de adaptación
Adapter m, Zwischenstecker m / ladrón m (E) ‖ ~ (Foto, Raumf) / adaptador m ‖ ~, Verlängerungsstück n (Elektr, Masch) / pieza f de prolongación ‖ ~ m, Passstück, -teil n (Masch) / pieza f de ajuste ‖ ~ **für Telefonantwortgeräte** / adaptador m para contestador automático ‖ ~**-Molekül** n (Chem) / molécula f ~**platte** f / placa f adaptadora, platina f adaptadora
adaptierbar / adaptable
adaptieren vt / adaptar
Adaption f, Adaptation f, Adaptierung f / adaptación f
Adaptions•prozessor m (DV) / procesador m de adaptación, procesador m interface ‖ ~**vermögen** n / adaptabilidad f, capacidad f de adaptación
adaptiv (Werkstoffe, smart materials) / adaptivo (materiales) ‖ ~, lernend (DV) / adaptivo ‖ ~, selbstanpassend / adaptivo, con o de adaptación automática, autoadaptivo ‖ ~, selbsteinstellend (Regeln) / de ajuste automático, autoajustable, autorregulable ‖ ~**e Deltamodulation** (Eltronik) / deltamodulación f adaptiva, modulación f en delta adaptable ‖ ~**e differentielle Pulscodemodulation** (Eltronik) / modulación f por impulsión diferencial adaptable ‖ ~**e elektronische Regelung** / control m electrónico adaptivo, mando m electrónico autoadaptable ‖ ~**e Regelung** / control m adaptivo, mando m adaptivo ‖ ~**es System** (DV) / sistema m adaptivo o adaptable ‖ ~**e Xenon-Scheinwerfer** (Kfz) / faros m pl de xenón adaptivos
Adaptivsteuerung f (NC, Wzm) / mando m adaptivo, control m adaptivo, AC (= Adaptive Control)
Adaptometer n / adaptómetro m
Adaptronik f / adaptrónica f
adäquat / adecuado, conveniente
Adar n (advanced design array radar) (Eltronik) / radar m ADAR
ADC, Azodicarbonamid (Chem) / ADC, azodicarbonamida f ‖ ~, **Analog-Digital-Wandler** m (Eltronik) / convertidor m Análogo-Digital
Adcock-Antenne f (Eltronik) / antena f [de] Adcock
Adcock-Peilung f / marcación f Adcock
Addend m, Summand m (Math) / adendo m, segundo m sumando
Addendenregister n (DV) / registro m de adendos, registro m de sumandos
addierbar / adicionable
addieren vt / sumar, adicionar, hacer la suma [de] ‖ **sich zu Null ~** / adicionarse a cero
addierend, akkumulierend, wachsend / acumulativo ‖ ~**er Zähler** (DV) / contador m sumador ‖ **sich ~** / cumulativo, acumulativo ‖ **sich ~e Fehler** (Math) / errores m pl sistemáticos, errores m pl acumulativos
Addier•glied n (DIN), Volladdierer m (DV) / sumador m ‖ ~**locher** m / sumadora-perforadora f ‖

~**maschine** f, Addiergerät n / sumadora f ‖ **streifendruckende** ~**maschine** / sumadora f impresora de cintas ‖ ~**-Subtrahierwerk** n / mecanismo m sumador-sustractor ‖ ~**werk** n, Additionseinrichtung f (DV) / [mecanismo] m sumador, acumulador m digital
Addition f / adición f, suma f, totalización f
Additions•befehl m, Additionsanweisung f (DV) / orden f de adición, instrucción f de adición ‖ ~**duplex** n (Fernm) / dúplex m incremental ‖ ~**färbung** f (Tex) / coloración f aditiva ‖ ~**fehler** m / error m de adición ‖ ~**-und Subtraktionsgetriebe** n / mecanismo m de adición y sustracción ‖ ~**kamera** f (IC) / cámara f copiadora y multiplicadora de repetición ‖ ~**konstante** f / constante f aditiva ‖ ~**kreis** m (Eltronik) / circuito m adicionador ‖ ~**polymerisation** f (Chem) / polimerización f de adición, poliadición f ‖ ~**produkt** n (Chem) / producto m de adición ‖ ~**reaktion** f (Chem) / reacción f de adición ‖ ~**rolle**, Journalrolle f (Belegleser) / rollo m del diario ‖ ~**satz** m / teorema m aditivo ‖ ~**schaltung** f (TV) / circuito m sumador ‖ ~**stelle**, Vergleichsstelle f (Regeln) / punto m de adición ‖ ~**streifen** m (Addiermaschine) / cinta f de adición ‖ ~**verbindung** f, Addukt m (Chem) / compuesto m de adición, aducto m ‖ ~**verfahren** n (Foto) / procedimiento m de adición, proceso m de adición ‖ ~**verhinderung** f (Bremse) / prevención f de la adición de las fuerzas de freno ‖ ~**zeichen** n (Math) / signo m de adición, signo m "más", +
additiv adj (Math) / aditivo ‖ ~**e Grundfarbe** / color m primario aditivo, color m de base-aditivo ‖ ~**e Segmente** / segmentos m pl aditivos ‖ ~ n, Wirkstoff m (Öl, Treibstoffe) / aditamento m, aditivo m, sustancia m activa ‖ ~, Zusatzstoff m (Chem, Waschmittel) / aditivo m ‖ ~ **zur Vergaserreinigung** (Kfz) / detergente m para limpieza del carburador aditivo ‖ ~**farbe** f / color m aditivo
Additivität f (Chem) / aditividad f, propiedad f aditiva ‖ ~ (Math) / aditividad f
additiv•-kompoundiert, Mitverbund... (Elektr) / de compound acumulado ‖ ~**kreis** m (TV) / circuito m aditivo ‖ ~**-Verfahren** n (Foto) / procedimiento m aditivo, proceso m aditivo ‖ ~**verfahren** n (IC) / superposición f
Addukt n (Chem) / aducto m, producto m de adición, compuesto m de adición, adyuvante m
A-Deck n (Schiff) / cubierta f A
Adelagewölbe n (Bau) / bóveda f Adela, bóveda f vaída
Adelit m (Min) / adelita f
Adelpholit n (Min) / adelfolita f
Adenase f / adenasa f
Adenin n (Chem) / adenina f ‖ ~**sulfat** n / sulfato m de adenina, adenina f sulfato
Adenosin n (Chem) / adenosina f ‖ ~**phosphat** n, Adenylsäure f / fosfato m de adenosina, ácido m adenílico ‖ ~**triphosphat** n, ATP (Biol, Chem) / trifosfato m de adenosina
Adenylcyclase f (Chem) / adenilciclasa f, ciclasa f adenílica
Adeps n (Wollfett) / grasa f de lana
Ader f, Gang m (Bergb) / veta f, filón m, vena [metálica] f ‖ ~, Maser f (Holz, Marmor) / veta f, vena f ‖ ~ **eines Kabels** / conductor m (de un cable) ‖ ~**band** n (Kabel) / cinta f aislante (para cables) ‖ ~**bruch** m (Kabel) / rotura f del conductor ‖ ~**bündel** n (Kabel) / haz m de conductores ‖ ~**-Endhülse** f (Draht) / virola f de cable ‖ ~**endhülsenzange** f / alicates para virolas de cable m pl
aderig, gemasert (Holz) / veteado, vetado ‖ ~, faserig / fibroso
Adermahagoni n / caoba f veteada
adern vt, marmorieren (Anstrich) / vetear, marmorizar ‖ ~, masern (Holz) / vetear

Adernpaar *n*, Doppelader *f* (Elektr) / par *m* de conductores
Aderquerschnitt *m* / sección *f* del conductor
Aderung *f* **der Kerne** (Gieß) / veteado *m* de los núcleos
Ader•verseilmaschine *f* (Kabel) / máquina *f* de reunir y torcer alambres ‖ ≈**vierer** *m* (Fernm) / cable *m* de cuadretes ‖ ≈**zahl** *f* / número *m* de conductores de hilos
Adhäsion *f* (Phys) / adhesión *f*, adherencia *f*, fuerza *f* de adherencia o adherente
Adhäsions•eisenbahn *f* / ferrocarril *m* de adhesión ‖ ≈**fett** *n* (Riemen) / grasa *f* adherente ‖ ≈**gewicht** *n* / peso *m* adhesivo o adherente ‖ ≈**grenze** *f* (Kfz) / límite *m* de adhesión ‖ ≈**-Haftverschleiß** *m* / desgaste *m* por adhesión ‖ ≈**kraft** *f* (Phys) / fuerza *f* adhesiva o de adhesión ‖ ≈**öl** *n* / aceite *m* adherente ‖ ≈**prüfer** *m* / aparato *m* para ensayos de adherencia ‖ ≈**vermögen** *n* / poder *m* adhesivo o adherente, adhesividad *f*
Adiabate *f*, adiabatische Kurve (Phys) / curva *f* adiabática
adiabatisch / adiabático ‖ ~**e Ausdehnung** / expansión *f* adiabática ‖ ~**e Entmagnetisierung** / desiman[t]ación *f* adiabática, desmagnetización *f* adiabática ‖ ~ **invariant** (Nukl) / invariante adiabáticamente ‖ ~**es Strangpressen** (Plast) / extrusión *f* adiabática ‖ ~**e Wärmeabgabe** (o. Abkühlung) / cesión *f* de calor adiabática, enfriamiento *m* adiabático ‖ ~**er Wirkungsgrad** (Phys) / rendimiento *m* adiabático, eficiencia *f* adiabática ‖ ~**e Zustandsänderung** / cambio *m* adiabático del estado
adiaktinisch (Phys) / adiactínico
adiaphor (Chem) / adiáforo
Adinolit *m* / adinolita *f* (roca pizarrosa)
Adion *n*, Haftion *n* / adión *m*, ion *m* adsorbido
Adipin *n* (Chem) / adipina *f* ‖ ≈**keton** *n* / adipincetona *f* ‖ ≈**säure** *f* / ácido *m* adipínico o adípico
Adiponitril *n* / adiponitrilo *m*
ADI-Werte *m pl* (= acceptable daily intake) (Bio, Chem, Nukl) / valores *m pl* ADI
ADIZ (Air Defense Identification Zone) / Zona *f* de Identificación de Defensa Aérea
adjektiv (Färb) / adjetivo
adjungiert (Math) / adjunto
Adjungierte *f* **der Neutronenflussdichte** (Nukl) / adjunción *f* de la densidad del flujo neutrónico
Adjunkte *f* (Math) / cofactor *m*
Adjustage *f* (Walzw) / taller *m* de ajuste ‖ ≈, Justage *f* / ajuste *m* ‖ ≈**maschine** *f* (Walzw) / máquina *f* ajustadora
adjustieren *vt*, justieren (Instr, Masch) / ajustar, nivelar ‖ **Gewichte** ~, eichen / contrastar pesas
Adjustierschraube *f* / tornillo *m* de ajuste
ADL = Arbeitsgemeinschaft Deutscher Luftverkehrsunternehmen
ADM (Fernm) = adaptive Deltamodulation
ADME (Prüfverfahren bei Arzneistoffen) = Absorption, Distribution, Metabolismus, Exkretion
administrative Datenverarbeitung / procesamiento *m* de datos administrativos o en el sector administrativo
Administrator *m* (DV, Fernm) / administrador *m* (de red)
Admiralitäts•meile *f* (1853 m) / milla *f* de almirantazgo ‖ ≈**metall** *n*, -legierung *f*, Kondensatormessing *n* (Hütt) / metal *m* de almirantazgo, latón *m* para condensadores
Admittanz *f*, Scheinleitwert *m* (Elektr) / admitancia *f*
ADN (DV) = Advanced Digital Network
Adobe, Luftziegel *m* (Bau) / adobe *m*, ladrillo *m* secado al aire
Adonidin *n* / adonidina *f*
ADP = automatic data processing ‖ ≈ *n* (= Adenosindiphosphat) / adenosindifosfato *m*
ADPCM (DV, Fernm) = adaptve differential pulse code modulation
ADR (= Allgemeine Durchführungs-Richtlinien) / Directivas *f pl* de Ejecución Generales ‖ ≈ (=

automatische Distanzregelung) (Kfz, Luftf) / control *m* automático de la distancia
Adrenalin *n* / adrenalina *f*
Adrenocorticotropin s. ACTH
Adrenosteron *n* / adrenosterona *f*
Adress… (DV) / de dirección
Adressat *m* (DV) / destinatario *m*
Adress•buch *n* (DV) / lista *f* de direcciones, lista *f* de [turnos de] terminales receptoras ‖ ≈**buchpapier** *n* / papel *m* para guía, papel *m* para directorio (LA) ‖ ≈**bus** *m* / bus *m* de direcciones
Adresse *f* (allg, DV) / dirección *f*, señas *f pl* ‖ ≈ **der Einheit** (DV) / dirección *f* de la unidad
Adressen•ansteuerung *f* (DV) / selección *f* de direcciones ‖ ≈**beginn** *m* (DV) / comienzo de la dirección ‖ ≈**druckmaschine** *f* / impresora *f* de direcciones ‖ ~**frei** (DV) / sin dirección ‖ ≈**leerstelle** *f* (DV) / espacio *m* en blanco sin dirección ‖ ≈**lesedraht** *m* (DV) / alambre lector de direcciones, hilo de lectura de la dirección ‖ ≈**modifikation**, -umrechnung *f* (DV) / modificación *f* de direcciones ‖ ≈**platte**, Adressierplatte *f* / placa *f* de dirección (E), chapita *f* para imprimir la dirección (LA) ‖ ≈**rechnung** *f* (DV) / aritmética *f* de las direcciones, cálculo *m* de direcciones, ajuste *m* de direcciones ‖ ≈**register** *n*, -datei *f* (allg, DV) / fichero *m* de direcciones ‖ ≈**register** (DV) / registro *m* de direcciones ‖ ≈**schlüssel** *m* (DV) / número *m* de referencia de dirección ‖ ≈**substitutionsbefehl** *m* (DV) / instrucción *f* de sustitución de direcciones ‖ ≈**tafel** *f* / tabla *f* de direcciones ‖ ≈**teil** *m* (DV) / sección *f* de direcciones ‖ ≈**umrechnung** *f* (DV) / modificación *f* de direcciones ‖ ≈**-Umwandlung** *f* (DV) / conversión *f* de direcciones ‖ ≈**verschränkung** *f* (DV) / intercalación *f* de direcciones ‖ ≈**zähler**, Zuordnungszähler *m* (DV) / contador *m* de ubicación, contador *m* de adjudicación ‖ ≈**zuweisung** *f* (DV) / adjudicación *f* de dirección en la memoria, orientación *f*
adressierbar (DV) / direccionable ‖ ~**e Uhr** (DV) / reloj *m* de dirección programable
adressieren *vt* (DV) / dirigir, poner las señas
Adressier•maschine *f*, Anschriftenmaschine *f* / máquina *f* de o para imprimir direcciones, máquina *f* rotuladora ‖ ≈**maschine mit Rotationsdruck**, Rotationsanschriftenmaschine *f* / rotativa *f* para imprimir direcciones ‖ ≈**- und Frankiermaschine** *f* / máquina *f* impresora de direcciones y franqueadora
Adressierung *f* (DV) / direccionamiento *m* ‖ ≈ **für direkten Zugriff**, Einzeladressierung *f* (DV) / direccionamiento *m* de libre acceso
Adress•index *m* (DV) / índice *m* de distribución ‖ ≈**konstante** *f* / constante *f* de dirección ‖ ≈**rechnung** *f*, Adressenrechnung *f* (DV) / cálculo *m* de direcciones ‖ ≈**register** *n*, Adressenregister *n* (DV) / registro *m* de direcciones ‖ ≈**schreibweise** *f* / modo *m* de escribir direcciones ‖ ≈**spur** *f* (DV) / pista *f* de direcciones ‖ ≈**teil** *m* (DV) / parte *f* que contiene la dirección ‖ ≈**umsetzung** *f*, -umwandlung *f* (DV) / translación *f* de la dirección ‖ ≈**- und Befehlswörter** *n pl* (DV) / palabras *f pl* de dirección y de mando ‖ ≈**vergleich** *m* (DV) - comparación *f* de direcciones ‖ ≈**wiederholung** *f* (DV) / repetición *f* de la dirección, direccionamiento *m* repetidor ‖ ≈**zähler** *m* (DV) / contador *m* de programa ‖ ≈**zettel** *m* / etiqueta *f* de dirección, rótulo *m* de dirección
Adriabindung *f* (Tex) / ligamento *m* diagonal
ADSL (= asymmetrisches DSL) / línea *f* ADSL
ADS-Ofen *m* (futterloser Ofen nach Albert De Sy) (Hütt) / horno *m* ADS (Albert De Sy)
Adsorbat *n* (Chem) / adsorbato *m*, sustancia *f* adsorbida
Adsorbens, Adsorptionsmittel *n* (Chem) / adsorbente *m*, adsorbedor *m*

Adsorber *m*, Adsorbens *n*, Adsorptionsmittel *n* (Chem) / adsorbedor *m*, adsorbente *m* ‖ ⁓**harz** *n*, (jetzt:) Scavenger *m* / resina *f* adsorbente, scavenger *m*
adsorbierbar / adsorbible
Adsorbierbarkeit *f* / adsorbibilidad *f*
adsorbieren / adsorber
adsorbierend / adsorbente
Adsorption *f* (Chem, Phys) / adsorción *f*
Adsorptions•analyse *f* / análisis *m* [cromatográfico] de adsorción ‖ ⁓**chromatographie** *f* / cromatografía *f* de adsorción ‖ ⁓**-Druckfarbe** *f*, Pressure-Set-Druckfarbe (Druck) / tinta *f* adsorbente ‖ ⁓**exponent** *m* (Chem) / exponente *m* de adsorción ‖ ⁓**fähigkeit** *f*, -vermögen *n* (Chem, Phys) / poder *m* adsorbente ‖ ⁓**grad** *m* / grado *m* de adsorción ‖ ⁓**isotherme** *f* / isoterma *f* de adsorción ‖ ⁓**kohle** *f* / carbón *m* de adsorción ‖ ⁓**kolonne** *f* / columna *f* de adsorción ‖ ⁓**mittel** *n*, Adsorbens *n* (Chem) / adsorbente *m* ‖ ⁓**pumpe** *f* / bomba *f* de adsorción ‖ ⁓**stoffe** *m pl* / adsorbentes *m pl* ‖ ⁓**-Vakuummeter** *n* / vacuómetro *m* de adsorción ‖ ⁓**verdrängung** *f* (Chem) / desalojamiento *m* por adsorción
adsorptiv *adj* / adsortivo, por adsorción ‖ ⁓ *n* / cuerpo *m* adsorbido
Adsox-Verfahren *n* (Chem) / procedimiento Adsox
Adstringens *n* (Pharm) / adstringente *m*
adstringierend, zusammenziehend / adstringente *adj*
ADT = Arbeitsgemeinschaft Deutscher Textilingenieure
AD-Technik *f* (Halbl) / técnica *f* AD, técnica *f* aleación-difusión
ADU, A/D-Umsetzer *m* (Eltronik) = Analog-Digitalumsetzer / convertidor *m* análogo-digital
Adular *m*, Mondstein *m* (Min) / adularia *f*
A/D-Umwandlung *f*, A/D-Umsetzung *f* / conversión *f* análogo-digital
Adurol *n* (Foto) / adurol *m*
ADV = Arbeitsgemeinschaft Deutscher Verkehrsflughäfen ‖ ⁓ = Arbeitskreis Datenverarbeitung ‖ ⁓ s. automatische Datenverarbeitung
Advanced Photo System (Filmpatrone) / APS *m*
Advektion *f* (Meteo) / advección *f*
Adventivwurzel *f* (Bot) / raíz *f* adventicia
A/D•-Wandler *m* (Eltronik) / convertidor *m* análogo-digital ‖ ⁓**-Winkelumsetzer** *m* (DV) / digitizador *m* angular
AE, Antitoxineinheit *f* / unidad *f* antitoxina ‖ ⁓, astronomische Einheit / unidad *f* astronómica (=149565800 km)
AEA = Association of European Airlines
AECMA (Raumf) / Asociación Europea de Constructores de Material Aeroespacial
AEF *m* (Phys) = Ausschuss für Einheiten und Formelgrößen
A-Elektrode *f* (Transistor) / colector *m*
AEN, Span. Normenausschuss / AEN, Asociación Española de Normalización ‖ ⁓ *n*, Ersatzdämpfung *f* (Fernm) / atenuación *f* equivalente de la articulación
Aeraulik *f* / aeráulica *f*
aerifizieren *vt* (Rasen) / aerificar
Aero•..., Luft..., Luftfahrt... / aero..., aéreo ‖ ⁓**-Aufnahme** *f* (Verm) / fotograma *m* aéreo, aerofotografía *f*
aerob (Biol) / aerobio, aeróbico
Aeroballistik *f* / balística *f* aérea, aerobalística *f*
Aeroben, Aerobier, Aerobionten *pl* (Biol) / aerobios *m pl*
Aero•bus *m*, Schwebebus *m* (eine Seilbahn) / aerobús *m* ‖ ⁓**cart** *m* (Flurfördermittel) / aerocart *m* ‖ ⁓**dynamik** *f* (Phys) / aerodinámica *f* ‖ ⁓**dynamiker** *m* / ingeniero *m* en o de aerodinámica, especialista en o de aerodinámica *m f*
aerodynamisch / aerodinámico ‖ ⁓**er Abtrieb** (Kfz) / comportamiento *m* aerodinámico negativo ‖ ⁓**e Aufheizung** (Raumf) / calentamiento *m* aerodinámico ‖ ⁓**er Auftrieb** (Luftf) / empuje *m* aerodinámico hacia arriba ‖ ⁓**er Krängungswinkel** (Luftf) / ángulo *m* de escora aerodinámica ‖ ⁓**e Luftfahrzeuge** *n pl* / aerodinos *m pl* aerodinámicos ‖ ⁓**es Moment** / momento *m* aerodinámico ‖ ⁓**e Waage** / balanza *f* aerodinámica ‖ ⁓ **wirksame Fläche** / superficie *f* [de acción] aerodinámica
aero•elastisch (Luftf, Phys) / aeroelástico ‖ ⁓**elastizität** *f* / aeroelasticidad *f*, elasticidad *f* aérea ‖ ⁓**elektrik** *f* (vom Flugzeug aus betriebene Geoelektrik) (Geol) / método *m* aeroeléctrico ‖ ⁓**gel** *n*, fester Schaum, poröser fester Stoff (Chem) / aerogel *m* ‖ ⁓**geodätisches Gerät** / instrumento *m* aerogeodético ‖ ⁓**graphie** *f* (Studium der Atmosphäre) (Meteo) / aerografía *f* ‖ ⁓**kartograph** *m* / aerocartógrafo *m* ‖ ⁓**kartographie** *f* / aerocartografía *f* ‖ ⁓**kit** *n* / elementos *m pl* para mejorar la aerodinámica ‖ ⁓**lith** *m* (Meteorstein) / aerolito *m*, roca *f* meteórica ‖ ⁓**logation** *f*, meteorologische Navigation (Luftf) / navegación *f* isobárica ‖ ⁓**loge** *m* (Wissenschaftler) / aerólogo *m* ‖ ⁓**logie** *f*, Erforschung *f* der Atmosphäre / aerología *f* ‖ ⁓**logisch** *adj* / aerológico ‖ ⁓**magnetik** *f* (Geol) / método *m* aeromagnético ‖ ⁓**mechanik** *f* / aeromecánica *f* ‖ ⁓**meter** *n* / aerómetro *m* ‖ ⁓**nautik** *f* / aeronáutica *f* ‖ ⁓**nautisch** / aeronáutico ‖ ⁓**nomie** *f* (Physik und Chemie der höchsten Luftschichten) / aeronomía *f* ‖ ⁓**pause** *f* (Zone in 20 - 200 km Höhe) / aeropausia *f* ‖ ⁓**pentosedehydrase** *f* (Chem) / aeropentosadehidrasa *f* ‖ ⁓**photogramm** *n* / aerofotograma *m* ‖ ⁓**photogrammetrie** *f* / aerofotogrametría *f* ‖ ⁓**photographie** *f* / aerofotografía *f* ‖ ⁓**physik** *f* / aerofísica *f* ‖ ⁓**sit** *n* (Min) / aerosita *f* ‖ ⁓**skop** *n* (zur Prüfung der Luftzusammensetzung) / aeroscopio *m*
Aerosol *n* (Chem, Meteo) / aerosol *m* ‖ ⁓, -verpackung *f* / envase *m* de o para aerosol, lata *f* de aerosol ‖ ⁓**-Spray** *m n* / spray *m* [de] aerosol ‖ ⁓**technik** *f*, Sprühverfahren *n* / tecnología *f* de pulverización de aerosol[es] ‖ ⁓**vernebler** *m*, -sprüher *m* / pulverizador *m* de aerosol, nebulizador *m* de aerosol
Aero•sonde *f* (Meteo) / aerosonda *f* ‖ ⁓**space** *m* / aerospace *m*, espacio *m* aéreo ‖ ⁓**sphäre** *f* / aerósfera *f* ‖ ⁓**statik** *f* (Phys) / aerostática *f* ‖ ⁓**statisch** / aerostático ‖ ⁓**statisches Lager** / cojinete *m* aerostático ‖ ⁓**therm** / aerotérmico ‖ ⁓**thermochemisch** *adv* / aerotermoquímicamente ‖ ⁓**thermodynamik** *f* / aerotermodinámica *f* ‖ ⁓**topograph** *m* / aerotopógrafo *m* ‖ ⁓**topographie** *f* / aerotopografía *f* ‖ ⁓**triangulation** *f* (Verm) / aerotriangulación *f* ‖ ⁓**tronik** *f* / aerotrónica *f* ‖ ⁓**zin 50** *n* (Gemisch von UDMH und Hydrazin) (Raumf) / aerozina 50 *f*
AES (DV) = Advanced Encryption Standard (erweiterter Verschlüsselungsstandard) ‖ ⁓ = Auger-Elektronenspektroskopie / electrospectroscopia *f* según Auger
Aestimation *f* (DV) / estimación *f*
AET = Arbeitskreis Energietechnik
AF (Eltronik) = Audiofrequenz / audiofrecuencia *f*
AFB, automatische Fahr- und Bremssteuerung (Bahn) / dispositivo *m* de conducción automatica
AFC (Chem, Elektr) = alkalische Brennstoffzelle ‖ ⁓ = antiferromagnetisch gekoppelt
Affichenpapier *n* / papel *m* de ficha
affin (Math) / afín ‖ ⁓**e Abbildung**, Affinität *f* (Math) / transformación *f* afinada, afinidad *f* ‖ ⁓**e Funktion** (Math) / función *f* lineal variable
Affinade *f* (Zuck) / afinada *f*, azúcar *m* afinado
Affinage *f* / afinado *m*, afinación *f*
Affination *f* / afinado *m*, afinado *m*
Affinauswertung *f* (Photogramm) / restitución *f* afina
Affinerie, Raffinerie *f* (Hütt) / afinería *f*
affinieren *vt* (Zuck) / afinar ‖ ⁓ *n* (Metalle) / afino *m*
Affiniermaische *f* (Zuck) / templa *f* de afinación
Affinierung *f* / afinación *f*

Affinität *f* (Chem) / afinidad *f*
Affinograph, -pantograph, -zeichner *m* / afinógrafo *m*
Affinor, Tensor *m* (Math) / tensor *m*
Affintransformation *f* (Verm) / transformación *f* afina
Affix *n*, Ableitungselement *n* (Wortelement) / afijo *m*
affizieren *vt* / afectar
AF-Hypoidöl *n* (Kfz) / aceite *m* lubrificante A.F. para engranajes hipoidales
AFK, asbestfaserverstärkter Kunststoff / plástico *m* reforzado por fibras de amianto
AfK = Arbeitskreis für Kerntechnik
AFK, Aramidfaser *f* / fibra *f* de aramida
AFN = Arbeitsausschuss für Netzplantechnik
afokal (Opt) / afocal
A-Formwinkel *m* (am Flugzeugflügel) / ángulo *m* diedro negativo, ángulo *m* de diedro lateral negativo
AFS (Kfz) = Advanced Frontlighting System (dynamisches Kurvenlicht) ‖ ≃ (= Active Front Steering, Aktivlenkung) (Kfz) / dirección *f* activa frontal
After•burner *m*, Nachbrenner *m* (Luftf) / postquemador *m* ‖ ≃**kiel** *m*, falscher Kiel (Schiff) / quilla *f* postiza o falsa ‖ ≃**kristall** *m* / cristal *m* seudomorfo ‖ ≃**leder** *n* (Schuh) / contrafuerte *m* ‖ ≃**strom** *m* (Hydr) / reflujo *m*
Aft-Fan-Triebwerk *n* / turborreactor *m* de doble flujo trasero, turborreactor *m* "aft-fan"
AFW = Akademie für Führungskräfte der Wirtschaft
Ag, Silber *n* / plata *f*, Ag
AG = Astronomische Gesellschaft
Agalmatolith *m*, Pagodit *m* (Min) / agalmatolita *f*, roca *f* de figuras, esteatita *f* de la China
Agar-Agar *m n* (Bot, Pharm) / agar-agar *m*
Agaricin *n* / agaricina *f*
Agave *f* (Bot) / pita *f*, agave *f* ‖ ≃**faser** *f* / fibra *f* de pita
A-Gemisch *n* (TV) / impulsión *f* de supresión, impulso *m* de supresión
Age-Näherung *f* (Nukl) / aproximación *f* de [la] edad de Fermi
Agens *n*, chemisches Agens / agente *m* químico
Agentur *f* / agencia *f*, representación *f*, oficina *f*
Agglomerat *n* (Hütt) / aglomerado *m* ‖ ≃ (Geol) / conglomerado *m*
Agglomerieranlage *f* (Bergb, Hütt) / instalación *f* de aglomeración
Agglomerieren *n*, Agglomeration *f* (Hütt) / aglomeración *f*
agglomeriert / aglomerado ‖ ~**es Mehl**, Instant-Mehl *n* (Nahr) / harina *f* aglomerada
Agglutination *f*, Agglutinierung *f* (Chem) / aglutinación *f*
agglutinierte Kohle (Bergb) / carbón *m* aglutinado
Agglutinoskop *n* / aglutinoscopio *m*
Aggregat *n*, Einheit *f*, Satz *m* (Masch) / grupo *m*, unidad *f* ‖ ≃, Gehäuf *n* (Geol) / agregado *m* ‖ ≃, gleichartige Massen *f pl* (Chem) / cuerpo *m* por agregación ‖ ≃ *n* (Phys) / agregación *f* ‖ ≃, Menge *f* (Math) / agregado *m* ‖ ≃, Zuschlagstoffe *m pl* (Bau) / áridos *m pl*, agregado *m* ‖ ≃ ... (Chem) / agregativo
Aggregation *f* (Chem) / agregación *f*
Aggregat•rückstoß *m* (Nukl) / retroceso *m* en grupo ‖ ≃**zustand** *m* (Phys) / estado *m* de agregación, estado *m* fisico ‖ **fester**, [flüssiger, gasförmiger] ≃**zustand** / estado *m* sólido, líquido, gaseoso
aggressiv, angreifend / agresivo, corrosivo ‖ ~**e Umgebung** (Masch) / ambiente *m* agresivo
Aggressivität *f* / agresividad *f*
Ägirin *m* (Min) / egirina *f*, acinita *f*
Agitationsapparat *m* / aparato *m* de agitación [mecánica o neumática]
AGK = Arbeitsgemeinschaft Kälteindustrie
Agnolith *m* (Min) / agnolita *f*
Agon *n* (Ferment) / agón *m*
Agone *f* (Phys) / línea *f* agónica
AGR, Abgasrückführung *f* (Kfz) / recirculación *f* de gases de escape

Agrar•..., landwirtschaftlich / agrario, agrícola ‖ ≃**chemie** *f* / agroquímica *f*, química *f* agrícola ‖ ≃**diesel** *n* (Kraftstoff) / fueloil *m* para la agricultura ‖ ≃**erzeugnisse** *n pl* / productos *m pl* agrícolas ‖ ≃**ingenieur** *m* / ingeniero *m* agrónomo ‖ ≃**schaum** *m* (Plast) / espuma *f* para usos agrícolas, espuma *f* para agricultura ‖ ≃**technik** *f* / ingeniería *f* agrónoma ‖ ≃**wissenschaft** *f*, Agronomie *f* / agronomía *f*
Agrément *n* (Bau) / plácet *m* ‖ ≃**-Bestätigung** *f* (Bau) / carta *f* confirmatoria de plácet
Agricolit *m* (Wismutsilikat) (Min) / agricolita *f*
Agrikultur•chemie *f*, Agrarchemie *f* / química *f* de agricultura ‖ ≃**chemikalie** *f* / producto *m* químico para agricultura, agente *m* químico para agriculture ‖ ≃**physik** *f* / física *f* de agricultura
Agro•industrie *f* / agroindustria *f* ‖ ≃**nomie** *f* / agronomía *f* ‖ ≃**pyren** *n* / agropirena *f* ‖ ≃**technik** *f* / agrotecnia *f*, técnica *f* agrícola, ingeniería *f* agrícola ‖ ≃ agrónoma
AGV (= Automatic Guided Vehicle) / vehículo *m* guidado automáticamente
ägyptische Baumwolle, Mako *m f n* / algodón *m* egipcio
Ah, Amperestunde *f* / amperio-hora *m*
A-Harz, Resol *n* (Plast) / resol *m*
AH-Felge *f* (Kfz) / llanta *f* hump asimétrica
AHK (Kfz) = Anhängerkupplung
Ahle *f* (Wz) / lezna *f*, alesna *f* (LA) ‖ ≃, Reibahle *f* (Masch) / escariador *m*
Ahming (Tiefgangmarke) (Schiff) / marcas *f pl* de calados, escala *f* para medir el calado
ähnlich / similar, análogo ‖ ~ (Geom) / semejante ‖ ~, fast gleich / parecido, semejante, análogo, parejo ‖ ~ **sein** / semejar
Ähnlichkeit *f* (allg, Geom) / semejanza *f*, similitud *f*, parecido *m*
Ähnlichkeits•gesetz *n*, -satz *m* (Phys) / ley *f* de similitud, ley *f* de semejanza ‖ ≃**mechanik** *f* / mecánica *f* de semejanza ‖ ≃**punkt** *m*, -zentrum *n* (Geom) / centro *m* de similitud, punto *m* de similitud ‖ ≃**theorie** *f* (Geom) / teoría *f* de similitud ‖ ≃**transformation** *f* (Verm) / transformación *f* de similitud ‖ ≃**verhältnis** *n* (Geom) / relación *f* de similitud
A-Horizont *m*, Oberkrume *f* (Boden) / horizonte *m* A, horizonte *m* eluvial
Ahorn *m* (Bot) / arce *m*, sácero *m*, moscón *m*, arce *m* blanco ‖ **stumpfblättriger** ≃, Bergahorn *m* / sicómoro *m* o sicómoro de montaña, plátano *m* falso ‖ ≃**maser** *f*, Vogelaugenahorn *m* / arce *m* madre ‖ ≃**sirup** *m* / jarabe *m* de arce ‖ ≃**zucker** *m* / azúcar *m* de arce
Ähre *f* (Bot) / espiga *f*
ähren•förmig / espiciforme, espicular, en forma de espiga ‖ ≃**heber** *m*, (Landw) / levanta-mies *m* ‖ ≃**mähmaschine** *f*, Ährenköpfer *m* / segadora *f* de espigas (E), espigadora *f* (LA) ‖ ≃**silber** *n*, ährenförmiges Graukupfererz (Min) / plata *f* espiciforme
AH-Salz *n*, adipinsaures Hexamethylendiamin (Chem) / hexametilendiamina *f* adípica
AI = Artificial Intelligence ‖ ≃ (DV) = Adapter Interface
Aiken-Code *m* (DV) / código *m* Aiken
Aikinit *n* (Min) / aicinita *f*
Airbag *m* (Kfz) / airbag *m*, bolsa *f* de aire
Airborne-Messung *f* (Lagerstättenforschung) / prospección *f* desde el avión
Airbrushing *n*, Spritzmalerei *f* / aerografía *f*
Air•bus *m* (Luftf) / airbus *m*, aerobús *m* ‖ ≃**-Gun-Verfahren** *n* (Öl) / método *m* (de exploración) "air-gun" ‖ ≃**lift**, Lufteinpressen *n* (Öl) / airlift *m*, extracción *m* por medio de aire comprimido (inyectado) ‖ ≃**mover** (Bergb) / air-mover *m* ‖ ≃**-Shuttle** *n*, Kurzstreckenverkehr *m* (Luftf) / air-shuttle *m*, tráfico *m* aéreo a corta distancia, transbordador *m* aéreo ‖ ≃**-Slip** *n* **Verfahren mit Luftkissen**, Vakuumformen *n* mit Luftblase (Plast) /

procedimiento *m* positivo con distensión neumática, procedimiento *m* air-slip ‖ ≈**solutizer-Verfahren** *n* (Süßung von Benzinen zu Disulfiden) (Öl) / procedimiento *m* "air-solutizer" ‖ ≈**-Terminal** *m* / terminal *m*, estación *f* terminal (en el centro de la ciudad) ‖ ≈**-Traffic-Management** *n* / gestión *f* del tráfico aéreo
Ajourgewebe *n* (Tex) / género *m* calado
Ajowanöl *n* (Pharm) / esencia *f* de ajowan
Ak, Ansatzkuppe *f* (Schraube) / espiga *f* cilíndrica bombeada
Akaganeit *m* ("Seerostmineral") / acaganeíta *f*
Akajou *m*, Nierenbaum *m* / acayú *m*, anacardo *m* ‖ ≈**nuss** *f* / nuez *f* de anacardo ‖ ≈**öl** *n* / aceite *m* de anacardo
Akanthit *m* (Min) / acantita *f*
Akanthus *m* (Bau) / acanto *m* ‖ ≈**blatt** *n* / hoja *f* de acanto
Akaride, Milbe *f* (Zool) / ácaro *m*
Akarizid *n* (Landw) / acaricida *m*
Akaroidharz *n*, -gummi *n*, Botanybaiharz *n* / resina *f* acaroide, antorea *f*, goma *f* acaroide, resina *f* de xantorrea
Akazie *f* (Bot) / acacia *f*
Akazien • gummi, Akazin *n* / acacina *f*, arabina *f*, goma *f* arábiga o arábica ‖ ≈**schote** *f* / vaina *f* de acacia
Akklimatisation *f* (Vorgang, Resultat), Akklimatisierung *f* / aclimatación *f*
akklimatisieren *vt* / aclimatar
Akkommodation *f*, Akkommodierung *f* (Chem, Opt) / acomodación *f*
Akkommodations • ... / de acomodación ‖ ≈**breite** *f* (Chem) / amplitud *f* de acomodación ‖ ≈**koeffizient** *m* (Chem) / coeficiente *m* de acomodación ‖ ≈**ruhe** *f* / relajamiento *m* de acomodación ‖ ≈**vermögen** *m* (Opt) / capacidad *f* de acomodación, poder *m* de acomodación
akkommodieren / acomodar ‖ ~ *vt*, anpassen (Opt) / acomodar, adaptar
Akkommodierung *f* (Opt) / acomodación *f*
akkommodieren *vt* (Wolle) / clasificar, elegir
Akkord *m*, Stücklohn *m* / destajo *m*, salario *m* a destajo ‖ **im** ≈ **arbeiten** / trabajar a destajo ‖ **in** ≈ / a destajo ‖ ≈**arbeit** *f* / trabajo *m* a destajo ‖ ≈**arbeiter** *m* / destajista *m*, destajero *m* (E), trabajador *m* a destajo, estajista *m* (LA) ‖ ≈**berechnung** *f* / cálculo *m* destajista, cálculo *m* a precio de destajo ‖ ≈**durchschnitt** *m* / destajo *m* medio ‖ ≈**festsetzung** *f* / determinación *f* del destajo
akkordieren *vt* / destajar ‖ ~ *vi*, sich vertraglich verpflichten / acordar, comprometerse contractualmente o por contrato
Akkord • kommission *f* / comisión *f* para fijar el destajo ‖ ≈**leistung** *f* / rendimiento *m* a destajo ‖ ≈**lohn** *m* / salario *m* a destajo (E), salario *m* o pago a estajo (LA) ‖ **im** ≈**lohn arbeiten** / trabajar a destajo ‖ ≈**minuten** *pl* (F.Org) / tiempo *m* base ‖ ≈**richtsatz** *f* / valor *m* base del destajo ‖ ≈**satz** *m* / tasa *f* de destajo, tipo *m* de destajo ‖ ≈**schere** *f* / disminución *f* de tiempo de destajo ‖ ≈**stundenanteil** *m*, -stunden *f pl* / horas *f pl* abonadas ‖ ≈**system** *n* / sistema *m* a destajo ‖ ≈**verdienst** *m* / salario *m* a destajo ‖ ≈**vereinbarung** *f* / acuerdo *m* sobre destajo ‖ ≈**zeit** *f* / tiempo *m* a destajo ‖ ≈**zettel** *m* / nota *f* de destajo, volante *f* de destajo ‖ ≈**zuschlag** *m* / suplemento *m* por destajo, plus *m* por destajo
Akkretionsmaterie *f* (Raumf) / materia *f* de acreción
Akku • -Laufzeit *f* / duración *f* [de funcionamiento] de las pilas ‖ ≈**-Modul** (DV) / pilas *f pl* suplementarias
Akkumulation *f* / acumulación *f*
Akkumulationszeit *f* / tiempo *m* de acumulación, período *m* de acumulación
akkumulativ / acumulativo
Akkumulator *m*, AC (DV) / acumulador *m*, registro *m* acumulador ‖ ≈, Akku *m*, Sammler *m*,

[Sammler]batterie *f* (Elektr) / acumulador *m* [eléctrico], batería *f*, pila *f*, (también:) pilas *f pl* ‖ ≈ **mit Laugenfüllung** / acumulador *m* alcalino ‖ ≈ **mit Säurefüllung**, Bleibatterie *f* / acumulador *m* de plomo
Akkumulatoren • batterie *f* / batería *f* de acumuladores ‖ ≈**fahrzeug** *n*, -wagen *m* / vehículo *m* de acumuladores, vehículo *m* alimentado por acumulador[es], vehículo *m* impulsado por acumulador[es] ‖ ≈**gitter** *n* / rejilla *f* de acumulador ‖ ≈**grubenlokomotive** *f* / locomotora *f* de acumuladores para minas ‖ ≈**klemme** *f* / terminal *m* de acumulador ‖ ≈**ladegerät** *n* / aparato *m* de carga ‖ ≈**lokomotive** *f* / locomotora *f* de acumuladores ‖ ≈**platte** *f* / placa *f* de acumulador ‖ ≈**raum** *m* / sala *f* de acumuladores ‖ ≈**säure** *f*, Batteriesäure *f* / ácido *m* para acumulador[es], electrólito *m* líquido ‖ ≈**-Triebwagen** *m* (Bahn) / automotor *m* de acumuladores ‖ ≈**zentrale** *f* / central *f* de acumuladores
Akkumulator • gestell *n* (Elektr) / bastidor *m* de acumulador[es] ‖ ≈**kasten** *m*, Batteriekasten *m* / caja *f* de acumulador, caja *f* para pilas ‖ ≈**zelle** *f* / elemento *m* de acumulador
akkumulieren / acumular, cumular
akkumulierte Energiedosis (Nukl) / dosis *f* acumulada de energía
Akkumulierungseffekt *m* (Nukl) / efecto *m* acumulador, efecto *m* cumulativo de la irradiación
Akkuprüfgerät *n* / ensayador *m* del acumulador
aklastisch (Opt) / aclástico
Akline *f* (Geo) / curva *f*, línea *f* aclínica
aklinisch, aklin / aclínico
Akmit, Ägirin *m* (Geol) / acmita *f*, egirina *f*, egirita *f*
Akon *n*, Pflanzenseide *f*, Yerkum *n* (Tex) / akon *m*, seda *f* vegetal, seda *f* de calotropis ‖ ≈**faser** *f* / fibra *f* de akon
Akonitin *n* (Pharm) / aconitina *f*
Akonitsäure *f* / ácido *m* aconítico
Akronym *n* (Initialwort) / acrónimo *m*
Akt *m*, Ereignis *n*, Vorgang *m* / acto *m*, suceso *m*
Akten • aufzug *m* / montacargas *m* para archivo(s) ‖ ≈**deckelkarton** *m* (Pap) / cartón *m* para carpetas ‖ ≈**heftmaschine** *f* / cosedora *f* de legajos ‖ ≈**vernichter**, -wolf *m* (Büro) / máquina *f* para destruir documentos, destructora *f* (E) o destrozadora (LA) de papel, destructora *f* de documentos
Aktinidenreihe *f* (Chem) / grupo *m* de los actínidos, familia *f* de los actínidos, serie *f* de actinio
aktinisch / actínico ‖ **~e Lichtausbeute** / eficiencia *f* actínica, rendimiento *m* actínico ‖ **die ~e Wirkung herabsetzend** (Filter) / adiactínico
Aktinität *f* (Phys) / actinismo *m*
Aktinium *n* / actinio *m*
Aktino • ..., Strahlen... / actino..., actin... ‖ **~-elektrisch** / actinoeléctrico ‖ ≈**lith** *m* / actinolita *f* ‖ ≈**meter** *n* / actinómetro *m* ‖ ≈**metrie** *f* (Phys) / actinometría *f* ‖ ≈**uran** (Chem) / actinouranio *m*
Aktion *f* / acción *f* ‖ **in** ≈ **treten** / entrar en acción
Aktions • bereich, Flugbereich *m*, -weite *f* (Luftf) / autonomía *f* de vuelo ‖ ≈**kräfte** *f pl* / fuerzas *f pl* de acción, fuerzas *f pl* exteriores ‖ ≈**linie** *f* / línea *f* de acción ‖ ≈**prinzip** *n*, Bewegungsgleichung *f* (Phys) / ley *f* del movimiento (Newton) ‖ ≈**rad** *n*, Gleichdruckrad *n* (Turbine) / rueda *f* de acción ‖ ≈**radius** *m* (meist Strecke hin und zurück) (allg, Luftf) / radio *m* de acción ‖ ≈**spektrum** *n* / espectro *m* de acciones ‖ ≈**stoff** *m* / medio *m* de acción ‖ ≈**strom** / corriente *f* de acción ‖ ≈**stufe** *f* (Turbine) / escalón *m* de acción ‖ ≈**turbine**, Gleichdruckturbine *f* / turbina *f* de acción o de presión constante
aktiv, tätig, wirkend / activo ‖ **~**, heiß (Nukl) / caliente, activo ‖ **~es Bauteil** (Eltronik) / componente *m* activo ‖ **~es Display** (DV) / visualizador *m* activo ‖ **~e Elektrode** (Eltronik) / electrodo *m* activo ‖ **~e Entflammbarkeit** / riesgo *m* de incendio por

autoinflamación || ~**er Heizfaden** (Eltronik) / filamento *m* caliente activo || ~**er Kabelquerschnitt** / sección *f* efectiva de un cable || ~**er Kreislauf** (Nukl) / circuito *m* activo || ~**er Lautsprecher**, Aktivbox *f* / altavoz *m* activo, altoparlante *m* activo || ~**es Lösungsmittel** (Chem) / disolvente *m* activo || ~**e Masse** (Gramm-Moleküle je Liter) (Chem) / masa *f* activa || ~**e Masse** (Akku) / material *m* activo || ~**es Medium** (Laser) / medio *m* activo || ~**er Mikrofilm**, Arbeitsfilm *m* / microfilm *m* activo || ~**er Pegel** (Eltronik) / nivel *m* activo || ~**er Pegelübergang** (Eltronik) / transición *f* activa || ~**e Prüfung** (Nukl) / ensayo *m* activo || ~**es Radar** / radar *m* primario || ~**es Radikal** / radical *m* activo || ~**e Reserve** (DV) / reserva *f* en línea || ~**er Satellit** / satélite *m* activo || ~**er Sauerstoff**, Ozon *n* / oxígeno *m* activo, ozono *m* || ~**es Schaltglied** (Pneum) / conmutador *m* activo, elemento *m* conmutador activo, relé *m* de función activa || ~**er Schlamm** (Hydr) / lodo *m* activo || ~**er Schlamm** (Nukl) / depósito *m* activo, suspensión *f* activa || ~**er Schwefel** / azufre *m* activo, azufre *m* corrosivo || ~**er Stickstoff** / nitrógeno *m* activo || ~**es Tastenfeld** (DV) / teclado *m* activo || ~**er Wandler** (Fernm) / transductor *m* activo || ~**e Wärmeregelung** (Raumf) / regulación *f* térmica activa || ~**e Zeichnung** / dibujo *m* activo || ~**es Zentrum** (Enzym) / centro *m* activo || ~**e Zone** (Nukl) / zona *f* activa, área *f* activa, superficie *f* activa

Aktivation *f* / activación *f*

Aktivator *m*, Koenzym *n* (Biol, Chem) / activador *m*, coenzima *f* || ≈ , Promotor *m*, Verstärker *m* (Katalyse) / activador *m*, promotor *m*, adyuvante *m* || ≈ *m*, Luminogen, Phosphorogen *n* (Leuchtstoff) / activador *m*

Aktiv•bentonit *m* / bentonita *f* activada || ≈**füller** *m* (Plast) / carga *f* activa || ≈**getter** *n* (Eltronik) / getter *m* activo

Aktivierbarkeit *f* **von Reaktorstählen** / activabilidad *f* de aceros para reactores

aktivieren *vt* / activar || **Seide** ~ (Tex) / activar la seda

Aktivier[ungs]impuls *m* / impulso *m* habilitante

aktiviert / activado || ~**e Adsorption** (Chem) / quimiosorción *f*, adsorción *f* activada || ~**e Bleicherde** (Öl) / tierras *f* descolorantes activadas || ~**e Diffusion** (Turbine) / difusión *f* activada || ~**es Sintern** / sinterizado *m* activado

Aktivierung *f*, Aktivieren *n* / activación *f* || ≈ **von Kathoden** (Eltronik) / activación *f* de cátodos termoiónicos

Aktivierungs•analyse *f* (Chem) / análisis *m* por activación || ≈**detektor** *m* (Nukl) / detector *m* por activación || ≈**energie** *f* (Halbl) / energía *f* de activación || ≈**folie** *f* (Nukl) / detector *m* de hoja || ≈**impuls** *m* (TV) / impulso *m* de sensibilización || ≈**kurve** *f* (Nukl) / curva *f* de activación || ≈**mittel** *n* (Chem) / activador *m*, medio *m* activador, agente *m* activador || ≈**potential** *n* (Stahl) / potencial *m* de activación || ≈**produkt** *n* (Nukl) / producto *m* de activación || ≈**querschnitt** *m* (Nukl) / sección *f* eficaz de activación || ≈**wärme** *f* (Nukl) / calor *m* de activación

Aktivimeter *n* (Nukl) / activímetro *m*, medidor *m* de la actividad

Aktivität *f* / actividad *f*

Aktivitäts•dauer *f* (Netzplan) / duración *f* de actividad, tiempo *m* de actividad, período *m* de actividad || ≈**koeffizient** *m* / coeficiente *m* de actividad || ≈**konzentration** *f* (Nukl) / concentración *f* de actividad || ≈**kurve** *f* (Nukl) / curva *f* de actividad || ≈**stufe** *f* / escalón *m* de actividad || ≈**verminderung** *f* (Radioaktivität) / desactivación *f*, reducción *f* de actividad || ≈**zentrum** *n* **der Sonne** / centro *m* de actividad del sol, zona *f* central del sol

Aktiv•kohle *f* (Pharm, Tex) / carbón *m* activo o activado || ≈**kohleanlage** *f* (Tex Veredelung) / planta *f* o instalación de filtración por carbón activo || ≈**kohlefilter** *n*, -behälter *m* (Bau, Kfz) / filtro *m* de carbón activado || ≈**-Kohlenhobel** *m* (Bergb) / arado *m* activo de carbón || ≈**lenkung** *f* (Flugzeug, Kfz) / dirección *f* activa || ≈**masse** *f* / masa *f* activa || ≈**matrix** *f* (DV, TV) / matriz *f* activa || ≈**ruder** *n* (Schiff) / timón *m* activo, timón *m* en servicio || ≈**satellit** *m* / satélite *m* activo || ≈**sauerstoff** *m* / oxígeno *m* activo, ozono *m* || ≈**schaumwäsche** *f* (Kfz) / lavado *m* con espuma activa || ≈**schlamm** *m* / lodo *m* activo || ≈**speicher** *m* (DV) / memoria *f* activa || ≈**turm** *m* (Kohle) / torre *f* de escurrimiento activo

Aktor *m* (DV, Regeln) / actor *m* || ≈**baugruppe** *f* / grupo *m* actor

aktualisieren, fortschreiben (DV) / actualizar, poner al día || ≈ *n*, Fortschreiben *n* (DV) / actualización *f*, puesta *f* al día

Aktualparameter *m* / parámetro *m* actual

Aktuatoren *m pl* (in der Kleidung) (Tex) / actuadores *m pl*, actores *m pl*

aktueller Stand der Technik (Patentwesen) / estado *m* actual de la Técnica

A-Kurve *f*, Verwachsungsgrundkurve *f* (Bergb) / curva *f* elemental

A$_e$-Kurve *f*, Waschgrundkurve *f* (Kohle) / curva *f* efectiva de la posibilidad de lavado

A$_1$-Kurve *f*, Schwimmgutkurve *f* (Bergb) / curva *f* de material flotante

A$_{1e}$-Kurve *f*, Leichtgut-Kurve *f* (Bergb) / curva *f* efectiva de lavabilidad de material ligero

A$_2$-Kurve *f*, Sinkgutkurve *f* (Bergb) / curva *f* de material no flotante

A$_{2e}$-Kurve *f*, Schwergut-Kurve *f* (Bergb) / curva *f* efectiva de lavabilidad de material pesado

Akustik *f* (Wissenschaft) / acústica *f*, Acústica *f* || ≈ , Hörsamkeit *f* / acústica *f* arquitectónica || **musikalische** ≈ / acústica *f* musical || **physiologische** ≈ / acústica *f* fisiológica || ≈**fläche** *f* / superficie *f* acústica || ≈**platte**, Schallschluckplatte *f* (Bau) / placa *f* acústica o antisonora, panel *m* acústico o antisonoro, panel *m* fonoabsorbente o insonorizante || ≈**-Putz** *m* (Bau) / revoque *m* acústico

akustisch, akustisch || ~**e Abschirmung** (o. Dämpfung) (Bau) / apantallamiento *m* acústico, amortiguamiento *m* acústico || ~**e Anpassung** / adaptación *f* de la impedancia acústica || ~**e Anzeige** / indicación *f* acústica o auditiva || ~**e Ausgabe**, Sprachausgabef. (DV) / respuesta *f* oral || ~**e Beantwortung** (DV) / respuesta *f* acústica || ~**er Blindwiderstand** / reactancia *f* acústica || ~**er induktiver Blindwiderstand**, akustische Federung / reactancia *f* acústica inductiva || ~**er kapazitiver Blindwiderstand**, akustische Masse / reactancia *f* acústica capacitativa, inercia *f* acústica || ~**er Empfang** (Eltronik) / audiorrecepción *f*, recepción *f* acústica || ~**e Ermüdung** (Luftf) / fatiga *f* acústica || ~**e Holographie** / holografía *f* acústica || ~**e Impedanz**, -Scheinwiderstand / impedancia *f* acústica || ~**e Kopplung zwischen Mikrophon u. Lautsprecher** (Eltronik) / efecto *m* Larsen || ~**es Meldegerät** (zur Anzeige, dass der Zug einen bestimmten Punkt passiert hat) (Bahn) / avisador *m* acústico || ~**es Mikroskop** / microscopio *m* acústico || ~**es Ohm** (veraltet) / ohmio *m* acústico || ~**e** (o. mechanische) **Rückkopplung** / retroacción *f* acústica, feedback *m* acústico, reacción *f* acústica || ~**er Scheinwiderstand** / impedancia *f* acústica || ~**e Schwingungen** *f pl* (Raumf) / vibraciones *f pl* acústicas || ~**es Signal** / señal *f* acústica || ~**er Speicher**, akustische Laufzeitkette, akustische Verzögerungsstrecke (DV) / línea *f* de demora sónica o acústica || ~**e Sprechleistung** *f* / poder *m* vocal || ~**er Strahler** (Eltronik) / radiador *m* acústico || ~**es Thermometer** / termómetro *m* acústico || ~**e Wahrnehmung**, Gehöreindruck *m* / percepción *f* auditiva || ~**es Warnsignal** / señal *f* avisadora acústica || ~**er Widerstand** / resistencia *f* acústica

akustische/optische Signaleinrichtung / señalador *m* acústico/óptico
Akusto•chemie *f* / química *f* acústica ‖ **~-optisch** / acusto-óptico
AKW, Atomkraftwerk *n* / central *f* nuclear, central *f* atómica
Akzeleration *f* (Astr, Uhr) / aceleración *f*
Akzelerator, Accelerator *m* (Abwasser, Nukl) / acelerador *m*
Akzent *m* (Druck) / acento *m*
Akzentuierung, Preemphasis *f* (Eltronik) / preacentuación *f*, preénfasis *f*
Akzeptor *m* (Halbl) / aceptor *m*, colector *m* ‖ **~-Fremdstoff** *m* (Halbl) / impureza *f* de tipo aceptor ‖ **~gebiet** *n* (Halbl) / centro *m* aceptor, área *f* aceptora ‖ **~niveau** *n* (Eltronik) / nivel *m* aceptor o colector
Akzidenz•en *f pl* (Druck) / remiendos *m pl* ‖ **~arbeit** *f*, -druck *m* (Druck) / trabajo *m* de remiendo[s], obra *f* de remiendo[s], remiendo *m* ‖ **~drucker** *m* (Druck) / remendista *m* ‖ **~druckerei** *f* / remendería *f*, taller *m* de impresión de remiendos ‖ **~druckrotation** *f* / impresión *f* rotativa de remiendos ‖ **~presse** *f* (Druck) / máquina *f* de impresión de remiendos ‖ **~schriften** *f pl* (Druck) / caracteres *m pl* para trabajos de remiendo
Al, Aluminium *n* (Chem) / aluminio *m*, Al
AL, Abluft *f* / aire *m* de escape
ALA (= Alpha-Linolensäure) (Biochem) / ácido *m* alfa-linolénico
Alabandin *m*, Manganblende *f* (Min) / alabandina *f*, alabandita *f*
Alabaster *m* (Geol) / alabastro *m* ‖ **~gips** *m*, Gipsalabaster *m*, Alabastrit *m* (Min) / alabastro *m* yesoso, alabastrita *f*, alabastro *m* falso ‖ **~glas** *n* (Min) / vidrio *m* de alabastro, vidrio *m* alabastrino
Alanin *n* (Biol, Chem) / alanina *f* (aminoácido)
Alant *m* (Bot) / ínula *f* ‖ **~stärke** *f*, Alantin *n*, Inulin *n* / alantina *f*, inulina *f*
ALAP (Nukl) = as low as possible (Strahlenbelastung)
ALARA (Nukl) = as low as reasonably achievable
Alarm *m* / alarma *f* ‖ **~ auslösen**, alarmieren / actuar la alarma, dar la alarma, tocar alarma ‖ **~anlage** *f* / instalación *f* de alarma, sistema *m* de alarma ‖ **~apparat** *m*, -vorrichtung *f*, -einrichtung *f* / aparato *m* de alarma, dispositivo *m* de alarma, avisador *m* de alarma ‖ **automatische ~auslösung** / alarma *f* automática ‖ **~bearbeitungsprogramm** *n* (DV) / programa *m* de secuencia de alarma ‖ **~eingang** *m* (DV) / entrada *f* de alarma ‖ **~glocke** *f*, -klingel *f* (Elektr) / timbre *m* de alarma, campanilla *f* de alarma ‖ **~klingel** *f* / timbre *m* de alarma ‖ **~kontakt** *m* / contacto *m* de alarma o de aviso ‖ **~lampe** *f* / piloto *m* de alarma ‖ **~patrone** *f* (Bahn) / petardo *m* ‖ **~routine** *f* (DV) / secuencia *f* de alarma ‖ **selbsttätiger ~schalter** / avisador *m* automático de alarma ‖ **~schwimmer** *m* / flotador *m* de alarma ‖ **~sicherung** *f* / fusible *m* de alarma ‖ **~signal** *n*, -zeichen *n* / señal *f* de alarma ‖ **~sirene** *f* / sirena *f* de alarma ‖ **~stufe** *f* / fase *f* de emergencia ‖ **~ stufe 2** / 2ª fase de emergencia ‖ **~ventil** *n* / válvula *f* avisadora ‖ **automatische ~vorrichtung** / dispositivo *m* de alarma automático, unidad *f* avisadora automática ‖ **~zentrale** *f* / central *f* de alarma ‖ **~zustand** *m* / estado *m* de alarma o de alerta
AlAs, Aluminiumarsenid (Chem) / arseniuro *m* de aluminio
Alaun *m* (Chem) / alumbre *m* ‖ **~bad** *n* / baño *m* de alumbre ‖ **~beize** *f*, Tonerdebeize *f* (Färb) / mordiente *m* alumbroso, mordiente *m* rojo ‖ **~bildung** *f* / alunación *f*, formación *f* de alumbre ‖ **~blumen** *f pl*, Alaunmehl (Gerb) / flores *f pl* de alumbre
Alaunen *n*, Sieden *n* in Alaunwasser, Alaunung *f* / acción *f* de alumbrar
Alaun•erde *f* (Chem) / tierra *f* aluminosa, alúmina *f* ‖ **~erz** *n* / mineral *m* de alumbre ‖ **~gefällt** / precipitado con alumbre ‖ **~gerben**, weißgerben / curtir en blanco (E), adobar al alumbre, curtir al alumbre (LA) ‖ **~gerben** *n* / curtición *f* en blanco (E), adobadura *f* con alumbre (E), curtimiento *m* al alumbre (LA) ‖ **~gerber** *m*, Weißgerber *m* / curtidor *m* de fino, peletero *m* ‖ **~gerberei** *f* / curtiduría *f* al alumbre, peletería *f* ‖ **~gips** *m* (Bau) / yeso *m* alúmbrico, yeso *m* alumbroso ‖ **~grube** *f*, -[berg]werk *n*, -bruch *m* / alumbrera *f*, cantera *f* de alumbre ‖ **~haltig** / alumbrífero, alumbroso ‖ **~hütte** *f*, -siederei *f*, -werk *n* / alumbrería *f*
alaunieren *vt*, mit Alaun beizen (Tex) / alumbrar
Alaun•kies *n* (Min) / pirita *f* aluminosa ‖ **~kuchen** *m* (Pap) / torta *f* aluminífera, torta *f* de alúmina ‖ **~leder** *n* (Gerb) / piel *f* curtida en blanco (E), cuero *m* curtido al alumbre (LA) ‖ **~leim** *m* (Pap) / cola *f* aluminífera ‖ **~schiefer** *m* (Geol) / pizarra *f* aluminosa o de alumbre (E), esquisto *m* aluminoso (LA) ‖ **~stein**, Alunit *m* (Min) / alunita *f*, piedra *f* [de] alumbre
ALB (= Anti Lock Brake), Bremskraftregler *m* (Kfz) / sistema *m* antibloqueo de ruedas para frenos
Alba-Getter *n* (Eltronik) / getter *m* ALBA
Albanit *m*, Albalith *n*, Permanentweiß *n* (Min) / albanita *f*, cerina *f*, albalita *f*
Albardinzellstoff *m* (Pap) / pasta *f* de alfa
Albedo *f* (Astr, Phys) / albedo *m*
Albertschlag, Längs-, Gleichschlag *m* (Seil) / torsión *f* directa o igual
Al-beruhigt (Hütt) / calmado al aluminio
Albit *m*, Natronfeldspat *m* (Geol) / albita *f*
Albumen *n*, Eiweiß *n*, Eiklar *n* (Biol) / albumen *m*
Albumin *n* (wasserlösliches Eiweiß) (Biol) / albúmina *f* ‖ **~** (Eiweißkörper) (Chem) / albuminoide *m* ‖ **~at** *n* / albuminato *m* ‖ **~haltig** / albuminoso
albuminisieren *vt* (Foto) / albuminar
Albuminleim *m* / cola *f* de albúmina
Albuminometer *n* / albuminómetro *m*, albuminímetro *m*, albúmetro *m*
Albumin•papier *n* (Foto) / papel *m* albuminado ‖ **~schleppe** *f* (Chem) / cola *f* de albumina ‖ **~verfahren**, Albuminisieren *n* (Foto) / albuminado *m*
Älchenkrankheit *f* (Landw) / enfermedad *f* de nematodiasis
Alchimie *f* / alquimia *f*
Alchlorverfahren *n* (Schmieröl) (Chem) / procedimiento *m* "Alchlor"
Aldehyd *m* (Chem) / aldehído *m* ‖ **~harz** *n* / resina *f* aldehídica
Aldimin *n* (Chem) / aldimina
Aldol *n* / aldol *m* ‖ **~kondensation** *f* / condensación *f* aldólica
Aldose, Aldohexose *f* (Chem) / aldosa *f*, aldohexosa *f*
Aldoxim *n* / aldoxima *f*
Aldoxprozess *m* (Chem, Schw) / procedimiento *m* Aldox
Aldrey *n* (AlMgSi-Legierung) / aleación *m* aldrey, aldrey *m*
Aldrin *n* (Chem) / aldrina *f*
Ale *n* (Brau) / ale *f*
Alembertsches Prinzip, Prinzip *n* der virtuellen Arbeit (Phys) / principio *m* d'Alembert
A-Lenkung *f* (Kfz) / dirección *f* tipo Ackermann, dirección *f* por las manguetas o por los pivotes del eje
Aleph Null *n* (Mengenlehre) / alef *m* cero
Aleph-Detektor *m* / detector *m* Aleph
Aleppokiefer *f*, Seekiefer *f*, P. halepensis (Bot) / pino *m* de Alepo, pino *m* carrasco o carrasqueño
Alexanderson-Antenne *f* (Eltronik) / antena *f* tipo Alexanderson, antena *f* de sintonización múltiple
Alexandrit *m* (Min) / alexandrita *f* ‖ **~-Laser** *m* (Eltronik) / láser *m* de alexandrita
Alfa, Halfa *f*, Esparto *m*, Stipa tenacissima (Bot) / esparto *m*, alfa *m*
Alfalfa *f*, Luzerne *f*, Medicago sativa *f* (Landw) / alfalfa *f*
Alfapapier *n* (Pap) / papel *m* alfa

Alfaverfahren n (Butter) / método m Alfa, procedimiento m Alfa
Alfin n / alfina f
Alfol n / hoja f de aluminio
Alfol-Isolierung f / aislamiento m térmico (de) Alfol
Alford-Schleife f (Antenne) / espira f (de) Alford
Alfvén • -Geschwindigkeit (Astr, Phys) / velocidad f Alfven ‖ ⁓**-Wellen** f pl (Atom, Nukl) / ondas f pl de Alfven
Alge f (Biol) / alga f
Algebra f (pl: Algebren), Buchstabenrechnung f / algebra f
algebraisch / algebraico, algébrico ‖ ⁓**e Funktion** / función f algebraica ‖ ⁓**e Gleichung** (o. Buchstabengleichung) / ecuación f algebraica ‖ ⁓**es Moment** / momento m algebraico ‖ ⁓**e Summe** / suma f algebraica
algebraische od. allgemeine Zahlen / símbolos m pl algebraicos
Algen • befall m von Reis / afectación f de arroz por algas ‖ ⁓**bekämpfungsmittel** n, Algicid n / alguicida m ‖ ⁓**faser** f (Tex) / fibra f de algas marinas
Algin n / algina f
Alginat n / alginato m ‖ ⁓**reyon** m n (Chem) / rayón m de alginato ‖ ⁓**seide** f / seda f de alginato ‖ ⁓**verdickung** f, Lichenverdickung f / espesamiento m de alginato
Alginsäure f, Algensäure f / ácido m algínico
ALGOL n (Programmiersprache) (DV) / ALGOL m, algol m
Algolfarbstoff m (Chem) / colorante m de algol
algorithmisch (Math) / algorítmico
Algorithmus m (sorgfältige Schritt-für-Schritt-Annäherung) (Math) / algoritmia f, algoritmo m
Algraphie f (Aluminiumdruck) / algrafia f
Alhidade f (Verm) / alidada f, dioptra f ‖ ⁓, Messarm m (Sextant) / alidada f del sextante
Alhidadenkreis m (Verm) / círculo m de alidada
Aliasname m, Parallelbezeichnung f (DV) / seudónimo m, pseudónimo m
alicyclisch (Chem) / alicíclico, alifático-cíclico
Aliesterase f (Chem) / aliesterasa f
Aliphate n pl (Chem) / (compuestos) alifáticos m pl
aliphatisch (Chem) / alifático, acíclico ‖ ⁓**e Kohlenwasserstoffe** m pl / hidrocarburos m pl alifáticos ‖ ⁓**-cyclisch** / alifático-cíclico, alicíclico
ali • quant (Math) / alicuanta ‖ ⁓**quante** f (Math) / parte f alicuanta ‖ ⁓**quot** (Math) / alícuota ‖ ⁓**quote** f (Math) / parte f alícuota
alitieren vt (Hütt) / alitar, calorizar
Alitierung f / alitación f, calorización f
Alizardirektblau n / azul m directo de alizarina
Alizarin n (Chem, Färb) / alizarina f ‖ ⁓**blau** n / azul m [brillante] de alizarina ‖ ⁓**bordeaux** n, Chinalizarin n / quinalizarina f ‖ ⁓**braun**, Anthrazenbraun n / marrón m de alizarina ‖ ⁓**farbstoff** m, Alizarinfarbe f / colorante m alizárico o de alizarina ‖ ⁓**gelb** n / amarillo m de alizarina ‖ ⁓**orange** n / anaranjado m de alizarina ‖ ⁓**rot**, Türkischrot n (Galv, Tex) / rojo m turco ‖ ⁓**saphirblau** n / azul m safiro de alizarina ‖ ⁓**säure** f, Phthalsäure f (Chem) / ácido m alizárico, ácido m ftálico ‖ ⁓**schwarz** n / negro m de alizarina ‖ ⁓**violett**, Gallein n / violeta f de alizarina, galeína f
Alizariwurzel f (Färb) / raíz f derubia
alizyklisch, aliphatisch-zyklisch (Chem) / alifático-cíclico
Alkali n (Chem) / álcali m ‖ ⁓ **enthaltend** / alcalifero ‖ ⁓ **zusetzen** / alcalinizar, agregar álcali ‖ **in** ⁓ **verwandelbar** / alcalificable ‖ **[sich] in** ⁓ **verwandeln** (Chem) / alcalificarse ‖ ⁓**alkyle** n pl / alcalialcohílos m pl ‖ ⁓**beständig**, -echt / alcalirresistente ‖ ⁓**beständigkeit** f / alcalirresistencia f ‖ ⁓**bildend** / alcalígeno adj, generador de álcalis, alcalificante ‖ ⁓**bildner** m / alcalígeno m ‖ ⁓**blau** n / azul m alcalino ‖ ⁓**-Elektrolyse** f / electrólisis f de álcalis ‖ ⁓**-Elektrolyt** m / electrólito m de álcali
Alkalien n pl / álcalis m pl
Alkali • feldspat, Orthoklas m / feldespato m alcalino o de álcali, ortoclasa f ‖ ⁓**gestein** n / roca f alcalina ‖ ⁓**glas** n mit 10-15% Alkali / vidrio m alcalino (con un 10-15 por 100 de álcali) ‖ ⁓**-Granit** m / granito m alcalino ‖ ⁓**halogenid** n / halogenuro m de álcali ‖ ⁓**haltig** / alcalífero ‖ ⁓**-Kalk-Glas** n / vidrio m sódico-cálcico ‖ ⁓**lauge** f / lejía f alcalina, sosa f alcalina ‖ ⁓**löslich** / alcalisoluble, soluble en líquido alcalino ‖ ⁓**metalle** n pl / metales m pl alcalinos ‖ ⁓**meter** n / alcalímetro m ‖ ⁓**metrie** f / alcalimetría f ‖ ⁓**metrisch** / alcalimétrico
Alkali[ni]tät f, alkalische Beschaffenheit / alcalinidad f, alcalescencia f
Alkali • patrone f (Bergb) / cartucho m de álcali ‖ ⁓**phenolat** n (Chem) / fenolato m alcalino ‖ ⁓**phosphat** n / fosfato m alcalino ‖ ⁓**regenerat** n (Gummi) / regenerado m de álcali ‖ ⁓**salze** n pl / sales f pl alcalinas
alkalisch / alcalino, de álcali ‖ ⁓**er Akkumulator** (Elektr) / acumulador m alcalino ‖ ⁓**e Brennstoffzelle** (Raumf) / AFC (= Alcalic Fuel Cell) ‖ ⁓**e Entfettung** (Galv) / desengrasado m alcalino ‖ ⁓**es Fluten** (Öl) / inyección f alcalina ‖ ⁓ **machen**, alkalisieren / alcalinizar ‖ ⁓ **reagieren** / reaccionar básicamente, tener reacción alcalina o básica ‖ ⁓**e Schwärzung** (Galv) / ennegrecimiento m alcalino ‖ ⁓**es Stannatbad** (Galv) / baño m de estannato alcalino ‖ ⁓**e Verkupferung** (Hütt) / cobreado m alcalino, encobrado m alcalino
Alkalischmelze f / fusión f alcalina
alkalisieren / alcalinizar
Alkalisierpresse f / prensa f alcalinizadora
Alkalisierung f (Chem) / alcalinización f ‖ ⁓, **Fäulung** f **durch Alkalien**, Faulgärung f / alcalescencia f, putrefacción f por álcalis
Alkali • silikat n / silicato m alcalino ‖ ⁓**-Silikat-Glas** n / vidrio m de silicato alcalino ‖ ⁓**syenit** m (Min) / sienita f alcalina
Alkalität f (Chem) / alcalinidad f, alcalicidad f ‖ **m-**⁓ / alcalinidad f al anaranjado de metilo ‖ **p-**⁓ / alcalinidad f a la fenolftaleína
Alkali • zelle f (Elektr) / pila f alcalina, célula f alcalina ‖ ⁓**zellulose** f / celulosa f alcalina o alcalinizada, alcalicelulosa f ‖ ⁓**zellulosevlies** n / vellón m de alcalicelulosa
Alkaloid n, Pflanzenbase f (Chem, Pharm) / alcaloide m
Alkamin n / alcamina f, alkamina f
Alkanisation f / alcanización f
Alkanna, Anchusa f (Bot, Pharm) / alcana f
Alkannarotpapier n / papel m rojo de alcana o alcanina
Alkannin, Anchusin, Alkannarotpulver n / alcanina f
Alkanolamin n, Alkamin n, Aminoalkohol m / alcanolamina f, alcamina f
Alkansulfonat n / sulfonato m de alcano
Alkarsin, Kakodyloxid n / alcarsina f, óxido m kakodílico o de kakodilo
Alken n (früher: Alkylen), Olefin n (Chem) / alqueno m, olefina f ‖ ⁓**-Derivat** n, Dihalogenid n / derivado m del alqueno, dihalogenida f
Alkin n / alquino n
Alkogel n / gel m de alcohol
Alkohol... (z.B. -industrie) / alcoholero adj (p.ej. industria alcoholera)
Alkohol, Ethylalkohol m / alcohol m, alcohol m etílico ‖ ⁓**...**, alkoholisch / alcohólico, de alcohol ‖ **in** ⁓ **verwandeln** / alcoholar ‖ **mit** ⁓ **versetzen** / alcoholar
Alkoholase f / alcoholasa f
Alkoholat n / alcoholato m
Alkohol • bildung f (durch Gärung) / formación f de alcohol (por fermentación) ‖ ⁓**dämpfe** m pl / vapores m pl de alcohol ‖ ⁓**derivat** n / derivado m del alcohol

45

|| ≗**faktor** *m* / factor *m* alcohólico || **~frei** / sin alcohol, exento de alcohol || **~freie Getränke** / bebidas *f pl* sin alcohol, bebidas *f pl* antialcohólicas || ≗**gärung** *f* / fermentación *f* alcohólica || ≗**gehalt** *m* (Wein etc.) / alcoholicidad *f*, graduación alcohólica || ≗**gehalt** / contenido *m* en alcohol || ≗**gehalt** (in der Atemluft) / tasa *f* de alcohol (por litro de aire espirado) || ≗**gehalt im Blut** (Verkehr) / alcoholemia *f* (en la sangre) || ≗**gehalt in %** / graduación *f* alcohólica, grado *m* alcohólico o alcoholométrico en %, porcentaje *m* alcohólico || ≗**gruppe** *f* / grupo *m* alcohólico, grupo *m* de alcohol

alkoholisch, alkoholhaltig / alcohólico || **~e Essenz** / alcoholado *m* || **~es Getränk** / bebida *f* alcohólica

alkoholischwässrig / hidroalcohólico

alkoholisieren *vt* (Chem) / alcoholizar

Alkoholisierung *f* (Verwandlung in Alkohol) / alcoholización *f*

Alkohol•kraftstoff *m* (Kfz) / alcohol combustible *m pl*, alconafta *f* (LA), alcohol *m* carburante || **~löslich** / soluble en alcohol || **~modifiziert** (Kunstharz) / modificado por el alcohol

Alkoholometrie *f* / alcoholimetría *f*, alcoholometría *f*

Alkoholtest *m*, Blutalkoholtest *m*, Alcotest *m* (Verkehr) / prueba *f* de alcohol[emia]

Alkohol•thermometer *n* / termómetro *m* de alcohol || ≗**verdrängung** *f* (Nitrocellulose) / alcoholización *f* || ≗**waage** *f*, Weingeistmesser *m* / alcoholómetro *m*, alcoholímetro *m* || ≗**waage nach Masse-, [Volumen]prozent** / alcoholímetro *m* de contenido de masa, [de volumen]

Alkoholyse *f* (Chem) / alcohólisis *f*

Alkosol *n* / alcosol *m*

Alkoxid *n* / alcóxido *m*

alkoxylieren (Chem) / alcoxilar

Alkyd•harz *m* / resina *f* alquídica, resina *f* gliceroftálica || ≗**harzlack** *m* / laca *f* de resina alquídica || ≗**pressmasse** *f* / masa *f* alquídica para el prensado

Alkyl *n*, Alkylrest *m* / alquilo *m*, alcohilo *m* || ≗**amin** *n* / alquilamina *f* || ≗**arylsulphonat** *n* / sulfonato *m* alquilarílico || ≗**at** *n* / alquilato *m* || ≗**benzolsulfonat** *n*, ABS *n* / sulfonato *m* de alquilbenzol || ≗**cellulose** *f* / alquilcelulosa *f*

Alkylen *n*, (jetzt:) Alken *n* / alqueno *m*

Alkyl•ether *m* / éter *m* alquílico || ≗**gruppe** *f* / grupo *m* alquílico || ≗**halogenid** *n* / halogenuro *f* alquílico, alquilhaluro *m* || ≗**harz** *n* / resina *f* alquílica || ≗**hydrazin** *n* / alquilhidracina *f*

Alkyliden *n* / alquileno *m*, alcohileno *m*

alkylieren *vt* / alquilizar, alcohilar

Alkylierung *f*, Alkylation *f* / alquilación *f*

Alkyl•keton *n* / alquilcetona *f* || ≗**magnesiumverbindung** *f* (Chem) / compuesto *m* de alquilmagnesio, alcohilmagnesio *m* || ≗**merkaptoalkylrest** *m* / radical *m* alquilmercapto alquilado || ≗**nitrat** *n* / nitrato *m* de alquilo || ≗**nitrit** *n* / nitrito *m* de alquilo || ≗**nitrolsäure** *f* / ácido *m* alcohilnitrólico || ≗**oxid** *n* / óxido *m* de alcohilo || ≗**phenol** *n* / alquilfenol *m* || ≗**phenolharz** *n* / resina *f* de alquilfenol || ≗**polysulfid** *n* / polisulfuro *m* de alquilo || ≗**rest** *m* / resto *m* alquilo, resto *m* alcohilo || ≗**schwefelsäure** *f* / ácido *m* alcohilsulfúrico || ≗**sulfhydrat** *n*, Merkaptan *n* / mercaptán *m* || ≗**sulfid** *n*, Thioether *m* / sulfuro *m* de alquilo, tioéter *m* || ≗**sulfosäure** *f* / ácido *m* alquilsulfónico, ácido *m* alcohilsulfónico || ≗**verbindung** *f* / derivado *m* compuesto de alquilo, alcohilderivado *m* || ≗**zinn** *n* / alquilestaño *m*

Alkyn *n* (Chem) / alquino *m*

Allachsantrieb *m* (Kfz) / accionamiento *m* por todos los ejes

Allanit, Orthit *m* (Min) / alanita *f*, ortita *f*

Allantoin *n* / alantoina *f*

All•bereich-Kanalwähler *m* (Eltronik) / selector *m* para todos los canales || ≗**brennstoffmotor** *m*, Vielstoffmotor *m* / motor *m* multicombustible || ≗**drehzahlregler** *m* (Diesel, Kfz) / regulador *m* de todo régimen

alle, an ~ ! (Eltronik, Mil) / i a todos ! (mensaje)

Allee *f* / avenida *f*, paseo *m*, alameda *f* || ≗ **in Straßenmitte** / rambla *f*

allein, isoliert, frei stehend / aislado, [por] separado || **~ stehend** (Bau) / individual, separado, aislado || ≗**flug** *m* / vuelo *m* individual || ≗**hersteller** *m* / fabricante *m* exclusivo || ≗**verkauf** *m* / venta *f* exclusiva || ≗**vertreter** *m* / representante *m* exclusivo || ≗**vertretung** *f* (einer Firma) / representación *f* exclusiva || ≗**vertriebsrecht** *n* / exclusiva *f* de distribución

allelo•morph / alelomorfo *f* || **~trop** / alelotrópico || ≗**tropie** *f* / alelotropía *f*

Allemontit *m*, Arsenikantimon *n*, -spießglanz *m* (Min) / alemontita *f*

Allen, Propadien *n* (Chem) / aleno *m*, alileno *m*, propadieno *m*

Allen-Methode *f* (Strömung) / método *m* de Allen

alles in Ordnung, alles i. O. / todo está en buen funcionamiento, todo [va] bien || **~ oder nichts** / o todo o nada || **über ~** (z.B. Länge) / total (p.ej. longitud)

"**Alles fürs Auto**" / autocentro *m*

Alles•brenner *m* / quematodo *m*, quemador *m* universal || ≗**drescher** *m* (Landw) / trilladora *f* mixta o universal || ≗**förderer** *m* / transportador *m* universal

Alles-in-Einem s. All-in-One

Alles•kleber *m* / pegalotodo *m*, pegamento *m* múltiple, cola *f* universal || ≗**-oder-nichts-Gesetz** *n* / ley *f* del todo o nada || ≗**schneider** *m* (Wz) / corta[lo]todo *m*

All•gasbrenner *m* / quemador *m* de gas universal || ≗**gebrauchs...** / de o para uso corriente o general

allgemein, generell / general || **~** [verbreitet o. üblich], universell / general, universal, corriente, generalizado || **~e Adressierung** (DV) / direccionamiento *m* universal || **~e Fahrbahn** (Straß) / calzada *f* de o para uso general || **~ gültig** / generalmente válido, universalmente válido o aceptado || **~es Integral** (Math) / integral *f* general || **~e Luftfahrt** / Aviación *f* General || **~e Physik** / Física *f* Fundamental o Básica || **~es Programm** (DV) / programa *m* general, rutina *f* general || **~e Regel** / regla *f* general || **~e Relativitätstheorie** / teoría *f* general de la relatividad || **~e sequentielle Zugriffsmethode** (DV) / método *m* generalizado de acceso secuencial || **~e Unkosten** *pl* / gastos *m pl* generales || **~es Unterprogramm** (DV) / subprograma *m* general || **~e Wechselstromgröße** (Elektr) / magnitud *f* general de corriente alterna

Allgemeinbeleuchtung *f* (Elektr) / alumbrado *m* general

Allgemeinen, im ~ / en general, por regla general

Allgemeingültigkeit *f* / validez *f* general

Alligation *f* (Chem) / aligación *f*

Alligator•haube *f* (Kfz) / capota *f* tipo aligátor || ≗**haut** *f* (Email) / piel *f* de caimán || ≗**schere** *f* (Walzw) / cizalladora *f* tipo aligátor

Allihn•kühler *m* (Chem) / refrigerante *m* tipo Allihn || ≗**-Thermometersatz** *m* / juego *m* de termómetros Allihn

All-in-Mehl *n* (Nahr) / harina *f* integral

All-in-One•-Konzept *n* (DV) / concepto *m* "todo en uno" || **~-Notebook** *n* (DV) / ordenador *m* portátil "todo en uno"

Allit *m* / alita *f*

allmählich *adv*, nach und nach / gradualmente, paulatinamente, poco a poco, lentamente || **~** *adj* (steigend o. fallend) / gradual || **~e Entladung** / descarga *f* sucesiva || **~es Härten des Stahls** (Hütt) / templado *m* gradual del acero || **~er Übergang** / transición *f* gradual || **~e Verformung**, Kriechen *n*

(Stahl) / escurrimiento *m*, fluencia *f* lenta ‖ **wandern** (Kupplung) / deslizar bajo carga

Allo•bar *n* (Nukl) / alobaro *m* ‖ **~chroisch**, die Farbe wechselnd / alocroico ‖ ²**chroismus** *m* / alocroismo *m* ‖ ²**chroit** *m* (Min) / alocroíta *f*, granate *m* verdoso ‖ **~chromatisch** (durch Beimengungen gefärbt) (Min) / alocromático ‖ ²**chromie** *f* (Phys) / alocromía *f* ‖ **~chthon** (Geol) / alóctono ‖ ²**katalyse** *f* / alocatálisis *f* ‖ **~mer** (Krist) / alomérico ‖ ²**merismus** *m* / alomerismo *m* ‖ **~morph** (Min) / alomorfo ‖ ²**morphie** *f* (Krist) / alomorfismo *m* ‖ ²**morphit** *m* (Min) / alomorfita *f* (sulfato de barita)

Allonge *f*, Abreißzettel *m* (Büro) / hoja *f* de prolongamiento, suplemento *m* de letras ‖ ² (Film) / trailer *m*

Allo•palladium *n* (Min) / alopaladio *m* ‖ ²**phan**, Allophanit, Riemannit *m* (Min) / alófana *f* ‖ ²**pren** *n*, Chlorkautschuk *m* (Chem) / alopreno *m* ‖ **~trop** / alotrópico ‖ ²**tropie** *f*, Isomerismus *m* / alotropía *f*, isomerismo *m*

Alloxan *n* (Chem) / aloxana *f*, aloxán *m*

All•pass... (Eltronik) / para todas las frecuencias u ondas ‖ ²**passfilter** *n* (Eltronik) / red *f* de todo paso, red *f* pasante (Kfz) / **~polig** / para todos los polos ‖ ²**radantrieb** *m* (Kfz) / propulsión *f* o tracción total o integral, propulsión *f* o accionamiento por todas las ruedas ‖ ²**radantrieb**, Geländeantrieb *m* (des Vierrad-Fahrzeugs) / tracción *f* en las 4 ruedas ‖ ²**rad-Geländewagen** *m* / vehículo propulsado por 4 ruedas *m*, todoterreno *m* ‖ ²**radlenkung** *f* (Kfz) / dirección *f* por las 4 ruedas ‖ ²**richtungs...** (Antenne) / omnidireccional ‖ ²**richtungsfunkfeuer** *n* / radiofaro *m* omnidireccional ‖ ²**roader** *m* (Kfz) / todocamino *m*

Allroad-Technologie *f* / tecnología *f* Allroad

All•roundfahrzeug *n* (Kfz) / vehículo *m* universal, vehículo *m* de usos múltiples ‖ **~seitig**, Allround... / universal *adj*, tipo "allround" ‖ **~seitig**, Rund..., in alle Richtungen / polidireccional ‖ **~seitig bearbeitet** / mecanizado por todos los lados ‖ **~seitige Bearbeitung** / mecanización *f* por todos los lados ‖ ²**strom...** (Eltronik) / [de] corriente universal, universal ‖ ²**stromgerät** *n* (Eltronik) / receptor *m* de corriente universal, radiorreceptor *m* universal ‖ ²**strommotor** *m* (Elektr) / motor *m* universal ‖ ²**synchrongetriebe** *n* (Kfz) / caja *f* de cambios totalmente sincronizada, engranaje *m* totalmente sincronizado

All-Terrain-Reifen *m* (Kfz) / neumático *m* All-Terrain o todo terreno

Alltransistor... / enteramente transistorizado

alluvial (Geol) / aluvial, de aluvión ‖ **~e Seifen** *f pl* (Bergb) / aluviones *m pl* metalíferos ‖ ²**gold** *n*, Schwemmgold *n* / oro *m* aluvial ‖ ²**kies** *m* / grava *f* aluvial

Alluvion, Anlandung *f* (Geol, Hydr) / aluvión *m*, sedimentación *f*

Alluvium, Holozän *n* (Geol) / holoceno *m*, período *m* holoceno

Allwellen•... (Funk) / [de] toda onda ‖ ²**bereichstuner** *m* (TV) / tuner *m* [de] toda onda ‖ ²**-Empfänger** *m* / receptor *m* [de] toda onda, receptor *m* para todas las ondas

Allwetter•... / de todo tiempo, todotiempo ‖ ²**landung** *f* / aterrizaje *m* de todo tiempo ‖ ²**platz** *m* (Sport) / cancha *f* todotiempo, campo *m* todotiempo ‖ ²**verdeck** *n* (Kfz) / capota *f* todotiempo

Allyl *n* (Chem) / alilo *m* ‖ ²**...** / alílico ‖ ²**acetat** *n* / acetato *m* de alilo, alilacetato *m* ‖ ²**aldehyd** *m*, Acrolein *n* / aldehído *m* alílico, alilaldehído *m*, acroleína *f* ‖ ²**alkohol** *m*, Propenol-3 *n* / alcohol *m* alílico, alilalcohol *m*, propenol *m* ‖ ²**chlorid** *n* / cloruro *m* de aldehído ‖ ²**en**, Allen *n* (Chem) / alileno *m*, aleno *m* ‖ ²**ester** *m* / éster *m* alílico ‖ ²**gruppe** *f* / grupo *m* alílico ‖ ²**harz** *n* / resina *f* alílica ‖ ²**senföl** *n*, Allylisothiocynat *n* / alilsenevol *m*, isotiocinato *m* de alilo ‖ ²**-Silatran** *n* (eine Si-C-Verbindung) / silatrano *m* alílico ‖ ²**sulfoharnstoff** *m* / tiosinamina *f*, alilsulfourea *f*

Allzweck•... / para todos los usos, para todo uso, para fines múltiples, GP (= general purpose = para uso general) ‖ ²**...**, Universal... / universal, general *adj*, de uso general o múltiple ‖ ²**[daten]register** *n* (DV) / registro *m* de datos de uso general ‖ ²**farbstoff** *m* (Chem) / colorante *m* universal ‖ ²**-Kesselwagen** *m* (Bahn) / vagón-cisterna *m* para todo uso ‖ ²**maschine** *f* / máquina *f* universal ‖ ²**radar** *n* (Luftf) / radar *m* universal ‖ ²**reiniger** *m* / producto *m* de limpieza universal ‖ ²**schere** *f* / tijeras *f pl* cortatodo ‖ ²**schlepper** *m* (Landw) / tractor *m* universal

Almagrerit *m* (Web) / almagrerita *f*

Almandin *m*, Eisentangranat *m* o. gemeiner Granat (Min) / almandina *f*, almandita *f*, granate *m* almandina

Almasil[ium] *n* (Legierung) / almasilio *m* (aleación)

Alnico *n* (Magn.Werkstoff) (Hütt) / alnico *m* (material magnético)

Alni•magnet *m* / imán *m* alni ‖ ²**-Stahl** *m* / acero *m* al aluminio y níquel

Aloe•faser *f* (Bot, Tex) / fibra *f* de áloe ‖ ²**hanf** *m* von Agave americana und mexicana, Pitefaser *f* (Bot) / cáñamo *m* de áloe (de Agave americana y mexicana), fibra *f* de pita

Aloin *n* / aloína *f*, barbaloína *f*

Alpaka *n* (Legierung), Neusilber *n* / alpaca *f*, argentán *m*, alfenide *m*, plata *f* alemana, maillechort *m* (gal.) ‖ ², Pako[tier] *n* (Tex, Zool) / alpaca *f*, paco *m*, paco *m* llama ‖ ²**garn** *n* / hilo *m* de alpaca ‖ ²**haar** *n*, -wolle *f* / lana *f* [de] alpaca ‖ ²**reyon** *m* (Tex) / rayón *m* [de] alpaca

Alpax *n* (Art Silumin) (Hütt) / alpax *m*

Alpha•..., alphabetisch (DV) / alfa..., alfabético ‖ ²**-Aktivitätskonzentration** *f* (Nukl) / concentración *f* de radioactividad alfa ‖ ²**-Bandführung** *f* (TV) / guía *f* de banda α ‖ ²**-Beta-Messing** *n* / latón *m* alfa-beta

alphabetisch•er Code / código *m* alfabético ‖ **~ geordnet** / clasificado o agrupado por orden alfabético ‖ **~e Ordnung** / orden *m* alfabético ‖ **~er String**, Alphastring (DV) / secuencia *f* alfabética ‖ **~e Tastatur** (DV) / teclado *m* alfabético

Alpha•brompropionsäure *f* / ácido *m* alfabromopropiónico ‖ ²**bronze** *f* / bronce *m* alfa, bronce *m* α ‖ ²**-Cellulose** *f* (Plast) / celulosa *f* alfa, alfacelulosa *f* ‖ ²**eisen** *n* (Hütt) / hierro *m* alfa, hierro *m* α ‖ ²**-Energieinhalt** *m* (Nukl) / energía *f* potencial alfa ‖ ²**geometrisch** / alfageométrico ‖ ²**harz** *n* (Chem) / resina *f* alfa, resina *f* amorfa de colofonio ‖ ²**messing** *n* (Hütt) / latón *m* alfa, latón *m* α ‖ **~numerisch** (DV) / alfanumérico ‖ ²**numerische Anzeige** (DV) / visualización *f* alfanumérica ‖ **~numerische Darstellung** / representación *f* alfanumérica ‖ ²**quarz** *m* (Min) / cuarzo *m* alfa ‖ ²**spektrum** *n* (Nukl) / espectro *m* alfa ‖ ²**strahlen** *m pl* (Nukl) / rayos *m pl* alfa ‖ ²**strahlenemission** *f* / radiación *f* alfa, emisión *f* alfa ‖ ²**strahlen-Reflexionsgerät** *n* (Raumf) / retrodifusor *m* de rayos alfa ‖ ²**strahler** *m* (Nukl) / emisor *m* alfa ‖ ²**strahlung** *f* / radiación *f* alfa ‖ ²**tastatur** *f* (DV) / teclado *m* alfabético ‖ ²**teilchen** *n* (Nukl) / partícula *f* alfa ‖ ²**teilchendetektor** *m* / detector *m* de partículas alfa ‖ ²**teilchen-Zähler** *m* (Nukl) / contador *m* de partículas alfa

Alphatisation *f* (Art Chromierung) (Hütt) / alfatización *f* (cierto tipo de cromado)

alphatisieren *vt* / alfatizar

Alpha•tron *n* / alfatrón *m* ‖ ²**-Zellstoff** *m* (Pap) / celulosa *f* α ‖ ²**-Zerfall** *m*, -umwandlung *f* (Atom, Nukl) / desintegración *f* alfa, decadimiento *m* alfa

Alphyl *n* (Chem) / alfilo *m*, alquil-fenilo *m*

ALR = automatische Lautstärkeregelung

Alstonit *m* (Min) / alstonita *f*
alt, verbraucht, abgenutzt / usado, gastado ‖ ~, veraltet / anticuado, obsoleto ‖ ~, altmodisch / pasado de moda, anticuado
Altabgang *m* (Umw) / residuo *m* viejo
Altait *m* (Min) / altaita *f*
Alt•arm *m*, Ausriss *m* (Fluss) / brazo *m* muerto ‖ ~**auto** *n* / coche *m* viejo para el desguace ‖ ~**azimut** *m* (Verm) / altacimut *m* ‖ ~**bausanierung** *f* (mit Eigenmitteln) (Bau) / renovación *f* de edificios viejos (con fondos propios) ‖ ~**bausanierung** (mit öffentlichen Mitteln) / renovación *f* de un edificio viejo (con fondos públicos), rehabilitación *f* ‖ ~**bauten** *pl* / edificios *m pl* antiguos, construcciones *f pl* antiguas ‖ ~**bestand** *m*, -holz *n* (Forstw) / población *f* vieja ‖ ~**bewährt** / bien probado, acreditado ‖ ~**blei** *n* (Hütt) / plomo *m* viejo, chatarra *f* de plomo ‖ ~**eisen** *n* (Hütt) / chatarra *f*, hierro *m* viejo ‖ ~**eisen** (Gieß) / chatarra *f* de fundición
Alter *n* (allg) / edad *f* ‖ ~ **des Mondes** (ein Zifferblatt) (Uhr) / esfera *f* con las fases lunares
alterierte Rüben *f pl* (Zuck) / remolachas *f pl* heladas
Alter Mann *m*, Altemann *m*, Alter *m* (Bergh) / explotación *f* vieja, explotación *f* antigua
altern *vi*, alt werden *vi*, durch Altern besser werden, reifen / envejecerse, madurar ‖ ~, ermüden / fatigarse, envejecerse ‖ ~ (Werkstoffe) / pasarse ‖ ~ *n*, Alterung *f* / envejecimiento *m*, maduración *f*
Alternanz *f* (Elektr) / alternancia *f*
alternativ / alterno, alternativo, en alternativa ‖ ~, Ersatz... / de sustitución ‖ ~**bewegung** *f*, Hin- und Herbewegung *f* / movimiento *m* alternativo, movimiento *m* de vaivén
Alternative *f* / alternativa *f*
Alternativ•energie *f* (Umw) / energía *f* alternativa ‖ ~**kraftstoff** *m* (Kfz) / combustible *m* alternativo, combustible *m* de sustitución ‖ ~**vorschlag** *m* / propuesta *f* alternativa, proyecto *m* alternativo
alternieren *vt vi* / alternar
alternierend / alternante ‖ ~**e Reihe** (Math) / progresión *f* alternante
Alters•bestimmung, Geochronologie *f* (Geol) / determinación *f* de la edad, geocronología *f* ‖ ~**bestimmung nach der Kohlenstoffmethode** / datación *f* radiocarbónica ‖ ~**gleichung** *f* **von Fermi** (Nukl) / ecuación *f* de [la] edad, ecuación *f* de Fermi ‖ ~**klasse** *f* (Holz) / categoría *f* de edad ‖ ~**riss** *m* (Hütt) / grieta *f* por envejecimiento ‖ ~**spezifische Ausfallrate** (Masch) / tasa *f* de fallos específicos debidos a la edad
Alterung *f* (auch: künstl.) / envejecimiento *m*, maduración *f* (también: artificial) ‖ ~ **von Aluminium bei Umgebungstemperatur** (Hütt) / maduración *f* de aluminio a la temperatura ambiental
alterungs•anfällig (Stahl) / susceptible al envejecimiento ‖ ~**behandlung** *f* / tratamiento *m* de envejecimiento ‖ ~**beständig** / resistente al envejecimiento, inalterable por el envejecimiento, estable al envejecimiento ‖ ~**beständigkeit** *f*, -festigkeit *f* / resistencia *f* al envejecimiento ‖ ~**charakteristik** *f*, -verhalten *n* / características *f pl* de envejecimiento ‖ ~**empfindlichkeit** *f* / sensibilidad *f* al envejecimiento ‖ ~**ermüdung** *f* / fatiga *f* por envejecimiento ‖ ~**härtung** *f* / endurecimiento *m* por envejecimiento ‖ ~**kennzahl** *f* / factor *m* de envejecimiento ‖ ~**kerbzähigkeit** *f* / resiliencia *f* después del envejecimiento ‖ ~**neigung** *f*, -anfälligkeit *f* / susceptibilidad *f* al envejecimiento ‖ ~**schleier** *m* (Foto) / velo *m* de envejecimiento ‖ ~**schrank** *m* / armario *m* de envejecimiento ‖ ~**schutzmittel** *n* (gegen Sauerstoffeinwirkung) (Nahr) / antioxidante *m* ‖ ~**schutzstoff** *m* (Öl) / agente *m* protector contra el envejecimiento ‖ ~**sprödigkeit** *f* (Leichtmetall) / fragilidad *f* por envejecimiento ‖

~**verhalten** *n* / comportamiento *m* de envejecimiento, características *f pl* de envejecimiento
Alt•glascontainer *m* / iglú *m* ‖ ~**glasrückführung** *f* / reciclaje *m* de vidrio de desecho ‖ ~**gold** *n* (Färb) / oro *m* viejo ‖ ~**gold** (Metall) / oro *m* viejo, oro *m* usado ‖ ~**grad** *m* (90. Teil des rechten Winkels) / grado *m* sexagesimal (90ª parte del ángulo recto), grado *m* ‖ ~**gummi**, Regeneratgummi *m* / goma *f* regenerada ‖ ~**gummi**, Gummiabfälle *m pl* / caucho *m* de desecho, desperdicios *m pl* de goma, goma *f* de desecho ‖ ~**gummimehl** *n* / harina *f* de goma de desecho ‖ ~**haus** *n* / edificio *m* antiguo ‖ ~**holz** *n*, Altbestand *m* (Forstw) / población *f* vieja (de un bosque)
Alti•graph, Barograph *m* (Luftf) / altígrafo *m*, barógrafo *m* ‖ ~**meter** *n*, Höhenmesser *m* / altímetro *m*, medidor *m* de altitudes
Alt•kupfer *n* (Hütt) / chatarra *f* de cobre ‖ ~**lasten** *f pl* (generell) (Umw) / hipotecas *f pl* ecológicas ‖ ~**lasten** (Böden) (Umw) / suelos *m pl* contaminados, basureras *f pl* abandonadas ‖ ~**lastensanierung** *f* / saneamiento *m* de terrenos contaminados ‖ ~**material** *n* / material *m* viejo ‖ ~**material**, Lumpen *m pl* (Web) / trapos *m pl*, harapos *m pl* ‖ **aus** ~**material gewinnen** (o. sammeln) / recuperar, reciclar ‖ ~**materialsammlung** *f* / colección *f* de materiales viejos ‖ ~**metall** *n* / metal *m* viejo
Altokumulus *m*, Altokumuluswolke *f* (Luftf) / altocúmulo *m*
Alt•öl *n* (Kfz, Masch) / aceite *m* usado o gastado, aceite *m* de desecho ‖ ~**ölauffangschale** *f* / bandeja *f* recogedora de aceite usado ‖ ~**ölbeseitigung** *f* / eliminación *f* de aceites usados
Altostratuswolke *f* / altostrato *n*
Alt•papier *n* / papel *m* viejo, papel *m* de desecho, maculatura *f* ‖ ~**papierpresse**, Paket[ier]presse *f* / prensa *f* para papel usado [o de recuperación] ‖ ~**reifen** *m* (Kfz) / neumáticos *m pl* [des]gastados (E) ‖ ~**rosa** (RAL 3014) (Färb) / rosa antiguo
Altrose *f* (Chem) / altrosa *f*
Alt•sand *m* (Gieß) / arena *f* usada ‖ ~**scharlach** *n* (Farbstoff) / escarlata *f* antigua [o de Biebrich] ‖ ~**stadtring** *m* (Verkehr) / cinturón *m*, carretera *f* de circunvalación ‖ ~**stadtsanierung** *f* / saneamiento *m* del casco antiguo, saneamiento *m* de los barrios antiguos ‖ ~**wagen** *m* / vehículo *m* fuera de uso ‖ ~**wasser** *n*, toter Arm s. Altarm ‖ ~**wasser**, toter Arm, Altarm *m* (Hydr) / agua *f* durmiente, brazo *m* muerto
ALU (DV) = arithmetic logic unit / unidad *f* lógico-aritmética, ULA
Alu, Aluminium *n* (Hütt) / aluminio *m*
Aludel *m* (Hütt, Quecks) / aludel *m*
Alu•durlegierung *f* / aleación *f* Aludur ‖ ~**folie** *f* / hoja *f* de aluminio ‖ ~**folienpapier** *n*, Alu-kaschiertes Papier / papel *m* metalizado ‖ ~**Knetlegierung** *f* AlMgMn (DIN 1725) / aleación *f* forjable AlMgMn
Alumag / aleación *f* aluminio-magnesio
Alumel *n* (Legierung) / alumel *m* (aleación)
alumetieren *vt*, mit Aluminium bespritzen / metalizar con aluminio, alumetar, alumetizar ‖ ~ *n* / alumetación *f*
Aluminat *n* (Chem) / aluminato *m* ‖ ~**zement** *m* (Bau) / cemento *m* de aluminato
aluminieren *vt*, Alu(minium) aufdampfen, aluminisieren / alumin[iz]ar, aluminiar ‖ ~ **durch Eindiffundieren** / aluminizar por difusión
Aluminiosilikatglas *n* / vidrio *m* de silicato de aluminio
Aluminisieren *n* / aluminado *m*
alumin[is]iertes Gewebe / tejido *m* alumin[iz]ado
Aluminit *n* / aluminita *f*
Aluminium, Alu *n*, Al / aluminio *m* ‖ ~ *n* K.S. Seewasser / talasal *m* ‖ ~**acetat** *n* (Chem) / acetato *m* de aluminio o alúmina, acetato *m* alumínico ‖ ~**amalgam** *n* / amalgama *f* de aluminio ‖ ~**asche** *f* /

ceniza f de aluminio ‖ ~barren m, -knüppel m (Hütt) / lingote m de aluminio, tocho m de aluminio ‖ ~bau m, -konstruktion f / carpintería f de aluminio ‖ ~bedampfung f, -aufdampfung f / aluminiaje m, aluminiado m ‖ ~beruhigt (Stahl) / calmado por aluminio ‖ ~blech n / chapa f de aluminio ‖ ~breitbandkabel n / cable m de banda ancha de aluminio ‖ ~bronze f, -pulver n / bronce m de aluminio, polvo m de aluminio ‖ ~bronze (Legierung) / bronce m de aluminio (aleación) ‖ ~chlorid n / cloruro m de aluminio ‖ ~druck m, Algraphie f / algrafía f ‖ ~druckguss m (Verfahren) / fundición f aluminio a presión, fundición f inyectada de aluminio, colada f de aluminio a presión ‖ ~-Elektrolytkondensator m / capacitor m electrolítico de aluminio ‖ ~email n / esmalte m de aluminio ‖ ~entferner m (Hütt) / fundente m eliminador de aluminio ‖ ~farbe f / pintura ö de aluminio ‖ ~farben / de color [de] aluminio ‖ ~fett n / grasa f a base de aluminio ‖ ~folie f / hoja f de aluminio, lámina f de aluminio ‖ ~gehäuse n / alojamiento m de aluminio, caja f de aluminio ‖ ~grieß m / granos m pl [finos] de aluminio ‖ ~guss m (Werkstoff) / fundición f de aluminio, aluminio m fundido ‖ ~guss (Tätigkeit) (Hütt) / fusión f de aluminio, colada f de aluminio ‖ ~haltig / aluminífero ‖ ~hydrat, -oxidhydrat, -hydroxid n (Chem) / hidrato m de aluminio, hidróxido m de aluminio ‖ ~kabel n mit Stahlseele / cable m de aluminio con alma de acero ‖ ~-Knetlegierung f / aleación f forjable de aluminio ‖ ~kokillenguss m / fundición f de aluminio en coquillas ‖ ~kolben m (Kfz) / émbolo m de aluminio, pistón m de aluminio ‖ ~legierung f / aleación f de aluminio ‖ ~leichtbauweise f / construcción f ligera de o en aluminio ‖ ~leichtmetallgusslegierung f / aleación f ligera de aluminio para moldeo ‖ ~lot n (Schw) / soldadura f de aluminio ‖ ~mantel m (Kabel) / envoltura f de aluminio ‖ ~mantelkabel m / cable m con armadura de aluminio ‖ ~-Maschen-Antenne f / antena f parabólica de mallas de aluminio ‖ ~oxid n (Chem) / óxido m de aluminio, alúmina f ‖ ~plattiertes Dural / duraluminio m chapeado con aluminio ‖ ~plattierung f / chapeado m de aluminio ‖ ~profil n / perfil m de aluminio ‖ ~pulver, -pigment n (Chem) / polvo m de aluminio, aluminio m en polvo, pigmento m de aluminio ‖ ~pulver n (Anstrich) / purpurina f de aluminio ‖ ~schlacke f / escoria f de aluminio ‖ ~schrot m / granalla f de aluminio ‖ ~schrott m / chatarra f de aluminio ‖ ~schweißung f / soldadura f de aluminio, soldeo m de aluminio ‖ ~seil n (Elektr) / cable m de aluminio ‖ ~silikat n / silicato m de aluminio ‖ ~silikathydrat n (z.B. Kaolin) / hidrato m de silicato de aluminio (p.ej. caolina), alumbre m de papeleros ‖ ~sulfat n, Tonerdesulfat n / sulfato m alumínico o de aluminio, sulfato m de alúmina ‖ ~sulfid n / sulfuro m de aluminio ‖ ~walzwerk n (Hütt) / planta f laminadora de aluminio ‖ ~werk n / fábrica f metalúrgica de aluminio ‖ ~zellen-Blitzableiter m / pararrayos m de células de aluminio ‖ ~zellen-Gleichrichter m / rectificador m de cátodo de aluminio ‖ ~-20%Zinn-Legierung f / aleación f de aluminio y estaño al 20%

Aluminogel n / gel m de alúmina

Aluminose (Berufskrankheit), Aluminiumlunge f / aluminosis f, pulmón m de aluminio

Alumino•silikat n (Keram) / aluminosilicato m ‖ ~thermie f (Hütt) / aluminotermia f ‖ ~thermisch / aluminotérmico ‖ ~thermische Schweißverbindung / junta f soldada por aluminotermia

Alumo•borosilikatglas n / vidrio m de alumoborosilicato, vidrio m al borosilicato y aluminio ‖ ~silikat n (Keram) / alumosilicato m, silicato m de aluminio ‖ ~silikat-FF-Erzeugnis (Keram) / alumosilicato m refractario

Alundum n (reines kristallisiertes Aluminiumoxid) / alundum m, alundo m

Alunickelstahl m / acero m al aluminio y níquel

Alunit, Alaunstein m (Min) / alunita f, piedra f alumbre

Alunogen, Keramohalit m, Federalaun m (Min) / alunógeno m

Alurgit m (Manganglimmer) / alurgita f (mica rica en manganeso)

Alu•-Sintererzeugnis n / producto m sinterizado de aluminio ‖ ~-Stahlseil n / cable m de aluminio con alma de [o reforzado por] acero ‖ ~zink n / cinc m de aluminio, alucinc m

Alvaretium n (106. chem. Element) / alvarecio m (seg. Luis Alvarez)

Alweg-Bahn f / tren m monorriel Alweg

AM f (= Amplitudenmodulation) (Eltronik) / modulación f de amplitud

amagnetisch / antimagnético

Amalgam n (Chem) / amalgama f ‖ **natürliches** ~ / amalgama f natural, amalgama f nativa

Amalgamationsplatte f (Bergb) / placa f de amalgamación, tabla f de amalgamación

Amalgam•bad n / baño m de amalgamación ‖ ~-Dosier- und Mischgerät n / dosificadora-mezcladora f de amalgama

amalgamieren vt / amalgamar, amalgamizar ‖ ~ n, Amalgamierung f / amalgamación f, amalgamización f

Amalgamierpfanne f (Hütt) / cubeta f de amalgamación

Amalgam•presse f, -filter m n (Bergb) / prensa f de amalgama, filtro m de amalgama ‖ ~vergoldung f / dorado m por amalgama

Amaranth m, Naphtholrot n S (Färb) / amaranto m ‖ ~holz, Bischofsholz n, Purpurholz n / madera f de amaranto ‖ ~rot adj, purpurrot / rojo amaranto

A-Mast m (Elektr, Fernm) / poste m en A

Amateur•band n, CB-Band n (Funk) / banda f CB, banda f de aficionados, radio f de aficionados ‖ ~filmer m / cineasta m amateur ‖ ~funk m / radioafición f ‖ ~funker m / radioaficionado m ‖ ~photograph m (Foto) / fotógrafo m aficionado, fotógrafo m no profesional

Amatol n (Explosivstoff) / amatol m

Amazonenstein m, Amazonit m (Min) / amazonita f

Ambiente n, Milieu n / medio m, ambiente m

Ambiophonie f (Eltronik) / ambiofonía f

ambipolar / ambipolar

Amblygonit m (Min) / ambligonita f

Amboss m, Schmiedeamboss m / yunque m [común de forjador] ‖ ~ **des Mikrometers** / tope m fijo del tornillo micrométrico ‖ ~ **mit zwei Hörnern** (Schm) / bigornia f ‖ ~ **mit zwei Hörnern, klein** / bigorneta f ‖ ~angel f / espiga f del yunque, cola f del yunque ‖ ~bahn f / tabla f del yunque, cara f superior del yunque, superficie f plana del yunque ‖ ~bett n, -futter n, Schabotte f / chabota f, zócalo m del yunque ‖ ~block m, -klotz m, -untersatz m / cepo m del yunque ‖ ~einsatz m, Einsatzstöckel n / tas m (de espiga) ‖ ~fuß m / pie m del yunque ‖ ~horn n / saliente m del yunque, cono m del yunque ‖ ~kontakt m (Unterbrecher) / contacto m fijo ‖ ~loch n, Durchschlag m / agujero m para punzonar, sufridera f, ojo m ‖ ~platte f (Schraubstock) / placa f [de] yunque ‖ ~schenkel m / lado m del yunque ‖ ~stöckel m, Einsteckamboss m / tas m

Ambra f / ámbar m gris ‖ ~fettsäure f, Ambraïnsäure f (Chem) / ácido m ambraínico o ambreico

Ambrein n / ambreína f

Ambretteöl n / aceite m de [semilla de] ambreta

Ambrettolid n (Chem) / ambretólido m

Ambursen-Staumauer f (Hydr) / presa f tipo Ambursen

Ameisen...

Ameisen•..., Formyl... (Chem) / fórmico adj ‖ ~**ether** m / éter m fórmico, formiato m de etilo ‖ ~**säure** f, Methansäure f / ácido m fórmico, ácido m metánico ‖ ~**säureethylester** m / éster m etílico del ácido fórmico ‖ ~**spiritus** m / alcohol m fórmico ‖ ~**vertilgungsmittel** n / formicida m, termicida m, producto m matahormigas
Amelioration f, Bodenverbesserung f, Melioration[en] f[pl] (Landw) / mejoras f pl agrícolas, mejora f del suelo, bonificación f
Americium n, Am (Chem) / americio m
amerikanisch•e Axt / hacha f canadiense ‖ ~**e Darstellung** (Zeichn) / proyección f americana ‖ ~**e Normalblechlehre** / calibre m de chapas según norma EE.UU. ‖ ~**e Nummerierung** (Spinn) / numeración f americana ‖ ~**es Poleiöl**, Pennyroyalöl n / esencia f de poleo americana ‖ ~**es Normgewinde** (Masch) / rosca f americana normalizada
Amertap-Rohrreinigungssystem n / sistema m Amertap para limpieza de tubos
A-Meson n (Phys) / mesón m A
Amethyst m / amatista f, ametista f ‖ ~**farben** / de color de amatista
AM/FM-Empfänger m, [kombinierter] AM/FM-Empfänger (Funk) / receptor m combinado AM/FM
Amiant m (feinfaseriger Strahlstein) (Min) / amianto m
Amici-Prisma n (Opt) / prisma m de Amici
AMI-Code m (Fernm) / código m AMI, código m bipolar
Amid n (Chem) / amida f
Amidase f / amidasa f
Amid•base f / base f amida ‖ ~**harze** n pl / resinas f pl amídicas
amidieren / amidar
Amidierung f / amidación f
Amidin n / amidina f, amilodextrina f
Amido•blau n / azul m amido ‖ ~**gruppe** f / grupo m amido
Amidol n (Foto) / amidol m ‖ ~**entwickler** m / revelador m amidol, revelador m de diaminofenol
Amido•phenol n (Chem) / amidofenol m, aminofenol m ‖ ~**pyrin** n / amidopirina f ‖ ~**schwarz** n / negro m de amido ‖ ~**sulfosäure** f, Sulfaminsäure f / ácido m amidosulfónico, ácido m sulfamínico
Amidstickstoff m / nitrógeno m amídico
Amikron n (Teilchen unter 5 x 10⁻⁶ mm) (Nukl) / amicrón m (partícula < 5 x 10⁻⁶ mm)
amikroskopisch / amicroscópico
Amin n (Chem) / amina f ‖ ~**absorption** f / absorción f por las aminas ‖ ~**harz** n, (jetzt:) Anionenaustauscher m / resina f de aminas, cambiador m de aniones
Aminierung f / aminación f
Amino•... / amino..., amínico ‖ ~**alkohol** m, Alk[anol]amin n / alcohol m amínico, alc(anol)amina f ‖ ~**anthrachinon** n / aminoantraquinona f ‖ ~**antipyrin** n / aminoantipirina f ‖ ~**azobenzol** n / aminoazobenceno m ‖ p-~**azobenzol**, Anilingelb n / p-aminoazobenceno m ‖ ~**benzoesäure** f / ácido m aminobenzoico ‖ ~**benzol**, Anilin n / aminobenceno m, anilina f ‖ ~**benzolsulfonsäure** f / ácido m aminobenzolsulfónico ‖ ~**benzylalkohol** m / alcohol m aminobencílico ‖ ~**bernsteinsäure** f, Aspraginsäure f / ácido m aminosuccínico, ácido m asparagínico, ácido m aspártico ‖ ~**bernsteinsäureamid** n / asparagina f, amida f del ácido asparagínico ‖ ~**buttersäure** f / ácido m aminobutírico ‖ α-~**buttersäure** f / ácido m α-aminobutírico ‖ ~**caprolactam** n / aminocaprolactamo m ‖ ~**carbonsäure** f / ácido m aminocarbono ‖ ~**chinolin** n / aminoquinolina f ‖ ~**essigsäure** f, Glykokoll n / ácido m aminoacético, glicocola f ‖ ~**harz** n, -plastharz / resina f amínica, aminorresina f ‖ ~**keton** n / aminocetona f ‖

~**naphthol** n / aminonaftol m ‖ ~**naphtholsulfosäure** f / ácido m aminonaftolsulfónico ‖ ~**phenol** n, Oxyanilin n / aminofenol m, oxianilina f ‖ ~**plast** n, Karbamidharz n / aminoplástico m, resina f de carbamida, resina f aminoplástica ‖ ~**säure** f / aminoácido m ‖ ~**säureamid** n / amida f del aminoácido
Amin•oxyd n / óxido m de amina ‖ ~**vernetzung** f (Chem) / reticulación f de aminas, acción f de las aminas [sobre los polímeros lineales] ‖ ~**wasserstoff** m / hidrógeno m amínico ‖ ~**zahl** f / valor m de amina, índice m de amina
AM-Kreis m (Funk) / circuito m AM, circuito m de modulación de amplitud
AMMA (Chem) = Acrynitril-Methylmetacrylat-Copolymer
Ammat n / ammato m
Ammelid n / ammelida f
Amminsalz, Ammoniakat n / amoniacato m
Ammon•acetat n / acetato m amónico ‖ ~**al** n (Sprengstoff) / ammonal m ‖ ~**bifluorid** n / bifluoruro m amónico ‖ ~**bromid** n / bromuro m amónico ‖ ~**chlorid** n / cloruro m amónico ‖ ~**gelatine** f (Sprengstoff) / gelatina f amónica
Ammoniak n (NH₃), Ammoniakgas n / [gas] amoníaco m, amoniaco m ‖ wässerige Lösung von ~, Salmiakgeist m / solución f acuosa de amoníaco, solución f acuosa amoniacal, amoníaco m líquido ‖ ~**at** n, Amminsalz n / amoniacato m ‖ ~**-Atomuhr** f / reloj m atómico de amoníaco ‖ ~**behälter** m / recipiente m para amoníaco, depósito m para amoníaco ‖ ~**dämpfe** m pl / vapores m pl de amoníaco ‖ ~**dünger**, Ammondünger m (Landw) / abono m amoniacal o de amoníaco, fertilizante m de amoníaco ‖ ~**flasche** f (Korbflasche) / damajuana f para amoníaco, bombona f para amoníaco ‖ ~**gasatmosphäre** f / atmósfera f de gas amoniacal ‖ ~**gelatine** f / gelatina f de amoníaco ‖ ~**gewinnungsanlage** f / planta f productora de amoníaco, instalación f para la recuperación de amoníaco ‖ ~**haltig**, ammoniakalisch / amoniacal, amónico ‖ ~**harz**, -gummi, Ammoniacum n / resina f de amoníaco, goma f de amoníaco ‖ ~**kältemaschine** f / máquina f frigorífica de amoníaco ‖ ~**kompressor** m / compresor m de amoníaco ‖ ~**lecksuche** f / detección f de fugas por amoníaco, localización f de fugas por amoníaco ‖ ~**papier** n / papel m al amoníaco ‖ ~**pflanze** f (Bot) / planta f amoniacal ‖ ~**salz** n (Chem) / sal f de amoníaco ‖ ~**sodaprozess** m, Leblancprozess m / proceso m de sosa amoniacal, proceso m Leblanc ‖ ~**spaltanlage** f / instalación f craqueadora de amoníaco ‖ ~**-Spaltgas** n / amoníaco m disociado, gas m craqueado de amoníaco ‖ ~**stickstoff** m / nitrógeno m amoniacal ‖ ~**synthese** f / síntesis f del amoníaco ‖ ~**verbindung** f / compuesto m de amoníaco, compuesto m amoniacal ‖ ~**verdampfer** m / evaporador m de amoníaco, vaporizador m de amoníaco ‖ ~**wäsche** f (Kammgarn) / lavado m al amoníaco, lavaje m al amoníaco ‖ ~**wascher** m / lavador m de amoníaco ‖ ~**wasser** n, Gaswasser n / agua f amoniacal, hidróxido m amónico, amoníaco m acuoso ‖ ~**zerfall** m / descomposición f de amoníaco, desintegración f de amoníaco
Ammonit n, [sprengölfreier] Ammon-Salpeter-Sprengstoff m / amonita f, explosivo m de nitrato de amonio, explosivo m de nitrato amónico ‖ ~ m, Ammonshorn n (Geol) / amonita f, cuerno m de Amón
Ammonium, Ammon n, NH₄ / amonio m ‖ ~**...** / de amonio, amónico ‖ ~**base** f / base f de amonio ‖ ~**chlorid** n, Chlorammonium n, Salmiak m / cloruro m de amonio, sal f amoníaca, cloruro m amónico ‖ ~**cyanat** n / cianato m de amonio ‖ ~**hexachloroplatinat**, Ammoniumplatinchlorid n /

hexacloroplatinato *m* de amonio, cloruro *m* platínico de amonio ‖ ≈**hydrogencarbonat** *n* / bicarbonato *m* de amonio ‖ ≈**hydrogensulfid** *n* / hidrosulfuro *m* de amonio ‖ ≈**hydroxid** *n* / hidróxido *m* amónico o de amonio ‖ ≈**-Kupfersulfat**, Kuprammon[ium]sulfat *n* / sulfato *m* cúprico de amonio, sulfato *m* de cobre amoniacal, sulfato *m* cuproamónico ‖ ≈**nitrat** *n*, Ammonsalpeter *m* / nitrato *m* de amonio ‖ ≈**nitrat-Kohlenstoff-Sprengstoff** *m*, Andex *n* / explosivo *m* de nitrato de amonio-carbono, explosivo *m* ANC ‖ ≈**perchlorat**, AP *n* / perclorato *m* de amonio ‖ ≈**phosphat** *n* / fosfato *m* amónico o de amonio ‖ ≈**pikrat** *n* / picrato *m* de amonio ‖ ≈**radikal** *n*, NH₄ / radical *f* de amonio, NH₄ ‖ ≈**rhodanid** *n*, -thiocyanid *n*, -sulfocyanid *n*, Rhodanammonium *n* / rodanuro *m* de amonio, tiocianuro *m* de amonio, tiocianato *m* de amonio, sulfocianuro *m* de amonio ‖ ≈**silberchlorid** *n* / cloruro *m* de amonio y plata ‖ ≈**sulfamat** *n* / sulfamato *m* de amonio ‖ ≈**sulfat** *n*, schwefelsaures Ammonium / sulfato *m* amoníaco o de amonio ‖ ≈**sulfid**, Schwefelammonium *n* / sulfuro *m* de amonio ‖ ≈**sulfit** *n* / sulfito *m* de amonio, amonio *m* sulfuroso ‖ ≈**uranat** *n* / uranato *m* de amonio ‖ ≈**zinnchlorid** *n*, Pinksalz *n* / cloroestannato *m* de amonio, cloruro *m* de amonio y estaño
Ammono•lyse *f* / amonólisis *f* ‖ ≈**system** *n* / sistema *m* amono
Ammon•oxalat *n* / oxalato *m* de amonio ‖ ≈**salpeter** *m* / nitrato *m* de amonio, salitre *m* amónico ‖ ≈**salz** *n* / sal *f* amoniacal o de amonio, cloruro *m* de amonio ‖ ≈**sulfatlaugenbad** *n* / baño *m* de sulfato de amonio ‖ ≈**sulfatsalpeter**, Montansalpeter *m* / nitrato *m* de sulfato amónico, salitre *m* de sulfato de amonio, nitrosulfato *m* amónico
Ammoxidation *f*, Ammonoxidation *f* (Chem) / amoxidación *f*
Amöbe *f* (Zool) / amiba *f*, ameba *f*
Amöben... / amíbico *adj*
A-Modulator *m* (Eltronik) / modulador *m* en A
Amoibit *m* (Min) / amoibita *f*
Amooraöl *n* / aceite *m* de amoora
amorph, gestaltos / amorfo ‖ ~**es Metall** / metal *m* amorfo ‖ ~**e Metalllegierung** (Hütt) / aleación *f* metálica amorfa ‖ ~**er Schwefel** (Chem) / azufre *m* amorfo ‖ ~**es Silizium**, a-Si / silicio *m* amorfo
Amorphie *f* (Phys) / amorfia *f*
Amosit *n* (ein Asbest) / amosita *f*
AMP, Adenosinmonophosphat *n* / adenosinmonofosfato *m* ‖ ≈, Aminomethylpropanol *n* (Chem) / aminometilpropanol *m*
Ampas *m n*, Trash *m* (Zuckerrohr) / bagazo *m*, bagazillo *m*
Ampel *f*, Hängelampe *f* / lámpara *f* colgante, lámpara *f* de suspensión ‖ ≈, Verkehrsampel *f*, -licht *n* / semáforo *m*, luces *f pl* de tráfico, disco *m* ‖ ≈, Pendel *n* (Elektr) / lámpara *f* pendular
Ampelit *m* (Min) / ampelita *f* (esquisto carbonoso)
Ampelografie *f*, Rebenkunde *f* (Landw) / ampelografía *f*
Ampelpfosten *m*, -säule *f*, -mast *m* (Verkehr) / poste *m* de semáforo
Ampere *n*, A / amperio *m* ‖ ≈**aufnahme** *f* / consumo *m* en amperios ‖ ≈**meter** *n* / amperímetro *m*, amperiómetro *m* ‖ ≈**meterumschalter** *m*, Messumschalter *m* / conmutador *m* de amperímetro
Ampèresch•es Moment *n* / momento *m* de Ampère ‖ ≈**e Regel** *f* / regla *f* de Ampère, ley *f pl* de Ampère
Ampere•sekunde *f*, Asec, Coulomb, C *n* / amperio-segundo *m*, culombio *m* ‖ ≈**stunde** *f*, Ah / amperio-hora *f* (pl.: amperios-horas) ‖ ≈**stundenzähler** *m* / contador *m* de amperios-horas, amperiohorímetro *m* ‖ ≈**windungen** *f pl*, Amperewindungszahl *f* / amperios-vueltas *f pl*, amperespiras *f pl*, número *m* de amperios-vueltas ‖ ≈**zahl** *f*, Stromstärke *f* / amperaje *f*, número *m* de amperios

Amperometrie *f* (Chem) / amperometría *f*
amperometrisch / amperométrico
Amphetamin *n* (Pharm) / anfetamina *f*
Amphibien•fahrzeug *n* (Kfz) / vehículo[-]anfibio *m* ‖ ≈**flugzeug** *n*, Wasserlandflugzeug *n* / avión[-]anfibio *m* ‖ ≈**-Lkw** *m* (Mil) / camión-anfibio *m* ‖ ≈**raupenschlepper** *m* / tractor *m* oruga-anfibio
amphibisch, Amphibien... / anfíbico, anfibio
Amphi•bol *m* (Hornblendeart) / anfibol *m* ‖ ≈**bolit** *m*, Hornblendenfels *m* (Geol) / anfibolita *f* ‖ ≈**bolitschiefer** *m* / pizarra *f* de anfibolita ‖ ≈**genstoffe** *m pl*, Amphide *n pl* (Chem) / sustancias *f pl* anfígenas, anfidas *f pl* ‖ ~**phil** (Chem) / anfífilo ‖ ~**polar** / anfipolar ‖ ~**protisch** (Chem) / anfiprótico
Ampholyt *m*, amphoterer Elektrolyt (Chem) / anfolito *m*, electrólito *m* anfótero
Amphotensid *n*, ampholytisches Tensid / anfotensida *f*, tensida *f* anfolítica
amphoter / anfótero ‖ ~**er Elektrolyt**, Ampholyt *m* / electrólito *m* anfótero, anfolito *m* ‖ ~**es Kolloid** / coloide *m* anfótero ‖ ~**es Oxid** / óxido *m* anfótero
Amplidyne•maschine *f* (Elektr) / [generador] amplidino *m* ‖ ≈**-System** *n* (Radar) / sistema *m* amplidino
Amplitude *f* (Eltronik, Phys) / amplitud *f* ‖ ≈ **der Wechsellast** (Masch) / amplitud *f* de la carga ondulada u ondulatoria ‖ ≈ *f* **einer Welle** (Elektr, Eltronik) / amplitud *f* de una onda
amplituden•abhängige Dämpfungsänderung (Fernm) / distorsión *f* de amplitud ‖ **zeitliche** ≈**änderung** (Phys) / variación *f* de amplitud en [el] tiempo ‖ ≈**aufschaukelung** *f* (TV) / incremento *m* de amplitud ‖ ≈**ausflug** *m* (Eltronik) / excursión *f* de amplitud ‖ ≈**begrenzer** *m* (TV) / limitador *m* de amplitud ‖ **doppelseitiger** ≈**begrenzer** (TV) / limitador *m* bilateral de amplitud ‖ ≈**begrenzer für Tonfrequenz** (Eltronik) / limitador *m* de amplitudes para audiofrecuencia ‖ ≈**begrenzerdiode** *f* / diodo *m* limitador de amplitud ‖ ≈**bereich** *m* (Eltronik, Ultraschall) / gama *f* de amplitud ‖ ≈**entzerrung** *f* (TV) / corrección *f* de amplitudes ‖ ≈**entzerrung** (Fernm) / igualación *f* de amplitudes ‖ ≈**faktor** *m* (Eltronik) / factor *m* de amplitud ‖ ≈**gang** *m* / característica *f* de amplitudes ‖ ~**getreu** *adj* (Eltronik) / respetando la amplitud ‖ ≈**hologramm** *n* / holograma *m* de amplitud ‖ ≈**hub** *m* / elongación *f* máxima de amplitud ‖ ≈**konstant** / de amplitud constante ‖ ≈**-Linealität** *f* / linealidad *f* de la amplitud ‖ ≈**modulation** *f*, AM / modulación *f* de amplitud, AM ‖ ~**modulier**t / de amplitud modulada ‖ ≈**-Phasen-Modulationsumsetzung** *f* / conversión *f* de modulación de amplitud en modulación de fase ‖ ≈**schrift** *f* (Film) / registro *m* a amplitud variable ‖ ≈**schwund** *m* (Eltronik) / desvanecimiento *m* de amplitud ‖ ≈**selektion** *f* (Eltronik) / selección *f* de amplitud ‖ ≈**sieb** *n* (TV) / separador *m* de sincronización ‖ ≈**umhüllungskurve** *f* / curva *f* envolvente de amplitudes ‖ ≈**unterdrücker** *m* / [circuito] *m* limitador de amplitud ‖ ≈**verfahren** *n* (Schallaufzeichnung) / método *m* de amplitudes moduladas ‖ ≈**vergleich** *m* (Eltronik) / comparación *f* de las amplitudes ‖ ≈**verlauf** / característica *f* de la amplitud, evolución *f* de amplitud ‖ ≈**verzerrung** *f* / distorsión *f* de amplitud ‖ ≈**weite** *f*, Größe *f* des Amplitudenvektors / elongación *f* máxima de amplitud, magnitud *f* de amplitud ‖ ≈**wert** *m* / valor *m* de la amplitud ‖ ≈**-Zeit-Coder** *m* (TV) / codificador *m* amplitud-tiempo
Amplitude-Zeit-Umsetzer *m* (Nukl) / convertidor *m* amplitud-tiempo
AM (0-12h)/**PM** (12-24h) / ante/post merídiem
AM/PM-Übertragungskoeffizient *m* (Eltronik) / coeficiente *m* de transferencia AM/PM
AMPS = Advanced Mobile Phone System (USA u.a.)(Mobilfunk)

Ampulle

Ampulle f / ampolla f ‖ ≃ **mit leicht brechbarer Spitze** / ampolla f de punta
Ampullen•feile f / lima f para ampollas ‖ ≃ **füllmaschine** f / llenadora f de ampollas ‖ ≃ **öffner** m / abreampollas m ‖ ≃ **schließapparat** m / cerrador m de ampollas
AMP-Verbinder, Kantenverbinder m (Elektr) / conector m tipo AMP
AMR-Effekt m, anisotroper magnetoresistiver Effekt (bei Sensoren) / efecto m anisotrópico magnetorresistivo
Amsterdamer Pegel m, NN (Verm) / nivel m de Amsterdam
Amt n (Fernm) / central f
amtlich•e Güteprüfung / inspección f oficial de la calidad, control m oficial de la calidad ‖ ~ **zugelassen** / oficialmente autorizado, homologado
Amtrak (USA) (Bahn) / Amtrak m
Amts•anruf m (Fernm) / llamada f de central ‖ ≃ **anschluss** m, Amtsleitung f / línea f de central ‖ ≃ **bescheid** m (Patent) / decisión f oficial (oficina de patentes) ‖ ≃ **blatt** n, Gesetzblatt n, Staatsanzeiger m / Boletín Oficial del Estado (= BOE) ‖ ≃ **gespräch** n / llamada f entre centrales ‖ ≃ **holung** f, Vorwahl f der Null (Fernm) / preselección f del cero ‖ ~**intern** (Fernm) / a través de la central ‖ ≃ **kennzahl** f / carácterística f de la central o de la red ‖ ≃ **leitung** f (Fernm) / línea f de central, línea f principal f ‖ ≃ **leitung** (Datenfernverarbeitg) / línea de enlace ‖ ≃ **leitungszweig** m (Fernm) / ramal m de la línea principal ‖ ≃ **schalter** m (Fernm) / conmutador m externo ‖ ≃ **verbindung** f / establecimiento m de comunicaciones por la central ‖ ≃ **verbindungsleitung** f (Fernm) / línea f de conexión ‖ ≃ **wähler** m (Fernm) / selector m de central, selector m de prefijo ‖ ≃ **zeichen** n, -wählton m (Fernm) / tonalidad f de llamada
Amygdalin n (Pharm) / amigdalina f
Amyl n, Pentyl n (Chem) / amilo m, pentilo m ‖ ≃... / amílico adj ‖ ≃ **acetat** n / acetato m amílico o de amilo, amilacetato m ‖ ≃ **aldehyd** m, Pentanal n / amilaldehído m, aldehído m amílico ‖ ≃ **alkohol** m / alcohol m amílico, amilalcohol m ‖ ≃ **ase**, Diastase f (Brau, Nahr) / amilasa f, diastasa f ‖ ≃ **chlorid** n (Chem) / cloruro m de amilo
Amylen n / amileno m ‖ ≃ **hydrat** n / hidrato m de amileno
Amyl•ether m / éter m amílico ‖ ≃ **harnstoff** m / amilurea f ‖ ≃ **nitrit** n, Salpetersäureamylester m / nitrito m de amilo
amylobacter, Bazillus ~ / amilobácter m
Amylocellulose f / amilocelulosa f, celulosa f amílico
Amylodextrin n / amilodextrina f, almidón m soluble
amyloid adj, stärkehaltig / amiláceo ‖ ≃ n / amiloide m
Amylomyzee f / amilomicea f
Amylose f / amilosa f
Amyl•radikal n, C_5H_{11} / amilo m, radical f del alcohol amílico ‖ ≃ **schwefelsäure** f, Sulfamylsäure f / ácido m sulfamílico, ácido m amilsulfúrico ‖ ≃ **um** n, Stärke f / almidón m, fécula f
Amyrin n / amirina f
Amyrisharz n / resina f amiris
an (in Fahrplänen) / llegada
ANA = atomuhrgesteuerte Navigationsanlage
Anabasin n / anabasina f
anabatischer Wind (Meteo) / viento m anabático
Anabolismus m (Biol) / anabolismo m
Anacidität f / anacidez f
Anaconda-Verfahren n (Hütt) / proceso m Anaconda
anaerob (Biol) / anaerobio, anerobio ‖ ~**e Atmung**, intramolekulare Atmung / respiración f intramolecular, respiración f anerobia ‖ ~**e Fermentierung** / fermentacion f anaerobia
Anaeroben, Anaerobionten pl / anaerobios m pl
Anaerohydrase f / anaerohidrasa f

ana•galaktisch (Astr) / extragaláctico ‖ ≃ **glyph...** (Druck) / anaglífico ‖ ≃ **glyphe** f, Anaglyphenbild n, Anaglypte f (Foto, Verm) / anaglifo m ‖ ≃ **glyphenverfahren** n / método m de anaglifos
anakustisch (Raumf) / anacústico
Analcim m (Min) / analcima f, analcita f
anallaktisch (Verm) / analáctico, analítico
Anallaktismus m / analatismo m
analog, entsprechend / análogo ‖ ~**es Netz**, C-Netz n (450 MHz) (Fernm) / red f análoga
Analog•... (Ggs.: Digital...) (DV) / analógico ‖ ≃ **-Analog...** (DV) / de analógico en analógico ‖ ≃ **anzeiger** m (DV) / indicador m analógico ‖ ≃ **ausgabe** f (DV) / salida f analógica ‖ ≃ **-Darstellung** f / representación f analógica ‖ ≃ **daten** pl / datos m pl analógicos ‖ ~**-digital wandeln** / digitizar ‖ ≃ **-Digital...** / analógico-digital ‖ ≃ **-Digitalrechner** m / ordenador m híbrido, computadora f híbrida ‖ ≃ **-Digital-Umwandler**, ADU m / convertidor m analógico-digital o -numérico ‖ ≃ **eingabe** f / entrada f analógica
Analogie f (allg, DV) / analogía f ‖ ≃ **rechentechnik** f, -rechnung f (DV) / cálculo m analógico
Analog•information f / información f analógica ‖ ≃ **modell** n, Simulator m / simulador m, modelo m análogo ‖ ≃ **modem** n (DV) / módem m (o modem) analógico ‖ ≃ **prozessor** m, Signalprozessor m / procesador m analógico
Analogrechner m / computadora f analógica ‖ ≃ **für Differentialgleichungen** (DV) / analizador m para ecuaciones diferenciales
Analog•regelung f / regulación f analógica ‖ ≃ **-Schallplatte** f / disco m audioanalógico ‖ ≃ **schaltung** f / circuito m analógico ‖ ≃ **speicher** m / memoria f analógica
Analysator m (Chem) / analizador m
Analyse f (Chem) / análisis m ‖ ≃, Erzprobe f (Bergb) / análisis m de probetas ‖ ≃ f **auf nassem Wege** (Chem) / análisis m por vía húmeda ‖ ≃ **auf trockenen Wege** (Chem) / análisis m por vía seca, análisis m en seco ‖ ≃ **von Einschwingvorgängen** (Fernm) / análisis m de fenómenos transitorios
Analysen•ergebnis n (Chem) / resultado m del análisis ‖ ≃ **feuchtigkeit** f / humedad f de análisis, humedad f durante el análisis ‖ ≃ **gang** m / marcha f del análisis, proceso m del análisis ‖ ≃ **gewicht** n, Feingewicht n / pesa f para balanza analítica ‖ ≃ **koffer** m (Chem) / maletín m para pruebas analíticas, caja f de análisis ‖ ≃ **-Kontrollprobe** f (Hütt) / muestra f tipo para análisis ‖ ≃ **probe** f (Chem) / prueba f para análisis ‖ ≃ **rein**, p.a., pa (Chem) / analíticamente puro, p.a. ‖ ≃ **spanne** f / gama f de análisis ‖ ≃ **technik** f / técnica f de análisis ‖ ≃ **verfahren** n (Chem) / método m de análisis, procedimiento m analítico ‖ ≃ **waage** f / balanza f analítica, balanza f para análisis
analysierbar / analizable
Analysierbarkeit f / analizabilidad f
analysieren vt / analizar, someter a análisis, efectuar un análisis ‖ ≃ n, Analysierung f / analización f
Analysis f (Math) / análisis m ‖ ≃ **situs**, (jetzt:) Topologie f (Math) / topología f
Analytiker (Chem, DV) / analista m
analytisch / analítico ‖ ~**e Arbeitsbewertung** (F.Org) / valoración f analítica ‖ ~**e Arbeitsuntersuchung** (F.Org) / análisis m de operaciones, investigación analítica de las operaciones ‖ ~**e Chemie** / química f analítica ‖ ~**e Geometrie** / geometría f analítica
analytisch•-anorganische Chemie / química f analítica inorgánica o mineral ‖ ~**-organische Chemie** / química f organoanalítica
Anamor•phogramm n (Aufb) / anamorfograma m, diagrama m matemáticamente transformado ‖ ≃ **phose** f (Kino, Math) / anamorfosis f (pl.: invar.) ‖

~photisch (Opt) / anamorfótico ‖ **~photlinse** *f*, Anamorphot *m* / lente *f* anamorfótica
Ananas *f* (Bot) / piña *f* americana o de América
Ananasfaser *f*, -hanf *m* (Bot, Tex) / cáñamo *m* de piña
Anaphorese *f* (Galv) / anaforesis *f*
anastatisch / anastático ‖ **~er Druck**, anastatisches Druckverfahren *n* (Druck) / impresión *f* anastática
Anästhesiegerät *n* (Med) / aparato *m* de anestesia
Anastigmat *m* (Opt) / objetivo *m* anastigmático, anastigmat *m*
anastigmatisch / anastigmático
Anastigmatismus *m* / anastigmatismo *m*
Anatas, [bipyramidaler] ~, Titandioxid *n* (Min) / anatasa *f*, octaedrita *f*, dióxido *m* titánico o de titanio
anatomisch, körpergerecht (Kfz) / anatómico, configurable (asiento)
anätzen / aplicar mordiente, morder, corroer ligeramente
Anätzung *f* (Fehler, Hütt) / ataque *f* química
An-Aus-Übergang *m* (Elektr) / transición *f* de "conectado" a "desconectado"
ANB (= automatische Notbremse) (Kfz) / freno *m* automático de emergencia
anbacken *vt [vi]* / pegar[se], agarrar[se] ‖ ~ *n*, Anhaften *n*, Ankleben *n* (allg) / adherencia *f* ‖ ~ **der Kohle** / aglomeración *f* del carbón
Anbau *m* (pl.: Anbauten) (Bau) / anejo *m* (E) o anexo (LA) de un edificio, construcción *f* aneja ‖ ~ (Landw) / cultivo *m* ‖ ~..., angebaut (Masch) / adosado ‖ ~... (Kfz) / montado exteriormente ‖ ~..., Erweiterungs... (Bau) / adicional, de ensanche ‖ **im** ~ (Landw) / en o bajo cultivo ‖ ~-**Ausführung** *f* (Masch) / ejecución *f* adosada ‖ ~**bar**, -fähig (Landw) / cultivable, arable, laborable
anbauen *vt*, anfügen / montar, adosar, adicionar, añadir ‖ ~ [an] (Bau) / adosar, hacer una construcción adicional, ensanchar ‖ ~ (Landw) / cultivar, sembrar, plantar ‖ ~ *vi* (von Flüssen) (Hydr) / acarrear
Anbau•-Erdschieber *m* (Bau) / traílla *f* niveladora colgada ‖ ~**fläche** *f* (Landw) / área *f* de cultivo (o cultivable o cultivada), superficie *f* de cultivo (o cultivable o cultivada) ‖ ~**flansch** *m* (Masch) / brida *f* de montar, brida *f* adosada ‖ ~**gerät** *n* (Masch) / equipo *m* adosado o adosable ‖ ~**gerät** (Landw) / equipo *m* auxiliar o adicional ‖ ~**geräte** *n pl* (Landw) / apero *m* colgado, dispositivos *m pl* adicionales ‖ ~**hobel** *m* (Bergb) / rebanador *m* colgado ‖ ~**leuchte** *f* (Elektr) / lámpara *f* montable adicional ‖ ~**mähwerk** *n* (Landw) / barra *f* guadañadora colgada ‖ ~**möbel** *pl* / muebles *m pl* por elementos, muebles *m pl* funcionales, muebles *m pl* prolongables ‖ ~**motor** *m* (Näh) / motor *m* adosado ‖ ~**pflug** *m* (Landw) / arado *m* colgado ‖ ~**säge** *f* **für Motor** / sierra *f* adaptable ‖ ~**schiene** *f* (Traktor) / barra *f* para aperos ‖ ~**schürfkübel** *m* **für Motorgrader** (Bau) / cuchara *f* excavadora montada (para motoniveladora) ‖ ~**streuer** *m* (Straßb) / distribuidora *f* montada, esparcidora *f* montada ‖ ~**teil** *m n* (Masch) / pieza *f* adosada, pieza *f* montable o montada ‖ ~**zeichnung** *f* / plano *m* de ensamblaje, plano *m* para montaje adicional
anbei, als Anlage / en el anexo, adjunto, incluido
anbiegen *vt*, vorbiegen / precurvar ‖ ~ *n*, Vorbiegen *n* / precurvado *m*
Anbiegepresse *f* / prensa *f* para precurvar
anbieten *vt*, ein Angebot machen / hacer una oferta, ofrecer, ofertar
Anbieter *m* (Ausschreibung) / oferente *m*
anbinden (m. Schnur), festbinden / atar, ligar, sujetar ‖ ~ (Straßb) / conectar, empalmar, enlazar
Anbindung *f* (Schweiz), Anschnitt *m* (Plast, Wz) / punto *m* de inyección, entrada *f* ‖ ~ (Web) / ligadura *f* ‖ ~ (Verkehr) / conexión *f*, empalme *m*

anblasen *vt*, blasen [gegen] / soplar [contra] ‖ ~ (Feuer) / soplar, atizar ‖ ~ (U-Boot) / inyectar aire o expulsar agua ‖ **das Versuchsmodell** ~ (Aerodynamik) / soplar contra la maqueta ‖ **den Hochofen** ~ (Hütt) / encender ‖ **[wieder]** ~ (Hütt) / encender de nuevo ‖ ~ *n* (Hütt) / encendido *m*
Anblaswinkel *m* / ángulo *m* de ataque, ángulo *m* del flujo de aire
anblatten *vt* (Zimm) / ensamblar en escuadra ‖ **auf Gehrung** ~ (Tischl) / ensamblar en o de inglete
Anblattung *f* (Zimm) / ensamblaje *m* en escuadra
Anblick *m*, Durchblick *m* / vista *f*, mirada *f*, perspectiva *f*
anbluten *vi* (Färb) / comenzar a exudarse
Anbohr•apparat *m*, -schelle *f* (Rohrleger) / abrazadera *f* con toma de derivación, abrazadera *f* para derivar de un tubo principal ‖ ~**armatur** *f* / válvula *f* de cierre
anbohren *vt* (Masch) / taladrar, empezar a taladrar ‖ ~, zentrieren, ankörnen / centrar, granetear (con la broca) ‖ ~ (zur Harzgewinnung) / resinar ‖ ~ (Bergb) / abrir el yacimiento ‖ ~ *n* (Masch) / taladrado *m* [inicial], centraje *m*, perforado *m*
Anbohrer *m* (DIN 331) (Wz) / broca *f* de punta (de labio único), útil *m* de centrar
Anbohr•maschine *f* / máquina *f* de centrar ‖ ~**ständer** *m* (für Rohre) / bastidor *m* para taladrar y roscar tubos ‖ ~**vorrichtung** *f* [**für Rohre**] / aparato *m* de taladrar [tuberías]
anbolzen *vt* (Masch) / fijar con bulones o pernos
anbrechen *vt* (Bergb) / abrir una mina o galería ‖ ~ *vi* / comenzar a romper[se] ‖ ~, anknacksen (z.B. Steingut) / rajarse
anbrennen *vt*, anzünden / encender, pegar fuego [a], incendiar ‖ ~ (Vulkanisation) / quemar, prevulcanizar ‖ ~ *vi*, sich entzünden / encenderse, prender fuego ‖ ~ (z.B. im Topf) / achicharrarse, quemarse ‖ ~ **[lassen]**, versengen / chamuscar ‖ ~ *n* / requemado *m* ‖ **mit Neigung zum** ~ (Gummi) / con tendencia a prevulcanizar
anbringen *vt*, befestigen, fixieren (allg) / fijar, montar ‖ ~, anfügen / añadir, agregar, juntar [a], unir ‖ ~ [an] / sujetar [a], aplicar [a], adaptar ‖ ~, montieren (Masch) / montar, instalar, colocar, emplazar ‖ ~, stellen, [ver]legen, positionieren / situar, posicionar, colocar ‖ ~, vorsehen / prever, hacer, efectuar ‖ ~ *n* **von Gütezeichen** / impresión *f* de marcas de calidad, etiquetado *m* de marcas de calidad, etiquetaje *m* de marcas de calidad
Anbringung *f*, Anbringen *n*, Anfügung *f*, Befestigung *f*, Fxierung *f* / fijación *f*, montaje *m*, instalación *f*, unión *f*, aplicación *f*
Anbruch *m*, Anriss *m* / fisura *f* incipiente, grieta *f* incipiente
Anchusa *f*, Alkanna *f* (Bot, Färb) / alcana *f*
Anchusin, Alkannarot, Alkannin *n* (Färb) / alcanina *f*
ANC-Sprengstoff *m* (Chem, Mil) / explosivo *m* ANC, explosivo *m* de nitrato de amonio y de carbono
Andalusit *m* (Min) / andalucita *f* (silicato de aluminio)
andämmen *vt* (Hydr) / represar
andauern *vi* / durar, persistir, continuar, seguir ‖ ~ *n* / persistencia *f*, continuidad *f*
andauernd, ununterbrochen / continuo, ininterrumpido, persistente, permanente
Andel *m*, Strandsalzschwaden *m* (Bot) / puccinella *f* marítima
ändern *vt* / cambiar, variar, alterar ‖ ~, verbessern / enmendar, corregir ‖ **die Farbe** ~ / mudar el color, cambiar el color ‖ **sich** ~, variieren / variar, alterarse, cambiar ‖ **teilweise** ~, modifizieren / modificar [parcialmente]
anders•artig / heterogéneo, distinto ‖ ~**artigkeit** *f* / heterogenicidad *f*
anderthalb (Chem) / sesqui... ‖ ~ **Stein stark** (Bau) / ladrillo y medio (14 pulgadas) ‖ ~**decker** *m* (Luftf) / sesquiplano *m* ‖ ~**fach** / [una] vez y media

Änderung f, Wechsel m / cambio m, alteración f ‖ ≃, Verbesserung f, Korrektur f / enmienda f, corrección f ‖ ≃, Modifikation f / modificación f ‖ ≃ (Patent) / enmienda f ‖ ≃ **der Umlaufbahn** / modificación f de la órbita ‖ ≃**en vorbehalten** / reservada cualquier modificación, salvo modificación, modificaciones f pl reservadas ‖ **zeitliche** ≃ / variación f temporal, alteración f temporal
Änderungs•band n (DV) / cinta f de cambio, cinta f de modificación ‖ ≃**befehl** m (DV) / orden f de alteración, instrucción f de modificación ‖ ≃**datei** f, Fortschreibungs-, Bewegungsdatei f (DV) / fichero m de transacciones, archivo m de transacciones ‖ ≃**dienst** m (F.Org) / servicio m de modificaciones ‖ ≃**-Genehmigung** f (Masch) / permiso m de modificación ‖ ≃**geschwindigkeit**, Wachstumsgeschwindigkeit f (Phys) / velocidad f de crecimiento ‖ ≃**lauf** m (zum Fortschreiben) (DV) / pasaje m de modificación (para actualización) ‖ ≃**mitteilung** f (F.Org) / aviso m de modificación[es], instrucción f de variación, orden f de variación ‖ ≃**satz** m (DV) / registro m de modificación ‖ ≃**verlauf** m (einer Kurve) / marcha f de la variación ‖ ≃**vorschlag** m (Norm) / demanda f de modificación, requerimiento m de modificación
anderweitig benutzen vt, aufarbeiten / utilizar de otra manera, utilizar para otro fin ‖ ~ **entnommen** (Bau) / tomado en otro lugar
Andesin m (ein Feldspat) (Min) / andesina f
Andesit m (Geol) / andesita f
Andex n, Ammoniumnitrat-Kohlenstoff-Sprengstoff m (Chem, Mil) / andex m, explosivo m ANC, explosivo m de nitrato de amonio
AND-Funktion f (DV, Eltronik) / función f AND o Y
andicken, eindicken / espesar, aumentar la viscosidad
Andickung f, Eindicken n / espesamiento m
Andirobaholz n / madera f de andiroba o nandiroba
AN-DK-Sprengstoff m (Bergb) / explosivo m Anfo
andocken vt, koppeln (Raumf) / acoplar ‖ ≃ (DV) / conectar (con la estación "docking") ‖ ≃ n, -koppeln n / acoplamiento m, acoplado m, docking m
Andradit m (Kalkeisengranat) (Min) / andradita f (granate ferrocálcico)
andrahten vt (Galv) / liar con hilo
Andrang m (Verkehr) / intensificación f del tráfico, afluencia f, congestión f ‖ ≃ (Wassb) / embate m
Andreaskreuz n (Zimm) / aspa f, cruz f de San Andrés, tornapuntas f pl cruzadas ‖ ≃, Ungültigkeitszeichen n (Bahn) / cruz f de San Andrés (señal de fuera de servicio) ‖ ≃, Warnkreuz n (Bahn) / cruz f de aviso o de San Andrés
andrehen vt, in Drehung bringen (allg) / dar vueltas, poner en marcha ‖ ~, ankurbeln, anwerfen (Kfz) / arrancar con manivela, accionar la manivela ‖ ~ (Dreh) / mecanizar [la pieza superficialmente] en el torno, tornear cierto perfil ‖ ~ (z. B. einen Absatz) (Wzm) / tornear (p.ej. un rebajo o degüello) ‖ ~, anziehen (Schrauben) / apretar [con destornillador] ‖ **Fäden** ~ (Web) / anudar hilos ‖ **Heizung** ~ (Gas) / abrir ‖ **Licht** ~ (Elektr) / encender la luz, dar la luz ‖ ≃ n (Spinn, Web) / anudado m
Andreher m (Spinn, Web) / anudador m
Andreh•gestell n (Web) / banco m de anudado ‖ ≃**kurbel** f (Kfz) / manivela f de arranque ‖ ≃**kurbelklaue** f (Kfz) / garra f de [la manivela de] arranque ‖ ≃**kurbellager** n (Kfz) / soporte de la manivela de arranque, apoyo m de la manivela de arranque ‖ ≃**seite** f **des Motors**, Luftschraubenseite f (Luftf) / lado m [de la puesta en marcha] del motor, lado m de la hélice
Andruck m (Druck) / prueba f de imprenta
Andrück•band n **[für steile Steigungen]** (Förd) / cinta f de contrapresión ‖ ≃**betrag** m (Räumw) / tasa f de

inclinación del perfil ‖ ≃**bürste** f (Tuch) / cepillo m de apriete
andrücken vt (allg) / apretar [contra], presionar [contra], oprimir, aprisionar ‖ ≃ n / apretamiento m, aprisionamiento m
Andrück•etikett n, Haftetikett n / etiqueta f autoadhesiva ‖ ≃**feder** f / muelle m de presión, resorte m de presión ‖ ≃**hebel** m / palanca f presora o de presión ‖ ≃**hülle** f (Nukl) / envoltura f flexible
Andruckmaschine f (Druck) / máquina f para sacar pruebas
Andrück•mutter f (Masch) / tuerca f de apriete ‖ ≃**nocken** m / leva f de presión
Andruck•platte f (Film) / prensa f película, placa f de presión ‖ ≃**presse** f (Druck) / prensa f para sacar pruebas ‖ ≃**rolle** f (Schreibm) / rodillo m de alimentación ‖ ≃**rolle** (Magn.Bd) / rodillo m de presión
Andrück•rolle f (Tex) / rodillo m de presión, tercer m cilindro ‖ ≃**rolle** (Filmapp) / rodillo m presor
Andruckschiene f (Schreibm) / barra f pisapapeles
Andrückschraube f / tornillo m de presión
Andruckteil n (Filmkamera) / patín m de apriete
Andrück•verbinder m (Elektr) / conector m de presión ‖ ≃**walze** f (Masch) / cilindro m de apriete o de presión
aneinander, gegeneinander / junto[s] uno con[tra] otro ‖ ~, nebeneinander / uno a otro, en yuxtaposición ‖ ~ **befestigen** / sujetar uno a otro, fijar uno a otro ‖ ~ **fügen** vt, zusammenbauen (allg) / ensamblar, montar ‖ ~ **fügen** (stumpf, auf Stoß) / juntar a tope ‖ ~ **fügen**, verbinden / juntar, conectar, unir, encajar ‖ ~ **fügen** (Zimm) / machihembrar, ensamblar ‖ ~ **gereiht** / en hilera, sucesivo ‖ ~ **gestoßen** (Bretter) / juntado a tope (tablas) ‖ ~ **grenzen** vi / colindar [con], lindar, estar contiguos ‖ ~ **grenzend** / adyacente, colindante, contiguo ‖ ~ **grenzende Gebäude** n pl / edificios m pl vecinos ‖ ~ **haftend** / adheridos ‖ ~ **hängen** vt, verketten / concadenar, estar unido ‖ ~ **hängen** vi / estar pegado, estar adherido ‖ ~ **hängend**, -klebend / pegado [entre sí] ‖ ~ **hängend**, fortlaufend / continuo ‖ ~ **kleben** vi / estar pegado [uno con otro] ‖ ~ **prallen** / colisionar, chocar entre sí, chocar uno con otro ‖ ~ **pressen** vt / juntar a presión, unir a presión, comprimir (uno contra otro) ‖ ~ **reihen**, nebeneinander stellen (allg) / yuxtaponer, poner en fila, enfilar ‖ ~ **reihen** (Math) / combinar números ‖ ~ **schlagen** / entrechocar ‖ ~ **schweißen**, zusammenschweißen / unir soldando, unir por soldadura ‖ ~ **stoßen** vi, sich berühren / tocarse ‖ ~ **stoßen**, sich stoßen / chocar[se] ‖ ~ **stoßen**, angrenzen / colindar, estar contiguo, estar tocando [a otra cosa] ‖ ~ **stoßend** / contiguo, juntado ‖ ~ **stückeln**, anstückeln / juntar a pedazos, apedazar ‖ **[stumpf]** ~ **stoßen** / juntar[se] a tope
Aneinander•fügen n (Zimm) / ensambladura f, machihembrado m ‖ ≃**fügung** f, Zusammenfügen n (allg, Masch) / juntura f, unión f, ensamblaje m, encaje m, montaje m ‖ ≃**grenzen**, -liegen, -stoßen n / contigüidad f ‖ ≃**haften**, Blocken n, Blocking n (Plast) / adherencia f indeseable (entre láminas de plástico), pegajosidad f ‖ ≃**prallen** n / colisión f ‖ ≃**prallen**, Stoß m / choque m ‖ ≃**reiben** n / frotamiento m, rozamiento m [mutuo] ‖ ≃**reiben**, Abnützen n / desgaste m por roce ‖ ≃**reihung** f / yuxtaposición f ‖ ≃**schweißen**, Anschweißen n / unión f por soldadura ‖ ≃**stoßen**, -liegen, -grenzen n / contigüidad f
Anelektrolyt m (Elektr) / anelectrólito m
anelliert, kondensiert (Chem) / condensado
Anellierung f (Chem, Forstw) / anelación f
Anemo•graph, Windschreiber m (Meteo) / anemógrafo m ‖ ≃**klinoskop** n / anemoclinoscopio m ‖ ≃**meter** n, Windmesser m / anemómetro m
Anergie f (nutzloser Arbeitsanteil) / anergia f
Anergol n (Rakete) / anergol m

aneroid (Phys) / aneroide ‖ ≃**[barometer]** *n* / barómetro *m* aneroide, barómetro *m* holostérico
Anethol *n* (Chem) / anetol *m*
Aneurin *n*, Vitamin B 1 (Chem, Pharm) / aneurina *f*
anfachen *vt* (Feuer) / avivar, atizar ‖ ~ (Schwingung) / incitar (oscilación) ‖ ≃ *n* (Feuer) / atizamiento *m*
Anfachung *f* (Eltronik) / excitación *f*
Anfahr•beschleunigung *f* (Mot) / aceleración *f* de arranque ‖ ≃**block** *m* (Hütt) / lingote *m* inicial ‖ ≃**brennelement** *n* (Nukl) / elemento *m* combustible inicial ‖ ≃**drehmoment** *n*, -moment *n* (Mot) / momento *m* de arranque, par *m* de arranque, par *m* inicial ‖ ≃**druck** *m* (Masch) / presión *f* de arranque
anfahren *vt*, starten (Masch) / arrancar, poner en marcha ‖ ~, heranbringen / acarrear ‖ ~ *vi*, anlaufen / ponerse en marcha, ponerse en movimiento ‖ ~ [an], kollidieren [mit], auffahren [auf] / colisionar [con], entrar en colisión, tropezar [con], chocar [contra] ‖ ~ (Wzm) / acercar ‖ ~, einfahren (Bergb) / bajar, descender ‖ ~, ansteuern (NC) / acceder [a] ‖ **eine Strecke** ~ (Bergb) / abrir una galería ‖ **stoßfrei** ~ / arrancar [sin choques] ‖ ≃ *n*, Starten *n*, Start *m*, Anlaufen *n* (Bahn, Masch, Mot) / arranque *m*, puesta *f* en marcha ‖ ≃, Auffahren *n* (Kfz) / alcance *m* [por choque] ‖ ≃ *n*, Einfahren *n* (Bergb) / descenso *m* ‖ ≃ (von Material), Anfuhr *f* / acarreo *m* ‖ ≃ **eines Reaktors** / puesta *f* en servicio de un reactor, puesta *f* en marcha de un reactor
Anfahr•federung *f* (Seilb) / amortiguador *m* de arranque ‖ ≃**grenzlast** *f* (Bahn) / carga *f* límite de arranque ‖ ≃**last** *f* / carga *f* de arranque ‖ ≃**leistung** *f* / potencia *f* de arranque ‖ ≃**motor** *m* (Gasturbine) / motor *m* de arranque, motor *m* de puesta en marcha ‖ ≃**punkt** *m* (Wzm) / punto *m* de acercamiento ‖ ≃**reibung** *f* / rozamiento *m* de arranque ‖ ≃**schacht** *m* (Bergb) / pozo *m* de descenso ‖ ≃**strecke** *f* / distancia *f* de arranque ‖ ≃**stück** *m*, -strang *m*, Kaltstrang *m* (Strangguss) / falso *m* lingote, maniquí *m*
Anfahrt *f* (von Gütern), Anfuhr *f* / acarreo *m* ‖ ≃, Rampe (Bau) / rampa *f* de acceso ‖ ≃ (Bergb) / descenso *m* ‖ ≃ (NC) / aproximación *f*
Anfahrtisch *m* (Wzm) / mesa *f* de aproximación
Anfahrt•[sstraße] *f* (Bau) / carretera *f* de acceso ‖ ≃- **und Bremswegschreiber** *m* (Kfz) / registrador *m* de la distancia de arranque y de frenado
Anfahr•versuch *m* / ensayo *m* inicial ‖ ≃**vorrichtung** *f* / dispositivo *m* de arranque ‖ ≃**wandler** *m* (Lok) / convertidor *m* de arranque ‖ ≃**widerstand** *m* (Masch) / resistencia *f* del arranque ‖ ≃**widerstand** *m* (Elektr) / reóstato *m* de arranque ‖ ≃**wirbel** *m* (Luftf) / torbellino *m* de arranque ‖ ≃**zeit** *f*, Einführungszeit *f* / tiempo *m* de puesta en marcha ‖ ≃**zugkraft** *f* (Bahn) / fuerza *f* tractora en el arranque
Anfall *m*, Erzeugung *f* / producción *f*, material *m* producido, rendimiento *m* ‖ ≃ (von Daten) (DV) / cantidad *f* (de datos)
anfallen *vi* (als Ergebnis) / resultar, originarse, producirse, presentarse
anfallender Abfall / desechos *m pl* resultantes, desperdicios *m pl* resultantes o producidos
anfällig [für] / susceptible [de ser atacado por...], propenso [a]
Anfälligkeit *f* [für] / susceptibilidad *f* [a], propensión *f* [a] ‖ ≃ (DV) / vulnerabilidad *f* ‖ ≃, Empfindlichkeit *f* / sensibilidad *f*
Anfang *m*, Beginn *m* / comienzo *m*, inicio *m*, principio *m* ‖ ≃ **Autobahn** (Verkehr) / comienzo *m* de autopista ‖ ≃ **der Kette**, Garnende *n* (Web) / comienzo *m* de la urdimbre ‖ ≃ *m* **des Blockabschnittes** (Bahn) / entrada *f* al cantón de bloqueo
anfangen *vt vi* / comenzar, iniciar, dar comienzo a, empezar ‖ ~ **zu bohren** (Öl) / iniciar la perforación, iniciar el sondeo ‖ ≃, Anpacken *n* / ataque *m*

Anfänger *m*, Neuling *m* / neófito *m*, principiante *m* ‖ ≃ (Kfz) / principiante *m* (al volante), bisoño *m* ‖ ≃ (Glas) / colector *m* ‖ ≃ (Bau) / imposta *f*, salmer *m*, almohadón *m* ‖ ≃ (Bergb) / barrena *f* inicial
Anfangs•... / inicial ‖ ≃**adresse** *f* (DV) / dirección *f* inicial ‖ **Zeit der** ≃**anfälligkeit** (Eltronik) / tiempo *m* de fallas iniciales ‖ ≃**anflug** *m* (Luftf) / aproximación *f* inicial ‖ ≃**anschlussspannung** *f* (Gleichrichter) / tensión *f* alterna inicial ‖ ≃**ausfälle** *m pl* (DV) / fallos *m pl* iniciales, mortalidad *f* infantil ‖ ≃**baustein** *m* (Pneum) / módulo *m* inicial ‖ ≃**beanspruchung** *f*, -belastung *f* (Masch) / esfuerzo *m* inicial, carga *f* inicial ‖ ≃**bedingungen** *f pl* / condiciones *f pl* iniciales ‖ ≃**benutzung** *f* / utilización *f* inicial o primaria ‖ ≃**beschleunigung** *f* / aceleración *m* inicial ‖ ≃**bestand** *m* **an heilen Bauteilen** / cantidad *f* inicial de componentes intactos ‖ ≃**-Bit** *n* (o. -Zeichen) (DV) / bit *m* inicial ‖ ≃**blocksperre** *f* (Bahn) / dispositivo *m* de encerrojamiento de la señal de entrada de una sección de bloqueo ‖ ≃**buchstabe** *m*, Großbuchstabe *m*, Versalie *f* (Druck) / inicial *f*, letra *f* inicial ‖ ≃**bund** *m* (Spinn) / espiras *f pl* iniciales ‖ ≃**drall** *m* (Gewehr) / rayado *m* inicial ‖ ≃**drehzahl** *f* (Masch) / velocidad *f* inicial, número *m* de revoluciones inicial ‖ ≃**druck** *m* / presión *f* inicial ‖ ≃**durchbiegung** *f* (Bau, Masch) / flexión *f* inicial ‖ ≃**ereignis** *n* **der Tätigkeit** (PERT) / punto *m* inicial, evento *m* inicial ‖ ≃**erzeugnis** *n* (Chem) / producto *m* inicial ‖ ≃**fehler** *m*, inherenter Fehler *m* (DV) / error *m* inherente ‖ ≃**feuchte** *f* (Tex) / humedad *f* inicial ‖ ≃**furche** *f* (beim Pflügen) (Landw) / surco *m* inicial, primer *m* surco ‖ ≃**geladen** (DV) / cargado inicialmente ‖ ≃**geschwindigkeit** *f* (Mot, Phys) / velocidad *f* inicial ‖ ≃**gewicht** *n* / peso *m* inicial ‖ ≃**glied** *n* (Math) / término *m* inicial, miembro *m* inicial ‖ ≃ **kegel** *m* **für Superkopse** (Spinn) / cono *m* inicial para supercanillas ‖ ≃**kolumne** *f* (Druck) / columna *f* inicial, primera *f* columna ‖ ≃**konsonanten-[Logatom-]Verständlichkeit** *f* (Fernm) / articulación *f* de consonante inicial ‖ ≃**-Kurzschlusswechselstrom** *m*, subtransienter Kurzschlusswechselstrom (Elektr) / corriente *f* inicial simétrica de cortocircuito ‖ ≃**ladeadresse** *f* (DV) / dirección *f* inicial de carga ‖ ≃**laden** *n* **des Programms** (DV) / carga *f* inicial del programa ‖ ≃**lader** *m* (DV) / cargador *m* inicial ‖ ≃**ladespannung** *f* (Akku) / voltaje *m* inicial de carga ‖ ≃**längsimpedanz** *f* (Eltronik) / impedancia *f* inicial longitudinal ‖ ≃**leistung** *f* / potencia *f* inicial, rendimiento *m* inicial ‖ ≃**luft** *f* (Lager) / juego *m* interno inicial ‖ ≃**masse** *f* (Rakete) / masa *f* inicial, masa *f* original ‖ ≃**-Mikroprogramm-Ladung** *f*, IMPL (DV) / carga *f* inicial del microprograma ‖ ≃**ordinate** *f* (Math) / ordenada *f* en el origen ‖ ≃**permeabilität** *f* / permeabilidad *f* inicial ‖ ≃**punkt** *m*, Ausgangspunkt *m* / punto *m* de salida, punto *m* inicial, punto *m* de partida ‖ ≃**punkt**, Nullpunkt *m* / punto *m* cero, punto *m* de origen ‖ ≃**punkt** *m* **einer Kurve** (Math) / origen *m* de una curva ‖ ≃**punkt Wiederholung** (NC) / punto *m* inicial de repetición ‖ ≃**querimpedanz** *f* (Elektr) / impedancia *f* inicial transversal ‖ ≃**querschnitt** *m* (Walzw) / sección *f* inicial ‖ ≃**reaktanz** *f* (Eltronik) / reactancia *f* inicial ‖ ≃**schicht** *f* (Bau) / primera *f* capa ‖ ≃**schwierigkeiten** *f pl* / dificultades *f pl* iniciales ‖ ≃**spalte** *f* (DV) / columna *f* inicial ‖ ≃**spannung** *f* (Elektr) / voltaje *m* inicial, tensión *f* inicial ‖ ≃**spannung** (Mech) / tensión *f* preliminar ‖ ≃**spannung bei Relaxation** (Masch) / tensión *f* inicial en relajación ‖ ≃**stabilität** *f* / estabilidad *f* inicial ‖ ≃**stadium** *n* / estado *m* inicial, fase *f* inicial ‖ ≃**stellung** *f* / posición *f* inicial, posición *f* de partida ‖ ≃**stellung** (Elektr) / posición *f* neutral, posición *f* abierta, posición *f* de reposo ‖ ≃**strahl** *m* **eines Winkels** (Geom) / lado *m* inicial de un ángulo ‖ ≃**strecke** *f* (Taxameter) / trayecto *m* de comienzo ‖

Anfangsstufe

~**stufe** f, Antrittsstufe f, Anfänger m (Bau) / peldaño m de arranque, impostor m ‖ ~**temperatur** f / temperatura f inicial ‖ ~**verformung** f (Masch) / deformación f inicial ‖ ~**versagen** n (Rakete) / fallo m en la primera fase de vuelo ‖ ~**wert** m / valor m inicial ‖ ~**wert** (z.B. einer Reihe) (Math) / valor m inicial de una progresión ‖ **mit** ~**wert beladene Software** / software m precargado ‖ ~**wert-Anweisung** f (FORTRAN) (DV) / instrucción f de iniciación de datos ‖ ~**widerstand** m (Elektr, Phys) / resistencia f inicial ‖ ~**windungen** f pl, erste Windungen (Elektr) / espiras f pl iniciales, espiras f pl de entrada ‖ ~**winkel** m (Ballistik) / ángulo m de impulsión ‖ ~**zeile** f (Druck) / línea f inicial, primera f línea ‖ ~**zustand** m / estado m inicial
Anfärbbarkeit f (Tex) / tintabilidad f
Anfärbeversuch m (Tex) / ensayo m de teñido o de teñidura
anfasen vr (Holz, Masch) / biselar, achaflanar ‖ ~ n / biselado m, achaflanado m
anfasern vt (Pap) / estabilizar por fibras
Anfas•maschine f (Wzm) / biseladora f, máquina f de biselar o achaflanar ‖ ~**- und Entgratmaschine** f (Zahnrad) / máquina f para achaflanar y desbarbar los dientes [de engranajes]
anfassen vt, packen / coger (E), asir, empuñar, agarrar ‖ ~ n / asimiento m
Anfassrichtung f (eines Griffes) / dirección f de empuñar
Anfasung f / bisel m, chaflán m
anfechten, die Gültigkeit ~ (Patent) / impugnar la validez de una patente
anfeilen, eine Spitze ~ / sacar punta con una lima
anfertigen vt, fabrizieren, herstellen / fabricar, confeccionar, producir, elaborar, hacer, manufacturar ‖ **eine Zeichnung** ~ / ejecutar un dibujo o diseño ‖ **nach Maß o. Kundenwunsch** ~ / realizar según medidas del cliente, realizar según pedido del cliente
Anfertigung f / fabricación f, producción f, manufactura f, confección f, elaboración f, hechura f
anfetten vt / engrasar [ligeramente]
Anfeuchtemittel n (Chem) / humectante m, agente m humectante
anfeuchten vt / mojar, humectar, humidificar, humedecer ‖ **Mörtel** ~ (Bau) / mojar la argamasa ‖ ~ n / humectación f, humidificación f, mojadura f
Anfeuchter m / humectador m, humidificador m, humectante m
Anfeuchtschnecke f / tornillo m humectador, hélice f humectante
anfeuern vt (Kessel) / encender (la caldera)
anfilzen vt / comenzar a fieltrar
anflachen vt / aplanar, achatar
Anflachung f / aplanamiento m
anflanschen vt (Masch) / abridar, embridar, sujetar por bridas, sujetar por platina ‖ ~ n, Anflanschung f / sujeción f o unión por brida, abridado f
Anflicken n **von Bohrstangen**, Anstückeln n (Öl) / alargado m de barras de perforar
anfliegen vt (Luftf) / dirigirse [a], aproximarse [a], hacer escala [en] ‖ **[regelmäßig]** ~ (Luftf) / cubrir la línea [de], servir la línea [de] ‖ **mittels Leitstrahl** ~ (Luftf) / aproximarse mediante rayo conductor o rayo-guía
anfliegend, im Anflug (Luftf) / en aproximación
Anflug m (Luftf) / vuelo m de aproximación ‖ ~ (Bergb) / eflorescencia f ‖ ~, Stich m (Färb) / tinte m, deje m, dejo m ‖ ~, Hauch m / matiz m, traza f ‖ ~**achse** f s. Anfluggrundlinie ‖ ~**antenne** f (Raumf) / antena f de alineación ‖ ~**bahn** f (zur endgültigen Bahn) (Raumf) / órbita f de acceso ‖ ~**bahn** (Luftf) / ruta f de aproximación ‖ ~**befeuerung** f (Luftf) / balizamiento m de aproximación ‖ ~**blitzbefeuerung** f / balizamiento m de destellos [luminosos] de aproximación y aterrizaje ‖ ~**-Führungssender** m (Luftf) / [emisora f de] haz-guía electrónico de aproximación ‖ ~**funkbake** f, -funkfeuer n (Luftf) / radiobaliza f de aproximación, radiofaro m de aproximación ‖ ~**genehmigung**, -freigabe f (Luftf) / permiso m de aproximación ‖ ~**-Gleitwinkelbefeuerung** f / balizamiento m del ángulo de planeo de aproximación ‖ ~**grundlinie** f / línea f básica de aproximación ‖ ~**kontrolle** f / control m de aproximación ‖ ~**-Kontrollradar** m n / radar m de control de aproximación ‖ ~**kontrollzentrum** n (Luftf) / centro m de control de aproximación (por radar) ‖ ~**kurs** m / rumbo m de aproximación, rumbo m de vuelo de acercamiento ‖ ~**leitstrahl** m (Eltronik, Luftf) / haz m guía de aproximación, haz m frontal ‖ ~**leuchtfeuer** n / balizas f pl [luminosas] de aproximación ‖ ~**punkt** m (Luftf) / lugar m de destinación, punto m de destinación ‖ ~**radar** m n, Anflugkontrollradar m n / radar m [de control] de aproximación ‖ ~**schneise**, Landeschneise f, Landekorridor m (Luftf) / corredor m de aproximación ‖ ~**seitenreihenbefeuerung** f (Luftf) / balizamiento m de aproximación de filas laterales ‖ ~**-Sinkverfahren**, Sinkverfahren n (Luftf) / descenso m de aproximación ‖ ~**system** n (Luftf) / sistema m de aproximación ‖ ~**- und Landeeinrichtung** f (Luftf) / instalación f de aproximación y aterrizaje ‖ ~**winkel** m (Luftf) / ángulo m de aproximación ‖ ~**winkel** (Rakete) / ángulo m de incidencia ‖ ~**zeichensender** m (Luftf) / radiobaliza f de aproximación
Anforderer m (DV) / demandante m
anfordern vt / requerir, demandar, pedir, exigir, reclamar ‖ ~ n (Fernm) / requerimiento m, demanda f
Anforderung f / requerimiento m, petición f ‖ ~, Vorschrift f, Erfordernis n / exigencia f, prescripción f ‖ ~**en erfüllen** / satisfacer los requerimientos ‖ **auf** ~ / contra o sobre demanda, a petición ‖ **hohe** ~ **en stellend** / muy exigente ‖ **nur auf** ~ / salvo demanda ‖ **schwere o. übermäßige** ~ / exigencias f pl máximas para los trabajos más duros o pesados ‖ ~**en** f pl (des Betriebs) / exigencias f pl del servicio
anforderungs•abhängiges Programm (DV) / programa m sujeto a demanda ‖ ~**profil** n / especificación f de requisitos ‖ ~**signal**, Freizeichen n (Fernm) / tono m de marcar, señal f de línea libre ‖ ~**zeichen** n (DV) / carácter m de solicitación
Anfrage f, Rückfrage f (allg, DV) / demanda f [informativa], consulta f, interrogación f ‖ ~, Ausschreibung f / subasta f (E), licitación f (LA) ‖ **auf** ~ / sobre demanda ‖ ~**muster** n, -probe f / muestra f de demanda ‖ ~**sprache** f (DV) / lenguaje f de interrogación
anfressen (Chem, Masch) / corroer, roer, atacar
Anfressung f / corrosión f, ataque m
anfrieren vi / adherirse por congelación
anfrischen vt (Hütt) / afinar
anfügen vt, anstücken / añadir, juntar, unir ‖ ~, hinzufügen / agregar
Anfügung f / agregación f
anfühlen, sich ~ **[wie]** / tener un tacto [de] ‖ **sich rau o. angreifen** / ser áspero al tacto, ser rugoso al tacto, tener el tacto áspero
Anfuhr f **[und Abfuhr]** / acarreo m, porte m, transporte m, suministro m ‖ ~ **[und Abfuhr] mit Lkw** / camionaje m
anführen, an der Spitze stehen, Marktführer sein / liderar, ser líder, encabezar
Anführungszeichen n pl **in gebrochenen Schriften** (Druck) / comillas f pl
anfüllen vt (Bau, Gefäß) / [re]llenar
Angabe, Feststellung f / declaración f, manifestación f ‖ ~ f (COBOL, DV) / opción f ‖ ~**n** f pl, Merkmale n pl, Daten pl / datos m pl, detallee m pl, características f pl ‖ ~**n**, Beschriftung f / inscripción f, rótulo m ‖ ~**n des**

Benutzers (DV) / especificaciones *f pl* del usuario ‖ ≃**n eines Instruments** / indicación *f* de un instrumento, datos *m pl*
angebaut (z.B. Doppelhaushälften) (Bau) / adosado ‖ ~, **Anbau**... (Masch) / adosado, montado [sobre], fijado, acoplado ‖ ~ (Landw) / cultivado, sembrado ‖ **kann ~ werden** (Masch) / puede ser adosado
Angeber *m*, Anzeiger *m* (Eltronik) / indicador *m*, detector *m*
angeblasen / soplado ‖ ~ (Hochofen) / encendido (alto horno) ‖ ~, halbgeblasen (Bitumen) / semisoplado, semioxidado
angeblockt, angeflanscht (Getriebe) / fijado por brida
Angebot *n* (Handel) / oferta *f* ‖ ≃ (z.B. Energie...) / presentación *f* (energía), suministro *m* ‖ ≃ **auf eine Ausschreibung, Submission** *f* / oferta *f* de subasta (E), oferta *f* de licitación (LA)
angeboten • e Rauschleistung (Eltronik) / potencia *f* de ruido ofrecida ‖ ~**e Tonnenkilometer** *m pl* (Bahn, Luftf) / tonelada-kilómetro *f* ofrecida, T.K.O.
Angebots • bedingungen *f pl* / condiciones de oferta *f pl* ‖ ≃**blatt** *n* / pliego *m* de oferta ‖ ≃**einholung** *f* / petición *f* de demanda ‖ ≃**ingenieur** *m* / ingeniero *m* de proyecto ‖ ≃**muster** *n*, -probe *f* / muestra *f* de oferta, modelo *m* de proposición ‖ ≃**zeichnung** *f*, Projektzeichnung *f* / plano *m* para oferta, dibujo *m* de proyecto
angebrannt, verkohlt / quemado, carbonizado ‖ ~ (Guss) / sinterizado (arena) ‖ ~**er Abfall** (Gummi) / desechos *m pl* quemados, desechos *m pl* carbonizados
angefachte aperiodische Schwingung (Luftf) / perturbación *f* que se incrementa sin oscilación
angefahrene, aufgeschüttete Erde (Bau) / tierras *f pl* acarreadas y vertidas
angefärbt, an der Spitze stärker ~ (Wolle) / picoteado, desigualado
angefault (Holz, Obst) / podrido
angeflanscht (Masch) / abridado, unido mediante (o por) brida
angefräster Nocken (Masch) / leva *f* integral
angefressen / corroido
angegeben, deklariert / indicado, declarado ‖ ~**e Pumpenleistung** / caudal *m* volumétrico indicado de la bomba, rendimiento *m* nominal de la bomba
angegossen / fundido en bloque, unido en bloque, de fundición integral ‖ ~**er Auspuffkrümmer** (Kfz) / codo *m* de escape integral ‖ ~**er Flansch** / brida *f* integrada por fundición ‖ ~**e Probestücke** (Gieß) / probetas *f pl* fundidas con la pieza ‖ ~**er Sitz** / asiento *m* fundido ‖ ~**er Sitz im Hahn** / asiento *m* integrado [por fundición] de la válvula ‖ ~**er Zylinderkopf** (Mot) / culata *f* solidaria al bloque
angegriffen [von o. durch] / atacado [por]
angehängt (Fahrzeug) / enganchado, remolcado ‖ ~ (z.B. Symbol) / pegado (p.ej.: símbolo), colgado, adherente ‖ ~ (z.B. Pflug) / arrastrado (p.ej.: un arado), remolcado
angehen *vi* (Licht) / encenderse ‖ ≃ *n*, Anlaufen *n* (Masch) / arranque *m*
angehoben, überhöht (Eltronik) / exaltado, elevado
angehren *vt* (Tischl) / ensamblar a inglete
angeklebtes Teil (Masch) / pieza *f* pegada, pieza *f* fijada por cola
angekreuzt / marcado con una cruz
Angel *f*, -zapfen *m* (Tischl) / espigón *m* ‖ ≃ **an Werkzeugen** / enchufe *m*, rabera *f*, cola *f*, espiga *f* ‖ ≃ **der Säge** / portasierra *m* ‖ ≃ **des Messers** / espiga *f* ‖ **aus den ≃n heben** / desquiciar
angelassen (Stahl) / revenido, recocido
angelaufen, beschlagen (Fenster) / empañado ‖ **blau ~** (Stahl) / pavonado
Angelaufensein, Beschlagensein *n* (Fenster) / empañamiento *m*
Angelband *n*, Fischband *n*, Fitsche *f* (Schloss) / bisagra *f*

angelegt, aufgedrückt (Spannung) (Elektr) / aplicado (voltaje) ‖ ~**e Last** (Prüfung) / carga *f* aplicada ‖ ~**e Zeichnung**, Tusche-Zeichnung *f* / dibujo *m* de tinta china
angelenkt / articulado [a o con], unido por articulación ‖ ~**e Hinterkantenklappe** (Luftf) / alerón *m* articulado de la arista trasera [o del borde de escape] ‖ ~**er Massenausgleich** (Luftf) / masa *f* equilibrada a distancia ‖ ~**e Nasenklappe** (Luftf) / alerón *m* articulado del borde de ataque
angelernt (Arbeiter) / semicualificado ‖ ~**er Arbeiter** / trabajador *m* semicualificado
angelieren *vt* / gelificar [ligeramente]
Angelikaöl *n* / esencia *f* de Angélica
Angelikasäure *f*, Tiglinsäure *f* (Chem) / ácido *m* angélico, ácido *m* tíglico
Angeliqueholz *n* (Bot) / madera *f* angélica, teca *f* de Guayana
Angelpunkt *m* (Mech) / punto *m* pivotal, pivote *m* ‖ ≃ (Kinematik) / punto *m* céntrico
Angelschnur *f* / sedal *m*
angemalt, bemalt, gestrichen / pintado
angemessen, hinreichend / adecuado, apropiado, suficiente ‖ ~, passend / pertinente, conveniente, ajustado ‖ ~, im richtigen Verhältnis / proporcionado, correspondiente, proporcional
Angemessenheit *f* **einer Verteilung** (Math) / adecuación *f* de una distribución, proporción *f* de una distribución
angemietete Leitung (Fernm) / línea *f* alquilada
angenähert (Math) / aproximado, aproximativo ‖ ~**er Durchschnitt** (Math) / media *f* aproximada ‖ ~**e Nachbildung** (Fernm) / equilibrio *m* aproximado, equilibrio *m* de compromiso ‖ ~**es Synchronisieren** (Elektr) / sincronización *f* aproximada, sincronización *f* randomizada ‖ ~**er Wert** / valor *m* aproximado, valor *m* aproximativo
angenietet (Masch) / unido por remaches, remachado ‖ ~**er Flansch** / brida *f* remachada
angenommen, vorausgesetzt / presumido, [pre]supuesto ‖ ~**e Arbeitsebene** (Wzm) / plano *m* de mecanizado presupuesto, plano *m* de trabajo ideado ‖ ~**e Daten** (DV) / datos *m pl* simulados
angeordnet / dispuesto, posicionado ‖ ~ **sein** [um] / estar dispuesto [en torno a]
angepasst / adaptado ‖ ~**e Antenne** / antena *f* cargada ‖ ~**er Gegentaktverstärker** (Eltronik) / amplificador *m* equilibrado adaptado ‖ ~**er Scheinwiderstand** (Eltronik) / impedancia *f* adaptada ‖ ~**e T-Antenne** (Eltronik) / antena *f* en T adaptada, antena *f* cargada en T
angeraut (Putz), Rau... / picado
angeregt (Nukl, Phys) / excitado
angereichert (Chem, Hütt, Nukl) / enriquecido, concentrado ‖ ~**er Brennstoff** (Nukl) / combustible *m* enriquecido ‖ ~**es Material** (Nukl) / materia *f* enriquecida ‖ ~**er Reaktor** / reactor *m* de uranio enriquecido, reactor *m* enriquecido ‖ ~**es Spaltmaterial** / material *m* fisible enriquecido ‖ ~**es Uran** / uranio *m* enriquecido
angerissene Probe (Hütt) / probeta *f* agrietada
angerollter Kopf (eines Niets) (Masch) / cabeza *m* arrollada (de un remache)
angerostet / ligeramente corroido u oxidado
Angerufener *m*, B-Teilnehmer *m* (Fernm) / abonado *m* llamado
angesäuert, gebrochen (Tex) / acidulado, acidificado
angesaugt / aspirado, succionado
angeschellter Nietkopf, Schließkopf *m* (Masch) / contrabuterola *f*, cabeza *f* de cierre
angeschliffen (Glas) / esmerilado
angeschlossen, Beitrag liefernd / contribuidor ‖ ~ (Elektr) / conectado, empalmado, puesto en circuito, conexionado

angeschmiedet

angeschmiedet (z. B. Flansch) / forjado [en o a] (p.ej.: brida)
angeschmolzen, oberflächlich geschmolzen / fundido superficialmente
angeschnitten (Pap) / con dos bordes cortados ‖ **~e Faser** (Furnier) / fibra *f* cortada ‖ **~e Lagen** *f pl* (Schichtstoff) / capas *f pl* cortadas
angeschraubt (Masch) / atornillado
angeschwemmter Boden, angeschwemmtes Land (Geol) / tierras *f pl* aluviales, terreno *m* aluvial
angesetzt (als Verlängerung) (Masch) / empalmado
angespannt (Phys) / tensionado, tenso
angespitzt / apuntado, acuminado
angesteift (Masse) (Keram) / duro (pasta)
Angestellte *pl*, Belegschaft *f* / plantilla *f*, el personal
angesteuert (DV) / seleccionado
angestockt, morsch (Holz) / frágil, emputrecido, picado
angestoßen (z.B. Atom) / golpeado (p.ej.: átomo) ‖ **~**, getriggert (Eltronik) / mandado
angestrahlt / iluminado
angetrieben / accionado ‖ **~**, mitgenommen / arrastrado ‖ **~er Flug** (Rakete) / vuelo *m* propulsado ‖ **~es Organ** (Masch) / órgano *m* accionado ‖ **~es Rad** / rueda *f* accionada ‖ **~es Ritzel** (Übersetzung ins Schnelle) / piñón *m* accionado ‖ **~e Rollenbahn** (Förd) / plano *m* de rodillos accionados ‖ **~e Welle** (Masch) / árbol *m* accionado ‖ **~es Zahnrad** (Untersetzung ins Langsame) / rueda *f* dentada accionada
angewalzt (Teil) / fijado por laminación
angewandt (z.B. Wissenschaft, Statik, Mathematik, Mechanik usw.) / aplicado ‖ **~e Seismik** (Bergb) / exploración *f* sísmica aplicada, prospección *f* por métodos sísmicos
angezapft (Leiter) / derivado ‖ **~** (Telefon) / pinchado, espiado
angezeigt (Messgeräte) / indicado ‖ **~e Machzahl** (Luftf) / número *m* de Mach indicado
angezielter Planet (Raumf) / planeta *m* tomado como objetivo
angezogen (Magnet) / atraído ‖ **~** (Relais) / retenido ‖ **~es Teilchen** (Nukl) / partícula *f* física
angezündet, erleuchtet (Elektr) / encendido, iluminado
angießen (Gieß) / juntar por fundición o fusión ‖ **~** *n* **von Probestücken** (Gieß) / fundición *f* de probetas
Anglasung *f*, Anschmelzung *f* (Vakuum) / soldadura *f* vidrio-metal
angleichen *vt* / adaptar, ajustar, equilibrar, compensar, nivelar ‖ **~** (Kurven) / adaptar (curvas) ‖ **~**, assimilieren / asimilar
Angleich•feder *f* / resorte *m* de compensación ‖ **~menge** *f* (Mot) / caudal *m* de asimilación
Angleichung *f*, Anpassung *f* / adaptación *f*, ajuste *m*, nivelación *f*, compensación *f* ‖ **~** (Mot) / asimilación *f*
Angleich•verfahren *n* (Farbprüfg) / método *m* de comparación ‖ **~weg** *m* / trayectoria *f* de compensación
Anglesit *m*, Vitriolbleierz *m* (Min) / anglesita *f*
angliedern *vt* (allg, Chem) / asociar
Angliederung *f* (Chem) / asociación *f*
Angora•garn *n* (Tex) / hilo *m* de lana de Angora ‖ **~wolle** *f*, Mohairwolle *f* / pelo *m* de cabra de Angora, mohair *m* ‖ **~wolle**, Angorakaninwolle *f* / lana *f* de [pelos de conejo de] Angora, angoratina *f*
Angosturin *n* / angosturina *f*
angreifbar (Chem) / corrosible
Angreifbarkeit *f* / atacabilidad *f*
angreifen *vt*, packen / agarrar, coger (E) ‖ **~**, einwirken [auf] / actuar [sobre] ‖ **~** (Chem, Mil) / atacar ‖ **~**, ätzen (Chem, Hütt) / corroer, afectar, morder ‖ **~**, in Angriff nehmen / acometer, emprender, abordar ‖ **~** *vi* (Kräfte) / atacar, ser aplicado ‖ **~** *n* (Chem, Hütt) / corrosión *f*, mordedura *f*
angreifend, zerfressend / corrosivo, atacante
angrenzend / colindante, lindante, confinante

Angriff *m*, Korrosion *f* / corrosión *f*, ataque *m* ‖ **~**, Einschnitt *m* (im Schlüsselbart) (Schloss) / entalladura *f* (en el paletón) ‖ **~** *m*, Wirksamkeit *f* / acción *f* ‖ **~hemmend**, schlagfest (Glas) / antigolpe, a prueba de golpes
Angriffs•fläche *f* (Korrosion) / superficie *f* de ataque, superficie *f* expuesta a la corrosión ‖ **~fläche**, wirksame Oberfläche / superficie *f* de ataque, superficie *f* activa o efectiva ‖ **~geräte** *n pl* (F'wehr) / útiles *m pl* de ataque, enseres *m pl* de ataque ‖ **~kante** *f* / canto *m* de ataque ‖ **~kraft** *f* / fuerza *f* aplicada o de aplicación ‖ **~linie** *f* (Mech) / línea *f* de aplicación ‖ **~punkt** *m*, Druckmittelpunkt *m* (Mech) / centro *m* de presión ‖ **~punkt der Reibung** / punto *m* de contacto de la fricción, punto *m* de ataque de frotamiento ‖ **~punkt einer Kraft** (Mech) / punto *m* de aplicación (de la fuerza), punto *m* de ataque, punto *m* de acción (de la fuerza) ‖ **~satellit** *m*, Kampfsatellit *m* (Mil) / satélite *m* de ataque o de combate ‖ **~winkel** *m* / ángulo *m* de ataque, ángulo *m* de acción (de la fuerza)
Ångström (veraltet), Å *n* (Phys) / Å, angstroem *m* (1 Å = 10^{-10} m)
angurten (sich) (Kfz, Luftf) / ponerse el cinturón de seguridad, abrochar el cinturón de seguridad
Anguss *m* (Plast) / mazarota *f*, saliente *m* ‖ **~** (Öffnung) (Druckguss) / punto *m* de inyección, entrada *f* ‖ **~**, verlorener Kopf (Gieß) / mazarota *f* (E), cabeza *f* perdida (LA) ‖ **~ in der Angussbuchse** (Plast) / bebedero *m* en el manguito ‖ **~direkter** / bebedero *m* directo ‖ **~abstanzer** *m* (Plast) / cortador *m* de bebederos, cortador *m* de entradas ‖ **~buchse** *f* (Spritzguss) / boquilla *f* de inyección ‖ **~druckstift** *m* (Plast) / espiga *f* de cierre del bebedero ‖ **~farben** *f pl* (Keram) / colorantes *m pl* para cerámica ‖ **~kanal** *m* (Spritzguss) / canal *m* de mazarota **verjüngter ~kanal** (Plast) / canal *m* cónico (de mazarota) ‖ **~kopf** *m* (mittig, [seitlich] gespeist) / cabezal *m* con alimentación central [lateral] ‖ **~los** (Plast) / sin bebedero ‖ **~loses Spritzen** / inyección *f* sin bebedero, moldeo *m* por inyección directa ‖ **~spinne** *f*, Gießtraube *f* (Druckguss, Plast) / pedúnculo *m* ‖ **~-Spritzling** *m* / racimo *m* de piezas moldeadas ‖ **~stelle** *f* (auf dem gespritzten Teil) (Plast) / marca *f* de bebedero ‖ **~trennmaschine** *f* / tronzadora *f* para mazarotas ‖ **~verteiler** *m* (Plast) / canal *m* principal, distribuidor *m* ‖ **~zieher** *m* / extractor *m* de la mazarota o del bebedero
anhaften *vi* [an] / adherir[se], estar adherido a ‖ **von Natur ~** / ser inherente [a] ‖ **~** *n* / adhesión *f*, adherencia *f*
anhaftend, anhängend / adherente, adhesivo ‖ **~er Fehler** (DV) / error *m* inherente ‖ **~e Feuchtigkeit** / humedad *f* adherente
Anhaftungslänge *f* (Stahlbeton) / longitud *f* de adherencia
anhaken *vt* / fijar con ganch[it]os, enganchar, colgar de un gancho
Anhalt *m*, Anhaltszahlen *f pl* / cifras *f pl* de orientación, cifras *f pl* de referencia ‖ **~**, Hinweis *m* / indicación *f*, indicio *m*
anhalten *vt*, stoppen / parar, detener, detener, hacer parar ‖ **~** *vi* (Kfz) / pararse, detenerse ‖ **~**, sich fortsetzen / continuar, proseguir, sostener, durar, persistir ‖ **~** *n*, Aufhalten *n* / parada *f*, detención *f* ‖ **~** (infolge Überlastung) / parada *f* por sobrecarga
anhaltend, bleibend / permanente, continuo, incesante ‖ **~** (Regen, Trockenheit, Dauer...) / pertinaz ‖ **~e Datenübertragung** (DV) / flujo *m* continuo de datos, corriente *f* de datos ‖ **~er Druck** (Taste) / pulsación *f* sostenida ‖ **~e Regelabweichung** (DV) / desviación *f* sostenida
Anhalte•vorrichtung *f* (Masch) / dispositivo *m* de parada ‖ **~weg** *m*, Anhaltestrecke *f* (Kfz) / recorrido *m* de parada, distancia *f* de parada

58

Anhaltswert m / valor m de referencia, valor m de orientación
anhand [von] / mediante, por medio de
Anhang, Nachtrag m / suplemento m, anexo m, apéndice m
Anhänge•... (Kfz) / de remolque, remolcado ‖ ≃**adresse** f / etiqueta f colgante ‖ ≃**-Aufreißer** m (Straßb) / escarificadora f remolcada ‖ ≃**fahrzeug** n (Kfz) / vehículo m remolcado o arrastrado ‖ ≃**gerät** n (Landw) / apero m remolcado o de enganche ‖ ≃**last** f (Bahn) / carga f remolcada ‖ ≃**leiter** f (F'wehr) / escalera f remolcada, remolque m con escalera ‖ ≃**marke,** Ansteckmarke f / pegatina f, emblema m
anhängen vt, anheften, anbringen / fijar, pegar, juntar ‖ ~, aufhängen / colgar [de], suspender [de] ‖ ~ (Kfz, Mech) / enganchar, acoplar ‖ ~ (ohne Absatz) (Druck) / poner de seguido, componer sin hacer párrafo ‖ **Wagen** ~ (Bahn) / enganchar un vagón, agregar ‖ ≃ n (Kfz) / acoplamiento m, enganche m ‖ ≃ (Gieß) / defecto m de pegarse
anhängend, anhaftend / colgante, adhesivo, adherente
Anhängepflug m (Landw) / arado m remolcado o de remolque, arado m de arrastre
Anhänger m, Anhängezettel m / etiqueta f colgante ‖ ≃, Anhängefahrzeug n (Kfz) / remolque m (E), vehículo m remolcado, acoplado m (LA) ‖ ≃, Beiwagen m (Straßenbahn) / remolque m ‖ ≃ **für lange Gegenstände** (Kfz) / remolque m para objetos largos ‖ ≃ **für Sattelschlepper** / remolque m articulado, semirremolque m ‖ ≃ **mit Zweiachslenkung** / remolque m con dirección sobre dos ejes ‖ **ohne** ≃ **fahrend** (Zugmasch.) / en ruta sin remolque ‖ ≃**beleuchtung** f / iluminación f de remolque ‖ ≃**bremse** f / freno m de remolque (E), freno m de acoplado (LA) ‖ ≃**bremskraftregler** m / regulador m de la fuerza [o potencia] de freno para remolque ‖ ≃**bremsventil** n / válvula f de freno para remolque ‖ ≃**deichsel** f / lanza f de remolque ‖ ≃**drehgestell** n **für Sattelschlepper** / silla f de apoyo para semirremolque ‖ ≃**gewicht** n / peso m remolcado ‖ ≃**kabel** n / cable m de[l] remolque ‖ ≃**kupplung** f / acoplamiento m del remolque, enganche m para remolque ‖ ≃**steckdose** f / caja f de enchufe para cable del remolque ‖ ≃**stecker** m / clavija f para cable del remolque ‖ ≃**steuerventil** n / válvula f de freno para remolque ‖ ≃**triebachse** f (Landw) / ruedas f pl motrices de remolque, eje m propulsado del remolque ‖ ≃**-Zuggabel** f (Kfz) / horquilla f del remolque ‖ ≃**-Zughaken** m / gancho m del remolque ‖ ≃**-Zugmaul** n / boca f de enganche para remolque
Anhänge•schiene f, Ackerschiene f (Landw) / barra f de enganche ‖ ≃**schloss** n / candado m ‖ ≃**schürfzug** m (Straßb) / scraper m de remolque, raedera f de remolque ‖ ≃**vorrichtung** f (Landw) / dispositivo m de enganche (para aperos de labranza) ‖ ≃**vorrichtung** (Kfz) / dispositivo m de remolque (para vehículos)
Anhangseiten f pl (Druck) / páginas f pl del suplemento
Anhänguhr f / reloj m colgante
Anhaublech n (Landw, Mähmaschine) / chapa f de arrastre, pala f recogedora
anhauen vt (Bergb) / atacar una vena
anhäufeln (mit Erde) (Landw) / aporcar ‖ ≃ n (Landw) / aporcadura f, aporcado m
anhäufen vt / acumular, amontonar ‖ **sich** ~ / acumularse, amontonarse
Anhäufung f, Haufen m / amontonamiento m, montón m ‖ ≃ / acumulación f, apilamiento m, aglomeración f, acopio m, hacinamiento m ‖ ≃, Komplex m / acumulación f de objetos ‖ ≃, Stauung f (Verkehr) / congestión f, embotellamiento m
Anhäufungszeichen n (Fernm) / tonalidad f de ocupación de grupo
anheben vt (Lasten usw.) / levantar (cargas etc.), alzar, elevar ‖ ~ (m.d. Brechstange) / alzaprimar ‖ ~,

erhöhen (Elektr) / aumentar (la tensión) ‖ ~ (die Bässe)(HiFi) / enfatizar (los graves) ‖ **Frequenzen** ~ (Eltronik) / enfatizar frecuencias, pre-enfatizar frecuencias ‖ **hier** ~ ! / ¡levantar aquí ! ‖ ≃ n (allg) / levantamiento m, elevación f ‖ ≃ m **der Kathode** / subida f del potencial del cátodo
Anhebevorrichtung f / dispositivo m elevador
Anhebung f, Akzentuierung f (Frequenz) / acentuación f, preacentuación f, preénfasis f ‖ ≃ **der Tonlage** (Eltronik) / acentuación f, reforzamiento m
Anhebungsfilter n (Eltronik) / filtro m de [pre]acentuación
anheften vt / pegar [en], fijar [en], sujetar [a]
Anheiz•dauer f / duración f del calentamiento ‖ ≃**einrichtung,** -vorrichtung f / dispositivo m de precalentamiento, precalentador m, instalación f de precalentamiento
anheizen vt / calentar, comenzar a calentar ‖ ~, vorwärmen / precalentar ‖ ≃ n (Kessel) / encendido m ‖ ≃, Aufheizen n / calentamiento m
Anheiz•kerze f (Mot) / bujía f de calentamiento ‖ ≃**kurve** f (Masch) / curva f de calentamiento ‖ ≃**verlust** m / pérdida f por encendido ‖ ≃**zeit** f (Schw) / tiempo m de [pre]calentamiento ‖ ≃**zeit** (Eltronik) / tiempo m de calentamiento, tiempo m de precaldeo
Anhieb m (Bergb) / talla f
Anhister, Anhyster (Legierung) / anhister m (acero + níquel)
Anhöhe f (Geo) / colina f
Anhören n, Abhören n (Mil) / escucha f
Anhub m, Anheben n / levantamiento m [inicial] ‖ ≃, Ansaugung f (Pumpe) / aspiración f
Anhydrase f (Chem) / anhidrasa f
Anhydrid n (Chem) / anhídrido m
anhydrisch, anhydr. / anhidro
Anhydrisierungsmittel n / deshidrante m
Anhydrit m, wasserfreier Gips / anhidrita f, yeso m anhidro ‖ ≃**binder** m (Bau) / aglomerante m de anhidrita ‖ ≃**estrich** m (Bau) / solado m de anhidrita ‖ ≃**spat** m, Würfelspat m (Min) / fluoruro m de calcio
Änigmatit, Kölbingit m (Min) / enigmatita f
Anil n (Chem) / anilo m, añil m ‖ ≃**blau** n / azul m añil
Anilid n / anilida f
Anilin, Aminobenzol n / anilina f, aminobenceno m
Anilin- od. Viktoriaorange n / anaranjado m de anilina
Anilin•blau n (Färb) / azul m de anilina ‖ ≃**druck** m (Druck) / flexografía f, impresión f con clisés flexibles o plasticos ‖ ≃**farbe** f (Teerfarbstoff) (Chem) / colorante m [de] anilina ‖ ≃**gelb** n / amarillo m de anilina, p-aminoazobenzeno m ‖ ≃**harz** n / resina f de anilina ‖ ≃**öl** n, technisches Anilin / aceite m de anilina, anilina f técnica, anilina f para fines técnicos ‖ ≃**punkt** m, AP (Chem) / punto m [de temperatura] de anilina ‖ ≃**rot** n / rojo m de anilina, fucsina f S ‖ ≃**salz,** -hydrochlorid n / sal f de anilina, hidrocloruro m de anilina, clorhidrato m de anilina ‖ ≃**schwarz** n / negro m de anilina ‖ ≃**sulfo[n]säure** f / ácido m anilinsulfónico ‖ ≃**vergiftung** f, Anilismus m (Med) / intoxicación f por anilina, anilismo m
animalisch, tierisch / animal ‖ ~ **geleimt** (Pap) / encolado con cola animal ‖ ~**es Schmiermittel** / lubrificante m animal
animalisieren vt (Zellulosefaserstoffe) / animalizar
Animeharz n, Animegummi m / resina f de anime o curbaril, goma f de anime
Anion n (Elektr) / anión m
anionen•aktiv (Chem) / aniónico-activo, anionactivo ‖ ≃**austauscher** m / cambiador m de aniones ‖ ≃**bett** n / lecho m aniónico ‖ ≃**filter** n / filtro m aniónico
anionische Netzmittel n pl (Chem) / detergentes m pl aniónicos, humectante m aniónico
Aniontensid n / agente m aniónico surfactivo

Anis *m* (Bot) / anís *m* (pl.: anises) ‖ ⁓**aldehyd** *m* (Chem) / aldehído *m* anísico, anisaldehído *m* ‖ ⁓**alkohol** *m* / alcohol *m* anísico
Aniseikonie *f* (Opt) / aniseiconia *f*
Anisidin *n* (Chem) / anisidina *f*, metoxianilina *f*
anisoelastisch (Drift) / anisoelástico (deriva)
Anisöl *n* (Chem) / esencia *f* de anís
Anisol *n* / anisol *m*, éter *m* de fenato de metilo
aniso•mer (Chem) / anisómero ‖ ⁓**metrisch** (Zeichn) / anisométrico ‖ ⁓**metropie** *f* (Med, Opt) / anisometropía *f* ‖ ⁓**tonisch** (Biol) / anisotónico
anisotrop•[isch] (Phys) / anisótropo ‖ ⁓**e Flüssigkeit**, Flüssigkristall *m* / líquido *m* anisótropo, cristal *m* líquido
Anisotropie *f* / anisotropía *f* ‖ ⁓**faktor** *m* (Ultraschall) / factor *m* de anisotropía
anisotropischer Komafehler (TV) / coma *m* anisótropo
Anisyl *n* (Chem) / anisilo *m*, anisol *m*
Ankathete *f* **zu** α (Math) / lado *m* adyacente a α
Anke *f*, Vertiefstempel *m* (Schm) / dado *m* de embutir
Anker *m* (Schiff) / ancla *f*, ferro *m* ‖ ⁓, Läufer *m* (Elektr) / inducido *m*, rotor *m* ‖ ⁓ (Hochofen) / dispositivo *m* de anclaje ‖ ⁓ (Teil der Hemmung) (Uhr) / áncora *f* ‖ ⁓ (Grubenausbau) / bulón *m* de anclaje, perno *m* ‖ ⁓ (Regler usw., Relais) / armadura *f* ‖ ⁓, Schlauder *f* (Bau) / ancla *f*, tirante *m* ‖ ⁓, Zuganker *m* / riostra *f*, tornapunta *f*, tirante *m* ‖ ⁓**...** (Elektr) / de[l] inducido o rotor, rotórico ‖ ⁓ *m* **des Spannungsreglers** (Kfz) / armadura *f* vibrante, paleta *f* vibrante o móvil ‖ ⁓ **für Aufhängung von Wandelementen** (Bau) / agujón *m* de anclaje ‖ ⁓ **lichten** (Schiff) / arronzar ‖ ⁓ *m* **mit geschlossenen [oder offenen] Nuten** (Elektr) / rotor *m* con ranuras cerradas [o abiertas], inducido *m* con ranuras cerradas [o abiertas] ‖ ⁓ **mit geschlossener [oder offener] Wicklung** (Elektr) / inducido *m* con arrollamiento cerrado [o abierto], rotor *m* con arrollamiento cerrado [o abierto] ‖ ⁓ **mit konstantem Luftspalt** (Elektr) / rotor *m* de entrehierro constante ‖ ⁓ **mit Spulenwicklung**, Drahtanker *m* / inducido *m* [con arrollamiento] bobinado, rotor *m* [con arrollamiento] bobinado ‖ ⁓ *m* **mit Stabwicklung**, Stabanker *m* (Elektr) / inducido *m* [con arrollamiento] de barras, rotor *m* [con arrollamiento] de barras ‖ ⁓ **von Pfosten**, Verankerung *f* / anclaje *m* ‖ **mit einem** ⁓ **versehen** (Bau) / anclar, dotar de [un] ancla ‖ **ruhender o. feststehender** ⁓ (Elektr) / inducido *m* fijo ‖ **umlaufender oder rotierender** ⁓, Drehanker *m* (Elektr) / inducido *m* rotatorio o giratorio ‖ **vor** ⁓ **liegen** (Schiff) / estar surto ‖ **vor schleppendem** ⁓ **treiben** (Schiff) / garrear *vi*
Anker•abfall *m* (Relais) / vuelta *f* a reposo de la armadura, caída *f* de la armadura, desexcitación *f* ‖ ⁓**abfallverzögerung** *f* (Relais) / abertura *f* retardada ‖ ⁓**anzug** *m* (Relais) / atracción *f* de la armadura, excitación *f* de la armadura ‖ ⁓**arm** *m*, Spurhalter *m* (Bahn, Fahrleitung) / brazo *m* de anclaje, brazo *m* de retención, brazo *m* de arriostramiento ‖ ⁓**arm** (Schiff) / brazo *m* de rentención ‖ ⁓**auge** *n*, -ring *m*, -kettenschäkel *m* / arganeo *m* ‖ ⁓**ausbau** *m* (Bergb) / entibación *f* mediante bulones de anclaje ‖ ⁓**bandage**, -bandagierung *f* (Elektr) / envoltura *f* del inducido o rotor, zuncho *m* ‖ ⁓**barre** *f* (Feuerraum) / riostra *f* del techo del hogar ‖ ⁓**befestigung** *f*, Verankerung *f* (Bahn, Bau, Bergb) / anclaje *m*
ankerben (Holz, Masch) / entallar, muescar, hacer una entalladura o muesca
Anker•blech *n*, -schnitt *m* (Elektr) / chapa *f* del rotor [o del inducido] ‖ **zusammengesetztes** ⁓**blech**, Segmentblech *n* (Elektr) / chapa *f* del segmento del rotor ‖ ⁓**block** *m* s. Ankerklotz ‖ ⁓**bohrmaschine** *f* (Bergb) / bulonadora *f* ‖ ⁓**bohrung** *f*, -ausbohrung *f* (Elektr) / diámetro *m* interior del rotor, taladro *m* del rotor ‖ ⁓**bohrung**, Ankerluft *f* / abertura *f* del rotor ‖ ⁓**bohrung** (Bergb) / taladro *m* de anclaje, taladro *m* del

bulonaje ‖ ⁓**bohrwagen** *m* (Bergb) / bulonadora *f* integral ‖ ⁓**boje** *f* (zur Markierung des Ankers) (Schiff) / boya *f* de ancla, boya *f* de anclaje, boyarín *m* ‖ ⁓**boje**, Festmacheboje *f* / boya *f* de amarre ‖ ⁓**bolzen** *m* / perno *m* de anclaje ‖ ⁓**bolzen** (Bergb) / bulón *m*, chaveta *f* ‖ ⁓**bremse** *f* (Elektr) / freno *m* del inducido ‖ ⁓**brücke** *f* (Uhr) / puente *m* de áncora, platina *f* ‖ ⁓**buchse** *f* (Elektr) / manguito *m* de inducido ‖ ⁓**davit** *n* (Schiff) / pescante *m* de ancla ‖ ⁓**deckplatte**, -kopfdruckplatte *f* (Elektr) / placa *f* terminal del inducido ‖ ⁓**durchflutung** *f* / ampere-vueltas *f pl* del inducido ‖ ⁓**eisen** *n*, -kern *m* / núcleo *m* del inducido ‖ ⁓**feder** *f* (Uhr) / resorte *m* de escape ‖ ⁓**feder am Läutewerk** / resorte *m* inductor ‖ ⁓**feld** *n* (Elektr) / campo *m* del inducido ‖ ⁓**flansch** *m* (Elektr) / brida *f* del rotor ‖ ⁓**flunke** *f*, -schaufel *f*, -schar *f* (Schiff) / uña *f* de ancla ‖ ⁓**fluss** *m*, -kraftfluss *m* (Elektr) / flujo *m* de fuerzo del rotor, flujo *m* magnético del inducido ‖ ⁓**gang** *m*, -hemmung *f* (Uhr) / escape *m* de áncora ‖ ⁓**gegenwirkung** *f* (Elektr) / reacción *f* del inducido ‖ ⁓**geregelt** (Elektr) / con regulación del inducido ‖ ⁓**geschirr** *n* (Schiff) / aparejo *m* del ancla ‖ ⁓**grund** *m* (Schiff) / fondeadero *m* ‖ ⁓**haken** *m* (Freileitung) / gancho *m* de anclaje ‖ ⁓**haken** (Leitungsmast) / gancho *m* de anclaje ‖ ⁓**hals** *m*, -krone *f*, Ankerkreuz *n* (Schiff) / corona *f* del ancla, cruz *f* de ancla ‖ ⁓**hemmung** *f* (Uhr) / escape *m* de áncora ‖ ⁓**hemmung in gerader Linie**, geradliniger Anker (Uhr) / escape *m* [de áncora] en línea recta, áncora *f* en línea recta ‖ ⁓**induktion** *f* (Elektr) / inducción *f* del o en el inducido
Ankerit *m* (Min) / ankerita *f*
Anker•kabel *n* (Schiff) / amarra *f*, calabrote *m* de ancla, (Gran *f* Bretaña:) cadena de ancla ‖ ⁓**kern** *m* (Elektr) / núcleo *m* del inducido ‖ ⁓**kette** *f* (Schiff) / cadena *f* de[l] ancla ‖ ⁓**kettenschäkel** *m*, -ring *m* / grillete *m* de la cadena de ancla ‖ ⁓**kloben** *m* (Uhr) / puente *m* de áncora ‖ ⁓**klotz** *m*, Ankerblock *m* (Leitungsmast) / bloque *m* de anclaje ‖ ⁓**klüse** *f* (Schiff) / escobén *m* ‖ ⁓**konstante** *f* (Elektr) / constante *f* del inducido ‖ ⁓**kopfdruckplatte** *f* (Elektr) / placa *f* terminal del inducido ‖ ⁓**körper** *m* (Elektr) / cuerpo *m* del inducido, cuerpo *m* del rotor ‖ ⁓**[kraft]fluss** *m* / flujo *m* de fuerza del inducido [o rotor] ‖ ⁓**kraftlinie** *f* / línea *f* de fuerza del inducido [o rotor] ‖ ⁓**kran** *m* (Schiff) / grúa *f* del ancla ‖ ⁓**kreisumschaltung** *f* (Elektr) / reversión *f* por conmutación del circuito de inducido ‖ ⁓**kreuz** *m*, -krone *f* (Schiff) / cruz *f* de ancla, corona *f* de ancla ‖ ⁓**kühl[ungs]kanal** *m* (Elektr) / conducto *m* de refrigeración del inducido [o rotor] ‖ ⁓**kurzschlussbremse** *f* / freno *m* por [puesta en] cortocircuito del rotor ‖ ⁓**laterne** *f*, -licht *n* (Schiff) / fuego *m* de fondeadero, luz *f* de fondeadero ‖ ⁓**lichtmaschine** *f*, Ankerwinde *f* (Schiff) / cabria *f* de ancla, chigre *m* de ancla, molinete *m* de ancla ‖ ⁓**loch** *n* (Bau, Bergb) / agujero *m* de anclaje ‖ ⁓**masse** *f* (Elektr) / [masa *f* de] inercia del rotor ‖ ⁓**mast** *m* (für Luftschiff) / torre *f* de amarre, mástil *m* de amarre ‖ ⁓**mauer** *f* (Bau) / muro *m* de anclaje
ankern *vi* (Schiff) / fondear, anclar, echar anclas, surgir ‖ ⁓ *n* / fondeo *m*
Anker•nennstrom *m* (Elektr) / intensidad *f* minimal del rotor ‖ ⁓**nut** *f* (Elektr) / ranura *f* del rotor [o inducido] ‖ ⁓**paket** *n* (Elektr) / paquete *m* de chapas ‖ ⁓**pfahl** *m* (Bau) / poste *m* de anclaje ‖ ⁓**platte**, -rosette *f* (Bau) / placa *f* de anclaje, platillo *m* de anclaje o de sujeción, placa *f* de base ‖ ⁓**platz** *m* / fondeadero *m*, ancladero *m*, surgidero *m* ‖ ⁓**presse** *f* (Elektr) / prensa *f* para [empacar] chapas de inducido ‖ ⁓**prüfgerät** *n* (Elektr) / verificador *m* del inducido [o rotor], comprobador *m* ‖ ⁓**querfeld** *n* (Elektr) / campo *m* transversal del inducido ‖ ⁓**rakete** *f* (Schiff) / cohete *m* de ancla ‖ ⁓**reaktanz** *f* (Elektr) / reactancia *f* de inducido ‖ ⁓**reche** *f* (Bergb) / fila *f* de bulones, hilera *f* de bulones

‖ ⁓**rohr** n (Hütt) / tubo m de anclaje ‖ ⁓**-Röring** m (Schiff) / arganeo m ‖ ⁓**rückwirkung** f (Elektr) / reacción f de[l] inducido [o rotor] ‖ ⁓**rührwerk** n (Chem, Masch) / agitador m de anclas cruzadas (o en cruz) ‖ ⁓**schaft** m (Schiff) / caña f de[l] ancla ‖ ⁓**schar**, Flunke f (Schiff) / uña f de ancla ‖ ⁓**schelle** f (Leitungsmast) / abrazadera f para cable de anclaje ‖ ⁓**schiene** f (Bau, Elektr) / barra f de anclaje ‖ ⁓**schnitt** m (Elektr) / chapa f del inducido ‖ ⁓**schraube** f (Bau) / tornillo m de anclaje, perno m de fundación, bulón m de anclaje ‖ ⁓**seil** n, Halte-, Verankerungsseil n (Bau) / cable m tensor ‖ ⁓**seil**, Führungskabel n (Fallschirm) / cable-guía m, cable m estático ‖ ⁓**seite** f, Ablaufende n des Bremsschuhes (Trommelbremse) / lado m de fijación de la zapata de freno ‖ ⁓**spannschraube** f (Bau) / tornillo m tensor del cable de retención ‖ ⁓**spill** n (senkrechte Achse) (Schiff) / cabrestante m de ancla, chigre m ‖ ⁓**spitze** f (Schiff) / pico m de loro ‖ ⁓**spule** f (Elektr) / bobina f o carrete del inducido ‖ ⁓**stab** m, Ankerwicklungsstab m (Elektr) / barra f del rotor ‖ ⁓**stein** n (der Hemmung) (Uhr) / paleta f ‖ ⁓**stein** (Bau) / piedra f de anclaje, ladrillo m de anclaje ‖ ⁓**stern** m (Elektr) / estrella f del inducido ‖ ⁓**stift** m (Plast) / clavija f de anclaje ‖ ⁓**stock** m (Schiff) / asta de ancla f ‖ ⁓**streufluss** m (Elektr) / flujo m de dispersión en el inducido ‖ ⁓**streuung** f (Elektr) / dispersión f en el inducido ‖ ⁓**strom** m (Elektr) / corriente f del inducido, corriente f del rotor ‖ ⁓**stromkreis** m / circuito m [de devanado] del inducido ‖ ⁓**tau** n (Schiff) / gúmena f ‖ ⁓**trommel** f (Elektr) / tambor m del inducido ‖ ⁓**-Türstock-Ausbau** m (Bergb) / maderamen m de puntales y butones ‖ ⁓**uhr** f (Uhr) / reloj m de áncora ‖ ⁓**vertäuung** f (Schiff) / amarras f pl ‖ ⁓**welle** f (Uhr) / árbol m del áncora ‖ ⁓**welle** f (Elektr) / árbol m del inducido [o del rotor] ‖ ⁓**wickelmaschine** f (Elektr) / bobinadora f para inducidos, máquina f de bobinar inducidos ‖ ⁓**wicklung** f (Elektr) / devanado m del inducido, arrollamiento m del inducido [o del rotor] ‖ ⁓[**wicklungs**]**stab** m (Elektr) / barra f de inducido ‖ ⁓**widerstand** m (Elektr) / resistencia f del inducido ‖ ⁓**windung** f (Elektr) / espira f de la bobina del inducido ‖ ⁓**zahn** m (Elektr) / diente m del inducido
anketteln vi (Tex) / remallar género de punto ‖ ⁓ n / remallado m, remallaje m
anketten vt / encadenar, asegurar con cadena[s]
ankitten vt / pegar con masilla, enmasillar ‖ ⁓ n (Keram) / pegado m con masilla
anklammern vt, mit Klammern befestigen / fijar con grapas o gafas, engrapar (E), engrampar (LA), asegurar con grapones
ankleben vt / pegar (con pegamento), encolar (con cola), engomar (con goma), pegar con masilla ‖ ~ vi, kleben bleiben / adherirse, quedar adherido, pegarse
Ankleideraum m (Bau) / vestuario m
Ankleidezimmer n [**mit Bad**] / cuarto m de aseo
anklemmen vt / apretar, enclavar ‖ **Draht** ~ (Elektr) / conectar al borne
Anklemmsteckende n (Bergb) / elemento m de unión (para las monteras de galería y de techo)
anklicken vt (m. d. Maus) (DV) / hacer clic, clicar, pinchar
Anklingzeit, Steigzeit f (Luminescenz) / tiempo m de subida
Anklopfen n (Telefon) (Fernm) / llamada f de espera
anknallen vt (coll), Schrauben fest anziehen / apretar fuertemente los tornillos
anknüpfen vt, anknoten (Web) / anudar ‖ ⁓ n, Anknoten n (Web) / anudado m
Anknüpfer m (Web) / anudador m
Anknüpfmaschine f (Web) / máquina f de anudar
ankohlen vt (Holz) / chamuscar ‖ ⁓ n (Holzpfähle) / chamuscado m

ankommend•e (o. **hereinkommende**) **Leitung** (Fernm) / línea f de entrada ‖ ⁓**er Verkehr** / tráfico m entrante ‖ ⁓**e Züge** pl (o. Schiffe) / llegadas f pl
anköpfen vt, Köpfe anstauchen (Masch) / recalcar cabezas
ankoppeln vt (allg, Kfz) / acoplar, enganchar ‖ ~ (Raumf) / ensamblar, efectuar el docking ‖ ⁓ n (Bahn, Kfz) / acoplado m, acoplamiento m ‖ ⁓ (Raumf) / acoplamiento m, docking m
Ankopplung f (Ultraschall) / contacto m entre pieza y palpador
Ankopplungs•manöver n (Raumf) / maniobra f de acoplamiento, docking m ‖ ⁓**spule** f, Ankoppelspule f (Eltronik) / bobina f de acoplamiento ‖ ⁓**trichter** m (Wellenleiter) / bocina m de acoplamiento
Ankörnbohrer m (Wz) / broca f de granetear
ankörnen vt / granetear, marcar con granete o con punzón, centrar ‖ ⁓ n (Wzm) / centrado m, centraje m
Ankörnmaschine f, Anbohrmaschine f (Wzm) / máquina f de centrar
Ankreis m (Math) / círculo m exinscrito
ankreiseln, die Hubschraube ~ (Luftf) / hacer girar el rotor
ankreuzen vt / marcar con [una] cruz
Ankündigung f (TV) / presentación f ‖ ⁓ **einer Geschwindigkeitsbeschränkung** (Bahn) / indicación f de marcha a velocidad reducida
Ankündigungs•bake f (Bahn) / poste m anunciador de señal, avisador m óptico de señal, avisador m óptico ‖ ⁓**signal** n (eines Vorsignals) (Bahn) / señal f de distancia, señal f avanzada, indicación f de precaución, anuncio f de precaución, precaución f
Ankunft f (Schiff) / llegada f, arribo m
Ankunfts•amt n (Fernm) / central f de destino, central f de llegada ‖ ⁓**anzeige** f (Bahn, Luftf) / indicación f de llegada ‖ ⁓**bahnsteig** m / andén m de llegada ‖ ⁓**gate** n (Luftf) / puerta f de llegada ‖ ⁓**gleis** n / vía f de llegada ‖ ⁓**zeit** f (Bahn, Luftf) / hora f de llegada
ankuppeln vt (Bahn) / acoplar, enganchar
ankurbeln vt (Mot) / accionar la manivela, poner en marcha ‖ ⁓ n (Kfz) / puesta f en marcha (con la manivela)
Anlage f, Anordnung f / disposición f ‖ ~, Werk n / planta f, central f, fábrica f, instalación f, establecimiento m, talleres m pl ‖ ~, Beilage f / anexo m, suplemento m, pieza f adjunta ‖ ~ (Pflug) / talón m de la costanera ‖ ~, Errichtung f (Vorgang) (Bau) / construcción f, edificación f ‖ ~ (Druck) / guía f de alimentación, marginación f ‖ ~ **ohne stabilisierte Plattform** (Nav, Raumf) / instalación f "strapdown" ‖ **satte** ~ / contacto m íntimo, asiento m íntimo ‖ **technische** ~ **jeder Art** / instalación f, equipo m, grupo m ‖ **zur** ~ **kommen** (Schraube) / apretar sobre
Anlage•apparat m (Druck) / alimentador m mecánico, marcador m, introductor m, ponepliegos m ‖ ~**bedingt**, constitucional, inherente ‖ ⁓**daten** pl (bei Kernmaterialüberwachung) (Nukl) / datos m pl descriptivos, información f descriptiva ‖ ⁓**fläche** f (allg) / superficie f de contacto o de apoyo ‖ ⁓**fläche** (Schleifscheibe) / cubo m ‖ ⁓**fläche** (Kegelrad) / cara f de referencia de la rueda cónica ‖ ⁓**kosten** f (F.Org) / costes m pl iniciales, costes m pl de instalación ‖ ⁓**maß** n (Opt) / distancia f de aplicación
anlagen•abhängig (DV) / dependiente de la máquina, no autónomo ‖ ⁓**ausrüstung** f (Hardware) (DV) / configuración f del equipo físico ‖ ⁓**bau u. -betrieb** / construcción f y explotación de instalaciones [o equipos] ‖ ⁓**fehler** m (DV) / error m de sistema ‖ ⁓**komplex** m (Masch) / conjunto m de instalaciones ‖ ⁓**mechaniker** m **für Sanitär-, Heizungs- und Klimatechnik** (früher: Installateur) / mecánico m de instalaciones sanitarias y de calefacción y climatización ‖ ⁓**schaltbild** n, Geräteschaltbild n (Elektr) / esquema m de conexiones, cuadro m de

61

Anlagentechnik

conexión (del aparato) ‖ ≃**technik** f / técnica f de instalaciones y equipos ‖ **[industrielle]** ≃**technik** / ingeniería f de plantas [industriales]
Anlageplan m (allg. Techn) / plano m de construcción, plano m de instalación ‖ ≃ (Bau) / plano m de la obra
anlagern vt (Chem) / adicionar, asociar, fijar por adición ‖ **sich** ~ (Chem) / adicionarse, fijarse por adición ‖ **sich** ~, anlanden (Geol) / depositarse por aluvión, sedimentarse por aluvión
Anlagerung f (allg) / adicionamiento m, acumulación f, agregación f ‖ ≃ (Chem) / adición f, fijación f ‖ ≃ (Polymere) / adición f de polímeros ‖ ≃, Vernetzung f (Chem) / reticulación f ‖ ≃ (Geol) / aglomerado m, acumulación f de sedimentos, sedimentación f ‖ ≃, Inkrustation f / incrustación f ‖ ≃ **von Elektronen** [an] / fijación f de electrones
anlagerungs•fähig (Chem) / susceptible de fijarse por adición ‖ ≃**reaktion** f, Additionsreaktion f (Chem, Nukl) / reacción f de adición, reacción f de acumulación ‖ ≃**verbindung** f (Chem) / compuesto m de adición ‖ ≃**wahrscheinlichkeit** f (Eltronik) / probabilidad f de fijación ‖ ≃**wasser** n, hygroskopisches Wasser (Geol) / agua f fijada en el suelo, agua f higroscópica
Anlage•schulter f (Lager) / tope m, resalte m, saliente m ‖ ≃**stirnfläche** f (Getriebe) / superficie f de contacto, cara f frontal de contacto ‖ ≃**tisch** m (Druck) / mesa f de alimentación ‖ ~**weit**, in der gesamten Anlage o. Fabrik / en toda la planta
anlanden vt, Fang an Land bringen (Schiff) / alijar, descargar, desembarcar
Anlandung f (Hydr) / aluvión m, acumulación f de sedimentación, depósito m aluvial
anlaschen vt (Schiff) / abarbet[e]ar (buque) ‖ ~ (Masch) / unir mediante eclisa
Anlass• ... (Kfz) s. auch Anlasser... ‖ ≃**ätzung** f (Hütt) / ataque m por oxidación en caliente ‖ ≃**automatik** f (Kfz) / arranque m automático ‖ ≃**bad** n (Hütt) / baño m de revenido ‖ ≃**batterie** f (Kfz) / pilas f pl de arranque, batería f de arranque ‖ ≃**behandlung** f (Stahl) / tratamiento m de revenido ‖ ≃**beständigkeit** f (Stahl) / resistencia f al revenido ‖ ≃**drehzahl** f (Mot) / velocidad f [de giro] de arranque ‖ ≃**druckknopf** m (Kfz) / botón m de arranque, pulsador m de arranque ‖ ≃**einspritzpumpe** f (Luftf) / bomba f de inyección de arranque
anlassen vt (Maschine, Schwungrad) / cebar (máquina, volante) ‖ ~ (Kfz) / arrancar, poner en marcha [el motor] ‖ ~ (Hütt) / revenir, recocer (después del temple), normalizar ‖ ~ (Duralumin) / envejecer ‖ ~ (Plast) / recocer ‖ **bei 200 ° C** ~ (o. nachlassen) (Hütt) / revenir a 200° C ‖ ≃ n, Starten n / arranque m, puesta f en marcha ‖ ~ (nach dem Härten) (Stahl) / revenido (debajo del punto crítico), recocido (erróneamente) ‖ ≃ **unter geringer Last, [Halblast, Vollast]** / arranque m bajo ligera carga [bajo media o plena carga] ‖ ≃ **unter Luftabschluss** (o. in Kisten) / revenido m en caja, revenido m con cierre hermético al aire
Anlasser m, Starter m (Kfz) / motor m de arranque, arrancador m, arranque m, stárter m ‖ ≃ **mit Langsamschaltvorrichtung** (Kfz) / arrancador m eléctrico con dispositivo de acción lenta ‖ ≃**kabel** n / cable m de arranque ‖ ≃**motor** m (Elektr) / motor m arrancador, motor m de arranque ‖ ≃**ritzel**, -getriebe n (Kfz) / piñón m del arrancador ‖ ≃**schalter** m / interruptor m de arranque, interruptor m del arrancador ‖ ≃**stromkreis** m (Fernm, Kfz) / circuito m de arranque
Anlass•erweichung f (Stahl) / ablandamiento m por revenido ‖ ≃**fahrschalter** m (Bahn) / combinador m de arranque ‖ ≃**farbe** f (Hütt) / color m de revenido ‖ ≃**-Ferritisierung** f / ferritización f por revenido ‖ ≃**festigkeit** f (Stahl) / resistencia f después del revenido ‖ ≃**gasturbine** f (Luftf) / turbostárter m, turbina f de gas para arranque ‖ ≃**gefüge** n (Hütt) / textura f de revenido, estructura f de revenido ‖ ≃**härte** f (Hütt) / dureza f después del revenido ‖ ≃**härtung** f / temple m por revenido ‖ ≃**hebel** m (Mot) / palanca f de arranque ‖ ≃**-Hilfswicklung** f (Elektr) / arrollamiento m auxiliar de arranque ‖ ≃**impuls** m / impulso m de arranque ‖ ≃**kondensatormotor** m / motor m de condensador para el arranque ‖ ≃**kranz** m (Kfz) / corona f [dentada] de arranque ‖ ≃**leistung** f (Mot) / potencia f inicial o de arranque ‖ ≃**luftbehälter** m (Diesel) (Kfz) / depósito de aire para el arranque ‖ ≃**luftsteuerung** f / distribución f del aire de arranque ‖ ≃**magnet** m / imán m de arranque ‖ ≃**magnetschalter** m (Kfz) / interruptor m electromagnético de arranque, relé m de arranque ‖ ≃**motor** m, Starter m (Kfz) / motor m de arranque, arrancador m ‖ ≃**motor** (Nähm) / motor m regulable por combinador ‖ ≃**nocken** m (Kfz) / leva f de arranque ‖ ≃**ofen** m (Hütt) / horno m de revenido o de revenir ‖ ≃**öl** n (Hütt) / aceite m de revenido o de revenir ‖ ≃**pumpe** f (Vergaser) / bomba f de arranque ‖ ≃**regler** m, -steller m (Kfz) / regulador m de arranque ‖ ≃**rückschlagventil** n / válvula f de retención de arranque ‖ ≃**salze** n pl (Hütt) / sales f pl de revenido ‖ ≃**schalter** m (Kfz) / interruptor m de arranque, conmutador m de arranque o de puesta en marcha ‖ ≃**schalter kombiniert mit dem Zündschlüssel** (Kfz) / interruptor m de arranque combinado con la llave de contacto ‖ ≃**schalter mit mehreren Schaltstellungen** (Kfz) / interruptor m de arranque de posiciones múltiples ‖ ≃**schleifringläufermotor** m (Elektr) / motor m de arranque de anillos colectores ‖ ≃**schütz** n (Elektr) / contactor m de aceleración ‖ ≃**schwere** f (Verhältnis der Leistungsaufnahme) (Elektr) / demanda f de arranque ‖ ≃**sprödigkeit** f (Hütt) / fragilidad ö de revenido ‖ ≃**spule** f (Mot) / carrete m de arranque, bobina f de arranque ‖ ≃**steuerwalze** f, Kontroller m (Elektr) / tambor m de mando de arranque, cilindro m de mando de arranque ‖ ≃**stufe** f (Elektr) / escalón m de arranque ‖ ≃**temperatur** f (Stahl) / temperatura f de revenido ‖ ≃**transformator** m (Elektr) / transformador m de arranque ‖ ≃**umschalter** m (Elektr) / conmutador m de arranque ‖ ≃**ventil** n (Kfz) / válvula f de arranque ‖ ≃**vergütung** f (Stahl) / afino m por revenido ‖ ≃**verzahnung** f (Kfz) / dentado m del volante ‖ ≃**walze** f, Kontrollerwalze f (Kfz) / tambor m del cilindro de arranque ‖ ≃**wicklung** f, Hilfswicklung f zum Anlassen (Elektr) / arrollamiento m de arranque, devanado m de arranque ‖ ≃**widerstand** m (Elektr) / combinador m de arranque, reóstato m de arranque, combinador m ‖ ≃**zahnkranz** m / corona f dentada del volante ‖ ≃**zeit** f (Hütt) / tiempo m de revenido

Anlauf m, Start m, Anlaufen n (Mot) / arranque m, arrancada f, puesta f en marcha, comienzo m de la marcha, lanzamiento m ‖ ≃, Versuch m / ensayo m, tentativa f, prueba f ‖ ≃, Vorlauf m (Wzm) / avance m, marcha f adelante ‖ ≃, Anschlag m (Wzm) / tope m ‖ ≃, Anfänger m (Bau) / imposta f, salmer m ‖ ≃..., Beschleunigungs... / acelerador adj, de aceleración ‖ ≃ **m am Achsschenkel** (Kfz) / collar m de la manqueta ‖ ≃ **der Nocke** (Mot) / guía-tope f de la leva ‖ ≃ **der [Sperr]mauer** (Bau) / pendiente f, inclinación f (uniforme en sentido vertical) ‖ ≃ **unter geringer Last, [Halblast, Vollast]** (Masch) / arranque m a pequeña [media, plena] carga ‖ **stoßfreier** ≃ / arranque m suave o sin choques
Anlauf•automat m (Tex) / dispositivo m de arranque automático ‖ ≃**bahn** f, Startbahn f (Luftf) / pista f de despegue (E), pista f de decolaje (LA) ‖ ≃**bedingungen** f pl (Masch, Mot) / condiciones f pl de arranque, condiciones f pl de puesta en marcha ‖ ≃**belastung** f / carga f de arranque ‖ ~**beständig**

(Hütt) / inoxidable en caliente ‖ ⁓**bund** *m* (Masch) / collar *m* de tope ‖ ⁓**daten** *pl*, Anlasskennlinie *f* (Mot) / datos *m pl* de arranque [o de puesta en marcha], característica *f* de arranque [o de puesta en marcha] ‖ ⁓**[dreh]moment** *n* / momento *m* de arranque, par *m* de arranque
anlaufen *vi*, angelassen werden (Masch, Mot) / arrancar, ponerse en marcha, comenzar a funcionar, ponerse en funcionamiento ‖ ~ (Bau, Hydr) / inclinarse ‖ ~, beschlagen (Fenster) / empañarse ‖ ~, blind werden (Hütt) / deslustrarse, oxidarse ‖ ~ *vt* (Hafen) (Schiff) / hacer escala, tocar, recalar ‖ ~ **lassen**, starten (Masch, Mot) / arrancar, poner en marcha, poner en funcionamiento, hacer arrancar ‖ **belastet o. unter Last** ~ / arrancar bajo carga o a plena carga ‖ **blau** ~ (Stahl) / pavonarse, colorearse durante el revenido ‖ **einen Hafen** ~ / tomar puerto ‖ **leer** ~ / arrancar en vacío o en ralentí ‖ **von selbst** ~ / arrancar automáticamente ‖ ⁓ *n*, Beschlag *m* auf Metall (Hütt) / deslustre *m* ‖ ⁓, Verfärbung *f* / coloración *f* ‖ ⁓ **des Spurkranzes** (Bahn) / contacto *m* de la pestaña con el carril
Anlauf•farbe *f*, Anlassfarbe *f* (Hütt, Schw) / color *m* de revenido ‖ ⁓**fläche** *f* (Wälzlager) / superficie-guía *f* ‖ ⁓**fläche** (Welle) / superficie *f* de tope, cara *f* de ataque o de tope, superficie-guía *f* ‖ ⁓**flansch** *m* (Mot) / brida *f* de tope ‖ ⁓**käfig** *m* (El.Mot) / jaula *f* de arranque ‖ ⁓**kohlenstoff** *m* (Hütt) / carbono *m* inicial, contenido *m* inicial en carbono ‖ ⁓**kontakt** *m* (Mot) / contacto *m* de arranque ‖ ⁓**kurve** *f* (Nocke) / curva *f* ascendente (de la leva) ‖ ⁓**kurve** (El.Mot) / curva *f* de arranque ‖ ⁓**länge** *f*, -strecke *f*, Startlänge *f* (Luftf) / recorrido *m* de despegue, longitud *f* de la carrera de despegue ‖ ⁓**länge in Pupinleitungen** (Fernm) / primera sección de línea cargada ‖ ⁓**leistung** *f* (Mot) / potencia *f* de arranque, potencia *f* inicial ‖ ⁓**linie** *f* (Bergb) / línea *f* inicial ‖ ⁓**moment** *n* (Masch, Mot) / momento *m* de arranque, par *m* de arranque ‖ ⁓**periode** *f* / período *m* de arranque ‖ ⁓**probe** *f* (Glas) / prueba *f* de empaño (de cristales) ‖ ⁓**reibung** *f* (Masch) / frotamiento *m* de arranque, rozamiento *m* de arranque, roce *m* de arranque ‖ ⁓**-Reibwert** *m* / coeficiente *m* de rozamiento de arranque ‖ ⁓**relais** *n* / relé *m* de arranque ‖ ⁓**ring** *m* (Pumpe) / anillo *m* de ataque (de la bomba) ‖ ⁓**rinne** *f* (Walzw) / canal *m* de aproximación ‖ ⁓**scheibe** *f* (Hütt, Masch) / arandela *f* de tope ‖ ⁓**schritt** *m* (Fernm) / elemento *m* de arranque ‖ ⁓**schutz** *m* (Hütt) / protección *f* contra el deslustre, agente *m* protector contra el deslustre ‖ ⁓**schütz** *n* (Elektr) / contactor *m* de arranque ‖ ⁓**schutzbad** *n* (Hütt) / baño *m* protector de revenido ‖ ⁓**schwierigkeiten** *f pl* (F.Org) / dificultades *f pl* iniciales de producción, "enfermedades de niñez" ‖ ⁓**sicherung** *f* (Mot) / seguro *m* contra arranque ‖ ⁓**spannung** *f* (Elektr) / voltaje *m* inicial, tensión *f* de arranque ‖ ⁓**spitze** *f* (El.Mot) / punta *f* de arranque ‖ ⁓**spur** *f* (Masch) / huella *f* debida al roce ‖ ⁓**steigung** *f* (mit Anlauf zu befahrende Steigung) (Bahn) / rampa *f* franqueable por impulso ‖ ⁓**strecke** *f* (allg) / recorrido *m* inicial ‖ ⁓**strom** *m* (Eltronik) / corriente *f* de arranque ‖ ⁓**strom in einer Elektrode** (Elektronenröhre) / corriente *f* residual de arranque (en el electrodo), corriente *f* de convección de arranque ‖ ⁓**überstrom** *m* / extracorriente *f* de convección de arranque ‖ ⁓**verhalten** *n* (Masch) / comportamiento *m* en el arranque ‖ ⁓**verlust** *m* (Elektr) / pérdida[s] *f[pl]* en el arranque ‖ ⁓**verschleiß** *m* (Masch) / desgaste *m* de arranque ‖ ⁓**verzögerung** *f* / retardo *m* en el arranque ‖ ⁓**wärme** *f* / calor *m* de arranque ‖ ⁓**wert** *m*, Ansprechzeit *f* (Regeln) / tiempo *m* de reacción [o de respuesta] ‖ ⁓**wert** (Messinstr) / valor *m* mínimo de indicación ‖ ⁓**wicklung** *f* (Elektr) / arrollamiento *m* de arranque ‖ ⁓**widerstand** *m* (Masch, Mot) / resistencia *f* en el arranque, resistencia *f* de partida ‖ ⁓**winkel** *m*

(Bahn) / ángulo *m* de ataque ‖ **[größter]** ⁓**winkel** (Kabeltrommel) / ángulo *m* límite de desviación ‖ ⁓**zeit** *f* (Mot) / tiempo *m* de arranque, tiempo *m* de puesta en marcha ‖ ⁓**zeit** (Reaktor) / periodo *m* de puesta en servicio ‖ ⁓**zeit** (Regeln) / tiempo *m* de reacción ‖ ⁓**zustand** *m*, -stromgebiet *n* (Eltronik, Röhre) / estado *m* de corriente residual
Anlege•apparat *m*, Anleger *m* (Druck) / aparato *m* de alimentación, alimentador *m*, marcador *m* automático ‖ ⁓**boje** *f* (Schiff) / boya *f* de ataque ‖ ⁓**brücke** *f* (Kai) / muelle *m* de atraque, embarcadero *m*, muelle *m* de amarre ‖ ⁓**hub** *m* (Bremse) / recorrido *m* de aplicación ‖ ⁓**instrument** *n* (Elektr) / instrumento *m* de medida con pinza de sujeción ‖ ⁓**kante** *f*, Führungskante *f* / arista *f* guía, canto *m* guía ‖ ⁓**kante**, Vorderkante *f* (Formular) / borde *m* anterior ‖ ⁓**leiter** *f* / escalera *f* de pared o de muro, escalera *f* de mano ‖ ⁓**marke** (Druck) / marca *f* del capitano, marca *f* del tacón, marca *f* de la marginación ‖ ⁓**maschine** *f* (Tex) / extendedora *f*, banco *m* extendedor ‖ ⁓**maßstab** *m* / regla *f* de contacto, regla *f* de aplicación
anlegen *vt* [an] (allg) / aplicar [a], meter [contra], poner [en] ‖ ~, bauen, ausführen, errichten (Bau) / edificar, construir, erigir, ejecutar ‖ ~ (Garten, Park) / plantar ‖ ~, einrichten / instalar ‖ ~, kolorieren / color[e]ar ‖ ~ (Spinn) / extender ‖ ~ (eine Leiter) / arrimar, apoyar ‖ ~ *vi* (Schiff) / atracar, amarrar, hacer escala [en], abordar ‖ **Bogen** ~ (Druck, Repro) / alimentar, marcar ‖ **die Fabrik ist ebenerdig angelegt** / la fábrica está erigida de planta baja (E) o en los bajos (LA) ‖ **eine Straße** ~ (o. bauen) / trazar una carretera, construir una carretera ‖ **Hand** ~ [an] / poner manos [a] ‖ **letzte Hand** ~ / dar el último retoque, poner el broche de oro [a] ‖ **Spannung** ~ (Elektr) / aplicar una tensión ‖ ⁓ *n*, Danebenlegen *n* / yuxtaposición *f*, aplicación *f* ‖ ⁓ (Schiff) / atracada *f*, atraque *m* ‖ ⁓, Docking *n* (Raumf) / docking *m*, acoplamiento *m*, ensamblaje *m* ‖ ⁓ **des Fundaments** (Bau) / construcción *f* del fundamento o de los cimientos, establecimiento *m* del fundamento ‖ ⁓ **einer Sprengkammer** (Bergb) / excavación *f* de una cámara de explosión
Anlege•öl *n* (Maler) / aceite *m* de aplique ‖ ⁓**pfosten** *m* (Schiff) / amarradero *m*
Anleger *m*, Anlegeapparat *m*, Bogenanleger *m* (Druck) / alimentador *m* (de hojas), marcador *m* [automático] ‖ ⁓**magazin** *n* (Druck) / depósito *m* de alimentación
Anlege•schiene *f* (Druck) / barra *f* guía del alimentador ‖ ⁓**steg** *m* (Druck) / regleta *f* ‖ ⁓**stelle** *f*, -platz *m* (Schiff) / puesto *m* de atraque, embarcadero *m* ‖ ⁓**strommesser** *m* (Elektr) / amperímetro *m* de pinza ‖ ⁓**tisch** *m* (Druck) / tablero del marcador *m* ‖ ⁓**tisch** (Spinn) / tablero *m* de alimentación ‖ ⁓**trommel** *f* (Offset) / tambor *m* alimentador ‖ **Antriebs-**⁓**walze** (Web) / cilindro *m* de contacto, tambor *m* impulsor ‖ ⁓**wandler** *m* (Elektr) / transformador *m* de pinza ‖ ⁓**winkel** *m* (Druck) / ángulo-tope *m* del registro ‖ ⁓**winkel von 90°** (Bau, Math) / escuadra *f* de 90° ‖ ⁓**winkelmesser** *m*, -goniometer *n* *m* (Verm) / goniómetro *m* de contacto
anlegiert (Sinterpulver) / aleado parcialmente
anlehnen *vt* (Bau) / adosar [a] ‖ **sich** ~ [an], sich stützen [auf] / arrimarse [a], apoyarse [en, contra, sobre]
Anlehngewächshaus *n* / invernadero *m* adosado
anleimen *vt*, verleimen / encolar, pegar con cola ‖ ⁓ *n* / encolamiento *m*, encoladura *f*
Anleimer *m* (Tischl) / rebordeado *m* colado o para colar
Anleimmaschine *f* (Buchbinderei) (Druck) / máquina *f* de encolar, encoladora *f*
anleiten *vt* / instruir, dirigir, adiestrar
Anleitung *f* / instrucción *f*, dirección *f*, instrucciones *f pl* (p.ej.: para el servicio)
Anlenkbolzen *m*, Kurbelzapfen *m* des angelenkten Pleuels (Mot) / muñón *m* de la biela articulada

63

anlenken *vt* (Masch) / articular, acoplar mediante articulación
Anlenk•pleuelstange *f* / biela *f* articulada ‖ ≃**punkt** *m* / punto *m* de articulación o de apoyo
Anlenkung *f* (Mech) / articulación *f*
anlernen *vt*, unterweisen / capacitar, adiestrar, instruir
Anlernling *m* (F.Org) / trabajador *m* en fase de formación
Anlernzeit *f* / tiempo *m* de instrucción, período *m* de adiestramiento
Anleuchtgerät *n*, Anstrahler *m* (Opt) / aparato *m* iluminador, proyector *m*
Anleuchtungswinkel *m* (Opt) / ángulo *m* de proyección
anliefern *vt* / suministrar, entregar, acarrear
Anlieferung *f* / suministro *m*, entrega *f*, acarreo *m*
Anlieferungs•zustand *m* / estado *m* al suministrarse ‖ ≃**zustand** (Gussteil) / estado *m* bruto de la pieza fundida
Anliegedruck *m* / presión *f* de apoyo
anliegen *vi* (allg) / tener contacto, estar en contacto [con] ‖ **dicht o. eng o. satt ~** / estar adherido [a], tener contacto íntimo [con], estar junto [a] ‖ **eng ~** (Masch) / estar ajustado apretadamente [a], estar ajustado estrechamente [a], tener perfecto contacto con
anliegend, anstoßend, angrenzend / adyacente, contiguo, colindante ‖ **~** (Weichenzunge) / acoplado ‖ **~-tangierend** (Math) / exinscrito
Anlieger *m*, Anrainer *m* (Bau, Verkehr) / vecino *m*, colindante *m*, aledaño *m* ‖ **für ≃ frei** / paso *m* prohibido excepto vecinos ‖ ≃**mauer** *f* (Bau) / muro *m* contiguo o de contigüedad ‖ ≃**straße** *f* (entlang einer Fernverkehrsstraße) / calle *f* paralela de servicio ‖ ≃**verkehr** *m* / tráfico *m* vecinal ‖ ≃**weg** *m* / camino *m* sólo para vecinos
anlösen (Oberflächen), ätzen / corroer, mordentar
anlöten / soldar [a], fijar par soldadura [indirecta]
anmachen *vt*, festmachen / atar, sujetar, fijar, amarrar ‖ **~** (o. anrühren) (Mörtel) / amasar, preparar ‖ **dick ~** (Bau) / amasar espesamente ‖ **dünn ~** (Bau) / amasar acuosamente ‖ **Feuer ~** / encender el fuego ‖ **mit Wasser ~** / diluir con agua ‖ **≃ *n* des Mörtels** / amasado *m* del mortero, amasada *f*, amasijo *m*, amasadura *f*
Anmacher *m* (Baumwolle) / anudador *m*
Anmachwasser *n* (für Beton) (Bau) / agua *f* de amasado (para hormigón)
anmalen *vt*, anstreichen / pintar
Anmeldedatum *n*, -tag *m* (Patent) / fecha *f* de solicitud
anmelden *vt* (zur Zulassung) (Kfz) / matricular ‖ **ein Gespräch ~** (Fernm) / pedir conferencia [con] ‖ **ein Patent ~** / solicitar una patente, solicitar la propiedad industrial (E) ‖ **eine Sitzung ~** (DV) / iniciar una sesión
anmeldepflichtig / sujeto a declaración
Anmelder *m* (Patent) / solicitante *m*, depositante *m* ‖ **~** (Fernm) / persona *f* que pide conferencia [con]
Anmelde•signal *n* / señal *f* de anuncio ‖ ≃**stelle** *f*, -zentrale *f* (Fernm) / central *f* de origen ‖ ≃**verfahren** *n* (DV) / método *m* de registro ‖ ≃**zeit** *f* (Fernm) / tiempo *m* de registro, tiempo *m* de solicitud ‖ ≃**zeit** (Ölbrenner) / tiempo *m* de reacción a la puesta en marcha
Anmeldung *f* (Patent) / solicitud *f* (de registro de una patente), solicitud *f* (de registro de la propiedad industrial (E) ‖ **≃** (Gespräch) (Fernm) / solicitud *f*, petición *f* de conferencia ‖ **~** (allg) / aviso *m*, notificación *f*, inscripción *f* ‖ **≃ eines Musters** / depósito *m* de un modelo
Anmerkung *f*, Bemerkung *f* (DV) / comentario *m*, nota *f* ‖ **≃ des Übersetzers** (A.d.Ü.) / nota *f* del traductor (NdT)
Anmischbehälter *m* (Bergb, Konzentr) / recipiente *m* mezclador
anmontieren *vt* / montar [a o en]

Annabergit *m*, Nickelblüte *f* (Min) / an[n]abergita *f*, flores *f pl* de níquel
annageln *vt* [an] (Bau) / clavar [en o a], fijar con clavos, sujetar con clavos ‖ **≃ *n* von Leisten** (Bau) / clavado *m* de listones
annähen *vt* / coser [a]
annähern [sich] / acercar[se], aproximar[se]
annähernd (Math) / aproximativo, aproximado ‖ **~ gleich** (Math) / casi igual
Annäherung *f* (allg, Math) / aproximación *f*, acercamiento *m* ‖ **≃**, ungefähre Näherungslösung (Math) / aproximación *f* ‖ **≃ in Genauigkeit** / aproximación *f* a precisión ‖ **≃ mit fortschreitenden Versuchswerten** / aproximación *f* a fuerza de ensayo ‖ **≃ *f* von Linien** (Geom) / convergencia *f* de líneas ‖ **in erster ≃** / en una primera aproximación
Annäherungs•abschnitt *m* (Bahn) / sección *f* de aproximación ‖ **mit ≃beleuchtung** (Bahn) / con alumbrado de aproximación ‖ ≃**detektor** *m*, -initiator *m* (Bahn) / detector *m* de proximidad ‖ ≃**formel** *f* (Math) / fórmula *f* de aproximación ‖ ≃**geschwindigkeit** *f* (Kfz, Luftf) / velocidad *f* de aproximación ‖ ≃**grad** *m* / grado *m* de aproximación ‖ ≃**navigation** *f* (Luftf) / navegación *f* de aproximación ‖ ≃**schalter** *m* (Bahn, Bau) / interruptor *m* de aproximación, conectador *m* de aproximación ‖ ≃**verschluss** *m*, (früher) Anrücksperre *f* (Bahn) / enclavamiento *m* de aproximación ‖ ≃**versuch** *m* (mit fortschreitenden Versuchswerten) / ensayo *m* por aproximación ‖ ≃**wert** *m* (Math) / valor *m* aproximativo ‖ ≃**zünder** *m* (Mil) / espoleta *f* de proximidad, detonador *m* de proximidad ‖ ≃**zünder** (Schiff) / detonador *m* magnético
Annahme, Voraussetzung *f* (allg, Math, Phys) / suposición *f*, hipótesis *f*, supuesto *m* ‖ **≃ *f***, Warenannahme *f* / aceptación *f*, recepción *f* (de productos) ‖ **≃** (zu beweisender Lehrsatz) (Math) / lema *m* ‖ **≃bereich** *m* (Stat) / gama *f* de aceptación ‖ ≃**kennlinie** *f* (Qual.Pr.) / curva *f* característica de operación ‖ ≃**kontrolle** *f*, -prüfung *f* / control *m* de recepción, control *m* de aceptación
Annalin *n*, Annaline *f*, Milchweiß *n* (Pap) / analina *f*
Annatto, Methylgelb *n* (Färb) / annatto *m*
annehmbar, brauchbar / aceptable, admisible, razonable, viable, pasable ‖ **~e Qualitätslage**, AQL (Qual.Pr.) / nivel *m* de calidad aceptable, NCA
annehmen *vt*, empfangen / aceptar, recibir ‖ **~** (Form, Gestalt) / tomar (forma) ‖ **~**, voraussetzen (allg, Math, Phys) / suponer, presuponer, presumir ‖ **~** (Chem) / absorber ‖ **~** (Kalk, Öl) / embeber, absorber
Annehmlichkeit, mit allen ≃en (Bau, Kfz) / con todo confort [imaginable]
annieten / fijar con remaches, remachar, roblonar
Annietmutter *f* / tuerca *f* remachable, tuerca *f* prisionera
Annihilation *f* (Paarvernichtung) (Phys) / aniquilación *f*, desmaterialización *f*
annuell, annual (Bot) / anual
Annuelle *f*, einjährige Pflanze / [planta] anual *f*
annullieren / cancelar, anular
Annullierung *f* / anulación *f*, cancelación *f*
Anode *f* (Eltronik, Röhre) / ánodo *m*, electrodo *m* positivo, placa *f* positiva ‖ **≃** (des MOSFET) (Eltronik) / drain *m* de MOSFET
Anoden•anschluss *m* / conexión *f* anódica ‖ ≃**anschluss**, -klemme *f* / borne *m* anódico ‖ ≃**ausgang** *m* / salida *f* de placa ‖ ≃**basisverstärker** *m*, Kathodenverstärker *m* / amplificador *m* catódico ‖ ≃**batterie** *f* / batería *f* anódica, batería *f* de placa ‖ ≃**-Bereitschaftsspannung** *f* (Eltronik) / tensión *f* anódica (antes de la caída) ‖ ≃**betriebsspannung** *f* / tensión *f* anódica de servicio, tensión *f* anódica nominal ‖ ≃**blech** *n* / placa *f* anódica ‖ ≃**blende** *f* / diafragma *m* de ánodo ‖ ≃**brücke** *f* / puente *m* de ánodo ‖ ≃**dichte** *f* / densidad *f* anódica, densidad *f* de

Anordnung

la corriente anódica ‖ ≃**drossel** *f* / bobina *f* de reactancia de ánodo, self *m* de ánodo ‖ ≃**dunkelraum** *m* / espacio *m* oscuro anódico ‖ ≃**emission** *f* (Eltronik) / emisión *f* anódica ‖ ≃**entladung** *f* / descarga *f* anódica o del ánodo ‖ ≃**fall** *m*, -verlust *m*, -spannungsabfall *m* / caída *f* de la tensión anódica ‖ ≃**film** *m* (Galv) / película *f* anódica ‖ ~**gekühlte [Sende]röhre** (Eltronik) / válvula *f* emisora de ánodo refrigerado ‖ ≃**gitter** *n* / rejilla *f* anódica ‖ ≃**gleichrichter** *m* / rectificador *m* anódico ‖ ≃**gleichrichtung** *f* / rectificación *f* anódica ‖ ≃**gleichspannung** *f* / tensión *f* anódica rectificada ‖ ≃**glimmlicht**, -glimmen *n* / luz *f* anódica de efluvio[s], luz *f* anódica positiva ‖ ≃**halter** *m* / sujetaánodo[s] *m* ‖ ≃**hartblei** *n* (Galv) / plomo *m* duro para ánodos ‖ ≃**kaltspannung** *f* (Eltronik) / tensión *f* de ánodo frío ‖ ≃**kapazität** *f* / capacidad *f* de ánodo ‖ ≃**kapazität gegen Gitter**, Anoden-Gitter-Kapazität *f* / capacidad *f* ánodo-rejilla, capacidad *f* rejilla-placa ‖ ≃**kapazität gegen Kathode**, Anoden-Kathoden-Kapazität *f* / capacidad *f* placa-cátodo ‖ ≃**kappe** *f* / caperuza *f* anódica ‖ ≃**kennlinie** *f*, Anodenstrom-, Anodenspannungskennlinie *f* / línea *f* característica del ánodo o de placa, característica *f* anódica ‖ ≃**klemme** *f*, -anschluss *m* (Eltronik, Kath.Str) / borne *m* anódico ‖ ≃**kreis** *m* / circuito *m* anódico, circuito *m* de placa ‖ ≃**kreisspule** *f* / bobina *f* de circuito anódico, bobina *f* de placa o de ánodo ‖ ≃**kühlblech** *n* / chapa *f* refrigeradora para placa ‖ ≃**kupfer** *n* (Hütt) / cobre *m* anódico ‖ ≃**leistung** *f* (Eltronik) / potencia *f* de ánodo, rendimiento *m* de ánodo ‖ ≃**messeinrichtung** *f* / dispositivo *m* medidor de la corriente anódica ‖ ≃**modulation** *f* / modulación *f* de placa, modulación *f* de ánodo ‖ ≃**netzanschluss** *m* / conexión *f* anódica a la red ‖ ≃**neutralisation** *f* / neutralización *f* anódica, neutralización *f* de placa ‖ ≃**polarisierung** *f* (Galv) / polarización *f* anódica ‖ ≃**relais** *n* (Eltronik) / relé *m* de control de potencial de placa, relé *m* anódico ‖ ≃**rohr** *n*, -hülse *f* / vaina *f* del ánodo ‖ ≃**rückkopplung** *f* / realimentación *f* anódica, reacción *f* anódica ‖ ≃**rückwirkung** *f*, Rückwirkungsleitwert *m* (Eltronik) / reacción *f* de ánodo, admitancia *f* suplementaria debida a la reacción de ánodo ‖ ≃**ruhestrom** *m* (Eltronik) / corriente *f* estática de placa, corriente *f* permanente de placa ‖ ≃**sack**, -beutel *m*, -tasche *f* (Galv) / saco *m* para ánodos ‖ ≃**sättigungsspannung** *f* (Eltronik) / tensión *f* anódica de saturación ‖ ≃**schlamm** *m* (Kupferhütte) / lodo *m* anódico o de anodización, barro *m* anódico ‖ ≃**schutzgitter**, -schutznetz *n* (Eltronik) / rejilla *f* secundaria, segunda rejilla *f* *f* ‖ ≃**schutzwiderstand** *m* / resistencia *f* protectora del ánodo, eliminador *m* de acumulaciones parásitas ‖ ≃**schwamm** *m* (Blei) / esponja *f* anódica ‖ ≃**schwanz** *m* (untere Krümmung der Anodenkennlinie) (Eltronik) / cola *f* de la curva característica del ánodo ‖ ≃**schwingungskreis** *m* / circuito *m* oscilatorio de ánodo ‖ ~**seitig steuerbarer Thyristor** (Halbl) / tiristor *m* N ‖ ≃**selbstmodulation** *f* (Eltronik) / modulación *f* automática por placa o ánodo ‖ ≃**spannung** *f* / tensión *f* anódica o de placa, voltaje *m* anódico ‖ ≃**spannung** (Photodiode) / tensión *f* del colector, voltaje *m* del colector ‖ ≃**spannungsabfall** *m* (Eltronik) / caída *f* de la tensión anódica ‖ ≃**spannungsmodulation** *f* / modulación *f* anódica de corriente constante ‖ ≃**spannungsteiler** *m* (Widerstandskette) (Eltronik) / divisor *m* de tensión ‖ ≃**sparschaltung** *f* / circuito *m* económico de la corriente anódica ‖ ≃**speisespannung** *f* / tensión *f* de alimentación para ánodo, tensión *f* nominal para ánodo ‖ ≃**sperrspannung** *f* / tensión *f* anódica inversa ‖ ≃**spitzenspannung** *f* / tensión *f* de cresta de placa ‖ ≃**spule** *f* / bobina *f* de tanque ‖ ≃**stange** *f* (Galv) / barra *f* anódica, barra *f* portaánodos[s] ‖ **spezifische** ≃**stärke** (Eltronik) / densidad *f* anódica ‖ ≃**stecker** *m* / clavija *f* de ánodo ‖ ≃**strahlung** *f*, -strahlen *m pl* / radiación *f* anódica, rayos *m pl* anódicos ‖ ≃**strapp** *m* (Eltronik, Röhre) / acoplamiento *m* anódico ‖ ≃**strom** *f* / corriente *f* anódica, corriente *f* de placa ‖ ≃**strombegrenzer** *m* / limitador *m* de la corriente anódica ‖ ≃**stromcharakteristik**, Röhrenkennlinie *f* / característica *f* de la corriente anódica, característica *f* de placa[-rejilla] ‖ ≃**stromgegenkopplung** *f* (Eltronik) / realimentación *f* negativa de la corriente anódica ‖ ≃**stromkreis** *m* / circuito *f* de corriente anódica, circuito *m* anódico, circuito *m* de placa ‖ ≃**stromversorgung** *f* / alimentación *f* [en o de corriente] anódica, alimentación *f* [en o de corriente] de placa ‖ ≃**tastung** *f* / manipulación *f* del ánodo ‖ ≃**trafo** *m* / transformador *m* [de alimentación] del ánodo ‖ ≃**verlust**, -fall *m* / caída *f* [de tensión] anódica ‖ ≃**verlustleistung** *f* / disipación *f* anódica ‖ ≃**verstärker** *m* / amplificador *m* de cátodo puesta a tierra ‖ ≃**wechselstrom** *f* / corriente *f* alterna anódica o de placa ‖ ≃**wechselstromleitwert** *m* / conductancia *f* interna [del tubo] ‖ ≃**widerstand** *m*, -wechselstromwiderstand *m* / resistencia *f* anódica, resistencia *f* anódica de corriente alterna ‖ ≃**wirkungsgrad** *m* / rendimiento *m* anódico ‖ ≃**zündspannung** *f* (Thyratron) / tensión *f* de encendido del ánodo ‖ ≃**zündung** *f* (Eltronik) / encendido *m* del ánodo

anodisch (Elektr) / anódico ‖ ~ (Galv) / anódico, electroquímico ‖ ~**e Entfettung** (Galv) / desengrase *m* anódico ‖ ~**er Korrosionsschutz** (Elektr) / protección *f* anódica anticorrosiva ‖ ~**e Oxidation** (Galv) / oxidación *f* anódica, oxidación *f* electrolítica, anodización *f* ‖ ~ **oxidieren** / anodizar ‖ ~ **polieren** / pulir por anodización ‖ ~**es Polieren** / pulimento *m* por anodización, pulimento *m* electrolítico ‖ ~**es Reinigungsbad** (Galv) / baño *m* de limpieza anódica o electroquímica ‖ ~**er Überzug** / revestimiento *m* anódico

Anodisieren, Eloxalverfahren *n* / anodización *f*, proceso *m* electrolítico de oxidación

Anolyt *m* (der die Anode umgebende Elektrolyt) (Galv) / anolito *m* (electrólito en contacto inmediato con el ánodo)

anomal, anormal / anómalo, anormal

Anomalie *f*, Abnormalität *f* / anomalía *f*, anormalidad *f* ‖ ≃ (Winkel des Radiusvektor) (Astr) / ángulo *m* polar ‖ **mittlere** ≃ (Astr) / anomalía *f* media

anomalistisch (Astr) / anomalístico

Anomaloskop *n* (Opt) / anomaloscopio *m* (aparato mezclador de colores)

anomer (Chem) / anómero *m* ‖ ≃ *n* / anómero *n*

Anon *n*, Cyclohexamon *n* (Chem) / anona *f*, ciclohexanona *f*

Anonaöl *n* (für die Parfümerie) / aceite *m* de Anona, esencia *f* de Macasar, aceite *m* de Corrosal o de Cananga

Anonymous-FTP *n* (DV) / FTP *m* anónimo

Anopsie *f* (Opt) / anopsia *f*

anoptisch (Opt) / anóptico

anordnen *vt*, anbringen / disponer, colocar, agrupar ‖ ~, platzieren / emplazar, posicionar, ubicar ‖ ~, ordnen / ordenar, arreglar ‖ ~, festsetzen, festlegen, bestimmen / ordenar, mandar, disponer, decretar, dar instrucciones [de]

Anordnung (Vorgang), Einrichtung *f* / disposición *f*, agrupamiento *m*, colocación *f* ‖ ≃ *f* (Ergebnis), Anlage *f* / disposición *f*, agrupación *f* ‖ ≃ **Gesamtordnung** *f* / disposición *f* del conjunto, ubicación *f* (LA) ‖ ≃, Lage *f* / posición *f*, posicionamiento *m*, ubicación *f* ‖ ≃, Struktur *f* / estructura *f* ‖ ≃, Konfiguration *f* / configuración *f* ‖ ≃, Weisung *f* / orden *f*, prescripción *f*, instrucción *f*, mandamiento *m*, reglamentación *f*, ordenanza *f* ‖ ≃ **des Getriebegehäuses** (Kfz) / posición *f* de la caja de

Anordnung

cambios ‖ ≃ f **im Speicher** (DV) / implantación f en la memoria, arreglo m ‖ ≃ **in Zeilen** (DV) / disposición f en líneas, alineación f ‖ ≃ f **nach der Größe** / clasificación f según tamaño, agrupación f según tamaño ‖ ≃ **senkrecht** / disposición f vertical, disposición f según la perpendicular o la plomada ‖ **festgelegte** ≃ **von Buchstaben**, Feld, Format n (DV) / formato m ‖ **räumliche** ≃ **der Atome** (Nukl) / disposición f espacial de los átomos

Anordnungsplan m / plan m de disposición, esquema m de disposición

anorganisch (Chem) / inorgánico ‖ ~e **Analyse** / análisis m inorgánico ‖ ~er **Binder** / aglomerante m inorgánico o mineral ‖ ~e **Chemie** / química f inorgánica ‖ ~es **Pigment** (Färb) / pigmento m inorgánico ‖ ~e **Verbindung** (Chem) / compuesto m inorgánico

anormal adj / anormal, anómalo ‖ ~er **Skin-Effekt** (Raumf) / efecto m de piel anómalo

Anormalität f, Anomalie f / anormalidad f, anomalía f

Anorthit m, Kalkfeldspat m (Min) / anortita f, feldespato m de calcio

Anortho•klas m (Min) / anortoclasa f ‖ ≃**sit** m (Geol) / anortosita f

Anoxybiose f (Biol) / anaerobiosis f

anpacken, eine Arbeit ~ / abordar un trabajo ‖ ≃ n, Anfassen n / asimiento m

anpassen vt, passend machen, einpassen, justieren / adaptar, amoldar, ajustar ‖ ~, akkommodieren (Opt) / acomodar ‖ ~, eingewöhnen / acostumbrar, acondicionar, aclimatar ‖ ~, umwandeln / convertir [en], modificar ‖ ~, assimilieren / asimilar ‖ **nicht richtig** ~ / malajustar, desajustar ‖ **sich** ~ [an], sich richten [nach] / adaptarse [a], dejarse guiar [por] ‖ ≃ n, Einpassen n (allg, Masch) / ajuste m, adaptación f

Anpass•körper m (Wellenleiter) / cilindro m de adaptación, manguito m de adaptación ‖ ≃**optimum** n (Masch) / carga f adaptada ‖ ≃**regelung** f / control m adaptivo ‖ ≃**ring** m (Lager) / anillo m de ajuste, aro m de ajuste ‖ λ**/4** ≃**stück** (Wellenleiter) / manguito m de adaptación de un cuarto de onda ‖ ≃**teil** m n, Adapter m (DV, Masch, Opt) / adaptador m

Anpassung f, Adap[ta]tion f, Angleichung f (allg, DV) / adaptación f, adecuación f, igualación f ‖ ≃ f (formmäßig), Abformung f / amoldamiento m ‖ ≃, Abstimmung f / adaptación f, armonización f, coordinación f ‖ ≃, Assimilation f / asimilación f ‖ ≃, Korrektur f, (z.B. von Messwerten) / ajuste m, reajuste m, corrección f ‖ ≃ f, Eingewöhnung f / acostumbramiento m, aclimatación f ‖ ≃ f **an** **Akkommodation** f / acomodación f ‖ ≃ f **an** **Weltraumbedingungen** (Raumf) / acondicionamiento m espacial ‖ **akustische** ≃ / acondicionamiento m acústico

Anpassungs•..., Akkommodations... / ....de acomodación ‖ ≃**atmosphäre** f (Versuch) / atmósfera f de acondicionamiento ‖ ≃**blende** (Hohlleiter) / diafragma m de adaptación, diafragma m resonante ‖ ≃**dämpfung** f (Fernm) / atenuación f de adaptación ‖ ≃**einheit** f (Eltronik) / unidad f de adaptación ‖ ~**fähig** / adaptable, acomodable, flexible ‖ ~**fähig**, vielseitig / adaptable, universal ‖ ~**fähig** (formmäßig) / amoldable ‖ ~**fähig machen** (Bot) / adaptabilizar, hacer adaptable ‖ ≃**fähigkeit** f, -vermögen n / adaptabilidad f, versatilidad f, poder m de acomodación, capacidad f de adaptación ‖ ≃**fähigkeit**, Flexibilität f / flexibilidad f ‖ ≃**fähigkeit** (DIN 40042), Systemstabilität f / adaptabilidad f funcional de un sistema, estabilidad f sistémica ‖ ≃**fähigkeit** (Roboter), Lernfähigkeit f / docilidad f ‖ ≃**faktor** m / coeficiente m de ajuste ‖ ≃**faktor** (Elektr) / valor m recíproco del factor de ondulación ‖ ≃**fehler** m, -koeffizient m (Fernm) / coeficiente m de adaptación ‖ ≃**filter** n (Elektr) / filtro m de adaptación

de impedancia ‖ ≃**glied** n, Adapter m (Masch) / [elemento] m adaptador ‖ ≃**leitung** f (Wellenleiter) / sección f de adaptación de impedancia ‖ ≃**netzwerk** n (Fernm) / red m a cuatro hilos ‖ ≃**programm** n, Postprocessor m (DV) / programa m de adaptación, postprocesador m ‖ ≃**schaltung** f (Fernm) / conexión f de acomodación, circuito m de adaptación ‖ ≃**schaltung** (DV) / adaptador m interfase, circuito m de interfase ‖ ≃**schwierigkeiten** f pl, "Kinderkrankheiten" f pl / dificultades f pl de adaptación ‖ ≃**streifen** m (Wellenleiter) / banda f de adaptación ‖ ≃**trafo** m, -transformator m (Ultraschall) / transformador m de adaptación ‖ ≃**trafo**, -transformator m (Indukt Wärme) / adaptador m de impedancia ‖ ≃**übertrager** m **für Lautsprecher** (Eltronik) / transformador m de salida de sonidos ‖ ≃**widerstand** m / resistencia f variable, resistencia f de acoplamiento ‖ ≃**wirkungsgrad** m / rendimiento m de adaptación ‖ ≃**zeit** f (Instr) / tiempo m de acondicionamiento previo

anpeilen vt (Schiff) / arrumbar ‖ ~ (Funk, Radar) / localizar, determinar la posición, tomar marcaciones ‖ ~ (Luftf) / relevar

Anpeilung f (Funk) / localización f (por radiogoniometría) ‖ ≃, Auffinden n (Fremdobjekte) / localización f ‖ ≃ (Schiff) / arrumbamiento m, marcación f

AN-Peilung f (Luftf) / orientación f AN, orientación f radiogoniométrica

Anpfahl m, Quetschholz n (Bergb) / calzo m

anpflügen / comenzar a arar

Anpfropfung f (Zimm) / ensambladura f

ANPN-System n (Oktanzahl) / sistema f A.N.P.N. (Army-Navy-Performance Number)

Anprall m / choque m, colisión f, rebote m ‖ ≃ (der Wellen) (Ozean) / embate m

anprallen vi [gegen] / chocar [contra], tropezar, dar contra

Anpress•balken m (Masch) / barra f de presión ‖ ≃**druck** m (Masch) / presión f de apriete o de contacto ‖ ≃**druck** (Bremse) / presión f de aplicación, fuerza f de aplicación (freno), presión f de contacto ‖ ≃**druckkraft** f (des Stromabnehmers) (Bahn) / presión f de aplicación (del pantógrafo)

anpressen vt, andrücken / apretar [contra], hacer presión, ejercer presión [contra], aprisionar ‖ ≃ n (allg) / apriete m, apretadura f

Anpress•feder f (Masch) / muelle m de apriete ‖ ≃**hydraulik** f (Pap) / sistema f hidráulico de compresión ‖ ≃**kraft** f (Masch) / fuerza f de presión, fuerza f de apriete ‖ ≃**stempel** m (Nietmasch.) / contraestampa f

Anpressung f, Andruck m (Druck) / presión f de contacto

Anpresswalze f (Masch) / cilindro m de presión

anräuchern vt (Fleisch, Fisch) / ahumar ligeramente

anrauen vt (Bau) / abrasar, hacer rugoso, escodar, granular ‖ ~, besporen (Bau, Hütt) / picar ‖ ~ (Tuch) (Tex) / cardar ‖ ≃, Mattieren n (Bau) / mateado m

anregen vt (allg) / incitar, estimular, animar, activar ‖ ~ (Nukl, Phys) / excitar ‖ ~ (Fernm) / excitar, activar, arrancar

anregend / estimulante, activador, incitante, excitante

Anreger, Flotationszusatz m (Bergb) / activador m

Anregespannung f (Ultraschall) / tensión f de excitación

Anregung f (Vorgang) / incitación f, estimulación f, impulso m, impulsión f ‖ ≃ (Eltronik, Nukl) / excitación f, activación f ‖ ≃, Stimulus m, Reiz m / estímulo m

Anregungs•arbeit f (Phys) / trabajo m de excitación, nivel m de excitación, estado m de excitación ‖ ≃**band** n (Phys) / banda f de excitación ‖ ≃**energie** f (Laser, Phys) / energía f excitatriz o de excitación ‖ ≃**funktion** f (Nukl) / función f de excitación ‖ ≃**impuls** m (Nukl) / impulso m de excitación ‖ ≃**schwelle** f (Eltronik) / umbral m de excitación ‖ ≃**spannung** f (Atom,

Ultraschall) / tensión f de excitación, potencial m de excitación ‖ ~**wahrscheinlichkeit** f (Nukl) / probabilidad f de excitación ‖ ~**zustand** m (Atom) / estado m de excitación
Anreibefilm m / película f de transferencia en seco
anreiben vt (Galv) / aplicar rallando ‖ ~ (Chem, Farb) / moler, mezclar (en el mortero)
Anreibe•verfahren n (für dünne Metallüberzüge) (Hütt) / recubrimiento m metálico en frío ‖ ~**vergoldung** f / dorado m en frío, doradura f
anreichern vt (Chem, Nukl) / enriquecer ‖ ~, einengen (Chem) / concentrar ‖ ~ (Bergb, Erz) / enriquecer, valorizar, concentrar ‖ **mit Mergel** ~ (Geol, Landw) / margar ‖ **sich** ~ / enriquecerse ‖ ~ n (Chem, Nukl) / enriquecimiento m
Anreicherung f (Bergb, Chem, Erz) / enriquecimiento m, concentración f ‖ ~ **mit Kohlensäure** (Chem) / carbonatación f, enriquecimiento m con ácido carbónico
Anreicherungs•anlage f, Anreicherungsbetrieb m (Chem, Nukl) / planta f de enriquecimiento, instalación f de enriquecimiento ‖ ~**betrieb** m (Halbl) / funcionamiento m a modo de enriquecimiento ‖ ~**faktor** m, -grad m (Nukl) / factor m de enriquecimiento, grado m de enriquecimiento ‖ ~-**Isolierschicht- Feldeffekt-Transistor**, Anreicherungs-IG-FET m (Halbl) / transistor m de efecto de campo por compuerta aislada enriquecido ‖ ~**methode** f (Chem) / método m de enriquecimiento, método m de concentración ‖ ~**produkt** n, Schlich m (Hütt) / producto m de enriquecimiento, concentrado m, mineral m de grado fino ‖ ~**randschicht** f (Halbl) / capa f marginal enriquecida, zona f marginal enriquecida ‖ ~**schicht** f (Halbl) / capa f enriquecida, zona f enriquecida ‖ ~**transistor** m (Halbl) / transistor m de enriquecimiento ‖ ~**verfahren** n (Lecksuche) / método m de acumulación ‖ ~**vorgang** m (Bergb, Chem, Hütt, Nukl) / [proceso m de] enriquecimiento, [proceso m de] concentración
anreihen / enfilar, alinear
Anreihverteiler m (DIN) (Elektr) / regleta f de bornes
anreißen vt, einreißen vt (Pap, Tex) / rasgar (un poco) ‖ ~, vorreißen (Masch) / trazar [previamente], marcar ‖ ~ vi / comenzar a romper o a agrietarse ‖ **scharf** ~ (Tex) / rasgar, trazar ‖ ~ n (Wzm) / trazado m ‖ ~ (Schiff) / marcado m
Anreißer m, Anreißnadel f (Wz) / aguja f de trazar, punta f de trazar ‖ ~ (Arbeiter) / trazador m
Anreiß•farbe f (Wz) / color m de trazar ‖ ~**kopie** f (photographische Anzeichnung von Werkstücken) (Wzm) / copia f fotográfica de trazado ‖ ~**lehre** f (Wz) / calibre m de trazar ‖ ~**lineal** n / regla f de trazar ‖ ~**maß**, Wurzelmaß n (Stahlbau) / distancia f entre líneas de centros y canto de perfil ‖ ~**nadel**, -spitze f (Masch) / aguja f de trazar, punta f trazadora o de trazar ‖ ~**platte** f (Masch) / mármol m trazador o de trazar, mármol m para trazar ‖ ~**schnur** f (Wz) / cuerda f teñida ‖ ~**strich** m, -linie f (Masch) / línea f de trazado ‖ ~**tisch** m (Masch) / mesa f de trazado ‖ ~**verfahren** n, optisches Anreißverfahren / procedimiento m óptico de trazar ‖ ~**werkzeuge** n pl / instrumentos m pl para trazar, instrumentos m pl marcadores ‖ ~**winkel** m / escuadra f de trazar ‖ ~**zirkel** m / compás m de trazar
anreizend, stimulierend / estimulador
Anreizprämie f / prima f de incentivo
anrennen [gegen] / chocar [contra], tropezar [con]
Anrichte f (Möbel) / repuesto m, aparador m, bufete m, recocina f ‖ ~, Pantry f (Schiff) / repostería f
anrichten vt / preparar, aderezar
Anriss m (Zeichn) / trazado m ‖ ~ (Material) / fisura f inicial o superficial, grieta f incipiente ‖ ~ (Holz) / fisura f de contracción ‖ ~, Anbruch m im

tiefgezogenen Blech / grietas f pl iniciales en la chapa embutida ‖ ~**prüfung** f / ensayo m de hendibilidad
anritzen vt (Oberflächen), schrammen / rasguñar, rayar, rozar
Anrollbahn f **zum Start** (Luftf) / pista f de acceso
anrollen vi / ponerse en marcha ‖ ~ vt, niederrollen (Gummi) / arrollar ‖ ~ (Güter) / acarrear
Anroll•start m (Luftf) / despegue m con velocidad inicial ‖ ~**widerstand** m / resistencia f inicial a la rodadura
Anrückabschnitt m (Bahn) / sector m de aproximación
anrücken vt [vi], heranrücken / aproximar[se], arrimar[se]
Anrücksperre f (Bahn) / bloqueo m de aproximación
Anruf m (Fernm) / llamada f (de teléfono), telefonazo m ‖ **nicht zustandegekommener** ~, Fehlanruf m (Fernm) / llamada f perdida ‖ ~**anzeiger** m, -signal n / indicador m de línea ‖ ~**beantworter**, Antwortgeber m (Fernm) / contestador m automático de llamadas ‖ ~**beantwortung** f (telef.) / respuesta f de llamada ‖ ~**betrieb** m, -verkehr m, Verbindungsleitungsverkehr m / explotacion f por línea de conversación
anrufen vt / llamar (por teléfono), telefonear
anrufend (Fernm) / de origen, que llama
Anrufender m, anrufender Teilnehmer / abonado m que llama
Anruf•erkenner m (Fernm) / identificador m de llamad[s] ‖ ~**glocke** f, -wecker m (Fernm) / timbre m de llamada ‖ ~**induktor** m / inductor m de llamada ‖ ~**lampe**, Ruflampe f / lámpara f de aviso, lámpara f de llamada ‖ **automatische** ~**maschine** (Fernm) / máquina f para llamadas automáticas ‖ ~**ordner**, -verteiler m (Fernm) / unidad f de asignación ‖ ~**relais**, Linienrelais n (Fernm) / relé m de línea, relé m de llamada ‖ ~**schaltung** f / conexión f de llamadas ‖ ~**schrank** m / concentrador m de llamadas ‖ ~**schranke** f (Bahn) / barrera f de paso a nivel a petición ‖ ~**signal** n, -zeichen n (Fernm) / señal f ‖ ~**stellung** f / puesta f en espera ‖ ~**sucher** m (Fernm) / buscador m de llamadas ‖ ~**summer** m / zumbador m de llamada ‖ ~**taste** f (Fernm) / tecla f de llamada, clave f de llamada ‖ ~**technik** f (zentrales Abrufen von Informationen) (DV) / habilitación f de terminales para transmisión ‖ ~**verteiler** m (Fernm) / distribuidor m de llamadas ‖ ~**vorrichtung** f / dispositivo m de llamada ‖ ~**wähler** m / selector m de llamada ‖ ~**wecker** m (Fernm) / timbre m de llamada ‖ ~**weiterschaltung** f / transferencia f de llamada ‖ ~**welle** f / onda f de llamada ‖ ~**wiederholer** m / repetidor m de llamadas ‖ ~**wiederholung** f / repetición f de la llamada ‖ ~**zeichen** n (Bahn, Rangieren) / señal f de llamada (para maniobras) ‖ ~**zeichen** (Fernm) / señal f de llamada ‖ ~**zusammenfassung** f (Fernm) / concentración f de llamadas entrantes
Anrührbehälter m (Bau, Bergb, Konzentr) / cuba f mezcladora, amasadera f
anrühren vt, berühren / tocar ‖ ~ (Bau) / amasar, mezclar ‖ ~ (Chem) / mezclar, mecer ‖ ~ **des Mörtels** / amasado m, mezclado m del mortero
Anrührwasser n, Anmachwasser n (Bau) / agua f de amasado
anrußen vt (Kokille) / enhollinar, cubrir de hollín
Ansage f / anuncio m, careta f de entrada ‖ **automatische** ~ (Fernm) / información f telefónica automática ‖ ~**mikrophon** n (Eltronik) / micrófono m de anuncios
ansägen vt / aserrar, empezar a aserrar
Ansager m, -sagerin f (Radio) / locutor m (E), locutora f, anunciante m f (LA) ‖ ~, Ansagerin f (TV) / presentador m, presentadora f
ansammeln / acumular, agrupar, juntar, amontonar ‖ ~ **(sich)** / acumularse

Ansammlung, Anhäufung f / acumulación f, amontonamiento m
Ansammlungsbehälter, -tank m, Regenklär-, -wasserbecken n (Hydr) / cisterna f de agua de lluvia, depósito m de pluvial, tanque m de agua de lluvia
Ansatz m, Ansatz-, Verlängerungsstück n (Masch) / pieza f añadida, [pieza f de] prolongación, apéndice m suplemento || ≈, Schulter f, Nase f (Masch) / talón m, resalto m, saliente m, hombro m || ≈ (am Flansch) (Masch) / cuello m (de la brida), collar m, pestaña f || ≈ m, Anpass m (Dreh) / embase m, escalón m || ≈ (Fehler, Walzw) / rebaba f || ≈, Vorsprung m (Bau) / saliente m || ≈ m, Kruste f / costra f, depósito m || ≈, Kesselstein m / incrustación, depósito m (de incrustaciones) || ≈ m, Ansetzen n (Galv) / preparación f || ≈ (Chem) / fórmula, carga f || ≈ (Math) / planteo m, planteamiento m || ≈, Mundstück n (Blasinstr) / embocadura f || ≈ (Tapete) / unión f [recta o en aspa] || ≈ **der Tunnelwölbung** (Bau) / nacimiento m de la bóveda (de un túnel) || **den** ≈ **bilden** (Spinn) / formar el fondo, formar el fondo de canilla || **mit** ≈ (Mutter) (Masch) / con arandela integrada || **viereckiger** ≈ (Bolzen) / pie cuadrado m (bulón)
Ansatz•behälter m (Färb) / recipiente m para preparación, tanque m para preparación || ≈**bolzen** m (Feinmech) / perno m roscado remachado o para remachar || ≈**feile** f (Wz) / lima f plana, lima f chata || ≈**flansch** f (Masch) / brida f de unión || ≈**gewicht** n (Tex) / peso m de las cintas que deben ser dobladas || ≈**höhe** f (Kötzer) (Spinn) / altura f del fondo de husada || ≈**kanne** f (Spinn) / bote m de estiraje (E), tacho m de estiraje (LA) || ≈**[kegel]** m (Spinn) / fondo m de la husada || ≈**kern** m (Chem) / núcleo m inicial, núcleo m de origen || ≈**kuppe** f, Ak f (Schraube, DIN 78) (Masch) / espiga f cilíndrica redondeada || ≈**kurve** f (Spinn) / perfil curvo correspondiente al fondo (de la canilla) || ≈**leuchte** f (Straßb) / linterna integrada al poste, lámpara f de sujeción (al poste) || ≈**matrize** f (Pulv.Met) / matriz f con resalte || ≈**mutter** f (Masch) / tuerca f con arandela integrada || ≈**niet** n m (Masch) / remache m de espiga || ≈**punkt** m, Ausgangspunkt m / punto m de salida o de partida, punto m inicial || ≈**punkt für Fördermittel** (Verp) / marca f de manutención || ≈**rohr** n, -röhre f (Masch) / tubo m adicional, tubo m de empalme (E), caño m adicional (LA), tubo m de prolongación, tubo de unión, tubo de inserción || ≈**rohr**, Mundstück n, Düse f (Masch) / boquilla f, tobera m || ≈**schicht** f (Tex) / fondo m de la husada || ≈**schrank** m, Ausbauschrank m (Möbel) (allg) / armario m modular || ≈**schraube** f (Masch) / tornillo m de cuello || ≈**spitze** f, Asp (Schraube, DIN 78) (Masch) / tetón m troncocónico, espiga f cilíndrica apuntada || ≈**stelle** f (Schw) / punto m de partida de la soldadura || ≈**stück** n, Ansatz m / pieza f de empalme, pieza f de unión, pieza f (de prolongación) || ≈**stutzen** m (Gewinde) / empalme m roscado || ≈**stutzen** (Reduzierstück) (Masch) / racor m de reducción || ≈**tubus**, Verlängerungstubus m (Foto) / tubo m de extensión || ≈**winkel** m (Wzm) / ángulo m de ataque
ansäuerbar (Chem) / acidificable
ansäuern vt (Teig) / acidificar, acidular
Ansäuerung f, Säuerung f / acidificación f
Ansaug•abschluss m (Mot) / cierre m de la aspiración || ≈**druck** m (Mot, Vakuum) / presión f de aspiración, presión f de succión || ≈**düse** f (Masch) / boquilla f aspiradora, tobera f de aspiración
ansaugen vt (Motor, Pumpe) / aspirar, succionar || ≈ n / aspiración f || ≈ (erster Takt d. Viertaktmotors) (Kfz) / admisión f || ≈ (Pumpe) / cebadura f || **zum** ≈ **bringen**, ansaugen lassen (Pumpe) / cebar
Ansaug•schlitz m (Dampfm, Mot) / lumbrera f de aspiración || ≈**vorrichtung** f (Stufenpresse) / dispositivo m aspirador o de aspiración

Ansaug•filter m n (Motor, Pumpe) / filtro m aspirador o de aspiración || ≈**geräuschdämpfer** m (Mot) / silenciador m de aspiración, amortiguador m del ruido de aspriración, silencioso m de admisión || ≈**[hilfs]ventil** n (Pumpe) / válvula f auxiliar de aspirición || ≈**höhe** f, Hubhöhe f (Pumpe) / altura f de aspiración || ≈**hub**, -takt m (Mot) / carrera f de aspiración o de admisión || ≈**korb** m (Pumpe) / alcachofa f || ≈-**Körnergebläse** n (Landw) / amontonadora f neumática de granos || ≈**krümmer** m, -leitung f (Mot) / múltiple m de aspiración, tubería f de aspiración || ≈**leistung** f (Motor, Pumpe) / capacidad f de aspiración, capacidad aspiradora, volumen m aspirado || ≈**leitung** f, Ansaugrohr n (Mot) / tubería f de aspiración, tubo m de admisión || ≈**luft** f / aire m aspirado o de aspiración || ≈**luftheizung** f (Luftf) / calentador m del aire aspirado || ≈**luftverteiler** m (Mot) / distribuidor m del aire aspirado || ≈**luftvorwärmer** m, Vergaserluftanwärmer m (Mot) / precalentador m del aire aspirado || ≈-**Normzustand** m (Kompressor) / condición f normal de aspiración || ≈**öffnung** f, Einlass m (Mot) / orificio m de aspiración, boca de aspiración || **zentrale** ≈**öffnung** (Turbokompr) / orificio m de aspiración central || ≈**platte** f (Foto, Repro) / placa f [neumática] de trazar || ≈**raum m des Injektors** (Pumpe, Lok) / cono m de cebadura del inyector, cámara f de aspiración (del inyector) || ≈**rohr** n (Mot) / tubo m aspirador o de aspiración || ≈**schlauch**, Zuführschlauch m / tubo m flexible de aspiración || ≈**seite** f (Mot) / lado de aspiración, lado m m de admisión || ≈**strahlgeschwindigkeit** f (Mot) / velocidad f del chorro de aspiración || ≈**stutzen** (Mot) / tubuladura f de aspiración || ≈**takt** m (Mot) / carrera f de aspiración || ≈**temperatur** f / temperatura f de aspiración || ≈**trichter** m (Turbine) / embudo m de aspiración
Ansaugung f, Einlass m (Mot) / aspiración f, admisión f
Ansaug•ventil n (Pumpe) / válvula f de cebadura || ≈**ventil**, Einlassventil n (Mot) / válvula f de aspiración, válvula f de admisión || ≈**volumen** n (Mot) / volumen m aspirado o de aspiración, volumen m de admisión
Ansa-Verbindung f (Chem) / compuesto m tipo ansa
Anschaffungs•kosten pl (F.Org) / costes m pl de adquisición, costes m pl de inversión, costes m pl iniciales || ≈**wert** m / precio m de adquisición, valor m de compra
anschäften vt, stielen (Wz) / enmangar, poner mango [a] || ≈, anpfropfen (Zimm) / ensamblar
anschallen vt (Akust) / sonorizar, dirigir ondas sonoras [contra], barrer con ondas sonoras
Anschallung f, Beschallung f / sonorización f
anschalten vt, einschalten (Elektr) / conectar || **Licht** ~ / encender la luz, poner la luz
Anschaltenetz n (Fernm) / red f de acceso
Anschalter m, Klinke f (Fernm) / jack m, enchufe hembra.f.
Anschalt•filter n (Fernm) / filtro m corrector || ≈**gerät** n (Fernm) / aparato m de conmutación
Anschaltung f (Elektr) / conexión f
anschären vt, anzetteln (Web) / urdir los hilos, extender los hilos
anschärfen vt / afilar, aguzar || ≈ n, Anschärfung f / afilado m
Anschärfmaschine f (Leder) / máquina f de rebajar
Anschauungs•bild n / cuadro m sinóptico || ≈**mittel** n, -material n / material m didáctico [audiovisual], material m de enseñanza intuitiva
anscheinende spezifische Dicke (Pap) / espesor m específico aparente
Anscheuern n (Tex) / ensayo de desgastar por el roce
anschichten vt / apilar, amontonar
anschieben vt (allg, Kfz) / empujar, dar un empujón || ~ (Parallel-Endmaß) / dejar adherir por fuerza molecular

anschießen *vi* (Chem) / cristalizarse ‖ ⁓ *n* **zu Kristallen** (Chem) / cristalización *f*
Anschießer *m* (Pinsel) / pincel *m* para el dorado
Anschlag *m*, Vorsprung *m*, Nase *f* / tope *m*, limitador ‖ ⁓ (Waage) / roseta *f*, tope *m* ‖ ⁓, Randsteller *m* (Schreibm) / marginador *m*, tope *m* marginal o de marginador, control *m* de márgenes ‖ ⁓ *m*, Falz *m*, Fuge *f* (Tischl) / batiente *m* ‖ ⁓, Falz *m* eines Fensters o. einer Tür (Zimm) / batiente *m*, mocheta *f*, encaje *m* ‖ ⁓ *m*, Führung *f* (Wzm) / guía *f* ‖ ⁓ (Drahtziehen) / pasada *f* previa ‖ ⁓ (Schachtförderung) (Bergb) / tope *m*, piquete *m* ‖ ⁓, Füllort *n* (im Schacht) (Bergb) / estación *f* de carga en el fondo ‖ ⁓, Anschlaggeräusch *n* / ruidos *m pl* de choque ‖ ⁓ (Tastenbetätigung) (DV, Schreibm) / pulsación *f* ‖ ⁓, Voranschlag *m* / presupuesto *m* ‖ ⁓, Plakat *n* / cartel *m*, anuncio *m* ‖ ⁓ **beim Bohren** (Wzm) / tope *m* de profundidad ‖ ⁓ *m* **für den Förderkorb** (Bergb) / tope *m* para la jaula de extracción ‖ ⁓ **für Langzug** (Wzm) / tope *m* longitudinal ‖ ⁓ **für Planzug** (Wzm) / tope *m* transversal ‖ **Anschläge setzen** (Wzm) / colocar topes *m pl* ‖ **fester** ⁓ / tope *m* fijo ‖ **hinterer** ⁓ **der Kontaktfeder** (Relais) / tope *m* posterior, tope *m* de reposo [del resorte de contacto] ‖ **vorderer** ⁓ **der Kontaktfeder** (Relais) / tope *m* anterior, tope *m* de trabajo
Anschlag • backe *f* / almohadilla *f* de tope ‖ **~bohren** *vt* (Masch) / taladrar a tope[s] ‖ **⁓bolzen** *m*, -stift *m* / perno *m* de tope, perno *m* de detención, pasador *m* de tope ‖ **⁓bühne** *f*, Anschlagbügel *m* (Bergb) / plataforma *f* de carga en el fondo, estribo *m* de tope ‖ **⁓bund** *m* (Masch) / anillo *m* de tope, collar *m* de tope ‖ **~drehen** (Wzm) / tornear al tope ‖ **⁓drehen** *n* (Wzm) / torneado *m* con tope o al tope ‖ **⁓drucker** *m* (DV) / impresora *f* con martillos de impresión, impresora *f* de impacto
anschlagen *vt*, annageln [an] (Tischl) / clavar, sujetar con clavos [a], fijar con clavos ‖ ~ (Bergb) / enganchar las vagonetas ‖ ~ (die Kette an den Schärrahmen) / fijar la urdimbre ‖ ~ (den Schussfaden) (Web) / golpear la pasada o la trama ‖ ~ (Last) (Schiff) / levantar con eslinga ‖ ~, Anschlag machen / poner un cartel ‖ ~ *vi vt*, läuten (Glocke) / tocar ‖ ~ *vi*, anstoßen, anprallen (allg) / chocar [contra], tropezar, dar [con], rebotar ‖ **[am Fangstift]** ~ / detenerse en el pilote ‖ **eine Taste** ~ / pulsar, tocar ‖ **eine Tür** ~ (Tischl) / montar una puerta ‖ **oben** ~ (Federn) / alcanzar el tope superior ‖ ⁓ **n** (Schuss, Web) / operación *f* de golpear la trama ‖ ⁓ **von Rohrleitungen** (Hydr) / batido *m* de tubos
Anschläger *m* (am Schacht) (Bergb) / enganchador *m*, pocero *m* ‖ ⁓ *m*, Fahrtzeichengeber *m* (Bergb) / piquete *m* ‖ ⁓ *m*, Hämmerchen *n*, Docke *f* (Instr) / macillo *m* ‖ ⁓ **am Füllort** (Bergb) / cargador *m* de jaulas en la estación de fondo
Anschlag • fläche *f* (Tür) / encaje *m* ‖ **⁓fläche** *f* (Masch) / superficie *f* [de] tope o de detención ‖ **~fräsen** (Wzm) / fresar al tope ‖ **~freier Drucker** (DV) / impresora *f* sin impacto ‖ **⁓galvanisierung** *f*, Decken *n* (Galv) / galvanización *f* flash ‖ **⁓geschirr** *n* (Schiff) / aparejo *m* de carga con estrobos ‖ **⁓gummi** *m* (Kfz) / tope *m* de goma ‖ **⁓hebel** *m* (Masch) / palanca *f* de tope ‖ **⁓kette** *f* (Schiff) / cadena *f* eslinga ‖ **⁓kloben** *m* (Masch) / taco *m* graduable ‖ **⁓kreuz** *n* (Wzm) / dispositivo *m* de topes múltiples ‖ **⁓kulisse** *f* **am Höhenschreiber** (Luftf) / corredera *f* de tope ‖ **⁓lamelle** *f* (Masch) / disco *m* de tope ‖ **⁓last** *f*, angeschlagene Last (Schiff) / carga *f* abrazada ‖ **⁓lehre** *f* (Masch) / calibre *m* de tope ‖ **⁓leiste** *f* (Tür) (Bau) / listón *m* de batiente ‖ **⁓lineal** *n* (Zeichn) / regla *f* de tope, regla *f* T ‖ **⁓mittel** *n* (Förd) / eslinga *f*, estrobo *m*, cadena *f* ‖ **⁓nocken** *m*, -nase *f* (Masch) / leva *f* de tope ‖ **⁓platte** *f* (Gieß) / contraplaca *f* de eyección ‖ **⁓rad**, Warnungsrad *n* (Uhr) / rueda *f* de aviso ‖ **⁓randsteller** *m*, -schieber *m* (Schreibm) / marginador *m*, tope *m* de marginador[es] ‖ **⁓scheibe** *f*, -ring *m* (Masch) / disco *m*, anillo *m* de detención ‖ **⁓scheibe** (Wz) / arandela *f* ‖ **⁓schiene** *f* (Tür) / carril *m* de tope, riel *m* de tope, carril *m* de detención ‖ **⁓schiene** (Weiche) / contraaguja *f* ‖ **⁓schraube** *f* (Masch) / tornillo *m* de tope ‖ **⁓seil** *n* (Schiff) / estrobo *m*, salvachía *f* ‖ **⁓seite** *f* (Masch) / lado *m* de aplicación, lado *m* de contacto ‖ **⁓stange** *f* (Druckguss, Wzm) / varilla *f* de tope ‖ **⁓stärke** *f* (Schreibm) / intensidad *f* de la pulsación ‖ **⁓stift** *m* (Masch) / clavija *f* de tope, espiga *f* de tope ‖ **⁓stift** (Stanz) / pilote *m* fijo ‖ **⁓stift**, Positionsstift *m* (Masch) / espiga *f* de ajuste ‖ **⁓system** *n* (Wzm) / sistema *m* de topes ‖ **⁓tafel** *f* / tablón *m* de anuncios, tablero *m* de anuncios ‖ **⁓trommel** *f* (Masch) / cilindro *m* de topes, tambor *m* tope ‖ **⁓verkupferung** *f* (Galv) / cobreado *m* flash ‖ **⁓vorrichtung** *f*, Anschlag *m* (für Förderwagen) (Bergb) / dispositivo *m* de enganche ‖ **⁓winkel** *m* (Tischl) / escuadra *f* con respaldo o espaldón, escuadra *f* con sombrero o tacón, escuadra *f* con ala, escuadra *f* de precisión ‖ **⁓winkel** (verstellbar) (Masch) / falsa *f* escuadra ‖ **⁓zug** *f* (Stanz) / embutición *f* profunda contra tope
anschleifen *vt* (schärfen) / afilar, empezar a afilar, aguzar ‖ ~ (Flächen) / rectificar, facetar
Anschleifvorrichtung *f* (Wzm) / dispositivo *m* rectificador
anschleppen *vt* (Kfz) / remolcar (hasta el arranque)
anschließbar, steckbar (Elektr) / enchufable
anschließen *vt*, anfügen / agregar, añadir, juntar, ligar ‖ ~, verbinden, koppeln (Mech) / acoplar, enlazar, ligar, juntar ‖ ~ (mit Schloss) / fijar mediante candado, asegurar con un candado ‖ ~, einschalten (Elektr) / conectar, enchufar ‖ ~, anklemmen (Elektr) / embornar ‖ ~ (Kabel) / empalmar ‖ **Gebäude an die Kanalisation** ~ (Bau) / alcantarillar
anschließend • e Fertigung (F.Org) / producción *f* seguida, fabricación *f* seguida ‖ **~es Halbbild** (TV) / semi-imagen *f* consecutiva
Anschließer *m* [am Anschlussgleis] (Bahn) / usuario *m* de un apartadero
Anschliff *m*, Schliff *m* (Hütt, Met) / probeta *f* metalográfica pulida, corte *m* metalográfico ‖ ~ (Bohrer) (Wz) / afilado *m* ‖ **⁓ätzung** *f* (Hütt) / mordimiento *m* cromográfico de la prueba ‖ **⁓tisch** *m* (Opt) / platina *f* para laminas pulimentadas ‖ **⁓winkel** *m* (Wz) / ángulo *m* de afilado
anschlingen *vt* (Last, Schiff) / fijar por estrobo
Anschluss *m*, Verbindung *f* (allg) / conexión *f*, enlace *m* ‖ ~ (Masch) / unión *f*, ensamble *m*, conexión *f*, empalme *m*, juntura *f* ‖ ~ (Elektr) / conexión *f*, derivación *f* ‖ ~, Verbindung *f* (Fernm) / comunicación *f* ‖ ~ (Strom für das Haus) / acometida *f* eléctrica ‖ ~, Anschlussbuchse *f* (Antenne etc.) (Radio, TV) / jack *m*, clavijero *m* ‖ ~ (Anzapfung, Entnahme) / toma *f*, racor *m* ‖ ~ (für Wasserversorgung, Gas, Licht) / acometida *f* (de agua, gas, electricidad) ‖ ~ (Licht, Wasser, Fernheizung etc.) / servicio *m* ‖ ~ *m* [nach] (Bahn) / correspondencia *f* (E), combinación *f* (LA) ‖ ~, Verzweigung *f* (Bahn, Straßb) / empalme *m*, ramal *m* ‖ ~, Nebenanschluss *m* (Fernm) / aparato *m* telefónico secundario ‖ ~, Zuleitung *f* (Halbl) / conductor *m* ‖ ~ **an das Straßennetz** / acceso *m* a la red de carreteras ‖ ~ **für Leser** (DV) / conexión *f* para lectora ‖ ~ **für Zusatzgeräte** (DV) / conexión *f* para equipo adicional o periférico ‖ ~ **haben** (Fernm) / estar comunicado ‖ **Anschlüsse umwickeln** (z.B. an Widerständen) (Elektr) / ramachar ‖ **im** ~ [an] (Walzw) / en línea [con] ‖ **mit Anschlüssen** (Chip) / con conductores ‖ **ohne Anschlüsse**, flach (Chip) / de montaje exterior o sobresaliente
Anschluss • adresse *f* (DV, Platte) / dirección *f* de encadenamiento ‖ **⁓aufsatz** *m* (Elektr) / enchufe *m* de superficie con caja de toma ‖ **⁓bahn** *f*, -linie *f* / ferrocarril *m* combinado ‖ **⁓bahnhof** *m* (Bahn) /

Anschlussband

estación f de empalme ‖ **biegsames ~band** (Elektr) / cinta f de conexión o de contacto flexible ‖ **~befehlsfolge** f (DV) / secuencia f de instrucción de enlace ‖ **~beinchen** n (Transistor) (Eltronik) / patilla f ‖ **~belegung** f (DV) / empleo m de los conductores ‖ **~bereich** m (Fernm) / área f de servicio (E), campo de comunicaciones, zona f telefónica (LA) ‖ **~beschlag** m (Bau, Schm) / herraje m de conexión ‖ **~bezeichnungen** f pl (Elektr) / denominaciones f pl de bornes ‖ **~blech** n (Elektr, Masch) / lámina f de empalme (E), chapa f de unión (LA) ‖ **~block** m (DV, Regeln) / bloque m de conexión ‖ **~bolzen** m (Elektr) / bulón f de conexión, bulón m conector, perno m de unión ‖ **~bolzen** (Masch) / bulón m de ensamble, perno m de acoplamiento ‖ **~box** f (BTX) / equipoconversor m ‖ **~brett** n, -leiste f (Eltronik) / tablón m de terminales, regleta f de terminales ‖ **~buchse** f (Audio, Radio, TV) / jack m, clavijero m, zócalo m de conexión ‖ **~diagramm** n, -schema n / esquema m de conexión ‖ **~dose** f (für Stecker) / Steckdose f (Bau, Elektr) / cacha f de enchufe (E), toma de corriente f, rosácea f (LA) ‖ **~dose**, Übergangsdose f (Elektr) / caja f de contacto, caja f de conexión o de empalme ‖ **~dose** f **mit Schraubgewinde** (Elektr) / caja f de conexión con rosca ‖ **~druck** m (Gas) / presión f de red ‖ **~durchmesser** m / diámetro m de conexión ‖ **~einheit** f, [-]multiplexer m (DV) / terminal m multiplexor ‖ **~eisen** n (Bau) / hierro m de unión, varilla f de empalme ‖ **~elemente** n pl, -zubehör n (Rohr) / accesorios m pl de empalme ‖ **~erweiterung** f (Terminal) (DV) / extensión f de terminal ‖ **~fähigkeit** f, Kommunikationsfähigkeit f (DV) / interconectividad f ‖ **~fahne** f (Akku) / cola f de unión ‖ **~feld** n (Elektr) / panel m de conexiones ‖ **~fertig** (Elektr) / listo para ser conectado, listo para la conexión ‖ **~fläche**, Flanschfläche f (Masch) / superficie f de unión o de empalme (de la brida), superficie f anexa o de acoplamiento ‖ **~fläche** f (Elektr) / superficie f de conexión o de contacto ‖ **~flansch** m (Masch) / brida f de unión, brida f de empalme ‖ **~flug** m (Luftf) / vuelo m de enlace ‖ **~gebühr** f / cuota f de enganche ‖ **~gebühr** (Elektro, Gas, Kanal, TV, Wasser) / derechos m pl de conexión ‖ **~gehäuse** m (Elektr, Masch) / caja f de empalme, cuerpo m de unión ‖ **~gerät** n (DV) / unidad f periférica, equipo m periférico, equipo m auxiliar ‖ **~gerechtes Baukastensystem** (Bau, Schiff) / sistema m de bloques prefabricados ‖ **~gewinde** n (Masch) / rosca f de empalme ‖ **~gleis** n (Bahn) / vía f de enlace, vía f de unión ‖ **~gleis** (Fabrikbahn) / vía f de empalme [de fábrica], apartadero m ‖ **~höhenfixpunkt** m (Verm) / marca f geodésica de enlace ‖ **~hülse** f (Elektr) / manguito m de unión ‖ **~inhaber** m, Teilnehmer m (Fernm) / abonado m ‖ **~kabel** n, -leitung f (Elektr) / cable m conector, cable m de conexión, línea f de conexión ‖ **~kabel**, Zuführungskabel n / cable m de alimentación ‖ **~kabel** (Fernm) / cable m de abonado ‖ [biegsames] **~kabel** (Eltronik) / cable m de conexión flexible ‖ **~kabel** m **mit anvulkanisiertem Stecker** / cable m conector con clavija no desmontable ‖ **~kappe** f (Röhre) (Eltronik) / capacete m, caperuza f [de válvula] ‖ **~kasten** m (Elektr) / caja f de toma de corriente ‖ **~klemme** f (Elektr) / borne m de conexión ‖ **~klemme** (Bahn, Fahrdraht) / grifa f de alimentación ‖ **~klemme** (für Netzstrom) (Elektr) / borne m de conexión [a la red] ‖ **~kontakt** m / contacto m de unión o empalme ‖ **~krümmer** m (Rohr) / codo m de empalme, codo m de acometida, empalme codo m ‖ **~lager** n (Masch) / apoyo m anexo o adyacente ‖ **~leiste** f (Elektr) / regleta f de terminales ‖ **~leistung** f (Elektr) / potencia f de conexión, potencia f conectada o absorbida ‖ **~leitung** f (Elektr) / línea f de alimentación, línea f de conexión ‖ **~leitung** (Rohr) /

conducto m de unión, conducto m de empalme ‖ **~leitung** (Gas + Wasser) / tubería f de empalme ‖ **~leitung**, Teilnehmerleitung f (Fernm) / línea f de abonado ‖ **~linie** f (Bahn) / línea f de enlace o de empalme o de correspondencia ‖ **~litze** f, bewegliches Anschlusskabel (Elektr, Eltronik) / cable m trenzado de conexión, flexible m de conexión ‖ **~loch** n (gedr.Schaltg) / taladro m de conexión ‖ **~maße** n pl (Mech) / medidas f pl de acoplamiento ‖ **~messung** f / medición f continuada, medición f de enlace ‖ **~möglichkeit** f (Elektr, Masch) / posibilidad f de conexión ‖ **~muffe** f (Bau, Elektr) / manguito m de conexión, manguito m terminal ‖ **~mutter** f (Elektr) / tuerca f de conexión ‖ **~netz** n / red f de conexión, red f de enlace ‖ **~nippel** f (Masch, Rohr, Schw) / casquillo m roscado de empalme (E), boquilla f roscada de conexión, niple m roscado de empalme (LA) ‖ **~öse** f (Elektr, Masch) / ojete m de conexión ‖ **~pföstchen** n (Fernm) / terminal m ‖ **~plan** m (für Klemmen) / esquema m de conexión, plano m de embornamiento, diagrama m de conexión ‖ **~punkt** m (Mech) / punto m de unión o enlace, punto m de conexión ‖ **~[punkt]**, Ein- o. Ausgang m (Eltronik) / terminal m, entrada f o salida ‖ **~punkt** m, -stelle f (Elektr) / punto m de conexión, lugar m de conexión ‖ **~punkt** (Verm) / punto m de enlace ‖ **~querschnitt** m (Elektr, Rohr) / sección f de conexión ‖ **~rampe** f, Zufahrtsrampe f (Bau) / rampa f de acceso ‖ **~rohr** n (Bau, Elektr) / tubo m de empalme (E), tubo m de unión ‖ **~rohr** (Gas, Wasser etc) / tubo m conector, caño m de empalme (LA) ‖ **~rohr** (Kanalisation) / tubo m de acometida ‖ **~rohrbogen** m (Bau) / codo m de empalme ‖ **~schlauch** m (Masch) / tubo m flexible de conexión, manga f de empalme ‖ **~schnur** f (Elektr) / flexible m de conexión, cordón m de alimentación ‖ **~schraube** f (Masch) / tornillo m de conexión ‖ **~schweißung** f / soldadura f de empalme ‖ **~spannung** f, Netzspannung f (Elektr) / tensión f de conexión (a la red), tensión f nominal f, tensión f de red o de alimentación, voltaje m de conexión ‖ **~spannung** (Gleichrichter) / tensión f de corriente alterna ‖ **~sperre** f (Fernm) / bloqueo m del teléfono ‖ **~stecker** m (Elektr) / clavija f de conexión, enchufe m de conexión ‖ **~stelle** f, Anschluss m (Elektr) / conexión f ‖ **~stelle**, Steckdose f (Elektr) / toma f de corriente, caja f de enchufe ‖ **~stelle** f (Verdrahtung) (Elektr) / punto m de cableado, punto m de conexión ‖ **~stelle** (Rohrleitg) / punto m de empalme o de enlace, punto m de toma ‖ **~stelle** (Straße) / acceso m a la autopista ‖ **~stift** m (am Sockel) (Eltronik) / espiga f de conexión, espiga f de contacto ‖ **~stück** n, angefügtes Teil (Mech) / pieza f de empalme, pieza f de unión o de enlace, racor m ‖ **~stück**, Nippel m (Masch) / boquilla roscada f, racor (E), pieza f anexa o antagónica, niple m (LA) ‖ **~stutzen** m (meist mit Gewinde) (Masch) / racor m fileteado ‖ **~stutzen** (Rohr) / racor m de empalme, manguito m de empalme ‖ **~tülle** f / boquilla f de empalme ‖ **~wagen** m, Außenstromaggregat n (Luftf) / unidad f externa de alimentación en corriente eléctrica, grupo m electrógeno auxiliar externo (para aviones) ‖ **~weiche** f (Bahn) / aguja f de empalme ‖ **~wert** m (Elektr) / potencia f conectada f, consumo m nominal de corriente ‖ **~winkel** m (Stahlbau) / escuadra f de unión ‖ **~winkel**, -bogen m (Rohr) / codo m de empalme ‖ **~zug** m (Bahn) / tren m de enlace (E), tren m de combinación (LA) ‖ **~zwinge** f (Masch) / prensatornillo m de unión
anschmelzen vt / unir por fusión
Anschmelzglas n / vidrio m para soldar con metal
Anschmelzung f, Anglasung f (Vakuum) / sellado m por fusión
anschmieden vt / unir forjando, unir a la fragua

anschmiegen vt (Kurven) / adaptar curvas ‖ **sich** ~ (o. anpassen) / arrimarse [a], estrecharse [contra], oscular, ceñirse [a]
Anschmiegung f, Oskulation f (Math) / osculación f
Anschmiegungspunkt m, Berührungspunkt m zweiter Ordnung (Geom) / punto m de osculación
anschmoren vi (Kabel) / fundirse superficialmente
anschmutzen vt (Tex) / ensuciar, embadurnar ‖ ⁓ n (Tex) / ensuciamiento m
anschnallen vt (allg) / abrochar, sujetar (con hebilla) ‖ **bitte** ~ ! (Luftf) / ¡sujeten los cinturones!, ¡abróchense los cinturones de seguridad!! ‖ **sich** ~ (Kfz) / ajustarse el cinturón, abrocharse el cinturón, ponerse el cinturón
Anschnallgurt m (Kfz, Luftf) / cinturón m de seguridad, cinturón m de amarre ‖ ⁓ **für Hintersitze** / cinturón m para asiento trasero ‖ **automatischer** ⁓ (mit automatischer Aufrollvorrichtung) / cinturón m de seguridad con mecanismo arrollador automático
Anschnall•pflicht f / obligación f de utilizar el cinturón de seguridad, uso m obligatorio del cinturón de seguridad ‖ ⁓**-Starttriebwerk** n (Raumf) / motor m cohético adicional [montable], propulsor m auxiliar lateral
anschneiden vt / empezar cortando o a cortar, calar ‖ ~ (Böschung) (Bahn, Straßb) / entallar un talud ‖ ~ (Verm) / visar ‖ **die Form** ~ (Gieß) / hacer la entrada
Anschneidestempel m (Folgeschnitt) / punzón m entallador
Anschneidsenker m (Wz) / avellanador m, fresa cónica f, fresa f de avellanar
Anschnitt m (Masch, Tex) / primer corte m, comienzo m del corte ‖ ⁓, (Schweiz:) Anbindung (Plast) / entrada f, punto m de inyección ‖ ⁓, Einschnitt m (Holz, Masch) / entalladura f, muesca f ‖ ⁓ (Straßb) / cortadura lateral f ‖ ⁓ (Gewindebohrer) / corte m previo del macho [o de la terraja] ‖ ⁓ (Schneideisen für Gewindeherstellung) / entrada f achaflanada de la terraja ‖ ⁓ (der Gewindeschneidbacke) / entrada f [del cojinete ajustable de terraja] ‖ ⁓ (Gieß, Wz) / ataque m ‖ ⁓ **und Auftrag** (Straßb) / excavación f y rellenado ‖ ⁓**böschung** f, Böschung im Abtrag (Straßb) / talud m de desmonte ‖ ⁓**fläche** f, Anschnitt m (Masch) / superficie f de corte ‖ ⁓**-Hinterschliff** m (Schneideisen) (Wzm) / afilado destalonado de entrada m, destalonamiento radial m ‖ ⁓**schleifen** n / afilado m de la entrada ‖ ⁓**spanwinkel** m (Schneideisen) (Wzm) / ángulo m de corte (del cojinete) ‖ ~**steuerbar** (Elektr, Ventil) / controlable por regulación de fase ‖ ⁓**steuerung** f (Elektr) / control m del ángulo de fase, regulación f de fase ‖ ⁓**-Technik** f (Gieß) / técnica f de ataque ‖ ⁓**winkel** m (Gewinde) / ángulo m de corte
anschnüren vt (Web) / pinchar arcadas
Anschnürung f, Harnischschnüren n (Web) / pasado m del cuerpo de arcadas
anschrägen vt / biselar, achaflanar
Anschrägwinkel m (Säge) / ángulo m de triscado (diente del triscador)
anschraubbar / enroscable, atornillable
anschrauben vt (Masch) / sujetar o fijar con tornillos, atornillar, unir por tornillos, apretar el tornillo
Anschraub•nabe f (Masch) / cubo m atornillado ‖ **flacher** ⁓**sockel** (Elektr) / zócalo m portalámparas a atornillar ‖ ⁓**stutzen** m (Masch) / boquilla f enroscable, tubuladura f enroscable
Anschraubung f, Verschraubung f / atornillamiento m, sujeción f por tornillos
Anschreiben n **druckfertiger Daten** (DV) / impresión f de datos elaborados
Anschriften•maschine f, Adressiermaschine f (Büro) / máquina f para imprimir direcciones ‖ ⁓**platte** f (Büro) / placa f de dirección, placa f portaseñas
Anschriftzeile f (DV) / línea f de encabezamiento

anschuhen vt (Zimm) / añadir una pieza, empalmar ‖ **einen Pfahl** ~ (Bau) / reforzar un poste con hierro
anschüren vt (Feuer) / atizar, avivar, burgonear
anschütten vt, hinterfüllen (Bau) / rellenar [en la parte trasera] ‖ ~, auffüllen (Bau, Straßb) / rellenar, terraplenar ‖ ~ **und feststampfen** (Bau) / verter y compactar [tierras] ‖ ⁓ n (Halde) / amontonamiento m (vaciadero)
Anschüttung, Hinterfüllung f (Bau) / relleno m, terraplén m
anschwänzen vt (Brau) / lavar
Anschwänzer m (Brau) / cruz escocesa f
Anschwänzwasser n (Brau) / líquido m de lavado
anschwärzen vt / ennegrecer ‖ **die Form** ~, mit Graphit einpudern (Gieß) / empolvorar el molde con grafito
Anschwebe•bahn f (Luftf) / trayectoria f de descenso ‖ ⁓**licht** n (Luftf) / luz f de aproximación
anschweben vi (Luftf) / aproximarse en vuelo planeado
Anschwebestrecke f (Luftf) / distancia f de aproximación [a la pista de aterrizaje]
Anschweißarmaturen f pl / valvulería f de soldar, robinetería f de soldar
anschweißen vt / soldar [a], unir por soldadura ‖ ~ vi, kleben bleiben (Elektrode) / quedar adherido ‖ ⁓, Klebenbleiben der Elektroden n / adherencia f del electrodo
Anschweiß•ende n (Rohr) / extremo soldado m ‖ ⁓**ende für Schrauben** / extremo m [roscado] para soldar, trozo m a soldar (DIN 525) ‖ ⁓**hahn** m / llave f de soldar, grifo m de soldar ‖ ⁓**mutter** f / tuerca f de soldar ‖ ⁓**schraube** f / tornillo m de soldar ‖ ⁓**stelle** f, Schweißung f / punto m de soldadura o de soldeo, soldadura f
anschwellen vi (allg) / hincharse, esponjar ‖ ~ (Fluss) / crecer ‖ ~ **lassen** (z.B. durch Aufblasen) / hinchar, inflar ‖ ~ **lassen**, ausbauchen / abombar ‖ ⁓ n (allg) / hinchamiento m, esponjamiento m ‖ ⁓ (eines Gewässers) (Hydr) / llena f ‖ ⁓ (Fluss) / crecida f ‖ ⁓ (Elektr) / crecimiento m
anschwellender Anstrich / pintura f intumescente
Anschwellung f (Eltronik, Funk) / aumento m
anschwemmen vt (Fluss) / depositar ‖ ⁓ n (Lack) / emanación f
Anschwemm•filter n m (Zuckerf.) / filtro m con masa filtrante sobre tamices ‖ ⁓**löten** n, Schwallweichlöten n / soldadura f en ola de baño ‖ ⁓**schicht** f (Filter) / capa f filtrante
Anschwemmung f (Fluss) / depósito m, aluvión m ‖ ⁓ (Reaktor) / sedimentación por la capa
Anschwingbedingungen f pl (Laser) / condiciones f pl iniciales de láser
Anschwingen n (Ultraschall) / oscilaciones f pl incipientes ‖ ⁓, Schwingungsanfachung f (Eltronik) / estimulación f de oscilaciones
Anschwing•steilheit f (Eltronik, Röhre) / pendiente m de iniciación de oscilaciones ‖ ⁓**strom** m (Oszillator) / corriente f de arranque
anschwöden vt (Gerb) / encolar (E), empastar (LA)
anseilen / atar con cuerda
ansengen vt / chamuscar, socarrar
Ansenkbohrer m (Wz) / broca f avellanadora o para avellanar
ansenken vt (Masch) / avellanar ‖ **[mit Spitzsenker]** (Wzm) / avellanar con fresa cónica ‖ **mit Stirnsenker [zylindrisch]** ~ / avellanar con fresa cilíndrica ‖ ⁓ n / avellanado m, refundido m
ansetzbar, verlängerbar / empalmable
Ansetz•behälter m (Chem) / recipiente m de preparación, tanque m de preparación ‖ ⁓**blatt** n (Druck) / hoja f de guarda
ansetzen vt, festsetzen, festlegen (F.Org) / fijar ‖ ~, anstücken, verlängern / prolongar (una pieza), alargar, empalmar ‖ ~, verbinden / unir, juntar, empalmar ‖ ~, an etwas befestigen / fijar, sujetar [a] ‖

~ (Wz) / aplicar, poner [al corte] ‖ ~, in die Ausgangsstellung bringen / poner en posición ·inicial ‖ ~ (Zirkel) / aplicar el compás ‖ ~ (Spinn) / empalmar, atar ‖ ~ (Gleichungen) / poner en ecuación, plantear en ecuación ‖ ~ (Bb) / meter en tapas ‖ ~ (Chem, Farbe) / preparar ‖ **ein Rohr** ~ / injertar un tubo ‖ **rechtwinklig** ~ / colocar en ángulo recto, disponer perpendicularmente a, disponer en ángulo recto ‖ **Rost** ~ / herrumbrar[se], aherrrumbrarse, oxidarse ‖ **sich** ~ (Chem) / incrustarse, depositarse, cristalizarse, pegarse ‖ **zum Überholen** ~ (Kfz) / iniciar el adelantamiento ‖ **zur Landung [Wasserung]** ~ (Luftf) / iniciar el aterrizaje [amaraje] ‖ ~ *n*, Ansatz *m* (Galv) / preparación *f* ‖ ~, Verlängern *n* / alargamiento *m*, empalme *m* ‖ ~ **einer Gleichung** (Math) / planteamiento *m* de una ecuación ‖ ~ **einer Mischung** / preparación *f* de una mezcla ‖ ~ **von Kristallen** / acreción *f* de cristales
Ansetzer, Lehrstein *m* (Bau, Maurer) / ladrillo *m* guía, piedra *f* directriz
Ansetzpunkt *m* (z.B. für Kranhaken) (Masch) / punto *m* de ataque
ANSI = American National Standards Institute
Ansicht *f* (allg) / vista *f*, aspecto *m* ‖ **zur** ~ / como muestra, de prueba
Ansichts•ebene, Zeichenebene *f* / plano *m* de proyección ‖ ~**sendung** *f* / envío *m* de muestra, envío *m* a título de prueba
Ansicht[szeichnung] *f*, Riss *m*, Anriss *m* (Zeichn) / proyección *f*, alzado *m* ‖ ~ (Bau) / plano *m* de elevación
anspannen *vt*, unter Spannung setzen (Mech) / esforzar, someter a un esfuerzo ‖ ~, spannen (Masch) / tender, extender, estirar ‖ ~, festziehen / tensar, poner tenso ‖ **den Aufzug** ~ (Web) / tensar ‖ **stark** ~ / estirar (fuertemente)
Anspannung *f* (Mech) / tensión *f*, esfuerzo *m* ‖ ~ **der Kette** (Web) / estirado *m* [de la cuerda] de la urdimbre
anspinnen *vt* (Tex) / comenzar a hilar ‖ **einen Faden** ~ (Tex) / juntar un hilo, unir hilando ‖ **frisch** ~ / comenzar a hilar
Anspinner *m* (Tex) / hilador *m*
anspitzen *vt* / sacar punta [a], apuntar ‖ ~ / sacar punta ‖ ~, spitz schleifen / afilar, aguzar ‖ ~ *n*, Anspitzung *f* (Masch) / aguzado *m*
Anspitz•maschine *f*, -walzmaschine *f* (Walzw) / máquina *f* para sacar punta, máquina *f* de aguzar ‖ ~**walzwerk** *n* / tren laminador para aguzar barras o alambres *m*
anspleißen *vt* (Kabel) / empalmar (cables)
anspornend, Anreiz... / incitante, estimulante
Anspech•barkeit *f* / reactividad *f* ‖ ~**bedingung** *f* (Fernm) / ajuste *m* de transición *f* ‖ ~**dauer** *f* (Phys, Sicherung) / duración *f* de respuesta ‖ ~**druck** *m* / presión *f* de respuesta ‖ **eingestellter** ~**druck** (Sicherheitsventil) / presión *f* ajustada de reacción ‖ ~**empfindlichkeit** *f* (Fernm) / sensibilidad *f* de respuesta, susceptibilidad *f* de reacción ‖ ~**empfindlichkeit** (Fernm) / umbral *m* de sensibilidad de respuesta ‖ ~**empfindlichkeit** (Masch) / sensibilidad *f* de funcionamiento ‖ ~**empfindlichkeit des Mikrophons** / sensibilidad *f* de [respuesta] del micrófono
ansprechen *vi*, reagieren (Elektr) / reaccionar, responder ‖ ~ (Sicherung) / reaccionar, quemarse ‖ ~ *vt*, auslösen (z.B. Relais) / actuar, desencadenar ‖ ~ *n*, Reaktion *f* / respuesta *f* (tb. del motor), reacción *f*
ansprechend [auf] / sensible [a]
Ansprech•genauigkeit *f* (Ultraschall) / exactitud *f* de reacción ‖ ~**geschwindigkeit** *f* (Eltronik, Masch) / velocidad *f* de respuesta ‖ ~**geschwindigkeit der Regelstrecke** (Regeln) / velocidad *f* de reacción ‖ ~**grenzen** *f pl* (Eltronik) / límites *m pl* de reacción ‖ ~**konstante** *f* (Mikrofon) / constante *f* de sensibilidad ‖ ~**punkt** *m* / punto *m* de reacción ‖ ~**schwelle** *f* (Ultraschall) / nivel *m* de respuesta, umbral *m* de respuesta ‖ ~**schwelle der Geräuschsperre** (Eltronik) / umbral *m* de respuesta, umbral *m* de la silenciadora ‖ ~**sicherheitsfaktor** *m* (Masch) / factor *m* o coeficiente de seguridad de accionamiento ‖ ~**spannung** *f* (Elektr) / tensión *f* de reacción, tensión *f* de mando ‖ ~**stoßspannung** *f* / tensión *f* de choque de reacción ‖ ~**strom** *m* (Sicherung) / corriente *f* de reacción ‖ ~**strom** (Schalter) / corriente *f* activa ‖ ~**stromstärke** *f* / intensidad *f* de corriente de reacción ‖ ~**temperatur** *f* / temperatura *f* de reacción ‖ ~**verhalten** *n* (Eltronik) / comportamiento *m* de respuesta ‖ ~**verzug** *m*, -verzögerung *f* (Eltronik) / retardo *m* de reacción ‖ ~**wert** *m* (Regeln) / valor *m* de reacción, valor *m* umbral ‖ ~**zeit** *f* (Chem, Phys) / tiempo *m* de reacción ‖ ~**zeit** (Bremse) / tiempo *m* de respuesta [en acción], tiempo *m* de entrar en acción
ansprengen *vt* (Endmaß) / dejar adherir por fuerza molecular ‖ ~ *n* (Endmaß) / adhesión *f* por fuerza molecular
anspringen *vi* (Mot) / arrancar ‖ ~ **lassen**, starten (Mot) / arrancar, hacer arrancar, poner en marcha ‖ ~ *n* (der Vernetzung), Vernetzungsbeginn *m* (Plast) / iniciación *f* de la reticulación ‖ ~ (Kfz) / arranque *m*
anspritzen *vt*, bespritzen / rociar, salpicar ‖ ~ *n* **der Sohle an den Schaft** (Plast) / inyección *f* de la suela sobre el empeine
Anspruch *m* **im Patent** / reivindicación *f* ‖ **allen Ansprüchen gerecht werden** / satisfacer todas las exigencias ‖ **hohe Ansprüche stellen** [an] / ser muy exigente
Anspruchs•berechtigter *m* (Patent) / titular *m* (de la patente), beneficiario *m* ‖ ~**los** (z.B. in der Wartung) / poco exigente
anspruchsloser Schrenzkarton (Pap) / cartón *m* ordinario
anspruchsvoll / exigente
ansprühen *vt*, einsprühen / rociar
Ansprungziel *n* (DV) / meta *f* de transferencia
Anspülung *f* (Geol, Hydr) / aluvión *m*, terreno *m* aluvial
Anstählen *n*, Anstählung *f* (Hütt) / aceración *f*
Anstalt *f* / establecimiento *m*, instituto *m*
Anstaltspackung *f* (Pharm) / envase *m* clínico
anstauchen *vt* / recalcar ‖ ~ *n* (Masch) / recalcado *m*
anstauen *vt* (Wasser), aufstauen (Hydr) / restañar, embalsar, represar, remansar, estancar ‖ **sich** ~ / acumularse
Anstauung *f* (Wassb) / retención *f*, remanso *m*, estancado *m*
anstechen *vt* (allg) / picar, pinchar ‖ ~, den Anstich machen (Hütt) / hacer la colada, sangrar ‖ ~, -zapfen (Fass) (Brau) / espitar, picar
Anstechhahn *m*, Zapfhahn *m* / espita *f*
Ansteckdosimeter *n* (Nukl) / dosímetro *m* de ojal
anstecken *vt*, mit einer Nadel anheften / asegurar con alfileres, pegar [a] ‖ ~ (Med) / contagiar, infectar ‖ ~ *n* (Bergb) / labor *f* de franqueo
Ansteck•mikrofon *n* / micrófono *m* de corbata ‖ ~**teil** *n*, loses Teil / pieza *f* de quita y pon, pieza *f* enchufable
Ansteckung *f*, Infektion *f* (Med) / contagio *m*, infección *f*
anstehen *vi*, ausstreichen (Bergb) / aparecer en la superficie, aflorar, estar a flor de tierra
anstehend (Arbeit) / pendiente ‖ ~ (Bergb) / vivo ‖ ~**e Ader** (Bergb) / filón *m* a flor de tierra ‖ ~**es Erz** (für Berechnung von Erzreserven) / mineral *m* vivo ‖ ~**es Gestein** / roca *f* en su estado natural, roca *f* viva
ansteigen *vi*, [auf]steigen (allg, Geol) / subir, ascender, elevarse ‖ ~, anwachsen (allg, Spannung) / aumentar, incrementar, subir, crecer ‖ ~ (Flut) / subir ‖ ~ *n*, Steigung *f*, Gefälle *n* (Bahn, Bau, Geo) / cuesta *f*, pendiente *m*, declive *m* ‖ ~, Zunahme *f* (allg, Spannung) / aumento *m*, subida *f*, incremento *m*, crecimiento *m* ‖ ~ (Fluss) / crecida
ansteigend, aufsteigend / ascendente

Anstell•bewegung f (Wzm) / movimiento m de avance ‖ ≈**bottich** m (Brau) / cuba f de reposo ‖ ≈**element** n (Wälzlager) / elemento m u órgano para el ajuste
anstellen vt, starten, anlassen (Masch) / poner [en marcha], conectar, arrancar ‖ ~ (Wälzlager) / ajustar (un rodamiento contra otro) ‖ ~ (Wzm) / ajustar, hacer avanzar, colocar, poner al corte ‖ ~, einschalten (z.B. Radio, TV) / conectar (p.e. radio, TV) ‖ ~ (Walzw) / regular ‖ ~ (Brau) / sembrar la levadura ‖ ~ (Versuch) / hacer ensayo o prueba, experimentar ‖ ~ (Dampf, Gas usw.) / abrir la circulación (de vapor, gas etc.) ‖ **Gebläse** ~ / poner [en marcha] el ventilador ‖ ≈ n, Einschalten n, Start m / arranque m, puesta f en marcha ‖ ≈, Anstellung f (Walzw) / regulación f, reglaje m
Anstell•fehler m (Wälzlager) / error m de ajuste o de reglaje ‖ ≈**geschwindigkeit** f (Walzw) / velocidad f de regulación ‖ ≈**hefe** f (Brau) / levadura f de siembra ‖ ≈**herd** m, Beistellherd m / estufa f adosable
Anstelligkeit f, Geschick n / habilidad f
Anstell•kraft f (Gieß, Masch) / fuerza f debida al reglaje o ajuste ‖ ≈**leiter** f (Handwerk, Feuerwehr) / escalera f a mano ‖ ≈**schraube** f (Walzw) / tornillo m de regulación ‖ ≈**stück** n (Masch) / pieza f de reglaje o ajuste
Anstellung f (Propeller) / paso m (de la hélice)
Anstell•ventil n / válvula f de regulación ‖ ≈**vorrichtung** f (allg) / dispositivo m de puesta en marcha ‖ ≈**vorrichtung** (Walzw) / dispositivo m de ajuste
Anstellwinkel m (Luftf) / ángulo m de ataque, ángulo m de incidencia, [ángulo de] paso m ‖ ≈ **der Bohrsäule** (Bergb) / ángulo m de inclinación de la columna perforadora ‖ ≈ **der Schleifscheibe** (Wzm) / ángulo m de inclinación (de la muela) ‖ ≈ **des Hobeleisens** (Holz, Wzm) / ángulo m de inclinación ‖ ≈ **geringsten Widerstands** (Luftf) / ángulo m de ataque de la resistencia mínima ‖ **scheinbarer o. geometrischer** ≈ (Luftf) / ángulo m geométrico de ataque, ángulo m de incidencia aparente ‖ **seitlicher** ≈ (Wzm) / ángulo m de colocación ‖ ≈**anzeiger** m (Luftf) / indicador m del ángulo de ataque ‖ ≈**bereich** m (Luftf) / límites m pl de incidencia ‖ ≈**umkehr** f (Luftf) / inversión f del paso ‖ ≈**verstellung** f (Hubschrauber) / modificación f del ángulo de ataque, modificación f del paso
anstempeln vi, einstempeln (F.Org) / sellar la entrada, fichar
ansteuern vt (Luftf, Schiff) / dirigirse [a], hacer rumbo [a], tomar la ruta [de, a] ‖ ~, auslösen (Eltronik) / excitar, dirigir un impulso [a] ‖ ~, anwählen, spez.: markieren (DV) / seleccionar ‖ **sein Ziel selbst** ~ (Radar) / operar el homing ‖ ≈ n (Eltronik) / mando m, direccionamiento m
Ansteuerteil n (IL) / direccionamiento m
Ansteuerung f, Ansteuern n (Eltronik) / excitación f ‖ ≈ (Schiff) / recalada f
Ansteureungs•feuer n (Luftf) / luz f de proximidad de aeropuerto ‖ ≈**feuer** (Schiff) / radiofaro m de localización, radiofaro m de acercamiento ‖ ≈**impuls** m (Regeln) / impulso m de excitación, impulso m de mando ‖ ≈**prüfung** f (DV) / control m de selección ‖ ≈**sender** m, Landeführungsgerät m (Eltronik, Funk, Luftf) / radiolocalizador m ‖ ≈**strom** m (Eltronik) / corriente m de excitación ‖ ≈**tonne** f (Schiff) / boya f de recalada ‖ ≈**verhältnis** n (DV) / relación f de selección
Anstich m (Brau) / picadura f ‖ ≈ (Walzw) / pasada f inicial, primera pasada f ‖ ≈**hahn** f, Zapfhahn m (Brau) / espita f ‖ ≈**kaliber** f (Walzw) / canal calibrador de la primera pasada ‖ ≈**querstrich** m (Hütt) / sección f inicial
Anstieg m, Aufstieg m (allg, Weg) / ascensión f, subida f ‖ ≈, Anwachsen n, Zunahme f / aumento m, incremento m, alza f, elevación f, crecimiento m

Anstiegs•flanke f (Impuls) / flanco m anterior ‖ ≈**geschwindigkeit** f (Operationsverstärker) (DV) / velocidad f de aumento ‖ ≈**zeit** f (Impuls) / tiempo m de crecimiento ‖ ≈**zeit**, Steigzeit f (Eltronik, Phys) / tiempo m de subida ‖ ≈**zeit der Vorderflanke** (Eltronik) / tiempo m de subida del flanco anterior
anstielen vt (Wz) / enastar
anstiften vt, verstiften (Masch) / enclavijar, unir por clavijas
anstirnen vt (Wzm) / refrentar
Anstocker m, Aufstecker m (Arbeiter) (Spinn) / enfilador m, colocador m
Anstoß m, Anstoßen n, Stoß m (Vorgang) / empuje m, choque m ‖ ≈ (Zimm) / junta f a tope ‖ ≈ (Elektr) / impulso m ‖ ≈**elektron** n (Eltronik) / electrón m de impacto, electrón m de choque
anstoßen vi [gegen], stoßen [gegen] / chocar [contra], dar contra ‖ ~, dagegen stoßen / tropezar [con] ‖ ~ vt, antreiben / impeler, dar un empujón a ‖ ~, zusammenfügen / juntar a tope ‖ ~, einleiten (Eltronik) / impulsar, mandar ‖ **am Bordstein** ~ (Kfz) / chocar contra el bordillo, dar con el bordillo ‖ **eine Turbine** ~ / poner en marcha (una turbina) por primera vez ‖ ≈ n, Triggern n (Eltronik) / direccionamiento m, mando m
anstoßend, Stoß... / chocante ‖ ~, angrenzend / adyacente, contiguo, colindante
Anstoß•fläche f (Masch) / superficie f de contacto ‖ ≈**impuls** m (Eltronik, Radar) / impulso m de direccionamiento, impulso m de mando del trigger ‖ ≈**pegel** m, Triggerspannung f (Radar) / tensión f de desbloqueo ‖ ≈**schalter** m (gestängebetätigter Schalter) (Elektr) / interruptor m accionado por varillas
anstrahlen vt (mit Scheinwerfern) / irradiar, iluminar [con proyectores]
Anstrahler m / proyector m de profusión de luz
Anstrebekraft f / fuerza f centrípeta
anstrecken vt, spannen (Web) / extender, tender
anstreichen vt, tünchen / pintar, enjalbegar, blanquear ‖ ~, anmalen / pintar, dar una capa de pintura ‖ ~, anzeichnen / marcar ‖ **mit Lackfarbe** ~ / lacar ‖ **mit Teer** ~ / embrear ‖ ≈ n, Bemalen n, Lackieren n / pintado m
Anstreicher m / pintor m (de brocha gorda) ‖ ≈, Tüncher m / blanqueador m ‖ ≈**arbeiten** f pl / trabajos m pl de pintura
Anstreich•farbe f / pintura f ‖ ≈**gerät**, Spritzgerät n (Bau) / aparato m pulverizador para pintar paredes ‖ ≈**pinsel** m (Wz) / pincel m para pintar, brocha f
Anstreifen n / roce m, frotamiento m, rozadura f
anstrengen (sich) / esforzarse, afanarse
anstrengend / fatigoso, trabajoso
Anstrengung f, Schwere f der Arbeit (F.Org) / esfuerzo físico o penoso del trabajo ‖ ≈, Mühe f / esfuerzo m, fatiga f ‖ **keine** ≈ **scheuen** / no omitir esfuerzos
Anstrengungsfaktor m / factor m de fatiga
anstreuen, Schwad ~ (Landw) / extender la hierba, orear la hierba
Anstrich m (aufgetragene Farbschicht) / capa f de pintura, mano f de pintura ‖ ≈, Anstreicherarbeit f / pintura f, trabajo m de pintura ‖ ≈, Tünche f / blanqueo m, jalbegue m ‖ **erster** ≈ (Grundfarbe) / imprimación f, primera mano f ‖ **feuerfester** ≈ (Bau) / pintura f ignífuga ‖ ≈**farbe** f (Material) / pintura f ‖ ≈**film** f / película f de pintura ‖ ≈**fläche** f / superficie f pintada, superficie f a pintar ‖ ≈**halle** f (Stahlbau) / nave f de pintar, sala f de pintar ‖ ≈**stoffe** m pl, -mittel n pl / agentes m pl o materiales de pintar, colorantes m pl ‖ ≈**technik** f / técnica f de pintar o de pintura
anstricken vt / añadir a punto de (media), cabecear
anströmen vi / fluir [contra], afluir ‖ ~ vt, anblasen / soplar [contra]
Anströmgeschwindigkeit f / velocidad f de soplado

Anstückelmaschine

Anstückelmaschine f (Spinn) / máquina f para añadir
anstückeln vt, anstücken, anfügen, ansetzen (Masch, Tex) / añadir [una pieza] a, coser un pedazo a otro, remendar, alargar, juntar (dos piezas)
Anstück[el]ung f (Tex) / apedazado m, remiendo m
anstücken vt (Zimm) s. anschuhen
Anstückung f, Anschuhung f / alargamiento m, empalme m
ANT = Ausschuss Normentechnik
Antacid n (Pharm) / antiácido m
Antagonismus m / antagonismo m
Antagonist m (Chem, Phys) / antagonista m
antarktisch (Geo) / antártico
Antastung f mit Rubinkugel (Mess) / palpación f mecánica con esferas de rubí
anteigen vt, verpasten (Teig herstellen) (Tex) / empastar
Anteigmittel n / materia f a base pastosa
Anteil m / cuota f, parte f, porción f, contingente m || ≈, Bestandteil m / parte f, parte f integrante, ingrediente m, componente m || ≈, Verhältnis n / prorrata f, ratio f || ≈ **der prompten Neutronen** (Nukl) / fracción f de los neutrones instantáneos || ≈ **der Sonneneinstrahlung** / factor m de insolación || ≈ **der verzögerten Neutronen** (Nukl) / fracción f de los neutrones retardados || ≈ **in Prozenten ausgedrückt**, Prozentanteil m / porcentaje m || ≈ **je Tonne** / repartición f por tonelada
anteilig adj / proporcional || ~ adv / proporcionalmente
|| **~es Elektron** (Phys) / electrón n distribuido proporcionalmente
Anteiligwerden n **der Elektronen** (Phys) / distribución f proporcional de electrones
Antenne f / antena f || ≈ **mit abgeschirmter Zuleitung** (Eltronik) / antena f anti-interferencia, antena f antiestática, antena f con cable blindado || ≈ **mit besonderer Richtcharakteristik** / antena f direccional o dirigida || ≈ **mit eng gebündeltem Strahl**, scharfgebündelte Antenne / antena f superdireccional || ≈ **mit fortschreitenden Wellen** / antena f de ondas progresivas || ≈ **mit schwenkbarer Richtcharakteristik** / antena f direccional orientable || ≈ **mit Sperrtopf** / antena f de radiación horizontal bloqueada || ≈ **mit stehenden Wellen** / antena f de ondas estacionarias || ≈ **mit 1 Strahlenbündel** / antena f con un haz de rayos || **drehbare** ≈ / antena f orientable o giratoria || **im Tragflügel verlegte** ≈ / antena f dispuesta en el ala sustentadora || **in Oberwellen erregte** ≈ / antena f armónica
Antennen•abgleichung f, -abstimmung f / sintonización f de antena || **~ableitung** f / cable m de bajada de] antena, bajada f de antena || **~abschwächer** m / atenuador m de antena || **~abstimmspule** f / bobina f sintonizadora de antena || **~anlage**, -anordnung f, -system n / conjunto m ordenado de antenas, sistema m de antenas || **~anpassung** f / adaptación f de antena || **~anschluss** m / conexión f de antena, toma f de antena || **~aufschaukelung** f, Antennengewinn m / ganancia f de antena || **[aus]strahlung** f / radiación f de antena || **~bandfilter** n m / filtro m pasabanda de antena || **~bau** m / construcción f de antena[s], erección f de antena || **~buchse** f / enchufe m de antena, borna f de la antena, hembrilla f de la antena || **~charakteristik** f (Radar) / característica f de la antena || **~dämpfung** f (Eltronik) / amortiguación f de antena || **~diagramm** f / diagrama m de antena ||
~dipol m / dipolo m de antena || **~diversity** f / diversidad f de antena || **~draht** m, -leiter m, -kabel n / alambre m de antena, conductor m de antena, hilo m de antena || **~drehmast** m / mástil m rotativo de antena || **~drehvorrichtung** f / dispositivo m rotor o de rotación de antena || **~durchführung** f / pasacable m de antena || **~ebene** f / plano m de antena || **~effekt** m / efecto m de antena, efecto m vertical ||
~einführung f / bajada f de antena || **~eingang** m / alimentación f de antena || **~eingangswiderstand**
m, -eingangsimpedanz f / impedancia f de alimentación de la antena || **~element** n / elemento m de antena || **~energie** f / energía f de antena ||
~entstörfilter n / filtro m de antena antiparasitario ||
~erdschalter m / conmutador m antena-tierra ||
~-Erdungskreis m / circuito m de puesta a tierra de la antena || **~fachmann** m, Antennenbauer m / antenista m f || **~feinabstimmung** f / sintonización fina de la antena f || **~-Fußpunkt** m / base f de la antena || **~gegengewicht** n / antena f compensadora, contraantena f || **~gewinn** f / ganancia f de o en la antena || **praktischer ~gewinn** / ganancia f en energía de antena || **~gewinn m bezogen auf die Feldstärke in 1 Meile Entfernung bei 1 kw Sendeleistung** (TV) / eficacia f de antena || **~gruppe** f, Array n / sistema m de antena[s], conjunto m ordenado de antenas ||
~höhe f / altura f de la antena || **effektive ~höhe** / altura f efectiva de la antena || **~höhe f in Wellenlängen x 360°** / altura f de la antena en longitudes de onda x 360° || **~induktanz** f, -induktivität f / inductancia f de antena, inductividad f de antena || **~interferenz[störung]** f / interferencia f entre antenas || **~isolator** m / aislador m de antena ||
~kabel n, -litze f / cable m de antena || **~kapazität** f / capacidad f de antena || **~keule** f / lóbulo m de antena || **~klemme** f / terminal m de antena, borne m de antena || **~konverter** m (i. d. Schüssel) / convertidor m de antena [parabólica] || **~kopplung** f / acoplamiento m de antena ||
~kopplungskondensator m / capacitor m de acoplamiento de antena || **~kopplungsspule**, -verlängerungsspule f / bobina f de acoplamiento de antena || **~kreis** m, -stromkreis m / circuito m de antena || **~kreistastung** f / manipulación del circuito de antena || **~kuppel** f, Radom m (Luftf) / radomo m, cúpula protectora de las antenas de radar f || **effektive ~länge** / longitud f efectiva de la antena || **~leistung** f / potencia f de o en antena || **zugeführte ~leistung** / energía f de alimentación de la antena || **~linse** f (Radar) / lente f de antena || **~litze** f (Eltronik) / cable trenzado de antena m, cordón m de antena || **~mast** m / mástil m de antena || **~mast** (Strahler) / radiador m en forma de mástil || **~modulation** f (Eltronik) / modulación f por absorción || **~nachlaufsteuerung** f (Radar) / mando m de seguimiento de antena ||
~-Nebenzipfel m (Eltronik) / lóbulo m secundario de antena || **~neigung** f (Radar) / inclinación f de antena ||
~niederführung, -[her]ableitung f / bajada f de antena || **~rahmen** m / cuadro m de antena, cuadro-antena m || **drehbarer ~rahmen** / cuadro móvil de la antena m || **~rauschen** n (Eltronik) / zumbido m de antena, ruido m de antena ||
~-Referenzimpuls m / impulso m de referencia de antena || **~reflektor** m / reflector m de antena ||
~richtwirkung f / directividad f de la antena || **~rotor** m, -drehvorrichtung f / dispositivo m rotor o de rotación de antena || **~schalter** m / disyuntor m de antena || **~seitenwinkel** m / ángulo m acimutal de la antena || **~-Sende-Empfangsweiche** f, Duplexer m / conmutador m de emisión y recepción (para antena), duplexor m de antena || **~speiser** m / alimentador m de antena || **~speisescheinwiderstand** m / impedancia f de alimentación de antena || **~speisestrom** f / corriente m de alimentación de antena || **~spiegel** m (Radar) / superficie f reflectante de la antena || **~spule** f, Antenne f in Spulenform (Eltronik) / antena f en forma de bobina || **~stab** m, Stabantenne f / varilla f de antena, antena f de barra || **~standort** m / ubicación f de la antena || **~steckbuchse** f / hembrilla f de la antena || **~steckdose** f / enchufe f hembra para antena || **~stecker** m / clavija f de antena ||
~steuerung f (für Satellitenverfolgung) / mando m de antena para el seguimiento de satélites || **~strahler** m / radiador m de antena || **~strahlung** f / energía

radiada por la antena f, radiación f de antena ‖ ≈[strom]kreis m / circuito m de antena ‖ ≈system n / sistema m de antenas ‖ ≈träger m, -mast m (Bau, Schiff) / portaantenas m, poste de antena ‖ ≈tragwerk n (DIN), Funkturm m / torre f portaantenas, torre f de radio ‖ ≈übertrager m (Eltronik) / transformador m de antena ‖ ≈umschalter m, Antennenweiche f / conmutador m antena-tierra ‖ ≈umschaltung f / conmutación f antena-tierra ‖ zyklische ≈umtastung / manipulación f cíclica de antena ‖ ≈verkürzungskondensator m / condensador m insertado en la antena ‖ ≈verlängerungsspule f / bobina f de carga de antena ‖ ≈verlust m / pérdida f de antena ‖ ≈verstärker m / amplificador m de antena ‖ ≈verstärkung f / amplificación f de antena ‖ ≈verstimmung f / desintonización f de antena ‖ ≈vorhang m / cortina f de antena ‖ ≈wald m / complejo m de antenas ‖ ≈wand f / cortina f direccional ‖ ≈weiche f / conmutador m electrónico de emisión y recepción, filtro m receptor-transmisor, duplexor m ‖ ≈widerstand m / resistencia f de antena ‖ ≈wirkfläche f / área f efectiva de la antena, superficie f efectiva de la antena ‖ ≈wirkungsgrad m / rendimiento m de antena, eficacia f de radiación de la antena ‖ ≈zubehör n / accesorios m pl de antena ‖ ≈zuleitung f, Feeder m / alimentador m de antena
Antext m (Fernschreiber) / aviso m
Antho•cyan, Blattblau n (Färb) / antociana f ‖ ≈cyanogen n / antocianógeno m ‖ ≈phyllit, Antholit m (Min) / antofilita f (silicato de magnesio y de hierro), antolita f ‖ ≈xanthin, Blumengelb n (Färb) / antoxantina f
Anthra•cen s. Anthrazen ‖ ≈chinon n (Chem) / antraquinona f ‖ ≈chinonfarbstoffe m pl / colorantes m pl antraquinónicos o de antraquinona ‖ ≈flavin n (Färb) / antraflavina f ‖ ≈flavon n (Färb) / antraflavona f ‖ ≈gallol, Anthrazenbraun n (Färb) / antragalol m (isómero de la purpurina) ‖ ≈hydrochinon n / antrahidroquinona f ‖ ≈konit m, Kohlenkalkstein m (Min) / antraconita f ‖ ≈kose, Kohlenstaublunge f (Med) / antracosis f ‖ ≈nilsäure f (Chem) / ácido m antranílico ‖ ≈nol n (Chem) / antranol m ‖ ≈pyrimidin n / antrapirimidina f ‖ ≈robin n / antrarrobina f (leucoalizarina)
Anthrazen n, Anthrazenblau n / antraceno m, azul m de antraceno ‖ ≈braun, Alizarinbraun n (Färb) / pardo m de alizarina ‖ ≈farbstoffe m pl / colorantes m pl de antraceno ‖ ≈öl n, Grünöl n (Chem) / aceite m de antraceno ‖ ≈ruß m / negro de antraceno m
Anthrazit m (Bergb) / antracita f
Anthron n, antrahrona n (Chem) / antrona f
anthropo•gen (Kulturboden) (Landw) / antropógeno (tierras de cultivo) ‖ ≈metrie f / antropometría f ‖ ~morph / antropomorfo ‖ ~morphisieren vt (z.B. einen Roboter) / antropomorfizar ‖ ≈technik f / antropotecnia f, Human Engineering
Anti•abschirmungsfaktor m (Eltronik) / factor m antipantalla ‖ ≈adhäsiv / antiadhesivo ‖ ≈apex m (Astr) / antiápex m ‖ ≈ballistik-Rakete f (Mil) / misil m antibalístico ‖ ≈ballonvorrichtung f, Schleierbrecher m (Spinn) / aparato antibalónico m ‖ ≈baryon n (Phys) / antibarión m ‖ ≈beschlag-Brille f / gafas f pl antivaho ‖ ≈bindungselektron n, Antivalenzelektron n (Nukl) / electrón m de antivalencia ‖ ≈biotikum n (Landw, Med) / antibiótico m ‖ ~biotisch / antibiótico adj ‖ ≈blockiersystem n (Luftf) / sistema m antibloque, instalación f antibloque ‖ ≈blockiersystem, ABS (Kfz) / sistema m antibloque de frenos, SAB m ‖ ≈blockiervorrichtung f (Bremse) (Kfz) / Anti-Lock-Brake m, freno ALB m ‖ ≈blockingmittel n (Plast) / agente m separador ‖ ≈chlor n, Natriumthiosulfat m (Chem) / anticloro m, tiosulfato m de sodio ‖ ≈choc..., stoßsicher (Uhr) / antichoque ‖ ≈diazoverbindung f (Chem) / compuesto m antidiazo

‖ ≈-Distributivität f (Math) / antidistributividad f ‖ ≈dröhn n, -dröhnmasse f (Akust) / material m antisonoro, masa f antisonora ‖ ≈dröhnmaßnahmen f pl / medidas f pl de insonorización ‖ ≈elektron n, Positron n (Phys) / positrón ‖ ≈emulgiermittel n (Chem) / agente m antiemulsionador ‖ ≈fading... (Eltronik) / antiatenuación, antidesvanecimiento ‖ ≈fadingantenne f / antena f antidesvanecimiento ‖ ≈fäulnisfarbe f, Antifoulinganstrich m (Schiff) / pintura f antimancha o antivegetal o antifouling ‖ ≈felt... (Tex) / antiafieltrante ‖ ≈ferment n, -enzym n (Chem) / antifermento m, antiencima m ‖ ≈ferromagnet m (Phys) / sustancia antiferromagnética f ‖ ~ferromagnetisch / antiferromagnético ‖ ≈ferromagnetismus m / antiferromagnetismo m ‖ ≈filzausrüstung f (Wolle) / acabado m antiafeltrante de la lana ‖ ≈fouling-Anstrich m (Schiff) / pintura antifouling ‖ ≈friktions... (Masch) / antifricción ‖ ≈friktionslager n (Masch) / cojinete m [de] antifricción ‖ ≈friktionsmetall n / metal m antifricción ‖ ≈-g Anzug m (Raumf) / traje m anti-g, escafandra f anti-g ‖ ≈gefriermittel n (Kfz) / anticongelante m ‖ ≈gel n / antigel m ‖ ≈gen n (Biol) / antígeno m ‖ ≈gleitschutz m (Kfz, Masch) / antideslizante m ‖ ≈glisse... (Tex) / antiglís, antideslizante m ‖ ≈gorit m (grüner Serpentin) (Min) / antigorita f ‖ ≈gravitations... / de antigravedad ‖ ≈haftmittel n, Haftverzögerer m (Chem, Gieß) / reductor m de adherencia ‖ ≈haloschicht f (Opt) / capa f antihalo ‖ ≈histamin n (Pharm) / antihistamina f ‖ ≈isomorphie f (Krist) / antiisomorfismo m ‖ ≈katalysator, Inhibitor m (Chem) / anticatalizador m, inhibidor m ‖ ≈kathode f (Eltronik) / anticátodo m ‖ ≈klebemittel n (Chem) / antiadhesivo m ‖ ≈klin[al]e f (Sattel einer Falte) (Geol) / anticlinal f ‖ ≈klopfmittel n (Mot) / antidetonante m ‖ ≈koaguliermittel n (Chem) / anticoagulante m ‖ ≈kohärer m, Antifritter m (Eltronik) / anticohesor m ‖ ≈koinzidenzjoch n (Nukl) / domo de anticoincidencia ‖ ≈koinzidenzschaltung f / circuito m [de] anticoincidencia ‖ ≈koinzidenzzähler m / contador m [de] anticoincidencias ‖ ≈kollisionslicht n (Luftf) / luz f anticolisión, faro m de anticolisión ‖ ≈kollisionsradar n / radar m anticolisión ‖ ≈körper m, Ak (Biol) / anticuerpo m ‖ ≈körperfluoreszenz f / fluorescencia f de anticuerpo, inmunofluorescencia f ‖ ≈lepton n (Nukl) / antileptón m ‖ ≈logarithmentafel f (Math) / tabla f antilogarítmica o de antilogaritmos ‖ ≈logarithmus m / antilogaritmo m ‖ ~magnetisch / antimagnético ‖ ≈materie f (Phys) / antimateria f ‖ ≈materievorrat m (Rakete) / reserva f de antimateria ‖ ≈mer, optisch isomer (Chem, Opt) / antimérico, ópticamente isomérico ‖ ≈meson n (Phys) / antimesón m ‖ ~metrisch, -symmetrisch (Math) / antimétrico, antisimétrico ‖ ~mikrophonisch (Eltronik, Röhre) / antimicrofónico
Antimon n, Sb (Chem, Min) / antimonio m, estibio m, Sb ‖ ≈at, Antimonsalz n / antimoniato m, sal f de antimonio ‖ ≈bleiblende f, Boulangerit m, Kermesit n, Rotspießglanz m (Min) / blenda f de plomo de antimonio, boulangerita f ‖ ≈blüte f, Valentinit n, Weißspießglanz m (Min) / flor f de antimonio ‖ ≈(III)-chlorid n (Chem) / tricloruro m de antimonio ‖ ≈[erstarrungs]punkt m (630,5 ° C) / punto m [de solidificación] de antimonio ‖ ≈fahlerz n, Tetraedrit m (Min) / panabasa f, tetraedrita f ‖ ≈glanz, Antimonit m (Min) / antimonita f, estibina f ‖ ≈halogen n / halógeno de antimonio ‖ ~haltig / antimonial, antimoniado ‖ ≈hydrid n / hidruro m de antimonio
Antimonialblei n, Hartblei n (Hütt) / plomo m de antimonio, plomo duro m
Antimonid n (Chem) / antimoniuro m

antimonige Säure / ácido antimonioso *m*
Antimoniumkupferglanz *m* (Min) / burnonita *f*
Antimon•lactat *n*, Antimonin *n* (Chem) / lactato *m* de antimonio, antimonina *f* ‖ ⁓**legierung** *f* (Hütt) / aleación *f* de antimonio ‖ ⁓**nickel** *n*, Breithauptit *m* (Min) / antimonio níquel *m* ‖ ⁓**nickelglanz**, Ullmanit *m*, Kiesnickelglanz *m* (Min) / ullmanita *f*, níquel-antimonio brillante ‖ ⁓**ocker** *m* (Min) / cervantita *f* ‖ ⁓**(V)-oxid** *n* (Chem) / anhídrido *m* antimónico, pentaoxido de antimonio *m* ‖ ⁓**-Regulus, 99,9% Sb** (Lager) / régulo *m* de antimonio ‖ ⁓**schwarz**, Antimon(III)-sulfid *n* (Chem) / negro *m* de antimonio, trisulfuro *m* de antimonio ‖ ⁓**silberblende** *f* (Min) / pirargirita *f*, plata *f* roja antimonial ‖ ⁓**sulfid** *n* (Chem) / sulfuro *m* de antimonio ‖ ⁓**wasserstoff** *m*, Stibin *n* (Chem) / hidruro *m* de antimonio, estibina *f*, estibamina *f* ‖ ⁓**weiß**, -deckweiß, -oxid *n* (Färb) / blanco *m* de antimonio, óxido *m* de antimonio ‖ ⁓**yl** *n*, (jetzt:) Antimonoxidchlorid *n* (Chem) / antimonilo *m* ‖ ⁓**zinnober**, Goldschwefel *m* (Färb) / pentasulfuro *m* de antimonio, oro musivo *m*
Anti•mykotikum *n* (Landw, Med) / antimicótico *m* ‖ ⁓**myon** *n* (Nukl) / antimuón *m* ‖ ⁓**neutrino** *n* (Phys) / antineutrino *m* ‖ ⁓**neutron** *n* (Phys) / antineutrón *m* ‖ ⁓**node** *f* (Opt) / antinodo *m* ‖ ⁓**osmose** *f* (Phys) / antiósmosis *f* ‖ ⁓**oxidanstrich** *m* / pintura antioxidante *f* ‖ ⁓**oxidantien** *n pl* (Chem, Nahr) / antioxidantes *m pl* ‖ ⁓**ozonans** *n* (Chem) / antiozonante *m* ‖ ⁓**panikausrüstung** *f* (Raumf) / equipo *m* antipánico ‖ ⁓**parallaxeneinrichtung** *f* (Opt, Phys) / dispositivo *m* de antiparalaje ‖ ⁓**parallaxspiegel** *m* (Opt) / espejo *m* antiparalaje ‖ ~**parallel** (Math) / antiparalelo ‖ ⁓**parallelkurbel** *f* (Kinematik) / articulación *f* de manivelas iguales no paralelas ‖ ⁓**parallelschaltung** *f* (Elektr) / conexión *f* en antiparalelo ‖ ⁓**partikel** *f* (Phys) / antipartícula *f* ‖ ⁓**personenmine** *f* (Mil) / mina *f* antipersonal ‖ ⁓**pilling-Ausrüstung** *f* (Tex) / apreste *m* "antipilling" ‖ ~**pitting**, porenverhütend (Hütt) / "antipitting", anticorrosivo ‖ ⁓**pode** *m*, enantiomorphe Form (Chem) / antípoda *m* ‖ ⁓**poden...** (Geo, Math) / antípoda *adj*, opuesto, contrario, antipodal ‖ ⁓**pollutionsmaßnahme** *f* (Umw) / medidas *f pl* antipolutivas, medidas *f pl* contra la polución
antippen, kurz ~ / pulsar brevemente, tocar ligeramente
anti•prismatisch (Faltung) / antiprismático ‖ ⁓**proton** *n* (Phys) / antiprotón *m* ‖ ⁓**quark** *n* (Phys) / antiquark *m*
Antiqua[schrift] *f* (Druck) / escritura *f* romana antigua, letra romana *f*
Anti•radar... / de antirradar ‖ ⁓**radar-Flugkörper** *m* (Mil) / misil *m* antirradar ‖ ⁓**rakete** *f*, Raketenabwehrgeschoss *n* (Mil) / misil *m* anticohético, cohete anticohete *m* ‖ ⁓**reflexbelag** *m*, -reflexschicht *f* (Opt) / capa *f* antirreflectora o antirreflejo ‖ ⁓**reflex-Spray** *m n*, -Spraydose *f* / aerosol *m* antirreflejo, spray *m* antirreflejo ‖ ⁓**resonanz** *f* (Eltronik) / antirresonancia *f* ‖ ⁓**resonanzdose** *f* / caja *f* antirresonante ‖ ⁓**resonanzfrequenz** *f* (Eltronik) / frecuencia *f* antirresonante o de antirresonancia ‖ ⁓**resonanzkreis** *m* (Eltronik) / circuito *m* antirresonante o de antirresonancia ‖ ⁓**rutsch** *m* (Tex) / tejido antiglís *m* ‖ ⁓**rutsch-Folie** *f* / lámina *f* contra patinaje ‖ ⁓**schaummittel** *n* (Chem) / antiespumante *m*, agente *m* de antiespuma ‖ ⁓**schaumöl** *n* / aceite *m* antiespuma ‖ ⁓**schleiermittel** *n* (Foto) / antivelo *m* ‖ ⁓**schlupfregelung** *f*, ASR (Kfz) / ASC (= sistema de control de deslizamiento), dispositivo *m* antideslizante ‖ ⁓**schlupf-Zubehör** *n* (Landw) / accesorios *m pl* antideslizantes ‖ ⁓**sedimentationsmittel** *n* (Chem) / antisedimentante *m*, antiposo *m* ‖ ⁓**septikum** *n* (Med) / antiséptico *m* ‖ ~**septisch** / antiséptico *adj* ‖ ⁓**skating-Vorrichtung** *f* (Audio) / dispositivo *m* antiskating ‖ ⁓**skid-Anlage** *f* (Luftf) s. Antiblockiersystem ‖ ⁓**snagmittel** (Tex) / agente *m* " antisnag" ‖ ⁓**spamsoftware** *f* (DV) / software *m* antispam ‖ ⁓**-Splash-Reifen** *m pl* (LKW) (Kfz) / neumáticos *m pl* anti-splash ‖ ⁓**statikreifen** *m* (Luftf) / neumático *m* antiestático ‖ ⁓**statik-Spray** *m n*, -Spraydose *f* / aerosol *m* antiestático, spray *m* antiestático ‖ ~**statisch**, Antistatik... / antiestático, antiparásito, antiparasitario ‖ ⁓**-Stokes-Linien** *f pl* (Spektrum) / líneas *f pl* anti-Stokes ‖ ⁓**submarining-Sitz** *m* (Kfz) / asiento *m* antisubmarining ‖ ⁓**symmetrie** *f* (Math) / antisimetría *f*, asimetría *f* ‖ ~**symmetrisch**, antimetrisch / antisimétrico, antimétrico ‖ ⁓**tank...**, / Panzerabwehr... (Mil) / antitanque, contracarro *m* ‖ ⁓**teilchen** *n* (Phys) / antipartícula *f* ‖ ⁓**termitenprodukt** *n* (Landw) / producto antitermita *m* ‖ ~**therm** (Stahl) / termorresistente, resistente al calor ‖ ⁓**-Thixotropie** *f* (Chem) / anti-tixotropia *f* ‖ ⁓**toxin** *n* (Pharm) / antitoxina *f* ‖ ⁓**toxineinheit** *f*, A.E. / unidad *f* de antitoxina, A.E. / unidad *f* de antitóxico ‖ ⁓**tropfverschluss** *m* / cierre *m* antigoteo ‖ ⁓**-Ubootwaffen** *f pl* (Mil) / armas *f pl* antisubmarinas ‖ ⁓**valenz** *f* (DIN), exklusives ODER (DV) / no equivalencia *f*, OR exclusivo *m*, antivalencia *f* ‖ ⁓**valenzelektron** *n* (Nukl) / electrón *m* antivalencia ‖ ⁓**vereisungsmittel** *n* (Luftf) / anticongelante *m* ‖ ⁓**verschweißmittel** *n* / agente *m* anticonglomerante ‖ ⁓**virusprogramm** *n* (DV) / programa *m* antivirus ‖ ⁓**vortexsystem** *n* (Rakete) / sistema *m* antivórtex
Antizipation, Antezepation *f* / anticipación *f*
Anti•zyklone *f*, Hoch, Hochdruckgebiet *n* (Meteo) / anticiclón *m* ‖ ⁓**zyklotron** *n* (Nukl) / anticiclotrón *m*
Antragsteller *m* / solicitante *m*, peticionario *m*
antreiben *vt* / impulsar, accionar, impeler, propulsar
antreibend, vorwärts treibend / propulsor, motor, motriz ‖ ~**e Kraft** / fuerza *f* de propulsión
antreten *vt* (Motorrad), kickstarten / arrancar con pedal
Antrieb *m*, Impuls *m*, Stoß *m* (Phys) / impulso *m* ‖ ⁓ (Art) (Masch, Mot) / propulsión *f*, tracción *f*, accionamiento *m*, impulsión *f*, ⁓, Antriebsorgan *n*, Triebwerk *n* (Masch) / órgano *m* motor ‖ ⁓, (durch Riemen usw.) (Masch) / transmisión *f* ‖ ⁓, Vortrieb *m* (Luftf, Schiff) / propulsión *f*, avance *m* ‖ ⁓ (Uhrpendel) / impulsión *f* [del péndulo] ‖ ⁓ (Uhr) / dispositivo motor *m*, mecanismo *m* ‖ **mit elektrischem** ⁓ / con accionamiento eléctrico
Antriebs•... / propulsor, motor/motriz ‖ ⁓**...**, Treib... / propelente *adj* ‖ ⁓**achse** *f* (Kfz) / eje *m* propulsor, eje *m* motor, eje *m* de accionamiento ‖ ⁓**aggregat** *n* (Masch) / grupo *m* propulsor, equipo *m* motor ‖ ⁓**aggregat**, Pumpenblock *m* (Hydr) / grupo *m* generador de presión ‖ ⁓**aggregat** (Luftf) / grupo motopropulsor *m*, unidad motriz *f* ‖ ⁓**art** *f* / tipo *m* de propulsión, tipo *m* de accionamiento, sistema *m* de impulsión o propulsión ‖ ⁓**bahn** *f* (Raumf) / ascensión propulsada *f*
Antriebscheibe *f* (Masch) / polea *f* motriz, polea conductora *f*
Antriebs•[dreh]moment *n* / par *m* activo o de accionamiento, par motor *m* ‖ ⁓**drehzahl** *f* / velocidad *f* de giro del motor propulsor, número *m* de revoluciones de entrada ‖ ⁓**einheit** *f* / unidad motriz *f* ‖ ⁓**seite** *f* (Lichtmaschine) / lado *m* de accionamiento (E), cara o lado de mando *m* (LA) ‖ ~**seitig** / en el lado de accionamiento
Antriebs•elemente *n pl* (Masch, Raumf) / elementos *m pl* de propulsión o de impulsión, órganos *m pl* de propulsión ‖ ⁓**energie** *f* (Masch) / energía motriz o impulsora *f* ‖ ⁓**feder** *f* / resorte *m* impulsor o de accionamiento, muelle *m* impulsor ‖ ⁓**gas** *n* / gas propulsor *m* ‖ ⁓**gehäuse** *n* / caja *f* de transmisión ‖

≈**gelenk** n (Kfz) / articulación f de transmisión ‖
≈**gestänge** n (Masch) / varillaje m de propulsión o de mando ‖ ≈**hebel** m / palanca f de impulsión ‖ ≈**kasten** m (Spinn) / caja f de impulsión, caja f de engranajes, cárter m del mecanismo de accionamiento ‖
≈**kegelrad** n (Ausgleichgetr, Kfz) / rueda cónica, engranaje m cónico, piñón m cónico de accionamiento ‖
≈**kette** f (Masch) / cadena f de accionamiento, cadena f de transmisión ‖ ≈**kettenrad** n (Schiff, Panzer) / barbotín m ‖ ≈**knopf** m / botón m de accionamiento ‖
≈**kraft** f (Masch) / fuerza f motriz, fuerza f de accionamiento ‖ ≈**kraft** (Schiff) / fuerza f de propulsión ‖ ≈**kraft**, Fortbewegungskraft f / fuerza locomotriz ‖ ≈**kupplung** f / embrague m de accionamiento, acoplamiento m propulsor ‖ ≈**kurbel** f, Handkurbel f (Kfz, Mot) / manivela f de accionamiento ‖ ≈**lagerschild** n (Elektr, Kfz) / placa de cojinete trasera de una dínamo f ‖ ≈**leistung** f (Masch) / potencia f motriz, potencia f propulsora o de propulsión ‖ ~**los fliegen** (Raumf) / volar sin motor o sin propulsión, volar por inercia ‖ ~**lose Flugdauer** (Raumf) / período m de vuelo sin propulsión o de vuelo balístico o sin impulsión ‖ ~**lose Phase** (Rakete) / fase f sin propulsión o sin impulsión ‖ ≈**maschine** f (Gegensatz: Arbeitsmaschine) / máquina f motriz ‖
≈**maschine**, -motor m, Antrieb m (Masch) / motor m de propulsión, motor m de accionamiento, máquina propulsora f ‖ ≈**maschinenanlage** f, Triebwerke npl (Luftf) / grupo motopropulsor m ‖ ≈**material** n (rollend) (Bahn) / material motor m ‖ ≈**mechanismus** m (Masch) / mecanismo motor o de accionamiento, mecanismo propulsor m ‖ ≈**mittel** n / medio m de propulsión ‖ ≈**mittelpunkt** m / centro m de propulsión, centro m de tracción ‖ ≈**motor** m (allg) / motor m de accionamiento, motor m de impulsión ‖
≈**motor**, Triebwek n (Kfz, Luftf) / motor m propulsor o de propulsión, propulsor m ‖ ≈**nocken** m (Masch, Mot) / leva f de accionamiento ‖ ≈**organ** n, -teil m / órgano m propulsor o de propulsión, órgano m de accionamiento ‖ ≈**phase** f (Satellit) / fase f ascendente ‖ ≈**quelle** f (Instr) / fuente f de propulsión ‖ ≈**rad** n (Kfz) / rueda f de propulsión, rueda f impulsora, rueda motriz o activa f ‖ ≈**rakete** f (Luftf) / cohete impulsor m ‖ ~**riemen** m, Transmissionsriemen m (Masch) / correa f de accionamiento, correa f de transmisión, correa f motriz ‖ ≈**riemenscheibe** f / polea f de transmisión, polea motriz f ‖ ≈**ritzel** n (Mot) / piñón m de accionamiento (E) o de mando (LA), piñón m de ataque, piñón motor m ‖ ≈**rohrwelle** f (Kfz) / árbol hueco de propulsión m ‖ ≈**rolle** f (Magn.Bd) / rodillo m motor, rodillo m transportador (de cinta) ‖ **untere** ≈**rolle** (gezahnt) (Film) / rueda dentada inferior f ‖
≈**schlupfregelung** f, ASR (Kfz) / control m automático de resbalamiento ‖ ≈**schnur**, Pese f (Masch) / cordón de transmisión m ‖ ≈**schraube** f (Schiff) / hélice f de propulsión ‖ ≈**schraube** (zur Führung) (Masch) / tornillo m [de] guía ‖ ≈**seite** f s. Antriebseite ‖ ≈**stange** f, -spindel f / biela f motriz ‖
≈**stufe** f (Rakete) / etapa f de propulsión ‖ ≈**stufe** (für Nutzlasten des Space Shuttle) (Raumf) / etapa f de propulsión (para cargas útiles del transbordador espacial) ‖ ≈**stufenscheibe** f (Masch) / polea escalonada de accionamiento f ‖ ≈**system** n (Hydr) / sistema motor hidráulico m ‖ ≈**system komplett** (Raumf) / sistema m propulsor completo ‖ ≈**technik** f (Masch) / técnica f de propulsión ‖ ≈**teile** pl / piezas motrices f pl ‖ ≈**trommel** f / tambor m motor o propulsor ‖ ≈**turas** m (Becherwerk) / tambor m motor [poligonal] del rosario ‖ ≈**vorgelege** m (Masch) / contramarcha f de accionamiento ‖ ≈**vorrichtung** f, Antrieb m / dispositivo m de accionamiento, mecanismo m de accionamiento, mecanismo motor ‖ ≈**walze** f / rodillo m de accionamiento ‖
≈**welle** f / árbol m motor o de ataque, árbol m de accionamiento, árbol m de transmisión ‖ ≈**welle** (Kfz) / semieje propulsor m, palier m ‖
≈**wellen-Schwungrad** n (Masch) / volante m del árbol motor ‖ ≈**wellenstumpf** m / muñón m del árbol motor ‖ ≈**zahnrad** n / rueda f dentada de accionamiento, engranaje m de accionamiento ‖ ≈**zylinder** m / cilindro m motor (sistema hidráulico)
antriggern vt (Eltronik) / disparar, impulsar
Antritt, schnell im ≈ (Kfz) / muy rápido al salir
Antritts • pfosten (Treppe) / pilar m o poste de arranque ‖ ≈**stufe** f (Treppe), Antritt m / peldaño m de arranque, primer peldaño ‖ **gebogene** ≈**stufe** / peldaño de arranque curvo m
Antwort, Reaktion f / respuesta f, reacción f ‖ ≈**...** (Fernm) / de contestación, de respuesta, respondedor ‖ ≈**-[Sende]bake** f (Ortung) / racon m, radiofaro respondedor m ‖ ≈**baken-Ausbeute** f (Radar) / de[s]multiplicación f de la frecuencia de impulsos ‖
≈**code** m (Radar) / código m de respuesta ‖
≈**empfänger** m (Luftf) / respondedor m, receptor m de respuesta
antworten vi, Antwort geben / responder, contestar
Antwort • geber [automatischer] (Radar) / respondedor m [automático] ‖ ≈**impuls** m (Fernm) / impulso m de respuesta ‖ ≈**klinke** f (Fernm) / jack m de respuesta ‖
≈**maske** f (E-Mail) (DV) / máscara f de respuesta ‖
≈**modus** m (DV) / modo m de respuesta ‖
≈**-Radarbake** f, -[Sende]bake f (Ortung) / baliza respondedora f ‖ ≈**[sende]gerät** n, Transponder m (Eltronik) / transpondedor m ‖ ≈**sender** m **mit Frequenzversetzung** / transpondedor m con desplazamiento de frecuencia ‖ ≈**station** f / radiofaro m de respuesta ‖ ≈**weg** m (Radar) / camino de respuesta m ‖ ≈**welle** f (Eltronik) / onda f de respuesta ‖ ≈**zeichen** n, -signal n / señal f de contestación ‖
≈**zeit** f, Beantwortungszeit f, Responsezeit f (DV) / tiempo m de respuesta
An- und Abfahrkondensator m (Nukl) / capacitor m de arranque y de parada ‖ ≈ **und Abfuhr** f (von Gütern m. LKW) / camionaje m ‖ ~ **und abrollen** (Transp) / acarrear y trajinar, acarrear y llevar a otra parte ‖ ≈ **und Aufbaumöbel** n / muebles m combinables, muebles m por elementos, muebles funcionales m pl
anvisieren vt / visar
Anvisiermikroskop n (Wzm) / microscopio posicionador m
Anvulkanisation f (Fehler) (Gummi) / vulcanización prematura f
Anvulkanisationszeit f o. **-dauer nach Mooney** / tiempo m de vulcanización prematura según Mooney
anvulkanisiert (Sohle, Boden) / vulcanizado (p.e. suela)
anwachsen vi, zunehmen / incrementarse, aumentar, crecer, acrecentarse, ir en aumento ‖ ~, Wurzel fassen, [ein]wurzeln (Bot, Landw) / arraigar, echar raíces, prender ‖ ~ (Belag) (Schiff) / cubrirse con lapas ‖ ≈ n, Zunahme f / incremento m, aumento m, crecimiento m
Anwachskurve f (Nukl) / curva f de crecimiento
Anwahl • befehl m (DV) / orden f de selección ‖ ≈**knopf** m / tecla f de selección ‖ ≈**steuerplatte** f (Elektr) / tablero m de control selectivo de los circuitos de alta tensión ‖ ≈**verbindung** f (Fernm) / conexión f seleccionada por disco
Anwärm • brenner m (Hütt) / soplete m de precalentamiento ‖ ≈**einrichtung**, -vorrichtung f / dispositivo m de [pre]calentamiento, precalentador m
anwärmen vt, vorwärmen / precalentar, calentar previamente ‖ ≈ n, Anwärmung f, Vorwärmung f / precalentamiento m, caldeo m, calentamiento inicial
Anwärm • ofen m (allg) / estufa f [pre]calentadora ‖
≈**ofen** (Schm) / horno de caldear m ‖ ≈**temperatur** f / temperatura f de [pre]calentamiento ‖ ≈**vorgang** m,

Anwärmzeit

-**prozess** m / proceso m de [pre]calentamiento ‖ ≃**zeit** f, -**dauer** f / tiempo m de calentamiento [inicial]
Anwebstelle f (Fehler, Web) / marca de puesta en marcha f
anweisen vt / instruir, dar instrucciones, ordenar, dar orden
Anweisung f (allg) / indicación f, prescripción f, orden f, instrucción f ‖ ≃ (DV, FORTRAN) / declaración f, instrucción f [simbólica] ‖ ≃ **an den menschlichen Geist** (Patent) / instrucción al espíritu humano f
anwelken vt (Landw) / premarchitar
Anwelksilage f (Landw) / ensilaje premarchito m
anwendbar / aplicable, utilizable, practicable
Anwendbarkeit f / aplicabilidad f, utilidad f
Anwendbarkeitsgrenze f / límite m de aplicación
anwenden vt (Kabel) / poner una espiral [de sostén]
anwenden vt, benutzen, verwenden / utilizar, hacer uso [de], servirse [de], usar ‖ ~ [auf] / aplicar [a] ‖ ~ (z.B. Kraft) / ejercer, emplear (p.e. fuerza) ‖ **[Methoden]** ~, zurückkommen [auf] / recurrir a [[métodos]]
Anwender m, User m (DV) / usuario m ‖ **vom** ≃ **programmierbar**, feldprogrammierbar (DV) / programable por el usuario ‖ ≃**betrieb** m (DV) / modalidad f del usuario ‖ ≃**fehler** m / error m de usuario ‖ ~**feindlich** (allg, DV) / difícil de utilizar, pogo amigable ‖ ~**freundlich**, benutzerfreundlich (allg, DV) / fácil de utilizar, amigable ‖ ≃**industrie** f / industria aplicadora f ‖ ≃**konfiguration** f (DV) / equipo periférico del usuario m ‖ ≃**maske** f (DV) / máscara f de usuario ‖ ~**orientiert** / orientado al usuario ‖ ≃**programm** n (DV) / programa m del usuario o de trabajo, rutina f del usuario ‖ ≃-**Software** f / software m de aplicaciones ‖ ~**spezifisch** / específico del usuario ‖ ~**terminal** n / terminal m de usuario ‖ ≃-**Überlagerung** f / segmento m de superposición del usuario ‖ ≃**unterstützung** f, Help Desk m / ayuda f al usuario
Anwendung, Benutzung f (allg) / uso m, aplicación m, empleo m, utilización f ‖ ≃ **finden** [auf] / encontrar aplicación [a, en], ser aplicable ‖ ≃ **industrielle** ≃ / aplicación industrial f ‖ **praktische** ≃ / aplicación práctica f, explotación f
Anwendungs•beispiel n / ejemplo m de aplicación, ejemplo m de utilización ‖ ≃**beratung** f / aconsejamiento m sobre utilización o aplicación ‖ ≃**bereich** m, -**gebiet** n / campo m o sector de aplicación o utilización ‖ ~**bezogen** / orientado a la aplicación ‖ ≃**datei** f (DV) / fichero m de aplicaciones ‖ ≃**fehler** m / error m de aplicación o empleo ‖ ≃**gebiet** n, Zweck m / uso m proyectado o programado ‖ ≃**gruppe** f / grupo m de aplicación ‖ ≃**merkmal** n / característica f de aplicación ‖ ≃**möglichkeit** f / aplicabilidad f ‖ ≃**programm** n (DV) / programa m de aplicación ‖ ≃**programmierer** m (DV) / programador m de aplicación ‖ ≃**satellit** m (Raumf) / satélite m de aplicación ‖ ≃-**Software** f (DV) / soporte m lógico de aplicación ‖ ~**spezialisiert** (DV) / especializado en la aplicación ‖ ~**spezifischer Baustein** / componente m específico del usuario ‖ ~**spezifischer Chip od. Schaltung**, ASIC / circuito m integrado de aplicación específica ‖ ≃**technik** f (Chem) / tecnología f de aplicación, técnica f de aplicación, técnica aplicativa f, aplicación técnica f ‖ ≃**techniker** m / ingeniero m [especializado en materia] de aplicación, técnico m [especializado en materia] de aplicación ‖ ~**technisch** / de aplicaciones tecn[ológ]icas ‖ ~**technische Abteilung** (F.Org) / departamento m de aplicación técnica, sección f de aplicación técnica ‖ ≃**verfahren** n / procedimiento m de aplicación, modo m de utilización ‖ ~**verfügbare Zeit**, Produktionszeit f (DV) / tiempo m de producción [de sistema] ‖ ≃**weise** f / modo m de aplicación, modo m de empleo
Anwerbung f (von Arbeitskräften) / reclutamiento m

anwerfen vt, ankurbeln (von Hand) (Kfz) / arrancar [con manivela], accionar la manivela ‖ ≃ n (Mot) / arranque m [con manivela]
Anwesen n (Landw) / finca f (E), explotación agrícola f (E), hacienda f (LA)
Anwesenheits•prämie f (F.Org) / prima f de presencia o asistencia ‖ ≃**zeit** f (ohne Arbeitsleistung) (F.Org) / tiempo m de presencia, tiempo m de asistencia
Anwuchs m (Schiff) / incrustaciones f pl ‖ ≃ **verhindernd** / que evita incrustaciones ‖ ≃**beseitigung** f, -**entfernung** f (Schiff) / desincrustación f
Anwurf m, rauer (Bau) / primera capa de revoque f ‖ ≃**motor** m (für Synchronmaschinen) (Elektr) / motor m de arranque
anwurzeln vi (Bot) / echar raíces, arraigar, enraizar
Anzahl f, Menge f / cantidad f, número m, cuantía f ‖ ≃ **aufeinander folgender Dinge** / serie f ‖ ≃ **der Biegevorgänge** (Masch) / número m de operaciones dobladoras ‖ ≃ **der Bilder je Sek.** (Film) / frecuencia f de imágenes por seg ‖ ≃ **der Dimensionen** (Math) / grado m de una potencia o de una ecuación ‖ ≃ **im Gang befindlicher Maschinen** / tren m de máquinas [puestas en marcha] ‖ ≃**attribut** n (DV) / atributo m número
Anzapf•anpassung, Deltaanpassung f (Antenne) / adaptación f [en] delta ‖ ≃**dampf** m (Turbine) / vapor m de extracción intermedia, vapor m de toma
anzapfen vt (Bäume, Flüssigkeit) / sangrar ‖ ~, anstechen (Fass) (Brau) / espitar, picar ‖ ~ (Telefon) / pinchar, intervenir ‖ **die Leitung** ~ (Dampf) / tomar, extraer ‖ **einen Leiter [widerrechtlich o. unrechtmäßig]** ~ (Elektr) / sacar corriente ilegalmente, defraudar corriente eléctrica ‖ ≃ n (Batterie, Trafo) / toma f
"**Anzapfen**" n **des Telefons** / pinchazo m
Anzapf•gegendruckbetrieb m (Masch) / marcha f por toma intermedia y contrapresión ‖ ≃**kondensationsturbine** f / turbina f de condensación y con extracciones ‖ ≃**regelung** f (Trafo) / regulación f por toma ‖ ≃**schütz** n (Elektr) / contactor m de toma ‖ ≃**stelle** f (Elektr) / punto m de toma o derivación ‖ ≃**stelle**, Anzapfung f (Dampf) / punto m de toma, punto m de extracción ‖ ≃**stufe** f (Turbine) / salto m de toma ‖ ≃**transformator** m (Elektr) / transformador m de tomas múltiples ‖ ≃**turbine** f / turbina f de extracción, turbina f con toma intermedia
Anzapfung f (Elektr) / toma f, derivación f ‖ ≃ (Dampfm) / toma f (de vapor), extracción f ‖ ≃, Anzapfen n (Telefon) / intervención f, escucha f ‖ ≃ (Rohrleitung, Quelle u.Ä.) / captación f ‖ ≃ **von Dampf** (Turbine) / extracción f intermedia de vapor
Anzapf•ventil n (Dampf) / válvula f de toma, válvula f de extracción ‖ ≃**ventil für Reinigung** / válvula f de purga, válvula f de limpieza
Anzeichen n, Symptom n / indicio m, síntoma m, señal f ‖ ≃-**Projektor** m / proyector m de trazado óptico
anzeichnen vt, markieren (Bau, Forstw) / marcar, señalar, trazar ‖ ≃ n (Bau, Masch) / marcado m, trazado m, acción f de marcar
Anzeichnung (auf Blech usw.) / trazado m
Anzeige f, Anzeichen n / indicación f, indicio m, síntoma m ‖ ≃, Mitteilung f / noticia f, aviso m, notificación f ‖ ≃ f, Stand m (des Zeigers, Thermometers usw) / indicación f, lectura f ‖ ≃ (auf dem Bildschirm), Sichtbarmachung f (DV) / presentación f visual, visualización f ‖ ≃ **der translatorischen Bewegung** (Luftf) / indicación f visual de la situación horizontal ‖ ≃ **des Betriebszustandes** (DV) / indicador m del código de condición ‖ ≃ **gültiges Feld** (DV) / indicación f de zona válida ‖ ≃ **in Prozenten** / indicación f del porcentaje o en porcentajes ‖ ≃ **mit nichtkohärenter Festzeichenunterdrückung** (Radar) / indicación f no-coherente de objetos móviles ‖ ≃ **mit unterdrücktem Zwischenbereich** (Instr) / indicación f con zona media suprimida ‖ ≃ **zur Ansicht** /

presentación *f* preliminar ‖ ≙-**Ausgabe** *f* (Radar) / presentación *f* visual, visualización *f* ‖ ≙-**Ausgabe** (DV) / display *m*, cuadro de presentación visual *f* ‖ ≙**befehl** *m* (DV) / instrucción *f* de indicación ‖ ≙**bereich** *m*, -feld *n* (Instr) / zona *f* de indicación ‖ ≙**bereich**, Messbereich *m* / gama *f* de indicación [del instrumento], escala *f* de indicación ‖ **im** ≙**bereich** (Instr) / dentro del margen de indicación ‖ **außerhalb des** ≙**bereichs** (Instr) / fuera del margen de indicación ‖ ≙**dauer** *f* (DV, Ultraschall) / duración *f* de la representación ‖ ≙**einheit**, -vorrichtung *f* (Instr) / dispositivo *m* de indicación, dispositivo *m* indicador o de indicación ‖ ≙**einheit** *f*, Display *n* (DV) / cuadro *f* de representación visual ‖ ≙**element** *n* (DV) / elemento *m* indicador, visualizador *m* ‖ ≙-**Empfindlichkeit** *f* (z. B. einer Waage) / sensibilidad *f* de indicación ‖ ≙**fahne** *f* (Instr) / indicador *m* ‖ ≙**fehler** *m* / error *m* de indicación ‖ ≙**genauigkeit** *f* / precisión *f* de indicación ‖ ≙**gerät** *n*, -instrument *n* / instrumento *m* indicador, indicador *m*, dispositivo *m* indicador ‖ ≙**gerät**, Display-Unit *f* (Druck) / unidad *f* de representación [visual], pantalla *f* de visualización ‖ ≙**gerät für codierte Anrufe** (Fernm) / indicador *m* de llamadas codificadas ‖ ≙**geschwindigkeit** *f* / velocidad *f* de indicación ‖ ≙**instrument** *n* (Kfz) / reloj *m* ‖ ≙**lampe**, -leuchte *f* (Elektr, Kfz, Masch) / lámpara *f* piloto, lámpara *f* avisadora, lámpara *f* indicadora, lámpara *f* testigo ‖ ≙**lampe** *f* (DV, Konsole) / indicador *m* luminoso

anzeigen (Masch) / indicar, avisar ‖ ~ (Uhr) / marcar ‖ ~, sichtbar machen (DV) / visualizar ‖ ~ (z.B. versteckte Fehler) / detectar ‖ ~ (Thermometer) / indicar, marcar ‖ ~ *vi* (Leuchte) / indicar ‖ **optisch** ~ (DV) / indicar ópticamente

anzeigend, Anzeige... / indicador, de indicación, que indica

Anzeigen•höhe *f* (Ultraschall) / altura *f* de la señal ‖ ≙**register** *n* (DV) / registro indicador *m*

Anzeigepflicht *f* / declaración *f* obligatoria *f*

Anzeiger *m* (Masch) / indicador *m*, monitor *m*, avisador *m*, registrador *m*

Anzeige•-Rauschabstand *m* (Ultraschall) / relación señal/ruido *f* ‖ ≙**ring** *m*, Skalenring *m* (Instr) / anillo *m* indicador ‖ ≙**signal** *n* (Masch) / señal *f* de indicación ‖ ≙**skala** *f* (Instr) / escala indicadora *f* ‖ ≙**stab** *m* (Flüssigkeit) / varilla *f* indicadora ‖ ≙**tafel** *f*, -wand *f* (Stadion) / marcador *m* deportivo, tanteador *m* ‖ ≙**tafel** (z.B. für Börsenkurse) (Eltronik) / marcador *m* de visualización electrónico ‖ ≙**toleranz** *f* / tolerancia *f* de indicación ‖ ≙**trägheit** *f* / inercia *f* de indicación ‖ ≙**verstärker** *m* / amplificador *m* de indicación ‖ ≙**vorrichtung** *f*, Indikator *m* (Masch) / dispositivo *m* indicador, indicador *m* ‖ ≙**vorrichtung**, -tafel *f* (Fernm) / tablón *m* anunciador ‖ ≙**[vorrichtung]** *f* (Registrierkasse usw, Zähler) / registro *m*, dispositivo registrador *m* ‖ ≙**wert** *m* (Instr) / valor indicado *m* ‖ ≙**widerstand**, Glühübervacher *m* (Kfz) / comprobador *m* de precalentamiento

anzetteln *vt* (Web) / urdir ‖ ~ *n* (Web) / urdido *m*

Anziehdrehmoment *n* (Schraube) / momento *m* de apriete, par *m* de apriete

anziehen *vt*, an sich ziehen (allg, Magnet) / atraer ‖ ~ (Schrauben) / apretar (tornillos) ‖ ~, [an]spannen (Seil) / tensar, atirantar, tender ‖ ~, ziehen / tirar ‖ ~ (Wasser) / absorber ‖ ~ *vi* (Relais) / excitarse, operar ‖ ~ (Farbe) / secarse [superficialmente], comenzar a secarse ‖ ~ (Leim, Mörtel) / solidificarse, fraguar ‖ ~ (Wasser), aufnehmen / amerarse ‖ **den Relaisanker** ~ (Elektr) / atraer la armadura, atraer la paleta móvil (del relé) ‖ **die Bremse** ~ (Kfz) / aplicar el freno, apretar el freno ‖ **sich gegenseitig** ~ (Physs) / atraerse [mutuamente] ‖ ≙ *n* (Schrauben) / apretado *m*, apretadura *f* ‖ ≙ (Farbe) / secado *m*

anziehend (Phys) / atractivo, atrayente

Anziehung *f*, Anziehungsvermögen *n*, -kraft *f* (Magn, Phys) / capacidad atractiva *f*, poder *m* atractivo, fuerza *f* atractiva o de atracción

Anziehungs•bereich *m* (Phys) / campo *m* de atracción, esfera *f* de influencia o de acción ‖ ≙**bereich**, Gravisphäre *f* (Astr) / gravisfera *f* ‖ ≙**kraft** *f* (Astr, Raumf) / atracción gravitatoria *f*, gravitación *f* ‖ ≙**kraft innerhalb des Kerns** (Nukl) / atracción nuclear *f*, fuerza de atracción intranuclear *f* ‖ ≙**[mittel]punkt** *m* (Phys) / centro *m* de atracción, punto *m* de atracción

anzielen *vt* (Mil, Verm) / apuntar, visar

Anzucht *f* (Bot, Landw) / cultivo *m*

Anzug *m*, Formschräge *f* (Gieß, Plast, Schm, Wzm) / conicidad *f* ‖ ≙ (Relais) / excitación *f*, reacción *f* ‖ ≙, Kegeligkeit *f*, Konizität *f* / conicidad *f* ‖ ≙ **einer Mauer** / pendiente *f* de un muro ‖ ≙ **eines Keiles** / inclinación *f* de una chaveta o cuña ‖ **mit verzögertem** ≙, anzugsverzögert (Relais) / de atracción temporizada ‖ **Schrauben auf** ≙ **prüfen** / verificar el apriete de tornillos ‖ ≙**keil** *m* (Masch) / chaveta *f*, cuña *f* de calce

Anzugs•bereich *m* (Astr, Phys) / campo *m* de atracción ‖ ≙**bolzen** *m* **für Zangenspannung** (Dreh) / perno *m* de apriete para pinza portapieza ‖ ≙**[dreh]moment** *n* (Mot) / par *m* de arranque ‖ ≙**[dreh]moment** (Schraube) / par *m* de apriete ‖ ≙**freudig** (Mot) / de buen arranque ‖ ≙**gewinde** *n* (Masch) / rosca *f* de apriete o para apretar ‖ ≙**leistung** *f* [des Motors] / potencia inicial *f* [del motor] ‖ ≙**reihenfolge** *f* (Schrauben) / orden *m* de apriete ‖ ≙**schraube** *f* (Wzm) / tornillo *m* de apriete, bulón *m* de apriete ‖ ≙**spule** *f* (Relais, Schalter) / bobina *f* de atracción

Anzug•strom *m* (Relais) / corriente *f* [mínima] de atracción ‖ ≙**strom** (als Rechenwert) (Elektr) / corriente *f* inicial de arranque

Anzugs•verhältnis *n* (Verhältnis der Drehmomente) (Elektr) / relación *f* entre los momentos o pares ‖ ≙**vermögen** *n*, Anzug *m* (Mot) / poder *m* de arranque ‖ ≙**vermögen**, Pick-up *m* (Kfz) / potencia *f* de arranque, reprise *f* ‖ ≙**zeit** *f* (Relais) / duración de la atracción *f*

Anzündeinrichtung *f* (Gas) / instalación encendedora *f*

anzünden *vt* (Licht, Feuer etc.) / prender ‖ ~ / encender ‖ ≙ *n* / encendido *m*, ignición *f*

Anzünder *m* / encendedor *m*, mechero *m* ‖ ≙, Zündvorrichtung *f* (Rakete) / dispositivo *m* de ignición

anzunehmender Unfall (Nukl) / accidente *m* imaginable o previsible

anzuwendende Vorschrift / especificación *f* a aplicar

anzwecken *vt* (Möbel) / sujetar con chinchetas

Anzwirnen *n* / torcido *m* inicial

AO, Atomorbital *n* (Phys) / órbita *f* atómica

AOD-Verfahren *n* (Hütt) / proceso AOD *m*, procedimiento *m* AOD (argon, oxígeno, descarburación)

äolisch, vom Wind geformt o. abgelagert (Geol) / eólico, formado o depositado por la acción del viento ‖ **~e Erosion** (Geol) / deflación *f*, erosión *f* eólica ‖ **~es Gestein** / roca *f* de origen eólico ‖ **~er Ton** (z.B. an Spanndrähten) / sonido eólico *m*

AP = Anilinpunkt ‖ ≙ = Ammoniumperchlorat

Apartment•haus *n* (Bau) / casa *f* de apartamentos (E), casa *f* de departamentos (LA) ‖ ≙**wohnung** *f* / apartamiento *m*, apartamento *m* (E), departamento *m* (LA)

Apastron *n* (Astr) / apoastro *m*

Apatit *m* (Min) / apatita *f* (fosfato de cal nativo)

aperiodisch, mit gedämpften Schwingungen (Phys) / aperiódico, con [de] oscilaciones amortiguadas ‖ **~e Antenne** (Eltronik) / antena *f* aperiódica, antena *f* no sintonizada ‖ **~e Dämpfung** (Phys) / amortiguamiento *m* crítico, amortiguación *f* crítica ‖ **~es Galvanometer** / galvanómetro *m* aperiódico ‖ **~er Kompass** / brújula *f* aperiódica

Apertometer

Apertometer n (für Mikroskope) / apertómetro m (de un microscopio)
Apertur f (Opt) / abertura f (del objetivo), abertura f útil ‖ **kleine** ~ (Opt) / pequeña abertura f ‖ **numerische** ~ / abertura numérica f ‖ ~**blende** f (Opt) / diafragma m de abertura ‖ ~**blendenebene** f (Opt) / plano m del diafragma de abertura ‖ ~**blendenfehler** m / error m de abertura del diafragma ‖ ~**blendenschieber** m (Teleskop) / cursor m del diafragma de abertura ‖ ~**blendentrieb** m, -einstellung f (Opt) / mecanismo m de ajuste para diafragma de abertura ‖ ~**strahler** m (Antenne) / antena f de abertura ‖ ~**verzerrung** f (Eltronik, Opt) / distorsión f de abertura ‖ ~**winkel** m (Opt) / ángulo m de abertura
Apex m (Astr) / ápex m
Apfel•blattmotte f, Simaethis pariana (Zool) / polilla f de las hojas del manzano ‖ ~**blattsauger** m, Psylla mali / psila f del manzano ‖ ~**blütenmotte** f, Agyresthia cornella / polilla de las flores del manzano f ‖ ~**blütenstecher** m, Anthonomus pomorum / antónomo m del manzano
Äpfelbrocker m (auch maschinell) (Landw) / recogemanzanas m
Apfel•gespinstmotte f, Yponomëuta padellus (Zool) / arañuela f del manzano, Hiponomeuta, polilla f del ciruelo ‖ ~**made** f / gusano m de manzana ‖ ~**mehltau** m, Podosphaera leucotricha (Bot) / oídio m del manzano ‖ ~**motte** f, Argyresthia conjugella (Zool) / tiña del manzano f, gorgojo del manzano m ‖ ~**röhre** f (TV) / tubo m "apple" ‖ ~**sägewespe** f, Hoplocampa lestudinea / hoplocampa f del manzano ‖ ~**säure**, Hydroxybernsteinsäure f (Chem) / ácido málico m ‖ ~**schorf** m, Venturia inaequalis (Bot) / roña f de las manzanas
Apfelsinen•haut f (Tiefziehen) / piel de naranja f, piel de cocodrilo f ‖ ~**schaleneffekt** m (Email, Lack) / formación f de piel de naranja ‖ ~**schalenöl** n (Chem) / esencia f de piel de naranja
Apfelwickler m, Carpocapsa pomonella (Zool) / gusano m de las manzanas y peras, polilla de las manzanas, carpocapsa m
Aphanit m (Geol) / afanita f, anfibolita f
APHA-Verfahren n (= American Public Health Association) (Chem) / método m APHA
Aphel n (Astr) / afelio m
Aphide f, Blattlaus f (Landw, Zool) / afidio m, pulgón m
Aphizid n / aficida m
Aphrit m, Schaumkalk m (Min) / afrita f, caliza espumosa f
API = American Petroleum Institute
Apiezon n (Vakuum) / apiezón m
Apigenin n (Chem) / apigenina f
API-Gewinde n / rosca f API
apikal adj / apical
API-Muttergewinde n / rosca f interior API
APL (eine Programmiersprache) (DV) / APL (un lenguaje de programación)
Aplanasie f (Opt) / aplanetismo m
Aplanat m / aplanato m
aplanatisch / aplanético
Aplit m (Geol) / aplita f
Apo•chromat m (Opt) / lente f apocromática, objetivo m apocromático, apocromato m ‖ ~**disation** f (Opt) / apodisación f ‖ ~**enzym** n, Apoferment n (Chem) / apoenzima f, apoencima f, apoencimo m
Apogäum n, Erdferne f (Astr) / apogeo m ‖ ~ **der ungestörten Umlaufbahn** (Raumf) / apogeo m de una órbita no perturbada ‖ **tiefes** ~ / apogeo bajo m
Apogäums•motor m (Raumf) / motor m apogeo ‖ ~**stufe** f (Raumf) / etapa f apogeo
apokrin (Biol, Med) / apócrino
apolar (Chem) / apolar
apollonisch (Math) / de Apolonio

Apo•lun n (Astr) / apolunio m ‖ ~**morphin** n (Pharm) / apomorfina f ‖ ~**phyllit**, Ichthyophthalm m (Min) / apofilita f ‖ ~**physe** f (Geol) / apófisis f ‖ ~**stilb** m (veraltet), asb (Opt) / apostilb m, asb
Apotheker m / farmacéutico m ‖ ~**waage** f / balanza f de farmacéutico
AP-Papier n, Packpapier n aus Altpapier / papel m de embalar hecho de papel viejo
Apparat m, Mechanismus m, Ein-, Vorrichtung f / aparato m, mecanismo m, dispositivo m ‖ ~ (Foto) / cámara fotográfica f, máquina fotográfica f ‖ ~ (eines angeschlossenen Teilnehmers), Hausapparat m (Fernm) / teléfono m supletorio ‖ ~ **für kalorimetrische pH-Wertbestimmung** (Chem) / aparato m para la determinación calorimétrica del [valor] pH ‖ ~ m **zur Gefriertrocknung** / sublimador m ‖ **am** ~ **bleiben** (Fernm) / no colgar el auricular, no retirarse
Apparate•anschluss m / conexión del aparato f ‖ ~**bau** m (Masch) / construcción f de aparatos ‖ ~**bauer** m / constructor m de aparatos, aparatista m ‖ ~**gestell** n / bastidor m de aparatos ‖ ~**glas** n / vidrio m para aparatos ‖ ~**saal** m, -raum m (Fernm) / sala f de aparatos ‖ ~**schrank** m (Elektr, Masch) / armario m de aparatos ‖ ~**seitig** (z.B. Störung) / de aparatos ‖ ~**störung** f / fallo m del aparato ‖ ~**symbol** n / símbolo m de elementos técnicos, símbolo m de componentes ‖ ~**tisch** m (Fernm) / panel m de control ‖ ~**tisch** (Opt) / platina f portaobjetos ‖ **chemisches** ~**wesen** / aparatos m pl e instrumentos químicos
apparative Anlagen o. Einrichtungen / aparellaje m
Apparatur f / conjunto m de aparatos
Apparatverzerrung f (Fernm) / distorsión f característica
Appartement n, Wohnung f / apartamento m, apartamento m (E), departamento m (LA)
Applet n (DV) / aplet m
Appleton-Schicht f (Ionosphäre) / capa f Appleton, capa f F_2
Applikation f (Math) / aplicación f, adaptación f
Applikations•arbeit f (Tex) / trabajo m de aplicación, aplicación f ‖ ~**farbe** f, -druck m (Tex) / color[ante] m de aplicación ‖ ~**generator** m (DV) / generador m de aplicación
Applikator m / aplicador m
Appliziereinrichtung f (Tex) / instalación f de aplicación
applizieren, anwenden (Med, Pharm) / aplicar
Applizierpistole f / pistola f de aplicación
appm (Phys) / appm, partes atómicas por millón
Appretbrecher m, -brechmaschine f (Tex) / rompedora f de apresto
appretieren, garmachen (Gerb) / aprestar [la piel] ‖ ~, zurichten (Tex) / aprestar, dar apresto, aderezar
Appretierhilfsmittel n / agente auxiliar de apresto m
Appretkessel, -kocher m (Tex) / caldera f de aprestos
Appretur f (Tex) / apresto m, aderezo m ‖ ~**anstalt** f / taller m de apresto ‖ ~**brechmaschine** f / rompadora f de apresto ‖ ~**fähigkeit** f / capacidad f al apresto, aptitud f al apresto ‖ ~**flotte** f / baño m de apresto ‖ ~**foulard** m / foulard m para aprestar ‖ ~**maschine** f (Tex) / máquina f de apresto ‖ ~**mittel** n / apresto m, agente m de apresto ‖ ~**nachbehandlung** f / tratamiento m subsiguiente al apresto ‖ ~**öl** n / aceite m de apresto ‖ ~**seife** f / jabón m de apresto ‖ ~**wachs** n / cera f para apresto
AP-Projektion f (Röntgen) / proyección AP (radiología), proyección f anterior-posterior
Approximation f (Math, Phys) / aproximación f
Approximationsfehler m (DV) / error m de aproximación
approximativ / aproximativo
approximieren vi, sich nähern (Math) / aproximarse
Aprikosenkernöl n / aceite m [de huesos] de albaricoque

A-priori-Information f (Monte-Carlo-Methode) (DV) / información a priori (método Monte-Carlo)
A-Produkt n (Walzw) / producto m semielaborado
Apsidalkurve (Geom) / curva apsidal f
Apside f (Astr) / ápside m
Apsidenlinie f (Astr) / línea de los ápsides
Apsis f (Bau) / ábside m f
aptieren, anpassen / adaptar [a], acomodar [a], ajustar [a]
APT-Programm n (NC) / programa m APT (útiles automáticamente programados o posicionados)
AP-Treibstoff m / combustible m AP (perclorato de amonio)
APU (= Auxiliary Power Unit - Hilfsgasturbine für Bordstromversorgung) (Luftf) / turbina f auxiliar
AQL, annehmbare Qualitätslage / nivel m de cualidad aceptable
Aqua destillata f, Aquadest n (Chem) / agua destilada f
Aquadag n (kolloid. Graphit-Wasser-Dispersion)(Drahtziehen) / aquadag m, oildag m
Aquädukt m (Bau, Hydr) / acueducto m
Aqua•gel n / acuagel, arcilla coloidal ‖ ~**glas-Methode** f, Nutschmethode f (Plast) / preformado m con fibra en suspensión ‖ ~**kultur** f (Landw) / acuicultura f, granja subacuática f, cultivo m marino ‖ ~**kultur** (eine Fischzucht) / aguacultura f, maricultura f, cultivo m [sub]marino ‖ ~**kulturwirt** m / acuicultor m ‖ ~**lack** m, Wasserlack m / laca f de agua ‖ ~**lunge** f (Tauchgeräte) / pulmón acuático m, aparato m para la respiración ‖ ~**marin** m (Min) / aguamarina f ‖ ~**metrie** f / acuametría f ‖ ~**naut** m / acuanauta m
Aquaphon n, Lecksuchgerät n (Schiff) / acuáfono m
Aqua•planing n, Aufschwimmen n, Wasserglätte f (Kfz) / aquaplaning m, acuaplaning m, hidroplaneo m ‖ ~**pulsverfahren** n (Öl) / método m "aquapulse"
Aquarellfarbe f / color m acuarela, pintura f [para] acuarela
Aquat n (Chem) / compuesto m acuoso
aquatisch (z.B. Umweltverträglichkeit) / acuático
Äquator m (Astr, Geo) / ecuador m
äquatorial (Geo) / ecuatorial ‖ ~ (Mech) / ecuatorial, axial ‖ ~**e Bindung** (Chem) / enlace m ecuatorial ‖ ~**er Elektrojet** (Meteo) / electrochorro ecuatorial m ‖ ~**e Quantenzahl** (Phys) / número m cuántico interno ‖ ~**er Synchronsatellit** / satélite m artificial ecuatorial síncrono ‖ ~**e Umlaufbahn** (Satellit), Äquatorialbahn f / órbita ecuatorial ‖ ~, Äquatoreal n (Fernrohr) / ecuatorial m
äquator•nahe (Astr) / a poca distancia del ecuador ‖ ~**passage** f (Raumf) / cruce m del plano ecuatorial ‖ ~**projektion** f (Karte) / proyección f ecuatorial ‖ ~**wulst** m (Geo) / toro m ecuatorial
Äqui•densite f (Foto) / línea f de equidensidad ‖ ~**densitenaufnahme** f (Radiol) / isodensitometría f ‖ ~**densitenverfahren** n (Opt) / técnica f de equidensidad o isodensidad ‖ ~**distant**, abstandsgetreu (Fernm, Geo, Math) / equidistante
Aquifer-Speicher m (Erdgas) / acumulador m o depósito acuífero
äqui•molekular (Chem) / equimolecular ‖ ~**noktialpunkte** m pl (Astr) / puntos equinocciales m pl ‖ ~**noktialsturm** m / galerna equinoccial f ‖ ~**noktium** n / equinoccio m ‖ ~**partition**, Gleichverteilung f [auf] (Phys) / equipartición f ‖ ~**partitionsgesetz** n / teorema m de la equipartición ‖ ~**potential**, isoelektrisch (Elektr) / equipotencial, isoeléctrico ‖ ~**potentialfläche**, Niveaufläche f / superficie f equipotencial ‖ ~**potentialkathode**, indirekt geheizte Potentialkathode (Eltronik) / cátodo m equipotencial ‖ ~**potentialkurve**, Niveaulinie f (Elektr) / línea f equipotencial
äquivalent [zu] / equivalente [a] ‖ ~**e Binärzeichen** n pl, äquivalente Binärziffern f pl (Math) / dígitos m pl binarios equivalentes, cifras f pl binarias equivalentes ‖ ~**er Bremsdurchmesser** (Nukl) / equivalente m de frenado ‖ ~**e Diode** (Eltronik) / díodo m equivalente ‖ ~**e Echofläche** (Radar) / área f equivalente de ecos ‖ ~**e Eigengeschwindigkeit** (Luftf) / velocidad f propia equivalente [del aire] ‖ ~**es Eingangsrauschen** (Eltronik) / ruido m equivalente de entrada ‖ ~**e Grubenweite, -öffnung** (Bergb) / sección equivalente del pozo f ‖ ~**e Höhe**, Strahlungshöhe f (Antenne) / altura f equivalente o virtual ‖ ~**er Impuls** (Elektr) / impulso m equivalente de respuesta ‖ ~**er Kreisdurchmesser** (Math) / diámetro equivalente del círculo m ‖ ~**e Kugelbeleuchtungsstärke** (Elektr) / iluminación f equivalente esférica ‖ ~**e Lautstärke** (Akust) / intensidad acústica equivalente ‖ ~**e proportionale Dämpfung** (Masch) / amortiguamiento m viscoso equivalente ‖ ~**er Rauschdruck** (Halbl) / corriente f de ruido equivalente ‖ ~**er Rauschstrom** (Halbl) / corriente f de ruido equivalente ‖ ~**er Scheitelpegel** (Fernm) / nivel m equivalente de cresta ‖ ~**e Seitenband-Rauschleistung** f (Eltronik) / potencia f equivalente de ruido de banda lateral ‖ ~**e statische Beschleunigung** (Phys) / aceleración f equivalente estática ‖ ~**e Störspannung** (Elektr) / tension perturbadora equivalente f ‖ ~**es Stufenprofil** (Glasfaser) / perfil m equivalente ‖ ~**es Wälzgetriebe** (Masch) / engranaje m de rueda-cremallera equivalente ‖ ~ n, gleichwertiger Grad / equivalente m
Äquivalent•aktivität f (Nukl) / actividad f aparente o equivalente ‖ ~**anode** f (Elektr) / ánodo m equivalente ‖ ~**brennweite** f (Opt) / distancia f focal equivalente ‖ ~**dosis** f (Nukl) / dosis f equivalente ‖ ~**gewicht** n (Chem) / peso m equivalente, equivalente m químico ‖ ~**höhe** f, Maßstabhöhe f (Raumf) / altura f de referencia, altura f de escala ‖ ~**kraft** f (Phys) / fuerza f equivalente ‖ **höchste ~leitfähigkeit** (Elektrolyse) / conductancia f equivalente máxima ‖ ~**leitwert** m (Elektr) / conductancia f equivalente ‖ ~**leitwert bei unendlich starker Verdünnung** (Elektrolyt) / conductividad f límite ‖ ~**volumen** n (Phys) / volumen m atómico ‖ ~**widerstand** f **des Steuerkreises** / resistencia equivalente del círculo de control f
Äquivalenz f (DV, NC) / equivalencia f ‖ ~ **von Masse und Energie** (Phys) / equivalencia f m masa y energía ‖ ~**anweisung** f (FORTRAN) (DV) / instrucción f "equivalencia" ‖ ~**brennpunkt** m (Opt) / foco m de equivalencia ‖ ~**geschwindigkeit** f (Wzm) / velocidad f de equivalencia ‖ ~**glied** n (DV) / elemento m de equivalencia ‖ ~**prinzip** n (Phys) / principio m de equivalencia ‖ ~**punkt** (Chem) / punto m neutro, punto m de equivalencia ‖ ~**schaltung** f (DV) / circuito m de equivalencia ‖ ~**verknüpfung** f (DV) / operación f de equivalencia
Äquivokation f (DV) / equivocación f
Aquosystem n (Chem) / acuosistema n
Aquoverbindung f (Chem) / acuocompuesto m
AR (= Adressenregister) (DV) / registro m de direcciones
Ar n (1a = 100 m^2) (Landw, Verm) / área f
AR (= arithmetisches Register) (DV) / registro m aritmético
Arabin n, -säure f, Akazin, Akaziengummi n (Chem) / acacina f ‖ ~**ose** f, Pektinzucker m / arabinosa f ‖ ~**verfahren** n (Foto) / procedimiento m de arabina
arabische Ziffer / cifra f arábiga
Arachin n (Chemiefaser) / arachina f ‖ ~ (Chem) / araquina f (éter del ácido aráquico)
Arachisöl n (Nahr) / aceite m de araquis
Aragonit m (Min) / aragonita f
Aragoscher Punkt m (Opt) / punto m de Arago
Araldit n (Plast) / Araldita f

Araldite

Araldite E-Pak System *n* (Plast) / sistema *m* Araldite E-Pak
Aramid•-Faserkunststoff *m* (Plast) / materia *f* plástica de fibra de aramida ‖ ≃**faser-Laminat** *n*, AFK-Laminat *n* (Möbel) / laminado *m* de fibras de aramida
Aräo•meter *n*, Senkwaage *f*, Spindel *f* (Phys) / areómetro *m*, densímetro *m* ‖ ≃**pyknometer** *n* (Aräometer für viskose Flüssigkeiten) / areopicnómetro *m*
Araukarie *f* (Bot) / araucaria *f*
Arbeit *f* (Phys) / trabajo *m* ‖ ≃, Werk *n* / obra *f*, trabajo *m*, faena *f* ‖ ≃, Aufgabe *f*, Tätigkeit *f* / trabajo *m*, tarea *f*, labor *f* ‖ ≃, Machart *f* / tipo *m* de fabricación, tipo *m* de construcción ‖ ≃ *f* **am Zughaken** / trabajo *m* al gancho [de arrastre] ‖ ≃ **an der Werkbank** / trabajo *m* en el banco ‖ ≃ **an Ort u. Stelle** / trabajo *m* a pie de obra ‖ ≃ **an unter Spannung stehenden Teilen** (Elektr) / trabajos *m pl* en piezas bajo tensión ‖ ≃ **außerhalb des Betriebes** / trabajo[s] *m [pl]* exterior[es] ‖ ≃ **einer Schicht** (F.Org) / jornada *f* (de un turno) ‖ ≃ **im Fels** (Bergb) / minería *f* de roca viva ‖ ≃ **im Stücklohn** (F.Org) / trabajo *m* con salario por unidad ‖ ≃ **in der Zeiteinheit**, Leistung *f* (Mech, Phys) / trabajo *m* por unidad de tiempo, potencia *f* ‖ ≃ **in heißer Umgebung** (Masch) / trabajo *m* en ambiente caliente ‖ ≃ **vor Ort** (Bergb) / trabajo *m* en el tajo ‖ **größere** ≃**en** (Bau) / trabajos *m pl* importantes ‖ **in** ≃ (F.Org) / en obra, en vías de ejecución ‖ **in** ≃ (DV-Anlage) / ocupado, en función ‖ **in** ≃ **geben**, in Auftrag geben / mandar a hacer, encargar ‖ **in** ≃ **haben** / estar trabajando [en] ‖ **laufende** ≃ / trabajo *m* rutinario ‖ **letzte** ≃, Fertigmachen *n*, Endbearbeitung *f* / acabado *m* ‖ **öffentliche** ≃**en** / obras públicas *f pl* ‖ **von Hand ausgeführte** ≃, Handarbeit *f* / manualidad *f* ‖ **von und zur** ≃ **gehen** / ir al y venir del trabajo
arbeiten (allg) / trabajar, operar ‖ ≃ **[an]** / trabajar [en] ‖ ≃, funktionieren (Masch) / trabajar, funcionar, marchar ‖ ≃, sich krümmen, sich werfen (Holz) / trabajar, alabearse, combarse, abarquillarse ‖ ≃, gären (Chem) / fermentar ‖ ≃ **lassen** (Masch) / hacer funcionar, hacer marchar ‖ **auf gut Glück (o. unsystematisch o. planlos)** ≃ (Bergb) / trabajar al azar ‖ **im Akkord** ≃ / trabajar a destajo ‖ **mit Gleichstrom** ≃ (Elektr) / funcionar con corriente continua ‖ **schwer** ≃ / hacer trabajos muy duros o rudos ‖ **zu** ≃ **anfangen** (Masch) / comenzar a funcionar o marchar, entrar en función, ponerse en marcha ‖ ≃ *n*, Arbeit *f* / trabajo *m* ‖ ≃ (Beton) / acción interna *f* ‖ ≃ (Holz) / alabeo *m* ‖ ≃, Gärung *f* (Chem) / fermentación *f* ‖ ≃, Funktionieren *n* (Masch) / funcionamiento *m* ‖ ≃ **an unter Spannung stehenden Teilen** (Elektr) / trabajo *m* en piezas sobre tensión ‖ ≃ **mit mehrfacher Genauigkeit o. Wortlänge** (DV) / trabajo con longitud múltiple de palabra ‖ ≃ **mit zu viel Gas** (Gasbrenner) / sobrealimentación *f* de gas
Arbeiter *m* (allg) / trabajador *m*, obrero *m* ‖ ≃ *m pl*, Arbeitskräfte *f pl* (allg) / mano *f* de obra, personal *m* obrero, obreros *m pl* ‖ ≃ *m* (Tex) / obrero *m* ‖ ≃, Bedienungsmann *m* (Hütt, Masch) / operario *m* ‖ ≃ *m*, Arbeitswalze *f* der Krempel (Tex) / cilindro trabajador *m*, cilindro *m* cardador ‖ ≃ **am Montageband** / operario *m* en la cinta de montaje ‖ **angelernter** ≃ / trabajador *m* semicualificado ‖ **ungelernter** ≃ / trabajador *m* no cualificado, peón *m*
Arbeiterin *f* (allg) / trabajadora *f*, operaria *f* ‖ ≃ (an einer Maschine) / servidora *f* ‖ ≃ **an Textilmaschinen** / obrera *f*
Arbeiter•kolonne *f*, -trupp *m*, -rotte *f* / brigada *f* de obreros, equipo *m* de obreros, cuadrilla *f* ‖ ≃**löhne** *m pl* / sueldos *m pl*, jornales *m pl* ‖ ≃**schutz** *m* / protección *f* laboral, defensa *f* del trabajador ‖ ≃**stamm** *m* (eines Unternehmens) / núcleo *m* de obreros ‖ ≃**vertreter** *m* (F.Org) / representante *m* obrero

Arbeit•geber, Unternehmer *m* / patrono *m* (E), patrón *m* (LA) ‖ ≃**nehmer** *m* / asalariado *m*, trabajador *m* ‖ ≃**nehmer** *pl*, Belegschaft *f* / asalariados *m pl*, plantilla *f* ‖ ≃**nehmererfindung** *f* / invento *m* de un asalariado
Arbeits•ablauf *m* (im Einzelnen) (F.Org) / secuencia *f* operativa ‖ ≃**ablauf**, -verlauf *m* / desarrollo *m* del trabajo, fases de trabajo *ff pl*, curso *m* del trabajo ‖ ~**ablaufbedingte Brachzeit** (F.Org) / tiempo *m* de parada tecnológica ‖ ~**ablaufbedingte Wartezeit** (F.Org) / tiempo *m* de espera inevitable ‖ ≃**ablaufdiagramm** *n* (F.Org) / diagrama *m* de desarrollo del trabajo ‖ ≃**ablaufplan**, -bogen *m* (F.Org) / plan de trabajo *m* ‖ ≃**ablaufstudie** *f* (F.Org) / estudio *m* de métodos
arbeitsam / trabajador, laborioso, industrioso
Arbeits•analyse *f* / análisis de trabajo ‖ ≃**anfall** *m* / volumen *m* de trabajo ‖ ≃**anforderungen** *f pl* / requerimientos *m pl* de trabajo, exigencias *f pl* de trabajo, prescripciones *f pl* de trabajo ‖ ≃**anhängefahrzeuge** *m pl* (Kfz) / remolques *m pl* para fines comunales ‖ ≃**anleitung** *f* **[für bestimmte Betriebsvorgänge]** (F.Org) / manual *m* standard de instrucciones ‖ ≃**anweisung** *f* (F.Org) / instrucciones *f pl* de trabajo ‖ ≃**anzug** *m* / traje de faena *o* de trabajo, buzo *m*, mono *m* ‖ ≃**anzug**, "Blauer Anton" / overol *m* ‖ ≃**archiv** *n* (Mikrofilm) / archivo de maniobra, registro *m* activo ‖ ≃**art-Schlüssel** *m* (DV) / clave *f* de tipo de trabajo ‖ ≃**aufgliederung** *f* (F.Org, Netzplan) / organograma *m* técnico, estructura *f* de trabajo ‖ ≃**aufgliederung nach Fertigteilen** (F.Org) / organograma *m* según piezas prefabricadas ‖ ≃**aufnahme** *f*, Zeitstudie *f* / cronometrado *m* ‖ ≃**aufnahmefähigkeit** *f* (Feder) / capacidad *f* elástica ‖ ≃**aufsicht** *f* / inspección *f* de trabajo ‖ ≃**auftrag** *m* (F.Org) / orden *f* de trabajo o de fabricación, encargo *m* ‖ ≃**aufwand** *m*, -bedarf *m* / gasto *m* de trabajo, trabajo *m* invertido o consumido ‖ ≃**aufwand** (F.Org) / relación tiempo-personal *f* ‖ ≃**aufwändig** / con gran gasto de trabajo, que requiere [mucho] trabajo ‖ ≃**ausfall** *m*, -ruhe *f* / pérdida *f* [de horas] de trabajo ‖ ≃**ausrüstung** *f* / equipo *m* de trabajo ‖ ≃**-Ausschuss** *m*, Ausschuss *m* (F.Org) / desecho *m*, producto *m* de desecho ‖ ≃**band** *n* (zur Zwischenspeicherung) (DV) / cinta *f* de memoria temporal ‖ ≃**beanspruchung** *f* (F.Org) / esfuerzo *m* de trabajo ‖ ≃**bedingungen** *f pl* / condiciones *f pl* de trabajo ‖ ≃**belastung** *f* **des Menschen** / fuerza física durante el trabajo *f* ‖ ≃**beleuchtung** *f* / alumbrado *m* de trabajo ‖ ≃**bereich** *m*, -feld *n* / campo *m* de trabajo, zona *f* de trabajo ‖ ≃**bereich**, Schwenkbereich *m* (Kran) / radio *m* de giro ‖ ≃**bereich** (Wzm) / campo *m* de mecanización o de trabajo ‖ ≃**bereich** (verfügbar) (Wzm) / área *f* (disponible) de trabajo ‖ ≃**bereich** (DV) / área *f* de trabajo en la memoria ‖ ≃**bereich auf externen Speichern** (DV) / fichero de trabajo *m*, archivo de trabajo *m* ‖ **obere** ≃**bereichsgrenze**, Aussteuerungsgrenze *f* (Eltronik) / límite *m* superior de modulación ‖ ≃**bereitschaft** *f* **in der Wohnung**, [am Arbeitsplatz] (F.Org) / disponibilidad personal en domicilio *f* [en el puesto de trabajo], disposición *f* para el trabajo ‖ ≃**beschaffung** *f*, Schaffung *f* von Arbeitsplätzen / creación *f* de puestos de trabajo ‖ ≃**beschaffung** / adquisición *f* de trabajo ‖ ≃**beschaffungsplan** *m*, Beschäftigungsplan *m* / plan *m* de empleo ‖ ≃**beschreibung** *f* (F.Org) / descripción *f* del trabajo ‖ ≃**bestgestaltung** *f* / perfeccionamiento de los métodos de trabajo ‖ ≃**bewegung** *f* (Wzm) / movimiento *m* del útil durante el arranque de virutas ‖ ≃**bewertung** *f* (F.Org) / calificación *f* del trabajo, apreciación *f* del trabajo, valoración *f* del trabajo ‖ ≃**blatt** *n*, Worksheet *n* (DV) / hoja *f* de cálculo ‖ ≃**blende** *f* (Foto) / abertura de operación *f* ‖ ≃**blendenmessung** *f* (Foto) / medición *f* bajo condiciones de operación ‖ ≃**breite** *f* (Landw, Straßb,

Tex) / anchura f de trabajo ‖ ~**breite** (Lagerhaus) / anchura f del pasillo ‖ ~**brücke** f (Bau, Masch) / puente m de trabajo, pasarela f de trabajo ‖ ~**bühne** f (allg) / plataforma f de trabajo, plataforma f de servicio ‖ ~**bühne**, -gerüst n (Bau) / andamio de trabajo, caballete m de trabajo ‖ ~**charakteristik** f (Röhre) (Eltronik) / característica f dinámica ‖ ~**dargebot** n, Energiedargebot n / cantidad f máxima de energia producida en un tiempo definido ‖ ~**datei** f (DV) / fichero m de trabajo ‖ ~**dauer** f, -zeit f (F.Org) / duración f de trabajo ‖ ~**dauer**, Beschäftigungsdauer f / tiempo m del empleo ‖ ~**deck** n (Schiff) / puente m de maniobras ‖ ~**diagramm** n, -schaubild n (F.Org) / diagrama m de trabajo ‖ ~**diagramm**, PV-Diagramm n (Phys) / diagrama m PV, diagrama m presión-volumen ‖ ~**diagramm** n (DV) / diagrama de secuencia m ‖ ~**druck** m (Hydr) / presión f efectiva ‖ ~**druck**, Schlagdruck m (Schm) / fuerza f de golpe ‖ ~**druckbereich** m, nutzbarer Bereich (Masch) / gama f útil de presión[es] de trabajo ‖ ~**ebene** f (Bergb) / nivel m de explotación ‖ ~**eifer** m (F.Org) / entusiasmo m por el trabajo, afán m de trabajar, asiduidad f ‖ ~**eingriffslinie** f (Zahnrad) / línea de engrane f [de trabajo] ‖ ~**einheit** f (Phys) / unidad de trabajo f, ergio m, erg (anticuado) ‖ ~**einheit** (Manipulator) / unidad f [tele]manipulada ‖ ~**einsatz** m **von Arbeitskräften** (F.Org) / empleo m de la mano de obra ‖ ~**einstellung** f / suspensión f del trabajo, cese m del trabajo, paro m ‖ ~**einstellung**, Streik m / huelga f ‖ ~**einteilung** f, -zuweisung f / distribución f del trabajo ‖ ~**elektrode** f (Halbl) / colector m ‖ ~**element** n (DV) / dispositivo funcional m ‖ ~**ergebnis** n / resultado del trabajo m ‖ ~**erlaubnis** f (der Behörde) / permiso m de trabajo ‖ ~**erlaubnis** (Erdölraffinerie) / certificado m de seguridad ‖ ~**erleichterungen** f pl / facilidades f pl para el trabajo ‖ ~**ersparnis** f, -vereinfachung f (F.Org) / ahorro m de trabajo, simplificación f del trabajo, trabajo ahorrado m ‖ ~**fähig** (Med) / ap ‖ ~**fähigkeit** f / capacidad f laboral o de trabajo ‖ ~**fähigkeit** f, Energie f (Phys) / capacidad para efectuar un trabajo f ‖ **technische** ~**fähigkeit**, Exergie f / exergía f ‖ ~**fähigkeitsdauer** f (DV) / tiempo m útil, tiempo m aprovechable ‖ ~**feld**, -gebiet n (allg) / campo m de actividad[es], campo m de acción ‖ ~**feld** n, Hallenfeld n (Luftf) / nave f ‖ ~**festigkeit** f (Werkstoff) / resistencia f del material ‖ ~**film** m, aktiver Mikrofilm (Foto) / microfilm m activo ‖ ~**fläche** f (am Werkstück), Bearbeitungsfläche f (Masch) / superficie f mecanizada o mecanizable ‖ ~**fläche** f (Bagger, Kran) / superficie f de trabajo, radio m de actividad, continuidad f de trabajo ‖ ~**fläche** f, Tragfläche f (Luftf) / superficie f sustentadora, superficie f de ataque ‖ ~**fluss** m (F.Org) / continuidad f de trabajo ‖ ~**flussdiagramm** n **eines Werkes** / diagrama m funcional de empresa ‖ ~**folge** f / secuencia f del trabajo, orden m de trabajos ‖ ~**folgeventil** n (Luftf, Masch) / válvula f de secuencia ‖ ~**fortschritt** m (F.Org) / progreso m del trabajo ‖ ~**fortschrittsdiagramm** n / diagrama m de progreso del trabajo ‖ ~**freier Tag** / jornada f perdida, jornada f no trabajada ‖ ~**frequenz** f, Ist-Frequenz f (Eltronik) / frecuencia f efectiva, frecuencia f de régimen, frecuencia f de trabajo ‖ ~**fuge** f, Dehnfuge f (Bau) / juntura f de construcción

Arbeitsgang m (allg) / operación f ‖ ~ (Wzm) / ciclo m de trabajo, pasada f, operación f ‖ ~, Durchlauf m (DV) / pasada f, pasaje m, operación f, operación f ‖ ~ m (Traktor) / marcha f por el labrado, velocidad f f para el labrado ‖ ~, Platz m (am Band) / puesto m en la cinta de montaje m ‖ ~ m (Lagerhaus) / pasillo m de servicio ‖ **in einem** [einzigen] ~ (F.Org) / en una sola operación ‖ **zwei Arbeitsgänge gleichzeitig ausführend** / realizando dos operaciones simultáneamente ‖ **zweiter** ~ / segunda operación f ‖ ~**wähler** m (Wzm) / selector m de las operaciones [de trabajo]

Arbeits•gebiet n / campo m de trabajo, campo m de actividad[es] ‖ ~**gemeinschaft** f, ARGE (Bau) / agrupación f de empresas, mancomunidad de empresas ‖ ~**genauigkeit** f (Wzm) / precisión f del mecanizado, precisión f de trabajo, exactitud f en el trabajo ‖ ~**gerade** f (Elektr) / línea f de operación (recta de carga) ‖ ~**gerät** n (Gesamtheit) / útiles m pl, utillaje m, instrumentos m pl de trabajo ‖ ~**gerät** (Landw) / aperos m pl, herramientas f pl, implementos m pl (LA) ‖ ~**gericht** n / tribunal m laboral, Magistradura del Trabajo (E) ‖ ~**gerüst** n (Zimm) / andamio m, andamiaje m de trabajo ‖ ~**geschwindigkeit** f (Masch) / velocidad f de trabajo ‖ ~**geschwindigkeit** (DV) / velocidad f calculadora ‖ ~**gestalter** m, Methodiker m (F.Org) / ingeniero m [de estudio] de métodos ‖ ~[**gestaltungs**]**studie** f / estudio m de métodos ‖ ~**gestell** n (höhenverstellbar) / caballete m (graduable en altura o elevador) ‖ ~**gleichung** f (F.Org) / equivalencia f de trabajo ‖ ~**größe** f (Phys) / cantidad f caracterizada por las dimensiones de trabajo ‖ ~**grube** f (Bahn) / foso f de montaje y de desmontaje ‖ ~**grube** (Kfz) / foso f de inspección, foso f de revisión o reparación ‖ ~**gruppe** f, Mannschaft f, Team m (F.Org) / grupo m de trabajo, team m, equipo m ‖ ~**handschuh** m / guante m de trabajo ‖ ~**höhe** f (Wzm) / altura f de trabajo ‖ ~**höhe des Pantographen** (Bahn) / carrera f máxima de elevación del pantógrafo ‖ ~**hub** m (Mot) / carrera f de trabajo, carrera f motriz, carrera f útil, embolada f ‖ ~**hub** (des Hoblers) (Wzm) / carrera f [de trabajo] de la acepilladora ‖ ~**hydraulik** f (Masch) / sistema m hidráulico operador, sistema m hidráulico de trabajo ‖ ~**hygiene** f (Med) / higiene f laboral, higiene f del trabajo ‖ ~**impuls** m (Phys) / impulso m de trabajo ‖ ~**informationen** f pl (NC) / datos m pl de mecanizado ‖ ~**inhalt** f (F.Org) / contenido m de trabajo ‖ ~**inhalt**, Energiespeicherung f (Phys) / energía intrínseca f ‖ ~**insel** f (Öl) / terminal costanero m ‖ ~**intensiv** (F.Org) / con gran gasto de trabajo, que absorbe mucho trabajo ‖ ~**kammer** f (Caisson) / cajón m de aire comprimido ‖ ~**kapazität** f (F.Org) / capacidad f de trabajo ‖ ~**karte**, Teilebegleitkarte f (F.Org) / ficha f adjunta de trabajo ‖ ~**kennlinie** f (Masch) / línea f característica de funcionamiento ‖ ~**kennlinie**, -charakteristik f (Röhre) (Eltronik) / característica f dinámica ‖ ~**kittel** m, Arbeitsmantel m / guardapolvo m de trabajo, bata f [blanca] ‖ ~**kleidung** f, Berufskleidung f / ropas f pl de trabajo, trajes m pl de faena ‖ ~**klima** n / ambiente m laboral o de trabajo ‖ ~**kolben** m (Masch) / pistón m de trabajo (LA), émbolo m de trabajo (E) ‖ ~**kolben der Nietmaschine** (Wzm) / émbolo portaestampa;.m. ‖ ~**kolonne** f, Bautrupp (Bahn, F.Org) / equipo m de montaje, brigada m de obreros ‖ ~**kontakt** m (Hauptkontakt) (Elektr) / contacto m de trabajo ‖ ~**kontakt** (Ggs. Ruhkontakt) (Relais) / contacto m de cierre, contacto normalmenta abierto m ‖ ~**kopie** f, WP (Film) / copia f de trabajo o de distribución ‖ ~**kosten** pl (F.Org) / gastos m pl de mano de obra ‖ ~**kraft** f (physisch), Menschenkraft f / fuerza f [humana] de trabajo ‖ ~**kraft**, -intensität f / intensidad f de trabajo ‖ ~**kraft** (Arbeiter, Angestellter) / obrero m, empleado m, trabajador m, operario m ‖ ~**kräfte** f pl, Belegschaft f / recursos m pl humanos ‖ ~**kräfte** f pl, Arbeiterschaft f, Arbeiter m pl (allg) / mano f de obra, personal m obrero ‖ ~**kräftebesatz** m (Landw) / mano f de obra (disponible) por unidad de superficie ‖ ~**krafteinheit** f, AK / unidad f de mano de obra ‖ ~ **unter** ~**kräftemangel leidend** / con déficit de mano de obra ‖ ~**kraftfahrzeug** n, Gemeindekraftfahrzeug n, Kommunalfahrzeug n n, Kommunalfahrzeug n (Kfz) / vehículo m comunal, camión m para fines comunales

83

Arbeitskurve

‖ ⁓**kurve** f (Masch) / curva f de trabajo, curva f característica ‖ ⁓**länge** f (Masch) / longitud f mecanizable ‖ ⁓**lehrdorn** m / calibre macho de taller m ‖ ⁓**lehre** f / calibre de taller o de fabricación m ‖ ⁓**leistung** f (F.Org) / rendimiento m del trabajo, prestación f del trabajo ‖ ⁓**leistung** (Masch) / potencia f de la máquina ‖ ⁓**leitung** f (Hydr) / tubería f de trabajo ‖ ⁓**leuchte** f (Elektr) / lámpara f de trabajo ‖ ⁓**lohn** m / paga f, salario m, remuneración f de un trabajo ‖ ⁓**losen-Unterstützung** f / subsidio m de paro o de desempleo ‖ ⁓**losigkeit** [saisonale] / paro m [estacional] ‖ ⁓**mannschaft** f (F.Org) / equipo m, team m ‖ ⁓**markt** m / mercado m del trabajo ‖ ⁓**maschine** f (Ggs.: Kraftmaschine) / máquina operadora f, máquina de trabajo f ‖ ⁓**maschine**, Werkzeugmaschine f / máquina herramienta f ‖ ⁓**matrix** f (DV) / matriz f de funcionamiento, matriz f de función ‖ ⁓**matrix einer Folgeschaltung** (Eltronik) / matriz f [secuencial] para un circuito de secuencia ‖ ⁓**medium** n (Energieumwandlung) / sustancia activa f, fluido motor m ‖ ⁓**medium** (DV) / medio de trabajo m, soporte ‖ ⁓**medizin** f / medicina f del trabajo ‖ ⁓**merkmal** n, Workfaktor m (F.Org) / work factor m, factor m de trabajo ‖ ⁓**methode** f / método m de trabajo ‖ ⁓**-Minute** f, Mann-Minute f / minuto m de mano de obra, minuto-hombre m ‖ ⁓**mittel** m (allg) / medio m de trabajo, útil m ‖ ⁓**mittel** (Energieumwandlung), Übertragungsmittel n / sustancia f activa ‖ ⁓**modell** n (Masch) / modelo m de trabajo, modelo m mecánico ‖ ⁓**modul** n (Spinn) / módulo m de trabajo ‖ ⁓**muster** m (Web) / muestra f de trabajo ‖ ⁓**niederlegung** f, -einstellung f / suspensión f del trabajo, huelga f ‖ ⁓**norm** f (F.Org) / norma f de trabajo ‖ ⁓**öffnung** f, Fenster n (Masch) / abertura f de trabajo ‖ ⁓**ordnung** f (F.Org) / reglamento m del trabajo ‖ ⁓**pause**, Ruhepause f / pausa f, descanso m, reposo m ‖ ⁓**periode** f, -takt m / período m de trabajo, tiempo m de trabajo ‖ ⁓**physiologie** f (Med) / fisiología f del trabajo ‖ ⁓**plan** m, -programm m (F.Org) / plan m de trabajo, programa m de trabajo ‖ ⁓**planer** m, -vorbereiter m / encargado m de preparación de trabajo ‖ ⁓**planung** f / planificación f del trabajo ‖ ⁓**platte** f (Herd, Waschmaschine) / encimera f

Arbeitsplatz m, Arbeitsstelle f (F.Org) / puesto m de trabajo ‖ ⁓, -ort m, gelände n / lugar m de trabajo, campo m de explotación ‖ ⁓**beleuchtung** f (Elektr) / iluminación f del puesto de trabajo, alumbrado m del puesto de trabajo ‖ ⁓**computer** m (DV) / ordenador m de oficina, computadora f en el puesto de trabajo, ordenador m estacionario ‖ ⁓**gestaltung** f (F.Org) / formación f del puesto de trabajo, acondicionamiento m del puesto de trabajo ‖ ⁓**leuchte** f (Elektr) / lámpara f para el puesto de trabajo ‖ ~**orientierte Datenverarbeitung**, mittlere Datentechnik (DV) / procesamiento m de datos adaptado al puesto de trabajo, informática mediana f ‖ ⁓**putzen** n (F.Org) / limpieza de máquinas f ‖ ⁓**studie** f (F.Org) / análisis de puestos de trabajo m ‖ ⁓**system** n, Workstation f (DV) / sistema de puesto de trabajo m ‖ ⁓**wechsel** m / cambio m del empleo

Arbeits·potential n / potencial m de trabajo, potencial m de mano de obra ‖ ⁓**preis** m (Elektr, Gas) / precio m de la energia (kWh) ‖ ⁓**prinzip** m (Masch) / principio m de trabajo, esquema m de trabajo o de funcionamiento, principio m de funcionamiento ‖ ⁓**probe** f, -muster m / muestra f de trabajo, prueba f de trabajo ‖ ⁓**produktivität** f (F.Org) / productividad f del trabajo ‖ ⁓**programm**, Problemprogramm n (DV) / programa m del usuario ‖ ⁓**projektor** m (Diaskop mit großem Objektfeld), Overhead-Projektor m (Opt) / proyector m "overhead", retroproyector m ‖ ⁓**prozess** m (F.Org) / proceso m de trabajo ‖ ⁓**punkt** m, Betriebspunkt m (Eltronik) / punto m de funcionamiento dinámico ‖ ⁓**rachenlehre** f (Wz) / calibre m de herradura de taller ‖ ⁓**raum** m (F.Org) / local m de trabajo, sala f de trabajo, taller m, laboratorio m ‖ ⁓**raum in einer Maschine** (Wzm) / área f de trabajo ‖ ⁓**recht** n / derecho laboral m ‖ ⁓**richtung** f (Masch) / dirección f de trabajo, sentido m de funcionamiento ‖ ⁓**rollgang** m (Walzw) / camino de rodillos de trabajo m ‖ ⁓**rückstand** m (F.Org) / retraso m ‖ ⁓**-Ruhe-Zustand** m (Fernm) / estado m de trabajo/reposo, tasa f de impulsos ‖ ⁓**saal** m / sala f de trabajo ‖ ⁓**schale** f (Labor) / cúbeta f de laboratorio ‖ ⁓**schaubild** n / diagrama m de trabajo ‖ ⁓**schauuhr** f / cronógrafo m ‖ ⁓**schein** m, -zettel m, -karte f / ficha de trabajo f ‖ ⁓**schicht** f (Zeitraum) / turno m ‖ ⁓**schicht** (Belegschaft) / equipo m ‖ ⁓**schiene** f (Elektr) / riel m tomacorriente ‖ ⁓**schneide** f (Wzm) / filo m de trabajo ‖ ⁓**schutz** m / protección f en el trabajo, protección f obrera, seguridad f laboral ‖ ⁓**schutz[vorrichtung]** m (Masch) / salvamanos m ‖ ⁓**schutzgesetz** n / ley f de seguridad y protección en el trabajo ‖ ⁓**schutzkabine** f (Gieß, Lack) / cabina f de protección ‖ ⁓**schutzkleidung** f / traje protector m ‖ ⁓**schutzvorschriften** f pl / prescripciones f pl relativas a la protección y seguridad de los trabajadores, reglamentación f sobre la producción y seguridad de los trabajadores ‖ ⁓**seite**, Vorderseite f (Masch) / lado m de trabajo, cara f de trabajo, cara anterior f ‖ ⁓**sitzung** f (F.Org) / sesión f de trabajo ‖ ⁓**sog** m (Masch) / aspiración f de régimen ‖ ⁓**spannung** f, Ist-Spannung f (Elektr) / tensión f de trabajo, voltaje m efectivo o real ‖ ⁓**spannung** (Akku) / tensión f de trabajo [en circuito cerrado] ‖ ⁓**sparend** / que ahorra trabajo ‖ ⁓**sparend**, zeitsparend / económico con respecto al tiempo de trabajo, reductor del tiempo de trabajo ‖ ⁓**speicher** m (DV) / memoria principal o de trabajo f, unidad f de trabajo, almacén m o almacenamiento de trabajo, almacenamiento m principal ‖ ⁓**speicherabzug** m (DV) / vaciado m de la memoria principal ‖ ⁓**speicherbelegung** f (DV) / asignación de memoria principal ‖ ⁓**speicherplatz** m, -speicherzelle f (DV) / ubicación f de la memoria principal, célula f de la memoria central ‖ ⁓**spiel** n (Masch) / ciclo m de trabajo, ciclo m de funcionamiento ‖ ⁓**spindel** f (Wzm) / husillo m de trabajo, husillo m del cabezal, eje principal m ‖ ⁓**spindel** (Bohrwerk) / árbol m portaútil, vástago m portaútil f ‖ ⁓**spitze** f (F.Org) / tiempo m de mayor trabajo ‖ ⁓**spur** f (Magn.Bd) / pista f de grabación ‖ ⁓**stand** m, Arbeitszustand m (F.Org) / régimen m de trabajo ‖ ⁓**ständer** m (Eisenfuß) (Schuh) / horma f de trabajo ‖ ⁓**stätte** f / lugar m de empleo o de trabajo ‖ ⁓**steilheit** f (Eltronik, Röhre) / pendiente f dinámica ‖ ⁓**stelle** f / lugar de ejecución del trabajo m ‖ ⁓**stellung** f (Wzm) / posición f de trabajo ‖ ⁓**stoffe** m pl / material[es] m [pl] de trabajo ‖ ⁓**stoß** m (Bergb) / frente m de galería ‖ ⁓**strom** m (Röhre) (Eltronik) / corriente f de espacio ‖ ⁓**strom** (Regeln) / corriente f de trabajo, corriente f de régimen ‖ ⁓**strom-Betrieb** m / operación f en circuito abierto ‖ ⁓**stromkreis** m / circuito m de trabajo ‖ ⁓**stromrelais** m / relé m accionado por la corriente de trabajo ‖ ⁓**stromschaltung** f (Elektr, Relais) / conexión f en circuito normalmente abierto ‖ ⁓**stück** n, Werkstück n (Masch) / pieza f a mecanizar, pieza f bruta, pieza f de trabajo ‖ ⁓**studie**, Zeitaufnahme f (F.Org) / estudio m cronométrico ‖ ⁓**studienmann** m, Refa-Ingenieur m / encargado m de estudios de trabajo ‖ ⁓**stufe** f / fase f de trabajo, etapa f de trabajo ‖ ⁓**stunde** f / hora f de trabajo ‖ ⁓**system** n (Vorgehen) / sistema m de actuación ‖ ⁓**systematisierung** f / sistematización f del trabajo ‖ ⁓**tag** m / jornada f, día m de trabajo ‖ ⁓**tag** (Rechenwert) / día-hombre m ‖ ⁓**tag**, Werktag m (i. Kälender) / día laborable m, fecha hábil f, día hábil m ‖ ~**täglich** / por jornada, por día de trabajo ‖ ⁓**tagung** f, Seminar n / seminario m ‖ ⁓**takt** m / ciclo *m* de trabajo ‖ ~**takt**, -tempo *n* (F.Org) / ritmo *m* de trabajo, compás *m* de trabajo, cadencia *f* ‖ ~**takt** (Mot) / ciclo *m* de trabajo, fase *f* de trabajo, tiempo *m* de trabajo (explosión) ‖ ~**-Task** *f n* (DV) / tarea *f* de problema ‖ ~**technik** *f* / técnica *f* del trabajo, técnica laboral ‖ ~**teilung** *f* / división *f* del trabajo ‖ ~**temperatur** *f*, Betriebstemperatur *f* (Mot) / temperatura *f* de trabajo o de régimen ‖ ~**therapie** *f* (Med) / ergoterapia *f* ‖ ~**tiefe** *f* (Wzm) / profundidad *f* de pasada ‖ ~**tiefe** (Pflügen) / profundidad *f* de labor ‖ ~**tier** *m* / trabajador *m* infatigable ‖ ~**tisch** *m* (Handwerk, Masch) / mesa *f* de trabajo ‖ ~**tisch**, Werkbank *f* / banco *m* de trabajo (taller) ‖ ~**tisch**, Labortisch *m* (Chem) / mesa *f* de laboratorio ‖ **durch Spindel verstellbarer** ~**tisch** (Wzm) / mesa *f* de trabajo graduable por husillo ‖ ~**treppe** *f* (Flugzeug) (Luftf) / escalera-plataforma *f* de servicio ‖ ~**trübe** *f*, Arbeitsschwertrübe *f* (Bergb) / líquido *m* denso de trabajo ‖ ~**tür** *f* (Hütt, Masch) / puerta *f* de trabajo, puerta *f* de carga ‖ ~**umfeld** *n* / entorno *m* de trabajo ‖ ~**unfähig** (Med) / incapaz para el trabajo ‖ ~**unfähigkeit** *f* / incapacidad *f* para el trabajo, incapacidad *f* laboral ‖ ~**unfall** *m*, Betriebsunfall *m* / accidente *m* de trabajo, accidente *m* laboral ‖ ~**unfallversicherung** *f* / seguro *m* contra accidentes de trabajo ‖ ~**unterbrechung** *f* (F.Org) / interrupción *f* del trabajo ‖ ~**unterbrechung von mehr als 15 min Dauer** (Kfz) / pausa *f* ‖ ~**unterteilung** *f* (F.Org) / descomposición *f* del trabajo en elementos ‖ ~**vakuum** *n* (Chem) / vacío *m* de trabajo ‖ ~**vereinfachung** *f* (F.Org) / simplificación *f* del trabajo ‖ ~**verfahren** *n*, -vorgang *m* (F.Org, Masch) / procedimiento *m* de trabajo, método *m* o modo de trabajo, proceso *m* de trabajo ‖ ~**verfügbarkeit** *f* (Nukl) / factor *m* de disponibilidad ‖ ~**verhältnis** *n* (F.Org) / relación *f* laboral ‖ ~**verhältnisse** *n pl* / condiciones *f pl* de trabajo ‖ ~**verlust** *m* (Masch) / pérdida *f* de energía ‖ ~**verlust bei Zustandsänderung** (Phys) / pérdida *f* de energía [no recuperable] al cambiar de estado ‖ ~**vermögen** *n*, Energie *f* (Phys) / energía *f*, potencia *f* ‖ ~**vermögen** (Akku) / potencia *f* de la batería ‖ ~**versäumnis** *n* (F.Org) / absentismo *m*, ausencia *f* sin permiso o injustificada ‖ ~**vertrag** *m* / contrato *m* de trabajo ‖ ~**vorbereitung** *f* (F.Org) / preparación *f* del trabajo, preparativos *m pl* ‖ ~**vorbereitung** (Abteilg) / departamento *m* de preparación del trabajo ‖ ~**vorgang** *m* / operación *f*, fase *f* de trabajo, proceso *m* de trabajo ‖ ~**vorschub** *m* (Wzm) / avance *m* de trabajo ‖ ~**walze** *f* (Spinn) / cilindro cardador *m*, cilindro trabajador *m* ‖ ~**walze** (Walzw) / cilindro *m* de trabajo ‖ ~**wanne** *f* (Glas) / cubeta *f* de trabajo ‖ ~**wassermenge** *f*, Durchsatz *m* (Turbine) / caudal útil de agua *m* ‖ ~**weg** *m*, Arbeitsgang *m* (Wzm) / recorrido *m* de trabajo, carrera *f* ‖ ~**weise** *f*, Verfahren *n* (Masch) / funcionamiento *m*, manera *f* de funcionar, modo *m* de funcionar, modo *m* de trabajo, sistema *m* de trabajo ‖ ~**weise** (einer Apparatur) / modalidad *f* de trabajo ‖ ~**weise**, Arbeitsprinzip *n* / principio *m* de trabajo, método *m* de funcionamiento ‖ ~**weise mit festem Takt o. Zyklus** (DV) / operación *f* de ciclo fijo, funcionamiento *m* de ciclo fijo ‖ ~**welle** *f* (für Zeichen geeignete Welle) (Fernm) / onda *f* señal ‖ ~**welt** *f* / mundo *m* del trabajo ‖ ~**wert** *m* **der Wärmeeinheit** (Phys) / equivalente *m* mecánico de la caloría *f* ‖ ~**wicklung** *f* (Elektr) / devanado *m* de trabajo ‖ ~**widerstand**, Außenwiderstand *m* (Eltronik) / resistencia *f* de carga, resistencia *f* exterior ‖ ~**winkel**, Phasenanschnittwinkel *m* (Eltronik) / ángulo *m* de funcionamiento, ángulo *m* de flujo ‖ ~**winkel** *m* **der Luftschraube** (Luftf) / ángulo *m* de ataque de la hélice ‖ ~**wirkungsgrad** *m* (F.Org) / rendimiento *m* de trabajo *m* ‖ ~**wissenschaft**, Ergonomie *f* / ergonomía *f* ‖ ~**zeichnung** *f* / dibujo *m* de ejecución

Arbeitszeit *f* / horas *f pl* de trabajo, jornada *f* laboral, tiempo *m* de trabajo, horario *m* laboral, horario *m* de trabajo ‖ ~ (Büro) / horas *f pl* de oficina ‖ ~ (**o. -anfang o. -ende**) **registrieren, ein-** bzw. **ausstempeln** / sellar la entrada o la salida ‖ ~ *f* **vor Ort** (Bergb) / tiempo real de trabajo *m* ‖ **verkürzte** ~ (i. Sommer) (F.Org) / jornada *f* intensiva (E) ‖ ~**anteil** *m* (Fernm) / porcentaje *m* de tiempo activo ‖ ~**erfassung** *f* (F.Org) / cronometría *f* ‖ ~**erfassungsgerät** *n* / aparato *m* registrador de horas de trabajo ‖ ~**ermittlung** *f* / registro cronológico *m* ‖ ~**kontrolluhr** *f* / cronómetro impresor de control *m* ‖ ~**überwachung** *f* / control *m* del tiempo de trabajo ‖ ~**Überwachungsgerät** *n* / aparato *m* de control del tiempo de trabajo ‖ ~**verkürzung** *f* / reducción del tiempo de trabajo *f* ‖ ~**verlust** *m* / pérdida *f* de [horas de] trabajo

Arbeits•zettel *m* / ficha *f* de trabajo ‖ ~**zeug** *n* (Wz) / caja *f* de herramientas ‖ ~**zimmer** *n* (Bau) / estudio *m*, gabinete *m* de trabajo, despacho *m* ‖ ~**zug** *m* (Bahn) / tren *m* de trabajos ‖ ~**zustand** *m* (Masch) / régimen *m* de trabajo ‖ ~**zustand**, dynamischer Arbeitspunkt o. Betriebspunkt (Eltronik) / punto *m* de funcionamiento ‖ ~**zuteilung** *f* (F.Org) / repartición del trabajo *f* ‖ ~**zweck** *m* / finalidad *f* de trabajo, objeto *m* de trabajo ‖ ~**zyklus** *m* (DV) / ciclo *m* operativo ‖ ~**zyklus** (Mot) / ciclo *m* de trabajo ‖ ~**zylinder** *m* (Pressluft) / cilindro *m* de trabajo

Arbiter *m* (DV) / árbitro *m*
arbiträr, willkürlich / arbitrario
Arbitration *f* (DV) / arbitración *f*, arbitraje *f*
arc cos, Arkuskosinus *m* (Math) / coseno de un arco
Arcatom-Schweißung *f* (Schw) / soldadura *f* arcatómica de arco, soldadura *f* por hidrógeno atómico, soldadura *f* Arcatom
Archaikum, Archäikum *n*, archäische Formationsgruppe *f* (Geol) / arcaico *m*
Archäometrie *f* / arqueometría *f*
Archimedeswicklung *f* (Zwirn) / plegado arquimédico *m*
archimedisch•e Schraube (Phys) / rosca *f* de Arquímedes ‖ ~**es Prinzip** (Hydr) / principio *m* de Arquímedes
Architekt *m* / arquitecto *m*
Architektenbüro *n* / oficina *f* de un arquitecto, gabinete *m* de arquitectura
architektonisch, Architektur... / arquitectónico, arquitectural
Architektur *f*, Baukunst *f* (Bau, DV) / arquitectura *f* ‖ ~**brutal** / arquitectura *f* brutal
Architekturalbronze *f* (Hütt) / bronce *m* arquitectural
Architektur•modell *n* / modelo *m* arquitectónico ‖ ~**zeichnung** *f* (Bau) / dibujo *m* arquitectónico
Architrav *m* (Bau) / arquitrabe *m*
Archiv *n* (allg, DV) / archivo *m*, meist: archivos *m pl* ‖ ~ (Film) / archivo *m* de filmes, filmoteca *f* ‖ ~ (Schallplatten) / archivo *m* de discos, discoteca *f* ‖ ~**...** / archivístico, de archivo
Archivar *m* / archivero *m*, archivista *m*
Archiv•aufnahme *f*, -bild *n* (Film) / foto *f* de archivo ‖ ~**band** *n* (Magn.Bd) / cinta *f* para la filmoteca ‖ ~**daten** *n pl*, -datei *f* (DV) / datos *m pl* de archivo ‖ ~**fähigkeit** *f* (Druck, Film) / cualidad *f* de archivo ‖ ~**film** *m* / filme para la filmoteca, película *f* de archivo
Archivierung *f* (allg, Büro) / conservación *f* en un archivo
Archivnummer *f* (DV) / número *m* de ficha
Archivolte *f* (Architektur) / archivolta *f*
Archivschrank *m* (Büro) / archivador *m*
ARD = Arbeitsgemeinschaft der öffentlich-rechtlichen Rundfunkanstalten in der Bundesrepublik Deutschland
Ardein *n* (Chemiefaser) (Tex) / arachina *f*, ardeína *f*
Ardil *n* (Tex) / ardil *m*
Ardometer *n*, Gesamtstrahlungspyrometer *n* (Phys) / ardómetro *m*, pirómetro *m* de radiación total
Areafunktion *f* (Math) / función *f* inversa hiperbólica
Arecanuss *f* (Färb) / nuez *f* de areca

Arene *n pl* (Chem) / arenos *m pl*
Argand•brenner *m* / mechero *m* de Argand ‖ ⁓**darstellung** *f* (Math) / diagrama *m* de Argand
ARGE, Arbeitsgemeinschaft *f* (Bau) / agrupamiento *m* de empresas, comunidad de trabajo *f*
Argentan (Legierung), Neusilber *n* / argentán *m*, plata alemana *f* ‖ ⁓**schlaglot** *n* (Schw) / soldadura *f* fuerte de argentán
Argentine, Silberfarbe *f* (Färb) / argentina *f*
Argentit *m*, Argirit *m*, Silberglanz *m* (Min) / argentita *f*, sulfuro *m* de plata
Argentometrie *f* (Chem) / argentometría *f*
argentometrisch (Chem) / argentométrico
Argentopyrit *m* (Min) / argentopirita *f*
Arginase, Desaminase *f* (Chem) / arginasa *f*, desaminasa *f*
Arginin *n* (eine Aminosäure) (Chem) / arginina *f*
Argomatschweißung *f* / soldadura *f* con argón y metal
Argon *n*, A (Chem) / argón *m*, argo *m* ‖ ⁓**arc-Schweiß[verfahr]en** *n* / soldadura *f* al arco-argon ‖ ⁓**kreislauf** *m* (Nukl) / circuito de argón *m* ‖ ⁓**laser** *m* (Eltronik) / láser *m* de argón ‖ ⁓**-Sauerstoffverfahren** *n* (Schw) / procedimiento *m* de argón-oxígeno
Argument *n* (allg, DV, Math) / argumento *m* ‖ ⁓, Vektorargument *n* (Math) / argumento *m* ‖ ⁓**zuwachs** *m* (Math) / incremento *m* del argumento
Argusrohr *n* (Luftf) / tubo *m* de Argus-Schmidt
Argyrodit *m* (Min) / argirodita *f* (sulfuro de plata)
ARI, Autofahrer-Rundfunk-Info-System *n* / sistema *m* radiofónico de información para automovilistas
arid, dürr, trocken (Landw) / árido
aridisieren *vt* (Bau) / aridisar
Aridität *f* / aridez *f*
Arithmetik *f* / aritmética *f* ‖ ⁓**-Logik-Einheit** *f* (DV) / unidad *f* aritmética y lógica
arithmetisch / aritmético ‖ ⁓**e Anweisung** (DV) / instrucción *f* aritmética ‖ ⁓**er Ausdruck** / expresión *f* aritmética, término *m* aritmético ‖ ⁓**es Dreieck** (Math) / triángulo *m* de Pascal ‖ ⁓**es Mittel** / media aritmética *f* ‖ ⁓**er Mittenrauwert**, R_a (Masch) / media aritmética de rugosidad superficial *f* ‖ ⁓**e Reihe** (Math) / serie *f* aritmética, progresión *f* aritmética ‖ ⁓**e Wenn-Anweisung** (DV) / instrucción *f* aritmética " if" ‖ **in** ⁓ **e Form bringen** (DV) / cifrar, meter en forma aritmética ‖ ⁓**-logische Einheit** (DV) / unidad *f* aritmética y lógica, UAL
Arkade *f*, Bogenlaube *f* (Bau) / arcada *f* ‖ ⁓**n** *f pl*, Aufheber *m* (Web) / arcadas *f pl*
Arkansasstein *m* (Abziehstein), Arkansas-Ölstein *m* / piedra *f* de Arkansas
Arkose *f*, feldspatreicher Sandstein *m* (Min) / arcosa *f*
arktisch (Geo) / ártico
Arkus•funktion *f* (Math) / función *f* del arco ‖ ⁓**kosinus** *m*, arc cos / coseno *m* del arco ‖ ⁓**kotangens** *m* / cotangente *f* del arco ‖ ⁓**sekans** *m* / secante *f* del arco ‖ ⁓**sinus** *m*, arc sin / seno *m* del arco, arcsin ‖ ⁓**tangens** *m*, arc tg / tangente *f* del arco
arm, taub (Erz) / estéril ‖ ⁓**es Gemisch** (Mot) / mezcla pobre *f*
ARM *n* (Opt) / microscopio *m* de resolución atómica
Arm *m* (Masch) / brazo *m* ‖ ⁓, Hebelarm *m* (Masch, Phys) / brazo de palanca ‖ ⁓ (Kran), Ausleger *m* / pescante *m* ‖ ⁓**e** *m pl*, Radstern *m* (Riemensch) / centro *m* de rayos ‖ ⁓**abstand** *m* (Punktschweißm) / distancia *f* [libre] entre brazos
Armatur *f*, Beschlag *m* (Schloss) / herraje *m* ‖ ⁓ (Masch) / guarnición *f* ‖ ⁓ **für Leuchtstoffröhren** (Elektr) / portalámparas de tubos de fluorescencia *m*
Armaturen *f pl* (Rohrleitung) / grifería *f*, valvulería *f*, robinetería *f* ‖ ⁓ **für Heißwindkuppelöfen** (Hütt) / accesorios *m pl* para cubilote ‖ **[kleine]** ⁓, Fittings *pl* (Wasserltg) / accesorios *m pl* ‖ ⁓**block** *m* (Masch) / bloque *m* de distribución ‖ ⁓**brett** *n* (Kfz) / cuadro *m* de mando, tablero *m* de instrumentos ‖ ⁓**brettlampe** *f* (Kfz) / lámpara *f* para cuadro de instrumentos, lámpara *f* del tablero ‖ ⁓**lenker** *m* (Motorrad) / manillar *m* con [tablero de] instrumentos ‖ ⁓**schlüssel** *m* (Sanitär) / llave *f* especial para grifería ‖ ⁓**tafel** *f*, Schalttafel *f* (Bahn) / pupitre *m* de mandos, cuadro *m* de distribución o de instrumentos ‖ ⁓**teile** *n pl* (Sanitär) / piezas *f pl* de robinetería, accesorios *m pl* ‖ ⁓**zange** *f* / tenazas *f* para valvulería/robinetería *f pl*
Armbandchronometer *n* (Uhr) / cronómetro *m* de pulsera
Armbinde *f* (Tex) / brazal *m*
Armco•eisen *n* (Hütt) / hierro *m* armco, acero *m* armco ‖ ⁓**-Verfahren** *n* (zur direkten Stahlerzeugung) (Hütt) / procedimiento *m* Armco (producción directa de acero)
Armdrehung *f* (Roboter) / rotación *f* de hombro, rotación *f* azimutal
Ärmel *m* (Tex) / manga *f* ‖ ⁓**brett** *n*, -holz *n* (Tex) / manguera *f*
Arm•feile *f*, Grobfeile *f* (Wz) / lima *f* plata gruesa ‖ ⁓**gas**, Schwachgas *n* / gas pobre *m* ‖ ⁓**gas** *n* (Öl) / gas residual *m*
armieren *vt*, bewehren, verstärken (Bau) / armar, reforzar, equipar ‖ ⁓ (mit Beschlägen) (Möbel) / poner herrajes ‖ **ein Kabel** ⁓ (Elektr) / armar un cable
armiert•es Bleikabel / cable *m* armado con plomo ‖ ⁓**e Erde** (Bau) / tierra armada *f*
Armierung *f* (Elektr) / armadura *f* ‖ ⁓, Bewehrung *f* (Bau) / armadura *f*, refuerzo *m*, jaula *f* (LA) ‖ ⁓ *f* (Schloss) / herraje *m* ‖ ⁓ **bei Glühlampen** (Elektr) / montura *f* ‖ ⁓**kreuzweise** ⁓ (Bau) / armadura cruzada *f*
Armierungs•netz *n* (Beton) / malla *f* de armadura ‖ ⁓**platte** *f* (Hütt) / placa *f* de refuerzo ‖ ⁓**ring** *m* / anillo reforzador *m* ‖ ⁓**stab** *m* (Beton), Bewehrungsstab *m* (Bau) / barra *f* de armadura ‖ ⁓**stahl** *m* (Beton, Hütt) / acero *m* de refuerzo, hierro reforzador *m*, acero *m* de armadura, acero *m* para hormigón armado
Arm•kreuz *n* **der Riemenscheibe** (Masch) / cruce *m* de rayos ‖ ⁓**lehne** *f*, Armstütze *f* (Kfz) / reposabrazos *m*, apoyabrazos *m* ‖ ⁓**lenker am Drehstabstabilisator**, Drehkurbelarm *m* (Kfz) / palanca *f* articulada del estabilizador de barra de torsión ‖ ⁓**säge** *f* (Wz) / sierra *f* de brazo ‖ ⁓**schiene**, -auflage *f* (Drechsler) / soporte *m* del brazo ‖ ⁓**schützer** *m*, Schutzstulpe *f* (Strahlen) / mangote *m*, manguito *m* protector [contra rayos] ‖ ⁓**signal** *n*, Flügelsignal *n* (Bahn) / señal *f* semafórica ‖ ⁓**stütze** *f* / apoyabrazos *m*
Armure *f* (Gewebe) (Tex) / armure *f* (tejido)
Arnika *f* (Pharm) / árnica *f*
Arnolds Reagens *n* (Chem) / reactivo de Arnold *m*
Aroma *n*, Duft *m* (Nahr) / aroma *m*, olor *m*, fragancia *f* ‖ ⁓**stoff** *m* / sustancia *f* aromática, materia *f* aromática
Aromaten *pl*, aromatische Verbindungen *f pl* (Chem) / aromáticos *m pl*, compuestos *m pl* aromáticos, serie *f* aromática o cíclica ‖ ⁓**chemie** *f* / química *f* de los aromáticos ‖ ⁓**-Extraktionsverfahren** *n* (Öl) / procedimiento *m* de extracción de aromáticos ‖ ⁓**öl** *n* (Chem) / aceite *m* aromático
aromatisch (Chem, Nahr) / aromático ‖ ⁓**e Hydrierung** (Chem) / hidrogenación aromática *f* ‖ ⁓**e Kohlenwasserstoffe** *m pl* / hidrocarburos *m pl* aromáticos ‖ ⁓**es Lösungsmittel** / disolvente *m* [altamente] aromático ‖ ⁓**es Polyamid**, Aramid *n* / poliamida aromática *f*, aramida *f* ‖ ⁓**e Säure** / ácido aromático *m* ‖ ⁓**e Serie** / serie aromática *f* ‖ ⁓**e Substanz**, Duftstoff *m* / sustancia aromática *f*, perfume *m*
aromatisieren *vt* (Lebensmittel) / aromatizar
Aromatisierung *f* / aromatización *f*
Aromax-Verfahren *n* (Öl) / procedimiento *m* Aromax (separación de paraxileno)
Aron-Zähler *m* (Elektr) / contador *m* Aron

Arosolvan-Verfahren *n* (Öl) / procedimiento *m* Arosolvan (separación de aromáticos)
Arosorbprozess *m* (Öl) / procedimiento *m* arosorb
Arpillit *m* (Min) / arpilita *f*, caolín *m*, kaolín *m*
AR-Punkt *m* (Hütt) / punto *m* AR, punto *m* de recalescencia
arrangieren *vt* / arreglar, disponer, organizar
Array *n* (Elektr, Eltronik, Geol) / esquema *m*, conjunto *m* o grupo ordenador ‖ ⁓ (DV) / array *m*, grupo *m* de variables del mismo tipo ‖ ⁓**-Antenne** *f* (Eltronik) / conjunto ordenado de antenas *m*
arretieren *vt* / inmovilizar, parar, bloquear, retener, detener, enclavar
Arretier•feder *f* / muelle *m* de retención ‖ ⁓**hebel** *m* / palanca *f* de detención, palanca *f* de inmovilización ‖ ⁓**kegel** *m* **am Ventilschaft** (Mot) / cono *m* de tope ‖ ⁓**stift** *m*, Zuhaltestift *m* (Masch) / clavija *f* de detención, clavija *f* de tope
Arretierung *f* (Vorgang) / detención *f*, inmovilización *f* ‖ ⁓, beweglicher Anschlag / tope móvil *m*, inmovilizador *m*
Arretierungsanschlag *m* / tope *m* de detención
Arretierungs•knopf *m* / botón *m* de detención o inmovilización ‖ ⁓**scheibe**, Rastscheibe *f* / disco *m* de detención, platillo *m* de detención
Arrhenal *n* (Chem) / arrenal *m* (sodio metilarseniato)
arrondieren *vt*, wälzen (Wzm) / redondear
Arrondierfräse *f* / fresa *f* de redondear
Arrowroot *m*, Pfeilwurzelmehl *n* (Bot) / arrurruz *m* ‖ ⁓**-Stärke** *f* / almidón *m* de arruruz, fécula *f* de arruruz
Arsan *n*, Arsenwasserstoff *m* (Chem) / hidrógeno *m* arseniado
Arsen *n*, As (Chem) / arsénico *m* ‖ ⁓ **führend**, -haltig (Min) / arsenical ‖ **gediegenes, natürliches** ⁓ / arsénico *m* nativo, arsénico *m* natural o virgen ‖ **gelbes nichtmetallisches** ⁓, Rauschgelb *n* / arsénico *m* amarillo ‖ **graues metallisches** ⁓ / arsénico *m* gris ‖ **mit** ⁓ **verbinden** / combinar con arsénico ‖ ⁓**at** *n* / arseniato *m* ‖ ⁓**at III** *n* (früher: Arsenit) / arsenita *f* ‖ ⁓**at V** *n* (Salz der Arsensäure) / arseniato *m* (sal del ácido arsénico) ‖ ⁓**blei**, Bleiarseniat *n* / arseniato *m* de plomo ‖ **rote** ⁓**blende**, Realgar *m* / blenda *f* de arsénico, rejalgar *m*, oropimente *m* ‖ ⁓**blüte**, Arsenikblüte *f*, Arsenolith *m* (Min) / flor *f* de arsénico, arsenolita *f* ‖ ⁓**(III)-bromid** *n* (Chem) / bromuro arsenioso *m* ‖ ⁓**(III)-chlorid** / cloruro arsenioso *m* ‖ ⁓**eisen** *n*, Löllingit *m*, Lolingit *m* / arseniuro *m* de hierro, lolingita *f* ‖ ⁓**fahlerz** *n*, Tennantit *m* (Min) / tenantita *f*, arseniosulfuro de cobre *m* ‖ ⁓**glanz** *m* / arsenolamprita *f* ‖ ⁓**-Halogenverbindung** *f* (Chem) / halogenuro *m* de arsénico ‖ ⁓**hütte** *f* / planta *f* para la sublimación del arsénico ‖ ⁓**id** *n*, Arsen-Metallverbindung *f* / arseniuro *m*
arsenig, Arsen(III)-... / arsenioso ‖ **~e Säure** / ácido *m* arsenioso
Arsenik, Arsen(III)-oxid *n* / trióxido *m* de arsénico, trióxido arsenioso *m*, arsénico blanco *m* ‖ ⁓**glas** *n* / arsénico *m* vítreo
Arsen•kies *m*, Arsenopyrit *m*, Misspickel *m* (Min) / pirita arsenical *f*, mispíquel *m* ‖ ⁓**kupferlegierung** *f* (0,6% As) (Hütt) / cobre arsenical *m* ‖ ⁓**nickel** *n* (Min) / níquel arsenical *m*, nicolita *f*, niquelita *f* ‖ ⁓**nickelglanz** *m*, Gersdorffit *m* (Min) / gersdorfita *f* ‖ ⁓**(III)-oxid** *n* s. Arsenik ‖ ⁓**pigment** *n* / pigmento arsenical *m* ‖ ⁓**säure** *f* (Chem) / ácido arsénico ‖ ⁓**silber** *n* (Min) / plata *f* arsenical ‖ ⁓**silberblende** *f* / rosicler *m* [claro] ‖ ⁓**spiegel** *m* (Chem) / mancha *f* de arsénico ‖ ⁓**(III)-sulfid**, Rauschgelb *n*, Auripigment *n* / trisulfuro *m* de arsénico, oropimente *m* ‖ ⁓**sulfidgelb** *n* / amarillo *m* [al sulfuro] de arsénico ‖ ⁓**vergiftung** *f* (Med) / arsenismo *m*, intoxicación *f* por arsénico ‖ ⁓**wasserstoff** *m*, Arsin *n* (Chem) / arseniuro *m* de hidrógeno, hidrógeno *m* arseniado, arsina *f*, arsenamina *f*

Arsin *n* s. Arsenwasserstoff
Arsino... / arsínico
Art *f*, Beschaffenheit *f* / naturaleza *f*, índole *f* ‖ ⁓, Gattung *f* / especie *f*, género *m* ‖ ⁓, Weise *f* / manera *f*, modo *m* ‖ ⁓, Sorte *f* / variedad *f*, clase *f* ‖ ⁓ *f*, Typ *m* / tipo *m* ‖ ⁓, Stilart *f* / estilo *m* ‖ ⁓, Rasse *f* / raza *f* ‖ ⁓, Kategorie *f* / categoría *f* ‖ ⁓, Güte *f* / calidad *f*, condición *f* ‖ ⁓ *f* **der Bearbeitung** / tipo *m* de mecanizado, clase *f* de mecanizado ‖ ⁓ **der Metalle** / índole *f* de los metales ‖ ⁓ **und Weise** / manera *f*, modo *m* ‖ ⁓ **und Weise**, Methode *f* / método *m* ‖ **nach der** ⁓ [von] / a modo [de], a la manera [de], según
Artefakt *n*, Kunsterzeugnis *n* / artefacto *m*
Artenvielfalt *f* (Bot, Zool) / diversidad *f* de especies ‖ ⁓ / biodiversidad *f*, diversidad *f* biológica
artesischer Brunnen (Hydr) / pozo *m* artesiano
artgerechte Viehhaltung (Landw) / ganadería *f* biológica
Artgewicht *n*, Reinwichte *f* (Chem) / peso *m* específico
Arthroskop *n* (Med) / artroscopio *m*
Artikel *m* / artículo *m*, producto *m* ‖ ⁓**schlüssel** *m* (F.Org) / código *m* de artículo
Artikulator *m* (Zahnmedizin) / articulador *m*
Artinit *m* (Min) / artinita *f*
Artischockengrün *n* (Färb) / verde *m* de alcachofa
art•reiner Zug (Bahn) / tren *m* homogéneo ‖ **~typische Eigenschaft** / propiedad *f* intrínseca ‖ **~unähnlichkeit** *f* (Biol) / heterogeneidad *f* [de las especies] ‖ **~verwandt** / afín ‖ **~verwandtschaft** *f* (Min) / afinidad *f*
Arve *f*, Zirbelkiefer *f* (Bot) / pino *m* cembra, pino *m* de los Alpes
Aryl *n* (Chem) / arilo *m* ‖ ⁓**amin** *n* / arilamina *f* ‖ ⁓**halogen** *n* / halógeno *m* arílico o de arilo ‖ ⁓**halogenid** *n* / halogenuro *m* de arilo ‖ ⁓**harnstoff** *m*, -karbamid *n* / urea *f* arílica, carbamida *f* arílica ‖ ⁓**hydrazin** *n* / arilhidracina *f*
arylieren *vt* / arilar
Arylierung *f* / arilación *f*
Arznei, amtliches ⁓**buch**, Pharmakopöe *f* (Pharm) / farmacopea *f*, recetario *m* ‖ ⁓**flasche** *f* (Med) / botella *f* de medicamento, frasco *m* de medicina ‖ ⁓**kapsel** *f* / cápsula *f* de medicamento, cápsula *f* medicinal ‖ ⁓**mittel** *n*, Medikament *n* / fármaco *m*, medicina *f*, medicamento *m*, remedio *m* ‖ ⁓**mittellehre**, -mittelkunde *f*, Pharmakologie *f* / farmacología *f* ‖ ⁓**mittelsynthese** *f* / síntesis *f* farmacológica, síntesis *f* de medicamentos, drogas etc. ‖ ⁓**pflanzen** *f pl* (Pharm) / simples *m pl* ‖ ⁓**stoffträger** *m*, Vehikel *n* (Pharm) / vehículo *m* [del producto farmacéutico]
Ärztelampe *f* / lámpara *f* para [usos] médicos, lámpara *f* para aplicación médica
Arztkoffer *m* / maletín *m* de socorrismo
ärztlicher [Not]dienst (Med) / servicio *m* médico [de urgencia]
As = Amperesekunde
AS = Arbeitsschutz
As = Arsen
AS, Access Stratum *n*, Zugangsebene *f* (UMTS) (Fernm) ‖ ⁓ (= Autonomes System) (DV) / sistema *m* autónomo
A.S.A. (American Standard Association) (US-Normenausschuss) / ASA *f* (comité de normas de EE.UU.)
ASA, Acrylnitril-Acrylester *m* / ASA, acrilonitrilo-acriléster *m* ‖ ⁓**-Grade** *m pl* (Filmempfindlichkeit) / grados *m pl* ASA
Asant *m*, Asa foetida *f* (Pharm) / asanto *m*, asafétida *f*
A-Säule *f* (Kfz) / columna A *f*
Asbest *m* / asbesto *m* (un anfíbol formando haces y fieltros), amianto *m* (variedad del asbesto de que se hacen tejidos etc.) ‖ ⁓..., aus Asbest / de amianto ‖ **mit** ⁓ **umwickelt** / recubierto o revestido de amianto, envuelto en amianto ‖ **~ähnlich**, -artig / asbestino *adj*, amiantáceo ‖ ⁓**auflage** *f* / capa *f* de amianto,

87

cubierta f de amianto || ~**aufschlemmung** f / leche f de amianto, lechada f de amianto || ~**auskleidung** f / revestimiento m de amianto || ~**bekleidung** f, -anzug m, -schutz m / vestidos m pl de amianto, traje m protector de amianto || ~**beton** m (Bau) / hormigón m de amianto || ~**dichtung**, -packung f (Masch) / junta f de amianto, empaquetadura f de amianto, guarnición f de amianto || ~**draht** m / alambre m revestido de amianto || ~**drahtnetz** n (Labor) / tela f metálica con amianto || ~**faden** m, -garn n / hilo m de amianto || ~**faser** f / fibra f de amianto || ~**faserverstärkt** / reforzado por fibras de amianto || ~**gewebe**, -tuch n / tejido m o tela de amianto, amiantina f || ~**grube** f (Bergb) / cantera f de amianto o de asbesto || ~**handschuh** m, -fäustling m (Hütt) / guante m de amianto, manopla f de amianto || ~**isolation** f (obsolet) (Bau) / aislamiento m de amianto || ~**kautschuk** m / caucho m de amianto || ~**krempel** f (Tex) / carda f para amianto ||
~**membran-Brennstoffzelle** f / célula f de combustible con membranas de amianto || ~**ose**, -lunge f (Berufskrankheit) (Med) / asbestosis f ||
~**pappe** f (Bau) / cartón m de amianto, cartón-asbesto m || ~**platte** f / placa f de asbesto || **pseudomorpher** ~**quarz** (Min) / ojo m de gato, cimofana f || ~**schiefer** m (Geol) / esquisto m de amianto || ~**schnur** f, -kordel f, -seil n / cuerda f de amianto, trencilla f de amianto, cordón m de amianto, soga f de amianto || ~**schurz** m (Hütt) / mandil m de amianto, delantal m de amianto ||
~**spinnstoffwaren** f pl (Tex) / productos m pl textiles de amianto || ~**teppich** m / alfombra f de amianto || ~**umhüllung** f, -umwicklung f (Elektr) / aislamiento m de amianto, envoltura f de amianto, recubrimiento m de amianto, revestimiento m de amianto ||
~**unterlage** f / platillo m de asbesto || ~**vorhang** m (Hütt) / cortina f de amianto, telón m de amianto || ~**wolle** f (Tex) / lana f de amianto || ~**zement** m (Bau) / cemento m de amianto, fibrocemento m de amianto ||
~**zementrohr** n (Hydr) / tubo m de cemento de amianto
Asbolan m, Asbolit m, Kobaltmanganerz n (Min) / asbolana f, asbolita f
Asche f / ceniza f || ~, Schlacke f (Hütt) / escoria f ||
glimmende o. glühende ~ / ascuas f pl, rescoldo m, brasa f || **in** ~ **verwandeln** / reducir a cenizas, incinerar || ~**abscheider** m (Umw) / separador m de cenizas || ~**austragsrost** m (Hütt) / parrilla f de evacuación de cenizas || ~**frei**, aschenfrei (Chem) / exento de cenizas, libre de cenizas || ~**frei**, ungefüllt (Pap) / sin cenizas || ~**gehalt** m (Chem, Hütt, Pharm) / contenido m de cenizas || ~**gehaltprüfgerät** n / comprobador m del contenido de cenizas || ~**messer** m **für Kohle** / medidor m del contenido en cenizas (del carbón)
Aschen n **der Formen** (Gieß) / recubrimiento con cenizas m || ~**arm** (Bergb) / pobre en cenizas || ~**aufzug** m (Hütt) / elevador m de cenizas, montacenizas m || ~**bestandteile** m pl (Chem) / componentes m pl de las cenizas || ~**bestimmung** f, -gehaltbestimmung f / determinación f del contenido de cenizas, análisis m cuantitativo del contenido de cenizas || ~**beton** m (Bau) / hormigón m de ceniza || ~**bild** n, Spodogramm n / espodograma m || ~**brenner** m / quemador m de cenizas || ~**/Dichtekurve** f (Aufb) / curva f de la densidad relativa de cenizas || ~**förderanlage**, -transportanlage f (Hütt) / instalación transportadora para cenizas f || ~**frei** / exento de cenizas, libre de cenizas || ~**gehalt** m (Chem, Hütt) / contenido m de ceniza, porcentaje m de cenizas || ~**kasten** m (Hütt) / cenicero m || ~**kohle** f / carbón m rico en ceniza ||
~**kratzer** m / picafuegos m, rascacenizas m || ~**paste** f (Pap) / pasta f de cenizas || ~**raum** m (Hütt) / cenicero m || ~**regen** m (Geol) / lluvia f de cenizas || ~**schieber** m (Hütt) / registro m del cenicero || ~**schlauch** m /

manguerote m de cenizas || ~**schnellbestimmer** m (Chem) / aparato m para la determinación rápida de cenizas || ~**sieb** n (Hütt) / criba f de cenizas || ~**stein** m (Geol) / piedra f de cenizas, ladrillo m || ~**trichter** m (Hütt) / tolva f de ceniza[s] || ~**tür** f (Hütt) / portezuela f de cenizas || ~**zement** m (Bau) / cemento m de cenizas || ~**zieher**, -räumer m (Hütt) / rascacenizas m ||
~**zusammensetzung** f (Chem) / composición de la ceniza f
Äscher m, Äschergrube f (Gerb) / fosa f de encalar pieles, encalador m, pelambrera f || ~, Gerberkalk m (Gerb) / pelambre m, cal de los curtidores m
aschereich / rico en cenizas
äschern, schwöden (Gerb) / encalar, pelar, tratar por la cal || ~ n / pelambrado m
Äscherofen m (Keram) / horno m de calcinar
Asche•rückstand m (Chem, Hütt) / residuo m de cenizas || ~**-Schmelzverhalten** n / comportamiento m de las cenizas durante la fusión || ~**schwefel** m (Chem) / azufre m [residual] de cenizas || ~**teilchen** f / partícula f de ceniza || ~**- und wasserfrei** (Bergb) / sin agua y cenizas, exento de agua y cenizas
Asch[fall]klappe f (Hütt, Masch) / puerta f del cenicero
aschfarben, aschgrau / ceniciento, de color ceniza, cenizoso
aschfleckig (Hütt) / cenizoso
A-Schirm, Abstands-Schirm m (Radar) / indicador m tipo A, indicador m línea A, pantalla A f, integrador m distancia-altitud
Asch•kasten m (Bahn) / caja de cenizas f, cenicero m || ~**kastenbodenklappe** f (Bahn) / puerta f de cenicero
α-**Schwefel** m, rhombischer Schwefel (Chem) / azufre m rómbico
ASCII-Code m (American Standard Code for Information Interchange) (DV) / Código m ASCII, Código m Standard de los EE.UU. para el Intercambio de Información
Ascorbinsäure f (Chem) / ácido ascórbico m
ASDIC n (Allied Submarine Detection Investigation Committee) (Mil) / ASDIC m, dispositivo sistema asdic m
aseptisch, keimfrei (Med) / aséptico
a-Si, amorphes Silizium / silicio m amorfo
ASIC, applikationsspezifische Schaltung (IC) / circuito m integrado específico del usuario
ASK, asbestfaserverstärkter Kunststoff (Chem, Plast) / plástico m reforzado por fibras de amianto
Askarel n (Isolierflüssigkeit) (Gen. El.), Chlophen n (Bayer) / askarel m
ASME-Maschinenschraubengewinde n (Masch) / rosca f exterior ASME
Asp = Ansatzspitze (Schraube)
ASP = Arbeitsspeicher
Asparagin, Asparamid n / asparraguina f, amida del ácido aspártico, asparamida f || ~**ase** f / asparraguinasa f || ~**säure** f, Aminobernsteinsäure f / ácido m aspártico, ácido m aminosuccínico
Asparamid n / asparamida f
Aspe, Espe, Zitterpappel f, AS, Populus tremula (Bot) / álamo m, temblón m
Aspektname m (DV) / nombre m de aspecto
Asperolith m (Min) / asperolita f (silicato de cobre)
Asphalt m (Straßb) / asfalto m, mezcla de asfalto con arena || ~ (Geol) / asfalto m, betún m de Judea || ~..., asphaltartig / de asfalto, asfáltico, bituminoso ||
gereinigter und entwässerter ~ (Straßb) / asfalto m limpio y deshidratado || **mit** ~ **bestreichen** / recubrir con asfalto, bituminar || ~**anstrich** m / capa f de asfalto || ~**arbeiten** f pl, Asphaltieren n / asfaltado m ||
~**arbeiter** m / trabajador m de asfalto, asfaltador m ||
~**-Aufbereitungsanlage** f (Straßb) / instalación f mezcladora de asfalto [en caliente] || ~**beton** m (Bau) / hormigón m o concreto (LA) asfáltico o de asfalto ||
~**beton-Zwischendecke** f, Asphaltbinder m (Straßb) /

capa *f* intermedia de hormigón asfáltico ‖ ≃**binder** *m* (Straß) / ligante *m* asfáltico ‖ ≃**bitumen** *n* (aus Ölraffinerien) (Chem) / asfalto *m* de refinerías ‖ ≃**brecher** *m* (Straß) / machacadora *f* de asfalto ‖ ≃**brei** *m* / lechada *f* asfáltica ‖ ≃**brenner** *m* (Straß) / quemador *m* de asfalto ‖ ≃**brote** *n pl* / panes *m pl* de asfalto, asfalto *m* en panes ‖ ≃**dachpappe** *f* (Bau) / cartón *m* asfaltado para tejados ‖ ≃**decke** *f* (Bau) / capa *f* de asfalto ‖ ≃**decke**, Asphaltpflaster *n* (Straß) / firme *m* asfáltico o de asfalto, pavimento *m* de asfalto, asfaltado *m* ‖ ≃**emulsion** *f* (Chem) / emulsión *f* asfáltica
Asphaltene *n pl* / asfaltenos *m pl*
Asphalt•erzeugnis *n* / producto *m* de asfalto, producto *m* bituminoso ‖ ≃**estrich** (Bau) / solado *m* de asfalto ‖ ≃**farbe** *f*, -lack *m* (Anstrich) / pintura *f* de asfalto ‖ ≃**feinbeton** *m* (Bau) / hormigón *m* asfáltico fino ‖ ≃**filz** *m* / fieltro *m* asfaltado ‖ ≃**fliese** *f* / losa *f* de asfalto ‖ ≃**[fuß]boden**, -estrich *m* / suelo *m* de asfalto, piso *m* de asfalto ‖ ≃**gesteine** *n pl* (Geol) / rocas bituminosas *f pl* ‖ ≃**grobbeton** *m* (Bau) / hormigón *m* grueso de asfalto ‖ ≃**grundanstrich** *m* / imprimación de asfalto *f* ‖ ~**haltig** / bituminífero
asphaltieren *vt*, mit Asphalt belegen o. bestreichen (Straß) / asfaltar, bituminar ‖ ≃ *n*, Asphaltierung *f* / asfaltado *m*
Asphaltiergerät *n* (Straß) / distribuidora *f* de asfalto
asphaltiert / asfaltado ‖ ~**es Bleikabel** (Elektr) / cable *m* de plomo asfaltado o revestido de asfalto
Asphaltierung *f* (durch Sprühen) (Straß) / riego *m* asfáltico
Asphaltit *m* (Chem) / asfaltita *f* (betún sólido puro)
Asphalt•kalkstein *m* (Geol) / caliza asfáltica *f* ‖ ≃**kitt** *m* (Straß) / masilla *f* de asfalto ‖ ≃**kocher** *m* / caldera *f* para asfalto ‖ ≃**kompoundmasse** *f* / pasta *f* de asfalto, cemento *m* de asfalto ‖ ≃**lack**, -firnis *m* (Anstrich) / barniz *m* de asfalto, barniz *m* bituminoso ‖ ≃**lager** *n*, -vorkommen *n* (Geol) / yacimiento *m* de asfalto ‖ ≃**makadam** *m n* (Straß) / macadam *m* (o macadán) asfáltico o de asfalto ‖ ≃**mastix** *m* / mástique *m* asfáltico (impermeabilizante) ‖ ≃**mehl** *n* (Bau) / polvo *m* de asfalto ‖ ≃**mischanlage** *f* (Straß) / instalación *f* mezcladora de asfalto, plante *f* de conglomerado ‖ ≃**mischer** *m* / mezcladora *f* de asfalto ‖ ≃**mischmakadam** *m n* / bitumacadam *m*, macadán *m* de asfalto mezclado ‖ ≃**mischtrommel** *f* / tambor *m* mezclador de asfalto ‖ ≃**mörtel** *m* / mortero *m* de asfalto, mortero bituminoso *m* ‖ ≃**ofen** *m* (Chem) / horno *m* de asfalto ‖ ≃**papier** *n* / papel asfaltado *m* ‖ ≃**pappe** *f*, Dachpappe *f* (Bau) / cartón bituminado *m* ‖ ≃**pech** *m*, -teer, flüssiger Asphalt *m* (Chem) / brea *f* de asfalto, asfalto líquido *m* ‖ ≃**pflaster** *n*, Asphaltdecke *f* (Straß) / pavimento *m* de asfalto, asfaltado *m* ‖ ≃**platte** *f* (Bau, Straß) / placa *f* de asfalto, plancha *f* de asfalto ‖ ≃**pulver** *n* / asfalto *m* en polvo ‖ ≃**sand** *m* (Geol) / arena *f* asfáltica ‖ ≃**sandstein** *f* / arenisca asfáltica *f* ‖ ≃**schiff** *n* / buque *m* de asfalto, asfaltero *m* ‖ ≃**splitt** *m*, bituminierter Zuschlag (Straß) / agregado bituminado *m* ‖ ≃**straße** *f* / carretera *f* asfaltada ‖ ≃**streumakadam** *f* / macadán asfáltico para esparcido ‖ ≃**teer** *m*, flüssiger Asphalt (Chem) / brea *f* de asfalto, asfalto líquido *m* ‖ ≃**teermakadam** *m n* / macadán *m* de brea de asfalto ‖ ≃**tränkmakadam** *m n* (Straß) / macadán *m* impregnado de asfalto ‖ ≃**überzug** *m* / recubrimiento *m* de asfalto, revestimiento *m* de asfalto ‖ ≃- **und Teerbeton** *m* (Bau) / hormigón *m* de asfalto y brea, hormigón asfáltico y bituminoso
asphärisch (Opt) / asférico, no esférico (lente)
Asphodillwurzel *f* (Bot) / raíz *m* de alfódelo
Aspidelit *m* (Geol) / aspidelita *f* (silicato natural de cal y titano)
Aspirateur *m* (Mühle) (Landw) / aspirador
Aspiration *f*, An-, Aufsaugen *n* (allg, Masch) / aspiración *f*

Aspirations•fernpsychrometer *n* (Phys) / telepsicrómetro *m* de aspiración, teleaspiropsicrómetro *m* ‖ ≃**thermometer** *n* / aspirotermómetro *m*
Aspirator *m* (Bergb, Chem) / aspirador *m*, aparato de aspiración *m*
ASR = Flughafenrundsichtradar ‖ ≃, Antriebsschlupfregelung *f* (Kfz) / control *m* automático de resbalamiento
ASS (Chem) = Acetylsalicylsäure
Assel *f* (Schädling) (Landw) / cochinilla *f* de humedad
Asselwalzwerk *n* (Hütt) / laminadora *f* tipo "Assel"
Assembler *m*, Assembler-Sprache *f*, -Umwandlungsprogramm *n*, (Übersetzer für systemorientierte Programmsprache) (DV) / programa *m* de ensamblaje o de montaje, ensamblador *m*, ensamblador *f*, lenguaje *m* ensamblador ‖ ≃**routine** *f* / rutina *f* de ensamblaje ‖ ≃**sprache** *f* / lenguaje *m* de ensamblaje
assemblieren (DV) / ensamblar o assamblar, elaborar un programa de montaje, compagninar, compagiar
Assemblierer *m* (DV) / ensamblador *m*
Assembler•programm *n* / programa *m* de ensamblaje o de montaje ‖ ≃**zeit** *f* (DV) / tiempo *m* de ensamblaje o de montaje
Assimilat *n*, Assimilationsprodukt *n* (Biol) / asimilado *m*, producto *m* de asimilación
Assimilation, Assimilierung *f* (Biol) / asimilación *f*
assimilierbar / asimilable
Assimilierbarkeit *f* / asimilabilidad *f*
assimilieren *vt* / asimilar
Assistententubus *m* (Opt) / tubo *m* de ayudante
assistieren *vt* / ayudar, asistir
assouplieren *vt*, Seide halb entbasten (Tex) / suavizar, cocer parcialmente ‖ ≃ *n* / suavización *f*
assoziativ (DV, Math) / asociativo ‖ ~**e Elektronenablösung** (Phys) / desprendimiento *m* asociativo (de un electrón) ‖ ~**es Gruppoid** *n*, Halbgruppe *f* / semigrupo *m*, monoide *m* ‖ ~**er Speicher**, inhaltsadressierbarer Speicher, CAM (DV) / almacenador *m* asociativo, memoria *f* asociativa ‖ ~**er Zugriff** (DV) / acceso *m* asociativo
Assoziativität *f* (Math) / propiedad *f* asociativa
assoziieren *vt* / asociar
Ast *m*, Hauptast *m* (Bot) / rama *f* ‖ ≃ (Ballistik, Geom) / rama *f* ‖ ≃, Astknorren / nudo *m* ‖ ≃, Nebenast *m*, Zweig *m*, (auch:) abgesägter Ast / ramo *m* ‖ ≃ **der Parabel** (Math) / rama *f* de la parábola
astabil / inestable, instable, astable ‖ ~**er Kreis**, astabile Kippschaltung (Eltronik) / circuito *m* astable, basculador *m* astable ‖ ~**er Multivibrator** / multivibrador astable *m*
Astacin *n* (Chem) / astacina *f*
Astasie *f*, astatischer Zustand (Med, Phys) / astaticidad *f*, estado astático *m*
Astat *n* (radioaktives Element, OZ = 85), At (Chem) / astatina *f*, astatio *m*
astatisch (Phys) / astático ‖ ~**es Galvanometer** / galvanómetro astático *m* ‖ ~**e Regelung** (Masch) / regulación astática *f*
astatisieren *vt* (Geol) / astatizar, sensibilizar un gravímetro
Ast•ausflickapparat *m* (Tischl) / aparato *m* para barrenar y taponar nudos ‖ ≃**bohrer** *m* / barrena *m* paraa nudos
Astenosphäre *f* (zwischen Lithosphäre u. Erdkern) (Astr) / astenósfera *f* (entre litósfera y núcleo terrestre)
Asterie *f*, Asterismus *m* (Min) / asteria *f*
Asteriskus *m* (Druck, DV) / asterisco *m*
Asteroid *m*, kleiner Planet zwischen Mars und Jupiter (Astr) / asteroide *m*, planeta menor *m*
Ästestoff *m* (Zellstoff) (Pap) / celulosa *f* de nudos, pasta *f* de nudos

Astfänger

Ast•fänger *m* (Pap) / retén *m* de nudos ‖ **~frei**, astrein, astlos (Holz) / sin nudos, exento de nudos ‖ **~holz** *n* / madera nudosa *f*
ästig, verzweigt (Bot) / ramoso ‖ **~**, voll Knorren (Holz) / nudoso
astigmatisch (Opt) / astigmático
Astigmatismus *m* / astigmatismo *m*
Ast•knorren *m* (Fehler im Holz) / nudo *m* ‖ **~loch** *n* (Holz) / agujero *m* de nudo ‖ **~lochbohrmaschine** *f* (Tischl) / máquina *f* para barrenar los nudos ‖ **~lochfräsmaschine** *f* (Tischl) / máquina fresadora de nudo *f*
ASTM, American Society for Testing Materials / A.S.T.M., Sociedad Americana paraa Prueba de Materiales ‖ **~-Farbzahl** *f* (für Öl) / número *m* A.S.T.M. de color ‖ **~-Korngrößenkennzahl** *f* / índice *m* A.S.T.M. [del grosor de grano] ‖ **~-Thermometer** *n* / termómetro *m* A.S.T.M. ‖ **~-Trübungs- und Fließpunkt-Test** *m* / prueba para los puntos de opacidad y fluidez A.S.T.M. ‖ **~-Verfahren** *n* / prueba *f* según normas A.S.T.M.
Astonscher Dunkelraum (Phys) / espacio oscuro de Aston *m*
Astrachan *m* (Tex) / astracán *m* ‖ **~it**, Astrakanit *m* (Min) / astracanita *f* ‖ **~wolle** *f* (Tex) / lana *f* de Astracán
astrein (Holz) / sin nudos
astringieren *vt* (Med) / astringir, astriñir, restringir, estipticar
Astrionik *f* (Raumfahrtelektronik) / astriónica *f* (electrónica astronáutica)
Astro•biologie *f* / astrobiología *f* ‖ **~blem** *n*, Einschlagkrater *m* (Geol) / astroblema *m*, cráter *m* de impacto ‖ **~dom** *m* (Luftf) / astrodomo *m* ‖ **~dynamik** *f* (Raumf) / astrodinámica *f* ‖ **~funkortung** *f* / Astropeilung *f* / radiolocalización *f* astronáutica, astrorradiogoniometría *f* ‖ **~graph** *m* (Teleskop mit Photoansatz) (Foto) / astrógrafo *m* (telescopio con adaptador fotográfico) ‖ **~graphie**, Sternbeschreibung *f* (Astr) / astrografía *f*, descripción *f* de los astros
Astroide *f*, Sternkurve *f* / astroide *m*
Astro•kompass *m* (Raumf, Schiff) / compás *m* astronómico, astrocompás *m* ‖ **~kuppel** *f*, Astrodom *m* (Luftf) / astrodomo *m* ‖ **~lab** *n* (Astr, Schiff) / astrolabio *m* ‖ **~lit** *m* (Min) / astrolito *m* ‖ **~metrie**, Positionsastronomie *f* / astrometría *f*
Astron *n* (veraltet), Parsec *n* (1 Astron = 3,0837 · 10^18 cm) / astrón *n* (obsoleto), parsec *m*, macron, astron
Astro•naut *m* / astronauta *m*, cosmonauta *m* (Rusia) ‖ **~nautik** *f* (Raumfahrt) / astronáutica *f* ‖ **~nautisch**, astronáutico ‖ **~navigation** *f* (Navigation nach den Sternen) (Luftf, Schiff) / astronavegación *f*, navegación *f* astronómica
Astronmaschine *f* (Plasma) / sistema astron *m*, astron *m*
Astronom *m* / astrónomo *m*
Astronomie *f* / astronomía *f* ‖ **~ des Weltraums** / astronomía *f* espacial o del espacio
astronomisch / astronómico ‖ **~es Besteck**, astronomischer Schiffsort *m* / punto *m* [de la ruta] astronómico observado ‖ **~e Einheit**, AE (= 149565800 km) / unidad astronómica *f*, UA ‖ **~es Fernrohr** (Opt) / telescopio *m* astronómico ‖ **~er Kalender** / calendario *m* astronómico, almanaque *m* astronómico ‖ **~e Tafel** / tabla *f* astronómica, tabla *f* de efemérides ‖ **[umlaufendes] ~es Observatorium** (Raumf) / observatorio astronómico en órbita *m*
Astro•orientierungsgeber *m* / captador *m* de astroorientación ‖ **~peiler** *m* (Eltronik, Opt) / astrogoniómetro *m*, radiotelescopio *m* ‖ **~photographie** *f* / astrofotografía *f*, fotografía *f* astronómica ‖ **~photometrie** *f* / astrofotometría *f* ‖ **~phyllit** *m* (Min) / astrofilita *f* ‖ **~physik** *f* / astrofísica *f* ‖ **~physikalisch** / astrofísico *adj* ‖ **~physiker** *m* / astrofísico *m* ‖ **~platte** *f* (Foto) / placa *f* para astrofotografía ‖ **~spektroskopie** *f* / astroespectroscopia *f* ‖ **~sphäre** *f* / astroesfera *f* ‖ **~torus-Baffle** *n* (Vakuum) / baffle *m* astrotorus ‖ **~vision** *f* (Unterhaltungsfernsehen im Flugzeug) (TV) / astrovisión *f*
Ast•säge *f* / sierra *f* para cortar ramas, sierra *f* de poda, sierra *f* para mondar, serrucho *m* para podar ‖ **~stumpf** *m* (Holz) / muñón *m* de rama
Ästuar *n*, Mündungsgebiet *n* (Geo) / estuario *m*
ASU (= Asynchron-Synchron-Umsetzer) (Elektr) / convertidor *m* sincrónico-asincrónico ‖ **~** (jetzt: AU), Abgas[sonder]untersuchung *f* (Kfz) / examen *m* obligatorio de las gases de escape
Asymmetrie *f* (Math) / asimetría *f*, disimetría *f* ‖ **~-Messgerät** *n* (Elektr) / instrumento *m* para medir la simetría ‖ **~zentrum** *n* (Math) / centro *m* de asimetría
asymmetrisch / asimétrico, disimétrico ‖ **~er Dienst** (UMTS) (Fernm) / servicio *m* asimétrico ‖ **~e Dispersion** (Krist) / dispersión asimétrica ‖ **~e Doppelleitung** (Elektr) / sistema *m* asimétrico de dos conductores ‖ **~es Kohlenstoffatom** (Chem) / átomo *m* asimétrico de carbono ‖ **~e Leitfähigkeit** (Krist) / conductancia *f* asimétrica ‖ **~es Objektiv** (Opt) / objetivo *m* asimétrico ‖ **~es Seitenband** (Eltronik) / banda *f* lateral asimétrica ‖ **~e Spule** (Elektr) / bobina asimétrica *f* ‖ **~e Störspannung** (Eltronik) / tensión *f* de señal en modo común o en fase ‖ **~e Synthese** (Chem) / síntesis asimétrica *f*
Asymptote *f* (Math) / asíntota *f*
Asymptotengleichung *f* / ecuación *f* de asíntotas
asymptotisch / asintótico ‖ **~e Flussdichte** (Atom, Nukl) / densidad de flujo asintótica *f* ‖ **~e Gleichverteilung** (Phys) / teorema *m* de McMillan, teorema *m* de equipartición asintótica ‖ **~e Spalterwartung** (Nukl) / esperanza *f* de fisión asintótica ‖ **~en Verlauf nehmen** (Math) / tomar una evolución asintótica, seguir un curso asintótico ‖ **sich ~ nähern** / aproximarse asintóticamente o en asíntota
asynchron (Elektr, Masch) / asincrónico, asíncrono ‖ **~e Adressierung** (DV) / direccionamiento diferido *m* ‖ **~ [arbeitend]** (DV) / de acción diferida ‖ **~er Ausgang**, [Eingang] (DV) / salida, [entrada] *f* diferida ‖ **~er Motorgenerator** (Elektr) / motogenerador *m* asíncrono ‖ **~ rotierende** (o. asynchrone) **Funkenstrecke** / explosor asincrónico *m* ‖ **~betrieb** *m* (Masch) / operación *f* asíncrona, servicio *m* asíncrono, funcionamiento *m* asincrónico ‖ **~-Drehstromgenerator** *m* (Elektr) / generador *m* trifásico asíncrono ‖ **~drehzahl** *f* / velocidad *f* de giro asíncrona *f* ‖ **~generator** *m*, -maschine *f* / alternador acincrónico *m*, máquina asincrónica *f*
Asynchronismus *m*, Asynchronität *f* / asincronismo *m*
Asynchron-Kleinstmotor *m* / micromotor asincrónico
Asynchronous Transfer Mode (asynchroner Übertragungsmodus) (Fernm) / ATM (= Modo de Transferencia Asíncrono)
Asynchron•-Phasenschieber *m* (Elektr) / compensador asincrónico de fase, corrector asincrónico de fase ‖ **~rechner** *m* (DV) / computador *m* asincrónico ‖ **~schleifringläufermotor** *m* (Elektr) / motor *m* asincrónico de anillos rozantes
at, @, Klammeraffe *m* (DV) / arroba *f*, @ ‖ **~**, Astat *n* (Chem, Nukl) / At, astatio *m*, astatina *f*
ata (veraltet), Atmosphäre *f* absolut (Phys) / atmósfera *f* absoluta
ATA, Außentemperaturanzeige *f* / indicación de la temperatura exterior;.f.
Atakamit (Min) / atacamita *f*, oxicloruro *m* de cobre
ataktisch (Chem, Plast) / atáctico
ATC (= active torque control) / control *m* activo del par (motor)
Atebrin[e], Atabrin *n* (u. dergl) (Chem) / atabrina *f*, atebrina *f*, mepacrina *f*
A-Teilnehmer *m* (Fernm) / abonado *m* que llama

atektonisch (Geol) / atectónico
Atelier *n* (Film, Funk) / estudio *m* (cinematográfico, de radio) ‖ ⁓, Werkstätte *f* / taller *m*, fábrica *f* ‖ ⁓**fenster** *n* (Bau) / ventanal *m* del estudio ‖ ⁓**kamera** *f* (Film) / cámara *f* de estudio o para estudios ‖ ⁓**lampen** *f pl* (Foto) / lámparas *f pl* de estudio ‖ ⁓**mikrophon** *n* (Film, Radio) / micrófono *m* de estudio
Atem..., Atmungs... / respiratorio
atembar, einatembar / respirable, inspirable
Atembarkeit *f* (z.B. in Tunneln) / respirabilidad *f*
Atem•begiftung *f* (Med) / intoxicación *f* por inhalación ‖ ⁓**filter** *n* (Chem) / filtro respiratorio *m* ‖ ⁓**gerät** *n* (Med) / aparato *m* respiratorio, aparato *m* de respiración [artificial] ‖ ⁓**gerät mit flüssiger Luft** / aparato respirador con aire líquido *m* ‖ ⁓**geräusch**, Atmen *n* (Akust) / ruido *m* respiratorio o de respiración ‖ ⁓**gift** *n* (Chem, Med) / veneno *m* respiratorio ‖ ⁓**hilfe** *f* / ayuda respiratoria *f* ‖ ⁓**luft** *f* / aire *m* respiratorio o de respiración ‖ ⁓**maske** *f* / careta *f* de respiración, máscara *f* de respiración, mascarilla *f* ‖ ⁓**messer** *m* / espirómetro *m* ‖ ⁓**mundstück** *n* / boquilla *f* respiratoria ‖ ⁓**prüfer** *m* (Med) / analizador *m* del aire respiratorio ‖ ⁓**schlauch** *m* / tubo *m* respiratorio, manguera *f* respiratoria ‖ ⁓**schutzgeräte** *n pl* (Nukl) / equipo respirador o de protección respiratoria *m*
ATF, automatische Spurnachführung (Video) / seguimiento *m* automático
ATF-Öl *n* (automatic transmission fluid) (Kfz) / aceite ATF (para cambios automáticos)
Äth... s. Eth...
Äther s. Ether
athermal, athermisch (Chem) / atérmico
atherman, wärmeundurchlässig (Phys) / atérmano, atérmico
athermische Umwandlung (Hütt) / transformación *f* atérmica
Äthyl s. Ethyl
ATI-System *n* (= air target indication) (Luftf) / sistema ATI (indicación del blanco aéreo)
Atkins-System *n* (Luftf) / sistema Atkins *m*
ATL, Abgasturbolader *m* (Mot) / turboalimentador *m*
Atlant *m* (Bau) / atlante *m*
Atlas *m*, Kettatlas *m* (Tex) / satén *m*, raso *m* por urdimbre ‖ ⁓, Schussatlas *m* (Tex) / raso *m* por trama, raso ligero ‖ ~**artig** / satinado, arrasado ‖ ⁓**band** *n* / cinta *f* de raso ‖ ⁓**barchent** *m* / raso *m* de fustán ‖ ⁓**bindung** *f* (Web) / ligamento *m* [de] raso, ligamento *m* [de] satén ‖ ⁓**brokat** *m* / brocado *m* de raso ‖ ⁓**erz** *n* (Min) / malaquita *f* ‖ ⁓**format** *n*, Atlantenformat *n* (Druck) / formato *m* folio grande [atlas] ‖ ⁓**glanz** *m*, -schimmer *m* (Tex) / brillo *m* satinado, lustro *m* satinado ‖ ⁓**papier** *n* / papel *m* satén, papel *m* espejuelo mica ‖ ⁓**spat** *m*, Faserkalk *m* (Min) / calcita fibrosa *f*
atm(veraltet), physikalische o. Standardatmosphäre *f* (Phys) / atmósfera *f* normal o standard o tipo
ATM (= Austauschmotor) / motor *m* de recambio
atmen / respirar ‖ ⁓, Atmung, Respiration *f* (Med) / respiración *f* ‖ ⁓ (z.B. Behälter) / respiración *f* de un depósito, inflación *f* de un depósito ‖ ⁓ **des Austauschers** (Ionenaustauscher) / expansión *f* de la resina ‖ ⁓ **des Werkzeugs** (Plast) / hinchamiento *m* del molde
atmend (Tex) / respiratorio
Atmolyse *f* (Gastrennung) (Chem) / atmólisis *f*
Atmometer *n m*, Verdunstungsmesser *m* (Chem, Phys) / atmómetro *m*, evaporímetro *m*, medidor *m* de la evaporación
Atmosphäre *f* (Astr, Meteo) / atmósfera *f* ‖ ⁓, Klima *n*, Umgebung *f*, Milieu *n* / atmósfera *f*, clima *m*, ambiente *m* ‖ ⁓ **Überdruck** (veraltet), atü = 0,980665 bar (Phys) / atmósfera efectiva *f* (at.ef.) (obsoleto) / atmósfera relativa *f*, atmósfera real *f* ‖ **absolute** ⁓

(veraltet), ata (Phys) / atmósfera absoluta *f* (obsoleto) ‖ **dumpfe (o. drückende o. schwüle)** ⁓ / atmósfera sofocante *f* ‖ **physikalische** ⁓ (veraltet), atm (1 atm = 1,013 250 bar = 101325 Pa) (Phys) / atmósfera *f* física
Atmosphären•druck *m*, atmosphärischer Druck, Luftdruck *m* (Meteo) / presión *f* atmosférica o de la atmósfera ‖ ~**druckabhängiger Volllastanschlag** (Luftf, Meteo) / corrector *m* altimétrico ‖ ⁓**masse** *f*, -gewicht *n* (Meteo) / masa *f* atmosférica o de la atmósfera, peso *m m* atmosférico o de la atmósfera ‖ ~**thermisches Aufwindkraftwerk** (Elektr) / chimenea *f* termosolar ‖ ⁓**welle** *f* (Radio) / onda *f* radioeléctrica o de radio atmosférica ‖ ⁓**Windkanal** *m* / túnel *m* atmosférico de pruebas aerodinámicas
atmosphärisch / atmosférico ‖ ~**e Absorption** (Akust) / absorción *f* atmosférica ‖ ~**e Auflaudung** (Elektr) / estática *f*, parásitos *m pl* naturales ‖ ~**e Entladung** (Meteo) / descarga *f* atmosférica ‖ ~**e Gezeiten** *f pl* (Geo) / mareas atmosféricas *f pl* ‖ ~**e Korrosion** (Hütt) / corrosión atmosférica *f* ‖ ~**e Leuchten** (Meteo) / luminiscencia atmosférica *f*, meteoro atmosférico *f* ‖ ~**e Luft** / aire *m* atmosférico ‖ ~**e Masse**, AM / masa *f* atmosférica o de aire ‖ ~**er Niederschlag** / precipitación atmosférica *f*, condensación atmosférica *f* ‖ ~**es Rauschen** (Eltronik) / ruido *m* [de origen] atmosférico *f pl* ‖ ~**e Störung** (Meteo) / perturbaciones *f pl* atmosféricas ‖ ~**e Trübung** / enturbiamiento *m* atmosférico
Atmospherics *pl*, Spherics *pl* (Eltronik) / atmosféricos *m pl*, perturbaciones atmosféricas *f pl*, parásitos atmosféricos *m*
Atmos-Uhr *f* / reloj *m* Atmos
ATM-Terminal *n* (= automated teller machine) / terminal *m* ATM
Atmungs•ferment *n*, Oxygenase *f* (Med) / fermento respiratorio *m*, oxigenasa *f* ‖ **künstliches** ⁓**mittel** / medio *m* para la respiración artificial ‖ ⁓**organe** *n pl* (Biol) / órganos *m pl* respiratorios, órganos *m pl* de la respiración, aparato respiratorio *m*
Atoll *n* (Geo) / atolón *m*
Atom *n* (Chem, Phys) / átomo *m* ‖ ⁓**...** / atómico, nuclear ‖ ~**e** *n pl* **unterschiedlichen Atomgewichts** / átomos *m pl* heterobares, heterobares *m pl* ‖ **physikalisches** ⁓ / unidad *f* de masa atómica ‖ ⁓**-Absorption** *f* / absorción atómica *f* ‖ ⁓**absorptionsspektrometrie** *f*, AAS (Phys) / espectrometría *f* de absorción atómica ‖ ⁓**absorptionsspektroskopie** *f*, AAS *f* / espectroscopia *f* de absorción atómica ‖ ⁓**abstand** *m* / distancia interatómica *f* ‖ ⁓**anordnung** *f* / disposición *f* de los átomos ‖ ⁓**anregung** *f* / excitación *f* de los átomos ‖ ⁓**antrieb** *m* (Schiff) / propulsión *f* atómica o nuclear
atomar, nuklear / atómico, nuclear ‖ ~**er Absorptionskoeffizient**, τ_a (Chem) / coeficiente *m* de absorción atómica ‖ ~**e Brechung** / refracción *f* atómica ‖ ~**es Bremsvermögen** (Nukl) / poder de frenado del átomo *m*, energía de frenado del átomo *f* ‖ ~**e Einheit** (Chem) / unidad atómica *f* ‖ ~**e Größenordnung** / orden atómico *m* ‖ ~**e Haftung** *f* / cohesión atómica *f* ‖ ~**e Masseneinheit** (Phys) / unidad *f* de masa atómica ‖ ~**e Polarisation** / polarización atómica *f* ‖ ~**er Streufaktor** (Chem) / factor *m* de difusión atómica ‖ ~**es System** / sistema atómico *m* ‖ ~**er Wasserstoff** / hidrógeno atómico *m* ‖ ~**er Wasserstoffbrenner** (Schw) / quemador *m* de hidrógeno atómico ‖ ~**es Zeitnormal** (Phys) / señal *f* horaria atómica ‖ ~**er Zwischenraum** / intersticio atómico *m*, intervalo *m* entre átomos
Atom•art *f* / tipo *m* de átomo, especie *f* atómica ‖ ⁓**bahn** *f* (nach Bohr-Sommerfeld) / órbita atómica *f* (según Bohr-Sommerfeld) ‖ ⁓**batterie** *f* (Raumf) / batería atómica *f*, pila *f* atómica o nuclear ‖ ⁓**bau** *m*, -struktur *m* (Chem, Phys) / estructura *f* atómica o del átomo ‖ ⁓**beschleuniger** *m*, Zyklotron *n*, Teilchenbeschleuniger *m* (Phys) / ciclotrón *m* ‖

Atombeschuss

˜**beschuss** m (Nukl) / bombardeo m atómico ‖
˜**bestandteil** m (Phys) / partícula f integrante del átomo, subpartícula f ‖ ˜**bindung** f (Chem) / enlace atómico m ‖ ˜**bindungsenergie** f (Nukl) / energía nuclear f ‖ ˜**bindungsvermögen** n / poder m de enlace atómico ‖ ˜**bombe** f (Mil) / bomba f atómica, bomba f de fisión nuclear ‖ ~**bombensicher** (z.B. Bunker) / a prueba de bombas atómicas (p.ej. refugio) ‖ ˜**brennstoff** m, Spaltstoff m / combustible m atómico o para reactores ‖ ˜**bunker** m (Mil) / refugio m nuclear, refugio m [anti]atómico, refugio m antinuclear ‖ ˜**dispersion** f / dispersión atómica f ‖ ˜**-Eigenfrequenz** f (Phys) / frecuencia f de resonancia atómica ‖ ˜**-Eigenstrahlung** f / radiación f característica del átomo ‖ ˜**elektron** n (Chem) / electrón m atómico ‖ ˜**energie** f, (besser:) Kernenergie f (Nukl) / energía f atómica, (mejor:) f energía nuclear ‖ ˜**energiekommission** f / Comisión de la Energía Atómica, CEA ‖ ˜**erregung** f (Phys) / excitación f del átomo ‖ ˜**explosion** f (Mil) / explosión f termonuclear ‖ ˜**explosionen aussetzen**, durch Atomexplosion zerstören / atomizar, destruir mediante armas atómicas, hacer sufrir los efectos de las explosiones atómicas ‖ ˜**explosions-Effekt**, EMP-Effekt m (Phys) / efecto m de impulso electromagnético ‖ ˜**-Fluoreszenzspektrometrie** f / espectrometría f de fluorescencia atómica ‖ ˜**formfaktor** m / factor m de forma atómica, factor m de estructura atómica, factor m de difusión ‖ ˜**forscher** m / investigador m nuclear o atómico ‖ ˜**forschung** f, -technik f, -wissenschaft f / investigación f nuclear, tecnología f nuclear, ciencia f nuclear ‖ ˜**forschungsreaktor** m / reactor m atómico experimental, reactor m nuclear para investigaciones ‖ ˜**-Frequenznormal** n / patrón m atómico de frecuencia, patrón m de frecuencia atómico ‖ ˜**gefechtskopf** m (Mil) / ojiva f nuclear ‖ ˜**geschoss** n / atomic shell, proyectil m atómico ‖ ˜**geschossteilchen** n (Phys) / partícula f de bombardeo atómico ‖ ~**getrieben** (Schiff) / propulsado por energía nuclear ‖ ˜**gewicht** n / peso m atómico ‖ ˜**gewichtseinheit** f / unidad f química de peso atómico ‖ ˜**gewichtsnormal** n / unidad f física de masa atómica ‖ ˜**gewichtstafel** f / tabla f de pesos atómicos, tabla f de masas atómicas ‖ ˜**gitter** n (Chem, Phys) / retículo m atómico ‖ ˜**gramm** n (Chem) / átomo m gramo ‖ ˜**gruppe** f / agrupamiento m atómico ‖ ˜**hülle** f / capa f atómica (de electrones), envoltura f del átomo o de electrones ‖ ˜**ion** n / átomo m ionizado

atomisieren vt, zerstäuben (Fest- u. Flüssigstoffe) / atomizar, dividir en partes sumamente pequeños, pulverizar, nebulizar
Atomisierung f / atomización f
Atomistik f, Atomtheorie ö (Chem) / atomística f, teoría f atómica
atomistisch / atomístico
Atom•kern m (Chem, Phys) / núcleo m atómico ‖ ˜**kern ohne Elektronen**, Kernatom n / átomo m nuclear, núcleo m sin electrones ‖ ˜**kernbeschuss** m (Phys) / bombardeo m de núcleos atómicos ‖ ˜**kernform**, Kernform f / forma f del núcleo del átomo ‖ ˜**kette** f / cadena f de átomos ‖ ˜**kontrolle** f / control m de energía nuclear ‖ ˜**kraft**, Kernkraft f / energía f nuclear, energía f atómica ‖ ˜**kraftwerk** n, (jetzt:) Kernkraftwerk n / central f atómica, central f nucleoeléctrica ‖ ˜**ladung** f / carga f atómica ‖ ˜**lehre** f, Atomistik f / atomística f ‖ ˜**leitfähigkeit** f / conductancia f atómica ‖ ˜**masse** f / masa f atómica ‖ ˜**-Masseneinheit** f (Nukl) / unidad f de masa atómica ‖ ˜**meiler** m (hist.), (jetzt:) Atomreaktor m / pila f atómica, (hoy:) reactor nuclear m ‖ ˜**modell** n (Phys) / modelo m atómico o de átomo ‖ ˜**molekül** n / molécula f atómica ‖ ˜**müll** m (Nukl, Umw) / residuos m pl radi[o]activos, desechos m pl radi[o]activos ‖ ˜**müll-Behälter** m / recipiente m para desechos radi[o]activos, ataúd m ‖ ˜**müll-Lager** n, Atommülldeponie f, -Lagerplatz m / depósito m subterráneo de desechos radi[o]activos ‖ ˜**nummer** f, Atomzahl f, Ordnungszahl f (Chem, Phys) / número m atómico ‖ ˜**orbital** n, AO n / órbita f atómica ‖ ˜**physik** f / física f atómica o del átomo, atómica ö, atomística f ‖ ˜**physiker** m / físico m nuclear, especialista m en física nuclear ‖ ˜**-ppm** n pl (Nukl) / partes f pl atómicas por millón ‖ ˜**radius** m (Chem) / radio m atómico ‖ ˜**reaktor** m (Nukl) / reactor m nuclear, reactor m atómico ‖ ˜**reaktormantel** m (Schiff) / cuba f del reactor nuclear ‖ ˜**refraktion** f (Phys) / refracción f atómica ‖ ˜**regen** m / lluvia f radiactiva, precipitación f radiactiva ‖ ˜**ring** m, Ringverbindung f / ciclo m atómico ‖ ˜**rumpf**, -rest m / tronco m del átomo ‖ ˜**schicht** f (der Exosphäre) / capa f atómica (de la exosfera) ‖ ˜**schmelzwärme** f / calor m de fusión atómica ‖ ˜**spaltung** f, Kernspaltung f (Nukl) / fisión f nuclear, (esp.:) f escisión nuclear ‖ ˜**spektrum** n (Phys) / espectro m atómico ‖ ˜**sprengkopf** m (Mil) / punta f de combate nuclear, cabeza f u ojiva nuclear ‖ ˜**strahl** m / rayo m atómico ‖ ˜**strahlung** f, -strahlen m pl / radiación f nuclear, rayos m pl nucleares o atómicos ‖ ˜**strahlungen o. -explosionen aussetzen** (Mil) / exponer a la radiación nuclear, exponer a explosiones nucleares ‖ ˜**technik** f / técnica f nuclear ‖ ˜**teilchen** n / partícula f atómica ‖ ˜**theorie** f (Phys) / teoría f atómica ‖ ˜**überwachung** f (Mil) / detección f de explosiones nucleares, control m de pruebas nucleares ‖ ˜**überwachungssatellit** m / satélite para detección de pruebas nucleares ‖ ˜**-U-Boot** n, -Unterseeboot n / submarino m atómico, submarino m nuclear ‖ ˜**uhr** f / reloj m atómico ‖ ~**uhrgesteuerte Navigationsanlage**, ANA / instalación f de navegación controlada por reloj atómico ‖ ˜**umlagerung** f (Nukl) / descomposición f atómica, efecto m Wigner ‖ ˜**umwandlung** f, -zerfall m / desintegración f atómica ‖ ˜**- und Kernphysik** f / física f atómica y nuclear ‖ ˜**unfall** m (Koll.) / accidente m nuclear ‖ ˜**verband** m (Phys) / unión f atómica ‖ ˜**verschiebung** f / desplazamiento m atómico ‖ ˜**versuch** m / prueba f nuclear o atómica ‖ ˜**versuchskraftwerk** n / central f nuclear piloto ‖ ˜**volumen** n (Chem) / volumen m atómico ‖ ˜**waffen** f pl (amtlich für Kernwaffen) (Mil) / armas f pl nucleares, armas f pl atómicas ‖ ˜**wärme** f (Chem) / calor m atómico ‖ ˜**wärmegenerator** m (Nukl) / generador m atómico de calor ‖ ˜**wirtschaft** f / economía f electronuclear ‖ ˜**wissenschaft** f, -technik f / ciencia f nuclear o atómica, nucleónica f ‖ ˜**zahl** f, OZ, Ordnungszahl f / número m atómico, número m de orden, atomicidad f ‖ ˜**zeit** f (Phys) / tiempo m atómico ‖ ˜**zeitalter** n / era f atómica ‖ ˜**zerfall** m / desintegración f radiactiva, decrecimiento f radiactivo ‖ ˜**zertrümmerung**, -spaltung f / fisión f atómica, fisión f nuclear
atonal / atonal
atoxisch, ungiftig (Pharm) / atóxico
ATP, Adenosintriphosphat n (Biol, Chem) / trifosfato m de adenosina, adenosina f trifosfato, adenosintrifosfato m
atramentieren vt / atramentar
Atrazin n (Pflanzenschutzmittel) (Landw) / atracina f
Atrium n (Bau) / atrio m ‖ ˜**haus** n / casa f con patio interior
atro, absolut trocken / hasta la desecación completa
Atropamin n (Chem) / atropamina f
Atropasäure f, α-Phenylacrylsäure f / ácido m atrópico, ácido m α-fenilacrílico
Atropin n (Chem) / atropina f

ATR-Sperr-Röhre f (Eltronik) / tubo m ATR, valvula f ATR, tubo m duplexor ATR
AT-Tastatur f (DV) / teclado m AT (84 teclas)
Attenuation, Extinktion f (Licht) / extinción f, apagado m
Atterbergsche Grenzen f pl (Boden) / límites m pl de Atterberg
Attest n / certificado m, atestado m
Atto..., 10⁻¹⁸ (bei Einheiten) / atto...
Attrappe f, Schaupackung f / envase m vacío, embalaje m vacío o ficticio, objeto m de pega ‖ ~, Anschauungsmuster n / objeto m simulado o imitado, modelo [experimental], simulacro m ‖ ~ **M 1:1** / maqueta f de escala 1:1 ‖ ~ f **mit genauen Abmessungen** / modelo m de dimensiones normales
Attribut, Merkmal n (DV) / atributo m, emblema m ‖ ~**prüfung** f (DV) / control m por atributos ‖ ~**-Stichprobe** f (Stat) / prueba f al azar [para el control] por atributos
atü (veraltet), Atomsphäre f Überdruck [über 1 at] (Phys) / atmósfera f efectiva, atmósfera f relativa [a la atmósfera absoluta]
ATV, All Terran Vehicle / [vehículo] todoterreno m
Ätz•alkalien n pl (Chem) / álcalis m pl cáusticos ‖ ~**alkalilauge** f / lejía f cáustica ‖ ~**alkalisch** / alcalino cáustico ‖ ~**-Alkalität** f / alcalinidad cáustica ‖ ~**ammoniak** n / amoníaco m cáustico ‖ ~**anstalt** f (Druck) / taller m de fotograbado ‖ ~**bad** n (Chem) / baño m cáustico, baño m de ataque
Ätzbarkeit f (allg, Hütt) / sensibilidad f al ataque, susceptibilidad f de mordido ‖ ~ (Textildruck) / corroibilidad f, corrosibilidad f
Ätz•baryt m (Chem) / barita f cáustica ‖ ~ **[beiz]druck** m, Enlevage f (Mustern durch örtliches Entfärben) (Gewebedruck) / estampación f con reserva ‖ ~**beize** f, -mittel n, -papp m (Färb) / reserva f ‖ ~**bild** n, -figur f (Hütt) / figura f de corrosión o de ataque ‖ ~**druck** m, Ätze f (Gravur) / grabado m al agua fuerte, aguafuerte f

at-Zeichen n, @ / signo at o @ f
AT-Zellulose f / celulosa f etílica
ätzen vt, angreifen (Chem) / corroer, mordentar, morder, atacar [con un ácido] ‖ ~, beizen (allg, Hütt) / decapar ‖ ~, beizen (Tex) / mordentar, impregnar de mordiente ‖ ~, gravieren (Gravur) / grabar al agua fuerte ‖ ~ (gedr.Schaltg) / grabar al ácido ‖ **auf Zink** ~ (Druck) / cincografiar ‖ **ein Klischee** ~ (Druck) / grabar un clisé ‖ ~ n (gedr.Schaltg) / grabado m al ácido o por corrosión ‖ ~ **auf richtige Frequenz** (Piezoelektr) / pulido m fino para la frecuencia exacta [mediante baño de ácido fluorhídrico] ‖ ~ **von Metall** (Hütt) / mordido m de metal[es], ataque m químico
ätzend, Ätz..., beizend, Beiz... (Chem, Hütt) / corrosivo, mordentante, mordaz ‖ ~, Ätz... (Chem) / cáustico ‖ ~ (Geruch) / picante ‖ ~**es Flussmittel** (Schw) / fundente m corrosivo ‖ ~ **machen** (Chem) / causticar
Ätz•faktor m (gedr.Schaltg) / factor m de grabado ‖ ~**farbe** f (für Enlevage) (Tex) / color m de estampación por corrosión ‖ ~**figur** f (Krist) / figura f de corrosión ‖ ~**flanke** f (Gravur) / costado m del grabado al agua fuerte ‖ ~**flecken** m (Wälzlager) / marca f de corrosión ‖ ~**flüssigkeit** f (Chem) / solución f ácida ‖ ~**flüssigkeit** (gedr.Schaltg) / mordiente m de grabado, líquido m corrosivo ‖ ~**folie** f / hoja f cáustica ‖ ~**grübchen**, -grube f (Hütt) / picadura f de ataque ‖ ~**grube** f (Nukl) / cavidad f de ataque, cavidad f incisa ‖ ~**grubenditte** f (Nukl) / densidad f de las cavidades incisas ‖ ~**grund** m (Gravur) / capa f portadora del grabado, zona f atacada por el ácido ‖ ~**grund**, Zinnobergrund m (Anstrich) / sisa f (dorado) ‖ ~**hilfsmittel** n / producto m auxiliar para el ataque químico ‖ ~**kali** n, Kaliumhydroxid n (Chem) / potasa f cáustica, hidróxido m de potasio, álcali m cáustico ‖ ~**kalilauge** f / lejía f de potasa cáustica ‖ ~**kalilösung** f / solución f de potasa cáustica ‖ ~**kalk** m,

ungelöschter o. gebrannter Kalk / cal f viva, cal f anhidra ‖ ~**korrektur** f (Druck) / corrección f del grabado ‖ ~**kraft** f (Chem) / causticidad f ‖ ~**lauge** f / lejía f cáustica ‖ ~**lösung** f (Hütt) / solución f cáustica ‖ ~**maschine** f. (f. Druckstöcke) (Druck) / máquina f corrosiva (para estereotipia), máquina f de grabar al agua fuerte, grabadora f ‖ ~**mittel** n, -stoff m (Chem) / mordiente m, cáustico m, corrosivo m, reactivo m de ataque, agente m cáustico ‖ ~**mittel** (gedr.Schaltg) / agente m de grabado ‖ ~**nadel** f (Gravur), -stift m / buril m, punzón m ‖ ~**näpfchen** (Druck) / alvéolo m ‖ ~**natron**, Natriumhydroxid n (Chem) / hidróxido m sódico o de sosa cáustica, hidrato m sódico ‖ ~**natronlauge** f, Natronlauge f / lejía f de hidróxido sódico, lejía f de sosa cáustica ‖ ~**papp** m, Enlevage f (Tex) / reserva f corroyente o corrosiva ‖ ~**polieren** (Hütt) / pulir en solución cáustica ‖ ~**pulver** n / polvo m cáustico ‖ ~**säure** f (Chem) / ácido m de ataque ‖ ~**stelle** f / zona f de corrosión o de ataque ‖ ~**stift** m (Med) / lápiz m cáustico ‖ ~**tinte** f (Glas) / tinta f cáustica, tinta f de grabar ‖ ~**trog** (Hütt) / cuba f para [el líquido] corrosivo o mordiente, artesa f para el líquido corrosivo
Ätzung f, Ätzen n (Chem) / corrosión m, ataque m ‖ ~ (Druck) / grabado m al agua fuerte, aguafuerte f ‖ ~ (chem. Gravieren) / grabado m anódico
Ätz•verfahren n (Textildruck) / procedimiento m por corrosivo ‖ ~**weiß** n (Stoffdruck) / blanco m por corrosivo ‖ ~**wirkung** f (Chem) / efecto m corrosivo o cáustico
AU, Administrative Unit (Fernm) / UA f, Unidad f Administrativa
Au (Aurum), Gold n (Chem) / Au, oro m
A1-Überlagerer m (Eltronik) / oscilador m de batido o de batimiento, oscilador m heterodino
AUC (Nukl) = Ammonium-Uranyl-Verfahren
Audio•..., Ton... / audio..., audible ‖ ~**anbindung** f (Kfz) / conexión f "audio" (a la autorradio) ‖ ~**-Beam-Technik** f (Schallfokussierung) / técnica f Audio-Beam ‖ ~**cassette[nband]** f, Tonband n (Eltronik) / cinta f [de] audio ‖ ~**controller** m (DV) / audiocontrolador m ‖ ~**deskription** (Hilfsspur der Videokassette f. Blinde) / audiodescripción f ‖ ~**frequenz** (etwa 30 bis 20000 Hertz), Tonfrequenz f, Hörfrequenz f / audiofrecuencia f, frecuencia f audible o de audio, frecuencia f acústica ‖ ~**frequenzverstärker** m (Video) / amplificador m de audiofrecuencia ‖ ~**gramm** n, Audiometerkurve f (Akust) / audiograma f, curva f audiométrica ‖ ~**konferenz** f / audioconferencia f ‖ ~**-Leistung** f (Eltronik) / potencia f de audio[frecuencia], energía f audiofrecuente ‖ ~**meter** m, Hörschwellenmessgerät n (Med) / audiómetro m ‖ ~**metrie** f (Med) / audiometría f
Audion n (historisch) (Eltronik) / audión m
Audio•synchronkopf m (Video) / cabeza f de audiosincronización ‖ ~**-Video-Trennung** f / separación f de señales de audio y video ‖ ~**vision** f / audiovisión f, AV ‖ ~**visuell** / audiovisual ‖ ~**visuelle Hilfsmittel** n pl / medios m pl audiovisuales
Audit n / auditoría f
auditieren vt, prüfen / auditar
Auditor m, Wirtschafts-, Rechnungsprüfer m / auditor m
Auditorium n (Bau) / auditorio m, paraninfo m (en algunas universidades)
Auer•brenner m / mechero m Auer ‖ ~**metall** n, Cer-Eisenstein m (Hütt) / metal m Auer
auf, geöffnet (Ventil) / abierto ‖ ~ (liegen od. ruhen auf) / sobre ‖ ~ !, aufwärts! (Bau, Bergb) / ¡arriba! ‖ ~ - **ab** (Aufzug) / arriba - abajo ‖ ~ - **zu** (Hahn) / abierto - cerrado, sí - no ‖ ~ **nassem Wege probieren** (Chem) / ensayar o analizar por vía húmeda ‖ ~ **und nieder** / hacia arriba y abajo, subiendo y bajando

aufaddieren / totalizar, sumar
aufarbeiten, anderweitig benutzen / convertir en algo diferente, reutilizar para otro fin ‖ ~, vollenden / terminar, acabar, poner al día ‖ ~, auffrischen / reelaborar, retratar, renovar, reacondicionar ‖ ~ (Rückstand) / elaborar ‖ ⁓ *n* / reelaboración *f*, retratamiento *m*, reacondicionamiento *m* ‖ ⁓ **der Brennstäbe** (Nukl) / regeneración *f*, reprocesamiento *m*, recondicionamiento *m*
Aufarbeitung *f* **der Schwellen** (Bahn) / refuerzo *m* de las traviesas
Auf-Band-Spielen *n* (Magn.Bd) / grabación *f* en cinta, transcripción *f*
Aufbau *m*, Bildung *f*, Gestaltung *f* / formación *f*, conformación *f* ‖ ⁓, Konstruktion *f* / diseño *m*, construcción *f* ‖ ⁓, Struktur *f*, Zusammensetzung *f* / estructura *f*, composición *f* ‖ ⁓, Anordnung *f* / disposición *f* ‖ ⁓, Struktur *f* / estructura *f*, textura *f* ‖ ⁓, Synthese *f* (Vorgang) (Chem) / síntesis *f* ‖ ⁓, Montage *f* (Bau, Masch) / montaje *m*, erección *f*, edificación *f*, construcción *f* ‖ ⁓, Karosserie *f* (Kfz) / carrocería *f* ‖ ⁓, Außenanbau *m* (Kfz) / montaje *m* exterior ‖ ⁓ *m* (DV) / formato *m* ‖ ⁓ (Schiff) / superestructuras *f pl*, toldilla *f* (castillo de popa) ‖ ⁓, Zuwachs *m* (Nukl) / acumulación *f* ‖ ⁓... (z.B. auf Schalttafel) (Instr) / para montaje (p.ej. sobre el cuadro de mando) ‖ ⁓... (aufgesetzt), auch: Anbau... / montado, de sobremesa, de montaje, adosado ‖ ⁓ *m* **der Materie** (Chem, Nukl) / estructura *f* de la materia, constitución *f* de la materia ‖ ⁓ **des magnetischen Feldes** (Phys) / formación *f* del campo magnético ‖ ⁓ **mit Gestelleinschüben** (Eltronik) / montaje *m* en bastidor ‖ ⁓ **zum Schutz gegen herabfallende Gegenstände** (Kfz) / estructura *f* de protección contra objetos que caen
Aufbau • arbeit *f* / trabajo *m* constructivo ‖ ⁓**ausführung** *f* (Kfz) / modelo *m* exterior
aufbauchen, sich ~ (Keram) / abultarse, hincharse, inflarse
Aufbauchung *f* / hinchazón *f*, abultamiento *m*
Aufbau • deck *n* (Schiff) / cubierta *f* superior ‖ ⁓**einheit** *f* (Wzm) / elemento *m* unitario [complementario], unidad *f* normalizada
aufbauen *vt*, bilden / constituir, formar ‖ ~, bauen, erbauen (Bau) / construir, edificar ‖ ~ [auf], überbauen (Bau) / superestructurar ‖ ~, zusammensetzen / construir, montar, ensamblar, confeccionar, componer, instalar ‖ ~ (eine Verbindung) (Fernm) / establecer (una conexión o comunicación) ‖ ~ (sich)(Druck) / formarse
Aufbau • faktor *m* (Nukl) / factor *m* de acumulación ‖ ⁓**instrument** *n* / instrumento *m* [para montaje] sobre cuadro ‖ ⁓**länge** *f* (Kfz) / longitud *f* de carrocería, cargo *m* de carrocería ‖ ⁓**maschine** *f* (für Reifen) (Kfz) / máquina *f* para confeccionar los neumáticos o llantas (LA) ‖ ⁓**maschine** (Wzm) / máquina *f* compuesta de elementos modulares o unitarios
aufbäumen, die Kette auf den Baum winden (Web) / plegar la urdimbre, montar la urdimbre ‖ ~ (sich) (Flugz., Traktor) / encabritarse ‖ ⁓ *n* (Web) / plegado *m* de la urdimbre ‖ ⁓ (Luftf) / cabeceo *m*, cabezada *f*, arfada *f* ‖ ⁓ (Traktor) / encabritamiento *m*
Aufbäummaschine *f* (Web) / plegadora *f* de urdimbre
Aufbau • möbel *n pl* / muebles *m pl* de elementos, muebles *m pl* modulares ‖ ⁓**platte**, Montageplatte *f* / placa *f* de montaje, base *f* de montaje ‖ ⁓**programm** *n* (DV) / programa *m* generador de sistema ‖ ⁓**prozess** *m* (Kernchemie) / crecimiento *m*
aufbauschen *vt* (Tex) / abultar, dar volumen ‖ **sich** ~ (Tex) / abolsarse
Aufbau • schneide *f* (Wzm) / filo *m* recrecido, filo *m* postizo ‖ ⁓**speiser** *m*, Speiserverlängerung *f* (Gieß) / alargadera *f* de alimentación ‖ ⁓**stoff** *m* (Biol) / su[b]stancia *f* básica ‖ **system**, Baukastensystem *n* / sistema *m* de elementos unitarios, sistema *m* modular, sistema *m* de unidades de montaje ‖ ⁓**- und Verbindungstechnik** *f* (IC) / técnica *f* de montaje y conexión
Aufbauten *m pl* (Schiff) / superestructura *f*, obra *f* alta ‖ ⁓ *pl* (Kfz) / carrocería *f*, superestructura *f*
Aufbau • zeit *f* (Magnetfeld) (Elektr) / tiempo *m* de formación (campo magnético) ‖ ⁓**zeit** (Bremsung) / tiempo *m* de formación de la presión de frenado
aufbereiten *vt* (Informationen), redigieren (DV) / editar (informaciones) ‖ ~, kompoundieren (Plast) / preparar una mezcla ‖ **Erze** ~ / preparar, concentrar, tratar, lavar minerales ‖ **Kesselwasser** ~ / tratar, preparar (agua de la caldera) ‖ **Trinkwasser** ~ / tratar o elaborar [el] agua potable ‖ ⁓ *n* **zum Drucken** (Befehl) (DV) / edición *f*
aufbereitet • e Luft (Klimatis.) / aire *m* acondicionado ‖ ~**es Signal** / señal *f* procesada, señal *f* editada
Aufbereitung, Konzentration *f*, Anreicherung *f* (Bergb) / preparación *f*, concentración *f* ‖ ⁓, Separation *f* / separación *f* ‖ ⁓ *f* (Kohle) / preparación *f* de carbón ‖ ⁓ (Wasser) / tratamiento *m*, acondicionamiento *m*, elaboración *f* ‖ ⁓ (DV) / procesamiento *m*, edición *f* ‖ ⁓ **des Kondensats** (Ionenaustauscher) / tratamiento *m* del condensado ‖ ⁓ **von Industrieabfällen** (Umw) / tratamiento *m* de residuos industriales
Aufbereitungs • anlage *f* (Bergb) / planta *f* de procesamiento, planta *f* de elaboración, planta *f* de preparación ‖ ⁓**code** *m* (DV) / código *m* de edición ‖ ⁓**gut** *n* (Bergb) / material *m* a tratar o preparar ‖ ⁓**heberad** *n* / rueda *f* de elevación ‖ ⁓**maschine** *f* / máquina *f* preparadora, máquina *f* elaboradora, máquina *f* para tratamiento, máquina *f* flotadora ‖ ⁓**stammbaum** *m* (F.Org) / esquema *m* de preparación (de materiales), sistema *m* de preparación ‖ ⁓**technik** *f* / técnica *f* de la preparación ‖ ⁓**verlust** *m* (Bergb) / pérdida[s] *f [pl]* por preparación, pérdida *f* durante el lavado ‖ ⁓**versuchsanstalt** *f* / instituto *m* para ensayos de preparación
aufbersten *vi* / reventar, abrirse
Aufbeton *m* (Bau) / capa *f* de hormigón sobrepuesta
aufbewahren *vt* (allg) / conservar, almacenar, guardar ‖ ~ (Daten, Dokumentation), speichern / almacenar, depositar ‖ **kühl** ~ ! / ¡consérvese en lugar fresco!
Aufbewahrung, zur ⁓ **geben** (o. annehmen) (Bahn) / dejar en la consigna
Aufbewahrungsraum *m* / local *m* de almacenamiento, sala *f* de conservación ‖ ⁓ (Nukl, Reaktor) / espacio *m* de almacenamiento
aufbiegen *vt* / doblar hacia arriba
Aufbiegung *f*, Verwerfung *f* (Holz) / alabeo *m*
aufbinden *vt*, losbinden / desatar
aufblähen *vt*, aufblasen (allg) / inflar, hinchar ‖ ~ (Schlacke) / hinchar **[sich]** ~ (Keram) / hincharse ‖ **sich** ~ (Schlamm) / expandir ‖ ⁓ *n*, Padding *n* (DV) / ripio *m* ‖ ⁓ **durch Porenbildung** (Sintern) / hinchamiento *m* a causa de formación excesiva de poros
Aufblähung *f* **von Schlacke** (Hütt) / hinchamiento *m* de escoria
aufblasbar / inflable, hinchable ‖ ~**er Gegenstand** (Gummi) / objeto *m* inflable ‖ ~**e Halle**, Traglufthalle *f* (Bau) / nave *f* inflable, pabellón *m* inflable, nave *f* neumática hinchable, carpa *f* hinchable ‖ ~**e Radarkuppel** / radom *m* inflable ‖ ~**er Rettungsgürtel** (Schiff) / cinturón *m* salvavidas inflable ‖ ~**e Schwimmweste** / chaleco *m* salvavidas inflable
aufblasen *vt* / inflar, insuflar, hinchar ‖ ~ (Sauerstoff) (Hütt) / soplar desde arriba
Aufblase • stelle *f* (Fehler, Hütt) / punto *m* de soplado, punto *m* caliente ‖ ⁓**verfahren** *n* (Hütt) / procedimiento *m* de soplado desde arriba ‖ ⁓**verfahren** (Öl) / método *m* de evaporación al chorro [de aire o vapor]

Aufblas•konverter m (Hütt) / convertidor m de afino por soplado desde arriba ‖ ≃**stahl** m (Hütt) / acero m al oxígeno soplado desde arriba ‖ ≃**verhältnis** n (Plast) / proporción f de hinchado
aufblättern vi (Schichtstoffe) / des[es]tratificarse ‖ ~ (Sperrholz) / deschapearse ‖ ≃ n, Delaminierung f (Sperrholz) / deslaminación f, deschapeado m ‖ ≃ (von Schichtstoffen, z.B. Laminat) / desestratificación f ‖ ≃ n, -blätterung f (Geol) / exfoliación f
Aufblattung f (Bau) / rebajo m
aufblenden vi (Kfz) / poner la luz de carretera, poner la luz larga, elevar las luces ‖ ~ (Foto) / abrir el diafragma
Aufblendung f (Film) / apertura f del diafragma
aufblitzen vi (Licht), aufblinken / relampaguear, chispear, centellear, fulgurear, destellear ‖ ≃ n (Licht) / destello m, resplandor m fugaz ‖ ≃ (Metall) / reflejo m de metal
aufbocken vt (Kfz) / levantar sobre tacos
Aufbockpunkt m (Kfz) / punto m de apoyo [para el gato]
aufbohren vt (Masch) / abrir taladrando, abrir con broca o barrena, taladrar ‖ ~, tunen (Mot) / ampliar la cilindrada ‖ ~, ausbohren (Masch) / alisar (con broca)
Aufbohrer m, Spiralsenker m (Wz) / broca f avellanadora
aufbördeln vt (Masch) / abocardar
Aufbrauch m, [totale] Erschöpfung f / agotamiento m [total], consumo m
aufbrauchen vt / consumar, agotar, gastar
aufbrausen vi (Chem) / efervescer ‖ ≃ n (Chem) / efervescencia f
aufbrausend, schäumend / efervescente
aufbrechen vt, öffnen mit Gewalt, aufwuchten / abrir rompiendo, forzar, romper con fuerza ‖ ~, einstoßen / romper ‖ ~, anstechen (Hütt) / pinchar, hacer colada ‖ ~ (Straßb) / desadoquinar, escarificar, romper el pavimento, desempedrar ‖ ≃ n (Vorgang), Aufbruch m (Bergb) / avance m vertical [desde abajo]
Aufbrecher m, Aufbrechhammer m (Bau) / martillo m perforador
aufbreiten (allg, Tex) / extender
Aufbreitmaschine f (Spinn) / extendedora f
Aufbrennen n / deflagración f ‖ ≃ **des Stichloches** (Hütt) / picado a la llama
aufbringen vt (Schicht), auftragen (allg) / aplicar m (una capa) ‖ ≃ n **des Straßenbelags** / adicación f o revestimiento del firme
Aufbruch m, nach oben getriebener Blindschacht (Bergb) / contrapozo m o galería de apertura, avance m vertical [desde abajo]
aufbügeln vt (Tex) / termosellar
aufbürsten vt / aplicar mediante cepillo
Aufchromen n (Galv) / aplicación f de un depósito macizo de cromo
Aufdachmontage f (von Sonnenkollektoren) / montaje m sobre tejado
Aufdampfen n (im Vakuum) / metalización f por evaporación (en el vacío), metalización f al vacío
Aufdampftechnik f / técnica f metalizadora
aufdecken vt, abdecken (allg) / descubrir, destapar ‖ ~, erschürfen (Bergb, Lagerstätten) / sondear ‖ ≃, Weitern n (Strumpf) / ensanche m
Aufdehnung f (Dichtring) / expansión f, hinchamiento m
Aufdornbarkeit f (Rohre) / mandrinabilidad f
aufdornen, weiten / mandrilar, mandrinar, abocardar (tubos) ‖ ~, auf einen Dorn spannen (Wzm) / sujetar en un mandril ‖ ≃ n / mandrilado m
Aufdornprobe f / ensayo m de mandrilado
aufdrehen vt (Ventile) (Gas) / abrir (grifos) ‖ ~ (Schraube) / aflojar, destornillar, soltar ‖ ~ (Deckel, Gewinde) / desenroscar (una tapa) ‖ ~ (Lautstärke) (Eltronik) / aumentar (1 volumen) ‖ ~, aufdrallen (Garn) / destorcer ‖ ~ (sich)(z.B. Seil) / destorcer[se]

Aufdrehverfahren n (Prüf, Tex) / método m de destorcedura
aufdringlich, schreiend (Farben) / llamativo
Aufdruck m (allg) / impresión f ‖ ≃, Überdruck (Druck) / sobreimpresión f ‖ ≃ (Tex) / estampado m directo ‖ ≃ (gedr.Schaltg) / impresión f ‖ ≃ **anbringen** (Marken) / sobreimprimir
aufdrucken vt, bedrucken / imprimir
aufdrücken vt, -pressen (Wz) / aplicar a presión ‖ ~, öffnen / abrir a presión, abrir empujando ‖ ~, prägen / acuñar, troquelar ‖ ~ (Stempel) / aplicar (el sello), imprimir (el sello) ‖ **auf den Ablaufberg** ~ (Bahn) / empujar sobre el lomo de asno ‖ **eine Spannung** ~ (Elektr) / aplicar una tensión
aufeinander abstimmen / coordinar ‖ ~ **einwirken** / actuar mutuamente, actuar recíprocamente ‖ ~ **folgen** / sucederse, seguirse ‖ ~ **folgend** / consecutivo, sucesivo, subsiguiente, correlativo ‖ ~ **folgende Gänge** m pl (DV) / ciclos m pl sucesivos ‖ ~ **passen** (Teile, Flächen) / adaptar[se], ser congruente o adaptable, ajustar, [hacer] coincidir ‖ ~ **prallen** / colisionar, chocar, entrar en colisión ‖ ~ **schichten** (o. lagern), übereinander lagern / superponer, sobreponer, amontonar, apilar; ‖ ~ **schichten** (Lagen) / disponer en sandwich ‖ ~ **stoßen** / chocar ‖ ~ **treffen** / chocar, entrechocarse
Aufeinanderfolge f / sucesión f, serie f ‖ **zeitliche** ≃ / sucesión f cronológica, correlación f
Aufeinanderschlagen n (Typenhebel) (Schreibm) / tropiezo m de las palancas [portatipos]
Aufenthalt m (Bahn) / parada f ‖ ≃, Liegetage mpl (Schiff) / estadía f ‖ ≃ **im Ofen** / permanencia f en el horno, estancia f en el horno ‖ ≃ **im Raum** (Raumf) / estancia f en el espacio ‖ ≃ **zwischen zwei Einsätzen** (Raumfähre) / ciclo m de rotación
Aufenthalts•bahnhof m (Bahn) / estación f de parada ‖ ≃**dauer**, -zeit f (allg) / duración f de la estancia, tiempo m de permanencia ‖ ≃**dauer** (Bahn) / duración f de la parada ‖ ≃**raum** m (Bau) / local m de estancia
Auferregung f (Elektr) / excitación f inicial, cebadura f
auffädeln vt (Tex) / enfilar, enhebrar ‖ ~ (Muttern beim Gewindeschneiden) / enfilar (las tuercas durante el roscado)
auffahrbare Weiche (Bahn) / aguja f talonable
auffahren vt, vortreiben (Bergb, Strecken, Tunnel) / avanzar (pozo, túnel, galería) ‖ ~, errichten (Bau) / erigir, edificar ‖ ~, -schneiden (Bahn, Weichen) / talonar ‖ ~ vi, ausfahren (Bergb) / subir ‖ **auf ein Auto** ~ (Kfz) / chocar por alcance, embestir (coloquial) ‖ **auf Fußgänger o. Radfahrer** ~, Anstoßen n (Bahn) / choque m[contra] ‖ **zu nahes** ≃ (Verkehr) / falta f de no guardar distancia
Auffahr•mulde f (Autotransporter) (Bahn) / rampa f de acceso ‖ ≃**schuh** m, -fahrschiene f (Bahn) / rampa f encarriladora
Auffahrt f (Vorgang) / ascenso m, subida f ‖ ≃, Rampe f / rampa f de acceso ‖ ≃ (Autobahn) / carretera f de acceso, acceso m
Auffahrunfall m (Kfz) / accidente m de o por alcance, choque m contra carrocería trasera
auffallen vi / saltar a la vista o a los ojos, ser llamativo, destacarse
auffallend (Farbe) / llamativo ‖ ~, einfallend (Licht) / incidente
Auffang m, Auffänger m / bandeja f colectora, recogedor m de gotas ‖ ~, -trichter m / tolva f colectora ‖ ≃ (beim Sieben) / receptáculo m ‖ ≃**ausbeute** f (Photovervielfacher) / eficiencia f de captación ‖ ≃**becken** (Hydr) / depósito m colector o receptor ‖ ≃**behälter** m / recipiente m colector ‖ ≃**blech** n, Tropfblech n / chapa f colectora ‖ ≃**bunker** m (zum Puffern) (Öl) / silo intermedio m, silo m tampón, tanque m de compensación, tanque m

igualador ‖ ≃**elektrode** *f* (Eltronik) / colector *m* de electrones
auffangen *vt* (Funkspruch) / captar (un radiomensaje) ‖ ≃, abschneiden, unterbrechen / interceptar, cortar ‖ ≃ (in der Luft) / coger al vuelo ‖ ≃ (Stoß) / absorber, amortiguar ‖ ≃ (Druckzyl.), bremsen / frenar ‖ **Flüssigkeit** ≃ / recoger un líquido ‖ ≃ *n* (Funksprunch) (Funk) / captura *f* ‖ ≃ (Flüssigkeit) / recogida *f* ‖ ≃, Abfangen *n* / intercepción *f*
Auffänger *m*, Target *n* (Nukl) / blanco *m*
Auffang•gefäß *n* (Chem) / recipiente *m* de recogida ‖ ≃**gefäß**, Sammelgefäß *n* (Bau) / recipiente *m* colector, colector *m* de lluvia ‖ ≃**gefäß**, Auffangwanne *f* (Plast) / cubeta *f* para exceso de material ‖ ≃**gitter** *n* (Hütt) / reja *f* de recogida ‖ ≃**klemme** *f* (Ventilschaft) / pinza *f* para recoger ‖ ≃**kolben** *m* (Chem) / matraz *m* de recogida ‖ ≃**[mess]zylinder** *m* (Chem) / probeta *f* recogedora o de recogida ‖ ≃**querschnitt** *m* (Nukl) / sección *f* de absorción ‖ ≃**schale** *f*, Tropfbecher *m* (Chem, Masch) / bandeja *f* colectora, cubeta *f* colectora, recogegotas *m* ‖ ≃**schale**, Ölschale *f* (Mot) / cubeta *f* de aceite ‖ ≃**schale für Altöl** (Garage) / cubeta *f* de recogida de aceite usado ‖ ≃**schale für Späne** (Dreh) / colector *m* de virutas, bandeja *f* ‖ ≃**stange** *f* (Blitzableiter) / barra *f* colectora, poste *m* colector ‖ ≃**stift** *m* (Stanz) / vástago *m* cónico, perno *m* de arrastre ‖ ≃**trichter** *m* (Färb, Mühle) / tolva *f* colectora, embudo *m* colector ‖ ≃**trichter für Schüttgut** / tolva *f* receptora o colectora para productos a granel ‖ ≃**verhältnis** *n* (des Wassers in der Flugbahn) (Luftf, Meteo) / rendimiento *m* de recogida
auffärben *vt* (Tex) / volver a teñir, reteñir
auffasern *vt* (Tex) / deshilachar, desfibrar
auffassen *vi* (Radar) / captar, detectar
Auffassung, technische ≃, Vorstellung *f* / concepción *f* técnica, ideas *f pl* técnicas
Auffasswahrscheinlichkeit *f* (Radar) / probabilidad *f* de captura o de detección
auffedern *vi* (Feder) / enderezarse ‖ ≃, rückfedern (Masch) / retornar elásticamente
Auffederung *f* (Presse) / hinchazón *m*, recuperación *f* elástica del bastidor ‖ ≃ **des Presslings** (Sintern) / recuperación *f* elástica de la pieza
Auffinden *n*, Finden, Suchen *n* / localización *f*, detección *f*
aufflackern *vi* (Feuer) / echar llamas, llamear ‖ ≃ *n*, Verpuffung *f* / deflagración *f*
aufflammen *vi* / llamear, arder [en llamas], inflamarse, reavivarse ‖ ≃ **lassen** / reavivar las llamas ‖ ≃ *n* / llamarada *f*, fogarada *f* ‖ ≃, Entzündung *f* (Chem, Phys) / inflamación *f*
auffliegen *vi* (Bergb) / hacer explosión, estallar ‖ ≃ *n*, Explodieren *n* / voladura *f*, explosión *f*
auffordern *vt* [zu] (DV) / demandar algo del operador, solicitar algo del operador ‖ ≃ **zum Empfang** (DV) / interrogar
Aufforderung *f* (DV) / interrogación *f* a establecer un enlace
Aufforderungs•signal *n*, -zeichen *n* (Fernm) / señal *f* de interrogación ‖ ≃**zeichen** *n* (DV) / carácter *m* de solicitación, señal *f* de llamamiento
aufforsten *vt*, wieder aufforsten (Forstw) / poblar [de árboles] (E), reforestar (LA), aforestar ‖ ≃ *n*, -forstung *f* / repoblación *f* forestal (E), reforestación *f* (LA), aforestación *f*
auffrischen *vt* (Bau) / renovar, restaurar ‖ ≃, -arbeiten, überholen (Masch) / repasar, revisar ‖ ≃ (Farbe), übermalen, -streichen / renovar, repintar ‖ ≃, regenerieren / regenerar ‖ ≃, Ladungsverluste ausgleichen (Halbl) / refrescar ‖ ≃ (Färb) / avivar, reavivar ‖ **das Bad** ≃ (Galv) / regenerar el baño ‖ **das Bad** ≃, nachsetzen (Färb) / rellenar ‖ ≃ *n* (DV) / refrescadura *f*, refresco *m*, renovación *f*
Auffrischer [flüssiger] (Farbe) / reparador *m*

Auffrischung *f* (Chem) / regeneración *f*
auf•führen *vt*, errichten (Bau) / erigir, construir, edificar ‖ ≃**führung** *f* (Bau) / construcción *f*, erección *f*
auffüllen, zuschütten (Bau) / colmar ‖ ≃, kolmatieren / colmatar ‖ ≃, einfüllen (Flüssigkeit) / llenar, rellenar, envasar ‖ ≃, komplettieren / completar ‖ ≃ (Gelände) / terraplenar ‖ ≃ (z.B. Wasser, Benzin) (Kfz) / llenar, rellenar ‖ (**mit Ziegelbruch**) ≃ / ripiar ‖ **das Lager** ≃ / reponer las existencias ‖ **mit Nullen** ≃ / completar con ceros ‖ **mit Zeichen** ≃ / completar con caracteres ‖ ≃, Stopfen *n*, Padding *n* (DV) / relleno *m* ‖ ≃ *n*, -pumpen *n* (Reifen) / inflación *f*
Auffüllgerät *n* **für Tagebauten** (Bergb) / máquina *f* llenadora para explotación a cielo abierto
Auffüllung *f* (Bau) / terraplén *m* ‖ ≃ (Lagerbestände) / reposición *f* de existencias
Aufgabe *f*, Pflicht *f* / quehacer *m*, tarea *f*, cometido *m* ‖ ≃, Zweck *m*, Auftrag *m* / función *f*, objetivo *m*, cometido *m*, misión *f* ‖ ≃, Arbeit *f* / trabajo *m*, tarea *f* ‖ ≃ *f*, Job *m* (DV) / trabajo *m* ‖ ≃, [Art der] Arbeit *f* (DV, F.Org) / tipo *m* de trabajo ‖ ≃ *f*, Aufgeben *n*, Zuführen *n* (Aufb, Material) / alimentación *f*, carga *f*, provisión *f*, abastecimiento *m* ‖ ≃, Aufgeben *n*, Verzicht *m* / renuncia *f*, abandono *m* ‖ ≃ **von oben** [**von unten**] / alimentación *f* por la parte superior [inferior] ‖ ≃**amt** *n* (Fernm) / central *f* de origen, oficina *f* de origen (LA) ‖ ≃**apparat** *m* (Walzw) / aparato *m* alimentador ‖ ≃**band** *m* (Masch) / cinta *f* alimentadora, cinta *f* de carga ‖ ≃**becherwerk** *n* / cargador *m* de cangilones ‖ ≃**bühne** *f* / plataforma *f* de carga ‖ ≃**bunker** *m* / tolva *f* de alimentación ‖ ≃**ende** *n* (Drehofen) / boca *f* de carga del horno giratorio tubular ‖ ≃**gut** *n* (Bahn, Bau) / material *m* a cargar o de carga ‖ ≃**kasten** *m* (Betonmischer) / cargador *m*
Aufgaben•bereich *m*, Aufgabengebiet *n* / esfera *f* de acción, tareas *fpl* ‖ ≃**größe** *f* (Regeln) / variable *f* o magnitud regulada final ‖ ≃**orientiert** (DV) / orientado en función del trabajo, especializado para un trabajo o una tarea ‖ ≃**-Prioritätssteuerung** *f* (DV) / distribución *f* de tareas según prioridad ‖ ≃**stellung** *f* / definición *f* del problema, planteamiento *m* del problema ‖ ≃**wert** *m* (Regeln) / valor *m* requerido o deseado
Aufgabe•rinne *f* / canaleta *f* de carga ‖ ≃**rührwerk** *n* (Chem) / alimentador-agitador *m* ‖ ≃**rutsche**, -schurre *f* (Aufb) / plano *m* inclinado de carga, canaleta *f* de carga ‖ ≃**schnecke** *f* (Brau) / tornillo *m* sin fin de alimentación ‖ ≃**stückgröße** *f* (Bergb) / tamaño *m* de carga o de alimentación ‖ ≃**tisch**, -teller *m* (Masch) / mesa *f* de carga, plato *m* de carga, plataforma *f* de carga ‖ ≃**trichter** *m*, -rumpf *m* (Bau, Bergb) / embudo *m* de carga, tolva *f* alimentadora o de alimentación, tolva *f* de carga ‖ ≃**vorrichtung** *f* (Masch) / dispositivo *m* de carga, dispositivo *m* de alimentación ‖ ≃**walze** *f* (Hütt) / rodillo *m* alimentador, cilindro *m* alimentador ‖ ≃**wert** *m* s. Aufgabenwert
Aufgang *m*, Treppe *f* (Bau) / subida *f*, escalera *f* ‖ ≃ (Bau) / subida *f*, rampa *f* ‖ ≃ (Masch) / rampa *f* de servicio, escalera *f* de servicio ‖ ≃, Niedergang *m* (Schiff) / escalera *f* [de cámara] ‖ ≃ (z.B. eines Satelliten am Horizont) / salida *f* (p.ej. de un satélite en el horizonte)
aufgearbeitet, wieder vermahlen (Bergb, Landw) / remolido ‖ ≃**e Lasche** (Bahn) / brida *f* reparada ‖ ≃**es Material** *n* (Plast) / material *m* repasado, material *m* recuperado ‖ ≃**er Spaltstoff** (Nukl) / combustible *m* regenerado
aufgebaut, Aufbau... (Ggs: Einbau) / montado [sobre] ‖ ≃**er Einguss**, Aufbautrichter *m* (Gieß) / bebedero *m* montado ‖ ≃**er Schalter** (Elektr) / interruptor *m* sobre soporte
aufgeben *vt*, beschicken (Bergb) / cargar, alimentar, cebar, abastecer, proveer ‖ ≃ (Patent) / echar caducar

‖ ~, verlassen (Schiff) / abandonar ‖ ~, auflassen (Bergb) / abandonar ‖ ~ (Gepäck) / facturar
Aufgeber *m*, Aufgabeeinrichtung *f* (Brennstoff) / cargador *m*, alimentador *m* ‖ ~, Verteiler *m* (Förd) / distribuidor *m*
aufgebläht (allg) / abombado ‖ ~ (DV) / inflado
aufgebogen • es Deck (Schiff) / cubierta *f* combada ‖ ~**e Flügelhinterkante** (Luftf) / borde *m* de salida con alabeo negativo ‖ ~**er Rand** (Masch) / borde *m* levantado o doblando (hacia arriba)
aufgebraucht werden / ser consumido enteramente, gastarse totalmente
aufgedampft (Eltronik) / aplicado por vaporización-metalización, metalizado por vaporización [al vacío]
aufgedrucktes Muster (Tex) / dibujo *m* impreso
aufgedrückt (Elektr, Spannung) / aplicado ‖ ~**er Wechselstrom** / corriente *f* alterna superpuesta
aufgefangene Funkmeldung (Eltronik) / radiomensaje *m* interceptado, radiomensaje *m* captado
aufgefrischter Träger (Eltronik) / portadora *f* regenerada, portadora *f* aumentada
aufgefüllt (Elektronenschale) / completa[da] ‖ ~ (Boden) / terraplenado
aufgegossen (Gieß) / fundido en relieve, fundido saliente
aufgehalten, durch ... zeitlich ~ (DV) / retardado [por]
aufgehängt • e Fahrbahn (Brücke) / tablero *m* suspendido, calzada *f* suspendida ‖ ~ **sein, hängen** / estar suspendido ‖ **in Gummi ~** (Kfz, Masch) / suspendido por elementos de goma, amortiguado por elementos de goma
aufgehäuft, geballt / aglomerado
aufgehellt (Pap) / blanqueado
aufgehen *vi*, sich öffnen / abrirse ‖ ~, lose werden / deshacerse, desatarse ‖ ~, sich trennen (zweier Teile) / separarse, dislocarse ‖ ~ (Flechtwerk) / destrenzarse ‖ ~ (Rechnung) (Math) / salir [bien] ‖ ~, teilbar sein (Math) / ser divisible [sin resto], salir, caber exactamente [en], no dejar resto ‖ ~, größer werden / dilatarse, hinchar[se] ‖ ~ (von Kalk) / hinchar ‖ ~ (von Teig) / esponjarse, fermentar ‖ ~ (Pulv.Met) / expander, dilatarse ‖ ~ (Tex) / hinchar[se] ‖ ~ (Saat) (Landw) / brotar, crecer ‖ ~ **lassen** [in], verschmelzen / fundir [con], unir [con] ‖ **in der Naht ~**, aufreißen (Tex) / descoserse ‖ ~ *n* (Tex) / hinchamiento *m* ‖ ~ **der Form** (Plast) / hinchamiento *m* del molde
aufgehend (Bau) / ascend[i]ente ‖ ~**e Mauer** (Bau) / muro *m* por todos los pisos ‖ ~**es Verhältnis** (Getriebe) / relación *f* alícuota de transmisión ‖ **nicht ~** (Math) / alicuanta ‖ **ohne Rest ~** (Math) / alícuota, submúltiple
Aufgehmaß *n* (Sintermet) / hinchamiento *m* elástico
aufgehobener Horizontalschub / empuje *m* horizontal anulado
aufgekeilt (Masch) / enchavetado
aufgeklebt / pegado [sobre, en], adherido, aglutinado
aufgekohlter Stahl (Hütt) / acero *m* carburado, acero *m* cementado
aufgeladen (Mot) / sobrealimentado ‖ **nicht ~** (Mot) / sin sobrealimentación
aufgelassener Schacht (Bergb) / pozo *m* abandonado
aufgelaufene Fehler *m pl* / errores *m pl* acumulados
aufgelegt, [dar]aufgesetzt, überlagert / sobrepuesto ‖ ~**es Gelenk** (Zange) / unión *f* superpuesta ‖ **nicht ~** (Hörer) / descolgado, no colgado
aufgeleimt (Tischl) / encolado, unido mediante cola
aufgelöst • er Stoff / sustancia *f* disuelta, soluto *m* ‖ **[in Einzelteile] ~e [perspektivische] Darstellung**, Explosionszeichnung *f* / vista *f* desarrollada o despiezada
aufgenäht, aufgebügelt, aufgeklebt (Applikation) (Tex) / sobrepuesto *m*
aufgenommen, absorbiert (Chem, Energie) / absorbido ‖ ~**e Leistung** / potencia *f* absorbida ‖ ~**e Leistung**

(Elektr) / vatiaje *m*, consumo *m* en vatios, corriente *f* absorbida
aufgenommene Energie / energía *f* absorbida
aufgenommene Wirkleistung (Elektr) / potencia *f* efectiva absorbida, potencia *f* activa absorbida
aufgepresst (Masch) / fijado por presión, montado a presión
aufgepumpt (Reifen) / inflado
aufgeraut (Tex) / perchado, frisado ‖ ~, geätzt (Alufolie) / acidulado ‖ ~ (Oberfläche), rau / áspero, ruginoso ‖ ~**er od. ratinierter Samt** (Tex) / terciopelo *m* frisado
aufgerundet (Math) / en cifras redondas, redondo
aufgesattelt (z.B. Pflug) (Landw) / semimontado (p.ej. arado) ‖ ~ (Anhänger) (Kfz) / semi-remolque ‖ ~**e Treppe** (Bau) / escalera *f* con peldaños sentados
aufgeschaltet, auf das Netz ~er Transformator (Elektr) / transformador *m* elevador de tensión
aufgeschäumter Kunststoff / plástico *m* espumado
aufgeschliffen (Glas, Masch) / esmerilado, rodado
aufgeschnitten / abierto [por corte]
aufgeschraubt (Masch) / atornillado ‖ ~**es Messer** (Reibahle) / cuchilla *f* tipo quita y pon
aufgeschrumpft [auf] (Masch) / zunchado [sobre] [sobre], calado, montado por contracción ‖ ~**er Radreifen** (Flurförderer) / llanta *f* zunchada
aufgeschütteter Boden (Bau) / suelo *m* terraplenado, suelo *m* rellenado, terraplén *m*
aufgeschweißt / soldado
aufgesetzt / puesto encima ‖ ~ (Dachrinne) / encastrado ‖ ~ (z.B. Spülkasten des W.C.) (Bau) / acoplado (p.ej. el tanque del váter) ‖ ~**er Einguss** (Gieß) / bebedero *m* superior ‖ ~**er Spanbrecher** (Wzm) / rompevirutas *m* enclavado, rompevirutas *m* aprisionado
aufgespleißt (Garn) (Tex) / desfibrado (hilo)
aufgespreiztes Ende von Verankerungseisen (Bau) / extremo *m* esparrancado de una barra de anclaje
aufgespultes Magnetband (Eltronik) / cinta *f* magnética rebobinada
aufgespülter Damm (Bau, Hydr) / dique *m* amontonado por acción hidráulica
aufgeständert (Stahlbau, Straßb) / sobre pilotes
aufgestäubte Schicht (Sintern) / capa *f* aplicada por pulverización [catódica]
aufgetragen • e Haut (Plast) / piel *f* aplicada ‖ ~**e Magnetspur** (Film) / pista *f* magnética preaplicada
aufgetretene Schwierigkeiten *f pl* / dificultades *f pl* manifiestas, dificultades *f pl* registradas, dificultades *f pl* oberservadas
aufgetrocknetes Blatt (Pap) / hoja *f* seca
aufgewachsene Oberflächenschicht (Halbl) / crecimiento *m* cristalino
aufgeweitet (Rohr) / abocardado
aufgewickelt, mit Spannung ~ (Draht) / arrollado bajo tensión ‖ **ohne Spannung ~** (Draht) / arrollado sin tensión
aufgeworfener Kraterrand (Geol, Nukl) / borde *m* elevado del cráter
aufgezeichnete Sendung (Radio, TV) / emisión *f* registrada en cinta, emisión *f* [pre]grabada
aufgezogen • er Radreifen (Bahn) / aro *m* separado ‖ **warm ~** / puesto en caliente, metido en caliente
aufgichten *vt* (Hütt) / cargar
aufgießen *vt* (Chem) / infundir, poner en infusión
Aufglasurfarbe *f* (Keram) / color *m* sobre vidriado
aufgleisen *vt* (Bahn) / encarrilar
Aufgleismaschine *f*, -**gerät** *n* (Bahn) / encarriladora *f*
Aufgleisungsschuh *m*, -gleisungsschiene *f* (Bahn) / rampa *f* encarriladora
Aufgleisvorrichtung *f*, -**gerät** *n* / aparato *m* encarrilador
aufgliedern *vt* / clasificar, [sub]dividir, especificar, desglosar
Aufgliederung, Unterteilung *f* / subdivisión *f*, clasificación *f*, especificación *f*

97

aufglühen *vt vi* (Schm) / calentar[se] al rojo, poner[se] incandescente
aufgraben *vt* (Bau) / excavar, abrir cavando, zanjar
aufgreifen *vt* / recoger, coger (E)
Aufgreifpunkt *m*, Übernahmepunkt *m*, Ansatzpunkt *m* (Roboter) / punto *m* de agarre
Aufguss *m* (Nahr, Pharm) / infusión *f* ‖ ≈, Nachfüllung *f* / relleno *m*, adición *f* (de un líquido) ‖ ≈**apparat** *m* (Brau) / aparato *m* de infusión
aufhacken, -spitzen (Bau, Bergb) / abrir con pica, abrir a hachazos
aufhaken, loshaken / desenganchar ‖ ≈ *n* **des Gestricks** (Tex) / remontado *m* del género tejido
Aufhaldeleistung *f* (Kohle) / capacidad *f* de amontonar carbón ‖ ≈ (Abraum) / capacidad *f* de puesta del estéril en escombrera
aufhalden, Berge ~ / poner en escombrera ‖ **Kohle** ~ / amontonar (carbón)
aufhalten *vt*, zurückhalten / detener, retener ‖ ~, abfangen / captar, interceptar ‖ ~, offen halten / tener abierto, dejar abierto
Aufhalter *m*, Anschlag *m* (Bau, Masch) / tope *m*
Aufhänge•bock *m* (Masch, Zimm) / caballete *m* con ganchos ‖ ≈**bügel** *m* (Masch, Schlachthof) / estribo *m* de suspensión, colgadero *m*, gancho *m*, percha *f* ‖ ≈**draht** *m* (Elektr, Landw) / alambre *m* de suspensión ‖ ≈**draht**, Spanndraht *m* (Oberleitung) / alambre *m* tensor, tirante *m* ‖ ≈**fahne** *f* (Akku) / plaquita *f* ‖ ≈**gerüst** *n* / armadura *f* de suspensión ‖ ≈**haken** *m* (Möbel) / gancho *m* de suspensión ‖ ≈**holm** *m* (Bau, Stall) / barra *f* de fijación ‖ ≈**kette** *f* (Isolator) / cadena *f* de suspensión ‖ ≈**kette**, Zughakenkette *f* (Landw) / cadena *f* del gancho de tracción
aufhängen *vt* (allg) / colgar, suspender [de] ‖ ~ [an] / enganchar, acoplar [a], colgar [en] ‖ ~ (sich)(Rechner) (DV) / bloquearse (el ordenador)
Aufhänge•öse *f* (Masch) / ojete *m* de suspensión, cáncamo *m*, argolla *f*, anilla *f* de suspensión, colgadero *m* ‖ ≈**punkt** *m* / punto *m* de suspensión
Aufhänger *m* (Hütt) / dispositivo *m* de suspensión para ladrillos
Aufhänge•schäkel *m* (Kran) / grillete *m* de suspensión ‖ ≈**vorrichtung** *f* (Masch) / dispositivo *m* suspensor o de suspensión, suspensión *f*
Aufhängung *f* (Kfz, Masch) / suspensión *f* ‖ ≈ **an Ketten** (Masch) / suspensión *f* en (o por) cadena[s] ‖ ≈ **der Schäfteschnürung** (Tex) / armadura *f* ‖ **elektronisch gesteuerte** ≈ (Kfz) / suspensión *f* con gestión electrónica ‖ **starre** ≈ / suspensión *f* inflexible o rígida
Aufhärtbarkeit *f* (Hütt, Schm) / templabilidad *f*
Aufhärtung *f* (Hütt) / aumento *m* de la dureza, temple *m*
Aufhärtungszone *f* (Schw) / región *f* de temple, zona *f* de temple
aufhaspeln *vt* (Spinn) / aspar el hilo, arrollar, enrollar, devanar
Aufhaspelung *f* **in Ringen** (Walzw) / enrollamiento *m* en rollos
Aufhau *m*, Aufhauen *n* (Bergb) / labor *f* ascendiente, avance *m* ascendiente, coladero *m*
aufhauen, besporen (Bau) / picar ‖ ~ / abrir con pica, abrir a hachazos, abrir con picazos ‖ ~ (Bergb) / avanzar contra la incidencia ‖ ~ (Feilen) (Wz) / tajar o picar limas ‖ ≈ *n* **der Lattung (o. Schalung) zum Putzen**, Besporung *f* (Bau) / picado *m*
aufhäufeln *vt*, Häufchen bilden / formar montoncitos ‖ ~, anhäufeln (Landw) / amontonar, aporcar (LA)
aufhäufen *vt* / acumular, apilar ‖ ~ (Schüttgut) / amontonar, hacinar
Aufhäufgut *n* (Kies u. Ä.) (Bau, Straßb) / materia *f* a amontonar (grava etc.)
Aufhäufung *f* / amontonamiento *m*
Aufhaumaschine *f* (Bergb) / máquina *f* para abrir frentes
aufheben *vt* (Lasten), aufnehmen / levantar, elevar ‖ ~, aufbewahren / guardar, conservar ‖ ~, abschaffen / suprimir, abolir, cancelar ‖ ~, widerrufen / revocar ‖ ~, annullieren / anular ‖ ~, aufwiegen / compensar ‖ ~, neutralisieren (Chem) / neutralizar ‖ ~, kürzen (Math) / reducir (a números enteros) ‖ **sich** ~, im Gleichgewicht sein / hacerse nulo, estar en equilibrio ‖ **sich ~de o. zufällige Fehler** / errores *m pl* compensatorios
Aufheber *m*, Arkaden *f pl* (Web) / hilo *m* de arcada, arcadas *f pl* ‖ ≈, Platinenschnur *f* (Web) / cuerda *f*, cordón *m*, colete *m*
Aufhebung *f*, Neutralisierung *f* (Chem) / neutralización *f* ‖ ≈, Abschaffung *f* / supresión *f*, abolición *f*, cancelación *f*, suspensión *f* ‖ ≈, Annullierung *f* / anulación *f*
aufheizen *vt* (allg, Hütt) / calentar ‖ ≈ *n*, Aufheizung *f* / calentamiento *m*
Aufheiz•geschwindigkeit *f* / velocidad *f* de calentamiento ‖ ≈**kathode** *f* (Gasentl.Röhre) / cátodo *m* de calentamiento iónico ‖ ≈**mittel** *n* (Gieß) / masa *f* exotérmica ‖ ≈**tiefe** *f* (indukt. Erhitz) / profundidad *f* de calentamiento inductivo, penetración *f* de calentamiento
Aufheizung *f* **der Atmosphäre** (Meteo) / recalentamiento *m* de la atmósfera
Aufheizzeit *f* / tiempo *m* de calentamiento, duración *f* de calentamiento, período *m* de calentamiento
aufhellen *vt*, erhellen (allg) / iluminar ‖ ~ (Färb) / aclarecer, aclarar ‖ ~, weißfärben (Tex) / blanquear, teñir de blanco ‖ **den Lichtfleck** ~ (TV) / iluminar la mancha luminosa, aclararse, serenarse, abonanzar ‖ **sich** ~ (Meteo) / despejarse, clarear, serenarse
Aufheller *m* (Färb, Pap) / blanqueador *m* óptico ‖ ≈ (Tex) / aclarante *m* ‖ ≈, Stativscheinwerfer *m* (Studio) / difusor *m*, dispersor *m* [de luz], foco *m* supletorio [sobre trípode]
Aufhell•impuls *m* (TV) / impulso *m* iluminador ‖ ≈**-Licht** *n* / luz *f* iluminador
Aufhellung *f* (allg) / iluminación *f* ‖ ≈ (Färb) / aclarecimiento *m*, aclaramiento *m*, aclarado *m* ‖ ≈, Aufklärung *f* (Meteo) / claro *m*, apertura *f* de claros ‖ **optische** ≈ (Pap) / blanqueo *m* óptico
Aufhellungs•mittel *n* / aclarante *m*, medio *m* aclarante, aclarador *m* ‖ ≈**quelle** *f* (Nachtgerät) / manantial *m* de alumbrado, aparato *m* de visión nocturna
Aufhellvermögen *n* (Färb) / capacidad *f* blanqueadora
aufheulen *vi* (Mot) / rugir
Aufhieb *m*, Aufhauen *n* (Bergb) / labor *m* ascendiente
aufhöhen, eine Mauer ~ / elevar un muro ‖ ≈ *n* (Bau) / elevación *f* [de un muro]
Aufhöhungsstrecke *f* (Hydr) / zona *f* de elevación
aufholen *vt* (Zeit) / recuperar [el tiempo perdido] ‖ ~ (Tau, Kabel) (Schiff) / halar a bordo ‖ **ein Kabel** ~ / levantar un cable
Aufholer *m* (Schiff) / perigallo *m* ‖ ≈, Bohrfänger *m* (Bergb) / extractor *m* de varilla de sondeo
Aufholwerte *m pl* (Kfz) / valores *m pl* de recuperación
aufhören *vi*, nachlassen (allg) / cesar, dejar [de], terminar [de], acabar [de] ‖ ~, wegfallen / ser omitido ‖ ~ **zu brennen** / dejar de arder, cesar de arder, extiguirse (el fuego)
Auf•integration *f* (TV) / integración *f* de señales ‖ ~**integrieren** (TV) / integrar
aufkaden, aufkasten (Hydr) / elevar un dique
aufkalandrieren *vt*, aufkaschieren (Folien, Pap) / recubrir por calandra, forrar con calandra ‖ ≈ *n*, Aufkaschieren *n* / recubrimiento *m* por calandra, forrado *m* con calandra
aufkanten *vt*, hochkant[ig] legen (Masch, Tischl) / poner de canto
Aufkarter *m* (Spinn) / ovillador *m*
aufkeilen, durch Keilwirkung festsetzen (Masch) / acuñar, fijar con cuña o chaveta, calar, encuñar, enchavetar
Aufkimmung *f* (Schiffsboden) / astilla *f* muerta

aufkippbar / basculante, rebatible
aufkippen *vt*, kippen (Bau, Kfz) / volcar ‖ ≃ *n* (Luftf) / encabritamiento *m*
aufkitten *vt* (Bau) / masillar, enmasillar [sobre]
aufklammern *vt* / engrapar [sobre]
aufklappbar, klappbar (allg, Masch) / plegable, rebatible, abatible (ventana) ‖ ~ (Verdeck) (Kfz) / recapotable ‖ ~**e Form** (Gieß, Hütt) / molde *m* separable, molde *m* con charnela ‖ ~**e Rollenbahn** (Förd) / transportador *m* de rodillos plegable
aufklappen *vi*, öffnen (allg) / abrir, rebatir, destapar ‖ **das Verdeck** ~ (Kfz) / recapotar
Aufklärung *f*, Instruktion *f* (allg) / información *f*, instrucción *f* ‖ ≃ (Mil) / reconocimiento *m*, exploración *f*
Aufklärungs•..., Erkundungs... (Mil) / reconocedor *adj* ‖ ≃**flugzeug** *n*, Aufklärer *m* / avión *m* de reconocimiento, avión *m* espía ‖ ≃**satellit** *m* / satélite *m* de reconocimiento, satélite *m* de observación
aufklebbar / pegable
Aufklebe•adresse *f* (Büro, DV) / dirección *f* adhesiva, etiqueta *f* adhesiva, etiqueta *f* engomada, dirección *f* pegada ‖ ≃**karton** *m* (Foto) / cartulina *f* para pegar fotografías
aufkleben *vt*, aufkleistern, aufziehen (allg) / pegar [en, sobre]
Aufkleber *m*, Aufklebezettel *m* / etiqueta *f* adhesiva, etiqueta *f* engomada
Aufklettern *n* o. **Auflaufen** (des Spurkranzes) (Bahn) / montadura *f* de la pestaña sobre el carril
aufklinken *vt* (Tür) / abrir, alzar el picaporte [de]
aufklotzen *vt*, klotzen (Färb) / impregnar, fulardar ‖ ~ (Druck) / montar, bloquear
Aufklotzung *f*, Totholz *n* (Schiff) / dormido *m*
aufknoten *vt*, aufknüpfen / desatar, desudar, abrir
aufkochen [lassen](Flüssigkeit) / hervir, hacer hervir, llevar a la ebullición, dar un hervor [a] ‖ ≃ **des Saftes** (Zuck) / cocción *f* del jugo ‖ **bis zum** ≃ (Chem) / hasta la ebullición
Aufkocher *m* (Zuck) / cocedor *m*, caldera *f* de cocción, tacho *m*
aufkohlen *vt* (Stahl) / carburar ‖ ~, im Einsatz härten (Stahl) / cementar, templar por cementación ‖ ≃ *n* (von Eisen) / carburación *f*, recarburación *f*, cementación *f* por el carbono ‖ ≃ **durch Roheisen** (Hütt) / carburación *f* con arrabio ‖ ≃ **im Kasten** (Hütt) / cementación *f* en caja
Aufkohlungs•härtung *f* / temple *m* por cementación ‖ ≃**mittel** *n* (Hütt) / agente *m* de carburación, cemento *m* ‖ ≃**pulver** *n* / polvo *m* de cementación ‖ ≃**tiefe** *f* / profundidad *f* de cementación ‖ ≃**tiefe** / profundidad *f* de cementación, profundidad *f* carburada o de carburación
Aufkonzentrierung *f* (Erze) / concentración *f*
aufkorben *vt* (Drahtgeflecht) / abocardar
aufkratzen *vt* (Tex) / perchar, frisar, cardar ‖ **den Formsand** ~ (Gieß) / rascar la arena de moldeo ‖ ≃, Aufrauen (Tex) / perchado *m*, frisado *m*, cardado *m*
Aufkratzmaschine *f* (Tex) / máquina *f* de perchar, máquina *f* de frisar
Aufkrümmen *n* **von Walzgut** (Walzw) / combadura *f* de laminados
aufkugeln *vt*, mit einer Kugel eine Bohrung glätten u. aufweiten (Wzm) / avellanar con bola, ensanchar y alisar un taladro mediante una bola
Aufkupferung *f* (Galv) / cobreado *m*, encobrado *m* ‖ ≃ **von Druckwalzen** / cobreado *m* de cilindros impresores
aufladbare Batterie (Elektr) / batería *f* recargable, pilas *f pl* recargables
Auflade•... (Mot) / sobrealimentado, de sobrealimentación ‖ ≃**betrag** *m*, Maß der Aufladung *n* (Mot) / índice *m* de sobrealimentación ‖ ≃**druck** *m* (Mot) / presión *f* de sobrealimentación, sobrepresión *f* ‖ ≃**gebläse** *n*, Auflader *m* / compresor *m* de sobrealimentación, sobrealimentador *m* ‖ ≃**motor** *m* / motor *m* sobrealimentado
aufladen *vt*, beladen (allg) / cargar (sobre un vehículo) ‖ ~ (Mot) / sobrealimentar, sobrecargar ‖ ~ (Akku, Kondensator) / cargar ‖ **sich elektrostatisch** ~ / cargarse eléctricamente, electrizarse ‖ ≃ *n* **des Werkzeugs** (NC) / carga *f* del útil
Aufladeturbokompressor *m*, -turbogebläse *n* (Mot) / turbocompresor *m* de sobrealimentación
Aufladung *f* (Mot) / sobrealimentación *f*, sobrecarga *f* ‖ ≃ (Nukl) / reposición *f*, relleno *m*, reprovisionamiento *m* ‖ ≃, Laden *n* (Elektr) / carga *f*, acción *f* de cargar[se] ‖ ≃ **durch zerstäubende Wassertropfen**, Balloelektrizität *f* / electrización *f* por gotitas de agua pulverizadas, efecto *m* de Lenard
Aufladungs•emission *f* (Eltronik) / emisión *f* de campo de película aislante delgada ‖ ≃**störungen** *f pl* (Radar) / parásitos *m pl* de carga
Auflage *f*, Stütze *f* (allg, Masch) / apoyo *m*, soporte *m*, consola *f*, base *f*, asiento *f* ‖ ≃ (Druck) / edición *f*, tirada *f*, tiraje *m* ‖ ≃ (Vorgang) (Spinn) / alimentación *f* ‖ ≃, Auflegevorrichtung *f* (Spinn) / dispositivo *m* alimentador *f*, Schicht *f* / capa *f*, revestimiento *m*, película *f* ‖ ≃ *f* (Galv) / revestimiento *m*, capa *f*, chapado *m* ‖ ≃ (Regalbrett) / tablero *m* de estante ‖ ≃ **n** *f pl* (techn.), Konditionen *f pl* / condiciones *f pl* [previas] ‖ ≃ *f* **des Anfängers** (Bau) / base *f* de la imposta ‖ ≃ **des Stahls** (Dreh) / talón *m* del útil cortante ‖ **feste** ≃ (Dreh) / soporte *m* fijo ‖ **zur** ≃ **machen** (techn.) / imponer condiciones [técnicas] ‖ ≃**balken** *m* **an Wänden** (Bau) / viga *f* de apoyo ‖ ≃**bereich** *m* / zona *f* de apoyo, superficie *f* de apoyo ‖ ≃**block** *m*, Prisma *f* (Bau) / prisma *m* de apoyo ‖ ≃**bock** *m* / caballete *m* de apoyo ‖ ≃**druck** *m* (Masch) / presión *f* de apoyo, presión *f* en la superficie de apoyo ‖ ≃**druck** (Audio) / presión *f* del estilo fonocaptor ‖ ≃**druck**, Stützdruck *m* (Masch) / reacción *f* de los apoyos ‖ ≃**fläche** *f* (Werkstein) (Bau) / sobrelecho *m* ‖ ≃**fläche**, Kontaktfläche *f* (Masch) / superficie *f*, superficie *f* de contacto, superficie *f* de descanso ‖ ≃**fläche**, tragende Fläche / superficie *f* de apoyo, superficie *f* portante ‖ ≃**fläche**, Sitz *m* (z.B. Kanaldeckel) (Hydr) / asiento *m*, superficie *f* de aplicación ‖ ≃**gewicht** *n* (Uhr) / peso *m* de carga ‖ ≃**holz**, Polsterholz *n* (Möbel) / calzo *m* ‖ ≃**humus** *m* (Forstw) / mor *m*, humus *m* de superficie, mantillo *m* ‖ ≃**konsole** *f* (Masch) / consola *f* de asiento ‖ ≃**kraft** *f* (Mech) / fuerza *f* de apoyo, fuerza *f* de reacción, reacción *f* del apoyo ‖ ≃**methode** *f*, Charpy-Methode *f* (Plast) / método *m* Charpy ‖ ≃**nase** *f* (Masch) / pata *f* de apoyo, talón *m* de apoyo
Auflagenzähler *m* (Druck) / contador *m* de tirada
Auflage•platte *f*, Auflagerplatte *f* / placa *f* de apoyo, placa *f* de asiento ‖ ≃**platte** (Kopiergerät) / placa *f* de aplicación ‖ ≃**punkt** *m* (Bau, Masch) / punto *m* de apoyo
Auflager *n* (Masch, Stahlbau) / apoyo *m*, apoyos *m pl*, soporte *m*, asiento *m* ‖ ≃, Widerlager *n* (Bau) / machón *m*, contrapunto *m* ‖ ≃, Brückenlager *n* / apoyo *m* de puente ‖ ≃**balken** *m* (Bau, Stahlbau) / viga *f* de apoyo ‖ ≃**bank** (Brücke) (Bau) / banco *m* de apoyo ‖ ≃**bock** *m* / caballete *m* de soporte, asnilla *f* ‖ ≃**druck** *m* (Bau, Masch) / presión *f* en los apoyos, reacción *f* de los apoyos
Auflagerolle *f* (Masch) / rodillo *m* de apoyo
Auflager•platte *f*, Auflageplatte *f* / placa *f* de apoyo ‖ ≃**schuh** *m* (Brücke) / zapata *f* de apoyo ‖ ≃**schuh** (Seilb) / zapata *f* de cable carril ‖ ≃**spannung** *f* (Bau) / tensión *f* de apoyo
Auflagerung *f* (Stahlbau) / apoyos *m pl*, fundamento *m*
Auflage•schiene *f* (Masch) / barra *f* de apoyo, riel *f* de apoyo ‖ ≃**stärke** *f* (Galv) / espesor *m* de la capa metálica ‖ ≃**teller** *m* (Plattenspieler) / platina *f*

Auflagetisch

portadiscos, plato *m* giradiscos || ⁓**tisch** *m* (Wzm) / mesa *f* de soporte, mesa *f* de apoyo, mesa *f* portapieza || ⁓**tränken** *n* (Sintern) / infiltración *f* por superposición || ⁓**[zahl]** *f* (Druck) / tirada *f*, número *m* de ejemplares
auflandig (Wind) / marero
Auflandung *f*, Aufschlickung *f*, Kolmation *f* (Hydr) / colmataje *m*, atarquinamiento *m*
Auflanger *m* (Schiff) / ligazón *m*
auflassen *vt*, aufgeben (Bergb) / abandonar
Auflast *f*, [Trag]last *f* (Mech) / carga *f*
auflasten *vt* (Kfz) / aumentar la carga útil
Auflastrüttler *m* (Bau) / vibrador *m* hidráulico
Auflastvibration *f* / vibración *f* por contacto
Auflauf•backe *f*, auflaufende Backe (Bremse) / zapata *f* de entrada, zapata *f* primera || ⁓**bremse** *f* (Kfz) / freno *m* de retención, freno *m* de retroceso, freno *m* de inercia (del remolque)
auflaufen *vi* (Bahn) / hacer tope || ⁓ (auf Sand) (Schiff) / abarrancarse, embancarse (LA), encallar, embarrancar, varar || ⁓ *n*, -fahren *n* (Bahn) / apretamiento *m* de los topes || ⁓ (Schiff) / barquinazo *m* || ⁓ **des Riemens** (Masch) / ascenso *m* de la correa
auflaufend•e Pol[schuh]kante (Elektr) / ensanchamiento *m* polar de entrada || ⁓**es Riementrum[m]** (Masch) / ramal *m* [de la correa] dirigida a la polea
Auflauf•ende *n* (Stromschiene) (Bahn) / plano *m* inclinado (riel de contacto) || ⁓**-Ende** *n* **der Bremsbacke** (Kfz) / extremo *m* de entrada de la zapata de freno || ⁓**geschwindigkeit** *f* (Bahn) / velocidad *f* de choque || ⁓**horn**, Stromabnehmerhorn *n* (Bahn) / cuerno *m* del pantógrafo || ⁓**nocken** *m* (Masch) / leva *f* de tope || ⁓**rollgang** *m* (Walzw) / tren *m* de rodillos de acceso || ⁓**schiene** *f* (Aufzug) / riel *m* inclinado con tope, leva *f* || ⁓**stelle** *f* **einer Kette** (Masch) / punto *m* de contacto, zona *f* de entrada || ⁓**walze** *f* (Tex) / rodillo *m* de enrollamiento || ⁓**weg** *m* (Bremse) / recorrido *m* de compresión || ⁓**winkel** *m* (Spule) / ángulo *m* de devanado || ⁓**zunge** *m*, -stück *n* (Bahn) / plano *m* inclinado, rampa *f*
Auflege•apparat *m* (Druck, Masch) / alimentador *m*, aparato *m* alimentador, cargador *m* || ⁓**block** *m*, Prisma *m* (Bau) / bloque *m* prismático, prisma *m*
auflegen *vt* (allg) / poner, colocar [sobre], sobreponer || ⁓ (Schiff) / amarrar, desaparejar || **den Hörer** ⁓ (Fernm) / colgar el auricular, cortar la línea || **ein Buch** ⁓ (Druck) / editar un libro
Aufleger *m* (f. Riemen) (Masch) / montacorreas *m* || ⁓ (Repro) / máscara *f* de contacto
Auflege•tisch *m* (Druck, Wirkm) / mesa *f* receptora, mesa *f* alimentadora || ⁓**vorrichtung** *f* (Walzw) / dispositivo *m* de carga [para lingotes]
auf•legieren *vt* (Hütt) / alear || ⁓**legierung** *f* / aleación *f*
aufleimen *vt* (Schuh) / encolar, pegar con cola
aufleisten *vt* (Schuh) / ahormar
Auf-Leistung-Bringen, Einregeln *n* (Mot) / puesta *f* a punto, afinación *f*
aufleuchten *vi* (Lampe) / encenderse, iluminarse || ⁓ (Lichtquelle) / destellar, centellear || **rot** ⁓ / ponerse de rojo || ⁓ *n*, Aufblitzen *n* (Elektr) / destello *m*
Auflicht *n* (Opt) / luz *f* incidente, luz *f* reflejada o de reflexión || ⁓**aufnahme** *f* / fotografía *f* con luz incidente, fotografía *f* por luz reflejada || **direkte** ⁓**beleuchtung** / iluminación *f* de luz incidente directa || **gebrochene** ⁓**beleuchtung** / iluminación *f* por luz incidente reflejada || ⁓**-Dunkelfeld** *n* / campo *m* oscuro de luz incidente || ⁓**hologramm** *n* (Eltronik) / holograma *m* de luz incidente o reflejada || ⁓**mikroskop** *n* (Opt) / microscopio *m* de luz incidente o reflejada || ⁓**mikroskopie** *f* / microscopia *f* con luz incidente || ⁓**projektion** *f* / proyección *f* frontal directa || ⁓**spiegel** *m* / espejo *m* de luz incidente, espejo *m* de reflexión

Auffiege... / de apoyo
aufliegen *vi*, sich stützen [auf] / apoyarse [en o sobre], descansar [sobre] || ⁓, gestützt werden / estar apoyado, tener contacto || **satt** ⁓ / apoyarse con asiento prieto, tener contacto perfecto
aufliegend (Ggs.: versenkt) / saliente || ⁓, Aufschraub..., Kasten... (Schloss) / montado en la superficie || **auf der ganzen Länge** ⁓ (Balken) / que descansa en todo su largo
Auflieger *m*, Sattelanhänger *m* (Kfz) / semi-remolque *m*
Aufliege•tage *m pl* (Schiff) / estadía *f* || ⁓**zeit** *f* (Seil) / vida *f* de servicio || ⁓**zeit im Dock** (Schiff) / tiempo *m* de estadía en el dique
auflisten *vt* / registrar en una lista, hacer una lista [de], alistar, catalogizar, desp[i]ezar || ⁓ (DV) / listar || ⁓ *n* / registro *m* en una lista, despiece *m* || ⁓ **der Großspeicher** (DV) / catalogización *f* de las memorias de gran capacidad
auflockern *vt*, locker machen (allg) / aflojar, esponjar, ahuecar, descompactar || ⁓ (Gieß, Landw) / mullir, revolver || ⁓ (sich) (Bewölkung) / dispersarse || **den Sand** ⁓ (Gieß) / aflojar la arena, airear la arena || **die Bettung** ⁓ (Bahn) / aflojar el balasto || **Gewebe** ⁓ (Tex) / desagregar, abrir
Auflockerung *f* (Chem) / esponjamiento *m* || ⁓ (Boden) / aflojamiento *m*, mullimiento *m*, revolvimiento *m* || ⁓ (gebaggerter Boden) / desagregación *f*, descompactación *f* || ⁓, Zerstreuung *f* / dispersión *f* || ⁓, Entstauung *f* (Verkehr) / descongestión *f*
Auflockerungsmaschine *f* (Gieß) / máquina *f* aflojadora || ⁓ (Tex) / desagregadora *f*, abridora *f*, aflojadora *f*
auflodern *vi* (Flammen) / llamear, inflamarse [súbitamente]
auflösbar, lösbar (Math) / resoluble || ⁓, löslich, lösbar (Chem) / soluble, disoluble
Auflöse•holländer *m* (Pap) / pila *f* trituradora o preparadora, pila *f* desintegradora o desfibradora || ⁓**maschine** *f* (Pap) / disolvedora *f*
auflösen *vt*, aufknüpfen (allg) / desatar, desenlazar, deshacer || ⁓ (z.B. Knäuel), entwirren / desenredar || ⁓, lösen (Math) / resolver, solucionar || ⁓, lösen (Chem) / disolver, diluir, desleír || ⁓, abbauen (Chem) / descomponer || ⁓, aufschließen (Chem) / desintegrar, disociar || ⁓, peptisieren (Kolloid) / dispersar, peptizar || ⁓ (Zuck) / refundir, solver || ⁓ (Mühle) / reducir || **die Klammer** ⁓ (Math) / eliminar paréntesis || **einen Bruch** ⁓ (Math) / reducir (un quebrado) || **sich** ⁓ (Chem) / disolverse, desleírse || **sich** ⁓, verwesen (Biol) / descomponerse, entrar en putrefacción || **sich** ⁓ (o. ausfasern) (Tex) / deshilacharse || **sich in dünne Schichten** ⁓ (o. spalten) / laminarse, dividirse en láminas delgadas || ⁓ **der Fahrstraße** (Bahn) / anulación *f* del itinerario, liberación *f* del itinerario
auflösend (Opt) / resolvente *adj*
Auflöse•stuhl *m*, -walzenstuhl *m* (Mühle) / molino *m* de cilindros entrefinos || ⁓**walze** *f* (Tex) / cilindro *m* abridor o de abrir
Auflösung *f* (Chem) / disolución *f*, redisolución *f* || ⁓, Lösung *f* (Chem, Math, Regeln) / solución *f*, resolución *f* || ⁓, Zersetzung *f* (Biol) / descomposición *f* || ⁓, Aufschließung *f* (Pap) / desintegración *f* || ⁓ *f* (Malz), Reife *f* (Brau) / desagregación *f* (malta) || ⁓, Bildauflösung *f* (TV) / definición *f*, resolución *f*, lineatura *f* || ⁓ *f* (Krist, Moleküle) / disociación *f* || ⁓ (Bau, Phys) / decohesión *f* || ⁓ (Opt) / resolución *f*, poder *m* de resolución, análisis *f* || ⁓ **von Nebel** / disipación *f* de la niebla, desnebulación *f* || **geringe** ⁓ (unter 200 Zeilen/Bild) (TV) / baja definición (inferior a 200 líneas/imagen) || **mit hoher** ⁓ (Opt) / de alta resolución || **starke spektrale** ⁓ (Phys) / alta dispersión espectral
Auflösungs•fähigkeit *f* (Chem) / [di]solubilidad *f* || ⁓**grenze** *f* (Opt) / límite *m* de resolución || ⁓**keil** *m* (TV) / mira *f* de definición || ⁓**methode** *f* (Chem, Pyro) /

método m con disolvente ‖ ~**mittel** n, Lösemittel n (Chem) / disolvente m, agente m de disolución, diluente m ‖ ~**prozess** m (Tex) / proceso m de desagregación, proceso m de enriado ‖ ~**unschärfe**, Aperturverzerrung f (Opt) / distorsión f de apertura ‖ ~**vermögen** n (Opt) / poder m resolutivo o de resolución, poder m separador o de separación, capacidad f de resolución ‖ ~**vermögen** (Chem) / poder m de disolución, poder m disolvente, solubilidad f ‖ ~**vermögen** (Eltronik) / selectividad f ‖ ~**vermögen** (Kath.Str, Radar) / discriminación f, definición f ‖ ~**vermögen eines Sensors** (Eltronik) / poder m separador de un captador o sensor ‖ ~**zeit** f (Schaltung) / tiempo m de resolución ‖ ~**zeitkorrektion** f (Nukl) / corrección f del tiempo de resolución ‖ **im** ~**zustand** (Biol) / en estado de descomposición
auflöten vt / soldar [en, sobre], aplicar por soldadura, fijar por soldadura ‖ ~, loslöten / desoldar ‖ **eine dünne Metallplatte** ~ / soldar una placa metálica delgada [en, sobre]
Auflötverfahren n, SM-Verfahren n (gedr.Schaltg) / montaje m en la superficie
aufmachen vt, öffnen / abrir ‖ ~, entfalten / desplegar ‖ ~, roden (Kartoffeln) / arrancar (patatas)
Aufmachung f (Tex) / presentación f ‖ ~, Verpackung f / empaque m ‖ ~, Aufbereitung f / elaboración f, acondicionamiento m ‖ ~, Layout n (einer Seite) (Druck) / maquetación f
Aufmachungsmaschine f (Tex) / máquina f para medir, controlar, marcar y embalar
aufmagnetisieren (Elektr) / imantar, imanar, hacer magnetico
Aufmaisch... (Zuck) / malaxador adj
Aufmaische f, Maische f (Zuck) / sustancia f o magma macerada
aufmaischen vt, einmaischen (Zuck) / malaxar ‖ ~ n / malaxación f
aufmaschen vt (Wirkm) / remallar
Aufmaschmaschine f (Tex) / remalladora f
Aufmaß n **für Bearbeitung** / medida f excedente o excesiva, demasías f pl
aufmauern vt, aufhöhen (Bau) / elevar un muro, alzar un muro
aufmeißeln vt (Masch) / abrir con cincel, abrir cincelando
aufmessen vt (Schiff) / arquear, medir, cubicar, señalar las medidas
Aufmessung f (Vorgang) (Bau) / medición f ‖ ~ (Resultat) (Bau) / medida f
Aufmetallisieren n (gedr.Schaltg) / electrometalización f, electrodeposición f
aufnadeln vt / elevar en agujas
aufnageln vt (Holz) / clavar [en o sobre]
aufnähen vt / coser [sobre]
Aufnahme f, Annahme f / aceptación f ‖ ~, Sitz m (Masch) / asiento m, alojamiento m ‖ ~, Käfig m (Masch) / jaula f ‖ ~ f (z.B. von Fremdstoffen) (Biol, Chem) / captación f de cuerpos extraños ‖ ~ (Wasser) / absorción f ‖ ~ (Magn.Bd) / grabación f, registro m ‖ ~, Nest n (Mehrfachwerkzeug) / alojamiento m ‖ ~, Planarbeit f (Bau) / levantamiento m de un plan ‖ ~ f, Vermessung f (Topographie) / levantamiento topográfico, croquis m ‖ ~, Belichtung f (Foto) / toma f, exposición f ‖ ~ f, Bild n (Foto) / foto[grafía] f, vista f ‖ ~, Abtasten n (TV) / exploración f ‖ ~, Take m (Film) / filmación f, toma f ‖ ~ **des Grubenplans** (Bergb) / trazado m del plan de la mina ‖ ~ **durch ein Organ** (Nukl) / absorción f por un órgano, integración f por un órgano ‖ ~ **in Teilbildern** (Repro) / seccionamiento m ‖ ~ **von Kräften** (Phys) / absorción f de fuerzas ‖ ~ **von oben** (Foto) / toma f desde arriba o desde lo alto ‖ ~ **von unten** (Foto) / toma f desde abajo ‖ [**photographische**] ~, Negativ n / clisé m, negativo m fotográfico ‖ **auf** ~ **stellen** (Recorder) / poner en "grabación"

Aufnahme•apparat m (z.B. Mikrofilm) / cámara f fotográfica para microfilm o microcopias ‖ ~**apparat für Filmaufnahmen**, Filmkamera f / tomavistas m, cámara f cinematográfia ‖ ~**apparat für Schallplatten** (histor.) / aparato m de impresión para discos fonográficos ‖ ~**atelier** n, -raum m (Film, Funk, TV) / estudio m (de radio, de TV, de cinema), sala f de registro ‖ ~**ausklinkung** f (Masch) / entalladura f de posicionamiento ‖ ~**becherwerk** m (Bergb) / elevador m cargador de cangilones ‖ ~**bereich** m (TV) / cobertura f ‖ ~**bildgröße** f (Film) / tamaño m de la imagen ‖ ~**bogen** m, -blatt n (Zeitstudie) / hoja f de cronometraje ‖ ~**bohrung** f (Masch) / taladro m de alojamiento ‖ ~**bolzen** m / perno m de alojamiento o posicionamiento, perno m receptor, bulón m de alojamiento ‖ ~**buchse** f (Eltronik) / jack m de grabación, casquillo m receptor ‖ ~**bunker** m (Hütt) / tolva f receptora ‖ ~**daten** n pl (Foto) / datos m pl de toma de vistas ‖ ~**dorn** m (Wzm) / mandril m de sujeción, mandril m de apoyo, mandril m portaútil, mandril m receptor ‖ ~**einheit** f (TV) / módulo m de recepción ‖ ~**fähig**, absorptiv (Biol, Chem) / absorbible, absorptivo ‖ ~**fähigkeit** f, -vermögen n (Physiol) / receptividad f ‖ ~**fähigkeit**, Absorptionsvermögen n (Chem) / capacidad f de absorción ‖ ~**fähigkeit**, Empfänglichkeit f / susceptibilidad f ‖ ~**fähigkeit eines Datenträgers** (DV) / capacidad f de registro de un soporte de datos ‖ ~**fähigkeit für Farben** (Tex) / capacidad f de absorción ‖ ~**fähigkeit für Feuchtigkeit** / capacidad f higroscópica, higroscopicidad f ‖ ~**fähigkeit für Schmierölverunreinigungen** (Masch) / capacidad f de embeber las impurificaciones del aceite lubricante ‖ ~**flansch** m (Wzm) / brida f receptora ‖ ~**gerät** n, -apparat m, Kamera f (Foto) / cámara f fotográfica, máquina f fotográfica ‖ ~**gerät** (Audio) / grabadora f ‖ ~**geschwindigkeit** f (Foto) / velocidad f de exposición ‖ ~**geschwindigkeit** (Registrierung) / velocidad f de registro ‖ ~**halle** f, Studio n (Film) / estudio m cinematográfico, sala f de registro ‖ ~**hülse** f (Masch, Wz) / casquillo m receptor ‖ ~**kamera** f (TV) / cámara f TV ‖ ~**kamera** (Film) / cámara f tomavistas, tomavistas m ‖ ~**kamera für schwach leuchtende Sterne** / cámara f fotográfica para astros de luz débil ‖ ~**kegel** m (Wz) / cono m de sujeción, cono m receptor ‖ ~**kopf** m, Sprech-, Schreibkopf m (Diktiergerät) / cabeza f de registro magnético, cabeza f de escritura ‖ ~**lampen** f pl (Film, TV) / lámparas f pl de estudio ‖ ~**leistung** f (Masch, Mot) / potencia f de entrada, potencia f absorbida ‖ ~**leiter** m (Film) / director m cinematográfico técnico, director m ejecutivo ‖ ~**loch** n (Wz) / orificio m de alojamiento, orificio m de sujeción ‖ ~**material** n (Foto) / material m para toma de vistas ‖ ~**mikrophon** n (Audio) / micrófono m receptor, micrófono m de grabación ‖ ~**mittel** n (Lasten) / medio m de suspensión, medio m de elevación ‖ ~**nut** f (Masch) / ranura f receptora ‖ ~**objektiv** n (Opt) / objetivo m fotográfico, objetivo m de toma ‖ ~**optik** f / sistema m óptico de fotografía ‖ ~**papier** n (Foto) / papel m fotosensible, papel m fotográfico ‖ ~**platte** f (Foto) / placa f receptora o de alojamiento ‖ ~**punkt** m **für Bearbeitung** (Wzm) / punto m de fijación para el mecanizado ‖ ~**richtung** f (Foto) / eje m de la cámara ‖ ~**spule** f, Bandteller m (Magn.Bd) / plato m receptor, carrete m receptor ‖ ~**spule** (Foto) / bobina f receptora, carrete m receptor ‖ ~**stellung** f (Recorder) / posición f de grabación ‖ **in** ~**stellung** / en posición de disparo ‖ ~**stromkreis** m (Eltronik) / circuito m de grabación ‖ ~**studio** n / estudio f de registro o de grabación ‖ ~**-Stummschaltung** f / circuito m de registro mudo ‖ ~**taste** f (Recorder) / tecla f de grabación, botón m de grabación ‖ ~**technik** f (Mikrofilm) / técnica f de registro ‖ ~**technik** (Ton) / técnica f de grabación,

Aufnahmeteil

técnica f registradora de sonidos ‖ ⁓**teil** n (des Bandgeräts) / parte f grabadora ‖ ⁓**tisch** m (Audio) / mesa f de grabación ‖ ⁓**tisch** (Foto) / mesa f de toma ‖ ⁓**- u. Wiedergabegerät** n (Audio) / aparato m grabador y lector, equipo m de registro y lectura ‖ ⁓**verstärker** m (Audio) / amplificador m de grabación o de registro ‖ ⁓**vorrichtung** f (Wzm) / dispositivo m de sujeción o fijación ‖ ⁓**wagen** m (Radio, TV) / camioneta m para grabaciones [radiofónicas y televisivas] ‖ ⁓**wandler** m, elektroakustischer Wandler (Eltronik) / transductor m electroacústico ‖ ⁓**winkel** m (Film) / ángulo m de toma ‖ ⁓**zähler** m / contador m de exposiciones, cuentaexposiciones m ‖ ⁓**zapfen** m (Wzm) / espiga f de sujeción, espiga f de centraje ‖ ⁓**zeit** f (Magn.Aufzeichn) / tiempo m de grabación, tiempo m de registro
aufnehmen vt, aufheben / levantar, alzar, coger (E), recoger ‖ ⁓ (Chem) / absorber ‖ ⁓, eine Aufnahme machen (Foto) / tomar una foto[grafía], sacar una foto, tomar una vista, fotografiar ‖ ⁓, vermessen (Verm) / topografiar, apear, levantar el plano ‖ ⁓ (den Bestand) / registrar, inventariar ‖ ⁓ (Schall) / registrar, captar ‖ ⁓, fassen (Personen) / caber, dar o tener cabida [a] ‖ ⁓ (Physiol) / asimilar ‖ ⁓ (in ein System usw.) / incluir, integrar ‖ **auf Band** ⁓ (Magn.Bd) / grabar en cinta, registrar en cinta ‖ **den Betrieb** ⁓ / entrar en servicio, comenzar a funcionar, entrar en función, comenzar la explotación, iniciar el trabajo ‖ **den Zug** ⁓ (Mech) / soportar la tensión ‖ **ein Verzeichnis** ⁓ / establecer una lista o un inventario, catalog[iz]ar ‖ **einen Film** ⁓ **o. drehen** / rodar una película, filmar ‖ **per Video aufzeichnen od.** ⁓ / videograbar ‖ **Spitzen** ⁓ **o. puffern** (Elektr) / tamponar las cargas máximas
aufnehmendes Element (Masch) / pieza f hembra, elemento m receptor
Aufnehmer m (Masch) / cargador m ‖ ⁓, Greifer m (Landw) / recogedora-cargadora f ‖ ⁓ (Regeln) / sensor m, captador m ‖ ⁓, Kratzer-Aufgeber m (Gieß) / cargador m a barra de tracción ‖ ⁓ **für Bewegungen o. Deformationen** (Eltronik, Masch) / captador m de movimientos o deformaciones ‖ ⁓**presse** f (Landw) / prensabalas recogedor-cargador m
Aufnehmevorrichtung f (Masch) / dispositivo m tomador, mecanismo m tomador
aufnieten vt / aplicar con remache[s]
aufopfernd, Opfer... (z.B. Opferanode) (Galv) / sacrificial, sacrificable
aufpassen vt (Masch) / ajustar [en, sobre], adaptar, aplicar, encajar, calzar
Aufpflasterung f (Straß) / revestimiento m con adoquines
aufpilzen vi (Geschoss) / deformarse (bala)
aufplattieren vt / revestir con una placa metálica, chapear
aufplattiertes Gold / oro m dublé, dublé m
aufplatzen vi / reventar[se] ‖ ⁓ (Naht) (Tex) / descoserse ‖ ⁓ n (Reifen) (Kfz) / reventón m
aufpolieren vt (Metall, Möbel) / pulir, pulimentar, sacar brillo [a], dar brillo [a]
aufpolstern vt (Möbel) / acolchar, almohadillar
aufprägen vt (Elektr) / aplicar (una tensión) ‖ ⁓ / estampar [sobre], chagrinar, imprimir [en]
Aufprall m (Phys) / impacto m, choque m ‖ ⁓, Zurückprallen n / rebote m ‖ ⁓, Anprall m, Zusammenprall m / colisión f, tropiezo m ‖ ⁓ m, Kollision f (Kfz) / embestida f ‖ **elastischer** ⁓ / choque m elástico
aufprallen vi [auf], aufstoßen (allg) / chocar [contra], hacer impacto, colisionar, golpear ‖ ⁓, zurückprallen / rebotar [contra], botar [contra] ‖ ⁓ (Kfz) / chocar con el vehículo anterior o precedente, colisionar ‖ ⁓ n, Aufprall m (allg) / choque m, colisión f, impacto m
Aufprall • energie-Absorptionssystem n (Kfz) / sistema m absorbente de energía de choque ‖ ⁓**fläche** f **des Spanbrechers** (Wzm) / superficie f activa del rompevirutas ‖ ⁓**geschwindigkeit** f (Kfz, Masch) / velocidad f de impacto, velocidad f de choque ‖ ⁓**korrosion** f / corrosión f por el impacto de gotas ‖ ⁓**schutz** m (Kfz) / protector m antichoque ‖ ⁓**sicher** (Kfz) / seguro contra choques ‖ ⁓**-Testanlage** f, Bopper m (Kfz) / instalación f para ensayos de choque ‖ ⁓**versuch** m (Kfz, Qual.Pr.) / prueba f de colisión, ensayo m de colisión, ensayo m de choque
Aufpressbuchse f (Masch) / manguito m montado a presión
aufpressen vt (Masch) / montar a presión
Aufprojektion f (Foto) / proyección f frontal [por reflexión]
aufpropfen vt (Bot) / injertar
Aufpudern n (Anstrich, Email) / empolvado m
aufpumpen vt (Reifen, Ballon) / inflar, hinchar ‖ ⁓ n / inflación f
Aufputz • ... (Elektr) / sobre revoque, [en] saliente ‖ ⁓**-Steckdose** f (Elektr) / caja f de enchufe sobre revoque ‖ ⁓**verlegung** f, -montage f (Elektr) / instalación f eléctrica sobre revoque, montaje m sobre revoque
aufquellen vi, anschwellen / hincharse (por humedad), esponjarse ‖ ⁓ n, Aufquellung f / hinchamiento m, hinchazón f
aufquetschen vt (z.B. auf Seile) / prensar [sobre] (p.ej. cables), apretar
aufrahmen (Tuch) / tratar en la rama ‖ ⁓ n (Milch) / segregación f de la nata, formación f de nata ‖ ⁓ (Emulsion) / cremaje m
Aufrahmstraße f (Schaum) / línea f de cremaje
Aufraubad n (Galv) / baño m de decapado
aufrauen (allg) / hacer rugoso, hacer áspero, raspar, tratar con grata, rascar, rallar ‖ ⁓ (Tuch) / rebotar vt ‖ ⁓, aufstocken (Steinmetz) / granular la superficie de una piedra, picar ‖ ⁓ (Walzw) / picar cilindros ‖ ⁓ (Wolle) / emborrizar ‖ ⁓ (sich) (Faden) / formar pelusilla ‖ **Putz** ⁓ (Bau) / escodar el revoque, picar el revoque, granular el revoque ‖ **Stoff** ⁓ (Tex) / perchar el paño, frisar el paño ‖ ⁓ n (Tuch) / perchado m, frisado m ‖ ⁓ **des Putzes** (Bau) / picado m, granulado m del revoque
Aufrau • fräsen n (Wzm) / fresado m de debaste ‖ ⁓**maschine** f (Tex) / máquina f perchadora
auf • räumen vt (Bau) / descombrar, desescombrar ‖ ⁓**räumungsarbeiten** f pl / trabajos m pl de des[es]combro
Aufraustation f (Bb) / dispositivo m de refilado
Aufrauung f (Uran) / arrugamiento m ‖ ⁓ (Zustand) / rugosidad f, rugosidades f pl
Aufrauwerkzeug n (Wz) / herramienta f de raspar, útil f de raspar
aufrecht, senkrecht, aufrechtstehend / derecho, vertical, erguido, a plomo ‖ ⁓ **transportieren!** / ¡ manténgase en posición vertical !
aufrechterhalten vt, erhalten / mantener, conservar ‖ ⁓ (Gespräch) (Fernm) / tener ocupado un circuito
Aufrechterhaltung f / mantenimiento m, conservación f
aufreiben vt (m.d.Reibahle), ausreiben (Wz) / escariar ‖ ⁓ n / escariado m
Aufreiber m, Reibahle f / escariador m
aufreihen vt / enfilar, ensartar, enhilar, engarzar
Aufreihklemme f (Elektr) / borne m asociable a la barra colectora
Aufreihung f / concatenación f
Aufreißdeckel m (Konserven) / tapa f con tira para apertura rápida
aufreißen vt, einreißen vt / desgarrar ‖ ⁓ / abrir bruscamente ‖ ⁓, entwerfen, auftragen (Zeichn) / delinear, trazar, diseñar ‖ ⁓, aufschnüren (Schiff) / trazar los gálibos, galibar ‖ ⁓ (Straß) / escarificar, desempedrar, desadoquinar ‖ ⁓ vi, platzen vi /

reventar ‖ ~, rissig werden / rajarse, agrietarse, henderse ‖ ~ (Naht) (Tex) / descoserse
Aufreißer *m* (Straßb) / escarificadora *f* ‖ **leichter** ⁓ **mit Reißschenkeln u. Zähnen** (Straßb) / escarificadora-arrancadora *f* tipo ligero ‖ ⁓**zahn** *m* (Bagger) / diente *m* escarificador
Aufreiß•faden *m* (Verpackung) / precinto *m* de desgarre ‖ ⁓**hammer** *m* (Bau) / martillo *m* rompedor, martillo *m* de demolición del hormigón ‖ ⁓**streifen** *m*, -lasche *f* (Verp) / tira *f* de abrir, tira *f* para apertura rápida ‖ ⁓**verschluss** *m* (Dose) / tapa *f* con tira para apertura rápida ‖ ⁓**versuch** *m* (Mat.Prüf) / ensayo *m* de desgarre
aufrichten *vt*, aufrecht halten, hochstellen (allg) / enderezar, poner derecho, levantar, alzar, mantener erecto ‖ ~, errichten (Bau, Mauer) / erigir, levantar, alzar ‖ ~ (Flugzeug) / enderezar, encabritar ‖ ~ (sich) / enderezarse ‖ **das Bild** ~ (Opt) / erigir la imagen invertida ‖ ⁓ *n*, Montage *f* (Masch) / montaje *m* ‖ ⁓ **des Buges** (im Seegang) (Schiff) / adrizado *m*
Auf richt•feder *f* (Stromnehmer) (Bahn) / resorte *m* elevador ‖ ⁓**schachtel** *f*, zusammenklappbare Faltschachtel (Verp) / caja *f* de cartón plegable
Aufrichtung *f*, Errichtung *f* (Bau) / erección *f* ‖ ⁓ **der Schichten** (Geol) / levantamiento *m* de los estratos
Aufrichtungsvermögen *n*, Aufrichtemoment *n* (Schiff) / par *m* adrizante
Aufriss *m* (Zeichn) / alzado *m*, elevación *f*, montea *f* ‖ ⁓, senkrechter Schnitt (Zeichn) / sección *f* vertical, proyección *f* vertical, corte *m* vertical ‖ ⁓, Vorderansicht *f* / vista *f* frontal ‖ ⁓, Orthogonalprojektion *f* / proyección *f* ortogonal ‖ ⁓, Seitenriss *m* / proyección *f* en perfil, perfil *m* ‖ ⁓ *m* (Schiff) / plano *m* vertical longitudinal ‖ ⁓ **zeichnen** | montear ‖ ⁓**darstellung** *f* **eines Handlaufs** (Bau) / proyección *f* sobre un plano vertical del pasamanos ‖ ⁓**ebene** *f* (Zeichn) / plano *m* de proyección vertical
Aufrollautomat *m* (Sicherheitsgurt) (Kfz) / arrollador *m* automático [del cinturón de seguridad]
aufrollbar, zusammenrollbar, aufwickelbar / arrollable
Aufrolleinrichtung *f* (Pap) / bobinadora *f*
aufrollen *vt*, aufspulen (Film, Pap, Tex) / bobinar, rebobinar, devanar ‖ ~ / arrollar, enrollar, aburujar ‖ ~, abwickeln, auswickeln / desenrollar ‖ ~, entfalten / desplegar, desenrollar ‖ ~ [auf] / enrollar [sobre,en] ‖ ~ (sich) (wie ein Blatt) / exfoliarse ‖ **Gewinde** ~, walzen / laminar una rosca [en] ‖ ⁓ *n*, zu Rollen wickeln (Pap, Tex) / bobinado *m*
Aufroller *m*, Vliestrommel *f* (Spinn) / tambor *m* arrollador de napa, tambor *m* formador
Aufrollvorrichtung *f*, Aufrollung *f* (Masch) / dispositivo *m* arrollador, dispositivo *m* enrollador, enrolladora *f*
Aufrollwalze *f* (Pap) / cilindro *m* arrollador de salida, bobinadora *f* de salida o entrega
Aufruf *m* (z.B. eines Unterprogramms) (DV) / llamada *f* (por ej., de un subprograma) ‖ **letzter** ⁓ ! (Luftf) / último aviso!, última llamada! ‖ ⁓**anlage** *f* (Patienten usw.) / instalación *f* de llamada (de pacientes)
aufrufbar (DV, Speicherplatz) / adresable, llamable
Aufruf•befehl *m* / instrucción *f* de llamada o de interrogación ‖ ⁓**betrieb** *m* (DV) / operación *m* de interrogación centralizada;.f.
aufrufen *vt*, abrufen (DV) / llamar, interrogar, invocar ‖ **ein Programm** ~ / solicitar un programa
aufrufend (DV) / llamante, invocante, invocador
Aufrufzeichen *n* (Luftf) / distintivo *m*
aufrühren *vt* / agitar, remover
aufrunden (nach oben) (Math) / redondear (hacia arriba) ‖ **um eine Stelle** ~ (Math) / redondear [hacia arriba] por un dígito
Aufrundung *f* (Math) / redondeo *m* hacia arriba
aufrüstbar (DV) / evolutivo, ampliable
aufrüsten *vt* (Mil) / armar, rearmar ‖ ~, aufstellen / montar, instalar ‖ ~ (DV) / ampliar

Aufrüstposition *f* (Luftf) / posición *f* de reglaje
Aufrüstung *f* (Luftf) / reglaje *f* y montaje
Aufsammel•Ballenlader *m* (Landw) / cargadora *f* de balas ‖ ⁓**presse** *f* (Landw) / prensabalas *m* recogedor-cargador
Aufsattel *m* (Kfz) / placa *f* giratoria (para semirremolque) del vehículo tractor ‖ ⁓... (Landw) / semimontado, semicolgado ‖ ⁓**einrichtung** *f* **am Anhänger** (Kfz) / pivote *m* de acoplamiento del [semi] remolque ‖ ⁓**last** *f* (Kfz) / carga *f* de acoplamiento del semirremolque
aufsatteln *vt* (Anhänger) / acoplar el semi-remolque
Aufsattel•pflug *m* (Landw) / arado *m* semimontado o semicolgado ‖ ⁓**zapfen** *m* (Kfz) / pivote *m* de acoplamiento
Aufsattler *m*, Sattelschlepper *m*, -zugmaschine *f* / vehículo *m* tractor para semirremolque ‖ ⁓, Sattelanhänger *m* / semirremolque *m*, semi-remolque *m*
Aufsatz *m* / pieza *f* sobrepuesta, pieza *f* adicional, aditamento *m* ‖ ⁓, Kappe *f* / caperuza *f*, sombrerete *m* ‖ ⁓, Aufbau *m* / sobrepuesto *m* ‖ ⁓ (Geschütz) / alza *f*, mira *f* [telescópica] ‖ ⁓ (Chem) / tubo *m* sobrepuesto, tubo *m* de seguridad ‖ ⁓ (Destillation) / columna *f* fraccionadora ‖ ⁓, Helm *m*, Kappe *f* (Teil) (Bau, Masch) / montera *f* ‖ ⁓, technische Abhandlung / disertación *f*, tratado *m*, artículo *m* ‖ ⁓, Aufsatzschrank *m* / altrillo *m* ‖ ⁓... / de quita y pon, ajustable, adaptable, [inter]cambiable ‖ ⁓ **des Schiebers**, Bockaufsatz *m* (Masch) / marco *m* de válvula, puente *m* ‖ ⁓ *m* **für Straßen- und Hofabläufe** (Bau) / rejilla *f* para sumideros de calle y de patio ‖ ⁓ **über einer Tür** / sobrepuerta *f*
Aufsatz•Absperrventil *n* (DIN 86255) (Masch) / válvula *f* de cierre de puente ‖ ⁓**backe** *f* (Wzm) / mordaza *f* intercambiable ‖ ⁓**band** *n* (Schloss) / cinta *f*, fleje *m* ‖ ⁓**fernrohr** *n* (Mil, Opt) / anteojo *m* de alza ‖ ⁓**kamera** *f* (Foto) / cámara *f* fotográfica con adaptador ‖ ⁓**klappe** *f* (Wehr) / pantalla *f* abatible ‖ ⁓**leuchte** *f* (Straßb) / lámpara *f* sujetada en un poste ‖ ⁓**ring**, -kranz *m* (Bergb) / anillo *m* para pozos, tubbing *m* ‖ ⁓**rohr** *n* / tubo *m* sobrepuesto ‖ ⁓**spitze** *f* (Schw) / punta *f* de contacto cambiable ‖ ⁓**-Ventil** *n* (Masch) / válvula *f* tipo marco
aufsaugen *vt*, ansaugen (allg) / aspirar, succionar, chupar, embeber ‖ ~, absorbieren (Chem) / aspirar, absorber, re[ab]sorber, embeberse ‖ ⁓, Ansaugen *n* / aspiración *f*, succión *f*
aufsaugend, absorbierend / absorbente ‖ **~er Stoff** / absorbente *m*
Aufsaugevermögen *n*, Absorptionsvermögen *n* / poder *m* absorbente, capacidad *f* absorbente o de absorción
Aufsaugung, Absorption *f* / absorción *f*
aufschaben *vt* / rasquetear
aufschalten *vt* (Fernm, Radio) / conectar adicionalmente, conectar posteriormente, superponer ‖ **Messton** ~ (Akust) / emitir el sonido de referencia ‖ **sich** ~ (zum Unterbrechen o. Mithören) (Fernm) / intercalarse ‖ **sich** ~ (Radar) / seguir automáticamente el blanco
Aufschaltstrom *m* (Bahn, Steuerung) / intensidad *f* de corriente de cambio de regulación
Aufschaltung *f* (Fernm) / intercalación *f*, intrusión *f* ‖ ⁓ (Radar) / enganche *m* ‖ ⁓ **auf Leitstrahl** (Luftf) / seguimiento *m* automático de ruta trazada
aufschaukeln, sich ~ (Schwingung) / crecer por resonancia ‖ ⁓ *n* **durch Resonanz** / crecimiento *m* por resonancia
aufschaukelnde, sich ~ **Schwingung** (Eltronik) / oscilación *f* creciente
aufschäumen *vi* / hacer espuma, espum[e]ar
Aufschäumrichtung *f* / dirección *f* de espumación
aufschichten *vt*, -stapeln / apilar, amontonar, disponer en capas ‖ ⁓ *n*, Stapeln *n* / apilamiento *m*
Aufschichtung *f* (Geol) / estratificación *f*

aufschiebbar

aufschiebbar (auf Welle), Aufschiebe... (Masch) / que puede ser empujado [en un árbol] deslizándose
aufschieben *vt*, zeitlich verschieben / aplazar, postergar, retardar, diferir, demorar ‖ ~ (auf Welle etc.) (Masch) / empujar, colocar [en un árbol] por deslizamiento ‖ **Förderwagen** [auf den Förderkorb] ~ (Bergb) / enjaular, cargar la jaula con vagones ‖ ~ *n* (auf Welle etc.) (Masch) / montaje *m* por deslizamiento ‖ ~ (zeitlich), Verschieben *n* / aplazamiento *m*
Aufschieber *m* (Arbeiter) (Bergb) / enjaulador *m*
Aufschiebevorrichtung, Aufstoßvorrichtung *f* (am Schacht) (Bergb) / dispositivo *m* de empujar
Aufschiebling *m* (Bau) / ristrel *m*, cabrio *m* de quiebra
Aufschiebseite *f* **am Schacht** (Bergb) / lado *m* de enjaulamiento
aufschiefern, sich ~ (Holz) / astillarse
aufschießen *vt* (Seil) / arrollar ‖ ~ (Bergb) / abrir por explosión, abrir con explosivos
Aufschlag *m*, Schlag *m* / golpe *m*, choque *m* ‖ ~, Einschlag *m* (Bombe) / impacto *m*, lugar *m* de impacto ‖ ~, Zusatzgebühr *f* / recargo *m*, suplemento *m* ‖ ~ **auf Fahrzeugteile beim Zusammenstoß**, Sekundäraufprall *m* (Kfz) / colisión *f* secundaria ‖ ~**-Abscheider** *m* (Aufb) / separador *m* por choques ‖ ~**dämpfer** *m*, Stoßdämpfer *m* / amortiguador *m* de impacto(s) ‖ ~**draht** *m*, Aufwinder *m* (Spinn) / plegador *m*, enrollador *m*
aufschlagen *vi* [auf] (allg) / estrellar [contra], chocar [contra] ‖ ~ (Projektil) / hacer impacto ‖ ~ *vt*, öffnen / abrir a golpes, romper ‖ **ein Gerüst** ~ (Bau) / montar un andamio
Aufschlag•fläche *f* (Gesenk), Stoßfläche *f* (Schm) / área *f* de choque ‖ ~**gerät** *n* (Papierherstellung, Zellulose) / máquina *f* de desfibración, máquina *f* de desintegración ‖ ~**wasser** *n* (Hydr) / agua *f* motriz ‖ ~**winkel** *m* (Mech) / ángulo *m* de impacto, ángulo *m* de choque ‖ ~**zone** *f* (Mil, Raumf) / área *f* de impacto ‖ ~**zünder** *m* **mit Verzögerung** (Mil) / espoleta *f* de percusión con retardo ‖ **mit** ~**zündung** (Projektil) / percutiente *adj*
Aufschlämmbarkeit *f* (DIN) (Chem) / capacidad *f* de separarse por gravedad
aufschlämmen *vt* / separar por gravedad una suspensión
Aufschlämmung *f* (Keram) / barbotina *f* ‖ ~ (Chem) / separación *f* por gravedad en una suspensión
aufschleifen, auf die Unterlage ~ / amolar sobre su base
Aufschleppe *f*, Schlipp *m*, Slip *m* (Schiff) / varadero *m*
aufschleppen *vt* (Schiff) / varar ‖ ~ *n* (Schiff) / varada *f*, varadura *f*
Aufschlepphelling *f*, -helgen *m* (Schiff) / grada *f* de varadero
aufschleudern *vt* [auf] / proyectar [contra]
aufschlicken *vi* (Hydr) / ataquinarse
Aufschlickung *f*, Kolmation *f* / acumulación *f* de barro, tarquinamiento *m*
aufschließbar (Chem, Hütt) / disgregable
Aufschließbarkeit *f* (Hütt) / disgregabilidad *f*
aufschließen *vt*, öffnen / abrir con llave, descerrar ‖ ~ (Rückstände) (Hütt) / disgregar (residuos) ‖ ~ (Aufb) / triturar el mineral ‖ ~, löslich machen (Chem) / hacer soluble, disolver ‖ ~, zerlegen (Chem) / desintegrar, descomponer, tratar ‖ ~ (Pap) / descomponer la celulosa, cocer ‖ ~ (Holz) / pulpar, convertir en pulpa de madera o pulpa de papel ‖ ~, erschließen (Bergb) / explorar un yacimiento, prospectar, sondear ‖ ~, entwickeln, erschließen (Bau) / viabilizar, hacer viable ‖ ~ (Druck) / deshacer el chasis, descuñar ‖ **Fasern** ~ / abrir ‖ **Stärke** ~ / hidrolizar almidón
Aufschließung *f* (Chem) / disgregación *f*, desintegración *f*, descomposición *f* ‖ ~ (Bergb) / prospección *f*, exploración *f*, sondeo *m* del yacimiento, cateo *m*
aufschlitzen *vt* / hender, rajar, partir
Aufschluss *m* (Chem) / desintegración *f*, disgregación *f*, disolución *f* ‖ ~ (Hütt) / tratamiento *m* [metalúrgico],

preparación *f* ‖ ~ (Pap) / digestión *f*, pulpación *f* ‖ ~ (Altpapier) / repulpación *f*, desintegración *f* ‖ ~**arbeiten** *f pl*, Aufschluss *m* (Bergb) / trabajos *m pl* de investigación y preparación ‖ ~**bohrung** *f* / perforación *f* experimental, perforación *f* de exploración o prospección, sondeo *m* informativo o de reconocimiento ‖ ~**bohrung** (auf Neuland) (Öl) / pozo *m* exploratorio o de cateo, perforación *f* de ensayo ‖ ~**bohrung**, Kernbohrung *f* (Öl) / perforación *f* estratigráfica (con barrena sacamuestras), sondeo *m* sacatestigos
aufschlüsseln *vt*, detaillieren / detallar, desglosar
Aufschlüsselung *f* / desglose *m*
Aufschluss•grad *m* (Aufb) / grado *m* de disociación, grado *m* de desintegración ‖ ~**mittel** *n* (Chem) / agente *m* de desintegración, agente *m* de disolución, disgregante *m* ‖ ~**verfahren** *n* (Bodenverbesserung) / método *m* de digestión ‖ ~**verfahren** (Chem) / procedimiento *m* de desintegración, procedimiento *m* de disgregación
aufschmelzen *vt* [auf] / recargar por fusión, [re]fundir ‖ ~, losschmelzen / separar por fusión
Aufschmelz•lötung *f* / soldadura *f* de recargue por fusión ‖ ~**pressschweißen** *n* / soldadura *f* por fusión y presión combinadas ‖ ~**riss** *m* (Schw) / fisura *f* de fusión ‖ ~**verfahren** *n* / procedimiento *m* de recargue por fusión
aufschnappbare Kappe / tapón *m* de fijación instantánea a presión
aufschnappen *vt* (z.B. Schaltgeräte auf Schienen) (Masch) / fijar a presión ‖ ~ *n* / sujeción *f* [elástica] inmediata, accionamiento *m* rápido
aufschneidbare Weiche (Bahn) / aguja *f* talonable
aufschneiden *vt* / abrir cortando, cortar ‖ ~ (Bahn, Weichen) / talonar agujas ‖ **Schlauchware** ~ / cortar géneros [de punto] tubulares
Aufschneider *m* (ein Glasmacher) / cortador *m*
aufschnüren *vt* / desatar, desabrochar ‖ ~, aufreißen (Schiff, Zimm) / trazar los gálibos, galibar ‖ ~ (Bau) / trazar el fundamento
aufschottern *vt* (Straß) / cubrir de guijos, grava o cascajos, cubrir de grava o cascajos
Aufschraub... (Masch) / con rosca, roscado, atornillado
aufschraubbar / atornillable, con rosca
aufschrauben *vt*, ab-, losschrauben / des[a]tornillar una pieza ‖ ~, anschrauben (Masch) / atornillar, [en]roscar ‖ **den Deckel** ~ / enroscar una tapa ‖ ~ *n*, Losschrauben *n*, Herausschrauben *n* / destornillamiento *m*
Aufschraubmaschine *f* (2 Bedeutungen) / desenroscadora *f*, enroscadora *f*
Aufschrieb *m* / registro *m* ‖ **schreibender Geräte**, Diagrammblatt *n* / diagrama *m* de registro, hoja *f* de diagrama
Aufschrift *f* / rótula *m*, letrero *m*, etiqueta *f*
aufschrumpfen *vi*, warm aufziehen (Masch, Schm) / embutir en caliente, zunchar en caliente ‖ ~ *n* / calado *m*, fijación *f* por calado o contracción, zunchado *m* ‖ ~, Snap-Back-Verfahren *n* zur Herstellung von Gegenkrümmungen (Plast) / modelado *m* por vacío y contracción ‖ ~ **von Überzügen** / recubrimiento *m* por contracción
aufschütten *vt*, anschütten (Bau, Bergb) / verter, echar, amontonar ‖ ~ (z. B. Schutt), abladen / depositar, verter [escombros], descargar escombros ‖ ~ (loses Gut), nachfüllen / rellenar, cargar ‖ ~ (Brau) / extender la malta [en capas]
Aufschütter *m* (Bau) / volquete *m*
Aufschüttung *f*, Ablagerung *f* (Geol) / acumulación *f*, depósito *m* ‖ ~, Auftrag *m* (Bau, Hydr) / relleno *m* ‖ ~, Beschickung *f* (Masch) / alimentación *f*, carga *f* ‖ ~ (Vorgang) (Bahn, Bau) / terraplenado *m* ‖ ~ (Damm) / dique *m*, terraplén *m*
aufschwefeln *vt* (Hütt) / azufrar

Aufschweiß•-Biegeversuch *m* / ensayo *m* de plegado del cordón de soldadura ‖ ⁓**bund** *m* / base *f* soldada sobre el tubo ‖ ⁓**-Bundflansch** *m* (Masch) / brida *f* tipo collar a soldar
aufschweißen *vt* [auf] / soldar [sobre], recargar por soldadura [directa], aplicar por soldadura ‖ ⁓, öffnen, losschweißen / abrir por soldadura
Aufschweiß•flansch *m* (Masch) / brida *f* a soldar ‖ ⁓**legierung** *f* / aleación *f* de aporte, metal *m* de aporte ‖ ⁓**probe** *f* / ensayo *m* de la costura
Aufschweißung *f*, Kleben *n* (Wzm) / recogida *f*, adherencia *f*
Aufschweiß•verfahren *n* (gedr.schaltg) / montaje *m* en la superficie ‖ ⁓**werkstoff** *m* / material *m* de depósito, metal *m* de aporte
aufschwemmen *vt* (Chem) / convertir en suspensión
Aufschwemmung *f* (Chem) / suspensión *f* ‖ ⁓ (Geol) / aluvión *m*
Aufschwimmdrehung *f* (Schiff) / pivotamiento *m*
aufschwimmen, flottieren *vt* (Aufb) / hacer flotar ‖ ⁓ *vi* (Färb) / flotar en la superficie, quedarse encima ‖ ⁓, Aquaplaning *n* (Kfz) / aquaplaning *m*
Aufseher *m*, Arbeitsaufseher *m*, spez.: erster Werkmeister / sobrestante *m* ‖ ⁓ (F.Org) / inspector *m*, supervisor *m* ‖ ⁓, Wärter *m* / vigilante *m*, guardián *m*
aufsetzbar, abnehmbar (Masch) / desmontable, superponible, de quita y pon
aufsetzen *vt* (allg) / poner [encima], sobreponer [en] ‖ ⁓, stapeln / apilar ‖ ⁓ *vi* (Luftf) / tomar tierra, posarse, tocar tierra, aterrizar ‖ ⁓ *n* (Luftf) / toma *f* de tierra, aterrizaje *m* ‖ ⁓ **der Raumkapsel auf dem Wasser** (Raumf) / amarizaje *m*, amaraje *m* ‖ ⁓ **des Bugs** (Schiff) / encalladura *f*, varad[ur]a *f* ‖ **hartes** ⁓, Bumslandung *f* (Luftf) / aterrizaje *m* brusco ‖ **heftiges** ⁓ (Last) / asiento *m* brusco
Aufsetz•feuer *n pl*, -befeuerung *f* (Luftf) / luces *f pl* de aterrizaje, balizamiento *m* de [la pista de] aterrizaje ‖ ⁓**gewicht** *n* (Waage) / jinetillo *m*, pilón *m* ‖ ⁓**kasten** *m* (Gieß) / caja *f* superior ‖ ⁓**kübel** *m* (Hütt) / cubeta *f* de carga ‖ ⁓**lupe** *f* (Opt) / lupa *f* montable, lupa *f* de quita y pon ‖ **hydraulischer** ⁓**puffer** / tope *m* amortiguador hidráulico ‖ ⁓**punkt** *m* (Luftf) / punto *m* de toma de tierra ‖ ⁓**schlüssel** *m*, Steckschlüssel *m* (Wz) / llave *f* de vaso, llave *f* tubular, llave *f* de casquillo estriado ‖ ⁓**vorrichtung**, Fangstütze *f* (Bergb) / trinquete *m* de seguridad ‖ ⁓**zeit** *f* (DV, Plattenspeicher) / tiempo *m* de poner la cabeza ‖ ⁓**zone** *f* (Luftf) / zona *f* de aterrizaje, zona *f* de tocar tierra
Aufsicht *f*, Leitung *f* (F.Org) / supervisión *f*, vigilancia *f*, dirección *f*
Aufsichts•beamter *m* / inspector *m*, supervisor *m*, funcionario *m* de control, interventor *m* ‖ ⁓**behörde** *f* / organismo *m* de supervisión, autoridad *f* inspectora, organismo *m* de vigilancia ‖ ⁓**farbe** *f* (Öl) / color *m* reflejado o de reflexión, reflejo *m* de un aceite ‖ ⁓**kopie** *f* (Druck) / copia *f* opaca ‖ ⁓**personal** *n* (F.Org) / personal *m* de vigilancia, personal *m* de mando intermedio ‖ ⁓**sucher** *m* (Opt) / visor *m* claro
aufsintern *vt* (Hütt) / aglomerar por fritaje, sinterizar
aufsitzen *vi*, ruhen / apoyar [en o sobre], hacer asiento, descansar [sobre], reposar, estar colocado [sobre], estar puesto [sobre] ‖ ⁓ (Federung) / tocar la base ‖ ⁓ **los des Kopfes** (DV, Plattenspeicher) / contacto *m* de la cabeza con el disco
Aufsitzmäher *m*, Rasentraktor *m* / tractor *m* cortacésped (con asiento)
aufspalten (Holz etc.) / hender, rajar[se], partir ‖ ⁓ (Benzin) / craquear, efectuar el crácking, cracar ‖ ⁓ (Chem) / descomponer, disociar, desintegrar, escindir ‖ **eine Bindung** ⁓ (Chem) / romper un enlace
Aufspaltung *f* (Chem) / separación *f*, disociación *f*, desintegración *f*, desdoblamiento *m* ‖ ⁓, Cracken *n* (Benzin) / crácking *m*, craqueo *m* ‖ ⁓ (Nukl) / desintegración *f*, escisión *f*, fisión *f* ‖ ⁓ (Nukl) /

reextracción *f* diferencial ‖ ⁓ (Röntgenspektrum) / desdoblamiento *m* de líneas
Aufspann•... (Wzm) / de sujeción, de armado, sujetable ‖ ⁓**bolzen**, -dorn *m* / perno *m* de sujeción, mandril *m* de sujeción ‖ ⁓**buchse** *f* / casquillo *m* de sujeción ‖ ⁓**bügel** *m* (Masch) / estribo *m* de sujeción
aufspannen *vt*, festspannen (allg) / sujetar, fijar ‖ ⁓ (Werkstück, Werkzeug) (Wzm) / sujetar (piezas, útiles), montar (piezas) ‖ ⁓, spannen (Tuch) / extender, tender, desplegar
Aufspann•fläche *f* (Wzm) / superficie *f* de sujeción (o fijación), superficie *f* útil, base *f* de sustentación o soporte ‖ ⁓**kopf** *m* (Wzm) / cabezal *m* de sujeción ‖ **hinterer** [vorderer] ⁓**körper** (Plast) / placa *f* trasera [delantera] de sujeción del molde ‖ ⁓**nute** *f*, Aufspann-Nute *f* / ranura *f* de sujeción, ranura *f* en T ‖ ⁓**platte** *f* (mit Schlitzen) (Wzm) / plato *m* de sujeción [ranurado] ‖ ⁓**platte** (Gieß) / placa *f* de sujeción o fijación, placa *f* portamoldes, plato *m* de sujeción ‖ ⁓**schlitz** *m*, -nute *f* (Wzm) / ranura *f* de sujeción, ranura *f* en T ‖ ⁓**tisch**, Positioner *m* (Schw) / posicionador *m* ‖ ⁓**tisch** *m* (Wzm) / mesa *f* de sujeción (o fijación), plataforma *f* de sujeción ‖ ⁓**transformator** *m* (Elektr) / transformador *m* elevador [de la tensión]
Aufspannung *f*, -spannen *n* (Wzm) / sujeción *f*, fijación *f*
Aufspann•vorrichtung *f*, Spannvorrichtung *f* (Wzm) / dispositivo *m* de sujeción o fijación ‖ ⁓**winkel** *m* (Wzm) / escuadra *f* de sujeción, escuadra *f* para fijación ‖ ⁓**zeit**, Spannzeit *f* (Wzm) / tiempo *m* de sujeción o fijación, tiempo *m* perdido
aufspeichern *vt*, speichern (allg) / almacenar
Aufspeicherung *f* / almacenamiento *m*
Aufspindelmaschine *f* (Spinn) / máquina *f* de mandrilar los rodillos de impresión
aufpleißen *vt* (Seil) / deshilar un cabo
aufsplittern *vi*, zersplittern (allg) / fraccionarse, atomizarse
Aufsplitterung *f* / fraccionamiento *m* ‖ ⁓ (Phys) / dispersión *f* (rayos)
aufsprechen (Magn.Bd) / grabar en cinta [la voz humana]
Aufsprech•entzerrer *m* (Magn.Aufzeichn) / compensador *m* para grabación magnética ‖ ⁓**frequenzgang** *m* / respuesta *f* de o en frecuencia en la grabación ‖ ⁓**pegel** *m* (Fernm) / nivel *m* de telefonía ‖ ⁓**verstärker** *m* (Magn.Bd) / amplificador *m* de grabación
aufsprengen *vt* (Bergb) / estallar, abrir volando, abrir con explosivos ‖ ⁓, aufschnappen [lassen] / fijar a presión mediante resorte[s]
aufspringen *vi* / abrirse súbitamente o espontáneamente
Aufspringwinkel *m* (Tex) / ángulo *m* de regreso espontáneo
aufspritzen *vt*, spritzlackieren (Anstrich) / pintar al duco
Aufspritz•sintern *n* (Hütt) / sinterizado *m* de una capa proyectada, fritaje *m* de una capa proyectada ‖ ⁓**werkstoff** *m* / material *m* proyectable o metalizable
aufsprudeln *v* (z.B. Dampfblasen) / burbujear, borbollear, borbollar
aufspulen *vt* (Film, Tex) / bobinar, rebobinar, devanar
Aufspulgerät *n*, Aufspuler *m* / devanadera *f*, bobinadora *f*
Aufspulung *f*, Aufspulen *n* / bobinado *m*, devanado *m*
Aufspülung *f* (Bau) / terraplenado *m* hidráulico
aufstampfen *vt* (Bau, Boden) / apisonar, pisonear, repisar
Aufstandrahmen *m* / marco *m* de apisonar
Aufständerung *f* (Straßb) / construcción *f* sobre pilotes
Aufstandsfläche *f* (Kfz) / superficie *f* de contacto del neumático (E) o de la llanta (LA)
aufstapeln *vt*, -speichern / almacenar ‖ ⁓, aufschichten / apilar, amontonar, estibar
Aufstäubebürste *f* / cepillo *m* de empolvar
aufstäuben *vt* / empolvar
aufstauchen *vt*, aufstoßen / recalcar

aufstauen *vt* (Hydr) / embalsar, remansar (E), represar (LA), retener, estancar ‖ **sich** ~ / remansarse, acumularse
Aufstauung *f*, Stauwasser *n* / embalse *m*, remanso *m*, agua embalsada *f*, agua *f* remansada
aufstechen *vt* (Gieß, Hütt) / picar, pinchar, abrir picando
Aufsteck•... (Wz) / de quita y pon, intercambiable, de sujeción, postizo ‖ ⁓**apparat** *m* **für Hülsen** (Tex) / aparato *m* para enfilar los tubos ‖ ⁓**-Aufbohrer** *m* (Wz) / alisador *m* de quita y pon
aufsteckbar, abnehmbar / de quita y pon, desmontable, amovible ‖ ~, ansteckbar / sujetable, adaptable
Aufsteck•brett *n* (Tex) / tabla *f* de fileta ‖ ⁓**dorn** *m* (Wz) / mandril *m* de quita y pon, mandril *m* portaherramienta ‖ ⁓**einrichtung** *f* (Web) / dispositivo *m* de alimentación
aufstecken *vt* / calzar, enchufar, encajar
Aufsteck•filter *n* (Foto) / filtro *m* adaptable ‖ ⁓**fräser** *m* (Wz) / fresa *f* enchufable, fresa *f* postiza ‖ ⁓**fräserdorn** *m* (Wz) / mandril *m* de sujeción para fresa, mandril *m* portafresa ‖ ⁓**fuß** *m*, -schuh *m* (Foto) / zapata *f* [de sujeción] ‖ ⁓**gatter** *n*, -rahmen *m* (Spinn) / fileta *f* ‖ ⁓**getriebe** *n* (Masch) / reductor *m* flotante ‖ ⁓**glas** *n* (Opt) / lente *f* de quita y pon ‖ ⁓**halter** *m* (Wz) / portaherramientas *m*, sujetador *m* postizo ‖ ⁓**hülse** *f* (Spinn) / canilla *f* de quita y pon ‖ ⁓**-Kabelschuh** *m* (Elektr) / terminal *m* de cable enchufable ‖ ⁓**motor** *m* / motor *m* de quita y pon ‖ ⁓**reibahle** *f* (Wz) / escariador *m* enchufable, escariador *m* postizo, escariador *m* de manguito ‖ ⁓**schiene** *f* (Ringzwirnmasch) / riel *m* para sujeción de la fileta, barra *f* para sujeción de la fileta ‖ ⁓**schlüssel** *m* (DIN 904) (Wz) / llave *f* de vaso ‖ ⁓**senker** *m* / avellanador *m* de quita y pon o intercambiable ‖ ⁓**spindel** *f* (Spinn) / husillo *m*, portabobinas *m* ‖ ⁓**spule** *f* / bobina *f* de alimentación ‖ ⁓**wechselrad** *n* (o. loses Wechselrad) (Dreh) / rueda *f* de cambio loca ‖ ⁓**werkzeug** *n* / herramienta *f* enchufable, útil *m* enchufable de quita y pon
aufsteigen *vi* (allg) / ascender ‖ ~ (Luftf) / subir, ascender, elevarse, tomar altura ‖ ~, starten (Flugzeug) / despegarse ‖ ~ (Blasen, Dämpfe) / subir [a] ‖ ⁓ *n*, Ansteigen *n* / subida *f*, ascenso *m*
aufsteigend, steigend / ascendente, ascendiente, ascensional ‖ ~ (Math, Reihe) / ascendente ‖ ~, pseudoartesisch (Wasser) / seudoartesiano ‖ **~er Luftstrom** / corriente *f* de aire ascendente ‖ **~er Luftstrom**, Bö *f* / ráfaga *f* ascendente ‖ **~e Reihenfolge** / orden *m* ascendente
aufstellen *vt*, platzieren / poner, emplazar, colocar, posicionar, estacionar ‖ ~, aufrichten / erigir, levantar ‖ ~, montieren / montar, instalar ‖ ~, stapeln / apilar ‖ ~ (Liste) / hacer (una lista) ‖ **[sich] in einer Reihe** ~ / alinear[se] ‖ ⁓ *n* (senkrecht) / levantamiento *m* (en posición vertical)
Aufsteller, Monteur *m* / instalador *m*, montador *m*, mecánico *m*
Aufstell•karton *m* / cajita *f* de presentación ‖ ⁓**maschine** *f* (Post) / máquina *f* ordenadora
Aufstellung *f*, Anordnung *f* / alineación *f*, disposición *f* ‖ ⁓, Register *n* / índice *m*, relación *f*, cuadro *m*, tabla *f* ‖ ⁓ (z.B. von Rechnern) / instalación *f* (p.ej. de ordenadores) ‖ ⁓, Aufzählung *f* / enumeración *f*, desglose *m* ‖ ⁓, Montage *f* / montaje *m*, erección *f* ‖ ⁓, Anordnung *f* / colocación *f*, disposición *f* ‖ ⁓ **einer Gleichung** (Math) / formación *f* de una ecuación
Aufstellungs•mittel, Stellmittel *m* (Email) / agente *m* de fijación ‖ ⁓**ort** *m* (Masch) / lugar *m* de instalación o de montaje ‖ ⁓**ort** *m* (Industrie), Standort *m* / emplazamiento *m*, ubicación *f* ‖ ⁓**plan** *f*, Platzverteilung *f* (F.Org) / plan[o] *m* de distribución o de emplazamiento

aufstemmen *vt* (Wz) / abrir con formón o con escoplo ‖ ~ (mit Hebel u.Ä.) / abrir (con palanqueta etc.)
aufsteppen / pespunt[e]ar [en,sobre], coser de pespunte [sobre]
aufsticken *vt* (auf) (Tex) / ordar (sobre) ‖ ~ (Stahl), nitrieren (Hütt) / nitrurar ‖ ⁓ *n* (Stahl) / incremento *m* del contenido en nitrógeno, nitruración *f*, absorción *f* de nitrógeno
Aufstieg *m* / subida *f*, ascensión *f* ‖ ⁓**geschwindigkeit** *f* (Luftf) / velocidad *f* ascensional
Aufstiegs•... / de ascenso, de ascensión, ascensional ‖ ⁓**bahn** *f* (Raumf) / trayectoria *f* ascensional o de ascensión ‖ **mechanische** ⁓**hilfe**, Skilift *m* / remonte *m* (E) ‖ ⁓**modul** *m* / módulo *m* de ascenso ‖ ⁓**stufe** *f* (Raumf) / etapa *f* de ascenso, fase *f* de ascenso ‖ ⁓**triebwerk** *n* (Rakete) / motor *m* cohético de ascenso
aufstocken *vt*, erhöhen (Bau) / sobreedificar, añadir un [nuevo] piso ‖ ~, abspitzen (Bau) / granular ‖ ~ (Baumwolle) / apilar, repartir en las jaulas ‖ ~, intensivieren (Farbe) / intensificar ‖ ~ (z.B. Speicher) (DV) / aumentar (la capacidad de) la memoria
aufstoppen (Schiff) / frenar, detener
Aufstoßeinrichtung *f* (Web) / dispositivo *m* de transferencia
aufstoßen *vt*, aufstauchen (Masch) / recalcar ‖ ~ (Wirkm) / transferir mallas
Aufstoß•gerät *n* (Druck) / igualador *m* de pliegos ‖ ⁓**kamm** *m* (Tex) / peine *m* de transferencia ‖ ⁓**nadel** *f* (Wirkw) / aguja *f* de transferencia ‖ ⁓**nadelbarre** *f* (Wirkm) / barra *f* de agujas de transferencia ‖ ⁓**vorrichtung**, Aufschiebevorrichtung *f* (am Schacht) (Bergb) / dispositivo *m* de empujar
aufstreichen *vt*, auftragen [auf] / extender [sobre] ‖ ~, auflegen (Farbe) / aplicar pintura, imprimar, aplicar una capa de pintura ‖ ~ (Paste, Kleber) / aplicar, extender ‖ **mit Messer o. Rakel o. Spachtel** ~ / untar, extender con cuchillo o espátula
Aufstreichmesser *n* (Druck, Web) / racleta *f* de extender
aufstreuen / espolvorear, esparcir
Aufstrich, Haarstrich *m* (Druck) / perfil *m* fino, trazo *m* fino
Aufstrom *m* (Abgas) / corriente *f* ascendente ‖ ⁓**klassierer** *f*, Gegenstromklassierer *m* (Aufb, Bergb) / clasificador *m* por contracorriente, aparato *m* lavador por corriente ascendente ‖ ⁓**wäsche** *f* / lavado *m* de corriente ascendente
Aufstürzung *f* (Boden), Seitendeponie *f*, Seitenablagerung *f* / terraplén *m* lateral, tierras *f pl* vertidas a un lado
aufstützen *vt* [auf] / apoyar [en o sobre]
aufsuchen *vt*, suchen / localizar, buscar
Aufsuchungsfeld *n* (Geol, Öl) / campo *m* de prospección
aufsummieren *vt*, aufaddieren / sumar, totalizar
auftakeln *vt* (Schiff) / aparejar
auftanken (Luftf) / [re]aprovisionar con querosina ‖ ~ *vt* (Kfz) / repostar, echar gasolina, poner gasolina, reabastecer [se]
Auftankfahrzeug *n* (Luftf) / vehículo *m* cisterna, vehículo *m* nodriza
Auftast•generator *m* (Radar) / generador *m* de impulsos de desbloqueo (o de mando) ‖ ⁓**[im]puls** *m* (Eltronik) / impulso *m* selectivo o de selección ‖ ⁓**impuls** *m* (Radar) / impulso *m* de desbloqueo, impulso *m* de mando ‖ ⁓**impulskreis** *m* (Radar) / circuito *m* de desbloqueo ‖ ⁓**impulsstufe** *f* (im Einfallsfeld) (Radar) / doble *m* limitador
auftauchen *vi*, herauskommen / emerger, aparecer, asomar ‖ ~ (z.B. U-Boot) / salir a la superficie (por ej. submarino)
Auftauchstufe *f* (Taucher) / etapa *f* de ascensión, etapa *f* de descompresión

auftauen *vt*, schmelzen *vt* / descongelar, deshelar, derretir ‖ ~ *vi* / derretirse, deshelarse ‖ ~̰ *n*, Tauen *n* / deshielo *m*, derretimiento *m*, descongelación *m*
Auftaugerät *n* / aparato *m* descongelador
aufteilbar (Verp) / fraccional, fraccionable
aufteilen *vt*, vrteilen / dividir, repartir, distribuir ‖ ~ [nach Verhältnis od. anteilig], zumessen / porcionar, dosificar, [pror]ratear ‖ ~, abteilen, stückeln / fraccionar, desmembrar ‖ **Land** ~ / parcelar (E), lotear (LA)
aufteilend, ohne Rest ~ (Math) / alícuota
Aufteilmuffe *f* (Masch) / manguito *m* de división, pieza *f* de división
Aufteilung *f* / división *f*, reparto *m*, repartición *f*, distribución *f*, prorrateo *m*, fraccionamiento *m* ‖ ~̰ (Land) / parcelación *f* ‖ ~̰ **des Bildschirms** (DV, TV) / selección *f* de ventana
Aufteilungs•kabel *n* (Elektr) / cable *m* distribuidor o de distribución ‖ ~̰**muffe** *f* / caja *f* de distribución múltiple ‖ ~̰**verhältnis** *n* (Isotopen) / coeficiente *m* de repartición
auftiefen *vt* (Schm) / embutir
Auftourenkommen *n* / reprise *m*
Auftrag *m*, Order *f*, Bestellung *f* / pedido *m*, orden *f*, encargo *m* ‖ ~̰ (DV) / trabajo *m*, tarea *f* ‖ ~̰, Überzug *m* / capa *f*, recubrimiento *f*, revestimiento *m* ‖ ~̰ *m*, Auftragung *f* (Material, Schw) / recargue *m* ‖ ~̰, Aufschüttung *f* (Bau) / terraplén *m*, terraplenado *m*, relleno *m* ‖ ~̰, Böschung *f* im Auftrag (Straßb) / talud *m* de relleno ‖ **erster** ~̰, Grundanstrich *m* / primera *f* capa, [capa *f* de] imprimación, primera *f* mano ‖ **im** ~̰ (Straßb) / de terraplén, de relleno ‖ **zu dicker** ~̰ (Farbe) / capa *f* demasiado espesa (pintura) ‖ ~̰**bürste** *f* (Anstrich) / brocha *f* de aplicación o de distribución
auftragen *vt*, applizieren / aplicar ‖ ~ (Material) / recargar ‖ ~ (Straßb) / terraplenar, levantar ‖ ~, aufreißen (Zeichn) / trazar, esbozar, bosquejar ‖ ~, übertragen (Zeichn) / transportar ‖ ~ (maßstäblich) (Math, Verm) / trazar a escala ‖ ~ (Kopierger) / entintar ‖ **die Farbe dick** ~ / empastar ‖ **die dünne Schicht (o. Haut)** ~ / aplicar una capa delgada ‖ **im logarithmischen Maßstab** ~ (Math) / llevar a escala logarítmica ‖ ~ *n* **mit vollem Pinsel** (Farbe) / empaste *m*
Auftrag•farbe *f* (Färb) / colorante *m* de aplicación, colorante *m* tópico o local ‖ ~̰**geber** *m* / comitente *m*, cliente *m* ‖ ~̰**gewicht** *n*, -menge *f* (Plast) / grueso *m* de la capa, peso *m* de la capa ‖ ~̰**kopf** *m* **für Heißschmelze** (Plast) / cabezal *m* para masa fundida caliente ‖ ~̰**maschine** *f*, Lackiermaschine *f* / máquina *f* para aplicar (pinturas, lacas, barnices) ‖ ~̰**maschine** (Plast) / máquina *f* de recubrimiento ‖ ~̰**material** *n* (Flammspritzen) / metal *m* de proyección, metal *m* para revestimiento
Auftrags•abrechnung *f* (F.Org) / liquidación *f* de pedidos, contabilización *f* de pedidos ‖ ~̰**anreicherung** *f* (Nukl) / enriquecimiento *m* sobre encargo ‖ ~̰**anweisung** *f* (DV) / descripción *f* del trabajo o de la tarea, "job description" ‖ ~̰**bestand** *m* (F.Org) / cartera *m* de pedidos, volumen *m* de pedidos ‖ ~̰**bezogen** (DV) / orientado en función del trabajo o de la tarea ‖ ~̰**buch** *n* / libro *m* de pedidos
Auftrag•schicht *f* (Farbe usw.) (Spritzen) / capa *f* proyectada ‖ ~̰**schicht** (Schw) / capa *f* recargada ‖ ~̰**schüssel** *f* (Anstrich, Email) / pileta *f* de inmersión ‖ ~**schweißen** *vt* / recargar por soldadura ‖ ~̰**schweißung** *f* / soldeo *m* de recargue, soldadura *f* de recargue, soldadura *f* de aportación ‖ ~̰**schweißung von Verschleißschichten** / soldadura *f* de recargue de capas resistentes al desgaste
Auftrags•daten *pl* / datos *m* *pl* del pedido ‖ ~̰**dienst** *m* (Fernm) / servicio *m* telefónico de encargos o de secretaría (ARG) ‖ ~̰**elektrode** *f* (Schw) / electrodo *m*

aportador o de recargue (E), varilla *f* de aporte ‖ ~̰**fertigung** *f* (F.Org) / fabricación *f* sobre encargo ‖ ~**gebundene Kostenrechnung** / cálculo *m* de costes de los pedidos ‖ ~̰**gewicht** *n* (Anstrich, Email) / peso *m* de aplicación ‖ ~̰**größe** *f* (F.Org) / volumen *m* del lote ‖ ~̰**höhe** *f* (Straßb) / altura *f* de relleno ‖ ~̰**material** *n* (Galv) / material *m* de recubrimiento, material *m* galvanoplástico ‖ ~̰**material** (Flammspritzen) / metal *m* de proyección, metal *m* para revestimiento ‖ ~̰**metall** *n* (Schw) / metal *m* de aportación, metal *m* de recargue ‖ ~̰**muster** *n*, -probe *f* (F.Org) / muestra *f* de pedido ‖ ~̰**steuersprache** *f* (DV) / lenguaje *m* de control de trabajos ‖ ~̰**verwaltung** *f* (DV) / manejo *m* de trabajos
Auftrag- und Tauchwalze *f* / cilindro *m* de extensión e inmersión
Auftragung *f*, Auftragen *n* (allg) / aplicación *f* ‖ ~̰ (von Material) / recargado *m* ‖ ~̰ (Hartverchromung) / recrecimiento *m* (por cromado duro)
Auftrag•walze *f* (Druck) / rodillo *m* entintador, rodillo *m* dador ‖ ~̰**walze** (Plast, Tex) / rodillo *m* de aplicación ‖ ~̰**walze für Leim** (Tischl) / rodillo *m* aplicador de cola ‖ ~̰**walzenstreichmaschine** *f* (Druck) / máquina *f* para recubrir tambores
aufträufeln *vt* *vi* / gotear [sobre, en]
auftreffen *vi* [auf] (Mech, Phys) / chocar [contra], dar [en, contra], hacer colisión [con], tropezar ‖ ~ (Opt) / incidir ‖ ~̰ *n*, Aufschlag, Einschlag *m* (Geschoss) / impacto *m* ‖ ~̰ (Phys) / incidencia *f*, choque *m* ‖ ~̰ **der Elektronen** / choque *m* de los electrones
auftreffend (Opt) / incidente, que incide
Auftreff•geschwindigkeit *f* (Phys) / velocidad *f* de impacto ‖ ~̰**platte** *f* (Eltronik, Kath.Str, TV) / placa *f* de choque ‖ ~̰**punkt** *m*, Treffpunkt *m* (Geschoss) / punto *m* de impacto ‖ ~̰**punkt** (Raumf) / punto *m* de impacto, lugar *m* de impacto ‖ ~̰**punkt** (Opt) / punto *m* de incidencia ‖ ~̰**winkel** *m* (Mil) / ángulo *m* de incidencia ‖ ~̰**wucht** *f* (Luftf) / energía *f* de impacto o de choque, fuerza *f* viva
auftreiben, weiten (Schm) / repujar, embutir ‖ ~, aufblähen / inflar, hinchar ‖ ~ (Seil) / torcer ‖ ~, aufpressen / colocar a presión ‖ ~ (Glas) / abrir al fuego ‖ **Fassreifen** ~ / calar los aros o flejes de un tonel
auftrennen *vt* (allg) / deshacer, separar ‖ ~ (Tex) / descoser, deshilvanar
auftreten *vi* (in einer Gleichung) / intervenir (en una ecuación), manifestarse ‖ ~ (z.B. Nebel) / producirse (por ej. niebla), aparecer ‖ ~ (Schlagwetter, Störungen) / aparición *f*
Auftrieb *m* (Hydr, Phys) / empuje *m* vertical ascensional (desde abajo hacia arriba), empuje *m* hidrostático ‖ ~̰ (Luftf) / sustentación *f*, fuerza *f* ascensional, empuje *m* aerostático, fuerza *f* ascendente ‖ ~̰ (Ozean) / corriente *m* ascendente de las aguas profundas frías ‖ ~̰, Niederwald *m* (Forstw) / monte *m* bajo ‖ ~̰ **eines Schwimmers** / flotabilidad *f* de un flotador, empuje *m* vertical de un flotador ‖ **freier** ~̰, Auftriebsüberschuss *m* (Luftf) / excedente de sustentación, exceso *m* de empuje ascendente ‖ ~̰**anzeiger** *m* (Luftf) / indicador *m* de la fuerza ascensional, indicador *f* [de la fuerza] de sustentación
Auftriebs•achse *f* (Luftf) / eje *m* de sustentación ‖ ~̰**beiwert** *m*, -koeffizient *m* / coeficiente *m* de sustentación ‖ ~̰**belastung** *f* (Luftf) / carga *f* de sustentación ‖ ~̰**erhöhende Klappe** (Luftf) / alerón *m* hipersustentador ‖ ~̰**hilfe** *f* / ayuda *f* de despegne ‖ ~̰**klappe** *f* (Luftf) / alerón *m* de sustentación ‖ ~̰**körper** *m*, Schwimmer *m* (Schleuse) / cuerpo *m* ascensional, flotador *m* ‖ ~̰**korrektur** *f* (Luftf) / corrección *f* del empuje vertical ‖ ~̰**kraft** *f* (Phys) / fuerza *f* ascensional ‖ ~̰**mittelpunkt** *m* (Hydr, Phys) / centro *m* de la sustentación ‖ ~̰**reserve** *f* (Schiff) /

Auftriebsüberschuss

reserva f de flotabilidad || ⁓**überschuss** m (Luftf) / excedente m de sustentación, exceso m de empuje ascendente || ⁓**verlust** m (Luftf) / pérdida f de sustentación, merma f de sustentación || ⁓**winkel** m (Luftf) / ángulo m de sustentación || ⁓**zahl** f, -koeffizient m (Luftf) / coeficiente m de sustentación || ⁓**zahl in Nm⁻³**, Einheitsauftrieb m (Luftf) / sustentación f específica
Auftritt m **der Stufe** (Bau) / huella f, parte f horizontal del peldaño
auftröpfeln vt / aplicar goteando
Auftürmen n (optische Täuschung, die die Senkrechten länger erscheinen lässt) (Opt) / alargamiento m vertical (ilusión óptica)
Auf- u. Abwärtszähler m (DV) / contador m adelante y atras
Auf- und Ab-Schalter m (Stromabnehmer) (Bahn, Elektr) / interruptor m (de mando) del pantógrafo
auf- und abschwenken vt / mover hacia arriba y hacia abajo, girar hacia arriba y hacia abajo
Auf- und Niederbewegung f, Auf- und Abbewegung f (Masch) / movimiento m vertical alternativo, vaivén m en sentido vertical, subida f y bajada, movimiento m ascendente y descendiente
auf- und niedergehen vi / subir y bajar
Auf- und Nieder-Steven m (Schiff) / roda f recta
Auf- und Niederzugvorrichtung f (Tex) / mecanismo m de elevar y bajar
aufvulkanisieren vt / vulcanizar, aplicar vulcanizando || ⁓, runderneuern (Kfz) / recauchutar || ⁓ n, Runderneuern n / recauchutado m, recauchutaje m
aufvulkanisierter Reifen / neumático m recauchutado (E), llanta f recauchutada (LA)
Aufwachsen n, Epitaxie f (Krist) / crecimiento m expitaxial, epitaxia f
Aufwachsverfahren n (Sintern) / deposición f en fase de vapor, procedimiento m Van Arhel - de Boer
aufwallen vi, -sprudeln (Chem, Phys) / borbotar, burbujear, efervescer[se], [re]hervir, bullir
Aufwallung f, Aufbrausen n, Aufsprudeln n / borboteo m, hervor m, efervescencia f, ebullición f
Aufwältigung f, Aufwltigen n (Ölbohrung) / limpieza f del pozo
aufwalzen vt (Walzw) / laminar [sobre], aplicar laminando, recubrir laminando || ⁓ (von Hand) / aplicar por rodillo a mano, aplicar laminando a mano || ⁓ (Kesselrohr) / mandrinar || ⁓ n **von Edelmetall** / aplicación f de hojas de metal precioso por laminación, chapeado m por laminación
Aufwand m, Kostenaufwand m (F.Org) / gastos m pl, costes m pl, desembolso m || ⁓ **von Energie** / consumo m de energía, energía f necesaria || **räumlicher** ⁓ / espacio m necesario y ocupado || **technischer** ⁓ / aparato m técnico
aufwärmen vt / recalentar
aufwärts / [hacia] arriba || ⁓, stromauf / aguas arriba || ⁓, zur Raffinerie hin (Öl) / corriente arriba || ⁓, auf! (Aufzug, Hebezeug) / i arriba ! || ⁓ **führend** (Straße) / ascendente, cuesta arriba || ⁓ **führende Zuleitung** (Sanitär) / canalización f ascendente, alcantarillado m || ⁓ **kompatibel** (DV) / compatible con modelos mayores, compatible hacia arriba || ⁓ **bewegung** f (Masch) / movimiento m ascendente o ascensional, movimiento m hacia arriba, movimiento m de ascenso || ⁓**bewegung der Brennelemente** (Nukl) / retirada f de las barras de combustible || ⁓**bewetterung** f (Bergb) / ventilación f ascendiente || ⁓**bohrung** f / taladrado m invertido || ⁓**-Chlorierung** f (Pap) / cloruración f ascendente || ⁓**flug** m (Luftf) / vuelo m ascensional || ⁓**förderer** m (Bergb) / transportador m ascendente || ⁓**förderung** f (Bergb) / transporte m ascend[i]ente || ⁓**frequenz** f (Satellit) / frecuencia f del circuito Tierra-satélite || ⁓ **[gerichtet]** / dirigido hacia arriba || ⁓**geschwindigkeit** f /

velocidad f de ascenso || ⁓**getriebe** n (Masch) / engranaje m multiplicador || ⁓**hub** m, -gang m (Mot) / recorrido m ascendente, carrera f ascendente, carrera f de subida || ⁓**kompatibilität** f (DV) / compatibilidad f ascendente o hacia arriba || ⁓**komponente** f (Phys) / componente m ascendente, componente m dirigido hacia arriba || ⁓**regelung** f (Eltronik) / control m automático de ganancia directa o adelante, C.A.G. directa || ⁓**regelung** (Instr) / regulación f hacia arriba || ⁓**schleusen** n (Schiff) / maniobra f de ascenso || ⁓**schweißen** n / soldeo m vertical ascendente || ⁓**strecke** f (Bahn) / vía f ascendente, vía f izquierda, vía f número 1 || ⁓ **strecke** (Eltronik, Raumf) / circuito m adelante || ⁓**streuung** f (Nukl) / difusión f aceleradora || ⁓**strömgeschwindigkeit** f (Hydr, Phys) / velocidad f del flujo ascensional, velocidad f de la corriente ascendente || ⁓**transformator**, -trafo, -übertrager m (Elektr) / transformador m elevador [de tensión] || ⁓**umsetzer** m, -wandler m (Eltronik) / convertidor m elevador [de frecuencia], convertidor m [de frecuencia] ascendente || ⁓**verdampfung** f / evaporación f ascendente || ⁓**wandler** m (Eltronik) / convertidor m elevador || ⁓**zug** m (von der Küste zur Hauptstadt) (Bahn) / tren m ascendente
aufweichen vt (in Flüssigkeit) / remojar, poner en remojo, macerar, reblandecer, ablandar || ⁓ vi / remojarse, reblandecerse || ⁓ vt (Tex) / enriar, macerar || **Boden** ⁓ / mullir, enlodar (E), embarrar (LA) || **Geleimtes** ⁓ / desencolar por remojo || ⁓ n / ablandamiento m, reblandecimiento m
Auf•weichungsmittel n (Chem) / producto m reblandecedor, ablandante m || ⁓**weiteinrichtung** f, Ausbreiteinrichtung f (Klempner, Masch) / instalación f ensanchadora, instalación f abocardadora, aparato m ensanchador
aufweiten vt / ensanchar, espaciar, mandrilar || ⁓, aushalsen (Stanz) / abocinar || ⁓, aufbördeln (Rohr) / abocardar
Aufweite•presse f (Wzm) / prensa f ensanchadora || ⁓**probe** f, Aufweitungsversuch m (Rohre) / ensayo m de abocardado
Aufweiter m (Install) / [mandril] m ensanchador
Aufweiteversuch m (Rohre) / ensayo m de abocardado
Aufweitmaschine f (Wzm) / máquina f ensanchadora o de ensanchar
Aufweitung f, Aufweiten n / ensanchamiento m || ⁓ (trompetenförmig) (Rohr) / abocardado m, abocardura f, abocinamiento m || ⁓ (von Strahlen) (Hütt, Phys) / divergencia f (de rayos)
Aufweit•walzwerk n / laminador m ensanchador || ⁓**werkzeug** n (Wzm) / herramienta f de ensanchar, ensanchador m || ⁓**werkzeug für Rohrenden** / herramienta f abocardadora
aufwenden vt (z.B. Druck), ausüben / ejercer (p.ej. presión), emplear
aufwendig / costoso, aparatoso, lujoso
aufwerfen vt (Straßb) / excavar y amontonar tierras || **einen Damm** ⁓ (Bau, Hydr) / levantar un dique, levantar un terraplén || **einen Graben** ⁓ / excavar una zanja, abrir || **sich** ⁓ (von Brettern) / alabearse, combarse, abarquillarse || ⁓ n, Werfen n (Holz) / alabeo m
Aufwerfung, Trompetenform f (Klempner) / boca f de campana, abocinamiento m, abocamiento m
Aufwickel•apparat m, -vorrichtung f (Plast, Tex) / aparato m arrollador, dispositivo m arrollador, dispositivo m enrollador o de enrollamiento || ⁓**friktion** f (Film) / fricción f de [re]bobinado || ⁓**geschwindigkeit** f (DV) / velocidad f del carrete receptor || ⁓**haspel** m f (Spinn) / aspa f arrolladora || ⁓**hülse** f (Pap) / canilla f arrolladora || ⁓**kern** m (Film) / núcleo m de arrollamiento || ⁓**maschine** f (Web) / arrolladora f, bastidor m arrollador || ⁓**maschine mit**

Mittelantrieb (Tex) / arrolladora *f* con accionamiento central o axial
aufwickeln *vt*, wickeln / arrollar, enrollar, bobinar, rebobinar, encarretar ‖ ~ (Seil), aufdrehen / destorcer ‖ ~, zu Knäueln wickeln (Garn) / ovillar ‖ ~, loswickeln (Spinn) / desarrollar, desenrollar ‖ ⁓ *n*, Aufrollen *n* / arrollamiento *m*, enrollamiento *m*, rebobinado *m*
Aufwickel•rolle, **-spule** *f* (Foto, Magn.Bd) / carrete *m* arrollador, carrete *m* receptor, bobina *f* receptora, carrete *m* de [re]bobinado ‖ ⁓**trommel** *f* / tambor *m* de arrollamiento ‖ ⁓**vorrichtung** *f* / dispositivo *m* arrollador o enrollador, unidad *f* de arrollamiento ‖ ⁓**walze** *f* (Hütt) / rodillo *m* bobinador
Aufwickler *m* (Kabel) / cabrestante *m* arrollador ‖ ⁓ (Draht) / encarretadora *f*
aufwiegen *vt*, ausgleichen / compensar, equilibrar, contrabalancear, neutralizar
Aufwind *m* (Luftf) / viento *m* ascensional o ascendente, viento *m* convectivo, corriente *f* de aire ascendente
aufwinden *vt*, hochwinden, winschen (Schiff) / izar, elevar, guindar, elevar con güinche ‖ ~, loswinden / desatar ‖ ~, aufbocken (Kfz) / levantar con gato o cric ‖ ⁓ *n*, Hochwinden *n* / izada *f*
Aufwinderdraht *m* (Spinn) / alambre-guía *m*
Aufwinderegler *m* (Tex) / regulador *m* de rebobinado, regulador *m* del plegado
Aufwind•flug *m* (Luftf) / vuelo *m* térmico, vuelo *m* orográfico ‖ ⁓**kraftwerk** *n* (Elektr) / central *f* de viento ascensional
Aufwindung *f*, Aufwinden *n* (Tex) / rebobinado *m*, enrollamiento *m*, arrollado *m*
aufwirbeln *vt* / arremolinar ‖ ~ *vi* / arremolinarse, levantarse en torbellinos, torbellinar
Aufwirbelung *f* (Staub) / remolino *m*
aufwölben *vt* / abombar
Aufwölbung *f* (Geol) / formación *f* de arco, bóveda *f*
Aufwuchs *m* (z.B. Saprobien auf lebenden Körpern) (Abwasser) / crecimiento *m* (p.ej. saprofitas sobre materia orgánica)
aufwühlen *vt* (Boden) / escarbar
Aufwurf *m* (Bau) / relleno *m*, terraplén *m* ‖ ⁓ **eines Grabens** / excavación *f* de una zanja, cresta *f* de una fosa
aufzählen *vt*, zählen / enumerar, contar
Aufzählung *f* / enumeración *f*
aufzeichnen *vt*, vorzeichnen / diseñar, trazar, bosquejar, delinear ‖ ~ (Audio, TV) / grabar ‖ ~ (Instr) / registrar, inscribir ‖ ~ [in Abhängigkeit von] / registrar [en función de] ‖ **per Video ~ od. aufnehmen** / videograbar ‖ ⁓ *n* **einer Übergangsfunktion** / registro *m* de una función de transición
Aufzeichnung *f* (Instr) / registro *m* ‖ ⁓, Diagramm *n* / diagrama *m* ‖ ⁓, Linienzug *m* (Schreibinstr) / traza *f*, línea *f* trazada ‖ ⁓, Niederschrift *f* / protocolo *m*, apunte *m* ‖ ⁓, Notation *f* (allg, DV) / anotación *f*, notación *f* ‖ ⁓ *f* **auf Kassette** (Audio, TV) / grabación *f* de o en cassette ‖ ⁓ **mit konstanter Amplitude** (Audio) / grabación *f* de amplitud constante ‖ ⁓ **mit konstanter Geschwindigkeit** / grabación *f* a velocidad constante ‖ ⁓ **mit Rückkehr nach Null** (DV) / grabación *f* [polarizada] con vuelta a cero ‖ ⁓ **mittels Elektronenstrahl** / registro *m* mediante haz electrónico ‖ ⁓ **nach dem Kellerungsprinzip** (DV) / lista *f* inversa
Aufzeichnungs•abstand *m* (DV) / espaciado *m* de dtos ‖ ⁓**dichte** *f* (DV, Plattenspeicher) / densidad *f* de registro ‖ ⁓**ende** *n* (DV) / fin *m* del soporte de grabación ‖ ⁓**gerät** *n* (Phys) / aparato *m* registrador o de registrar ‖ ⁓**kammer** *f* (Elektronenmikroskop) / cámara *f* registradora ‖ ⁓**kopf** *m* (Magn.Bd) / cabeza *f* de grabaión ‖ ⁓**lampe** *f* (Lichtton) / lámpara *f* fonográfica, lámpara *f* para registro sonoro ‖ ⁓**spur** *f* (DV) / pista *f* de grabación ‖ ⁓**träger** *m* / soporte *m* de diagrama ‖

⁓**träger** (DV, Faksimile) / soporte *m* de grabación o de registro, medio *m* de grabación o de registro ‖ ⁓**trommel** *f* / tambor *m* registrador ‖ ⁓**umfang** *m* / alcance *m* de registro ‖ ⁓**verfahren** *n* (DV, Magn.Bd) / procedimiento *m* de grabación, modo *m* de grabación, método *m* de registro
aufziehbare Schlinge / lazo *m* desatable, nudo *m* corredizo
Aufzieh•baum *m* (Kratze) / barra *f* tensora ‖ ⁓**brett** *n*, Tünchscheibe *f* (Bau) / esparavel *m*
aufziehen *vi*, hochziehen (allg) / elevar, subir, levantar, alzar ‖ ~, fördern (Bergb) / extraer ‖ ~, hissen, winschen (Schiff) / izar, halar, guindar, elevar ‖ ~ (Bot, Landw) / recriar ‖ ~ (Uhr) / dar cuerda ‖ ~ (Gewichtsuhr) / subir las pesas ‖ ~ (Färb) / fijar (colorante) ‖ ~ (auf Leinwand) / montar ‖ **Gestricktes** ~ (Tex) / deshilachar ‖ **im Gärbottich** ~ (Brau) / airear ‖ **warm** ~ (Schm) / poner en caliente, zunchar en caliente ‖ ⁓ *n*, Montage *f* / colocación *f*, montaje *m* ‖ ~ (Brau) / aireación *f* ‖ ⁓ **des Farbstoffes** (Färb) / fijación *f* del colorante, montaje *m* del colorante, absorción *f* del colorante
Aufzieh•fallschirm *m* (Luftf) / paracaídas *m* extractor ‖ ⁓**grad** *m* (Färb) / grado *m* de absorción ‖ ⁓**kleber** *m* (Foto) / pegamento *m* de montaje ‖ ⁓**leine** *f* (Fallschirm) / cuerda *f* de extracción ‖ ⁓**presse** *f* (Masch) / prensa *f* de calar ‖ ⁓**presse** (Foto) / prensa *f* de montar ‖ ⁓**ring** *m* (Fallschirm) / anillo *m* de extracción ‖ ⁓**stange** *f* (Fernm) / barra *f* tirante, tirante *m* ‖ ⁓**vermögen** *n* (Färb) / capacidad *f* de absorción ‖ ⁓**vorrichtung** *f* (Uhr) / mecanismo *m* de cuerda, remontoir *m*
Aufzipfelung *f* (Radar) / lobulización *f*
auf-zu (Fenster) / abierto-cerrado
Aufzucht *f* (Landw) / cría *f*, recría *f*
Aufzug *m*, Kette *f* (Web) / tela *f* ‖ ⁓ (für Personen), Lift *m* / ascensor *m* ‖ ⁓ (Uhr) / mecanismo *m* de cuerda, mecanismo *m* de remontoir o remontuar ‖ ⁓, Aufzuggrad *m* (Rollfilmkamera) / rueda *f* para transportar la película y tensar el obturador ‖ ⁓ **für Lasten** / montacargas *m*, elevador *m* ‖ ⁓ **für Speisen** / montaplatos *m* ‖ ⁓**hebel** *m* (Foto) / palanca *f* tensora del obturador, palanca *f* de avance de la película ‖ ⁓**kasten** *m* (Betonmischer) / caja *f*, tolva *f* de alimentación
Aufzugs•... / de elevación, elevador (adj.) ‖ ⁓**bühne** *f* / plataforma *f* del montacargas ‖ ⁓**feder** *f* (Uhr) / muelle *m* real, resorte *m* de cuerda ‖ ⁓**führer**, Fahrstuhlführer *m* / ascensorista *m* ‖ ⁓**gerüst** *n* / armazón *f* del ascensor ‖ ⁓**grube** *f* (Bau) / fosa *f* del ascensor ‖ ⁓**kabine** *f*, Fahrkorb *m* / cabina *f* del ascensor, coche *m* (ARG) ‖ ⁓**kübel**, -kasten *m* (Bergb) / cangilón *m* ‖ ⁓**maschine** *f* / torno *m* elevador ‖ ⁓**motor** *m* (Elektr) / motor *m* del ascensor o del montacargas ‖ ⁓**rad** *n* (Uhr) / rueda *f* de la cuerda ‖ ⁓**schacht** *m* (Bau) / caja *f* del ascensor, hueco *m* del ascensor ‖ ⁓**seil** *n* / cable *m* del ascensor o del montacargas ‖ ⁓**stängelchen** *n*, Waage *f* (Web) / taralizos *m* ‖ ⁓**steuerapparat** *m*, -steuerung *f* (Elektr) / mando *m* de[l] ascensor o montacargas ‖ ⁓**-Tauenpapier** *n*, Aufzugspapier *n* / papel *m* tímpano
Aufzugsteuerung *f* (als Ganzes) / sistema *m* de control o de mando del ascensor o montacargas
Aufzugs•tür *f* (Glühofen) / puerta *f* de carga (tipo elevador), puerta *f* caediza, puerta *f* levadiza ‖ ⁓**vorrichtung** *f* (f. Fachbildung) (Web) / mecanismo *m* de alza
Aufzug•tür *f* / puerta *f* del ascensor ‖ ⁓**welle** (Uhr) / tija *f* de [la] cuerda ‖ ⁓**winde** *f*, -maschine *f* (Bau, Masch, Schiff) / cabrestante *m*, chigre *m*, torno *m* elevador, mecanismo *m* elevador
aufzunehmende Kraft (Phys) / fuerza *f* a soportar
Auf-Zu-Regler *m*, Zweipunktregler *m* (Masch) / regulador *m* todo o nada
aufzutankendes Flugzeug (Luftf) / avión *m* receptor

Auf-Zu-Ventil *n* / válvula *f* de dos posiciones
Aug•abstand *m* (Gieß, Masch) / distancia *f* entre [centros de] botones ‖ ⁓**abstand**, Augenabstand *m* (Opt) / distancia *f* interocular, distancia *f* entre ojos ‖ ⁓**bolzen** *m* (Masch) / perno *m* con ojete (E) o con ojal (LA), tornillo *m* con ojo ‖ ⁓**bolzen**, Kranöse *f* / perno *m* con ojete u ojal, perno *m* de ojo, ojete *m* para grúa, cáncamo *m* [de ojo]
Auge *n*, Ohr *n*, Öse *f* / ojete *m* (E), ojal *m* (LA) ‖ ⁓, Litzenhäuschen *n*, -auge *n* (Web) / mallón *m*, nudo *m*, ojal *m*, malla *f* ‖ ⁓ *n*, Formauge *n*, -öffnung *f* (Hütt) / boca *f* de tobera ‖ ⁓, Krone *f*, Fläche *f* des Buchstabens am Schriftkegel (Schriftg) / lazo *m* ‖ ⁓ (Gieß) / botón *m*, protuberancia *f*
Augelit *n* (Min) / augelita *f*
Augen•abstand *m* s. Augabstand ‖ ⁓**achse** *f* (Opt) / línea *f* de culminación ‖ ⁓**blende** *f*, -schirm *m* / visera *f* ‖ ~**blicklich**, laufend / momentáneo, en este momento ‖ ~**blicklich**, unmittelbar (o. ohne Zeitverlust) erfolgend, Augenblicks... / inmediato *adj*, inmediatamente *adv*, en el acto
Augenblicks•... / momentáneo, instantáneo ‖ ⁓**belastung** *f* (Masch) / carga *f* momentánea o instantánea ‖ ⁓**frequenz** *f* (Elektr, Fernm) / frecuencia *f* momentánea, frecuencia *f* instantánea ‖ ⁓**pol** *m* (Kinematik) / centro *m* instantáneo de rotación ‖ ⁓**strom** *m* (Elektr) / corriente *f* instantánea ‖ ⁓**wert** *m*, Momentanwert *m* (Elektr, Masch) / valor *m* instantáneo, valor *m* momentáneo ‖ ⁓**wert der akustischen Sprechleistung** / potencia *f* vocal instantánea ‖ ⁓**wert der Schallintensität** / potencia *f* acústica instantánea, energía *f* acústica instantánea ‖ ⁓**zünder** *m*, Momentzünder *m* (Mil) / espoleta *f* instantánea
Augend *m* (Math) / consumando *m*, aditivo *m*, primer sumando *m*
Augen•glas *n*, Augengläser *n pl*, Brille *f* (Opt) / gafas *f pl*, lentes *f pl*, anteojos *m pl* ‖ ⁓**gläser** *n pl* **der Schutzmaske** / ventanas *f pl* ‖ ⁓**hintergrund** *m* (Opt) / fondo *m* del ojo ‖ ⁓**höhe** *f* / altura *f* del ojo ‖ ⁓**lager** *n* (Masch) / cojinete *m* cerrado, soporte *m* de ojo ‖ ⁓**linie** *f*, Sehlinie *f* (Opt) / línea *f* visual ‖ ⁓**linse** *f*, Okular *n* (Opt) / ocular *m*, lente *m* ocular ‖ ⁓**marmor** *m* (Geol) / mármol *m* lumaquela, mármol *m* moteado ‖ ⁓**maß** *n* (Verm) / estimación *f* a simple vista, cálculo *m* a simple vista ‖ **nach** ⁓**maß** / a ojo de buen cubero ‖ **nach** ⁓**maß arbeiten** (Verm) / medir o levantar a ojo (o a la vista) ‖ **gutes** ⁓**maß haben** / tener ojo de buen cubero, tener buen ojo ‖ ⁓**muschel** *f*, Okularmuschel *f* (Opt) / anteojera *f* (del ocular), portaocular *m* de goma ‖ ⁓**optiker** *m* / óptico *m* especializado en gafas, óptico *m* oculista ‖ ⁓**punkt**, Gesichtspunkt *m* (Opt) / centro *m* de proyección ‖ ⁓**refraktometer** *n* (Phys) / refractómetro *m* binocular ‖ ⁓**richtige Anordnung** (Stereobild) / alineación *f* izquierdo-derecho ‖ ~**scheinlich**, offensichtlich / obvio, evidente, aparente, manifiesto, por lo visto ‖ ⁓**scheinlichkeit** *f* / evidencia *f* ‖ ⁓**scheinprüfung** *f* (Qual.Pr.) / inspección *f* visual, examen *m* visual ‖ ⁓**schraube** *f* (Masch) / armella *f*, cancamo *m*, tornillo *m* de armella, tornillo *m* con (o de) ojo ‖ ⁓**schutz** *m* (allg, Masch) / protección *f* de los ojos ‖ ⁓**schutz**, -schirm / pantalla *f* protectora para ojos, visera *f* ‖ ⁓**schutzfilter** *n* / filtro *m* protector o de protección para ojos ‖ ⁓**spiegel** *m* (Med) / oftalmoscopio *m* ‖ ⁓**spleiß** *m* (Kabel) / ojal *m* [de cable] ‖ ⁓**stab** *m* (Stahlbau) / barra *f* con ojo ‖ ⁓**stand Z** *m* (Web) / dirección *f* de ojo "Z" ‖ ⁓**struktur** *f* (Geol) / estructura *f* glandulosa u ojosa ‖ ⁓**trägheit** *f* (Med) / fatiga *f* de la retina ‖ ⁓**trägheit**, Nachwirkung *f* im Auge (Physiol) / persistencia *f* de la visión, persistencia *f* visual [retiniana] ‖ ~**widrige Anordnung** (Stereobild) / alineación *f* derecho-izquierdo

Auger•-Ausbeute *f* (Nukl) / rendimiento *m* de Auger ‖ ⁓**-Effekt** *m* (Nukl) / efecto *m* [de] Auger ‖ ⁓**-Elektron** *n* / electrón *m* de Auger ‖ ⁓**-Elektronenspektroskopie** *f*, AES *f* / espectroscopia *f* electrónica según Auger
Augit *m* (Min) / augita *f* ‖ ⁓**e**, Pyroxene *m pl* (Min) / [grupo de los] piroxenos *m pl* ‖ ⁓**gneis** *m* (Geol) / gneis *m* augítico
Augitit *n* / augitita *f*
Augitporphyr *m* (Geol) / pórfiro *m* negro, pórfido *m* augítico
"**Augmented**"-**Proportionalnavigation** *f* (Radar) / navegación *f* proporcional aumentada
A- und R-Darstellung *f* (Radar) / representación *f* A y R
Auramin *n*, Diphenylmethanfarbstoff *m* (Färb) / auramina *f*
Aurat, Goldsalz *n* (Chem) / aurato *m*, sal *f* áurea
Aureole *f*, Hof *m* (Meteo) / auréola *f*, aureola *f* ‖ ⁓ (Astr) / corona *f*, aureola *f*
Auri•..., Gold(III)-... (Chem) / áurico, auri... ‖ ⁓**chlorid**, Gold(III)-Chlorid *n* / cloruro *m* áurico, auricloruro *m* ‖ ⁓**chlorwasserstoffsäure** *f* / ácido *m* auriclorhídrico
Aurin *n* (Chem) / aurina *f*
Auri•oxid *n* / óxido *m* áurico ‖ ⁓**pigment** *n*, Rauschgelb *n*, Arsenblende *f* (Min) / oropimente *m*, blenda *f* arsenical
Auro•..., Gold(I)-... / auro... ‖ ⁓**diamin** *n*, Knallgold *n* / aurodiamina *f*, oro *m* fulminante
Auronalfarbe *f* (Färb) / colorante *m* auronal
aus, erloschen (Feuer, Licht) / apagado, extinto ‖ ~, hergestellt [aus] / de, hecho [de], a partir [de], fabricado [de] ‖ ~, bestehend aus / compuesto [de]
"**aus**" (z.B. Kühlmittel) (NC, Wzm) / parada *f*
aus - ein (Elektr) / sí - no, conectado - desconectado, abierto - cerrado
"**Aus**", abgeschaltet (Schaltstellung) / "desconectado"
ausarbeiten *vt* / elaborar, acabar, componer ‖ ~, planen / proyectar, planificar, delinear ‖ ~, überarbeiten / repasar, refundir, perfeccionar, dar la última mano ‖ ~, lösen (Math) / solucionar, calcular
Ausarbeitung *f* / elaboración *f* ‖ ⁓, Machart *f* / composición *f* ‖ ⁓, Bearbeitung *f* / mecanizado *m*, acabado *m* ‖ ⁓, Planung *f*, Entwicklung *f* / proyecto *m*, estudio *m*, desarrollo *m* ‖ ⁓ (Text u.A.) / redacción *f* ‖ ⁓ **am Werkstück** (Nut etc.) / escotadura *f* [de material] ‖ ⁓ **im Detail**, Fertigbearbeitung *f* / elaboración *f*, perfeccionamiento *m*
ausarten *vi*, entarten / degenerar
ausästen *vt* (Forstw) / desramar, escamondar ‖ ⁓ *n* / desrame *m*, escamonda *f*
ausatmen *vi* / espirar ‖ ⁓ *n* / espiración *f*
Ausatmungsventil *n*, -klappe *f* (Raumf) / válvula *f* de exhalación
ausbaggern, **die Fahrrinne** ~ (Hydr) / dragar el canal ‖ **nass** ~ / dragar ‖ **trocken** ~ (Bau) / excavar ‖ ⁓ *n* **nass** / dragado *m* ‖ ⁓ **trocken** / excavación *f*
ausbaken *vt* (Luftf, Schiff) / balizar
ausbalancieren *vt* (Masch) / equilibrar, [contra]balancear, contrapesar, tarar, compensar
ausbalancierter Empfänger (Eltronik) / receptor *m* equilibrado
Ausballung *f*, Füllsohle *f* (Schuh) / refuerzo *m* del tenar
Ausbau *m*, Vervollständigung *f* (allg) / completamiento *m* ‖ ⁓, Demontieren *n* (Masch) / desmontaje *m*, extracción *f* ‖ ⁓, Innenausbau *m* (Bau) / trabajos *m pl* interiores, trabajos *m pl* de acabado ‖ ⁓, Erweiterung *f* / ampliación *f*, extensión *f*, construcción *f* adicional, estructura *f* adicional ‖ ⁓, Vorbau *m* / construcción *f* adicional, ensanche *m* ‖ ⁓, Begradigung *f* von Flüssen (Hydr) / reacondicionamiento *m* fluvial ‖ ⁓ (von Straßen) / acondicionamiento *m* (de carreteras) ‖ ⁓, Schachtausbau *m* (Bergb) / fortificación *f* de pozo ‖ ⁓, Grubenausbau *m* (Bergb) / apuntalado *m*, entibación *f*,

fortificación *f* ‖ ≈ **mit Einzelstempeln** (Bergb) / fortificación *f* con estemples sueltos ‖ **den** ≈ **stellen** (Bergb) / entibar, fortificar ‖ **erster** ≈ (Bergb) / fortificación *f* provisional ‖ **nachgiebiger** ≈ (Bergb) / fortificación *f* flexible
Ausbau•anker *m* (Bergb) / bulón *m* de fortificación ‖ ≈**anordnung** *f* (Bergb) / disposición *f* de estemples ‖ ≈**arbeiten** *f pl*, Fertigstellung *f* (Bau) / trabajos *m pl* de acabado, acabado *m*, trabajos *m pl* de terminación ‖ ≈**aufwand** *m* (Bergb) / índice *m* de entibación
ausbaubar, erweiterungsfähig (Anlage) / ensanchable, ampliable ‖ ~, herausnehmbar (Masch) / desmontable ‖ ~ (Projekt) / desarrollable
Ausbaubock *m* (Bergb) / caballete *m* con estemples
ausbauchen *vt*, beulen / abombar ‖ ~, -tiefen; (Blech) / embutir ‖ **sich** ~ / abombarse
Ausbauchung *f*, Wölbung *f* / abombamiento *m*, convexidad *f* ‖ ≈ (als Defekt), Wulstung *f* (Reifen) / hernia *f* ‖ ≈ (Geol) / ensanchamiento *m* ‖ ≈ **für Instrumente** (Raumf) / protuberencia *f* para instrumentos
Ausbauelement *n*, -teil *n* (Bergb) / elemento *m* de entibación
ausbauen *vt*, entfernen, demontieren (Masch) / desmontar, desintegrar, quitar, separar ‖ ~, fertig stellen (allg, Bau) / completar, terminar, acabar ‖ ~, erweitern (Bau) / ampliar, ensanchar, acondicionar ‖ ~ (Flüsse, Straßen) / [re]acondicionar ‖ ~, begradigen (Hydr) / rectificar ‖ ~ (Bergb) / entibar, apuntalar, fortificar
ausbau•fähig, ausbaubar (DV, Masch) / ampliable, extensible ‖ ≈**fähigkeit** *f* **[durch Anbau weiterer Einheiten]** / expansibilidad *f* por unidades adicionales ‖ ≈**gestell** *n* (Bergb) / par *m* acoplado de marcos de entibación ‖ ≈**glied** *n*, -gespann *n* (Bergb) / grupo *m* de elementos de entibación ‖ ≈**hülse** *f* (Lager) / manguito *m* de desmontaje ‖ ≈**leistung** *f* (Masch) / potencia *f* [definitivamente] instalada, capacidad *f* final ‖ ≈**leistung** (Bergb) / velocidad *f* de entibación [por hombre] ‖ ≈**manipulator** *m* (Bergb) / manipulador *m* de la entibación ‖ ≈**maß** *n* (Bau) / dimensión *f* final ‖ ≈**material** *n* (Bergb) / material *m* de entibación ‖ ≈**material** (für den Schacht) / material *m* para entibación del pozo ‖ ≈**möglichkeit** *f* (Bau, Masch) / posibilidad *f* de ensanche, posibilidad *f* de ampliación, posibilidad *f* para ulterior extensión ‖ ≈**möglichkeit**, Demontierbarkeit *f* / desmontabilidad *f* ‖ ≈**plan** *m* (Bau, Masch) / proyecto *m* de ampliación o extensión, plan *m* de ampliación o extensión ‖ ≈**rahmen** *m* (Bergb) / marco *m* de entibación ‖ ≈**regel** *f* (Bergb) / reglamento *m* de entibación ‖ ≈**reihe** *f* (Bergb) / línea *f* de estemples, fila *f* de estemples, hilera *f* de estemples ‖ ≈**rücker** *m* (Bergb) / cilindro *m* para mover la entibación ‖ ≈**schild** *m* (Bergb) / escudo *m* de entibación ‖ ≈**strecke** *f* (Straßb) / trayecto *m* modernizado ‖ ≈**stufe** *f*, Baustufe *f* (Bau, Hydr) / etapa *f* de construcción, etapa *f* terminada ‖ ≈**stützdruck** *m* (kN/m²) (Bergb) / índice *m* de la fuerza aplicada por los estemples ‖ ≈**stützkraft** *f* (kN) (Bergb) / fuerza *f* de sustención [de la entibación] ‖ ≈**teil** *n*, -stück *n* (Eltronik, Masch) / pieza *f* desmontable ‖ ≈**teil** (Bergb) / elemento *m* de entibación ‖ ≈**verhalten** *n* (Bergb) / comportamiento *m* de la entibación ‖ ≈**verluste** *m pl* (Bergb) / pérdidas *f pl* de mineral por entibación ‖ ≈**verspätung** *f* (Bergb) / período *m* entre excavar y entibar ‖ ≈**widerstand** *m* (Bergb) / índice *m* de resistencia de la entibación
aus•beinen (Fleisch) / deshuesar, desosar ‖ ≈**beinung** *f* / deshuese *m*
ausbeißen *vi* (Bergb) / aflorar
ausbessern *vt* (allg) / reparar, arreglar, componer ‖ ~ (spez. Schäden) / resanar ‖ ~, flicken / remendar ‖ ~ (Hütt) / refrescar ‖ **behelfsmäßig** ~ / reparar provisionalmente

Ausbesserung *f*, Ausbessern *n* (allg) / reparación *f*, arreglo *m*, compostura *f*, resanado *m* ‖ ≈ (Straßenbelag) / remiendo *m*, bacheo *m* ‖ ≈ (Tex) / remiendo *m* ‖ ≈ **im Trockendock** (Schiff) / carena *f*, carenadura *f*, reparación *f* en el dique seco
ausbesserungs•bedürftig / que necesita reparación, necesitado de reparación, en mal estado ‖ ≈**dock** *n* (Schiff) / dique *m* de reparación, dique *m* de carena ‖ ≈**gleise** *n pl* (Bahn) / puesto *m* de recorrido ‖ ≈**werkstatt** *f*, -werk *n* / taller *m* de reparaciones ‖ ≈**werkstatt**, -werk *n*, Hauptwerkstätte *f* (Bahn) / taller *m* principal
ausbetonieren *vt* (Bau) / hormigonar
Ausbeuleisen *n*, Gegenhalter *m* (Schm) / sufridera *f*
ausbeulen *vt* / desabollar, alisar
Ausbeulhammer *m* / martillo *m* de desabollar, martillo *m* para aplanar o alisar
Ausbeulung *f* (nach außen) / abolladura *f*
Ausbeulwerkzeug *n* **für Kotflügel** (Kfz) / herramienta *f* para desabollar [para fangos], desabollador *m*
Ausbeute *f* (F.Org) / producto *m*, beneficio *m*, ganancia *f* ‖ ≈ *f*, Leistung *f* (allg) / rendimiento *m*, producción *f* ‖ ≈ *f*, Fertigungsvolumen *n* (F.Org) / volumen *m* de producción ‖ ≈ (Phys) / ganancia *f* ‖ ≈ (Opt) / rendimiento *m* ‖ ≈ **an Bodenschätzen** / producción[es] del subsuelo *f[pl]* ‖ ≈ **des Nachweisgerätes für Gesamtabsorption** (Nukl) / rendimiento *m* de absorción total del detector ‖ ≈**erz** *n* (Bergb) / mineral *m* comercial ‖ ≈**faktor** *m* (Öl) / coeficiente *m* de recuperación, producción *f* final ‖ ≈**gleichung** *f* (Phys) / ecuación *f* de ganancia ‖ ≈**kurve** *f* (Bergb) / curva *f* de rendimiento
ausbeuten, **[nur das Trächtige]** ~ (Bergb) / explotar, beneficiar ‖ **eine Lagerstätte** ~ (Bergb) / explotar un yacimiento
Ausbeutezeche, -grube *f* (Bergb) / mina *f* beneficiosa o productiva
Ausbeutung, Gewinnung *f* (Bergb) / explotación *f*, obtención *f*, beneficiación *f* ‖ ≈, Förderung *f*, Abbau *m* (Bergb) / extracción *f*
ausbeutungsfähig / explotable
ausbiegen *vt*, auswärts biegen (Masch, Schm) / curvar hacia fuera, plegar hacia fuera
ausbilden (Personal), unterweisen / formar, instruir, profesionalizar ‖ ~, Form geben / formar, conformar, desarrollar, dar forma [a]
Ausbilder *m* / instructor *m*
Ausbildung *f*, Gestaltung *f*, Formgebung *f* / conformación *f*, desarrollo *m*, configuración *f* ‖ ≈ (des Personals), Unterweisung *f* / instrucción *f*, formación *f*, enseñanza *f*, orientación *f*, adiestramiento *m* ‖ ≈, Training *n* / entrenamiento *m* ‖ ≈ **in einer Lehrwerkstatt** (F.Org) / enseñanza *f* en un taller-escuela
Ausbildungs•lehrgang *m*, -kurs *m* / cursillo *m* de formación profesional, cursillo *m* de instrucción ‖ ≈**reaktor** *m* (Nukl) / reactor *m* de entrenamiento ‖ ≈**verordnung** *f* / reglamento *m* [federal] de formación profesional ‖ ≈**zeit** *f*, -dauer *f* / período *m* de instrucción, tiempo *m* de instrucción, aprendizaje *m* ‖ ≈**zentrum** *n* / centro *m* de formación profesional
Ausbinden *n* **des Kabelbaums** (Elektr) / trenzado *m* del mazo de cables
Ausbiss *m* (Bergb, Geol) / afloramiento *m*, reventón *m* (Arg, Chile)
Ausblase•hahn, Schlammhahn *m* (Öl) / grifo *m* de purga ‖ ≈**mundstück** *n* (Hütt) / boquilla *f* de purga
ausblasen *vt*, auslöschen / extinguir, apagar soplando ‖ ~, reinigen / limpiar soplando, limpiar a soplos ‖ ≈ (Hochofen), niederblasen (Hütt) / apagar (alto horno), matar al fuego ‖ ≈ *n* / soplado *m* (tb. con aire comprimido)
Ausblas•messpipette *f* / pipeta *f* graduada de soplar ‖ ≈**öffnung** *f* (Hütt) / orificio *m* de salida ‖ ≈**öffnung**

Ausblaspipette

(Web) / orificio *m* de salida, boquilla *f* de soplado ‖ ≃**pipette** *f* / pipeta *f* de soplar ‖ ≃**pistole** *f* / pistola *f* neumática ‖ ≃**rohr** *n* (Hütt) / tubo *m* de purga ‖ ≃**rohr** (Bergb) / tubo *m* para limpiar barrenos ‖ ≃**ventil** *n* / válvula *f* de evacuación, válvula *f* de purga o de soplado ‖ ≃**vollpipette** *f* (Chem) / pipeta *f* ordinaria de soplar
ausbleiben, wegbleiben / faltar, no llegar, no aparecer, no venir, no funcionar, fallar ‖ ~ (elektrischer Strom) / producirse un apagón ‖ ≃ *n*, Wegbleiben *n* / ausencia *f*
ausbleichbarer Absorber (Holografie) / absorbedor *m* descolorante
ausbleichen *vt* (Farbe, Tex) / blanquear, descolorar, desteñir, degradar ‖ ~ *vi* / blanquearse, desteñirse, perder el color ‖ ≃ *n* **der Farbe** / degradación *f*, descoloramiento *m* [gradual], descoloración *f* ‖ ≃ **durch Ozon** (Tex) / descoloración *f* por la acción del ozono ‖ ≃ **in Licht bestimmter Wellenlängen** (Färb) / fototropia *f*
Ausbleichung *f* **des Bodens**, Podsolierung *f* / lavado *m* del suelo
ausbleien *vt* / revestir de plomo
Ausblendebefehl *m* (DV) / instrucción *f* de extracción
ausblenden *vt*, verbergen (DV) / ocultar ‖ ~ (Film) / extinguir lentamente ‖ ~ (DV) / extraer ‖ ~ (Radar) / suprimir ‖ ~ (Opt) / diafragmar gradualmente ‖ ≃ *n* (Eltronik, Radio) / fading *m*, desvanecimiento *m* ‖ ≃ (Radar) / supresión *f* de ecos
Ausblend • [im]puls *m* (Eltronik) / impulso *m* de selección ‖ ≃**stufe** *f* (im Einfallsfeld) (Radar) / doble *m* limitador
Ausblick *m* (Foto) / salida *f* [del] objetivo ‖ ≃**fenster** *n* (Reflexkamera) / ventanilla *f* del visor reflex
ausblühen *vi* (Chem, Min) / eflorescerse ‖ ~, ausschwitzen (Plast) / eflorescer, exsudar ‖ ~, bäumchenartig auswachsen (Galv) / arborizar[se] ‖ ≃ *n* (Vorgang) / eflorescimiento *m*
ausblühend (Chem, Min) / eflorescente, delitescente
Ausblühung *f* (Schw) / ampollas *f pl* ‖ ≃ (Fehler) (Beton, Email, Plast) / eflorescencia *f* ‖ ≃ (Resultat) (Chem) / eflorescencia *f*, delitescencia *f*
Ausblutechtheit *f* (Färb) / solidez *f* al sangrado
ausbluten (Färb) / sangrar, manchar, penetrar ‖ ≃ *n* (Wanderung von Pigmenten) (Pap) / migración *f* de pigmentos ‖ ≃ **von Farbstoff** / sangramiento *m*, sangrado *m* [de la tinta]
ausbogen *vt*, [aus]schweifen / cortar en curva
Ausbohr • arbeit *f* (Masch) / trabajo *m* de taladrar, trabajo *m* de mandrinar, trabajo *m* de perforar ‖ ≃**bank** *f*, -maschine *f* (Wzm) / mandrinadora *f*, mandriladora *f*
ausbohren / taladrar, mandrinar, mandrilar, perforar, tornear interiormente ‖ ~, aushöhlen / ahuecar, horadar ‖ ≃ *n* / mandrinado *m*
Ausbohr • meißel *m* (Wzm) / mandrilador *m*, cuchilla *f* mandriladora ‖ ≃**stange** *f* / barra *f* de mandrilar
ausbojen (Schiff) / posicionar boyas o balizas, balizar, abalizar ‖ ≃ *n* / balizaje *m*, balizamiento *m*
ausbooten *vt* (Schiff) / desembarcar
ausbrechen *vt*, herausbrechen / romper, arrancar (violentamente), requebrar, romperse ‖ ~ (Spinn) / purgar el hilo, quitar las irregularidades ‖ ~ *vi* (Zähne) / romperse (dientes), desportillarse ‖ ~ (Feuer) / declararse ‖ ~ (Vulkan) / entrar en erupción ‖ ~ [hinten] (Kfz) / irse de zaga ‖ **eine Schneide** ~ (Wz) / desportillar el filo ‖ ≃ **einen Ofen** ~ (Hütt) / limpiar un horno ‖ ≃ *n* (aus der Fahrtrichtung) (Kfz, Luftf) / desviación *f* de la dirección ‖ ≃ (Kfz-Heck) / coletazo *m* ‖ ≃ (seitlich), Schleudern *n* (Kfz) / coleada *f* ‖ ≃ **des Kranzes** (Hütt, Konverter) / limpieza *f* de la corona ‖ ≃ **eines Randes** (Masch, Wz) / desportilladura *f* ‖ ≃ **von Teilchen aus der Walzoberfläche** / desprendimiento *m* de partículas

Ausbrechwand *f* (Plast) / pared *f* a romper
ausbreiten *vt* / extender, esparcir ‖ ~, verbreiten (Phys) / propagar, difundir ‖ ~ (Spinn) / extender, desplegar ‖ **sich** ~ (Licht), streuen *vi* / difundirse ‖ **sich** ~ (Eltronik, Phys, Wellen) / propagarse, expandirse
ausbreitend, sich [undefiniert] ~ / difundidor
Ausbreiter *m* (Appretur, Tex) / extensor *m*, ensanchador *m*
Ausbreit • maschine *f* (Tex) / máquina *f* de extender ‖ ≃**maß** *n* (Beton) / dimensiones *f pl* de la [expansión de la] torta de hormigón de partículas de la superficie laminada ‖ ≃**maßprüfung**, Konsistenzprüfung *f*, Slump Test *m* (Beton) / prueba *f* de expansión del hormigón por unidad de tiempo, ensayo *m* de consistencia ‖ ≃**probe** *f* (Walzw) / prueba *f* de aplastamiento
Ausbreitung *f*, Verbreitung *f*, Streuung *f* / diseminación *f*, dispersión *f* ‖ ≃ (auch Feuer) / propagación *f*, extensión *f* ‖ ≃ (Phys, Wellen) / difusión *f*, propagación *f*, dispersión *f* ‖ ≃ (Spinn) / extendido *m* de la tela del rodillo ‖ ≃ (Brand) / propagación *f*, extensión *f* ‖ ≃, Verbreitungsgebiet *n* (Radio, TV) / zona *f* de cobertura, alcance *m* ‖ ≃ **im Raum** (Eltronik) / propagación *f* en (o por) el espacio
Ausbreitungs • diagramm *n* (TV) / diagrama *m* de propagación, diagrama *m* de radiación directa ‖ ≃**faktor** *m*, Hyaluronidase *f* (Biol) / hialuronidasa *f* ‖ ≃**geschwindigkeit** *f* (Phys) / velocidad *f* de propagación ‖ ≃**-Koeffizient** *m* (Flüssig-Fest) / coeficiente *m* de extensión, tensión *f* de extensión ‖ ≃**konstante** *f*, -faktor *m* (Phys) / factor *m* de propagación, constante *f* de propagación ‖ ≃**richtung** *f* / dirección *f* de propagación ‖ ≃**spannung** *f* (Eltronik) / tensión *f* de propagación, tensión *f* sincrónica ‖ ≃**verlust** *m* (Eltronik) / pérdida *f* por propagación ‖ ≃**vermögen** *n* (Wärme) / capacidad *f* de propagación, capacidad *f* de difusibilidad ‖ ≃**widerstand** *m* (Opt) / resistencia *f* de difusión o radiación ‖ ≃**widerstand** (Elektr) / resistencia *f* de la placa de tierra, resistencia *f* a la propagación ‖ ≃**widerstand** (Halbl) / resistencia *f* de difusión, resistencia *f* de extensión
Ausbreit • versuch *m* **an Hohlkörpern** (Schw) / ensayo *m* de aplastamiento ‖ ≃**walze** *f* (Spinn) / rodillo *m* extensor, rodillo *m* ensanchador, cilindro *m* ensanchador
Ausbrennartikel *m* (Tex) / artículo *m* corroído
ausbrennen *vt* / quemar [completamente o del todo], requemar ‖ ~ (Keram) / cocer a su punto ‖ ~ (Tex) / corroer ‖ ~, reinigen / limpiar con fuego ‖ ~ *vi*, erlöschen *vi* / apagarse, extinguirse, consumir[se] ‖ ~ (Glühlampe) (Elektr) / fundirse ‖ ≃ *n* / limpieza *f* con fuego ‖ ≃, Ätzen *n* (Tex) / corrosión *f*
Ausbrennerseide *f* (Tex) / seda *f* corroída
Ausbrenn • [kipp]rost *m* (Feuerung) / parrilla *f* basculante de extinción ‖ ≃**schacht** *m* (Feuerung) / tolva *f* de apagado ‖ ≃**stoff** *m* (Keram) / material *m* de autopirogenación
ausbringen *vt*, wegschaffen / extraer, eliminar ‖ ~ (Dünger, Saatgut), verteilen / distribuir, dispersar, esparcir ‖ ≃ *n* (Bergb) / aprovechamiento *m* [del mineral] ‖ ≃, Leistung *f* (Masch) / rendimiento *m* [de una máquina], producto *m* neto ‖ ≃, Schrottverbrauch pro t Rohstahl (Hütt) / consumo *m* de chatarra por tonelada de acero bruto ‖ ≃ **in Gew.%** (Bergb) / rendimiento *m* en % de peso, porcentaje *m* en peso
Ausbringung *f* (Landw) / esparcimiento *f*
ausbröckeln *vi* (Stahl) / desmenuzarse, desconcharse, descascarillarse ‖ ~ (Mauer) / desmoronarse
Ausbröckelung *f* (Glas, Keram) / desportilladura *f* ‖ ≃ (Stahl) / desmenuzamiento *m*, desconchamiento *m*, descascarillado *m*
ausbröseln *vt*, auszwicken (Glasschleifer) / descantillar

112

Ausbruch *m* (Tunnel) / excavación *f*, hueco *m* ‖ ≈, Öffnung *f* (Bergb) / anchurón *m*, excavación *f*, hueco *m* ‖ ≈, Eruption *f* (Öl) / reventón *m*, erupción *f* (Arg) ‖ ≈ (Feuer) / declaración *f* [de un incendio] ‖ ≈, Teilausschnitt *m* (Zeichn) / vista *f* de una sección parcial ‖ ≈**beben** *n* (Geol) / terremoto *m* eruptivo o volcánico ‖ ≈**empfindlichkeit** *f* (Bergb) / índice *m* de rotura media [del techo] ‖ ≈**gestein** *n* (Geol) / piedras *f pl* eruptivas ‖ ≈**leistung** *f* (Bergb) / velocidad *f* de avance ‖ ≈**querschnitt** *m* (Bergb) / sección *f* de excavación ‖ ≈**schieber** *m*, -verhüter *m* (Öl) / impiderreventones *m*, válvula *f* de emergencia (Venezuela), armadura *f* de seguridad (Arg)
ausbrühen *vt [vi]* (Tex) / escaldar[se]
ausbrüten *vt* (Biol, Landw) / incubar, empollar
ausbüchsen *vt*, -buchsen (Masch) / encasquillar, poner un casquillo, forrar
ausbuchten, sich ~ (Holz u.Ä.), sich ausbiegen / abombarse, ensancharse ‖ **sich** ~ (Blech) / embutirse
Ausbuchtung *f* / abombamiento *m*, convexidad *f*, encorvadura *f*, curvatura *f* ‖ ≈ (Bau) / vuelo *m* ‖ ≈, Erweiterung *f* / ensanchamiento *m*
ausbürsten *vt* (Tex) / cepillar, acepillar, limpiar cepillando ‖ ≈ *n* / cepillado *m*, [a]cepilladura *f*
ausdampfen *vt* (Flüssigkeit) / [hacer] evaporar
ausdämpfen *vt* (z.B. Fässer) / tratar con vapor (por ej. barriles) ‖ ≈ ~ (Zuck) / evaporar
Ausdämpfwasser *n* (Zuck) / agua *f* de evaporación
Ausdauer, Haltbarkeit *f* / duración *f*, estabilidad *f*, durabilidad *f* ‖ ≈, Hartnäckigkeit *f* / resistencia *f*, persistencia *f*, tenacidad *f* ‖ ≈, Stärke *f* / vigor *m*
ausdauernd, perennierend (Bot) / perenne
Ausdeckmuster *n* (Tex) / dibujo *m* de cubrición
ausdehnbar, dehnbar / extensible, dilatable
Ausdehnbarkeit *f* (eindimensional), Dehnbarkeit *f* (Wärme) / extensibilidad *f* ‖ ≈ (dreidimensional), -dehnungsvermögen *n*, -dehnungsfähigkeit *f* (Phys) / expansibilidad *f*, dilatabilidad *f*
ausdehnen, spannen / extender, alargar ‖ ~, vergrößern / engrandecer, aumentar, incrementar ‖ ~, verlängern / alargar, prolongar ‖ ~, ziehen / estirar, expandir ‖ ~, erweitern / ampliar, dilatar, ensanchar ‖ **sich** ~ (Phys) / extenderse, dilatarse, expandirse
Ausdehnung *f* (mechan.) (Phys) / expansión *f* ‖ ≈ (thermisch) (Phys) / dilatación *f* por calor ‖ ≈, Abmessung *f* / dimensión *f*, envergadura *f* ‖ ≈, Aufblähung *f* (Phys) / inflación *f*, dilatación *f* ‖ ≈ *f*, -breitung *f* (räumlich) (Phys) / extensión *f* ‖ ≈, -dehnen *n*, Streckung *f* / extensión *f*, alargamiento *m* ‖ ≈, Ausweitung *f*, Erweiterung *f* / extensión *f*, ensanchamiento *m*, ampliación *f*
Ausdehnungs•..., ausdehnend... / expansivo ‖ ≈**arbeit** *f* (Masch) / trabajo *m* de expansión ‖ ≈**bogen** *m*, -kompensator *m* (Rohr) / lira *f* de dilatación ‖ ≈**fuge** *f* (Bau, Masch) / junta *f* de dilatación, junta *f* corrediza o deslizante ‖ ≈**gefäß** *n* (Heizung) / recipiente *m* de expansión o dilatación, depósito *m* de expansión ‖ ≈**gefäß** (Trafo) / recipiente *m* de expansión (para aceite) ‖ ≈**hub** *m* (Mot) / carrera *f* de expansión, golpe *m* de expansión, tiempo *m* de expansión ‖ ≈**koeffizient** *m* (Phys) / coeficiente *m* de dilatación ‖ ≈**koeffizient** (Gas) / factor *m* de expansibilidad ‖ ≈**kraft** *f* (Phys) / fuerza *f* expansiva ‖ ≈**kupplung** *f* (Masch) / acoplamiento *m* de dilatación ‖ ≈**legierung** *f* / aleación *f* dilatable ‖ ≈**membran** *f* / membrana *f* de dilatación ‖ ≈**messer** *m*, Extensometer *n* (Instr, Phys) / extensómetro *m* ‖ ≈**rohr** *n*, Wellrohr *n* (Masch) / tubo *m* ondulado, tubo *m* de expansión ‖ ≈**rohrverbindung** *f* / junta *f* de compensación para tubos, unión *f* compensadora de tubos ‖ ≈**thermometer** *n* / termómetro *m* de dilatación ‖ ≈**ventil** *n* / válvula *f* de expansión [de alivio] ‖ ≈**vermögen** *n*, -kraft *f* (Phys) / capacidad *f* expansiva, capacidad *f* de dilatación, poder *m* expansivo, expansibilidad *f* ‖ ≈**vermögen** (von Gasen) / expansibilidad *f* de gases
ausdocken *vt* (Schiff) / sacar del dique
ausdrehen *vt* (Hahn, Schalter), abdrehen / cerrar (el grifo), apagar (la luz) ‖ ≈ ~ (Wzm) / tornear interiores o interiormente, mandrinar, mandrilar ‖ ≈ *n* (Wzm) / mandrilado *m*
Ausdreh•futter *n*, Innen[spann]futter *n* (Wzm) / mandril *m* de sujeción interior ‖ ≈**haken** *m* (Drechsler) / gancho *m* circular ‖ ≈**kopf** *m* / cabezal *m* para interiores, cabezal *m* de rebajar ‖ ≈**meißel** *m* (Wzm) / útil *m* de mandrilar, útil *m* de tornear interiores, herramienta *f* de rebajar
Ausdrehung *f*, Einschnitt *m* (Wzm) / rebajo *m*
ausdringen *vi* (z.B. Gas), entweichen / escapar ‖ ≈ *n*, Entweichen *n* / escape *m*, fuga *f*
Ausdruck *m* (allg, Math) / término *m*, expresión *f* ‖ ≈, Glied *n* (DV) / elemento *m* ‖ ≈, Hardcopy-Ausgabe *f* (DV) / salida *f* de copia impresa ‖ ≈ ~ (Druck) / impresión *f* ‖ **zum** ~ **kommen** (Math) / manifestar[se]
Ausdrück•anschlag *m* (Plast) / tope *m* del expulsor ‖ ≈**bolzenfeder** *f* (Plast) / muelle *m* expulsor
ausdrucken *vt* (DV) / imprimir [el contenido de la memoria] ‖ ~ (Druck) / imprimir, terminar la impresión ‖ ≈ *n* (DV) / impresión *f*
ausdrücken *vt*, -pressen, -quetschen (allg) / exprimir, estrujar, extruir ‖ ~, -werfen, -stoßen (Plast) / expulsar ‖ ~ (Koks aus dem Ofen) / desenhornar, deshornar, descargar ‖ ≈ *n* **von oben**, Abstreifen *n* vom Stempel (Plast) / expulsión *f* desde arriba ‖ ≈ **von unten** (Plast) / expulsión *f* desde abajo
Ausdrücker-Verbindungsstange *f* (Plast) / barra *f* de expulsión, vástago *m* expulsor
Ausdrück•kolben *m* (Plast) / pistón *m* de expulsión ‖ ≈**maschine** *f* **für Koks** (Hütt) / desenhornadora *f* de coque, aparato *m* descargador de coque ‖ ≈**platte** *f* (Plast) / placa *f* portaexpulsores
Ausdruckqualität *f* (DV) / calidad *f* de impresión
Ausdrück•rahmen *m*, Ausheberrahmen *m* (Plast) / bastidor *m* de expulsión ‖ ≈**schraube** *f* (Plast) / tornillo *m* de eyección ‖ ≈**seite** *f* (Hütt, Koks) / lado *m* de descarga ‖ ≈**stange** *f* (Hütt) / barra *f* de descarga, varilla *f* de descarga ‖ ≈**stift** *m* (Plast) / expulsor *m* ‖ ≈**traverse** *f* (Plast) / barra *f* [de unión] de los expulsores, travesaño *m* ‖ ≈**tube** *f* **für Paste** (Pharm) / tubo *m* de exprimir (para pasta) ‖ ≈**ventil** *n* (U-Boot) / válvula *f* expulsora
Ausdrusch *m* (das Ergebnis) (Landw) / resultado *m* de la trilla, trilladura *f*
ausdünnen *vt* (Forstw, Landw) / aclarar, ralear
ausdünsten *vt vi* (Umw) / exhalar, despedir [vahos], evaporarse
Ausdünstung *f*, Exhalation *f*, Brodem *m* (Umw) / exhalación *f*, evaporación *f*, vaho *m*, perspiración *f*
auseinander, in Teile zerlegt / aparte, despiezado, desmontado ‖ ~, getrennt / separado ‖ ~ **brechen** *vt [vi]* / romper[se], partir[se] ‖ ~ **drehen**, aufdrehen / destorcer ‖ ~ **fallen** / caer en pedazos ‖ ~ **falten**, -breiten / desplegar, desdoblar ‖ ~ **fliegen**, explodieren / estallar ‖ ~ **gehen**, -laufen / divergir ‖ ~ **gehen**, zerfallen / descomponerse, desintegrarse, deshacerse, dislocarse ‖ ~ **gehen lassen** / hacer divergir ‖ ~ **gehend** / divergente ‖ ~ **gezogener** Perspektivschnitt *m*, Explosionszeichnung *f* / vista *f* desarrollada ‖ ~ **halten**, unterscheiden / distinguir, diferenciar [entre] ‖ ~ **liegend** / separado, aislado ‖ ~ **nehmen**, zerlegen / desmontar, deshacer, despiezar, desarmar, descomponer ‖ ~ **reiben** / distribuir frotando ‖ ~ **reißen**, aufreißen *vt vi* / desgarrar, romper [abriendo] ‖ ~ **rücken**, Abstände vergrößern / apartar, espaciar, distanciar ‖ ~ **schrauben** / desmontar la unión roscada, desenroscar,

auseinander

destornillar ‖ ~ **spreizen** (Eisen) (Bau) / formar patas, abrir en forma de patas ‖ ~ **strebend**, divergierend / divergente ‖ ~ **treiben** / separar, partir ‖ ~ **wickeln** / desenrollar ‖ ~ **ziehen**, längen / alargar, extender, estirar ‖ **weit** ~ / muy distante[s] entre sí
Auseinander•driften *n* **der Kontinente**, Kontinentaldrift *f* / deriva *f* de los continentes ‖ ˜**driften** *n* **des Meeresbodens** (Ozean) / deriva *f* del fondo marino, expansión *f* oceánica ‖ ˜**fahren** *n* (Maschinenteile) / separación *f* ‖ ˜**fliegen** *n* / estallido *m*, voladura *f* ‖ ˜**gehen** *n*, Divergenz *f* / divergencia *f*
auseinandernehmbar (Masch) / desmontable, desarmable, despiezable ‖ ~**e Kette** / cadena *f* de elementos desmontables
auserlesen, sorgfältig ausgewählt / elegido, escogido, selecto, seleccionado
ausethern *vt* (Chem) / sacudir con éter [en el embudo separador], agotar con éter
ausfachen *vt* (Tischl) / dotar de anaqueles ‖ ~ (Bau) / mampostear (una celosía)
ausfächern *vi*, sich verzweigen (DV) / ramificarse
Ausfächerung *f* (DV) / ramificación *f*, desplegamiento *m* en abanico
Ausfachung *f* (Bau) / forjado *m* de ladrillos
Ausfachungsstab *m* (Stahlbau) / barra *f* de celosía
ausfädeln *vt* (Tex) / desenhebrar ‖ ~ (sich) (Ggs: sich einfädeln) (Verkehr) / salir[se] de la corriente de tráfico
Ausfädelung *f* **des Verkehrs** / salida *f* de la corriente de tráfico
Ausfahrarm *m*, Teleskoparm (Roboter) / brazo *m* telescópico
ausfahrbar (Masch) / extensible, telescópico, retráctil ‖ ~ (Elektr, Schalter) / deslizable [sobre carril] ‖ ~ (Turmkran) (Bau) / [con efecto] telescópico (grúa) ‖ ~**er Herd** (Hütt) / horno *m* móvil, horno ~ desplazable ‖ ~**e Hilfsstütze** (Autokran) / estabilizador *m*, pata *f* extensible, pata *f* telescópica ‖ ~**er Solarzellenträger** *m* (Raumf) / soporte *m* deslizable de células solares
ausfahren *vt* (Ausleger) / extender, desplegar ‖ ~, herausziehen (Einschub) (Eltronik) / deslizar (chasis) ‖ ~ (Ofen) / des[en]hornar ‖ ~ (Kurve) (Kfz) / no cortar una curva ‖ ~ (Antenne, Leiter), hochfahren / subir ‖ ~ (Sehrohr) (Schiff) / subir (el periscopio) ‖ ~, zerfurchen (Straß) / desgastar, trillar ‖ ~ *vi* (Bergb) / subir, ascender ‖ ~ (z.B. Kolbenstange) (Masch) / salir (p.ej. vástago de émbolo) ‖ **das Fahrgestell** ~ (Luftf) / [hacer] salir el tren de aterrizaje, bajar el tren de aterrizaje, desplegar el tren de aterrizaje ‖ **den Durchlass einer Brücke** ~ / abrir el puente ‖ **voll** ~ (Wagen) (Kfz) / ir a todo gas, alcanzar la velocidad máxima ‖ ~ *n* **des Fahrgestells** (Luftf) / salida *f* del tren de aterrizaje
Ausfahr•gerät *n* (Schiff) / aparato *m* retráctil, instrumento *m* retráctil ‖ ˜**gleis** *n* (Bahn) / vía *f* de salida (E), vía *f* de partida (LA) ‖ ˜**gruppe** *f* (Bahn) / haz *m* de salidas, patio *m* de recibo (Mej) ‖ ˜**höhe** *f* **des Stromabnehmers** (Bahn) / altura *f* de salida del pantógrafo ‖ ˜**schacht** *m* (Bergb) / pozo *m* de ascenso, pozo *m* de subida o salida ‖ ˜**signal** *n* (Bahn) / señal *f* de salida
Ausfahrt *f*, Torweg *m* (Bau) / salida *f*, puerta *f* cochera ‖ ˜ (Bahn) / salida *f*, recorrido *m* de salida ‖ ˜ (Autobahn) / salida *f* ‖ ˜ (Bergb) / ascenso *m* de los mineros, subida *m* de los mineros ‖ ˜ **freihalten!** / ¡ no aparcar - salida de vehículos !, vado *m* permanente (E)
Ausfahrtsstrecke *f* (Tunnel) / zona *f* de salida
Ausfahrwagen *m* (Walzw) / carro *m* de salida
Ausfall *m*, Ergebnis *n* (F.Org) / resultado *m* ‖ ˜, Defekt *m*, Panne *f* (Kfz, Masch) / fallo *m*, defecto *m*, avería *f*, fracaso *m*, deterioro *m* ‖ ˜, Stillstand *m* (DV) / parada *f* ‖ ˜ *m*, Mangel *m*, Fehlen *n* / falta *f*, deficiencia *f* ‖ ˜, Verlust *m* / pérdida *f*, merma *f*, déficit *m* ‖ ˜, Unterbrechung *f* / interrupción *f*, intermitencia *f* ‖ ˜, radioaktiver Niederschlag (Nukl, Umw) / precipitación *f* radiactiva ‖ ˜ **eines Zuges** (Bahn) / suspensión *f* de un tren ‖ ˜ **infolge Blitzschlag** (Fernm) / fallo *m* por la acción del rayo ‖ ˜**-Autobahn** *f* (Verkehr) / autopista *f* de salida o de acceso, autovía *f* de salida o de acceso
ausfällbar (Chem) / precipitable
Ausfall•dauer *f* (Masch) / duración *f* de la avería o del recorrido ‖ ˜**dichte** *f* (Eltronik) / mortalidad *f*
ausfallen *vi* (gut/schlecht) (Ergebnis) / resultar (bien o mal), salir ‖ ~, herausfallen / caer[se] ‖ ~, versagen, defekt werden (Kfz, Masch) / fallar, fracasar, sufrir una avería ‖ ~, nicht stattfinden / no tener lugar, suspenderse ‖ ~, aussetzen / fallar, interrumpir
ausfällen *vt[vi]* (Chem) / precipitar[se] ‖ ˜ *n* (Chem) / precipitación *f*
ausfallend (z.B. Lichtstrahl), -tretend (Opt, Phys) / emergente (rayo)
Ausfall•folge *f*, Auswirkung *f* eines Fehlers (F.Org) / efecto *m* de un fallo, efecto *m* de una deficiencia ‖ ˜**gliederung** *f* **nach Schwere der Auswirkung** / clasificación *f* de fallos según su efecto ‖ ˜**haftung** *f* / garantía *f* en caso de avería ‖ ˜**häufigkeit** *f* (Masch) / frecuencia *f* de fallos ‖ ˜**häufigkeitsdichte** *f* / densidad *f* de [frecuencia de] averías o fallos ‖ ˜**häufigkeitsverteilung** *f* (Stat) / distribución *f* de la frecuencia de fallos ‖ ˜**kosten** *pl* (F.Org, PERT) / costes *m pl* a causa de inactividad, pérdidas *m pl* a causa de inactividad ‖ ˜**kriterien** *n pl* (Masch) / criterios *m pl* de avería, criterios *m pl* de deficiencia ‖ ˜**muster** *n* (Pap) / muestra *f* de fabricación, muestra *f* de referencia ‖ ˜**musterbogen** *m* / hoja-muestra *f* ‖ ˜**öffnung** *f* (b. Durchstoßofen) / boca *f* de descarga ‖ ˜**probe** *f*, Ausfallmuster *n* (Gieß) / muestra *f* de garantía ‖ ˜**quote** *f*, -rate *f* (Stat) / cuota *f* de deficiencia, índice *m* de fallos, tasa *f* de fallos ‖ ˜**rate** *f* (Halbl) / cuota *f* de mortalidad, índice *m* de mortalidad ‖ ˜**rutsche** *f* (Walzw) / resbaladera *f* de descarga ‖ ˜**sicher** (Masch) / seguro contra fallos, a prueba de fallos o avería, de seguridad total ‖ ˜**straße** *f* (Verkehr) / carretera *f* de salida, arteria *f* de salida o de acceso ‖ ˜**summenhäufigkeit** *f*, Ausfallsatz *m* (Stat) / frecuencia *f* acumulada de fallos ‖ ˜**summenverteilung** *f* (Qual.Pr., Stat) / distribución *f* acumulativa de fallos ‖ ˜**ursache** *f* (Masch) / causa *f* de la avería, causa *f* del fallo ‖ ˜**vorhersage** *f* (DV) / pronóstico *m* de fallos ‖ ˜**wahrscheinlichkeit** *f* (Stat) / probabilidad *f* de [sufrir una] avería ‖ **bedingte o. temporäre** ˜**wahrscheinlichkeit** / probabilidad *f* condicional de [sufrir una] avería ‖ ˜**winkel** *m* (Opt) / ángulo *m* de reflexión ‖ ˜**zeit** *f* (DV) / tiempo *m* de parada o de paralización o de inactividad ‖ ˜**zeit** (Fahrzeug) (Bahn) / período *m* de inmovilización ‖ ˜**zeit**, Totzeit *f* (F.Org) / tiempo *m* improductivo ‖ ˜**zeitpunkt** *f* (Masch) / momento *m* de fallo
ausfaltbares System (Raumf) / sistema *m* desplegable
ausfalzen *vt* (Tischl) / machihembrar
Ausfalzung *f* / entalladura *f*
ausfärben *vt* (Färb) / dar el último tinte
ausfasern *vt [vi]* (Tex) / deshilachar[se], desfibrar[se]
ausfassen vom Lager (F.Org) / tomar del almacén
Ausfassliste *f* (Lager) / lista de artículos a retirar *f*
Ausfaulbehälter *m* (Abwasser) / recipiente *m* de putrefacción o fermentación
ausfaulen lassen / hacer podrir, fermentar
ausfeilen *vt* / limar, ahuecar con la lima
Ausfertigung, in zweifacher ˜ / por duplicado, por doble ejemplar
ausfiltern *vt* (Chem, Pharm) / extraer filtrando o por filtración
Ausfilterung *f* (Chem, Pharm) / extracción *f* por filtración

Ausfilterungskondensator *m* (Eltronik) / capacitor *m* eliminador de banda
Ausflecken *n* (Repro) / retoque *m*
ausfleischen *vt* (Gerb) / descarnar ‖ ⁓ *n*, Ausfleischung *f* (Gerb) / descarnado *m*, descarnadura *f*
Ausfleisch•maschine *f* / máquina *f* descarnadora ‖ ⁓**messer** *n* (Gerb) / cuchilla *f* de descarnar, descarnador *m*
ausflicken *vt*, -bessern (Bau, Tex) / remendar, repasar ‖ ⁓ (Straßb) / bachear ‖ ⁓ *n* (Straßb) / bacheo *m* ‖ ⁓, Ausfüttern *n* (Bau) / remiendo *m*
ausfließen *vi* / derramarse, escurrirse, verterse, emanar [de], salirse, vaciarse
ausfließend, ausströmend (Phys) / efluente
ausflocken *vi* (Chem) / flocular, precipitar por floculación
Ausflockung *f* / floculación *f*
Ausflockungsmittel *n* / [agente] floculante *m*
ausfluchten *vt* (Kfz, Verm) / alinear ‖ ⁓ *n* **von Rädern** (Kfz) / alineación *f* o alineamiento de ruedas
Ausfluchtung *f*, Ausfluchten *n* (Bau, Verm) / alineación *f*
Ausflug, Spaziergang *m* (im All) (Raumf) / excursión *f* espacial ‖ ⁓**schneise** *f* (Luftf) / corredor *m* de salida
Ausfluss *m*, Entleerung *f* (Masch) / salida *f*, descarga *f*, evacuación *f*, desagüe *m*, vaciado *m*, purga *f* ‖ ⁓ (Phys) / efluvio *m*, emisión *f*, emanación *f*, efluencia *f* ‖ ⁓, Ablauf *m* (Hydr) / desagüe *m*, salida *f* ‖ ⁓ (Radioaktivität) / efluvio *m*, emanación *f* ‖ ⁓**blende** *f*, -stauscheibe *f* (Masch) / diafragma *m* regulador de la descarga ‖ ⁓**düse** *f* (Masch) / tobera *f* de salida, boquilla *f* de salida ‖ ⁓**gefäß** *n* (Mess) / recipiente *m* medidor de corriente ‖ ⁓**geschwindigkeit** *f* **des Stoffstrahls** (Pap) / velocidad *f* de salida del chorro de pasta ‖ ⁓**kanal** *m* (Masch) / canal *m* de descarga, canal *m* de salida ‖ ⁓**koeffizient** *m* (Hydr) / coeficiente *m* de efluencia ‖ ⁓**menge** *f* / cantidad *f* de salida o de descarga, volumen *m* de salida ‖ ⁓**monitor** *m* (Umw) / monitor *m* de efluencia o de descarga ‖ ⁓**öffnung** *f*, Ausfluss *m* (Masch) / orificio *m* de descarga o de salida, abertura *f* de descarga o de salida ‖ ⁓**rohr** *n*, Effuser *m* (Luftf) / efusor *m*, tubo *m* efusor ‖ ⁓**röhre** *f*, -rohr *n* (Masch) / tubo *m* de descarga o de salida, caño *m* de desagüe ‖ ⁓**seite** *f* **der Pumpe** / lado *m* de descarga de la bomba ‖ ⁓**stutzen** *m* / tubuladura *f* de salida o de purga, tubuladura *f* de descarga ‖ ⁓**ventil** *n* / válvula *f* de descarga o de salida o de alivio, válvula *f* de purga ‖ ⁓**winkel** *m* **von staubförmigem Gut** / ángulo *m* [del cono] de salida de productos pulverulentos ‖ ⁓**zeit** *f* (Teerprüf) / tiempo *m* de salida, duración *f* de salida
ausfördern *vt*, fördern, gewinnen, abbauen (Bergb) / extraer, explotar
Ausformanlage *f* (Butter) (Landw) / moldeadora *f* (de mantequilla)
ausformen *vt* (Gieß) / desmoldar, sacar del molde ‖ ⁓ *n* (Gieß) / desmolde *m*
Ausformfinger *m* (Gieß) / dedo *m* de desmolde
Ausforming (Verformung durch Walzen vor dem Übergang aus metastabilem austenit. in martensitischen Bereich) (Hütt) / ausforming *m*
Ausformstahl *m* / acero *m* maleable y deformable
ausfransen *vt* (Tex) / deshilachar, deshilar, desflecar ‖ ⁓ *vi* / deshilacharse ‖ ⁓ *n* (Tex) / deshiladura *f* ‖ ⁓ (Opt) / deshilachadura *f*
ausfräsen *vt* (Druck) / fresar ‖ ⁓ (Wzm) / quitar fresando, fresar, rebajar a fresa ‖ ⁓ *n* (Vorgang) / fresadura *f*, fresado *m*
Ausfräsung *f*, ausgefräster Rand (Schloss, Tischl) / borde *m* fresado
ausfressen, korrodieren (Hütt) / corroer
Ausfressung *f* / corrosión *f*
ausfrieren *vt* / separar por congelación ‖ **den Boden** ⁓ (Landw) / aflojar el suelo por las heladas

Ausfriertasche, Kühlfalle *f* (Vakuum) / trampa *f* refrigeradoraa o de refrigeración
Ausfugekelle *f* (Maurer) / paleta *f* de rejuntar, llana *f* de rejuntar (E), cuchara *f* de rejuntar (LA), llaguero *m*
ausfugen *vt* (Maurer) / tapar las juntas, llaguear ‖ **[wieder]** ⁓ / rejuntar ‖ ⁓ *n* / llagueado *m*
Aus•fugmasse *f* / masa *f* para juntas ‖ ⁓**führbalken**, Austrittsbalken *m* (Walzw) / barrón *m* de salida
ausführbar, machbar / ejecutable, factible, realizable, viable, practicable
Ausführbarkeit *f* / viabilidad *f*, factibilidad *f*
ausführen *vt*, durchführen / ejecutar, realizar, efectuar, practicar, poner en práctica, llevar a cabo, ejercer, verificar ‖ ⁓ (Bau) / construir, erigir
ausführlich *adj adv*, umfassend / extenso, amplio, detallado, por extenso, con todo detalle
Ausführmeißel, -hund *m* (Walzw) / guía *f* de salida
Ausfuhrprämie *f*, Exportprämie *f* / prima *f* de o a la exportación
Ausführung *f*, Realisierung *f*, Durchführung *f* / realización *f*, ejecucción *f*, puesta *f* en práctica ‖ ⁓, Gestaltung *f* / construcción *f*, concepción *f*, realización *f* ‖ ⁓ *f*, Oberfläche *f* / acabado *m* ‖ ⁓, Typ *m*, Modell *n* / tipo *m*, modelo *m*, versión *f*, ejecución *f*, diseño *m* ‖ ⁓, Bauart *f* (Herkunftsangabe) / producto *m* fabricado [por o en] ‖ ⁓**en** *f pl* [über] / exposición *f* [de], comentario *m* [sobre], explicación *f* ‖ ⁓ **I, II usw** / modelo I, II etc. ‖ ⁓ *f* **grob**, (bisher:) roh (U'scheibe) / acabado *m* grueso ‖ ⁓ **mittel**, (bisher:) blank (U'scheibe) / acabado *m* medio ‖ ⁓ **von Einzel- o. Kundenaufträgen** / ejecución *f* de pedidos individuales de clientes ‖ **beste** ⁓ / la *f* mejor ejecución ‖ **übliche** ⁓ (Produkt), Normal-Ausführung *f* / ejecución *f* normal o corriente, modelo *m* corriente
Ausführungs•analyse *f* (DV) / análisis *m* de ejecución ‖ ⁓**art** *f* / modo *m* de ejecución, tipo *m* de ejecución ‖ ⁓**arten** *f pl* / tipos *m pl* ‖ ⁓**befehl** *m* (DV) / instrucción *f* de ejecución ‖ ⁓**bestimmungen** *f pl* / normas *f pl* de aplicación, disposiciones *f pl* reguladoras ‖ ⁓**draht** *m* (DV) / alambre *m* de salida ‖ ⁓**entwurf** *m* / proyecto *m* de realización ‖ ⁓**form** *f* / forma *f* de ejecución, tipo *m* de construcción ‖ ⁓**genauigkeit** *f* / exactitud *f* de ejecución, precisión *f* de ejecución ‖ ⁓**kanal** *m*, -gang *m* (Hydr, Masch) / canal *m*, conducto *m* ‖ ⁓**phase** *f* (Bau, DV) / fase *f* de ejecución ‖ ⁓**plan** *m* (F.Org) / plan *m* de ejecución ‖ ⁓**planung** *f* (F.Org, Netzplan) / planificación *f* de ejecución ‖ ⁓**qualität** *f* / calidad *f* de ejecución o de puesta a puno ‖ ⁓**walze** *f* (Strangguss) / rodillo *m* de arrastre, rodillo *m* transportador ‖ ⁓**zeichnung** *f* / dibujo *m* de ejecución ‖ ⁓**zeit** *f* (F.Org) / tiempo *m* de ejecución
Ausführzylinder *m* (Druck) / cilindro *m* de salida
ausfüllen *vt*, voll füllen (allg) / llenar, rellenar [de] ‖ ⁓, ausschmieren (Fugen etc.) / llenar, rellenar, rejuntar ‖ ⁓, -schütten (Bau) / cegar, terraplenar ‖ ⁓ (mit Leisten u. dergl.) (Bau) / forrar ‖ ⁓ (Druck) / llenar ‖ ⁓ (Lücke) / llenar un vacío ‖ **ein Formular o. einen Fragebogen** ⁓ / llenar un formulario o un cuestionario ‖ **Fugen** ⁓ (Bau) / tapar juntas, llenar juntas o llagas, rejuntar ‖ **mit Kies oder Steinen** ⁓ (Straßb) / llenar con grava o piedras ‖ ⁓ *n* **von Fehlstellen** (Gieß) / rellenar ‖ ⁓ **von Tanks mit Stickstoff** / llenado *m* de tanques con nitrógeno
Ausfüllung *f*, Ausfüllen *n* (allg, Bau) / llenado *m*, relleno *m*
Ausfüllungs•fäden *m pl* (Tex) / hilos *m pl* de relleno ‖ ⁓**material** *n*, Ausfüllmaterial *n* (Bau, Bergb) / material *m* de relleno
ausfunken *vt* (z.B. abgebrochene Bohrer) / extraer por chispado
ausfüttern *vt* / forrar ‖ ⁓, -kleiden (allg, Tex) / recubrir [interiormente], forrar, revestir [interiormente] ‖ ⁓ (Hydr) / estanqueizar el cauce (por una capa de

115

ausfüttern

arcilla) ‖ ~ (Ofen) / revestir (interiormente) un horno ‖ ~, -streichen (Feuerfest) / revestir [interiormente] con una capa refractaria ‖ ~, polstern / acolchar
Ausfütterung f (Bau) / revestimiento m ‖ ~, dünner geköperter Futterstoff, Futter n (Tex) / forro m ‖ ~, Bandage f (z.B. von Rollen) / bandaje m (por ej. de rodillos) ‖ ~, Futter n (Ofen) / revestimiento m del horno
Ausgabe f, Verteilung f (F.Org) / distribución f, reparto m ‖ ~ (DV) / salida f, información f de salida ‖ ~ (Vorgang) (DV) / proceso m de salida ‖ ~ (Druck) / edición f ‖ ~ **auf Datenträger**, Hardcopy f (DV) / copia f impresa ‖ ~**aufbereitung** f (DV) / preparación f, edición f, compaginación f ‖ ~**band** n (Luftf) / cinta f [transportadora] de maletas ‖ ~**band** (DV) / cinta f de salida ‖ ~**befehl** m (DV) / orden f de salida, instrucción f de salida ‖ ~**bereich** m (DV) / área f de salida ‖ ~**datei** f (DV) / fichero m de salida, archivo m de salida ‖ ~**daten** pl / datos m pl de salida ‖ ~**drucker** m (DV) / impresora f de salida ‖ ~**einheit** f (DV) / unidad f de salida ‖ ~**feinheit** f (NC) / precisión f de salida ‖ ~**gerät** n, Spender m (Masch) / dispositivo m distribuidor, distribuidor m, distribuidora f ‖ ~**gerät** (DV, Eltronik) / dispositivo m de salida, unidad f de salida, periférico m de salida ‖ ~**geschwindigkeit** f (DV) / velocidad f de salida ‖ ~**kanal** m (DV) / canal de salida;.m. ‖ ~**limitiert** (DV) / con límite de salída ‖ ~**nachsatz** m (DV) / rótulo m final de salida ‖ ~**nummer** f, Ausnummer f (Strecken der Baumw, Tex) / número m de la cinta de salida ‖ ~**pilz** m, Gepäckkarussel n (Luftf) / entrega f de equipaje ‖ ~**programm** n (DV) / programa m de salida ‖ ~**puffer** m (DV) / memoria f intermedia de salida, búfer m de salida ‖ ~**pumpe** f (Masch) / bomba f distribuidora ‖ ~**signal** n (vom Gerät erzeugt) / señal f de salida ‖ ~**speicher** m (DV) / memoria f tapón de salida ‖ ~**verteiler** m (DV, Prozessrechn) / multiplexor m de salida ‖ ~**vorsatz** m (DV) / rótulo m inicial de salida ‖ ~**wahl- und -listsperre** f (DV) / intercierre m de selección de salida y unidad lista ‖ ~**-Warteschlange** f (DV) / cola f de espera de salida ‖ ~**werk** n (DV) / unidad f de salida ‖ ~**wickel** m (Tex) / tela f del batán acabador ‖ ~**zone** f, -bereich m (DV) / zona f de salida, área f de salida
Ausgang m (Bau) / salida f ‖ ~, Beginn m, Start m / partida f, punto m de partida ‖ ~, Gate n (Luftf) / salida f, gate m ‖ ~, Öffnung f (Masch) / orificio m, boca f ‖ ~, Ergebnis n / resultado m ‖ ~ (Elektr) / lado m baja tensión ‖ ~ (Druck) / línea f corta ‖ ~ **kurzgeschlossen** (Halbl) / salida f en cortacircuito ‖ **auf den** ~ **bezogen** (Eltronik) / relativo a la salida
Ausgangs•... / original, de origen, inicial ‖ ~... (Spinn) / de delante, delantero ‖ ~... (DV, Eltronik, Luftf, TV) / de salida ‖ ~**admittanz** f (Elektr) / admitancia f de salida ‖ ~**amt** n (Fernm) / central f de origen, estación f de origen ‖ ~**anpassung** f (DV) / adaptación f de salida ‖ ~**anschluss** m (DV) / terminal m de salida ‖ ~**atom** n (Nukl) / átomo m padre, átomo m inicial ‖ ~**basis** f / base f inicial ‖ ~**belastbarkeit** f (DV) / capacidad f de carga de salida ‖ ~**belastbarkeit** (Eltronik, Verstärker) / salida f admisible o nominal, límite m de salida ‖ ~**belastung**, -fächerung f, -verzweigung f (DV, Eltronik) / factor m piramidal de salida, eggresan f de salida ‖ ~**belastung** f (Elektr) / carga f de salida ‖ ~**buchse** f (Eltronik) / jack m de salida ‖ ~**code** m (DV) / código m de salida ‖ ~**daten** plt / datos m pl iniciales ‖ ~**dicke** f (Masch) / espesor m original, espesor m inicial ‖ ~**dosis** f, Dosisleistung f (Chem) / dosis f instantánea ‖ ~**draht** m (Drahtziehen, Hütt) / alambre m de partida, hilo m de partida ‖ ~**druckwalze** f (Spinn) / cilindro m terminal de presión ‖ ~**ebene**, Grund-Ebene f (Zeichn) / plano m de nivel ‖ ~**elektrode** f (Eltronik) / electrodo m de salida ‖ ~**fächerung** f, Fan-Out n (DV,

Eltronik) s. Ausgangsbelastung ‖ ~**festigkeit** f (Mech) / resistencia f inicial ‖ ~**filter** n (Eltronik) / filtro m de salida ‖ ~**fläche** f (für Bearbeitung) (Masch) / cara f de partida, superficie f de partida ‖ ~**form** f, Grundform f / forma f básica ‖ ~**form**, Rohling m (Gesenkschm) / pieza f en bruta ‖ ~**freigabe** f (DV) / permisión f de salida ‖ ~**freigabe Eingang** (DV) / entrada f de permisión de salida ‖ ~**frequenz** f (Eltronik) / frecuencia f de salida ‖ ~**gefüge** n (Hütt) / estructura f de partida ‖ ~**größe** f (Regeln) / magnitud f de salida ‖ ~**gut** n (Tex) / materia f de salida ‖ ~**härte** f (Hütt) / dureza f original o inicial ‖ ~**holozellulose** f (Pap) / holocelulosa f inicial ‖ ~**immittanz** f (Elektr) / inmitancia f de salida ‖ ~**impedanz** f, -scheinwiderstand m / impedancia f de salida ‖ ~**kanal** m (Nukl) / vía f de salida ‖ ~**kante** f (für Bearbeitung) (Masch) / arista f de partida ‖ ~**kapazität** f (Eltronik) / capacitancia f de salida ‖ ~**kennlinie** f (Eltronik) / característica f de salida ‖ ~**kern** m / núcleo m madre o padre ‖ ~**klemme** f (Elektr) / borne m de salida ‖ ~**konfiguration** f (Eltronik) / configuración f de salida ‖ ~**kontrolle** f (F.Org) / control m de salida ‖ ~**kreis**, Verbraucherstromkreis m (Elektr) / circuito m de carga [de utilización] ‖ ~**lage** (allg) / situación f de partida ‖ ~**lage** (Instr) / posición f de reposo ‖ ~**land** n (Fernm) / país m de origen ‖ ~**legierung** f (Hütt) / aleación f básica ‖ ~**leistung** f (Eltronik) / energía f de salida, potencia f de salida ‖ ~**material** n, -stoff m / material m básico, material m original, materia f prima ‖ ~**material** (eines Bodens), -stoff m (Landw) / materiales m pl madres del suelo ‖ ~**material** (Chem) / material m de partida o de origen ‖ ~**material** (Nukl) / materia f prima, materia f nuclear ‖ ~**material** (Öl) / carga f de partida ‖ ~**menge** f **der Veraschung** (Chem) / cantidad f del material a incinerar o secar, masa f inicial ‖ ~**metall** n (Hütt) / metal m de partida ‖ ~**molekül** n, -materie f (Kettenreaktion) / molécula f de partida, materia f de partida ‖ ~**monitor** m, -kontrollgerät n (Eltronik, TV) / monitor m de salida ‖ ~**nuklid** n / nucleido m padre, núclido m padre ‖ ~**oberwalze** f (Spinn) / rodillo m superior alimentador ‖ ~**öffnung** f (Ziehstein) / orificio m de salida, cono m de salida ‖ ~**palette** f (Ankerhemmung, Uhr) / paleta f de salida ‖ ~**pegel** m (Eltronik) / nivel m de salida, nivel m de potencia ‖ ~**pfahl** m (Verm) / jalón m de partida ‖ ~**punkt** m / punto m de partida, punto m de arranque, origen m ‖ ~**punkt**, Basis f (Math) / base f ‖ ~**punkt**, Festpunkt m (Verm) / punto m de referencia, punto m fijo ‖ ~**punkt** m, -stelle f [z.B. für einen Bruch] (Masch) / punto m de rotura inicial ‖ ~**resonator** m (Eltronik) / resonador m de salida ‖ ~**rückführung** f (Eltronik) / reacción m de salida ‖ ~**scheinleitwert** m (Elektr) / admitancia f de salida ‖ ~**signal** n (DV) / señal f de salida ‖ ~**signal Eins** (Eltronik) / señal f de salida "uno" ‖ ~**signal Null** (Eltronik) / señal f de salida "cero" ‖ ~**spannung** f (Eltronik) / tensión f de salida ‖ ~**sprache** f (DV) / lenguaje m original [de entrada] ‖ ~**sprache**, Quellsprache f (DV, Übersetzen) / idioma m original o de origen, lengua f fuente ‖ ~**station** f (Fernm) / estación f de origen, central m de salida ‖ ~**stelle** f (DV) / estación f de salida ‖ ~**stellung** f / posición f de salida, posición f inicial o de partida ‖ ~**stellung**, Normalstellung f / posición f normal ‖ ~**stellung**, -lage f (Instr) / posición f de reposo, posición f cero ‖ ~**stoff** m (Chem, Hütt) / sustancia f de origen, material m de origen ‖ ~**strahl** m (Nukl) / haz m de eyección ‖ ~**strom** f (DV) / corriente f [de ramificación] de salida ‖ ~**temperatur** f (Phys) / temperatura f inicial o de partida ‖ ~**übertrager** m (Eltronik) / transformador m de salida ‖ ~**übertrager**, Mikrophonübertrager m (Fernm) / repetidor m de salida ‖ ~**übertrager für den Lautsprecher** (Eltronik) / transformador m de

modulación del altavoz (o altoparlante) ‖
~unterwalze f (Spinn) / rodillo m inferior alimentador
‖ ~verbindung f (Fernm) / comunicación f de salida ‖
~verzweigung f (DV, Eltronik) / ramificación f de salida [en pirámide] ‖ ~walze f, Lieferwalze f (Spinn) / cilindro m delantero o de delante ‖ ~warteschlange f (DV) / cola f de espera de salida ‖ ~werkstoff m, Rohstoff m / materia f prima, material m de partida ‖ ~wert m (Masch, Phys) / valor m inicial ‖ ~zustand m, Anfangszustand m / estado m inicial
ausgaren lassen (Hütt) / dejar afinarse, dejar calmarse
Ausgarzeit f (Stahlbau) / tiempo m de calmado
ausgasen / desgasificar ‖ ~, Gasen n (Hütt) / formación f de gas, gaseado m
Ausgasung f (Bergb) / desgasificación f, desprendimiento m de gases ‖ ~ **von Gips** / exhalación f de yeso
Ausgasungs•raum m (Bergb) / zona f de desgasificación ‖ ~**spitzen** f pl (Bergb) / períodos m pl punta de desgasificación
ausgebaucht / abombado, abollado
ausgeben vt (z.B. Daten) (DV) / entregar, hacer salir, emitir
Ausgeber m (Regeln) / unidad f de salida
ausgebeult, verbeult / abollado
ausgebildete Strömung (Luftf) / flujo m en régimen permanente
ausgeblasenes Zink (Hütt) / zinc m soplado
ausgeblendete Signale n pl (Eltronik) / señales f pl mandadas o suprimidas
ausgebohrt / mandrilado, alisado ‖ ~**e Walze** (Masch) / cilindro m taladrado
ausgebrannt•er Brennstoff (Spaltstoff) (Nukl) / combustible m gastado o consumido, combustible m agotado ‖ ~**e Stufe** (Raumf) / etapa f agotada, etapa f muerta
ausgebreitet, entfaltet / desplegado
ausgedehnt / extenso, extendido ‖ ~, geräumig / amplio ‖ ~, weit / espacioso, vasto, dilatado ‖ ~, umfassend / extenso, amplio, vasto ‖ ~**e Fläche**, weiter Raum / superficie f extensa, espacio m profundo
ausgedient (Maschine) / fuera de uso
ausgedörrt (Land) / árido
ausgedruckt•er Speicherinhalt (DV) / vaciado m, descarte m ‖ ~**er Text** (DV) / texto m impreso
ausgefahren, -gekurbelt / en posición extrema ‖ ~, ausgestreckt / [totalmente] extendido, subido, desplegado, sacado fuera ‖ ~ (mit Spurrinnen) (Straßb) / trillado, desgastado, lleno de baches ‖ ~**e Stellung** / posición f extendida, posición f avanzada
ausgefallen, ungewöhnlich / inusitado, insólito ‖ ~**e Größe** / tamaño m inusitado, talla f extraordinaria ‖ ~**e Schicht**, Feierschicht f (F.Org) / turno m perdido ‖ **der Strom ist** ~ (Elektr) / la corriente falla
ausgefällt (Chem) / precipitado
ausgefaulter Schlamm (Abwasser) / lodo m maduro o podrido
ausgeflocktes Sol (Chem) / sol m floculado
ausgefranst (Tex) / deshilachado, raboso
ausgeführtes Maß (Bau) / tamaño m de fabricación, dimensión f de fabricación
ausgegangen (Schriftgarnitur) (Druck) / falta de tipos
ausgegart, -gekocht (Stahl) (Hütt) / calmado, muerto (acero)
ausgegeben•e Menge (Lager) (F.Org) / cantidad f entregada o retirada (almacén) ‖ ~**e Messwerte** m pl (Instr) / valores m pl de medida registrados
ausgeglichen / uniforme, equilibrado, nivelado ‖ ~, kompensiert / compensado, equilibrado ‖ ~**es Seitenruder** (Luftf) / timón m de dirección compensado
Ausgeglichenheit f / equilibrio m ‖ ~ **der Wolle** (Tex) / homogeneidad f de la lana
ausgeglühter Formsand (Gieß) / arena f recocida de moldeo

ausgegossen (Elektr) / vaciado [con pez aislante]
ausgehärtet (Alu) / endurecido, envejecido, madurado
ausgehen vi [von] / partir [de], basarse [sobre] ‖ ~ (Vorrat) / acabarse, agotarse (reservas) ‖ ~ (Feuer) / extinguirse ‖ ~ (Farbe) / descolorarse, desteñirse ‖ ~, -streichen (Bergb) / aflorar ‖ ~ **lassen** (Hütt) / apagar, dejar apagarse [el alto horno], matar el fuego ‖ **mit der Seite** ~ (Druck) / terminar con plana
ausgehend (z.B. von einem Punkt) / partiendo (p.ej. de un punto) ‖ ~**e Leitung** (Elektr) / conductor m emergente o eferente
Ausgehendes n, Ausbip m (Bergb, Geol) / afloramiento m ‖ ~, Mundloch n (Bergb) / orificio m
ausgehobenes Fach (Web) / calada f formada, paso m formado
ausgehöhlt / ahuecado
ausgekehlt / acanalado, ranurado, estriado
ausgekleidet•er Auslauf (Hütt) / piquera f [interiormente] revestida, boca f revestida ‖ **mit Lehm** ~ (Hütt) / con revestimiento [interior] de barro
ausgeklügelt / sofisticado, ingenioso
ausgekocht / hervido
ausgekohlt (Bergb) / explotado, agotado
ausgekragter Fußweg (Brücke) / acera f voladiza o en voladizo
ausgekuppelt fahren (Kfz) / conducir desembragado, ir desembragado, rodar con el pedal de embrague pisado
ausgekurbelt (Antenne) / subida, sacada, extendida
ausgelassener Stich (Nähm) / punto m omitido
ausgelastet, voll ~ (Masch) / utilizado plenamente, a plena carga
ausgelaufen, abgenutzt / gastado, desgastado ‖ ~**er Block** (Hütt) / lingote m reventado ‖ ~**es Lager** (Masch) / cojinete m desgastado (porderrame del metal antifricción) ‖ ~**es Metall** (Gieß) / metal m extravasado ‖ **nicht [voll]** ~ (Hütt) / no lleno
ausgelaugt (Erzaufbereitung) / estéril ‖ ~ (Nukl) / lixiviado ‖ ~**er Boden** (Landw) / suelo desalado por riego y drenaje
Ausgelaugtes n (Zuck) / pulpa f seca (de remolachas)
ausgelegt•es Maß, Flächenmaß n (Holz) / medida f de superficie ‖ ~**es o. harzgetränktes Verstärkungsmaterial** (Plast) / material m de refuerzo impregnado de resina sintética
ausgeleiert (Gewinde) / pasado de rosca, gastado
ausgelesen, sortiert / seleccionado, escogido
ausgeleuchtete [Gleis]meldetafel (Bahn) / cuadro-esquema m luminoso de vías
Ausgelieren n (Plast) / gelificación f final
ausgemauert (Hütt) / forrado con ladrillos refractarios, con mampostería interior ‖ ~**es Fachwerk** (Bau) / entramado m
ausgemustert (Kfz, Masch) / fuera de uso
ausgeprägt, charakteristisch / característico ‖ ~, deutlich / marcado, pronunciado ‖ ~**er Pol**, Schenkelpol m (Elektr) / polo m saliente
ausgepresst•e Rübenschnitzel pl (Zuck) / recortes m pl de remolacha esdrujados o exprimidos, pulpa f de remolacha ‖ **nicht voll** ~ (Fehler, Plast) / mal prensado
ausgeprüft (DV) / con comprobación final, comprobado, verificado
ausgereifte Konstruktion / construcción f perfecta o perfeccionada
ausgerissen, davongelaufen (Messwert) / aberrante (valor medido) ‖ ~ (Gewinde) / desgarrado, estropeado
ausgerückt (Kupplung) / desembragado, desacoplado
ausgerundet, hohl (Fuge) / hueco ‖ ~**er Zahnfuß** (Getriebe) / pie m redondeado del diente
ausgerüstet, ausgestattet [mit] / equipado [con], dotado [de], provisto [de] ‖ ~ (Stoff) (Tex) / aprestado, con apresto

117

ausgesalzen

ausgesalzene Natronkernseife (Tex) / jabón *m* duro de sosa salinizado
ausgeschaltet (ohne Belastung) (Elektr) / en circuito abierto o cortado, sin carga ‖ ~, "aus" (Elektr) / desconectado, sin contacto, sin corriente
ausgeschlagen, abgenutzt / desgastado, gastado ‖ ~**e Lenkung** (Kfz) / dirección *f* con juego excesivo ‖ ~**e Teile** / piezas *f pl* desgastadas
Ausgeschrämtes *n*, Schram *m* (Bergb) / material *m* arrancado [por rozadora], roza *f*
ausgeschwenkt / desplegado, ladeado, girado
Ausgesiebtes *n* (Aufb, Bergb) / cribadura *f*
ausgesondert / separado, seleccionado, puesto aparte, apartado
ausgespart (im Material) / rebajado, entallado, escotado
Ausgestaltung *f* / acondicionamiento *m*
ausgestanztes Stück / pieza *f* troquelada
ausgestattet [mit] / equipado [de o con], dotado [de], provisto [de] ‖ ~ **sein** [mit] (Kfz) / montar *vt*
ausgesteifte Platte (Bau) / panel *m* reforzado
ausgestellt, ausladend / saliente
ausgesteuert (Eltronik, Verstärker) / [totalmente] modulado
ausgestrahlte Energie / energía *f* radiada o emitida, radiación *f* [de la] antena
ausgestreckt / extendido
ausgetrocknet (Boden) / seco, árido
ausgewählt, Sonder... / seleccionado, selecto
ausgewaschen (Boden), ausgelaugt / lavado, estéril
ausgewechselter Balken (Bau) / viga *f* sustituida
ausgeweitet, -gedehnt / expandido, expansionado, extendido, ensanchado
ausgewiesenes Baugebiet / zona *f* urbanizable
ausgewogen / equilibrado, uniforme ‖ ~**e Mischung** (Chem, Pharm) / mezcla *f* equilibrada
Ausgewogenheit *f* / estado *m* de equilibrio
ausgewuchtet • e Kurbel (Masch) / manivela *f* contrapesada ‖ ~**er Rotor** (Elektr) / rotor *m* equilibrado
ausgezackt, gezackt / dentellado
ausgezogen (Linie) / [enteramente] trazada
ausgiebig / abundante, ampliamente, de buen rendimiento
Ausgiebigkeit *f* / abundancia *f*, suficiencia *f* ‖ ~ (Anstrichfläche aus einer bestimmten Farbmenge) / poder *m* cubridor por unidad de superficie, capacidad *f* cubridora por unidad de superficie
Ausgieß... s.a. Ausguss...
ausgießen, ausfüllen (Fugen) / rejuntar, [re]llenar ‖ **eine Flüssigkeit** ~ / verter un líquido, derramar, vaciar, evacuar un líquido, echar ‖ **Lager** ~ (Masch) / guarnecer un cojinete con metal antifricción ‖ **Lager wieder** ~ / remetalizar un cojinete ‖ **mit Blei** ~ / rellenar de (o con) plomo ‖ **[mit Material]** ~ (Masch) / sellar ‖ **mit Zement** ~ (Bau) / llenar con cemento ‖ ~ *n* (Kabelendverschluss) / sellado *m* (con pez etc) ‖ ~ (Flüssigkeit) / vaciado *m*, derrame *m*, derramamiento *m*, vertimiento *m*
Ausgießverschluss *m* (Dose) / cierre *m* con pico
ausgipsen *vt* (Bau) / llenar con yeso, tapar con yeso, enyesar
Ausgitterung *f* (Hütt) / enrejado *m* de ladrillos [apilados]
Ausgleich *m*, Ausgleichung *f* / compensación *f*, equilibrio *m*, equilibrado *m* ‖ ~ (durch gegenseitiges Unwirksammachen) / neutralización *f* ‖ ~, Abgleich *m* (Eltronik) / alineación *f*, ajuste *m* ‖ ~ **der Trapezverzerrung durch entsprechendes Raster** / compensación *f* del efecto trapecial por una trama correspondiente ‖ ~ **des Echorückstrahlverlustes** (Radar) / compensación *f* de la pérdida por rayo de eco ‖ ~ **im Verteilergetriebe** (Kfz) / diferencial *m* en el engranaje de distribución

Ausgleich •... s.a. Ausgleichs... ‖ ~**aggregat** *n*, -satz *m* (Masch) / grupo *m* de compensación ‖ ~**antenne** *f* (Eltronik) / antena *f* compensadora o de compensación ‖ ~**anzeiger** *m* / indicador *m* de equilibrio ‖ ~**batterie** *f* (Elektr) / batería *f* equilibradora ‖ ~**becken** *n* (Hydr) / embalse *m* compensador o de compensación, embalse *m* regulador ‖ ~**behälter** *m* (Masch) / recipiente *m* de compensación ‖ ~**brückenschaltung** *f* (Elektr) / circuito *m* puente compensador ‖ ~**drossel** *f*, -spule *f* / bobina *f* de compensación ‖ ~**düse** *f* (Mot) / tobera *f* de compensación, boquilla *f* de compensación
ausgleichen *vt*, kompensieren / compensar ‖ ~, im Gleichgewicht halten / equilibrar, balancear, contrabalancear ‖ ~, egalisieren (Bau) / igualar ‖ ~ (z.B. Boden), nivellieren / nivelar ‖ ~, ausmitteln / sacar la media ‖ ~ (Bau) / enrasar ‖ **durch Beilagen** ~ (Masch) / nivelar mediante arandelas, espaciar mediante arandelas ‖ **Kräfte** ~ (Phys) / compensar fuerzas, equilibrar fuerzas ‖ **Unebenheiten** ~ / nivelar desigualdades, igualar desigualdades ‖ ~ *n*, Angleichung *f* / ajuste *m*, adaptación *f* ‖ ~ *m* **der Pulverkorngröße** (Pulv.Met) / homogeneización *f* de los granos de polvo
ausgleichend, kompensierend / compensador, compensatorio ‖ ~, abgleichend / nivelador, igualador ‖ ~**er Erdschluss** (Elektr) / toma de tierra equilibrada ‖ ~**e Kraft**, Ausgleichskraft *f* (Phys) / fuerza *f* equilibradora o equilibrante
Ausgleicher *m*, Kompensator *m* (Verm) / compensador *m* ‖ ~, Ausgleicheinrichtung, -maschine *f* / equilibrador *m*, igualador *m*, dispositivo *m* equilibrador o igualador ‖ ~ (Papiermaschine) / compensador *m*
Ausgleicher • estrich *m* (Bau) / solado *m* de igualación ‖ ~**feder** *f* (Masch) / resorte *m* compensador, muelle *m* compensador ‖ ~**feile** *f* (Wz) / lima *f* igualadora ‖ ~**feuchte** *f* (Holz) / humedad *f* de equilibrio ‖ ~**gefäß** *n*, Niveaugefäß *n* (Chem) / recipiente *m* equilibrador, vaso *m* compensador o regulador ‖ ~**gehänge** *n* (Kran) / suspensión *f* autoequilibrante, aparejo *m* autoequilibrante ‖ ~**gehäuse** *n* (Kfz) / caja *f* del diferencial, cárter *m* del diferencial ‖ ~**getriebe** *n* (Masch) / engranaje *m* compensador ‖ ~**getriebe** (DIN), Differential *n* (Kfz) / diferencial *m*, engranaje *m* diferencial, mecanismo *m* diferencial ‖ **selbstsperrendes** ~**getriebe** (Kfz) / diferencial *m* autoblocante ‖ ~**gewicht** *n*, Dämpfungsgewicht *n* (Masch) / pesa *f* equilibradora, pesa *f* amortizadora ‖ ~**gewicht**, Gegengewicht *n* / contrapeso *m* ‖ ~**gewicht** (Reifen) / pastilla *f* de equilibrado ‖ ~**grad** *m* (Regeln) / grado *m* de autorreglaje, tasa *f* de autorregulación ‖ ~**grube** *f* (Walzw) / fosa *f* de compensación, foso *m* de compensación ‖ ~**grube**, Tiefofen *m* (Hütt) / horno *m* pit, pit *m* ‖ ~**hebel** *m* (Masch) / balancín *m* compensador, palanca *f* compensadora ‖ ~**impuls** *m* (TV) / impulso *m* de igualación ‖ ~**kamm** *m* (Spinn) / peine *m* igualador ‖ ~**kegelrad** *n* (nicht: kleines Differentialkegelrad) (Ausgleichgetr, Kfz) / rueda *f* satélite del diferencial ‖ ~**kolben** (Dampfturbine) / pistón *m* de equilibrado, émbolo *m* de equilibrado ‖ ~**kolben**, Entlastungskolben *m* / émbolo *m* de alivio ‖ ~**kondensator** *m* (Elektr, Kabel) / condensador *m* de compensación, capacitor *m* equilibrador [complementario] ‖ ~**kraft** *f* (Phys) / fuerza *f* equilibradora ‖ ~**kreis** *m* (Elektr) / circuito *m* equilibrador ‖ ~**krümmer**, -balg *m* (Rohr) / codo *m* compensador de expansión ‖ ~**kupplung** *f* (Masch) / acoplamiento *m* compensador ‖ ~**ladung** *f* (Akku) / carga *f* de compensación ‖ ~**leitung** *f* (Elektr) / línea *f* de compensación ‖ ~**maschine** *f* (Elektr) / máquina *f* compensatriz de c.c. ‖ ~**maschinensatz** *m* (Elektr) / grupo *m* de máquinas compensadoras ‖ ~**masse** *f*

(Masch) / masa *f* compensadora o de equilibrio ‖ ≈**rohrverbindung** *f*, Ausdehnungsrohrverbindung *f* (Rohr) / unión *f* tubular de compensación, unión *f* tubular de expansión, compensador *m* de dilatación, junta *f* de dilatación de tubos ‖ ≈**ruder** *n*, Balanceruder *n* (Luftf) / timón *m* compensado[r]
Ausgleichs• ... s. auch Ausgleich... ‖ ≈**behälter** *m* (Nukl) / depósito *m* de compensación ‖ ≈**bohrung** *f* (Schmierung) (Masch) / taladro *m* para igualar la presión del lubricante ‖ ≈**bunker** *m* (Bergb) / tolva *f* de compensación o de regulación
Ausgleich•schaltung *f* (Eltronik, Regeln) / circuito *m* de compensación ‖ ≈**schaltung**, Fehlerschutz *m* (Fernm) / protección *f* diferencial ‖ ≈**scheibe** *f* (Masch) / arandela *f* espaciadora, arandela *f* de ajuste ‖ ≈**schicht** *f*, Darauf-, Gleichschicht *f* (Bau, Maurer) / capa *f* de enrase, capa *f* de compensación (de mortero) ‖ ≈**schicht** (Straßb) / capa *f* de compensación ‖ ≈**schiene**, Differenzschiene *f* (Bahn) / carril *m* compensador
Ausgleichsebene *f* (Auswuchten) / plano *m* de compensación
Ausgleichseil *n*, Unterseil *n* (Bergb) / cable *m* de equilibrio
Ausgleichs•entwickler *m* (Foto) / revelador *m* retardador ‖ ≈**getriebe** *n* (Kfz) s. Ausgleichgetriebe ‖ ≈**herd**, Schweißherd *m* (Hütt) / horno *m* de compensación ‖ ≈**impuls** *m* (TV) / impulso *m* igualador ‖ ≈**kammer** *f* (Hydr) / cámara *m* de equilibrio ‖ ≈**kapazität** *f* (zum Ausgleich der Gitter-Anodenkapazität) (Eltronik) / capacitancia *f* neutralizante, capacitancia *f* de neutrodino ‖ ≈**-Keilwellenstück** *n* (Masch) / pieza *f* de compensación del árbol de chavetas múltiples ‖ ≈**kissen** *n* (Roboter) / almohadilla *f* de interfase, cojín *m* de interfase ‖ ≈**kreis** *m* (Eltronik) / circuito *m* corrector o de corrección ‖ ≈**kurve** *f* (Bau) / curva *f* de compensación ‖ ≈**luft** *f* (Kfz, Vergaser) / aire *m* de compensación ‖ ≈**masse** *f* (Masch) / masa *f* de compensación o de equilibrado ‖ ≈**netz** *n* (Elektr) / red *f* correctora ‖ ≈**netzwerk** *n* (Fernm) / circuito *m* de compensación
Ausgleichspeiser *m* (Elektr) / alimentador *m* igualador
Ausgleichspendel *n* (Uhr) / [péndulo] compensador *m*
Ausgleichsperre *f* (Differential) / bloqueo *m* de diferencial
Ausgleichsplatte *f* (Opt) / placa *f* de compensación
Ausgleichspule *f* (Elektr) / carrete *m* de compensación, bobina *f* de compensación
Ausgleichs•riet *n* (Web) / peine *m* distanciador ‖ ≈**rille** *f* (Turbine) / ranura *f* de compensación ‖ ≈**ringe** *m pl* **für radiales oder axiales Spiel** (Lager) / anillos *m pl* de compensación ‖ ≈**schicht** *f* (Straßb) / capa *f* de nivelación ‖ ≈**schleife** *f* (Magn.Bd) / lazo *m* de la cinta ‖ ≈**stromkreis** *m* (TV) / circuito *m* de compensación, circuito *m* de equilibrado
Ausgleich•stern *m* (Differential) / cruceta *f* de satélites del diferencial ‖ ≈**stirnrad** *m* (Kfz) / piñón *f* [de dentado recto] del diferencial ‖ ≈**stopfbuchse** *f* (Masch) / prensaestopas *m* compensador o de compensación
Ausgleichstrichter *m* (Bergb) / tolva *f* de regulación
Ausgleich•strom *m* (Elektr) / corriente *f* de compensación ‖ ≈**strom [bei Schwingungen]** (Elektr) / corriente *f* transitoria, corriente *f* momentánea ‖ ≈**stromkreis** *m* / circuito *m* de equilibrio ‖ ≈**stück** *n* (Masch) / pieza *f* de compensación, pieza *f* niveladora ‖ ≈**stufe** *f* (Bau) / peldaño *m* compensador
Ausgleichs•vorrichtung *f* (Motor) (Kfz) / dispositivo *m* equilibrador o de asimilación ‖ ≈**welle** *f* (Eltronik) / onda *f* de compensación ‖ ≈**wichte** *f* (Bergb) / densidad *f* separadora efectiva ‖ ≈**zahl** *f*, -faktor *m*, Stoßfaktor *m* (Masch, Mech) / coeficiente *m* de choques, factor *m* de compensación de choques ‖ ≈**zeit** *f* (Elektr) / período *m* transitorio

Ausgleichtiefofen *m* / horno *m* pit de recalentamiento
Ausgleichung *f* (Masch) / compensación *f*, equilibrado *m*
Ausgleich•verbindung *f*, -leitung *f* (Elektr) / conexión *f* igualadora, conexión *f* equipotencial ‖ ≈**verfahren** *n* (Masch) / procedimiento *m* de compensación ‖ ≈**vorgang** *m* (Elektr, Fernm, Funk) / fenómeno *m* transitorio ‖ ≈**welle** *f* (Masch) / árbol *m* [de] compensador ‖ ≈**welle**, Differentialwelle *f* (Kfz) / árbol *m* del diferencial ‖ ≈**wert** *m* (Masch, Mech) / coeficiente *m* de autoestabilidad ‖ ≈**wicklung** *f* (Elektr) / arrollamiento *m* equipotencial ‖ ≈**zelle** *f* (Akku) / célula *f* reguladora
Ausgleisvorrichtung *f* (Bahn) / dispositivo *m* descarrilador
ausgleiten *vi* (allg, Masch, Wz) / resbalar, patinar, deslizar
ausgliedern *vt* (Stat) / separar [del conjunto], aislar
ausglühen *vt* (Schm) / cocer, poner[se] al rojo vivo ‖ ~ (Stahl) / recocer, revenir, destemplar ‖ ~ (Chem) / calcinar ‖ ~ *vi* / ser sobrecalentado ‖ **[gehärtete Teile durch unvorsichtiges Schleifen]** ~ (Masch) / destemplar, recocer ‖ ~ *n* (Hütt, Stahl) / recocido *m* ‖ ~ (über A₃) (Hütt) / recocido *m* completo o total ‖ ~ (Fehler) / recocido *m* vicioso en la rectificación
ausgraben, ausheben, vertiefen (Bau, Landw) / abrir zanjas o pozos etc.
Ausguss *m*, Ausgießen *n* (allg) / vaciado *m*, descarga *f* ‖ ~ (allg) / orificio *m* de descarga ‖ ~ (Gefäß) / pico *m*, pitorro *m*, boquilla *f* ‖ ~ (Bau) / sumidero *m* ‖ ≈**becken** *n* (Klempner) / vertedero *m*, pileta *f*, pila *f*, palangana *f* [de desagüe] (E) ‖ ≈**masse** *f* (Bau) / masa *f* de sellar, masa *f* de relleno, chatterton *m* ‖ ≈**pfanne** *f* (Hütt) / cuchara *f*, lingotera *f* ‖ ≈**rinne** *f* (Gieß) / canal *m* de colada ‖ ≈**rinne** (Ofen) / canaleta *f* ‖ ≈**rohr** *n*, -röhre *f* (Bau) / tubo *m* de descarga o de desagüe, caño *m* de derrame (LA) ‖ ≈**rohr**, -röhre *f*, Überlaufrohr *n* (Masch) / tubo *m* de evacuación, tubo *m* rebosadero ‖ ≈**stellung** *f* (Gieß) / posición *f* de vaciado o de descarga ‖ ≈**stopfen** *m* (Klempner) / tapón *m* del sumidero ‖ ≈**tülle** *f* (Gefäß) / pico *m* vertedor ‖ ≈**ventil** *n* (Schiff) / válvula *f* de descarga
Aushacker *m* (Tex) / peine *m* descargador
aushacken *vt* / desenganchar, descolgar, desabrochar
aushalsen *vt* (Rohr) / rebordear, abocardar
aushalten, widerstehen (z.B. Belastung, Druck usw.) / resistir, soportar, aguantar ‖ **den Druck** ~ / resistir [a] la presión
aushämmern *vt* (Schm) / martill[e]ar, aplanar a martillazos ‖ ~ (Hohlgefäße) / repujar envases
Aushang *m*, Anschlag *m* (F.Org) / nota *f* (en el tablón de anuncios), cartel *m*, anuncio *m*
aushängen *vt*, losmachen (allg) / desenganchar ‖ ~ (Tür) / desquiciar
Aushänge•platte *f* (Bb) / plato *m* colgante, plato *m* deslizante de guías ‖ ≈**-Sägeblatt** *n* (Wz) / hoja *f* [de sierra] descolgable
aushärtbar, -härtend (Plast) / termoendurecible ‖ ~ (Stahl) / templable ‖ ~ **durch Alterung** (Leichtmetall) / endurecible o madurable por envejecimiento
aushärten•, ausscheidungshärten (Leichtmetall) / endurecer por precipitación (y maduración) ‖ ~ (Plast) / fraguar, endurecer, curar ‖ **bei erhöhter Temperatur ~ lassen** (Leichtmetall) / envejecer artificialmente, endurecer a temperatura elevada ‖ **bei normaler Temperatur ~** (Leichtmetall) / envejecer a temperatura normal, templar por envejecimiento ‖ **in Wärme ~de Kunstharze**, Duroplaste *m pl* / resinas *f pl* termoendurecibles, duroplastos *m pl* ‖ **[thermoplastisches] Kunstharz ~** / plastificar ‖ ≈ *n* (Leichtmetall) / envejecimiento *m* por precipitación, endurecimiento *m* por precipitación ‖ ≈ (Plast) / fraguado *m*, endurecimiento *m*, curado *m* ‖ ≈ (Beton) / curado *m* ‖ ≈ (Duralumin) / endurecimiento *m* [secundario], precipitación *f* estructural ‖ ≈ **durch**

Aushärter

elektrischen Strom[stoß] (Plast) / endurecimiento *m* por [choque de] corriente eléctrica
Aushärter *m* (Plast) / endurecedor *m*
Aushärtung *f* (Plast) / endurecimiento *m*
Aushärtungs•behandlung *f* (Stahl) / tratamiento *m* de temple ‖ ≈**zeit** *f* (Kleber) / tiempo *m* de secado ‖ ≈**zeit** (Elastomere) / tiempo *m* de curado, tiempo *m* de vulcanización
aushauen, nibbeln (Wz) / roer, contornear
Aushauer, Aushiebmeißel *m* (Wz) / cincel *m* cortador ‖ ≈ *m*, Stanzmesser *m* (Wz) / matriz *f* cortadora
Aushau•maschine *f* (Blech) / máquina *f* hendedora ‖ ≈**meißel** *m*, Nutenmeißel *m* (Wz) / gubia *f* ‖ ≈**schere** *f*, Nibbelmaschine *f* (Wz) / cizalla *f* de contornear, cizalla *f* para hender ‖ ≈**stempel** *m* (Folgeschnitt, Wz) / punzón *m*, granete *m*, botador *m* ‖ ≈**- und Lochmaschine** *f* / hendedora-punzonadora *f* ‖ ≈**werkzeug** *n* (für nichtmetallische Werkstoffe) / sacabocados *m*
aushebeln *vt* (z.B. Tür, Fenster) / desgoznar, apalancar
Aushebemaschine *f* (Gieß) / desmoldeadora *f*
ausheben *vt* (allg) / elevar, levantar, alzar ‖ ~ (Tür) / desquiciar ‖ ~ (Gieß) / desmoldear ‖ ~ (Graben) (Bau, Landw) / abrir (una zanja) ‖ **den Boden** ~ (Bau) / excavar la tierra, sacar la tierra ‖ ≈ *n* **des Modells** (Gieß) / desmoldeo *m*
Aushebeplatte *f* (Gieß) / placa *f* de desmoldeado
Ausheber, Schiebeelevator *m* (Wolle) / rastrillo *m* elevator ‖ ≈ *m*, hydraulischer Kraftheber (Landw) / elevador *m* hidráulico, levantador *m* hidráulico de aperos
Aushebe•schräge *f*, Formschräge *f* (Gieß) / conicidad *f* del modelo ‖ ≈**schraube** *f* (des Modells) (Gieß) / tornillo *m* de tirar ‖ ≈**walze** *f* (Karde, Spinn) / descargador *m* del volante
ausheilen *vt vi* (Kondensator) / regenerar[se]
ausheizbar (Vakuum) / calentable, a prueba del caldeo
ausheizen *vt* (Vakuum) / desgasificar ‖ ~ (mittels Gasflamme) (Vakuum) / caldear (con mechero de gas) ‖ ≈ *n* (mit einem Gasbrenner) / caldeo *m* (con mechero de gas)
Ausheiztemperatur *f* (Hütt) / temperatura *f* de la hornada
Aushieb *m* **schlechter Hölzer** (Forstw) / corta *f* de maderas inservibles
Aushilfs•..., Hilfs... / auxiliar, provisional, eventual ‖ ≈**arbeit** *f* (F.Org) / trabajo *m* eventual o temporero, empleo *m* eventual o temporero ‖ ≈**kupplung** *f* (Bahn) / enganche *m* de seguridad
aushöhlen *vt*, hohl machen (Bau, Masch) / ahuecar, excavar, vaciar, ahondar ‖ ~ (Hydr) / socavar, ahoyar, hundir
Aushöhlung *f* (Vorgang) / ahuecamiento *m*, excavación *f*, cavitación *f* ‖ ≈ (Ergebnis), Hohlraum *m* / hueco *m*, [con]cavidad *f*
Aushub *m*, Baugrube *f* (Bau) / excavación *f*, zanja *f* de fundación ‖ ≈, gebaggertes Material / material *m* excavado, tierra *f* excavada ‖ ~ **eines Kanals** / excavación *f* de un canal ‖ ≈**querschnitt** *m* / sección *f* de la zanja ‖ ≈**volumen** *n* / volumen *m* de excavación
aushülsen *vt* (Landw) / desvainar, desgranar, descascarar
auskämmen (Wolle) / peinar
Auskarde *f* (Tex) / carda *f* acabadora, carda *f* mechera
auskehlen, kehlen (Masch, Tischl) / acanalar, ranurar ‖ ≈ *n* / ranurado *m*, estriado *m*
Auskehlung *f* (Masch) / acanaladura *f*, ranura *f*, estría *f* ‖ ≈ (Tischl) / acanaladura *f*
auskeilen *vi* (Bergb, Geol) / menguar, debilitarse ‖ ≈ *n* / agotamiento *m*, debilitamiento *m*
auskerben *vt* (Masch, Tischl) / amuescar, entallar, hacer muescas
auskernen *vt* (Obst) (Landw) / deshuesar, quitar los huesos a la fruta, despepitar, descascarar, desosar ‖ ≈ *n*, Entkernen *n* / deshuesado *m*, deshuesamiento *m*

Auskernmaschine *f* (Steinobst) / deshuesadora *f* ‖ ≈ (Mais u.Ä.) / desgranadora *f*
auskippen *vt*, ausschütten, abkippen (Bau, Bergb) / verter, descargar, volcar
Auskippgeschwindigkeit, kritische ≈ (Luftf) / velocidad *f* crítica de divergencia
auskitten *vt* (Glas) / llenar con masilla, enmasillar ‖ ~, verstopfen (Bau) / tapar
ausklammern *vt* (Math) / sacar del paréntesis
ausklappbar, aufklappbar (Masch) / abatible, desplegable, rebatible
ausklauben *vt*, auslesen (Bergb) / escoger
auskleiden *vt* (allg, Bau) / revestir [interiormente] ‖ **mit Bohlen o. Brettern** ~ (Bau) / revestir de tablones o tablas
Auskleidung *f* (allg) / revestimiento *m*, revestido *m*, recubrimiento *m* ‖ ≈ **des Himmels** (Kfz) / revestimiento *m* de la bóveda ‖ **feuerfeste** ≈ (Hütt) / revestimiento *m* [con material] refractario, recubrimiento *m* [con material] refractario, camisa *f* refractaria
ausklingen *vi*, verhallen (Schall) / irse extinguiendo, extinguirse
ausklinken *vt*, entriegeln (Masch) / desencerrojar, destrincar ‖ ~ (Stanz) / desengatillar ‖ ~ (Buchstaben) (Druck) / escotar, hacer muesca ‖ ~ (Segelflugzeug) / desenganchar, desenclavar ‖ ~ (Sicherheitsgurt) / desabrochar (cinturón de seguridad) ‖ ~ (Profile, Bleche), auskerben / entallar, mortajar ‖ **die Sperrung** ~ / disparar el trinquete, desengatillar (E), destrabar (LA), desencastrar
Ausklinker *m* (Wz) / punzón *m* de entallar
Ausklink•maschine *f* (Masch) / máquina *f* de entallar, mortajadora *f* ‖ ≈**mechanismus** *m*, -klinkvorrichtung *f* / mecanismo *m* de disparo, dispositivo *m* de desenclavamiento ‖ ≈**steuerung** *f* (Masch, Segelflugzeug) / distribución *f* de trinquete
Ausklinkung *f*, rechteckige Aussparung (z.B. als Aufnahme) / entalla *f* rectangular ‖ ≈, Einschnitt *m* / escote *m*, entalladura *f*, mortaja *f* ‖ ≈ (Vorgang) / entallamiento *m*
Ausklinkvorrichtung *f* (f. Einschnitte), -klinkwerkzeug *n* (Stanz) / dispositivo *m* de entallar, herramienta *f* entallar ‖ ≈ (um außer Eingriff zu bringen) (Masch) / dispositivo *m* de desenclavamiento ‖ ≈ **der selbsttätigen Kupplung** (Bahn) / dispositivo *m* de desengatillado del enganche automático
Ausklopfanlage *f* **für Säcke** (Müllerei) / instalación *f* sacudidora para sacos
ausklopfen, die Beulen ~ (Kfz) / desabollar, aplanar, alisar ‖ ≈ *n* (Spinn) / sacudido *m* de trapos, batido *m* de trapos
ausknicken *vi* (Säule, Stab) / colapsar, pandearse ‖ ≈ *n* / pandeo *m* ‖ ≈ (Kurve) / inflexión *f*
auskochen *vt* / cocer a punto ‖ ~ (Chem) / practicar la decocción, extraer por ebullición ‖ ~, auslaugen (Holz) / lixiviar ‖ ~ *vi*, ausbrennen *vi* (Bergb, Schuss) / quemar sin explosión ‖ **Gefäße** ~ **o. pasteurisieren** / paste[u]rizar, escaldar recipientes ‖ **Seide** ~ (Tex) / hervir la seda ‖ ≈ *n* / cocción *f*, hervido *m*, esterilización *f* ‖ ≈ (Stahl, Wärmebehandlg) / revenido *m* en agua o aceite caliente
Auskofferung *f* (Straße) / lecho *m* de piedras
Auskohlen *n* (Spinn) / carbonización *f*, desmote *m*
Auskohlung *f* (Hütt) / descarburación *f* total
auskolken *vi* (Wz) / craterizar[se]
auskolken *vt* (Hydr) / socavar, minar
Auskolkung *f* (am Drehmeißel) (Wzm) / cráter *m* ‖ ≈, Unterspülung *f* (Hydr) / socavado *m*, socavación *f*, erosión *f* ‖ ≈, Kolkbildung *f* (Drehmeißel) / formación *f* de cráteres, craterización *f*
Auskoppelmodulation *f* (Holografie) / modulación *f* de desenclavamiento

auskoppeln *vt* (Laser) / desenclavar ‖ ~ (Wärme) / desacoplar (calor)
Auskoppel•raum *m* (Eltronik) / espacio *m* de captación ‖ ~**spalt**, -koppelraum *m* (Eltronik, Laser) / espacio *m* de interacción de salida ‖ ~**spiegel** *m*, -platte *f* (Laser) / espejo *m* de salida
Auskopplung *f*, Auskoppelung (Laser) / desenclavamiento *m* ‖ ~ (Elektr) / desacoplamiento *m*
auskörnen *vt* (Baumwolle), entkörnen (Spinn) / desgranar
auskragen *vi*, ausladen (Bau) / salir, sobresalir, ser voladizo
auskragend / voladizo *adj*, saliente
Auskragung *f*, Ausladung *f* (Bau) / volada *f*, voladizo *m*, saliente *m*
auskratzen *vt* / raspar
Auskratzer *m* (Gerät) (Wz) / raspador *m*
Auskreuzungskasten *m* (Elektr) / caja *f* de seccionamiento
Auskristallisation, Verwitterung *f* (Chem, Min) / eflorescencia *f*
auskristallisieren *vt vi* / separar[se] por cristalización ‖ ~ *vi* (Chem, Min) / efloreserse ‖ ~ (Zuck) / cristalizar ‖ ~ **lassen** / hacer cristalizar ‖ **[wieder]** ~ / recristalizar ‖ ~ *n* (Fehler, Keram) / cristalización *f*
Auskristallisierung *f* (Chem) / separación *f* por cristalización
auskühlen, [sich] ~ / enfriarse ‖ ~ *n* (Radioaktivität) / enfriamiento *m*, desactivación *f* ‖ ~ **von Stählen zur Gefügeveränderung** (Hütt) / refrigeración *f* de aceros, enfriamiento *m* de aceros
Auskunft *f*, Auskunftsstelle *f*, -platz *m*, -tisch *m* (Fernm) / información *f*, puesto *m* de información, servicio *m* de información
Auskunfts•bearbeitung *f* (DV) / procesamiento *m* de consulta ‖ ~**system** *n* (DV) / sistema *m* de consulta
auskuppeln *vt* (Masch) / desacoplar, desenganchar, separar ‖ ~ (Kfz) / desembragar ‖ ~ *n* (Kfz) / desembrague *m*
Auskuppelstelle *f* (Seilb) / punto *m* de desacoplamiento
Auskupplung *f*, Auskuppeln *n* (Masch) / desacoplamiento *m*
Ausladebrücke *f*, -rampe *f*, -plattform *f* (Bahn, Schiff) / rampa *f* de descarga, plataforma *f* de descarga
ausladen *vt*, abladen, entladen / descargar ‖ ~, löschen (Schiff) / descargar, alijerar ‖ ~ *vi*, auskragen (Bau) / salir, ser voladizo, resaltar ‖ ~ *n*, Abladen *n*, Entladen *m* / descarga *f* ‖ ~, Löschen *n* (Schiff) / descarga *f*, desembarque *m*, desembarco *m*
ausladend (Bau) / saliente, voladizo, saledizo ‖ ~, Ausladungs... (Wzm) / en cuello de cisne
Auslader *m*, Ablader *m* / descargador *m*
Ausladung *f* (Schraubstock) / resalte *m* de las mordazas o mandíbulas ‖ ~ (Bohrmaschine) / distancia *f* entre columna y portabrocas ‖ ~ (Dach) (Bau) / vuelo *m* del tejado ‖ ~ (Statik) / alcance *m* ‖ ~ (Presse) / saliente *m* ‖ ~, Auskragung *f* (Kfz) / volado *m* ‖ ~ (Wzm) / profundidad *f* del cuello de cisne, alcance *m* del brazo ‖ ~ (Kran) / alcance *m* del aguilón o de la pluma ‖ ~ **aus der Senkrechten** / proyección *f* de la perpendicular o de la plomada ‖ **seitliche** ~ / desplazamiento *m* lateral, saliente *m* lateral
Ausladungs•..., C-Form... (Wzm) / de cuadro en C, en cuello de cisne ‖ ~**blechschere** *f* (Wz) / cizalla *f* de garganta ‖ ~**gestell**, C-Gestell *n* (Wzm) / bastidor *m* en C, marco *m* en cuello de cisne ‖ ~**presse** *f* (Stanz) / prensa *f* de cuello de cisne
Auslage, Vitrine *f* / escaparate *m* (E), vidriera *f* (LA), vitrina *f* ‖ ~ (Druck) / salida *f* del papel ‖ ~**apparat** *m* (Druck) / rodillo *m* sacapliegos ‖ ~**fenster** *n*, Schaufenster *n* / escaparate *m* (E), vidriera *f* (LA)
auslagern *vt* (z.B. Betriebe) / dislocar (p.ej. empresas) ‖ ~ (Alu) / envejecer, madurar ‖ ~, aushärten (Stahl) / endurecer o templar por precipitación ‖ ~, swappen

(DV) / transferir en la memoria periférica ‖ ~ *n* (Stahl) / precipitación *f* a la temperatura ambiente o en caliente ‖ ~ (Alu) / maduración *f*
Auslagerungsdatei *f* (DV) / fichero *m* de intercambio
Auslagetrommel *f* (Druck) / tambor *m* de salida (offset)
ausländisch, importiert / importado ‖ ~**e Arbeitskräfte** *f pl* / mano *f* de obra extranjera, trabajadores *m pl* extranjeros ‖ ~**es Holz** / madera *f* [de procedencia] extranjera o exótica
Auslands•fernschreibverkehr *m* (histor.) / servicio *m* télex internacional ‖ ~**gespräch** *n* (Fernm) / conferencia *f* internacional ‖ ~**gespräch über 1 Grenze** / comunicación *f* directa ‖ ~**patent** *n* / patente *f* extranjera ‖ ~**vermittlungsstelle** *f* (AuslVst) (Fernm) / central *f* internacional ‖ **führende** ~**vermittlungsstelle** (Fernm) / central *f* directora, centro *m* director
Auslass *m*, Auslassöffnung *f* (allg, Masch) / salida *f*, agujero *m* de salida, orificio *m* de salida, escape *m* ‖ ~ (Hydr) / salida *f*, descarga *f*, vaciado *m* ‖ ~ **ins Freie** (Hydr) / salida *f* al aire libre ‖ ~**bohrung** *f* (Masch) / taladro *m* de salida ‖ ~**deckung** *f* (Dampfm) / recubrimiento *m* de evacuación, recubrimiento *m* inferior ‖ ~**drossel** *f* (Pneum) / válvula *f* [neumática] de salida
auslassen *vt*, ablassen, hinauslassen (allg, Hydr, Masch) / dejar salir, dejar escapar, purgar, vaciar, descargar ‖ ~, weglassen / omitir, suprimir ‖ ~, überspringen / saltar ‖ ~ (Fett) / derretir (grasa)
Auslass•exzenter *m* (Masch) / excéntrica *f* de escape ‖ ~**hub**, Auspuffhub *m* (Mot) / carrera *f* de escape ‖ ~**nocken** *m* (Mot) / leva *f* de escape ‖ ~**querschnitt** *m* (Masch) / sección *f* de salida ‖ ~**rohr** *n* (Hydr) / tubo *m* de descarga, tubo *m* de emisión ‖ ~**schieber** *m* (Masch) / corredera *f* de salida, compuerta *f* de escape o de alivio ‖ ~**schleuse** *f* **mit Klappen** (Bunker) / esclusa *f* de salida con chapaletas ‖ ~**schleuse mit Schiebern** (Bunker) / esclusa *f* de salida con correderas ‖ ~**schleuse rotierend** / esclusa *f* rotatoria ‖ ~**schlitz** *m* (Mot) / lumbrera *f* de escape, abertura *f* de escape ‖ ~**schütz** *n* (Hydr) / compuerta *f* de salida ‖ ~**stutzen** *m* (Masch) / tubuladura *f* de escape, tubuladura *f* de purga
Auslassung *f* / omisión *f*, salto *m*, supresión *f* ‖ ~, Leiche *f* (Druck) / omisión *f*, olvidado *m*
Auslassungs•punkte *m pl* (Druck) / puntos *m pl* suspensivos ‖ ~**zeichen** *n* (Druck) / signo *m* de omisión, apóstrofo *m*, verguilla *f*
Auslass•ventil *n* (Hütt, Masch) / válvula *f* de escape o de alivio, válvula *f* de salida o de descarga ‖ ~**ventil** (Vakuum) / válvula *f* de descarga, válvula *f* de salida ‖ ~**ventil**, -schieber *m*, Abgasventil *n* (Kfz, Masch) / válvula *f* de escape, espita *f* de escape ‖ ~**ventilverschraubung** *f* (Kfz, Masch) / racor *m* de la válvula de escape ‖ ~**voreilung** *f* (Dampfm) / avance *m* interior ‖ ~**zeichen** *n* (DV) / carácter *m* de error, carácter *m* de omisión
auslasten / cargar hasta la capacidad máxima, utilizar plenamente, trabajar en régimen
Auslastung *f*, Auslastungsgrad *m* (F.Org, Masch) / grado *m* o porcentaje de utilización ‖ ~ (volle, bis zum Limit) / plena utilización *f*, utilización *f* total ‖ ~, Ausnutzungsgrad (DV) / carga *f* de trabajo, grado *m* de utilización ‖ ~, Beschäftigungslage *f* (F.Org) / grado *m* de ocupación, estado *m* de ocupación ‖ **übermäßige** ~ / suprautilización *f*, utilización *f* excesiva ‖ **ungenügende** ~ / infrautilización *f* ‖ **volle** ~ **eines Zuges** (Bahn) / composición *f* de un tren al máximo
Auslastungsgrad *m* / grado *m* de utilización, porcentaje *m* de utilización ‖ ~ (Luftf) / utilización *f* de la capacidad total ‖ ~, relative Einschaltdauer, ED (Masch) / duración *f* de conexión relativo, período *m* de conexión relativa

Auslauf

Auslauf *m*, Ausmündung *f* (Masch) / boca *f* de salida, orificio *m* de salida, descarga *f* ‖ ≃ (Gewinde) / terminal *m* de rosca, fin *m* del filete, salida *f* de rosca ‖ ≃ (Luftf) / rodaje *m* [después del aterrizaje], rodadura *f* final ‖ ≃, Ausmündung *f* (einer Rinne) (Hydr) / orificio *m* de descarga, aliviadero *m* ‖ ≃ (Bunker), Trichter *m* / tolva *f* ‖ ≃ (Hütt) / piquera *f*, bigotera *f*, abertura *f* de salida ‖ ≃, Ausrollen *n* (Bahn) / marcha *f* a regulador cerrado ‖ ≃ (Landw) / corral *m* ‖ ≃ **einer Böschung** (Bau) / pie *m* de un talud ‖ ≃**bahn** *f* (Eltronik) / órbita *f* dilatada, órbita *f* de expansión ‖ ≃**bauwerk** *n* (Kraftwerk) / construcción *f* de salida ‖ ≃**becher** *m*, -viskosimeter *n* (Farbe) / copa *f* consistométrica, consistómetro *m*, viscosímetro *m* ‖ ≃**diffusor** *m* (Plast) / difusor *m* de salida ‖ ≃**doppelventil** *n*, Flügelhahn *m* (Sanitär) / grifo *m* de doble cierre
auslaufen *vi* (Flüssigkeit) / vaciarse, escapar, descargar ‖ ~, ausfließen, sich ergießen, lecken / salirse, derramarse ‖ ~ [lassen] (DV) / descargar, efectuar una pasada sin procesar ‖ ~, ausrollen (Bahn, Kfz) / correr hasta su parada, rodar por su propia inercia (o en inercia) ‖ ~ (Masch, Mot) / terminar gradualmente la marcha, marchar en inercia ‖ ~ (Schwungrad) / detenerse por inercia (volante) ‖ ~ (Luftf) / rodar [después del aterrizaje] ‖ ~ (Lager) / desgastarse por derrame del metal antifricción ‖ ~ (aus d. Hafen) (Schiff) / zarpar, hacerse a la mar ‖ ~ **lassen**, schrittweise aus dem Programm nehmen (F.Org) / terminar gradualmente el programa (de fabricación) ‖ **horizontal** ~ (Kurve, Math) / desarrollar horizontalmente ‖ **[sich]** ~, weiter werden (Masch) / ensancharse por desgaste ‖ **spitz** ~ / rematar en punta ‖ ≃ *n* (Flüssigkeit) / derrame *m* ‖ ≃ **der Kugelspur** (Lager) / desgaste *m* de la ranura para bolas
auslaufend (Fertigung) / en fase de discontinuación
Ausläufer *m* (Bergb) / ramificación *f* ‖ ≃, Sporn *m* (Geo) / espolón *m*
Auslauf•feld *n* (Tex) / zona *f* de salida ‖ ≃**geschwindigkeit** *f* (Bahn, Kfz) / velocidad *f* de rodaje hasta la parada ‖ ≃**hahn** *m* (Masch) / grifo *m* de purga ‖ ≃**länge** *f* (Pupinkabel) / sección *f* terminal ‖ ≃**modell** *n* (F.Org) / modelo *m* eliminado de la fabricación ‖ ≃**öffnung** *f* / orificio *m* de descarga o de salida, boca *f* de descarga ‖ ≃**pipette** *f* (Chem) / pipeta *f* calibrada ‖ ≃**radius** *m* (Gewinde) / radio *m* de fin de rosca ‖ ≃**reibung** *f* (Bahn, Mech) / rozamiento *m* al fin del movimiento ‖ ≃**rille** *f* (Audio) / surco *m* de salida, surco *m* final ‖ ≃**rohr** *n* (Bau, Hydr) / tubo *m* de salida, tubo *m* de descarga ‖ ≃**rohr** (senkrecht) (Bau) / tubo *m* vertical de descenso, tubo *m* de descenso ‖ ≃**rollgang** *m* (Walzw) / camino *m* de rodillos de salida ‖ ≃**rutsche**, -schurre *f* (Hütt, Landw) / canaleta *f* de salida, vertedor *m* o deslizadero inclinado de descarga ‖ ≃**schieber** *m* (Masch) / corredera *f* evacuadora, compuerta *f* de salida ‖ ≃**seite** *f* (Walzw) / lado *m* recibidor del tren ‖ ≃**seite der Druckfläche** (Wälzlager) / lado *m* donde termina la rodadura en la superficie de contacto ‖ ~**sicher** (Batterie), leckproof / hermético -blindado ‖ ≃**stein** *m* (Drehrohrofen) (Hütt) / bloque *m* de descarga (horno rotativo) ‖ ≃**trichter** *m* (Viskosität) / embudo *m* de salida ‖ ≃**trichter** *m* (Bunker) / tolva *f* de descarga o de alivio ‖ ≃**ventil** *n* (Sanitär) / grifo *m*, canilla *f*, pitoque *m* (Mex.) ‖ ≃**verfahren** *n* (z.B. Messung des Reibmomentes) (Wälzlager) / método *m* de autodeceleración (para medir el par de fricción) ‖ ≃**verschraubung** *f* (Kanister) / tapón *m* vertedor ‖ ≃**versuch** *m* (elektr. Masch.) / ensayo *m* de deceleración ‖ ≃**vorrichtung** *f*, -werk *n* (Hydr) / obra *f* de descarga ‖ ≃**zeit** *f* (Masch) / tiempo *m* de rodaje en [o por] inercia, tiempo *m* de funcionamiento hasta la parada ‖ ≃**zeit** (Flüssigkeit) / tiempo *m* de derrame
Auslaugbarkeit *f* (Chem, Umwelt) / lixiviabilidad *f*

Auslaugbeständigkeit *f* (Nukl) / resistencia *f* a la lixiviación
auslaugen / pasar con lejía ‖ ~ (Chem) / lixiviar, levigar ‖ ~, -ziehen (Chem) / extraer sólidos con disolvente ‖ ~, digerieren (Chem) / digerir, someter a la digestión ‖ ~, mazerieren (Chem) / macerar ‖ ~, nass aufbereiten (Aufb, Bergb) / lixiviar ‖ ~ (Tex) / extraer la lejía de los hilos ‖ ≃ *n* (Chem) / lixiviación *f* ‖ ≃ **von Gestein** (Aufb) / lixiviación *f* de rocas
Auslaugmethode *f* (Hütt, Zellmetall) / método *m* de lixiviación, proceso *m* de lixiviación
Auslaugung *f* (Nukl) / lixiviación *f*, lavado *m*
Auslaugungsrückstände *m pl* (des Zechsteins) (Nukl) / residuos *m pl* de lixiviación (de la piedra calcárea)
ausleeren *vt* / vaciar, evacuar, descargar, purgar ‖ ~ (Formkästen) (Gieß) / vaciar (cajas de molde) ‖ **Absitzgruben** ~ / vaciar fosas sépticas
Ausleerung *f* / vaciado *m*, evacuación *f*
Auslege[r]arm *m* (Masch) / brazo *m* extensible
auslegen *vt*, auskleiden / revestir, recubrir interiormente, forrar, guarnecer ‖ ~ (Boden) / moquetar ‖ ~, planen (nach Leistung), entwerfen / proyectar, concebir, diseñar, planificar, trazar, bosquejar ‖ ~ [für] (Masch) / dimensionar [para] ‖ ~, ausstellen / exponer, exhibir ‖ ~ (Patent) / publicar, exponer ‖ ~ (Bogen) (Druck) / hacer salir ‖ ~ (Beobachtung) / interpretar, explicar ‖ **ein Tau o. Seil o. Kabel** ~ (Schiff) / tender un cable ‖ **eine Boje** ~ / poner una boya o baliza, balizar ‖ **mit Fliesen** ~ (Bau) / alicatar, embaldosar, revestir con losas o baldosas, azulejar ‖ **mit Holz** ~ / entarimar ‖ **mit Papier** ~ / forrar de papel ‖ **verschieden** ~ / realizar en distintas formas o diseños ‖ ≃ *n*, Anordnung *f* / colocación *f*, agrupación *f*, disposición *f*
Ausleger *m*, Auslegerarm *m* (Masch) / brazo *m* [saliente o saledizo], brazo *m* de extensión, volada *f* ‖ ≃, Schwibbogen *m* (Bau) / arbotante *m* ‖ ≃ (Bohrmaschine) / brazo *m* radial ‖ ≃ (Druck) / sacapliegos *m* mecánico ‖ ≃ (Bagger) / pescante *m* ‖ ≃ (Kran) / pluma *f* [de grúa], plumín *m*, aguilón *m*, botalón *m* ‖ ≃ **des Gerberträgers** (Stahlbau) / viga *f* cantilever, cantilever *m* ‖ ≃ **[arm]**, -balken *m* (Hebezeug) / voladizo *m*, outrigger *m* ‖ ≃**arm** *m* (Masch) / brazo *m* saliente ‖ ≃**band** *n* (Förd) / cinta *f* transportadora con pluma ‖ ≃**baum** *m* (Bau, Zimm) / tornapunta *f* ‖ ≃**bereich** *m*, Schwenkbereich *m* (Kran) / radio *m* de acción de la pluma, alcance *m* de la grúa ‖ ≃**brücke** *f* (Bau) / puente *m* [de] cantilever ‖ ≃**brücke mit lasttragenden Obergurten** [Untergurten] / puente *m* cantilever con cordones superiores [inferiores] portantes ‖ ≃**drehkran** *m* (Bau) / grúa *f* giratoria con aguilón *m* ‖ ≃**feder** *f* (Kfz) / resorte *m* cantilever ‖ ≃**-Fußgelenk** *n* (Löffelbagger) / articulación *f* de la pluma ‖ ≃**gerüst** *n* (Bau) / andamio *m* suspendido ‖ ≃**-Hebewerk** *n* (Bagger) / elevador *m* de pescante ‖ ≃**isolator** *m* (Elektr) / aislador *m* de ménsula ‖ ≃**[lauf]katze** *f* (Kran) (Förd) / carro *m* de [la] pluma ‖ ≃**kran** *m* / grúa *f* de pluma o de aguilón ‖ ≃**kran**, Derrick *m* / derrick *m*, grúa *f* derrick ‖ ≃**länge** *f* / largo *m* de la pluma o del pescante, longitud *f* de la pluma ‖ ≃**mast** *m* (Bau) / mástil *m* con pluma ‖ ≃**mast** (Fahrleitung) / poste *m* de consola ‖ ≃**rückhaltekabel** *n* (Raumf) / cable *m* de retención del brazo ‖ ≃**seil** *n* (Kran) / cable *m* del pescante ‖ ≃**spitze** *f* (Kran) / cabeza *f* de [la] pluma o del pescante, vértice *m* del pescante ‖ ≃**steuerung** *f* (Satellit) / control *m* del brazo por reacción ‖ ≃**steuerung** (Bergb) / cilindro *m* determinador del horizonte de corte ‖ ≃**stütze** *f* (Kran) / pata *f* de apoyo, pata *f* transversal, apoyo *m* del pescante, consola *f* ‖ ≃**träger** *m* (Bau) / viga *f* cantilever ‖ ≃**verstellung** *f* (Kran) / variación *f* del radio de la pluma ‖ ≃ **[verstell]winde** *f* / torno *m* [inclinador] de la pluma ‖ ≃**winkel** *m* / ángulo *m* de inclinación de la pluma

Auslege•schrift f (Patent) / documento m de publicación ‖ ⁓**tisch** m (Druck) / mesa f de salida, mesa f de entrega ‖ ⁓**trommel** f (Druck) / tambor m de salida ‖ ⁓**tuchcode** m (Luftf) / código m de paneles ‖ ⁓**ware** f (Teppichboden) (Bau) / moqueta f
Auslegung f, Auslegen n (Boden etc., Wand) / revestimiento m ‖ ⁓, Projektierung f / proyecto m, diseño m, concepción f ‖ ⁓, Dimensionierung f / dimensionamiento m, dimensionado m ‖ ⁓, Grundriss m (Bau) / plano m [horizontal], planta f, diseño m ‖ ⁓ der Linie, Trassieren n (Bahn, Seilb) / trazado m
auslegungs•bedingt / conforme al diseño ‖ ⁓**fehler** m (Masch) / error m de concepción ‖ ⁓**geschwindigkeit** f (Straßb) / velocidad f de régimen ‖ ⁓**störfall** m (Nukl) / accidente m de referencia ‖ ⁓**-Wärmebelastung** f (Nukl) / carga f térmica nominal, carga f térmica conforme al diseño
ausleiern vi (Gewinde) / pasarse (rosca)
ausleiern, sich ~ (Gewinde) / pasarse de rosca
ausleitend, wegführend / eferente
Auslenkbarkeit f / orientabilidad f, autolineación f, adaptabilidad f
auslenken vt / desviar
Auslenkstrahl m (Nukl) / rayo m emitido
Auslenkung, -wanderung f (Eltronik) / excursión f, movimiento m de adaptación ‖ **radiale**, [vertikale] ⁓ **des Kath. Strahls** / desviación f radial, [vertical] del rayo catódico
auslernen (Auszubildende) / terminar el aprendizaje
Auslese f, Auswahl f / elección f, selección f, escogimiento m ‖ ⁓**band** f, Sortierband f (Landw, Müll) / cinta f clasificadora ‖ ⁓**geschwindigkeit** f (aus dem Speicher) (DV) / velocidad f de lectura ‖ ⁓**maschine** f (Landw) / [máquina] separadora f, máquina f clasificadora
auslesen vt, sortieren / clasificar, separar ‖ ~, -suchen / escoger, seleccionar ‖ ~, klauben (Bergb) / escoger, apartar ‖ ~ (DV) / leer o extraer (de una memoria) ‖ ⁓ n (aus dem Speicher) (DV) / lectura f, salida f de lectura
Auslese•paarung f (Masch) / emparejamiento m selectivo ‖ ⁓**prozess** m / proceso m de selección, proceso m de eliminación ‖ ⁓**- und Sortiermaschine** f (Hütt, Landw) / máquina f selectora y clasificadora, máquina f seleccionadora y separadora ‖ ⁓**verfahren** n / procedimiento m clasificador
ausleuchtbare Gleistafel (Bahn) / cuadro m de control óptico
ausleuchten vt (Elektr) / iluminar [totalmente]
Ausleuchtlampe f / lámpara f de inspección
Ausleuchtungsgrad m / grado m de iluminación
Ausleuchtzone f **eines Satelliten** (auf der Erdoberfläche) / Footprint m
auslichten vt, lichten (Forstw) / aclarar, entresacar
ausliefern vt, liefern (F.Org) / entregar, suministrar
Auslieferungslager n / almacén m de distribución, distribuidor m
Auslieger, Vorberg m (Geol) / estribación f
auslitern vi (allg) / verificar la capacidad en litros ‖ ~ (Bergb) / determinar la cantidad de detritos por metro perforado
ausloggen vr (DV) / terminar una sesión (de trabajo), salir
auslöschbar / deleble
auslöschen vt, löschen (allg, Feuer) / extinguir, apagar ‖ ~, vernichten / aniquilar, exterminar ‖ ~, löschen (DV) / cancelar, borrar ‖ ⁓ n (DV) / borrado m
Auslöse•bereich, Geiger-Müller-Bereich m (Nukl) / región f de Geiger-Müller ‖ ⁓**bügel** m (Masch) / estribo m de desenganche, arco m de escape ‖ ⁓**druck** m, Ansprechdruck m / presión f de reacción ‖ ⁓**haken** m (Masch) / gancho m de escape ‖ ⁓**handgriff** m (Foto) / empuñadura f para disparar ‖ ⁓**hebel** m (Masch) / palanca f de desenganche, palanca f de disparo, palanca f de desenclavamiento ‖ ⁓**hebel** (Fernm) / palanca f de retención ‖ ⁓**impuls** m (Eltronik, Radar) / impulso m disparador, impulso m de mando, impulso m activador ‖ ⁓**kabel** n (Foto) / disparador m flexible o de cable ‖ ⁓**kennlinie** f (Masch) / curva f característica de disparo o de desconexión ‖ ⁓**klinke** f / trinquete m de disparo, trinquete m liberador ‖ ⁓**knagge** f, -daumen m / leva f de enganche o desenganche ‖ ⁓**knopf** m / botón m de desenganche ‖ ⁓**knopf** (Foto) / botón m disparador, pulsador m de disparo ‖ ⁓**kraft** f (Masch) / fuerza f desenclavadora ‖ ⁓**leitung** f (Fernm) / hilo m de liberación ‖ ⁓**magnet** m / electroimán m disparador, electroimán m de desbloqueo o de liberación ‖ ⁓**mechanismus** m (Masch) / mecanismo m de desenganche
auslösen vt, freigeben (Masch) / desenclavar, desenganchar, desbloquear, liberar, desembragar, soltar un mecanismo de trinquete, desencadenar ‖ ~ (Eltronik) / disparar, gatillar, activar, iniciar ‖ ~, anstoßen, starten, einleiten (DV) / disparar ‖ ~ (Bewegung etc.) / provocar (un movimiento etc.) ‖ ~ (Wirkung) / causar (un efecto), producir (un efecto) ‖ ⁓ n, Auslösung f (Mech) / desenganche m, desenclavamiento m, desacoplamiento m, desembrague m, desencadenamiento m ‖ ⁓ (Eltronik) / liberación f ‖ ~ (Fernm) / desconexión f ‖ ~ (Foto, Waffe) / disparo m
auslösender Faktor / desencadenante m
Auslöse•nocken m (Masch) / leva f de desenganche, leva f de desbloqueo ‖ ⁓**quittungszeichen** n (Fernm) / señal f de liberación de guarda, señal f de eliminación de bloqueo
Auslöser m (Foto, Masch) / mecanismo m de disparo, disparador m, soltador m ‖ ⁓, Unterbrecher m (Elektr) / cortacircuito m, interruptor m
Auslöse•relais n / relé m disparador, relé m de desenganche, relé m de liberación ‖ ⁓**schalter** m / interruptor m de disparo ‖ ⁓**schalter für Fernsteuerung** (Elektr) / teleinterruptor m, telerruptor m ‖ ⁓**schwelle** f (Masch) / nivel m de activación, nivel m mínimo de disparo ‖ ⁓**schwelle** (Eltronik) / umbral m desencadenante ‖ ⁓**sperre** f (Foto) / bloqueo m del disparador ‖ ⁓**sperre eines Crimpwerkzeuges** (Elektr) / mecanismo m de control de ciclo total de la tenaza engarzadora ‖ ⁓**spule** f (Relais, Schalter) / bobina f de disparo ‖ ⁓**stift** m (Masch) / clavija f de detención, clavija f de desenganche, gatillo m disparador ‖ ⁓**strom** m (Elektr) / corriente f de liberación ‖ ⁓**stromkreis** m (Elektr) / circuito m desconectador ‖ ⁓**synchronimpuls** m (Radar) / impulso m de sincronización, impulsión f de sincronización ‖ ⁓**taste** f (Eltronik, Masch) / tecla f del disparador, pulsador m de disparo ‖ ⁓**temperatur** f / temperatura f de [des]conexión ‖ ⁓**ventil** n (Bahn) / válvula f de liberación ‖ ⁓**vorrichtung** f (Masch) / dispositivo m disparador o de disparo o de desenganche, mecanismo m de liberación ‖ ⁓**zähler** m (Nukl) / cámara de ionización de impulsos ‖ ⁓**zeit** f (Eltronik) / tiempo m de liberación, tiempo m de [des]conexión
Auslösung f s.a. Auslösen ‖ ⁓ (einer Explosion etc.) / desencadenamiento m ‖ ⁓ **des Triebwerks** (Raumf) / arranque m del motor cohético, ignición f del booster
Auslösungswiderstand m (Uhr) / resistencia f al desenclavamiento
ausloten / sondear [la profundidad]
auslöten (Eltronik) / desoldar
auslüften (Bau) / airear, ventilar ‖ ⁓ n, Auslüftung f / aireación f, ventilación f, aireado m
ausmachbar (Radar) / detectable
ausmachen vt, bedingen / condicionar ‖ ~ (Licht), ausschalten / apagar ‖ ~, darstellen / constituir ‖ ~, ernten (Kartoffeln) (Landw) / cosechar (patatas),

123

ausmachen

arrancar (patatas o papas) ‖ ~ *vi*, betragen, sih belaufen auf / ascender [a]
Ausmachhechel *f* (Hanf) / rastrillo *m* en fino
ausmahlen *vt* (Mühle) / moler [enteramente], moler finamente, molturar
Ausmahlgrad *m* (Mühle) / grado *m* de molienda
Ausmahlung *f*, Vermahlen *n* / moltura *f*, molienda *f*, molido *m*, molturación *f*
ausmalzen *vt* (Tex) / eliminar el almidón
Ausmaß *n*, Größe *f* / dimensión *f*, medida *f*, escala *f*, tamaño *m* ‖ ~, Ausdehnung *f* / extensión *f* ‖ **geringe** ~**e** / dimensiones *f pl* reducidas ‖ **größtes [kleinstes]** ~ / dimensión *f* máxima [mínima]
ausmauern *vt* (Bau, Bergb, Tunnel) / mampostear, colocar [las] dovelas ‖ ~, mit Mauerwerk verkleiden (Bau) / revestir de (o con) ladrillos, revestir de piedras
Ausmauerung *f* (Hütt, Ofen) / mampostería *f* refractaria, mampostería *f* interior del horno, camisa *f* del horno, revestimiento *m* interior con ladrillos refractarios
ausmeißeln *vt* / cincelar, escopl[e]ar
ausmergeln (Erdreich) (Umw) / empobrecer (suelo), extenuar
ausmerzen *vt*, beseitigen / desechar, descartar, eliminar ‖ **Fehler** ~ / eliminar errores
ausmessbar, messbar / mensurable, conmensurable
Ausmessbarkeit *f* / mensurabilidad *f*
ausmessen *vt* (allg) / medir, tomar la medida, efectuar medidas ‖ ~ (Gefäß) / calibrar, cubicar ‖ **den Rauminhalt** ~ / cubicar, medir el volumen ‖ **Land** ~ (Verm) / medir tierras, practicar la agrimensura
Ausmessung *f* (allg) / medición *f*, medida ‖ ~, Messen *n* (Gefäß) / calibración *f*, calibraje *m* ‖ ~ (Holz) (Forstw) / cubicación *f*
ausmisten *vt* (Landw) / sacar el estiércol, desestercolar
ausmitteln *vt*, mitteln (Math) / sacar la media, centrar ‖ ~, vergleichmäßigen (Werte) / homogeneizar valores
ausmittig (Masch) / excéntrico
Ausmittigkeit *f*, -mitte *f* / excentricidad *f*
Ausmündung *f* (Rohr) / descarga *f*, orificio *m* de descarga ‖ ~ (Hydr, Schiff) / desembocadura *f* ‖ ~, Auslauf *m* (einer Rinne) (Hydr, Straß) / salida *f* de una cuneta
Ausmündungsdrain *m* (Landw) / colector *m* de salida
ausmünzen *vt*, ausprägen / acuñar monedas
ausmustern *vt* (altes Gerät) / eliminar, desechar ‖ ~ (Bahn) / reformar, poner fuera de servicio
Ausmusterung *f* / eliminación *f*, desecho *m*
ausnehmen *vt*, ausschließen / excluir, exceptuar ‖ ~, Werkstoff entfernen / escotar, sacar o quitar material ‖ ~, ausweiden (Tiere) / destripar, eviscerar
Ausnehmung *f* (Masch) / escote *m*, escotadura *f*, vaciado *m*, entalladura *f*, hueco *m*
ausnoppen *vt* (Tex) / desmotar, quitar botones, pinzar
Ausnummer *f* (Baumwolle) / número *m* de la cinta de salida
ausnutzen *vt* / utilizar, aprovechar, hacer uso [de], explotar
Ausnutzung, Verwertung *f* / utilización *f*, aprovechamiento *m* ‖ **geringe** ~ (DV, Speicher) / infrautilización *f* (por ej. de la memoria) ‖ **volle** ~ **des Reibungsgewichts** (Bahn) / adherencia *f* total
Ausnutzungsgrad *m* (F.Org) / coeficiente *m* de utilización, grado *m* de utilización, porcentaje *m* de utilización ‖ ~, Auslastung *f* (DV) / cuota *f* de trabajo ‖ ~ (Container) / utilización *f* ‖ ~ **des Kraftwerks** (Elektr) / coeficiente *m* de utilización de una central eléctrica ‖ ~ **[einer Anlage etc]** (F.Org) / factor *m* de capacidad unitario
Ausnutzungs•leistung *f* (Wz) / potencia *f* aprovechada ‖ ~**ziffer** *f*, Geschossflächenzahl *f* (Bau) / coeficiente *m* de superficie de pisos, factor *m* de utilización
auspacken *vt* (Ware, Ballen) / desenvolver, desembalar ‖ ~ (Pakete, Kisten) / desempaquetar, abrir (cajas) ‖ ~ (Formen) (Gieß) / desmoldear ‖ ~ *n* (Pakete,

Ballen) / desembalaje *m*, desempaquetamiento *m* ‖ ~ (Gieß) / desmoldeo *m*
Auspackrüttler *m* (Gieß) / vibrador *m* desmoldeador
ausparken (Kfz) / desaparcar, salir del aparcadero
auspeilen *vt* (Wassertiefe), ausloten (Schiff) / sondear
auspendeln *vt* / equilibrar
auspfählen (Bau) / clavar estacos o postes
auspfeifen *vt* (Bergb) / quemar sin explosión
auspflanzen *vt* (Bot, Landw) / trasplantar, desplantar
auspflocken *vt* (Verm) / marcar con jalónes y piquetes
auspichen *vt* (allg) / empecinar, cubrir con pez ‖ ~ (Schiff) / calafatear
Ausplünderung *f* **der Natur** / saqueo *m* de la Naturaleza
auspolstern *vt* (Möbel) / almohadillar, acolchar
ausprägen *vt*, ausmünzen / acuñar monedas
Auspressdruck *m* (Strangpresse) / presión *f* de eyección
auspressen *vt*, ausquetschen, entsaften (Obst) (Landw) / exprimir, estrujar, licuar ‖ ~ (Pap) / secar por presión
Auspress•gründung *f* (Bau) / fundación *f* estabilizada por inyección (de hormigón) ‖ ~**mörtel** *m* (Bau) / mortero *m* de inyección ‖ ~**pistole** *f* (Plast) / pistola *f* eyectora (de material plástico)
ausprobieren *vt*, testen (allg) / probar, ensayar, experimentar, hacer pruebas ‖ ~ *n* **einer Kurve** (DV) / adaptación *f* de una curva
ausprüfen *vt* (DV) / depurar (un programa), eliminar fallos
Auspuff *m* (Vorgang) (Kfz, Masch) / escape *m*, expulsión *f*, descarga *f* ‖ ~, Auspuffrohr *n* (Kfz) / escape *m*, tubo *m* de escape ‖ ~, Auspufföffnung *f* / orificio *m* de escape ‖ ~ **ins Freie** / escape *m* [al aire] libre ‖ ~ **nach oben** (LKW) / escape *m* hacia arriba ‖ ~**blende** *f* (Kfz) / embellecedor *m* del tubo de escape ‖ ~**bremse** *f*, -retarder *m* / estrangulador *m* de escape, retardador *m* de escape ‖ ~**dampf** *m*, Abdampf *m* (Masch) / vapor *m* de escape ‖ ~**druck** *m* (Mot) / presión *f* de escape, presión *f* final
auspuffen *vt vi* (Dampf, Kfz) / expeler [vapor o gases de escape], escaparse
Auspuff•endrohr *n* (Kfz) / tubo *m* final de escape ‖ ~**-Filter** *m n* / filtro *m* de escape ‖ ~**-Führung** *f* / canalización *f* de los gases de escape, conducción *f* de los gases de escape ‖ ~**gas** *n* (Kfz) / gas *m* de escape ‖ ~**-Hauptschalldämpfer** *m* (Kfz) / silenciador *m* principal de escape ‖ ~**hub** *m* / carrera *f* de escape ‖ ~**kanal** *m*, -öffnung *f* / conducto *m* de escape, orificio *m* de escape ‖ ~**klappe** *f* (Kfz) / chapaleta *f* de escape ‖ ~**knall[er]** *m* (Kfz) / detonación *f* en el [tubo de] escape ‖ ~**kopf**, -sammler *m* / cabezal *m* de escape, colector *m* de escape ‖ ~**krümmer** *m* / codo *m* de escape ‖ ~**leitung** *f* (Kfz) / tubería *f* de escape, conducto *m* de escape ‖ ~**öffnung** *f* / orificio *m* de escape ‖ ~**pfeife** *f*, -signal *n* (histor.) (Kfz) / pito *m* de escape, señal *f* de escape ‖ ~**rohr** *n* / tubo *m* de escape (E), caño *m* de escape (LA) ‖ ~**rohrschelle** *f* / abrazadera *f* para tubo de escape ‖ ~**schlitz** *m* (Dampfm, Mot) / lumbrera *f* de escape ‖ ~**seite** *f* **des Motors** (Kfz) / lado *m* del escape (del motor) ‖ ~**stutzen** *m* **am Motorkopf** (Kfz) / tubuladura *f* de escape (en la culata) ‖ ~**topf** *m* (Kfz) / silenciador *m* [de escape], silencioso *m*, amortiguador *m* de ruido ‖ ~**turbine** *f* (Gas) / turbina *f* de gas de escape, turbina *f* a gas de escape (LA) ‖ ~**turbine** (Dampf) / turbina *f* de vapor sin condensación ‖ ~**ventil** *n* / válvula *f* de escape ‖ ~**-Vorschalldämpfer** *m* (Kfz) / silenciador *m* auxiliar de escape, cámara *f* de preexpansión
auspumpen *vt* (Bergb) / sacar con bomba, vaciar con bomba, bombear ‖ ~, evakuieren (Luft) / practicar el vacío, hacer el vacío, rarefacer ‖ **Wasser** ~ / desaguar por bomba
Auspumpzeit *f* (Bergb) / tiempo *m* de vaciado o de bombeo ‖ ~ (Vakuum) / tiempo *m* de evacuación
Ausputz *m* (Karde) (Tex) / borras *f pl* de carda

ausputzen vt, reinigen / limpiar ‖ ~ (Schuh) / finisar, pulir ‖ ~ (Landw) / podar, mondar ‖ ≈ n (Karde) / desborrado m de los cilindros de carda
Ausputzwalze, Ausstoßwalze f (Karde) / cilindro m desborrador
ausquetschen vt, aupressen / exprimir, estrujar ‖ ≈ n, Auspressen n / estrujamiento m, estrujadura f
ausradieren vt, streichen / borrar, raspar, raer ‖ ≈ n / borrado m, raspado m
Ausrampung f, Bau m einer Rampe (Bahn, Bau) / construcción f de una rampa
ausrangieren vt (Gerät, Maschine), außer Dienst stellen / poner fuera de servicio, retirar del servicio, sacar del servicio
ausrasten vi (Sperrklinke) (Masch) / desenclavar, desenganchar [se], desencastrar ‖ ≈ n, Ausrastung f / desenclavamiento m, desenganche m, desencastre m
ausrauben vt, bergen (Bergb) / rescatar, recuperar ‖ ~, technische Einrichtungen entfernen / desmontar ‖ ≈ n / rescate m
ausräuchern vt, ausschwefeln (Landw) / ahumar, fumigar, azufrar, sahumar con azufre ‖ ≈ n / fumigación f
ausraufen vt (Jute) (Tex) / arrancar (el yute)
ausräumen, leeren (allg) / vaciar, quitar, sacar, evacuar, extraer ‖ ≈ n des **Verschleißfutters** (Hütt) / extracción f del forro de desgaste
Ausräumung f, Leerung f / evacuación f, vaciado m
ausrechnen, berechnen / calcular, hacer el cálculo ‖ **überschläglich** ~ / hacer un cálculo aproximado, estimar, tantear
Ausrechnung f / cálculo m, cómputo m
ausrecken (Leder) / estirar
Ausreckmaschine f (Leder) / máquina f para estirar, máquina f para dar viento
ausregeln (Eltronik, Masch) / regular hasta el máximo
Ausregelung f / regulación f hasta el máximo ‖ ~ **einer Abweichung** (Regeln) / regulación f de una desviación
Ausregelzeit f (Eltronik, Masch) / tiempo m de estabilización, tiempo m de corrección
ausreiben vt / fregar, quitar frotando ‖ ~ (mit Reibahle, Fräser) (Masch) / escariar, escarear
ausreichende Oberflächengüte (Qual.Pr.) / calidad f suficiente de superficie
ausreifen lassen [dejar] madurar, dejar envejecer
ausreißen vt, losreißen / arrancar ‖ ~, roden (Forstw) / destroncar (LA) ‖ ~ (aus der Erde) / desarraigar, erradicar, descuajar ‖ ~ vi (z.B. Rand) / romperse, desgarrarse ‖ ~ (Gewinde, Schraube) / romperse el filete o los hilos de la rosca
Ausreißer m (bei Versuchsergebnissen usw) (Stat) / valor m extraño ‖ ≈ (Bergb) / vena f que se pierde en la roca ‖ ≈ (Ballistik) / tiro m errado o anormal o perdido
Ausrichtdorn m (Wzm) / mandril m de alineamiento
ausrichten vt (in eine gerade Linie bringen) (Bau, Masch) / alinear ‖ ~, gerade richten (Schm) / enderezar ‖ ~ (mittig) (Räder) / centrar ‖ ~, orientieren (Bau) / orientar ‖ ~ (Verm) / alinear con la vista ‖ ~ (Dezimalstellen) (DV) / alinear ‖ ~ (Antenne) / orientar, dirigir ‖ ≈ (Bergb) / hacer accesibles los yacimientos, hacer labores de acceso, abrir el yacimiento ‖ **auf gleiche Höhe** ~ (Bau) / nivelar ‖ **aufeinander** ~ / alinear (el uno sobre del otro) ‖ **die Stempel** ~ (Bergb) / alinear los estemples ‖ **ein Möbel** ~ (durch Unterlegen der Füße) / calzar un mueble ‖ **[sich]** ~ / orientarse ‖ ≈ n, Ausrichtung f (Bau, Masch) / alineación f, alineamiento m ‖ ≈ (Bergb) s. Ausrichtung ‖ ≈ **mit der Piste** (Luftf) / alineación con la pista
Ausricht•fläche f (Wzm) / superficie f de referencia ‖ ≈**gerät** m, -vorrichtung f (Masch) / dispositivo m de alineación ‖ ≈**leiste** f (im Drucker) (DV) / varilla f de ajuste de la impresora, barra f de alineación ‖ ≈**skala** f (Masch) / escala f de alineación ‖ ≈**spitze** f (Wzm) / centro m de alineación

Ausrichtung f (von Molekülen) (Chem) / orientación f (de moléculas) ‖ ≈ (Bergb, Gestein) / trabajo[s] de reconocimiento, labores f pl de acceso, labores f pl de preparación ‖ ≈, Orientierung f (Gebäude) (Bau) / aspecto m ‖ ≈ (Druck, DV) / ajuste m (de un texto) ‖ ≈ **auf die Sonne** (Astr) / orientación f hacia el sol ‖ ≈ **der Zeichen** (DV) / alineación f de caracteres ‖ ≈ **des Divisors** (DV) / alineación f del divisor
Ausrichtungs•bau m (Bergb) / galería f para unir yacimiento y bocamina ‖ ≈**faktor** m (Bergb) / relación f entre estéril y mineral utilizable ‖ ≈**fehler** m (Antenne) / error m de alineación ‖ ≈**strecke** f (Bergb) / galería f de preparación
ausrohren vt (eine Wand) (Bau) / encañizar
ausrollen vi (Bahn, Kfz) / rodar en (o por) inercia, marchar en o por inercia ‖ ~ (Luftf) / rodar (después del aterrizaje) hasta pararse ‖ ~, auswalzen (Hütt) / laminar, extender (con un rodillo) ‖ **Kabel** ~ / desenrollar un cable ‖ ≈ n, Auswalzen n / laminado m, laminación f ‖ ≈ (Luftf) / rodadura f o rodado m después del aterrizaje
Ausroll•geschwindigkeit f (Bahn, Kfz, Schiff) / velocidad f de rodadura f ‖ ≈**grenze**, Plastizitätsgrenze f (Boden) / límite m de plasticidad ‖ ≈**maschine** f (Teig etc) / laminador[a] m [f] ‖ ≈**winkel**, Landewinkel m (Luftf) / ángulo m de aterrizaje
ausrotten vt, vertilgen (Bot, Landw) / exterminar, destruir, extirpar, erradicar
Ausrottung f / erradicación f, extirpación f, destrucción f
ausrückbar (Masch) / desembragable, separable ‖ ~**e Kupplung** / embrague m
ausrücken vt, auskuppeln (Masch) / desacoplar, desembragar, desenganchar ‖ ~ (Druck) / componer sin sangrar ‖ **den Riemen** ~ (Masch) / disparar la correa ‖ ≈ n (Vorgang) / desembrague m, desenganche m
Ausrücker m, Ausrückvorrichtung f (zum Trennen) (Masch) / disparador m, palanca f de separación, dispositivo m de desembrague ‖ ≈, Ausrückvorrichtung f (zum Anhalten) (Masch) / dispositivo m de paro, mecanismo m de paro
Ausrück•gabel f (Masch) / horquilla f del disparador ‖ ≈**hebel** m (zumAuskuppeln) (allg) / palanca f de desembrague ‖ ≈**hebel**, Auslösehebel m / palanca f de desenganche, palanca f de desenclavamiento ‖ ≈**hebel** m (zum Anhalten) / palanca f de paro ‖ ≈**klaue** f / garra f o uña de desembrague ‖ ≈**muffe** f, -lager n (Kupplung) / manguito m de desembrague ‖ ≈**platte** f (Kfz, Kupplung) / plato m, placa f de desembrague ‖ ≈**welle** f (Masch) / árbol m de desembrague
ausrufen, jemanden durch Lautsprecher ~ **lassen** / vocear, buscar personas, llamar por altavoces
ausrunden vt / redondear ‖ **Außenformen** ~ o. **windschlüpfig machen** / adaptar a una forma aerodinámica, hacer aerodinámico
Ausrundung f, Kehle f (Bau, Masch) / garganta f, mediacaña f ‖ ≈ **von Kanten** (Gussmodell) / redondeado m de aristas, redondeado m ‖ ≈ **zwischen Rumpf und Flügel** (Luftf) / redondeado m
Ausrundungsbogen, [senkrechter] ≈ (Bahn) / curva f vertical
ausrupfen vt, ausreißen (allg, Landw) / arrancar, desarraigar ‖ ~, -putzen, noppen (Tex) / desmotar, quitar las motas o los botones
ausrüsten vt [mit] (allg) / equipar [con], proveer [de], dotar [de], habilitar, pertrechar ‖ ~ (Tex) / aprestar, acabar ‖ ≈ (Schiff) / equipar, armar, aparejar, pertrechar ‖ ~ (Bau) / desmontar el andamio (o andamiaje) ‖ ≈ n (Masch, Schiff) / armado m ‖ ≈, Ausrüstung f (Web) / apresto m, acabado m
Ausrüster m (Tex) / aprestador m, especialista en apresto m f ‖ ≈ (Schiff) / armador m, naviero m
Ausrüstmaschine f (Tex) / máquina f de apresto

Ausrüstung

Ausrüstung f, Ausstattung f, Geräte npl (Kfz, Masch) / equipo m, equipamiento m || ~, Bedarf m, Produktionsmittel npl / equipo m, pertrechos m pl, utensilios m pl necesarios, materiales m pl || ~ (Industrie) / maquinaria f, utillaje e instalaciones || ~, Zubehör n (Masch) / accesorio[s] m [pl] || ~ (Schiff) / aparejo m, pertrechos m pl, armamento m || ~ (Tex) / apresto m, acabado m || ~, Kriegsmaterial n (Mil) / material m de guerra || ~ (Pap) / refinación f, acabado m || ~ **einer Anlage** (DV) / configuración f de un ordenador
Ausrüstungs•einrichtungen f pl, Veredelungseinrichtungen f pl (Tex) / equipo m de apresto o de acabado, instalaciones f pl de apresto || ~**güter** n pl, Investitionsgüter npl (Wirtsch) / bienes m pl de equipo || ~**hafen** m, -dock m (Schiff) / puerto m de armamento, dique m de armamento || ~**kai** m / muelle m de armamento || ~**kapsel** f (Raumf) / módulo m de servicio || ~**kran** m (Schiff) / grúa f de armamento || ~**maschine** f (Tex) / máquina f de apresto || ~**mittel** n (Tex) / agente m de apresto || ~**teil** n (Masch) / componente m de equipo || ~**teile** n pl / accesorios m pl, piezas f pl
ausrutschen [auf], ausgleiten / resbalar[se] [sobre], patinar, deslizarse || ~ n / resbalamiento m
Aussaat f, Säen n (Landw) / siembra f, sementera f || ~ (aus der Luft) (Landw) / siembra f aérea
aussacken vt / desensacar, vaciar un saco
aussäen vt (Landw) / sembrar, diseminar, esparcir
Aussage f, Information f (Kybernetik) / señal f, información f || ~ (Math) / función f lógica, enunciación f, proposición f, planteo m || ~ (DV) / sentencia f || ~**funktion** f (Math) / función f proposicional
aussagen vt / exponer, enunciar
aussägen vt (Metall, Tischl) / cortar con sierra, contornear con sierra
Aussagen•logik f, -kalkül m (Math) / lógica f proposicional, cálculo m proposicional || ~**variable** f (Math) / variable f de Boole || ~**verbindung** f (Kybernetik) / combinación f sentencial, conexión f proposicional || ~**wert** m (DV) / valor m lógico
Aussage•wahrscheinlichkeit f (Qual.Pr.) / coeficiente m de confianza || ~**wert** m / valor m informativo
aussalzbar (Chem) / salificable
aussalzen vt (Seife) / salinizar || ~ (Chem) / precipitar mediante sales, salificar || ~ n (Chem) / salificación f, separación f por salado || ~, Aussalzung f (Nukl) / precipitación f por salazón
Aussamer m (Forstw) / árbol m de siembra
aussäuern vt (Chem) / tratar con ácido
aussaugen vt, erschöpfen (Reserven) / agotar, extenuar || ~, absaugen / aspirar, chupar, succionar
ausschaben vt (Gerb) / rascar, raspar
ausschachten vt, ausheben (Bau) / excavar, desfondar, ahuecar el suelo, abrir (una zanja) || ~ (Bergb) / abrir un pozo, profundizar, excavar
Ausschachtung f / excavación f || ~ **zur Gewinnung von Auffüllmaterial** (Bau, Straßb) / desmonte m de préstamo || **flache** ~ / excavación f plana o superficial, desmonte m
Ausschachtvolumen n / volumen n de excavaciones
ausschalen vt, einschalen (Bau) / encofrar || ~, Schalung entfernen (Bau) / desencofrar
ausschaltbar (Elektr) / desconectable || ~, ausrückbar (Masch) / desembragable
ausschalten vt (Elektr) / desconectar, cortar el circuito || ~, -rücken (Masch) / desembragar, desenclavar || ~, abdrehen (Licht) / apagar, quitar, desconectar, cerrar || ~ vt (Relais) / disparar || ~, abstellen (Masch) / parar || **Fehler** ~ **o. ausmerzen** / eliminar errores || **Widerstand** ~ (Elektr) / cortocircuitar una resistencia, poner en cortocircuito una resistencia || ~ n (Elektr) /

desconexión f || ~, Entkuppeln n (Masch) / desacoplamiento m, desembrague m
Ausschalter m (Elektr) / interruptor m, desconectador m, disyuntor m, ruptor m, separador m || ~ (Messerschalter) (Elektr) / interruptor m de cuchilla || ~ (Hygrograph) / palanca f de desbloqueo || ~ **mit doppelter Unterbrechung** (Elektr) / interruptor m de contacto doble || ~ **mit verschiedenen Anschlüssen** / interruptor m de contactos múltiples
Ausschalt•funke m / chispa f de desconexión, chispa f de interrupción o de ruptura || ~**hebel** m / palanca f disyuntora || ~**impuls** m / impulso m desconectador || ~**kontakt** m (Elektr) / contacto m desconectador o de desconexión, contacto m muerto || ~**leistung** f, Abschaltleistung f / potencia f de ruptura || ~**rille** f (Schallplatte) / surco m de salida || ~**stellung** f (Elektr) / posición f neutra, posición f de desconexión, posición f abierta || ~**strom** m / corriente f de desconexión, corriente f de ruptura
Ausschaltung f, Ausschalten n (Elektr) / desconexión f || ~ (allg, Mil) / eliminación f, neutralización f
Ausschalt•verlustleistung f (Halbl) / pérdida f de potencia provocada por la desactivación || ~**vermögen** n / poder m de corte || ~**verzögerung** f (Pneum) / retardo m de desactivación
Ausschalung f (Zimm) / tablazón m, tablaje m || ~, Schalung f (Bergb, Hydr) / encofrado m || ~, Entfernen n der Schalung (Bau) / desencofrado m
Ausschankapparat m, Pression f (Brau) / aparato m de presión, aparato m para sacar cerveza a presión
ausscharen vt vi (Bergb, Gang) / ramificar[se]
ausschaufeln vt, -graben / excavar con pala, sacar a paladas
ausschäumen vt (Plast) / espumar, esponjar || ~ n (Plast) / esponjado m
ausscheiden vt, trennen / separar, apartar || ~, ausfällen (Chem) / precipitar || ~, auslesen (Bergb) / escoger || ~ (Math) / eliminar || ~, ausschließen / excluir
Ausscheidequerschnitt m (Nukl) / sección f eficaz de desplazamiento
Ausscheider m (Koksofen) / deshornador m, extractor m
Ausscheidung, Absonderung f (Chem, Math) / eliminación f, segregación f, separación f, disgregación f || ~ f, Niederschlag m (Chem) / precipitado m, depósito m || ~**Ausscheidungskoeffizient** m (Nukl) / coeficiente m de remoción || ~ (Met) / precipitación f
Ausscheidungs•einrichtung f (DV) / equipo m de discriminación, órgano m de discriminación || ~**gehärtet** (Hütt) / templado por precipitación, endurecido por precipitación || ~**glühen** n (Hütt, Leichtmetall) / recocido m de precipitación || ~**härten**, aushärten (Leichtmetall) / templar por precipitación || ~**härtung** f, Dispersionshärten n (Leichtmetall) / temple m por precipitación, temple m por dispersión, endurecimiento m por precipitación || ~**mittel** n (Chem) / agente m precipitante, agente m precipitador || ~**stoffe** m pl (Biol) / productos m pl eliminados || ~**verfestigen** (Hütt) / solidificación f por dispersión
ausscheren vi (Verkehr) / salirse de la fila || ~ (Anhänger) (Kfz) / derivar || ~ (Schiff) / derivar, separarse (de una formación)
ausschießen vt (Bergb) / desbrozar por voladura || ~ (Druck) / sacar el papel blanco intercalado
Ausschießwasser n (Zuck) / aguas f pl finales de difusión
ausschiffen vt / desembarcar
Ausschiffung f / desembarque f
ausschildern vt, beschildern (Straßb) / señalizar, poner señales
ausschlachten vt, abwracken (Kfz, Masch, Schiff) / desguazar, quitarle piezas a un equipo para reparar otro, desmontar [para otra utilización] || ~ n, Ausschlachtung f / desguace m, desguazamiento M
Ausschlachter m (Kfz) / desguacista m

ausschlacken (Hütt) / sacar las escorias, sangrar escorias, descorificar (un hogar)
Ausschlackgrube *f* / foso *m* picafuegos
Ausschlackung *f*, Abziehen *n* von Schlacke / descorificación *f*
Ausschlag *m*, Ausschlagweite *f* (Instr) / amplitud *f* ‖ ≈, [vollständiger] Einschlag der Vorderräder (Kfz) / ángulo *m* [máximo] de giro de las ruedas delanteras ‖ ≈ (Magnetnadel, Zeiger) / desviación *f*, declinación *f* ‖ ≈ (Bau, Gerb) / flor *m*, sustancia *f* mucosa ‖ ≈ **der Waage** / inclinación *f*, caída [del peso] ‖ ≈ **des Drehgestells** (Bahn) / desplazamiento *m* del bogie ‖ ≈ **des Schreibstiftes** (Instr) / deflexión *f*, desviación *f* del estilo ‖ ≈ **einer Mauer** (Bau) / eflorescencia *f* [de un muro], carie[s] *f*, exudación *f* ‖ ≈ **geben**, überwiegen (Waage) / inclinarse el fiel, bascular ‖ ≈ **zeigen** (Gerb) / mostrar blume o flor ‖ ≈**begrenzer** *m* (Instr, Masch) / tope *m* limitador ‖ ≈**begrenzung** *f* / limitación *f* de la desviación ‖ ≈**bildung** *f* (Galv) / aparición *f* de pecas
ausschlagen *vt* [mit] / revestir [interiormente] [con o de], forrar, cubrir ‖ ~ (Gieß) / desmoldear con sacudidas ‖ ~ *vi* (Waage) / inclinar[se], bascular ‖ ~ (Pendel) / oscilar (péndulo) ‖ ~ (Zeiger) / desviarse (aguja) ‖ ~, schwitzen (Mauer) (Bau) / rezumar (muro) ‖ ~, einen Ausschlag bilden (Galv) / formarse pecas ‖ **nach unten** ~ (Waage) / descender, caer ‖ ≈ *n* (Pendel) / oscilación *f* ‖ ≈, Putzen *n* (Gieß) / desmoldeo *m* con sacudidas
Ausschläger *m*, Feinschläger *m* (Baumwolle) / cilindro *m* batidor, cilindro *m* desprendedor, batán *m* acabador
Ausschlag•festigkeit *f* (Waage) / resistencia *f* al exceso de carga ‖ ≈**maschine**, Dessiniermaschine *f* (Tex) / preparadora *f* para grandes piezas de ropa blanca ‖ ≈**rost** *m* (Gieß) / parrilla *f* sacudidora, parrilla *f* de desmoldeo ‖ ≈**rost**, Vibrationsrost *m* (Gieß) / parrilla *f* vibratoria vaciadora de arena
Ausschlagsmethode *f* (Elektr) / método *m* de desviación
Ausschlag•weite *f* (Instr) / amplitud *f* ‖ ≈**winkel** *m*, Ablenkungswinkel *m* (Opt) / ángulo *m* de desviación ‖ ≈**winkel** (Lenkung) (Kfz) / ángulo *m* de doblez de las ruedas delanteras (dirección)
ausschlämmen *vt* (Bau, Bergb) / desenlodar
ausschleifen *vt*, innenschleifen (Masch) / rectificar [interiormente]
Ausschlepptank *m* (Galv) / tanque *m* de solución arrastrada
ausschleudern *vt*, zentrifugieren / centrifugar ‖ ~ (Nukl) / eyectar
ausschleusen *vi* (Schiff) / salir de la esclusa ‖ ≈ *n* (Reaktor) / esclusado *m* hacia afuera
ausschließen *vt* [von] / excluir [de] ‖ ~ (Druck) / justificar, espaciar ‖ **erneut** ~ (Druck) / reimponer ‖ **sich gegenseitig** ~ / excluirse mutuamente
ausschließend, exklusiv (DV) / exclusivo
Ausschließmechanismus *m* (Druck) / mecanismo *m* de justificación
Ausschluss *m* (Druck) / espacio *m*, blanco *m*, laguna *f*, cuadrado *m* ‖ **hoher** ≈ (Druck) / espacio *m* alto ‖ **unter** ≈ [von] / con exclusión [de], con excepción [de] ‖ ≈**keil** *m* (Druck) / cuña *f* de justificación ‖ ≈**stück** *n*, Spatie *f* (Druck) / espacio *m* ‖ ≈**trommel** *f*, -walze *f* (Druck) / tambor *m* de justificación, escala *f* de justificación
ausschmelzen *vt*, [ein]schmelzen (Hütt) / [hacer] fundir, realizar la fusión ‖ ~, durch Schmelzen gewinnen / extraer por fusión ‖ ~ (Fett u. Ä.) / derretir
Ausschmelzverfahren *n* (Gieß) / fundación *f* a la cera perdida
ausschmieden *vt*, recken / estirar
ausschmieren *vt* (mit Fett) / rellenar de (o con) grasa ‖ ~ (Feuerfest) / revestir ‖ **Fugen** ~ / llenar las ranuras o juntas [con o de], calafatear
Ausschmückung, Verzierung *f* / decoración *f*, adorno *m*, embellecimiento *m*

ausschnappen *vi*, abschnappen (Feder, Schnur) / dispararse, desenclavarse, detenerse
Ausschneide..., zum Ausschneiden / recortable
ausschneiden *vt* (allg) / recortar, cortar ‖ ~, ausstanzen (Stanz) / punzonar, troquelar, calar ‖ ~ (Bäume) / podar ‖ ~, zacken / dentar, endentar, dentellar ‖ ~, **kopieren u. einfügen** (DV) / [re]cortar, copiar e insertar (transferir) ‖ **nach Schablone** ~ / recortar según plantilla o a patrón, perfilar según modelo
Ausschneidwalzwerk *n* (Hütt) / laminador *m* de corte
Ausschnitt *m* (allg) / recorte *m*, corte *m* ‖ ≈, Einkerbung *f* (Masch) / entalla[dura] *f*, entallamiento *m*, degolladura *f* ‖ ≈, Kreissektor *m* (Math) / sector *m* ‖ ≈ (Foto) / detalle *m*, recorte *m* ‖ ≈, gestemmter Einschnitt für Zapfen (Tischl) / mortaja *f* ‖ ≈, Platine *f* (Stanz) / disco en blanco ‖ ≈ **aus einer Fläche** / pieza *f* de una superficie, parte *f* de una superficie, fragmento *m*, sección *f*
ausschöpfen *vt* (Behälter) / vaciar, extraer, sacar
ausschoten, [aus]schälen (Landw) / descascarillar, desenvainar
ausschrämen (Bergb) / extraer por rozadora
ausschrauben, herausschrauben (Masch) / desenroscar, des[a]tornillar
ausschreiben, öffentlich ~ / sacar a subasta [pública] (E), convocar un concurso, llamar o invitar a licitación (LA)
Ausschreibung *f* (eines Wettbewerbs) / convocatoria *f* ‖ **[öffentliche]** ≈ / anuncio *m* de concurso o de subasta, concurso-subasta *m* (E), licitación *f* (LA)
Ausschreibungsangebot *n* (Bau) / presentación *f* de ofertas
Ausschuss *m*, Komitee *n* / comité *m*, comisión *f*, mesa *f*, junta *f* ‖ ≈ (Unbrauchbares) / desechos *m pl*, géneros *m pl* de desecho, productos defectuosos *mpl*, desperdicios *m pl* ‖ ≈, Schrott *m* (Masch) / desechos *m pl*, chatarra *f* ‖ ≈, Ausschussteile *n pl* (Masch, Plast) / piezas *f pl* desechadas ‖ ≈, Kollerstoff *m* (Pap) / recortes *m pl*, costeros *m pl* ‖ **verwertbarer o. nacharbeitbarer** ≈ (Hütt, Masch) / desechos *m pl* reutilizables ‖ ≈**anteil** *m*, -rate, -quote *f*, -prozentsatz *m* (F.Org) / porcentaje *m* de desechos, proporción *f* de piezas defectuosas, número *m* relativo de piezas inútiles ‖ ≈**blech** *n* (Hütt) / chapa *f* de desecho, chapa *f* defectuosa ‖ ≈**grenze** *f* (Qual.Pr.) / límite *m* de rechazo ‖ ≈**lehrdorn** / calibre *m* macho " no pasa" ‖ ≈**lehre** *f* / calibre *m* " no pasa" ‖ ≈**-Lehrring** *m* / calibre *m* anular " no pasa" ‖ ≈**loch** *n* (eines Projektils) / orificio *m* de salida ‖ ≈**maß** *n* (Qual.Pr.) / medida *f* de pieza de rechazo ‖ ≈**rachenlehre** *f* / calibre *m* hembra " no pasa, galga *f* de herradura " no pasa" ‖ ≈**schiene** *f* (Bahn) / carril *m* de desecho ‖ ≈**seite** *f*, Schlechtseite *f* einer Lehre (Qual.Pr.) / lado *m* " no pasa" (de un calibre) ‖ ≈**teil** *n*, -stück *n* / pieza *f* descartada, pieza *f* rechazada, pieza *f* desechada ‖ ≈**wolle** *f* (Tex) / lana *f* de desecho
ausschütteln *vt* (Chem) / extraer agitando ‖ ≈ *n*, Solvent-Extraktion *f* (Chem) / extracción *f* por solvente ‖ ~ (z.B. mit Ether) (Chem) / agitación *f* (por ej. con éter)
ausschütten (Flüssigkeit), ausgießen, entleeren / vaciar, verter, derramar
ausschweben *vi* (Luftf) / estirar el planeo
Ausschwebestrecke *f* (Luftf) / distancia *f* de vuelo planeado, distancia *f* de planeo
ausschwefeln *vt* (z.B. Fässer u.Ä.) / azufrar ‖ ~ (Chem) / desulfurar ‖ ≈ *n* / azufrado *m*, azuframiento *m*
ausschwemmen *vt* (Aufb) / limpiar con una descarga de agua, lavar con abundancia de agua ‖ ~, unterspülen (Hydr) / minar, socavar (por las aguas)
ausschwenkbar (Masch) / giratorio, rotatorio, oscilante, basculante, orientable, virable, pivotante
Ausschwenkbarkeit *f* / posibilidad *f* de ladeo, posibilidad *f* de virar

ausschwenken vi / moverse transversalmente ‖ ~ (Kran) / girar ‖ ⁓ n (Masch) / giro m, ladeo m
Ausschwimmen n von Lack (inhomogene Verteilung der Pigmente) / separación f por disgregación de pigmentos
Ausschwingdauer f (Akust) / duración f del amortiguamiento o de la amortiguación
ausschwingen vi, ersterben (Schwingung) / amortiguar, extinguirse, dejar de oscilar, apagarse, oscilar con amplitud decreciente ‖ ~, sich beruhigen (Messinstr) / estabilizarse, calmarse ‖ ~ **lassen** (Mech) / dejar extinguirse las oscilaciones ‖ ⁓, Abklingen n der Schwingung / amortiguamiento m, amortiguación f, extinción f [de la oscilación]
ausschwingendes elektromagnetisches Pulsfeld (Elektr) / campo m electromagnético pulsatorio de ondas decrecientes
Ausschwingstrom m (Elektr) / corriente f de amortiguamiento, corriente f de oscilación decreciente
Ausschwingungskurve f (Schiff) / curva f de extinción del balanceo
Ausschwingversuch m (Mat.Prüf) / ensayo m de vibraciones libres, ensayo m de amortiguación
ausschwitzen vi (Wand) (Bau) / rezumar ‖ ~ (Fett) / exudar ‖ ~, ausblühen (Plast) / exudar ‖ ⁓ n (Anstrich, Fett, Gieß) / exudación f ‖ ⁓ **des Gleitmittels** / exudación f del lubrificante ‖ ⁓ **des Teeröls** (Holzkons.) / exudación f de la creosota ‖ ⁓ **von Leim** / penetración f de la cola
Ausschwitzzahl f (Fett) / coeficiente m de exudación
Aussehen n / aspecto m, apariencia f física ‖ ⁓ **einer Probe** (Hütt, Pharm) / aspecto m [exterior] de una muestra
Aussehensmuster n (Bau) / maqueta f de tamaño natural
ausseigern vt (Hütt) / cavar a plomo, segregar (la plata del plomo) ‖ ~ vi / segregarse ‖ ~ vt (Chem) / licuar ‖ ⁓ n (Hütt) / segregación f
Ausseigerung f (Chem) / licuación f
außen adv, außerhalb / fuera [de] ‖ ~ adj [befindlich o. liegend], Außen..., äußere[r] / exterior, externo, afuera, en la parte exterior, por fuera ‖ **von** ~ **angeregte Schwingung** (Masch) / oscilación f parásita, vibración f parásita ‖ **von** ~ **bis außen** / desde fuera a fuera ‖ **von** ~ **wirkend** / extrínseco ‖ ⁓..., Außer-Haus... (DV) / exterior, externo
Außen•abmessung f (Bau, Masch) / dimensiones f pl exteriores ‖ ⁓**achslager** n (Masch) / cojinete m axial exterior ‖ ⁓**anbau**, Aufbau m (Kfz) / montaje m exterior ‖ ⁓**anlage** f (Bau, Masch) / instalación f exterior, instalación f al aire libre ‖ ⁓**anlagen** f pl (Öl) / instalaciones externas ‖ ⁓**ansicht** f (Bau) / vista f exterior ‖ ⁓**anstrich** m (Bau) / pintura f exterior, pintura f para exteriores ‖ ⁓**antenne** f (TV) / antena f exterior ‖ ⁓**antenne**, Hochantenne f / antena f elevada ‖ ⁓**anwendung** f, -einsatz m / utilización f exterior, empleo m exterior ‖ ⁓**arbeiten** f / trabajos m pl exteriores, trabajos m pl al aire libre ‖ ⁓**arbeiter** m, Mann für Außenarbeiten / obrero m ocupado en trabajos exteriores ‖ ⁓**armatur** f (Elektr, Lampe) / guarnición f de una lámpara para exteriores ‖ ⁓**aufnahme** f (Film, TV) / exteriores m pl, rodaje m en exteriores ‖ ⁓**backenbremse** f (Kfz) / freno m de zapatas exteriores ‖ ⁓**bahn** f (Atom) / órbita f exterior ‖ ⁓**bandbremse** f (Kfz) / freno m de cinta exterior ‖ ⁓**beaufschlagung** f (Hydr, Turbine) / admisión f exterior, impulsión f exterior ‖ ⁓**bekleidung** f, -verkleidung f (Bau) / revestimiento m exterior ‖ ⁓**belag** m (Eltronik) / capa f o recubrimiento exterior ‖ ⁓**belag** (Kondensator) / armadura f exterior ‖ ⁓**beleuchtung** f (Elektr) / alumbrado m exterior o de exteriores, iluminación f exterior ‖ ⁓**beleuchtung** (Fahrzeug) / luz f exterior ‖ ⁓**belieferung** f / suministro m exterior ‖ ⁓**belüftung** f (Bau) /

ventilación f exterior ‖ ⁓**beplankung** f (Schiff) / trabazón f exterior ‖ ⁓**bereich** m (Bau, Verkehr) / zona f exterior, extrarradio m ‖ ⁓**berme** f (Hydr) / contradique m exterior ‖ ⁓**bezirk** m (einer Stadt), Bannmeile f / recinto m exterior, extrarradio m, término m municipal ‖ ⁓**bezirke** m pl / afueras f pl, arrabales m pl, áreas f pl suburbanas ‖ ⁓**blech** n, Außenhaut f (Kfz, Masch) / chapa f exterior (de carrocería etc.) ‖ ⁓**blechverkleidung** f (Masch) / revestimiento m exterior de chapa ‖ **einfache** ⁓**bogen-Kreuzungsweiche** (Bahn) / travesía f de unión sencilla en curva exterior o desviada ‖ ⁓**bogenweiche** f / cambio m en curva desviado exteriormente
Außenbord m (Rollenlager) / reborde m exterior (de un rodamiento de rodillos) ‖ ⁓**-Druckanzug** m (Raumf) / escafandra f para actividades extravehiculares
Außenborder m, Speed-Boot n (Schiff) / lancha f con fuera borda, fuera m borda
Außenbord•fahrzeug n (Raumf) / vehículo m para actividades extravehiculares, unidad f móvil para actividades extravehiculares ‖ ⁓**führung** f (Wälzlager) / guiado m en el [re]borde del aro exterior ‖ ⁓**geführt** (Lager) / con aro exterior cerrado ‖ ⁓**-Kabelrinne** f (Raumf) / acanaladura f exterior para cables ‖ ⁓**lager** n (Wälzlager) / rodamiento m con [re]borde exterior ‖ ⁓**leiter** f (Schiff) / escalera f fuera borda ‖ ⁓**-Manövergerät** n (Raumf) / unidad f de maniobras extravehiculares ‖ ⁓**motor** m (Schiff) / fuera m borda, motor m de fuera de bordo
außenbords (Schiff) / fuera [de] bordo
Außenbord•tätigkeit f, EVA, Aufenthalt im Raum m (Raumf) / actividad[es] f [pl] extravehicular[es] ‖ ⁓**treppe** f (Schiff) / escalera f fuera borda
Außen•böschung f (Deich, Hydr) / talud m exterior (de un dique), flanco m exterior (de un dique) ‖ ⁓**bremse** f (Masch) / freno m exterior ‖ ~**bürtig**, exogen (Geol) / exógeno ‖ ⁓**dämmung** f (Bau) / aislamiento m exterior ‖ ⁓**deckel** m (Masch, Schiff) / tapa f exterior ‖ ⁓**deichland** n, Vorland n (Hydr) / terreno m fuera del dique, terreno m delante del dique
aussenden vt (Eltronik, Phys) / emitir ‖ ~ (Strahlen), ausstrahlen / emitir, radiar, irradiar
aussendend / emisivo
Außendienst m / servicio m exterior ‖ ⁓ (im Kundendienst) / servicio m exterior pos[t]venta o pos[t]compra, servicio m de clientela exterior ‖ ⁓**-Ingenieur**, -Techniker m / ingeniero m de servicio pos[t]venta, ingeniero m de asistencia técnica ‖ ⁓**personal** n (F.Org) / personal m del servicio activo ‖ ⁓**techniker** m (DV) / técnico m de servicio pos[t]venta, técnico m de entretenimiento
außen•drehen (Dreh) / tornear [diámetros] exteriores ‖ ⁓**drehen** n (Wzm) / torneado m exterior o de exteriores ‖ ⁓**druck** m (Masch, Phys) / presión f exterior ‖ **auf** ⁓**druck bringen** (Kabine, Luftf) / depresurizar ‖ ⁓**durchmesser** m (Masch) / diámetro m exterior o periférico ‖ ⁓**ecke** f (NC) / vértice m, canto m ‖ ⁓**ecke** (Dachrinne), Rinnenecke f (Bau) / esquina f exterior de un canalón ‖ ⁓**elektron** n / electrón m externo, electrón m periférico, electrón m de valencia ‖ ⁓**erdkopplung** f (Elektr, Kabel) / desequilibrio m de capacidad externa ‖ ⁓**faktor** m / factor m externo ‖ ⁓**fehler** m (Qual.Pr.) / defecto m exterior ‖ ⁓**feinhonen** n (Superfinish) (Wzm) / superacabado m exterior ‖ ⁓**feuerung** f / hogar m exterior
Außenfläche f, -seite f / superficie f exterior, cara f exterior ‖ ⁓, Vorderseite f / cara f [anterior], frente m ‖ ⁓ f **des Beitels** (Wz) / bisel m del escoplo o formón ‖ ⁓ **eines Gewölbes** (Bau) / extradós m ‖ ⁓ **eines Objektes** / superficie f exterior de un objeto, periferia f ‖ ⁓ **von gesägtem Holz** / cara f exterior de madera aserrada
Außen•flügel m (Luftf) / parte f exterior del ala ‖ ⁓**form** f / forma f exterior ‖ ⁓**fräsen** n, Formfräsen n (Wzm) /

fresado *m* exterior, fresado *m* de perfiles ‖ ⁓**futter** *n*, -mantel *m* (Kabel) / sobreforro *m* ‖ ⁓**gehrung** *f* (Bau, Masch) / inglete *m* exterior
aussengen (Web) / chamuscar, gasear
Außen•getriebe *n* (Masch) / engranaje *m* exterior ‖ ⁓**gewinde** *n* / rosca *f* exterior, rosca *f* macho, rosca *f* del tornillo ‖ ⁓**gewinde schneiden** / filetear una rosca exterior, tallar una rosca exterior, tallar tornillos, roscar exteriormente ‖ **mit** ⁓**gewinde versehen** / con rosca exterior ‖ ⁓**gewindekupplung** *f* (Rohr) / acoplamiento *m* fileteado ‖ ⁓**gewindeschneiden** *n*, Außengewinden *n* (Wzm) / roscado *m* exterior ‖ ⁓**gitter** *n* (Eltronik) / rejilla *f* exterior ‖ ⁓**glied** *n*, erstes o. letztes Glied einer Gleichung (Math) / extremo *m*, primero y último término de una proporción ‖ ⁓**hafen** *m* (Schiff) / antepuerto *m*, puerto *m* exterior ‖ ⁓**hauptanschluss** *m* (Licht, Wasser) / acometida *f* general exterior ‖ ⁓**haut** *f* (Schaumstoff), Haut *f* (Plast) / piel *f* (plástico celular) ‖ ⁓**haut** (Schiff) / forro *f* exterior, revestimiento *m* exterior ‖ ⁓**haut** (Raumf) / envoltura *f* externa ‖ ⁓**hautplanken** *f pl* (Schiff) / tablas *f pl* del forro exterior, traca *f* o hilada exterior ‖ ⁓**honen** *n* (Wzm) / operación *f* de asentar los exteriores, rectificación *f* y bruñidura exterior ‖ ⁓**hülse** *f* (Masch) / casquillo *m* exterior ‖ ⁓**hydrant** *m* (Feuerwehr) / boca *f* de riego exterior ‖ ⁓**interpolator** *m* (NC) / interpolador *m* externo ‖ ⁓**isolationsmaterial** *n* (nicht feuerfest) (Ofen) / material *m* aislante exterior ‖ ⁓**kabel** *n* (Bau) / cable *m* exterior o para exteriores ‖ ⁓**kante** *f* (Bau, Masch) / arista *f* exterior, canto *m* exterior ‖ ⁓**kegel** *m*, -konus *m* (Wzm) / cono *m* exterior
aussenken *vt* / avellanar
Außen•kiel *m* (Schiff) / quilla *f* exterior ‖ ⁓**klimastall** *m* (Landw) / establo *m* al descubierto ‖ ⁓**klüver** *m* (Schiff) / petifoque *m* ‖ ⁓**kontakt** *m* (Elektr) / contacto *m* exterior ‖ ⁓**kontaktsockel** *m* (Lampe) / zócalo *m* de contactos laterales o exteriores ‖ ⁓**konturfräsen** *n* (Wzm) / fresado *m* de contorno[s] exterior[es] ‖ ⁓**körper** *m*, aufnehmendes Teil (Masch) / pieza *f* hembra
Aussenkung *f* (Schraube) / avellanado *m*
Außen•kurbel *f* (Masch) / manivela *f* exterior ‖ ⁓**lager** *n* / cojinete *m* exterior ‖ ⁓**lamelle** *f* (Kupplung) (Motorrad) / disco *m* exterior (embrague de moto) ‖ ⁓**landung** *f* (Luftf) / aterrizaje *m* fuera del aeropuerto ‖ ⁓**laufbahn** *f* (Wälzlager) / camino *m* de rodadura del aro exterior ‖ ⁓**läufermotor** *m* (Elektr) / motor *m* de rotor o inducido exterior ‖ ⁓**lautsprecher** *m* (Eltronik) / altavoz *m* exterior (E), altoparlante exterior (LA) ‖ ⁓**lehre** *f* (Mess) / calibre *m* para espesores ‖ ⁓**leiter** *m* (Elektr) / conductor *m* exterior, hilo *m* o línea exterior ‖ ⁓**leiter** *f* (Bau) / escalera *f* exterior ‖ ⁓**leiterspannung**, verkettete Spannung *f* (Elektr) / tension *f* entre fases ‖ ⁓**leuchte** *f* (Bau) / lámpara *f* exterior, luminaria *f* exterior, aplique *m* de iluminación ‖ ⁓**leuchte**, Straßenlaterne *f* / farol *m*, farola *f* ‖ ⁓**linie**, Kontur *f* / contorno *m* ‖ ⁓**linie**, Profil *n* / perfil *m* ‖ ⁓**lippendichtung** *f* (Masch) / collarín *f* de obturación exterior ‖ ⁓**luft** *f* / aire *m* exterior, aire *m* atmosférico ‖ ⁓**luftkanal** *m* (Klimaanlage) / canal *m* [aspirador] de aire exterior ‖ ⁓**mantel** *m* (einer Trommel) (Masch) / envoltura *f* (de un tambor) ‖ ⁓**maß** *f* / medida *f* exterior, dimensiones *f pl* exteriores ‖ ~**mattiert** (Oberfläche) / mateado exteriormente ‖ ⁓**mauer** *f*, Umfassungsmauer *f* (Bau) / muro *m* exterior, muro *m* de cerramiento ‖ ⁓**mauerwerk** *n* / mampostería *f* exterior, albañilería *f* exterior ‖ ⁓**messfühler** *m pl* (Schiebelehre) / picos *m pl* de medida exterior ‖ ⁓**mikrometer** *n*, -bügelmessschraube *f* (Instr) / micrómetro *m* para (o de) exteriores ‖ ⁓**mole** *f* (Hafen) / muelle *m* exterior ‖ ⁓**montage** *f* (Elektr, Masch) / montaje *m* a la intemperie, montajes *m pl* exteriores ‖ ⁓**pfahl** *m* **eines Fangdammes** (Hydr) / pilote *m* exterior de un cofferdam ‖ ⁓**plattform** *f* (Bahn) / plataforma *f* exterior ‖ ⁓**poldynamo** *m* (Elektr) / dínamo *f* de polos exteriores ‖ ~**programmiert** (DV) / programado por medios externos ‖ ⁓**putz** *m* (Bau) / revoque *m* de exteriores (o de fachada) ‖ ⁓**radpaar** *n* (Masch) / par *m* de ruedas exteriores, engranaje *m* exterior ‖ ⁓**rand** *m* (von Buchseiten) (Druck) / margen *m* exterior (de una página) ‖ ⁓**räumen** *n* (Wzm) / brochado *m* exterior ‖ ⁓**räummaschine** *f* / máquina *f* para brochar las superficies exteriores, brochadora *f* de superficies exteriores ‖ ⁓**räumwerkzeug** *n* / herramienta *f* de brochar las superficies exteriores ‖ ⁓**reede** *f* (Schiff) / rada *f* exterior ‖ ⁓**-Reflexionsanteil** *m* **des Tageslicht-Quotienten** (Phys) / componente *m* de reflexión exterior del factor de luz diurna ‖ ⁓**reportage** *f*, -aufnahme *f* (Film, TV) / reportaje *m* al aire libre ‖ ⁓**ring** *m* (Kugellager) / anillo *m* exterior ‖ ⁓**rohrschneider** *m* / cortatubos *m* exterior ‖ ⁓**-Rolljalousie** *f* (Bau) / persiana *f* arrollable o enrollable exterior ‖ ⁓**rotor** *m* (Auswuchtmasch) / rotor *m* voladizo ‖ ⁓**rücklauf** *m*, Feedback *n* (DV) / feedback *m* ‖ ~**rundläppen** *vi* (Wzm) / someter al lapeado exterior ‖ ⁓**rundschleifmaschine** *f* / rectificadora *f* para cilindrado exterior ‖ ⁓**schäldrehen** *n* / torneado-descortezado *m* ‖ ⁓**schale** *f* (eines Atoms), äußere Schale / última capa *f* ‖ ⁓**schälen** *n* (Wzm) / descortezado *m* exterior ‖ ⁓**schicht** *f* (Anstrich, Bau) / capa *f* exterior ‖ ⁓**schicht** (Plast) / piel *f* ‖ ⁓**schleifen** *n* (Wzm) / rectificado *m* exterior ‖ ⁓**sechskant** *m* (Masch) / hexágono *m* exterior ‖ ⁓**seite** *f* (allg) / cara *f* exterior, lado *m* exterior ‖ ⁓**seite**, Fassade *f* (Bau) / fachada *f* ‖ ⁓**seite einer Mauer**, Stirnseite *f* / cara *f* exterior de un muro, cara *f* frontal ‖ ⁓**senker** *m* (Wz) / escariador *m* exterior ‖ ⁓**speicher** *m* (DV) / memoria *f* externa ‖ ⁓**sperrholz** *n* (Bau, Tischl) / madera *f* contrachapeada para exteriores ‖ ⁓**spiegel** *f* (heizbar) (Kfz) / espejo *m* o retrovisor exterior [calefaccionable] ‖ ⁓**spiegel** *m*, -rückblickspiegel *m* (Kfz) / retrovisor *m* exterior **elektrisch verstellbarer** ⁓**spiegel** / retrovisor *m* eléctrico [exterior] ‖ ⁓**spiegelblinker** *m* (Kfz) / intermitente *m* integrado en el retrovisor exterior ‖ ⁓**station** *f*, Raumstation *f* (Raumf) / estación *f* espacial, estación *f* orbital ‖ ⁓**station am Boden** (Raumf) / estación *f* terrestre apartada ‖ ⁓**stelle** *f*, -agentur *f* / subagencia *f* ‖ ⁓**stoßen** *n* (Wzm) / mortajado *m* exterior, shaping *m* exterior ‖ ⁓**strom** *m* (Fernm) / corriente *f* externa ‖ ⁓**stromaggregat** *n*, Anschlusswagen *m* (Luftf) / grupo *m* electrógeno externo ‖ ⁓**tank** *m* (Luftf) / depósito *m* exterior ‖ ⁓**taster** *m* (Qual.Pr.) / compás *m* de exteriores, calibrador *m* exterior ‖ ⁓**tätigkeit** *f* / trabajos *m pl* exteriores o al aire libre, actividades *f pl* exteriores o al aire libre ‖ ⁓**tätigkeit** (Monteur) / trabajos *m pl* fuera de la fábrica ‖ ⁓**temperatur** *f* / temperatura *f* exterior ‖ ⁓**transformator** *m* (Elektr) / transformador *m* exterior, transformador *m* al aire libre ‖ ⁓**treppe** *f* (Bau) / escalera *f* exterior ‖ ⁓**tür** *f*, äußere Tür / puerta *f* exterior ‖ ⁓**übertragung** *f* (Sendung im Freien) (Eltronik, Radio, TV) / transmisión *f* de una producción al aire libre ‖ ⁓**- und Innentaster** *m* (Qual.Pr.) / compás *m* de exteriores e interiores, calibrador *m* exterior e interior ‖ ⁓**verzahnung** *f* (Masch) / dentado *m* exterior ‖ ⁓**vibrator** *m* (Bau) / vibrador *m* exterior ‖ ⁓**wand** *f* (Bau, Masch) / pared *f* exterior, paramento *m* exterior ‖ ⁓**wand des Ofens** (Hütt) / pared *f* exterior del horno ‖ ⁓**wand eines Stahlskelettbaus** (Bau) / pared *f* exterior de una construcción en esqueleto metálico ‖ ⁓**wandfuge** *f* / ranura *f* de la pared exterior, juntura *f* de la pared exterior ‖ ⁓**wange**, Wandwange *f* (Treppe) / zanca *f* exterior, zanca *f* de la pared o del muro ‖

Außenwiderstand

≈**widerstand**, Arbeitswiderstand *m* (Eltronik) / resistencia *f* exterior, resistencia *f* de utilización ǁ ≈**widerstand** *m* **im Anodenkreis** / resistencia *f* exterior en el circuito anódico ǁ ≈**winkel** *m* (Math) / ángulo *m* externo ǁ ≈**wohnung** *f* (Bau) / vivienda *f* exterior ǁ ≈**zahnrad** *n* (Masch) / rueda *f* dentada exterior ǁ ≈**zughebel** *m* (Motorrad) / palanca *f* exterior de tracción ǁ ≈ **[zug]jalousie** *f* (Bau) / persiana *f* italiana ǁ ≈**zylinder** *m* (Schneckengetriebe) / cilindro *m* exterior
außer Betrieb, außer Gang / fuera *m* de servicio, "No funciona" ǁ ~ **dem Haus**, im Freien / fuera de casa, al aire libre ǁ ~ **Gleichgewicht** / en [estado de] desequilibrio, desequilibrado ǁ ~ **Tritt fallen** (Elektr) / desincronizarse, perder el sincronismo ǁ **[zeitweilig]** ~ **Kraft setzen** / suspender [transitoriamente]
außer•atmosphärisch *adj* (Astr) / extraatmosférico, exosférico ǁ ~**atmosphärisch** *adv* / del espacio exterior ǁ ~**axiale Aberration** (Opt) / aberración *f* extraaxial ǁ ≈**band...** (Fernm) / fuera de [la] banda ǁ ~**betriebliche Anlage** / instalación *f* fuera de la empresa o fábrica ǁ ≈**betriebsetzung** *f*, -setzen *n*, -nahme *f* (Masch) / puesta *f* fuera de servicio, parada *f*
äußere•r / exterior, externo ǁ ~**r**, äußerlich, Fremd... / externo ǁ ~ **Abschirmung** (Eltronik) / apantallamiento *m* exterior ǁ ~ **Adresse** (DV) / dirección *f* externa ǁ ~ **Begrenzung** (Geom, Verm) / perímetro *m* ǁ ~ **Einflussprüfung** (Umw) / prueba *f* de influencias ambientales ǁ ~**s Elektron** (Chem) / electrón *m* [de la capa] exterior, electrón *m* de valencia ǁ ~ **Erscheinung** / apariencia *f* ǁ ~ **Form** / forma *f* exterior ǁ ~**r Gewindedurchmesser** (Masch) / diámetro *m* exterior de la rosca ǁ ~ **Kegellänge** (Zahnrad) / longitud *f* exterior del cono ǁ ~ **Kennlinie** (Elektr) / curva *f* característica exterior, característica *f* exterior ǁ ~ **Kraft** (Phys) / fuerza *f* exterior ǁ **Last o. Belastung** (Masch) / carga *f* exterior ǁ ~**r Makrobefehl** (DV) / macroinstrucción *f* externa ǁ ~ **Mauerschale** (Bau) / envoltura *f* exterior del muro ǁ ~**r Photoeffekt** (Phys) / emisión *f* fotoeléctrica, fotoefecto *m* exterior ǁ ~**r Planet** (Astr) / planeta *m* exterior ǁ ~**s Produkt**, Vektorprodukt *n* (Math) / producto *m* vectorial ǁ ~**r Rahmen** (Tür, Fenster) (Bau, Zimm) / contramarco *m* ǁ ~**r Ring** (Straßb) / cinturón *m* exterior, ronda *f*, carretera *f* de circunvalación ǁ ~ **Schale** (eines Atoms), Außenschale *f* / última capa ǁ ~ **Spannung** (Mech) / tensión *f* externa ǁ ~**r Speicher** (DV) / memoria *f* exterior, almacenamiento *m* exterior ǁ ~ **Steilheit** (Halbl) / conductancia *f* externa ǁ ~**r Stromkreis** (Elektr) / circuito *m* exterior ǁ ~ **Teilkegellänge** (Zahnrad) / longitud *f* exterior del cono parcial ǁ ~**r Totpunkt** (Mot) / punto *m* muerto superior ǁ ~ **Treppenwange** (Bau) / zanca *f* exterior, zanca *f* de la pared o del muro ǁ ~ **Überhitzung** (Nukl) / sobrecalentamiento *m* exterior ǁ ~ **Wärmewiderstand** (Halbl) / termorresistencia *f* externa ǁ **das** ≈ / exterior *m*
außer fahrplanmäßig (Bahn, Bus) / fuera de horario, extraordinario ǁ ~**galaktisch** (Astr) / extragaláctico
außerhalb *adv* / fuera [de], al exterior[de] ǁ ~ **der Maschine** (Pap) / fuera de la máquina ǁ ~ **der Spitzenzeit** (Verkehr) / fuera de las horas punta ǁ ~ **der Spitzenzeit** (Elektr) / fuera de las horas de mayor consumo ǁ ~ **des Kerns** (Reaktor) / fuera del núcleo ǁ ~ **des Kerns befindlich** (Phys) / extranuclear ǁ ~ **gemessen** (Bau) / medido entre extremos puntos
außer•-Haus... / extramural, fuera de casa ǁ ≈**-Haus...**, Außen... (DV) / externo, exterior ǁ ~**-Haus-Anlage** *f* / instalación *f* fuera de la empresa
äußerlich *adj* / exterior, externo ǁ ~ (von außen wirkend) / extrínseco ǁ ~ *adv* / por fuera
außer•mittig (Masch) / excéntrico, descentrado ǁ ~**mittige Lage**, Außermittigkeit *f* / posición *f* excéntrica, excentricidad *f* ǁ ≈**mittigkeit** *f* (Fehler),

Rundlauffehler *m* / excentricidad *f* (defecto), defecto *m* de marcha en redondo ǁ ~**ordentlich** (allg, Opt) / extraordinario ǁ ~**orts** / extraurbano (consumo de gasolina) ǁ ~**planmäßig** (F.Org) / no programado, extraordinario, no previsto en el programa o plan ǁ ~**planmäßige Wartung** / mantenimiento *m* extraordinario, entretenimiento *m* extraordinario
äußerst, Höchst... / máximo, sumo, supremo ǁ ~**er Grenzzustand** (Beton) / estado *m* límite máximo ǁ ~**e Spitze** (Rakete) / punta *f* extrema
außer•terrestrisch, außerirdisch (Astr, Raumf) / extraterrestre ǁ ~**terrestrische Biologie** / biología *f* extraterrestre ǁ ≈**trittfallen** *n* (TV) / de[s]fasaje *m* ǁ ≈**trittfallen** (Elektr) / desincronización *f*, pérdida *f* de sincronismo, fallo *m* de sincronización
aussetzbar von Hand (Bahn) / que puede ser retirado a brazo de la vía
Aussetzbelastung *f* (Elektr) / carga *f* intermitente
Aussetzbetrieb *m*, AB *m* (Elektr) / servicio *m* intermitente, régimen *m* intermitente, servicio *m* discontinuo ǁ ≈**-Leistung** *f* (Elektr) / rendimiento *m* en servicio intermitente, rendimiento *m* periódico
aussetzen *vt*, einstellen / suspender, discontinuar, parar ǁ ~, unterbrechen / interrumpir, intermitir ǁ ~ (der Hitze, dem Licht, einem Einfluss) / exponer (al calor, a la luz, a una influencia) ǁ ~ *vi* / interrumpirse, suspender, discontinuar ǁ ~ (Mot) / fallar, pararse ǁ ~ (Zündung usw.) / fallar, ser intermitente ǁ ~ (Luftf, Verbrennung) / cesar ǁ ≈ *n*, Aussetzung *f* / interrupción *f*, suspensión *f* ǁ ≈ (Elektr) / intermitencia *f* ǁ ≈, Ausmusterung *f* (Bahn) / reforma *f* de material móvil ǁ ≈ **der Verbrennung** (Luftf) / interrupción *f* de la combustión
aussetzend (Masch) / intermitente, discontinuo
Aussetzer *m* (Mot) / fallo *m* ǁ ≈**regelung** *f*, Ein-Aus-Regelung *f* (Masch) / regulación *f* de todo o nada
Aussetz•rampe *f* / rampa *f* de evacuación ǁ ≈**spannung** *f* / tensión *f* de extinción
Aussetzung *f* (Phys) / exposición *f*
Aussichts•fenster *n* (Bau) / ventana *f* panorámica ǁ ≈**kanzel** *f* (Bau) / mirador *m* [acristalado] panorámico ǁ ≈**triebwagen** *m* (Bahn) / automotor *m* panorámico ǁ ≈**wagen** *m* (Bahn) / coche *m* o vagón panorámico, coche *m* cúpula ǁ ≈**wagen**, -bus *m* (Kfz) / autocar *m* panorámico
aussickern *vi* / gotear, rezumar
aussieben (Aufb, Masch) / separar con criba, tamizar, cribar ǁ ~, filtern (Eltronik) / seleccionar por filtros
aussieden *vt* (Silber) / cocer
Aussolen *n* **von Salzstöcken** (Bergb, Chem) / conversión *f* de bancos de sal en salmuera
aussondern *vt*, sortieren (allg) / segregar, clasificar
aussortieren *vt* (DV) / clasificar, extraer
ausspachteln *vt* (Bau) / emplastecer
ausspannen *vt* (Wz) / desmontar ǁ ~, gleichziehen (Strumpf) / equilibrar
Ausspanner *m* (Tex) / dispositivo *m* para extender
aussparen *vt*, freisparen (Masch) / dejar libre ǁ ~ (Masch, Wz) / vaciar, ahuecar, entallar, rebajar ǁ ~ (Druck, Zeichn) / bloquear, dejar en blanco
Aussparung *f* (Masch, Wz) / escote *m*, escotadura *f*, entalladura *m*, vaciado *m* ǁ ≈ (Zange) / mordaza *f* de tubo ǁ ≈, ausgesparter Raum (Bau) / nicho *m* ǁ ≈ **in der Mauer für Leitungen** (Bau) / roza *f*, vano *m* en el muro ǁ **rechteckige** ≈, Ausklinkung *f* (z.B. als Aufnahme) (Masch) / entalladura *f*
Aussparungsbreite *f* (Drehmaschine) / ancho *m* de escote
ausspeichern *vt* (DV) / desacumular ǁ ≈ *n* (DV) / desacumulación *f*
ausspeisen *vt* (Elektr) / desalimentar
Ausspeisung *f* (Elektr) / desalimentación *f*

Aussperrung f (der Belegschaft) (F.Org) / locaut m, lock-out m
ausspitzen vt, -hauen (Bergb) / labrar, vaciar por el pico || ~ (Bohrer) / puntiagudizar
ausspreizen vt (Bergb, Zimm) / arriostrar, riostrar
aussprießen vt (Tunnel) / entibar
ausspringen vi (DV) / bifurcar
ausspringend (Winkel) / convexo
ausspritzen vi, herausspritzen, hervorspritzen / salir, brotar || ~ vt (z.B. Gefäß) / limpiar con un chorro de agua
Ausspritzrohr n / tubo m lanzador
ausspülen vt, auswaschen (allg) / lavar, enjuagar, aclarar || ~ (Chem, Gase) / expulsar, purgar
Ausspülhub m (Kfz) / carrera f de barrido
Ausspülung f (allg) / lavado m, irrigación f || ~, Unterhöhlen n (Bau, Hydr) / socavación f, socavamiento m || ~, Abschwemmung f (Abwasser) / derrubio m
ausstampfen vt (Bau) / apisonar
Ausstand m, Streik m / huelga f
ausstanzen vt (Masch, Plast) / estampar || **Löcher** ~ / punzonar || ~ n (Löcher) / acción f de punzonar, punzonado m
ausstatten vt, ausrüsten / equipar [con], surtir [de] || **mit Werkzeugen** ~ / dotar de herramientas, implementar
Ausstattung f, Ausrüstung f (auch Vorgang) / equipo m, equipamiento m, implementación f, instalación f, dotación f || ~ (Druck) / presentación f, confección f, decoración f
Ausstattungs•details m pl (Kfz) / detalles m pl de equipamiento || ~**material** f **für die Konfektion** (Tex) / material m de guarnición (para ropa de confección) || ~**paket** n (Kfz) / paquete m de extras || ~**papier** n / papel m fantasía
ausstäuben vt, ausstauben (allg, Tex) / desempolvar, quitar el polvo [de]
ausstechen vt / cortar con un útil punzante
aussteifen vt, absteifen / apuntalar, entibar || ~, -streben, verstärken (Bau, Masch) / riostrar, arriostrar, reforzar || ~, unbiegsam o. steif machen / hacer inflexible
Aussteifung f (Bau, Masch) / arriostramiento || ~ / entibación f, apuntalamiento m || ~, Steife f (Stahlbau) / refuerzo m
Aussteifungswinkel m (Stahlbau) / ángulo m de refuerzo
aussteigen vi, Fertigung o. Vertrieb einstellen / abandonar la producción y la venta || ~ (aus einem Projekt) (F.Org) / abandono m (de un proyecto) || ~ (Programm) (DV) / bloqueo m, fin m inesperado || ~ (Luftf) / desembarque m || ~ **im Weltraum** (Raumf) / salida f de la nave
Aussteigluke f / escotilla f de salida
Ausstell... (z.B. Rollladen), ausstellbar / plegable
ausstellbarer Rollladen / persiana f plegable
ausstellen vt vi, eine Ausstellung beschicken / exponer, exhibir, concurrir a una exposición || **Waren** ~ / exponer mercancías a la venta
Aussteller m (Messe) / expositor m
Ausstellfenster n (Kfz) / ventanilla f giratoria, cristal m triangular o de aleta, derivabrisas m
Ausstellung f, Messe f / exposición f, feria f, salón m
Aus-Stellung f (allg) / posición f de desconexión, posición f de reposo
Ausstellungs•gelände n / recinto m ferial || ~**modell** n / muestra f de exposición || ~**raum** m / sala f de exposición || ~**stand** m / puesto m, stand m || ~**stück** n, -gegenstand m, Exponat n / objeto m de exposición || ~**theke** f / vidriera f || ~**zelt**, -Gebäude n / pabellón m de exposición
ausstemmen vt (Tischl) / ahondar por formón, escoplear
Ausstemmung f (Tischl) / escopleadura f
aussteuern vt, durchsteuern (Regeln) / modular totalmente || ~, auswählen (Regeln) / seleccionar

Aussteuerung f, Pegelregler m / unidad f de modulación || ~ (Eltronik) / modulación f || ~, -sgrad m / grado m de modulación || **gleichmäßige** ~ (Eltronik) / modulación f uniforme || **kleine** ~ (Halbl) / señales m pl débiles || **volle** ~ (Eltronik) / modulación f máxima
Aussteuerungs•anzeiger m / indicador m de porcentaje de modulación || ~**anzeiger** (Magn.Bd) / indicador m del nivel de grabación || ~**automatik** f (DV, Magn.Bd) / control m automático del nivel || ~**bereich** m (TV) / gama f dinámica || ~**drift** f (Halbl) / deriva f de regulación || ~**gerät** n (TV) / indicador m de Arbeitsbereichsgrenze (Eltronik) / límite m superior de modulación || ~**impuls** m, Erregerimpuls m, Treiberimpuls m / impulso m excitador || ~**messer** m (Radio) / medidor m de modulación, modulímetro m || ~**messer**, Modulationsgradmesser m (Eltronik) / medidor m de porcentaje de modulación || ~**regler** m (Magn.Bd) / control m de grabación
Ausstieg m (allg) / salida f || ~, Aussteigtür f (Bahn) / puerta f plegable || ~ **aus der Kernenergie** (Nukl) / abandono m de la energía nuclear || ~ **im Weltraum** (Bau, Raumf) / escotilla f de salida
ausstopfen vt, -polstern [mit] / rehenchir [con], rellenar [de]
Ausstoß m (allg) / expulsión f || ~, Ausbringen n (Bergb, Masch) / capacidad f de producción, producción f, rendimiento m || ~ **von Gasen** / expulsión f de gases
ausstoßen vt (allg) / expulsar, expeler || ~ (Spinn) / desborrar la carda || ~, glatt streichen (Gerb) / igualar la flor con la estira || ~, produzieren (F.Org) / producir, fabricar || **Kerne** ~ (Gieß) / expulsar machos
Ausstoßer, Vordrücker m (Gieß) / expulsor m || ~ m, Auswerfer m (Plast, Wzm) / espiga f de expulsión ode eyección, expulsor m || ~**markierung** f (Druckguss) / marca f del expulsor
Ausstoß•kamm m (Spinn) / peine m desborrador || ~**maschine** f (aus dem Ofen) (Hütt) / máquina f desenhornadora || ~**presse** f (Masch) / prensa f de expulsión || ~**seite** f (Koksofen) / lado m de descarga || ~**stempel** m (Masch) / émbolo m de expulsión || ~**vorrichtung** f, Auswerfer m (Wzm) / expulsor m || ~**vorrichtung für Kokillen** (Hütt) / mecanismo m expulsor de coquillas || ~**walze** f, Ausputzwalze f (Karde) / cilindro m desborrador
ausstrahlen vt, verbreiten (allg) / esparcir, derramar || ~ vi, -senden (Phys) / radiar, emitir || ~ vt, abgeben (Wärme) / desprender
Ausstrahlspitze f (Blitzableiter) / punta f radiante
Ausstrahlung, -strömung f (Phys) / radiación f, emisión f || ~ f (Radio) / emisión f, radiodifusión f
Ausstrahlungsintensität f, -strahlungsstärke f (Phys) / poder m emisivo, intensidad f emisiva
ausstraken vt, glätten (Luftf, Schiff) / arrufar
ausstreben vt, -steifen (Bau, Masch) / arriostrar, riostrar
ausstrecken vt, recken / estirar, alargar
ausstreichen vt, ausschmieren (Fugen) (Bau) / rellenar (juntas), tapar || ~ vi (Bergb) / aflorar, asomar || ~ (Flächen), glätten / alisar, aplanar || ~, [durch]streichen / tachar, borrar, cancelar || ~, auskitten (Ritzen) / rellenar con masilla, enmasillar
ausstreuen vt, säen (Landw) / sembrar || ~ (z.B. Sand, Pulver) / esparcir, desparramar
Ausströmdüse f / tobera f de empuje o de eyección
ausströmen vt (Geruch) / despedir || ~ vi (Gas, Dampf, Rauch), entweichen / salir, escapar || ~ (Flüssigkeit), hervorsprudeln / derramarse || ~ vi, -strahlen / emanar || ~ (giftige Dämpfe) / emanar || ~ (Flüssigkeit) / derrame m, derramamiento m || ~ (Gas, Dampf), Entweichen m / salida f, escape m || ~ (z.B. giftige Dämpfe) / emanación f
ausströmend / emanante adj || ~, -strahlend (Phys) / emisor

131

Ausström•kanal m (Masch) / canal m de salida, canal m de escape ‖ ≃**krümmer** m (Mot) / codo m del escape ‖ ≃**raum,** Diffusor m (Mot) / difusor m
Ausströmung, -strahlung f (Phys) / emisión f
Aus•ström[ungs]öffnung, Zylinderöffnung f (Dampfm) / orificio m de salida, orificio m de escape ‖ ≃**ström[ungs]rohr** n / tubo m de escape, tubo m de salida
ausstufen vt / escalonar
Ausstülpung, Protuberanz f / protuberancia f
ausstürzen, Fördergefäße ~ (Bergb) / invertir cangilones
ausstützen vt (Zimm) / apuntalar
aussuchen, sortieren / seleccionar ‖ ~, auswählen / elegir, escoger
austäfeln vt (Bau) / revestir de tablas
austarieren vt / tarar
Austasten n (Eltronik) / borrado m ‖ ≃, Austastung f (TV) / supresión f del haz
Austast•impuls m (TV) / impulso m de supresión ‖ ≃**lücke** f (TV) / intervalo m de supresión ‖ ≃**pegel** m (TV) / nivel m de supresión ‖ ≃**signal** n (Eltronik) / señal m de borrado ‖ ≃**signal** (TV) / señal m de supresión ‖ ≃**verstärker** m (TV) / amplificador m de supresión ‖ ≃**wert** m (TV) / nivel m de supresión
Austausch m, Wechsel m (allg) / cambio m, intercambio m ‖ ≃, Ersatz m / recambio m, reemplazo m, reposición f ‖ ≃ m, Diffusion f (Flüssigkeit) / difusión f ‖ ≃, Substitution f (Chem) / sustitución f, substitución f ‖ ≃**aggregat** n (Elektr, Masch) / unidad f intercambiable
austauschbar, ersetzbar / sustituible, substituible, re[e]mplazable ‖ ~**e Gruppe** (Ionenaustauscher) / grupo m funcional, grupo m intercambiable ‖ **untereinander** ~ / intercambiable
Austauschbarkeit f / intercambiabilidad f
Austausch•batterie f (Kfz) / batería f de recambio ‖ ≃**bau** m (Masch) / fabricación f por medio de piezas cambiables ‖ ≃**boden** m (Chem) / plato m de intercambio ‖ ≃**container** m (Bahn) / contenedor m alquilado en banalización
austauschen vt (allg) / cambiar ‖ ~ [anstelle von], ersetzen / sustituir, substituir, re[e]plazar ‖ **untereinander** ~ / intercambiar ‖ **Zahlen** ~ (DV) / transponer cifras
Austauschenergie f (Nukl) / energía f de intercambio
Austauscher m / intercambiador m ‖ ≃**harz** n, (jetzt:) Ionenaustauscher m (Chem) / resina f intercambiadora de iones
Austausch•integral n (Energie, Math) / integral f de cambio ‖ ≃**kräfte** f pl (Phys) / fuerzas f pl de intercambio ‖ ≃**-Lufterhitzer,** -Luftvorwärmer m (Masch) / calentador m de aire por recuperación ‖ ≃**motor** m (Kfz) / motor m de recambio ‖ ≃**palette** f (Förd) / paleta f de consorcio ‖ ~**programmierbare Steuerung** (Eltronik) / control m programable con memoria intercambiable ‖ ≃**reaktion** f (Chem) / reacción f de intercambio ‖ ≃**reparatur** f (Kfz, Masch) / reparación f por recambio ‖ ≃**satz** m (Kfz, Masch) / juego m de recambio o de repuesto ‖ ≃**säule** f (Nukl) / columna f de intercambio ‖ ≃**säule,** -kolonne f, Rektifizierkolonne f (Chem) / columna f de rectificación ‖ ≃**stoff** m / substitutivo m ‖ ≃**strom** m (Elektr) / corriente m de recambio ‖ ≃**stück** n, -teil n, Ersatzteil n (Kfz, Masch) / pieza f intercambiable, pieza f de recambio ‖ ≃**vergoldung** f, stromlose Vergoldung (Chem) / doradura f química, dorado m químico ‖ ≃**zeichen** n (DV) / señal f de recambio ‖ ≃**zyklus** m (Ionenaustauscher) / ciclo m de intercambio
austeilen vt / distribuir, repartir
Austeilung f / distribución f, reparto m
Austempern n (Hütt) / templado m bainítico
Austenit m (Chem, Hütt) / austenita f ‖ ≃**anteil** m / porcentaje m de austenita
austenitisch / austenítico
austenitisieren (Hütt) / austenitizar

Austenitisierung f / austenitización f
Austenitstahl m / acero m austenítico
austesten vt, -prüfen (allg, Qual.Pr.) / [com]probar, verificar ‖ ~ (DV) / eliminar fallas, depurar
austiefen vt (Bau, Hydr) / cavar, ahondar
Austiefhammer m (Wz) / martillo m para repujar
Austiefung f (Bau, Masch) / cavidad f, hueco m ‖ ≃ (eines Kanals) / desfonde m (de un canal)
austonnen vt (Schiff) / boyar, balizar
Austonnung f, Betonnung f / colocación f da boyas
austordieren, den Faden ~ (Spinn) / destorcer el hilo
Austrag m, Ausbringen n (Aufb) / rendimiento m ‖ ≃, Ausschüttung f, Entleerung f (Bau, Bergb) / descarga f, evacuación f ‖ ≃, Herausgeschlepptes n (Galv) / arrastrado m
austragen vt, -fahren (Bergb) / descargar, transportar ‖ ~, ausfahren (Hütt, Ofen) / deshornar, desenhornar
Austrag•grube f / fosa f para des[en]hornar ‖ ≃**kammer** f (Aufb) / cámara f de descarga ‖ ≃**pumpe** f / bomba f evacuadora ‖ ≃**regler** m (Aufb) / extractor m de desechos ‖ ≃**schnecke** f **für Rückstände** / rosca f transportadora de desechos
Austrags•ende n (Förderband) / extremo m de descarga ‖ ≃**gut** n (Aufb) / desechos m pl ‖ ≃**plattenband** n (Förderband) / tablero m articulado de descarga ‖ ≃**rohr** n **für Abgänge** (Aufb) / tubo m para desgastes ‖ ≃**rutsche** (aus Bunkern), -schurre f (Bau, Bergb) / canalón m de descarga
Austragvorrichtung f (Walzw) / dispositivo m de descarga
Australit m (Min) / australita f
Austransfer m, Ausspeicherung f (DV) / desacumulación f, transferencia f (a una memoria externa)
austransferieren vt / transferir (a una memoria externa), desalojar
austreiben vt, -stoßen / expulsar, lanzar, purgar ‖ ~ (flüchtige Bestandteile) (Chem) / expulsar ‖ ~, entbenzolen (Öl) / desbenzolar ‖ ~, sperren (Druck) / espaciar ‖ **Bohrer o. Bolzen** ~ / sacar brocas ‖ **Luft** ~, entlüften / desaerar
Austreiber m (Wz) / botador m, extractor m ‖ ≃ (Bohrmaschine) / sacabrocas m, cuchilla f para sacar brocas
Austreiblappen m (am Bohrer) (Wz) / lengüeta f de expulsión, tope m extractor
Austreibung f / expulsión f
austreten vi (Flöz) (Bergb) / aflorar (filón) ‖ ~ (Licht) / emerger ‖ ~ (Bergb, Wasser) / derramar, salir ‖ **Stufen** ~ (Bau) / desgastar escalones por el uso ‖ ≃ n (Phys) / emergencia f
austretend, -fallend (Phys) / emergente, saliente ‖ ~**e Flanke** (Getriebe) / flanco m saliente o de salida
Austrieb m, Aufplatzen n der Blattknospen / brotadura f ‖ ≃ (Schaumkunststoff) / rebaba f ‖ ≃ (Gummiform) / rebosamiento m del molde ‖ ≃**nut** f (Plast) / canal m de rebaba, ranura f de escape del exceso de material ‖ ≃**spritzung** f (Landw) / pulverización f o aspersión en el estado de la brotadura
austrimmen v (Schiff) / romanear ‖ ~ s. a. trimmen
Austritt m **einer Treppe,** Podest m n (DIN) (Bau) / descansillo m de escalera, rellano m ‖ ≃ od. **Entweichen von gefährlichen Substanzen** (Chem) / fugas químicas f pl
Austritts•arbeit f (Chem, Eltronik) / afinidad f electrónica, trabajo m de salida ‖ ≃**balken,** Ausführbalken m (Walzw) / barrón m de salida ‖ ≃**dosis** f (Nukl) / dosis f de salida ‖ ≃**durchmesser** m (Scheinwerfer) / diámetro m útil ‖ ≃**ebene** f (Phys) / plano m de emergencia
Austrittseite f (Zahnradfräsen) / lado m de salida de la fresamadre
Austritts•fläche f (Eltronik, Opt) / superficie f de salida ‖ ≃**geschwindigkeit** f / velocidad f de salida ‖

≃**geschwindigkeit der Brenngase** (Rakete) / velocidad f de escape de los gases ‖ ≃**kante** f (Luftf) / lado m de salida, lado m de fuga ‖ ≃**kante** (Turbinenschaufel) / arista f de salida ‖ ≃**leitkranz** m (Turbine) / corona f directriz de salida ‖ ≃**öffnung** f / orificio m de salida ‖ ≃**portal** n (Tunnel) / portal m de salida, boca f de salida ‖ ≃**potentialminimum** n (Eltronik) / mínimo m de potencial de salida ‖ ≃**pupille** f, -blende f (Opt) / anillo m ocular, pupila f de salida ‖ ≃**seite** f (an der Walze) (Walzw) / recibidor m, lado m de recepción ‖ ≃**spannung** f (Eltronik) / potencial m de salida ‖ ≃**stelle** f / punto m de salida, zona f de salida ‖ ≃**stufe** f (Bau) / peldaño m del descansillo ‖ ≃**temperatur** f (Masch) / temperatura f de salida ‖ ≃**verlustzahl** f (Rohrreibung) / coeficiente m de pérdida ocasionada en la salida ‖ ≃**winkel**, Ausfallwinkel m (Phys) / ángulo m de salida
austrocknen vt, trocknen, trocken machen (allg, Chem) / secar, resecar ‖ ~ (Lebensmittel), dörren / desecar, deshumectar ‖ ~ vi / secarse ‖ ≃ n, Austrocknung f / desecación f, deshumectación f
austrocknend, trocknend (Chem) / desecante ‖ **~es Mittel** n (Bau, Chem) / medio m desecante, secante m
Austrockner m, Exsikkator m (Chem) / desecador m
austüfteln vt, ausklügeln / discurrir (un medio), inventar
austuschen vt (Zeichnung) / sombrear con tinta china
ausüben vt (allg) / ejercer, practicar ‖ ~ (Beruf) / ejercer (una profesión), profesar ‖ **die Kontrolle** ~ / controlar, ejercer [el] [el] control ‖ **ein Patent** ~ / explotar una patente ‖ **einen Druck** ~ / aplicar una presión, ejercer una presión
Ausübung f / ejercicio m, práctica f
ausufern vi, über die Ufer treten (Hydr) / aplayar, salir[se] de madre, desbordar[se]
Aus- und Eingang m / salida f y entrada
ausvieren vt, abvieren (Bau) / escuadrar
Aus•vierung, Quadratur f (Bau) / cuadratura f ‖ ≃**vulkanisierung** f (Gummi) / vulcanización f completa
auswachsen vi (auf dem Halm) (Getreide) / germinar
Auswahl f, Wahl f (allg) / elección f ‖ ≃, -lese f / escogimiento m ‖ ≃, Probenehmen n, Probeentnahme f, Probeentnahme f / toma f de una muestra ‖ ≃ (DV) / selección f ‖ ≃ **von Waren**, Warenangebot n / surtido m ‖ ≃ **zwischen zwei Dingen** / alternativa f ‖ **eine große** ≃ / un gran surtido ‖ ≃**befehl** m (DV) / mando m de selección ‖ ≃**box** f (DV) / cuadro m de selección ‖ ≃**einheit** f (Stat) / unidad f de sondeo ‖ ≃**einrichtung** f (DV) / dispositivo m de selección
auswählen vt / elegir, escoger ‖ ~ (Regeln) / seleccionar
Auswahl•härten n (Hütt, Schm) / temple m selectivo ‖ ≃**position** f (DV) / posición f de selección ‖ ≃**prüfung** f (Qual.Pr.) / verificación f selectiva ‖ ≃**regel** f (Nukl) / regla f de selección ‖ ≃**reihe** f (Normung) / serie f de magnitudes seleccionadas, serie f obtenida por selección ‖ ≃**speicher** m (Fernm) / memoria f de selección ‖ ≃**system** n (Passung) (Masch) / sistema m de ajustes ‖ ≃**system** (DV) / sistema m de selección ‖ ≃**vorrichtung** f, Selektor m (Masch) / selector m
auswalzbar (Hütt) / laminable
auswalzen vt (Hütt) / laminar ‖ ≃ n (Hütt) / laminación f, laminado m
auswandern vi, weglaufen (Nullpunkt) / derivar, abatir vi ‖ ≃, Weglaufen n (Nullpunkt) / deriva f, abatimiento m
Auswanderung f, Auslenkung f (Eltronik) / excursión f
Auswanderung f **der Abtastung** / deriva f de la exploración
Auswanderungsgrad, Driftgrad m (Eltronik) / grado m de deriva
Auswanderverlust m (Holographie) / pérdida m de abatimiento
auswärts verlaufende Osmose (Phys) / exósmosis f
auswaschbar / lavable

auswaschen vt, ausspülen (allg) / lavar, enjuagar ‖ ~ (Chem) / lixiviar ‖ ~, unterspülen (Hydr) / socavar, derrubiar ‖ ≃ n (allg) / lavado m ‖ ≃, Auswaschung f / separación f por lavado ‖ ≃ (Chem) / lixiviación f ‖ ≃, Abnutzen, -reiben n (Geol) / descomposición f, desmoronamiento m ‖ ≃ **der Stranghaut** n (Strangguss) / erosión f de la camisa de colada
Auswasch•kolonne f (Chem) / columna f de elución ‖ ≃**platte** f, photopolymere Druckplatte (Druck) / plancha f de impresión foto-polimérica ‖ ≃**reliefdruckstock** m (Druck) / clisé m de nilón
Auswaschung f, Unterspülung f (Hydr) / washout m ‖ ≃ **des Bodens** (Geol) / eluviación f ‖ ≃ **des Geländes** / erosión f por lavaje, derrubio m
Auswaschverlust m (Aufb, Chem) / pérdida f de peso por lixiviación
auswechselbar / cambiable, recambiable, de recambio, de quitaipón ‖ ~, demontierbar / desmontable, amovible ‖ ~ (gegeneinander), austauschbar / intercambiable ‖ **~e Bohrbuchse** (Masch) / casquillo m recambiable de taladrar ‖ **~er Einsatz** (allg) / cartucho m ‖ **~es Farbwerk** (Druck) / batería f de tintaje amovible ‖ **~e Festplatte** (DV) / disco m duro cambiable o amovible
Auswechselbarkeit f / cambiabilidad f, intercambiabilidad f
auswechseln vt, austauschen / cambiar, canjear ‖ ~, ersetzen / reemplazar, sustituir ‖ ~, erneuern / recambiar, renovar ‖ ≃ n, Auswechselung f / cambio m, intercambio m, recambio m, reemplazo m
Auswechsel•platte f (Plast, Spritzw) / placa f de intercambio ‖ ≃**teil** n (Kfz, Masch) / pieza f de recambio
Ausweg m, Behelfsmittel n / recurso m, expediente m, remedio m
Ausweich•..., alternativ / alternativo, de alternativa, alterno ‖ ≃**arbeit** f, Zeitarbeit f / trabajo m temporal
Ausweiche f, Ausweichstelle f (Straßb) / desviación f, apartadero m
ausweichen vi, aus dem Wege gehen / desviarse, hacerse a un lado ‖ ~ (Verkehr) / dar paso [a] ‖ ~ [auf] / desviar [por], pasar [a] ‖ ~ vt, umgehen (Installation) (Elektr) / desviar, evitar ‖ **aus dem Lot** ~ (Bau) / salir de la perpendicular ‖ **links** ~ (Kfz) / virar hacia izquierda ‖ ≃ n / desviación f ‖ **seitliches** ≃ (o. Nachgeben) (Bau) / deslizamiento m lateral [del terraplén]
Ausweich•flughafen m (Luftf) / aeropuerto m alternativo ‖ ≃**flugstrecke** f (Luftf) / ruta f alternativa ‖ ≃**frequenzen** f pl (Eltronik) / frecuencias f pl alternativas ‖ ≃**gleis** n, -stelle, Weiche f (Bahn) / vía f de apartadero ‖ ≃**kabel** n (Elektr) / cable m de apartamiento, cable m de emergencia ‖ ≃**leitung** f / línea f de apartamiento ‖ ≃**manöver** m (Verkehr) / maniobra f de desviación ‖ ≃**nische** f (Tunnel) / garita f de seguridad ‖ ≃**route** f, Ausweichstrecke f (Verkehr) / ruta f alternativa ‖ ≃**stelle** f, Ausweiche f (Bahn, Straßb) / apartadero m, punto m de apartadero
Ausweichung f (Kreiselkompass) / desviación f, deflexión f de la brújula ‖ ≃ (Astr) / elongación f
Ausweich•verbindungsart f (Fernm) / medio m de comunicación alternativo ‖ ≃**weg** m (Fernm) / línea f alternativa, ruta f de emergencia ‖ ≃**werk** n, -fabrik f / fábrica f alternativa
Ausweisleser m (Eltronik) / lectora f de credenciales y documentos
ausweiten vt (allg) / ensanchar, ampliar, extender ‖ **mittels Dorn** ~ (Bohrung) / mandrinar
Ausweitung f (Geol) / extensión f [lateral]
Auswerf... s.a. Auswerfer..., Auswurf...
auswerfen vt / arrojar, lanzar ‖ ~ (Patronenhülsen) / eyectar (cartuchos) ‖ ≃ (Gieß, Plast, Stanz) / expulsar, botar ‖ **den Boden** ~ (Bau) / excavar ‖ **Graben** ~ / abrir una zanja, cavar un foso

Auswerfer

Auswerfer m, Ausstoßer m (Wzm) / expulsor m, botador m, eyector m || ⁓ **mit Rückfall** / eyector m con vuelta || **auf das Ziehteil wirkender** ⁓ / extractor m || **auf den Abfall wirkender** ⁓ / ruptor m de retales || ⁓**anschlagschraube** f (Presse) / tornillo m limitador de expulsor || ⁓**buchse** f (Masch) / manguito m expulsor || ⁓**deckplatte** f (Gieß) / placa f cobertora del expulsor || ⁓**formhälfte** f, bewegliche Formhälfte (Druckguss) / mitad f móvil del molde || ⁓**führung** f (Gieß) / guía f del eyecto || ⁓**hub** m / carrera f del eyector || ⁓**lappen** m / lengüeta f de expulsión || ⁓ **platte** f (Plast) / placa f de expulsión, placa f expulsora || ⁓**platte** (Gieß) / tope m de expulsión || ⁓**rückholstift** m (Gieß) / clavija f recuperadora del expulsor || ⁓**seite** f (Plast) / lado f de expulsión || ⁓**sockel** m (Presse) / zócalo m expulsor || ⁓**stange** f (Presse) / barra f de expulsión || ⁓**stange** (Plast) / barrita f para la expulsión del mazarote del bebedero || ⁓ **[stift]** m (Gieß) / expulsor m, espiga f de expulsión, clavija f de expulsión
Auswerf• kasten m (Druckguss) / caja f expulsora || ⁓**taste** f (Recorder) / tecla f de expulsión || ⁓**zylinder** m (Gieß) / cilindro m de eyección
auswertbar (Daten u.Ä.) / evaluable, valorable
Auswerte• bogen m, -formular n / formulario m de evaluación || ⁓**gerät** n (Chem, Eltronik) / aparato m analizador || ⁓**impuls** m (Eltronik) / impulso m de selección || ⁓**impulsgenerator** m (Radar) / generador m de impulso de selección || ⁓**logik** f (DV) / lógica f de evaluación
auswerten (Daten, Statistik) / evaluar, valorar, analizar || ⁓, verwerten / explotar, aprovechar || ⁓ (Photogramme) / restituir (fotogramas), evaluar, interpretar || **Ergebnisse grafisch** ⁓ / evaluar gráficamente
Auswerte• stelle f (DV, Verm) / estación f de evaluación, estación f de graficación || ⁓**tisch** m / mesa f de evaluación, mesa f de graficación
Auswertung f (Daten, Statistik) / evaluación f, análisis m || ⁓, Verwertung f / explotación f, aprovechamiento m || ⁓ **von Beobachtungen** / análisis m de observaciones
Auswertungsformular n (DV, Stat) / formulario m de evaluación
auswickeln vt (allg) / desenvolver
auswiegen s. abwiegen
auswinden vt, auswringen (Tex) / torcer
auswinkeln vt (Holz) / escuadrar
auswintern vi (Landw) / perecer en invierno
Auswinterung f / destrucción f (durante el invierno)
auswirken, sich ⁓ [auf] (allg, Math) / repercutir [en], afectar [a] || **sich in der Statistik** ⁓ / traducirse en la estadística || **sich positiv** ⁓ / tener consecuencias positivas
Auswirkung f **eines Fehlers**, Ausfallfolgen f pl / consecuencia f
Auswirkung, schädliche ⁓ / efecto m nocivo, efecto m perjudicial
auswischen vt, wegwischen, löschen / borrar
auswittern vt, auswettern, der Witterung aussetzen / exponer a la intemperie || ⁓ vi (Bau, Chem, Min) / eflorescerse
Auswuchs m (auf Holz) / excrecencia f
auswuchten vt (Räder, Wz) / equilibrar, compensar || ⁓ n (Räder) / equilibrado m, compensación f
Auswucht• güte f / calidad f del equilibrado || ⁓**maschine** f / [máquina] equilibradora f, máquina f de equilibrar
Auswurf m (Hütt) / expulsión f || ⁓, Ausstoß m (Masch) / eyección f, expulsión f || ⁓ m **des Schützen** (Web) / eyección f de lanzadera || ⁓**klappe** f (Baumwolle, Spinn) / compuerta f basculante para el polvo || ⁓**öffnung** f (Hütt, Masch) / orificio m de salida, orificio m de descarga || ⁓**öffnung** (Waffe) / ventana f de expulsión || ⁓**stoff** m, Auswurf m, Abfall m / desperdicios m pl,

desechos m pl || ⁓**taste** f (für Diskette) (DV) / tecla f de eyección
auszacken vt (Werkstück) / [re]cortar en forma de dientes
Auszackung f, Zackenschnitt m / corte m en zigzag
auszählen, zählen / contar, recontar || ⁓ n **eines Textes** (Druck) / calculación f de un texto
Auszählung f, Auszählen n / cuenta f, cómputo m
Auszählvorrichtung f / dispositivo m contador
auszeichnen vt, markieren / marcar || ⁓ (Preise) / marcar (el precio)
Auszeichnung, Hervorhebung f (Druck) / acentuación f
Auszeichnungs• schrift f (Druck) / tipo m titular || ⁓**zeile** f (Druck) / línea f de titulares
Ausziehantenne f (Eltronik) / antena f telescópica
ausziehbar, verlängerbar / extensible, estirable, alargable || ⁓ (gleitend) / telescópico, deslizable, resbaladizo || ⁓ (Spinnlösung) / dúctil || ⁓ (Einschub), einschiebbar (Eltronik, Möbel) / de movimiento corredizo, extensible
ausziehen vt, herausziehen / arrancar, sacar, estirar || ⁓, extrahieren (Chem) / extraer, destilar || ⁓, ausfahren (Ofen) (Hütt) / deshornar, desenhornar || ⁓, strecken, dehnen, längen / estirar, extender, alargar || ⁓ (DV) / extraer, aislar || ⁓ (Zeichn) / trazar con tinta china || **Nägel** ⁓ / sacar clavos, desenclavar || **zu Fäden oder Drähten** ⁓ / trefilar || ⁓ n, Strecken n (Spinn) / estiraje m, estiramiento m || ⁓ **nach der Breite** (Web) / tendido m
ausziehend (Chem) / extractivo || ⁓**er Schacht** (Bergb) / pozo m de salida de aire || ⁓**e Wetter** (Bergb) / aire m ascend[i]ente || ⁓**e Wetterstrecke** (Bergb) / galería f de salida de aire
Auszieher m (Walzw) / deshornadora f, desenhornadora f || ⁓ **für abgebrochene Schrauben** (Masch) / extractor m de tornillos rotos arrancatornillos
Auszieh• fallschirm m, Hilfsfallschirm m (Luftf) / paracaídas m extractor, paracaídas m auxiliar || ⁓**flügel** m (Luftf) / ala f telescópica || ⁓**gleis** n (Bahn) / vía f principal de formación || ⁓**hebel** m, Wuchtbaum m (Bau) / palanca f extractora || ⁓**leiter** f / escalera f de tijera || ⁓**rohr** n / tubo m telescópico || ⁓**schacht** m (Bergb) / pozo m de ventilación, pozo m de salida de aire || ⁓**schalung** f (Beton) / encofrado m telescópico || ⁓**schnecke** f (Zuck) / transportadora f de tornillo sin fin || ⁓**schraube** f / tornillo m extractor || ⁓**sohle** f (Bergb) / nivel m de ventilación || ⁓**stempel** m (Bergb) / estemple m telescópico || ⁓**stoß** m, Schienenauszugsvorrichtung f (Bahn) / junta f de talón || ⁓**stuhl** m / silla f de extensión || ⁓**tisch** m / mesa f extensible || ⁓**tür** f (Bau) / puerta f telescópica || ⁓**tusche** f (Zeichn) / tinta f china
Ausziehung, -laugung f (Chem) / extracción f, lixiviación f
Auszieh• vorrichtung f (Ofen) (Hütt) / dispositivo m desenhornador || ⁓**walze**, Streckwalze f (Tex) / cilindro m estirador o de estiraje
auszimmern vt (Bergb) / entibar || ⁓, unterbauen (Bergb) / fortificar, apuntalar
Auszubildender, Lehrling m, Azubi m (F.Org) / aprendiz m
Auszug m (aus einem Schriftstück) / extracto m, resumen m de un escrito || ⁓, Extrakt, Extraktivstoff m (Chem, Pharm) / extracto m || ⁓, Zug m (Tischl) / corredera f || ⁓, Wagenzug m (Spinn) / salida f del carro, bajada f del carro || ⁓ m, Bodenauszug m (Foto) / tiraje m || ⁓ (der Kamera), Balg[en] m (Foto) / fuelle m || ⁓**maschine** f (Ofen) (Hütt) / desenhornadora f || ⁓**schnecke** f **am Selfaktor** (Spinn) / conductos m pl de salida del carro
Auszugs• walze f (Färb) / cilindro m extractor || ⁓**zylinder** m, Ausgangswalze f (Ringspinnm) / cilindro m de delante, cilindro m de entrega
auszupfen vt (Tex) / deshilachar, dehebrar
Aus-Zustand m (Elektr) / estado m desconectado

Auszwirn *m* (Tex) / retorcido *m*
Auszwirnen *n* (Spinn) / torsión *f* suplementaria
autark (F.Org) / autárquico, independiente
Authentisierung *f* (DV, Fernm) / autentización *f*, autentificación *f*
Auto *n* (Kfz) / auto *m*, automóvil *m*, coche *m* (E), carro *m* (LA) ‖ ⁓ *m* **im Reisezug** / tren *m* auto-literas
Auto•... s. a. Selbst ... ‖ ⁓**adapter** *m*, Autonetzteil *n* (DV) / adaptador *m* para coche ‖ ⁓**adhäsion** *f* (Chem) / autoadhesión *f* ‖ ⁓**aktivierung** *f* / autoactivación *f* ‖ ⁓**analyzer** *m* (Automat für Labortests) / autoanalizador *m* ‖ ⁓**anhänger** *m* (Kfz) / remolque *m* para coches ‖ ⁓**antenne** *f* / antena *f* de automóvil ‖ ⁓**aufzug** *m* (Garage) / montacoches *m* ‖ ⁓**-Ausleger[dreh]kran** *m* / grúa *f* automotora con pescante
Autobahn *f* (Verkehr) / autopista *f*, autovía *f*, autorruta *f* ‖ ~**ähnliche Bundesstraße** / carretera *f* de cuatro calzadas ‖ ⁓**anschluss** *m* / empalme *m* de autopista ‖ ⁓**auffahrt** *f* / entrada *f* de o a la autopista ‖ ⁓**ausfahrt** *f* / salida *f* de autopista ‖ ⁓**dreieck** *n* / bifurcación *f* de autopistas ‖ ⁓**kleeblatt** *n* / trébol *m* de cruce, cruce *m* de trébol ‖ ⁓**kreuz** *n* / cruce *m* de autopistas ‖ ⁓**meisterei** *f* (Bezirk) / área *f* de servicio ‖ ⁓**ring** *m* / autopista *f* circunferencial o de circunvalación ‖ ⁓**spange** *f* / autopista *f* de enlace ‖ ⁓**zubringer** *m* / carretera *f* de accesso (a la autopista)
Auto•batterie *f* (Kfz) / batería *f* de coche ‖ ⁓**bereifung** *f*, -reifen *m pl* / neumáticos *m pl* (E), llantas *f pl* (LA) ‖ ⁓**[mobil]branche** *f*, -sektor *m* / ramo *m* del automóvil ‖ ⁓**bus für Reiseverkehr** / autocar *m*, colectivo *m* (Arg) ‖ ⁓**bus für Stadtverkehr** / [auto]bus (E) *m*, guagua *f* (Cuba, P.Rico), camión *m* (Mej), ómnibus *m* (Peru) ‖ ⁓**busbahnhof** *m* / estación *f* de autobuses, terminal *m* de autobuses ‖ ⁓**chassis** *n* / chasis *m* de automóvil ‖ ⁓**chrom...**, autochrom (Druck, Foto) / autocrómico *adj*, autocromo ‖ ⁓**chromdruck** *m* / impresión *f* autocroma ‖ ⁓**chromverfahren** *n* / procedimiento *m* autocromo
autochthon / autóctono
Auto•code *m* (DV) / autocódigo *m*, código *m* automático ‖ ⁓**coder** *m* / autocóder *m*, codificador *m* automático ‖ ⁓**dyn-Empfänger** *m* (Eltronik) / receptor *m* autodino ‖ ⁓**elektrik** *f* (Kfz) / equipo *m* eléctrico del automóvil ‖ ~**elektronischer Effekt** / efecto *m* autoelectrónico ‖ ⁓**empfänger** *m*, Autoradio *n* (Eltronik) / autorradio *m*, receptor *m* de automóvil ‖ ⁓**ersatzteile** *n pl* (Kfz) / componentes *m pl* de automoción ‖ ⁓**fabrikant** *m* / productor *m* de automóviles ‖ ⁓**fähre** *f* (Schiff) / transbordador *m* de coches, ferry-boat *m* para automóviles ‖ ~**fahren** (Kfz) / conducir, ir en coche ‖ ⁓**fahrer** *m* / automovilista *m*, conductor *m*, chófer *m* ‖ ⁓**feder** *f* / muelle *m* de automóvil, resorte *m* de automóvil ‖ ⁓**fining** *n* (Öl) / autofining *m* ‖ ⁓**focus** *m* (Foto) / autofoco *m* ‖ ⁓**fokussierung** *f* / enfoque *m* automático ‖ ⁓**frettage**, Kaltreckung *f* (Geschütz) / expansión *f* radial, autozunchado *m* en frío ‖ ~**frettieren** *vt* (Geschützrohr) / autozunchar en frío ‖ ~**friedhof** *m* (Kfz) / cementerio *m* de automóviles o de coches, campo *m* de chatarra ‖ ⁓**garage** *f* / garaje *m* para coches ‖ ⁓**gas** *n* (Gas) / autogás *m*
autogen (Schw) / autógeno ‖ ~**es Brennschneiden** / corte *m* autógeno, oxicorte *m*, corte *m* oxiacetilénico ‖ ~**es Entspannen** (Hütt) / recocido *m* autógeno de normalización ‖ ~**es Mahlen** (Bergb) / molienda *f* autógena ‖ ~**e Plattenschneidemaschine** (Schw) / cortadora *f* autógena de planchas ‖ ~**e Pressschweißung** / soldadura *f* oxiacetilénica con presión ‖ ~**es Schneiden** / corte *m* oxiacetilénico, oxicorte *m* ‖ ~ **schneiden**, brennschneiden / oxicortar ‖ ~ **schweißen** / soldar a la autógena (con gas)
Autogen•gas *n* / gas *m* autógeno ‖ ⁓**härten** *n* / temple *m* con soplete (de gas autógeno) ‖ ⁓**mühle** *f* (Bergb) / molino *m* autógeno ‖ ⁓**-Schneidbrenner** *m* (Schw) /

soplete *m* cortador, soplete *m* de oxicorte ‖ ⁓**schweißbrenner** *m* / soplete *m* para la soldadura autógena ‖ ⁓**schweißen** *n*, (veraltet für:) Gasschweißen *n* / soldadura *f* autógena, soldadura *f* oxiacetilénica ‖ ⁓**schweißer** *m*, Gasschweißer *m* / soldador *m* autógeno, soldador *m* oxiacetilénico
Autogiro *n*, Tragschrauber *m* (Luftf) / autogiro *m*
Autoglas *n* / cristalería *f* para vehículos motorizados
Autographen• ... (Druck) / autográfico ‖ ⁓**film** *m* / película *m* autográfica ‖ ⁓**papier** *n* / papel *m* autográfico ‖ ⁓**tinte** *f* / tinta *f* autográfica
Autographie *f* / autografía *f*
Auto•hersteller *m* / productor *m* de automóviles ‖ ⁓**heterodyn** *m* (Eltronik) / autoheterodino *m* ‖ ~**induktiv**, mit gemeinsamer Induktivität / autoinductivo ‖ ⁓**industrie** *f* / industria *f* automovilística, industria *f* del automóvil, industria *f* automotriz (Arg) ‖ ⁓**jigger** *m* (Elektr) / autojigger *m* ‖ ⁓**katalyse** *f* (Chem, Galv) / autocatálisis *f* ‖ ~**katalytisch** (Galv) / sin corriente ‖ ⁓**klav** *m* / autoclave *f* ‖ ⁓**klaven-Behandlung** *f* / tratamiento *m* en autoclave ‖ ~**klavieren**, im Autoklaven behandeln (Lebensmittel) / tratar en autoclave ‖ ⁓**kollimation** (Opt) / autocolimación *f* ‖ ⁓**kollimations...** / autocolimador *adj* ‖ ⁓**kollimationsfernrohr** *n* / anteojo *m* autocolimador ‖ ⁓**kollimator** *m* / autocolimador *m* ‖ ⁓**kolonne**, Schlange *f* (coll) (Kfz) / convoy *m*, caravana *f* de coches, tren *m* de automóviles ‖ ⁓**korrelation** *f* (Eltronik, Fernm) / autocorrelación *f* ‖ ⁓**korrelationsfunktion** *f* / función *f* de autocorrelación ‖ ⁓**korrelationskoeffizient** *m* / coeficiente *m* de autocorrelación ‖ ⁓**korrelator** *m* / autocorrelador *m* ‖ ⁓**kran** *m* (Kfz) / autogrúa *m*, grúa *f* sobre camión ‖ ⁓**kran zum Abschleppen** / coche-grúa *m* ‖ ⁓**kühler** *m* / radiador *m* de coche ‖ ⁓**lackierer** *m* / barnizador *m* de coches ‖ ⁓**lackiererei** *f* / taller *m* de barnizado de coches ‖ ⁓**lenkung** *f*, Achsschenkellenkung *f* (Landw) / dirección *f* por rotación de los muñones ‖ ⁓**lithographie** *f* (Druck) / autolitografía *f*
Automat *m* / máquina *f* automática, autómata *m* ‖ ⁓, Warenautomat *m* / distribuidor *m* automático ‖ ⁓ *m*, Spielautomat *m* / tragaperras *f*, máquina *f* recreativa, máquina *f* tragaperras ‖ ⁓, Selbstausschalter *m* (Elektr) / interruptor *m* automático ‖ ⁓ *m*, Drehautomt *m* (Wzm) / torno *m* automático
Automaten•amt *n*, Selbstwählamt *m* (Fernm) / central *f* automática ‖ ⁓**drehmeißel** *m* (Wzm) / cuchilla *f* para torno automática ‖ ⁓**einrichter** *m* / preparador *m* de tornos automáticos ‖ ⁓**-Fernsehen** *n* / televisión *f* de peaje ‖ ⁓**kurve** *f* (Wzm) / leva *f* de torno automático ‖ ⁓**legierung** *f* (Hütt) / aleación *f* para torno automático ‖ ⁓**messing** *n* / latón *m* maquinable, latón *m* de corte fácil ‖ ⁓**münze** *f* / ficha *f* para máquinas automáticas ‖ ⁓**saal** *m* (Wzm) / sala *f* de tornos automáticos ‖ ⁓**schützen** (Web) / lanzadera *f* automática ‖ ⁓**stahl** *m* (Hütt) / acero *m* para tornos automáticos, acero *m* de corte fácil ‖ ⁓**teile** *n pl* (Wzm) / piezas *f pl* producidas por torno automático ‖ ⁓**webstuhl** *m* (Tex) / telar *m* automático
Automatik *f* (Vorgang) (Masch) / automaticidad *f* ‖ ⁓ (Einrichtung) / dispositivo *m* automático ‖ ⁓**Automatikgetriebe** *n* (Kfz) / transmisión *f* automática ‖ ⁓**-Getriebe** *n* / caja *f* de cambios automática o robotizada ‖ ⁓**-Schalthebel** *m* / selector *m* (de velocidades) ‖ ⁓**-Sicherheitsgurt** *m* (Kfz) / cinturón *m* automático de seguridad ‖ ⁓**tuner** *m* (Eltronik) / sintonizador *m* automático
Automation, Automatisation *f* / automatización *f*
automations•fähig / susceptible de automatización ‖ ⁓**grad** *m* / grado *m* de automatización ‖ ⁓**technik** *f* / técnica *f* de automatización
Automatisation *f* **ohne Selbstkontrolle** / automatización *f* con bucle abierto

135

automatisch / automático ‖ ~e **Abfrage** (DV) / exploración f automática ‖ ~ **ablaufender Arbeitsgang** / ciclo m automatizado ‖ ~es **Abschalten** / paro m automático, desconexión f automática ‖ ~e **Anhänger-Drillmaschine** (Landw) / sembradora f automática remolcada ‖ ~ **anlegender Gurt** (Kfz) / cinturón m de adaptación automática ‖ ~er **Anruf** (Fernm) / llamada f automática ‖ ~e **Antwort** (DV) / respuesta f automática ‖ ~ **aufblasbare Rettungsinsel oder -floß** (Schiff) / balsa f de salvamento inflable, isla f salvavidas inflable ‖ ~es **Ausdrücken** (Plast) / expulsión f automática ‖ ~er **Azimutanzeiger** (Radar) / indicador m acimutal automático ‖ ~er **Bankschalter** / cajero m automático, caja f electrónica [automática] ‖ ~e **Bildübertragung von Satelliten** (TV) / teletransmisión f automática por satélites ‖ ~er **Blockierverhinderer**, ABV m, BLV m / mecanismo m automático antibloqueo ‖ ~e **Breithaltungsvorrichtung** (Tex) / templazo m automático, templén m automático, ensanchador m automático ‖ ~e **Chrominanzregelung** (TV) / control m automático de crominancia ‖ ~e **Codierung** (DV) / codificación f automática ‖ ~e **Datenerfassung** / adquisición f automática de datos ‖ ~e **Datenträgererkennung** (DV) / reconocimiento m automático de portadores [de datos] ‖ ~e **Datenverarbeitung**, ADV / procesamiento m automático de datos ‖ ~er **Einschalter** (Elektr) / conectador m automático, conmutador m automático ‖ ~e **Empfindlichkeitssteuerung** / mando m automático de sensibilidad ‖ ~e **Entleerung** (Abkippen) (Bau, Bergb) / vuelco m automático ‖ ~e **Entmagnetisierschaltung** (Magn.Bd) / desmagnetización f automática ‖ ~e **Erdung** (Luftf) / puesta f a tierra automática ‖ ~ **fertigen** (F.Org) / producir automáticamente, fabricar automáticamente ‖ ~er **Filmtransport** (Foto) / avance m automático de la película ‖ ~e **Flugzeugsteuerung**, Autopilot m / piloto m automático, autotimonel m ‖ ~e **Gepäckaufgabe** (Luftf) / registro m automático del equipaje ‖ ~ **gesteuert** / con (o de) mando o control automático ‖ ~es **Getriebe** (Kfz) / caja f de cambios automática, caja f de velocidades automática ‖ ~e **[Gitter]vorspannung** (Eltronik) / polarización f automática de rejilla, autorregulación f de la tensión de polarización ‖ ~es **Gurten o. Filmbonden** (Halbl) / transfer m automático sobre cinta ‖ ~e **Konstruktion**, CAD n (DV) / diseñado m mediante ordenador, construcción f automática ‖ ~e **Kontrolle** (DV) / control m automático integrado ‖ ~e **Korrektur** (DV) / autocorrección f ‖ ~er **Kübelaufzug** (Hütt) / skip m automático, montacargas m de cangilones automático ‖ ~e **Kupplung** (allg, Bahn) / acoplamiento m automático ‖ ~e **Kurssteuerung** (Luftf) / piloto m automático ‖ ~e **lastabhängige Bremskraftregelung**, ALB f (Kfz) / corrección f automática de la fuerza de frenado en función de la carga ‖ ~e **Maschine** / máquina f automática ‖ ~ **maßkontrolliert** (Qual.Pr., Wzm) / de comprobación automática de medidas ‖ ~e **M.C.B.-Kupplung** (Bahn) / acoplamiento m tipo M.C.B. ‖ ~e **Nachstellung** (Masch, Wzm) / ajuste m automático ‖ ~er **Probenwechsler** (Qual.Pr.) / cambiador m automático de pruebas ‖ ~er **Rauschbegrenzer** (Radar) / limitador m automático de ruido ‖ ~e **Regelung** (Eltronik, Wzm) / control m automático, regulación f automática ‖ ~e **Regelungstechnik**, Rückführung f (Regeln) / reacción f automática, feed-back m, retroacción f, realimentación f ‖ ~e **Rostbeschickungsanlage** (Kessel) / cargador m automático de la parrilla, alimentador m automático de la parrilla ‖ ~e **Rückkehr** (Masch) / regreso m automático, retorno m automático ‖ ~e **Rückspulung** (Foto) / rebobinado m automático ‖ **mit** ~**er Rückstellung**, Rückstell... (Masch) / con vuelta automática a la posición inicial, con recuperación automática, con reposición automática, con retroceso automático ‖ ~**er Ruf** (Fernm) / llamada f automática ‖ ~**er Schalter** (Elektr) / disyuntor m ‖ ~**e Scharfabstimmung** (Eltronik) / control m automático de sintonía, control m automático de la frecuencia ‖ ~**e Scharfeinstellung**, Autofokus m (Foto) / autofoco m ‖ ~**e Schlupfregelung**, ASR (Kfz) / control m automático del deslizamiento ‖ ~**e Schwellwertregelung** (Radar) / control m automático de la sensibilidad ‖ ~**er Schwundausgleich**, automatische Lautstärkeregelung (Eltronik) / compensación f automática de devanecimiento, control m automático de volumen o gain ‖ ~**er Schwundausgleich mit Schwellenwerteinstellung** / control m automático silencioso de volumen ‖ ~**er Siebdruck** (Tex) / serigrafía f automática, impresión f automática a la lionesa ‖ ~**e Speichervermittlung** (Fernm) / intercambio m automático de mensajes ‖ ~**e Spurnachführung** (Video) / seguimiento m automático de la pista ‖ ~**er Streckenblock** (Bahn) / bloqueo m automático [de sección] ‖ ~**e Trennschärferegelung** (Eltronik) / control m automático de selectividad ‖ ~**e Überlastregelung** (Masch) / control m automático de sobrecarga ‖ ~ **übertragene Leitwegkennzahl** (Fernm) / cifra f de ruta transmitida automáticamente ‖ ~**e Umführung** (Walzw) / repetidor m mecánico, doblador m automático ‖ ~**e Verstärkerregelung mit Unterdrückung** (Eltronik) / control m automático silencioso de volumen ‖ ~**er Verstellpropeller** (Luftf) / hélice f de paso variable automático ‖ ~**er Vorschub** (Masch, Wzm) / avance m automático ‖ ~**e Waffe** / arma f automática ‖ ~**e Wählvermittlung** (Fernm) / conmutación f automática, central f automática ‖ ~**er Werkzeugwechsler** m (Wzm) / cambiador m automático de herramientas ‖ ~**er Wickelapparat** (Spinn) / desarrollador m automático, aparato m enrollador automático ‖ ~**e Wiederholaufforderung** (Fernm) / mando m automático de repetición ‖ ~**e Wiederholeinrichtung** (Eltronik) / dispositivo m automático de repetición ‖ ~**e Wiederholungsanforderung** (DV) / mando m automático de repetición ‖ ~**e Zeichenerkennung** (DV) / identificación f automática de caracteres ‖ ~**e Zeilenwahl** (DV) / [pre]selección f automática de líneas ‖ ~**e Zielverfolgung** (Mil, Radar) / seguimiento m automático del blanco ‖ ~**e Zugsicherung** (Schweiz) (Bahn) / parada f automática de los trenes (Suiza) ‖ ~**er Zünder** (Mil) / espoleta f radioeléctrica de proximidad ‖ ~**e Zündverstellung** (Kfz) / reglaje m automático [del avance] del encendido, avance m automático ‖ **mit** ~**er Brennstoff- o. Werkstoffzufuhr** / de alimentación automática

automatisch-digitales Messverfahren / método m de medición automático-digital
automatisch-elektrisch / automático-eléctrico
automatisieren vt / automatizar
automatisiertes Büro (DV) / oficina f automatizada
Automatisierung, Automation f / automatización f ‖ **industrielle [integrierte, komplexe]** ~ / automatización f industrial [integrada, compleja]
Automatisierungsgrad m / grado m de automatización
Automatismus m (z.B. körperlicher Bewegungen), Automatie f / automatismo m
Automechaniker m (jetzt: Kfz-Mechatroniker) / mecánico m de automóviles
Automobil n s. a. Auto ‖ ~**ausstellung** f / exposición f del automóvil, salón m del automóvil ‖ ~**bau** m / construcción f automovilística ‖ ~**bau-Sondermaschine** f (Kfz, Wzm) / máquina f especial para la construcción automovilística ‖ **Kgl.**

≈club von Spanien / RACE (= Real Automóvil Club de España) ‖ ≈-Drehkran *m* / grúa *f* giratoria automotriz, grúa *f* giratoria sobre camión ‖ ≈fabrik *f*, Autofabrik *f* / fábrica *f* de automóviles ‖ ≈hersteller *m*, -bauer *m* / constructor *m* de automóviles, fabricante *m* de automóviles
Auto[mobil]industrie *f* / industria *f* automovilística o del automóvil
Automobilismus *m* (histor.) / automovilismo *m*, automoción *f* (anglicismo)
Automobil•kran *m* (Kfz) / autogrúa *m*, grúa *f* sobre camión ‖ ≈**technik** *f* / técnica *f* del automóvil, técnica *f* automovilística
Auto•monitor *m* (F.Org, Masch) / supervisor *m* automático ‖ ~**morph** (Math) / automorfo ‖ ≈**morphismus** *m* (Math) / automorfismo *m*
autonom / autónomo ‖ ~**e Befehlsausführung** (Masch) / servicio *m* autónomo ‖ ~**e Betriebsführung** *f* (F.Org) / gestión *f* autónoma ‖ ~**e Einheit** / unidad *f* autónoma ‖ ~**es Fahren** / conducción *f* autónoma ‖ ~**es Regelsystem** *n* (Masch) / sistema *m* de control autónomo
Autonomie *f* (Regeln) / autonomía *f*
Autonomisierung *f* (Regeln) / autonomización *f*
Auto•oxidation *f* (Chem) / autooxidación *f* ‖ ≈**paster** *m* (Druck) / desarrollador *m* encolador automático ‖ ≈**pilot** *m* (Luftf) / piloto *m* automático, autotimonel *m* ‖ ≈**placing** *n* (CAD) / colocación *f* automática (de componentes) ‖ ≈**plate** *f* (Druck) / máquina *f* autoplate ‖ ≈**politur** *f* (Kfz) / pulimento *m* para automóviles ‖ ≈**polling** *n* (DV) / polling *m* automático ‖ ≈**polsterei** *f* / tapicería *f* de coches ‖ ≈**polymerisation** *f* (Chem) / polimerización *f* espontánea
AUTOPROMT (Programmiersprache zur numerischen Steuerung von Werkzeugmaschinen) (Wzm) = automatic programming of machine tool / AUTOPROMT *m* (lenguaje de programación para el control numérico de máquinas-herramienta)
Auto•radio *n* / autorradio *f*, auto-radio *f*, radio *f* del coche ‖ ≈**radiografisch** (Mat.Prüf) / autorradiográfico ‖ ≈**radiogramm** *n* (Mat.Prüf) / autorradiograma *m* ‖ ≈**radiographie** *f* (Mat.Prüf) / autorradiografía *f*, radioautografía *f* ‖ ≈**radiolyse** *f* (Nukl) / autorradiolisis *m* ‖ ≈**radiovorbereitung** *f* / preinstalación *f* de radio, pre-equipo *m* de radio ‖ ≈**rahmen** *m* (Kfz) / bastidor *m* de automóvil ‖ ≈**reifen** *m* / neumático *m* (E), llanta *f* (LA) ‖ ≈**reisezug** *m* / autotrén *m*, autoexpreso *m* (E), tren *m* autoliteras ‖ ~**relativ** (DV) / autorrelativo ‖ ≈**rennbahn** *f* / autódromo *m* ‖ ≈**reparaturwerkstatt** *f* / taller *m* de reparación de automóviles
autorisieren *vt* / autorizar
Autorität *f*, Fachmann *m* / experto *m*, autoridad *f*
Auto•rotation *f* (Luftf) / autorrotación *f* ‖ ≈**rotationserprobung** *f* (Hubschrauber) / ensayo *m* de autorrotación ‖ ≈**router** *m* (CAD) / trazador *m* automático (de pistas) ‖ ≈**routing** *n* (IC) / autoencaminamiento *m* ‖ ≈**sattler** *m* / guarnicionero *m* ‖ ≈**schalter** *m* (Bank) / autobanco *m* ‖ ≈**schlosser** *m* (jetzt: Kfz-Mechatroniker) (Kfz) / mecánico *m* (mecatrónico) de automóviles ‖ ≈**schütter** *m*, Dumper *m*, Kipper *m* / volquete automóvil *m*, autovolquete *m*, autodescargador *m*, volcador *m*, dúmper *m*, volteo *m* (LA) ‖ ≈**sitz** *m* / asiento *m* de automóvil ‖ ≈**spengler** *m*, Karosseriespengler *m* / chapista *m* ‖ ≈**spenglerei** *f*, Karosseriewerkstatt *f* / chapistería *f* ‖ ≈**stereograph** *m* (Foto) / autoestereógrafo *m* ‖ ≈**straße** *f* (autobahnähnliche Schnellstraße) (Verkehr) / autovía *f* (de circulación rápida) (E) ‖ ≈**syn-Drehmelder** *m* (Elektr) / selsyn *m* ‖ ≈**telefon** *n* / teléfono *m* móvil para vehículos, teléfono *m* en automóviles, autoteléfono *m* ‖ ≈-**Teleskopkran** *m* / grúa *f* telescópica sobre camión ‖

≈**thermikkolben** *m* (Masch) / pistón *m* autotérmico ‖ ≈**transduktor** *m* (Elektr, Eltronik) / autotransductor *m* ‖ ≈**transformator** *m* (Elektr) / autotransformador *m* ‖ ≈**transformatorkupplung** *f* / acoplamiento *m* autoinductivo ‖ ≈**transport-Doppelstockwagen** *m* (Kfz) / vagón *m* de dos pisos para el transporte de automóviles ‖ ≈**transportfahrzeug** *n* (Kfz) / transportador *m* de automóviles ‖ ≈**transportwagen** *m* (Bahn) / vagón *m* de transbordo, vagón *m* para el transporte de automóviles ‖ ~**troph** / autótrofo ‖ ≈**trophie** *f* / autotrofia *f* ‖ ≈**typie** *f* (veraltet für: Rasterätzung) (Druck) / autotipia *f*, similigrabado *m* ‖ ≈**typieplatte** *f* (Druck) / placa *f* de autotipia ‖ ≈**verdeck** (faltbar) / capota *f* (plegable) ‖ ≈**verkehr** *m* / tráfico *m* automotor o automovilístico, tráfico *m* motorizado, circulación *f* rodada o de automóiles ‖ ≈**verladerampe** *f* (Bahn) / muelle *m* de automóviles ‖ ≈**verwertung** *f*, Schredder-Betrieb *m* / desguace *m* de vehículos ‖ ≈**waschanlage** *f* / lavadora *f* de coches, instalación *f* lavacoches, autobaño *m* (Mej.) ‖ ≈**wäsche** *f*, -reinigung *f* / servicio *m* limpiacoches ‖ ≈-**Winder** *m* (Foto) / arrollador *m* automático
Autoxidation *f* (Chem) / autoxidación *f*, oxidación *f* espontánea
Autoxidator *m* / autoxidador *m*
Autozubehör *n* (Kfz) / accesorios *m pl* de automóvil, implementos *m pl* de automóvil (LA)
Autunit *m* (Min) / autunita *f*
AUX (= auxiliary device) / dispositivo *m* auxiliar
Auxanin *f* (Biol) / auxanina *f*
Auxanometer *n* / auxanómetro *m*
Auxin *n*, pflanzlicher Wuchsstoff (Bot, Chem) / auxina *f*
Auxochrom *n* (Färb) / auxocromo *m*
AV = Arbeitsvorbereitung ‖ ≈ = audiovisuell ‖ ≈, Auflösungsvermögen *n* (Opt) / poder *m* resolutivo ‖ ≈, Audiovision *f* (Eltronik) / audiovisión *f*
Available-Light-Photographie *f* / fotografía *f* con luz restante
Avalanche•-Effekt *m* (Halbl) / efecto *m* de avalancha ‖ ≈-**Injektion** *f* / inyección *f* de avalancha ‖ ≈-**Laufzeitdiode** *f*, Lawinen-Diode *f* / diodo *m* [de] avalancha ‖ ≈-**Transistor** *m* / transistor *m* de avalancha
Avatar *m* (DV) / avatar *m*
Avcat *f* (Flugkraftstoff) / avcat *m*
Avenin *n* (Chem) / avenina *f*
Aventurin *m* (Min) / venturina *f* ‖ ≈**glasur** *f* / esmalte *m* venturino
Avers *m*, Vorderseite *f* (von Münzen) / anverso *m*, cara *f*
A-Verstärker *m* (Eltronik) / amplificador *m* clase A
Avertin *n* (Pharm) / avertina *f*
Averytest *m* (Einbeulen) (Mat.Prüf) / ensayo *m* [de] Avery (abollamiento)
Avgas *n* (Fliegerbenzin) (Luftf) / avgas *m*
Avidin *n* (Pharm) / avidina *f*
Avigation, Flugnavigation *f* (Luftf) / avigación *f*
Aviochemie *f* / avioquímica *f*
Avionik *f* (Eltronik, Luftf) / aviónica *f*, aeroelectrónica *f*, electrónica *f* aeroespacial
Avivage *f* (Färb, Tex) / avivado *m*, avivamiento *m*, suavizado *m* ‖ ≈**mittel** *n* (Tex) / avivador *m*, producto *m* de avivado
Avivierechtheit *f* (Färb) / solidez *f* al avivado
avivieren *vt*, verstärken (Farbe, Glanz) (Tex) / avivar
Avivierflotte *f* / baño *m* avivador
Avocadoöl *n* (Pharm) / aceite *m* de aguacate
Avogadro•sches Gesetz / ley *m* de Avogadro ‖ ≈-**Konstante** *f* (6.0221367 · 10^{23} mol^{-1}), Avogadro-Zahl *f* / constante *f* de Avogadro, número *m* de Avogadro
AVON = Amtliches Verzeichnis der Ortsnetzkennzahlen
AVR = Atomversuchsreaktor ‖ ≈, automatische Verstärkungsregelung (Eltronik) / reglaje *m* automático de volumen

137

AVS-Flugzeug *n* / avión *m* AVS
Avtur *n* (Flugkraftstoff) / avtur *m*
AW = Amperewindungen ‖ ⁓ = Arbeitswert
AWACS-System *n* (= Airborne Warning And Control System) (Mil) / AWACS *m*
AWD (= All-Wheel-Drive - Allradantrieb) / tracción *f* total
AWK, Auswaschkolonne *f* (Chem) / columna *f* de elución
Awningdeck *n*, Shelterdeck *n* (Schiff) / cubierta *f* de abrigo
axial / axial, axil ‖ ⁓ **ausgerichtet** / alineado axialmente ‖ **⁓es Bauteil** (Eltronik) / componente *m* axial ‖ **⁓er Dichtring** (Masch) / anillo *m* de obturación axial ‖ **⁓e Kreiselpumpe** / bomba *f* centrífuga axial, bomba *f* rotatoria axial ‖ **⁓e Labyrinthdichtung** / guarnición *f* de laberinto axial ‖ **⁓er Mode** (Holografie) / modo *m* axial ‖ **⁓er Turboverdichter** (Masch) / turbocompresor *m* [de flujo] axial ‖ ⁓ **verschieben** / desplazar axialmente ‖ ⁓ **zueinander versetzt** / desplazado axialmente
Axial•abstützung *f* / apoyo *m* axial ‖ **⁓anker** *m* (Elektr) / inducido *m* axial ‖ **⁓beanspruchung** *f* (Masch) / carga *f* axial, solicitación *f* axial ‖ **⁓beaufschlagung** *f* (Turbine) / admisión *f* axial ‖ **⁓belastung** *f*, -schub *m* / carga *f* axial, empuje *m* axial ‖ **⁓bewegung** *f* / traslación *f* axial, movimiento *m* axial ‖ **⁓dichtscheibe** *f* / cazoleta *f*, carcasa *f* ‖ **⁓druck** *m* / presión *f* axial, compresión *f* axial ‖ ⁓**druck** (Lager), -schub *m* / empuje *m* axial o longitudinal ‖ ⁓ **[druck]lager** *n* (Masch) / cojinete *m* de empuje axial, chumacera *f* de empuje axial (Mej) ‖ **⁓empfindlichkeit** *f* / sensibilidad *f* axial ‖ **⁓exzenter** *m* / excéntrica *f* axial ‖ **⁓fluss** *m* (Laser) / flujo *m* axial ‖ **⁓fräsen** *n* (Wzm) / fresado *m* axial ‖ **⁓freiwinkel** *m*, -keilwinkel *m* / ángulo *m* de despullo ‖ **⁓gebläse** *n* / ventilador *m* axial, soplador *m* axial ‖ **⁓gelenk** *n* / rótula *f* axial
Axialität *f* (Masch) / axialidad *f* ‖ **⁓fehler** *m* / defecto *m* de axialidad
Axial•käfig *m* (Lager) / jaula *f* axial ‖ **⁓kegelrollenlager** *n* / rodamiento *m* axial de rodillos cónicos ‖ ⁓**keil** *m* / chaveta *m* axial ‖ **⁓kolbenkompressor** *m* / compresor *m* de émbolos axiales ‖ **⁓kolbenmotor** *m* / motor *m* de émbolos axiales ‖ **⁓kolbenpumpe** *f* / bomba *f* de émbolos axiales ‖ **⁓kompressor** *m* / compresor *m* axial ‖ ⁓ **kraft** *f* / fuerza *f* axial, solicitación *f* axial ‖ **⁓kreisel** *m*, Kurskreisel *m* (Luftf) / giroscopio *m* axial, indicador *m* de rumbo ‖ **⁓kugellager** *n* / rodamiento *m* axial de bolas ‖ **⁓lader** *m* (Mot) / sobrealimentador *m* (de flujo) axial ‖ ⁓ **lager** *n* (ein Gleitlager), Längslager *n* / cojinete *m* axial ‖ **⁓last** *f* (Masch) / carga *f* axial ‖ **⁓-Leuchtkörper** *m* (Elektr, Lampe) / filamento *m* axial ‖ ⁓**luft** *f*, -spiel *m* (Masch) / juego *m* axial ‖ **⁓lüfter** *m* / ventilador *m* axial ‖ **⁓meißel** *m* (Wz) / cortador *m* axial ‖ **⁓mode** (Laser) / modo *m* axial ‖ **⁓nadellager** *n* / rodamiento *m* axial de agujas ‖ ⁓**nut** *f* / ranura *f* axial ‖ **⁓-Pendelrollenlager** *n* / rodamiento *m* axial oscilante de rodillos ‖ **⁓pumpe** *f* / bomba *f* axial ‖ **⁓reaktionsturbine** *f* / turbina *f* de reacción axial ‖ **⁓regler** *m* / regulador *m* axial ‖ **⁓-Rillenkugellager** *n* / rodamiento *m* axial [rígido] de bolas ‖ **⁓rollenlager** *n* / rodamiento *m* axial de rodillos ‖ **⁓scheibe** *f* (Lager) / arandela *f* axial ‖ **⁓schlag** *m*, Planlaufabweichung *f* (Masch) / descentraje *m* o salto axial, excentricidad *f* axial ‖ **⁓schnitt** *m* (Zeichn) / corte *m* axial, sección *f* axial ‖ **⁓schrägkugellager** *n* / rodamiento *m* axial de bolas de contacto angular ‖ **⁓schraubengebläse** *n* / ventilador *m* helicoidal de flujo axial ‖ **⁓schub** *m* / empuje *m* longitudinal o axial ‖ **⁓Spanwinkel** *m* s. Axialfreiwinkel ‖ **⁓-Spanwinkel** / ángulo *m* ‖ **⁓spiel** *n*, Längsspiel *n* (Welle) / juego *m* axial, juego *m* longitudinal ‖ **⁓spiel** *n* (Schneckengetriebe) / juego *m* entre dientes ‖ **⁓steigung** *f* (Schraube) / paso *m* axial ‖ **⁓stoß** *m* (Masch) / golpe *m* axial ‖ **⁓strömung** *f*

(Turbine) / flujo *m* axial ‖ **⁓symmetrie** *f* (Geom) / simetría *f* axial ‖ **⁓symmetrisch** (Geom) / axialmente simétrico ‖ **⁓tragfähigkeit** *f* (Masch) / capacidad *f* de carga axial ‖ **⁓turbine** *f* / turbina *f* axial ‖ **⁓turboverdichter** *m* / turbocompresor *m* axial o de flujo axial ‖ **⁓vakuumpumpe** *f* / bomba *f* de vacío de flujo axial ‖ **⁓ventil** *n* / válvula *f* axial ‖ **⁓ventilator** *m* / ventilador *m* axial ‖ **⁓verdichter** *m* / compresor *m* axial ‖ **⁓verschiebung** *f* / desplazamiento *m* axial, corrimiento *m* axial ‖ **⁓verspannung** *f* / tensiones *f pl* axiales deformadoras ‖ **⁓wälzfräsen** *n* (Wzm) / fresado *m* axial por generación ‖ **⁓wälzlager** *n* / rodamiento *m* axial ‖ **⁓wellendichtung** *f* / guarnición *f* axial para árboles ‖ **⁓-Zylinderrollenlager** *n* / rodamiento *m* axial de rodillos cilíndricos
Axin *n* (Pharm) / axina *f* (grasa de coco)
Axinit *m* (Min) / axinita *f*
Axiom *n* (Math) / axioma *m*, postulado *m*
Axiomatik *f* / axiomática *f*
axiomatisch / axiomático
axiomatisierbar / axiomatizable
Axiomatisierbarkeit *f* (Math) / axiomatizabilidad *f*
Axiometer *n* (Schiff) / axiómetro *m*
Axit *m* (Sprengstoff) / axita *f*
Axonometrie *f* (Zeichn) / axonometría *f*
axonometrisch (Zeichn) / axonométrico
Axt *f* (Wz) / hacha *f*, segur *m* ‖ ⁓ (klein) / destral *m* ‖ **⁓blatt** *n* / hoja *f* de[l] hacha, pala *f* del hacha ‖ **⁓haupt** *n* / cabeza *f* del hacha ‖ **⁓helm**, -holb, -holm, -stiel *m* / astil *m* del hacha ‖ **⁓hieb** *m* / hachazo *m* ‖ **⁓rücken** *m*, -nacken *m*, -platte *f* / lomo *m* del hacha
AZ, Azetylzahl *f* (Chem) / número *m* o valor acetílico o hidroxílico
Azan *n* (Chem) / azano *n*
Aze... s.a. Ace...
azeotrop (Chem) / azeotrópico ‖ **⁓e Destillation**, Azeotropdestillation *f* / destilación *f* azeotrópica ‖ **⁓gemisch** *n*, azeotrope Mischung / mezcla *f* azeotrópica
Azeotropie *f* / azeotropía *f*
Azeotropismus *m* / azeotropismo *m*
Azeotroppunkt *m* / punto *m* de inflexión
Azet... s. Acet...
Azetylen, Acetylen *n* / acetileno *m*, alcina *f*
Azid, Trinitrid *n* / azida *f*
Azidimeter *n* / acidímetro *m*, acidómetro *m*
Azidimetrie *f*, Säurebestimmung *f* (Chem) / acidimetría *f*
Azidinblau *n* (Färb) / azul *m* de diamina
Azidität *f* (Chem) / acidez *f*
Azimid *n* / azimida *f*
Azimut *m* (Astr) / acimut *m* (pl.: acimuts), azimut *m* ‖ ⁓, Peilwinkel, Richtungswinkel, Seitenwinkel *m* (Opt) / ángulo *m* de marcación, ángulo *m* acimutal ‖ **⁓abbildung** *f* (Geo, Verm) / proyección *f* acimutal ‖ **⁓abtastung** *f* / exploración *f* de acimut ‖
azimutal (Astr) / acimutal, azimutal ‖ **⁓e Einschnürung** (Astr) / estricción *f* acimutal ‖ **⁓e Quantenzahl** (Phys) / número *m* cuántico acimutal
Azimutal•diagramm *n* (Richtcharakteristik) (Verm) / diagrama *m* acimutal ‖ **⁓kompass** *m*, Peilkompass *m* (Schiff) / brújula *f* acimutal, brújula *f* de orientación de acimut, compás *m* acimutal ‖ **⁓kreis** *m* / círculo *m* acimutal, almicantarat *f*, almicantarada *f* ‖ **⁓projektion** *f*, -abbildung *f* (Geo, Verm) / proyección *f* acimutal
Azimut•anzeiger, automatischer (Radar) / indicador *m* de acimut automático ‖ **⁓auflösung** *f*, -auflösungsvermögen *n* (Radar) / definición *f* acimutal ‖ **⁓daten** *pl* / datos *m pl* acimutales ‖ **⁓gradeinteilung** *f* (Astr) / limbo *m* acimutal ‖ **⁓höhenbildschirm** *m* (Radar) / integrador *m* altitud-acimut ‖ **⁓kreis** *m* (Astr) / círculo *m* acimutal ‖ **⁓kreisel** *m* (Luftf) / giroscopio *m* acimutal ‖ **⁓kreiselkompass** *m* (Schiff) / compás *m* giroscópico acimutal ‖ **⁓peilvorrichtung** *f* /

radiogoniómetro *m* acimutal ‖ ≃**skala** *f* / escala *f* acimutal ‖ ≃**wert** *m* / valor *m* acimutal ‖ ≃**winkel** *m* (Astr) / ángulo *m* acimutal ‖ ≃**zeiger** *m*, **Azimutpeilgerät** *n* (Luftf, Schiff) / indicador *m* de acimut
Azin *n* (Färb) / acina *f*, azina *f* ‖ ≃**farbstoff** *m* / colorante *m* acínico [o de acina]
Azo•... (Chem) / azo..., azoico ‖ ≃**anilin** *n* / azoanilina *f* ‖ ≃**benzoesäure** *f* / ácido *m* azobenzoico ‖ ≃**benzol** *n* / azobenceno *m*, azobenzol *m* ‖ ≃**dicarbonamid** *n*, ADC / azodicarbonamida *f* ‖ ≃**farbstoff** *m*, -farbe *f* (Färb) / colorante *m* azoico, azocolorante *m* ‖ ≃**fuchsin** *n* (Chem) / azofucsina *f* ‖ ≃**gruppe** *f* / grupo *m* azo
Azoikum *n*, azoische Formationsgruppe (Geol) / era *f* azoica
Azo•imid *n*, Stickstoff-Wasserstoffsäure *f* (Chem) / azoimida *f*, ácido *m* hidrazoico ‖ ≃**-Komponente** *f* / componente *f* azoica ‖ ≃**körper** *m*, -verbindung *f* / compuesto *m* azoico, azoico *m* ‖ ≃**-Kupplungskomponente** *f* / componente *f* de copulación azoica
Azol *n* (Chem) / azol *m*
Azolitmin *n*, Lackmus *m* *n* / azolitmina *f* ‖ ≃**papier** *n* / papel *m* azolitmina
Azonaphtalin *n* / azonaftaleno *m*
azotiert / azotado
Azotierungsfähigkeit *f* / azotabilidad *f*
Azotometer *n* / azómetro *m*, nitrómetro *m*
Azo-Verbindung *f*, Azokörper *m* / azocompuesto *m*, compuesto *m* azoico
Azoxy... / azoxi...
Azoxyverbindung *f* / compuesto *m* azoxi, azoxiderivado *m*
Azubi *m f*, Auszubildende(r) *f(m)*, Lehrling *m* / aprendiz *m*, aprendiza *f*
Azulen *n* (Chem) / azuleno *m*
Azulin *n* (Färb) / azulina *f*
azur•blau / azul celeste *adj* ‖ ≃**blau** *n* / azul *m* celeste ‖ ≃**garn** *n* (Spinn) / hilo *m* mungo a fuerte tensión
Azurin *n* (Färb) / azurina *f*
Azur[it], Lazurit *m* (Min) / azurita *f*
A-Zustand *m* (Plast) / estado *m* "A"
azyklisch (allg, Bot, Chem) / acíclico ‖ ~**e Maschine**, Unipolarmaschine *f* (Elektr) / máquina *f* acíclica, máquina *f* unipolar
Azyl *n*, Acyl *n* (Chem) / acilo *m* ‖ ≃**gruppe** *f* (Chem) / grupo *m* acilo
azylieren *vt* / acilar
Azylierung *f* / acilación *f*

B

b (Seite des Dreiecks) (Geom) / b (lado del triángulo)
b (Basis, Grundlinie bzw. Grundfläche) / b (base f)
b (Phys) = bar = 10^5 Pa = 1.45038 · 10 lbf/in^2
b, Barn n (Messeinheit d. Wirkungsquerschnitts) (obsol.) / b, barn m
B, Bor n (Chem) / B, boro m
B (magnet. Flussdichte), SI (Phys) / B (densidad de flujo magnético)
B (Absorptionslinie des Sauerstoffs) (Chem) / B (raya de absorción del oxígeno)
B, Bel n (Akust) / b, belio m
B (= Bundesstraße) / carretera f nacional (E)
B, Byte n (DV) / bitio m
Ba, Barium n (Chem) / Ba, bario m
Baadertest m (Alterungstest) (Öl) / ensayo m de Baader
BAB = Bauaufsichtsbehörde ‖ ~ (Straßb) = Bundesautobahn
Babbeln n (Fernm) / diafonía f múltiple
Babbittmetall n (Lagermetall) / metal m Babbitt
Babinet•-Kompensator m (Phys) / compensador m de Babinet ‖ ~**sches Theorem** / teorema m de Babinet
Babingtonit m (Min) / babingtonita f
Baboen n (Holz) / babún n
Baby•-Bessemerei f (Hütt) / planta f Bessemer pequeña ‖ ~-**Spot** m (Scheinwerfer) (Film) / proyector m pequeño (< 500 W) ‖ ~-**Zelle**, Rundzelle R14 f (Elektr) / pila f monocelular redonda R14, 1,5 V
Bach m / arroyo m, riachuelo m ‖ ~**schwinde** f, Flussschwinde f, Versickerung f / rezumamiento m
Back f, Vordeck n (Schiff) / castillo m de proa ‖ ~**blech** n (Bäckerei) / bandeja f de horno
Backbone-Netzwerk n (DV) / red f principal
Back•bord n, -bordseite f (Schiff) / babor m ‖ ~**bordflügel** m (Lufft) / ala f de izquierda, ala f de babor ‖ ~**bordlaterne** f, -bordlicht n (Schiff) / farol m de babor ‖ ~**bordmaschine** f, -bordmotor m / motor m de babor ‖ ~**dauer** f (Bäckerei) / tiempo m de panificación, cochura f ‖ ~**deck** n (Vordeck) (Schiff) / cubierta f de castillo
Backe f, Klemmbacke f (Wzm) / mordaza f prensora, zapata f ‖ ~, Anlagefläche f (Wzm) / superficie f de contactor, cara f de contacto ‖ ~, Seitenwand f / cara f lateral ‖ ~ (einer Zwinge) (Zimm) / telera f ‖ ~, Backenanschlag m (Gewehr) / pieza f de carillo ‖ ~ **der Flachzange** (Wz) / mandíbula f de los alicates ‖ ~ **der Reißschiene** (Zeichn) / cabeza f de la regla de T. ‖ ~ **des Backenbrechers** (Bau, Bergb) / mandíbula f (E), quijada f (LA) ‖ ~ **einer Spritzform** (Plast) / cojinete m de un molde ‖ ~ **bewegliche** ~ (Schraubstock) / mordaza f móvil (del tornillo de banco)
backen (im Ofen, z.B. Brot) / hornear, panificar, panadear ‖ **Ziegel** ~ o. **brennen** / cocer ladrillos ‖ **zusammen~** / aglutinarse, aglomerarse ‖ ~ n **der Kohle** / aglutinación f del carbón ‖ ~**bohrer** m **für Gewindeschneidbacken** / macho m madre de roscar ‖ ~**brecher** m (Bau, Bergb) / quebrantador f de mandíbulas o de mordazas (E), machacadora f de quijadas (LA) ‖ ~**breite** f (Flachzange) / espesor m de cabezas ‖ ~**bremse** f (Kfz) / freno m de zapatas, freno m de mordazas
backende Kohle, Backkohle f / carbón m aglutinante
Back-End-Rechner m (DV) / procesador m dorsal o de soporte
Backen•futter n (Dreh) / mandril m, plato m de garras, plato m de mordazas ‖ ~**greifer** m (Roboter) / par m de manipuladores ‖ ~**hobel** m (Wz) / cepillo m con costada móvil ‖ ~**schiene** f (Weiche) / carril m contraaguja, contraaguja f ‖ ~**spannfutter** n (Wzm) / plato m de sujeción de garras o de mordazas ‖ ~**werkzeugteile** n pl (Plast) / cojinetes m pl partidos para moldes
Bäckerei f / panadería f ‖ ~**maschine** f / máquina f panificadora o de panificación, máquina f para panadería
Backerrohr n (Elektr) / serpentín m electrorresistente [en tubo]
back•fähig (Kohle) / aglutinante ‖ ~**fähigkeit** f, -vermögen n (Kohle) / poder m aglutinante ‖ ~**fett** n (Nahr) / grasa f de cocina
Back-filler m (Straßb) / material m para relleno trasero
Backfire-Antenne f (Eltronik) / antena f reflectora
Background... (Akust, DV) / de fondo, background
Back•hefe f (Nahr) / levadura f de panadería ‖ ~**kohle** f / carbón m aglutinante
Backloader m (Straßb) / máquina f cargadora por detrás
Back•muffel f (Hütt) / mufla f del horno ‖ ~**ofen** m (Bäckerei) / horno m de panificación, horno m de cocer ‖ ~**ofenwrasen** m pl / vaho m del horno de panificación, vapores m pl del horno de panificación ‖ ~**pulver** n (Nahr) / levadura f en polvo, levadura f química
Backscattergerät n (zur Personenkontrolle durch Röntgenstrahlen) / aparato n de retrodifusión
Backschergang m (Schiff) / cubierta f de castillo
Backstag n (Schiff) / brandal m
Back•stein, (veraltet für:) Mauerziegel m (Bau) / ladrillo m ‖ ~**stein** m (Zusatz f. Backöfen) / piedra f para asar, piedra f para pizza
Backstein•fuge f, -stoßfuge f (Bau) / llaga f ‖ ~**gitterung** f / celosía f de ladrillo ‖ ~**mauerwerk** n / enladrillado m
Backtrog m (Bäckerei) / artesa f
Backup n (DV) / seguridad f, reserva f, backup m ‖ ~..., Reserve..., Sicherungs... (DV) / de reserva, de respaldo ‖ ~-**Ring** m, Stützring m (Masch) / aro m interior con pestaña
Backvermögen n, -fähigkeit f (Kohle) / poder m aglutinante
Backwarddiode, Unitunneldiode f (Halbl) / diodo m unitúnel
Backzahl f (Blähgrad) (Kohle) / grado m de aglutinación
Bad n (Techn; allg) / baño m ‖ ~, Badezimmer n (Bau) / cuarto m de baño ‖ ~ n (Färb) / baño m, líquido m de baño ‖ ~, Badflüssigkeit f, Elektrolyt m (Galv) / electrólito m, líquido m de baño ‖ ~, Kurort m (Med) / balneario m ‖ **durch das** ~ **gehen lassen** (Färb, Galv, Hütt) / dejar pasar por el baño ‖ **ein** ~ **abschwächen** (Färb) / debilitar un baño ‖ ~**ablauf** m / sumidero m, boca f de evacuación ‖ ~**ansatz** m (Galv) / preparación f del electrólito ‖ ~**aufkohlen** n (Hütt) / carburación f en baño ‖ ~**bedeckung** f (Galv) / cubierta f del baño ‖ ~**behälter** m, Bad n (Galv) / recipiente m del baño, tanque m ‖ ~**bewegung** f (Galv) / circulación f del electrólito
Baddeleyit m (Min) / baddeleyita f
Badekaue f (Bergb) / vestuario m [con duchas]
b-Ader f (Fernm) / hilo m b, hilo m de llamada
Bädertank m (Galv) / tanque m de baños
Bade•wanne f / bañera f (E), bañadera f (LA), tina f (Chile, Col) ‖ ~**wannenkurve** f (Eltronik, Stat) / curva f en forma de bañera, curva f tipo bañera ‖ ~**zimmer** n, Bad n (Bau) / cuarto m de baño ‖ ~**zimmereinrichtung** f / instalaciones f pl del cuarto de baño
Badgalvanisierung f (DV, Eltronik) / galvanización f por baño
Badge-Leser m / lectora f de credenciales

Bad•generator m (Galv) / generador m para baños galvanoplásticos ‖ **~gummiert** (Tex) / engomado por baño ‖ **~handhabung** f (Färb) / manejo m de los baños
Badianöl n (Pharm) / esencia f de badiana
Bad•konzentration f (Färb, Hütt) / concentración f del baño ‖ **~nebel** m (Galv) / vapores m pl de baño ‖ **~nitrieren** n (Hütt) / cementación f por [con, a] nitruración en baño ‖ **~nitriert** / cementado por [con, a] nitruración en baño ‖ **~ofen** m (Hütt) / horno m de baño [de sales] ‖ **~patentieren** n (Hütt) / patentización f en baño
B-Adress-Register n (DV) / registro m de direcciones B
Bad•rezept n, Badformel f (Galv) / fórmula f de baño ‖ **~schlamm** m / lodo m del baño ‖ **~schmierung** f (Mot) / lubricación f por baño de aceite ‖ **~spannung** f (Galv) / tensión f del baño, voltaje m del baño ‖ **~strom** m (Galv) / corriente f eléctrica del baño ‖ **~thermostat** n (Chem) / termostato m de baño ‖ **~uhr** f (Galv) / cronómetro m para baños de galvanoplastia ‖ **~zementieren** n (Hütt) / cementación f en baño ‖ **~zusammensetzung** f (Färb, Hütt) / composición f del baño ‖ **~zusatz** m (Galv) / aditivo m para baño de galvanoplastia
Baeyersche Spannungstheorie (Chem) / teoría f de tensiones de Baeyer
Baffle n, Dampfsperre f (Vakuum) / trampa f de vapor [de condensación], baffle m ‖ **~** (Hifi) / caja f acústica ‖ **~-Struktur** f (Vakuum) / sistema m de baffles
Bagasse f (Zuck) / bagazo m ‖ **zerkleinerte ~ als Filtrierhilfsstoff** (Zuck) / bagacillo m
Bagatellschaden m / daño m de poco valor
Bagger m, Trockenbagger m (Bau) / excavadora f, excavador m ‖ **~**, Schwimmbagger m / draga f ‖ **~**, Eimer[ketten]bagger m (trocken) / excavadora f de cadena con cangilones ‖ **~**, Löffelbagger m / excavadora f de cuchara, pala f mecánica ‖ **~ mit Bandabsetzer** (Tagebau) / excavadora f con descargadora de cinta
Bagger•ausleger m, -stiel m / pluma f de excavadora, pescante m de excavadora ‖ **~ausleger** (der während des Baggerns gehoben u. gesenkt werden kann) / pescante m móvil ‖ **~betrieb** m, Baggern n (Schiff) / dragado m, operación f de dragar ‖ **~eimer** (nass), -kübel m / cangilón m de draga ‖ **~eimer** m (Schürfbagger) / cuchara f excavadora ‖ **~eimer mit Zähnen** / cuchara f con dientes ‖ **~[eimer]messer** n, -zahn m (Trockenbagger) / cortante m de cuchara, diente m de cuchara ‖ **~führer** m (jetzt: Baugeräteführer) / maquinista m ‖ **~greifer** m / cuchara f excavadora automática ‖ **~grube** f (nass) / hoyo m dragado ‖ **~grube** (trocken) / hoyo m excavado ‖ **~grube**, Schnitzelsumpf m (Zuck) / tanque m para pulpas de remolacha, silo m para cosetas de remolacha ‖ **~gut** n, Erdaushub m (Bau) / material m excavado ‖ **~gut** (Nassbagger) / material m dragado, fango m ‖ **~gut-Hinterfüllung** f (Wassb) / relleno m posterior con material excavado ‖ **~kette** f / cadena f de cangilones o de cucharas ‖ **~lader** m (Fahrzeug mit Bagger) / camión-excavador m ‖ **~löffel** m (Schwimmbagger) / cuchara f de draga, cangilón m ‖ **~löffel** (Löffelbagger) / cuchara f excavadora
baggern vt (allg) / excavar ‖ **~ mit Schwimmbagger** / dragar ‖ **Gräben ~ o. ausräumen**, ausschlämmen / desenlodar zanjas ‖ **Kies ~** / excavar grava ‖ **~ n** (trocken), Ausbaggern n (allg) / excavación f ‖ **~ mit Schwimmbagger** / dragado m
Bagger•planum n (Bergb) / plataforma f de explotación, nivel m de explotación ‖ **~prahm**, Baggerschiff n (Hydr) / gánguil m, pontón m de dragado ‖ **~pumpe** f / bomba f de succión para dragas ‖ **~schaufel** f, Kratzer m (Bau) / pala f excavadora ‖ **~schiff** n, Schwimmbagger m / dragador m ‖ **~schute** f (Hydr) / gánguil m, buque m dragador ‖ **~stiel** m (Löffelbagger) / pluma f de excavadora ‖ **~strosse** f (Bergb) / frente f

de excavación ‖ **~sumpf** m / levigadero m ‖ **~tiefe** f (Bau, Hydr) / profundidad f de excavación o de dragado ‖ **~tieflader** m / remolque m de plataforma baja para excavadora ‖ **~trommel** f, Turasscheibe f / tambor m de excavadora, tambor m de draga ‖ **~unterwagen** m / chasis m de excavadora ‖ **~zahn**, Grabzahn m / diente m excavador
bähen vt (Keram) / fomentar
Bahn f, Weg m (allg) / vía f, camino m, pista f, ruta f ‖ **~**, Strecke f (allg) / recorrido m ‖ **~**, Flugbahn f (Phys) / trayectoria f, órbita f, trayecto m de vuelo, curva f balística ‖ **~**, Umlaufbahn f (Astr, Elektronen, Satelliten usw) / órbita f ‖ **~**, Fahrbahn f (Straßb) / calzada f ‖ **~**, Start-und Landebahn f (Luftf) / pista f ‖ **~** (Bahn) / ferrocarril m, tren m ‖ **~**, Führungsbahn f (Dreh, Wzm) / guía f, conducción f, vía f de conducción ‖ **~** (Kaliber) (Walzw) / calibre m ‖ **~** (Amboss, Hammer) / plano m del martillo, superficie f plana [del yunque] ‖ **~**, Schützenbahn f (Web) / vía f [de movimiento] de la lanzadera ‖ **~**, Bahnlänge f, Gang m (Spinn) / ancho m, vía f del tejido ‖ **~** (Pap) / plana f de papel, banda f o tira de papel ‖ **~**, Tuchbahn f (Tex) / paño m ‖ **~** (Tapete) / tira f ‖ **~...** (Astr, Nukl) / órbital adj ‖ **~...** s. auch Eisenbahn... ‖ **~ f am Schnittwerkzeug** (Wz) / arista f cortante ‖ **~ der Schiene**, Schienenlaufbahn f / superficie f de rodadura, tabla f de rodadura ‖ **~ eines Tiefs** (Meteo) / trayectoria f de una depresión barométrica ‖ **~ frei** (Verkehr) / paso m libre ‖ **~ gesperrt** (Bahn) / vía f cerrada ‖ **~ f innerhalb der Lageabweichungsgrenzen** (Raumf) / oscilación f límite ‖ **in ~ en** (Stoffe) / en piezas continuas ‖ **mit der ~** / en tren, por ferrocarril
Bahn•abweichung f (Astr) / desviación f orbital, órbita f perturbada ‖ **~achse** f (Luftf) / eje m de trayectoria ‖ **~anlagen** f pl / terreno m de la vía, terreno m del ferrocarril ‖ **~anschluss** m / empalme m de ferrocarril ‖ **~anschlussgleis** n / ramal m de empalme ‖ **~arbeiter** m (Bahn) / obrero m de la vía ‖ **~aufseher** m / inspector m de ferrocarril ‖ **~aufzeichnung** f (evtl. nachträglich) (Raumf) / trayectografía f ‖ **~ausrüstung** f, -material n / equipo m de ferrocarril ‖ **~bau** m / construcción f de ferrocarril, construcción f de vías férreas ‖ **~begehung** f (Bahn) / ronda f de vigilancia ‖ **~behälter** m, pa-Behälter m / contenedor m especial [provisto con dispositivo propio de transporte] ‖ **~berechnung** f (Phys) / cálculo m de la trayectoria ‖ **~berührende** f / tangente f de la trayectoria ‖ **~beschleunigung** f (Phys) / aceleración f a lo largo de la trayectoria, aceleración f en órbita ‖ **~bestimmung** f (Satellit) / determinación f de la trayectoria ‖ **~betrieb** m / explotación f ferroviaria, explotación f de la línea ‖ **~betriebswagenwerk** n, Bww (Bahn) / taller m de recorrido del material móvil, taller m de entretenimiento para material remolcado (E), galpón m de locomotoras (LA) ‖ **~betriebswerk** n, Bw n / depósito m de máquinas ‖ **~betriebswerkstatt** f, Eisenbahnausbesserungswerk n / taller m de ferrocarril ‖ **~böschung** f (Bahn) / talud m de la vía ‖ **~brechend** / revolucionario, a la vanguardia, pionero, innovador ‖ **~brecher** m / pionero m, innovador m, iniciador m ‖ **~breite** f (Eltronik, Pap) / anchura f de banda ‖ **~damm** m / terraplén m ferrovía o de ferrocarril ‖ **~drehimpuls** m (Nukl) / momento m angular orbital, espín m orbital ‖ **~durchmesser** m (Nukl) / diámetro m de la órbita ‖ **~eigen** / en o de propiedad de la compañía ferroviaria, en propiedad ferroviaril ‖ **~einfluss** m, Einschuss m (Raumf) / entrada f en [la] órbita ‖ **~eintauchpunkt** m / punto m de entrada en la órbita ‖ **~elektron** (Phys) / electrón m orbital ‖ **~elemente** n pl (Raumf) / elementos m pl de la órbita
bahnen vt (Weg) / abrir paso (camino)
Bahn•fahrzeug n **des öffentlichen Nahverkehrs** (DIN) / vehículo m del tráfico de cercanías ‖ **~fremd** (Bahn) /

extraferroviario || ~**führung** f (Druck, Pap) / recorrida f de la banda de papel || ~**gebiet** n / recinto m de ferrocarril || ~**gelände** n / terreno m de la vía, terreno m del ferrocarril, derechos de ferrocarril m pl (MEJ) || ~**generator** m / generador m para [corriente de] ferrocarril || ~**generator für Straßenbahnen** m / generador m para tranvías || ~**geschwindigkeit** f (Luftf, NC) / velocidad f orbital, velocidad f en la trayectoria || ~**gleichung** f (Nukl, Raumf) / ecuación f de la trayectoria || ~**gleis** n / vía f de ferrocarril, vía f férrea || ~**graben** m (Bahn) / contrafoso m, cuneta f || ~**greifer** m (Nähm) / lanzadera f de bobina central
Bahnhof m / estación f [de ferrocarril]
Bahnhofs • anlagen f pl (Bahn) / instalaciones f pl de estación de ferrocarril || ~**block** m, -blockung f (Bahn) / bloqueo m de estación || ~**gebäude** n / edificio m de estación || ~**halle** f (Bahn) / vestíbulo m de la estación || ~**kopf**, Weichenkopf m (Bahn) / diagonales m pl de vías de estación, breteles m pl || ~**umgehungsleitung** f (Bahn) / alimentador m de contorno, fíder m de contorno
bahnig (Bergb) / llano
Bahn • impuls m (Phys) / momento m orbital, impulso m orbital || ~**isolator** m, Vollkernisolator m (Bahn) / aislador m de núcleo macizo || ~**konstanz** f (Phys) / estabilidad f orbital || ~**körper** m, Planum n (Bahn) / plataforma f de la vía (E), asiento m de vía, plano m de formación (LA), cama f (Mej) || **auf eigenem** ~**körper** / en colocación propia || ~**korrektur** f (Raumf) / corrección f orbital, corrección f de la trayectoria || **schräge** ~**kreuzung** (Bahn) / travesía f oblicua de vía || ~**krone** f / corona[ción] f de la vía || ~**krümmung** f (Phys, Raumf) / curvado m de la trayectoria, curvatura f de la trayectoria || ~**kurve** f (Ballistik, Raumf) / segmento m de la trayectoria || ~**kurvengetriebe** n / generador m de la trayectoria || ~**länge** f (Blech) / largo m de la chapa || ~**linie** f, Schienenstrang m / línea f ferrea o ferroviaria o de ferrocarril || ~**linie**, Schusslinie f (Ballistik) / línea f de disparo || ~**linie** (Schm) / línea f de desplazamiento || ~**mäßig verpackt** / embalado para transporte de ferrocarril || ~**material** n, -ausrüstung f / equipo m ferroviario, material m ferroviario || ~**meisterei** f (Bahn) / distrito m de la vía || ~**messsystem**, Wegmesssystem n (NC) / sistema m de medición del recorrido || ~**metall** n, Weißguss m / metal m antifricción sin estaño [para ferrocarril] || ~**mitte** f (Luftf) / centro m de la pista || ~**moment** n, -impuls m (Phys) / momento m orbital, impulso m orbital || ~**motor** m (Elektr) / motor m para ferrocarriles || ~**neigung** f (Satellit) / inclinación f de la órbita || ~**neigungswinkel** m / ángulo m de inclinación de la órbita || ~**netz**, Liniennetz n / red f ferroviaria, red f de ferrocarriles || ~**netz** n **in Spanien** / RENFE (Red Nacional de Ferrocarriles Españoles) || ~**oberbau** n (Bahn) / superestructura f de la vía || ~**parameter** m pl (Phys, Raumf) / parámetros m pl de la órbita || ~**postwagen** m (Bahn) / coche m correo || ~**-Quantenzahl** f (Phys) / número m cuántico orbital || ~**räumer** m (Bahn) / quitapiedras m || ~**räumer für Traktoren** m (Landw) / divisor m del frente de trabajo || ~**regelung** f (Satellit) / control m de órbita || ~**riss** m (Druck, Pap) / ruptura f de la banda de papel || ~**schranke** f (Bahn) / barrera f de pasos a nivel || ~**schwankungen** f pl (Raumf) / fluctuaciones f pl orbitales || ~**selbstanschlussanlage** f, Basa, Bahnfernsprechwählnetz n / red f telefónica automática de ferrocarril || ~**spannung** f, -zug m (Pap) / tensión f de la banda de papel || ~**spin** m (Nukl) / espín m de órbita || ~**spur** f (Nebelkammer) / pista f de trayectoria
Bahnsteig m (Bahn) / andén m (para viajeros, costado m (MEJ) || ~ **für Güter** / muelle m de ferrocarril || **hoher** ~ (Bahn) / andén m elevado || ~**dach** n / abrigo m de

andén, marquesina f de andén || ~**gleis** n (Bahn) / vía f de andén (pasajeros), vía f de muelle (mercancías) || ~**halle** f / cubierta f de estación || ~**kante** f / bordillo m de andén || ~**sperre** f / barrera f de acceso a los andenes || ~**tunnel** m, -unterführung f / paso m subterráneo entre andenes
Bahn • stelle f (Kinematik) / posición f en la trayectoria || ~**stetigkeit** f (Phys, Raumf) / estabilidad f de trayectoria || ~**steuerung** f (NC) / mando m de contorneo, mando m continuo || ~**steuerungsempfänger** m (Raumf) / receptor m de comandos || ~**strecke** f, Teilstrecke f (Bahn) / sección f de vía || ~**strom** m / corriente m de tracción || ~**stromnetz** n (Elektr) / red f eléctrica de los ferrocarriles, red f de tracción || ~**tangente**, -berührende f / tangente f de la trayectoria || ~**transformator** m (Bahn) / transformador m de tracción || ~**transport** m / transporte m por ferrocarril, transporte m sobre rieles || ~**überführung** f (Straßb) / paso m superior, paso m a desnivel, puente m sobre la vía || ~**übergang** m (schienengleich) / paso m a nivel, P.N., cruce m de vía || ~**übergang** (Elektronen) / transición f orbital || ~**übergang** (Raumf) / transfer m orbital || ~**übergangsfahrzeug** n (Raumf) / trasbordador m espacial, trasbordador m orbital || ~**unterführung** f (Straßb) / paso m inferior, paso m bajo nivel, túnel m debajo de la vía || ~**[unterhaltungs]arbeiter** m (Bahn) / obrero m asentador de la vía || ~**unterhaltungsdienst** m (Bahn) / servicio m de conservación de la vía || ~**unterhaltungsrotte** f, Bautrupp m (Bahn) / brigada f de la vía (E), cuadrilla f de la vía (LA) || ~**verfall** m (Raumf) / decadencia f de órbita || ~**verfolgung** f (Raumf) / seguimiento m de la órbita, rastreo m || ~**verlauf** m / curso m de trayectoria || ~**wärter**, Streckenaufseher m (Bahn) / vigilante m de la vía (E), supervisor m de la vía (LA) || ~**wärter** m, Schrankenwärter m / guardabarrera m, guardavía m || ~**wechsel** m (Raumf) / transfer m interorbital || ~**widerstand** m (Halbl) / resistencia f interna
Bahrenaufzug m, -heber m (Med) / montacamillas m
Bai f, Bucht f (Geo) / bahía f
Baikalein n (Chem) / baicaleína f
Baikalit m (Min) / baikalita f
Bailey-Brücke f (Mil) / puente m Bailey
Bainit (Hütt) / bainita f || ~**härtung** f (Hütt) / templado m bainítico || ~**umwandlung** f / transformación f bainítica
Bajonett-Aufnahme, für ~ (Masch) / para montura a bayoneta, para acoplamiento a bayoneta
Bajonett • fassung f (Foto) / portalámpara m de bayoneta || ~**mutter** f / tuerca f de bayoneta || ~**rahmen** m / armazón m de bayoneta || ~**scheibe** f (Wzm) / plato m tipo bayoneta || ~**sockel** m (Elektr) / zócalo m tipo bayoneta || ~**steckdose u. -stecker**, Bajonettverbinder m (Eltronik) / enchufe m de bayoneta || ~**verbindung** f / unión f a bayoneta || ~**verriegelung** f / bloqueo m a bayoneta || ~**verschluss** f / cierre m a (o de) bayoneta
Bake f (vor Übergang) / señal f de proximidad, avisador m óptico, poste m anunciador de señal || ~ (Schiff) / baliza f || ~ (Straßb) / indicador m de distancia || ~**n legen**, abbaken (Schiff) / marcar con balizas, abalizar
Bakelisator m (Plast) / horno m de curado de baquelita
bakelisieren / curar la baquelita
Bakelit n / baquelita f || ~**faserstoff** m / baquelita f fibrosa
Baken • blindlandesystem n (Luftf, Radar) / sistema m de balizamiento para aterrizaje ciego || ~**boje** f, -tonne f (Schiff) / boya-baliza f || ~**empfänger** m (Eltronik) / receptor m de radiobaliza, receptor m de señales de baliza || ~**generator** m (Satellit) / generador m de baliza || ~**kurs** m (Schiff) / rumbo m de baliza || ~**leitstrahl** m (Radar) / haz m de radiofaro direccional || ~**tonne** f (Schiff) / boya f baliza

Baker-Nathan-Effekt *m* (Chem) / efecto *m* de Baker-Nathan, hiperconjugación *f*
Bakterie *f* (Biol) / bacteria *f*
Bakterien•..., bakteriell / bacteriológico, bacteriano ‖ ⁓**enzym** *n* / enzima *f* bacteriana ‖ ⁓**filter** *n* / filtro *m* para bacterias ‖ ⁓**frei** / exento de bacterias ‖ ⁓**gift** *n* / toxina *f* bacteriana ‖ ⁓**hemmend** / bacteriostático *adj* ‖ ⁓**hemmstoff** *m* / bacteriostático *m* ‖ ⁓**krieg** *m* / guerra *f* bacteriológica ‖ ⁓**kultur**, -züchtung *f* / cultivo *m* bacteriano ‖ ⁓**pilze** *m pl*, Polyangiden *pl* / mixobacterias *f pl* ‖ ⁓**stamm** *m* / cepa *f* bacteriana ‖ ⁓**tötend**, bakterizid / bactericida ‖ ⁓**träger** *m* / portador *m* de bacterias ‖ ⁓**-Transformation** *f* / transformación *f* bacteriana ‖ ⁓**zahl** *f* (Wasser) / contenido *m* de bacterias, número *m* de bacterias
Bakterioid *n*, Knöllchenbakterie *f* / bacteria *f* de las nudosidades
Bakteriologe *m* / bacteriólogo *m*
Bakteriologie, Bakterienkunde *f* / bacteriología *f*
bakteriologisch / bacteriológico ‖ ⁓**e Filter** *n pl m pl* (Abwasser) / filtro *m* bacteriológico ‖ ⁓**er Kulturapparat** / aparato *m* para cultivos bacteriológicos ‖ ⁓**e Reinkultur**, -zucht / cultivo *m* bacteriano puro
Bakteriophag, Bakterienfresser *m* / bacteriófago *m*
Bakteriorhodopsin / bacteriorrodopsina *f*
Bakteriostase *f* / bacteriostasis *f*
bakterizid *adj* / bactericida *adj* ‖ ⁓ *n* / bactericida *m*
Balance *f*, Gleichgewicht *n* (Masch, Phys) / equilibrio *m* ‖ ⁓ (veraltet), Unruh *f* (Uhr) / volante *m* ‖ ⁓**regler** *m* (Stereo) / compensador *m* ‖ ⁓**ruder** *m* (Schiff) / timón *m* estabilizado, timón *m* compensado ‖ ⁓**-Schweberuder** *n* (Schiff) / timón *m* compensado colgante
Balancier *m* (Ölbohrung) / balancín *m*
balancieren *vt* / balancear
Balancier•feder *f* / resorte *m* compensador ‖ ⁓**pflug** *m* (osol.) (Landw) / arado *m* basculante ‖ ⁓**pumpe** *f* (Masch, Öl) / bomba *f* con balancín ‖ ⁓**signal** *n* (Elektr) / señal *f* equilibrada ‖ ⁓**zylinder** *m* **am Einbaustück** (Walzw) / cilindro *m* balanceador
Balata *f* (Bot) / balata *f* ‖ ⁓**treibriemen** *m* / correa *f* de balata
Baldachin *m* (Möbel) / baldaquín *m*, dosel *m*
Baldrian *m* (Pharm) / valeriana *f*
Baldriansäure *f*, Isovaleriansäure *f* (Chem) / ácido *m* valeriánico
baldriansaures Salz (Chem) / valerianato *m*
Balgelement *n* (ein Schlauch) / elemento *m* de fuelle
Balgen *m* (Foto usw) / fuelle *m* ‖ ⁓**federmesswerk** *n* (Mess) / sistema *m* de medida por tubo ondulado ‖ ⁓**gaszähler** *m* / contador *m* de gas de fuelle ‖ ⁓**kamera** *f* (Foto) / cámara *f* de fuelle ‖ ⁓**mantelkabel** *n* (Elektr) / cable *m* con armadura ondulada ‖ ⁓**material** *n* (Kabel) / material *m* de armadura ondulada ‖ ⁓**träger** *m* (Masch) / portafuelle *m*
Balg•feder *f* (Kfz) / resorte *m* de fuelle ‖ ⁓**kompensator** *m* (Rohrleitung) / fuelles *m pl* de expansión ‖ ⁓**pumpe** *f* / bomba *f* de fuelle ‖ ⁓**zarge** *f* (Gaszähler) / anillo *m* de diafragma de un contador de gas
Balje *f*, Priel *m* (Geo) / canal *m* en las aguas bajas (Mar del Norte)
Balken *m*, Träger *m* (Bau, Masch, Zimm) / viga *f*, trabe *f* (MEJ), purlín *m* (LA) ‖ ⁓, Deckenbalken *m* / viga *f*, madero *m*, jácena *f* ‖ ⁓, Querbalken *m* / travesaño *m* ‖ ⁓, Stützbalken *m*, Stützpfosten *m* / cuento *m* ‖ ⁓, Binderbalken *m* (Zimm) / tornapunta *f* ‖ ⁓, Dachbalken *m* (Zimm) / través *m* ‖ ⁓ (Brücke), Uferbalken *m* / muerto *m* ‖ ⁓, Decksbalken *m* (Schiff) / bao *m* ‖ ⁓ (Störung, TV) / barra *f* ‖ ⁓ (beim Pflügen), [Erd]balken *m* (Landw) / caballón *m* ‖ ⁓ *m* (Druck) / barra *f* ‖ ⁓ **der Brillenfassung** (Opt) / barra *f* frontal ‖ ⁓ **einer Waage** / astil *m*, brazo *m*, cruz *f* ‖ ⁓ **einziehen** (Bau) / atravesar vigas, envigar ‖ ⁓ *m* **mit**

Keilzinkenverbindung (Zimm) / viga *f* con ensambladura de cola de milano ‖ **[Holz] auf** ⁓ **lagern** / sallar ‖ **schwarzer** ⁓ / vigueta *f* ‖ **senkrechter** ⁓ / puntal *m*
Balken•anker *m*, Zuganker *m* (Bau) / ancla *f* de viga ‖ ⁓**arretierung** *f* (Waage) / sujeción *f* de la cruz ‖ ⁓**auflager** *n*, -auflagerung *f* (Bau) / apoyo *m* de vigas ‖ ⁓**auflager an der Wand** / apoyo *m* mural de la viga ‖ ⁓**auflager innerhalb der Wand**, Balkenkammer *f* (Bau) / apoyo *m* de la viga en el muro ‖ ⁓**bogenbrücke** *f*, Hängeträgerbrücke *f* / puente *m* de vigas armadas suspendidas ‖ ⁓**brücke** *f* / puente *m* en forme de viga, viga-puente *f* ‖ ⁓**code** *m* (DV) / código *m* de barras ‖ ⁓**decke** *f* (Bau) / techo *m* de vigas ‖ ⁓**diagramm**, -schaubild *n* / diagrama *m* en barras ‖ ⁓**ende** *n* (Bau, Zimm) / cabeza *f* de la viga ‖ ⁓**fach** *n*, Balkenjoch *n* / entrevigas *m*, intersticio *m* entre vigas ‖ ⁓**generator** *m* (TV) / generador *m* de barras ‖ ⁓**gerüst** *n*, Zimmerwerk *n* (Bau, Zimm) / armadura *f* ‖ ⁓**gleiche** *f* / nivel *m* de vigas ‖ ⁓**gleisbremse** *f* (Bahn) / freno *m* de vía por mordazas ‖ ⁓**grafik** *f*, Histogramm *n* (Stat) / gráfico *m* de barras, histograma *m* ‖ ⁓**herdofen** *m* (Hütt) / horno *m* con solera de vigas ‖ ⁓**holz** *n* (Holz, Zimm) / madera *f* escuadrada, viga *f* escuadrada ‖ ⁓**kammer** *f*, Balkenauflager *n* innerhalb der Wand (Bau) / apoyo *m* de la viga en el muro ‖ ⁓**kiel** *m*, massiver Kiel (Schiff) / quilla *f* de barra, quilla *f* en trozos ‖ ⁓**konstruktion** *f* (Bau, Zimm) / entramado *m* de vigas, maderamen *m* ‖ ⁓**kopf** *m*, -ende *n* / cabeza *f* de la viga ‖ ⁓**lage** *f* (ohne Dielen) (Zimm) / envigado *m* de vigas ‖ ⁓**lager** *n* s. Balkenauflager ‖ ⁓**rost** *m* (Bau) / enrejado *m* de vigas ‖ ⁓**rührer** *m* (Chem) / agitador *m* de paletas ‖ ⁓**schalung** *f* (Bau) / encofrado *m* de vigas ‖ ⁓**schaubild** *n* / diagrama *m* en barras ‖ ⁓**schuh** *m* (Bau) / azuche *m*, solera *f* de viga ‖ ⁓**stich** *m* (Knoten) / nudo *m* de media llave con apoyo ‖ ⁓**träger** *m* (Bau) / sotabanco *m* ‖ ⁓**träger** (Stahlbau) / viga *f* de arriostramiento ‖ ⁓**trägerbrücke** *f* (Bau) / puente *m* en forma de viga ‖ ⁓**trägervollwandbrücke** *f* / puente *m* en forma de viga con vigas de alma llena ‖ ⁓**waage** *f* / balanza *f* de brazos, balanza *f* de cruz ‖ ⁓**wehr** *n* (Hydr) / presa *f* de vigas ‖ ⁓**werk** *n*, Gebälke *n* (Zimm) / viguería *f*, maderamen *m*, maderaje *m* ‖ ⁓**zeiger** *m* (Messinstr) / aguja *f* de barra
Balkon *m* (Bau) / balcón *m* ‖ ⁓**verglaster** ⁓ / mirador *m* ‖ ⁓**träger** *m* / soporte *m* de balcón ‖ ⁓**tür** *f* / puerta *f* que da al balcón
Ball *m* (allg) / pelota *f*, balón *m* ‖ ⁓ (Phys) / globo *m* ‖ ⁓, Kugel *f* (Geom) / bola *f*, esfera *f* ‖ ⁓ **des Zerstäubers** / pera *f*
Ballardverfahren *n* (Druck) / procedimiento *m* Ballard
Ballas, Industriediamant *m* (Min) / diamante *m* industrial
Ballast *m* (Schiff) / lastre *m*, falso flete *m*, carga *f* inútil, carga *f* muerta ‖ ⁓ (Kohle) / contenidos *m* incombustibles ‖ ⁓ (Menge der bei einem Suchlauf anfallenden Fehlselektionen) (DV) / selecciones *f pl* erróneas, registro *m* erróneo, bits *m pl* insignificantes ‖ ⁓**abwerfen oder löschen** (Schiff) / delastrar, deslastrar ‖ ⁓ **an Bord nehmen** / cargar lastre, lastrar ‖ **in** ⁓ **gehen** / navegar en lastre ‖ **mit** ⁓ **ausgleichen** (Schiff) / equilibrar con lastre, lastrar ‖ ⁓**abgabe** *f* / deslastrado *m* ‖ ⁓**gehalt** *m* (Schiff) / contenido *m* de componentes estériles ‖ ⁓**gewicht** *n*, Gewicht *m* des Ballastes (Schiff) / peso *m* en (o del) lastre ‖ ⁓**kiel** *m* / quilla *f* falsa ‖ ⁓**kohle** *f* / carbón *m* secundario ‖ ⁓**pumpe** *f* (Schiff) / bomba *f* [de agua] de lastre ‖ ⁓**pumpe** *f* (Schiff) / bomba *f* de lastrado ‖ ⁓**röhre** *f* (Eltronik) / lámpara *f* de carga ‖ ⁓**sack** *m* (Schiff) / saco *m* de lastre ‖ ⁓**schlacke** *f* (Hütt) / escoria *f* de lastre ‖ ⁓**stickstoff** *m* (Chem) / lastre *m* de nitrógeno ‖ ⁓**stoff** *m* (Physiol) / sustancia *f* de lastre ‖ ⁓**stoffe** *m pl* (Bergb) / material *m* de lastre, estéril *m* ‖ ⁓**tank**, -behälter *m* (Schiff) / tanque *m* de lastre, depósito *m* de lastre ‖

Ballastträger

⁓**träger** m (Kran) / portalastre m ‖ ⁓**wasser** n (Schiff) / agua f de lastre, water-ballast m ‖ ⁓**widerstand** m (Elektr) / resistencia f de carga
Ball•eisen n, Drehmeißel m (Holzbearb) / formón m ‖ ⁓**empfang** m, Relaisfernsehen n (Eltronik) / retransmisión f, recepción f y retransmisión ‖ ⁓**empfänger** m / receptor-relé m, receptor m retransmisor de relé
ballen vt, zu Klumpen ballen / apelotonar ‖ ~ , in Ballen verpacken / enfardar, enfardelar ‖ **sich** ~ / apelotonarse ‖ **sich** ~ , klumpig werden, Klumpen bilden / conglomerarse, aglomerarse ‖ ⁓ m, Packballen m / bala f, bulto m, fardo m, paca f ‖ ⁓, Klumpen m Baumwolle (Tex) / bala f de algodón ‖ ⁓, Posten m (Glas) / pieza f en bruto ‖ ⁓, Walzenballen m (Walzw) / tabla f del cilindro ‖ ⁓ (Landw) / paca f ‖ ⁓ **am Hobel**, Nase f (Wz) / talón m del cepillo ‖ ⁓ **Tuch** (Tex) / pieza f de paño ‖ **in** ⁓ **packen** / empacar ‖ ⁓**brecher** m, -öffner (Spinn) / rompedora f, rompebalas m ‖ ⁓**breite** f (Kalander) / anchura f de la tabla ‖ ⁓**eisen** n (Steinmetz) / cincel m de ranuras ‖ ⁓**gabel** f, -greifer m (Handgerät) (Landw) / horquilla f de pacas ‖ **maschinelle** ⁓**gabel**, -zange f (Landw) / cargador-transportador m de pacas ‖ ⁓**gebläse** n (Landw) / transportador m neumático de pacas ‖ ⁓**greifer** m, -lader m (Landw) / recogedora-cargadora f, cargador-embalador m de pacas ‖ ⁓**griff** m (Wzm) / mango m bombeado ‖ ⁓**klammer** f, -zange f (Kran) / pinza f para balas ‖ ⁓**lader** m (Landw) / cargador m de pacas ‖ ⁓**länge** f (Walzw) / longitud m de la tabla del cilindro ‖ ⁓**leder** n / cuero m para el recubrimiento del cilindro ‖ ⁓**oberfläche** f (Walzw) / superficie f de la tabla del cilindro ‖ ⁓**öffner** m (Baumwolle) / abridora f de balas o de pacas ‖ ⁓**[pack]presse** f (Landw) / prensa f enfardadora, prensabalas m, enfardadora f, prensa f embaladora f ‖ ⁓**schleuder** f, -lader m (Landw) / lanzadora f de pacas ‖ ⁓**schnur** f / cordel m para pacas ‖ ⁓**-Stapelförderer** m (Landw) / elevador-estibador m de pacas ‖ ~**weise** adv / por balas o pacas ‖ ⁓**zinn**, Stollzinn m (Hütt) / estaño m en rollos
Ball•füllpistole f / pistola f infladora de pelotas ‖ ⁓**hammer** m, schräger Setzhammer (Schm) / martillo m degüello, martillo m formón
ballig (Form) / abombado, bombeado ‖ ~ (Baumwolle) / pegado en copos ‖ ~ **drehen** (Wzm) / tornear esféricamente, tornear bombeado, tornear perfiles abombados ‖ ~**er Sitz** m (Masch) / asiento m bombeado
Ballig•drehen n / torneado m esférico ‖ ⁓**drehvorrichtung** f (Wzm) / dispositivo m para tornear esféricamente ‖ ⁓**fräsen** n (Wzm) / fresado m abombado ‖ ⁓**hammer** m (Wz) / martillo m de plano esférico
Balligkeit f (Walzw) / bombeo m, abombamiento m
Ballig•schleifeinrichtung f (Wzm) / mecanismo m para rectificar esféricamente ‖ ⁓**schleifen** n / rectificado m esférico ‖ ⁓**verzahnung** f / dentado m esferoide
Ballinganzeige f (Brau) / grados m pl Balling
Ballistik f / balística f
Ballistiker m / experto m balístico
ballistisch / balístico ‖ ~**er Flugkörper** / misil m balístico, cohete m balístico ‖ ~**e interkontinental Rakete** / misil m intercontinental balístico ‖ ~**e Kurve** / curva f balística ‖ ~**e Messkammer** / cámara f de fotogrametría balística ‖ ~**e Methode** (Induktivitätsmessung) / método m balístico ‖ ~**e Mittelstrecken-Rakete** (Mil) / misil m balístico de alcance medio ‖ ~**es Pendel** (Mat.Prüf) / péndulo m balístico ‖ ~**e Rakete** (Mil) / cohete m balístico ‖ ~**er Transistor** (Halbl) / transistor m balístico
Ballistit n (Min) / balistita f
Balloelektrizität f / ballo-electricidad f

Ballon, Luftballon m (Luftf, Meteo) / globo m [aerostático] ‖ ⁓ m, Vorlage f (Chem) / balón m, matraz m ‖ ⁓, Säureballon m / bombona f para ácidos ‖ ⁓, Korbflasche f / damajuana f, garrafón m ‖ ⁓ **[abfüll]heber** (Chem) / sifón m para [vaciar] bombonas ‖ ⁓**bahn** f, Hüllenbahn f (Luftf) / tela f [fusiforme] para globos ‖ ⁓**bildung** f **des Fadens** (Spinn) / formación f de balón de hilo, balonamiento m del hilo ‖ ⁓**bremse** f (Luftf) / freno m tipo saco
Ballonett n / globito m compensador
Ballon•fahrer m, Ballonführer m / piloto m del globo ‖ ⁓**hülle** f / envoltura f o envolvente del globo ‖ ⁓**kipper** m (Gerät) (Chem) / basculador m para bombonas, volcador m ‖ ⁓**korb** m, -gondel f (Luftf) / barquilla f de globo ‖ ⁓**-Raketenstart** f / combinación f globo-cohete ‖ ⁓**reifen** m (Kfz) / neumático m balón, neumático m de baja presión ‖ ⁓**ring** m (Tex) / anillo m antibalón ‖ ⁓**satellit** m (Raumf) / globo m satélite, satélite m [tipo] globo ‖ ⁓**schirm** m, Ballonfallschirm m (Raumf) / globo-paracaídas m, combinación f globo-paracaídas ‖ ⁓**segel** n (Schiff) / vela f balón ‖ ⁓**seide** f, -stoff m (Tex) / seda f para globos ‖ ⁓**sonde** f (Meteo) / sonda-globo f ‖ ⁓**tube** f (Kabel) / cable m coaxial de balón ‖ ⁓**zug** m **des Fadens** (Spinn) / tensión f de balón del hilo
Ball•sender m (Eltronik) / retransmisor m, emisor m de retransmisión o de relevo, emisor-relé m ‖ ⁓**sendung** f / retransmisión f
Ballung f (allg) / acumulación f, concentración f ‖ ⁓, Phasenfokussierung f (Eltronik) / enfocamiento m en fases, agrupamiento m de electrones ‖ ⁓ **von Kabeln** (Elektr) / agrupamiento m de cables
Ballungs•fähigkeit f / capacidad f de aglomeración o de aglomeración ‖ ⁓**gebiet** n / aglomeración f, zona f de aglomeración ‖ ⁓**maß** n (Eltronik) / tasa f de agrupamiento ‖ ⁓**raum** m, Zentrum n / zona f de concentración, núcleo m urbano ‖ ⁓**zone** f (ausgedehntes Ballungsgebiet), Oberzentrum n / megalópolis f, vasta f zona urbanizada
Ballute n (Raumf) / globo-paracaídas m, combinación f globo-paracaídas
Ballventil n, Gummikugelventil n / válvula f de bola [de goma]
Balmer•-Serie f (Nukl, Phys) / serie f de Balmer ‖ ⁓**-Sprung** m / transición f de Balmer
Balneologie f, Bäderkunde f (Med) / balneología f
Balsaholz n, Bombax pyramidale (Forstw) / madera f de balsa, balsa f
Balsam m (Pharm) / bálsamo m ‖ ⁓**harz** n (Chem) / resina f de bálsamo ‖ ⁓**holz** n (Forstw) / madera f de bálsamo, palo m balsamero ‖ ⁓**-Terpentinöl** n (Chem) / aceite m de trementina bálsamo, trementina f de bálsamo
Balun m (Dezileitungen, Elektr) / transformador m equilibrado-desequilibrado , transformador m simétrico-desimétrico, balún m
Baluster m, Geländerdocke f (Bau) / balustre m, balaustre m, balaústre m
Balustrade f (Bau) / barandilla f, balaustrada f
BAM = Bundesanstalt für Materialprüfung
Bambus m (Bot) / bambú m ‖ ⁓**rohr** n / caña f de bambú
ban = bundeseinheitliche Artikelnummern
Banachscher Raum (Math) / espacio m [de] Banach
Banane f (Frucht u. Staude) (Bot) / plátano m
Bananen•buchse f (Eltronik) / hembrilla f tipo banana ‖ ⁓**mehl** n (Nahr) / harina f de plátano o banana ‖ ⁓**pflanzung** f (Landw) / platanal m, platanar m ‖ ⁓**schiff** n / platanero m (E), bananero m (LA) ‖ ⁓**stecker** m (Eltronik) / ficha f banana, clavija f [de] banana, enchufe m macho tipo banana, banana f ‖ ⁓**wachs** n, Pisangwachs n (Chem) / cera f de Pisang
Banburymischer m (Gummi) / mezclador m Banbury
Bancomat m s. Bankautomat
Band m, Teil m eines Buchwerkes / volumen m, tomo m

Banddurchlauf

Band *n* (allg, Tex) / cinta *f* ‖ ⁓, Rand *m*, Einfassung *f*, Saum *m* (Tex, Tischl) / borde *m* ‖ ⁓, Befestigung *f*, Bund *m* / rollo *m* ‖ ⁓, Rand *m* (Tex) / orla *f*, ribete *m* ‖ ⁓, Florband *n* (Spinn) / mecha *f* ‖ ⁓, Kardenband *n* (Spinn) / cinta *f* de carda ‖ ⁓, Klebeband *n* / cinta *f* adhesiva ‖ ⁓, Stahl-, Eisenband *n*, Bandstahl *m* (Walzw) / fleje *m* [de acero] ‖ ⁓ (Schloss, Schm) / hierro *m* plano, fleje *m*, cinta *f* ‖ ⁓, Förderband *n* (Bau, Masch) / cinta *f* [transportadora] ‖ ⁓, Magnetband *n* (Eltronik) / cinta *f* magnética ‖ ⁓ *n*, Frequenzband *n* (Eltronik) / banda *f*, gama *f* ‖ ⁓, Bändchen *n* (Bau) / grapa *f*, manguito *m* ‖ ⁓, Bandage *f* (kastenloses Formen) / bandaje *m* ‖ ⁓, Bindung *f* / relación *f*, unión *f* ‖ ⁓ *n* **für Bandsägen** (Wz) / cinta *f* para sierras, hoja *f* para sierras [de cinta] ‖ ⁓ **mit simulierten Daten** (DV) / cinta *f* con datos simulados o fingidos ‖ ⁓ **von Pfahlrosten** (Eltronik) / berbiquí *m* ‖ **10 kHz breites** ⁓ (Eltronik) / banda *f* radiofónica normal, banda *f* de difusión de ondas medias ‖ **am laufenden** ⁓ (F.Org) / en serie, en o a la cadena ‖ **auf** ⁓ **speichern** (o. spielen o. aufnehmen) (Eltronik) / grabar [en cinta], transcribir ‖ **Bänder durchfädeln** / entrelazar cintas ‖ **innerhalb des** ⁓**es** (Eltronik) / en banda, dentro de banda ‖ **laufendes** ⁓, Fließband *n* (F.Org) / línea *f* de armado, cinta o línea de montaje,.f., tren *m* de montaje, cadena *f* de montaje, cinta *f* continua o sin fin ‖ **[schmales]** ⁓, Streifen *m* (auch Metall) / tira *f* ‖ **vom** ⁓, serienmäßig / de la línea de montaje, en serie

Band • abdeckung *f* (Wzm) / recubrimiento *m* de la cinta ‖ ⁓**ablaufzähler** *m* (Video) / tacómetro *m* ‖ ⁓**abroller** *m* (Walzw) / de[s]bobinadora *f* de flejes y cintas [de acero] ‖ ⁓**abschneidemaschine** *f* (Hütt) / cizalladora *f* para flejes ‖ ⁓**absetzer** *m* (Bau, Bergb) / descargadora *f* [de cinta], distribuidor *m* de cinta ‖ ⁓**abstand** *m*, Energielücke *f* (Halbl) / intervalo *m* de energía entre bandas ‖ ⁓**absteller** *m* (Spinn) / para-tramas *m*, mecanismo *m* de para-tramas ‖ ⁓**abstimmkreis** *m* (Eltronik) / circuito *m* sintonizador de banda ‖ ⁓**abstreifer** *m*, Bandabstreicher *m* (Bau, Bergb) / rascador *m* de cinta ‖ ⁓**abzugwalze** *f* (Spinn) / cilindro *m* de salida ‖ ⁓**achat** *m* (Min) / ágata *f* veteada ‖ ⁓**adapter** *m* (Eltronik) / adaptador *m* de cinta

Bandage *f* (Elektr) / bandaje *m* ‖ ⁓, (jetzt:) Radreifen *m* (Bahn) / aro *m* de la rueda (E), llanta *f* de rueda (LA) ‖ ⁓, Ausfütterung *f* (z.B. von Rollen) (Masch) / guarnición *f* (por ej. de rodillos)

Bandagen • block *m* (Bahn) / bloque *m* de llantas ‖ ⁓**draht** *m* (Hütt) / alambre *m* para atar ‖ ⁓**drehmaschine** *f* (Wzm) / torno *m* de bandajes o llantas ‖ ⁓**glühofen** *m* (Walzw) / horno *m* calentador de aros [de ruedas] ‖ ⁓**-Nachdrehmaschine** *f* (Bahn, Wzm) / torno *m* para perfilar aros ‖ ⁓**nute** *f* (Elektr) / ranura *f* de sujeción ‖ ⁓**walzwerk** *n* / tren *m* laminador de bandajes
bandagieren *vt* / envolver, revestir ‖ **mit Draht o. Band** ⁓ / envolver con alambre o cinta
bandagiertes Rad (Bahn) / rueda *f* enllantada, rueda *f* con bandaje
Bandagierung *f*, Umwickeln *n* (Kabel, Rohr) / revestimiento *m* ‖ ⁓ (mit Band) / envoltura *f* con cinta, aplicación *f* de cintas ‖ ⁓ (mit Draht) / envoltura *f* con alambre ‖ ⁓ **von Kabeln** / venda *f* de empalmes de cable ‖ ⁓ **von Rohren** / envoltura *f* de tubos
Bandala *n* (Tex) / bandala *f*
Band • andruck *m* (Magn.Bd) / presión *f* de contacto ‖ ⁓**anfang** *m* (Magn.Bd) / extremo *m* de guía de la cinta ‖ ⁓**-Anfangskennsatz** *m* (Magn.Bd) / rótulo *m* ‖ ⁓**anfangsmarke** *f* (Magn.Bd) / marca *f* inicial de la cinta ‖ ⁓**anlagen-Rückvorrichtung** *f* (Förd) / dispositivo *m* para desplazamiento de la cinta transportadora ‖ ⁓**anpasser** *m* (Elektr) / capacitor *m* de ajuste de banda ‖ ⁓**anschnitt** *m*, Filmanschnitt *m* (Plast) / entrada *f* pelicular ‖ ⁓**antenne** *f* (Elektr) /

antena *f* de cinta ‖ ⁓**antrieb** *m* (Förd) / accionamiento *m* de la cinta transportadora ‖ ⁓**antrieb** (DV) / arrastre *m* de cinta, transportador *m* de cinta ‖ ⁓**antriebsmotor** *m* (Magn.Bd) / eje *m* de cinta ‖ ⁓**antriebsrolle** *f* (Magn.Bd) / polea *f* motriz de cinta ‖ ⁓**antriebssystem** *n* (Magn.Bd) / sistema *m* de transporte de la cinta ‖ ⁓**anzeige** *f* (Kfz, Tachometer) / indicador *m* del tacómetro en forma de cinta ‖ ⁓**arbeit**, -fertigung, -fabrikation *f* (F.Org) / trabajo *m* en cadena, montaje *m* en línea ‖ ⁓**armierung** *f*, Stahlbandbewehrung *f* (Kabel) / armadura *f* de fleje de acero ‖ ⁓**aufbereitung** *f* (DV) / compaginación *f*, montaje *m* ‖ ⁓**aufgeber** *m* (Masch) / alimentador *m* de correa, alimentador *m* de cinta ‖ ⁓**aufhängung** *f* / suspensión *f* por cinta ‖ ⁓**aufnahme** *f* (Eltronik) / grabación *f* en cinta ‖ ⁓**aufnahme** (aus Radio) / transcripción *f* [radiofónica] ‖ ⁓**auftragsschweißen** *n* / soldadura *f* con cinta de aportación ‖ ⁓**auslader** *m*, Abwurfauslader *m* (Bau, Bergb, Landw) / cinta *f* de descarga ‖ ⁓**ausleger** *m* / brazo *m* de cinta transportadora, pluma *f* de cinta transportadora ‖ ⁓**-Band-Umsetzer** *m* (DV) / convertidor *m* cinta a cinta ‖ ⁓**[be]druckmaschine** *f* (Tex) / máquina *f* para la impresión de ribetes ‖ ⁓**befehl** *m* (DV) / comando *m* de entrada ‖ ⁓**belegung** *f* **pro m²** (Transportband) / carga *f* por metro cuadrado de la cinta ‖ ⁓**beschichtung**, (jetzt:) Spulenbeschichtung *f* (Galv) / revestimiento *m* de rollos ‖ ⁓**beschichtung** *f* (Plast) / recubrimiento *m* con cintas ‖ ⁓**beschickung** *f*, Streifenbeschickung *f* (Bau, Hütt) / alimentación *f* con cintas ‖ ⁓**beschickungswagen** *m* / carro *m* para alimentación de la cinta transportadora ‖ ⁓**[be]schneidestraße** *f* (Hütt) / línea *f* de corte de fleje ‖ ⁓**betriebssystem** *n* (DV) / sistema *m* operacional de cinta ‖ ⁓**bewehrt**, -gepanzert (Kabel) / armado de fleje ‖ ⁓**bewehrung** *f* (Kabel) / armadura *f* de fleje ‖ ⁓**bewickelungsmaschine** *f* / máquina *f* para envolver con cinta ‖ ⁓**bibliothek** *f*, Magnetothek *f* / magnetoteca *f*, cintoteca *f* ‖ ⁓**blech** *n*, Breitband *n* (Hütt) / fleje *m* ancho ‖ ⁓**blechwalzwerk** *n* / tren *m* de laminación ancha ‖ ⁓**block** *m* (Magn.Bd) / bloque *m* de cinta ‖ ⁓**breite** *f* (Förd) / anchura *m* de cinta transportadora, ancho *m* de cinta ‖ ⁓**breite der Frequenz** (Eltronik) / anchura *f* de banda de frecuencia, ancho *m* de banda de frecuencia ‖ ⁓**breite eines äquivalenten idealen Filters** (Eltronik) / ancho *m* de banda útil ‖ ⁓**breite zur Erde** (Satellit) / ancho *m* de banda a Tierra ‖ ⁓**breitenmaß** *n* (Eltronik, Röhre) / figura *f* de mérito ‖ ⁓**breitenregelung** *f* (Radio) / control *m* de selectividad, control *m* de ancho de banda ‖ ⁓**breitenregler** *m* / regulador *m* del ancho de banda ‖ ⁓**bremse** *f* (Bahn) / freno *m* de cinta ‖ ⁓**brenner** *m* (Heizung) / quemador *m* con llama de cinta ‖ ⁓**bruch** *m* (Spinn) / rotura *f* de la mecha ‖ ⁓**brücke** *f* (Bergb) / puente *m* para cinta transportadora ‖ ⁓**bunker** *m* (Förd) / tolva *f* con cinta transportadora ‖ ⁓**bürstmaschine** *f* (Tex) / máquina *f* de cepillar tipo sin fin
Bändchen • faser *f*, fibrillierter Folienfaden / fibra *f* de cintas de lámina desfibrada ‖ ⁓**galvanometer** *n* (Instr) / galvanómetro *m* de cinta ‖ ⁓**mikrophon** *n* (Eltronik) / micrófono *m* de cinta ‖ ⁓**technik** *f* (LWL) / técnica *f* de cintas
Band • datei *f* (DV) / datoteca *f* a base de cintas, fichero *m* grabado [en cinta], cintoteca *f* ‖ ⁓**dehnung** *f*, -spreizung *f* (Eltronik) / ensanche *m* de banda u onda ‖ ⁓**dehnungsfaktor** *m* (Fernm) / factor *m* de dilatación de banda ‖ ⁓**diagramm** *n*, Streifendiagramm *n* / diagrama *m* en cinta ‖ ⁓**dichte** *f* (DV) / densidad *f* de grabación en cinta ‖ ⁓**dicke** *f* (Elektr, Hütt) / espesor *m* de cinta ‖ ⁓**dicken-Messgerät** *n* (Walzw) / medidor *m* de espesores de fleje ‖ ⁓**drucker** *m* (DV) / impresora *f* tipo correa ‖ ⁓**durchlauf** *m* (Elektr, Hütt) / paso *m* de

145

Banddurchziehofen

banda o de cinta ‖ ≈**durchziehofen** m, -durchlaufofen m (Hütt) / horno m para recocer cintas continuas
Bande f, Eingrenzung f (Bau, Sport) / banda f ‖ ≈**n** f pl (Spektrum) / bandas f pl, rayas f pl
Band•egalisator m / igualizador m de cinta ‖ ≈**einengung** f (Eltronik) / estricción f de la banda, compresión f de banda ‖ ≈**einfädelung** f (Magnetofon) / engarce m de la cinta ‖ **selbsttätige** ≈**einfärbung** (DV) / dispositivo m de entintado automático para cinta ‖ ≈**einfasser** m (Nähm) / dispositivo m ribeteador ‖ ≈**eisen** n, -stahl m (Hütt) / fleje m, banda f ‖ ≈**eisen**, Verpackungsband n, Stahlband n / fleje m ‖ ≈**eisenarmierung** f (Elektr, Kabel) / armadura m de fleje ‖ ≈**eisenbund** m, -rolle f (Hütt) / fleje m en rollo ‖ ≈**eisenhaspel** m f / bobinadora f de fleje ‖ ≈**eisenlehre** f, Blechlehre f / galga f de chapa ‖ ≈**eisenreif** m / bandaje f de fleje ‖ ≈**elektrode** f (Schw) / electrodo m de cinta ‖ ≈**elevator** m / elevador m de cinta [flexible], cinta f elevadora
Bandende n (DV, Magn.Bd) / fin m de cinta ‖ ≈**-Kennsatz** m (Magn.Bd) / rótulo m de fin de cinta ‖ ≈**marke** f (Magn.Bd) / marca f de fin de cinta
Banden•durchlässigkeit f (Phys) / permeabilidad f de bandas ‖ ~**frei** (Färb) / exento m de barrados ‖ ≈**gruppe** f (Phys) / grupo m de bandas ‖ ≈**spektrum** n / espectro m de bandas
Banderder m, -erdung f (Elektr) / toma f de tierra con fleje, fleje m de puesta a tierra
Bänder•fallschirm m (Luftf) / paracaídas m de cintas ‖ ≈**modell** n (Halbl) / modelo m de bandas energéticas, teoría f de bandas
Banderole f, Verschlussstreifen m (für fiskalische Zwecke) / banderola f (LA), precinto m, precinta f (E)
banderolieren / precintar, aplicar precinta[s]
Banderoliermaschine, Banderolenklebemaschine f / máquina f precintadora
Bänderton, Warventon m (Geol) / arcilla f listada
Band•fänger, -führer m (Spinn) / guía-mecha f ‖ ≈**feder** f / muelle m de cinta, resorte m de cinta ‖ ≈**federstahl** m (Hütt) / acero m para muelles de cinta ‖ ≈**fehler** m (Magn.Bd) / error m de cinta ‖ ≈**fehlstelle** f (Magn.Bd) / punto m defectuoso de cinta ‖ ≈**feilmaschine** f (Wzm) / limadora f de cinta ‖ ≈**fertigstraße** f (Walzw) / tren m acabador de fleje ‖ ≈**fertigung** f (F.Org) / fabricación f en cadena, fabricación f en línea ‖ ≈**filter** n (Eltronik) / filtro m [de paso] de banda, filtro m pasabanda ‖ ≈**flussdämpfung** f, Selbstmagnetisierungseffekt m (Magnetton) / efecto m de automagnetización ‖ ≈**förderbrücke** f (Bergb) / puente m para la cinta transportadora ‖ ≈**förderer** m, Förderband n, Bandförderanlage f / transportador m de cinta ‖ ≈**förderung** f / transporte m por cinta sin fin, transporte m continuo por cinta ‖ ~**förmig** / en forma de cinta, acintado, cintiforme ‖ ≈**formverfahren** n (Gieß) / procedimiento m de moldeo continuo ‖ ≈**führer** m (Spinn) / guía-mecha f, guía f de la cinta ‖ ≈**führerschiene** f, Luntenführerschiene f / carril m de guía-mecha ‖ ≈**führung** f (DV, Schreibm) / guía f de la cinta [entintada] ‖ ≈**führung** (Magn.Bd) / guía f de la cinta ‖ ≈**führungssegment** n (Magn.Bd) / segmento m guía de cinta ‖ ≈**generator**, Van-de-Graaff-Generator m (Elektr) / generador o acelerador de Van de Graaff, estatirón m, generador m de cinta ‖ ≈**gerät** m, -spieler m (Eltronik) / grabador m magnetofónico, magnetófono m, grabadora f, magnetófono m ‖ ≈**gerät als Hauptspeicher** m, Tape-Deck n / chasis m magnetofónico ‖ ≈**gerüst** n (Förderer) / armazón m de la cinta transportadora ‖ ≈**geschwindigkeit** f **beim Abspielen** (Magn.Bd) / velocidad f de desfile de la cinta ‖ ≈**geschwindigkeitsschalter** m (Tonband) / selector m de velocidades de cinta ‖ ~**gesteuert** (Masch) / controlado por cinta ‖ ≈**granulator** m,

Würfelschneider m / granulador m para cubos, granulador m de cintas ‖ ≈**grenze** f **eines Bandes** (Eltronik) / frecuencia f límite ‖ ≈**güte** f (Eltronik) / calidad f de cinta ‖ ≈**heizkörper** m (Elektr) / cinta f calefactora ‖ ≈**höhenlage** f (Magn.Bd) / altura f de guía
Banding n (Bildfehler, Drucker) / banding m
Band•kabel n, -leitung f (Elektr) / cable m plano, cable m [de] cinta ‖ ≈**kabel mit Flachleitern** / cable m plano con conductores planos ‖ ≈**kabel mit runden Leitern** / cable m plano con conductores redondos ‖ ≈**kalander** m (Tex) / calandra f de cintas ‖ ≈**kaltwalzstraße** f (Walzw) / tren laminador en frío para flejes de acero ‖ ≈**kantenenergie** f (Halbl) / energía f del borde de banda, energía f del limite de banda ‖ ≈**kassette** f (DV) / portacinta m tipo cartucho, cargador m tipo cartucho ‖ ≈**kern** m (Eltronik) / núcleo m de la cinta enrollada ‖ ≈**kette** f (Hütt, Masch) / cadena f de alimentación ‖ ≈**klemme** f (Förderband) / grapa f de cinta ‖ ≈**konstruktion** f / infraestructura f de la cinta transportadora ‖ ≈**kontakt** m (Eltronik) / contacto m de cinta ‖ ≈**kontrolle** f (F.Org) / control m del montaje en línea, inspección f del montaje en línea ‖ ≈**kratze** f (Spinn) / carda f guarnecida ‖ ≈**kupplung** f / acoplamiento m de cinta ‖ ≈**lackieranlage** f (Walzw) / instalación f para el barnizado de bandas ‖ ≈**längenanzeiger** m (Magn.Bd) / indicador m de longitud de la cinta ‖ ≈**lauf** m (DV, Eltronik) / pasada f de la cinta, desfile m de la cinta ‖ ≈**laufwerk** n, Streamer m / arrastre m de cinta, transportador m de cinta ‖ ≈**lautsprecher** m / altavoz m o altoparlante (LA) de cinta ‖ ≈**legemaschine** f (faserverstärkt. Plast) / máquina f para aplicar cintas ‖ ≈**lehre** f / galga f de espesores, calibre m de espesores ‖ ≈**leitung** f (HF) (Wellenleiter) / guía f de ondas por cinta ‖ ≈**leitungsmaschine**, -vereinigungsmaschine f (Tex) / reunidora f, máquina f de reunir las cintas ‖ ≈**lesebefehl** m (DV) / orden f de lectura ‖ ≈**leserichtung** f / sentido m de lectura, dirección f de lectura de la cinta ‖ ≈**lineal** n (VCR) / guía f de la cinta ‖ ≈**löscher** m (Magn.Bd) / borrador m de cinta ‖ ≈**lücke** f, Energielücke zwischen zwei Bändern (Halbl) / separación f energética, vacío m energético, brecha f de energía ‖ ≈**macher** m (Tex) / tejedor m de cintas, cintero m ‖ ≈**marke**, -anfangs-, -endemarke f (Magn.Bd) / marca f en la cinta ‖ ≈**maschine** f (Tex) / manuar m, banco m de estirar ‖ ≈**maschine für Jute** / máquina f para extender el yute ‖ ≈**maß** n (Verm) / cinta f métrica, cinta f de (o para) medir ‖ ≈**material** n (Stanz) / material m en banda ancha ‖ ≈**material in Ringen** (Stanz) / flejes m pl en rollos ‖ ≈**messer-Spaltmaschine** f (Gerb) / máquina f de dividir con cuchilla de cinta sin fin ‖ ≈**mikrophon** n (Eltronik) / micrófono m de cinta ‖ ≈**mischer** m, Bandschneckenmischer m / mezcladora f horizontal con cinta helicoidal ‖ ≈**mittenfrequenz** f (Eltronik) / frecuencia f centro de la banda ‖ ≈**montage** f (F.Org) / montaje m en cadena, montaje m en línea ‖ ≈**nadel** f (Förderband) / pasador m ‖ ≈**ofen** m, Förderbandofen (Hütt) / horno m de solera sin fin, horno m de cinta [transportadora] ‖ ~**orientiert** (DV) / orientado a la cinta ‖ ≈**parkett** n (Bau) / parquet m laminado, entarimado m laminado ‖ ≈**pass** m, -passfilter n (Eltronik) / filtro m [de paso] de banda, filtro m pasabanda ‖ ≈**passresonator** m / resonador m [de filtro] pasabanda ‖ ≈**-Platte-Betriebssystem** n, BPBS (DV) / sistema m operacional de cinta y disco ‖ ≈**platz** m, -station f (F.Org) / puesto m en la línea o cadena ‖ ≈**poliermaschine** f (Tischl) / pulidora f de cinta o banda ‖ ≈**profilwalzwerk** n / laminadora f de perfiles de fleje [ancho] ‖ ≈**rauschen** n (Eltronik) / ruido m de banda, soplido m de fondo de la cinta ‖ ≈**-Rauschzahl** f (Eltronik) / factor m medio de ruido ‖ ≈**recorder** m / magnetófono m, grabadora f de cinta ‖ ≈**richtmaschine** f, Bandricht- und Ablängmaschine

(Hütt) / máquina *f* para enderezar flejes ‖ ⁓**ring** *m*, -**kern** *m* (Magn.Bd) / núcleo *m* de la cinta enrollada ‖ ⁓**ring**, Coil *n* (Walzw) / coil *m*, chapa *f* en rollo, bobinas *f pl* de chapa ‖ ⁓**ringkern** *m* / núcleo *m* anular enrollado ‖ ⁓**rollapparat** *m* (Hütt) / arrolladora *f* de cinta[s] ‖ ⁓**rolle** *f* (Förd) / tambor *m* o rodillo para cinta transportadora ‖ ⁓**rolle** (DV, Schreibm) / carrete *m* para cinta ‖ ⁓**rolle** (Film) / rodillo *m* de [arrastre de] banda ‖ ⁓**rolle**, Umkehrrolle *f* (Magn.Bd) / polea *f* inversora ‖ ⁓**rücksetzen** *n* (DV) / retroceso *m* ‖ ⁓**rückspulen** *n* (DV) / rebobinado *m* de cinta ‖ ⁓**rührer** *m* (Labor) / agitador *m* con cinta helicoidal ‖ ⁓**säge** *f* (Bandbreite kleiner od. gleich 50 mm) (Wz) / sierra *f* de cinta, aserradora *f* de cinta, sierra *f* sin fin ‖ ⁓**sägeblatt** *n* / hoja *f* de sierra sin fin ‖ ⁓**sägefeile** *f* (dreikantig) / lima *f* para hoja de sierra (triangular) ‖ ⁓**sägefeilmaschine** *f* (Wzm) / limadora *f* para hojas de cinta ‖ ⁓**säge[maschine]** *f* / sierra *f* de cinta mecánica ‖ ~**sägen** / cortar con sierra de cinta ‖ ⁓**scharnier** *n*, Klavierband *n* (Möbel) / charnela *f* en banda ‖ ⁓**scheibe** *f*, -rolle *f* (Förd) / polea *f* para cinta transportadora ‖ ⁓**scheider** *m* (Aufb) / separador *m* [magnético] de cinta ‖ ⁓**schleife** *f*, endloses Band (Magn.Bd) / bucle *m* sin fin ‖ ⁓**schleife** (Magn.Bd) / cinta *f* sin fin ‖ ⁓**schleifen** (Galv) / rectificar con cinta abrasiva, amolar con cinta esmerilada ‖ ~**schleifen**, kontaktschleifen (Holz) / alijar con cinta abrasiva, alisar con cinta abrasiva ‖ ⁓**schleifenwagen**, Abwurfwagen *m* (Bergb) / carro *m* terminal de la cinta ‖ ⁓**schleifmaschine** *f* (Galv, Metall) / rectificadora *f* de cinta ‖ ⁓**schleifmaschine** (Holz) / lijadora *f* de cinta [sin fin] ‖ ⁓**-Schleif- u. Abputzmaschine** *f* (Holz) / lijadora-limpiadora *f* de cinta ‖ ⁓**schleuder** *f*, Sandkämmer *m* (Gieß) / centrifugadora *f* de cinta ‖ ⁓**schloss** *n* (Förderband) / cerradura *f* de cinta ‖ ⁓**[schnecken]mischer** *m* / mezclador *m* de cinta helicoidal ‖ ⁓**schneidemaschine** *f* (Tex) / máquina *f* para cortar cintas o ribetes ‖ ⁓**schneidemaschine** (Wzm) / cizalla *f* para tiras tipo cocodrilo ‖ ⁓**schnelllader** *m* (Förd) / cargador *m* rápido de cinta ‖ ⁓**schräglauf** *m* (Magn.Bd) / sesgo *m* de la cinta ‖ ⁓**schreiber** *m* / registrador *m* de (o sobre) cinta ‖ ⁓**schweißen** *n* (Schw) / soldadura *f* con cinta ‖ ⁓**seil** *n* / cable *m* plano, cable *m* de cinta ‖ ⁓**sieb** *n* (Aufb) / criba *f* de cinta ‖ ⁓**siegeln** *n*, Quellschweißen *n* (Schw) / soldadura *f* con disolvente y cubrejuntas ‖ ⁓**sinteranlage** *f* / instalación *f* de sinterizado sobre cinta ‖ ⁓**sintern** *n* / sinterizado *m* sobre cinta ‖ ⁓**spaltanlage** *f* (Hütt) / instalación *f* para dividir flejes ‖ ⁓**spalt-Schere** *f*, Bandteilschere *f* (Wz) / cizallas *f pl* para dividir flejes ‖ ⁓**span** *m* (Wzm) / viruta *f* [en forma] de cinta ‖ ⁓**spannvorrichtung** *f* (Magn.Bd) / dispositivo *m* tensor de cinta ‖ ⁓**spannvorrichtung** (Förderer) / tensor *m* de cinta transportadora ‖ ⁓**speicher** *m* (DV) / memoria *f* de cinta magnética ‖ ⁓**speicherung** *f* / memorización *f* por cinta ‖ ⁓**speiser** *m* (Hütt) / alimentador *m* de cinta ‖ ⁓**sperrefilter** *m n* (Eltronik) / filtro *m* eliminador de banda, filtro *m* supresor de banda ‖ ⁓**spinnverfahren** *n*, Schmelzbandspinnen *n* / hilado *m* de cintas ‖ ⁓**spreizung**, -dehnung *f* (Eltronik) / ensanche *m* de banda, espaciamiento *m* de banda ‖ ⁓**sprosse** *f* (Magn.Bd) / cuadro *m* ‖ ⁓**spule** *f* (Elektr) / bobina *f* de cinta ‖ ⁓**spule** (Magn.Bd) / carrete *m* ‖ ⁓**stahl** *m* (Hütt) / acero *m* de bandas, acero *m* en fleje, fleje *m* de acero ‖ ⁓**stahl** (für Verpackung) / fleje *m* ‖ ⁓**stahlhaspel** *m* *f* (Hütt) / bobinadora *f* de fleje ‖ ⁓**stahlkäfig** *m* (Wälzlager) / jaula *f* de fleje de acero ‖ ⁓**stahllehre** *f* (Hütt) / calibre *m* para fleje ‖ ⁓**stahlschnitt** *m* (Wz) / troquel *m* de corte de fleje de acero ‖ ⁓**stahlschrappmaschine** *f* (Hütt) / dispositivo *m* rallador de flejes ‖ ⁓**stahl-Walzwerk** *n*, -straße *f* (Hütt) / laminadora *f* de fleje, tren *m* laminador de flejes de acero ‖ ⁓**stahlwickler** *m* / enrollador *m* de fleje,

arrollador *m* de fleje ‖ ⁓**stahlzange** *f* (Hütt, Wz) / tenazas *f pl* para flejes [de acero] ‖ ⁓**steuereinheit** *f* (DV) / unidad *f* de control de cinta ‖ ⁓**stift** *m*, Dorn *m* (Schloss) / perno *m* de gozne ‖ ⁓**stopp**, -stillstand *m* (F.Org) / detención *f* de la línea de montaje, parada *f* de la línea de montaje ‖ ⁓**stoß** *m* (Förderband) / empalme *m* de cinta ‖ ⁓**straße**, -strecke *f* (Förd) / tren *m* de cintas transportadoras ‖ ⁓**straße** *f* (Walzw) / tren *m* laminador de fleje ‖ ⁓**strecke** *f* (Bergb) / galería *f* de extracción o de descarga ‖ **beladene** ⁓**strecke** (Förd) / ramal *m* cargado de la cinta transportadora ‖ ⁓**streifen** *m* **für Blattfedern** (Hütt) / flejes *m pl* planos para ballestas ‖ ⁓**streuer** *m* **für Dünger** (Landw) / distribuidora *f* de fertilizantes de cinta, esparcidora *f* de cinta ‖ ⁓**stuhl** *m* (Tex) / telar *m* de cintas ‖ ⁓**stumpfschweißen** *n* / soldeo *m* a tope de flejes ‖ ⁓**teller** *m*, Aufnahmespule *f* (Film) / plato *m* receptor, carrete *m* receptor ‖ ⁓**traggerüst** *n* (Förderer) / armazón *m* de la cinta transportadora ‖ ⁓**tresse** *f* (Tex) / galón *m* ‖ ⁓**trichter** *m* (Spinn) / embudo *m* de la cinta ‖ ⁓**trockner** *m* / secador *m* [de paso] continuo, secador *m* de cinta sin fin ‖ ⁓**trockner** (Tex) / secador *m* de cinta transportadora ‖ ⁓**trommel** *f* (Förderband) / tambor *m* de cinta ‖ ⁓**trum[m]** *n* / ramal *m* de la cinta ‖ ⁓**turbine** *f* (Bergb) / turbina *f* de aire comprimido para cinta transportadora ‖ ⁓**übertrager** *m* (Spinn) / transportador *m* de la cinta ‖ ⁓**umkehr** *f* (Förderband) / inversión *f* de la cinta ‖ ⁓**umkehrung** *f* (Eltronik) / inversión *f* de la banda ‖ ⁓**umreifung** *f* (Kisten etc.) (Verp) / zunchado *m* mediante flejes ‖ ⁓**umschaltung** *f* (Einrichtung) (Magn.Bd) / cinta *f* de conmutación ‖ ⁓**umschaltung**, -umkehr *f* (Magn.Bd) / inversión *f* de marcha de la cinta, conmutación *f* de cinta ‖ ⁓**umschließungsapparat** *m* (Verp) / máquina *f* flejadora ‖ ⁓**umsetzung** *f*, Gruppentausch *m* (Eltronik, Höchstfrequ) / cruzamiento *m* de frecuencias, permutación *f* alternada de frecuencias ‖ ⁓**umwicklung** *f* (Elektr) / envoltura *f* de cinta ‖ ⁓**verbinder** *m* (Walzw) / máquina *f* para unir flejes ‖ ⁓**verdehnung** *f* (Magn.Bd) / distorsión *f* de la cinta ‖ ⁓**verdichtung** *f* (Spinn) / condensación *f* de la mecha ‖ ⁓**vereinigungsmaschine** *f* (Tex) / reunidora *f* de cintas, máquina *f* de reunir la cinta ‖ ⁓**verformung** *f* (Magn.Bd) / deformación *f* de la cinta ‖ ⁓**version** *f* **eines Programmes** (DV) / presentación *f* en cinta de un programa ‖ ⁓**verständlichkeit** *f* (Fernm) / inteligibilidad *f* de la banda de frecuencias vocales, nitidez *f* de la banda ‖ ⁓**verstärker** *m* (Eltronik) / amplificador *m* de banda ‖ ⁓**verteilanlage** *f* (Post) / cinta *f* de distribución ‖ ⁓**verteilerbrücke** *f* (Masch) / puente del distribuidor de cinta ‖ ⁓**verziehen** *n* (Spinn) / estiraje *m* de la cinta ‖ ⁓**verzinnung** *f* (Hütt) / estañado *m* de flejes ‖ ⁓**vorlaufschalter** *m* (Magn.Bd) / conmutador *m* de avance de la cinta ‖ ⁓**vorsatz** *m* (DV) / cabeza *f* protectora ‖ ⁓**vorschubrichtung** *f* (Magn.Bd) / dirección *f* de avance de la cinta [magnetofónica] ‖ ⁓**waage** *f* (Förd) / báscula *f* en cintas transportadoras ‖ **automatische** ⁓**waage mit Schreiber** / báscula *f* automática de cinta integradora y registradora ‖ ⁓**wagen** *m*, -beschicungswagen *m* (Hütt) / carro *m* alimentador de la cinta transportadora ‖ ⁓**wahlschalter** *m* (Eltronik) / conmutador *m* selector de bandas ‖ ⁓**walze** *f* (Hütt) / cilindro *m* laminador de fleje ‖ ⁓**walzwerk** *n* / tren *m* de laminación de fleje ‖ ⁓**ware** *f* (Tex) / tejido *m* estrecho, cintas *f pl* ‖ ⁓**warenspeicher** *m* (Tex) / acumulador *m* de tejidos sobre cinta transportadora ‖ ⁓**weber** *m*, -wirker *m* / tejedor *m* de cinta, tejedero *m*, cintero *m* ‖ ⁓**weberei** *f* / tejeduría *f* de cintas, cintería *f* ‖ ⁓**[web]stuhl** *m*, Band[web]maschine *f* / telar *m* de cintas ‖ ⁓**wechsel** *m* (Eltronik) / cambio *m* de banda ‖ ⁓**wendel-Schneckenpresse** *f*, Extruder mit Bandwendel (Plast) / extrusionadora *f* con cinta de alimentación helicoidal ‖ ⁓**wickelmaschine**, -um-,

147

Bandwickelmaschine

-bewickelungsmaschine f, Bandwickler m (Elektr, Kabel) / máquina f para envolver con cinta ‖
⁓wickelmaschine f (Tex) / enrolladora f [reunidora] de cintas ‖ ⁓wickelverfahren n / arrollamiento m de cintas ‖ ⁓wicklerwärterin, Dopplerin f (Tex) / dobladora f ‖ ⁓wicklung f (Elektr) / arrollamiento m en cinta ‖ ⁓widerstand m (Elektr) / resistor m flexible ‖ ⁓wiege f (Walzw) / cuna f de rollos ‖ ⁓wirkerei f (Tex) / cintería f, trenzado m de cintas ‖ ⁓wölbung f (Walzw) / bombeado m de fleje ‖ ⁓wölbung (Magn.Bd) / curvatura f en la sección transversal ‖ ⁓zählwerk n (Tonband) / contador m [de cinta], mecanismo m contador [de la grabadora] ‖ ⁓[zer]teilanlage f (Walzw) / instalación f divisora de flejes ‖ ⁓zufuhr f (Förd) / alimentación f por cinta ‖ ⁓zuführung f (Masch) / alimentador f por cinta ‖ ⁓zuführung, -transport, -vorschub m (DV) / avance m de la cinta, alimentación f de cinta ‖ ⁓zug m (Walzw) / tensión f frontal ‖ ⁓zug (Magn.Bd) / tensión f de cinta ‖ ⁓zugregler m / tensiómetro m

Bang-Bang-System n (Regeln) / reglaje m todo o nada, control de dos posiciones

Ban[g]kazinn n (Hütt) / estaño m de Banca

Banisterin n, Harmin n (Pharm) / banisterina f, harmina f

Banjo•achse f (Kfz) / eje m banjo ‖ ⁓achskörper m (Kfz) / cárter m del eje banjo

Bank f (pl.: Bänke), Sitzbank f (Möbel) / banco m ‖ ⁓, Werkbank f (Schloss, Tischl) / banco m de ajustador, banco m de trabajo, banco m de taller ‖ ⁓ (Geol) / banco m ‖ ⁓, Flöz n (Bergb) / filón m ‖ ⁓, Lagerstätte f (Bergb) / banco m ‖ ⁓, Strosse f (Tagebau) / banco m ‖ ⁓ f im Ziegelofen (Keram) / tabique m ‖ ⁓ ohne Lehne (Möbel) / banqueta f ‖ optische ⁓ (Opt) / banco m óptico ‖ ⁓amboss m (Wz) / tas m de banco ‖ ⁓arbeit f, Arbeit an der Werkbank / trabajo m de banco ‖ ⁓auszugdrucker m (DV) / impresora f de los estados de cuenta ‖ ⁓automat m (DV) / caja f electrónica [automática], cajero m automático ‖ ⁓axt f, Bankbeil n (Wz) / hacha f [de mano] / ~eben adj (Bergb) / paralelo al banco ‖ ⁓eisen n (Tischl, Wz) / patilla f, grapa f, gancho m o uña del banco

Banket n (goldführende Schicht im Transvaal) / banqueta f

Bankett n (Straßb) / arcén m, bordillo m, acera f, banquina f (ARG) ‖ ⁓ (Bahn) / banqueta f de vía ‖ ⁓, Berme f (Wassb) / berma f ‖ ⁓ im Bau (o. nicht befahrbar), weiches Bankett (Straßb) / arcén m blando, banquina f blanda (ARG)

Bank•former m (Gieß) / moldeador m de banco ‖ ⁓haken, Kloben m (Tischl, Zimm) / patilla f, escarpia f de tacón, gancho m o uña del banco ‖ ⁓hammer m, Handhammer m (Wz) / martillo m de ajustador, martillo m de mano ‖ ⁓hobel m / cepillo m de banco

bänkig (Bergb) / estratificado en forma de bancos, en capas

Bank•karte f für Geldentnahme an Terminals (DV) / tarjeta f de crédito con banda magnética, tarjeta f de plástico ‖ ⁓knecht m (Zimm) / caballete m de carpintero ‖ ⁓meißel m (Wz) / cortafrío m ‖ ⁓notendruck m / impresión f de billetes de banco ‖ ⁓notenpapier n / papel m para billetes de banco

Bankomat s. Bankautomat

bank•parallel (Bergb) / paralelo al banco ‖ ⁓platte f (Tischl) / plataforma f del banco ‖ ~recht (Bergb) / perpendicular a la estratificación, perpendicular al yaciente y pendiente ‖ ~rechter Abstand von zwei Flözen (Bergb) / diferencia f de nivel entre galería superior e inferior ‖ ⁓sattel m, Bananensattel m (Fahrrad) / sillín m alargado ‖ ⁓schalter-Terminal n / terminal m para ventanilla de banco ‖ ⁓schere f (Wz) / cizalla f de banco ‖ ⁓schleifmaschine f (Wzm) / pulidora f de banco ‖ ~schräg (Bergb) / oblicuo al plano del banco ‖ ⁓schraubstock m (Wz) / tornillo m de banco ‖ ⁓stampfer m (Gieß) / pisón m de banco ‖

⁓steuerung f der Steuerstäbe (Nukl) / mando m de las barras de control

Bankung f (Geol) / división f en [forma de] bancos, estratificación f

Bankzange, -zwinge f (Tischl, Wz) / sargento m de banco, prensatornillo m de banco

B-Anlasser (Bosch), Schubankeranlasser m / motor m de arranque con inducido deslizante

Banndeich m, Winterdeich m (Hydr) / dique m de invierno

Banner n (Werbung) (DV) / banner m

Bannwald m (Forstw) / bosque m de protección [contra aludes]

Banse f (Bahn) / almacén m (E) de carbón, depósito m (LA) de carbón

bansen vt (Bahn) / almacenar

Bantamröhre f (Eltronik) / válvula f miniatura tipo Bantam

Bar n, b (1 b = 0,1 MPa = 10^5 Nm^{-2}) / bar m (pl: bares), b

Bär m, Hammerbär m, Fallbär m / maza f [del martillo pilón] ‖ ⁓, Pfannenbär m (Hütt) / lobo m de cuchara

Baracke f, Hütte f / barraca f, choza f, casuca f, barracón m, galpón m (LA)

Baraphorese f (Chem, Phys) / baraforesis f

Barbados-Asphalt m (Straßb) / asfalto m de Barbados

Barbette f (Schiff) / borbeta f

Barbitur... (Chem, Pharm) / barbitúrico adj

Barbiturat n / barbitúrico m

Barbitursäure f / ácido m barbitúrico

Barchan m, Sichel-, Bogendüne f (Geol) / duna f en forma de hoz

Barchent m, Doppel-, Futterbarchent m (Tex) / fustán m, barragán m ‖ ⁓garn, Baumwollstreichgarn n / hilo m de fustán ‖ ⁓raumaschine f (Web) / pelusadora f [de fustán], perchadora f [de fustán] ‖ ⁓webmaschine f / telar m para fustán

Barcode m, Balkencode m, Strichcode m (DV) / código m de barras

Barcodeleser m / lectora f de códigos de barras

Barème m, Tariftabelle f (Bahn, F.Org) / baremo m

Bärenbildung f (Hütt) / formación f de lobos

Bar Ends pl (Fahrrad) / topes m pl de goma (en el manillar)

bärenstark (Motor) / muy potente, poderosísimo

Bärentraube f (Gerb) / uva f de oso, uvaduz f, gayuba f

barettförmige Feile, Barettfeile f (Wz) / lima f barreta, lima f bonete

Barfreimachungsmaschine f, Frankiermaschine f (Büro) / máquina f de franquear

Bärführung f (Masch) / guía f del mazo o de la maza

Bärführungskopf m / cabeza f [de la] guía de la maza

Barge f (Schiff) / barcaza f ‖ ⁓ **Carrier** (Schiff) / portador de chatas, barge m carrier

Bargeld•automat m, Geldautomat m s. Bankautomat ‖ ⁓terminal n / cajero m automático

Barilla f (Salzpflanzenasche, unreines Natr.-Karbonat) (Chem) / barilla f

barisches Windgesetz (Meteo) / ley f de Buys-Ballot

Baritin n (Chem, Min) / baritina f

Barium n, Ba (Chem) / bario m ‖ ⁓albuminat n / albuminato m de bario ‖ ⁓brei m (Med, Radiol) / papila f o pasta de bario, comida f de sulfato de bario ‖ ⁓carbonat n (Chem) / carbonato m de bario ‖ ⁓chromat, Barytgelb n, gelber Ultramarin / cromato m de bario ‖ ⁓chromat, Zitronengelb n / amarillo m de bario ‖ ⁓chromatpigment m (Färb) / pigmento m a base de cromato de bario ‖ ⁓feldspat m (Chem) / feldespato m de bario ‖ ⁓ferrit n / ferrita f de bario ‖ ⁓fett n / grasa f [a base] de bario ‖ ⁓fluorsilikat n / fluosilicato m de bario ‖ ⁓getter n (Eltronik) / getter m de bario ‖ ⁓gips m (Bau) / yeso m de bario ‖ ⁓hydroxid n, Barythydrat n (Chem) / hidróxido m de bario ‖ ⁓iod n / yoduro m de bario ‖ ⁓manganat n

(Farbe) / manganato *m* de bario || ⁓-**Metall** *n* / bario *m* metálico || ⁓**mörtel** *m* (Bau) / mortero *m* de bario || ⁓**oxid** *n* (Chem) / óxido *m* bárico o de bario || ⁓**oxidkathode** *f* (Eltronik) / cátodo *m* de óxido bárico || ⁓**platincyanür** *n* (Chem) / platinocianuro *m* de bario, cianuro *m* de bario y platino || ⁓**polysulfit** *n* / polisulfito *m* de bario || ⁓**sulfat** *n*, Baryt *m* / sulfato *m* de bario || ⁓**sulfid** *n* (Chem, Flotation) / sulfuro *m* bárico o de bario || ⁓**titanat** *n* (Chem) / titanato *m* de bario || ⁓**wolframat** *n* / volframato *m* de bario, tungstato de bario || ⁓**wolken-Experiment** *n* (Raumf) / liberación *f* de bario
Barizentrum *n* (Meteo) / baricentro *m*
Barkasse *f*, großes Beiboot *n* (Schiff) / lancha *f*, lanchón *m*
Barkevikit *m* (Min) / barkevikita *f*
Barkhausen•effekt *m* (Phys) / efecto *m* Barkhausen || ⁓-**Kurz-Schwingung** *f* / oscilación *f* de Barkhausen-Kurz
Bärklotz *m* (Schmiedemasch) / maza *f* cadente
Barkmühle *f* (f. Graphit) / molino *m* [de] Bark
Barlowsches Rad *n* (Phys) / rueda *f* de Barlow
Bärme, Hefe *f* (Brau) / levadura *f* [de cerveza]
barn (Maßeinheit des Wirkungsquerschnittes) (1b = 10^{-24} cm²), b (Nukl) / barnio *m*
Barnett-Effekt *m* (Phys) / efecto *m* Barnett
Barogramm *n* / barograma *m*
Barograph *m*, selbstschreibendes o. -registrierendes Barometer (Meteo, Phys) / barógrafo *m*, barómetro *m* registrador
baroklin (Phys) / baroclínico, baróclino
Barometer *n* (Meteo, Phys) / barómetro *m* || ⁓**druck** *m* / presión *f* barométrica || ⁓**kapsel** *f* / cubeta *f* de barómetro || ⁓**röhre** *f* / tubo *m* barométrico || ⁓**säule** *f* / columna *f* barométrica || ⁓**schwankung** *f* / variación *f* barométrica || ⁓**stand** *m*, -anzeige *f*, -ablesung *f* / valor *m* de lectura barométrica, lectura *f* barométrica || ⁓**stand**, Luftdruck *m* / altura *f* barométrica, nivel *m* barométrico, milímetros *m pl* de columna de mercurio, presión *f* atmosférica || ⁓**sturz** *m* / caída *f* de la presión barométrica
barometrisch / barométrico || ⁓**e Höhe**, Druckhöhe *f* / altura *f* de presión || ⁓**e Höhenformel** / relación *f* barométrica de Boltzmann || ⁓**e Höhenmessung** / medición *m* barométrica de alturas
barophil / barófilo
Baro•skop *n* (Phys) / baroscopio *m* || ⁓**stat** *m*, Druckwächter *m* (Druckregler) / baróstato *m*, presóstato *m*, manóstato *m* || ⁓**thermograph** *m* (Meteo) / barotermógrafo *m* || ⁓-**Thermo-Hygrograph** *m* / meteorógrafo *m* || ~**trop** (Phys) / barotrópico, barótropo
Barras *m*, Fichtenharz *n* (Schiff) / barrasco *m*
Barre *f* (Hydr) / barra *f* || ⁓, Verteilplatine *f* (Strumpf) / platina *f* distribudora o de distribución
Barrel *n* (Öl: 42 US Gallonen = 159 l, Brau: 31 1/2 US Gallonen = 119,5 l) / barril *m* || **1000**⁓**s** (Öl) / lote *m* (1 lote = 1000 barriles)
Barren *m* (Metall) / barra *f*, barrón *m* || ⁓ (Metall, Walzw) / lingote, bloque *m* de fundición, tocho *m*, pan *m*, galápago *m*, lingotillo *m* || ⁓**aluminium** *n* / aluminio *m* en lingotes || ⁓**form** *f* / lingotera *f* || ⁓**form** (Kupfer) / torada *f* || ⁓**gold** *n* / oro *m* en barras || ⁓**kupfer** *n* / cobre *m* en lingotes o barras || ⁓**rahmen** *m* (Bahn) / bastidor *m* de perfiles laminados || ⁓**schütz** *n* (Elektr) / contactor *m* montado sobre barra de distribución || ⁓**silber** *n* (Hütt) / plata *f* en barras || ⁓**zink** *n*, Blockzink *n* / cinc *m* en lingotes
Barrette *f*, Kurzbalken *m* (Bodenfeuer, Luftf) / barreta *f*
Barretter *m* (Messinstr. für schwache HF-Ströme) (Elektr) / detector *m* resistivo, bolómetro *m* de hilo
Barriere *f* (allg, Geol) / barrera *f*
Bärstange *f* / vástago *m* de maza

Bart *m*, Schlüsselbart *m* (Schloss) / paletón *m* || ⁓ (Galv, Gieß) / rebaba *f* || ⁓, enger Aufwind (Segelflug) / viento *m* ascendente || ⁓**ansatz** *m* **beim Verzinnen** / formación *f* de rebabas
Bartlett-Kraft *f* (Nukl) / fuerza *f* Bartlett
Bartonmesszelle *f* / célula *f* de [medición de] Barton
Bartstruktur *f* (Zink) / estructura *f* de triquitas
barye *f* (= 1 dyn cm⁻²) (Phys) / baria *f* (unidad de presión), bara *f*
Barylit *m* (Min) / barylita *f*, barilita *f*
Baryon *n* (Nukl) / barión *m*
Baryonenzahl *f* (Nukl) / número *m* de bariones
baryonnische Materie (Phys) / materia *f* bariónica
Bary•silit *m*, Bleisilikat *n* (Min) / barisilita *f* || ⁓**sphäre** *f*, Erdkern *m* (Geol) / siderosfera *f*, barisfera *f*
Baryt *m* (Min) / barita *f*, espato *m* pesado, baritina *f* || ⁓ **unreiner** ⁓ (Bergb) / barita *f* impura
Barytage *f*, Barytieren *n* (Foto) / baritaje *m*
Baryt•beton *m* (Bau) / hormigón *m* de barita || ⁓**entzuckerung** *f*, -verfahren *n* / desacarificación *f* con barita || ⁓**erde** *f* (Chem) / óxido *m* de bario, tierra *f* de barita || ⁓**flussspat** *m* (Min) / fluobarita *f* || ⁓**gelb** *n* (Färb) / cromato *m* de bario, amarillo *m* de Steinbuhl || ⁓**grün** *n* / verde *m* de Cassel || ⁓**hydrat** *n* (Chem) / hidróxido *m* de bario || ⁓**okalzit** *m* (Min) / baritocalcita *f* || ⁓**papier** *n* (Foto) / papel *m* baritado || ⁓**salpeter** *m* (Chem) / nitrato *m* de bario || ⁓**verfahren** *n* (Wasser) / endulzamiento *m* del agua por barita || ⁓**wasser** *n* (Chem) / agua *f* de barita, hidróxido *m* de bario || ⁓**weiß** *n* (Farbe) / blanco *m* fijo, blanco *m* de barita
baryzentrisch, Schwerpunkts... (Astr, Math) / baricéntrico, de o en baricentro
Basa (Bahn) = Bahnselbstanschlussanlage (Telefon)
basal (Geol) / basal
Basalt (Geol) / basalto *m* || ⁓... / basáltico || ⁓**boden** *m* / terreno *m* [cubierto] de basalto, tescal *m* (Méj.) || ~**grau** (RAL 7012) (Farbe) / gris basáltico || ⁓**lava** *f* (Geol) / lava *f* basáltica || ⁓**orgel** *f* (Geol) / órgano *m* basáltico || ⁓**pflaster** *n* (Straßb) / adoquinado *m* de basalto || ⁓**porphyr** *m* (Min) / basalto *m* porfídico || ⁓**tuff** *m*, -konglomerat *n* (Geol) / toba *f* basáltica || ⁓**wacke** *f* / waca *f* basáltica || ⁓**wolle** *f* (Bau) / lana *f* basáltica
Basalzement *m* (Bau, Feuerfest) / cemento *m* basal
Basan *n*, Basil *n* (braunes Schafleder) (Gerb) / badana *f*
Basanit (Geol) / basanita *f*
Base *f* (Chem) / base *f*, lejía *f*
Baseload-Anlage *f* (Gasverflüss) / planta *f* baseload [de licuefacción]
Basen•analog *n* / análogo *m* de base, base *f* análoga || ⁓**austausch** *m* (Chem) / intercambio *m* de bases o de cationes || ⁓**austauscher** *m*, (jetzt) Kationenaustauscher *m* (Chem) / cambiador *m* de bases, cambiador *m* de cationes || ~**bildend** (Chem) / formador de bases || ⁓**bildner** *m* / basificador *m* || ⁓**bildung** *f* (Chem) / formación *f* de bases, basificación *f* || ⁓**gehalt** *m* / alcalinidad *f* || ⁓**paarung** *f* / apareamiento *m* de bases || ⁓**sättigung** *f* / capacidad *f* de cambio de bases || ⁓**sequenz** *f* / secuencia *f* de bases || ⁓**vermögen** *n*, Basizität *f* / basicidad *f*
Base-Operator-System *n* (BOS) (DV) / sistema *m* operador base
BASF-Prüfmotor *m* / motor *m* BASF
Basic *n* (Beginner's All-purpose Symbolic Instruction Code) (DV) / basic *m*
Basidiomyceten *pl*, Ständerpilze *m pl* (Forstw, Landw) / basidiomicetos *m pl*
basieren *vi* [auf] / basar [en], basarse [en], fundarse [en]
Basil, Basan *n* (Gerb) / badana *f*
Basilikumöl *n* (Chem, Pharm) / albahaca *f*, esencia *f* de albahaca
Basis *f*, Grundlage *f*, Fundament *n* (allg) / base *f*, fundamento *m* || ⁓, Bodenplatte *f* (Masch) / base *f*,

basa f ‖ ⁓, Fuß m der Säule (Bau) / zócalo m, pie m, basa f ‖ ⁓, Grundlinie f (Geom, Verm) / línea f de base ‖ ⁓, Grundzahl f (Math) / base f, radicando m ‖ ⁓, Grundfläche f / base f ‖ ⁓, Stützpunkt m (Mil) / base f militar ‖ ⁓, Untergrund m (Lackierung) / fondo m ‖ ⁓, Basiselektrode f (Transistor) / electrodo m de base ‖ ⁓, Basiszone f (Transistor) / zona f de base ‖ ⁓..., basal / basal ‖ ⁓ f **der halblogarithmischen Schreibweise** (DIN) (DV) / base f de la notación de coma flotante ‖ ⁓ **des Logarithmus** / base f del logaritmo (e (= 2,718)) ‖ ⁓ **des Luftschlauches** (Kfz) / cintura f interior de la cámara ‖ ⁓ f **des Transistors** (Halbl) / base f del transistor ‖ ⁓ f **einer Potenz** (Math) / base f de una potencia ‖ ⁓ **eines Zahlensystems** / base f de un sistema de números ‖ **auf** ⁓ [von] / a base [de] ‖ **die** ⁓ **bildend** / que forma la base

Basis•adresse f (DV) / dirección f básica ‖ ⁓**anschluss** m, Basis f (Transistor) / contacto m de base ‖ ⁓**bahnwiderstand** m (Halbl) / resistencia f de base extrínseca

basisch, Grund... / primitivo, elemental, básico ‖ ~, alkalisch (Chem) / básico, alcalino ‖ ~**er Blasstahl** (Hütt) / acero m Bessemer ‖ ~**es Blasstahl- o. Bessemerverfahren** / procedimiento m Bessemer ‖ ~**es Bleichromat** (Chem) / cromato m de plomo alcalino ‖ ~**es Erzeugnis** (feuerfest) (Bau, Keram) / producto m refractario básico ‖ ~**es Futter** (Hütt, Ofen) / recubrimiento m o revestimiento [refractario] básico o alcalino ‖ ~**e Gesteine** n pl (Geol) / rocas f pl básicas ‖ ~ **machen** / basificar, hacer básico, conseguir la basificación ‖ ~**es Ofenfutter** (Hütt) / revestimiento m básico ‖ ~**es Pinakoid** (Krist) / pinacoide m basal ‖ ~**es Roheisen** (Hütt) / hierro m [arrabio] básico ‖ ~**es Salz** (Chem) / sal f acalina ‖ ~**er Sauerstoff-Aufblas-Konverter** (Hütt) / convertidor básico de oxígeno soplado ‖ ~**e Schlacke** (Hütt) / escoria f alcalina ‖ ~**e Schlackenführung** (Hütt) / procedimiento m de escoria alcalina ‖ ~**er Siemens-Martinstahl** / acero m Siemens-Martin alcalino ‖ ~**er Stahl** / acero m alcalino ‖ ~ **umhüllte Elektrode** (Schw) / electrodo m con revestimiento alcalino ‖ ~**es Verfahren** (Hütt) / procedimiento m basico

Basis•-Dienstprogramme n pl (DV) / programas m pl utilitarios básicos ‖ ⁓**dotierung** f (Halbl) / dotación f de base ‖ ⁓**druck** m (Raumf) / presión f de base ‖ ⁓**-Durchmesser** m (Fallschirm) / diámetro m de [la] base ‖ ⁓**einheiten** f pl **des Internationalen Systems** (SI) / unidades f pl básicas del sistema internacional ‖ ⁓**[elektrode]** f (Transistor) / electrodo m de base ‖ ⁓**fläche** f (Geom, Krist) / superficie f de base ‖ ⁓**flächenzentriert** (Krist) / centrado en la superficie de base ‖ ⁓**flansch** m (Rohr) / pestaña f ‖ ⁓**frequenz** f (Eltronik) / frecuencia f de base ‖ ⁓**größe** f (Math) / cantidad f de base ‖ ⁓**innenwiderstand** m (Halbl) / resistencia f interna de base ‖ ⁓**klemme** f (Transistor) / terminal m de base ‖ ⁓**klemmschaltung** f (TV) / fijación f del nivel ‖ ⁓**komplement** n (DV) / complemento m de base ‖ ⁓**ladung** f (Transistor) / carga f básica ‖ ⁓**latte** f (Verm) / mira f de base ‖ ⁓**legierungspulver** n (Sintern) / polvo m de aleación padre ‖ ⁓**linie** f, Bezugslinie f (Verm) / línea f de base, línea f de referencia ‖ ⁓**material** n, Träger m (Halbl) / placa f de soporte ‖ ⁓**material** (gedr.Schaltg) / material m de base ‖ ⁓**messung** f (Verm) / medición f de la base ‖ ⁓**metall** n, Grundmetall n (Hütt) / metal m de base ‖ ⁓**patent** n / patente m básica ‖ ⁓**register** n (DV) / registro m de base ‖ ⁓**schaltung** f (Transistor) / circuito m básico, montaje m de base común ‖ ⁓**schaltung rückwärts** f (Halbl) / circuito m básico inverso ‖ ⁓**sensor** m (Regeln) / sensor m de base ‖ ⁓**-Software** f (DV) / programación f básica o de base ‖ ⁓**spannung** f (Halbl) / tensión f de base ‖ ⁓**spannungsteiler** m / divisor m de tensión de base ‖ ⁓**speicher** m,

Grundspeicher m (DV) / memoria f básica o de base ‖ ⁓**spreizung** f (Kath.Str) / exploración f acelerada, barrido m ensanchado ‖ ⁓**station** f (Mobilfunk) (Fernm) / estación f base ‖ ⁓**strecke** f (Bergb) / galería f base ‖ ⁓**strom** m (Halbl) / corriente f de base ‖ ⁓**technologie** f / tecnología f básica fundamental ‖ ⁓**tunnel** m (Bahn) / túnel m básico ‖ ⁓**verlängerung** f (Geom, Radar) / extensión f de la línea de base ‖ ⁓**version** f, Einstiegsversion f (Kfz) / versión f básica ‖ ⁓**vorspannung** f (Halbl) / polarización f de base ‖ ⁓**wandler** m (DV) / convertidor m de radicando ‖ ⁓**weite** f (Halbl) / anchura f de base ‖ ⁓**winkel** m (Math) / ángulo m en la base ‖ ⁓**zahl** f, Grundzahl f / número m básico o fundamental ‖ ⁓**zone** f (Transistor) / zona f de base ‖ ⁓**zwischenzone** f (Halbl) / zona f intermedia de base

Basizität f, basische Eigenschaft (Chem) / basicidad f, propiedad f básica, alcalinidad f

Basizitätsgrad m, Schlackenzahl f (Hütt) / grado m de basicidad

Baskülverschluss m (ohne Drehbewegung) (Fenster) / falleba f

basophil f (Färb) / basófilo

Basralocusholz n (Bot) / madera f basrolocus (Brasil), madera f angélique (Brasil), madera f angélica (Surinam)

Bass m (Eltronik) / bajos m pl, graves m pl ‖ ⁓**anhebung** f, -regelung f / acentuación f de los graves ‖ ⁓**beschneidung** f / desacentuación f de graves, atenuación f de graves ‖ ⁓**einsteller** m / mando m de graves

Basselissestuhl m (Tex) / telar m de lizos bajos

Bass•entzerrung f (Eltronik) / corrección f de graves, compensación f de graves ‖ ⁓**frequenz** f (Akust) / frecuencia f baja

Bassholz n, amerikanische Linde (Forstw) / tilo m americano

BAS-Signal n (Bild-, Austast- u. Synchronisiersignal) (TV) / señal f de imagen, supresión y sincronización

Bassin n, Becken n / pila f, pileta f, depósito m, tanque m

Bass-Lautsprecher m (30-2000 Hz) / woofer m, altavoz m de bajos, boomer m

Bassorin n (Gummi) / bas[s]orina f

Bass•-Reflex... (Lautsprecher) / de reflejo bajo ‖ ⁓**reflexgehäuse** n (Eltronik) / caja f reflectora de bajos ‖ ⁓**regelung** f / control m de bajos ‖ ⁓**regelung**, -anhebung f / acentuación f de los graves ‖ ⁓**saite** f (Instr) / bordón m

Bast m (Bot) / líber m, rafia f ‖ ⁓, Herder m (Flachs, Tex) / hilaza f ‖ ⁓ **der Kokosnuss**, Kokosfaser f / fibra f de coco, bonote m

Bastard m (Biol) / híbrido m ‖ ⁓**bahn** f, Valenzorbital n (Chem) / órbita f de valencia ‖ ⁓**feile** f (Wz) / lima f bastarda ‖ ⁓**hieb** m (Feile) / corte m bastardo, picadura f bastarda

bastardieren, kreuzen (Biol) / hibrid[iz]ar, cruzar

bastardisierter Zustand (Phys) / órbita f híbrida, estado m híbrido

Bastardisierung f, Bastardierung f (Bot, DV) / hibrid[iz]ación f

Bastard•riffelfeile f (Wz) / lima f bastarda de punta cónica curva ‖ ⁓**schrift** f (Druck) / bastardillo m ‖ ⁓**wolle** f (Tex) / lana f bastarda

basteln / dedicarse al bricolaje ‖ ⁓ n, Heimwerken n / bricolaje m, bricolage m

Bast•faser f (Tex) / fibra f liberiana o de líber ‖ ⁓**hanf** m / cáñamo m agramado

Bastit m, Schillerspat m (Min) / bastita f

Bastler m / bricolador m

Bastmatte f (Tex) / estera f de rafia

Bastnäsit m (Min) / bastnesita f

Bast•papier n / papel m de líber ‖ ⁓**schicht** f (Seide) / capa f de sericina ‖ ⁓**seide** f (Tex) / seda f cruda, seda f

grege, seda f en rama ‖ ⁓**seifenbad** n (zum Entbasten) (Tex) / baño m de desengomado
Batch•datei f, Stapeldatei f (DV) / fichero m batch o de datos ‖ ⁓**destillation** f (Chem) / destilación f discontinua ‖ ⁓**mode** m (DV) / modo m batch ‖ ⁓**übertragung** f / transmisión f de lotes ‖ ⁓-**Verarbeitung** f, Stapelverarbeitung f (DV) / procesamiento m por lotes
Bathmetall n (Hütt) / metal m Bath
batho•chrom adj / batocrómico, batocromo ‖ ⁓**chrom** m (Chem) / batocromo m ‖ ⁓**lit** m, Tiefengestein n (Geol) / batolito m ‖ ⁓**meter**, Bathymeter n, Tiefenmesser m (Ozean) / batómetro m, batímetro m
bathy•al (Meerestiefen von 200-800 m) / batial ‖ ⁓**graphisch** / batigráfico ‖ ⁓**metrie**, Meerestiefenmessung f / batimetría f
Bathyreometer n / batireómetro m
Bathy•skaph, -scaphe m (Schiff) / batíscafo m ‖ ⁓**sphäre** f (Ozean) / batisfera f ‖ ⁓**thermographie** f / batitermografía f
Batik m, gebatikter Stoff (Tex) / batik m, batic m
Batist m / batista f, holanda f ‖ ⁓**garn** n / hilo m [de] batista ‖ ⁓**leinwand** f / batista f de lino ‖ ⁓**musselin** m / batista f de algodón
batschen (Jute, Spinn) / ensimar, aceitar, engrasar ‖ ⁓ n (Spinn) / ensimaje m, engrase m
Batsch•maschine f (Jute, Spinn) / máquina f para ensimar ‖ ⁓**mittel** n / producto m para ensimado
Battage f (Seidenherst.) / batido m
Batterie f (Landw, Mil, Wasserhähne) / batería f ‖ ⁓, Akkumulator m (Elektr) / pila f, batería f, acumulador m ‖ ⁓**n** f pl / packs m pl ‖ ⁓... (in Gruppen) / en batería, en grupos ‖ ⁓ f **(o. Gruppe) von Maschinen** / grupo m de máquinas ‖ **trockene** ⁓, Trockenbatterie f (Elektr) / pila f seca ‖ ⁓**anschluss** m / empalme m con batería ‖ ⁓**antrieb** m / propulsión f por batería ‖ ⁓**aufladung** f / carga f de batería ‖ ⁓**behälter** m / caja f de batería ‖ ⁓**betrieb** m (Gerät) / servicio m de batería ‖ ⁓**betrieb**, Lade-Entladebetrieb m (Akku) / funcionamiento m de batería ‖ ~**betrieben**, -gespeist, Batterie... (Geräte etc., Radio) / impulsado por batería, alimentado o accionado por batería ‖ ⁓**bügel** m (Brille) / pata f con pilas ‖ ⁓-**Empfänger** m (Elektr) / receptor m alimentado por batería, receptor m de pilas ‖ ⁓-**Endpol** m / borne m del acumulador ‖ ⁓**entladung** f / descarga f de batería ‖ ⁓**fach** n (Gerät) / compartim[i]ento m de pilas ‖ ⁓**fach** (Foto) / cámara f para pilas ‖ ⁓**fahrbetrieb** m (Bahn) / tracción f por batería o acumuladores ‖ ⁓**fahrzeug** n (Verkehr) / vehículo m movido por acumuladores ‖ **die** ⁓**flüssigkeit nachfüllen** (Elektr) / rellenar la batería ‖ ⁓**gefäß** n, -behälter m / vaso m de batería, caja f de la batería ‖ ⁓**gepuffert** (DV) / soportado por batería ‖ ⁓**gerät** n / aparato m de pilas ‖ ⁓**gestell** n (Elektr) / estante m de batería, bancada f de baterías ‖ ⁓**halter** m (Kfz) / portapilas m ‖ ⁓**haltung** f (Landw) / postura f en batería ‖ ⁓**hauptschalter** m (Elektr) / interruptor m principal de batería ‖ ⁓**heizung** f / calefacción f por batería ‖ ⁓-**Innenwiderstand** m / resistencia f interna de batería ‖ ⁓**kabel** n, -leitung f / cable m o conductor de batería ‖ ⁓**kabelschuh** f / pinza f de batería ‖ ⁓**kapazität** f / capacidad f de la batería ‖ ⁓**kasten** m (Kfz) / caja f de la batería, vaso m de batería ‖ ⁓**klemme** f, Überbrückungsklemme f (Elektr) / terminal m de puente, conector m de puente ‖ ⁓**ladeclip** m / borne m de carga, clip m de carga ‖ ⁓**ladegerät** n / cargador m de acumuladores ‖ ⁓**ladestation** f / estación f cargabaterías ‖ ~**loser** Fernsprecher / teléfono m autoalimentado, teléfono m de energía acústica ‖ ⁓-**Netzempfänger** m, Empfänger m für Batterie- u. Netzbetrieb (Eltronik) / receptor m para batería y red ‖ ⁓-**Netz-Umschalter** m / conmutador m red-batería ‖ ⁓**öfen** m pl (Hütt) / hornos m pl en batería ‖ ⁓**platte** f (Elektr) / placa f de batería ‖ ⁓**prüfer** m / probador m de baterías, verificador m de baterías ‖ ⁓**pufferung** f (DV) / back-up m por batería ‖ ⁓**raum** m (Bahn) / sala f de baterías ‖ ⁓**säure** f / ácido m para acumuladores ‖ ⁓**schalter** m (Elektr) / interruptor m de batería ‖ ⁓**schalttafel** f / tablero m de distribución de baterías ‖ ⁓**schiene** f / barra f colectora ‖ ~**schonend** adj / economizador de pilas ‖ ⁓**schrank** m / armario m para baterías ‖ ⁓**setzmaschine** f (Bergb) / grupo m de cribas hidráulicas ‖ ⁓**spannung** f (Elektr) / tensión f de la batería, voltaje m de la batería ‖ ⁓**speisung** f / alimentación f por batería (o pilas) ‖ ⁓**strom** m / corriente f de batería[s] ‖ ⁓**träger** m (Akku) / portaacumulador m, chasis m para batería, estante m de batería ‖ ⁓**trog** m (Akku) / cubeta f del acumulador ‖ ⁓**trog** (Bahn) / compartimiento m para batería ‖ ⁓**uhr** f (Instr) / reloj m de pilas ‖ ⁓**umschalter** m (Elektr) / conmutador m de baterías ‖ ⁓**verteilungstafel** f / cuadro m de distribución para baterías ‖ ⁓**werk** n (Uhr) / movimiento m a pilas, mecanismo m a pilas ‖ ⁓**wirkungsgrad** m (Elektr) / rendimiento m de batería ‖ ⁓**zelle** f / elemento m de batería ‖ ⁓**zündung** f (Kfz) / encendido m por batería
Batteur, Baumwollschläger m (Tex) / batán m, cilindro m batidor ‖ ⁓**wickel** m / rollo m de tela del batán
BAT-Werte, Biologische Arbeitsplatzwerte / valores de tolerancia biológica en el puesto de trabajo m pl
Batzen m, Klumpen m / terrón m
Bau m, Bauen n (Tätigkeit) / construcción f, edificación f ‖ ⁓ (pl.: Bauten), Gebäude n, Bauwerk n, Baulichkeit f / edificio m ‖ ⁓, Mauerwerk n / mampostería f, bancada f ‖ ⁓ (noch im Bau befindlich), Neubau m / obra f [nueva] ‖ ⁓ (Chem) / estructura f, construcción f, constitución f ‖ ⁓, Anbau m (Landw) / cultivo m ‖ ⁓, Aufbau m (Biol) / organización f, estructura f, constitución f ‖ ⁓..., baulich / estructural ‖ ⁓ m, Abbau m (Bergb) / explotación f ‖ ⁓, Aufbau m, Herstellung f (Masch) / construcción f, fabricación f ‖ ⁓..., Architektur... / arquitectónico ‖ ⁓ m **mit großflächigen Betonfertigteilen** / construcción f con elementos de hormigón prefabricados ‖ **im** ⁓, im Bauzustand / en [estado de] construcción
Bau•abnahme f (amtlich) / recepción f [oficial] de la obra ‖ ⁓**abschnitt** m / sección f de construcción, fase f de construcción ‖ ⁓**abschnitt** (Bahn) / etapa f de un programa ‖ ⁓**abstand** m (Bergb) / distancia f entre monteras ‖ ⁓**abteilung** f (Behörde) / departamento m ‖ ⁓**abteilung** (Bahn) / Servicio m de Vías y Obras ‖ ⁓**abteilung** (Bergb) / sección f de explotación ‖ ⁓**akustik** f / acústica f arquitectónica ‖ ~**akustische Prüfung** / ensayo m de acústica arquitectónica ‖ ⁓**amt** n / sección f de urbanismo ‖ ⁓**anordnung** f / disposición f del edificio ‖ ⁓**anschlag** m, Kostenvoranschlag m / presupuesto m de construcción ‖ ⁓**arbeiten** f pl / obras f pl [de construcción], obras f pl públicas ‖ ⁓**arbeiter** m / obrero m de [la] construcción ‖ ⁓**arbeiter** m pl, Rotte f / equipo m, brigada f ‖ ⁓**art** f (allg) / forma f de construcción, forma f de ejecución ‖ ⁓**art**, Bauweise f / modo m de construcción, tipo de construcción ‖ ⁓**art**, Stil m, Stilart f / arquitectura f, estilo m ‖ ⁓**art**, Ausführungsart f / tipo m de ejecución ‖ ⁓**art**, Modell n / tipo m, modelo m ‖ ⁓**art**, Art f des Entwurfs, Bauart und -form / diseño m ‖ ⁓**art**, System n / sistema m de construcción ‖ ⁓**art**, Ausführung f (Herkunftsangabe) / de construcción (alemana, española etc) ‖ **gedrängte** ⁓**art** / construcción f compacta ‖ ⁓**artgenehmigung** f / homologación f de tipo ‖ ⁓**artspezifikation** f / especificación f para homologación ‖ ⁓**artzulassung** f / homologación f ‖ ⁓**auflage** f / servidumbre f de construcción ‖ ⁓**aufnahme** f / levantamiento m de edificios ‖ ⁓**aufsicht** f / inspección f de las obras o de la

construcción ‖ ⁓**auftrag** m / encargo m de obra[s] ‖
⁓**aufzug** m / montacargas m para edificaciones ‖
⁓**aufzugwinde** f / torno m para obras ‖ ⁓**ausführung** f
/ ejecución f de obra, construcción f ‖
⁓**ausschreibung** f / concurso-subasta m de una obra ‖
⁓[**aus**]**trockner** m (Gerät) / secador m de obras
baubar / que puede construirse
Bau•baracke f, Baubude f / barraca f de obras, caseta f,
alpende m, casilla f de obra[s] (LA) ‖ ⁓**bedarf** m /
materiales m pl de construcción ‖ ⁓**beginn** m (Bau) /
comienzo m de las obras ‖ ⁓**behörde** f, -amt n /
oficina f de obras y construcciones ‖ ⁓**beschlag** m,
Baubeschläge m pl, Bauutensilien pl / herrajes m pl
para obra ‖ ⁓**beschreibung** f (Masch) / descripción f de
una máquina ‖ ⁓**beschrieb** m / especificación f de
construcción ‖ ⁓**betriebslehre** f / bases f pl teóricas y
prácticas de la construcción ‖ ⁓**bewilligung** f s.
Baugenehmigung ‖ ⁓**biologie** f / biología f de
construcción ‖ ⁓**blech** n (Hütt) / chapa f para
construcción ‖ ⁓**block** m (Elektr, Masch) / bloque m
funcional, elemento m constitutivo, elemento m
autónomo ‖ ⁓**block** (Urbanis.) / manzana f (E),
cuadro m (LA) ‖ ⁓**blocktechnik**, Modulartechnik f
(DV) / técnica f modular ‖ ⁓**breite**, Gesamtbreite f
(Masch) / anchura f total ‖ ⁓**büro** n / oficina f de obras
Bauch m, konvexe Form (allg) / barriga f, vientre m,
convexidad f ‖ ⁓, Unterseite f / superficie f inferior ‖
⁓ (Hütt) / vientre m del alto horno ‖ ⁓, Schiffsraum m
(von Unterdeck bis Kiel) / bodega f de buque ‖ ⁓,
Bilge f (Schiff) / sentina f, pantoque m, fondo m de cala
‖ ⁓ (Phys, Schwingung) / vientre m de oscilación ‖ ⁓,
fehlerhafte Ausladung oder Ausbauchung (Bau) /
abombamiento m ‖ ⁓ **der Bessermerbirne** (Hütt) /
vientre m del convertidor, barriga f ‖ ⁓ **des
Kupolofens** / vientre m del cubilote ‖ ⁓**behälter** m
(Luftf) / depósito m ventral, depósito m de fuselaje ‖
⁓**bildung** f, Schleierbildung f (Tex) / balonamiento m ‖
⁓**binde** f (Druck) / faja f
Bauchemikalien f pl / productos m pl químicos para la
construcción
bauchen vt, bauchig machen / abombar, dar convexidad
[a] ‖ **sich** ~ (Zylinder) / abombarse
Bauch•etikette f (Brau) / faja f ‖ ⁓**freiheit** f,
Bodenfreiheit f (Kfz) / altura f libre sobre el suelo,
distancia f del suelo
bauchig / abombado, convexo ‖ ~, geschwollen /
abombado, hinchado
Bauch•laden m (mit Tastatur zum Steuern von Kränen
u.ä.) / bandeja f con teclado para dirigir grúas etc. ‖
⁓**lage** f / posición f prona ‖ ~**landen** vi (Luftf) / hacer
un aterrizaje ventral o sin tren ‖ ⁓**landung** f (mit
eingezogenem Fahrgestell) (Luftf) / aterrizaje m con el
tren replegado ‖ ⁓**messer** n (Fischind.) / cuchilla f de
destripar ‖ ⁓**reif** m (Fass) / cerco m central ‖ ⁓**säge** f
(Wz) / sierra f de hoja convexa ‖ ⁓**seite** f (Gerb) / falda f
Bauchung f / convexidad f, abolsamiento m
Bauch•wolle f (Tex) / lana f ventral ‖ ⁓**zange** f,
Tiegelzange f (Hütt, Wz) / tenazas f pl de crisol
Baud n, Bd (1 Bd = 1 Schritt/s, 1 bit/s) (Fernm) / baudio
m
Bau•denkmal n / monumento m arquitectónico ‖
⁓**dock** n (Schiff) / dique m de construcción
Baudot-Code m (Fernm) / código m Baudot
Baudot-Drucker m / impresor m Baudot
Baudouinsche Probe (für Speiseöl) / ensayo m de
Baudouin, reacción f de Baudouin
Bau•ebene f, Bauhorizont m, -spiegel m / nivel m de
construcción, plano m de construcción ‖ ⁓**einheit** f,
Aufbaueinheit f (Bau, Eltronik, Masch) / unidad f
constructiva, unidad f lista para el montaje ‖ ⁓**einheit**
f (im Baukastensystem) / unidad f modular ‖
⁓**einheit**, Zelle f / célula f ‖ ⁓**einheit Tür** / unidad f
constructiva puerta ‖ ⁓**einzelheiten** f pl / detalles m pl
constructivos ‖ ⁓**element** n / elemento m constructivo

o de construcción ‖ ⁓**element**, -teil m, im Aufbau
wichtiges [Form]stück / elemento m funcional ‖
elektronisches ⁓**element** / componente m electrónico
bauen, erbauen / construir, edificar, levantar, erigir ‖ ~,
anlegen / trazar, hacer, construir ‖ ~, abbauen (Bergb)
/ explotar ‖ ~, bebauen (Landw) / labrar, cultivar ‖ **eine
Brücke** ~ / construir un puente ‖ ⁓ n, Errichten n /
erección f, edificación f, construcción f ‖ **industrielles**
⁓ / construcción f industrial[izada]
Bau•entwurf m, Projektierung f / proyecto m ‖
⁓**erlaubnis** f / permiso m de construcción, permiso m
de obras, licencia f de construcción
bäuerlicher Kleinbetrieb (Landw) / minifundio m,
pequeña explotación agricola
Bauernhof m, Gehöft n / finca f, granja f, alquería f,
cortijo m, masía f, caserío m, casa f de labranza,
explotación f agrícola
Bau•erwartungsland n / terreno m urbanizable, reserva
f urbana ‖ ⁓**erz** n / mineral m nativo ‖ ⁓**fach** n,
Baugewerbe n / ramo m de la construcción ‖ ~**fähig**,
abbaufähig (Bergb) / explotable, comercial ‖ ~**fällig** /
ruinoso, desmoronadizo ‖ ~**fällig sein** / amenazar
ruina ‖ ⁓**fälligkeit** f / estado m ruinoso ‖ ⁓**fehler** m /
defecto m constructivo o de construcción, vicio m de
construcción ‖ ⁓**feld** n (Bergb) / campo m de
explotación, sector m de extracción ‖ ~**fest** / sólido ‖
⁓**festigkeit** f / solidez f de la obra ‖ ⁓**feuchtigkeit** f /
humedad f de edificios ‖ ⁓**firma** f, Bauunternehmen
n / empresa f constructora, contratista m de obras ‖
⁓**firma**, -unternehmer m / constructor m (LA) ‖
⁓**flucht** f, -linie f, Fluchtlinie f / línea f de edificación,
alineación f ‖ ⁓**form** f / modo m de construcción,
forma f constructiva ‖ ⁓**formstahl** f (Hütt) / acero m
perfilado para la construcción ‖ ⁓**fortschritt** m /
adelanto m de la construcción, progreso m de las
obras ‖ ⁓**führer** m / aparejador m, maestro m de
obras ‖ ⁓**führung** f / dirección f de las obras ‖ ⁓**gebiet**
n / territorio m edificable, zona f edificable ‖
⁓**gelände** n, -grundstück n, -platz m, -stelle f / solar m,
finca f edificable, terreno m de construcción, zona f
de construcción ‖ ⁓**genehmigung** f, -erlaubnis f,
-konzession f / permiso m de construcción o de
edificación, licencia f de construcción o de obras ‖
⁓**genehmigungsbehörden** f pl, Baubehörde f /
autoridades f pl [en materia] de construcción ‖
⁓**genossenschaft** f / cooperativa f de construcción ‖
⁓**geräte** n pl / utensilios m pl para la construcción,
equipo[s] m[/pl] para la construcción ‖ ⁓**geräteführer**
m / maquinista m ‖ ⁓**gerippe** n / armazón m ‖ ⁓**gerüst**
n (Bau) / andamiaje m, tablado m, andamio m ‖
⁓**geschäft** n, Baufirma f / empresa f constructora,
contratista m de obras ‖ ⁓[**ordnungs**]**gesetz** n / Ley f
[de Ordenación] de la Edificación (E) ‖ ⁓**gesetzbuch**
n / Ley f de Suelo (E) ‖ ⁓**gesuch** n, Bauantrag m /
solicitud f [de licencia] de obra ‖ ⁓**gewerbe**,
-handwerk n / ramo m de la construcción, sector m de
la construcción ‖ ⁓**gewicht**, Rüstgewicht n (Luftf) /
peso m de construcción ‖ ⁓**gips** m / yeso m de
construcción ‖ ⁓**glas** n / vidrio m para la construcción
‖ ⁓**glaser** m / vidriero m de obra, vidriero m de
construcción ‖ ⁓**glied** n / elemento m constructivo ‖
⁓**grenze** f (Bergb) / límite m de explotación ‖ ⁓**größe** f
(Kfz, Masch) / tamaño m [constructivo] ‖ ⁓**grube** f /
zanja f de fundación, fosa f de obra, excavación f de
obra (LA) ‖ ⁓**grubensohle** f / solera f de la obra ‖
⁓**grund** m, Baugrundstück n (allg) / terreno m (para
edificar), solar m, finca f edificable ‖ ⁓**grund**,
Untergrund m (Bau) / terreno m de fundación o
cimentación ‖ **guter** ⁓**grund** (Bau) / terreno m firme ‖
⁓**grundbohrung** f / perforación f de estudio del
terreno ‖ ⁓**grundstück** n / solar m, finca f edificable ‖
⁓**gründung** f / cimentación f ‖ ⁓**grunduntersuchung**
f / reconocimiento m del terreno de cimentación ‖
⁓**gruppe** f (Luftf, Masch) / grupo m constructivo,

subgrupo *m*, subconjunto *m* ‖ ⁓**gruppe** (Eltronik) / subgrupo *m* de piezas sueltas ‖ ⁓**gruppe** (z.B. Dioden...) / grupo *m* de diodos etc. ‖ ⁓**gruppe** (F.Org) / componente *m* estructural ‖ ⁓**gruppenkonstruktion** *f* (Eltronik, Masch) / construcción *f* en unidades ‖ ⁓**gruppenträger** *m* (Elektr) / portamódulos *m* ‖ ⁓**guss** *m* (Hütt) / piezas *f pl* de fundición para la construcción ‖ ⁓**handwerk** *n* / ramo *m* de [la] construcción ‖ ⁓**handwerker** *m* / artesano *m* de la construcción ‖ ⁓**helling** *f* (Schiff) / varadero *m* ‖ ⁓**herr** *m* / propietario *m*, inversionista *m* (CUBA) ‖ ⁓**hilfsarbeiter** *m* / obrero *m* auxiliar de obras, peón *m* construcción ‖ ⁓**hof** *m*, Zimmerplatz, -hof *m* / taller *m* de construcción ‖ ⁓**hof**, -hütte *f* (Steinmetz) / taller *m* de picapedreros ‖ ⁓**hof**, Magazin *n* für Bauwaren / almacén *m* de material para obras ‖ ⁓**höhe**, Konstruktionshöhe *f* / altura *f* de construcción ‖ ⁓**höhe** *f* (Bau, Masch) / altura *f*, espesor *m* ‖ **flache** ⁓**höhe** (Bergb) / distancia *f* horizontal entre marcas, longitud *f* del tajo largo con respecto al buzamiento ‖ **seigere** ⁓**höhe** (Bergb) / diferencia *f* de nivel entre galería superior e inferior ‖ ⁓**holz** *n*, Zimmerholz *n* / madera *f* para la construcción, cuartón *m* ‖ **altes** ⁓**holz**, Abbruchholz *n* / madera *f* de derribo ‖ ⁓**horizont** *m* (Bergb) / plano *m* de construcción ‖ ⁓**hütte** *f* / barraca *f*, barraca *f*, casilla de obra, (LA) *f*, alpende *m*, galpón *m* ‖ ⁓**industrie** *f* / industria *f* de la construcción ‖ ⁓**ingenieur** *m* / ingeniero *m* civil [de obras], ingeniero *m* arquitecto ‖ ⁓**ingenieurwesen** *n* / ingeniería *f* de obras y construcciones, ingeniería *f* civil ‖ ⁓**jahr** *n* / año *m* de construcción ‖ ⁓**jahr 2005** (Kfz) / modelo *m* 2005 ‖ ⁓**kabel** *n* / cable *m* provisional ‖ ⁓**kalk** *m* / cal *f* de construcción, cal *f* para obras ‖ ⁓**kante** *f* (Gewölbe) (Bau) / aristón *m*
Baukasten *m* / caja *f* de construcción, kit *m* ‖ **in** ⁓**form aufbauen** / concebir en elementos desmontables o en unidades de montaje ‖ ⁓**prinzip** *f* / flexibilidad *f* de unidades ‖ ⁓**prinzip** (DV) / principio *m* modular, modularidad *f* ‖ ⁓**system** *n* / sistema *m* de [montaje por] unidades normalizadas, sistema *m* de unidades de montaje, sistema *m* de elementos combinables, construcción *f* modular ‖ ⁓**teil** *n* / módulo *m* intercambiable
Bau • keramik *f* / cerámica *f* de construcción ‖ ⁓**kette** *f* (Bergb) / línea *f* de entibación ‖ ⁓**kies** *m* / grava *f* para obras ‖ ⁓**klammer** *f* (Bau, Zimm) / pinza *f* de unión, laña *f*, grapón *m* (E), grampón *m* (LA), grampa *f* ‖ **zweiseitige** ⁓**klammer**, Kreuzklammer *f* (Zimm) / grapón *m* en cruz ‖ ⁓**klempner** *m*, -spengler *m* (süddeutsch) / hojalatero *m* de construcción (E), plomero *m* de construcción (LA) ‖ ⁓**klimatik** *f* / climatología *f* de la construcción ‖ ⁓**kolonne** *f* (Bau) / brigada *f* de obreros, equipo *m* de obreros ‖ ⁓**kolonnenführer** *m*, Kapo *m* / capataz *m* ‖ ⁓**kompressor** *m* / compresor *m* para obras ‖ ⁓**konstruktion** *f*, -plan *m* / plan *m* de construcción, elaboración *f* de planes de construcción ‖ ⁓**konstruktionselemente** *n pl* (allg, Plast) / elementos *m pl* de construcción ‖ ⁓**kontrakt** *m* / contrato *m* de construcción ‖ ⁓**körper** *m*, -masse *f* (Bau) / cuerpo *m* ‖ ⁓**kosten** *pl* / costes *m pl* de construcción ‖ ⁓**kostenabrechnung** *f* / memoria *f* de una obra ‖ ⁓**kostenvoranschlag** *m* / presupuesto *m* [de costes] de construcción ‖ ⁓**kran** *m* / grúa *f* para construcciones [de edificación], grúa *f* de obra ‖ ⁓**kran**, Montagekran *m* / grúa *f* de montaje ‖ ⁓**kunst** *f*, Architektur *f* / arquitectura *f*, arte *m* de la construcción ‖ ⁓**land** *n* / terreno *m* edificable ‖ ⁓**landausweisung** *f* / declaración *f* de terreno edifiable ‖ ⁓**landerschließung** *f* / urbanización *f* ‖ ⁓**landumlegung** *f* / redistribución *f* del terreno, reasignación *f* del terreno ‖ ⁓**länge** *f* (Bergb) / distancia *f* entre límite de explotación y línea inicial ‖ ⁓**länge** (Kfz, Masch) / longitud *f* de construcción,

longitud *f* útil, largo *m* de la construcción ‖ ⁓**länge** (Armatur) / largo *m* entre frentes ‖ ⁓**länge** (o. wirkliche Länge) eines Kabels (Elektr) / longitud *f* efectiva de un cable ‖ ⁓**lärm** *m* / ruido *m* de obras ‖ ⁓**leistung** *f* / prestación *f* de obras ‖ ⁓**leiter** *m* / jefe *m* de obras ‖ ⁓**leitplan** *m* (Städtebau) / plan *m* general de edificación, plan *m* de urbanización ‖ ⁓**leitplanung** *f* / urbanismo *m*, planificación *f* de la construcción ‖ ⁓**leitung** *f* / dirección *f [pl]* de obra[s]
baulich / arquitectónico, estructural, constructivo ‖ ~**e Änderung** (allg, Bau) / modificación *f* estructural ‖ ~**e Anlagen** *f pl* / instalaciones *f pl* estructurales ‖ ~**e Anlagen** (Bahn) / instalaciones *f pl* de la vía ‖ ~**e Durcharbeitung** / elaboración *f* estructural o de planos de construcción ‖ ~**e Maßnahme** / medidas *f pl* constructivas ‖ ~ **symmetrisch** (Fernm) / de estructura simétrica ‖ **in schlechtem** ~**en Zustand** / en mal estado [constructivo]
Baulichkeit *f* / inmueble *m*, edificio[s] *m pl*
Bau • linie *f*, Fluchtlinie *f* / alineación *f*, alineamiento *m*, línea *f* de edificación ‖ ⁓**los** *n* / lote *m* de obras ‖ ⁓**lücke** *f* / solar *m* no edificado entre dos casas
Baum *m* (Bot, DV, Techn) / árbol *m* ‖ ⁓, Hebel *m* (Masch) / pluma *f*, palo *m*, botalón *m* de carga ‖ ⁓, Kettbaum *m* (Web) / plegador *m*, enjulio *m* ‖ ⁓ (Schiff) / mástil *m*, botalón *f*, puntal *m* de carga ‖ ⁓ (am Pflug), Grindel *m* (Landw) / cama *f* (del arado)
Bau • malerei *f* / pintura *f* decorativa (de edificios) ‖ ⁓**mängel** *m pl* / defectos *m pl* o vicios de construcción
Baumannabdruck *m*, Baumannsche Schwefelprobe (Hütt) / impresión *f* [de] Baumann
Baumarkt *m* / mercado *m* de materiales de construcción
baum • artig [verzweigt] / arborescente, arboriforme ‖ ~**artige Ausblutung** (Galv) / arborescencias *f pl*, salientes *m pl* macroscópicos
Bau • maschine *f* / máquina *f* de construcción, máquina *f* de obra ‖ ⁓**maschinen** *f pl* / maquinaria *f* de construcción, maquinaria *f* para obras ‖ ⁓**maschinentechniker** *m* / técnico *m* o ingeniero de máquinas de construcción ‖ ⁓**maß** *n* (Masch) / medida *f*, dimensión *f*, medida *f* de ejecución ‖ ⁓**maße** *n pl* (Bau) / cotas *f pl* [de construcción] ‖ ⁓**masse** *f*, -körper *m* (Bau) / cuerpo *m* ‖ ⁓**massen** *f pl* / masas *f pl* de construcción, masas *f pl* de la obra, volumen *m* ‖ ⁓**massenplan** *m* / plano *m* de masas de la obra ‖ ⁓**massenzahl** *f* (zulässige m³ Baumasse pro Grundstücksgröße in m²), BMZ / índice *m* de masas de la obra, índice *m* de edificabilidad ‖ ⁓**materialien** *n pl*, Baubedarf *m*, Baustoffe *mpl* / materiales *m pl* de construcción, materiales *m pl* estructurales
Baum • auflager *m* (Schiff) / soporte *m* de botalón ‖ ⁓**axt** *f*, -hacke *f* (Wz) / hacha *f* de leñador ‖ ⁓**bestand** *m* (Forstw) / arbolado *m*, número *m* de árboles
Baumé-Grad (Aräometer) (Chem, Phys) / B, [grado] Baumé *m*
Baumeister *m* / constructor *m*, arquitecto *m*
baumeln *vi*, schaukeln / bascular, balancear, bambolear[se]
bäumen (Web) / plegar la urdimbre ‖ ⁓ *n* / plegado *m*
Bäumer *m* (Web) / plegador *m*
Baumerkmale *n pl* (Kfz, Masch) / características *f pl* construccionales, particularidades *f pl* constructivas
Baumé-Skala *f* (Chem, Phys) / escala *f* Baumé
Baumethode *f* / método *m* de construcción
Baum • fällmaschine *f* (Forstw) / máquina *f* para talar árboles ‖ ⁓**fäule** *f* / pecu *m* ‖ ~**förmig**, verästelt, verzweigt / ramificado
Bäumgeschwindigkeit *f* (Web) / velocidad *f* de plegado
Baum • grenze *f* (Bot, Geo) / límite *m* de árboles o del arbolado, límite *m* de la vegetación arbórea ‖ ⁓**harz** *n* / resina *f* ‖ ⁓**harz**, Harzpech *n* / resina *f* pícea ‖ ~**kantig** (Holz) / albornado ‖ ⁓**kluppe** *f* (Forstw) / calibre *m* forestal, forcípula *f* ‖ ⁓**kran** *m* / grúa *f* para

Baumkrone

troncos ‖ ~**krone** f (Bot) / copa f del árbol, cima f ‖ ~**kunde** f (Bot) / dendrología f
Bäummaschine f (Web) / plegadora f, enrolladora f de urdimbres
Baummesser n (Wz) / cuchilla f arbolera
Baumodul m / módulo m constructivo de base
Baum•rinde f (Bot) / corteza f de árbol ‖ ~**säge** f (Wz) / sierra f de leñador, sierra f arbolera ‖ ~**schälmesser** n / cuchilla f descortezadora ‖ ~**schären** n (Web) / urdido m y plegado ‖ ~**schere** f (Wz) / podadera f, tijeras f pl de podar ‖ **große** ~**schere** / calabozo m ‖ ~**schule** f, Pflanzschule f (Forstw) / plantel m, vivero m ‖ ~**spritze** f, Motor-Baumspritze f (Landw) / motopulverizador m para árboles frutales ‖ ~**stamm**, Stock m (Forstw) / tronco m de árbol ‖ ~**struktur** f (DV) / estructura f de árbol
Bäumstuhl m (Web) / caballete m para plegar, caballete m para montar el plegador
Baum•stumpf m, Stock m [oberhalb der Erde] (Forstw) / tronco m de árbol sin raíz, troncón m ‖ ~**stumpf** [**mit Wurzel**], Stubben m / tocón m, cepa f ‖ ~**suche** f (DV) / ruteo m
Baumuster n (Bau, Masch) / modelo m de construcción, tipo m
Bäumvorrichtung f (Web) / dispositivo m de plegado
Baum•wachs n (Landw) / cera f vegetal, mastic m para injertar, betún m de injertar ‖ ~**wipfel** m, -krone f (Bot) / copa f, cima f ‖ ~**woll...**, baumwollen adj (Tex) / de algodón
Baumwoll•abfall m / desechos m pl de algodón, borra f de algodón ‖ ~**anbau** m / cultivo m de algodón ‖ ~**artig**, Baumwoll... / algodonoso, algodonero, gosipino ‖ ~**artiger Griff** / tacto m algodonoso ‖ ~**aufbereitung** f / preparación f de algodón ‖ ~**ausbreiter** m / esparcidor m de algodón ‖ ~**ballen** m / bala f de algodón ‖ ~**ballenbrecher** m, Ballenbrecher m / abridora f de balas ‖ ~**band** n (Elektr) / cinta f de algodón ‖ ~**batist** m (Tex) / batista f de algodón ‖ ~**bleiche**, -bleichung f / blanqueo m de algodón ‖ ~**dämpfer** m / vaporizador m de algodón ‖ ~**decke** f / manta f de algodón ‖ ~**drell** m / dril m, cutí m, terliz m
Baumwolle f, Co / algodón m ‖ ~ **klopfen** (o. schlagen) / batir el algodón ‖ **ungereinigte** ~ / algodón m bruto
baumwollen / de algodón ‖ ~**e Polierscheibe** (Galv) / disco f de trapo de algodón para pulir ‖ ~**e Putzwolle** / algodón m para limpiar, borra f de algodón
Baumwoll•entkörnungsmaschine f (Tex) / desgranadora f de algodón, despepitadora f de algodón, desmotadora f de algodón ‖ ~**fabrik** f / factoría f algodonera ‖ ~**faden** m / hilo m de algodón ‖ ~**färbeanlage** f / instalación f para teñir algodón ‖ ~**färberei** f / tintorería f de algodón ‖ ~**farbstoff** m / colorante m para algodón ‖ ~**faser** f, -stapel m / fibra f [cortada o corta] de algodón, hebra f de algodón ‖ ~**feinstrecker** m / estiradora f fina de algodón ‖ ~**flocken** f pl / flocos m pl de algodón ‖ **[flug]staub** m (Tex) / polvo m de algodón, borrilla f de algodón ‖ ~**flusen** f pl, -flaum m / pelusilla f de algodón ‖ ~**garn** n, -zwirn m (Spinn) / hilo m de algodón, hilado m de algodón ‖ ~**gaze** f / gasa f de algodón ‖ ~**gebiet** n, -gürtel m / región f de cultivo de algodón ‖ ~**gespinst** n / hilaza f de algodón, hilado m de algodón ‖ ~**gewebe**, -zeug n, -stoff m / tejido m de algodón ‖ ~**gewebe** n **aus gefärbtem Garn** / tejido m de hilos teñidos de algodón ‖ ~**gewebeeinlage** f (Gummi) / capa f de algodón ‖ ~**grobgarn**, Zweizylindergarn n (Spinn) / hilo m cardado de algodón ‖ ~**gurt** m / cinta f de algodón ‖ ~**haspler** m, -weifer m / devanador m de algodón, aspeador m de algodón ‖ ~**industrie** f / industria f algodonera ‖ ~**kämmerei** f, -kämmen n / peinado m del algodón ‖ ~**kammgarn** n (Spinn) / hilo m de algodón peinado, peinado m de algodón ‖ ~**kämmmaschine** f / peinadora f de algodón ‖

~**kapsel** f (Bot) / cápsula f de algodón ‖ ~**kapselkäfer**, Antonomus grandis Boh m (Zool) / picudo m del algodón ‖ ~**kapselwurm** m (Larve von Heliothis armigera) (Zool) / gusano m del algodonero ‖ ~**kette** f (Web) / urdimbre f de algodón ‖ ~**köper** m (Tex) / sarga f de algodón ‖ ~**kratze**, -karde, -krempel f (Spinn) / carda f de algodón ‖ ~**kunstspinnerei** f / hilatura f de desechos de algodón ‖ ~**linters** pl / línteres m pl de algodón ‖ ~**lunge** f (Med) / bisinosis f ‖ ~**mittelstrecker** m / manuar m intermedio ‖ ~**molton** m / moletón m de algodón ‖ ~**musselin** m / muselina f de algodón ‖ ~**noppe** f / nudo m de algodón, botón m de algodón, mota f de algodón ‖ ~**öffner** m, Opener m / abridor m de algodón, abrebalas f ‖ ~**pflanze** f, Gossypium n (Bot) / algodonero m, gosipio m ‖ ~**pflanzer** m / cultivador m de algodón, cotonicultor m ‖ ~**pflanzung** f, -plantage f / plantación f de algodón, algodonal m ‖ ~**pflückmaschine** f, -picker m / recolectora f de algodón ‖ ~**plüsch** m (Tex) / felpa f de algodón ‖ ~**presse** f / prensa f de algodón ‖ ~**-Presskuchen** m / torta f de algodón ‖ **ägyptische** ~**raupe**, Prodenia litura (Zool) / rosquilla f negra ‖ ~**reiniger** m (Tex) / limpiadora f de algodón ‖ ~**rips** m / reps m de algodón ‖ ~**samen** m, -saat f (Landw) / semilla f de algodón ‖ ~**samenkuchen** m / torta f de semillas o granos de algodón ‖ ~**samenöl** m (Pharm) / aceite m de semilla de algodón ‖ ~**samt** m (Tex) / terciopelo m de algodón ‖ ~**satin** f / satín m de algodón, satén m de algodón ‖ ~**schädlinge** m pl (Zool) / insectos m pl nocivos o destructores del algodonero ‖ ~**schläger** m, -schlagmaschine f (Tex) / batán m ‖ ~**schlauch** m / tubo m de algodón ‖ ~**schnur** f / cordón m de algodón ‖ ~**schwabbelscheibe** f (Galv) / disco m de trapo de algodón para pulir ‖ ~**speiser** m (Spinn) / alimentador m de algodón ‖ ~**spinnerei** f (Tätigkeit) / hilatura o hilandería de algodón ‖ ~**spinnerei** (Fabrik) / hilandería f de algodón ‖ ~**spinnmaschine** f (Tex) / hiladora f de algodón ‖ ~**spinnmaschine für Kabel** / recubridora f de cables con algodón ‖ ~**stapel** m, -faser f / fibra f de algodón, hebra f de algodón ‖ ~**stoff** m / tejido m de algodón ‖ ~**stramin** m / cañamazo m de algodón ‖ ~**streckmaschine** f, -strecker m / manuar m de algodón, estiradora f de algodón ‖ ~**streichgarn** n / hilo m cardado de algodón, cardado m de algodón ‖ ~**stripper** m (Landw) / cosechadora f de algodón ‖ ~**weißes** ~**tuch** (Tex) / coquillo m ‖ ~**tüll** m, Bobinet / tul m de algodón ‖ ~**überspinner** m (Elektr) / recubridor m de cables o hilos con algodón ‖ ~**umklöppelung** f (Tex) / trenzado m de algodón ‖ ~**umspinnung** f (Kabel) / revestimiento m de algodón ‖ ~**umsponnen**, [doppelt]baumwollumsponnen (Elektr, Kabel) / revestido de algodón, con revestimiento [doble] de algodón, recubierto de algodón ‖ **mit** ~**unterlage** (Tex) / con fundación de tejido de algodón, con capa de fundación de tejido de algodón ‖ ~**vollendung** f / acabado m del algodón ‖ ~**vorgarnspinnmaschine** f / mechera f para algodón ‖ ~**wachs** n (Chem) / cera f de algodón ‖ ~**wanze** f (Zool) / chinche m f del algodonero ‖ ~**ware** f **in Leinwandbindung** (Tex) / tejido m liso de algodón, lienzos m pl de algodón ‖ ~**weberei** f / manufactura f de tejidos de algodón ‖ ~**weifer** m / devanador m de algodón ‖ ~**zellstoff** m / celulosa f de algodón ‖ ~**zopf** m, gezopfter oder gedoggter Strang (Tex) / trenza f de algodón, trenzada f de algodón ‖ ~**zwirn** m / torcido m de algodón ‖ ~**zwirnerei** f / fábrica f de torcido de algodón ‖ ~**zwirnkette** f / cadena f de torcido de algodón
Baumzange f (Forstw) / tenazas f pl para ábolas
Bau•nebengewerbe n / ramo m anejo a la construcción, industrias f pl subsidiarias de la construcción ‖ ~**nebenkosten** f pl / gastos m pl adicionales de edificación ‖ ~**nennmaß** n / medida f nominal

(exclusive juntas) ‖ ≈**nummer** f, Werknummer f (Masch) / número m de fábrica, número m de serie ‖ ≈**ökonomie** f / economía f de la construcción ‖ ≈**ordnung** f / reglamento m de edificación, ley f u ordenanza de edificación ‖ ≈**ordnung** (Abstimmung der Maße) / coordinación f de las dimensiones de edificios ‖ ≈**ornamente** n pl, -dekor m n (Bau) / ornamentos m pl de construcción ‖ ≈**pappe** f / cartón m aislante [embreado] ‖ ≈**parzelle** f / lote m de solar, parcela f ‖ ≈**physik** f / física f de construcción ‖ ~**physikalisch** / físicoconstructivo ‖ ≈**plan** m (Bau) / plano m de la construcción ‖ ≈**plan** (Masch) / esquema m de montaje, plano m de ejecución ‖ ≈**plan** (Biol) / plan m estructural o de organización ‖ ≈**plan für die Erweiterung eines Netzes** (Elektr) / estudio m para ampliación de red ‖ ≈**platte** f (Bau) / panel m para construcción, placa f para construcción ‖ ≈**platte** (Fertigteil) / placa prefabricada de hormigón f ‖ ≈**platz** m, Standort m des Bauwerks / ubicación f de obra, emplazamiento m de una obra ‖ ≈**platz** (Grundstück) / solar m (E), lote m (ARG), sitio m (Chile) ‖ ≈**polier** m, Polier m / capataz m de obra ‖ ≈**polizei** f / inspección f de obras y edificaciones ‖ ≈**programm** n / programa m de construcción ‖ ≈**pumpe** f, Grubenpumpe f / bomba f para obras ‖ ≈**recht** n / reglamentación f urbanística, normas f pl legales en materia de construcción ‖ ~**reif**, erschlossen / urbanizado, edificable, preparado para la construcción ‖ ≈**reihe** f (Bergb) / línea f de puntales, fila f de estemples ‖ ≈**reihe** (von Erzeugnissen) / serie f, gama f (de productos) ‖ **schwere**, [leichte] ≈**reihe** / serie f pesada, [ligera] ‖ **extraleichte** ≈**reihe** / serie f superligera ‖ ≈**reihennummer** f (Masch) / número m de serie ‖ ≈**richtmaß**, Rastermaß n (Bau) / dimensión f modular ‖ ≈**richtmaß** n (Ggs: Baunennmaß) (Masch) / dimensión f nominal (inclusive las juntas) ‖ ≈**riss** m (Bergb) / traza f de filones, plano m de vetas ‖ ≈**ruine** f / ruina f, edificio m no terminado o abandonado ‖ ≈**sachverständiger** m / experto m de construcción, perito m en obras ‖ ≈**sand** m / arena f para obras ‖ ≈**satz** m (Install, Masch) / juego m de piezas ‖ ≈**satz** (z. Selbstbauen) / kit m de construcción

Bausch m (Chem, Med) / tapón m, tampón m ‖ ≈ (Tex) / arremango m

Bau•schaltplan m (Elektr) / plano m de conexión, esquema m de montaje ‖ ≈**schaltung** f (Elektr) / circuito m de montaje ‖ ≈**schein** m, Bauerlaubnis f / permiso m de construcción o de obras, licencia f de construcción

bauschen, sich ~ (allg) / hincharse, inflarse ‖ **sich** ~ (Pap, Web) / ondularse

Bauschgarn n, texturiertes Garn (Spinn) / hilo m texturado

Bau•schlosser m / cerrajero m de obra, mecánico m de obra ‖ ≈**schlosserei** f (Bau) / cerrajería f de obra, carpintería f metálica ‖ ≈**schnittholz** n / madera f aserrada para obra ‖ ≈**schreiner**, -tischler m / carpintero m de obra ‖ ≈**schreinerei** f, Bautischlerei f / carpintería f de obra

Bauschstapel-Garn n, Hochbauschgarn m (Spinn) / hilo m muy mullido, hilo m altamente rizado

Bauscht f, Pauscht f (Pap) / pila f de papel (preparada para la prensa)

Bau•[fach]schule f / escuela f de arquitectura ‖ ≈**schutt** m / escombros m pl, cascotes m pl ‖ ≈**schutz** m s. Bautenschutz ‖ ~**seitig** (in Verträgen usw.) / a cargo del propietario ‖ ≈**sektor** m (öffentl. Bauwesen) / obras f pl públicas (E), sector m edilicio (ARG) ‖ ≈**sektor** (kommunal) / sector m edilicio ‖ ≈**silber** n (Hütt) / argentán m para construcciones ‖ ≈**sohle** f (Bau) / solera f ‖ ≈**sohle** (Bergb) / piso m de labor, nivel m de explotación ‖ ≈**sohlenhöhenlinie** f, -maß n (Bau) / cota f de solera ‖ ≈**sparkasse** f / caja f de ahorros para la construcción ‖ ≈**spengler** m (Südd.) /

fontanero m de construcción ‖ ≈**sperrgebiet** n / zona f de edificaciones restringidas ‖ ≈**spiegel** m / espejo m de la construcción (normas) ‖ ≈**spiegel** / nivel m de construcción ‖ ≈**stahl** m (Hütt) / acero m estructural o de construcción ‖ **allgemeine o. gewöhnliche** ≈**stähle** / aceros m pl de construcción de aplicación general ‖ ≈**stahlmatte** f (Bewehrungsmatte, z.B. Baustahlgewebe) (Bau) / enrejado m de armadura, emparrillado m de acero para hormigón armado, tejido m metálico soldado ‖ ≈**stahlträger** m / viga f de acero de construcción ‖ ≈**statik** f / estática f para construcciones ‖ ≈**steiger** m (Bergb) / capataz m de los edificios de minas

Baustein m (beliebiger Art) (Bau) / elemento m, bloque m, sillar m ‖ ≈, behauener Werkstein m / piedra f de construcción ‖ ≈ m, Bauelement n (Eltronik) / elemento m constitutivo, elemento m unitario, bloque m funcional [autónomo] ‖ ≈ (Biol, Chem) / elemento m constituyente ‖ **hervorstehender** ≈, Bossenquader m / sillar m realzado ‖ ~**artig**, Modul... / modular ‖ ≈**auswahl** f / selección f de chip, selección f de plaqueta ‖ ≈**gruppe** f (Eltronik) / grupo m de bloques funcionales, conjunto m funcional ‖ ≈**prinzip** n / principio m de elementos constitutivos o unitarios ‖ ≈**system** n / sistema m de piezas funcionales, sistema m de unidades funcionales, técnica f modular

Baustelle f (Bau) / ubicación f de obra, emplazamiento m de una obra, sitio m ‖ ≈ (die eigentliche), Baugelände n / lugar m de obras, solar m ‖ ≈ !, Achtung Baustelle! (Straße) / ¡obras! ‖ **auf der** ≈ / al pie de la obra

Baustellen•abrechnung f / memoria f del emplazamiento de una obra ‖ ≈**anschluss** m, Montagestoß m (Stahlbau) / junta f de montaje ‖ ≈**anstrich** m (Bau) / pintura f en la obra ‖ ≈**bedingungen** f pl, -verhältnisse n pl / condiciones f de la ubicación de obras ‖ ≈**beton** m, Ortbeton m / hormigón m preparado en sitio ‖ ≈**einrichtung** f / instalaciones f pl de la obra ‖ ≈**einsatz** m / empleo m en obra, utilización f en [la] obra ‖ ≈**kompressor** m (Straßb) / compresor m para obras ‖ ≈**mischer** m (Bau) / mezclador m para obras o en obra ‖ ≈**montage** f / montaje m al pie de la obra ‖ ≈**schweißung** f / soldadura f en la obra ‖ ≈**signal** n (Bahn) / señal f de trabajo en la vía ‖ ≈**straße** f / camino m de obra ‖ ≈**versuch** (Bau) / ensayo m al pie de la obra

Baustil, Bauweise f / estilo m [arquitectónico] ‖ ≈ (Antike, Säulen) / orden m

Baustoff m (Bau) / material m de construcción ‖ ≈ (Biol, Chem) / sustancia f estructural ‖ ≈**industrie** f, Baumaterialindustrie f / industria f de materiales de construcción ‖ ≈**labor** n / laboratorio m para [ensayos de] materiales de construcción ‖ ≈**lieferant** m (Bau) / suministrador m de material de construcción ‖ ≈**prüfmaschine** f / máquina f para ensayar materiales de construcción ‖ ≈**-Recycling** n / reciclaje m de material de construcción ‖ ≈**versorgung** f / suministro m, aprovisionamiento m de materiales de construcción, rastro m (CUBA) ‖ ≈**waage** f / báscula f para elevadores de cangilón

Bau•stromverteiler m (Elektr) / distribuidor m de corriente para obra ‖ ≈**stufe** f, Ausbaustufe f / etapa f de construcción, fase f de construcción ‖ ≈**substanz** f / sustancia f de un edificio ‖ ≈**tätigkeit** f / actividad f constructora ‖ ≈**technik** f, -wesen n / ingeniería f civil, construcción f ‖ ≈**techniker** m / técnico m de la construcción, constructor m de obras ‖ ~**technisch** / arquitectónico ‖ ≈**teil** m (Bau) / elemento m de construcción ‖ ≈**teil** m n, -glied m (Eltronik) / componente m, elemento m, pieza f suelta, elemento m suelto, elemento m componente ‖ **wichtiges** ≈**teil** / elemento m estructural ‖ **aktives**, [**passives**] ≈**teil** (Eltronik) / componente m activo, [pasivo] ‖ ≈**teile** n pl, Einzelteile (zum Zusammenbau) (Bau) / órganos m

Bauteileschaltplan

pl, elementos *m pl* [prefabricados] ‖ ⁓**teileschaltplan**, Verlegungsplan *m* (Eltronik) / plan *m* de colocación o de conexión, esquema *m* de conexión ‖ ⁓**teileseite** *f* (gedr.Schaltg) / lado *m* de componentes ‖ ⁓**teilfuß** *m*, Bauteilende *n* (Eltronik) / hilo *m* pasante o de paso ‖ ⁓**teiltoleranz** *f* (Bau, Masch) / tolerancia *f* de dimensión del elemento de construcción ‖ ⁓**teilzugänglichkeit** *f* (Eltronik, Masch) / accesibilidad *f* de componentes
Bauten *m pl* (sing: Bau) / edificios *m*, construcciones *f* ‖ ⁓ *m pl* (Film, TV) / decorados *m pl* ‖ **öffentliche** ⁓ / obras *f* públicas ‖ ⁓**abdichtung** *f* / hermetización *f* de edificios ‖ ⁓**anstrichfarbe** *f* / pintura *f* para edificios ‖ ⁓**schutz** *m* / protección *f* de obras o edificios
Bau•tischler *m*, -schreiner *m* / carpintero *m* de obras ‖ ⁓**tischlerei** *f*, -schreinerei *f* / carpintería *f* de obras ‖ ⁓**tischlerei-Außenarbeiten** *f pl* / carpintería *f* exterior, [interior] ‖ ⁓**träger** *m* / promotor *m* de una construcción ‖ ⁓**trupp** *m*, Bahnunterhaltungsrotte *f* (Bahn) / brigada *f* de la vía (E), cuadrilla *f* de la vía (LA), grupo *m* de la vía (Ch) ‖ ⁓**trupp**, Montagekolonne *f* (Fernm, Masch) / brigada *f* de montaje, equipo *m* de montaje ‖ ⁓**trupp** (Bau) / escuadrilla *f* de construcción ‖ ⁓**überwachung** *f* / control *m* de las obras, vigilancia *f* de las obras, inspección *f* de la construcción ‖ ⁓**- und Betriebsvorschriften** *f pl* / instrucciones *f pl* para construcción y servicio ‖ ⁓**- und Nutzholz** *n* / madera *f* para la construcción ‖ ⁓**unternehmer** *m* / contratista *m* de obras, constructor *m* (LA) ‖ ⁓**unternehmung** *f*, -unternehmen *n* / empresa *f* constructora ‖ ⁓**vertrag** *m* / contrato *m* de construcción, contrato *m* de obras ‖ ⁓**vorhaben** *n* / proyecto *m* de construcción, proyecto *m* de obras ‖ ⁓**vorschrift** *f* / reglamento *m* de obras ‖ ⁓**vorschriften** *f pl* / reglamentación *f* de construcción, reglamentos *m pl* de edificación, prescripciones *f pl* técnicas ‖ ⁓**vorschriften** (Schiff) / reglamentos *m pl* para la construcción naval ‖ ⁓**wagen** *m* / remolque-vivienda *m* para obras ‖ ⁓**wasserhaltung** *f* / agotamiento *m* de agua para obras ‖ ⁓**weise**, -art *f* (allg) / modo *m* o tipo de construcción ‖ ⁓**weise** *f*, Stil *m* (Bau) / estilo *m* ‖ ⁓**weise**, Ausführung *f* / construcción *f*, ejecución *f* ‖ ⁓**weise** (Bergb) / tipo *m* de explotación ‖ ⁓**werk** *n* / edificio *m* ‖ ⁓**werksabdichter** *m* (Beruf) / aislador *m* de obras, edificios etc. ‖ ⁓**werksachse** *f* / eje *m* de simetría ‖ ⁓**werksetzung** *f* / hundimiento *m* de la obra ‖ ⁓**wesen** *n* (allg) / ingeniería *f* civil, construcción *f* ‖ **öffentliches** ⁓**wesen** / construcciones *f pl* públicas, obras *f pl* públicas ‖ ⁓**wich** *m*, Häuserzwischenraum *m* / distancia *f* (mínima admisible) entre edificios ‖ ⁓**winde** *f* / cabrestante *m* para obras, güinche *m* ‖ ⁓**winde**, Zahnstangenwinde *f* / cric *m* de cremallera ‖ [**handbetätigte**] ⁓**winde** (Bau) / torno *m* con manivela ‖ ⁓**wirtschaft** *f*, -industrie *f*, -gewerbe *n* / industria *f* de la construcción ‖ ⁓**würdig**, abbauwürdig (Bergb) / comercial, explotable
Bauxit *m* (Min) / bauxita *f* ‖ ⁓**frachter** *m* (Schiff) / transportador *m* de bauxita ‖ ⁓**grube** *f* (Bergb) / mina *f* de bauxita ‖ ⁓**ofen** *m* (Hütt) / horno *m* para bauxita
Bau•zaun (Bau) / vallado *m* de obras, cercado *m* de obras ‖ ⁓**zeichner** *m* / delineante *m*, dibujante *m* de construcción ‖ ⁓**zeichnung** *f* (Bau) / plano *m* de construcción ‖ ⁓**zeichnung**, Zusammenstellungszeichnung *f* / dibujo *m* de construcción ‖ ⁓**zeichnung**, Werkstattzeichnung *f* / dibujo *m* de taller ‖ ⁓**zeit** *f* / tiempo *m* de construcción, plazo *m* de construcción ‖ ⁓**zeug** *n* (Fernm) / herrajes *m pl* ‖ ⁓**zug** *m* (Bahn) / tren-taller *m*, tren *m* de trabajos ‖ ⁓**zug-Wohnwagen** *m* (Bahn) / vagón-vivienda *m* ‖ ⁓**zustand** *m* / estado *m* de la construcción, fase *f* de construcción
bayerische Schaufel (Wz) / pala *f* tipo Baviera

Bayer•it *m* (Min) / bayerita *f* ‖ ⁓**prozess** *m* (Alu) / procedimiento *m* Bayer ‖ ⁓**säure** *f*, Croceinsäure *f* (Chem) / ácido *m* de Bayer, ácido *m* croceínico
Bayesscher Satz (Math) / teorema *m* de Bayes
Bayldonit *m* (Min) / baildonita *f*
Bayöl *n* (Pharm) / esencia *f* de bay, esencia *f* de pimienta
Bazillenträger *m* (Med) / portagérmenes *m*
Bazillus *m*, Bakterie *f* / bacilo *m*
BAZL = Bundesamt für Zivile Luftfahrt (Schweiz)
BBD (= bucket brigade device), Eimerketten-Schaltung *f* (Halbl) / conexión *f* de cadena de cangilones, conexión *f* BBD
B-Betrieb *m* (Fernm) / funcionamiento *m* en clase B
BBK = Breitbandkommunikation
BBS = Bedienungsblattschreiber
BB-Stück *n*, Muffenkreuz *n* (Masch) / cruz *f* de manguito
BC s. Bordcomputer ‖ ⁓ (DV) s. Befehlscode ‖ ⁓ (DV) s. Binärcode
Bc, Becquerel *n* (früher Curie) (Nukl) / bc, becquerel *m*
BCD•..., binär codiert dezimal (DV) / con dígito decimal codificado binariamente o de codificación binaria ‖ ⁓**-Code** *m* (DV) / código *m* decimal codificado binariamente ‖ ⁓**-Transcode** *m* (6-Bit-Code) (DV) / código *m* decimal de codificación binaria de 6 bits
BCH-Code *m* (DV) / código *m* BCH
Bd. *m* (= Band) (Druck) / t *m* (= tomo)
BDA = Bundesvereinigung Deutscher Arbeitgeberverbände ‖ ⁓ = Bund Deutscher Architekten
B-Darstellung *f* (für Abstand u. Azimutdarst.), Höhenschirm *m*, B-Schirm *m* (Radar) / pantalla *f* typo B
BDE (= Betriebsdatenerfassung) / registro *m* de datos operacionales ‖ ⁓ (= Benzindirekteinspritzung) (Kfz) / GDI (= gasoline direct injection (inyección directa de gasolina)) ‖ ⁓ = betriebsdatenerfassend
B-Deck *n* (Hauptdeck) (Schiff) / cubierta *f* B (cubierta principal)
BDI = Bundesverband der Deutschen Industrie
Be, Beryllium *n* (Chem) / berilio *m*
Bé (Chem) = Baumé
beabsichtigt, freiwillig / deseado, voluntario, intencionado
beachten, einhalten (z.B. Vorschriften) / respetar (prescripciones)
beamen *vt*, projizieren (DV, Opt) / proyectar ‖ ⁓ *n* (von Photonen) / teleportación *f* (de cuantos de luz)
Beamer *m*, Datenprojektor *m* (DV) / beamer *m*, proyector *m* de datos
Beam-Lead *n* (Halbl) / beam lead *m* ‖ ⁓**-Kreis** *m*, -Schaltung *f* / circuito *m* beam lead ‖ ⁓**-Transistor** *m* / transistor *m* beam lead
beampeln *vt* (Verkehr) / equipar *vt* con semáforos
Beanspruchbarkeit *f* / capacidad *f* de solicitación
beanspruchen *vt*, belasten (Masch, Phys) / solicitar, someter a esfuerzos, cargar ‖ ⁓ (Patent) / reivindicar ‖ ⁓ (als Recht) / reclamar ‖ **den Motor voll** ⁓ (Kfz) / acelerar al máximo ‖ **den Querschnitt auf Zug** ⁓ (Mat.Prüf) / someter la sección a [la] tracción ‖ **den Stab auf Druck** ⁓ / someter *m* la barra a pandeo o a compresión
Beanspruchung *f*, Inanspruchnahme *f* (allg) / utilización *f*, empleo *m* ‖ ⁓, Belastung *f* (Masch, Phys) / esfuerzo *m*, solicitación *f*, carga *f* ‖ ⁓ (Patent) / reivindicación *f* ‖ ⁓ **auf Biegung** (Mat.Prüf) / esfuerzo *m* de flexión, solicitación *f* a flexión ‖ ⁓ **auf Drehung o. durch Torsion**, Verdrehungsbeanspruchung *f* / esfuerzo *m* de torsión, solicitación *f* a torsión ‖ ⁓ **auf Druck** / esfuerzo *m* de compresión, solicitación *f* a [com]presión ‖ ⁓ **auf Scheren o. [Ab]scherung**, Scherbeanspruchung *f* / esfuerzo *m* de cizalladura, solicitación *f* a cizallamiento ‖ ⁓ **auf Zug** / esfuerzo *m* de tracción, solicitación *f* a tracción ‖ ⁓ **unterhalb der Elastizitätsgrenze** / deformación *f* elástica ‖ **für hohe** ⁓ / apto para grandes esfuerzos ‖ **stoßartige** ⁓ /

solicitación *f* por [efecto de] golpes ‖ **zu hohe** ⁓ / esfuerzo *m* excesivo, exceso *m* de solicitación, solicitación *f* excesiva
Beanspruchungs•art *f* (Masch) / tipo *m* de esfuerzo, clase *f* de solicitación ‖ **⁓beginn** *m* / comienzo *m* de la solicitación a carga ‖ **⁓bereich** *m* / gama *f* de esfuerzos ‖ **⁓charakteristik** *f* / característica *f* del esfuerzo ‖ **⁓grenze** *f* / límite *m* de carga ‖ **⁓höhe** *f* / nivel *m* de solicitación, importe *m* de carga ‖ **⁓verhältnisse** *n pl* / condiciones *f pl* de solicitación ‖ **⁓zyklus** *m* / ciclo *m* de esfuerzo
beanstanden / reclamar ‖ ⁓, zurückweisen / rechazar
Beanstandung *f*, Reklamation *f* / reclamación *f*
Beanstandungsmuster *n* / muestra *f* de la reclamación
bearbeitbar (Werkstoff) / labrable ‖ ⁓ (maschinell) / maquinable, mecanizable
Bearbeitbarkeit *f* / procesabilidad *f*, labrabilidad *f* ‖ **maschinelle** ⁓ / maquinabilidad *f*, mecanizabilidad *f*
bearbeiten *vt* / trabajar, procesar ‖ ⁓ (Landw, Steine) / labrar ‖ ⁓, Form geben / dar forma, dar hechura ‖ **aus dem Gröbsten** ⁓ / desbastar ‖ **[maschinell]** ⁓ / mecanizar
bearbeitet•e Fläche / superficie *f* mecanizada o trabajada ‖ **⁓e Passfläche** (Masch) / superficie *f* de contacto mecanizada ‖ **⁓es Werk- o. Formstück** / pieza *f* mecanizada ‖ **maschinell (o. spanabhebend)** ⁓ / mecanizado
Bearbeitung *f*, Behandlung *f*, Formgebung *f* / conformación *f* ‖ ⁓ (maschinell), Bearbeitungsvorgang *m* (Wzm) / trabajo *m*, mecanización *f*, mecanizado *m*, maquinado *m* ‖ ⁓, Umformung *f*, Verarbeitung *f* / conformación *f*, transformación *f* ‖ ⁓, Vervollkommnung *f* / elaboración *f*, acabado *m*, perfeccionamiento *m* ‖ ⁓ *f* (Chem, Hütt) / tratamiento *m* ‖ ⁓ (TV) / versión *f* ‖ ⁓, Verarbeitung *f* (DV) / procesamiento *m*, tratamiento *m* ‖ ⁓ *f* **auf der Drehmaschine**, Drehen *n* (Wzm) / torneado *m* ‖ ⁓ **bei Tiefsttemperaturen** / trabajo *m* a temperaturas ultrabajas ‖ ⁓ **durch Funkenerosion** / EDM (= mecanizado por descargas eléctricas) ‖ ⁓ **eines Projekts** / realización *m* de un proyecto ‖ **spanende** ⁓ (Wzm) / virutaje *m* (LA), maquinado *m* (MEX)
bearbeitungs•bedingt / condicionado por el mecanizado ‖ **⁓bereich** *m*, Kapazität *f* (Wzm) / capacidad *f* ‖ **⁓dauer** *f*, -zeit *f* / tiempo *m* de trabajo o mecanizado ‖ **⁓durchmesser** *m* / diámetro *m* de mecanización ‖ **⁓einheit** *f* (Wzm) / unidad *f* operadora ‖ **⁓fähig** / mecanizable, labrable ‖ **⁓fehler** *m* / error *m* de mecanizado ‖ **⁓fläche** (Wzm) / superficie *f* de trabajo o de mecanización ‖ **⁓gang** *m* (Masch) / ciclo *m* de trabajo, pasada *f* ‖ **⁓genauigkeit** *f* / exactitud *f* de mecanizado, precisión *f* de acabado ‖ **⁓güte** *f* / calidad *m* de mecanizado, grado *m* de acabado, índice *m* de exactitud ‖ **⁓länge** *f* / longitud *f* mecanizada o mecanizable ‖ **⁓linie** *f* / línea *f* de trabajo ‖ **⁓maschine** *f* (Wzm) / máquina *f* de mecanización ‖ **⁓maß** *m* (Masch) / medida *f* de trabajo ‖ **⁓riefe** *f* / estría *f* de trabajo ‖ **⁓station** *f* / estación *f* de mecanización ‖ **⁓stufe** *f*, -phase *f* / fase *f* de maquinado ‖ **⁓technologie** *f* / tecnología *f* de procesamiento ‖ **⁓toleranzen** *f pl* / tolerancias *f pl* de acabado ‖ **⁓verfahren** *n* / procedimiento *m* de trabajo o de mecanización, método *m* de fabricación ‖ **⁓werkstätte** *f*, mechanische Werkstätte / taller *m* mecánico ‖ **⁓zeichen** *n*, Oberflächenzeichen *n* / signo *m* de acabado ‖ **⁓zeichnung** *f*, Werkstattzeichnung *f* / dibujo *m* de taller ‖ **reine ⁓zeit** / tiempo *m* puro de transformación ‖ **[reine] ⁓zeit** / tiempo *m* de mecanización ‖ **⁓zentrum** *n* (Wzm) / centro *m* de mecanización o de mecanizado, centro *m* de maquinado ‖ **⁓zugabe** *f* (Masch, NC) / sobremedida *f* para el trabajo, reserva *f* de mecanizado,

demasía *f* de mecanizado ‖ **⁓zyklus** *m*, -vorgang *m*, -ablauf *m* / ciclo *m* de mecanización
Beatmung, künstliche ⁓ (Med) / respiración *f* artificial
Beatmungsgerät *n* (Bergb, Med) / aparato *m* de respiración artificial
Beaufort-Skala *f* (Meteo) / escala *f* de Beaufort
beaufschlagen *vt* (Turbine) / admitir, dar admisión
Beaufschlagung *f* (Sieb) / carga *f* efectiva por hora ‖ ⁓ (Dampfturbine) / admisión *f*
Beaufschlagungsgrad *m* / grado *m* de admisión
beaufsichtigen, überwachen / vigilar, controlar, inspeccionar
Beaufsichtigung *f* / inspección *f*, control *m*, vigilancia *f*
Beauty *n* (Quantenzahl), b (Phys) / beauty *m*, b
bebaken (Schiff) / abalizar, balizar
Bebakung *f*, Besetzung *f* mit Baken / abalizamiento *m*, balizamiento *m* ‖ ⁓, das Bakensystem / balizaje *m*
Bebänderung *f* (Elektr) / encintado *m*
bebaubar, kulturfähig (Landw) / cultivable, de cultivo ‖ ⁓ (Grundstück), erschlossen, baureif / edificable, urbanizado ‖ **⁓es Gelände** / terreno *m* urbanizado o edificable
Bebaubarkeit *f* (Gelände) / edificabilidad *f*
bebauen *vt* (Grundstück) (Bau) / edificar, construir (casas) en un solar ‖ ⁓, bewirtschaften (Landw) / cultivar, labrar
bebaut (Gelände) / edificado ‖ ⁓ (Landw) / cultivado
Bebauung *f*, Bestellung *f* (Landw) / cultivo *m*, cultivación *f* ‖ ⁓ / edificación *f*, urbanización *f*, construcciones *f pl*
Bebauungs•dichte *f* / densidad *f* de edificación ‖ **⁓plan** *m* (einer Gemeinde) / plan de urbanización o de urbanismi ‖ **⁓plan** (als Lageplan) / plano *m* de urbanización o edificación
Bebeerin (Chem) / bebeerina *f*
beben *vi*, zittern / temblar ‖ ⁓ *n*, Erdbeben *n* (Geo) / sismo *m*, seismo *m*, terremoto *m*
Beblechung *f* (des Wagenkastens) (Bahn) / paneles *m pl* de chapa (de la caja del vagón)
beborsten *vt* / dotar de cerdas
Bebung, Schwingung *f* (Phys) / vibración *f*
Becher *m*, Napf *m* (allg) / copa *f* ‖ ⁓ (Kondensator etc, Trockenbatt) / cubierta *f* cilíndrica ‖ **⁓...**, vergossen (Eltronik) / encapsulado, embebido ‖ ⁓ **des Becher- o. Eimerkettenbaggers** (Bergb, Förd) / cangilón *m* ‖ ⁓ **des Peltonrades** (Turbine) / cuchara *f* ‖ **⁓abstand** *m* (Förderer) / distancia *f* entre cangilones ‖ **⁓bruch** *m* (Hütt) / rotura *f* de embutición ‖ **⁓druse** *f* (Min) / drusa *f*, geoda *f*, cuarzo *m* hialino transparente cristalizado ‖ **⁓eisen** *n* (Amboßwerkzeug) (Schm) / bigorneta *f* (de cuernos sin punta) ‖ **⁓filter** *n* (Kfz) / filtro *m* de copa [de malla] ‖ **⁓fließzahl** *f* (Plast) / viscosidad *f* en la copa FORD ‖ **⁓förmig** / en forma de copa, acopado, cupuliforme ‖ **⁓füller** *m*, Becherfüllmaschine *f* (Verp) / llenadora *f* de copas ‖ **⁓glas** *n* (Chem) / copa *f* de vidrio, cubilete *m*, vaso *m* de precipitados ‖ **⁓grabenbagger** *m* (Förd) / zanjadora *f* de cangilones ‖ **⁓gurt** *m* **des Baggers**, Becherkette / cadena *f* de cangilones ‖ **⁓halter** *m* (Kfz) / sujetacopas *f* ‖ **⁓inhalt** *m* / capacidad *f* de cangilón ‖ **⁓kondensator** *m* (Elektr) / capacitor *m* en cubierta cilíndrica
bechern *vt* (Relais) / encapsular
Becher•relais *n* / relé *m* encapsulado ‖ **⁓spender** *m* / distribuidor *m* de copas ‖ **⁓spinnmaschine** *f* (Tex) / hiladora *f* continua de vaso ‖ **⁓spritzpistole** *f* (Anstrich) / pistola *f* de pintar [al duco] con recipiente ‖ **⁓spulmaschine** *f* (Tex) / canillera *f* de vaso ‖ **⁓werk** *n*, -kettenförderer *m* (Förd) / elevador *m* de cangilones, transportador *m* de cangilones, noria *f*, rosario *m* ‖ **⁓werkgrube** *f* / foso *m* de elevador de cangilones ‖ **⁓werkkopf** *m* / cabezal *m* del rosario de cangilones ‖ **⁓werksförderung** *f* / transporte *m* continuo por rosario de cangilones ‖ **⁓zentrifuge** *f* / centrifugadora *f* de vasos

Beck *n*, Scherenblatt, -messer *n* (Wz) / cuchilla *f* de cizalla
Becken *n*, Waschbecken *n* (allg) / lavamanos *m*, lavabo *m*, platón *m* (GUAT., COL) ‖ ~ (WC) / taza *f* de inodoro ‖ ~, Spüle *f* / pila *f* ‖ ~, Reservoir *n* / tanque *m* ‖ ~ (Bewässerung), Wasserbecken *n* / balsa *f* [de agua] ‖ ~ (Reaktor), Abklingbecken *n* (Nukl) / pileta *f* [de desactivación] ‖ ~ (Bergb, Geol) / cuenca *f*, taza *f* ‖ ~ **zwischen 2 Piers** (Hafen) / dársena *f*
Beckesche Linie *f* (Krist) / línea *f* Becke
Beckmann•sche Umlagerung (Chem) / transposición *f* molecular de Beckmann ‖ ~**-Thermometer** *n* / termómetro *m* Beckmann
Beco-Bahn *f* (Bergb) / tren *m* Beco
Becquerel *n*, Bq *n* (Maßeinheit für Aktivität der Strahlenquelle) (Nukl) / becquerel *m*, Bq ‖ ~**-Effekt** *m* / efecto *m* Becquerel
bedachen *vt* (Bau) / techar, cubrir (de techo)
Bedachung *f*, Dach *n* / techado *m*, tejado *m*, cubierta *f*, techumbre *f* ‖ ~, Dacheindeckung *f* / colocación de un tejado *m*, cubrición *f*
Bedachungsblech *n* / chapa *f* de cubrición
bedampfen, aufdampfen, mit Metalldampf überziehen / metalizar por alto vacío, aplicar por vaporización [de metales] ‖ **mit Alu** ~ / metalizar con aluminio ‖ ~ *n* (im Vakuum) / metalizado *m* por alto vacío, vaporización *f*
Bedampfung *f*, Bedampfen *f* (im Vakuum), Metallisieren *n* / metalizado *m* por alto vacío, aplicación *f* por vaporización
Bedampfungs•anlage *f* / instalación *f* metalizadora por vaporización ‖ ~**schiffchen** *n* / naveta *f* de metalizado
Bedarf *m* / demanda *f*, necesidad *f* ‖ **bei** ~, Bedarfs... / en caso de necesidad, sobre demanda ‖ **den** ~ **decken** / cubrir la demanda, cubrir las necesidades, satisfacer las necesidades ‖ **nach** ~, je nachdem / en la medida necesaria
bedarfs•abhängiges Paging / paginación *f* sobre demanda ‖ ~**ampel** *f*, Druckknopfampel *f* (Verkehr) / semáforo *m* discrecional ‖ ~**analyse** *f* (DV, F.Org) / análisis *m* de demanda ‖ ~**artikel** *m pl* / artículos *m pl* de primera necesidad, artículos *m pl* de consumo ‖ **im** ~**fall** / en caso de necesidad ‖ ~**güter** *n pl* (Wirtsch) / bienes *m pl* de consumo ‖ ~**haltestelle** *f* (Bahn, Bus) / parada *f* discrecional ‖ ~**kennlinie** *f* / línea *f* característica de demanda ‖ ~**steigerung**, -zunahme *f* / aumento *m* de la demanda ‖ ~**träger** *m*, Verbraucher *m* / consumidor *m* ‖ ~**wartung** *f*, -ausbesserung *f* (Kfz, Masch) / entretenimiento *m* accidental, entretenimiento *m* en caso de avería, reparación *f* accidental
bedecken *vt*, abdecken / cubrir, abrigar, encapotar ‖ ~, mit einem Deckel versehen / tapar ‖ ~, überziehen [mit] / revestir, recubrir [de, con] ‖ **mit Laub (o. Stroh)** ~ , mulchen (Landw) / cubrir el suelo con sustancias orgánicas, ejecutar el mulching ‖ ~ *n* / cubrimiento *m*, recubrimiento *m* ‖ ~ (von Güterwagen) (Bahn) / cubrimiento *m* con toldos ‖ ~ **mit einer Metallschicht** / recubrimiento *m* con una capa metálica, metalizado *m*
bedeckt, verdeckt, zugedeckt / tapado ‖ ~, überzogen, beschichtet / cubierto, revestido ‖ ~ (Meteo) / cubierto
Bedeckung, Decke *f* / tapa *f*, cubierta *f*, abrigo *m*
Bedeckungs•grad *m* (Meteo) / nebulosidod *f*, grado *m* de nubosidad ‖ ~**stern** *m* (Astr) / estrella *f* de ocultación ‖ ~**veränderliche** *m pl*, photometrischer Doppelstern / estrella *f* doble fotométrica, binario *m* de eclipse
Bedenklichkeitsgrenze *f* (Nukl) / límite *m* crítico
bedeutsam (DV, Math) / significantivo
Bedeutung *f* / sentido *m*, significación *f*, significado *m* ‖ ~, Wichtigkeit *f* / importancia *f* ‖ ~ *f* **eines Begriffes** / significado *m* de un concepto
Bedeutungsdefinition *f* / definición *f* de significado

bedeutungslos, unbedeutend, unwichtig / insignificante ‖ ~**e Extrabits** *n pl* (DV) / ruido *m*
Bedien•... s. Bedienungs... ‖ ~**aufruf** *m* (DV) / demanda *f* de servicio ‖ ~**bar** / manejable, operable ‖ ~**barkeit** *f* / manejabilidad *f* ‖ ~**element** *n* / elemento *m* de mando o control ‖ ~**elemente** *n pl* / mandos *m pl*
bedienen (Masch) / maniobrar, manejar, atender, manipular ‖ ~ (Wzm) / manejar ‖ ~ (Textilmaschinen) / servir, cuidar (máq.textil) ‖ ~, umstellen (Weichen) / accionar, maniobrar, mandar ‖ **sich** [aller Mittel] ~ / valerse [de todos los recursos]
Bediener *m*, Operator *m* (DV) / operador *m* ‖ ~**freundlichkeit** *f* (Masch) / facilidad *f* o sencillez de manejar ‖ ~**führungseinrichtung** *f* (DV) / dispositivo *m* guiador del operador ‖ ~**-Handbuch** *n* / manual *m* para el operario ‖ ~**oberfläche** *f* (DV) / interface *m* o interfaz de usuario ‖ ~**seite** *f* (Masch) / lado *m* de manejo
Bedien•feld *n* / panel *m* de control, panel *m* de manejo, cuadro *m* de mando ‖ ~**form** *f* / forma *f* de mando ‖ ~**form** (DIN) (Schraube) / tipo *m* "accionamiento" ‖ ~**freundlich** (Geräte) / fácil o sencillo de manejar ‖ ~**freundlichkeit** *f* (Masch) / facilidad *f* o sencillez de manejar ‖ ~**funktion** *f* / función *f* de mando ‖ ~**gerät** *n* / dispositivo *m* de mando, unidad *f* de control ‖ ~**komfort** *m* / confort *m* de manejo, manejo *m* confortable ‖ ~**organe** *n pl* (Luftf) / órganos *m pl* de control, elementos *m pl* de mando, controles *m pl* ‖ ~**raum** *m* (Roboter) / área *f* de carga/descarga ‖ ~**teil** *n*, -gerät *n* / elemento *m* de control o de mando ‖ ~**teil** *n* (abnehmbar)(Autoradio) / carátula *f* frontal [extraíble]
Bedienung *f*, Betreiben *n* / servicio *m*, operación *f* ‖ ~, Steuerung *f* / control *m*, mando *m* ‖ ~, Wartung *f* / mantenimiento *m*, entretenimiento *m* ‖ ~, Umgang *m* [mit] / maniobra *f*, manejo *m*, manipulación *f* ‖ ~ (DIN), Kundendienst *m* / servicio *m* postventa o pos[t]compra, asesoramiento *m* técnico ‖ ~, Besatzung *f* / tripulación *f* ‖ ~ (Instr) / reglaje *m* ‖ **in einem Punkt vereinigte** ~ (Masch) / control *m* centralizado ‖ **leichte** ~ / fácil *m* manejo, manejo fácil ‖ **ohne** ~ / no requiere manejo, sin intervención del operario, automático
Bedienungs•ablauf *m* / funcionamiento *m* ‖ ~**anforderung** *f*, -aufruf *m* (DV) / demanda *f* de servicio ‖ ~**anleitung** *f*, Bedienungsanweisung *f* / instrucciones *f pl* de uso, instrucciones *f pl* de servicio ‖ ~**anleitung** (DV) / libro *m* de instrucciones, manual *m* de instrucciones ‖ ~**apparat** *m* (Kybernetik) / usuario *m* ‖ ~**automatik** *f* / mando *m* automático ‖ ~**blattschreiber** *m* / máquina *f* de escribir de consola o del pupitre de mando, teleimpresora *f* de hoja de servicio ‖ ~**bühne** *f*, -podest *m* / plataforma *f* de servicio o de mando ‖ ~**einheit**, Raumkabine *f* (Raumf) / módulo *m* de mando, módulo *m* de servicio ‖ ~**-Einheit** *f* (Manipulator) / unidad *f* de telemanipulación ‖ ~**einrichtung** *f* / dispositivo *m* de maniobra ‖ ~**element** *n* / elemento *m* de maniobra, órgano *m* de mando, elemento *m* manipulador ‖ ~**fehler** *m* / manejo *m* erróneo, error *m* de manejo ‖ ~**feld** *n*, -tafel *f* (DV) / panel *m* de control, panel *m* de mandos ‖ ~**feld** (Repro) / panel *m* de control ‖ ~**feld eines Bildgerätes** (Eltronik) / panel *m* indicador ‖ ~**freundlich** / de fácil manejo ‖ ~**freundlichkeit** *f* / facilidad[es] *f pl* de manejo ‖ ~**gang** *m*, -steg *m* (Bau) / pasillo *m* de servicio ‖ ~**gang**, Laufbühne *f* / galería *f* ‖ ~**gerät** *n* **für radioaktive Substanzen** (Chem, Nukl) / manipulador *m* para sustancias radiactivas ‖ ~**gleis** *n* (Bahn) / vía *f* que sirve alguna instalación ‖ ~**griff** *m* / empuñadura *f* de maniobra, maneja *f*, manilla *f* ‖ ~**handrad** *n* / volante *m* de mando ‖ ~**hebel**, -griff *m* / palanca *f* de control o de mando, palanca *f* de servicio, palanca *f* de maniobra ‖ ~**knopf** *m* / botón *m* de mando, botón-pulsador *m* ‖ ~**komfort** *m* / confort *m* de

158

de operación o manipulación, comodidad f de mando ‖ ♎konsole f / consola f de control o mando, panel de control ‖ ♎mann m, -kraft f / operador m, operario m ‖ ♎mannschaft f, -personal n / equipo m de servicio, personal m de servicio, tripulación f, personal m de maniobra ‖ ♎oberfläche f (DV) / interface m o interfaz de usuario ‖ ♎personal n, -mannschaft f (DV, Mil) / sirvientes m pl ‖ ♎plattform f (Masch) / plataforma f de servicio ‖ ♎platz m / puesto m de operador, pasarela f de servicio ‖ ♎pult n, -konsole f / consola f de control o de mando ‖ ♎pult, -tisch m (DV) / pupitre m de control o de mando ‖ ♎pult, Steckpult n (DV) / pupitre m de conexiones ‖ ♎raum m / sala f de servicio o de mando ‖ ♎schalter m / interruptor m de servicio o de mando ‖ ♎[schalt]tafel f / tablero m de maniobras ‖ ♎schild n / placa f explicativa (E), chapa f explicativa (LA) ‖ ♎schlüssel m / llave f de servicio, llave f de mando ‖ ♎seite f (Masch) / lado m de mando ‖ ♎sicherheit f / seguridad f de maniobra ‖ ♎stand m / puesto m de mando o de maniobras, puesto m de control ‖ ♎stand, -platz m (Plast) / zona f de plastificación ‖ ♎steg m (Wehr) / pasarela f de servicio ‖ ♎steuerpult n / mesa f de control y manejo ‖ ♎steuerpult (IBM) (DV) / panel m de control [del operador] ‖ ♎tastatur f / teclado m de mando o de control ‖ ~technische Anforderungen f pl / exigencias f pl de técnica de mando ‖ ♎teil n / elemento m de control o de mando ‖ ♎theorie f (Math) / teoría m de las colas ‖ ♎tür f (Hütt) / puerta f de carga ‖ ♎- und Steuerpult n / pupitre m de mando y servicio ‖ ♎vereinfachung f / simplificación f del manejo ‖ ♎vorschrift f / instrucciones f pl para el servicio
bedingen vt, im Gefolge haben / condicionar ‖ ~, verursachen / causar, provocar
bedingt [durch] / condicionado o causado [por] ‖ ~ (DV) / condicional, condicionado ‖ ~, eingeschränkt / limitado ‖ ~e Anweisung (DV) / instrucción f condicionada ‖ ~e o. temporäre Ausfallwahrscheinlichkeit / probabilidad f condicional de fallo ‖ ~er Befehl (DV) / orden f condicionada ‖ ~er Block (Bahn) / bloqueo m permisivo ‖ ~e Entropie (DV) / entropía f condicionada ‖ ~er Haltbefehl (o. Stopp) (DV) / orden f condicionada de parada o de pausa ‖ ~es Haltsignal (Bahn) / indicación f luminosa rebasable ‖ ~ konvergent (Math) / condicionalmente convergente ‖ ~ richtig (Math) / condicionalmente correcto ‖ ~ sein [durch] / obedecer [a], estar condicionado [por] ‖ ~er Sprung (DV) / salto m condicional ‖ ~er Sprungbefehl / instrucción f de salto condicional ‖ ~ stabil (Fernm, Verstärker) / condicionalmente estable ‖ ~e Steuerung, selbsttätige Folgesteuerung / control m de secuencia automático ‖ ~e Umwandlung (DV) / compaginación f condicional
Bedingung f, Erfordernis n / condición f, requisito m ‖ ♎en erfüllen / estar conforme con las condiciones, cumplir con los requisitos ‖ unter [sonst] gleichen ♎en / en igualdad de condiciones ‖ unter abgeänderten ♎en / bajo condiciones modificadas ‖ zur ♎ machen / poner por condición ‖ ♎en erfüllen / reunir condiciones
Bedingungs•gleichung f (Math) / ecuación f condicional o de condición ‖ ~los / incondicional[mente] ‖ ♎schlüssel m (DV) / código m de condiciones ‖ ♎variable f (DV) / condición f variable, variable f condicional
bedruckbar, druckfähig (Druck, DV, Pap) / imprimible ‖ ♎keit f / imprimibilidad f ‖ ♎keitsprüfung f / ensayo m de la imprimibilidad
bedrucken, Stoff o. Papier ~ (Druck, Tex) / imprimir, estampar ‖ ♎ n / impresión f, estampado m, estampación f ‖ ♎ beider Gewebeseiten (Tex) / estampación f por los dos lados
bedruckter Baumwollstoff (Tex) / indiana f

Bedruckungsseite f (Eltronik) / lado m impreso
Bedüsung f (Bergb) / humedecimiento m
beeinflussbar / influenciable
beeinflussen vt / influir, afectar, influenciar [en, sobre]
Beeinflussung f / influencia f, influjo m ‖ ♎ durch Starkstromanlagen (DV, Fernm) / interferencia f por instalaciones de alta tensión
beeinträchtigen / menoscabar, mermar ‖ ~, gefährden / estorbar, contrarrestar ‖ ~, verunstalten / estropear ‖ ~ (Interessen) / perjudicar
Beeinträchtigung f / menoscabo m, perjuicios m pl
beeisen vt (Nahr) / congelar
beenden, ein Programm verlassen bzw. ~ (quit) / salir de un programa
beendigen vt / terminar, acabar, finalizar
Beendigung f / terminación f, ultimación f
beerdigte Schicht (Halbl) / capa f enterrada
beeren•förmig (Bot) / baciforme ‖ ♎obst n (Landw) / bayas f pl, fruta f de baya
Beersches Gesetz (Phys) / ley f de Beer
Beet n (Landw) / bancal m, cuadro m, macizo m, era f ‖ ♎, Blumenbeet n / parterre m (gal.)
beeteln, beetlen (Tex) / abrillantar
Beetlekalander m, Beetlingmaschine f, Beetlemaschine f (Tex) / batán m de abrillantado
Beetlen n (Tex) / abrillantado m (en la calandria o en el batán)
Beet•pflug m (Landw) / arado m de vertedera fija, arado m común, arado m para bancales, arado m para canteros (LA) ‖ ♎pflügen n / labrado m común, labor f en bancales
befähigt, qualifiziert / calificado, capacitado ‖ ~ [zu], geeignet [für] / apto [para], idóneo [para], capaz [de], capacitado [para]
Befähigung, Fähigkeit f / aptitud f, capacitación f ‖ ♎, Eignung f / calificación f, habilitación f
Befähigungsausweis m, -nachweis m / certificado m de aptitud
befahrbar (Straßb) / abierto al tráfico, transitable, viable, practicable ‖ ~ (Schiff) / navegable ‖ ~er Seitenstreifen / arcén m practicable ‖ nicht ~ (Straßb) / intransitable, impracticable
Befahrbarkeit f / transitabilidad f, practicabilidad f, viabilidad f
befahren (Bahn, Straßb) / transitar [por], circular [por] ‖ ~, besichtigen / examinar ‖ ~ (Bergb) / inspeccionar ‖ ~ werden, im Betrieb sein (Bergb) / estar en explotación ‖ eine Strecke ~ (Bergb) / realizar la cordada, andar en una galería ‖ einen Schacht ~ (Bergb) / realizar la cordada ‖ ♎ n (Straßb) / tráfico m, circulación f
Befahrung f (einer Grube) (Bergb) / inspección f de una mina
Befall m (Landw) / infestación f, infección f, invasión f, ataque m, parasitación f
befallen [von], verseucht / afectado [de], infestado, parasitado, invadido por parásitos, plagado ‖ ~ v (z.B. Schädlinge) (Bot, Landw) / invadir, infestar, parasitar
befallsfrei (Landw) / no infestado
Befehl m (allg, DV, Eltronik) / instrucción f, mando m, orden f, comando m ‖ ♎ zum Übergang in ein Unterprogramm (DV) / instrucción f para entrar en un subprograma
Befehls•ablauf m (DV) / ciclo m de ejecución de instrucciones ‖ ♎abruf m (DV) / llamada f de instrucción ‖ ♎adresse f (DV) / dirección f de la instrucción ‖ ♎adressregister / registro m de instrucción ‖ ♎anlage f, Steueranlage f / instalación f de mando ‖ ♎anweisung f (DV) / instrucción f general de órdenes ‖ ♎aufbau m (DV) / formato m de la instrucción, configuración f de instrucciones ‖ ♎ausgabe f / emisión f de órdenes ‖ ♎bestätigung f (Eltronik) / confirmación f de instrucción ‖

Befehlsbibliothek

⁓**bibliothek**, -sammlung f (DV) / biblioteca f de instrucciones ‖ ⁓-**Bodenstation** f (Raumf) / estación f terrestre [de telemando] ‖ ⁓**code** m (DV) / código m de instrucción ‖ ⁓**codierung** f / codificación f de instrucción(es) ‖ ⁓**empfang** m (Eltronik, Mil) / recepción f de órdenes ‖ ⁓**empfänger** m (Rakete) / receptor m de órdenes ‖ ⁓**folge** f (DV) / secuencia f de instrucciones ‖ ⁓**folgeregister** n, -folgezähler m / registro m [de control] de secuencias, contador m [de control] de secuencias de instrucción[es] ‖ ⁓**format** n / formato m de instrucción(es) ‖ ⁓**geber** m (Elektr) / transmisor m de mandos ‖ ⁓**gerät** n (Elektr) / aparato m de mando ‖ ⁓**gesteuert** (DV) / mandado por instrucción ‖ ⁓**hebel**, Zustimmungshebel m (Bahn) / palanca f de autorización, maneta f de autorización ‖ ⁓**interpreter** m (DV) / intérprete m de comandos ‖ ⁓**kette** f (DV) / cadena f de instrucciones ‖ ⁓**kürzel** n (DV) / comando m abreviado ‖ ⁓**liste** f, -katalog m (DV) / catálogo m de instrucciones ‖ ⁓**nummer**, Operations-Ordnungszahl f (DV) / número m de operación ‖ ⁓**rechner** m (Raumf) / ordenador m de mando ‖ ⁓**register** n (DV) / registro m de instrucciones, registro m de secuencias ‖ ⁓**satz** m (DV) / conjunto m de intrucciones ‖ ⁓**schema** n, Programmablaufplan m (Programm) / organigrama m, diagrama m de operaciones ‖ ⁓**schlüssel** m (DV) / código m de instrucciones, código m de operación ‖ ⁓**serie** f / serie f de instrucciones, cadena f de instrucciones ‖ ⁓**signal** n (DV) / señal f de instrucción ‖ ⁓**speicher** m (DV) / registro m de informaciones ‖ ⁓**stab** m (Bahn) / bastón m de mando, bastón m de señales ‖ ⁓**stelle** f, Einsatzleitstelle f (F.Org) / puesto m de mando ‖ ⁓**stellwerk** n, Oberzugleitung f (Bahn) / puesto m de mando ‖ ⁓**steuerung** f / mando m de órdenes ‖ ⁓**struktur** f, -typ m (DV) / formato m de instrucciones ‖ ⁓**teil** m **des Programms** (DV) / parte f de operación ‖ ⁓**übermittler** m (Bahn) / transmisor m de órdenes ‖ ⁓**übermittlung** f / transmisión f de órdenes ‖ ⁓**übertrager** m / transmisor m de órdenes ‖ ⁓**- und Adressregister** n (DV) / registro m de estatificación ‖ ⁓**- und Daten-Verwaltungssystem** n (Raumf) / subsistema m de mando y procesamiento ‖ ⁓**[ver]kettung** f (DV) / encadenamiento m de instrucciones ‖ ⁓**vorrat** m (DV) / juego m de instrucciones ‖ ⁓**wagen** m (Kfz, Mil) / coche-comando m ‖ ⁓**wort** n (DV) / palabra f de instrucción ‖ ⁓**zähler** m, -zählregister n, BZ (DV) / contador m de instrucciones, contador m de órdenes ‖ ⁓**zeichen** n (DV) / carácter m de función o de instrucción ‖ ⁓**zeile** f (DV) / renglón m codificado, instrucción f codificada ‖ ⁓**zentrale** f / central f de mando
befeilen vt (Wz) / limar
Befensterung f (Bau) / fenestración f
befestigen (allg, Masch) / fijar, sujetar, calar, calzar ‖ ⁓, sichern / afianzar, asegurar ‖ ⁓, anstecken / pegar ‖ ⁓, einschlagen / chantar ‖ ⁓, abspannen (Bau) / anclar ‖ ⁓, fest o. stabil machen / fortificar, consolidar, afirmar ‖ ⁓ (Hydr) / proteger, defender la costa, fortificar ‖ **das Ufer ⁓** (Hydr) / consolidar la orilla ‖ **in einer passenden Aufnahme ⁓** / encajar ‖ **mit Bolzen ⁓** / aprisionar ‖ **mit Keil ⁓** / enchavetar ‖ **mit Klammern ⁓** (Zimm) / engrapillar
befestigt, fixiert / sujeto ‖ ⁓**e Straße** / carretera f revestida ‖ ⁓**er Weg** / camino m firme
Befestigung f (Vorgang), Befestigen n / fijación f, sujeción f, ligazón m ‖ ⁓, Befestigungsmittel n / elemento m de fijación ‖ ⁓, Verstärkung f (Bau, Straßb) / consolidación f, afirmado m, fortificación f
Befestigungs•achse f / eje m de fijación ‖ ⁓**art** f (Bau) / modo m de fijación o sujeción ‖ ⁓**auge** n (Masch) / orejeta f [de sujeción] ‖ ⁓**bolzen** m (Kfz) / apreste m f ‖ ⁓**bolzen** (Masch) / bulón o m perno de fijación o sujeción ‖ ⁓**bügel** m / estribo m de fijación ‖ ⁓**element** n (Masch) / elemento m de sujeción o fijación ‖ ⁓**fläche**, Sitzfläche f (Masch) / superficie f de sujeción ‖ ⁓**flansch** m / brida f de sujeción ‖ ⁓**gewinde** n / rosca f de fijación, rosca f de sujeción ‖ ⁓**kappe** f / sombrerete m de fijación ‖ ⁓**keil** m / chaveta f de fijación, chaveta f de aprieto ‖ ⁓**klammer** f (Bau, Zimm) / grapa f o grampa de sujeción ‖ ⁓**klemme** f (Elektr) / borne m de unión ‖ ⁓**lasche** f (Stahlbau) / cubrejunta f, oreja f de sujeción, eclisa f de sujeción ‖ ⁓**loch** n (IC) / agujero m de fijación ‖ ⁓**mauer** f (Bau) / muro m de sostenimiento ‖ ⁓**mittel** n / elemento m de sujeción o fijación, medio m de sujeción ‖ ⁓**öse** f / ojo m de sujeción ‖ ⁓**pratze** f (Wzm) / garra f de sujeción ‖ ⁓**pratze** (Bau) / patilla f ‖ ⁓**ring** (Elektr, Masch) / anillo m de fijación ‖ ⁓**schelle** f, -klammer f (Elektr, Klempner) / abrazadera f de fijación, brida f de fijación ‖ ⁓**schraube** f / tornillo m de fijación o sujeción ‖ ⁓**schraube** (senkrecht) / perno m de sujeción ‖ ⁓**teile** n pl / piezas f pl de fijación o sujeción ‖ ⁓**teller** n / platina f de sujeción ‖ ⁓**vorrichtung** f / dispositivo m de fijación ‖ ⁓**winkel** m (Stahlbau) / pieza f angular de sujeción, ángulo m de fijación ‖ ⁓**zapfen** m (Stanz) / pivote m de sujeción ‖ ⁓**zubehör** n / accesorio[s] m [pl] de sujeción ‖ ⁓**zwinge** f / sargento m de fijación
befeuchten / mojar, humedecer, humectar ‖ ⁓ [gut] / rehumedecer
Befeuchter m, Befeuchtungsvorrichtung f / humectador m
Befeuchtung f / humectación f, humidificación f, mojadura f
Befeuchtungs•anlage f (Druck) / tren m de humectación ‖ ⁓**dämpfer** m (Tex) / humectador-vaporizador m ‖ ⁓**kammer** f / cámara f de humectación ‖ ⁓**maschine** f (Tex) / máquina f de humidificación ‖ ⁓**mittel** n (Chem) / agente m humectante
befeuern vt (Kessel etc.) / calentar
befeuert (Piste etc.) / con señales luminosas
Befeuerung f (eines Kessels) (Masch) / calentamiento m ‖ ⁓ (Luftf, Schiff) / señalización f luminosa para navegación aérea o náutica, balizamiento m luminoso
befinden, sich ⁓ (z.B. unter Spannung) / hallarse (p.ej. baja tensión)
beflechten vt, umflechten (Elektr) / trenzar
Beflechtung f (Kabel) (Elektr) / trenzado m
beflecken vt, beschmutzen / manchar, ensuciar
Befleckung f / manchado m
befliegen vt (Luftf) / servir una línea, cubrir una línea
beflocken vt (Tex) / flocar, felpar ‖ ⁓ n, Velour[t]ieren n (Tex) / flocado m, flocaje m, flocadura f
Beflockmaterial n (Tex) / material m de flocado
Beflockungsmaschine f / máquina f para flocar
befohlen (DV) / mandado, ordenado, no automático
befördern vt / transportar, encaminar ‖ ⁓, absenden, -schicken / despachar, enviar, expedir, remitir
Beförderung f, Transport m / transporte m ‖ ⁓, Versendung f / mando m, envío m, expedición f ‖ ⁓, Ernennung f (F.Org) / ascenso m, promoción f ‖ ⁓ f **in Rohren** (Hydr, Öl) / transporte m en o mediante tuberías ‖ ⁓ **von Personen** (Verkehr) / transporte m de personas, conducción f de personas
Beförderungs•gesellschaft f, Carrier m (Luftf) / transportador m ‖ ⁓**kosten** pl / gastos m pl de transporte ‖ ⁓**mittel** n (Verkehr) / medio m de transporte
befrachten vt, beladen (Schiff) / cargar, fletar
Befrachtung f / fletamento m
befreundete Zahlen f pl (Math) / números m pl amigos
befriedigen vt, zufrieden stellen / satisfacer
Befrostung f (Mat.Prüf) / congelamiento m
Befruchtung f (Biol) / fecundación f, fertilización f
Befund m, Ergebnis n / resultado m, informe m, constatación f ‖ ⁓**bericht** m (Mat.Prüf) / certificado m de ensayo
begasen (Landw) / fumigar

Begasung f, Gasaufnahme f (Hütt) / absorción f de gas
Begasungs•mittel n (Landw) / fumigante m || ~**schrank** m (Labor) / armario m de fumigación
begegnen, sich ~ (Kfz) / encontrarse, cruzar[se]
begehbar (Straßb) / viable, practicable, transitable
Begehbarkeit f (Boden) (Bau) / solidez f (del firme)
Begehung f / recorrido m, inspección f
Begehungserlaubnis f (Erdölraffinerie) / certificado m de seguridad
begichten vt (Hütt) / cargar m el horno, cargar m el tragante
Begichter m / cargador m, cargadora f
Begichtung (Vorgang) (Hütt) / carga f || ~ f (Öffnung) (Hütt) / boca f de carga
Begichtungs•anlage f / instalación f para la carga || ~**aufzug** m / ascensor m para la carga, montacargas m || ~**bühne** f / plataforma f de carga || ~**einrichtung** f / dispositivo m cargador || ~**kübel** m / cubeta f de carga || ~**wagen** m, -fahrzeug n / vagoneta f de carga
begießen vt [mit] / regar, rociar || **mit Glasur** ~ (Keram) / recubrir con vidriado || ~, Übergießen n / rociado m, perfusión f
Beginn m **der Arbeiten** / comienzo m de los trabajos || ~ **der Einflugschneise** (Luftf) / puerta f || **bei** ~ **des Schäumens** (Plast) / en el comienzo de la espumación
beginnend, Anfangs... / inicial, incipiente || ~**e Rotglut** (550-600 ° C) (Hütt) / rojo m naciente || ~**e Weißglut** (1200-1400 ° C) / blanco m naciente
Beginnzeichen n (Fernm) / señal f de contestación
beglaubigen vt / certificar, legalizar, dar fe
Begleit•boot n / embarcación f de escolta || ~**effekt** m (Eltronik) / efecto m acompañante || ~**element** n / elemento m accidental
begleitend (z.B. Wirbel) / acompañante, concomitante
Begleit•erscheinung f / fenómeno m acompañante, fenómeno m concomitante o secundario || ~**fahrzeug** n / vehículo m acompañante || ~**heizung** f (für Heizungsrohre) / traceado m eléctrico (para tubería de calefacción) || ~**karte** f, Laufkarte f (F.Org) / ficha-guía f, volante m || ~**linie** f (Spektrum) / línea f satélite || ~**matrix** f (Math) / matriz f concomitante || ~**mineral** n / mineral m acompañante, mineral m accesorio || ~**musik** f (Film) / música f escénica || ~**ort** n (Bergb) / galería f paralela || ~**reaktion** f (Chem) / reacción f acompañante, reacción f simultánea || ~**rohr** n (von Förderleitungen) / tubo m de ruta || ~**schiff** n, Geleitschiff n / escolta m, buque-escolta m || ~**stoff** m (Chem) / sustancia f acompañante || ~**straße** f (Straßb) / carretera f paralela || ~**strecke** f (Bergb) / galería f paralela, filón m paralelo || ~**text** m, Dopesheet n (Film) / dope m sheet, texto m acompañante || ~**tunnel** m (Bahn, Straßb) / túnel m paralelo auxiliar || ~**welle** f (Nukl) / onda f asociada || ~**wetterstrecke** f (Bergb) / galería f de ventilación paralela || ~**zettel** m, -schein m / guía f [de tránsito], volante-guía m, hoja f de ruta

Begohm, 10^3 Megohm n (Elektr) / begohmio m, 10^3 megohmios o megaohmios
begradigen vt, ausbauen (Hydr) / acondicionar, alinear, rectificar || ~ (Straßb) / rectificar, alinear
begradigend / rectificador adj
Begradigung f / rectificación f, alineación f
Begramm f (DV) / grupo m de dos dígitos
begrenzbar / limitable
Begrenzbarkeit f / limitabilidad f
begrenzen [auf], limitieren / restringir [a] || ~, einfassen / delimitar, rebordear || ~, abgrenzen / limitar, delimitar, demarcar, deslindar
begrenzend, Begrenzungs-, Grenz... / limitador, delimitador || ~**e Wortmarke** (DV) / marca f de palabra delimitadora
Begrenzer m (Masch) / limitador m, pasador m limitador, mecanismo m limitador || ~ (Regeln) / elemento m de transferencia con limitador || ~ (DV) / limitador m || ~, Begrenzungsröhre f (TV) / tubo m limitador || ~**diode** f (Elektr) / diodo m limitador || ~**instrument** n (TV-Synchron) / limitador m || ~**schaltung** f (Elektr) / circuito m limitador [de amplitud], circuito m recotador || ~**stufe** f (Eltronik, Funk) / etapa f de limitación, paso m limitador
begrenzt, limitiert, beschränkt / limitado, restringido || ~, endlich / finito, limitado || ~**e Stabilität** (Fernm, Regeln) / estabilidad f limitada || ~**es Wasser** (o. Gerinne) (Hydr) / reguera f, aguas f pl limitadas || **mit** ~**er Austauschbarkeit** / de intercambiabilidad limitada || **von 2 Flächen** ~ / diedro
Begrenzung f (allg) / límite m, limitación f, delimitación f, demarcación f || ~, Grenzen f pl (eines Geländes) / lindera f || ~, Wegschneiden n von Geräuschen (Akust) / limitación f, acción f limitadora de amplitud || ~, Eingrenzung f / localización f || ~ f, Begrenzungsanschlag m (Masch) / tope m [de limitación]
Begrenzungs•..., Grenz..., begrenzend / limitador, delimitador || ~**drossel** f (Elektr) / bobina f limitadora || ~**ebene** f (Math) / plano m de limitación || ~**feuer** n (Luftf) / baliza f luminosa, farol m marcador || ~**fläche** f / superficie f limitadora, periferia f || **innerer** ~**kreis** (Wälzlager) / círculo m inserto, tangente f interior || **äußerer** ~**kreis** (Wälzlager) / círculo m circunscrito, tangente f exterior || ~**leuchte** f (Kfz) / luz f de gálibo, lámpara f lateral, luz f de posición || ~**linie** f (allg) / línea f de limitación, línea f del contorno || ~**linie** (Bahn) / gálibo m límite de carga || ~**linie** (des Textbereichs) (DV) / línea f de borde || ~**linie für Transitwagen** (Bahn) / gálibo m de tránsito || ~**röhre** f (TV) / tubo m limitador || ~**scheibe** f (Lager) / disco m de apoyo || ~**schraube** f (Masch) / tornillo m tope, tornillo m regulador || ~**sektor** m / factor m limitante o limitador || ~**symbol, -zeichen** n (DV) / delimitador m || ~**winkel** m (Geom) / escuadra f limitadora
Begriff m, Vorstellung f / concepto m, noción f, idea f || ~, Benennung f / denominación f, definición f || ~**e** m pl, Begriffsbestimmungen f pl / definiciones f pl, denominaciones f pl
Begriffssystem n / sistema m conceptual
begründet, technisch ~ / técnicamente justificado
Begründung f / argumentación f, justificación f, explicación f
begrünen vt (Bau, Straßb) / cubrir de césped, verdear, encespedar
Begrüner m / máquina f de encespedar
Begrünung f / creación f de zonas verdes
Begussmasse f (Keram) / enlucido m cerámico
begutachten vt / dictaminar
Begutachtung f, Expertise f / peritaje m, dictamen m, examen m pericial || ~ (Kfz) / peritación f
behaart / piloso, peludo
behaftet, mit Fehlern ~ **sein** / adolecer de defectos
Behaglichkeit f, Innenkomfort m (Kfz) / habitabilidad f (interior de un coche) || ~ (Raumklima) / confort m ambiental (clima, temperatura)
behalten vt (Eigenschaften) / conservar, preservar, mantener
Behälter m, Behältnis m / recipiente m, receptáculo m, depósito m, bote m (de almacén) || ~, Gefäß n / envase m, vaso m, vasija f || ~, Kasten m / caja f || ~, Sammelbehälter m / receptáculo m, colector m || ~, Reservoir n, Tank m / tanque m, depósito m, cisterna f || ~ (für Versand) / container m, contenedor m || ~ **für innerbetriebliche Transporte** / bandeja f para piezas [en elaboración] || ~ **für Schüttgüter oder Flüssigkeiten** / envase m, tanque m para productos a granel o líquidos || ~ **für staubförmige Güter** (Bahn) / container m para materias en polvo || **abgeteilter** ~ / receptáculo m con tabiques || **großer** ~ (Keramik) / tinaja f || **zusammenklappbarer** ~ (Bahn) / caja f plegable || ~**bau** m / construcción f de recipientes o de

Behälterbau

depósitos, calderería f ‖ ≈bauer m / constructor m de depósitos ‖ ≈boden m / fondo m de depósito ‖ ≈-Bruchlast f / carga f de ruptura de recipiente ‖ ≈druck m / presión f en el (o dentro del) recipiente ‖ ≈einsatz m (Innenteil) / suplemento m del recipiente ‖ ≈entleerung f (Raumf, Treibstoff) / adquisición f del propulsante ‖ ≈entlüftungsleitung f (Luftf) / tubería f de ventilación del depósito ‖ ≈fahrzeug n (Kfz) / camión-cuba m ‖ ≈inhalt m, -fassungsvermögen n / contenido m del depósito, capacidad f del depósito, volumen m del depósito ‖ ≈mantel m / pared f de recipiente ‖ ≈pumpe f / bomba f de inmersión ‖ ≈schiff n / buque m para contenedores, portacontenedores m ‖ ≈sieden n, (besser): freies Sieden im Behälter (Verdampfung) / ebullición f en el depósito ‖ ≈-Terminal m n / terminal m para contenedores ‖ ≈tragwagen m (Bahn) / vagón m para el transporte de contenedores ‖ ≈verkehr m (Bahn) / sistema m de contenedores, transporte m por contenedores ‖ ≈waage f / báscula f con depósito o recipiente ‖ ≈wagen m (Kfz) / carro m portabacs ‖ ≈wagen, Silowagen m (Bahn) / vagón m [de] silo ‖ ≈wagen m, Kesselwagen m (Bahn) / vagón m cisterna (E), vagón m tanque (LA)

Behältnis n, Behälter m / recipiente m, envase m ‖ ≈, Gehäuse n / caja m, cárter m

behandeln / tratar, someter a un tratamiento ‖ ~ (Masch) / manejar, manipular

behandelt, bearbeitet (Masch) / manufacturado, mecanizado ‖ **[chemisch]** ~ / sometido a [un] tratamiento químico

Behandlung f / tratamiento m, procedimiento m ‖ ≈, Konditionieren n / acondicionamiento m ‖ ≈, (auch:) Manipulieren n / manipulación f ‖ ≈, Handhabung f (Masch) / manejo m, manipulción f ‖ ≈ f der Rückstände (Nukl) / tratamiento m de los residuos ‖ ≈ im Vakuum / tratamiento m en vacío ‖ ≈ **mit Gas** / gaseamiento m, gaseado m ‖ ≈ **mit Schwefelsäure** / sulfurización f

Behandlungs•anweisung f (Tex) / instrucción f de tratamiento ‖ ≈dauer f / duración f del tratamiento ‖ ≈gut n / producto m a tratar, material m a tratar ‖ ≈maschine f (Tex) / máquina f acondicionadora ‖ ≈vorschrift f / instrucciones f pl de servicio, instrucciones f pl de manejo o de empleo ‖ ≈weise f / modo m de tratamiento

Behang m, Wandbehang m (Tex) / colgadura f, cortinaje m

Behänge n, ausgeschnittene Holz- o. Blecharbeit (Bau) / festonado m

beharren, im Ruhestand ~ / seguir en reposo

Beharrungs•drehzahl f (Elektr) / velocidad f de equilibrio ‖ ≈fahrt f / marcha f en régimen establecido ‖ ≈geschwindigkeit f (Bahn) / velocidad f en régimen establecido ‖ ≈gesetz, -prinzip n (Phys) / ley f de la inercia, ley f de movimiento de Newton ‖ ≈temperatur f / temperatura f de régimen establecido ‖ ≈vermögen n, Trägheit f (Phys) / inercia f, permanencia f ‖ ≈wert m (Regeln) / valor m de régimen ‖ ≈zustand m, Trägheitszustand m (Phys) / estado m de inercia, inercia f ‖ ≈zustand, Zustand m der Ruhe / estado m de equilibrio en servicio, régimen m constante, estado m de régimen o de reposo ‖ ≈ **im** ≈zustand / en estado de equilibrio ‖ ≈zustand m (Regeln) / régimen m permanente, condición f estacionaria

beharzen vt / impregnar con resina

Beharzungs- und Imprägniermaschine, Lackiermaschine f (Plast) / máquina f de impregnar con resina

behauen, zurichten (Bruchsteine) / tallar, picar, labrar, escodar ‖ ~ (Holz) (Zimm) / tallar, desbastar, desguazar, azolar ‖ **~er Bruchstein** / piedra f de mampostería labrada ‖ **~er Stein** (im rechten Winkel) / piedra f escuadrada ‖ **mit der Axt** ~ (Holz) / labrar con el hacha ‖ **[rechteckig]** ~ (Holz) / escuadrar ‖ ≈ ~ n (Bau, Zimm) / talla f

Behäufelungspflug m (Landw) / arado m aporcador, aporcadora f

Behäutung f, Außenhaut f (Luftf) / revestimiento m (exterior)

behebbar (z.B. Fehler) / reparable, remediable, subsanable

beheben vt, eliminieren / remediar, suprimir, subsanar ‖ Störungen ~ / reparar f fallas

Behebung f, Abhilfe f, Abstellung f / reparación f, subsanación f, remedio m ‖ ≈ **von Mehrdeutigkeit** (DV) / reparación f de ambigüedades

beheizbar / calentable ‖ ~ (Heckscheibe) (Kfz) / térmico (luneta) ‖ ~ / climatizable (piscina)

beheizen vt, heizen / calentar, caldear

beheizter Container / contenedor m calentado

Beheizung f / calentamiento m, caldeo m

Beheizungsaggregat n / grupo m de calefacción

Behelf m, Hilfsmittel n, Behelfsvorrichtung f / medio auxiliar, remedio m, recurso m, artificio m, adminículo m

Behelfs•..., behelfsmäßig / auxiliar, provisional, improvisado ‖ ≈..., Not... / de emergencia ‖ ≈ausbesserung f (Kfz) / reparación f provisional ‖ ≈ausfahrt f (Autobahn) / salida f improvisada ‖ ≈bahnsteig m (Bahn) / andén m provisional o de emergencia ‖ ≈bau m / edificio m provisional ‖ ≈beleuchtung f (Elektr) / alumbrado m de emergencia, iluminación f auxiliar ‖ ≈brücke f / puente m provisional, puente m improvisado ‖ ≈flugplatz m / aeropuerto m de emergencia ‖ ≈flugplatz für Hubschrauber / heli[o]puerto m de emergencia ‖ ≈flugplatz im Gebirge / campo m de aterrizaje ‖ ≈mäßig o. provisorisch ausbessern / reparar provisionalmente ‖ ≈maßnahme f, -lösung f / medida f provisional o de emergencia, solución f provisional ‖ ≈mittel n, Ausweg m / recurso m, expediente m ‖ ≈vorrichtung f / dispositivo m provisional, dispositivo m de emergencia

Behenöl n (für Uhren) / aceite m behénico o de moringa

Behenolsäure f (Chem) / ácido m behenólico

Behensäure f / ácido m behénico

Beherrschbarkeit f / controlabilidad f

beherrschen vt, regeln / controlar, gobernar

beherrscht / controlado, bajo control ‖ **~e Kettenreaktion** (Nukl) / reacción f en cadena controlada

Beherrschung f (von Wissen) / dominio m (de saber)

behilflich, mitwirkend, Hilfs... / subsidiario, auxiliar, mediante

behindern vt / obstaculizar, dificultar, estorbar, obstruir, entorpecer, impedir

behindertengerecht (Gerät etc.) / adaptado a (o apto para) minusválidos

Behinderter m (körperlich, geistig) / minusválido m (físico, psíquico)

Behinderung f / obstáculo m, dificultad f, obstrucción f, entorpecimiento m [mecánico]

behördlich, behördlicherseits / por la autoridad, oficialmente, por parte de la autoridad

Beianker m, Kattanker m (Schiff) / ancla f de galga

beibehalten vt / conservar, mantener, guardar, seguir (+ gerundio), retener

Beibehaltung f / mantenimiento m, conservación f, retención f ‖ **unter** ≈ **[von]** / manteniendo, conservando

Beiblatt n (Druck) / suplemento m, hoja f adjunta

Beiboot n (Binnenschiff) / lancha f de a bordo, lancha f [de servicio], esquife m, chinchorro m ‖ **großes** ≈ (Schiff) / embarcación f auxiliar, chalupa f

beidachsig gerecktes Polypropylen, OPP (Plast) / polipropileno m estirado biaxial

beiderseitig, zweiseitig / bilateral, reversible ‖ ~, gegenseitig / mutuo ‖ ~ **eingespannt** (Mech) / empotrado en ambos lados ‖ ~ **emailliert** (Überzug) / esmaltado en ambos lados
beiderseits, nach beiden Seiten / hacia ambos lados ‖ ~, auf beiden Seiten, beidseitig / en ambos lados, en ambas caras, en las dos caras ‖ ~ **eingespannt** (Träger) / empotrado en ambos lados o extremos ‖ ~ **frei aufliegend** (Träger) / libremente apoyado en ambos lados
Beiderwand f n (Tex) / tiritaña f
Beid•handarbeiten n (F.Org) / trabajos m pl a dos manos, trabajos m pl bimanuales ‖ ~**händig** [**geschickt**] / ambidextro, ambidiestro ‖ ≃**handtastatur** f (Eltronik) / teclado m para dos manos ‖ ~**recht** (Web) / de caras iguales, de doble cara ‖ ~**rechter Köper** (Tex) / sarga f de caras iguales
beidrehen (Schiff) / ponerse en facha, fachear
beidrücken (Bahn) / apretar
beidseitig, bilateral / bilateral, en [las] dos caras ‖ ~**er Druck** (auf beiden Papierseiten) (DV) / impresión f sobre ambas caras del papel ‖ ~ **gefärbtes Papier** / papel m colorado en las dos caras ‖ ~ **gestrichen** (Pap) / estucado en las dos caras ‖ ~**er Informationsfluss** (DV) / flujo m de información bilateral, comunicación f bidireccional o de dos direcciones ‖ ~ **konkav**, doppelt-konkav, bikonkav (Opt) / cóncavo-cóncavo
Beifahrer m (Kfz) / acompañante m ‖ ≃ (Lastwagen) / segundo m conductor ‖ ≃**-Airbag** m / airbag m acompañante o de pasajero ‖ ≃**sitz** m (Kfz) / asiento m del acompañante ‖ ≃**verschluss** m (Bahn) / enclavamiento m frente a frente
Beifilm m, Kurzfilm m / corto[metraje] m
beige (RAL 1001) / beige
beigemengt, beigemischt (Chem) / adicionado, agregado, mezclado
beigerot (RAL 3012) / rojo beige
beigeschliffen, auf Blechdicke ~ (Schw) / amolado hasta el espesor de la chapa
beigestellt, vom Benutzer ~ / suministrado por el usuario
Beil, Handbeil n (Wz) / hacha f (de una mano), hachuela f, destral m
Beiladung f (Kfz, Schiff) / carga f adicional, cargamento m complementario
Beilage f (Masch) / pieza f añadida ‖ ≃, Beilagscheibe f, Beilageblech n (Masch) / arandela f, pieza f intermedia, calce m, laminita f ‖ ≃ (Zeitung) / suplemento m
Bei•lagenblech n, Blech zur Herstellung von Beilagen / chapa f para arandelas, material m para laminitas, material m delgado ‖ ≃**lauf** m (Hochspannungskabel) / aislamiento m del conductor ‖ ≃**lauffaden** m (Elektr) / hebra f identificadora, hilo m de referencia
Beilby-Schicht f (Hütt, Masch) / capa f Beilby
Bei•leger m (Web) / bastón m de plegador ‖ ≃**leg**[**e**]**scheibe** f s. Beilage ‖ ≃**leitung** f (Hydr) / conducción f de agua
Beil•hieb m / hachazo m ‖ ≃**rücken** (Wz) / cabeza f de hacha
Beilsteinsche Probe (Chem) / ensayo m de Beilstein
Beilstiel m (Wz) / mango m del hacha, asta f del hacha
Beiluft f (Bergh) / aire m adicional
Bei•mann m (Bahn) / ayudante m conductor ‖ ~**mengen** vt, beimischen / agregar, añadir, mezclar, adicionar ‖ ≃**mengenband** n (Kartoffelroder) (Landw) / cinta f transportadora de las impurezas ‖ ≃**mengung** f (Vorgang), Beimischung f (Chem, Pharm) / adición f, mezcla f ‖ ≃**mengung**, Verunreinigung f / impureza f ‖ ≃**mengung, -mischung** f (Substanz) / adición, añadidura f, agregado m, aditamento m ‖ ≃**metall** n / metal m agregado ‖ ≃**mischer** m (TV) / adicionador m, circuito m de adición

Bein n (Luftf, Masch) / pierna f, pata f ‖ ≃ (Gestell, Zirkel) / pierna f ‖ ≃, Strumpfform f (Tex) / pierna f de la media ‖ ≃ **des Montagedreibeins** / pie m de trípodo
Beinahezusammenstoß m (Luftf) / casicolisión f
Beinfreiheit f (Kfz) / espacio m suficiente para las piernas
beinhalten vt / contener ‖ ~, fassen / cubicar
beinig (Zuck) / bifurcado
Bein•prothese f (Med) / pierna f artificial ‖ ≃**raum** m (Kfz) / sitio m para las piernas ‖ ≃**schwarz** n / sombra f de hueso, carbón m animal [de huesos] ‖ ≃**wolle** f (Tex) / lana f de piernas
bei•packen vt / empaquetar [con o junto] ‖ ≃**passregler** m / regulador m de derivación, regulador m de sobrepaso ‖ ≃**pfahl** m (Verm) / piquete m secundario ‖ ≃**produkt** n, Nebenerzeugnis n (Chem) / producto m secundario o derivado, subproducto m ‖ ≃**produktkoksofen** m (Hütt) / horno m de coque para la recuperación de subproductos ‖ ≃**satz** m (DV, Platte) / rótulo m de arrastre ‖ ≃**satzrad** n (Uhr) / rueda f intermedia
beiseite / separado ‖ ~ **räumen**, - schieben / remover, apartar, echar a un lado
Beispiel n / ejemplo m, modelo m
Beispitze f **des Herzstücks** (Kreuzung) (Bahn) / contracarril m, pata f de liebre
beißen vt, packen (Masch) / morder, agarrar ‖ **sich** ~ (Farben) / desentonar
beißend, penetrant / penetrante ‖ ~ (Geruch) / acre, picante ‖ ~, scharf / mordiente, cáustico, corrosivo
Beiß•schneiden n (Stanz) / cizallamiento m ‖ ≃**zange** f, Kantenzange f (DIN) (Wz) / tenaza f, tenazas f pl [de corte], cortaalambres m
bei•stellen vt, zur Verfügung stellen / poner a disposición ‖ ≃**stellherd** m, Anstellherd m / estufa f adosable ‖ ≃**stelltisch** m / mesa f auxiliar ‖ ≃**stellung** f (Bahn) / agregación f de un vagón ‖ ≃**stopperwinde** f (Schiff) / cabrestante m de retenida ‖ ≃**strich** m (Druck) / coma f
Beitel m, Meißel m (Metall, Stein) / cincel m, gubia f ‖ ≃, Stemmeisen n (Holz, Zimm) / formón m, buril m chaple ‖ ≃**griff** m / mango m del formón
Beitrag m [zu] / aportación f, aporte m, contribución f ‖ ≃ **liefernd** / contribuidor
beitragen vt / aportar, contribuir [a]
Bei•wagen m, Anhänger m (Straßenbahn) / remolque m (E), acoplado m (LA) ‖ ~**wagen** (allg) / cochecito m adicional, remolque m ‖ ≃**wagen**, Seitenwagen m (Motorrad) / sidecar m (pl.: sidecares) ‖ ≃**wagenmaschine** f / moto[cicleta] f con sidecar ‖ ≃**werk** n, Verzierung f (Bau) / ornamento[s] m[pl] ‖ ≃**wert** m, Koeffizient m (Math, Phys) / coeficiente m, índice m ‖ ≃**wert** (Funkmess) / factor m de corrección ‖ ≃**winkel** m (Stahlbau) / escuadra f de conexión
Beiz•ablauge f (Hütt) / desechos m pl de ácido de decapado ‖ ≃**anlage** f (Hütt) / instalación f de decapado o de decapaje, planta f de decapado ‖ ≃**anlage**, Beizautomat m (Landw) / instalación f de desinfección ‖ ≃**bad** m (Hütt) / baño m decapante o de decapado o de decapaje, baño m mordiente ‖ ≃**badrückgewinnung** f (Hütt) / recuperación f del baño de decapado ‖ ≃**behälter** m (Hütt) / tanque m decapador ‖ ≃**beschleuniger** m (Galv) / acelerante m de decapado ‖ ≃**blasen** f pl (Hütt) / ampollas f pl del decapador
Beize f (z.B. für Gelbbrennen) (Galv) / baño m decapante ‖ ≃, Beizmittel n (Chem) / cáustico m ‖ ≃, Beizmittel n (Färb) / mordiente m ‖ ≃, Schutzbeize f (Färb) / materia f protectora ‖ ≃, Beizmittel n (Landw) / desinfectante m ‖ ≃ (Hütt) / decapante m, decapador m ‖ ≃, Beizbrühe f (Gerb) / purga f ‖ ≃, **rote Beize** (Gerb) / jugo m de corteza ‖ ≃, **Gelbbrenne** f (Galv) / baño m de decapado o de decapaje ‖ ≃, **Beizfarbe** f (Holz) / nogalina f ‖ ≃, Brühe f (Tabak) / caldo m, salsa f

para tabaco ‖ ≈ **annehmen** (Holz) / absorber la nogalina
beizen, dekapieren (Galv, Hütt) / decapar ‖ ~, ätzen / corroer ‖ ~, einweichen (Gerb) / purgar, dar baño de purga ‖ ~ (Landw) / desinfectar ‖ ~ (Holz) / pintar con nogalina, colorar madera ‖ ~ (Färb) / morder, mordentar, bañar en mordiente ‖ **in Alaun (o. Aluminiumsulphat)** ~ (Färb) / mojar en alumbre ‖ **Tabak** ~ / aderezar tabaco ‖ **wie Ebenholz o. schwarz** ~ (Holz) / colorar de negro ‖ ≈ *n* (Galv, Hütt) / decapado *m*, decapaje *m* ‖ ≈, Ätzen *n* / corrosión *f* ‖ ≈ (Tex) / mordentado *m* ‖ ≈ (Leder) / tratamiento *m* en salmuera ácida ‖ ≈ (Saatgut) (Landw) / desinfección *f* ‖ ≈ (mit Tonerde) (Tex) / aluminaje *m*
beizend, Beiz... (Chem) / cáustico, corrosivo
Beizen•farbstoff *m* (Färb) / colorante *m* adjetivo, colorante *m* [de]mordiente ‖ **~ziehend** (Färb) / absorbente del colorante mordiente
Beizerei *f*, Beizanlage *f* (Hütt) / instalación *f* de decapado, planta *f* de decapado ‖ **≈abwässer** *n pl* (Umw) / aguas *f pl* residuales de decapado
Beiz•korb *m*, Beizgestell *n* (Hütt) / cesta *f* de decapaje ‖ **≈kraft** *f* (Chem) / causticidad *f* ‖ **≈lauge** *f* (Hütt) / decapante *m* ‖ **≈lösung** *f* / solución *f* corrosiva ‖ **≈mittel** *n* s. Beize ‖ **≈probe** *f*, Beizversuch *m* (Hütt) / ensayo *m* del decapado, prueba *f* del decapado ‖ **≈pulver** *n* (Landw) / polvo *m* desinfectante ‖ **≈rückstände** *m pl* (Hütt) / residuos *m pl* del decapado ‖ **≈salz** *n* (Chem) / sal *f* cáustica ‖ **≈schlamm** *m* (Hütt) / lodo *m* [residual] de decapado ‖ **≈sprödigkeit** *f* / fragilidad *f* por decapado ‖ **≈vergoldung** *f* / dorado *m* por pigmento ‖ **≈zusatz** *m* (Hütt) / aditivo *m* de decapado o decapaje ‖ **≈zusatz**, Inhibitor *m* (Chem, Hütt) / inhibidor *m*, limitador *m* de decapado
bekämpfende Wirkung (Insektizid) / acción *f* destructora
Bekämpfung *f* [von] / lucha *f* [contra] ‖ **chemische** ~ / destrucción *f* química, lucha *f* química ‖ **mechanische** ~ / destrucción *f* mecánica
Bekämpfungsmittel *n* / remedio *m*, ayuda *f* de lucha
bekannt, als ~ **voraussetzen** / dar por supuesto ‖ **an sich** ~ (Patent) / según técnicas conocidas
Beken-Duplex-Kneter *m* (Plast) / mezcladora *f* Beken-Duplex
Beklebemaschine *f* (Pap, Plast) / encoladora *f*
bekleben *vt* (allg) / pegar, recubrir, forrar ‖ ~, kaschieren (Pap) / pegar, forrar, recubrir, contracolar
beklebt (Pap) / pegado, forrado
bekleiden *vt* / revestir, cubrir, empapelar
Bekleidung *f* **von Böschungen** (Bahn) / revestimiento *m* de taludes
Bekleidungs•bleche *n pl* (Walzw) / chapas *f pl* para revestimiento ‖ **≈industrie** *f* / industria *f* de la confección o del vestido ‖ **≈leder** *n* / cuero *m* de confección ‖ **≈textilien** *f pl* / textiles *m pl* de vestir
beklopfen *vt* (Bergb, Schm) / tantear a martillo o martillazos
bekohlen *vt* (Hütt) / cargar de carbón, alimentar de carbón
Bekohlung *f* / alimentación *f* con carbón
Bekohlungs•anlage *f* / instalación *f* alimentadora de carbón ‖ **≈gleis** *n* (Bahn) / vía *f* de carbonera ‖ **≈vorrichtung**, -möglichkeit *f* / instalación *f* para cargar carbón
bekömmlich, verdaulich (Nahrung) / digestible ‖ ~, verdauungsfördernd / digestivo
bekriechbar / accesible reptando
bekrönen *vt* (Bau) / tapar
Bel *n* (Dämpfungsmaß), b (Akust) / belio *m*, bel
Beladeanlage *f* / instalación *f* cargadora o de carga
beladen *vt* [mit] / cargar [de] ‖ ~ (mit Ballast) (Schiff) / lastrar ‖ **~es Harz** (Ionenaustauscher) / resina *f* cargada ‖ **bis zum Rand** ~ (Schiff) / cargar hasta el borde ‖ **nicht voll** ~ / cargado incompletamente
Belader *m* (Person) / cargador *m* (persona)

Belade•station *f* (Seilb) / estación *f* de carga ‖ **≈vorrichtung** *f* (Masch) / cargadora *f* mecánica ‖ **≈vorrichtung** (Bergb) / dispositivo *m* de carga
Beladung *f* (allg, Tätigkeit, Wzm) / carga *f* ‖ ≈ (Ionenaustauscher) / cargamento *m*
beladungs•abhängig (Bremse) / en función de la carga ‖ **≈erfassung** *f* (Kfz, Schiff) / determinación *f* de la carga ‖ **≈lösung** *f*, Zulauf *m* (Ionenaustauscher) / solución *f* de alimentación
Belag, Überzug *m* (allg, Förderband) / revestimiento *m*, recubrimiento *m*, forro *m* ‖ ≈ *m*, Auflage *f*, Schicht *f* / capa *f* ‖ ≈ (Bremse) / guarnición *f*, forro *m* ‖ ≈ (Straß) / firme *m*, cubierta *f*, pavimento *m* ‖ ≈, Bodenbelag *m* (Bau) / pavimento *m*, solado *m* ‖ ≈ (Spiegel) / azogue *m* ‖ ≈ (Kondensator) / armadura *f* ‖ ≈, Niederschlag *m* / sedimento *m*, incrustación *f*, depósito *m* ‖ ≈ **des Leiters**, lineare Stromdichte (Elektr) / densidad *f* linéica de corriente ‖ **≈blech** *n* (Hütt) / chapa *f* de recubrimiento, plancha *f* del piso ‖ **≈bohle** *f* (Bau, Zimm) / madero *m* o tablón de revestimiento o de pasarela ‖ **≈brettchen** *n* (Spinn) / duela *f* de madera con clavos de acero ‖ **≈korrosion** *f* (Angriff unter Ablagerungen) (Hütt) / corrosión *f* debajo del precipitado ‖ **≈masse** *f* (Bau) / masa *f* cubridora ‖ **≈stahl**, Zoresstahl *m* (Hütt) / acero *m* de Zorés
belanglos, Schein... (DV) / insignificante, sin importancia, ficticio
belangreich, erheblich / relevante
belastbar, tragfähig / sólido, resistente
Belastbarkeit *f* (Kfz, Masch) / capacidad *f* de carga, cargabilidad *f*, carga *f* [máxima] admisible o posible ‖ ≈ (z.B. Kran), Tragfähigkeit *f*, Hubkraft *f* / potencia *f* de carga, capacidad *f* elevadora ‖ ≈, Standfestigkeit *f* (Masch) / estabilidad *f* ‖ ≈ *f* (Nukl) / factor *m* de carga ‖ ≈, zulässige Stromstärke (Kabel) / capacidad *f* de corriente ‖ ≈ (Halbl) / disipación *f* de energía o de potencia, potencia *f* absorbida ‖ ≈ **der Anlage** (Nukl) / factor *m* de carga del equipo ‖ ≈ **eines Widerstandes** (Elektr) / capacidad *f* de una resistencia ‖ ≈ **im Gebrauch** (Masch) / cargabilidad *f* en servicio
belasten *vt* (Phys) / cargar, ejercer un esfuerzo, solicitar [a carga], someter a una carga ‖ ~, beschweren / cargar ‖ **mit einem Gewicht** ~ / poner peso
belastet / cargado, sometido a una carga ‖ ~ (Bahn, Strecke) / con tráfico intenso, de tráfico denso ‖ ~ **anlaufen**, unter Last anlaufen (Mot) / arrancar bajo carga ‖ **~e Antenne** / antena *f* cargada ‖ **voll** ~ (Mot) / bajo plena carga
Belästigung *f*, Störung *f* / molestia *f*, fastidio *m* ‖ ≈ **durch Umweltverschmutzung** / molestias *f pl* por contaminación o polución del medio ambiente
Belastung *f* (Elektr, Phys) / carga *f*, esfuerzo *m* ‖ ≈ (Mat.Prüf) / solicitación *f* a carga, carga *f* ‖ ≈ **auf der Spannweite** (Stahlbau) / carga *f* por unidad de abertura ‖ ≈ **des Baugrundes** / carga *f* del terreno, gravamen *m* del terreno ‖ ≈ **durch Menschengedränge**, Menschenlast *f* / carga *f* humana, carga *f* por aglomeración de personas ‖ ≈ **einer Leitung** (Elektr) / carga *f* de una línea, densidad *f* de corriente en un conductor ‖ **spezifische** ≈, Spannung *f* (Phys) / tensión *f* específica, carga específica *f*
Belastungs•... (als Belastung dienend) / de carga ‖ **~abhängig** / en función de la carga, dependiente de la carga ‖ **≈änderung** *f* (Masch) / variación *f* de carga ‖ **≈angabe** *f* (Reifen) / índice *m* de carga ‖ **≈annahme** *f* (Bau, Masch) / carga *f* supuesta, carga *f* hipotética, hipótesis de carga ‖ **≈anzeige** *f* / lectura *f* de carga, indicación *f* de carga ‖ **≈arm** *m* (Spinn) / brazo *m* de presión ‖ **≈art** *f* (Masch, Phys) / clase *f* de carga, tipo *m* de carga ‖ **≈ausgleich** *m* / compensación *f* de carga ‖ **≈bedingungen** *f pl* (bei Versuch) / condiciones *f pl* de carga ‖ **≈bereich** *m* (Mat.Prüf) / gama *f* de cargas, margen *m* de carga ‖ **≈bereich** (Chem, Kolonne) / margen *m* de cargamento, régimen *m* de carga ‖

≈**charakteristik** f (Masch) / característica f de carga ‖ ≈**dauer** f / duración f de carga, período m de carga, tiempo m de acción de la carga, tiempo m de solicitación ‖ ≈**diagramm** n, -**kurve** f / diagrama m de carga ‖ ≈**dreieck**, Lastdreieck n / triángulo m de carga ‖ ≈**druck** m, Drucklast f / carga f de compresión, carga f ‖ ≈**einrichtung** f (Mat.Prüf) / dispositivo m de solicitación a carga ‖ ≈**erhöhung** f (Kabel, Masch) / aumento m de carga ‖ ~**fähig** / resistente ‖ ≈**fähigkeit** f, Belastbarkeit f / cargabilidad f, capacidad f de carga, límite m de carga ‖ ≈**fähigkeit** (Elektr) / densidad f máxima de corriente ‖ ≈**fähigkeit eines Katalysators** (Chem) / capacidad f de carga de un catalizador en kg/h ‖ ≈**faktor** m (Kraftwerk) / factor m de utilización ‖ ≈**faktor**, Lastfaktor m (Elektr) / factor m de carga ‖ [**jahreszeitliches**] ≈**gebirge** (Elektr) / diagrama m de la carga estacional ‖ ≈**gewicht** n (Ventil) / carga f de una válvula de seguridad ‖ ≈**gleichung** f (Phys) / ecuación f de las cargas ‖ ≈**grad** m, Ausnutzungsgrad m (Masch) / grado m de utilización ‖ ≈**grenze** f / límite m de carga, carga f máxima [admisible] ‖ ≈**höhe** f / altura f de carga ‖ ≈**immitanz** f (Elektr) / imitancia f de carga ‖ ≈**impedanz** f (Elektr) / impedancia f de carga ‖ ≈**kennlinie** f (Elektr) / característica f en carga ‖ ≈**klasse** f (Elektr) / regimén m de carga ‖ ≈**kombination** f (Masch, Phys) / combinación f de cargas ‖ ≈**kondensator** m (Elektr) / capacitor m de carga ‖ ≈**kraft** f, Belastung f (Masch) / fuerza f de carga ‖ ≈**kreis** m (Elektr, Fernm) / circuito m de carga, circuito m de utilización ‖ ≈**kurve** f (Eltronik) / curva f de carga ‖ ≈**lampe** f (Fernm) / lámpara f compensadora [de carga], lámpara f autorreguladora ‖ ≈**linie** f (Masch) / línea f de carga ‖ ≈**moment** n / momento m de carga ‖ ≈**nachbildung** f (Eltronik) / circuito m de carga ficticio ‖ ≈**probe** f / prueba f de carga ‖ ≈**prüfung** f, -versuch m, statische Prüfung (Phys) / ensayo m de carga, prueba f estática ‖ ≈**richtung** f / dirección f de la carga, sentido m de la carga ‖ ≈**scheibe** f (Spinn) / disco m tensor del hilo, disco m frotador para tensar el hilo ‖ ≈**schema** n (Brücke) / esquema m de carga ‖ ≈**schwankung** f (Elektr, Masch) / fluctuación f de carga ‖ ≈**spitze** f, Spitzenlast f / carga f máxima, carga f de cresta, punta f de carga, carga f punta ‖ ≈**steigerung** f / aumento m de carga ‖ ≈**stoß** m / golpe m de carga, aumento m brusco de carga ‖ ≈**stufe** f / escalón m de carga ‖ ≈**tal** n (jahreszeitlich) (Elektr) / mínimo m estacional ‖ ≈**tal** (Elektr) / entrega f mínima a la red ‖ ≈**teilung** f (Masch) / división f de la carga ‖ ≈**verteilung** f / distribución f de la carga ‖ ≈**vorschriften** f pl / reglamentos m pl de carga ‖ ≈**wechsel** m / cambio m de carga ‖ ≈**widerstand** m (Elektr) / resistor m de drenaje, resistor m de sangría ‖ ≈**widerstand** (Eltronik) / resistor m regulador de la carga ‖ ≈**widerstand**, Eisen-Wasserstoff-Widerstand m (Eltronik) / tubo m regulador de tensión o de intensidad, tubo m de resistencia de compensación ‖ ≈**zahl** f, -ziffer f (Masch) / coeficiente m de carga ‖ ≈**zuschlag**, Gewichts-, Lastzuschlag m (Bau, Kfz) / exceso m de carga, tolerancia f de carga adicional ‖ ≈**zustand** m (Masch) / régimen m de carga

belatten vt, latten (Bau) / poner las latas
beleben vt (Flotation) / activar
Belebtschlamm m (Umw) / lodo m activado, fango m activado ‖ ≈**flocken** f pl / copos m pl de lodo activado
Belebungs•mittel n (Flotation) / activante m ‖ ≈**verfahren** n, Belebtschlammverfahren n (Abwasser) / procedimiento m de activación
BE-Leckstellenortung f (Nukl) / sistema m de detección y localización de roturas de vaina
beledern vt / recubrir de cuero, forrar de cuero
Belederung f / guarnición f de cuero ‖ ≈ (z.B. Planen, Fernglas) / recubrimiento m de (o con) cuero

Beleg m (DV) / comprobante m, documento m, resguardo m ‖ ≈**abstand** m (DV) / espaciado m de documentos ‖ ≈**analyse** f / análisis m documentario o documental ‖ ≈**anstoß** m (DV) / atascamiento m de documentos ‖ ≈**aufbereitung** f / procesamiento m de comprobantes ‖ ≈**codierung** f / codificación f de comprobantes ‖ ≈**drucker** m / impresor m de comprobantes o documentos, impresora f de cupones
belegen, **eine Leitung** ~ (Fernm) / ocupar un circuito, tomar una línea ‖ **eine Leitung unnötig** ~ (Fernm) / tomar una línea innecesariamente ‖ **einen Platz** ~ o. **reservieren** / ocupar una plaza ‖ **Glas** ~, verspiegeln (Spiegel) / azogar ‖ **mit Fliesen** ~ (Bau) / alicatar, solar, revestir, embaldosar ‖ **mit Holz** ~ / entarimar
Beleg•erstellung f (DV) / formatización f de comprobantes ‖ ≈**exemplar** n / ejemplar m justificativo, comprobante m ‖ ≈**klampe** f (Schiff) / cornamusa f ‖ ≈**leser** m (DV) / unidad f lectora de documentos ‖ ≈**lesung** f (DV) / lectura f de documentos, exploración f de documentos ‖ ≈**muster** n, -**probe** f / muestra f testigo ‖ ≈**nagel** m (Schiff) / cabilla f ‖ ≈**poller** m (am Kai) / bolardo m, noray m
Belegschaft f (Industrie) / plantilla f, personal m, planta f de obreros ‖ ≈ (Bergb) / equipo m, personal m
Belegschafts•angehöriger m, -angehörige f (Lohn- o. Gehaltsempfänger) (F.Org) / miembro m de la plantilla, asalariado m ‖ ≈**zahl** f / número m de asalariados
Beleg•sortierer m (DV) / selector m de comprobantes ‖ ≈**sortierleser** m / selectora-exploradora f de documentos ‖ ≈**stapelvorrichtung** f, -**stapler** m / dispositivo m apilador de comprobantes o documentos
belegt (allg, Fernm) / ocupado ‖ ≈**lampe** f (Fernm) / lámpara f de ocupación, lámpara f indicadora de ocupado ‖ ≈**zeichen** n (Fernm) / señal f de ocupado o de ocupación ‖ ≈**zeichen**, Besetzt-Ton m (Fernm) / señal f de inaccesible, señal f de línea inerta, señal f de información, señal f de número ocupado
Belegung f (DV, Fernm) / ocupación f ‖ ≈, Belag m (Kondensator) / armadura f ‖ ≈ (Halbl) / carga f distribuida en la superficie ‖ ≈ **n des Spektrums** (Phys) / ocupación f del espectro ‖ ≈ **f mit Kabeln** (Elektr) / dotación f de cables, acumulación f de cables, agrupación f de cables ‖ ≈ **von Schmirgelpapier** (Wz) / recubrimiento m abrasivo
Belegungs•begrenzung f (Bergb) / número m máximo de personas por sección de ventilación ‖ ≈**dauer** f (Fernm) / duración f de ocupación ‖ ≈**dichte** f, -**stärke** f (Verkehr) / densidad f de tráfico ‖ ≈**dichte einer Datei** (DV) / factor m de ocupación de archivos ‖ ≈**minute** f (Fernm) / comunicación-minuto f ‖ ≈**zähler** m (Fernm) / contador m de llamadas ‖ ≈**zeichen** n (DV) / indicador m de disponibilidad
Beleg•verarbeitung f (DV) / procesamiento m de comprobantes ‖ ≈**verarbeitungsanlage** f / instalación f de procesamiento de documentos ‖ ≈**verfilmung** f / microfilmación f de comprobantes o documentos ‖ ≈**zettel** m / comprobante m, ficha f
beleimen vt / encolar
Beleimungsmaschine f / encoladora f
beleuchten / alumbrar, iluminar
Beleuchter m (Film) / iluminador m, encargado m de iluminación
Beleuchtung f (Elektr) / luz f, iluminación f, alumbrado m
Beleuchtungs•anlage f, -**einrichtung** f / instalación f de alumbrado, instalación f de luz eléctrica ‖ ≈**armatur** f / accesorios m pl de alumbrado ‖ ≈**dichte** f / densidad f de iluminación o de la luz ‖ ≈**effekt** m / efecto m luminoso ‖ ≈**einheit** f / unidad f de alumbrado ‖ ≈**einrichtung**, -**ausrüstung** f / dispositivo m de iluminación, equipo m de alumbrado ‖ ≈**glas** n / vidrio m para alumbrado ‖ ≈**grenze** f (Astr) / límite m

Beleuchtungsingenieur

de iluminación ‖ ~ingenieur m / ingeniero m
luminotécnico ‖ ~kasten m (Repro) / caja f de la luz ‖
~körper m, Leuchte f (Elektr) / cuerpo m luminoso,
cuerpo m de alumbrado, cuerpo m iluminante (LA),
lámpara f ‖ ~mast m / mástil m de iluminación, torre
m de iluminación ‖ ~messer m (Opt) / luxómetro m,
luxímetro m, luminómetro m ‖ ~optik f (Mikroskop) /
óptica f de iluminación ‖ ~pegel m (Elektr) / nivel m de
iluminación ‖ ~regler m / reductor m de alumbrado o
de iluminación ‖ ~schacht m, -öffnung f (Abwasser) /
pozo m de alumbrado ‖ ~spiegel m (Opt) / espejo m
iluminador o de iluminación ‖ ~stärke f, Lichtstärke f
/ intensidad f de iluminación, intensidad f luminosa o
lumínica ‖ ~stärke in Lux (Phys) / iluminancia f [en lx]
‖ ~stärkeeinheit f / unidad f de intensidad luminosa ‖
~[stärke]messer m, Luxmeter n (Instr) / luxímetro m,
luxómetro m ‖ ~stunde f, Lichtstunde f (Elektr) / hora
f de iluminación o de lux ‖ ~technik f / luminotecnia f,
técnica f lumínica, técnica f de alumbrado, técnica f
de iluminación ‖ ~techniker m, Beleuchter m /
luminotécnico m, iluminador m, técnico m en
iluminación ‖ ~technisch / luminotécnico adj,
lumínico ‖ ~wesen n / luminotecnia f ‖
~wirkungsgrad m / factor m de iluminación para una
superficie dada
belichten vt, exponieren (Foto) / exponer ‖ ~, bestrahlen
(Phys) / iluminar, irradiar, insolar
Belichter m, Typesetter m (Druck) / máquina f de
fotocomposición
Belichtung f, Exposition f, Belichten n (Foto) /
exposición f ‖ ~ (Produkt aus Beleuchtungsstärke u.
Belichtungszeit), Energiedichte f (Laser) / densidad f
de energía
Belichtungs•automatik f (Foto) / sistema m automático
de exposición, exposímetro m automático ‖ ~dauer f
(Foto) / tiempo m de exposición ‖ ~einstellung f /
regulación f del tiempo de exposición ‖ ~feld n,
-fläche f (Repro) / área f de exposición, campo m de
exposición ‖ ~fenster n (Foto) / ventanilla f de
exposición ‖ ~index m / índice m de exposición ‖
~keil m, Graukeil m (hist.) (Opt) / cuña f
sensitométrica ‖ ~lampe f (Tiefdruck) / lámpara f de
insolación ‖ ~messer m (Foto) / exposímetro m,
fotómetro m ‖ ~messkassette f (Foto) / fotómetro m
(para cámaras de gran formato) ‖ ~messung f /
fotometría f, medición f fotométrica ‖ ~regler m /
regulador m de exposición ‖ ~schaltuhr f (Foto) / reloj
m de exposición ‖ ~spielraum m (Foto) / tolerancia f
de exposición ‖ ~steuergerät n (Foto) / aparato m de
mando de la exposición ‖ ~steuernut f (Film) / ranura
f de sensibilidad (de la película) ‖ ~wert m, Lichtwert
m (Foto) / valor m de exposición, valor m luminoso ‖
~zähler m / contador m de exposiciones ‖ ~zeit f,
-dauer f (Foto) / tiempo m de exposición ‖
~zeiteinstellung f (Offset) / regulación f del tiempo de
exposición
beliebig, willkürlich [angenommen] / arbitrario, al azar,
aleatorio ‖ ~ (nach Wahl) / discrecional ‖ ~
gerichtete Kraft (Phys) / fuerza f que actúa en una
dirección cualquiera ‖ ~ klein / infinitamente
pequeño ‖ ~e Reihenfolge (DV) / secuencia f
arbitraria ‖ ~ verstellbar (Masch) / ajustable a
voluntad ‖ ~e Zahl / número m cualquiera ‖ ~e Zahl,
Zufallszahl f / número m aleatorio ‖ ~ ziehen (Stat) /
tirar al azar ‖ ~e Zugriff (DV) / acceso m aleatorio ‖
eine x-~e Form / una forma cualquier f
Belit m (Min, Sprengstoff) / belita f
Belleville•-Dichtungsring m (Masch) / anillo m de
obturación Belleville ‖ ~feder f, Tellerfeder f / muelle
m de disco o de Belleville
Bellox-Dampferzeuger m / generador m de vapor de
Bellox
Belly, Bauch m (Fischnetz) / vientre m de la red, panza f
de la red

Belonit m (Min) / belonita f, bismuto m acicular
Belt-Pressform f (Druck) / aparato m de compresión por
correa
belüften vt / ventilar, airear
Belüfter m, Belüftungsventil n (Rohrleitung) / válvula f de
ventilación ‖ ~ für Kurbelwanne (Mot) / ventilador m
del cárter
belüftet (Elektr) / aireado, ventilado
Belüftung f / aireación f, ventilación f ‖ ~ mittels
Saugventilator (Bau) / ventilación f por aspiración
Belüftungs•aggregat n / grupo m de ventilación ‖
~becken n (Umw) / tanque m de aireación ‖
~einrichtung f, Durchlüfter m (Bau, Bergb) /
ventilador m, aireador m, dispositivo m de aireación,
instalación f ventiladora ‖ ~element n (Korros.Prüf.)
/ elemento m de corrosión por airación ‖ ~haube f
(Chem) / caperuza f de ventilación ‖ ~kammer f
(Fleisch, Holz) / cámara f de oreo ‖ ~kanal m (Bau, Hütt)
/ canal m de ventilación ‖ ~klappe f (Kfz) / chapaleta f
de ventilación, registro m de ventilación ‖ ~loch n,
-öffnung f (Bau) / agujero m de ventilación, orificio m
de aereación ‖ ~schlitze m pl / hendiduras f pl de
ventilación ‖ ~stein m / ladrillo m de ventilación ‖
~system n / sistema m de ventilación ‖ ~trocknung f
(Landw) / desecación f por ventilación ‖ ~ventil n /
válvula f de aireación
bemalen vt / pintar ‖ ~, beklecksen / embadurnar
bemängeln / criticar
bemannen / tripular, equipar, dotar ‖ ~ (Schiff) /
marinar
bemannt (allg) / equipado ‖ ~ (Luftt, Schiff) / tripulado ‖
~ (Luftt, Raumf, Schiff) / tripulado, con tripulación, con
tripulantes ‖ ~er Flug / vuelo m con piloto ‖ ~er
Raumflug / vuelo m cósmico tripulado o con
tripulantes, vuelo m interplanetario de vehículo
tripulado ‖ ~e Raumstation, bemanntes Raumlabor /
laboratorio m orbital con personal ‖ ~e
Raumwerkstatt (Raumf) / taller m orbital con personal
‖ ~er Satellitenflug / vuelo m orbital de satélite
tripulado ‖ ~e Weltraumforschung / exploración f del
espacio con vehículos tripulados
Bemannung f (Schiff) / tripulación f, dotación f, equipo m
bemaßen vt (Zeichn) / dimensionar, dar dimensiones,
acotar
Bemaßung f (Zeichn) / dimensionado m, acotamiento m
‖ ~ von einer Grund- o. Bezugslinie aus /
acotamiento m desde línea zero
bemauten vt (Straße) / someter a peaje
Bemerkung f, Anmerkung f (DV) / comentario m
Bemerkungsfeld n (DV) / zona f de comentarios
bemessen vt, dimensionieren [für] / dimensionar, medir,
proporcionar ‖ ~ adj / dimensionado ‖ reichlich ~ /
dimensionar ampliamente ‖ zeitlich ~ / fijar un plazo
Bemessung f (Bau, Masch) / dimensionamiento m,
medición f
Bemessungs•flugzeug, Referenzflugzeug n
(Flughafenplanung) / avión m de referencia ‖
~gesamtgewicht n (Luftt) / peso m bruto de diseño ‖
~grundlage f / base f de cálculo ‖ ~landegewicht n
(Luftt) / peso m de cálculo para el aterrizaje ‖ ~last f
(Masch) / carga f de cálculo o de diseño ‖ ~rollgewicht
n (Luftt) / peso m de diseño de la calle de rodaje ‖
~welle f (Öl) / onda f calculada
bemustern vt / dotar de muestras, acompañar de
muestras ‖ ~, dekorieren / decorar, adornar
Bemusterung f / dotación f de muestras
benachbart (allg, Chem) / vecino, adyacente ‖ ~,
angrenzend / contiguo ‖ ~, angrenzend (Grundstück) /
colindante ‖ ~e Schicht (Chem) / capa f vecina ‖ erstes
~es Atom (Phys) / átomo m contiguo ‖ zweites ~es
Atom / átomo m [pre]contiguo
benachrichtigen vt, informieren / informar, avisar,
comunicar
benadeln vt / dotar de agujas

Benadelung f, Besetzung f mit Nadeln (Kämmmaschine) / dotación f de agujas
Benadelungsprüfer m (Tex) / controlador m de guarnción de agujas
benannt, bezeichnet / designado, determinado ‖ ~, dimensionsbehaftet (Math) / denominado ‖ ~ (Math) / concreto ‖ ~ (DV) / con rótulo ‖ **~er Beiwert** o. **Koeffizient** (Math, Phys) / coeficiente m denominado ‖ **~e Konstante** (DV) / constante f denominada ‖ **~er Speicherbereich** (DV) / gama f denominada de almacenamiento ‖ **~e Zahl** / número concreto, número m denominado
benarben vt, berasen (Straßb) / cubrir de césped, encespedar, plantar de césped
Benardos-Verfahren n, Kohlelichtbogenschweißung f (Schw) / soldadura f por arco con electrodo de carbón
Bénardzelle f (Phys) / célula f Bénard
Benasquit m (Min) / benasquita f (variedad de clintonita)
Benchmark f, Bewertungsprogramm n (DV) / programa m de comparación
Benchmarking n / evaluación f comparativa
Benchmark-Methode f (für den Vergleich von Rechnern), Vergleichstest m (DV) / método m de comparación según puntos escogidos
Bendix•anlasser m, -starter m (Kfz) / motor m de arranque Bendix ‖ **~messgerät** n (Masch) / galga f neumática
Benedicts Reagens n (Chem) / reactivo m de Benedict
benennen vt, bezeichnen / denominar, nombrar, calificar ‖ ~, kenntlich machen (DV) / poner rótulos
Benennung f / denominación f, designación f ‖ ~, Begriff m / término m, concepto m ‖ ~ (Math) / denominación f
Benennungssystem n / sistema m de denominación
benetzbar / mojable, humectable ‖ **~es Pulver**, Wettable Powder n / polvo m indisoluble mezclable con agua
Benetzbarkeit f (Chem) / mojabilidad f, humectabilidad f
benetzen, befeuchten / mojar, humectar, humedecer ‖ ~, besprizten / salpicar, rociar
benetzend, zur Benetzung geeignet / mojador adj
Benetzer m (Bau, Masch) / rociador m
benetzter Umfang (Hydr) / perímetro m mojado, superficie f bañada
Benetzung f, Befeuchtung f / mojadura f, humidificación f, humectación f, humedecimiento m
Benetzungs•energie f (Chem) / energía f de humectación ‖ **~hysterese** f / histéresis f de humectación ‖ **~mittel** n / mojador m, mojante m, agente m de humectación, humectante m ‖ **~spannung** f / tensión f de humectación ‖ **~wärme** f (Getreidekörner) / calor m de mojado ‖ **~winkel** m (Tensid) (Chem) / ángulo m de mojado
bengalischer Hanf (Bot) / cáñamo m de Bengala
Benham-Scheibe f (Phys) / disco m de Benham
Benitoit n (Min) / benitoíta f
Benito-Navigation f (Schiff) / sistema m de navegación benito, benito m
benötigt / necesitado, requerido
Bensonkessel m (Masch) / caldera f Benson
Benthos n (Lebensgemeinschaft des Gewässergrundes o. Benthals) (Biol) / bentos m, comunidad f bentónica
Bentonit m, Bleichton m (Min) / bentonita f, arcilla f esméctica ‖ **~binder** m (Bau) / ligante m de bentonita ‖ **~zahl** f (Bau) / índice m de bentonita
benummern vt, nummern / numerar
Benummerung f / numeración f
benutzbar / aprovechable, utilizable
benutzen vt, benützen, verwenden / utilizar, usar, aprovechar, hacer uso, emplear, servirse [de] ‖ ~ (zur Berechnung) (Math) / hacer intervenir ‖ ~, Nutzen ziehen / aprovecharse [de], sacar provecho [de] ‖ ~ n,

Tragen n (z.B. Kleidung) / utilización f, empleo m, uso m
benutzend / usador adj
Benutzer m / usuario m, utilizador m, usador m ‖ **für den ~** (DV) / libre para usuario ‖ **~bibliothek** f (DV) / biblioteca f de usuario ‖ **~bit** (frei verfügbar) (DV) / dígito m disponible ‖ **~codiert** / codificado por el usuario, escrito por el usuario ‖ **~daten** pl / datos m pl de usuario ‖ **~definierbar**, vom Benutzer festlegbar (DV) / definible por [el] usuario ‖ **~definiert** (DV) / definido por [el] usuario ‖ **~etikett** n (DV) / etiqueta f del usuario ‖ **~freundlich** (DV, Masch) / de fácil manejo ‖ **~freundlichkeit** f / facilidad f de manejo ‖ **~führung** f, Bedienerführung f (DV) / guía f de usuario ‖ **~geschrieben** / codificado por el usuario, escrito por el usuario ‖ **~identifikation** f, -kennzeichnung f, -kennung f / identificación f de usuario, código m de usuario ‖ **~oberfläche** f (DV) / interfaz f to superficie de usuario, entorno m ‖ **~orientiert** (DV) / orientado al usuario ‖ **~programm** n / programa m del usuario ‖ **~schnittstelle** f (DV) / salida f de usuario ‖ **~station** f (DV) / terminal m de usuario ‖ **~zugänglich** / accesible para usuario
Benutzung f / utilización f, uso m, empleo m, aprovechamiento m
benutzungs•abhängiger Tarif (Fernm) / tasa f por uso ‖ **~dauer** f / duración f del uso, tiempo m de empleo ‖ **~gebühr** f / tasa f de utilización ‖ **~gebühr**, Maut f (Straßb) / peaje m ‖ **~grad** m (Straßb) / grado m de utilización ‖ **~vereinbarung** f (DV) / declaración f de utilización ‖ **~zähler** m (DV) / contador m de utilización
Benzacridin n (Chem) / benzacridina f
Benzal n, Benzyliden n / benzal m, bencilideno m ‖ **~chlorid** / cloruro m de benzal, benzalcloruro m
Benzaldehyd m, Bittermandelöl m / benzaldehído m, aldehído m benzoico ‖ **~grün** / verde m de benzaldehído
Benzaldoxim n / benzaldoxima f
Benzalumlagerung f / transposición f bencilidénica
Benz•amid n, benzamida f ‖ **~amin** n / benzamina f ‖ **~aminfarbstoff** m / colorante m de benzamina ‖ **~anilid** n / benzanilida f ‖ **~anthron** n / benzantrona f ‖ **~edrin** n / bencedrina f, bencedrina f
Benzen, Benzol n (Chem) / benceno m
Benzhydrol n / benzidrol m, benzhidrol m
Benzidin n / bencidina f ‖ **~umlagerung** f / transposición f bencidínica
Benzil n / bencilo m ‖ **~säure** f / ácido m bencílico
Benzin (als Lösungsmittel), Petrolether m / nafta f, bencina f ‖ ~, Gasolin n (für chemische Zwecke) (Chem) / bencina f ‖ ~, Motorenbenzin n (Kfz) / gasolina f (E), bencina f (E), nafta f (LA), bencina f (LA), gasofa f (coll.) ‖ **~abscheider**, -fänger m (Bau) / separador m de gasolina ‖ **~-Alkoholgemisch** m (Chem) / alcogás m ‖ **~ausflussregler** m / regulador m de salida de gasolina ‖ **~dampf** m / vapor m de gasolina ‖ **~direkteinspritzung** f (BDE) / FSI (= Fuel Straight Injection) ‖ **~einspritzung** f / inyección f de gasolina ‖ **~elektrisch** / electrógeno con motor de gasolina ‖ **~elektrischer Stromerzeuger** (Elektr) / grupo m electrógeno con motor de gasolina
Benziner m (coll) (Kfz) / coche m con motor de gasolina
Benzin•ersparnis f / ahorro m de gasolina, economía f de gasolina ‖ **~fass** n / barril m de gasolina ‖ **~fest und ölfest** (Material) / resistente a la gasolina y al aceite ‖ **~filter** n, -reiniger m (Kfz) / filtro m de gasolina ‖ **~fresser** m (Kfz) / gran consumidor de gasolina ‖ **~gewinnung** f (Chem Verf) / obtención f de gasolina
Benzingsicherung f (Masch) / circlip m
Benzin•kanister m (Kfz) / bidón m de gasolina, lata f de gasolina ‖ **~kocher** m / infiernillo m de gasolina, hornillo m de gasolina (E), cocina f de nafta (LA) ‖

Benzinlager

≈**lager** *n*, -**lagerung** *f* / almacén *m* de gasolina ‖
≈**lampe** *f*, Wetterlampe *f* (Bergb) / lámpara *f* de seguridad de llama ‖ ≈**leitung** *f* (Kfz) / tubería *f* de gasolina, cañería *f* de gasolina (LA) ‖ ≈-**Luftgemisch** *n* / mezcla *f* de aire y de gasolina ‖ ≈**mengenmesser** *m* (z.B. der Zapfsäule) / contador *m* volumétrico de gasolina ‖ ≈**motor** *m* / motor *m* de gasolina, motor *m* de bencina ‖ **durch** ≈**motor angetrieben** / con propulsión de [motor de] gasolina, accionado por motor de gasolina ‖ ≈**pumpe** *f* / bomba *f* de gasolina ‖ ≈-**Reinigungszentrifuge** *f* (Chem Verf) / centrifugadora-depuradora *f* de gasolina ‖ ≈**rücklauf** *m*, -überlauf *m* (Mot) / reflujo *m* de gasolina ‖ ~**sparend**, sparsam im Benzinverbrauch / de consumo económico de gasolina ‖ ≈**stand** *m* / nivel *m* de gasolina ‖ ≈**synthese** *f* (Chem) / síntesis *f* de gasolina ‖ ≈**tank** *m*, -behälter *m* (Kfz) / depósito *m* o tanque de gasolina ‖ ≈**tankdeckel** *m*, -verschlussschraube *f* / tapón *m* de depósito de gasolina ‖ ≈**uhr** *f* (coll), Kraftstoff-Vorratszeiger *m* (DIN) (Kfz) / indicador *m* del nivel de gasolina ‖ ~**unlöslich** (Chem) / insoluble en bencina ‖ ~**verbrauch** *m* (Kfz) / consumo *m* de gasolina ‖ ≈-**Verdampfer** *m* (Kocher) / vaporizador *m* de gasolina ‖ ≈**zapfung** *f*, -zapfen *m* (Kfz) / toma *f* de gasolina ‖ ≈**zuführung** *f* / alimentación *f* de gasolina
Benzo•... (Chem) / benzo... ‖ ≈**at**, Benzoesalz *n* / benzoato *m* ‖ ≈**azurin** *n* (Farbstoff) / benzoazurina *f* ‖ ≈**chinon** *n* (Chem) / benzoquinona *f* ‖ ≈-**Diaminfarbstoffe** *m pl* / colorantes *m pl* Congo
Benzoe *f*, Benzoeharz *n* (Pharm) / resina *f* benzoica, benjuí *m* ‖ ≈**baum** *m* (Bot) / árbol *m* de benjuí
Benzo•**echtfarbstoff** *m* / colorante *m* benzoico sólido ‖ ≈**echtgelb** *n* / amarillo *m* benzoico sólido
Benzoeharz *n*, E *n* 906 (Pharm) / resina *f* benzoica
Benzoen *n* (Chem) / benzoeno *m*
Benzoe•**säure** *f*, E *n* 210 (Chem, Nahr) / ácido *m* benzoico ‖ ≈ [**säure**]... (Chem) / benzoico ‖ **wasserfreie** ≈**säure** / anhídrido *m* benzoico ‖ ≈**säureanilid** *n* / anilida *f* del ácido benzoico ‖ ≈**säureester** *m* / éster *m* benzoico ‖ ≈**säuresulfimid** *n* / sulfimido *m* benzoico ‖ ≈**tinktur** *f* / tintura *f* de benjuí
Benzo•**farbstoffe** *m pl* / colorantes *m pl* benzoicos ‖ ≈**furan** *n* / benzofurano *m*
Benzoin *n* (Chem) / benzoína *f*
Benzol *n*, Benzen *n* (Chem) / benceno *m* ‖ ≈ (Handelsbezeichnung) / benzol *m* ‖ ≈ **abscheiden** / desbenzolar ‖ ≈ **und verwandte Produkte** / benzol *m* y productos afines, productos *m pl* bencénicos ‖ ≈**abscheidung** *f* (Gas) / separación *f* de benceno ‖ ~**absorbierendes Öl** (Chem) / aceite *m* de desbenzolar ‖ ≈**äquivalent** *n* (Benzin) / equivalente *m* de benceno ‖ ≈**ausbeute** *f* (Chem) / rendimiento *m* de benceno ‖ ≈**chlorierung** *f* / cloruración *f* de benceno ‖ ≈**derivat** *n* / benzenoderivado *m* ‖ ≈**dicarbonsäure** *f*, Phthalsäure *f* / ácido *m* bencenodicarbónico, ácido *m* ftálico ‖ ≈**formel** *f* / fórmula *f* de benceno ‖ ≈**gemisch** *n* / mezcla *f* bencólica ‖ ≈**gewinnung**, -abscheidung *f* / recuperación *f* de benceno, separación *f* de benceno ‖ ~**haltig** (Gas) / no desbenzolado ‖ ≈**hexachlorid** *n* (Chem) / bencenohexacloruro *m*, hexacloruro *m* de benceno ‖ ≈**homolog** *n* / homólogo *m* de benceno ‖ ≈**kern** *m* / núcleo *m* de benceno ‖ ≈**kohlenwasserstoff** *m* / hidrocarburo *m* benzólico ‖ ≈**ring** *m* (Chem) / anillo *m* de benzol, anillo *m* bencénico ‖ ≈**sulfo**[**n**]**säure** *f* / ácido *m* benzolsulfónico, ácido *m* bencenosulfónico ‖ ~**unlöslich** / insoluble en el benceno ‖ ≈**vergiftung** *f* (Med) / intoxicación *f* por benzol, envenenamiento *m* por o de benzol ‖ ≈**vorprodukt** *n* (Chem Verf) / primeros *m pl* productos de recuperación de benceno ‖ ≈**wäsche** *f* (Gas, Kokerei) / lavado *m* de benceno ‖ ≈**wäscher** *m*, -wascher *m* / lavador *m* de benceno ‖ ≈**waschöl** *n* / aceite *m* para el lavado de benceno

Benzo•**naphthol** *n*, Benzoesäure-β-Naphthylester *m* (Chem) / benzonaftol *m* ‖ ≈**nitril** *n* / benzonitrilo *m* ‖ ≈**persäure** *f* / ácido *m* perbenzoico ‖ ≈**phenol** *n* / benzofenol *m*, ácido *m* carbólico, ácido *m* fénico, hidroxibenceno *m* ‖ ≈**phenon** *n* / benzofenona *f* ‖ ≈**purpurin** *n* (Farbstoff), Diaminrot *n*, Baumwollrot *n* / benzopurpurina *f*
Benzoyl *n* (Chem) / benzoilo *m* ‖ ≈**chlorid** *n* / cloruro *m* de benzoilo
Benzpyrin *n* / benzpireno *n*
Benzyl•... / bencilo ‖ ≈**acetat** *n*, Essigsäurebenzylester *m* / acetato *m* de bencilo ‖ ≈**alkohol** *m* / alcohol *m* bencílico ‖ ≈**amin** *n* / bencilamina *f* ‖ ≈**anilin** *n* (Farbstoff) / bencilanilina *f* ‖ ≈**bromid**, Monobromtoluol *n* (Chem) / bromuro *m* de bencilo ‖ ≈**cellulose** *f* / bencilcelulosa *f* ‖ ≈**chlorid**, Monochlortoluol *n* / cloruro *m* bencilo, monocloruro de tolueno *m* ‖ ≈**iden** *n* / bencilideno *m* ‖ ≈**idenchlorid**, Benzalchlorid *n* / bencilidenocloruro *m* ‖ ≈**toluol** *n* / benciltolueno *m*
beobachtbar / observable, notable
Beobachtbarkeit *f* / observabilidad *f*
beobachten *vt*, überwachen / observar, vigilar, estudiar ‖ **durch ein Fernrohr** ~ / contemplar con telescopio o anteojo
Beobachter *m* / observador *m* ‖ ≈**tubus** *m* (Opt) / tubo *m* de observador
beobachtet•**e Verfügbarkeit** (Qual.Pr.) / disponibilidad *f* observada ‖ ~**er Winkel** (Radar) / marcación *f* observada ‖ ~**er (o. gemessener) Winkel** / ángulo *m* observado o notado
Beobachtung *f* / observación *f*
Beobachtungs•**bogen** *m* (F.Org) / impreso *m* de observación ‖ ≈**bühne** *f* (Masch, Raumf) / plataforma *f* de observación ‖ ≈**fehler** *m* (Stat) / error *m* de observación ‖ ≈**fenster** *n* (Masch) / ventanilla *f* de inspección, mirilla *f* ‖ ≈**fenster** (Raumf) / ventanilla *f* de observación ‖ ≈**leichter** *m* / helicóptero *m* ligero de reconocimiento ‖ ≈**katalog** *m* (Astr) / catálogo *m* de observaciones ‖ ≈**leitung** *f* (Fernm) / línea *f* de observación ‖ ≈**oszilloskop** *n* (Ggs.: Messoszillogr.) (Eltronik) / osciloscopio *m* de observación ‖ ≈**plattform** *f*, -bühne *f* / plataforma *f* de observación ‖ ≈**rohr** *n*, -gerät *m* (Mess) / tubo *m* de observación ‖ ≈**satellit** *m* (Raumf) / satélite *m* de observación ‖ ≈**schacht** *m* (Astr) / pozo de observación ‖ ≈**spalt** *m* (Astr) / abertura *f* de observación ‖ ≈**spiegel** *m* / espejo *m* de observación ‖ ≈**stand** *m* (allg) / puesto *m* de observación ‖ ≈**station** *f* (z.B. f. Satelliten) (Raumf) / estación *f* de rastreo, estación *f* seguidora o de seguimiento ‖ ≈**system** *n* (von Erdstationen aus) (Raumf) / sistema *m* de rastreo, sistema *m* de seguimiento ‖ ≈**verfahren** *n* (allg, Stat) / procedimiento *m* de observación ‖ ≈**wert** *m* (Stat) / valor *m* observado ‖ ≈**winkel** *m* (Astr) / ángulo *m* de observación ‖ ≈**zeit** *f* / tiempo *m* de observación
bepanzern *vt*, panzern (Kfz, Masch) / acorazar, blindar
bepflanzen *vt* (Bau, Forstw) / plantar, poblar [de árboles]
bepicken *vt*, aufhauen (Bau) / picar
beplanken *vt* (Schiff) / revestir con tablas
Beplankung *f* (Schiff) / tablazón *m*, forro *m*, armazón *f* ‖ ≈ (Tätigkeit) / revestimiento *m* con tablas
Beplankungsblech *n* / chapa *f* de revestimiento
Bepp *n*, Bindungsenergie *f* je Partikel (Phys) / bepp, energía *f* de unión (o de ligadura) por partícula ‖ ≈-**Kurve** *f* / curva *f* de energía de unión por partícula
bepudern *vt* [mit], einpudern / polvorear [con] ‖ ~ [mit], einpudern / polvorear [con] ‖ ≈ *n* / espolvoreado *m*
bequarzen *vt* (Eltronik) / dotar o equipar con cuarzo
bequem, behaglich / cómodo ‖ ~, leicht / fácil ‖ ~ **zu handhaben** / de fácil manejo, cómodamente manejable

Bequemlichkeit f / comodidad f ‖ ≈, Komfort m / confort m, lujo m ‖ **[materielle]** ≈ (Bau) / conveniencia f, comodidad f
berappen vt, Unterputz aufbringen (Bau) / enlucir ‖ ≈ n, Berappung f, Unterputz m (Bau) / enlucido m
berasen vt, besoden / cubrir con (o de) cesped, encespedar
beraten vt / asesorar, aconsejar
beratend / consultativo ‖ ~**er Ingenieur** / ingeniero m asesor, ingeniero m consultor ‖ ~**er Ingenieur im Verkauf** / ingeniero m de ventas
Beratung, technische ≈ / asesoramiento m técnico
Beratungsdienst [technischer] / servicio m de asesoramiento [técnico]
beräumen, bereißen (Bergb) / sanear
Beraunit m (Min) / beraunita f
berauschendes Getränk / bebida f embriagadora
Berberin n (Pharm) / berberina f
berechenbar / calculable, computable
berechnen vt / calcular, computar ‖ ~ (Energiekosten), abrechnen / tarificar ‖ ~, überschlagen / suputar, estimar ‖ ~, ausrechnen (Math) / calcular ‖ ~, in Rechnung stellen / facturar ‖ ~ (Volumen) / cubicar ‖ **das Besteck** ~ (Schiff) / tomar la estima
berechnet, nicht ~ (Kosten) / no facturado
Berechnung f (Math) / cálculo m, calculación f, computación f, cómputo m ‖ ≈, Zählung f / censo m ‖ ≈, Fakturierung f / facturación f ‖ **eine** ≈ **anstellen** / hacer o realizar un cálculo ‖ **ungefähre** ≈, Überschlag m / presupuesto m, estimación f, tanteo m
Berechnungs•druck m (Masch, Phys) / presión f calculada ‖ ≈**formel** f / fórmula f de cálculo ‖ ≈**grundlage** f / base f de cálculo ‖ ≈**regen** m (Meteo) / cantidad f de lluvia tomada como base de cálculo ‖ ≈**tabelle** f / tabla f de cálculo ‖ ≈**weise** f (Math) / método m de cálculo
berechtigen, ermächtigen / autorizar
Berechtigungsmarke f (DV, IBM) / chapita f
Berechtsame f, Berg-Gerechtsame f (Bergb) / concesión f
beregnen vt (Landw) / regar por aspersión
Beregnung f (Landw) / riego m por aspersión
Beregnungs•anlage f / instalación f de riego por aspersión, instalación f de lluvia artificial ‖ ≈**apparat** m, -gerät n / regador m, aspersor m ‖ ≈**düngung** f / fertilización f por aspersión ‖ ≈**fläche** f / superficie f de riego ‖ ≈**pumpe** f (Landw) / bomba f de riego por aspersión ‖ ≈**versuch** m (Mat.Prüf) / ensayo m de lluvia
Bereich m (allg, Geo) / región f, campo m, zona f ‖ ≈, Gebiet n (fig.) / terreno m, campo m, sector m, sección f ‖ ≈, Spanne f / margen m, gama f ‖ ≈, Ausdehnung f / alcance m ‖ ≈ (Phys) / dominio m ‖ ≈, Intervall-Länge f (Math) / intervalo m ‖ ≈ (Toleranz) / zona f ‖ ≈ (Skala) / zona f ‖ ≈ (Radio) / gama f, banda f ‖ ≈ (DV, Speicher) / área m ‖ ≈ (ALGOL, DV, Fortran, PL/1) / matriz f ‖ ≈ **begrenzter Proportionalität** (Nukl) / región f de proporcionalidad limitada ‖ ≈ **des negativen differentiellen Leitwerts** (Tunneldiode) / región f de la conductancia diferencial negativa ‖ ≈ **des thermischen Ausgleichs** (Phys) / zona f de compensación térmica ‖ ≈ **eines Überweisungsamtes** (Fernm) / red f urbana con varias centrales ‖ ≈ **eines Unternehmens**, Unternehmensbereich m (F.Org) / ámbito m empresarial, división f ‖ ≈ m **größter Genauigkeit** (Instr) / margen m efectivo ‖ **ein weiter** ≈ **von Leistungen u. Spannungen** / una f gama amplia de potencias y tensiones
Bereichs•abbildung f (DV) / representación f de zonas ‖ ≈**adresse** f (DV) / dirección f de área ‖ ≈**antenne** f (Eltronik) / antena f de banda ‖ ≈**auswahl** f / selección f de banda ‖ ≈**auswahl** (Mot) / selección f de régimen ‖ ≈**automatik** f (DV) / selección f automática ‖ ≈**bezeichnung** f (DV) / identificación f de zona ‖ ≈**faktor** m (Messgerät) / factor m de lectura, factor m

de multiplicación ‖ ≈**fernmeldezentrale** f / central f regional de telecomunicación ‖ ≈**schalter** m, -wähler m (Eltronik) / conmutador m de banda, selector m de bandas ‖ ≈**schutz** m (DV) / protección f de zona ‖ ≈**schutz-Fehler** m (DV) / error m de protección de zona ‖ ≈**spule** f (Eltronik) / bobina f de banda ‖ ≈**struktur** f (Phys) / estructura f de dominio ‖ ≈**überschreitung** f / error m de limitación ‖ ≈**umschalter** m (Radio) / conmutador m de onda ‖ ≈**unterschreitung** f, Unterlauf m (DV) / generación f de un valor inferior al mínimo aceptable ‖ ≈**wahl** f (Eltronik) / selección f de banda o de canales ‖ ≈**widerstand** m (Instr) / multiplicador m, resistencia f multiplicadora
bereifen vt, Reifen aufziehen (Kfz) / colocar neumáticos (o llantas LA) ‖ ~ (z.B. Fass), beringen / enarcar, poner aros ‖ ~, beeisen (Luftf, Meteo) / cubrir de escarcha, escarchar
bereift, voll Reif (Meteo) / escarchado ‖ **komplett** ~ (Kfz) / con bandaje completo
Bereifung f (Kfz) / neumáticos m pl, bandaje m
bereinigen vt, von Nutzlosem befreien (DV) / purificar, mejorar por eliminación de información inútil
bereinigt•e Ausgabe (Datenübertragung) / cinta f limpia[da] ‖ ~**e Daten** pl / datos m pl reducidos ‖ ~**er Mittelwert** (Math) / media f corregida
bereißen, eine Strecke ~ (Bergb) / sanear una galería
Bereißwagen m (Bergb) / saneador m de techo
bereit, fertig / listo, preparado ‖ ~ **für Start Belegzufuhr** (DV, Leser) / listo para la alimentación ‖ ~ **halten**, in Bereitschaft halten / tener preparado o a disposición
bereiten, zubereiten / preparar, hacer ‖ **den Papierstoff** ~ / preparar la pasta de papel
bereitlegen (F.Org) / preparar, disponer
Bereitschaft f / disposición f ‖ ≈, Reserve f (DV) / reserva f ‖ **in** ≈ / estar dispuesto [para]
Bereitschafts•dienst m / servicio m de guardia, servicio m móvil ‖ ≈**lokomotive** f (Bahn) / locomotora f de reserva ‖ ≈**parallelbetrieb** m (Akku) / alimentación f continua de energía por pilas de emergencia ‖ ≈**personal** n (F.Org) / personal m de reserva ‖ ≈**rechner** m (DV) / ordenador m de reserva ‖ ≈**redundanz** f (DV) / redundancia f de posición de servicio ‖ ≈**schaltung** f (Elektr) / circuito m de reserva ‖ ≈**signal** n (Eltronik) / señal f de retorno ‖ ≈**stellung** f / posición f de espera ‖ ≈**system** n (DV) / sistema m de reserva ‖ ≈**tasche** f (Foto) / estuche m [de] pronto uso ‖ ≈**verlust** m (Elektr) / pérdida f en vacío, pérdida f en régimen de reserva
bereitstehen vi, verfügbar sein / estar disponible ‖ **als Ablösung o. Ersatz** ~ (F.Org) / estar dispuesto, estar preparado
bereitstellen vt / poner a disposición, proveer
Bereitstellung f / preparación f, provisión f, facilitación f, puesta f a disposición
Bereitstellungs•aufruf m (DV) / llamada f de carga ‖ ≈**ort** m (Roboter) / posición f de toma ‖ ≈**programm** n (F.Org) / programa m de control de trabajos
Bereitung f, Zubereitung f, Aufbereitung f / preparación f, elaboración f, confección f ‖ ≈, Gewinnung f (Chem) / preparación f
Berg m (Elektr, Phys) / máximo m ‖ **zu** ≈, flussaufwärts (Schiff) / aguas arriba ‖ ~**ab** adv, bergabwärts / cuesta abajo ‖ ≈**abfahrassistent** m (Kfz) / ayuda f a la marcha descendente ‖ ≈**ahorn** m (Forstw) / sicómoro m, sicomoro m, arce m blanco ‖ ≈**akademie** f (Bergb) / escuela f de minas
Bergamottöl n (Pharm) / esencia f de bergamota
Berg•amt n (Bergb) / Administración f de Minas, Dirección f de Minas ‖ ≈**amtsbereich** m / distrito m minero ‖ ≈**arbeit** f / trabajo m minero ‖ ≈**arbeiter** m, Grubenarbeiter m / minero m ‖ ~**auf** adv, bergan / cuesta arriba ‖ ≈**aufförderer** m / transportador m

169

Bergaufrutsche

ascendente ‖ ≃**aufrutsche** f, Wendelschwingrinne f (Bergb) / rampa f de impulsión ‖ ≃**aufsicht** f (Bergb) / control m de minas ‖ ≃**bachverbauung** f s. Wildbachverbauung ‖ ≃**bahn** f, Gebirgsbahn f (Verkehr) / ferrocarril m de montaña ‖ ≃**bahnen** f pl (Sammelbegriff für Seilbahnen) / funiculares m pl
Bergbau m / minería f, explotación f minera ‖ ≃, Bergbauindustrie f / industria f minera ‖ ≃... / minero ‖ ≃ **betreiben** / explotar minas ‖ ≃**berechtigter** m / concesionario m ‖ ≃**berechtsame** (DIN), Bergbaugerechtsame f, Bergfreiheit f / concesión f minera ‖ ≃**berufsgenossenschaft** f / asociación f minera (para la prevención y el seguro de accidentes) ‖ ≃**ingenieur** m / ingeniero m de minas ‖ ≃**kunde** f / minería f, ciencia f minera
bergbaulich • e Hinterlassenschaften / residuos m pl de mina ‖ **~e Lagerstätten** f pl / yacimientos m mineros
Bergbau • -Unternehmen n / empresa f minera ‖ ≃**wesen** n / minería f
Berg • behörde f / autoridades f pl mineras ‖ ≃**blau** n, Azurit n (Min) / azurita f
Berge m pl, taubes Gestein (Bergb) / zafras f pl y gangas, estéril m, desmonte m, escombro m ‖ ≃, Versatzgut n (Bergb) / material m para relleno ‖ ≃ (Flotation) / desechos m pl estériles ‖ ≃ m pl (Goldbergb) / colas f pl ‖ **anfallende** ≃ (Bergb) / estéril m arrancado ‖ **mit** ≃**n versetzen** (Bergb) / rellenar con zafras y gangas
Berge • ausbringen n **in %** (Bergb) / porcentaje m de estéril ‖ ≃**austrag** n (Bergb) / extracción f de estéril ‖ ≃**austraggerät** n (Bergb) / extractor m de estéril ‖ ≃**austragrutsche** f (Bergb) / canal m extractor de estéril ‖ ≃**austragsvorrichtung** f (Aufb) / dispositivo m para la extracción de desechos estériles ‖ ≃**brecher** m / trituradora f de estéril
Bergecho, [störendes] ≃ (Radar) / efecto m de las montañas
Berge • damm m, Versatzrippe f / muro m de estéril, tira f de relleno ‖ ≃**fahrzeug** n / vehículo m de salvamento, vehículo m grúa ‖ ≃**förderung** f (Bergb) / transporte m de escombros ‖ ≃**gehalt** m (Bergb) / contenido m de estéril
Bergegge f (Landw) / grada f de montaña
Berge • halde f (Bergb) / escombrera f, montón m de estéril ‖ ≃**haltig** (Bergb) / impuro ‖ ≃**kipper** m (Bergb) / volquete m para roca estéril ‖ ≃**klein** n, unverwertbarer Ausschuss / broza f ‖ ≃**kübel** m (Bergb) / cubeta f de escombros ‖ ≃**material** n, Waschberge m pl / material m de relleno ‖ ≃**mauer** f (Bergb) / muro m de ganga ‖ ≃**mittel** n / intercalación f [de] estéril en un criadero ‖ ≃**mühle** f, Gesteinsmühle f (Bergb) / lugar m de extracción de ganga para relleno hidráulico
bergen vt, retten / rescatar ‖ ≃ (Schiff) / salvar ‖ ~ (Kapsel) (Raumf) / recuperar (la cápsula) ‖ ≃ n / recuperación f ‖ ≃, Bergung f (Schiff) / salvamento m
Berge • panzer m (Mil) / tnque m o vehículo blindado para salvamento ‖ ≃**pfeiler** m (Bergb) / pilar m de entibación
Berger m, Bergeschiff n / hallador m
Berge • rippe f, Damm m (Bergb) / muro m paralelo al trayecto de extracción ‖ ≃**rolle** f (Bergb) / chimenea f para estériles ‖ ≃**schere** f, "Dosenöffner" m (Kfz) / cizallas f pl de slvamento, "abrelatas" m ‖ ≃**schleuder** f (Bergb) / centrifugadora f de estéril ‖ ≃**strecke** f (Bergb) / galería f de rocas ‖ ≃**teich** m / laguna f de colas ‖ ≃**versatz**, Versatz m (Bergb) / relleno m con zafras y gangas ‖ ≃**versatz** m, Versatzmauer f (Bergb) / muro m de relleno ‖ ≃**versatzmaschine** f (Bergb) / rellenadora f
Berg • fahrt f (Schiff) / marcha f ascendente o río arriba, navegación f río arriba, navegación f contra corriente ‖ ≃**fahrt** (Bergb) / avance m contra el sentido de transporte ‖ **~fein**, gediegen (Bergb) / genuino ‖ ≃**feld** (unvritzt) (Bergb) / campo m minero (no explotado)

‖ **~fertig** / inepto para el empleo subterráneo ‖ ≃**feste** f, Sicherheitspfeiler m (Bergb) / pilar m de seguridad ‖ ≃**feste**, Schacht[sicherheits]pfeiler m (Bergb) / macizo m de seguridad del pozo ‖ ≃**flachs** m (Min) / asbestos m, lino m fósil ‖ ≃**freie Bodenschätze** m pl / yacimientos m pl aprovechables sin concesión minera ‖ ≃**freiheit** f s. Bergbauberechtsame ‖ ≃**freudig** (Motor) (Kfz) / con agilidad ascensional ‖ ≃**gang** m, -ganggetriebe n (Kfz) / engranaje m para subidas, velocidad f o marcha para subidas ‖ ≃**gesetz** n, Bergrecht n (Bergb) / derecho m minero, código m minero, leyes f pl de minas ‖ ≃**grün** n, Steingrün n, Malachit m (Min) / verde m de montaña ‖ ≃**hang** m (Geol) / ladera f de montaña, falda f, vertiente f ‖ ≃**hoheit** f (Bergb) / soberanía f minera ‖ ≃**holz** n, -leder n (Min) / asbestos m, pilolita f ‖ **~hüttentechnisch** / minerometalúrgico ‖ ≃**ingenieur** m / ingeniero m minero o de minas ‖ ≃**ingenieurwesen** n / ingeniería f de minas ‖ ≃**inspektor** m / inspector m de minas
Bergius-Verfahren n (Chem, Öl) / berginización f, procedimiento m Bergius
Berg • knappschaft f (Bergb) / cuerpo m de mineros, hermandad f minera ‖ ≃**kristall** m (Min) / cristal m de roca ‖ ≃**mann**, -arbeiter m / minero m ‖ ≃**mann** (Kohle) / minero m de carbón ‖ **~männisch**, bergüblich, -mäßig (Bergb) / minero ‖ **~männisch abbauen** / explotar en minas ‖ **~männisch bauen** (Tunnel etc.) (Bergb) / construir en técnica minera ‖ **~männisches Risswerk** / trazado m de mina
Bergmannserie, Fundamentalserie f (Spektrum) / serie f fundamental
Berg • mehl, Steinmehl n (Kalzium-Karbonat) (Min) / harina f de roca (carbonato de calcio) ‖ ≃**milch**, Mondmilch f (Min) / leche f de roca, leche f de montaña ‖ ≃**mittel** s. Bergemittel ‖ ≃**ordnung** f (Bergb) / ordenamiento m minero ‖ ≃**polizeiverordnung** f / reglamento m minero [del Estado] ‖ ≃**regal** n, Bergwerksregal n, Bergheit f (Bergb) / regalía f minera, derecho m de regalía ‖ ≃**revier** n (Bergb) / cuenca f carbonífera o minera, distrito m minero ‖ ≃**rücken** n (Geol) / cumbre f, loma f ‖ ≃**rutsch** m, -sturz m / corrimiento m de tierras, desprendimiento m de tierras, derrumbamiento m, derrumbe m de montaña (LA) ‖ ≃**schaden** (Bergb) / daño m minero ‖ ≃**schraffen** f pl, Bergstriche m pl (Landkarte) / rayitas f pl de desnivel ‖ ≃**seife** f (Min) / jabón m de montaña ‖ ≃**sitzpflug** m **für Seilzug** (Landw) / arado m para tracción funicular en pendiente ‖ ≃**station** f (Seilb) / estación f superior ‖ ≃**steigefähigkeit** f (Kfz) / capacidad f ascensional o de ascenso ‖ ≃**straße**, Gebirgsstraße f (Verkehr) / carretera f de montaña ‖ ≃**stufe** f (Bergb) / mineral m mezclado con ganga ‖ ≃**sturz** m (Geol) / desplome m de montaña ‖ ≃**technik** f / minería f, técnica f o ingenería minera ‖ ≃**üblich** s. bergmännisch ‖ ≃**ulme** f, Bergrüster f (Forstw) / olmo m de montaña ‖ ≃**- und Hüttentechnik** f / minerometalurgia f
Bergung f, Rettung f / rescate m, salvamento m, salvación f ‖ ≃ (Raumf, Satellit) / recuperación f ‖ ≃ (eines Kfz) s. Abschleppen ‖ ≃ **eines Wracks** (Schiff) / salvamento m de un barco de naufragio ‖ ≃ **und Wiedergewinnung** / salvamento m y recuperación
Bergungs • arbeiten f pl / trabajos m pl de salvamento o de rescate ‖ ≃**dienst** m / servicio m de salvamento, servicio m de rescate ‖ ≃**dock** n / dique m de salvamento ‖ **~fähig** (Raumf) / recuperable ‖ ≃**fahrzeug** n, -wagen m / vehículo m de recuperación, vehículo m de rescate ‖ ≃**fallschirm** m (Raumf) / paracaídas m de recuperación ‖ ≃**firma** f / empresa f de salvamento ‖ ≃**hilfseinheit** f (Raumf) / unidad f de recuperación ‖ ≃**hubschrauber** m (Luftf) / helicóptero m de salvamento ‖ ≃**kran** m (F'wehr, Kfz) / grúa f de salvamento ‖ ≃**mannschaft** f (Schiff) / equipo m de

rescate o de salvamento ‖ ≈**pforte** *f* (Schiff) / portón *m* de salvamento ‖ ≈**schiff** *n* / buque *m* de salvamento ‖ ≈**schlepper** *m* / remolcador *m* de salvamento ‖ ≈**werkzeug** *n* / herramienta *f* de recuperación
Bergwachs *n* (Min) / ozokerita *f*
Bergwald *m* (Forstw) / monte *m*
Bergwerk *n* / mina *f*, explotación *f* minera ‖ ≈, Zeche *f* (Kohle) / mina *f* hullera, mina *f* de carbón ‖ ≈**[be]treiben** / explotar una mina
Bergwerks•bedarf *m* / necesidades *f pl* de mina ‖ ≈**betrieb** *m* / empresa *f* minera ‖ ≈**betrieb**, Verhieb *m*, Abbau *m* (Bergb) / extracción *f* ‖ ≈**feld** *n* (verritzt) (Bergb) / campo *m* de explotación ‖ ≈**förderanlage**, Förderanlage, -maschine *f* / maquinaria *f* de extracción ‖ ≈**kunde** *f* / minería *f* ‖ ≈**maschine** *f* / máquina *f* minera
Berg•wesen *n* / minería *f* ‖ ≈**wind** (Ggs: Talwind), Fallwind *m* (Meteo) / viento *m* de montaña, viento *m* descendente ‖ ≈**zinn** (Min) / casiterita *f*
Bericht *m* **des Sachverständigen** / informe *m* del perito, peritaje *m* ‖ **[wissenschaftlicher]** ≈ / dictamen *m* [científico] ‖ **zusammenfassender** ≈ / resumen *m* ‖ ≈**erstellung**, -schreibung *f* (DV) / preparación *f* de informe
berichtigen, richtig stellen / corregir, rectificar, ajustar, enmendar
berichtigend, korrigierend / rectificador *adj*, corrector
berichtigt, korrigiert / rectificado, ajustado, corregido ‖ ~**e Fluggeschwindigkeit** (Luftf) / velocidad *f* verdadera, velocidad *f* corregida
Berichtigung *f* / corrección *f*, rectificación *f*, ajuste *m*
Berichtigungs•faktor *m* (Masch) / factor *m* de corrección ‖ ≈**tabelle** *f* / tabla *f* de rectificaciones, tabla *f* de correcciones ‖ ≈**wert** *m*, -koeffizient *m* / coeficiente *m* de corrección
berieselbar (Landw) / regable
berieseln *vt*, künstlich [be]wässern / irrigar, regar ‖ ~, beregnen, benetzen / rociar, regar, abrevar
Berieselung *f* (Landw) / rocío *m*, riego *m*, rociada *f*, regadío *m* ‖ ≈ (Bergb) / humedecimiento *m*
Berieselungs•anlage *f*, Beriesler *m* (Landw) / instalación *f* de rociada, rociador *m* ‖ ≈**anlage**, Beriesler *m* (Chem) / aspersor *m*, instalación *f* de aspersión ‖ ≈**anlage** (Feuerschutz), Sprinkler *m* (Bau) / instalación *f* rociadora (contra incendios) ‖ ≈**graben**, -kanal *m* (Landw) / canal *m* de riego ‖ ≈**kondensator** *m* (Masch) / condensador *m* rociado ‖ ≈**kühler**, -kühlapparat *m* / refrigerador *m* de riego ‖ ≈**musik** *f* / hilo *m* musical, música *f* calmante ‖ ≈**pumpe** *f* (Masch) / bomba *f* de riego ‖ ≈**system** / sistema *m* de regadío [por aspersión] ‖ ≈**turm** *m* (Chem Verf) / torre *f* de lavado ‖ ≈**wäscher** *m* (Chem) / torre *f* de rociado
Berkefeldfilter *m n* (Nahr) / filtro *m* Berkefeld
Berkelium *n*, Bk, (OZ = 97) (Chem) / berkelio *m*, Bk
Berl-Füllkörper *m pl* (Chem) / cuerpos *m pl* de relleno de Berl
Berliner Bauweise (Tunnel) / técnica *f* minera tipo Berlín ‖ ≈ **Blau** *n*, Preußischblau *n* / azul *m* de Berlin, azul *m* de Prusia ‖ ≈**braun** *n* / precipitado *m* de cobre
Berme *f*, Böschungsabsatz *m* (Hydr, Straß) / talud *m* escalonado, berma *f* del dique
Berner Vierkantschlüssel *m* (Dreh) / llavín *m*, llave *m* de Berna
Bernotar *n*, Polarisations-Lichtfilter *n* (Opt) / filtro *m* de luz polarizador
Bernoullische Gleichung (Math) / ecuación *f* de Bernoulli
Bernstein, Succinit *m* (Min) / ámbar *m*, succino *m*, electro *m*, cárabe *m* ‖ ~**gelb**, -farben / ambarino ‖ ≈**harz** *n* (Chem) / resina *f* de succino o de ámbar ‖ ≈**harze** *n pl* (Farbstoffe) / succineínas *f pl* ‖ ≈**kohle** *f* (Chem) / residuo *m* de la destilación de ámbar ‖ ≈**lack**, -firnis *m* / barniz *m* de ámbar, laca *f* de ámbar ‖ ≈**säure** (Chem) / ácido *m* succínico ‖

≈**säureanhydrid** *n* / ácido *m* succínico anhídrido, anhídrido *m* succínico
berohren *vt* (Bau) / dotar de tubos, instalar las tuberías
Berst•dehnung *f* (z.B. Kessel) / extensión *f* de reventón ‖ ≈**drehzahl** *f* / número *m* [crítico] de revoluciones al reventar ‖ ≈**druck** *m* / presión *f* de reventón, presión *f* de estallido
bersten *vi*, platzen / reventar ‖ ~, reißen / romperse, quebrarse, hendirse, rajarse ‖ ~, explodieren / estallar, explotar ‖ ≈ *n*, Platzen *n* / reventazón *f*, reventón *m* ‖ ≈ (z.B. Schleifscheibe), Zerspringen *n* / rotura *f*, reventazón *f* (p.e. muela) ‖ ≈, Platzen *n*, Explosion *f* / estallido *m*, explosión *f* ‖ ≈ **der Brennelementhülle** (Nukl) / ruptura *f* de la envoltura del material fisionable ‖ **zum** ≈ **od. Platzen voll** / lleno a rebosar o reventar
berst•fest / resistente al reventón, inestallable ‖ ≈**festigkeit** *f* / resistencia *f* al reventón ‖ ≈**festigkeit** (Pap) / resistencia *f* al reventamiento, resistencia *f* al estallido ‖ **relative** ≈**festigkeit**, spezifischer Berstwiderstand, Berstindex *m* (Pap) / resistencia *f* específica al reventamiento, índice *m* de resistencia al reventamiento ‖ ≈**festigkeitsprüfer** *m* (Pap) / aparato *m* para ensayos de reventamiento, aparato *m* de Mullen ‖ ≈**festigkeitsprüfung** *f* (Tex) / prueba *f* de reventazón o de reventón ‖ **dumpfes** ≈**geräusch** (Bergb) / rumor *m* sordo de reventón ‖ ≈**reißlänge** *f* (Bau) / longitud *f* de rotura o de estallido ‖ ≈**scheibe**, -platte *f* (Chem) / disco *m* de reventamiento ‖ ≈**schutz** *m* (Nukl) / protección *f* contra ruptura ‖ ≈**unfall** *m* (Reaktorkern) (Nukl) / accidente *m* disruptivo del núcleo
Berthelotsche Bombe *f* (Phys) / calorímetro *m* de Berthelot
Berthierit *m* (Min) / berthierita *f*, bertierita *f*
berücksichtigen *vt* / tener en cuenta ‖ ~ (in der Rechnung) (Math) / tomar en consideración
Berücksichtigung *f* **der Computertechnik** / consideración *f* de la técnica de ordenadores
Beruf *m* / profesión *f* ‖ **handwerklicher** ≈ / oficio *m*
beruflich, Berufs... / profesional ‖ ~ **strahlenbelastet** (Med, Nukl) / profesiblemente expuesto [a radiación] ‖ ~**e od. gewerbliche Nutzung** / uso *m* profesional
Berufs•[aus]bildung *f* / formación *f* profesional, capacitación *f* profesional, enseñanza *f* de artes y oficios ‖ ≈**beratung** *f* / orientación *f* profesional, asesoramiento *m* para elegir carrera o para escoger oficio ‖ ≈**bild** *n* / descripción *f* profesional ‖ ≈**bildungszentrum** *n* / centro *m* de formación profesional ‖ ≈**erfahrung** *f* / experiencia *f* profesional ‖ ≈**fachschule** *f* / escuela *f* de formación profesional, instituto *m* laboral (E) ‖ ≈**fahrer** *m*, -kraftfahrer *m* (Kfz) / conductor *m* profesional o de oficio ‖ ≈**feuerwehr** *f* / cuerpo *m* de bomberos profesionales ‖ ≈**flieger** *m*, -pilot *m* (Luftf) / aviador *m* profesional, piloto *m* profesional ‖ ≈**flugzeugführerschein** *m* / CPL (= Commercial Pilot license) ‖ ≈-**Fortbildungslehrgang** *m* / curso *m* de formación o de perfeccionamiento profesional ‖ ≈**gebiet** *n*, -feld *n* / dominio *m* profesional ‖ ≈**geheimnis** *n* / secreto *m* profesional ‖ **unter** ≈**geheimnis fallen** / estar bajo secreto profesional ‖ ≈**genossenschaft** *f* / caja *f* [o mutual] de seguro y de previsión contra accidentes de trabajo, asociación *f* profesional, sindicato *m* profesional, mutualidad *f* o hermandad de accidentes profesionales (E) ‖ ≈**kleidung** *f* / ropa *f* de trabajo, vestuario *m* profesional ‖ ≈**köper** *m* / sarga *f* para ropa de trabajo ‖ ≈**krankheit** *f* / enfermedad *f* profesional ‖ ≈**kunde** *f* / profesiología *f*, profesiografía *f* ‖ ≈**lehrgang** *m* / cursillo *m* de perfeccionamiento ‖ ≈**praxis** *f* / práctica *f* profesional ‖ ≈**schule** *f* (für Auszubildende) / escuela *f* de aprendices o de aprendizaje ‖ ≈**schulunterricht** *m* /

enseñanza *f* profesional o postescolar ‖ ~**tätig**, erwerbstätig / activo, en ejercicio, que ejerce [una profesión o un oficio] ‖ ~**tätigkeit** *f* / actividad *f* profesional ‖ ~**unfähigkeit** *f* (Med) / incapacidad *f* para un trabajo u oficio determinado ‖ ~**verband** *m*, -vereinigung *f* / asociación *f* profesional, colegio *m* profesional, organización *f* profesional ‖ ~**verkehr** *m* / tráfico *m* de abonados, tráfico *m* de horas punta o pico
beruhen *vi* [auf] / basarse [en], fundarse [en]
beruhigen *vt*, mildern / moderar, suavizar ‖ ~, abstehen lassen (Schmelze) (Hütt) / reposar, calmar, matar ‖ ~, sichern, stabilisieren / estabilizar ‖ **das Flugzeug** ~ / equilibrar el avión, estabilizar el avión ‖ **sich** ~ / tranquilizarse, calmarse ‖ **sich** ~, nachlassen / apaciguarse ‖ **sich** ~ (Chem) / tranquilizarse, estabilizarse ‖ **sich** ~, ausschwingen (Messinstr) / amortiguarse ‖ **sich** ~ (Wetter) / serenarse
Beruhiger *m*, Schikane *f* (Strömung) / tranquilizador *m*
beruhigt•er Stahl (Hütt) / acero *m* calmado, acero *m* desoxidado ‖ ~ **vergossen** (Stahl) / colado en estado calmado
Beruhigung *f* / sosiego *m* ‖ ~, Nachlassen *n* / apaciguamiento *m* ‖ ~ (Hütt) / desoxidación *f*
Beruhigungs•filter *m n* (Chem) / filtro *m* de apaciguamiento, filtro *m* de aplanamiento ‖ ~**kondensator** *m* (Eltronik) / capacitor *m* de aplanamiento, capacitor *m* filtrador ‖ ~**mittel** *n* (Hütt) / desoxidante *m*, calmante *m* ‖ ~**widerstand** *m* (Elektr) / resistor *m* de aplanamiento, resistor *m* da filtro ‖ ~**zeit** *f* (Chem) / tiempo *m* de estabilización, tiempo *m* de amortiguación
berührbar, anrührbar / tocable
berühren *vt* / tocar, rozar, ser tangente [a] ‖ ~ (Elektr) / hacer contacto ‖ **bei[m]** ~ / al tacto
berührend / tangencial, en contacto
Berührung *f*, Kontakt *m* / contacto *m* ‖ ~ / toque *m*, tocamiento *m* ‖ ~ (Geom) / tangencia *f* ‖ ~ **im Zahnfuß** (Zahnrad) / contacto *m* en el fondo ‖ **leichte** ~ / roza *f*, roce *m*
berührungsaktiv / sensible al tacto
Berührungs•austritt *m* (Zahnrad) / contacto *m* de salida ‖ ~**bildschirm** *m*, Touch screen, berührungsempfindlicher Bildschirm (DV) / pantalla *f* táctil, pantalla *f* de toque manual ‖ ~**bogen** *m* / arco *m* de contacto ‖ ~**dichtung** *f* (Masch) / obturación *f* rozante ‖ ~**druck** *m* / presión *f* de contacto ‖ ~**ebene** *f* (Math) / plano *m* tangente ‖ ~**eintritt** *m* (Zahnrad) / contacto *m* de entrada ‖ ~**elektrizität** *f* / electricidad *f* de contacto ‖ ~**empfindlich** / sensible al tacto ‖ ~**entwickler** *m* (Schw) / generador *m* de contacto ‖ ~**fest** (Farbe) / seco al tacto ‖ ~**fläche** *f* (allg) / superficie *f* de contacto ‖ ~**fläche** (Geom) / plano *m* tangencial ‖ ~**fläche an Ventilen** / zona *f* de contacto ‖ ~**frei** / sin contacto, independiente ‖ ~**gefahr** *f* (Elektr) / peligro *m* de contacto ‖ ~**geschützt** (Elektr) / protegido contra contacto accidental ‖ ~**geschützte Sicherung** (Elektr) / fusible *m* protegido ‖ ~**gift** *n*, Kontaktgift *n* (Med) / insecticida *m* por contacto, veneno *m* catalítico ‖ ~**kathode** *f* (Eltronik) / cátodo *m* de contacto ‖ ~**kegel** *m* / cono *m* de contacto ‖ ~**korrosion** *f* (Hütt) / corrosión *f* por contacto ‖ ~**linie**, Tangente *f* (Math) / tangente *f* ‖ ~**linie** *f* (Verzahnung) / línea *f* de contacto ‖ ~**los**, -frei / sin contacto ‖ ~**loser Magnetkopf** (Magn.Bd) / cabeza *f* móvil ‖ ~**lose Prüfung** (Ultraschall) / ensayo *m* sin contacto ‖ ~**loser Schalter** (Elektr) / interruptor *m* sin contacto ‖ ~**loser Sensor** / sensor *m* sin contacto ‖ ~**loses Positionieren** / posicionamiento *m* sin contacto ‖ ~**punkt** *m*, Tangentialpunkt *m* (Masch, Math) / punto *m* de contacto, punto *m* de tangencia ‖ ~**punkt zweier Zahnräder [im Teilkreis]** / punto *m* de contacto de dos engranajes [en la circunferencia primitiva] ‖ ~**schalter** *m* (Elektr) / conmutador *m* de proximidad ‖ ~**schutz** *m* (Elektr) / protección *f* contra contacto accidental o casual ‖ **mit** ~**schutz**, berührungssicher (Elektr) / a prueba de contacto ‖ ~**schutzkondensator** *m* (Elektr) / capacitor *m* de seguridad ‖ ~**sehne** *f* (Math) / cuerda *f* de los contactos ‖ ~**sicher abgedeckt** (bewegte Teile, Elektr) / cubierto a prueba de contacto ‖ ~**spannung** *f* (Elektr, Phys) / tensión *f* de contacto, potencial *m* de contacto ‖ **gefährliche** [o. zu hohe] ~**spannung** / tensión *f* de peligro de electrocución, tensión *f* de peligro de recibir sacudidas eléctricas ‖ ~**stelle** *f* / punto *m* de contacto ‖ ~**system-Entwickler** *m* (Schw) / generador *m* de contacto ‖ ~**tastatur** *f* (DV) / teclado *m* de contacto ‖ ~**transformation** *f* (Math) / transformación *f* de contacto ‖ ~**verschleiß** *m* (Masch) / desgaste *m* de (o debido al) contacto ‖ ~**widerstand** *m* (Elektr) / resistencia *f* de contacto ‖ ~**winkel** *m* (allg) / ángulo *m* de contacto ‖ ~**winkel** (Math) / ángulo *m* de contingencia ‖ ~**zwilling** *m* (Krist) / macla *f* de yuxtaposición
berußen *vt* / tiznar de hollín
Beryll *m* (Min) / berilo *m*
Beryllium *n*, Be (Chem) / berilio *m*, Be, glucinio *m* ‖ ~**bronze** *f* (Hütt) / bronce *m* de (o al) berilio ‖ ~-**Fenster** *n* **für Röntgenröhren** (Eltronik, Opt) / ventana *f* de berilio ‖ ~-**Moderator** *m*, -Bremssubstanz *f* (Nukl) / moderador *m* de berilio ‖ ~**oxid** *n* (Chem) / óxido *m* de berilio ‖ ~**oxid-FF-Material** *n* (Hütt) / material *m* refractario de óxido de berilio ‖ ~**[oxid]moderierter Reaktor** (Nukl) / reactor *m* moderado por berilio
besäen *vt*, einsäen (Landw) / sembrar
besaiten *vt* / encordar
Besamungsstation *f* (Landw) / centro *m* de inseminación artificial
besanden *vt* (Straßb) / arenar, enarenar
besandete Teer[dach]pappe (Bau) / cartón *m* alquitranado y [en]arenado
Besansegel *n* / mesana *f*
Besatz *m*, Lettenbesatz *m* (Bergb, Sprengloch) / taco *m*, tapón *m* ‖ ~, Garnierung *f* (allg, Bau) / guarnición *f*, aplicación *f* ‖ ~, Band *n* (Tex) / ribete *m*, borde *m*, orla[dura] *f* ‖ ~, Besatzstoff *m* (Nähm) / pasamano *m*, pasamanería *f* ‖ ~, Blatt *n* (Teil des Schuhschaftes) / empeine *m* ‖ ~**band** *n* (Tex) / cinta *f* de pasamanería ‖ ~**feinheit** *f* (Karde, Spinn) / densidad *f* de los alambres en la guarnición ‖ ~**gewicht** *n* (Winderhitzer) / peso *m* de los ladrillos de relleno ‖ ~**patrone** *f* (Bergb) / cartucho *m* de taco ‖ ~**pfropfen** *m* (Bergb) / tapón *m* de arcilla ‖ ~**riemen** *m*, Hinterriemen *m* (Schuh) / tira *f* de unión de la piel con el contrafuerte ‖ ~**stein** *m* (Hütt) / ladrillo *m* de relleno ‖ ~**stock** *m* (Bergb) / atacadora *f*
Besatzung *f* (Luftf, Schiff) / tripulación *f*, dotación *f* ‖ ~ (Schlüssel) / rodaplancha *f*, rastrillo *m*
Besatzungs•mitglied *n* / miembro *m* de la tripulación ‖ ~**raum** *m*, Cockpit *n* (Luftf) / cockpit *m*, carlinga *f* ‖ ~**raum** (Raumf) / cabina *f* de pilotaje o de la tripulación [astronáutica]
Besatzwirkerei *f* (Tex) / pasamanería *f*
besäumen (Blech) / rebordear ‖ ~ (Bau, Zimm) / cantear ‖ ~, beschneiden (Forstw) / recortar ‖ ~ (Tex) / ribetear ‖ ~ *n* (Blech) / rebordeado *m* ‖ ~ (Holz) / canteado *m*
Besäum•kreissägemaschine *f* (Holz) / sierra *f* circular de cortar al hilo o para cantear [con alimentación por rodillos] ‖ ~**maschine** *f* (Blech) / rebordeadora *f* ‖ ~**maschine** (Tex) / ribeteadora *f* ‖ ~**säge** *f* (Wz) / sierra *f* de cantear ‖ ~**schere** *f* (Wz) / cizalla *f* para rebordear ‖ ~**schnitt** *m* (Blech) / troquel *m* de rebordeado
besäumt (Holz) / aserrado por los cuatro cantos
Besäum•tisch *m* (Holz) / mesa *f* de cantear ‖ ~**vorrichtung** *f*, Kantenschneidmaschine *f* / cortadora *f* de cantos ‖ ~**walze** *f*, Schneidwalze *f* für Kanten / cilindro *m* cortador de cantos

beschädigen, verderben / deteriorar, dañar, estropear, lastimar ‖ **einen Wagen** ~ (Verkehr) / averiar un coche
beschädigt / averiado, deteriorado ‖ ~, schadhaft / con defecto, defectuoso ‖ ~ (DV) / corrompido, corroído
Beschädigung f / deterioro m, daño m, avería f, desperfecto m
beschaffen, besorgen / procurar, suministrar ‖ ~, verschaffen / proporcionar
Beschaffenheit f, Natur f / constitución f, consistencia f, calidad f, naturaleza f ‖ ≃, Gefüge n / estructura f ‖ ≃, augenblicklicher Zustand / estado m, condición f, presentación f
Beschaffung f, Erwerb m / adquisición f ‖ ≃, Lieferung f / suministro m
Beschaffungs•kosten pl (F.Org) / costes m pl de adquisición, gastos m pl de adquisición ‖ ≃**logistik** f / logística f de suministro ‖ ≃**phase** f (PERT) / fase f de adquisición ‖ ≃**-Vorlaufzeit** f (Netzplan) / tiempo m de avance (o de adelanto) de adquisición
beschäftigen vt / ocupar ‖ ~, Arbeit geben (F.Org) / dar empleo, emplear, colocar
Beschäftigte pl / empleados m pl, ocupados m pl
Beschäftigung f, Beruf m / profesión f ‖ ≃, Stellung f / posición f ‖ ≃, Tätigkeit f / trabajo m, actividad f ‖ ≃ f, Arbeit f / empleo m, colocación f, trabajo m
Beschäftigungs•dauer, Arbeitsdauer f / duración f de empleo ‖ ≃**grad** m (F.Org) / grado m de ocupación ‖ ≃**therapie** f (Med) / terapia f ocupacional, ergoterapia f
beschallen vt (Akust) / sonorizar
Beschallung f / sonorización f
Beschallungsanlage f / sistema m megafónico, sistema m de difusión por altavoces, sistema m audiodifusor o de audiodifusión
beschalten vt (Elektr) / conectar, cablear
Beschaltung f / modo m de conexión
beschatten vt / sombrear, dar sombra [a]
Beschattungen f pl (z.B. Markisen) / sombreado m
Beschaufelung f, Schaufeln f pl (Turbine) / alabeado m, sistema m de álabes ‖ ≃ (Tätigkeit) / alabeado m
Beschaumung f (Löschgerät) / cubrimiento m de espuma [extinctora]
Bescheid m (Patent) / decisión f ‖ ≃**leitung** f (Fernm) / circuito m de censura
bescheinigen vt, attestieren / certificar
Bescheinigung f / certificado m, certificación f
beschichten (allg, Pap) / recubrir, revestir, laminar ‖ ~ (v. Offset-Platten) / emulsionar (planchas offset) ‖ **Stahl mit Alu** ~ (Hütt) / aluminizar ‖ ≃ n, Beschichtung f / recubrimiento m, revestimiento m ‖ ≃ **durch Eintauchen** / recubrimiento m por baño o inmersión
beschichtet (gedr.Schaltg) / recubierto ‖ ~ (Pfanne mit Teflon) / antiadhesivo ‖ ~ **es Gewebe** (Tex) / tejido m revestido, tejido m laminado ‖ ~ **e Karbide** n pl / carburos m pl recubiertos ‖ ~ **es Teilchen** (Nukl) / partícula f recubierta
Beschichtung des Fußbodens (Bau) / cubierta f del piso ‖ ≃ f **von Oberflächen** / brugalización f, proceso m BRUGAL
Beschichtungs•harz n / resina f de revestimiento ‖ ≃**kanone**, Detonationskanone f / cañón m de recubrimiento por estallido ‖ ≃**maschine** f (Film) / máquina f para recubrir o recubrimiento
Beschick•band n (Hütt) / cinta f de alimentación ‖ ≃**blech** n, Druckkissen n (Sperrholzpresse) / tablilla f
beschicken vt, zuführen (Ofen) / alimentar, cargar ‖ **den Förderkorb** ~ (Bergb) / cargar la jaula ‖ **den Reaktor** ~ (Nukl) / cargar el reactor ‖ **die Halde** ~ (Bergb) / poner en escombrera ‖ **eine Ausstellung** ~ / concurrir a una exposición, participar en una exposición ‖ ≃ n (Hütt, Ofen) / carga f ‖ ≃ **einer Feuerung** / alimentación f de combustible, carga f ‖ ≃ **u. Entladen** (Reaktor) / carga f y descarga

Beschicker m, Beschickungsmaschine f, -vorrichtung f (Hütt) / alimentador m, cargador m
Beschickkran, Chargierkran m / grúa f de carga o para cargar
beschickter Kurs (o. Kartenkurs) (Schiff) / rumbo m verdadero o corregido
Beschickung f, Charge f (Hütt) / alimentación f, carga f ‖ ≃, Funkbeschickung f (Funkmess, Radar) / corrección f ‖ ≃ f (Nukl) / carga f ‖ ≃ **von Hand** (Hütt) / alimentación f a mano
Beschickungs• ... / de carga, de alimentación, cargador, alimentador ‖ ≃**band** n (Bergb) / cinta f alimentadora o de carga ‖ ≃**bühne** f (Hütt) / plataforma f de carga ‖ ≃**förderer** m / instalación f transportadora y alimentadora ‖ ≃**gerät** n (Hütt, Ofen) / dispositivo m de carga ‖ ≃**kammer** f (Nukl) / cámara f de alimentación ‖ ≃**kran** m (Hütt) / grúa f de carga, grúa f de alimentación ‖ ≃**maschine** f (Bergb) / máquina f de carga ‖ ≃**mulde** f (SM-Ofen) / molde m para metralla ‖ ≃**öffnung** f (Hütt, Masch) / boca f de carga ‖ ≃**raum** m (Reaktor) / cavidad f de recarga ‖ ≃**roboter** m (Hütt) / robot m de carga, manipulador-robot m ‖ ≃**rost** m / parrilla f de alimentación ‖ ≃**schlitz** m / ranura f de alimentación ‖ ≃**seite** f (Nukl) / lado m de carga ‖ ≃**takt** m / ritmo m de alimentación ‖ ≃**trichter** m (Hütt) / tolva f de alimentación ‖ ≃**tür** f (Hütt, Ofen) / boca f de carga ‖ ≃**wagen** m (Bau, Hütt) / vagoneta f de carga
beschiefert (Dach) / con tejas de pizarra
beschießen vt (Mil, Phys) / tirotear, bombardear ‖ ~ (Atom) / bombardear
Beschießung f (Nukl) / bombardeamiento m, bombardeo m por o con partículas
beschildern, ausschildern (Verkehr) / señalizar, poner señales (de tráfico) ‖ ~ vt, Schild(er) anbringen (allg) / rotular
Beschilderung f (Anbringen von Schildern) (allg) / rotulación f ‖ ≃ (mit Verkehrszeichen) (Straß) / señalización f (horizontal, vertical, móvil)
Beschlag m, Beschläge m pl (Bau, Schloss) / herrajes m pl, guarniciones f pl, chapas f pl ‖ ≃ (Bau, Chem) / eflorescencia f ‖ ≃ (an Glas), Kondensation f / condensación f ‖ ≃ **an Glasscheiben**, Trübung f / enturbiadura f, turbiedad f, empañadura f, vaho m, paño m ‖ ≃ **auf Metall**, Anlaufen n / deslustre m, deslustramiento m, empañadura f ‖ ≃**arbeiten** f pl (Bau) / obras f pl de herraje
beschlagen vt, bekleiden / guarnecer, chapear, forrar ‖ ~ / calzar (una rueda) ‖ ~ [**sich**] (Metall) / oxidarse, deslustrarse, empañarse ‖ **mit Feuchtigkeit** ~, schwitzen / cubrirse de humedad ‖ **mit Nägeln** ~ / clavetear ‖ [**sich**] ~ (Glas) / empañarse ‖ ≃ n (Vorgang) (Glas) / empañamiento m
Beschlag•lochbohrer m / broca f para agujeros de herrajes ‖ ≃**nummer** f (Karde, Spinn) / número m de la guarnición ‖ ≃**presse** f (Wzm) / prensa f clavadora de herrajes ‖ ≃**teile** m pl, Beschläge m pl (Schloss) / guarniciones f pl, herrajes m pl
beschleunigen vt vi (Kfz, Phys) / acelerar ‖ ~ vt, fördern / activar ‖ ~, vorantreiben / adelantar ‖ **starkes** ≃ (Kfz) / acelerón m
beschleunigend / acelerador
Beschleuniger m (Chem, Foto) / acelerador m, promotor m ‖ ≃, Aktivator m / activante m ‖ ≃, Vermittler m (Chem) / mediador m, catalizador m ‖ ≃ m (Beton) / agente m acelerador ‖ ≃ (Nukl) / acelerador m ‖ ≃**pumpe** f (Kfz) / bomba f aceleradora
beschleunigt / acelerado ‖ ~ **e Bewegung** (Phys) / movimiento m acelerado ‖ ~ **es Harz**, vorbeschleunigtes Harz / resina f acelerada ‖ ~ **e (o. künstliche) Trocknung** (Holz, Landw) / desecación f forzada
Beschleunigung f (allg, Kfz, Phys) / aceleración f

173

Beschleunigungs...

Beschleunigungs•..., Anlauf... / acelerador ‖ ≃**düse** f (Kfz) / tobera f aceleratriz ‖ ≃**elektrode** f (Eltronik) / electrodo m acelerador ‖ ≃**faktor** m / factor m de aceleración ‖ ≃**fehler** m (Luftf, Magnetkompass) / error m de aceleración ‖ ≃**gitter** n (Eltronik) / rejilla f aceleradora ‖ ≃**hebel** m (Nukl) / palanca f de aceleración ‖ ≃**kammer** f (Nukl) / cámara f de aceleración ‖ ≃**kammer** (Druckluftbremse) / cámara f de aceleración ‖ ≃**kraft** f (Phys) / fuerza f aceleratriz o de aceleración ‖ ≃**kraft** (Raumf, Satellit) / empuje m del propulsor acelerador ‖ ≃**krümmer** m (Kreiselpumpe) / codo m de aspiración ‖ ≃**linse** f (Eltronik) / lente f de aceleración ‖ ≃**messer** m (Mess) / acelerómetro m ‖ ≃**moment** n (Phys) / momento m de aceleración ‖ ≃**plan** m / diagrama m de aceleración ‖ ≃**pol** m / centro m de aceleración ‖ ≃**potential** n (Eltronik) / potencial m de aceleración ‖ ≃**prüfer** m (Raumf) / comprobador m de aceleración ‖ ≃**pumpe** f (Kfz) / bomba f de aceleración ‖ ≃**rakete** f (Raumf) / cohete m de aceleración ‖ ≃**schreiber** m (Instr) / acelerógrafo m, acelerómetro m registrador ‖ ≃**sensor** m (Phys, Raumf) / sensor m o captador de aceleración ‖ ≃**spalt** m, -strecke f (Phys, Teilchen) / ranura f de aceleración ‖ ≃**spannung** f / tensión f acelerante ‖ ≃**spannung** (Magnetron) / potencial m del haz electrónico ‖ ≃**spektrometrie** f / AMS, espectrometría f de masas aceleradas ‖ ≃**spur** f (Straßb) / calzada f de aceleración, carril m de aceleración ‖ ≃**strecke** f / trayecto m de aceleración ‖ ≃**vermögen** n (Kfz, Phys) / potencia f aceleradora, capacidad f de aceleración, reprise f, performancia f ‖ ≃**vorrichtung** f (Masch) / acelerador m, dispositivo m acelerador ‖ ≃**vorrichtung für Ablaufberge** (Bahn) / acelerador m de vagones para albardillas ‖ ≃**werte** m pl (Kfz) / aceleraciones f pl ‖ ≃**wicklung** f (Elektr) / bobina f aceleradora ‖ ≃**zähler** m (Luftf) / acelerómetro m contador ‖ ≃**zunahme** f (Mot) / aumento m de aceleración

Beschlickung, Schlickablagerung f (Hydr) / depósito de légamo o de cieno

beschmieren vt, -streichen / embadurnar

beschmutzen vt, verunreinigen / ensuciar, manchar

beschmutzt, fleckig / sucio

Beschmutzung, Verschmutzung f (allg, Umw) / ensuciamiento m, contaminación f, impurificación f

Beschneidanlage f [für Blechtafeln] (Hütt, Masch) / instalación f de recortado

Beschneide•abfall m (Kork) / desechos m Pl de recortado de corcho ‖ ≃**maschine** f (Film) / máquina f recortadora, cortacopias f ‖ ≃**maschine** (Pap) / guillotina f ‖ ≃**messer** n (Pap) / cuchilla f recortadora, cuchillo m de recortar

beschneiden vt, Kanten trimmen / ajustar los cantos, rectificar los cantos ‖ ~ (Stanz) / recortar ‖ ~, kürzer machen / acortar, hacer más corto ‖ ~ (Bäume etc.) / podar, recortar, igualar ‖ ~ (Nukl) / limitar ‖ ~, aufschneiden (Druck) / abrir cortando, desvirar ‖ **Enden senkrecht** ~ / recortar los extremos a escuadra ‖ **zu eng** ~ (Druck) / degollar, recortar demasiado ‖ ≃ n (Kürzen), Beschneidung f / reducción f, acortamiento m ‖ ≃, Stutzen n / recortado m, poda f ‖ ≃ n (Stanz) / cortado m ‖ ≃ **von Kanten** (Hütt) / corte m de cantos

Beschneide•presse f (Druck, Masch) / prensa-cizalladora f ‖ ≃**presse** (zum Entgraten) (Hütt) / prensa f desbarbadora ‖ ≃**zugabe** f (Masch) / suplemento m para el corte a medida

Beschneidung f, Beschneiden n (Walzw) / cizalladura f

beschneien vt (Skipiste) / nevar (artificialmente)

Beschneiungsanlage f / instalación f de nevar

beschnitten (Hütt, Kante) / cortado ‖ ~ (Pap) / recortado, cortado

Beschnitt•rand m (Druck) / borde para recortar ‖ **auf der** ≃**seite** (Pap) / al lado recortado

Beschnürung, Gallierung f (Tex) / lizos m pl

beschossenes Teilchen (Phys) / partícula f bombardeada

beschottern vt, schottern (Bahn, Straßb) / balastrar, cubrir de grava ‖ **neu** ~ (Bahn) / rebalastrar ‖ ≃ n, Beschotterung f (Vorgang) (Bahn) / reguarnecido m de balasto, relleno m de balasto

Beschotterungsmaschine f (Bahn) / máquina f de reguarnecer, [re]balastradora f

beschränken vt (allg) / limitar, restringir, reducir ‖ ~, lokalisieren, eingrenzen (Bau) / localizar ‖ **sich** ~ [auf] / limitarse [a], contraerse [a]

beschränkend, ausschließlich / taxativo

beschrankt (Bahn) / con barreras

beschränkt, begrenzt, limitiert / limitado ‖ ~ (Mengenlehre) / confinado ‖ ~**es lineares Bremsvermögen**, lineares Energieübertragungsvermögen (Nukl) / poder m limitado de frenado lineal, transfer m lineal de energía ‖ ~ **mischbar** (Chem) / mezclable en escala limitada ‖ ~**e Variable** (DV) / variable f limitada ‖ ~ **zugängliches Gebiet** (Nukl) / zona f de acceso limitado, área f de acceso limitado

Beschränkung, Begrenzung, Grenze f / limitación f ‖ ≃ f, Einschränkung f / restricción f

beschreibbar (CD, DVD) / grabable

Beschreibbarkeit f (Pap) / idoneidad f para escritura

beschreiben vt / describir ‖ ~, beschreiben / escribir [en] ‖ ~ (CD, DVD) / grabar ‖ **einen Kreisbogen** ~ (Math) / trazar un arco circular

beschreibend / descriptivo

Beschreibung f / descripción f ‖ ≃ (Patent) / memoria f, descripción f

Beschreibungsfunktion f (Regeln) / función f de descripción

beschriften vt / escribir [en], poner una inscripción [en] ‖ ~ (Zeichn) / rotular ‖ ~ (DV) / inscribir ‖ ~, kenntlich machen / marcar

Beschrifter f / registrador m, inscriptor m

beschriftetes Feld (DV) / campo m etiquetado

Beschriftung f, Aufschrift f, Beschriften n (auch: Vorgang) / inscripción f, rotulación f, etiquetado m ‖ ≃, Titel m / rubro m (LA) ‖ ≃, Angaben f pl / indicaciones f pl, marcación f ‖ ≃ (Zeichn) / rotulado m, rotulación f, rótulo m ‖ ≃ (IC) / leyenda f, inscripción f

Beschriftungs•feld n (Zeichn) / casilla f de inscripción o rotulación ‖ ≃**maschine** f, Etikettiermaschine f / máquina f rotuladora, rotuladora f ‖ ≃**programm** n (DV) / programa m de anotación ‖ ≃**schablone** f (Zeichn) / plantilla f ‖ ≃**schild** (Masch) / placa f indicadora

Beschuss m, Beschießen n (allg, Atom) / bombardeo m ‖ ≃ **mit Teilchen** (Phys) / bombardeo m por partículas ‖ ≃**raum** m (zum Testen von Waffen) / sala f de pruebas balísticas

beschütten / cubrir [de]

Beschwerde f, Anfechtung f (Patent) / reclamación f, queja f, recurso m ‖ ≃**buch** n / libro m de reclamaciones ‖ ≃**stelle** f (Fernm) / departamento m de reclamaciones

beschweren vt, schwerer machen / cargar [de] ‖ ~, pressen / prensar ‖ ~, bleien (Tuch) / cargar ‖ **eine Form** ~ **o. belasten** (Gieß) / cargar un molde ‖ ≃ n (Papier, Seide) / carga f

Beschwer•gewicht n (Gieß) / peso m para cargar ‖ ≃**mittel**, Streckmittel n (Plast) / adelgazador m ‖ ≃**mittel** n (Farbe) / agente m de carga ‖ ≃**platte** f (Gieß, Tischl) / placa f de carga

beschwert (Appretur) / cargado ‖ ~**e Antenne** (Eltronik) / antena f cargada

Beschwerung f (allg, Masch) / carga f ‖ ≃ (Gewicht) / pesa f

Beschwerungs•appretur f (Tex) / apresto m de carga ‖ ≃**mittel** n (Chem, Tex) / agente m de carga

Beschwerwalze, Reiterwalze *f* (Druck) / cilindro *m* cargador
Besegelung *f* (Schiff) / velaje *m*, velamen *m*
beseitigen *vt* / eliminar, apartar ‖ **eine Schwierigkeit** ~ / suprimir una dificultad ‖ **eine Störung** ~ / eliminar un fallo ‖ **Spiel** ~ / compensar el juego ‖ **vollständig** ~ / eliminar totalmente, aniquilar
Beseitigung *f*, Eliminierung *f* / eliminación *f*, supresión *f* ‖ ≃, Entfernung *f* / apartamiento *m*, remoción *f* ‖ ≃, Vernichten *n* / extirpación *f*, aniquilación *f* ‖ ≃ **baulicher Hindernisse für Behinderte** (Bau) / supresión *f* de barreras arquitectónicas para minusválidos ‖ ≃ **der Nulleffektspuren** (Atom, Nukl) / desarraigo *m* de las trazas de fondo, erradicación *f* de las trazas de fondo ‖ ≃ **der Spaltungsprodukte** / eliminación *f* de desechos radiactivos ‖ ≃ **einer** (Abflussrohr-)**Verstopfung** (Bau, Hydr) / desatranco *m* ‖ ≃ **von Abfällen** (Nukl) / evacuación *f* de residuos radiactivos ‖ ≃ **von Anlagen** (Nukl) / desmantelamiento *m* de instalaciones nucleares ‖ ≃ **von Anwuchs** (Schiff) / desincrustación *f* del fondo
Besen *m*, Kehrbesen *m* / escoba *f* ‖ ≃ **putz** *m*, gestrippter Putz, Besenspritzbewurf *m* (Bau) / enlucido *m* de escoba ‖ ≃ **schrubber** *m* (Ölleitung) / raspatubos *m* ‖ ≃ **walze** *f* (Straßb) / rodillo *m* de escobón
besetzen (mit Band usw) / guarnecer ‖ **Bohrlöcher** ~ (Bergb) / cargar barrenos, llenar barrenos ‖ **den Ofen** ~ (Hütt) / cargar el horno ‖ **[mit Personal]** ~ (F.Org) / equipar
besetzt (allg) / ocupado ‖ ~, arbeitsfähig (F.Org) / listo para el trabajo ‖ ~ (Fernm) / ocupado, están comunicando, no hay línea ‖ ~ (Bahn, Luftf, Schiff) / completo ‖ ~ (Hydr) / cubierto de plantas
Besetzt • anzeiger *m* (Fernm) / indicador *m* de ocupado ‖ ≃ **fall** *m* (Fernm) / caso *m* de ocupación ‖ ≃ **flackerzeichen** *n* (Fernm) / señal *f* intermitente de ocupado ‖ ≃ **klinke** *f* (Fernm) / conyuntor *m* de ocupación ‖ ≃ **lampe** *f* (Fernm) / lámpara *f* de ocupado ‖ ≃ **probe** *f* (Fernm) / prueba *f* de ocupado o de ocupación ‖ ≃ **schauzeichen** *n* (Fernm) / señal *f* óptica de ocupado ‖ ≃ **ton** *m*, Besetztzeichen *n* (Fernm) / señal *f* acústica de ocupado, señal *f* de línea ocupada, tono *m* de ocupado, señal *f* de estar comunicando
Besetzung *f* / ocupación *f* ‖ ≃ **des Bandes** (Eltronik) / population *f* de la banda ‖ ≃ **von Reisezügen** / frecuentación *f* de trenes de viajeros
Besetzungs • plan *m* (Bahn, F.Org) / torno *m* del personal de ocupación ‖ ≃ **umkehr** *f*, Populationsinversion *f* (Stat) / inversión *f* de población ‖ ≃ **wahrscheinlichkeit** *f*, Fermi-Verteilungsfaktor *m* (Halbl) / probabilidad *f* de ocupación, factor *m* de distribución de Fermi ‖ ≃ **zahl** *f* (Nukl) / número *m* de ocupación ‖ ≃ **zahl,** absolute Häufigkeit (Qual.Pr., Stat) / frecuencia *f*
besichtigen *vt* / inspeccionar, examinar, revisar
Besichtigung *f* / inspección *f*
Besichtigungs • gang *m* / galería *f* de inspección ‖ ≃ **grube** *f* (Bahn, Kfz) / foso *m* de inspección (E), zanja *f* de inspección (LA) ‖ ≃ **tür** *f* / puerta *f* de inspección ‖ ≃ **wagen** *m*, -gondel *f* (Brücke) / carrillo *m* de inspección
Besied[e]lung *f* / poblamiento *m*
Besitz *m*, Gut *n* (Landw) / finca *f* (E), hacienda *f* (LA)
besitzen *vt* (Patent) / tener, poseer, ser titular
besoden *vt*, berasen / cubrir con (o de) césped, encespedar
besohlen *vt* (Schuh) / solar
Besonderheit *f* / particularidad *f*, peculiaridad *f* ‖ ≃, Spezialität *f* / especialidad *f*
besonders, eigen / peculiar
Besonnung *f* (Med, Meteo) / asoleamiento *m*, insolación *f*, asoleo *m*
Besonnungszeit *f*, -dauer *f* / tiempo *m* de exposición al sol

bespannen *vt* (z.B. Tennisschläger) / encordar, poner cuerdas (p.ej. a la raqueta) ‖ ~ (mit Stoff) / entelar, revestir de tela
Bespannstoff *m* (Tex) / tela *f* de recubrimiento ‖ ≃ *m* (vor Lautsprecheröffnungen) / tela *f* de rejilla, tela *f* de altavoz, tela *f* ornamental
Bespannung *f* (Bahn) / acoplamiento *m* de la locomotora, puesta *f* en cabeza ‖ ≃ (z.B. des Rumpfes) (Luftf) / revestimiento *m* (p.ej. del fuselaje) ‖ ≃ (mit Saiten etc.) / cordaje *m* ‖ **einfache** ≃ (Bahn) / tracción *f* simple
bespielen *vt* (Schallplatte, Tonband) / grabar, impresionar
bespielt (Band) / grabado, pregrabado, registrado en fábrica
bespinnen *vt*, umspinnen (Elektr, Tex) / recubrir (p.ej. de algodón)
Bespinnmaschine *f* / recubridora *f*, máquina *f* de recubrir [las cuerdas]
besplitten *vt* (Straßb) / cubrir con gravilla
besponnenes Garn, überzogenes o. versteiftes Garn (Tex) / hilo *m* recubierto
besporen *vt*, raupicken (Bau) / picar
Besprechung *f* (einer Veröffentlichung), Rezension *f* / reseña *f*
Besprechungszimmer *n*, Konferenzzimmer *n*, -raum *m* / sala *f* de conferencia
besprengen *vt* / rociar, regar
Besprengung *f*, Besprengen *n* / rociado *m*, riego *m*, rociadura *f*
bespritzen *vt* / rociar ‖ **mit Schmutz o. dgl.** ~ / salpicar
besprühen *vt* / pulverizar
bespulen *vt* (den Webstuhl), mit Spulen versehen (Tex) / equipar el telar ‖ ~ (Fernm, Kabel) / pupinizar ‖ ≃, Pupinisieren *n* / pupinización *f*, carga *f* inductiva
Bespulungsplan *m* (Fernm) / plano *m* de pupinización
bespuren *vt* (Film) / aplicar la pista sonora
Bespurungsmaschine *f*, -gerät *n* (Film) / aparato *m* para aplicar la pista sonora
besputtern *vt* (Eltronik) / chisporrotear
Bessel • funktion *f* (Math) / función *f* de Bessel ‖ ≃ **punkt** *m* (Messen) / punto *m* Bessel
Bessemerbirne *f*, Konverter *m* (Hütt) / convertidor *m* Bessemer
Bessemerei *f*, Bessemerwerk *n* / planta *f* de acero Bessemer
bessemern *vt* / bessemerizar
Bessemer • roheisen *n* / arrabio *m* Bessemer ‖ ≃ **stahl** *m* / acero *m* Bessemer ‖ ≃ **werk** *n* / acerería *f* Bessemer, acería *f* Bessemer
besser [als] / mejor [que]
Besserung *f* / mejora *f*, mejoramiento *m*, corrección *f*
best • e Betriebsfrequenz (Fernm) / frecuencia *f* óptima de trabajo o de tráfico ‖ ≃ **e Wiedereintrittsschneise** (Raumf) / corredor *m* óptimo de reentrada
Bestand, Beständigkeit *f* / estabilidad *f*, durabilidad *f* ‖ ≃ *m*, Existenz *f*, Bestehen *n* / existencia *f* ‖ ≃ (Wald) / arbolado *m* ‖ ≃, Vorrat *m* / existencias *f pl*, inventario *m*, stock *m* ‖ ≃, Überrest *m* / resto *m* ‖ ≃ *m*, Haltbarkeit *f*, Fortbestehen *n* / durabilidad *f*, duración *f*, resistencia *f* ‖ ≃ (an heilen Bauteilen) / sobrevivientes *m pl*
beständig, stabil (Chem, Phys) / estable, sólido, firme, inalterable, invariable, constante, inmutable, fijo ‖ ≃ (Wetter) / estable ‖ ~ [gegen] / resistente [a] ‖ ~, fortdauernd, anhaltend / permanente, persistente, durable, continuo ‖ ~, ruhig (Mech, Meteo) / constante, estable ‖ **~e Farbe** (Anstrich, Tex) / pintura *f* permanente, pintura *f* fija o inalterable ‖ **~es Gas** (Chem) / gas *m* permanente
Beständigkeit *f* / estabilidad *f*, constancia *f* ‖ ≃, Dauer *f* / persistencia *f*, permanencia *f*, duración *f*, continuidad *f* ‖ ≃, Echtheit *f* (Farbe) / solidez *f* ‖ ≃ *f*, Festigkeit *f* [gegen] / resistencia *f* [a] ‖ ≃ (Phys) / invariabilidad *f*, inalterabilidad *f*, inmutabilidad *f* ‖ ≃ **gegen Pilzbefall**

Beständigkeit

(Holz) / resistencia f contra hongos, calidad m antifúngica o antihongos ‖ ≏ **gegen raue Behandlung** / robustez f ‖ ≏ **von Schaum** / persistencia f de espuma
Beständigmachen n, Stabilisieren n (Chem) / estabilización f
Bestands•abnahme f (F.Org) / disminución f del stock ‖ ≏**alter** n **von Holz** (Forstw) / edad f de un rodal ‖ ≏**änderung** f (F.Org) / cambio m de inventario ‖ ≏**aufnahme** f / toma f de inventario ‖ ≏**band** n (DV) / cinta f maestra ‖ ≏**datei** f (DV) / archivo m principal o maestro ‖ ≏**daten** n pl (DV) / datos m pl de inventario ‖ ≏**führung** f (Zu-, Abgänge usw) (DV, F.Org) / contabilidad f de existencias, control m de almacén ‖ ≏**karte** f (F.Org) / tarjeta f o ficha maestra ‖ ≏**kartei** f / fichero m de existencias ‖ ≏**liste** f, -verzeichnis n / inventario m ‖ ≏**zunahme** f / aumento m de existencias
Bestandteil m n (allg, Masch) / componente m, parte f integrante, parte f constitutiva ‖ ≏ m, Zutat f / ingrediente m ‖ ≏ m n (Chem) / constituyente m ‖ ≏ m **eines Signals** (Fernm) / componente m de una señal ‖ ≏ **sein** (Chem) / entrar en una composición ‖ **wichtiger** ≏ / parte f esencial, parte f indispensable ‖ ≏**e** m pl (beim Glühen flüchtig) (Chem, Hütt) / materias m pl volátiles en la calcinación
Bestandteilseinheit f **pro Tonne Konzentrat** (Bergb) / unidad f de contenido por tonelada de concentrado
bestätigen vt, beweisen / confirmar
bestätigte Prüfberichtzusammenfassung, BPZ (CENEL) / informe m certificado de ensayo
Bestätigungs•-Ausschuss m / comisión f de certificación ‖ ≏**system** n [durch Dritte] / sistema m de certificación
Bestattungskraftwagen m (DIN 75081) / coche m fúnebre, coche m de pompas fúnebres
bestäuben vt / empolvorear, empolvar, espolvorear
Bestäubung f **mittels Flugzeug** (Forstw, Landw) / empolvado m por avión, espolvoreado m, espolvoreo m
Bestäubungswagen m, -maschine f / coche m con moto-espolvoreador, coche m de esparcimiento (E) o de pulverización (LA)
Besteck n, Standortbestimmung f (nach der Karte) (Schiff) / punto m de la ruta, estima f ‖ ≏, Essbesteck / cubierto m, cubertería f ‖ ≏, Präparierbesteck n (Biol) / instrumentos m pl de disección, estuche m [de instrumentos], instrumental m ‖ **das** ≏ **berechnen**, **das Besteck machen** (Schiff) / tomar la estima ‖ **das** ≏ **machen**, den Schiffsort beobachten / observar el punto [de la estima] ‖ ≏**halter** m / sujetacubiertos m ‖ ≏**kasten** m (Küche) / portacubiertos m ‖ ≏**rechnen** n (Nav) / toma f de estima ‖ ≏**rechnung** f (Schiff) / estima f ‖ ≏**versetzung** f / error m de estima
bestehen vi [aus] / constar [de], consistir [en], componerse [de], estar integrado [por] ‖ ≏, fortdauern / continuar, persistir, durar, subsistir ‖ ≏ vt (Prüfung) / aprobar, pasar (un examen) ‖ ≏ **aus** (Eisen) / ser de (hierro)
bestehend [aus] / compuesto [de], formado [por], integrado [por], consistente en
besteigbar (z.B. Schornstein) / accesible, escalable
besteigen vt / subir, escalar ‖ ≏ (Bahn, Luftf, Schiff) / subir [a], entrar [en] ‖ ≏ n / subida f, ascensión f
bestellbar (Landw) / labrable, labradero, sembradío
Bestellbestand m (F.Org) / existencia f mínima
bestellen vt / pedir, encargar ‖ ≏, ansetzen (Färb) / preparar ‖ ≏, beackern (Landw) / labrar, cultivar ‖ ≏ n / pedido m, encargo m ‖ ≏ **beim Versandhaus**, Bestellen n per Katalog / compra f por correo
Besteller m, Auftraggeber m / comitente m, comprador m
Bestell•muster n, -probe f / muestra f de pedido ‖ ≏**nummer** f / número m de pedido ‖ ≏**punkt** m (F.Org) / momento m de compra ‖ ≏**schein** m / talón m de pedido, nota f de pedido, hoja f de pedido
bestellt (Landw) / labrado, sembrado ‖ ≏**es Land** / tierra f labrada
Bestellung f / pedido m, encargo m, orden f ‖ ≏ (Zeitung) / suscripción f, solicitud f de abono ‖ ≏, Bebauung f (Landw) / cultivo m, labranza f ‖ **auf** ≏ **angefertigt** / fabricado a pedido ‖ **bei** ≏ / al hacer el pedido
Bestellzeichnung f / clave f de pedido, dibujo m de pedido
Best•-Fit n, Best-Einpassen n (Wzm) / ajuste m óptimo ‖ ≏**gestaltung** f, Methodik f (F.Org) / metodología f, estudio m y aplicación de métodos óptimos
bestimmbar (Chem, Phys) / determinable, analizable ‖ **statisch** ~ (Phys) / estáticamente determinable
bestimmen, festlegen / determinar, fijar ‖ ~, bezeichnen / determinar, designar ‖ ~, definieren / definir ‖ ~, ermitteln (Math) / determinar, establecer ‖ **quantitativ oder qualitativ** ~ (Chem) / analizar cuantitativamente o cualitativamente
bestimmend, entscheidend / decisivo ‖ ~**er Bestandteil** / elemento m determinativo ‖ ~**e Größe** / factor m decisivo o determinante
bestimmt, eindeutig / terminante, definitivo ‖ ~, deutlich / determinado ‖ ~ [von, durch] / determinado [por] ‖ ~ [für] / destinado [a] ‖ ~**e Anzahl** / cantidad f determinada ‖ ~**er Bestandteil** / componente m determinado ‖ **der Form nach** ~ / determinado según la forma ‖ **statisch** ~ / estáticamente determinado ‖ **[vorher]** ~ / predeterminado
Bestimmung f, Festlegung f / fijación f, definición f ‖ ≏, Determinierung f / determinación f ‖ ≏, Vorschrift f / disposición f, norma f, prescripción f ‖ ≏, Analyse f (Chem) / análisis m ‖ ≏ **der Härtezahl** (Hütt) / determinación f del índice de dureza ‖ ≏ **der Trommelfestigkeit und des Abriebs**, Trommelprobe f / ensayo m micum ‖ ≏ **des Bleigehalts** / determinación f del contenido de plomo ‖ ≏ m **über Höhenstaffelung in verschiedenen Quadranten** / regla f de altitudes cuadrantales
Bestimmungs•amt n (Fernm) / central f demandada o de destino, oficina f de destino ‖ ≏**apparat** m (Chem) / aparato m analisador ‖ ≏**dreieck** n (Verm) / triángulo m de referencia ‖ ≏**flughafen** (Luftf) / aeropuerto m de destino ‖ ≏**gleichung** f (Math) / ecuación f determinada, ecuación f de primer grado ‖ ≏**grenze** f / límite m de determinación ‖ ≏**größe** f / parámetro m ‖ ≏**ort**, Zielpunkt m (Luftf, Schiff) / punto m de destino
Best•last f, optimale Last / carga f óptima ‖ ≏**leistung** f / rendimiento m máximo ‖ ≏**melierte** f (Kohle) / hulla f de calidad óptima
bestoßen vt, beschädigen / estropear, dañar ‖ **Kanten** ~ (Masch) / mortajar, achaflanar, descantillar
Bestoß•feile f (Wz) / lima f gruesa ‖ ≏**hobel** m (Wz) / cepillo m mortajador
bestrahlen vt (Phys) / irradiar ‖ ≏ (Med) / irradiar, tratar con rayos ‖ ≏ **lassen** / exponer a la radiación ‖ **von der Sonne** ~ **lassen** / exponer a los rayos del sol
bestrahlt / expuesto a los rayos ‖ ~, abgebrannt (Atom, Nukl) / quemado, agotado
Bestrahlung f (Nukl, Phys) / irradiación f ‖ ≏ (Med) / radioterapia f
Bestrahlungs•apparat m (Med) / aparato m de irradiación ‖ ≏**dichte** f, Strahlungsintensität f / intensidad f de irradiación ‖ ≏**dosisleistung** f (Med, Nukl) / dosis f de exposición por unidad de tiempo ‖ ≏**kammer**, -zelle f / cámara f de irradiación ‖ ≏**kanal** m / canal m de irradiación ‖ ≏**produkt** n / producto m de irradiación ‖ ≏**reaktor** m / reactor m de irradiación ‖ ≏**stärke** f (Foto) / intensidad f de iluminación ‖ ≏**stärke**, -intensität f (Phys) / intensidad f de irradiación ‖ ≏**versuch** m **innerhalb des Reaktors** (Nukl) / ensayo m en el interior del reactor

Bestrahlunsglampe f (Med) / lámpara f de irradiación
bestreichen vt [mit] / recubrir [de], pintar ‖ ~,
-schmieren / embadurnar ‖ ~, abtasten (Radar) /
palpar, barrer ‖ ~ (Antennenstrahl) / abarcar, batir ‖
~ **lassen von einer Flamme** / hacer lamer por una
llama ‖ **mit Asphalt** ~ (Bau) / bituminar, asfaltar
bestreuen vt / esparcir, espolvorear ‖ **mit Sand** ~ /
enarenar ‖ **mit Talkum** ~ / escarchar vt
bestrichen•er Bereich (Radar) / área f barrida ‖ ~e
Bremsfläche (Kfz) / superficie f de frenado activa
bestücken, ausrüsten [mit] / equipar [con], dotar [de] ‖
~ (Eltronik) / dotar [de], montar elementos ‖ ~ (Wzm) /
dotar de metal duro
Bestücker m (Fabríkation) / dotador m
Bestückmaschine f (gedr.Schaltg) / máquina f para dotar
bestückte Leiterplatte (Eltronik) / conjunto m de circuito
impreso
Bestückung f (Masch) / equipo m, guarnición f
Bestückungs•dichte f (IC) / densidad f de elementos,
concentración f de piezas ‖ ~**maschine** f (Eltronik) /
máquina f para dotar ‖ ~**seite** f (gedr.Schaltg) / lado m
dotado de componentes
Bestuhlung f (Möbel) / sillería f
bestürzen, bedecken (Bergb) / cubrir
Best•wert m, Optimum n / valor m óptimo ‖
~**zeitprogramm** n (DV) / programa m de demora
mínima ‖ ~**zeitprogrammierung** f / programación f
de demora mínima
Besuch m (einer Webseite) (DV) / visita f de las páginas
de internet
Besucher•bühne f, -galerie f / galería f para visitantes ‖
~**datei** f, Besucherregister n (Mobilfunk) (Fernm) /
registro m de visitantes ‖ ~**rufanlage** f / sistema m de
aviso y llamada de visitantes
Beta n, β (Phys) / beta m ‖ ~-**aktiv** (Nukl) / beta-activo ‖
~-**Applikator** m (Nukl) / aplicador m beta ‖ ~-**Eisen** n
(Hütt) / hierro m beta ‖ ~**fit** m (Min) / betafita f ‖
~-**Gamma-Winkelkorrelation** f (Nukl) / correlación f
angular beta-gamma
Betain n (Chem, Pharm) / betaína f
Betamessing n (Hütt) / latón m beta
betanken vt (Kfz, Luftf) / echar o repostar gasolina,
rellenar con gasolina
Betankung f / rellenado m con gasolina,
reabastecimiento m de combustible,
reaprovisionamiento m de combustible
Betankungs•ausleger m (Luftf) / pluma f para rellenado
con combustible ‖ ~**magnetventil** n (Luftf) / válvula f
de solenoide de rellenado ‖ ~**schwimmerventil** n
(Luftf) / válvula f de flotador de rellenado ‖ ~- **u.
Enttankungsventil** n / válvula f de rellenado y vaciado
Beta•radiografie f (Radiol) / betarradiografía f ‖
~**rückstreuverfahren** n (Oberfl.dicke) / método m por
retrodifusión de rayos beta ‖ ~**spektrometer** n (Phys) /
beta m espectrómetro, espectrómetro m de rayos
beta ‖ ~**spektrum** n / espectro m [de rayos] beta
betasten vt, befühlen, abgreifen / tentar
Beta•strahlen m pl (Phys) / rayos m pl beta ‖
~**strahlendetektor** m (Nukl) / detector m de rayos
beta ‖ ~**strahler** m / radiador m beta, emisor m de
partículas beta ‖ ~**strahlung** f / radiación f beta,
emisión f de rayos beta ‖ ~**strom-Neutronendetektor**
m, Kollektron n (Nukl) / col[l]ectrón m ‖
~**synchrotron** n / betasincrotrón m ‖ ~**teilchen** n /
partícula f beta ‖ ~**test** m / ensayo m beta, prueba f
beta
betätigen vt / accionar, operar, manipular, poner en
acción ‖ **einen Hebel** ~ / accionar una palanca
betätigend / de accionamiento
betätigt durch, ...-betätigt / accionado [por]
Betätigung f / accionamiento m, maniobra f, mando m,
manipulación f, operación f ‖ ~ **der Bremse** / frenado
m, aplicación f del freno, frenazo m (coll) ‖ ~ **durch
Gewicht** / accionamiento m por peso o por gravedad ‖

~ **durch Seilzug** / accionamiento m por cable, mando
m por cable ‖ ~ **einer od. mehrerer Tasten** / tecleado
m
Betätigungs•art f / tipo m de accionamiento ‖
~**brunnen** m, Bedienungstasten f pl (Film) / teclas f pl
de mando ‖ ~**dauer** f / duración f de accionamiento ‖
~**einrichtung** f, -gerät n / mecanismo m de mando ‖
~**form** f (Schraube) / tipo m "accionamiento" ‖
~**getriebe**, -gestänge n (Masch) / varillaje m de
accionamiento, mecanismo m de accionamiento ‖
~**griff** m / empuñadura f de mando, manipulador m ‖
~**hebel** m / palanca f de mando, palanca f
manipuladora, palanca f de accionamiento ‖ ~**knopf**
m / botón m de mando ‖ ~**kraft** f (Bremse) / fuerza f de
aplicación ‖ ~**kreis** m (Elektr) / circuito m de
accionamiento ‖ ~**nocken** (Masch) / leva f de
accionamiento ‖ ~**organe** m pl / elementos m pl de
accionamiento ‖ ~**richtung** f, -sinn m / dirección f de
accionamiento, sentido m de mando ‖ ~**schalter** m
(Elektr, Masch) / interruptor m de control ‖ ~**schalter
für Fernsteuerung** (Elektr) / interruptor m de
telemando, teleinterruptor m ‖ ~**seil** (Seilzug),
-kabel n / cable m de accionamiento, cable m de
mando ‖ ~**strom** (Elektr) / corriente f de
accionamiento ‖ ~-**Stromkreis** m (Relais) / circuito m
de accionamiento ‖ ~-**Übertragungsfunktion** f
(Regeln) / función f de transferencia ‖ ~**weg** m
(Bremse) / carrera f activa
beta•tope Nuklide n pl (Chem) / núclidos m pl
betatópicos ‖ ~**tron** n (Nukl) / betatrón m ‖
~**tron-Radiografie** f (Radiol) / radiografía f betatrón ‖
~**tron-Schwingungen** f pl (Phys) / oscilaciones f pl de
betatrón ‖ ~-**Übergang** m / transición f beta
Betäubungsgerät n (Schlachthof) / aparato m de
atronamiento o para atronar
Beta•umwandlung f (Phys) / transformación f beta ‖
~-**Uran** n (Chem) / uranio m beta ‖ ~-**Version** f
(Software) / versión f beta ‖ ~**wert** m (Plasma) / valor
m beta ‖ ~**zerfall** m (Nukl) / desintegración f beta
beteeren (Bau, Holz) / alquitranar, cubrir con alquitrán
bethanisieren vt (Verzinnung) / betanizar
Bethe•-Effekt m (Nukl) / efecto m Bethe ‖ ~**kupplung**,
Lochkupplung f (Wellenleiter) / acoplador m con hueco
de Bethe
bethellisieren vt (Holz) / creosotar
Bethe-Tait-Störfall m (Nukl) / incidente m Bethe-Tait
Bethe-Weizsäcker-Zyklus m (Nukl) / ciclo m de Bethe
Beting f, Tau- o. Kettenhalter m (Schiff) / bita f
betiteln vt, benennen / titular v, rotular
Betitelung f, Titulierung f, Beschriftung f (Druck) /
titulación f, titulado m
Beton m (pl: Betone) (Bau) / hormigón m (E, LA),
concreto m (LA) ‖ ~ ... / de hormigón ‖ ~ m **brutal**
(Bau) / estilo m brutal en hormigón ‖ ~ **mit
Wasserüberschuss** / hormigón m empapado ‖ **mit
Polypropylenfasern verstärkter** ~ / hormigón m
armado de polipropileno ‖ ~**abschirmung** f (Reaktor)
/ blindaje m de hormigón ‖ ~**anker** (Bergb) / anclaje
m de hormigón ‖ ~**arbeiten** f pl (Bau) / trabajos m pl
de hormigón o de hormigonado ‖ ~**automat** m /
hormigonera f automática ‖ ~**bau** m, -gebäude n /
edificio m de hormigón (E) o de concreto (LA),
estructura f de hormigón ‖ ~**bau**, -konstruktion f /
construcción f de hormigón ‖ ~**bau** (nicht armiert) /
estructura f de hormigón (no armada) ‖ ~**bauer** m /
hormigonero m, especialista m en hormigón ‖
~**bereitung** f, -mischen n / preparación f de hormigón
‖ ~**bett** n / lecho m de hormigón ‖ ~**block** m / bloque
m de hormigón ‖ ~**blockstein** m, Betonpflasterstein
m / adoquín m de hormigón ‖ ~**boden** m / piso m de
hormigón ‖ ~**brecher** m, -aufreißhammer m (Straßb) /
martillo m quebrantapavimentos ‖ ~**brenner** m (Bau)
/ quemador m de hormigón ‖ ~**brücke** f / puente m de
hormigón ‖ ~**dachstein** m / teja f de hormigón ‖

Betondecke

⁓**decke** f, -fußboden m / piso m de hormigón, solera f de hormigón ‖ ⁓**decke**, -schutzdecke f / capa f de hormigón ‖ ⁓**decke**, -straßendecke f (Straßb) / firme m de hormigón ‖ ⁓**deckenfertiger** m, -straßenfertiger m / acabadora f para hormigón ‖ ⁓**deckung** f (Bau) / cubierta f de hormigón ‖ ⁓**dichtungsmittel** n, DM / impermeabilizante m del hormigón ‖ ⁓**druckfestigkeit** f / resistencia f del hormigón a la compresión ‖ ⁓**fabrik** f / fábrica f de hormigón ‖ ⁓**-Fahrbahnplatte**, -tafel f (Brücke) / elemento m cuadrado de hormigón para calzada, calzada f de hormigón ‖ ⁓**farbe** f / pintura f para hormigón ‖ ⁓**fertigeinheit** f (Bau) / unidad f de hormigón prefabricada ‖ ⁓**fertigteil** m n / elemento m prefabricado de hormigón, prefabricado m de hormigón ‖ ⁓**förderschlauch** m / tubo m flexible para [trasvase de] hormigón líquido ‖ **pneumatische** ⁓**förderung** / transporte m neumático de hormigón ‖ ⁓**formstahl** m (Hütt) / acero m perfilado para hormigón ‖ ⁓**formstein** m (Bau) / dovela f de hormigón ‖ ⁓**formsteinausbau** m (Bergb) / fortificación f por dovelas de hormigón ‖ ⁓**formteile** n pl (Bau) / piezas f pl modeladas de hormigón ‖ ⁓**fundament** n, -gründung f, -unterbau m / basamento m o cimiento de hormigón ‖ ⁓**fußboden** m / pavimento m de hormigón ‖ ⁓**gefüge** n / textura f del hormigón ‖ ⁓**gießturm** m / torre f distribuidora de hormigón ‖ ⁓**gläser** n pl, -glas m (Bau, Wz) / vidrios m pl para pavimento de hormigón ‖ ⁓**glätter** m / aplanador m de hormigón ‖ ⁓**gleisbett** n (Bahn) / lecho m de hormigón de la vía férrea ‖ ~**grau** (RAL 7023)(Farbe) / gris hormigón ‖ ⁓**gründung** f (Bau) / basamento m de hormigón, cimentación f de hormigón ‖ ⁓**hafter** m / agente m adhesivo para hormigón ‖ ⁓**härtemittel** n / endurecedor m de hormigón ‖ ⁓**härtung** f / endurecimiento m de hormigón ‖ ⁓**herstellung** f, -bereitung f / preparación f de hormigón ‖ ⁓**hohlblock** m / ladrillo m hueco de hormigón ‖ ⁓**hülle** f (Nukl) / cubierta f de hormigón
Betonierarbeiten f pl (Bau) / trabajos m pl de hormigonar
betonieren vt (Bau) / hormigonar (E), concretar (LA) ‖ ~, zubetonieren / cubrir de hormigón ‖ ⁓ n, Betonierung f / hormigonado m (E), concretado m (LA)
betoniert • e Rollbahn (Luftf) / pista f de rodadura de hormigón ‖ ~**e Start- und Landebahn** (Luftf) / pista f pavimentada ‖ ~**es Vorfeld** (Luftf) / zona f de estacionamiento hormigonada
Betonierungs[stopp]fuge f, Betonfuge f (Bau) / junta f de hormigonado
Beton • injektor m / inyector m de hormigón ‖ ⁓**-Kerndamm** m, Kernmauerdamm m (Hydr) / presa f con núcleo de hormigón ‖ ⁓**kies** m (Bau) / gravilla f para hormigón ‖ ⁓**konstruktion** f / construcción f en hormigón ‖ ⁓**kübel** m / cubilote m para hormigón ‖ ⁓**lieferwerk** n / planta f de premezclado ‖ ⁓**mast** m, -pfosten m (Elektr) / poste m de hormigón ‖ ⁓**mauerwerk** m (Bau) / mampostería f de hormigón ‖ ⁓**mischanlage** f / instalación f mezcladora o para mezcla de hormigón ‖ ⁓**mischen** n **nach Gewicht** / mezclado m de hormigón en lotes pesados ‖ ⁓**mischer** m (als Lkw) / camión-hormigonera m ‖ ⁓**mischmaschine** f, -mischer m / mezcladora f de hormigón, hormigonera f, concretera f (LA) ‖ ⁓**mischturm** m / torre f mezcladora de hormigón ‖ ⁓**mörtel** m / garujo m ‖ ⁓**nachbehandlung** f / tratamiento m posterior del hormigón
betonnen vt (Schiff) / abalizar, balizar, posicionar boyas
Betonnung f, Austonnung f / balizaje m, balizamiento m
Beton • oberbau m (Bau) / estructura f superior de hormigón ‖ ⁓**panzer** m, Betonabschirmung f (Reaktor) / blindaje m de hormigón ‖ ⁓**pfeiler** m (Bau) / pilar m de hormigón ‖ ⁓**pflasterstein** m / adoquín m

de hormigón ‖ ⁓**platte** f / losa f de hormigón ‖ ⁓**probewürfel** m / probeta f cúbica de hormigón, cubo m de hormigón para ensayos ‖ ⁓**prüfhammer** m / martillo m para ensayos de hormigón ‖ ⁓**prüfmaschine** f / máquina f de ensayo de hormigón ‖ ⁓**pumpe** f / bomba f de hormigón ‖ ⁓**querschnitt** m / sección f del hormigón ‖ ⁓**randstreifen** m (Straßb) / borde m de la carretera hormigonado ‖ ⁓**rippe** f (Bau) / nervio m de hormigón armado ‖ ⁓**rippenstahl** m (Bau, Hütt) / acero m nervado para armar ‖ ⁓**rohr** n (Hydr) / tubo m de hormigón, tubo m de cemento ‖ ⁓**rundstahl** m (Hütt) / acero m redondo para armar ‖ ⁓**rutsche**, -schurre f (Bau) / lanzadero m de hormigón ‖ ⁓**rüttler**, Rüttelflasche f, Innenrüttler m (Bau) / [per]vibrador m para hormigón, compactador m de hormigón ‖ ⁓**rüttler**, Betonrüttelmaschine f (Straßb) / máquina f vibradora de hormigón, apisonadora f de hormigón ‖ ⁓**sanierung** f (Bau) / saneamiento m de hormigón ‖ ⁓**schalung** f (Bau) / encofrado m de hormigón, encofrados m pl ‖ ⁓**schalungsöl** n / aceite m para encofrado f ‖ ⁓**schicht** f / capa f de hormigón ‖ ⁓**schiff** n / buque m de hormigón armado ‖ ⁓**schüttung** f (Bau) / lecho m de hormigón ‖ ⁓**[schutz]decke** f (Bau, Nukl) / cubierta f de hormigón ‖ ⁓**schutzmantel** m (Reaktor) / pantalla f de protección de hormigón ‖ ⁓**schwelle** f (Bahn) / traviesa f de hormigón (E), durmiente m de concreto (LA) ‖ ⁓**-Schwergewichtsmauer** f (Hydr) / presa f de gravedad en (o de) hormigón ‖ ⁓**schwinden** n, -schwindung f (Bau) / retracción f del hormigón ‖ ⁓**silo** m (aus Beton) / silo m de hormigón ‖ ⁓**silo** (für Beton) / silo m para hormigón ‖ ⁓**sockel** m / zócalo m de hormigón ‖ ⁓**sohle** f / solera f de hormigón ‖ ⁓**spritzmaschine** f / proyectora f de hormigón, máquina f para proyectar hormigón ‖ ⁓**spritzmaschine für Injektion** / inyector m de hormigón ‖ ⁓**stahl** m, Bewehrungsstahl m (Hütt) / acero m para armar o de armadura ‖ ⁓**stahlbiegemaschine** f (Bau) / máquina f para curvar el acero de armadura ‖ ⁓**stahlmatte** f (Bewehrungsmatte, z.B. Baustahlgewebe) (Bau) / enrejado m de armadura, malla f de acero para hormigón armado ‖ ⁓**stahlschneider** m, -schere f (Bau, Wz) / alicates m pl para acero de armadura ‖ ⁓**stampfer** m (Bau) / pisón m para hormigón, apisonadora f de hormigón ‖ ⁓**-Staumauer** f (Hydr) / presa f de hormigón ‖ ⁓**steife** f, -steifigkeit f (Bau) / docilidad f del hormigón ‖ ⁓**stein** m / ladrillo m de hormigón ‖ ⁓**straße** f / carretera f de hormigón ‖ ⁓**[straßen]decke** f / firme m de hormigón ‖ ⁓**straßenfertiger** m / acabadora f de firmes de hormigón ‖ ⁓**-Streckenausbau** m (Bergb) / entibación f de hormigón ‖ ⁓**träger** m (Bau) / viga f de hormigón ‖ ⁓**tragrost** m (Bahn) / enrejado m sustentador de hormigón (para rieles) ‖ ⁓**[über]deckung** f / cubierta f de hormigón (sobre el acero) ‖ ⁓**ummantelung** f, -verkleidung f / revestimiento m de hormigón ‖ ⁓**- und Stahlbetonbauer** m (Handwerksberuf) / especialista m en hormigón armado y no armado ‖ ⁓**unterbau** m (Bau) / asiento m de hormigón ‖ ⁓**unterboden** m (direkt auf dem Erdreich) (Bau) / infraestructura f de hormigón ‖ ⁓**unterlage** f / base f de hormigón, losa f de hormigón ‖ ⁓**verdichter**, -vibrator m / compactador m de hormigón, vibrador m de hormigón ‖ ⁓**verdichtung** f / compactación f del hormigón ‖ ⁓**verflüssiger** m, BV / agente m licuante ‖ ⁓**verteiler** m (Bau) / distribuidor m de hormigón, distribuidora f de hormigón ‖ ⁓**[verteilungs]rutsche**, -schurre f (Bau) / lanzadero m para distribuir el hormigón ‖ ⁓**waren** f pl / artículos m pl de hormigón ‖ ⁓**werk** n, -fabrik f / fábrica f de hormigón ‖ ⁓**werker** m (Industrie-Lehrberuf) / hormigonero m ‖ ⁓**[werk]stein** m (früher: Kunststein) (Bau) / ladrillo m de hormigón granulado ‖ ⁓**zelle** f (Schaltanlage) /

célula f de hormigón ‖ ~zusatz m (Bau) / aditivo m de hormigón (E), adicionante m (LA) ‖ ~zuschläge m pl, -zuschlagstoffe m pl / áridos m pl para hormigón ‖ ~zuteil- u. Mischanlage f / planta f dosificadora y mezcladora de hormigón ‖ ~[zwischen]füllung f / relleno m [intermedio] de hormigón ‖ ~zylinder m (Reaktor) / pantalla f anular de hormigón
Betracht m / consideración f ‖ **außer ~ lassen** / dejar de lado, omitir ‖ **in ~** / en consideración ‖ **in ~ gezogene Druckschriften** (Patent) / obras f pl consultadas o de consulta, documentos m pl citados ‖ **in ~ kommend** / que entra en consideración ‖ **in ~ ziehen** / tomar en consideración ‖ **nicht in ~ kommend** / que no entra en consideración, sin interés
betrachten vt (DV) / observar, considerar
Betrachter m (Mikrofilm) / visor m para microfilmes
Betrachtungs•einheit f (Inspektion) / artículo m de inspección ‖ ~**parallaxe** f (Opt) / paralaje f de observación ‖ ~**schirm** m (DV) / pantalla f de visualización
Betrag m / importe m, cantidad f ‖ **~ , um den eine nicht bearbeitete Fläche zurücksteht** (Masch, Wzm) / destalonado m ‖ **~ m der Drehung**, Twistwert m (Spinn) / valor m de torsión ‖ **~ des Nachlaufs** (Kfz) / valor m del avance del pivote
betragen vi, ausmachen, sich belaufen auf / ascender [a], importar
Betragselement n (Analogrechner) / circuito m del valor absoluto
beträufeln vt / hacer caer gotas sobre
betreffend adj / respectivo, en relación [con]
betreiben, Fabrik oder Bergwerk ~ / explotar una fábrica o una mina ‖ **Maschinen ~ o. bedienen** / accionar máquinas ‖ **~ n, Bedienung** f / explotación f, accionamiento m
Betreiber m, Telefongesellschaft f / operador m (compañia operadora en telefónia móvil) ‖ **~** (TV) / operador m [de un servicio] ‖ **~ eines Kernkraftwerks** / explotador m de una central nuclear
Betreten verboten! / ¡prohibido el paso !
Betreuung f (von Geräten und Anlagen) / entretenimiento m, servicio m
Betrieb m (einer Maschine), Funktionieren n / marcha f, funcionamiento m ‖ **~**, Lauf m, Gang m (Elektr, Masch) / régimen m ‖ **~**, Betriebsart f (Eltronik) / régimen m, modo m de funcionamiento ‖ **~**, Ausübung f / explotación f, ejercicio m ‖ **~**, Unternehmung f / empresa f, establecimiento m, manufactura f, factoría f ‖ **~**, Fabrik f, Werk n / fábrica f, usina f ‖ **~**, Werkstatt f / taller m ‖ **~** (Bahn) / explotación f, Verkehr m (Bahn, Luftf) / tráfico m, circulación f ‖ **~ m**, Bergwerks-, Grubenbetrieb m (Bergb) / explotación f minera ‖ **~ mit mehreren Arbeitsweisen** (DV) / operación f multimodal o de modo múltiple ‖ **~ mit periodisch veränderter Belastung** (Elektr) / funcionamiento m bajo cargas periódicamente variables ‖ **~ mit veränderlicher Belastung** (Elektr) / servicio m intermitente ‖ **Außer ~ !** / ¡no funciona ! ‖ **außer ~ sein**, stillstehen, -liegen / estar fuera de servicio ‖ **außer ~ setzen** / poner fuera de servicio ‖ **den ~ aufnehmen** / entrar en servicio ‖ **in ~** / en servicio, funcional (en oposición a experimental) ‖ **in ~** (Chem) / en funcionamiento, en operación ‖ **in ~ befindliche Leitung** (Elektr) / línea f con corriente, línea f bajo tensión ‖ **in ~ genommen werden** / ser puesto en marcha, ser puesto en servicio ‖ **in ~ sein** / estar en servicio ‖ **in ~ sein** (Bergb) / estar en explotación ‖ **in ~ sein**, Strom liefern (Kraftwerk) / dar corriente a la red, estar conectado a la red ‖ **in ~ setzen** / poner en servicio, poner en marcha o operación ‖ **in vollem ~** / en pleno servicio, en plena marcha ‖ **kleiner ~** / pequeña empresa f ‖ **mittlerer ~** / mediana f empresa ‖ **rauer ~** / servicio m duro o rudo ‖ **umfangreicher ~** / empresa f grande, gran empresa
betrieben, in Betrieb (Bahn) / abierto al tráfico o a la explotación, explotado
betrieblich / empresarial, de servicio ‖ **~**, Verkehrs... (Bahn) / de tráfico, de explotación ‖ **~e Anforderungen** f pl (F.Org, Raumf) / requerimientos m pl operacionales ‖ **~e Arbeiten** f pl / actividades f pl empresariales o dentro de la empresa ‖ **~e Bedingungen** f pl / condiciones f pl de servicio ‖ **~es Rechnungswesen** / contabilidad f empresarial o industrial ‖ **~e Verfahrensuntersuchung** / investigación f operacional u operativa
Betriebs•... / operacional ‖ **~...**, Industrie... / industrial, empresarial ‖ **~ablauf**, Dienst m (F.Org) / desarrollo m de la empresa, desarrollo m del proceso operacional, desarrollo m del servicio ‖ **~abrechnung** f / cuenta f de la explotación ‖ **~abrechnung[sabteilung]** (F.Org) / servicio m de balance de los costes de explotación ‖ **~abrechnungsbogen** m / hoja f de costes de explotación ‖ **~abteilung** f (Bergb) / sección f de explotación ‖ **~abwicklung** f (F.Org) / desarrollo m de las operaciones empresariales ‖ **~analyse** f / análisis m de la explotación ‖ **~anforderung** f / exigencia f de servicio ‖ **~angaben** f pl / datos m pl de servicio ‖ **~anlage** f / instalación f industrial ‖ **~anlage** (Hütt) / planta f industrial ‖ **~anleitung**, -anweisung, -vorschrift f / instrucciones f pl de empleo o de manejo, instrucciones f pl para el servicio, manual m de servicio ‖ **~anweisung** f (an das Betriebssystem) (DV) / directivo m ‖ **~anweisungsschild** n (Masch) / placa f de instrucciones ‖ **~anzeigelampe** f / lámpara f indicadora de funcionamiento ‖ **~anzeige- und Störungsmeldesystem** n / sistema m indicador de funciones y avisador de fallos ‖ **~art** f / régimen m de trabajo, modo m de operación o servicio, tipo m de servicio ‖ **~art**, -bedingungen f pl / condiciones f pl operacionales ‖ **~art**, -zweig m / ramo m de servicio, sistema m de explotación ‖ **~art "Halt"** (DV) / modo m de sostenimiento ‖ **~artenänderung** f (DV) / cambio m de modalidades ‖ **~art[en]schalter** m (Elektr) / pulsador m selector de modo, selector m de modos de operación, selector m de funcionamiento o de funciones ‖ **~artenstecker** m (Elektr, Masch) / clavija f selectora de funciones ‖ **~artenwahltafel** f (Luftf) / panel m de selección de modo ‖ **~assistent** m / ayudante m del director técnico ‖ **~aufseher** (Rg), -meister m (Rg), Rangiermeister m (Schw) (Bahn) / capataz m de maniobras ‖ **~aufseher St** m, Stellwerkswärter m (Bahn) / guardagujas m, cambista m ‖ **~auftrag** m (F.Org) / hoja f de trabajos ‖ **~aufwand** m / gastos m pl de producción ‖ **~ausfall** m, Produktionsverlust m / pérdida f de explotación ‖ **~ausfall**, Störung f (Masch) / paro m, fallo m ‖ **~ausfall** (F.Org) / interrupción f ‖ **~ausstattung** f, -geräte n pl (Masch) / maquinaria f, equipo m, bienes m pl de equipo ‖ **~beanspruchung** f (allg, Masch) / esfuerzo m por (o durante) el servicio ‖ **~beanspruchung** (Elektr) / carga f de régimen ‖ **~bedingt** / condicionado por la empresa, condicionado por el servicio ‖ **~bedingungen** f pl / condiciones f pl de servicio o de trabajo, régimen m de funcionamiento ‖ **~behälter m vor dem Motor**, Servicetank m (Kfz) / depósito m de servicio ‖ **~belastung** f (Elektr, Masch) / carga f de servicio, carga f en funcionamiento ‖ **~berater** m (F.Org) / asesor m de empresa[s] ‖ **~beratung** f / asesoramiento m industrial ‖ **~bereich** m, Funktionsbereich m / alcance m operacional ‖ **~bereich** (Reaktor) / zona f operacional ‖ **~bereit** (Masch) / dispuesto para el funcionamiento, listo para el servicio, en orden de marcha ‖ **~bereit machen** / preparar para el servicio ‖ **~bereitschaft** f / disposición f de servicio, orden m de

179

betriebsblind

marcha ‖ ~**blind** / centrado en la misma explotación ‖ ~**breite** f (Reifen) / anchura f de rodadura ‖ ~**bremse** f (Kfz, Masch) / freno m de servicio ‖ ~**bremsstellung** f (Bahn) / posición f de frenado graduado, posición f de servicio ‖ ~**büro** n / oficina f de talleres ‖ ~**chemiker** m / químico m de la empresa ‖ ~**dampf** m, Prozessdampf m (Masch) / vapor m de trabajo ‖ ~**dämpfung** f (Fernm) / atenuación f total, equivalente m ‖ ~**daten** n pl (F.Org, Masch) / datos m pl operacionales, características f pl de servicio ‖ ~**datenerfassend**, BDE / que registra los datos operacionales ‖ ~**dauer** f (Masch) / duración f de servicio, tiempo m de servicio, tiempo m de funcionamiento ‖ ~**diagramm** n / diagrama m de trabajo ‖ ~**dienst** m (Bahn) / servicio m de explotación ‖ ~**direktor** m / director m técnico ‖ ~**drehzahl** f (Mot) / velocidad f de régimen, número m de revoluciones en servicio ‖ ~**druck** m (Masch) / presión f de servicio o de trabajo, presión f de régimen, presión f efectiva ‖ ~**-Druckmessgerät** n / manómetro m de uso industrial ‖ ~**eigen**, Eigen... (F.Org) / interno, de [la] casa, de la misma explotación ‖ ~**eigenes Programmieren** (DV) / programación f intraempresarial ‖ ~**eingriffswinkel** m (Schrägverzahnung) / ángulo m de presión efectiva ‖ ~**einheit** f, SM (Raumf) / módulo m de servicio ‖ ~**einheit** (DV) / recurso m ‖ ~**einrichtung** f / instalación f, equipos m pl de fabricación, maquinaria f y utillaje ‖ ~**einrichtung**, -programm n, Prozessor m (DV) / procesador m ‖ **Duktilität nach** ~**einsatz** (Ni-Legierung) (Hütt) / ductilidad f retenida ‖ ~**einschränkung** f (F.Org) / restricción f de la explotación ‖ ~**einstellung** f / cierre m de la fábrica, suspensión f de las operaciones ‖ ~**elektriker** m / electricista m de la empresa ‖ ~**erde** f (Elektr) / tierra f de servicio, tierra f de la red ‖ ~**erfahrung** f / experiencia f de trabajo, experiencia f en la explotación ‖ ~**erfindung** f / invención f de servicio ‖ ~**erfordernisse** n pl (F.Org) / exigencias f pl del servicio ‖ ~**erlaubnis** f (z.B. f. Kfz) / permiso m [oficial] de utilización, permiso m de explotación, certificado m de aptitud técnica ‖ ~**erweiterung** f (F.Org) / ampliación f de la empresa o de los talleres ‖ ~**fähig** (Masch) / en condiciones de trabajo o servicio ‖ **beschränkt** ~**fähig sein** / estar en estado de servicio restringido ‖ ~**fähiges Aussehensmuster** / maqueta f lista para servicio ‖ ~**fähigkeit** f / aptitud f de funcionamiento ‖ ~**faktor** m (Chem) / factor m de marcha ‖ ~**ferien** pl (F.Org) / vacaciones f pl colectivas de la empresa ‖ ~**fernsehen** n / televisión f en circuito cerrado, televisión f intraempresarial ‖ ~**fernsprecher** m, -fernsprechanlage f / teléfono m de servicio, teléfono m interno, teléfono m intraempresarial ‖ ~**festigkeit** f (Bau, Masch) / resistencia f funcional ‖ ~**fläche** f (F.Org) / área f total (de una empresa o una finca agrícola) ‖ ~**folgediagramm** n, Flussbild n (Regeln) / diagrama m de flujo ‖ ~**form** f (F.Org) / forma f de explotación ‖ ~**frequenz** f (Masch) / frecuencia f de explotación o de trabajo, frecuencia f de empleo o de utilización ‖ ~**frequenzbereich** m (Funk) / banda f de servicio ‖ ~**führend**, leitend (F.Org) / directorio, ejecutivo ‖ ~**führung** f / gerencia f de fabricación, dirección f de la explotación ‖ **Art der** ~**führung** / modo m de gerencia o gestión o gestión ‖ ~**gas** n / gas m producido en la empresa ‖ ~**gebäude** n pl / E.T. (= edificios técnicos), edificios m pl de explotación ‖ ~**gemeinschaft** f / asociación f para la explotación [en común] ‖ ~**gemeinschaft der EUROP-Wagen** (Bahn) / Comunidad f de Explotación de los Vagones EUROP ‖ ~**geräte** n pl (Masch) / maquinaria f, equipo m, utillaje m ‖ ~**geschehen** n / actividades f pl fabriles ‖ ~**gewicht** n (Masch) / peso m en estado de funcionamiento ‖ ~**gewicht** (Bahn) / peso m en

servicio ‖ ~**gewicht** (Luftf) / peso m en estado de despegue ‖ ~**gipfelhöhe** f (Luftf) / techo m práctico o en servicio ‖ ~**größe** f (F.Org) / tamaño m de la explotación ‖ ~**güte** f (Qual.Pr.) / calidad f de servicio ‖ ~**induktivität** f (Elektr) / inductividad f de servicio ‖ ~**ingenieur** m, -mann m (F.Org) / ingeniero m de fábrica, ingeniero m de explotación o producción ‖ ~**ingenieur** (Bahn) / jefe m de sección (vías y obras), inspector m de vías (LA) ‖ ~**inhalt** m (Chem, Destill.Kolonne) / retención f ‖ ~**intern**, innerbetrieblich (F.Org) / intraempresarial, dentro de la empresa/fábrica ‖ ~**jahr** n (Masch) / año m de servicio ‖ ~**jahr**, Wirtschaftsjahr n (Finanz) / ejercicio m económico ‖ ~**kapazität** f (einer Anlage) (Masch) / capacidad f de producción (de una planta) ‖ ~**kapazität** (Fernm) / capacidad f mutua, capacitancia f mutua ‖ ~**kapazität** (Elektr) / capacidad f fuera de la red ‖ ~**kapsel** f (Raumf) / módulo m de servicio ‖ ~**kategorie** f (Luftf) / categoría f de servicio ‖ ~**kennlinie** f (Masch) / línea f característica de servicio ‖ ~**klar** / listo para el servicio ‖ ~**klima** n / ambiente m de trabajo, clima m social ‖ ~**kontrolle** f (F.Org) / vigilancia f de servicio, control m de la producción ‖ ~**kontrollgerät** n (allg, Radar) / aparato m de control [del servicio] ‖ ~**kosten** pl (Kfz) / coste m de uso ‖ ~**kosten**, -lasten pl (F.Org) / gastos m pl de explotación, egresos m pl de explotación (Mej) ‖ ~**kraft** f (Masch) / fuerza f matriz ‖ ~**labor** n / laboratorio m de fábrica, laboratorio m industrial ‖ ~**länge** f (Bahn) / longitud f explotada ‖ ~**lärm** m / ruido m de taller ‖ ~**last** f, Nutzlast f (Brücke) / carga f en servicio ‖ ~**laufzeit** f (Fernm) / tiempo m efectivo de propagación ‖ ~**lebensdauer** f (Masch) / duración f en servicio, vida f de servicio ‖ ~**leiter** m, -direktor m (F.Org) / gerente m, jefe m de fabricación, jefe m de la explotación, director m técnico (LA) ‖ ~**leitsystem** n (Verkehr) / sistema m de mando (del tráfico) ‖ ~**leitung** f / gerencia f de explotación ‖ ~**luft** f (Lager) / juego m interno de servicio ‖ ~**mannschaft** f, Belegschaft f (Fabrik) / plantilla f ‖ ~**manometer** n (Masch) / manómetro m de uso industrial ‖ ~**masse** f, Systemmasse f / potencialidad f de masa ‖ ~**maßstab** m (F.Org) / escala f industrial ‖ ~**medizin** f / medicina f empresarial o laboral ‖ ~**messgeräte** n pl, -messinstrumente n pl (Masch) / instrumentos m pl medidores industriales ‖ ~**mittel** n, -material n / medio m de producción, material m de servicio, bien m de producción ‖ ~**mittel** n pl (DV) / recursos m pl ‖ ~**mittel** m, Betriebsstoff m (Kfz) / combustible m, carburante m ‖ ~**mittel** n pl, -zubehör n (Wz) / utillaje m ‖ **elektrische** ~**mittel** / material m eléctrico, equipo m eléctrico ‖ ~**mittelplanung** f (DV) / planificación f de recursos ‖ ~**mittel-Zugriffschutz** m (DV) / seguridad f contra acceso a los recursos ‖ ~**modul** m (Zahnrad) / módulo m estándar o normal ‖ ~**[ober]meister St** m (St = Stellwerks- und Weichendienst) (Bahn) / jefe m de guardagujas (E) o de cambistas (LA) ‖ ~**ordnung** f (F.Org) / reglamento m interior de la empresa ‖ ~**pause**, Arbeitsunterbrechung f / descanso m ‖ ~**perioden** f pl (Masch) / períodos m pl de funcionamiento ‖ ~**personal** m (Bahn) / personal m de mando intermedio ‖ ~**phase** f / fase f operacional ‖ ~**phasenwinkelmaß** n (Fernm) / ángulo m de fases efectivo ‖ ~**plan** m (Bergb) / proyecto m de explotación ‖ ~**programm** m (DV) / programa m general ‖ ~**programm**, Prozessor m (DV) / procesador m ‖ ~**programm [für Basisfunktionen]** (DV) / programa m general [para funciones básicas] ‖ ~**prüfung** f (Steuer) / control m fiscal ‖ ~**psychologe** m / psicotécnico m industrial ‖ ~**punkt** m (Bergb) / sitio m de ataque ‖ ~**punkt** (Eltronik) / punto m de funciamiento, punto m de trabajo ‖ ~**rat** m (Gesamtheit) (F.Org) / consejo m de empresa, comité *m* representante del personal, jurado *m* de empresa (E) ‖ ⁓**ratsmitglied** *n* / consejero *m* de empresa, miembro *m* del consejo de empresa ‖ ⁓**räume** *m pl* / locales *m pl* de trabajo, talleres *m pl* ‖ ⁓**rechner** *m* (DV) / calculador *m* de servicio, ordenador *m* de servicio ‖ ⁓**schalter** *m* (Elektr) / interruptor *m* de funcionamiento ‖ ⁓**schaltung** *f* (Elektr) / conexiones *f pl* de servicio ‖ ⁓**schaubild** *n* / diagrama *m* de funcionamiento, diagrama *m* sinóptico ‖ ⁓**schreiber** *m* / registrador *m* de servicio ‖ ⁓**schutz** *m* (F.Org) / seguridad *f* de la empresa, protección *f* de la empresa ‖ ⁓**-Schwingversuch** *m* (Qual.Pr.) / ensayo *m* vibratorio análogo al funcionamiento ‖ ⁓**sicher** (Masch) / seguro en el servicio, de funcionamiento seguro ‖ ⁓**sicher**, fail-safe (Elektr, Eltronik, Masch, Nukl) / a prueba de fallos ‖ ⁓**sicherheit**, Zuverlässigkeit *f* (Masch) / seguridad *f* efectiva de funcionamiento, confiabilidad *f* funcional, fiabilidad *f* operacional ‖ ⁓**sicherheit**, Missbrauchsicherheit *f* / desarreglabilidad *f*, construcción *f* a prueba de falsas maniobras, ejecución *f* a prueba de curiosos y chambones ‖ ⁓**spannung** *f* (Elektr) / tensión *f* de servicio, tensión *f* de trabajo ‖ ⁓**spannung**, Netzspannung *f* (Elektr) / tensión *f* de línea ‖ ⁓**spannung** *f* (Eltronik) / voltaje *m* de servicio ‖ ⁓**spiel** *n* (Mot) / ciclo *m*, fase *f* de trabajo ‖ ⁓**spindel** *f*, -senkwaage *f* (Instr) / areómetro *m* industrial ‖ ⁓**sprache** *f* (DV) / lenguaje *m* operacional ‖ ⁓**stätten** *f pl*, -räume *m pl* / locales *m pl* de trabajo ‖ ⁓**steilheit** *f* (Eltronik, Röhre) / pendiente *f* en servicio ‖ ⁓**stelle** *f* (Bahn) / puesto *m* de explotación ‖ ⁓**stellung** *f* (Masch, Mot) / puesto *m* de maniobra, posición *f* de servicio ‖ ⁓**stilllegung** *f* (F.Org) / cierre *m* de empresa, paro *m* ‖ ⁓**stockung**, -störung, -unterbrechung *f* (Masch) / interrupción *f* de funcionamiento, interrupción *f* del servicio o de la marcha ‖ ⁓**stoff** *m*, Betriebsmittel *n* (Kfz) / combustible *m*, carburante *m* ‖ ⁓**stofffest** (Anstrich) / resistente a las sustancias empleadas en el servicio ‖ ⁓**stoff-Versorger** *m* (Schiff) / barco *m* de suministro, buque *m* abastecedor o proveedor, escampavía *f* ‖ ⁓**strom** *m* (Elektr) / corriente *m* de trabajo, corriente *m* de servicio ‖ ⁓**stromkreis** *m* (Elektr) / circuito *m* de servicio ‖ ⁓**stromkreis** (Instr) / circuito *m* auxiliar ‖ ⁓**stromversorgung** *f* (Instr) / fuente *f* de alimentación ‖ ⁓**stundenzähler** *m* (Masch) / contador *m* de las horas de servicio ‖ ⁓**system** *n* (F.Org) / ES (= Executive System) ‖ ⁓**system, BS** (DIN), Operating System *n* (DV) / sistema *m* operacional u operativo ‖ ⁓**system-unabhängig** / autónomo ‖ ⁓**tag** *m* (Öl) / jornada *f* de operación ‖ ⁓**taste** *f* (Masch) / tecla *f* de puesta en marcha, tecla *f* de control o de mando ‖ ⁓**technik** *f* / técnica *f* operacional ‖ ⁓**temperatur** *f* / temperatura *f* de servicioo de régimen ‖ ⁓**temperaturbereich** *m* (allg) / margen *m* de temperaturas de funcionamiento ‖ ⁓**überlastung** *f* / sobrecarga *f* en funcionamiento ‖ ⁓**überwachung** *f* (F.Org) / control *m* industrial, vigilancia *f* del servicio, monitoreo *m* ‖ ⁓**überwachungsdaten** *pl* (DV) / datos *m pl* de control ‖ ⁓**überwachungsgerät** *n* (Wzm) / instrumento *m* para control de máquinas-herramienta ‖ ⁓**unfall** *m* / accidente *m* laboral o de trabajo, accidente *m* de explotación ‖ ⁓**unterbrechung** *f* s. Betriebsstockung ‖ ⁓**unterdruck** *m* (Bahn, Saugluftbremse) / depresión *f* de régimen, vacío *m* normal ‖ ⁓**verfahren** *n* (F.Org) / sistema *m* de explotación, procedimiento *m* operacional ‖ ⁓**verfassungsgesetz** *n* / Ley Constitutiva del Jurado de Empresa (en España) ‖ ⁓**verfügbarkeit** *f* / disponibilidad *f* (en la empresa) ‖ ⁓**verhalten** *n* (Masch) / comportamiento *m* en marcha, comportamiento *m* funcional ‖ ⁓**verhältnis** *n* (DV) / relación *f* de tiempo de funcionamiento normal ‖ ⁓**verhältnisse** *n pl*, -bedingungen *f pl* (F.Org) /

condiciones *f pl* de servicio ‖ ⁓**verstärkung** *f* (Fernm) / ganancia *f* compuesta ‖ ⁓**verzerrungsgrad** *m* (Fernm) / grado *m* de distorsión en servicio ‖ ⁓**vorbereitung** *f* (Masch) / operaciones *f pl* de poner en marcha ‖ ⁓**vorräte** *m pl* (F.Org) / existencias *f pl*, stockaje *m* ‖ ⁓**vorschrift** *f* / prescripción *f* de servicio, instrucciones *f pl* [de servicio] ‖ ⁓**wahlschalter** *m* (Elektr, Masch) / interruptor *m* selector de funcionamiento ‖ ⁓**wälzkreis** *m* (Getriebe) / circunferencia *f* primitiva de referencia ‖ ⁓**warm** / a temperatura de régimen ‖ ⁓**wart St**, Signalwärter *m* (Bahn) / guardagujas *m*, semaforista *m* ‖ ⁓**wasser** *n*, Brauchwasser *n* / agua *f* de servicio [industrial] ‖ ⁓**wasser**, Aufschlagwasser *n* (Turbine) / agua *f* motriz ‖ ⁓**wasser**, Nicht-Trinkwasser *n* / agua *f* no-potable para servicio industrial ‖ ⁓**weise** *f* (Masch) / sistema *m* de explotación, modo *m* de operación, modo *m* de funcionamiento ‖ ⁓**welle** *f* (für Zeichen geeignete Welle) (Fernm) / onda *f* de señal ‖ ⁓**werkzeuge** *n pl* / herramientas *f pl* de servicio ‖ ⁓**wert** *m* (DV) / tasación *f* ‖ ⁓**wirkungsgrad** *m* (Elektr, Masch) / rendimiento *m* de servicio ‖ ⁓**wirt[schaftler]** *m* / economista *m* industrial, especialista *m* en la economía de la empresa ‖ ⁓**wirtschaft** *f* / economía *f* de la empresa, administración *f* industrial o de la empresa ‖ ⁓**wirtschaftslehre** *f* / teoría *f* de la administración industrial, ciencia *f* de la economía de las empresas ‖ ⁓**wissenschaft** *f* / ciencias *f pl* empresariales ‖ ⁓**zahlen** *f pl* / coeficientes *m pl* de explotación ‖ ⁓**zeit** *f* (DV, Masch) / tiempo *m* de servicio, tiempo *m* de funcionamiento ‖ ⁓**zeit**, Betriebsjahr *m* (Nukl) / año *m* de servicio ‖ ⁓**zeitzähler** *m* (DV, Masch) / totalizador *m* del tiempo de funcionamiento ‖ ⁓**zentrale** *f* (Bahn) / central *m* de servicio ‖ ⁓**zentrale** (Tunnel) / central *m* de control operacional ‖ ⁓**zugehörigkeit** *f* (Personal) / filiación *f* a una empresa ‖ ⁓**zustand** *m* (DV, Masch) / estado *m* de funcionamiento ‖ ⁓**zustand** (Elektr, Mot) / régimen *m* ‖ ⁓**zuverlässigkeit** *f* (Masch) / fiabilidad *f* en el servicio, fiabilidad *f* operacional

Bett *n*, Schlafbett *n* (Bahn, Möbel, Schiff) / cama *f*, litera *f* ‖ ⁓ (Wzm) / bancada *f*, montante *m* ‖ ⁓, Auflagerung *f* (Masch) / asiento *m*, base *f* ‖ ⁓, Sohle *f* (Bau) / solera *f*, encachado *m* ‖ ⁓ (Bergb, Hydr) / lecho *m* ‖ ⁓ (der Felge) / cama *f* (de la llanta) ‖ ⁓**bahn** *f* (Wzm) / pista *f* de bancada ‖ ⁓**couch** *f* (Möbel) / sofá-cama *m* ‖ ⁓**einsatz** *m*, -brücke *f* (Wzm) / relleno *m* de escote ‖ **betten** *vt* (Kabel) / colocar ‖ ⁓, auflagern (allg) / asentar ‖ ⁓**aufzug** *m* (Klinik) / montacargas *m* para camas ‖ ⁓**drell** *m* (Tex) / dril *m* para colchones, cutí *m* ‖ **Bett•fräsmaschine** *f* (Wzm) / fresadora *f* de bancada ‖ ⁓**führung** *f* (Wzm) / guía *f* de bancada ‖ ⁓**gefälle** *n* (Hydr) / declive *m* en el fondo ‖ ⁓**kröpfung** *f* (Wzm) / escote *m* de bancada ‖ ⁓**lade** *f* (Möbel) / cajón *m* bajo cama ‖ ⁓**maschine** *f* (Wzm) / máquina *f* de bancada ‖ ⁓**platte**, Fundamentplatte *f* (Masch) / placa *f* de fundación ‖ ⁓**prismen** *n pl*, prismatische Bahn (Wzm) / guías *f pl* prismáticas ‖ ⁓**schlitten** (Dreh) / carro *m* principal [de la bancada] ‖ ⁓**schlitten** (Revolverdrehm.) / carro *m* inferior ‖ ⁓**schlitten** (Horizontalfräsmaschine) / carro *m* del banco ‖ ⁓**schlittenrevolverdrehmaschine** *f* (DIN), Schlittenrevolver *m* (Wzm) / torno *m* revólver con carro ‖ ⁓**setzmaschine** *f* (Aufb) / criba *f* de lecho filtrante ‖ ⁓**tuchleinwand** *f* (Web) / lienzo *m* para sábanas

Bettung *f* (Bahn) / balasto *m* de vía, lastre *m* (LA) ‖ ⁓, Lager *n* (Bau) / fundamento *m*, cimentación *f* ‖ ⁓ **vor Kopf [der Schwelle]** (Bahn) / balasto *m* de apoyo de cabeza de traviesa

Bettungs•fuß *m* (Bahn) / pie *m* de balasto ‖ ⁓**höhe** *f* (Bahn) / altura *f* de balasto ‖ ⁓**material** *n*, -stoff *m* (Bahn) / material *m* de balasto o de lastre (LA) ‖ ⁓**reinigungsmaschine** *f* (Bahn) / máquina *f*

levantadora y cribadora de balasto ‖ ⁓**tiefe** f (Kabel) / profundidad f de colocación
Bett•volumen m (Ionenaustauscher) / volumen m de lecho del intercambiador de iones ‖ ⁓**wange** f (Wzm) / costado m de la bancada
Betulin n (Chem) / betulina f (resina de la corteza de abedul)
betupfen vt / palpar, tocar, dar toques [a]
Beuch•apparat m, Abkochdruckapparat m (Web) / aparato m para descrudar a presión ‖ ⁓**echtheit** f (Tex) / solidez f al descrudado
beuchen vt (Tex) / descrudar a presión ‖ ⁓ n, Laugen n, Beuche f (Tex) / descrudado m
Beuch•jigger m (Tex) / jigger m de descrudado o de lejiado ‖ ⁓**kessel** m / caldera f de descrudado
beugen vt (allg) / doblar ‖ ⁓ (Phys) / difractar
beugend, ablenkend (Phys) / difrangente, difringente, difractivo
Beugung f (Phys) / difracción f ‖ ⁓ **langsamer Elektronen** / difracción f de electrones lentos
Beugungs•analyse f (Radiol) / análisis m de difracción ‖ ⁓**begrenzt** / de difracción limitada ‖ ⁓**bild** n (Laser) / diagrama m de difracción ‖ ⁓**bild eines Punktes** (Laser) / difracción f de un punto ‖ ⁓**farbe** f (Opt) / color m prismático ‖ ⁓**gitter** n (Opt, Ultraschall) / rejilla f de difracción, red f de difracción ‖ ⁓**interferenz** f / interferencia f por difracción ‖ ⁓**kegel** m / cono m de difracción ‖ ⁓**kreis** m / anillo m de difracción ‖ ⁓**limit** n (Opt, Phys) / límite m de difracción ‖ ⁓**messer** m / difractómetro m ‖ ⁓**ordnung** f (Laser) / orden m de difracción ‖ ⁓**spektrum** n / espectro m de difracción ‖ ⁓**streifen** m / franja f de difracción ‖ ⁓**welle** f (Phys) / onda f difractada ‖ ⁓**winkel** m (Opt) / ángulo m de difracción
Beuldruck m (Masch) / presión f de abollamiento
Beule f, Delle f / abolladura f, abollamiento m ‖ ⁓ **im Reifen** (Kfz) / protuberancia f ‖ ⁓ **im Rohr** / saliente m ‖ **eine** ⁓ **machen**, einbeulen, verbeulen / abollar
Beulen, mit inneren ⁓ (Kfz, Reifen) / con protuberancias interiores
beulen, ausbauchen / abollar, abombear, deformar(se) ‖ **sich** ⁓ / abollarse ‖ **sich** ⁓, Beulen werfen (Bau) / abombearse ‖ ⁓ n, Beulung f / abollado m
Beul•festigkeit f, -steifigkeit f / resistencia f contra abolladura ‖ ⁓**sicherheit** f / seguridad f contra abolladuras ‖ ⁓**spannung** f (Mech) / tensión f de abollamiento o de alabeo ‖ ⁓**steif**, beulfest / resistente a abolladuras, inabollable ‖ ⁓**verformung** f **von Platten** (Akku) / alabeo m de las placas ‖ ⁓**versuch** m (Qual.Pr.) / ensayo m de abollamiento
Be- und Entladen n / carga f y descarga
Beurteilung f, Bewertung f / estimación f, valoración f, evaloración f, evaluación f, juicio m, apreciación f ‖ ⁓ **der Leistung** (F.Org) / valoración f de una prestación
Beurteilungsmaßstab m / criterio m de valoración
Beurteilungstest m / prueba f de evaluación
Beutel m, Sack m (Verp) / saco m, bolsa f, bolsón m ‖ ⁓ (Kardenflor, Tex) / bolsa f ‖ ⁓**filter** m / filtro m de bolsa[s] ‖ ⁓**füll- u. -verschließmaschine** f (Verp) / máquina f de llenar y cerrar bolsas ‖ ⁓**maschine** f (Pap) / máquina f de confeccionar bolsas ‖ ⁓**maschine** f (Mehl) / máquina f cernidora o cernedora
beuteln vt (Mehl) / cernir, cerner, pasar por un cedazo o tamiz, tamizar
Beutel•netz n, Schnürwade f (Fischerei) / traíña f ‖ ⁓**packmaschine** f / envasadora f en bolsitas o saquitos ‖ ⁓**packung**, Weichpackung f / embalaje m en bolsas ‖ **seidenes** ⁓**tuch**, Beutelgaze f / gasa f para cernir ‖ **metallenes** ⁓**tuch** / gasa f metálica para cernir ‖ ⁓**werk** m (Müllerei), Beutelkammer f / cernedero m
BeV, 10^9 Elektronenvolt (Phys) / BeV, billón m electron-voltios
Bevatron n (Synchrotron der Berkeley University) / bevatrón m, sincrotrón m protónico

Beverage-Antenne f (Eltronik) / antena f Beverage
Bevölkerungs•äquivalentdosis f (Nukl) / equivalente m de dosis de población ‖ **hohe** ⁓**dichte** (Geo) / gran densidad demográfica o de población ‖ ⁓**durchschnitt** m / promedio m de la populación ‖ ⁓**reaktion** f **auf Lärm** / reacción f del público a los ruidos ‖ ⁓**wachstum** n (Geo) / crecimiento m demográfico
bevorrechtigt (Kfz) / con preferencia de paso
Bevorrechtigung f (DV) / privilegio m, prioridad f
bevorzugender, zu ⁓ **Ausdruck** / término m preferencial
bevorzugt / preferido
bewachen vt, Wache halten / guardar, vigilar ‖ **Bahnübergänge** ⁓ (Bahn) / guardar pasos a nivel
bewachsen adj (Boden) / cubierto de plantas ‖ ⁓, benarbt (Bau) / cubierto de césped, encespedado ‖ ⁓**es Schiff** / buque m con el fondo cubierto de incrustaciones ‖ **mit Bäumen** ⁓ / poblado de árboles
bewacht (Bahn, Übergang) / guardado, con guarda ‖ ⁓**er Parkplatz** (Kfz) / aparcamiento m consigna, aparcamiento m vigilado
Bewachung f (Bahnübergang) / guardería f
bewähren, sich ⁓, gut funktionieren (z.B. Gerät) / responder bien
bewährt / probado, acreditado, seguro
Bewahrung f, Erhaltung f / conservación f ‖ ⁓ [vor] / preservación f [de]
Bewährungsprobe f / comprobación f en la práctica, prueba f de utilidad
bewaldet (Forstw) / poblado de árboles o bosques, boscoso
bewässern vt (Landw) / regar, irrigar, poner en regadío
bewässertes Land / tierras f pl de regadío
Bewässerung f (Landw) / irrigación f, regadío m, riego m
Bewässerungs•anlage f / instalación f de irrigación ‖ ⁓**arbeiten** f pl, -werk n (Hydr) / obras f pl de riego ‖ ⁓**graben** m, Berieselungsgraben m / acequia f, regadero m, reguera f ‖ ⁓**kanal** m / canal m de irrigación, canal m de riego ‖ ⁓**schleuse** f (Landw) / esclusa f de regadío ‖ ⁓**system** n / sistema m de regadío, red f de regadío
bewegbar / móvil, movible ‖ ⁓**er Schnabel** (Schieblehre) / pico m móvil, pata f móvil
bewegen, betätigen / mover ‖ ⁓, antreiben / accionar, impulsar, propulsar, impeler ‖ ⁓, [um-, durch]rühren (Chem) / agitar, remover, batir ‖ ⁓, schaukeln / balancear ‖ **sich** ⁓ [auf] / evolucionar [sobre] ‖ **sich** ⁓ / moverse ‖ **sich** ⁓, sich kräuseln / encresparse, ondularse ‖ **sich auf und ab** ⁓ (Masch) / moverse perpendicularmente ‖ **sich in einer Richtung** ⁓, tendieren [nach] / tender [a], inclinarse [a o hacia]
bewegend / móvil, motor, motriz ‖ ⁓**e Kraft**, Bewegkraft f (Masch, Phys) / fuerza f motriz ‖ **sich** ⁓, beweglich / en movimiento, moviéndose
beweglich, lose (allg) / móvil, corredizo, suelto ‖ ⁓ [leicht], bewegbar / movedizo, movible ‖ ⁓ (Gerät, Kfz u. Ä.) / maniobrable ‖ ⁓, transportabel / transportable, portátil, trasladable ‖ ⁓, flexibel / flexible ‖ ⁓**e Achse**, Lenkachse f (Bahn) / eje m orientable o radial ‖ ⁓**e Aufhängung** (Masch) / suspensión f flexible ‖ ⁓**e Aufspannplatte** (Gieß) / placa f de fijación móvil ‖ ⁓**er Ausleger** (Bagger) / pluma f basculante ‖ ⁓**e Ausrüstung** (Bahn) / material m móvil ‖ ⁓**e Backe** (Schieblehre) / pata f móvil (del pie de rey) ‖ ⁓**e Belastung** / carga f móvil ‖ ⁓**es Bohrfutter** (Wzm) / portabrocas m móvil ‖ ⁓**e Brecherbacke** (Aufb) / mordaza f móvil ‖ ⁓**e Brücke** (Bau) / puente m móvil ‖ ⁓**es Brückenlager** / apoyo m de dilatación ‖ ⁓**es Element**, gelenkiges Element (Mech) / miembro m articulado ‖ ⁓**er Flugfunkdienst** / radioservicio m aeronáutico móvil ‖ ⁓**er Funkdienst** / radioservicio m desde vehículos ‖ ⁓**e Funkstation**, -stelle f (Eltronik) / estación f móvil ‖ ⁓**es**

Gleichgewicht (Phys) / equilibrio *m* móvil ‖ **~es Herzstück** (Bahn) / corazón *f* móvil, sapo *m* móvil (CHIL, MEJ) ‖ **~e Kupplung** (Masch) / acoplamiento *m* móvil ‖ **~es Kupplungslager** (Kfz) / apoyo *m* móvil de embrague ‖ **~e Ladesäule** *f* (Öl) / columna *f* de carga móvil ‖ **~er Landfunkdienst** / servicio *m* rural móvil de transmisión ‖ **~e** (**o. wandernde**) **Last** (Masch, Phys) / carga *f* móvil ‖ **~er Nähfuß** (Nähmaschine) (Tex) / prensatelas *m* móvil ‖ **~es Netz** (Mech) / red *f* deformable, red *f* inestable ‖ **~es Organ** (Messgerät) / órgano *m* móvil ‖ **~e Rolle** (Masch) / polea *f* móvil, polea-guía *f*, polea *f* loca o muerta ‖ **~er Seefunkdienst** (Schiff) / servicio *m* móvil marítimo ‖ **~e Skala** (Instr) / escala *f* móvil ‖ **~er Streichbaum** (Web) / traviesa *f* guíahilos móvil ‖ **~es System** (Mech) / sistema *m* móvil ‖ **~es Wasserstoffatom** (Chem) / átomo *m* de hidrógeno móvil ‖ **~es Wehr**, Klappwehr *n* (Hydr) / dique *m* basculante ‖ **um zwei Achsen ~** (Masch) / móvil alrededor de dos ejes
Beweglichkeit *f* / movilidad *f* ‖ **~** (Spiel) (Masch) / juego *m* ‖ **~ des Quecksilbers** (Chem) / inestabilidad *f* del mercurio
Beweglichkeitsgrad *m* (Mech) / grado *m* de movilidad
bewegt, in Bewegung / en movimiento ‖ **~** (allg, Meer) / agitado ‖ **~es Lötbad** / baño *m* de soldadura agitado ‖ **~e Luft** (Meteo) / aire *m* movido ‖ **~e Masse** (Phys) / masa *f* movida ‖ **~es Objekt** / objeto *m* movido ‖ **~bettverfahren** *n* (Chem) / procedimiento *m* de lecho fluidizado ‖ **~bild-Abruf** *m* (DV) / recuperación *f* de imágenes en movimiento
Bewegung *f* (allg, Phys) / movimiento *m* ‖ **~** (Verkehr) / circulación *f* ‖ **~en** *f pl* (Luftf) / despegues *m pl* y aterrizajes ‖ **~ *f* der Luftblase** (Verm) / movimiento *m* de la burbuja ‖ **~ des Liegenden** (Bergb) / movimiento *m* paulatino del yacente ‖ **~ eines Getriebes, einer Maschine** / movimiento *m* de un engranaje, de una máquina ‖ **~ entgegen dem Uhrlauf**, edul-Bewegung *f* / movimiento *m* contra el sentido (E) o corntrario (LA) de las agujas del reloj, movimiento *m* en sentido contrahorario ‖ **~ in Pfeilrichtung** / movimiento *m* en el sentido de la flecha ‖ **~ mit dem Uhrzeigerlauf**, mul-Bewegung *f* / movimiento *m* en el sentido horario, movimiento *m* en el sentido de las agujas o según la marcha del reloj ‖ **~ nach vorn** / movimiento *m* hacia adelante ‖ **~ von Unterlagen** (DV) / actividad *f* ‖ **eine ~ erteilen** (o. mitteilen) (Phys) / transmitir un movimiento, impartir un movimiento, imprimir movimiento ‖ **in ~ setzen**, in Gang setzen (Masch) / poner en marcha ‖ **in vollem Gang befindliche ~** / movimiento *m* en plena marcha
Bewegungs•... / de movimiento ‖ **~ablauf** *m* (Mech, Wz) / desarrollo *m* del movimiento ‖ **~analyse** *f* (F.Org) / análisis *m* de movimiento ‖ **~art** *f* / tipo *m* de movimiento ‖ **~band** *n* (DV) / cinta *f* de actividades ‖ **~bereich** *m* (Roboter) / zona *f* de acción ‖ **~beschränkung** *f* / restricción *f* del movimiento, limitación *f* del movimiento ‖ **~bild** *n* (F.Org) / diagrama *m* ciclográfico ‖ **~datei** *f* (DV) / fichero *m* de movimientos ‖ **~datei** (F.Org) / archivo *m* de transacciones ‖ **~diagramm** *n* (F.Org, Masch) / gráfica *f* de movimiento ‖ **~dichtung** *f* (Masch) / obturación *f* móvil ‖ **~element** *n* (F.Org) / elemento *m* básico [de movimiento] ‖ **~energie** *f*, kinetische Energie (Phys) / energía *f* cinética [de movimiento] ‖ **~fähig** / movible ‖ **~fähigkeit** *f* / movilidad *f*, motilidad *f* ‖ **~fläche** *f* (Luftf) / área *m* de movimiento ‖ **~freie Tastatur** (DV) / teclado *m* sin pulsación ‖ **~freiheit** *f* (allg) / libertad *f* de movimiento ‖ **~freiheit**, Spielbreite *f* (Masch) / holgura *f* (del juego) ‖ **~freiheit nach oben und unten** / juego *m* vertical ‖ **~fuge** *f* (Bau) / junta *f* de compensación o de dilatación ‖ **~geschwindigkeit** *f* (Phys) / velocidad *f* de movimiento ‖ **~gesetze** *n pl* / leyes *f pl* de movimiento ‖ **~gewinde** *n* (Masch) / rosca *f* de movimiento ‖ **~gleichung** *f* (Phys) / ecuación *f* de movimiento ‖ **~gleichung** (für einen Massenpunkt), Aktionsprinzip *n* / principio *m* de acción, ley *f* del movimiento de Newton ‖ **~grad** *m* (Masch) / grado *m* de movimiento ‖ **~größe** *f* (Phys) / magnitud *f* de movimiento ‖ **~größe**, Impuls *m* (Phys) / impulso *m* ‖ **~häufigkeit** *f* (DV) / índice *m* de actividad ‖ **~impedanz** *f*, -scheinwiderstand *m* (Phys) / impedancia *f* de movimiento ‖ **~kraft** *f* / energía *f* cinética, potencia *f* motriz ‖ **~lehre** *f*, Kinematik *f* / cinemática *f* ‖ **~los**, feststehend / estático, inmóvil, sin movimiento ‖ **~mechanismus** *m*, Triebwerk *n* (Masch, Mot) / grupo *m* propulsor, mecanismo *m* de movimiento ‖ **~melder** *m* / sensor *m* de movimientos, detector *m* de movimientos ‖ **~-Periode** *f*, -Intervall *n* (Film) / período *m* de movimiento ‖ **~reibung** *f* (Masch) / rozamiento *m* de movimiento ‖ **~richtung** *f* (Phys) / dirección *f* del movimiento, sentido *m* de movimiento ‖ **umgekehrte ~richtung** / sentido *m* inverso de movimiento ‖ **~rucken** *n* (TV) / sacudidas *f pl* ‖ **~rückkopplung** *f*, MFB (Lautsprecher) (Eltronik) / reacción *f* dinámica (altavoz) ‖ **~seil** *n* (Masch, Seilb) / cable *m* de movimiento ‖ **~simulator** *m* **für Lageregelung** (Luftf) / simulador *m* de estabilización o de orientación ‖ **~sitz** *m*, Lauf-, Spielsitz *m* (Masch) / ajuste *m* holgado o con huelgo ‖ **~spalt** *m* (Geol) / grieta *f* de falla, fisura *f* de falla, paraclasa *f* ‖ **~spielraum** *m*, Spiel *n* / juego *m* ‖ **~spindel**, -schraube *f* (Masch) / husillo *m* roscado de movimiento ‖ **~studie** *f* (F.Org) / estudio *m* de movimiento ‖ **~überlagerung** *f* / superposición *f* de movimientos ‖ **~übertragung** *f* / transmisión *f* de movimiento ‖ **~umkehr** *f* / inversión *f* de marcha, inversión *f* de movimiento ‖ **~unfähig** / inmovilizado, inmóvil ‖ **~-Unschärfe** *f* (Foto) / borrosidad *f* de movimiento ‖ **~verlauf** *m* (F.Org, Phys) / trayectoria *f* del movimiento ‖ **~vermögen** *n* / motilidad *f*, movilidad *f* ‖ **~vorgang** *m* / desarrollo *m* del movimiento ‖ **~vorgänge** *m pl* **am Webstuhl** / situación *f* de movimientos en el telar ‖ **~vorrichtung** *f* / mecanismo *m* de movimiento ‖ **~widerstand** *m* (Phys) / resistencia *f* al movimiento [en marcha], resistencia *f* cinética ‖ **~zähler** *m* (DV, Masch) / contador *m* de movimientos ‖ **~zählung** *f* (DV) / cuento *m* de acciones ‖ **~zentrum** *n* / centro *m* de movimiento ‖ **~zyklus** *m* (F.Org) / ciclo *m* de movimiento
bewehren *vt*, armieren (Kabel) / armar, blindar, envainar ‖ **~**, armieren (Bau) / armar, acorazar (LA)
bewehrt • er Beton (Bau) / hormigón *m* armado ‖ **~e Erde** (Bau) / suelo *m* reforzado
Bewehrung *f*, Armierung *f* (Bau) / armadura *f*, refuerzo *m*, acorazamiento *m* (LA) ‖ **~** (Kabel) / refuerzo *m*, revestimiento *m*, vaina *f*
Bewehrungs•band *n* / cinta *f* metálica protectora ‖ **~bügel** *m* (Beton) / estribo *m* de armadura ‖ **~draht** *m* (Kabel) / alambre *m* de envainar, hilo *m* de armadura ‖ **~einlage** *f*, -eisen *n* (Bau) / armadura *f* ‖ **~klemme** *f* (Kabelkasten) / borne *m* de armadura ‖ **~korb** *m* (Bau) / jaula *f* de armadura ‖ **~matte** *f* (Bau, Straßb) s. Betonstahlmatte ‖ **~stahl** *m*, Betonstahl *m* (Bau) / acero *m* de armadura ‖ **~zeichnung** *f* / dibujo *m* de armadura
beweiden *vt* (Landw) / pastorear
Beweis *n*, Nachweis *m* / comprobación *f* ‖ **~** *m* (Math) / demostración *f*, razón *f* ‖ **~ antreten** / probar, demostrar ‖ **wissenschaftlicher ~** / demostración científica *f* ‖ **~analyse** *f* (Chem) / análisis *m* documentario
beweisen, nachweisen / comprobar ‖ **~** (Math) / demostrar
Beweis•führung *f* / demostración *f* ‖ **~führung**, Argumentation *f* / argumentación *f* ‖ **~kräftig** / comprobativo, fehaciente, fidedigno ‖ **~mittel** *n* / justificante *m*, comprobante *m*

bewerkstelligen

bewerkstelligen vt, bewirken / realizar, practicar, llevar a cabo, efectuar
bewerten vt, abschätzen / estimar, valorar ‖ ~, gewichten / evaluar, valorizar, ponderar
bewertend, schätzend / valuador adj ‖ **~e Prüfung** / ensayo m de verificación, ensayo m de evaluación
bewertet•e Geräuschleistung (Akust) / potencia f [p]sofométrica ‖ **~e Geräuschspannung** / tensión f [p]sofométrica ‖ **~er Lärmpegel**, L_cPN / nivel m de ruido ponderado ‖ **~es Schalldämm-Maß** / índice m de aislamiento contra ruidos aéreos ‖ **~e Spannung** (Elektr) / valor m ponderado de tensión
Bewertung f / ponderación f, valoración f, evaluación f ‖ ~ **aller vorauszusehenden Einflüsse technischer Neuerungen auf Gesellschaft, Umwelt und Wirtschaft** / evaluación f tecnológica
Bewertungs•aufgabe f, -problem n (DV) / prueba f de comprobación ‖ **~faktor** m (Strahlenschutz) / factor m de cualidad ‖ **~lampe** f (rot/grün) / lámpara f de valoración (rojo/verde) ‖ **~maßstab** m (Qualität) / criterio m de valoración, criterio m de calidad ‖ **~merkmal** n / característica f, criterio m, exigencia f ‖ **~schaltung** f, -netzwerk n (Fernm) / red f ponderatriz o ponderadora o de ponderación ‖ **~schlüssel** m (Arbeit, F.Org) / escala f de valoración, escala f de ponderación ‖ **~tabelle** f (Radio) / tabla f de valoración subjetiva ‖ **~ziffer** f / cifra f de ponderación
bewettern vt (Bergb) / ventilar, airear, aerear
Bewetterung f (Bergb) / aireación f, aireamiento m, ventilación f
Bewetterungsversuch m (Flüssiggas) / ensayo m de evaporación
bewickeln vt (Tex) / bobinar, devanar ‖ **mit Bändern ~** / envolver en cintas
Bewicklung f (Tex) / bobinado m, devanado m ‖ ~ (Kabel) / envoltura f
bewirken vt, bewerkstelligen, ausführen / realizar, efectuar, practicar, llevar a cabo ‖ ~, führen [zu] / causar, provocar, motivar ‖ ~, veranlassen / ocasionar
bewirtschaften (Landw) / cultivar ‖ ~ vt (Betrieb) / explotar, administrar
bewittern vt (Bau, Mat.Prüf) / exponer a la intemperie, poner al aire
Bewitterung f / exposición f a la intemperie
Bewitterungs•apparat m (Plast) / aparato m para envejecimiento a la intemperie ‖ **~versuch** m, -test m (Mat.Prüf) / ensayo m [de exposición] a la intemperie, prueba f de intemperización
bewohnbar (Bau) / habitable ‖ ~, beziehbar / habitable, en condiciones para ser habitado
Bewohnbarkeit f / habitabilidad f
Bewohner m / habitante m, inquilino m
bewohnter Dachstock / ático m habitado
bewohnte Räume / habitaciones f pl, cuartos m pl habitados
bewölken (sich) (Meteo) / anublar[se]
Bewölkung f / nubosidad f, nubes f pl
Bewölkungsmesser m, Nephoskop n (Meteo) / nefoscopio m
Bewuchs m (Schiff) / incrustación f ‖ **~verhinderungsfarbe** f / pintura f antivegetativa, pintura f antiincrustante ‖ **~versuch** m (Pilze) / ensayo m de crecimiento
Bewurf m, Berapp m (rauer Putz) (Bau) / camisa f ‖ ~ **mit Mörtel**, Putz m (Bau) / revoque;m.; revoco;m.; enlucido;m.
bezahlt•er Feiertag / día m feriado o festivo pagado ‖ **~er Urlaub** / vacaciones f pl pagadas
Bezahlung f / pago m, remuneración f ‖ ~ **der Feiertage** (F.Org) / pago m de días feriados
bezeichnen vt, benennen / determinar, designar, denominar ‖ ~, spezifizieren / especificar, detallar ‖ ~, markieren (Masch) / marcar, señalar ‖ ~, markieren (Bäume) / marcar con el hacha
bezeichnend / característico, típico, significativo
Bezeichner m (DV) / señalador m
Bezeichnung f, Benennung f (Vorgang) (allg) / designación f, determinación f, denominación f, calificación f ‖ ~, Name f / nombre m, denominación f, nomenclatura f ‖ ~, Hinweis m / indicación f ‖ ~ (Math) / notación f ‖ ~, Name m (DV) / nombre m ‖ ~, Markierung f / marca f, marcación f ‖ ~ f, Werkzeichen n / marca f, signo m, rótulo m ‖ ~, Darstellung f (DV) / notación f ‖ **nähere ~** / especificación f
Bezeichnungs•fahne f **für Kabeladern** (Elektr) / banderín m de identificación, marcador m asignador de almas ‖ **~nagel** m **an Leitungsmasten** / clavo m marcador de postes ‖ **~schild** n, Markierungsschild n / rótulo m indicador, placa f indicadora ‖ **~streifen** m (Fernm) / regleta f de designación, tira f portaetiqueta ‖ **~weise** f / nomenclatura f, manera f de notación
bezetteln vt, etikettieren / etiquetar
Bezettelung f / etiquetado m, rotulado m
Bezettelungsmaschine, Etikettiermaschine f / máquina f para etiquetar, etiquetadora f
beziehbar (Bau) / habitable, ocupable ‖ **sofort ~** (Bau) / ocupable en el acto, dispuesto para ser habitado al instante
beziehen vt (mit Stoff) (Möbel) / revestir, tapizar, forrar ‖ **ein Gehalt ~** / cobrar salario ‖ **Möbel ~** / tapizar muebles ‖ **sich ~** [auf] / referirse [a]
Beziehung f (Geom) / relación f, razón f, dependencia f ‖ ~ [zu] / relación f [con]
Beziehungs•gleichung f (Math) / ecuación f de regresión ‖ **~schaubild** n / correlograma m
Bézier-Kurve f (DV, Math) / curva f [de] Bézier
beziffern vt, nummerieren (Math) / enumerar ‖ ~, schätzen / estimar ‖ ~, mit Ziffern versehen / numerar
Bezifferung f / numeración f
Bezirk m / región f, distrito m
Bezirks•amt, Endamt n (Fernm) / central f regional ‖ **~kabel** n (innerhalb des Ortes) (Fernm) / cable m troncal ‖ **~kabel** n (zwischen Städten) (Fernm) / cable m interurbano ‖ **~knotenamt** n (Fernm) / central f nodal (E), centro m terciario (Arg) ‖ **~leitung** f (Fernm) / línea f regional ‖ **~verkehr** m (Fernm) / servicio m regional ‖ **~wähler** m (Fernm) / selector m de prefijo
bezogen [auf] / respecto [a], referido [a] ‖ ~, spezifisch / específico ‖ **~e Formänderung** (Schm) / grado m de deformación ‖ **~er Regelbereich** (Regeln) / gama f de control relativa ‖ **~er Strom**, Fremdstrom m (Elektr) / corriente f ajena ‖ **auf einen Punkt ~e Höhe** (Verm) / altura f referida a un punto ‖ **mit Leder ~** (Möbel) / recubierto de cuero
bezug, in ~ [auf] / respecto [a], con relación a ‖ ~ m, Beziehung f / referencia f ‖ ~ (z.B. für Möbel), Überzug m / tapicería f (p.ej. muebles), recubrimiento m, revestimiento m, funda f, tapizado m ‖ ~ (Walzenbezug) (Druck) / mantilla f (del cilindro impresor) ‖ ~ **auf Normen ohne Datumsangabe** / identificación f no fechada ‖ ~ **haben** [auf] / tener relación [con] ‖ ~ **nehmen** [auf] / referirse [a] ‖ **den ~ abmachen** (Polster) / quitar la tapicería
Bezüge m pl, Gehalt n / salario m, remuneración f
Bezugnahme f / referencia f
Bezugs•... / de referencia ‖ **~achse** f (Masch) / eje m de referencia ‖ **~achsenkreuz** n / sistema m de coordenadas de referencia ‖ **~adresse** f (DV) / dirección f de referencia ‖ **~artikel** m / artículo m comprado ‖ **~atmosphäre** f (Eltronik, Meteo) / atmósfera f de referencia ‖ **~ausschnitt** m (Masch) / entalladura f de referencia ‖ **~band** n (Magn.Rad) / cinta f de referencia ‖ **~bescheinigung** f (Bau) / cédula f de habitabilidad ‖ **~bremsvermögen** n (Nukl) /

capacidad f de frenado relativa ‖ ≃**bündel** n (Licht) / haz m de referencia ‖ ≃**dämpfung** f (Fernm) / equivalente m de referencia ‖ **relative** ≃**dämpfung** / atenuación f relativa de referencia ‖ ≃**dämpfung** n **eines Systems** (Fernm) / equivalente m efectivo de transmisión ‖ ≃**dämpfungsmessplatz** m, Bezugsdämpfung f (Fernm) / puesto m de medición del equivalente de referencia ‖ ≃**druck** m (Phys) / presión f de referencia ‖ ≃**durchmesser** m (allg) / diámetro relativo o de referencia ‖ ≃**durchmesser der Fasern** (Glas) / diámetro m nominal de las fibras ‖ ≃**ebene** f, -niveau n für Höhenangaben (allg, Luftf) / plano m de referencia ‖ ≃**echo** n (Akust) / eco m de referencia ‖ ≃**einheit** f (Phys) / unidad f de referencia ‖ ≃**-Empfindlichkeit** f (Ultraschall) / sensibilidad f de referencia ‖ ≃**-Empfindlichkeit** (Eltronik) / respuesta f relativa, rendimiento m relativo ‖ ≃**film** m (Foto) / película f de referencia ‖ ≃**fläche**, Teilfläche f (Getriebe) / superficie f de referencia ‖ ≃**flugweite** f (Luftf) / alcance m de vuelo equivalente ‖ ≃**formstück** n, Kopiermodell n (Wzm) / modelo m por copia, modelo m maestro ‖ ≃**frequenz** f (Fernm) / frecuencia f de referencia ‖ ≃**geschwindigkeit** f (Luftf) / velocidad f de referencia ‖ ≃**gitter** n (Bau) / cuadrícula f de referencia ‖ ≃**größe** f (Math, Phys) / magnitud f de referencia ‖ ≃**helligkeit** f (Foto) / luminosidad f de referencia ‖ ≃**höhe** f (Verm) / altura f de referencia ‖ ≃**kante** f (Masch) / arista f de referencia ‖ ≃**kompass** m (Luftf) / brújula f patrón ‖ ≃**koordinatensystem** n (Math) / sistema m de coordenadas de referencia ‖ ≃**kopie** f (Film) / copia f de referencia, copia f maestra ‖ ≃**kraftstoff** m (Kfz) / combustible m de referencia ‖ ≃**kreis** m (Math) / círculo m de referencia ‖ ≃**kreise** m pl **des CCITT** (Fernm) / sistema m patrón de referencia para la transmisión telefónica ‖ ≃**lautstärke**, -leistung f, -pegel m (Fernm) / volumen m de referencia, potencia f vocal normal ‖ ≃**leistung** f, übliche Leistung (F.Org) / potencia normal ‖ ≃**linie**, Null-Linie, Nulllinie (Mess) / línea f de referencia ‖ ≃**linie** f (Bau, Zeichn) / línea f de referencia, línea f guía ‖ ≃**linie** (IC) / línea f base ‖ ≃**linie im Massenspektrum** (Nukl) / cresta f principal ‖ ≃**loch** n (Masch) / taladro m de referencia ‖ ≃**loch** (IC) (Eltronik) / agujero m de referencia ‖ ≃**lösung** f (Chem) / solución f de referencia ‖ ≃**luftdichte** f (Phys) / densidad f de referencia del aire ‖ ≃**marke** f (Mot.Zündung) / marca f de referencia ‖ ≃**maß** n (NC) / medida f de referencia ‖ **für Höhenangaben** (Luftf) / nivel m de referencia ‖ ≃**pegel** m (Fernm) / nivel m relativo ‖ ≃**pegel** (Magn.Bd) / nivel m de referencia ‖ ≃**potential** n (Elektr) / potencial m de referencia ‖ ≃**profil** n (Zahnrad) / perfil m de referencia ‖ ≃**punkt** m, Vergleichspunkt m (Math) / referencia f, punto m de referencia ‖ ≃**punkt** (Verm) / punto m acotado ‖ ≃**punkt**, -linie f (IC) / punto m base ‖ ≃**radius** m (Luftf) / radio m de referencia ‖ ≃**raster** m (Bau, gedr.Schaltg, Zeichn) / cuadrícula f de referencia ‖ ≃**rauschwert** m (Fernm) / ruido m de referencia ‖ ≃**register** n (DV) / registro m de base ‖ ≃**richtung** f (Antenne) / dirección f de referencia ‖ ≃**schnitt** m (Mech) / sección f de referencia ‖ ≃**seifenlösung** f (Wasserenthärt) / jabonadura f de referencia ‖ ≃**signal** n, -schwingung f (Funk) / señal f de referencia ‖ ≃**spannung** f (Elektr) / tensión f de referencia ‖ ≃**spannungsquelle** f / fuente f de tensión ‖ ≃**sprache** f (DV) / lenguaje m de referencia ‖ ≃**sprechkreis** m (Fernm) / circuito m de conversación de referencia ‖ ≃**-Stirnfläche** f (Zahnrad) / cara f de referencia de la rueda cónica ‖ ≃**stoff** m (Tex) / tela f del forro, funda f ‖ ≃**stromkreis** m, Eichleitung f (Elektr) / circuito m de referencia ‖ ≃**system** n / sistema m de referencia ‖ ≃**temperatur** f / temperatura f de referencia

Bezugsstrich m (Zeichn) / línea f de referencia

Bezugs•-Verzerrung, Geh-Steh-Verzerrung f (Fernm) / distorsión f arrítmica ‖ ≃**verzerrungsgrad** m (Fernm) / grado m de distorsión arrítmica ‖ ≃**verzerrungsmesser** m (Eltronik) / medidor m de distorsión arrítmica ‖ ≃**walze** f, Festwalze f / cilindro m fijo ‖ ≃**weiß** n (TV) / blanco m de referencia ‖ ≃**weißpegel** m (TV) / nivel m del blanco de referencia ‖ ≃**wert** m (allg) / valor m de referencia ‖ ≃**zahnstange** f (Masch) / cremallera f de referencia ‖ ≃**ziffer** f / número m de referencia ‖ ≃**zustand** m (Phys) / estado m estándar, estado m normal ‖ ≃**zylinder** m, Teilzylinder m (Zahnrad) / cilindro m de referencia

bezwecken / tener por objeto
BFS = Bundesanstalt für Flugsicherung
B-Graphit m (Gieß) / grafito m B
B-H-Kurve f, Magnetisierungskurve f (Elektr) / curva f de magnetización, curva f de imantación
BHKW, Blockheizkraftwerk n / central f o planta en cogeneración (electricidad y calor)
BH-Maximalwert m (Magnetismus) / valor m BH máx.
B-Horizont m, Anreicherungshorizont m / horizonte m B, horizonte m aluvial
Bi, Wismut m (Chem) / bismuto m
Bias n (DV) / bias m
biaxial (Krist, Math) / biaxil, biaxial, biáxico ‖ **~es Wickeln** (Elektr) / arrollamiento m helicoidal
Bibeldruckpapier n (Druck) / papel m biblia
Biber m n (Tex) / castor m ‖ ≃**garn** n / hilo m de castor ‖ ≃**plüsch** m (Dach) / felpa f imitación castor ‖ ≃**schwanz** m (Dach) / teja f plana ‖ ≃**schwanz-Doppeldeckung** f (Dach) / teja f plana de doble falda ‖ ≃**schwarz** n (Farbstoff) / negro m parduzco o pardusco o pardiso
Bibliotheks•programm n (DV) / rutina f de biblioteca ‖ ≃**wesen** n, -wirtschaft f / biblioteconomía f (y documentación)
Bibliothek-Verwaltungsprogramm n (DV) / rutina f de administración de biblioteca
Bicarbonat n (Chem) / bicarbonato m ‖ ≃**-Härte** f (Wasser) / dureza f temporal debida al bicarbonato
bicharacteristische Verteilung (Stat) / distribución f bicaracterística
Bichlorid n (Chem) / bicloruro m
Bichromat n, Dichromat n / bicromato m
Bicone f, Flyer-Spule f (Spinn) / bobina f bicónica
bicyclisch (Chem) / bicíclico
Bi-Destilliergerät n (Chem, Pharm) / aparato m para bidestilación
Bidet n (Sanitär) / bidé m (E), bidel m (LA)
bidirektional / bidireccional ‖ **~er Fluss**, Übertragung in beiden Richtungen f / flujo m bidireccional ‖ **~er Zähler** (DV) / contador m bidireccional
Bieberit n (Min) / bieberita f
Biebricher Scharlach m (Färb) / escarlata f de Biebrich
Biegbarkeit f / flexibilidad f
Biege•..., Biegungs... / de flexión ‖ **≃...** s. auch Biegungs... ‖ ≃**achse** f (Mech) / eje m neutral ‖ ≃**apparat** m / aparato m de doblar, grifa f mecánica ‖ ≃**arbeit** f / trabajo m de flexión ‖ ≃**bank** f [für Blech] (Wzm) / banco m de doblar ‖ ≃**belastung**, -beanspruchung f (Masch, Mat.Prüf) / solicitación f a flexión, esfuerzo m de flexión, fuerza f de flexión ‖ ≃**bruch** m / rotura f por flexión ‖ ≃**[bruch]festigkeit** f / resistencia f a la [ruptura por] flexión ‖ ≃**bruchlast** f / carga f de rotura por flexión ‖ ≃**bruchspannung** f / tensión f de rotura por flexión ‖ ≃**dauerfestigkeit** f **im Schwellbereich** / resistencia f a la fatiga por flexión ‖ ≃**dehnung** f / alargamiento m por flexión ‖ ≃**dorn** (Hütt) / espiga f de curvar, mandril m ‖ ≃**eisen** n (Beton) / barra f para doblar [hierros], curvador m ‖ **~elastisch** / flexoelástico, de flexión elástica ‖ ≃**ermüdung** f (Mat.Prüf) / fatiga f por flexión ‖ ≃**fähigkeit** f, Biegbarkeit f / flexibilidad f ‖ ≃**fähigkeit**, Schmiegsamkeit f / ductilidad f ‖ ≃**faktor** m,

Biegefaltversuch

Durchbiegungsziffer *f* / cociente *m* de resistencia a la flexión ‖ ˜**faltversuch** *m* / ensayo *m* de doblado ‖ ˜**feder** *f* (Instr) / muelle *m* de flexión, resorte *m* de flexión ‖ ~**fest** / rígido, resistente a la flexión ‖ ˜**festigkeit** *f*, Biegungsfestigkeit *f* (Bau, Masch) / resistencia *f* a la flexión ‖ ˜**festigkeit bei der Streckgrenze** / resistencia *f* a la flexión plástica ‖ ˜**festigkeit bei der technischen Streckgrenze** / modo *m* principal de flexión ‖ ˜**form** *f*, Form *f* der Biegung / cimbra *f*, forma *f* curvada ‖ ˜**gelenk** *n* / articulación *f* flexible ‖ ˜**gesenk** *n* / troquel *m* formador ‖ ˜**gravur** *f* (Schm) / grabado *m* de flexión ‖ ˜**grenze** *f* (Mat.Prüf.) / límite *m* de flexión ‖ ˜**knicken** *n*, -knickung *f* / pandeo *m* por flexión ‖ ˜**kraft** *f* / fuerza *f* de flexión ‖ ~**kritische Drehzahl** / velocidad *f* crítica de rotación ‖ ~**kritische Drehzahl** (Mech) / velocidad *f* crítica de vibración (de un árbol) ‖ ˜**linie** *f* (Mech) / línea *f* elástica ‖ ˜**maschine** *f*, Rundmaschine *f* / máquina *f* dobladora, máquina *f* curvadora o de (o para) curvar ‖ ˜**modul** *n* / módulo *m* de flexión ‖ ˜**moment** *n* s. Biegungsmoment

biegen *vt*, krümmen / curvar, cambar (LA) ‖ ~, falten, umbiegen / doblar, plegar, doblegar, acodar ‖ ~, durchbiegen / pandear ‖ ~, rundbiegen, rollen (Hütt) / arrollar ‖ ~ (nach außen), wölben / abombear ‖ **knieförmig** ~ / acodar ‖ **nach innen** ~, einwärts krümmen / arquear hacia [a] dentro ‖ **sich** ~, werfen (sich), [ver]ziehen (sich) (Masch) / deformarse ‖ **um gekrümmte Kanten** ~ (Stanz) / formar bordes ‖ ˜ *n* / doblado *m*, curvado *m*, dobladura *f* ‖ ˜, Krümmen *n* / flexión *f*

Biege•pfeil *m* (Mech) / flecha *f* a la ruptura por flexión ‖ ˜**presse** *f* / prensa *f* dobladora, prensa *f* curvadora, plegadora *f*, prensa *f* curvadora ‖ ˜**probe** *f*, Probestück *n* (Mat.Prüf.) / pieza *f* sometida al ensayo de flexión ‖ ˜**prüfmaschine** *f* / máquina *f* para ensayos de flexión ‖ ˜**prüfung** *f*, -versuch *m* / ensayo *m* de flexión ‖ ˜**radius** *m*, Biegungsradius *m* / radio *m* de flexión ‖ ˜**riss** *m* / grieta *f* debida a la flexión ‖ ˜**rolle** *f* / rodillo *m* doblador ‖ ˜**schiene** *f* (Schwenkbiegem.) / barra *f* de la plegadora ‖ ˜**schlaffe Bauteile** (z.B. Schläuche) / componentes *m pl* flexibles ‖ ˜**schlagversuch** *m* (Mat.Prüf) / prueba *f* a flexión por choque ‖ ˜**schubspannung** *f* / tensión *f* de flexión y cizalladura ‖ ˜**schwellfestigkeit** *f* / resistencia *f* a la fatiga por flexión con carga pulsatoria ‖ ˜**schwinger** *m* / resonador *m* de flexión ‖ ˜**schwingungen** *f pl*, Biegungsschwingungen *f pl* / oscilaciones *f pl* de flexión, vibraciones *f pl* de flexión ‖ ˜**schwingungsfestigkeit** *f* (Mat.Prüf) / resistencia *f* a la flexión oscilatoria ‖ ˜**schwingungsform** *f* (Krist) / modo *m* de vibración en flexión ‖ ˜**schwingungskristall** *m* (Eltronik) / cristal *m* con modo de vibración en flexión ‖ ˜**schwingungsprüfung** *f* (Mat.Prüf) / ensayo *m* de flexión por cargas vibratorias ‖ ˜**schwingzahl** *f* / número *m* de oscilaciones en la flexión ‖ ˜**spannung** *f* (Bau, Masch) / tensión *f* de flexión, tensión *f* producida por la flexión ‖ ˜**stanze** *f* (Wz) / punzonadora *f* de doblar ‖ ˜**stanzen** *n* / doblado-troquelado *m* ‖ ˜**starrheit** *f*, -steifheit *f* (Mat.Prüf) / rigidez *f* a la flexión ‖ ˜**steif**, biegungssteif / rígido a la flexión ‖ ~**steifer Rahmen** (Bau) / marco *m* rígido ‖ ˜**stelle** *f* / punto *m* de flexión, punto *m* de curvatura ‖ ˜**stempel** *m* (Wz) / troquel *m* de doblado, punzón *m* conformador, macho *m* conformador ‖ ˜**-Streckgrenze** *f* (Mat.Prüf) / límite *m* de plasticidad ‖ ˜**teil** *n* / pieza *f* curvada ‖ ˜**tisch** *m* (UMF) / banco *m* para doblar o curvar ‖ ˜**träger** *m* (Bau) / viga *f* solicitada a flexión ‖ ˜**umformen** *n* (DIN 8586) / conformación *f* por curvado ‖ ˜**- und Formpresse** *f* (Wzm) / prensa *f* para doblar y perfilar ‖ ˜**- und Richtpresse** *f* (Wzm) / prensa *f* para doblar y enderezar ‖ ˜**verformung** *f* / deformación *f* por flexión ‖

˜**versuch** *m* (Mat.Prüf) / ensayo *m* de flexión ‖ ˜**versuch mit der Wurzel in der Zugzone** (Mat.Prüf, Schw) / ensayo *m* de plegado por el reverso ‖ ˜**versuch über die eingekerbte Decklage** (Mat.Prüf, Schw) / ensayo *m* de plegado con cordón entallado ‖ ˜**vorrichtung** *f* / dispositivo *m* de doblar o plegar ‖ ˜**walze** *f* / cilindro *m* doblador, cilindro *m* plegador, cilindro *m* curvador ‖ ˜**walzen** *n* / curvado *m* por cilindros ‖ ˜**walzwerk** *n*, Biegewalze *f* / curvadora *f* de cilindros ‖ ˜**wange** *f* (Masch) / renglón *m* para doblar ‖ ˜**wechselfestigkeit** *f* (Mat.Prüf) / resistencia *f* a la flexión alternante, resistencia *f* a la flexión con fuerzas alternativas ‖ ˜**wechselfestigkeitsversuch** *m* / ensayo *m* de resistencia a la flexión con fuerzas alternativas ‖ ˜**wechselspannung** *f* / tensión *f* alternativa de flexión ‖ ˜**wechselversuch** *m* / ensayo *m* de flexión alternativa, ensayo *m* de plegados alternados ‖ ˜**[wechsel]zahl** *f* / frecuencia *f* de flexiones ‖ ˜**werkzeug** *n* (allg) / herramienta *f* de curvar (o doblar) ‖ ˜**widerstand** *m* (Masch) / resistencia *f* a la flexión ‖ ˜**winkel** *m* / ángulo *m* de dobladura ‖ ˜**zahl** *f* s. Biege[wechsel]zahl ‖ ˜**zange** *f* (Hütt, Wz) / tenazas *f pl* de curvar o doblar ‖ ˜**zange für Isolierrohre** / pinzas *f pl* de curvar los tubos aislantes ‖ ˜**zug** *m* (Bau, Mat.Prüf) / flexotracción *f* ‖ ˜**zugabe** *f* (Stanz) / exceso *m* de material para doblar ‖ ˜**zugfestigkeit** *f* (Beton, Mat.Prüf) / resistencia *f* a la flexotracción ‖ ˜**zyklen** *m pl* / ciclos *m pl* de flexión

biegsam, biegbar (allg) / flexible, plegable, doblegable ‖ ~, geschmeidig / dúctil ‖ ~ (Druck, Einband) / flexible ‖ ~**e Aufhängung** (Bahn, Elektr) / suspensión *f* flexible ‖ ~**es Fahrleitungsjoch** (Bahn) / pórtico *m* soporte flexible ‖ ~**es Kabel** (Elektr) / cable *m* flexible ‖ ~**e Leitung**, Geräteschnur *f* (Elektr) / conductor *m* flexible, cordón *m* flexible ‖ ~**es Verbindungsstück** (Masch) / elemento *m* flexible de unión ‖ ~**e Welle** (Kfz, Masch) / árbol *m* flexible, eje *m* flexible

Biegsamkeit *f* / flexibilidad *f*

Biegung *f*, Biegen *n* (allg) / flexión *f*, dobladura *f*, curvatura *f* ‖ ˜, Beugung *f* / curvatura *f*, corvadura *f* ‖ ˜ *f*, Wölbung *f* / cimbreo *m* ‖ ˜, Krümmung, Durchbiegung *f* / flexión *f*, uiebro *m* ‖ ˜ *f*, Kurve *f* (Straßb) / curva *f*, viraje *m*, recodo *m* ‖ ˜ (Wasserlauf) / recodo *m* ‖ ˜ (unter Last) (Bau, Masch) / flecha *f* en carga ‖ ˜ *f* **mit Torsion** / flexión-torsión *f*

Biegungs•... s. auch Biege... ‖ ˜**achse** *f* / eje *m* de flexión ‖ ˜**elastizität** *f* (Mat.Prüf) / elasticidad *f* flexional o a la flexión ‖ ˜**festigkeit** *f* / resistencia *f* a la flexión ‖ ~**frei gezogen** (Draht) / estirado recto ‖ ˜**halbmesser**, -radius *m* / radio *m* de flexión, radio *m* curvado ‖ ˜**kraft** *f* / fuerza *f* de curvatura ‖ ˜**linie** *f*, elastische Linie / línea *f* elástica o de elasticidad ‖ ˜**messer** *m* (Instr) / flexómetro *m* ‖ ˜**mittelpunkt** *m* (Mech) / centro *m* de flexión ‖ ˜**moment** *n* / momento *m* de flexión ‖ ˜**spannung** *f*, Biegungsbeanspruchung *f* / tensión *f* de flexión ‖ ˜**steifigkeit** *f* / rigidez *f* a la flexión ‖ ˜**winkkel** *m* / ángulo *m* de flexión

Bienen•harz *n* (Pharm) / propóleos *m* ‖ ˜**korb** *m* (Landw) / colmena *f* ‖ ˜**korb[koks]ofen** (Hütt) / horno *m* de colmena ‖ ˜**korbkühler**, Wabenkühler *m* (Kfz) / radiador *m* de panal (E), radiador *m* alveolar (LA) ‖ ˜**korbspule**, Flachspule *f* (Fernm) / bobina *f* plana, bobina *f* nido de abejas ‖ ˜**wabe** *f* (Biol) / panal *m* de abejas de miel, nido *m* de abejas ‖ ˜**wabenmaterial** *n* (Plast) / material *m* alveolar ‖ ˜**wabenstruktur** *f* / estructura *f* de panal o de nido de abejas ‖ ˜**wachs** *n* (Biol, Pharm) / cera *f* de abeja ‖ ~**zellenförmig**, -wabenförmig, zellig / alveolar, de nido de abejas

Bier *n* (Brau) / cerveza *f* ‖ ˜**abfüllung** *f* (Flaschen) / embotellamiento *m* de cerveza ‖ ˜**ausstoß** *m* / producción *f* de cerveza ‖ ˜**bottich** *m* / tina *f* de cerveza ‖ ˜**brauen** *n* / fabricación *f* de cerveza ‖ ˜**brauer** *m* / cervecero *m* ‖ ˜**brauerei** *f* / fábrica *f* de cerveza, cervecería *f* ‖ ˜**dose** *f* / lata *f* de cerveza ‖

⁓**druckapparat** *m*, Bierpumpe *f*, Pression *f* / aparato *m* para servir la cerveza a presión, grifo *m* de cerveza ‖ ⁓**druckregler** *m* / regulador *m* de la presión de cerveza ‖ ⁓**fass** *n* / barril *m* de cerveza ‖ ⁓**flasche** *f* / botella *f* de cerveza ‖ ⁓**glasuntersetzerpappe** *f*, Bierdeckelpappe *f* / cartón *m* para platillos
Biergol *n* (Raumf) / biergol *m*, diergol *m*
Bier•hefe *f* (Brau) / levadura *f* de cerveza ‖ ⁓**kasten** *m*, -trage *f*, -träger *m* / caja *f* [de botellas] de cerveza ‖ ⁓**kasten** (Wegwerfpackung) / paquete *m* de cerveza ‖ ⁓**kläre** *f* (Brau) / sustancia *f* clarificadora de cerveza ‖ ⁓**kühlapparat** *m* / refrigerador *m* para cerveza ‖ ⁓**leitung** *f* / tubería *f* de cerveza ‖ ⁓**pumpe** *f* [zum Füllen der Fässer] / bomba *f* de cerveza ‖ ⁓**schaum** *m* (Brau) / espuma *f* de cerveza, giste *m* ‖ ⁓**stein** *m* / tártaro *m* de cerveza, incrustaciones *f pl* ‖ ⁓**steinentfernungsmittel** *n* / desincrustante *m* ‖ ⁓**treber** *pl* (Malz- bzw. Hopfentreber) / orujos *m pl*, bagazos *m pl* ‖ ⁓**trubsack** *m*, Trubsack *m* / saco *m* filtrante para cerveza ‖ ⁓**würze** *f* / mosto *m* de cerveza ‖ ⁓**zapfanlage** *f* / aparato *m* para servir la cerveza ‖ ⁓**zapfhahn** *m* / grifo *m* distribuidor de la cerveza
Biese *f* (Tex) / cordoncillo *m*, vivo *m*, pestaña *f*
Biesenfuß *m* (Nähm) / pie *m* para coser cordoncillos
Bifa = Bundesinstitut für Arbeitsschutz
bifilar, zweidrähtig, zweifädig / bifilar, de dos hilos ‖ ~**e Aufhängung**, Bifilaraufhängung *f* (Elektr) / suspensión *f* bifilar ‖ ~ **gewickelt** / devanado bifilar ‖ ~**e Wicklung**, Bifilarwicklung *f* (Elektr) / devanado *m* bifilar, arrollamiento *m* bifilar
Bifilare *f* / [cable de] dos hilos
Bifilar•spule *f* / bobina *f* bifilar ‖ ⁓**widerstand** *m* / resistor *m* bifilar o antiinductivo
bifokal (Opt) / bifocal ‖ ⁓**brille** *f*, -gläser *n pl* / gafas *f pl* bifocales, lentes *f pl* bifocales
bifunktionell / de función doble, bifuncional
Big-Bang-Motor *m* / motor *m* bigbang
Bigfon *n*, breitbandiges integriertes Glasfaser-Fernmeldeortsnetz (Fernm) / red *f* local integrada de banda ancha para comunicaciones por fibras ópticas
biharmonisch (Math) / biarmónico
Bikomponentengarn *n* (Spinn) / hilo *m* de dos componentes
bikonische Hülse, Bikonus *m* (Spinn) / bobina *f* bicónica
bikonkav (Opt) / bicóncavo
bi•konvex / biconvexo ‖ ~**lateral** / bilateral
Bild *n*, Abbildung *f* / imagen *f* ‖ ⁓, Foto / fotografía *f*, foto *f* ‖ ⁓ (Opt, TV) / imagen *f* ‖ ⁓, Schaubild *n*, Diagramm *n* / diagrama *m* ‖ ⁓, Abbildung *f* (Druck) / ilustración *f*, grabado *m* ‖ ⁓ *n* (Münzw) / efigie *f* ‖ ⁓ (IC) / cuadro *m* ‖ ⁓..., Video... (TV) / vídeo, vídeo ‖ ⁓ **der Ware** (Tex) / presentación *f* ‖ **im Raum erzeugtes** ⁓ (nicht auf der Leinwand) / imagen *f* aérea ‖ ⁓**abbereitung** *f* (Video) / reconversión *f* de imagen ‖ ⁓**ablenkgenerator** *m* (TV) / generador *m* de desviación, oscilador *m* de desviación ‖ ⁓**ablenkschaltung** *f* / circuito *m* de desviación vertical ‖ ⁓**ablenkspule** *f* (TV) / bobina *f* de desviación ‖ ⁓**ablenkung** *f* (TV) / exploración *f* de la imagen ‖ ⁓**abschattung** *f* (TV) / sombreado *m* ‖ ⁓**abstand** *m*, Entfernung Linse-Leinwand *f* (Film) / distancia *f* lente-pantalla ‖ ⁓**abtaster** *m* (TV) / explorador *m*, analizador *m* ‖ ⁓**abtaströhre** *f* (TV) / tubo *m* analizador de punto móvil ‖ ⁓**abtastscheibe** *f*, Lochscheibe *f* / disco *m* de Nipkow ‖ ⁓**abtastung** *f*, -abtasten *n* (TV) / exploración *f* de la imagen ‖ ⁓**amplitude** *f* (TV) / amplitud *f* de la imagen ‖ ⁓**analysator** *m* (DV) / analizador *m* de imagen ‖ ⁓**analyse** *f* / análisis *m* de imagen ‖ ⁓**antenne** *f* / antena *f* imagen, antena *f* virtual ‖ ⁓**archiv** *n* / fototeca *f*, archivo *m* gráfico ‖ ⁓**aufbau** *m* (Eltronik, TV) / formación *f* de la imagen ‖ ⁓**aufbereitung** *f* (TV) / conversión *f* de imagen, transformación *f* de imagen ‖ ⁓**aufklärung** *f* (Mil) / reconocimiento *m* fotográfico ‖ ⁓**auflösung**, Rasterfeinheit *f* (TV) / definición *f* de la imagen ‖ ⁓**aufnahme** *f* (Film) / captación *f* ‖ ⁓**aufnahmeeinheit** *f* / unidad *f* de captación ‖ ⁓**aufnahmegerät** *n*, -apparat *m*, -kamera *f* (TV) / tomavistas *m* ‖ ⁓**aufnahmeröhre** *f* (TV) / tubo *m* analizador, tubo *m* de cámara, tubo *m* tomavistas ‖ ⁓**aufnahmeröhre mit eingebautem Sekundärelektronenvervielfacher** / disector *m* de imagen con multiplicador de electrones secundarios ‖ ~**aufrichtend** (Opt) / erector de imagen ‖ ⁓**aufrichtung** *f* / erección *f* de la imagen ‖ ⁓**aufrichtungssystem** *n*, -linsen *f pl* (Opt) / lentes *f pl* erectoras de imagen ‖ ⁓**aufzeichnung** *f* (Tätigkeit) (TV) / grabación *f* de la imagen, registro *m* de la imagen ‖ ⁓**aufzeichnung** (Band mit Aufzeichnung) / videograma *n* ‖ ⁓**aufzeichnungsgerät** *n*, Videogerät *n* (TV) / equipo *m* registrador de televisión ‖ ⁓**ausfall** *m* (Opt) / exclusion *f*, falta *f* de registro ‖ ⁓**ausschnitt** *m* (TV) / encuadre *m*, recorte *m* de imagen ‖ ⁓**austastung** *f* (TV) / supresión *f* de imagen ‖ ⁓**auswahl** *f* (Radar) / selección *f* de imagen ‖ ⁓**auswertung** *f* (Verm) / evaluación *f* de imagen ‖ ⁓**auszug** *m* **in Sepiafarbe** (Film) / impresión *f* [de] sepia, copia *f* en sepia ‖ ⁓**bahn** *f* (Film) / canal *m* de imágenes ‖ ⁓**band** *n*, Diafilm *m* / cinta *f* de vistas fijas, tira *f* de vistas fijas, rollo *m* de proyección fija ‖ ⁓**band**, Videoband *n* (TV) / cinta *f* vídeo ‖ ⁓**bandbreite** *f* (TV) / anchura *f* de cinta vídeo ‖ ⁓**bandkassettengerät** *n* / videorecorder *m*, aparato *m* vídeo ‖ ⁓**bank** *f* / almacén *m* de cintas vídeo, videoteca *f* ‖ ⁓**bearbeitung** *f* (DV) / tratamiento *m* de imágenes ‖ ⁓**begrenzung** *f* (Foto) / delimitación *f* de la imagen ‖ ⁓**beständigkeit** *f* (Opt) / estabilidad *f* de la imagen ‖ ⁓**betrachter** *m* (Film) / visor *m* cinematográfico, inspector *m* de películas, visor *m* de películas ‖ ⁓**breite** *f* (TV) / ancho *m* de la imagen, anchura *f* de la imagen ‖ ⁓**breitenregelung** *f* (TV) / control *m* de anchura de la imagen ‖ ⁓**codiereinrichtung** *f* (DV, Eltronik) / dispositivo *m* de codificación de imágenes ‖ ⁓**codierung** *f* (LWL) / codificación *f* de imágenes ‖ ⁓**darstellung** *f* (Radar) / presentación *f* visual ‖ ⁓**daten** *pl* de magen[es] *pl* ‖ ⁓**dauer** *f* (TV) / duración *f* de imagen ‖ ⁓**demodulation** *f* (TV) / demodulación *f* de imagen ‖ ⁓**demodulator** *m*, -gleichrichter *m* / demodulador *m* de imagen ‖ ⁓**dezentrierung** *f* (Radar) / barrido *m* descentrado ‖ ⁓**diagonale** *f* (TV) / diagonal *f* de pantalla ‖ ⁓**digitalisierung** *f* (LWL) / digitalización *f* de imágenes ‖ ⁓**drehung** *f* (DV) / rotación *f* de la imagen ‖ ⁓**druckpresse** *f* (Druck) / prensa *f* para impresión de ilustraciones ‖ ⁓**-Duplikat** *n* (Film) / duplicado *m*, dup *m* ‖ ⁓**-Dup-Negativ** *n* (Foto) / dup *m* negativo imagen, contratipo *m* negativo ‖ ⁓**-Dup-Positiv** *n* / dup *m* positivo imagen ‖ ⁓**durchlauf** *m* **[nach oben o. unten]** (DV, TV) / movimiento *m* continuo de la imagen, rodamiento *m* de imágenes ‖ ⁓**ebene** *f* (Opt) / plano *m* focal ‖ ⁓**eindruck** *m* (TV) / aspecto *m* de la [la] imagen ‖ ⁓**einstellknopf** *m* (Film) / botón *m* de enfoque ‖ ⁓**einstellsignal** *n* (Faksimile) / impulso *m* de referencia, señal *f* de encuadre ‖ ⁓**einstellspule** *f* (TV) / bobina *f* de encuadre de la imagen ‖ ⁓**einstellung** *f*, -ausrichtung (Foto, TV) / encuadre *m*, enfoque *m* ‖ ⁓**element** *n* (TV) / elemento *m* de la imagen ‖ ⁓**element-Folgefrequenz** *f* (Sichtanzeige) / frecuencia *f* de regeneración de imágenes ‖ ⁓**-Empfang** *m* (TV) / recepción *f* video, videorrecepción *f* ‖ ⁓**empfänger**, Faksimileempfänger *m* (Fernm) / receptor *m* fototelegráfico, receptor *m* telefax
bilden *vt*, aufbauen / constituir ‖ ~, darstellen, formen / configurar, formar, conformar, dar forma [a], modelar ‖ **[sich]** ~ / formarse ‖ ⁓ *n* **einer**

bildend

Warteschlange (DV) / formación *f* de una cola de espera
bildend, darstellend / representador *adj*
Bild•endkontrollraum *m* (TV) / cabina *f* para control de las imágenes ‖ ≃**endstufe** *f* (TV) / etapa *f* final de video, etapa *f* de salida de videofrecuencia ‖ ≃**endverstärker** *m*, IPA *m* (TV) / intensificador *m* final de imagen
Bilderachat *m* (Min) / ágata *f* jaspeada o figural
Bilderkennung *f* (Roboter) / análisis *m* de imágenes, análisis *f* de conectividad
Bilderleiste *f*, -rahmenleiste *f* (Foto) / listón *m* de cuadros
bildern *vi* (Fehler) (Tex) / formar dibujos ‖ ≃ *n*, Bildherstellung *f* / formación *f* de imagenes
Bilder•rahmen *m* / marco *m* para cuadros, moldura *f* (LA) ‖ ≃**schrift** *f*, Piktographie *f* (Zeichn) / pictografía *f*, escritura *f* pictográfica
Bild•erzeugung *f* (Holographie) / generación *f* de imágenes ‖ ≃**expansion** *f*, Zeilenversatz *m* (TV) / alargamiento *m* de la imagen, pérdida *f* [parcial] de sincronismo ‖ ≃**fahrplan** *m* (Bahn) / gráfico *m* de marcha ‖ ≃**fang** *m* (TV) / control *m* de encuadre, mando *m* de encuadre ‖ ≃**fehler** *m* (TV) / distorsión *f* de imagen, deformación *f* de imagen ‖ ≃**feinheit** *f* (Foto) / definición *f* de la imagen ‖ ≃**feld** *n*, -fläche *f* (Opt) / campo *m* visual, campo *m* de la imagen ‖ ≃**feld**, -fläche *f* (Foto) / campo *m* óptico de la cámara ‖ ≃**feld**, nutzbare Bildfläche (Druck) / encuadre *m* de la imagen ‖ ≃**feld** (Film) / cuadro *m* ‖ ≃**feldebener** *m* (Opt) / lente *f* aplanadora del campo [de imagen] ‖ ≃**feldlinse** *f* (Foto) / lente *f* del campo de la imagen ‖ ≃**feldwähler** *m* (Foto) / selector *m* del campo ‖ ≃**feldwölbung** *f* (Opt) / curvatura *f* del campo, aberración *f* de curvatura ‖ ≃**feldzerleger** *m* (TV) / disector *m* de imagen, analizador *m* de imagen ‖ ≃**fenster** *n* (Foto) / lumbrera *f*, ventana *f* de la película ‖ ≃**fenster** (Film) / ventanilla *f* de proyección, ventanilla *f* de la película ‖ ≃**fensteraussparung** *f* (Foto) / ventana *f* de exposición ‖ ≃**fernschreiben** *n* (Fernm) / telefax *m* ‖ ≃**fernsprechen** / hablar por videoteléfono ‖ ≃**fernsprechen** *n* / videotelefonía *f* ‖ ≃**fernsprecher** *m*, -telefon *n*, Videotelefon *m* (nS) / videófono *m*, videoteléfono *m* ‖ ≃**fernsprechkonferenz** *f* / conferencia *f* videófono, videoconferencia *f* ‖ ≃**fläche** *f*, -ebene *f* (Foto) / plano *m* de perspectiva, cuadro *m* ‖ ≃**fläche**, -feld *n* / área *f* de la imagen ‖ ≃**flugzeuge** *n pl* (Lufft, Verm) / aviones *m pl* fotogramétricos, aviones *m pl* cartográficos ‖ ≃**folge** *f* (Foto) / cadencia *f* de imágenes, intervalo *m* entre las exposiciones ‖ ≃**folge** (Film) / secuencia *f*, sucesión *f* de imágenes ‖ ≃**folgefrequenz** *f* (TV) / frecuencia *f* de cuadro, videofrecuencia *f* ‖ ≃**folgezeit** *f* (Verm) / intervalo *m* de exposición ‖ ≃**format** *n* (Verhältnis Bildbreite zu Bildhöhe) (TV) / formato *m* de la imagen, relación *f* de aspecto ‖ ≃**format** (Foto) / tamaño *m* de la foto ‖ ≃**frequenz** *f* (Foto) / frecuencia *f* de imágenes ‖ ≃**frequenzbereich** *m*, -abweichung *f* (TV) / excursión *f* de frecuencia del blanco al negro ‖ ≃**funk** *m*, -telegrafie *f*, -übertragung *f* (Fernm) / telefotografía *f*, fototelegrafía *f*, radiotransmisión *f* de imágenes, fotorradiotransmisión *f* ‖ ≃**funk...** / fototelegráfico, telefotográfico ‖ ≃**funk** *m* **für Halbtöne** / telefotografía *f* media tinta ‖ ≃**funk für Strichzeichnungen** / telefotografía *f* para grabados de trazo ‖ ≃**funk System Bélin** / belinógrafo *m* ‖ ≃**funkempfänger** *m* / receptor *m* fototelegráfico ‖ ≃**funkgerät** *n*, Bildtelegraf *m* / fototelégrafo *m* ‖ ≃**funksender** *m* / emisor *m* de fotorradiotransmisión ‖ ≃**funktion** *f* (Verm) / transformación *f* de Laplace ‖ ~**gebendes System** / sistema *m* generador de imagen[es] ‖ ~**geführt** / guiado o controlado por imagen (pantalla) ‖ ≃**generator** *m* (TV) / oscilador *m* [de barrido] vertical, oscilador *m* de desviación vertical ‖ ≃**geometrie** *f* (TV) / geometría *f* de la imagen ‖ ≃**gerät** *n* (Raumf) / equipo *m* de formación de imágenes ‖ ≃**gewebe** *n* (Tex) / tejido *m* dibujado ‖ ≃**gießerei** *f* (Gieß) / fundición *f* de estatuas ‖ ≃**glätter** *m* s. Bildebener ‖ ≃**gleichlauffehler** *m* (TV) / pérdida *f* del sincronismo ‖ ≃**gleichlaufimpuls** *m* (TV) / impulso *m* de sincronización vertical ‖ ≃**gleichrichtung** *f*, Bilddemodulation *f* / detección *f* vídeo ‖ ≃**größe** *f* (Foto) / magnitud *f* de la imagen, tamaño *m* de la imagen ‖ ≃**größe** (Repro) / área *f* de la imagen, superficie *f* de la imagen ‖ ≃**größeneinstellung** *f* (TV) / ajuste *m* de magnitud ‖ ≃**güte** *f*, -qualität *f* / calidad *f* de imagen ‖ ≃**hauermarmor** *m* (Bergb) / mármol *m* de escultores ‖ ≃**hauptpunkt** *m* (Opt) / punto *m* principal de imagen ‖ ≃**helligkeit** *f* (TV) / luminosidad *f* media de la imagen ‖ ≃**helligkeitssteuerung** *f* / control *m* de luminosidad, control *m* de brillo ‖ ≃**hintergrund** *m* (Foto) / fondo *m* de imagen ‖ ≃**höhe** *f* (TV) / altura *f* de la imagen, amplitud *f* vertical ‖ ≃**höhenverstellung** *f* (TV) / control *m* de altura, mando *m* de amplitud vertical ‖ ≃**horizont** *m* (Opt) / horizonte *m* de imagen ‖ ≃**ingenieur** *m* (TV) / videísta *m*, técnico *m* de control de la imagen ‖ ≃**intermodulation** *f* / intermodulación *f* de imagen ‖ ≃**kanal** *m* (TV) / canal *m* [de] vídeo ‖ ≃**kippen** *n*, -durchlauf *m* (Film, TV) / rodamiento *m* de imagen ‖ ≃**kippgenerator** *m* (TV) / generador *m* de barrido vertical ‖ ≃**kippgerät** *n* / base *f* de tiempo ‖ ≃**kippkreis** *m* (TV) / circuito *m* de barrido vertical ‖ ≃**-Kippschwingung** *f* (TV) / oscilación *f* de barrido vertical ‖ ≃**kippspannung** *f* (TV) / tensión *f* de barrido vertical ‖ ≃**kippstrom** *m* (TV) / corriente *f* de barrido vertical ‖ ≃**konservierung** *f* (Oszilloskop) / conservación *f* de imagen ‖ ≃**kontrollempfänger** *m* (Eltronik) / receptor *m* para el control de la imagen ‖ ≃**kontrollgerät** *n* (TV) / equipo *m* monitor de la imagen y de la forma de onda ‖ ≃**korrektur**, -störsignalkompensation *f* (TV) / compensación *f* de distorsión de imagen ‖ ≃**kraft** *f* (Halbl) / fuerza *f* virtual ‖ ≃**krümmung** *f* (Opt) / curvatura *f* del campo ‖ ≃**lage** *f* (DV, Repro) / orientación *f* de imagen, posición *f* de [la] imagen ‖ ≃**länge** *f* (TV) / longitud *f* de imagen ‖ ≃**langspielplatte** *f* (TV) / vídeodisco *m* de larga duración, disco compacto vídeo ‖ ≃**lauf** *m* (DV, TV) / defile *m* de imagen[es] ‖ ≃**leitung** *f* (TV) / circuito *m* de videofrecuencia ‖ ≃**leuchtdichte** *f* (TV) / luminancia *f*, brillo *m* fotométrico
bildlich / gráfico ‖ ~**e Darstellung** / representación *f* gráfica (o por imagen)
Bild•lupe *f* (Opt) / visor *m* de aumento ‖ ≃**marke** *f* (Film) / punto *m* de colimación ‖ ≃**marke**, Blip *m* (Repro) / señal *f* detectada ‖ ≃**maske** *f* (TV) / recuadro *m*, marco *m* de la pantalla ‖ ≃**maß** *n* (Repro) / superficie *f* de la imagen ‖ ≃**maßstab** *m* (Foto) / escala *f* de la fotografía ‖ ≃**material** *n* / documentación *f* gráfica ‖ ≃**messtechnik** *f* (Lufft, Verm) / fotogrametría *f* ‖ ≃**mischgerät** *n*, -mischer *m* (TV) / mezclador *m* de vídeo, mezclador *m* de señales de imagen ‖ ≃**mischpult** *n* / pupitre *m* de mezcla ‖ ≃**mittendehnung**, -aufweitung *f* (Radar) / dilatación *f* del centro, ensanche *m* del centro ‖ ≃**modulation** *f* (TV) / modulación *f* de imagen ‖ ≃**monitor** *m* (TV) / monitor *m* de imagen ‖ ≃**muster** *m pl* (Film) / copias *f pl* rápidas ‖ ≃**mustererkennung** *f* (DV) / reconocimiento *m* de configuraciones, identificación *f* de figuras ‖ ≃**mustergenerator** *m* (TV) / generador *m* de mira electrónica, generador *m* de imagen patrón ‖ ≃**musterverarbeitung** *f* (DV) / procesamiento *m* de miras ‖ ≃**negativ** *n* (Film) / negativo *m*, imagen *f* negativa ‖ ≃**nummernfenster** *n* (Foto) / ventanilla *f* de numeración ‖ ≃**öffnung** *f* (Film) / abertura *f* ‖ ≃**ort** *m* (Opt) / emplazamiento *m* de la imagen ‖ ≃**pegelschwankung** *f* (TV) / fluctuación *f* del nivel de imagen ‖ ≃**plan** *m* (Lufft) / mapa *f* aérea,

Bildtransformator

fotomosaico m ‖ ⁓**plastik**, Verwaschung f (Fehler, TV) / efecto m plástico o de plasticidad, efecto m de relieve ‖ ⁓**platte** f (TV) / disco m vídeo, videodisco m ‖ ⁓**plattenspieler** m / lector m de disco óptico o vídeo, videotocadiscos m ‖ ⁓**positiv** n (Foto) / positivo m, imagen f positiva ‖ ⁓**punkt** m (DV) / punto m de matriz ‖ ⁓**punkt** (TV) / elemento m de imagen, punto m explorador, pixel m ‖ ⁓**punktdauer** f (TV) / duración f del punto explorador ‖ ⁓**punktfrequenz** f, Videofrequenz f (TV) / frecuencia f de imagen, videofrecuencia f ‖ ⁓**punkthelligkeit** f / brillo m del punto explorador ‖ ⁓**punktunterteilung** f (DV) / subdivisión f de pixel ‖ ⁓**punktzahl** f (DV, TV) / número m de pixels o de elementos de la imagen ‖ ⁓**randverschärfer** m (TV) / acentuador m de contornos ‖ ⁓**raster** m / retícula f de imagen ‖ ⁓**rasterwandler** m (TV) / transformador m de exploración, convertidor m de exploración ‖ ⁓**raum** m / espacio-imagen m ‖ ⁓**reaktor** m (Nukl) / reactor m virtual ‖ ⁓**regie** f (TV) / control m de imagen ‖ ⁓**röhre** f (Eltronik) / tubo m de imagen o de imágenes, tubo-pantalla m, cinescopio m ‖ ⁓**röhrengeometrie** f / geometría f del tubo-pantalla ‖ ⁓**röhrenkennlinie** f / característica f de tubo-pantalla
bildsam, plástisch / plástico, dúctil, formable ‖ ⁓**e Formgebung** / conformación f plástica
Bildsamkeit f (Hütt) / ductilidad f, plasticidad f ‖ ⁓, Plastizität f (Ton) / plasticidad f
Bild · schaltung f (Film) / alimentación f de imágenes ‖ ⁓**schärfe**, Tiefenschärfe f (Foto, Opt) / nitidez f de la imagen, profundidad f del campo ‖ ⁓**schärfe**, -güte f (TV) / calidad f de imagen ‖ ⁓**schaukeln** n (TV) / corrimiento m de imagen, deriva f de imagen ‖ ⁓**schieber** m (Diaskop) / chasis m pasavista
Bildschirm m, -wand f (Film) / pantalla f de proyección ‖ ⁓ (TV) / pantalla f de televisión ‖ ⁓ (DV) / pantalla [vídeo], Monitor m ‖ ⁓ (Kath.Str) / panel m electrónico ‖ ⁓ (Repro) / pantalla f translúcida ‖ ⁓ (Radar) / pantalla f de radar, radariscopio m ‖ ⁓**anzeige** f, -darstellung f (DV, Radar) / presentación f en pantalla ‖ ⁓**-Arbeitsplatz** m / puesto m video de trabajo ‖ ⁓**auflösung** f (Anzahl der darstellbaren Bildpunkte) / definición f ‖ ⁓**ausgabe** f (DV) / salida f por pantalla ‖ ⁓**-Einheit** f / unidad f de display ‖ ⁓**gerät** n, -terminal n / terminal m video ‖ ⁓**-Maßstab** m (Kath.Str) / escala f de unidad de visualización ‖ ⁓**-Monitor** m / videomonitor m, monitor m de video ‖ ⁓**programmierung** f (über Bildschirmterminals) / programación f a través de terminal de video ‖ ⁓**schoner** m (DV) / salvapantallas m, programa m salvapantallas, protector m de patalla ‖ ⁓**-Seitenwechsel** m (DV) / cambio m de páginas en el terminal de video ‖ ⁓**telefon** n (Fernm) / teléfono m con pantalla de visión, videófono m ‖ ⁓**-Terminal** n (DV) / videoterminal m, terminal m de video ‖ ⁓**text** m (über Telefon übertragen), Btx (TV) / videotex m (E), videotexto m, teletexto m ‖ ⁓**text- u. Telematiksystem** n / IBERTEX (E) ‖ ⁓**textsystem** n / sistema f videotex ‖ ⁓**träger** m (Radar) / consola f portapantalla ‖ ⁓**überwachung** f / monitorización f ‖ ⁓**wandung** f (Kath.Str) / pared f del panel electrónico
Bild · schlupf (TV) / deslizamiento m vertical de la imagen ‖ ⁓**schnitt** m (Film) / montaje m ‖ ⁓**schnitzmaschine** f (Holz) / máquina f de tallar, máquina f de esculpir ‖ ⁓**schreiber** m (Fernm) / registrador m de facsímile ‖ ⁓**schritt** m (TV) / paso m de la imagen ‖ ⁓**schrumpfung** f / contracción f de imagen ‖ ⁓**schwarz** n (TV) / nivel m del negro ‖ ⁓**seite** f, Avers m (Münzw) / anverso m ‖ ⁓**seitenverhältnis** n (TV) / formato m ‖ ⁓**seitenverhältnis** n (Film) / formato m de proyección ‖ ⁓**seitenverschiebung** f (TV) / desviación f lateral ‖ ~**seitiger Hauptpunkt** (Opt) / centro m interno de perspectiva ‖ ⁓**sendeausgang** m (TV) / salida f vídeo ‖ ⁓**sender** m /

emisora f de TV, transmisor m de imágenes, videoemisor m ‖ ⁓**signal** n (TV) / señal f vídeo o de la imagen ‖ ⁓**signal mit Austastung** (TV) / señal f de imagen suprimida ‖ ⁓**signalgeber** m (TV) / generador m de señal vídeo ‖ ⁓**signalmittelwert** m (TV) / nivel f medio de la señal vídeo ‖ ⁓**signal-Verteilverstärker** m (TV) / amplificador m distribuidor de señales vídeo ‖ ⁓**simulation** f / simulación f de imágenes ‖ ⁓**skalierer** m (TV) / escalador m de la imagen ‖ ⁓**skalierung** f (TV) / escalado m o escalamiento de la imagen ‖ ⁓**sondenröhre** f (TV) / tubo f disector de imagen, disector m de imagen ‖ ⁓**speicher** m, -speicherröhre f / tubo m almacenador de imagen ‖ ⁓**speicherplatte** f (Radiol, TV) / disco m almacenador de imagen ‖ ⁓**speicherröhre** f, Ikonoskop n (Eltronik) / iconoscopio m ‖ ⁓**speicherung** f (Eltronik, Kath.Str) / acumulación f de la imagen, almacenamiento m de la imagen ‖ ⁓**speicherung** (Kath.Str) s. Bildkonservierung ‖ ⁓**speicherung auf Band** (TV) / grabación f de cinta vídeo ‖ ⁓**sperre** f (TV) / trampa f de imágenes ‖ ⁓**sperrschwinger** m (TV) / transformador m de salida imagen ‖ ⁓**sprung** m / salto m de imagen ‖ ⁓**stabilisator** m (Digitalkamera) (Foto) / estabilizador m de imagen ‖ ⁓**stand** m / estabilidad f de imagen ‖ ⁓**standmessfilm** m / film m medidor de la estabilidad de imagen ‖ ⁓**standsregelung** f (TV) / control m de centrado de la imagen ‖ ⁓**standsschwankung** f (TV) / inestabilidad f de imagen ‖ ⁓**stein** m, Pagodit m (Min) / agalmatolita f, pagodita f ‖ ⁓**stillstand** m (Kath.Str) / parada f de imagen, estabilización f de imagen ‖ ⁓**stock** m (Druck) / clisé m, plancha f ‖ ⁓**störeinrichtung** f (Spinn) / dispositivo m anticinta ‖ ⁓**stören** n (Spinn) / técnica f anticinta ‖ ⁓**störsignalkompensation** f (TV) / compensación f de distorsión de imagen ‖ ⁓**störung** f (TV) / interferencia f imagen o por doble recepción ‖ ⁓**störung durch zu lange Leitung** (TV) / efecto m de línea larga ‖ ⁓**streifen** m (TV) / cinta f vídeo, cinta f de imágenes ‖ ⁓**strich**, -steg m (Film) / línea f de cuadro, divisoria f de cuadros, línea f de separación ‖ ⁓**stricheinstellung** f (Filmprojektor) / encuadre m, encuadrado m, dispositivo m de encuadre ‖ **falsche** ⁓**strich-Einstellung** (Film) / desencuadre m, descuadro m, desencuadrado m ‖ ⁓**strichgeräusch** m (Film) / ruido m de divisoria de cuadros ‖ ⁓**substraktion** f (Foto) / sustracción f de imagen ‖ ⁓**sucher** m (Foto) / visor m ‖ ⁓**suchlauf** m (Film) / localización f de cuadros ‖ ⁓**synchronisierimpuls** m (Eltronik, TV) / impulso m de sincronización vertical o de imagen o de cuadro ‖ ⁓**synchronisierlücke** f (TV) / intersticio m de sincronización vertical ‖ ⁓**synchronisierung** f (TV) / sincronización f vertical o de cuadro ‖ ⁓**tafel** f (Druck) / lámina f [de grabados] ‖ ⁓**tanzen** n (TV) / inestabilidad f de cuadro ‖ ⁓**telefon** n, Bildfernsprecher m / videófono m ‖ ⁓**telefonie** f / conversación f por videófono ‖ ⁓**telefon-Konferenz** f, Videophon-Konferenz f, Videokonferenz f / conferencia f por videófono, videoconferencia f ‖ ⁓**telegrafie** f / fototelegrafía f, telefotografía f, telegrafía f de imágenes ‖ ⁓**telegramm** n / fototelegrama m ‖ ⁓**telegramm nach Bélin** / belinograma m ‖ ⁓**-Testfilm** m (Film) / película f de prueba de imágenes ‖ ⁓**text** m / teletexto m ‖ ⁓**theodolit** m, -messtheodolit m (Verm) / fototeodolito m ‖ ⁓**-Ton-...** (TV) / de imagen y sonido, audiovisual ‖ ⁓**-Ton-Abstand** m (Film) / separación f imagen-sonido ‖ ⁓**-Ton-Kamera** f (TV) / cámara f sonora, cámara f fotofónica ‖ ⁓**-Tontechnik** f / técnica f audiovisual ‖ ⁓**-Tonträgerabstand** m (Film, TV) / separación f entre imagen y portadora de sonido ‖ ⁓**träger** m (TV) / portadora f de imagen ‖ ⁓**trägerplatte** f (Eltronik, Opt) / portador m de imágenes ‖ ⁓**trägersperre** f (TV) / trampa f de portadora de imagen ‖ ⁓**transformator** m /

189

Bildtrennung

transformador *m* de imágenes ‖ ~**trennung** *f* /
separación *f* de imágenes ‖ ~**trommel** *f*,
Entwicklungsdose *f* (Foto) / tambor *m* de revelado ‖
~**überblendung** *f* (Film) / transición *f* gradual [de una
imagen sobre otra] ‖ ~**übersetzer** *m* (Eltronik) /
procesador *m* de imágenes ‖ ~**übertragung** *f*,
Bildtelegrafie *f* (Fernm) / fototelegrafía *f*,
telefotografía *f* ‖ ~**übertragung** (TV) / transmisión *f*
de imágenes ‖ ~**übertragung auf Draht** (Fernm) /
fototelegrafía *f* alámbrica o por hilos ‖ ~**umformer** *m*
(Eltronik) / convertidor *m* de imágenes ‖
[**elektronische**] ~**umkehrung** (TV) / inversión *f* de
imagen ‖ ~**umlauf** *m*, Umlauf *m* (Anzeigegerät) /
corrimiento *m* de la imagen ‖ ~**- und Tonstreifen** *m*
(Film) / banda *f* de imágenes y sonidos
Bildung, Erzeugung *f* / producción *f*, formación *f*,
configuración *f*, desarrollo *m*, generación *f*
Bildungs•energie *f* (Phys) / energía *f* de formación ‖
~**enthalpie** *f* / entalpía *f* de formación ‖ ~**fernsehen** *n*
/ televisión *f* de educación ‖ ~**geschwindigkeit** *f*
(Chem) / velocidad *f* de formación ‖ ~**reaktion** *f*
(Chem) / reacción *f* de formación ‖ ~**wärme** *f* (Chem) /
calor *m* de formación
Bild•unschärfe *f* (Foto, TV) / falta *f* de nitidez,
borrosidad *f* ‖ ~**unterdrückung** *f* (TV) / supresión *f*
vertical, borrado *m* vertical ‖ ~**unterschrift**,
-überschrift *f*, Legende *f* / leyenda *f* de una ilustración
‖ ~**verarbeiter** *m* (Gerät) / procesador *m* de imagen ‖
~**verarbeitung** *f* (DV, TV) / procesamiento *m* de
imagen ‖ ~**verdoppelung** *f* (TV) / duplicación *f* de
imagen ‖ ~**verdrängung** *f* (Opt) / desplazamiento *m* ‖
~**vermessung** *f* (aus der Luft), Luftbildvermessung *f*
(Verm) / aerofotogrametría *f* ‖ ~**verriegelung** *f* (TV) /
fijación *f* de la imagen, estabilización *f* de la posición ‖
~**verschiebung** *f* (Opt) / desplazamiento *m* de imagen
‖ ~**verstärker** *m* (TV) / intensificador *m* de imagen,
amplificador *m* de imagen, videoamplificador *m* ‖
~**verstärker-Photographie** *f* (Radiol) /
cinerradiografía *f* ‖ ~**verstärkerröhre** *f* (Eltronik) /
tubo *m* amplificador de imagen ‖ ~**verstärkung** *f* (TV)
/ intensificador *f* de imagen, amplificación *f* de
imagen ‖ ~**verzerrung**, -verzeichnung *f* (TV) /
distorsión *f* de imagen, deformación *f* de la imagen ‖
~**verzerrung** *f* (infolge schlechter Synchronisierung)
(Radar, TV) / distorsión *f* por desincronización
momentánea ‖ ~**verzerrung** (infolge
Phasenschwankung) / distorsión *f* por fluctuación de
fase ‖ ~**vorlage** *f* (Foto, Zeichn) / modelo *m* ‖ ~**wand** *f*,
-schirm *m* (Film, Foto) / pantalla *f* de proyección ‖
~**wand** (Repro) / pantalla *f* opaca ‖
~**wandausleuchtung** *f* (Film) / luminancia *f* de la
pantalla ‖ ~**wanderung** *f* (Film, TV) / corrimiento *m* de
imagen ‖ ~**wandler** *m* (TV) / transformador *m* de
imagen, convertidor *m* de cuadro ‖
~**wandlerikonoskop**, Superikonoskop *n* (TV) /
superemitrón *m*, supericonoscopio *m* ‖
~**wandlermonitor** *m* (TV) / monitor *m* transformador
de imagen ‖ ~**wandlerröhre** *f* (TV) / tubo *m*
transformador de imagen ‖ ~**wandlerstufe** *f*,
Vorabbildungsteil *m* / paso *m* transformador de
imagen ‖ ~**wascher** *m* (Foto) / bañera *f* de lavado ‖
~**weberei** *f*, Damastarbeit *f* (Tex) / trabajo *m* de
adamascado ‖ ~**weberei**, Muster-, Jacquardweberei *f*
/ tejeduría *f* de dibujos, tejeduría *f* Jacquard ‖
~**wechselfrequenz** *f*, -[wechsel]zahl *f* (TV) / frecuencia
f de barrido vertical ‖ ~**[wechsel]zahl** *f*, Bildwechsel
m pl (Film) / imágenes *f pl* por segundo ‖ ~**weiche** *f*
(Mikrosk) / módulo *m* de observación ‖ ~**weise**
Schaltung (Film) / alimentación *f* intermitente o
imagen por imagen ‖ ~**weiß** *n* (TV) / nivel *m* del
blanco ‖ ~**weite** *f* / distancia *f* de la imagen ‖ ~**welle** *f*
(Mech) / árbol *m* virtual ‖ ~**werfer** *m*, Projektor *m*
(Opt) / proyector *m* ‖ ~**werfer**, Filmprojektor *m* /
proyector *m* de película ‖ ~**werfer für Stehbilder**,

[Epi]diaskop *n* / diascopio *m*, epidiascopio *m* ‖
~**werferlampe**, -wurflampe *f* / lámpara *f* de
proyección ‖ ~**werferraum** *m* (in dem die
Projektionsausrüstung installiert ist) / cabina *f* de
proyección ‖ ~**werk** *n* (Bau) / obra *f* plástica o de
escultura ‖ ~**wicklung** *f* (Spinn) / devanado *m* de cinta
‖ ~**wiedergabe** *f* (Foto) / reproducción *f* de la imagen ‖
~**wiedergabe aus Kassetten** (TV) / reproducción *f*
vídeo ‖ ~**wiedergaberöhre** *f* / tubo-pantalla *m*, tubo *m*
de imagen, cinescopio *m* ‖ ~**wiederherstellung** *f*
(Foto) / reconstrucción *f* de imagen, reconstitución *f*
de imagen ‖ ~**wiederholspeicher** *m* (DV) / memoria *f*
de representación ‖ ~**wiederholung** *f* (DV) /
regeneración *f* de la imagen ‖
~**wiederholungsfrequenz** *f* (Radar) / frecuencia *f* de
repetición del cuadro ‖ ~**winkel** *m* (Foto) / ángulo *m*
abarcador, ángulo *m* del campo ‖ ~**winkel** (Film) /
ángulo *m* de imagen ‖ ~**wirksam** / fotogénico ‖
~**wölbung** *f* (Opt) / curvatura *f* del campo ‖ ~**zahl** *f*
(Film) / imágenes *f pl* por segundo ‖ ~**zähler** *m*,
-zählwerk *n* (Film) / contador *m* de exposiciones,
contador *m* de [las] fotografías, cuentaimágenes *m* ‖
~**zeichen** *n* (allg, Druck) / símbolo *m* gráfico ‖ ~**zeile** *f*
(TV) / línea *f* de la imagen barrida ‖ ~**zeile**,
-unterschrift *f* (Druck) / leyenda *f* de una imagen ‖
~**-Zeit-Basis** *f* (Eltronik) / base *f* de tiempo de cuadro ‖
~**zerleger** *m* (TV) / analizador *m* de imágenes ‖
~**zerlegung** *f* (bei Aufnahme) (TV) / descomposición *f*
de la imagen, análisis *m* de imagen ‖
~**zusammensetzung** *f* (bei Wiedergabe) (TV) /
síntesis *f* de imagen ‖ ~**zwischenfrequenzfilter** *n* (TV)
/ filtro *m* de frecuencia intermedio de imagen ‖
~**zwischenfrequenzgleichrichter** *m*, -demodulator *m*
(TV) / demodulador *m* de frecuencia intermedia de
imagen ‖ ~**zylinder** *m* (Druck) / cilindro *m* grabado
Bilge *f* (Schiff) / sentina *f*, pantoque *m*
Bilgen•pumpe *f* / bomba *f* de sentina ‖ ~**rohr** *n* / tubo *m*
de sentina ‖ ~**wasser** *n* / agua *f* de sentina
Bilharziose *f* (Med) / bilharziosis *f*
Bilifuchsin *n* (Färb) / bilifuscina *f*
bilinear / bilineal
Bili•rubin *n* (Gallenfarbstoff) / bilirrubina *f* ‖ ~**verdin**
n (Gallenfarbstoff) / biliverdina *f*
"**Billard**"-**System** *n* (von Planet A zu B getrieben
werden) (Raumf) / sistema *m* billar
Billardtuch *n* (Tex) / tela *f* para billar
Billettdruckmaschine *f* (Druck) / máquina *f* impresora
de billetes (E), máquina *f* de emitir boletos (LA)
Billiarde *f*, 10^{15} / billarda *f*, mil billones (E), mil trillones
(LA)
billig, wirtschaftlich / económico, barato ‖ ~**tarifzeit** *f*
(Fernm) / horas *f pl* de tarifa reducida
Billikondensator *m* (Elektr) / capacitor *m* billi
Billingschrift *f* (Druck) / escritura *f* Billing
Billion *f*, 10^{12} / billón *m* (E), millón *f* de millones (LA),
mil billones (LA)
Billi•tonit *m* (Geol) / bilitonita *f* ‖ ~**tonzinn** *f* (Hütt) /
estaño *m* bilitonita o de Biliton
Billon *n* (Metall-Legierung) / billon *m*
Biluxlampe *f* (hist.) (Kfz) / lámpara *f* bilux
Bimetall *n* (Elektr, Regeln) / bimetal *m*, bilámina *f* ‖
~**auslöser** *m* / disparador *m* bimetálico ‖
~**druckplatte** *f* (Druck) / plancha *f* bimetálica de
impresión ‖ ~**relais** *n*, -schalter *m* (Elektr) / relé *m*
bimetálico ‖ ~**schalter** *m* (Heizgerät) / interruptor *m*
bimetálico ‖ ~**sicherung** *f* (Elektr) / cortacircuito *m*
bimetálico ‖ ~**streifen** *m* / tira *f* bimetálica, bilámina *f*
‖ ~**thermometer** *n* / termómetro *m* bimetálico ‖
~**thermostat** *m* / termóstato *m* bimetálico
bimodaler Zug (Straße-Schiene) / tren *m* bimodal
bimolekular / bimolecular
Bi-Motor-Technik *f* (Kfz) / tecnología *f* bimotor
Bims•beton *m* (Bau) / hormigón *m* [de piedra] pómez ‖
~**betonstein**, Schwemmstein *m* / ladrillo *m* de

hormigón con áridos de pómez ‖ ⁓diele f,
Bimsbeton-, -zementdiele f / tabla f de pómez
bimsen vt, dolieren (Leder auf der Fleischseite) (Gerb) /
apomazar ‖ ⁓, abbimsen, mit Bimsstein abschleifen /
apomazar, estregar con [piedra] pómez
Bims•hohlblockstein m (Bau) / bloque m hueco de
piedra pómez ‖ ⁓**kies**, Naturbimsstein m (Geol) /
pómez f natural ‖ ⁓**kreisel** m (Schuh) / disco m de
pulimentar ‖ ⁓**stein** m (Geol) / pómez f, piedra f
pómez, pumita f ‖ ⁓**steinpapier** n / papel m pómez ‖
⁓**steinpulver** n / polvo m de pómez ‖ ⁓**steinseife** f /
jabón m pómez ‖ ⁓**tuff** m, -konglomerat n / toba f de
[piedra] pómez
binär (Chem, Math) / binario ‖ ⁓**e Anzeige** / visualización
f binaria ‖ ⁓ **codiert dezimal**, BCD... (DV) / codificado
binario decimal ‖ ⁓ **er Direktwert** (DV) / término m de
autodefinición binario ‖ ⁓ **gesetzte
Dezimalschreibweise** / modo m decimal codificado
binariamente ‖ ⁓**e/ternäre inkrementale Darstellung**
(DV) / representación f de incrementos
binarios/ternarios ‖ ⁓**e Legierung** (Hütt) / aleación f
binaria ‖ ⁓**er Nullzustand** (DV) / estado m cero en
codificación binaria ‖ ⁓**e Pulslagenmodulation**
(Eltronik) / modulación f por desplazamiento binario
de fase ‖ ⁓**e Rechenoperation** (Math) / operación f
binaria ‖ ⁓**e Speicherzelle**, Binärzelle f, -element n
(DV) / célula f binaria ‖ ⁓**e Suche** (DV) / búsqueda f
por dicotomía ‖ ⁓**e synchrone Kommunikation**
(binary synchronous communication) / comunicación
f binaria síncrona ‖ ⁓**es System** (Hütt) / sistema m
binario ‖ ⁓**e Variable** (DV, Math) / variable f binaria ‖
⁓**e Verbindung** (Chem) / combinación f binaria ‖ ⁓**es
Verschieben** (DV) / desplazamiento m lógico ‖ ⁓
verschlüsselte Dezimalziffer / dígito m decimal
codificado binariamente ‖ ⁓**es Zahlensystem** (Math) /
sistema m numérico binario
Binär•anzeige f (DV) / visualización f binaria ‖
⁓**beziffnung** f / numeración f binaria ‖ ⁓**code für
Dezimalziffern** m (DIN) (DV) / código m decimal de
codificación binaria ‖ ⁓**codeumsetzer** m (DV) /
convertidor m de codificación binaria ‖ ⁓**-codierte
Darstellung** / representación f codificada
binariamente ‖ ⁓**codierung** f / codificación f binaria ‖
⁓**darstellung** f / representación f binaria ‖ ⁓**datei** f
(DV) / fichero m binario ‖ ⁓**daten** pl / datos m pl
codificados binariamente ‖ ⁓**-Dezimal-Umwandlung**
f / conversión f de binario a decimal ‖
⁓**-Dezimal-Wandler** m / conversor m binario-decimal
‖ ⁓**element** n (DV) / elemento m binario ‖ ⁓**inverter**
m (Eltronik) / inversor m binario ‖ ⁓**operator** m (DV) /
operador m binario ‖ ⁓**punkt** m (Math) / punto m
binario ‖ ⁓**signal** n (DV) / señal f binaria ‖ ⁓**stelle** f,
Bit n / dígito m binario, bit m, bitio m ‖ ⁓**system** n
(Math) / sistema m binario ‖ **im** ⁓**system ausgedrückt**
/ expresado en el sistema binario ‖ ⁓**untersetzer** m,
-zählstufe f (Eltronik) / divisor m binario ‖ ⁓**waffen** f pl
(Mil) / armas binarias f pl ‖ ⁓**zahl** f (Math) / número m
binario ‖ **zusammenhängendes** ⁓**zahlenwort** (DV) /
gulp m (EE.UU.) ‖ ⁓**zähler** m / contador m binario ‖
⁓**zeichen** n / carácter m binario ‖ ⁓**ziffer** f (IBM) (DV,
Math) / dígito m binario ‖ ⁓**ziffernreihe** f / secuencia f
binaria
binaural, zweiohrig (Akust) / binaural
Binde f, Band n / banda f ‖ ⁓, Verband m / venda f ‖ ⁓...,
Kohäsions... / coherente, cohesivo ‖ ⁓**balken**, -riegel
m (Hydr) / jácena f ‖ ⁓**balken**, Zugträger m (Bau) /
tirante m ‖ ⁓**balken** m (Dach) / viga f maestra, viga f
de unión ‖ ⁓**band** n / cinta f de atar ‖ ⁓**blech** n
(Stahlbau) / plancha f de unión ‖ ⁓**draht** m (Elektr) /
alambre m de (o para) atar, alambre m de ligadura ‖
⁓**draht** (Elektr, Fernm) / alambre m de empalme,
alambre m de amarre ‖ ⁓**draht** (Landw) / alambre m
para empacar ‖ ⁓**draht für Seile** / alambre f para
[a]barbetar cables ‖ ⁓**fäden** m pl (Tex) / hilos m pl de

ligadura ‖ ⁓**fähigkeit** f (Zement) / fraguabilidad f ‖
⁓**fehler** m (Schw) / falta m de unión, falta f de fusión ‖
⁓**festigkeit** f (Leim) (Tischl) / fuerza f de unión ‖
⁓**garn** n (Landw) / hilo m para agavillar ‖ ⁓**garn** (für
Ballen) (Landw) / bramante m para agavillar ‖
⁓**garnstrohpresse** f (Landw) / enfardadora f de
atadura con cordel ‖ ⁓**gewebsleim** m / colágeno m ‖
⁓**glied** n / eslabón m, ligadura f, unión f ‖ ⁓**kette** f
(Web) / urdimbre f de ligado ‖ ⁓**klammer** f (Bau, Tischl)
/ grapa f de unión ‖ ⁓**kraft**, -fähigkeit f, -vermögen n,
Klebkraft f (allg, Leim) / poder m aglutinante,
capacidad f aglutinante, adherencia f ‖ ⁓**kraft**,
Kohäsion f (Phys) / cohesión f, coherencia f, poder m
adhesivo ‖ ⁓**mäher** m, Mähbinder m (Landw) /
segadora-agavilladora f, segadora-atadora f ‖
⁓**mäher für Schlepperzug** (Landw) / segadora-atadora
f remolcada ‖ ⁓**maschine** f **für Schwellen** (Bahn) /
máquina f de atar las traviesas, máquina f de refuerzo
de las traviesas ‖ ⁓**metall** n (Sintern) / metal m base,
metal m de enlace ‖ ⁓**metall-Legierung** f (Sintern) /
aleación f de enlace
Bindemittel n, Binder m (Chem) / sustancia f
aglutinante, ligante m, aglutinante m ‖ ⁓, Kitt m (Bau)
/ masilla f, mastic m ‖ ⁓, Kleber m / adhesivo m ‖ ⁓,
Vehikel n (Farbe) / vehículo m ‖ ⁓ (Pulv.Met) /
plastificator m ‖ ⁓ (Schleifscheibe) / ligante m ‖
hydraulisches ⁓ (Straßb) / adhesivo m hidráulico ‖
⁓**abwanderung** f / migración f de adhesivos ‖
⁓**dispersion** f / dispersión f [de] aglutinante ‖
⁓**einspritzung** f (Straßb) / inyección f de sustancia
aglutinante ‖ ⁓**emulsion** f (Anstrich) / emulsión f
aglutinante ‖ ⁓**gehalt** m (Bau) / contenido m de
aglutinante ‖ ⁓**suspension** f (Anstrich) / suspensión f
de aglutinante ‖ ⁓**überzug** m (Straßb) / capa f adhesiva
superior
binden vt, ver-, zusammenbinden (allg) / atar, unir,
sujetar, liar, enlazar, encordelar ‖ ⁓ (Knoten),
knüpfen / anudar ‖ ⁓ (mit Draht), zusammenbinden /
alambrar ‖ ⁓ (Druck) / encuadernar, entapar (LA) ‖ ⁓
(Chem) / ligar, fijar[se], combinar, absorber ‖ ⁓,
anziehen, fassen vi (Mörtel) / fraguar ‖ **die Wärme** ⁓ o.
aufspeichern / acumular el calor ‖ **in Pappe** ⁓ /
encuadernar en cartón o en rústica o en holandesa ‖
Staub ⁓ / consolidar polvo ‖ ⁓, Schnüren n / atadura f
‖ ⁓, n, Bindung f, Verbinden n / ligado m ‖ ⁓
(Leitungsdraht) / ligado m ‖ ⁓, Einbinden n (Druck) /
encuadernación f ‖ ⁓, Abbinden n (Zement) /
fraguado m
Bindenaht f (Plast) / costura f de unión
bindend adj / aglutinante, adhesivo
Binde•phase f (Sintern) / período m de enlace ‖
⁓**programm** m (DV) / programa m de conexión ‖
⁓**punkt** m (Tex) / punto m de ligadura
Binder m (durchgehender Stein), Binderstein m (Bau) /
ladrillo m colocado a tizón, ladrillo m de tizón, tizón
m, asta f ‖ ⁓ (Dach) / viga f de unión, cepo m, cercha f,
cabriada f (LA) ‖ ⁓, Bindemittel m (Straßb) /
aglutinante m, sustancia f aglutinante ‖ ⁓ (Landw) s.
Mähbinder ‖ ⁓, Modulbinder m (DV) / compaginador
m de vinculación ‖ ⁓ **für Programme** (DV) / eslabón
m para rutinas ‖ **falscher** ⁓, ausgewechselter Balken,
Stichbalken m (Bau) / viga f coja ‖ ⁓**abstand** m,
-entfernung f / distancia f entre cerchas
Binderand m (Druck) / margen m para encuadernación
Binder•balken m (Dach), Bundbalken m / viga f de
unión, cepo m, viga f maestra ‖ ⁓**dach** f (Bau) / tejado
m de cerchas
Binderfei m (Fass) / aro m de barril
Binder•farbe f, Dispersionsanstrichmittel n (mit
Bindemittelsuspension) / pintura f de dispersión ‖
⁓**farbe** (mit Bindemittelemulsion) / pintura f a la
emulsión ‖ ⁓**film** m (Farbdruck) / película f ligante
Binde•riemen m / correa f de unión ‖ ⁓**ring** m **für
Planen** (Bahn) / argolla f para sujeción de toldos

Bindering

Binder•phase f (Sintern) / fase f de enlace || ~**schicht** f (Straßb) / capa f adhesiva || ~**schicht** (Bau) / ladrillos m pl colocados a tizón || ~**sparren** m, Bundsparren m (Zimm) / cabrio m principal, cabrio m de unión || ~**verband** m (Bau) / aparejo m a tizón
Binde•schicht f (Bau) / ligador m || ~**schicht** (Gummi) / capa f de ligadura, capa f de fijación || ~**strich** m / guión m || ~**strich**, Gedankenstrich m (je nach Dickte) (Druck) / raya f || ~**symbol** n (DV) / símbolo m de conexión || ~**ton** m (Keram) / arcilla f ligadora || ~**vermögen** n (Chem) / poder m de enlace || ~**vorrichtung** f (Landw) / mecanismo m agavillador
Bindfaden, Schur f / bramante m, guita f, piolín m (LA), piola f (LA) || ~ m, Packschnur f / cordel m, cuerda f || ~**rolle** f, -knäuel n / ovillo m de bramante || ~**rolle**, -abroller m / carrete m de bramante
bindig (Boden) / ligable, coherente, cohesivo
Bindigkeit f **des Bodens** / coherencia f del suelo
Bindigkeitsprüfung f (Straßb) / ensayo m de coherencia
Bind- und Flechtindustrie f / industria f de cintas tejidas y de trenzado
Bindung f, Binden n (allg) / atadura f, ligazón m, ligadura f || ~ (Chem, Phys) / enlace m || ~, Bindungsart f (Web) / ligamento m || ~ f (Schleifscheibe) / ligadura f || ~ (Schw) / unión f || ~ (Beton) / fraguado m || ~ (Ski) / fijación f, atadura f || ~ **mit Auslösung** / fijación f para salidas multidireccionales || **eine** ~ **zeichnen** (o. entwerfen) (Web) / poner en carta || **koordinative** ~ (Chem) / enlace m coordinativo o semipolar
Bindungs•art f (Phys) / tipo m de enlace || ~**bild** n (Web) / dibujo m del ligamento || ~**elektron** n (Chem, Phys) / electrón m de enlace || ~**energie** f (Nukl) / energía f de unión || ~**energie** (Phys) / energía f de enlace || ~**energie pro Partikel**, Bepp n (Nukl) / bepp m, energía f de unión per partícula || ~**fähigkeit** f (allg) / capacidad f ligante || ~**fähigkeit** (Chem) / capacidad f de combinación o de enlace || ~**fehler** m (Web) / error m de ligado || ~**isomer** n (Chem) / isómero m de enlace || ~**kraft** f (Chem) / fuerza f de unión || ~**lehre** f (Tex) / teoría f de los ligamentos || ~**muster** n, Webmuster n / puesta f en carta, dibujo m de ligamento || ~**ort** m, -stelle f, -zentrum n / sitio m ligante || ~**patrone** f (Web) / dibujo m de puesta en carta || ~**punkt** m (Tex) / punto m de ligamento || ~**rapport** m (Tex) / curso m de un ligamento, raporte m de ligamento || ~**struktur** f (Chem) / estructura f de ligado, estructura f de unión || ~**system** n (Chem) / sistema m de unión || ~**wärme**, Hydratationswärme f / calor m de formación, calor m de hidratación, calor m de combinación || ~**wechsel** m (Web) / cambio m de ligamento || ~**wertigkeit** f (Chem) / covalencia f || ~**zeichnung** f (Web) / ligamento m puesto en carta
Bineutron n, Dineutron n (Nukl) / bineutrón m
Binge f, [Boden]einbruch m (Bergb, Geol) / socavón m
Binghamscher Körper (Phys) / cuerpo m plástico de Bingham
Binistor m (bistabiles Kippglied) (Eltronik) / binistor m
Binit, Bit n (DV) / binit m, bit m, bitio m
binnen•bords (Schiff) / dentro del barco o de la borda || ~**container** m (Transp) / contenedor m para tráfico interior || ~**deich** m (Hydr) / dique m interior || ~**gewässer** n pl / aguas f pl continentales, aguas f pl interiores || ~**hafen** m, Flussschiffhafen m / puerto m fluvial, hidropuerto m (URU) || ~**hafen**, Hafenbecken n / puerto m interior || ~**hafen-Bahnhof** m / estación f fluvial || ~**haut** f (Schiff) / vagra f, forro m de casco (E), vagara f (LA) || ~**kanal** m / canal m de navegación interior || ~**kiel** m (Schiff) / quilla f interna || ~**schiff** n / buque m de navegación interior, barco m fluvial || ~**schifffahrt** f / navegación f interior, navegación f por aguas interiores || ~**steven** m (Schiff) / roda f falsa || ~**tanker** m / petrolero m fluvial || ~**verkehr** m / tráfico m interior || ~**verkehr** (innerhalb eines Netzes) / tráfico m local (dentro de

una red férrea) || ~**wasserstraße**, -schifffahrtsstraße / vía f de navegación interior
Binnit m (von Des Cloiseau) (Min) / binita f, dufrenoisita f
Binodalkurve f (Eltronik) / curva f binodal
Binode, Doppeldiode f (Eltronik) / binodo m
binokular (Opt) / binocular || ~**lupe** f / lupa f binocular || ~**mikroskop** n / microscopio m binocular || ~**tubus** m / tubo m binocular
Binom n (Math) / binomio m
Binomial•koeffizient m / coeficiente m binomio o binómico || ~**satz** m / teorema m binomio || ~**-Torder** m (Wellenleiter) / torcedor m binomio || ~**verteilung** f, binomische Verteilung (Stat) / distribución f binómica
binomisch, binomial (Math) / binomio, binómico || ~**e Gleichung** / ecuación f binómica || ~**e Reihe** / serie f binómica
Bio• ... s. a. biologisch || ~**akustik** f / bioacústica f || ~**alkohol** m (Chem) / bioalcohol m || ~**astronautik** f / bioastronáutica f || ~**bewuchs** m (Schiff) / bioincrustación f || ~**brennstoff** m (Kfz, Umw) / biocombustible m || ~**chemie** f / bioquímica f || ~**chemisch** / bioquímico || ~**chemischer Sauerstoffbedarf**, BSB (Abwasser) / demanda f bioquímica del oxígeno, d.b.o. || ~**chip** n (Eltronik) / biochip m || ~**chip-Reader** m / lector m debiochips || ~**diesel** m (RME, Rapsmethylester) / biogasóleo m || ~**diversität** f, biologische Artenvielfalt (Umw) / biodiversidad f
Biodom m (großer Pflanzen- und Tiergarten unter Glaskuppel) / biodomo m
Bio•dynamik f / biodinámica f || ~**dynamisch** / biodinámico || ~**elektrisch** / bioeléctrico || ~**elektrizität** f / bioelectricidad f || ~**elektromagnetik** f / bioelectromagnetismo m || ~**elektronik** f / electrónica f biológica, bioelectrónica f || ~**energetik** f (Phys) / bioenergética f || ~**erosion** f (Umw) / bioerosión f || ~**ethanol** n, Biosprit m / bioetanol m || ~**feedback** m / circuito m recurrente biológico, biofeedback m || ~**feststoffe** m pl / sólidos m pl biológicos || ~**gas**, Faulgas m (Landw, Umw) / gas m de estiércol, biogás m || ~**gasherd** m / digestor m de biogás, biodigestor m || ~**gas-Stromerzeuger** m / biodigestor m para generación de electricidad || ~**gen**, aus Leben entstanden / biógeno || ~**genes Gestein** n, Biolith m (Min) / roca f biolítica || ~**genese** f / biogénesis f || ~**genetisches Grundgesetz oder Grundregel** / ley f biogenética fundamental [de Haeckel] || ~**geochemie** f / biogeoquímica f || ~**geochemisch** / biogeoquímico || ~**geographie** f / biogeografía f || ~**hybrid-Maschine** f (Med) / máquina f biohíbrida || ~**indikator** m (Umw) / indicador m biológico || ~**industrie** f / bioindustria f || ~**informatik** f / bioinformática f || ~**instrumentierung** f (DV) / bio-instrumentación f || ~**katalysator** m / biocatalizador m || ~**klima** m || ~**klimatologie**, Bioklimatik f (Landw, Med) / bioclimatología f || ~**konversion** f (Umw) / bioconversión f || ~**kraftstoff** m (Kfz, Umw) / biocombustible m || ~**kristall** m / biocristal m || ~**kristallographie** f / biocristalografía f || ~**kybernetik** f / biocibernética f || ~**lase** f (Chem) / biolasa f || ~**lith** m / biolito m || ~**loge** m / biólogo m || ~**logie** f / biología f
biologisch / biológico || ~**er Abbau** (Umw) / biodegradación f, degradación f biológica, degregación f biológica || ~ **abbaubar** / biodegradable, biodegregable || ~**e Abbaubarkeit** / biodegradabilidad f, degregabilidad f biológica || ~**e Abfallstoffe** m pl (Raumf) / desperdicios m pl biológicos || ~**e Abschirmung**, biologischer Schild (Nukl) / blindaje m biológico, pantalla f biológica, escudo m biológico || ~**es Bauen** / bioconstrucción f || ~**er Betonschild** (Reaktor) / pantalla f de hormigón

para la protección biológica ‖ ~er **Dünger** (Landw) / bioabonos *m pl* (sólidos o líquidos) ‖ ~e **Halbwert[s]zeit** (Nukl) / período *m* biológico ‖ ~er **Isolieranzug** (Raumf) / traje *m* espacial de aislamiento biológico ‖ ~e **Kampfmittel** *n pl* (Mil) / armas *f* biológicas ‖ ~e **Klärgrube** (Abwasser) / pozo *m* séptico ‖ ~e **Konzentration** (Umw) / concentración *f* biológica ‖ ~er **Landbau** / agricultura *f* biológica o filoecológica ‖ ~e **Prüfung**, Biotest *m* / bioensayo *m*, ensayo *m* biológico ‖ ~er **Rasen** (Abwasser) / film *m* filtrante, cesped *m* bacteriano ‖ ~es **Röntgenäquivalent**, rem, Rem *n* (Med, Nukl) / rem *m* ‖ ~er **Sauerstoffbedarf**, BSB (Abwasser) / demanda *f* biológica de oxígeno, DBO ‖ ~es **Spektrum** / espectro *m* biológico ‖ ~er **Strahlenschaden** (Med, Nukl) / lesión *f* biológica causada por las radiaciones ‖ ~e **Uhr** / reloj *m* biológico ‖ ~ **zersetzbar** (Umw) / biodegradable, biodegregable ‖ ~-**medizinisch** / biomedicinal, biomédico
Bio•lumineszenz *f* (Zool) / bioluminiscencia *f* ‖ ≗**lyse** *f* / biólisis *f* ‖ ≗**masse** *f* (Bot) / biomasa *f* ‖ ≗**massekraftwerk** *n* / central *f* térmica de biomasa ‖ ≗**mathematik** *f* / biomatemáticas *f pl* ‖ ≗**mechanik** *f* / biomecánica *f* ‖ ~**medizinische Technik** / técnica *f* biomedicinal ‖ ~**medizinischer Reaktor**, biologisch-medizinischer Reaktor / reactor *m* biomedicinal ‖ ≗**membranreaktor** *m* / reactor *m* de biomembrana(s) ‖ ≗**meteorologie** *f* / biometeorología *f* ‖ ≗**metrik**, -metrie *f*, biologische Statistik / biometría *f*, biométrica *f*, bioestadística *f* ‖ ~**metrische Identifizierung** (Polizei) / identificación *f* biométrica ‖ ≗**mineralisation** *f* / biomineralización *f* ‖ ~**molekularer Funktionsablauf** / proceso *m* biomolecular
Biomonitoring *n* (Nachweis von Schadstoffen) (Umw) / biomonitoring *m*
Bio•müll *m* (Umw) / biobasura *f* ‖ ~**negativ** / bionegativo
Bionik *f* / biónica *f*
Bio•nutzlastbehälter *m* (Raumf) / depósito *m* de carga útil biológica ‖ ≗**ökologie** *f* / bioecología *f* ‖ ≗**photonik** *f* (untersucht Emission von Lichtquanten von Pflanzen und Tieren) / biofotónica *f* ‖ ≗**physik** *f* / biofísica *f* ‖ ≗**radiotelemetrie** *f* (Verm) / biorradiotelemetría *f* ‖ ≗**raffinerie** *f* / biorrefinería *f* (aceites vegetales)
Bios *n* (Flora und Fauna eines Gebiets) / biota *f* ‖ ≗ **I**, Inosit I *m* (Chem, Pharm) / bíos *m* I, inosita *f* I
Biosatellit *m* (Raumf) / biosatélite *m*
Biose *f*, Disaccharid *n* (Chem) / biosa *f*
Bio•sensor *m* / biosensor *m*, sensor *m* biológico ‖ ~**solar** / biosolar ‖ ≗**sphäre** *f* (Umw) / bioesfera *f*, biosfera *f* ‖ ≗**sprit** *m* (Kfz) / biocombustible *m*, biogasolina *f* ‖ ≗**synthese** *f* / biosíntesis *f* ‖ ≗**system** *n* / sistema *m* biológico ‖ ≗**technik** *f* / bioingeniería *f*, biotecnia *f* ‖ ≗**technologie** *f* (Lehre von der Biotechnik) / biotecnología *f*, tecnología *f* biológica ‖ ≗**telemetrie** *f* (Raumf) / biotelemetría *f*
Biotin, Anorthit *m* (Min) / biotina *f* ‖ ≗ *n*, Vitamin *n* H (Pharm) / biotina *f*, vitamina *f* H
biotisch, Lebens... (Biol) / biótico ‖ ~er **Faktor** / factor *m* biótico
Biotit *m* (Glimmer) (Min) / biotita *f* (mica)
Bio•top *n* (Biol) / biotopo *m*, biótopo *m* ‖ ≗**transport** *m* (Labor) / biotransporte *m* ‖ ≗**treibstoff** *m* (Kfz, Umw) / biocombustible *m*
Biotronik *f* / biotrónica *f*
Biot-Savartsches Gesetz (Phys) / ley *f* de Biot-Savart
Bio-Wissenschaft *f* / biología *f*, ciencia *f* biológica
Bi•oxalat *n* (Chem) / bioxalato *m* ‖ ≗**oxid** *n*, Dioxid *n* / bióxido *m*
Bio•zelle *f* (Elektr) / pila *f* bioeléctrica ‖ ~**zid** *adj* (Chem) / biocida *adj* ‖ ≗**zid** *n* / biocida *f*
Biozönose *f*, Biozön *n* / biocenosis *f*

Biozyklus *m* / biociclo *m*
BIP (= Bruttoinlandsprodukt) (Wirtsch) / PIB (= Producto Interior Bruto)
Biphenol A-diglycidylether *m* (Chem) / BADGE *m* (= bifenol A-diglicidiléter)
Bipod-Mast *m* (Schiff) / mástil *m* bípode
bipolar (Elektr, Phys) / bipolar ‖ ~er **Code hoher Dichte** / código *m* bipolar de alta densidad ‖ ~er **Kondensator** / capacitor *m* bipolar ‖ ~e **Technik** (Halbl) / técnica *f* bipolar
Bipolarität *f* / bipolaridad *f*
Bipolar•schaltung *f* / circuito *m* bipolar ‖ ≗**transistor** *m* / transistor *m* bipolar
Biprisma *n* (Opt) / biprisma *m*
Bipropellerturbine *f* / biturbohélice *f*
biquadratisch (Math) / bicuadrático
biquinär, Biquinär... (Math) / biquinario ‖ ≗**code** *m* / código *m* biquinario
Bireflexion, Reflexionspleochroismus *m* (Krist) / reflexión *f* doble
Birefringenz *f*, Doppelbrechung *f* (Opt) / birrefringencia *f*
Birke *f*, Betula (Forstw) / abedul *m*
Birken•holz *n* / madera *f* de abedul ‖ ≗ **[holz]teer** *m* (aus Betula alba) (Chem) / alquitrán *m* de abedul, brea *f* de abedul ‖ ≗**maser** *f* (Forstw) / abedul *m* matizado, abedul *m* con veta
Birma•-Eisenholz *n* / pyinkado *m* ‖ ≗**-Teakholz** *n* / teca *f* de Birmania
Birnbaumholz *n* / madera *f* de peral
Birne *f*, Konverter *m* (Hütt) / convertidor *m* ‖ ~, Glühlampe *f* (Elektr) / bombilla *f*, bulbo *m*, bombillo *m* (COL), foco *m* (ARG, MEJ, PER, VEN), ampolleta *f* (CHIL)
Birnen•aggregat *n* (Turbine) / grupo *m* bulbo ‖ ≗**blattsauger** *m* (Landw, Zool) / psila *f* del peral, psílido *m* del peral ‖ ≗**blitz** *m* (einmal verwendbar) (Foto) / lámpara *f* de destello ‖ ≗**ester** *m* (Chem) / isoamilacetato *m* ‖ ~**förmig** / periforme, piriforme, en forma de pera ‖ ≗**futter** *n* (Hütt) / forro *m* de convertidor ‖ ≗**schalter** *m* / interruptor *m* en forma de pera ‖ ≗**schorf** *m*, Venturia pirina (Bot, Landw) / roña *f* de las peras
Birotation *f* (Chem) / birrotación *f*
bis (örtl. u. zeitl.) / hasta
Bisazofarbstoff *m* (Chem) / colorante *m* bisazoico
B-ISDN, Breitband-ISDN *n* (Fernm) / RDSI *f* de banda ancha
bi•sektionelles Suchen (DV) / búsqueda *f* por dicotomía ‖ ≗**sektrix** *f* (Krist) / bisectriz *f* ‖ ≗**silikat** *n* (Chem) / bisilicato *m*
Biskuit *m*, getrockneter Emailauftrag (Keram) / bizcocho *m* ‖ ≗**brand** *m* (Keram) / segunda *f* cochura ‖ ≗**ofen** (Keram) / horno *m* para la segunda cochura ‖ ≗**porzellan** *n* (mattweißes Porzellan) / bizcocho *m*, porcelana *f* de doble cochura
Bismarckbraun *n*, Vesuvin (Färb) / pardo *m* de Bismarck, vesubina *f*
Bismuthinit, Bismutin, Wismutglanz *m* (Min) / bismuto *m* brillante, bismutinita *f*, bismutinita *f*
Bismutit, Wismutspat *m* / bismutita *f*
Bismutylnitrat *n* (Chem) / bismutilnitrato *m*
Bison *m* (Schneidfase der Schere) (Wz) / faceta *f* del filo
bisphärisch (Opt) / biésferico
Bisphenoid *n* (Krist) / bisfenoide *m*
Biss *m* / mordisco *m*
Bisswinkel *m* (Brecher) / ángulo *m* de mordisco
bistabil (Eltronik) / biestable ‖ ~es **Bauelement** (Eltronik) / elemento *m* biestable ‖ ~es **Kippglied**, Flip-Flop *n*, bistabiler Multivibrator (Eltronik) / basculador *m* biestable ‖ ~er **Kreis** / circuito *m* biestable ‖ ~er **Kreis**, Zweifachuntersetzer *m* / circuito *m* de escala de dos, circuito *m* de escala binaria ‖ ~es

bistabil

Relais / relé *m* biestable ‖ ~**er Speicher** (DV) / memoria *f* biestable
Bistabilität *f* (Opt) / biestabilidad *f*
bister *adj*, bisterfarben / bistre *adj* ‖ ~ *n* (Farbe) / bistre *m*
Bi•sulfat *n* (Chem) / bisulfato *m* ‖ ~**sulfid** *n*, Disulfid *n* / bisulfuro *m* ‖ ~**sulfit** *n* / bisulfito *m*
Bit *m* (Schraubeinsatz für Bohrmaschinen) / broca *f*, mecha *f*
Bit *n* (DV) / bit *m*, bitio *m*, dígito *m* binario ‖ ~**s eliminieren** (DV) / quitar bits o bitios ‖ ~ **je Sekunde** *n pl* / bit *m* por segundo (bps)
bitadressierbare Darstellung / representación *f* punto a punto, representación *f* bit-mapped
Bitangente *f*, Doppeltangente *f* (Math) / bitangente *f*
Bitanzahl *f* (DV) / número *m* de dígitos binarios
Bitartrat *n* (Chem) / bitartrato *m*
Bit•bündel *n* (DV) / ráfaga *f* de bits ‖ ~**dichte** *f* (DV) / densidad *f* de bits ‖ ~**dichte 8 bit/mm** / densidad *f* de ocho bits por mm ‖ ~**ebene** *f* (DV, Speicher) / plano *m* de bitios
biternär / biternario
Bit•fehlerquote *f* (DV) / cuota *f* de bits erróneos, proporción *f* de errores en los bitios ‖ ~**fluss** *m*, Bitstrom *m* (DV) / flujo *m* de bitios, tren *m* binario ‖ ~**folge** *f* / secuencia *f* de bits ‖ **feste** ~**gruppe**, Maske *f* (DV) / máscara *f* ‖ ~**kette** *f* (DV) / cadena *f* o serie de bit ‖ ~**-Kombination** *f*, Bitmuster *n*, -struktur *f* (DV) / combinación *f* de bits, configuración *f* de bitios ‖ ~**map** *n* (DV) / mapa *m* binario de bitios ‖ ~**parallel** (DV) / paralelo por bitio ‖ ~**rate** *f* (DV) / régimen *m* de bits ‖ ~**ratenkompression** *f* (DV) / compresión *f* de juegos de bitios ‖ ~**reihe** *f* / juego *m* de bitios, conjunto *m* de bitios
Bitruder *m* (Plast) / extrusionadora *f* de dos hélices
Bit•/Sekunde (DV) / bitios *m pl* por segundo ‖ ~**seriell** (Eltronik) / serial por bitios, en serie bit a bit ‖ ~**-Slice-Processor** *m*, kaskadierbarer Prozessor / sistematizador *m* en cascada ‖ ~**-sparsam** (DV) / eficiente en bitios ‖ ~**takt** *m* / ritmo *m* de bitios
Bitte warten! (Fernm) / ¡ no cuelgue !, ¡ no corte !
bitter, herb (Geschmack) / amargo ‖ ~**erde** *f* / magnesia *f*, óxido *m* magnésico ‖ ~**holz** *n*, Quassia *f* (Bot) / cuasia *f* ‖ ~**keit**, Herbe *f* (Nahr) / amargura *f* ‖ ~**klee** *m* (Pharm) / trébol *m* de agua, meniantо *m* ‖ ~**magnet** *m* (nach Francis Bitter) (Elektr) / imán *m* de Bitter ‖ ~**mandelgrün** *n* (Farbstoff) / verde *m* de benzaldehído ‖ ~**mandelöl** *n*, Benzaldehyd *m* (Chem, Pharm) / esencia *f* de almendra amarga, benzaldehído *m* ‖ ~**salz** *n*, Epxomsalz *m* / sal *f* amarga, sal *f* de Epsom, sulfato *m* de magnesio ‖ ~**salzappretur** *f* (Tex) / apresto *m* de sal amarga ‖ ~**spat** *m*, Magnesiumcarbonat *m* (Chem) / magnesita *f*, carbonato *m* de magnesio ‖ ~**spule** *f* (Phys) / bobina *f* de Bitter ‖ ~**stoff** *m* (Chem) / principio *m* amargo ‖ ~**stoff**, -mittel *n* (Brau) / amargante *m*, composición *f* amarga ‖ ~**stoffwert** *m* (Brau) / poder *m* del amargante ‖ ~**streifen** *m pl* (Magnet) (Elektr, Phys) / figuras *f pl* de Bitter
Bit-Übertragungsschicht *f*, Schicht 1 *f* (OSI) / capa *f* física, capa *f* 1
Bitukies *m* (Straßb) / capa *f* bituminosa de base
Bitumen *n*, Asphaltbitumen *n* (Bau) / betún *m*, asfalto *m*, bitumen *m* (LA) ‖ ~**...** / bituminoso, de betún, embetunado ‖ ~ *n* **für Schwarzdeckenmischgut** (Straßb) / asfalto *m* de petróleo ‖ **in** ~ **umwandeln** / bituminizar ‖ ~**anstrich** *m* (Bau) / pintura *f* bituminosa ‖ ~**-Asbest-Überzug** *m* / capa *f* de betún y de amianto ‖ ~**beschichtung** *f*, recubrimiento *m* bituminoso ‖ ~**beständig** (Plast) / resistente al betún ‖ ~**beton** *m*, Asphaltbeton *m* / hormigón asfáltico *f* ‖ ~**dachpappe** *f* / cartón *m* embetunado ‖ ~**decke** *f* (Straßb) / pavimento *m* de betún, firme *m* bituminoso ‖ ~**emulsion** *f* (Bau) / emulsión *f* asfáltica o de betún ‖ ~**erzeugnis** *n* / producto *m* bituminoso ‖ ~**haltig** / bituminoso, asfáltico ‖ ~**heiß- o. -kaltanstrich** *m*, Goudron *m n* (Straßb) / goudron *m* ‖ ~**-Holzfaserplatte** *f*, BPH / placa *f* de fibra de madera asfaltada ‖ ~**isolierpappe** *f* / cartón *m* bituminoso de aislamiento ‖ ~**kitt** *m* / masilla *f* bituminosa ‖ ~**klebstoff** *m* / pegamento *m* bituminoso ‖ ~**kocher** *m*, -kessel *m* (Straßb) / caldera *f* de betún ‖ ~**-Korrosionsschutz** *m* (Rohre) / recubrimiento *m* anticorrosivo de betún ‖ ~**lack** *m* / barniz *m* bituminoso ‖ ~**pappe** *f* (Bau) / cartón *m* embetunado ‖ ~**pressmassen** *f pl* / materiales *m pl* de moldeo bituminoso ‖ ~**splitt** *m* (Straßb) / gravilla *f* embetunada
Bitumen- und Teerspritzmaschine *f* / bituminadora-alquitranadora *f*
Bitumenzwischenlage *f* (Straßb) / capa *f* intermedia bituminosa
bituminieren *vt*, mit Bitumen bestreichen (Bau) / embetunar, asfaltar, bituminizar ‖ ~ *n* / embetunado *m*, asfaltado *m*
bituminiert•e Dehnungsfuge / junta *f* de expansión asfáltica ‖ ~**es Kraftpapier** / papel *m* kraft embetunado ‖ ~**es Papier**, Teerpapier *n* / papel *m* embreado ‖ ~**er Zuschlag**, Asphaltsplitt *m* (Straßb) / gravilla *f* embetunada o bituminada
Bituminit *m* (Min) / bituminita *f*
bituminös (Bau) / bituminoso ‖ ~**es o. teerhaltiges Bindemittel** (Straßb) / ligante *m* bituminoso ‖ ~**e Braunkohle** / lignito *m* bituminoso ‖ ~**er Dachbelag** (Bau) / alquitrán *m* para revestimiento de techos/cubiertas ‖ ~**e Makadamdecke** (o. Schotterdecke) (Straßb) / tarmacadam *m* ‖ ~**er Maueranstrich** (o. Betonanstrich) / pintura *f* bituminosa de muros ‖ ~**e Mischanlage** / mezcladora *f* bituminosa ‖ ~**er Schiefer** (Geol) / esquisto *m* bituminoso, pizarra *f* bituminosa ‖ ~**es Sedimentärgestein** / roca *f* sedimentaria bituminosa ‖ ~**e Siegelschicht** (Straßb) / capa *f* bituminosa de cierre ‖ ~**e Tragschicht** (Straßb) / capa *f* bituminosa de base
bitverschachtelt (DV) / con bitios intercalados
Biuret *n* (Chem) / biuret *m*, amida *f* alofánica
bivalent, zweiwertig (Chem) / bivalente ‖ ~**er Kabelcode** (Elektr) / código *m* bivalente para cablegrafiado ‖ ~**es Kfz** (Elektro- u. Verbrennungsmotor bzw. Erdgas- u. Benzinmotor) / vehículo *m* automóvil bivalente
bivariant, mit zwei Veränderlichen (Math) / bivariante
Bixenon-Scheinwerfer *m pl* (Kfz) / faros *m pl* bixenón (direccionales), luces *f pl* bixenón (direccionales)
Bixin *n* (Färb) / bixina *f*
B-Kanal *m*, Basiskanal *m* (Fernm) / canal *m* B de transmisión
b-Komplement *n* (Math) / complemento *m* de base
BKW, Bahnkesselwagen *m* / vagón *m* cisterna
bl (Fernm) = blau / azul
Blackband *n* (Bergb) / blackband *m*, hierro *m* carbonatado litoideo
Blackbox *f*, Flugschreiber *m* (Luftf) / caja *f* negra
Black•box *f* (Gerät unbekannten Aufbaus) / caja *f* negra, aparato *m* autónomo ‖ ~**butt** *m* (Schwarzgummibaum) / eucalipto *m* pilularis ‖ ~ **Death** (Halbl) / muerte *f* negra
Blackout *m* (totaler Stromausfall) (Elektr) / apagón *m*
Blade•-Server *m* (DV) / servidor *m* tipo "blade" ‖ ~**-Technologie** *f* / tecnología *f* "blade"
Blähbeton / hormigón *m* expandido o expansivo
blähen, treiben *vi* (Koks) / hinchar, inflar *vi* ‖ ~ (sich) / hincharse, inflarse
blähend (Kohle) / hinchante
Bläh•mittel *n* (Gummi, Plast) / agente *m* espumante, agente *m* expansionante, agente *m* hinchante ‖ ~**schiefer** *m* (Min) / pizarra *f* expansiva ‖ ~**schlamm** *m* (Abwasser) / lodo *m* hinchado ‖ ~**ton** *m*, Quellton *m* (Keram) / arcilla *f* expansiva o esquistosa

Blähung f (Keram) / exfoliación f
Blähzahl f, Blähgrad m (Steinkohle) / grado m de hinchamiento
Blake-Backenbrecher m (Bergb) / quebrantadora f tipo Blake
blaken vi (Lampe, Brenner), rauchen / humear
Blake-Nähmaschine f (Schuh) / cosedora f Blake
blanchieren vt (Lebensmittel) / blanquear || ~, schlichten (Leder) / planchar
Blanc-fixe n, Permanentweiß n (Bau) / blanco m fijo, sulfato m de bario
Blanchieren n (Leder) / planchado m
Blanchiermaschine f (Leder) / máquina f para planchar o blanquear
blank adj, weiß / blanco || ~, glänzend / brillante, pulido, bruñido, blanco || ~, nackt (Elektr, Leiter) / desnudo || ~, geläutert (Glas) / refinado || ~ **beizen** (Hütt) / decapar [al] brillante || **~es o. einfaches Bleikabel** / cable m liso con una cubierta de plomo || **~er Draht** (Elektr) / alambre m desnudo || **~er Flachstahl** / llanta f blanca || ~ **gedreht** (Wzm) / torneado brillante || ~ **geglüht** / recocido al brillante || ~ **gewalzt** / laminado brillante || ~ **geworden** (Schleifsch) / embotado || ~ **gezogen** (Draht) / trefilado brillante || ~ **gezogen** (Stanz) / estirado brillante || ~ **glühen** / recocer brillante || ~ **härten** / templar brillante || **~es Kabel** / cable m liso || **~e Mutter** / tuerca f brillante || ~ **polieren** vt / pulir brillante, pulimentar brillante, bruñir || ~ **poliert** / pulido al brillo, bruñido || ~ **reiben** / frotar brillante || **~er Rundstahl** / acero m redondo brillante || ~ **schleifen** / rectificar brillante, bruñir || **~e Schraube** / tornillo m bruñido || **~er Stahl** / acero m brillante || **~e Teile** n pl (Masch) / piezas f pl bruñidas || **~e Unterlegscheibe** / arandela f bruñida || ~ **walzen** (Hütt) / laminar brillante || ~ **ziehen** (Stanz) / estirar brillante || ~ ~ n (DV) / blanco m
Blank•bearbeitung f (durch Polieren, Schleifen usw.) / bruñidura f, bruñimiento m, bruñido m || **~blech** n / chapa f pulimentada || **~brennen** n (Lackentfernung) / mordentado m brillante || **~draht** m / alambre m desnudo || **~drahtelektrode** f (Schw) / electrodo m [de alambre] desnudo || **~drehen** n (Wzm) / torneado m al brillante, bruñidura f [al torno] || **~druck** m (Druck) / blanco m
Blanket n (Brutreaktor) (Nukl) / capa f fértil, capa f regeneratriz
Blankett n, ausgestanzter Rohling / rodaja f
Blank•fix n, Blanc-fixe m (Bau) / blanco m fijo, sulfato m de bario || **~glühen** n (Hütt) / recocido m brillante || **~glühofen** m (Hütt) / horno m de recocer sin oxidación, horno m de recocido brillante || **~haken** n (Dach) / gancho m del tejado || **~hart** (Hütt) / blanco duro, duro brillante || **~hart gewalzt** / laminado duro brillante || **~härten** n / templado m [al] brillante, temple m [al] brillante || **~härteöl** n / aceite m para templado brillante || **~kochen** n (Zuck) / cocción f al vacío sin cristalización || **~leder**, Geschirrleder n / cuero m para arneses
Blanko•-Fahrausweis m (Bahn) / billete m blanco, billete m omnibús || **~taste** f / tecla f sin etiqueta
Blank•scheibe f (Opt) / pantalla f transparente || **~schneiden** n, Feinstanzen n / estampación f de precisión || **~seite** f (Druck) / página f en blanco || **~seite des Films** (Foto) / superficie f sin emulsión || **~stahl** m (Hütt) / acero m brillante || **~taste** f, Abstandstaste f (DV, Fernm) / tecla f de espacios || **~verdrahtung** f (Eltronik) / alambrado m desnudo || **~walzöl** n / aceite m para laminado al brillante || **~weich** (Hütt) / blanco brillante || **~ziehen** n (Stanz) / estirado m al brillante
Blas•... / soplador adj || **~apparat** m (Hütt) / sopladora f, aparato m soplador || **~automat** m (Plast) / sopladora f automática
Blasbarkeit, Blaseigenschaft f (Hütt) / soplabilidad f

Blas•bitumen n (Bau) / betún m soplado || **~-Blasemaschine** f (Glas) / máquina f "blow-and-blow"
Bläschen n / burbujita f
Blas•dorn m (Glas, Hütt) / espiga f de soplado || **~düse** f, -mundstück n (Glas) / boquilla f de soplar || **~düse**, -mundstück n (Sandstrahlen) / tobera f de chorreado || **~düse**, -form f (Hütt) / tobera f soplante o de soplado
Blase f (allg, Gieß, Plast) / burbuja f, ampolla f, pompa f || ~, Dampfblase f / burbuja f de vapor || ~ (Gieß) / escarabajo m, sopladura f, merma f || ~, Gasblase f (Schw) / sopladura f || ~ (Pap) / burbuja f, ampolla f || ~ (Gummi) / bolsa f de goma [inflable] || ~ (Glas) / burbuja f pequeña || ~, Destillierkolben m (Chem) / alambique m, retorta f || **~n bilden** (Farbe) / formar burbujas || **~n erzeugend**, Blasen ziehend / que forma burbujas || **~n werfen** / burbujear || **~n ziehen** (o. bilden), sich mit Blasen bedecken / cubrirse de burbujas || **aufgeplatzte** ~ (Gummi, Plast) / burbuja f reventada
Blasebalg m (Hütt) / fuelle m || ~ (Schm) / barquín m, pava f || **großer** ~ / pava f
Blaseignung f, Verblasbarkeit f (Hütt) / soplabilidad f
blasen (allg, Glas) / soplar || ~, sandstrahlen / chorrear f con arena || **Glas** ~ / soplar vidrio || **in die Tüte od. ins Röhrchen** ~ (Alkoholtest) (Kfz) / dar el soplo || **~ n** (Glas, Hütt) / sopladura f, soplado m, conformado m por soplado || **~n gegen Formskelett** (Plast) / soplado m contra plantilla || **~ in geschlossene Form** (Plast) / soplado m en molde cerrado || **~ ohne Form** (Plast) / soplado m libre || **~ von der Seite** (Plast) / soplado m lateral
Blasen•bahn f (Torpedo) / trayectoria f de burbujas || **~beton** m (Bau) / hormigón m de aire ocluido || **~bildung** f (Email, Farbe, Sintern, Stahlblock) / formación f de burbujas || **~bildung**, Gasen n (Akku) / gaseado m, formación f de burbujas || **~bildung** (Reaktorbrennstoff) / vesiculación f || **~bildung** (Sintern) / picadura f || **~destillation** f (Chem) / destilación f discontinua o por lotes || **~frei** (Schw) / exento de burbujas || **~frei** (Tanken) / sin burbujas || **~helm** m (Chem) / colector m [de destilación] || **~kammer** f (Nukl) / cámara f de burbujas || **~kompensator** m (Opt) / compensador m de burbuja || **~krepp** m (Tex) / tejido m fruncido, cloqué m || **~kupfer** n (98,5 - 99,5% Cu) (Hütt) / cobre m ampolloso || **~loch**, Schlackenloch n (Defekt, Hütt) / agujero m de rechupe || **~packung** f (Verp) / envase m de burbujas, sellado m en burbujas, blister m || **~punkt** m (Öl) / punto m de burbujeo || **~säule** f (Chem) / columna f de burbujeo, torre f de burbujeo || **~sieden** n (Nukl) / ebullición f nuclear || **~speicher** m (DV) / memoria f de burbujas || **~spur** f (in der Nebelkammer) (Nukl) / traza f, trazo m || **~stahl** m (Hütt) / acero m ampolloso || **~strömung** f (Chem) / flujo m burbujeante || **~struktur** f (Geol) / estructura f vesicular || **~verdampfung** f (Öl) / vaporización f de burbujeo || **~weg** m (Wasserwaage) / recorrido m de la burbuja || **~zähler** m (Chem) / cuentaburbujas m
Blaser, Erddampfquelle f (Geol) / fuente f de vapor natural
Bläser m (Person), Glasbläser m / soplador m (vidriero) || ~, gasführende Schicht (Bergb) / salidero m de grisú || ~ (Lufft) / ventilador m
Blas•fähigkeit f (Glas, Hütt) / soplabilidad f || **~flügel** m **für STOL** (Lufft) / flap m de chorro || **~folie** f (Plast) / lámina f soplada || **~form** f (Plast) / molde m de soplado || **~form** (Hütt) / portaviento m, tobera f de soplado || **~formen** n (Kunstharz) / moldeado m por soplado, moldeo m por soplado || **~formenebene** f (Hütt) / nivel m del plano de toberas || **~[form]maschine** f (Plast) / moldeadora-sopladora f || **~[form]verfahren** n (Plast) / moldeado m por soplado

195

blasig (allg) / lleno de burbujas, burbujeado ‖ ~, porös (Gieß) / cavernoso, poroso ‖ ~ (Glas) / vesiculoso, lleno de burbujas pequeñas ‖ ~, Blasen... (Bot, Zool) / vesiculoso ‖ ~**e Bogen** *m pl* (Pap) / pliegos *m pl* con burbujas ‖ ~**e Stelle** (Schweißfehler) / punto *m* lleno de sopladuras ‖ ~ **werden** (Keram) / ventearse
Blas•instrument *n* / instrumento *m* de viento ‖ ~**kammer** *f*, -gehäuse *n* (Sandstrahl) / cámara *f* de soplado ‖ ~**kern** *m* (Gieß) / macho *m* soplado ‖ ~**kopf** *m* (Kernformmasch) / cabezal *m* de soplado ‖ ~**lanze** *f*, Sauerstofflanze *f* (Hütt) / lanza *f* de oxígeno ‖ ~**luft** *f* (Hütt) / viento *m* caliente ‖ ~**luftzufuhrrohr** *n* (Hütt) / tubo *m* portaviento ‖ ~**lunker** *m* (Hütt) / oclusión *f* gaseosa ‖ ~**magnet**, Bläser *m* (Elektr) / electroimán *m* soplador [para la estabilización del arco voltáico] ‖ ~**mundstück** *n* / boquilla *f* de la tobera soplante ‖ ~**mundstück** (Sandstrahlen) / tobera *f* de chorreado ‖ ~**ofen** *m* (Hütt) / horno *m* con máquina soplante, horno *m* con viento caliente ‖ ~**öl** *n* (Raffinerie) / petróleo *m* despojado de fracciones livianas ‖ ~**pistole** *f* / pistola *f* de soplado ‖ ~**probe** *f* (Zuck) / prueba *f* de soplado ‖ ~**rohr** *n* (Hütt) / tobera *f* de viento ‖ ~**rohr**, [Glasmacher]pfeife *f* (Glas) / caña *f* de vidriero, puntel *m* ‖ ~**rohr** (Lokomotive) / tobera *f* de escape de vapor (E), cañera *f* de escape de vapor (LA) ‖ ~**rohrleitung** *f* (Bergb) / tubería *f* de relleno neumático
blass, bleich / pálido, descolorido ‖ ~ **werden**, verblassen (Farben) / palidecer
Blassand *m* (Gieß) / arena abrasiva
blassblau / azul pálido
Blas•schemata *n pl* (Glas) / procedimientos *m pl* de soplado ‖ ~**schlacke** *f* (Hütt) / escoria *f* de soplado ‖ ~**schlacke von 18-8-Ni-Chromstahl** / escoria *f* cromífera ‖ ~**-Schlauchanlage** *f* (Plast) / instalación *f* sopladora de mangueras
blass•gelb (Gold) / amarillo pálido ‖ ~**grün** (RAL 6021) / verde pálido ‖ ~**grün** *n* (Farbe) / verdacho *m*
Blasspule *f* (Elektr) / bobina *f* de soplado magnético
blassrot / rojizo
Blas•stahl *m* (Hütt) / acero *m* soplado ‖ ~**stahlwerk** *n* / acería *f* con convertidor, acería *f* para acero soplado con oxígeno ‖ ~**stellung** *f* **des Konverters** / posición *f* de soplado
blassviolett (Farbe) / violeta pálido
Blastomyceten *pl* / blastomicetos *m pl*
Blas•verfahren *n* **mit Sauerstoff** (Stahl) / soplado *m* con oxígeno ‖ ~**versatz** *m* (Bergb) / relleno *m* neumático, terraplenado *m* neumático ‖ ~**versatzmaschine** *f* (Bergb) / máquina *f* para relleno neumático ‖ ~**versatzmaschine mit Zellenrad** / máquina *f* para relleno neumático con rueda celular ‖ ~**versatzrohr** *n* / tubo *m* para relleno neumático ‖ ~**versatzverfahren** *n* / relleno *m* neumático, terraplenado *m* neumático ‖ ~**vorgang** *m*, Blasen *n* (Hütt) / soplado *m* [con oxígeno] ‖ ~**vorgang**, Sandstrahlen *n* / chorreado *m* con arena ‖ ~**wirkung** *f* (Schw) / soplado *m* del arco ‖ ~**wirkung** (allg) / efecto *m* soplador ‖ ~**wirkung** (Magnet) / soplado *m* magnético ‖ ~**wirkung**, Spitzenwirkung *f* (Elektr) / efecto *m* magnético de soplado
Blatt *n*, Lippe *f* (des Scheibenwischers) (Kfz) / rasqueta *f* del limpiaparabrisas ‖ ~ (Bot, Druck) / hoja *f* ‖ ~, Bogen *m* (Pap) / hoja *f*, pliego *m*, folio *m* ‖ ~, Besatz *m* (Teil des Schuhschaftes) / empeine *m*, corte *m* ‖ ~, Schale *f*, Doppelschicht *f* (Magnet) / capa *f* magnética ‖ ~ (Schaufel) / hoja *f* de pala ‖ ~, Rietblatt *n* (Web) / peine *m* [de telar] ‖ ~ (Zimm) / empalme *m*, ensambladura *f* ‖ ~, Scheibe *f* (Glas) / plancha *f* de vidrio, vidrio *m* plano ‖ ~, Lamelle *f* / lámina *f* ‖ ~ (Säge) / hoja *f* de sierra ‖ ~, Klinge *f* / hoja *f*, cuchilla *f* ‖ ~, Blattverzierung *f* (Bau) / acanto *m* ‖ ~, Platte *f* des [Werk]tisches / tablero *m* ‖ ~ **der Kratze** (Spinn) / placa *f* de guarnición ‖ ~ **der Luftschraube, des Ruders o. Riemens** / pala *f* (de la hélice, del remo) ‖ **gerades** ~ (Zimm) / unión *f* recta a media madera ‖ **schräges** ~ (Zimm) / empalme *m* a junta de plana inclinada
Blatt•abnehmer *m*, -heber *m* (Druck) / sacapliegos *m* ‖ ~**aluminium** *n*, Aluminiumfolie *f* / hoja *f* de aluminio, papel *m* de aluminio ‖ ~**ansatzstelle** *f* (Zuckerrübe) / base *f* del pecíolo ‖ ~**anstellung** *f* (Verstellpropeller) / paso *m* de la pala ‖ ~**artig** (Bot) / foliáceo ‖ ~**-Azimutwinkel** *m* (Hubschrauber) / ángulo *m* azimutal de pala ‖ ~**befall** (Parasiten) / ataque *m* de hojas ‖ ~**belastung** *f* (Luftf) / carga *m* de pala ‖ ~**bildner** *m* (Pap) / formador *m* de hojas ‖ ~**bildung** *f* (Pap) / formación *f* de pliegos ‖ ~**bildungszone** *f* (Pap) / zona *f* de formación ‖ ~**binden**, Rietmachen *n* (Web) / fabricación *f* del peine ‖ ~**binder** *m* (Web) / manufacturero *m* de peines ‖ ~**blau** *n*, Anthocyan *n* / antociana *f* ‖ ~**bräunepilz** *m* (Landw) / guignardia *f* ‖ ~**breite**, -tiefe *f* (Luftf) / espesor *m* de pala ‖ ~**breite** *f* (Web) / anchura *f* de peine
Blättchen, Plättchen *n*, dünne Schicht *f* / hojuela *f*, lámina *f*, laminilla *f* ‖ ~**eis** *n* (Kältetechnik) / hielo *m* en laminillas, hielo *m* en escamas ‖ ~**elektroskop** *n* (Phys) / electroscopio *m* de panes ‖ ~**förmig**, schilfrig (Min) / escamoso ‖ ~**gefüge**, Streifen-, Schichtgefüge *n* (Min) / estructura *f* laminar ‖ ~**-Resonanzfilter** *m n* (Eltronik) / filtro *m* de resonancia con lengüetas
Blatt•dichte *f* (Web) / densidad *f* de (o en el) peine, cuenta *f* del peine ‖ ~**druckseite** *f* (Propeller) / lado *m* de presión ‖ ~**einrichter** *m* (Web) / montador *m* de peines ‖ ~**einstellwinkel** *m*, Blattanstellwinkel *m* (Luftf) / ángulo *m* de paso ‖ ~**einzug** *m* (Web) / remetido *m* del peine, pasado *m* del peine ‖ ~**einzugfehler** *m* (Web) / remetido *m* incorrecto del peine ‖ ~**elevator** *m* (Landw) / elevador *m* de hojas
blatten *vt* (Zimm) / empalmar a media madera, ensamblar a media madera
Blätter•bruch *m* (Min) / fractura *f* foliada ‖ ~**bürste** *f* (Elektr) / escobilla *f* foliada ‖ ~**erz** *n*, Nagyagit *m* (Min) / nagiagita *f* ‖ ~**förmig** / foliado, en forma de hojas, lameliforme ‖ ~**gips** *m*, Gipsspat *m* (Min) / espato *m* de yeso, yeso *m* foliado ‖ ~**kohle** *f* / carbón *m* foliado (E), carbón *m* esquistoso (LA) ‖ ~**magnet** *m*, Lamellenmagnet *m* (Elektr) / imán *m* laminar
blättern *vi* (Min) / exfoliarse ‖ **am Bildschirm** ~ (DV, TV) / hacer desarrollar
Blatterstein *m* (Geol) / variolita *f*
Blätter•struktur *f* / estructura *f* laminar ‖ ~**tellur** *n*, -tellurerz *n* (Min) / nagiagita *f*, elasmosa *f* ‖ ~**ton** *m* (Geol) / arcilla *f* esquistosa ‖ ~**tragend**, blatttragend (Bot) / foliáceo ‖ ~**zeolith** *m* (Min) / zeolita *f* foliada
Blatt•fallkrankheit *f* (Bot) / enfermedad *f* que causa la caída de las hojas ‖ ~**fänger** *m* (Zuck) / retenedor *m* de hojas ‖ ~**feder** *f* (Kfz) / muelle *m* laminado o de hojas, ballesta *f* [de hojas] ‖ ~**feder** / resorte *m* de hoja, resorte *m* de lámina ‖ ~**federhammer** *m* (Wz) / martillo *m* de muelle de hoja, martinete *m* de ballesta ‖ ~**federkupplung** *f* / acoplamiento *m* de ballestas ‖ ~**fehleinstellung** *f* (Luftf, Propeller) / error *m* de paso de la hélice ‖ ~**fehler** *m* (Web) / marcación *f* de peines ‖ ~**fernschreiber** *m* (DV) / teleimpresor *m* en página ‖ ~**film** *m* (Repro) / film *m* en hojas ‖ ~**filter** *n* / filtro *m* de hojas ‖ ~**fleckenkrankheit** *f* **der Tomate** / niebla *f* seca del tomate, manchas *f pl* de las hojas del tomate ‖ ~**formation** *f* (Pap) / transparencia *f* ‖ ~**formular** *n* (DV) / formulario *m* en pliego ‖ ~**führung** *f* (Bandsäge) / guía *f* de la cinta ‖ ~**futter** *n* (Schuh) / forro *m* de empeine ‖ ~**glimmer** *m* (Min) / mica *f* en hojas ‖ ~**gold** *n*, Buchgold *n*, Gold *n* zum Vergolden / oro *m* en hojas, pan *m* de oro, oro *m* batido ‖ ~**goldreibemaschine** *f* / máquina *f* para moler oro en hojas ‖ ~**grün**, Chlorophyll *n* (Bot) / clorofila *f* ‖ ~**hacke** (Landw) / azada *f* alta de lámina ‖ **[hohe]** ~**haller** *m* (Eltronik) / altavoz *m* electrodinámico de

Riegger ‖ ⁓**halter**, Vorlagenhalter *m* (Druck, DV) / varilla *f* reposa-papel, portapliegos *m* ‖ ⁓**halter** *m* (Säge) / sujeta hoja *m* ‖ ⁓**häutchen** *n* (Getreide) / lígula *f* ‖ ⁓**hornkäfer** *m* (Landw) / coleóptero *m*, escarabeoidea *m* ‖ ⁓**krankheit** *f* (Landw) / enfermedad *f* de las hojas ‖ **amerikanische** ⁓**krankheit**, Schwarzblättrigkeit *f* (Landw) / hojas *f pl* negras ‖ ⁓**kupfer** *n* (Hütt) / cobre *m* en chapas, lámina *f* de cobre ‖ ⁓**laus**, Aphide *f* (Landw) / pulgón *m* lanígero ‖ ⁓**laus** (Weinbau), Reblaus *f*, Phylloxera vastatrix, Viteus vitifolii / filóxera *f* ‖ ⁓**lautsprecher** *m* / altavoz *m* a lengüeta ‖ ⁓**leser** *m* (DV) / lector *m* de páginas ‖ ⁓**-Luftfederung** *f* (Kfz) / suspensión *f* neumática y de ballesta ‖ ⁓**marke** *f*, -fehler *m* (Web) / marcación *f* de peines ‖ ⁓**messer** *n* (Web) / pasapeines *m*, raspadora *f* ‖ ⁓**metall** *n*, Metallfolie *f* / folio *m* metálico, hoja *f* metálica o de metal, metal *m* en hojuelas o láminas ‖ ⁓**nummerierung** *f* (Web) / numeración *f* de peines ‖ ⁓**papier** *n* (Ggs: Rollenpapier) (Foto) / papel *m* en hojas ‖ ⁓**pfeilung** *f* (Luftf) / flecha *f* de la pala ‖ ⁓**pflanze** *f* / planta *f* de foliaje ‖ ⁓**pigment** *n* / pigmento *m* verde de hojas **blättrig**, lamellar / laminar, laminado, foliado, lameliforme ‖ ⁓, schuppig / escamoso ‖ ⁓**es Eisen** / hierro *m* laminar ‖ ⁓**er Gips** (Min) / yeso *m* laminar ‖ ⁓**e Steinkohle** (Bergb) / carbón *m* esquistoso ‖ ⁓**e Struktur**, Blättrigkeit *f* (Min) / estructura *f* laminar **Blatt•roll** *n* (Krankheit) (Landw) / enrollamiento *m* de las hojas, necrosis *f* de floema ‖ ⁓**rübentrocknung** *f* / desecación *f* de remolachas con hojas ‖ ⁓**rührer** *m* (Chem, Masch) / agitador *m* de paletas planas ‖ ⁓**säge** *f* / serrucho *m* ‖ ⁓**schale** *f* / lámina *f* en forma de pétalo ‖ ⁓**schaufel** *f* (Bau) / pala *f* plana ‖ ⁓**scheide** *f* (Bot) / vaina *f* de la hoja ‖ ⁓**schläger** *m*, Blattauswerfer *m* (Web) / batihojas *m* ‖ ⁓**schraube** *f* (Masch) / tornillo *m* de aletas ‖ ⁓**schreiber** *m* (DV) / impresor *m* de páginas/página *f* ‖ ⁓**schreiberin** *f* (Fernm) / teleimpresor *m* en página, teleimpresora *f* en página, teleinscriptor *m* en hoja ‖ ⁓**seite** *f* (Pap) / llana *f* ‖ ⁓**silber** *n*, Silberfolie *f* / plata *f* en hojas, lámina *f* de plata, pan *m* de plata ‖ ⁓**spaltsäge**, Spaltsäge *f* (früher Brett-, Dielen-, Längensäge) / sierra *f* de cortar al hilo, sierra *f* de cortar a lo largo ‖ ⁓**spiralfeder** *f* / muelle *m* espiral de fleje de acero ‖ ⁓**spitzen-[Düsen]antrieb** *m* (Luftf) / propulsión *f* [por reactor] en las puntas de hélice ‖ ⁓**spitzenebene** *f* (Luftf) / plano *m* de la trayectoria de las puntas de hélice ‖ ⁓**spitzengeschwindigkeit** *f* (Hubschrauber) / velocidad *f* de rotación en las puntas de hélice, velocidad *f* circunferencial o periférica de las palas ‖ ⁓**spitzenturbine** *f* (Luftf) / turborreactor *m* en la punta de pala ‖ ⁓**spitzenwirbel** *m* (Luftf) / torbellina *f* de estela de las puntas de hélice ‖ ⁓**spreite** *f*, -fläche *f* (Bot) / limbo *m* ‖ ⁓**stab** *m* (Web) / diente *m* de peine ‖ ⁓**stärke** *f* (Bot, Masch) / espesor *m* de la hoja ‖ ⁓**stechen** *n*, -einzug *m* (Web) / remetido *m* de peine ‖ ⁓**stecher** *m* (Arbeiter) (Web) / obrero *m* metedor del peine, pasador *m* del peine ‖ ⁓**stecher**, -stechapparat *m* (Web) / repasadera *f* ‖ ⁓**stiel** *m* (Bot) / pecíolo *m* ‖ **gerader** ⁓**stoß** (Zimm) / unión *f* recta a media madera ‖ **schräger** ⁓**stoß** (Zimm) / empalme *m* a junta de plana inclinada ‖ ⁓**streifen** *m pl* (Fehler, Web) / rayas *f pl* ocasionadas por dientes ‖ ⁓**streifigkeit** *f* (Fehler, Web) / marcación *f* de peines ‖ ⁓**tragfeder** *f* (Bahn) / muelle *m* de ballesta ‖ ⁓**uhr** *f* (Web) / contador *m* de peines ‖ ⁓**vergoldung** *f* / doradura *f* en hojas, dorado *m* en hojas, enchapado *m* en oro batido ‖ ⁓**-V-Stellung** *f* (Luftf) / desvío *m* axial de pala ‖ ⁓**weite** *f* (Tex) / anchura *f* máxima del peine ‖ ⁓**winkel** *m* (Luftf) / ángulo *m* de pala, ángulo *m* de ataque ‖ ⁓**zapfen** *m* (o. abgeflachter Zapfen) (Masch) / gorrón *m* con extremo aplanado ‖ ⁓**zapfen** (Tischl) / espiga *f* de empalme ‖ ⁓**zinn** *n* / estaño *m* en hojas o láminas, papel *m* estaño, hojas *f pl* de estaño

blau / azul ‖ ⁓ (Gasflamme) / azul, no luminoso ‖ ⁓ **anlaufen** *vi* (Stahl) / [em]pavonarse ‖ ⁓ **anlaufen lassen** (Stahl) / pavonar, empavonar ‖ ⁓**es Elektronenstrahlsystem** (TV) / cañón *m* del azul ‖ ⁓**er Lias** / arcilla *f* liásica ‖ ⁓ *n*, blaue Farbe / azul *m* ‖ ⁓**er Grund** (frischer Kimberlit) (Geol) / aglomerado *m* descompuesto de terrenos diamantíferos ‖ ⁓**algengift** *n* (Umw) / veneno *m* de cianovícea ‖ ⁓**anlaufen** *n* (Stahl) / pavonado *m* ‖ ⁓**anteil** *m* **der Lichtempfindlichkeit** (Foto) / componente *m f* [del] azul ‖ ⁓**bandfilter** *m n* (Chem) / filtro *m* banda azul ‖ ⁓**basalt** *m* (Geol) / basalto [de] color azul ‖ ⁓**belag** *m*, Antireflexbelag *m* (Opt) / capa antirreflejante ‖ ⁓**blind**, tritanopisch (Med) / tritanópico ‖ ⁓**brüchig** (Hütt) / frágil al azul, quebradizo al azul ‖ ⁓**brüchigkeit**, -sprödigkeit *f* / fragilidad *f* al azul, fragilidad *f* a la temperatura de temple azul ‖ ⁓**druck** *m* (Färb) / estampación *f* azul
Bläue *f*, Blaufäule *f* (Holz) / azulado *m*
Blau•eisenerde *f*, -eisenerz *n* (Min) / vivianita *f* ‖ ⁓**empfindlichkeit** *f* (Foto) / sensibilidad *f* al azul
blauen *vt*, bläuen (Tex, Zuck) / azular ‖ ⁓ (Wäsche) / añilar, dar añil
bläuen (Stahl) s. blau anlaufen lassen ‖ ⁓ *n* (Stahl) / pavonado *m* (de hierro y acero)
Bläuepilz *m* / hongo *m* de azuleo, cerastomalla *f*
Blau•fäule *f* (Holz) / pudrición *f* azul ‖ ⁓**feuer** *n* (Nav) / luz *f* azul ‖ ⁓**filter** *m n* (Foto) / filtro *m* [del] azul ‖ ⁓**gas** *n*, Cyanogen *n*, Cyangas *n* (Chem) / gas *m* Blau, gas *m* cianógeno ‖ ⁓**gel** *n* (Chem) / gel *m* azul ‖ ⁓**glanzblech** *n* (Hütt) / chapa *f* de acero pavonada ‖ ⁓**glas** *n*, Kobaltglas *n* / vidrio *m* azul, vidrio *m* de cobalto ‖ ⁓**glühen** (Hütt) / pavonar ‖ ⁓**glühen** *n* / recocido *m* azul, pavonado *m* ‖ ⁓**grau**, bläulichgrau / gris azulado ‖ ⁓**grün**, blass-, meergrün / azul-verde, verdiazul, azul verdoso ‖ ⁓**grünfilter** *m* (Foto) / filtro *m* gris azulado ‖ ⁓**holz** *n* (von Haematoxylon campechianum), Kampeschenholz *n* (Bot, Färb) / palo *m* de campeche ‖ ⁓**holzeinbadschwarz** *n* (Tex) / negro *m* de palo de campeche de baño único ‖ ⁓**kolbenblitz** *m* (hist.) (Foto) / flash *m* [de bombilla] azul ‖ ⁓**kreuz[gas]** *n* (Chem) / cruz *f* azul ‖ ⁓**küpe** *f* (Färb) / tina *f* para azul
bläulich / azulado
Blau•licht *n* (Opt) / luz *f* azul ‖ ⁓**licht** (Kfz) / luz *f* [azul] con destellos, faro *m* giratorio azul, pirulo *m*, girofaro *m* ‖ ⁓**licht** (TV) / luminiscencia *f* azul ‖ ⁓**papier** *n* (Büro) / papel *m* carbón azul ‖ ⁓**pause** *f* (Zeichn) / cianotipo *m*, heliografía *f*, copia *f* azul ‖ ⁓**pauspapier** *n* / papel *m* cianotipo, papel *m* heliográfico ‖ ⁓**pausverfahren** *n* / cianografía *f*, heliografía *f* ‖ ⁓**sand** *m* (Boden) / arena *f* azul ‖ ⁓**säure** *f*, Cyanwasserstoff *m* (Chem) / ácido *m* cianhídrico, ácido *m* prúsico ‖ ⁓**schimmel** *m* (Tabak) / moho *m* azul ‖ ⁓**schreiber** *m* (Eltronik) / osciloscopio *m* de pantalla absorbente ‖ ⁓**schriftröhre** *f* (Kath.Str) / tubo *m* catódico de pantalla absorbente, eskiatrón *m* ‖ ⁓**schwarz** / negro azulado ‖ ⁓**stich** *m* (Foto) / tono *m* azul ‖ **den** ⁓**stich unterdrücken**, entscheinen (Öl) / suprimir la fluorescencia, practicar la defluorescencia ‖ ⁓**stichig** (Foto) / de tonalidad azulada ‖ ⁓**ton** *m* (Min) / arcilla *f* azul ‖ ⁓**warm** (Hütt) / calentado al azul ‖ ⁓**wärme** *f* (Hütt) / calor *m* de temple azul, temperatura *f* del azul ‖ ⁓**werden** *n*, Blauanlaufen *n* (Mot) / pavonado *m* ‖ ⁓**zwecke** *f* (Zimm) / chincheta *f* de cabeza azul, tachuela *f*
Blazar *m* (Astr) / blazar *m*
blazen *vt* (Opt) / realizar por o aplicar el método "blaze"
Blazewinkel *m* (Opt) / ángulo *m* de "blaze"
Blech *n* (allg) / chapa *f*, lámina *f* (MEJ) ‖ ⁓ (unter 1/4" Dicke), Feinblech *n* / chapa *f* fina ‖ ⁓, Grobblech *n* / chapa *f* gruesa ‖ ⁓, Weißblech *n* / hojalata *f*, hoja *f* de lata ‖ ⁓, Schwarzblech *n* / palastro *m* ‖ ⁓ **als Unterlage bei der Spanplattenfertigung** / chapa *f*

Blech

para distribuir la presión || ⁓ *n* **erster Wahl** / chapa *f* de primera [calidad] || ⁓ **in Stanzqualität** / chapa *f* para estampar || ⁓ **in Tiefziehqualität** / chapa *f* para embutir || ⁓ **verarbeiten** / transformar chapa, elaborar chapa || ⁓ *n* **zweiter Wahl** / chapa *f* de segunda [calidad] || **[grobes]** ⁓ (über 0,118 Inch) / chapa *f* de acero || ⁓, **das durch Stillstand einer kontinuierlichen Anlage abfällt** (Walzw) / chapa *f* residual de trenes continuos || **gekümpeltes (o. gepresstes)** ⁓ , Pressblech *n* / chapa *f* rebordeada, chapa *f* prensada || ⁓**abfälle** *m pl* (Stanz) / desperdicios *m pl* de chapa, recortes *m pl* de chapa || ⁓**abweiser** *m* / deflector *m* de chapa, chapa *f* deflectora || ⁓**arbeit** *f*, -bearbeitung *f* / trabajo de chapa o de chapistería || ⁓**auflagetisch** *m* (Wzm) / tablero *m* para trabajar la chapa || ⁓**band** *n* (Hütt) / cinta *f* de chapa || ⁓**bearbeitungsmaschine** *f* **für Feinbleche** / máquina *f* para trabajar chapas finas || ⁓**behälter** *m* / contenedor *m* de chapa || ⁓**beilage** *f* / suplemento *m* de ajuste, chapa *f* de relleno || ⁓**belag** *m* (Dach) / recubrimiento *m* de chapa || ⁓**besäummaschine** *f* (Hütt, Walzw) / acepilladora *f* de cantos de chapa || ⁓**beschlag** *m*, Metallbeschlag *m* / revestimiento *m* de chapa || ⁓**beschneidestraße** *f* (Hütt) / línea *f* de corte de chapa || ⁓**biegemaschine** *f* (Wzm) / plegadora *f* de chapa, dobladora *f* de chapa || ⁓**biegeprobe** *f* (Mat.Prüf) / ensayo *m* de doblado de chapa || **einwandiger** ⁓**bogen** (Brücke) / arco *m* de chapa de un alma || ⁓**bördelmaschine** *f* (Wzm) / máquina *f* para rebordear chapas, rebordeadora *f* || ⁓**büchse**, -dose *f*, -gefäß *n* / lata *f*, bote *m*, envase *m* de lata || **in** ⁓**büchsen [o. -dosen] verpacken** (Nahr) / enlatar || ⁓**bürstmaschine** *f* (Wzm) / máquina *f* par cepillar chapa || ⁓**dicke** *f* / espesor *m* de chapa || ⁓**dickenlehre** *f* (Instr) / galga *f* de chapa, calibrador *m* para chapas metálicas || ⁓**doppler** *m*, -doppelmaschine *f* (Hütt, Wzm) / dobladora *f* de chapa || ⁓**dopplung** *f* (Walzfehler) / dobladura *f* de chapa || ⁓**druck** *m* (Druck) / impresion *f* sobre hojalata o sobre metal || ⁓**druckfarbe** *f* / tinta *f* metalográfica, tinta *f* par impresión sobre hojalata || ⁓**druckschnellpresse** *f* / prensa *f* metalográfica rápida, prensa rápida para imprimir en hojalatas || ⁓**duo** *n* (Walzw) / tren *m* dúo [laminador] de chapas || ⁓**durchzug** *m* (Stanz) / punzonado-embutido *m* || ⁓**email** *n* / esmalte *m* para chapa || ⁓**emballage**, -[ver]packung *f* / embalaje *m* de chapa

Blechen *n*, Paketieren *n* (Elektr) / apilado *m* [en mazo] de chapas [magnéticas]
blechern *adj* / de hojalata
Blech • erzeugnisse *n pl* / productos *m pl* de chapa || ⁓**fass** *n* (Verp) / barril *m* de chapa || **[fest]halter** *m* (Stanz) / sujetachapas *m* || ⁓**festhaltung** *f* (Wzm) / sujeción *f* de chapa || ⁓**fritte** *f* (Email) / frita *f* de esmalte para chapas || ⁓**gefäß** *n*, -geschirr *n* / vajilla *f* de chapa u hojalata, vasija *f* de chapa || ⁓**gehäuse** *n* / alojamiento *m* de chapa, carcasa *f* de chapa || ⁓**gehäuse für Schaltschränke** (Elektr) / caja *f* para armarios de distribución || **~gekapselt** / blindado en (o con) chapa, encapsulado de chapa || **~gekapselte Schaltanlage** (Elektr) / tablero *m* encapsulado de chapa, instalación *f* de distribución encapsulada de chapa || ⁓**glühofen** *m* (Hütt) / horno *m* para recocer chapas || ⁓**halter** *m*, Niederhalter *m* (Stanz) / sujetachapas *m*, sujetador *m* de chapa || ⁓**hammer** *m* / martillo *m* para [golpear la] chapa || ⁓**handknabber** *m* (Wz) / cizalla *f* roedora a mano || ⁓**haube** *f*, Blechkappe *f* / caperuzón *m* de chapa, caperuza *f* de chapa, campana *f* de chapa || ⁓**haut** *f*, Metallbeplankung, -bekleidung *f* / recubrimiento *m* de chapa || ⁓**hobelmaschine** *f* (Hütt, Wzm) / acepilladora *f* de chapa o para chapas || ⁓**hülse** *f* / manguito *m* de chapa || ⁓**käfig** *m* (Wälzlager) / jaula *f* de chapa || ⁓**kanne** *f*, -geschirr *n* / lata *f*, bidón *m*, bote *m* de

chapa || ⁓**kante** *f* / borde *m* de chapa, canto *m* de chapa, arista *f* de chapa || ⁓**kantenanbiegepresse** *f* (Wzm) / prensa *f* recanteadora de chapa || ⁓**kantenhobelmaschine**, Blech[kanten]säummaschine *f* / cepilladora *f* de cantos de chapa || ⁓**kasten** *m* / caja *f* de chapa, estuche *m* de chapa [de acero] || ⁓**kern** *m* (Elektr) / núcleo *m* laminado o de laminación, núcleo *m* de chapas en mazo, núcleo *m* en hojas || ⁓**kette** *f*, -joch *n* (elektr. Masch.) / culata *f* de chapa || ⁓**kettenläufer** *m*, Schichtpolrad *n* (Elektr) / rotor *m* de chapa apilada en cadena || ⁓**knabber** *m*, Blechnibbelmaschine *f* (Wzm) / cizalla *f* roedora universal || ⁓**konstruktion** *f*, Blechbauweise *f* / construcción *f* de (o en) chapa || ⁓**kranz** *m* (elektr. Masch.) / corona *f* de chapa || ⁓**lack** *m*, Ofenlack *m* / barniz *m* para chapa de secado al horno || ⁓**lager** *m*, -magazin *n* / almacén *m* de chapas || ⁓**lehre** *f* (Instr, Mess) / calibre *m* para chapas, galga *f* de chapa || ⁓**lochmaschine** *f* (Wzm) / máquina *f* para punzar chapas || ⁓**mantel** *m* / cubierta *f* de chapa, envoltura *f* de chapa, envolvente *m* de chapa || ⁓**mantel** (Kessel) (Hütt) / camisa *f* de chapa || ⁓**marke** *f* / chapa *f* [de control o reconocimiento] || ⁓**maß** *n* (Walzw) / calibre *m* de chapa || ⁓**nagel** *m* / tachuela *f* de chapa

Blechner *m* (Metallberuf), Klempner *m*, (jetzt:) Konstruktionsmechaniker *m* Fachrichtung Feinblechbautechnik / hojalatero *m*
Blech • niederhaltung *f*, -niederhalter *m* (Wzm) / sujetachapas *m*, sujetador *m* de chapa || ⁓**niet** *m* / remache *m* para chapa || ⁓**niet**, Linsenniet *m* / remache *m* gota de sebo || ⁓**packung** *f*, -verpackung *f* / embalaje *m* metálico, embalaje *m* de chapa || ⁓**paket** *n* (Walzw) / paquete *m* de chapas || ⁓**paket**, Ankerpaket *n* (Elektr) / paquete *m* de chapas de la armadura || **zusammenklebendes** ⁓**paket** (Hütt) / chapas *f pl* pegadas || **das** ⁓**paket aufsetzen**, blechen (Elektr) / apilar chapas [en mazo] || ⁓**paketkern** *m* s. Blechkern || ⁓**panzer** *m* / blindaje *m* || ⁓**platine** *f* / llantón *m* para chapa || ⁓**platte** *f* / hoja *f* de chapa, plancha de chapa, plancha *f* metálica || ⁓**prägetell** *m* *n*, -pressteil *n* / pieza *f* de chapa estampada y acuñada || ⁓**profil** *n* / perfil *m* de chapa, chapa *f* perfilada || ⁓**prüfmaschine** *f* / máquina *f* para ensayar chapa || ⁓**rahmen** *m* (Kfz, Lok) / bastidor *m* de chapa || ⁓**rand** *m*, -kante *f* / borde *m* de chapa, canto *m* de chapa || ⁓**[richt]hammer** *m*, Ausbeulhammer *m* / martillo *m* de enderezar chapas || ⁓**richtmaschine** *f* enderezadora *f* de chapas, planeadora *f* de chapas, máquina *f* para enderezar chapa || ⁓**ring** *m* / aro *m* de chapa, anillo *m* de chapa || ⁓**rohr** *n*, -röhre *f* / tubo *m* de chapa || ⁓**rolle** *f* (Walzw) / bobina *f* de chapa, rollo *m* de chapa || ⁓**rundbiegemaschine** *f*, -rundmaschine *f* (Wzm) / curvadora *f* de chapa || ⁓**schablone** *f* / modelo *m* de chapa, patrón *m* de chapa, plantilla *f* de chapa || ⁓**schaden** *m* (Kfz) / daño *m* material o de carrocería, daño *m* en la chapa, abolladura *f* || ⁓**schaden verursachen** (Kfz) / causar daño material o en la carrocería || ⁓**schälbohrer** *m* (Wz) / broca *f* cónica para chapa || ⁓**scheibe** *f* / disco *m* de chapa || ⁓**scheibe**, Beilegescheibe *f* / arandela *f* de chapa, chapa *f* de relleno || ⁓**scheibe**, Ronde *f*, Stanzling *m* (Stanz) / rodaja *f* || ⁓**scheibenrad** *n* (Kfz) / rueda *f* de disco || ⁓**schere** *f* (Wzm) / cizalla *f* || ⁓**schere**, Handschere *f* / tijeras *f pl* para chapa || ⁓**schere mit Hebelbewegung**, Hebelschere *f* / cizalla *f* de palanca || ⁓**schere mit Parallelbewegung** / cizalla *f* de vaivén, cizalla *f* [de] guillotina || ⁓**schere mit ziehendem Schnitt** (Nieten) / buterola *f*, estampa *f* || ⁓**schließer** *m* (Nieten) / buterola *f*, estampa *f* || ⁓**schlosserei** *f* (Kfz Reparatur) / taller *m* [de reparación] de carrocería || ⁓**schnecke** *f* (Landw) / trituradora *f* de husillo en espiral || ⁓**schornstein** *m* (Bau) / chimenea *f* de palastro || ⁓**schraube** *f* / tornillo *m* para chapa ||

⁓schraube (mit grober Steigung), Treibschraube *f* / tornillo *m* autorroscante, tornillo *m* Parker, párker *m* ‖ ⁓schraubengewinde *n* / rosca *f* autorroscante o autotaladrante ‖ ⁓schrott *m* (Hütt) / chatarra *f* de chapa ‖ ⁓schrott, Blechabfall *m* (Masch) / recortes *m pl* de chapa ‖ ⁓spannvorrichtung *f* (Wzm) / sujetachapas *m* ‖ ⁓stanzen *n* / punzado *m* de chapa ‖ ⁓stanzling *m*, -scheibe *f* (Stanz) / rodaja *f* ‖ ⁓stapel *m* (Walzw) / pila *f* de chapa ‖ ⁓stapler *m* / máquina *f* apiladora de chapas ‖ ⁓stärke, -dicke *f* / espesor *m* de chapa ‖ ⁓straße *f* (Walzw) / tren *m* de laminación de chapas ‖ ⁓streifen *m* / tira *f* de chapa ‖ ⁓streifen (zur Verbindung) / banda *f* de chapa ‖ ⁓tafel *f* / tabla *f* de chapa, plancha *f* de chapa ‖ ⁓tafelschere *f* (Wzm) / cizalla-guillotina *f* ‖ ⁓teile *f pl* / piezas *f pl* de chapa ‖ ⁓träger *m*, Vollwandträger *m* (Bau) / viga *f* de plancha, viga *f* de alma llena ‖ ⁓träger mit Kastenquerschnitt / viga *f* con sección de cajón ‖ ⁓trägerbrücke *f* (Bau) / puente *m* de vigas de plancha ‖ ⁓transportkran *m* (Hütt) / grúa *f* para el transporte de chapas ‖ ⁓treibschraube *f* / tornillo *m* autorroscante, tornillo *m* Parker ‖ ⁓trommel *f* (Verp) / barril *m* de chapa o de hojalata ‖ ⁓trommel, Seil[antriebs]trommel *f* aus Blech / tambor *m* [motor] de chapa ‖ ⁓umformpresse *f* (Wzm) / prensa *f* conformadora de chapa ‖ ~ummantelt (Hütt) / revestido de chapa ‖ ~ummantelter Feuerfeststein *m* / ladrillo *m* refractario revestido de chapa ‖ ⁓umschlagmaschine *f* (Wzm) / dobladora *f* de chapa, plegadora *f* de chapa ‖ ⁓- und Bandwalzwerk *n* / laminador *m* de fleje y chapa ‖ ⁓- und Drahtindustrie / industria *f* de la chapa y del alambre
Blechung *f*, Paketierung *f* (Elektr) / apilado *m* [en mazo] de chapas
blech•verarbeitend / transformador de chapas, elaborador de chapa ‖ ⁓verarbeitung *f* / transformación *f* de chapa, trabajo *m* de chapa ‖ ⁓verbindung *f* durch Hohlnietenbildung / unión *f* de chapas por puesta de ojetes ‖ ⁓verkleidung *f* / plancheado *m*, revestimiento *m* de chapa ‖ ⁓verpackung *f* / embalaje *m* en chapa o en hojalata ‖ ⁓[versand]gefäß *n*, Kanister *m* (Verp) / bidón *m* ‖ ⁓verschluss *m*, Verschlussscheibe *f* / cierre *m* de chapa, tapón *m* de chapa ‖ ⁓verwahrungen *f pl* (Dach) / cubrejuntas *m pl* metálicos ‖ ⁓walze *f* (Walzw) / cilindro *m* para laminar chapa ‖ ⁓walzwerk *n*, Blechstraße *f* / tren *m* de laminación de chapa, laminador *m* de chapa ‖ ⁓wanne *f* / tina *f* de chapa ‖ ⁓waren *f pl* / objetos *m pl* de hojalatería, quincalla *f*, artículos *m pl* de hojalata ‖ ⁓warenfabrik *f* / hojalatería *f* ‖ ⁓wendevorrichtung *f*, Blechwender *m* (Wzm) / volvedor *m* de chapas ‖ ⁓ziehmaschine *f* / estiradora *f* de chapas ‖ ⁓zwischenlage, -unterlage *f* / chapa *f* de relleno
Blei *n*, Pb / plomo *m* ‖ ⁓, Senkblei *n* (Bau, Schiff) / plomo *m*, plomada *f* ‖ ⁓(II)-..., Plumbo-... (Chem) / plumboso ‖ ⁓(IV)-..., Plumbi-... / plúmbico ‖ ⁓..., aus Blei / plomizo, plúmbeo ‖ ⁓ führend (Min) / plombífero, plúmbeo ‖ ⁓ über 99,94 % Reinheit (zur Herstellung von Bleiweiß) / plomo *m* para la fabricación de cerusa ‖ ⁓ unter 99,85% Reinheit / plomo *m* comercial ‖ ⁓ von mehr als 99,9 % Reinheit (für Schwefelsäurekammern) / plomo *m* químicamente puro ‖ mit ⁓ bekleiden / revestir con plomo, cubrir de plomo ‖ mit ⁓ belastet (o. beschwert) / cargado de plomo ‖ mit ⁓ vergießen, ein-, ausgießen / enlechar en plomo [fundido]
Blei•abfälle *m pl* (Hütt) / desperdicios *m pl* de plomo ‖ ⁓abgabe *f*, -lässigkeit *f* (Glasur) / desprendimiento *m* de plomo ‖ ⁓ablagerung *f* (Kfz) / sedimentación *f* plomiza ‖ ⁓abschirmung *f* (Radiol) / blindaje *f* de plomo, pantalla *f* de plomo ‖ ⁓abschlussmuffe *f* für Kabel / manguito *m* terminal de plomo para cables ‖ ⁓acetat *n* (Chem) / acetato *m* de plomo ‖ basisches ⁓acetat / acetato *m* monobásico de plomo ‖ neutrales ⁓acetat, Bleizucker *m* / azúcar *m* de plomo o de saturno, acetato *m* básico de plomo ‖ basische ⁓acetatlösung / soluciòn *f* de acetato básico de plomo ‖ ⁓[acetat]papier *n* (Chem) / papel *m* de acetato de plomo ‖ ⁓ader *f* (Bergb) / filón *m* plomífero, vena *f* de plomo, veta *f* de plomo ‖ ⁓aggressivität *f* von Trinkwasser / solubilidad *f* del plomo en el agua [potable] ‖ ⁓akkumulator *m*, -batterie *f* (Elektr) / acumulador *m* de plomo ‖ ⁓alkyl *n* (Chem) / alquilo *m* de plomo, plomo *m* alquilado ‖ ⁓alter *n* (Geol, Nukl) / edad *f* de plomo ‖ ⁓amalgam *n* (Chem) / amalgama *f* de plomo ‖ ⁓antimonat *n* / antimoniato *m* de plomo ‖ ⁓antimonat (Farbstoff), Neapelgelb *n* / antimoniato de plomo, amarillo *m* de Nápoles, masicote *m* ‖ ⁓-Antimon-Legierung *f* / aleación *f* de plomo-antimonio ‖ ⁓apatit *m* (Min) / piromorfita *f*, clorofosfato *m* de plomo ‖ ⁓äquivalent *n*, Bleigleichwert *m* (Nukl) / equivalente *m* en plomo, equivalencia *f* en plomo ‖ ⁓arbeit, -verarbeitung *f* (Hütt) / trabajo *m* de plomo, plomería *f* ‖ ⁓arbeiter *m* / plomero *m* ‖ ~arm (Kraftstoff) / pobre en plomo ‖ ⁓arsenat, Arsenblei *n* (Chem) / arseniato *m* de plomo ‖ ⁓arsenglanz *m*, Sartorit *m* / sartorita *f*, sulfoarseniuro *m* ‖ ⁓arsensulfid *n*, Dufrenoysit *n* / dufrenoysita *f* ‖ ~artig / plomizo, plomoso ‖ ⁓asche *f*, -krätze *f*, -schaum *m* (Hütt) / cenizas *f pl* de plomo, cendra *f* ‖ ⁓auskleidung *f*, -ausschlag *m* (Nukl) / revestimiento *m* [interior] de plomo, forro *m* de plomo ‖ ⁓azid *n* (Chem) / azida *f* de plomo, nitruro *m* de plomo ‖ ⁓azid[spreng]kapsel *f* (Bergb) / cápsula *f* de nitruro de plomo ‖ ⁓babbit *n* (78% Pb, 14% Sb, 8% Sn) / metal antifricción 78% Pb,14% Sb,8% Sn ‖ ⁓backe *f* am Schraubstock / mordaza *f* de plomo ‖ ⁓bad *n* (Hütt) / baño *m* de plomo ‖ ⁓badhärten *n* (Hütt) / temple *m* en baño de plomo ‖ ⁓barren, -block *m*, -mulde *f* / barra *f* de plomo, lingote *m* de plomo, galápago *m* de plomo ‖ ⁓batterie *f*, -sammler *m* (Elektr) / acumulador *m* de plomo ‖ ⁓baum *m* (Chem) / árbol *m* de saturno ‖ ⁓baustein *m* (Nukl) / ladrillo *m* de plomo ‖ ⁓bedachung *f*, -dach *m* / plomería *f* de plomo ‖ ⁓behälter *m* / contenedor *m* de plomo, recipiente *m* de plomo
bleiben *vi* [bei] / quedarse [con]
bleibend, dauernd / duradero, constante, permanente, persistente, durable ‖ ~e Ablenkung (Eltronik) / desviación *f* permanente ‖ ~e Belastung / carga *f* permanente ‖ ~ deformierende Spannung / tensión *f* que causa deformaciones permanentes, esfuerzo *m* de deformaciones permanentes ‖ ~e Dehnung / deformación *f* plástica o permanente ‖ ~e Durchbiegung (eines Trägers) / flecha *f* permanente ‖ ~e Härte (Wasser) / dureza *f* permanente ‖ ~e Längenänderung / alargamiento *m* permanente, deformación *f* lineal permanente ‖ ~e Regelabweichung (Regeln) / abatimiento *m*, error *m* estático ‖ ~e Setzung (einer Wand) (Bau) / asiento *m* permanente ‖ ~e Verdrehung (Seil) / torcimiento *m* permanente, torcedura *f* permanente ‖ ~e Verformung (o. Formänderung) / deformación *f* plástica o permanente ‖ ~e Verformung (o. Dehnung) / alargamiento *m* permanente
Blei•benzin *n*, verbleites Benzin (Kfz) / gasolina *f* con (o de) plomo (E), gasolina *f* etilada (E), nafta *f* con plomo (LA) ‖ ⁓bergwerk *n*, Bleimine, -grube *f* / mina *f* de plomo ‖ ⁓blech *n* / plomo *m* laminado, chapa *f* de plomo ‖ ⁓blech für Dachkehlenverwahrung / chapa *f* de plomo para cubrejuntas ‖ ⁓blick *m* (Probierkunst) / relámpago *m* de plomo ‖ ⁓block *m* (Hütt) / lingote *m* de plomo, galápago *m* ‖ ⁓borat *n* (Chem) / borato *m* de plomo ‖ ⁓bromofluorid *n* / bromofluoruro *m* de plomo ‖ ⁓bronze *f* (8-30% Pb, 5-10% Sn, Rest Cu) / brónze *m* plomizo o al plomo ‖ ⁓burg *f* (Nukl) / castillo *m* de plomo ‖ ⁓carbonat *n*, Weißbleierz *n*

Bleicarbonat

(Min) / plomo *m* carbonato, cerusita *f* ‖ ≈**carbonat** (Farbstoff), Bleiweiß *n* / albayalde *m*, blanco *m* de plomo, cerusa *f*, cerusita *f*
bleich, blass / pálido, descolorido ‖ ≈**anstalt** *f*, -anlage *f* (Tex) / instalación *f* de blanqueo ‖ ≈**apparat** *m* / aparato *m* para el blanqueo ‖ ≈**bad** *n* / baño *m* de blanqueador o blanqueo ‖ ≈**druckapparat** *m* (Web) / aparato *m* de blanqueo a presión ‖ ~**echt** (Tex) / resistente al blanqueo
bleichen *vt* / blanquear, descolorar, descolorir (más us.), decolorar (es científico) ‖ ~ (Farbe) / desteñir ‖ ~, waschen und mischen (Pap) / lavar y blanquear o mezclar ‖ ~ *vi*, verblassen / descolorarse, desteñirse ‖ ≈ *n*, Bleiche *f*, Bleichverfahren *n* (Tex) / blanqueo *m*, blanqueadura *f* ‖ ≈, Entfärben *n* / descolorado *m*, descolorido *m*, descoloramiento *m*, descolorimiento *m*
bleichend, farbentziehend / de[s]colorante
Bleicher *m* (Beruf) / blanqueador *m* (oficio)
Bleich • erde *f* (Färb) / tierra *f* descolorante ‖ ≈**erde** (Öl) / arcilla *f* descoloradora ‖ ≈**erde**, Podsol *m* (Geol) / podzol *m* ‖ ≈**erde**, Smektit *m* (Tex) / smektita *f*, esmectita *f*, tierra o arcilla esméctica ‖ [**englische**] ≈**erde** / tierra *f* Fuller, tierra *m* de batán ‖ ≈**erdebehandlung** *f* (Öl) / tratamiento *m* con arcilla descoloridora ‖ ≈**erderegeneration** *f* (Öl) / regeneración *f* con arcilla descoloridora
Bleicherei *f*, Bleichanstalt *f* (Tex) / blanquería *f*, taller *m* de blanqueo ‖ ≈ (Gewerbe) / blanquería *f*
Bleich • fixierbad *n* (Foto) / baño *m* de blanqueo ‖ ≈**flotte**, -flüssigkeit *f* (Tex) / baño *m* de blanqueo, líquido *m* blanqueador o de blanqueo ‖ ≈**gefäß** *n*, Badbehälter *m* / cuba *f* de blanqueo ‖ ≈**gold** *n* (Hütt) / aleación *f* de cobre y zinc ‖ ≈**grad** *m* (Tex) / grado *m* de blanqueo ‖ ≈**hilfsmittel** *n* / medio *m* auxiliar para blanquear ‖ ≈**holländer**, Wasch- und Mischholländer *m* (Pap) / pila *f* holandesa blanqueadora ‖ ≈**holländer** *m*, Stoffmühle *f* (Pap) / pila *f* holandesa refinadora ‖ ≈**kalk**, Chlorkalk *m* (Chem) / cloruro *m* de cal, cal *f* de blanqueo ‖ ≈**kessel** *m* (Tex) / caldera *f* de blanqueo ‖ ≈**lauge** *f*, -flüssigkeit *f* / blanquimento *m*, lejía *f* de blanqueo ‖ ≈**lauge**, Eau *n* de Javel (Chem) / agua *f* de Javel
Blei • chlorat *n* / clorato *m* de plomo ‖ ≈**chlorid** *n* / cloruro *m* de plomo
Bleich • mittel *n* s. auch Bleichkalk ‖ ≈**mittel** (Tex) / blanqueador *m*, descolorante *m*, agente *m* descolorante
Blei • chromat *n* (Chem) / cromato *m* de plomo ‖ ≈**chromatschwarz** *n* (Tex) / negro *m* de cromato de plomo
Bleich • salz *n* / sal *f* de blanqueo ‖ ≈**schicht** *f* (Boden) / suelo *m* descolorido ‖ ≈**soda** *f* (Tex) / sosa *f* de blanqueo, carbonato *m* de sosa ‖ ≈**stabilisator** *m* / estabilizador *m* de blanqueo ‖ ≈**stiefel** *m* (Tex) / J-box *m* de blanqueo ‖ ≈**ton** *m* / arcilla *f* descoloridora ‖ ≈**turm** *m* (Pap) / torre *f* de blanqueo ‖ ≈**- und Beizanlage** *f* (Holz) / instalación *f* de blanqueo y de coloración
Blei • cyanat *n* (Chem) / cianato *m* de plomo, plomo *m* cianato ‖ ≈**dach** *n*, -bedachung *f* (Bau) / techo *m* de plomo ‖ ≈**dämpfe** *m pl* (Hütt) / humos *m pl* o vahos de plomo ‖ ≈**detektor** *m*, -kristall *m* (Eltronik) / detector *m* de galena ‖ ≈**dichtung** *f* / obturación *f* de plomo, junta *f* de plomo ‖ ≈**dichtungsscheibe** *f* / arandela *f* obturadora de plomo ‖ ≈**dioxid** (Chem) / bióxido *m* de plomo, deutóxido *m* de plomo ‖ ≈**disilisul** *n*, -fritte *f* / disilicato *m* de plomo, frita *f* de plomo ‖ **konzentrisches** ≈**doppelkabel** / cable *m* doble concéntrico bajo plomo ‖ ≈**draht** *n* / alambre *m* de plomo ‖ ≈**druckgusslegierung** *f* / aleación *f* de plomo de colada a presión ‖ ≈**-Druckrohr** *n* / tubo *m* forzado de plomo ‖ ≈**einsatz** *m* (Zirkel) / portalápiz *m*,

suplemento de mina de plomo ‖ ≈**email** *n* / esmalte *m* de plomo
bleien *vt*, beschweren (Tuch) / cargar
Bleierde *f* (Farbstoff) / cerusita *f*, blanco *m* de cerusa
bleiern, von Blei / de plomo
Blei • erz *n* (Min) / mineral *m* de plomo ‖ ≈**erz**, Bunt-, Braun-, Grünbleierz *n* / piromorfita *f* ‖ ≈**erzbergwerk** *n* / mina *f* de plomo ‖ ≈**essig** *m* (Chem) / subacetato *m* de plomo ‖ ≈**farbe** *f* / pintura *f* al (o a base de) plomo ‖ ~**farbig**, -grau, bleiern / plomoso, plomizo, de color [de] plomo ‖ ≈**fassung** *f* bei Glas- o. Mosaikarbeiten / montura *f* de plomo ‖ ≈**fenster** *n* [Glas] (Bau) / vidriera *f* emplomada, ventana *f* fijada en posición con piezas de plomo ‖ ≈**fluid**, Tetraethylblei *n*, TEL (Chem) / plomo *m* tetraetilo, tetraetilato *m* de plomo ‖ ≈**fluorid** *n* / fluoruro *m* de plomo ‖ ≈**fluss** *m* (Keram) / vidriado *m* transparente, esmalte *m* transparente ‖ ≈**folie** *f* (Hütt) / hoja *f* de plomo ‖ ~**frei** / sin plomo, libre de plomo ‖ ≈**fritte** *f*, -disilikat *n* (Chem, Keram) / frita *f* de plomo, disilicato *m* de plomo ‖ ~**führend**, -haltig / plomífero, plumbífero ‖ ≈**fuß** *m* (Min) / plomo *m* cristalizado ‖ ≈**fuß** (Druck) / pie *m* de plomo, base *f* de plomo ‖ ≈**futter** *n* (Nukl) / forro *m* de plomo ‖ ≈**gang** *m* s. Bleiader ‖ ≈**gehalt** *m* (Kraftstoff) / contenido *m* de plomo ‖ ≈**-Gel-Akku** *m* / acumulador *m* de gel de plomo ‖ ≈**gelb** *n* s. Bleiantimonat ‖ ~**gepanzertes asphaltiertes Kabel** / cable *m* bajo plomo asfaltado ‖ ≈**geruchsverschluss** *m* (Klempner) / sifón *m* de plomo ‖ ≈**gewicht** *n*, -klumpen *m*, -kugel *f* / plomo *m*, pesa *f* de plomo ‖ ≈**gießer** *m* / plomero *m* ‖ ≈**gitter** *n* (Akku) / rejilla *f* de plomo ‖ ≈**glanz**, Galenit *m* (Min) / galena *f* (E), espejado (LA), soroche *m* (CHIL, BOL) ‖ ≈**[glanz]detektor**, Bleikristall *m* (Eltronik) / detector *m* de galena ‖ ≈**glas** *n*, -kristall *n* / vidrio *m* plomizo o de plomo ‖ ≈**[glas]fenster** *n* (Bau) / vidriera *f* o ventana *f* emplomada ‖ ~**glasiert** (Keram) / vidriado *adj* al plomo ‖ ≈**glasur** *f*, bleihaltige Glasur (Keram) / vidriado *m* al plomo ‖ ≈**glätte** (Bleimonoxid), Schuppenglätte *f* (Min) / litarge *m*, litargirio *m*, almártaga *f*, almárteg a*f* ‖ ≈**gleichwert** *m*, -äquivalent *n* (Radiol) / equivalente *m* en plomo, equivalencia *f* en plomo ‖ ~**grau** / gris-plomizo, gris plomo ‖ ≈**grube** *f* (Bergb) / mina *f* de plomo ‖ ≈**gummi** *m* (Radiol) / caucho *m* al plomo ‖ ≈**gummihandschuhe** *m pl* / guantes *m pl* de caucho al plomo ‖ ≈**gummischürze** *f* / mandil de caucho al plomo ‖ ≈**guss** *m* (Hütt) / fundición *f* de plomo ‖ ~**haltig** / plomífero, plomizo, plomoso ‖ ~**haltig**, verbleit (Benzin) / de o con plomo, etilado, antidetonante ‖ ≈**hammer** *m* / martillo *m* de plomo, mazo *m* de plomo ‖ **Draht** ~**härten** / patentizar el alambre con plomo ‖ ≈**härten**, Patentieren *n* (Draht) / patentización *f* con plomo ‖ ≈**häutchen** *n*, Oxidhaut *f* (Gieß) / película *f* de plomo ‖ ≈**hornerz** *n*, Phosgenit *m* (Min) / plomo *m* córneo, fosgenita *f* ‖ ~**hütte**, -gießerei *f* / plomería ‖ ≈**hüttenmann** *m*, -gießer *m* / plomero *m* ‖ ≈**isolierung** *f* (Reaktor) / blindaje *m* de plomo ‖ ≈**kabel** *n*, -mantelkabel *n* / cable *m* bajo plomo ‖ ≈**kabel mit asphaltierter Jute-Umhüllung** / cable *m* bajo plomo con envoltura de yute asfaltado ‖ ≈**kabelpresse**, -mantelpresse *f* / prensa *f* para envainar los cables en plomo ‖ ≈**-Kalzium-Zinn-Gitter** *n* (Akku) / rejilla *f* fundida de aleación Pb, Ca, Sn ‖ ≈**kammer** *f* (hist.) (Chem) / cámara *f* de plomo ‖ ≈**kammerkristall** *m* / cristal *m* de cámara de plomo ‖ ≈**kapsel** *f* / cápsula *f* de plomo ‖ ≈**kern** *m* / núcleo *m* de plomo ‖ ≈**klemme** *f* (Kabel) / borne *m* de plomo ‖ ≈**klotz** *m* (Nukl) / zapata *f* de plomo, macizo *m* de plomo ‖ ≈**korn** (Hütt) / grano *m* de plomo ‖ ≈**kristall** *n* (Glas) / cristal *m* ‖ ≈**kristall** (Radio) / galena *f*, detector *m* de galena ‖ ≈**kugel** *f* (Gewehr) / bala *f* de plomo, balín *m* de plomo ‖ ≈**lagermetall** *n* (Hütt) / metal *m* antifricción a base de plomo ‖ ≈**lagerstätte** *f* (Geol) / yacimiento *m* de

plomo ‖ ~**lässigkeit** f (Glasur) / desprendimiento m de plomo ‖ ~**legiert** (Hütt) / aleado al plomo ‖ ~**legierter Tombak** m / tumbaga f al plomo ‖ ~**legierung** f / aleación f de plomo ‖ ~**legierungsrohr** n (Install) / tubo m de plomo aleado ‖ ~**leiste** f (Akku) / varilla f de plomo ‖ ~**linie** f (Druck) / filete m de plomo, filete m de metal fuerte ‖ ~**linoleat** n (Chem) / linoleato m de plomo ‖ ~**loser Satz** (Druck) / composición f frío o en frío o sin plomo ‖ ~**lot** n, Senkblei n (Bau, Schiff) / plomada f, plomo m ‖ ~**lot zum Löten** / plomo m de soldar, soldadura f al plomo ‖ ~**löten** n, Bleilötung f / soldadura f con (o al) plomo ‖ ~**löten durch Zusammenschmelzen** / soldadura f con fusión de plomo, soldadura f autógena de plomo ‖ ~**manschette** f (Bau) / manguetón m de plomo ‖ ~**mantel** m, Bleihülle f / envoltura f de plomo, camisa f o capa de plomo ‖ ~**mantel** (Kabel) / vaina f de plomo ‖ ~**mantelgeschoss** n (Mil) / proyectil m con capa de plomo ‖ ~**mantelkabel** n (Elektr) / cable m envainado en plomo, cable m bajo plomo ‖ ~**mantelkabel mit PET-Umhüllung** / cable m bajo plomo con envoltura de PET ‖ ~**mantelleitung** f, -leiter m (Elektr) / conductor m bajo plomo ‖ ~**mantelpresse** f / prensa f para envainar los cables en plomo ‖ ~**mantelverlust** m (Kabel) / pérdida f por la cubierta de plomo ‖ ~**massel** f s. Bleibarren ‖ ~**masselform** f **für Kabelummantelung** (Hütt) / molde m de galápagos para envainado de cables ‖ ~**mater** f, Bleimatrize f (Druck) / matriz f de plomo ‖ ~**mennige** f, rotes Bleioxid (Anstrich) / minio m de plomo, azarón m (poco us.) ‖ ~**messer** n (Hütt, Wz) / cuchillo m de plomo, tingle m ‖ ~**metall** n / plomo m metálico ‖ ~**methode** f (Geol) / datación f a base de plomo ‖ ~**mine**, -einlage f / mina f de grafito o de lápiz ‖ ~**mine**, Bleibergwerk n / mina f de plomo ‖ ~**mine** (Zirkel) s. Bleieinsatz ‖ ~**muffe** f / manguito m de plomo ‖ ~**mulde** f, Bleibarren m / lingote m de plomo ‖ ~**nagel** m (aus Messing) / clavo m para plomo ‖ ~**niederschlag** m (Chem) / precipitado m de plomo ‖ ~**nitrat** n, -salpeter m / nitrato m de plomo ‖ ~**ofen** m (Hütt) / horno m de plomo ‖ ~**oleat** n (Chem) / oleato m de plomo ‖ ~**(II)-oxid** n, Bleimonoxid n / monóxido m de plomo, óxido m plumboso ‖ ~**(IV)-oxid**, Bleidioxid n / dióxido m de plomo, óxido m plúmbico ‖ **rotes** ~**oxid**, Bleimennige f, Bleirot n / minio m de plomo, azarón m (poco us.) ‖ ~**oxid-Vidikon** n (Eltronik) / vidicón m de óxido de plomo, tubo m tomavistas de óxido de plomo ‖ ~**patentieren** n, -härten n (Drahtziehen) / patentización f con plomo ‖ ~**[su]peroxid** n (Chem) / peróxido m de plomo ‖ ~**pigment** n (Anstrich) / pigmento m de plomo ‖ ~**platte**, -tafel f (Radiol) / plancha f de plomo ‖ ~**plombe**, Plombe f / precinto m de plomo, sello m de plomo, plomo m ‖ ~**rauch** m, -dämpfe m pl (Hütt) / humos m pl o vahos de plomo ‖ ~**rohr** n / tubo m de plomo (E), caño m de plomo (LA) ‖ **dickes** ~**rohr** (Muffe) / manguetón m de plomo ‖ ~**rot** n, Mennige f (Anstrich) / minio m de plomo ‖ ~**rute** f, -steg m, -sprosse f (Verglasung) / varilla f de plomo ‖ ~**satz** m (Druck) / composición f a frío o sin plomo ‖ ~**scheibe**, Polkopfverstärkung f (Akku) / disco m de plomo ‖ ~**scheibe** f, -unterlegscheibe f / arandela f de plomo ‖ ~**scheibe**, -dichtungsscheibe f / arandela f obturadora de plomo ‖ ~**schere** f / tijeras f pl de plomo ‖ ~**schicht** f (Galv) / capa f de plomo ‖ ~**schirm** m (Nukl) / pantalla f de plomo ‖ ~**schlacke** f (Hütt) / escoria f de plomo ‖ ~**schlamm** m (Akku) / depósito m de plomo, lodo m de plomo ‖ ~**schlauch** m / tubo m flexible de plomo ‖ ~**schrank** m (für Radium), -tresor m (Nukl) / caja f fuerte de plomo ‖ ~**schrot** m n / plomo m en grano, granalla f de plomo ‖ ~**schürze** f (Radiol) / delantal m [protector] de plomo, mandil m de caucho al plomo ‖ ~**schutzmantel** m, -abschirmung f (Reaktor) / cubierta f de plomo ‖ ~**schwamm** m (Hütt) / plomo m esponjoso, esponja f de plomo ‖ ~**seife** f (Chem) / jabón m de plomo ‖ ~**setzmaschine** f (Druck) / máquina de componer [y fundir] caracteres de plomo ‖ ~**sicherung**, Schmelzsicherung f (Elektr) / fusible m de plomo ‖ ~**siegelwand** f, Bestrahlungsschutzwand f (Reaktor) / pared f protectora de plomo ‖ ~**sikkativ** n (Anstrich) / secativo m de plomo ‖ ~**silikat** n (Chem) / silicato m de plomo ‖ ~**sprosse** f, -rute f, -steg m (Fenster) / varilla f de plomo ‖ ~**stannat** n (Chem) / estannato m de plomo ‖ ~**staub** m (Hütt) / polvo m de plomo ‖ ~**stearat** n (Chem) / estearato m de plomo ‖ ~**stege** m pl (Druck) / guarniciones m pl de plomo, imposiciones f pl de plomo ‖ ~**stein** m, Hartblei n (Min) / mata f de plomo, piedra f de plomo ‖ ~**stemmer** m (Installateur, Wz) / escoplo m para plomo del plomero ‖ ~**stift-Anschnitt** m (Gieß) / entrada f en forma de lápiz ‖ ~**stift[an]spitzer** m / sacapuntas m ‖ ~**stiftgraphit** m / grafito m para lápices ‖ ~**stiftgummi** m / goma f de borrar para lápices, borrador m (LA) ‖ ~**stiftröhre** f (Eltronik) / válvula f dedo ‖ ~**stiftspitzmaschine** f / afilalápices f, sacapuntas m ‖ ~**strangpresse** f (Hütt) / prensa f de extrusión de plomo, extrusora f para plomo ‖ ~**streifen** m / banda f de plomo, tira f de plomo ‖ ~**sulfat** n (Chem) / sulfato m de plomo ‖ ~**sulfid** n / sulfuro m de plomo ‖ ~**superoxid** n, -peroxid n s. Bleidioxid ‖ ~**teilzirkel** m (Zeichn) / compás m divisor con suplemento de minas de plomo ‖ ~**tellurid** n (Chem) / telururo m de plomo, telururo m de plomo ‖ ~**tetraethyl**, Tetraethylblei n / tetraetilo m de plomo ‖ ~**thiosulfat** n / tiosulfato m de plomo ‖ ~**-Trinitroresorzinat** n / trinitrorresorcinato m de plomo ‖ ~**tube** f (Verp) / tubo m de plomo ‖ ~**umhüllung**, -mantelung f (Radiol) / envoltura f de plomo, revestimiento m de plomo ‖ ~**umhüllung** f s. auch Bleimantel ‖ ~**[unterleg]scheibe** f / arandela f de plomo ‖ ~**vanadat** n (Chem) / vanadato m de plomo ‖ ~**verarbeitung** f / trabajo m de plomo ‖ ~**verbindung** f (Chem) / compuesto m de plomo ‖ ~**vergiftung** f, Saturnismus m (Med) / saturnismo m ‖ ~**verglastes Fenster** / ventana emplomada ‖ ~**verglasung**, Verbleiung f (Bau) / emplomado m de vidriera ‖ ~**verglasung** f (Erzeugnis) / vidriera f emplomada ‖ ~**verschluss** m / cierre m de plomo, emplomado m ‖ **unter** ~**verschluss** / precintado con [sello de] plomo ‖ ~**weiß** m (Farbe), basisches Bleikarbonat / albayalde m, cerusa f, carbonato m básico de plomo ‖ ~**weißölfarbe** f / pintura f al óleo de albayalde ‖ ~**weiß-Ölgrund** m / imprimación f al óleo de albayalde ‖ ~**wismutglanz** m (Min) / galenobismuto m ‖ ~**wolle** f / lana f de plomo ‖ ~**ziegel** m (Nukl) / ladrillo m de plomo ‖ ~**zinnbronze** f (Anstrich) / bronce m de plomo-estaño ‖ ~**Zinnlegierung** f (80 % Pb, 18 % Sn, 2 % Sb) / aleación f de plomo y de estaño ‖ ~**-Zinn-Zinklegierung** f / peltre m ‖ ~**zucker** m, Blei-Azetat n (Chem) / azúcar m de plomo o de saturno ‖ ~**zuckerlösung** f / extracto m de Saturno ‖ ~**zusatz** m (Anstrich) / aditivo m de plomo ‖ ~**zwischenlage**, -einlage f / capa f intermedia de plomo, chapa f de plomo de relleno

Blend•..., blind (Bau) / falso, ciego ‖ ~**arkade** f, Blendbogenstellung f, Blendbogen m / arco m falso, arcada f ciega ‖ ~**boden** m (Bau) / falso m entarimado, contrapiso m

Blende f (TV) / marco m de la pantalla ‖ ~, Blendschirm m (Kfz) / parasol m ‖ ~, Abschirmung f / protección f, blindaje m ‖ ~, Bleidscheibe f (Rohrleitung) / obturador m ‖ ~ (Foto, Opt) / diafragma m ‖ ~, Filter n (Opt) / filtro m ‖ ~, Blendendurchmesser m (Opt) / apertura f de diafragma ‖ ~, Maske f (Radar) / visera f ‖ ~ f (Bergb) / compuerta f, puerta f de un pozo de ventilación ‖ ~, Bindfassade f (Bau) / fachada f simulada ‖ ~, inneres Bullauge (Schiff) / lumbrera f ‖

Blende

≈, Verkleidung f, Blatt n (Möbel) / panel m, cornisa f ||
≈, blindes Fenster (Bau) / ventana f ciega o falsa || ≈
(Taxameter) / obturador m || ≈, Buchweizen m (Landw) /
trigo m sarraceno, alforfón m || ≈ (Schwefelerz von
Metallen) (Min) / blenda f || ≈ **an Leuchten** / paralumo
m, pantalla f || ≈ **einstellen** (Foto) / diafragmar || ≈
öffnen / abrir [gradualmente] el diafragma || ≈
schließen / obturar o apagar [gradualmente] el
diafragma || **um 1/3** ≈ **erhöhen** (Foto) / aumentar el
diafragma en un tercio
blenden vt / deslumbrar (E), traslumbrar, encandilar
(LA) || ~, blind machen / cegar || ≈, Ein-, Ausblenden
n (TV) / fundido m, esfumado m || ≈ n **der
Scheinwerfer** (Kfz) / deslumbramiento m por faros ||
≈**automatik** f (Foto) / modalidad f de prioridad de
obturación, exposición f automática con preferencia
en la obturación, sistema m automático del diafragma
blendend, grell (Licht) / deslumbrante, deslumbrador ||
~**er Glanz** / brillo m || ~**es Licht**, Blendlicht n /
deslumbramiento (causado por luz muy intensa) ||
~**er Lichtschein**, Lichtblitz m / luz f relámpago || ~
weiß / blanco brillante
Blenden • **ebene** f (Opt) / plano m de diafragma ||
≈ **[einstell]ring** m (Foto) / anillo m del diafragma ||
≈**einstellung** f, Blendenzahl f, Blende f (Foto) / valor
m del diafragma || ≈**einstellung** (Foto) / diafragmado
m, regulación f o graduación del diafragma || ≈**folie** f /
hoja f para enmascaramiento || ≈**gekoppelt** /
acoplodo por iris || ≈**lamelle** f / laminilla f de
diafragma || ≈**loch** n (Kath.Str) / abertura f de ánodo ||
≈**nummer** f, -zahl f (Foto) / diafragmado m del
objetivo, valor m del diafragma || ≈**öffnung** f (Foto) /
abertura f de diafragma || ≈**regulierschieber** m /
corredera f para regular el diafragma iris || ≈**revolver**
m (Opt) / revólver m de diafragma || ≈**schieber** m /
corredera f de diafragma || ≈**skala** f (Foto) / escala f de
diafragma || ≈**steuerung** f / regulación f del diafragma
|| ≈**strömungsmesser** m (Mess) / reómetro m de
orificio || ≈**stufe** f (Opt) / escalón m de diafragma ||
≈**vorwahl** f (Foto) / preselección f del diafragma ||
≈**zahl** f (Foto) / diafragmado m del objetivo
blendfrei / antideslumbrante || ~**er Rückspiegel** (Kfz) /
retrovisor m antideslumbramiento
Blend • **gefahr durch Ablagerungen** (Kfz) / fogging m ||
≈**glas** m (Opt) / vidrio m antideslumbrante || ≈**glas**,
-scheibe f (Schw) / cristal m ahumado || ≈**granate** f
(Mil) / granada f cegadora || ≈**holz** n,
Bekleidungsbrett n / cornisa f
Blendinganlage f (Tabak) / instalación f de mezcla
Blend • **rahmen**, Blindrahmen m (Tür, Fenster) (Bau) /
marco m de ventana, marco m de la puerta ||
≈**rahmenfenster** n / ventana f con marco empotrado ||
≈**scheibe** f (Glas) / cristal m de protección, cristal m
antideslumbrante || ≈**schirm** m, -schutzschirm m /
visera f antideslumbrante || ≈**schirm**, Blende f (Kfz) /
parasol m || ≈**schutz** m (Schw) / protección f
antideslumbrante || ≈**schutz am Instrumentenbrett**
(Kfz) / dispositivo m antideslumbrante || ≈**schutz an
Scheinwerfern** / antideslumbrante m para faros ||
≈**schutz gegen heiße Abgase** (Luftf) / cubrellamas m ||
≈**schutzbrille** f / gafas f pl antideslumbrantes, gafas f
pl antiencandilantes (LA) || ≈**schutzleuchte** f (Elektr) /
lámpara f antideslumbrante || ≈**schutzscheibe** f (Kfz) /
pantalla f antideslumbrante || ≈**schutzstreifen** m
(Autobahn) / seto m central antideslumbrante ||
≈**stein** m, Verblendstein m (Bau) / ladrillo m de
fachada de adorno, ladrillo m de revestimiento
Blendung f (Licht) / deslumbramiento m (E),
encandilamiento m (LA)
blendungs • **arm**, kaum blendend / poco deslumbrante ||
~**frei**, nicht blendend / libre de deslumbramiento,
antideslumbrante || ≈**grenze** f / límite m de
deslumbramiento || ≈**index** m / índice m de
deslumbramiento

Blend • **verband** m (Bau) / trabazón m de adorno ||
≈**wirkung** f, -nachwirkung f (Licht) / deslumbramiento
m, efecto m cegador
Bleu-Blindlandeverfahren n (Luftf) / método m de
aterrizaje BLEU
Blick m, Sicht f (Opt) / vista f, mirada f || ≈, Gold-,
Silberblick m (Hütt) / relámpago m
blickdicht (Gewebe) / opaco
blicken vi, blinken (Chem) / brillar || ~ (Metall) /
relampaguear
Blick • **fang** m (z.B. in der Werbung) / punto m de
atracción, objeto m atractivo || ≈**feld** n, Gesichtsfeld n
(Med, Mil) / campo m visual o de visibilidad ||
≈**felddarstellungsgerät** n (Radar) / pantalla f de
presentación a la altura de la vista, pantalla f de
pesentación por colimador || ≈**feuer** n (Elektr) / señal f
luminosa || ≈**linie** f (Opt) / línea f visual || ≈**punkt** m
(Opt) / punto m visual || ≈**richtung** f / dirección f visual
|| ≈**silber** n (Hütt) / plata f relampagueante ||
≈**sprungfreiheit** f (Stereobild) / zona f útil de
visualización || ≈**winkel** m, Gesichtswinkel m (Opt) /
ángulo m de visibilidad
Blimp m (der Kamera) / caja f protectora del ruido, caja
f cubierta antisonora, blindaje m acústico || ≈
(Kleinluftschiff) / blimp m, dirigible m pequeño
blind (allg) / ciego || ~ (Bau) / falso, ciego || ~, trübe (Glas,
Metall) / opaco || ~, unpoliert (Glas) / deslustrado || ~,
angelaufen / empañado || ~ adv / a ciegas || ~**e Küpe**
(Tex) / tina f ciega || ~ **machen** (o. werden) (Glas,
Metall) / deslustrar[se], empañar[se] || ~**er
Schornstein** (Schiff) / chimenea f falsa || ~ **schreiben**
(DV) / escribir al tacto || ~**e Spule** (Elektr) / sección f
inactiva || ~**e Spule** (Fernm) / bobina f falsa o ficticia ||
~**e trockene Bohrung** (Öl) / pozo m seco || ~**e Tür**
(Bau) / puerta f muerta o falsa || ~**e verlorene
Verrohrung** (Öl) / revestidor m auxiliar ciego (E),
caño m ciego (LA) || ~**es Zapfen- o. Stemmloch**
(Zimm) / mortaja f ciega
Blind • **achse** f (Bahn) / eje m motor intermedio, falso m
eje || ≈**anflug** m (Luftf) / aproximación f a ciegas o con
instrumentos, aproximación sin visibilidad || ≈**anteil**
m, -komponente f (Elektr) / componente f reactiva,
componente f de[s] vat[i]ada || ≈**aufkohlen** n (ohne
Aufkohlungsmittel) (Hütt) / seudocarburación f ||
≈**band** m, -exemplar n (Druck) / maqueta f de libro ||
≈**bedienung** f (Schreibm) / manejo m en ciego ||
≈**befehl**, Scheinbefehl m (DV) / instrucción f
inoperativa, seudoinstrucción f || ≈**befestigung** f (Bau,
Masch) / fijación f ciega || ≈**belastung** f, wattlose
Belastung (Elektr) / carga f reactiva, carga
de[s]vat[i]ada f || ≈**belegung** f (Fernm) / ocupación f
permanente || ≈**boden** m (Bau) / piso m soporte ||
≈**boden** (Zimm) / contrapiso m, falso m entarimado,
piso m falso || ≈**bohrung** f, Sackbohrung f / taladro m
ciego, agujero m ciego || ≈**buchse** f (Fernm) / jack m
ciego || ≈**buchse** (Räumwz) / espaciador m de brocha ||
≈**decke** f (Bau) / techo f falso || ≈**drehen** n (Wzm) /
torneado m de interiores sin visibilidad || ≈**druck** m,
-prägung f (Druck) / estampado m en seco, timbrado m
en seco || ≈**drucken** vt, -prägen (Druck) / estampar en
seco || ≈**einschub** m (Elektr) / módulo m en blanco ||
≈**element** n (Reaktor) / elemento m simulado
Blinden • **rillen** f pl (Bahnsteig) / ranuras-guía f pl para
ciegos || ≈**schrift**, Brailleschrift f / escritura f de
Braille
Blind • **feld** n, Leerfeld n (Fernm) / panel m vacío || ≈**film**
m / película f negra || ≈**flansch** m, X-Stück n / brida f
ciega, brida f falsa, brida f escondida || ≈**fliegen** n,
-flug m / vuelo m ciego o a ciegas, vuelo m sin
visibilidad, vuelo m por instrumentos || ≈**flieger** m,
Instrumentenflugberechtigter m / aviador m con
permiso de vuelo por instrumentos || ≈**flug** m / p.s.v.
= pilotaje sin visibilidad || ≈**flugberechtigung** f /
habilitación f de vuelo por instrumentos, título de

Blisterpackung

piloto de vuelo por instrumentos ‖ ~furnier *n* (Tischl) / contramalla *f* ‖ ~gänger *m* (Mil) / proyectil *m* no estallado, falta *f* de fuego ‖ ~härten *vt* / templar en ciego ‖ ~härten *n* (Hütt) / temple *m* en ciego ‖ ~härtungsversuch *m* / ensayo *m* de temple en ciego ‖ ~kaliber *n* (Walzw) / pasada *f* ciega ‖ ~komponente *f*, -anteil *m* (Elektr) / componente reactiva, componente *f* de[s]vat[i]ada ‖ ~kupplung *f* (Bahn) / falso acoplamiento *m* ‖ ~kupplung (Schlauch) / acoplamiento *m* de obturación ‖ ~-kVA *n pl* (Elektr) / kilovoltamperios *m pl* reactivos ‖ ~landeanlage *f* (Bodenhilfsmittel) (Luftf) / auxiliar de aterrizaje ‖ ~landesystem *n* [durch Eigenpeilung] (Luftf) / sistema *m* de aterrizaje por instrumentos ‖ ~landung *f* / aterrizaje a ciegas o sin visibilidad ‖ ~landung *f* [durch Eigenpeilung] / aterrizaje *m* por instrumentos ‖ ~landung mit impulsmodulierten Baken / sistema *m* de aterrizaje BALS ‖ ~last *f* (Elektr) / carga *f* reactiva, carga *f* de[s]vat[i]ada ‖ ~laststoß *m* (Elektr) / impulso *m* de carga reactiva ‖ ~last-Transduktor *m* / reactancia *f* por transductor
Blindleistung *f* (Elektr) / potencia *f* reactiva, potencia *f* de[s]vat[i]ada ‖ ~ der Gegenkomponente, Gegenleistung *f* (Elektr) / potencia *f* negativa de secuencia, potencia inversa o en inversion de fase
Blindleistungs•begrenzer *m* / limitador *m* de potencia reactiva ‖ ~einheit *f*, Var *n* / var *m* ‖ ~faktor *m*, sin φ (Elektr) / coeficiente *m* de reactancia ‖ ~maschine *f* (Elektr) / adelantor *m* de fase, modificador *m* de fase ‖ ~messer *m* / varmetro *m* ‖ ~messungs... / varmétrico ‖ ~regler *m* / regulador *m* de potencia reactiva ‖ ~schreiber *m* / registrador *m* de potencia reactiva ‖ ~zähler, Blindverbrauchszähler *m* / contador *m* de energía reactiva, varhorímetro *m*
Blind•leitung *f* (Wellenleiter) / tetón *m* adaptador ‖ ~leitwert *m* (Elektr) / suscecptancia *f* ‖ ~loch *n*, Sackloch *n* / agujero *m* ciego ‖ ~lochscheibe *f* (Rohr), Umsteckscheibe *f* (Elektr) / obturador *m* en ocho ‖ ~material *n* s. Bleistege ‖ ~modulator *m* (Elektr) / modulador *m* de reactancia ‖ ~muster *n*, Attrappe *f* / maqueta *f* ‖ ~navigation *f* (Luftf) / navegación *f* a ciegas ‖ ~niet *m* / remache *m*, roblón *m* ciego ‖ ~nieten *v* / remachado *m* de un solo lado ‖ ~niet[hand]zange *f* (Wz) / chirriadora *f* (CUB) ‖ ~nitrieren *n* (ohne Nitriermittel) (Hütt) / seudonitruración *f* ‖ ~ort *n* (Bergb) / galería *f* ciega, tope *m* ciego ‖ ~ortversatz *m* (Bergb) / relleno *m* de galería ciega ‖ ~patrone *f* (Mil) / cartucho *m* de fogueo ‖ ~platte *f* (Druck) / placa *f* blanca ‖ ~prägung (Pap, Plast) / estampación *f* en seco ‖ ~probe *f* (Mat.Prüf) / ensayo *m* de testigo ‖ ~raupe *f* (Schw) / línea *f* de fusión ‖ ~röhrenmodulator *m* (Eltronik) / modulador *m* de tubos de reactancia, modulador *m* de reactancia electrónica ‖ ~schacht, Stapel *m* (Bergb) / pozo *m* ciego, pozo *m* interior, pozo *m* negro, contrapozo *m* ‖ ~schachtbohren *n* / profundización *f* de pozo ciego ‖ ~schachtsumpf *m* / enganche *m* de pozo ciego ‖ ~schaltbild *n* (Elektr) / diagrama *m* luminoso ‖ ~schliff *m* / esmerilado *m* ciego ‖ ~schloss *n* / cerradura *f* embutida ‖ ~schreiben *n* (DV) / mecanografía *f* al tacto ‖ ~schwanz *m*, Stichleitung *f* (Antenne) / tetón *m* adaptador ‖ ~sicherung *f* (Elektr) / falso *m* fusible, seudofusible *m* ‖ ~spannung *f* (Elektr) / tensión *f* reactiva ‖ ~speiser (Gieß) / mazarota *f* ciega ‖ ~spule *f* (Elektr) / sección *f* inactiva ‖ ~spur *f* (Nukl) / traza *f* ficticia ‖ ~start *m* (Luftf) / despegue *m* 'a ciegas' o sin visibilidad ‖ ~stecker, Isolierstöpsel *m* (Elektr) / clavija *f* inactiva ‖ ~stich *m* (Walzw) / pasada *f* ciega ‖ ~stich (Nähmaschine) (Tex) / puntada *f* invisible ‖ ~stichfuß *m* (Näh) / prensatelas *m* para puntada invisible ‖ ~stopfen *m* / tapón *m* obturador ‖ ~stopfen (in einer Gussform) (Gieß) / tapón *m* ciego ‖ ~strom *m* (Elektr) / corriente *f* reactiva, corriente *f* de[s]vat[i]ada ‖ ~strom..., wattlos / reactivo,

de[s]vat[i]ado ‖ ~stromkomponente *f*, -stromanteil *m* (Elektr) / componente *f* reactiva, componente *f* de[s]vat[i]ado ‖ ~stromzähler *m* / contador *m* de corriente reactiva ‖ ~stutzen *m* / racor *m* sin paso ‖ ~tubus *m* / tubuladura *f* sin paso o sin salida ‖ ~übermittlung *f* (Fernm) / transmisión *f* a ciegas, transmisión *f* sin cortes, transmisión *f* sin acuse de recibo ‖ ~verbrauchszähler *m* s. Blindleistungszähler ‖ ~verkehr *m* (Fernm) / tráfico *m* simulado ‖ ~verschluss *m* s. Blindstopfen ‖ ~verschluss / cierre *m* simulado ‖ ~verschraubung *f* / racor *m* con tuerca tapón ‖ ~versuch *m* (Reaktor) / simulación *f* ‖ ~versuch (Chem, Pharm) / ensayo *m* a ciegas, ensayo *m* en blanco ‖ ~vierpol *m* (Fernm) / cuadripolo *m* de reactancia ‖ ~walze *f* (Walzw) / cilindro *m* loco ‖ ~walze (Web) / cilindro *m* liso ‖ ~welle *f* (Bahn, Lok) / árbol *m* secundario de renevío ‖ ~wert *m* (Chem, Phys) / valor *m* obtenido por el ensayo en blanco ‖ ~wert (Elektr) s. Blindstromkomponente ‖ ~wertfrei (Chem, Phys) / sin corrección ‖ ~wertlösung *f* / solución *f* de ensayo en blanco ‖ ~widerstand *m* (Elektr) / reactancia *f* ‖ ~[widerstand]röhre *f* (Eltronik) / tubo *m* de reactancia
Blink•ampel *f* (Verkehr) / semáforo *m* intermitente ‖ ~anzeige *f* / indicador *m* intermitente ‖ ~apparat *m*, -gerät *n* / aparato *m* de señalización ‖ ~bake *f* (Nav) / baliza *f* de luz intermitente
blinken *vi*, strahlen, glänzen / brillar ‖ ~, blicken (Metall) / relampaguear, relucir ‖ ~, intermittierend leuchten, glitzern / parpadear ‖ ~, den Blinker betätigen (Kfz) / indicar la dirección, hacer señales luminosas [de dirección] ‖ ~ (mit den Scheinwerfern) (Kfz) / rafagar, hacer uso de la luz intermitente ‖ ~, morsen (Schiff) / destellar ‖ ~ *n*, Glitzern *n* / parpadeo *m* ‖ ~ (Vorgang) (Kfz) / maniobra *f* del intermitente, uso *m* de la luz intermitente
Blinker *m*, Blinklicht *n* (Kfz, Luftf, Schiff) / destellador *m* (LA) ‖ ~, Blinklicht, -signal *n* / indicador *m* de dirección, intermitente *m* (E), luz *f* direccional (LA) ‖ ~ s. Blinkgeber und Blinkleuchte ‖ ~hebel *m* / palanca *f* del intermitente ‖ ~kontrollleuchte *f* / chivato *m* de las luzes intermitentes, luz *f* piloto de intermitentes
Blinkerschalter *m* mit eingebauter Kontrolllampe (Kfz) / interruptor *m* del intermitente con chivato incorporado
Blink•feuer, -licht *n* (Nav) / luz *f* de destellos, fuego *m* de destellos, faro *m* de luz intermitente ‖ ~feuer *n*, unterbrochenes Feuer / farol *m* de ocultación, luz *f* de ocultaciones ‖ ~folge *f* / sucesión *f* de destellos ‖ ~frequenz *f* (Kfz) / frecuencia *f* de intermitentes ‖ ~geber *m* (Kfz) / relé *m* de intermitencia ‖ ~gerät *n* (Elektr) / aparato *m* de señalización ‖ ~gerät (Mil) / heliógrafo *m* ‖ ~komparator *m* (Opt) / microscopio *m* de parpadeo ‖ ~leuchte *f* (Kfz) / lámpara *f* de luz intermitente ‖ ~licht *n*, Warnblinklicht *m* / luz *f* intermitente o de destello, luz *f* destellante ‖ ~licht (Elektr, Opt) / flash *m* estroboscópico ‖ ~gelbes ~licht (Straßb) / luz *f* amarilla de aviso, semáforo *m* destellante ‖ rotierendes ~licht (Feuerwehr, Luftf) / girofaro *m* ‖ ~licht *m* für Polizei- und Krankenfahrzeuge / lanzadestellos *m*, faro *m* giratorio ‖ ~relais *n* / relé *m* [de luz] intermitente ‖ ~-Schlussleuchte *f* (Kfz) / luz *f* intermitente y luz trasera combinadas ‖ ~zeichen, -signal *n* / señal *f* intermitente ‖ ~zeichen *n* (mit Scheinwerfern) (Kfz) / destellos *m* luminosos con los faros, ráfaga *f* de faros
Blip *m*, Zacke *f* (Radar) / señal *f* de eco, indicación *f* visual del eco, cresta *f* de eco ‖ ~ (Repro) / marca *f*
Blister•-Kupfer *n* (Hütt) / cobre *m* ampolloso ‖ ~packautomat *m* (Verp) / máquina *f* de embalado Blister ‖ ~packung *f* (Gattungsbezeichnung) / embalaje *m* Blister, envase *m* blíster o de burbuja ‖ ~packung (Aufmachung) / presentación *f* Blister

203

Blitz, Aufblitzen *n* / destello *m*, relambre *m*, relambro *m*, relumbrón *m* ‖ ⁻ *m* (leuchtend) (Meteo) / relámpago *m*, relampagueo *m* ‖ ⁻ (Wirkung beim Einschlagen) / rayo *m* ‖ ⁻, Lichtblitz *m* (Foto) / flash *m*, fogonazo *m* ‖ ⁻..., blitzschnell / instantáneo, rápido ‖ ⁻**ableiter**, -schutz *m* (Fernm) / protector *m* contra descargas atmosféricas ‖ ⁻**ableiter** *m* (Bau) / pararrayos *m* ‖ ⁻**ableiter für Leitungsanlagen**, Blitzschutz *m* (Elektr) / protección *f* contra rayos ‖ ⁻**ableiterstange** *f*, Auffangstange *f* / varilla *f* del pararrayos ‖ ~**artig aufleuchten lassen** / hacer destellar, lanzar destellos ‖ ⁻**bahn** *f* (Meteo) / trayectoria *f* del rayo ‖ ⁻**befeuerung** *f* (Luftf) / balizaje *m* por destellos luminosos ‖ ⁻**blendgranate** *f* (Mil) / granada *f* cegadora ‖ ⁻**dämmer** *m* (Bergb) / agente *m* aislante rápido ‖ ⁻**dauer** *f* (Foto) / duración *f* del flash o de disparo
blitzen *vi*, aufleuchten (Meteo) / fulgurar, relampaguear, destellar ‖ ~ *vt*, mit Blitzlicht fotografieren / sacar una foto con flash
Blitz⁻**entladung** *f*, blitzförmige Entladung (Elektr) / descarga *f* fulminante ‖ ⁻**erdung** (Vorgang), -erde *f* (Eltronik) / puesta *f* a tierra del pararrayos ‖ ⁻**feuer** *n* (Nav) / luz *f* de destellos ‖ ⁻**gerät** *n* (komplett mit Reflektor), Blitzlichtgerät *n* (Foto) / disparador *m* de flash, [foto]flash *m* ‖ ⁻**gespräch** *n* (Fernm) / conferencia *f* relámpago o urgentísima ‖ [**einmal verwendbare**] ⁻**lampe** (Foto) / lámpara *f* de flash, destellador *m* ‖ ~**lampengepumpt** (Laser) / bombeado por lámparas de destellos ‖ ⁻**lampensystem** *n* "Topflash/Flipflash" (Foto) / sistema *m* "topflash/flipflash" ‖ ⁻**lichtaufnahme** *f*, -lichtphoto *n* / fotografía *f* a destello o con flash ‖ ⁻**lichtcomputer** *m* / micro-ordenador *m* de flash ‖ ⁻[**licht**]**kolben** *m* (hist.) / tubo *m* de luz relámpago, tubo *m* de flash ‖ ⁻**lichtkontakt** *m*, -anschluss *m* (Foto) / contacto *m* de flash ‖ ⁻**lichtlampe** *f*, Kolbenblitz *m* / lámpara *f* relámpago ‖ ⁻**lichtleitzahl** *f* (Foto) / número *m* guía de flash ‖ ⁻**lichtpulver** *n* (hist.) / polvo *m* relámpago ‖ ⁻**licht-Steckverbindung** *f* / conexión *f* de enchufe flash ‖ ⁻**lichtsynchronisierung** *f* / sincronización *f* flash ‖ ~**loses Pulver** / polvo *m* apagafogonazo ‖ ⁻**löter** *m*, Schnelllötgerät / soldador *m* instantáneo ‖ ⁻**ordnungssystem** *n* / LPATS (= Lightning Position and Tracking System) ‖ ⁻**rekorder** *m* (Meteo) / registrador *m* de relámpagos ‖ ⁻**röhrengerät** *n* (hist.) (Foto) / dispositivo *m* con tubo de destellos, flash *m* electrónico ‖ ⁻ [**rohr**]**zange** *f* / tenazas-llaves *f pl* corredizas ‖ ⁻**röntgengerät** *n* (Med) / equipo *m* para radiografías flash ‖ ⁻**rösten** *n* (Hütt) / tostación *f* superficial ‖ ⁻**schaden** *m* (Meteo) / daño *m* por rayo ‖ ⁻**schlag** *m*, zündender Blitz / fulminación *f*, rayo *m* ‖ ⁻**schutz** *m* (Elektr) / protección *f* contra los rayos ‖ ⁻**schutzautomat** *m* (Antenne) / protección *f* automática pararrayos ‖ ⁻**schutzerde** *f*, -schutzerdung *f* / puesta *f* a tierra pararrayos ‖ ⁻**schutzpatrone** *f* (Eltronik) / cartucho *m* protector contra rayos ‖ ⁻**schutzschalter** *m* (Elektr) / conmutador *m* pararrayos, conmutador *m* antena-tierra ‖ ⁻**schutzseil** *n* (Hochsp.-Ltg.) / cable *m* protector pararrayos ‖ ⁻**schutzsicherung** *f* (Eltronik) / bobina *f* fusible protector contra rayos ‖ ⁻**stärke** *f* (Elektr, Meteo) / intensidad *f* de rayo ‖ ⁻**strahl** *f* / rayo *m* ‖ ⁻**trockner** *m* / secador *m* rápido ‖ ⁻**ventil** *n* / válvula *f* de acción rapidísima ‖ ⁻**verdampfung** *f* (Phys) / evaporación *f* instantánea ‖ ⁻**würfel** *m* (Foto) / cubo *m* flash, cuboflash *m* ‖ ⁻**zug** *m* (z.B. Tokio-Osaka) (Bahn) / tren *m* "bala"
BLOB *m* (DV) = Binary Large Object
Blob *n* (Traube in der Kernemulsion) (Nukl) / blob *m*, enjambre *m*
Bloch⁻**-Band** *n* (Atom, Nukl) / banda *f* de energía ‖ ⁻**wand** *f* (Magnet) / pared *f* de dominio

Block *m* (allg) / bloque *m* ‖ ⁻, Klotz *m* / cepo *m*, macizo *m*, zoquete *m* ‖ ⁻ *m* (Holz) / tronco *m* ‖ ⁻, [gegossener] Barren (Hütt) / barra *f*, lingote *m*, lingotillo *m* ‖ ⁻, Barren *m* (Eisen) (Walzw) / tocho *m*, lingote *m* de hierro ‖ ⁻, Schreibblock *m* (Büro) / bloc *m*, taco *m* para apuntes ‖ ⁻ (Kalender) / taco *m* ‖ ⁻, Quader *m* (Bau) / sillar *m*, macizo *m* ‖ ⁻, Häuserblock *m* / manzana *f* (E), cuadra *f* (LA) ‖ ⁻ (zusammenhängende Wort- o. Informationsgruppe) (DV) / bloque *m* ‖ ⁻ (Nukl) / bloque *m* de combustible ‖ ⁻ (Schiff) / sistema *m* de poleas o roldanas, motón *m* ‖ ⁻, Druckform *f* (Indig.-Färb) / bloque *m*, plancha *f* ‖ ⁻, Blockstrecke *f*, -abschnitt *m* (Bahn) / cantón *m* de bloqueo, sección *f* del block ‖ ⁻, Findling *m* (Geol) / roca *f* errática ‖ ⁻ *m* **mit bedingten Haltesignalen** (Bahn) / bloqueo *m* permisivo ‖ ⁻ **mit 4 Rollen** (Schiff) / cuadernal *m* ‖ ⁻ **mit unbedingten Haltesignalen** (Bahn) / bloqueo *m* absoluto ‖ ⁻ **von Zahnrädern**, Pilz *m* / bloque *m* de ruedas dentadas ‖ **durch Nachgießen aufgefüllter** ⁻ (Hütt) / lingote *m* realimentado ‖ **im** ⁻ **gegossen** / fundido en bloque ‖ **vorgewalzter** ⁻ (Hütt) / lingote *m* prelaminado, tocho *m*
Block•**abbruch** *m* (DV) / aborto *m* ‖ ⁻**abschnitt** *m* (Bahn) / cantón *m* de bloqueo, sección *f* de bloqueo o del block ‖ ⁻**abstand** *m* (Bahn) / intervalo *f* del bloque, longitud *f* de un cantón de bloqueo ‖ ⁻**abstechmaschine** *f* (Hütt) / máquina *f* para partir lingotes ‖ ⁻**abstreifer** *m*, Stripper *m* (Hütt) / deslingotador *m*, sacalingotes *m* ‖ ⁻**abstreifkran** *m*, Stripperkran *m* / grúa *f* deslingotadora ‖ ⁻**abzug** *m* / retractor *m* de lingotes
Blockade *f* (gegenseitiges Sperren) (DV) / bloqueo *m*, blocaje *m* ‖ ⁻, Fliegenköpfe *m pl* (Druck) / letras *f pl* invertidas
Block•**adresse** *f* (DV) / dirección *f* de o en bloque ‖ ⁻**anlage** *f* (Bahn) / instalación *f* de bloqueo automático ‖ ⁻**ansteuerung**, -auswahl *f* (DV) / selección *f* de bloque ‖ ⁻**apparat** *m* (Bahn) / aparato *m* de bloqueo ‖ ⁻**auflegerollgang** *m* (Walzw) / tren *m* de rodillos para colocado de lingotes ‖ ⁻**auflegevorrichtung** *f* (Walzw) / colocador *m* de lingotes ‖ ⁻**aufsatz** *m* (Hütt) / mazarota *f* de lingote ‖ ⁻**ausdrücker** *m*, -ausstoßer *m* (Hütt) / empujador *m* de lingotes ‖ ⁻**ausschalter** *m* (Bahn) / interruptor *m* de anulación de un puesto de bloqueo ‖ ⁻**auswahl** *f* (Bahn) / selección *f* de bloqueo ‖ ⁻**auswerfer** *m* (Holz) / eyector *m* de troncos ‖ ⁻**auszieher** *m* (Walzw) / deslingotador *m* ‖ ⁻**ausziehkran** *m* / grúa *f* deslingotadora ‖ ⁻**bandsäge[maschine]** *f* / sierra *f* de cinta para troncos ‖ ⁻**batterie** *f* (Akku) / batería *f* monobloc ‖ ⁻**bauweise** *f* (Bau) / construcción en bloques celulares ‖ **für** ⁻**bauweise vorgesehen** / previsto para construcción en bloques celulares ‖ ⁻**betrieb** *m* (Bagger) / excavación *f* por bloques ‖ ⁻**beutel** *m*, -bodenbeutel *m* (Pap) / bolsa *f* de fondo cuadrado ‖ ⁻**bild** *n* (Regeln) / esquema *m* de conjunto, diagrama *m* funcional ‖ ⁻**bild** (früher: Blockdiagramm) / diagrama *m* de bloques, representación *f* esquemática de bloques ‖ ⁻**bildung** *f*, Blocken *n* (DV) / agrupamiento *m* en bloques ‖ ⁻**blei** *n* (Hütt) / plomo *m* en lingotes ‖ ⁻**bohrbank** *f* (Wzm) / torno *m* para taladrar lingotes ‖ ⁻**-Brammen-Walzwerk** *n* / laminador *m* de lingotes bastos ‖ ⁻**brecher** *m* / rompelingotes *m* ‖ ⁻**bruchbau** *m* (Bergb) / explotación *f* por hundimiento o derrumbamiento en bloques
Blöckchen *n*, Stangenabschnitt *m* (Schm) / barra *f* corta
Block•**chiffrierung** *f* (DV) / cifrado *m* de bloque ‖ ⁻**codierung** *f* (DV) / codificación *f* por bloques ‖ ⁻**-Copolymer[isat]** *n* (Plast) / copolímero *m* en bloque ‖ ⁻**daten** *pl* (DV) / datos *m pl* en bloque ‖ ⁻**datenanweisung** *f* / instrucción *f* de datos en bloque ‖ ⁻**diagramm** *m*, -darstellung *f* (DV) / diagrama *m* en bloques, diagrama *m* de conjunto, esquema *m* en

Blockputzen

bloques, esquema *m* sinóptico o por unidades ‖ ⁓**drehmaschine** *f* (Wzm) / torno *m* para desbastar lingotes ‖ ⁓**druck** *m* (Tex) / estampado *m* con bloque o plancha ‖ ~**drücken** (Walzw) / deslingotar ‖ ⁓**drücker** *m* (Walzw) / deslingotador *m*, empujador *m* de lingotes ‖ ⁓**drucker** *m* (DV) / impresor de bloques *m*, impresora-bloque *f* ‖ ⁓**eigenschaft** *f*, Blocken *n* (Folie, Plast) / adherencia *f* entre capas, apelmazamiento *m* de láminas, pegajosidad *f* ‖ ⁓**einrichtung** *f*, -anlage *f* (Bahn) / aparato *m* de bloqueo ‖ ⁓**einsetzkran** *m* (Hütt) / grúa *f* cargalingotes ‖ ⁓**einsetzmaschine** *f* / máquina *f* cargadora de lingotes ‖ ⁓**einsetzwagen** *m* / carro *m* cargalingotes ‖ ⁓**eis** *n*, Stangeneis *n* / hielo *m* en barras ‖ ⁓**empfänger** *m* (TV) / receptor *m* secundario [de televisión]
blocken *vt* (Bahn) / bloquear, enclavar ‖ ~ (DV) / unir en bloque ‖ ~ *vi* (Folien) (Plast) / pegarse, adherir, apelmazar ‖ **neu** ~ (DV) / reunir, reagrupar en bloques ‖ ⁓ *n* (Vorgang) (allg, Masch) / bloqueo *m*, blocaje *m*
Blockende *n* (DV) / fin *m* de bloque ‖ ⁓, -**rest** *m* (Walzw) / lingote *m* corte ‖ **abgeschopftes** ⁓ (Hütt) / despunte *m* ‖ **oberes** ⁓ / cabeza *f* del lingote ‖ **unteres** ⁓ / pie *m* del lingote
Block•-**Endstelle** *f* (Bahn) / límite *m* de sección de bloqueo ‖ ⁓**entgasung** *f* (Hütt) / desgasificación *f* [del tocho] bajo vacío
Blocker *m*, Blockkondensator *m* (Eltronik) / capacitor *m* de bloqueo
Block•**fehlerquote** *f* (DV) / proporción *f* de errores en los bloques ‖ ⁓**feld** *n* (Bahn) / tablero *m* del puesto de bloqueo ‖ ⁓**fenster** *n* (Bahn) / indicador *m* de bloqueo ‖ ⁓**fernsprecher** *m* (Bahn) / teléfono *m* de bloqueo ‖ ⁓**fett** *n* / grasa *f* en bloque ‖ ⁓**flämmen** *n* (Walzw) / escarpado *m* a la llama ‖ ⁓**flansch** *m*, loser Flansch / brida *f* suelta ‖ ⁓**form**, Kokille *f* (Gieß) / lingotera *f*, coquilla *f* ‖ ⁓**fräsmaschine** *f* (Wzm) / fresadora *f* de lingotes ‖ ⁓**fundament** *n* (Bau) / fundación *f* en bloque ‖ ⁓**gatter** *n*, -säge *f* (Holz) / sierra *f* alternativa para troncos ‖ ⁓**gerüst** *n* (Hütt) / caja *f* desbastadora, caja "blooming" ‖ ⁓**geschwindigkeit** *f* (Luftf) / velocidad *f* sobre la base del tiempo de vuelo ‖ ⁓-**Gießmaschine** *f* / máquina *f* de colada en lingotes ‖ ⁓**gießwagen** *m* (Hütt) / vagón *m* para el transporte de lingotes ‖ ⁓**glimmer** *m*, Naturglimmer *m* (Min) / mica *f* natural ‖ ⁓**gründung** *f* (Bau) / cimentación *f* por bloques ‖ ⁓**guss** *m* (Gieß) / colada *f* en lingote, lingotaje *m* ‖ ⁓**gussstück** *n* / fundición *f* en una pieza, monobloc *m* ‖ ⁓**haken** *m* (Landw) / enganche *m* de roldana ‖ ⁓**haubentechnik** *f*, Blockkopf-Nachwärmen *n* (Hütt) / calentamiento *m* de las cabezas de lingotes ‖ ⁓**haus** *n*, -hütte *f* / blocao *m*, fortín *m* ‖ ⁓**heftmaschine** *f* (mit Draht) (Druck) / máquina *f* para coser fascículos ‖ ⁓**heftung** *f* / cosido *m* en bloque ‖ ⁓**heizkraftwerk** *n*, BHKW (Eltronik) / planta *m* modular para generar energía y calor en forma combinada, planta *f* en cogeneración ‖ ⁓**hobelmaschine** *f* (Wzm) / acepilladora *f* para lingotes ‖ ⁓**holz** *n* (in handelsüblichen Abmessungen) (Bau, Zimm) / madera *f* en trozos ‖ ⁓**hydraulik** *f* (Landw) / sistema *m* hidráulico incorporado
Blockier•... (DV) / inhibidor, de bloqueo ‖ ⁓-**Draht** *m*, Inhibit-Draht *m* (Eltronik) / alambre *m* inhibidor
blockieren *vt*, verriegeln, sperren (allg) / bloquear, calzar, enclavar ‖ ~, behindern / obstruir ‖ ~ (Straße) / bloquear, cerrar ‖ ~ (Bahn) / bloquear, enclavar ‖ ~, verstopfen (Fernm, Verkehr) / embotellar ‖ ~, inhibieren (Eltronik) / inhibir ‖ ~ (Druck) / invertir letras ‖ ~, festfressen (Masch) / agarrotarse ‖ ~ *vi* (Mot) / calarse, atascarse, ahogarse ‖ ~ (Räder) / ser bloqueado ‖ ⁓, Festfressen *n* (Masch) / agarrotamiento *m* ‖ ⁓ *n* (Räder) / blocaje *m*,

bloqueado *m* ‖ ⁓ **der Bremsen** / blocaje *m* de los frenos
Blockier•**impuls** *m* (Eltronik) / impulso *m* inhibidor ‖ ⁓**schaltung** *f* (Eltronik) / circuito *m* de fijación de nivel, circuito *m* de bloqueo ‖ ⁓**schutz** *m*, ABS *n*, Blockierverhinderer *m* (Kfz) / sistema *m* antibloqueo (de frenos) ‖ ⁓**strom** *m* (Elektr) / corriente *f* de bloqueo en sentido directo
Blockierung *f*, Sperrung *f* (allg) / bloqueo *m*, blocaje *m* ‖ ⁓, Verstopfung *f* (Fernm, Verkehr) / embotellamiento *m*, obstrucción *f* ‖ ⁓, Weichensicherung *f* (Bahn) / bloqueo *m* de aguja ‖ ⁓ *f* (DV) / bloqueo *m* interno ‖ ⁓ (Ionenaustauscher) / ensuciamiento *m* ‖ ⁓, Arretierung *f* / enclavamiento *m*, dispositivo *m* inmovilizador, dispositivo *m* sujetador ‖ ⁓ (Meteo) / acción *f* de bloqueo ‖ ⁓ s. auch Blockieren ‖ **unerklärliche** ⁓ (DV) / parada *f* imprevista, "colgado" (máquina detenida)
Blockierungszeit *f* (Nukl) / tiempo *m* de paralización, tiempo *m* muerto
Blockier•**verhinderer** *m*, ABS *n* (= Antiblockiersystem) (Kfz) / sistema *m* [de] antibloqueo ‖ ~**verhindernd** / antibloqueante ‖ ⁓**vorrichtung** *f* (Bahn, Masch) / dispositivo *m* de bloqueo, dispositivo *m* de enclavamiento
Blockingoszillator *m* / oscilador *m* de bloqueo [autooscilante]
Block•**kalander** *m*, -mangel *f* (Leinwand) / calandria *f*, mangel *m* ‖ ⁓**kaliber** *n* (Walzw) / calibre *m* para laminar lingotes ‖ ⁓**kastenbatterie** *f* (Kfz) / batería *f* monobloc ‖ ⁓**kette** *f* (Bagger) / cadena *f* de chapas y pernos ‖ ⁓**kies** *m* (> 63 mm) (Bau) / grava *f* ‖ ⁓**kippstuhl** *m*, -kipper *m* (Hütt) / volcador *m* de lingotes ‖ ⁓**kippwagen** *m* (Hütt) / vagoneta *f* volquete para lingotes ‖ ⁓**kokille** *f* (Hütt) / lingotera *f* ‖ ⁓**kondensator** *m* (Eltronik) / capacitor *m* en bloque ‖ ⁓**kondensator**, Sperrkondensator *m* / capacitor *m* de bloqueo ‖ ⁓**konstruktion** *f* / construcción *f* por secciones o unidades ‖ **in** ⁓**konstruktion** / de una sola pieza, monobloque ‖ ⁓**kopf-Nachwärmen** *n*, Blockhaubentechnik *f* (Hütt) / calentamiento *m* de las cabezas de lingotes ‖ ⁓**kraftwerk** *n* (Elektr) / central *f* eléctrica formado por unidades autónomas ‖ ⁓**kran** *m* (Walzw) / grúa *f* para lingotes ‖ ⁓**kreissägemaschine** *f* (Holz) / sierra *f* circular para troncos ‖ ⁓**kupfer** *n* (Hütt) / cobre *m* en lingotes ‖ ⁓**laden** (DV) / carga *f* en bloques ‖ ⁓**länge** *f* (DV, NC) / longitud *f* de bloque ‖ ⁓**länge** (Feder) / longitud *f* de muelle [con las espiras en contacto] ‖ ⁓**lehm**, Tillit *m* (Geol) / arcilla *f* entablada o tillada ‖ ⁓**leitgerät** *n* (Kraftwerk) / coordinador *m* de las unidades ‖ ⁓**leitung** *f* (Fernm) / línea *f* de bloque ‖ ⁓**leser** *m* (DV, NC) / lectora *f* de bloques ‖ ⁓**lücke** *f* (DV) / intervalo *m* entre bloques ‖ ⁓**marke** *f* (DV) / marca *f* de bloque ‖ ⁓**messer** *n* (Wz) / cuchillo *m* de carnicero ‖ ⁓**messing** *n* (Hütt) / latón *m* en lingotes ‖ ⁓**metall** *n* / metal *m* en lingotes ‖ ⁓**mischpolymerisation** *f* (Chem) / copolimerización *f* en bloque ‖ ⁓**motor** *m* (Kfz) / motor *m* monobloque ‖ ⁓**multiplexkanal** *m* (DV) / canal *m* multiplex de bloque ‖ ⁓**nachwärmeofen** *m* (Hütt) / horno *m* para recalentar lingotes ‖ ⁓**ofen** *m* / horno *m* tipo bloque ‖ ⁓**orientierung** *f* (Regeln) / programación *f* por diagrama sinóptico ‖ ⁓-**Paritätsprüfung** *f* (DV) / prueba *f* de redundancia longitudinal ‖ ⁓**pedal** *n* (Fahrrad) / pedal *m* tipo bloque ‖ ⁓**pflaster** *n* (Straße) / pavimento *m* en adoquines ‖ ⁓**polymer** *n*, Substanzpolymer *m*, Massepolymer *n* (Plast) / polímero *m* en bloque ‖ ⁓**polymerisation** *f*, (jetzt:) Substanzpolymerisation *f* (Chem) / polimerización *f* en bloque ‖ ⁓**presse** *f* (Plast) / prensa *f* para bloques ‖ ⁓**prüfung**, -sicherung *f*, -paritätsprüfung *f* (DV) / prueba de paridad longitudinal, prueba *f* de redundancia longitudinal ‖ ⁓**prüfung** *f* (DV) / control *m* de conjuntos ‖ ⁓**putzen** *n* (Hütt) / escarpado *m* de

205

Blockputzhobelmaschine

lingotes || ~**putzhobelmaschine** f (Hütt) / cepilladora-limpiadora f de lingotes || ~**reaktor** m (Nukl) / reactor m de unidad autónoma || ~**relais** n (Bahn) / relé m de enclavamiento || ~**rest**, Stummelblock m (Hütt) / lingote m corte || ~**rolle** f (Masch) / polea f, garrucha f de aparejo || ~**rolle** (Schiff) / ustaga f || ~**rollofen** m (Walzw) / horno m de descarga por gravedad || ~**säge**, Klotzsäge f (Holz, Wz) / sierra f tronzadora || ~**satz** m (Druck) / composición f en bloque || ~**säulenbauart** f (Kran) / construcción f de columna monobloc || ~**schachtelung** f (DV) / inclusión f de un bloque en un otro mayor || ~**schale** f (Fehler) (Hütt) / costra f (defecto) || ~**schälmaschine** f (Holz, Wzm) / descortezadora f || ~**schaltbild** n (Elektr) / esquema m funcional || ~**schaltbild** (DV) / pantalla f de esquema modular || ~**schaltplan** m (Eltronik) / esquema m de conjunto, diagrama m de bloques || ~**schaltplan**, -schaltschema n (Bahn) / esquema m de conjunto en las estaciones || ~**schaltung** (Elektr) / montaje m por bloques, conexión f por bloques || ~**schäumverfahren** n (Plast) / esponjado m continuo de bloques || ~**schauzeichen** n, Blockfenster n (Bahn) / indicador m de bloqueo || ~**schere** f (Hütt) / tijeras f pl para lingotes || ~**scherprobe** f (Hütt) / ensayo m de corte con bloque || ~**schiene** f, Vollschiene f (Bahn) / carril m lleno, carril m de alma llena || ~**schlitten** m (Säge) / carro m para troncos || ~**schneidemaschine** f (Holz) / máquina f para cortar bloques || ~**schnitt** m (Stanz) / troquel m con expulsor || ~**schrift** f / caracteres m pl abastonados, letras f de palo, escritura f de palo seco || ~**schrott** m (Hütt) / chatarra f de lingotes || ~**schruppbank** f (Wzm) / torno m para desbastar lingotes || ~**seigerung** f (Hütt) / segregación f de lingotes || [**normale**] ~**seigerung**, Seigerung f normal || ~**signal** n (Bahn) / señal f de bloqueo || ~**span** m (Pap) / cartón m laminado y comprimido || ~**speiseleitung** f (Bahn) / línea f de alimentación para señales de bloqueo || ~**spiegelfeld** n (Bahn) / repetidor m de bloqueo || ~**stelle** f (Bahn) / puesto m de bloqueo || ~**stelle mit Achszähleinrichtung** / puesto m de bloqueo con contador de ejes || ~**stoßvorrichtung** f (Hütt) / dispositivo de empuje para lingotes || ~**straße** f (Walzw) / tren m blooming || ~**strecke** f, -abschnitt m (Bahn) / cantón m de bloqueo, sección f del bloque || ~**stufe** f (Treppe) / peldaño m macizo || ~**symbol** n (Regeln) / símbolo m funcional || ~**system** n (Bahn) / bloqueo m, block-system m || ~**system mit mehreren Zügen im Abschnitt** / bloqueo m permisivo || ~**system mit Signalverschluss** (Bahn) / bloqueo m enclavado || ~**system mit 1 Zug im Abschnitt** (Bahn) / bloqueo m absoluto || ~**system mit Zugeinwirkung** (Bahn) / bloqueo m con accionamiento de paso || ~**tastatur** f (Eltronik) / teclado m en bloque || ~**taste** f (Bahn) / botón m de bloqueo, pulsador m de bloqueo || ~**thermostat** m (Phys) / termostato m de bloque || ~**tiefofen** m (Hütt) / horno m de foso para lingotes || ~**transportvorrichtung** f, -vorrollvorrichtung f (Walzw) / transportador m de lingotes || ~**trennmaschine** f, -teilmaschine f (Hütt) / máquina f para dividir lingotes || ~**übertragung** f, -transfer m, blockweise Übertragung (DV) / transferencia f en bloques || ~**und Trennbandsäge** f (Holz, Wz) / sierra f sin fin para acortar y dividir troncos

Blockung f **von Daten** (DV) / concentración f de datos en bloques

Blockungsfaktor m (DV) / factor m de blocaje

Block • -Ungültigkeitszeichen n (DV) / carácter m de anulación de bloque || ~**verband** m (Bau) / aparejo m de bloque || ~**verfügbarkeit** f (DV) / disponibilidad f de bloque || ~**verschluss** m (Bahn) / enclavamiento m de bloqueo || ~**vorrollvorrichtung** f (Hütt) / dispositivo m para avanzar los lingotes || ~**vorspann** m (DV) / encabezamiento m de bloque || ~**wagen** m (Säge) / carro m para troncos || ~**wagen** (Hütt) /

vagoneta f para lingotes, carro m portalingotes || ~**walze** f (Walzw) / cilindro m blooming || ~**walzen** n (Hütt) / blooming m || ~**walzwerk** n / tren m de desbaste, tren m blooming || ~**walzwerk** (für anderes als Tafelmaterial) / tren para laminar lingotes || ~**ware** f (Holz) / madera f en trozos || ~**wärmeofen** m (Hütt) / horno m para recalentar lingotes || ~**warte** f (Kraftwerk) / estación f de control de las unidades, sala f de mandos || ~**wärter** m (Bahn) / semaforista m (E), señalero m (LA) / ~**weise** adv (DV) / bloque por bloque || ~**wender** m (Hütt) / volteador m de lingotes || ~**werk** n (Bahn) / aparato m de bloqueo || ~**zählung** f (DV) / cuenta f de bloques || ~**zange** f (Hütt, Wz) / tenazas f pl para lingotes || ~**zarge** f, Türstock m (Bau) / bastidor m de puerta || ~**zeit** f (Zeit vom Entfernen der Bremsklötze bis zum Wiederanlegen) (Luftf) / duración f del vuelo || ~**zentrierbank** f (Hütt) / torno m para centrar lingotes || ~**ziehkran** m / grúa f para sacar lingotes || ~**zink** n / cinc m en bloque || ~**zinn** n / estaño m en lingotillos || ~**zug** m (Bahn, Schweiz) / tren m bloque || ~**zug**, Spitzenblockzug m (Säge) / transportador m [con cadena sinfín] de troncos || ~**zurichterei** f (Hütt) / taller m para desbastar lingotes || ~**zwischenraum** f (Magn.Bd) / espacio m entre bloques

Blödit m (Min) / bloedita f

Blonde f, Blondespitze f (Tex) / blonda f

Blooming n (TV) / hiperluminosidad f del punto explorador

bloß, mit ~em Auge sichtbar / a simple vista

Blöße f, Blößling m (Gerb) / cuero m en tripa (E), piel f en tripa (LA) || ~, Kahlhieb m (Forstw) / desmonte m [completo]

bloßlegen vt, denudieren (Geol) / desnudar || ~ (Bau) / descubrir

Blower-Door-Messung f (Ritzensuche am Haus) / medición f Blower-Door

Blow-out-preventer m (Öl) / impidereventones m

blubbern / gorgotear, burbujear || ~ n (Tex) / gorgoteo m, burbujeo m

Blue-Jeans-Stoff m / tejido m para blue jeans

Blue John m (amethystfarbener Fluorit) (Min) / fluorita f azul (color amatista)

Blue-Tec-Dieseltechnologie f (Kfz) / tecnología f Blue-Tec (Diesel)

Bluetooth n (UMTS) (Fernm) / Bluetooth m (sistema inalámbrico de transmisión de datos)

Blume f (allg, Bau, Färb) / flor f || ~ (Gerb) / flor f, su[b]stancia f mucosa

blümen vt, blumen (Tex) / adornar con [motivos de] flores

Blumen • blau n, Blattblau n (Bot, Chem) / azul m vegetal, antociano m || ~**damast** m (Tex) / adamascado m de flores || ~**draht** m / alambre m de florista || ~**gehänge** n (Bau) / festón m || ~**gelb** n, gelbes Blumenpigment (Bot, Chem) / antoxantina f || ~**kohlraupe** f (Schw) / porosidad f esponjosa || ~**seite** f (Gerb) / exterior m de piel || ~**topf** m, Topfscherben m (Keram) / tiesto m, maceta f || ~**zucht** f (Bot) / floricultura f

Blumlein-Übertragungslinie f (Nukl) / línea f de transmisión Blumlein

Blut •..., Blutgefäß... (Biol) / hema..., hemato..., hemo... || ~**achat** m (Min) / ágata f sanguínea || ~**alkoholgehalt** m (Kfz, Med) / alcoholemia f || ~**buche** f, Fagus silvatica var. atropunicea (Bot) / haya f roja, haya f de sangre || ~**druck** m (Physiol) / presión f sanguínea, tensión f arterial || ~**druckmesser** m, Blutdruckmessgerät m (Med) / tonómetro m, esfigmomanómetro m, tensiómetro m || ~**echtheit** f (Farbe) / solidez f de desteñido

bluten (Anstrich, Beton) / exudarse, desangrarse || ~ (Farbstoff) (Tex) / desteñir vi, corroerse || ~ n, Ausbluten n (Farbstoff) / exudación f, migración f de colorantes, desteñido m

Blüten•farbstoff *m* (Bot, Chem) / principio *m* colorante de las flores ‖ ⁓**öl** *n* / aceite *m* de flores ‖ ⁓**stadium** *n* / florecimiento *m* ‖ ⁓**tropfen** *m pl* / esencia *f* de flores
blut•farben / sanguíneo ‖ ⁓**kohle** *f* (Pharm) / carbón *m* de sangre ‖ **gelbes** ⁓**laugensalz** (Chem) / ferrocianuro *m* potásico, prusiato *m* amarillo ‖ **rotes** ⁓**laugensalz** / ferricianuro *m* potásico, prusiato *m* rojo ‖ ⁓**laus** *f*, Eriosoma lanigerum (Landw) / pulgón *m* lanígero, pulgón *m* de sangre ‖ ⁓**mehl** *n* (Landw) / harina *f* de sangre, sangre *f* desecada, polvo *m* de sangre ‖ ~**orange** (RAL 2002) / bermellón ‖ ⁓**orange** *f* (Frucht) / naranja *f* sanguina ‖ ~**rot** / rojo de sangre ‖ ⁓**stein** *m*, Roteisenstein *m* (Min) / hematites *f* roja ‖ ⁓**stein** (Halbedelstein) / sanguinaria *f* ‖ ⁓**stein** (Keram) / bruñidor *m* ‖ ⁓**wolle** *f* / lana *f* pelada o de pieles, lana *f* de curtimbre, lana *f* tenería
BMBF = Bundesministerium für Bildung und Forschung
B-Minus-Eins-Komplement *n* / complemento *m* a la base menos uno
B-Modulator *m* (Eltronik) / modulador *m* clase B
BMT (basic motion times) (F.Org) / tiempos *m pl* básicos de movimiento
BMV = Bundesminist. für Verkehr
BMZ = Baumassenzahl
BN, Bornitrid *n* (Schleif- u. Bohrmittel) / nitruro *m* de borón
BNC-Stecker *m* (British Naval Connector) (DV) / conector *m* BNC
BNR-Diode *f* (= bonded negative resistance) (Halbl) / díodo *m* BNR
BO (Bahn) = Eisenbahnbau- und Betriebsordnung / Reglamento *m* de Construcción y Explotación de Ferrocarriles
Bö *f*, Windstoß *m* (Meteo) / ráfaga *f*, racha *f*
Board Foot *m* (= 1/12 cu.ft. Holz, Holz von 1" Dicke und 12 x 12" Fläche, = 2,36 dm3) (Einheit, Forstw) / "board foot"
Bobine *f* (Tex) / bobina *f*, husada *f* [de hilo] ‖ ⁓, Drahthaspel *m f* (Hütt) / devanadera *f* [de alambre] ‖ ⁓ (Pap) / bobina *f*, rollo *m*
Bobinenspulmaschine *f* (Tex) / máquina *f* bobinadora
Bobinet *m*, englischer Tüll / tul *m* de algodón, tejido *m* de tul ‖ ⁓**maschine** *f*, -webstuhl *m* / telar *m* de encaje mecánico para tul
Bock *m*, Gestell *n* / caballete *m* ‖ ⁓, Sägebock *m* / burro *m* ‖ ⁓, Hebebock *m* / cabria *f*, gato *m* ‖ ⁓, Bockgerüst *n* / caballete *m*, armazón *f* de soporte ‖ ⁓, angegossener Sitz / soporte *m* ‖ **Böcke** (Bergb) / escudos *m pl* de entibación ‖ ⁓**ausbau** *m* (Bergb) / entibación *f* por caballetes ‖ ⁓**brücke**, Gerüstbrücke *f* (Bau) / puente *m* de caballete
bocken, mit den Vorderrädern hochgehen (Traktor) / encabritarse ‖ ⁓ *n* (Traktor) / encabritamiento *m*, potrinaje *m*
bockig (Luftf) / a sacudidas, rafagoso
Bock•konstruktion *f* (Bau) / construcción *f* de caballete ‖ ⁓**kran** *m*, kleiner Portalkran / grúa *f* de pórtico, grúa *f* de caballete ‖ ⁓**lager**, Stehlager *n* (Masch) / soporte de caballete *m* ‖ ⁓**leder** *n*, Hirschleder *n* (Gerb) / piel *f* de ciervo ‖ ⁓**leder** *n*, Zickenleder *n* (Gerb) / piel *f* de cabra ‖ ⁓**leiter** *f*, Malerleiter *f* (Bau) / escalera *f* doble, escalera *f* de tijera ‖ ⁓**sprungprüfprogramm** *n* (DV) / rutina *f* de comprobación interna total ‖ ⁓**sprungtest** *m*, sprungweise Durchführung / rutina *f* de prueba por saltos ‖ ⁓**stempel** *m* (Bergb) / estemple *m* en forma de caballete ‖ ⁓**stütze** *f* (Zimm) / pie *m* de caballete ‖ ⁓**stütze** (Stahlbau) / apoyo *m* de caballete ‖ ⁓**waage** *f* (DIN 8120) (Instr) / báscula *f* de caballete ‖ ⁓**winde** *f* (Masch, Schiff) / torno de caballete, gato *m*, maquinilla *f*, güinche *m* (LA) ‖ ⁓**windmühle** *f* (hist.) / molino *m* de viento sobre armazón
Bode-Diagramm *n* (Nukl, Regeln) / diagrama *m* de Bode

Boden *m*, Grund *m*, Baugrund *m*, Erdboden *m* (Bau, Landw) / tierra *f*, suelo *m* ‖ ⁓, Erde *f* (Bau) / terreno *m*, suelo *m* ‖ ⁓, Untergrund *m* / subsuelo *m* ‖ ⁓, Fußboden *m* (Bau) / piso *m* ‖ ⁓, Dachboden *m*, Speicher *m* (Bau) / desván *m* ‖ ⁓ (Gefäß) / asiento *m*, suelo *m* ‖ ⁓, Gefäß-, Kesselboden *m* (Masch) / fondo *m* ‖ ⁓, Sumpf *m* (Bergb) / pozo *m* perdido ‖ ⁓ *m* (der Kolonne) (Chem) / plato *m* de columna de rectificación ‖ ⁓, Hintergrund *m* (Färb) / fondo *m* ‖ ⁓... (Personal) (Luftf) / terrestre, de tierra ‖ ⁓ , **der sich gesetzt hat**, gesetzter Boden (Bau) / terreno *m* asentado ‖ ⁓ *m* **des Förderkorbs** (Bergb) / piso *m* de la jaula ‖ ⁓ **des Fraktionierturms** (Chem Verf) / plato *m* de fraccionamiento ‖ ⁓ **eines Kanals** (Hydr) / fondo *m* de un canal ‖ **am** ⁓ / en el suelo ‖ **am** ⁓ **aufgebaut** / montado en el suelo ‖ **angeschwemmter** ⁓ / aluvión *m* ‖ **eingeschnittener** ⁓ (Bau, Verschalung) / encofrado *m* inferior [de la jácena] ‖ **elektrisch stark dämpfender** ⁓ (Radar) / suelo *m* de fuerte amortiguamiento eléctrico ‖ **mit verstärktem** ⁓ (z.B. Fass) / fondeado ‖ **mit zwei** ⁓, zweibödig (Bergb, Förderkorb) / de dos pisos ‖ **rötlichbrauner** ⁓ (Geol) / ortita *f*, allanita *f* ‖ **saurer** ⁓ (Landw) / tierra *f* ácida ‖ **schwerer** ⁓ (Landw) / tierra *f* pesada ‖ **zu** ⁓ **fallen**, sich absetzen (Chem) / depositarse, separar[se]
Bode•abdeckplatte *f* / placa de cubrición del fondo ‖ ⁓**ablauf** (Bau) / sumidero *m* ‖ ⁓**-Ablaufkonzentration** *f* (Chem) / concentración *f* de escurrimiento del plato ‖ ⁓**absorption** *f* (Funk) / absorción *f* del suelo ‖ ⁓**abstand** *m* (Kfz) / distancia *f* del suelo ‖ ⁓**abstandswarnsystem** *n* (Luftf) / GPWS *m* ‖ ⁓**abtragung** *f*, Erosion *f* (Geol, Landw) / erosión *f* del suelo ‖ ⁓**analyse**, -untersuchung *f* / análisis *m* del terreno, análisis *m* del suelo ‖ ⁓**anflugkontrolle** *f*, GCA (Luftf) / control *m* terrestre de acercamiento, GCA ‖ ⁓**anlagen** *f pl* (Raumf) / equipo *m* de apoyo terrestre ‖ ⁓**anlasser** *m* (Luftf) / arrancador *m* de tierra ‖ ⁓**anschlüsse** *m pl* / conexiones *f* para los ensayos en tierra ‖ ⁓**ansicht** *f*, Ansicht von unten / vista *f* del fondo ‖ ⁓**ansprüche** *m pl* (Bot) / exigencias *f pl* edáficas ‖ ⁓**anteil** *f* (Siebanalyse) / fracción *f* de fondo del tamiz ‖ ⁓**antenne** *f* / antena *f* de suelo ‖ ⁓**antriebsrad** *n* (Landw) / rueda *f* accionada por el suelo, rueda *f* motriz ‖ ⁓**antwortstation** *f*, Antwort-Wiederholbake *f* (Radar) / radiofaro *m* de respuesta, baliza *f* respondedora ‖ ⁓**art** *f* (Bau, Landw) / naturaleza *f* del terreno o suelo ‖ ⁓**auflockerung** *f* (Landw) / mullimiento *m* del suelo, desfonde *m* ‖ ⁓**aufreißer** *m* (Bau) / escarificador *m* ‖ ⁓**aushub** *m* / excavación *f* del suelo ‖ ⁓**ausrüstung** *f*, -gerät *n* (Luftf) / equipo terrestre *m* ‖ ⁓**austausch** *m* (Straßb, Umw) / sustitución *f* del suelo ‖ ⁓**auszug** *m* (Foto) / fondo *m* extensible ‖ ⁓**bakterium** *m* (Landw) / agrobacterium *m* ‖ ⁓**band** *n* (Förderer) / cinta *f* inferior ‖ ⁓**bart** *m* **des Blocks** (Hütt) / rebabas *f pl* de pie del lingote ‖ ⁓**bearbeitung** *f* (Landw) / laboreo *m* del suelo, trabajos *m pl* del suelo ‖ ⁓**bearbeitungsgeräte** *n pl* / maquinaria *f* para labrar la tierra, aperos *m pl* de labranza o laboreo ‖ ⁓**bediengeräte** *n pl* (F.Org) / equipo *m* de transporte [por dentro de la fábrica] ‖ ~**bedingt**, edaphisch (Bot) / edáfico ‖ ⁓**bedingungen vor Start** *f pl* (Raumf) / condiciones *f pl* terrestres antes de despegar ‖ ⁓**befehl** *m* (vom Erdboden aus) (Raumf) / orden *f* desde la tierra ‖ ⁓**behandlung** *f* (Bau) / tratamiento *m* de suelo ‖ ⁓**belag** *m* (Bau) / revestimiento *m* del suelo, moqueta *f*, solería *f* ‖ ⁓**belag** (Kfz) / recubrimiento *m* de fondo, moqueta *f*, alfombrilla *f* ‖ ⁓**belag** (Kielraum) (Schiff) / soler *m* ‖ ⁓**belag**, Pflaster *n* (Bau) / pavimento *m* ‖ ⁓**belastung** *f* / carga *f* del suelo, presión *f* sobre el suelo ‖ ⁓**belüftung** *f* (Landw) / aireado *m* del suelo, ventilación *f* del suelo ‖ ⁓**beschaffenheit** *f* (Geol) / naturaleza *f* del terreno ‖ ⁓**bestellung** (maschinell) (Landw) / motocultivo *m* ‖ ⁓**beutel** *m* (Verp) / bolsa *f* con fondo ‖ ⁓**bewegung** *f*, Erdbewegung *f* (Bau) /

Bodenbewegung

movimiento *m* de tierras, transporte *m* de tierras ‖ ≃**bewegung**, Eigenbewegung *f* / movimiento *m* del terreno, corrimiento *m* del subsuelo ‖ ≃**bildung** *f* (Geol) / formación *f* del suelo ‖ ≃**bildung** (Landw) / pedogénesis *f*, edafogénesis *f* ‖ ~**blasendes Verfahren mit O₂-angereicherter Luft** (Hütt) / soplado *m* de oxígeno desde el fondo ‖ ≃**blech** *n* (Karosserie) / chapa *f* de fondo de la carrocería ‖ ≃**-Boden-Flugkörper** *m* (Mil) / misil *m* tierra-tierra ‖ ≃**-Bord...** (Luftf) / tierra-aire... ‖ ≃**-Bord-Verkehr** *m* (Luftf) / comunicación *f* de tierra a aire ‖ ≃**brett** *n* (Bau) / tabla *f* de suelo ‖ ~**bürtig** (Emissionen) / que emanan del suelo (emisiones) ‖ ≃**chemie** *f* / química *f* del suelo ‖ ≃**clutter** *n* (Radar) / ecos *m pl* parásitos de tierra, emborronamiento *m* debido al suelo ‖ ≃**dämpfung** *f* (Elektr) / atenuación *f* de suelo ‖ ≃**daten** *pl* (Raumf) / datos *m pl* de tierra ‖ ≃**decke** *f* (Bau, Landw) / capa *f* [superior] del suelo, cobertura *f* del suelo ‖ ≃**deckel** *m* / tapa *f* del fondo ‖ ≃**degeneration** *f*, -degradation *f* (Landw) / degradación *f* del suelo, deterior *m* del suelo ‖ ≃**dichte** *f* (Baugrund) (Bau) / densidad *f* del suelo o subsuelo ‖ ≃**dicke** *f* (Schleifscheibe) / espesor *m* al centro ‖ ≃**dicke** (Kaltverform) / espesor *m* de la base ‖ ≃**druck** *m* (Bau) / presión *f* contra (o sobre) el suelo o el terreno ‖ ≃**druck**, -schub *m* (Bau) / empuje *f* de suelo ‖ ≃**druck im Gefäß** (Phys) / presión *f* sobre el fondo ‖ ≃**druckellipse** *f* (Kfz) / superficie de contacto del neumático ‖ ≃**druckmesser** *m* (Bau) / edómetro *m* ‖ ≃**echo** *n* (Ultraschall) / eco *m* de extremo ‖ ≃**echo** (Radar) / eco *m* de tierra, eco *m* del suelo ‖ ≃**echo auf See** (Radar) / eco *m* del mar, reflejo *m* del mar ‖ ≃**echounterdrückung** *f* (Radar) / supresión *f* del eco de tierra ‖ ≃**effekt** *m* / efecto *m* de suelo, efecto *m* levitante, efecto *m* aerodeslizador ‖ ≃**effektfluggerät**, Luftkissenfahrzeug *n* / vehículo *m* levitante por reacción ‖ ≃**effekt-Fluggerät**, Hovercraft-Luftkissenboot *n* (Schiff) / aerodeslizador *m*, hovercraft *m* ‖ ≃**effektfluggerät** *n* / anfibio de sustentación neumática ‖ ≃**effektgerät** *n*, BEG / aparato *m* levitante por reacción ‖ ≃**effekt-Start** *m* u. Landung / despegue *m* y aterrizaje aerodeslizadores ‖ ≃**einrichtungen** *f pl* (Luftf) / instalaciones *f pl* terrestres ‖ ≃**elektrode** *f* (Hütt) / electrodo *m* de fondo, electrodo *m* en la solera ‖ ≃**empfangsstation** *f* (Raumf) / estación *f* receptora terreste ‖ ≃**entlader**, -entleerer *m* (Kfz) / camión *m* de descarga por el fondo ‖ ≃**entleer-Anhänger** *m* / remolque *m* de descarga por el fondo ‖ ≃**entleerer** *m* (Bahn) / vagón *m* de descarga por el fondo ‖ ≃**entleerschute** *f* (Schiff) / gabarra *f* de descarga por el fondo ‖ ≃**entleerung** *f* (Bahn) / descarga *f* por el fondo ‖ ≃**entseuchungsmittel** *n* (Bau, Umw) / desinfectante *m* de suelos ‖ ≃**entwässerung**, Drainung *f* (Landw) / desagüe *m* del terreno, drenaje *m* ‖ ≃**erhaltung** *f* (Umw) / conservación *f* del suelo ‖ ≃**erhebung**, Boden-, Erdwelle *f* (Geol) / relieve *m* del terreno, elevación *m* de terreno, eminencia *f* ‖ ≃**erosion** *f* / erosión *f* del suelo ‖ ≃**erschütterung** *f* / sacudida *f* del suelo ‖ ≃**falte** *f* (Geol) / pliegue *m* del terreno ‖ ≃**falz** *m* (Stahlfass) / reborde *m* de fondo ‖ ≃**falzmaschine** *f* / rebordadora *f* de fondos *f* ‖ ≃**fenster** *n* (Bau) / tragaluz *m*, claraboya *f*, lumbrera *f* ‖ ≃**festigkeit** *f*, Tragfähigkeit *f* des Bodens / carga *f* que puede soportar el terreno ‖ ≃**feuchtigkeit** *f* / humedad *f* del suelo ‖ ≃**feuchtigkeitsmesser** *m* / medidor *m* de humedad del suelo ‖ ≃**filtration** *f* / filtración a través del suelo ‖ ≃**fläche** *f* (Güterwagen) / superficie *f* del piso ‖ ≃**fläche** (Masch) / superficie *f* ocupada [por una máquina] ‖ ≃**fläche** (Bau) / superficie *f* [de suelo], solera *f*, área *f* ‖ ≃**flansch** *m* (Stahlbau) / brida *f* de fondo ‖ ≃**fliese**, -platte *f* (Bau) / baldosa *f*, losa *f*, loseta *f*, baldosín *m*, ladrillo *m* de composición (LA) ‖ ≃**fließen** *n*, Solifluktion *f* (Geol) / solifucción *f* ‖ ≃**flora** *f* (Bot) / flora *f* de suelo ‖ ≃**form** *f* (Topography) /

relieve *m* del terreno ‖ ≃**formation** *f*, -verhältnisse *n pl* (Geol) / formación *f* de suelo ‖ ≃**formen** *n* (Gieß) / moldeado *m* en fosa ‖ ≃**forschung** *f* (Geol) / pedología *f* ‖ ≃**forschung** s. Bodenkunde ‖ ≃**fräse** *f* (Landw) / azada *f* rotatoria, azadón *m* rotatorio, fresadora *f* agrícola ‖ ≃**freiheit** *f* (Kfz) / distancia *f* del suelo, altura *f* [sobre el suelo], despejo *m*, luz *f* ‖ ≃**frost** *m* (Meteo) / helada *f* [a ras] del suelo ‖ ≃**funkanlage** *f* (Luftf) / instalación *f* de radio terrestre ‖ ≃**funkpeiler** *m* / radiogoniómetro *m* terrestre ‖ ≃**funkstelle**, -funkstation *f* / estación *f* terrestre [de radiocomunicación] ‖ ≃**funkstelle** *f* **für Weltraumforschung** / estación *f* terrestre para investigación espacial ‖ ≃**gang** *m* (Schiff) / traca *f* de fondo, aparadura *f* ‖ ≃**gare**, Dauerkrümelstruktur *f* (Landw) / estructura *f* migajosa, tempero *m* ‖ ≃**gefüge** *n* (Geol) / estructura *f* de suelo o del terreno ‖ ≃**gerät** *n* (Luftf) / equipo *m* terrestre o de tierra ‖ ≃**geschwindigkeit** *f* (Luftf) / velocidad *f* respecto al suelo o a tierra ‖ ≃**gitter** *n* (Bau) / rejilla *f* de piso ‖ ~**gleich** / a ras del suelo ‖ ≃**gleiche** *f* (Bau) / nivel *m* del terreno ‖ ≃**unter** ≃**gleiche** (Bau) / bajo *m* el nivel del terrreno, bajo *m* nivel ‖ ≃**glocke** *f* (Füllkörper der Dest.-Kolonne) (Chem Verf) / casquete *m* de burbujeo ‖ ≃**gruppe** *f* (Karosserie) (Kfz) / parte *f* inferior de la carrocería ‖ ≃**guss** *m* (Gieß) / colada *f* a sifón ‖ ≃**güte** *f* (Landw) / calidad *f* del terreno ‖ ≃**haftung** *f* (Reifen) (Kfz) / adherencia *f* al suelo o al firme ‖ ≃**hefe** *f* (Brau) / hez *f*, poso *m* de cerveza ‖ ≃**heizung** *f*, Fußbodenheizung *f* (Bau) / calefacción *f* del suelo ‖ ≃**hilfe** *f* (Luftf) / instalaciones *f pl* terrestres de auxilio, ayuda *f* terrestre ‖ ≃**höhe** *f* (Bau) / nivel *m* normal ‖ ≃**horizont** *m* / horizonte *m* edáfico ‖ ≃**impfung** *f* (Landw, Umw) / inyección *f* del suelo ‖ ≃**insekt** *n* (Zool) / insecto *m* de suelo ‖ ≃**isolator** *m* (Elektr) / aislador *m* de base ‖ ≃**kammer** *f* (Bau) / buhardilla *f* ‖ ≃**kappe** *f*, Kesselboden *m* (Kompass) / fondo *m* de la cubeta ‖ ≃**klappe** *f* / fondo *m* basculante, compuerta *f* del fondo, trampa *f* [de fondo] ‖ ≃**klappe** (Bahn) / trampilla *f* de piso ‖ ≃**kolonne** *f* (Chem Verf) / columna *f* con o del plato ‖ ≃**kontakt** *m* (Tür) / contacto *m* en el piso ‖ ≃**kontakt** (Kfz, Luftf) / contacto *m* con el suelo ‖ ≃**körper** *m* (Chem) / precipitación *f* sólida ‖ ≃**korrosion** *f* (Geol) / corrosión *f* por [la influencia del] suelo ‖ ≃**krume** *f* (Landw) / capa *f* superior del suelo, capa arable o vegetal, tierra *f* vegetal ‖ ≃**krume** (über dem A-Horizont) (Landw) / solum *m* ‖ ≃**kunde**, Pedologie *f*, Edaphologie *f* / pedología *f*, edafología *f*, ciencia *f* del suelo ‖ ~**kundlich** / pedológico ‖ ≃**landung** *f* (Luftf) / aterrizaje *m* ‖ ≃**lattentuch** *n* (Spinn) / tablero *m* sin fin inferior ‖ ≃**lauf** *m* (Luftf) / funcionamiento *m* [de los turborreactores] en el suelo ‖ ≃**laufschiene** *f* (Tischl) / carril-guía *m* de suelo ‖ ≃**leder** (Schuh) / cuero *m* para suelas, solería *f* ‖ ≃**leerlaufzustand** *m* (Luftf) / marcha *f* lenta en tierra ‖ ≃**leger** *m* (Parkett u.Ä.) (Bau) / entarimador *m* ‖ ≃**leitsystem** *n* (taktiles) s. Bodenrillen ‖ ≃**leitung** *f*, -leiter (Elektr) / conductor *m* subterráneo ‖ ≃**lenkung** *f* (Raumf) / control *m* desde tierra ‖ ≃**lockerer** *m* (Landw) / desgarrador *m*, abridor *m* ‖ ~**los** (Terrain) / insondable ‖ ≃**lotung** *f* (Radio) / sondaje *m* invertido ‖ ≃**-Luft-...** (Luftf, Mil, Rakete) / de tierra a aire, tierra-aire, superficie-aire ‖ ≃**luftdruck** *m* (Meteo) / presión *f* atmosférica a nivel del suelo ‖ ≃**-Luft-Rakete** *f*, Fla-Flugkörper *m* (Mil) / misil *m* superficie-aire ‖ ≃**lüftung** *f* (Landw) / aireación *f* del suelo ‖ ≃**luke** *f*, Dachluke *f* (Bau) / hueco *m* de la trampilla ‖ ≃**luke** (Schiff) / escotilla *f* ‖ ≃**mannschaft** *f*, -personal *n* (Luftf, Raumf) / personal *m* terrestre o de tierra, personal de maniobra en el aeropuerto ‖ ≃**masse** *f* (Bau) / masa *f* de tierra ‖ ≃**mechanik** *f* (Geol, Straßb) / mecánica *f* del suelo ‖ ≃**mechaniker** *m* (Luftf) / mecánico *m* del aeropuerto ‖ ≃**mechanik-Probennehmer** *m* / sonda *f* tomamuestras de superficie de tierra ‖ ≃**meißel**,

Bodenverkehr

Untergrundlockerer *m* (Landw) / arado *m* de subsuelo, subsolador *m* ‖ ⁓**meißel** *m* (Bergb) / cuchilla *f* inferior del arado ‖ ⁓**montage** *f* (Stahlbau) / montaje *m* sobre el suelo ‖ ⁓**müdigkeit** *f* (Landw) / agotamiento *m* del suelo, cansancio *m* del suelo, fatiga *f* del suelo ‖ ~**naher Kanal**, Oberflächenwellenleiter *m* (Eltronik) / conducto *m* troposférico ‖ ~**naher Satellit** (Raumf) / satélite *m* próximo a tierra ‖ ~**nahe Schicht** (Luft) / capa *f* próxima al suelo, capa *f* superficial ‖ **in** ⁓**nähe** / en *f* la proximidad del suelo (altitud cero) ‖ ⁓**nebel** *m* (Meteo) / niebla *f* a ras del suelo, neblina *f* ‖ ⁓**nullpunkt** *m*, Hypozentrum *n* (nukl.Bombe) / punto *m* cero ‖ ⁓**nutzung** *f* (Städtebau) / aprovechamiento *m* de terreno, explotación *f* de terreno ‖ ⁓**nutzung** (Landw) / cultivo *m* de la tierra del suelo ‖ ⁓**organisation** *f* (Luftf) / infraestructura *f* ‖ ⁓**panoramagerät** *n* / aparato *m* panorámico terrestre ‖ ⁓**peiler** *m*, -peilstation *f* (Eltronik, Luftf) / faro *m* radiogoniométrico terrestre, radiogoniómetro *m* terrestre ‖ ⁓**peilsystem** *n* **durch Sprechfunk** (Luftf) / sistema *m* de guía para el aterrizaje [por radioteléfono] ‖ ⁓**peilung** *f* (Luftf, Radar) / radiogoniometría desde tierra ‖ ⁓**persistenz** *f* (Landw) / persistencia *f* (de herbicidas) ‖ ⁓**personal** *n* s. Bodenmannschaft ‖ ⁓**pflege** *f* (Bau) / limpieza *f* y conservación de pisos y pavimentos ‖ ⁓**physik** *f* / física *f* del terreno ‖ ⁓**planum** *n* (Straßb) / plataforma *f* rasante, explanación *f* ‖ ⁓**platte** *f* (allg) / placa *f* base, chapa *f* de fondo, zócalo *m* ‖ ⁓**platte**, Fundamentplatte *f* (Bau) / placa *f* del fondo, solera *f* ‖ ⁓**platte**, Fußbodenplatte *f* / losa *f*, placa *f* de pavimentación ‖ ⁓**platte**, Fliese *f* / baldosa *f*, baldosín *m*, baldosilla *f* ‖ ⁓**platte**, Gespann *n*, Gespannplatte *f* (Hütt) / placa *f* de sifón ‖ ⁓**platte**, Zündplatte *f* (Lichtbogenofen) / chapa *f* de arranque ‖ ⁓**pressung** *f* (Bau) / presión *f* sobre el terreno, compresión *f* del terreno ‖ ⁓**prisma** *n* (Akku) / prisma *m* de fondo ‖ ⁓**probe** *f* (Bau, Landw) / muestra *f* de tierra o suelo ‖ ⁓**probe** (Bergb) / muestra *f* de núcleo, testigo *m* ‖ ⁓-**Probenahme** *f* / toma *f* de muestras de suelo ‖ ⁓-**Probenehmer** *m* (Meer) / probador *m* de fondo (E), sacamuestras *m* de fondo (LA) ‖ ⁓**produkt** *n* (Öl) / producto *m* residual, residuo *m* de fondo ‖ ⁓**profil** *n* (Geol) / perfil *m* del terreno ‖ ⁓**prüfeinrichtungen** *f pl* (Raumf) / instalaciones *f pl* de ensayo en tierra ‖ ⁓**punkt** *m* (Verm) / punto *m* base ‖ ⁓**radar** *m n* / radar *m* terrestre ‖ ⁓**rahmen** *m* (Kfz) / bastidor *m* de fondo ‖ ⁓**rahmen** (Container) / larguero *m* lateral de fondo ‖ ⁓**reaktion** *f* (Geol, Landw) / reacción *f* del suelo, reacción *f* edáfica ‖ ⁓**reflexion** *f* (Radar) / reflexión *f* terrestre o en el suelo ‖ ⁓**reinigungsmaschine** *f* / máquina *f* para limpiar el piso ‖ ⁓**reißer**, -riss *m* (Tiefziehen) / rotura *f* del culote ‖ ⁓**ring** *m* / anillo *m* de fondo ‖ ⁓**ring des Konverters** (Hütt) / anillo *m* inferior del convertidor ‖ ⁓**rippe** *f* (Bahn) / traviesa *f* de apoyo en el suelo de vagones ‖ ⁓**rost** *m* (Bau) / rejilla *f* de piso ‖ ⁓**rost** (Bahn) / enjaretados *m pl* ‖ ⁓**rückleitung** *f* (Fernm) / retorno *m* a tierra ‖ ⁓**satz** *m* (Chem) / precipitado *m*, zurrapa *f*, posos *m pl*, sedimento *m* ‖ ⁓**satz**, Stärke *f* / almidón *m*, fécula *f* ‖ ⁓**satz**, Hefe *f* (Brau) / heces *f pl*, lías *f pl*, pie *m*, solera *f*, posos *m pl* ‖ ⁓**satz**, Abfall *m* (Brau) / residuos *m pl* ‖ ⁓**satz bilden** (Chem) / formar depósitos, sedimentar[se] ‖ ⁓**satz** *m* **der Klärgrube** (Abwasser) / sedimentos *m pl* del pozo séptico ‖ ⁓**satz von Wein** / madres *f pl* del vino ‖ ⁓**satzbildung** *f* / sedimentación *f* ‖ ⁓**sau** *f* (Hütt) / salamandra *f*, burro *m* ‖ ⁓**saugbagger** *m* / draga *f* de succión de fondos ‖ ⁓**saugvermögen** *n*, -kraft *f* (Geol) / succión *f* capilar del suelo, fuerza *f* absorbente del suelo ‖ ⁓**säure** *f* (Landw) / acidez *f* del suelo ‖ ⁓**schädling** *m* / parásito *m* del suelo ‖ ⁓**schale**, Überwalzung *f* (Fehler) (Hütt) / pliegue *m* de laminación ‖ ⁓**schall** *m* (Bau) / sonido *m* transmitido por la tierra o por el suelo ‖ ⁓**schätze**

pl (Bergb) / riquezas *f pl* del subsuelo ‖ ⁓**schicht** *f* (Geol) / capa *f* de fondo, estrato *m* del suelo ‖ ⁓**schicht** (Landw) / capa *f* del terreno ‖ ⁓**schieber** *m* (Bahn) / corredera *f* de fondo, trampilla *f* de piso ‖ ⁓**schlitz** *m* **des Schützen** (Web) / abertura *f* en la base de la lanzadera ‖ ⁓**schub** *m* (Luftf) / empuje *m* en el suelo ‖ ⁓**schub** (Bau) / empuje *m* del terreno ‖ ⁓**schutz** *m* (Umw) / conservación *f* del suelo, protección *f* del suelo ‖ ⁓**schwelle** *f* (Bau, Hydr) / traviesa *f* de suelo, viga *f* solera ‖ ⁓**schwingung** *f* (Bau, Geol) / oscilación *f* del suelo ‖ ⁓**segment** *n* (Raumf) / segmento *m* básico ‖ ~**seitig gelenkt** (Raumf) / controlado desde tierra, dirigido desde tierra ‖ ⁓**sender** *m* (Luftf, Raumf) / emisora *f* terrestre, transmisor *m* terrestre ‖ ⁓**senke** *f*, -senkung *f* (Geol) / depresión *f* del suelo ‖ ⁓**senkung** *f*, Absinken *n* (Bau) / hundimiento *m* del suelo ‖ ⁓**senkung**, Bergsenkung *f* (Bergb) / daño *m* minero, hundimiento *m* del suelo *f* (Bergb) ‖ ⁓**senkung** *f* (unter den Wasserspiegel) / sumersión *f* de terreno (por debajo del nivel del agua) ‖ ⁓**setzung** *f* (Bau) / asentamiento *m* del suelo ‖ ⁓**sicht** *f* (Luftf) / visibilidad *f* en tierra ‖ ⁓**sonde** *f* / sonda *f* terrestre ‖ ⁓**stampfer** *m*, Explosionsramme *f* (Straßb) / apisonadora *f*, pisón *m* compactador, pisón *m* de explosión ‖ ⁓**stampfer** (Gieß) / apisonador *m* ‖ ⁓**stampfmaschine** *f* (Hütt) / máquina *f* apisonadora ‖ ⁓**[stand]festigkeit** *f* (Bau) / estabilidad *f* del terreno ‖ ⁓**standzeit** *f* (Luftf) / tiempo *m* de permanencia en el suelo ‖ ⁓**station** *f* (Raumf) / estación *f* terrestre ‖ ⁓**station auf Schiff** / estación *f* terrestre en buque ‖ ⁓**stativ** *n* (Foto) / soporte *m*, trípode *m* ‖ ⁓**staubsauger** *m* / aspiradora *f* rodante o arrastrada ‖ ~**stehend** (WC) / con pie ‖ ⁓**stein** *m* (Hütt) / fondo *m* de crisol ‖ ⁓**stelle** *f* (eines Satelliten) (Raumf) / estación *f* terrestre o de tierra ‖ ⁓**störsender** *m* (Eltronik) / transmisor *m* perturbador terrestre ‖ ⁓**stringer** *m* (Schiff) / trancanil *m* del fondo ‖ ⁓**stromgerät** *n* (Luftf) / grupo *m* electrógeno de tierra ‖ ⁓**strömung** *f* (Hydr) / corriente *f* de fondo ‖ ⁓**struktur** *f* (Geol, Landw) / estructura *f* del suelo o del terreno ‖ ⁓**stück** *n* (Hütt) / solera *f* del horno ‖ ⁓**stück des Mörsers** (Mil) / culata *f* ‖ ⁓**stütze** *f* (Lkw) / pata *f* ajustable, pata *f* extensible, pata *f* telescópica ‖ ⁓**tank** *m* (Schiff) / depósito *m* de fondo, tanque *m* de fondo, cajón *m* horizontal ‖ ⁓**teppich** *m* (Kfz) / moqueta *f* del suelo, alfombrilla *f* ‖ ⁓**textur** *f* (Geol) / textura *f* del terreno ‖ ~**tiefes Fenster** (Bau) / ventana *f* que llega hasta el suelo ‖ ⁓**trafo** *m* (Elektr) / transformador *m* de suelo ‖ ⁓**treppe** *f* (Bau) / escalera *f* al desván ‖ ⁓**trichter** *m* (Bahn) / fondo *m* en forma de tolva ‖ ⁓**trichterwagen** *m* (Bahn) / vagón *m* tolva ‖ **mit** ⁓**tubus** (Chem) / con tubuladura en el fondo ‖ ⁓**türschließer** *m* (Bau) / cierrapuertas *m* empotrado ‖ ⁓- **und Deckelfalzmaschine** *f* (Dosen) / máquina *f* para plegar fondos y tapas ‖ ⁓**untersuchung** *f* (Geol) / sondeo *m* del suelo ‖ ⁓**ventil**, -klappe *f* (Pumpe) / válvula *f* de admisión ‖ ⁓**ventil** (Luftf) / válvula *f* de escape ‖ ⁓**ventil** (Schiff) / válvula *f* de toma de agua, válvula *f* Kingston ‖ ⁓**verbesserer** *m* / agente *m* bonificador del suelo ‖ ⁓**verbessernd** (Bot, Landw) / que mejora el suelo ‖ ⁓**verbesserung** *f* (Landw) / mejoramiento del suelo, bonificación *f* del suelo ‖ ⁓**verbesserung** (Straßb) / estabilización *f* de suelo ‖ ⁓**verbesserung**, Düngung *f* (Landw) / fertilización *f* ‖ ⁓**verdichter** *m* (Landw) / rulo compresor pesado ‖ ⁓**verdichter** (Bau) / apisonador *m* del terreno ‖ ⁓**verdichter**, Untergrundpacker *m* (Landw) / rodillo *m* de subsuelo ‖ ⁓**verdichtung** *f* (Bau, Landw) / compactación *f* del suelo, apisonado *m* de las tierras ‖ ⁓**verfestiger** *m* (Bau, Straßb) / compactador *m* para suelos ‖ ⁓**verfestigung** *f*, -vermörtelung *f* (Straßb) / compactación *f* del suelo por cemento, consolidación *f* del suelo por cementación ‖ ⁓**verhältnisse** *n pl* (Geol) / estructura *f* del terreno ‖ ⁓**verkehr** *m* (Luftf)

209

tráfico *m* terrestre ‖ ⁓**verkrustung** *f* (Landw) /
incrustación *f* del suelo o terreno ‖ ⁓**versalzung** *f* /
proceso *m* saladar ‖ ⁓**verseuchung** *f* (Umw) /
contaminación *f* del suelo, polución *f* del suelo ‖
⁓**versorgungs-Aggregat** *n* (Luftf) / grupo *m*
electrógeno de tierra ‖ ⁓**verstärkung** *f* **von Masten**
(Fernm) / refuerzo *m* de postes [en la parte inferior] ‖
⁓**versuch** *m* (Luftf) / ensayo *m* en el suelo ‖ ⁓**waage** *f*
(DIN 8120) / báscula *f* en el suelo ‖ ⁓**wasser** *n* (Landw)
/ agua *f* del suelo ‖ ⁓**wegerung** *f* (Schiff) / vagra *f* ‖
⁓**wellen** *f pl* (Radio) / ondas *f pl* terrestres o
superficiales, ondas *f pl* directas ‖ ⁓**wind** *m* (Meteo) /
viento *m* a ras de tierra ‖ ⁓**wirkungsgrad** *m* (Chem) /
rendimiento *m* del plato ‖ ⁓**wissenschaft** *f* /
edafología *f* ‖ ⁓**wrange** *f* (Schiff) / varenga *f* ‖
⁓**wrangen-Außenende** *n*, Kimmung *f* (Schiff) / cabeza *f*
de varenga ‖ ⁓**zähigkeit** *f* (Landw) / tenacidad *f* del
terreno, plasticidad *f* del terreno ‖ ⁓**zahl** *f* (Chem) /
número *m* de platos ‖ ⁓**zapfen**, Stalagmit *m* (Geol) /
estalagmita *f* ‖ ⁓**zeit** *f* (Luftf) / tiempo *m* en tierra ‖
⁓**zeit** (Raumf) / tiempo *m* que pasa después del
lanzamiento
Bodybuilding-Gerät *n* / máquina *f* de musculación
Bodymaker *m* (Anlage zum Tiefziehen und Abstrecken
von Konservendosen-Körpern) / bodymaker *m*
Bodyscanner *m* (Vermessung des menschlichen
Körpers) / escáner *m* para tomar la medida
Böen•belastung *f* (Luftf) / carga *f* por ráfagas ‖
⁓**detektor**, -sichter *m* (Meteo) / detector *m* de ráfagas
‖ ⁓**schreiber** *m* (Luftf) / registrador *m* de ráfagas ‖
⁓**sonde** *f* (Meteo) / sonda *f* de ráfagas ‖ ⁓**tiefe** *f* /
distancia *f* de formación de una ráfaga
Boerschscher Strahlengang (Elektr) / configuración *f*
Boersch
Bogen *m*, Krümmung *f* / codo *m*, curvatura *f* ‖ ⁓ (Bau,
Math) / arco *m* ‖ ⁓ (Masch) / arco *m*, curva *f*, curvatura *f*
‖ ⁓, Lichtbogen *m* (Elektr) / arco *m* voltaico ‖ ⁓,
Rohrkrümmer *m* / codo *m* ‖ ⁓ (Pap) / hoja *f*, pliego *m* ‖
⁓ (Brille) / puente *m* ‖ ⁓ **aus sauber zugerichteten
Ziegelsteinen** (Bau) / arco *m* de ladrillos bien tallados
‖ ⁓ **für Bogenausbau** (Bergb) / viga *f* arqueada de
entibación ‖ ⁓ **mit Lehrgerüst** (Bau) / arco *m* con
cimbra ‖ **90°** -⁓ (Math) / arco *m* de 90° ‖ **auf** ⁓ **sattelln**
(Bau) / elevar sobre arcos ‖ ⁓ **einen** ⁓ **einbauen** (o.
vorsehen) (Bau) / prever un arco ‖ **flacher (o.
gedrückter)** ⁓ (Bau) / arco *m* rebajado ‖ **gerader** ⁓,
Sturzbogen *m* / dintel *m* plano, arco *m* adintelado,
arco *m* a nivel ‖ **Bögen, Gewölbe usw. errichten** ⁓
voltear *vt* ‖ **in** ⁓ (Druck) / no encuadernado ‖ **kleiner**
⁓ (Bau) / arquillo *m*
Bogen•ablage *f* (Druck) / pila *f* de hojas ‖ ⁓**abstreicher**
m (Druck) / separadores *m pl*, fuentes *f pl* de salida ‖
⁓**achse** *f* (Stahlbau) / eje *m* del arco ‖ ⁓**achsel** *f*,
-schenkel *m* (Bau) / ala *f* del arco ‖ ⁓**anfänger** *m* (Bau) /
arranque *m* de bóveda, piedra *f* de arranque ‖
⁓**anlage** *f* (Stranguss) / planta *f* de colada en arco ‖
⁓**anleger** *m* (Druck) / alimentador *m* de hojas,
ponepliegos *m* ‖ ⁓**anschlag** *m* (Bb) / cursor *f*
regulador [de medida] del primer pliego ‖ ⁓**ausbau**
m (Bergb) / entibación *f* arqueada o en arco ‖
⁓**ausleger** *m* (Druck) / expositor *m* de hojas, salida *f* de
hojas ‖ ⁓**ausrichter** *m* (Druck) / alineador *m* de
pliegos ‖ ⁓**aussteifung** *f* (Druck) / refuerzo *m* de arco ‖
⁓**balken** *m* / viga *f* arqueada ‖ ⁓**bau** *m* / construcción
f de arco ‖ ⁓**bildung** *f* (Elektr) / formación *f* de arco ‖
⁓**blende** *f*, Blendbogen *m* (Bau) / arco *m* falso ‖
⁓**brücke** *f* / puente *m* en arco o de arcos ‖ ⁓**brücke**,
Gewölbebrücke *f* / puente *m* de bóveda ‖ ⁓**brücke
mit eingehängter Fahrbahn** / puente *m* en arco con
tablero inferior ‖ ⁓ **[buch]druckmaschine** *f* /
máquina *f* impresora de hojas ‖ ⁓**dach** *n* (Bau) / tejado
m de cintra, tejado *m* arqueado ‖ ⁓**damm** *m* (Hydr) /
presa *f* arqueada o de arco ‖ ⁓**decke** *f* (Bau) / techo *m*
abovedado ‖ ⁓**dreieck** *n* (Geom) / triángulo *m*

curvilíneo ‖ ⁓**dreieck** (Wankelmotor) / lúnula *f* de tres
arcos ‖ ⁓**druck** *m* (Druck) / impresión *f* sobre pliegos ‖
⁓**einheit** *f* (Math) / radián *m* ‖ ⁓**endanzeige** *f*
(Drucker) / indicador *m* del fin del pliego ‖
⁓**entladung** *f* (Elektr) / descarga *f* por arco voltaico ‖
⁓**entladungsröhre** *f* (Eltronik) / tubo *m* de descarga
por arco voltaico ‖ ⁓**fachwerkbrücke** *f*,
Bogengitterbrücke *f* (Bau) / puente *m* en arco de
celosía ‖ ⁓**fachwerkbrücke** (mit aufgeständerten
Fahrbahn) (Bau) / puente *m* en arco de celosía con
tablero apostado ‖ ⁓**falzmaschine** *f* (Pap) / plegadora *f*
de hojas ‖ ⁓**fänger** *m* (Druck) / receptor *m* de pliegos,
recogepliegos *m* ‖ ⁓**feder** *f* (Fahrzeug) / muelle *m* de
arco ‖ ⁓**feile** *f* / lima *f* curva ‖ ⁓**feintrieb** *m* (beim
Messgerät) / arco *m* de ajuste micrométrico ‖
⁓**fenster** *n* (Bau) / ventana *f* arqueada ‖ ⁓**format** *n*
(Druck) / formato *m* de pliego
bogenförmig (allg) / arqueado, curvado, en curva,
curvilíneo ‖ ⁓, gewölbt (Bau) / abovedado ‖ ⁓**er
Ausschnitt** / festoneado *m* ‖ ⁓ **machen** / arquear ‖
⁓**es Maschinenteil** / sector *m* ‖ ⁓**e Sohle** (Strumpf) /
suela *f* arqueada ‖ ⁓**e Verbiegung** (Atom, Nukl, Öl) /
deformación *f* en arco
Bogen•führung *f* (Masch) / guía *n* en arco o curva ‖
⁓**gang** *m*, Arkade *f* (Bau) / arcada *f*, soportal *m*,
porche *m* ‖ ⁓**geradeleger**, Papierrüttler *m* (Druck) /
ponepliegos *m*, ajustador *m* de pliegos ‖ ⁓**gerüst** *n* /
cintrado *m*, cimbra *f* ‖ ⁓**gewichtssperre o. -mauer** *f*
(Hydr) / muro *m* arqueado de gravedad ‖ ⁓**gewölbe** *n*
(Bau) / bóveda *f* de arco ‖ ⁓**glätter** *m*, Bogenglättwerk
n (Pap) / planchadora *f* de papeles ‖ ⁓**gleis** *n* (Bahn) /
vía *f* curva ‖ ⁓**grad** *m* (Math) / grado *m* de círculo ‖
⁓**gurt** *m*, -gurtung *f* (Stahlbau) / cordón *m* curvado ‖
⁓**halle** *f* (Bau) / pórtico *m* ‖ ⁓**halter** *m* (Druck) /
portapliegos *m* ‖ ⁓**hängewerksbrücke** *f* (Bau) / puente
m en arco suspendido ‖ ⁓**hintermauerung** *f* /
mampostería *f* de relleno de arcos ‖ ⁓**hobel** *m*,
Rundhobel *m* (Tischl, Wz) / cepillo *m* redondo ‖ ⁓**höhe**
f, [Bogen]stich *m*, -pfeilhöhe *f* (Bau) / flecha *f*, sagita *f* ‖
⁓**kalander** *m* (Pap) / calandria *f* para pliegos ‖
⁓**kämpfer** *m* (Bau) / imposta *f* del arco ‖
⁓**kaschiermaschine** *f* (Pap) / máquina *f* para alinear y
doblar ‖ ⁓**klammerschraube** *f* / tornillo *m* escarpia
alomado ‖ ⁓**korrektur** *f* (Druck) / prueba *f* en pliegos ‖
⁓**krümmung** *f* (Bau) / arcuación *f*, curvatura *f* de un
arco, cintra *f* ‖ ⁓**lager** *n* / apoyo *m* de arco ‖ ⁓**laibung**
f (Bau, Brücke) / intradós *m* ‖ ⁓**lampe** *f* (Elektr) /
lámpara *f* de arco [voltaico] ‖ ⁓**länge** *f* (Math) /
longitud *f* del arco ‖ ⁓**länge** (Getriebe) / longitud *f*
sobre el círculo generador ‖ ⁓**läufigkeit** *f* (Bahn) /
aptitud *f* de inscripción en curva ‖ ⁓**leger** *m* (Druck) /
ponepliegos *m* ‖ ⁓**leger** (Schreibm) / marginador *m*,
arrimapliegos ‖ ⁓**leibung** *f*, Gewölbeleibung *f*, innere
Bogenfläche (Bau) / intradós *m* ‖ ⁓**licht** *n* (Elektr) / luz
f de arco voltaico ‖ ⁓**linie** *f* (Math) / línea *f* arqueada o
curvada, curva *f* ‖ ⁓**maß** *n*, Arcus *m* (Math) / medida *f*
de arco (en radianes) ‖ ⁓**minute** *f* / minuto *m* de arco
‖ ⁓**nadel** *f* (Wz) / aguja *f* curva ‖ ⁓**niederhalter** *m*
(Druck) / prensapliegos *m*, sujetapliegos *m* ‖ ⁓**norm** *f*
(Druck) / signatura *f* del pliego ‖ ⁓**öffnung** *f*,
Spannweite *f* (Bau) / abertura *f* del arco ‖
⁓**offsetpresse** *f* (Druck) / rotativa *f* [de] offset de hojas
‖ ⁓**pfeiler** *m*, Strebepfeiler *m* (Bau) / arbotante *m* ‖
⁓**pfeilermauer** *f* (Hydr) / muro *m* arqueado con
arbotantes ‖ ⁓**profil** *n*, -linie *f* (Bau) / perfil *m* de arco
‖ ⁓**rechen** *m* (Abwasser) / rastrillo *m* arqueado ‖
⁓**rippe** *f* (Bau) / nervio *m* de arco ‖ ⁓**rohr** *n*,
Rohrbogen *m* (Klempner) / codo *m* de tubo, tubo *m*
acodado ‖ ⁓**-Rotations-Buchdruckmaschine** *f* /
rotativa *f* de tipografía para pliegos ‖ ⁓**rücken** *m*
(äußere Bogenfläche) (Bau) / extradós *m* ‖ ⁓**rundung**
f (Gewölbe) / arqueo *m*, cimbra *f* (LA), formaleta *f*
(MEJ) ‖ ⁓**rutsche** *f* **für Ballen** (Landw) / deslizadora *f*

curvo de balas, tobogán *m* de balas ‖ ⁓**säge** *f*, Schweifsäge *f* / sierra *f* de contornear ‖ ⁓**säge** (im Bogen gefasst) / sierra *f* en arco ‖ ⁓**satz** *m* (Bb) / mano *f* de papel ‖ ⁓**schablone**, Lehre *f* (Bau) / plantilla *f* de arco ‖ ⁓**scheibe** *f* (Bau) / placa *f* de hormigón arqueada ‖ ⁓**scheitel** *m* (Math) / vértice *m* del arco ‖ ⁓**schenkel** *m* (Bau) / ala *f* de arco ‖ ⁓**schenkel im Gewölbe** (Bau) / lado *m* de bóveda ‖ ⁓**schiffchen** *n* (Nähm) / lanzadera *f* vibrante ‖ ⁓**schluss**, Gewölbescheitel *m* (Bau) / cúspide *f* de bóveda ‖ ⁓**schlussstein** *m* / clave *f* ‖ ⁓**schneiden** *n*, Formatschneiden (Druck) / cortado *m* al formato ‖ ⁓**schneider** *m* (Druck) / cortapliegos *m* ‖ ⁓**schub** *m*, waagerechter Seitenschub (z.B. eines Gewölbes) (Bau) / empuje *m* horizontal ‖ ⁓**schub**, Tangentialschub *m* (Bau) / empuje *m* tangencial ‖ umlaufende ⁓**schubkurbel** (Masch) / mecanismo *m* de biela y manivela [oscilantes] ‖ ⁓**schuss** *m* (Fehler, Web) / trama *f* curvada ‖ ⁓**schüttel- und Glattstoßmaschine** *f* (Druck) / máquina *f* de sacudir e igualar pliegos ‖ ⁓**schütz** *n*, Segmentschütz *n* (Hydr) / compuerta *f* de segmentos ‖ ⁓**-Schwergewichtsmauer** *f* (Hydr) / muro *m* arqueado de gravedad ‖ ⁓**sehne** *f* (Math) / cuerda *f* de arco ‖ ⁓**sehnenträger** *m* (Stahlbau) / viga *f* de cuerda y arco ‖ ⁓**sekunde** *f* (Math) / segundo *m* de arco ‖ ⁓**skala** *f* (Instr) / cuadrante *m* graduado ‖ ⁓**spannung** *f* (Lichtbogen) / tensión *f* de arco ‖ ⁓**spannweite** *f* (Brücke) / abertura *f* del arco ‖ ⁓**spektrum** *n* (Elektr) / espectro *m* de arco ‖ ⁓**[sperr]mauer** *f*, Bogen[stau]mauer *f*, Gewölbe[stau]mauer *f* (Hydr) / muro *m* arqueado o de bóveda ‖ ⁓**spitze** *f*, Ogive *f* (Bau) / ojiva *f* ‖ ⁓**stapler** *m* (Druck) / apilador *m* de pliegos ‖ ⁓**stein** *m*, Keilstein *m* (Bau) / dovela *f* ‖ ⁓**stich** *m* (Bau) / flecha *f* de arco, sagita *f* ‖ ⁓**stirn** *f* (Bau) / frente *m* de arco ‖ ⁓**stranggussanlage** *f* (Hütt) / planta *f* de colada en arco ‖ ⁓**strebe** *f*, Strebebogen *m* (Bau) / riostra *f* arqueada ‖ ⁓**stück** *n*, segmentartiges Maschinenteil / segmento *m* ‖ ⁓**stück**, bogenförmiges Maschinenteil / elemento *m* arqueado, sector *m* ‖ ⁓**stück** (Rohr) / codo *m* [de tubo], tubo *m* curvo ‖ ⁓**sturz** *m* (Bau) / dintel *m* ‖ ⁓**tiefdruckmaschine** *f* (Druck) / máquina *f* para impresión en hueco sobre pliegos ‖ ⁓**träger** *m* (in senkr. Ebene gebogen) (Bau) / viga *f* arqueada ‖ ⁓**träger mit geradem Untergurt** (Stahlbau) / viga *f* arqueada de fondo recto ‖ ⁓**träger mit Zugband** / viga *f* arqueada con tirante ‖ ⁓**trockner** *m* (Druck) / secador *m* de pliegos ‖ ⁓**verankerung** *f* (Bau) / anclaje *m* del arco ‖ ⁓**verschalung** *f* / encofrado *m* de (o en) arco ‖ ⁓**verzahnung** *f* / dentado *m* espiral ‖ ⁓**verzug** *m* (Web) / trama *f* distorsionada ‖ ⁓**verzugsrichter** *m* (Tex) / ajustador *m* de trama distorsionada ‖ ⁓**weiche** *f* (Weiche und Kreuzung im Bogen) (Bahn) / aguja *f* curva ‖ ⁓**weite** *f* (Brücke) / luz *f* del arco ‖ ⁓**werk** *n* (Bau) / arquería *f*, conjunto *m* de arcos ‖ ⁓**widerlager** *n*, -kämpfer *m* (Brücke) / imposta *f* del arco ‖ ⁓**winkel** *m* (Bau) / embecadura *f*, enjuta *f*, riñón *m* ‖ ⁓**zählwerk** *n*, Bogenzähler *m* (Druck) / cuentapliegos *m* ‖ ⁓**zahn** *m* (Kupplung) (Mech) / diente *m* del curvo ‖ ⁓**zeichen** *n*, Signatur *f* (Druck) / signatura *f* ‖ ⁓**zirkel** *m* (Zeichn) / compás *m* de arco ‖ ⁓**zuführer** *m* (Druck) / alimentador *m* de pliegos ‖ ⁓**zuführtisch** *m* (Druck) / mesa *f* alimentadora de pliegos o de papel ‖ ⁓**zuführung** *f* (Druck) / alimentación *f* de pliegos ‖ ⁓**zusammenstellung** *f* (Druck) / armado *m* del pliego ‖ ⁓**zusammentragevorrichtung** *f* (Druck) / dispositivo *m* de alzado ‖ ⁓**zwickel** *m* (Bau) / enjuta *f*, pechina *f* de arco

Bogheadkohle *f*, Mattkohle *f* (Bergb) / carbón *m* bog-head
Bogie *m*, Achsaggregat *n* (Bahn) / bogie *m*, bog[e]y *m*
Bogus-Parts, Falschteile *n pl* (Luftf) / piezas *f pl* falsas
Bohle *f*, Planke *f* / tablón *m*, tabla *f*, madero *m*
bohlen *vt* / cubrir de tablones

Bohlen•belag *m* / plataforma *f* de tablones, entarimado *m* de tablones, tablero *m*, piso *m* de tablones ‖ ⁓**rost** *m* (Bau) / reja *f* de tablas ‖ ⁓**stamm** *m* (Holz) / tronco *m* [para aserrar tablones] ‖ ⁓**wand** *f* (Bau) / tablonaje *m*, pared *f* de tablones ‖ ⁓**wand**, Bohlwand, Kaje *f* (Hydr) / tablestacado *m* ‖ ⁓**weg** *m* / pasarela *f* de tablones
Bohnenblattlaus, schwarze (Landw) / pulgón *m* negra de habas ‖ ⁓**förmig** (Min) / pisiforme ‖ ⁓**käfer** *m* (Landw) / gorgojo *m* del garbanzo (E) o del caupí (LA) ‖ **vierfleckiger** ⁓**käfer** / gorgojo *m* de las judías del frijol ‖ ⁓**laus** *f* / pulgón *m* de habas ‖ ⁓**öl** *n*, Soya-Bohnenöl *n* / aceite *m* de soja
Bohner•maschine *f* / enceradora *f* ‖ ⁓**masse** *f*, -wachs *n* / cera *f* para pisos, encáustico *m*
bohnern *vt* (Fußböden) / encerar [y lustrar]
Bohnerz *n* (Min) / hierro *m* oolítico, mineral *m* pisiforme
Bohr•abfall *m*, -klein *n* (Bergb) / detritos *m pl* [de la perforación] ‖ ⁓**abfall** (Öl) / virutas *f pl*, cortaduras *f pl*, detrito *m* (LA) ‖ ⁓**anlage** *f* (Bergb) / instalación *f* para perforación o de sondeo ‖ ⁓**anlage für Schrägbohrung** / instalación *f* de sondeo inclinado ‖ ⁓**arbeiten** *f pl* (Wzm) / trabajos *m pl* de taladrado, trabajos *m pl* de alisado ‖ ⁓**arbeiten** (Bergb, Öl) / trabajos *m pl* de perforacióno de sondeo ‖ ⁓**arm** *m* / brazo *m* de perforación ‖ ⁓**ausrüstung** *f*, -gestell *n*, -turm *m* (Öl) / perforadora *f*, cabria *f* (VEN), sancocho *m* (VEN), taladro *m* (COL), equipo *m* de perforación (MEJ) ‖ ⁓**automat** *m* (Wzm) / taladradora *f* automática ‖ ⁓**bank** *f* / torno *m* para mandrinar
bohrbar, perforierbar, durchbohrbar / perforable
Bohr•barkeit *f* / perforabilidad *f* ‖ ⁓**bericht** *m* (Ölbohrung) / diario *m* del perforador ‖ ⁓**bewegung** *f* **der Kugeln** (Lager) / movimiento *m* de spin de las bolas ‖ ⁓**bild** *n* (Wzm) / grupo *m* de taladros en una pieza, características *f pl* del taladro ‖ ⁓**blindschacht** *m* (Bergb) / pozo *m* interior de perforación ‖ ⁓**brunnen** *m* / pozo *m* perforado ‖ ⁓**büchse** *f*, Führungsbuchse *f* / casquillo *m* de taladrar ‖ ⁓**buchse** *f* (an der Bohrvorrichtung) / casquillo *m* de taladrado de una plantilla, boquilla *f* de taladro ‖ ⁓**diamant** *m* (Bergb, Öl) / punto *m* de diamante ‖ ⁓**druck** *m* (Wzm) / presión *f* de taladro ‖ ⁓**druckmesser** *m* (Öl) / indicador *m* de peso ‖ ⁓**durchmesser** *m* (Wzm) / diámetro *m* de taladrado ‖ ⁓**einheit** *f* (Wzm) / unidad *f* taladradora ‖ ⁓**einheit** (zum Ausbohren) (Wzm) / unidad *f* mandrinadora ‖ ⁓**einrichtung** *f* / dispositivo *m* de taladrar ‖ ⁓**einsatz**, -meißel *m*, -klinge *f* (Bergb) / mecha *f* de taladro ‖ ⁓**einsteckhülse** *f* (Bergb) / casquillo *m* del husillo portabroca
Bohr-Einsteinsche Frequenzbedingung *f* (Phys) / relación *f* de frecuencia de Bohr-Einstein
Bohr•eisen *n*, Stein-, Stoßbohrer *m* (Bergb) / barrena *f* de percusión ‖ ⁓**emulsion** *f* / taladrina *f*
bohren / alesar ‖ ~ *vt* (mit drehendem Wz) / taladrar ‖ ~, ausbohren / mandrilar, mandrinar, alesar ‖ ~ (schürfend), sondieren (Bergb) / sondear ‖ ~, durchbohren / perforar, punzonar ‖ ~ (mit Zimmermanns- o. Erdbohrer) / barrenar ‖ ~, auffahren (Tunnel) / avanzar, profundizar, perforar un túnel ‖ ~, anfangen zu bohren (Öl) / iniciar la perforación de un pozo ‖ **einen Brunnen oder Schacht** ~ / profundizar un pozo ‖ **[nach Öl]** ~ (Öl) / sondear, explorar ‖ ~ *n* (Wzm) / taladrado *m* ‖ ~, Bohrarbeit (Bergb, Öl) / perforación *f* ‖ ~, Ausbohren *n* (Wzm) / mandrinado *m*, mandrilado *m* ‖ ~ **aus dem Vollen** (Masch) / taladrado *m* del macizo ‖ ~ **mit Flüssigkeitsstrahl** (Wzm) / agujereado *m* hidráulico ‖ ~ **drehendes** ~, Drehbohren (Bergb) / taladrado *m* rotatorio, perforación *f* rotatoria ‖ **stoßendes** ~, Stoßbohren (Bergb) / sondeo *m* de percusión
bohrend (Insekt) / taladrador

211

Bohrer

Bohrer *m*, Spiralbohrer *m* (Wz) / broca *f* [espiral o helicoidal], taladro *m* ‖ ⁓, Drehbohrer *m* für Handarbeit, Handbohrer *m* (Tischl) / barrena *f*, broca *f* ‖ ⁓, Stoßbohrer *m* (Bergb) / barrena *f* de percusión ‖ ⁓, Meißel *m*, Bohrmeißel *m* (Bergb) / trépano *m*, cuchilla *f* ‖ ⁓ *m*, Erd-, Zimmermannsbohrer *m* (Bau, Zimm) / barrena *f* ‖ ⁓ (Öl) / barrena *f*, broca *f*, mecha *f* (VEN), trépano *m* (ARG) ‖ ⁓, Bohrapparat *m*, -vorrichtung *f* (Wzm) / dispositivo *m* taladrador ‖ ⁓ (Arbeiter) (allg) / taladrador *m* ‖ ⁓ (Arbeiter) (Bergb) / barrenero *m* ‖ ⁓ **für Bohrwinden**, Zentrumsbohrer *m* (Wz) / broca *f* del berbiquí ‖ ⁓ *m* **für die Knarre**, Spitzbohrer *m* / broca *f* de punta de lanza [para el trinquete] ‖ ⁓ **für Gewinde** / macho *m* de roscar ‖ ⁓ **mit geraden Nuten** / broca *f* de ranuras rectas ‖ ⁓ **mit Hartmetallschneide** / broca *f* con filo de metal duro ‖ ⁓ **mit Ringgriff** (DIN 6445), (früher:) Nagelbohrer *m* / barrena *f* de mano o con manija ‖ ⁓ **mit Wendeeisen** / broca con bandeador *f* ‖ ⁓ **umsetzen** (Bergb) / cambiar la posición de la barrena ‖ **glatter** ⁓ / broca *f* lisa ‖ **kleiner** ⁓, Bohrerspitze *f* / punta *f* de broca
Bohrer•aufnahme *f* **der Bohrwinde** / portabroca *m* del berbiquí ‖ ⁓**auszieher** *m* (Öl) / sacabarrena *m*, arrancasondas *m* ‖ ⁓**bruch** *m* / rotura *f* de la broca ‖ ⁓**[einsteck]hülse** *f* (Bergb) / casquillo *m* del husillo portabarrena ‖ ⁓**führung** *f* (Wzm) / guía *f* de la broca ‖ ⁓**hülse** *f* / casquillo *m* cónico ‖ ⁓**lehre** *f* / calibre *m* para brocas ‖ ⁓**nute** *f* / ranura *f* de la broca espiral ‖ ⁓**satz** *m* / juego *m* de brocas ‖ ⁓**schaft** *m* (Bergb) / tientaguja *f* ‖ ⁓**schaft** (Wzm) / vástago *f* de la broca, caña *f* de la broca, espiga *f* ‖ ⁓**schärfmaschine** *f* (Bergb) / aguzadora *f* de barrenas ‖ ⁓**schleifmaschine** *f* (Wzm) / afiladora *f* de brocas ‖ ⁓**schneide** *f* / filo *m* de la broca, filo *m* cortante ‖ ⁓**seele** *f* / alma *f* de broca ‖ ⁓**spitze** *f* / punta *f* de la broca ‖ ⁓**stange** *f*, Bohrstahl *m* (Bergb) / acero *m* de barrenar, barrena *f* ‖ ⁓**stauchmaschine** *f* (Bergb) / máquina *f* para recalcar barrenas ‖ ⁓**-Verlängerung[sstange]** *f* (Bergb) / alargadera *f* de barrena
Bohr•fänger *m*, Fangglocke *f* (Bergb) / trampa *f* de campana, campana *f* de salvamento ‖ ⁓**fäustel** *m* (Bergb) / macho *m* ‖ ⁓**feld** *n*, Ölfeld *n* / campo *m* de perforación ‖ ⁓**fett** *n* (Wzm) / grasa *f* para taladrar ‖ ⁓**fliege** *f* (Schädling) (Landw) / mosca *f* taladradora ‖ ⁓**fortschritt** *m*, -geschwindigkeit *f* / avance *f*, tasa *f* de penetración, progreso de perforación ‖ ⁓**futter** *n* (Spannfutter) (Wzm) / portabroca[s] *m* ‖ ⁓**futter**, Bohrhülse *f* / mandril *m* portabrocas, casquillo *m* portaútil ‖ ⁓**futter mit Zahnkranz** / mandril *m* portabrocas de corona dentada ‖ ⁓**futterkegel** *m*, -konus *m* / cono *m* de portabrocas ‖ ⁓**futterschaft** *m* / vástago *m* de portabrocas ‖ ⁓**gabel** *f* (Bergb) / horquilla *f* portabarrena ‖ ⁓**gerät** *n* (Wzm) / instrumentos *m pl* de taladrar ‖ ⁓**gerät** (Öl) / equipo *m* de perforación ‖ ⁓**gerät für Tiefbohrungen** / instrumentos *m pl* de perforación a grandes profundidades ‖ ⁓**gerüst** *n* (Bergb, Öl) / caballete *m* de perforación ‖ ⁓**gestänge** *n* (Bergb, Öl) / varillaje *f* de perforación ‖ ⁓**gestell** *n*, -ständer *m* / armazón *m* de perforación ‖ ⁓**gezähe** *n* (Bergb) / instrumentos *m pl* de/para barrenar ‖ ⁓**grat** *f* / reba[r]ba *f* de taladrar ‖ ⁓**greifer** *m* (Bau) / cuchara *f* de profundización ‖ ⁓**haken** *m* (Bergb, Öl) / gancho *m* de suspensión ‖ ⁓**hammer** (Bergb) / martillo *m* perforador ‖ ⁓**hammer** (für Gestein) / perforadora *f* de percusión, perforadora *f* de roca ‖ **schwerer** ⁓**hammer** (über 36 kg) / perforadora *f* de martillo ‖ ⁓**hammer** *m* **für Beton** (Bau) / barrenadora *f* para hormigón ‖ ⁓**hauer** *m* (Bergb) / barrenero *m* ‖ ⁓**honmaschine** *f* (Wzm) / máquina *f* para taladrar y alisar ‖ ⁓**hubinsel** *f* (Öl) / plataforma *f* autoelevadora ‖ ⁓**hülse** *f*, -buchse *f* / casquillo *m* de taladro de una plantilla ‖ ⁓**hülse** s. auch Bohrfutter ‖ ⁓**insel** *f* (Öl) / plataforma petrolera o de perforación o de extracción ‖ **halbtauchende** ⁓**insel** / plataforma *f* de perforación semisumergible ‖ **[seegehende]** ⁓**insel**, -plattform *f* / barcaza *f* de perforación, gabarra *f* de perforación (VEN) ‖ ⁓**inselversorger** *m* / reavituallador *m* de las perforaciones offshore

Bohrium *n*, Bh / bohrio *m* (elemento artificial)
Bohr•käfer *m* (holzbohrend) / escarabajo *m* perforador, insecto *m* horadador, broma *f* (un molusco horadador) ‖ ⁓**kern** *m* (Bergb) / núcleo *m* de perforación, testigo *m* ‖ ⁓**kerngewinnung** *f* / obtención *f* de núcleo ‖ ⁓**klappmast** *m* (Bergb) / poste *m* plegable de sondeo ‖ ⁓**klein** *n* (Bergb) / detritos *m pl* [de la perforación] ‖ ⁓**kleinabführung** *f* (Bergb) / evacuación *f* de detritos ‖ ⁓**knarre**, Ratsche *f* (Wz) / chicharra *f*, carraca *f*, trinquete *m* ‖ ⁓**kopf** *m*, Kopfstück *n* des Erdbohrers (Öl) / trépano *m*, boca *f* de barrena *f*, ⁓**kopf**, Messerkopf *m* / cabezal *m* de taladrar ‖ ⁓**kopf für mehrere Bohrer**, Mehrspindelbohrkopf *m* (Wzm) / cabezal *m* de husillos múltiples, cabezal *m* portabrocas múltiple ‖ ⁓**kopf für Tiefbohren** (Bergb) / cabezal *m* de perforación ‖ ⁓**kopfträger** *m* (Wzm) / soporte *m* del cabezal portabrocas ‖ ⁓**kratzer** *m* (Wz) / escariador *m* ‖ ⁓**krone** *f* (Bergb) / corona *f* de perforación ‖ ⁓**krone** (Öl) / sondeadora *f* de corona ‖ ⁓**kurbel**, -winde *f* (Tischl) / berbiquí *m* ‖ ⁓**lafette** *f* (Bergb) / cureña *f* de taladradora ‖ ⁓**längenaufwand** *m* (Bergb) / material *m* arrancado por metro barrenado ‖ ⁓**lehre** *f* (Messinstrument) / calibre *m* para perforaciones, calibre *m* de interiores ‖ ⁓**lehre**, -vorrichtung *f* / plantilla *f* de taladrar ‖ ⁓**leistung** *f*, -durchmesser *m* (Bohrmaschine) / capacidad *f* de taladro o de la taladradora

Bohrloch *n*, Bohrung *f* / perforación *f* ‖ ⁓, Sprengloch *n* (Bergb) / barreno *m* ‖ ⁓ (Steinbruch) / taladro *m* ‖ ⁓ (Öl) / pozo *m* [de petróleo], sondeo *m* (ARG) ‖
Bohrlöcher abschießen (Bergb) / dinamitar barrenos ‖ **Bohrlöcher besetzen** (o. stopfen) (Bergb) / cargar barrenos ‖ **Bohrlöcher säuern** (Öl) / acidificar pozos ‖ **Bohrlöcher schlagen** (o. stoßen) (Bergb) / taladrar barrenos a percusión ‖ **ein** ⁓ **anfangen** (Bergb) / abrir un pozo (o barreno) ‖ **unverschaltes** ⁓ (Öl) / pozo *m* abierto
Bohrloch•absperrvorrichtung *f* (Bergb) / impidereventones *m*, válvula *f* de seguridad o de emergencia (VEN), armadura *f* de seguridad (ARG) ‖ ⁓**abweichung** *f* (Bergb) / derivación *f* de perforación ‖ ⁓**aufwand** *m* / barrenos *m pl* por metro cuadrado de sección arrancada ‖ **den** ⁓**besatz entfernen** (Bergb) / reabrir el barreno ‖ ⁓**klinometer** *n*, -neigungsmesser *m* (Bergb) / teleclinómetro *m* ‖ ⁓**länge** *f* (Bergb) / longitud *f* de sondeo ‖ ⁓**-Messausrüstung** *f* (Öl) / equipo *m* de radiocarrotaje, equipo *m* de perfilaje eléctrico ‖ ⁓**messen** (Öl) / diagrafiar, llevar anotaciones cronológicas de la perforación ‖ ⁓**messinstrument** *n* (Öl) / instrumento *m* de radiocarrotaje ‖ ⁓**messung** *f* **ohne Ziehen des Gestänges** (Öl) / examen *m* de pruebas del contenido de la tubería de perforación ‖ ⁓**öffnung** *f* (Öl) / boca *f* de pozo ‖ ⁓**pfeife** *f* (Bergb) / ventaja *f* perdida ‖ ⁓**pumpe** *f* (Bergb) / bomba *f* para pozo[s] de sondeo ‖ ⁓**pumpe** (Öl) / bomba *f* de agotamiento ‖ ⁓**räumer** *m*, Erweiterungsbohrer *m* (Öl) / ensanchador *m*, escariador *m*, rectificador *m*, rima *m* (VEN) ‖ ⁓**schieber** *m* (Öl) s. Bohrlochabsperrvorrichtung ‖ ⁓**serie** *f* (Bergb) / grupo *m* de perforaciones ‖ ⁓**sohle** *f* / solera *f* de la perforación ‖ ⁓**-Televisor** *m* (Bergb) / televisor *m* para perforaciones ‖ ⁓**tiefstes** *n* (Bergb) / fondo *m* del pozo ‖ ⁓**untersuchung** *f* / examinación *f* de pozo ‖ ⁓**verschluss** *m* / cierre *m* del pozo ‖ ⁓**vorbereitung** *f* (für Inbetriebsetzung) (Öl) / terminación *f* de pozo ‖ ⁓**wand** *f* (Bergb) / pared *f* de hoyo o del pozo ‖ ⁓**zementierung** *f* / cementación *f* del pozo

Bohr•löffel *m*, Schaumlöffel *m* (Bergb) / cuchara *f*, achicador *m* ‖ ~**lokation** *f* (Öl) / locación *f* de perforación
Bohrmaschine *f* (für Bohren aus dem Vollen) / taladradora *f*, máquina *f* de taladrar ‖ ~ (Bergb) / máquina *f* perforadora ‖ ~ (für Aufbohren), Bohrwerk *n* (Wzm) / mandrinadora *f* ‖ ~, Handbohrmaschine *f* (Wzm) / taladradora *f* portátil, taladradora *f* de pistola ‖ ~ (Zahnarzt) / torno *m* dental, fresadora *f* ‖ ~ **für Holz** (Holzbearb) / barrenadora *f* ‖ ~ **für Papier** / punzonadora *f* ‖ ~ **mit Handhebelvorschub** (Wzm) / taladradora *f* sensitiva ‖ **elektrische** ~ / taladrador *m* eléctrico
Bohr•mast *m* (Öl) / mástil *m* de sondeo ‖ ~**mehl** *n* (Tischl) / harina *f* de madera ‖ ~**mehl**, -staub *m* (Bergb) / detritos *m pl* de perforación, polvo *m* de perforación ‖ ~**mehl**, Gesteinsstaub *m* (für Schlagwetterschutz) (Bergb) / polvo *m* de piedra, polvo *m* inerte o incombustible ‖ ~**meißel**, Rammeißel *m* (Bergb) / punzón *m*, taladro *m*, broca *f*, barrena *f* ‖ ~**meißel** *m* (Wzm) / broca *f* ‖ ~**meißelstahl** *m* (Hütt) s. Bohrstahl ‖ ~**meister** *m* (Öl) / capataz *m* barrenero ‖ ~**meister**, Bohringenieur *m* (Öl) / ingeniero *m* de perforación ‖ ~**messer** *n* (Hütt) / cuchilla *f* de taladrar ‖ ~**meteraufwand** *m* (Bergb) / barrenado *m* por metro cúbico de material arrancado ‖ ~**muschel** *f* (Zool) / broma *f* ‖ ~**öl** *n*, -emulsion *f* (Masch) / taladrina *f* ‖ ~**öl**, -wasser *n* / agua *f* de sosa, agua *f* de refrigeración ‖ ~**pfahl** *m* (Bau) / pilote *m* [vaciado] en sitio ‖ ~**plan** *m* (Bergb) / plano *m* de perforación ‖ ~**plattform** *f* s. Bohrinsel ‖ ~**prisma** *n* (Wzm) / bloque *m* en V, prisma *m* de taladrar ‖ ~**probe** *f* (Bergb) / muestra *f* de núcleo ‖ ~**probe**, Bodenprobe *f* (Geol) / prueba *f* de sondeo ‖ ~**profil** *n* (Öl) / perfil *m* ‖ ~**ratsche** *f* s. Bohrknarre ‖ ~**räumer** *m* (Bergb) s. Bohrlochräumer ‖ ~**rechteck** *n* (Koordinatenbohrmaschine) (Wzm) / rectángulo *m* de taladros posibles ‖ ~**[reib]moment** *n* (Lager) / momento *m* de spin ‖ ~**rohr** *n*, Futterrohr *m*, Verrohrung *f* (Öl) / tubería *f* de revestimiento, tubería de ademe (MEJ), cañería *f* aisladora o de entubación (ARG) ‖ ~**rohr**, Bohrröhre *f* (Bergb) / tubería *f* vástago, caño *m* de sondeo (LA) ‖ ~**rohrkopf** *m* (Öl) / cabeza *f* de tubería de revestimiento ‖ ~**säule** *f* (Bergb) / pie *m* telescópico, columna *f* de perforación
Bohrsch•es Atommodell, Bohr-Sommerfeldsches Atommodell (Phys) / teoría *f* atómica de Bohr ‖ ~**es Korrespondenzprinzip** / principio *m* de correspondencia de Bohr ‖ ~**es Magneton** (Einheit des Magnetmomentes) / magnetón *m* de Bohr
Bohr•schablone *f* (Wzm) / plantilla *f* para taladrar ‖ ~**schacht** *m* (Bergb) / pozo *m* de perforación ‖ ~**schappe** *f* (Bodenprobe) / cuchara *f* para sacapruebas ‖ ~**schiff** *n* (Öl) / gabarra *f* de perforación, barcaza *f* de perforación (VEN), chalán *m* de perforación (MEJ) ‖ ~**schlägel** *m* (Bergb) / mazo *m* ‖ ~**schlamm** *m*, -schmant *m* (Bergb) / lodo *m* de barrenado, detrito *m* de sondeo ‖ ~**schlamm** (Öl) / lodo *m* de perforación, barro *m* de perforación (VEN) ‖ ~**schlamm-Pumpe** *f* (Rot. Bohren) / bomba *f* de lodo ‖ ~**schlitten** *m* (senkrecht) (Wzm) / carro *m*, mecanismo *m* para el avance (de la broca) ‖ ~**schneide** *f* (Wz) / filo *m* de taladrar ‖ ~**schrämlader** *m* (Bergb) / rozadora-perforadora *f* cargadora ‖ ~**schraube** *f* (Geol, Tischl, Wz) / tornillo *m* perforador ‖ ~**schrauber** *m* (Wz) / perforadora-atornilladora *f* ‖ ~**schruppstahl** *m* (Wzm) / cuchilla *f* para desbaste de interiores ‖ ~**schuh** *m* (Öl) / zapata *f* encajadora ‖ ~**schwengel**, Schlaghebel *m* (Ölbohr) / balancín *m* de sondeo, palanca *f* oscilante ‖ ~**seil** *n* (Öl) / cable *m* de perforación
Bohr-Sommerfeldsches Atommodell (Phys) / átomo *m* de Bohr
Bohr•span *m* / viruta *f* de taladrado ‖ ~**spindel** *f* (Bohrmaschine) / husillo *m* portabroca, husillo *m* de broca ‖ ~**spindel**, Bohrwerksspindel *f* / árbol *m* portabroca ‖ ~**spindelausladung** *f* (Wzm) / distancia *f* entre husillo y columna ‖ ~**spindel-Einheit** *f* (Wzm) / unidad *f* husillo portabroca ‖ ~**spindelführung** *f* / guía *f* de husillo ‖ ~**spindelhub** *m* / avance *m* del husillo portabroca ‖ ~**spindelhülse** *f* / manguito *m* de arrastre ‖ ~**spindelkasten** *m* (Wzm) / cabezal *m* de taladrar ‖ ~**spindelkegel** *m* / cono *m* de husillo de broca ‖ ~**spindelkopf** *m* / cabezal *m* de husillo ‖ ~**stahl** *m*, -stange *f* (Bergb) / acero *m* de perforación ‖ ~**stahl mit Bleikern** (Bergb) / acero *m* de perforación con núcleo de plomo ‖ ~**stahl** *m* **mit Sandkern** (Bergb) / acero *m* de perforación con núcleo de arena ‖ ~**stand** *m* (Bergb, Öl) / plataforma *f* de perforación ‖ ~**ständer** *m* (Bohrwerk) / soporte *m*, bastidor *m* ‖ ~**ständer** (Bohrmaschine) / bancada *f* ‖ ~**stange** *f* (Bergb) / acero *m* de perforación, barreno *m* o vástago de perforación, trépano *m* de perforación, varilla *f* de perforación ‖ ~**stange**, -welle *f* (Wzm) / árbol *m* de/para taladrar ‖ ~**stangenschloss** *n* (Bergb) / unión *f* de tubería vástago ‖ ~**stangenständer** *m*, -stangengegenlager *n* (Bohrwerk) / soporte *m* de barrenas ‖ ~**staub** *m* (Bergb) / polvo *m* de perforación ‖ ~**stelle** *f* (Öl) / lugar *m* de sondeo ‖ ~**technik** *f*, Bohren *n* (Öl) / técnica *f* de perforación ‖ ~**tiefe** *f* (Bergb, Öl) / profundidad *f* de perforación ‖ ~**tisch** *m* (Wzm) / mesa *f* de taladrado, soporte *m* ‖ ~**tisch** (Öl) / mesa *f* giratoria o rotatoria ‖ ~**trübe** *f* / flujo *m* de barro ‖ ~**turbine** *f* (Bergb) / perforadora *f* de rodete, turboperforadora *f* ‖ ~**turm** *m* (Öl) / castillete *m* de sondeo, cabria *f* (VEN), sancocho *m* (VEN) ‖ ~**turm**, -plattform *f* (Bergb) / plataforma *f* de barrenado ‖ ~**turmplattform** *f* (Öl) / plataforma *f* del castillete de perforación ‖ ~**- und Fräsmaschine** *f* (Metall) / máquina *f* de taladrar y fresar ‖ ~**- und Fräsmaschine** (Holz) / taladradora-escopladora *f* ‖ ~**- und Fräswerk** *n* (Metall) / mandrinadora-fresadora *f* ‖ ~**- und Schießarbeit** *f* (Bergb) / barrenado *f* y voladura ‖ ~**- und Schießzeug** *n* (Bergb) / instrumentos *m pl* para barrenar y dinamitar
Bohrung *f*, Bohren *n* (Masch) / taladrado *m*, agujereado *m* ‖ ~, Bohrloch *n* / taladro *m*, agujero *m* ‖ ~, Bohrungsdurchmesser *m* / diámetro *m* de agujero ‖ ~ (Öl) / pozo *m* de petróleo ‖ ~ (Vorgang) / sondeo *m*, perforación *f* ‖ ~ **auf der Mittellinie** / taladrado *m* [sobre la línea] central ‖ ~ **auf unerforschtem Gelände** (Öl) / pozo *m* exploratorio, pozo *m* de cateo, perforación *f* de ensayo ‖ ~ **für Gastreibverfahren** (Öl) / pozo *m* para extracción artificial por gas, pozo para bombeo neumático (ARG) ‖ ~ **mit Keilnut** (Wzm) / agujero *m* con ranura de chaveta
Bohrungs•achse *f* / eje *m* [geométrico] del agujero ‖ ~**durchmesser** *m* (Masch) / diámetro *m* de agujero ‖ ~**durchmesser**, Kaliber *n* (Mil) / calibre *m* ‖ ~**-Messgerät** *n* / aparato *m* para la medición del agujero
Bohr•versuch *m* (Bergb) / perforación *f* experimental ‖ ~**vorgabe** *f* (Bergb) / ventaja *f* ‖ ~**vorrichtung** *f*, -lehre *f*, -schablone *f* / plantilla *f* de taladrar ‖ ~**vorrichtung** (Wzm) / dispositivo *m* taladrador o de (o para) taladrar ‖ ~**vorschub** *m* / avance *m* taladrador, avance *m* de la broca o de la barrena ‖ ~**vorschub[mechanismus]** / mecanismo *m* de avance ‖ ~**vorschubspindel** *f* (Bahn, Wzm) / husillo *m* de avance perforador ‖ ~**wagen** *m* (Bergb) / jumbo *m* de perforación, carretón *m* de perforación ‖ ~**wasser** *n* (Wzm) / agua *f* de sosa, agua *f* de refrigeración ‖ ~**welle** *f* (Wz) / árbol *m* de taladrar ‖ ~**werk** *n* (Wzm) / mandrinadora *f* ‖ ~**werksupport** *m* (Wzm) / carro *m* de la mandrinadora ‖ ~**werkzeug** *n* (Wzm) / herramienta *f* de taladrar ‖ ~**werkzeug** (Bergb, Öl) / utilaje *m* para sondeo o perforación ‖ ~**winde** *f* (Wz) / berbiquí *m* ‖ ~**wurm** *m*, Holzwurm *m* (Zool) / polilla *f* de leña,

carcoma f ‖ ≈**wurm**, Schiffsbohrwurm m / broma f, Teredo navalis ‖ ≈**zeug** n / utillaje m para taladrar
Boi, Boy m (Flanell) (Tex) / bayeta f
böig, stürmisch (Meteo) / rafagoso, racheado, chubascoso ‖ ~, bockig (Luftf) / a sacudidas
böiger Wind / viento m rafagoso
Boiler, Warmwasserspeicher m der Heizung (Elektr) / termosifón m, calentador m de agua, boiler m
Boje, Tonne f (Schiff) / boya f, baliza f [flotante] ‖ ≈ f **des Fischnetzes**, Brail n / boyarín m ‖ ≈**n legen**, ausbojen / balizar ‖ **stumpfe** ≈ / boya f truncada
Bojen•leger m / balizador m ‖ ≈**tau** n, -reep n / orinque m, cuerda f del boyarín
boken vt (Flachs, Hanf) / ablandar, aplastar
BOKraft (Kfz) = Verordnung über den Betrieb von Kraftfahrunternehmen im Personenverkehr
BO-Kreis m, Betriebsordnungskreis m (Lenkung) (Kfz) / círculo de giro [según "BO Kraft"]
boldrig, lose hängend (Tex) / flotante
Bolid m, Feuerkugel f (Astr) / bólido m ‖ ≈, Rennwagen m (Kfz) / bólido m
Bollen m, Samenkapsel f (Baumwolle) / cápsula f de semilla [de algodón] ‖ ≈**wurm** m (Baumwolle) / gusano m de la cápsula [de algodón]
Bollmehl n, Nachmehl n (Mühle) / afrechos m pl, moyuelo m
Bollwerk n (Hafen), Wellenbrecher m / rompeolas m
Bolometer n (Phys) / bolómetro m
bolometrisch / bolométrico
Boltzmann•sches Gesetz, Stefan-Boltzmannsches Gesetz (Phys) / ley f de Stefan-Boltzmann ‖ ≈**sche Gleichung** / relación f o ecuación f de Boltzmann ‖ ≈**konstante** f / constante f de Boltzmann ‖ ≈**-Statistik** f / estadística f de Boltzmann
Bolus m, Bol m (Min) / bol m, arcilla ferruginosa ‖ ≈ n, Tonerdesilikat n / bol m amarillo, bol m de Armenia ‖ **roter** ≈, Poliment n (Galv) / bol m rojo
Bolzen m (Masch) / perno m, bulón m ‖ ≈, **Schraubenbolzen** m mit Mutter / perno m fileteado o roscado, tornillo m con tuerca ‖ ≈, **Achsbolzen** m / bulón m [del eje] ‖ ≈, **Drehzapfen** m / pivote m, piñón m, gorrón m ‖ ≈, **Stehbolzen** m / espárrago m ‖ ≈, **Riegel** m (Schloss) / pasador m de cerrojo ‖ ≈ m, **Niet** m (einer Schere) / fiel m ‖ ≈ (Kupferhütt) / lingote m de cobre ‖ ≈ **für Stößelrolle** (Mot) / bulón m para rodillo de empuje ‖ ≈ **für Strangpressen** (Hütt) / barra m corta para extrusión ‖ ≈ **mit Gewinde an beiden Enden** / perno m roscado en ambos extremos ‖ ≈ **mit Hakenkopf oder Nase** / perno m con nariz o talón ‖ ≈ **ohne Kopf** / espárrago m, bulón m sin cabeza ‖ **mit** ≈ **befestigen** / fijar con pernos, emperrar
Bolzen•anspitzmaschine f (Gewinde) / biseladora f de tornillos ‖ ≈**auge** n / ojo m del perno, ojal m del bulón (LA) ‖ ≈**druckminderer** m / reductor m de la presión [sin palancas] ‖ ≈**gelenk** n, -verbindung f (Stahlbau) / articulación f de perno ‖ ≈**gewinde** n, Außengewinde n / rosca f de perno, filete m exterior, rosca f exterior ‖ ≈**gewinde-Schneidemaschine** f / roscadora f de pernos, máquina f de roscar pernos ‖ ≈**käfig** m (Wälzlager) / jaula f con pernos o contretes ‖ ≈**kette** f / cadena f de pasadores ‖ ≈**kopfanstauchmaschine** f / máquina f para recalcar cabezas de pernos ‖ ≈**kreuzlagerung** f / apoyo m de los gorrones en cruceta ‖ ≈**kupplung** f / acoplamiento m de pernos ‖ ≈**lagerung** f / suspensión f a pernos ‖ ≈**querverbindung** f (Bahn, Masch) / unión f transversal por bulones ‖ ≈**riegel** m (Schloss) / espárrago m ‖ ≈**schießgerät**, -setzgerät n (Bau) / fijador m de pernos, pistola hincapernos o para hincar pernos ‖ ≈**schloss** n / candado m cilíndrico ‖ ≈**schneider** m, -schere f (Wz) / cortador m de pernos, cortapernos m, cortabulones m ‖ ≈**schrotzimmerung** f (Bergb) / entibación f de costada ‖ ≈**schussgerät** n (Schlachthof) / pistola f de [perno] percutor ‖ ≈**schweißen** n,

Bolzenschweißverfahren n / soldeo m de espárragos ‖ ≈**setzer** m s. Bolzenschießgerät ‖ ≈**verbindung**, -verschraubung f / unión f empernada ‖ ≈**verbindung** f (Stahlbau) / unión f por pernos ‖ ≈**zange** f / tenazas f pl sujeta bulones ‖ ≈**zieher** m, Bolzentreiber m (Wz) / sacador m de pernos, sacapernos m, tirapernos m, sacabulones m
Bombage f (Vorgang) (Konserven) / abombado m ‖ ≈ (Ergebnis) / lata f bombeada
Bombardement n, Bombardierung f (Mil, Nukl) / bombardeo m
bombardieren vt (allg, Nukl) / bombardear
Bombaxwolle f, Kapok m (Tex) / materia f algodonosa de miraguano o de ceiba
Bombayhanf, (besser): Sunn m (Bot) / cáñamo m de Bombay
Bombe f (allg, Geol, Mil) / bomba f
Bomben•kalorimeter n, kalorimetrische Bombe (Phys) / bomba f calorimétrica ‖ ≈**ofen** m (Chem) / horno m de bloque ‖ ≈**rohr** n (Chem) / tubo m de bomba ‖ ≈**schacht** m (Mil) / pozo m lanza bombas ‖ ≈**träger** m (Mil) / portabombas m
Bomber m (Mil) / bombardero m
bombieren vt (Masch, Reifen) / abombar, alabear ‖ ≈ n, Formen des Reifens n (Kfz) / conformación f de cubiertas, bombeado m de neumáticos
bombiert (Instr) / bombeado, en forma de bomba
Bombierung f (allg, Walzw) / bombeado m, bombeamiento m ‖ ≈ **im Durchmesser** (Büchse) / abombeado m
Bombit m (Min) / bombita f
Börner-Zahl f (Fett) / índice m de Börner
bonbonartiger Zustand (Zuck) / estado m vítreo
Bond-Albedo f (Raumf) / albedo m o esférico de Bond
bonden (IC, Web) / bondear ‖ ~ (Eltronik) / conectar eléctricamente, unir metálicamente ‖ ≈ n (bei Raumtemperatur), Bonding n (Halbl) / conexión f eléctrica, metalización f (a temperatura ambiente)
bondern, phosphatieren (Hütt) / bonderizar ‖ ≈ n, Bonderverfahren n / bonderización f
Bonder•schicht f / capa f bonderizada ‖ ≈**technologie** f / tecnología f de bonderización
Bondieren n / pegado m tipo sandwich
Bonding n (Eltronik, Halbl) / metalización f, soldeo m de conexiones ‖ ≈ (Tex) / Bonding n ‖ ≈**s** pl (Tex) / tejidos m pl bonding
Bond-out-Variante f (Mikroprozessor) / versión f de componentes separados
Bondrucker m (DV) / máquina f impresora de bonos
Bondur n (Alu-Legierung) (Hütt) / bondur m
Bonität, Ertragsklasse f (Aufb) / clase f de rendimiento
Bonitierung f (Landw) / control m de la calidad del suelo
Bonus m, Prämie f (F.Org) / prima f
boolesch (DV, Math) / booleano, de Boole ‖ ~ (COBOL, FORTRAN) (DV) / lógico (COBOL, FORTRAN) ‖ ~**e Algebra** (Math) / algebra f de Boole ‖ ~**er Ausdruck** (Math) / expresión f lógica, condición f compuesta ‖ ~**er Elementarausdruck** (DV, FORTRAN) / elemento m lógico ‖ ~**er Faktor** (DV) / factor m lógico ‖ ~**e Funktion** (Math) / función f de Boole ‖ ~**e Komplementierung**, Negation f (DV) / negación f ‖ ~**e o. nicht additive Multiplikation** (DV) / intersección f, multiplicación f booleana ‖ ~**e Operation** (DV) / operación f booleana ‖ ~**er Operator** (DV) / operador m o lógico ‖ ~**er Primär-[Sekundär]ausdruck** / primaria, [secundaria] f de Boole ‖ ~**er Term** (DV) / término m lógico ‖ ~**er Wert** (o. Wahrheitswert) (DV) / valor m de verdad ‖ ~**e Verknüpfungstafel** (Math) / tabla f de verdades o de validez
Booster m, Zwischenpumpe f (Öl, Vakuum) / bomba f booster ‖ ≈ (Raumf) / motor m reforzador o impulsor o lanzador, booster m ‖ ≈**-Diode** f (Halbl) / diodo m reforzador, diodo m economizador, diodo m de

recuperación [en serie] ‖ ⁓**gebläse** *n* (Masch) / soplador *m* de refuerzo ‖ ⁓**maschine** *f*, Spannungserhöher *m* (Elektr) / elevador *m* de tensión ‖ **negative** ⁓**maschine**, Zusatzmaschine *f* in Gegenschaltung (Elektr) / reductor *m* de tensión ‖ ⁓**pumpe** *f* / bomba *f* de refuerzo ‖ ⁓**spiegel** *m* (Opt) / espejo *m* amplificador ‖ ⁓**transformator** *m* (Elektr) / transformador *m* elevador

Boot *n*, Kahn *m* / barca *f*, embarcación *f* ‖ ⁓, Rettungsboot *n* / bote *m* salvavidas ‖ **ein** ⁓ **aussetzen**, zu Wasser lassen (Schiff) / aguatizar ‖ **großes** ⁓ / barco *m*, lancha *f*, lanchón *m* ‖ **kleines** ⁓ / bote *m*, canoa *f*, barquito *m*, batel *m*

bootbar (DV) / arrancable

booten *vt*, starten (DV) / arrancar ‖ ⁓ *n* (DV) / arranque *m*, inicialización *f*

bootfähig (DV) / arrancable

Boots•abdeckung *f* / funda *f* de bote ‖ ⁓**anhänger** *m* (Kfz) / remolque *m* náutico, remolque *m* para barca[s] ‖ ⁓**aufschleppe** *f* (Schiff) / varadero *m* de embarcaciones ‖ ⁓**ausrüstung** *f* / equipo *m* de barcas ‖ ⁓**bau** *m* / construcción *f* de botes o barcos ‖ ⁓**- und Schiffbauer** *m* (Lehrberuf) / constructor *m* de embarcaciones

Bootschleuse *f* / esclusa *f* para barcas

Boots•davit *m* / pescante *m* de bote, serviola *f* de bote ‖ ⁓**deck** *n* / cubierta *f* de botes ‖ ⁓**haken** *m* / botavara *f*, bichero *m* ‖ ⁓**haus** *n*, Bootshalle *f*, Bootsschuppen *m* / casa *f* guardabotes ‖ ⁓**haut** *f* / forro *m* exterior de bote ‖ ⁓**körper**, -rumpf *m* (Schiff) / casco *m* ‖ ⁓**motor** *m* / motor *m* marino ‖ ⁓**rand** *m* / carel *m* ‖ ⁓**sport** *m* / motonáutica *f*, boating *m* ‖ ⁓**steg** *m* / embarcadero *m* ‖ ⁓**stropp** *m* / tirante *f* pl [elástico] de bote

Bootstrap *m*, Ureingabe *f* (DV) / bootstrap *m*, secuencia de instrucciones iniciales, comando de entrada *m*, programa *m* cargador ‖ ⁓**hypothese** *f* (Phys) / hipótesis *f* de Zachariasen ‖ ⁓**-Methode** *f* (DV, Luftf) / método *m* de bootstrap ‖ ⁓**schaltung** *f* (DV) / circuito *m* autoelevador o de autoarrastre, autoelevador *m* catódico

Boots•wendegetriebe *n* (Schiff) / engranaje *m* inversor para botes ‖ ⁓**werft** *f* / astilleros *m* pl ‖ ⁓**winde** *f* / chigre *m* de izado

Bopper *m*, Aufprall-Testanlage *f* (Kfz) / instalación *f* para ensayos de choque [frontal y/o lateral]

Bor *n*, B (Chem) / boro *m*

Boral (Alu-Bor-Legierung) (Nukl) / boral *m*

BORAM, block-orientierter Schreib-Lesespeicher (RAM) (DV) / BORAM, memoria *f* de acceso aleatorio orientado en bloque

Boran *n*, Borwasserstoff *m* (Chem) / borano *m*

Boranat *n* (Chem) / boranato *m*

Boräquivalent *n* (Atom, Nukl) / equivalente *m* al boro

Borat *n* (Chem) / borato *m* ‖ ⁓**glas** *n* / vidrio *m* de borato

Borax *m* (Chem) / bórax *m*, borato *m* sódico ‖ **roher** (**o. natürlicher**) ⁓, Tinkal *m* / bórax *m* nativo, tincal *m* ‖ **wasserfreier** ⁓ (Chem) / bórax *m* anhidro ‖ ⁓**glas** *n* (Chem) / bórax *m* vitrificado ‖ ⁓**haltig** / borácico ‖ ⁓**perle** *f* (Qual.Pr.) / perla *f* de bórax ‖ ⁓**pulver** *n* (Schw) / polvo *m* de bórax

Bor•azit *m*, Anhydritspat *m* (Min) / boracita *f* ‖ ⁓**azon** *n* (ein Bornitrid) (Chem) / borazón *m* ‖ ⁓**baumwolle** *f* / algodón *m* boricado ‖ ⁓**carbid** *n*, Borkarbid *n* / carburo *m* de boro ‖ ⁓**chlorid** *n* / cloruro *m* de boro

Bord *m*, Rand *m* / borde *m* ‖ ⁓, Bordwand *f* / borda *f* ‖ ⁓ (Luftf, Schiff) / bordo *m* ‖ ⁓..., im Flugzeug befindlich (Luftf) / de a bordo, a bordo ‖ ⁓ *n*, Wandbrett *n* / estante *m*, anaquel *m* ‖ ⁓ **an Bord** (in gleicher Fahrtrichtung) (Nav) / en paralelo ‖ **an** ⁓ (Schiff) / a bordo ‖ **an** ⁓ **von Raumflugkörpern** / a bordo de astronaves ‖ **umbogener** ⁓ / reborde *m* doblado

Bord•aggregat *n* (Schiff) / grupo *m* de a bordo ‖ ⁓**anlage** *f* / instalación *f* de a bordo ‖ ⁓**anlasser** *m* (Luftf) / motor *m* de arranque a bordo ‖ ⁓**ausrüstung** *f* (Luftf) /

equipo *m* de a bordo ‖ ⁓**belastung** *f* (Lager) / carga *f* en el borde o reborde ‖ ⁓**-Betriebsdaten** *pl* (Raumf) / datos *m* pl de control interno ‖ ⁓**blech** *n* / chapa *f* de borde ‖ ⁓**blech** (Dach) / plancha *f* de cobertura ‖ ⁓**-Boden...** (Luftf) / aire-tierra ‖ ⁓**-Bord...** (Schiff) / buque a buque ‖ ⁓**-Bord...** (Luftf) / aire-aire ‖ ⁓**-Bord-[Funk]verkehr** *m* (Luftf) / comunicación *f* aire-aire ‖ ⁓**-Bord-Umschlag** *m* (Schiff) / transbordo *m*, trasbordo *m* ‖ ⁓**buch** *n* (Luftf) / libro *m* de a bordo ‖ ⁓**computer** *m* (Kfz) / ordenador *m* de viaje, computadora *f* de abordo

Bordeaux[rot] *n* (Farbe) / [rojo] burdeos *m*

bordeaux•rot / rojo *m* burdeos ‖ ⁓**violett** *m* (RAL 4004) / violeta *m* burdeos

bordeigene Flugzeugwägeanlage (Luftf) / instalación *f* de pesada de a bordo

Bordelaiser Brühe, Bordeaux-Brühe *f* (Landw) / caldo *m* cúprico, caldo *m* bordelés

Bördel•arbeit *f* / trabajo *m* de rebordeado ‖ ⁓**blech** *n* / chapa *f* para rebordear ‖ ⁓**blech**, gebördeltes Blech / chapa *f* rebordeada ‖ ⁓**eisen** *n* (Wz) / útil *m* de rebordeador

Bord•elektrik *f* (Luftf) / equipo *m* eléctrico ‖ ⁓**elektronik** *f* (Luftf) / electrónica *f* de avión

Bördel•flansch *m* / brida *f* rebordeada ‖ ⁓**gerät** *n* **für Rohre** / rebordeador *m* de tubos ‖ ⁓**halbmesser** *m*, Eckradius *m* / radio *m* de reborde[ado] ‖ ⁓**loch** *n* / taladro *m* rebordeado ‖ ⁓**maschine** *f* (Wzm) / máquina *f* de rebordear, rebordeadora *f*, bordonadora *f* ‖ ⁓**mutter** *f* / tuerca *f* de rebordear o de remachar

bördeln *vt*, abkanten (Blech) / rebordear, apestañar, bordear ‖ ⁓, drahteinlegen (Blech) / rebordear chapas con alambre ‖ ⁓, falten (um den Durchmesser zu verringern) / doblar hacia adentro el borde de un tubo ‖ ⁓, mit Rand versehen / bridar ‖ ⁓, Bleche durch Bördeln verbinden / engatillar ‖ ⁓ *n* / rebordeado *m*

Bördel•naht *f* / costura *f* de rebordear ‖ ⁓**nietung** *f* / remachado *m* de rebordes ‖ ⁓**presse** *f* / prensa *f* rebordeadora ‖ ⁓**probe** *f* / prueba *f* de rebordeado ‖ ⁓**rand** *m* / borde *m*, reborde *m* ‖ ⁓**rand von Dosen** / brida *f* de latas ‖ ⁓**rohr** (DIN), Flanschrohr *n* (Wz) / tubo *m* abridado ‖ ⁓**rolle** *f* / rodillo *m* rebordeador ‖ ⁓**schweißung** *f*, -naht *f* / soldadura *f* con bordes levantados ‖ ⁓**stecker** *m* (Elektr) / clavija *f* de enchufe

Bördelung *f* (Ergebnis) / reborde *m*, canto *m* rebordeado

Bördel•verbindung *f* / unión *f* engatillada ‖ ⁓**-[Rohr-]Verbindung bzw. Verschraubung** / unión *f* para tubo rebordeado ‖ ⁓**versuch** *m* **an Rohren** (Qual.Pr.) / ensayo *m* de rebordear tubos ‖ ⁓**walze** *f* (Sickenmaschine) / moleta *f* rebordeadora ‖ ⁓**werkzeug** *n* / instrumento *m* para (o de) rebordear

Bordempfänger *m* (Eltronik) / receptor *m* de a bordo

Bordenführer *m* (Nähm) / guía *m* de galón

Borderline-Methode *f* (Oktanbestimmung von Benzin) / método *m* 'borderline'

bord•feste Anlage (Eltronik) / instalación *f* de a bordo ‖ ⁓**flugzeug** *n* (Luftf, Schiff) / avión *m* embarcado o de a bordo ‖ ⁓**frühwarnung** *f*, -frühwarn... / radar *m* aerotransportado de alarma antiaérea adelantada ‖ ⁓**führungsfläche** *f* (Wälzlager) / superficie-guía *f* del borde o reborde ‖ ⁓**funker** *m* (Luftf) / radiotelegrafista *m* ‖ ⁓**funkgerät** *n* (Luftf) / radio *f* de a bordo ‖ ⁓**funkstelle** *f*, -station *f* (Luftf, Schiff) / radioestación *f* de a bordo ‖ ⁓**geführter Käfig** (Wälzlager) / jaula *f* guiada en el [re]borde ‖ ⁓**hydraulik** *f* (Luftf) / sistema *m* hidráulico de a bordo ‖ ⁓**ingenieur** *m* (Luftf) / ingeniero *m* de a bordo, ingeniero *m* de vuelo ‖ ⁓**instrumente** *n* pl / instrumentos *m* pl de vuelo o de abordo ‖ ⁓**intern**, bordseitig / de a bordo ‖ ⁓**kante** *f* (Straße) / encintado *m* o borde *m* de la acera, cordón *m* de la vereda (ARG)

Bordkommandowerk

|| ≃**kommandowerk** *n* (Luftf) / equipo *m* de mando y control || ≃**kran** *m* (Schiff) / grúa *f* de a bordo || ≃**lader** *m* (Schiff) / grúa de pórtico de a bordo para contenedores || ≃**-Land...** / buque-tierra || ≃**leitgerät** *n* (Rakete) / instrumento *m* de guiado de a bordo || ≃**mechaniker** *m* (Luftf) / mecánico *m* de vuelo || ≃**mittel** *n pl* (Luftf, Schiff) / medios *m pl* de a bordo, medios *m pl* improvisados || ≃**netz** *n* (Kfz, Luftf) / sistema *m* de alimentación de a bordo, red *f* [eléctrica] de a bordo || ≃**netz** (Schiff) / sistema *m* eléctrico de buque, red *f* de a bordo || ≃**peilgerät** *n*, -peiler *m* (Schiff) / radiogoniómetro *m* de a bordo || ≃**pfahl** *m* **eines Fangdammes** (Hydr) / pilote *m* de ataguía || ≃**radar** *m n* (Luftf) / radar *m* de a bordo, radar *m* aeroportado o de avión || ≃**radar für die Marine** *m n* (Schiff) / radar *m* naval || ≃**radar** *m n* **für Seezielortung** (Luftf) / radar *m* aire-agua || ≃**rand** *m* (Schiff) / borda *f* || ≃**rechner** *m*, -rechengerät *n* (Kfz, Luftf, Raumf) / ordenador *m* de a bordo || ≃**ring** *m* (Rollenlager) / aro *m* de apoyo || ≃**scheibe** *f* / corona *f* de la polea || ≃**scheinwerfer** *m* (Luftf) / faro *m* de aterizaje || ≃**schicht**, Traufschicht *f* (Dach) / capa *f* de alero || ≃**schwelle** *f*, Schrammbord *m* (Brücke) / bordillo *m* || ≃**seite** *f* (Schiff) / bordo *m* || ≃**sender** *m* / emisor *m* de a bordo || ≃**sprechanlage** *f* / interfono *m* de a bordo, sistema *m* de intercomunicación de a bordo || ≃**stein** *m*, Randstein *m* (Straßb) / piedra *f* de bordillo, encintado *m* || ≃**stein**, Bordziegel *m* (Dach) / ladrillo *m* acodado || ≃**stein** (Keram) / bloque *m* de flotación o de línea de escoria || ≃**steinfühler** *m* (Kfz) / salvabordillo *m* || ≃**steinkamera** *f* (Kfz) / cámara *f* de bordillo || ≃**steinkante** *m*, Bordkante *f* (Straßb) / encintado *m* o borde de la acera, bordillo *m*, solera *f* (CHIL), cintillo *m* (Puerto Rico) || ≃**steinschaden** *m* (Reifen) / avería *f* por choque contra el bordillo || ≃**harter** ≃**steinstoß** (Kfz) / choque *m* contra el bordillo || ≃**treppe** *f*, bordeigene Treppe (Luftf) / escalera *f* de abordo
Bordüre *f* (Tex) / bordura *f*, orla *f*, cenefa *f*
Bordürenband *n* / cinta *f* de bordura
Bord•wand *f* (Schiff) / costada *f*, borda *f* || ≃**wand** (Lkw) / lateral *m*, telero *m* || **hintere** ≃**wand** (Kfz) / trampilla *f* trasera, puerta *f* trasera del camión || ≃**wandhöhe** *f* (Lkw) / altura *f* de la caja de carga || ≃**werkzeuge** *n pl* (Kfz) / herramientas *f pl* de a bordo || ≃**zeit** *f* (Schiff) / tiempo *m* de a bordo || ≃**zentrale** *f* (Schiff) / central *f* eléctrica de a bordo || ≃**ziegel** *m* (Bau) / teja *f* de borde
Bore *f*, Flutbrandung *f* (Wasserwalze) / macareo *m*, pororoca (LA)
boreal (Klima) / boreal
Bor•ethyl *n* (Chem) / boretilo *m* || ≃**faden** *m* (Plast, Verstärkerfaser) / fibra *f* de boro || ≃**faser-Aluminium-Werkstoff** *m* (Hütt) / fibra *f* compuesta de boro y aluminio || ≃**faserkunststoff** *m*, BFK / material *m* plástico de fibra de boro || ≃**fluorid** *n* (Chem) / fluoruro *m* de boro || ≃**fluorwasserstoffsäure** *f* / ácido *m* borofluorhídrico
Borgübertrag *m*, geborgte Zahl (DV, Math) / transporte *m* negativo
bor•haltig (Chem) / bórico || ≃**hydrid** *n* (Chem) / hidruro *m* de boro
Borid, Bormetall *n* / boruro *m*
borieren / tratar al boro || ≃ *n* / boronización *f*
bor•implantiert (Eltronik) / implantado con boro || ≃**ionenkammer** *f* (Nukl) / cámara *f* de ionización con boro, cámara *f* al boro || ≃**karbid** *n* (Chem) / carburo *m* de boro || ≃**karbonwiderstand** *m* (Elektr) / resistencia *f* de borocarbón
Borke *f* (Bot) / corteza *f*
Borken•käfer *m* / bóstrico *m*, escolítido *m*, tipógrafo *m*, barrenillo *m* || ≃**krepp** *m* (Web) / crepón *m* de corteza, givrina *f*
Bormethyl *n* (Chem) / borometilo *m*

Bornan, (früher:) Camphan *n* (Chem) / bornano *m* (ant. canfano,m.)
Borneokampfer, -campher *m*, Borneol *n* / alcanfor *m* de Borneo, borneol *m*
Bornesit *m* (Min) / bornesita *f*
Bornit *m* (Nebenname für Buntkupfererz) (Min) / bornita *f*, erubesita *f*, cobre *m* abigarrado
Bornitrid *n* (Chem) / nitruro *m* de boro
Bornyl *n* (Chem) / bornilo *m*
Boronatroncalzit *m*, Ulexit *m* (Min) / ulexita *f*
Borophosphatglas *n* / vidrio de borofosfato *m*
Borsäure *f* (Chem) / ácido *m* bórico
Borsäure•anhydrid, Bortrioxid *n* / anhídrido *m* bórico || ≃**methylester** *m* / éster *m* del ácido metílico bórico
Bor•silikatglas *n* / vidrio *m* al borosilicato || ≃**silikat-Kronglas** *n* / vidrio *m* crown al borosilicato || ≃**stab** *m* (Nukl) / barra *f* de boro || ≃**stahl** *m* (Hütt) / acero *m* al boro
Borste *f* / cerda *f*, seda *f*
Borsten... / sedeño
borsten•artig, borstig / cerdoso, erizado, setáceo || ≃**förmig** / setiforme || ≃**haar** *n* (Wolle) / lana hirsuta o cerdosa
Bort, Industriediamant *m* (Bergb, Krist) / diamante *m* industrial, bort *m*
Borte *f*, Besatz *m* (Tex) / pasamano *m*, ribete *m*, cabezón *m* || ≃, Litze *f* / trencilla *f* || ≃, Tresse *f* / galón *m* || ≃, Kante *f* (Tapete) / canto *m*
Borten•weber *m* (Tex) / pasamanero *m* || ≃**weberei** *f*, -wirkerei *f* / tejedura *f* de pasamanería
Bor•[tri]fluorid, Fluorbor[on] *n* (Chem) / fluoruro *m* de boro || ≃**wasserstoff** *m*, Boran *n* / borano *m*, hidruro *m* de boro || ≃**wolframsäure** *f* / ácido *m* borovolfrámico
Boryl *n* / borilo *m*
böschen (Bahn, Straßb) / ataludar, taludar, ataluzar
Böschmauer *f*, geböschte Mauer (Bau) / muro *m* en talud
Böschung, [seitliche] Abdachung (z.B. eines Dammes) *f* / talud *m* || ≃ *f*, Abhang *m* (Geol) / pendiente *m*, declive *m* || ≃ **eines Grabens** / escarpado *m* || ≃ **im Abtrag** (Bahn, Straßb) / talud *m* excavado || ≃ **im Auftrag** (Bahn, Straßb) / talud *m* terraplenado || **steile** ≃ / talud *m* de gran inclinación
Böschungs•absatz *m*, Berme *f* (Hydr) / berma *f* || ≃**bagger** *m* (Straßb) / excavadora *f* para taludes || ≃**befestigung**, -verfestigung *f* / estabilización *f* de talud || ≃**brett** *n* / tabla *f* perfiladora para taludes || ≃**bruch** *m* / rotura *f* de talud || ≃**drainage** *f*, -entwässerung *f* (Straßb) / drenaje *m* de talud || ≃**ebene**, -fläche *f* / plano *m* de talud, superficie *f* de talud || ≃**grad** *m*, natürlicher Böschungswinkel / ángulo *m* natural de inclinación || ≃**hobel** *m* / ataluzador *m* || ≃**kegel** *m* / cono *m* de talud || ≃**mauer** *f*, Stützmauer *f* (Bau) / muro *m* de sostenimiento o de apoyo || ≃**pflaster** *n*, Steinverkleidung *f* (Bahn) / pavimentado *m* de revestimiento de un talud || ≃**pflaster** (Seedeich) / pavimentado *m* del plano inclinado || ≃**planierung** *f* (Straßb) / nivelación *f* de taludes || ≃**schraffen** *f pl* (Verm) / rayado *m* de declives || ≃**stabilisierung** *f* (Bahn, Straßb) / estabilización *f* de talud || ≃**waage** *f*, Klinometer *n* (Bergb, Verm) / clinómetro *m* || ≃**winkel** *m* (Bahn) / ángulo *m* de inclinación del talud || **natürlicher** ≃**winkel**, Böschungsgrad *m* / ángulo *m* natural de inclinación
böse Wetter *n pl* (Bergb) / aires *f pl* nocivos
Bose•-Einstein-Kondensat *m* (Phys) / condensado *m* Bose-Einstein || ≃ **[-Einstein]-Statistik** *f* (Phys) / estadística *f* de Bose [-Einstein] || ≃**flüssigkeit** *f* / líquido *m* de Bose
Boson *n* (Nukl) / bosón *m* || ≃**en** *n pl* **der Eichfelder** / partículas *f pl* de graduación
Bossage *f* (Steinmetz), Bossenwerk *n* (Bau) / realzado *m* de piedra
boss[el]ieren, treiben (Metall) / repujar

Bossen *m*, **Bosse** *f* (Bau) / bocel *m* ‖ **mit** ~ **verziert** / realzado
bossieren (Steine) / formar bocel, bocelar, realzar
Bossierhammer, **Fäustel** *m* (Steinmetz, Wz) / gradeador *m*, martillo *m* de picapedrero
böswilliger Anruf (Fernm) / llamada *f* maligna
Botanik *f* / botánica *f*
Botany-Köper *m* (Tex) / sarga *f* Botany
Boten-Ribonukleinsäure *f*, Boten-RNS *f* (Biol, Chem) / ácido *m* ribonucleico mensajero, ARN *m* mensajero, ARN-matriz *m*
Botryolith *m*, Traubaustein *m* (Min) / botryolita *f*
Botrytispilz *m* (Botrytis cinerea) (Bot) / botritis *f*
Böttcher, Fassbinder *m* / tonelero *m*, barrilero *m*, cubero *m*
Böttcherei *f* (Werkstatt) / taller *m* de tonelero, tonelería *f*
Böttcherhandwerk *n* / artesanía *f* tonelera
Böttger•sche Probe (Zuck) / prueba *f* de Boettger ‖ ~**sches [Alkannin-]Reagenzpapier** (Chem) / papel *m* de Boettger
Bottich *m* / cuba *f*, tina *f* ‖ **in** ~**e gießen od. füllen** / encubar ‖ ~**gärung** *f* (Brau) / fermentación *f* en cuba
Bottomonium *n* (ein Elementarteilchen) (Nukl) / botomonio
Bottom-up... (DV) / de abajo hacia arriba, ascendente
Bottom-Up-Ansatz *m* (vom Einfachen zum Komplexen) / planteamiento *m* "bottom-up"
Bottoniumsystem *n* / sistema *m* de botonio
Botulin *n* (Pharm) / botulina *f*
Botulismus *m* (Med) / botulismo *m*
boucherisieren *vt* (ein Holzschutz) / boucherizar
Bouclé *n*, -zwirn *m* (Tex) / hilo *m* de pelos, bouclé *m*
Boudinage *f* (Geol) / boudinaje *m*
Bougierohr *n* (Kfz) / tubo *m* flexible
Bougram, Buckram *m* (Druck) / bougram *m*
Bouguer-Lambertsches Gesetz (Opt) / ley de absorción de Bouguer-Lambert
Bouillon *f*, Nährbrühe *f* (Bakt) / solución *f* fértil o nutritiva
Boulangerit *m*, Antimonbleiblende *f* (Min) / boulangerita *f*
Boulevard *m*, Pracht-, Ringstraße *f* / bulevar *m*, avenida *f*, paseo *m*
Bounce-light *n*, Pingpongblitz *m* (Foto) / luz *f* reflejada
Boundary-Element-Methode *f*, BEM (Nukl) / método *m* de elemento limitado
Bourdon•druckmesser *m*, -manometer *n* (Mess) / manómetro *m* de Bourdon ‖ ~**feder** *f*, Bourdonsche Röhre, Bourdonrohr *n* / tubo *m* Bourdon
Bourette[seide], Abfallseide *f* (Tex) / borra *f*, desperdicios *m pl* de seda
Bourgogne-Brühe *f* (Landw) / caldo *m* de Borgoña
Bournonit *m* (Min) / bournonita *f*
Bowden•betätigung *f*, Bowdenzug *m* (Fahrrad, Motorrad) / control *m* [de] Bowden, tracción *f* Bowden ‖ ~**spirale** *f* / espiral *f* de Bowden ‖ ~**zug** *m* / cable *m* [de] Bowden, transmisión *f* Bowden
Bowscher Kräfteplan (Mech) / polígono *m* de fuerzas recíprocas
Box *f*, Behälter *m* (allg) / caja *f* ‖ ~ (Bau) / cajón *m* ‖ ~, Einzelgarage *f* (Kfz) / box *m*, compartimiento *m* ‖ ~ *f*, Gitterbehälter *m* / depósito *m* con pared de rejilla ‖ ~**calf[leder]** *n*, Boxkalbleder *n* / cabritilla *f*, boxcalf *m*
Boxenstopp *m* (Formel I) / parada *f* técnica, parada *f* en boxes
Boxer•motor *m* (Kfz) / motor *m* de cilindros antagónicos u opuestos ‖ **2-Zyl.-**, [4-Zyl.-] ~**motor** / motor *m* de dos, [cuatro] cilindros antagónicos o opuestos
Boxpalette *f* (Förd) / paleta-caja *f*
Boyle-Mariottesches Gesetz *n* (Phys) / ley *f* de Boyle-Mariotte
B.P. = Britische Pharmakopoe
BPA, Paraffinausscheidungspunkt *m* (Chem, Öl) / punto *m* de opacidad

BPH = Bitumen-Holzfaserplatte
bpi (Magn.Bd) = Bits per Zoll
BPol., B.Pol (Bau) = Baupolizei ‖ ~, B.Pol (Bergb) = Bergpolizei
B-Position *f* (Fernm) / posición *f* B, posición *f* de entrada o llegada
bps (DV) = Bits pro Sekunde
BPZ = bestätigte Prüfberichtzusammenfassung
Bq, Becquerel *n* / becquerel *m*
br (Fernm) = braun / pardo
brach (Landw) / barbecho, no labrado, no cultivado
Brache *f*, Brachacker *m*, -feld *n* / barbecho *m*
brachen *vt* (Landw) / barbechar, yermar
brach•liegend (z.B. Industrieanlagen) / [en estado] improductivo ‖ ~**pflügen** / arar el barbecho
Brachy•achse *f* (Krist) / eje *m* braqui ‖ ~**antiklinale** *f* / braquianticlinal *m* ‖ ~**synklinale** *f* / braquisinclinal *m*
Brachzeit *f* (F.Org) / tiempo *m* muerto, tiempo *m* improductivo ‖ **störungsbedingte** ~ (F.Org) / tiempo *m* de paro forzado
Bracke *f* (Förderer) / placa *f* lateral
Brackettlinien *f pl*, -Serie *f* (Chem) / series *f pl* de Brackett
brackig, halbsalzig / salobre, salobreño, salado
Brackwasser *n* / agua *f* salobre
Bradel-Einband *m* (Druck) / encuadernación *f* [de] Bradel
Bradford•-Spinnverfahren *n* (Tex) / hilatura *f* sistema Bradford ‖ ~-**Streckverfahren** *n* / estirado *m* [con gillbox] Bradford
Bragg-Beugung *f* (Opt) / difracción *f* de Bragg
Bragg•-Grayscher Hohlraum *m* (Atom, Nukl) / cavidad *f* de Bragg-Gray ‖ ~**sche** *f* [**Drehkristall-**]**Methode** / método *m* de [cristal rotatorio de] Bragg ‖ ~**sche Gleichung** *f* (Opt, Radiol) / ecuación *f* de Bragg, ley *f* de Bragg ‖ ~**sche Goniometermethode** *f* (Radiol) / método *m* goniométrico de Bragg ‖ ~**sche Kurve** *f* (Nukl) / curva *f* de Bragg ‖ ~**sche Regel** *f* (Nukl) / regla *f* de Bragg ‖ ~**sche Streuung** *f* / dispersión *f* de Bragg ‖ ~**scher Winkel** *m* (Nukl, Opt) / ángulo *m* de Bragg ‖ ~**stellung** *f* (Krist) / posición *f* de Bragg ‖ ~**-Zelle** *f* (Phys) / modulador *m* de luz de Bragg
Brail *n*, Schwimmer *m* (Fischnetz) / boyarín *m*
Brailleschrift, Blindenschrift *f* / escritura *f* Braille
Brailtau *n* (Schiff) / cuerda *f* del boyarín
Brain Center *n* (Forschung) / centro *m* pensante ‖ ~ **Drain** *m* / evasión *f* de cerebros
Brainstorming *n* / brainstorming *m*, torbellino *m* de ideas
Brak *m* (Ton) / arcilla *f* [sin moldear]
Bramme *f* (Hütt) / desbaste *m* plano
Brammen•block *m*, Rohbramme *f* / lingote *m* para desbastes, petaca *f* ‖ ~**blockstraße** *f* (Hütt) / tren *m* para lingotes de desbaste, tren de blooming y slabbing ‖ ~**drehkreuz** *n*, Brammendrehkreuzwender *m* (Walzw) / dispositivo *m* para dar vuelta a los desbastes planos ‖ ~**greifer** *m*, -greifzange *f* (Hütt, Wz) / garra *f* para desbastes ‖ ~**kaliber** *n* / calibre *m* de desbastes, entrada *f* de desbastes, paso de desbastes ‖ ~**presse** *f* **zur Kantenbegrenzung** (Walzw) / prensa *f* canteadora ‖ ~**schere** *f* (Hütt, Wz) / tijera *f* para desbastes planos ‖ ~**strangießanlage** *f* (Walzw) / instalación *f* de colada continua para desbastes ‖ ~**[tief]ofen** *m* (Hütt) / horno *m* [de foso] para desbastes planos ‖ ~**walzwerk** *n*, -straße *f* / tren *m* de laminar desbastes planos ‖ ~**wärmeofen** *m* / horno *m* para recalentar desbastes planos ‖ ~**wender** *m*, Brammenwendevorrichtung *f* / volteador *m* de desbastes o tochos ‖ ~**zange** *f* / tenazas *f pl* para desbastes planos
branchen•fremd / ajeno al ramo ‖ ~**kundig** / conocedor del ramo, ser experto del ramo ‖ ~**orientiert** / orientado según ramos ‖ ~**schlüssel** *m* (DV) / clave *f* industrial ‖ ~**üblich** / usual en el ramo ‖ ~**verzeichnis** *n*, Gelbe Seiten *f pl* (Fernm) / páginas *f pl* amarillas

Branch-Highway *m* (DV) / interconexión *f* de ramos
Brand *m*, Feuersbrunst *f* / incendio *m*, fuego *m* ‖ ⁓, [Ver]brennen *n* / combustión *f*, quema ‖ ⁓, Zeichen *n* (Holz, Landw) / marca *f* de hierro candente ‖ ⁓, Brennen *n* (Keram) / cochura *f* ‖ ⁓, Satz *m*, Schicht *f* (Keram) / lote *m*, hornada *f* ‖ ⁓ (Befall durch Ustilago) (Getreide) / tizón *m*, carbón *m* ‖ ⁓ (Befall mit Tilletsia), Stein-, Stink-, Schmierbrand *m* (Getreidekrankheit) / añublo *m*, niebla *f* (enfermedad de cereales producida por el tizón o la roya) ‖ ⁓, Mehltau *m* (Bot) / mildiú *m*, mildeu *m* ‖ ⁓ *m*, Mutterkorn, Secale cornutum *n*, (Befall mit Claviceps purpurea) (Landw) / cornezuelo *m* del centeno ‖ ⁓... / incendiario, en caso de incendio ‖ **gedeckter [nackter]** ⁓ (Getreide) / carbón *m* cubierto o vestido, [desnudo o volante] ‖ **in** ⁓ **setzen** / encender, prender fuego a ‖ **offener** ⁓ (Bergb) / incendio *m* abierto ‖ **vom** ⁓ **befallen**, brandig (Landw) / atizonado, añublado ‖ ⁓**abschnitt** *m* (Bau) / sección cortafuegos ‖ ⁓**ausbreitung** *f* / propagación *f* del incendio ‖ ⁓**bekämpfung** *f* / lucha *f* contra incendios ‖ ⁓**belastung** *f*, -last *f* / carga *f* de incendio ‖ ⁓**belastung** (Versuch) / carga *f* calorífica ‖ ⁓**belüftung** *f* (Tunnel) / ventilación *f* de emergencia ‖ ⁓**bombe** *f* (Mil) / bomba *f* incendiaria ‖ ⁓**damm** *m* (Bergb) / muro *m* [de cierre] contra incendios ‖ ⁓**eisen** *n*, -stempel *m*, Brenneisen *n*, -stempel *m* (Holz, Landw) / hierro *m* de marcar ‖ ⁓**feld** *n* (Bergb) / zona *f* de incendio ‖ ⁓**fleck** *m* (Keram) / quemadura *f* ‖ ⁓**gase** *n pl* / gases *m pl* del incendio ‖ ⁓**gasse** *f* / brecha *f* cortafuegos ‖ ⁓**gefahr** *f*, Feuer[s]gefahr *f* / peligro *m* de inflamación, peligro *m* de incendio ‖ ⁓**geruch** *m* / olor *m* a quemado o a chamusquina ‖ ⁓**herd** *m* / foco *m* del incendio
brandig (Getreide) / tizonado ‖ ~, stockig (Holz) / atizonado
Brand • kennziffer *f* (Bergb) / índice *m* del incendio ‖ ⁓**klasse** *f* (Feuerwehr) / categoría *f* de inflamación, tipo *m* de incendio ‖ ⁓**last-Dichte** *f* (Versuch) / densidad *f* de la carga calorífica ‖ ⁓**malerei** *f* / pirograbado *m* ‖ ⁓**marke** *f* (Holz, Landw) / marca *f* de hierro candente ‖ **mit einer** ⁓**marke versehen** / marcar con hierro candente ‖ ⁓**mauer**, -**wand** *f* (durch alle Stockwerke gehend) (Bau) / muro *m* cortafuego[s], pared *m* cortafuego[s], tabique *m* cortafuego[s], arrimo *m* ‖ ⁓**meister** *m* (F'wehr) / jefe *m* de brigada de bomberos ‖ ⁓**meldeeinrichtung** *f* / instalación *f* avisadora de incendio ‖ ⁓**meldegeber** *m* / detector *m* indicador de incendio ‖ ⁓**melder** (Österreich), Feuermelder *m* (Dtschld) / avisador *m* de incendios ‖ ⁓**meldezentrale** *f* / sistema *m* central avisador de incendios ‖ ⁓**meldung** *f*, Feuermeldung *f* / alarma *m* de incendio ‖ ⁓**pilze** *m pl* (Bot, Landw) / ustilaginales *m pl* ‖ ~**raumabschließende Wirkung** (Bau) / efecto *m* aislador de fuego ‖ ⁓**riss** *m* (Hütt) / grieta *f* debida a calentamiento brusco o al sobrecalentamiento ‖ ⁓**riss** (Keram) / grieta *f* por choque térmica ‖ ~**rissig werden** (Stahl) / agrietarse [por calentamiento brusco] ‖ ⁓**rodung** *f* (Forstw) / roce *m* con fuego ‖ ⁓**satz** *m*, -masse *f* / compuesto *m* incendiario ‖ ⁓**schaden** *m* / daño *m* [causado] por incendio ‖ ⁓**schiefer** *m* (Geol) / esquisto *m* carbonoso, esquisto *m* bituminoso ‖ ⁓**schott** *n* (Schiff) / mamparo *m* cortafuegos o ignífugo ‖ ⁓**schutz** *m* (allg) / defensa *f* contra incendios, protección *f* contra incendios, prevención *f* de incendios ‖ ⁓**schutz** (Bau) / barrera *f* contra fuego ‖ ⁓**schutzglas** *n* / vidrio *m* cortaincendios ‖ ⁓**schutz-Sicherheitssystem** *n* / sistema *m* de seguridad anti-incendio ‖ ⁓**schutzstreifen** *m*, Brandschneise *f* (Forstw) / brecha *f* cortafuegos ‖ ⁓**schutztür** *f* (Bau) / puerta *f* cortafuegos ‖ ⁓**schwaden** *m* / humos *m pl* del incendio, humareda *f* ‖ ⁓**-Sicherheitspfeiler** *m* (Bergb) / pilar *m* de seguridad contra fuego ‖ ⁓**silber** *n* (Hütt) / plata *f* refinada ‖ ⁓**sohle** *f* (Schuh) / palmilla *f*, plantilla *f* ‖

⁓**sohlleder** *n*, Vacheleder *n* / cuero *m* para plantillas ‖ ⁓**spore** *f* (Landw) / espora *f* de tizón ‖ ⁓**stelle** *f*, -stätte *f* (Feuerwehr) / lugar *m* del incendio ‖ ⁓**stelle** (Keram) / quemadura *f* ‖ ⁓**stoff** *m* / sustancia *f* incendiaria
Brandtsche Weiche *f* (Elektr) / filtro *m* separador de Brandt
Brandung *f* (Ozean) / rompiente *m*, resaca *f*, embate *m*
Brandungs • dämpfer *m* / atenuador *m* de oleaje ‖ ⁓**linie** *f* / contorno *m* de la costa ‖ ⁓**welle** *f* / golpe *m* de mar, embate *m*, chachón *m*
Brand • verfahren, Feuerlöschverfahren *n* (Feuerwehr) / técnica *f* de extinción, procedimiento *m* de extinción ‖ ⁓**verhalten** *n* / comportamiento *m* en fuego ‖ ⁓**verhinderungssystem** *n* (Kfz) (autom. Kraftstoffabschaltung n. Kollisionen) (Kfz) / FPS (= Fire Prevention System), sistema *m* de prevención de incendio[s] ‖ ⁓**verhütung** *f* (Feuerwehr) / prevención *f* de incendio ‖ ⁓**versuch** *m* / ensayo *m* del comportamiento en fuego ‖ ⁓**wache** *f*, Feuerwache *f* / estación *f* de bomberos ‖ ⁓**wache** (Bergb) / inspección *f* protectora contra incendios ‖ ⁓**wetter** *f pl* (Bergb) / aires *m pl* del incendio
Brannerit *n* (Uranerz) (Min) / brannerita *f*
Brannt • hefe *f* (Brau) / levadura *f* consumida ‖ ⁓**kalk** *m*, Ätzkalk *m* (Bau, Chem) / cal *f* viva ‖ ⁓**wein** *m* / aguardiente *m* ‖ ⁓**wein aus Wein** / brandy *m* ‖ ⁓**weinbrenner**, Destillateur *m* / destilero *m* ‖ ⁓**weinbrennerei** *f* / destilería *f*
Brasilein *n* (Farbstoff) / bresileína *f*, brasileína *f*
Brasilettoholz *n* / madera *f* brasilete, brasilete *m*
Brasilholz *n*, Pernambuc[holz] *n* / palo *m* brasil
Brasilin *n* (Färb) / brasilina *f*
Brasil • kiefer *f*, Araucaria angustifolia (Bot) / abeto *m* de Brasil ‖ ⁓**nuss** *f*, -kastanie *f* / nuez *f* de Brasil
brauchbar, geeignet / útil, utilizable, aprovechable, servible
Brauchbarkeit *f* / utilidad *f*, servibilidad *f*
Brauchbarkeitsdauer *f* / duración *f* de utilidad
Brauchwasser *n* (Dusche, WC) / agua *f* sanitaria ‖ ⁓, (jetzt:) Betriebswasser *n* / agua *f* de servicio, agua *f* [de uso] industrial
brauen *vt* / fabricar cerveza
Brauerei *f*, Bierbrauerei *f*, Brauhaus *n* / fábrica *f* de cerveza, cervecería *f* ‖ ⁓**abfälle** *m pl* / residuos *m pl* de la fabricación de cerveza ‖ ⁓**bedarf** *m* / artículos *m pl* de cervecería, enseres *m pl* de cervecería ‖ ⁓**maschine** *f* / máquina *f* cervecera
Brau • [erei]wesen *n*, Braugewerbe *n* / industria *f* cervecera o de cervecería ‖ ⁓**gerste** *f* / cebada *f* para cerveza ‖ ⁓**kessel** *m*, -pfanne *f* / caldera *f* cervecera ‖ ⁓**malz** *n* / malta *f* de cervecería ‖ ⁓**meister** *m* / maestro *m* cervecero ‖ ⁓**methode** *f*, -verfahren *n* / método *m* de producción o de fabricación de cerveza
braun / pardo, marrón, castaño, moreno ‖ ~**er Bodensatz** (im Trafo) / sedimentación *f* parda ‖ ~**er Glaskopf** s. Brauneisen ‖ ~**er Holzstoff** (Pap) / pasta *f* mecánica parda ‖ ~**er Rauch** (Hütt) / humo *m* pardo ‖ ~**es Steingut** (Keram) / loza *f* parda ‖ ~**e Ware** (Haushalt, z.B. Nähmaschinen) / mercancía *f* parda ‖ ~**e Ware** (Unterhaltungselektronik) (Eltronik) / equipo *m* de entretenimiento, línea *f* marrón ‖ ~**e Wickelpappe** / cartón *m* pardo a la enrolladora ‖ ~**er Zucker** / azúcar *m* moreno ‖ **eine** ~**e Farbe haben**, braun sein / pardear *vi* ‖ **sich** ~ **färben** / ponerse pardo ‖ **ins** ~**e gehen** / inclinarse al pardo ‖ ~**algen** *f pl*, Phaeophyzeen *f pl* (Bot) / algas *f pl* pardas, feofíceas *f pl*, feofitas *f pl* (RAL 1011) / beige pardo ‖ ⁓**bleierz** *n*, Pyromorphit *m* (Min) / piromorfita *f*
"braune Ware" (Unterhaltungselektronik) / línea *f* marrón
Braun • eisen *n*, Brauneisenstein *m*, Brauneisenerz *n*, Limonit *m* (Min) / limonita *f*, hematita *f* [parda] ‖ ⁓**eisenocker** *m* (Farbstoff), erdiger Brauneisenocker

/ óxido *m* de hierro ferroso ‖ ⁓**eisenoolith** *m* / hierro *m* pardo oolítico
bräunen *vt*, braun färben / pavonar ‖ ~ (Messing) / bruñir latón ‖ ~ *v* (Zuck) / caramelizar *v*
Braunerde *f* / terreno *m* pardo, tierra *f* morena
brauner [Farin]**zucker** / azúcar terciado
Braun•färbung *f* (Chem) / colorido *m* pardo, coloración *f* parda ‖ ⁓**fäule** *f* (Landw) / pudrición *f* parda ‖ ⁓**fleckigkeit** *f* der **Tomate**, Krautfäule *f* / cladoscopiosis *f* del tomate ‖ ~**gelb**, gelblichbraun / pardo amarillento ‖ ⁓**glas** *m* (Flaschen) / vidrio *m* ambarino ‖ ⁓**holzpapier** *n* / papel *m* cuero, papel *m* de pasta mecánica parda ‖ ⁓**holzpappe**, Braunschliffpappe *f* / cartón *m* cuero, cartón *m* de pasta mecánica parda
Braunit *m*, Hartbraunstein *m* (Min) / braunita *f*
Braunkohle *f* (Bergb) / lignito *m* ‖ ⁓ **führend** / lignitífero ‖ **erdige (o. mulmige)** ⁓ / lignito *m* terroso ‖ ⁓**formation** *f* / formación *f* lignitífera
Braunkohlen•aufbereitungsanlage *f* / instalación *f* para la preparación de lignito ‖ ⁓**bagger** *m* / excavadora *f* para lignito ‖ ⁓**bergbau** *m* / explotación *f* de lignito ‖ ⁓**brikett** *n* / briqueta *f* de lignito ‖ ⁓**gas** *n* / gas *m* de lignito ‖ ⁓**gebiet** *n* / cuenca *f* de lignito ‖ ⁓**grube** *f*, Braunkohlenbergwerk *n* / mina *f* de lignito ‖ ⁓**-Hochtemperaturkoks** *m*, BHT-Koks *m* / coque *m* de lignito de altas temperaturas ‖ ⁓**kraftwerk** *n* / central *f* termoeléctrica a base de lignito ‖ ⁓**sandstein**, -quarzit *m* (Min) / cuarcita *f* de lignito ‖ ⁓**schwellkoks** *m* / coque *m* de lignito de carbonización lenta ‖ ⁓**schwelung** *f* / carbonización *f* [lenta] de lignito ‖ ⁓**staub** *m* / polvo *m* de lignito ‖ ⁓**tagebau** *m* / explotación *f* de lignito al aire libre o a cielo abierto ‖ ⁓**teer** *m* (Chem) / alquitrán *m* de lignito ‖ ⁓**vorkommen** *n*, -lagerstätte *f* / yacimiento *m* de lignito
bräunlich / parduzco ‖ ~ **rot**, -gelb / pardo rojizo
Braun•ocker *m* (Farbe) / ocre *m* pardo ‖ ~**oliv** (RAL 6022) / pardo oliva ‖ ⁓**pappe** *f* / cartón *m* pardo ‖ ⁓**pause** *f* (Zeichn) / copia *f* parda ‖ ⁓**pulvereffekt** *m* (auf Kontakten) (Elektr) / efecto *m* de polvo pardo ‖ ⁓**rost** (Landw) / orín *m* pardo ‖ ⁓**rost des Weizens**, Puccinia triticina / roya *f* parda del trigo ‖ ~**rot**, ziegelrot / rojo ladrillo
Braunsche Röhre *f* (Eltronik) / tubo *m* de Braun
Braun•schliff *m*, Holzschliff *m* (Pap) / pasta *f* mecánica parda ‖ ~**schwarz** / pardo negruzco ‖ ⁓**spat** *m*, Ankerit *m* (Min) / dolomita *f* ferruginosa, espato *m* pardo, ankerita *f* ‖ ⁓**stein** *m*, Mangandioxid *n*, Pyrolusit *n* (Min) / pirolusita *f*, bióxido *m* de manganeso ‖ ⁓**steinelement**, Leclanché-, Salmiakelement *n* (Elektr) / pila *f* de Leclanché ‖ ~**steinhaltig** (Min) / con contenido de pirolusita ‖ ⁓**tran** *m* (Gerb) / aceite *m* de pescado pardo
Bräunung *f* (Nahr) / empardecimiento *m* [enzimático]
braunviolett / marrón violeta, marrón violáceo
Braupfanne *f*, -kessel *m* / caldera *f* de cocción
Brause *f*, Dusche *f* (Sanitär) / ducha *f* ‖ **rohrförmige** ⁓ (Landw) / tubo *m* perforado, regadera *f* tubular ‖ ⁓**düse** *f* (Sanitär) / boquilla *f* de toberas múltiples ‖ ⁓**garnitur** *f* (Bau) / juego *m* de ducha ‖ ⁓**kopf** *m*, Brause *f* / pulverizador *m* de la ducha, roseta *f* [de la ducha] ‖ ⁓**kopf** (Kunstseide, Tex) / tobera *f* de pulverización
brausend (Chem) / efervescente
Brause•sieb *n* (Bergb) / criba *f* de riego ‖ ⁓**wanne** *f* (Sanitär) / polibán *m*, plato *m* de la ducha
Brau•technik *f* / técnica *f* cervecera ‖ ⁓**wasser** *n* (Brau) / agua *f* para cerveza ‖ ⁓**wert** *m* (Gerste) / valor *m* de fermentación ‖ ⁓**wesen** *n* / industria *f* cervecera ‖ ⁓**wissenschaft** *f* / ciencia *f* de cervecería
Bravais-Gitter *n* (Krist) / reja *f* de Bravais
Bravoit *m* (Min) / nicopirita *f*, pentlandita *f*
Brazilit *m* (Min) / baddeleyita *f*

Break *m* *n*, Kombi[wagen] *m* (Kfz) / break *m*
Breccie *f* (Geol) / brecha *f*
Breccien•achat *m* (Min) / ágata *f* de brecha ‖ ⁓**schlot** *m* (Geol) / brecha *f* tubular ‖ ⁓**zone** (Geol) / zona *f* brechosa
Brech•anlage *f* (Aufb) / instalación *f* de machaqueo, instalación *f* de trituración, instalación *f* quebrantadora ‖ ⁓**backe** *f* / mandíbula *f* quebrantadora
brechbar / rompible, frágil ‖ ~ (Aufb) / quebrantable ‖ ~ (Strahlen) / refrangible
Brechbarkeit *f* (Aufb) / quebrantabilidad *f*, triturabilidad *f* ‖ ⁓ (Opt, Phys) / refrangibilidad *f*
Brech•berge *m* *pl* (Bergb) / escombros *m* *pl* triturados ‖ ⁓**bohrer** *m* (Bergb) / barrena *f* rompedora ‖ ⁓**eisen** *n*, -stange *f* (Wz) / pata *f* de cabra, pie *m* de cabra o de buey, alzaprima *f*
Brecheisen *n* **für Steinbrüche** / palanca *f*, palanqueta *f*, barreta *f*
brechen *vt* / romper, quebrar, fracturar ‖ ~, in Stücke zerbrechen / hacer pedazos ‖ ~, durch den Brecher schicken, zerkleinern (Aufb) / triturar, machacar, quebrantar, desmenuzar ‖ ~, gewinnen (Bergb) / arrancar ‖ ~ (Flachs, Hanf) (Landw) / tascar, agramar, espadar ‖ ~ (Phys) / refractar ‖ ~, falten (Pap) / plegar ‖ ~ *vi*, zu Bruch gehen / romperse, quebrarse, hacerse pedazos ‖ **die Spalten** ~ (Druck) / ajustar las columnas ‖ **eine Emulsion** ~ (Chem) / separar una emulsión ‖ **fein** ~ (Bergb) / triturar ‖ **Kanten** ~ / achaflanar cantos ‖ **Malz** ~ (Brau) / triturar malta ‖ **Schotter** ~ / triturar grava ‖ **sich** ~, gebrochen werden (Strahlen) / refractarse ‖ **Steine** ~ / quebrantar piedras, machacar piedras ‖ **Zellulose** ~ / desmedular celulosa ‖ ⁓ *n*, Zerbrechen *n* / rompimiento *m* ‖ ⁓, Bruch *m* / rotura *f* ‖ ⁓, Mahlen *n* / trituración *f*, machacamiento *m* ‖ ⁓, Zerbrechen *n*, Zerkleinern *n* (Aufb) / quebrantadura *f*, quebrantamiento *m* ‖ ⁓ **von Emulsionen** (Chem) / desemulsión *f*
brechend, licht-, strahlenbrechend (Phys) / refractivo, refringente
Brecher *m*, Brechwerk *n* (Aufb) / desmenuzadora *f*, machacador *m*, triturador *m*, quebrador *m*, machacadora *f*, quebrantadora *f*, trituradora *f* ‖ ⁓ (auf hoher See) (Ozean) / golpe *m* de mar ‖ ~, Brandungswelle *f* / rompiente *m*, ola *f* rompiente ‖ ⁓**backe** *f*, -platte *f* (Aufb) / mandíbula *f* trituradora ‖ ⁓**körper** *m* / cono *m* del triturador ‖ ⁓**kugel** *f* / bola *f* del triturador ‖ ⁓**mantel** *m* / caja *f* del quebrantador ‖ ⁓**maul** *n* / boca *f* del machacador ‖ ⁓**schwinge** *f* / barra *f* oscilante ‖ ⁓**trommel** *f*, Brechtrommel *f* / tambor *m* triturador
Brech•flüssigkeit *f* / líquido *m* para quebrantar ‖ ⁓**gut** *n* / material *m* a triturar ‖ ⁓**gut**, gebrochenes Gut / material *m* triturado ‖ ⁓**hammer** *m* / martillo *m* picador ‖ ⁓**kegel** *m* / cono *m* quebrantador ‖ ⁓**kies** *m* (Bau) / grava *f* de cantera ‖ ⁓**kohle** *f* (Bergb) / carbón *m* menudo ‖ ⁓**koks** *m* / coque *m* triturado o menudo ‖ ⁓**koks II** / coque *m* ovoide ‖ ⁓**kopf** *m* (ein Scherglied) (Wzm) / cabeza *f* de cizallamiento ‖ ⁓**kraft** *f* (Opt) / capacidad *f* refractaria, poder *m* refringente ‖ ⁓**kraft** *f* **[in Dioptrien]** / potencia *f* de lentes ‖ ⁓**maschine** *f* (Wolle) / batidor *m* ‖ ⁓**maschine** (Flachs) / máquina *f* para agramar, agramadora *f*, rompedora *f* ‖ ⁓**maschine** (Tex) / rompedora *f*, agramadora *f*, trituradora *f* ‖ ⁓**nuss** *f* (Pharm) / nuez *f* vómica ‖ ⁓**platte**, Abscherplatte *f* (Wzm) / placa *f* de seguridad contra sobrecarga, placa *f* de cizallamiento ‖ ⁓**probe** *f*, Bruchprobe *f* (Mat.Prüf) / ensayo *m* de rotura ‖ ⁓**punkt**, Gefällwechsel *m* (Straßb, Verm) / cambio *m* de gradiente o de rasante ‖ ⁓**punkt** *m* (Opt) / punto *m* de refracción ‖ ⁓**punkt** (Plast) / punto *m* de fragilidad ‖ ⁓**punkt nach Fraaß** (DIN 52012) (Bitumen) / punto *m* de rotura de Fraaß ‖ ⁓**ring** *m* (Aufb) / anillo *m* triturador ‖ ⁓**rost** *m* (Aufb) / parrilla *f*

moledora ‖ ⁓**rumpf** m / tronco m del quebrantador cónico ‖ ⁓**sand** m (Bau) / arenilla f ‖ ⁓**schnecke** f (Aufb) / trituradora f de husillo en espiral ‖ ⁓**schotter** m (Bahn) / grava f triturada ‖ ⁓**schwinge** f (Spinn) / balancín m ‖ ⁓**span** m (Wzm) / viruta f quebrada o de aguja ‖ ⁓**stange** f s. Brecheisen ‖ ⁓**topf** m, Bruchglied n / caja f de seguridad, caja f de cizallamiento
Brechung f **der Lichtstrahlen** / refracción f de los rayos de luz, refractado m
Brechungs•abweichung f / aberración f de refracción ‖ ⁓**achse** f / eje m de refracción ‖ ⁓**ebene** f (Opt) / plano m de refracción ‖ ⁓**fuge** f, Bruchfuge f (Bau) / junta f de rotura ‖ ⁓**gesetz** n (Opt) / ley f de la refracción ‖ ⁓**gradient** m (Opt) / gradiente m de refracción ‖ ⁓**koeffizient**, -exponent, -index m, -zahl f (Opt) / índice m de refracción ‖ ⁓**lehre** f (Opt) / dióptrica f ‖ ⁓**prisma** f / prisma m de refracción, refractor m ‖ ⁓**quotient** m, -verhältnis n / coeficiente f de refracción relativa ‖ ⁓**verlust** m / pérdida f por refracción ‖ ⁓**vermögen** n, Brechkraft f / poder m de refracción, refrangibilidad f ‖ ⁓**winkel** m (Phys) / ángulo m de refracción ‖ ⁓**winkel** f / ángulo m crítico de refracción
Brech•walze, Reißwalze f (Spinn) / cilindro m de puntas ‖ ⁓**walze** f (Aufb) / cilindro m triturador, cilindro m machacador ‖ ⁓**walze** (Flachs) / cilindro m para agramar ‖ ⁓**walzwerk** n, Walzenbrecher m (Aufb) / trituradora f de cilindros ‖ ⁓**weinstein** m (Färb, Med) / tártaro m emético ‖ ⁓**werk** n s. Brecher ‖ ⁓**wert** m (in Dioptrien) (Linse, Opt) / poder m refringente ‖ ⁓**wert**, Brennweite f (Lupe) / focal f, distancia f focal ‖ ⁓**wert**, Brechkraft f (Windschutzscheibe) / índice m de distorsión ‖ ⁓**zahl** f (Opt) / índice m de refracción ‖ ⁓**zahlmesser** m, Refraktometer m (Phys) / refractómetro m
B-Register n (DV) / registro m b o de base
Bréguetspirale f (Uhr) / resorte m de Bréguet
Brei m, breiartige Masse / pasta f, masa f pastosa, puré m ‖ ⁓, dünnflüssiger Schlamm / lodo m fluido ‖ ⁓, Pulp m, Holzstoff m (Pap) / pulpa f ‖ ⁓ (Keram) / pasta f ‖ ⁓ (durch Auspressen gewonnen) (Rohrzucker) / magma m ‖ ~**artig**, breiig / pastoso
Breiigkeit f / pastosidad f
Brei•kutsche f (Zuck) / vagón m para la masa cocida ‖ ⁓**mühle** f (Pap) / molino m de pulpa
breit, weit / ancho, amplio, espacioso ‖ ~ (Buchstaben) / ancho, de ojo ancho, extendido, extenso (CU) / abierto (MEJ) ‖ ~, voll (Schiffsbug) / redondo ‖ ~ (I-Träger) / de alas anchas ‖ ~ **arbeitend** (Färb) / de acción al ancho ‖ ~ **auffahren** (Bergh) / explotar por ensanchamiento ‖ ~**er I-Träger**, Breitflanschträger m / viga f en I de alas anchas ‖ ~**er machen** / ensanchar ‖ ~ **säen** (Landw) / sembrar a voleo ‖ ~**e Seite**, Breitseite f (Schiff) / andanada f ‖ ~**e Seite**, kritische Abmessung (Wellenleiter) / dimensión f ancha ‖ ~**es Strahlenbündel**, breiter Strahl m (Opt) / haz m ancho ‖ ~**er** (o. weiter) **werden** / expandir lateralmente ‖ **oben** ~ **als unten** (Buchstabe) / con cabeza más gruesa que el pie
Breit⁓... (Tex) / ancho ‖ ⁓**ausführung** f / ejecucción f ancha
Breitbahn f (nach der Faserung) (Pap) / formato m oblongo, fibras f pl a lo ancho ‖ ⁓ (Abmessung) (Pap) / banda f ancha
Breitband n (Eltronik) / banda f ancha o extensa ‖ ⁓, Breitbandstahl m (Walzw) / fleje m ancho, banda f ancha ‖ ⁓**antenne** f / antena f de banda ancha, antena f omnionda o de toda onda ‖ ⁓**düse** f, Breitschlitzdüse f (Plast) / boquilla f de ranura ancha ‖ ⁓**empfang** m (Radio) / recepción f de banda ancha
breitbandige Nachrichtenübertragung / comunicación f por banda ancha
Breitband•kabel, Fernsehkabel n / cable m de banda ancha, cable m de televisión ‖ **kontinuierliche** ⁓-**Lackierung** (Hütt) / barnizado m continuo de fleje ancho ‖ ⁓**lärm** m (Luftf) / ruido m de banda ancha ‖ ⁓**meterware** f (Tex) / material m por metro ‖ ⁓**mikrophon** n / micrófono f de banda ancha ‖ ⁓**netz** n (Fernm) / RBE (= red de banda extensa) ‖ ⁓**oszilloskop** m (Eltronik) / osciloscopio m de banda ancha ‖ ⁓**photometrie** f (Astr) / fotometría f de banda ancha ‖ ⁓**schelle** f **für Schläuche** / abrazadera f ancha (para tubos flexibles) ‖ ⁓**schleifmaschine** f (Holz) / lijadora f de banda ancha ‖ ⁓**speisung** f (Eltronik) / alimentación f de banda ancha ‖ ⁓-**Stören** n, -Rauschen n (Eltronik) / ruido m eléctrico de banda ancha ‖ ⁓**strahlung** f **der Magnetosphäre** / emisión f de banda ancha de la magneto[e]sfera ‖ ⁓**straße** f (Walzw) / tren m de banda ancha, tren m de fleje ancho ‖ ⁓**verstärker** m (TV) / amplificador m de banda ancha ‖ ⁓**verzerrung** f (Eltronik) / distorsión f de banda ancha ‖ ⁓**walzwerk** n / laminadora f de flejes anchos ‖ ⁓**wellenmesser** m (Eltronik) / ondámetro m de banda ancha
Breit•behandlung f (Tex) / tratamiento m al ancho ‖ ⁓**beil** n (Wz) / hacha f de carpintero ‖ ⁓**bettfelge** f (Kfz) / llanta f de base ancha ‖ ⁓**bild** (Film) s. Breitwand ‖ ⁓**blattluftschraube** f (Luftf) / hélice f de pala ancha ‖ ⁓**bleiche** f (Tex) / blanqueo m al ancho ‖ ⁓**brenner** m (Chem) / mechero m con boquilla en abanico ‖ ⁓**drescher** m (Landw) / trilladora f a lo ancho o de anchura ‖ ~**drücken** vt / aplastar, achatar
Breite f / anchura f, ancho m ‖ ⁓, Tiefe f / profundidad f ‖ ⁓, Weite f / extensión f ‖ ⁓ f, Dicke f, Stärke f / espesor m, grueso m ‖ ⁓ (Schiff) / manga f ‖ ⁓ (Geo) / latitud f ‖ ⁓, Spielraum m / libertad f, juego m ‖ ⁓ **auf Spanten** (Schiff) / manga f en la maestra, manga f fuera de miembros o forros ‖ ⁓ **bei Axiallagern** / altura f de rodamiento axial ‖ ⁓ **in der Konstruktionswasserlinie** (Schiff) / manga f en flotación ‖ ⁓ **über alles** / ancho m total ‖ ⁓ **über Deck** (Schiff) / manga f en la cubierta ‖ **der** ⁓ **nach** / según la anchura ‖ **größte** ⁓ / anchura f máxima ‖ [**größte**] ⁓ **eines Schiffs** / manga f máxima, manga f en la fuerte
Breiteisen n (Wz) / cincel m ancho o de raspar ‖ ⁓ n, Scharriereisen n (Wz) / escodado m
breiten, strecken (Walzw) / aplanar ‖ ~ (Schm) / ensanchar, forjar ensanchando ‖ ⁓ ~ n (Schm) / ensanchamiento m
Breiten⁓... (Geo) / de latitud, latitudinal ‖ ⁓**abweichung** f, -abmaß n / discrepancia f de anchura ‖ ⁓**ausdehnung** f (allg) / extensión f en la anchura ‖ ⁓**balligkeit** f (Getriebe) / bombeado m longitudinal ‖ ⁓**berichtigung** f (Schiff) / corrección f de latitud ‖ ⁓**drift** f (Raumf) / derivación f latitudinal ‖ ⁓**effekt** m (kosm. Strahlg.) / efecto m de latitud ‖ ⁓**eingang** m (Web) / contracción f de [del tejido] en la anchura ‖ ⁓**entfernung**, Abweitung f (Luftf, Verm) / camino m este y oeste ‖ ⁓**fehler** m (Schiff) / error m de latitud ‖ ⁓**grad** m (Geo) / grado m de latitud ‖ ⁓**komplement** n (Astr) / colatitud f ‖ ⁓**kreis** m (Geo) / paralelo m ‖ ⁓**metazentrum** n (Schiff) / metacentro m latitudinal, metacentro m transversal ‖ ⁓**parallel** de (Astr, Geo) / paralelo m a la eclíptica ‖ ⁓**regelung** f / ajuste m de la anchura ‖ ⁓**reihe** f (Wälzlager) / serie f de anchos o de anchuras ‖ ⁓**streuung** f (Eltronik) / dispersión f en la anchura, dispersión f lateral o en dirección ‖ ⁓**toleranz** f / tolerancia de la anchura ‖ ⁓**verstellung** f / cambio m de anchura
Breit•falten n (Tex) / plegado m a lo ancho ‖ ⁓**färbemaschine** f, Jigger m (Tex) / jigger m, máquina f de teñir a lo ancho ‖ ⁓**felgenreifen** m (Kfz) / neumático m para llanta ancha ‖ ⁓**film** m (mehr als 35 mm) (Foto) / película f ancha (de más de 35 mm de ancho) ‖ ⁓**flachstahl** m, Rohschiene f (Walzw) / fleje m ancho, llanta f ancha ‖ ⁓**flachstahl**, Universalstahl m / acero m plano ancho, cuchilla f plana ancha ‖ ⁓**flanschträger** m, breiter I-Träger (DIN) / viga f en I

de alas anchas ‖ ~**füßiger T-Stahl** / viga f en T de zapata ancha ‖ ⁓**fußschiene** f (Bahn) / carril m Vignole ‖ ~**gefahren** (Bahn, Radreifen) / ensanchado ‖ ⁓**hacke** f / hacha f de filo ancho ‖ ⁓**halter** m (Web) / ensanchador m del género tejido, templazo m, templén m ‖ ⁓**halter für Folien** (Plast) / barra f ensanchadora, ensanchador m ‖ ⁓**halterschaden** m (Fehler, Tex) / daño m causado por el ensanchador ‖ ⁓**haltestab** m (Färb) / barra f ensanchadora ‖ ⁓**hammer** m (Wz) / martillo m de cabeza ancha ‖ ⁓**haue** f (Landw) / azada f de filo ancho ‖ ⁓**holz** n, Halbholz n, hochkantiges, halbrundes Holz (Zimm) / tronco m de sección media ‖ ⁓**imprägniermaschine** f (Färb) / máquina f de impregnación o impermeabilización a lo ancho ‖ ⁓**keilriemen** m / correa f trapezoidal ancha ‖ ~**köpfig** / de cabeza ancha ‖ ⁓**legewalze** f (Tex) / cilindro m ensanchador o antiplegado ‖ ~**liegende Maschenware** / género m de punto ensanchado ‖ ~**mauliger Feilkloben** / tornillo m a mano de boca ancha ‖ ⁓**meißel** m (Steinmetz) / cincel m de filo ancho ‖ ⁓**-Neutralisiermaschine** f (Färb) / máquina f de neutralización a lo ancho ‖ ~**oval** / óvalo ancho ‖ ⁓**passage** f (Tex) / paso m a lo ancho ‖ ⁓**rauen** n (Tex) / perchado m ‖ ⁓**rillenfahrdraht** m (Bahn) / hilo m de contacto de ranura ancha ‖ ⁓**saat** f (Landw) / siembra f a voleo ‖ ⁓**sämaschine**, Breitsaat-Sämaschine f / sembradora f a voleo ‖ ⁓**sattel**, Schmiedesattel m (Schm) / macho m de estampa para forja ‖ ⁓**säuermaschine** f (Tex) / acidificador m a lo ancho ‖ ⁓**schar** f (Landw) / corazón m, raseta f en corazón ‖ ⁓**scheibenschliff** m / rectificado m con muela ancho ‖ ⁓**schleuder** f (Tex) / hidroextractor m a lo ancho ‖ ⁓**schlichten** n (Tex) / encolado a lo ancho ‖ ⁓**schlichtmeißel** m (Dreh) / cuchilla f de filo ancho para afinar ‖ ⁓**schlitzdüse** f (Plast) / boquilla f de ranura ancha o lineal ‖ ⁓**schrämen** n (Bergb) / roza f ancha ‖ ⁓**schrift** f (Druck) / escritura f de letras anchas ‖ ⁓**seite** f (allg) / lado m ancho ‖ ⁓**seite** (Schiff) / costado m ‖ ⁓**seite** (Brett) / cara f ancha ‖ ⁓**spannmaschine** f (Tex) / máquina f de ensanchamiento, máquina f de tensado al ancho ‖ ⁓**spritzrahmen** f (Landw) / bastidor m de aspersión ‖ ⁓**spur** f (Bahn) / vía f ancha (E), trocha f ancha (LA) ‖ ⁓**spurgleis** n (1674mm) (Spanien) / vía f normal española ‖ ⁓**spur-Schlepper** m (Landw) / tractor m de ruedas muy separadas ‖ ⁓**strahler** m (Opt) / foco m de amplia dispersión, foco m granangular ‖ ⁓**strahler** (Kfz) / faro m de reflejo ancho ‖ ⁓**streckegalisiermaschine** f (Web) / máquina f para ensanchar y rectificar géneros ‖ ⁓**streckeinrichtung** f (Färb) / dispositivo m ensanchador ‖ ~**strecken** vt (Web) / ensanchar, estricar ‖ ⁓**streckmaschine** f (Tex) / máquina f para ajustar la anchura ‖ ⁓**streckwalze** f (Tex) / rodillo m ensanchador ‖ ⁓**streumaschine** f (Dünger) / esparcidora f a voleo

Breitung f (Walzw) / ensanchamiento m ‖ ⁓ (unerwünscht) (Walzw) / fluencia f lateral

Breitungs•gerüst n (Walzw) / tren m para acabado al ancho deseado ‖ ⁓**stich** n / pasada f de anchura

Breitverteilung f (Landw) / esparcimiento m ancho (estiércol)

Breit-Wagner-Formel f (Nukl) / fórmula f de Breit-Wagner

breit•walzen vt / planear, aplanar al ancho ‖ ⁓**walzwerk** n / laminador m ancho ‖ ⁓**wand** f (Film) / pantalla f ancha ‖ ⁓**wandbild** n / imagen f anamórfica ‖ ⁓**wandfilm** m (Film) / película f para pantalla ancha ‖ ⁓**wandprojektion** f (Film) / proyección f sobre pantalla ancha (en cinemascope) ‖ ⁓**wandprojektor** m / proyector m para pantalla ancha ‖ ⁓**wand-Raumtonfilm** m / película f estereofónica para pantalla ancha ‖ ⁓**waschmaschine** f (Tex) / máquina f de lavar a lo ancho ‖ ~**würfig** (Landw) / a

voleo, en facha ancha ‖ ~**würfig säen** (Landw) / sembrar a voleo ‖ ⁓**zettlerei** f (Tex) / urdido m a lo ancho ‖ ⁓**ziegel** m, Krempziegel m (Dach) / teja f ancha

Brekzie, Breccie f (Geol) / brecha f

Brems• ... s. auch Bremsen ... ‖ ⁓**abschlussstellung** f / posición f de equilibrio ‖ ⁓**abstimmung** f (Kfz) / ajuste m de freno ‖ ⁓**abstützung** f (Kfz) / palanca f compensadora [del momento] de frenado ‖ ⁓**achse** f (Bahn) / eje m frenado ‖ ⁓**aktivierungszeit** f (Kfz) / tiempo m de activación del freno ‖ ⁓**ankerplatte** f (Kfz) / placa f soporte de freno ‖ ⁓**anlage** f (Kfz) / sistema m de freno ‖ ⁓**anordnung** f / disposición f de los frenos ‖ ⁓**[anpress]druck** m / presión f de frenado ‖ ⁓**anschlag** m / tope m de freno ‖ ⁓**anschlag** (pufferend) / amortiguador m de freno ‖ ⁓**[anzieh]schraube** f / tornillo f de ajuste de freno ‖ ⁓**arbeit** f / trabajo m de frenado ‖ ⁓**arbeitsvermögen** n / capacidad f de frenado ‖ ⁓**arretierhebel** m / palanca f de freno ‖ ⁓**art** f / sistema m de frenado ‖ ⁓**art** (Bahn) / régimen m de frenado ‖ ⁓**assistent** m (Kfz) / freno m asistido, ayuda f a la frenada, asistente m a la frenada (de urgencia) ‖ ⁓**audion** n (Eltronik) / detector m de campo retardado ‖ ⁓**ausgleich** m (Kfz) / compensación f de freno ‖ ⁓**ausgleich** (gegen Blockieren) (Kfz) / detector m de patinaje ‖ ⁓**ausgleicher** m / compensador m de freno o de frenado ‖ ⁓**ausgleichhebel** m (Kfz) / palanca f compensadora del frenado ‖ ⁓**ausgleichwelle** f (Kfz) / árbol m de compensación de frenos ‖ ⁓**auslösevorrichtung** f (Bahn) / dispositivo m de disparo del freno ‖ ⁓**automat** m, Anlauf- und Bremsautomat m (Masch, Tex) / dispositivo m de [arranque y de] freno automático ‖ ⁓**backe** f (Kfz) / zapata f de[l] freno, patín m de freno, mordaza f de freno ‖ ⁓**backenabstandsstück** n (Kfz) / distanciador m de las zapatas ‖ ⁓**backendrehbolzen** m, -lagerbolzen m / pivote m de zapata de freno ‖ ⁓**backenhalter** m (Kfz) / portazapatas m ‖ ⁓**backenlager** n (Kfz) / apoyo m de las zapatas de freno ‖ ⁓**balken** m (Gleisbremse) / viga f [de] freno, barra f de presión ‖ ⁓**band** n / banda f de freno, cinta f de freno ‖ ~**bar** / frenable ‖ ⁓**behälter** m (Bahn) / depósito m de freno ‖ ⁓**belag** m (Masch) / guarnición f de freno ‖ ⁓**belag** (Kfz) / forro m del freno, ferodo m ‖ ⁓**belag-Kontrollleuchte** f / chivato m para la guarnición de freno ‖ ⁓**berechnung** f / cálculo m de freno ‖ ⁓**berg** (Bergb) / plano m inclinado ‖ ⁓**berg mit Gegengewichtswagen** / plano m inclinado con vagonetas de contrapeso ‖ ⁓**berg mit Gestellwagen**, Gestellbremsberg m / plano m inclinado con vagonetas de jaula ‖ ⁓**bergförderung** f (Bergb) / transporte por plano inclinado ‖ ⁓**beschleuniger** m (Bahn) / acelerador m de freno ‖ ⁓**betätigung** f / accionamiento m del freno ‖ ⁓**betätigung durch die Achse** / mando m de freno por el eje ‖ ⁓**betätigungshebel** m / palanca f [de accionamiento] del freno ‖ ⁓**betätigungskraft** f / fuerza f de aplicación del freno ‖ ⁓**block** m (unter den Rädern) (Luftf) / calzo m, taco m ‖ ⁓**bolzen** m (Kfz) / gorrón m de freno, pivote m de freno ‖ ⁓**dauer**, -zeit f / duración m del frenado ‖ ⁓**dichte** f (Nukl) / densidad f de moderación ‖ ⁓**drosselspule** f (Elektr) / bobina f inductiva de freno ‖ ⁓**druck** m (Bahn, Kfz) / presión f de freno o de frenado ‖ ⁓**druckmesser** m, Bremsmanometer n (Bahn) / manómetro m del freno, Bremsmanometer n / manómetro m del freno ‖ ⁓**druckreger** m / regulador m de presión del freno ‖ ⁓**düse** m (Rakete) / tobera f de reacción ‖ ⁓**dynamo** f (Elektr) / dínamo m de freno, dinamo-freno f ‖ ⁓**dynamometer** n, Pronyscher Zaum / freno f dinamométrico

Bremse f (Bahn, Kfz, Masch) / freno m, breque m (PERU), garrote m (MEJ) ‖ ⁓, Friktion f (Tex) / fricción f ‖ ⁓ f, Viehfliege f (Zool) / tábano m ‖ ~ **mit Gegengewicht** /

Bremse

freno m de (o con) contrapeso || **die ~ lüften** / soltar el freno
Brems•effekt m s. Bremswirkung || **~einstellschraube** f / tornillo m de ajuste del freno || **~einstellung**, -regulierung f / ajuste m del freno || **~elektrode** f (Eltronik) / electrodo m de frenado || **~elektrode** (TV) / electrodo m decelerador
bremsen, die Bremse anziehen / apretar el freno || **~**, abbremsen / frenar, reducir la velocidad, retardar, decelerar || **~**, drosseln / estrangular || **scharf ~** (Kfz) / frenar fuertemente || **~** n / frenaje m, frenado m, frenada f, acción f frenante o retardatriz || **scharfes ~** / frenazo m
Bremsen... s. auch Brems ...
bremsend, verlangsamend / frenador, frenante, retardado, ralentador
Bremsen•nachstellung f / reajuste m del freno || **~-Schiefziehen** n (Kfz) / desequilibrio m de los frenos || **~sonderuntersuchung** f (BSU) / examen m especial de frenos
Brems•entlüfung f / purga f de aire del freno || **~entwässerungsventil**, Löseventil n (Bahn) / válvula f de salida de agua
Bremsenüberhitzung f / sobrecalentamiento m del freno
Bremser m (Bahn, Bergb) / guardafrenos m, palanquero m (CHIL), garrotero m (MEJ) || **~haus** n (hist.) (Bahn) / garita f de freno
Brems•exzenter m / excéntrica f de freno || **~fading** n (Kfz) / aflojamiento m del frenado || **~[fall]schirm** m (Luftf) / paracaídas m de frenado || **~fallschirm** m (Raumf) / paracaídas m estabilizador o de ancla || **~fangvorrichtung** f (Kran) / paracaídas m de freno || **~feder** f (Kfz, Masch) / resorte m de freno || **~federzange** f (Kfz, Wz) / pinzas f pl para el resorte de freno || **~feld** n (Elektr) / campo m frenante o de frenaje o de frenado, campo m retardador || **~feldgenerator** m (Eltronik) / oscilador m de campo frenante || **~feldgenerator**, Barkhausen-Kurz-Oszillator m / oscilador m de Barkhausen-Kurz || **~feldklystron** n, Reflexklystron n / clistrón m reflejo || **~feldröhre** f (Eltronik) / tubo m de campo de frenado || **~fläche** f / superficie f de frenado, área f de frenado || **~fläche** (Nukl) / área f de moderación || **~floß** n (Stapellauf) (Schiff) / balsa f de freno || **~flügel** m, -fahne f (Instr) / aleta f amortiguadora o de amortiguación || **~flüssigkeit** f (Kfz) / líquido m de freno || **~flüssigkeit nachfüllen** (Kfz) / rellenar líquido de freno ||
~flüssigkeitsanzeiger m (Kfz) / chivato m para la presión del líquido de freno || **~flüssigkeitsbehälter** m / depósito m del líquido de freno ||
~flüssigkeitsstand m / nivel m de líquido de freno || **~förderer** m (Bergb) / transportador m con cadena ralentadora || **~fördergestell**, Haspelfördergestell n (Bergb) / armazón m de cabrestante || **~führung** f / guía f de freno || **~fußhebel** m, Bremspedal n (Kfz) / pedal m de freno || **~gabel** f / horquilla f de freno || **~gehänge** n, -hängeeisen n (Bahn) / biela f de suspensión de la timonería de freno || **~gehäuse** n / caja f de freno || **~gestänge** n / timonería f de freno ||
~gewicht n / peso m [de] freno || **~gewicht** (Webstuhl) / contrapeso m del peso || **~gitter** n, Fanggitter n (Eltronik) / rejilla f de parada || **~gitter** (bei der Verstärkerröhre) (Eltronik) / rejilla f de retardo || **~gitter-Regelröhre** f (hist.) / pentodo m exponencial || **~grenzneigung** f (Bahn) / gradiente m límite de frenado, pendiente f crítica || **~handhebel** m, Handbremshebel m (Kfz) / palanca f de mano del freno || **~haspel** m f (maschinell) / torno m de freno ||
~hebel m / palanca f de freno, galga f || **~hebel**, -bedienungshebel m (Bahn) / empuñadura f del freno neumático || **~hebel am Freilauf** / palanca f de freno contrapedal || **~hebelgriff** m / mango m de palanca,

empuñadura f de la palanca de freno || **~hilfe** f, Bremskraftverstärker m (Kfz) / servofreno m, freno m ayudado, ayuda f a la frenada [de urgencia] || **~hundertstel** n (am Bremsklotz), Brensprozent n (Bahn) / porcentaje m de frenado, frenado m útil || **~kapsel** f (Kfz) / cápsula f de freno || **~kennwert** m / coeficiente m de freno || **~kennwertlinie** f / curva f de frenado || **~kern** m (Nukl) / núcleo m de moderación || **~kettenförderer** m (Bergb) / transportador m con cadena ralentadora || **~klappe** f (Luftf) / aerofreno m externo, freno m aerodinámico || **~klotz**, -keil m (Kfz) / mordaza f de freno, zapata f de freno, cepo m de freno || **~klotz** m, Hemmschuh m (Kfz, Luftf) / zapata f de retención, calzo m || **~klotz** (Trommelbremse) / patín m, zapata f de freno || **~klotz**, -block m (Bahn) / zapata f de freno || **~klotz** m (Scheibenbremse) / pastilla f || **~klotzhalter** m (Bahn) / porta-zapata m || **~kolben** m (Kfz) / pistón m del freno || **~kompressor** m (Bahn) / compresor m para el freno || **~kontakt** m (Kfz) / contacto m de freno || **~kontrolle** m / control m de frenada || **~konus** m (Freilauf) / cono m de freno contrapedal || **~kraft** f (Bahn, Kfz) / fuerza f de frenado, esfuerzo m de frenado, poder m frenante || **~kraftbegrenzer** m (Kfz) / limitador m de la fuerza de frenado || **~kraftminderer** m / reductor m de la fuerza de frenado || **~kraftmodulator** m / modulador m de la fuerza de frenado || **~kraftregler** m (manuell) / regulador m de la fuerza de frenado || **~kraftregler**, ALB f (Kfz) / regulador m antibloqueo [de la fuerza de frenado] || **~kraftregler** (automatisch) (Druckluftbremse) / válvula f correctora de frenado || **~kraftverstärker** m (Kfz) / servofreno m || **~kraftverstärkt** / asistido || **~kraftverteiler** m / distribuidor m de frenado, repartidor m electrónico de frenada || **~kupplung** f (Bahn) / acoplamiento m de freno || **~kupplungsschlauch** m (Bahn) / manga m de acoplamiento de freno, tubo m flexible de acoplamiento de freno || **~kurbel** f / manivela f del freno de husillo || **~länge** f (Nukl) / longitud f de moderación || **~last** f (Kfz) / carga f ocasionada en el frenado || **~leistung** f / potencia f de frenado o al freno || **~leitung** f (Bahn) / tubo m de frenado || **~leitung** (Kfz) / tubería f del freno (E), cañería f del freno (LA) o del breque (PERU) || **~leitungswagen** m (Bahn) / vagón m con tubo de intercomunicación al freno || **~leuchte** f, Stopplicht n (Kfz) / luz f de parada o de paro, piloto m de freno || **~licht-Öldruckschalter** m / conmutador m hidráulico de la luz de parada || **~lichtschalter** m (Kfz) / conmutador m de luz de parada || **~lichtzugschalter** m / conmutador m de tracción de luz de parada || **~lösefeder** f / resorte m para soltar el freno || **~lösen** n, Bremslüftung f / soltura f de freno || **~lösezeit** f / tiempo m para soltar el freno || **~luft**, Korrekturluft f (Kfz, Vergaser) / aire m compensador o de compensación || **~luftbehälter** m (Kfz) / depósito m de aire de frenado || **~lüfter** m / sueltafrenos m || **~lufthahn** m (Bahn) / grifo m del sistema neumático de frenado || **~[lüft]magnet** m (Kran) / electroimán m sueltafreno, magneto f de freno || **~[lüft]motor**, Bremslüfter m (Elektr) / motor m sueltafrenos m || **~luftschraube** f, -propeller m (Luftf) / hélice f de paso reversible || **~magnet** m (Instr) / imán m de freno || **~mantel** m (Freilauf) / cubierta f del freno || **~mechanismus** m, -anordnung f / mecanismo m de freno || **~medium**, -mittel n, -stoff m, -substanz f (Nukl) / moderador m || **~mittel** n (gegen Verwendung in Nuklearwaffen) (Nukl) / denaturador m nuclear || **~mittel** (Farbe) / agente m retardador || **~momentabstützung** f (Kfz) / apoyo m del momento de frenado || **~motor** m (Hebezeuge) / motor m de frenado, motor-freno m || **~nabe** f (Freilauf) / cubo m del freno contrapedal || **~nickabstützung** f (Kfz) / mecanismo m anticabeceo || **~nicken** n, -tauchen n / cabeceo m [de frenado] || **~nocken** m / leva f del freno

|| ~nockenscheibe f / disco m de leva[s] de freno ||
~nockenwelle f / árbol m de leva[s] del freno ||
~nummernleuchte f / luz f trasera de parada y de matrícula || ~nutzung f (Nukl) / probabilidad f de escape a la captura por resonancia || ~pedal n, -fußhebel m (Kfz) / pedal m de freno || ~platte f / placa f de apoyo de freno || ~potential n (Phys) / potencial m de frenado o de detención || ~probe f / ensayo m al freno || ~probe, -prüfung f / prueba f del frenado || ~probe im Stillstand (Bahn) / ensayo m de los frenos en parada || ~prüfstand m, -prüfstand m / banco m de prueba de los frenos, probador m de frenos || ~-PS n pl (Mot) / caballos m pl al freno, potencia f al freno || ~querbalken m (Bahn) / brazo m transversal de la timonería del freno || ~querschnitt m (Nukl) / sección f eficaz de frenado || ~quietschen n (Bahn, Kfz) / chillido m del freno, frenazo m || ~rakete f (Raumf) / retrocohete m, cohete m de freno || ~rand m / corona f de frenado || angegossener ~rand / corona f de frenado fundida || ~reaktion f (Kfz) / reacción f de frenado || ~regler m / regulador m de frenaje o de frenado || ~regulierschraube f / tornillo m de ajuste del freno || ~regulierung f / ajuste m del freno || ~reibung f / fricción f de frenado || ~ring m / banda f de freno, anillo m de freno || ~rolle f (Kfz, Prüfstand) / rodillo m de frenado || ~rückstellung m (Bahn) / llamada f del freno || ~rupfen n, -rubbeln n (Kfz) / tirón m de frenado || ~sattel m, Bremsjoch n, Bremszange f (Scheibenbremse) / pinza-soporte f, pinza f portapastillas || ~schacht m (Bergb) / pozo m automotor || ~scheibe f (Kfz) / disco m de freno, polea f de freno || ~scheibe (Näbm) / disco m de freno || ~schicht f (Reaktor) / capa f de moderación || ~schiene, Gleisbremse f (Bahn) / freno m de vía, carril m freno (E), retardador m (LA) || ~schirm m (Luftf) / paracaídas m de frenado || ~schlauch m / manga f de freno || ~schlauch (Kfz) / tubo m flexible de los frenos (E), manguera de freno (LA), manga f de freno || ~schlauch (Bahn) / manguera f de freno [neumático], mango m de freno || ~schlauchstutzen m / racor m del semiacoplamiento del freno || ~schlupf m (Kfz) / resbalamiento m por frenado || ~schlupfregler m (Kfz) / regulador m del resbalamiento de frenos || ~-Schluss-Kennzeichenleuchte f (Kfz) / luz f combinada para matrícula, parada y trasera || ~schlussleuchte f (Kfz) / luz f trasera e indicadora de parada || ~schub m / frenado m por retropropulsión || ~schuh m (Bahn) / zapata f de freno, calzo m, choco m (CHILE) || ~schwund m (Kfz) / aflojamiento m del frenado || ~segment n, -sektor m (Kfz) / segmento m de freno, sector m de freno || ~seil n, -seilzug m / cable m de freno || ~seil (elastisch b. Flugzeugträger) (Luftf) / cable m [elástico] de frenado || ~spannung f (Eltronik) / potencial m negativo de anodo || ~spektrum n / espectro m de radiación de frenado || ~spiel n (Gesamtspiel im Bremsmechanismus) (Kfz) / juego m total de freno || ~spindel f / husillo m de freno || ~sporn m (Luftf) / patín m de freno || ~spreizfeder f (Kfz) / resorte m para soltar el freno || ~spur f (Kfz) / huella f de ruedas frenadas || ~stab m (Cottonm) / varilla f de frenado || ~stab (Reaktor) / barra f de moderación, barra f de control || ~stand m, Prüfstand m (Mot) / banco m de prueba de los frenos || ~stange f (Bahn) / biela f de freno, varilla f del freno || ~staub m, Bremsabrieb m (Kfz) / polvo m de frenado || ~stellung f / posición f de frenado || ~stellung (Luftf, Propeller) / paso m de frenado || ~steuerung f, BSG (Bahn) / mando m de freno || elektronische ~steuerung (Lkw) / EBS || ~störung f, -versagen n / incidente m de freno || ~stoß m (Kfz) / empuje m del frenado || ~strahlung f (Nukl) / radiación f debida a desviación, bremsstrahlung f || ~strecke f s. Bremsweg || ~strom m (Elektr) / corriente f de frenado || ~stromkreis m / circuito m de frenado ||
~stromventil n (Bahn) / válvula f de corriente de freno || ~stufe f (Elektr) / etapa f de retardación || ~stufe (Bahn, Raumf) / escalón f de frenado || in mehreren ~stufen / frenado m en etapas o intervalos || ~substanz f, -stoff m (Nukl) / moderador m || ~system n / sistema m de freno || ~tafel f (Bahn) / cuadro m de frenado || ~technischer Begriff / término m de la técnica de los frenos || ~träger m (Kfz) / placa m de apoyo de freno || ~triebwerk n (Raumf) / motor m cohético de frenado || ~trommel f (Kfz) / tambor m de freno || ~trommelrückwand f (Kfz) / tapa f trasera del tambor de freno || ~trosse f / cable m de freno || ~übersetzung f, Übersetzung f im Bremsgestänge (Bahn) / transmisión f de freno
Bremsung f s. Bremsen || ~ (Nukl) / moderación f, retardación f || ~ auf Halt / frenado m al paro o de parada f || ~ in der Fabrik / ensayo m del freno en la fábrica
Brems•ventil n, -anlegeventil n (Bahn) / válvula f de apretar el freno || ~ventil (Druckluftbremse) / válvula f de freno || ~verband (Stahlbau) / estructura f de frenado || ~verhalten n (Kfz, Masch) / comportamiento m al frenar, reacción f al frenar || ~verhältnis n (Nukl) / relación f de moderación, coeficiente m de moderación || ~vermögen n (Bahn, Kfz) / capacidad f de freno, poder m de freno, grado de ralentizaje || ~vermögen (Nukl) / poder m de moderación || ~verstärker m (Kfz) / reforzador m de frenado, servofreno m || ~versuch m / ensayo m de frenado || ~versuch mit Pendelmaschine / ensayo m de frenado dinamométrico || ~verzögerung f / deceleración f de frenado || ~vorgang s. Bremsen || ~vorrichtung f / dispositivo m de frenado || ~wächter m / control m de freno, guardafrenos m || ~wächter m, R-Bremswächter m (Elektromotor) / guardafrenos m por resonancia || ~wagen m (Bahn) / vagón-freno m || ~wärme f / calor m de frenado || ~weg m, -strecke f (Bahn, Kfz) / distancia de frenado, recorrido m de frenado || ~welle f (Bahn) / árbol m de freno, flecha f de freno (MEJ) || ~wellenhebel m / palanca f para el árbol de freno || ~wicklung f (Elektr) / devanado m de frenado || ~widerstand m / resistencia f de (o al) frenado || ~wirkung f / efecto m de frenado;.m., eficacia f de los frenos, acción f del freno || Nachlassen der ~wirkung infolge Erwärmung (Kfz) / aflojamiento f del frenado por calentamiento || ~zahnbogen m / sector m dentado de freno || ~zaum m s. Bremsdynamometer || ~zeit f / tiempo m del frenado || ~zeitspektrometer n (Nukl) / espectrómetro m de tiempo de retardación || ~zugstange f (Bahn) / tirante m de frenado || ~zylinder m
Brenn•achse f (Opt) / eje m focal || ~apparat m (Brennerei) / aparato m de destilación
brennbar / combustible, inflamable || ~er Bestandteil der Kohle / componentes m pl combustibles del carbón || ~e Reste m pl (Müllverbrennung) / residuos m pl combustibles || ~es technisches Gas / gas m combustible || schwer ~ / apiro, poco combustible
Brennbare[s] n / combustible m
Brennbarkeit f / combustibilidad f || ~, Entflammbarkeit f / inflamabilidad f
Brenn•bock m (Tex) / caballete m de decatizar en húmedo, máquina f crabbing || ~bohren (Schw) / taladrado m a la llama || ~dauer f (Licht) / horas f pl de alumbrado || ~dauer (Taschenlampe) (Elektr) / autonomía de luz (de una linterna) || ~dauer (Feuerung) / duración f de la combustión || ~dauer (Raumf) / tiempo m de combustión, duración f de combustión || ~dauer (Nukl) / promedio m de consumo de combustible || ~dauer f (Keram) / período m de cocción || ~düse (Schw) / soplete m para oxicorte || ~ebene f (Opt) / plano m focal || hintere ~ebene / plano m focal trasero || ~eigenschaften f pl / propiedades m pl de combustión del combustible ||

223

Brenneigenschaftsprüfung

~**eigenschaftsprüfung** f (Öl) / ensayo f de luminosidad || ~**eisen** n, -stempel m (Forstw, Landw) / hierro m [caliente] de marcar
Brennelement n (Nukl) / elemento m combustible o fisionable || ~**becken** n (Nukl) / pila f para elementos combustibles || ~**bündel** n (Atom, Nukl) / haz m de material fisionable || ~**greifer** m / cuchara f para material fisionable || ~**-Hüllschaden-** o.
Leckschaden-Überwachung f (Nukl) / sistema m de detección y localización de roturas de encamisado || ~**hülse** f, -hüllrohr n (Nukl) / encamisado m de combustible, revestimiento m metálico, vaína f || ~**kanal** m (Nukl) / canal m de combustible || ~**lager** n (Nukl) / edificio m de combustible, almacén m de material fisionable || ~**lagerbecken** n / pileta f de desactivación || ~**leck** n (Nukl) / escape m de radi[o]actividad || ~**stab** m (Nukl) / elemento m combustible en forma de barra, barra f de elementos combustibles || ~**stift** m / aguja f de combustible || ~**-Transportbehälter** m (Nukl) / contenedor m para transportar material radi[o]activo ||
~**-Umsetzmaschine** f / máquina f de transferencia || ~**wechsel** m / [inter]cambio m de elementos combustibles, recarga f, reposición f || ~**wechsler** m (Nukl) / sistema m de [inter]cambio de elementos combustibles
brennen vi vt, verbrennen (allg) / quemar || ~ vt (Keram, Koks, Ziegl) / cocer || ~ (Branntwein) / destilar || ~, mit einer Brandmarke versehen (Forstw, Landw) / marcar [con hierro candente] || ~ (eine CD) (DV) / grabar || ~ vi / arder, estar en llamas || ~, leuchten / brillar ||
Fäden ~ (Spinn, Web) / chamuscar || **Kaffee** ~ / torrefacer, tostar || **Kalk** ~ / calcinar cal || **Mehl** ~ / tostar harina || **mit halber Stärke** ~ / arder a medio fuego || **Ziegel** ~ / cocer ladrillos || **zu** ~ **beginnen** / encenderse, inflamarse || ~ n, Verbrennen n / quemadura f || ~ (Keram, Zement) / cochura f || ~ (Steine und Erden) / calcinación f || ~, Brand m / combustión f || ~ (Branntwein) / destilación f || ~, Brennschneiden (Schw) / corte m con soplete, oxicorte m || ~ **eines Lichtbogens** (Elektr) / formación f de arco, arco m
brennend / quemante || ~, angezündet / ardiente, encendido || ~ **abstürzen** (Luftf) / estrellarse en llamas || **ohne Rückstand** ~ / ardiente sin residuos || **sehr heiß** ~ / abrasador
Brenner m (Chem, Heizung) / quemador m (E), mechero m (E, LA) || ~ (Schw) / soplete m para soldadura || ~ (für CD) (DV) / grabadora f de CD || ~, Apfelblütenstecher m (Landw) / gorgojo m [de la flor] del manzano || ~ **für flüssigen Brennstoff** / quemador m para combustibles líquidos || ~ **in Rohrform** / mechero m tubular || ~ **mit Vormischung** (Gas) / quemador m con mezla previa || **roter** ~ (Parasit), Rotbrenner m (Landw) / enfermedad f del hongo, pseudopeziza f de la vid || [wirtschaftliche] ~**belastung** / carga f económica de un quemador || ~**deckel** m (Gas) / tapa f del mechero || ~**düse** f, -mundstück m (Schw) / boquilla f de soplete || ~**düse** (Ölheizung) / boquilla f del mechero
Brennerei f, Branntweinbrennerei f / destilería f || ~**abfälle** m pl / residuos m pl de destilería || ~**abwässer** n pl / aguas f pl residuales de destilería
Brenner•einbruch m (Bergb) / franqueo m canadiense || **reihenförmiger** ~**einbruch** (Bergb) / franqueo m canadiense en línea || ~**einsatz** m (Heizung, Schw) / suplemento m de quemador || ~**einstellung**, -regulierung f / regulación f de la combustion, ajuste m del mechero o del soplete || ~**führungsagen** m ~ (Schw) / carro-guía m [de la llama] || ~**kopf**, Ofenkopf m -Hütt) / cabezal m del horno giratorio || ~**kopf** m, -spitze f, -mundstück m (Schw) / boquilla f de soplete || ~**kopf** (allg, Hütt) / cabeza f de quemador || ~**kopf** (Gas) / cabezal m del mechero || ~**maul** n, -mund m

(Hütt) / boquilla f de quemador || ~**mundstück** n (Glas) / boquilla f de mechero || ~**ring** m (Gas) / anillo mechero m || ~**rohr** n, Brennerstrahlrohr n (Schw) / boquilla-lanza f || ~**röhre** f, Reihenbrenner m (Gas) / mechero m en línea || ~**spiegel** m (Kessel) / sistema m de mecheros || ~**stand** m (Zementfabr) / puesto m del quemador || ~**stein** m / bloque m de quemador || ~**stein** (Feuerfest) / ladrillo m de quemador || ~**trennwand** f (Glasofen) / pared f de separación || ~**zange** f, Wasserpumpenzange f (Wz) / llave corrediza f, cocodrilo m, sargento m || ~**zange** (für Gasbrenner) / tenazas f pl de gas o de gasistor
brenn•fähig, brennbar / combustible, inflamable || ~**fläche** f (Opt) / plano m focal || ~**fläche** f (Kessel) / superficie f de combustión || ~**fläche** (Spiegel) (Opt) / superficie f cáustica || ~**flämmen** n (Hütt, Schw) / escarpado m a la llama || ~**fleck** m (Kath.Str) / mancha f catódica || ~**fleck** (Radiol) / focal m || [**bandförmiger**] ~**fleck** (Opt) / foco m lineal || ~**fleckenkrankheit** f (der Bohne) (Landw) / antracnosis f (de la judía) || ~**fördernd** / comburente || ~**form** f (Keram) / molde m para cochura || ~**fugen** n (Schw) / ranurado m a la llama || ~**führung** n (Keram) / conducción f de la cochura || ~**gas** n (allg) / gas m de combustión, gas m combustible || ~**gas** (Schw) / gas m para soldadura autógena || ~**gasanschluss** m (Schw) / conexión f de gas para soldadura autógena, toma f de gas ||
~**gasventil** n (Schw) / válvula f para el gas de soldadura autógena || ~**geschwindigkeit** f (Nukl) / velocidad f de combustión || ~**glas** m (Opt) / vidrio ustorio m || ~**härten** n (Hütt) / templado m a la llama, flameado m, temple m al soplete || ~**haut**, Formhaut f (Keram) / piel f de cochura || ~**hilfsmittel** n pl (Keram) / equipo m de horno || ~**hobeln** n (Schw) / acepillado m a la llama || ~**holz** n / léna f || ~**kammer** f (Raumf, Turbine) / cámara f de combustión || ~**kammer** (Bergb) / cámara f [de seguridad] para soldar || ~**kammer der Rakete** / propulsor m del cohete || ~**kammerkühlmantel** m (Gasturbine) / camisa f de refrigeración de la cámara de combustión || ~**kanal** m (Keram) / canal m de calcinación || ~**kapsel** f, -kasten m, Koker m (Keram) / caja f de arcilla refractaria, gaceta f || ~**kasten** m (Mat.Prüf) / caja f de combustión || ~**kegel** m, Segerkegel m, SK (Keram) / cono m pirométrico, cono m Seger || ~**kolben** m, Destillierkolben m (Chem) / alambique m || ~**kraft...** (Mot) / de combustión interna || ~**kraftlokomotive** f, Diesellokomotive f (Bahn) / locomotora f Diesel || ~**kraftmaschine** f (Phys) / máquina f térmica de combustión [interna] ||
~**kraftmaschine**, Verbrennungsmotor m / máquina f motriz de combustión interna, motor m de combustión interna || ~**krafttriebwagen**, (amtlich für:) Dieseltriebwagen m / automotor m Diesel, autorriel m Diesel (LA) || ~**linie** f, Brennachse f (Opt) / línea f focal || ~**linie** (Spiegel) (Opt) / cáustica f || ~**luft** f (Hütt) / comburente m || ~**malz** n / malta f torrefacta o desecada || ~**material** n, Brennstoff m / material m combustible, combustibles m pl ||
~**nesselfaser** f (Tex) / fibra f de ortiga || ~**ofen** m (Keram) / horno m de cochura || ~**ofen**, Glühofen m (Hütt) / horno m de calcinación || **runder** ~**ofen** (Keram) / horno m de mufla redonda || ~**ofen** m, Muffelofen m (Chem, Keram) / horno m de mufla || ~**öl** n / aceite m combustible || ~**öl**, Leucht-, Steinöl n (hist.) / aceite m de lámpara, kerosina f (LA), querosina f || ~**petroleum** n (hist.) / petróleo m refinado || ~**probe** f (Tex) / ensayo m de combustión inflamación
Brennpunkt m (30° C über dem Flammpunkt) (Kohle) / punto m de combustión (30° C sobre el punto de inflamación) || ~ (Radiol) / punto m focal || ~, Fokus m (Opt) / foco m || ~ m (Öl) / punto m de inflamación || ~ **der Elektronenlinse** (Elektronenmikroskop), Bündelknoten m / encrucijada f, punto m de cruce ||

den ⁓ betreffend, Brennpunkts... (Opt) / focal ‖
gedachter o. virtueller ⁓, Zerstreuungspunkt *m* (Opt)
/ foco *m* virtual ‖ in den ⁓ bringen / poner en el foco ‖
konjugierte ⁓e (Opt) / focos *m pl* conjugados ‖ mit
gemeinsamem ⁓ / confocal ‖ nicht im ⁓, unscharf /
fuera del foco ‖ wirklicher ⁓ (Opt) / foco *m* real ‖
⁓kurve *f* (Opt) / curva *f* focal ‖ ~los (mit Brennpunkt
im Unendlichen) (Opt) / afocal, sin foco ‖ ⁓regelung *f*
(Opt) / ajuste *m* focal
Brennpunkts•abstand *m*, Brennweite *f* / distancia *f*
focal ‖ ⁓abstand von der Linsenrückseite / distancia *f*
focal trasera ‖ ⁓ebene *f* (Opt) / plano *m* focal ‖ ⁓ferne
f (Raumf) / apoapsis *m*
Brennpunkttemperatur *f* (Opt) / temperatura *f* del (o en
el) foco
Brenn•putzen *n* (Hütt) / escarpado *m* por (o a la) llama ‖
⁓rakete *f* (Raumf) / cohete *m* de combustión ‖ ⁓raum
m (des Töpferofens) (Keram) / cámara *f* de calcinación
‖ ⁓raum (Mot) / cámara *f* de combustión ‖ ⁓ring *m*
(Keram) / anillo *m* de cochura ‖ ⁓riss *m* (Keram) /
grieta *f* de cochura ‖ ⁓rohr *m* (Zuck) / bagazo *m* ‖
⁓rolle *f* vom Flämmputzen (Hütt) / rodillo *m* de
escarpado por llama ‖ ⁓schacht (Winderhitzer) /
cámara *f* de combustión, pozo *m* de combustión ‖
⁓schacht, Brenn-, Verbrennungskammer *f*,
Feuerraum *m* (Hütt) / cámara *f* de combustión ‖
⁓schluss *m* (Raumf) / terminación *f* de combustión ‖
⁓schluss durch Abschalten der Treibstoffzufuhr /
terminación *f* por corte de combustible ‖ bei
⁓schluss erreichte Höhe, Bahnwinkel u.
Geschwindigkeit (Geschoss) / condiciones *f pl* de
inyección ‖ ⁓schluss *m* infolge
Treibstofferschöpfung (Raumf) / corte *m* por
agotamiento de combustible ‖
⁓schlussgeschwindigkeit *f* (Raumf) / velocidad *f* a la
terminación de combustión ‖ ⁓schluss[punkt] *m*
(Rakete) / punto *m* de corte ‖ ⁓schneidanlage *f* (Schw) /
instalación *f* de oxicorte ‖ ⁓schneidemaschine *f*,
-gerät *n* / oxicortadora *f*, equipo *m* para oxicorte,
máquina *f* de oxicorte ‖ ~schneiden / oxicortar,
cortar con oxígeno, cortar con soplete ‖ ⁓schneiden *n*
/ oxicorte *m*, corte *m* con oxígeno o soplete ‖ durch
⁓schneiden erzeugte Form / forma *f* generada por
oxicorte ‖ ⁓schneiden *n* mit Acetylen / corte *m*
oxiacetilénico ‖ ⁓schneider *m* / soplete *m* de oxicorte
‖ ⁓schnitt *m* / corte *m* con gas ‖ ⁓schnittspalt *m*
(Schw) / junta *f* de corte ‖ ⁓schwinden *n* (Ziegl) /
contracción *f* de cochura ‖ ⁓spannung *f* (Elektr, Funk) /
tensión *f* de alumbrado ‖ ⁓spiegel *m* (Opt) / espejo *m*
ustorio ‖ ⁓spiritus *m*, denaturierter Spiritus (Chem) /
alcohol *m* desnaturalizado, alcohol *m* de quemar ‖
⁓spitzen *f pl* der Brennunterlage (Email) / apoyos *m pl*
de cocción ‖ ⁓stab *m*, -element *n* (Nukl) / barra *f* de
material fisible, barra *f* combustible ‖ ⁓staub *m*
(Bergb) / combustible *m* pulverizado o en polvo ‖
⁓stelle *f* (Licht) / lámpara *f* ‖ ⁓stelle, Auslass *m* (Bau) /
punto *f* de salida del cable para alumbrado ‖
⁓stempel *m*, Brenneisen *n* (Forstw, Landw) / hierro *m*
para marcar [a fuego], hierro *m* candente para
marcar
Brennstoff *m*, Spaltstoff *m* (Nukl) / combustible *m*
nuclear, material *m* fisible ‖ ⁓ (allg) / material *m*
combustible, combustible *m* ‖ ⁓ aufnehmen / cargar
combustible, repostar combustible ‖ ⁓ erschöpft o.
aus (Raumf) / combustible agotado ‖ ⁓ vergasen (Mot)
/ carburar ‖ ⁓asche *f* / ceniza *f* de combustible ‖
⁓aschen-Korrosion *f* (Ofen) / corrosión *f* por cenizas
de combustible ‖ ⁓-Aufbereitung *f* (Nukl) /
reelaboración *m* de material fisionable ‖ ⁓aufwand
m / consumo *m* de combustible ‖ ⁓bedarf *m* /
combustible *m* necesario ‖ ⁓behälter *m* (Nukl) /
recipiente *m* para material fisionable ‖ ⁓chemie *f* /
química *f* de los combustibles ‖ ⁓destillation *f* (Chem)
/ destilación de combustibles ‖ ⁓einnahme *f* (z.B.

in der Luft) / reabastecimiento *m* de combustible ‖
⁓einsatz *m* (Nukl) / carga *f* de material fisi[ona]ble ‖
⁓-Element *n*, -zelle *f*, BS-Zelle *f* (Elektr) / pila *f*
quimicoeléctrica ‖ ⁓elementenbündel *n* (Reaktor) /
haz *m* de barras combustibles ‖ ⁓entlademaschine *f*
(Nukl) / máquina *f* de descarga ‖ ⁓ersparnis *f*
(Heizung) / economía *f* en combustible ‖ ⁓-Feinfilter
m n / filtro *m* fino para combustible ‖ ~gekühlt,
regenerativgekühlt (Nukl) / refrigerado por
combustible, de refrigeración regenerativa ‖
⁓gewinnung *f* (Bergb) / obtención *f* de combustible ‖
⁓grundlage *f* / base *f* del combustible ‖
⁓hauptbehälter *m* (Raumf) / depósito *m* principal de
combustible ‖ ⁓hülle, -hülse *f* (Nukl) / revestimiento
m metálico, encamisado *m* de combustible, vaina *f* ‖
⁓inventar *n* (Reaktor) / inventario *m* de combustible o
de material fisionable ‖ ⁓kassette *f* (Nukl) / conjunto
m combustible ‖ ⁓kreislauf *m* (Nukl) / ciclo *m* de los
combustibles ‖ ⁓leistung *f* (Nukl) / potencia *f* de
combustible ‖ spezifische ⁓leistung / potencia *f*
específica de combustible ‖ ⁓leistungsdichte *f* (Nukl) /
densidad *f* de potencia de combustible ‖ ⁓leitung *f* /
tubería *f* de combustible ‖ ⁓mangel *m*, -knappheit *f* /
escasez *f* de combustible ‖ eingefüllte ⁓menge
(Raumf) / combustible *m* cargado ‖ ⁓messgerät *n* /
medidor *m* de combustible ‖ ⁓-Nennleistung *f* (Nukl) /
potencia *f* nominal de combustible ‖
⁓-Nennleistungsdichte *f* (Nukl) / densidad *f* de la
potencia nominal ‖ ⁓pellet *n* (Nukl) / pastilla *f* de
material fisible ‖ ⁓pumpe *f* / bomba *f* de combustible
‖ ⁓schicht *f* (Hütt) / capa *f* de combustible ‖
⁓schwelung *f* (Chem) / carbonización *f* lenta de
combustible ‖ ⁓stab *m* (Nukl) / barra *f* de combustible
‖ stand *m* (Tank) / nivel *m* de combustible ‖
⁓substanz *f* (Chem) / sustancia *f* combustible ‖
⁓tablette *f* (Nukl) / pastilla *f* de material fisible ‖
⁓umhüllung *f s.* Brennstoffhülle ‖ ⁓verbrauch *m* /
consumo *m* de combustible ‖ ⁓versorgung *f* /
abastecimiento *m* de combustible ‖ ⁓vorrat *m* /
reserva *f* de combustible ‖ ⁓-Vorratsmesser *m*
(Raumf) / unidad *f* indicadora de combustible ‖
⁓zähler *m* (Heizung) / contador *m* de combustible ‖
⁓zelle *f* (Elektr) / pila *f* electroquímica, fuel-cell *f* ‖
⁓zelle *f* (Luftf, Raumf) / compartimento *m* del
depósito de combustible ‖ ⁓zuführung *f*, -zufuhr *f* /
alimentación *f* (E) o llegada (LA) de combustible,
suministro *m* de combustible
Brenn•strahl *m* (Opt) / rayo *m* focal ‖ ⁓strahl des
Kegelschnittes (Geom) / radio *m* focal ‖
⁓strahlhärtung (Hütt) / templado *m* por flameado ‖
⁓stufe *f* zum Eintauchen in eine Erdumlaufbahn
(Raumf) / etapa *f* de inyección transterrestre ‖ ⁓stufe
zur Beschleunigung in eine Mond-Umlaufbahn
(Raumf) / etapa *f* de inyección translunar ‖ ⁓stunde,
Beleuchtungsstunde *f* / hora *f* de iluminación, hora *f*
de alumbrado ‖ ⁓stütze *f* (Keram) / apoyo *m* de
cochura ‖ ⁓strahlgeführtes ⁓verfahren (Kfz) / proceso
m de combustión con chorro guiado ‖ ⁓verhalten *n*
(Chem) / comportamiento *m* en combustión ‖
⁓versuch *n* / ensayo *m* de inflamación ‖ ⁓wachsen *m*
(Keram) / hinchamiento de cochura ‖ ⁓wachsen
(Ziegl) / dilatación *f* de cochura ‖ ⁓weite *f*,
Brennpunktsabstand *m* (Opt) / distancia *f* focal ‖
⁓weite des Okulars / distancia *f* focal del ocular ‖ die
⁓weite umschalten (Foto) / cambiar o variar la
distancia focal ‖ ⁓weitenbereich *m* (Foto) / margen *m*
de enfoque ‖ ⁓weitenkonverter *m* (Foto) / convertidor
m de la distancia focal ‖ ⁓weitenmesser *m* /
focómetro *m* ‖ ⁓weitenverstellung *f* / cambio *m* de
plano, variación *f* de la distancia focal, zoom *m* ‖
⁓wert *m*, Wärmeleistung *f* (Heizgerät) / poder *m*
calorífico, potencia *f* útil del calentador ‖ ⁓wert,
(früher:) oberer Heizwert (Brennstoff) / valor *m*

Brennwert

225

Brennwertkessel

calorífico bruto || ≈**wertkessel** *m* (Heizung) / caldera *f* de condensación || ≈**zeit** *f* (Licht) (Elektr) / período *m* de iluminación || ≈**zeit** (Brenner) / tiempo *m* de combustión || ≈**zeit**, Antriebszeit *f* (Rakete) / tiempo *m* de propulsión o de combustión || ≈**zone** *f* (allg) / zona *f* de combustión || ≈**zone** (Nukl) / zona *f* de fisión || ≈**zone** (Keram) / zona *f* de calcinación || ≈**zünder** *m* (Bergb) / detonador *m* incendiador || ≈**zünder** (Rakete) / inflamador *m*, encendedor *m*
Brent *n* (Rohölsorte) / crudo *m* del mar del Norte
brenz•... (Chem) / piro... || ≈**catechin** *n* / pirocatecol *m*, pirocatequina *f* || ≈**catechingerbstoff** *m* / tanina *f* de pirocatecol || ≈**gallussäure** *f* / ácido *m* pirogálico, pirogalol *m*
brenzlig•er Ölgeruch oder Geschmack / empireuma *m* || ~ **riechend** / empireumático
Brenz•reaktion *f* (Chem) / reacción empireumática || ≈**traubensäure** *f* / ácido *m* pirúvico, ácido *m* pirorracémico
Bresche *f* (Bau) / brecha *f*
Breschmauer *f*, entlastete Futtermauer / revestimiento *m* contraarqueado
Brett *n* (DIN: Schnittholz von 10-35 mm Dicke) (Tischl) / tabla *f*, tablón *m*, plancha *f* de madera || ≈**er für Breitenverbindungen** (Bau, Zimm) / tablas *f pl* para machihembrar || ≈ *n* **im Regal** (Tischl) / anaquel *m* || ≈ **mit Schattennut** / tabla *f* perfilada de ranura ancha || **dickes** ≈, Bohle *f* / tablón *m* || **halbzölliges** ≈, Kisten-, Tafelbrett *n* / tabla *f* de media pulgada || **in** ≈**er gesägt** / serrado en tablas || **mit** ≈**ern verschalen**, verkleiden (Bau) / revestir de tablas || **schmales** ≈ (Tischl) / tabla *f* estrecha || **zu** ≈**ern schneiden** (Holz) / tablear || ≈**aufbau** *m* (Labor) (Eltronik) / disposición *f* experimental, montaje *m* experimental || ≈**binder** *m* (Bau, Zimm) / viga *f* de tablas
Brettchen *n* (Holz) / tablilla *f*, chilla *f* || ≈**schneidemaschine** *f* (Holz) / máquina *f* para cortar tablillas
Brettdecke *f*, Schaldecke *f* (Zimm) / techo *m* entablado
Bretter•boden *m* (Zimm) / tablado *m*, entarimado *m*, suelo de tablas || ≈**dach** *n* (Bau) / tejado *m* de tablas || ≈**fußboden** *m* (Zimm) / piso *m* de tablas || ≈**lager** *n* / almacén *m* de tablas
brettern *vi* (Kfz) / ir a toda velocidad
Bretter•sägewerk *n* / serrería *f* de tablas || ≈**schalung** *f* / entablado *m*, tablazón *f* || **mit** ≈**schalung** / entablado *adj* || ≈**schalung** *f* (Kofferdamm) (Hydr) / tablestacado *m* || ≈**stoß** *m*, Bretterstapel *m* (Holz) / pila *f* de tablas o tablones, acopio *m* de tablones || ≈**tür** [mit aufgenagelten Leisten], Leistentür *f* (Zimm) / puerta *f* de tableros con listones y riostras || ≈**verkleidung** *f*, Verbretterung *f* / revestimiento *m* de tablas || ≈**verleimmaschine** *f* (Tischl) / encoladora *f* de cantos de tablas || ≈**verschlag** *m*, -schuppen *m* (Bau) / tinglado *m*, cobertizo *m* de tablas || ≈**wand** *f* (Zimm) / talanquera *f* || **überlappte** ≈**wand** (Zimm) / palanquera *f* a solape || ≈**zaun** *m* / valla *f* de tablas
Brett•fallhammer *m* (Bergb) / martinete *m* de caída con tabla de fricción || **[eingelegte]** ≈**feder** (Tischl) / lengua *f* || ≈**fuß** *m* s. Board Foot || ≈**holz** *n*, Flachholz *n* / madera *m* plana
brettiger Griff (Tex) / tacto acartonado *m*, tacto *m* duro o rígido
Brett•nagel *m*, Dielennagel *m* (Zimm) / clavo *m* para tablas || ≈**säge** *f* (Wz) / sierra *f* alternativa || ≈**schalung** *f* (des Daches) (Bau) / encofrado *m* de techo con tablas || ≈**schichtträger** *f* / viga *f* de tablas ensambladas y pegadas || ~**schichtverleimt** (Holzträger) / ensamblado y pegado || ≈**schneidemaschine** *f* / máquina *f* para aserrar tablas, máquina *f* para hacer tablillas || ≈**schneidemaschine** / máquina *f* para hacer tablillas
Brettung *f* (Steinmetz) / plantilla *f* de madera
Breunnerit *m* (Min) / breunnerita *f*

Brewster•-Neodymstab *m* (Laser) / barra *f* neodymio de Brewster || ≈**platte** *f* (Laser) / placa *f* de Brewster || ≈**winkel**, Polarisationswinkel *m* / ángulo *m* de Brewster
Brezelschlingmaschine *f* (Bäckerei) / máquina *f* para hacer rosquillas
BRG = Bundesanstalt für Geowissenschaften und Rohstoffe (Hannover)
BRI (= Bruttorauminhalt von Baukörpern) / volumen *m* de un edificio
Briartsche Führung (Bergb) / guía *f* [de la jaula] según Briart
Brick-Packung *f* (Milch, Säfte etc.) / cartón *m* "brick", brik *m*
Bride *f*, Federbride *f* / brida *f* de ballesta || ≈, Schlauchschelle *f* / abrazadera *f* para tubo flexible
Bridge-Kamera, All-in-one-Kamera *f* / cámara *f* tipo Bridge (multifuncional)
Bridging *n* (Transfer von Datenbeständen) (DV) / ponteo *m*
Brief *m* **Nadeln** (Tex) / cuaderno *m* de agujas || ≈**bearbeitungsmaschinen** *f pl* (Post) / maquinaria *f* para manipular cartas || ≈**beförderung** *f*, -abgangsdienst *m* / transporte *m* de cartas || ≈**beschwerer** *f* / pisapapeles *m* || ≈**einwurf** *m* (Bau) / buzón *m* || ≈**falt- u. Kuvertiermaschine** *f* (Büro) / máquina *f* para plegar y poner en sobres las cartas || ≈**hülle** *f*, -umschlag *m* / sobre *m*
Briefing *n* (Luftf, Mil) / aleccionamiento *m*, resumen *m* verbal
Brief•klammer *f*, Büroklammer *f* / sujetapapeles *m*, clip *m* || ≈**kopf** *m* / membrete *m* || ≈**marke** *f* / sello *m* postal, sello *m* de correo (E), estampilla *f* (LA), timbre *m* (MEJ) || ≈**markenautomat** *m* / distribuidor *m* automático de sellos || ≈**ordner** *m* (Büro) / archivador *m*, clasificador *m*, carpeta *f* (LA) || ≈**papier** *n* / papel *m* para cartas || ≈**schließmaschine** *f* (Büro) / máquina *f* para cerrar sobres || ≈**sortiermaschine** *f* / clasificadora *f* de cartas || ≈**stempelmaschine** *f* / matasellos *m* automático || ≈**umschlag** *m* / sobre *m*, cuja *f* (MEJ, HOND) || ≈**verteilung**, -sortierung *f* / distribución *f* de cartas, clasificación *f* de cartas || ≈**waage** *f* / pesacartas *m*
Briggs•scher Logarithmus (Math) / logaritmo *m* común || ≈**-Gewinde** *f* / filete *m* de Briggs
Brightstock *m* (Öl) / brightstock *m*
Brikett *n* (Kohle), Pressling *m* / briqueta *f* || **eiförmiges** ≈ / briqueta *f* ovoide || ≈**fabrik**, Brikettieranlage *f* / fábrica *f* de briquetas || ≈**fett** *n* / grasa *f* en briqueta
brikettieren / briquetear, hacer briquetas, aglomerar || ≈ *n* / briqueteado *m*, briqueteo *m*
Brikettierkohle *f* / carbón *m* para briquetas
Brikettiermaschine *f* (Heu, Landw) / empastilladora *f* de heno
Brikett•[ier]presse *f* (Kohle) / prensa *f* para briquetas, prensa *f* briquetadora o aglomeradora || ≈**pech** *n* / pez *f* para briquetas || ≈**presse für Heu**, Heuwaffelpresse *f* (Landw) / empastilladora *f* de heno || ≈**pressstempel** *m* (Kohle) / troquel *m* para briquetas
Brillant *f* (Druck) / brillantez *f* || ≈ *m* (Min) / brillante *m* || ~**blau** (RAL 5007) / azul brillante
Brillantenglanz verleihen / dar lustro brillante
Brillant•garn *n* (Tex) / hilo *m* de Escocia brillante || ≈**gelb** *n* / amarillo *m* brillante, cúrcuma *f* || ≈**grün** *n* / verde *m* esmeralda || ≈**in** *m* (Tex) / brillantina *f*, percalina *f* de lustre
Brillantinegarn *n* / hilo *m* de mezcla lustrosa
Brillant•schliff *m* (Glas) / tallado *m* en facetas || ≈**schwarz** *n* / negro *m* brillante || ≈**sucher** *m*, Aufsichtsucher *m* (Foto) / visor *m* brillante o de reflexión, visor *m* claro || ≈**weiß** *n* / blanco *m* brillante
Brillanz *f* / brillantez *f*
Brille *f*, Augengläser *n pl* (Opt) / gafas *f pl*, anteojos *m pl*, lentes *f pl* || ≈, Schutzbrille *f* / gafas *f pl* protectoras ||

⁓ (Bohrloch) / ventaja f no arrancada ‖ ⁓, Lünette f, Setzstock m (Dreh) / luneta f ‖ ⁓ (Stopfbuchse) / tapa f de prensaestopas ‖ ⁓, Zugbrett n (Tex) / tabla f de tracción ‖ ⁓, Klosettsitz m (Sanitär) / asiento m de retrete ‖ ⁓ **mit Mehrstärkengläsern** (Opt) / gafas f pl graduadas ‖ **eine** ⁓ **anpassen** / graduar unas gafas ‖ **eine** ⁓ **tragen** / usar o llevar gafas ‖ **feststehende** ⁓ (Dreh) / luneta f fija ‖ **mitgehende** ⁓ (Dreh) / luneta f móvil
Brillen•bestimmungsgerät n (Opt) / aparato m para la prueba de gafas ‖ ⁓**bogen** m / puente m de gafas ‖ ⁓**bügel** m / brazo m de gafas ‖ ⁓**fassung** f, -einfassung f, -gestell n, -rand m / montura f de gafas, armazón f (LA) ‖ ⁓**glas** n / cristal m para gafas ‖ ⁓**glas-Randbearbeitungsmaschine** f (Opt) / aparato m para modelar los bordes de los cristales de las gafas ‖ ⁓**lupe** f / gafas-lupa f ‖ ⁓**optik** f / óptica f de anteojería ‖ ⁓**rohglas** n / vidrio m para cristales de gafas ‖ ⁓**schieber** m, Schmidtbrille f (Hütt) / válvula f de diafragma, válvula f de Schmidt ‖ ⁓**steg** m (Opt) / puente m nasal ‖ ⁓**technik** f / técnica f de gafas (E), anteojería f (LA) ‖ ~**tragend** / portagafas, con gafas ‖ ⁓**träger** m / portagafas m, portador m de gafas, usuario m de gafas
Brillouin•-Streuung f (Plasma) / dispersión f de Brillouin ‖ ⁓**-Zone** f (Nukl) / zona f de Brillouin
Brinell•-Eindruck m (Mat.Prüf) / huella f Brinell ‖ ⁓**härte** f, HB / dureza f Brinell ‖ ⁓**-Härteprüfer,** **-Apparat** m / comprobador m Brinell ‖ ⁓**-Härteprüfung** f / ensayo m de dureza Brinell ‖ ⁓**härtezahl** f / coeficiente m de Brinell ‖ ⁓**kugel** f / bola f de Brinell ‖ ⁓**kurve** f / curva f Brinell
Bringanweisung f (COBOL, DV) / mando m de movimiento
bringen vt (allg) / traer, llevar ‖ ~ (DV) / mover ‖ **auf den Markt** ~ / lanzar al mercado, comercializar ‖ **auf Tempo** ~ (Kfz) / acelerar ‖ **aus dem Gleichgewicht** ~ / desequilibrar ‖ **in Linie** ~ (Druck) / parangonar ‖ ⁓ n **des Holzes** (Forstw) / evacuación f de la madera
brisant (Sprengstoff) / explosivo, rompedor ‖ ~**es Pulver** / polvo m explosivo
Brisanz f (Mil) / fuerza f explosiva ‖ ⁓**munition** f (Mil) / munición f altamente explosiva ‖ ⁓**pulver** n / polvo m explosivo ‖ ⁓**wert** m (Sprengstoff) / factor m del poder explosivo
Brise, frische ⁓, Windstärke 5 (Meteo) / viento m fuerza 5, grado m Beaufort 5, fresquito m ‖ **leichte** ⁓, Windstärke 2 / brisa f ligera (fuerza 2 del viento), flojito m ‖ **mäßige** ⁓, Windstärke 4 / brisa f moderada, bonancible m ‖ **schwache** ⁓, Windstärke 3 / brisa f ligera, flojo m, airecillo, vientecillo m (LA) ‖ **steife** ⁓ (Windstärke 7) / viento m muy fresco, viento fuerza 7 ‖ **strong** ⁓, Windstärke 6 / fresco m
Briseur, Vorreißer m (Spinn) / abridor m, tomador m, cilindro m abridor
Bristolkarton m (feiner glatter Karton) (Pap) / cartón m Bristol
Britanniametall n (Zinn-Antimon-Kupfer-Legierung) / metal m britania (aleación Sn, Sb, Cu)
Britische Pharmakopöe, BP / farmacopea británica
Britolith m (Min) / britolita f
Brittle-Punkt m, Versprödungspunkt m (Anstrich) / temperatura f de fragilidad
Brixgrad m (1° Brix = 1 Gew.% Saccharose) (Zuck) / grado m de Brix
Brochantit m (Min) / brochantita f
Broché m (Web) / broché m ‖ ⁓**-Weben** n / tejeduría f de broché
bröck[e]lig, bröckelnd / quebradizo, desmoronadizo, desmenuzable, deleznable ‖ ~, zerreibbar / friable
Bröckeligkeit f / friabilidad f
bröckeln, [sich] ~ / desmenuzar [se], desmoronarse
Bröckelspan m (Wzm) / viruta f fragmentada

Brocken m, Erzbrocken m (Bergb) / llampo m (CHIL) ‖ ⁓ **im Mahlgut** (unerwünscht) (Aufb) / impurificación f sólida ‖ **großer** ⁓, Klumpen m / fragmento m, trozo m ‖ **kleiner** ⁓ / pedazo m, pedacito m ‖ ⁓**fühler** m (Öl) / sonda f de desperdicios
bröcklig, brüchig / friable, quebradizo
Bröckligkeit f / friabilidad f
brodeln (Flüssigkeit) / borbotear, burbujear ‖ ⁓ n / borboteo m, burbujeo m
Brodem m (Chem) / vapor m, vaho m caliente, humo m ‖ ⁓**klappe** f / válvula f de ventilación
Brokat m (Tex) / brocado m
Brokatelle f, Brokatell m (Tex) / brocatela f
Brokatpapier n / papel m [de] brocado
Brom n, Br (Chem) / bromo m ‖ ⁓... / brómico ‖ ⁓**aceton** n / bromacetona f ‖ ⁓**[argyr]it** m, Bromyrit m (Min) / brom[argir]ita f, bromirita f, bromuro m de plata ‖ ⁓**at** n (Chem) / bromato m ‖ ⁓**atik**, Bromatologie, -graphie f (Nahr) / bromatología f ‖ ⁓**[at]ometrie** f (Chem) / bromatometría f ‖ ⁓**benzin** n / bromobenceno m ‖ ⁓**benzylcyanid** n (Tränengas) / cianuro m de bromobencilo ‖ ⁓**chlorbenzol** n (Chem) / bromoclorobenzol m, bromoclorobenceno m ‖ ⁓**chlorphenolblau** n (Farbstoff)st / azul m de bromoclorofenol ‖ ⁓**elain** n, Bromelin n (Chem) / bromelinasa f, bromelaína f, bromelina f ‖ ⁓**entziehung** f, debromación f ‖ ⁓**ethyl** n / bromoetilo m ‖ ⁓**gelatine** f / gelatina f de bromuro ‖ **~gesättigte Kieselgur** (Min) / kieselguhr m saturado de bromo ‖ ⁓**hydrin** n (Chem) / bromhidrina f
Bromid, Bromsalz n / bromuro m ‖ ⁓**-Bromat-Ätze** f (Färb) / mordiente m de bromuro-bromato ‖ ⁓**feuerlöscher** m (Feuerwehr) / extintor m de bromuro
bromierbar (Chem) / bromable
bromieren / bromurar
Bromierung f / bromificación f
Brom•kali[um] n, Kaliumbromid n / bromuro m potásico ‖ ⁓**kresolgrün** n (Farb) / verde m de bromocresol ‖ ⁓**kresolpurpur** m / púrpura f de bromocresol ‖ ⁓**methyl** n (Chem) / bromuro m de metilo ‖ ⁓**oform** n / bromoformo m ‖ ⁓**öldruck** m (Foto) / bromóleo m ‖ ⁓**ometrie** f (Chem) / brometría f ‖ ⁓**phenol** n / bromofenol m ‖ ⁓**phenolblau** n (Farb) / azul m de bromofenol ‖ ⁓**säure** f (Chem) / ácido m brómico ‖ ⁓**silan** n / bromosilano m ‖ ⁓**silber** n (Min) s. Brom[argyr]it ‖ ⁓**silberdruck** m, Rotationsfotografie f (Foto) / imprenta f a bromuro de plata ‖ ⁓**silbergelatine** f (Foto) / gelatina f de bromuro de plata ‖ ⁓**silbergelatineschicht** f / capa f de gelatina de bromuro de plata ‖ ⁓**silberpapier** n (Foto) / papel m al (o de) bromuro de plata ‖ ⁓**styrol** n (Geruchsstoff) / bromoestireno m ‖ ⁓**thymolblau** n (pH-Indikator) / azul m de bromotimol ‖ ⁓**vergiftung** f, Bromismus m (Med) / intoxicación f por bromo, bromismo m ‖ ⁓**wasserstoff** m (Chem) / bromuro m de hidrógeno ‖ ⁓**wasserstoffsäure** f / ácido m bromhídrico ‖ ⁓**ylierung** f / bromilación f ‖ ⁓**[yr]it** m (Min) s. Brom[argyr]it ‖ ⁓**zahl** f (Öl) / índice m de bromo
Bronchoskop n (Med) / broncoscopio m
Brönnersche Säure f (Färb) / ácido m de Brönner
Bronze f (Metall) / bronce m ‖ ⁓..., aus Bronze, bronzeähnlich / broncíneo ‖ **echte** ⁓, Goldbronze f (Hütt) / bronce m florentino ‖ **gefirnisste, unechte** ⁓ / purpurina f ‖ ⁓**bad** n / baño m de bronce ‖ ⁓**büchse** f, -buchse f / forro m de bronce ‖ ⁓**druck** m (Druck) / impresión f de bronce ‖ ⁓**farbe** f / tinta f bronce ‖ ⁓**farben**, von Bronze / de color de bronce, bronceado ‖ ⁓**guss** m (Gieß) / fundición f de bronce, bronce m fundido ‖ ⁓**hülse** f (Lager) / manguito m de bronce, casquillo m de bronce ‖ ⁓**lack** m / barniz m bronceante, laca f de bronce ‖ ⁓**lager** n (Masch) / cojinete m de bronce ‖ ⁓**papier** n / papel m de bronce ‖ ⁓**pigment** n (Farb) / pigmento m de bronce ‖

227

Bronzepigment

≈**pigment**, Musivgold *n* / oro *m* musivo ‖ ≈**pulver** *n*, Bronze[farbe] *f* / bronce en polvo, polvo *m* de bronce, purpurina *f* ‖ ≈**strangguss** *m* (Gieß) / colada *f* continua de bronce ‖ ≈**tinktur** *f* / tintura *f* de broncear
Bronzierdruck *m* (Chem, Druck) / impresión *f* de bronce
bronzieren *vt* (Anstrich) / broncear ‖ ≈ *n* / bronceado *m*
Bronzit *m* (Min) / broncita *f*
Brooke *f* (Schiff) / eslinga *f* para sacos
Brookit *m* (Min) / brooquita *f*, brookita *f*
Brosche *f* (Uhr) / asiento *m* (de pivotes)
Broschierbindung *f* (Tex) / ligamento *m* espolinado
broschieren *vt*, durchweben (Web) / espolinar, brocar, bordar ‖ ~, heften (Druck) / encuadernar en rústica
Broschier•maschine *f* (Druck) / máquina *f* de coser ‖ ≈**schiffchen** *n* (Web) / espolín *m* para brocado ‖ ≈**schuss** *m* (Web) / tramo *m* de espolinar, trama *f* de brocar
broschiert (Seide) / brocado, espolinado ‖ ~ (Druck) / encuadernado en rústica, en rústica ‖ ~**es Gewebe** (Web) / tejido *m* espolinado
Broschierung *f* (Web) / espolinado *m*
Broschierwebmaschine *f* / telar *m* para espolinado
Broschur *f* (auf gazegeheftetes Buch) (Druck) / encuadernación *f* en rústica ‖ ≈, Nasswalken *n* (Tex) / batanado *m* en húmedo
Broschüre *f*, Druckschrift *f* (Druck) / folleto *m*, fasciento *m*, opúsculo *m* ‖ ≈, Druckschrift *f*, Prospekt *m* / prospecto *m* ‖ ≈, Faltprospekt *m*, Flyer *m* (Druck) / porfolio *m*, prospecto *m* plegado, tríptico *m* ‖ ≈ *f* **aus gehefteten Blocks** / folleto *m* de bloques cosidos ‖ ≈ **aus losen Bogen** / folleto *m* de hojas sueltas, folleto *f* cosido por el costado
Broschürenheftmaschine *f* / máquina *f* para coser folletos
Broschurenschnitt, im ≈ (Druck) / recortado a ras, cortado a sangre
Brot backen / cocer pan ‖ ≈**backautomat** *m* (Lebensm) / horno *m* panificador automático ‖ ≈**backen** *n* / panadería *f*, panificación *f* ‖ ≈**einheit** *f* (in der Ernährungswissenschaft), BE (Med) / unidad *f* de pan ‖ ≈**getreide** *n* (Landw) / cereales *m pl* primarios o panificables ‖ ≈**käfer** *m* (Zool) / escarabajo *m* del pan ‖ ≈**schneidemaschine** *f* / rebanador *m* ‖ ≈**schrift** *f* (Druck) / tipos *m pl* de texto [normal], tipos *m pl* corrientes o comunes o usuales, caracteres *m pl* de obra
Brouter *m*, Bridge-Router *m* (Fernm) / puente/encaminador *m*
Brown-Powder-Effekt *m* (auf Kontakten) (Elektr) / efecto *m* de polvo pardo, ensuciamiento *m* por polvo moreno
Brownsche Wärmebewegung *f* (Phys) / movimiento *m* [térmico] browniano, pedesis *f*
Browser *m* (DV) / browser *m*, navegador *m*
BRT = Bruttoregistertonnen
Bruch *m*, Brechen *n* (allg) / rotura *f*, ruptura *f*, fractura *f*, fracción *f* ‖ ≈, Bruchstelle *f* / punto *m* de rotura ‖ ≈, Abfall *m* / desechos *m pl* ‖ ≈, Falte *f* (Pap) / pliegue *m* ‖ ≈, Scherben (Glas) / añicos *m pl* ‖ ≈, Moor *n* (Geo) / pantano *m*, marisma *f*, cenagal *m*, turbera *f* ‖ ≈, Mauerriss *m* (Bau) / grieta *f*, hendidura *f* ‖ ≈, Steinbruch *m* / cantera *f* ‖ ≈ (Geol) / diaclasa *f*, quiebra *f* ‖ ≈, Querriss *m* (Bergb, Geol) / fractura *f* ‖ ≈ *m*, Querriss *m*, Absonderungsfläche *f* (Bergb) / superficie *f* de desprendimiento ‖ ≈, Einbruch *m* (Bergb) / techo *m* hundido, derrumbe *m*, hundimiento *m*, atierre *m* ‖ ≈ *m* (Math) / quebrado *m*, fracción *f* ‖ ≈ **im Biegungsbereich** (Reifen) / rotura *f* en la zona de flexión ‖ ≈ **in einer Kurve**, Knickpunkt *m* (Math) / punto *m* de cambio de rasante ‖ ≈ **machen** (Luftf) / aterrizar con daño, estrellarse contra el suelo ‖ ≈ **scheinbarer** (Math) / quebrado *m* aparente ‖ **zu** ≈ **gegangen** (Bergb) / hundido, derrumbado ‖ **zu** ≈ **gehen**

(Luftf) / destrozarse ‖ **zu** ≈ **gehen** (o. kommen) (Bergb) / derrumbarse, hundirse ‖ **zu** ≈**e bauen o. werfen**, den Bruch niedergehen lassen (Bergb) / hacer derrumbar el techo
Bruch•anfall *m*, -anteil *m* (Glas) / proporción *f* de roturas ‖ ≈**arbeitsvermögen** *n* / energía *f* por deformación elástica máxima ‖ ≈**aussehen** *n* / apariencia *f* de la rotura ‖ ≈**aussehen**, Struktur *f* (Hütt) / estructura *f*, apariencia *f* de la rotura ‖ ≈**bau** *m* (Bergb) / explotación *f* por hundimiento o derrumbe ‖ ≈**beanspruchung** *f*, -spannung *f* / carga *f* de ruptura, resistencia *f* de ruptura ‖ ≈**belastung** *f* / carga *f* de ruptura o rotura ‖ ≈**belastungsprobe** *f* (Mat.Prüf) / ensayo *m* de rotura ‖ ≈**berechnung** *f* (Mech) / cálculo *m* de rotura ‖ ≈**berge** *f pl* (Bergb) / rocas *f pl* hundidas o de hundimiento ‖ ≈**bildung** *f* (Bau) / rotura *f* incipiente ‖ ≈**blei** *n* (Hütt) / plomo *m* viejo ‖ ≈**dehnung** *f* / alargamiento *m* de rotura ‖ ≈**dehnung**, bleibende Dehnung kurz vor dem Bruch (Bau, Plast) / alargamiento *m* precedente a la rotura ‖ ≈**ebene** *f* (Geol) / plano *m* divisorio ‖ ≈**einschnürung** *f*, -kontraktion *f* (Mat.Prüf) / estricción *f* de rotura ‖ ≈**eis** *n* / trozos de hielo *m pl* ‖ ≈**eisen** *n* (Hütt) / chatarra *f* de hierro fundido ‖ ≈**energie** *f* (Phys) / energía *f* de rotura ‖ ≈**faktor** *m* (Luftf) / factor *m* de seguridad final ‖ ≈**faltengebirge** *n* (Geol) / montaña *f* plegada de fallas ‖ ≈**-Feinkohle** *f* (Bergb) / carbón *m* menudo por fracción ‖ ≈**feld** *n* (Bergb) / campo *m* de derrumbamiento, zona *f* de derrumbe ‖ ≈**feldberieselung** *f* (Bergb) / humedecimiento *m* del campo de derrumbamiento ‖ ~**fest**, -sicher / a prueba de rotura, resistente a la rotura, irrompible ‖ ≈**festigkeit** *f* / resistencia *f* a la rotura ‖ ≈**fläche**, -oberfläche *f* (allg) / superficie *f* de rotura ‖ ≈**fläche**, -stelle *f* / sección *f* de rotura, punto *m* de rotura ‖ ≈**fläche** *f* (Geol) / superficie *f* de falla ‖ ≈**fläche** (Bergb) / superficie *f* de hundimiento ‖ ≈**fuge** *f*, Brechungsfuge *f* (Bau) / junta *f* de rotura ‖ ≈**gefahr** *f* / peligro *m* de rotura ‖ ≈**gefüge** *n* (Hütt) / estructura *f* del material en la rotura ‖ ≈**glied** *n*, Schergleid *n* / miembro *m* de cizallamiento ‖ ≈**glied**, [Ab]scherbolzen *m* / perno *m* de seguridad, perno *m* de cizallamiento ‖ ≈**grenze** *f* (Bau, Masch) / límite *m* de rotura ‖ ≈**grenze** (Bergb) / límite *m* de zona de rotura ‖ ≈**holz** *n* (Holz) / leña *f*
brüchig, zerbrechlich (allg) / frágil, quebradizo, friable ‖ ~, spröde (Metall) / agrio ‖ ~, morsch (Holz) / podrido ‖ ~, rissig / agrietado ‖ ~, bröcklig, zu Staub zerfallend / desmenuzable, deleznable ‖ ~ (Bergb) / quebradizo ‖ ~ (Block, Hütt) / bronco ‖ ~**es Deckgebirge** (Bergb) / techo *m* quebradizo ‖ ~**e Kante** (Hütt) / canto *m* quebradizo ‖ ~ **werden** / resquebrajarse, quebrantarse
Brüchigkeit, Zerbrechlichkeit *f* / fragilidad *f*
Bruch•kante *f* (Tuch) / pliegue *m* ‖ ≈**kante** (Bergb) / arista *f* de derrumbe ‖ ≈**kohle** *f*, -koks *m* / carbón *m* menudo, coque *m* menudo ‖ ≈**korn** *m* (Landw) / granoss *m pl* partidos ‖ ≈**kupfer** *n*, altes Kupfer (Hütt) / cobre *m* viejo ‖ ≈**kupplung** *f* / acoplamiento *m* de rotura ‖ ≈**lager** *n*, Lagerseite *f* (Stein) / lecho *m* ‖ ~**landen** (Luftf) / aterrizar violentamente o con avería, aterrizar con daño ‖ ≈**landung** *f* (Luftf) / aterrizaje *m* forzado o con daño ‖ ≈**länge** *f*, Reißlänge *f* / longitud *f* de rotura ‖ ≈**last** *f*, -belastung *f* (Mech) / carga *f* de rotura ‖ ≈**last**, höchstzulässige Last / carga *f* máxima admisible ‖ ≈**last** (Bergb) / carga *f* de derrumbe ‖ ≈**lastspielzahl** *f* (Mat.Prüf) / número *m* de ciclos bajo carga hasta la rotura, número *m* de ciclos de rotura ‖ ≈**linie** *f* (Geol) / línea *f* de derrumbe ‖ ≈**linie** (Bau) / línea *f* de rotura ‖ ≈**linientheorie** *f* (Mech) / teoría *f* de las líneas de rotura ‖ ≈**lochwicklung** *f* (Elektr) / devanado *m* no congruente ‖ ≈**mechanik** *f* / mecánica *f* de rotura ‖ ~**mechanische Eigenschaften** *f pl* / propiedades *f pl* mecánicas de rotura ‖ ≈**messing** *n* (Hütt) / latón *m*

viejo ‖ ⁓**messlänge** f (Mat.Prüf, Prüfstab) / longitud f final de rotura ‖ ⁓**modul** m eines Kabels (Fernm) / módulo m de ruptura ‖ ⁓**muster** n, -aussehen n (Geol, Hütt) / apariencia f de la superficie de rotura ‖ ⁓**neigung** f / tendencia f a la rotura, predisposición f a la rotura ‖ ⁓**ort** n (Bergb) / testero m hundido ‖ ⁓**probe** f, -versuch m (Mat.Prüf) / ensayo m de rotura ‖ ⁓**probe** (Hütt) / prueba f de fractura ‖ ⁓**querschnitt** m / sección f de rotura ‖ ⁓**querschnittsverminderung** f s. Brucheinschnürung ‖ ⁓**rau** (Steine) (Bau) / desbastado (piedras) ‖ ⁓**rechnung** f (Math) / cálculo m de fracciones ‖ ⁓**schaden** m (Glas) / avería f [por rotura], daño m por rotura ‖ ⁓**schlagarbeit** f (Holz) / trabajo m de rotura por choques ‖ ⁓**schlagfestigkeit** f / resistencia f a la fractura por percusión ‖ ⁓**schollengebirge** n (Geol) / montañas f pl de bloques de fallas ‖ ⁓**schrott** m (Hütt) / trozos m pl de chatarra ‖ ⁓**sicher** / seguro contra rotura, a prueba de rotura ‖ ⁓**sicher**, bruchstabil (Bau, Masch) / resistente a la rotura o fractura ‖ ⁓**sicherheit** f / seguridad f contra la rotura ‖ ⁓**sicherung** f (Masch) / elemento m de rotura controlada o de cizallamiento ‖ ⁓**spalte** f (Bergb) / hendidura f de rotura, viruta f quebrada ‖ ⁓**span** m (Wzm) / viruta f de aguja ‖ ⁓**spannung** f (Bau, Masch) / tensión f de rotura
Bruchstein m (Bau) / piedra f de mampostería, mampuesto m ‖ ⁓**e** m pl, Schotter m / lastre m, grava f ‖ ⁓**e behauen** (o. abschalen o. putzen) / labrar piedras de cantera ‖ ⁓**e** m pl **für das Steinbett** (Straß) / balasto m, cascajo m ‖ **abgespitzter o. bossierter** ⁓ (Bau) / piedra f de cantera realzada ‖ **mit** ⁓ **[aus]mauern** / mampostear ‖ ⁓**beton** m / hormigón m con gravilla ‖ ⁓**gewölbe** n / bóveda f de mampostería ‖ ⁓**lage** f, Koffer m (Hydr) / capa f de lastre ‖ ⁓**mauer** f (Bau) / muro m de piedras de cantera ‖ ⁓**mauerwerk** n / mampostería f de piedras de cantera ‖ ⁓**schüttung** f / enrocado m
Bruch • stelle f / punto m de rotura o fractura ‖ ⁓**stelle** (Math) / decimal f ‖ **bis zur 3.** ⁓**stelle berechnet** / calculado a tres decimales ‖ ⁓**stempel** m (Bergb) / estemple m de ruptura ‖ ⁓**strich** m (horizontal) (Math) / raya f de quebrado[s], línea f horizontal, línea f de quebrado ‖ ⁓**strich** (schräg) (Math) / raya f inclinada ‖ ⁓**stück** n / fragmento m, trozo m ‖ ⁓**stückartig** / fragmentario ‖ ⁓**stücke** m pl, Splitter m pl, Trümmer n pl (Bau) / metrallas f pl, trozos m pl ‖ ⁓**stücke, Fragmente** n pl / fragmentos m pl ‖ ⁓**teil** m, -stück n / fracción f ‖ ⁓**teil** (Math) / parte f ‖ ⁓**teilunterdrückung** f (Math) / supresión f de partes ‖ ⁓**torsionsverfahren** n (Mat.Prüf) / método m de rotura por torsión ‖ ⁓**wand** f (Steinbruch) / frente m de cantera ‖ ⁓**widerstand** m (Bau, Pap) / resistencia f a la rotura por tracción ‖ ⁓**zähigkeit** f (Mat.Prüf) / tenacidad f a la rotura ‖ ⁓**zahl** f, gebrochene Zahl, Bruch m (Math) / número m quebrado, número m fraccionario ‖ ⁓**zahl** (Mech) / factor m de rotura ‖ ⁓**zerreißprobe** f (Mat.Prüf) / ensayo m de rotura por tracción ‖ ⁓**ziegel** m pl, Ziegelbruch m (Bau) / cascotes m pl, ripio m ‖ ⁓**zone** f (Geol) / zona f de rotura ‖ ⁓**zone über dem Abbau** (Bergb) / techo m de hundimiento
Brucin n (Chem) / brucina f
Brucit m (Min) / brucita f
Brücke f (allg, Med) / puente m ‖ ⁓, brückenförmiges Gerüst / traviesa f ‖ ⁓, Herd-, Feuerbrücke f (Hütt) / tornallamas m ‖ ⁓ (Schiff) / puente m de mando ‖ ⁓ (Elektr) / puente m ‖ ⁓, kleiner Teppich / alfombra f corta o pequeña ‖ ⁓ **einer Brückenwaage** / plataforma f [de la báscula], puente m ‖ ⁓ **mit Hänge- und Sprengwerk** (Bau) / puente m de armaduras contrafijadas ‖ ⁓ **mit obenliegender Fahrbahn** (Stahlbau) / puente m de calzada superior ‖ ⁓ **mit unten liegender Fahrbahn** (Stahlbau) / puente m de calzada inferior ‖ ⁓**n und Hochstraßen** (Straß) /

obras f pl de puentes y viaductos ‖ **bewegliche** ⁓ (Straß) / puente m móvil ‖ **eine** ⁓ **bauen** (o. schlagen) / tender un puente ‖ **mit einer** ⁓ **überspannen** / echar un puente [sobre] ‖ ⁓**n abgleichen** (Elektr) / equilibrar, poner en equilibrio
Brücken • abgleich m (Elektr) / equilibrio m de puente ‖ ⁓**atom** n (Chem) / átomo m de puente ‖ ⁓**auffahrt** f (Straß) / rampa f de puente ‖ ⁓**auflager** n / apoyo m de puente ‖ ⁓**bahn**, Fahrbahn f / calzada f ‖ ⁓**bau** m / construcción f de puentes ‖ ⁓**bauer**, -bauingenieur m / ingeniero m constructor de puentes ‖ ⁓**baustahl** m / acero m para puentes ‖ ⁓**bauwerk** n s. Brücke ‖ ⁓**belag** m (Straß) / tablero m de puente ‖ ⁓**besichtigungsbühne** f / plataforma f de inspección ‖ ⁓**bild** n / aspecto m del puente ‖ ⁓**bildung** f (Halbl) / formación f de canales ‖ ⁓**bildung** (Bergb, Gieß, Pulv.Met) / formación f de puente ‖ ⁓**bindung** f (Chem) / enlace m transversal ‖ ⁓**bogen** (Steinbrücke) / arco m de puente de piedra ‖ ⁓**bogen**, -joch, -feld n (Bau) / travesaño m ‖ ⁓**bogen**, -gewölbe n / arcada f ‖ ⁓**boot**, -schiff n / pontón m ‖ ⁓**brecher** (Zerkleinerung) / triturador m de puente ‖ ⁓**deck** n (Schiff) / cubierta f del puente ‖ ⁓**demodulator** m (Elektr) / detector m de relación ‖ ⁓**draht** m (Elektr) / hilo m de puente ‖ ⁓**draht** (zum Zünden des Antriebs) (Raumf) / hilo m de encendido ‖ ⁓**fachwerk** n (Bau) / armadura f del puente ‖ ⁓**fahrbahn** f (Bahn, Straß) / tablero m, calzada f del puente ‖ ⁓**fahrstand** m (Schiff) / pupitre m de mando ‖ ⁓**feld** n (Bau) / travesaño m ‖ ⁓**fernsteuerung** f (Schiff) / telecontrol m desde el puente de mando ‖ ⁓**filter**, Kreuzglied m (Fernm) / filtro m de (o en) celosía ‖ ⁓**floß** n, -prahm m (Schiff) / chalana f (E), chata f (LA) ‖ ⁓**flügel** m (Bau) / ala f de puente ‖ ⁓**gebühr** f / peaje m ‖ ⁓**gegensprechschaltung** f (Fernm) / conexión f dúplex de puente ‖ ⁓**geländer** n (Bau) / barandilla f, baranda f de puente (LA) ‖ ⁓**gerät** n (Mil) / equipo m para tender un puente ‖ ⁓**gleichrichter** m (Elektr) / rectificador m de [montaje en] puente ‖ ⁓**gleis** n (Bahn) / vía f de puente ‖ ⁓**glied** n, -joch n (Pontonbrücke) (Bau, Mil) / elemento m de puente ‖ ⁓**glied des Vierpols** (Elektr) / puente m del cuadripolo ‖ ⁓**gradient** m (Straß) / gradiente m de puente ‖ ⁓**gradiente** f / inclinación f de los gradientes ‖ ⁓**hälfte** f (der Drehbrücke) / mitad f giratoria (del puente) ‖ ⁓**hammer** m / forjadora f en forma de puente ‖ ⁓**haus** n (Schiff) / castillo m con puente de mando ‖ ⁓**joch** n / pilotaje m del puente ‖ ⁓**klappe**, Aufzugklappe f (Bau) / plataforma f móvil de puente ‖ ⁓**kontakt** m (Elektr) / contacto m ponteador ‖ ⁓**kran** m, Portalkran m / puente m grúa, grúa-puente f, grúa f de pórtico ‖ ⁓**kreis** m (Elektr) / circuito m [en] puente ‖ ⁓**lager** n s. Brückenauflager ‖ ⁓**lagerteile** n pl / elementos m pl portantes [de un puente] ‖ ⁓**längsträger** m (Stahlbau) / viga f longitudinal de puente ‖ ⁓**legepanzer** m / tanque m lanzador de puente ‖ ⁓**leger-Fahrzeug** n (Mil) / vehículo m lanzador de puente ‖ ⁓**lift** m für RoRo-Verkehr / puente m elevador ‖ ⁓**messgerät** n (Elektr) / instrumento m de medida en puente ‖ ⁓**messung** f (Elektr) / medición f en puente, medida f en puente ‖ ⁓**methode** f (Elektr) / método m de cero ‖ ⁓**mischer** m (Beton) (Straß) / hormigonera f de puente ‖ ⁓**nock** n f (Schiff) / alero m, ala f del puente de mando ‖ ⁓**oberbau**, -überbau m (Bau) / superestructura f de puente ‖ ⁓**öffnung** f / luz f de puente ‖ ⁓**ohmmeter** m, -isolationsmesser m (Elektr) / ohmiómetro m de puente ‖ ⁓**pfeiler** m (Bau) / pila f de puente, pilar m ‖ ⁓**pfeiler im Fluss**, Strompfeiler m / estribo m ‖ ⁓**pfeilerkopf** m / rompiente m ‖ ⁓**portal** m, Pylon m / pórtico m del puente, pilón f ‖ ⁓**querschnitt** m / corte m transversal del puente ‖ ⁓**rampe** f / rampa f de acceso ‖ ⁓**rückkopplung** f (Eltronik) / realimentación f de puente, retroacoplamiento m de puente ‖

Brückenschaltung

≃schaltung f (Elektr) / conexión f de puente, montaje m en puente ‖ ≃schaltung, Frequenzweiche f (Eltronik) / acoplador m diplex, diplexor, diplexer m ‖ ≃sicherung f (Elektr) / fusible m tipo puente ‖ ≃spannung f / tensión f de puente ‖ ≃ständer m (Bau) / pilar m del puente, puntal m ‖ ≃stativ n / soporte m de puente ‖ ≃stau m, Pfeilerstau m (Hydr) / remanso m de puente ‖ ≃steg m, Stegbrücke f / pasarela f ‖ ≃träger m (Stahlbau) / larguero m, viga f de puente ‖ ≃träger (Lok) / bastidor m larguero de locomotora ‖ durchgehender ≃träger (Stahlbau) / viga f continua de puente ‖ ≃tragwerk n (Bau) / estructura f portadora o de sustentación del puente ‖ ≃überbau m / superestructura f de puente ‖ ≃überbau (bei obenliegendem Fahrbahn) (Bahn, Straßb) / plataforma f de puente ‖ ≃überführung f (elektr. Leitung) / travesaño m de puente ‖ ≃übertrager m (Eltronik) / transformador m en puente ‖ ≃übertrager, Differentialübertrager m (Eltronik) / transformador m diferencial ‖ ≃verbinder m (Elektr) / conector m de puente ‖ ≃verfahren n (Elektr) / método m de cero ‖ ≃verhältnis n (Elektr) / relación f de puente ‖ ≃verstärker m (Elektr) / amplificador m de puente, amplificador m derivante ‖ ≃waage f / puente-báscula m, báscula f de plataforma ‖ ≃waage, Straßenwaage f / báscula f pesa-camiones ‖ ≃weiche f (Eltronik) / diplexor m ‖ ≃widerlager n (Bau) / estribo m de puente, espolón n ‖ ≃widerstand m (Elektr) / resistor m en paralelo ‖ ≃zünder m (Bergb) / detonador m de puente

Brüden pl, Brüdendampf m (Brau, Chem) / vapor m desprendido ‖ ≃, Wrasen m pl / vahos m pl, vapores mpl calientes ‖ ≃abzug m (Chem) / ventilador m de vahos ‖ ~frei / sin vahos, sin vapores ‖ ≃kondensator m / condensador m de vapores ‖ ≃raum m (Zuck) / cámara f de vapores ‖ ≃wasser n / agua condensada caliente

Brühe f (Färb) / caldo m
brühen vt / escaldar, hervir ‖ ~, abbrühen (Lebensmittel) / calentar en vapor ‖ ~, ankochen / iniciar la cocción ‖ ~ (Schnitzel) / escaldar cosetas
Brüh•kessel m, -trog m, -bottich m (Färb) / tina f de escaldado ‖ ≃schnitzel n pl (Zuck) / pulpa f escaldada
Brühung f, Brühen n, Überbrühung f / escaldamiento m, escaldado m
Brumm m, Brummgeräusch n (Eltronik) / zumbido m, ruido m ‖ ≃abstand m (in dB) / relación f señal-zumbido ‖ ≃abstand (in dB) zum Batteriestrom (Eltronik) / relación f señal-corriente de batería ‖ ≃bake f (Schiff) / baliza f zumbante ‖ ≃beseitigung f (Eltronik) / eliminación f del zumbido ‖ ≃einkopplung f / inducción f de zumbido
brummen vi, summen / zumbar, zurrir ‖ ~, dröhnen / roncar, ronronear ‖ ≃ n, Summen n / zurrido m
Brumm•filter n, Glättungssiebkette f (Eltronik) / filtro m de pulsaciones, filtro m contra el zumbido ‖ ≃frequenz f / frecuencia f de zumbido, frecuencia f de la ondulación o de rizado ‖ ≃komponente f (Eltronik) / componente f ondulatoria ‖ ≃-Modulation f (Eltronik, Röhre) / modulación f por el zumbido residual ‖ ≃spannung f (Funk) / tensión f de zumbido ‖ ≃spannungsverhältnis n, -spannungsfaktor m / factor m de ondulación o de rizado, relación f de ondulación residual ‖ ≃spule f / bobina f eliminadora de zumbido, bobina f antizumbido ‖ ≃streifen m (TV) / franja f de zumbido ‖ ≃zeichen n (Fernm) / zumbido m
Brünierbeize f (Stahl) / mordiente m de bruñir, mordiente m de pavonado
brünieren vt, braun beizen (Hütt) / pavonar ‖ ≃ n, Brünierung f (Galv, Hütt) / pavonado m
Brünier•öl n / aceite m de pavonar ‖ ≃salz n / sal f de pavonar ‖ ≃schicht f / pavón m ‖ ≃stein n (Keram) / piedra f para bruñir

Brunnen m, Schachtbrunnen m, gegrabener Brunnen / pozo m ‖ ≃, Kabelschacht m (Elektr, Fernm) / pozo m de cables ‖ ≃, Senkbrunnen m (Bau) / pozo m de cimentación ‖ gefasster ≃ / manantial m captado ‖ [gegrabener] ≃ / pozo m excavado ‖ ≃abdeckung f (Fernm) / tapa f de pozo ‖ ≃ausmauerung f, -mantel m / mampostería f de pozo ‖ ≃bau m / construcción f de pozos ‖ ≃bauer m / pocero m ‖ ≃bohren n, -bau m, -abteufung f / profundización f de pozos ‖ ≃bohrgerät n / equipo m para profundizar o perforar pozos ‖ ≃deck n (Schiff) / cubierta f de pozo ‖ ≃einfassung f, -brüstung f, -rand m (Bau) / corona f de pozo ‖ ≃fassung f / brocal m ‖ ≃greifer m (Bagger) / cuchara f para profundizar ‖ ≃gründung f (Bau) / cimentación f por pozos ‖ ≃kammer f (Hydr) / cámara f de captación ‖ ≃loch n, -schacht m / hueco m de pozo ‖ ≃ring m, Schachtring m / anillo m de entibación ‖ ≃schale f, -becken n / pila f de fuente ‖ ≃schalter m, -wächter m (Elektr) / interruptor m de bombeo ‖ ≃stube, -kammer f (Wasserversorgg) / cámara f de captación ‖ ≃wasser n / agua f de pozo, agua f de fuente ‖ ≃ziegel m (Bau) / ladrillo m radial
Brunsvigit m (Min) / brunsvigita f
Brushit n / brushita f
Brust f, Vorderseite f (allg) / lado m delantero ‖ ≃ (Bergb, Hütt) / frente m ‖ ≃baum m (Web) / guía f de antepecho, antepecho m ‖ ≃bohrer m, -bohrmaschine f (Wz) / taladradora f de pecho, barrena f de pecho ‖ ≃etikett n (von Flaschen) (Brau) / etiqueta f de gollete ‖ ≃fallschirm m (Luftf) / paracaídas m de pecho ‖ ~hoch / a la [o de] altura de pecho ‖ ≃höhe f / altura f de pecho ‖ ≃höhendurchmesser m (BHI) (Forstw) / diámetro m altura de pecho ‖ ≃leier f (Wz) / berbiquí m de pecho ‖ ≃mauer f, erweiterte Anfahrt zu einer Brücke (Bau) / ala f de puente ‖ ≃mikrophon n / microplastrón m, micrófono m de pecho ‖ ≃platte f (Bohrmaschine) / placa f de apoyo ‖ ≃riegel m (Zimm) / tirante m de antepecho ‖ ≃riemen m (Landw) / pretal m ‖ ≃schild m (Tunnel) / escudo m de empuje ‖ ≃sprechsatz m (Fernm) / conjunto m de audífono y microplastrón
Brüstung f (gemauert), Brüstungsmauer f (Bau) / parapeto m ‖ ≃, Geländer n / balaustrada f ‖ ≃ eines Fensters / antepecho m
Brüstungs•stein m / piedra f de parapeto ‖ ≃streiche f (beim Gerüst) (Bau) / baranda f de protección ‖ ≃verkleidung f, Brustgetäfel n / friso m de madera
Brust•walze f (Pap) / cilindro m de cabeza ‖ ≃winkel m (Wzm) / ángulo m de ataque ‖ ≃zapfen m (Zimm) / espiga f de frente
Brutalismus m (Bau) / brutalismo m
Brutapparat, -kasten, -schrank m, -maschine f (Biol, Landw) / aparato m para incubar, incubadora f, incubador m
brütbar, brutfähig (Nukl) / fértil
Brut•element n (Nukl) / elemento m fértil ‖ ≃elementbündel n (Nukl) / haz m de elementos fértiles
Brüten n (Nukl) / sobregeneración f, sobrerregeneración f
Brüter m, Brutreaktor m / reactor m reproductor, sobregenerador m ‖ ≃, Schneller Brüter / reactor m regenerador rápido ‖ ≃brennstoff m s. Brutstoff
Brut•faktor m, -verhältnis n (Nukl) / factor m de reproducción, rendimiento m nuclear ‖ ≃gewinn m (Nukl) / ganancia f de reproducción, reproductividad f neta ‖ ≃kasten m (Landw, Seidenwurm) / incubador m ‖ ≃mantel m (Reaktor) (Nukl) / capa f fértil o fertilizante ‖ ≃rate f (Nukl) / tasa f de regeneración ‖ ≃reaktor, Brüter m / reactor m [auto]regenerador, reactor m reproductor, reactor m sobrerregenerador o supergenerador ‖ ≃schrank m (Labor) / estufa f incubadora o de cultivo ‖ ≃stoff, Spaltstoff m (Nukl) / elemento m fértil, material m fisionable o fisible

brutto / bruto ‖ ⁓**absackwaage** f / báscula f ensacadora de peso bruto, báscula f embolsadora de peso bruto (LA) ‖ ⁓**betrag** m / importe m bruto ‖ ⁓**formel** f (Chem) / fórmula f bruta, fórmula f empírica ‖ ⁓**gefälle** n (Hydr) / salto m bruto ‖ ⁓**gewicht** n, Rohgewicht n, Bruttomasse f / peso m bruto ‖ ⁓**leistung** f (Kraftwerk, Nukl) / potencia f [eléctrica] bruta ‖ ⁓**lohn** m (F.Org) / salario m bruto ‖ ⁓**masse** f / masa f bruta ‖ ⁓**registertonnen** pl, BRT (Schiff) / toneladas f pl de registro (o de arqueo) bruto ‖ ⁓**-Sozialprodukt** n, BSP / producto m nacional bruto (PNB) ‖ ⁓**tonnengehalt** m, Bruttoraumzahl f, Bruttotonnage f (Schiff) / tonelaje m de registro (o de arqueo) bruto ‖ ⁓**tonnenkilometer** m, TKBR (Bahn) / tonelada-kilómetro f bruta remolcada ‖ ⁓**tragfähigkeit** f, Deadweight n (Schiff) / porte m bruto ‖ ⁓**verkehr** m (Bahn) / tráfico m bruto remolcado ‖ ⁓**vermessung** f (Schiff) / arqueo m bruto
Brütungsgrad m, -verhältnis n (Nukl) / rendimiento m nuclear
Brut•verfahren, Brüten n (Nukl) / sobrerregeneración f, regeneración f, reproducción f ‖ ⁓**zone** f (Nukl) / zona f fértil ‖ ⁓**zyklus** m (Nukl) / ciclo m de regeneración
Br-Wert m (Magnetismus) / valor m Br o de inducción remanente
BS n (= Betriebssystem) (DV) / sistema m operativo (SO)
B-Säule f (Kfz) / columna f B
BSB, biochemischer Sauerstoffbedarf m / demanda f bioquímica de O₂, DBO
BSB5 = biochemischer Sauerstoffbedarf (in 5 Tagen)
BSC (= binäre synchrone Übertragung) (DV) / transfer m simétrico de datos binarios
BSCCO-Leiter m (Supraleiter auf der Basis von Wismut, Strontium, Kalzium, Kupferoxid) / conductor m o superconductor BSCCO
B-Schirm, Höhenschirm m (Radar) / presentación f [visual tipo] B
BSC-Technik f (Fernm) / comunicación f síncrona binaria
BSH = Bundesamt für Seeschifffahrt und Hydrographie
BSI = Bundesamt für Sicherheit in der Informationstechnik
B-Stück, Muffenstück n (Rohr) / manguito en T .m. ‖ ⁓ mit Flanschabzweigung n / manguito m de rama abridada
BSU = Bremsensonderuntersuchung
BS-Zelle f, Brennstoffzelle f (Elektr) / célula f de combustible, fuel-cell f
BTA (= biologisch-technische(r) Assistent(in)) / ayudante biotecnológico/a
BTA-Vollbohrer m (Wz) / broca f B.T.A.
Bt-Baumwolle f (gentechnisch verändert) / algodón m Bt
B-Teilnehmer m (Fernm) / abonado llamado o solicitado m
BT-Kristall m (mit negativem Temperaturgang) / cristal m de corte BT
BTS f (= Base Tranceiver Station), Basisfunkstation f (Mobilfunk) (Fernm) / estación f base
Btx, Bildschirmtext m (Fernm, TV) / teletexto m, videotexto m
BUA = Bakteriologische Untersuchungsanstalt
Bubble-Jet m (Tintenstrahldrucker) / chorro de burbujas de tinta
Bubblejet-Drucker m / impresora f a burbuja de tinta
Buch n (Pap) / mano f [de papel] ‖ ⁓, Heft n (DV) / cuaderno m ‖ ⁓ (Elektr) / capacitor m de placas articuladas, volumen m, tomo m ‖ ⁓... (z.B. Industrie) / libreril adj ‖ **ungebundenes, rohes** ⁓ / libro m no encuadernado ‖ ⁓**beschneidemaschine** f / máquina f cortadora para libros ‖ ⁓**bestand** m (Lager) / inventario m de registro ‖ ⁓**binde** f (Druck) / banda f de publicidad ‖ ⁓**binder** m (Druck) / encuadernador m

Buchbinderei f (Gewerbe) / encuadernación f ‖ ⁓, Buchbinderwerkstatt f / taller m de encuadernación, encuadernación f ‖ ⁓**maschine** f / encuadernadora f, máquina f para encuadernación
Buchbinder•gold n / oro m para encuadernaciones ‖ ⁓**leder** n / piel m de encuadernación ‖ ⁓**leinen** n, Buchgewebe n / calicó m, percalina f ‖ ⁓**pappe** f / cartón m para encuadernación ‖ ⁓**presse** f / prensa f de encuadernar ‖ ⁓**zuschlag** m (Druck) / hoja f extra
Buch•block m / bloque de libro m ‖ ⁓**block** (ungeheftet) / bloque m de pliegos ‖ ⁓**decke** f, -deckel m / tapa f de libro, cubierta f ‖ ⁓**deckelpappe** f / cartón m para tapas ‖ ⁓**deckenmaschine** f (Druck) / máquina f para tapas de libros ‖ ⁓**druck**, Hochdruck m (Verfahren) / tipografía f ‖ ⁓**druck** (Tätigkeit) / tipografía f, impresión f tipográfica ‖ ⁓**druck**, -druck[er]kunst f, Typografie f / tipografía f, arte m tipográfico, arte m de imprimir ‖ ⁓**druckautomat** m / máquina f automática de imprimir ‖ ⁓**drucker**, Drucker m / impresor m, tipógrafo m ‖ ⁓**druckerei** f / taller m de imprenta[s], imprenta f ‖ ⁓**druckerei** s. auch Buchdruck ‖ ⁓**druckereimaschine** f / máquina f tipográfica, máquina f de imprenta ‖ ⁓**druckerhandpresse** f / prensa f tipográfica manual ‖ ⁓**druckerleiste**, Bildleiste f / viñeta f ‖ ⁓**druckerschriften** f pl / caracteres m pl de imprenta ‖ ⁓**druckerschwärze** f / tinta f de imprenta ‖ ⁓**druckpapier** n / papel m tipográfico, papel m de imprenta ‖ ⁓**druckpresse** f / prensa f tipográfica ‖ ⁓**druckschnellpresse** f / prensa f tipográfica rápida ‖ ⁓**druckverfahren** n / tipografía f
Buche f, Fagus / haya f ‖ ⁓ (araukanische) / ñire m
Bucheckernöl, Buch[el]öl m (Pharm) / aceite m de hayucos o de haya
Buch•einband m / encuadernación f ‖ ⁓**einhängemaschine** f / máquina f de encartonar libros
buchen adj, aus Buche / de haya, de madera de haya
buchen, Buchung[en] vornehmen (Buchungsmaschine) / contabilizar, hacer un asiento, sentar en cuenta ‖ ⁓ (Bahn, Luftf, Schiff) / reservar ‖ **einen Posten** ⁓ (Buchungsmaschine) / formular la partida
Buchenholzteer m (Chem) / alquitrán m de haya
Buchensäuerung f / desacidificación f de libros
Bücher•papier n / papel m para (o de) libros ‖ ⁓**regal** n / estantería f de libros, librero m (LA) ‖ ⁓**wand** f / librería f mural, mueble -biblioteca m
Bucherzeichen n (Buchungsmaschine) / signo m de identificación
Buch•fadenheftmaschine f / máquina f para coser a hilo los libros ‖ **in** ⁓**form** / en forma de libro, encuadernado ‖ ⁓**format** n / formato m de libro ‖ ⁓**führung** f / contabilidad f, teneduría f de libros ‖ ⁓**gewebe** n (Druck, Web) / percalina f, calicó m
Buchgholz-Schutz m, -Relais n (Elektr) / relé m de Buchholz
Büchi-Auflageblöse n (Mot) / sobrealimentador m de Büchi
Buchleinen n (Druck) / percalino m, calicó m
Büchnertrichter m, -nutsche f (Chem) / embudo m Büchner, filtro m de vacío
Buch•rücken m (Druck) / lomo m del libro ‖ ⁓**rückenrundmaschine** f / máquina f para redondear lomos
Buchsbaumholz n / madera f de boj
Buchschnitt m / canto m de libro ‖ **streifiger, flammiger** ⁓ (Bb) / jaspe m, canto m jaspeado
Buchse, Büchse f (Masch) / manguito m, casquillo m, forro m ‖ ⁓ f, Lagerbuchse f / casquillo m de cojinete, manguito m ‖ ⁓, Steckbuchse f (Elektr) / zócalo m de conexión, hembrilla f, jack m
Büchse f, Dose f / lata m, bote m, caja f ‖ ⁓, Blechbüchse f / lata f, pote f ‖ ⁓ f, [Konserven]dose f / lata f de conservas ‖ ⁓, Hülse f (Öl) / pescatubos m, pescabarrena m ‖ ⁓,

Büchse

gezogenes Gewehr / rifle *m*, fusil *m* rayado ‖ ≃,
Zylinder[lauf]büchse *f* / forro *m*, camisa *f* de cilindro
Buchseiten, geradzahlige o. linke ≃ / páginas *f pl*
izquierdas o pares o verso, vueltos *m pl*
Büchsen..., in Büchsen, Konserven... / enlatado, en lata,
en conserva
Buchsen•anschluss *m* (Elektr) / terminal *m* de enchufe ‖
≃**feld** *n* / panel *m* de hembrillas
Büchsen•fisch *m* / pescado *m* enlatado, conservas *f pl*
de pescado ‖ ≃**fleisch** *n* / carne *f* enlatada, carne *f* en
latas ‖ ≃**gemüse** *n* / verduras *f pl* enlatadas o en lata
Buchsen•kette *f* (Förd, Masch) / cadena *f* de casquillos ‖
≃**klemme** *f* (DIN) (eine Klemmplatte) (Elektr) /
bloque *m* de terminales, regleta *f* de terminales ‖
≃**leiste** *f* (Elektr) / regleta *f* de hembrillas
Büchsen•macher *m* / armero *m*, reparador *m* de armas
‖ ≃**milch** *f* / leche *f* condensada ‖ ≃**obst** *n* / frutas *f pl*
enlatadas, frutas *f pl* en conserva ‖ ≃**öffner** *m* /
abrelatas *m*
Buchsen•pumpe *f* / bomba *f* de engranaje a presión alta
‖ ≃**schleifmaschine** *f* / rectificadora *f* de casquillos
Büchsenwinkel *m* (Drahtziehen) / ángulo *m* del cono de
entrada
Buchsenzieher *m*, Buchsenausziehvorrichtung *f* /
arrancador *m* de casquillos
Büchsflinte *f* (Waffe) / rifle-escopeta *m*
Buchstabe *m* / letra *f* ‖ ≃, Type *f* (Druck) / carácter *m* (pl:
caracteres), tipo *m* de imprenta ‖ ≃ **mit Längsstrich**
(Druck) / letra *f* con trazo bajo, letra larga ‖ ≃ *m* **mit
Oberlänge** / letra *f* ascend[i]ente ‖ ≃ **mit Signatur** /
letra *m* con cran ‖ ≃ **mit Unterlänge**, langer
Buchstabe (Druck) / carácter *m* descendiente ‖ ≃ π
(Druck) / pi, π **mit Figuren verzierter** ≃ / letra *f*
adornada de figuras
Buchstaben• ... (DV, Math) / literal ‖ ≃**ablegen** *n* /
distribución *f* de letras ‖ ≃**bezeichnung** *f* (Math) /
notación *f* literal ‖ ≃**bild** *n* (Druck) / ojo *m* de letra,
cara *f* ‖ ≃**blanktaste** *f* (Fernm) / tecla *f* de blanco de
letras ‖ ≃**breite** *f* / anchura *f* del carácter ‖
durchschnittliche ≃**breite** (Druck) / anchura *f* media
de los caracteres, ancho *m* medio ‖ ≃**code** *m* (DV) /
código *m* mnemo[téc]nico o nemo[téc]nico ‖
≃**drucker** *m* (DV) / impresora *f* de caracteres ‖ ≃**form**
f / molde *m* de letra ‖ ≃**gießapparat** *m* / dispositivo *m*
para fundir letras ‖ ≃**gleichung** *f*, algebraische
Gleichung (Math) / ecuación *f* algebraica ‖ ≃**holz** *n*
(Bot) / palo *m* de letras ‖ ≃**kette** *f* -reihe *f* (DV) / cadena
f de letras ‖ ≃**kette** *f* (desselben Alphabets) (DV) /
cadena *f* alfabética ‖ ≃**lage** *f* (Fernschreiber) / serie *f*
letras, posición *f* letras ‖ ≃**model** *m*, Schablone *f* (zum
Zeichnen der Ballen) (Tex) / plantilla *f* de letras ‖
≃**rechnung** *f*, Buchstabenrechnen *n*, Algebra *f* (Math) /
álgebra *f*, cálculo *m* algébrico o algebraico ‖
≃**schloss**, Kombinationsschloss *n* / cerradura *f* de
letras, candado *m* de combinación ‖ ≃**schrift** *f* /
escritura *f* alfabética ‖ ≃**setzmaschine**, Setzmaschine
f (Druck) / componedora *f* de letras ‖ ≃**taste** *f* (DV,
Reg.Kasse) / tecla *f* de letra ‖ ≃**-Umschaltung** *f*
(Schreibm) / cambio *m* a letras mayúsculas ‖
[automatische] ≃**umschaltung** *f* **[bei
Zwischenraumzeichen]** (Fernschreiber) / espacio *m*
automático, blanco *m* de letras automático, claro *m*
automático, retorno *m* automático a letras ‖
≃**umschaltungssignal** *n* (Fernm) / señal *f* de inversión
a letras, señal *f* "inversion letras" ‖ ≃**- und
Ziffernumschaltung** *f* / cambio *f* letras-cifras ‖
≃**verteilung** *f*, Ablegen *n* der Schrift (DV) /
distribución *f* ‖ ≃**weiß**, -blank *n*, Leerschritt *m* (Fernm)
/ blanco *m* de letras ‖ ≃**zeichen** *n*, -symbol *n* (Math) /
símbolo *m* de letra
buchstabieren (Fernm) / deletrear
Buchstabiertafel *f* (Fernm) / tabla *f* de deletreo, alfabeto
m fonético

Bucht *f*, Bai *f* (Geo) / bahía *f* ‖ ≃, Einschnitt *m* (Geo) /
ensenada *f* ‖ ≃ (speziell in NW-Spanien),
fjordähnliche Bucht (Geo) / ría *f* ‖ ≃ (Wölbung des
Decks) (Schiff) / brusca *f* (flecha de arco de la
cubierta) ‖ **kleine** ≃ (Geo) / angra *f*, cala *f*, abra *f*
Bucht•titel *m* / título *m* de la obra ‖ ≃**umschlag** *m* /
sobrecubierta *f*
Buchung *f* (Vorgang) / contabilización *f*
Buchungs•automat *m* (Bank) / contabilizadora *f*
automática ‖ ≃**beleg** *m* / comprobante *m* de asiento ‖
≃**transparentpapier** *n* / papel *m* transparente para
contabilizadora
Buch•verzierung *f*, Vignette *f* / viñeta *f* ‖ ≃**weizen** *m*,
Fagopyrum esculentum (Landw) / alforfón *m*, trigo *m*
sarraceno ‖ ≃**wippe** *f* (Druck) / portalibros *m*
Buckel *m*, Höcker *m* / joroba *f*, corcova *f*, giba *f* ‖ ≃,
Wölbung *f* / abombamiento *m*, convexidad *f* ‖ ≃,
erhabener Beschlag / abolladura *f* ‖ ≃ **prägen** /
abollar ‖ **mit** ≃**n versehen** / abollado ‖ ≃**blech** *n* (Hütt)
/ chapa *f* embutida
buckeln, sich ~ / abombearse
Buckel•nahtwiderstandsschweißung *f* / soldeo *m* de
costuras con protuberancias por resistencia ‖
einseitiges, [zweiseitiges] ≃**schweißen** / soldeo *m* por
protuberancias en un lado [en dos lados] ‖
≃**schweißen** *n*, Warzenschweißen *n* / soldeo *m* por
protuberancias o por resaltes
bucklige (o. ungleichmäßige) Kurve / curva *f* corcovada
Buckling *n*, Flusswölbung *f* (Reaktor) / curvatura *f*,
laplaciano *m*
Buckminsterfulleren *n* C_{60} (Chem, Halbl) / fullereno *m*
Buckminster, buckyball *m*
Buckram, Bougram *m* (Druck) / bucarán *m*, buckram *m*
Buckskin *m* (Web) / buckskin *m*
Bucky•-Blende *f* (Radiol) / diafragma *m* Bucky ‖
≃**-Strahlen** *m pl* (Atom, Nukl) / rayas *f pl* de Bucky
Bude *f*, Hütte *f* / barraca *f*, cabaña *f*, caseta *f*, tinglado *m*,
galpón *m* (LA), choza (LA) ‖ ≃, Verkaufs- usw. Stand
m / quiosco *m*, puesto *m*, estand *m*
Buffetwagen *m* (Bahn) / coche *m* bar o cantina, carro *f*
barra (MEJ)
Bug *m* (Schiff) / proa *f*, cabeza *f* ‖ ≃ (Luftf) / nariz *f*, morro
m ‖ ≃, Büge *f* (des Balkenkopfes) (Zimm) / jabalcón *m*
‖ ≃ (Caravan) / frente *m* ‖ **mit vollem breiten** ≃ (Schiff)
/ de proa llena ‖ ≃**anker** *m* (Schiff) / ancla *f* de proa,
ancla *f* de leva ‖ ≃**band** *n*, Querspant *n* am Bug (Schiff)
/ buzarda *f* ‖ ≃**brett** *n* (Betonschalung) (Bau) / tabla *f*
de sujeción del encofrado
Bügel *m* (allg) / arco *m* ‖ ≃, Spriegel *m* (Kfz) / arco *m* de
bache ‖ ≃, Steg *m* (Gieß) / talón *m* ‖ ≃ *m* (Beton) /
Hängeeisen *n* (Bahn) / brida *f*,
abrazadera *f*, estribo *m* ‖ ≃, Spannbügel *m* / estribo *m*
de sujeción ‖ ≃, Henkel *m* / asa *f*, manija *f* ‖ ≃
(dreiseitiger; dem Steigbügel ähnlich) / estribo *m* ‖ ≃
o. Gabel einer Rolle / horquilla *f* ‖ ≃ *m*, Schleppbügel
m (des Schlepplifts) / gancho *m* (de suspensión) ‖ ≃
der Nietmaschine / arco *m* de la remachadora ‖ ≃ *m*
des Stromabnehmers (Bahn) / arco *m* del pantógrafo o
de toma de corriente ‖ ≃ **der Strickmaschine** (Tex) /
puente *m* de la máquina tricotosa ‖ ≃ **der Taschenuhr**
/ arco *m* de un reloj
"Bügel ab"-Signal *n* (Bahn) / señal *f* de bajada del
pantógrafo
"Bügel an"-Signal *n* (Bahn) / señal *f* de levante del
pantógrafo
Bügel•aufhängung *f* / suspensión *f* arqueada ‖
≃**automat** *m* (Tex) / plancha[dora] *f* automática ‖
≃**brett** *n* / tabla *f* de planchar ‖ ≃**brille** *f* (Opt) / gafas *f
pl* de (o con) arco ‖ ≃**echtheit** *f* (Tex) / solidez *f* al
planchado ‖ ≃**eisen** *n*, Plätteisen *n* / plancha *f* ‖
≃**eisen** (Straßb) / alisador *m* ‖ ~**fest**, -echt (Tex) / sólido
al planchado ‖ ≃**förmig** / en forma de estribo ‖
~**förmige Schake** / eslabón *m* en forma de estribo ‖
~**förmige Verbindung** / unión *f* en forma de estribo ‖

~förmiger Verschluss / cierre *m* en forma de estribo ‖
~förmiger Verbindungsdraht (Beton) / alambre *m* de unión en forma de estribo ‖ ~frei, pflegeleicht (Tex) / no necesita plancha, exento de plancha ‖
~frei-Ausrüstung *f* (Tex) / apresto *m* exento de plancha ‖ ~griff *m* / abrazadera *f*, empuñadura *f* de puente ‖ ~hacke *f*, Ziehhacke *f* (Landw) / azada *f* de arrastre, azadillo *m* de arco ‖ ~kanal *m*, Führungskanal *m* (Plast) / canal *m* de laminado ‖
~klemme *f*, Klemmbügel *m* / grapa *f* de presión ‖
~krehl *m* (Landw, Wz) / azada *f* para remolacha ‖
~maschine *f* (Tex) / planchadora *f* ‖ ~messschraube *f* (DIN) (Instr) / pálmer *m*, micrómetro *m* para exteriores ‖ ~mutter *f* (DIN 28129) / tuerca *f* de asa alta

bügeln *vt*, plätten (Wäsche) / planchar ‖ ~ *n* / planchado *m*

Bügel • presse *f*, Plättmaschine *f* / prensa *f* de planchar ‖ ~pumpe *f* / bomba *f* con estribo ‖ ~säge *f* (Wz) / sierra *f* de arco, serrucha *f* de arco ‖ ~säge [maschine] (Wzm) / sierra *f* mecánica de arco ‖ ~schake *f* / eslabón *m* arqueado ‖ ~schelle *f* / abrazadera *f* semirredonda ‖ ~[schleif]kontakt *m* (Elektr) / contacto *m* de deslizamiento en forma de estribo ‖ ~schloss *n* (Kette) / conectador *m* en forma de grillete ‖ ~schraube *f* / tornillo *m* abarcón ‖ ~schraube, U-Bolzen *m* / horquilla *f* roscada ‖ ~stromabnehmer *m* (Bahn) / arco *m* del toma de corriente, pantógrafo *m*, trole *m* ‖ ~verschluss *m* (für Flaschen) / cierre *m* de cangrejo

Bug • fahrgestell *n*, -fahrwerk *n* (Luftf) / tren *m* de aterrizaje de proa, tren *m* delantero ‖ ~fender *m* (Schiff) / defensa *f* de estrave

Buggy *n* (Kfz) / buggy *m*

Bug • holz *n* (Möbel) / madera *f* curvada ‖ ~klappe *f* (Schiff) / borda *f* de proa abatible ‖ ~konus *m* (Rakete) / cono *m* de punta ‖ ~kühler *m* (Luftf) / radiador *m* frontal ‖ ~laderaum *m* (Schiff) / bodega *f* de proa ‖ ~lastig (Schiff) / aproamiento, cargado de proa, pesado de proa o de nariz, pesado de morro (localismo) ‖ ~lastigkeit *f* (Schiff) / pesadez *f* de proa ‖ ~laufrad *n* (Wohnwagen) (Kfz) / rueda *f* delantera de guía ‖ ~licht *n* des Ankerliegers (Schiff) / luz *f* de proa ‖ ~[luft]schraube *f* (Luftf) / hélice *f* de proa ‖ ~öffnung *f* (Schiff) / boquete *m* de proa ‖ ~rad *n* (Luftf) / rueda *f* de proa, rueda *f* de morro (localismo) ‖ ~raumbilge *f* (U-Boot) / sentina *f* de proa, pantoque *m* de proa ‖ ~ruder *n* (Schiff) / timón *m* a proa ‖ ~schraube *f* (Schiff) / hélice *f* de estrave ‖ ~schürze *f* (Kfz) / carenado *m* inferior delantero

bugsieren *vt*, schleppen (Schiff) / remolcar, toar
Bugsierschiff *n*, -schlepper *m* / remolcador *m*
Bugsierschifffahrt *f* / remolque *m*, navegación *f* a remolque
Bugsiertau *n* (Schiff) / cable *m* de remolque

Bug • spitze *f* / punta *f* de la proa ‖ ~spoiler *m* (Kfz) / frontspoiler *m*, spoiler *m* de frente ‖ ~spriet *n* (Schiff) / bauprés *m*, botalón *m* de bauprés, palo *m* de bauprés ‖ ~strahler *m* / faro *m* de proa ‖ ~strahlruder *n* (Schiff) / timón *m* de chorro en la proa ‖ ~tor *n* / puerta *f* de la roda, portalón de la roda ‖ ~versteifungsträger *m* (Schiff) / apuntalado *m* de proa, rigidizador *m* de morro (localismo) ‖ ~welle *f* (Schiff) / ola *f* de proa ‖ ~wulst *m n* (Schiff) / reborde *m* de proa, bulbo *m* de la roda

Buhne *f* (Hydr) / malecón *m* (E), tajamar *m* (LA) ‖ ~ aus Faschinen (Hydr) / dique *m* de estacas
Bühne *f*, Plattform *f* / plataforma *f* ‖ ~, Gerüst *n* / tablado *m* ‖ ~, Dachboden *m* (Bau) / desván *m* ‖ ~ (Theater) / escena *f*, escenario *m*
Bühnen • beleuchtung *f* / alumbrado *m* de escena ‖ ~bildprojektionsapparat *m* / proyector *m* para imágenes de escenario ‖ ~haus *n* (Theater) / caja *f* de escena

Buhnen • kammer *f* (Hydr) / cámara *f* de malecón ‖ ~kopf *m* / cabeza *f* del malecón, espigón *m*
Bühnen • maschine *f*, -maschinerie *f* (Theater) / tramoya *f* ‖ ~maschinist *m* / tramoyista *m* ‖ ~rahmen *m*, Portal *n* (Theater) / telón *m* de boca ‖ ~scheinwerfer *m* / proyector *m* de escena ‖ ~technik *f* (Theater) / escenotécni[c]a *f* ‖ ~vorhang *m*, eiserner Vorhang / telón *m* de hierro, cortina *f* de acero (LA) ‖ ~vorhang, Zwischenaktvorhang *m* / telón *m* de entreacto
Buhnenwurzel *f* (Hydr) / raíz *f* de malecón
Bühnloch *n* (Bergb) / agujero *m* de alojamiento, alojamiento *m*
Builder *m*, Gerüststoff *m* (Waschmittel) / sustancia *f* soporte
Buk *m*, Brand *m* unter Kontrolle (F'wehr) / fuego *m* bajo control
Bulbkiel *m* (Schiff) / quilla *f* de bulbo
Bulk • -Carrier *m*, Massengutfrachter *m* / bulk carrier *m*, carguero *m* a granel ‖ ~ladung *f*, Schüttgut *n* (Schiff) / carga *f* a granel, cargamento *m* a granel
Bullauge *n* (Schiff) / portilla *f*, ojo *m* de buey, tragaluz *m*, ventanilla *f*
Bullcart *m* (geländegängiges motorisiertes Dreirad) / triciclo *m* todoterreno
Bulldozer *m* (Bau) / bulldozer *m*, niveladora [tb. sobre orugas]
Buller-Ring *m* (feuerfest) / anillo *m* de Buller
Bullion *n* (Metall-Legierung) / billón *m* ‖ ~, Münzgold, -silber *n* / metal *m* de ley
Bully-Truck *m* (Bergb) / bully-truck *m*
Bumerang-Effekt *m* / efecto *m* bumerán
Bummelstreik *m* / huelga *f* de celo, huelga *f* de brazos caídos ‖ ~ durchführen / estar en [u organizar una] huelga de celo
Bump *m*, Abweichung *f* beim Einschwingen (Kath.Str) / fenómeno *m* de transición
Bumpgarn *n* (Tex) / hilo *m* para mecha
"Bumsen"-Prüfung *f* (Kfz) / ensayo *m* de choque
Bumslandung *f*, hartes Aufsetzen (Luftf) / aterrizaje *m* con desplome
Buna *m n* (Chem) / buna *f*
Bund[1] *m*, Band *n* / banda *f*, cinta *f* ‖ ~, Binde *f* / faja *f* ‖ ~, Kragen *m*, Schulter *f* (Masch) / reborde *m*, collar *m*, collete *m*, saliente *m*, resalte *m* ‖ ~, Anschlag *m* (Masch) / tope *m* ‖ ~, Rippe *f*, Schnur *f* (Bb) / nervio *m* ‖ ~ (aufgeschrumpfter) / collar *m* zunchado, zuncho *m* ‖ ~ (angegossener) / collar *m* fundido ‖ ~ auf einer Welle / anillo *m* fijo, collar *m* de árbol ‖ ~ an einem Gehäuse / borde *m* ‖ ~ am Schraubenkopf / collar *m*, collarín *m* ‖ ~ von Verschlussschrauben / reborde *m*
Bund[2] *m*, Bündel *n* / paquete *m*, bulto *m* ‖ ~, Gebinde *n* (Tex) / troquillón *m*, madejita *f* ‖ ~ Draht / rollo de alambre *m* ‖ ~ Flachs / paquete *m* de lino ‖ ~ Stroh o. Heu (Landw) / gavilla *f*, atado *m*
Bund • auswerfer *m* (Walzw) / extractor *m* de paquetes ‖ ~axt, Stoßaxt *f* / escoplo *m* ‖ ~balken *m* (Bau) s. Binderbalken ‖ ~bolzen *m* / perno *m* con collar ‖ ~buchse *f* (Wzm) / casquillo *m* con borde o con gollete ‖ ~buchse für Stumpfschweißung von Rohren / boquilla *f* con borde para soldeo a tope de tubos
Bündel *n*, Bund *m* (allg) / paquete *m*, bulto *m* ‖ ~ (Phys) / haz *m* ‖ ~, gebündelten Strahlen (Opt) / pincel *m* de rayos, haz *m* de rayos ‖ ~ (Kabel) / haz *m* de cables ‖ ~ (Papier usw, Schriftstücke) / legajo *m* ‖ ~ (Datenübertragung) / grupo *m* ‖ ~ Bremsraketen (Raumf) / paquete *m* de retrocohetes ‖ kleines ~ / hatillo *m*
Bündel • ader *f* (LWL, Opt) / conductores *m pl* por grupos ‖ ~breite *f* (Antenne, Radar) / anchura *f* de haz ‖ ~durchschnitt *m* (TV) / apertura *f* de haz ‖ ~-Endröhre *f* (Eltronik) / válvula *f* de potencia de haz,

válvula f de haz dirigido o concentrado ‖ ˜**funk** m / radiocomunicación f de haz de canales ‖ ˜**funknetz** n (Fernm) / red f truncal ‖ ˜**garn** n (Tex) / hilo m en paquete ‖ ˜**kabel** n (Elektr) / cable m de conductores en haz ‖ ˜**knoten** m, Brennpunkt der Elektronenlinse m (Elektronenmikroskop) / nudo m de haces, encrucijada f ‖ ˜**leiter** m (Fernleitung) / conductor m múltiple

bündeln vt / atar [en líos, fardos etc.], enfardelar, liar ‖ ~ (Strahlen) / concentrar, enfocar, reunir en haz ‖ **Garn** ~ (Tex) / empaquetar los hilos ‖ ˜ n / enfardelado m

Bündel•packer m / enfardeladora f ‖ ˜**presse** f (Tex) / prensa f de empaquetar o de paquetes ‖ ˜**säule** f, -pfeiler m (aus einem Stück) (Bau) / pilar m en haz de paquetones, pilar m fasciculado ‖ ˜**schweißen** n / soldeo m con electrodos múltiples ‖ ˜**tetrode** f (Eltronik) / tetrodo m de haz

Bündelung f (Strahlen) / concentración f de rayos, agrupamiento m ‖ ˜ (Antenne) / direccionalidad f, efecto m direccional

Bündelungs•elektrode f, Fokussierelektrode f (TV) / electrodo m de enfoque ‖ ˜**grad** m (Phys) / índice m de concentración ‖ ˜**magnet** m (TV) / conjunto m de imanes de convergencia ‖ ˜**schärfe** f (Eltronik) / nitidez f de concentración ‖ ˜**spule** f (TV) / bobina f de convergencia ‖ ˜**winkel** m (Phys) / ángulo m de concentración

Bündel•unterdrückungsspannung f (Eltronik) / tensión f de supresión de haz ‖ ~**verseilt** (Kabel) (Elektr) / cableado en haz

Bundes•autobahnen f pl / autopistas f pl federales (alemanas) ‖ ˜**beauftragter** m **für den Datenschutz** (DV) / encargado m federal de la protección de datos (Alemania) ‖ **Deutsches** ˜**patent**, DBP / patente f federal alemana ‖ ˜**patentgericht** n / Tribunal m Federal de Patentes ‖ ˜**straße** f / carretera f federal (LA) ‖ ˜**straße**, (Spanien:) Staatsstraße 1. Ordnung / carretera f nacional (E) ‖ **autobahnähnliche** ˜**straße** / carretera f de cuatro calzadas ‖ ˜**verband** m **der Deutschen Industrie** (BDI) / Federación f de la Industria Alemana

Bündezange f (Bb, Wz) / entenallas f pl

Bund•flansch m / brida f suelta ‖ ˜**formierung** f (Walzw) / formación f de rollo ‖ ˜**gatter** n, Vollgatter n (Holz) / sierra f alternativa vertical ‖ ˜**gewicht** n (Walzw) / peso m de rollo

bündig, in gleicher Höhe / a nivel, igual, a ras, a flor de, ras con ras, enrasado ‖ ~ **beschneiden** / cortar ras con ras ‖ ~ **einlassen** (o. machen) / enrasar, poner a ras ‖ ~**e Füllung** (Tischl) / panel m enrasado ‖ ~**e Oberfläche** / superficie f plana

Bündigkeitsanzeige (des Förderkorbs) (Bergb) / indicación f de enrasado (de la jaula de extracción)

Bündigschaltung (Fahrstuhl) / nivelaje m automático

Bund•mutter f / tuerca f con collar o gollete ‖ ˜**öffner** m (Draht) / abridor m de rollos ‖ ˜**patentieren** n (Draht) / patentización f de rollo ‖ ˜**ring** m / collar m ‖ ˜**rollenlager** m (Lager) / rodamiento m de rodillos con collar ‖ ˜**schraube** f / tornillo m con collar ‖ ˜**schraube für Bohrbuchsen** / tornillo m de fijación de casquillos ‖ ˜**steg** m (unbedruckter Streifen am Innenrand) (Druck) / medianil m, margen m del lomo ‖ ˜**wand** f (Zimm) / pared f entramada ‖ ˜**zeichen** n (Zimm) / signo m para ensambles

Bungalow m / bungalow m, barracón m, chalé m

Bunjakowskische Ungleichung (Math) / inecuación f de Schwarz

Bunker m, Behälter m / tolva f, silo m ‖ ˜ (für Schüttgut), Trichter m / embudo m, depósito m ‖ ˜, Tank m (Schiff) / tanque m ‖ ˜, Kohlenbunker m (Schiff) / carbonera f, pañol m de carbón ‖ ˜, Schutzraum m / abrigo m, refugio m antiaéreo ‖ ˜**abzug** m / vaciador m de tolva ‖ ˜**auslauf** m,

Schurre f / lanzadero m, vertedor m inclinado ‖ ˜**beschickung** f / carga f a tolva ‖ ˜**beton** m (Bau) / hormigón m para refugios ‖ ˜**boot** m (Schiff) / barco m de tolva, barco m abastecedor ‖ ˜**inhalt** m (Schiff) / capacidad f de pañol ‖ ˜**kai** m / muelle m de abastecimiento ‖ ˜**kohle** f / carbón m para buques ‖ ˜**köpfroder** m (Landw) / arrancadora-cortadora-cargadora de remolachas, cosechadora f de remolacha de tanque o depósito ‖ ˜**luke** f, Decksloch n (Schiff) / boca f, escotilla f de pañol

bunkern vt (Öl) / tomar combustóleo ‖ ~, Kohle einnehmen (Schiff) / carbonear, tomar carbón

Bunker•öl n (Schiff) / combustible m para barcos, combustóleo m ‖ ˜**räumer** m (Bau) / vaciador m de tolva ‖ ˜**roder** m (Landw) / arrancadora f de remolachas con depósito ‖ ˜**rutsche** f, -schurre f / lanzadero m, vertedor m inclinado ‖ ˜**standsanzeiger** m / indicador m de nivel de almacenamiento ‖ ˜**tasche** f (Bau) / compartimento m del depósito ‖ ˜**verschluss** m (Bau, Hütt) / cierre m de tolva, puerta f de tolva ‖ ˜**waage** f / báscula f [de] tolva, báscula-tolva f ‖ ˜**wagen** m (Hütt) / vagón m de tolva, carro m de descarga ‖ ˜**zug** m (Bergb) / tren m de tolva

Bunsen•brenner m (Chem) / mechero m Bunsen ‖ ˜**element** n (Elektr) / pila f de Bunsen

Bunsenit m (Min) / bunsenita f

Bunsen•photometer n (Phys) / fotómetro m de Bunsen ‖ ˜**trichter** m, Glastrichter m (Chem) / embudo m de Bunsen

bunt, farbig / policromo ‖ ~, gefärbt / teñido en colores múltiples, coloreado ‖ ~, vielfarbig / multicolor, abigarrado ‖ ~ **bedrucken** (Tex) / imprimir en colores ‖ ~ **benutzbar** (Gleise) / banalizado ‖ ~**e Farbe** / color m policromo ‖ ~**e Färbung** (Tex) / teñido m policromo ‖ ~**e Farbvalenz** / color m cromático ‖ ~**es Gemisch** (allg) / mezcla f abigarrada ‖ ~ **gereihte Wagengruppe** (Bahn) / lote m de agrupamiento ‖ ~ **schillernd** / irisado, opalino, opalescente ‖ ~**er Streifen** (entlang dem Rand) (Tex) / borde m coloreado

Bunt•achat m (Min) / ágata f abigarrada o multicolor ‖ ~**äderiges Holz** / madera f veteada ‖ ˜**ätze** f, -ätzdruck m (Tex) / estampación f por mordiente multicolor ‖ ˜**bartschloss** n (Schloss mit 1 Zuhaltung) / cerradura f con un solo fiador ‖ ˜**bedampfung** f (Eltronik) / volatilización f multicolor ‖ ˜**bleiche** f (Tex) / blanqueo m de género multicolor ‖ ~**bleichecht** (Tex) / sólido f al blanqueo [de géneros] en color ‖ ˜**bleierz** n, Pyromorphit m (Min) / piromorfita f ‖ ˜**brandklinker** m (Keram) / ladrillo m de color [re]cocido ‖ ˜**druck** m (Vorgang) (Druck) / impresión f en colores ‖ ˜**druck** (Erzeugnis) / cromografía f ‖ ˜**druck** (Tex) / estampación f en colores o multicolor ‖ ˜**druckwerk** n (Druck) / mecanismo m de impresión en colores ‖ ˜**effekt** m (Tex) / efecto m multicolor ‖ ~**farbiger Marmor** / mármol m multicolor ‖ ˜**gewebe** n (Tex) / tejido m multicolor ‖ ˜**glas** n / vidrio m de color ‖ ˜**glaspapier** n / papel m diáfano

Buntheit f, -scheckigkeit f / abigarramiento m

Buntheitsgrad m, Sättigungsstufe f (Farben) / saturación f, grado m de saturación

Bunt•information f (TV) / información f de crominancia, señal f de crominancia ‖ ˜**karton** m (Pap) / cartón m coloreado [metalizado] ‖ ˜**kupfererz** n, Buntkupferkies, Bornit m (Min) / bornita f, erubescita f ‖ ˜**metall** n (Hütt) / metal m no ferroso o no férreo ‖ ˜**metallindustrie** f / industria f de los metales no ferrosos ‖ ˜**metallwalzwerk** n / tren m de laminación para metales no ferrosos ‖ ˜**papier** n, gestrichenes Papier / papel m coloreado estucado ‖ ˜**papier**, Glanzpapier n / papel m brillante ‖ ˜**papier** (in der Masse gefärbt) / papel m coloreado en la masa

‖ ⁓**papier**, marmoriertes Papier / papel *m* marmoleado o jaspeado ‖ ⁓**papier** (an der Oberfläche gefärbt) / papel *m* coloreado en la superficie ‖ ⁓**pigment** *n* (Farb) / pigmento *m* de color ‖ ⁓**regler** *m* (TV) / control *m* de colores ‖ ⁓**reserve** *f* (Tex) / reserva *f* coloreada ‖ ⁓**sandstein** *m* (Bau, Geol) / arenisca *f* abigarrada ‖ ~**scheckig** / abigarrado ‖ ⁓**spinnerei** *f* (Tex) / hilatura *f* de hilos coloreados ‖ ⁓**stift** *m* (Zeichn) / lápiz *m* de color ‖ ⁓**ton** *m* (Min) / arcilla *f* abigarrada ‖ ⁓**ton**, (früher:) Farbton *m*, Farbe *f* / matiz *m*, tono *m* de color ‖ ⁓**tonung** *f* (Foto) / cromoviraje *m* ‖ ⁓**-Uni-Glasierung** *f* (Keram) / vidriado *m* de color único ‖ ⁓**wäsche** *f* (Tex) / ropa *f* de color ‖ ⁓**webartikel** *m pl* (Tex) / tejidos *m pl* en varios colores ‖ ~**weben** / tejer en colores ‖ ~**weben** (Web) / flamear ‖ ⁓**weberei** *f* / tejeduría *f* de generos en colores
Bunzenauslegkarton *m* (Druck) / cartón-fieltro *m* para imprentas
Bürde *f*, Last *f* / carga *f* ‖ ⁓ (Stromwandler) (Elektr) / carga *f* aparente ‖ ⁓ (Spannungswandler) / potencia *f* aparente
Bürette *f* (Chem) / bureta *f* ‖ ⁓ **mit geradem Hahn** / bureta *f* de grifo con paso directo
Büretten•ausflussrohr *n* / salida *f* de bureta ‖ ⁓**hahn** *m* / grifo *m* de bureta ‖ ⁓**hahn mit gerader Bohrung**, gerader Bürettenhahn / grifo *m* de bureta con paso directo ‖ ⁓**hahn [mit Winkelbohrung]** / grifo *m* de bureta con paso angular ‖ ⁓**kappe** *f* / tapa *f* de bureta ‖ ⁓**klemme** *f* / abrazadora *f* de la bureta ‖ ⁓**ständer** *m*, -stativ *n* / soporte *m* de bureta
Bürgersteig *m* (Straßb) / acera *f*, vereda *f* (LA), andén *m* (GUAT), banqueta *f* (MEJ) ‖ ⁓**absenkung** *f* / nivelación *f* de la acera ‖ ⁓**platte** *f* / losa *f* para acera ‖ ⁓**rand** *m* / encintado *m*
Burmesterpunkt *m* (Getriebe) / punto *m* de Burmester
Burnettisieren *n* (Holz) / impregnación *f* con cloruro de zinc
Burnout *n*, Durchbrennen *n* (Nukl) / abrasamiento *m*, quemado *m* destructivo de un elemento
Büro•arbeit, -tätigkeit *f* / trabajo *m* de oficina ‖ ⁓**automation** *f* / ofimática *f* ‖ ⁓**automation**, -automatisierung *f* / automatización *f* de oficina ‖ ⁓**bedarf** *m*, -bedarfsartikel *m pl* / artículos *m pl* de oficina ‖ ⁓**beleuchtung** *f* / alumbrado *m* de oficina ‖ ⁓**computer** *m* / computador *m* u ordenador de (o para) oficina ‖ ⁓**drehstuhl** *m* / silla *f* giratoria de oficina ‖ ⁓**druckmaschine** *f*, Kopiergerät *n* / autocopista *f*, multicopista *f*, máquina *f* duplicadora, máquina *f* para sacar copias ‖ ⁓**gebäude** *n* / edificio *m* de oficinas ‖ ⁓**heftgerät** *n* / abrochador *m* ‖ ⁓**hochhaus** *n* / casa *f* elevada para oficinas, rascacielos *m* de oficinas ‖ ⁓**klammer** *f*, sujetapapeles *m*, clip *m* ‖ ⁓**kommunikation** *f* / comunicación *f* de oficina ‖ ⁓**kopie** *f* / copia *f* para [uso de] oficina ‖ ⁓**maschine** *f* / máquina *f* de oficina ‖ ⁓**maschinenindustrie** *f* / industria *f* de máquinas de oficina ‖ ⁓**maschinenmechaniker** *m* / mecánico *m* de máquinas de oficina ‖ ⁓**material** *n*, Schreibmaterialien *pl* / material *m* de oficina ‖ ⁓**möbel** *n pl* / muebles *m pl* de oficina ‖ ⁓**offsetmaschine** *f* / máquina *f* offset de oficina ‖ ~**orientiert** (DV) / orientado a oficina, para fines de oficina ‖ ⁓**papier** *n* / papel *m* para oficina ‖ ⁓**stunden** *f pl* / horas *f pl* de oficina ‖ ⁓**technik** *f* / burótica *f*
bürotechnisch / ofimático *adj*
Burst *m* (TV) / ráfaga *f* de sincronización cromática, impulso *m* de sincronización de la subportadora de crominancia
Bürstbesen *m* / escobillón *m*
Burstcanmonitor *m*, Überwacher *m* schadhafter Brennelemente (Atom, Nukl) / detector *m* de elementos defectuosos

Bürste *f* (allg) / cepillo *m*, pincel *m* ‖ ⁓ (aus Naturborsten) / sedera *f* ‖ ⁓, grober Pinsel / brocha *f* ‖ ⁓ (Druck) / brusa *f*, broza *f*, cepillo *m* ‖ ⁓, Kohle *f* (Elektr) / escobilla *f* [de carbón] ‖ ⁓ **für Straßenreinigung** / escoba *f* mecánica ‖ **mit einer** ⁓ **reinigen** / sedear
bürsten *vt* / cepillar, acepillar
Bürsten•abhebe- und Kurzschlussvorrichtung *f* (Elektr) / mecanismo para elevar y poner en cortocircuito las escobillas ‖ ⁓**abhebevorrichtung** *f* (Elektr) / elevador *m* de escobillas, dispositivo *m* levanta-escobillas ‖ ⁓**abnutzung** *f*, -verschleiß *m* / desgaste *m* de escobilla ‖ ⁓**abstreicher** *m* (Förderband) / rascador *m* de cepillos ‖ ⁓**abzug** *m* (Druck) / prueba *f*, galerada *f* ‖ ⁓**bolzen** *m*, Bürstenhalterbolzen *m* (Elektr) / perno *m* portaescobilla ‖ ⁓**brücke** *f*, -träger *m* / portaescobillas *m* ‖ ⁓**brücke** (Kleinmotoren) / collar *m* de portaescobillas ‖ ⁓**brücke**, -joch *n*, -ring *m* / puente *m* portaescobillas ‖ ⁓**erz** *n*, Bürsterz *n* (Min) / plata *f* nativa capilar o reticulada ‖ ⁓**fabrik** *f* / fábrica *f* de cepillos ‖ ⁓**feder** *f* (Elektr) / resorte *m* de escobillas ‖ ⁓**feuer** *n* / chispeo *m* o chisporroteo entre escobillas y anillas ‖ ⁓**fußmatte** *f* / estera *f* de cepillos ‖ ⁓**galvanisierung** *f* / depósito *m* a la brocha *f* de *m* (Elektr) / portaescobillas *m* ‖ ⁓**halterachse** *f* / eje *m* de portaescobillas ‖ ⁓**halterarm** *m* / balancín *m* ‖ ⁓**halterring** *m*, Bürstenbrille *f* (Elektr) / corona *f* portaescobillas, collar *m* portaescobillas ‖ ⁓**joch** *n* (Elektr) / puente *m* portaescobillas ‖ ⁓**kabel** *n* (Elektr) / cable *m* de escobilla ‖ ⁓**kasten** *m* (Elektr) / caja *f* de escobillas ‖ ⁓**kette** *f* / cadena *f* de cepillo[s] ‖ ⁓**kontakt** *m* (Elektr) / contacto *m* de escobillas ‖ ~**loser Induktionsmotor mit gewickeltem Läufer** / motor *m* de inducción de rotor devanado sin escobillas ‖ ⁓**potential** *n* / potencial *m* de escobillas ‖ ⁓**reibung** *f* / rozamiento *m* de escobilla ‖ ⁓**rückstellwinkel**, -rückschubwinkel *m* (Elektr) / ángulo *m* de atraso de escobillas ‖ ⁓**satz** *m* / juego *m* de escobillas ‖ ⁓**schalter** *m* / interruptor *m* de contactos laminares ‖ ⁓**scheibe** *f* / cepillo *m* circular ‖ ⁓**schlitten** *m* (Elektr) / carro *m* portaescobillas ‖ ⁓**spannung** *f* / tensión *f* a las escobillas ‖ ⁓**stellung** *f*, -einstellung *f* (Elektr) / posición *f* de escobillas, decalaje *f* de las escobillas ‖ ⁓**streichverfahren** *n* (Pap) / estucado *m* con cepillos ‖ ⁓**strom** *m* (Elektr) / corriente *f* de escobillas ‖ ⁓**stromabnehmer** *m* (Elektr) / escobilla *f pl* de toma-corriente ‖ ⁓**stromwender** *m* (Elektr) / conmutador *m* a escobillas ‖ ⁓**tasche** *f* (Elektr) / guía *f* de escobilla ‖ ⁓**träger** *m* (Elektr) / portaescobillas *m* ‖ ⁓**träger-Haltevorrichtung** *f* / yugo *m* portaescobillas ‖ ⁓**trommelschleifmaschine** *f* (Wzm) / rectificadora *f* de tambor con cepillos ‖ ⁓**übergangswiderstand** *m* (Elektr) / resistencia *f* de paso de las escobillas ‖ ⁓**verschiebung**, -verstellung *f* (Elektr) / decalaje *m* de las escobillas ‖ ⁓**verschleiß** *m* / desgaste *m* de las escobillas ‖ ⁓**verstelleinrichtung** *f* (Elektr) / mecanismo *m* para decalar las escobillas ‖ ⁓**verstellhebel** *m* (Elektr) / palanca *f* de decalaje de las escobillas ‖ ⁓**vorderkante** *f*, auflaufende Bürstenkante / borde *m* de entrada de la escobilla ‖ ⁓**vorschub** *m* (Elektr) / avance *m* de las escobillas ‖ ⁓**vorstellwinkel**, -vorschubwinkel *m* (Elektr) / ángulo *m* de avance ‖ ⁓**wähler** *m* (Fernm) / selector *m* de escobillas ‖ ⁓**walze** *f* (Straßb) / cepillo *m* rotativo, cilindro *m* cepillador, cepillo *m* cilíndrico ‖ ⁓**walze**, Walzenbürste *f* (Tex) / cilindro *m* descargador, cepillo *m* desborrador
Bürstfärberei *f* (Tex) / teñidura *f* a cepillo
Burst-Kennimpuls *m* (TV) / compuerta *f* de sincronización cromática
Bürstmaschine *f* (Tex) / máquina *f* de cepillar
Burst-Mode *f*, Einpunktbetrieb *m* (DV) / modalidad *f* de ráfagas

Bürst • sauger m (Hausgerät) / aspiradora f cepilladora ‖ ≈**scheibe** f / disco m acepillador ‖ ≈- **und Dämpfmaschine** f (Tex) / máquina f para acepillar y vaporizar
burtonisieren (Wasser mit Gips entkarbonisieren) (Brau) / burtonizar (descarburar agua con yeso)
Bus m, Sammelleitung f (DV, Eltronik) / vía f ómnibus o bus ‖ ≈, Peripherie-Anschlussleitung f (DV) / bus m, línea f para equipo periférico, línea f común ‖ ≈ (Elektr) / barra ómnibus, barra f colectiva o común ‖ ≈, Autobus m (Kfz) / bus m, autobús m, autocar m, ómnibus m ‖ ≈**architektur** f (DV) / arquitectura f de bus ‖ ≈**breite** f (DV) / ancho m de bus
Busch m (Baumform) (Bot, Landw) / arbusto m
Büschel n (z.B. Gras) / mechón m ‖ ≈ m n, Faserbüschel n / haz m ‖ ≈ n (Phys) / penacho m ‖ ≈**entladung** f (Elektr) / descarga f en penacho
büschelig / en mechón
Büschel • kohle f (Bergb) / carbón m esquistoso ‖ ≈**licht** n (Elektr, Opt) / haz m luminoso ‖ ≈**pflanzung** f (Landw) / plantación f por manojos ‖ ≈**teiler** m (Web) / peine m plegador
Busch • holz n (Forstw) / matorral m, monte m bajo ‖ ≈**holzhacker** m (Landw) / hendidora f de ramas
buschig (Strauch, Pflanze) (Bot) / densifoliado, frondoso
Busch • rodepflug m (Landw) / arado m destroncador ‖ ≈**werk** n (Forstw) / matorral m, breñal m, maleza f
Bus • fahrer m (Kfz) / busero m, autobusero m ‖ ≈**freigabe** f (DV) / liberación f del bus ‖ ≈-**Haltestelle** f / parada f de autobús
Bushel n (GB=36,3687dm³, USA=35,2393dm³) (Getreidemaß) / bushel m
Bus • -Nennspannung f (Eltronik) / tensión f nominal de bus ‖ ≈-**orientiert** (DV) / orientado a línea común
Buss-Kneter m (CH), Ko-Kneter m (Plast) / amasadora f Buss
Bussole f, Kompass m (Schiff, Verm) / brújula f
Bussolen • aufnahme f (Verm) / levantamiento m con brújula ‖ ≈**tachymeter** n / brújula-taquímetro f ‖ ≈**zug** m, Polygonzug m / traza f poligonal
Bus • spur f (Verkehr) / hilera f reservada para autobuses, carril-bus m ‖ ≈**struktur** f (DV) / estructura f bus
Bustamit m (Min) / bustamita f
Büstenmarmor m / mármol m para estatuas
Bus • treiber m, -driver m (DV) / excitador m del bus ‖ ≈**treiberkreis** m (DV) / circuito m para mandar la línea común
Butadien n (Chem) / butadieno m ‖ ≈-**Acryl-Nitril-Kautschuk** m, NBR / caucho m de butadieno-acrilnitrilo ‖ ≈**kautschuk** m / caucho m butadieno
Butamerprozess m (Öl) / butamerización f
Butan n (Chem) / butano m
Butanal, n- ≈ / butiraldehído m
Butandiol n / butandiol m
Butangas n **in Flaschen** / gas m butano en botellas o en bombonas ‖ ≈**tanker** m (Schiff) / buque m butanero, butanero m
Butanol n, Butylalkohol m (Chem) / butanol m, alcohol m butílico
Butanon, Methylethylketon n / butanón m
Buten n, (früher:) Butylen n / buteno m
Butenabdachung, Flutseite f (Deich) / lado m exterior del dique
Butensäure f (Chem) / ácido m buténico
Butenyl n / butenilo m
Bütte f, Bottich m (Färb) / cuba f, tina f, tinaja f
Bütten • aquarellpapier n / papel m de mano para pintura a la acuarela ‖ ≈**fertiger Stoff**, Gutstoff m (Pap) / pasta f aceptada ‖ ≈**leimung** f (Pap) / encolado m en la tina ‖ ≈**papier** n, handgeschöpftes Papier / papel m hecho a mano, papel m de tina ‖ ≈**papier**

(unbeschnittenes) / papel m de barba ‖ ≈**presse** f (Pap) / prensa f de tina ‖ ≈**rand** m (Pap) / barba f
Butter f / mantequilla f, butiro m (científico) ‖ ≈... (Chem) / butírico m ‖ ~**artig** / mantecoso, butiroso ‖ ≈**ausform- und -packmaschine** f (Verp) / máquina f moldeadora y empaquetadora de mantequilla, máquina f de moldeado y envase de mantequilla ‖ ≈**brotpapier** n / papel m para envolver empanadas ‖ ≈**farbe** f / color m para mantequilla ‖ ≈**fass** n / mantequera f ‖ ≈**fertiger** m, Butter[ungs]maschine f (Masch, Nahr) / mantequera f, máquina f de hacer mantequilla o manteca ‖ ≈**fett** n / grasa f de mantequilla
Butterfly-Messer n / navaja f albaceteña, navaja f automática
Butter • gelb, Methylgelb n (Färb) / amarillo m de mantequilla ‖ ≈**hahn** m, Einzugsventil n für Entschäumer (Zuck) / grifo m para antiespumante ‖ ≈**knetmaschine** f (Nahr) / batidora f de mantequilla, amasadora f de mantequilla ‖ ≈**maschine** f / mantequera f, batidora f de manteca ‖ ≈**messer** m, Butyrometer n (Chem) / butirómetro m ‖ ≈**milch** f (Nahr) / leche f mantecada, leche f de manteca, suero m de mantequilla
buttern / hacer mantequilla
Butter • refraktometer n (Chem) / refractómetro m para mantequilla ‖ ≈**säure** f / ácido m butírico ‖ ≈**säureethylester** m / éster m etílico del ácido butírico ‖ ≈**säuregärung** f / fermentación f butírica ‖ ≈**schmalz** n (Nahr) / mantequilla derretida f, manteca f derretida ‖ ≈**serum** n / suero m de mantequilla ‖ ≈**wasserwaage** f (Chem) / balanza f de butirización
Büttner-Trockner m, Turbotrockner m (Bau) / turbosecador m
Butyl • ... (Chem) / butílico, de butilo ‖ ≈**acetat** n / acetato m butílico ‖ ≈**alkohol** m, Butanol n / alcohol m butílico, butanol m ‖ ≈**benzol** n / butilbenceno m
Butylen n, (jetzt:) Buten n / but[il]eno m ‖ ≈**keton** n / butilencetona f
Butyl • gruppe f / grupo m de butilos ‖ ≈**kautschuk** m / caucho m butilo o butílico
Butyraldehyd, Butylaldehyd m / aldehído m butírico
Butyrase f / butirasa f
Butyrat n / butirato m
Butyrin n, reines Butterfett (Chem) / butirina f
Butyro • meter n / butirómetro m ‖ ≈**metrie** f / butirometría f
Butyron n (Chem) / butirona f
Butzen m (kleine Luftblase) (Glas) / burbuja f ‖ ≈ (Fließpressen) / pedazo m de metal ‖ ≈ (Stanz) / tapón m punzonado ‖ ≈ **beim Walzen von Stahlringen** (Walzw) / rodaja f ‖ ≈**los** (beim Abstechen) (Wzm) / sin apéndice ‖ ≈**scheibe** f, Mondscheibe f (Glas) / cristal m abombado y emplomado, vidrio m de ojo de buey
Buys-Ballotsches Gesetz (Phys) / teorema m de Buys-Ballot
BV (Bau) = Betonverflüssiger
B-Verstärker m (Fernm) / amplificador m tipo B o de clase B ‖ ≈ **im Gegentaktbetrieb** (Fernm) / amplificador m simétrico silencioso, amplificador m en contrafase silencioso
BVU, betriebliche Verfahrensuntersuchung / investigación f operacional
BV-Verfahren n (= Bochumer Verein) (Hütt) / procedimiento m BV
BVW = Innerbetriebliches Vorschlagswesen
Bw = Bahnbetriebswerk
BWB (Mil) = Bundesamt für Wehrtechnik und Beschaffung
B-Welle f (51 Wellen von 3,2 mm Höhe auf 1 ft Länge) (Pap) / ondulado m tipo B
BWG-Drahtlehre f (von No. 4/0 bis 36 = 0,454" bis 0,004") / galga f de Birmingham para hilos
BWL, Betriebswirtschaftslehre f / teoría f de la administración de empresas

BWR (Nukl) = Siedewasserreaktor
BWVO (Schiff) = Binnenwasserstraßen-Verkehrsordnung
Bww = Bahnbetriebswagenwerk
Bypass *m*, Umgehung *f* / sobrepaso *m*, desvío *m*, paso *m* || ≃, Umgehungsleitung *f* / derivación *f*, conducto *m* de derivación || ≃..., Doppelweg... / de *m* paso doble, de sobrepaso, de derivación || ≃**kondensator** *m* (Elektr) / capacitor *m* de derivación o de sobrepaso || ≃**-Station** *f* (Turbine) / estación *f* de desviación || ≃**-Triebwerk** *n* (Luftf) / turbina *f* de gas en derivación || ≃**ventil** *n* / válvula *f* de derivación
Byssolith *m*, haarförmiger Strahlstein (Min) / bisolita *f*
Byssus *m* (Tex) / byssus *m*
Byte *n* (DV) / byte *m* || ≃ **von n Bits** / byte *m* de n bits || ≃ **zu 8 Bit** / octeto *m*, (habitualmente:) byte *m* || ≃**dichte** *f* (Magn.Bd) / densidad *f* de bytes || ≃**folge** *f* (DV) / secuencia *f* de bytes || ≃**-Grenze** *f* / entorno *m* de byte || ≃**modus** *m* / modalidad *f* de bytes || ≃**multiplexierfähigkeit** *f* / facultad *f* de transmisión multiplex por bytes || ≃**-Multiplexkanal** *m* / canal *m* multiplex para bytes || ~**seriell-bitparallel** / serial por bytes-paralelo por bitios || ≃**verzahnungsmodus** *m* / modalidad *f* simultaneidad de bytes || ~**weise** *adj* / serial por bytes || ~**weise** *adv* / byte tras byte || ≃**zeit** *f* / tiempo *m* por byte
BZ, Brennstoffzelle *f* (Chem, Elektr) / fuel cell *m*
Bz-Scheibe *f* / disco *m* de freno para árboles
Bz-Sicherung *f*, Benzing-Sicherung *f*, Sicherungsring *m* (DIN) (Schraube) / clip *m*, circlip *m*
BZT = Bundesamt für Zulassungen in der Telekommunikation
B-Zustand *m* (Plast) / estado *m* B

C

C *m* (= Kohlenstoff) (Chem) / C (= carbono)
C *n* (= Coulomb) (Elektr) / C (= colombio)
C (Thermometer) / C, celsio *m*, centígrado *m*
C, Cystein *n* (Biochem) / cisteína *f*
C4 (Sprengstoff) / explosivo *m* C4
C 14, ^{14}C (Chem) / C 14, radiocarbono *m*
C14-Datierung *f* / datación *f* radiocarbónica, datación *f* C 14
C, K = elektrochemisches Äquivalent / K = E_e (equivalente electrónico o de Faraday)
Ca *n* (= Kalzium) / Ca (= calcio)
CA = Celluloseacetat ‖ ≏, computer-aided, computer- o. rechnergestützt / asistido por ordenador ‖ ≏, kontrollierte o. geregelte Atmosphäre / atmósfera *f* controlada, AC
CAB = Celluloseacetatbutyrat
Cabinettraspel *f* (Wz) / escofina *f* para escultores
Cable-handler *m* (Bergb) / cable-handler *m*
Cabover-Bus *m* (Kfz) / autobús *m* de cabina avanzada
Cache•-Platte *f* (DV) / disco *m* de caché ‖ ≏-Speicher *m* (DV) / memoria *f* de caché
Cachounuss *f* (Bot) / nuez *f* de anacardo
CAD (Compter Aided Design), rechnergestützter Entwurf / CAD, diseño *m* asistido por ordenador, diseño *m* informatizado
Cadaverin *n* (Chem) / cadaverina *f*
CAD/CAM, rechnergestützter Entwurf und Fertigung / CAD/CAM, diseño *m* y mecanizado asistidos por ordenador
Cadeöl, Wacholderteeröl *n* (Chem) / aceite *m* de enebro
c-Ader, -Leitung *f*, -Draht *m* (Fernm) / conductor *m* c
Cadetsche Flüssigkeit (Chem) / óxido *m* de cacodilo
cadmieren / cadmiar
Cadmium *n*, Kadmium *n* (Chem) / cadmio *m*
CAE *n* (Computer Aided Engineering) / ingeniería *f* asistida por ordenador ‖ ≏ *m* (= Computer Aided Electronics) / CAE *m* ‖ ≏ *n* = common application environment, der gemeinsame Hut für X-Open Standards / CAE *m*
CAF (Chem) = Celluloseacetatfilm; = Celluloseacetatfolie
CAI (=Common Air Interface), Luft- o. Funkschnittstelle *f* (Fernm) / interfaz *f* aérea (telefónica móvil) ‖ ≏ = Computer Aided Industry ‖ ≏ (= computer aided instruction), rechnergestützter Unterricht / instrucción *f* asistida por ordenador
Caisson, Senkkasten *m* (Bau, Hydr) / cajón *m* sumergible ‖ offener ≏ / cajón *m* abierto ‖ ≏gründung *f* / fundación *f* por cajón neumático ‖ ≏krankheit *f* (Med) / enfermedad *f* de los buzos ‖ ≏verfahren *n* (Bergb) / procedimiento *m* Caisson de profundización
Calambkholz *n*, edles Paradiesholz (Bot) / madera *f* calambac o de calambar
calciothermisch (Nukl) / calciotérmico
Calcit *m* (Min) / calcita *f*
Calcium *n* (Chem) s. Kalzium
Calco-Wüstit *m* (Hütt) / calco-wüstita *f*
Caldera *f* (Geol) / caldera *f*
Calf *n* (Gerb) / cuero *m* de becerro
Calgon *n* (Wasserenthärter) / calgón *m*
Caliche *f* (Rohstoff von Chilesalpeter) (Chem) / caliche *m*
Calico[t] *m* (Tex) / calico *m*
Californium *n*, Cf (Chem) / californio *m*, Cf
Call-Instruktion *f* (DV, IBM) / instrucción *f* de llamada

Calutron *n* (Massenspektrometer für Isotopentrennung, California University cyclotron) (Nukl) / calutrón *m*
Calyxbohrer *m* (Bergb) / sonda *f* de corona dentada, sonda *f* calyx
CAM (computergestützte Fertigung) (DV) / manufactura *f* asistida por ordenador, macanizado *m* asistido por ordenador ‖ ≏ = Computer Aided Management ‖ ≏, Assoziativspeicher *m* (DV) / CAM, memoria *f* asociativa
CAMAC *n* (Computer Aided Measurement And Control) (DV, Prozessrechn) / CAMAC, medición *f* y control asistidos por ordenador ‖ ≏ Interface-System mit serieller Ringleitung (DV) / sistema *m* CAMAC de interface por interconexión en serie ‖ ≏ Mehrrahmen-System / sistema *m* CAMAC de chasis múltiple ‖ ≏-Rahmen *m* / chasis *m* de sistema CAMAC ‖ ≏-Rahmensteuerung *f* / control *m* de chasis CAMAC
Cambric *m* (Tex) / cambrayón *m*, batista *f* de Cambray ‖ ≏papier *n* / papel *m* cambrayón
Cambridgewalze *f* (aus glatten und gezahnten Ringen) (Landw) / rodillo *m* "Cambridge"
Cambrium *n* (Geol) / cambrio *m*
Camera lucida *f* (Opt) / cámara *f* lúcida ‖ ≏ obscura / cámara *f* o[b]scura
Camouflage *f*, Tarnung *f* (Mil) / camuflaje *m*
Campecheholz *n* (Bot, Färb) / palo *m* de Campeche
Camphan *n* (Chem) / canfano *m*
Camphen *n* (Chem) / canfeno *m*
Campher *m*, Kampfer *m* / alcanfor *m*
Camphin *n*, harzfreies Terpentinöl / canfino *m*
Camping•anhänger *m*, Camper *m* (Kfz) / caravana *f*, roulotta *f*, remolque *m* de camping ‖ ≏flasche *f* (Gas) / botella *f* de gas para camping ‖ ≏-Wagen *m*, Wohnmobil *n* (Kfz) / autocaravana *f*
Camptonit *m* (Geol) / camptonita *f*
Camwood *n*, Baphia nitida (Färb) / camwood *m*, bafia *f*, baphia *f* nitida
Canadabalsam *m* (Mikroskop) / bálsamo *m* del Canadá
C^{14}-Analyse *f* (Chem, Phys) / análisis *m* C 14
Canard *m*, Entenflügel *m* (Luftf) / ala *f* tipo Canard
Cancelsymbol *n* (DV) / símbolo *m* de cancelación
Candela *f*, cd (Phys) / candela *f*
Candelillawachs *n* (Chem) / cera *f* de candelilla
Candolumineszenz *f* (Strahlung nichtschwarzer Körper bei hohen Temperat.) (Phys) / candoluminiscensia *f*
C-Anlasser *m* (Bosch), Schubtrieb-Starter *m* (Kfz) / motor *m* de arranque de engranaje automático
Cannelébindung *f* (Web) / ligado *m* cannelé
Cannelierfeile *f* (Wz) / lima *f* para acanalar
Cannelkohle *f*, Cändelkohle *f* (Bergb) / carbón *m* de llama larga
Cannetteseide *f*, Schappegarn *n* (Spinn) / hilo *m* sencillo de schappe
Canning *n* (Nukl) / envoltura *f*
Cantharidin *n* (Chem) / cantaridina *f*
Cantilever•... (Fahrrad) / de tipo cantiléver ‖ ≏-Bremse *f* (Fahrrad) / freno *m* "cantilever" ‖ ≏brücke *f* / puente *m* de cantiléver ‖ ≏feder *f* (Kfz) / resorte *m* cantilever
Cantorsche Menge *f* (Math) / conjunto *m* de Cantor
Canyon *m* (Geol) / cañón *m*
CAO (= Computer Aided Optimization)(computergesteuerte Optimierung) (DV) / optimización *f* asistida por computadora (OAC)
CAP (Chem) = Celluloseacetopropionat ‖ ≏, rechnergestützte Planung / CAP, planificación *f* asistida por ordenador ‖ ≏ = Computer Aided Publishing
CAPP, rechnergestützte Verfahrensvorbereitung o. Produktionsplanung (DV) / preparación *f* de procesamientos (o planificación de producción) asistida por ordenador
Caprinsäure *f* (Chem) / ácido *m* cáprico

Caprolaktam n (Chem) / caprolactama f
Capronsäure f / ácido m caproico
Capryl•alkohol m / alcohol m caprílico ‖ ≃ **säure** f / ácido m caprílico
CAPSC (DV) = Computer Aided Product Scheduling and Control
Capstanmotor m (Eltronik) / eje m motor, eje m impulsor
Caput mortuum n, feinpulvriges Eisen(III)-oxid, Eisenrot n (Chem) / caput m mortuum ‖ ≃ **mortuum**, Polier-, Englischrot n / rojo m inglés
Cap-Zwirnmaschine, Ring-Zwirnmaschine f (Tex) / continua f de retorcer de anillos
CAQ, rechnergestützte Qualitätskontrolle (DV) / control m o mantenimiento de calidad asistido por ordenador, CAQ
Caramel m (Zuck) / caramelo m ‖ **mit** ≃ **färben** / caramelizar
caramelisieren vi vt / caramelizar
Caravan m / caravana f
Carbamat, Carbaminat n (Chem) / carbamato m
Carbamid n / carbamida f, urea f ‖ ≃ **harz** n / resina f de carbimida, resina f úrica ‖ ≃ **säureethylester** m, Urethan n / uretano m
Carbaminsäure f / ácido m carbámico
Carbanilid n / carbanilida f
Carbanion n (Chem) / carbanión m
Carbazol n / carbazol m
Carbene n pl (Asphalt) / carbenos m pl
Carbenium-Ion n (Chem) / ion m de carbenio
Carbid n (Chem) / carburo m ‖ ≃ **...** s. auch Karbid... ‖ ≃ **vergröberung** f (Hütt) / engrandecimiento m de carburos
Carbinol n (Chem, Forstw) / carbinol m
Carbitol n (Chem) / carbitol m
Carbo•cerin n, kohlensaures Zer[ium] / carbocerina f ‖ ~**cyclisch**, (besser: isocyclisch / carbocíclico
Carbogen n (90% O₂, 10% C) (Chem, Med) / carbogeno m
Carbohydrase f (Chem) / carbohidrasa f
Carboide n pl (koksartige Bestandteile in überhitzem Bitumen) / carboides m pl
Carbokation n (Chem) / carbocatión m
Carbolineum n (Holz) / carbolíneo m
Carbolsäure f, Phenol n (Chem) / ácido m carbólico o fénico
Carbon... s. auch Karbon...
Carbonado m (schwarzer Diamant) (Bergb) / carbonado m
Carbonat, Karbonat n (Chem) / carbonato m
Carbonatation f (Zuck) / carbonatación f ‖ ≃ **in zwei Stufen** / carbonatación f de dos etapas
Carbonateur m (Zuck) / aparato m de carbonatación
Carbon Black n (Chem) / negro m de carbón
Carbonfaser f / fibra f de carbono
carbonisieren, karbonisieren (Spinn) / carbonizar
Carbonium-Ion n (Chem) / ion m de carbonio
Carbon•-Methode f (Öl) / método m de Carlson ‖ ≃ **papier** n / papel m [de] carbón ‖ ≃ **papier-Vordruck** m / formulario m de carbón
Carbonyl n (Chem) / carbonilo m ‖ ≃ **chlorid** n, Phosgen n (Chem) / carbonilcloruro m, fosgeno m ‖ ≃ **diamid** n / carbonildiamida f ‖ ≃ **eisen** n / ferrocarbonilo m ‖ ≃ **nickel** n / níquel m carbonilo ‖ ≃ **pulver** n (Sintern) / polvo m carbonilo ‖ ≃ **sauerstoff** m (Chem) / oxígeno m carbonilo ‖ ≃ **verbindung** f / compuesto m carbonilo
Carborane n pl (Chem) / carboranos m pl
Carborundscheibe f / muela f de carborundo
Carborundum n (Schleifmittel) / carborundo m
Carbo-Verschluss m (Foto) / obturador m de inyección de carbono
Carboxyl n (Chem) / carboxilo m
Carboxylase f / carboxilasa f

Carboxyl•gruppe f / grupo m carboxilo ‖ ≃ **säure** f / ácido m carboxilo
Carboxy•methylcellulose f / celulosa f carboximetílica ‖ ≃ **methylstärke** f / carboximetilalmidón m
Carbrodruck m (Druck) / procedimiento m Carbro de imprenta
Carbylamin n (Chem) / carbilamina f
Carcinotron n (C.S.F. France), Rückwärtswellenröhre f (Phys) / carcinotrón m, tubo m de ondas retrógradas o regresivas
Cargo m (Schiff) / carga f
Carlson-Methode f (Nukl) / método m SV, método m de Carlson
Carnallit m (Min) / carnalita f
Carnaubawachs n (Chem) / cera f de carnauba o de caranday o de carandaí
Carnitin n (Chem) / carnitina f
Carnotit m (Min) / carnotita f
Carnotscher Kreisprozess (Phys) / ciclo m de Carnot ‖ **umgekehrter** ≃ **Kreisprozess** / ciclo m invertido de Carnot
Carosche Säure (Chem) / ácido m de Caro
Carotin n (Chem) / carotina f ‖ ≃ **oide** n pl / carotinoides m pl
Carottage f, Bohrlochmessung f / perfilaje m, registro m, ensayo m de testigos
Carport m (Kfz) / carport m, tejado m de protección
Carrageen n, irisches Moos (Bot) / musgo m de Irlanda, alga f marina
Carraramarmor m (Bau) / mármol m de Carrara
Carrier m, Trägersubstanz f (Biol, Chem, Färb, Nukl, Pharma, Tex) / portador m, vehículo m transmisor ‖ ≃, Netzbetreiber m (DV, Fernm) / carrier m, compañía f de telecomunicaciones ‖ ≃, Verkehrs-, Transportunternehmen n / empresa f de transportes ‖ ≃, Luftfahrtgesellschaft f / compañía f aérea
Carrollit m (Art Linneit) (Min) / carrolita f
Cartilago f, Knorpel m (Med) / cartílago m
Carvacrol, Carvon-Isomer m (Chem) / carvacrol m, isómero m de carvona
Carvon m (Chem) / carvona f
CAS (= Computer Aided Service) / servicio m ayudado por ordenador
Cascodeschaltung f (Eltronik) / circuito m cascode o cascodo
Casein n, Kasein n (Chem) / caseína f ‖ ≃ **kunststoffe** m pl / materias f pl plásticas de caseína ‖ ≃ **ogen** n (Caseinvorstufe) (Chem) / caseinógeno m
Caseose f (Milch-Proteose) / caseosis f
Cashemire m (Tex) / cachemira f, cachemir m
Cashew•nuss f, -kern m (Bot, Nahr) / nuez f de anacardo ‖ ≃-**Nussschalenöl** n (Plast) / aceite m [de nuez] de anacardo
Cashflow m (Wirtsch) / margen m bruto de autofinanciación
Casing n, Verrohrung f (Öl) / tubería f de revestimiento, tubería f de ademe (MEJ), cañería f aisladora o de entubación (ARG)
Cäsium (Chem) s. Zäsium
Cassegrain•-Kabine f (Opt) / cabina f Cassegrain ‖ ≃-**Spiegel** m (Opt) / espejo m de Cassegrain
Cassette f (Eltronik) s. Kassette
Cassettenrecorder m / cassette m f, grabador m (ARG)
Cassia•öl n (Parfümerie) / esencia f de casia ‖ ≃ **rinde** f (Bot) / corteza f de casia
Cassinische Kurve (Astr, Math) / cassinoide f, curva f de Cassini
Cassiopeium n, Cp (jetzt: Lutetium) (Chem) / lutecio m, Lu
Cassiterit (Min) / casiterita f
Cassiusscher Purpur, Goldpurpur m (Färb) / púrpura f de oro
Castaingsche Mikrosonde (Chem, Hütt) / microsonda f de Castaing

Castnersche Schmelzflusselektrolyse (Chem) / electrólisis f de Castner
Castor m (cask for storage and transport od radioactive material) / recipiente m para almacenamiento y transporte de material radiactivo ‖ ≙, Kastor, Petalit m (Min) / petalita f
CAT, rechnergestützter Versuch (DV) / CAT, ensayo m asistido por ordenador ‖ ≙, rechnergestütztes Übersetzen / traducción f asistida por ordenador
Catcher m (Isotopentrennung) / hoja f colectora
Catechin n (Färb, Gerb) / catequina f
Catechol n (Chem) / catecol m
Catechu n (Färb, Gerb) / catecú m
Catenaverbindung f, Catenan n (Chem) / compuesto m cadenado
Catergol n (Raumf) / catergol m
Caterpillar-Lader (ein Raupenkettenbagger der Caterpillar Tractor Co.), Traxcavator m (Bau) / caterpillar m, traxcavador m
Catgang m (Schiff) / andarivel m
Cathepsin n (Enzym) (Biochem) / catepsina f
CATV, Gemeinschaftsantennen-Fernsehen (TV) / televisión f con antena común
Cauchy-Riemannsche Differentialgleichungen $f\,pl$ (Math) / ecuaciones $f\,pl$ de Cauchy-Riemann
CaZ (Cetanzahl) (Kfz) / índice m de cetano
CB-Amateur m, -Funker m (Eltronik) / radioaficionado m (de banda ciudadana), cebeísta m/f
C-Band n (Radar) = 5 - 5,25 GHz / banda f C
CB-Band n, 11-m-Band n (Radio) / banda f ciudadana, banda f de uso general
C-Behälter m (Versand) / contenedor m en posesión del transportista
CB-Greifer m, Zentralspulengreifer m (Näh) / lanzadera f oscilante de bobina central
CBN, kubisches Bornitrid (Keram) / nitruro m de boro cúbico
C-Bombe f (Nukl) / bomba f de cobalto
CBR-Verfahren n **zur Bestimmung der Bodenfestigkeit** (Bau) / determinación f de la capacidad del suelo mediante el procedimiento CBR
CBR-Waffen $f\,pl$ (chemisch, biologisch, radioaktiv) (Mil) / armas $f\,pl$ biológicas, químicas y nucleares
CBS-System (= Columbia Broadcasting) (TV) / sistema m CBS
cc, Neugradsekunde f (Math) / cc, segundo m centesimal
CCBA-Regeln $f\,pl$ (Bau) / prescripciones $f\,pl$ CCBA (=Comité Consultatif de Béton Armé)
CCC-Technologie f (Communications, Computers and Components) / tecnología f CCC (Comunicaciones, Computadores y Componentes)
CCD, ladungsgekoppelter Speicher, Ladungsverschiebeelement n (Eltronik) / memoria f CCD
CCD-Photoelement-Anordnung f / disposición f lineal CCD
CCI[F] = Comité Consultatif International [F = Fernsprech] / Comité Consultivo Internacional [Telefónico]
CCIR, C.C.I.R. = Comité Consultatif International de Radiocommunications / Comité Consultivo Internacional de Radiocomunicaciones ‖ ≙-**Norm**, Gerbernorm f (625 Zeilen usw) (TV) / norma f de CCIR
CCIT-Schnittstelle f (Eltronik) / interface m CCIT (=Comité Consultivo Internacional Telegráfico)
CCITT (Fernm) = Comité Consultatif International Téléphonique et Télégraphique / Comité Consultivo Internacional Telefónico y Telegráfico
CCITT-Alphabet Nr. 5 n, ISO-7-Bit-Code m (Lochstreifen) / código m ISO de 7 bits
CCS (= Carbon Capture and Storage), Auffangen n und Lagern von CO_2 (Umw) / captura f y almacenamiento de gas CO_2

CCS-Technologie f (kohlenstoffarme Kohlekraftwerkstechnologie) / tecnología f CCS (controlledcombustion system)
CCW-Kette f, Kanalbefehlskette f (DV) / cadena f de mando de canal
cd (Phys) = Candela / candela f
CD, Compact Disk f (Audio) / disco m CD, disco m compacto, cedé m ‖ ≙-**Brenner** m / grabador m de CDs
CD-DA = CD digital-audio
CD-4[-Diskret]-System n (= compatible discrete) (Audio) / sistema m CD 4
CD-I n, interaktive CD (Audio) / CD interactivo, CD-I m
C-Diodenabstimmung f (Eltronik) / sintonización f por diodos de capacitancia variable
CD-Lade f (DV) / portadisco m
CDMA, Code Division Multiple Access (DV, Fernm) / Acceso Múltiple por División de Código
CD-Player m / cargador m CD, lector m de discos compactos
CD-R f (CD recordable - nur einmal beschreibbare CD) / CD m grabable una sola vez
c-Draht m, -Leitung f (Fernm) / hilo m c
CD-4-Rille f (Audio) / surco m CD 4
CD-ROM f / cederrón m (col.)
CD-ROM-Leser m / lector m de CD-ROM
CD-RW f (CD rewritable - wiederl beschreibbare CD) / CD-RW m o reescribible
CD•-Spieler m, CD-Player m (Audio) / cargador m CD, lector m de discos compactos ‖ ≙-**Ständer** m / porta-CDs m ‖ ≙-**Turm** m, CD-Ständer m / torre f CD
Ceanderkabel n (Elektr) / cable m de neutro concéntrico con hilo en meandro
CECC (CENELEC-Kommission für Gütesicherung von Bauelementen) / CECC (comisión CENELEC para la seguridad de componentes eléctricos)
CECIMO = Comité Européen de Coopération des Industries de la Machine Outil / Comité Europeo de Cooperación de las Industrias de Máquinas-Herramientas
Cedille f (Druck) / cedilla f
Cedren n (Chem) / cedreno m
Cedro n (Holzart) / cedro m
Cedrol n, Zedernholzkampfer m / cedrol m
CEE / Comisión Internacional de [Reglamentación para Aprobar los] Equipos Eléctricos
CEE-Stecker m (Eltronik) / clavija CEE (Comunidad Económica Europea)
Ceilograph m, Ceilometer m (Meteo, Raumf) / ceilógrafo m, indicador m de la altura de nubes
Celanese f / celanesa f
Cellit n (Chem) / celita f
Cellobiose f / celobiosa f
Cellophan n / celofán m ‖ **in** ≙ [ver]**packen** / celofanar
Cellophanverpackungsmaschine f / celofanadora f
Cellosolve (Lösungsmittel für Zellulose, Ethylglykol n (Chem) / celosolve m
Cellulase f (Biol, Chem) / celulasa f
Celluloid n, Zellhorn n (Chem) / celuloide m
Cellulose f (Chem, Pap) / celulosa f ‖ ≙... s. a. Zellulose... ‖ ≙**acetat** n (Chem, Plast) / acetato m de celulosa, acetocelulosa f ‖ ≙**acetafilm** m, CAF / película f de acetocelulosa ‖ ≙**acetobutyrat** n, CAB (Chem) / butirato m de acetocelulosa ‖ ≙**acetopropionat** m (Plast) / propionato m de acetocelulosa ‖ ≙**faser** f (Tex) / fibra f celulósica ‖ ≙**lack** m / barniz m celulósico ‖ ≙**nitrat** n (Chem) / nitrato m de celulosa
cellulosisch / celulósico
Celluronsäure f (Chem) / ácido m celurónico
Celsian m (Barium-Anorthit) (Min) / celsiana f
Celsius•grad m, ° C (Phys) / grado m Celsio, centígrado m ‖ ≙-**skala** f / escala f centesimal o de Celsio ‖ ≙**thermometer** n / termómetro m centígrado
CEN (Europäisches Komitee für Normung) / Comité m Europeo de Normalización

CENELEC (Comité Européen de Normalisation Electrotechnique), CENEL (Elektr) / CENELEC, Comité *m* Europeo de Normalización Electrotécnica ‖ ⁓**-Komitee für Bauelemente der Elektronik** / Comité *m* CENELEC para componentes electrónicos
Cent *n*, 1/100 Reaktivitätseinheit *f* (Nukl) / cent *m*
Center-Cutter *m* (Wz) / dispositivo *m* para cortar en el centro
Center Line Average, CLA-Wert *m* (Oberfläche) / valor *m* CLA
centesimal (Math) / centesimal
Centigon *n* / centígono *m*
Centipoise *n* (Viskositätseinheit), cP (Phys) / centipoise *m*, cP
Centri•cleaner *m* (Pap) / depurador *m* centrífugo, depurador *m* de pasta ‖ ⁓**finer** *m* (Pap) / centrifiner *m*
Cephaelin *n* (Chem) / cefaelina *f*
Cephalin, Kephalin *n* (Chem) / cefalina *f*
Cepheiden *pl* **und RV-Tauri-Sterne** (Astr) / cefeidas *f pl*
CEPT *f* (Fernm) = Conférence Européenne des Administrations des Postes et des Télécommunications / Conferencia Europea de las Administraciones de Correos y Telecomunicaciones
CER *f* / Conferencia Europea de la Radiodifusión
Cer *n*, Cerium *n*, Ce (Chem) / cerio *m*, Ce ‖ ⁓..., (spez.:) Zer(IV)-... / cérico ‖ ⁓**(III)-...** / ceroso
Ceran (Glas, Keram) / vidriocerámica *f*, ceran *m*
Cer•argyrit *m* (Silberhalogen) (Min) / cerargirita *f*, clorargirita *f* ‖ ⁓**dioxid**, Cer(IV)-oxid *n* (Chem) / dióxido *m* de cerio, óxido *m* cérico ‖ ⁓**eisen**, Auermetall *n*, Cer-Eisenstein *m* / ferrocerio *m*, hierro *m* pirofórico
Čerenkov•-Richtstrahler *m* (Phys) / radiador *m* direccional de Tcherenkov o Cerenkov ‖ ⁓**-Strahlung**, Tscherenkow-Strahlung *f*, (beim Übergang auf Überlichtgeschwindigkeit) / radiación *f* de Tcherenkov o Cerenkov
Cerenkov-Zähler *m* / contador *m* de Tcherenkov o Cerenkov
Cer-Erden *f pl* (Min) / tierras *f pl* de cerio
Ceresfarbstoffe *m pl* / colorantes *m pl* oleosólicos
Ceresin *n* (gereinigtes u. gebleichtes Erdwachs) (Öl) / ceresina *f*, ozokerita *f* purificada
Ceresit *n* (Chem) / ceresita *f*
Cerin *n*, Wachsharz *n* / cerina *f*
Cerit *m* (Min) / cerita *f*
Cermet *n* (metallkeram. Werkst) / cermet *m* ‖ ⁓**-Brennstoff** *m* (Nukl) / combustible *m* cermet
CERN (Nukl) = Centre Européen pour la Recherche Nucléaire (Europäisches Kernforschungszentrum) / CERN *m* (Centro Europeo para la Investigación Nuclear)
Cer(III)-Nitrat *n* (Chem) / nitrato *m* de cerio
Cerotin•farbe *f* / colorante *m* cerótico ‖ ⁓**säure** *f* / ácido *m* cerótico
Cerussit *m* (Min) / cerusita *f*, cerusa *f*
Cervantit *m* (Min) / cervantita *f*
Cetan, n-Hexadecan *n* (Chem) / cetano *m*
Cetanzahl *f* ($C_{16}H_{34}$) (Kfz) / índice *m* de cetano
Cetazin *f* (Chem) / cetacina *f*
Cetenzahl *f* ($C_{16}H_{32}$) (Kfz) / índice *m* de ceteno
Cetimin *n* (Chem) / cetimina *f*
Cetrimoniumbromid *n* (Chem) / bromuro *m* de cetrimonio
CETS / Conferencia Europea para la Telecomunicación por Satélites
Cetylsäure *f* (Chem) / ácido *m* cetílico
Ceylonit *m*, Eisenspinell *m*, Pleonast *m* (Min) / ceilonita *f*, pleonasto *m*, hierro *m* de espinela
Ceyssatit *m* (Infusorienerde aus Ceyssat (Puy-de-Dôme)) (Min) / ceyssatita *f*
CE-Zeichen (Chip-Enable) (DV) / signo *m* CE
CF *n* (= Kresolaldehyd) (Chem) / formaldehído *m* cresólico

C-Faser *f*, Kohlenstoff-Faser *f* / fibra *f* de carbono
C-Feder, Schwanenhalsfeder *f* / resorte *m* en C
CFK, chemiefaserverstärkter Kunststoff / plástico *m* reforzado por fibras sintéticas ‖ ⁓ = carbonfaserverstärkter Kunststoff ‖ ⁓**-Laminat** *n* / material *m* laminar reforzado por fibras de carbono
C_3-Fraktion *f*, PP-Fraktion *f*, PP *n* (Propan-Propylen-Mischung) (Öl) / fracción *f* C_3 (con propano y propileno)
C_4-Fraktion *f* (Öl) / fracción *f* C_4, fracción *f* butano plus
C_5-Fraktion *f* (Öl) / fracción *f* C_5, fracción *f* pentano plus
CFR-Motor *m* (Prüfmotor) / motor *m* CFR (=Cooperative Fuel Research Committee)
C-Gelenk *n* / articulación *f* tipo C
C-Gestell-Exzenterpresse *f* / prensa *f* excéntrica de bastidor en C
C-Glied *n* (Funk) / capacitor *m*, condensador *m*
CGS•-Nummern *f pl* (Uhr) / numerotaje *m* CGS ‖ ⁓**-System**, Zentimeter-Gramm-Sekunde-System *n* (Phys) / sistema *m* CGS (=centímetro, gramo, segundo)
Chabasit, Phakolith *m* (Min) / chabasita *f*, cabasita *f*
Chagrin, Narbenleder *n*, genarbtes o. körniges Leder (Leder) / chagrín *m*, tafilete *m*, marroquí *m*
chagrinieren, narben (Leder) / achagrinar, granear, tafiletear
Chagrinpapier *n* / papel *m* imitación cuero, papel *m* parafinado
chaisen *vt* (Art Kalandern) (Tex) / acabar por calandra cha[i]sing
C-Haken *m* **mit Auge, [mit Schaft]** (Kran) (Förd) / gancho *m* en C con ojo [con vástago]
Chalcogen *n* (Chem) / calcógeno *m*
Chalcolith *m* (Min) / calcolita *f*
Chaldäische Periode *f*, Saros-Periode *f* (Astr) / ciclo *m* Saros
Chalet *n* (Bau) / chalé *m*, chalet *m*
Chalkanthit *m* (Min) / chalcantita *f*
chalko•phil (Chem) / calcófilo ‖ ⁓**pyrit**, Kupferkies *m* (Min) / calcopirita *f*, pirita *f* de cobre ‖ ⁓**siderit** *m* (Min) / calcosiderita *f* ‖ ⁓**sin** *m*, Kupferglanz *m* / calcosina *f* ‖ ⁓**stibit** *m* (Min) / calcostibita *f* ‖ ⁓**trichit** *m* (Min) / calcotriquita *f*
Chalybit *m* (Min) / calibita *f*, hierro *m* espático
Chalzedon *m* (Min) / calcedonia *f*
chamois (Farbe) / de color gamuza ‖ ⁓**leder** *n* / cuero *m* de gamuza
Chamosit (in oolithischen Eisenerzen), (jetzt): Berthierin *m* (Min) / chamosita *f*, bertierina *f*
changen färben (Tex) / teñir con efecto tornasol ‖ ⁓ *m* (Web) / tejido *m* tornasol
Changieren *n*, Schillern *n* (Tex) / viso *m*, efecto *m* cambiante o tornasol
changierend, changeant (Tex) / cambiante, tornasolado, irisado
Changier•fadenführer *m* (Tex) / guíahilo *m* para movimiento alternativo ‖ ⁓**lager** *n* / rodamiento *m* sometido a movimiento alternativo ‖ ⁓**rahmen** *m* (Tex) / rama *f* enderezadora, rama *f* igualadora ‖ ⁓**vorrichtung** *f* (Web) / dispositivo *m* para movimiento alternativo
Channingsche Lösung (Chem) / solución *f* de yoduro de mercurio potásico
Chaostheorie *f* (Phys) / teoría *f* del caos
Chaplash *n* (Holzart) / chaplash *m*
Chapron•wicklung *f* (Elektr) / devanado *m* no inductivo "chapron" ‖ ⁓**widerstand** *m* (frei von Blindwiderstand) (Elektr) / resistor *m* "chapron"
Charakter *m*, Art *f* / carácter *m* ‖ ⁓, Wert *m* / valor *m*, índole *m*
Charakteristik *f*, Kennlinie *f* / característica *f* ‖ ⁓ **des Potentiometers** (Eltronik) / característica *f* del potenciómetro

Charakteristikum *n* / característica *f*, distintivo *m*, particularidad *f*, peculiaridad *f*
charakteristisch / característico, distintivo, propio ‖ ~**e Anodenspannung** (Magnetron) / tensión *f* anódica característica ‖ ~**e Eigenwurzel einer Matrix** (Math) / valor *m* característico de una matriz ‖ ~**er Feldwiderstand** (Wellenleiter) / resistencia *f* característica del campo ‖ ~**e Funktion** (Math) / función *f* característica ‖ ~**e Funktion einer Menge** (Math) / función *f* característica de un conjunto ‖ ~**e Gleichung** (Math) / ecuación *f* característica ‖ ~**e Induktion** (Magnetron) / campo *m* magnético característico ‖ ~**e Konstruktion** / construcción *f* característica o distintiva ‖ ~**e Länge** (Rakete) / longitud *f* característica ‖ ~**er [Leitungs]widerstand** (Wellenleiter) / impedancia *f* característica ‖ ~**es Merkmal** / característica *f* ‖ ~**es Polynom** (Math) / polinomio *m* característico ‖ ~**e Rechenzeit** (DV) / tiempo *m* de operación representativo, tiempo *m* de cálculo representativo ‖ ~**e Strahlung** (Phys) / [ir]radiación *f* característica ‖ ~**er Strömungsleitwert**, Strömungseigenleitwert *m* (Elektr, Vakuum) / conductancia *f* intrínseca ‖ ~**er Wert**, Eigenwert *m* / valor *m* característico, valor *m* propio
Charakterlinie *f* (Linie zw. Scheinwerfer u. Heckleuchten) (Kfz) / línea *f* característica
Charas *n* (Haschisch) (Bot, Pharm) / hachís *m*, haxix *m*
Chardonnet-Seide *f* (Tex) / seda *f* chardonnet o nitro
Charge *f*, Beschickung *f*, Einsatz *m*, Schmelzgut *n* (Hütt) / carga *f* ‖ ~, Hitze *f* (Hütt) / calor *m* ‖ ~ (Ofen) / hornada *f* ‖ ~ (Chem) / lote *m* ‖ ~ (Seide) / carga *f*
Chargen•**dauer** *f* (Hütt) / duración *f* de hornada ‖ ~**mischer** *m* (Bau) / mezcladora *f* por cargas ‖ ~**nummer** *f* (Chem) / número *m* de lote ‖ ~**pulper** *m* (Pap) / turbo-desintegrador *m* ‖ ~**waage** *f* / balanza *f* de carga mixta ‖ ~**weise** / por lotes ‖ ~**zahl** *f* (Zuck) / número *m* de cargas
Charge-Transfer-System *n* (Halbl) / sistema *m* de transferencia de carga
Chargier•**apparat** *m* / cargador *m* ‖ ~**bühne** *f* / plataforma *f* de carga
chargieren *vt*, beschicken (Hütt) / cargar
chargier•**fähig** (Hütt) / en tamaños apropiados para la carga ‖ ~**halle** *f* (Hütt) / nave *f* de carga ‖ ~**korb** *m* (Hütt) / cesta *f* de carga ‖ ~**kran** *m* (Hütt) / grúa *f* para cargar ‖ ~**maschine** *f* / máquina *f* de carga, enhornadora *f* ‖ ~**mulde** *f* (Hütt) / artesa *f* de carga
Charlier-Versuch *m* (Hütt) / ensayo *m* de Charlier
Charm *n* (Nukl) / charm *m*
Charmeuse *f* / charmés *m*, charmeuse *f*
Charming-Quantenzahl *f* (Phys) / número *m* cuántico charm
Charm•**-Quark** *n* / charm-quark *m* ‖ ~**-Theorie** *f* (Phys) / teoría *f* de charm
Charpy-Spitzkerbprobe *f* (Mat.Prüf) / ensayo *m* de resiliencia de Charpy
Charter *f* / flete *m* ‖ ~ *m f*, Chartern *n* (Tätigkeit) / fletamento *m* ‖ ~**flug** *m* / vuelo *m* fletado, vuelo *m* chárter
chartern (Luftf, Schiff) / fletar
Chartervertrag *m* / contrato *m* de fletamento
Chasing•**kalander** *m* (Tex) / calandra *f* chasing o. chaising ‖ ~**-Vorrichtung** *f* (Tex) / dispositivo *m* chasing
Chassis *n*, Fahrgestell *n* (Kfz) / chasis *m* ‖ ~ (Radio) / chasis *m* ‖ ~ (Spritzgussform) / armazón *m* ‖ ~**aufhängung** *f* (Kfz) / suspensión *f* del chasis ‖ ~**gewicht fahrbereit** *n* / peso *m* de chasis listo para a la marcha ‖ ~**gewicht trocken nackt** *n* / peso *m* nudo de chasis ‖ ~**rahmen** *m* (Kfz) / bastidor *m*
Chat *m* (DV) / chat *m*, charla *f* o tertulia cibernética
Chatoyieren *n* (Min) / efecto *m* chatoyante
chatoyierend / chatoyante

Chauffeur *m*, Fahrer *m* (Kfz) / conductor *m*, chófer *m*
Chayen-Impulsverfahren o. Kaltschmelzverfahren *n* (zur Aufsprengung von Zellwänden) / procedimiento *m* de Chayen
Check *m* (gewürfeltes Gewebe) (Tex) / tejido *m* de diseño a cuadros
checken *vt*, testen, prüfen (allg, DV) / verificar, chequear
Checking-in *n*, Einschecken *n* (Luftf) / checking-in *m*
Checking-out *n*, Ausschecken *n* (Luftf) / checking-out *m*
Checkliste *f*, Prüfliste *f* / lista *f* de comprobación, lista *f* de verificación o de repaso
Check-out *n* (Raumf) / comprobación *f* [final], verificación *f*
Check•**up** *n*, Endkontrolle *f* / verificación *f* final, entrega *f* ‖ ~**weigher** *m* / clasificadora *f* ponderal
Cheddit *m* (Sprengstoff) / cheddita *f*
Chef•**ingenieur** *m* / ingeniero-jefe *m* ‖ ~**navigator** *m* (Luftf) / navegador *m* jefe ‖ ~**pilot** *m*, erster Flugzeugführer, Flugkapitän *m* / piloto *m* jefe
Chelat *n* (Chem) / quelado *m* ‖ ~ seltener Erden / quelado *m* de tierras raras ‖ ~**bildner** *m* / quelante *m* ‖ ~**bildung** *f*, Chelation *f* / quelación *f* ‖ ~**bildungsvermögen** *n* / capacidad *f* de quelación ‖ ~**ometrie** *f* (Chem) / quelatometría *f* ‖ ~**ring** *m* / anillo *m* de quelado ‖ ~**süßung** *f* (Öl) / dulcificación *f* de quelado
Chelen, Chlorethyl *n* (Chem) / queleno *m*
Chemical-Vapour-Deposition-Verfahren *n*, CVD-Verfahren *n* / procedimiento *m* químico de deposición de vapor, procedimiento *m* CVD
Chemie *f* (als wissenschaftl. Disziplin) / Química *f* (ciencia) ‖ ~ / química *f* ‖ ~ **der Kohlen- u. Erdöl-Abkömmlinge** / química *f* de los hidrocarburos ‖ ~**abwässer** *n pl* (Umw) / agua *f* ensuciada químicamente ‖ ~**-Bändchen** *n* (Tex) / cinta *f* sintética ‖ ~**-Draht** *m* / monofilamento *m* sintético ‖ ~**-Email** *n* / esmalte *m* químico ‖ ~**facharbeiter** *m* (früher; jetzt: Chemikant) / obrero *m* químico ‖ ~**fachmann** *m*, Chemotechniker *m* / perito *m* químico ‖ ~**fachschule** *f* / escuela *f* de peritaje químico ‖ ~**faser** *f* (Tex) / fibra *f* artificial, fibra *f* sintética, fibra *f* ‖ ~**faser auf Viskosebasis** (Tex) / fibras *f pl* de viscosa ‖ ~**faser-Endlosgarn** *n* / hilo *m* sin fin de fibra sintética ‖ ~**fasergewebe** *n pl*, -stoffe *m pl* (Tex) / tejidos *m pl* de fibras sintéticas ‖ ~**faser-Industrie** *f* / industria *f* de fibras sintéticas ‖ ~**faserverstärkt** (Plast) / reforzado con fibras sintéticas ‖ ~**faserverstärkter Kunststoff** / materia *f* plástica reforzada con fibras sintéticas ‖ ~**faser-Zellstoff** *m*, Kunstfaser *f* (Tex) / celulosa *f* de fibras sintéticas ‖ ~**holz** *n* (Pap) / madera *f* para pulpa química ‖ ~**ingenieur** *m* / ingeniero químico *m* ‖ ~**-Ingenieurwesen** *n* / ingeniería *f* química ‖ ~**kupferfaser** *f* (Tex) / fibra *f* de cupramonio, fibra *f* al óxido cuproamoniacal ‖ ~**kupferseide** *f* / seda *f* al óxido cuproamoniacal ‖ ~**-Monofilament** *n* (Chem) / monofilamento *m* sintético ‖ ~**müll** *m* (Umw) / residuos *m pl* químicos, lodos *m pl* químicos ‖ ~**pulpe** *f* (Pap) / pulpa *f* química ‖ ~**pumpe** *f* / bomba *f* para sustancias agresivas ‖ ~**reaktor** *m* (Chem) / reactor *m* químico ‖ ~**reaktor** (Nukl) / reactor *m* quiminuclear ‖ ~**seide** *f* (Tex) / seda *f* sintética ‖ ~**[spinn]faser** *f* / fibra *f* sintética ‖ ~**stapelfasergewebe** *n* / tejido *m* de fibras sintéticas cortadas, tejido *m* de fibrana ‖ ~**zellstoff** *m* (für chem. Zwecke) / celulosa *f* para fines químicos
Chemigraph *m* / quimiógrafo *m*
Chemigraphie *f*, Zinkflachdruck *m* / quimiografía *f*
Chemikalien *f pl* / sustancias *f pl* químicas, productos *m pl* químicos ‖ ~**beständig** / resistente a las sustancias químicas ‖ ~**flasche** *f* / botella *f* para sustancias químicas, frasco *m* para productos químicos ‖ ~**fleck** *m* / mancha *f* de origen químico ‖ ~**-Rückgewinnung** *f* (Umw) / recuperación *f* de agentes químicos, reciclaje *m* de agentes químicos ‖

≙**verklappung** f / echazón m de productos químicos, descarga m desde barco químico
Chemikant m s. Chemiefacharbeiter
Chemiker m / químico m
Chemikerin f / química f
Chemilumineszenz f / quimioluminiscencia f
chemisch / químico ‖ ~ **abtragen** / erosionar químicamente ‖ ~**es Agens** / agente m químico ‖ ~**aggressives Medium** / medio m químicamente corrosivo ‖ ~**e Analyse** / análisis m químico ‖ ~**e Apparate**, Laborgeräte n pl / aparellaje m químico ‖ ~**e Aufbereitung** (Abwasser) / tratamiento m químico ‖ ~ **aufgeschäumt** (Plast) / espumado químicamente ‖ ~**er Austausch** (Isotopentrennung) / intercambio m químico ‖ ~**e Beanspruchung** / exposición f a agentes químicos, esfuerzo m químico ‖ ~**e Bearbeitung** / trabajo m químico, grabado m de los perfiles ‖ ~**es Beizen** (Galv) / decapado m químico ‖ ~ **beständig** (Chem) / químicamente estable ‖ ~ **binden** / ligar químicamente, combinar químicamente ‖ ~**e Bindung** / enlace m químico ‖ ~**e Bleiche** (Färb) / blanqueo m químico ‖ ~ **desinfizieren** / desinfectar químicamente ‖ ~**e Eigenschaften** f pl / características f pl químicas, propiedades f pl químicas ‖ ~**es Element**, chemischer Grundstoff / elemento m químico ‖ ~**e Energie** / energía f química ‖ ~ **entfettete Wolle** (Tex) / lana f desengrasada químicamente ‖ ~**es Enthüllen** (Nukl) / descamisadura f química ‖ ~**e Fabrik** / fábrica f química ‖ ~**er Fabrikant** / fabricante m de productos químicos ‖ ~**e Fällung** (Abwasser) / precipitación f química ‖ ~**e Farbbildung** (z.B. bei NCR-Papier) / coloración f química ‖ ~**e Formel** / fórmula f o notación química ‖ ~**e Formel** / fórmula f química ‖ ~**es Fräsen** (Wzm) / desprendimiento m químico, erosión f química ‖ ~**e Gasphasenabscheidung** / separación f química en la fase gaseosa ‖ ~ **gebunden** (Chem) / químicamente combinado ‖ ~ **gebundener basischer Stein** (Keram) / piedra f básica químicamente ligada ‖ ~ **gebundenes Wasser** / agua f combinada ‖ ~**e Grundverfahren** n pl / procedimiento m básico químico ‖ ~**er Holzstoff** (Pap) / pulpa f química ‖ ~**e Industrie** / industria f química ‖ ~**er Katalysator** / catalizador m químico ‖ ~**e Kinetik** / cinética f química ‖ ~ **konservieren** (durch Benzoesäuresulfimid) (Holz) / conservar mediante sulfimida de ácido benzoico ‖ ~**e Kriegführung** / guerra f química ‖ ~**er Kupferniederschlag** (Galv) / encobrado m químico ‖ ~**es Labor** / laboratorio m químico ‖ ~**e Oberflächenbehandlung**, chemischer Niederschlag (Galv) / tratamiento m químico de superficies, depósito m químico ‖ ~**es Polieren** (Hütt) / pulido m químico ‖ ~**es Präparat** (o. Erzeugnis) / producto m químico ‖ ~**es** **prüfen** / ensayar químicamente ‖ ~**es Radikal** / radical m químico ‖ ~**e Raffination**, Treating n (Öl) / tratamiento m químico ‖ ~ **raffiniertes Kupfer** (Hütt) / cobre m refinado químicamente ‖ ~**es Raketentriebwerk** (Raumf) / cohete m químico ‖ ~**e Reaktion** / reacción f química ‖ ~ **rein** / químicamente puro ‖ ~ **reines Blei** / plomo m químicamente puro ‖ ~**e Reinigung** (allg) / lavado m químico, lavado m en seco ‖ ~**e Reinigung**, Chemischreinigen n (Chem) / purificación f química ‖ ~**e Reinigung** (Gewerbe) / tintorería f (E) ‖ ~**er Sauerstoffbedarf**, CSB (Umw) / demanda f química de oxígeno m ‖ ~**er Schutzstoff** (Nukl) / protector m químico ‖ ~**es Sterilisierungsmittel** (Pestizid) / quimioesterilizante m ‖ ~**e Struktur**, Konstitution f (Chem) / configuración f, estructura f química ‖ ~**es Symbol o. Zeichen** / símbolo m químico ‖ ~**e Technologie** / tecnología f química ‖ ~**e Thermodynamik** / termoquímica f ‖ ~**es Trimmen**

(Nukl) / compensación f química ‖ ~**e Trimmregelung** (Nukl) / mando m por compensación química ‖ ~**e Umwandlung** / transformaqión f química ‖ ~ **untersuchen** / analizar químicamente, realizar el análisis químico ‖ ~**e Verbindung** (Substanz) / compuesto m químico ‖ ~**e Verbindung** (Vorgang) / combinación f química ‖ ~**e Verfahrenstechnik** / ingeniería f química ‖ ~ **vernetzt** / reticulado químicamente ‖ ~**e Verwitterung** (Geol) / descomposición f química a la intemperie ‖ ~**e Waage** / balanza f química, balanza f analítica ‖ ~**e Werke** n pl / fábricas f pl químicas ‖ ~ **widerstandsfähig** / químicamente resistente ‖ ~**e Widerstandsfähigkeit** / resistencia f química ‖ ~**e Zersetzung** / descomposición f química ‖ ~**e Zusammensetzung** / composición f química
Chemisch • blau n (Farb) / azul m químico ‖ ~**braun**, bister / bistre ‖ ≙**gelb** n (Farb) / amarillo m de Cassel ‖ ~**-metallurgisch** / quimicometalúrgico ‖ ~**-pharmazeutisch** / químico-farmacéutico ‖ ~**-physikalisch** / quimicofísico ‖ ~**-technisch** / quimicotécnico ‖ ~**-technisches Porzellan** (Keram) / porcelana f para fines quimicotécnicos ‖ ~**-technologisch** / quimicotecnológico
Chemismus m / quimismo m, mecanismo m químico
Chemisorption f / quimioadsorción f
Chemnitzer Grobstich m (Jacquard) (Tex) / puntada f basta de Chemnitz
Chemo • lumineszenz f / quimioluminiscencia f ‖ ≙**lyse** f / quimiólisis f ‖ ≙**sphäre** f (Atmosphäre bis 80 km) (Geophys) / quimioesfera f ‖ ≙**sterilans** n (Pestizid) / quimioesterilizante m ‖ ≙**synthese** f / quimiosíntesis f ‖ ≙**technik** f / técnica f química, quimiotecnia f ‖ ≙**techniker** m / técnico m químico
Chemotechniker m (staatl. gepr.) / perito m químico (E)
chemo • technische Unterlagen f pl / documentación f quimiotécnica ‖ ≙**therapie** f (Med) / quimioterapía f ‖ ≙**tronik** f (Eltronik) / quimiotrónica f
Chemurgie, Ackerbauchemie f (Landw) / química f agrícola
Chenille f, Chenillegarn n (Tex) / chenilla f ‖ ≙**samt** m / felpilla f, terciopelo m chenilla ‖ ≙**-Schneidmaschine** f / máquina f para cortar felpilla
Chessylith m (Min) / chesilita f
Chevillieren n (Seidengarn) / teñido m suavizado con clavija
Chevilliermaschine f (Tex) / máquina f de teñido suavizado con clavija
Cheviot m / cheviot ‖ ≙**farbmischgarn** n / mezcla f cheviot ‖ ≙**garn** n / hilo m cheviot ‖ ≙**wolle** f / lana f cheviot
Chevreauleder n, Kid n (Leder) / cabritilla f
Chevron • -Baffle n, Rasterdampfsperre f / trampa f chevron ‖ ≙**-Form** f (Magnetblasen) / forma f cheurón
Chi n, X (Math) / (letra) ji f
Chiastolith m (Min) / chiastolita f, quiastolita f
Chicarot n, Carajuru (Färb) / rojo m chico
Chiffon m (Tex) / chifón m
Chiffre, Kennzahl f / cifra f ‖ ≙**mitteilung** f / criptograma m ‖ ≙**schrift** f / escritura f cifrada ‖ ≙**schrift**, a.: -schlüssel m / clave f ‖ ≙**schrift als System** / criptografía f
Chiffreur m (DV) / codificador m
Chiffrierdienst m, -abteilung f (Mil) / servicio m de cifrado
chiffrieren vt (Mil) / cifrar ‖ ~ (DV) / codificar
Chiffriermaschine f / máquina f de cifrar
Chiffrierung (Mil) / cifrado m ‖ ~ (DV) / codificación f
Child-Langmuir[-Schottky]-Gleichung f (für Anodenstrom) (Eltronik) / ley f de Child-Langmuir[-Schottky]
Childsches Gesetz (Phys) / ley f de la carga del espacio

243

Chilesalpeter

Chilesalpeter *m* (Natriumnitrat) (Chem) / nitrato *m* sódico o de Chile, salitre *m* de Chile
Chi•-Maßzahl *f* (Stat) / variable *f* X (ji) ‖ ⁓-**Meson** *n* (Phys) / mesón *m* X (ji)
China•[rinden]baum *m* (Bot) / quino *m* ‖ ⁓**blau**, Reinblau *n* (Färb) / azul *m* de China ‖ ⁓-**Clay** *m* (Appretur) (Keram) / arcilla *f* blanca ‖ ⁓**gras** *n*, Ramie *f* / fibra *f* de ramio ‖ ⁓**grün**, Chinesisch Grün *n* (Farb) / verde *m* de China
Chinaldin *n* (Chem) / quinaldina *f* ‖ ⁓**rot** *n* (Farb) / rojo *m* quinaldina
Chinalizarin *n* (Chem) / quinalizarina *f*
China•papier *n* / papel *m* de China ‖ ⁓**rinde** *f*, Cortex Chinae o. peruvianus (Pharm) / corteza *f* del quino, quina *f* ‖ ⁓**rot** *n* (Tex) / rojo *m* de quina ‖ ⁓**seide** *f* (Tex) / china *f*
Chiné *n* (Tex) / chiné *m*
chinesisch•er Talg, (fälschlich): chinesisches Wachs (Chem) / sebo *m* de China ‖ ~**e Tusche** (Zeichn) / tinta *f* china ‖ ~**es Wachs** (von Coccus pela) (Zool) / cera *f* de China ‖ ⁓**er Zimt** / canela *f* de China
Chinhydronelektrode *f* (o. -Halbzelle) (Chem) / electrodo *m* quinhidrona
Chinin *n* (Pharm) / quinina *f* ‖ ⁓**tannat** *n* (Chem) / tanato *m* de quinina
chinoid (Chem) / quinoide
Chinolin, Leukol *n* (Chem) / quinoleína *f* ‖ ⁓**blau** *n* (Farb) / azul *m* quinoleína ‖ ⁓**farbstoff** *m* / colorante *m* de quinoleína ‖ ⁓**gelb** *n* / amarillo *m* de quinoleína
Chinon *n* (Färb) / quinona *f*
Chin[on]oid-Formel *f* (Färb) / fórmula *f* quinoide
Chinoxalin *n* (Chem) / quinoxalina *f*
Chintz *m* (Tex) / indiana *f*, chintz *m* ‖ ⁓**kalander** *m* / calandra *f* chintz ‖ ⁓**papier** *n* / papel *m* chintz ‖ ⁓**verfahren** *n* / procedimiento *m* chintz
Chip *m* (IC), Substrat *n* (DV) / chip *m*, pastilla *f*, placa *f* de silicio ‖ **in** ⁓**s zerschneiden** (IC) / cortar en chips, partir en chips ‖ ⁓**-Aufteilung** *f* / distribución *f* de chip ‖ ⁓**ausbeute** *f* (Eltronik) / rendimiento *m* de chips ‖ ⁓**-Carrier** *m*, -Träger *m*, Substrat *n* / portador *m* de chips ‖ ⁓**-Carrier-Gehäuse** *n*, -Träger-Gehäuse *n* / marco *m* portador de chips ‖ ⁓**-Freigabe** *f*, Chip-Enable *n* (Baustein-Aktivierung) (DV) / liberación *f* de chips ‖ ⁓**karte** *f* **mit Mikroprozessor** (DV) / smartcard (= tarjeta electrónica) ‖ ⁓**-Kondensator** *m* (Eltronik) / capacitor *m* tipo lasca ‖ **1-**⁓**-Mikroprozessor** / microprocesador *m* monochip ‖ ⁓**satz** *m* (DV) / conjunto *m* de chips ‖ ⁓**-Verarbeitungsanlage** *f* (DV) / instalación *f* para trabajar chips ‖ ⁓**-Widerstand** *m* (Eltronik) / resistor *m* tipo lasca
Chi-Quadrat•-Probe *f*, -Test *m* (Stat) / ensayo *m* del chi (o ji) al cuadrado ‖ ⁓**-Verteilung** *f* (Stat) / distribución *f* del chi (o ji) al cuadrado
chiral, spiegelbildlich isomer (Chem) / quiral ‖ **~es Molekül** / molécula *f* quiral
Chiralität *f* (Chem, Math, Nukl) / quiralidad *f*
Chireix-Modulation *f* (Eltronik) / modulación *f* Chireix
Chirping *n*, Wellenlängenschwankung *f* (Laser) / fluctuación *f* de longitud de onda
Chirp•-Modulation *f*, Pulskompressionsverfahren *n* (Eltronik) / modulación *f* por compresión de impulsos ‖ ⁓**-Radar** *n* / radar *m* de compresión de impulso, radar *m* de señal con barrido de frecuencia
Chirurgieinstrumente *n pl* / instrumental *m* quirúrgico
chirurgisch / quirúrgico
Chitin *n* (Biol, Chem) / quitina *f* ‖ ~**haltig**, Chitin... / quitinoso
Chitinisierung *f* / quitinización *f*
chladnische Klangfiguren *f pl* (Phys) / figuras *f pl* sonoras de Chladni
Chlamydobakterien, Faden-, Seidenbakterien *f pl* (Biol) / clamidobacterias *f pl*
Chlamydospore *f* (Landw) / clamidospora *f*

Chloanthit *m* (Weißnickelkies) (Min) / cloantita *f*
Chlophen *n* (Bayer) (Chem) / clofeno *m*
Chlor, Cl (Chem) / cloro *m*, Cl ‖ **mit** ⁓ **sättigen** / saturar con cloro ‖ ⁓**acet...** / cloracético ‖ ⁓**aceton** *n* / cloroacetona *f* ‖ ⁓**acetophenon** *n* / cloracetofenona *f* ‖ ⁓**acetsäure** *f*, -essigsäure *f* / ácido *m* cloracético ‖ ⁓**acetyl** *n* / cloruro *m* de acetilo
Chloral *n* / cloral *n* ‖ ⁓**hydrat** *n* / hidrato *m* del cloral
Chlor-Alkali-Elektrolyse *f* / electrólisis *f* cloralcalina
Chloralose *f* / cloralosa *f*
Chlor•aluminium *n* / cloruro *m* de aluminio ‖ ⁓**ameisensäureester** *m* / éster *m* etílico del ácido clorofórmico ‖ ⁓**amin** *n* / cloramina *f* ‖ ⁓**amphenicol** *n* (Pharm) / cloranfenicol *m* ‖ ⁓**anil** *n* / cloranilo *m* ‖ ⁓**argyrit** *n*, Hornerz *n* (Min) / clorargirita *f*
Chlorat•(I) *n* (Chem) / clorato *m*(I) ‖ **fünfwertiges** ⁓ / clorato *m*(V) ‖ **siebenwertiges** ⁓ / clorato *m*(VII)
Chloration *f* (Goldwinnung) / ion *m* de clorato
Chloratsprengstoff *m* (Bergb) / explosivo *m* cloratado
Chlor•aurat *n*, -gold *n* (Chem) / cloraurato *m* ‖ ⁓**azid** *n* / cloracida *f* ‖ ⁓**benzol** *n* / clorobenceno *m*, -benzol *m* ‖ ⁓**bestimmung** *f* / clorometría *f* ‖ ⁓**blei** *n*, Cotunnit *m* (Min) / cloruro *m* de plomo ‖ ⁓**bleiche** *f* (Vorgang) (Tex) / blanqueo *m* al cloro ‖ ⁓**bleichlauge** *f*, -bleiche *f*, -bleichmittel *n* / lejía *f* de cloro para blanquear ‖ ⁓**bleichmittel** *n* (Pap) / agente *m* blanqueador de cloro ‖ ⁓**bromid** *n* (Chem) / clorobromuro *m* ‖ ⁓**brommethan** *n*, CB / bromometano *m* de cloruro ‖ ⁓**bromsilberpapier** *n* (Foto) / papel *m* al clorobromuro de plata ‖ ⁓**butadien** *n* (Chem) / clorobutadieno *m* ‖ ⁓**butylkautschuk** *m* / caucho *m* de clorobutilo ‖ ⁓**dan** *n* (Insektizid) / clordan *m* ‖ ⁓**darstellungsapparat** *m* (Chem) / aparato *m* para la producción de cloro ‖ ⁓**dioxid** *n* (Chem) / dióxido *m* de cloro ‖ ⁓**echt** (Tex) / resistente al cloro ‖ ⁓**echtheit** *f* (Tex) / resistencia *f* al cloro
chloren *vt* (Wasser etc.) / clorar ‖ ~, in Chlorid überführen, mit Chlor behandeln (Chem) / clorurar ‖ **Trinkwasser schwach** ~ / verdunizar ‖ ⁓ *n*, Chlorgabe *f* (Wasser) / cloración *f*, clorización *f* ‖ ⁓, Chlorierung *f* (Chem) / cloruración *f*
Chlor•essigester *m* (Chem) / éster *m* cloracético ‖ ⁓**essigsäure** *f* / ácido *m* cloracético ‖ ⁓**ester** *m* / éster *m* de cloro ‖ ⁓**ethyl** *n* / cloroetilo *m* ‖ ⁓**ethylen** *n*, Chlorethen *n* / cloroetileno *m*
Chlorexprozess *m* (Öl) / proceso *m* clorex
Chlor•fabrik *f*, -hersteller *m* / productor *m* de cloro ‖ ⁓**faser** *f* (Tex) / fibra *f* a base de cloro ‖ ~**fest**, -echt / resistente al cloro ‖ ⁓**fluorkohlenstoff** *m* (Chem) / clorofluorocarbono *m* ‖ ⁓**fluorkohlenwasserstoff-Schmiermittel** *n* / aceite *m* de clorofluorcarbonos ‖ ~**frei** / libre de cloro, sin contenido de cloro ‖ ⁓**gabe** *f*, Chloren *n* (Wasser) / cloración *f*, adición *f* de cloro ‖ ⁓**gas** *n* (Chem) / cloro *m* gaseoso ‖ ⁓**gasgeräte** *n pl* / aparatos *m pl* de cloración [por cloro gaseoso] ‖ ⁓**gehalt** *m* / clorinidad *f* ‖ ⁓**gelatine** *f* / gelatina *f* de cloruro ‖ ⁓**gold** *n*, -aurat *n* / clorurato *m* ‖ ~**haltig** / de contenido de cloro, que contiene cloro, cloroso ‖ ⁓**hydrat** *n* / clorhidrato *m*, muriato *m*, cloruro *m* ‖ ⁓**hydrin** *n* / clorhidrina *f* ‖ **Chlorid**, (früher:) Chlormetall *n* / cloruro *m* ‖ **in** ⁓ **überführen** (Chem) / **mit** ⁓ **behandeln**, chlorieren (z.B. Phot, Hütt) / clorar ‖ **stark** ~**haltiges Flusswasser** / agua *f* de río de alto contenido de cloro ‖ ⁓**korrosion** *f* (Hütt) / corrosión *f* [provocada] por cloruro
Chlorieranlage *f* (Wasser) / planta *f* de cloración o de clorización
Chlorieranlage *f* (Hütt) / instalación *f* de cloruración
chlorieren *vt* (z.B. Wasser) / clorar ‖ ⁓ *n*, Chlorierung *f* / cloración *f*, clorización *f*
chlorierend (Röstung) / clorurante ‖ ~**es Auslaugen** / extracción *f* clorurante ‖ ~**e Röstung** (Hütt) / tostación *f* clorurante

chloriert (Chem) / clorurado ‖ ~**es Diphenyl** (z.B. Chlophen von Bayer, Askarel von General Electric, Arochlor von Monsanto usw.) / difenilo *m* clorurado
Chlorierung *f* / cloruración *f* ‖ ⁓ **mit Hypochloriten** / javelización *f*
chlorig, Chlor... / cloroso ‖ ~**e Säure** / ácido *m* cloroso
Chlori•meter *n* / clorímetro *m* ‖ ⁓**metrie** *f* / clorimetría *f*, clorometría *f*
Chlorinationsprozess *m* (Gold) / clorinación *f*
Chlorit *n*, Salz *n* der chlorigen Säure (Chem) / clorito *m* ‖ ⁓ *m* (Min) / clorita *f* ‖ ~**haltig** / clorítico ‖ ⁓**oid**, Ottrelith *m* (Min) / ottrelita *f* ‖ ⁓**schiefer** *m* / esquisto *m* clorítico
Chlor•kadmium *n*, Kadmiumchlorid *n* (Chem) / cloruro *m* de cadmio ‖ ⁓**kalk** *m* / cal *f* clorada, cloruro *m* de cal ‖ ⁓**kalkbleiche** *f* (Tex) / blanqueo *m* por cloruro de cal ‖ ⁓**kalklösung** *f* (Chem) / solución *f* de cloruro de cal ‖ ⁓**kalzium** *n* / cloruro *m* de calcio ‖ ⁓**kalziumrohr** *n* (Chem, Labor) / tubo *m* de cloruro cálcico, tubo *m* de secado ‖ ⁓**kautschuk** *m* / clorocaucho *m* ‖ ⁓**knallgas** *n* (Chem) / gas *m* fulminante de cloro e hidrógeno ‖ ⁓**kohlenoxidgas** *n*, Phosgengas *n* / gas *m* de fosgeno ‖ ⁓**kohlenstoff** *m* / carbono *m* tetracloruro ‖ ⁓**kohlenwasserstoff** *m*, CKW / hidrocarburo *m* clor[iz]ado ‖ ⁓**kupfer** *n* / cloruro *m* cúprico ‖ ⁓**lauge** *f* (Pap) / lejía *f* de blanqueo ‖ ⁓**lithium** *n* (Chem) / cloruro *m* de litio ‖ ⁓**log** *n* (Öl) / perfil *m* de cloro ‖ ⁓**magnesium**, Magnesiumchlorid *n* (Chem) / cloruro *m* de magnesio ‖ ⁓**mangan** *n* / cloruro *m* de manganeso ‖ ⁓**maschine** *f* (Tex) / blanqueadora *f* al cloro ‖ ⁓**methan** *n* / clorometano *m* ‖ ⁓**methyl** *n*, Methylchlorid *n* / cloruro *m* de metilo ‖ ⁓**monoxid**, Dichlor[mon]oxid *n* / monóxido *m* de cloro ‖ ⁓**naphtalin** *n* / cloronaftaleno *m* ‖ ⁓**natrium** *n* / cloruro *m* sódico ‖ ⁓**natronzellstoff** *m* (Pap) / pulpa *f* de hipoclorito sódico ‖ ⁓**nickel** *n* (Chem) / cloruro *m* de níquel
Chloro•form *n* / cloroformo *m* ‖ ~**formieren** (Med) / cloroform[iz]ar ‖ ⁓**formierung** *f* / cloroform[iz]ación *f* ‖ ⁓**gensäure** *f* (Chem) / ácido *m* clorogénico ‖ ⁓**goldsäure** *f* / ácido *m* cloroáurico ‖ ⁓**lisis** *f* ‖ ⁓**meter** *f* / clorómetro *m*, clorímetro *m* ‖ ⁓**metrie** *f* / clorometría *f*, clorimetría *f* ‖ ⁓**phait** *m* (Min) / clorofaíta *f* ‖ ⁓**phyll**, Blattgrün *n* (Bot) / clorofila *f* ‖ ⁓**phyll...** / [de] clorofila, clorofílico ‖ ~**phyllhaltig** / de contenido *m* de clorofila, que contiene clorofila ‖ ⁓**phyllkorn** *n*, Chloroplast *m* (Bot) / cloroplasto *m* ‖ ⁓**phyzeen** *pl*, Grünalgen *f pl* / clorofíceas *f pl* ‖ ⁓**pikrin** *n*, Klop *n* / cloropicrina *f* ‖ ⁓**platinsäure** *f* (Chem) / ácido *m* cloroplatinato ‖ ⁓**pren** *n*, CR / cloropreno *m* ‖ ⁓**pren-Kautschuk**, CR / caucho *m* de cloropreno ‖ ⁓**propionsäure** *f* / ácido *m* cloropropiónico ‖ ⁓**se, Gelbblättrigkeit** *f* (Bot) / clorosis *f* ‖ ⁓**thene** *n* (Reinigungsmittel) / cloroteno *m*
Chlor•phenol *n* (Chem, Holz) / clorofenol *m* ‖ ⁓**phenolrot** *n* (Farb) / rojo *m* de clorofenol ‖ ⁓**platin** *n*, Platin(II)-chlorid *n* / cloruro *m* de platino ‖ ⁓**säure** *f* / ácido *m* clórico ‖ ⁓**schwefel** *m*, Schwefelmonochlorid *n* / cloruro *m* de azufre ‖ ⁓**schwefel-Vulkanisation** *f* (Gummi) / vulcanización *f* al cloruro de azufre ‖ ⁓**silber** *n* (Min) / cloruro *m* de plata ‖ ⁓**silberelement** *n* (Elektr) / pila *f* de cloruro de plata ‖ ⁓**stickstoff** *m* (Chem) / tricloruro *m* de nitrógeno ‖ ~**sulfoniert** / clorosulfonado ‖ ~**sulfoniertes Polyethylen**, CSM (Plast) / polietileno *m* clorosulfonado ‖ ⁓**toluol** *n* (Chem) / clorotolueno *m* ‖ ⁓**trifluorid** *n* / clorotrifluoruro *m* ‖ ⁓**überschussregistriergerät** *n* / aparato *m* registrador del excedente de cloro
Chlorung *f*, Chloren *n* (Wasser) / cloración *f*, clorización *f*
Chlor•verbindung *f* (Chem) / compuesto *m* de cloro ‖ ⁓**verdampfer** *m* (Pap) / gasificador *m* de cloro ‖ ⁓**vinyldichlorarsin**, Lewisit *n* (Chem, Mil) / lewisita *f* ‖

⁓**wasser** *n* (Chem) / agua *f* clorada o de cloro ‖ ⁓**wasser**, Bleichwasser *n* / lejía *f* de Javelle, cloruro *m* de potasio ‖ ⁓**wasserstoff** *m*, Hydrochlorgas *n* (Chem) / cloruro *m* de hidrógeno ‖ ⁓**wasserstoffsäure**, Salzsäure *f* / ácido *m* clorhídrico, ácido *m* muriático, espíritu *m* de sal ‖ ⁓**zahl** *f* (Wasser) / índice *m* de cloro ‖ ⁓**zink** *n* / cloruro *m* de zinc ‖ ⁓**zinn** *n* / tetracloruro *m* de estaño
CHMOS-Technologie *f* (= complementary high performance metal oxide semiconductor) (Halbl) / tecnología *f* CHMOS
CH-Norm *f* / norma *f* suiza
Choke, Starterklappe *f* (Kfz) / estrangulador *m* de aire, palomilla *f* de arranque en frío, starter *m*, regulador *m* de aire, ahogador *m*, choke *m* ‖ ⁓**bohrung** (Geschütz), Würgebohrung *f* (Mil) / estrangulador *m*
Cholesterin *n* (Med) / colesterol *m*, colesterina *f*
cholesterisch (Krist) / colestérico ‖ ~**er Flüssigkristall**, CLC / cristal *m* líquido colestérico, CLC
cholester[in]ische Phase (Chem) / fase *f* colestérica
Cholin *n* / colina *f*
Cholinesterase *f* (Med) / colinesterase *f*
Cholsäure *f* / ácido *m* cólico
Chondrin *n* / condrina *f*
Chondrit *n* (Geol) / condrita *f*
Chondro•dit *m* (Min) / condrodita *f* ‖ ⁓**itin** *n* (Chem) / condroitina *f*
Chopper *m* (Eltronik) / cortador *m* periódico, contactor *m* vibratorio
Chorbrett *n* (Web) / tabla *f* de arcadas
C-Horizont *m* (Geol) / horizonte *m* C
Christoffel-Symbole *n pl* (Math) / símbolos *m pl* de Christoffel
Chrom *n*, Cr (Chem) / cromo *m* ‖ ⁓ (Färb) / bicarbonato *m* potásico ‖ ⁓**(II)-...**, Chromo... (Chem) / cromoso ‖ ⁓**(III)-...**, Chromi... (Chem) / ⁓**(VI)...** / cromato
Chroma *n*, Farbton und -sättigung (TV) / croma *m*
Chromacetat *n* (Chem) / acetato *m* crómico o de cromo
Chroma-Key-Methode *f* (TV) / método *m* chroma-key
Chromalaun *m* / alumbre *m* de cromo
Chromat *n*, Chromsäuresalz *n* (Chem) / cromato *m* ‖ ⁓ *m* (Opt) / lente *f* cromática
chromatieren, inchromieren (Stahl) / cromar, incromar ‖ ⁓ *n* (Bildung von chromhaltigen Verbindungen) / cromatización *f* ‖ ⁓, Inchromieren *n* (Stahl) / incromado *m*
Chromatik *f*, Farbenlehre *f* (Phys) / cromatismo *m*, cromaticidad *f*
Chromatin *n* (Biol) / cromatina *f*
chromatisch (Opt) / cromático ‖ ~**e Abweichung o. Aberration** / aberración *f* cromática, cromatismo *m* ‖ ~**er Fehler** (Opt) / defecto *m* cromático
Chromatisieren *n*, Passivieren *n* (Hütt) / cromatización *f*, pasivación *f* cromática
chromato•gen (TV) / cromatógeno *m* ‖ ⁓**graph** *m* (Chem) / cromatógrafo *m* ‖ ⁓**graphie** *f* / cromatografía *f* ‖ ~**graphieren** / cromatografiar
Chromatom *n* (TV) / cromatoma *f*
Chromato•metrie, Farbmessung *f* (Phys) / cromatometría *f* ‖ ⁓**phor** *n*, Farbstoffträger *m* (Bot) / cromatóforo *m*
Chromatron *n* (Farbbildröhre) (TV) / cromatrón *m*
Chromatverfahren *n* (Kraftstoffprüfg) / método *m* de cromato
Chromausbringen *n* (Hütt) / rendimiento *m* de cromo
Chromax *n* (hochtemperaturfester Cr-Ni-Stahl) / cromax *m*
Chrom•az[id]olfarbe *f* / colorante *m* de azidol al cromo ‖ ⁓**bad** (Hütt) / baño *m* de cromo ‖ ⁓**carbid** *n* (Chem) / carburo *m* de cromo ‖ ⁓**-Dolomit-FF-Material** *n* (Min) / material *m* refractario de cromo-dolomita ‖ ⁓**echtgrünpigment** *n* (Farb) / pigmento *m* a base de cromato de plomo y azul de ftalocianina ‖

245

Chromeisenerz

≈eisen[erz] n, -eisenstein m (Min) / cromito m ferroso nativo, cromita f
Chromel n (Legierung aus 80% Ni, 20% Cr) (Hütt) / cromel m
Chrom•element n (Elektr) / pila f de ácido crómico ‖ ≈erz n (Min) / mena f de cromo ‖ ≈erzmörtel m (Bau) / argamasa f de cromita ‖ ≈erzstein m, Chromitziegel m (Hütt) / ladrillo m de cromita ‖ ≈farbe f, Chromierfarbstoff m / colorante m al cromo ‖ ≈farbstoff, Chrombeizen-, -entwicklungsfarbstoff m / colorante m de desarrollo al cromo ‖ ≈gelatine f / gelatina f al cromo ‖ ≈gelb n / amarillo m de cromo ‖ ≈gerbung f (Leder) / curtido m al cromo ‖ ≈glimmer m (Min) / moscovita f ‖ ≈grün n (allg, Galv) / verde m de cromo ‖ ≈grünpigment n / pigmento m verde de cromo ‖ ~haltig / cromífero ‖ ~haltiger Rostfreistahl / acero m inoxidable de cromo
Chromi..., Chrom(III)-... (Chem) / crómico
chromieren vt (Tex) / sensibilizar al baño de cromo ‖ ~ (Hütt) / cromar ‖ ≈ n, Chromierung f / cromado m, cromatización f
Chromier•farbstoff m s. Chromfarbstoff ‖ ≈farbstoff / colorante m al cromo
Chrominanz f (TV) / crominancia f ‖ ≈information f (TV) / información f de crominancia ‖ ≈regelung f / control m de crominancia ‖ ≈signal, Farbsynchronsignal n, -impuls m (TV) / señal f de crominancia ‖ ≈-Steuerfrequenz f / frecuencia f piloto de crominancia ‖ ≈träger m (TV) / portador m de crominancia
Chromit m (Min) / cromita f, cromito m ferroso nativo ‖ ≈ziegel m, -stein m (Hütt) / ladrillo m de cromita
Chrom•kohlenstoffstahl m / acero m al carbono-cromo ‖ ≈leder n / cuero m al cromo ‖ ≈leiste f (Kfz) / moldura f cromada ‖ ≈löschpapier n / papel m secante de cromo ‖ ≈-Magnesit m (Min) / cromo-magnesita m ‖ ≈-Magnesit-Stein m (Bau) / ladrillo m de cromo-magnesita ‖ ≈manganstahl m (Hütt) / acero m al cromo-manganeso ‖ ≈molybdänstahl m / acero m al cromo-molibdeno ‖ ≈nickeldraht m / alambre m al cromo-níquel ‖ ≈nickelstahl m / acero m al cromo-níquel
Chromobuntpapier n / papel m al cromo para la impresión en colores
Chromocker m (Min) / cromocre m
Chromo•duplexkarton m (Pap) / cartón m brillante duplex, cartón m cromo duplo ‖ ≈ersatzkarton m (Pap) / cartulina f imitación cromo, cartoncillo m imitación cromo
chromogen (Chem) / cromógeno ‖ ~er Entwickler, Farbentwickler m (Foto) / relevador m cromógeno
Chromographie f / cromografía f
Chromo•isomer n (Chem) / cromoisomero m ‖ ≈isomerie, -tropie f / cromoisomería f ‖ ≈karton m (Pap) / cartón m brillante para cajas plegables, cartón m cromo ‖ ≈lithographie f (Erzeugnis, Verfahren) / cromolitografía f ‖ ≈meter n, Farbmesser m / cromómetro m
Chromon, Benzopyron n (Färb) / cromona f
Chromo•papier n (Druck) / papel m cromo ‖ ~phor, farbgebend / cromóforo adj ‖ ≈phor, Hypsochrom n (Chem, Spektrosk) / cromóforo m ‖ ≈proteid n (Biol) / cromoproteido m
Chromorange n (Pigment) / naranja m de cromo
Chromo•rohpapier n / papel m base de cromo ‖ ≈schwefelsäure f (Chem) / ácido m cromosulfúrico ‖ ≈scope n (Farbbildröhre) (TV) / cromoscopio m ‖ ≈som n, Kernschleife f (Biol) / cromosoma f ‖ ≈sphäre f (Sonne) (Astr) / cromosfera f ‖ ≈sphärenfackel f / antorcha f cromosférica ‖ ≈tropie f (Chem) / cromotropía f ‖ ~tropisch / cromotrópico adj ‖ ≈typie f (Druck) / cromotipia f
Chrom•oxid n (Chem) / óxido m de cromo ‖ ≈(III)-oxid n / óxido m crómico ‖ ≈oxidband n (Magn.Bd) / cinta f al óxido crómico ‖ ≈oxidgrün n (Farb) / óxido m de cromo verde ‖ ≈oxidpigment n / pigmento m de óxido crómico ‖ ≈phosphat[grün] n / fosfato m de cromo ‖ ≈rot n / rojo m de cromo ‖ ≈(II)-Salz, Chromosalz n (Chem) / sal f cromosa ‖ ≈(III)-Salz, Chromisalz n / sal f crómica ‖ ≈säure f, Chromsäureanhydrid n, Chromtrioxid n, Chrom(VI)-oxid n / ácido m crómico ‖ ≈säureelement n (Elektr) / pila f de ácido crómico ‖ ≈schicht f (Galv) / capa f de cromo, depósito m de cromo ‖ ≈schwefelsäure, Chromsäuremischung f (Chem) / ácido m sulfocrómico ‖ ≈-Silica n (Min) / silcromo m, cromo-sílica m ‖ ≈-Sillimanit m (Min) / cromo-silimanita m ‖ ≈stahl m / acero m al cromo ‖ ≈stahlguss m (Erzeugnis) / acero m al cromo fundido ‖ ≈stein m (Hütt) / ladrillo m al cromo ‖ ≈sulfat n (Chem, Tex) / sulfato m de cromo ‖ ≈trioxid, Chrom(VI)-oxid n (Chem) / trióxido m de cromo, óxido m cromato ‖ ≈vanadiumstahl m / acero m al cromovanadio ‖ ≈walze f / cilindro m cromeado ‖ ≈wolframstahl m / acero m cromotungsteno
Chromyl n (Chem) / cromilo m (radical CrO_2) ‖ ≈gruppe f (Chem) / grupo m cromilo
Chrono•cyclegramm n (Bild des stereoskopisch aufgenommenen Bewegungsweges) (F.Org) / cronociclegrama m ‖ ≈graph m / cronógrafo m ‖ ~logisch / cronológico ‖ ≈logischer Startablauf (Raumf) / desarrollo m cronológico del lanzamiento ‖ in ~logischer Reihenfolge / en (o por) orden cronológico ‖ ≈matographie f / cronomatografía f ‖ ≈meter n m, Präzisionszeitmesser m / cronómetro m, crono m (col.) ‖ ≈meter m (Schiff) / cronómetro m, reloj m de longitudes, reloj m marino ‖ ≈meterhemmung, (besser): Riegelhemmung f (Uhr) / escape m de cronómetro ‖ ≈meterschloss n / cerradura f cronométrica ‖ ≈metrie f, Zeitmessung f / cronometría f ‖ ≈skop n (Kurzzeitmesser) / cronoscopio m ‖ ≈tron n (Zeitmesser) (Elektr) / cronotrón m ‖ ~trop (Mess) / cronotrópico
Chrys•anilin n (Färb) / crisanilina f ‖ ≈anisylsäure f, Chrysanis[in]säure f (Chem) / ácido m crisanilina ‖ ≈arobin n (Chem) / crisarobina f
Chrysen n (hochsiedender Kohlenwasserstoff) (Chem) / criseno m
Chryso•beryll m (Min) / crisoberilo m, cimofana f ‖ ≈idin n (Färb) / crisoidina f
Chrysokoll m, Kieselkupfer n (Chem) / crisocola f
Chryso•lith m (Min) / crisolita f ‖ ≈phansäure f (Chem) / ácido m crisofánico
Chrysopras m, grüner Calzedon (Min) / crisoprasa f
Chrysotil[asbest] f (Min) / crisótilo m
Chubb-Schloss n / cerradura f de borjas tipo Chubb
Chugging n (Rakete) / chugging m, combustión f irregular
Chymosin, Rennin n (Chem) / quimosina f
Chymotrypsin n (Chem) / quimiotripsina f
Ci = Curie
CI... (= computer integrated), rechnerintegriert (DV) / asistido por ordenador, computerizado
CIAM-Formgebung f / CIAM, producción f automática asistida por ordenador
Cicero f (12-Punkt-Schrift) (Druck) / cícero
CID n, Ladungsinjektions-Bauelement n (Laser) / CID, componente m electrónico con inyección de carga
CIE, C.I.E. = Commission Internationale de l'Eclairage / Comisión Internacional de Iluminación ‖ ≈-Farbmaßsystem, Normvalenzsystem n / sistema m de referencia calorimétrico C.I.E.
CIES-Technologie f (Solartechnik) / tecnología f CIES
cif (Transp) / c.i.f., costo, seguro y flete
CIGRE f (Elektr) / Conferencia Internacional de las Grandes Redes Eléctricas
CILPE = Conférence Intern. de Liaison entre Producteurs d'Energie Electrique (= Intern. Liaison Conference for Producers of Electrical Energy)

CIM *n*, rechnergestütztes Management (DV) / gerencia *f* asistida por ordenador ‖ ≙ *m* (Computer Integrated Manufacturing), rechner-integrierte Fertigung / fabricación *f* computerizada
CIM-Film *m*, Mikrofilm *m* für Eingabe (DV) / microfilm *m* para entrada, película *f* CIM
Cinchonin *n* (Chem) / cinconina *f*
Cinch-Stecker *m* (TV) / clavija *f* cinch
Cinemascope *n* (Breitwandverfahren) (Film) / cinemascopio *m*
Cineol *n* (Chem) / cineol *m*
Cinerama *n* (ein Breitwandverfahren) / cinerama *m*
Cinnabarit *m* (Min) / cinabarita *f*
C.I.P. (= Cleaning in Place) (Rohr) / sistema *m* CIP, limpieza *f* CIP
Cipolino *m*, Kalkglimmerschiefer *m* (Min) / cipolino *m*
Circular pitch *m*, Zahnteilung *f* im Teilkreis gemessen / paso *m* circunferencial
C.I.R.P., Internat. Forschungsgemeinschaft für Mechanische Produktionstechnik / C.I.R.P., Institución Internacional para la Investigación de la Técnica de Producción
Cirrokumuluswolke *f* (Meteo) / cirrocúmulo *m*
Cirrostratuswolke *f*, Eisschleierwolke *f* / cirrostrato *m*
Cirruswolke *f* / cirro *m*
CISC, Rechner *m* mit komplettem Befehlssatz (DV) / ordenador *m* con conjunto completo de instrucciones
Cis-Form *f* (Chem) / isómero *m* cis
Cis-Mond-Raum *m* (Astr) / espacio *m* cislunar
CISPR = International Special Committee on Radio Interference / CISPR, Comité Especial Internacional de las Radiointerferencias
CIS-Solarzellen *f pl* (Copper, Indium, Selenium) / células *f pl* solares CIS (Cn, In, Se$_2$)
Cis-Trans-Isomerie *f* (Chem) / isomería *f* cis-trans
Citral *n* / citral *m*, geranial *m*
Citrat *n*, Salz *n* der Zitronensäure / citrato *m*
Citrico-Dehydrase *f* / dehidrogenasa *f* cítrica
Citrin *m* (Min) / citrina *f* ‖ ≙ *n* (Färb) / citrina *f*
Citro•mycetin *n* (Farbstoff) / citromicetina *f* (un colorante) ‖ ≙**nellal** *n*, Citronellaldehyd *m* (Chem) / citronelal *m* ‖ ≙**nellol** *n* (ein Rosenalkohol) / citronelol *m*
Citronellöl *n*, Lemongrasöl *n* (Pharm) / esencia *f* de citronela
Citronin *A*, Naphtholgelb S *n* (Färb) / citronina *f* A
Citrus, Zitrusfrucht *f* (Bot) / cítrico *m* ‖ ≙**früchte** *f pl* / cítricos *m pl*, agrios *m pl* ‖ ≙**öl** *n* (Pharm) / aceite *m* cítrico
City-Roller *m* / cityscooter *m*
Cityrufempfänger *m* (Fernm) / receptor *m* city call
C-Kampfstoff *m* (Mil) / agente *m* químico, arma *f* química
CKD, vollkommen demontiert / completamente desmontado
CKW = Chlorkohlenwasserstoff
Claisen•kolben *m* (Chem) / matraz *f* de Claisen ‖ ≙**kondensation** *f* / condensación *f* de Claisen ‖ ≙**reaktion** *f* (Chem) / reacción *f* de Claisen
Clampdiode *f* (Eltronik) / diodo *m* fijador de nivel o de tensión, diodo *m* de blocaje
Clamping *n*, Clamp *m* (TV) / fijación *f* de nivel ‖ ≙**schaltung** *f* (Eltronik) / circuito *m* de fijación de amplitud o de nivel o de base
Clapeyronsche Gleichung, Dreimomenten-Gleichung *f* (Mech) / ecuación *f* de Clapeyron, ecuación *f* de los tres momentos
Clarit *m* (Bergb) / clarita *f*
Clarke-Zahl *f*, Clarke *m* (Einheit, Geol) / número *m* de Clarke
Clark•-Normalelement *n* (Elektr) / pila *f* de Clark ‖ ≙**verfahren** *n* **für Wasserenthärtung** / procedimiento *m* de Clark para el endulzamiento del agua

CLAS-Schiff *n* (containerized lighter aboard ship) / buque *m* tipo CLAS
Clathrat *n* (Einschlussverbindung) (Chem) / clatrato *m* ‖ ≙**bildung** *f* / formación *f* de clatrato, clatratación *f*
Claudeverfahren *n* **zur Ammoniakgewinnung** (Chem) / proceso *m* Claude para la obtención de amoniaco
Clausanlage *f* (Öl) / instalación *f* de Claus
Clausius•-Clapeyronsche Gleichung (Thermodynamik) / ecuación *f* de Clausius-Clapeyron ‖ ≙**-Mosottische Gleichung** (Dielektrikum) / ecuación *f* de Clausius-Mosotti ‖ ≙**-Rankine-Prozess** *m* (Phys) / ciclo *m* de [Clausius-]Rankine ‖ ≙**scher Satz** (Phys, Wärme) / principio *m* de Clausius
Claus-Ofen *m* (Chem) / horno *m* de Claus
Clausthalit *m* (Min) / clausthalita *f*
Clausverfahren *n* **zur Schwefelrückgewinnung** (Öl) / proceso *m* de Claus para la recuperación de sulfuro
CLA-Wert *m*, Centre Line Average (Rauheit) / valor *m* CLA
Claydeneffekt *m* (Foto) / efecto *m* Clayden
Clayless Treatment *n* (Schmieröl) / tratamiento *m* sin tierra descolorante
Claypigment *n*, Tonpigment *n* (Pap) / pigmento *m* de arcilla
Clayton Yellow *n* (Farb) / amarillo *m* Clayton
CLDATA (= cutter location data, Werkzeugpositionsdaten) (NC) / CLDATA
CLDATA-Programmiersprache *f* (DV, NC) / lenguaje *m* CLDATA para programar
Clean Room *m*, sauberer Raum (gegen Umwelteinflüsse geschützt) (DV, Pharm) / sala *f* limpia, sala *f* blanca, sala *f* estéril ‖ ≙**-Air-Bedingungen** *f pl* / condiciones *f pl* de aire estéril
Cleaning *n* (Fliehkraftausscheidung von Stoffunreinheiten) (Pap) / purificación *f* por centrifugación, depuración *f* por centrifugación
Clean•-up *n* (Luftf) / limpieza *f* aerodinámico ‖ ≙**-up** (Chem) / limpieza *f* ‖ ≙**-up** (Vakuum) / rectificación *f* del vacío
Clear-Air-Turbulenz *f* (Meteo) / turbulencia *f* en aire claro
Clearance-Antenne *f* / antena *f* de espaciamiento
Clear-Octanzahl *f* (Kfz) / índice *m* de octano claro
c-Leitung *f* (Fernm) / hilo *m* C
Clemmensen-Reduktion *f* (Chem) / reducción *f* de Clemmensen
Cleveit *m* (Pechblendeart) (Min) / clevíta *f*
Clevesäure *f* (Färb) / ácido *m* de Cleve
Cliché *n*, Druckstock *m* (Druck) / cliché *m*, clisé *m*
C-Linie *f* (6562,8 Å) (Spektrum) / línea *f* C
Clip *m*, Krokodilklemme *f* (Elektr) / pinza *f* [de] cocodrilo, presilla *f* cocodrilo
Clipper *m* (hist.) (Luftf) / clíper *m* ‖ ≙, Trennstufe *f* für Video- und Synchronisationssignale (TV) / separador *m* de sincronización o de amplitud, decrestador *m*
Clipsmutter *f* / tuerca *f* de clip
CLM-Steuerung *f* / CLM
clo (thermischer Widerstand der Kleidung) (Tex) / clo *m* (resistencia térmica de la vestimenta)
Cloisonné[email] *n* / cloisonné *m*
Clone *m* (nachgebauter Rechner) (DV) / clon *m*, ordenador *m* clónico
Cloqué *m* (Tex) / cloqué *m*
Closed-Loop Regelung *f* (DV) / control *m* de loop cerrado
Closed Shop *m* (DV) / centro *m* de acceso restringido ‖ ≙ **Shop** (F.Org) / taller *m* agremiado, coto *m* cerrado
Close-up *n*, Großaufnahme *f* von Einzelobjekten (Film) / vista *f* de primer plano, toma *f* de primer plano
Clostridiensporen *f pl* (Gärung) / esporos *m pl* de clostridio
Cloudpoint *m* (Öl) / punto *m* de opacidad
CLR-Prüfmotor *m* / motor *m* para ensayo CLR (= coordinating lubricant and equipment research)

247

Clupanadonsäure

Clupanadonsäure f (Chem) / ácido m clupanadónico
Clupein n (Chem) / clupeína f
Clusius•-[Isotopen]trennrohr n / columna f de Clusius (para separación de isótopos) ‖ ⁓**-Nickel-Verfahren** n (Nukl) / separación f por difusión térmica
Cluster m (Mobilfunk) (Fernm) / clúster m, agrupación f celular ‖ ⁓ (Krist) / clúster m [de poros], acumulación f de poros ‖ ⁓ (Molekülagglomerat) (Chem) / clúster m (aglomerado de moléculas) ‖ ⁓ (DV) / clúster m [de terminales] ‖ ⁓ (Tastatur) / clúster m [de claves]
Cluster- od. Bündelsatelliten m pl / satélites m pl clúster
Cluster•-Controller m (Tastatur) / tecla f de mando de clúster ‖ ⁓**modell** n [für leichte Atomteilchen] (Phys) / modelo m clúster
Clustern n (DV) / agrupamiento m
clusterweises Polling / selección f de terminales por grupos
CMC (Chem) = Carboxymethylcellulose / celulosa f carboximetílica
C-Modulator m (Eltronik) / modulador m tipo C
CMOS m n (= complementary metal oxide semiconductor), CMOS-Halbleiter m / CMOS m, semiconductor m óxidometálico complementario ‖ ⁓**-FET** m (Halbl) / CMOS-FET m ‖ ⁓**-Halbleiter** m / semiconductor m CMOS ‖ ⁓**-Kamera** f / cámara f CMOS
CMYK (= Grundfarben Cyan, Magenta, Yellow, Key (Schwarz)) (Druck) / CMYK, CMAN (cian, magenta, amarillo, negro)
CN, Cellulosenitrat n (Chem) / nitrato m de celulosa
CNCA-Steuerung f (Wzm) / control m numérico computerizado automático (CNCA)
CNC-Maschine f (Wzm) / máquina f CNC
CNC-Steuerung f (Wzm) / control m numérico computerizado (CNC)
C-Neutron n (Energie unter 0,3 eV) (Phys) / neutrón m C
CNG (Compressed Natural Gas) (Kfz) / gas m natural comprimido
C.N.I.T. (Frankreich) = Centre National des Industries et Techniques / C.N.I.T (Francia)
C/N-Verhältnis n (Boden) / relación f C/N (carbono/nitrógeno)
CN-Zyklus m (Nukl) / ciclo m de Bethe, ciclo m carbono-nitrógeno, reacción f progresiva de Bethe-Weizsäcker
Coagulum, Gerinnungsmittel n (Chem) / coagulante m
Coalescer m (zur Tropfenbildung in disperser Phase) (Öl) / coalescidor m
Coanda-Effekt m (Phys, Umlenkung tangentialer Strömung) / efecto m Coanda
Coaster-Schütz n (Hydr) / compuerta f de rodillos, compuerta f deslizable
Coastingaufstieg m (Raumf) / ascenso m balístico, ascenso m por inercia
Coastingflight m (Raumf) / fase f balística
Coated Particles pl (Nukl) / partículas f pl recubiertas
Coating m (ein Mantelstoff), Flausch m (Tex) / frisa f, pañete m ‖ ⁓**s** pl, verschleißfeste Überzugsschichten f pl / recubrimientos m pl resistentes al desgaste
Cobaltin m (Min) / cobaltina f
COB-Fluggastbrücke f (Cantilever-Over the Wing-Bridge) (Luftf) / pasarela f telescópica
COBOL•-Programmiersprache f (DV) / COBOL m (lenguaje de programación) ‖ ⁓**-Wort** n (DV) / palabra f reservada
Coca m, Erythroxylon coca (Bot) / coca f, hayo m ‖ ⁓ f (Extrakt) / coca f ‖ ⁓**nuss** f (Bot) / nuez f de coca
Cocarboxylase f (Chem) / cocarboxilasa f
Coccusrot n, Karminlack m / barniz m de carmín
Cochenille f (Tex) / cochenilla f
Cocin... (Chem) / cocínico
Cockpit n, Plicht f (Schiff) / carlinga f, cockpit m ‖ ⁓, Pilotenraum m (Luftf) / carlinga f, cockpit m, cabina f de pilotaje ‖ ⁓ (Kfz) / salpicadero m, tablero m de mandos
Cocobolo n, zentralamerikanische Grenadille (Holz) / cocobolo m
Code, Kode m (DV) / código m, clave f ‖ ⁓ m mit gleicher Schrittzahl (Fernm) / código m de pasos iguales ‖ ⁓ **mit Hammingabstand Eins** (DV) / código m de distancia de Hamming 1 ‖ ⁓ **mit Mindest-Hammingabstand** (DV) / código m de distancia de Hamming mínima ‖ **6-Bit-**⁓ (DV) / código m de seis bits ‖ ⁓**-Aufbau** m (DV) / construcción f del código ‖ ⁓**bake** f (Radar) / baliza f codificada ‖ ⁓**block** m (Bahn) / bloqueo m por impulsos codificados
Codec m (=Coder-Decoder) (Fernm) / codificador-descodificador m
Code•-Element n (DV) / elemento m de código ‖ ⁓**-Erzeuger** m, -erzeugung f (DV) / generador m de código ‖ ⁓**-Funkrufsystem** n (Fernm) / busca f codificada de personas ‖ ⁓**-Gleisstrom** m (Bahn) / corriente f codificada de vía ‖ ⁓**-Gleisstromkreis** m (Bahn) / circuito m de vía de corriente codificada
Codein n (Pharm) / codeína f
Code•leser m (Eltronik) / lector m de código ‖ ⁓**liste** f (DV) / juego m de elementos del código, lista f de elementos del código ‖ ~**mäßige Anpassung** (DV) / adaptación f al código ‖ ⁓**name** m (DV) / nombre m de código, rótulo m del código ‖ ⁓**name** f (Radio) / signo m de código ‖ ⁓**nummer** f, Schlüsselzahl f / número m clave ‖ ⁓**prüfung** f (DV) / verificación f del código
Codep-Verfahren n (Galv) / método m de codeposición, procedimiento m de codeposición
Coder m (Fernm) / codificador m
Code•schlüssel m / clave f de código ‖ ⁓**selector** m (DV) / codificador m, selector m de código ‖ ⁓**strich** m / barra f de código ‖ ⁓**strom** m (Bahn) / corriente f codificada ‖ ~**transparent** (DV) / transparente a un código ‖ ⁓**-Umsetzer** m (DIN), -[um]wandler m (DV) / convertidor m de código ‖ ~**unabhängig** (DV) / independiente del código ‖ ⁓**verwirrung** f (Mil) / acción f de hacer ininteligible el código, mutilación f del código ‖ ⁓**vielfachzugriff** m (DV) / acceso m múltiple mediante código de reparto ‖ ⁓**wort** n / palabra f de código
Codier•drucker m (Büro) / impresor m codificador ‖ ⁓**einrichtung** f (DV, Mil) / codificador m, dispositivo m de codificación
codieren, kodieren / codificar ‖ ⁓ n, Codierung f, Code-Umsetzung f / codificación f ‖ ⁓ **mit unterteilten Bändern** / codificación f mediante cintas subdivididas
Codierer m, Codiergerät n (DV) / codificador m
Codier•matrix, -schaltung f (DV) / matriz f codificadora ‖ ⁓**platz** m (Fernm) / sección f de codificación ‖ ⁓**prozess** m, Belegverarbeitung f (DV) / proceso m de codificación ‖ ⁓**schaltung** f / circuito m de codificación ‖ ⁓**scheibe** f / disco m de codificación ‖ ⁓**sprache** f (DV) / lenguaje m de codificación
codiert / codificado ‖ ~**es Bild** / imagen f codificada ‖ ~**er Signal-Impuls** (Fernm) / impulso m codificado de señalización ‖ ~**es Zeichen** (Fernm) / dígito m codificado
Codiertastatur f / teclado m de codificación
codiert-dezimal (DV) / decimal codificado
Codierwerk n, Größenwerter m (Eltronik) / indicador m numérico
Codimer n (Chem) / codímero m
Codirverfahren n (Hütt) / procedimiento m Codir (= coal-ore direct iron reduction)
COED-Verfahren n (Aufb) / procedimiento m de hidratación [de carbón] COED
Coelostat m (Astr) / celóstato m

Coenzym *n*, Coferment *n* (Biol) / coenzima *f*, cofermento *m*
Coësit *m* (Min) / coesita *f*
Coextrusion *f* (Plast) / coextrusión *f*
Coferment *n* / cofermento *m*
Coffein *n*, Koffein *n* / cafeína *f*
Coffinit *m* (Min) / coffinita *f*
CO-Filter-Arbeitsgerät *n* (Bergb) / filtro *m* de trabajo contra monóxido [de carbono]
CO-Filter-Selbstretter *m* (Bergb) / filtro protector contra monóxido [de carbono];.m.
CO$_2$-Gastransportlaser *m* / láser *m* de CO$_2$ de transporte de gas
Coil *n* (Walzw) / rollo *m*, bobina *f* ‖ $\simeq$-**Coatingmaschine** *f* / máquina *f* de revestimiento de banda en rollo
Coiler *m* (Walzw) / bobinadora *f*, torno *m*
Coilgewicht *n* (Walzw) / peso *m* de la bobina
Coion *n* (ein Ion) (Chem) / co-ión *m*
Coir *n*, technisch verarbeitbare Kokosfaser (Tex) / fibra *f* de coco
CO-Konvertierung *f* (Chem) / conversión *f* catalítica de óxido carbónico
CO-Konvertierungsanlage *f* / convertidor *m* de CO
Colchicin *n* (Chem) / colchicina *f*, colquicina *f*
Colcothar *m* (Chem) / colcótar *m*
Colcrete•-Beton *m* (Bau) / hormigón *m* Colcrete ‖ $\simeq$-**Schlamm** *m* / lodo *m* Colcrete
cold shot (Druckguss) / inyección *f* fría ‖ $\simeq$ **Fingers**, Kleinstraketen *f pl* (Mil) / minicohetes *m pl* ‖ $\simeq$-**Box** *f* (Gieß) / caja *f* fría ‖ $\simeq$-**Box-Verfahren** *n* (Gieß) / procedimiento *m* de caja fría ‖ $\simeq$ **Rubber**, Kaltkautschuk *m* / cold *m* rubber, GRS polimerizado a baja temperatura
Colemanit *m* (Bormineral) (Bau) / colemanita *f* ‖ $\simeq$**beton** *m* / hormigón *m* de colemanita
Coleopter *m* (Luftf) / coleóptero *m*
Cölestin *m* (Min) / celestina *f* ‖ $\simeq$**blau** *n* (Farb) / azul *m* de celestina
Colibakterium *n* (Med) / colibacilo *m*
Colidar *n*, optischer Radar / colidar *m*
coliforme Keime *m pl* / coliformes *m pl*
Collargol, Kolloidsilber *n* (Pharm) / plata *f* coloidal, colargol *m*
Collotype-Verfahren *n* (Druck) / collotipía *f*
Coloradokäfer, Kartoffelkäfer *m* (Landw) / dorífora *f*, escarabajo *m* de la pata[ta], dorífera *f*
Color•-Arbeitsstation *f* / estación *f* de trabajo en colores ‖ $\simeq$**falle** *f* (TV) / trampa *f* de colores
colorimetrieren (Chem) / colorimetrar
Colorimetrierung *f* / colorimetría *f*
coloristisch (Färb) / colorístico
Color•killer *m* (TV) / supresor *m* de colores o de crominancia ‖ $\simeq$**papier** *n* / papel *m* de color
Colpitts-Oszillator *m* (Eltronik) / oscilador *m* Colpitts
Colzaöl, Kohlsaatöl *n* (von Brassica campestris) (Nahr) / aceite *m* de colza
COM (DV) = Computerausgabe auf Mikrofilm
Coma *n*, Leuchtfleckverzerrung *f* (Opt) / coma *f*
COM•-Anlage *f* (für alphanumerische Zeichen) (DV) / impresor *m* COM ‖ $\simeq$-**Anlage** (für alphanumerische und grafische Darstellungen) / impresor-trazador *m* COM
Combine *f*, Mähdrescher *m* (Landw) / cosechadora *f*
Combinggarn *n*, Flachswerggarn *n* (Spinn) / hilado *m* de estopa de lino
Combustor *m*, Zweistufen-, Vergasungsbrenner *m* / mechero *m* de dos etapas de gasificación
Comeback-Wolle *f* (Tex) / lana *f* entrefina, lana *f* comeback
COM-Film *m* (= computer-output microfilm) / película *f* COM
Coming-Home-Funktion *f* (Kfz) / función *f* "coming home"
Comité Consultatif International (Fernm) s. C.C.I.

Common-Rail(-Technik) (Hochdruckdirekteinspritzung über Sammelleitung) (Mot) / C.R., inyección *f* por rail común
Commuter-Flugzeug *n* / avión *m* de viajeros abonados
Compact-Disk *f* (DV) / disco *m* CD, disco *m* compacto
Compandor *m* (Fernm) / compresor-expansor-extensor *m*, compansor *m*, comprextensor *m*
Compiler, Compilierer *m* (DIN) / (Übersetzer für systemunabhängige Programmiersprache) (DV) / compilador *m*, autoprogramador *m*, rutina *f* de compilación
compilieren *vt* (DV) / compilar
Compliance *f* (Reziprokwert der Steifigkeit in cm/dyn) (Eltronik, Phys) / docilidad *f*
COM-Plotter *m*, Mirofilmplotter *m* (DV) / trazador *m* COM
Composit *n* (Rakete) / monergol *m* compuesto ‖ $\simeq$**stein** *m* (Bau) / ladrillo *m* [de material] compuesto ‖ $\simeq$**werkstoff** *m* / material *m* compuesto
compoundiertes Öl, Compoundöl *n*, Mischöl *n* / aceite *m* compound
Compound•kern *m* (Nukl) / núcleo *m* compuesto ‖ $\simeq$**kernmodell** *n* / modelo *m* de núcleo compuesto ‖ $\simeq$**maschine** *f* (Dampfmaschine) / máquina *f* compound ‖ $\simeq$-**Triebwerk** *n* (Ottomotor kombiniert mit leistungsabgebendem Abgasgebläse) (Luftf) / turbomotor *m* compound
Compression-Set *m* (Mess) / juego *m* de compresión
Compton•-Absorption *f* (Nukl) / absorción *f* [de] Compton ‖ $\simeq$-**Effekt** *m* (Nukl) / efecto *m* Compton ‖ $\simeq$**elektron** *n* / electrón *m* Compton ‖ $\simeq$**kante** *f* / máximo *m* de la distribución Compton ‖ $\simeq$-**Streuung** *f* / dispersión *f* Compton ‖ $\simeq$-**Verschiebung** *f* / corrimiento *m* Compton ‖ $\simeq$-**Wellenlänge** *f* / longitud *f* de onda Compton
Computer, [elektronischer programmgesteuerter o. innenprogrammierter] Rechner *m* / computador *m*, ordenador *m*, computadora *f* (LA), ordenadora *f* ‖ $\simeq$ *m* **für Standortbestimmung** (Luftf) / computador *m* de navegación ‖ $\simeq$ **Supported Cooperative Work** / CSCW (= Trabajo Cooperador Asistido por Ordenador)
Computer- und Informatik-Wissenschaften *f pl* / ciencias *f pl* de la computación e informática
Computer•-Anwendung *f* / aplicación *f* de computador ‖ $\simeq$-**Ausgabe** *f* **auf Mikrofilm** / salida *f* sobre microfilm ‖ $\simeq$**befehl** *m* / instrucción *f* ‖ $\simeq$**bild** *n* / imagen *f* generada por computador ‖ $\simeq$**blitz** *m* (Foto) / flash *m* automático ‖ ~-**erzeugt** / obtenido con el computador ‖ $\simeq$-**Freak** *n* / informatónamo *m* ‖ ~**gerecht** / compatible a computador ‖ ~**gesteuert** / controlado numéricamente, regulado por ordenador ‖ ~**gesteuerte Tomographie** (Med) / escanografía *f* ‖ ~**gestützt** / ayudado por computador, asistido por computador, con ayuda de computadora
computergestützt•e Entwicklung *f*, CAE / apoyo *m* gráfico a la ingeniería, CAE ‖ $\simeq$ **educación** *f* asistida por computadora (LA), enseñanza *f* asistida por computadora ‖ ~**es Lernen** (beruflich) / aprendizaje *m* asistido por ordenador ‖ ~**es Recovery** / RAC (= recuperación asistida por computadora) ‖ ~**es Software-Engineering** / ingeniería *f* de software asistida por ordenador ‖ ~**e Telefonie** / aplicaciones *f pl* telefónicas asistidas o por ordenador
Computer•grafik *f* / gráfica *f* por computador ‖ ~-**integrierte Fertigung**, CIM / fabricación *f* computerizada
computerisieren *vt* / computerizar ‖ ~, mit Informatiksystem[en] ausstatten / informatizar
computerisiertes Unternehmen / empresa *f* informatizada
Computerisierung *f*, auf EDV umstellen / informatización *f*

249

Computer • -Landkarte (vom Computer erzeugt) / mapa f trazado por computador ‖ ≈lauf m / operación f computacional o de computador ‖ ≈-Metrologie f / metrología f computerizada ‖ ≈-Mikrografik f / micrográfica f por computador ‖ ≈-NC-Steuerung f (Wzm) / control m numérico computerizado ‖ ~orientiertes Informationssystem, CIS / sistema m de información computerizado ‖ ≈programm n / programa m del computador ‖ ≈satz m (Druck) / composición f computerizada ‖ ~speziell (Zubehör) / para computadores ‖ ≈spiel n / juego m computerizado ‖ ≈sprache f / lenguaje m máquina o de programación ‖ ≈-Tisch m / mesa f de ordenador ‖ ≈tomographie f, CT f (Med) / tomografía f computerizada ‖ ~-unterstützt, -gestützt / asistido por computadator, ayudado por computador, con ayuda de la computadora ‖ ~-unterstützt s. auch rechnergestützt ‖ ~unterstützter Unterricht, CUU / enseñanza f ayudada por computador ‖ ~-unterstützte Tätigkeiten f pl / actividades f pl ayudadas por computador ‖ ≈-Verband m / red f de computadores interconectados ‖ ≈viren n pl / bombas lógicas o de retardo f pl
Concast-Stranggussverfahren n (Gieß) / procedimiento m Concast de colada continua
Concentrator m (Zement) / concentrador m
Conche f (Apparat) (Schokolade) / homogeneizadora f
conchieren vt (Schokolade) / homogeneizar
Coniferin n (Chem) / coniferina f
Coniferyl... (Chem) / de coniferilo
Coniin n (Schierlingalkaloid) (Chem) / coniína f
Conlock n (Container-Verriegelung) / conlock m (cerrojo de contenedor)
Connoranschnitt m, Gratanschnitt m (Gieß) / ataque m en barba
Conradson • kohle f (Öl) / residuos m pl de Conradson ‖ ≈-Test m (Öl) / ensayo m Conradson
Consolan n (USA-Version von Consol) (Radar) / consolan m
Consol • system n (Radar) / sistema m consol, consol m ‖ ≈verfahren n (Aufb) / procedimiento m de hidratación [de carbón] consol
Consutrode f (Eltronik) / consutrodo m
Container m, Transportbehälter m / container m, contenedor m ‖ ≈ beladen (o. verladen) / cargar en contenedores, contenedorizar ‖ ≈ entleeren, [füllen] / vaciar, [llenar] contenedores ‖ ≈ m für den kombinierten Verkehr / contenedor m para transporte combinado ‖ ≈ für Überseeverkehr / transcontenedor m ‖ ≈ mit Kühlaggregat / contenedor m de refrigeración ‖ ≈ mit Sammelgut / contenedor m de carga colectiva ‖ halbhoher ≈ / contenedor m medio ‖ kleiner ≈ / contenedor m pequeño ‖ zusammenlegbarer ≈ / contenedor m plegable ‖ ≈-Anschlaggeschirr n, Spreader m / spreader m ‖ ≈-Aufstellfläche f / superficie f de manipulación de contenedores ‖ ≈bahnhof m / estación f para [la manipulación de] contenedores ‖ ≈brücke f, -kran m, Portainer m / puente m cargadero para contenedores ‖ ≈deck n (Schiff) / puente m de contenedores ‖ ≈fahrzeug n (Kfz) / camión m portacontenedores ‖ ≈hafen m / puerto m para [la manipulación de] containers ‖ ≈-Hebevorrichtung f (Kfz, Schiff) / equipo m elevador para containers
containerisierbar, containerfähig / contenedorizable
containerisiert / contenedorizado
Containerisierung f / contenedorización f
Container • kran m / grúa f para contenedores ‖ ≈-Leichter-Trägerschiff n / buque m CLAS ‖ ≈manipulieranlage f / instalación f para la manipulación de contenedores ‖ ≈pier m f / muelle m para contenedores ‖ ≈schiff, Behälterschiff n (Schiff) / carguero m portacontenedores ‖ ≈terminal m /

terminal m para contenedores ‖ ≈tragwagen m (Bahn) / vagón m portacontenedores ‖ ≈-Umschlag m / transbordo m de contenedores ‖ ≈umschlagsanlage f / instalación f para la manipulación de contenedores ‖ ≈-Umsetzkran m / grúa f para la manipulación de contenedores ‖ ≈-Verladebrücke f s. Containerbrücke
Containment n, Sicherheitshülle f (Reaktor) / confinamiento m
Continuespinner m (Tex) / continua f de hilar
Continuous-Miner m (Bergb) / continuous-miner m
Controller m (DV) / controlador m de entrada-salida
Conurbation f (Stadt), Oberzentren-Bildung f / conurbación f
Converter m (Eltronik) / conversor m de frecuencia ultraalta
Convertiplan m (Luftf) / convertíplano m, avión m convertible
Cookesches (o. Taylorsches) Triplet (Foto) / triplete m de Cooke (o de Taylor)
Cookie n (DV) / cookie m, galleta f
Coolidge-Röhre f (Radiol) / tubo m Coolidge
Cooperit m (Platinmineral) / cooperita f
Cooper-Paar n (Eltronik) / pareja f Cooper
Cop m, Kötzer m (Spinn) / husada f, bobina f
Copalit, Copalin m (Min) / copalita f
Copolykondensation f (Chem) / copolicondensación f
Copolymerisat, (früher:) Mischpolymer[isat] n / copolímero m
Copolymerisation f / copolimerización f
Coprosterin n (Chem) / coprosterina f
Coprozessor m (DV) / coprocesador m
CO_2-Prüfer m (Chem, Instr) / aparato m para medir el CO_2
CO-Prüfröhrchen n (Bergb) / tubo m para controlar el monóxido de carbono
Copyrapid-Verfahren, Diffusionskontakt-Verfahren n (Druck) / imprenta f por contacto de difusión
Copyright n / propiedad f intelectual o literaria, derechos m pl de autor
Corastahl m (Hütt) / acero m Cora
Cord, -stoff, -samt m (Tex) / tejido m cord ‖ ≈ m (Reifen) / cord m ‖ ≈barchent m (Tex) / fustán m cord ‖ ≈einlage f in Reifen (Kfz) / capa f cord del neumático
Cordierit, Dichroit m (Min) / cordierita f
Cordit n (Raketentreibstoff) / cordita f
Cordonnet m (Tex) / cordoné m
Cord • reifen m (Kfz) / neumático m de cord ‖ ≈samt, -stoff -m (Tex) / pana f abordonada ‖ ≈-Schneidemaschine f (Tex) / máquina f para cortar cord
Cor-Duo-Laptop n (DV) / ordenador m portátil cor-duo
Corduroy s. Cord
Cordzwirn m (Tex) / cordoncillo m
Core n (Nukl) / núcleo m del reactor, zona f activa, cuerpo m ‖ ≈daten pl (Reaktor) / datos m pl del cuerpo central o del núcleo
Core-spun-Garn n, Seelengarn n (Tex) / hilo m con alma
Corex (= Computer Reseller INdex) / índice m Corex (bolsa)
Coriolis • beschleunigung f (Phys) / aceleración f de Coriolis ‖ ≈kraft f / fuerza f de Coriolis
Corium n, Lederhaut f (Med) / dermis f
Corkscrew m (Tex) / corkscrew m, acanalado m oblicuo
Corner-Reflektor m (Antenne) / reflector m diedro o angular
Cornu • -Prisma n (Opt) / prisma m de Cornu ‖ ≈-Spirale f (Phys) / clotoide m
Cornwallin m, Erinitit m (von Heidinger) (Min) / cornwallita f
Corona-Aufladung f (Repro) / corona f
Coronen n (Chem) / coroneno m
Corotron n (Aufladestation des Kopierers) / corotrón m
Corozo n, vegetabilisches Elfenbein (Bot) / corozo m, marfil m vegetal

Corporate Identity *f* (Btx) / identidad *f* de empresa
Correns-Gitterplatte *f* (Eltronik) / reja *f* de Correns
Corrodkote-Verfahren *n* (Korros.Prüfg) / método *m* de Corrodkote
Corticotropin *n*, ACTH (Biol) / corticotropina *f*
Cortison *n* (Pharm) / cortisona *f*
Corydalin *n* (Chem) / coridaldina *f*
cos, Kosinus *m* (Math) / cos, coseno *m*
COS (DV) = Corporation for Open Systems
cos-β-Dipol *m*, Hertzscher Dipol (Eltronik) / dipolo *m* de Hertz
CO₂-Schweißen *n* / soldadura *f* por arco bajo atmósfera de CO₂
cosec, csec, Cosecans *m* (Math) / cosec, cosecante *f* ||
~-Antenne *f* / antena *f* de cosecante
cosec²-Antenne *f* / antena *f* de haz compensado, antena *f* de cosecante cuadrada
cosec²-Muster *n* (Radar) / diagrama *m* de radiación de haz compensado, diagrama *m* de cosecante cuadrada
cosh, Cosinus *m* hyperbolicus (Math) / coseno *m* hiperbólico
Cosmotron *n* (Nukl) / cosmotrón *m*
Cosserat-Kontinuum *n* (Mech) / continuo *m* de Cosserat
Cossyrit, Rhönit *m* (Min) / cosirita *f*
Costa-Schleife *f* (Fernm) / bucle *m* de Costa
cot, Kotangens *m* (Math) / cot, cotangente *f*
Cottage *n*, kleines Landhaus / cottage *m*
Cotton • Bagging *n* (schweres Jutegewebe als Packmaterial für Baumwollballen) / embalaje *m* de algodón || **≙-Fettsäure** *f* (Chem) / ácido *m* graso de [aceite de] algodón
cottonisieren / cotonizar
Cotton • maschine *f* (Tex) / máquina *f* Cotton ||
≙-Moutoneffekt *m* (Phys) / efecto *m* Cotton-Mouton ||
≙-Mouton-Konstante *f* (Math) / constante *f* Cotton-Mouton || **≙-nadel** *f* (Tex) / aguja *f* de pico para máquina Cotton || **≙-öl** *n* (Chem, Pharm) / aceite *m* de algodón || **≙-strumpf** *m* (Tex) / media *f* Cotton ||
≙-Waage *f*, Feldwaage *f* nach Cotton (Magn) / balanza *f* de Cotton || **≙-wood** *n*, kanadische Pappel, Populus monilifera (Bot) / álamo *m* del Canadá
Cottrell-Gasreinigungsanlage *f*, -Entstauber *m* (Chem Verf) / precipitador *m* Cottrell
Cotunnit *m* (Min) / cotunnita *f*
Couch • garnitur *f* (Sofa + Sessel) / tresillo *m* || **≙-tisch** *m* (Möbel) / mesa *f* [de] centro
Coudé-Anordnung *f* (Dispersions-Spektroskopie) / disposición *f* Coudé
Coulomb *n*, C, Amperesekunde *f*, Asec *f* (Elektr) / culombio *m*, coulomb *m* || **≙-...** (Elektr) / coulombiano ||
≙-Anregung *f* (Nukl) / excitación *f* de Coulomb ||
≙-Energie *f* / energía *f* de Coulomb || **≙-Feld** *n* / campo *m* de Coulomb || **≙-Kraft** *f* / fuerza *f* de Coulomb || **≙-Lorentz-Kraft** *f* / fuerza *f* de Coulomb-Lorentz
Coulo[mb]meter, Voltameter *n* (Instr) / culombímetro *m*, coulómetro *m*, voltámetro *m*
Coulombmeter *m*, C-m (Einheit) / metro *m* Coulomb
Coulomb • -Potential *n* (Phys) / potencial *m* de Coulomb || **≙-sches Gesetz** / ley *f* de la atracción electrostática, ley *f* de Coulomb || **≙-sche Waage** (zur Messung von Anziehungskräften) / balanza *f* de torsión || **≙-sches Gesetz** / teorema *m* de Coulomb || **≙-Schwelle** *f*, -Wall *m* / barrera *f* de Coulomb || **≙-Wechselwirkung** *f* / interacción *f* coulombiana
Coulometrie *f* (Chem) / coulometría *f*
coulometrisch / coulométrico
Coulter-Zähler *m* (Zytometrie) / contador *m* Coulter
Countdown *m*, Rückwärtszählen *n* zum Start (Raumf) / cuenta *f* atrás, cuenta *f* descendente, cuenta *f* al revés o a la inversa
Count-down-Wiederholung *f* / repetición *f* de la cuenta atrás
Counterflush-Verfahren *n* / método *m* de contraflujo

Coupé *n* (Kfz) / cupé *m*
Courbaril, Jatoba *n* (Holz) / courbaril *m*, curbaril *m*, jatoba *f*, algarrobo *m*
Covar *n* (Legierung) / aleación *f* Covar
Covellin, Kupferindig *m* (Min) / covelina *f*
Co-Volumen *n* (Chem) / co-volumen *m*
Cowl *n* (Luftf) / escudo *m* cargador
Cowper, Winderhitzer *m* (Hütt) / estufa *f* Cowper ||
≙-besatz *m* (Hütt) / ladrillo *m* de relleno para estufa Cowper || **≙-stein** *m* / ladrillo *m* para estufa Cowper
Cozymase *f*, Nicotinamidadenin-dinucleotid, NAD, Diphospho-pyridin-nucleotid, DPN (Chem) / cozimasa *f*
CP, chlorierte Paraffine / parafinas *f pl* cloradas
CPL (=characters per line) (DV) / caracteres por línea *m pl*
CPM-Laser *m* (= colliding pulse-mode-locked) / láser *m* CPM
CPM-Methode *f*, Kritisch-Pfad-Methode *f* (F.Org) / método *m* del camino crítico
CPR-Verfahren *n* / procedimiento *m* CPR (Casting, Pressing, Rolling)
cps (Zeichen pro Sekunde) / caracteres *m pl* por segundo
CPS-Emitron *n* (Phys) / orticón *m*
CPT-Theorem *n* (Phys) / teorema *m* CPT
CPU *f* (=central processing unit) (DV) / Unidad *f* de Procesamiento, UCP || **≙-**, Zentraleinheit *f* (DV) / CPU, unidad *f* de procesamiento central
CPVA = Chemisch-Physikalische Versuchsanstalt
CQ, "an alle" (Eltronik) / CQ, llamada *f* general
Cr, Chrom *n* (Chem) / cromo *m*
CR = Chloropren
Crack • anlage *f* (Öl) / instalación *f* de crácking, planta *f* de crácking || **≙-benzin** *n* / benceno *m* craqueado o de crácking, gasolina *f* reformada o de crácking || **rohes** **≙-benzin**, Druckdestillat *n* / destilado *m* a presión
cracken *vt* / craquear || **≙** *n* / cracking, craqueo *m*, crácking *m* (LA)
Cracker *m* (DV) / crácker *m* (pirata informático)
Cracker-Effekt *m* (Öl) / efecto *m* de crácking
Crackingprozess *m* (Chem) / procedimiento *m* de crácking, craqueado *m*
craquelieren (Keram) / craquelar || **≙** *n* / craquelado *m*
Crash • -Pad *n* (Kfz) / cojín *m* de colisión || **≙-Test** *m* / ensayo *m* de accidente simulado || **≙-verhalten** (Kfz) / comportamiento *m* en el choque
Crawl-Effekt *m* (TV) / efecto *m* de corrimiento lento
CRC • -Prüfung *f* (= cyclic redundancy check) (DV) / control *m* cíclico por redundancia || **≙-Prüfzeichen** *n* (DV) / señal *f* de control CRC
Creme *f*, Krem *f* / crema *f* || **~weiß** (RAL 9001) / blanco crema
Cremonascher Kräfteplan (Bau) / polígono *m* de fuerzas de cremona
Crêpe *m* Satin (Tex) / crespón *m* o crepé satén ||
≙-Bindung *f* / ligamento *m* granito || **≙-Chiffon** *m* (Tex) / crespón-chifón *m* || **≙-de-Chine**, Chinakrepp *m* / crespón *m* de China, crep[é] *m* de China ||
≙-Georgette *f* / crep *m* georget || **≙-kautschuk** *m* / goma *f* crepé
Crepeline *m* (Tex) / crepelina *f*
Crepon *m* (Tex) / crepón *m*
Cresol *n*, Kresolsäure *f* (Chem) / cresol *m*
Cresyl *n* / cresilo *m*
Cretonne[rohware] *f* (Web) / cretona *f*
Crew *f* (Luftf, Schiff) / tripulación *f*
CR-Glied *n* (Eltronik) / capacitor-resistor *m*
Crightonöffner *m* (Tex) / abridora *f* Crighton
Crimpen *n* (Leiteranschluss), Crimpverbindung *f* (Elektr) / engarzado *m* a presión, engarce *m* a presión
Crimp-Hülse *f* / manguito *m* de engarzado
Crimps *m* (durch Webeeffekt gekräuselt) (Baumwolle, Tex) / tejido *m* de algodón rizado

Crimpstempel

Crimpstempel *m* (Elektr) / engarzador *m*
Crinkle-Verfahren *n* (Tex) / ondulación *f*
Cristobalit *m* (tetragonaler Quarz) (Min) / cristobalita *f*
Crith *n* (Masse von 1 Liter Wasserstoff bei Normalbedingungen) (Nukl) / crith *m* (masa de un litro de H bajo condiciones normales)
CRM (= counter-radar measures) / contramedidas *f pl* radáricas
Crocin *n* (gelber Safranfarbstoff) / crocina *f*
Croningverfahren *n*, Formverfahren *n* (Gieß) / procedimiento *m* Croning de moldeado
Crookes•glas *n* (ein Filterglas) (Opt) / cristal *m* de Crookes ‖ ≃**it** *m* (Min) / crookesita *f* ‖ ≃**scher Dunkelraum** (Eltronik) / espacio *m* obscuro de Crookes ‖ ≃**sche Lichtmühle**, Radiometer *n* (Phys) / radiómetro *m* de Crookes ‖ ≃**sche Röhre**, Geißlerröhre *f* / tubo *m* de Crookes
Cross-Assembler *m*, Kreuzassembler *m* (DV) / ensamblador *m* en cruz
Crossbar•system *n* (Fernm) / sistema *m* en coordenadas, sistema *m* de barras cruzadas ‖ ≃**verteiler** *m* (Fernm) / distribuidor *m* en coordenadas, distribuidor *m* en barras cruzadas ‖ ≃**wähler** *m* (Fernm) / selector *m* de coordenadas, conmutador *m* de barras cruzadas
Crossbred•..., Kreuzungs... (Wolle) / entrefino, tipo crossbred ‖ ≃**wolle** *f*, Kreuzzuchtwolle *f* / lana *f* entrefina
Crossfield-Technik *f* (Magnetton) / método *m* de campos cruzados
Crossing-Reaktion *f* (Phys) / reacción *f* de Crossing
Crosskill-Walze *f* (Landw) / rodillo *m* Crosskill
Crosslinking-Ausrüstung *f* (Tex) / acabado *m* de enlace cruzado
Cross•plotting *n* (DV) / representación *f* en coordenadas ‖ ≃**pointsystem** *n* (Fernm) / sistema *m* de punto de cruce ‖ ≃**-Referenz** *f* (DV) / referencia *f* cruzada
Crossverfahren *n* (Bau) / método *m* de calculación según Cross
Croton•aldehyd *m* (Chem) / aldehído *m* crotónico ‖ ≃**säure** *f* / ácido *m* crotónico
Crotonyl..., Crotyl... / crotonilo
Crotylalkohol *m* / crotonilalcohol *m*
Croupon *m* (Leder) / crupón *m*, lomo *m* ‖ ≃**hälfte** *f* (Leder) / medio *m* crupón
crouponieren *vt* (Leder) / cruponar, cortar en crupones
Crownglas *n* (Opt) / crownglass *m*, vidrio *m* sin plomo
CRT, Kathodenstrahlröhre *f* (Eltronik) / tubo *m* de rayos catódicos
CRT-System (Continuously Regenerating Trap) **zur Abgasnachbehandlung** (Kfz) / sistema CRT
Crude *n* (Öl) / crudo *m*
Cruise Missile, Marschflugkörper *m* (Mil) / misil *m* de crucero
Crusher *m* (Zuck) / desfibrador *m* ‖ ≃ (Mat.Prüf) / crusher *m* ‖ ≃**leistung** *f* (Zuck) / potencia *f* de desfibrador
CRV (= crew return vehicle) (Raumf) / vehículo *m* de retorno (de la tribulación)
Cryo•genik, Tieftemperaturtechnik *f* / criogenia *f*, técnica *f* de temperaturas ultrabajas ‖ ≃**physik** *f* / criofísica *f*, física *f* de temperaturas ultrabajas ‖ ≃**pumping** *n*, Pumpen *n* bei Niedrigsttemperatur / criobombeo *m* ‖ ≃**technik** *f* / criotecnia *f* ‖ ≃**trapping** *n* (Vakuum) / criofijación *f*, criotrampa *f* ‖ ≃**tron** *n* (DV) / criotrón *m*, ordenador *m* de datos criogénico
Cryotronik *f* / criotrónica *f*
Cryovac-Verfahren *n* (Vakuum) / procedimiento *m* criovac
CS = Casein
C-Säule *f* (Kfz) / columna *f* C
C-Schicht *f* (35 - 70 km über der Erde) (Geophys) / capa *f* C
C-Schirm *m* (Radar) / pantalla *f* C

CSCW (= Computer Supported Cooperative Work) / Trabajo *m* Cooperador Asistido por Ordenador
CSD (= container security device) / dispositivo *m* de seguridad para contenedores
CSD-Kupplung *f* (Kfz) / diferencial *m* de resbalamiento controlado
CSF (= catalysed soot filter), FAP-Filter *m* (Kfz) / filtro *m* CSF o FAP
CSIC (= Oberster Forschungsrat - Spanien) / Consejo Superior de Investigaciones Científicas
CSMA/CD (= carrier sense multiple access with collision detection) (DV, Fernm) / Acceso *m* Múltiple por Detección de Portadora con Detección de Colisiones
C₃-Stripper *m* (Öl) / columna *f* de separación de fracción C_3 (propano y propileno)
C-Stück *n* (Rohr) / tubo *m* en [forma de] V
CT *f* (= Computertomographie) (Med) / TC (= tomografía computerizada)
CTL-Logik *f* (Complementary Transistor Logic) (DV) / lógica *f* CTL (capacitor, transistor)
ct-Minute *f* (Fernm) / comunicación-minuto *f*
CTOL-Flugzeug *n* / avión *m* CTOL, avión *m* de despegue y aterrizaje normales
CT-Schnitt *m* (Krist) / corte *m* CT (para vibración debajo de los 500 kHz)
CTT-Simulator *m* (eine Sicherheitsvorrichtung), (coll:) Schnapsnadel *f* (Kfz) / simulador *m* CTT
ct-Wert *f*, (Produkt aus Belegungszahl (=call) und -dauer (=time)) (Fernm) / valor *m* ct
Cuban *n* (Chem) / cubano *m*
Cue/Review *n* (Video) / cue/review *m*
Cuiteseide *f* (Tex) / seda *f* cocida
Culemeyer *m* (Tieflader für Eisenbahnwaggon) (Kfz) / vehículo *m* de plataforma baja tipo Culemeyer
Culmannsche Momentenfläche (Phys) / diagrama *m* de área de momentos de Culmann
Cumarin *n* (Chem) / cumarina *f* ‖ ≃**säure** *f* / ácido *m* cumarina
Cumaron *n*, Benzofuran *n* / cumarona *f* ‖ ≃**harz** *n* (Plast) / resina *f* de cumarona
Cuma[sina]-Verfahren *n* (Wasserentkeimung durch Silber) / procedimiento *m* de Cumasina
Cuminöl *n* (Chem) / cuminol *m*
Cummingtonit *m* (Min) / cummingtonita *f*
Cumol, Isopropylbenzol *m* (Öl) / cumol *m*
CUNA = Commissione Unificazione Normalizzazione Autoveicoli (Italien)
Cupal *n*, kupferplattiertes Aluminium (Hütt) / aluminio *m* chapeado de (o con) cobre
Cupferron, Kupferon *n* (Chem) / cupferrón *m*
Cuprama-Zellwolle *f* (Tex) / celulosa *f* cupro-amoniacal
Cuprammoniumsulfat *n* (Chem) / sulfato *m* de cupramonio
Cupri•..., Kupfer(II)-... / cúprico ‖ ≃**chlorid**, Kupfer(II)-chlorid *n* / cloruro *m* cúprico ‖ ≃**hydroxid** *n* / hidróxido *m* cúprico ‖ ≃**rhodanid** *n* / rodanuro *m* cúprico, sulfocianuro *m* cúprico, tiocianuro *m* cúprico ‖ ≃**salz** *n* / sal *f* cúprica
Cuprit *m*, Rotkupfererz *n* (Min) / cuprita *f*
Cupro, Chemiekupferseide *f* (Tex) / seda *f* al óxido cuproamoniacal ‖ ≃**...**, Kupfer(I)-... (Chem) / cuproso ‖ ≃**chlorid** *n* / cloruro *m* cuproso ‖ ≃**faser** *f* (Tex) / fibra *f* cupro ‖ ≃**iodid** *n* (Chem) / yoduro *m* de cobre ‖ ≃**rhodanid** *n* / rodanuro *m* cuproso, sulfocianuro *m* cuproso, tiocianuro *m* cuproso ‖ ≃**salz**, Kupfer(I)-salz *n* / sal *f* cuprosa ‖ ≃**sulfid** *n* / sulfuro *m* cuproso
Curare *n*, Urare *n*, Curari *n* (Med, Pharm) / curare *m*
Curbmodulation *f* (Fernm) / modulación *f* fragmentada
Curcumin, Kurkumagelb *n* (Chem) / curcumina *f*
Curie (veraltet), Ci *n*, (= $3{,}7 \cdot 10^{10}$ Zerfallsakte/s) / curio *m* ‖ ≃ *n* (Einheit) / c (= curio) ‖ ≃**punkt** *m*, -temperatur *f* / punto *m* de Curie, temperatura *f* de

Curie || ⁓sches Gesetz (Phys) / ley *f* de Curie || ⁓**-Weiss-Effekt** *m* / efecto *m* de Curie-Weiss || ⁓**zelle** *f* (Nukl) / célula *f* de Curie
Curit *m* (Min) / curita *f*
Curium *n*, Cm (Chem) / curio *m*, Cm
Curl *n*, Drehung *f* (Elektr) / rotación *f*, curl *m*
Current-Mode-Logik *f* / lógica *f* de modo corriente
Cursor *m* (DV) / cursor *m*, índice *m* móvil || **den** ⁓ **führen** / mover el cursor || ⁓**-Positionierung** *f* / posicionamiento *m* de cursor || ⁓**steuerungsfeld** *n* / zona *f* de contro [de] cursor || ⁓**taste** *f* / tecla *f* de cursor
Curtain Wall *m* (Bau) / acitara *f*, muro *m* de revestimiento
Curtisturbine, Gleichdruck-, Aktionsturbine *f* (Elektr, Schiff) / turbina *f* Curtis, turbina *f* de acción
Cusp-Anordnung *f* (Nukl) / configuración *f* de cúspide
Cutback *n* (Verschnittbitumen o. auch Kaltbitumen) (Straß) / asfalto *m* diluido en un destilado ralo
Cut-off *m* (Kath.Str) / corte *m* || ⁓ **low**, Kaltlufteinbruch *m*, Schauer *m* (Meteo) / gota *f* fría, borrasca *f* desgajada
Cutpoint *m* (Öl) / punto *m* de corte o de cortadura
cutten *vt* (Film) / cortar
Cutter *m*, Schneidemaschine *f* / cortador *m*, máquina *f* de montaje || ⁓, Schnittmeister *m* (Film) / cutter *m*, montajista *m* || ⁓**bagger** *m* / excavador-desintegrador *m*
CUU (= computerunterstützter Unterricht) / enseñanza *f* asistida por ordenador
C-Verstärker *m* (Eltronik) / amplificador *m* tipo C
CVT-Umschlingungsgetriebe *n* (CVT = continuously variable transmission) (Kfz) / transmisión *f* continuamente variable, cambio *m* de marchas automático CVT
CV-Verfahren *n* (Kabelherst) / vulcanización *f* continua
CW (= collision warner) / sistema *m* de alerta por colisión || ⁓**-Laser** *m*, Dauerstrichlaser *m* / láser *m* OC, láser *m* de ondas continuas || ⁓**-Radar**, Dauerstrichradar *m n* / radar *m* OC, radar *m* de ondas continuas
Cw-Wert *m*, Luftwiderstands-Beiwert *m* (Kfz) / coeficiente *m* de penetración aerodinámica, valor *m* Cw, índice *m* de penetración o resistencia aerodinámica, C$_x$
CW-Zielerfassungsradar *m n* (Mil) / radar *m* de adquisición de ondas continuas
Cyan *n* (Chem) / cianógeno *m* || ⁓**acrylat** *n* / cianacrilato *m* || ⁓**amid** *n* / cianamida *f* || ⁓**at** *n* / cianato *m* || ⁓**bad** *n* / baño *m* de cianaro de sodio || **im** ⁓**bad härten** / templar por cianuración || ⁓**badhärten** *n* (Hütt) / temple *m* por cianuración || ⁓**base** *f* (Chem) / base *f* cianógena || ⁓**benzol** *n* / benzonitrilo *m* || ⁓**eisen** *n* / ferrocianuro *m* || ⁓**gas** *n* / gas *m* cianógeno || ⁓**härtung** *f* (Hütt) / temple *m* por cianuración || ⁓**hydrin** *n* (Chem) / cianhidrina *f* || ⁓**id** *n*, Salz *n* der Blausäure / cianuro *m*, prusiato *m* || ⁓**idin** *n* / cianidina *f* || ⁓**[id]laugenbad** *n* / baño *m* de cianuración || ⁓**idverfahren** *n*, Cyanidlaugerei *f* (Gold) / cianuración *f* || ⁓**idverkupferung** *f* (Hütt) / cobreado *m* alcalino, encobrado *m* alcalino
Cyanin *n* (Chem) / cianina *f* || ⁓, Cyaninblau *n* (Foto) / cianina *f* azul || ⁓, Anthocyan *n* (Bot) / antocianina *f*
cyanisieren *vt* (Chem) / tratar con (o de) cianuro
Cyan•it, Kyanit, Disthen *m* (Min) / cianita *f* || ⁓**kali[um]**, Kaliumcyanid *n* (Chem) / cianuro *m* potásico || ⁓**kupfer** *n* / cianuro *m* de cobre
Cyano•platinit *n* (Röntgenschirm) / cianoplatinita *f* || ⁓**typie**, Blaupause *f* (Zeichn) / cianotipia *f*, fotocalco *m* azul
Cyan•säure *f* (Chem) / ácido *m* ciánico || ⁓**silber** *n* / cianuro *m* de plata || ⁓**silikon** *n* / cianosilicona *f* || ⁓**toluol**, Toluniltril *n* / cianotolueno *m*

Cyanur•farbstoff *m* (Färb) / colorante *m* cianúrico || ⁓**säure** *f* (Chem) / ácido *m* cianúrico, ácido *m* prúsico
Cyanwasserstoff *m*, Blausäure *f* / ácido *m* cianhídrico
Cyber•... (DV) / ciber... || ⁓**kriminalität** *f* (DV) / cibercriminalidad *f* || ⁓**space** *m* / ciberespacio *m*
Cyc-Arc-Schweißen *n* / soldadura *f* cyc-arc
Cyclamat *n*, Zyklamat *n* (Chem) / ciclamato *m*
Cyclamin, Primulin *n* (Färb) / ciclamina *f*
Cyclan, Cycloparaffin *n* (Chem) / ciclano *m*, hidrocarburo *m* cicloparafínico
Cyclen, Cycloolefin *n* (Chem) / cicleno *m*
Cycle-Stealing-Verfahren *n* (DV) / utilización *m* de un ciclo ganado, ramificación *f* de un ciclo ganado
cyclisch, zyklisch / cíclico
cyclisieren *vt* / ciclizar
cyclo•aliphatisch (Harz) / cicloalifático || ⁓**alkan** *n* / cicloalcano *m* || ⁓**butan**, Tetrametilen *n* / ciclobutano *m*, tetrametileno *m* || ⁓**dextrin** *n* / ciclodextrina *f* || ⁓**dodekanon** *n* / ciclododecanona *f* || ⁓**graph** *m* (F.Org) / ciclógrafo *m* || ⁓**hepten** *n*, Cycloheptan *n* (Chem) / cicloheptano *m*, cicloheptano *m* || ⁓**hexan** *n*, Hexahydrobenzol, Naphthen *n* / ciclohexano *m*, hexametileno *m* || ⁓**hexanol** *n* / ciclohexanol *m*, hexalina *f* || ⁓**hexanonharz** *n* / resina *f* ciclohexanona || ⁓**hexanonoxim** *n* / oxima *f* de ciclohexanona || ⁓**hexylacetat**, -hexanolacetat *n* / ciclohexilacetato *m* || ⁓**kautschuk** *m* / caucho *m* cíclico || ⁓**nit**, Hexogen *n* (Chem) / ciclonito *m* || ⁓**olefin**, Cyclen *n* / cicloolefina *f*, cicleno *m* || ⁓**paraffin**, Cyclan *n* / cicloparafina *f*, ciclano *m* || ⁓**paraffine** *pl* / hidrocarburos *m pl* cicloparafínicos || ⁓**pentadien** *n* / ciclopentadieno *m* || ⁓**pentan**, Pentamethylen *n* / ciclopentano *m*, pentametileno *m* || ⁓**pentanon** *n* (Chem) / ciclopentanona *f* || ⁓**propan** *n* (Öl) / ciclopropano *m* || ⁓**rama** *n* (Bau) / ciclorama *m* || ⁓**silikat** *n* (Min) / ciclosilicato *m*
Cymol *n* (Chem) / cimol *m*
Cymophan *m* (Min) / cimófana *f*
Cystein *n* (Biol, Chem) / cisteína *f* || ⁓**säure** *f* / ácido *m* cisteínico
Cystin *n* / cistina *f*
Cystoskop *n* (Med) / cistoscopio *m*
Cytase *f* / citasa *f*
Cytisin *n* / citisina *f*
Cyto•..., Zyto..., Zell... (Biol) / cito... || ⁓**chrom** *n*, Zellfarbstoff *m* (Chem) / citocromo *m* || ⁓**plasma** *n* (Biol) / citoplasma *m* || ⁓**sin** *n* / citosina *f*
Czochralski-Ziehverfahren *n* (Krist) / procedimiento *m* de Czochralski para el cultivo de monocristales

D

d *n* (= Differential[zeichen]) (Math) / d
d (= rechtsdrehend) / d (= dextrógiro)
d = Tag / día *m*
D (röm. Ziffer f. 500) / D
D (= Deuterium) (Chem) / D (= deuterio)
3-D..., räumlich (Akust, Opt) / tridimensional, 3-D, estereofónico
D2, duobinär codiert / codificado duobinario
DAB, Digital Audio Broadcasting / radiodifusión *f* digital ‖ ˜ (Elektr) = Dauerbetrieb mit aussetzender Belastung ‖ ˜, D.A.B. = Deutsches Arznei-Buch
DAC (DV) = Digital to Analog Converter
Dach *n* (Bau) / techo *m* ‖ ˜, **Dachstuhl** *m* mit **Dachdeckung** (Bau) / tejado *m* ‖ ˜, **Schutzdach** *n* (Bau) / cubierto *m* ‖ ˜, **Deckgebirge** *n* (Bergb) / techumbre *m*, capas *f pl* pendientes ‖ ˜ *n*, **Firste** *f* (Bergb) / techo *m* ‖ ˜ (Kfz) / techo *m*, cubierta *f* ‖ ˜ (Impuls) / techo *m* del impulso rectangular ‖ ˜ **mit Oberlicht** (Bau) / techo *m* con lucernario ‖ ˜ **über einem Eingang** / marquesina *f* ‖ **flaches** ˜ / azotea *f*, techo *m* plano ‖ **mit** ˜ **versehen** / techar, tejar, cubrir ‖ **unter** ˜ (Bau) / cubierto, techado ‖ **unter** ˜ **bringen** / cubrir, techar ‖ **weit überhängendes** ˜ (z.B. für Laderampen) / techo *m* saledizo
Dach•abdichtung *f* / obturación *f* de tejado ‖ ˜**abdichtungsarbeiten** *f pl* / sellado *m* del tejado ‖ ˜**abspanngestänge** *n* (Elektr) / poste *m* de retención ‖ ˜**antenne** *f* / antena *f* de tejado ‖ ˜**antenne** (von Dach zu Dach gespannt) / antena *f* aérea ‖ ˜**antenne** (Kfz) / antena *f* de techo ‖ ˜**aufsatz** *m*, Haube *f* (Bau) / linterna *f* ‖ ˜**ausmittelung**, -zerlegung *f* / averiguación *f* de la área de un tejado, proyección *f* del tejado ‖ ˜ **[aussteige]luke** *f*, -ausstieg *m* / claraboya *f* [de salida] ‖ ˜**bahnen** *f pl* (Bau) / material *m* en rollos para sellado de tejados ‖ ˜**balken** *m* / viga *f* de tejado ‖ ˜ **[eck]balken** *m* / lima *f* ‖ ˜**bauspezialist** *m* / especialista *m* en construcción de tejados ‖ ˜**behandlung** *f* (Bergb) / saneamiento *m* del techo ‖ ˜**belag** *m*, -haut *f* (Bau) / cubierta *f* ‖ ˜**binder** *m* (Zimm) / cercha *f* de tejado, cabriada (LA) ‖ ˜**binder mit gebrochenem Untergurt** / cercha *f* de tejado con cordón inferior interrumpido ‖ ˜**binderbalken** *m* / viga *f* de cercha ‖ ˜**binder-Obergurt** *m* / cordón *m* superior de la cercha, cabeza *f* superior, par *m* ‖ ˜**binder-Untergurt** *m* / cordón *m* inferior de la cercha, cabeza *f* inferior, tirante *m* ‖ ˜**blech**, Bedachungsblech *n* (Hütt) / chapa *f* de cobertura ‖ ˜**blech** *n*, -schürze *f* (Bau) / peto *m* ‖ ˜**boden** *m*, -geschoss *n* / desván *m*, sobrado *m*, entretecho *m*, suelo *m* alto, zarzo *m* (Col) ‖ ˜**deckarbeiten** *f pl*, -[ein]decken *n* / obras de teja *f pl* ‖ ~**decken** / tejar, techar ‖ ˜**decker** *m* / tejador *m* ‖ ˜**deckerarbeiten** *f pl* / cubrición *f* del tejado ‖ ˜**deckerhammer** *m* / martillo *m* de tejador ‖ ˜**deckung** *f*, Eindeckung *f* (Bau) / tejado *m* ‖ ˜**details** *n pl* / diseño *m* de tejado ‖ ˜**dichtungsbahnen** *f pl* s. Dachbahnen ‖ ˜**durchbruch** *m* / vano *m* de tejado ‖ ˜**element** *n* / elemento *m* de techo ‖ ˜**falzziegel** *m* / teja *f* ranurada ‖ ˜**fenster** *n* / ventana *f* para tejado ‖ ˜**fenster**, -luke *f* (Bau) / buhardilla *f*, lumbrera *f* ‖ **rundes** ˜**fenster** / claraboya *f* ‖ ˜**first** *m* / caballete *m* de tejado, remate *m* de tejado ‖ ˜**fläche**, -seite, [Dach-]Langseite *f* / faldón *m* ‖ ˜**fläche** *f* (als Maß) / superficie *f* de tejado, área *f* de tejado ‖ ˜**förmig** / en forma de tejado ‖ ˜**formquerneigung** *f* (Straßb) / perfil *m* transversal en forma de tejado ‖ **[überhängender]** ˜**fuß**, Dachüberhang, -vorsprung *m* (Bau) / alero *m* ‖ ˜**fuß** *m* **mit massivem Sims** (Bau) / alero *m* con anaquel ‖ ˜**fuß mit sichtbaren Aufschieblingen** / alero *m* con ristreles visibles ‖ ˜**garten** *m* / azotea *f* jardín ‖ ˜**gaube** *f*, Dachgaupe *f* / buhardilla *f* rampante, entretecho *m* (LA) ‖ ˜**gaubenfenster** *n* / ventanillo *m* ‖ ˜**gebinde** *n* / madeja *f* ‖ ˜**gebirge** *n* (Bergb) / techo *m* estratos pendientes ‖ ˜**gepäckträger** *m*, Dachgepäckhalter *m* (Kfz) / portaequipajes *m* de techo, baca *f* ‖ ˜**geschoss** *n*, [Dach]boden *m* (Bau) / desván *m*, sobrado *m*, zarzo *m* (Col) ‖ ˜**gesims** *n* (Bau) / cornisa *f* ‖ ˜**gespärre** *n* (Bau) / vigamento *m* de tejado ‖ ˜**gestänge** *n*, -ständer *m* (Elektr) / montante *m* de tejado ‖ ˜**gestänge** (Fernm) / varillaje *m* de techo, soporte *m* sobre tejado ‖ ˜**grat** *m* (Bau) / cresta *f* [del copete] ‖ ˜**haken** *m* / gancho *m* de tejado ‖ ˜**haube** *f* / tejado *m* de cofia ‖ ˜**haut** *f* / cubierta *f*, tejado *m* ‖ ˜**haut im Flachdach**, Dampfsperre *f* / cortavapor *m* ‖ ˜**himmel** *m* (Kfz) / techo *m* interior ‖ **[unbewohnbare]** ˜**kammer** (Bau) / desván *m*, guardilla *f* ‖ **bewohnbare** ˜**kammer**, Dachstube *f* / buhardilla *f*, buharda *f* ‖ ˜**kantenspoiler** *m* (Kfz) / spoiler *m* del borde de techo ‖ ˜**kantprisma** *n* (Opt) / prisma *m* triangular de cristal ‖ ˜**kehle** *f* (Bau) / lima *f* hoya ‖ ˜**kehlenblei** *n* / plomo *m* de lima hoya ‖ ˜**klappe** *f* / ventanilla *f* abatible ‖ ˜**kollektor** *m* (Sonnenwärme) / colector de techo ‖ ˜**konstruktion** *f* (Bau) / construcción *f* del tejado ‖ ˜**korn** *n* (Mil) / mira *f* troncocónica, punto *m* de mira triangular ‖ ˜**kühler** *m* (Mot) / radiador *m* en forma de techo ‖ ˜**längsträger** *m* (Bau) / larguero *m* ‖ ˜**lastträger** *m* (Kfz) / baca *f* ‖ ˜**laterne** *f* (Bau) / linterna *f* de tejado ‖ ˜**laterne**, Aufdach *n*, Überdach *n* / cubretecho *m* ‖ ˜**latte** *f* / ripia *f*, listón *m* de techo (LA) ‖ ˜**lattung** *f* / latas *f pl* de tejado ‖ ˜**leiter** *f* (Bau) / escalera *f* de tejado ‖ ˜**leitung** *f* (Bahn) / línea *f* de techo ‖ ˜**leitungsstütze** *f* (Blitzableiter) / soporte *m* del conductor pararrayos ‖ ˜**licht** *n* (Kfz, Taxi) / luz *f* de techo ‖ ˜**liegefenster** *n* / claraboya *f*, tragaluz *m*, aojada *f* (Col) ‖ ˜**lüfter** *m* / ventilador *m* de tejado ‖ ˜**lüfter** (Bahn) / ventilador *m* de techo ‖ **[aufgesetzter]** ˜**lüfter** (Bau) / ventilador *m* montado ‖ ˜**lüftungsloch** *n* / orificio *m* de ventilación por el techo ‖ ˜**luke** *f*, -gaube *f* (Bau) / tragaluz *m*, tronera *f* ‖ ˜**luke** (Kfz) / ventana *f* de techo ‖ ˜**manschette** *f* (Masch) / empaquetadura *f* angular ‖ ˜**neigung** *f*, Abfall *m* (Bau) / inclinación *f* del tejado, vertiente *f* del tejado ‖ ˜**oberlicht** *n* / ventana *f* de techo ‖ ˜**pappe** *f* / cartón *m* asfaltado, cartón *m* embreado, tela *f* asfáltica ‖ **besandete** ˜**pappe** / cartón *m* asfaltado arenado ‖ ˜**pappe für Zwischenlagen** (Bau) / cartón *m* asfaltado para intercalar ‖ ˜**pappenstift** *m* / clavo *m* de techar, tachuela *f* ‖ ˜**pfanne** *f* / teja *f* flamenca ‖ ˜**pfette** *f*, Dachstuhlpfette *f*, Pfette *f* (Zimm) / cabio *m*, correa *f* ‖ ˜**phasenring** *m* (Mot) / anillo *m* de émbolo en D ‖ **verzinkte** ˜**platte** / teja *f* galvanizada ‖ ˜**prisma** *n* (Wzm) / prisma *m* invertido ‖ ˜**prisma**, Amici-Prisma *n* (Opt) / prisma *m* de Amici, prisma *f* triangular de cristal ‖ ˜**programm** *n*, Supervisorprogamm *n* / programa *m* supervisor ‖ ˜**rahmen** (Kfz) / cuadro *m* de techo ‖ ˜**reiter** *m* (Bau) / linternón *m* ‖ ˜**reling** *f* (Kfz) / barras *f pl* portaequipajes ‖ ˜**rinne** *f* (Bau) / canal [ón] *m*, gotera *f* ‖ **liegende** ˜**rinne** / canal [ón] *m* de parapeto ‖ ˜**vierkantige** ˜**rinne**, Kastenrinne *f* / gotera *f* rectangular ‖ ˜**rinne** *f* **zwischen parallelen Dächern**, Kehlrinne *f* / canalón *m* de lima hoya ‖ ˜**rinneneinguss**, Dachrinnenmund, -kessel *m* / boca *f* de gotera, embocadura *f* ‖ ˜**rinnenhaken** *m*, Rinneneisen *n* / gancho *m* para goteras ‖ ˜**rippenmesser** *m* (Zuck) / cuchilla *f* tipo cumbrera ‖ ˜**röhre** *f*, Fallrohr *n* (Bau) / bajante *f*, bajada *f* de

Dämmung

aguas, tubo *m* de desagüe ‖ ˜**rutsche** *f* (Bergb, Hütt) / plano *m* inclinado, pasarela *f* inclinada ‖ **innere** ˜**schalung** (Bau) / entarimado *m* del tejado ‖ **äußere** ˜**schalung** (Bau) / chillado *m* de tejado ‖
˜**scheinwerfer** *m* / faro *m* de techo ‖ ˜**schicht** *f* (Bergb) / capa *f* pendiente, estrato *m* de techo ‖
˜**schiefer** *m* (Bau) / esquisto *m*, pizarra *f* para techar ‖
˜**schifter** *m*, Schift-, Halbsparren *m* (Zimm) / cabio *m* de copete o de unión ‖ ˜**schindel** *f* (Bau) / chilla *f* ‖
˜**schräge** *f* (Bau) / inclinación *f* del techo ‖ ˜**schräge** (die Fläche) / vertiente *m* del tejado ‖ ˜**schräge** (Eltronik, Impuls) / caída *f* ‖ **[positive]** ˜**schräge** (Eltronik) / caída *f* positiva de impulso ‖ **[negative]** ˜**schräge** (Eltronik) / caída *f* negativa de impulso ‖
˜**seite** *f* (Bau) / faldón *m*
Dachshaarpinsel *m* (Zeichn) / broche *m* de pelos de tejón
Dach•sparren, Sparren *m* (Bau) / asna *f*, cabio *m* ‖
˜**speicher** *m* (Bau) s. Dachboden ‖ ˜**spooiler** *m* (Kfz) / spóiler de techo *m* ‖ ˜**spriegel** (Kfz) / cercha *f* de tejado ‖ ˜**spriegel** (Bahn) / cercha *f* de techo o de pabellón ‖ ˜**sprossen** *f pl* **für Glasdächer** (Bau) / listones *m pl* para techos de cristal ‖ ˜**ständer** *m* (Fernm) / apoyo *m* sobre tejado, poste *m* sobre tejado, torrecilla *f* ‖ ˜**ständer** (Kfz) / portaequipajes *m* de techo ‖ ˜**ständer**, -gestänge *f* (Elektr) / palomilla *f* ‖
˜**stein** *m*, -ziegel *m* (Bau) / teja *f* ‖
˜**streben-Zuschnittsäge** *f* (Zimm) / sierra *f* para el corte de maderaje ‖ ˜**stuhl** *m* / techumbre *m*, armadura *f* de cubierta, armadura *f* de tejado, entramado *m* del tejado ‖ **hölzerner** ˜**stuhl** / maderaje *m* de tejado ‖ ˜**stuhlrahmen** *m* / pórtico *m* ‖ ˜**stuhlsäule** *f*, Ständer *m* / puntal *m* ‖ ˜**stuhlwinkel** *m* / cartabón *m* ‖ ˜**sturzbügel** *m*, Überrollbügel *m* (Kfz) / arco *m* de seguridad ‖ ˜**[terrassen]wohnung** [auf einem Flachdach], Penthouse *n* / ático *m*, vivienda *f* de la azotea ‖ ˜**träger** *m* (Bau) / viga *f* del tejado ‖ ˜**[gepäck]träger** *m* (Kfz) / portaequipajes *m* de techo, parrilla *f* (MEX, PER) ‖ ˜**traufe** *f* (Bau) / alero *m* ‖ ˜**trennschalter** *m* (Bahn) / seccionador *m* de techo ‖ ˜**überhang**, -vorsprung *m* (Bau) / alero *m* ‖
˜**verband** *m*, -organisation *f* / Organización *f* central o superpuesta ‖ ˜**verband** (Bau) / estructura *f* de tejado ‖ ˜**verfallung**, -zerfallung *f* (Bau) / averiguación *f* de la área de un tejado, proyección *f* del tejado ‖ ˜**walze** *f* (der Waschstraße) / rodillo *m* superior (del túnel de lavado) ‖ ˜**wehr** *n*, Dachstauwehr *n* (Hydr) / presa *f* de doble alza ‖
˜**werfer** *m* (Feuerschutz, Polizei) / cañón *m* de agua de techo ‖ ˜**winkel** *m* (Ultraschall) / ángulo *m* de techo ‖ ˜**wippe** *f* (Walzw) / andamio *m* ‖ ˜**ziegel** *m*, -platte *f* ‖ **glasierter** ˜**ziegel** / teja *f* vidriada ‖ **plana** ‖ ˜**ziegel** / teja *f* vidriada ‖
überstehende ˜**ziegel** (am Giebel) / tejas *f pl* que sobresalen encima de la fachada ‖ ˜**ziegel einhängen** / poner o colocar tejas ‖ ~**ziegelartig** [übereinander liegend] / imbricado ‖ ˜**ziegelform** *f* / galápago *m* ‖
˜**ziegelverband** *m* (Bau) / imbricación *f* ‖
˜**ziegelwulst** *m*, -leiste *f* / roblón *m* de teja
Dacren *n* (Chem) / dacreno *m*
Dacron *n* (Tex) / Dacrón *m*
dahingleiten *vi* [auf Rollen od. Kufen] / patinar
Dahlbusch-Bombe *f* (Bergb) / bomba *f* Dahlbusch
Dahllit *m* (Min) / dahllita *f*
DAI = Deutscher Architekten- und Ingenieurverband
Daisy-Chain-Betrieb *m* (DV) / conexión *f* en guirlanda
Dakeit *m*, Schroeckingerit *m* (Uran Min) / dakeita *f*
D/A-Konverter *m* / convertidor *m* digital/analógico
Daktyloskopie *f* / dactiloscopía *f*
Dalbe *f*, Dückdalbe *f* (Schiff) / duque *m* de alba ‖ ˜, Abweiser *m* (Brücke) / rompehielos *m*
d'Alembertsches Prinzip, Prinzip *n* der virtuellen Arbeit (Phys) / principio *m* de d'Alembert
Dalitz-Diagramm *n* (Nukl) / diagrama *m* de Dalitz

Dalle *f*, Einbeulung *f*, Delle *f* / abolladura *f*, hoyo *m*, muesca *f*, huella *f*
Dalton *n* (Atom-Masseneinheit) (veraltet) (Phys) / dalton *m*
Daltonid *n* (Chem) / daltonido *m*
Dalton•ismus *m*, Farbenblindheit *f* (Med) / daltonismo *m* ‖ ˜**phase** *f* (Met) / fase *f* daltonida ‖ ˜**sches Gesetz**, Partialdruckgesetz *n* (Phys) / ley *f* de Dalton
Damassé *m* (Web) / adamasco *m* de seda
Damast *m*, Damaststoff *m* / damasco *m* ‖ ˜**arbeit** *f* / adamascado *m* ‖ ~**artig weben** / adamascar ‖
˜**bindung** *f* / ligado *m* de damasco ‖ ˜**leinwand** *f* / lino *m* adamascado ‖ **lino** *m* damascado ‖ ˜**papier** *n* / papel *m* adamascado ‖ ˜**webstuhl** *m* / telar *m* para adamascado
Damen•konfektionsstoffe *m pl* (Tex) / telas *f pl* de vestido para señoras ‖ ˜**oberbekleidungs-Industrie** *f* / industria *f* de ropa exterior femenina ‖
˜**strumpfindustrie** *f* / industria *f* de medias de señora
Damm *m*, Deich *m* (Hydr) / dique *m* ‖ ˜, Staudamm *m* (Hydr) / presa *f*, dique *m*, represa *f* (LA) ‖ ˜ (Bahn) / terraplén *m* ‖ ˜ (Bergb) / cierre *m* ‖ ˜, Straßendamm *m* (Straßb) / calzada *f* ‖ **mit einem** ˜ **umgeben** / cerrar con dique ‖ **Wasser absperrender** ˜ (Bergb) / cierre *m* de agua ‖ ˜**absatz** *m*, Berme *f* / berma *f* ‖
Dammarharz, Dammar *n* (Chem) / resina *f* de dammar
Damm•aufschüttung *f* (Tätigkeit) / acción *f* de terraplenar ‖ ˜**ausspülung** *f* (Hydr) / socavón *m* de dique, erosión *f* del talud ‖ ˜**balken** *m* / viga *f* de cierre ‖ ˜**blockkette** *f* (Hütt) / cadena *f* represadora o canteadora ‖ ˜**böschung** *f*, Böschung *f* im Auftrag (Straßb) / talud *m* ‖ ˜**bruch**, -riss *m* (Hydr) / rotura *f* de dique ‖ ˜**brust**, Flutseite *f* (Hydr) / talud *m* exterior ‖ ˜**bürste** *f*, Federstriegel *m* (Landw) / almohaza *f* [para binadora] ‖ ˜**drillmaschine** *f* (Landw) / sembradora *f* sobre los caballones o lomos ‖ ˜**elektrode** *f* (Eltronik) / electrodo *m* perineal
dämmen *vt* (allg) / parar, retener ‖ ~, eindämmen / represar ‖ ~ (Wärme) / aislar ‖ ~ (Hydr) / obstruir, cerrar
Dämmerlicht-Einsteller *m* (Eltronik) / reductor *m* de alumbrado, reductor *m* de iluminación de loce
Dämmerung, Morgen- o. Abend-˜ / crepúsculo *m*
Dämmerungs•... / crepuscular ‖ ˜**blindheit**, Hemeralopie *f* (Med) / hemeralopia *f* ‖ ˜**effekt** *m* (Peil) / error *m* de polarización ‖ ˜**grenze** *f* (Astr) / orla *f* del área crepuscular ‖ ˜**leistung**, -zahl *f* (Opt) / índice *m* crepuscular ‖ ˜**rakete** *f* (Raumf) / cohete *m* crepuscular ‖ ˜**schalter** *m* (Elektr) / interruptor *m* crepuscular ‖ ˜**sehen**, Übergangssehen *m* (Med) / visión *f* mesópica ‖ ˜**zahl** *f* (Opt) / factor *m* crepuscular
Damm•falz *f* (Hydr) / ranura *f* de ataguiamiento ‖ ˜**fuß** *m* (Hydr) / base *f* del dique, pie *m* del dique ‖ ˜**grube** *f* (Gieß) / fosa *f* de fundición ‖ ˜**grubenformer** *m* (Hütt) / moldeador *m* de fosa ‖ ˜**kern** *m*, Kernmauer *f* (Staudamm) / núcleo *m* de dique ‖ ˜**körper**, -kasten *m* (Straßb) / espigón *m* ‖ ˜**körper** *m* (Hydr) / cuerpo *m* del dique ‖ ˜**krone** *f* (Hydr) / corona *f* del dique ‖ ˜**krone** (Bahn) / corona *f* de terraplén
Dämm•pappe *f* (Bau) / cartón *m* aislante ‖ ˜**platte** *f*, Isolierplatte *f* (Spanplatten) / placa *f* de aislamiento ‖
˜**platte** (Wärme) / placa *f* termoaislante
Damm•rohr *n* (Bergb) / tubo *m* de control o de muralla ‖ ˜**rutsch** *f* (Bahn) / socavón *m* del terraplén, desprendimiento *m* de dique ‖ ˜**schüttung** *f* (Hydr) / relleno *m* de diques ‖ ˜**stein** *m*, Siphonstein *m* (Gieß) / piedra *f* sifón
Dämmstoff *m* (Wärme) / aislante *m*, termoaislante *m* ‖ ˜ (Akust) / material *m* antiacústico
Dammtafel *f* (Hydr) / tablestacado *m*
Dämmung *f* **gegen Fußbodenschall** (Bau) / insonorización *f* del suelo

255

Damon

Damon *m*, **Daemon** *m* (DV) / proceso *m* daemon o demonio
Dampf *m* / vapor *m* ‖ ≃ (von Speisen etc.), Dunst *m* / vaho *m* ‖ ≃, aggressiver Dunst / vapor *m* agresivo, humo *m*
Dampf•abgabe *f* für Heizzwecke / suministro *m* de vapor para [fines de] calefacción ‖ ≃**ableitungsrohr** *n* (Turbine) / tubo *m* de evacuación ‖ ≃**abscheider** *m* / separador *m* de vapor ‖ ≃**absperrschieber** *m* / cortavapor *m*, válvula *f* de cierre de vapor ‖ ≃**abstellung** *f* / interrupción *f* del vapor ‖ ≃**abstreifer** *m* (Chem) / rascador *m* de vapor ‖ ≃**anilinschwarz**, Ferrocyankaliumschwarz *n* (Färb) / negro *m* de ferrocianuro potásico ‖ ≃**ankerwinde** *f* (Schiff) / cabrestante *m* a vapor, chigre *m* del ancla a vapor
Dämpfanlage *f* für Holz (Zimm) / instalación *f* vaporizadora de madera, instalación *f* de estufado
Dampf•antrieb *m* / accionamiento *m* por vapor ‖ ≃**anzapfung** *f* (Turbine) / sangría *f* de vapor, toma *f* de vapor
Dämpfapparat *m* (Tex) / aparato *m* de vaporización
Dampf•armaturen *f pl* / accesorios *f pl* para tubería de vapor ‖ ≃-**Auslassrohr** *n* / tubo *m* de escape, tubo *m* de salida ‖ ≃**austritt** *m*, Dampfauslass *m* / escape *m* de vapor, salida *f* de vapor ‖ ≃**backofen** *m* / horno *m* de panificación por vapor ‖ ≃**bad** *n* (allg, Chem) / baño *m* de vapor ‖ ≃**beaufschlagt** (Turbine) / con admisión de vapor ‖ ≃**bedarf** *m* / necesidad *f* de vapor ‖ ≃**befeuchtungsanlage** *f* / instalación *f* humectadora a vapor ‖ ≃**behandlung** *f* (Färb, Pap, Tex) / vaporización *f*, vapor[e]ado *m* ‖ ~**beheizte Etagenpresse** / prensa *f* de niveles múltiples calentada a vapor ‖ ≃**betrieb** *m* / accionamiento *m* por vapor ‖ ≃**betrieb** (Bahn) / tracción *f* de (o a) vapor ‖ ~**betrieben** / a vapor, accionado por vapor ‖ ~**betriebenes Wärmekraftwerk** / central *f* termoeléctrica con turbinas de vapor ‖ ≃**bildung** *f* / generación *f* de vapor, vaporización *f* ‖ ≃**bildung** (ungewollt) / formación *f* de vapor ‖ ≃**blase** *f* / burbuja *f* de vapor ‖ ≃**blase** (Nukl) / burbuja *f* de vapor, cavidad *m* ‖ ≃**blasen** *n* / soplado *m* con vapor ‖ ≃**blaseneinschluss** *m*, -blasenbildung *f* (Kfz) / formación *f* de burbujas ‖ ≃**blasen-Koeffizient** *m* **der Reaktivität** (Nukl) / coeficiente *m* de vacío de reactividad ‖ ≃**boden** *m* (Brau) / fondo *m* doble para calefacción a vapor ‖ ≃**bremse**, -sperrschicht *f* (im Flachdach) (Bau) / cierre *m* de vapor, cortavapor *m* ‖ ≃**bügeleisen** *n* / plancha *f* de vapor ‖ ≃**bügelmaschine** *f* / máquina *f* para planchar a vapor ‖ ≃**bügeln** *n* / planchado *m* a vapor
Dämpfbunker *m* (Spanplatten) / silo *m* de vaporización
Dampf•bürsten *n* (Tex) / cepillado *m* a vapor ‖ ≃**chloren** *n* (Tex) / cloruración *f* a vapor ‖ ≃**crackanlage** *f* (Öl) / instalación *f* o planta de craqueo por vapor ‖ ≃**cracken** *n* / craqueo *m* por vapor ‖ ≃**darre** *f* (Brau) / tostadero *m* a vapor ‖ ≃**decke** *f* (Zuck) / clarificación *f* por vapor ‖ ≃**deckeinrichtung** *f* (Zuck) / instalación *f* de clarificación por vapor ‖ ≃**dekatur** *f* (Tex) / decatización *f* a vapor ‖ ≃**destillation** *f* (Chem) / destilación *f* a vapor ‖ ≃**diagramm** *n* (Masch) / diagrama *m* de vapor ‖ ~**dicht** / estanco al vapor ‖ ≃**dichte** *f* (Phys) / densidad *f* del vapor ‖ ≃**dichtemesser** *m* / manómetro *m* del condensador ‖ ≃**dichtemesser**, Vakuummeter *n* / vaciómetro *m*, manómetro *m* del condensador ‖ ≃**diffusion** *f* (Phys) / difusión *f* del vapor ‖ ≃**dom** *m* / domo *m* de vapor, cúpula *f* de caldera, bóveda *f* ‖ ≃**dom des Kühlers** (Mot) / domo *m* de expansión del radiador ‖ ≃**drosselung** *f* / estrangulamiento *m* del vapor
Dampfdruck *m*, -spannung *f* (Phys) / presión *f* del vapor, tensión *f* del vapor ‖ ≃ **des Wassers** / presión *f* de vapor del agua ‖ ≃ **nach Reid, DDR** (DIN 51470) / absoluter Kohlenwasserstoff-Dampfdruck (Kraftstoff) / presión *f* de vapor según Reid ‖ ≃**anzeiger** *m* / indicador *m* de la presión del vapor ‖ ≃**ausgleichschicht** *f* (im Flachdach) (Bau) / capa *f* equilibradora de la presión de vapor ‖ ≃**bestimmung** *f* / determinación *f* de la presión del vapor ‖ ≃**diagramm** *n*, -druckkurve *f* / curva *f* de presión de vapor ‖ ≃**erniedrigung**, -druckherabsetzung *f* / reducción *f* de la presión de vapor ‖ ≃**messer** *m*, Manometer *n* / manómetro *m* ‖ ≃**minderer** *m* / reductor *m* de la presión del vapor ‖ ≃**minderventil** *n* / válvula *f* reductora de presión ‖ ≃**pumpe** *f* / bomba *f* a presión de vapor ‖ ≃**reduktion** *f* / reducción *f* de la presión de vapor ‖ ≃**regler** *m* / regulador *m* de la presión de vapor ‖ ≃**thermometer** *n* / termómetro *m* a la presión de vapor ‖ ≃- **u. Dichtemesser** *m* / manodensímetro *m*
Dampf•durchlässigkeit *f* / permeabilidad *f* al vapor ‖ ≃**durchlässigkeitszahl** *f* / índice *m* de permeabilidad de vapor ‖ ≃**düse** *f* / tobera *f* de vapor
Dämpfechtheit *f* (Tex) / solidez *f* a la vaporización
Dampf•einblasen *n* / admisión *f* de vapor ‖ ≃**einlass** *m* / entrada *f* de vapor, orificio *m* de admisión de vapor ‖ ≃**einlasskanal** *m* / canal *m* de admisión de vapor ‖ ≃**einlassschieber** *m* / llave *f* de entrada de vapor ‖ ≃**einpressen** *n*, Steamlift *m* (Öl) / steamlift *m*, extracción *f* con vapor
Dampfeinrichtungen *f pl* / equipos *m pl* de vaporización, equipos *m pl* de estufado
Dampf•eintritt, -zutritt *m*, -zuführung *f* / admisión *f* de vapor ‖ ≃**eintrittsspannung** *f* / presión *f* de admisión del vapor ‖ ≃**ejektor** *m* / eyector *m* de vapor
dampfen *vi*, Dampf o. Dämpfe abgeben / avahar, vahear, exhalar vapor
dämpfen *vt*, abschwächen (Eltronik) / amortiguar, atenuar ‖ ~, unterdrücken / suprimir ‖ ~ (Feuer) / moderar ‖ ~ (Fernm) / atenuar ‖ ~ (Akust) / silenciar ‖ ~ (Geräusch) / atenuar ‖ ~ (Licht) / moderar, graduar ‖ ~ (Hochofen) / amortiguar ‖ ~, mit Dampf behandeln (Färb) / vaporizar ‖ ~, dekatieren (Tex) / deslustrar, decatizar ‖ **Kartoffeln, Holz, Obst** ~ (Landw) / estufar ‖ **Stöße** ~ / amortiguar choques ‖ **Ton** ~ / tratar la arcilla con vapor ‖ **Töne** ~ / atenuar sonidos ‖ **Vibrationen** ~ / amortiguar vibraciones ‖ ≃ *n*, Dampfbehandlung *f* (Färb, Tuch) / vaporización *f*
dampfend, Dämpfe abgebend / vaporoso
dämpfend / amortiguador, moderador ‖ ~**e Zwischenschicht** (Straßb) / capa *f* de amortiguación, estrado *m* de amortiguación
Dampf•energie *f* (Phys) / fuerza *f* de vapor ‖ ≃**entladungslampe**, -lampe *f* (Elektr) / lámpara *f* de descarga de vapor ‖ ≃**entnahme** *f* (Turbine) / toma *f* de vapor ‖ ≃**entöler** *m*, -entölvorrichtung *f* / separador *m* de aceite para vapor ‖ ≃**entspannung** *f* (Phys) / distensión *f* del vapor ‖ ≃**entwässerungsapparat**, -trockner *m* / secador *m* de vapor ‖ ≃**entwicklung** *f*, -bildung *f* / generación *f* de vapor ‖ ≃**entwicklung**, -freisetzung *f* / escape *m* de vapor ‖ ≃**entwicklungsfarbe** *f* (Färb) / colorante *m* de desarrollo a vapor
Dämpfer *m* (Masch) / amortiguador *m* ‖ ≃, Stoßdämpfer *m* (Kfz) / amortiguador *m* de choques ‖ ≃, [Rauch]schieber *m* (Bau) / registro *m* de chimenea ‖ ≃ *m* (Licht) / reductor *m* de iluminación, amortiguador *m* de luz ‖ ≃ (Geräusche, Licht) / moderador *m* ‖ ≃ (Schall) / silenciador *m* ‖ ≃, Tondämpfer *m* (Mus.Instr) / moderador *m* de sonido, sordino *m* ‖ ≃ (Fernm) / atenuador *m* ‖ ≃ (Landw) / vaporizador *m*, estufador *m* ‖ ≃ (Tex) / vaporizador *m* ‖ ≃ **am Klavier** / batiente *m* ‖ ≃**diode** *f* (Eltronik) / diodo *m* amortiguador o de amortiguación ‖ ≃**einsatz** *m* (Akust) / rejilla *f* silenciadora ‖ ≃**flügel** *m* (Instr) / aleta *f* amortiguadora ‖ ≃**käfig** *m* (Synchronm) / caja *f* amortiguadora, jaula *f* de amortiguación
Dampferlicht *n*, Topplaterne *f* (Schiff) / luz *f* de navegación, luz *f* de tope

Dämpfer•ring m (Masch) / anillo m amortiguador ‖ ~spule f (Elektr) / bobina f amortiguadora ‖ ~stab m (Elektr) / barra f amortiguadora ‖ ~wicklung f (Elektr) / devanado m amortiguador
dampf•erzeugender Reaktor (Nukl) / reactor m generador de vapor ‖ ~erzeuger m (Chem) / generador m de vapor ‖ ~erzeugerbatterie f / batería f generadora de vapor ‖ ~erzeugergruppe f / grupo m evaporatorio ‖ ~erzeugung f (gewollt) / generación f de vapor ‖ ~erzeugung, -entwicklung f / producción f de vapor ‖ ~farbe f (Tex) / colorante m fijado por vapor ‖ ~farbendruck m, -färberei, -druckerei f (Tex) / tintorería f al vapor ‖ ~fass n (obsol.) / autoclave f ‖ ~feuchtigkeit f (Phys) / humedad f del vapor ‖ ~-Flüssigkeitsgleichgewicht n / equilibrio m vapor-líquido ‖ ~fluten n (Öl) / anegación f con vapor ‖ ~fördermaschine f (Bergb) / máquina f de extracción a vapor ‖ ~förmig / en forma de vapor, vaporoso ‖ ~förmig expandiert / expandido en forma de vapor ‖ ~förmiger Zustand / estado m de vapor ‖ ~gebläse n / máquina f soplante de vapor, ventilador m a vapor (LA) ‖ ~gehalt m (Phys) / contenido m de vapor ‖ ~gehalt der Luft (Meteo) / contenido m de agua del aire ‖ ~generator m, -erzeuger m / generador m de vapor ‖ ~geschwefelt, -vulkanisiert (Gummi) / sulfurado a vapor ‖ ~getrieben / propulsado a vapor ‖ ~halten / mantener a presión ‖ ~halten n / mantenimiento m a presión ‖ ~haltig / vaporoso ‖ ~hammer m (Bau, Masch) / martillo m pilón, martinete m a vapor (LA) ‖ ~haube f (Phys) / colector m de vapor ‖ ~heizplatte f / plancha f caliente a vapor ‖ ~[heiz]schlange f / serpentín m calentador a vapor ‖ ~heizschlange f (für Überhitzung) (Bau) / serpentín m sobrecalentador ‖ ~heizung f / calefacción f por (o a) vapor ‖ ~heizungskörper m / radiador m de calefacción por vapor ‖ ~hydraulisch / hidráulico a vapor ‖ ~injektion f / inyección f de vapor ‖ ~kalorimeter n (Phys) / calorímetro m de condensación ‖ ~kammer f / depósito m de vapor
Dämpfkammer f (Masch, Tex) / cámara f de vaporización o de evaporación
Dampfkanal m / conducto m de vapor
Dämpfkasten m / cámara f de vaporización
Dampfkessel m / caldera f de vapor ‖ ~ für ortsfesten Betrieb, Landdampfkessel m / caldera f estacionaria de vapor ‖ ~ für Schiffe, Schiffsdampfkessel m / caldera f marina de vapor ‖ ~ mit rückkehrender Flamme o. mit Pultfeuerung / caldera f de llama de vuelta
Dämpfkessel m / vaporizador m
Dampf•kesselanlage f / planta f de calderas de vapor ‖ ~kesselarmatur f pl, -kesselgarnituren f pl / guarniciones f pl de calderas, valvulería f de caldera d evapor ‖ ~kesselbau m / calderería f ‖ ~kesselspeisung f / alimentación f de la caldera ‖ ~kesselüberwachung, Dampfkesselprüfung, -revision, -untersuchung f / inspección f de calderas de vapor, control m de calderas de vapor ‖ ~kesselwesen n / ingeniería f de calderas de vapor ‖ ~klärung f (Zuck) / clarificación f por vapor ‖ ~kochtank m / tanque m de digestión ‖ ~kochtopf, Autoklav m / digestor m, autoclave f ‖ ~kochtopf m (Haushalt) / olla f a presión, olla f exprés ‖ ~kolonne f (Chem Verf) / columna f de vapor ‖ ~kompression f (Phys) / compresión f de vapor ‖ ~kracken n (Chem) / craqueo m a vapor ‖ ~kraft f (Phys) / fuerza f a vapor ‖ ~kraftmaschine f / máquina f de vapor ‖ ~kraftwerk n (Elektr) / central f de vapor, central f termoeléctrica ‖ ~kreislauf n / circuito m de vapor ‖ ~krumpe f, -krimpe, Glanzkrumpe f (Tuch) / encogimiento m por vapor ‖ ~kühler m (Phys) / refrigerador m de vapor ‖ ~kühler (Reaktor) / condensador m de vapor ‖ ~lampe f, -entladungslampe f (Elektr) / lámpara f de descarga de vapor ‖ ~leistung f / vaporización f

específica ‖ ~leitung f, -rohre n pl / conducción f de vapor, cañería f de vapor (LA) ‖ ~lok[omotive] f (Bahn) / locomotora f de vapor ‖ ~löten n (IC) / soldadura f en fase de vapor ‖ ~luftpumpe f (hist.) / bomba f compresora accionada por vapor
Dämpfmansarde f (Tex) / cámara f de vaporización
Dampf•mantel m / camisa f de vapor ‖ ~mantel (Dampfm) / camisa f del cilíndro ‖ [doppelwandig] mit ~mantel / con camisa de vapor ‖ ~maschine f / máquina f de vapor ‖ ~maschine mit Zwischenüberhitzung / máquina f de vapor de recalentamiento
Dämpfmaschine f (Tex) / vaporizador m, máquina f de vaporización
Dampf•menge f / caudal m de vapor ‖ ~messer m, -mengenmesser m, -verbrauchsmesser m / elaterómetro m ‖ ~mischbrenner m / quemador m de mezcla en la tobera ‖ ~motor m / motor m de vapor ‖ ~öffnung f, -kanal, -einlass, -auslass m / orificio m para el vapor ‖ ~pfeife f / silbato m de vapor ‖ ~phase f (Phys) / fase f vapor ‖ aus der ~phase gezüchtet (Krist) / cristalizado de la fase de vapor ‖ ~phasenepitaxie f (Phys) / epitaxia f en fase de vapor ‖ ~phasenlöten n, Kondensationslöten n / soldadura f en fase de vapor ‖ ~phasennitrierung f (Chem) / nitruración f en fase de vapor ‖ ~platte f zum Heißpressen (Tex) / placa f prensadora a vapor ‖ ~plattenpresse f (Web) / prensa f de vapor ‖ ~prellung f / rebote m de vapor ‖ ~pumpe f / bomba f de vapor ‖ kolbenlose ~pumpe / pulsómetro m ‖ ~punkt m (Phys) / punto m de vapor ‖ ~purpur m (Färb) / purpurina f a vapor ‖ ~quelle f (Geol) / fumarola f ‖ ~ramme f (Bau) / pisón m de vapor ‖ ~raum m, Brüdenraum m im Verdampfapparat (Zuck) / cámara f de vaporización ‖ ~raum im Kessel (Masch) / espacio m de vapor ‖ ~reformieren n (Öl) / steam-reforming m, reforming m a vapor ‖ ~regler m / regulador m de vapor ‖ ~reiniger m (z.B. für Teppich) / vaporeta f ‖ ~reiniger / depurador m de vapor ‖ ~reinigung f von Fahrzeugen / vaporización f de vehículos ‖ ~rohr n / tubo m de vapor, caño m de vapor (LA) ‖ ~rotte f, -röste f (Flachs) / enriado m a vapor ‖ ~rückgewinnung f / recuperación f de vapor ‖ ~sack m (Kfz) / bolsa f de vapor ‖ ~sammler m / depósito m de vapor, colector m de vapor ‖ ~säule f / columna f de vapor ‖ ~schieber m, Steuerung f (Dampfm) / corredera f de vapor ‖ ~schiff n / buque m de vapor, vapor m ‖ ~schlange f / serpentín m de vapor ‖ ~schnatter f (Zuck) / serpentina f perforada [para inyectar vapor]
Dämpfschrank m (Tex) / estufa f de (o para) vaporizar
Dampf•schwadenleitung f (Pap) / tubería f de vapores ‖ ~schwarz m (Färb) / negro m a vapor ‖ ~seite f (Zuck) / lado m vapor ‖ ~spannung f, -druck m (Phys) / tensión f de vapor, presión f de vapor ‖ ~spannung des Wassers / tensión f de vapor del agua ‖ ~speicher m / acumulador m de vapor ‖ ~speisepumpe f / bomba f alimentadora de vapor ‖ ~sperre f (im Flachdach) (Bau) / cierre m de vapor, cortavapor m ‖ ~sperre, Baffle f (Vakuum) / baffle m ‖ ~steuerapparat m, Rudermaschine f (hist.) (Schiff) / timonería f a vapor ‖ ~steuerung f (Bahn) / cambio m de marcha a vapor ‖ ~stoßeffekt m (Phys) / golpe m de ariete ‖ ~stoßschäumen n (Plast) / esponjado m con impulsos de vapor ‖ ~strahl m / chorro m de vapor ‖ ~strahlbrüdenverdichtung f (Chem) / compresión f de vapores desprendidos por chorro de vapor ‖ ~strahlgebläse n / inyector f de chorro de vapor ‖ ~strahl-Luftsauger m, -Sauger m (Vakuum) / eyector m de chorro de vapor, Inyektor m ‖ ~strahlpumpe f, Injektor m / inyector m [de vapor] ‖ ~strahlpumpe (Vakuum) / bomba f de vapor ‖ ~strahlreinigung f / limpieza f por chorro de vapor, chorreado m a vapor ‖ ~strahlrührgebläse n, -rührwerk n / agitador m a

Dampfströmgeschwindigkeit

chorro de vapor ‖ ~[ström]geschwindigkeit f (Phys) / velocidad f de flujo del vapor ‖ ~strömung f / corriente f de vapor ‖ ~synthese f, Metallchemie f (Hütt) / síntesis f al vapor metálico ‖ ~tafel f, -tabelle f (Phys) / tabla f de las características de los vapores ‖ ~technik f / tecnología f del vapor
Dämpftisch m (Tex) / mesa f de vaporización
Dampf•trockenapparat m (Chem) / secador m de vapor ‖ ~trockenfarbe f (Druck) / tinta f fijada por vapor ‖ ~trockenschrank m (Chem) / estufa f de secado a vapor ‖ ~trockner m, -entwässerungsapparat m / secador m de vapor ‖ ~trommel f (Kessel) / tambor m colector de vapor ‖ ~turbine f (Elektr) / turbina f de vapor ‖ ~turbine kombinierter Bauart / turbina f de vapor combinada ‖ ~turbinen-Generatoranlage f / turbogenerador m de vapor, turbogrupo m de vapor ‖ ~turbinenkraftwerk n / central f turbogenerador o con turbinas de vapor ‖ ~turbinenlokomotive f (Bahn) / locomotora f de turbina de vapor ‖ ~überdruck m (Phys) / sobrepresión f de vapor ‖ ~überhitzer m / recalentador m [de vapor] ‖ ~überströmleitung f / conducto m de pasaje
Dämpf- und Fixiermaschine f (Färb) / máquina f de vaporización y fijación
Dämpfung f, Abschwächung f (Eltronik) / amortiguación f, amortiguamiento m ‖ ~ (Fernm, Radar) / atenuación f ‖ ~ (in dB) (Fernm) / atenuación f de corriente (en dB) ‖ ~ (DV) / pérdida f ‖ ~, Dämpfen n, Dampfbehandlung f (Färb, Tex) / tratamiento m con vapor, vaporización f ‖ ~ (Luftf) / estabilización f ‖ ~ aus räumlichen Gründen (Fernm) / atenuación f ‖ ~ aus zeitlichen Gründen (Fernm) / amortiguamiento m, amortiguación f ‖ ~ der Echoströme (Fernm) / atenuación f de las corrientes de eco ‖ ~ der Pendelbewegung (Phys) / amortiguación f del movimiento pendular ‖ ~ durch Luftwiderstand (Fernm) / amortiguación f aerodinámica ‖ ~ im Filter (Hochfr) / aumento m gradual de amortiguación, atenuación f progresiva ‖ ~ im Sendekanal / pérdida f en la vía de emisión ‖ ~ von Geräuschen / silenciado m ‖ ~ von Licht / atenuación f de luz ‖ spezifische ~ je Längeneinheit (Fernm) / coeficiente m de atenuación
Dämpfungs•abweichung f (Elektr) / variación f de atenuación ‖ amplitudenabhängige ~änderung (Fernm) / variación f de atenuación en función de amplitud ‖ ~ausgleich m (Fernm) / compensación f de amortiguación ‖ ~ausgleicher m (Kabel) / equilibrador m de atenuación, igualador m de atenuación ‖ ~band n (Elektr) / banda f de atenuación ‖ ~dekrement n (Fernm) / decremento m de atenuación ‖ ~diode f / diodo m amortiguador o de amortiguación ‖ ~drossel f / estrangulador m de amortiguación ‖ ~entzerrer m (Fernm) / igualador m de atenuación, equilibrador m de atenuación ‖ ~exponent m / exponente m de amortiguación ‖ ~fähigkeit f / capacidad f amortiguadora ‖ ~faktor, -grad m, -konstante f (Fernm) / factor m de atenuación, coeficiente m de atenuación ‖ ~faktor m, -konstante f je km (Fernm) / atenuación f lineal o linéica ‖ ~faktor (Luftf, Masch) / factor m de amortiguación ‖ ~feder f / muelle m amortiguador, muelle m de tope ‖ ~feder, Ausgleichsfeder f / muelle m compensador o equilibrador ‖ ~fläche f, -flosse f (Luftf) / plano m de cola ‖ ~flüssigkeit f / líquido m amortiguador ‖ ~folie f / hoja f absorbente ‖ ~frei, schwingungsfrei / antivibratorio, antivibración ‖ ~frequenz f (Radio) / frecuencia f mínima utilizable ‖ ~gang m (Elektr) / respuesta f de atenuación ‖ ~gewinn m / ganancia f de atenuación ‖ ~glied n (Eltronik) / atenuador m de absorción ‖ ~glied (Fernm) / amortiguador m ‖ ~grad m / grado m de amortiguamiento (o de atenuación) ‖ ~kette f / red f de atenuación ‖ ~kissen n, Puffer m / cojín m de amortiguación ‖ ~koeffizient m (Elektr) /

coeficiente m de atenuación ‖ ~koeffizient der inneren Reibung (Phys) / coeficiente m de amortiguación de líquido viscoso ‖ ~kompensation, -entzerrung f, -ausgleich m (Fernm) / compensación f de amortiguamiento ‖ ~konstante f (Instr) / constante f de amortiguación o de pérdida ‖ ~konstante (Fernm) / constante f de atenuación ‖ ~kraft f (Elektr) / fuerza f amortiguadora ‖ ~kreis m (Fernm) / circuito m de atenuación ‖ ~kreis für Nebengeräusche (Eltronik) / circuito m silenciador, circuito m reductor de ruido de fondo ‖ ~magnet m / imán m amortiguador ‖ ~maß n (Fernm) / medida f de atenuación ‖ ~material n / material m amortiguador ‖ ~messer m (Fernm) / decremetro m, comprobador m de la atenuación ‖ ~mittel n (Bau) / medio m amortiguador ‖ ~modul n (Phys) / módulo m de amortiguamiento ‖ [endliches] ~moment / momento m [finito] de amortiguación ‖ verschwindendes ~moment / momento m disminuyente (o decreciente) de amortiguación ‖ ~perle f (Fernm) / perla f de ferrita ‖ ~platte f (Filz) / tabla f de fieltro ‖ ~pol m (Fernm) / cresta f de atenuación ‖ ~regler m (Luftf) / sistema m de estabilización ‖ ~regler (Fernm) / atenuador m variable ‖ ~ring m (Elektr) / anillo m o arrollamiento amortiguador ‖ ~schalter m (Elektr) / variador m de atenuación ‖ ~spule f / bobina f amortiguadora ‖ ~toleranz f (Ultraschall) / tolerancia f de amortiguación ‖ ~typ m (Wellenleiter) / modo m desvanescente, modo m amortiguado ‖ ~verhältnis m (Elektr) / razón f de amortiguamiento ‖ ~verhältnis (Fernm) / relación f de atenuación ‖ ~verlauf m / curva f de atenuación ‖ ~vermögen n (Gummi) / poder m amortiguador, capacidad f amortiguadora ‖ ~verzerrung f (Fernm) / distorsión f por atenuación ‖ ~vorrichtung f (Masch, Phys) / amortiguador m ‖ ~wicklung f (Elektr) / arrollamiento m amortiguador ‖ ~widerstand m (Elektromotor) / resistencia f amortiguadora ‖ ~widerstand (beim Einschalten) (Elektr) / resistor m de carga ‖ ~zahl f (Eltronik, Masch) / factor m de amortiguamiento ‖ ~zeit, Abklingzeit f (Eltronik) / tiempo m de atenuación ‖ ~zeit f (Schwingung) / tiempo m de extinción ‖ ~zylinder m (Elektr, Masch) / cilindro m amortiguador
Dampf•ventil n / válvula f de vapor ‖ ~ventil zum Reinigen des Kondensators / válvula f de purga ‖ ~verbrauch m / consumo m de vapor ‖ ~verbrauchsmesser m / contador m del consumo de vapor ‖ ~versuch m (Korrosion) / ensayo m con vapor ‖ ~verteiler m / distribuidor m del vapor ‖ ~verteilung f / repartición f del vapor, distribución f del vapor ‖ ~volumen n / volumen m de vapor ‖ ~vorwärmer m / precalentador m de vapor ‖ ~vulkanisation f (Gummi) / vulcanización f por vapor ‖ ~vulkanisator m / vulcanizador m a vapor ‖ ~vulkanisiert, -geschwefelt / vulcanizado por (o a) vapor ‖ ~-Wasser-Gemisch n / mezcla f de agua y vapor ‖ ~zähler m (Mess) / contador m de vapor ‖ ~zufluss m, -zutritt m, -zuführung f (Masch, Turbine) / suministro m de vapor, admisión f de vapor, entrada f de vapor ‖ ~zufuhr f / alimentación f de vapor ‖ ~zylinder m (Masch) / cilindro m de vapor
Dämpfzylinder m (Tex) / cilindro m de vaporización
Danait m (Min) / danaita f
Danalith m (Min) / danalita f
Dancoff-Korrektur f (Nukl) / corrección f de Dancoff
Dandy•roller m, -walze f, Egoutteur f (Pap) / desgotador m, dandy-roll m, escurridero m, bailarín (LA) ‖ ~webstuhl m (Tex) / telar m dandy
Daniell-Element n (Elektr) / pila f Daniell
Dänischleder n (Gerb) / cuero m danés
D-Anlasser m (Bosch), Schraubtriebstarter m (Kfz) / motor m de arranque con piñón deslizante y movido por rosca

DAP-Effekt m (= Deformation der aufgerichteten Phasen) (Flüssigkristall) / efecto m DAP
Daphnit m (Min) / daphnita f, dafnita f
Daraf n (Reziprokwert der Kapazität) (Elektr) / daraf m
Daraufschicht, Ausgleichsschicht f (Maurer) / capa f compensadora de mortero
D-Arbeitskräfte, 3 ≃ (dirty, dangerous, demanding) (F.Org) / mano f de obra 3D
Darcy n, D, d (Einheit der mech. Permeabilität) (Phys) / darcy m ‖ ≃**sches Filtergesetz** / ley f de Darcy
Dargebot n, Darbietung f / presentación f
dargeboten / presentado
Darlington•-Anordnung, -Schaltung f (Eltronik) / circuito m Darlington ‖ ≃**-Verstärker** m / amplificador m Darlington
Darm m, Darmschlauch m (Physiol) / tripa f, intestino m ‖ ≃**beize** f (Chem) / mordiente m de tripa ‖ ≃**saite** f (Musikinstrument) / cuerda f de tripa
Darmstadtium n, DS (OZ 110) / darmstadtio m
Darrblech n, -boden m, -horde f (Brau) / plato m del tostador, piso m del tostador
Darre f (Nahr) / horno m de secar, tostador m ‖ ≃, **Trockenhaus** m (Brau) / tostadero m ‖ ≃ (Zuck) / estufa f secadora ‖ ≃ **mit einer Horde** (Brau) / tostadero m de un piso ‖ ≃ **zum Trocknen von Gerste** (Brau) / estufa f para secar cebada
darren vt, dörren / secar en estufa, tostar ‖ ~ (Kupfer) (Hütt) / licuar (cobre) ‖ ≃ n (Brau, Chem, Landw) / tostación f
Darrgewicht n, Trockengewicht n (Nahr) / peso m seco
Darrieus-Rotor m (Windkraft) / rotor m Darrieus
Darr•malz n (Brau) / malta f tostado, malte m tostada ‖ ≃**staub** m (trockene Malzkeime) (Brau) / harina f de malta ‖ ≃ **system** n (Brau) / sistema m tostador ‖ **kombiniertes** ≃**system** (Brau) / sistema m combinado de desecado por zarzo y horno ‖ ~**trocknen** (Tex) / secar en estufa, tostar ‖ ≃**trommel** f (Brau) / tambor m tostador ‖ ≃**wender** m (Brau) / volteador m de tostadero
darstellen vt (Geom) / describir ‖ ~ (Chem) / preparar ‖ ~, synthetisieren (Chem) / sintetizar ‖ ~, zeigen (allg, DV) / visualizar, mostrar ‖ ~, ausmachen / constituir ‖ ~, verkörpern / representar ‖ ~, gestalten / diseñar, formar ‖ ~, auftragen / delinear, trazar ‖ **digital** ~ / digitalizar ‖ **im Profil o. [Quer- o. Längs]schnitt** ~ (o. zeichnen) / dibujar en perfil [transversal o longitudinal] ‖ **im Schnitt** ~ / seccionar ‖ **Kräfte** ~ (Mech) / representar fuerzas
darstellende Geometrie / geometría f descriptiva
Darstellung, Verwirklichung f (allg) / realización f, implementación f ‖ ≃ f, Darstellungsweise f (allg) / representación f ‖ ≃ (Chem) / preparación f, síntesis,f. ‖ ≃, Wiedergabe f (Inform. Theorie) / informaciones f pl ‖ ≃, Bezeichnung f (DV, Math) / notación f ‖ ≃ f (DV) / visualización ‖ ≃, Figur f (Math) / delineación f ‖ ≃, **Projektion** f (Zeichn) / proyección f ‖ ≃ f **der Erfindung** / exposición f del invento ‖ ≃ **eines Ablaufdiagramms** / representación f de [en] un diagrama de flujo ‖ ≃ **im Ganzbildverfahren** / representación f no entrelazada ‖ ≃ **in aufgelösten Einzelteilen** (Zeichn) / vista f desarrollada, despiece m ‖ ≃ **in Maschinensprache** (DV) / representación f en lenguaje de máquina ‖ ≃ **mit/auf [geteiltem] Bildschirm** / representación f de pantalla [divisa] ‖ **zeichnerische** ≃ **der Umrisse**, Zeichnung f / delineación f
darstellungs•abhängig, konkret (DV, Syntax) / concreto ‖ ≃**-Regler**, Mode-Regler m (DV) / regulador m de modo ‖ ≃**schicht** f, Schicht 6 f (OSI) / capa f de presentación ‖ ≃**unabhängig**, abstrakt (DV, Syntax) / abstracto ‖ ≃**verfahren** n (Chem) / método m de preparación
darüberliegend / suprayacente
darunter liegend, Unter..., Grund... / subyacente

das heißt / quiere decir, significa ‖ ~ **Pedal ganz durchtreten** / pisar (o hundir) el pedal a fondo
DASD, Direct-Access Storage Device (DV) / dispositivo m de almacenamiento de acceso directo
Dassel•beule f (Leder) / hinchazón m de tábano ‖ ≃**fliege** f (Zool) / tábano m, Hypoderma bovis ‖ ≃**geschwür** n (Fehler, Leder) / defecto m causado por tábano
DAST f (= Datenaustauschsteuerung) (DV) / DXC (= control de intercambio de datos)
Dasymeter n, Rauchgasanalysator m / dasímetro m
Data Communication (DV) / DC (= Communicación de Datos) ‖ ≃ **Dictionary** n / diccionario m de datos
Datagramm n (Fernm) / datagrama m
Data-Highway m, Datenautobahn f (DV) / autopista de datos f
Datapost f / datapost m
DA-Technik f (= diffused base alloy) (Halbl) / técnica f DA (técnica de difusión en la base)
Datei f (allg) / fichero m, file m ‖ ≃, Datengruppe f, gesammelte Informationen f pl (DV) / archivo m, fichero m ‖ ≃ f **auf Magnetband**, Stream File m (DV) / celda f de datos, datoteca f, datero m, almacén m de datos ‖ ≃**-Anfangsetikett** n / rótulo m inicial ‖ ≃**attribut** n / atributo m de archivo ‖ ≃**aufbau** m (DV) / formación f de archivo ‖ ≃**bezeichnung** f, -identifikation f / identificación f de archivo ‖ ≃**ende** n / fin m de archivo, fin m de fichero, EOF (= Fin de Fichero) ‖ ≃**ende-Routine** f / rutina f de fin de archivo ‖ ≃**-Etikett** n / rótulo m de fichero ‖ ≃**folgenummer** f / número m de secuencia del archivo ‖ ≃**-Fortschreibung** f / mantenimiento m de archivos ‖ ≃**generator** m / generador m de archivo ‖ ≃**-Inhaltsverzeichnis** n / directorio m ‖ ≃**kennung** f / nombre del archivo ‖ ≃**manager** m / administrador m de archivo[s] ‖ ≃**menge** f / conjunto m de datos ‖ ≃**name** m / nombre m de archivo ‖ ≃**organisation** f / organización f de archivo ‖ ≃**sperre** f / cierre m de archivo ‖ ≃**spule** f (Magn.Bd) / bobina f de archivo ‖ ≃**steuerblock** m (DV) / bloque m de mando del archivo ‖ ≃**steuerung** f / mando m de archivo ‖ ≃**verarbeitungssystem** n / sistema m de procesamiento de archivo ‖ ≃**verwaltung** f / gestión f de archivos ‖ ≃**verzeichnis** n / índice m de archivo ‖ ≃**vorsatz** m / rótulo m inicial ‖ ≃**wechsel** m / transición f del archivo, cambio m del archivo ‖ ≃**zugriff** m / acceso m al archivo
Dateidienst m (Fernm) / servicio m de telecomunicación de datos, servicio m de Datel
Daten pl (DV) / datos m pl ‖ ≃ n pl, Angaben f pl (allg) / especificaciones f pl ‖ ≃ **aufbereiten** (DV) / preparar datos ‖ ≃ **erfassen** (DV) / adquirir datos, colectar datos, captar datos ‖ ≃ **speichern** (DV) / almacenar datos ‖ ≃ **suchen** (im Plattenspeicher) (DV) / revisar el disco, buscar datos ‖ ≃ **verarbeiten** (DV) / procesar datos ‖ ≃ **verarbeitend** / procesador de datos ‖ ≃ **verarbeitend** / procesador de datos ‖ **in Massen anfallende** ≃ / datos m pl en masas ‖ ~**abhängiger Fehler** / error m debido a los datos ‖ ≃**abrufsignal** n / señal f de llamada de datos ‖ ≃**abtastbreite** f (Raumf) / anchura f de exploración de datos ‖ ≃**abtastung** f / exploración f de datos ‖ ≃**adresse** f / dirección f de datos ‖ ≃**anbieter** m (DV) / oferente m de datos ‖ ≃**annahmestelle** f (Raumf) / estación f de adquisición de datos ‖ ≃**anzeige** f (NC) / visualización f de datos ‖ ≃**attribut** n (DV) / atributo m de datos ‖ ≃**aufbereitung** f / preparación f de datos ‖ ≃**aufzeichnung** f, -registrierung f / registro m de datos ‖ ≃**ausgabe** (DV) / salida f de datos, emisión f de datos ‖ ≃**ausgabegeräte** n pl / equipo m de salida de datos ‖ ≃**austausch** f / intercambio m de datos, transmisión f de datos ‖ ≃**auswertung** f / evaluación f de datos ‖ ≃**autobahn** f, -straße f, -highway m / autopista f

informática o de datos || ⁓**band** n / cinta f portadatos, cinta f de datos
Datenbank (pl:) **-banken**, **-basis** f, (pl.:) **-basen** / base f de datos, banco m de datos, DB || ⁓ f **für Dialogverarbeitung** / base f inmediata de datos || ⁓ **für Zwischenspeicherung** / base f intermedia de datos || ⁓**administrator** m / gestor m de la base de datos || ⁓**-Bereichskopie** f / reproducción f de la base de datos || ⁓**-Beschreibungssprache** f / lenguaje m de descripción de base || ⁓**betriebssystem** (DBBS) / SOBD (= sistema operativo de banco de datos), sistema m gestor de la base de datos || ⁓**programmsystem** n / sistema m de programa de base de datos || ⁓**-Verwalter** m / administrador m de la base de datos || ⁓**-Verwaltung** f / administración f de la base de datos, gestión f de bases de datos
Daten•behandlungs-Ausrüstungen, **-behandlungs-Anlagen** fpl / equipo m de procesamiento de datos || ⁓**benutzer** m / usuario m de datos || ⁓**beschreibung** f / descripción f de datos || ⁓**bit** n (DV) / bit m de datos || ⁓**blatt** n, -bogen m (DV) / hoja f de datos, hoja f de características, hoja f de especificación || ⁓**block** m (DV) / bloque m de datos || ⁓**block-Composer** m / compositor m de páginas || ⁓**brille** f / gafas f pl cibernéticas || ⁓**bus** m / bus m de datos || ⁓**code** m / código m de datos || ⁓**darstellung** f / presentación f de datos, representación f de datos || ⁓**direktübertragung** f / transmisión f directa de datos || ⁓**durchsatz** m, Lauf m (DV) / paso m de datos || ⁓**-Ein/Ausgabe** f / entrada/salida f de datos || ⁓**eingabe** f (DV) / entrada f de datos, insertación f de datos, introducción f de datos, ingreso m de datos || ⁓**eingabegerät** n, -eingabestation f / equipo m de entrada de datos || ⁓**eingabekanal** m / canal m de entrada de datos || ⁓**-Eingabe- u. Darstellungssystem** n, DEDS (Luftf) / sistema m de entrada y visualización de datos || ⁓**eingeber** m **auf Band** (DV) / grabador m de cinta de datos, grabador m de cinta portadatos || ⁓**element** n (COBOL) (DV) / dato m elementar || ⁓**empfangsstation** f / terminal m de recepción de datos, terminal m de lectura solamente || ⁓**endeinrichtung** f, -endstation f, DEE, Terminal n, Fernbetriebseinheit f (DV) / terminal m, estación f terminal || ⁓**entschlüsselung** f / descodificación f || ⁓**erfasser** m (DV) / registrador m de datos || ⁓**erfassung** f / acopio m (de datos), adquisición f de datos, recopilación f de datos || ⁓**erfassung am Entstehungsort** (Fernm) / registro m en la fuente || ⁓**erfassungssystem** n, DAS (Luftf) / sistema m de adquisición de datos || ⁓**erklärung** f (DV) / descripción f de bloques || ⁓**erneuerungsrate** f / tasa f de renovación de datos, cuota f de renovación || ⁓**erstellung** f (DV) / confección f de datos || ⁓**feld** n, -bereich m (DV) / matriz f, campo m de datos || ⁓**feld**, -gruppierung f (DV) / array f || ⁓**feld-Kontrollbyte** n (DV) / byte m de control de la matriz || ⁓**feldlänge** f (DV) / longitud f del campo de datos || ⁓**fernerkundung** f / teleexploración f de datos || ⁓**fernsteuereinheit** f / unidad f de telemando de datos || ⁓**fernübertragung** f (DV) / telecomunicación f de datos || ⁓**fernübertragung**, Telemetrie f (Regeln) / telemetría f || ⁓**fernverarbeitung** f (DV) / teleprocesamiento m de datos || ⁓**fernverarbeitung**, On-line-Verarbeitung f / procesamiento m en línea || ⁓**fluss** m / flujo m de datos || ⁓**flussplan** m (DV) / diagrama m de flujo de datos || ⁓**flusssteuerung** f / control m de flujo de datos || ⁓**folge** f / secuencia f de datos || ⁓**format** n / formato m de datos || ⁓**gruppe** f / grupo m de datos || ⁓**handschuh** f (DV) / guante m cibernético || ⁓**helm** m / casco m cibernético || ⁓**kanal** m / canal m de informaciones, canal m de datos || **zweiter** ⁓**kanal** (DV) / adaptador m de sincronización secundaria || ⁓**kanalanschluss** m / adaptador m del canal de datos ||

⁓**kettenübertragung** f **über Meteore** / comunicaciones f pl por estelas meteóricas || ⁓**kettung** f (DV) / encadenación f de datos || ⁓**kontrolle** f / control m de datos || ⁓**konzentrator** m (DV) / concentrador m de datos || ⁓**lawine** f (DV) / avalancha f de datos || ⁓**leitung** f (Fernm) / línea f de datos || ⁓**leser** m (DV) / lector m de datos || ⁓**logger** m, Messwerterfasser m / registrador m de datos, logger m || ⁓**management** n (DV) / gestión f de datos || ⁓**mengen** f pl / multitudes f pl de datos || **es gibt beträchtliche** ⁓**mengen** / hay cantidades considerables de datos || ⁓**missbrauch** m / violación f de datos || ⁓**-Modem** n / modem m de datos || ⁓**müll** m (DV) / basura f de datos || ⁓**multiplexer** m (DV) / multiplejador m || ⁓**name** m / nombre m de datos || ⁓**netz** n / red f de datos, red f de informaciones || ⁓**-Neubenennungsklausel** f (DV) / indicación f de definición || ⁓**nutzer** m, User m / usuario m de datos || ⁓**paket** n / paquete m de datos || ⁓**paket-Übermitteln** n / transmisión f de paquetes de datos || ⁓**port** m / puerto m [de] datos || ⁓**prozessor** m, DPS (Luftf) / sistema m de procesamiento de datos || ⁓**qualitätskontrolle** f (DV) / DQS (= control de calidad de datos) || ⁓**quelle** f / fuente f de datos || ⁓**recherche** f / búsqueda f de datos || ⁓**reihe** f (DV) / flujo m de datos || ⁓**rückruf** m / retirada f de datos || ⁓**rückwand** f (Foto) / placa f posterior de datos || ⁓**sammeln** n (DV) / colección f de datos || ⁓**sammeln**, Notieren n von Ablesungen / registro m de datos, inscripción f de datos || ⁓**-Sammel-System** n / sistema m de colección de datos || ⁓**sammlung** f, Pool m / concentración f de datos || ⁓**satz** m (Ggs: Block) (DV) / juego m de datos || ⁓**satzname** m (DV) / nombre m de juego de datos || ⁓**schnüffler** m (DV) / fisgón m cibernético, espía m cibernético || ⁓**schreiber** m / registrador m de datos || ⁓**schutz** m (DV) / protección f de datos || ⁓**schutzgesetz** n / ley f sobre la protección de datos || ⁓**schutzwartung** f (DV) / mantenimiento m de protección de datos || ⁓**selektion** f / selección f de datos || ⁓**senke** f (DV) / colector m de datos, sumidero m de datos || ⁓**senke**, -ausgabe f (DV) / salida f de datos || ⁓**senke** f, Empfangsterminal n, -station f (DV) / estación f de entrada, terminal m de entrada || ⁓**sicherheit** f / seguridad f de datos || ⁓**sicherung** f, -schutz m (DV) / protección f de datos, aseguramiento m de datos, salva f de datos (CUB) || ⁓**sicherung**, Backup n / copia f de seguridad, backup m || ⁓**sicherung** (durch Mitschreiben) (DV, Terminal) / protocolización f de datos || ⁓**sichtgerät** n (DV) / display m, pantalla f de visualización, unidad f de presentación visual || ⁓**signal** n / señal f de datos || ⁓**speicher** m (DV) / memoria f de datos, registro m de datos, almacenador m de datos || ⁓**speicherung** f / memorización f de datos, almacenaje m de datos, almacenamiento m de datos || ⁓**sperre** f (DV) / bloqueo m de datos || ⁓**station** f / estación f de datos || **entfernt aufgestellte** ⁓**station** / terminal m, estación f terminal || ⁓**stationsschutz** m / protección f de terminales || ⁓**steuerung** f / mando m de datos || ⁓**streamer** m / visualizador m continuo || ⁓**strom** m, -kette f (DV) / corriente f de datos, cadena f de datos || ⁓**struktur** f (DV) / estructura f del fichero || ⁓**suchen** n (DV) / búsqueda f de datos || ⁓**technik** f / técnica f del tratamiento (o procesamiento) de datos || ⁓**teil**, Operand m (DV) / operando m || ⁓**teil** m (COBOL) / división f de datos || ⁓**terminal** m (DV, Fernm) / terminal m de [tranmisión de] datos || ⁓**träger** m (DV) / portador m de datos, soporte m de datos, medio m de datos || ⁓**trägerendzeichen** n / señal f fin de portador || ⁓**transfer** m (die nutzbare Übertragung) / transferencia f de datos || ⁓**transfer-Bus** m / bus m de transferencia || ⁓**transfer-Format** n / formato m de transferencia de datos || ⁓**typist/in** m f, Eingabekraft f (DV) / operador/a m/f de perforadora ||

dauerelastisch

⁓**überführung** f / transposición f del código de datos ‖
⁓**übermittlung** f / comunicación f de datos,
transmissión f de datos ‖ ⁓**übermittlungseinheit** f /
unidad f de transmisión de datos ‖ ⁓**übernahme** f /
aceptación f de datos
Datenübertragung f (allg) / comunicación f de datos ‖ ⁓
(die Übertragung von nutzbaren und verstümmelten
Daten) / transmisión f de datos ‖ ⁓ (die nutzbare
Übertragung) / transferencia f de datos ‖ ⁓ **auf
überlassenem Breitbandweg** (Fernm) / Telpak m
Datenübertragungs•anlage f / instalación f de
transmisión de datos ‖ ⁓**anlage**, -verbindung f /
enlace m para la transmisión de datos ‖ ⁓**block** m /
bloque m de transmisión de datos ‖ ⁓**dienst** / DTS
(servicio de transmisión de datos) ‖ ⁓**einrichtung** f,
DÜE / equipo m transmisor de datos ‖ ⁓**gerät** n /
unidad f transmisora de datos ‖ ⁓**geschwindigkeit** f /
velocidad f de transmisión de datos ‖ ⁓**glied** n /
eslabón m de comunicación, enlace m de
comunicación ‖ ⁓**kanal** m / canal m de transmisión
de datos ‖ ⁓**-Steuereinheit** f, Multiplexer m (DV) /
unidad f de control de transmisión ‖ ⁓**steuerung**,
DÜST f (DV) / control m de transmisión de datos ‖
⁓**system** n / sistema m de transmisión de datos ‖
⁓**weg** m / bus m de transmisión de datos
Daten•überwachung f / vigilancia f de datos ‖
⁓**umsetzer** m / traductor m de datos ‖ ⁓**umsetzung** f /
traducción f de datos ‖ ⁓**ursprung** m / origen m de
datos ‖ ⁓**ursprungsstation** f / estación f generadora
de datos ‖ ⁓**verarbeitung** f / procesamiento m de
datos, tratamiento m de datos, elaboración f de datos
‖ ⁓**verarbeitung innerbetrieblich** (o. innerhalb eines
Gebäudes o. Werkes) / procesamiento m ínterno de
datos ‖ ⁓**verarbeitungsanlage** f (DIN), DVA,
Rechner m / computador m, computadora f,
calculator m electrónico, ordenador m ‖
⁓**verarbeitungsmarkt** m / mercado m de la
informática ‖ ⁓**verarbeitungsmaschine** f / máquina f
procesadora o de procesamiento de datos ‖
⁓**verarbeitungsspezialist** m / experto m en
informática ‖ ⁓**verarbeitungssystem**, Rechensystem
n / sistema m de procesamiento de datos ‖
⁓**verarbeitungszentrale** f, -verarbeitungszentrum n /
central m de procesamiento de datos, DPC (= centro
de procesamiento de datos) ‖ ⁓**verbindung** f /
circuito m de transmisión de datos ‖ ⁓**verdichtung** f,
Kompression f (DV) / reducción f de datos,
compresión f de datos ‖ ⁓**verlust** m (DV) / pérdida f
de información ‖ ⁓**vermittlung** f / conmutación f de
datos ‖ ⁓**verschlüsselung** f (DV) / encriptación f de
datos, criprografía f de datos ‖ ⁓**verschmelzung** f
(DV) / fusión f de ficheros ‖ ⁓**verteiler** m, DVT
(Fernm) / repartidor m intermedio ‖
⁓**verwaltungsroutine** f (DV) / rutina f de gestión de
datos ‖ ⁓**wählnetz** n / red f de conmutación de datos ‖
⁓**weg** m / circuito m de información ‖ ⁓**weiche** f (DV) /
selector m de datos ‖ ⁓**werte-Tabelle** f (DV) / tabla f de
verdad ‖ ⁓**wort**, Element n, Daten[wort]element n
(DV, Programm) / elemento m de datos, palabra f ‖
⁓**zeile** f (Drucker, DV) / línea f de datos ‖ ⁓**zelle** f (DV) /
celda f de datos ‖ ⁓**zuordner** m (DV) / secuenciador m
de datos
Datex•dienst m (Fernm) / servicio m Datex ‖ ⁓**-L-Netz** n
/ red f Datex conmutada ‖ ⁓**netz** n / red f Datex ‖
⁓**-P-Netz** n / red f Datex para intercambio de
paquetes
datieren vt (Produkte) / fechar, poner la fecha ‖ ~
(Chem) / datar
Datierung f (C14-Methode) / datación f (por medio
del carbono 14)
Datiervorrichtung f / dispositivo m de (o para) fechar
DAT-Kassette f (Eltronik) / DAT (= Digital Audio Tape)
Datolith f (Min) / datolita f
Dattelpalme f (Bot) / palmera f datilera

DATTS-Antenne f / antena f DATTS (= data
acquisition telemetry and tracking station antenna)
Datum n / fecha f ‖ ⁓ (Angaben für das
Koordinatensystem eines Landes) (Verm) / referencia
f, datos m pl de referencia ‖ ⁓ n (Math) / dato m ‖
⁓**presse** f (Bahn) / fechador m de billetes, compostor
m
Datums•anzeige f (Uhr) / indicación f de la fecha ‖
⁓**druck** m / impresión f de fecha ‖ ⁓**grenze** f (Geo) /
línea f de cambio de fecha ‖ ⁓**knopf** m (Uhr) /
pulsador m de la fecha
Datum•stempel m / sello m fechador ‖ ⁓**stempler** m /
fechador m
Datumsuhr f / reloj-calendario m
Datum•-Umschaltung f (Uhr) / cambio m de calendario
‖ ⁓**-Zeitgruppe** f (Fernm) / grupo m fecha-hora, grupo
m de fecha hora y origen
DAU = Digital-Analog-Umsetzer
Daube f, Fassdaube f / duela f
Daubenbiegemaschine f / máquina f de curvar duelas
Dauberit, Zippeit m (Min) / zip[p]eita f
Dauer f, Zeitdauer f / duración f ‖ ⁓, Zeit f / tiempo f ‖
⁓, Beständigkeit f / persistencia f ‖ ⁓, Fortbestehen n
/ duración f, vida f ‖ ⁓... / continuo ‖ ⁓..., Langzeit... /
de larga duración ‖ ⁓..., ununterbrochen
aufrechterhalten / permanente ‖ ⁓...,
wiederverwendbar / reutilizable, recuperable,
reprocesable ‖ ⁓ f **einer Periode** / duración f de un
cíclo, duración f de un período ‖ **auf die** ⁓ / a lo largo
Dauer•abfrage f (DV) / interrogación f continua ‖
⁓**anforderung** f (DV) / demanda f continua ‖ ⁓**anriss**
m (Hütt) / fisura f inicial debida a la fatiga ‖
⁓**aufzeichnung** f / registro m permanente ‖
⁓**beanspruchung** f (Wechsellast) / esfuerzo m
alternativo continuo ‖ ~**befestigt** / de unión fijo ‖
⁓**belastung** f, Dauerlast f / carga f continua ‖ **für**
belastung berechnet (o. gebaut) / diseñado para
carga permanente ‖ ⁓**beseitigung** f **des Abfalls** (Nukl)
/ almacenaje m definitivo ‖ ⁓**betrieb** m (Elektr, Masch)
/ servicio m continuo o permanente, funcionamiento
m en régimen continuo, funcionamiento m continuo,
marcha f continua ‖ ⁓**betrieb** (F.Org) / proceso m
continuo ‖ **für** ⁓**betrieb berechnet** (o. gebaut) (Elektr,
Masch) / diseñado para funcionamiento continuo,
clasificado para servicio continuo ‖ ⁓**betrieb** m **mit**
aussetzender Belastung, DAB / servicio m continuo
de carga intermitente ‖ ⁓**betrieb mit veränderbarer**
Belastung / servicio m continuo de carga variable ‖
⁓**bewässerung** f (Landw) / regadío m permanente,
irrigación f permanente ‖ ⁓**biegeermüdung** f / fatiga f
por flexión alternativa ‖ ⁓**biegefestigkeit** f /
resistencia f a la fatiga por flexión ‖
⁓**biegeprüfmaschine** f **Bauart Wöhler** (Mat.Prüf) /
máquina f para ensayar la resistencia a la fatiga según
Wöhler ‖ ⁓**biegespannung** f / tensión f de fatiga por
flexión ‖ ⁓**biegezahl** f (Mat.Prüf) / coeficiente m de
fatiga a la flexión ‖ ⁓**bogenerzeuger** m (Elektr) /
generador m de arcos voltaicos permanentes ‖
⁓**brandofen** m / estufa f de servicio continuo ‖
⁓**bremse** f (Kfz) / freno m continuo, retardador m ‖
⁓**bruch** m / rotura f por fatiga ‖ ⁓**bruchbeginn** m /
rotura f inicial por fatiga ‖ ⁓**dehngrenze** f / límite m
de alargamiento por fatiga ‖ ⁓**dehngrenze**,
Dauerstandkriechgrenze f / límite m de alargamiento
permanente ‖ ⁓**dehngrenze** (warm) / resistencia f de
fluencia bajo temperaturas elevadas ‖
⁓**drehwechselfestigkeit** f / resistencia f a la fatiga por
torsiones alternativas ‖ ⁓**druck** m (Taste) / presión f
continua ‖ ⁓**durchfluss**, -zufluss m (Hydr) / flujo m
continuo ‖ ⁓**echo** n (Radar) / eco m [fijo debido a un
obstáculo] permanente ‖ **im** ⁓**eingriff** (Getriebe) / de
engrane permanente ‖ ⁓**einschaltung** f (Masch) /
marcha f continua ‖ ⁓**einschaltung** (Elektr) /
acoplamiento m permanente ‖ ~**elastisch** / de

261

Dauerelektrode

elasticidad continua ‖ ⁓**elektrode** f (Hütt) / electrodo m continuo ‖ ⁓**element** n (Elektr) / pila f regenerable ‖ ⁓**entladung** f (Elektr) / descarga f permanente ‖ ⁓**erdschluss** m (Elektr) / tierra f permanente ‖ ⁓**erfolg** m / éxito m duradero ‖ ⁓**ertrag** m (Bergb) / rendimiento m permanente ‖ ⁓**fahrstufe** f (Bahn) / muesca f de marcha económica ‖ ⁓**fahrt** f (Verkehr) / marcha f permanente ‖ ⁓**falte** f (Tex) / pliegue f permanente ‖ ⁓**fehler** m / error m permanente ‖ ⁓**fehler**, Eigenfehler m (DV) / error m inherente ‖ ⁓**festigkeit** f / resistencia f a la carga de rotura, resistencia f a la fatiga, carga f de duración permanente, carga f de seguridad, resistencia f en servicio continuo ‖ ⁓ **[schwing]festigkeit** f, -festigkeitsbereich (beiderseits der Nulllinie / límite m de resistencia a la fatiga por esfuerzos alternativos ‖ ⁓**festigkeit** f im Druck-, [Zug-] Schwellbereich / carga f variable límite ‖ ⁓**festigkeitsbereich** m beiderseits der Nulllinie (Mech) / límite m de fatiga por esfuerzos alternativos ‖ ⁓**festigkeitsgrenze** f / resistencia f límite de fatiga ‖ **elektromagnetische** ⁓**festigkeits-Prüfmaschine** (Mat.Prüf) / máquina f electromagnética de ensayos a la fatiga ‖ ⁓**festigkeitsschaubild** n / diagrama m de la resistencia a la fatiga ‖ ⁓**festigkeitsverhältnis** n / resistencia f relativa a la fatiga ‖ ⁓**fixierung** f (Wolle) / fijación f permanente ‖ ⁓**flamme** f (Gas) / llama f piloto permanente ‖ ⁓**flug** m (Luftf) / vuelo m ininterrumpido o de duración ‖ ⁓**förderer** m, Stetigförderer m / transportador m continuo ‖ ⁓**form**, Kokille f (Gieß) / molde m durable, coquilla f ‖ ⁓**-Formfestigkeit** f / límite m de fatiga en función de forma ‖ ⁓**formguss** m (Gieß) / fundición f en coquilla ‖ ⁓**formmaschine** f / máquina f de moldes permanentes ‖ ⁓**fortschaltung** f (Elektr) / conexión f continua ‖ ⁓**frostboden** m, Permafrost m (Geol) / terreno m permanentemente congelado, permafrost m ‖ ⁓**funktionstaste** f (Elektr) / tecla f de repetición ‖ ⁓**futter** n (Hütt) / revestimiento m duradero ‖ ⁓**gebrauch** m / uso m continuo ‖ ⁓**geschmiert** (Lager) / lubricado a vida ‖ ⁓**geschwindigkeit** f (Luftf) / velocidad f permanente, velocidad f de cruce ‖ ⁓**glanzappretur** f (Tex) / apresto m de brillo permanente ‖ ⁓**gleichgewicht** n (Nukl) / equilibrio m secular ‖ ⁓**gleichstrom** m (Halbl) / corriente f continua permanente ‖ ⁓**grenzstrom** m (Halbl) / valor m límite de corriente continua

dauerhaft, Dauer-... / duradero, permanente ‖ ⁓, stabil / estable ‖ ⁓, fest / resistente ‖ ⁓, nachhaltig (Umw) / sostenido ‖ ⁓, sich gut tragend (Tuch) / de poco desgaste ‖ **sehr** ⁓ / perdurable

Dauerhaftigkeit f, Stetigkeit f / permanencia f ‖ ⁓ / consistencia f, durabilidad f ‖ ⁓, Lebensdauer f / duración f ‖ ⁓ f **des Glanzes** / persistencia f de brillo ‖ ⁓ **von Farben** (Tex) / estabilidad f de colores

Dauer•haltbarkeit f (Material) / conservabilidad f ‖ ⁓**höchstleistung** f / potencia f máxima permanente ‖ ⁓**hub** m (Presse) / carrera f continua ‖ ⁓**justage** f (Verm) / ajuste m permanente ‖ ⁓**kennzeichen** n (Fernm) / señal f continua ‖ ⁓**kerbschlagversuch** m (Mat.Prüf) / ensayo m a la fatiga con probeta entallada ‖ ⁓**kerbzähigkeit** f / resiliencia f a la fatiga, resistencia f a los choques repetidos con probeta entallada ‖ ⁓**knickversuch** m (DIN 53522) / ensayo m permanente de pandeo ‖ ⁓**kontaktgabe** f (Elektr) / cierre m de contacto con enganche ‖ ⁓**kriechgrenze** f, Zeitstandkriechgrenze f (Mat.Prüf) / límite m de fluencia bajo carga permanente ‖ ⁓**krümelstruktur**, Bodengare f (Landw) / estructura f migajosa o de migajosidad permanente ‖ ⁓**kurzschluss** m (Elektr) / cortocircuito m sostenido ‖ ⁓**kurzschlussstrom** m / corriente f de cortacircuito sostenido ‖ ⁓**last**, -belastung f / carga f continua ‖ ⁓**lastkurve** f (Transistor) / curva f c.c. ‖ ⁓**lauf** m, -fahrt f / marcha f

permanente ‖ ⁓**laufversuch** m / ensayo m de marcha permanente ‖ ⁓**leistung** f / potencia f constante ‖ ⁓**leistung**, -betrieb m (Elektr) / servicio m constante o continuo ‖ **menschliche** ⁓**leistung** / trabajo m permanente ‖ **[nominelle]** ⁓**leistung** (Elektr) / potencia f continua nominal ‖ ⁓**leistungs-Drehzahl** f / velocidad f [de giro] a régimen permanente ‖ ⁓**licht** n (Elektr) / luz f continua ‖ **mit** ⁓**licht** (Kfz) / de luz continua ‖ ⁓**lichtlaser** m / láser m de onda (o luz) continua ‖ ⁓**lichtzeichen** n / señal f luminosa permanente ‖ ⁓**linie** f, durchgezogene Linie (Zeichn) / línea f continua ‖ ⁓**magnet** m / imán m permanente ‖ ⁓**magnet-Generator** m (Elektr) / generador m de imán permanente ‖ ⁓**magnetisch** / de magnetismo permanente ‖ ⁓**magnetismus** m, permanenter Magnetismus / magnetismo m permanente ‖ ⁓**magnetplatte** f / placa f de sujeción de magnetismo permanente ‖ ⁓**magnet-Sinterlegierung** f (Hütt) / material m sinterizado de magnetismo permanente **dauernd** / continuo, permanente ‖ ⁓ **dienst- o. arbeitsunfähig** (Med) / inválido ‖ ⁓ **drücken** (z.B. Knopf) / apretar constantemente ‖ ⁓**es radioaktives Gleichgewicht** / equilibrio m radi[o]activo secular ‖ ⁓**es Vorkommen** / persistencia f, continuidad f
Dauer•palette f (Transp) / paleta f returnable ‖ ⁓**plastisch** / de plasticidad permanente ‖ ⁓**prägung** f (Tex) / gofrado m permanente ‖ ⁓**präparat** n (Biol, Med) / cultivo f bacteriano permanente ‖ ⁓**prüfmaschine** f (Mat.Prüf) / máquina f para ensayo de fatiga ‖ ⁓**prüfschlagwerk** n (Mat.Prüf) / máquina f de ensayos a la fatiga por impacto ‖ ⁓**prüfung**, -probe f / prueba f de duración ‖ ⁓**riss** m (Material) / grieta f de fatiga ‖ ⁓**ruf** m, -signal n (Fernm) / llamada f permanente ‖ ⁓**-Schablonenpapier** n (Zeichn) / papel m para patrones permanentes ‖ ⁓**schallerzeuger** m (Ultraschall) / generador m de ondas continuas o entretenidas ‖ ⁓**schallpegel** m (Akust) / nivel m de ruido continuo ‖ ⁓**schlagfestigkeit** f (Mat.Prüf) / resistencia f a golpes repetidos ‖ ⁓**schlagprüfung** f, -schlagversuch m / ensayo m de fatiga por impacto ‖ ⁓**schmierung** / lubri[fi]cación f permanente ‖ **mit** ⁓ **schmierung** / lubrificado a vida, con lubricación permanente o continuo ‖ ⁓**schuss** m / inyección f continua, engrase m de por vida ‖ ⁓**schweißbetrieb** m / servicio m continuo de soldadura, soldadura f continua ‖ ⁓**schwingbeanspruchung** f / esfuerzo m vibratorio hasta la fatiga ‖ ⁓**-Schwingbruch**, -Schüttelbruch m / rotura f por esfuerzo vibratorio hasta la fatiga ‖ ⁓**schwingfestigkeit**, Ursprungsfestigkeit f / límite m de resistencia a la fatiga por vibraciones ‖ ⁓**schwingung** f (Masch, Phys) / vibración f permanente, oscilación f continua ‖ ⁓**schwingversuch** m (DIN 53574) (Mat.Prüf) / ensayo m de fatiga por vibraciones ‖ ⁓**schwingversuch in der Wärme** / ensayo m de fatiga por vibraciones bajo temperaturas elevadas ‖ ⁓**sicherung** f (Elektr) / fusible m permanente ‖ ⁓**signal** n / señal f permanente ‖ ⁓**signal** (Fernm) / llamada f permanente ‖ ⁓**signal** (fehlerhaft) / llamada f permanente equivocada ‖ ⁓**spannungsfestigkeit** f (Kabel) / vida f bajo tensión ‖ ⁓**speicher** m (DV) / memoria f permanente ‖ ⁓**standfestigkeit** f / resistencia f a la fatiga o al tiempo ilimitado ‖ ⁓**standfestigkeit** (Wzm) / resistencia f de la cuchilla al desgaste bajo servicio continuo ‖ ⁓**standfestigkeit** (warm) / resistencia f [en caliente] bajo carga permanente ‖ ⁓**[stand]kriechgrenze** f / límite m de fluencia bajo carga permanente ‖ ⁓**störung** f (Eltronik) / interferencia f permanente ‖ ⁓**strich** m (ungedämpfte Welle) / onda f [no amortiguada] continua ‖ ⁓**strich...** (Fernm, Radar) / de onda continua ‖ ⁓**strichbetrieb** m / modo m continuo ‖ ⁓**strichlaser** m, CW-Laser m / láser m de onda continua, láser CW ‖ ⁓**strichleistung** f (Laser) / rendimiento m bajo modo continuo ‖

≃strich-Magnetron n (Eltronik) / magnetrón m de ondas continuas ‖ ≃strichradar m n, CW-Radar m n / radar m de onda continua ‖ ≃strichverfahren n (Luftf, Schiff) / método m de onda continua ‖ ≃strom m (Elektr) / corriente f constante ‖ ≃tauchversuch m, Tauchstandversuch m (Korrosion) / ensayo m por inmersión permanente ‖ ≃ton m (Fernm) / sono m permanente ‖ ≃tonsektor, Leitstrahlsektor m, -zone f (Luftf) / zona f de equiseñales ‖ ≃- und Ermüdungsversuch m (Mat.Prüf) / ensayo m de duración de fatiga ‖ ≃verbindung f, Direktverbindung f (Fernm) / enlace m directo ‖ ≃verpackung f, -packung f / embalaje m a devolver, embalaje m de uso continuo ‖ ≃versuch m, Langzeitversuch m / ensayo m de duración, ensayo m a largo plazo ‖ ≃versuch, Ermüdungsversuch m (Mat.Prüf) / ensayo m de fatiga ‖ ≃wahl f, "Durchdrehen" n (Fernm) / selección f continua, busca f continua ‖ ≃wanne f (Glas) / tanque m permanente ‖ ≃waren f pl (Nahr) / mercancías f duraderas (E), mercaderías f duraderas (LA) ‖ ≃wärmebeständigkeit f, Dauerwarmfestigkeit f / resistencia f constante a la deformación térmica ‖ ≃warmfestigkeit f (Hütt) / resistencia f a la fatiga bajo temperaturas elevadas ‖ ≃wechselfestigkeit f / resistencia f a la carga hasta la fatiga a cargas intermitentes ‖ ≃wert m / valor m constante ‖ ≃wirkung f (Regeln) / acción f permanente ‖ ≃wühler m (Bergb) / fresa f cargadora ‖ ≃zufluss, -durchfluss m / flujo m continuo ‖ ≃zugfestigkeit f / resistencia f a la fatiga por tracción ‖ ≃zugkraft f (Kfz) / fuerza f permanente de tracción ‖ ≃zugversuch m (Mat.Prüf) / ensayo m de fatiga por tracción ‖ ≃zündflamme f (Gas) / llama f piloto permanente ‖ ≃zustand m / régimen m permanente

Daumen, Zapfen m (Masch) / leva f ‖ ≃drücker m, Drückerfalle f (Tür) / picaporte m ‖ ≃einschnitt m, -index m, -register n (Druck) / índice m lateral, índice m digital o estriado ‖ ≃probe f (Berstfestigkeit) / ensayo m del pulgar para tejido ‖ ≃rast f (Wz, Pistole) / apoyo m pulgar ‖ ≃regel f (Elektr) / regla f de Fleming ‖ ≃register n (Druck) / índice m digital o estriado ‖ ≃schlepper m (Hütt) / transportador m por uñas, transportador m de perros ‖ ≃welle f / árbol m con levas ‖ ≃wert m / valor m aproximado (a ojo de buen cubero)

D/A-Umsetzer m s. D/A-Wandler
Daunen•anorak m (Tex) / plumas f ‖ ≃dicht (Appretur) (Tex) / que retiene el plumón ‖ ≃satin m / satén m que retiene el plumón
Davit m n (Schiff) / pescante m, serviola f
davongelaufen, ausgerissen (Messwert) / escapado (valor medido)
D/A-Wandler m (Eltronik) / convertidor m digital-analógico
Dazit m (Geol) / dacita f
dazwischen•legen vt / interponer ‖ ~liegend, Zwischen... / intermedio ‖ ~nahme, Zwischenschaltung f / intercalación f
dB (Akust) = Dezibel (1 dB = 0,1151 Np) / décibel m, decibelio m ‖ ≃ = Datenend
DB = Deutsche Bahn
D-Bank, Dopplerbank f (Reaktor) / banco m Doppler
DBGM = Deutsches Bundesgebrauchsmuster
dBm-Messer, Dezibel/Milliwatt-Messer m (Eltronik) / decibelímetro m calibrado con referencia al nivel de un milivatio
DBMS n (Database Management System) (DV) / Sistema m de Gestión de Base de Datos
DBP = Deutsches Bundespatent
DBR-Laser (Distributed Bragg Reflection Laser) / láser m de reflexión de Bragg distribuída
DB-Technik f (Halbl) / técnica f DB, técnica f de base obtenida por difusión

DB-Verwaltungssystem n (DV) / SGDB (= sistema de gestión de bases de datos)
DC-Behälter m (Transp) / contenedor m no reutilizable tipo C
DC-DC-Wandler m (Eltronik) / convertidor m CC-CC
DCDR-Reaktor m (Nukl) / reactor m de ciclo directo de difenilo
DChG = Deutsche Chemische Gesellschaft
DDA (Eltronik) = digitaler Differentialanalysator
DDC-Regelung f, [direkte] digitale Regelung (o. Prozesssteuerung) (NC) / control m directo digitalizado
DDD-LAutsprecher m (Dicks-Dipol-Driver) / altavoz m DDD
DDE, Digitale Diesel-Elektronik / Electrónica f Diesel Digital
DDR (Phys) = Dampfdruck nach Reid
DDT n (Chem) / DDT, diclorodifeniltricloretano m
DE (DV) = Datenerfassung ‖ ≃ (DV) = Datenend...
Dead-Stop-Verfahren n (Chem) / método m dead-stop de titulación
Deadweight n, dw, Bruttotragfähigkeit f (Schiff) / peso m muerto ‖ ≃tons pl, dw (Schiff) / tonelada f de peso muerto
deaktivieren vt / desactivar
Deaktivierungsrate f (Katalyt) / tasa f de desactivación
deakzentuieren vt (Eltronik) / desacentuar
Dealkylierung f (Chem) / desalcohilación f, dealquilación f
DEAS (DV) = Datenerfassungs- und -Auswertesystem / sistemas f pl de adquisición y de evaluación de datos
Debetposten m / partida f de deuda o de débito, adeudo m
Debitorenbuchhaltung f / contabilidad f de deadores
Deborahzahl f (Viskosität) / índice m Deborah
De-Broglie-Wellen f pl (Phys) / ondas f pl de De Broglie
debuggen vt (DV) / depurar
Debugger m (DV) / depurador m, programa m de depuración
Debugging n (DV) / depuración f, limpieza f de errores
Debye n, D (Einheit des Dipolmoments) (Elektr) / debye m ‖ ≃-Hückel-Theorie f (Chem) / teoría f Debye-Hückel ‖ ≃-Länge f (Halbl) / longitud f de Debye ‖ ≃-Scherrer-Methode f (Röntgen Krist) / método m Debye-Scherrer ‖ ≃-Sears-Effekt m / efecto m Debye-Sears ‖ ≃-Sphäre f (Atom, Nukl) / esfera f de Debye, esfera f protectora
decarbonisieren vt, entkohlen (Hütt) / descarbonizar
Decarboxylase f (Chem) / decarboxilasa f
decarboxylieren vt / descarboxilar
decarburieren vt (Gas, Gieß) / descarbonizar
Decca•Empfänger m (Nav) / receptor m decca ‖ ≃-Navigationssystem n (Nav) / sistema m de navegación decca ‖ ≃-Sturmwarnungsradar m n / radar m detector de tormentas decca
Dechargiereinrichtung f (Walzw) / instalación f de descarga
DECHEMA = Deutsche Gesellschaft für Chemisches Apparatewesen e.V.
dechiffrierbar, nicht ~ (DV, Mil) / indescifrable, no descifrable
dechiffrieren vt / descifrar, desencriptar
Dechiffrierung f / descifrado n
Dechiffriervorrichtung f / dispositivo m de descifrar
Dechsel f (Zimm) / azuela f
dechseln vt / trabajar con azuela ‖ **Holzschwellen** ~ (Bahn) / cajear traviesas de madera (E), entallar traviesas de madera (LA)
Deck n (Schiff) / cubierta f, puente m ‖ ≃ (Omnibus) / piso m superior ‖ ≃ ... (Schiff) s. auch Decks... ‖ **das einzelne** ≃ **einer mehrdeckigen Hochstraße** (Straß) / piso m ‖ **mit einem** ≃ **versehen** (Schiff) / dotar de una cubierta
Deck•ablauf m (Zuck) / jarabe m de purga ‖ ≃anstrich m (Bau) / pintura f de cubrición ‖ ≃appretur f (Tex) /

Deckaufbau

apresto *m* final ‖ ~**aufbau** *m* (Schiff) / superestructura *f* de cubierta ‖ ~**aufstrichmittel** *n* (Bau) / capa *f* aislante bituminosa o de betún ‖ ~**balken** *m* (Schiff) / bao *m* de cubierta ‖ ~**band** *n* (Masch) / cinta *f* de cubertura ‖ ~**band** (Bergb) / cinta *f* transportadora tipo sandwich ‖ ~**band für Turbinenschaufeln** (Turbine) / anillo *m* de refuerzo ‖ ~**beize**, Ätzpaste *f* (Textildruck) / reserva *f* ‖ ~**belag** *m* (Schiff) / cobertura *f* del puente ‖ **eiserner** ~**belag** (Schiff) / herraje *m* del puente ‖ ~**beplankung** *f* (Schiff) / tablazón *m* de cubierta ‖ ~**blatt** *n* (Druck) / hoja *f* de corrección ‖ ~**blatt**, -gut *n* (Tabak) / capa *f* ‖ ~**blatt** *n*, Doldenblatt *n* des Hopfens (Brau) / bráctea *f* ‖ **durchsichtiges** ~**blatt** (Verm) / plano *m* transparente ‖ ~**blech** *n* / chapa *f* de cubierta ‖ ~**bogen** *m*, -blatt *n* (Schichtstoffe) / lámina *f* tope ‖ ~**bogen**, Straffer *m* (Druck) / hoja *f* de cubierta ‖ ~**brett** (einseitig zugeschärft), Stulpschalungsbrett *n* (Bau) / tabla *f* tipo escocia ‖ ~**brücke** *f* (mit obenliegender Fahrbahn) (Straßb) / puente *m* de tablero o piso susperior ‖ ~**draht** *m* (Kabel) / hilo *m* de cubierta ‖ ~**druck**, Überdruck *m* (Färb) / impresión *f* de cubrición
Decke *f*, Fachdecke *f* (Bau) / forjado *m* de piso ‖ ~, Bedeckung *f* / cubierta *f* ‖ ~, Laufdecke *f*, Mantel *m*, Reifen *m* (Kfz) / cubierta *f* del neumático ‖ ~, Hangendes *n* (Bergb) / techo *m*, pendiente *m* ‖ ~, Zimmerdecke *f* (Bau) / techo *m* ‖ ~ *f* (Web) / manta *f* ‖ ~ (Straßb) / calzada *f*, firme *m* ‖ ~ (Zuck) / agua *f* de purga ‖ ~ **des Bieres im Gärtank** (Brau) / capa *f* de la cerveza en el tanque de fermentación ‖ ~ **mit sichtbaren Unterzügen** (Bau) / techo *m* de vigas visibles ‖ **mit niedriger** ~ / de techo bajo
Deckeinrichtung *f* (Cottonm) / dispositivo *m* de menguado, dispositivo *m* de disminución, dispositivo *m* de estrechamiento
Deckel *m* / tapa *f* ‖ ~, spez.: Topfdeckel *m* / tapadera *f*, tapa *f* ‖ ~, Schraubdeckel *m* / tapa *f* roscada ‖ ~, Lagerdeckel *m* / tapa *f* de cojinete ‖ ~, Abschluss *m* / cierre *m*, obturador *m* ‖ ~, Kardendeckel *m* (Spinn) / chapón *m* ‖ ~ **des Diffuseurs** (Zuck) / puerta *f* del difusor ‖ ~ **des Klemmenkastens** (Elektr) / cubre-bornes *m* ‖ ~ **für Plattenstapel** (DV) / tapa *f* de discos ‖ ~ **in mehreren Lagen feststellbar** / tapa *f* de varios topes ‖ **den** ~ **abnehmen** / elevar la tapa, quitar la tapa
Deckel•**auspuzt** *m* (Spinn) / descargas *f pl* o mermas o barras de chapones ‖ ~**bauweise** *f* (Bau) / excavación *f* bajo techo de hormigón ‖ ~**behälter** *m* (DIN 6644) / tambor *m* de tapa removible ‖ ~**bildung** *f* (Block, Hütt) / formación *f* de tapa ‖ ~**bohrung** *f* / taladro *m* de la tapa ‖ ~**falz** *m* (Stahlfass) / costura *f* de tapa ‖ ~**flansch** *m*, Blind-, Abschlussflansch *m* / brida *f* ciega, brida *f* escondida ‖ ~**glas** *n*, Schraubglas *n* (Verp) / envase *m* [de vidrio] con tapa roscada ‖ ~**griff** *m* (Kfz) / mango *m* de la puerta del maletero ‖ ~**kalotte** *f* (Reaktor) / domo *m* ‖ ~**karde**, -krempel, -kratze *f* (Tex) / carda *f* de chapones ‖ ~**kette** *f* (Tex) / cadena *f* de chapones ‖ ~**kluft** *f* (Bergb) / diaclasa *f* de techo ‖ ~**lager** *n*, geteiltes Stehlager / cojinete *m* partido ‖ ~**putzvorrichtung** *f* (Spinn) / dispositivo *m* desborrador de chapones ‖ ~**regelung**, -einstellung *f* (Spinn) / regulación *f* de chapones ‖ ~**riemen** *m* (Pap) / correa-guía *f* ‖ ~**ring** *m* (Instr) / anillo *m* de tapa ‖ ~**ring**, Scheibenfassung *f* (Scheinwerfer) / cerco *m* del cristal ‖ ~**ring** (Konservendose) / anillo *m* obturador ‖ ~**scheibe** *f* / disco *m* de cierre, tapa *f*, placa *f* de cierre ‖ ~**schützen** *m* (Web) / lanzadera *f* tapada ‖ ~**setzstation** *f* **für Flaschen** (Verp) / capsuladora *f* de botellas ‖ ~**stein** *m*, Sattelstein *m* (Bau) / piedra *f* de remate ‖ ~**stütze** *f* (der Haube) (Kfz) / varilla *f* del capó ‖ ~**verkleidung** *f* / revestimiento *m* de tapa ‖ ~**verschluss** *m*, -verriegelung *f* / cierre *m* de tapa ‖ ~**verschraubung** *f* / rosca *f* de tapa ‖ ~**wagen** *m* (Pap) / carro *m* de las correas-guía, carro *m* del formato ‖

~**wagen** (Hütt) / carro-tapa *m* ‖ ~**zunge** *f* (Video) / tapa *f* de proyección
Deckemailschicht *f* / capa *f* de esmalte de cubrición
decken (allg, Färb) / cubrir ‖ ~ (Web) / disminuir, dimunuir ‖ ~ (Zuck) / lavar ‖ **den Bedarf** ~ / cubrir o satisfacer la necesidad ‖ **ein Dach mit Ziegeln** ~ (Bau) / tejar, techar, cubrir de tejas ‖ **sich** ~, übereinstimmen / coincidir ‖ ~ *n*, Anschlaggalvanisierung *f* (Galv) / deposición *f* de una capa metálica delgada
Decken•**ablauf** *m* (Bau) / sumidero *m* de piso ‖ ~**arbeiten** *f pl* (Bau) / trabajos *m pl* de techo ‖ ~**aufbringung** *f*, Oberflächenüberzug *m* (Straßb) / tratamiento del firme, acabado *m* del firme ‖ ~**balken** *m* (Bau) / viga *f* de techo, cabrio *m* ‖ ~**befestigung** *f* (Kabel) / sujeción *f* en techo, fijación *f* en techo ‖ ~**bekleidung** *f*, -verkleidung *f* (Bau) / revestimiento *m* del techo ‖ ~**belastung** *f* / carga *f* de techo ‖ ~**beleuchtung** *f* (Bau, Elektr) / alumbrado *m* de techo ‖ ~**beleuchtung**, -beleuchtungskörper *m* / lámpara *f* de techo ‖ ~**brenner** *m* (Kessel) / mechero *m* de techo ‖ ~**bügel** *m* (Bau, Beton) / estribo *m* de techo
deckend, Deck..., Abdeck... (allg, Farbe) / cubridor, de cubrir ‖ ~ **machen** (Farbe) / hacer espeso, espesar
Decken•**durchbruch** *m* (Bau) / pasatecho *m* ‖ ~**durchführung** *f* / tubo *m* de paso para techo ‖ ~**einbauleuchte** *f* (Elektr) / luz *f* empotrada de plafón ‖ ~**-Einschienenbahn** *f* (Förd) / monocarril *m* suspendido ‖ ~**erguss** *m* (Geol) / meseta *f* de lava ‖ ~**fach** *n*, Kassette *f* (Bau) / casetón *m* ‖ ~**fächer**, -ventilator *m* / ventilador *m* de techo ‖ ~**fassung** *f* (Elektr) / portalámpara *m* de techo ‖ ~**fenster** *n* (Bau) / claraboya *f* ‖ ~**füllung** *f* (Bau) / relleno *m* entre vigas ‖ ~**getäfel** *n* / sofito *m* ‖ ~**gewölbe** *n* / bóveda *f* de techo ‖ ~**halterung** *f* (Rohr) / colgador *m* ‖ ~**heizung** *f* / calefacción *f* de plafón, calefacción *f* [por radiación] de techo ‖ ~**höhe** *f* / altura *f* [de la habitación] ‖ ~**hohlkörper** *m* (Bau) / ladrillo *m* hueco para techos ‖ ~**kappe** *f* (elektr. Leuchte) / calota *f* de techo ‖ ~**kehlung** *f* (Bau) / moldura *f* de techo ‖ ~**konstruktion** *f* / construcción *f* de techo ‖ ~**lager** *n*, Hängelager *n* / cojinete *m* de techo, cojinete *m* suspendido ‖ ~**last** *f* (Bau) / carga *f* de techo ‖ ~**laufkatze** *f* (Förd) / carro *m* suspendido ‖ ~**laufkran** *m* (Förd) / puente *m* grúa suspendido ‖ ~**leuchte** *f*, -beleuchtungskörper *m* (Elektr) / lámpara *f* de plafón, plafón *m* ‖ ~**leuchte**, Oberflächenleuchte *f* / lámpara *f* montada en la superficie ‖ ~**leuchte** *f* (Kfz) / luz *f* de techo ‖ ~**licht** *n*, -oberlicht *m* (Bau) / tragaluz *m*, claraboya *f* ‖ **natürliches** ~**licht** / luz *f* del día en el techo ‖ ~**lochstein** *m* (Bau) / ladrillo *m* perforado para techo ‖ ~**montage**, -befestigung *f* (Bau) / montaje *m* suspendido ‖ ~**papier** *n* (Sammelname für Kraftliner u. Testliner) / papel *m* para recubrir ‖ ~**putz** *m*, -verputz *m* (Bau) / enlucido *m* de techo ‖ ~**rosette** *f* (Licht) / rosetón *m* de techo ‖ ~**schalter** *m* (Elektr) / conmutador de techo ‖ ~**schalung** *f* (Beton) / forjado *m* de techo, forrado *m* de techo (E), entablonado *m* (LA) ‖ ~**schiene** *f* / barra *f* de plafón, riel *m* de plafón ‖ ~**sektionaltor** *n* (Garage) / portalón *m* seccional que se abre hacia arriba ‖ ~**shoddy** *m* (Kunstwolle) / shoddy *m* de mantas ‖ ~**spannung** *f* (Elektr) / voltaje *m* de cresta ‖ ~**stativ** *n* (Radiol) / soporte *m* colgante ‖ ~**stein** *m* (Bau) / bloque *m* de forjado, ladrillo *m* de techo ‖ ~**stoff** *m* (Web) / tejido *m* para mantas ‖ ~**[strahlungs]heizung** *f* / calefacción *f* [por radiación] de techo ‖ ~**system** *n* (Beleuchtung) / sistema *m* de plafón ‖ ~**täfelung** *f* / artesanado *m* ‖ ~**träger** *m* / viga *f* de techo ‖ ~**träger** (Feuerung) / tirante *m* de techo ‖ ~**tuch** *m* (Wollkrempel) / tela *f* sin fin ‖ ~**ventilator** *m* / ventilador *m* de techo ‖ ~**verhältnis** *n* (Tagebau) / relación *f* del espesor de la capa del techo ‖ ~**vorgelege** *n* (hist.) (Masch) / contramarcha *f* de techo ‖ ~**winkel** *m* (Rohrleitung) /

juntura f de techo || ≈wulst m f (Reifen) / talón m de la cubierta || ≈ziegel m (Bau) / ladrillo m de techo
Decker, Decknadelhalter m (Cottonm) / portapunzón m, punzón m menguador || ≈griff m (Tex) / dedor m menguador o de disminución || ≈schiene f (Cottonm) / barra f del punzón, placa f de punzones, peine m de punzones || ≈tapete f / tapicería f de fibra bruta
Deck•faden m (Web) / hilo m de cubrir || ≈fähigkeit, -kraft f (Email, Farbe) / capacidad f cubridora, poder m cubriente o colorante, poder m cubridor o de cubrición || ≈fähigkeitsmesser m / opacímetro m, criptómetro m || ≈farbe f / tinta f de cubrir, pintura f cubriente o de cubrición, pintura f opaca || ≈farbe, Deckbeize f (Färb) / color m cubridor o cubriente || ≈fenster n, -licht n (Schiff) / tragaluz m, claraboya f || ≈fläche f am Schieber, Überstand m (Dampfm) / solapa f || ≈flachstahl m (Gurtung) (Stahlbau) / platabanda f de cobertura de cabeza || ≈flüssigkeit f (Zuck) / líquido m de purga || ≈folie f (Verp) / folio m de recubrimiento || ≈form f (Gewebedruck) / bloque m de estampado || ≈fuge f, Überdeckungsfuge f (Bau) / junta f de recubrimiento || ≈furnier n (Möbel) / contrachapado m || ≈gebirge, -gestein n (Bergb) / capas f pl del techo, terreno m de recubrimiento, terreno m de cobertura || **brüchiges** ≈**gebirge** (Bergb) / techo m quebradizo || ≈gesims n (Bau) / mordaza f superior || ≈glas n (Schw) / cristal m blanco protector, cristal m exterior || ≈glas, -gläschen n (Opt) / cubreobjetos m || ≈glas (f. Lampen) / vidrio m de cobertura || ≈glas-Ausdrehung f (Uhr) / bisel m || ≈grün n (Farb) / verde m de Verona || ≈hilfsmotor m (Schiff) / motor m auxiliar de cubierta || ≈höhe f (Schiff) / altura f entre cubiertas, puntal m de cubierta || ≈kalk m (Bau) / cal m apagado || ≈karton m (Druck) / cartón m de cubierta || ≈kette f (Cottonm) / cadena f menguadora || ≈kette f (Wirkm) / urdimbre f de cubrición || ≈kläre f (Zuck) / líquido m de cubrición || ≈klüse f (Schiff) / bocina f de escobén || ≈kraft f (Farbe) s. Deckfähigkeit || ≈kraftprüfer m (Farbe) / criptómetro m, opacímetro m || ≈kultur f (Bot, Landw, Moor) / vegetación f superficial || ≈lack m (Holz) / laca f de cubrición || ≈lack (Kfz) / barniz m protector || ≈ladung f s. Decksladung || ≈lage f, Decke f (Bergb) / capa f pendiente || ≈lage, Außenlage f (Bau) / capa f exterior || ≈lage, -schicht f (Straßb) / firme m final || ≈lage (Schw) / pasada f final || ≈lage, -bogen m (Pap) / cubierta f || ≈lage (Mauer) (Bau) / estrato m superior, capa f superior || ≈lage (Förderband) / capa f exterior || ≈lage einer Sandwichkonstruktion / estrato m superior de una construcción sandwich || ≈lagespäne m pl (Spanplatten) / partículas f pl exteriores || ≈landung f (Luftf, Schiff) / apontizaje m || ≈lasche f (Stahlbau) / cubrejunta || ≈lehm, Formkitt m (Gieß) / arcilla f de moldeo || ≈leiste f (Tischl) / listón m de cubrición (E), tapajunta m (LA) || ≈leiste, Nut[verschließ]keil m (Elektr) / listón m de cubrición de ranuras || ≈licht n (Schiff) / claraboya f || ≈masche f (Web) / malla f menguada || ≈maschine f (Cottonm) / máquina f menguadora, aparato m menguador || ≈masse f (Bau, Plast) / masa f de cubrición || ≈matte f (Fiberglas) / tejido m de cubrición, camisa f de cubertura || ≈mittel n, -papp m (Tex) / reserva f || ≈nadel f (Cottonm) / aguja f menguadora, punzón m || ≈pappdruck m (Tex) / estampado m con reserva || **Deck•patent** n, Minderkopf m (Wirkm) / cabeza f menguadora, cabezal m menguador || ≈peilung f (Nav) / enfilación f || ≈planke f (Schiff) / tablón m de cubierta || ≈plättchen n, -gläschen n (Mikrosk) / plaquita f de cubrición || ≈platte f (Bau) / placa f de cubierta || ≈platte (Sandwich) / panel m superior || ≈platte, -streifen m (Stahlbau) / placa f de cubrejunta || ≈platte, Lagerdeckel m (Masch) / tapa f de cojinete || ≈platte einer Mauer / losa f de cubrición || ≈putz m (Bau) / enlucido m final || ≈rad n, Rad n zum

Abdecken der Saat (Landw) / rueda f de cobertura || ≈rasen m, Plagge f (Landw) / césped f || ≈ring, Deckelring m (Instr) / anillo m biselado || ≈rohr n (Bau) / caña f para (o de) tejado
Decks... (Schiff) s. auch Deck...
Decksand m (Geol) / arena f de cubrición
Decks•aufbauten m pl, -aufbau m (Schiff) / superestructura f || ≈band n (Schiff) / bazarda f de cubierta || ≈belastung f (Schiff) / carga f de cubierta || ≈bucht f (Schiff) / bóveda f de cubierta
Deck•scheibe f / tapa f de protección, disco m de protección || ≈schicht f (allg) / capa f de cubrición || ≈schicht, Schutzschicht f / capa f de protección || ≈schicht (Straßb) / firme m || ≈schicht (Bergb, Öl) / capa f pendiente || ≈schicht (Sandwich) / camisa f de cubertura || ≈schicht-Aufbringer m (Straßb) / máquina f para revestir || ≈schichtenbildner m / formador m de capas de cubrición || ≈schild m, Vortriebschild m (Bergb, Tunnel) / escudo m de entibación || ≈schleuder f (Zuck) / centrífuga f de purga || ≈scholle, Klippe f (Geol) / peña f || ≈schutt, Abhub m (Bau, Straßb) / tierra f de descombro
Decks•glas n (Schiff) / claraboya f || ≈haus n, Decksaufbau m (Schiff) / camareta f alta, chupeta f
Deck•sitz m (Kfz) / asiento m de piso superior || ≈sitzomnibus m / autobús m biplano o de dos pisos
Decks•kran, Ladekran m (Schiff) / grúa f de cubierta, grúa f de puente || ≈ladung f (Schiff) / cubertada f, carga f de cubierta || ≈luke f (Schiff) / escotilla f de cubierta || ≈maschinen f pl (Schiff) / máquinas f pl de cubierta
Deck•spindel f (Cottonm) / tornillo m sin fin menguador || ≈sprung m, Decksstrak m (Schiff) / arrufo m, arrufadura f
Decks•schraube f, Flachkopfschraube f mit Vierkantansatz (Schiff) / tornillo m de cabeza aplanada y cuello cuadrado || ≈spund m (Schiff) / tarugo m de cubierta || ≈talje f (Schiff) / talla f, candaliza f de puente, garrucha f de puente
Deckstein, -ziegel m (Bau) / ladrillo m de cubrición m, -platte f / losa f de cubrición || ≈ **flach/bombiert** (Uhr) / contrapivote plano/bombado || **gewölbter** ≈ (Bau) / piedra f de remate || ≈plättchen n (Unruh) / placa f de contrapivote
Deck•stringer m (Schiff) / trancanil m de cubierta || ≈stück, Füllstück m (Tischl) / pieza f de relleno
Decks•unterzug m (Schiff) / galeota f || ≈verschraubung f (Schiff) / fijación f de cubierta || ≈weite f (Schiff) / anchura f de cubierta || ≈wölbung f (Schiff) / arqueo m de puente
Deckung, Überdeckung f (Masch) / recubrimiento m || ≈ (Math) / congruencia f || ≈, Abdeckung f / obturación f
Deckungs•fehler m (Raster) / error m de convergencia || ~**gleich** (Math) / congruente || ≈**gleichheit**, Kongruenz f (Math) / congruencia f, coincidencia f || ≈**gleichheit**, Konvergenz f (TV) / convergencia f || ≈**verfahren** n (Luftf) / guiaje m por haz
Deck•vermögen n s. Deckfähigkeit || ≈**wasser** n, Decke f (Zuck) / agua f de purga || ≈**weiß**, Schneeweiß m (Farbe) / blanco m opaco || ≈**werk** n (Hydr) / dique m de fajinas || ≈**winde**, Winsch f (Schiff) / chigre m || ≈**winkel** m (Stahlbau) / ángulo m de cubrejunta || ≈**wort**, Codewort n (DV, Mil) / palabra f de código || ≈**ziegel** f (Bau) / ladrillo m tope
Decoder m (im Stereo-Tuner) (Eltronik) / decodificador m, descodificador m || ≈ (Pay-TV) / codificador m || ≈ **mit bewerteten Entscheidungen** (Eltronik) / decodificador m con decisiones ponderadas
Decodier-Anzeige-Modul m / módulo m de decodificación-visualización
decodieren vt / decodificar
Decodierer m (DIN), Decodiergerät n (DV) / decodificador m

Decodierkontrollbox

Decodierkontrollbox f (Luftf) / caja f de control decodificador
Decodierung f (DV) / decodificación f
Dectra-Navigations-System n / sístema m Dectra
Deculator m (Pap) / deculador m
Decylalkohol m, Dekanol n (Chem) / alcohol m decílico, decanol m
DED, Deutscher Entwicklungsdienst / Servicio m Alemán de Cooperación Social-Técnica
Dedekindscher Schnitt (Math) / corte m de Dedekind
dedeuterieren (Nukl) / desdeuterizar
Dedeuterierung f / desdeuterización f
De-Dion Achse f (Kfz) / eje m de Dion
dediziert, zugeschnitten [auf] / dedicado [a]
deduktiv, herleitbar / deductivo
deduzieren vt / deducir
Dee n (Zyklotron) / dé m, electrodo m en D
DE-Einrichtung f, DEE (DV) / terminal m del circuito de transmisión de datos
Deemphasis, Deakzentuierung f (Akust) / desacentuación f
Defekation, Hauptscheidung f (Zuck) / defecación f
Defekationspfanne f (Zuck) / defecador m
defekt, beschädigt / defecto, averiado ‖ ≃ m / defecto m ‖ ≃, Fehler m, Versagen n / fallo m, falla f ‖ ≃, Schaden m / daño m ‖ ≃**buchstaben** m pl (Druck) / estropeo m de tipos ‖ ≃**elektron** n, Mangelelektron n, Loch n (Halbl) / electrón m en defecto, hueco m ‖ ≃**leiter** m (Halbl) / semiconductor m en defecto, semiconductor m tipo P ‖ ≃**leitung** f (Halbl) / conducción f por huecos
Defektoskop n (Prüf) / defectoscopio m
Defektoskopie f / detección f de defectos
Defekt• struktur f (Krist) / estructura f en defecto ‖ ≃**teil** n, Ausschussteil n / pieza f defectuosa, pieza f de desecho
Defibrator m (Spanplatten) / desfibrador m
Defibreur, Zerfaserer m (Pap) / desfibrador m
definieren vt / definir, determinar ‖ ≃ n (DV) / definición f, determinación f
definiert / definido, determinado ‖ ~ (Punkt) (NC) / definido ‖ ~**es Energieniveau** (Phys) / nivel m energético definido
Definiertheit f, Genauigkeitsgrad m (DV) / precisión f
Definition f / definición f
Definitions• bereich m / campo m de definición ‖ ≃**gleichung** f / ecuación f de definición ‖ ≃**weise** f (Chem) / notación f
definitiv, endgültig / definitivo
defiziente Zahl (Math) / número m deficiente
Defizienz f (Math) / deficiencia f
Defizit n (pl.: déficits)
Deflagration f, schnelles Abbrennen / deflagración f
Deflagrierbarkeit f / aptitud f de deflagración
Deflation, Windabtragung f (Geol) / erosión f eólica
Deflektor m, Saugkopf, Sauger m (Bau, Schornsteinaufsatz) / caperuza f de la chimenea ‖ ≃ (Nukl, Schiff, TV) / deflector m
Defo..., Deformations... (Prüfwesen) / de deformación
Defohärte f (Gummi) / dureza f Defo
defokussieren vt (Opt) / desenfocar
Defokussierung f / desenfoque m
Defometer n, Defoplastometer n (Gummi) / defómetro m
Deformation f, Deformierung f / deformación f
Deformations• energie f (Phys) / energía f de deformación ‖ ≃**geschoss** n (Ballistik) / proyectil m deformado (o de deformación)
Deformationsgeschoss n / proyectil m de deformación
Deformations• härte f (Material) / dureza f de deformación ‖ ≃**methode** f (Statik) / método m de deformación ‖ ≃**potential** n (Eltronik) / potencial m de deformación ‖ ≃**prüfgerät** n / medidor m de deformaciones ‖ ≃**relaxation** f / relajación f de deformación ‖ ≃**schwingungen**, Knickschwingungen

f pl (Nukl) / oscilaciones f pl de deformación ‖ ≃**verhältnis** n (Math) / razón f de deformación
Deformierbarkeit f / deformabilidad f
deformieren vt / deformar
deformierende Wirkung / efecto m deformador
deformiert / deformado
defragmentieren vt (DV) / desfragmentar
Defraktometer n / defractómetro m
Defroster m (Kfz, Luftf) / descongelador m ‖ ≃**düse** f (Kfz, Luftf) / abertura f para el deshielo
Defruiter, SSR-Störunterdrücker m (Radar) / circuito m de supresión de respuestas asincrónicas
DEGA, Deutsche Gesellschaft für Akustik / Sociedad f Alemana de Acústica
Degeneration, Entartung f (allg, Biol) / degeneración f
Degenerationsneigung f (Biol) / degenerescencia f
Degorgieranlage f (Nahr) / instalación f vaciadora de golletes
Degradation f, Abbau m (Biol, Chem) / degradación f
degradieren vt, herabsetzen / degradar
Degras n (Gerb) / degrás m, moéllon m
degressive Staffelung, Degressivität f (Stat) / degresividad f
degummieren vt (Leinen, Seide) / desengomar, descrudar ‖ ≃ n, Entbasten n / desengomado m
Degummierpfanne f (Seide) / cuchara f de descrudar
dehnbar, streckbar (Metall) / extensible ‖ ~, ausbreitbar / expansible ‖ ~, elastisch / elástico ‖ ~ (Gase) / dilatable ‖ ~, geschmeidig (Leder) / suave ‖ ~, hämmerbar / dúctil, maleable ‖ **durch Wärme** ~ (Metalle) / termodilatable ‖ **nicht** ~ (z.B. Pap) / rígido
Dehnbarkeit f, Ausdehnbarkeit f (Phys) / dilatabilidad f ‖ ≃, Streckbarkeit f / extensibilidad f, capacidad f de estirada ‖ ≃ f (Tex) / elasticidad f
dehnen vt, ausdehnen, strecken / expandir ‖ ~ (z.B. schwarz) (TV) / expandir ‖ **(sich)** ~ (thermisch) / dilatar[se] ‖ **(sich)** ~ (Fehler) / deformarse (defecto) ‖ **in die Breite** ~ / extender ‖ **sich** ~, sich verlängern / alargar(se) ‖ **sich** ~ (Web) / expandir ‖ ≃, Strecken n / expansión f ‖ ≃ n s. auch Dehnung
Dehn• geschwindigkeits-Empfindlichkeit f (Phys) / sensibilidad f a la velocidad de extensión ‖ ≃**grenze** f (jenseits d. Bruchgrenze - Zugversuch) / límite m de estricción ‖ ≃**grenze** (z.B. 0,1%) / límite m elástico (p.ej. 0,1 %) ‖ ≃**grenze**, bleibende Dehnung / límite m de elasticidad, límite m de alargamiento permanente ‖ ≃**hülse** f / manguito m de dilatación ‖ ≃**kraft** f (Phys) / fuerza f de extensión ‖ ≃**krepp** m (Pap) / papel m crespado extensible ‖ ≃**kupplung** f / acoplamiento m de dilatación ‖ ≃**passung** f (Umformen) / ajuste m en frío, ajuste m de dilatación ‖ ≃**schaft** m (Taillenschraube) / caña f de dilatación, cuello m de dilatación ‖ ≃**schaftschraube** f / tornillo m de cuello reducido, tornillo m de dilatación ‖ ≃**spanner** m (Wzm) / mandril m de expansión ‖ ≃**Stauch-Zyklus** m / ciclo m de expansión y compresión
Dehnung f, Dilatation f, Volumenausdehnung f (Phys) / dilatación f, extensión f ‖ ≃, Längung f / alargamiento m, prolongación f ‖ ≃, Expansion f (Dampf, Gas, Mot) / expansión f ‖ ≃ f (Fehler) / deformación f (defecto) ‖ ≃ (Oszillogr) / expansión f ‖ ≃ **an der Einschnürungsstelle** / extensión f local ‖ ≃ f **infolge Erwärmung** / dilatación f [térmica] ‖ **geringe** ≃ / alargamiento m limitado, extensibilidad f reducida
Dehnungs• anker m (Bergb) / bulón m de casquillo expansible ‖ ≃**anschluss** m (Bahn) / conexión f de dilatación ‖ ≃**arm** / de extensibilidad reducida ‖ ≃**aufnehmer** m / sonda f de dilataciones ‖ ≃**ausgleicher** m, -balg m (Rohrleitung) / compensador m de extensiones, fuelle m ‖ ≃**ausgleichrohr** n / tubo m compensador de expansión ‖ ≃**band** n (allg) / fleje m extensible ‖ ≃**band** (Sammelschiene) / junta f de dilatación ‖ ≃**beanspruchung** f / solicitación f a

extensión, trabajo *m* a extensión ‖ ~**beiwert** *m* (Gas) / coeficiente *m* de expansión ‖ ~**elastizität** *f* / elasticidad *f* a la extensión ‖ ~**faktor**, K-Faktor *m* (Dehnungsmesser) / factor *m* de dilatación ‖ ~**festigkeit** *f* / resistencia *f* al alargamiento ‖ ~**fuge**, Stoßlücke *f* (Bahn) / juego *m* de dilatación, juego *m* de la junta ‖ ~**fuge** *f* (Straßb) / junta *f* de deformación, junta *f* de dilatación ‖ ~**gesetz** *n* (Phys) / ley *f* de dilatación ‖ ~**grenze** *f* / límite *m* de alargamiento ‖ ~**grenze**, Streckgrenze *f* / límite *m* elástico aparente ‖ ~**hub** *m* (Mot) / carrera *f* de expansión ‖ ~**koeffizient** *m*, -zahl *f* (Phys) / coeficiente *m* de dilatación ‖ ~**kupplung** *f* / acoplamiento *m* de dilatación ‖ ~**linse** *f* (Projektor) / lente *f* de enfoque ‖ ~**messer** *m* (Mess) / extensímetro *m*, elongámetro *m*, dilatómetro *m* ‖ ~**messgerät** *n*, -messer *m* (nach Martens) / calibre *m* para medir dilataciones ‖ ~**messstreifen** *m* / calibre *m* extensométrico, cinta *f* o banda extensométrica, calibre *m* de tensiones ‖ ~**messuhr** *f*, -feinzeiger *m* (DIN) (Phys) / reloj *m* de medición extensométrica, indicador *m* de esfera extensométrico ‖ ~**messung** *f* / extensometría *f* ‖ ~**modul** *m* (Mech) / módulo *m* de elasticidad ‖ ~**muffe** *f*, -zwischenstück *n* / manguito *m* de dilatación

Dehnung-Spannung-Kurve *f* (Phys) / curva *f* de tensión y alargamiento [relativo]

Dehnungs• rest *m* (Gummi) / deformación *f* plástica, deformación *f* permanente ‖ ~**riss** *m* / grieta *f* de dilatación, grieta *f* de expansión ‖ ~**rohrkrümmer**, -rohrbogen *m* (Rohr) / compensador *m* de dilatación ‖ ~**rollenlager** *n* (Brücke) / rodamiento *m* de rodillos de dilatación ‖ ~**stopfbüchse** *f* / empaquetadura *f* elástica, prensaestopas *m* elástico ‖ ~**strich** *f* (über einem Buchstaben) (Druck) / acento *m* largo ‖ ~**stufe** *f* (Masch, Phys) / fase *f* de dilatación ‖ ~**toleranz** *f* (Reifen) / tolerancia *f* de crecimiento ‖ ~**verbindung** *f* / junta *f* de compensación o de dilatación ‖ ~**verhältnis** *n* (Gas) / relación *f* de expansión ‖ ~**verlauf** *m* / desarrollo *m* de expansión o dilatación o alargamiento ‖ ~**verlauf**, -kurve *f* / curva *f* de alargamiento ‖ ~**versuch** *m* (Mat.Prüf) / ensayo *m* de enlargamiento ‖ ~**welle** *f* (Phys) / onda *f* de dilatación ‖ ~**zahl** *f*, -koeffizient *m* / coeficiente *m* de dilatación ‖ ~**zahl**, Quer-Dehnungszahl *f* / coeficiente *m* de alargamiento transversal ‖ ~**zwischenstück** *n*, -muffe *f* / manguito *m* de dilatación

Dehn• zahl *f*, reziproker Elastizitätsmodul (Phys) / coeficiente *m* de extensión, valor *m* recíproco del modulo de elasticidad ‖ ~**zone** *f* (Kessel) / zona *f* de expansión

DEHP, Diethylhexylphthalat *n* (Weichmacher in Kunststoffen) / dietilhexilftalato *m*

Dehydrase *f*, (jetzt:) Dehydrogenase *f* (Chem) / deshidrogenasa *f*, deshidrasa *f* (obsol.)

dehydratisieren *vt*, entwässern (Chem) / deshidratar

dehydratisierend / deshidratante ‖ ~**es Mittel** (Chem) / agente *m* deshidratante

Dehydratisierung, Wasserentziehung *f* / deshidratación *f*

Dehydratisierungsversuch *m*, -kurve *f* / ensayo *m* de deshidratación, curva *f* de deshidratación

Dehydrator *m*, Dehydratisierapparat *m* (Chem, Öl) / deshidratador *m*

dehydrieren *vt* (Chem) / deshidrogenar

Dehydrierung *f*, Entziehung *f* von Wasserstoff / deshidrogenación *f*

dehydrisiert, entwässert / deshidratado ‖ ~**er Glucosesirup** / jarabe *m* de glucosa seco

Dehydro• cyclisierung *f* (Öl) / deshidrociclización *f* ‖ ~**-Gefrieren** *n* / congelación *f* por deshidratación

Dehydr[ogen]ase *f* (Chem) / deshidrogenasa *f*

Dehydro• genisierung *f* (Öl) / deshidrogenación *f* ‖ ~**thiotoluidin** *n* (Färb) / deshidrotiotoluidina *f*

Deich *m*, Damm *m* (Hydr) / dique *m* ‖ ~ (mit dichtem Kern), Schutzdamm *m* (Hydr) / dique *m* de protección ‖ ~**anker** *m*, -fuß *m* (Hydr) / base *f* de dique, pie *m* de dique ‖ ~**aufhöhung** *f* / elevación *f* del dique ‖ ~**bau** *m*, -aufschüttung *f* / construcción *f* del dique ‖ ~**böschung** *f* / talud *f*, declive *m*, escarpa *f* del dique ‖ ~**bruch** *m* / ruptura *f* del dique ‖ ~**brust** *f* / lado *m* exterior del dique ‖ ~**kappe** *f*, Krone *f* / coronación *f* del dique ‖ ~**schleuse** *f*, -siel *m* *n* / esclusa *f* del dique (E), toma *f* del dique (LA) ‖ ~**schutz** *m* / revestimiento *m* exterior del dique, protección *f* del dique

Deichsel *f*, Deichselstange *f* / lanza *f* de coche [E], lanza *f* de carro [LA], brazo *m* de tiro ‖ ~, Deichselgabel *f* / pértigo *m* ‖ ~ **für Schlepperzug** / barra *f* de tracción, lanza *f* de tracción ‖ ~**arm** *m*, -schere *f* / brazo *m* de tracción ‖ ~**geführter Anhänger** (Kfz) / remolque *m* mandado por lanza ‖ ~**gestell** *n* (Lok) / bisel *m* con lanza (E), pony *m* con lanza (LA), avantrén *m* ‖ ~**hubwagen** *m* / carro *m* elevador con lanza ‖ ~**kraft** *f* / fuerza *f* al gancho de tracción

Deich• verband *m* (Hydr) / asociación *f* de construcción y conservación de diques ‖ ~**weg** (Hydr) / camino *m* del dique

De-Inking *n* (Druckfarbenentfernen b. Altpapier), De-inken *n* (Pap) / de-inking *m*, destintado *m*, desentintado *m*

deinstallieren *vt* (DV) / deinstalar, desinstalar

Deionat *n* (ein Wasserzustand), vollentsalztes Wasser (Chem) / agua *f* desionizada

Deionisationsschalter *m* / interruptor *m* de desionización

deionisieren *vt* / desionizar

dejustiert (Instr, Masch) / desajustado

Dejustierung *f* / desajuste *m*

Deka• ..., Zehnfaches *n* / deca... ‖ ~**boran** *n* (Chem) / decaborano *m* ‖ ~**bromdiphenylether** *m* (Flammschutzmittel) / éter *m* de decabromdifenilo

Dekade *f* (Elektr), década *m*, decenio *m*, serie *f* de diez

Dekaden• abstufung *f* (Phys) / escalonamiento *m* por décadas, pasos *m* pl en relación decimal ‖ ~**einstellung** *f* / ajuste *m* por décadas ‖ ~**kette** *f* (Eltronik) / cadena *f* de décadas ‖ ~**kondensator** *m* (Elektr) / capacitor *m* decádico, década *f* de capacitancias ‖ ~**kontakt** *m* (Fernm) / contacto *m* de décadas ‖ ~**messbrücke** *f* (Elektr) / puente *m* de décadas, caja *f* de décadas ‖ ~**schalter** *m* (Eltronik) / conmutador *m* de décadas ‖ ~**widerstand** *m* (Elektr) / resistor *m* de décadas ‖ ~**zähler** *m* (Atom) / contador *m* decádico o de décadas

Dekadik *f*, Dezimalsystem *n* (Math) / sistema *m* decimal

dekadisch / en décadas, decádico, decimal ‖ ~**e Extinktion**, dekadisches Absorptionsmaß (Lichttechnik) / densidad *f* de transmisión interna ‖ ~**er LC-Oszillator** (LC = Induktivität-Kapazität) (Eltronik) / oscilador *m* decádico o decimal tipo LC ‖ ~**e Schreibweise** (Math) / notación *f* decimal ‖ ~**e Steuerstufe** (Eltronik) / oscilador *m* de mando de frecuencia decádica ‖ ~**es [Zahlen]system** (Math) / sistema *m* decimal ‖ ~**e Zählröhre**, Dekatron *n* (Nukl) / decatrón *m*, dekatrón *m*

Deka• eder *n* / decaedro *m* ‖ ~**gon** *n* / decágono *m* ‖ ~**gramm** *n*, dag (10 Gramm) / decagramo *m* ‖ ~**hydronaphthalin**, Dekalin *n* (Chem) / decahidronaftalina *f*, decalina *f* ‖ ~**liter** *n* (10 l) / decalitro *m* ‖ ~**meter** *m* *n*, dam (10 Meter) / decámetro *m* ‖ ~**meterwellen** *f* pl (10 - 100 m) (Eltronik) / ondas *f* pl decamétricas ‖ ~**metrie** *f* (Elektr) / decametría *f* ‖ ~**mired** *n*, dM, daM (Opt) / deca-mired *m*

Dekan *n* (Chem) / decano *m*

Dekanewton *n*, daN (= ca. 1.0197 kg) (Phys) / decanewton *m*

Dekanol

Dekanol n, Decylalkohol m (Chem) / decanol m, alcohol m decílico
Dekantat n (Zuck) / jugo m clarificado
Dekanter m (Chem) / decantador m
dekantieren vt (Chem) / decantar ‖ ~, durch Dekantieren klären (Zuck) / clarificar ‖ ⁓ n / decantación f
Dekantier•glas n (Chem) / vaso m de decantación ‖ ⁓ständer, Entwässerungsapparat m (Teer) / hidroextractor m ‖ ⁓zentrifuge f (Chem) / centrífuga f decantadora
Dekapier•anlage f (Hütt) / instalación f de decapado ‖ ⁓bad n / baño m decapador
dekapieren, beizen (Hütt) / decapar, eliminar la costra de impurezas
Dekapiersäure f / ácido m decapante, decapante m
dekatieren vt (Web) / decatizar, deslustrar ‖ ~, heißpressen, trocken dekatieren (Tuch) / decatizar al seco
Dekatier•kalander m / calandra f de decatizar ‖ ⁓maschine f / decatizadora f, máquina f decatizadora ‖ ⁓tuch n / tela f para decatizar
Dekatierung f, Dekatur f / decatización f, decatizado m
Dekatierwalze f / cilindro m decatizador
Dekatron n, dekadische Zählröhre (Nukl) / decatrón m, dekatrón m
dekatur•echt (Tex) / sólido al decatizado, resistente al decatizado ‖ ⁓echtheit f / solidez f al decatizado
Deklination, [Orts-]Missweisung f (Kompass) / declinación f magnética
Deklinations•achse f (Opt) / eje m de declinación ‖ ⁓bussole f (Schiff) / brújula f de declinación ‖ ⁓kreis m, Stundenkreis m / círculo m de declinación ‖ ⁓nadel f / aguja f de declinación
Deklinator m, Deklinometer n (Elektr) / declinatorio m
Deklinometer n, Ablenkungsmesser m (Magnetismus) / declinómetro m
dekodieren vt s. decodieren
Dekohärenz f (Phys) / decoherencia f
Dekokt n (Chem) / decocción f
Dekoktionsverfahren n (Brau) / método m de decocción
Dekommutation f (Prüfung und Entschlüsselung) (DV) / desconmutación f
Dekompression f, Kompressionsverminderung f (Masch, Mot) / descompresión f ‖ ⁓, Entkomprimierung f (DV) / descompresión f
Dekompressions•einrichtung f (Med, Phys) / instalación f de descompresión ‖ ⁓einrichtung, -raum m / cámara f de descompresión ‖ ⁓krankheit f, Taucherkrankheit f (Med) / enfermedad f de buzo ‖ ⁓messer m / decompresiómetro m
Dekompressor m (Mot) / descompresor m
dekomprimieren vt (DV, Phys) / descomprimir, di[s]minuir la presión
Dekontamination f, Dekontaminierung f (Nukl, Umw) / decontaminación f, descontaminación f
Dekontaminations•faktor m (Nukl) / factor m de de[s]contaminación ‖ ⁓index m / índice m de de[s]contaminación ‖ ⁓mittel n / agente m de[s]contaminador
Dekontaminierbarkeit f / propiedades f pl de de[s]contaminación
dekontaminieren vt, entgiften / decontaminar, descontaminar
Dekoration f (Bau) / decoración f
Dekorations•folie, -platte f (Plast) / hoja f decorativa, lamina f decorativa ‖ ⁓maler m (Bau) / pintor m decorador, decorativista m ‖ ⁓malerei f / pintura f decorativa ‖ ⁓papier n / papel m decorativo o para decoraciones ‖ ⁓stoff m (Tex) / tejidos m pl para decoración o para muebles ‖ ⁓wellpapier n / papel m ondulado para decorar
dekorativ / decorativo ‖ ~er **Schichtpressstoff** / lámina f decorativa

Dekorbrand m (Porzellan) / cochura f de decoración
dekorieren vt / decorar
Dekor•leiste f (Bau) / regla f decorativa ‖ ⁓papier n / papel m impregnado de resina sintética ‖ ⁓-Rohpapier n / papel m soporte impregnado de resina sintética
Deko•stoff m (Tex) s. Dekorationsstoff ‖ ⁓ware f (Tex) / telas f pl de decoración
Dekrement n (Phys) / decremento m ‖ ⁓messer m (Eltronik) / decrémetro m, decrímetro m, decrementímetro m
dekrepitieren (Chem) / decrepitar
Dekulator, Entlüfter m (Pap) / deculador m
Dekupier•säge f (Holz, Wz) / sierra f de calar, sierra f de marquetería ‖ ⁓säge (Druck, Wz) / sierra f para recortes
delaborieren vt (Sprengsatz entschärfen) / delaborar
Delaminierung f (gedr.Schaltg) / deslaminación f
Delaminierungsbeständigkeit f (Pap) / resistencia f a la deslaminación
Deleaturzeichen n (Druck) / dele m, señal f de supresión
D-Elektrode f (Zyklotron) / dé m, electrodo m en D
Delignifizierung f (Pap) / deslignificación f
Delle f, Dalle f (allg) / muesca f, hoyo m, huella f, abolladura f
dellen vt / causar hoyos
Delphinidin n (ein Blütenfarbstoff), Delphinin f (Chem) / delfinidina f (púrpura)
Delphinin n (aus Samen von Delphinium staphisagria) (Chem) / delfinina f
Delrin n (ein Acetalharz) / Delrin m
Delta n (Geo) / delta m ‖ ⁓ 28 (Nukl) / delta m 28 ‖ ⁓anpassung, Anzapfanpassung f (Antenne) / adaptación f delta ‖ ⁓antenne f / antena f en delta ‖ ⁓-Cephei-Veränderliche f (Astr) / variable f cefeída ‖ ⁓-Drei-Winkel m (Hubschrauber) / ángulo m delta tres ‖ ⁓-Eisen, δ-Eisen n (Hütt) / hierro m delta ‖ ⁓ferritstahl m (Hütt) / acero m de ferrita delta ‖ ⁓flügel m (Luftf) / ala m en delta ‖ ⁓flugzeug, Pfeilflugzeug n / avión m de alas en delta, avión m de ala triangular ‖ ⁓funktion f (Kybernetik) / función f de impulsos unitarios, función f delta ‖ ⁓-Funktional n, Diracsche Deltafunktion (Math) / función f delta de Dirac ‖ ⁓isolator m (Elektr) / aislador m delta ‖ ⁓leitwerk m (Luftf) / empenaje m delta ‖ ⁓-Lichtimpuls m (Elektr) / impulso m luminoso delta
Deltalink-Hinterachse f (Kfz) / eje m trasero Deltalink
Delta•metall n (Hütt) / metal m delta, latón m forjable, bronce m al manganeso ‖ ⁓modulation f, DM (TV) / modulación f en delta ‖ ⁓partikel f, -teilchen n, -strahl m (Phys) / partícula f delta ‖ ⁓rauschen n im Kernspeicher (DV) / señal f delta o de ruido ‖ ⁓relais n (Fernm) / relé m delta ‖ ⁓-Röhre f (TV) / tubo m delta ‖ ⁓schaltung, Dreieckschaltung f (Elektr) / acoplamiento m en triángulo o en delta), conexión f en triángulo ‖ ⁓-Sinkstoffe m pl (Hütt) / depósitos m pl deltáicos ‖ ⁓strahlen m pl (Phys) / rayos m pl delta
Deltoid... (Krist) / deltoide (dodecaedro de 12 rombos iguales)
delustrieren (Tex) / delustrar
Demand Paging n (DV) / paginación f a la demanda
Dematerialisation f (Nukl) / desmaterialización f
dematerialisieren vt / desmaterializar
dementsprechend adv / equivalentemente, correspondientemente
Demeraraharz n (Chem) / resina f demerara
Demethanisierkolonne f (Öl) / torre f desmetanizadora
Demex-Prozess m (Öl) / desmetalización f, procesamiento m Demex
Demicontainer m (Transp) / semicontenedor m, semicontainer m
Demijohn m (20 - 50 Liter) (Chem) / damajuana f, bombona f
Demineralisation f (Biol, Chem) / desmineralización f

demineralisieren *vt* / desmineralisar
demineralisiertes Wasser, (jetzt:) Acionat / agua *f* desmineralizada, agua *f* destilada quimicamente
Demister, Entnebler *m* (Phys) / separador *m* por gotas
Demo *n*, Demoversion *f* (eines Programms) (DV) / demo *f* (de un programa)
Demodulation *f*, Demodulierung *f* (Radio) / demodulación *f*, desmodulación *f*
Demodulations•gleichrichter *m* / rectificador *m* de[s]modulador ‖ ≃**stufe** *f* / etapa *f* de[s]moduladora
Demodulator *m* (Eltronik, Fernm) / de[s]modulador *m* ‖ ≃ **im Überlagerungsempfänger** (Radio) / segundo *m* detector
demodulieren *vt*, gleichrichten (Eltronik) / demodular, desmodular
demolieren / demoler, derribar, arruinar
Demolierung *f* / demolición *f*
Demolit *m* (Sprengstoff) / demolita *f*
Demonstration *f* / demostración *f*, prueba *f*, presentación *f*
Demonstrationsmodell *n* / maqueta *f* demostrativa, modelo *m* para demostraciones
demonstrieren *vt*, zeigen / mostrar, demostrar, probar
Demontage *f*, Abbau *m* / desmontaje *m* ‖ ≃**werkzeug** *n* / herramienta *f* para el desmontaje
demontierbar, abnehmbar / desmontable, postizo
demontieren *vt*, abbauen / desmontar ‖ ~, zerlegen / desmantelar ‖ ~, abbauen (Bau) / demoler, derribar ‖ **Genietetes** ~ (Stahlbau) / romper las uniones remachadas
Demo-Software *f* (DV) / programa *m* de demostración
Demulgator *m*, Schaumgegenmittel *n* (Chem) / des[e]mulsionador *m*; des[e]mulgador *m*
Demulgierbarkeit *f* / des[e]mulsibilidad *f*
demulgieren *vt* / des[e]mulsificar, romper
Demulgiermittel *n* / des[e]mulsificante *m*
Demulgierung *f* / des[e]mulsificación *f*
Demulgierungszahl *f* / índice *m* de des[e]mulsificación
Demulgiervermögen *n* / poder *m* de des[e]mulsibilidad
Demultiplexer *m* (DV) / demultiplexor *m*
Demurrage, Überliegezeit *f* (Schiff) / sobreestadías *m pl*
den s. Denier
denär, zehnwertig (DV, Math) / denario, decimal ‖ ≃**system** *n* / sistema *m* denario
Denaturant *m* (Nukl) / desnaturalizante *m*
denaturieren *vt* (Alkohol, Lebensmittel) / desnaturalizar ‖ ~, unspaltbar machen (Nukl) / desnaturalizar materia físil
denaturiert•er Alkohol (Chem) / alcohol desnaturalizado ‖ ~**er Spiritus**, Brennspiritus *m* / alcohol *m* desnaturalizado [de quemar]
Denaturierung *f* (Chem, Nukl) / desnaturalización *f*
Denaturierungsmittel *n* (Chem) / desnaturalizante *m*
Dendrachat *m* (Min) / ágata *f* arborizada o dendrítica
Dendrit *m* (Biol, Min) / dendrita *f*
Dendriten•achat, Baumachat *m* (Chem) / dendrágata *f* ‖ ≃**arm** *m* (Gieß) / ramo *m* dendrítico ‖ ~**artig**, dendritisch (Min) / dendrítico
dendritisch•es Pulver (Sintern) / polvo *m* dendrítico ‖ ~**es Wacstum** (Halbl) / crecimiento *m* dentrítico
Dendro•gramm *n* / dendrograma *m* ‖ ≃**logie**, Gehölzkunde *f* (Bot) / dendrología *f* ‖ ≃**meter** *n* (Baummesser) / dendrómetro *m*
Dengel•amboss *m* (Schm) / yunquillo *m* para guadañas ‖ ≃**hammer** *m* / martillo *m* para guadañas
dengeln *vt* (Sense) / martillar o picar guadañas, batir la guadaña
Denier *n* (Masseneinheit von 0,05 g), den (veraltet) (Tex) / denier *m*
Dénigésches Reagens (Chem) / reagente *m* de Schiff
Denim, Berufsanzugköper *m*, Jeansstoff *m* (Tex) / azul *m* de trabajo en sarga
denitrieren *vt* (Chem) / desnitrar
Denitrierung *f* / desnitración *f*

Denitrifikant *m* / desnitrificante *m*
Denitrifikation *f* (Landw) / desnitrificación *f*
denitrifizierend (Bakterien) / desnitrificante
DENOX-Anlage (z. Senkung der NO_x-Emission) / instalación DENOX
DeNOx-Katalysator *m* / catalizador *m* Denox
Densecoal *f* (Kohlepulver mit 10% Wasser) / carbón *m* denso
Densimeter *n* (Mess) / densímetro *m*
Densito•meter *n*, Schwärzungsmesser *m* (Foto) / densitómetro *m* ‖ ≃**metrie** *f* (Foto) / densitometría *f*
Dental•... (Med) / dental ‖ ≃**instrument** *n* / instrumento *m* dental ‖ ≃**zement** *m* / cemento *m* dental
Dentsche Anomalie, sekundärer Kompensationsfehler (Uhr) / error *m* secundario de compensación, anomalía *f* de Dent
Denudation, Abtragung *f* (Geol) / denudación *f*, despojo *m*
denudieren *vt*, bloßlegen (Geol) / denudar
denuklearisieren *vt* (Mil) / desnuclearizar
Depalettieren *n*, Depalettierung *f* (Verp) / despaletización *f*
depermed (Elektr) / desmagnetizado, desiman[t]ado
Dephlegmator *m* (Destillation) / desflemador *m*
dephlegmieren *vt*, entwässern (Öl) / desflemar
Deplacement *n* (Schiff) / desplazamiento *m*
Depolarisation *f* / despolarización *f*
Depolarisationserscheinung *f* / efecto *m* de despolarización
Depolarisator *m* / despolarizador *m*
depolarisieren *vt*, die Polarisierung aufheben / despolarizar ‖ ~, entpassivieren (Galv) / de[s]pasivar
Depolymerisat *n* (Chem) / depolimero *m*
Depolymerisation *f* / depolimerización *f*
depolymerisieren *vt* / depolimerizar
Deponie *f* (Müll) / amontonación *f* de basura clasificada, basurero *m*, descarga *f* controlada ‖ ≃**gasverwertungsanlage** *f* / instalación *f* para aprovechar gases precedentes de basuras
deponieren, Müll ~ / depositar basuras
Depot *n*, Niederschlag *m* (Chem) / depósito *m* ‖ ≃**schiff** *n* / nave *f* depósito ‖ ≃**wirkung** *f* (Chem, Pharm) / efecto *m* de depósito
Depression *f* (Astr, Bergb, Meteo, Phys) / depresión *f* ‖ ≃ (Landsenke unter Meeresspiegel) (Geol) / depresión *f* del terreno ‖ ≃ **des Nullpunktes** (Thermometer) / depresión *f* del punto cero
Depsid *n* (Chem) / dépsido *m*
Deputatkohle *f* (Bergb) / carbón *m* cedido a los mineros, carbón *m* en especie
Derb•erz *n* (Bergb) / mineral *m* macizo ‖ ≃**rüssler** *m*, Bothynoderus punctiventris (Landw, Zool) / gorgojo *m* de la remolacha
Derbyblatt *n* (Schuh) / empeine *m* Derby
Deregulierung *f* / desregularización *f*
Dériaz-Turbine *f*, halbaxiale Turbine (Hydr) / turbina *f* Dériaz
Dérimotor *m*, Einphasenrepulsionsmotor *m*, Derimotor *m* (Elektr) / motor *m* Deri
Derivat *n*, Abkömmling *m* (Chem) / derivado *m*
Derivation, Drallabweichung *f* (Geschoss, Mil) / derivación *f*
Derivationswinkel *m* (Nav) / ángulo *m* de derivación, ángulo *m* de abatimiento
Derivatograph *m* (Chem) / derivatógrafo *m*
Derivator *m*, Derivimeter *n* (Differenziergerät) (Math) / derivador *m*
Derivometer *n* (Luftf) / derivómetro *m*
Deriwicklung *f* (Elektr) / bobinaje *m* Deri
Derjaginwasser, Superwasser *n* (Chem) / agua *f* de Derjagin
Derrick, Ladekran, -baum, -mast *m* (Schiff) / puntal *m* de carga, pescante *m* de carga ‖ ≃ *m* / derrick *m*, grúa *f* derrick [de brazo retractíl] ‖ ≃ (Öl) / torre *f* de

Derrick

perforación, cabria f (VEN), faro m (MEJ), grúa f (MEJ) || **mit Seilen verspannter** ⁓ / derrick m fijado por cables || ⁓**kran** m (Bau) / grúa f derrick || **kleiner** ⁓**kran** (Luftf) / pequeña grúa Derrick f || ⁓**kran** m **mit 270° Schwenkbereich** / grúa f derrick de 270° de libertad
Derrid n, Ellipton n (ein Derris-Harz) (Chem) / derrido m
Derriswurzel f (Bot) / raíz f de derris || ⁓**extrakt** m, Rotenon n (Chem) / rotenona f
derzeitig • er Entwicklungsstand / actual m nivel de desarrollo || **⁓es Modell** (Kfz) / último m modelo
DES = Dieselelektroschiff || ⁓ (DV) / DES (= Data Encryption Standard; USA)
desacetyliert (Chem) / desacetilado
Desaggregation f / desagregación f
desaktivieren vt / desactivar
Desalkylierung f / desalcilación f
Desaminase, Arginase f / desaminasa f, arginasa f
Desaminierung f / desaminación f
Descartesche Zeichenregel f, Cartesische Zeichenregel f (Math) / regla f de Descartes
Descloizit m (Min) / descloizita f
Descrambler m (DV) / desembrollador m
Descriptor m (DV) / descriptor m, palabra f descriptiva
desemulgieren vt (Chem) s. demulgieren
Desensibilisatorbad n (Foto) / baño m desensibilizador
desensibilisieren (Foto) / desensibilizar
Desensibilisierung f (Foto) / desensibilización f
Desertifikation f (Geol) / desiertificación f
Design n, Formgestaltung f / diseño m
designen vt, gestalten / diseñar
Designer m, Formgestalter m, Stilist m / diseñador m [gráfico]
desilizieren (Hütt) / desilicar
Desinfektion f (Med) / desinfección f
Desinfektions • apparat m / aparato m desinfectador || ⁓**mittel** n / desinfectante m || ⁓**mittel**, Germizid n / germicida m || ⁓**mittel** n, Antiseptikum n / antiséptico m
Desinfektor m / fumigador m
desinfizieren vt / desinfectar || ~, ausräuchern (Landw) / fumigar
Desintegrator m, Schleudermühle f / molino m de caja múltiple || ⁓ (Keram) / desintegrador m, disgregador m, desagregador m || ~, Dismembrator m (Mühle) / desintegrador m, desmembrador m
Desktoppublishing n, -Verlegen (DV) / publicación f de escritorio, autoedición f
Deslandrescher Term (Bandenformel) / ecuación f de Deslandres
Des • min, Stilbit m (Min) / desmina f || ⁓**modur** n (Plast) / Desmodur m || ⁓**motrop** (Chem) / desmotrópico || ⁓**motropie** f (Sonderfall der Tautomerie) (Chem) / desmotropía f, desmotropismo m || ⁓**odorieren** vt, desodorisieren, den Geruch entfernen (Chem, Med) / desodorar || ⁓**odorierungsmittel** n, Desodorans n / desodorante m || ⁓**odorierer** m **für Paraffin** / desodorizador m para parafina || ⁓**odorisierung** f (Chem) / desodoración f
Desolite n (Mot) / desolita f
Desorbometer n / disorbómetro m
Desorption f (Chem) / desorción f
Des • oxidation f (Chem, Hütt) / desoxidación f, desoxigenación f || ⁓**oxidationsführung** f (Hütt) / prática f de desoxidación || ⁓**oxidationslegierung** f (Hütt) / aleación f desoxidante || ⁓**oxidationsmittel** n / agente m desoxidante || ⁓**oxidator** m (Hütt) / desoxidante m, desoxigenante m || ⁓**oxidieren** vt, reduzieren (Chem, Hütt) / desoxigenar, desoxidar || ⁓**oxidieren** n, Desoxidierung f, Reduktion f, [teilweise] Entziehung des Sauerstoffes / desoxidación f, desoxigenación f || ⁓**oxidierend** / desoxidante

Desoxycorticosteron n (Pharm) / desoxicorticosterona f || ⁓**acetat** n, DOCA / desoxicorticosterona f acetato
Des • oxyribonucleinsäure f, DNS, DNA (Biol) / ácido m desoxirribonucleico, ADN || ⁓**oxyribonukleotid** n / desoxirribonucleótido m
Dessin n (Web) / dibujo m
Dessinateur m (Web) / creador m de modelos, diseñador m
dessinieren vt (Tex) / diseñar, dibujar
Dessiniermaschine, Ausschlagmaschine f (Tex) / máquina f troqueladora
dessiniert (Pap) / dibujado
Dessin • maschine f, Hebemaschine f, Mustermaschine f (Tex) / máquina f de dibujos || ⁓**papier** n, Patronenpapier n, Linienpapier n (Tex) / papel m patrón || ⁓**zylinder**, Figurzylinder m (Web) / cilindro m para dibujo
Destabilisator m (Plast) / destabilizador m
Destillat n (Chem) / destilado m, producto m destilado || ⁓**eis** n (Chem) / hielo m cristal
Destillateur, Branntweinbrenner m (Nahr) / destilador m
Destillation f, Destillierung f, Destillieren n (Chem) / destilación f || ⁓ **durch eine Dialysemembran** / destilación f por membrana de dialisis, perdestilación f || ⁓ **mittels Sonnenenergie** / destilación f solar || **abwärts gehende** ⁓ / destilación f descend[i]ente || **aufsteigende o. gerade** ⁓ / destilación f ascend[i]ente || **leichte** ⁓, Toppen n (Chem) / destilación f primaria || **wiederholte** ⁓ (Chem) / destilación f repetida
Destillations • ..., Straight-Run... (Öl) / destilación directa, de destilación a presión atmosférica, destilado integro || ⁓**-Anfangspunkt** m (Chem, Öl) / punto m inicial de destilación || ⁓**anlage** f / planta f de destilación || ⁓**-Benzin**, Roh-Benzin m (Öl) / gasolina f de destilación directa, gasolina f integra o de destilación a presión atmosférica || ⁓**-Endpunkt** m (Chem, Öl) / punto m final de destilación || ⁓**gas** n (Öl) / gas m de destilación || ⁓**gut** n / material m a destilar || ⁓**kammer** f / cámara f de destilación || ⁓**kolben** m (Chem) / retorta f de destilación || ⁓**kolonne** f (Chem) / columna f de destilación fraccionada || ⁓**kurve** f (Öl) / curva f de destilación || ⁓**rückstand** m (Erdöl) / residuo m de destilación || ⁓ **schnitt** m (Chem) / corte f de destilación || ⁓**turm für stufenweises Arbeiten** (Chem) / torre f de fraccionamiento || ⁓**verlauf**, Siedeverlauf m / desarrollo m de destilación
Destillat • kühler m (Chem) / refrigerador m del destilado || ⁓**öl** n / combustible m pesado, mazut m
Destillator m / destilador m
Destillier... / destilatorio adj
Destillier • apparat m / aparato m de destilación, destiladera f || ⁓**aufsatz** m (Chem) / cabeza f de destilación || ⁓**aufsatz**, Destillierkolonne f (Brau, Chem Verf) / columna f de destilación || ⁓**blase** f / retorta f de destilación, alambique m, cucúrbita f
destillieren vt / destilar, alambicar || ~ (Alkohol), brennen / alquitarar || **in Retorten** ~ / alambicar en retortes || **wiederholt (o. zum zweiten Mal)** ~ / redestilar
Destillier • kolben m / matraz m de destilación, alambique m, alquitara f || ⁓**kolonne** f / torre f de destilación || ⁓**rohr**, Siederohr n / tubo m de destilación
destilliert / destilado || ~, Essenz... (Chem) / esencial || **⁓es Wasser**, Dest-Wasser n, aqua f destillata / agua f destilada || **leicht** ~, getoppt / de destilación primaria o inicial
Destillierung f, Destillieren n / destilación f
Destraktion f (Stofftrennung mit überkritischen Gasen) (Chem) / destracción f
Destriaueffekt m (Lumineszenz) / efecto m Destriau
Desublimation f (gasförmiges Luft-H_2O wirdd zu Eiskristallen) / desublimación f

270

Desulfonierung f, **Desulfurierung** f (Chem) / desulfuración f
DETAB-Programmiersprache f (DV) / lenguaje m de programación DETAB
Detacheur m (Mühle) / separadora f ["destacadora"]
detachieren vt, Flecke entfernen (Chem) / quitar manchas, eliminar manchas, desmanchar
Detachiermittel n / quitamanchas m
Detachment n (Elektron-Abspaltung von negativem Ion) (Nukl) / desprendimiento m de electrones, liberación f de electrones
detaillieren vt, spezifizieren / especificar ‖ ~, aufschlüsseln / detallar
Detail • wiedergabe f / reproducción f en detalle ‖ ²**zeichner** m / dibujante m de piezas sueltas ‖ ²**zeichnung** f / dibujo m de detalle, plano m de despiece
Detektor m (allg) / detector m ‖ ², -empfänger m (Radio) / demodulador m, receptor m de galena, detector m ‖ **1/v-**² (Nukl) / detector m en 1/v ‖ ²**diode** f (Eltronik) / diodo m detector ‖ ²**kristall** m (Eltronik) / galena f, cristal m [de] detector ‖ ²**röhre** f / válvula f detectora ‖ ²**vorspannung** f / tensión f de polarización de[s]modulador a
Detergens n, synthetisches Waschhilfsmittel (Chem) / detergente m ‖ ² ² (Additiv) (Öl) / agente m de dispersión ‖ ²... (Chem) / detergente
Detergentienhersteller m / productor m de detergentes
Detergentwirkung f (Öl) / efecto m detergente
Determinante f (Math) / determinante m (un polinomio)
determinieren vt, feststellen / determinar
determinierter Fehler / error m determinado
Determinierung, Determination f (Math) / determinación f
deterministisch / determinístico ‖ ~e **Funktion** (Schwingungen) / función f determinística
Detonation f (Sprengstoff) / detonación f, estallido m ‖ ² **in der Luft** (Nukl) / detonación f sobre O ‖ ² **unter Wasser** / detonación f submarina
Detonations • geschwindigkeit f (TNT) / velocidad f de detonación ‖ ²**kanone**, Beschichtungskanone f (Plast) / cañón m para recubrimiento ‖ ²**messer** m **zur Klopffestigkeitsbestimmung** / medidor m del poder antidetonante ‖ ²**spritzen** (Schw) / pulverización f por detonación ‖ ²**welle** f / onda f de detonación ‖ ²**wert** m (in kT o. MT) / valor m de detonación ‖ ²**zentrum** m, Explosionsherd m / centro m de explosión ‖ ²**zündschnur** f / mecha f detonante o de explosión
Detonator m, Initialzünder m (Bergb) / detonador m, carga iniciadora f
detonieren vi, explodieren / detonar, fulminar, estallar
Detoxikation f (Chem) / destoxicación f
Detraktion f (Geol) / detracción f
detritisch (Geol) / detrítico
Detritus, Gesteinschutt m (Geol) / detrito m ‖ ² m, Schwebe- und Sinkstoffe m pl (Abwasser) / sustancias f pl flotantes
deuteranopisch, grünblind (Med) / deuteranópico
deuterieren vt (Nukl) / deuterizar
Deuterium n, D, schwerer Wasserstoff, ²H (Chem) / deuterio m, hidrógeno m pesado ‖ ²**oxid** n, D₂O, schweres Wasser / óxido m de deuterio, agua f pesada
Deuteron n (Deuteriumkern) (Phys) / deuterón m, deutón m
Deuteronenmasse f / masa f de deuterón
Deuteropyramide f (Krist) / deuteropirámide f
deutlich / visible, distinto ‖ ~, scharf (Druck, Opt) / nítido
deutsch • e Montierung (Teleskop) / montura f alemana ‖ ²**es Arzneibuch**, DAB / farmacopea f alemana ‖ ²**e Normen**, DIN-Normen f pl / Normas f pl DIN ‖ ²**es Patent- und Markenamt** (DPMA) / Oficina f de Patentes Alemana

Devarda-Legierung f (50 T.Cu, 45 T.Al, 5 T.Zn) (Hütt) / aleación f Devarda
Deviation f (Fehlweisung infolge Eigenstörung) (Schiff) / desviación f, desvío m
Deviations • bake f (Schiff) / baliza f de desviación ‖ ²**empfindlichkeit** f / sensibilidad f al desvío ‖ ²**magnet**, Ablenkungsmagnet m / imán m de desviación ‖ ²**prüfung** f (Schiff) / control m de desvío ‖ ²**tafel** f (Luftf) / tabla f de desviación ‖ ²**wert** m (Schiff) / valor m de desviación
Deviatorspannung f (Mech) / tensión f reducida
DEVO = Datenerfassungsverordnung
Devon n, Devonische Formation (Geol) / devónico m ‖ ²..., devonisch / devoniano, devónico
Dewar-Gefäß n / frasco m de Dewar, recipiente m Dewar
DEWI, Deutsches Institut für Windenergie / Instituto m Alemán de Energía Eólica
Dextran n (Chem) / dextrano m
Dextrin n, Stärke[mehl]gummi m / dextrina f ‖ ²**leim**, -klebstoff m / adhesivo m de dextrina ‖ ²**stärke** f / almidón m dextrinizado
dextrogyr (Opt) / dextrógiro
Dextrose f (Chem) / dextrosa f ‖ ²**einheit** f / unidad f de dextrosa
dezentral adj / descentrado ‖ ~ adv (DV) / localmente
dezentralisieren vt / descentralizar
dezentrieren vt / descentrar
Dezentrierung f / descentramiento m
Dezi..., Zehntel..., d / deci...
Dezibel n, dB (Akust, Eltronik) / décibel m, decibelio m ‖ ² **bezogen [auf]** o. je... / décibel m relativo [a]
Dezi • -Empfang m (Eltronik) / recepción f de ondas decimétricas ‖ ²**gramm** n, Zehntelgramm n / decigramo m
Dezil n (Stat) / decila f
Dezi • leitung f (Eltronik) / conductor m de ondas decimétricas ‖ ²**liter** m n / decilitro m
dezimal, nach Zehnersystem, Dezimal..., Zehner... (Math) / decimal ‖ ²**anzeiger** m / indicador m decimal ‖ ~**-binär** (DV) / decimal-binario ‖ ²**-Binärumsetzung** f / conversión f decimal-binario ‖ ²**bruch** m (Math) / fracción f decimal, quebrado m decimal ‖ ²**darstellung** f / representación f decimal
Dezimale f, Dezimalstelle f, -zahl f / decimal f, cifra f decimal, parte f decimal ‖ **bis zur 3.** ² **berechnen** / calcular hasta la tercera cifra decimal
Dezimal • exponent m (Math) / exponente m decimal ‖ ²**exponent D** m (FORTRAN) (DV) / exponente m de precisión doble (FORTRAN) ‖ ²**form** f (Math) / decimalidad f ‖ ²**klassifikation** f, DK / clasificación f decimal [universal o de Bruselas] ‖ ²**punkt** m, Komma n (Math) / punto m decimal, coma f decimal ‖ ²**rechnung** f / cálculo m decimal ‖ ²**schreibweise** f / notación f decimal ²**stellen abstreichen** (o. wegstreichen) / borrar decimales ‖ ²**system** n / sistema m decimal ‖ **in** ²**system ausgedrückt** / representado en sistema decimal ‖ ²**tabulator** m (DV) / tabulador m decimal ‖ ²**titer** m, Td (Chem, Tex) / título m decimal ‖ ²**waage** f (Math) / balanza f decimal, báscula f decimal, báscula f de Quintenz ‖ ²**zahl** f / número m decimal ‖ ²**zahlensystem** n / sistema m decimal ‖ ²**ziffer**, -stelle f / cifra f decimal, dígito m decimal
Dezi • meter m / decímetro m ‖ ²**meter...** / decimétrico ‖ ²**meterwelle** f (Eltronik) / onda f decimétrica ‖ ²**meterwellenbereich** m / gama m de ondas decimétricas, gama f 9 ‖ ²**neper**, 1/10 Neper n, dN (Fernm) / decineper m, decineperio m, dN ‖ ²**-Verstärker** m (Eltronik) / amplificador m de microondas ‖ ²**wellenmesser** m / medidor m de microondas
DFB, Druckfeuerbeständigkeit f (Keram) / refractoriedad f bajo carga ‖ ²**-Prüfung**,

DFG

Druckfeuerbeständigkeitsprüfung *f* (Keram) / ensayo *m* de refractoriedad bajo carga
DFG = Deutsche Forschungsgemeinschaft
DFG-Laser *m* / laser *m* de retroacción difusa
DFH = Deutsche Forschungsanstalt für Hubschrauber und Vertikalflugtechnik
3-D-Film *m* / película *f* en relieve, filme *m* tridimensional
D-förmig / en forma de D
DFT (Discrete Fourier Transformation) (Eltronik, Math) / transformación *f* de Fourier discreta
DFÜ = Datenfernübertragung
DFV, Datenfernverarbeitung *f* / teletratamiento *m* de datos
DFVLR = Deutsche Forschungsanstalt für Luft- und Raumfahrt
DGF = Deutsche Gesellschaft für Flugwissenschaften
DGfM = Deutsche Gesellschaft für Metallkunde
D 263-Glas *n* (0,025 mm) / vidrio *m* D 263
DGM = Deutsche Gesellschaft für Metallkunde
DGON = Deutsche Gesellschaft für Ortung und Navigation
DGQ = Deutsche Gesellschaft für Qualitätsforschung
D-Graphit *m* / grafito *m* D, grafito *m* interdentrítico
D-Griff *m* / empuñadura en forma de D
DGRR = Deutsche Gesellschaft für Raketentechnik und Raumfahrt
DHA, Docosahexaensäure *f* (Biochem) / ácido *m* docosahexaénico
DHDN (Verm) = Deutsches Haupt-Dreiecksnetz
DHD-Prozess *m*, Druck-Hydrierung-Dehydrierung *f* (Öl) / proceso *m* de hidrogenación-deshidrogenación
DHÜ = Drehstrom-Hochspannungsübertragung
DH-Verfahren *n* (= Dortmund-Hörde) (Hütt) / procedimiento *m* DH
DI, Diplomingenieur *m* (Univ.) / ingeniero *m* superior (E) ‖ $\stackrel{\sim}{=}$ (=Direct Injection, Direkteinspritzung) (Mot) / inyección *f* directa, ID
D&I *n*, Abstrecktiefziehen *n* (Konservendosen) / embutido y estirado
Dia *n*, Diapositiv] *n* / diapositiva *f*, día *m*, transparencia *f* (LA) ‖ $\stackrel{\sim}{=}$ (f. Unterricht) / filmina *f*
Dia-Abtaster *m* / analizador *m* de diapositivas
Diabas, Urgrünstein *m* (Min) / diabasa *f* ‖ $\stackrel{\sim}{=}$**schiefer** *m* / esquisto *m* de diabasa ‖ $\stackrel{\sim}{=}$**tuff** *m*, Grünsteintuff *m* / toba *f* de diabasa
Dia-Betrachter *m* (Foto, Opt) / visor *m* de diapositivas
Diac *m*, Zweiweg-Schaltdiode *f* (Eltronik) / diac *m*
Diacetonalkohol *m*, Diaceton *n* (Chem) / alcohol *m* diacetona, diacetonalcohol *m*, diacetón-alcohol *m*
Diacetsäure *f*, Acetessigsäure *f* / ácido *m* diacético, ácido *m* acetacético
Diacetyl *n* / diacetilo *m*, diacetobutano *m*
Dia • -Deckglas *n* (Foto) / plaquita *f* de montaje ‖ $\stackrel{\sim}{=}$**-Einfassstreifen** *m* (Foto) / banda *f* de montaje ‖ $\stackrel{\sim}{=}$**-Fassung** *f*, -Rähmchen *m* / marco *m* para diapositivas ‖ $\stackrel{\sim}{=}$**film** *m*, Bildband *n* / vista *f* fija ‖ $\stackrel{\sim}{=}$**genese** *f* (Geol) / diagénesis *f*
Diagnose *f* / diagnosis *f*, diagnóstico *m* ‖ $\stackrel{\sim}{=}$**programm** *n* / programa *m* diagnóstico
Diagnostik • öffnung *f* (Plasma) / ventanilla *f* de control ‖ $\stackrel{\sim}{=}$**programm** *n* (DV) / rutina *f* de diagnóstico ‖ $\stackrel{\sim}{=}$**röhre** *f* (Radiol) / tubo *m* diagnóstico
diagnostisch / diagnóstico
diagnostizierbar (Fehler) / diagnosticable
diagnostizieren *vt* / diagnosticar
diagonal / diagonal ‖ ~, transversal / transversal ‖ ~ *adv*, eckweise / diagonalmente, en diagonal ‖ ~**er Abbau** (Bergb) / extracción *f* diagonal ‖ ~ **gesägt** / cortado en diagonal
Diagonal • ..., konventionell (Reifen) / de estructura diagonal ‖ $\stackrel{\sim}{=}$**anker**, Eckanker *m* (Bau) / riostra *f* diagonal ‖ $\stackrel{\sim}{=}$**bewehrung**, -armierung *f* (Bau) / armadura *f* diagonal ‖ $\stackrel{\sim}{=}$**beziehung** *f*, schräge Analogie (Chem) / analogía *f* diagonal ‖ $\stackrel{\sim}{=}$**bindung** *f* (Tex) / ligamento *m* diagonal, ligamento *m* sarga ‖ $\stackrel{\sim}{=}$**deckung** *f* (Schiefer) (Bau) / tejado *m* diagonal
Diagonale *f*, Diagonallinie *f* / diagonal *f* ‖ $\stackrel{\sim}{=}$, Diagonalstab *m* (Stahlbau) / barra *f* diagonal ‖ $\stackrel{\sim}{=}$ **am Gerüst**, Schwert *n* (Bau) / travesaño *m* ‖ **einfallende** $\stackrel{\sim}{=}$ (Bergb) / diagonal *f* incidente
Diagonalegge *f* (Landw) / grada *f* diagonal
diagonalenloser Träger (Bau) / viga *f* sin diagonales
Diagonal • falzung *f* (Druck) / plegado *m* diagonal ‖ $\stackrel{\sim}{=}$**gewebe** *n* (Tex) / tejido *m* diagonal ‖ $\stackrel{\sim}{=}$**kraweelbeplankung** *f* (Schiff) / forro *m* a tope en diagonal ‖ $\stackrel{\sim}{=}$**matrix** *f* (Math) / matrix *f* diagonal ‖ $\stackrel{\sim}{=}$**pflaster** *n*, Querpflasterung *f* (Straßb) / pavimentado *m* diagonal ‖ $\stackrel{\sim}{=}$**raster** *n* (Licht) / retícula *f* diagonal ‖ $\stackrel{\sim}{=}$**register** *n* (DV) / registro *m* diagonal ‖ $\stackrel{\sim}{=}$**reifen** *m* (Kfz) / pneumático *m* de estructura diagonal ‖ $\stackrel{\sim}{=}$**schichtung** *f* (Geol) / estratificación *f* diagonal ‖ $\stackrel{\sim}{=}$**schlag**, Kreuzschlag *m* (Tex) / picada *f* cruzada ‖ $\stackrel{\sim}{=}$**spannung** *f* (Elektr) / componente *f* diagonal [de una tensión], tensión *f* diagonal ‖ $\stackrel{\sim}{=}$**stab** *m*, -versteifung *f* (Stahlbau) / diagonal *f*, barra *f* diagonal del entramado ‖ $\stackrel{\sim}{=}$**stich** *m*, Diamantstich *m*, Köpersatz *m* (Tex) / tejido *m* en líneas diagonales o en cadenilla ‖ $\stackrel{\sim}{=}$**stoff** *m*, -gewebe *n* / tejido *m* diagonal ‖ $\stackrel{\sim}{=}$**strebe** *f* (Stromabn.) / diagonal *f* del pantógrafo ‖ $\stackrel{\sim}{=}$**strebe** (Stahlbau) / tirante *m* diagonal ‖ $\stackrel{\sim}{=}$**turbine** *f* / turbina *f* diagonal ‖ $\stackrel{\sim}{=}$**verband** *m* (Stahlbau) / arriostrado *m* triangular, enlace *m* con diagonales, enlace *m* diagonal ‖ $\stackrel{\sim}{=}$**verstrebung** *f* (Stahlbau) / arriostramiento *m* diagonal ‖ $\stackrel{\sim}{=}$**verwerfung** *f* (Geol) / dislocación *f* diagonal ‖ $\stackrel{\sim}{=}$**[wetter]strom** *m* (Bergb) / corriente *f* diagonal [de aire] ‖ $\stackrel{\sim}{=}$**zaun** *m* (Bau) / valla *f* cruzada
Diagramm *n* / diagrama *m* ‖ $\stackrel{\sim}{=}$, Schaubild *n*, Kurvenbild *n* / diagrama *m*, representación *f* gráfica ‖ $\stackrel{\sim}{=}$ **des Funktionsfähigkeitsbereiches** (Eltronik) / diagrama *m* de las zonas de funcionamiento [de un circuito] ‖ $\stackrel{\sim}{=}$ **in Zifferblattform**, Polar-, Scheibendiagramm *n* / diagrama *m* polar ‖ **ein** $\stackrel{\sim}{=}$ **erstellen o. zeichnen** / diagramar, representar gráficamente
Diagramm • antrieb *m* (Instr) / mecanismo *m* de arrastre ‖ $\stackrel{\sim}{=}$**ausfüllung** *f* (Radar) / relleno *m* del vacío entre lóbulos ‖ $\stackrel{\sim}{=}$**blatt** *n* / hoja *f* de (o para) diagramas ‖ $\stackrel{\sim}{=}$**blatt des Fahrtenschreibers**, Tachographenscheibe *f* (Kfz) / disco-diagrama *m* del tacógrafo ‖ $\stackrel{\sim}{=}$**papier** *n* / papel *m* para diagramas ‖ $\stackrel{\sim}{=}$**rolle** *f* / papel *m* diagrama en rollo ‖ $\stackrel{\sim}{=}$**scheibe**, Tachographenscheibe *f* (Kfz) / disco *m* de diagrama ‖ $\stackrel{\sim}{=}$**scheiben-Auswerter** *m* (Tachograph) / analizador *m* de discos ‖ $\stackrel{\sim}{=}$**scheibenpapier** *n* / papel *m* para discos de diagrama ‖ $\stackrel{\sim}{=}$**streifen** *f* / tira *f* de diagrama ‖ $\stackrel{\sim}{=}$**trommel** *f* (Indikator) / tambor *m* de diagrama
Dia • graphie *f* (Geol) / diagrafía *f* ‖ $\stackrel{\sim}{=}$**[positiv]halter** *m* (Foto) / portadiapositiva *m* ‖ $\stackrel{\sim}{=}$**kartogramm** *n* (graph. Darstellung auf Landkartenbasis) (Geo) / diacartograma *m*
Dia-Kasten *m* (Foto) / caja *f* para diapositivas
Dia • klase *f* (Geol) / diaclasa *f* ‖ $\stackrel{\sim}{=}$**kopiervorsatz** *m* (Foto) / adaptador *m* para copiar diapositivas ‖ $\stackrel{\sim}{=}$**koptik** *f* (Math) / diacóptica *f* ‖ ~**kritisches Zeichen** (Druck) / signo *m* diacrítico
Dialdehyd *m* (Chem) / dialdehido *m* ‖ $\stackrel{\sim}{=}$**stärke** *f* / almidón *m* de dialdehido
Dialkylzinn *n* / dialcoilestaño *m*
Diallag *m* (Min) / diálaga *f* (silicato de magnesia, cal e hierro)
Diallogit, Rhodochrosit *m* (Min) / dialogita *f*, rodocrosito *m*
Dialog *m* (DV) / comunicación *f* conversacional ‖ $\stackrel{\sim}{=}$**...**, Zwischenverkehrs... (DV) / interactivo, conversacional ‖ $\stackrel{\sim}{=}$**betrieb** *m* (DV) / procesamiento *m* conversacional ‖ $\stackrel{\sim}{=}$**box** *f* (DV) / caja *f* de diálogo ‖ $\stackrel{\sim}{=}$**datenendstation** *f* (DV) / terminal *m* conversacional ‖ ~**fähig** / interactivo ‖ $\stackrel{\sim}{=}$**feld** *n* / cuadro *m* de diálogo ‖ $\stackrel{\sim}{=}$**fenster** *n* / ventana *f* de diálogo ‖ $\stackrel{\sim}{=}$**fernsehen** *n* /

televisión *f* interactiva ‖ ~**geführt** / programado en forma de diálogo ‖ ~**-Jobverarbeitung** *f* (DV) / tratamiento *m* interactivo de los trabajos ‖ ~**-Programmiersystem** *n* / sistema *m* de programación conversacional ‖ ~**spur** *f* (DV) / canal *m* de diálogo ‖ ~**steuerung** *f* (Wzm) / gobierno *m* o mando por diálogo ‖ ~**verbindung** *f* (DV, Eltronik) / enlace *m* conversacional ‖ ~**zeichen** *n* (DV) / carácter *m* de diálogo
Dial-Up-Verbindung *f* (Internet) / conexión *f* por línea conmutada
Dia•lysator *m* (Chem) / dializador *m* ‖ ~**lyse** *f* (Chem) / diálisis *f* ‖ ~**lysierbar** (Chem) / dializable ‖ ~**lysieren** *vt* / dializar ‖ ~**lysiergeschwindigkeit** *f* (Chem) / velocidad *f* de diálisis ‖ ~**magazin** *n* (Foto) / almacén *m* de diapositivas ‖ ~**magnetikum** *n*, diamagnetischer Stoff (Elektr) / sustancia *f* diamagnética ‖ ~**magnetisch** / diamagnético ‖ ~**magnetischer Effekt** (Nukl) / efecto *m* diamagnético ‖ ~**magnetismus** *m* (Elektr) / diamagnetismo *m*
Diamant *m* (Min) / diamante *m* ‖ ~ **von reinstem Wasser** / diamante *m* claro y puro ‖ **schwarzer** ~ / carbonado *m*, diamante *m* negro ‖ ~**ähnlich** / parecido al diamante ‖ ~**artig** / diamantado ‖ ~**artig**, -glänzend / de brillo diamantino ‖ ~**besatz** *m* (Wz) / guarnición *f* de diamantes ‖ ~**besetzt** (Wz) / dotado de diamantes ‖ ~**bohren** (Bergb) / perforación *f* al diamante, sondeo *m* con punta de diamantes ‖ ~**bohrer** *m* / barrena *f* con punta de diamante ‖ ~**bohrkopf** *m* / trépano *m* de diamantes ‖ ~**[bohr]krone** *f* / corona *f* diamante [de perforación], corona *f* perforadora de diamantes ‖ ~**bohrmaschine** *f* (Bergb) / perforadora *f* de diamante ‖ ~**bohrung** *f* (Bergb) / perforación *f* de diamante o con diamantes ‖ ~**drehen** *n* (Wzm) / torneado *m* con diamante ‖ ~**düse** *f* (Drahtziehen) / trefila *f* de diamante
Diamantenkonkretion *f* (Ölbohrung) / concreción *f* diamantífero
Diamant•farbstoffe *m pl* / colorantes *m pl* brillantes ‖ ~**-Gesteinssäge** *f* / sierra *f* de diamante ‖ ~**grube**, -**mine** *f* (Bergb) / mina *f* de diamantes ‖ ~**halter** *m* (Masch) / portadiamante *m* ‖ ~**haltig**, -führend (Bergb, Min) / diamantífero ‖ ~**hart** / duro como un diamante ‖ ~**kitt** *m*, Galbanum *n* (Masch) / gálbano *m* ‖ ~**körnung** *f* / granulado *m* de diamantes ‖ ~**messer** *n* (Wzm) / cuchilla *f* de diamante industrial ‖ ~**metall-Legierung** *f* (Hütt) / aleación *f* diamantes/metal ‖ ~**pinole** *f* / pínula *f* de diamante ‖ ~**pulver** *n*, -staub *m* (Min) / polvos *m pl* de diamante ‖ ~**säge** *f* / sierra *f* de diamante ‖ ~**schleifen** *n* / tallado *m* de diamantes ‖ ~**schleifer**, -schneider, -reiber, -säger *m* / abrillantador *m*, diamantista *m* ‖ ~**schleifscheibe** *f* / muela *f* diamantada ‖ ~**schleifstift** *m* / barrita *f* diamantada ‖ ~**schleifwerkzeug** *n* / instrumento *m* para tallar diamantes ‖ ~**schneide** *f* / filo *m* del diamante ‖ ~**-Schneidwerkzeug** *n* (Glas) / diamante *m* cortavidrio, diamante *m* de vidriero o de cristalero ‖ ~**-Standardscheibe** *f* (zum Schleifen von Hartmetall) / muela *f* diamantada normalizada ‖ ~**stich** s. Diagonalstich ‖ ~**tinte** *f* (zum Glasätzen) / tinta *f* de diamante (para causticar vidrio) ‖ ~**vorkommen** *n* (Bergb) / yacimiento *m* de diamantes ‖ ~**werkzeug** *n* / útil *m* diamantado, herramienta *f* de diamante ‖ ~**ziehstein** *m* (Hütt) / hilera *f* de diamante
diametral, genau entgegengesetzt / diametral ‖ ~**e Anzapfungen** *f pl* / tomas *f pl* diametrales ‖ ~**e Bruchfestigkeit** (Sintern) / resistencia *f* a la compresión diametral
Diametralfräsen *n* (Wzm) / fresado *m* diametral
Diametral Pitch *m*, Zähnezahl *f* je Zoll / paso *m* diametral ‖ ~ **Pitch des Werkzeugs** / paso *m* diametral del útil ‖ ~ **Pitch im Axialschnitt** / paso *m* diametral axial ‖ ~ **Pitch im Normalschnitt**

(Schrägstirnrad) / paso *m* diametral normal ‖ ~ **Pitch im Stirnschnitt** / paso *m* diametral transversal
Diamid, Hydrazin *n* (Chem) / hidracina *f*, diamida *f*
Diamin *n* / diamina *f* ‖ ~**blau** *n* / azul *m* de diamina ‖ ~**-Farbstoffe** *m pl* / colorantes *m pl* diaminas ‖ ~**hydrat** *n* / hidrato *m* diamino
Diamino•diphenyl *n* / diaminodifenilo *m* ‖ ~**phenol** *n* (Foto) / diaminofenol *m*
Diaminschwarz *n* **BH** (Chem) / negro *m* de diamina
Diane *n*, Europäisches System des direkten Informationszugangs (Fernm) / Diane *m* (sistema europeo de acceso directo a las redes de información)
dia•phan, durchscheinend (Opt) / diafano ‖ ~**phanie** *f*, Durchscheinen *n* / diafaneidad *f* ‖ ~**phaniepapier** *n* / papel *m* diafano, papel *m* transparente para vidrieras, papel *m* vitrón ‖ ~**phanometer** *n* (Opt) / diafanómetro *m* ‖ ~**phanoskop** *m* / diafanoscopio *m* ‖ ~**phonie** *f* / diafonía *f* ‖ ~**phragma** *n* (Masch, Opt) / diafragma *m* ‖ ~**phragma**, poröse Scheidewand / diafragma *m* [poroso] ‖ ~**phragmapumpe** *f* / bomba *f* de membrana, bomba *f* de diafragma ‖ ~**phragmazelle** *f* (Elektrolyse) / celda *f* del diafragma
Diaphthorese *f* (Geol) / diaftoresis *f*
Diapir *m* (Geol) / diapir *m* ‖ ~**faltung** *f* / diapirismo *m*
dia•plektisch (Geol) / dialpléctico ‖ ~**positiv** *n*, Dia *n*, Glaspositiv *n* (Foto) / día *m*, diapositiva *f* ‖ ~**projektion** *f* / projección *f* diapositiva ‖ ~**-Projektor** *m*, Diaskop *n* / diascopio *m*, proyector *m* para diapositivas ‖ ~**-Rähmchen** *n*, -Fassung *f* / marco *m* para diapositivas ‖ ~**spor** *m* (Tonerdemonohydrat) (Min) / diáspora *m*, diasporita *f* ‖ ~**stase**, Amylase *f* (Brau) / diastasa *f*, amilasa *f* ‖ ~**stasereich** (Brau) / rico en diastasa, rico en amilasa ‖ ~**stereomer** *n* (Chem) / diastereoisomero *m*
Diät... (Med) / de dieta
dia•therm, Wärme durchlassend / diatérmico, diatérmano ‖ ~**thermie** *f* / diatermia *f*, arsonvalización *f* ‖ ~**thermisch** (Med) / diatérmico ‖ ~**thermisches Medium** (Phys) / medio *m* diatérmico
Diatomee, Kieselalge *f* (Bot) / diatomea *f*, diatomácea *f*
Diatomeen•erde *f* / tierra *f* de diatomeas, tierra *f* de infusorios ‖ ~**schlamm** *m* / depósitos *m pl* de diatomeas ‖ ~**silikat** *n* / silicato *m* de diatomea
Diatomit[-Formstein] *n* (Bau) / ladrillo *m* perfilado de diatomita
Diazo•... / diazo..., diazoico ‖ ~**benzol** *n* (Chem) / diazobenceno *m* ‖ ~**-Duplikat** (Foto) / duplicado *m* diazoico ‖ ~**emulsion** *f* (UV-empfindliche Schicht) / emulsión *f* diazoica ‖ ~**farben** *f pl* (mit zwei Azogruppen) / colorantes *m pl* diazoicos ‖ ~**film** *m* (Foto) / película *f* diazoica ‖ ~**kopie** *f* / copia *f* diazoica ‖ ~**kopie-Verfahren** *n* (Druck) / diazotipía *f* ‖ ~**körper** *m* (Chem) / diazoico *m* ‖ ~**kupplung** *f* (Chem) / diazocopulación *f*
Diazol *n* / diazol *m*
Diazo•materialien *pl* / materias *f pl* diazoicas ‖ ~**methan** *n* / diazometano *m* ‖ ~**niumsalz** *n* (Färb) / sal *f* de diazonio ‖ ~**papier**, Lichtpauspapier *n* (Foto) / papel *m* diazoico ‖ ~**prozess** (Foto) / proceso *m* diazoico ‖ ~**reaktion** *f* (Chem) / diazorreacción *f* ‖ ~**tierbar** / diazotable ‖ ~**tieren** *vt* / diazotar, diazoar ‖ ~**tierung** *f*, Diazotieren *n* / diazotación *f*, diazación *f*, diazotaje *m* ‖ ~**typie** *f* (Foto) / diazotipía *f* ‖ ~**typieverfahren** *n* (Druck) / procedimiento *m* de diazotipía ‖ ~**verbindung** *f* (Chem) / diazoico *m*, compuesto *m* diazo ‖ ~**verfahren** *n* / proceso *m* diazoico
Dibbel•saat, Häufchensaat *f* (Landw) / siembra *f* a golpes, siembra *f* en montoncillos ‖ ~**[sä]maschine** *f* / sembradora *f* a golpes, sembradora *f* en montoncillos
Dibenzylamin *n* (Chem) / dibencilamina *f*
Dibit *n* (DV) / dibit *m*
Diboran *n* (Chem) / diborano *m*

Dibutylphthalat

Dibutyl•phthalat n / ftalato m dibutílico ‖ ~**zinn-Dilaurat** n / dibutilestaño m dilaurato
Di[calcium]phosphat n (Düngemittel) / di[calcio]fosfato m
Dicen n, Zerschneiden n in Chips (Halbl) / corte m en lasquitas
Dichloralharnstoff m (Chem) / dicloralurea f
Dichlor•benzol n / diclorobenceno m ‖ ~**diethylsulfid**, Senfgas n / diclorodietilsulfuro m, sulfuro m de diclorodietilo ‖ ~**dihydroxydiphenylmethan** n / metano m de diclorodihidroxidifenilo ‖ ~**diphenyltrichlorethan** n / diclorodifeniltricloretano m ‖ ~**essigsäure** f / ácido dicloroacético m ‖ ~**ethylen** n / dicloroetileno m ‖ ~**hexoxid** n / trióxido m de cloro ‖ ~**methan** n / diclorometano m, cloruro m de metileno ‖ ~**propan** n, Propylendichlorid n / dicloropropano m
Dichotomie f / dicotomía f
dichotomisch / dicotómico ‖ ~**e Suche** (DV) / búsqueda f dicotómica
Dichro•ismus m, Zweifarbigkeit f / dicroísmo m ‖ ~**it** m (Min) / dicroita f ‖ ~**itisch** (Min, Opt) / dicroico ‖ ~**itische Oberfläche** / superficie f de reflexión selectiva ‖ ~**itischer Schleier** (Foto) / niebla f dicroica
dichrom, zweifarbig / dicromático
Dichromat n / dicromato m, bicromato m
Dichromatismus m / dicromatismo m
Dichroskop n (Opt) / dicroscopio m
dicht, nahe bei / cerca [a], cercano, vecino ‖ ~ (Verkehr, Wald usw.) / espeso ‖ ~, fest, zusammengedrängt / compacto, comprimido ‖ ~, festhaltend, nicht entweichen lassend / estanco, hermético ‖ ~ (Bau) / retentivo ‖ ~ (Fugen) / obturado ‖ ~ (Gewebe) / denso ‖ ~, schwer (Phys) / pesado, denso ‖ ~, undurchdringlich, undurchlässig, hermetisch / hermético, impermeable, estanco ‖ ~ (Streuung) / cerrado ‖ ~, massiv (Geol) / macizo ‖ ~, eng anliegend / muy ceñido ‖ ~ **auffahren** / desfilar estrechamente ‖ ~ **besiedeltes Gebiet** / región f densamente poblada ‖ ~ **bevölkert** / densamente poblado ‖ ~ **bewölkt** / encapotado, cubierto ‖ ~**es Erz** / mineral m compacto ‖ ~**er Formsand** (Gieß) / arena f de fundición compacta ‖ ~ **gedrängt** / compacto, apretado ‖ ~**es Gefüge** (Metall, Phys) / estructura f de granulado denso ‖ ~ **gehäuft** / acumulado ‖ ~ **gekapselt** (Elektr, Masch) / blindado ‖ ~**est gepackt** (Krist) / concentrado ‖ ~ **gepackt** (Chem) / concentrado ‖ ~ **geschlagen** (Web) / cerrado ‖ ~ **gewalkt** (Tex) / batanado densamente, enfurtido densamente ‖ ~ **gewebt** / denso ‖ ~ **gewebter Stoff** / tela f tupida ‖ ~**e Impulsaufzeichnung** (Eltronik) / registro m denso de impulsos ‖ ~ **machen** / calafatear, estanqueizar, obturar ‖ ~**e Menge** (Math) / conjunto m denso ‖ ~**er Rauch**, Qualm m / humo m espeso ‖ ~ **schließend** / estanco, hermético ‖ ~ **schweißen** / soldar herméticamente ‖ ~ **strukturiert** / de estructura compacta ‖ ~ **über dem Boden fliegen** (Helikopter) / rastrear ‖ ~ **verschlossen**, gekapselt / estanqueizado, enlatado, blindado ‖ ~ **werden**, zusetzen (sich) / bloquearse ‖ ~**e Wolkendecke** / cielo m cubierto o nublado ‖ ~... s. auch Dichtungs...
Dicht•band n / cinta f de obturación ‖ ~ **[besetzt, -gesetzt]** (Nukl) / densamente ocupado o poblado ‖ ~**brand** m, -brennen n (Keram) / cocción f de obturación
Dichte f (allg) / densidad f ‖ ~, Dicke f (Flüssigkeit) / espesor m, espesura f, viscosidad f ‖ ~ f (Quotient aus Masse und Volumen), volumenbezogene Masse, (früher:) spezifisches Gewicht (Phys) / masa f específica, peso m volumétrico, masa f volúmica ‖ ~ (Web) / densidad f ‖ ~ **der Zugfolge** (Bahn) / densidad f del servicio ‖ ~ **des Bodens** (Bau, Landw) / consistencia f, solidez f ‖ ~ **des Energieniveaus** (Phys) / densidad f del nivel energético ‖ ~ **des Preßlings** (Sintern) /

densidad f de la pieza prensada ‖ ~ **des Sinterkörpers** / densidad f de la pieza sinterizada ‖ ~ **eines festen Körpers** / espesor m de un cuerpo, grosor m, grueso m ‖ **mit geringer** ~ (z. B. Verkehr) / de poca circulación ‖ **von hoher** ~ (Sintern) / de alta densidad
Dichte•anomalie f **des Wassers** (Phys) / anomalía f del agua ‖ ~**bestimmung** f / determinación f de la densidad ‖ ~**effekt** m (Phys) / efecto m de densidad ‖ ~**feld** n (Raumf) / campo m de densidad ‖ ~**filter** n (Film) / filtro m gris, filtro m neutral ‖ ~**funktion** f (Stat) / función f de densidad ‖ ~**gitter** n / rejilla f reguladora ‖ ~**kurve** f (Aufb) / curva f densimétrica
Dichtelement n / elemento m obturador o de sellado
Dichte•messer m (Phys) / densímetro m ‖ ~**messer** (Foto) / densitómetro m ‖ ~**messer für Flüssigkeiten**, Senkwaage f (Phys) / areómetro m ‖ ~**messung** f (Foto) / densitometría f [fotográfica] ‖ ~**messung**, Densimetrie f (Phys) / densimetría f ‖ ~**modulation** f (Elektr) / modulación f de densidad
dichten / obturar, calafatear, hermetizar ‖ ~, verdichten / compactar ‖ ~, verstemmen / calafatear ‖ ~ (Löcher), verkleben / empastar ‖ **Fugen** ~ (Bau) / tapar ‖ **mit einer Packung** ~ / empaquetar ‖ **mit Lehm** ~ (Hydr) / calafatear con barro ‖ **Risse** ~ / obturar fisuras
Dichte•schrift f (Film) / registro m de densidad variable ‖ ~**schwankung** f (Phys) / fluctuación f de densidad ‖ ~**spezifischer Impuls** (Raumf) / impulso m de densidad específica ‖ ~**umfang** m (Repro) / gama f de densidad ‖ ~**verhältnis** n (Phys) / densidad f relativa, relación f de densidades ‖ ~**waage** f / balanza f de densidades f ‖ ~**wert**, Schwärzungswert m (Foto) / valor m de densidad ‖ ~**zahl** f (Phys) / densidad f
Dicht•fähigkeit f / capacidad f de obturación ‖ ~**faltversuch** m (Hütt) / ensayo m de plegado de contacto íntimo ‖ ~**fett** n / grasa f de obturación ‖ ~**filter** m (Opt) / filtro m obturador ‖ ~**filz** m / filtro m de estanqueidad ‖ ~**fläche** f (Flansch) / superficie f de obturación ‖ ~**hammer** m, Kitthammer m (Schiff) / mazo m de calafatear
Dichtheit, Undurchlässigkeit f, Dichthalten n / estanqueidad f ‖ ~, Luftundurchlässigkeit f / hermetización f, hermeticidad f ‖ ~ (Tex) / impermeabilidad f ‖ ~ f, Kompaktheit f / compacidad f
Dichtheits•prüfmasse f / material m para verificar la estanqueidad ‖ ~**prüfung** f / prueba f de estanqueidad ‖ ~**schweiße** f / soldadura f estanca
Dichtigkeit f, Dichtheit f / hermeticidad f, estanqueidad f ‖ ~ (Pap) / estanqueidad f
Dichtigkeitsgrad m (Festkörper) / grado m de densidad másica, grado m de espesor
Dicht•kante f / junta f de obturación, canto m de obturación, arista f obturadora ‖ ~**kappe** f / caperuza f de obturación ‖ ~**kegel** m (Masch) / cono m de junta, junta f cónica ‖ ~**kissen** n (Schacht, Rohrleitung) / cojín m obturador ‖ ~**lager** n / rodamiento m con obturación previa, rodamiento m de sellado previo ‖ ~**leiste** f (Mot) / lámina f de estanqueidad ‖ ~**lippe** f / falda f obturadora o de obturación ‖ ~**manschette** f / guarnición f de obturación ‖ ~**masse** f (Bau) / masa f obturadora ‖ ~**naht** f (Schw) / soldadura f estanca ‖ ~**naht**, Stemmnaht f / soldadura f para calafatear ‖ ~**nietung** f / remachado m hermético, unión f remachada estanca ‖ ~**öl** n (Generator) / aceite m de obturación ‖ ~**packen**, verdichten / compactar ‖ ~**polen** n (Kupfer) / tratamiento m intenso con la pértiga ‖ ~**rille** f / ranura f de obturación ‖ ~**ring** m / anillo m obturador o de obturación, anillo m de empaquetadura ‖ ~**schweißung** f / soldadura f estanca ‖ ~**sintern** n (Pulv.Met) / sinterización f a la densidad máxima ‖ ~**stelle** f / juntura f, junta f del cierre ‖ ~**stemmen** n / calafateado m ‖ ~**streifig**, engstreifig (Spektrum) / a bandas cerradas

Dichtung f (Vorgang), Abdichten n / obturación f, junta f, sellado m, hermetización f ‖ ⁓ (aus Gummi o. Kork) / zapatilla f, empaquetadura f plana, gasquete m (CUB) ‖ ⁓ (Hahn) / empaquetadura f ‖ ⁓ s. auch Dichtungsring ‖ ⁓ **für Ausdehnungsrohrverbindungen** / obturación f de dilatación **Dichtungs•**... s. auch Dicht... ‖ ⁓**anstrich** m (Bau) / pintura f de obturación, pintura f hidrófuga ‖ ⁓**bahn** f (Dachpappe, Gummi) / capa f impermeable ‖ ⁓**befestigung**, -halterung f (Walzw) / fijación f de obturación ‖ ⁓**blech** n / chapa f de obturación ‖ ⁓**draht** m (Glühlampe) / hilo m de la obturación ‖ ⁓**filz** m / fieltro m de obturación ‖ ⁓**fläche** f / superficie f de obturación ‖ ⁓**fläche**, Berührungsfläche f (Masch) / superficie f de contacto ‖ ⁓**flüssigkeit** f / líquido m de obturación ‖ ⁓**gewebe** n (Tex) / tejido m para obturaciones ‖ ⁓**graben** m, -schürze f (Hydr) / zanja f con pantalla de obturación ‖ ⁓**gummi** m / caucho m para guarnición, goma f de empaquetadura ‖ ⁓**gummi an Türen**, [an Windschutzscheiben] (Kfz) / obturación f de goma ‖ ⁓**gürtel** m, -schirm m (Hydr) / cortina f de obturación ‖ ⁓**hülse** f (Elektr) / virola f de caucho ‖ ⁓**kammer** f (Walzw) / cámara f de obturación ‖ ⁓**kitt** m (Hütt) / masilla f para juntas o para empaquetaduras, mástico m para juntas ‖ ⁓**klebestreifen** m (Fenster, Tür) / burlete m adhesivo ‖ ⁓**kraft** f / fuerza f de obturación ‖ ⁓**kragen** m / collar m de obturación ‖ ⁓**laufrad** n, Gegenläufer m (einer Sandpumpe) / rueda f inversora, expeler m ‖ ⁓**leder** n (Lederart) / cuero m para juntas ‖ ⁓**los** / sin obturación ‖ ⁓**lose Metallverbindung** / junta f de metal con metal ‖ ⁓**manschette** f / guarnición f de obturación, manguito m de empaquetadura ‖ ⁓**masse** f (Bau) / pasta f obturadora, pasta f para juntas ‖ ⁓**material**, -mittel m / material m para obturaciones, material m de sellado, material m para juntas, empaquetaduras fpl ‖ ⁓**mittel** n / agente m obturador, agente m de estancamiento ‖ ⁓**mutter** f (Elektr) / tuerca f de pasahilos ‖ ⁓**nippel** m (Öl) / boquilla f de obturación ‖ ⁓**nut** f (Masch) / ranura f de obturación ‖ ⁓**packung** f / empaquetadura f ‖ ⁓**profil** n / empaquetadura f perfilada ‖ ⁓**rille** f, Dichtrille f (Masch) / ranura f de obturación, ranura f para empaquetaduras, ranura f de la superficie de contacto ‖ ⁓**ring** m / anillo m de obturación, anillo m de empaquetadura, anillo m de guarnición, anillo m junta, anillo m empaquetador ‖ ⁓**ring**, Labyrinthdichtungsring m (Dampfturbine) / anillo m laberíntico ‖ ⁓**ring** (für Öl) / anillo m de retención de aceite ‖ ⁓**scheibe** f / disco m de obturación, arandela f de guarnición ‖ ⁓**scheibe**, -ring m / anillo m de guarnición ‖ ⁓**scheibe**, -ring m (für Flanschverb.) / empaquetadura f anular para bridas ‖ ⁓**schicht** f **aus Lehm** (Hydr) / capa f de barro de obturación, pantalla f de impermeabilidad ‖ ⁓**schieber** m / pasador m de obturación ‖ ⁓**schleier** m (Staudamm) / pantalla f de obturación ‖ ⁓**schnur** f (Hydr) / cordón m para cierres herméticos, cuerda f de empaquetadura ‖ ⁓**schnur**, -profil n (aus Gummi usw) / perfil m de obturación ‖ ⁓**schürze** f, -teppich m, -vorlage f (Hydr) / pantalla f impermeable ‖ ⁓**sporn** m, Trennmauer f (Hydr) / pantalla f de separación, muro m de guarda ‖ ⁓**stück** n **im Bohrgestänge** (Öl) / obturador m de empaque, tapón m ‖ ⁓**verlust** m / pérdida f por fuga ‖ ⁓**vermögen** n / poder m de obturación, capacidad f de obturación ‖ äußere ⁓**wand** (Bau) / muro m de retención

Dicht•werden, Festwerden n / solidificación f ‖ ⁓**wirkung** f / efecto m de obturación, estanqueidad f

dick (allg) / grueso, espeso ‖ ⁓ (Chem) / denso ‖ ⁓, geschwollen / hinchado ‖ ⁓, konsistent / consistente ‖ ⁓ **angemachter Gips** / yeso m espeso ‖ ⁓ **anmachen** / mezclar espesamente ‖ ⁓ **auftragen** (Farbe) / aplicar gruesamente ‖ ⁓**e Holzlatte** / ristrel m ‖ ⁓**e Lage**

(Bau) / capa f espesa ‖ ⁓**er machen** / espesar ‖ ⁓**e Metallscheibe** / tejo m ‖ ⁓**e od. starke Platte** / placón m ‖ ⁓**e Quelle** (Nukl) / fuente f gruesa ‖ ⁓**e Scheibe** (Nahr) / tajada f gruesa ‖ ⁓ **werden** (Milch) / cortarse, cuajarse, espesarse ‖ ⁓ **werden, sich eindicken** / trabarse ‖ **2 cm** ⁓ / de 2 cm de espesor ‖ **3 mm** ⁓ **od. stark** / de 3 mm de grueso

dick•drähtig / de hilo espeso ‖ ⁓**drähtiges Drahtseil** / cable m de hilos espesos ‖ ⁓**druckpapier** n / papel m espeso de impresión o de imprenta, papel m grueso para imprimir

Dicke f, Dickenabmessung f / espesor m, grueso m ‖ ⁓, Konsistenz f / consistencia f ‖ ⁓ f (Pap) / espesor m ‖ ⁓ **der Form** (Gieß) / espesor m del molde

Dicken•abmessung f / espesor m ‖ ⁓**bestimmung** f (Tex) / determinación f del espesor ‖ ⁓**empfindlichkeit** f (Gieß) / sensibilidad f a las paredes espesas ‖ ⁓**erholung** f (Tex) / aptitud f de recuperar el espesor inicial ‖ ⁓**hobel** m (Tischl, Wz) / cepillo m regruesador ‖ ⁓**hobelmaschine** f (Wzm) / cepilladora f de regrosar ‖ ⁓**hobelmaschine mit umlaufendem Werkzeug** / regruesadora f con útil rotativo ‖ ⁓**lehre** f (Mess) / galga f de espesores, calibre m de espesor, lengüeta f calibradora f ‖ ⁓**messer** m / medidor m de espesores, medidor m de gruesos, indicador m de espesores ‖ ⁓**messer** (Pap) / micrómetro m de espesores ‖ ⁓**messgerät** n (Galv) / calibrador m magnético de gruesos ‖ ⁓**messung** f / medición f de espesores ‖ ⁓**quellung** f (Holz) / hinchazón m ‖ ⁓**scherungsschwingung** f (Krist) / modo m de vibración de cizallamiento en espesor ‖ ⁓**tisch** m (Tischl) / mesa f de cepillado ‖ ⁓**verhältnis** n, Dicke-Tiefenverhältnis n (Luftf) / relación f de espesor a cuerda, espesor m relativo ‖ ⁓**wachstum** n (Holz) / crecimiento m en grueso

Dickerwerden, Eindicken n (Farbe) / espesamiento m

Dick•film..., Dickschicht... (Eltronik) / de película gruesa ‖ ⁓**film-Einbrennofen** m (Halbl) / horno m para marcar películas gruesas ‖ ⁓**filmhybridkreis** m (Eltronik) / circuito m híbrido de película gruesa ‖ ⁓**filmtechnik** f (Eltronik) / técnica f de las películas gruesas ‖ ⁓**flache Feile** (Wz) / lima f plana gruesa ‖ ⁓**flüssig** / espeso, consistente, viscoso ‖ ⁓**flüssig**, verharzt (Farbe, Öl) / resinoso (aceite), gomoso (pintura) ‖ ⁓**flüssig**, verdickt / solidificado, coagulado ‖ ⁓**flüssig**, schlammig / lodoso, fangoso ‖ ⁓**flüssig machen** / dar más consistencia, espesar ‖ ⁓**flüssiges Öl** / aceite m viscoso ‖ ⁓**flüssig werden** / conglutinar, espesarse ‖ ⁓**flüssigkeit** f, Viskosität f / viscosidad f ‖ ⁓**flüssigkeit**, Konsistenz f / consistencia f ‖ ⁓**glas** n, Fensterglas n über 4,5 mm / vidrio m grueso ‖ ⁓**häutig** / de piel [muy] gruesa

Dickit m (Min) / dickita f

Dick•lauge f (Chem) / lejía f gruesa, lejía f espesa ‖ ⁓**öl** n (Landw) / aceite m espesado [p.ej. de linaza] ‖ ⁓**rübe** f (Landw) / remolacha f forrajera ‖ ⁓**saft** m (Zuck) / jarabe m espeso, arrope m, jugo m concentrado, jarabe m concentrado ‖ ⁓**saftkarbonatation** f / carbonatación f de jarabe [espeso] ‖ ⁓**saftkörper** m (der Stoff) / cuerpo m de jarabe ‖ ⁓**saftpumpe** f (Zuck) / bomba f para jarabe concentrado ‖ ⁓**saftschwefelung** f / sulfuración f de jarabe ‖ ⁓**schicht**... s. Dickfilm... ‖ ⁓**schichtvernicklung** f (Reaktortransportbehälter) / niquelado m de capa espesa ‖ ⁓**schlamm** m (Zement) / lechada f de cemento ‖ ⁓**schlamm**, Eindickerunterlauf m (Aufb) / lejía f inferior de espesamiento ‖ ⁓**schlammverfahren** n / procedimiento m de lechada de cemento ‖ ⁓**spülung** f (Öl) / lodo m [de circulación] ‖ ⁓**spülverfahren** n (Bergb) / procedimiento m de líquido espeso ‖ ⁓**stelle** f (Tex) / parte f gruesa ‖ ⁓**stoff** m / materia f consistente ‖ ⁓**stoffpumpe** f (Bau, Landw) / bomba f para depósitos conservadores, bomba f de materias consistentes

Dickte f, dünne Holzlage / lámina f de madera || ~ (Druck) / anchura f, grueso m
Dick•trübe f (Aufb) / líquido m denso || **wiedergewonnene ~trübe** (Bergb) / líquido m denso recuperado
Dickungsmittel n / espesante m
dick•wandig / de pared[es] gruesa[s] o espesa[s] || **~wandige Ionisationskammer** (Nukl) / cámara f de ionización de pared espesa || **~werden** n, Konsistenzzunahme von Lack in der Kanne f (Lack) / aumento m de consistencia || **~werden**, Verdicken n (durch Eindampfen) / espesamiento m por evaporación || **~werden** n, Gerinnen n (Chem) / conglutinación f, aglutinación f
Dicyan•amid n / dicianamida f || **~diamid** n / diciandiamida f || **~diamidharz** n, Didi-Harz n / resina f de diciandiamida
DID (=Data Input Device) / unidad f de introducción de datos
DIDI (= Direct Injection with Spark Ignition), Direkteinspritzung f mit Zündkerze / inyección f directa con ignición mediante bujía
DI-Dose f (Verpackung) / lata DI f (= drawn and ironed), lata f embutida y estirada
Didotsystem n (intern. Norm f. Schriftgrößen) (Druck) / sistema m de los puntos según Didot, sistema m Didot
Didym n (Chem) / didimio m
diebessicher, diebstahlsicher / a prueba de ladrones
Diebstahl•-Sicherheitssystem n (Kfz) / sistema m de seguridad antirrobo || **~sicherung** f (Fahrrad, Kfz), Patentschlüssel m / llave f antirrobo || **~sicherung** (Kfz) / protección f contra robo, cerradura f antirrobo, dispositivo m anti-robo o anti-hurto || **~warnanlage** f / dispositivo m de alarma contra robo
Dieder, Zweiflach n (Math) / diedro m
Dieldrin n (Kontaktinsektizid) (Chem) / dieldrina f
Diele, Bohle f / madero m || ~ f, Brett n / tabla f, tablón m || ~, Dielenfußboden m / piso m, suelo m, plataforma f de tablones, suelo m de tablones || ~, Hausflur m / entrada f, vestíbulo m, recibidor m
Dielektrikum n, Nichtleiter m (Eltronik, Phys) / dieléctrico m
dielektrisch, nicht leitend / dieléctrico adj || ~e Ableitung / derivación f dieléctrica || ~e Ermüdung / fatiga f dieléctrica || ~e Erwärmung / calentamiento m dieléctrio || ~e Erwärmung quer zur Stoffbahn (Eltronik) / calentamiento m transversal || ~e Festigkeit, Durchschlagsfestigkeit f / resistencia f dieléctrica || ~er Leiter / conductor m dieléctrico || ~e Linse (Radar) / lente f dieléctrica || ~e Nachwirkung (Eltronik) / relaxación f dieléctrica || ~er [Ohmscher] Widerstand / resistencia f dieléctrica || ~er Phasenwinkel / ángulo de fase del dieléctrico || ~e Polarisation / polarización f dieléctrica || ~es Schweißen, Hochfrequenzschweißen n / soldeo m por perdidas dieléctricas || ~er Stielstrahler (Antenne) / antena f de haz dieléctrica || ~er Verlust (Kabel) / pérdida f dieléctrica o en el dieléctrico || ~er **Verlustfaktor** (Eltronik) / factor m de disipación del dieléctrico || ~e **Verlustzahl** / índice m de pérdida dieléctrico || ~e **Verschiebung** / desplazamiento m dieléctrico || ~er **Verstärker** / amplificador m dieléctrico || ~er **Wellenleiter** / guiaondas m dieléctrico
Dielektrizität f / dielectricidad f
Dielektrizitäts•konstante f / constante f dieléctrica || **absolute ~konstante**, ε_{abs} (Phys) / permitividad f, constante f dieléctrica, inductividad f específica || **relative ~konstante**, ε_{rel}, Dielektrizitätszahl f, εr (Eltronik) / permitividad f relativa, constante f dieléctrica relativa || **~verlust** m / pérdida f dieléctrica
dielen vt, bebohlen (Bau, Zimm) / entablar, enmaderar, entarimar

Dielen•balken s. Dielenträger || **~boden** m, Riemenparkett n / parquete m laminado || **~fußboden** m / entablado m || **gefugter o. gefügter ~fußboden** (Bau) / entarimado m || **~lager**, Lagerholz n / viga f de apoyo || **~träger**, -balken m, -lager n / viga f para suelos (E), viga f para pisos (LA)
Dielung f, Fußboden m / entablado m, entarimado m
Dieme f, Strohschober m (Landw) / almiar m
Dien, Diolefin n (Chem) / diolefina f, dieno m || **~-Addukt** n / adición f diénica
dienen vi [als, zu] / servir [de, para]
dienhaltig (Chem) / diénico, dieno
Dienolgruppe f (Chem) / grupo m dienol
Dienst m / servicio m || ~... / de servicio || ~ **leisten** / prestar servicio || ~ m **nach Vorschrift** / huelga f de celo, trabajo m a reglamento || **außer ~ stellen** / retirar del servicio || **im u. außer ~** / en y fuera de servicio || **in ~ stellen** (Bahn, Schiff) / poner en servicio || **wieder in ~ stellen** (Schiff) / matricular de nuevo
Dienst•ablösung f (Fernm) / revelo m || **~abteil** n (Bahn) / departamento m de servicio || **~alter** m / años m pl de servicio, antigüedad f || **~anbieter** m, Service Provider m (DV) / servidor m, proveedor m de servicios || **~bereitschaft** f / disposición f de prestar servicio || **~einteilung** f, -plan m / horario m de trabajo || **~fahrt** f / viaje m de servicio || **~geschwindigkeit** f (Schiff) / velocidad f de crucero || **~gespräch** n (Fernm) / llamada f de servicio || **~gewicht** n (Bahn) / peso m en servicio || **~gipfelhöhe** f (Luftf) / techo m práctico, altura f de techo práctica || **~gutbeförderung**, -gutsendung f (Bahn) / transporte m en servicio || **~güte** f (Fernm) / cualidad f de servicio || **~kanal** m (Eltronik) / canal m de servicio || **~leistung** f / servicio m, prestación f de servicio || **~leistungsbetrieb** m / empresa f de prestación de servicios || **~leistungsindustrie** f / industria f de servicios || **~leistungsrechenzentrum** n (DV) / centro m de procesamiento de datos || **~leitung** f (F.Org) / línea f de servicio || **~leitungswähler** m, DLW (Fernm) / selector m auxiliar, selector m de línea de servicio || **~personal** n (F.Org) / personal m de servicio || **~pflicht** f / servicio m obligatorio || **~plan** m / tabla f de servicio, cuadro m de servicio || **~plan**, -einteilung f / cuadro m de turnos || **~programm** n (DV) / rutina f utilitaria o de servicio o de utilidad, rutina f auxiliar, programa m de servicio, utilitario m || **~raum** m (Bahn) / local m de servicio || **~reise** f / viaje m por razones del servicio || **~stelle** f **einer Behörde** / departamento m, negociado m, delegación m || **~stunden** f pl / horas f pl de servicio || **~taste** f (Fernm) / botón m de línea de servicio || **~verkehr** m (Bahn, Fernm) / tráfico m de servicio || **~vorschrift** f, -anweisung f, -ordnung f (F.Org) / reglamento m de servicio, instrucción f de servicio || **~vorschrift** (Bahn) / reglamentos m pl de circulación || **~wagen** m (Bahn) / vagón m de servicio, carro m para servicios (MEJ) || **~wagen** (Kfz) / automóvil m oficial || **~wähler** m (Fernm) / selector m auxiliar, conector m de servicio || **~wähler**, Vorwähler m (Fernm) / preselecdor m || **mit ~wohnung** / con vivienda de servicio
Dien•synthese f (Chem) / síntesis f diénica || **~zahl** f / índice m de dieno
Diergol n (Kraftstoff) / diergol m
Diesel m, Dieselmotor m / motor m diesel || ~..., diesel... / diesel adj || **~aggregat** n / grupo m diesel || **~antrieb** m / tracción f diesel, accionamiento m [por] diesel, motor m diesel || **~ausrüstung** f / equipo m diesel || **~bär** m (Ramme) / maza f diesel [de hincar] || **auf ~betrieb umstellen**, verdieseln (Bahn) / cambiar a tracción Diesel, dieselizar || **~einspritzausrüstung** f (Mot) / equipo m de inyección para motores diesel || **~elektrisch** / dieseléctrico || **~elektrolok** f (Bahn) / locomotora f diesel eléctrica || **~-Gas-Motor** / motor

m diesel-gas ‖ ˜**generator**, -stromerzeuger *m* (Elektr) / generador *m* diesel
Dieselhorst-Martin-Vierer, D.-M.-Vierer *m* (Fernm) / cuadrete *m* D-M (o Dieselhorst-Martin) ‖ ˜**-verseiltes Kabel** / cable *m* torcido de cuadrete D-M
diesel•hydraulisch / dieselhidráulico ‖ ˜**-Index** *m* (der Zündwilligkeit) (Mot) / índice *m* diesel ‖ ˜**kraftstoff** *m*, -öl *n*, DK / gasoil *m*, gasóleo *m*, dieseloil *m* ‖ ˜**kraftwerk** *n* / central *f* diesel ‖ ˜**-Lkw** *m* / camión *m* diesel ‖ ˜**lokomotive** *f*, Diesellok *f* / locomotora *f* diesel ‖ ˜**mechaniker** *m* / mecánico *m* para motores diesel ‖ ~**mechanisch** / dieselmecánico ‖ ˜**[motor]** *m*, -maschine *f* / motor *m* diesel ‖ ˜**[motor] mit direkter Strahleinspritzung** / motor *m* diesel de inyección directa de chorro ‖ ˜**[motor] mit Drucklufteinspritzung** / motor *m* diesel con inyección de aire comprimido ‖ ˜**[motor]schiff** *n*, Motorschiff *n* / motonave *f* diesel
dieseln *vi* (Mot) / sonar como un motor diesel ‖ ˜ *n* (Fehler, Mot) / ruido *m* de un motor diesel
Diesel•notstromaggregat *n* / grupo *m* dieselelectrógeno de emergencia o de socorro ‖ ˜**öl** *n*, -treibstoff, -kraftstoff *m* / dieseloil *m*, gasoil *m*, gasóleo *m* ‖ ˜**partikelfilter** *m*, DPF s. Partikelfilter ‖ ˜**ramme** *f*, Explosionsramme *f* (Bau) / martinete *m* diesel ‖ ˜**-Straßenfahrzeug** *n*, -Wagen *m* / vehículo *m* terrestre diesel ‖ ˜**stromerzeuger**, -generator *m* (Elektr) / motogenerador *m* diesel ‖ ˜**triebwagen** *m* (Bahn) / automotor *m* diesel, autorriel *m* diesel (LA) ‖ ˜**verfahren** *n* / proceso *m* diesel
diesig, dunstig (Wetter) / brumoso, calinoso ‖ ~ **werden** (Nav) / afocarse
diesjähriges Modell (Kfz) / modelo *m* de este año
Diesterase *f* (Chem) / diesterasa *f*
Diethanolamin *n* / dietanolamina *f*
Diethyl•amin *n* / dietilamina *f* ‖ ˜**carbinol** *n* / dietilcarbinol *m* ‖ ˜**dicarbonat** *n* / dietildicarbonato *m*
Diethylen•... / de dietileno, dietilénico ‖ ˜**glykol** *n* / glicol *m* dietilénico
Diethyl•ether *m* / éter *m* de dietilo ‖ ˜**etherextrakt** *m* (Ölkuchen) / extracto *m* de éter dietilénico ‖ ˜**sulfat** *n* (Chem) / sulfato *m* de dietilo
Dietze-Anleger *m* (Elektr) / transformador *m* en forma de tenazas
differential *adj*, inkremental / incremental
Differential *n*, Ausgleichsgetriebe *n* (Kfz) / diferencial *m*, engranaje *m* diferencial ‖ ˜, Ableitung *f* (Math) / diferencial *f*, derivada *f* ‖ ˜**...** / diferencial ‖ **vollständiges o. totales** ˜ (Math) / diferencial *f* total ‖ ˜**absorption** *f* (Nukl) / absorción *f* diferencial ‖ ˜**abstand** *m* / distancia *f* diferencial ‖ ˜**analysator** *m*, Integrieranlage *f* (DV) / analizador *m* diferencial ‖ **großes** ˜**antriebskegelrad** (Kfz) / engranaje *m* cónico diferencial de mando ‖ ˜**ausgleichsrad** *n*, (richtig:) Ausgleichskegelrad *n* (Kfz) / satélite *n* del diferencial, rueda *f* intermedia del diferencial ‖ ˜**bewegung** *f* (Masch) / movimiento *m* diferencial ‖ ˜**bremse** *f* (Kfz) / freno *m* diferencial ‖ ˜**brücke** *f* / puente *m* diferencial ‖ ˜**-Drehfeldempfänger** *m* (Regeln) / motor *m* diferencial ‖ ˜**-Drehfeldgeber** *m*, -Drehmelder *m* (Regeln) / generador *m* diferencial, sincro *m* diferencial ‖ ˜**druckmesser** *m*, -manometer *n* (Mot) / manómetro *m* diferencial ‖ ˜**druckwascher** *m*, Venturiwascher *m* (Hochofen) / lavador *m* de presión diferencial ‖ ˜**empfänger** *m* (Regeln) / receptor *m* diferencial ‖ ˜**entzerrung** *f* (Verm) / corrección *f* diferencial ‖ ˜**erregung** *f* (Elektr) / excitación *f* diferencial ‖ ˜**flaschenzug** *m* / aparejo *m* diferencial ‖ ˜**flyer** *m*, -spulmaschine *f*, -fleier; (Tex) / mechera *f* diferencial ‖ ˜**funktion** *f* (Math) / función *f* diferencial ‖ ˜**galvanometer** *n* (Elektr) / galvanómetro *m* diferencial ‖ ˜**-Gegensprechsystem** *n* (Fernm) / dúplex

m diferencial ‖ ˜**gehäuse** *n*, Ausgleichgehäuse *n* (Kfz) / caja *f* de diferencial, cárter *m* del diferencial ‖ ˜**gehäuse-Vorderteil** *n*, Ritzelträger *m* am Differential (Kfz) / portadiferencial *m* ‖ ˜**geometrie** *f* (Math) / geometría *f* diferencial ‖ ˜**getriebe** *n*, Ausgleichgetriebe *n* (Masch) / mecanismo *m* diferencial ‖ ˜**getriebe** (Kfz) / engranaje *m* diferencial ‖ ˜**gewinde** *n* / rosca *f* diferencial ‖ ˜**gleichung** *f* (Math) / ecuación *f* diferencial ‖ ˜**haspel** *f* / torno *m* diferencial ‖ ˜**instrument** *n* / instrumento *m* de medición diferencial ‖ ˜**-Interferenz-Kontrast-Zusatz**, DIK-Zusatz *m* (Mikrosk) / equipo *m* [adicional] para estudiar el contraste diferencial de interferencia ‖ ˜**-Interferenzkontrast** *m*, DIK (Opt) / contraste *m* diferencial de interferencia ‖ ˜**-Interferenzkontrast-Mikroskopie** *f* / microscopía *f* de contraste diferencial de interferencia ‖ ˜**-Ionisationskammer** *f* (Nukl) / cámara *f* de ionización diferencial ‖ ˜**kalorimeter** *n* (Phys) / calorímetro *m* diferencial ‖ ˜**kegelrad** *n* (veraltet für: Ausgleichskegelrad) (Kfz) / piñón *m* satélite ‖ ˜**kolben** *m* / pistón *m* diferencial ‖ ~**-kompoundiert** (Elektr) / con devanado mixto diferencial ‖ ˜**kondensator** *m* / capacitor *m* diferencial ‖ ˜**kurve** *f* (Math) / curva *f* diferencial, curva *f* derivada ‖ ˜**-Löse- und Überlade-Ausgleichsventil** *n* (Bahn, Bremse) / válvula *f* diferencial y equilibradora ‖ ˜**manometer** *n* (Phys) / manómetro *m* diferencial ‖ ˜**mikrophon**, Doppel[kapsel]mikrophon *n* / micrófono *m* diferencial ‖ ˜**modulation** *f* / modulación *f* diferencial ‖ ˜**mutter** *f* (Masch) / tuerca *f* diferencial ‖ ˜**operator** *m* (Math) / operador *m* diferencial ‖ ˜**presse** *f* / prensa *f* diferencial ‖ ˜**pumpe** *f* / bomba *f* diferencial ‖ ˜**quotient** *m* (Math) / cociente *m* diferencial, derivada *f* ‖ ˜**rechnung** *f* / cálculo *m* diferencial ‖ ˜**regler** *m* (Masch) / regulador *m* diferencial ‖ ˜**regler** (Regeln) / regulador *m* diferencial electrodinámico ‖ ˜**relais** *n* (Elektr) / relé *m* diferencial, relé *m* discriminador, relevador *m* diferencial ‖ ˜**ruderanschlag** *m* (Luftf) / tope *m* de timón diferencial ‖ ˜**schaltung** *f* (Elektr) / circuito *m* diferencial ‖ ˜**schraube** *f* / tornillo *m* diferencial ‖ ˜**schutz** *m*, Vergleichsschutzeinrichtung *f* (Elektr) / protección *f* diferencial ‖ ˜**schutz**, Fehlerschutz *m* in Ausgleichschaltung (Elektr) / sistema *m* de protección por compensación ‖ ˜**schütz** *n* / disyuntor *m* diferencial ‖ ˜**seitenrad** *n*, Hinterachswellenrad *n* (Kfz) / engranaje *m* planetario ‖ ˜**seitenwelle** *f*, Antriebswelle *f* der Hinter- [oder Vorder-]räder (Kfz) / árbol *m* motriz del tren trasero ‖ ˜**selfaktor** *m* (Tex) / selfactina *f* diferencial ‖ ˜**signal** *n* (Fernm) / señal *m* diferencial ‖ ˜**sperre** *f* (Kfz) / bloqueo *m* o cierre diferencial ‖ ˜**spindelbank**, -spulmaschine *f*, -fleier, -flyer *m* (Tex) / mechera *f* diferencial ‖ ˜**stern** *m*, Ausgleichstern *m* (Kfz) / cruceta *f* de los satélites ‖ ˜**streufluss** *m* (Elektr) / flujo *m* de despersión diferencial ‖ ˜**teilung** *f*, -teilen *n* (Wzm) / división *f* diferencial ‖ **großes** ˜**tellerrad** (Kfz) / corona *f* de planetario ‖ ˜**thermoanalyse** *f*, DTA (Plast) / termoanálisis *m* diferencial ‖ ˜**thermogravimetrie** *f*, DTG / termogravimetría *f* de derivación ‖ ˜**thermometer** *n* / termómetro *m* diferencial ‖ ˜**transformator** *m*, Brückenübertrager *m* (Eltronik) / transformador *m* diferencial ‖ ˜**übertrager** *m* (Eltronik, Fernm) / transformador *m* diferencial ‖ ˜**- und Integralrechnung** *f* (Math) / cálculo *m* infinitesimal ‖ ˜**ventil** *n* / válvula *f* diferencial ‖ ˜**verbundmaschine** *f* (Elektr) / generador *m* con excitación compuesta subtractiva ‖ ˜**-Verhalten** *n*, -Wirkung *f* (Regeln) / regulación *f* diferencial o compensada, acción *f* derivada ‖ ˜**verschraubung** *f* / racor *m* de rosca diferencial ‖ ˜**verstärker** *m* (Eltronik) / amplificador *m* diferencial o de diferencia

Differentialverzweigung

∥ **angepasste ≗verzweigung** (Wellenleiter) / T híbrida *f*, T mágica *f*, T diferencial *f* ∥ **≗vorschub** *m* (Wzm) / avance *m* por tornillo diferencial ∥ **≗walzwerk** *n* (Hütt) / tren *m* [de laminación] diferencial ∥ **≗wandler**, Drehmomentverteiler *m* / distribuidor *m* de par ∥ **≗wasserschloss** *n*, Steigrohrwasserschloss *n* / pozo *m* de oscilación diferencial ∥ **≗weiche** *f* (Eltronik) / filtro *m* de separación diferencial ∥ **≗welle** *f* (Kfz) / eje *m* diferencial, árbol *m* diferencial ∥ **≗wicklung** *f* (Fernm) / devanado *m* diferencial, arrollamiento *m* diferencial ∥ **≗winde** *f*, -haspel *m f* / torno *m* diferencial ∥ **≗zentrifugieren** *n* / centrifugación *f* diferencial ∥ **≗zylinder** *m* (Druckluft) / cilindro *m* diferencial

Differentiation *f* [nach] (Math) / diferenciación *f* [por] ∥ ≗ **nach der Zeit** [im **Originalbereich**] (Phys) / diferenciación *f* según el tiempo

Differentiationszeichen *n* (Math) / signo *m* de diferenciación

Differentiator *m*, Enttrübung *f* (Radar) / circuito *m* diferenciador ∥ ≗ (Modulation) / diferenciador *m*

differentiell / diferencial ∥ **~er digitaler Analysator** (Eltronik) / analizador *m* digital diferencial ∥ **~er Durchlasswiderstand** (Halbl) / resistencia *f* diferencial de paso ∥ **~e Empfindlichkeit** (Photoelement) / sensibilidad *f* dinámica ∥ **~e Flotation** / flotación *f* diferencial ∥ **~er Hystereseverlust** (Elektr) / pérdida *f* por histéresis incremental ∥ **~e Induktion** (Elektr) / inducción *f* incremental ∥ **~e Injektion** (Elektr) / inyección *f* diferencial ∥ **~e Ionisierung** (Eltronik) / coeficiente *m* específico de ionización ∥ **~e Kapazität** / capacitancia *f* diferencial ∥ **~er Leitwert** (Halbl) / conductancia *f* incremental ∥ **~e PCM** / modulación *f* por impulsos codificados diferencial ∥ **~e Permeabilität** (Elektr) / permeabilidad *f* diferencial ∥ **~e Phase** (TV) / fase *f* diferencial ∥ **~er Phasenfehler** (TV) / distorsión *f* de fase diferencial, error *m* de fase diferencial ∥ **~e Phasenverschiebung** (Elektr) / desfasaje *m* diferencial ∥ **~e Pulslagenmodulation** / modulación *f* de defasaje diferencial ∥ **~er Rückwärtswiderstand** (Halbl) / resistencia *f* diferencial reverso ∥ **~er Verstärkerfehler** (TV) / error *m* de ganancia diferencial ∥ **~e Verstärkung** / ganancia *f* diferencial ∥ **~er Widerstand** (Halbl) / resistencia *f* incremental ∥ **~er Wirkungsquerschnitt** (Nukl) / sección *f* eficaz diferencial

Differenz *f*, Unterschied *m* (allg, Math) / diferencia *f* ∥ ≗ ... s. auch Differential... ∥ ≗ *f* **der Glieder einer arithmetischen Reihe** / razón *f* aritmética ∥ ≗ **zwischen Anzugs- u. Haltestrom** (Relais) / margen *m* de corriente ∥ ≗ **zwischen Flanken- u. Kernradius** (Bolzen), zwischen Flanken- u. Gewinderadius (Mutter) / dedéndum *m* ∥ **≗bildung**, Subtraktion *f* (Math) / substracción *f* ∥ **≗druck** *m* (Phys) / diferencia *f* de presión, presión *f* diferencial ∥ **≗druckmesser** *m* / manómetro *m* diferencial ∥ **≗druckschalter** *m* (Elektr) / conector *m* de presión diferencial ∥ **≗druckschalter** (Pneum) / interruptor *m* por presión diferencial ∥ **≗druckumformer** *m* / transductor *m* de presión diferencial

Differenzen•-Pulscodemodulation *f*, DPCM-Verfahren *n* (Eltronik) / modulación *f* diferencial de código de pulsos ∥ **≗rechnung** *f* (Math) / cálculo *m* diferencial

Differenzfrequenz *f* / frecuencia *f* de diferencia

Differenzial *n* s. Differential

differenziell s. differentiell

differenzierbar (Math) / diferenciable

Differenzierbarkeit *f* (Math) / diferenciabilidad *f*

differenzieren *vt*, unterscheiden / diferenciar ∥ ~, ableiten (Math) / derivar

differenzierend (Eltronik) / diferenciador *adj* ∥ ~, Differenzier..., die Ableitung bildend (Math) / derivador ∥ **~es Glied**, Differenzierglied *n* (Eltronik) / elemento *m* diferenciador ∥ **~es Netzwerk** (Eltronik) /

circuito *m* diferenciador, red *f* diferenciadora ∥ **~e Rückkopplung** (Regeln) / reacción *f* derivada

Differenzier•gerät *n* / diferenciador *m* ∥ **≗glied** *n*, Komparator *m* (Regeln) / elemento *m* diferenciador ∥ **≗schaltung** *f* (DV) / circuito *m* diferenciador ∥ **≗schaltung**, -kreis *m*, -glied *n*, Enttrübung *f* (Radar) / control *m* en el tiempo de sensibilidad, control *m* de sensibilidad en tiempo, sistema *m* STC

Differenzierung *f* (allg) / diferenciación *f*

Differenz•-Impulszähler *m* (Eltronik) / contador *m* diferencial de impulsos ∥ **≗-Kathodenverstärker** *m* (Eltronik) / seguidor *m* catódico diferenciador ∥ **≗kontrolle** *f* (Math) / control *m* por diferencias ∥ **≗menge** *f* (Math) / diferencia *f* de dos conjuntos ∥ **≗messer** *m* (Phys) / aparato *m* para mediciones diferenciales ∥ **≗-Pulscodemodulation** *f* s. Differenzen-... ∥ **≗rechner** *m* (Math) / calculador *m* de diferencias, restador *m*, calculadora *f* diferencial ∥ **≗scanning-Kalorimetrie** *f* (Phys) / calorimetría *f* por análisis diferencial ∥ **≗schalter** *m* / interruptor *m* diferencial ∥ **≗schiene**, Ausgleichschiene *f* (Bahn) / carril *m* de compensación ∥ **≗spiel** *n* (DV) / juego *m* diferencial ∥ **≗strom** *m* (Elektr) / corriente *f* diferencial ∥ **≗strom**, Reststrom *m* in Schutzeinrichtungen / corriente *f* remanente ∥ **≗thermoanalyse** *f*, DTA *f* (Phys) / termoanálisis *m* diferencial ∥ **≗thermoelement** *n* (Elektr) / termoelemento *m* diferencial ∥ **≗ton** *m* / tono *m* de frecuencia diferencia[l], tono *m* diferencial ∥ **≗tonfaktor** *m* (nach CCIF) / distorsión *f* de (o por) intermodulación ∥ **≗tonverfahren** *n* (Fernm) / método *m* de intermodulación de CCIF ∥ **≗träger** *m*, Zwischenträger *m* (TV) / interportadora *f* ∥ **≗trägerverfahren**, -trägersystem *n* (TV) / sistema *m* de [sonido por] interportadora ∥ **≗verstärker** *m* (Eltronik) / amplificador *m* de pareje de tubos acoplados por el cátodo ∥ **≗wägung** *f* / pesada *f* por diferencia

differieren *vi*, abweichen / diferir *vi*

Diffluenz, Gabelung *f* (Geol, Meteo) / corriente *f* difluente

Diffraktion, Beugung *f* (Phys) / difracción *f*

Diffraktions•analyse *f* (Radiol) / análisis *m* por difracción ∥ **≗gerät** *n* / aparato *m* de difracción ∥ **≗gitter** *n* (Opt) / rejilla *f* o red de difracción ∥ **≗streuung** *f* (Phys) / difusión *f* de difracción, dispersión *f* difractiva ∥ **≗winkel** *m* (Opt) / ángulo *m* de difracción

Diffrakto•graph *m* (Opt) / difractógrafo *m* ∥ **≗meter** *n* / difractómetro *m* ∥ **≗metrie** *f* / difractometría *f*

diffundierbar (Chem, Phys) / difusible

diffundieren *vt* [*vi*], durchdringen (Chem, Phys) / difundir[se]

diffundiert / difundido ∥ **~e Oberflächenschicht** (Halbl) / capa *f* difundida de superficie ∥ **~er Übergang** (Halbl) / unión *f* por difusión

diffus, zerstreut / difuso, disperso ∥ **~e Beleuchtung** / alumbrado *m* difuso ∥ **~e Durchlassung** (Opt) / transmisión *f* difusa ∥ **~e Nebel** *m pl* (Astr) / nieblas *f pl* difusas ∥ **~e Reflexion** (Opt) / reflexión *f* difusa ∥ **~er Schall** (Akust) / sonido *m* difuso ∥ **~er Schall**, Nachhall *m* / reverberación *f* ∥ **~e Serie** (Spektrum) / serie *f* difusa ∥ **Schall ~ zurückwerfen** / reverberar, retumbar, repercutir, resonar

Diffusat *n* (Chem) / producto *m* de difusión

Diffuserlinse *f* (Opt) / lente *f* difusora

Diffuseur *m*, Diffusionsapparat *m* (Pap, Zuck) / aparato *m* de difusión, difusor *m* ∥ **≗bütte** *f* (Pap) / caja *f* del difusor

Diffusfeld *n* (Akust) / campo *m* difuso

diffusibel (Chem) / difusible

Diffusion *f*, Austausch *m* (Flüssigkeit) / difusión *f* entre líquidos ∥ ≗, Ausbreitung *f* (Phys) / difusión *f* ∥ ≗ *f*,

digital

(jetzt) Extraktion f (Zuck) / extracción f || ≈ durch **Feststoffe** (Phys) / difusión f a través de sólidos **Diffusions•-Ablaufwasser** n (Zuck) / aguas f pl de difusión || ≈**anlage** f (Nukl) / instalación f de difusión || ≈**ausgleich** m / igualización f por difusión || ≈**bahn**, -strecke f, -weg m / camino m de difusión || ≈**batterie** f / batería f de difusores || ≈**behandlung** f (Galv) / tratamiento m por difusión || ≈**breite** f (Phys) / banda f difusora || ≈**diaphragma** n (Nukl) / barrera f de difusión || ≈**dreieck**, Ladungsdreieck n (Halbl) / triángulo m de difusión || ≈**druckdefizit** n (Phys) / déficit m de la presión de difusión || ≈**ejektorpumpe** f (Vakuum) / bomba f eyectora de difusión || ~**fähig** / difundible || ≈**festigkeit** f (Foto) / indifusibilidad f || ≈**filter** n (Licht) / gasa f difusora, pantalla f translúcida difusora || ≈**fläche** f (Nukl) / área f de difusión || ≈**frequenz** f (Phys) / frecuencia f de difusión || ≈**front**, Dotierungsfront f (Halbl) / frente f de impurificación || ≈**gebiet** n (Halbl) / zona f de difusión || ≈**geschwindigkeit** f (Phys) / velocidad f de difusión || ≈**glas** n / vidrio m difundente || ≈**gleichgewicht** n / equilibrio m de difusión || ≈**gleichung** f (Atom, Nukl) / ecuación f de difusión || ~**glühen** (Hütt) / tratar m por difusión, homogeneizar m por recocido || ≈**glühen** n / recocido m de difusión, recocido m de homogenización || ≈**kammer** f / cámara f de difusión || ≈**kammer** (Atom, Nukl) / cámara f de difusión [por colisión] || ≈**kapazität** f (Halbl) / capacitancia f de difusión, efecto m de acumulación de huectos || ≈**koeffizient** m (Nukl, Vakuum) / coeficiente m de difusión || ≈**koeffizient für Neutronenflussdichte** (Atom, Nukl) / coeficiente m de difusión para densidad de flujo de neutrones || ≈**koeffizient für Neutronenzahldichte** (Atom, Nukl) / coeficiente m de difusión para la densidad de número de neutrones || ≈**kolonne** f (Phys) / columna f de difusión || ≈**konstante** f (Halbl) / constante f de difusión || ≈**-Kontaktherstellung** f (IC) / unión f por difusión || ≈**kontakt-Verfahren**, Copyrapid-Verfahren n / procedimiento f copyrapid || ≈**kreis** f (Foto) / circuito m de difusión || ≈**kühlung** f (Nukl) / refrigeración f por difusión || ≈**länge** f (Halbl, Nukl) / longitud f de difusión || ≈**leitwert** m (Halbl) / conductancia f de difusión || ≈**lichthof** m (Foto) / irradiación f difundida || ≈**maske** f / máscara f de difusión || ≈**membrane** f (Nukl) / barrera f de difusión || ≈**messer** m, -gerät n (Phys) / difusiómetro m || ≈**nebelkammer** f / cámara f de [niebla de] difusión || ≈**ofen** f (Hütt) / horno m de difusión || ≈**porosität** f (Sintern) / porosidad f de difusión || ≈**potential**, Flüssigkeitspotential n (Chem) / potencial m de difusión || ≈**pumpe** f / bomba f difusora o de difusión || ≈**pumpentreibmittel** n / fluidos m pl de difusión || ≈**saft** m, Rohsaft m (Zuck) / jugo m de extracción || ≈**schicht** f (Halbl) / capa f de unión por difusión || ≈**schicht** (Chem) / capa f difusora || ≈**schnitzel** n pl (Zuck) / cosetas f pl de extracción || ≈**schweißen** n / soldeo m por difusión || ≈**spannung** f (Halbl) / tensión f de difusión || ≈**spektrum** f (Phys) / espectro m de difusión || ≈**strahlung** f / radiación f difusa || ≈**strecke** f, -bahn f, -weg m / camino m de difusión || ≈**strom** f (Elektr) / corriente f de difusión || ≈**test** m, Diffusionsplattentest m (Phys) / prueba f de difusión || ≈**theorie** f / teoría f de difusión || ≈**tränkung** f (Holz) / impregnación f por difusión o por ósmosis || ≈**turm** m (Chem Verf) / torre f de difusión || ≈**verbrennung** f (Öl) / combustión f de difusión || ≈**verfahren** n (Repro) / procedimiento m por difusión || ≈**verlust** m (Chem, Phys) / pérdida f por difusión || ≈**vermögen** f / difusibilidad f || ≈**verschleiß** m / desgaste m por difusión || ≈**vorgang** m (Phys) / procedimiento m de difusión || ≈**vorsatz** m (Phys) / adaptador m de difusión || ≈**wand** f (Isotopentrennung) / barrera f de difusión || ≈**wasser** n (Zuck) / agua f pl de alimentación para la extracción || ≈**wässer** n pl,

Ablaufwässer n pl (Zuck) / aguas f pl de salida de la extracción || ≈**weg** m, -strecke, -bahn f (Phys) / camino m de difusión || ≈**zelle** f (für Wasserstoffgewinnung) (Chem) / célula f de difusión || ≈**zone** f (Halbl) / zona f de difusión
Diffusität f (Akust) / difusividad f, coeficiente m de difusión
Diffusor m (Gebläse, Licht) / difusor m, difundidor m, dispersor m, dispersador m || ≈ (Vakuum) / difusor m || ≈, Ausströmraum m (Mot) / difusor m, cámara f de evacuación || ≈ m, Schraubengebläse n / ventilador m helicoidal || ≈, Diffusorverteiler m (Pap) / distribuidor m, difusor m || ≈**kalotte** f **für Lichtmessungen** / difusor m para medir la luz incidente || ≈**pumpe** f / bomba f de difusión || ≈**schaufel** f (Turbine) / álabe m en forma de difusor
Difluor•dichlormethan n, F 12 n, Frigen n, Freon n (Chem) / difluorodiclorometano m || ≈**ethan** n (Chem) / difluoroetano m
Digallussäure f, Galloyl-Gallussäure f, Gallusgerbsäure f / ácido m digálico
Digenit, Kupferglanz m (Min) / digenita f
Digerierapparat m (Chem) / digestor m
digerieren, auslaugen (Chem) / digerir || ≈ n, Auslaugen n (Chem) / digestión f
Digestor m (Brau, Chem) / digestor m
Digestorium n, Abzugsschrank m (Chem) / vitrina f de aspiración
Digicam f, Digitalkamera f / cámara f digital
Digiphoto n / digifoto f
Digiskop n, digitales Oszilloskop / digiscopio m
digital (Eltronik, Math) / digital, numérico || ~, schrittweise / modulado discontinuamente || ~**e Anzeige** (Eltronik) / indicación f digital, visualización f digital, representación f digital || ~**es Anzeigegerät** / indicador m digital o numérico || ~**e Audioplatte o. Tonplatte** / audiodisco m digital || ~ **darstellen** / digitalizar, cifrar, traducir en valores digitales || ~**e Darstellung** / representación f digital || ~**e Daten** pl (DV) / datos m pl numéricos || ~**er Differential-Analysator**, Digital-Differential-Analysator m, integrierender Schrittrechner / analizador m digital diferencial || ~**es Double** (auf dem Bildschirm), Avatar m / doble m digital, avatar m || ~**e elektrische Größe** / magnitud f eléctrica || ~**er Fernkopierer** / telecopiador m digital || ~ **gesteuert** / de mando en valores digitales || ~**es Hörfunksystem** / DAB (= Digital Audio Broadcasting) || ~**es Integriergerät** / computador m incremental || ~**e Messanzeige**, digitales Messgerät / unidad f de medición digital || ~**es Messen** / medición f digital || ~**es Netz**, D-Netz n (Fernm) / red f digital || ~**es optisches Lesen** (DV) / lectura f óptica digital || ~**es Oscilloskop**, Digiskop n (Phys) / digiscopio m || ~**er Rechner**, Digitalrechner m (DV) / computadora f digital o numérica o numeral, calculadora f digital o numérica || ~**er Rechner mit Analog-Ein- u. Ausgang** / computadora f cuantificada || ~**es Selbststeuergerät**, digitaler Autopilot / piloto m automático digital || ~**er Sonnensensor** (Raumf) / buscador m digital de Sol || ~**es Sortieren** (DV) / clasificación f digital || ~**e Strömungselemente**, Fluidelemente n pl / elementos m pl digitales de fluídica || ~**er Teilnehmeranschluss** (Fernm) / línea f digital del abonado || ~**es terrestrisches Fernsehen** (DTTV) / televisión f digital terrestre (TDT) || ~**e Uhr** (DV, Uhr) / reloj m digital || ~**e Vermittlung im Fernsprechnetz**, DIV / central f telefónica digital || ~**es Vielfachmessgerät** / multímetro m digital || ~**er Vorwählschalter** (Eltronik) / preselector m digital || ~**e Wechselsprechzentrale** / central f digitalde interfónica || **in** ~**e Signale umwandeln**, digitalisieren / digitalizar, digitar, traducir en valores digitales || ≈

279

Digital

Video Broadcasting / DVB || ≃ **Video Disk**, DVD / DVD *m*, videodisco *m* digital
digital•-analog / digital-analógico, -numérico ||
≃-**Analog-Umsetzer** *m* (DIN nicht "Wandler"), DAU *m* / convertidor *m* digital-analógico o digito-analógico || ≃-**Analog-Umsetzung** *f*, D/A-Umsetzung *f* / conversión *m* de información digital en analógica || ≃**anzeige** *f*, digitale Sichtanzeige *f*, Digitalbildschirmdarstellung *f* (DV) / presentación *f* digital o numérica, indicador *m* digital || ≃**anzeige** (Uhr) / registro *m* dígital || ≃**aufnahme** *f* (Audio) / grabación *f* digital || ≃**ausgabe** *f* (DV) / salida *f* digital || ≃**code** *m* (DV) / código *m* digital || ≃**darstellung** *f* (Eltronik) / representación *f* digital || ≃**daten-Demodulator** *m* größter Wahrscheinlichkeit / desmodulador *m* digital de probabilidad máxima ||
≃-**Dopplergerät** *n* (Radar) / radar *m* digital por efecto Doppler || ≃**drucker** *m* / impresora *f* digital ||
≃**eingabe** *f* (DV) / entrada *f* digital || ~-**elektronisch** / digital-electrónico || ≃**empfänger** *m* (Eltronik) / receptor *m* digital || ≃**fotografie** *f* / fotografía *f* digital || ≃**geber** *m* (Eltronik) / transmisor *m* de datos digitales
Digitalin *n* (Chem) / digitalina *f*
digitalisieren *vt*, in digitale Signale umwandeln / digitalizer, digitar, traducir en valores digitales
Digitalisierer *m* / digitalizador *m*, convertidor *m* de información analógica en digital
digitalisiert / digitalizado, digitado || ~**e** Geländehöhenkarte *f* / mapa *f* digitalizada || ~**e** Sprache (Eltronik) / lenguaje *m* digitalizado
Digitalisiertableau *n* / tabla *f* de digitalización
Digitalisierung *f* / digitalización *f*
Digital•kamera *f* (Foto) / cámara *f* digital ||
≃-**Messwertaufzeichnung** *f*, -Messwertausdruck *m* / grabación *f* digital, registro *m* digital ||
≃**rechentechnik** *f* (DV) / técnica *f* de calculación digital || ≃**rechner** *m* (DV) / calculadora *f* digital o numérica || ≃**schallplatte** *f* (Audio) / audiodisco *m* digital, disco *m* CD || ≃**schaltung** *f* / circuito *m* digital || ≃**schnittstelle** *f* (DV) / interfase *f* digital || ≃**signal** *n* / señal *f* numérica, señal *f* digital || ≃**sprecher** *m* (Fernm) / voz *f* digital || ≃**steuerung** *f* / control *m* digital || ≃**technik** *f* / técnica *f* digital || ≃**uhr** *f* / reloj *m* digital || ≃**umsetzer** *m* / convertidor *m* digital || ≃**videokassette** *f* / cartucho *m* de vídeo digital || ≃**voltmeter**, DVM *n* (Eltronik) / voltímetro *m* digital || ≃**wähler** *m* / selector *m* digital || ≃**wecker** *m* / despertador *m* digital || ≃**zahl** *f* / dígito *m* || ≃**zähler** *m* / contador *m* digital || ≃**zoom** (Foto) / zoom *m* digital || ≃**zusatz** *m* (Messinstr) / accesorio *m* digital
Digitizer-Karte *f* (DV) / tarjeta *f* digitilizadora
Digi•tonin *n* (Chem) / digitonina *f* || ≃**toxin** *n* (Pharm) / digitoxina *f*
Diheptalsockel *m* (Eltronik) / base *f* de 14 contactos, casquillo *m* de 14 clavijas
Dihydrit *m* (Phosphorkupfererz) (Min) / dihidrita *f*
Dihydrobenzol *n* (Chem) / dihidrobenceno *m*
Dihydroresorcinol *n* / dihidrorresorcina *f*
Di[hydr]oxyphenylalanin *n*, Dope *n* / dioxifenilalanina *f*
Diiodpentan *n* (Chem) / diyodopentano *m*
Diisoamylether *m* / éter *m* de diisoamilo
Diisocyanat-Polyadditionsverfahren *n* (Chem, Farb) / método *m* de poliadición-diisocianato
DIK (Opt) = Differential Interferenz-Kontrast
Dikaliumphosphat *n* (Chem) / fosfato *m* dipotásico
Diketen *n* (Chem) / diceteno *m*
Diketon *n* / dicetona *f*
diklin / diclino
Diktaphon *n* (ein Diktiergerät) / dictáfono *m*, máquina *f* de (o para) dictar
Diktatzeichen *n* / signo *m* de referencia
diktieren *vt* / dictar

Diktier•gerät *n* / aparato *m* para dictar [correspondencia], máquina *f* de dictar || ≃**zentrale** *f* / central *f* de dictado telefónico
Dilatanz *f*, Kelvin-Effekt *m* (Rheologie) / efecto *m* Kelvin
Dilatation *f*, Wärmedehnung *f* (Phys) / dilatación *f*
Dilatationsvorrichtung *f* (Schweiz) (Bahn) / dispositivo *m* de dilatación para carriles soldados
Dilatometer *n* (Phys) / dilatómetro *m*
Dilatometrie *f* / dilatometría *f*
dilatometrisch / dilatométrico || ~**e** Kurve (Chem) / curva *f* dilatométrica
dilettantisch / de aficionado, superficial, chapucero
DIL-Gehäuse *n* (= Dual-In-Line) (IC) / caja *f* dual en línea, caja *f* DIL
Dilitho *n*, Dilitho-Verfahren *n* (Repro) / litografía *f* directa
Dill *m* (Bot) / eneldo *m*, anega *f*
Dillöl *n*, Oleum Anethi *n* (Pharm) / esencia *f* de eneldo
dilut *adj* (Min) / diluto, diluido
Dilutor *m* (Labor) / aparato *m* de dilución
diluvial (Geol) / diluvial || ~**e** Ablagerungen *f pl* / depósitos *m pl* diluviales, sedimentaciones *f pl* diluviales
Diluvium, (jetzt:) Pleistozän *n* (Geol) / diluvio *m*, pleistoceno *m*
Dimension, Größenordnung *f* (Math, Phys) / dimensión *f*, tamaño *m*, medida *f*
dimensionieren *vt* [für] / dimensionar [para] || ~, bemaßen / acotar
dimensioniert (NC) / acotado || reichlich ~ , [knapp] / ampliamente, [escasamente] dimensionado
Dimensionierung *f* / dimensionado *m*
Dimensionierungsleistung *f*, Entwurfsleistung *f* (Bahn) / potencia *f* para el dimensiado
Dimensions•..., dimensional / dimensional || ≃**analyse** *f* (Math) / análisis *m* dimensional || ~**behaftete** Maßgröße / magnitud *f* dimensional || ≃**gerecht** / dimensional || ~**gleich** / de iguales dimensiones || ≃**gleichung** *f* (Math) / ecuación *f* de dimensiones || ~**haltig** / con las dimensiones justas || ≃**hölzer** *n pl*, Listenware *f* / maderas *f pl* dimensionadas || ~**los**, unbenannt (Math) / sin dimensión, adimensional, no dimensional || ≃**loser Koeffizient** / coeficiente *m* adimensional || ≃**stabilität** *f* (Pap, Plast) / estabilidad *f* dimensional
dimer, zweigliedrig (Chem) / dimérico || ≃ *n* (Chem) / dímero *m*
Dimerie *f* / dimería *f*
Dimerisation *f*, Dimerisierung *f* (Chem) / dimerización *f*
Dimethoxy... (Chem) / dimetoxi...
Dimethyl *n* / dimetilo *m* || ≃**amin** *n* / dimetilamina *f* || ≃**anilin** *n* / dimetilanilina *f* || ≃**arsin** *n* / cacodilo *m* || ≃**benzol** *n* / dimetilbenceno *m* || ≃**glyoxal** *n* / dimetilglioxalo *m* || ≃**hydrazin** *n* / dimetilhidrazina *f* || ≃**hydrochinon** *n* / dimetilhidroquinona *f* || ≃**keton**, Aceton *n* / dimetilcetona *f*, acetona *f* || ≃**phenol**, Xylenol, Monooxyxylol *n* / dimetilfenol *m* || ≃**quecksilber** *n* / dimetilmercurio *m*, mercurio *m* dimetilo || ≃**sulfat** *n* / sulfato *m* de dimetilo, dimetilsulfato *m* || ≃**sulfoxid**, DMSO *n* / sulfóxido *m* de dimetilo, dimetilsulfóxido *m* [disolvente]
dimmen *vt* (Licht) / atenuar [la intensidad de la luz]
Dimmer *m*, Helligkeitsregler *m* (Elektr) / reductor *m* de luz, amortiguador *m* de la luz, reductor *m* de alumbrado
dimorph / dimorfo
Dimorphie *f* (Min) / dimorfismo *m*
Dimorphismus *m* (Biol) / dimorfismo *m*
Dimrothkühler *m* (Chem) / refrigerante *m* Dimroth
DIN•... (Deutsches Institut für Normung) / DIN || ≃ EN, DIN Euronorm *f* / DIN Euronorma *f*, norma *f* DIN EN || ≃ **EN ISO** = deutsche Fassung einer internationalen Norm, die in das europäische Normenwerk

aufgenommen wird ‖ ⁓-**A4-Format** n (Pap) / formato m DIN A4
Dinaphthol n (Chem) / dinaftol m
Dinasstein, -Ziegel, Quarz-Schamotte-Stein m (Hütt) / ladrillo m Dinas, ladrillo m silícico
Dinatrium•... (Chem) / disódico ‖ ⁓**phosphat** n / fosfato m sódico secundario, fosfato m disódico
DIN•-Bezugsband n (Magn.Bd) / cinta f estándar DIN ‖ ⁓**-Bezugsfilm** m **BF-8S** (Foto) / película f estándar de 8 mm tipo S
Dineutron n (Phys) / dineutrón m
DIN-Farbenkarte f / tabla f de colores DIN
DING (Direct Induction of Natural Gas) (Kfz) / inducción f directa de gas natural
Ding•abstand m (Opt) / distancia f de objeto ‖ ⁓**punkt**, Objektpunkt m (Opt) / punto m de objeto
DIN-Grade m pl (Foto) / grados m pl DIN
ding•seitig (Opt) / del lado del objeto ‖ ~**seitiger Hauptpunkt** (Opt) / centro m externo de perspectiva
Dinitrile n pl (Chem) / dinitrilos m pl
Dinitro•benzol n / dinitrobenceno m, dinitrobenzol m ‖ ⁓**kresol** n / dinitrocresol m ‖ ⁓**naphthalin** n / dinitronaftalina f ‖ **4,6-**⁓**-o-Kresol** / dinitroortocresol m, DNOC ‖ ⁓**phenol** n / dinitrofenol m ‖ ⁓**salicylsäure** f / ácido m dinitrosalicílico ‖ ⁓**toluol** n / dinitrotolueno m ‖ ⁓**zellulose** f / dinitrato m de celulosa, binitrocelulosa f
Dinkel, Spelz m (Bot, Landw) / escanda f, espelta f [álaga], escaña f, carraén m, álica f
DIN•-Kreisbogen-Bezugsprofil n (Film) / perfil m de referencia DIN ‖ ⁓**-links** (Schloss) / a la izquierda según DIN ‖ ⁓**-[Norm]blatt** n / hoja f normalizada DIN
Dinonyl... (Chem) / dinonil
DIN•-Papierformate n pl / tamaño m de papel según DIN ‖ ⁓**-rechts** (Schloss) / a la dextra según DIN ‖ ⁓**-Sockel** m (Video) / zócalo m DIN ‖ ⁓**-Zahl** f (in ° DIN), DIN-Grad m (Foto) / velocidad f DIN, grado m DIN
Dioctylzinn (Chem) / estaño m dioctilo ‖ ⁓**stabilisator** m / estabilizador m de estaño dioctilo
Diode f (Eltronik) / diodo m
Dioden•... / diódico, de diodo[s] ‖ ⁓**begrenzer** m / limitador m diódico o de diodo ‖ ⁓**brücke** f / puente m de diodos ‖ ⁓**gleichrichter** m / diodo m rectificador ‖ ⁓**gleichrichtung** f / rectificación f por diodos ‖ ⁓**gleichstrom** m / corriente f continua de diodo ‖ ⁓**kenndaten** pl / característica f diódica o de diodo ‖ ⁓**laser** m, "Lichtskalpell" n / láser m diódico ‖ ⁓**matrix** f / matriz f diódica o de diodos ‖ ⁓**modulator** m / modulador m diódico ‖ ⁓**paar** n / diodos m pl gemelos ‖ ⁓**perveanz** f / perveancia f de diodos ‖ ⁓**quadrierschaltung** f / rectangulación f por diodo ‖ ⁓**stecker** m / clavija f diodo ‖ ⁓**-Transistor-Logik**, DTL-Technik f / circuito m lógico diodo-transistor o DT ‖ ⁓**trennung** f / aislamiento m de diodos ‖ ⁓**voltmeter** n / voltímetro m de diodo
Dioktaeder n (Krist) / dioctaedro m
Diol n (Chem) / diol m, glicol m
Diolefin n, Dien n / diolefina f, dieno m
Diolen n (Chem) / dioleno m
diophantische Gleichung (Math) / ecuación f diofántica
Diopsid n (Min) / diópsido m
Dioptas m (Min) / dioptasa f
Diopter n, Visierinstrument n (Opt) / dioptra f, pínula f ‖ ⁓**blende** f / diafragma m de dioptra ‖ ⁓**bohrung** f / taladro m dióptrico ‖ ⁓**instrument** n / instrumento m dióptrico ‖ ⁓**lineal** n, Alhidade f / escuadra f de agrimensor, alidada f ‖ ⁓**schlitz** m / ranura f visual
Dioptrie f, D (Opt) / dioptría f
Dioptrien•einstellung f / graduación f dióptrica ‖ ⁓**einstellung** (Vorrichtung) / regulador m de las dioptrías ‖ **mit** ⁓**einstellung** / de graduación dióptrica ‖ ⁓**skala** f / escala f de dioptrías ‖ ⁓**zahl** f (Opt) / número m de dioptrías
Dioptrik f / dióptrica f
dioptrisch / dióptrico, dioptral ‖ ~**es Fernrohr** / telescopio m dióptrico
Diorama n (Opt) / diorama m
Diorganozinn n (Chem) / estaño m diorgano ‖ ⁓**-Stabilisator** m (Plast) / estabilizidor m de estaño diorgano
Diorit m, Grünstein m (Min) / diorita f
Diosmose f (Chem) / diósmosis f
Dioxan, Diethylendioxid n (Lösungsmittel) / dioxano m, dioxán m
Dioxazinfarbstoff m / colorante m de dioxazina
Dioxid n / dióxido m, bióxido m
Dioxim n (Chem) / dioxima f
Dioxin n, Tetrachlordibenzo-p-dioxin n / dioxina f
Dip-Coater-Imprägnieranlage f (Plast) / instalación f de impregnado por inmersión
Dipenten n (Chem) / dipenteno m
Dip-Forming n (Draht) / formación f en baño o por inmersión
Dip-Gehäuse, Dual-in-line Gehäuse n (IC) / caja f dual en línea, caja f DIP
Diphenyl n, Biphenyl n (Chem) / difenilo m, bifenilo m ‖ ⁓**amin** n / difenilamina f ‖ ⁓**aminarsinchlorid** n, Adamsit n, Diphenylaminchlorarsin n / difenilamina f cloroarsina ‖ ⁓**aminorange** n, Tropäolin n / anaranjado m de difenilamina ‖ ⁓**ether** m, -oxid n / difeniléter m, éter m difenílico, óxido m de difenilo ‖ ⁓**guanidin** n (Chem, Gummi) / difenilguanidina f ‖ ⁓**harnstoff** m (Chem) / difenilurea f, carbanilida f ‖ ⁓**keton** n / difenilcetona f, benzofenona f ‖ ⁓**[methan]farbstoffe** m pl / colorantes m pl difenil[metano] ‖ ⁓**olpropan** n (für Epoxydharze) / difenilolpropano m (para resinas epoxi)
Diphosphat n / difosfato m
Diphyl n / difil m
Diplex (Fernm) / díplex m
Diplexer m / diplexor m, diplexer, acoplador m díplex
Diplex•system n (Kanalbelegung mit gleichzeitig zwei Informationen in gleicher Richtung) (Fernm) / sistema m díplex ‖ ⁓**verkehr** m / transmisión f díplex
Diploeder n (Krist) / diploedro m
Diplom•arbeit f / síntesis f de licenciatura, tesina f (E) ‖ ⁓**chemiker** m / ingeniero m químico ‖ ⁓**ingenieur** m / ingeniero m diplomado
Diplom-Landwirt m / agrónomo m, ingeniero agrónomo
Diplory m (Schweiz), Spurwagen m (Bahn) / diplory m, carrillo m de vía, zorra f (LA)
Diploskop n / diploscopio m
Dipol n (Chem, Eltronik, Phys) / dipolo m, dípolo m ‖ ⁓**antenne** f / antena f dipolo, dipolo m ‖ ⁓**antennenwand** f / sistema m de antena de cortinas de dipolos ‖ ⁓**ebene** f (Eltronik) / antena f en espina de pescado ‖ ⁓**feld** n / campo m dipolar o de dipolo ‖ ⁓**kraft** f (Chem) / fuerza f dipolar o de dipolo ‖ ⁓**molekül** n / molécula f dipolar ‖ ⁓**moment** n (Phys) / momento m dipolar ‖ ⁓**reihe** f, -zeile f (Antenne) / sistema m de antenas colineales, red f colineal ‖ ⁓**schicht** f (Nukl) / capa f dipolar ‖ ⁓**strahler** m (Eltronik) / red f de dipolos de radiación transversal ‖ ⁓**wand** f (Antenne) / cortina f de dipolos
Dipropyl n (Chem) / dipropilo m
Diproton n (Nukl) / di-protón m (isótopo más ligero del helio), ²He
Dipyr, Schmelzstein m (Min) / dipiro m
Dirac•-Funktion f, Einheitsstoß m (Phys) / función f de Dirac ‖ ⁓**-Gleichung** f / ecuación f de Dirac ‖ ⁓**-Konstante** f / constante f de Dirac ‖ ⁓**sche Deltafunktion**, Delta-Funktional n (Math) / funcional

m delta ‖ ⁓-Stoß *m* (Phys) / función *f* de impulsión de Dirac ‖ ⁓teilchen *n* / partícula *f* Dirac
Direct Torque Control (Elektromotor) / DTC (= Control Directo del Par)
direkt (allg) / directo ‖ ⁓ [von], unmittelbar [von] / inmediatamente [de] ‖ ⁓ (nicht von Platten usw), Original..., live (Bild, Ton) / en directo ‖ ⁓**er Abzug** (Film) / copia *f* de relación 1:1 ‖ ⁓ **angeschlossen [und gesteuert]**, online (DV) / en línea acoplado al sistema ‖ ⁓**er Anguss** (Gieß, Plast) / entrada *f* directa ‖ ⁓**er Antrieb** / accionamiento *m* directo ‖ ⁓ **anzeigendes Instrument** / instrumento *m* de lectura directa ‖ ⁓**e Auffindung** (Raumf) / detección *f* directa, detección *f* sin referencia coherente ‖ ⁓**e Aufzeichnung** (Audio, DV) / registro *m* directo ‖ ⁓**er Baumwollfarbstoff** / colorante *m* directo para algodón ‖ ⁓ **beheizte Röhre** (Eltronik) / tubo *m* calentado directamente ‖ ⁓**e Beleuchtung** / iluminación *f* directa ‖ ⁓**e Betrachtung** / visión *f* u observación directa ‖ ⁓**e Blendung**, Infeldblendung *f* (Opt) / diafragmación *f* directa ‖ ⁓**e digitale Prozessregelung** (NC) / control *m* digital directo ‖ ⁓**es Drillen** (Landw) / siembra *m* directo en líneas ‖ ⁓**es Druckverfahren** (Druck) / impresión *f* directa ‖ ⁓**er Einschlag** (in Leitungen usw) (Blitz) / descarga *f* atmosférica directa ‖ ⁓ **empfangbarer Satellit** / DBS (= Direct Broadcasting Satellite) ‖ ⁓**er Flug** (ohne zwischengeschaltete Erdumlaufbahn) (Raumf) / ascensión *f* directa en la trayectoria ‖ ⁓**e Folge** (Fernm) / secuencia *f* directa ‖ ⁓**e Fourier-Transformation** (Math) / transformación *f* directa de Fourier ‖ ⁓**er Gang** (Kfz) / marcha *f* directa, directa *f* ‖ ⁓**er Gang** (wenn höchster Gang) (Kfz) / marcha *f* más alta ‖ ⁓ **geheizt** (Hütt) / de calefacción directa ‖ ⁓**e gekoppelte Transistor-Logik**, DCTL-Technik *f* (Eltronik) / técnica *f* DCTL ‖ ⁓ **gekoppelter Differential-Verstärker** / amplificador *m* diferencial acoplado directamente ‖ ⁓ **gekoppelter Verstärker**, Gleichstrom-Verstärker *m* / amplificador *m* acoplado directamente por resistor ‖ ⁓ **gekuppelt** / unido o acoplado directamente ‖ ⁓ **gekuppelt** (Antrieb) / de engrane directo, acoplado directamente ‖ ⁓ **gespeist** (Funk) / alimentado directamente ‖ ⁓**e gespeiste Antenne** / antena *f* excitada directamente, antena *f* activa, antena *f* con alimentación directa ‖ ⁓**e Handhabung** (Reaktor) / operación *f* directa ‖ ⁓**er Hochofenguss** (Hütt) / fundición *f* directa ‖ ⁓**e Kopplung** (Wellenleiter) / acoplamiento *m* directo ‖ ⁓**e Kosten** *f pl* (F.Org) / costes *m pl* directos ‖ ⁓**e Kupplung** (Masch) / acoplamiento *m* directo ‖ ⁓**er Kurzschluss** (Elektr) / cortocircuito *m* directo o franco o total ‖ ⁓**e Leiterkühlung** (Kabel) / refrigeración *f* interna ‖ ⁓**e Lithographie**, Dilitho *n* (Repro) / litografía *f* directa ‖ ⁓**e Messung** / medición *f* directa ‖ ⁓**e Methode der Kesselwirkungsgradprüfung** / ensayo *m* directo del rendimiento de calderas ‖ ⁓**e numerische Steuerung**, DNC (Wzm) / control *m* numérico directo ‖ ⁓ **nutzbare Wärme** (Phys) / calor *m* de utilización directa ‖ ⁓**e Oberflächenkühlung** (Kabel) / refrigeración *f* directa superficial ‖ ⁓**es Produkt**, Skalarprodukt *n* (Math) / producto *m* directo ‖ ⁓ **proportional** / directamente proporcional ‖ ⁓**e Rekombination** (Halbl) / recombinación *f* radiativa ‖ ⁓ **sichtbar** / directamente visible, en línea visual ‖ ⁓ **trocknende Farbe** (o. Moistureset Farbe) (Druck) / tinta *f* moisture-set, tinta *f* fijandose por humedad ‖ ⁓**e Verarbeitung** (DV) / procesamiento *m* en [la] línea directa ‖ ⁓**e Verbindung** / línea *f* directa ‖ ⁓**e Verbindung** (Fernm) / conexión *f* directa, comunicación *f* directa ‖ ⁓**e Verbindung** (Bahn) / enlace *m* directo ‖ ⁓ **verseifen** (Chem) / saponificar por método directo ‖ ⁓**e Welle**, Bodenwelle *f* (Eltronik) / onda *f* directa, onda *f* terrestre o de superficie ‖ ⁓ **wirkend** (Dampfm) / de efecto directo, de acción directa ‖ ⁓ **wirkend** / de acción directa, de

efecto directo ‖ ⁓**e Wortauswahl** (im Speicher) (DV) / selección *f* linear (en el almacenamiento) ‖ ⁓ **ziehend**, direktfärbend (Färb) / colorante directo ‖ ⁓ **ziehend** (Farbe) / de fijación directa ‖ ⁓**er Zugriff** (DV) / acceso *m* directo o inmediato ‖ ⁓**er Zugriff** (wenig um den Mittelwert schwankend), Random access *m* (DV) / libre *m* acceso, acceso *m* libre o arbitrario, acceso *m* aleatorio o fortuito ‖ ⁓**es Zweiphasen-Titrationsverfahren** (Chem) / titulación *f* directa en dos fases ‖ ⁓..., substantiv (Färb) / directo
Direkt•adresse *f* (DV) / dirección *f* directa ‖ ⁓**anschluss** *m* (Fernm) / conexión *f* directa ‖ ⁓**antrieb** *m* / accionamiento *m* directo ‖ ⁓**anzeige** *f* (Instr) / indicación *f* directa ‖ ⁓**aufhängung** *f* (Fahrleitung) / suspensión *f* directa ‖ ⁓**aufnahme**, -aufzeichnung *f* (Audio, DV) / registro *m* directo ‖ ⁓**begasung** *f* (Plast) / gasificación *f* directa ‖ ⁓**beschichter** *m* (Galv) / agente *m* de recubrimiento directo ‖ ⁓**beschichtung** *f* (Tex) / recubrimiento *m* directo ‖ ⁓**bindung** *f* (Keram) / liga *f* directa ‖ ⁓**daten** *pl* (DV) / datos *m pl* inmediatos o directos ‖ ⁓**-dessiniert** (Tex) / dibujado directamente, diseñado directamente ‖ ⁓**druck** *m* (Stoffdruck) / estampación *f* directa, estampado *m* directo ‖ ⁓**druckartikel** *m* (Tex) / artículo *m* estampado de colorante directo ‖ ⁓**einschalter** *m* (Elektr) / arrancador *m* directo ‖ ⁓**einschaltung** *f* / conexión *f* a voltaje de red ‖ ⁓**einspritzer** *m* (Ottomotor) / motor *f* de inyección directa ‖ ⁓**einspritzung** *f* / inyección *f* directa ‖ ⁓**färbend** (Tex) / con efecto colorante directo ‖ ⁓**farbstoff** *m* / colorante *m* directo o substantivo ‖ ⁓**feld** *n* (Schall) / campo *m* directo ‖ ⁓**flug** *m* (Luftf) / vuelo *m* directo, (no *m* siempre:) vuelo sin escala ‖ ⁓**führung** *f*, DNC-Betrieb *m* (NC) / control *m* numérico directo, DNC ‖ ⁓**gespräch** *n*, -verbindung *f* (Fernm) / comunicación *f* directa, directa *f* ‖ ⁓**gesteuert** / de mando directo ‖ ⁓**härten** *n*, Härten *n* aus dem Einsatz (Hütt) / temple *m* directo
Direktionsassistent, technischer (F.Org) / asistente *f* técnico [del director técnico] ‖ ⁓**moment**, Rückstellmoment *n* / momento *m* de retroceso
Direkt•kreis *m* (Reaktor) / ciclo *m* directo ‖ ⁓**kreisreaktor** *m* / reactor *m* de ciclo directo ‖ ⁓**leitung** *f* (journalistisch: "heißer Draht") (Fernm) / línea *f* directa ‖ ⁓**modulation** *f* (Eltronik) / modulación *f* directa ‖ ⁓**modulation** (Richtfunk) / modulación *f* final ‖ ⁓**motor** *m* (Bahn) / motor *m* directo ‖ ⁓**operand** *m* (DV) / operando *m* directo
Direktor *m* (Yagi-Antenne) / director *m*, dispositivo *m* director ‖ ⁓**kreis** *m* (Math) / círculo *m* director ‖ ⁓**system** *n* (Fernm) / sistema *m* director ‖ ⁓**wähler**, Zahlenverteiler *m* (Fernm) / selector *m* de cifras
Direkt•positiv *n* (Repro) / positivo *m* directo ‖ ⁓**-Positiv-Prozess** *m* (Foto) / proceso *m* positivo directo ‖ ⁓**rasterung** *f* (Opt) / reticulado *m* directo ‖ ⁓**reduktion** *f* (Hütt) / reducción *f* directa ‖ ⁓**regelung** *f* / control *m* automático
Direktrix, Leitlinie *f* / directriz *f*
Direkt•ruf *m* s. Direktleitung ‖ ⁓**rufnetz** *n* (Fernm) / red *f* de líneas fijas ‖ ⁓**schaltgetriebe** *n*, DSG (Kfz) s. Doppelkupplungsgetriebe ‖ ⁓**-Sendung**, Livesendung *f* (Eltronik, TV) / emisión *f* en directo, transmisión *f* de números vivos ‖ ⁓**sicht[bild]röhre** *f*, Direkt[sicht]röhre *f* (TV) / tubo *m* de visión directa, cinescopio *m* de visión directa ‖ ⁓**sichtempfänger** *m* (Eltronik) / telerreceptor *m* de visión directa ‖ ⁓**signalsteuerung** *f* (DV) / control *m* directo ‖ ⁓**sinterofen** *m* (Hütt) / horno *m* de sinterización directa ‖ ⁓**-Speicherformat** *n* (DV) / tamaño *m* para almacenamiento directo ‖ ⁓**speicherzugriff** *m* (Direct Memory Access), DMA / DMA, Acceso *m* directo a memoria, acceso *m* inmediato al almacenamiento ‖ ⁓**spinnmaschine** *f* (Tex) / hiladora *f* directa ‖ ⁓**spinnverfahren** *n* (Tex) / hilatura *f* directa, hilado *m* directo ‖ ⁓**sprechen** *n*, -verbindung *f* (Fernm)

/ comunicación f directa ‖ ⁓steuerung f (Luftf) /
mando m directo ‖ ⁓tiefschwarz n / negro m intenso
directo ‖ ⁓übertragung, Reportage f (Radio, TV) /
retransmisión f en directo, reportaje m ‖ ⁓umrichter
m (Elektr) / cicloconvertidor m ‖ ⁓umwandlung f,
direkte Energieumwandlung / conversión f directa,
transformación f directa ‖ ⁓verarbeitung f (DV) /
procesamiento m directo ‖ ⁓verbindung f, -gespräch
n (Fernm) / comunicación f directa ‖ ⁓verbindung
zwischen Satelliten / enlace m directo entre satélites ‖
⁓verfahren n (Schaumherstellung),
Einstufenverfahren n (Plast) / procedimiento m
directo de espumada ‖ ⁓wahl f (Fernm) / selección f
directa, llamada f directa, discado m directo, teclado
m directo ‖ ⁓wahl von der Nebenstelle (Fernm) /
selección f directa externa ‖ ⁓wähler m für ersten
Buchstaben (Fernm) / selector m directo para la
primera cifra ‖ ⁓weg m (Fernm) / vía f directa ‖ ⁓wert
m (Assembler, DV) / término m de autodefinición, valor
m directo ‖ ⁓-Zugriff m (DV) / acceso m directo o
inmediato
Dirichletsches Problem n (Math) / problema m de
Dirichlet
DIR-Kuppler m (= development inhibitor release)
(Foto) / copulador m DIR
DIRMC (= Direct Infrared
Countermeasures)(Raketenabwehrsystem) (Mil) /
sistema m anticohético
Disaccharid n, Disaccharose, Biose f (Chem) / disacárido
m
disassemblieren vt (DV) / desensamblar
Disazofarbstoff m / colorante m diazoico
Disc-Camera f, Disk-Kamera f (Foto) / cámara Disc o de
disco
Dischwefelsäure f (Chem) / ácido m disulfúrico
Disdodekaeder n (Krist) / disdodecaedro m
Diselenid n (für Solarzellen) / diseleniuro m
disharmonisch (Akust) / disarmónico adj
Dish-Sterling-KW n (Elektr) / central f [solar]
Dish-Sterling
Disilan, Silikoethan n (Chem) / disilano m
Disjunktion f (DV) / disyunción f, circuito m OR ‖ ⁓
[zweier Signale] (Prüfung) / disyunción f
Disjunktionsglied n / alternador m, circuito m
habilitador OR
Disk-Elektrophorese f (Chem, Med) / electroforesis f por
disco
Diskenbohrkopf m (Bergb) / trépano m de (o con) discos
Diskette f (DV) / disquete f, diskete m
Disketten•laufwerk n / disquetera f, unidad f de
disquetes ‖ ⁓lesegerät n / lectora f de disquetos
Disk-Kamera f (Foto) / cámara f de disco
Diskoeffekt m (bei WKA) / efecto m "disco"
Diskonantenne f / antena f discocónica o discónica
Diskontinua•-Bleiche f (Tex) / instalación f de blanqueo
discontinuo ‖ ⁓-Breitbleiche f (Tex) / blanqueo m
discontinuo ancho ‖ ⁓-Strangbleiche f (Tex) /
blanqueo m discontinuo de madeja ‖ ⁓verfahren n
(Färb) / procedimiento m discontinuo
diskontinuierlich / discontinuo ‖ ⁓, aussetzend /
intermitente ‖ ⁓ betrieben / accionado
discontinuamente o por lotes ‖ ⁓e
Destillationsanlage (Chem) / planta f de destilación
discontinua ‖ ⁓e **Förderung** (Bergb) / transporte m
discontinuo ‖ ⁓er **Regelkreis** / circuito m discontinuo
de mando ‖ ⁓es **Spektrum**, Linienspektrum n (Phys) /
espectro m de líneas o de rayos
Diskontinuität, Unstetigkeit f (Phys) / discontinuidad f
Diskontinuitätsfläche f, Unstetigkeitsfläche f /
superficie f de discontinuidad
Diskontinuum n (Krist, Math) / discontinuo m
diskordant (Geol) / discordante

Diskordanz f, diskordante Lagerung (Geol) /
discordancia f ‖ ⁓lagerstätte f (Geol) / estratificación f
discordante
Diskothek f / discoteca f
Diskrepanz f, Abweichung f / discrepancia f,
divergencia f, disparidad f
diskret, unstetig (Math) / discreto ‖ ⁓, getrennt (Eltronik)
/ discreto, separado ‖ ⁓e **Darstellung** (Math) /
representación f discreta ‖ ⁓e **Daten** pl (DV) / datos m pl
discretos ‖ ⁓e **Mathematik** / matemáticas f pl
discretas ‖ ⁓ verdrahtet (Eltronik) / cableado
discretamente ‖ ⁓e **Zufallsvariable** (Stat) / variable f
aleatoria discreta
Dis•kriminante f (Math) / discriminante f ‖
⁓kriminator m (Math) / discriminador m ‖
⁓kriminierend, unterscheidend / discriminador adj ‖
⁓kriminierung, Unterscheidung f / discriminación f
Diskus m (Sport) / disco m ‖ ⁓brecher m, Kreiselbrecher
(Aufb) / quebrantadora f giratoria, machacadora f
giratoria, trituradora f giratoria ‖ ⁓förmig / en forma
de disco, discoidal ‖ ⁓getriebe n,
Reibscheibengetriebe n / mecanismo m de fricción
por disco plano
Diskussionstubus m (Mikrosk) / tubo m de discusión
Disky n (Lichtanzeige u. Tastatur für den Bordrechner)
(Raumf) / disky m
Dis•lokation, Lagerungsstörung f (Geol) / dislocación f ‖
⁓membrator, Desintegrator m (Mühle) /
desintegrador m ‖ ⁓membrator m, Schlagstiftmühle f
/ trituradora f con espigas percutatoras ‖ ⁓mutation f
(Chem) / dismutación f
dismutieren vi / dismutar(se)
disparat, unvereinbar / incompatible, disparatado
Dispatcher, Zuteiler m (DV) / repartidor m ‖ ⁓ m,
Verteiler m (Öl) / distribuidor m, repartidor m
Dispatching n, Lastverteilung f / despacho m,
repartición f de la carga
Dis•pergator, Peptisator m (Pap) / dispersante m,
aparato m de peptizar ‖ ⁓pergens n
(grenzflächenaktives Mittel), Dispersant m (Chem, Öl)
/ dispersante m ‖ ⁓pergens, disperse Phase (Chem) /
dispersante m, fase f dispersada ‖ ⁓pergierbarkeit f /
dispersabilidad f ‖ ⁓pergieren vt, feinst verteilen
(Chem) / dispersar (emulsiones) ‖ ⁓pergierendes
Medium, Dispergiermittel n, Dispersant n,
Dispergens n / medio m dispersante, dispersante m ‖
⁓pergiermaschine f (Aufb) / máquina f de dispersión ‖
⁓pergiert / disperso, en dispersión ‖ ⁓pergierter
Brennstoff (Nukl) / combustible m en dispersión,
material m en dispersión ‖ ⁓pergiervermögen n
(Chem) / capacidad f de dispersión, poder m de
dispersión ‖ ⁓pergiervorgang m / dispersión f ‖
⁓pergierwirkung f (Öl) / efecto m de dispersión ‖
⁓pergierzusatz m (Öl) / aditivo m de dispersión
dispers, dispergiert (Chem) / disperso, dispersado ‖ ⁓e
Phase (Chem) / fase f dispersada ‖ ⁓e **Phase**,
Suspensoid n (Chem) / suspensoide m ‖ ⁓e
Phasenregel / regla f dispersa de las fases ‖ ⁓es (o.
dispergiertes) **System** / sistema m disperso
Dispersion f, [Zer]streuung f (Opt) / dispersión f ‖ ⁓,
disperses o. dispergiertes Gebilde o. System (Phys) /
dispersión f ‖ ⁓, Farbenzerstreuung f (TV) /
dispersión f de colores ‖ ⁓ f, Latex m, Milch f (Plast) /
latex m
Dispersions•anstrich m / pintura f de dispersión ‖
⁓anstrichmittel n, Binderfarbe f, (mit
Bindemittelsuspension) / colorante m de dispersión ‖
⁓brennelement n (Nukl) / elemento m de dispersión ‖
⁓farbe, Latexfarbe f / colorante m de latex ‖
⁓farbstoff m (Färb) / colorante m dispersante ‖
⁓filter m (Opt) / filtro m de dispersión ‖ ⁓gehärtetes
[Sinter]metall (Hütt) / material m templado por
dispersión ‖ ⁓härten, Aus[scheidungs]härtung f

Dispersionskleber

(Leichtmetall) / temple *m* por dispersión || ⁓**kleber** *m* (Chem) / pegamento *m* de dispersión || ⁓**kneter** *m* / amasadora *f* de dispersión || ⁓**kolloid** *n* / coloide *m* dispersante || ⁓**kräfte** *f pl*, van-der-Waalssche-Kräfte (Chem) / fuerzas *f pl* de dispersión, fuerzas *f pl* de van der Waals || ⁓**kurve**, Streuungskurve *f* (Geol, Opt) / curva *f* de dispersión || ⁓**mittel** *n*, Dispersiermittel *n*, Dispergator *m* (Chem) / dispersante *m*, medio *m* dispersante o dispersivo o de dispersión || ⁓**relation** *f* (Nukl) / relación *f* de dispersión || ⁓**-Sinterwerkstoff** *m* (Hütt) / material *m* sinterizado templado en la fase de dispersión || ⁓**-Spektroskopie** *f* (Phys) / espectroscopia *f* de dispersión || ⁓**spektrum** *n* / espectro *m* de dispersión || ⁓**überzug** *m* (Galv) / recubrimiento *m* templado por dispersión || ⁓**verfestigung** *f* (Sintern) / endurecimiento *m* por dispersión || ⁓**vermögen** *n* (Chem) / poder *m* dispersivo, capacidad *f* dispersiva
Dispersität *f*, Dispersionsgrad *m* (Tex) / grado *m* de dispersión, dispersividad *f*
Dispersoid *n* (Chem) / dispersoide *m*
Dispersol •… (Färb) / dispersol || ⁓**farbe** *f* (Färb) / colorante *m* dispersol
Display *n*, Sichtanzeige *f* (DV, Eltronik) / display *m*, pantalla *f* de visualización, unidad *f* de visualización || ⁓**-Terminal** *n* (DV) / terminal *m* de visualización || ⁓**- und Dialog-Konsole** *f* / consola *f* de visualización y de diálogo
disponieren *vt*, verfügen [über] / disponer [de]
Disposable *n*, Einwegartikel *m* (allg, Tex) / artículo *m* de un solo uso
Disposition *f*, Anordnung *f* / disposición *f*, arreglo *m*, orden *m* || ⁓, Verteilung *f* / distribución *f* || ⁓ *f*, Arbeitsvorbereitung *f* (F.Org) / preparación *f* del trabajo
Dispositions•gleis *n* (Bahn) / vía *f* de desdoblamiento común a varios lotes || ⁓**plan** *m* (F.Org) / plano *m* de disposición de trabajo
Disproportionalität *f* / desproporción *f*, desproporcionalidad *f*
Disproportionierung *f* (Chem) / dismutación *f*, reacción *f* de Cannizaro
disruptiv, den Durchschlag herbeiführend (Elektr) / disruptivo
Dissektor•-Kamera *f* (Opt) / cámara *f* disectriz de imágenes || ⁓**röhre**, Farnsworth-Bildröhre *f* (TV) / tubo *m* disector
Dissertation, Doktorarbeit *f* / tesis *f* doctoral
Dissimilation *f* (Physiol) / disimilación *f*
Dissipation *f*, Schalldämpfung *f* (Akust) / disipación *f* acústica || ⁓ (Übergang in Wärme) (Elektr) / disipación *f* || ⁓ **der Energie** (Phys) / disipación *f* de la energía
Dissipationssphäre *f* (Geo) / exósfera *f*
Dissolution *f* (Chem, Kolloid) / disolución *f*
dissonant / disonante *adj*
Dissonanz *f* / disonancia *f*
Dissousgas *n* (Chem) / acetileno *m* disuelto
Dissoziation *f*, Zerfall *m* (Chem) / disociación *f*
Dissoziations•energie *f* / energía *f* de disociación || ⁓**fähig**, dissoziierbar / disociable || ⁓**grad** *m* / grado *m* de disociación || ⁓**konstante** *f* / constante *f* de disociación || ⁓**vorgang** *m*, Dissoziation *f* / disociación *f* || ⁓**wärme** *f* / calor *m* de disociación
dissoziativer Einfang (Nukl) / captura *f* disociativa
Dissoziierbarkeit *f* (Chem) / disociabilidad *f*
dissoziieren *vt* / disociar
Distallinie *f* (Math) / línea *f* distal
Distanz *f*, Abstand *m*, Entfernung *f* / distancia *f*, trecho *m* || ⁓**block** *m*, -stück *n* (Masch) / distanciador *m* || ⁓**bolzen** *m* / perno *m* distanciador o de distancia || ⁓**büchse** *f*, -hülse *f* / casquillo *m* distanciador o separador, casquillo *m* espaciador || ⁓**-Fäden** *m pl* (Verm) / hilos *m pl* estadimétricos || ⁓**feinrelais** *n* (Elektr) / relé *m* de precisión de distancia || ⁓**klemme** *f*

(Elektr) / borne *m* distanciador || ⁓**kontrolle** *f*, Abstandskontrolle *f* (Kfz) / control *m* o indicador de distancia || ⁓**kreis** *m* (Geom) / círculo *m* de distancia || ⁓**latte** *f* (Verm) / mira *f* estadimétrica, reglón *m* de distancia || ⁓**leiste** *f* (Hütt) / regla *f* distanciadora || ⁓**messer** *m*, -messgerät *n* (Verm) / diastimómetro *m*, diastómetro *m*, telémetro *m* || ⁓**platte**, -scheibe *f* / placa *f* distanciadora o espaciadora || ⁓**relais** *n* (Elektr) / relé *m* de distancia || ⁓**relais für Impedanzschutz** / relé *m* de impedancia || ⁓**ring** *m* / anillo *m* distanciador || ⁓**rohr** *n*, Abstandshülse *f* / tubo *m* distanciador, casquillo *m* distanciador || ⁓**säule** *f* (el. Klemmen) / borne *m* distanciador || ⁓**scheibe** *f* (Masch) / arandela *f* distanciadora o separadora || ⁓**schutz** *m* (Elektr) / dispositivo *m* de protección de distancia || ⁓**schutzplanke** *f* (Straßb) / valla *f* distanciadora de protección || ⁓**stange** *f* (Kfz) / barra *f* distanciadora || ⁓**stück** *n*, -block *m* (Masch) / distanciador *m* || ⁓**stück**, -rolle *f* (Plast) / calce *m*, paralelas *f pl*
Di-Stärke *f* (Chem) / diamidón *m*
Distarlinse *f* (zur Brennweitenverlängerung), Distar *m* (Opt) / distar *m*
distereoisomer (Chem) / diestereoisómero
Disthen, Cyanit, Kyanit *m* (Min) / distena *f*, cianita *f*
Distickstoff•-Monoxid, Lachgas *n* (Chem) / óxido *m* nitroso, gas *m* hilarante || ⁓**-Pentoxid** *n* / pentóxido *m* de dinitrógeno || ⁓**-Tetroxid** *n* / tetraóxido *m* de dinitrógeno
Distribution *f*, verallgemeinerte Funktion (Math) / distribución *f*
Distributionentheorie *f* (Math) / teoría *f* de distribuciones
Distribution-Oktanzahl *f* (Kfz) / índice *m* de octano de distribución
distributiv (Math) / distributivo
Distributivität *f* (Math) / distributividad *f*
Distrikt *m*, Gebiet *n* / área *f*, distrito *m* || ⁓**straße** *f* / carretera *f* provincial
Disulfid *n* (Chem) / disulfuro *m*
disymmetrisch (Geom) / disimétrico
Disziplin *f*, Fach *n* / materia *f*, asignatura *f*
DITA, Dimethoxyanthracen *n* / dimetoxiantraceno *m*
Diterpen *n* (Chem) / diterpeno *m*
Dithan *m*, Diphenylmethan *n* / difenilmetano *m*, ditano *m*
Dithiocarbamat *n* / ditiocarbamato *m*
Dithionat *n* / ditionato *m*
dithionige Säure, unterschweflige Säure, $H_2S_2O_4$ / ácido *m* ditiónico, ácido *m* hiposulfuroso
Dithionit, Hyposulfit *n* / ditionito *m*
Dithiophosphat *n* / ditiofosfato *m*
ditrigonal (Prisma) (Opt) / ditrigonal
divariant (Chem) / bivariante
Divarsäure *f* / ácido *m* divárico
D+I-Verfahren *n* (Tiefziehen u. Abstreckziehen) (Hütt) / procedimiento *m* D+I (embutido + estiramiento sobre molde)
divergent, divergierend (Math, Opt) / divergente || ⁓**e Reihe** / serie *f* divergente
Divergenz *f* (allg, Math) / divergencia *f* || ⁓ **des Strahlenbündels** (Phys) / dispersión *f* del haz, divergencia *f* del haz || ⁓**winkel**, Streuungswinkel *m* (Opt) / ángulo *m* de divergencia
divergieren *vi* / divergir
divergierend / divergente
divers / diverso
Diversifikation *f*, Diversifizierung *f*, Mannigfaltigkeit *f* / diversificación *f*
diversifiziert (Herstell.-Programm) / diversificado
Diversity *f*, Verschiedenartigkeit *f* / diversidad *f* || ⁓ **mit linearer Addition** (Eltronik) / diversidad *f* con adición lineal || ⁓**-Betrieb** *m* / funcionamiento *m* en diversidad || ⁓**-Empfang** *m* (Eltronik) / recepción *f* en

diversidad, recepción f **múltiple** ‖ ⁓**faktor**, Verschiedenheitsfaktor m / factor m de diversidad ‖ ⁓**-Radar** m n / radar m en diversidad ‖ ⁓**schaltung** f / circuito m en diversidad
Divertor m (Plasma) / desviador m
Dividend m (Math) / dividendo m
dividieren vt [durch] (Math) / dividir [por]
Dividierwerk n (DV) / divisor m numérico
Divinyl n (Chem) / divinilo m ‖ ⁓**benzol** n, DVB / benceno m divinílico
Divis n, Teilungsstrich m (Druck) / guión m
Division f (Math) / división f ‖ ⁓ **mit Bildung eines positiven Restes** (Math) / división f con formación de un resto positivo
Divisions•anweisung f (DV) / orden f de división ‖ ⁓**getriebe** n / mecanismo m divisor ‖ ⁓**zeichen**, Teilungszeichen n (Druck, Math) / signo m de división, signo "dividido por"
Divisor m (Math) / divisor m
Dixi-Klo n (Bau) / retrete m transportable (para obras)
Dixon-Füllkörper m pl (Chem) / cuerpos m pl de relleno tipo Dixon
DK = Dezimalklassifikation ‖ ⁓ = Dieselkraftstoff ‖ ⁓ (Elektr) = Dielektrizitätskonstante
DKE = Deutsche Elektrotechnische Kommission im VDI and VDE
DKEW = Deutsches Komitee für Elektrowärme im VDE
DKEZ = Deutsches Komitee für Elektrotechnische Zusammenarbeit im VDE
DKI = Deutsches Kupferinstitut ‖ ⁓ = Deutsches Kunststoffinstitut
D₂-Kurve f, Trenndichtekurve f (Aufb) / curva f de posibilidad de lavado en función de la densidad
DKW = Deutsche Gesellschaft zur Wiederaufarbeitung von Kernkraftstoffen
D-Lampe f (Elektr) / lámpara f de filamento biespiral o doblemente arrollado
DLG = Deutsche Landwirtschaftsgesellschaft
DLP-Technik (Datenprojektoren) / técnica f DLP (DLP = Digital Light Processing)
DLR, Deutsches Luft- und Raumfahrtzentrum / Centro m Alemán Aeroespacial
DLTG = Deutsche Lichttechnische Gesellschaft
DM = Dieselmotor ‖ ⁓ (Elektr) = Dieselhorst-Martin ‖ ⁓, Deltamodulation f (TV) / modulación f delta
DMA (DV) s Direktspeicherzugriff
D2-Mac Standard m (TV) / norma f D2-Mac
DME, Digitale Motorelektronik / electrónica f digital del motor ‖ ⁓**-Gerät** n (Luftf) / equipo m para medir distancias ‖ ⁓**-Verfahren** n (Luftf) / método m DME, método m de equipo para medir distancias
DML (= Data Manipulation Language) (DV) / Lenguaje m de Manipulación de Datos
DMM-Technik f (Audio) / técnica f DMM (= direct metal mastering)
D/MOS-Halbleiter m (= double-diffused MOS) / semiconductor m D/MOS
DMS = Dehnungsmessstreifen
DMT (Chem) = Dimethylterephthalat
DNA (Chem) = Desoxyribonukleinsäure
DNB (= departure from nucleate boiling), kritische Überhitzung n (Nukl) / sobrecalentamiento m crítico ‖ ⁓**-Wärmestromdichte** f (= departure from nucleate boiling) (Nukl) / flujo m de calor de sobrecalentamiento crítico
DNC (= Direct Numerical Control) (Masch) / Control m Numérico Directo
DNC-Steuerung f, direkte numerische Steuerung (Wzm) / control m numérico directo
DNS = Desoxyribonukleinsäure
Dobby m, Schaftmaschine f (Tex) / maquinita f de lizos, ratiera f (LA)
DOCA (Chem) = Desoxycorticosteronacetat

Docht m, Docht m der Kerze (allg) / mecha f, pábilo m ‖ ⁓, Vorgarn n, Lunte f (Spinn) / mecha f ‖ ⁓**effekt** m (Eltronik) / efecto m de mecha ‖ ⁓**kohle** f (Bogenlampe) / carbón m de mecha ‖ ⁓**metall** n / metal-mecha m ‖ ⁓**öler** m / engrasador m de mecha, aceitera f de mecha ‖ ⁓**schmierung** f / lubricación f por mecha, engrase m por mecha ‖ ⁓**schraube** f / cremallera f de mechas ‖ ⁓**wolle** f (Tex) / lana f gruesa
Dock n (Schiff) / dique m, dársena f, dock m (Neol) ‖ ⁓**arbeiter** m / portador m ‖ ⁓**boden** m, -bett n, -sohle f (Schiff) / fondo m de dársena
Docke f, Geländersäule, -docke f (Bau) / balaustre m ‖ ⁓, Dockenspindel f (Drechsler) / muñeca f ‖ ⁓, Garnstrang m (Spinn) / madeja f, trenzada f ‖ ⁓ **zu 5 Strähnen** (Spinn) / trenzada f de cinco hilos
docken, eindocken vi (Schiff) / entrar en dique ‖ ~ vt / poner en dique ‖ **Garn** ~ (Spinn) / trenzar ‖ ⁓ n, Kopfmachen n (Garn) / trenzado m ‖ ⁓**geländer** n (Bau) / balaustrada f ‖ ⁓**wagen** m (Spinn) / carro m de trenzar ‖ ⁓**wickler** m (Spinn) / enrollador m de madejas
Dockgrube f (Schiff) / fosa f del dique
Docking n, Ankoppeln n (Raumf) / docking m, acoplamiento m, anclaje m ‖ ⁓**einschnitt** m (Raumf) / sistema m activo de anclaje ‖ ⁓**station** f (DV) / docking station m
Dock•körper m (Schiff) / armadura f de dársena, estructura f del dique ‖ ⁓**kran** m / grúa f de dique, grúa f de astillero ‖ ⁓**ponton** m, Docktor n / puerta f del dique ‖ ⁓**schleuse** f / dique-esclusa m ‖ ⁓**sohle** f (Schiff) / suelo m o fondo del dique ‖ ⁓**stapel** m, Kielstapel m, Kielpallen m (Schiff) / bloque m de construcción, picadero m de la quilla ‖ ⁓**stoß** m (Raumf) / choque m de impacto
Doctor-Verfahren n (Öl) / tratamiento m con plumbito o con óxido de plomo, tratamiento m doctor
Dodecan f (Chem) / dodecano m ‖ ⁓**al** n, Laurinaldehyd m / dodecanal m ‖ ⁓**säure** f, Laurinsäure f / ácido m dodecánico, ácido m láurico
Dodecyl•-Alkohol m / alcohol m dodecílico ‖ ⁓**benzol** n / dodecil-benceno m
Dodeka•eder, Zwölfflach n, Zwölfflächner m (Geom) / dodecaedro m ‖ ⁓**gon**, Zwölfeck n / dodecágono m
DO-Detektor m (Nukl) / detector m DO
Doeskin (Web) / paño m forte
Dogger m (Geol) / dogger m
Doherty-Verstärker m (Eltronik) / amplificador m Doherty
Do-it-yourself n, Heimwerken n / bricolaje m, "hágalo Ud mismo"
Dokimasie, Probierkunde f (Hütt) / docimasía f, docimástica f
Dokosansäure f / ácido m docosánico
Dokument n / documento m, escritura f
Dokumentarfilm m / documental m, película f documental
Dokumentation f (F.Org) / documentación f ‖ ⁓, technische Unterlagen f pl / documentación f técnica
Dokumentations•verfahren KWIC n (DV) / método m de índice de palabras clave en contexto ‖ ⁓**zentrum** n / centro m de documentación
dokumenten•echt, unlöschbar (Tinte) / inextinguible, indeleble ‖ ⁓**feste Tinte** / tinta f inextinguible ‖ ⁓**mappe** f / portadocumentos m ‖ ⁓**papier** n / papel m para documentos ‖ ⁓**pergament** n / pergamino m para documentos ‖ ⁓**verfilmung** f / representación f de documentos en microfilm ‖ ⁓**vernichter** m (Büro) / trituradora f de documentos
Dolby-System n (Rauschunterdrückung) (Magn.Bd) / sistema m Dolby
Dolde f (Bot) / umbela f
Doldenblatt n (Hopfen) / bráctea f del lúpulo
Dole f (Bau, Straß) / alcantarilla f
Dolerit m (Geol) / dolerita f

285

Doline f, Karsttrichter m (Geol) / dolina f
Dollarzeichen n (Druck) / signo m gráfico del dólar
Dollbord n (Schiff) / regala f
Dolle f (Riemenauflage) (Schiff) / chumacera f, horquilla f
Dolly m (Containerwagen, Luftf) / carrito m para contenedores ‖ ≈, Kamerakran m (Film) / carro m portacámara, pie m rodante, pedestal m rodante ‖ ≈-**Achse** f (Hilfsachse für Sattelanhänger) (Kfz) / eje m auxiliar para semirremolque
Dolomit m (Geol) / dolomita f, dolomía f, caliza f lenta ‖ ≈... / dolomítico ‖ **dichter** ≈, Zechsteindolomit m, Devon m / dolomita f compacta ‖ **körniger** ≈, Dolomitmarmor m / dolomita f granular ‖ ≈**brennofen** m (Hütt) / horno m para calcinar dolomita ‖ ≈**gesteine** n pl (Geol) / piedras f pl dolomíticas
dolomitischer Kalk, Dolomitkalk m (Bau) / cal f de dolomía
Dolomitisierung f, Dolomitierung f (Geol) / dolomit[iz]ación f
Dolomit•klinker m (Bau) / clinker m de dolomía, clinca f de dolomía ‖ ≈**mehl** n (Hütt) / polvo m de dolomía ‖ ≈**stein** m (Hütt) / ladrillo m de dolomía
Dom m, Kuppel f (Bau) / cúpula f, domo m, bóveda f, esfera f ‖ ≈, Dampfdom m (Masch) / domo m de vapor
Domäne, Sphäre f / dominio m
Domänen•bildung f (Eltronik) / formación f de dominios ‖ ≈-**Magnetspeicher**, DOT-Speicher m (DV) / memoria f DOT ‖ ≈-**Oszillation** f (Eltronik) / oscilación f de dominios ‖ ≈**transportspeicher** m, Magnetblasenspeicher m (DV) / memoria f de burbujas magnéticas
domatisches Dieder, Doma n (Krist) / diedro m domático
Domdeckel m, Dom m (Behälter, Tank) / tapa f abovedada, calota f
Domeykit m, Arsenkupfer n (Min) / domeykita f, cobre m arsenical, cobre m blanco
Domflansch-Winkelstahl m / ángulo m de secciones con alma de diferente espesor
Dominante f (Bau) / dominante f ‖ ≈ (Opt) / color m dominante
Dominantfrequenz f (Elektr) / frecuencia f dominante
Dominanz, Farbtongleichheit f (Opt) / dominancia f
dominierend, vorherrschend / predominante
Domino-Effekt m / efecto m dominó
Donarit n (Sprengstoff) / donarita f
Donator m, Donor m (Halbl) / donador m ‖ ≈, Donor m (Chem) / átomo m donador ‖ ≈**niveau** n (Halbl) / nivel m donante o donador ‖ ≈-**Verunreinigung** f (Halbl) / impureza f donadora
Donegal m (Web) / donegal m
Dongle n (DV) / llave f electrónica
Dongolagerbung f (Leder) / curtido m de piel dóngola
Donkey m (Hilfskessel) / caldera f auxiliar
Donnan•gleichgewicht, Membrangleichgewicht n (Biol) / equilibrio m de Donnan ‖ ≈**potential**, Membranspotential n / potencial m de Donnan
donnern vi / tronar
donnernd (Geräusch) / rugido
Donner[schlag] m (Meteo) / trueno m
Donor m (Halbl) s. Donator
DOP n (Dioctylphthalat) (Chem) / ftalato m de di-2-etilhexilo
Dopa (Biochem) = Di[hydr]oxyphenylalanin
Dopamin n / dopamina f
Dopant, Dotierstoff m (Halbl) / agente m impurificador o de impurificación, impurificante m, adulterante m
Dopefaktor, Dotierungsfaktor m / factor m de dopar
dopen vt, dotieren (Halbl) / dopar ‖ ≈, Dotieren n (Halbl) / adulteración f, impurificación f [dosificada]
Dopesheet n, Begleittext m (Film) / dopesheet m

Dopesubstanz f (Sintern) / inhibidor m de recristalización
Doppel•... / doble, bi... ‖ ≈..., Zwillings... / gemelo ‖ ≈... (Bahn) / biarticulado ‖ ≈... (Haus) / adosado ‖ ≈**abnehmerkrempel** f (Tex) / carda f de dos llevadores ‖ ≈**abtastung** f, V-Abtastung f (von Binärskalen) / lectura f en V ‖ ≈**abzweigung** f, -abzweig m, -abzweigrohr n / desviación f doble, derivación f doble, empalme m doble ‖ ≈**achse** f (Kfz) / eje m tándem, eje m doble, ejes m pl gemelos ‖ ≈**achtfilm** m / película f de 8 mm ‖ ≈**ader** f (Elektr) / hilo m de dos conductores, conductor m bifilar ‖ ≈**aderleitung** f (Fernm) / línea f de dos conductores, circuito m de bucle ‖ ≈**aderlitze**, -aderschnur f (Elektr) / cordón m de dos conductores ‖ ≈**adrig** (Elektr) / bifilar, de dos conductores ‖ ≈**aggregat** n (Elektr) / grupo m doble ‖ ≈-**Airbag** m, Fahrer- u. Beifahrer-Airbag m (Kfz) / doble m airbag ‖ ≈**amplitude** f (Elektr) / amplitud f de pico a pico ‖ cresta a cresta ‖ ≈**amplitudenbegrenzung** f / limitación f doble de amplitud ‖ ≈**anastigmat** m (Opt) / anastigmato m doble ‖ ≈**anker** m (Elektr) / doble inducido m ‖ ≈**ankermotor** m (Elektr) / motor m de doble inducido ‖ ≈**ankerrelais** n (Elektr) / relé m de doble armadura ‖ ~**ankrige Tastung** / manipulación f bipolar ‖ ≈**anlage** f, Doppelsystem n (DV, Masch) / instalaciones f pl gemelas ‖ ≈**anoden-Glimmröhre** f (Eltronik) / tubo m luminescente de doble ánodo ‖ ≈**anordnung** f (von Teilen) / disposición f doble ‖ ≈**anschaltklinke** f (Fernm) / jack m doble ‖ ≈**antrieb** m (Masch) / accionamiento m doble ‖ ≈**antrieb** m (Kinematik) / entrada f doble ‖ ≈**arbeitskontakt** m (Elektr) / contacto m de trabajo doble ‖ ≈**armig** / de dos brazos, bibraquial ‖ ~**armige Presse** / prensa f de dos brazos ‖ ≈**armkneter** m / amasadora f de doble brazo ‖ ≈**armlupe** f (Opt) / lupa f de brazo doble ‖ ≈**atlas** m (Tex) / raso m doble ‖ ≈**aufhängung** f, Bifilaraufhängung f (Instr) / suspensión f bifilar, doble suspensión f ‖ ≈**aufladung** f (Kompressor + Turbo) (Kfz) / sobrealimentación f doble ‖ ≈-**Aufrollmaschine** f (Spinn) / máquina f de bobinado doble ‖ ≈**aufzeichnung** f aus Sicherheitsgründen (DV) / registro m doble ‖ ≈**auspuff** m (Kfz) / escape m doble ‖ ≈**axt** f / hacha f doble, marrazo m ‖ ≈**backenbremse** f (Masch) / freno m de mordazas gemelos ‖ ≈**backenbremse** (Bahn) / freno m de doble zapata ‖ ≈**backofen** m / horno m de panificación doble ‖ ≈**bandschleifer** m (Glas) / pulidora f de cinta doble ‖ ≈**bart** m (Schloss) / paletón m doble ‖ ~**basiger Festtreibstoff** (Raumf) / combustible m sólido de base doble, propergol m de base doble ‖ ≈**basisbinder** m (Raketentreibstoff) / ligante m de base doble ‖ ≈**basis-Diode** f, Unijunktions-Transistor m (Eltronik) / diodo m de doble base, transistor m unijuntura ‖ ≈**beaufschlagung** f (Turbine) / admisión f doble ‖ ≈**begrenzer** m (Eltronik) / limitador m doble ‖ ≈**belichtung** f (Foto) / doble exposición f, sobreimpresión f ‖ ≈**belichtungs-Interferometrie** f (Laser) / interferometría f con tomas a intervalos prefijados ‖ ≈**belichtungsmethode** f (Holographie) / método m de exposición a intervalos prefijados ‖ ≈**belichtungssperre** f (Foto) / dispositivo m de bloqueo contra sobreimpresiones ‖ ≈**bereifung** f (Kfz) / bandajes m pl gemelos, neumáticos m pl gemelos o dobles ‖ ≈**besäumsäge** f / sierra f de cantear doble ‖ ≈**besetzung** f (Bahn) / doble equipo m ‖ ≈**bestimmung** f (Chem) / determinación f doble o repetida ‖ ≈**betrieb** m (Fernm) / telefonía m en cuadruplex ‖ ≈**bett** n übereinander liegend (Bahn) / litera f ‖ ≈**bewegung** f / movimiento m doble ‖ ≈**bild**, Geisterbild n (TV) / imagen f secundaria, imagen f fantasma ‖ ≈**bild-Entfernungsmesser** m (Verm) / telémetro m de coincidencia o de doble imagen ‖ ≈**bild-Okular** n (Opt) / ocular m de doble imagen ‖ ≈**bildverfahren** n

(Opt) / procedimiento *m* de doble imagen ‖ ⁼**bildwinkel** *m* / ángulo *m* de refracción secundaria ‖ ⁼**bildwinkel** (Glas) / separación *f* de la imagen secundaria ‖ ⁼**bindung** *f* (Chem) / enlace *m* doble, enlace *m* etilénico, doble ligadura *f* ‖ ⁼**bit** *n* (DV) / di-bit *m*, bit *m* doble ‖ ⁼**blatt** *n* (Druck) / hoja *f* doble ‖ ⁼**blattsperre** *f* (Druck) / bloqueo *m* de hoja doble ‖ ⁼**blinkleuchte** *f* (Kfz) / luz *f* intermitente doble ‖ ⁼**block** *m* (Schiff) / motón *m* de briol ‖ ⁼**bockflinte** *f* (Waffe) / escopeta *f* de [dos] cañones superpuestos ‖ ⁼**boden** *m* (Schiff) / doble fondo *m* ‖ ⁼**bodensieb** *n* (Chem) / criba *f* de fondo doble ‖ ⁼**bogen** *m*, -krümmer *m* (Masch) / doble codo *m*, codo *m* doble ‖ ⁼**bogen** (Druck) / pliego *m* doble ‖ ⁼**bogenanlage** *f* / marginación *f* de pliegos dobles ‖ **arabisches** ⁼**bogenfenster** (Bau) / ajimez *m* ‖ ⁼**bogenkalander** *m* / calandria *f* gemela ‖ ⁼**bohrung** *f* / taladro *m* doble ‖ ~**brechend** (Opt) / de doble refracción, birrefringente ‖ ~**brechender Kalkspat** s. Doppelspat ‖ ⁼**brechung** *f* (Opt) / birrefringencia *f*, doble refracción *f* ‖ ~**breit** / de anchura doble ‖ ⁼**brenner** *m* (Gasturbine) / quemador *m* dúplex ‖ ⁼**brenner** (Schw) / soplete *m* con llama doble ‖ ⁼**bruch** *n* (Math) / quebrado *m* compuesto, fracción *f* compuesta ‖ ⁼**brücke** *f* (Bau) / puente *m* doble ‖ ⁼**brücke**, Thomsonbrücke *f* (Elektr) / puente *m* de Thomson o de Kelvin, puente *m* doble ‖ ⁼**brückenverstärker** *m* (Fernm) / repetidor *m* bilateral de doble puente ‖ ⁼**buchsenkette** *f* / cadena *f* de manguitos dobles ‖ ⁼**buchstabe** *m*, Ligatur *f* (Druck) / letra *f* doble, ligatura *f* ‖ ⁼**bünde** *m pl* (Bb) / nervios *m pl* dobles ‖ ⁼**bytestruktur** *f* (DV) / estructura *f* de byte doble ‖ ⁼**chip** *m* / pastilla *f* dúo ‖ ⁼**containment** *n* **des Reaktorgebäudes** (Nukl) / contenimiento *m* doble del edificio del reactor ‖ ⁼**dach** *n* (Bau) / tejado *m* doble ‖ ⁼**deck...** (Brücke) / de dos pisos ‖ ⁼**decker** *m* (Luftf) / avión *m* biplano, biplano *m* ‖ ⁼**decker** (Sieb) / criba *f* de doble fondo ‖ ⁼**decker-Drosselklappe** *f* (Hydr) / válvula *f* de mariposa biplana ‖ ⁼**deck-Flachpalette** *f* (Verp) / paleta *f* plana de dos pisos ‖ ⁼**deckomnibus** *m*, Decksitzautobus *m* (Kfz) / autobús *m* de dos pisos o con imperial ‖ ⁼**deckpalette** *f* (Verp) / paleta *f* de dos pisos ‖ ⁼**deckung** *f* (Ziegeldach) / tejado *m* tipo doble falda ‖ ⁼**deltaflügel** *m* (Luftf) / ala *f* en delta doble ‖ ~**deutig**, zweideutig / ambiguo ‖ ⁼**diele** *f* (starkes Brett) (Zimm) / plancha *f* (espesor entre 2-6 pulgadas, y de 11 pulg. de largo en adelante) ‖ ⁼**dimensionalität** *f* / bidimensionalidad *f* ‖ ⁼**diode** *f*, Vollweggleichrichter *m* (Funk) / diodo *m* doble, duodiodo *m* ‖ ⁼**diskettenlaufwerk** *n* (DV) / unidad *f* de disquetes dobles ‖ ⁼**drahtauslöser** *m* (Foto) / disparador *m* de doble cable ‖ ~**drahtbewehrt** (Kabel) / armado *m* de hilo doble ‖ ⁼**drahtspinnmaschine** *f*, Topfspinnmaschine *f* (Tex) / máquina *f* de hilar a doble torsión ‖ ⁼**drahtsystem** *n* (Elektr) / sistema *m* de hilo doble, sistema *m* bifilar ‖ ⁼**drahtziehmaschine** *f*, Vertikaldrahtziehmaschine *f* (Hütt) / trefiladora *f* vertical doble ‖ ⁼**drahtzwirnmaschine** *f* (Tex) / continua *f* de doble torsión, retorcedora *f* a doble torsión ‖ ⁼**drahtzwirnspindel** *f* / husillo *m* de doble torsión ‖ ⁼**drehfalltür** *f* (Bahn) / puerta *f* doble plegable y giratoria ‖ ⁼**drehfeuer** *n* (Schiff) / faro *m* con haz de luz giratoria doble ‖ ⁼**drehfeuer** (Luftf) / doble foco giratorio ‖ ⁼**drehknopf** *m* (Eltronik) / botón *m* de doble mando concéntrico ‖ ⁼**drehkondensator** *m* / capacitor *m* giratorio doble ‖ ⁼**-Dreieckschaltung** *f* (Elektr) / conexión *f* en triangulo doble ‖ ⁼**druckfilter** *n* / doble filtro a presión *m* ‖ ⁼**druckkugellager** *n* / rodamiento *m* axial doble de bolas ‖ ⁼**druckmaschine** *f* (Druck) / doble unidades impresoras *f pl*, doble grupos de impresión *m pl* ‖ ⁼**druckmesser** *m* / manómetro *m* doble ‖ ⁼**druckminderventil** *n* / válvula *f* reductora doble, válvula *f* de reducción doble de la presión ‖ ⁼**druckpresse** *f* / prensa *f* de doble efecto ‖

⁼**druckwerk** *n* (Offset) / mecanismo *m* [impresor] de retiración ‖ ⁼**duowalzwerk** *n* / laminador *m* de doble dúo, tren *m* laminador de doble dúo ‖ **fortlaufend arbeitendes** ⁼**duowalzwerk** / tren *m* laminador doble dúo non reversible ‖ ⁼**düse** *f* (Masch) / tobera *f* doble ‖ ⁼**düsenvergaser** *m* (Kfz) / carburador *m* de dos inyectores ‖ ⁼**einlaufmethode** *f* (Photoemulsion) / procedimiento *m* de inyección doble ‖ ⁼**empfang** *m* (an der gleichen Antenne) (Radio) / recepción *f* doble ‖ ~**ende** *n* / extremo *m* doble ‖ ~**endig** / de (o con) dos extremos ‖ ⁼**endprofiler** *m*, -profilmaschine *f* (Holz) / perfiladora *f* doble, sierra *f* circular cortadora doble de listones ‖ ⁼**endrohr** *n* (Auspuff) / tubo *m* terminal doble (escape) ‖ ⁼**end-Tischfräsmaschine** *f* (Holzbearb) / tupí *f* doble ‖ ⁼**erdschluss** *m*, zweiphasiger Erdschluss (Elektr) / tierra *f* polifásica, contacto *m* a tierra en dos fases ‖ ⁼**-Europaformat** *n* (DV) / formato *m* de doble estándar europeo ‖ ⁼**exzenterpresse** *f* / prensa *f* de excéntrica doble ‖ ⁼**facettenspiegel** *m* (Opt) / espejo *m* bifacético ‖ ⁼**fach** *n* (Web) / calada *f* doble ‖ ⁼**faden**, Grobfaden *m* (Spinn) / cabo *m* doble ‖ ⁼**faden** *m* (Fehler, Web) / mecha *f* cascada ‖ ⁼**fadenlampe** *f* / lámpara *f* bifilar, lámpara *f* de doble filamento ‖ ⁼**fadennaht** *f* (Tex) / costura *f* con dos hilos ‖ ⁼**fadentrenner** *m*, Doppelfadenbrecher *m* (Tex) / corta-uniones *m* ‖ ⁼**fadenwicklung** *f*, bifilare Wicklung (Elektr) / devanado *m* bifilar, arrollamiento *m* bifilar ‖ ~**fädig** (Tex) / bifilar, de dos filos ‖ ⁼**fahrbahn** *f* (Kran) / vía *f* doble [para grúas] ‖ ⁼**fahrleitung** *f* (Bahn) / línea *f* doble de contacto ‖ ⁼**fallstromvergaser** *m* (Kfz) / carburador *m* doble de gravedad ‖ ⁼**falltür** *f* (Bahn, Kfz) / puerta *f* doble plegable ‖ ⁼**falz** *m* (Klempner) / pliegue *m* doble ‖ ⁼**falz**, doppelter Anschlag (Tischl) / rebajo *m* doble ‖ ⁼**fang** *m* (Tex) / puntada *f* doble ‖ ⁼**feder** *f* (für Drehgestelle) (Bahn) / ballesta *f* doble, muelle *m* de pinzas elástico elíptico ‖ ⁼**federpuffer** *m* (Bahn) / tope *m* de doble muelle ‖ ⁼**federzinken** *m* (Landw) / púas *f pl* de muelle ‖ ⁼**feinfleier**, -**flyer** *m* / mechera *f* superfina ‖ ⁼**fenster** *n* (Bau) / ventana *f* de hojas dobles, doble ventana, ventana *f* de doble encristalado ‖ ⁼**fernrohr** *n* (Opt) / gemelos *m pl*, telescopio *m* binocular ‖ ⁼**filter** *n*, Doppelsieb *n* (Eltronik) / filtro *m* de k constante ‖ ~**fläching** (Trikot) / de fontura doble ‖ ~**flächige Ware** (Wirken) / género *m* fabricado en fontura doble ‖ ~**flächiger Kettenstuhl** / telar *m* de urdimbre de fontura doble ‖ ~**flachlitzig** (Seil) / de doble capa de cordones planos ‖ ~**flammig** / de llama doble ‖ ⁼**flanschgelenkwelle** *f* / cardán *m* de brida doble ‖ ⁼**flanschmuffe** *f* / manguito *m* de brida doble ‖ ~**flor** *m* (Tex) / velo *m* doble ‖ ⁼**florbindung** *f* (Tex) / ligadura *f* de velo doble ‖ ~**florig** (Tex) / de velo doble ‖ ⁼**florkrempel** *f* (Tex) / carda *f* de dos llevadores ‖ ⁼**flor-Zweikrempelsatz** *m* / juego *m* de cardas de dos llevadores ‖ ⁼**flügel** *m* (Luftf) / ala *f* doble ‖ ~**flutig** (Turbine) / de doble flujo ‖ ~**flutiges Turbogebläse** / sobrealimentador *m* de entrada doble ‖ ⁼**fokusglas** *n*, Bifokalglas *m* (Opt) / cristal *m* bifocal, lente *m* bifocal o de doble foco ‖ ⁼**förderschacht** *m* (Bergb) / pozo *m* doble de extracción ‖ ⁼**förderung** *f* (Bergb) / transporte *m* doble, extracción *f* doble ‖ ⁼**frequenz** *f* (Eltronik) / frecuencia *f* doble ‖ ⁼**frequenzempfänger** *m* / receptor *m* dual o de dos frecuencias ‖ ⁼**frequenz-Fortpflanzung** *f* (Fernm) / propagación *f* de frecuencia dual ‖ ⁼**frequenzlok[omotive]** *f* (Bahn) / locomotora *f* de frecuencia doble ‖ ⁼**führung** *f* **eines Zuges** (Bahn) / desdoblamiento *m* de un tren ‖ ⁼**funktionstaste** *f* (DV, Eltronik) / tecla *f* de función doble ‖ ⁼**fußnadel** *f* (Näm) / aguja *f* de tetón doble ‖ ⁼**gabelechosperre** *f* (Fernm) / supresor *m* de eco de terminal doble ‖ ~**gängig** (Gewinde) / de dos entradas, de filete doble ‖ ⁼**garage** *f*, Duplexgarage *f* (Kfz) / garaje *m* [para] dos coches ‖ ⁼**gegenschreiben** *n*,

Doppelgegensprechbetrieb

-gegenschreibtelegrafie f (Fernm) / telegrafía f cuádruplex || ⁻gegensprechbetrieb m (Fernm) / telefonía f cuádruplex || ⁻-Gegentaktgleichrichter m (Elektr) / modulador m anular o en anillo || ⁻gehäuse n, -mantel m (Turbine) / carcasa f doble || ⁻gehrungsschnitt m / corte doble al sesgo o a inglete f || ~gekröpft, doppeltgekröpft (Kurbel) / de acodado doble || ⁻gelenk n (Kfz, Vorderachse) / articulación f doble || ⁻gelenk... / de articulación doble, biarticulado || ⁻gelenkarm m (Roboter) / brazo m de articulación doble || ⁻gelenksteckschlüssel m (Wz) / llave f tubular de articulación doble || ⁻gelenkwelle f / cardán m de articulación doble || ⁻generator m (Elektr) / generador m doble || ⁻gesenkhammer m (Hütt) / martillo m de contragolpe || ⁻gestänge n (Masch) / varillaje m doble || ⁻gestänge (Fernm) / polo m doble || ⁻getriebe n (Kfz) / transmisión f compuesta || ⁻gewebe n (Tex) / tela f doble, doble f tela || ⁻gitterröhre f (Eltronik) / válvula f birrejilla, válvula f de doble rejilla, tetrodo m || ⁻gleis n (Bahn) / vía f doble || ~gleisig (Bahn) / de vía doble, de doble vía || ~gleisige Bahnlinie / ruta f de dos vías || ~gleisiger Bremsberg (Bergb) / galería f de arrastre de dos vías || ⁻glocke f (Elektr) / campana f doble || ⁻glockenisolator m (Elektr) / aislador m de doble campana || ⁻greifer m (Fräsmascine) / extractor m de brazo doble || ⁻gurtförderer m (Förd) / transportador m de cinta doble || ⁻haken m, -hebehaken m (Kran) / gancho m doble || ⁻hammerbrecher m / quebrantadora f de martillo doble || ⁻harfe f (Brücke) / doble arpa f || ⁻härten n, -härtung f (Hütt) / temple m doble || ⁻haus n (Bau) / casa f doble, dúplex m, casa f adosada, vivienda f doble || ⁻hebel m, Gelenkhebel m / palanca f doble, contrapalanca f, palanca f articulada || ⁻heber m / sifón m doble || ⁻hechelfeldstrecke s. Doppelnadelstabstrecke || ⁻helix f (Biol) / hélice f doble, doble hélice m || ⁻herdofen m (Hütt) / horno m de doble solera || ⁻herzstück n (Bahn) / corazón m doble, corazón m de travesía || ⁻heterostruktur-Laser m / láser m de estructura heterogénea doble || ⁻hieb m (Feile) / picadura f cruzada, corte m doble, picado m doble || ⁻-Hobeleisen n (Tischl) / hierro m de cepillo doble || ⁻hobelmaschine f / acepilladora f dúplex o de dos caras || ⁻höckereffekt m (Eltronik) / efecto m de dos picos o doble cresta || ⁻hornantenne f (Radar) / antena f bicónica de radar || ⁻-H-Schaltung f (Kfz) / control m de cambio de marchas en H doble || ⁻hub m (Masch, Mot) / carrera f doble || ⁻hub des Kolbens / embolada f doble || ⁻hub-Jacquardmaschine f (Web) / máquina f Jacquard de doble alza || ⁻hub-Schaftmaschine f (für Hoch- und Tieffach) (Tex) / maquinita f de lizos de doble alza o de doble ascenso || ⁻hubschrauber m (Luftf) / helicóptero m de rotor doble || ⁻hubwerk n (Förd) / mecanismo m doble de elevación || ⁻hüllen-Tanker m (Schiff) / petrolero m de pared doble || ⁻hülsenkette f / cadena f de casquillos fijos doble || ⁻impuls m (Eltronik) / impulso m doble || ⁻impulsschrift f (Magn.Bd) / registro m de impulsos dobles || ⁻impulssystem n (Regeln) / sistema m de impulsos dobles || ⁻impulsverfahren n, Doppelbelichtung f (Laser) / doble exposición f || ⁻-I-Naht f (Schw) / chaflán m en doble I || ⁻index m (Math) / índice m doble || ⁻induktor m (Elektr) / inductor m doble || ⁻injektor m / inyector m doble || ⁻integral n (Math) / integral f doble || ⁻isolator m (Bahn, Elektr) / aislador m doble || ⁻isolator, Kreuzungsisolator m (Fernm) / aislador m de transposición || ⁻isolator m s. auch Doppelglockenisolator und Doppelkappenisolator || ⁻joch-Magnetprüfer m (Elektr) / verificador m magnético de yugo doble || ⁻kabine f (Kfz) / cabina f doble || ⁻käfigankermotor m, Doppelkäfigläufermotor m / motor m de doble jaula

de ardilla, motor m de jaula de ardilla Boucherot || ⁻käfigmagnetron n / magnetrón m de doble jaula de ardilla || ⁻käfigwicklung f / devanado m de doble jaula de ardilla || ⁻kalander m (Hütt, Tex) / calandra f doble o tándem || ⁻kammerairbag m (Kfz) / airbag m de dos cámaras || ⁻kammerofen m (Hütt) / horno m de dos cámaras || ⁻kammerschleuse f (Hydr) / esclusa f de dos cámaras || ⁻kamm-Magnetron n (Eltronik) / magnetrón m de segmentos entrelazados o imbricados, magnetrón m interdigital || ⁻kammwalzmaschine f, Walzenstreckwerk n (Spinn) / cilindros m pl de estiraje || ⁻kappenisolator m (Elektr) / aislador m de caperuza doble || ⁻[kapsel]mikrophon, Differentialmikrophon n / micrófono m de doble botón o de doble cápsula || ⁻karde f, -krempel f (Tex) / carda f doble || ⁻kathodenstrahlröhre f (Eltronik) / tubo m de rayos catódicos de haz doble || ⁻kegel m (Geom) / cono m doble, doble cono m || ⁻kegelboje f (Schiff) / boya f de dos conos || ~kegelig, Doppelkonus..., doppelkonisch / bicónico, de doble cono || ⁻kegelkupplung f (Kfz) / acoplamiento m de doble cono || ⁻kegellager n (Masch) / rodamiento m con dos hileras de rodillos cónicos || ⁻kegelmischer m, Doppelkonusmischer (Sintern) / mezclador m bicónico, mezclador m de tambor de doble cono || ⁻kegel-Probenteiler m / divisor m de muestras de cono doble || ⁻kegelring m für lötlose Rohrverschraubung / anillo m bicónico para uniónes de tubos || ⁻kegelrolle f (Förd) / rodillo m de doble conicidad || ⁻kegelspule f (Spinn) / bobina f con extremos cónicos || ⁻keil m / cuña f doble, chaveta f doble || ⁻keilanker m (Bergb) / chaveta f de cuña, bidón m de cuña || ⁻keilhaue f (Bergb) / pico m de dos puntas, puquete f || ⁻keilkappe f (Bergb) / montera f de chaveta doble || ⁻keilklemmplatte f (Bahn) / placa f doble de sujeción || ⁻keilriemen m / correa f trapezoidal doble || ⁻kernbohrer m (Bergb) / sacatestigos m doble, perforadora f doble sacamuestras || ⁻kern[mess]wandler m (Elektr) / transformador m de medida con núcleo doble || ⁻kessel m / caldera f doble, caldera f combinada || ⁻kettenförderer m / transportador m de cadena doble, transportador m bicadena || ⁻kettenförderer mit Schubstangen / transportador m de cadena doble con barras de empuje || ⁻kettenisolator m (Eltronik) / aislador m de cadenas gemelos || ⁻kettenkratzförderer m (Bergb) / transportador-rascador m de cadena doble || ⁻kettenstich m (Tex) / punto m doble de cadeneta || ⁻kettenstich-Zweifadennaht f / costura f doble con doble punto de cadeneta || ⁻kettenwirkmaschine f (Tex) / máquina f de urdimbre de doble fontura || ⁻kettgarn n (Tex) / hilado m de urdimbre doble || ⁻kettstuhlgewebe n (Wirkm) / género m de urdimbre con hilado doble || ⁻kipper m, Zweiseitenkipper m (Bau) / volquete m doble (E), volcador m o volteador hacia los dados (LA) || ⁻klemme f (Elektr) / borne m doble || ⁻klick m (Maus) (DV) / doble clic m || ⁻klinke f (Fernm) / doble jack m, conjuntor m doble || ⁻klöppel m (Freileitung) / portaaislador m de dos bolas || ⁻kniestück n, Doppelknie m (Rohr) / codo m doble || ⁻knippmaschine f (Zuck) / máquina f cortadora de efecto doble || ~kohlensaurer Kalk (Chem) / bicarbonato m de calcio || ⁻kolben m (Mot) / émbolo m doble, pistón m doble || ⁻kolbenmotor m / motor m de pistón doble, motor m de émbolos gemelos || ⁻kolbenmotor mit entgegengesetzt arbeitenden Kolben / motor m de pistón doble de efecto antagónica || ⁻kolbenpresse f (Plast) / prensa f de émbolo doble || ⁻kollektormotor m, -kommutatormotor m (Elektr) / motor m de doble colector || ⁻komplettierung f (Öl) / terminación f de un pozo a dos zonas || ~konisch, Doppelkonus..., -kegel... (Geom, Masch) / bicónico || ⁻kontakt m

Doppelprojektor

(Elektr) / contacto *m* doble ‖ ≈-**Kontrolle** *f* (DV) / control *m* doble ‖ ≈**kontur** *f* (TV) / efecto *m* fantasma ‖ ≈**konusantenne** *f*, -kegelantenne *f* / antena *f* bicónica ‖ ≈**konus-Lautsprecher** *m* / altavoz *m* bicónico ‖ ≈**köper** *m*, zweiseitiger Köper (Tex) / cruzado *m* doble izquierda-deracha ‖ ≈**kopfhörer** *m* / casco *m* telefónico doble, par *m* de auriculares o audífonos ‖ ≈**kopfschiene** *f* (Bahn) / carril *m* de doble cabeza o de doble hongo (E) o riel de doble cabeza (LA) ‖ ≈**kopfsystem** *n* (Ultraschall) / sistema *m* de cabezal doble ‖ ≈**kreischarakteristik**, Peilacht *f* (Radar) / diagrama *f* de radiación en 8 o en ocho, caracteristica *f* de radiación en lemniscata ‖ ≈**kreisdiagramm** *n* (Ortung) / diagrama *m* de directividad en ocho o lemniscata ‖ ≈**krempel**, -karde *f* (Tex) / carda *f* doble de estambre ‖ ≈**krempziegel** *m* (Bau) / teja *f* de doble reborde ‖ ≈**kreuz** *n* (Druck) / cruz *f* doble ‖ ≈**[kreuzhieb]feile** *f* (Wz) / lima *f* de picadura cruzada doble ‖ ≈**kreuzpoller** *m* (Schiff) / bolardo *m* de doble cruz, noray *m* de doble cruz ‖ ≈**kreuzrahmenantenne** *f* / antena *f* de marco en cruz doble ‖ ≈**kreuzschalter** *m* (Elektr) / permutador *m* doble, interruptor *m* de doble cruce ‖ ≈**kreuzsupport** *m* (Wzm) / carro *m* en cruz doble ‖ ≈**kreuzungsweiche** *f* (Bahn) / travesía *f* de unión doble ‖ ≈**krümmer**, S-Krümmer *m* (Rohr) / codo *m* doble, tubo *m* de doble codo ‖ ≈**krümmer** *m*, -kniestück *n* / tubo *m* doble acodado ‖ ≈**kugeldrehkranz** *m* / corona *f* giratoria de dos hileras de bolas ‖ ≈**kuppel** *f* (Bau) / doble domo *m*, cúpula *f* doble ‖ ≈**kupplungsgetriebe** *n*, Direktschalltgetriebe *n*, DSG / transmisión *f* de embrague doble ‖ [**umlaufende**] ≈**kurbel**, Doppelkurbelgetriebe *n* (Mech) / mecanismo *m* de doble manivela (manual) E, mecanismo *m* de doble manubrio (manual) LA, mecanismo *m* de doble cigüeñal (mecánico) ‖ ≈**kurbel** *f* (Pumpe) / manivela *f* doble ‖ ≈**kurbelsieb** *n* (Aufb) / criba *f* mandada por dos manivelas ‖ **gleichläufiger** ≈**kurbelwiderstand** (Fernm) / caja *f* de resistencias dobles ‖ ≈-**Kurvenreißfeder** *f* (Zeichn) / tiralíneas *m* doble de curva ‖ ≈**kurzschlussankermotor**, Dokamotor *m* (Elektr) / motor *m* de doble jaula de ardilla ‖ ≈**lager** *n* (Masch) / apoyo *m* doble ‖ ≈**lagerung** *f* (Geol) / estratificación *f* doble ‖ ≈**lagerung durch Überschiebung** (Geol) / estratificación *f* doble por transgresión ‖ ≈**längslenkerachse** *f* (Kfz) / eje *m* doble de brazo oscilante longitudinal ‖ ≈**laschen**... (Stahlbau) / de doble cubrejunta ‖ ≈**latte** *f* (Zimm) / doble listón *m* ‖ ≈**lauf** *m* (Gewehr) / cañón *m* doble ‖ ≈**läufermotor** *m* (Elektr) / motor *m* de rotor doble, motor *m* con dos inducidos ‖ ≈**leerstelle** *f* (Halbl) / hueco *m* doble ‖ ≈**leiter** (klappbar) / escalera *f* doble (plegable) ‖ ≈**leiterzahnstange** *f* (Bergbahn) / cremallera *f* horizontal doble ‖ ≈**leitplanke** *f* **aus Stahl** (Straßb) / bordillo *m* con guía doble ‖ ≈**leitung** *f* (Elektr) / línea *f* doble, línea *f* bifilar, línea *f* de dos ramales ‖ ≈**leitung** (Hochspannung) / conductor *m* doble, conductor *m* gemelo ‖ ≈**leitung**, Adernpaar *n* (Elektr) / par *m* de hilos, par *m* de conductores ‖ ≈**leitung**, Schleifenleitung, Leitungsschleife *f* (Fernm) / circuito *m* de bucle ‖ ≈**leitung** *f* (ohne Erdrückleitung) (Fernm) / línea *f* bifilar ‖ ≈**leitungs-Widerstand**, Schleifen-Schleifenwiderstand (Fernm) / resistencia *f* del bucle ‖ ≈**leitwerk** *n* (Luftf) / alas *f pl* guías dobles ‖ ≈**lenker-Wippkran** *m* (Hafen) / grúa *f* con pluma de articulación doble, grúa *f* de pluma basculante con doble guía ‖ ≈**lesekopf** *m* (Eltronik) / cabezal *m* doble de lectura ‖ ≈**leuchte** *f* (Elektr) / lámpara *f* [fluorescente] gemela ‖ ≈**limes** *m* (Math) / límite *m* doble ‖ ≈**linie** *f* (Druck) / filete *m* doblador ‖ ≈**linie** (Spektrum) / línea *f* doble, rayo *m* doble ‖ ≈**Logarithmenpapier** *n* / papel *m* logarítmico de dos coordenadas ‖ ≈**löschsystem** *n*, -verfahren *n*, doppelte Unterdrückungsschleife (MTI-Radar) / bucle *m* de supresión doble ‖ ≈**lötung** *f* (Glas) / soldadura *f* doble ‖ ≈**luntenführer** *m* (Tex) / arañero *m* doble ‖ ≈**magazinsetzmaschine** *f* (Druck) / componedora *f* de almacén doble, máquina *f* de composición de almacén doble ‖ ≈**manometer** *n* / manómetro *m* de doble indicación ‖ ≈**mantel** *m* / doble revestimiento *m*, doble envoltura *f* ‖ ≈**mantel**, -gehäuse *n* (Turbine) / carcasa *f* doble ‖ ≈**mantelmotor** *m* (mit Mantelkühlung) (Elektr) / motor *m* de doble envoltura ‖ ≈**masche** *f* (Web) / malla *f* doble ‖ ≈**maschine** *f* (Schuh) / máquina *f* para montar suelas ‖ ≈**maßstab** *m* (Zeichn) / regla *f* graduada doble ‖ ≈**mast** *m* (Elektr) / poste *m* doble ‖ ≈**maulschlüssel** *m* (Wz) / llave *f* de dos bocas ‖ ≈**messer-Mähwerk** *n* (Landw) / segadora *f* de dos cuchillas ‖ ≈**metall-Leiter** *m* (z.B. Stahl-Alu) (Elektr) / conductor *m* de metal compuesto ‖ ≈**mischschnecke** *f* / mezclador *m* de doble hélice ‖ ≈**modulation** *f* (Eltronik) / doble modulación *f* ‖ ≈**molekül** *n* (Chem) / molécula *f* doble ‖ ≈**motor** *m* (Elektr) / motor *m* doble ‖ ≈**muffe** *f* (Masch) / manguito *m* doble ‖ ≈**muffe mit Flanschstutzen**, MMA-Stück (DIN 28530) / manguito *m* doble con tubo de bridas ‖ ≈**muffe mit Muffenstück**, MMB-Stück *n* (DIN 28532) / manguito *m* doble con tubo de enchufe ‖ ≈**muffenbogen** *m*, MMK-Stück (DIN 28529) / manguito *m* doble curvado ‖ ≈**muffenkrümmer**, MMQ-Stück / codo *m* de manguito doble ‖ ≈**muffen-Übergangsstück**, MMR-Stück (DIN 28534) / adaptador *m* de manguito doble ‖ ≈**muldenkneter** *m* / amasador *m* de artesa doble ‖ ≈**mutter** *f* / tuerca *f* doble, tuerca *f* y contratuerca

doppeln *vt* (allg) / doblar, duplicar ‖ ~, dublieren (Spinn) / doblar ‖ ~ (Web) / doblar, plegar, binar ‖ ~ (Walzw) / redoblar, doblar ‖ ~ (Schuhe), besohlen / poner medias suelas ‖ ≈ *n* / doblamiento *m*, doblado *m*

Doppel • nabenkneter *m* / amasadora *f* con brazo cola de pez ‖ ≈**nadel** *f* (Nähm) / aguja *f* doble ‖ ≈**nadelstabstrecke** *f* (Tex) / banco *m* de estirado de doble fontura ‖ ≈**nadelwalzenstrecke** *f* (Tex) / banco *m* de estirado con doble serie de gills ‖ ≈**naht** *f* / costura *f* doble ‖ ≈**natur** *f* (Phys) / naturaleza *f* dual ‖ ≈**normalstein** *m* (Ofen) / ladrillo *m* doble de estándar ‖ ≈**nutanker** *m* (Elektr) / rotor *m* de doble ranura ‖ ≈**nutmotor** *m* / motor *m* de ranura doble, motor *m* de doble jaula ‖ ≈-**Oberleitung** *f* (Bahn) / hilos *m pl* gemelos de contacto ‖ ≈**objektiv** *n*, Zweilinser *m* (Foto) / objetivo *m* doble ‖ ≈**öse** *f* / ojal *m* doble ‖ ≈**paddelmischer** *m* / mezclador *m* o agitador de paletas dobles ‖ ≈**pechpapier** *n* (Bau) / papel *m* doble bituminoso ‖ ≈**pedal** *n* (Kfz) / pedales *m pl* gemelos ‖ **automatischer** ≈**peiler** (Eltronik) / radiogoniómetro *m* automático doble ‖ ≈**pendel** *n* (Phys) / péndulo *m* doble ‖ ≈**pendelwaage** *f* / balanza *f* de péndulo doble ‖ ≈**pentode** *f* (Eltronik) / pentodo *m* doble ‖ ≈**perlfang** *m* (Tex) / cruzado *m* doble ‖ ≈**phantomkreis** *m* (Elektr) / circuito *m* fantasma doble, circuito *m* combinado doble ‖ ≈**piquébindung** *f* (Tex) / ligamento *m* de piqué doble ‖ ≈**platine** *f* (Tex) / gancho *m* de doble vaina ‖ ≈-P_N-**Methode** *f* (Nukl) / método *m* de Yvon, método *m* de harmonía esférica doble ‖ ~**polarisiert** (Elektr) / bipolarizado ‖ ~**polig** / bipolar ‖ ~**poliger Ausschalter** / interruptor *m* bipolar ‖ ~**poliger Messer-Umschalter** / inversor *m* de cuchilla bipolar y bidireccional ‖ ≈**poller** (Schiff) / bolardo *m* doble, noray *m* doble ‖ ≈**potentiometer** *n* (Elektr) / potenciómetro *m* doble o dual ‖ ≈**pressen** *n* (Pulv.Met) / prensado *m* doble ‖ ≈**priorität** *f* (DV) / prioridad *f* doble, urgencia *f* doble ‖ ≈**prismaführung** *f* (Wzm) / guía *f* prismática doble ‖ ≈**prismenfernrohr** *n* (Opt) / prismáticos *m pl* binoculares ‖ ≈-**Probenahme** *f* (Stat) / toma *f* doble de probetas ‖ ≈**produktion** *f* (F.Org) / producción *f* doble ‖ ≈**profilzerspaner** *m* (Holz) / desvirutadora *f* bilateral de troncos ‖ ≈**projektor** *m*

Doppelpumpe

(Opt) / proyector *m* doble ‖ ⁓**pumpe** *f* / bomba *f* dúplex ‖ ⁓**punkt** *m*, Eigenschnittpunkt *m* (einer Kurve) (Math) / punto *m* doble ‖ ⁓**punkt**, Kolon *n* (Druck) / dos *m pl* puntos ‖ ⁓**punktschweißen** *n* / soldadura *f* por puntos dobles o con dos electrodos [unilaterales] ‖ ⁓**pyramide** *f* (Geom) / pirámide *m* doble ‖ **sechsseitige** ⁓**pyramide** (Geom) / dihexaedro *m* ‖ ⁓**pyramiden...** / bipiramidal ‖ ⁓**querfeder** *f* (Kfz) / ballesta *f* doble transversal ‖ ⁓**querlenkervorderachse** *f* / eje *m* delantero de brazo oscilante transversal doble ‖ ⁓**rad**, Schieberad *n* (Kfz) / rueda *f* corrediza ‖ ⁓**raffination** *f* (Öl) / birrefinación *f* ‖ ⁓**rahmenantenne** *f* / antena *f* de marco doble o de doble cuadro ‖ ⁓**rand** *m* (Strumpf) / solapa *f* ‖ [**umgeschlagener**] ⁓**rand** (Strumpf) / solapa *f* cerrada ‖ ⁓**randeinrichtung**, -umhängung *f* (Strumpf) / dispositivo *m* de solapa ‖ ⁓**randrecheneinführung** *f* (automatisch) (Wirkw) / solapa *f* automática ‖ ⁓**ratsche** *f* / trinquete *m* reversible ‖ ⁓**rechnersystem** *n* (DV) / sistema *m* de computador doble, sistema *m* de doble calculadora ‖ ⁓**reflexion**, Bireflexion *f* (Krist) / reflexión *f* doble, birreflexión *f* ‖ ⁓**regelung** *f* / regulación *f* doble ‖ ⁓**registervergaser** *m* (Kfz) / carburador *m* de registro doble, carburador *m* de cámara doble ‖ ⁓**regler** *m* (Elektr) / regulador *m* doble ‖ ⁓**reifen** *m pl* (Kfz) / neumático *m* doble, bandajes *m pl* gemelos ‖ ⁓**reihe** *f* (allg) / fila *f* doble ‖ ⁓**reihe** (Math) / serie *f* doble ‖ ⁓**reihenmotor** *m* (Kfz) / motor *m* en línea doble ‖ ~**reihig** / en dos filas ‖ ~**reihiges Magazin** (Gewehr) / depósito *m* de dos líneas de cartuchos ‖ ⁓**relais** *n* (Elektr) / relé *m* doble ‖ ⁓**resonanzkreis** *m* (Eltronik) / circuito *m* de doble resonancia ‖ ⁓**riegel** *m* (Schloss) / pasador *m* doble ‖ ⁓**riemen** *m* (Masch) / correa *f* doble ‖ ⁓**riet** *n* (Spinn) / peine *m* doble ‖ ⁓**ringe** *m pl* / anillos *m pl* dobles ‖ ~**ringig** (Kette) / con eslabones dobles ‖ ⁓**ringschlüssel** *m* (Wz) / llave *f* estrella de dos bocas ‖ ⁓**ringsystem** *n* (Chem) / sistema *m* bicíclico ‖ ⁓**rinnenofen** *m* (Hütt) / horno *m* de dos canales ‖ ⁓**rippware** *f*, Interlockware *f*, Interlock *m* (Tex) / género *m* interlock ‖ ⁓**röhre** *f*, Kombinationsröhre *f* (Eltronik) / tubo *m* doble, válvula *f* electrónica doble ‖ ⁓**röhre**, Triode-Hexode-Mischröhre *f* / conversor *m* triodo-hexodo ‖ ⁓**röhrentunnel** *m*, Zwillingstunnel *m* (Straß) / túnel *m* gemelo ‖ ⁓**rohrkondensator** *m* (Eltronik) / condensador *m* de tubos dobles ‖ ⁓**rohrwärmeaustauscher** *m* / intercambiador *m* de calor con dos tubos ‖ ⁓**rolle** *f*, einfacher Flaschenzug / polea *f* doble ‖ ⁓**rollenkette** *f*, Zweifachrollenkette *f* / cadena *f* de rodillos doble[s] ‖ ⁓**rückschlagventil** *n* / válvula *f* doble de retención ‖ ⁓**rührwerk** *n* (gegenläufiges) / agitador *m* de paletas (que giran en sentido opuesto) ‖ ⁓**rumpfflugzeug** *n* / avión *m* de doble fuselaje o bifuselaje ‖ ⁓**salz** *n* (Chem) / sal *f* doble ‖ ⁓**sammelschienen** *f pl* / barras *f pl* colectoras dobles ‖ ⁓**sammlerkarde** *f* (Tex) / carda *f* de dos llevadores ‖ ⁓**samt** *m* / terciopelo *m* doble ‖ ⁓**sattel** *m* (Motorrad) / sillín *m* biplaza ‖ ⁓-**Sattel-Dach** *n* (o. M-Dach) (Bau) / tejado *m* en M ‖ ⁓**sattelisolator** *m* (Elektr) / aislador *m* de dos asientos opuestos ‖ ⁓**satz** *m*, Dublette *f*, Hochzeit *f* (Druck) / repetido *m*, duplicado *m*, palabra *f* repetida, letra *f* doble ‖ ⁓**säulen** *f pl* (Bau) / columnas *f pl* geminadas ‖ ⁓**säulen...** (Wzm) / de dos columnas, de dos montantes ‖ ⁓**schäkel** *n* / luneta *f* doble ‖ ⁓**schalig** (Turbine) / de dos carcazas ‖ ~**schalig** (Waage) / de dos recipientes ‖ ~**schalige Traglufthalle** / nave *f* neumática de doble pared ‖ ⁓**scharnier** *n* / bisagra *f* doble, charnela *f* [de acción] doble ‖ ⁓**scharpflug** *m* (Landw) / arado *m* bisurco ‖ ⁓**schaufelpflug** *m* (Landw) / arado *m* de dos escardillos ‖ ⁓**scheibe** *f* (Kleinuhr) / esfera *f* doble ‖ ⁓**scheibe** (Fenster) / vidrio *m* o cristal doble ‖ ⁓**scheibenegge** *f* (Landw) / grada *f* o escarificadora de dos hileras de discos ‖

⁓**scheibenfräser** *m* (Wzm) / fresa *f* de dos discos ‖ ⁓**scheibenrad** *n* / rueda *f* de doble disco ‖ ⁓**scheibenwicklung** *f* (Elektr) / devanado *m* de doble disco ‖ ⁓**scheinwerfer** *m* (Kfz) / bifaro *m* ‖ ⁓**schelle** *f* (Rohr) / collar *m* doble, abrazadera *f* doble ‖ ⁓**schicht** *f* (Bau, Phys) / capa *f* doble ‖ ⁓**schicht**, Schale *f*, Blatt *n* (Magnet) / lámina *f* magnética ‖ **in** ⁓**schicht arbeiten** (F.Org) / trabajar en dos turnos ‖ ⁓**schichtfilm** *m* (Foto) / película *f* con doble emulsión ‖ ~**schichtiger Karton** / cartón *m* dúplex ‖ ⁓**schiebefenster** (senkrecht) (Bau) / ventana *f* doble de guillotina ‖ ⁓**schieber** *m* (Kinematik) / elipsógrafo *m* ‖ ⁓**schieber** (Dampfm, Öl) / corredera *f* doble ‖ ⁓**schlag** *m* (Seil) / corcha *f* doble, doble torsión *f* ‖ ⁓**schlagmaschine** *f*, -schlagverseilmaschine *f* (Kabelherst) / cableadora *f* para doble torsión ‖ ⁓**schlagmaschine** (Spinn) / batán *m* doble, batidora *f* doble ‖ ⁓**schlauch** *m* (Fahrwerk, Luftf) / cámara *f* [de aire] doble ‖ ⁓**schleife** *f* (Kinematik) / embrague *m* de Oldham ‖ ⁓**schleifenrahmen** *m* (Motorrad) / cuadro *m* de doble soporte ‖ ⁓**schlepper** *m* (Landw) / tractor *m* tándem ‖ ⁓**schleuse** *f* (Hydr) / esclusa *f* doble ‖ ⁓**schlichtfeile** *f* (Wz) / lima *f* superfina ‖ ⁓**schlichtmaschine** *f* (Tex) / encoladora *f* doble ‖ ⁓**schlinge** *f* (Seil) / nudo *m* [corredizo] doble ‖ ⁓**schlitzblende** *f* (Opt) / diafragma *m* de hendidura doble ‖ ⁓**schlitzscheibe** *f* (Fräsen) / tupí *m* de doble plato ‖ ⁓**schloss** *n* (von zwei Seiten zu öffnendes Schloss) / cerrojo *m* bilateral ‖ ⁓**schlossmaschine** *f* (Wirkm) / tricotosa *f* de cerradura doble ‖ ⁓**schluss...**, Verbund..., Kompound... (Elektr) / compound, compuesto, mixto ‖ ⁓**schlusserregung** *f* (Elektr) / excitación *f* compuesta ‖ ⁓**schlussmotor** *m* (Elektr) / motor *m* en compound, motor *m* de excitación mixta ‖ ⁓**schnecke** *f* / hélice *f* doble ‖ ⁓**schneckenextruder** *m*, Bitruder *m* (Plast) / extrus[ionad]ora *f* de dos hélices o de husillo doble, extruidora *f* de tornillas gemelas, extruidora *f* de dos husillos ‖ ⁓**schneide** (Wz) / filo *m* doble, corte *m* de doble filo ‖ ⁓**schnittfugen-Kreissäge** *f* / sierra *f* circular de ranurar con dos discos ‖ ⁓**schräge** *f* (Schw) / chaflán *m* doble ‖ ⁓**schrägverzahnung** *f* / dentado *m* doble helical ‖ ⁓**schrapperanlage** *f* / instalación *f* de scraper doble ‖ ⁓**schrauben...** (Schiff) / de hélices gemelas, de dos hélices ‖ ⁓**schraubenschiff** *n* / buque *m* de hélices gemelas ‖ ⁓[**schrauben**]**schlüssel** *m* (Wz) / llave *f* de dos bocas ‖ ⁓**schreiben** *n* (Fernm) / telegrafía *f* díplex ‖ ⁓**schwalbenschwanz** *m* (Tischl) / cola *f* de milano doble ‖ ⁓**schweißung** *f* / soldadura *f* doble, soldadura *f* de doble cordón ‖ ⁓**schwelle** *f* (Bahn) / traviesa *f* gemela ‖ ⁓**schwellenstoß** *m* (Bahn) / junta *f* suspendida o en aire ‖ ⁓**schwenk-Fräskopf** *m* / cabezal *m* portafresas giratorio, cabezal *m* birrotativo de fresar ‖ ~**schweres Wasser**, T₂O (Chem, Nukl) / agua *f* doble pesada, agua *f* de tritio ‖ ⁓**schwinge** *f* (Kinematik) / doble *m* manubrio oscilante ‖ ⁓**schwingenbrecher** *m* (Aufb) / quebrantador *m* de doble balancín ‖ ⁓**schwingengetriebe** *n* / mecanismo *m* de dos bielas iniguales ‖ ⁓**schwingenlager** *n* (Brücke) / apoyo *m* doble de rótula ‖ ⁓**sechskantprofil** *n* / perfil *m* de hexágono doble ‖ ⁓**sechskantschlüssel** *m* (Wz) / llave *f* de doce cantos ‖ ⁓**sehen** *n*, Diplopie *f* (Med, Opt) / diplopía *f* ‖ ⁓**seilförderung** *f* (Bergb) / sistema *m* con cable de extracción y cable de lastre ‖ ⁓-**Seitenanschnitt** *m* (Plast) / entrada *f* lateral doble ‖ ⁓**seitenband-Modulation** *f* (Eltronik) / modulación *f* de doble banda lateral ‖ ⁓**seitenbandtelefonie** *f* (Fernm) / telefonía *f* de doble banda lateral **doppelseitig** / bilateral, de dos caras, de dos lados, doble, ambilateror ‖ ~, nach beiden Richtungen / hacia ambas direcciones, bidireccional ‖ ~, beidrecht (Web) / de dos caras, doble faz, reversible ‖ ~**er Antrieb** / accionamiento *m* bilateral ‖ ~**e Beschichtung** / recubrimiento *m* bilateral o en dos caras ‖ ~ **eingespannter Balken** (Bau) / viga *f* fijada ‖

doppelt

~ **geheizt** / calentado de dos lados ‖ ~ **gekerbte Probe** (Mat.Prüf) / probeta f entallada en dos lados ‖ ~ **geschliffen** (Messer) / de dos filos o cortes ‖ ~**er Mitnehmer** / arrastre m bidireccional ‖ ~**es Papier**, doppelschichtiger Karton / cartón m dúplex ‖ ~**es Papier** n, gleichseitiges Papier / papel m equilátero ‖ ~**es Pappe** f, gleichseitige Pappe / cartón m equilátero ‖ ~**es Schloss** s. Doppelschloss ‖ ~**er Verkehr** (Fernm) / tráfico m bilateral ‖ ~**er V-Stoß** (Schw) / empalme m doble en V ‖ ~**e Ware**, Doubleface m n, (auch:) Reversible m (Web) / género m de cara doble

Doppel • sessellift m (Förd) / telesilla m biplaza ‖ ~**sicherheitsvorrichtung** f / doble dispositivo automático de seguridad m ‖ ~**sieb** n, -filter m n (Produkt der Impedanzen des Längs- und Querzweiges ist frequenzunabhängig) (Eltronik) / filtro m de k constante ‖ ~**siebblattbildner** m (Pap) / formador m de dos cribas ‖ ~**siebmaschine** f (Pap) / máquina f de dos cribas ‖ ~**silikat** n **von Eisen und Mangan** (Chem) / silicato m de protóxido de hierro y de manganeso ‖ ~**simultantelegraphie** f (hist.) / telegrafía f por superfantasma ‖ ~**sitz** m (hintereinander) / asiento m tándem ‖ ~**sitzer** m, Zweisitzer m, zweisitziges Flugzeug (Luftf) / avión m biplaza ‖ ~**sitzventil** n, doppelsitziges Ventil (Masch) / válvula f de asiento doble ‖ ~**skala** f (Instr) / escala f doble ‖ ~**spaltklappe** f (Luftf) / alerón m de hendidura doble ‖ ~**spalt-Oszillator**, Hellscher Oszillator m (Eltronik) / oscilador m de derivación, oscilador m de Hell ‖ ~**spannung** f [125/220 V] (Elektr) / bitensión f ‖ ~**spannvorrichtung** f (Wzm) / dispositivo m de sujeción bilateral ‖ ~**spat** m (Min) / espato m de Islandia o de doble refracción ‖ ~**spatium** n (Druck) / tensión f de cebado ‖ ~**speiseleitung** f (Antenne) / línea f doble de alimentación ‖ ~**sperrklinke** f / trinquete m doble ‖ ~**spiegelung** f (Opt) / reflexión f doble ‖ ~**spindelfräsmaschine** f (Wzm) / fresadora f de dos husillos ‖ ~**spindelschleifmaschine** f (Wzm) / rectificadora f de dos cabezales [opuestos] ‖ ~**spinsatellit** m (Raumf) / satélite m de espín doble ‖ ~**spiral-Flechtautomat** m / máquina f automática para enrejados de doble espiral ‖ ~**spitzhacke** f / pico m de dos puntas ‖ ~**spitznadel** f (Tex) / aguja f de dos puntas ‖ ~**sprechbetrieb** m, Duplexbetrieb m, Doppelsprechen n (Fernm) / servicio m dúplex ‖ ~**sprechstelle** f, Zweieranschluss m / conexión f de servicio compartido, estación f de línea compartida ‖ ~**sprechübertrager** m (Fernm) / transmisión f dúplex ‖ ~**spule** f (Elektr, Tex) / bobina f doble ‖ ~**spüle** f (Bau) / fregadero m doble ‖ ~**spulen-Lautsprecher** m / altavoz m de bobina compuesta ‖ ~**spur**... (Magn.Bd) / de dos pistas ‖ ~**spur** f, Duoplay n (Film) / pista f doble (E), doble trazo m (LA), doble banda f (LA) ‖ ~**spurband** n (Eltronik) / cinta f de doble pista ‖ ~ **spurige Strecke** (Bahn) / línea f en doble vía ‖ ~**spur-Tonbandgerät** n / magnetófono m de doble pista ‖ ~**ständer** m, -gestänge n (Fernm) / postes m pl acoplados ‖ ~**ständer**... (Wzm) / de columna doble, de dos montantes, de doble montante ‖ ~**ständerbohrwerk** n / taladradora f de columna doble ‖ ~**ständermaschine** f, Zweiständermaschine f (Wzm) / máquina f de columna doble ‖ ~**ständerpresse** f / prensadora f de montante doble, prensa f de dos montantes ‖ ~**stator** m (Linearmotor) (Elektr) / estator m doble (motor lineal) ‖ ~**stecher** m (Gewehr) / doble gatillo m ‖ ~**steckdose** f (Elektr) / caja f de enchufe doble ‖ ~**stecker** m (Elektr) / adaptador m doble, enchufe m doble ‖ ~**steckschlüssel** m **aus Rohr** (Wz) / llave f de tubo doble, llave f tubular doble ‖ ~**steckschlüssel, abgewinkelt** / llave f de tubo doble acodado ‖ ~**stempelform** f (Plast) / molde m bivalente, molde m de doble macho ‖ ~**steppstich** m (Näh) / pespunte m

doble ‖ ~**steppstichnaht** f / costura f con dos hilos y pespunte ‖ ~**sterne** m pl (Astr) / estrellas f pl binarias ‖ ~**sternkabel** n (Elektr) / cable m de pares en estrella ‖ ~**sternmotor** m / motor m en doble estrella, motor m en estrella con dos coronas de cilindros ‖ ~**sternschaltung** f (Elektr) / conexión f de (o en) doble estrella ‖ ~**sternverseilung** f (Elektr) / cableado m de pares en estrella ‖ ~**sternvierer** m (Fernm) / cable m en cuadretes o de cuadrete ‖ ~**steuerung** f / mando m doble, doble mando m, regulación f doble ‖ ~**steuerung**, automatische und Handsteuerung (Aufzug) / mando m automático y manual ‖ ~**stichleitung** f (Wellenleiter) / sintonizador m de doble sección ‖ ~**stöckiger Autotransportwagen**, Doppelstockwagen m (Bahn) / vagón m portaautomóviles de dos pisos ‖ ~**stock[-Reise]wagen** m (Bahn) / coche m de dos pisos ‖ ~**stockscheinwerfer** m (Kfz) / faros m pl dobles en posición vertical ‖ ~**stockzug** m / tren m de doble piso ‖ ~**stollen** m (Bergb) / galería f gemela ‖ ~**strahlleitsystem** n / sistema m de radiotelemando por doble haz ‖ ~**strahlröhre** f (Kath.Str) / tubo m [de rayos católicos] de doble haz ‖ ~**strahltechnik** f (Nukl) / técnica f de rayo doble ‖ ~**strang** (Gieß) / colada f doble ‖ ~**strangkette** f / cadena f de dos tramos ‖ ~**strecke** f (Bergb) / galería f gemela ‖ **senkrechter ~strich** (Druck) / raya f doble ‖ ~**strichanzeige** f (Radar) / representación f K ‖ ~**strickmaschine** f (Tex) / máquina f tricotosa doble ‖ ~**strom**... (Elektr, Fernm) / de corriente doble ‖ ~**strombetrieb** m (Fernm) / explotación m por doble corriente ‖ ~**strombetrieb, -übertragung** f (Fernm) / transmisión f de doble corriente ‖ ~**stromerzeuger** m, Doppeldynamo m (Elektr) / generador m de doble corriente, dínamo f de doble corriente ‖ ~**strom-Gegensprechen** n (Fernm) / dúplex m polar ‖ ~**stromkreis** m (Fernm) / circuito m fantasma, circuito m combinado ‖ ~**strompumpe** f / bomba f de dos vías ‖ ~**stromrichter** m (Eltronik) / convertidor m doble ‖ ~**stromröhre** f (Elektr) / válvula f de doble corriente ‖ ~**stromsignal** n (Fernm) / señal m polar ‖ ~**stromtaste**, Indotaste f (Fernm) / tecla f de doble corriente ‖ ~**stromtriebwerk** m (Luftf) / turborreactor m de doble flujo ‖ ~**stütze** f (Bau) / apoyo m doble ‖ ~**stütze**, U-förmige Doppelstütze (Fernm) / soporte m doble en U ‖ ~**stütze** (Gieß) / apoyo m doble ‖ **W-förmige ~stütze** / soporte m doble en W, consola f doble en W ‖ ~**stutzen** m **für Rohrverschraubung** / manguito m doble, racor m birroscado ‖ ~**sulfat** n (Chem) / sulfato m doble ‖ ~**superhet** m, -überlagerungsempfänger m (Eltronik) / receptor m de doble conversión ‖ ~**support** m (Wzm) / carro m [portaútil] doble ‖ ~**symmetrisch** (Geom) / doble simétrico

doppelt, zweifach / duplicado adj ‖ ~, zweifach / doble, duplicado, dual, bi..., di... ‖ ~ adv / dos veces, por duplicado ‖ **mit ~em Auspuff** (Kfz) / con dos tubos de escape ‖ ~ **basisch** (Chem) / bibásico ‖ ~**er Betazerfall** (Nukl) / desintegración f beta doble ‖ ~**e Bindung** (Chem) / enlace m doble ‖ ~**er Bohlenbelag** (Bau) / tablado m doble ‖ ~**e Bohrerschneide** (Wz) / filo m doble de la broca ‖ ~ **destilliert** (Chem) / bidestilado ‖ ~ **exponentielle Verteilung** (Math) / distribución f de Gumbel ‖ ~**er falscher Splint** (Holz) / alburno m doble ‖ ~ **fokussierend** (Opt) / de doble foco ‖ ~**e [Frequenz]überlagerung** (Eltronik) / doble f mezcla de frecuencias ‖ ~ **gegabelte Strebe** / puntal m de horquilla doble ‖ ~ **geknickter Stromabnehmer** / pantógrafo f de acotación doble ‖ ~ **gekröpft** (Kurbel) / de acotación doble, de dos codos ‖ ~ **gekröpfter Rahmen** (Kfz) / bastidor m acodado dos veces ‖ ~ **gekröpfter Steckschlüssel** (Wz) / llave f de tubo con acotación doble ‖ ~ **gekrümmt** / de doble curvatura ‖ ~ **gelagert** / de doble apoyo ‖ ~ **gelagert** / de doble

291

doppelt

apoyo || ~e Genauigkeit o. Präzision o. Stellenzahl (DV) / doble precisión f || ~ geschalteter Kondensator (Eltronik) / capacitor m de doble acoplamiento, capacitor m de acoplamiento gemelo || ~ geschlossen (Elektr, Wicklung) / doblemente reentrante || ~ gespeist (Elektr) / de alimentación doble || ~ gesteuert / de doble mando || ~ gewebt (Tex) / doble, sin revés || ~ gewendelt, Doppelwendel... (Lampe) / doblemente arrollado, en doble espiral || ~es Gewinde / rosca f doble || ~ gewölbt / de doble abovedado || ~e Gleisverbindung (Bahn) / enlace m doble entre vías paralelas, bretel m doble || in ~er Größe / dos veces mayor || ~ kaschiertes Mylarband / cinta f papel-mylar-papel || ~es Knierohr (o. Kniestück) / codo m doble || ~es (einfachen) Kopfstück (Cottonmaschine) / fontura f doble (simple) || ~e Kreuzung (Bahn) / cruzamiento m doble, cruce m doble || ~e Kreuzungsweiche [mit außen liegenden Zungen] (Bahn) / travesía f de unión doble [con agujas exteriores] || ~er Plattensatz (Druck) / juego m doble de placas || ~e Räummaschine (Wzm) / brochadora f doble || ~e Schneckenuntersetzung / reducción f doble de tornillo sin fin || ~es Schrumpfmaß (Gieß) / medida f doble de contracción || ~e Spektrallinie (Opt) / línea f espectral doble || ~e Stegverlaschung (Stahlbau) / cubrejunta f doble || ~e Umsetzung (Chem) / decomposición f doble || ~es Untersetzungsgetriebe / desmultiplicador m doble, engranaje m reductor doble || ~er Vorschub (Wzm) / avance m doble || ~e Vorsteckeinrichtung (Buchungsmaschine) / mecanismo m de inserción doble || ~ wirkend / de efecto doble, de doble acción || ~ wirkende Presse (Sintern) / prensa f de doble acción || ~ wirkende Pumpe, Saug- und Druckpumpe f / bomba f de efecto doble || ~ wirkende Ziehpresse (Wzm) / embutidora f de doble acción || ~ wirkender Motor / motor m de doble acción || ~e Wortlänge (DV) / precisión f doble || ~er Zungenantrieb (Einzelantrieb jeder Zunge) (Bahn) / dispositivo m de doble ataque
doppeltabgeschirmt (Eltronik) / apantallado dos veces
Doppeltaft m (Tex) / tercianela f
Doppel•tangente f, Tangente f an zwei verschiedenen Punkten einer Kurve (Geom) / bitangente f ||
º-T-Anker m (Elektr) / inducido m en doble T ||
º-T-Antenne f / antena f en doble T || º tarifzähler m (Elektr) / contador m de doble tarifa o de dos tarifas ||
º taste f (Fernm) / tecla f doble || º taste für Kabelbetrieb (Fernm) / tecla f para código de cable ||
º taster m / pulsador f doble || º tastung f / manipulación f doble
doppelt•baumwollumsponnen (Elektr) / con cubierta de dos capas de algodón, con doble envuelta de algodón || ~bewehrt (Kabel) / con doble envuelta de armadura || ~breit (Tuch) / de ancho doble
Doppelte n (Math) / doble m
Doppel•teleskopmast m / mástil m telescópico doble || º teleskopstempel m (Bergb) / estemple m telescópico doble
Doppeltfalzen n (Blech) / plegado m doble
doppeltkohlensauer (Chem) / bicarbonato adj || ~es Ammoniak / amoníaco m bicarbonato || ~es Natron, Natriumbikarbonat n / bicarbonato m sódico o de sosa
doppelt•konische Seiltrommel / tambor m bicónico || ~logarithmisch (Math) / log-log, en coordenadas doblemente logarítmicas || ~logarithmisches Diagramm / diagrama m log-log || ~logarithmisches Millimeterpapier / papel m cuadriculado log-log, papel m para gráficas en coordenadas doblemente logarítmicas
Doppel•-T-Netz n (Eltronik) / red f de circuitos T en paralelo, red f de doble T || º ton... (Fernm) / bitono adj || º tondruck m (Druck) / impresión f de tono doble || º ton[druck]farbe f (Druck) / tinta f de tono doble o de

dos tonos, tinta f dúplex || º tonfärbung f (Tex) / teñido m en dos tonos || º tonhorn n (Kfz) / bocina f de dos tonos || º tonkonversionsartikel m (Web) / género m de conversión de dos tonos || º tonmodulation f (Eltronik) / modulación f de dos tonos || º tontastung f (Fernm) / manipulación f de dos tonos ||
º tonverfahren n (Fernm) / modulación f por mutación de frecuencia || º topfanlage f (Kfz) / silenciador m de dos cajas || º topfmanschette f / guarnición f doble de forma embutida || º topfscheibe f (Wzm) / muela f de dos copas || º-T-Profil n, -T-Träger m (Hütt) / perfil m en doble T || º-T-Querschnitt m / sección f en doble T, sección f en I || º tragkette f (Elektr) / cadena f doble de aisladores || º tragwalzenroller m (Pap) / bobina f de dos tambores || º traktion f (Bahn) / doble tracción f || º transportband-Maschine f (Plast) / laminadora f de esponjado con cinta transportadora doble ||
º trichter, Ballonformer m (Druck) / triángulo m superior, horma f superior, formador m superior ||
º triebwagen m (Bahn) / automotor m doble ||
º triebwerk n (Luftf) / motores m pl dobles || º triode f (Eltronik) / doble m triodo, duotriodo m ||
º triowalzwerk n / tren m laminador doble trío || konische º trommel / cono m doble ||
º trommelhubwerk n (Kran) / ascensor m de tambor doble || º trommelmaschine f (Tex) / carda f [de tambor] doble || º Straßenbetoniermaschine mit º trommelmischer (Straßb) / acabadora f de firmes con mezclador de hormigón a tambor doble ||
º trommelwinde f (Bau) / torno m de doble cilindro
doppelt•rotierender Satellit, Doppelspinsatellit m (Raumf) / satélite m de rotación doble ||
º schlichtmaschine f (Web) / encoladora f doble ||
~schließen (Schloss) / cerrar con cerradura doble ||
~schnell / dos veces más rápido || ~seideumsponnen (Elektr) / cubierto de dos capas de seda ||
~substituiert (Chem) / su[b]stituido dos veces
Doppel•-T-Träger m (Walzw) / viga f en doble T o en I ||
º tulpennaht f (Schw) / chaflán m en doble tulipa
doppeltumsponnen (Elektr) / cubierto de dos capas
Doppel•tür f, verdoppelte, aufgedoppelte Tür (Bau) / puerta f doble || º tür, Vortür f (Bau) / contra-puerta f ||
º tür, Flügeltür f, zweiflügelige Tür / puerta f de dos hojas || º turbine f / turbina f gemela
doppelt•wirkend (allg) / de efecto doble || ~zwirnen (Tex) / retorcer
Doppel•überlagerung f (Eltronik) / doble conversión f [de frecuencia] || º umlaufgreifer m (Nähm) / garfio m rotatorio || º umlaufmaschine f / máquina f de doble vuelta || º umschlag m (Blech) / rebordeado m doble ||
º umsetzung f (Chem) / conversión f doble, descomposición f doble || º-U-Naht f (Schw) / chaflán m en doble U
Doppelung f s. Dopplung
Doppel•unterbrecher m (Eltronik) / interruptor m de dos direcciones || º unterbrechungsklinke f (Fernm) / jack m de doble ruptura || º unterdrückung f (Radar) / supresión f doble || º unterlagerungsfernschreiben n (hist.) (Fernm) / telegrafía f infraacústica [por conductor aéreo] || º unwuchtsieb n / criba f de descompensación f doble || º-U-Stoß m (Schw) / junta f de U doble, empalme m de U doble || º ventil n / válvula f de campana || º verbund... (Dampfm, Elektr) / compuesto doble, bicompuesto || º verbundpumpe f (Bahn) / bomba f bicompuesta || º vergaser m (Kfz) / carburador m doble || beschlaggeschützte º verglasung (Bau) / acristalamiento m doble ||
º verhältnis n (Math) / razón f doble o cruzada ||
º verhältnis n (Verm) / relación f doble || º villa f (Bau) / chalet m doble || º-Vollgummireifen m pl / bandajes m pl gemelos macizos, bandajes m pl dobles de goma maciza || º vorschub-Treppenrost m (Feuerung) / parrilla f escalonada doble de movimiento progresivo || º-V-Stoß, X-Stoß m (Schw) / empalme m en X, junta

f en X ‖ ⁓**waage** *f* (Mess) / báscula *f* de doble plataforma ‖ ⁓**wägung** *f*, Vertauschungsmethode *f* (Phys) / pesada *f* doble, pesaje *m* doble ‖ ⁓**walzenkaliber** *n* (Hütt) / calibre *m* de cilindro doble ‖ ⁓**walzen[schräm]lader** *m* (Bergb) / rozadora-cargadora *f* de dos cabezas ‖ ⁓**walzenstuhl** *m* (Mühle) / molino *m* con doble juego de cilindros ‖ ⁓**wand** *f* (Bau) / pared *f* doble ‖ ⁓**wand** (Tank, Rohr) / doble camisa *f* ‖ ⁓**wandankerplatte** *f* (Elektr) / placa *m* doble de anclaje ‖ ~**wandig** / de dos paredes, de doble pared ‖ ~**wandig** (Zylinder) / de camisa ‖ ~**wandig** (Presse) / de dos montantes ‖ ~**wandiger Beutel** (Pap) / bolsillo *m* doble ‖ ~**wandige C-Gestell-Exzenterpresse** / prensadora *f* excéntrica en forma C de dos montantes ‖ ~**wandige Exzenterpresse** / prensadora *f* excéntrica de dos montantes ‖ ~**wandiger Träger** / viga *f* de dos placas ‖ ~**wandiges Wasserbecken** / pila *f* de dos paredes ‖ ⁓**wandtanker** *m*, Tanker *m* mit Doppelhülle (Schiff) / petrolero *m* de doble casco ‖ ⁓**waschbecken** *n* / lavabo *m* doble ‖ ⁓**wasserglas**, Kali- und Natronwasserglas *n* (Chem) / silicato *m* de sosa y de potasa *f* ‖ ⁓**weggleichrichter** *m* (Elektr) / rectificador *m* de onda completa ‖ ⁓**wegschaltung** *f* (Elektr) / acoplamiento *m* de doble dirección ‖ ⁓**weiche** *f* (Bahn) / cambio *m* doble o entrecruzado ‖ ⁓**weiche**, einseitige Weiche / cambio *m* doble asimétrico ‖ ⁓**weiche**, zweiseitige Weiche / cambio *m* doble simétrico ‖ ⁓**weife** *f* (Garn) (Tex) / aspa *f* dobladora, aspa *f* doble ‖ ⁓**wellenbrecher** *m* (Aufb, Bau) / quebrantador *m* de dos árboles ‖ ⁓**wellenmischer** *m* / mezclador *m* de dos árboles ‖ ⁓**wellenzwangsmischer** *m* (Bau) / mezcladora *f* de circulación forzada a dos árboles, mezcladora *f* de árbol doble ‖ ⁓**wellig** (Masch) / biárbol, de dos árboles ‖ ⁓**wendel**, Gegenwendel *f* (Elektr) / hélice *f* doble, filamento *m* en espiral doble, filamento *m* doble ‖ ⁓**wendellampe** *f* / lámpara *f* de filamento biespral o en doble espiral o doblemente arrollado ‖ ~**wertig**, ambivalent / ambivalente *adj* ‖ ~**wertig**, zweiwertig / bivalente ‖ ⁓**wicklung** *f* (Elektr) / devanado *m* compound o mixto ‖ ⁓**widerstandsthermometer** *n* (Phys) / termómetro *m* de resistencia con dos entradas ‖ ⁓**wiege** *f* (Kabinenlaufwerk) (Seilb) / cuna *f* doble ‖ ⁓**winde** *f* (Bau, Schiff) / cabrestante *m* doble ‖ ⁓**winkellasche** *f* (Bahn) / eclisa *f* angular doble ‖ ⁓**wipper** *m* (Bergb) / basculador *m* doble ‖ ~**wirkend** / de doble acción, de efecto doble ‖ ⁓**wirkung** *f* / acción *f* doble ‖ ⁓**wort** *n* (DV) / doble palabra *f*, entorno *m* de palabra doble ‖ ⁓**zackenschrift** *f* (Film) / pista *f* doble de área variable ‖ ⁓**zange** *f* (Dachstuhl) (Zimm) / pinza *f* doble, espiga *f* doble ‖ ⁓**zapfenverbindung** *f* (Zimm) / ensamble *m* a inglete con doble caja o espiga ‖ ⁓**zeile** *f* (beim Zeilenguss) (Druck) / línea *f* doble ‖ ⁓**zelle** *f* (Akku) / acumulador *m* de dos elementos ‖ ⁓**zellenschalter** *m* / reductor *m* doble para acumuladores (de carga y descarga) ‖ ⁓**zentner** *m* (veraltet), 100 kg / quintal *m* métrico ‖ ⁓**zickzackschaltung** *f* (Elektr) / conexión *f* en zigzag doble ‖ ⁓**zug** *m* (Stanz) / embutición *f* doble ‖ ⁓**zugang** *m* (DV) / entrada *f* doble, acceso *m* doble ‖ ⁓**zugfederaufhängung** *f* / suspensión *f* doble por resortes ‖ ⁓**zünder** *m*, kombinierter Zeit-Aufschlagzünder (Mil) / espoleta *f* de doble efecto ‖ ⁓**zündung** *f* (Batterie- und Magnetzündung) (Kfz) / doble encendido *m* ‖ ⁓**zungennadel** *f* (Tex) / aguja *f* de dos lengüetas ‖ ⁓**zweck**... / bivalente, de doble empleo, de doble finalidad, de doble función ‖ ⁓**zweckantenne** *f* (TV) / diplexer *m* ‖ ⁓**zwirn**, Kabelfaden *m* (Tex) / hilo *m* [torcido] doble ‖ ⁓**zwirn** *m*, zweifädiger o. zweidrähtiger Zwirn / hilo *m* doble ‖ ⁓**zwirn** (Seide) / hilo *m* retorcido doble

Döppel, Nietstempel *m* (Wz) / buterola *f*, estampa *f*
Doppler *m*, Bandwickler *m* (Spinn) / reunidora *f* ‖ ⁓, ⁓ (Hütt) / doblador *m* ‖ ⁓ (Opt) / reproductor *m* ‖ ⁓**bank**, D-Bank *f* (Reaktor) / grupo *m* Doppler ‖ ⁓**-Beiwert** *m*, -koeffizient *m* (Phys) / coeficiente *m* de Doppler ‖ ⁓**-Breite** *f* (Phys) / anchura *f* Doppler ‖ ⁓**drehfunkfeuer** *n* (Nav) / radiofaro *m* omnidireccional sistema Doppler ‖ ⁓**effekt** *m* (Phys) / efecto *m* Doppler, principio *m* de Doppler ‖ ⁓**-Einbruchmelder** *m* / indicador *m* de infracción Doppler ‖ ⁓**-Funkbake** *f* (Nav) / baliza *f* radioeléctrica Doppler ‖ ⁓**in** *f*, Bandwicklerwärterin *f* (Tex) / reunidora *f*, dobladora *f* ‖ ⁓**navigationsverfahren** *n* / sistema *m* de navegación por sistema Doppler ‖ ⁓**querschnitt**, Wirkungsquerschnitt *m* (Nukl) / sección *f* eficaz media Doppler ‖ ⁓**radar** *m* *n* / radar *m* [por efecto] Doppler ‖ ⁓**verbreiterung** *f* (Nukl) / ensanchamiento *m* de Doppler ‖ ⁓**verschiebung** *f*, -frequenz[verschiebung] *f* (Phys) / corrimiento *m* Doppler, desplazamiento *m* de Doppler ‖ ⁓**-Zielverfolgungsgerät** *n* (Radargerät) / radar *m* de seguimiento de Doppler
Dopplung *f*, Verdopplung *f* / duplicación *f* ‖ ⁓, Paarung *f* (Chem) / copulación *f* ‖ ⁓ (Bau, Walzw) / construcción *f* en capas ‖ ⁓ (Fehler) (Walzw) / dobladura *f* defectuosa de laminación, piegue *m* (lingote), solado *m* (lingote), estirado *m* doble (alambre) ‖ ⁓ (Gießfehler) / solapa *f* de colada ‖ ⁓, Dublierung *f*, Dublieren *n*, Fachung *f* (Tex) / doblado *m*
Doransystem *n* (Mil) / sistema *m* doran, doran *m*
Dorémetall *n* (Hütt) / plata *f* dorada
DORIS = Doppelringspeicher des Elektronensynchrotrons Hamburg
Dorn *m* (jeder Art, z.B.: Aufweit-, Richt-, Spann-, Ziehdorn) (Wzm) / mandril *m* ‖ ⁓, Stachel *m* / espiga *f*, púa *f* ‖ ⁓, Bolzen *m* / perno *m*, macho *m* ‖ ⁓, Zapfen *m* / pivote *m* ‖ ⁓, Durchschlag (Wz) / punzón *m*, brocha *f* ‖ ⁓, Kernstab *m* (Schw) / alma *f* del electrodo ‖ ⁓, Schnarnierstift *m* (Schloss) / pasador *m* de bisagra ‖ ⁓, Schnallendorn *m* / clavo *m*, espiga *f*, clavillo *m*, hebijón *m*, tarabita *f* ‖ ⁓ (Bot) / espina *f* ‖ ⁓ **für Bandstahltransport** (Walzw) / mandril *m* de transporte ‖ ⁓ **zum Aufweiten von Rohren** / abocardador *m* ‖ **fester** ⁓ **zum Rohrziehen** (Hütt) / mandril *m* fijo para estirar tubos
Dorn•ausziehmaschine *f* / extractor *m* de mandriles ‖ ⁓**biegen** *n* (Plast) / curvado *m* de placas o planchas (para fabricar tubos) ‖ ⁓**biegeversuch** *m* (Plast) / prueba *f* de flexión alrededor de un mandril
dornen *vt*, aufdornen / mandrilar ‖ ⁓, Aufdornen *n* / mandrilado *m* ‖ ⁓, Einsenken *n* (Umformen) / impresión *f*
Dorn•halter *m* / portamandril *m* ‖ ⁓**presse** *f* / prensa *f* de macho, prensa *f* mandriladora o mandrinadora ‖ ⁓**schloss**, Rohrschloss *n* / cerradura *f* para llave de cañón ‖ ⁓**schlüssel** *m* (Schloss) / llave *f* de cañón ‖ ⁓**stange** (Strangpressen) / barra *f* mandriladora ‖ ⁓**stapler** *m* (Hütt) / apilador *m* de mandriles ‖ ⁓**widerlager** *n* (Hütt) / tope *m* del mandril ‖ ⁓**ziehen** *n* / estirado *m* sobre mandril
Dorr-Eindicker *m* (Chem) / espesador *m* de Dorr
dörren *vt* (Obst, Gemüse), trocknen / desecar, secar ‖ ⁓, rösten / tostar ‖ **Obst** ⁓ / pasar fruta[s] ‖ ⁓ *n*, Trocknen *n* / desecación *f*, secado *m*
Dörr•fleckenkrankheit *f* **der Kartoffel** (Alternaria solani) (Bot) / niebla *f* de las patatas ‖ ⁓**fleckenkrankheit des Hafers** / enfermedad *f* de manchas grises (avena) ‖ ⁓**gemüse** *n* / legumbres *f pl* desecadas o deshidratadas, legumbres *f pl* secas
Dose *f* / caja *f*, bote *m*, lata *f* ‖ ⁓, Anschlussdose *f* (Elektr) / caja *f* de enchufe ‖ ⁓, Wanddose *f* (Elektr) / enchufe *m* de pared ‖ ⁓, Dosis *f* / dosis *f* ‖ ⁓ **mit Falz** / lata *f* bordeada, lata *f* plegada
Dosen•barometer *n*, Aneroidbarometer *n* (Phys) / barómetro *m* aneroide ‖ ⁓**bier** *n* (Brau) / cerveza *f* enlatada o en lata[s] ‖ ⁓**endverschluss** *m* (Fernm) /

cabeza f de caja || ˷**endverschluss** (Elektr) / caja f terminal || ˷**falzmaschine** f / pestañeadora f de latas || ˷**fernhörer** m (Fernm) / teléfono m con auricular simple || ˷**füllmaschine** f (Verp) / máquina f para llenar latas, llenadora f de latas || ˷**herstellung** f / fabricación f de latas || ˷**libelle** f, -niveau n / nivel m esférico [de burbuja de aire] || ˷**linie** f (Konservenfabrik) / cadena f de fabricación [de conservas] || ˷**milch** f, Kondensmilch f / leche f condensada || ˷**öffner** m / abrelatas m || ˷**relais** n (Elektr) / relé m de caja || ˷**schalter** m (Elektr) / interruptor m de caja cilíndrica || ˷**schaum** m (Plast) / espuma f PUR en caja || ˷**sextant** m, Taschensextant m (Nav) / sextante m de caja, sextante m de bolsillo || ˷**sicherung** f (Elektr) / cortacircuito m de caja || ˷**spinnmaschine** f (Tex) / continua f de hilar a bote giratorio || ˷**Verschlussmaschine** f / máquina f para cerrar latas, cerradora f de latas || ˷**wecker** m (Fernm) / timbre m en caja circular
Dosier•... / dosificador adj || ˷**anlage** f / instalación f dosificadora || ˷**apparat** m / dosificador m || ˷**bandwaage** f (DIN 8120) / dosificadora f ponderal de cinta || ˷**behälter** m / depósito m dosificador || ˷**blende** f / diafragma m dosificador
dosieren vt, zumessen / dosificar, dosar (gal.) || **zu stark ˷** / dosificar demasiado fuerte || ˷ n, Dosierung f / dosificación f
Dosier•gefäß n / recipiente m de medición, recipiente m dosificador || ˷**gefäß für Wasser** (Zuck) / recipiente m para dosificar agua || ˷**hahn** m / grifo m de dosificación || ˷**hahn**, Marianihahn m (Bahn) / grifo m de gasto limitado || ˷**maschine** f / máquina f dosificadora, dosificadora f || ˷**pumpe**, Zuteilpumpe f / bomba f dosificadora o de dosificar || ˷**rakel** f, Abstreifmesser n / cuchilla f dosificadora || ˷**roboter** m / robot m dosificador || ˷**schnecke** f / tornillo m sin fin de dosificación || ˷**schraube**, Regulierschraube f / tornillo m de reglaje || ˷**tank** m / depósito m o tanque dosificador
Dosierung f (Menge) / dosis f || ˷ (Vorgang) / dosificación f, dosaje m, dosificado m
Dosierungsbeschicker m / alimentador-dosificador m
Dosier•ventil n / válvula f dosificadora || ˷**ventil** v (Vakuum) / válvula f de admisión variable, válvula f reguladora || ˷**waage** f (Chem, Pharm) / balanza f de dosificación || ˷**zähler** n / dosificador-contador m
Dosimeter, Dosismessgerät n, Dosisleistungsmesser m (Phys) / dosímetro m
Dosimetrie f (Radiol) / dosimetría f
dosimetrische Einheiten / unidades f pl dosimétricos
Dosis, Dose f / dosis f || ˷ f, Menge f / cantidad f || ˷ **in r** (o. Röntgen) (Nukl) / dosis f absorbida en r || ˷ f **ohne schädliche Wirkung** (Chem, Landw) / dosis f sin efecto nocivo || **höchstzulässige berufsbedingte ˷**, Versetzungsdosis f (Nukl) / dosis f máxima permisible profesional, dosis f de translado || **zu starke ˷** / dosis f excesiva || ˷**äquivalent** n (Nukl) / dosis f equivalente || ˷**leistung** f, -rate f (Nukl) / intensidad f de dosis || ˷**leistungsmesser** m / dosímetro m, medidor m de dosis unitaria || ˷**wert** m / tasa f de dosis || ˷**wirkungsgerade** f / recta f de eficacia de la dosis || ˷**wirkungskurve** f / curva f del efecto de la dosis || ˷**-Wirkung-Verhältnis** n (Nukl) / relación f de dosis-efecto
dossieren, abschrägen (Bau) / ataludar, dar talud
Dossierung f, Abdachung f (Bau) / declive m, talud f || ˷ (Schornstein) / conicidad f
Dostenkraut n, Oreganum n (wilder Majoran) (Bot) / orégano m, díctamo m
DOT-Code m (Reifen) (Kfz) / código m DOT
dotieren, dopen (Halbl) / impurificar, dotar || ˷, Dopen n (Halbl) / impurificación f, dotación f
Dotierstoff m (Halbl) / impurificante m, agente m impurificador

Dotierungs•atom n / átomo m impurificador || ˷**faktor**, Dopefaktor m / factor m de dotación || ˷**front**, Diffusionsfront f (Halbl) / frente m de difusión || ˷**niveau** n / nivel m de dotación || ˷**profil** n (Halbl) / perfil m de dotación
DOT-Speicher m (= domain tip propagation storage device) (DV) / memoria f DOT
Dotter m n, Flachs-, Lein-, Öldotter m n (Bot) / camelina f || ˷**öl** n (Kunstseide) / aceite m de camelina
Doubeln n (Filmsynchronis.) / doblaje m || ˷, Kopieren n (Film) / duplicación f
Doublé n, Dublee n (Metall) / dublé m, plaqué m
Double, digitales ˷ (auf dem Bildschirm), Avatar m / doble m digital, avatar m || ˷**-face** m (Web) / género m de cara doble || ˷**gewebe** n / género m doble
Doublet, Doppelobjektiv n (Foto) / objetivo m doble
doublieren vi (Druck) / remosquearse || ˷ (Web) / doblear || ˷, plattieren (Metall) / plaquear, chapear de oro
Doublier•haspelmaschine f (Tex) / aspadera f dobladora || ˷**maschine** f (Pap) / equipo m de doblado de hojas || ˷**maschine** (Tex) / dobleadora f
Doublierung f, Doppelung f (Krempelbänder) (Spinn) / doblado m de las mechas de carda
Douglasfichte, -tanne, Douglasie f (Pseudotsuga mentiessi) (Bot) / douglasia f, abeto m de Douglas
Douglasie f (Pseudotsuga mentiessi) / abeto m de Douglas
Dove-Prisma n (Opt) / prisma m de Dove
Dow•-Ätzung, Einstufen-Ätzung f (Druck) / grabación f de Dow || ˷**-Duktilometer** n (Bitumen) / ductilómetro m Dow || ˷**-Latex** m (Pap) / látex m Dow
Downloading n, Herunterladen n (DV) / descarga f
Downsizing n / reducción f del tamaño (del hardware)
Downs-Verfahren n (zur Natriumgewinnung) (Chem) / procedimiento m Downs
Downtime f (Raumf) / duración f de inmovilización, período m de inmovilización
Dow•-Oszillator m (Eltronik) / oscilador m Dow || ˷**-Verfahren** n (Mg-Gewinnung) / procedimiento m Dow
Dozer m, Bulldozer m (Bau) / bulldozer m, niveladora f, oruga f aplanadora || ˷ **mit neigbarem Schild** / tiltdozer m
DP = Deutsche Post || ˷ = Diametral Pitch || ˷ = Deutsches Patent || ˷ = Durchschnittspolymerisationsgrad || ˷ **mit Multimediaeinsatz** n (DV) / multithreading m
DPCM-Verfahren n, Differenzen-Pulscodemodulation f (Eltronik) / modulación f diferencial por codificación de impulsos
DPG = Deutsche Physikalische Gesellschaft
dpi (= dots per inch), Bildpunkte m pl pro Zoll (DV) / puntos por pulgada
Drachen m, Luftdrachen m / cometa f, birlocha f, milocha f, pájara f, pandero m, pandorga f, volantín m (LA) || ˷, Scherbrett n (Schleppnetz) / plancha f || ˷, Flugdrachen m / ala f delta || ˷**antenne** f / antena f cometa || ˷**ballon** m / globo m cometa || ˷**baum** m (Bot) / drago m || ˷**blut** n (Färb) / sangre m de drago o de dragón, drago m, goma f de India || ˷**flugzeuge** pl, Luftfahrzeuge n pl schwerer als Luft / aeroplanos m pl, aerodinos m pl || ˷**zähne** m pl (Keram) / dientes m pl de dragón
Draftmodus m (Drucker, DV) / modo m draft
Dragée n (Pharm) / gragea f, pastilla f
Dragendorff-Reagenz n (auf Alkaloide) (Chem) / reactivo m de Dragendorff
Dragge f, Dregge f, Dreganker m (Schiff) / ancla f flotante de fortuna, rezón m
Dragiermaschine f (Pharm) / máquina f para hacer grageas
Dragline f, Kleinkabelbagger m (Bau) / cable m de arrastre, dragalina f
Drag-Rise-Machzahl f (Phys) / coeficiente m Mach de deslizamiento

Drahtlänge

Draht m, Metalldraht m / alambre m, hilo m metálico ‖ ⁓, Drall m, Drehung f (Spinn) / torsión f ‖ ⁓ **für Drahtnetze** / alambre m para redes o tejidos ‖ ⁓ **mit Reißkegel- o. Ziehkegelbildung** / alambre m con defecto de fractura en copa ‖ **dicker od. starker** ⁓ / alambrón m ‖ **mit** ⁓ **binden** (o. befestigen o. verspannen) / atar con hilo metálico
Draht•abmessung f / dimensión f de alambre ‖ ⁓**abschneider** m (Wz) / cortaalambres m, cortahilos m ‖ ⁓**abstandshalter** m (Elektr) / distanciador m de alambres ‖ ⁓**ader** f (Elektr) / hilo m conductor, conductor m ‖ ⁓**anker** m (Elektr, Masch) / inducido m devanado con alambre ‖ ⁓**anker** m (Fernm) / riostra f flexible, tensor m ‖ ⁓**anschluss** m (Eltronik) / extremidad f de hilo, hilo m terminal ‖ ⁓**anspitzmaschine** f / apuntadora f de alambre ‖ ⁓**antenne** f / antena f de hilo ‖ ⁓**armiermaschine** f (f. Gummischlauch) / máquina f para hacer armaduras de hilo metálico ‖ ⁓**auslöser** m (Foto) / disparador m por (o de) cable ‖ ⁓**auslösung** f (Foto) / disparo m por (o de) cable ‖ ⁓**bahnkugellager** n / rodamiento m de bolas con cuatro puntos de contacto en alambres ‖ ⁓**barren** m (Hütt) / lingote m para alambre ‖ ⁓**[befehls]steuerung** f (Rakete) / telemando m por cable ‖ ⁓**behälter** m (für Transport) / jaula f de alambre ‖ ⁓**bewehrung** f **für Kabel** (Elektr) / armadura f de alambre para cable, armadura f de hierro perfilado ‖ ⁓**biegemaschine** f / dobladora f de alambre, curvadora f de alambre ‖ ⁓**bruch** m / rotura f de alambre, rotura f del hilo ‖ ⁓**bruchmelder** m (Elektr) / avisador m de rotura de alambre ‖ ⁓**brücke** f / ligadura f de alambre ‖ ⁓**bügelkopplung**, Koppelleitung f (Magnetron) / apareado m, apareamiento m, acoplamiento m ‖ ⁓**bund** m, Rolle f / rollo m de alambre ‖ ⁓**bündel** n (Fernm) / manojo m de alambre[s] ‖ ⁓**bürste** f / cepillo m metálico o de alambre ‖ ⁓**bürste** (Elektr) / escobilla f de alambre ‖ ⁓**dicke** f / grueso m de alambre, espesor m de alambre ‖ ⁓**-Drehwiderstand** m (Elektr) / reostato m de alambre bobinado ‖ ⁓**-Drehwiderstand**, Potentiometer m (Elektr) / potenciómetro m bobinado, potenciómetro m de alambre devanado ‖ ⁓**drucker** m (DV) / impresora f de matrix de hilos ‖ ⁓**durchführung** f (Elektr) / paso m de hilo ‖ ⁓**durchmesser** m / diámetro m de alambre ‖ ⁓**-Durchverbindung** f (gedr.Schaltg) / conexión f transversal de alambre ‖ ⁓**einlauf** m / entrada f de alambre ‖ ⁓**einlegemaschine** f / máquina f para rebordear ‖ ⁓**einlegen**, bördeln / rebordear ‖ ⁓**einsatz** m (Wz) / canastilla f, escurridor m ‖ ⁓**einschmelzung** f (in Glas) / pasaje m (en vidrio) ‖ ⁓**einziehdose** f (Elektr) / caja f para montar hilos ‖ ⁓**eisen** n, Zieheisen n (Hütt) / hilera f (E), trafila f (LA) ‖ ⁓**elektrode** f (Schw) / electrodo m de alambre ‖ ⁓**ende** n / extremo m del hilo ‖ ⁓**erodieren** n / electroerosionado m por alambre ‖ ⁓**erzeugnis** n / producto m de alambre ‖ ⁓**-Explosionsverschluss** m (hist.) (Foto) / obturador m de hilo explosivo ‖ ⁓**fabrik** f / fabrica f de alambre ‖ ⁓**feder** f / muelle m de alambre, resorte m filar ‖ ⁓**fenster** n (Insektenschutz) (Bau) / ventana f con gasa metálica (E), tejido m de alambre (LA) ‖ ⁓**fertigerzeugnis** n, -produkt n / producto m acabado de alambre ‖ ⁓**fertigwalzgerüst** n (Walzw) / tren m de laminación acabadora de alambre ‖ ⁓**festigkeit** f, Nennfestigkeit f (Drahtseil) / resistencia f nominal ‖ ⁓**festwiderstand** m (Elektr) / resistor m de alambre no regulable ‖ ⁓**filter** n (Wellenleiter) / filtro m de rejilla ‖ ⁓**flechtmaschine** f / trenzadora f de alambre ‖ ⁓**flecht- und Webmaschine** f / trenzadora-tejedora f de alambre ‖ ⁓**förderband** m (Förd) / cinta f transportadora de [malla de] alambre ‖ ⁓**förmig** / en forma de alambre, filiforme ‖ ⁓**formmaschine** f / máquina f para formar hilos [metálicos] ‖ ⁓**formteile**

n pl / piezas f pl conformadas de alambre ‖ ⁓**gabel** f (Hütt) / horquilla f de alambre ‖ ⁓**gaze** f, -gewebe n / gasa f metálica, gasa f de alambre, tela f de alambre ‖ ~**gebunden** (Fernm) / con o por hilos, alámbrico ‖ ~**gebundene Hochfrequenztelefonie** / telefonía f alámbrica de alta frecuencia ‖ ~**gebundenes System** (Fernm) / sistema m alámbrico ‖ ~**geführt** (Fahrzeug) / hiloguiado, guiado por hilo ‖ ⁓**geflecht** n / tela f metálica, trenza f de alambre, alambrera f, alambrado m, enrejado m metálico, red f de alambre ‖ ⁓**geflecht für Drahtzäune** / enrejado f de alambre ‖ ⁓**geflecht mit sechseckigen Maschen** / enrejado m de mallas exagonales ‖ ⁓**geflecht mit viereckigen Maschen** / cercado m eslabonado ‖ ⁓**geflechteinlage** f (Beton, Schlauch) / armadura f de tela metálica ‖ ⁓**geflechtsieb** n (Aufb, Bergb) / criba f alumbrada ‖ ~**gelenkt**, drahtgesteuert (Rakete) / filoguiado a, dirigido por hilo ‖ ⁓**geschirr** n (Web) / lizos m pl de alambres ‖ ⁓**gestell** n / armazón m de alambre ‖ ⁓**gewebe** n / tela f metálica ‖ ⁓**gewebebürste** f (Elektr) / escobilla f de alambre tejido ‖ ⁓**gewebescheibe** f (Galv) / disco m de enrejado ‖ ⁓**gewebesieb** n (Aufb, Bergb) / criba f de tela metálica ‖ ⁓**gewebestreifen** m (Bau) / banda f de enrejado, cinta f de enrejado ‖ ⁓**gitter** n / rejilla f de alambre, reja f de alambre, enrejado m de alambre ‖ ⁓**gitter** (Ballistik) / cuadro m de rejilla ‖ ⁓**gitter-Container** f / jaula f [esquelética] de transporte ‖ ⁓**glas** n (Bau) / cristal m armado, vidrio m alambrado o armado ‖ ⁓**glasscheibe** f / hoja f de cristal armado, luna f de cristal armado ‖ ⁓**glühen** n (Hütt) / recocido m de alambre ‖ ⁓**gurt** m (Förderer) / cinta f [transportadora] con alma de alambre ‖ ⁓**haken** m / gancho m de alambre, garfio m de alambre ‖ ⁓**haspel** m f (Elektr) / devanadera f de alambre, bobinadora f de alambre ‖ ⁓**haspel** (Hütt) / torno m para hilo ‖ ⁓**haspel** (für Walzdraht) / torno m para hilo de máquina ‖ ⁓**heften** vt (Druck) / coser con grapas ‖ ⁓**hefter** m / cosedora f con grapas ‖ ⁓**heftklammer** f / grapa f ‖ ⁓**heftung** f (Druck) / cosido m con grapas ‖ ⁓**kabelschlagmaschine** f / máquina f para fabricar cables de alambre ‖ ⁓**käfig** m (Lager) / jaula f de alambre ‖ ⁓**kaltwalzwerk** n / laminador m de alambre en frío ‖ ⁓**kern** m (Drahtbündel-Eisenkern) (Elektr) / núcleo m de alambre, núcleo m dividido ‖ ⁓**kette** f / cadena f de alambre, grapa f ‖ ⁓**klammer** f (allg, Druck) / grapilla f de alambre, grapa f ‖ ⁓**klemme** f (zum Nachziehen) (Fernm) / entalla f ‖ ⁓**klemme**, Verbindungsklemme f für zwei Drähte (Elektr) / borne m de unión, oreja f de empalme (LA) ‖ ⁓**klemme**, Fahrdrahtklemme f / borne m del hilo de contacto ‖ ⁓**klemme**, Froschklemme f / abrazadera f excéntrica ‖ ⁓**kluppe** f (Fernm) / alicate m de empalmador ‖ ⁓**konstante**, -zahl f (Spinn) / coeficiente m constante para la torsión ‖ ⁓**korb** m / cesta f de alambre ‖ ⁓**korb** (Pumpe) / jaula f de alambre, alcachofa f de alambre (de aspiración) ‖ ⁓**korb der Sicherheitslampe** (Bergb) / tamiz m ‖ ⁓**korb für Lampen** / enrejado m ‖ ⁓**korbspule** f (Elektr) / carrete m cesta de alambre ‖ ⁓**korn** n (Hütt) / granalla f de alambre ‖ ⁓**krampe** f (zum Annageln von Drähten usw) / grapa f ‖ ⁓**kratzenbeschlag** m (Tex) / guarnición f de carda con púas de acero f ‖ ⁓**kreuzung** f, Lagewechsel m von Leitungen (Fernm) / transposición f, cruzamiento m de alambres (E), cruce m de alambres (LA) ‖ ⁓**krippmaschine** f, -kröppmaschine f / máquina f para ondular alambres ‖ ⁓**kugellager** n / rodamiento m de bolas con cuatro puntos de contacto en alambre ‖ ⁓**kugelrollenlager** n / rodamiento m de bolas y rodillos con cuatro puntos de contacto en alambre ‖ ⁓**lack** m (Elektr) / esmalte m para hilos ‖ ⁓**lager** n, Isolatorrille f (Elektr) / ranura f superior f ‖ ⁓**lager** auf **oberes** ⁓**lager** (Isolator) / ranura f superior ‖ ⁓**seitliches** ⁓**lager** / garganta f de aislador ‖ **gestreckte** ⁓**länge** (Feder) / longitud f desarrollada

295

Drahtleger

del alambre ‖ ~leger m (Fernm) / cablero m ‖ ~lehre f, -klinke f (Hütt) / calibre m de alambre, galga f de alambre ‖ ~leier f, -haspel m f (Walzw) / tambor m de enrollar ‖ ~leitung f (Elektr) / línea f de alambre, hilo m conductor
drahtlich, auf dem Drahtwege (Fernm) / por vía alambrica ‖ ~ übertragenes Bild / belinograma m ‖ ~e Übertragung / transmisión f alámbrica
Draht•litze f, Litzendraht m (Elektr) / cordón m, hilo m cableado, hilo m múltiple, cable m trenzado ‖ ~litzenleiter m / conductor m de hilos trenzados, conductor m cableado ‖ ~litzenmaschine f / máquina f para hacer cordones de alambre, máquina f para trenzar ‖ ~litzenspinnmaschine f / máquina f hiladora para cordones de alambre ‖ ~litzen- u. Drahtseilspinnmaschine f / cableadora f y trenzadora combinada
drahtlos (Eltronik, Fernm) / inalámbrico, sin hilo, S.H. ‖ ~ ausrufen / buscar llamando sin hilo ‖ ~e Fernbedienung (TV) / telemando m inalámbrico ‖ ~e Fernsteuerung (Eltronik) / telemando por radio ‖ ~ gesteuert / radioguiado, radiodirigido, radiomandado ‖ ~ peilen / arrumbarse por radiogoniometría ‖ ~e Personensuchanlage / instalación f de telelocalización ‖ ~es Sende- o. Empfangsgerät / radio f de transmisión y recepción ‖ ~ sprechen / radiotelefonear ‖ ~e Telefonie, Sprechfunk m / radiotelefonía f ‖ ~e Telegrafie / telegrafía f sin hilos, T.S.H., radiotelegrafía f ‖ ~es Telegramm / radiotelegrama m
Draht•maske f (Gesichtsschutz) / máscara f de tela metálica ‖ ~matratze f / somier m ‖ ~methode f für Bandherstellung (Walzw) / método m de hilo ‖ ~nachrichtentechnik f (Fernm) / técnica f de transmisión alámbrica ‖ ~nagel m, -stift m (Gieß) / alfiler m de moldeador ‖ ~nagel s. auch Drahtstift ‖ ~netz n / alambrado m, tela f metálica, red f de alambre[s] ‖ ~netzreflektor m (Eltronik) / reflector m de rejilla o de parilla ‖ ~nitschelhose f (Tex) / rota-frotador m de tela metálica ‖ ~nummerung f (Spinn) / designación f numérica de alambres ‖ ~öse f, Auge n (Isolator) / ojete m de alambre (E) ‖ ~öse (Spinn) / guía-hilo m de alambre ‖ ~patentierofen m (Hütt) / horno m de patentado del alambre ‖ ~potentiometer n (Elektr) / potenciómetro m bobinado ‖ ~putzdecke f (Bau) / techo m con enrejado Rabitz ‖ ~reifen m (Kfz) / neumático m a anillo de alambre ‖ ~ring m / anillo m de alambre ‖ ~rolle f, ein Ring Draht / carrete m de alambre (o hilo), alambre m en rollo o en carrete, rollo m de alambre ‖ ~rollenlager n / rodamiento m de rodillos con cuatro puntos de contacto en alambre ‖ ~roll- und -poliermaschine f (Walzw) / máquina f para laminar y pulir alambre ‖ ~rundbindung f (Druck) / encuadernación f espiral ‖ ~saite f (Instrument) / cuerda f metálica o de alambre ‖ ~schälen n (Elektr, Hütt) / descorte m de alambre ‖ ~schere f (Wz) / cizalla f de alambre, cortaalambres m ‖ ~schlauch m (Gummischlauch mit Drahtbewehrung) / tubo m de goma armado [de alambre], manguera f con espiral de alambre ‖ ~schleife f (Elektr) / espira f de alambre, hélice m de alambre ‖ ~schließe, -verbindung f / unión f de alambre ‖ ~schlinge, -schlaufe f / lazo m de alambre, gancho m cerrado ‖ ~schneidemaschine f / cortadora f de alambre ‖ ~schneidezange f (Wz) / cortaalambres m, tenazas f pl cortaalambres ‖ ~schraubenfeder f / resorte m helicoidal de alambre ‖ ~schrottwickler m (Hütt) / arrollador m de desechos de alambre ‖ ~schutzgitter n, -schutzkorb m / enrejado m protector de alambre ‖ ~[schutz]sieb n (Pumpe) / jaula f de alambre, alcachofa f de alambre
Drahtseil n / cable m metálico, cable m de alambre, cable m de acero ‖ ~, Stahlseil n (Reifen) / cordón m metálico ‖ ~ mit Hanfeinlage oder Hanfseele / cable m metálico con alma de cáñamo ‖ dünnes ~ / cable m metálico esbelto o delgado ‖ ~anker m, -verankerung f / anclaje m por cable metálico ‖ ~bahn f, Seilschwebebahn f / funicular m aéreo (E), ferrocarril m aéreo (E), alambrecarril m, cablecarril m (LA), tranvía m aéreo ‖ ~bahn, Standseilbahn f / funícular m, ferrocarril m de cable ‖ ~bahn für Personenbeförderung, Personenschwebebahn f / funicular m aéreo, teleférico m para transporte de personas ‖ ~bahn mit Pendelbetrieb, Pendelbahn f / funicular m aéreo pendular ‖ ~bahn mit Umlaufbetrieb, Umlaufbahn f / funicular m aéreo sin fin ‖ ~bahn f ohne Zugseil, Seilriese f, Schwerkraftbahn f / cable m de transporte inclinado ‖ ~brücke f / puente m suspendido de cables metálicos ‖ ~brücke, Schrägseilbrücke f / puente m de cables oblícuos ‖ ~endanschluss m, -kupplung f / acoplamiento m de anclaje ‖ ~förderer m (Bergb) / transportador m de cable metálico ‖ ~klemme f, Backenzahn m / pinza f para cables metálicos, grapa f de gargantilla para cables metálicos ‖ ~kloben m / garrucha f fija para cable metálico ‖ ~netz n / red f de cable metálico ‖ ~reifen, Geradseitreifen m (Kfz) / neumático m de cordón metálico ‖ ~verguss m in Seilhülsen / colada f en plomo
Draht•senkwalze f (Hydr) / fajina f de alambre para piedras ‖ ~sieb, Maschensieb n / tamiz m de alambre, criba f metálica ‖ grobes ~sieb, Durchwurf m / criba f gruesa ‖ [feines] ~sieb / criba f fina ‖ ~spanner m / tensor m de alambre, torniquete m ‖ ~spanner (selbstspannend) / compensador m de tensión de alambre ‖ ~spannschloss n / cerradura f tensora ‖ ~[spann]schloss n (mit Gewinde) / tensor m de tornillo ‖ ~spannungsdynamometer n (Fernm) / dinamómetro de tensión ‖ ~speichenlenkrad n (Kfz) / volante m con rayos o radios metálicos ‖ ~speichenrad n / rueda f de rayos metálicos, rueda f de radios metálicos ‖ ~spirale f / espiral f de alambre, hilo m en espiral ‖ ~sprengring m / anillo m de retención de alambre ‖ ~spritzpistole f (Lack) / pistola f metalizadora por hilo continuo ‖ ~spule f, Spulenwicklung f (Elektr) / bobina f de hilo bobinado ‖ ~stärke, -dicke f / grueso m de alambre, espesor m de alambre ‖ ~stärke f, -durchmesser m / diámetro m de alambre ‖ ~stärke, -abmessung f / dimensiones f pl de alambre ‖ ~steg m (Elektr, Radiol) / puentecillo m de alambre ‖ ~stift m / clavo m de alambre, clavo m francés, punta f de París ‖ ~stift mit Senkkopf o. Stauchkopf / punta f de París con cabeza recalcada ‖ ~stift ohne Kopf / fita f ‖ ~stiftmaschine f / máquina f para fabricar clavos ‖ ~straße f (Walzw) / tren m laminador de alambre ‖ ~streckmaschine f / máquina f para estirar alambre ‖ ~stumpfschweißmaschine f / máquina f para soldar alambres a tope ‖ ~suchgerät n (Eltronik) / detector m de alambre ‖ ~träger m am Pendelisolator (Fernm) / portador m de hilo ‖ ~tuch n s. Drahtgewebe ‖ ~umflechtmaschine f (Kabel) / máquina f para trenzar cables ‖ ~umflechtmaschine (für Schläuche) / máquina f para revestir tubos flexibles con trenzados metálicos ‖ ~umflochten / trenzado de alambre ‖ ~umhüllung f / envoltura f de alambre ‖ ~ummantelung f / recubrimiento m de alambre ‖ ~umschnürt, -umwickelt / envuelto de alambre ‖ ~umspinnmaschine f / máquina f para revestir con alambre ‖ ~umspinnung f / revestimiento m de alambre ‖ ~- und Feineisenwalzwerk n / tren m de alambres y productos pequeños de hierro ‖ ~verankerung f (Bau, Fernm) / riostra f flexible, tensor m ‖ ~verarbeitungsmaschine f / máquina f para elaborar alambre ‖ ~verbindung f (Fernm) / comunicación f alámbrica o por hilo ‖ ~verbindung, -verbindungsstelle f / enlace m alámbrico, empalme m de alambres, conexión f, unión f de alambre ‖

≈**verbindung, -schließe** f (Bau) / cerradura f de alambre ‖ ≈**verbund** m / alambradura f ‖ ≈**verhau** m (Mil) / alambrada f ‖ ≈**verseilmaschine** f / cableadora f de hilos metálicos ‖ ≈**verspannung** f (Bau, Elektr) / arriostramiento m por alambre ‖ ≈**verwindungsgerät** n / aparato m para retorcer alambre ‖ ≈**vormaterial** n, Walzdraht m / hilo m para máquina, varilla f redonda par estirar alambre ‖ ≈**vorschubgerät** n (Schw) / aparato m de avance del alambre ‖ ≈**walzegge** f (Landw) / grada-rodillo f ‖ ≈**walzwerk** n, Draht[walzen]straße f / laminadora f de alambre, tren m laminador de alambre ‖ ≈**waren** f pl / productos m pl de alambre (E), manipulados m pl de alambre (LA) ‖ ≈**warenfabrik** f / fábrica f de productos de alambre ‖ ≈**weberei** f (Tätigkeit) / tejedura f de tela metálica ‖ ≈**weberei** (Werk) / fábrica f de tela metálica ‖ ≈**webstuhl** m, -webmaschine f / telar m para telas metálicas ‖ ≈**wechselrad** n (Tex) / rueda f de cambiar la torsión ‖ ≈**weiche** f (Bahn) / cambio m de hilo de contacto ‖ ≈**wellenleiter** m (Eltronik) / línea f de transmisión de ondas de superficie ‖ ≈**wendel** f **der Feder** / espira f de muelle de alambre ‖ ≈**wickelpfosten** m (Wirewrapping) / terminal m de conexión arrollada o por arrollamiento ‖ ≈**wickelverbindung** f (Elektr) / conexión f arrollada ‖ ≈**wickler** m (Hütt) / bobinadora f de alambre ‖ ≈**wicklung** f (Elektr) / devanado m de alambre ‖ ≈**widerstand** m (Elektr) / resistor m bobinado, resistor m de hilo bobinado ‖ ≈**windung** f (Elektr) / espira f ‖ ≈**wirtel** m (Spinn) / volante m de torsión ‖ ≈**wurm** m (Agriotes spp.) (Landw, Schädling) / gusano m [de] alambre, doradilla f, larva f del elaténido ‖ ≈**zahl** f (Spinn) / coeficiente m de torcimiento o de torsión ‖ ≈**zange** f (Wz) / cortaalambres m ‖ ≈**zaun** m / cerca f de alambre, cerco m de alambre, alambrado m ‖ ≈**ziegelgewebe** n (Bau) / tela f metálica tipo Rabitz, red f de alambre con arcilla apretada, tejido m de alambre y arcilla f ‖ ≈**ziehbank** f, Drahtzug m (Hütt) / banco m de estirar alambre, trefiladora f ‖ ~**ziehen** n, -zieherei f (Hütt) / estirado m de alambre, trefilado m [de alambre], trefilación f ‖ ≈**zieher** m (Arbeiter) / trefilador m ‖ ≈**zieherei**, Golddrahtzieher m / tirador m ‖ ≈**ziehereri** f (Fabrik) / trefilería f, taller m de estirado ‖ ≈**ziehfett** n / grasa f trefiladora ‖ ≈**ziehmaschine** f / trefiladora f ‖ ≈**ziehstein** m, Drahtzieheisen n / matriz f de trefilar (E), hilera f de estirar (E), trafila f (LA) ‖ ≈**zug** m (Betätigungseinrichtung) / hilo m de maniobra, alambre m tractor ‖ ≈**zug**, -straße f (Walzw) / tren m de alambre ‖ ≈**zug**, Bowdenzug m (Kfz) / cable m Bowden ‖ ≈**zug**, Leitungszug m (Bahn) / transmisión f por cable, transmisión f funicular ‖ ≈**zugkanal** m (Bahn) / canal m de transmisión funicular ‖ ≈**zugmesser** m (Mat.Prüf) / tensómetro m ‖ ≈**zugschranke** f (Bahn) / barrera f por tracción de cable o accionada por cable ‖ ≈**zuleitung** f (Eltronik) / extremidad f de hilo, hilo m terminal (de alimentacion) f
Drain m, Drain-Anschluss m, -Elektrode f, -Zone f (Halbl) / dren m, ánodo m ‖ ≈... (Landw) s. Drän...
Drainage f, Drainieren n (Landw) / drenaje m
drainieren, dränen / drenar, alcantarillar, avenar
Drain• -Reststrom m (Halbl) / corriente m residual ‖ ≈**-Source-Spannung** f (Halbl) / tensión f de dren-surtidor ‖ ≈**strom** m (Halbl) / corriente f de dren
Draisine f, Gleiskraftwagen m (Bahn) / dresina f, vagoneta f automóvil (E), zorra f [LA], autocarril m (CHIL)
drakonitischer Monat (Astr) / mes draconítico m, mes m nodical
drall adj (Faden) (Spinn, Tex) / de torsión fuerte
Drall m, Verwindung f / retorcimiento m, retorcedura f, torsión f ‖ ≈ (Seil) / cableado m, torsión f ‖ ≈, Draht m (Tex) / torsión f ‖ ≈, Impulsmoment n (Phys) /

momento m angular ‖ ≈, Spin m (Nukl, Phys) / espín m ‖ ≈, Zug m (Mil) / rayado m ‖ ≈, Drallgröße f (Geschütz) / paso m de rayado, paso m de las rayas ‖ ≈ (Ballistik), Geschossdrehung f / rotación f del proyectil ‖ ≈ (NC) / rotación f del eje longitudinal ‖ ≈ (Kreiselkompass) / momento m cinético ‖ ≈**abscheider** m **für Staub** / colector m de polvo por ciclones ‖ ≈**abweichung**, Derivation f (Geschoss, Mil) / derivación f ‖ ≈**apparat** m (Spinn) / aparato m de torsionar ‖ ≈**arbeit** f (Phys) / trabajo m de torsión ‖ ~**arm**, spannungsarm / de torsión moderada, de poca torsión, antirrotatorio ‖ ~**armes** (o. -freies) **Seil** / cable m preestirado ‖ ≈**ausgleicher** m / compensador m de torsión ‖ ≈**blech** m / chapa f de turbulencia ‖ ≈**büchse** f (Walzw) / caja f de torcimiento ‖ ≈**drossel**, Eintrittsleitschaufel f (Gebläse) / paleta f directriz de entrada ‖ ≈**düse** f (Kfz) / inyector m de vórtice ‖ ≈**effekt** m, Spineffekt m (Phys) / efecto m de espín
drallen vt, verwinden / torcer, alabear
drall• frei (Strömung) / antirrotatorio ‖ ~**frei** (Seil) / exento de torsión, sin torsión ‖ ≈**führung** f, Drehführung f / guía f de torsión ‖ ≈**länge** f (Seil) / longitud f de torsión ‖ ≈**länge** (Mil) / longitud f del paso de las rayas ‖ ≈**moment von Kabeln** / momento m de giro de cables en torno a su eje ‖ ≈**nut** f, Spiralnut f / ranura f [en] espiral ‖ ≈**rakete** f (Mil) / misil m giroscopicado, misil m estabilizado por rotación ‖ ≈**richtung** f (Garn) (Tex) / sentido m de torciemiento ‖ ≈**rohrtrockner** m / secador m helicoidal, secador m tubular en espiral ‖ ≈**rolle** f (Hütt) / rodillo m torsionador o de torcimiento ‖ ≈**sinn** m, Drehungsrichtung f (Phys) / sentido m de la hélice ‖ ≈**spindel** f (Bergb) / husillo m del martillo perforador con ranuras helicoidales ‖ ≈**spritzgerät** m (Landw) / pulverizador m centrífugo ‖ ~**stabilisiert** (Geschoss) / estabilizado por rotación, giroscopicado ‖ ≈**stabilisierung** f (Raumf) / estabilización f por rotación (alrededor del eje longitudinal) ‖ ≈**stahl** m (Walzw) / acero m torcido ‖ ≈**steigung** f (des Spiralbohrers) / paso m de la espiral
Drallung f, Drall m (Walzw) / retorcimiento m
Drall• variator m (Verseilen) / variador m de torsiones ‖ ≈**wechsel** m (Kabel) / inversión f de la torsión ‖ ≈**winkel** m (Geschütz) / ángulo m de inclinación de rayado ‖ ≈**winkel** f (Wzm) / ángulo m de desprendimiento ‖ ≈**ziehmaschine** f (Mil) / brochadora f de rayar o del rayado ‖ ≈**züge** m pl (Mil) / rayado m a paso de hélice ‖ ≈**zuschlag** m (Seil) / suplemento m del cableado
Dralon n (Polyacrylnitrilfaser) / dralón m
DRAM (Dynamic Range Access Memory), dynamischer Ram-Speicher (DV) / DRAM m, memoria f RAM dinámica ‖ ≈**-Chip** m (DV) / lasquita f DRAM
Dränage f s. Dränung ‖ ≈**netz** n, -system n (Hydr, Landw) / red f de avenamiento, canalización f subterránea
Drän• bagger m / excavadora f de zanjas de drenaje ‖ ≈**bewässerung** f (Landw) / riego m subterráneo
dränen vt, drainieren (Landw) / drenar, alcantarillar, avenar
Dränfräse f, -fräser m / fresadora f de zanjas de drenaje
Drang m / pulsión f, impulso m
Drängbrett n (Bau) / tablón m de presión
Drängelsignal n (Fernm) / señal f de aceleración
Drängeräte npl (Landw) / utensilios mpl de drenaje
Drängewasser m (Bau, Hydr) / agua f de infiltración
Drängkraft f (Wzm) / fuerza f resultante de corte
Drängraben m (Landw) / zanja f de drenaje
dränierbar / drenable
Drän• kanal m / canal m de drenaje ‖ ≈**pflug** m (Landw) / arado m de drenaje ‖ ≈**rohr** n, -röhre f (Bahn, Straßb) / agujero m de drenaje ‖ ≈**rohr**, -rohrleitung f (unterirdisch) / tubo m de drenaje (E), tubo m de avenamiento (E), caño m de drenaje (LA) ‖

297

Dränröhrenpresse

~röhrenpresse f (Keram) / prensa f para hacer tubos de drenaje || ~schicht f, Filterschicht f (Deponie) / capa f de drenaje, capa f filtrante || ~spaten m (Landw) / pala f de desagüe
Dränung, Entwässerung f, Dränage f (Hydr, Landw) / drenaje m, avenamiento m, desagüe m
Dränwasser n / agua f de drenaje
drapieren vt (Bau, Tex) / engalanor, adornar
drauflosarbeiten / trabajar a más no poder
Draufschalter m (Elektr) / conjunctor m de intercalación
Draufschicht f (Mörtel) (Maurer) / capa f de compensación de mortero
Draufsicht f (allg) / vista f desde arriba || ~, Grundriss m (Zeichn) / planta f, vista f en planta o de encima, proyección f horizontal, plano m [horizontal]
Dravit m (Min) / dravita f (variedad de turmalina)
DRD-Verfahren n (Tiefziehen) / procedimiento m DRD (= draw-redraw)
Drechselbank, Holzdrehmaschine f (DIN) (Wzm) / torno m de (o para) madera
drechseln vt (Holz) / tornear [madera] || aus freier Hand ~ / tornear al aire
Drechsler m / tornero m [de madera] || ~beitel m / formón m de tornero || ~beitel mit hohler Klinge, Drechslerröhre f, hohles Dreheisen (Holzbearb) / gabia f || ~drehbank f, Holzdrehmaschine f (DIN) / torno m do (o para) madera || ~spitzbohrer m / broca f de punta de lanza || ~werkstatt f, Drechslerei f / tornería f [en madera], taller m de tornero || ~wippe, Wippenbank f (Holz) / torno m al aire, torno m de puntos
Dredgeanlage f (Unterwasserabbau) / instalación f submarina para dragar
Dregg•anker m, Draggen m (Schiff) / rezón m || ~tau n / rastra f
D-Regler m (Regeln) / regulador m diferenciador
Dreh•... / rotativo, giratorio || ~..., Schwenk... / oscilante || ~... s. auch Verdrehungs..., Umdrehungs..., Rotations... || ~achse f, Schwenkachse f / eje m pivotante, pivote m || ~achse, Umdrehungs-, Hauptachse f / eje m de giro, eje m de rotación || ~achse, Gyre f (Krist) / eje m de giro, eje m de simetría || ~achse f, -bolzen m / pasador m de bisagra, eje m de bisagra || ~achse am Kniegelenk, Kniegelenkbolzen m / eje m de articulación || ~achse des Hahns / pasador m del grifo || ~-Adcock-Antenne f / antena f Adcock rotativa || ~anker m, umlaufender Anker (Elektr) / inducido m giratorio || ~anker (Uhr) / áncora m giratoria || ~ankerrelais f (Elektr) / relé m con armadura pivote || ~anode f (Eltronik, Röhre) / ánodo m giratorio || ~antenne f / antena f rotativa, antena f orientable || ~antenne f (Radar) / antena f giratoria, antena f exploradora giratoria || ~antrieb m an einem Drehkranz (Elektr, Masch) / accionamiento m de giro || ~apparat m (Wzm) / aparato m para (o de) tornear || ~arbeit f / tornería f, trabajo m de tornero || ~arbeiten f pl (Film) / rodaje m, filmación f || ~arm, Hebelarm m einer Kraft (Phys) / brazo m de fuerza || ~ausleger m (Fahrleitg) / ménsula f articulada ||
~autoklav m (Labor) / autoclave m rotativo ||
~automat m, Automatendrehmaschine f (Wzm) / torno m automático || ~backe f am Futter (Wzm) / mordaza f giratoria || ~bake f (Schiff) / baliza f rotativa, radiofaro m giratorio || ~ballfahrgestell n (Luftf) / tren m de aterrizaje de balón de fútbol || ~bank f, Drehmaschine f (DIN) (Wzm) / torno m
drehbar, schwenkbar, rotierend / giratorio, rotativo, rotativo, girable, orientable, rotable || ~ (Werkstoff) / mecanizable (en el torno) || ~ Antenne / antena f giratoria || ~ [eingesetzt o. gelagert], schwenkbar / pivoteado, montado sobre chapín || ~er Fensterflügel / batiente m || ~es Gehäuse (Elektr) / caja f rotativa || ~er Griff (Elektr) / mango m giratorio || ~e
Parabolantenne / antena f parabólica giratoria || ~e

Plattform / plataforma f giratoria || ~e
Rahmenantenne / antena f de cuadro orientable ||
~er Schornsteinaufsatz (Bau) / caperuza f móvil || ~er
Schraubstock, Drehschraubstock m / tornillo m [de banco] orientable || ~er Sitz, Drehsitz m / asiento m giratorio || ~er Spiegel (Sextant) / espejo m móvil ||
~er Support (ganz) (Wzm) / carro m giratorio [totalmente] || ~er Support (teilweise) (Wzm) / carro m orientable || ~er Verteiltrichter (Hütt) / tolva f orientable de distribución || ~er Zwischenbehälter m (Gieß) / distribuidor m orientable || um ein Scharnier ~ / abisagrado, articulado a bisagra, a o de charnela
Drehbarkeit f / girabilidad f, rotabilidad f || ~, Schwenkbarkeit f / rotabilidad f sobre pivote || ~, Beweglichkeit f / verticidad f || ~ (Wzm) / mecanizabilidad f
Dreh•beanspruchung f, Beanspruchung f auf Torsion / esfuerzo m torsional o de torsión || ~bedampfung f (Elektronenmikroskop) / evaporación f con rotación || ~befestigung f / fijación f por charnela, montaje m sobre pivote || ~bereich m, Schwenkbereich m / alcance m de giro o de rotación, alcance m de pivoteado || ~bereich (Instr) / capacidad f de giro, capacidad f de orientación || ~beschleunigung f, Winkelbeschleunigung f (Phys) / aceleración f angular || ~bestreben n, -neigung f / tendencia f de giro o de rotación || ~bewegung f / movimiento m giratorio, rotación f || ~bewegung, Schwenken n / pivoteado m, giro m || ~bewegung (Kran) / movimiento m de giro || ~bewegung um die Hochachse (Roboter) / giro m en torno del eje vertical || ~bewegungsderivativa pl (Luftf) / derivados m pl de rotación || ~bild n (Wzm) / superficie f del trabajo torneado, aspecto m de la superficie torneada || ~bleistift m, -füllstift m / portaminas m (E) || ~blende f (Foto) / diafragma m giratorio || ~bohren m (Bergb) / taladro m rotativo, perforación f rotativa, sondeo m rotary (LA) ||
~bohrer m (Bergb) / taladradora f rotativa ||
~bohrkopf m / trépano m para taladro (o perforación) rotativo || ~bohrmaschine f (Bergb) / taladradora f rotativa (E), perforadora f rotary (LA) ||
~bohrschneide f / punta f de barrena rotativa ||
~bohrstange f (Bergb) / barrena f para taladro rotativo || ~, Bohr- und Abstechmaschine f (Wzm) / máquina f para tornear, taladrar y tronzar || ~bolzen m / pivote m || ~brett n, Formbrett m (Gieß, Keram) / calibre m || ~brille f (Absperrschieber) / válvula f lenticular rotativa || ~brücke f / puente m giratorio || auf Königsstuhl gelagerte ~brücke / puente m giratorio sobre pivote || auf Rollenkranz gelagerte ~brücke / puente m giratorio sobre corona || ~buch n (Film) / guión m [cinematográfico] || ~bügel m / soporte m basculante || ~bügelaufhängung f / suspensión f sobre soporte basculante || ~bühne n (Techn) / plataforma f giratoria || ~bühne f (Theater) / escenario m giratorio ||
~davit m n (Schiff) / pescante m oscilante || ~dorn m (Dreh) / mandril m [de sujeción] || ~drossel f (Elektr) / variómetro m || ~-Druck-Schalter m (Elektr) / interruptor m giratorio y de presión ||
~durchführung f (Welle, Vakuum) / paso m giratorio || ~durchmesser m, Spitzenhöhe f (Wzm) / diámetro m de torneado (sobre la bancada), diámetro m a tornear || ~düse f (für Regner) (Landw) / torniquete m [regador] || ~düsen f pl (Tex) / toberas f orientables ||
~ebene f / plano m de rotación || ~einrichtung f (Elektr) / dispositivo m de giro [por palanca] ||
~eisen... (Instr) / de hierro móvil, de hierro dulce, ferrodinámico || ~eiseninstrument n, Weicheiseninstrument n (Elektr) / instrumento m de hierro móvil, instrumento m ferrodinámico, aparato m electromagnético de paleta móvil || ~elastisch / elástico a la torsión
drehen vt, wenden / girar, dar vuelta [a], volver || ~, zusammendrehen, winden / torcer, retorcer || ~

(Keram) / tornear ‖ ~ (Faden, Zwirn) / torcer, hilar ‖ ~ vt, in Drehung versetzen (Fahrzeug) / [hacer] girar ‖ ~ vi vt (auf der Drehmaschine) (Metall) / tornear, mecanizar con torno, trabajar al torno ‖ ~, drechseln (Holz) / tornear madera ‖ ~ vi, laufen (Mot) / rodar, girar ‖ ~ (sich) (Schiff) / virar, voltear[se] ‖ ~ (Wind) / cambiar ‖ [sich] [um eine Achse] ~ / girar [en torno de un eje] ‖ Ansätze ~ / tornear escalones ‖ aus dem Vollen ~ (Wzm) / tornear de lo macizo ‖ einen Film ~ / rodar una película, filmar ‖ sich ~ / revolverse ‖ sich ~ (z. B. Kompassnadel) / orientarse ‖ sich auf der Stelle ~ / pivotear, girar sobre un pivote ‖ sich im Gegenzeigersinn ~ / girar en el sentido contrario de las agujas de reloj ‖ sich im Zeigersinn oder Uhrzeigersinn ~ / girar en el sentido de las agujas de reloj ‖ sich leicht ~ / girar fácilmente ‖ [sich] schnell ~, wirbeln / girar rápidamente ‖ sich um ein Gelenk ~ / girar en torno de una articulación ‖ [sich] [um einen Zapfen] ~ / pivotear, girar sobre un pivote ‖ sich um sich selbst ~ (Kfz) / virar ‖ ~ n (Wzm) / torneado m ‖ ~, Filmen n (Film, TV) / rodaje m, filmación f ‖ ~ in Abtriftrichtung (Fallschirm) (Luftf) / orientación f del paracaídas ‖ ~ seitwärts zur Schallrichtung (Mikrofon) / orientación f transversal al sentido del sonido ‖ durch ~, drehend / dando vueltas
drehend, rotierend, Drehungs..., Dreh... / rotatorio, giratorio, puesto en rotación ‖ ~er Platinenexzenter (Tex) / excéntrica f giratoria de la platina ‖ sich ~, wirbelnd / giratorio
Dreher m, Drehbankarbeiter m, (jetzt:) Zerspanungsmechaniker m (Wzm) / tornero m, operario m del torno ‖ ~bindung f (Tex) / ligamento m de vuelta
Dreherei f / taller m de tornos o de tornear, tornería f
Dreher•faden, Pol-, Schlingfaden m (Gaze) (Tex) / hilo m de pelo, hilo-pelo m ‖ ~gewebe n (Tex) / gasa f de vuelta ‖ ~grundlitze f (Tex) / malla f de lizo de fondo [de la gasa de vuelta] ‖ ~kette f (Tex) / urdimbre m de gasa de vuelta
Dreh•fahnenrelais n, Stellungsanzeiger m (Elektr) / relé m de aleta ‖ ~falttür f (Bahn) / puerta f de batientes plegables ‖ ~feder f, Torsionsfeder f / resorte m de torsión ‖ ~federstab m / barra f de torsión ‖ ~feld n (Elektr) / campo m giratorio o rotatorio ‖ ~feldadmittanz f / admitancia f cíclica ‖ ~feldantenne f / antena f de campo giratorio ‖ ~feldempfänger m (Regeln) / sincrorreceptor m, sincromotor m ‖ ~feldgeber m (Regeln) / sincrogenerador m, sincrotransmisor m ‖ ~feldimpedanz f (Elektr) / impedancia f cíclica ‖ ~feldinstrument, Ferrarisinstrument m / instrumento m de campo giratorio ‖ ~feldmaschine f (Elektr) / máquina f de campo giratorio ‖ ~feldprinzip n / principio m de campo [magnético] giratorio ‖ ~feldrichtungsanzeiger m (Elektr) / indicador m del sentido del campo giratorio ‖ ~feldspeisung f / alimentación f en campo magnético rotatorio ‖ ~feldtransformator m / sinchrotransformador m ‖ ~feldumformer m / conversor m de campo magnético giratorio ‖ ~feldumformer (Frequenzumformer) (Elektr) / sinchrotransformador m de frecuencia ‖ ~feldwattmeter m / vatímetro m de inducción ‖ ~fenster n (Bau) / ventana f giratoria ‖ ~fenster, Klappfenster n / ventana f articulada ‖ ~fenster, Ausstellfenster n (Kfz) / derivabrisas m, portilla f ‖ ~festigkeit f, Festigkeit f gegen Verdrehung / resistencia f a la torsión ‖ ~feuer n (Luftf, Schiff) / luz f giratoria ‖ ~feuer (con Leuchtturm) / faro m giratorio ‖ ~filter m n (Chem) / filtro m rotativo o rotatorio ‖ ~fläche f, Rotationsfläche f / superficie f de rotación ‖ ~flammhärtung f, Umlaufhärtung f (Hütt) / temple m giratorio con soplete ‖ ~flammofen m / horno m de reverbero

rotativo ‖ ~flansch m / brida f orientable ‖ ~flügel m (Luftf) / ala f giratoria ‖ ~flügel (Fenster) / batiente m ‖ ~flügelfalttür f (Bahn) / puerta f de batientes plegables ‖ ~flügelflugzeug n / giravión m, giroplano m ‖ ~flügelflugzeug mit Zugschraube / autogiro m ‖ ~flügelpumpe f / bomba f con paletas rotativas ‖ ~flügelschraube f (Schiff) / hélice f de paso variable ‖ ~flügelverdichter m, -flügelgebläse n / compresor m de (o con) paletas rotativas ‖ ~frei (Tex) / antigiratorio ‖ ~frequenz, -zahl f (Elektr, Masch) / frecuencia f de rotación, velocidad f de rotación ‖ ~freudig (Motor) / con gran capacidad de aceleración ‖ ~freudigkeit f des Motors (Kfz) / reprise f, capacidad f de aceleración ‖ ~funkbake f (Nav) / radiobaliza f omnidireccional ‖ ~funkfeuer n / radiofaro m giratorio o rotatorio ‖ ~funkfeuer für Sprechverkehr / faro m rotatorio acústico y radioeléctrico ‖ ~[funk]peiler m (Nav) / radiogoniómetro m de antena orientable o de cuadro móvil ‖ ~futter n (Wzm) / plato m de torno, mandril m de torno ‖ ~gasgriff m (Motorrad) / puño m giratorio del gas ‖ ~geber m (Eltronik) / codificador m rotativo ‖ ~gelenk n / junta f giratoria, articulación f giratoria ‖ ~gelenk, Scharnier n / charnela f, bisagra f ‖ ~geschwindigkeit f / velocidad f rotacional o de rotación
Drehgestell n (allg) / plataforma f giratoria ‖ ~ (Bahn) / bogie m (E), truck m (MEJ), truque m (PERU) ‖ ~ (Lokomotive) (Bahn) / tren m radial ‖ ~ aus gepresstem Blech (Bahn) / bogie m de chapa prensada ‖ vorderes ~ (Bahn) / bogie m delantero ‖ ~fahrzeuge n pl, Bestand m an Drehgestellfahrzeugen (Bahn) / material m móvil de bogies ‖ ~gleitstück n / patín m, resbaladera f, deslizadera f, guía f, corredera f ‖ ~-Rückstellrichtung f (Bahn) / llamada f de bogie, retroceso m de bogie ‖ ~wagen m (Bahn) / coche m o vagón m de bogies ‖ ~wange f / larguero m de bogie
Dreh•greifer m (Wzm) / punta f de arrastre ‖ ~griff m (Motorrad) / empuñadura f giratoria ‖ ~griff (der Tür) (Schloss) / manecilla f giratoria ‖ ~griff[gang]schaltung f (Fahrrad) / grip-shift m ‖ ~griffschaltung f (Motorrad) / cambio m de velocidades por empuñadura giratoria ‖ ~haken m (Kran) / gancho m giratorio ‖ ~halbmesser m (Dreh) / altura f de puntas ‖ ~haube f, Schornsteinaufsatz m (Bau) / sombrerete m giratorio, caperuza f giratoria ‖ ~[herd]ofen m (Hütt) / horno m de solera giratoria ‖ ~herz n (Wzm) / perro m de arrastre ‖ ~impuls m (Phys) / impulso m de rotación ‖ ~impuls in Bewegung, Massenträgheitsmoment n / momento m angular ‖ ~impuls des Läufers (Elektr) / momento m angular del inducido ‖ ~impuls-Quantenzahl f (Phys) / número m cuántico del momento angular ‖ ~impulsspeicherung f / almacenaje m del momento angular ‖ ~invariant / invariante a la rotación ‖ ~kanne f (Tex) / bote m giratorio ‖ ~keil-Entfernungsmesser m (Foto) / telémetro m de cuña giratoria ‖ ~keilkupplung f / acoplamiento m de chaveta giratoria ‖ ~-Kipp-Beschlag m (Fenster) (Bau) / herraje m de ventana basculante giratoria ‖ ~kippfenster n / ventana f basculante y giratoria ‖ ~klappe m, Drosselklappe f / válvula f de mariposa ‖ ~klinke f / trinquete m giratorio ‖ ~knopf m / botón m giratorio ‖ ~knopfschalter m (Drehung in Skalen-Ebene) (Eltronik) / conmutador m rotativo o giratorio ‖ ~kocher m (Pap) / caldera f giratoria [de cocción] ‖ ~kolben m (Instr) / equipaje m móvil ‖ ~kolben (Masch) / émbolo m rotatorio, pistón m rotatorio ‖ ~kolben, Zellenroskolben m (Wzm) / giratorio con paletas ‖ ~kolben-Aufladegebläse f / sobrealimentador m con émbolo rotatorio ‖ ~kolbengasmesser, -kolbengaszähler m (Mess) / contador m de gas rotativo de desplazamiento ‖ ~kolbengebläse n, -kompressor m, -verdichter m /

Drehkolbenmaschine

soplador *m* de émbolo giratorio, compresor *m* de pistón rotatorio ‖ ⁓**kolbenmaschine, DKM** *f* (nicht: Rotationskolben) / máquina *f* de pistón giratorio ‖ ⁓**kolbenmotor** *m*, Wankelmotor *m* / motor *m* de pistón epicicloidal, motor *m* Wankel ‖ ⁓**kolbenpumpe** *f* / bomba *f* de émbolo giratorio ‖ ⁓**kolbenvakuumpumpe** *f* / bomba *f* de vacío con émbolo giratorio ‖ ⁓**kolbenwasserzähler** *m*, Ringkolbenzähler *m* (Mess) / contador *m* de agua de pistón rotatorio ‖ ⁓**kondensator** *m*, Dreko *m* (Eltronik) / capacitor *m* giratorio o variable ‖ ⁓**konverter** *m* (Hütt) / convertidor *m* giratorio ‖ ⁓**kopf** *m* (Öl) / cabeza *f* giratoria ‖ ⁓**kopplung** *f* (Antenne) / junta *f* rotatoria o rotativa ‖ ⁓**körper** *m*, Rotationskörper *m* (Geom) / cuerpo *m* de revolución, rotoide *m* ‖ ⁓**körperpaar** *n* (Getriebe) / par *m* de revolución ‖ ⁓**kraft** *f* (Phys) / fuerza *f* rotativa o de rotación ‖ ⁓**kraft**, Verdrehungskraft *f* / fuerza *f* de torsión ‖ ⁓**kran** *m* (Bau) / grúa *f* giratoria ‖ ⁓**kranz** *m* (Kran) / corona *f* giratoria ‖ ⁓**kranz** (Brücke) / corona *f* giratoria o de rotación ‖ ⁓**kreis** *m*, Reichweite *f* (Kran) / radio *m* de acción o de alcance ‖ ⁓**kreis**, Wendekreis *m* (Straß) / radio *m* de viraje ‖ ⁓**kreis** (Kfz, Schiff) / círculo *m* de giro ‖ ⁓**kreuz** *n* / torniquete *m*, molinete *m*, cruceta *f* (CHIL) ‖ ⁓**kreuz**, Griffkreuz *n* (Dreh) / palanca *f* cruciforme ‖ ⁓**kreuz**, -krone *f* (Drahtziehen) / torniquete *m* ‖ ⁓**kreuz mit Zählwerk** / torniquete *m* contador ‖ ⁓**kreuzantenne** *f* / antena *f* en torniquete o en molinete o en cruz ‖ ⁓**kristallmethode** *f* (Phys) / método *m* de cristal rotatorio ‖ ~**kritische Drehzahl** (Mot) / velocidad *f* crítica, número *m* de revoluciones critico ‖ ⁓**kuppel** *f* (Bau) / cúpula *f* giratoria ‖ ⁓**kupplung** *f* (Wellenleiter) / acoplamiento *m* rotatorio, junta *f* o unión giratoria ‖ ⁓**lager**, Zapfenlager *n* / cojinete *m* de pivote ‖ ⁓**länge** *f* (gewünschte) (Wzm) / longitud *f* deseada [de torneado] ‖ ⁓**länge eines Revolverkopfes** / longitud *f* de avance del cabezal de revólver ‖ ⁓**länge zwischen Spitzen** / distancia *f* entre puntas ‖ ⁓**längsschieber** *m* / distribuidor *m* axial giratorio ‖ ⁓**laufkatze** *f* / carro *m* corredizo giratorio o con pluma giratoria ‖ ⁓**leiter** *f* (Feuerwehr) / escalera *f* giratoria ‖ ⁓**liegesitz** *m* (Bahn) / asiento *m* reclinable y giratorio

Drehling *m*, Drehzahn *m* (Wzm) / pieza *f* cortante postiza ‖ ⁓, gedrehtes Teil (Wzm) / pieza *f* torneada

Drehm *f* (Drehm) / tornillo *m* sin fin de caída para embragar los avances

Drehmagnet *m* / electroimán *m* de giro ‖ ⁓**galvanometer** *n* (Elektr) / galvanómetro *m* de imán móvil

Drehmaschine (DIN), Drehbank *f* (Wzm) / torno *m* ‖ ⁓ *f*, Zwirnmaschine *f* (Spinn) / máquina *f* de torcer, retorcedora *f* ‖ ⁓ **für Futterarbeit** (Wzm) / torno *m* para trabajos de mandril ‖ ⁓ **für Metallbearbeitung** / torno *m* para mecanizar metal ‖ ⁓ *f* **für Stangenarbeit** / torno *m* para barras ‖ ⁓ **mit Fußbetrieb** / torno *m* de pedal, torno *m* para accionamiento por pedal ‖ ⁓ **mit gekröpftem Bett** / torno *m* con escote ‖ ⁓ **mit Hebelschaltung** / torno *m* con mando por palanca ‖ ⁓ *f* **mit Räderspindelkasten** / torno *m* de engranajes ‖ ⁓ **mit umlaufenden Werkzeugen** / torno *m* con cuchillas rotatorias o herramientas rotatorias ‖ ⁓ **mit vollautomatischem Arbeitsablauf** / torno *m* automático ‖ ⁓ **zum Hinterdrehen**, Hinterdrehbank *f* / torno *m* para destalonar ‖ ⁓ **zum Langdrehen** / torno *m* para cilindrar ‖ ⁓ **zum Plandrehen** / torno *m* para refrentar

Drehmaschinen•bett *n* / bancada *f* de torno, banco *m* de torno ‖ ⁓**bettwange** *f* / larguero *m* de la bancada ‖ ⁓**führungen** *f pl*, -[führungs]bahn *f* / guías *f pl* del torno ‖ ⁓**fuß** *m* / pie *m pl* del torno ‖ ⁓**futter** *n* / mandril *m* de torno ‖ ⁓**futter mit einzeln verstellbaren Backen** / mandril *m* de mordazas o garras independientes ‖ ⁓**herz** *n* / perro *m* de arrastre ‖ ⁓**kröpfung** *f* / escote *m* del torno ‖ ⁓**schlitten**, Bettschlitten *m* / carro *m* de la bancada ‖ ⁓**schloss** *m* / tuerca *f* embragable ‖ ⁓**spindel** *f* / husillo *m* de torno ‖ ⁓**spitze** *f* / punta *f* de torno ‖ ⁓**-Ständer** *m* / montante *m* de torno ‖ ⁓**wange** *f* / larguero *m* de la bancada

Dreh•massel *f*, Schlackenkreisel *m* (Gieß) / rueda *f* centrífuga para la granulación de escorias ‖ ⁓**matrizen** *f pl* (Verm) / matrices *f pl* de rotación ‖ ⁓**mechanik** *f*, Schraubmechanik *f* / mecanismo *m* giratorio

Drehmeißel, -stahl, Stichel *m* (Dreh) / cuchilla *f* de corte, herramienta *f* de torno ‖ ⁓ *m*, Balleisen *n* (Holzbearb) / cincel *m* ‖ ⁓ **mit Schneide aus Hartmetall** (Dreh) / cuchilla *f* con placa de acero duro ‖ **abgesetzter** ⁓ (Dreh) / cuchilla *f* de torno rebajada ‖ **breiter** ⁓ (Dreh) / cuchilla *f* [para afinar] de filo ancho recto ‖ **gebogener** ⁓ (Dreh) / cuchilla *f* [para desbaste] curvada, cuchilla *f* acodada ‖ **spitzer** ⁓ (Dreh) / cuchilla *f* de torno puntiaguda

Dreh•meißelhalter *m*, Stichelhaus *n* / portaherramienta *m*, portacuchilla *m*, portaútil *m* ‖ ⁓**meldeempfänger** *m* (Eltronik) / sincrorreceptor *m*, sincromotor *m* ‖ ⁓**melder** *m* (Regeln) / sincrotransformador *m* ‖ ⁓**mitte** *f* (Welle) / centro *m* de giro ‖ ⁓**modul**, Torsionsmodul *m* (Phys) / modulo *m* de torsión

Drehmoment *n*, Torsionsmoment *n* (Mech) / par *m* [de fuerzas], momento *m* de torsión ‖ ⁓, Torsionsmoment *n* / momento *m* de torsión ‖ ⁓, Kreiselmoment *n* / par *m* giroscópico ‖ ⁓, -impuls *m* / momento *m* de la cantidad de movimiento, cantidad *f* de movimiento angular ‖ ⁓ **des Motors** / par *m* del motor ‖ ⁓**abfall** *m* / caída *f* del par, decrecimiento *m* del par ‖ ⁓**antrieb** *m*, Motor mit konstantem Drehmoment *m* (Elektr) / motor *m* de par constante ‖ ⁓**anzeiger** *m* mit Rechner / indicador-calculador *m* del par ‖ ⁓**begrenzer** *m* (Luftf) / limitador *m* de par ‖ ⁓**-Drehzahlkurve** *f* / curva *f* de par-velocidad

Drehmomenten•schlüssel *m* (Wz) / llave *f* dinamométrica **anzeigender**, [signalgebender] ⁓**schlüssel** / llave *f* dinamométrica indicadora del par, llave *f* de torsión de apriete prefijado ‖ ⁓**stütze** *f* (Bahn) / soporte *m* del momento de torsión ‖ ⁓**stützgabel** *f*, Kniegelenke *n pl* (Fahrwerk, Luftf) / conexiones articuladas *pl*

Drehmoment•-Erzeuger *m*, -motor *m* (Elektr, Masch) / motor *m* de par ‖ ⁓**gradient** *m* / gradiente *m* de torsión en sincros ‖ ⁓**kurve**, -charakteristik *f* (Elektr) / curva *f* de par ‖ ⁓**messer** *m* / torsiómetro *m*, medidor *m* de par ‖ ⁓**prüfer** *m* / verificador *m* de momento de torsión ‖ ⁓**-Schraubendreher** *m* (Wz) / atorillador *m* dinamométrico ‖ ⁓**-Verformungs-Schaubild** *n* / diagrama *m* de par y deformación ‖ ⁓**verstärker** *m* / amplificador *m* de par ‖ ⁓**verzweigung**, Leistungsverzweigung *f* / división *f* del par ‖ ⁓**waage** *f* (Phys) / balanza *f* medidora de par ‖ ⁓**wandler** *m* / convertidor *m* de par o del par motor ‖ ⁓**wandler** (Kfz) / transmisión *f* hidráulica o fluida

Dreh•motor *m* / motor *m* de giro ‖ ⁓**ofen** *m* (Hütt, Zement) / horno *m* giratorio, horno *m* rotativo ‖ ⁓**paraboloid** *n*, Umdrehungsparaboloid *n* (Geom) / paraboloide *m* de revolución ‖ ⁓**pendel** *n* (Uhr) / péndulo *m* de torsión ‖ ⁓**pfanne** *f* (Bahn, Drehgestell) / círculo *m* de rotación ‖ **untere** ⁓**pfanne** (Bahn) / soporte *m* de pivote, chapa *f* central (LA) ‖ **obere** ⁓**pfanne** (Bahn) / pivote *m* de bogie ‖ ⁓**pfannen[quer]träger** *m* (Bahn) / traviesa *f* de pivote de bogie ‖ ⁓**pfeiler** *m* (Brücke) / pila *f* pivote ‖ ⁓**pflug** *m* (Landw) / arado *m* giratorio o reversible, arado *m* balancín ‖ ⁓**-Phasenschieber** *m* (Wellenleiter) / desfasador *m* rotativo ‖ ⁓**[platten]kondensator**, Drehko *m* (Eltronik) / capacitor *m* ajustable o variable

‖ ~**pol** m (Mech) / centro m intantáneo de rotación ‖ ~**poller** m (Schiff) / bita f giratoria ‖ ~**ponton** m (Hydr) / pontón m pivotante ‖ ~**potentiometer** n (Eltronik) / potenciómetro m rotativo ‖ ~**punkt** m, Mittelpunkt m der Drehung (Phys) / punto m de giro o de eje, centro m de rotación ‖ ~**punkt** (des Hebels) / punto m de apoyo, fulcro m ‖ ~**punkt, -gelenk** n / pivote m ‖ ~**punkt der Waage** / cuchilla f central ‖ **als** ~**punkt dienend** / pivotal, de pivote, de giro ‖ ~**punktseitiges Ende** (Bremsbacke, Kfz) / talón m de la zapata ‖ ~**rahmenantenne** f / antena f de cuadro giratorio ‖ ~**rahmenpeiler** m / radiogoniómetro m de cuadro giratorio ‖ ~**ratensensor** m (Kfz) / sensor m de velocidades de giro (giroscopio) ‖ ~**rechen** m (Hydr) / reja f rotativa ‖ ~**regler** m, -transformator m (Eltronik) / regulador m por inducción, transformador m giratorio o de fases ‖ ~**richtstrahler** m / antena f de haz dirigido rotativa ‖ ~**richtung** f, -sinn m / sentido m de giro, sentido m de rotación ‖ ~**richtung des Feldes**, Phasenfolge f (Elektr) / secuencia f de fases, orden m de las fases ‖ ~**richtung des Feldes entgegen dem Uhrzeigersinn** (Elektr) / secuencia f levógiro ‖ ~**richtung des Feldes im Uhrzeigersinn** (Elektr) / secuencia f dextrógiro ‖ ~**richtungsschutz** m / protección f del sentido de giro ‖ ~**richtungs[um]schalter** m / conmutador m de inversión de marcha, conmutador m inversor del sentido de giro ‖ ~**richtungsunabhängig** / independiente del sentido de giro ‖ ~**riefe** f (Dreh) / estría f[debida al torneado] ‖ ~**riegel** m (Schloss) / falleba f ‖ ~**röhre** f (zum Vordrehen) (Drechsler) / punzón m ‖ ~**rohrofen** m (Hütt, Keram) / horno m rotativo tubular, horno m tubular giratorio ‖ ~**rohrofen**, Trommelofen m (Hütt) / horno m de tambor ‖ ~**rohr-Sinterofen** m / horno m rotativo tubular de sinterización ‖ ~**rohrtrockner** m / secador m tubular rotativo ‖ ~**rost** m (Bergb, Hütt) / parrilla f giratoria ‖ ~**rost-Gaserzeuger** m / gasógeno m de parrilla giratoria ‖ ~**säule** f, Ständer m (Schleuse) / columna f giratoria ‖ ~**schablone** f (Wzm) / muestra f ‖ ~**schablone** (Keram) / plantilla f de tornear ‖ ~**schablone** (Gieß) / calibre m ‖ ~**schalter** m (Elektr) / interruptor m giratorio ‖ ~**schalter**, Schnappschalter m / conmutador m de resorte, conmutador m giratorio de acción rápida ‖ ~**scheibe** f (Bahn, Kfz) / placa f giratoria, puente m giratorio (E), tornavía f, mesa f giratoria, tornamesa f (CHIL) ‖ ~**scheibe** (Töpfer) / torno m de alfarero, plato m giratorio ‖ ~**scheibe** (Drahtziehen) / placa f giratoria ‖ ~**scheibenkolonne** f (Chem) / columna f de discos giratorios ‖ ~**scheibenteiler**, -scheibenabschwächer m (Wellenleiter) / atenuador m rotativo ‖ ~**scheinwerfer** m (Luftf) / faro m rotativo ‖ ~**schemel** m (Möbel) / taburete m giratorio ‖ ~**schemel** (Bahn) / traviesa f giratoria, molinete m ‖ ~**schemel** (Brücke) / chasis m de giro ‖ ~**schemel für Langholzanhänger** (Kfz) / banquillo m de acoplamiento articulado ‖ ~**schemelenkung** f (Kfz) / dirección f central ‖ ~**schemelring** m (Anhänger) / anillo m de giro del remolque ‖ ~**schemelwagen** m (Bahn) / vagón m de traviesa giratoria, vagón m de molinete ‖ ~**schemelzapfen** m (Kfz) / pivote m de giro del vehículo de tiro ‖ ~**schenkellenkung** f (Kfz) / dirección f con pivotes ‖ ~**schieber** m / distribuidor m giratorio, corredera f giratoria ‖ **flacher** ~**schieber** / válvula f de placa giratoria, distribuidor m giratorio plano ‖ ~**schieber** m **für Windleitung** (Hütt) / válvula f de mariposa ‖ ~**schiebermotor** m / motor m con válvulas giratorias ‖ ~**schieberpumpe** f / bomba f rotativa a paletas, bomba f con rotor de aletas ‖ ~**schiebervakuumpumpe** f / bomba f de vacío rotativa de paletas ‖ ~**schieberverdichter** m / compresor m rotativo de paletas ‖ ~**schlagbohren** n (Öl) / perforación f rotativa de percusión, taladrado m

rotativo de percusión ‖ ~**schlaghammer** m (Bergb, Wz) / martillo f perforador rotativo de percusión ‖ ~**schleuse** f (Vakuum) / esclusa f giratoria ‖ ~**schleuse für Asche und Schlacken** (Hütt) / esclusa f giratoria para cenizas y escobillas ‖ ~**schlitten** m (Dreh) / cabeza f portaherramienta ‖ ~**schloss** n, -zapfen m (Verriegelung) / conector m que traba al darle vuelta ‖ ~**schranke** f (Bahn) / barrera f giratoria ‖ ~**schrauber** m (Wz) / atornillador m de vaivén ‖ ~**schraubstock** m / tornillo m giratorio o orientable ‖ ~**schritt** m (Fernm) / paso m de rotación ‖ ~**schub** m (Mot) / razón m de par/cilindrada ‖ ~**schurre** f / lanzadero m giratorio ‖ ~**schwingung** f, Torsionsschwingung f (Masch, Phys) / oscilación f torsional, vibración torsional o de torsión ‖ ~**schwingungsdämpfer** m (Mot) / amortiguador m de oscilaciones torsionales ‖ ~**schwingungsmaschine** f, -prüfmaschine f (Mat.Prüf) / banco m de ensayo a oscilaciones de torsión ‖ ~**schwingungsschreiber**, Torsiograph m / torsiógrafo m ‖ ~**sicherung** f / seguro m contra [el] giro ‖ ~**sichtkartei** f (Büro) / fichero m de tableros giratorios ‖ ~**sieb** n (Aufb, Bergb) / criba f giratoria ‖ ~**sinn** m s. Drehrichtung ‖ ~**sitz** m, -sessel m (Büro) / asiento m giratorio ‖ ~**sitz** (Kfz) / asiento m pivotante ‖ ~**span** m (Dreh) / viruta f [de torno] ‖ ~**spanner** m (Tex) / tensor m giratorio ‖ ~**spannung** f, Verdrehungsspannung f / tensión f [mecánica] debida a la torsión ‖ ~**spiegel** m (Opt) / espejo m giratorio ‖ ~**spiegelung** f (Krist) / reflejo m rotativo, reflexión f rotativa ‖ ~**spindel** f, Arbeitsspindel f (Dreh) / árbol m de torno, husillo m del cabezal fijo, husillo m de trabajo ‖ ~**spindel-Einheit** f (Wzm) / unidad f del árbol de torno ‖ ~**sprinkler**, -sprenger m (Landw) / regadera f giratoria ‖ ~**spul...** (Messinstr) / magnetoeléctrico, de cuadro móvil, de bobina móvil ‖ ~**spul-Amperemeter** n / amperímetro m de cuadro móvil ‖ ~**spule** f (Instr) / cuadro m móvil, bobina f móvil ‖ ~**spulgalvanometer** n / galvanómetro m de cuadro móvil ‖ ~**spulrelais** n (Fernm) / relé m de cuadro móvil, relé m de bobina móvil ‖ ~**stab** m, Dreh[stab]feder f (Masch) / barra f de torsión ‖ **doppelte** ~**stabfeder** / barra f doble de torsión ‖ ~**stabfederachse** f / eje m a barra de torsión ‖ ~**stabilisierung** f (Satellit) / estabilización f de la rotación ‖ ~**stabstabilisator** m (Kfz) / estabilizador m de barra de torsión ‖ ~**stahl** m (Wzm) s. Drehmeißel ‖ ~**stand** m (Raumf) / mesa f de rotación ‖ ~**ständer** m / estante m ‖ ~**stangenverschluss**, Espagnoletteverschluss m (Schloss) / falleba f de ventana ‖ ~**steif**, drehstarr / rígido a la torsión ‖ ~**steifigkeit** f / rigidez f a la torsión ‖ ~**stempel** m / sello m ajustable ‖ ~**stift** m (für Schraubwz) (DIN 900) / volvedor m ‖ ~**stift mit Außenvierkant** / pivote m cuadrado exterior ‖ ~**stopfbüchse** f / prensaestopas m giratorio ‖ ~**strahlregner** m (Landw) / irrigador m rotativo ‖ ~**streckwerk** n (Spinn) / marco m de estirar y torsionar

Drehstrom m, Ds, Dreiphasenwechselstrom m (Elektr) / corriente f trifásica ‖ ~**-Aggregat** n / grupo m electrógeno trifásico ‖ ~**-Asynchronmotor** m / motor m asíncrono trifásico ‖ ~**bordnetz** n (Schiff) / red f de corriente trifásica ‖ ~**-Brückenschaltung** f (Elektr) / conexión f en puente trifásico ‖ ~**dreileiternetz** n, -anlage f / red f trifásica trifilar ‖ ~**-Fahrmotor** m / motor m de tracción trifásico ‖ ~**generator** m, -maschine f / generador m de corriente trifásica ‖ ~**-Gleichstrom-Einankerumformer** m / convertidor m sincrónico de trifásica-continua ‖ ~**-Gleichstromumformer** m / convertidor m de trifásica-continua ‖ ~**hochspannungskabel** n / cable m para corriente trifásica de alta tensión ‖ ~**-Induktionsregler** m / regulador m trifásico de inducción ‖ ~**käfigläufermotor** m,

301

Drehstromkommutatormotor

-kurzschlussläufermotor *m* / motor *m* trifásico con rotor de jaula de ardilla ‖ ~**kommutatormotor** *m*, -kollektormotor *m*, -reihenschlussmotor *m* / motor *m* trifásico con colector ‖ ~**-Kurzschlussläufermotor** *m* / motor *m* trifásico en cortocircuito ‖ ~**ladewinde** *f* (Schiff) / guinche *m* de corriente trifásica de carga ‖ ~**leistung** *f* (Elektr) / potencia *f* trifásica ‖ ~**lichtmaschine** *f*, -generator *m* (Kfz) / alternador *m* trifásico, generador *m* trifásico ‖ ~**motor** *m* (Elektr) / motor *m* de corriente trifásica, motor *m* trifásico ‖ ~**-Nebenschlusskollektormotor** *m* / motor *m* trifásico en derivación con colector ‖ ~**netz** *n* / red *f* de corriente trifásica ‖ ~**öltransformator** *m* / transformador *m* trifásico en aceite ‖ ~**-Reihenschlusskollektormotor** *m* / motor *m* trifásico en serie con colector ‖ ~**reihenschluss-Motor** *m* / motor *m* trifásico en serie ‖ ~**schleifring-Motor** *m* / motor *m* trifásico con anillos rozantes o de anillos colectores ‖ ~**-Sechsleitersystem** *n* / sistema *m* trifásico hexafilar o de seis filos ‖ ~**steller**, Antiduktor *m* / antiductor *m* ‖ ~**systemlänge** *f* / longitud *f* total de un sistema trifásico ‖ ~**transformator**, -umspanner *m* / transformador *m* trifásico ‖ ~**vierleiteranlage** *f* / sistema *m* trifásico tetrafilar en estrella ‖ ~**zähler** *m* (Mess) / contador *m* de corriente trifásica
Dreh•stuhl *m* (Büro) / silla *f* giratoria ‖ ~**stuhl**, Schnelldrehmaschine *f* (Wzm) / torno *m* de banco ‖ ~**stuhl** (Uhrmacher) / torno *m* de relojero ‖ ~**stuhl** (Kran) / soporte *m* central ‖ ~**support** *m*, drehbarer Support (Wzm) / carro *m* orientable ‖ ~**technik** *f* (Wzm) / torneado *m*, técnica *f* de torneado ‖ ~**teil** *n*, dreh-, schwenkbares Teil / pieza *f* giratoria ‖ ~**teil**, gedrehtes Teil, Drehling *m* / pieza *f* mecanizada con torno, pieza *f* torneada ‖ ~**teil** (durch Drehen zu fertigendes Teil) / pieza *f* a tornear ‖ ~**teller**, -tisch *m* / plato *m* giratorio ‖ ~**teller** *m* einer Raketenstufe (Raumf) / tabla *f* de rotación ‖ ~**telleraufgeber** *m* / distribuidor *m* de plato giratorio ‖ ~**tellerzuführung** *f* (Stanz) / alimentador *m* de plato giratorio
Drehtisch *m* (Masch) / mesa *f* giratoria, soporte *m* giratorio ‖ ~ (Öl) / platillo *m* giratorio ‖ ~ (Bergb) / plataforma *f* giratoria ‖ ~ (Opt) / platina *f* giratoria ‖ ~**automat** *m* (Plast) / soporte *m* giratorio automático ‖ ~**einsatz** *m* (Ölbohren) / casquillo *m* del kelly de la tubería de perforación ‖ ~**-Formen** *n* (Gieß) / moldeado *m* con mesa giratoria ‖ ~**fräsmaschine** *f* (Wzm) / fresadora *f* con mesa giratoria ‖ ~**presse** *f*, Karussel-, Rundlaufpresse *f* (Wzm) / prensa *f* de mesa giratoria, prensa *f* de revólver ‖ ~**presse** (weiterschaltend) / prensa *f* giratoria índex ‖ ~**schweißmaschine** *f* / máquina *f* de soldar con mesa giratoria
Dreh•topf *m* (Spinn) / aparato *m* plegador, bote *m* giratorio ‖ ~**tor** *n* (Schleuse) / compuerta *f* giratoria ‖ ~**transformator**, -trafo *m* (Elektr) / tranformador *m* giratorio, transformador *m* variable ‖ ~**transformator**, Induktionsregler *m* / regulador *m* de inducción ‖ ~**trennschalter** *m*, -trenner *m* / seccionador *m* rotativo ‖ ~**trichter** *m* (Hütt) / tolva *f* rotativa ‖ ~**trommel** *f* / tambor *m* rotativo ‖ ~**trommelgebläse** *n* / soplante *m* de tambor giratorio ‖ ~**trommelofen** *m* (Hütt) / horno *m* de tambor rotatorio ‖ ~**tür** *f* / puerta *f* giratoria, puerta *f* de torniquete ‖ ~**tür**, Schwingtür *f* / puerta *f* engozada o de vaivén ‖ ~**umformer** *m*, rotierender Umformer (Elektr) / conmutatriz *f*, convertidor *m* de rotación ‖ ~**- und Bohrwerk** *n* (Wzm) / máquina *f* de tornear y alisar
Drehung *f*, Drehen *n* (allg) / giro *m*, vuelta *f*, rotación *f* ‖ ~, Zusammendrehen *n* / torcido *m* ‖ ~ (Schiff) / viraje *m*, virada *f* ‖ ~ (Schusswaffe), Drall *m* / rayado *m* ‖ ~ (unter Zug o. Druck) (Phys) / distorsión *f* ‖ ~ *f*, Curl *n* (Elektr) / curl ‖ ~ (Chem, Opt) / rotación *f* ‖ ~,

Platzwechsel *m* (Fernm) / transposición *f* ‖ ~, Schwenkung *f* (der Kamera nach allen Seiten) (Foto) / vuelta *f* (panorámica) de la cámara ‖ ~ *f*, drehender Ruck / movimiento *m* violento de torsión ‖ ~ **des Fadens** (Spinn) / torcimiento *m* del hilo ‖ ~ **entgegen dem Uhrzeigersinn**, "edul" / giro *m* contra el sentido de las agujas del reloj ‖ ~ **im Uhrzeigersinn**, "mul" / giro *m* en el sentido de las agujas del reloj ‖ ~ **um 180°** / giro *m* por 180° ‖ ~ **um eine Achse** / rotación *f* ‖ ~ **um einen Körper** / revolución *f* ‖ **linksläufige** ~ / levógiro *m* ‖ **rechtsläufige** ~ / dextrógiro *m* ‖ **schnelle** ~, Wirbeln *n* / remolino *m*
drehungs•arm, drallarm (Seil) / sin torsión ‖ ~**beanspruchung** *f*, Verdrehungsbeanspruchung *f* / esfuerzo *m* de torsión ‖ ~**dispersion** *f*, Rotationsdispersion *f* / dispersión *f* rotatoria ‖ ~**elastizität** *f* / elasticidad *f* de torsión ‖ ~**fehler** *m* (Web) / falla *f* de torsión ‖ ~**festigkeit** *f* (Phys) / resistencia *f* a la torsión ‖ ~**frei** (Masch) / no solicitado a torsión ‖ ~**frei**, drallfrei (Seil) / libre de torcido, equilibrado ‖ ~**freier Glasseidenstrang o. Roving** / roving *m* sin torsión ‖ ~**geschwindigkeit** *f* **der Flüssigkeitsteilchen**, Wirblichkeit *f* / vorticidad *f* ‖ ~**grad** *m* (Tex) / grado *m* de torsión ‖ ~**koeffizient** *m*, -einheit *f* (Spinn) / coeficiente *m* de torsión ‖ ~**mittelpunkt** *m*, Drehpol *m* (Math, Phys) / centro *m* de rotación ‖ ~**paar** *n* (Kinematik) / par *m* de revolución ‖ ~**richtung** *f*, Drallsinn *m* (Spinn) / sentido *m* de torsión ‖ ~**streuung** *f* (Polarisation) / dispersión *f* rotatoria ‖ ~**texturieren** *n* (Tex) / texturado *m* por torsión ‖ ~**vermögen** *n* (Phys) / poder *m* rotatorio, capacidad *f* rotatoria ‖ ~**zahl** U *f*, Zwirnkoeffizient *m* (Spinn) / coeficiente *m* de torsión
Dreh•vektor *m* (Math) / vector *m* de rotación ‖ ~**ventil** *n* / válvula *f* rotatoria ‖ ~**verbindung** *f* (Rohrleitg) / unión *f* giratoria ‖ ~**vermögen** *n* (Fähigkeit, das polarisierte Licht abzulenken) (Opt) / poder *m* rotatorio ‖ ~**verschluss** *m* (mit halber Umdrehung) / cerrojo *m* giratorio, cierre *m* de bayoneta ‖ ~**versuch** *m* (Mat.Prüf) / ensayo *m* de torsión ‖ ~**vorrichtung** *f* / virador *m* ‖ ~**vorrichtung** (Mot) / dispositivo *m* de giro ‖ ~**vorwähler** *m* (Fernm) / preselector *m* rotatorio, uniselector *m* ‖ ~**waage**, Torsionswaage *f* (Mess) / balanza *f* de torsión ‖ ~**waage** *f* (von Coulomb) (Phys) / balanza *f* de Coulomb ‖ ~**wähler** *m* (Fernm) / conmutador *m* rotatorio o rotatorio o giratorio ‖ ~**wähler-Vermittlung** *f* (Fernm) / central *f* de comunicación de selectores rotativos ‖ ~**wählerzahlengeber** *m* (Fernm) / generador *m* de impulsos para selectores rotativos ‖ ~**wählschalter** *m*, Programmschalter *m* / selector *m* [giratorio] de programas ‖ ~**wanne** *f* (Glas) / tanque *m* de revolución, depósito *m* de revolución ‖ ~**wartezeit** *f* (CD-ROM) (DV) / retardo *m* de rotación ‖ ~**wartezeit** (DV, Fernm) / tiempo *m* de espera de rotación ‖ ~**wechselfestigkeit** *f* / resistencia *f* a la torsión para esfuerzos alternativos ‖ ~**werk** *n* (Kran) / equipo *m* giratorio o de giro, mecanismo *m* giratorio ‖ ~**werk**, Karusseldrehbank *f* (Wzm) / torno *m* de plato horizontal ‖ ~**werkzeug** *n*, Drehmeißel *m* / cuchilla *f* de torno ‖ ~**wert** *m* (Polarisation) / valor *m* de rotación ‖ ~**wertanteil** *m* (Math) / contribución *f* rotacional ‖ ~**widerstand** *m* (Eltronik) / potenciómetro *m* de ajuste ‖ ~**widerstand**, Drehungsfestigkeit *f* / resistencia *f* a la torsión ‖ ~**winkel** *m* (Schaufelbagger) / ángulo *m* de giro, ángulo *m* de orientación ‖ ~**winkel** (Elektr, NC) / ángulo *m* de giro ‖ ~**winkelinformation** *f* (Luftf) / información *f* acimutal ‖ ~**winkelmessung** *f* (Verm) / goniometría *f* ‖ ~**winkelvektor** *m* (Mech) / vector *m* de rotación infinitesimal ‖ ~**wippkran** *m* / grúa *f* giratoria de aguilón basculante ‖ ~**wuchs** *m* (Holz) / crecimiento *m* [en] espiral ‖ ~**wüchsig** (Holz) / torcido, revirado, con reveces

Drehzahl *f*, Umdrehungen *f pl* je min, min⁻¹ (Elektr, Masch, Mot) / revoluciones *f pl* por minuto, rpm, r/m, vueltas/min *f pl* ‖ ≃, -frequenz *f* / velocidad *f* de giro, frecuencia *f* de giro, número *m* de revoluciones por unidad de tiempo ‖ ≃ *f* **der Antriebswelle** (allg) / velocidad *f* del árbol motor, régimen *m* del motor ‖ **die ≃ erhöhen** / aumentar la velocidad, acelerar ‖ **die ≃ heruntersetzen** / reducir la velocidad ‖ **in weitem Bereich regelbare** ≃ / velocidad *f* ampliamente graduable ‖ **mit hoher ≃ laufen** / girar o marchar con alta velocidad ‖ **volle (o. größte o. höchste o. maximale)** ≃ / velocidad *f* máxima, velocidad *f* de plena marcha
Drehzahl•abfall *m* / disminución *f* de velocidad ‖ ≃**abnahme** *f*, -verringerung *f* / desaceleración *f*, freno *m* ‖ ≃**abstufung** *f* / escalonamiento *m* de velocidades ‖ ≃**änderung** *f* /variación *f* de velocidad ‖ ≃**änderung bei gleich bleibender Spannung und Frequenz** / regulación *f* intrínseca de velocidad, autorregulación *f* de velocidad ‖ ≃**anstieg** *m*, -erhöhung *f*, -zunahme *f*, -steigerung *f* / aumento *m* de velocidad, aceleración *f* ‖ ≃**anzeiger** *m* / indicador *m* de velocidad ‖ ≃**begrenzer** *m* / limitador *m* de la velocidad ‖ ≃**beiwert** *m*, -faktor *m* / factor *m* de velocidad ‖ ≃**bereich** *m* / régimen *m* o alcance de revoluciones, gama *f* de revoluciones, régimen *m* ‖ ≃**-Drehmoment-Anzeiger** *m* / indicador *m* de velocidad y de momento de giro
Drehzähler *m*, Umdrehungszähler *m* / contador *m* de revoluciones
Drehzahl•erhöhungsfaktor *m* / coeficiente *m* de aceleración ‖ ≃**geber** *m* (Eltronik) / transmisor *m* de revoluciones ‖ ≃**grenze** *f* / número *m* límite de revoluciones ‖ ≃**kennlinie** *f* (Elektr) / característica *f* de velocidad ‖ ≃**messer** *m* (Kfz) / contador *m* de revoluciones, cuentarrevoluciones *m*, cuentavueltas *m* ‖ ≃**minderer** *m*, -mindergetriebe *n* / reductor *m* de velocidad ‖ ≃**regelung** *f*, -änderung *f*, -verstellung *f* / regulación *f* de la velocidad ‖ ≃**regelung durch Spannungsänderung** (Elektr) / regulación *f* de la velocidad por variación de tensión ‖ ≃**regelung mit Hintermotor** / mando *m* Krämer, sistema *m* Krämer ‖ ≃**regelung mittels Anzapfung der Feldwicklung** (Elektr) / regulación *f* del campo por tomas el devanado ‖ ≃**regler** *m* / regulador *m* de revoluciones ‖ ≃**regler** (Dampfm) / gobernador *m* ‖ ≃**schreiber**, Tachograph *m* (Kfz, Masch) / taquígrafo *m*, tacógrafo *m*, cuentarrevoluciones *m* registrador ‖ ≃**steigernd**, Aufwärts... / acelerador ‖ ~**stellbar** / de velocidad regulable ‖ ≃**stufung** *f* / graduación *f* de velocidad ‖ ≃**überschreitungsschutz** *m* / protección *f* contra sobrevelocidad, protección *f* contra velocidad excesiva ‖ ≃**variator** *m* / variador *m* de velocidad ‖ ≃**vergrößerungs-Getriebe** *n*, Übersetzungsgetriebe *n* ins Schnelle / engranaje *m* multiplicador, engranaje *m* aumentador de giro ‖ ≃**verhalten** *n* / comportamiento *m* respecto a la velocidad de giro ‖ **weiches ≃verhalten** (Elektr) / característica *f* [en] serie ‖ ≃**verringerungs-Getriebe** *n*, Untersetzungsgetriebe *n* / engranaje *m* reductor de velocidades ‖ ≃**verstellbereich** *m* / gama *f* de variación de velocidad ‖ ≃**wächter** *m* / monitor *m* de velocidad ‖ ≃**wähler** *m* / selector *m* de velocidades ‖ ≃**wandler** *m* / variador *m* de velocidad, transformador *m* de velocidades ‖ ≃**warngerät** *n* / equipo *m* avisador de sobrerrevoluciones ‖ ≃**zähler** *m*, -messer *m* (Kfz, Masch) / cuentarrevoluciones *m* ‖ ≃**-Zählimpuls** *m* (Video) / impulso *m* tach
Dreh•zahn, Einsatzmeißel *m* (Wzm) / pieza *f* cortante postiza ‖ ≃**zahnkompressor** *m* / compresor *m* de diente rotativo
Drehzapfen *m*, Zapfen *m* / pivote *m*, quicio *m* ‖ ≃, obere Drehpfanne (Bahn) / pivote *m* del bogie, pivote *m* de truck (MEJ) o de truque (Perú) ‖ ≃ (Kran) /

pivote *m* central ‖ ≃, -schloss *n* (Verriegelung) / cierre *m* que traba al darle vuelta ‖ ≃ **der Gießpfanne** (Gieß) / pivote *m* del caldero de colada ‖ **mit einem ≃ versehen** / pivotear, montar con pivote ‖ **mit ideellem ≃** (Bahn) / con pivote ficticio ‖ ≃**abstand** *m* (Bahn) / distancia *f* entre pivotes ‖ ≃**gelenk** *n* / rótula *f* para pivotes ‖ ≃**lager** *n* (Bahn) / rangua *f*, tejuelo *m* del pivote de bogie ‖ ~**los** (Bahn) / con pivote fictivo
Dreh•zentrum *n* (Masch, Phys) / centro *m* de giro ‖ ≃**zugabe** *f* (Wzm) / sobremedida *f* para el torneado, demasía *f* para tornear ‖ ≃**zylinder** *m*, Speiserohr *n* (Glasofen) / cilindro *m* rotativo
drei Sterne (Druck) / tres estrellas ‖ ~ **viertel** (Math) / tres cuartos ‖ **n ~ Strich** / n [de] tercera ‖ ≃ *f*, Dreier *m* (reg.) / tres *m* ‖ ≃ **[im] Quadrat** (Math) / tres [elevado] al cuadrado
Drei•achsensteuerung *f* (Luftf) / mando *m* por tres ejes ‖ ≃**achser** *m* (Kfz) / camión *m* de tres ejes ‖ ≃**achser mit Zwillingsreifen auf den Hinterachsen** (Kfz) / camión *m* de diez neumáticos ‖ ≃**achsfahrzeug** *n* (Kfz) / vehículo *m* de tres ejes ‖ ~**achsig** (Sattelauflieger) / de tres ejes (semirremolque) ‖ ~**achsig**, dreiaxial (Math) / de tres ejes ‖ ~**achsig** (Schaubild) / triaxial ‖ ~**achsiger Geschwindigkeitsanzeiger** (Luftf) / indicador *m* de velocidad de tres ejes ‖ ~**achsige Spannung** / tensión *f* triaxial ‖ ≃**adress-System** *n* (DV) / sistema *m* de tres direcciones ‖ ~**adrig** (Elektr) / trifilar, de tres conductores ‖ ~**adriges Kabel**, Dreiaderkabel *n* (Elektr) / cable *m* de tres conductores ‖ ~**armig**, Dreiarm... / de tres brazos ‖ ~**armige Figur** (Math) / figura *f* de tres brazos ‖ ~**armiger Schläger** (Spinn) / batán *m* de tres brazos ‖ ~**atomig** (Chem) / triatómico ‖ ~**axiale Stabilisierung** / estabilización *f* triaxial ‖ ≃**axialversuch** *m* (Baugrund) / ensayo *m* triaxial ‖ ≃**backenfutter** *n* (Wzm) / mandril *m* de tres mordazas, mandril *m* de tulipo ‖ ≃**backenfutter mit Zangenspannung** / plato *m* de tres mordazas con pinza portapieza ‖ ≃**backenspannpatrone** *f* / pinza *f* portapieza con tres mordazas ‖ ≃**bahnbett** *n* (Wzm) / bancada *f* de tres guías ‖ ~**bahnig** (Tex) / de tres alturas ‖ ~**basisch** (Chem) / tribásico ‖ ≃**baum**, -bock *m*, -bein *n* (Hebezeug) / trípode *m* ‖ ≃**begriffig** (Bahn, Signal) / de tres indicaciones ‖ ≃**bein** *n* (Bau, Masch) / trípode *m* ‖ ≃**beinfahrwerk** *n* (Luftf) / tren *m* trípode ‖ ~**beinig**, Dreibein... / de tres pies ‖ ≃**beinmast** *m* / palo *m* de tres pies ‖ ≃**beinstativ** *n* (Foto, Verm) / trípode *m* de tres pies ‖ ≃**bereichsverfahren** *n* (Farbmessung) / colorimetría *f* tristímulo o tricromática ‖ ≃**binder** *m* (Kinematik) / palanca *f* acodada (de tres juntas cinemáticas) ‖ ~**bindig**, dreifädig (Köper, Tex) / de tres hilos ‖ ~**bindiger Köper** (Web) / sarga *f* de tres hilos ‖ ≃**bit-Byte** *n* (DV) / triplete *m* ‖ ≃**bitfehler** *m* / error *m* de tres bits ‖ ~**blättrig**, -teilig / de tres hojas ‖ ≃**blattrotor** *m* / rotor *m* de trres palas ‖ ≃**blitzanordnung** *f* (Laser) / disposición *f* de tres rayos ‖ ≃**bock** *m*, Dreibockgestell *n* / armazón *m* en derrick, trípode *m* derrick ‖ ~**bogig** (Bau) / de tres arcos ‖ ≃**bruchbogen** *m* (Druck) / pliego *m* de tres dobleces ‖ ≃**bruchfalzwerk** *n* (Bdr) / plegador *m* de tres dobleces, mecanismo *m* del tercer pliego ‖ ≃**bürstenmaschine** *f*, stromregelnde Lichtmaschine (Kfz) / dínamo *f* de tres escobillas o con regulación de corriente ‖ ≃**-dB-Koppler**, Hybridrichtungskoppler *m* (Wellenleiter) / acoplador *m* híbrido o de 3dB ‖ ≃**decker** (Luftf) / triplano *m*
3D-Ellipsoid-Scheiwerfer *m* (Kfz) / faro *m* elipsoidal 3D
drei•dimensional (Geom, Phys) / tridimensional, de tres dimensiones, estéreo ‖ ~**dimensional**, 3-D... (Akust) / estereofónico ‖ ~**dimensionaler Film**, 3D-Film *m* / película *f* tridimensional ‖ ~**dimensionale Kennliniendarstellung** (Math) / característica *f* tridimensional ‖ ~**dimensionale Navigation** (Luftf) / navegación *f* vertical
3D-Radar *m n* / radar *m* tridimensional

303

dreidrähtig

drei•drähtig (Spinn) / de tres hilos ‖ ²-drahtsystem *n* (Fernm) / sistema *m* de tres conductores, sistema *m* trifilar
Dreieck *n* (Geom) / triángulo *m*, trígono ‖ ², Winkel *m* (Zeichn) / escuadra *f*, cartabón *m* ‖ ²-... (Antenne) / triático ‖ aus ²-en zusammengesetzt (Geom) / triangulado ‖ ²-anordnung *f*, -system *n* (Krist) / sistema *m* triangular ‖ ²-Anpassungstrafo *m* (Elektr) / transformador *m* de adaptación en delta ‖ ²-ausfachung *f*, -system *n* (Stahlbau, Wzm) / celosía *f* triangular ‖ ²-bügel *m* / estribo *m* triangular ‖ ²-echo *n* (Ultraschall) / eco *m* triangular ‖ ²-fachwerk, -netz *n* (Bau, Stahlbau) / celosía *f* triangular, enrejado *m* triangular ‖ ²-fallschirm *m* (Luftf) / paracaídas *m* triangular ‖ ²-feder *f* / muelle *m* triangular ‖ ²-flügel *m* (Luftf) / ala *f* en delta
dreieckig / triangular ‖ ~er Kräftezug (Phys) / triángulo *m* de fuerzas
Dreieck•impuls *m* (Ultraschall) / impulso *m* en triángulo ‖ ²-kettenfahrleitung *f* (Bahn) / línea *f* catenaria doble ‖ ²-last *f* (Mech) / carga *f* triangular ‖ ²-lenker *m* (Kfz) / brazo *m* de triángulo, triángulo *m* (inferior y superior) ‖ ²-navigation *f* (Schiff) / triangulación *f* ‖ ²-roller *m* / soporte *m* rodante triangular ‖ ²-rückstrahler *m* / catafaro *m* o catadióptrico triangular
Dreiecks•aufnahme, Triangulierung, Triangulation *f* (Verm) / triangulación *f* ‖ ²-ausbau *m* (Bergb) / entibación *f* en triángulo
Dreieck•schaltung, Deltaschaltung *f* (Elektr) / conexión *f* en triángulo o en delta ‖ in ²-schaltung / conectado en triángulo ‖ ²-schleifer *m* (Wz) / amoladora *f* triangular ‖ ²-Schraubenring *m* / arandela *f* triangular tipo truarc ‖ ²-seite *f* (Math) / lado *m* de triángulo
Dreiecks•fachwerk *n* (Bau) / celosía *f* triangular ‖ ²-koordinaten *f pl* (Geom) / coordenadas *f* triangulares ‖ ²-lenker *m* (Kfz) / guía *f* triangular
Dreieckspannung *f* (Elektr) / tensión *f* en triángulo o en delta
Dreiecks•prüfung *f* (DIN 10951) / ensayo *m* en triángulo ‖ ²-querlenker *m* (Kfz) / brazo *m* triangular transversal ‖ ²-rahmen *m* (Bau) / marco *m* triangular
Dreieckstufe *f* (Bau) / escalón *m* triangular
Dreiecks•verband *m* (Stahlbau) / refuerzo *m* triangular, refuerzo *m* Warren ‖ ²-vermessung *f* (Verm) / triangulación *f* ‖ ²-versteifung *f* (Mech) / refuerzo *m* triangular
Dreiecksystem *n*, -anordnung *f* (Krist) / sistema *m* triangular ‖ ², Dreieckausfachung *f* (Brücke) / celosía *f* triangular
Dreieckszahn *m* (Säge) / diente *m* triangular
Dreieck•träger *m* (Stahlbau) / viga *f* triangular ‖ ²-welle *f* (Ultraschall) / onda *f* triangular
Dreielektrodenröhre, Triode *f* (Eltronik) / triodo *m*
Dreier•bündel *n* (Fernleitung) / haz *f* de tres conductores ‖ ²-gemisch *n* (Chem) / mezcla *f* de tres componentes, mezcla *f* ternaria ‖ ²-Gespräch *n* (Fernm) / conferencia *f* de tres abonados ‖ ²-gruppe, Triade *f* (Math) / triada *f* ‖ ²-kombination *f* / combinación *f* de tres componentes ‖ ²-leitung *f* (Fernm) / línea *f* para tres participantes ‖ ²-pack *m* (Verp) / paquete *m* de tres unidades ‖ ²-produkt *n* / producto *m* ternario ‖ ²-satz *m* von Rohren (Bohrrohr) / juego *m* de tres tuberías vástagos ‖ ²-sessellift *m* / telesilla *m* triplaza ‖ ²-stoß *m* (Nukl) / colisión *f* triple
Drei•etagenzwirnmaschine *f* (Spinn) / torcedora *f* de tres niveles ‖ ²-Excess-Code *m* (DV) / código *m* por exceso de tres
dreifach / triple, trino ‖ ~, Dreier... (Chem) / ternario ‖ ~ (Elektr, Stecker) / de tres alfileres, trifilar ‖ ~ (Garn) / de tres lizos ‖ es Furnierholz (Tischl) / chapa *f* de tres capas ‖ ~ gekröpfte Kurbel / manivela *f* de tres acodados ‖ ~ gelagerte Kurbelwelle (Mot) / cigüeñal *m* con tres apoyos ‖ ~e Genauigkeit (DV) / precisión *f* triple ‖ ~ geschlossen (Elektr) / cerrado triple ‖ ~e Periodizität (Krist) / periodicidad *f* triple ‖ mit ~em Rädervorgelege / con contramarcha triple ‖ ~ spalten o teilen / tripartir, partir en tres ‖ ~e Spektrallinie, Triplet *n* (Phys) / línea *f* espectral triple, triplete *m* ‖ ~es Sperrholz (Tischl) / madera *f* contrachapeada de tres capas ‖ ~e Stellenzahl o. Wortlänge (DV) / precisión *f* triple ‖ ~e Stufenscheibe / polea *f* de tres escalones ‖ ~ umsponnen (Elektr) / de revestimiento triple ‖ ~e Vergrößerung (Opt) / aumento *m* triple, tresaumentos *m pl* ‖ ~e Wortlänge o. Stellenzahl (DV) / precisión *m* triple ‖ mit ~er Sicherheit / de o con seguridad triple
Dreifach•bindung *f* (Chem) / enlace *m* triple ‖ ²-Carbonatation *f* (Zuck) / carbonatación *f* triple ‖ ²-drehkondensator *m* (Eltronik) / capacitor *m* alineado triple
Dreifache *n* (Math) / triple *m*
Dreifach•empfänger *m* (Eltronik) / receptor *m* triple ‖ ²-expansionsmaschine *f* / máquina *f* de triple expansión ‖ ²-fehler *m* (Fernm) / error *m* triple ‖ ²-gabelschaltung *f* (Fernm) / conexión *f* de tres derivaciones ‖ ²-glockenisolator *m*, Dreimantelisolator *m* (Elektr) / aislador *m* de campana triple ‖ ²-kabel *n* / cable *m* de tres conductores ‖ ²-Kompaktanlage *f* (Audio) / compacto *m* triple ‖ ²-leerstelle *f* (Halbl) / hueco *m* triple ‖ ²-leitwerk *n* (Luftf) / ala *m* guía triple ‖ ²-modulation *f* (Eltronik) / modulación *f* triple ‖ ²-molekül *n* (Chem) / molécula *f* triple ‖ ²-rollenkette *f* / cadena *f* de rodillos triple ‖ ²-schnur *f* (Elektr) / cordón *m* triple o de tres conductores ‖ ²-Spinanordnung *f* (Chem) / configuración *f* de espín triple ‖ ²-spin-Satellit *m* (Raumf) / satélite *m* de espín triple ‖ ²-steckdose *f* (Elektr) / caja *f* de enchufe triple ‖ ²-stecker *m* (Elektr) / enchufe *m* de tres tomas, clavija *f* triple ‖ ²-verbindung *f* (Chem) / enlace *m* triple ‖ ²-verglasung *f* (Bau) / acristalamiento *m* triple o tres capas ‖ ²-verstärker *m* (Eltronik) / amplificador *m* de tres etapas o pasos ‖ ²-wellblech *n*, Tripelwellblech *n* / chapa *f* ondulada triple ‖ ~wirkend / de triple efecto ‖ ²-zwischenstecker *m* (zur Aufnahme von 3 zweipoligen Steckern) (Elektr) / tapón *m* adaptador triple
Drei•fadenlampe *f* (für Drehstrom) (Elektr) / lámpara *f* incandescente de tres filamentos ‖ ~fädig (Spinn) / de tres hilos ‖ ~fädiger Samt (Tex) / terciopelo *m* de tres tramas
Dreifarben•..., dreifarbig, trichromatisch / tricromático ‖ ²-auszug *m* (Foto) / selección *f* tricromática ‖ ²-druck *m* (Druck) / tricromía *f* ‖ ²-druckmaschine *f* / prensa *f* de tricromía ‖ ²-filter *n* (aus 3 Farbgläsern) (Foto) / filtro *m* tricolor ‖ ²-kolorimeter *n* / colorímetro *m* tricromático ‖ ²-photographie *f* / fotografía *f* tricromática ‖ ²-röhre *f*, Trichromoskop *n* (TV) / tricromoscopio *m* ‖ ²-Rouleauxdruckmaschine *f* (Färb) / estampadora *f* de rodillos tricromática ‖ ²-spritzmaschine *f* (Plast) / máquina *f* de inyección tricolor ‖ ²-Subtraktiv[druck]verfahren *n* (Foto) / processo *m* subtractivo tricolor
drei•farbig, Dreifarben... / tricolor ‖ ²-farbigkeit *f*, Trichroismus *m* (Opt) / tricroismo *m* ‖ ²-F-Bombe *f* (Mil, Nukl) / superbomba *f* de fisión-fusión-fisión ‖ ²-felderwirtschaft *f* (Landw) / cultivo *m* por amelgas trienales ‖ ²-fingerregel *f* (Elektr) / regla *f* de los tres dedos ‖ ²-fingerregel für Motoren / regla *f* de Fleming, regla *f* de la mano derecha ‖ ²-fingerregel für Stromerzeuger / regla *f* de la mano izquierda para generadores ‖ ²-fingerschaltung *f* / conexión *f* de contacto triple ‖ ²-flach *n*, Trieder *m* (Geom) / triedro *m* ‖ ~flächig (Geom) / triedro *adj* ‖ ~flügelig, Dreiblatt... (Propeller) / de tres palas ‖ ~flügelige

Falttür (Bahn) / puerta f plegadiza con tres hojas ‖ ~**förmig**, -fach / triforme ‖ ~**füllungstür** f / puerta f de tres entrepaños ‖ ~**fuß** m, -bein n / trípode m ‖ ~**gabelig**, -zackig / trifurcado ‖ ~**ganggetriebe** n (Kfz) / engranaje m de tres velocidades ‖ ~**gängig** (Gewinde) / de tres entradas ‖ ~**gelenkbogen** m (Stahlbau) / arco m de tres articulaciones ‖ ~**gelenkfachwerkbogen** m / arco m de celosía de tres articulaciones ‖ ~**geteilt** (Fenster), -teilig / de tres componentes o elementos ‖ ~**geteilt**, -teilig / de tres partes ‖ ~**gitterröhre** f (Eltronik) / trirrejilla f, tubo m de tres rejillas ‖ ~**gliedrig** / de tres eslabones ‖ ~**gliedrig** (Math) / triádico ‖ ~**gliedriges Kurvengetriebe** (Mech) / mecanismo m de tres etapas para movimiento curvilíneo ‖ ~**-Glocken-Gichtverschluss** m (Hütt) / cierre m de tres campanas ‖ ~**gurtträger** m (Stahlbau) / viga f triangular ‖ ~**gutscheidung** f (Bergb) / separación f de tres productos ‖ ~**halsflasche** f, Woulfesche Flasche (Chem) / frasco m de tres bocas, botella f de Woulfe ‖ ~**hebelklappe** f, Lenkerklappe f für Gase hoher Temperatur / válvula f de mariposa de palanca triple ‖ ~**kammer-Klystron** n (Eltronik) / clistrón m de tres cámaras ‖ ~**kammerleuchte** f (Kfz) / luz f de triple recinto ‖ ~**kanal**... (Mot) / de tres canales
Dreikant m (Math) / triedro m ‖ ~ (Brennofen) / silla f ‖ ~... (Geom) / triedral, triangular ‖ ~**anschnitt** m (Gieß) / entrada f triedral ‖ ~**feile** f (Wz) / lima f triangular ‖ ~**-Hohlschaber** m / rascador m triangular de vaciado hueco
dreikantig / triangular, de tres cantos
Dreikant•kopf m (Schraube) / cabeza f triangular ‖ ~**litze** f / cordón m triangular ‖ ~**litzenseil** n / cable m de cordones triangulares ‖ ~**maßstab** m, Dreikantlineal n (Zeichn) / escala f triangular, decímetro m triangular, regla f prismática ‖ ~**mutter** f [mit Ansatz] / tuerca f triangular [con collar] ‖ ~**schaber** m / rascador m triangular ‖ ~**schlüssel** m / llave f triangular ‖ ~**schnitzel** n pl (Zuck) / cosetas f pl triangulares ‖ ~**schraube** f / tornillo m de cabeza triangular ‖ ~**schraube mit Bund** / tornillo m de cabeza triangular con collar ‖ ~**stahl** m (Walzw) / perfil m triangular ‖ ~**-Steckschlüssel** m (rohrförmig) / macho m triangular, llave f de tubo (o de cubo) triangular (LA) ‖ ~**verschraubung** f / fijación f triangular
Drei•kegelrollenmeißel m (Bergb) / trépano m de tres rodillos cónicos ‖ ~**kernig** (Chem) / de tres núcleos ‖ ~**klang** m (Akust) / trítono m ‖ ~**klanghorn** m (Kfz) / bocina f de tres sonidos ‖ ~**kolbenbremszange** f (Kraftrad) (Kfz) / pinza f de freno de tres émbolos ‖ ~**kolbenbremse** m (Mess) / contador m de tres émbolos ‖ ~**komponentenwaage** f (Luftf) / balanza f de tres componentes ‖ ~**körperproblem** n (Astr) / problema m de los tres cuerpos ‖ ~**körper-Verdampfer** m (Zuck) / evaporador m de efecto triple ‖ ~**kränziges Geschwindigkeitsrad** (Turbine) / rueda f de velocidad con tres coronas ‖ ~**kreiselkompass** m (Nav) / brújula f de tres giróscopos ‖ ~**krempelsatz** m (Tex) / juego m de tres cardas ‖ ~**lagen**... / de tres capas ‖ ~**lagen-Sperrholz** n / madera f contrachapeada de tres capas ‖ ~**lagenstahl** m (Hütt) / acero m plaqueado de dos caras, acero m triple, acero m a tres capas
Dreileiter m (Elektr) / conductor m trifilar ‖ ~**bleimantelkabel** n / cable m tripolar con envuelta de plomo ‖ ~**endverschluss** m, Übergangsmuffe f (Elektr) / caja f de derivación trifurcada, caja f de empalme para cable tripolar ‖ ~**-Endverschluss** m (Kabel) / caja f terminal trifilar ‖ ~**kabel** n (Elektr) / cable m trifilar, cable m tripolar, cable m de tres conductores ‖ ~**netz** n / red f trifilar, red f de distribución de tres conductores ‖ ~**schalter** m / interruptor m de tres vías o direcciones ‖ ~**system** n (Elektr) / sistema m de tres conductores, sistema m

trifilar ‖ ~**wicklung** f / devanado m trifilar ‖ ~**zähler** m (Elektr) / contador m de tres conductores
Drei•lichtfenster n (Bau) / ventana f triple ‖ ~**linser** m, dreilinsiges Objektiv (Foto) / triplete m ‖ ~**litzig** (Elektr) / de tres cordones ‖ ~**lochbefestigungsflansch** m / brida f de fijación con tres agujeros ‖ ~**lochbrenner** m (Gas) / quemador m de tres toberas ‖ ~**lochwicklung** f (Elektr) / arrollamiento m en tres ranuras, devanado m en tres ranuras
dreimal gelagerte Kurbelwelle (Mot) / cigüeñal m con tres apoyos ‖ ~ **im Jahr**, viermonatlich (Druck) / cuatrimestral ‖ ~ **im Monat** / trimensual
drei•malig / tres veces, triple ‖ ~**mantelisolator** m (Elektr) / aislador m de tres campanas ‖ ~**mantelkabel** n (Gleich- o. Einphasenstrom) / cable m de tres conductores emplomados ‖ ~**maschinenaggregat** n, -satz m (Elektr) / grupo m de tres máquinas ‖ ~**meilenzone** f (Schiff) / zona f de las tres millas ‖ ~**messerautomat** m (Druck) / guillotina f automática trilateral o de tres cuchillas ‖ ~**metallplatte** f (Druck) / placa f trimetálica ‖ ~**molekular** (Chem) / trimolecular ‖ ~**momenten-Gleichung** f, Clapeyronsche Gleichung (Mech) / ecuación f de los tres momentos, ecuación f de Clapeyron ‖ ~**momentenmethode** f (Mech) / teoría f de los tres momentos ‖ ~**motorenlaufwerk** n (Magn.Bd) / mecanismo m de transporte de tres árboles motores ‖ ~**motorig** (Luftf) / trimotor, de tres motores ‖ ~**motoriges Flugzeug** / trimotor m ‖ ~**nadelstuhl** m (Web) / telar m de tres agujas ‖ ~**normen**... (TV) / de tres estándars
Dreiphasen•... (Elektr) / trifásico ‖ ~**Bombe** f (Mil, Nukl) s. Drei-F-Bombe ‖ ~**netz** n (Elektr) / red f trifásica ‖ ~**schalter** m / conmutador m trifásico ‖ ~**wechselstrom** m, Drehstrom m / corriente f alterna trifásica, corriente f trifásica ‖ ~**wechselstrommotor** m / motor m de corriente alterna trifásica, motor m trifásico
drei•**phasig**, Drehstrom... (Elektr) / trifásico ‖ ~**-Plus-Eins-Adressbefehl** m (DV) / instrucción f de tres y una direcciones, instrucción f de cuatro direcciones ‖ ~**pol** m (Elektr) / tripolo m
dreipolig / tripolar ‖ ~**e Klinke** (Fernm) / trinquete m tripolar, jack m tripolar ‖ ~**er Messerschalter** [mit Rückseitenanschluss] (Elektr) / conmutador m tripolar de cuchilla [con toma en el dorso] ‖ ~**e Steckdose** / caja f de enchufe tripolar ‖ ~**er Stecker** (Elektr) / clavija f tripolar, clavija f de tres alfilares
Drei•polumschalter m / conmutador m tripolar ‖ ~**pressenschleifer** m (Pap) / desfibrador m de tres prensas
Dreipunkt•anbau m (von Schlepper-Geräten) (Landw) / montaje m de tres puntos ‖ ~**Anbau-Mähwerk** n (Landw) / recortadora f montada en tres puntos ‖ ~**auflage** f / apoyo m en tres puntos ‖ ~**glied** n (Regeln) / elemento m funcional de tres posiciones ‖ ~**kupplung** f (Landw) / enganche m en tres puntos, suspensión f en tres puntos ‖ ~**lager** n / rodamiento m con tres puntos de contacto (o con tres caminos de rodadura) ‖ ~**lagerung** f / apoyo m en tres puntos ‖ ~**landung** f (Luftf) / aterrizaje m [en] tres puntos ‖ ~**messkopf** m (Elektr, Mess) / cabeza m de medición de tres puntos ‖ ~**problem** n (Verm) / problema m de los tres puntos ‖ ~**regelung** f (Regeln) / mando m por tres puntos ‖ ~**regler** m (Iks.-0-rechts) / regulador m de tres puntos, regulador m "PI" ‖ **induktive** ~**schaltung** (Elektr, Fernm) / oscilador m Hartley ‖ ~**sicherheitsgurt** m (Kfz) / cinturón m de seguridad con tres puntos de fijación ‖ ~**verhalten** n mit Nullwert (Regeln) / acción f más o menos a tres niveles
Drei•quartier m, Dreiviertelstein m (Bau) / tres cuartos [de ladrillo] ‖ ~**rad** n (Fahrzeug) / triciclo m ‖ ~**rad-Fahrgestell** n (Luftf) / tren m [de aterrizaje] triciclo ‖ ~**rad-Kippanhänger** m (Landw) / remolque m basculante de tres ruedas ‖ ~**rad[liefer]wagen** m

dreirädrig

(Kfz) / furgoneta f triciclo || ~**rädrig**, Dreirad... / triciclo, de tres ruedas || ⁻**rahmen-Plattform** f / plataforma f de tres balancines || ⁻**reihenstandmotor** m, W-Motor m (Kfz) / motor m en W || ~**reihig** / de tres hileras || ⁻**ring** m (Chem) / anillo m de tres miembros || ~**ringig** (Chem) / tricíclico ||
⁻**rollenbandsägemaschine** f (Holz) / sierra f de cinta de tres volantes || ⁻**satz** m, Regeldetri f (Math) / regla f de tres || ⁻**satzthermometer** n (Phys) / termómetro m Allihn || ⁻**säulenzentrifuge** f / centrífuga f pendular de tres columnas || ~**säurig** (Chem) / triácido ||
~**schäftig** (Garn) / de tres cabos || ~**schäftig**, -litzig (Seil) / de tres cordones || ~**schäftiger Bindfaden** / cordón m de tres cabos, bramante m de tres cabos ||
~**schäftiger Köper** (Tex) / sarga f de tres cabos ||
~**schäftiges Seil** / guindaleta f de tres cordones, maroma f de tres cabos || ~**scharpflug** m (Landw) / arado m trisurco || ⁻**schenkeltransformator** m (Elektr) / transformador m de tres columnas ||
~**schenkliger Elektromagnet** / electroimán m trifurcado o de tres pies || ~**schenkliger Zirkel**, Dreiteilungszirkel m (Zeichn) / compás m de tres piernas || ⁻**schichtarbeit** f (F.Org) / trabajo m en tres turnos || ⁻**schichtenemulsion** f (Foto) / emulsión f "tripack" || ⁻**schichtenfilm** f (Foto) / película f "tripack", película f de tres capas sensibles ||
⁻**schichtenglas** n / vidrio m tríplex ||
⁻**schichtenplatte** f (Holz) / placa f de tres capas ||
~**schichtig**, -lagig / de tres capas || ~**schichtiger Putz** (Bau) / revoque m de tres capas || ⁻**schlauchbrenner** m (Schw) / soplete m de dos tubos de oxígeno ||
⁻**schlitzmagnetron** n (Eltronik) / magnetrón m de anodo hendido triple || ⁻**schneider**, Spiralsenker m / barrena f de espiral triple || ⁻**schneider** m (Bb) / cortadora f de tres cuchillas || ~**schneidig**, dreischnittig / de tres filos o cortes || ⁻**schrauben...** (Schiff) / de tres hélices || ⁻**seilbahn** f, 3-S-Bahn f (Bergbahn) / funicular m aéreo de tres cables ||
⁻**seilgreifer** m (Bau) / cuchara f con tres cables ||
⁻**seiten-Darstellung** f (Zeichn) / representación f en tres vistas || ⁻**seitenkipper** m (Bau, Kfz) / basculador m trilateral, volcador m trilateral || ~**seitig** / trilateral || ~**seitig**, -eckig / triangular || ~**seitige Pyramide** / pirámide f triangular || ⁻**sektoren...** / trisectorizado ||
⁻**silowagen** m (Bahn) / vagón m de tres silos || ~**sitzer** m, dreisitziges Flugzeug (Luftf) / avión m triplaza ||
~**spaltig** (Druck) / de tres columnas || ⁻**spänner** m (Bau) / unidad f de tres casas adosadas || ⁻**spezies...** (Math) / de tres operaciones || ~**spitzige** Hypozykloide, Steinersche Kurve (Phys) / curva f de Steiner, tricúspide f || ~**spurige Fahrbahn** (Straßb) / calzada f de tres vías || ~**spurige Gegenfahrbahnen** / dos f pl calzadas opuestas de tres vías
dreißig • fach / treinta veces mayor ||
⁻**minuten-Leistung** f (Elektr) / régimen m de media hora, régimen m semi-horario
Drei • stabgetriebe n (Mech) / cuadrilátero m articulado ||
⁻**stabkopplung** f (Eltronik, Masch) / acoplador m trivarilla o de triple barra || ~**stellig** (ganze Zahl) (Math) / de tres cifras || ⁻**stellungsschütz** n (Elektr) / contactor m de tres posiciones || ⁻**stift-Stecker** m (Elektr) / clavija f de tres alfileres || ~**stöckig**, -geschossig (Bau) / de tres pisos || ~**stoffig**, ternär (Chem) / ternario || ⁻**stoff-Legierung** f (Hütt) / aleación f ternaria || ⁻**stoff[system]...** (Treibstoff) / mezcla f ternaria, trieergol m || ⁻**stoffsystem** n (Chem) / sistema m ternario || ⁻**strahl-Farbfernsehröhre** f (TV) / tubo m de imagen en color de tres cañones ||
~**strahlig** (Luftf) / trirreactor || ~**strahliges Flugzeug** / avión m trirreactor || ~**strähnig** / de tres ramales ||
⁻**strangmaschine** f (Strangguss) / máquina f de tres líneas (de colada continua) || ⁻**stromlokomotive** f (Bahn) / locomotora f tricorriente || ⁻**stufenfilter** n (Spektralanalyse) / filtro m de tres etapas || ⁻**stufenflug**

m (Raumf) / vuelo m en tres etapas, vuelo m con tres escalas || ⁻**stufen-Logik** f (DV) / lógica f de tres etapas || ⁻**stufenmotor** m (Elektr) / motor m de tres velocidades || ⁻**stufenrakete** f (Raumf) / cohete m de tres etapas (o secciones) || ~**stufig**, Dreistufen... / de tres pasos, trigradual, de tres grados, de tres etapas ||
~**stufig** (Rakete) / de tres etapas, de tres secciones ||
~**stufiger Verstärker** (Eltronik) / amplificador m de tres etapas o pasos || ~**teilen** vt (Winkel) / trisecar, dividir en tres partes iguales || ~**teilig**, -geteilt / tripartido, de tres partes, reparto entre tres || ~**teilig**, aus drei Teilen bestehend / de tres piezas || ~**teiliges Fenster** (Bau) / ventana f triple || ~**teiliges Fischband** / bisagra f tripartida || ~**teilige Karosserie** (Kfz) / carrocería f tripartida || ~**teilige starre Egge** (Landw) / grada f rígida tripartida || ⁻**teilung** f / tripartición f ||
⁻**teilung**, Dreiteiligkeit f (Math) / trisección f ||
⁻**teilungszirkel** m (Zeichn) / compás m de tres piernas o brazos || ⁻**trommelschrapper** m (Bergb) / scraper m de tres tambores || ⁻**trommelsteilrohrkessel**, Stirlingkessel m / caldera f Stirling || ⁻**türiges Modell** n (Kfz) / modelo m de tres puertas ||
⁻**.-Überschusscode** m / código m por exceso de tres ||
~**vektorieller Geschwindigkeitsanzeiger** (Luftf) / indicador m de velocidad de (o a) tres componentes angulares || ⁻**viertel[elliptik]feder** f (Kfz) / ballesta f de cayado, ballesta f tres cuartos || ~**viertelfett** (Druck) / seminegro || ⁻**viertelsäule** f, Halbsäule f, eingebundene Säule (Bau) / columna f adosada ||
⁻**viertelstein** m, Dreiquartier n (Bau) / tres cuartos [de ladrillo] || ⁻**walzenbäummaschine** f (Web) / plegadora f de tres rodillos || ⁻**walzengerüst** n (Walzw) / caja f trío || ⁻**walzenkalander** m (Hütt) / calandra f de tres cilindros o tambores || ⁻**walzen-Lochwalzwerk** n (Walzw) / laminadora-punzonadora f de tres rodillos ||
⁻**walzenmühle** f (Zuck) / molino m de tres rodillos ||
⁻**walzenschnellwalzwerk** n / laminadora f rápida de tres cilindros || ⁻**walzenstraße** f / tren m de laminación trío || ⁻**wattmetermethode** f (Elektr) / método m de tres vatiómetros || ~**weg...** / de tres vías, de tres pasos || ⁻**wegdrehschieber** m / válvula f giratoria de tres pasos o conductos || ⁻**wegebox** f (Eltronik) / baffle m de tres altavoces ||
⁻**wegekatalysator** m (Kfz) / catalizador m o convertidor catalítico de tres vías || ⁻**wegekippkasten** m (Brau) / distribuidor m de tres vías ||
⁻**wegkippkasten** (Brau) / distribuidor m de tres vías ||
⁻**weghahn** m / grifo m de tres pasos ||
⁻**weg-Katalysator** m (Kfz) / catalizador m o convertidor catalítico de tres vías || ⁻**wegschalter** m (Elektr) / conmutador m de tres vías, llave m de tres puntos || ⁻**wegschieber** m (Dampfm) / llave f de tres pasos || ⁻**wegventil** n / válvula f de tres vías o pasos o conductos || ⁻**wellen-Kompensator** m / compensador m de tres ondulaciones, junta m de expansión de cipo acordeón || ~**wellige Wellpappe** / cartón m ondulado triple || ~**wertig** (Chem) / trivalente || ~**wertig** (Fernm) / a o de tres niveles || ~**wertiger Alkohol** (Chem) / alcohol m trihídrico || ~**wertiges Atom** / átomo m trivalente || ⁻**wertigkeit** f / trivalencia f || ~**zackig** / trifurcado || ⁻**zahl** f / terno m || ⁻**zahl**, Trias f (Math) / tríada f || ⁻**zahnrolle** f (Lenkung) / rodillo m de tres dientes || ~**zehn** (Fernm) / seis y siete ||
⁻**zehn-Mode-Test** m (Dieselabgas) (Kfz) / test m de trece modos || ~**zeilig**, -linig / de tres líneas ||
⁻**zimmerwohnung** f (Bau) / apartamento m de tres cuartos || ⁻**zinkengrubber** m (Landw) / cultivador m de tres dientes || ~**zipflig**, -zackig, -spitzig / tricúspide adj || ⁻**zug-Kessel** m / caldera f de tres tiros de humo || ⁻**zustandslogik** f (DV) / lógica f de tres estados ||
⁻**zylindergarn** n (Spinn) / hilo m de tres cilindros ||
⁻**zylindermotor** m (Kfz) / motor m tricilíndrico o de tres cilindros || ⁻**zylinder[press]pumpe** f / bomba f

[impelente] de tres cilindros ‖ ⁓zylinderspinnerei f (Tex) / hilandería f de tres cilindros
Drell, Drillich m (Tex) / dril m, terliz m, brin m (LA)
Drempel m, Vorboden m (Schleuse) / batiente m, busco m ‖ ⁓**wand**, Kniestockwand f (Bau) / jabalcón m, jamba f
dreschen vt (Landw) / trillar, desgranar
Drescher m (Person) / trillador m
Dresch•korb m (Mähdrescher) / cóncavo m del tambor desgranador, reja f trilladora ‖ ⁓**maschine** f / trilladora f ‖ ⁓**maschinen-Beschicker** m / alimentador m de trilladora, tambor m embocador de la cosechadora ‖ ⁓**satz** m / equipo m para trillar ‖ ⁓**stift** m / diente m de la trilladora ‖ ⁓**trommel** f / cilindro m desgranador, tambor m desgranador (o trillador)
Dresdner Syenit m (Geol) / sienita f de Dresde
Dressier•anlage f (Walzw) / instalación f laminadora de acabar ‖ ⁓**blumen** f pl (Walzw) / floreados m pl (un defecto)
dressieren vt (Seide) / preparar, peinar ‖ Blech ~ (Walzw) / acabar chapa por laminación ‖ ⁓ n (Walzw) / laminación f de acabado
Dressier•walze f (Walzw) / cilindro m acabador ‖ ⁓**walzwerk** n / laminador m acabador
Dreul m, Drillbohrer (Goldschmied, Wz) / berbiquí m de vaivén
Drift f (Phys) / deriva f, abatimiento m ‖ ⁓, Trift f (Meeresströmung) / corriente f superior provocado por el viento ‖ ⁓, Messabweichung f (Messinstr) / variación f del cero ‖ ⁓ f, Ausbrechen n (Kfz) / bamboleo m, coleo m ‖ ⁓ **von Kreiselkompassen** (Luftf, Schiff) / deriva f del giroscopio ‖ ⁓**beweglichkeit** f (Halbl) / movilidad f de conducción, movilidad f media de los portadores ‖ ⁓**bewegung** f **von Teilchen** (Phys) / movilidad f de deriva de partículas ‖ ⁓**fehler** m (Schiff) / error m de deriva ‖ ⁓**feld** f (Transistor) / campo m de arrastre ‖ ⁓**feld** (Raumf) / campo m de deriva, zona f de deriva ‖ ⁓**-Feldeffekttransistor** m, DFET (Halbl) / transistor m de efecto de campo de arrastre o de campo interno ‖ ⁓**fläche** f (Nukl) / superficie f de deriva ‖ ⁓**geschwindigkeit** f (Transistor) / velocidad f de arrastre, velocidad f media de los portadores ‖ ⁓**grad** m (Eltronik) / tasa f de arrastre ‖ ~**kompensiert** / de deriva compensada, con compensación de corrimiento de frecuencia ‖ ⁓**korrektur** f **der Lotleine** (Schiff) / corección f de deriva de la sondaleza ‖ ⁓**raum** m (Eltronik, Laufzeitröhre) / espacio m de corrimiento, espacio m de tránsito libre de campo, espacio m de agrupamiento (o de agrupación) ‖ ⁓**röhre** f (Nukl) / tubo m de deriva, tubo m de deslizamiento ‖ ⁓**strömung** f (Schiff) / corriente f de deriva ‖ ⁓**transistor** m (Halbl) / transistor m de campo de arrastre o de campo interno ‖ ⁓**verlustkegel** m (Raumf) / cono m de pérdida por deriva ‖ ⁓**winkel** m (Nav) / ángulo m de deriva ‖ ⁓**zeichen** m (DV, PL/1) / carácter m de derivación, signo m de derivación
Drill•achse f (Quantentheorie) / eje m de torsión ‖ ⁓**-Betonstahl**, -Bewehrungsstahl m (Bau) / acero m de armadura torsionado ‖ ⁓**bohren** / taladrar con el berbiquí [de vaivén] ‖ ⁓**bohrer** m / berbiquí m ‖ ⁓**docke** f (Drechsler) / mandril m para berbiquí
drillen vt, verdrillen (allg, Tex) / torcer ‖ ~, in Reihen säen (Landw) / sembrar en hileras o en líneas
Drillich, Drell m (Tex) / terliz m, dril m, brin m [LA]
Drilling m (Schusswaffe) / escopeta f de tres cañones ‖ ⁓ (Krist) / macla f de tres cristales, triplete f
Drillings•fallschirm m (Luftf) / paracaídas m triple ‖ ⁓**fenster** n (Bau) / ventana f triple ‖ ⁓**guss** m (Gieß) / colada f triple ‖ ⁓**klinke** f (Fernm) / jack m triple ‖ ⁓**kristall** m, Kristalldrilling m (Krist) / triplete f, macla f de tres cristales ‖ ⁓**leitung** f (Bergb) / cordón m tripolar ‖ ⁓**[press]pumpe** f / bomba f de tres émbolos ‖ ⁓**walzwerk** n / tren m laminador trío

Drill•-Jumbo m (Bergb) / jumbo m ‖ ⁓**knicken** n (Mech) / pandeo m por torsión ‖ ⁓**maschine** f, [Reihen]sämaschine f (Landw) / sembradora f o sembradera en línea[s], sembradora f a chorrillo (MEJ) ‖ **elfreihige** ⁓**maschine** (Landw) / sembradora f en once líneas ‖ ⁓**moment** n / momento m de torsión
Drillometer n, Gewichtsanzeiger m (Öl) / drillómetro m, indicador m de peso
Drill•schar f (der Drillmaschine) (Landw) / reja f (de la sembradora) ‖ ⁓**schraubendreher** m (Wz) / des[a]tornillador m automático ‖ ⁓**stem-Test** m (Öl) / examen m de la formación por medio de la tubería de perforación
Drillung f / torsión f
Drillungselastizität f / elasticidad f a la torsión
Drill•winkel m / ángulo m de torsión ‖ ⁓**wulststahl** m (Hütt) / acero m nervado torcido
D-Ring m, Dachfasenring m (Mot) / anillo m de pistón D
dringend•es Bedürfnis [nach] / necesidad f [urgente] [de] ‖ ~**es Gespräch** (Fernm) / llamada f urgente ‖ ~**e Nachricht** / noticia f urgente, mensaje m urgente ‖ ~**e Nachricht für Seefahrer** / aviso m urgente a los navegantes
Dringlichkeit f, Eilbedürftigkeit f / urgencia f ‖ ⁓ (DV) / prioridad f
Dringlichkeitsstufe, Prioritätsstufe f (DV) / grado m de prioridad
dritt•e Bremse (Kfz) / tercer m freno ‖ ~**er Gang** (Kfz) / tercera f marcha, tercera f velocidad ‖ ~**e Haut des Menschen** (Wohnräume, Häuser) (Bau) / tercer tegumento ‖ ~**er Ingenieur** (Schiff) / maquinista m ‖ ~**e Potenz** (Math) / tercera f potencia ‖ ~**e Schiene**, Stromschiene f (Bahn) / tercer carril, carril m conductor o de contacto, tercer riel (LA), riel m conductor de toma (MEJ) ‖ ~**e Wurzel** (Math) / raíz f cúbica, tercera raíz f ‖ **in die** ~**e Potenz erheben** / elevar al cubo ‖ ~**e Hand** (Art Gestell, z.B. beim Löten) / tercera mano
Dritte-Kreise-Kopplung f (Elektr) / acoplamiento m de circuito tercero
Drittel m / tercio m ‖ ⁓**dach** n (Bau) / tejado m peraltado al tercio ‖ ⁓**mixverbrauch** m (Kfz) / consumo m en ciclo mixto (tres tercios)
dritteln vt / terciar
Drittel•oktave f / un tercio de octava ‖ ⁓**spatie** f, -geviert m (Druck) / espacio m gordo ‖ ⁓**-Touren-Kupplung** f / embrague m de parada en tres etapas
dritt•klassige Ware (Pap) / papel m de tercera calidad ‖ ⁓**produkt** n (Zuck) / azúcar m de tercera clase
Drive-in n (Bau) / acceso m, vía f de acceso ‖ ⁓**-Kino** n / cine m al aire libre [para automovilistas], motocine m, autocine m
Droge f (Pharm) / droga f
Drogett m (Tex) / droguete m
Drohne f, RPV (remotely piloted vehicle) (Mil) / vehículo m teleguiado
dröhnen vi, schallen / zumbar ‖ ~ (Kfz) / resonar, retumbar ‖ ⁓ n / retumbo m
Droop-Snoot-Blatt n (Hubschrauber) / pala f droop-snoot
Drop-in, Störsignal n (Magn.Bd) / información f parásita, intrusión f
Droplet-Countercurrent Chromatographie f (Chem) / cromatografía f de contracorriente a gotitas
Drop-on-demand-Drucker m (DV) / impresora f de tinta gota a gota
Drop•-out n, Signalausfall, Aussetzfehler m (Magn.Bd) / exclusión f, falla f momentánea de registro, caída f de señal ‖ ⁓**tank** m (Luftf) / depósito m desprensible ‖ ⁓**-Weight-Probe** f (Hütt) / ensayo m de caída de peso
Drosometer n, Taumesser f (Phys) / drosómetro m
Drossel f, Ringspinnmaschine f (Tex) / continua f de hilar de arañas ‖ ⁓ (Wellenleiter) / choque m, choke m (LA) ‖ ⁓ (Elektr) s. Drossel[spule] ‖ ~**bar** / estrangulable ‖

307

Drosselbohrung

≈**bohrung** f / orificio m de estrangulación ‖ ≈**effekt** m (Phys) / efecto m Joule-Thompson ‖ ≈**flansch** m (Wellenleiter) / brida f de choque ‖ ≈**flanschverbindung** f (Wellenleiter) / acoplamiento m de choque ‖ ≈**garn** n (Tex) / urdimbre f de continua ‖ ≈**gestänge** n (Kfz) / varillaje m estrangulador ‖ ≈**hebel** m, Handgashebel m (Kfz) / palanca f del regulador de mariposa ‖ ≈**impedanz** f (Elektr) / impedancia f de choque ‖ ≈**kalorimeter** n (Phys) / calorímetro m de estrangulación ‖ ≈**kette** f (Radio) / filtro m de estrangulación ‖ ≈**kette** (als Tiefpass), -leitung f (Fernm) / filtro m pasabajos o de paso bajo ‖ ≈**klappe** f (Mot) / válvula f de mariposa, válvula f de estrangulación, válvula f de admisión ‖ ≈**klappe** (Lufttechnik) / válvula f reductora ‖ ≈**klappe** (Zuck) / válvula f reguladora o de regulación ‖ ≈**klappe** (Kältemasch) / válvula f de mariposa ‖ ≈**klappe der Wettertür** (Bergb) / puerta f de estrangulación ‖ ≈**klappe für Rauchrohre** / válvula f de reducción ‖ ≈**klappenhebel** m (Kfz) / palanca f de mariposa o de mando de gases ‖ ≈**kolben** m (Masch) / pistón m de regulación ‖ ≈**kolben**, Kurzschlusskolben, -schieber m (Wellenleiter) / pistón m de choque ‖ ≈**kopplung** f, -kupplung f (Eltronik) / acoplamiento m por inductancia y capacitancia, acoplamiento m LC ‖ ≈**körper** m (Strömung) / cuerpo m de estrangulamiento ‖ ≈**kreis** m (Elektr) / circuito de choque m, circuito m de reactancia ‖ ≈**leistung** f (Lichtbogenofen) / potencia f de reactancia ‖ ≈**modulation** f (Eltronik) / modulación f por (o de) corriente constante, modulación f Heising
drosseln vt (Elektr, Masch) / estrangular ‖ ~ (Masch) / ahogar ‖ **Dampf** ~ / estrangular el vapor ‖ **Gas** ~ / reducir, estrangular el gas ‖ ≈ n (zur Schonung), Leistungsherabsetzung f (Mot) / disminución f de la potencia
Drossel•regelung f (Turbine) / regulación f por estrangulación ‖ ≈**relais** n (Elektr) / relé m de alta impedancia ‖ ≈**ring** m (Mot) / anillo m de autoinducción ‖ ≈**rückschlagventil** n / válvula f de estrangulación de retención ‖ ≈**scheibe** f (Form, Plast) / estrangulador m, mariposa f ‖ ≈**scheibe**, -blende f / arandela f estranguladora ‖ ≈**schieber** m / válvula-compuerta f de estrangulación ‖ ≈**spalte** f / choque m, ranura f de choque ‖ ≈**speisung** f (Elektr) / alimentación f por bobina de choque ‖ ≈**spinnerei** f, Spinnen n ohne Ende (Tex) / sistema m de hilado con anillos ‖ ≈ **[spule]** f (Elektr) / bobina f de choque, bobina f de bloqueo, bobina f ahogadora, bobina f de reactancia, bobina f de impedancia ‖
vormagnetisierte ≈**spule** / transductor m ‖ ≈**spule** f, Vorschaltgerät n (für Leuchtstoffröhren) / bobina f de inductancia, reactor m, estabilizador m ‖ ≈**spulenkompensation** f (Elektr) / compensación f por reactancia ‖ ≈**stoß** m (Fernm) / junta f de reactancia ‖ ≈**stoß der Schienen** (Bahn) / conexión f reactiva ‖ ≈**transformator** m (Elektr) / transformador m reductor ‖ ≈**transformator** (für konstanten Sekundärstrom) / transformador m de corriente constante ‖ ≈**tür** f (für Wetterregelung) (Bergb) / puerta f de estrangulación
Drosselung f, Drosseln n / estrangulación f ‖ ≈ **der Produktion** (F.Org) / estrangulamiento m de la producción
Drossel•ventil n / válvula f de estrangulación ‖ ≈**ventil**, -klappe f (Dampfm) / válvula de mariposa f ‖ ≈**verluste** m pl / pérdidas f pl por estrangulación ‖ ≈**wasserschloss** n / cámara f de estrangulación ‖ ≈**widerstand** m, Induktanzrolle f (Elektr) / inductor m, bobina f de inductancia
droussieren vt, öffnen (Streichgarn) (Spinn) / abrir
Droussierkrempel f, Fadenöffner m (Spinn) / abridor m de hilo

Dr•-Stellwerk n, Drucktastenstellwerk n (Bahn) / puesto m de botones pulsadores, puesto m de pulsadores de itinerario ‖ ≈**-Technik**, Drucktasten-Technik f (Bahn) / técnica f de pulsadores
Druck m (Press-, Gas- usw. -druck) (Masch, Phys) / presión f ‖ ≈, Spannung f (Gas) / tensión f ‖ ≈, Komprimierung f (Masch) / compresión f ‖ ≈, Last f / carga f ‖ ≈, Druckhöhe f (Pumpe) / altura f de elevación ‖ ≈, Schub m (Bahn, Bau) / empuje m ‖ ≈ m, Schub m (Bau, Masch) / carga f ‖ ≈, Drucken n (Druck, DV) / impresión f ‖ ≈, Abdruck m, Abzug m (Druck) / edición f ‖ ≈, Drucken n (Tex) / estampado m ‖ ≈, Stich m (Druck) / grabado m ‖ ≈... / de compresión ‖ ≈... (Kabine) / de presión, presurizado ‖ ≈..., Förder... (Pumpe usw.) / impelente adj ‖ ≈... (EDV-Programmierung, COBOL) / actual ‖ ≈ m **auf die Form** (Gieß) / carga f sobre el molde ‖ ≈ **des Hangenden** (Bergb) / carga f del techo, carga f del pendiente ‖ ≈ **im Ansaugstutzen** (Mot) / presión f de admisión ‖ ≈ **in Achsrichtung** (Mech) / compresión f longitudinal ‖ ≈ **in Korrespondenzqualität** (DV) / impresión f de calidad correspondencia ‖ ≈ **in lbs je Quadratzoll** (1 psi = 0,07031 kg cm⁻², 1 kg cm⁻² = 14,22 psi) (Phys) / presión f en libras por pulgada cuadrada ‖ ≈ **in Plattenrichtung** / compresión f de lado ‖ ≈ **je Flächeneinheit** (Phys) / presión f específica ‖ ≈ **senkrecht zur Plattenrichtung** / compresión f de plano ‖ ≈ **und Gegendruck** (Phys) / acción f y reacción, presión f y contrapresión ‖ **absoluter** ≈ **in psi** / presión f absoluta en libras por pulgada cuadrada ‖ **auf** ≈ **beansprucht** (Mech) / sometido a presión, solicitado a presión ‖ **den** ≈ **aushalten** / resistir [a] la presión ‖ **den** ≈ **halten**, druckhalten / mantener o sostener la presión ‖ **den** ≈ **wegnehmen** / quitar la presión ‖ **im** ≈ (Druck) / en prensa ‖ **in** ≈ **geben** (Druck) / dar a la prensa ‖ **in** ≈ **geben** / dar a la impresión ‖ **in** ≈ **gehen** / ir a la impresión ‖ **unter** ≈ / bajo presión ‖ **unter** ≈ **setzen** (Elektr, Reaktor) / aplicar [la] presión, someter a presión ‖ **zu hoher** ≈ / presión f excesiva
Druck•abbau m (Nukl) / supresión f de presión ‖ ≈**abbausystem** n (Reaktor) / sistema m reductor de presión ‖ ≈**abfall** m / caída f de presión ‖ ≈**abhängig** / dependiente de la presión ‖ ≈**abhängiger Schalter** (Elektr) / conmutador m manométrico ‖ ≈**abhängigkeit** f / dependencia f de la presión ‖ ≈**absteller** m (Druck) / palanca f de parada ‖ ≈**abstufung** f / escalonamiento m de presión ‖ ≈**abweiser** m (Raketenstart) / deflector m de chorro ‖ ≈**-Aerosolpackung** f (Verp) / embalaje m aerosol ‖ ≈**aggregat** n (DV) / unidad f impresora ‖ ≈**anordnung** f (Drucker, DV) / edición f (distribución predeterminada de la información), disposición f del formato ‖ ≈**anschluss** m (Kompressor) / toma f de presión ‖ ≈**anschlussstelle** f (Hydr) / empalme m a presión ‖ ≈**anstalt** f (Druck) / imprenta f, talleres m tipográficos ‖ ≈**ansteller** m (Druck) / palanque f de arranque ‖ ≈**anstieg** m, -erhöhung f / ascenso m de presión, aumento m de presión ‖ ≈**anstieg**, Druck-Wiederanstieg m / reestablecimiento m de la presión ‖ ≈**anzeige** f (am Manometer) / indicación f de presión ‖ ≈**anzeiger** m / indicador m de presión ‖ ≈**anzug** m (Luftf, Raumf) / traje m de presión, escafandro m ‖ ≈**apparat** m (Druck) / impresor m ‖ ≈**arbeit** f, Drucken n (Druck) / trabajo m de impresión, impresión f ‖ ≈**aufbau** m / establecimiento m de la presión ‖ ≈**aufbau mit Turbopumpe** (Raumf) / presurización f por turbobomba ‖ ≈**aufbereitung** f (DV) / edición f ‖ ≈**auflage** f (Schleifbock) / apoyo m, soporte m ‖ ≈**auflage** (Druck) / tirada f ‖ ≈**aufnahme** f (Masch, Phys) / absorción f de presión ‖ ≈**aufnahmefläche** f (Pressform) / placa f base del molde ‖ ≈**aufnehmer** m / captador m o sensor de presión ‖ ≈**ausfall** m (Plast) / fallo m de presión ‖

Drückerfalle

⁓**ausfall** (Ergebnis) (Druck) / resultado *m* de impresión ‖ ⁓**ausführung** *f* (Druck) / ejecución *f* tipográfica ‖ ⁓**ausgleich** *m* / compensación *f* de presión ‖ ⁓**ausgleichbehälter** *m* / depósito *m* de compensación, tanque *m* ecualizador o igualador ‖ ⁓**ausgleichflasche** *f* (Chem) / recipiente *m* compensador ‖ ⁓**ausgleichkolben** *m* (Turbine) / émbolo *m* compensador ‖ ⁓**ausgleichsbehälter** *m* / tanque *m* compensador de la presión ‖ ⁓**ausgleichventil** *n* / válvula *f* compensadora ‖ ⁓**auslöseimpuls** *m* (DV) / impulso *m* de mando de impresión ‖ ⁓**avivage** *f* (Tex) / avivado *m* bajo presión, suavizado *m* bajo presión ‖ ⁓**balken** *m* (Bau) / viga *f* sometida a presión
Drück•bank, **-maschine** *f* (Wzm) / torno *m* de entallar, torno *m* de repujar, torno *m* de moldear, torno *m* de conformar ‖ **auf der** ⁓**bank geformtes Kupfer** / cobre entallado [en el torno]
druckbar (DV) / imprimable ‖ **~e Zeichen** *n pl* (Druck, DV) / signos *m pl* imprimibles
Druck•beanspruchung *f*, Beanspruchung *f* auf Druck / esfuerzo *m* de compresión, solicitación *f* a presión ‖ **~beaufschlagt** / aplicado a presión, presionizado ‖ ⁓**beaufschlagung** *f*, Unter-Druck-Setzung *f* (Luftf, Masch) / aplicación *f* a presión, presionización *f*, presurización *f* ‖ ⁓**begrenzer** *m* (Masch) / limitador *m* de la presión ‖ ⁓**begrenzung** *f* / limitación *f* de presión ‖ ⁓**begrenzungsventil** *n* / válvula *f* limitadora de presión ‖ ⁓**behälter** *m*, Druckluft-, Druckwasserbehälter *m* / depósito *m* a presión, vasija *f* a presión, recipiente *m* a presión ‖ ⁓**behälter**, Windkessel *m* (Luft) / depósito *m* de aire comprimido, tanque *m* de aire comprimido ‖ ⁓**behälter** (Nukl) / recipiente *m* de alta presión ‖ ⁓**behälter**, Autoklav *m* (Chem) / autoclave *f* ‖ ⁓**behälter** *m pl* (Sammelbegriff) / envases *m pl* a presión ‖ ⁓**behälterbau** *m* / construcción *f* de recipientes a presión ‖ ⁓**behälterverzeichnis** *n* / registro *m* de envases a presión ‖ ⁓**belastung** *f* (Bau, Masch) / carga *f* por [com]presión ‖ ⁓**benzin** *n* / gasolina *f* bajo presión ‖ ⁓**berichtigung**, Korrektur *f* (Druck) / corrección *f* ‖ ⁓**berührzeit** *f* (Umformen) / parada *f* de aplicación de la presión ‖ ⁓**beseitigung** *f* / supresión *f* de presión, eliminación *f* de presión ‖ ⁓**bestäuber** *m* (Pap) / espolvoreador *m* ‖ ⁓**bestäuber** (gegen Durchschlagen) (Druck) / antireprinte *m*, pulverizador *m* antimaculador ‖ ⁓**betankung** *f* (Luftf) / reaprovisionamiento *m* de combustible a presión ‖ ⁓**betrieb** *m* **des Lüfters** / ventilación *f* impelente ‖ ⁓**bild** *n* (DV) / formato *m*, disposición *f* de la impresión ‖ ⁓**bildabmessung** *f*, Druckbreite *f* (DV) / anchura *f* de impresión ‖ ⁓**bogen** *m* (Druck) / pliego *m* impreso ‖ ⁓**bogen fertig zum Einhängen** (mit Bogenzeichen) (Druck) / signatura *f* ‖ ⁓**bogenordner** *m* (Druck) / alzador *m* ‖ ⁓**bohrung** *f* (Öl) / pozo *m* eruptivo, sondeo *m* eruptivo (LA) ‖ ⁓**bolzen** *m* / perno *m* de presión ‖ ⁓**breite** *f* (Druck, DV) / anchura *f* de impresión ‖ ⁓**brenner** *m* / quemador *m* de mezcla a presión, mechero *m* de mezcla a presión ‖ ⁓**buchstabe** *m* / tipo *m* de imprenta, letra *f* de molde ‖ ⁓**bügel**, Klemmbügel *m* / brida *f* de aprieto ‖ ⁓**dauer**, Druckzeit *f* (Wzm) / duración *f* de la presión, parada *f* de aplicación de la presión ‖ ⁓**decke** *f*, -filz *m* (Färb) / fieltro *f* acompañador ‖ ⁓**destillat** *n*, rohes Crackbenzin (Chem, Öl) / destilado *m* a presión, esencia *f* bruta de craqueo ‖ ⁓**diagonale**, -strebe *f* (Stahlbau) / diagonal *f* de compresión ‖ **~dicht** / a prueba de escape bajo presión ‖ ⁓**dichtung** *f* / obturación *f* de presión ‖ ⁓**differenz-Lecksucher** *m* (Vakuum) / detector *m* diferencial de escapes ‖ ⁓**dose** *f* (Barometer) / cápsula *f* de presión, cápsula *f* manométrica ‖ ⁓**drehfilter** *m* / filtro *m* rotativo a presión ‖ ⁓**-Drehschalter** *m* (Elektr) / interruptor *m* pulsador giratorio ‖ ⁓**dynamo**, Spannungserhöher *m* (Elektr) / dínamo *f* elevadora de voltaje, elevador *m* de voltaje, sobretensor *m* ‖ ⁓**ebene**, -stufe *f* (Druckluft) / etapa *f* de presión, escala *f* de presión ‖ ⁓**eignung** *f* (Pap) / imprimabilidad *f* ‖ ⁓**einheit** *f*, Spannungseinheit *f* (Phys) / unidad *f* de presión ‖ ⁓**einheit**, Drucker *m* (DV) / unidad *f* impresora ‖ ⁓**einspritzung** *f* (Mot) / inyección *f* bajo presión ‖ ⁓**einspritzung von Zement** (Bau, Öl) / inyección *f* de hormigón bajo presión, inyección *f* forzada de hormigón ‖ ⁓**elastizität** *f* / elasticidad *f* a la compresión ‖ **~elektrisch** / piezoeléctrico ‖ ⁓**element** *n*, Rasterpunkt *m* (Druck) / monoelemento *m* impresor, elemento *m* impreso, punto *m* de trama ‖ ⁓**empfänger** (Eltronik) / micrófono *m* a (o de) presión ‖ ⁓**empfänger** (Fernm) / receptor *m* impresor o de impresión ‖ **~empfindlich** / sensible a la presión
drucken *vt*, abziehen (Druck) / imprimir, tirar, hacer una tirada ‖ **~ lassen** (Druck) / hacer imprimir ‖ **~ lassen**, herausgeben / publicar, editar ‖ **wieder ~** , eine neue Auflage herausgeben / reeditar ‖ **Stoffe ~** / estampar
Drucken *n*, Druckerei *f* (Druck) / imprenta *f*, impresión *f* ‖ ⁓ **des Großspeicherbelegungsplans** (DV) / edición *f* del programa de instrucciones de acceso arbitrario ‖ ⁓ **des Speicherinhalts** (DV) / edición *f* de la memoria ‖ ⁓ **auf Glas** (Druck) / impresión *f* sobre vidrio ‖ ⁓ **der Leiterbahn** (Eltronik) / impresión *f* de la red conductora
drücken *vt*, (einen) Druck ausüben / presionar, ejercer una presión ‖ **~**, passivieren (Flotation) / pasivar ‖ **~**, glätten / alisar ‖ **~** (Dreh) / repujar, embutir, entallar, moldear en el torno ‖ **~** (Pumpe) / impeler ‖ **~** *vi*, lasten / cargar, oprimir ‖ **auf eine Taste ~** / teclear, pulsar la tecla ‖ **auf einen Knopf ~** / apretar un botón ‖ **auf einen Knopf od. eine Taste ~** / presionar un botón o una tecla ‖ **Blech ~** / embutir chapa ‖ **Gewinde ~** / repujar un filete [en chapa] ‖ **Preise ~** / bajar precios, reducir precios
Drücken *n* (DIN 8583), Eindrücken *n* / punzonado *m* ‖ ⁓ **des Druckknopfes** / pulsación *f* de la tecla ‖ ⁓ **von Außenformen** / enderezado *m* de bordes externos ‖ ⁓ **von Hohlkörpern** / enderezado *m* de cuerpos huecos
druckend (DV) / impresor ‖ **~er Schreiber** (Instr) / impresor *m*, aparato *m* impresor
drückend•es Mittel (Aufb) / agente *m* de pasivación ‖ **~er Schnitt** (Wzm) / corte *m* efectuado por presión progresiva ‖ **~es Wasser** (Bau) / agua *f* a (o bajo) presión
Druck•entgaser *m* (Öl) / desgasificador *m* a presión ‖ ⁓**entlaster** (Bau, Masch) / descargador *m* de presión ‖ ⁓**entlastet** / descargado de presión, aliviado de presión ‖ ⁓**entlastung** *f* / descarga *f* de presión ‖ ⁓**entlastungsbehälter** *m* / recipiente *m* de expansión ‖ ⁓**entleerung** *f* (Behälter) / descarga *f* bajo presión
Drucker *m* (DV) / impresora *f* ‖ ⁓, Buchdrucker *m* (Beruf) / impresor *m*, tipógrafo *m* ‖ ⁓ **m für fliegenden Druck** (DV) / impresora *f* al vuelo ‖ ⁓ **mit Korrespondenzqualität** / impresora *f* de calidad correspondencia ‖ ⁓ **einrichten** / especificar impresora
Drücker *m*, Passivierungsmittel *n* (gegen das Aufschwimmen von Erzen) (Flotation) / agente *m* de pasivación ‖ ⁓, Klinke *f* (Schloss) / picaporte *m*, pestillo *m* ‖ ⁓ (Gewehr, Pressluftwz) / gatillo *m* ‖ ⁓ Stoffdrücker[fuß] *m* (Nähm) / prensatelas *m* ‖ ⁓ (Masch) / empujador *m*, émbolo *m* de presión ‖ ⁓ (für Kleinuhren) / botón *m* de presión
Druck-Erdgas *n* / gas *m* natural comprimido
Druckerei *f*, Drucken *n* (Druck) / imprenta *f*, arte *f* de imprimir [on papel] ‖ ⁓, Druckanstalt *f* / imprenta *f* (la oficina), talleres *m pl* tipográficos ‖ ⁓**bedarf** *m* / suministros *m pl* para artes gráficas ‖ ⁓**geselle** *m*, -gehilfe *m* / impresor *m* ‖ ⁓**hilfsmittel** *n* (Färb, Tex) / producto *m* auxiliar para la estampación
Drückerfalle *f*, Daumendrücker *m* (Schloss) / resbalón *m*

309

Drucker-Formatsteuerung *f* (DV) / mando *m* de formato
Druck•erhitzung *f* / calentamiento *m* bajo presión ‖ ⁓**erhöher**, -umformer *m* / presionizador *m*, manointensificador *m* de la presión ‖ ⁓**erhöhung** *f*, -anstieg *m* (Masch, Phys) / aumento *m* de presión ‖ ⁓**erhöhungspumpe** *f* / bomba *f* para aumentar la presión ‖ ⁓**erholungsvermögen** *n* (Stoff) / capacidad *f* de recuperación, elasticidad *f* a la compresión
Drucker•presse *f* (Druck) / prensa *f* tipográfica, prensa *f* de imprimir ‖ ⁓**schwärze** *f*, -farbe *f* / tinta *f* de imprenta ‖ ⁓**speicher** *m* (DV) / memoria *f* de la impresora ‖ ⁓**steuerung** *f* (DV) / mando *m* de impresora
Druck•erweichung *f* (Steine) / ablandecimiento *m* bajo presión ‖ ⁓**erweichungsprüfung** *f* (Email, Lacke) / ensayo *m* de ablandecimiento bajo presión ‖ ⁓**erzeugung** *f* (Masch, Phys) / generación *f* de presión ‖ ~**fähig** (Druck) / imprimible, que puede ser impreso ‖ ⁓**farbe** *f*, Druckerschwärze *f* / tinta *f* de imprenta ‖ **bunte** ⁓**farbe** / tinta *f* multicolor ‖ ⁓**färbeapparat** *m* (Tex) / aparato *m* de teñir bajo presión, autoclave *f* de teñidura ‖ ⁓**färben** *n* (Tex) / estampación *f* en el autoclavo ‖ ⁓**farbstoff** *m* (Tex) / color *m* de estampación ‖ ⁓**faser** *f* (Mech) / fibra *f* comprimida ‖ ⁓**feder** *f* / muelle *m* de compresión, resorte *m* de compresión ‖ ⁓**fehler** *m* (Druck, DV) / errata *f* [de impresión] ‖ ⁓**fehlerverzeichnis** *n* / errata *f*, fe *f* de erratas ‖ ~**fertig** (Druck) / listo para el tiraje, despachado para ser impreso ‖ ~**fertiges Küpenpräparat** (Tex) / colorante *m* de cuba preparado, colorante *m* de tina preparado ‖ ~**fertiger Satz** (Druck) / composición *f* lista para tiraje ‖ ⁓**fertig-Korrektur** *f* / corrección *f* final ‖ ~**fest** (Masch) / a prueba de presión, resistente a la presión ‖ ~**feste Dichtung** (Masch) / junta *f* a prueba de presión ‖ ~**feste Kapselung** (Elektr) / blindaje *m* antideflagrante ‖ ~**feste Kapselung** (Bergb) / blindaje *m* a presión ‖ ~**fester Klemmenkasten** (Elektr) / caja *f* de terminales resistente a la presión ‖ ⁓**festigkeit** *f* (Phys) / resistencia *f* a la presión ‖ ⁓**festigkeit** (gegen Zusammendrücken) / resistencia *f* a la compresión ‖ ⁓**festigkeit** (Tablette) / cohesión *f* del granulado ‖ ⁓**festigkeit** (bis zum Bersten) / resistencia *f* a la compresión hasta la rotura ‖ ⁓**festigkeit bei Raumtemperatur**, KDF (Keram) / resistencia *f* [a la compresión] bajo temperatura ambiental ‖ ⁓**festigkeit gegen inneren Überdruck** / resistencia *f* a la sobrepresión interna ‖ ⁓**feuerbeständigkeit** *f*, DFB (Keram) / refractariedad *f* bajo carga a temperaturas elevadas ‖ ⁓**feuerbeständigkeitsprüfung**, DFB-Prüfung *f* (Keram) / ensayo *m* de poder refractario bajo carga a temperaturas elevadas ‖ ⁓**filter** *m n*, Pressfilter *m n* (Chem) / filtro *m* a presión ‖ ⁓**filz** *m* (Färb) / fieltro *m* acompañador para estampar ‖ ⁓**fläche** *f* (Masch, Phys) / superficie *f* de contacto ‖ ⁓**fläche** (DV) / superficie *f* de impresión ‖ ⁓**flansch** *m* / brida *f* de presión ‖ ⁓**flasche**, -pumpe *f* (Chem) / botella *a* presión ‖ ⁓**flasche für Gase** *f* / depósito *m* a presión, botella *f* de acero a presión ‖ ⁓**flüssigkeit** *f*, -gas *n* (als Arbeitsmittel) / fluido *m* comprimido, fluido *m* a presión, líquido *m* hidráulico ‖ ⁓**folge** *f* / orden *m* de estampar ‖ ⁓**form** *f* (Druck) / forma *f* impresora, molde *m* de imprenta, forma *f* de imprimir ‖ ⁓**form**, Eindruckform *f* (Zeugdr) / troquel *m* molde ‖ ⁓**form für die Seiten 1, 4, 5, 8, 9 usw** (Druck) / forma *f* exterior
Drückform *f* / molde *m* para embutir
Druck•formatvorlage *f* / hoja *f* de modelos ‖ ⁓**fortpflanzung** *f* (Phys) / transmisión *f* de presión ‖ ⁓**fühler** *m* (Regeln) / transductor *m* piezométrico de presión ‖ ~**führend** / presión bajo presión ‖ ⁓**füllung** *f* **für Aerosole** / carga *f* bajo presión ‖ ⁓**fundament**, Widerlager *n* (Bau) / contrafuerte *m* ‖ ⁓**fundament** *n*

(Druck) / lecho *m* de impresión, carro *m* de impresión ‖ ⁓**fuß** *m* / talón *m* de empuje ‖ ⁓**gabel** *f*, Drücker *m* (Nähm) / prensatelas *m* ‖ ⁓**gang** *m* (Druck) / pasada *f* de imprenta ‖ ⁓**gärung** *f* (Chem) / fermentación *f* bajo presión ‖ ⁓**gas** *n* / gas *m* comprimido (o a presión) ‖ ⁓**gas**, Hochdruckgas *n* / gas *m* bajo presión alta ‖ ⁓**gas** (Rakete) / gas *m* a presión ‖ ⁓**gasbehälter** *m* / recipiente *m* de gas a presión, tanque *m* de gas a presión ‖ ⁓**gasbrenner** *m* / mechero *m* de gas a presión ‖ ⁓**gas-Kesselwagen** *m* (Bahn) / vagón *m* tanque [de gas] a presión ‖ ⁓**gaskondensator** *m* (Elektr) / capacitor *m* de gas a presión, capacitor *m* de nitrógeno a presión ‖ ⁓**gasschalter** *m* (Elektr) / disyuntor *m* de gas comprimido, interruptor *m* de gas comprimido ‖ ⁓**gasschnellschlussventil** *n* / válvula *f* de cierre rápida de (o para) gas a presión ‖ ⁓**geber** *m* (Regeln) / transductor *m* piezométrico de presión ‖ ⁓**gebläse** *n* / ventilador *m* de presión forzada ‖ ⁓**gefälle** *n* / caída *f* de presión, salto *m* de presión ‖ ⁓**gefälleventil** *n* / regulador *m* de diferencia de presión ‖ ⁓**gefäß** *n* / recipiente *m* a presión ‖ ⁓**gefäß**, Autoklav *m* (Färb, Med) / autoclave *f* ‖ ⁓**gefäß** (Leistungsreaktor) / recipiente *m* de alta presión ‖ ⁓**gefäßreaktor** *m*, -röhrenreaktor *m* (Nukl) / reactor *m* de tubos de (o a) presión ‖ ~**gekocht** (Nahr) / cocido bajo presión ‖ ⁓**geschwindigkeit** *f* (Druck, DV) / velocidad *f* de impresión ‖ ~**gespeist** / alimentado a presión ‖ ~**gesteuert** / regulado por la presión ‖ ⁓**gewerbe** *n* (Druck) / artes *f pl* gráficas, industria *f* gráfica ‖ ⁓**gewölbe** *n* (Bergb) / bóveda *f* a presión ‖ [Metall] ~**gießen** (Gieß) / moldear a presión, fundir a presión, fundir a troquel (LA), troquelar (LA) ‖ ⁓**gießen** *n* (von Metallen) / fundición *f* a presión, moldeado *m* a presión, fundición *f* a troquel (LA) ‖ ⁓**gießmaschine**, -gussmaschine *f* / moldeadora *f* a presión, máquina *f* para fundición a troquel (LA) ‖ ⁓**glas** *n* / vidrio *m* prensado ‖ ⁓**glied** *n* (DV) / elemento *m* impresor ‖ ⁓**glied** (Mech) / barra *f* sometida a la compresión ‖ ⁓**gradient** *m* / gradiente *m* de presión ‖ ⁓**gradienten-Empfänger**, Schnelle-Empfänger *m*, Druckgradientenmikrophon *n* (Eltronik) / micrófono *m* de (o sensible al) gradiente de presión ‖ ⁓**grenze** *f* (Phys) / límite *m* de presión ‖ ⁓**gummifederung** *f* / amortiguación *f* de caucho ‖ ⁓**gurtung** *f*, -gurt *m* (Stahlbau) / cordón *m* comprimido
Druckguss *m* (Gieß) / colada *f* a (o bajo) presión, fundición *f* a troquel (LA) ‖ ⁓... / moldeado bajo presión, fundido a presión, fundido a troquel (LA), troquelado (LA) ‖ ⁓**form** *f* / molde *m* de colada a presión ‖ ⁓**legierung** *f* / aleación *f* de colada a presión ‖ ⁓**maschine** *f* / moldeadora *f* a presión, máquina *f* para fundición a troquel (LA) ‖ ⁓**stück** *n* / pieza *f* fundida bajo presión ‖ ⁓**technik** *f* / técnica *f* de fundición a presión (E), técnica *f* de colada bajo presión
druckhaft (Bergb) / expuesto a presión, bajo presión ‖ ~**sein** (Bergb) / ejercer presión
Druck•halten *n*, Druckhaltung *f* / sostenimiento *m* de presión, mantenimiento *m* de presión ‖ ⁓**halter** *m* s. Druckwächter ‖ ⁓**halter** (Reaktor) / presionizador *m* ‖ ⁓**haltezeit** *f* (Sintern) / período *m* de presionización, período *m* de mantenimiento de la presión ‖ ⁓**hammer** *m* (DV) / martillo *m* de impresión ‖ ⁓**haupt** *n*, Querhaupt *n* zur Druckaufnahme (Masch) / traviesa *f* de compresión ‖ ⁓**hebel** *m* / palanca *f* de presión ‖ ⁓**hebel** (Druck) / palanca *f* de impresión ‖ ⁓**helm** *m* (Luftf) / casco *m* hermético ‖ **spezifische** ⁓**höhe** (Hydr) / carga *f* de agua específica ‖ ⁓**höhe** *f*, barometrische Höhe (Luftf) / altura *f* barométrica [standard], altitud *f* barométrica ‖ ⁓**höhe**, manometrische Förderhöhe (Pumpe) / altura *f* de elevación manométrica, altura *f* de presión [o de carga] ‖ ⁓**höhe** *f*, nutzbares Gefälle (Wasserkraft) / presión *f* hidrostática, carga *f* hidrostática ‖ ⁓**höhe-Abflussmenge-Beziehung** *f*

310

Druckluftlokomotive

(Hydr) / relación *f* entre carga de agua y caudal ‖ ⁓**höhenlinie** *f* / altura *f* de presión ‖ ⁓**höhenlinie**, piezometrische Höhenlinie / nivel *m* piezométrico ‖ ⁓**höhenverlust** *m* (Hydr) / pérdida *f* de presión hidrostática ‖ ⁓**höhenverstellung** *f* (Schreibm) / regulación *f* de la presión ‖ ⁓**holz** *n* / madera *f* comprimida ‖ ⁓**hub** *m* (allg, Masch) / carrera *f* de compresión ‖ ⁓**hülse** *f* / casquillo *m* de presión ‖ ⁓**industrie** *f*, grafisches Gewerbe (Druck) / industria *f* gráfica, artes *f pl* gráficas ‖ ⁓**kabel** *n* (Elektr) / cable *m* de presión ‖ ⁓**kabine** *f* (Luftf) / cabina *f* presurizada o de (o a) presión ‖ ⁓**kammer** *f* (Hütt) / cámara *f* de inyección ‖ ⁓**kammer** (Akust, Luftf) / cámara *f* de presión ‖ ⁓**kammer** (Nukl) / cámara *f* colectora o plena, pleno *m* ‖ ⁓**kammer** (Siedewasserreaktor) / tanque *m* seco ‖ ⁓**kammer der Luftschleuse** / cámara *f* de presión de la esclusa neumática ‖ ⁓**kammerlautsprecher** *m* (Akust, Eltronik) / altavoz *m* neumático ‖ ⁓**kapsel** *f* (Luftf) / cápsula *f* presurizada ‖ ⁓**kattun** *m*, Chintz *m* (Tex) / chintz *m*, indiana *f* ‖ ⁓**kessel** *m* (Druckluft) / cámara *f* de presión, cámara *f* neumática ‖ ⁓**kessel**, Autoklav *m* (Färb, Med) / autoclave *f* ‖ ⁓**kessel** *m*, -behälter *m* (allg, Phys) / recipiente *m* a presión ‖ ⁓**kissen** *n* / cojín *m* a presión ‖ ⁓**kissen**, Beschickblech *n* (Sperrholzpresse) / chapa *f* de alimentación ‖ ⁓**klappe** *f* (Rohrpost) / válvula *f* impelente ‖ ⁓**klasse** *f* (z.B. von Behältern) / clase *f* de presión (p.ej. de depósitos).
Druckknopf *m* / broche *m* automático (E) o de presión (LA) ‖ ⁓ (Elektr) / pulsador *m*, botón *m* pulsador, botón *m* de contacto ‖ ⁓, Klingelknopf *m* / botón *m* timbre ‖ ⁓ (Näh) / botón *m* automático o de presión ‖ **versenkter** ⁓ / pulsador *m* sumergido ‖ ⁓**abstimmung** *f* (Eltronik) / sintonización *f* por pulsadores ‖ ⁓**anlasser** *m*, -starter *m* (Kfz) / arrancador *m* por pulsador ‖ ⁓**schalter** *m* (Elektr) / interruptor *m* por pulsador ‖ ⁓**steuerung** *f*, -schaltung *f* / maniobra *f* por pulsador o por botón [pulsador], accionamiento *m* mediante pulsador ‖ **frei aufgehängtes** ⁓**tableau** (Wzm) / tabla *f* suspendida de pulsadores ‖ ⁓**tafel** *f* / cuadro *m* de botones ‖ ⁓**tastatur** *f* / teclado *m* pulsador ‖ ⁓**taste** *f* (Fernm) / tecla *f* pulsadora ‖ ⁓**taster** *m* (Elektr) / pulsador *m*, botón *m* ‖ ⁓**wahl** *f* (Eltronik) / sintonización *f* por botonera.
Druck • kocher, -kessel *m* (Pap) / digestor *m* ‖ ⁓**kocher** *m* (Chem) / autoclave *f*, digestor *m*, lejiador *m* a presión ‖ ⁓**kochung** *f* (Chem) / tratamiento *m* por ebullición bajo presión ‖ ⁓**koeffizient** *m* **der Reaktivität** (Nukl) / coeficiente *m* de presión de reactividad ‖ ⁓**kolben** *m* / émbolo *m* impelente ‖ ⁓**kolben**, Plunger *m* / émbolo *m* buzo ‖ ⁓**kolben** *m* (Plast) / émbolo *m* de presión ‖ ⁓**kontakt** *m* (Elektr) / contacto *m* de presión ‖ ⁓**kopf** *m* (DV) / cabeza *f* de impresión ‖ ⁓**kopf-Abstand** *m* / espacio *m* de la cabeza grabadora ‖ ⁓**körper** *m* (Schiff) / casco *m* de presión ‖ ⁓**kraft** *f* (Phys) / fuerza *f* compresiva o de compresión ‖ ⁓**kraft**, -anpressung *f* (Druck) / fuerza *f* de impresión ‖ ⁓**kraft** *f* (Presse) / fuerza *f* de apriete ‖ ⁓**kraft von Gasen** (Phys) / fuerza *f* de expansión ‖ ⁓**kraftorgan** *n* (Kinematik) / líquido *m* incompresible que transmite fuerzas ‖ ⁓**kufe** *f* (Film) / patín *m* presor ‖ ⁓**kugel** *f* (Brinellprobe) / bola *f* de ensayo, bola *f* indentadora ‖ ⁓**kugelbehälter m für Gas** / depósito *m* esférico de gas, globo *m* ‖ ⁓**kugellager** *n* / rodamiento *m* de empuje de bolas ‖ ⁓**küpenfarbstoff** *m* (Tex) / colorante *m* de cuba, colorante *m* de tina ‖ ⁓**lack** *m* (Druck) / laca *f* de imprenta ‖ ⁓**lage** *f* (Geol) / estratificación *f* prensada ‖ ⁓**lagen**, Abdrückung *f pl* (Bergb) / grieta *f* de presión, disyunción *f* ‖ ⁓**lager** *n* (Wälzlager) / rodamiento *m* de empuje (o de presión) ‖ ⁓**lager** (Gleitlager) / cojinete *m* axial o de empuje, chumacera *f* de empuje (MEJ) ‖ ⁓**lager** *n* (Schiff) / tope *m* de empuje ‖ ⁓**legung** *f* (Druck) / impresión *f* ‖

⁓**leiste** *f* (Plast, Wzm) / barra *f* de presión ‖ ⁓**leistung** *f*, Enddruck *m* / presión *f* estática ‖ ⁓**leitung** *f* (Masch) / tubería *f* reforzada, tubería *f* de (o bajo) presión ‖ ⁓**leitung** (Wasserkraft) / conducción *f* forzada, tubería *f* bajo presión ‖ ⁓**leitung** (Bau) / tubería *f* de presión ‖ ⁓**leitung für Luft** / tubería *f* de presión [para aire] ‖ ⁓**leitung für Wasser** / tubería *f* de presión [para agua] ‖ ⁓**lenker** *m* (Kran) / pluma *f* sometida a la compresión ‖ ⁓**linie**, Wirkungslinie *f* (Mech) / línea *f* de aplicación [de una fuerza] ‖ ⁓**linie**, Mittelkraft-, Stützlinie *f* (Mech) / línea *f* de la resultante ‖ ~**los** / sin presión ‖ ~**los härtender Kunststoff** / material *m* plástico endurecible sin presión.
Druckluft *f* / aire *m* comprimido, aire *m* a presión ‖ **durch** ⁓ **betätigt**, mit Druckluft-Antrieb, Druckluft... / accionado por aire comprimido, de acción neumático ‖ ⁓**-Abbauhammer** *m* (Bergb) / pico *m* neumático ‖ ⁓**anlage** *f* / instalación *f* del sistema neumático, instalación *f* de aire comprimido ‖ ⁓**anlasser** *m* (Mot) / motor *m* de arranque por aire comprimido ‖ ⁓**anschluss**, Luftanschluss *m*, -lieferung, -versorgung *f* (Pneum) / toma *f* de aire comprimido ‖ ⁓**antrieb** *m* / accionamiento *m* por aire comprimido ‖ ⁓**-Aufbereitungsstation** *f* (Pneum) / estación *f* de depuración del aire ‖ ⁓**-Aufstoßvorrichtung** *f* (Schachtförderung) (Bergb) / cargador *m* neumático ‖ ⁓**ausgleich** *m*, -kompensation *f* (Pneum) / compensación *f* por compresión de aire ‖ ⁓**ausrüstung** *f* / equipo *m* de aire comprimido ‖ ⁓**behälter** *m* / recipiente *m* de (o para) aire comprimido ‖ ⁓**beleuchtung** *f* / iluminación *f* neumática ‖ ⁓**-Besatzgerät** *n* (Bergb) / dispositivo *m* neumático para atacar ‖ ~**betätigt**, Druckluft... / accionado por aire comprimido, de accionamiento neumático, neumático ‖ ~**betriebener Wasserheber** (Bahn, Kfz) / máquina *f* hidráulico-neumática ‖ ⁓**bohrer** *m* **auf Schlitten montiert** (Bergb) / perforadora *f* de aire comprimido ‖ ⁓**bohrhammer** *m* / martillo *m* perforador neumático ‖ ⁓**bremse** *f* / freno *m* de aire comprimido ‖ ⁓**druckzylinder** *m* / cilindro *m* neumático ‖ ⁓**einspritzung** *f* / inyección *f* por aire comprimido ‖ ⁓**entlastung** *f* (Waage) / sistema *m* de equilibrio neumático.
Drucklüfter *m* (Masch) / ventilador *m* de presión.
Druckluft • erzeuger *m* / compresor *m* ‖ ⁓**flasche** *f* / botella *f* de aire comprimido, botellón *m* de aire comprimido ‖ ⁓**förderer** *m*, -transportanlage *f* / transportador *m* neumático ‖ ⁓**formmaschine** *f* (Gieß) / moldeadora *f* de aire comprimido ‖ ⁓**futter** *n* (Wzm) / mandril *m* accionado neumáticamente ‖ ⁓**gebläse** / ventilador *m* accionado por aire comprimido ‖ ⁓**gefriertrockner** *m* / secador-congelador *m* neumático ‖ ~**gesteuert** / mandado por aire comprimido, de mando neumático ‖ ⁓**gründung** *f* (Bergb) / fundación *f* por aire comprimido ‖ ⁓**gründung** (Bau) / cimentación *f* neumática ‖ ⁓**hammer** *m* / martillo *m* neumático, martinete *m* de aire comprimido ‖ ⁓**handstampfer** *m* / pisón *m* neumático portátil o de mano ‖ ⁓**härten** (Hütt) / temple *m* con aire a presión ‖ ⁓**heber** *m* / gato *m* de aire comprimido, gatillo *m* de aire comprimido ‖ ⁓**horn** (Kfz, Schiff) / bocina *f* neumática ‖ ⁓**katapult** *m n* / catapulta *f* neumática ‖ ⁓**kessel** *m* (Pneum) / depósito *m* de aire comprimido o a presión, calderín *m* de aire comprimida ‖ ⁓**kompensation** *f*, -ausgleich *m* / compensación *f* por compresión de aire ‖ ⁓**krankheit** *f*, Caissonkrankheit *f* (Med) / enfermedad *f* de buzo ‖ ⁓**kühlung** *f* / refrigeración *f* por aire comprimido ‖ ⁓**leistungsschalter** *m* (Elektr) / interruptor *m* neumático de potencia ‖ ⁓**leitung** *f* (Pneum) / conducto *m* de aire comprimido, cañería *f* de aire comprimido (LA) ‖ ⁓**leuchte** *f* (Bergb) / lámpara *f* neumática ‖ ⁓**lokomotive** *f* (Bahn, Bergb) /

311

druckluftlos

locomotora *f* de aire comprimido ‖ **~loses Lackieren** (Anstrich) / barnizado *m* sin aire ‖ **~manometer** *n*, -messgerät *n* / manómetro *m* de aire comprimido ‖ **~meißel[hammer]** *m* / escoplo *m* neumático, martillo *m* neumático de repelar ‖ **~motor** *m* (Pneum) / motor *m* de aire comprimido, motor *m* neumático ‖ **~netz** *n* / red *f* de tubería de aire comprimido ‖ **~niethammer** *m* / martillo *m* remachador neumático ‖ **~pegel** *m*, -schreibpegel *m* / registrador *m* de nivel neumático ‖ **~presse** *f* (Masch) / prensa *f* accionada por aire comprimido ‖ **~-Pressformmaschine** *f* (Gieß) / máquina *f* moldeadora por aire comprimido ‖ **~prüfer** *m* / manómetro *m* ‖ **~rüttler** *m* (Gieß) / vibrador *m* neumático ‖ **~-Säurepumpe** *f* (Chem) / bomba *f* neumática para ácidos ‖ **~schalter** *m* (druckluftbetätigt) (Elektr) / interruptor *m* accionado por aire comprimido, interruptor *m* de accionamiento neumático ‖ **~schaltplan** *m* (Pneum) / esquema *m* [de conexiones] del sistema neumático ‖ **~schaltung** *f* (Kfz) / cambio *m* de velocidad neumático ‖ **~schaltzylinder** *m* (Kfz) / cilindro *m* de mando del engranaje neumático ‖ **~schlagschrauber** *m* (Wz) / destornillador *m* de percusión de aire comprimido ‖ **~schlauch** *m* (Pneum) / tubo *m* flexible para aire comprimido, goma *f* de aire comprimido ‖ **~schleuse** *f* / esclusa *f* de aire comprimido ‖ **~schnellschalter** *m* (Elektr) / interruptor *m* rápido de aire comprimido ‖ **~schütz** *n* (Elektr) / contactor *m* neumático ‖ **~servobremse** *f* (Kfz) / servofreno *m* de aire comprimido ‖ **~spannung** *f* (Wzm) / fijación *f* neumática, sujeción *f* neumática ‖ **~-Speicherkraftwerk** *n* (Elektr) / central *f* acumuladora de aire comprimido ‖ **~spitzhacke** *f* (Bau) / pico *m* neumático ‖ **~sprengung** *f* (Bergb) / arranque *m* por aire comprimido ‖ **~stampfer** *m* (Straßb) / pisón *m* neumático ‖ **~-Steuergerät** *n* (Raumf) / unidad *f* de control neumático ‖ **~stopfen** *n* (Bahn) / apisonado *m* neumático del balasto ‖ **~stopfer** *m* (Bahn) / apisonadora *f* neumática ‖ **~transportanlage** *f* (Förd) / transportador *m* neumático ‖ **~turbine** *f* / turbina *f* de aire comprimido ‖ **~übertragung** *f* (Bremse) / transmisión *f* por aire comprimido ‖ **~ventil** *n* (Pneum) / válvula *f* neumática ‖ **~ventilator** *m* / ventilador *m* de (o accionado por) aire comprimido ‖ **~verteiler** *m* (Pneum) / distribuidor *m* de aire comprimido ‖ **~wächter** *m* / manóstato *m*, controlador *m* de presión ‖ **~wartungseinheit** *f* / sistema *m* de acondicionamiento de aire comprimido ‖ **~werkzeug** *n* / herramienta *f* neumática

Druck•magnet *m* (Druck) / imán *m* de impresión ‖ **~manager** *m* (DV) / administrador *m* de impresión ‖ **~mantel** *m* (Masch) / camisa *f* de o a presión ‖ **~mantel** *m* (Nukl) / blindaje *m* contra la radiación ‖ **~manuskript** *n* (Druck) / manuscrita *m* a (o para) imprimir ‖ **~markierung** *f* (Lack) / marcado *m* a presión ‖ **~maschine** *f* (Druck) / máquina *f* impresora o de imprimir o de imprenta, prensa *f* tipográfica ‖ **~maske** *f* (DV) / máscara *f* de impresión ‖ **~messdose** *f* (Mess) / piezocapt[ad]or *m*, captor *m* de presión, celula *f* de presión ‖ **~messer** *m*, Manometer *n* / manómetro *m*, indicador *m* de presión, piezómetro *m* ‖ **~messgeräte** *n pl* (Sammelbegriff) / presiómetros *m pl* ‖ **~messwertgeber** *m*, -messwertwandler *m* (Regeln) / transductor *m* piezométrico o de presión ‖ **~mikrophon** *n* (Eltronik) / micrófono *m* a (o de) presión ‖ **~minderer** *m* (Gasschweißen) / regulador *m* de presión, manorreductor *m* ‖ **~minderung** *f* / reducción *f* de presión ‖ **~minderventil** *n*, -reduzierventil *n* / válvula *f* reductora de la presión ‖ **~mitläufer** *m*, Zwischenläufer *m* (Färb) / fieltro *m* acompañador para estampar ‖ **~mittelpunkt** *m* (Mech) / punto *m* de intersección [de las líneas de presión] ‖ **~mittelwandler** *m* (Hydr) / transmisor *m* de presión ‖ **~mittler** *m* / transmisor *m* de presión ‖

~model *m*, -form *f* (Tex) / modelo *m* de estampación ‖ **~montiert** / montado bajo presión ‖ **~muster** *n* (Siebdruck) / molde *m* de serigrafía ‖ **~mutter** *f* / tuerca *f* agarradera, tuerca *f* de apriete ‖ **~nadel** *f* (DV) / aguja *f* de impresión

Drucköl *n* / aceite *m* a presión ‖ **~...** / oleohidráulico, por aceite a presión ‖ **~antrieb** *m* / accionamiento *m* oleohidráulico, accionamiento *m* por presión de aceite ‖ **~brenner** *m* (Heizung) / quemador *m* de aceite a presión ‖ **~entlastung** *f* (Masch) / descarga *f* por aceite a presión

Drucköler *m* / aceitador *m* a presión

Drucköl•kännchen *n* / aceitera *f* a presión ‖ **~-Löschkammerschalter** *m* (Elektr) / disyuntor *m* de barrido con aceite ‖ **~montage** *f* / montaje *m* por aceite a presión ‖ **~motor** *m* / motor *m* de aceite a presión, motor *m* oleohidráulico ‖ **~pumpe** *f* (Mot) / bomba *f* para aceite a presión ‖ **~schaltung** *f* (Kfz) / cambio *m* de marcha hidráulico ‖ **~schmierung** *f*, Druckölung *f* / lubricación *f* por (o con) aceite a presión ‖ **~servosteuerung** *f* / servomando *m* hidrodinámico ‖ **~steuerungseinrichtung** *f*, -steuereinrichtung *f* / mando *m* por aceite a presión

Druck•original *n* (gedr.Schaltg) / clisé *m* ‖ **~papier** *n* (Druck) / papel *m* de (o para) impresión ‖ **~pappe** *f* (Druck) / flan *m*, cartón *m*, matriz *f* ‖ **~paste** *f*, -satz, -teig *m* (Tex) / masa *f* de estampación ‖ **~perkal** *m*, -kattun *m* (Tex) / calicó *m* estampado, cotonada *f* ‖ **~pfosten** *m* (Bau) / jabalcón *m*

Drück-Planier-Karussellbördelmaschine *f* (Wzm) / máquina *f* vertical para embutir, rebordear y aplanar

Druck•platte *f* (Bau) / placa *f* prensada ‖ **~platte** (Stahlbau) / placa *f* de compresión ‖ **~platte** (Tex) / placa *f* de empuje ‖ **~platte** (Stanz) / placa *f* de expulsión ‖ **~platte** (Druck) / plancha *f* impresora, clisé *m* tipográfico

Drück•platte *f* (Plast) / placa *f* expulsora ‖ **~plattenführung** *f* (Plast) / guía *f* de la placa expulsora

Druck•plattengravierung *f* (Druck) / grabado *m* de planchas ‖ **~plattenkörnmaschine** *f* (Offset) / graneadora *f* de planchas ‖ **~polymerisation** *f* (Plast) / polimerización *f* bajo presión ‖ **~position** *f* (DV) / posición *f* de impresión ‖ **~presse** *f* / prensa *f* de compresión ‖ waagerechte **~presse** (Walzw) / prensa *f* horizontal para formar perfiles ‖ **~probe** *f*, Probeabzug *m* (Druck) / prueba *f* de imprenta, galerada *f* ‖ **~probe** (Masch, Mat.Prüf) / ensayo *m* de presión, ensayo *m* de compresión ‖ **~propeller** *m* (Luftf) / hélice *f* de empuje ‖ **~prüfer** *m* für Luftreifen (Kfz) / comprobador *m* de presión de inflado o en los neumáticos ‖ **~prüfmaschine** *f* (Mat.Prüf) / máquina *f* para ensayos de compresión ‖ **~prüfung** *f*, Abdrücken *n* / timbrado *m*, aplicación *f* a presión ‖ **~prüfung** (DV) / comprobación *f* de impresión ‖ **~puffer** *m* (DV) / sincronizador *m* de impresión ‖ **~pumpe** *f* / bomba *f* impelente, bomba *f* de presión, (también:) *f* bomba expelente ‖ **~pumpenkolben**, Stempel *m* / buzo *m* ‖ **~[pumpen]satz** *m* (Bergb) / juego *m* de bombas impelentes, grupo *m* de bombas impelentes ‖ **~punkt**, Angriffspunkt *m* (Mech) / punto *m* de contacto, punto *m* de ataque ‖ **~punkt** *m* (Gewehr) / punto *m* del disparador ‖ **~punkt** (beim Niederdrücken einer Taste) / punto *m* de acción ‖ **~punktabzug** *m* (Gewehr) / disparador *m* de salida suave ‖ **~qualität** *f* (Druck) / cualidad *f* de impresión ‖ **~querschnitt** *m* (Masch, Phys) / sección *f* sometida a la [com]presión ‖ **~raffination** *f* (Chem Verf) / refinación *f* a presión ‖ **~reaktor** *m* (Nukl) / reactor *m* a presión ‖ **~reduzierer** *m*, Druckminderer *m* (Hydr) / reductor *m* de presión ‖ **~reduzierventil**, -mindernventil *n* / válvula *f* reductora de presión ‖ **~regelventil** *n* / válvula *f* reguladora de presión ‖ **~regler** *m* / regulador *m* de presión ‖ **~regler** (Bremse, Kfz) / limitador *m* de presión, válvula *f* descargadora

Drucktuch

"druckreif" (Vermerk) (Druck) / "tírese"
Druck•ring m / anillo m de empuje ‖ ~**riss** m / grieta f debida a la presión ‖ ~**riss**, plötzlicher Einbruch (Bergb) / hundimiento m ‖ ~**rohr** n / tubo m de presión ‖ ~**rohr** (Pumpe) / tubo m de impulsión ‖ ~**rohr** (Wasserkraftwerk) / tubo m forzado, tubo m bajo presión ‖ ~**röhrenreaktor** m, -rohrreaktor m (Nukl) / reactor m de tubos de (o a) presión ‖ ~**rohrleitung** f / tubería f forzada ‖ ~**rohrstutzen** m der Einspritzdüse (Kfz) / tubuladura f de inyección ‖ ~**rolle** f (Masch) / rodillo m de presión ‖ ~**rolle** (Walzw) / cilindro m prensor ‖ ~**rolle** (Druck) / cilindro m impresor ‖ ~**rolle** (Filmapp) / rodillo m prensor ‖ ~**rolle** (Drucker, DV) / rodillo m impresor ‖ ~**satz** m (Druck) / composición f ‖ ~**schablone** f (Farbdruck) / estarcidor m para impresión en colores ‖ ~**schablone** (Tex) / plantilla f estampadora ‖ ~**schacht** m (Düker) / pozo m bajo presión ‖ ~**schale** f (Phys) / envuelta f presionizada ‖ ~**schalter** m (auf Druck reagierend) (Elektr) / interruptor m automático por aumento de presión, manóstato m ‖ ~**schalter** (zum Drücken) / interruptor m pulsante ‖ ~**scheibe** f / arandela f de presión, disco m de presión ‖ ~**scheibe** (zur Aufnahme von Schub) / arandela f de empuje ‖ ~**scherversuch** m (Leim) / ensayo m de cizalladura bajo presión ‖ ~**schicht** f (Elektr) / capa f impresa ‖ ~**schichtung** f (Geol) / estratificación f por presión ‖ ~**schieber** m (Pumpe) / distribuidor m de presión ‖ ~**schlauch** m / manguera f de presión ‖ ~**schlauch**, dickwandiger Schlauch (Chem) / tubo m flexible reforzado ‖ ~**schleifen** n (Pap) / alisado m bajo presión ‖ ~**schleuse** f / esclusa f de (o a) presión ‖ ~**schmelz**... / presofundido ‖ ~**schmiernippel** m / boquilla f roscada para el engrase a presión ‖ ~**schmierpresse** f / pistola f de engrasar, jeringa f de grasa ‖ ~**schmierung** f (Kfz) / lubricación f a presión, engrase m a presión ‖ ~**schott** n (Luftf) / mamparo m estanco de presión ‖ ~**schraube** f (Masch) / tornillo m de presión, tornillo m de apriete ‖ ~**schraube** (Luftf) / hélice f de empuje ‖ ~**schraubenmotor** m (Luftf) / motor m de empuje ‖ ~**schreiber** m / manómetro m registrador ‖ ~**schrift** f, gedruckte Schrift (Druck) / escritura f impresa ‖ ~**schrift** (als Gattung) (Druck) / letra f de molde ‖ ~**schrift** (Zeichn) / escritura f normalizada ‖ ~**schrift**, Prospekt m / folleto m, publicación f, prospecto m ‖ ~**schriften** f pl (z.B. über Erzeugnisse) / documentación f ‖ ~**schriften**, Literatur f / literatura f ‖ ~**schwankung** f / fluctuación f de presión ‖ ~**schwankungsschalter** m (Elektr) / relé m neumático diferencial ‖ ~**schweißung** f / soldadura f bajo presión ‖ ~**schwellbereich** m (Prüfen) / gama f de cargas pulsatorias con previa compresión, zona f de esfuerzos de presión pulsatoria ‖ ~**schwellfestigkeit** f / resistencia f a la fatiga por cargas pulsatorias con previa compresión ‖ ~**seite** f (Mech) / costado m de empuje ‖ ~**seite** (Pumpe) / lado m de impulsión ‖ ~**seite** (des Flügels) (Luftf) / lado m de presión ‖ ~**seite** (des Propellers) (Luftf) / lado m de retroceso o de reglofo ‖ ~**seite** (Druck) / página f impresa ‖ ~**separator** m (Pap) / separador m a presión ‖ ~**servoventil** n (Masch) / servoválvula f de presión ‖ ~**setzungsmesser** m (Mess) / medidor m de asiento por presión ‖ ~**sintern** n (Sintern) / sinterización f a presión ‖ ~**sonde** f / sonda f manométrica ‖ ~**spannung** f (Phys) / tensión f de compresión ‖ ~**spannung von Federn** / tensión f de aplastamiento de muelles ‖ ~**Spannzange** f / pinza f portapieza de presión ‖ ~**speicher** m (DV) / memoria f para impresión ‖ ~**speicher** (Hydr) / acumulador m [de presión] ‖ ~**speicher** (Heizung) / acumulador m bajo presión, tanque m de presión ‖ ~**speicher** (Kfz, Luftf) / depósito m de aire comprimido ‖ ~**speiser** (Gieß) / bebedero m a presión ‖ ~**spiegel** m (Grundwasser) / nivel m del agua subterránea ‖ ~**spindel** f / husillo m

de presión ‖ ~**spritzverfahren** n (Hütt) / procedimiento m de inyección a presión ‖ ~**sprung** m (Phys) / salto m de presión ‖ ~**stab** m (Mat.Prüf) / probeta f de presión ‖ ~**stab**, -glied n (Stahlbau) / barra f sometida a la compresión
Drückstahl m (Masch) / herramienta f de embutir
Druck•standversuch m / ensayo m de flujo bajo presión ‖ ~**stange** f (Masch) / varilla f de presión ‖ ~**stange** (Koks) / barra f de empuje ‖ ~**stange** (Bremse) / barra f de émbolo ‖ ~**stange** (Nähm) / barra f de presión ‖ ~**stärkeregler** m (Schreibm) / regulador m de impresión ‖ ~**steiger** m (Gieß) / respiradero m ciego, albricia f ‖ ~**stelle** f (Fehler), -marke f / mella f de presión ‖ ~**stelle** (vom Werkzeug) (Wzm) / marca f de impresión, impresión f de la herramienta ‖ ~**stelle** (DV) / posición f de impresión ‖ ~**stempel** m (Bergb) / estemple m, puntal m ‖ ~**stempel** (Kolben) / cilindro m buzo ‖ ~**stempel** (Lochstanze) / expulsor m, punzón m de agujerear ‖ ~**stempel**, Gummistempel m (Büro) / sello m ‖ ~**steuerung** f (DV) / mando m de impresión ‖ ~**steuerventil** n / válvula f de control manométrico
Drück•stift m, Auswerfer m (Gieß, Wzm) / expulsor m ‖ ~**stiftplatte** f (Plast) / placa f portaexpulsores
Druckstock m (Druck) / clisé m, plancha f, autotipía f ‖ ~**-Abzug** f (Druck) / galerada f de un clisé
Druck•stoff m (Tex) / tela f estampada ‖ ~**stoffe** m pl (Tex) / género m estampado ‖ ~**stollen** m (Hydr) / galería f de presión ‖ ~**stollen** (Staumauer) / túnel m del agua de presión ‖ ~**stoß** m **in Rohren**, Wasserschlag m / turbión m, arietazo m, choque m de ariete, golpes m pl de ariete ‖ ~**strahlgebläse** n / eyector m hidráulico ‖ ~**strahlläppen** n / lapeado m por chorro de agua ‖ ~**strebe**, -diagonale f (Stahlbau) / tornapunta f, diagonal m sometido a compresión ‖ ~**stück** m (Masch) / pieza f de presión, pieza f de empuje ‖ ~**stück** (im Verschlussknopf) (Feuerwaffe) / disparador m posterior ‖ ~**stufe** f (Hydraulik, Pneum) / etapa f de presión, paso m de presión ‖ ~**stufenventil** n / limitador m escalonado de presión, válvula f dosificadora de alivio de la presión ‖ ~**sturz** m (Raumf, Taucher) / descompresión f ‖ ~**stutzen** m / tubuladura f de presión ‖ ~**tank** m / tanque m a presión, depósito m a presión ‖ ~**taste** f (DV, Eltronik, Fernm) / tecla f, pulsador m ‖ ~**taste** "Sprechen" f [ohne Verriegelung] (Fernm) / botón m pulsador de hablar, conmutador m [del tipo de oprimir] para hablar ‖ ~**tastenabstimmung** f (Eltronik) / sintonización f por pulsadores ‖ ~**tastenempfänger** m / radiorreceptor m con teclado ‖ ~**tastenfeld** n / teclado m de pulsadores ‖ ~**tastensatz** m / juego m de teclas ‖ ~**tastenschalter** m (Elektr) / interruptor m de pulsador ‖ ~**tastenschaltung** f / conexión f por teclas, conexión f por pulsadores ‖ ~**tastenstellwerk** n, Dr-Stellwerk n (Bahn) / puesto m de botones pulsadores, puesto m de pulsadores de itinerario ‖ ~**tastensteuerung** f (DV) / control m o gobierno o mando mediante teclado o pulsadores ‖ ~**tasten-Technik**, Dr-Technik f (Bahn) / técnica f de pulsadores ‖ ~**tastentelefon** n (Fernm) / teléfono f de teclas ‖ ~**tastenwahl** f (Fernm) / marcación f por teclas ‖ ~**taster** m (am Schaltgerät) (Elektr) / tecla f auxiliar accionada a mano ‖ ~**technik** f (Druck) / técnica f de impresión ‖ ~**technisch**, técnicotipográfico ‖ ~**telegraf** m (hist.) / tipotelégrafo m, telégrafo m impresor ‖ ~**tiefe** f (Druck) / profundidad f de impresión ‖ ~**tiegel** m, Platte (Druck) / platina f de imprenta ‖ ~**topf** m (Walzw) / caja f de seguridad, elemento m de seguridad ‖ ~**träger** m (Druck) / rodillo m de plancha ‖ ~**tränken** (Sintern) / inyectar, impregnar a presión ‖ ~**tränken** n (Sintern) / inyección f, impregnación f a (o bajo) presión ‖ ~**transformation** f (Eltronik) / transformación f de presión ‖ ~**trockner** m (Tex) / secador m de estampado ‖ ~**tuch** n (Druck) / mantilla f

Drucktuch

de la prensa, bayeta f, paño m || ≈tuch (Färb) / fieltro m acompañador para estampar || ≈turbine f, Gleichdruckturbine f / turbina f a presión, turbina f de acción || ≈type f (Einzelbuchstabensatz) (Druck) / tipo m || ≈übersetzer m, Booster m, Multiplikator m / multiplicador m de presión || ≈übertrager m / transmisor m de presión || ≈-Übertragungsfaktor m, elektroakustischer Übertragungfaktor (Akust) / eficacia f intrínseca, factor m de transmisión electroacústico, rendimiento m en función de la presión, respuesta f en presión || ≈umformen n (DIN 8583) / conformación f a presión || ≈umformer, -erhöher m / multiplicador m de presión || ≈umformer m, -übersetzer m / transformador m de presión || ≈umlauf m, erzwungener Umlauf / circulación f forzada || ≈umlaufschmierung f (Masch) / engrase m a presión en circuito cerrado
Drück- und Planiermaschine f (Wzm) / máquina f para repujar [o embutir] y aplanar
Druck•- und Saugpumpe f / bomba f impelente-aspirante || ≈- und Setzmaschine f (Druck) / componedora-impresora f || ≈- und Zugschraubenmotor m (Luftf) / motor m de hélices de empuje y de tracción || ≈unterschied m / diferencia f de presión || ≈ventil n / válvula f de presión || ≈ventil (Hydr) / válvula f reguladora [de presión] || ≈ventil (Diesel) / válvula f de alimentación || ≈ventil (Pumpe) / válvula f impelente || ≈ventilator m / ventilador m de impulsión de aire fresco || ≈ventilator (Bergb) / ventilador m soplante || ≈verbreiterung f, -verbreitung f (Spektrum) / ensanchamiento m por presión || ≈verdickung f (Tex) / espesante m para el color de estampación || ≈verfahren n (Druck) / procedimiento m de impresión, procedimiento m tipográfico || ≈verfahren, Drucksystem n (Masch) / sistema m [que hace uso] de presión || ≈verformung f, Stauchung f (Druck) / período m de compresión || ≈verformung (Gummi, Plast) / deformación f residual por compresión || ≈verformungsrest m, bleibende Verformung (Plast) / deformación f permanente || ≈verhältnis, Kompressionsverhältnis n (Mot) / relación f de compresión, índice m de compresión, relación f volumétrica || ≈verhältnisventil n / válvula f que regula proporcionalmente la presión, válvula f dosificadora de presión || ≈verlauf m (Phys) / evolución f de la presión || ≈verlust m / pérdida f de presión || ≈verlust, Gefällverlust m (Hydr) / pérdida f de carga || ≈verlust m (Strömung) / pérdida f de arrastre || ≈vermerk m (Zeitung) / nota f de impresión || ≈verminderung f / decompresión f || ≈verminderung, -abfall m (Masch) / reducción f de presión, disminución f de presión || ≈verschiebung f (Spektrum) / desplazamiento m por presión || ≈verschluss, Facettenverschluss m (Druck) / cierre m de presión || ≈verstärker m (Hydr) / multiplicador m de presión hidráulica || ≈verstärker (Druckguss) / intensificador m [de presión], amplificador m [de presión] || ≈verstärkung f / refuerzo m [com]presión || ≈versuch m, -probe f / ensayo m de presión || ≈versuch (durch Zusammendrücken) / ensayo m de compresión || ≈versuch, Quetschversuch m, (an Baustoffen) / ensayo m de rotura por compresión || ≈verteilung f (Mech) / distribución f de la presión, distribución f de la carga || ≈vorlage f (Druck) / modelo m || ≈vorlage (IC) / dibujo m matriz || ≈vorrichtung f (Druck) / dispositivo m de impresión, aparato m de impresión || ≈waage f (Mess) / regulador m de presión || ≈waage (Vakuum) / monitor m de presión || ≈wächter m, Manostat m (Regeln) / manóstato m, regulador m de la presión || ≈wächter (Gasgeräte) / interruptor m automático por caída de presión || ≈walze f / cilindro m prensador || ≈walze (Kalander) / cilindro m prensador de calandría || ≈walze (Landw) / cilindro m prensador || ≈walze

(Druck, Fernm) / cilindro m impresor o de imprenta || ≈walze (Zeugdr) / rodillo m estampador
Drück•walzen n (Walzw) / laminación f a presión || ≈walzen, Abstreckdrücken n / formación f por estiraje y compresión combinada
Druck•walzenmasse f (Druck) / pasta f para cilindro impresor || ≈walzenstreicher m (Druck) / raspador m
Drückwalzmaschine f (Wzm) / torno m de laminar
Druckwand f (Schiff) / mamparo m estanco
Druckwasser n (Masch) / agua f a presión || ≈ (Zuck) / agua f de alimentación || ≈ (Kraftwerk) / agua f para la generación de electricidad
Druckwasser•... (Kraftwerk), druckwasserbetrieben / hidráulico || ≈anlage f mit Druckluftbelastung, Druckwasser-Druckluftanlage f / instalación f hidro-neumática || ≈anlage mit Druckpumpen / instalación f hidráulica con bombas impelentes || ≈anlage mit Gewichtsakkumulator / instalación f hidráulica con acumulador || ≈antrieb m / impulsión f hidráulica || ≈behälter m / recipiente m [de agua] a presión || ≈dicht / a prueba de agua a presión || ≈formmaschine f (Gieß) / moldeadora f hidráulica || ≈gefäß n (Zuck) / balón m de alimentación, recipiente m de alimentación || ≈kissen n / cojín m de agua a presión || ≈kraftwerk n (Elektr) / central f de agua a presión || ≈leitung f / tubería f de agua a presión || ≈leitung (Staumauer) / tubería f bajo presión || ≈-Reaktor m (Nukl) / reactor m de agua a presión || ≈saugstrahlpumpe f, Druckwasserejektor m / eyector m hidráulico || ≈schutz m (Elektr) / protección f contra los chorros de agua || ≈speicher m / acumulador m hidráulico
druckwasserstoffbeständig / resistente al hidrógeno comprimido
Druckwasserzerstäuber m / pulverizador m de agua de presión
Druck•welle f (Explosion) / onda f de choque, onda f de explosión || ≈welle (Flüssigkeit) / onda f de [com]presión || ≈welle (Masch) / árbol m de empuje || ≈wellen f pl in der Ansaugleitung (Kompressor) / golpes m pl de apriete en la tubería de aspiración || ≈wellenlader m (Diesel) (Kfz) / sobrealimentador m Comprex || ≈wellenzünder m (Gaslicht) / encendedor m mediante onda de presión || ≈werk n, -apparat m (Druck, Offset u. Hochdruck) / mecanismo m impresor o de impresión || ≈werk für Umschlagseite (Druck) / impresor m de tapas || ≈werkzeug n (gedr.Schaltg) / clisé m de producción || ≈widerlager n / apoyo m de compresión || ≈widerstand m (Luftf) / resistencia f de presión || ≈Wiederanstieg m / re[e]stablecimiento m de presión || ≈windkessel m / tanque m de aire comprimido || ≈windreinigung f (Landw) / limpieza f con aire a presión || ≈wulst m / reborde m de presión || ≈zapfen m (Schraube) / pivote m opresor || ≈zeile f (Druck) / línea f de impresión || ≈zeit, Druckdauer f / duración f de la presión, parada f de aplicación de la presión || ≈zeit f (Schw) / período m de presión ||
~zementieren (Öl) / cimentar a presión ||
~zementieren n (Öl, Tätigkeit) / cimentación f forzada, inyección f de cimento || ≈zerstäuber m / pulverizador m de alta presión || ≈zerstäuberbrenner m (Öl) / quemador m de pulverización a (o bajo) presión || ≈zeug n (Wirkm) / aparato m de cambio de cerraje
drückziehen (Hütt) / estirar a (o bajo) presión
Druck•zone f / zona f de compresión || ≈zubehör n (Druck) / accesorios m pl de imprenta || ≈zuführung f / alimentación f a presión || ≈-Zug-Schalter m (Elektr) / conmutador m pulsador y de tiro || ≈zunahme f / incremento m de presión, aumento m de presión || ≈zuschuss m (Druck) / hoja f extra || ≈zylinder m (Masch) / cilindro m de presión || ≈zylinder (Hammer) / cilindro m compresor || ≈zylinder (Druck) / cilindro m

impresor ‖ ⁓zylinder des Lufthammers / cilindro *m* del martillo neumático
Drumlin *m* (Geol) / drumlin *m*
Drusch *m*, Ausdrusch *m* (Landw) / trilla *f*
Druse *f* (Min) / drusa *f*, geoda *f*
Drusen *f pl*, Bodensatz *m* (Wein) / sedimento *m*, heces *f pl* ‖ **~förmig**, drusig (Bergb) / drusiforme ‖ ⁓**öl** *n* (Pharm) / aceite *m* de granos de uva
D+R-Verfahren *n*, Tiefziehen und Weiterziehen (Hütt) / procedimiento *m* D+R (embutido y estirado)
Dry•farming *n* (Landw) / cultivo *m* de secano o de rulo (Chile) ‖ ⁓**fit-Batterie** *f* / batería *f* "dryfit"
DS, Darmstadtium *n* (OZ 110) / DS, darmstadtio *m* ‖ ⁓ (= Drehstrom), Ds (Elektr) / corriente *f* trifásica
DSA-Fahrwerk *n* (Kfz) / chasis *m* DSA (Seguridad Dinámica)
DSB (DV) = Datenschutzbeauftragter
DSC, Dynamische Stabilitätskontrolle (Kfz) / control *m* dinámico de estabilidad
D-Schale *f* (Erde) / capa *f* D
D-Schicht *f* (Atmosphäre) / estrato *m* D
D-Schirm *m* (Radar) / pantalla *f* D
DSG, Direktschaltgetriebe *n*, Doppelkupplungsgetriebe *n* / transmisión *f* de embrague doble
DSL (Digital Subscriber Line), digitale Teilnehmerleitung (Fernm) / línea *f* digital del abonado
Ds-Motor *m* (Elektr) / motor *m* trifásico
DSP (= digitaler Signal-Prozessor) (Eltronik) / procesador *m* digital de la señal
DSR (Nukl) = dampfgekühlter schneller Reaktor
DSS (= decision support system) (DV) / sistema *m* DSS, sistema *m* de apoyo para decisiones, SAD
DSTC (Dynamic Stability and Traction Control)(Fahrdynamikregelung) / control *m* dinámico de estabilidad y tracción
DT = Dampfturbine
DTA (Phys) = Differenzthermoanalyse
DTC, Dynamic Torque Control / Control Directo de Par
dtex (Spinn) / dtex
DTG, Differentialthermogravimetrie *f* / termogravimetría *f* diferencial o en derivación
DTP, Desk-Top-Publishing *n* (DV) / publicación *f* de escritorio o de sobremesa
DTT-Temperatur *f*, Design Transisiton Temperature (Reaktor) / temperatura *f* de transición de resiliencia
DTV (Digital Television) / televisión *f* digital
DU (= depleted uranium - abgerechertes Uran) / uranio *m* desenriquecido
DÜ = Datenübertragung
dual (DV, Math) / diádico, dual ‖ ⁓, binär / binario ‖ **~er Beta-Zerfall** (Nukl) / descomposición *f* dual beta ‖ **~es Netzwerk**, Dualgleid *n* (Eltronik) / red *f* recíproca, red *f* en correspondencia dualística [con otra] ‖ **~es Zahlensystem** (System mit der Grundzahl 2, oft ungenau identifiziert mit Binärsystem) (Math) / sistema *m* dual ‖ **verdadero** ‖ **entsprechend ~er Eins** (Math) / verdadero ‖ **entsprechend ~er Null** (Math) / falso ‖ ⁓**alphabet** *n* / alfabeto *m* binario
Dualayer-Prozess *m* (Benzin) / proceso *m* "dualayer"
Dual•bruch *m* (Math) / fracción *f* binaria ‖ ⁓**funktion** *f* (DV) / función *f* binaria ‖ ⁓**glied** *n* s. duales Netzwerk ‖ ⁓**impuls** *m* / impulso *m* binario ‖ ⁓**-Inline-Gehäuse**, Dip-Gehäuse *n* (IC) / caja *f* DIP ‖ ⁓**-Inline-Sockel** *m* / base *f* DIP
Dualismus *m* (Phys) / dualismo *m*
dualistisch / dualístico
Dualität *f* / dualidad *f*
Dualitätsprinzip *n* (Math) / principio *m* de dualidad
Dual•komponente *f* / componente *f* dual, constituyente *m* binario ‖ ⁓**phasenstahl** *m* (Hütt) / acero *m* de doble fase ‖ ⁓ **Port** (DV) / puerto *m* dual ‖
⁓**-Spin-Stabilisierung** *f* (Raumf) / estabilización *f*

doble por rotación ‖ ⁓**system** *n* (System mit der Grundzahl 2, oft ungenau identifiziert mit Binärsystem) (DV, Math) / sistema *m* dual ‖ ⁓**zahl** *f* **bei Basis 2** / número *m* binario
Duante *f*, Duant *m* (Zyklotron) / electrodo *m* en D
Duax *n* (Eltronik) / duax *m*
Dubbs Krackverfahren *n* (Öl) / craqueo *m* [de] Dubbs
Dübel, Wanddübel *m* (Bau) / espiga *f*, taco *m*, tarugo *m* ‖ ⁓ *m*, Pflock *m* (Zimm) / clavija *f*, tarugo *m* ‖ ⁓ (aus Holz) / nudillo *m* ‖ ⁓ (Holzschiffbau) / tapín *m* ‖ ⁓**bohrer** *m* (Wz) / taladro *m* de espiga ‖ ⁓**eintreibmaschine** *f*, -einschießmaschine *f* (Bau) / máquina *f* para encajar tarugos o espigas ‖ ⁓**herstellungsmaschine** *f* / clavijadora *f*, máquina *f* de fabricar las clavijas ‖ ⁓**loch** *n* / agujero *m* para la espiga ‖ ⁓**lochbohrer** *m* / taladradora *f* para agujeros de clavijas ‖ ⁓**maschine** *f* / máquina *f* espigadora
dübeln *vt*, mit Holzdübeln befestigen (Zimm) / sujetar con clavijas ‖ ⁓ (Bau) / espigar, fijar con tarugo[s] ‖ ⁓ *n* (Bau) / fijación *f* con espigas
Dübel•schießgerät *n* (Wand) / pistola *f* de espigas ‖ ⁓**schweißung** *f*, Schlitzschweißung *f* / soldadura *f* por ranuras
Dubleegold, Golddublee *n* (Hütt) / oro *m* chapeado, dublé *m*
Dublett *n* (gemeinsames Elektronenpaar zweier Atome) (Chem) / doblete *m*, par *m* de electrones ‖ ⁓ (Opt) / doblete *m*, lente *m* doble ‖ ⁓, Dublette *f* (Chem) / doblete *m* ‖ ⁓**methode** *f* (Nukl) / método *m* de dobletes ‖ ⁓**-Term**, Dubletterm *m* (Nukl) / termo *m* doble
dublieren (Druck) / doblar ‖ ⁓, doppeln, duplieren (Spinn) / doblar, reunir ‖ ⁓, goldplattieren (Hütt) / chapear al oro
Dublierer *m*, Dubliererin *f* (Person, Spinn) / doblador *m*, dobladora *f*
Dublier•kalander *m* (Tex) / calandria *f* dobladora ‖ ⁓**maschine** *f* (Spinn) / dobladora *f*, reunidora *f*
Dublierung *f*, Dublieren *n*, Dopplung *f* (Tex) / doblado *m*, reunión *f*
DÜ-Block *m* (DV) / bloque *m* de transmisión de datos
Duchesse *f* (Tex) / satén *m* duquesa, raso *m* duquesa ‖ ⁓**-Bindung** *f* (Kettatlas) (Tex) / ligado *m* duquesa
Duck, Rupfen *m* (Tex) / arpillera *f*, harpillera *f*
Dückdalbe, Dalbe *f* (Schiff) / duque *m* de alba
Ductor, Schaber *m* (Druck) / raspador *m*
DÜ-Einrichtung *f*, DÜE, Datenübertragungseinrichtung *f* (DV) / equipo *m* de terminal de datos, instalación *f* terminal de datos
Düffel *m* (Web) / siberiana *f*
Dufrenit, Kraurit *m*, Grüneisenerz *n* (Min) / dufrenita *f* (variedad verde de fosfato de hierro)
Dufrenoysit *m*, Bleiarsenit *m* (Min) / dufrenoysita *f*, arsenita *f* de plomo
Duft *m* / olor *m*, perfume *m* ‖ ⁓..., wohlriechend / aromático, oloroso, odorante ‖ ⁓**auszug** *m* (Chem) / esencia *f* ‖ ⁓**fernsehen** *n* (TV) / televisión *f* olfactoria
duftig, aromatisch / aromático
Duft•säule *f* / columna *f* olorosa ‖ ⁓**spray** *n* / ambientador *m* ‖ ⁓**stoff** *m* / aromático *m* ‖ ⁓**träger** *m* (Chem) / portador *m* de olor, materia *f* odorífera
Dukatengold *n* / oro *m* fino (23,5-23,66 quilates)
Düker *m* (Hydr) / sifón *m* (conducto debajo de un río o un dique) ‖ ⁓ (unter Flüssen o. Kanälen) (Öl) / tubería *f* sumergida ‖ ⁓, Durchlass *m* (Straßb) / alcantarilla *f* ‖ ⁓**rohr** *n* (Hydr) / tubo *m* sifón
Dukt *m*, Troposphärenkanal *m* (Meteo) / conducto *m* troposférico, guía *f* troposférica
duktil (Hütt) / dúctil
Duktilität *f* / ductilidad *f* ‖ ⁓ **im Anlieferungszustand** (Metall) / ductilidad *f* en estado bruto ‖ ⁓ **nach Betriebseinsatz** / ductilidad *f* retenida
Duktilometer *n* (Öl) / ductilómetro *m*

Duktor, Doktor, Walzenreiniger *m* (Tex) / raspador *m* ‖ ⁓**walze** *f* (Druck) / cilindro *m* del tintero
Dukttiefe *f* (Meteo) / ancho *m* de conducto
Dulcin *n* (Süßstoff) (Chem) / dulcina *f*
Dulcit *m* (Chem) / dulcita *f* (sustancia dulcificante)
Dulong-Petitsche Regel *f* (Phys) / ley *f* de Dulong-Petit
Dummy *m* (Kfz) / maniquí *m*
Dump *m*, Speicherauszug *m* (DV) / vaciado *m*, descarte *m*
Dumper *m*, Autoschütter *m* (Bau) / volquete *m* automóvil, vagón *m* basculante
dumpf (Ton) / sordo ‖ ⁓, gedämpft (Akust) / bajo, amortiguado ‖ **⁓er Ton** / sonido *m* bajo
Dumproutine *f*, Speicherauszugsroutine *f* / rutina *f* de transcripción, rutina *f* de volcado o de vuelco
Düne *f* (Geol) / duna *f*
Dünen•bau, -schutz *m* (Hydr) / defensa *f* de dunas ‖ ⁓**buggy** *n* (Kfz) / buggy *m* ‖ ⁓**sand** *m* (Geol) / arena *f* movediza
Dung, Stallmist *m* (Landw) / estiércol *m* ‖ ⁓**einheit** *f*, DE (Landw) / unidad *f* fertilizante
Dünge•kalk *m* (Landw) / cal *f* de abono ‖ ⁓**kuchen** *m* aus Olivenrückständen / abono *m* de residuos de aceitunas ‖ ⁓**lanze** *f*, Düngeeinspritzer *m* (Landw) / tubo *m* de inyección, inyector *m* de abono ‖ ⁓**mergel** *m* / marga *f* de abono ‖ ⁓**mittel** *n*, -stoff *m* / fertilizante *m*, abono *m* ‖ ⁓**mittelindustrie** *f* / industria *f* de fertilizantes
düngen *vt* (Landw) / estercolar, bonificar, fertilizar ‖ **mit Nitrat ⁓** (Landw) / nitratar ‖ **mit Schlamm ⁓** (Landw) / bonificar con fango ‖ ⁓ *n*, Düngerstreuen *n* / fertilización *f*, utilización *f* de abonos
Dünger *m*, Dung, Stallmist, Mist *m* / estiércol *m* ‖ ⁓, [künstliches] Düngemittel *n* / fertilizante *m* ‖ ⁓ **zum Abdecken** (Landw) / mulch *m* ‖ **flüssiger** ⁓, Jauche *f* / estiércol *m* líquido, abono *m* líquido ‖ **flüssiger** ⁓, Gülle *f* / abono *m* semilíquido, agua *f* de estiércol ‖ ⁓**einleger** *m* / enterradora *f* de estiércol ‖ ⁓**lösung** *f* / fertilizante *m* disuelto ‖ ⁓**spritzen** *n* / distribución *f* de estiércol líquido, pulverización *n* de estiércol líquido ‖ ⁓**streuer** *m*, -streumaschine *f* / esparcidora *f* de fertilizantes, distribuidora *f* de estiércol
Düngesalz *n* / sal *f* de abono
Dung•kratzer, -schieber *m* (Landw) / rascador *m* de estiércol ‖ ⁓**lader** *m* / cargadora *f* de estiércol
Düngung *f* / abonado *m*, fertilización *f*
Dung•wagen *m*, Mistwagen *m* / carro *m* de (o para) abono ‖ ⁓**wert** *m* (Abfälle) / valor *m* fertilizante
Dunit *m* (ein Peridotit) (Geol) / dunita *f* (variedad de olivino)
dunkel (allg, Farbe) / o[b]scuro ‖ ⁓, verdunkelt (Himmel) / cubierto, o[b]scuro ‖ ⁓ (Ton) / bajo ‖ ⁓ **adaptiert** (Opt) / adaptado a la o[b]scuridad ‖ ⁓ **färben** / o[b]scurecer ‖ ⁓ **geglüht** (Hütt) / recocido al negro ‖ ⁓ **gestreift** (Färb) / de (o con) rayos o[b]scuros ‖ ⁓ **gestreift**, moiriert (Färb) / muarado, con ondas ‖ ⁓ **getönt** / matizado ‖ **dunkles Bier** (Brau) / cerveza *f* negra ‖ **dunkler Farbton** / tono *m* o[b]scuro, matiz *m* o[b]scuro ‖ **dunkler Fleck** (Min) / mancha *f* o[b]scura ‖ **dunkler Kern**, schwarzer Kern (feuerfest) / núcleo *m* negro ‖ **dunkle Materie** (Astr) / materia *f* oscura ‖ **dunkles Rotgüldigerz**, Pyrargyrit *m* (Min) / pirargirita *f* ‖ **dunkle Seite**, Rückseite *f* (Astr) / cara *f* o[b]scura ‖ **dunkle Wärme** (Phys) / calor *m* o[b]scuro
Dunkel•anpassung, -adapt[at]ion *f* (Opt) / adaptación *f* a la o[b]scuridad, adaptación *f* escotópica ‖ ⁓**blau** / azul intenso u o[b]scuro ‖ ⁓**blauer Purpur** (Farbe) / purpurina *f* azul ‖ ⁓**braun**, kastanienbraun / pardo o[b]scuro ‖ ⁓**entladung** *f* (Phys) / descarga *f* o[b]scura ‖ ⁓**farbig**, -braun / de color o[b]scuro, moscardón negro, colihuacho o coliguacho (CHIL) ‖ ⁓**feld** *n* (Opt) / campo *m* o[b]scuro, fondo *m* o[b]scuro ‖ ⁓**feld-Ansteckleuchte** *f* / iluminador *m* de campo o[b]scuro tipo quita y pon ‖ ⁓**feldbeleuchtung** *f* /

iluminación *f* en campo o[b]scuro ‖ ⁓**feldbild** *n* (Elektronenmikroskop) / imagen *f* de campo o[b]scuro ‖ ⁓**feldkondensor** *m* (Opt) / condensador *m* de campo o[b]scuro ‖ ⁓**feldmikroskop** *n* / microscopio *m* de campo oscuro ‖ ⁓**feld-Mikroskopie** *f* / microscopia *f* de campo oscuro ‖ ⁓**fleck**, -punkt *m* (TV) / mancha *f* o[b]scura, punto *m* sombrío, sombra *f* ‖ ⁓**gelb**, hellbraun / pardo claro ‖ ⁓**gelb**, gelbbraun / amarillo o[b]scuro ‖ ⁓**glühen** (Hütt) / recocido *m* al negro ‖ ⁓**grau** / grisoscuro ‖ ⁓**grün** / verde o[b]scuro, verdeoscuro ‖ ⁓**grün** (tief) / verdinegro ‖ ⁓**grün**, flaschengrün / verde botella ‖ ⁓**grund** *m* (Opt) / fondo *m* negro
Dunkelheit, völlige ⁓ / o[b]scuridad *f* total
Dunkel•-Hell-Verhältnis *n* (Blinklicht) / tasa *f* de períodos de oscuridad ‖ ⁓**kammer** *f* (Foto) / cuarto *m* o[b]scuro, laboratorio *m* ‖ ⁓**kammerbeleuchtung** *f* (Foto) / lámpara *f* inactínica, luz *f* segura ‖ ⁓**kammerfilter** *m* *n* (Foto) / filtro *m* de seguridad de cuarto o[b]scuro ‖ ⁓**kirschrotglut** *f* (Hütt) / rojo *m* cereza naciente ‖ ⁓**leitung** *f* (Eltronik) / conducción *f* residual ‖ ⁓**leuchtbild** *n* (Foto) / escotografía *f* ‖ ⁓**leuchtdichte** *f* (Opt) / claridad *f* o[b]scura ‖ ⁓**leuchtdichte-Einheit** *f*, Skot *m*, sk (Phys) / skot *m* ‖ ⁓**leuchtdichte-Kurve** *f* / curva *f* de luminosidad escotópica ‖ ⁓**leuchten** *n* / irradiación *f* luminosa en la o[b]scuridad
dunkeln, dunkel o. dunkler werden *vi* / o[b]scurecerse ‖ ⁓ *vt*, abdunkeln / o[b]scurecer
Dunkel•öl *n* (grobes Schmieröl) / aceite *m* negro, aceite *m* de residuos ‖ ⁓**olivgrün** / de color aceituna oscuro ‖ ⁓**opak** / opaco o[b]scuro ‖ ⁓**purpurrot** (Min) / púrpura intensa ‖ ⁓**raum** *m* (Foto) / sala *f* o[b]scura, cuarto *m* o[b]scuro ‖ ⁓**raum** (Kath.Str) / espacio *m* o[b]scuro ‖ ⁓**raumprojektion** *f* (Foto) / proyección *f* en sala o[b]scura ‖ ⁓**raum-Reproduktionskamera**, Zweiraumkamera *f* (Foto) / cámara *f* [de reproducción] para laboratorio bipartido, cámara *f* de cuarto oscuro ‖ ⁓**reaktion** *f* (Chem) / reacción *f* o[b]scura ‖ ⁓**rotglut** *f* (565 °C) (Hütt) / rojo *m* o[b]scuro ‖ ⁓**schalter** *m* / conmutador *m* reductor, conmutador *m* de graduación de la luz ‖ ⁓**schlag** *m*, Dunkelhieb *m* (Forstw) / ligera *f* rotura de la espesura bajo árboles protectores ‖ ⁓**schriftröhre** *f* (TV) / esquiatrón *m*, tubo *m* catódico de pantalla absorbente, tubo *m* catódico de trazo o[b]scuro ‖ ⁓**schriftschirm** *m* (TV) / pantalla *f* absorbente ‖ ⁓**steuerimpuls** *m* (TV) / impulso *m* de extinción o borrado o de supresión ‖ ⁓**steuerung** *f* (TV) / extinción *f* del haz durante el retorno ‖ ⁓**strahler** *m* (Elektr) / irradiador *m* o[b]scuro ‖ ⁓**strom** *m* (Photozelle) / corriente *f* o[b]scura o negra o de o[b]scuridad ‖ ⁓**stufe** *f* (DIN Farbsystem) / valor *m* de o[b]scuridad ‖ ⁓**tasten** *vt* (TV) / suprimir el haz ‖ ⁓**tastung** *f* (Ultraschall) / supresión *f* de ecos, blanking *m* ‖ ⁓**ton** *m* (Farbe) / tono *m* oscuro ‖ ⁓**widerstand** *m* (Photozelle) / resistencia *f* de reposo ‖ ⁓**wolken** *f pl* (Astr) / nebulosas *f pl* o[b]scuras ‖ ⁓**zeit** *f* (Blinker) / intervalo *m* oscuro
dünn, fein (allg) / fino, delgado, lambrijo (MEJ) ‖ ⁓ (z.B. Papier) / delgado ‖ ⁓ (**Luft**) / enrarecido (aire), raro ‖ ⁓, locker / flojo ‖ ⁓, hauchdünn / sutil, tenue ‖ ⁓, schwach (Linien) / débil ‖ ⁓, verdünnt (Chem) / diluido ‖ ⁓, schwach (Flüssigkeit) / débil ‖ ⁓ (Foto) / débil, flojo ‖ ⁓ (Tex) / ligero ‖ ⁓, durchscheinend (Opt) / tra[n]slúcido ‖ ⁓, schlank / esbelto ‖ ⁓**e Ader** (Bergb) / veta *f* de poca cubicación ‖ ⁓ **anmachen** (Bau, Kalk) / preparar acuoso, amasar acuosamente ‖ ⁓ **besiedelt** / poco poblado ‖ ⁓**er Buchstabe** (Druck) / letra *f* delgada ‖ ⁓**er Draht**, Dünndraht *m* / hilo *m* esbelto ‖ ⁓**e Farbschicht** (Druck) / película *f* de tinta ‖ ⁓ **getaucht** (Elektrode) / con revestimiento delgado por inmersión ‖ ⁓**er Hohlziegel** (Bau, Keram) / rasilla *f* ‖ ⁓**es Kupferband** / cinta *f* esbelta de cobre ‖ ⁓**er**

machen, verdünnen / adelgazar ‖ ~**er machen** (o. schlagen) (Schm) / martillar ‖ ~**eres Mittelteil** (Schm) / parte f central esbelta ‖ ~**e Schale** (Bau) / cascarón m delgado ‖ ~**e Scheibe** / disco m esbelto ‖ ~**es Seil** / cable m esbelto, cable m de poco espesor ‖ ~**e Stelle** (allg) / parte f esbelta ‖ ~**e Stelle im Gewebe** / raza f ‖ ~**er werden** vi / adelgazar ‖ ~**er werden**, konisch zulaufen / decrecer gradualmente ‖ ~**er Zement** (Bau) / cemento m líquido
Dünn•bett n (Bau) / capa f de mortero delgada ‖ ~**bettverfahren** n (Keram, Plast) / técnica f de capa delgada ‖ ~**blech** n / chapa f fina o delgada ‖ ~**bramme** f (Walzw) / desbaste m delgado, planchón m o slab delgado ‖ ~**drähtig** / de hilos finos, de alambres finos ‖ ~**drähtiges Kabel** / cable m de hilos finos ‖ ~**drahtschweißung** f / soldadura f con varilla [de aportación] fina ‖ ~**druckpapier** n (Druck) / papel m biblia o de China, papel m India
Dünne, Dünnheit f / delgadez f, tenuidad f ‖ ~, Dünnheit f der Luft / rarefacción f del aire
dünn•fädig (Tex) / de hilo fino ‖ ~**film** m (Chem, DV) / película f delgada ‖ ~**film** s. auch Dünnschicht ‖ ~**film-FET** m, Dünnschicht-Feldeffekttransistor m (Halbl) / transistor m de efecto de campo de película delgada ‖ ~**film-IC** m / circuito m integrado de película delgada ‖ ~**filmschaltkreis** m (DV) / circuito m de película delgada ‖ ~**film-Solarzelle** f (Elektr) / célula f solar de película delgada ‖ ~**filmspeicher** m (DV) / memoria f de película delgada ‖ ~**filmtechnik** f / técnica f de películas delgadas ‖ ~**flüssig** / muy fluido ‖ ~**flüssiges Öl** / aceite m fluido, aceite m de poca viscosidad ‖ ~**flüssigkeit** f (Öl) / baja f viscosidad ‖ ~**format** n, Dünnformatziegel m (52 mm dick) (Bau) / ladrillo m de 52 mm espesor ‖ ~**gesät**, selten / raro ‖ ~**glas**, Fensterglas n 0,6-1,6 mm (Bau) / vidrio m común delgado ‖ ~**glasflasche** f / botella f de vidrio delgado ‖ ~**heißschliff** m (Pap) / pulpa f delgada de desfibración en caliente, pasta f clara desfibrada en caliente
Dunnit n (Sprengstoff) / dun[n]ita f
dünn•kochende Stärke, modifizierte Stärke (Chem) / almidón m modificado ‖ ~**lauge** f (Pap) / lejía f débil ‖ ~**pergamin** f / papel m cristal ‖ ~**postpapier** n / papel m cebolla ‖ ~**saft** m (Zuck) / jugo m claro, jarabe m diluido ‖ ~**säure** f (20 % H_2SO_4) (Chem) / ácido m diluido ‖ ~**schaftschraube** f / tornillo m de perno reducido ‖ ~**schalig** (Bot) / de cáscara delgada
Dünnschicht•... / de capa fina o delgada, de película fina ‖ ~**blende** f (Opt) / diafragma m de capa fina ‖ ~**chromatografische Analyse** (Chem) / cromatografía f de capa fina ‖ ~**-Chromatogramm** n / cromatograma m en láminas delgadas o de capa delgada ‖ ~**chromatographie** f / cromatografía f de (o en) capa fina ‖ ~**destillation** f / destilación f por capa o película fina ‖ ~**-Entgasungskolonne** f / columna f desgasificadora de capa fina ‖ ~**film** m (Foto) / película f con una capa delgada de emulsión ‖ ~**-Grundemail** n / esmalte m base de capa fina ‖ ~**verdampfer** m (Chem) / evaporador m de película o capa delgada ‖ ~**verfahren** n **für Stahldrähte** (Hütt) / técnica f de capa delgada para alambres ‖ ~**-Wärmeaustauscher** m / [inter]cambiador m de calor de capa fina
Dünn•schliff m (Geol) / lamina f micropétrea ‖ ~**schliff** (Hütt) / lámina f micrometalográfica, lámina f metalográfica transparente ‖ ~**schnittmikrotom** n (Histol) / micrótomo m de cortes muy delgados ‖ ~**stegig** (Stahlbau) / de alma delgada
Dünnstfilm m (Chem) / película f ultradelgada
Dünn•trübe f (Bergb) / líquido m diluido ‖ ~**wandig** / de pared delgada ‖ ~**wandiger Guss** (Gieß) / fundición f de pared delgada ‖ ~**wandige Ionisationskammer** (Nukl) / cámara f de ionización de pared delgada ‖

~**wandzählrohr** n (Nukl) / tubo m contador de pared delgada
Dunst m (trocken) (Atmosphäre) / bruma f seca, calina f, calima f ‖ ~ (feucht) (Atmosphäre) / bruma f, neblina f ‖ ~, Dampf m, Ausdünstung f / vaho m, exhalación f ‖ ~, Mühlendunst f / semolilla f ‖ ~, kleiner Jagd- oder Vogelschrot / mostacilla f ‖ **aggressiver** ~, Dampf m / humo m ‖ ~**abzug** m / campana f ‖ ~**abzugshaube** f (Küche) / campana f extractora ‖ ~**filter** n / filtro m de humos o vahos ‖ ~**glocke** f (Meteo) / capa f de bruma, capa f de neblina ‖ ~**haube** f (Chem) / campana f de humos
dunstig, trüb[e] (Wetter) / brumoso, neblinoso, nebuloso, calinoso
Dunst•rohr m (Bau) / tubo m de ventilación ‖ ~**schicht** f (Meteo) / humareda f, humarada f ‖ ~**[schleier]** m, trockener Dunst (Sichtweite über 1 km) / bruma f seca ‖ ~**wolke** f (Chem, Hütt) / vaharada f
Dünung f (Ozean) / oleaje m, mar m de fondo
duobinär (DV) / duobinario ‖ ~ **codiert** / codificado duobinario ‖ ~ **gecodete Modulation mit 90° Phasenverschiebung** (Eltronik) / desplazamiento m de fase en cuadratura codificada duobinaria
Duo•-Blockwalzwerk n / tren m dúo para laminar lingotes ‖ ~**dekalsockel** m (Eltronik) / base f duodecal, culote m duodecal ‖ ~**dezformat** n (Druck) / formato m en doce
duodezimal, Zwölfer..., duodenär (Math) / duodecimal ‖ ~**system** n, Duodekadik f / sistema m duodecimal
Duo•diode (Eltronik) / duodiodo m, doble diodo m ‖ ~**diode-Pentode** f / duodiodo-pentodo m ‖ ~**-Duplexbremse** f (Kfz) / freno m dúo-dúplex ‖ ~**dynatron**, Doppelfeld-Dynatron m (Phys) / duodinatrón m ‖ ~**-Gerüst** n (Walzw) / caja f dúo ‖ ~**-Kaltwalzwerk** n / tren m dúo para laminar en frío ‖ ~**kammwalzengerüst** n / caja f de piñones del laminador dúo ‖ ~**-Quarto-Kombination** f (Walzw) / caja f dúo-cuarto ‖ ~**reversierwalzwerk** n / laminador m dúo reversible ‖ ~**schaltung** f (Elektr) / conexión f dúo ‖ ~**solprozess** m (Mineralölextraktion) / proceso m duosol ‖ ~**-Stauchgerüst** n **mit Liegewalzen** (Walzw) / tren m dúo de recalcado con cilindros horizontales ‖ ~**straße** f, Zweiwalzenstraße f / tren m laminador dúo ‖ ~**triode**, Doppeltriode f (Eltronik) / duotriodo m ‖ ~**-Universalwalzwerk** n / laminador m dúo universal ‖ ~**walzen**, Zwillingswalzen f pl / cilindros m pl dúo ‖ ~**walzwerk** n / laminador m dúo
dupen vt (Film) / duplicar
Dup•film m / película f para duplicado ‖ ~**-Kontrolle** f (DV) / prueba f por duplicación, prueba f de duplicación simultánea ‖ ~**-Kopie** f (Film) / copia f duplicada, contratipo m
duplex adj (Fernm) / dúplex adj ‖ ~ n, DX (Eltronik, Fernm) / dúplex m ‖ ~**betrieb**, -verkehr m (gleichzeitiges Gegensprechen) (Fernm) / funcionamiento m en dúplex, explotación f [en] dúplex ‖ ~**brenner** m (Gasturbine) / quemador m doble, quemador m gemelo ‖ ~**-[Dampfkolben]pumpe** f / bomba f de vapor oscilante ‖ ~**-Doppelphantomkreis** m (Fernm) / circuito m fantasma cuádruple ‖ ~**druckmaschine** f (Tex) / máquina f de estampar en dos lados
Duplexer, Sende-Empfang-Schalter m (Radar) / duplexor m
Duplex•filmpapier n (Foto) / papel m dúplex para películas ‖ ~**gerät** n, Duplexer m (Fernm) / duplexor m ‖ ~**hemmung** f (Uhr) / escape m dúplex ‖ ~**kanal** m (DV) / canal m dúplex, vía f dúplex ‖ ~**karton** m, -pappe f (Pap) / cartolina f dúplex ‖ ~**leitung**, -verbindung f (Fernm) / línea f dúplex o duplexada ‖ ~**methode** f (Repro) / método m dúplex ‖ ~**-Mikrostruktur** f (Hütt) / microestructura f dúplex ‖ ~**papier** n / papel m dúplex ‖ ~**phantombetrieb** m, Doppelsprechen n (Fernm) / combinación f de

Duplexpumpe

circuitos, fantomización f ‖ ⁓-**pumpe** f / bomba f dúplex ‖ ⁓-**Rasterätzung** f (Druck) / autotipia f dúplex ‖ ⁓**rohr** n / tubo m bicanal ‖ ⁓-**Schaltung** f (Fernm) / conexión f dúplex ‖ ⁓-**Schneckenrad-Wälzfräser** m (Wzm) / fresa f madre dúplex para ruedas de tornillo sin fin, fresa f evolvente dúplex de engranajes helicoidales sin fin ‖ ⁓-**Siebdruckmaschine** f (Druck) / prensa f serigráfica dúplex ‖ ⁓**stahl** m (Hütt) / acero m compuesto, acero m dúplex ‖ ⁓**telegrafie** f (Fernm) / telegrafía f dúplex ‖ ⁓**telegrafie im Sprachband** / telegrafía f bivocal ‖ ⁓-**Terminal** n (DV) / terminal m dúplex, terminal m automático de emisión-recepción ‖ ⁓**verfahren** (Kombination zweier Ofenarten), **Duplizieren** n (Hütt) / procedimiento m dúplex ‖ ⁓**verkehr**, Doppelverkehr m (Fernm) / comunicación f dúplex, comunicación f bilateral simultánea, enlace m dúplex ‖ ⁓-**Verkupfern** f (Galv) / encobrado m doble
duplieren vt, duplizieren (Hütt, Pap, Tex) / doblar, duplexar, duplicar
Dupliermaschine f (Tex) / dobladora f, reunidora f
Duplikat n / duplicado m, copia f ‖ ⁓... (Film) s. Dup... ‖ **in einem andern Speicher usw. aufbewahrtes** ⁓ (DV) / duplicado m almacenado exteriormente ‖ ⁓**film** m / película f para duplicado ‖ ⁓**klischee** n (Druck) / réplica f ‖ ⁓**umkehrfilm** m / película f reversible para duplicado ‖ ⁓**vergleich** m, Zwillingskontrolle f (DV) / prueba f por duplicación
duplizieren / duplicar ‖ **Platte** ⁓ (DV) / copiar discos ‖ ⁓ n (Repro) / duplicación f
Duplizier•faktor m (DV) / factor m de duplicación ‖ ⁓**film** m / película f para duplicado ‖ ⁓**modus** m (DV) / modo m de duplicación
dupliziertes Muster / muestra f duplicada
Dup-Negativ n (Film) / duplicado m negativo, contratipo m negativo
Düppel m (Luftf, Mil) / cinta f reflectora de papel metalizado ‖ ⁓**straße** f (Luftf) / nube f articial de cintas metalizadas
Dup-Positiv n (Foto) / duplicado m positivo, contratipo m positivo
Duralinox n (Al-Mn-Legierung) (Hütt) / duralinox m
Duralumin[ium], Dural n / dural[uminio] m
Duranolfarbstoff m (Chem) / colorante m Duranol
durch, hindurch / a través [de] ‖ ⁓, mittels, über / por ‖ **a ⁓ b** (Math) / a [dividido] por b
durch•arbeiten, gründlich bearbeiten / elaborar, estudiar [a fondo] ‖ ⁓**arbeiten**, durchkneten / amasar intensamente ‖ ⁓**arbeiten**, mischen / mezclar ‖ ⁓**arbeiten** vi (F.Org) / trabajar sin pausa ‖ ⁓**arbeitung** f (Projekt) / estudio m a fondo [de un proyecto], elaboración f ‖ ⁓**ausheften** n (Druck) / costura f a la española ‖ ⁓**bauen** vt (Bergb) / reabrir la galería ‖ **sich ⁓biegen** / flexionarse, doblarse, combarse ‖ **sich [in der Mitte] ⁓biegen** (Träger) / flecharse ‖ ⁓**biegung** f (unter Last) (elastisch) / flecha f, flexión f, comba f ‖ ⁓**biegung** f (dauernd) (Plast) / deformación f permanente ‖ ⁓**biegung einer Feder** / flexión f elástica ‖ ⁓**biegung von Platten** / combadura f de planchas ‖ ⁓**biegungskontakt** m (Bahn) / pedal m electromecánico de flexión de carril ‖ ⁓**biegungslinie** f, elastische Linie / línea f de inflexión ‖ ⁓**biegungsmesser** m / flexímetro m, deflectómetro m ‖ ⁓**biegungsschreiber**, Flexigraph m / flexígrafo m ‖ ⁓**biegungssicherheit** f / seguridad f a la flexión ‖ ⁓**biegungsziffer** f / índice m de flexión ‖ ⁓**bilden** vt / construir, conformar ‖ ⁓**bilden**, ausbilden / modelar ‖ ⁓**binder** m (Bau) / perpiaño m, ladrillo m entizón, ladrillo m ancla ‖ ⁓ **[binder]schicht** f (Bau) / hilada f de ladrillos entizón ‖ ⁓**blasen** vt / purgar, limpiar, soplar [un tubo] ‖ ⁓**blasen** n (Kolbenring) / tener fuga, pasar ‖ ⁓**blasen** n (Chem, Nukl) / borboteo m ‖ ⁓**blasendes Gas** (Kfz) / paso m de gases, gas m que se escapa en el período de compresión ‖ ⁓**blaserohr** n (Hütt) / tubo m de purga ‖ **Seiten am Bildschirm**

⁓**blättern** (DV) / revisar las páginas ‖ ⁓**bluten** vi, ausbluten (Farbe) / penetrar ‖ ⁓**bohren** vt / perforar, trepar ‖ ⁓**bohren** (z.B. Gebirge) (Tunnel) / abrir un túnel, perforar o excavar ‖ ⁓**bohrend** / penetrante ‖ ⁓**bohrung** f / perforación f ‖ ⁓**bohrung, durchgehende Bohrung** / taladro m pasante, agujero m pasante ‖ ⁓**brand** m (Chem) / combustión f completa o total ‖ ⁓**brand** (Reaktor) / fundición f del reactor ‖ ⁓**brandofen** m (Chem) / horno m de combustión completa
durchbrechen vt (Wand) (Bau) / horadar una pared ‖ ⁓ (Bergb) / atravesar, abrir camino ‖ ⁓, -bohren, durchbrochen arbeiten (Tischl) / calar ‖ ⁓, einstoßen / derribar ‖ ⁓, in Stücke brechen / quebrar, romper ‖ ⁓ vi / quebrarse, romperse ‖ ⁓ vt (eine Oberfläche) / perforar, agujerear ‖ **die Schallmauer** ⁓ (Luftf) / superar la barrera del sonido ‖ **eine Straße** ⁓ (Straßb) / abrir una carretera, trazar una carretera
durchbrennen vt, verbrennen / quemar ‖ ⁓ (Isolation) / perforar ‖ ⁓ vi (Sicherung) / fundirse, quemarse, saltar ‖ ⁓ (Lampen) / fundirse ‖ ⁓ n (Sicherung) / fusión f ‖ ⁓ (Elektr) / destrucción f por el calor ‖ ⁓ (Nukl) / fusión f, abrasamiento m ‖ ⁓ **einer Glühlampe** (Elektr) / fusión f de una lámpara
Durchbrennsicherheit f (Reaktor) / seguridad f contra sobrecalentamiento
durchbrochen (Tex, Tischl) / calado ‖ ⁓ (Bau) / calado (p.e. un muro) ‖ ⁓**e Arbeit** (Tex) / labor m de punto
Durchbruch m, Bruch m / rotura f, ruptura f ‖ ⁓, durchbrochene Stelle / calada f ‖ ⁓, **Durchbrucharbeit** f (Bergb) / avance m ‖ ⁓, Einbruch m (z.B. Wasser) / irrupción f del agua ‖ ⁓ (Mat.Prüf) / rotura f completa ‖ ⁓ (Fehler, Plast) / rotura f ‖ ⁓, Bruchstelle f / brecha f ‖ ⁓, -schlag m (Bergb) / perforación f ‖ ⁓ m (z.B. Tunnel), Durchstich m / perforación f, horadación f ‖ ⁓ (Damm) / rotura f, ruptura f ‖ ⁓ (Halbl) / acanaladura f ‖ ⁓ (gasgef.Röhre) / ionización f, cebado m, encendido m ‖ ⁓ m (Gieß) / ruptura f ‖ ⁓ (Stanz) / pared f lateral de una perforación ‖ ⁓ **des Hobels** (Tischl) / abertura f del cepillo ‖ ⁓ **zur nächsten Abbaustrecke** (Bergb) / coladero m ‖ ⁓**arbeit** f (Tex) / vainica f ‖ ⁓**bereich** m (Lawinendiode) / tensión f de disrupción en sentido inverso ‖ ⁓**bereich** m (Halbl) / zona f de acanaladura ‖ ⁓**gewebe** n, Ajourgewebe n (Tex) / tejido m calado o ajour ‖ ⁓**spannung** f, -potential n (Elektr, Kabel) / tensión f disruptiva, voltaje m de ruptura ‖ ⁓**spannung** (bei einem rückwärts sperrenden Thyristor) (Halbl) / tensión f de disrupción en sentido inverso ‖ ⁓**spannung** (Anode) (Eltronik) / tensión f de encendido o de cebado ‖ ⁓**spannung** (Zenereffekt) / tensión f de Zener
durchdacht / estudiado a fondo, bien concebido o ideado
durchdrehen vi (Elektr, Masch) / embalar ‖ ⁓ (Räder) / patinar, embalarse ‖ ⁓ vt (bis zum Anschlag) (Fernm-Selbstanschl.) / girar hasta el tope ‖ ⁓ **lassen** (Masch) / acelerar al fondo ‖ **den Motor** ⁓, das Schwungrad drehen / arrancar el motor, [hacer] girar el volante ‖ ⁓ n (Masch, Mot) / embalamiento m, lanzamiento m ‖ ⁓ (der Räder) (Kfz) / patinaje m (de las ruedas)
Durchdreh•kontakt m (Fernm) / contacto m límite, contacto m de desbordamiento ‖ ⁓**moment** n (Mot) / par m de giro para arrancar
durch•dringbar / penetrable ‖ ⁓**dringbar**, durchlässig / permeable ‖ ⁓**dringbarkeit** f / penetrabilidad f
durchdringen vi vi / penetrar ‖ ⁓ **und ausfüllen** / imbuir ‖ ⁓, diffundieren (Chem, Phys) / difundir ‖ ⁓ vt vi, durchsickern [lassen] / rezumar[se], filtrar[se], colar[se], percolar[se]
durchdringend / penetrante ‖ ⁓, schrill (Ton) / agudo, estridente ‖ ⁓**er Schauer** (Nukl) / chaparrón m penetrante

durchdringlich (Phys) / permeable
Durchdringung f / penetración f ‖ ≈ (Fernm) / densidad f telefónica ‖ ≈ **der Materie** (Phys) / penetración f [a través] de la materia ‖ ≈ **von Wolkendecken** (Radar) / penetración f de nubes ‖ **schiefwinklige** ≈ / penetración f oblicua
Durchdringungs•fähigkeit f, -vermögen n / penetrabilidad f, poder m de penetración ‖ ≈ **faktor** m, -wahrscheinlichkeit f (Nukl) / factor m de penetración ‖ ≈ **linie** f (Phys) / intersección f ‖ ≈ **mittel** n (zum Reinigen) (Chem) / penetrante m ‖ ≈ **potential** n (Nukl) / potencial m de penetración ‖ ≈ **verbundwerkstoff** m / material m compuesto infiltrado o de infiltración
Durch•druck m (Druck) / imprenta f por penetración ‖ ≈ **druck**, Siebdruck m (Druck) / serigrafía f ‖ ~ **drücken** vt / hacer pasar [por o a través], penetrar o empujar hacia adentro ‖ ≈ **drücken** n (DIN 8583), Extrudieren n / extrusión f ‖ ≈ **drückfestigkeit** f / resistencia f a la perforación ‖ ≈ **drückpackung** f (Verp) / embalaje m blister ‖ ≈ **drückprüfung** f (Mat.Prüf) / ensayo m de perforación ‖ ≈ **drückverbindung** f, Druchdrücken n (Stanz) / unión f de chapas por apretadura ‖ ~ **drungen**, -zogen / veteado
durcheinander, unordentlich / desordenado, descuidado, desarreglado ‖ ~ **bringen**, stören / desarreglar, desreglar, desordenar ‖ ~ **gehen**, streuen (Werte) / divergir ‖ ~ **mengen** vt / [entre]mezclar, mezclar ‖ ~ **rühren** / agitar, mezclar con violencia ‖ ~ **werfen** / poner en desorden ‖ ~ **wirbeln**, -rühren vt / arremolinar ‖ ≈ n / caos m, confusión f
durchfahren vt / pasar, atravesar ‖ ~ (Strecke) / recorrer [de extremo a extremo] ‖ ~ vi, nicht halten (Bahn) / no parar, no tener parada ‖ **einen Berg** ~ / abrir o calar o perforar o horadar un túnel ‖ ≈ n **des Spektralbereichs** (Phys) / barrido m de la región espectral, exploración f de la región espectral
Durchfahrt f, Passage f (Vorgang) / tránsito m, travesía f, pasaje m ‖ ≈ (Bau) / paso m, pasaje m, puerta f [cochera], portón m (LA) ‖ ≈, -lass m (Brücke) / paso m ‖ ≈ f **eines Deiches** / corte m de un dique, abertura f de un dique ‖ ≈ **verboten!**, keine Durchfahrt! / ¡paso prohibido!, ise prohibe el paso! ‖ ≈ **von Zügen** (Bahn) / paso m de los trenes
Durchfahrts•breite f / anchura f del paso ‖ ≈ **höhe** f, lichte Höhe (Brücke) / altura f libre ‖ ≈ **höhe** (Bahn) / altura f de gálibo ‖ ≈ **öffnung** f (Brücke) / abertura f de paso ‖ ≈ **profil** n / perfil m de paso
Durch•fahrung, -örterung f (Bergb) / avance m de la galería ‖ ≈ **fall** m (Siebere) / cribadura f, materia f cribada ‖ ~ **fallen** (Sieb) / pasar por el tamiz ‖ ~ **fallend** (Opt) / transmitido ‖ ~ **fallendes Licht** / luz f transmitida ‖ ≈ **falloch** n (Stanzw) / abertura f de caída ‖ ≈ **färbevermögen** n (Färb) / poder m del colorante de penetración ‖ ~ **faulen** vi / pudrirse completamente ‖ ~ **federn** vi / flexionarse elásticamente ‖ ≈ **federn** n / flexión f elástica, mulleo m ‖ ≈ **federn bis zum Aufsitzen** / flexión f elástica hasta el tope ‖ ≈ **federungsweg** m (bis zum Aufsitzen) / recorrido m elástico hasta el tope ‖ ~ **feuchten** vt [mit] / mojar, humedecer, empapar [de] ‖ ≈ **feuchtung** f, Durchfeuchten n (Bau) / empapamiento m ‖ ≈ **feuchtung** (Tex) / humidificación f, impregnación f ‖ **mit Fäden** ~ **flechten** / entrelazar ‖ ~ **fliegen** vt (Strecke) (Luftf) / cubrir en vuelo ‖ ~ **fließen** vt (Elektr) / pasar [por], correr [por], atravesar ‖ ~ **fluchten** / abfluchten (Verm) / alinear
Durchfluss m / circulación f, paso m ‖ ≈ **anzeiger** m / indicador m de paso, indicador m de caudal ‖ ≈ **blende** f / limitador m de paso ‖ ≈ **charakteristik** f (Kfz) / característica f de paso ‖ ≈ **erhitzer** m s. Durchlauferhitzer ‖ ≈ **geschwindigkeit** f / velocidad f de circulación o de paso ‖ ≈ **koeffizient** m,

-zahl f / coeficiente m de paso ‖ ≈ **kolorimeter** n (Mess) / colorímetro m de paso ‖ ≈ **küvette** f (Opt) / cubeta f de flujo ‖ ≈ **leistung** f / rendimiento m total ‖ ≈ **menge** f (Hydr) / caudal m, gasto m ‖ ≈ **menge** (Schieber) / volumen m de paso ‖ ≈ **mengenregler** m / regulador m de volumen de paso ‖ ≈ **messer** m, -zähler m (Mess) / flujómetro m, caudalómetro m, indicador m volumétrico ‖ ≈ **mischer** m (Öl) / mezclador m en tubería de productos (oleoducto) ‖ ≈ **mittel** n / fluido m circulante ‖ ≈ **öffnung** f (Brücke) / abertura f de paso ‖ ≈ **öffnung** (Rohrleitg) / abertura f útil ‖ ≈ **öffnung** (Schleuse) / abertura f de paso ‖ ≈ **öffnung** (Schieber) / abertura f de descarga ‖ ≈ **profil** n, -querschnitt m (Brücke) / perfil m de paso ‖ ≈ **pyrometer** n, -thermoelement n (Mess) / pirómetro m aspirante ‖ ≈ **querschnitt** m (Rohr) / sección f de paso ‖ ≈ **regelung** f / control m de paso, control m de flujo ‖ ≈ **regler** m / regulador m volumétrico de paso ‖ ≈ **richtung** f / dirección f de la corriente ‖ ≈ **störung** f (Ionenaustauscherbett) / [formación de] acanaladura f ‖ ≈ **versuch** f (Korrosion) / ensayo m de paso continuo de líquidos ‖ ≈ **wandler** m / convertidor m de paso ‖ ≈ **weg** m (Leitung) / paso m de flujo ‖ ≈ **weite** f, Lichtweite f, Durchflussquerschnitt m / sección f de paso ‖ ≈ **weite** (Brücke) / anchura f de paso (puente) ‖ ≈ **widerstand** m / resistencia f de paso ‖ ≈ **zahl** f / índice m volumétrico ‖ ≈ **zähler** m / flujómetro m, caudalómetro m ‖ ≈ **zeit** f / tiempo m de paso
durch•fluten, -strömen, -fließen / fluir [por], pasar [por] ‖ ≈ **flutung** f, Amperewindungszahl f, AW f (Elektr) / número m de amperios-vueltas ‖ ≈ **flutungsempfindlichkeit** f (eines Hall-Multiplikators) / sensibilidad f a la fuerza magnetomotriz ‖ ~ **flutungsgesteuert** (Elektr) / controlado por flujo magnético ‖ ≈ **flutungsprüfung** f / ensayo m de flujo magnético ‖ ≈ [**magnetische**] **flutungsprüfung** / detección f magnética de fisuras, examen m magnetoscópico ‖ ~ **forsten** / aclarar ‖ ≈ **forsten** n, Durchforstung f, Ausforsten f / aclareo m, aclarado m, limpieza f forestal ‖ ≈ **forstungshieb** m / tala f de entresaca ‖ ~ **fressen** vt, anfressen (Chem) / corroer, agripar ‖ ≈ **fressen** n (Hütt) / corrosión f del revestimiento
durchführbar, machbar / practicable, viable, ejecutable, realizable, factible, operable
Durchführbarkeit f / factibilidad f, viabilidad f, posibilidad f de ejecución o realización
durchführen vt (allg, Versuch) / practicar, hacer ‖ ~, ausführen / realizar, efectuar ‖ ~, vollenden / completar, llevar a cabo ‖ ~, realisieren / ejecutar, poner en práctica ‖ ~ [durch] / travesar [por]
Durchführung, Abwicklung f / transacción f ‖ ≈ (Elektr, Masch) / paso m, pasaje m ‖ ≈, Durchführungsrohr n, -tülle f (Elektr) / boquilla f de paso ‖ ≈ (isolier) / paso m aislado ‖ ≈, Seilführung f (Schiff) / guía f de cable ‖ ≈ **eines Verfahrens** / realización f de un procedimiento ‖ ≈ **von Arbeiten** / realización f de trabajos, ejecución f de trabajos
Durchführungs•bestimmungen f pl / prescripciones f pl de ejecución ‖ ≈ **bolzen** m (Elektr) / perno m de paso ‖ ≈ **buchse** f / manguito m de paso ‖ ≈ **gang** m, Fußgängertunnel m (Straßb) / túnel m, pasaje m subterráneo ‖ ≈ **glocke** f, -isolator m (Elektr) / aislador m pasamuros ‖ ≈ **isolator** m (Fernm) / aislador m de entrada ‖ ≈ **klemme** f (Elektr) / borne m de paso ‖ ≈ **kondensator** m / capacitor m de [tras]paso ‖ ≈ **phase** f / fase f de realización ‖ ≈ **rohr** n (Elektr) / tubo m de paso, tubo m de entrada ‖ ≈ [**strom**]**wandler** m / transformador m de paso o de entrada ‖ ≈ **tülle** f, Schutzhülle f für Kabel / tubo m protector, boquilla f de paso ‖ ≈ **verordnungen** f pl / normas f pl para la ejecución
Durchgabe f (z.B. Informationen) / transmisión f (p.ej. de informaciones)

durchgalvanisiert

durchgalvanisiertes Loch (gedr.Schaltg) / agujero *m* metalizado o chapeado
Durchgang *m*, Verbindungsgang *m* / vía *f*, pasillo *m*, corredor *m*, pasaje *m*, pasadizo *m*, entrada *f* || ≃, Durchlauf *m* (Masch) / pasada *f* || ≃ (Ventil) / sección *f* de paso || ≃ (Wärmetauscher) / paso *m*, pasaje *m* || ≃, -lauf, -fluss *m*, -fahrt *f* / pasaje *m*, tránsito *m* || ≃ *m*, lichte Weite / anchura *f* libre o interior || ≃, lichte Höhe (Presse) / altura *f* libre o interior || ≃ (Satellit) / paso *m* || ≃, Durchzug *m* (Spinn) / pasaje *m* a traves del manuar || ≃ (Sieb) s. Durchfall || ≃ **eines Elektronenstrahls** (Eltronik) / coeficiente *m* de transmisión de un haz de electrones || ≃ **verboten!**, kein Durchgang! (Verkehr) / ¡prohibido || en el paso!, ¡paso *m* prohibido!
durchgängige Poren *f pl* / poros *m pl* interconectados
Durchgangs≃..., Momentan... (Elektr) / momentáneo, pasajero, fugaz || ≃..., Übergangs... / transicional, de transición || ≃**amt** *n* (Fernm) / central *m* de tránsito || ≃**bahnhof** *m* (Bahn) / estación *f* de tránsito ||
≃**bohrung** *f* / agujero *m* pasante, taladro *m* pasante ||
≃**breite** *f* (Wzm) / anchura *f* del paso de la pieza ||
≃**dämpfung** *f* (Fernm) / pérdida *f* de transmisión ||
≃**dose** *f*, Abzweigdose *f* (Elektr) / enchufe *m* de desviación || ≃**drehschieber** *m* / distribuidor *m* giratorio, válvula *f* de placa giratoria || ≃**drehzahl** *f* (Masch, Mot) / velocidad *f* de embalamiento ||
≃**fähigkeit** *f* (in einer Richtung) / unidireccionalidad *f* || ≃**fernleitung** *f* (Fernm) / línea *f* interurbana de transición || ≃**form** *f* **von Ventilen** / válvulas *f pl* tipo flujo directo || ≃**geschwindigkeit** *f*, Filtergeschwindigkeit *f* (Wasser) / velocidad *f* de pasada o de paso || ≃**güterzug** *m* (Bahn) / tren *m* directo de mercancías || ≃**hafen** *m*, Transithafen *m* (Schiff) / puerto *m* de tránsito || ≃**hahn** *m* / grifo *m* de paso directo || ≃**hahn**, Kükenhahn *m* / grifo *m* de macho || ≃**höhe** *f* (Treppe) / altura *f* de pasaje || ≃**höhe** (Wzm) / altura *f* del paso de la pieza || ≃**instrument** *n*, Passageinstrument *n* (Astr) / instrumento *m* de pasaje || ≃**kondensator** *m* (Elektr) / capacitor *m* de [tras]paso || ≃**leistung** *f* / potencia *f* de paso ||
≃**leitung** *f* (Fernm) / circuito *m* de tránsito || ≃**loch** *n* (Schw) / abertura *f* de paso || ≃**loch** / agujero *m* pasante || ≃**öffnung** *f*, freier Durchgang (Presse) / abertura *f* || ≃**platz** *m* (Fernm) / operadora *f* de tránsito || ≃**profil** *n*, allgemeine Umgrenzungslinie (Bahn) / gálibo *m* mínimo o passe-partout || ≃**profil-Lehre** *f*, Lichtraum-Umgrenzungslinie *f* (Bahn) / gálibo *m* de paso libre || ≃**prüfer** *m* (Elektr) / probador *m* de continuidad || ≃**prüfung** *f* (Elektr) / control *m* de continuidad || ≃**querschnitt** *m* / sección *f* de paso ||
≃**schleifen** *n* (Wzm) / rectificado *m* pasante ||
≃**schleuse** *f* (Bau) / paso *m* en forma de esclusa ||
≃**schließkontakt** *m* (Elektr) / contacto *m* de cierre de paso || ≃**schrank** *m* (Fernm) / tabla *f* de tránsito interurbano || ≃**schraube** *f* / tornillo *m* pasante ||
≃**schraubenverbindung** *f* / unión *f* por tornillo[s] pasante[s] || ≃**straße**, Hauptverkehrsstraße *f* (Verkehr) / vía *f* de tránsito, vía *f* de circulación, arteria *f* de tránsito || ≃**straße** *f* (Landstraße) / carretera *f* de paso preferente, carretera *f* con preferencia de paso ||
≃**straßen** *f pl* (Bundesstraßen, Landstraßen I. Ordnung) / carreteras *f* de primera categoría ||
≃**ventil** *n* / válvula *f* de paso || ≃**ventil mit geradem Kopf** / válvula *f* de paso con cabeza recta || ≃**verkehr** *m* (Verkehr) / tráfico *m* de tránsito, (tambien:) *m* tránsito de tráfico || ≃**wagen** *m* (Bahn) / vagón *m* o coche de pasillo || ≃**wagen** (Bahn) / coche *m* con intercomunicación || ≃**wahl** *f* (Fernm) / selección *f* de tránsito || ≃**wähler** *m* (Fernm) / selector *m* de tránsito ||
≃**widerstand** *m* (Isolierstoff) / resistencia *f* de la parte interior || ≃**widerstand** (Gleichrichter) / resistencia *f* de paso || ≃**widerstand** (Elektr) / resistencia *f* volúmica o de volumen || ≃**zeit** *f* (Astr) / tiempo *m* de tránsito

durchgearbeitet, gründlich ∼, hoch entwickelt / de gran refinamiento técnico, intrincado
durch•geben (Info, Radio) / transmitir, anunciar, radiar ||
∼**gebogen** / curvado, combado || ∼**gebrannt** (Sicherung) / fundido, saltado, quemado || ∼**gefärbt** / teñido con penetración || ∼**gehärtet**, durchgehend gehärtet (Hütt, Schm) / templado completamente o totalmente o de toda la sección
durchgehen *vi*, hindurchgehen / atravesar, pasar (por) ||
∼ (Elektr, Masch) / disparare, embalar[se] || ∼, durch die ganze Höhe aufsteigen (Bau) / pasar de abajo arriba, pasar por todos los pisos || ∼ **lassen** (Masch) / hacer disparar, embalar || ≃ *n* (Mot) / disparado *m*, embalamiento *m* || ∼ **des Metalls durch den Sand** (Gieß) / penetración *f* del metal por la arena || ≃ **eines Reaktors** (Nukl) / pérdida *f* de control de un reactor
durchgehend, -laufend, kontinuierlich (Masch) / continuamente || ∼ (Bahn) / directo, continuo || ∼, fugenlos / continuo || ∼ (Arbeitszeit) / ininterrumpido, intensivo, continuado || ∼**e Achse** (Kfz, Masch) / eje *m* pasante || ∼**er Ast** (Holz) / nudo *m* traspasado || ∼**e automatische Bremse** / freno *m* automático continuo || ∼**e Bereitschaft** (Fernm) / escucha *f* permanente, vigilancia *f* continua || ∼**e Bohrung** / taladro *m* pasante || ∼**er Bolzen** / perno *m* pasante, pasador *m* || ∼**er Bolzen mit selbstsicherndner Mutter** (Zimm) / perno *m* pasante con tuerca autoblocante || ∼**e Bremse** (Bahn) / freno *m* continuo || ∼ **digital** (DV) / totalmente numérico || ∼**e Einlage** (im Gummi) / capa *f* protectora interna || ∼**er Flug** (Luftf) / vuelo *m* directo || ∼ **geschweißte Schienen**, Langschienen *f pl* (Bahn) / carriles *m pl* soldados en grandes longitudes, barras *f pl* de gran longitud || ∼**es Gleis** (Bahn) / vía *f* directa || ∼**e Leitung im Zuge** (Bahn, Elektr) / línea *f* eléctrica de conexión entre los vehículos || ∼**e Reihe**, Kette *f* (DV) / cadena *f* || ∼ **e. o. durch mehrere Geschosse gehende Säule** (Bau) / columna *f* pasante ||
∼**er Ständer** (Bau) / pilar *m* continuo || ∼**e Stockwerksstützung** / pilar *m* continuo por todos pisos || ∼**er Tragflügel** (Luftf) / ala *f* continua || ∼**e Welle** (Masch) / árbol *m* continuo || ∼**er Zug**, Durchgangszug *m* (Bahn) / tren *m* directo
durch•gekreuzt / cruzado || ∼**gelassener Frequenzbereich** (Eltronik) / banda *f* pasante ||
∼**genäht** (Schuh) / cosido parte a parte || ∼**gerbung** *f* (Leder) / penetración *f* del curtiente || ∼**gerostet** / corroido por la herrumbre || ∼**gesackte Naht** (Schw) / soldadura *f* hendida || ∼**geschaltet** (Transistor) / conductor *adj* || ∼**geschaltete Verbindung** (Fernm) / comunicación *f* establecida || ∼**geschlagen** (Kondensator) / perforado || ∼**geseihtes** *n*, durchgeseihte Flüssigkeit (Chem) / colado *m* ||
∼**gesetzt** (Tiefziehen) / combado || ∼**gestecktes Gelenk** (Zange) / unión *f* empotrada || ∼**gestrichenes Zeichen** / figura *f* cancelada, signo *m* cancelado || ∼**getrocknet** / secado, completamente seco || ∼**gezogen** (Linie) / de trazo continuo, ininterrumpido || ∼**gezogener Kragen** (Stanz) / collarín *m* || ∼**greifspannung**, Sperrschichtberührungsspannung *f* (Halbl) / tensión *f* de penetración || ∼**griff** *m* (Eltronik) / coeficiente *m* de penetración de rejilla, transparencia *f* de la rejilla ||
∼**griffskapazität** *f* (Eltronik) / capacitancia *f* directa ||
≃**hang** *m* / deflexión *f*, flecha *f*, pandeo *m*, comba *f* ||
∼**hängen** *vi*, -sacken, Durchhang haben / combarse, flechar || ∼**hängend** / combado, en flecha ||
∼**hanglehre** *f* (Fernm) / calibre *m* de flecha, galga *f* de flecha || ∼**hängung** *f* (Walzw) / comba *f* || ∼**härten** *vt* (Hütt, Schm) / templar completamente o totalmente o por toda la sección || ∼**härtung** *f* (Stahl) / templado *m* completo o total || ≃**hau** *m*, -hieb *m* (Forstw) / claro *m* ||
∼**hauen** *vt*, trennen, spalten / hender || ∼**hauen**, -brechen / cortar, romper (de un solo golpe) || ≃**hieb** *m* (Bergb) / recorte *m*, galería *f* transversal de comunicación || ∼**hülse** *f* (Spinn) / tubo *m* largo ||

≃**klingeln** *n* (Elektr) / prueba *f* de señaladores ‖
≃**kneten** *n* (Chem, Hütt) / amasadura *f* ‖ ~**kohlen**,
verkoken / carburar, coqueficar, coquizar ‖ ~**kohlen**
(Stahl) / cementar ‖ ≃**kohlung**, Verkokung *f* /
carburación *f*, coqueficación *f*, coquefacción *f*,
coquización *f* ‖ ~**kommen** *vi*, Verbindung bekommen
[mit] (Fernm) / lograr, pasar ‖ **fertig** ~**konstruiert** /
diseñado completamente ‖ **sorgfältig** ~**konstruiert** /
diseñado o proyectado con esmero ‖ ~**kontaktieren**
vt / metalizar, chapear ‖ ~**kontaktiert** / metalizado,
chapeado ‖ ≃**kontaktierung** *f* / metalización *f* de
agujeros, chapeado *m* ‖ ≃**kreuzung**, -wachsung *f*
(Krist) / entrecruzamiento *m*, interpenetración *f* ‖
≃**kreuzungszwillinge** *m pl* (Krist) / gemelos *m pl* de
interpenetración ‖ ~**kristallisiert** / cristalizado por
completo ‖ ≃**lademöglichkeit** *f* (Kfz) / posibilidad *f* de
cargar objetos largos ‖ ~**laden** *vr* (Schusswaffe) /
rearmar
Durchlass *m*, Durchgang *m* (Bau) / paso *m* ‖ ≃ (Dreh) /
diámetro *m* útil ‖ ≃, -fahrt *f* (Brücke) / pasada *f* ‖ ≃
(Damm, Deich) / bocacaz *m* ‖ ≃, Düker *m* (Hydr) / sifón
‖ ≃, Dole *f* (Bau) / alcantarilla *f* ‖ ≃ (Glasofen) / boca *f*,
garganta *f* ‖ ≃ (unter dem Bahn) / paso *m*
inferior ‖ ≃**abdeckung** *f* (Glas) / cubertura *f* de la boca
‖ ≃**band** *n* (Eltronik) / banda *f* de aceptación, banda *f*
de transmisión, banda *f* de paso ‖ ≃**bereich** *m*
(Kath.Str.Röhre) / respuesta *f* de frecuencia ‖ ≃**bereich**,
-band *n* (Eltronik) / banda *f* de paso, banda *f* de
aceptación, banda *f* de transmisión ‖ ≃**bereich**,
-breite *f* (Bandfilter) / banda *f* de transmisión ‖
≃**bereich** (Halbl) / zona *f* de paso ‖ ≃**charakteristik** *f*
(TV) / curva *f* de respuesta ‖ ≃**diode** *f*,
Stabilisatordiode *f* (Eltronik) / diodo *m* directo, diodo
m de estabilización
durchlassen *vt* (allg, Phys) / dar paso [a], dejar pasar ‖
einen Zug ~ (Bahn) / dejar pasar un tren ‖ **Wasser** ~ /
dejar pasar el agua
Durchlass•filter *m n* **mit steilen Fronten** (Eltronik) /
limitador *m* de banda pasante con frentes abruptos ‖
≃**gebiet** *n* / zona *f* de transmisión, campo *m* de
transmisión, gama *f* de transmisión ‖ ≃**grad** *m*,
Transmissionsgrad *m* (Licht) / factor *m* de transmisión
o transparencia ‖ ≃**höhe** *f* (Bau) / altura *f* de paso
durchlässig (Pap) / pasoso (LA) ‖ ≃ (für Wasser) / no
hermético, poroso, permeable ‖ ~, durchscheinend,
transparent (Opt) / transparente, translúcido ‖ ~
(Eltronik) / conductivo
Durchlässigkeit *f* / penetrabilidad *f* ‖ ≃, Permeabilität *f*
(Pap) / permeabilidad *f* ‖ ≃ (für Licht) (Opt) /
diafanidad *f*, transparencia *f* ‖ ≃,
Durchlässvermögen *n* (Phys) / transmisibilidad *f* ‖
≃ (Geigerzähler) / transmitancia *f* ‖ ≃ **für Gas** /
permeabilidad *f* de gas ‖ ≃ **für Wärme** (Phys) /
diatermancia *f*, termopermeabilidad *f*
Durchlässigkeits•bereich *m* s. Durchlassbereich ‖
≃**faktor** *m* (Wellenleiter) / coeficiente *m* de
transparencia ‖ ≃**faktor für diffuses Licht** (Opt) /
coeficiente *m* de transmisión para luz difusa ‖ ≃**grad**
m (Ultraschall) / transmitancia *f*, factor *m* de
transmisión ‖ ≃**koeffizient** *m* / coeficiente *m* de
permeabilidad ‖ ≃**messgerät** *n* (Geol, Magnetismus, Öl)
/ permeámetro *m* ‖ ≃**messung** *f* / medición *f* de
transmisión ‖ ≃**spektrum** *n* (Phys) / espectro *m* de
permeabilidad ‖ ≃**spektrum** (Eltronik) / espectro *m* de
transmisión
Durchlass•kanal *m* (Gas) / canal *m* de admisión ‖
≃**kennlinie** *f* (Halbl) / curva *f* característica de paso ‖
≃**kennwert** *m* (Halbl) / valor *m* tension-corriente en
estado de conduction ‖ ≃**leitwert**, Flussleitwert *m*
(Halbl) / conductancia *f* en estado de conducción ‖
≃**öffnung** *f* (Bau, Nukl) / abertura *f* de acceso ‖ ≃**pegel**
m, Akzeptorniveau *n* (Eltronik) / nivel *m* de aceptación
‖ ≃**querschnitt** *m* / sección *f* de paso ‖ ≃**querschnitt**
für Hochwasser (Brücke) / sección *f* de crecida o de

avenida, paso *m* de crecida o de avenida ‖
≃**querschnitt** *m* **für Schifffahrt** (Brücke) / anchura *f*
navegable ‖ ≃**richtung** (Phys) / sentido *m* de paso ‖
≃**richtung** *f* (Gleichrichter) / sentido *m* de conducción ‖
in ≃**richtung** (Halbl) / en sentido de conducción ‖
≃**spannung** *f* (Halbl) / tensión *f* en estado de
conducción ‖ ≃**spitzenstrom** *m* (Eltronik) / corriente *f*
de conducción de cresta o de punta ‖ ≃**stirn** *f*, Haupt
n (Hydr) / muro *m* frontal de una alcantarilla ‖
≃**strahlung** *f* (Nukl) / radiación *f* de fuga, fugas *f* pl de
radiación ‖ ≃**strom** *m* (Halbl) / corriente *f* en estado de
conducción ‖ ≃**strom-Effektivwert** *m* / valor *m*
efectivo de corriente en estado de conducción ‖
≃**treffplatte** *f* (Radiol) / blanco *m* de transmisión
Durch•lassung, Transmission *f* (Opt) / transmisión *f* ‖
≃**lassung** *f* **von Strahlen** (Phys) / transmisión *f* de
rayos, paso *m* de una radiación ‖ ≃**lassungsdichte** *f*
(Foto) / densidad *f* de transmisión ‖
≃**lassungsvermögen** *n* (Wärme) / transmisibilidad *f* [de
calor]
Durchlass•ventil *n* (Turboreaktor) / válvula *f* de paso ‖
≃**verlustleistung** *f* (Halbl) / pérdida *f* de potencia en
estado de conducción ‖ ≃**verzögerung[szeit]** *f*
(Eltronik) / tiempo *m* de recuperación en estado de
conducción ‖ ≃**wahrscheinlichkeit** *f* (Resonanz) /
probabilidad *f* de paso ‖ ≃**wehr** *n* (Hydr) / barrera *f*
móvil ‖ ≃**widerstand** *m* (Eltronik) / resistencia *f* de c.c.
en estado de conducción ‖ ≃**winkel** *m* (Halbl) / ángulo
m de conducción ‖ ≃**zustand** *m* (Eltronik) / estado *m*
conductor o de conducción
Durchlauf *m*, -gang *m* (DV, Masch, Wzm) / paso *m*,
recorrido *m*, ciclo *m* ‖ ≃, Wobbeln *n* (TV) / vobulación
f ‖ ≃, Arbeitsgang *m* (Wzm) / pasada *f* ‖ ≃ **eines Belegs**
(DV) / pasaje *m* de un comprobante ‖ ≃ **in**
umgekehrter Richtung, Rücklauf *m* / paso *m* de
retorno
Durchlauf•belichter *m* (Repro) / copiadora *f* de paso
continuo ‖ ≃**betrieb** *m* **mit Aussetzbelastung**, S 6
(früher: DAB) / servicio *m* permanente con carga
intermitente ‖ ≃**brecher** *m* (f. Kohle, Salz usw.) /
trituradora *f* continua, machacadora *f* continua ‖
≃**diagramm** *n* (F.Org) / diagrama *m* de proceso
durchlaufen *vi* / pasar [por], recorrer, atravesar ‖ ~
(Magn.Bd) / pasar ‖ ≃ *n* (DV) / pasada *f* ‖ ≃ **des Bildes**
(TV) / movimiento *m* continuo de la imagen
durchlaufene Strecke / distancia *f* recorrida
durchlaufend (Walzw) / no reversible ‖ ~ (Behandlung) /
continuo, ininterrumpido ‖ ~**er Balken auf mehreren**
Stützen (Bau) / viga *f* continua apoyada en puntos
múltiples ‖ ~ **er Hängeträger** / viga *f* en forma de
guirnalda ‖ ~ **nummerieren** / numerar
correlativamente o de orden ‖ ~**e Platte** (Bau) / losa *f*
continua ‖ ~**er spiralförmiger Träger** / viga *f* continua
espiral ‖ ~**er Ständer** (Bau) / soporte *m* continuo ‖
~**er Träger** / viga *f* continua
Durchlauf•entgasung *f* (Hütt) / desgasificación *f*
durante la colada, desgasificación *f* continua ‖
≃**-Entwicklung** *f* (Foto) / revelado *m* continuo
Durchläufer *m* (Dauerversuch) (Mat.Prüf) / probeta *f* de
fatiga sin rotura
Durchlauf•erhitzer *m* (Elektr) / calentador *m* [de paso]
continuo ‖ ≃**erhitzer** [mit freiem Auslauf] /
calentador *m* de salida libre ‖ ≃**förderer** *m* **mit**
Drahtgurt / transportador *m* continuo de cinta de tela
metálica ‖ ≃**förderer mit Gurt** / cinta *f* de transporte
continua ‖ ≃**fräsen** *n* (Wzm) / fresado *m* de pasada ‖
≃**gleis** *n* (Bahn) / vía *f* de pasaje ‖ ≃**-Glühanlage** *f*
(Hütt) / instalación *f* de recocido por paso continuo ‖
≃**glühen** *n* (Hütt) / recocido *m* por paso continuo ‖
≃**glühofen** *m* / horno *m* de recocido continuo ‖
≃**härten** (Hütt) / temple *m* continuo, templado *m*
continuo ‖ ≃**härteofen** *m* / horno *m* de cinta sin fin
para temple ‖ ≃**kamera** *f*, -gerät *n* (Foto) / cámara *f*

Durchlaufkessel

rotativa || ⁓**kessel** *m* / caldera *f* de paso continuo o constante || ⁓**kokille** *f* (Gieß) / lingotera *f* abierta ||
⁓**-Kopiermaschine** *f* (Film) / copiadora *f* continua ||
⁓**lager** *n* (F.Org) / almacén *m* de transición ||
⁓**lagerung** *f* (Materialtransport) / almacenamiento *m* transitorio || ⁓**menge** *f* (Hydr) / caudal *m*, gasto *m* ||
⁓**mischer** *m* (Bau) / mezclador *m* continuo de hormigón, hormigonera *f* continua || ⁓**mischsilo** *m n* / silo *m* de mezcla continua || ⁓**ofen** (Hütt) / horno *m* de paso continuo || ⁓**ölerhitzer** *m* / calentador *m* de aceite de salida libre || ⁓**patentieren** *n* (Hütt) / patentización *f* continua, patentado *m* continuo ||
⁓**pfette** *f* (Zimm) / correa *f* continua, cabio *m* continuo || ⁓**presse** *f* / prensa *f* de alimentación continua ||
⁓**prinzip** *n* (Bau) / principio *m* de flujo continuo, principio *m* de salida libre || ⁓**prüfung** *f* (Kabel) / exploración o control de continuidad *f* || ⁓**regal** *n* (F.Org) / estante *m* de paso || ⁓**schaltbetrieb** *m*, DSB *m* (Elektr) / servicio *m* periódico || ⁓**schere** *f* (Wzm) / cizallas de paso continuo || ⁓**schleifen** (Wzm) / rectificar continuamente || ⁓**schleifen** *n* (Wzm) / rectificado *m* continuo || ⁓**schmierung** *f* / lubrificación *f* de paso continuo || ⁓**schweißverfahren** *n* / soldadura *f* continua || ⁓**-Sinterofen** *m* (Hütt) / horno *m* de sinterizar o de aglomerar de paso continuo || ⁓**taste** *f* (Schreibm) / tecla *f* de lanzamiento || ⁓**trägerbrücke** *f* (Bau) / puente *m* de estructura portante continua || ⁓**tragwerk** *n* / estructura *f* portante continua || ⁓**trockner** *m* / secador *m* continuo || ⁓**verdampfer** *m* (Chem) / evaporador *m* continuo || **im** ⁓**verfahren** / en regimen continuo ||
⁓**-Verzinnen** *n* (Hütt) / estañado *m* continuo ||
⁓**-Vulkanisation** *f* (Gummi) / vulcanización *f* continua || ⁓**waage** *f* (Schüttgut) / balanza *f* o báscula *f* [de pesada] continua, pesadora *f* de cinta ||
⁓**-Wasserheizer** *m* s. Durchlauferhitzer || ⁓**zähler** *m* / contador *m* de caudal de paso continuo || ⁓**zeit** *f* (allg) / tiempo *m* de paso || ⁓**zeit** (durch eine Fabrik) (F.Org) / tiempo *m* de paso (por la fábrica) || ⁓**zeit** (durch einen Fertigungsvorgang), Bearbeitungszeit *f* / tiempo *m* de trabajo, tiempo *m* de mecanización ||
⁓**zeit** (Wzm) / tiempo *m* bruto de permanencia || ⁓**zeit** (DV) / tiempo *m* de ejecución || ⁓**zentrifuge** *f* (Bitumen etc) / centrifugadora *f* de paso continuo

durch • legieren *vi* (Thyristor) / fallar (thyristor) ||
⁓**leiten** / conducir [por o a través de], hacer pasar [por] || ⁓**leitung** *f* / conducción *f* [a través] ||
⁓**leuchten** (Eier, Stoffe) / transiluminar, examinar o mirar el al trasluz || **mit Röntgenstrahlen** ⁓**leuchten**, röntgen (Med) / examinar por radioscopia, radioscopiar, radiografiar, examinar con rayos X ||
⁓**leuchten** *n* (Eier etc, Stoffe) / mirado *m* al o a trasluz ||
⁓**leuchtung** *f* / radioscopia *f*, examen *m* radioscópico || ⁓**leuchtungsapparat** *m* (Radiol) / aparato *m* radioscópico, aparato *m* de rayos X ||
⁓**leuchtungskopie** *f*, Durchlichtkopie *f* (Foto) / copia *f* por transparencia
Durchlicht *n* (Opt) / trasluz *m*, luz *f* transmitida || **im** ⁓, in der Durchsicht / al trasluz || ⁓**aufnahme** *f* (Foto) / fotografía *f* por luz transmitida || ⁓**beleuchtung** *f* / iluminación *f* por transmisión || ⁓**hologramm** *n* / holograma *m* por luz transmitida || ⁓**kopieren** *n* / copiado *m* por transmisión || ⁓**mikroskopie** *f* / microscopía *f* de luz transmitida || ⁓**projektion** *f* / proyección *f* por transparencia
durch • lochen *vt* / perforar || ⁓**löchern** *vt* / agujerear, horadar || ⁓**löchert** / agujereado, perforado ||
⁓**löcherte verlorene Verrohrung** (Öl) / tubo *m* revestidor auxiliar perforado, tubo *m* calado (VEN) ||
⁓**löcherung** *f* (Korrosion) / perforación *f* || ⁓**lüften** / airear, ventilar || ⁓**lüftung** *f*, -lüften *n* / aireación *f*, ventilación *f* || ⁓**lüftungsprüfung** *f* / ensayo *m* de aireación || ⁓**lüftungssilo** *m* (Landw) / silo *m* de aireación || **eine Veränderung** ⁓**machen** /

experimentar un cambio || ⁓**mengen**, -mischen / mezclar
Durchmesser *m* / diámetro *m* || ⁓**...** / diametral || ⁓ *m* **über Aussparung** (Dreh) / diámetro *m* sobre escote || ⁓ **über Bett** (Dreh) / diámetro *m* sobre bancada || ⁓ **über Schlitten** (Dreh) / diámetro *m* sobre carros ||
⁓**abstufung** *f* / escalonamiento *m* de diámetros ||
⁓**anzeiger** *m* (Spinn) / dispositivo *m* para diámetro predeterminado || ⁓**differenz** *f* **der Kegelbohrung** / diferencia *f* de diámetro del agujero cónico ||
⁓**schwankung** *f* / variación *f* del diámetro ||
⁓**sortierung** *f* / selección *f* diametral, selección *f* según diámetros || ⁓**spannung** *f* (Elektr) / tensión *f* diametral || ⁓**teilung** *f* (Getriebe) / paso *m* diametral ||
⁓**-Verhältnis** *n* / razón *f* entre diámetros || ⁓**wicklung** *f* (Elektr) / arrollamiento *m* diametral
durch • metallisiertes Loch (gedr.Schaltg) / agujero *m* metalizado o chapeado || ⁓**mischen**, -mengen / mezclar, entremezclar || **[100%ige]** ⁓**modulation** (Eltronik) / modulación *f* completa ||
⁓**modulierungshöhe** *f* **in %** / porcentaje *m* de modulación || ⁓**musterung** *f* (Astr) / durchmusterung *f* || ⁓**musterung** (Radar) / examinación *f* || ⁓**musterung** (Web) / muestrado *m* completo || ⁓**musterung** (DV) / exploración *f*, barrido *m* || ⁓**nähen** *vt*, steppen / pespuntear, acolchar || ⁓**nähgarn** *n*, -nähzwirn *m* / hilo *m* para acolchar || ⁓**nähmaschine** *f* (Schuh) / máquina *f* de pespuntear || ⁓**nummerieren** *vt* / numerar correlativamente || ⁓**örtern** *vt* (Bergb) / avanzar la galería, atravesar || ⁓**örterung**, -fahrung *f* (Bergb) / avance *m* de la galería || ⁓**pausen** *vt*, -zeichnen (Zeichn) / calcar || ⁓**perlen** *n* (Chem) / borboteo *m* || ⁓**plattiert**, -galvanisiert, -kontaktiert (IC) / metalizado, chapeado || ⁓**prägewerkzeug** *n* / troquel *m* || ⁓**pressen** *vt* / hacer pasar a presión ||
⁓**pressverfahren** *n* (f. Rohrleitungen) / procedimiento *m* de hacer pasar a presión ||
⁓**probieren** *vt* / ensayar, probar || ⁓**projektion** *f* (Film, TV) • proyección *f* por transparencia || ⁓**prüfen** *vt*, entflöhen (DV) / depurar || ⁓**prüfung** *f* (Raumf) / comprobación *f* final || **sprungweise** ⁓**prüfung**, Leap-Frog-Test *m* (DV) / prueba *f* interna total ||
⁓**prüfung** *f* **des Systems** / verificación *f* del sistema ||
⁓**querung** *f* / travesía *f* || ⁓**räuchern** *vt* / ahumar ||
⁓**rechnen** *vt* / calcular [detalladamente] || ⁓**reiben** *vi*, durchscheuern / gastar por roce || ⁓**reiche** *f* (Bau) / ventanillo *m* de servicio || ⁓**reiche** (Bau) / escotilla *f* de servicio, ventanilla *f*, pasaplatos *m* || ⁓**reichelager** (Logistik) / almacén *m* con ventanillos (de entrega) ||
⁓**reißen** *vt* / rasgar, desgarrar || ⁓**reißen** *vi* / rasgarse, desgarrarse || ⁓**reißen** *n* **der Maische** (Brau) / agrietado *m* de la cebada macerada || ⁓**reißversuch** *m* (Pap) / ensayo *m* de desgarre || ⁓**rieseln** *vi* / trascolarse || ⁓**riss** *m* / fisura *f*, rotura *f* || ⁓**rosten** *vi* / agujerearse por corrosión || ⁓**rosten** *n* / perforación *f* por oxidación o corrosión || ⁓**rühren** *vt* / agitar intensamente, revolver bien || **von Hand** ⁓**rühren** / agitar manualmente || ⁓**rütteln** *vt* / sacudir fuertemente || ⁓**sacken**, -hängen / flechar || ⁓**sacken** (Luftf) / descender bruscamente, caer, aplastar ||
⁓**sacken** *n* **bei der Landung** (Luftf) / pérdida *f* de sustentación, descenso *m* brusco ||
⁓**sackgeschwindigkeit** *f* (Luftf) / velocidad *f* crítica o de desplome, velocidad *f* de entrada en pérdida ||
⁓**sack-Warngerät** *n* / indicador *m* de velocidad crítica ||
⁓**sage** *f* (Eltronik) / información *f* radiofónica, careta *f* intermedia || ⁓**sage**, Spot *m* (TV) / anuncio *m*, spot *m*, cuña *f* || **automatische** ⁓**sage** (Fernm) / anuncio *m* telefónico || ⁓**sagen** *vt* / anunciar || ⁓**sägen** *vt* / cortar con [la] sierra, serrar, tronzar
Durchsatz *m* / rendimiento *m* (de un proceso) || ⁓ (Hydr, Turbine) / caudal *m* volumétrico || ⁓ (Reaktor) / caudal *m* [de materiales] || ⁓ (Hochofen) / hornada *f*, carga *f* || ⁓ (Aufb) / capacidad *f* operativa || ⁓**geschwindigkeit** *f*

Durchschub

(Hütt) / velocidad f de paso ‖ ~**leistung** f / rendimiento m de paso ‖ ~**rate** f (DV) / tasa f de transmisión ‖ ~**regler** m / regulador m de paso ‖ ~**zeit** f (Hütt) / ciclo m de alto horno
durch•schallen vt (Ultraschall) / penetrar por ondas ultrasónicas ‖ ~**schallungsverfahren** n (Ultraschall) / procedimiento m de examen ultrasónico ‖ ~**schalteeinrichtung** f (Fernm) / dispositivo m de intercomunicación ‖ ~**schalten** vt (Fernm) / conectar [directamente], poner en comunicación ‖ **Kabel** ~**schalten** / interconectar cables ‖ ~**schalten** vi (Halbl) / entrar en estado de conducción ‖ ~**schalten** n, Durchschaltung f (Fernm) / conmutación f telefónica ‖ ~**schaltevermittlungstechnik** f / conmutación f de líneas ‖ ~**schaltnetzwerk** n (DV) / red f de conmutación ‖ ~**schaltung** f, Verindung f (Elektr) / [inter]conexión f, transconexión f ‖ ~**schaltzeit** f (Thyristor) / tiempo m de subida controlado por compuerta ‖ ~**scheinen** vi / traslucirse, transparentarse, lucir a través [de] ‖ ~**scheinen** (Schrift) (Druck) / traspintarse ‖ ~**scheinen** n (Druck) / tra[n]spintado m ‖ ~**scheinen**, Durchlässigkeit f (Opt) / translucidez f, diafanidad f ‖ ~**scheinen der Grundfarbe** (Anstrich) / penetración f del color de fondo ‖ ~**scheinend** (allg) / translúcido, trasluciente, diáfano ‖ ~**scheinende Farbe** / color m transparente ‖ ~**scheinigkeit** f (Tex) / traslucidez f ‖ ~**scheiteln** vt, aufteilen (Spinn) / distribuir ‖ ~**scheuern** vt / restregar, rozar ‖ [**sich**] ~**scheuern** (Tex) / deshilacharse, gastarse por el roce, perforarse por rozamiento ‖ ~**schieben** vt / empujar a través [de], pasar [por] ‖ ~**schiebeverfahren** n **beim Schleifen** (Wzm) / rectificado m en fila continua ‖ ~**schießen** vt, den Schützen eintragen (Web) / pasar la lanzadera ‖ ~**schießen** (Druck) / interlinear, regletear ‖ **mit Papier** ~**schießen** / interfoliar, interpaginar ‖ ~**schießen**, Spatien einsetzen (Druck) / espaciar ‖ ~**schießlinie** f (Druck) / interlineación f, interlínea f, regleta f
Durchschlag m (Wz) / contrapunzón m ‖ ~, -schlagen n (Elektr) / descarga disruptiva, pasador m ‖ ~, -bruch m (z.B. Isolator) / perforación f del dieléctrico, ruptura f dieléctrica ‖ ~ (Reifen) / pinchazo m, picadura f, pinchadura f, ponche m (coll) ‖ ~, **Amboßloch** n (Schm) / agujero m para punzonar ‖ ~ (eines Grubenbaus in einen anderen) (Bergb) / galería f de unión ‖ ~, -schrift f (Büro) / copia f a máquina ‖ ~ **einer Entladungsstrecke** (Elektr) / descarga f disruptiva ‖ ~ **im Kondensatorwickel** / perforación f de la capa dieléctrica ‖ ~ **in einem Isolierstoff** / disrupción f ‖ **den** ~ **herbeiführend**, disruptiv (Elektr) / disruptivo
durchschlagbares Fernrohr (Verm) / telecsopio m reversible
durchschlagen vt (Bergb) / atravesar transversalmente ‖ ~, [durch]lochen / punzonar ‖ ~ (Elektr, Kondensator) / perforar ‖ ~ (Mauer) / abrir [un boquete], perforar un muro ‖ ~ vi (Elektr) / saltar la chispa ‖ ~ (Elektr, Sicherung) / fundirse ‖ ~ (Pap) / transpintarse, atravesar, pasar ‖ ~ (Färb) / traspasar ‖ ~ (Feder) / ir a tope ‖ ~ (Klebstoff) / colar, sangrar ‖ ~ (Druckfarbe) / transpintarse ‖ **das Fernrohr** ~ (Verm) / dar la vuelta al telescopio ‖ ~ n (Kleber) / penetración f de la cola ‖ ~ **der Druckfarbe** (Druck) / transpintado m ‖ ~ **dünner Platten** (Holz) / alabeo m de placas delgadas
Durchschläger m, -treiber m (Wz) / mandril, punzón m [expulsador]
Durchschlag•feldstärke f (Elektr) / intensidad f de campo disruptivo ‖ ~**hammer**, Durchschläger m (Wz) / martillo m cuña, sacacuñas m ‖ ~**-Mikroplasma** n (Elektr) / microplasma m disruptivo [característico] ‖ ~**papier** n (Pap) / papel m para copias, papel m cebolla ‖ ~**prüfung** f (Pap) / prueba f de penetración

Durchschlags•..., Durchbruch[s]... (Elektr) / disruptivo ‖ ~**entladung** f (Elektr) / descarga f disruptiva ‖ ~**festigkeit** f (Elektr) / resistencia f a descargas disruptivas ‖ ~**festigkeit in Volt per mil** (= 39,37 · 103 kV/mm) (Kabel) / rigidez f en voltios por mil ‖ ~**geschwindigkeit** f (d. Bremse) (Bahn) / velocidad f de propagación
durchschlagsicher, -fest (Elektr) / resistente a descargas disruptivas ‖ ~, schussfest (Mil) / a prueba de balas
Durchschlagskraft f (Phys) / fuerza f de penetración o de percusión ‖ ~, -vermögen n / penetración f del proyectil, poder m perforante
Durchschlag•spannung f (Elektr) / tensión f disruptiva, voltaje m disruptivo ‖ ~**spannung** (Diode) / tensión f de penetración o de perforación ‖ ~**stoffe** m pl, Aggregat n (Straßb) / agregado m ‖ ~**-Transistor** m (Halbl) / transistor m de avalancha ‖ ~**widerstand** m (Holz) / resistencia f a la penetración
Durch•schleicher m (Spinn) / hilo m roto inadvertido ‖ ~**schleifen** n (Wzm) / rectificado m de salida ‖ ~**schleifen** (Kabel) / paso m en bucle[s] ‖ ~**schleusen** vt (Schiff) / esclusar, [hacer] pasar por una esclusa ‖ ~**schleusen** n (Schiff) / paso m por la esclusa ‖ ~**schlupf** m (Stichprobe) / escape m ‖ ~**schlüpfen** vi / deslizarse, escurrirse ‖ ~**schmelzen** vt / fundir ‖ ~**schmelzen** vi / fundirse ‖ ~**schmelzung** f, innere Verschmelzung (Glas) / fusión f completa ‖ ~**schmieden** / forjar intensamente ‖ ~**schmieden** n (Schm) / martillada f completa ‖ ~**schmoren** vi (Kabel) / quemar ‖ ~**schneiden** vt / cortar, seccionar, partir [en dos], tronzar
Durchschnitt m, Mittelwert m (Math) / medio m, promedio m, media f ‖ ~, Einschnitt m (Bau) / corte m ‖ ~ m, Durchschneidung f (Geom) / intersección f ‖ ~ **von Mengen** (Math) / promedio m de conjuntos ‖ **den** ~ **nehmen** / tomar el promedio, sacar la media ‖ ~**abweichung** f / divergencia f del promedio, discrepancia f del promedio ‖ ~**bestimmung** f (Chem, Math) / determinación f del promedio
durchschnittlich, normal / corriente, regular, mediano ‖ ~, im Durchschnitt / promedio, promedial, por término medio ‖ ~**e Abweichung** / derivación f media, discrepancia f media ‖ ~ **betragen** / cifrarse en promedio
Durchschnitts•..., Mischungs... (Math) / medio adj ‖ ~**bestimmung** f (Chem) / análisis m promedial ‖ ~**bildung** f / formación f de promedio ‖ ~**einkommen** / renta f media ‖ ~**ergebnis** f / resultado m medio ‖ ~**ertrag** m, -leistung f / rendimiento medio ‖ ~**geschwindigkeit** f / velocidad f media ‖ ~**höchst...** / promedio máximo ‖ ~**länge** f / longitud f media ‖ ~**leistung** f / potencia f media ‖ ~**leistung** (F.Org) / rendimiento m [pro]medio ‖ ~**leistung je Stunde** / rendimiento m medio por hora ‖ ~**lohn** m / salario m medio ‖ ~**muster** n, -probe f / muestra f de calidad mediana ‖ ~**polymerisationsgrad** m, DP m (Chem) / grado m medio de polimerización ‖ ~**qualität** f / calidad f media ‖ **gute** ~**qualität** / calidad f mediana razonable ‖ ~**rechnung** f (Math) / cálculo m medio ‖ ~**temperatur** f / temperatura[s] f[pl] media[s] ‖ ~**verbrauch** m / consumo m medio ‖ ~**verdienst**, Durchschnitt m (F.Org) / ingreso m medio ‖ ~**verhältnis** m (Math) / proporción f media, relación f media ‖ ~**wert** m, Mittelwert m / valor m medio
durch•schossen (Druck) / espaciado (letras), interlineado (líneas) ‖ ~**schreibeblock** m (Büro, Pap) / bloque m copiador, bloc m para calcar ‖ ~**schreibebuch** n / libro m copiador ‖ ~**schreibeformulare** n pl / formularios m pl de papel carbón ‖ ~**schreibe-Formularsatz** m / juego de formularios de papel carbón;.m. ‖ ~**schreiben** vi / calcar ‖ ~**schreibpapier** f / papel m carbón o copiativo ‖ ~**schreibpapier**, NCR-Papier n / papel m autocopiador ‖ ~**schrift** f (Schreibm) / copia f ‖ ~**schub**

Durchschubofen

m **von Schienen** (Bahn) / dezlizamiento *m* de rieles ‖ ≈**schubofen** *m* (Keram) / horno *m* de empuje, horno *m* de paso
Durchschuss *m*, **-schlusslinie** *f*, **Reglette** *f* (6 bis 12 p.) (Druck) / interlínea *f*, espacio *m* entre líneas, lujo *m* (Per) ‖ ≈ (Web) / inserción *f* de la trama ‖ ≈ **von 1 1/2 p Dicke** (Druck) / espaciado *m* de 1 1/2 p de anchuras (letras), interlínea *f* delgada (líneas) ‖ **mit genügend** ≈ (Druck) / espaciado *m* suficiente[mente] ‖ ≈**apparat** *m* (Web) / aparato *m* de tramo ‖ ≈**blatt** *n*, Vakat *n* (Druck) / hoja *f* intercalada o interfoliada, papel *m* en blanco ‖ ≈**bogen** *m* (Druck) / descarga *f*, maculatura *f* ‖ ~**loser Satz** (Druck) / matriz *f* sólida, composición *f* poco espaciada ‖ ≈**papier** *n* (Bb) / papel *m* de intercalación
durchschütteln / agitar o sacudir fuertemente
Durchschweißung *f* / penetración *f* de la soldadura, soldeo *m* de penetración ‖ **schlechte** ≈ / penetración *f* incompleta en la raíz ‖ **ungenügende** ≈ / falta *f* de unión en la raíz ‖ **vollständige** ≈ / soldeo *m* de penetración a corazón
durch•sehen, nachsehen, [über]prüfen (Masch) / examinar, revisar, repasar, inspeccionar, controlar, ver ‖ ≈**sehtisch** *m* (Tex) / mesa *f* de inspección ‖ ~**seihen** *vt* / filtrar, colar, trascolar, tamizar ‖ ≈**seihen** *n*, Durchseihung *f* (Chem) / coladura *f*, filtración *f* ‖ ≈**seihen**, Perkolieren *n* (Chem) / percolación *f* ‖ ~**setzen** *vt* [mit] / [entre]mezclar ‖ **sich** ~**setzen** (z.B. Produkt, Methode etc.) / imponerse ‖ ~**setzt**, eingesprengt (Bergb) / mezclado, veteado ‖ ~**setzt sein** / estar mezclado ‖ ≈**setzzeit** *f* (Hütt) / período *m* de paso de la carga
Durchsicht, Konstruktionsdurchsicht *f* (Zeichn) / vista *f* transparente, vista *f* detallada de las piezas internas ‖ ≈ *f*, Nachprüfung *f* / inspección *f*, revisión *f*, examen *m*, repaso *m* ‖ ≈, Formation *f* (Pap) / transparencia *f*, transparente *m* ‖ **genaue** ≈ / examen *m* detenido
durchsichtig / transparente, diáfano, traslúcido ‖ ~, glasartig / hialino ‖ ~**es Gewebe** / [género] *m* tejido transparente
Durchsichtigkeit *f*, Klarheit *f* / lucidez *f* ‖ ≈, Transparenz *f* (allg, Opt) / transparencia *f*, diafanidad *f*, traslucidez *f*
Durchsichts•farbe *f* (Lack) / color *m* transparente ‖ ≈**messung** *f* (Opt) / medición *f* por transparencia ‖ ≈**projektion** *f* (TV) / diascopía *f* ‖ ≈**sucher** *m* (Opt) / buscador *m* de visión directa
durch•sickern *vi* / rezumar, recalarse, trasudar ‖ ~**sickern**, entweichen, lecken / escapar ‖ ~**sickern**, tropfen, tröpfeln / gotear ‖ ≈**sickerung** *f*, Versickerung *f* (im Boden) / infiltración *f* ‖ ~**sieben** *vi* / cribar, tamizar, colar ‖ ~**sieben** (Bau) / zarandear ‖ ~**spalten** *vt* (Holz) / hender, rajar ‖ ~**sprechen** *vi* (Fernm) / tener comunicación directa ‖ ~**sprechen** *vt* (Nachricht) / transmitir (una información) ‖ ~**spülen** *vt* / limpiar, lavar ‖ ~**starten** *vi* (Luftf) / elevarse de nuevo ‖ ≈**starthöhe** *f* (Luftf) / altura *f* de aproximación frustrada ‖ ~**stechen** *vt* / pinchar, perforar, picar [a través de] ‖ ~**stechen**, durchstoßen (Hütt) / punzonar ‖ ~**stechen**, lochen / punzar ‖ **einen Damm** ~**stechen** / cortar un dique ‖ **mit einer Nadel** ~**stechen** / picar ‖ **einen Tunnel** ~**stechen** / abrir un túnel, horadar ‖ ~**stecken** *vt* / pasar [por], hacer pasar ‖ ≈**steckschraube** *f* **mit Mutter** / perno *m* pasante con tuerca ‖ ≈**steckträger** *m* (für Schwerlasten) (Bahn) / soporte *m* para cargas pesadas ‖ ~**steppen** (Tex) / pespunt[e]ar a través ‖ **volle** ≈**steuerung** (Eltronik, Masch) / control *m* completo
Durchstich, Öffnung *f* / abertura *f*, boquete *m*, brecha *f* ‖ ≈ (Straßb) / excavación *f* de guía ‖ ≈, Einschnitt *m* (Bahn) / trinchera *f* ‖ ≈ (Hydr) / corte *m* a través [de] ‖ ≈ (Vorgang) (Tunnel) / perforación *f*, apertura *f* ‖ ≈**flasche** *f* (Pharm) / frasco *m* de tapón perforable

durch•stimmbare Frequenz (Eltronik) / frecuencia *f* variable ‖ ~**stimmbarer Oszillator** (Eltronik) / oscilador *m* de frecuencia variable ‖ ~**stimmen** *vt* / ajustar
durchstoßen, durchlöchern (allg) / agujerear, perforar ‖ ~, anstechen (Hütt) / abrir el horno ‖ ≈ *n* (Pap) / perforación *f* ‖ ≈ **des Schwarzwertes** (TV) / señal *f* por encima del nivel de negro
Durchstoß•ofen *m* (Walzw) / horno *m* de empuje continuo ‖ ≈**prüfer** *m* (Pap) / perforámetro *m* ‖ ≈**punkt** *m* (Math) / punto *m* de intersección ‖ ≈**versuch** *m* (Plast) / ensayo *m* de penetración por impacto ‖ ≈**versuch** (Pap) / ensayo *m* de perforación
durch•strahlen *vt* (Phys) / irradiar [mediante o por rayos X u ondas ultrasónicas] ‖ ~**strahlen** *vi* / radiar *vi* ‖ ~**strahlt** / irradiado, atravesado por rayos u ondas ‖ ≈**strahlung** *f* / radioscopia *f* (rayos X), irradiación *f*, radioexposición *f*, penetración *f* de la radiación ‖ ≈**strahlungsaufnahme** *f* (Mat.Prüf) / radiografía *f*, radiograma *m* ‖ ≈**strahlungsmikroskop** *m* / microscopio *m* de transmisión ‖ ≈**strahlungsprüfung** *f* (Mat.Prüf, Schw) / control *m* radiográfico, examen *m* radioscópico ‖ ≈**strahlverfahren** *n* (Radiol) / procedimiento *m* radioscópico (en el análisis cristalográfico) ‖ ~**streichen** *vt*, ausstreichen / tachar, borrar, rayar ‖ ~**strömen** *vt vi* / circular, pasar [por] ‖ ≈**strömprinzip** *n* (Chem) / principio *m* [de corriente] de circulación ‖ ≈**strömtrockner** *m* (Tex) / secadora *f* rápida para bobinas ‖ ≈**strömturbine** *f* (eine Kleinturbine) (Wasser) / turbina *f* de flujo directo ‖ ≈**strömung** *f*, Perfusion *f* (Hydr, Med) / perfusión *f* ‖ ≈**strömungskanal** *m* (Hydr, Phys) / canal *m* de paso ‖ ~**suchen** *vt* / examinar, revisar, rebuscar ‖ ~**suchen**, abfragen (DV) / explorar, barrer ‖ ~**teufen** *vt* (Bergb) / profundizar [por], atravesar ‖ ~**tränken** *vt* [mit], imprägnieren / embeber, impregnar, empapar [de] ‖ ≈**tränken** *n*, Durchtränkung *f* (mit Flüssigkeit) / imbibición *f* ‖ ≈**treiben** *n* (Masch, Schm) / expulsión *f* (con el punzón) ‖ ≈**treiber** *m* (DIN 6458) (Wz) / punzón *m* [expulsador], mandril *m* ‖ ≈**treiber** (Schm) / troquel *m* ‖ ~**trennen** *vt* / cortar, tronzar ‖ ~**treten** *vi*, durchsickern *vi* (Flüssigkeit) / rezumarse, recalarse ‖ **das Gaspedal** ~**treten** / pisar el acelerador [a fondo] ‖ ~**tritt** *m*, Durchgang *m* / paso *m*, pasaje *m* ‖ ~**trocknen** *vt* / secar completamente ‖ ≈**tunneln** *n* (Straßb) / perforación *f* de un túnel ‖ ≈**verbinder** *m* (Eltronik) / transconector *m* ‖ ≈**verbindung** *f* (gedr.Schaltg) / conexión *f* pasante ‖ ~**vergüten** *vt* (Hütt) / ejecutar el temple y revenido completamente o a fondo ‖ ≈**vergütung** *f* (Hütt) / temple *m* y revenido entero o a fondo ‖ ~**wachsen**, eingesprengt (Bergb) / entrelazado ‖ ≈**wachsenes** *n* (Erz) / filón *m* entrelazado ‖ ≈**wachsenes** (Kohle) / veteado *m* ‖ ~**wachsung**, -kreuzung *f* (Krist) / interpenetración *f* ‖ ≈**wachsungszwillinge** *m pl* (Krist) / maclas *f pl* de interpenetración ‖ ≈**wahl** *f*, Selbstwählferndienst *m* (Fernm) / selección *f* directa, llamada *f* directa ‖ ~**wählen** *vt* / marcar directamente ‖ ≈**wahlnummer** *f* **für Nebenanschluss** (Fernm) / número *m* del abonado para selección directa ‖ ~**walken** *vt* (Tex) / abatanar ‖ ≈**wärmdauer** *f*, **-zeit** *f* (Hütt) / tiempo *m* o período de calentamiento completo ‖ ≈**wärmegrube** *f* (Hütt) / foso *m* de calentamiento ‖ ~**weben** *vt* (Web) / entretejer, entrelazar ‖ ~**weichen** *vt* / calar, empapar ‖ ≈**weichen** (Hütt) / ablandar con calor ‖ ≈**weichgrube** *f* (Hütt) / foso *m* para ablandar con calor ‖ ~**wirbeln** *vt* / arremolinar ‖ ≈**wirbelung** *f* / arremolinamiento *m* ‖ ≈**wirbelung der Luft** (Kfz) / torbellino *m*, remolino *m* [del aire] ‖ ~**wirken** *vt* (Web) / entretejer ‖ ≈**wirk[web]stuhl** *m* / telar *m* para brocados o para entretejer ‖ ≈**wurf** *m*, Erdsieb *n*, grobes Drahtsieb / criba *f* bruta, zaranda *f* ‖ ~**zeichnen** *vt*, pausen (Zeichn) / calcar ‖ ≈**zeichnung** *f* (TV) / imagen *f* con

efecto de profundidad ‖ ⁓zeichnung, Pause f / calco m
Durchzieh•ahle f (Leder, Wz) / lezna f, lesna f, alesna f ‖ ⁓anker m (Elektr) / inducido m enhilado
durchziehen vi (Mot) / tirar bien, arrastrar ‖ ~ vt, stechen (Stanz) / doblar ojetes, punzonar y formar valonas ‖ ~ vi (Treibriemen) / transmitir, arrastrar bien ‖ ~ lassen (Hütt) / hacer tomar calor ‖ Fäden ~ / enhebrar ‖ mit Gräben ~ / zanjar, surcar ‖ ⁓ n (von Gewindelöchern), Kragenbildung f (Stanz) / punzonado m y formación de valonas
Durchzieh•formmaschine f (Hütt) / moldeadora f de peine, moldeadora f con paso del modelo ‖ ⁓glühofen m / horno m de recocer continuamente ‖ ⁓kurbel f (der Presse) (Druck) / manivela f de alimentación ‖ ⁓nadel f (Tex) / lezna f, lesna f, alesna f, pasacintas m ‖ ⁓ofen m (Hütt) / horno m de paso continuo [para alambres y flejes] ‖ ⁓platte f (Gieß) / placa f de pasar, placa f moldeadora de pasar [el modelo] ‖ ⁓werkzeug, Stechwerkzeug n (Stanz) / botador m, herramienta f dobladora de ojetes ‖ beheiztes ⁓werkzeug / botador m calentado ‖ ⁓wicklung f (Elektr) / arrollamiento m enhilado
Durchzug m (Bau) / solera f ‖ ⁓ (Kabel) / paso m ‖ ⁓, Durchgang m (Spinn) / pasaje m [a través] ‖ ⁓ m, Streckkopf m (Spinn) / pasaje m, cabeza f ‖ ⁓, durchgezogenes Gewindeloch (Stanz) / agujero m con valona ‖ ⁓, Luftzug m / tiro m, ventilación f, corriente f de aire ‖ ⁓ m (Tüllspitze) (Tex) / punto m de zurcidura ‖ ~belüftet (Elektr) / ventilado por tiro de aire en tubos ‖ ⁓belüftung f / ventilación f forzada ‖ ⁓schaltung f (Kfz) / sistema m progresivo de marchas
Durchzugs•kraft f (Mot) / fuerza f de arrastre ‖ ⁓modellplatte f (Gieß) / placa f [modelo] de pasar el modelo ‖ ⁓motor m (Elektr) / motor m con ventilación forzada por tubos ‖ ⁓oberwalze (Tex) / cilindro m de tracción superior
durchzugstark (Mot) / con gran capacidad de arrastre
Durchzugs•vermögen n (Mot) / capacidad f de arrastre ‖ ⁓walze f (Spinn) / cilindro m de tracción
Durchzugsystem n (Filmkamera) / sistema m de arrastre
Durchzündung f (Gleichrichter, Halbl) / disrupción f eléctrica
dürftig, arm / pobre
Durit n (Kohlenart) (Bergb) / durita f
Durol n, Tetramethylbenzol n (Chem) / durol m
Duro•mer n (Plast) / durómero m ‖ ⁓mersystem, Duroplastsystem n (Plast) / sistema m durómero ‖ ⁓meter m (Hütt) / durómetro m ‖ ⁓plast (Plast) / material m sintético duroplástico o termoestable, duroplástico m ‖ ~plastisch, in Wärme aushärtend / duroplástico, termoestable ‖ ⁓skop n (Härteprüfer) (Hütt) / duroscopio m
dürr, unfruchtbar (Landw) / árido, estéril ‖ ~, abgestorben (Bot) / muerto
Dürre f, Trockenheit f, Aridität f (Landw) / sequía f, aridez f ‖ ~fest, dürreresistent (Landw) / resistente a la sequía
Dürr•erz n (Min) / mineral m de plata silicífero ‖ ⁓fleckenkrankheit f der Kartoffel, Alternaria solani (Landw) / alternariosis f ‖ ⁓ständer m, abgestorbener Baum (Bot) / árbol m muerto
Dusche, Brause f (Sanitär) / ducha f, regadera f (COL)
Dusch•[spar]kopf m / cabezal m de ducha [de bajo consumo] ‖ ⁓raum m, -kabine f (Bau) / ducha f, sala f de duchas, cabina f de ducha, cuartito m de ducha ‖ ⁓wagen m (Bau) / remolque m con [cabinas de] duchas ‖ ⁓wanne f (Bau) / bañera f de ducha, plato m de ducha, polibán m
Düse f (Dampfturbine, Masch) / tobera f, busa f ‖ ⁓ (Kunststoffspritzmasch) / tobera f ‖ ⁓ (Kfz, Vergaser) / surtidor m, chiclé m ‖ ⁓, Einspritzdüse f (Diesel) / inyector m, tobera f de inyección ‖ ⁓, Strahlrohr n (Masch) / tubo m de chorro ‖ ⁓ (Raumf) / reactor m ‖ ⁓,

Blasdüse f (Hütt) / tobera f ‖ ⁓ (Drahtziehen) / hilera f ‖ ⁓ (Strangpressen) / troquel m de extrusión ‖ ⁓, Extrusionsform f (Plast) / hilera f de extrusión ‖ ⁓, Spinndüse f / hilera f, tobera f de hilar ‖ ⁓ der Peltonturbine / inyector m ‖ ⁓ des Schweißbrenners / boquilla f del soplete ‖ ⁓ für Glasfasern / tobera f para fibras de vidrio
Düsen•abgas n, -abgasstrahl m (Luftf) / chorro m de reactor ‖ ⁓abstreifverfahren n (Verzinkung) / regulación f de espesor por chorro ‖ ⁓aggregat n unter der Tragfläche (Luftf) / barquilla f currentilínea del reactor [colgada del ala] ‖ ⁓anschluss m (Turbojet) / junta f a la tobera ‖ ⁓antrieb m, Strahlantrieb m (Luftf) / propulsión f a o por reacción, propulsión f a chorro ‖ ⁓antrieb in Zweiwellenanordnung (Luftf) / turborreactor m de cuerpo doble ‖ ⁓arbeitsfläche f (Draht) / tramo m de reducción de la hilera ‖ ⁓ausgang m, -auslauf m (Draht) / salida f de la hilera ‖ ⁓auspufftopf m (Kfz) / silenciador m de tobera ‖ ⁓austritt m, Mundstück m (Strangpressen) / boca f de extrusión ‖ ⁓austrittserweiterung f (Plast) / desahogo m de la hilera ‖ ⁓auszieher m (Diesel) / extractor m de inyectores ‖ ⁓bändchen n (Tex) / flecha f extruida, cinta f extruida ‖ ⁓blasverfahren n (für Stapelfasern) (Tex) / procedimiento m de soplado con toberas ‖ ⁓blende f (Raumf) / deflector m ‖ ⁓block m (Spritzguss) / bloque m portaboquilla ‖ ⁓boden m (Konverter) (Hütt) / fondo m de portavientos ‖ ⁓boden (Chem) / plato m de toberas ‖ ⁓boden, Formebene f (Hütt) / plano m horizontal de toberas ‖ ⁓bohrer m (Öl) / taladradora f a chorro de agua ‖ ⁓bohrung f (Masch, Mot) / taladro m de tobera, agujero m de tobera ‖ ⁓brenner m (Hütt, Kfz, Masch) / quemador m de tobera[s] ‖ ⁓decke f (Koksofen) / techo m de tobera ‖ ⁓ebene f (Hütt) / sección f o altura de toberas ‖ ⁓einlauf m, -eintritt m (Draht) / entrada f de hilera ‖ ⁓einsatz m / inserto m de tobera ‖ ⁓einsprengmaschine f (Tex) / humectador m, rociador m a tobera ‖ ⁓eintritt m (Drahtziehen) / boca f de entrada de la hilera ‖ ⁓eintrittswinkel m (Drahtziehen) / ángulo m de entrada de la hilera ‖ ⁓färbung f (Tex) / coloración f en hileras ‖ ⁓feldbreite f / longitud f útil ‖ ⁓flansch m (Spitzform), -platte f / placa f frontal ‖ ⁓flügel m (Luftf) / ala f ranurada o con ranura ‖ ⁓flugzeug n, Strahlflugzeug n / avión m de reacción, avión m a chorro, avión m de retropropulsión, reactor m [LA] ‖ zweimotoriges ⁓flugzeug / birreactor m, avión m birreactor ‖ ⁓flugzeug n für Senkrechtstart / avión m a o de reacción de despegue vertical ‖ ⁓form f (Drahtziehen) / perfil m de la hilera ‖ ~gefärbt (Reyon, Tex) / teñido al salir de la tobera ‖ ⁓glasierung f / vidriado m con toberas ‖ ⁓gruppe f (Turbine) / grupo m de toberas ‖ ⁓hals m (Raumf) / garganta f de la tobera ‖ ⁓halter m (Diesel, Kfz) / portainyector m ‖ ⁓halter (Hütt) / portador m de tobera ‖ ⁓halter (Tex) / portahilera m ‖ ⁓halter mit Düse (Mot) / inyector m ‖ ⁓haltergehäuse n (Kfz) / caja f portainyector ‖ ⁓hubschrauber, Reaktionshubschrauber m (Luftf) / helicóptero m a chorro ‖ ⁓hutdampfsperre f (Vakuum) / bafle m de sombrero de sombrerillo, sombrerete m ‖ ⁓jäger m (Luftf) / caza m de reacción, cazarreactor m ‖ ⁓kammer (Luftf) / cámara f de combustión (de la tobera) ‖ ⁓kammer, Mischkammer f (Chem) / cámara f de mezcla con toberas ‖ ⁓kanal m (Strangpressen) / canal m de alimentación ‖ ⁓kanal (Drahtziehen) / canal m de la hilera ‖ ⁓kegel m (Plast) / cono m de tobera ‖ [aufgeschraubter] ⁓kopf (Hütt) / cabeza f de tobera con filete interior ‖ [eingeschraubter] ⁓kopf (Hütt) / cabeza f de tobera con filete exterior ‖ ⁓kopf m mit Querbohrungen (Mot) / tobera f de agujeros transversales ‖ ⁓körper m / cuerpo m de tobera ‖ ⁓kranz m (Dampfturbine) / corona f de toberas ‖

Düsenkühler

≈**kühler** *m* (Mot) / radiador *m* de toberas ‖ ≈**lärm** *m* (Luftf) / ruido *m* o sonido de tobera ‖ ≈**lehre** *f* (Kfz) / calibrador *m* de inyectores ‖ ≈**leistung** *f* (Drahtziehen) / cantidad *f* estirada por hilera ‖ ≈**meißel** *m* (Bergb) / barrena *f* de chorro ‖ ≈**messbügel** *m* (Mess) / calibre *m* de herradura neumático ‖ ≈**messring** *m* / calibre *m* hembra neumático ‖ ≈**mund** *m* (Hütt) / orificio *m* de la hilera ‖ ≈**mutter** *f* (Schw) / tuerca *f* de la boquilla ‖ ≈**nadel** *f*, Injektornadel *f* (Brenner, Diesel) / aguja *f* de inyector ‖ ≈**nadel** (Peltonturb) / aguja *f* de la tobera ‖ ≈**nadel** (Vergaser) / aguja *f* del surtidor ‖ ≈**öffnung** *f* (Vergaser) / boca *f* del surtidor, orificio *m* de chiclé ‖ ≈**platte** *f*, -flansch *m* (Spritzform) / placa *f* frontal ‖ ≈**platte**, Mundstückhalter *m* (Extrudieren, Plast) / cuerpo *m* [de la boquilla] ‖ ≈**platte** (Kfz) / placa *f* de inyector ‖ ≈**propeller** *m* (Schiff) / hélice *f* carenada ‖ ≈**prüfdorn** *m* / calibre *m* macho neumático ‖ ≈**pumpe** *f* / bomba *f* de manga con boquillas ‖ ≈**querschnitt** *m* (Hütt) / sección *f* de tobera ‖ ≈**regelung** *f* (Turbine) / regulación *f* por tobera ‖ ≈**reiniger** *m* / limpia-boquillas *m* ‖ ≈**ring**, Leitkranz *m* (Turbine) / corona *f* directriz ‖ ≈**rohr** *n* (Hütt) / tobera *f* de viento ‖ ≈**röhrchen** *n* (Kfz) / tubo *m* inyector ‖ ≈**rohrtrockner** *m* (Tex) / secador *m* a tubo con chorro ‖ ≈**ruder** *n* (Schiff) / tobera-timón *f* ‖ ≈**schuh** *m* (Plast) / patín *m* de tobera, patín *m* de la boquilla ‖ ≈**schweißen** *n* (Plast) / soldadura *f* con chorro ‖ ≈**schwenkrohr** *n* (Landw) / tubo *m* oscilante con surtidores ‖ ≈**seite** *f*, Einspritzseite *f* (Plast) / lado *m* de inyección, lado *m* de la boquilla ‖ ≈**separator** *m* / separador *m* de tobera ‖ ≈**sitzstein** *m* (Hütt) / bloque *m* de asiento ‖ ≈**spinnen** *n* (Spinn) / hilado *m* con tobera ‖ ≈**spinnmaschine** *f* / máquina *f* de hilar de toberas ‖ ≈**spitze** *f* / boquilla *f* o punta de la tobera ‖ ≈**stift** *m* (Turbine) / aguja *f* de obturación ‖ ≈**stock** *m* (Kfz, Diesel) / portaoberas *m* ‖ ≈**stock** (Hütt) / portaviento *m* ‖ ≈**strahl** *m*, -abgas *n* (Luftf) / chorro *m* ‖ ≈**strahler** *m* (Wellenleiter) / boquilla *f* (elemento de antena) ‖ ≈**strahltrockner** *m* (Tex) / secador *m* de convección forzada ‖ ≈**träger** *m* (Raumf) / portador *m* de tobera ‖ ≈**trainer** *m* (Luftf) / reactor *m* de enseñanza, avión *f* reactor de entrenamiento [básico avanzado] ‖ ≈**treibstoff** *m* / combustible *m* para reactores ‖ ≈**triebwerk** *n*, Strahltriebwerk *n* / motor *m* de (o a) reacción, reactor *m*, turborreactor *m*, motor *m* de chorro (LA) ‖ ≈**trockner** *m* (Tex) / secador de tobera ‖ ≈**ventil** *n* (Turbine) / válvula *f* de tobera ‖ ≈**verengung** *f* / garganta *f* de tobera ‖ ≈**vergaser** *m* (Kfz) / carburador *m* de chiclés ‖ ≈**verkehrsflugzeug** *n* (Luftf) / reactor *m* de pasajeros ‖ ≈**wand** *f* (Drahtziehen) / pared *f* de la hilera ‖ ≈**webmaschine** *f* / telar *m* de toberas ‖ ≈**winkel** *m* (Drahtziehen) / ángulo *m* de ataque *m* de la hilera ‖ ≈**ziehverfahren** *n* (Glas) / procedimiento *m* de filamento continuo [por estirado mecánico] ‖ ≈**zwirnmaschine** *f* (Tex) / torcedora *f* de extrusión
DÜST, DUST (DV) = Datenübertragungssteuerung
düster[rot] / rojo o[b]scuro
Dutch-Roll-Bewegung *f* (Luftf) / escora *f* holandesa, balanceo *m* holandés
Dutzend • feile *f* (Wz) / lima *f* a la docena ‖ ≈**satz** *m* (Teile) (Wz) / juego *m* de docena ‖ ~**weise legen o. anordnen**, in Dutzende abteilen / disponer por docenas ‖ ≈**zähler** *m* (DV) / contador *m* de docenas
Duvetine *m* (Web) / duvetina *f*
DÜVO (DV) = Verordnung über Datenübermittlung, Datenübermittlungsverordnung
DV = Datenverarbeitung
DV-Anlage *f*, EDVA *f*, (jetzt:) DVA / equipo *m* de procesamiento [electrónico] de datos, equipo *m* de elaboración o de tratamiento de datos
DVA-Raum *m* / sala *f* de computadoras
DVB-T (= Digital Video Broadcasting-Terrestrial), digitales terrestrisches Fernsehen,

"Überall"-Fernsehen *n*, Antennen-TV *n* / televisión *f* DVB-T (digital terrestre)
DVD = Digital Versatile Disc ‖ ≈ = Digital Video Disc ‖ ≈**-Brenner** *m* / grabadora *f* de DVD ‖ ≈**-Laufwerk** *n* / lector *m* de DVD
D-Verhalten *n*, -Wirkung *f* (Regeln) / comportamiento *m* diferencial
D₂-Verhalten *n* (Regeln) / acción *f* de segunda derivación
DVGW = Deutscher Verein des Gas- und Wasserfaches e.V.
DVI, Dichtungsverträglichkeitsindex *m* / índice *m* de tolerabilidad de materiales de obturación
DVL = Deutsche Versuchsanstalt für Luft- und Raumfahrt
DVM = Deutscher Verband für Materialprüfungen der Technik ‖ ≈ (Eltronik) = Digitalvoltmeter ‖ ≈**-Kriechgrenze** *f*, $σ_{DVM}$ (Mat.Prüf) / límite *m* de fluencia DVM
DV-Personal *n* / personal *m* operario
DVS = Deutscher Verband für Schweißtechnik e.V. ‖ ≈ (DV) = Datenverarbeitungssystem
DVST = Datenvermittlungsstelle
DV-System *n* (z.B. Windows) / parrilla *f*
DVT [WV] = Deutscher Verband Technisch-Wissenschaftlicher Vereine
DV-Virus *n*, Computervirus *n* / virus *m* informático
DVW = Deutscher Verein für Vermessungswesen
DVWG = Deutsche Verkehrswissenschaftliche Gesellschaft
DVWW = Deutscher Verband für Wasserwirtschaft
DWA, Diebstahlwarnanlage *f* / instalación *f* de alarma contra robo
dwars, querab (Luftf, Schiff) / por el través ‖ ~ **[ab]** (parallel) (Nav) / a través ‖ ≈**abstand** *m* (Nav) / distancia *f* a través ‖ ≈**linie** *f* (Schiff) / línea *f* de frente ‖ ≈**schott** *n* (Schiff) / mampara *f*
D-Wert *m* (Luftf) / diferencia *f* de altura relativa
Dwight-Lloyd-Sinterverfahren *n* (Hütt) / proceso *m* de aglomeración Dwight-Lloyd
DWK = Deutsche Gesellschaft für Wiederaufarbeitung von Kernbrennstoffen
DWR = Druckwasserreaktor
dy nach dx (Math) / dy sobre dx
Dy *n* (ein Sediment, Geol) / dy *m*
Dyade *f* (Math) / diada *f* ‖ ≈ (Chem) / radical *m* bivalente
Dyadik *f* (Math) / aritmética *f* binaria o diádica
dyadisch • er Logarithmus / logaritmo *m* diádico ‖ ~**er Operator** / operario *m* diádico ‖ ~**es System** (Math) / sistema *m* diádico
Dyakisdodekaeder *n* (Geom) / disdodecaedro *m*
Dyn *n* (= 1 g cm sec^{-2}, 10^5 dyn = 1N), (Kurzzeichen:) dyn (Phys) / dina *f*
dyn (Phys) / dyn *m*
Dynabus *m* (DV) / dynabús *m*
Dynaflow-Getriebe *n*, hydraulisches Strömungsgetriebe (Wzm) / transmisión *f* Dynaflow
Dyname *f*, Winder *m* (Mech) / torsador *m*, torsor *m*
Dynameter *m* (Phys) / dinámetro *m*
Dynamic Positioning System (Schiff) / Sistema Dinámico de Posicionamiento *f*
Dynamik *f* (allg, Phys) / dinámica *f* ‖ ≈ (Eltronik) / dinámica *f*, razón *f* dinamica ‖ ≈ (Akust) / volumen *m* ‖ ≈ **der flüssigen Stoffe**, Hydrodynamik *f* (Phys) / hidrodinámica *f* ‖ ≈ **der inkompressiblen gasförmigen Stoffe**, Aerodynamik *f* / aerodinámica *f* ‖ ≈ **der Kernreaktoren**, Reaktorkinetik, -dynamik *f* / cinética *f* de los reactores nucleares, dinámica *f* de los reactores nucleares ‖ ≈ **der kompressiblen gasförmigen Stoffe**, Gasdynamik *f* / dinámica *f* de los gases ‖ ≈ **verdünnter Gase** / dinámica *f* de gases rareficados
Dynamik • bereich *m* (Eltronik) / margen *m* de volumen, margen *m* dinamico, dinámica *f* ‖ ≈**dehner** *m* (Eltronik) / expansor *m* de volumen, acentuador *m* de contrastes ‖ ≈**dehnung**, -steigerung, *f*, -expansion *f* (Eltronik) / expansión *f* del volumen ‖ ≈**drängung** *f*, -kompression *f* (Akust) / compresión *f* del volumen ‖ ≈**drängung u. -dehnung** *f* (Akust) / compresión *f* y expansión de volumen ‖ ≈**entzerrung** *f* (TV) /

corrección f de la gama ‖ ⁓expander, -entzerrer m (Akust, Eltronik) / expansor m ‖ ⁓kompressor m / compresor m de nivel ‖ ⁓regelung, Kompandierung f (Eltronik) / compresión f y expansión de volumen ‖ ⁓regler, Presser-Dehner m (Akust) / compansor m, comprextensor m, compresor-expandor (o -extensor) ‖ ⁓steigerung f s. Dynamikdehnung ‖ ⁓umfang m (TV) / gama f dinámica, margen m dinámico ‖ ⁓verengung f (Eltronik) / contracción f de volumen
dynamisch / dinámico ‖ ⁓ (Lautsprecher, Mikrofon, Schwingquarz) / electrodinámico ‖ ⁓e **Adressumrechnung** (DV) / traducción f dinámica de dirección ‖ ⁓ **ähnliches Modell** (Luftf) / model m dinámico ‖ ⁓e **Ähnlichkeit** (Luftf) / semejanza f dinámica ‖ ⁓er **Anhub des Fahrdrahtes** (Bahn) / elevación f dinámica del hilo de contacto ‖ ⁓er **Arbeitspunkt** (Eltronik) / punto m de funcionamiento dinámico ‖ ⁓er **Auftrieb** (Luftf) / fuerza f ascensional dinámica, poder m ascensional dinámico, fuerza f sustentadora, sustentación f [dinámica] ‖ ⁓er **Aufwind** / ascendencia f [dinámica] ‖ ⁓ [aus]gewuchtet (Rad) (Kfz) / equilibrado dinámicamente ‖ ⁓e **Auswuchten** / equilibrado m dinámico, compensación f dinámica ‖ ⁓ **auswuchten** / equilibrar dinámicamente ‖ ⁓e **Auswuchtmaschine** / máquina f de equilibrado dinámico ‖ ⁓e **Beanspruchung**, Schwingungsbeanspruchung f / esfuerzo m dinámico, solicitación f [a carga] dinámica ‖ ⁓e **Belastung** / carga f dinámica ‖ ⁓e **Charakteristik** (Schw) / característica f dinámica ‖ ⁓er **Druck**, Staudruck m / presión f dinámica ‖ ⁓es **Druckgefälle** / salto m de presión dinámico ‖ ⁓e **Elastizität** (Mech) / elasticidad f dinámica ‖ ⁓er **Elastizitätsmodul** / módulo m dinámico de elasticidad ‖ ⁓e **Erwärmung** (Luftf) / calentamiento m dinámico ‖ ⁓e **Fokussierungskorrektur** (TV) / focalización f dinámica, enfoque m dinámico ‖ ⁓er **gestalten** / dinamizar ‖ ⁓es **Gewölbe** (Bau) / arco m dinámico ‖ ⁓es **Gleichgewicht** / equilibrio m dinámico ‖ ⁓er **Grenzstrom** (Trafo) / intensidad f de punta ‖ ⁓er **Halbmesser** (Reifen) / radio m [efectivo] dinámico ‖ ⁓e **Hellesteuerung** (TV) / regulación f dinámica de luminosidad, regulación f exacta de luminosidad ‖ ⁓e **Hysterese** (Elektr) / histéresis f dinámica ‖ ⁓e **Impedanz** (Eltronik) / impedancia f dinámica o mocional o de movimiento, impedancia f cinética ‖ ⁓e **Induktivität** (Quarz) / inductancia f dinámica o cinética ‖ ⁓e **Instabilität** (Raumf) / inestabilidad f dinámica ‖ ⁓e **Kapazität** (Quarz) / capacidad f dinámica o cinética o mocional ‖ ⁓e **Konvergenz[korrektur]** (Kath.Str) / corrección f del error de convergencia, convergencia f dinámica ‖ ⁓er **Lautsprecher** / altavoz m dinámico (LA) ‖ ⁓er **Lesen** (DV) / análisis m por exploración ‖ ⁓e **Lichtstreuung** (Phys) / dispersión f dinámica de la luz ‖ ⁓e **Positionierung** s. Selbstpositionierung ‖ ⁓es **Programmieren** (DV) / programación f dinámica ‖ ⁓es **RAM**, DRAM (DV) / memoria f dinámica de acceso directo, DRAM m ‖ ⁓es **Rauschen** (Raumf) / ruido m de evolución, ruido m dinámico ‖ ⁓e **Regelung** (Eltronik) / control m dinámico ‖ ⁓e **Resonanz** (Masch) / resonancia f dinámica ‖ ⁓e **Rückkopplung** (Eltronik) / reacción f dinámica o mocional ‖ ⁓e **Scherspannnung** / tensión f dinámica de cizallamiento ‖ ⁓er **Schräglauf des Bandes** (Magn.Bd) / sesgo m dinámico ‖ ⁓es **Segelflugzeug** / planeador m dinámico ‖ ⁓e **Sinkkraft** / fuerza f descensional dinámica ‖ ⁓er **Speicher**, Laufzeitspeicher m (DV) / memoria f dinámica o del tipo de línea de retardo ‖ ⁓er **Speicherauszug** / vaciado m periódico del almacen ‖ ⁓es **Speichern**, Speichern n im Durchlauf / almacenamiento m tipo línea de retardo ‖ ⁓e **Speicherzuweisung** (DV) / atribución f o asignación dinámica de memoria ‖ ⁓e

Stabilität (Elektr) / estabilidad f en régimen transitorio ‖ ⁓e **Stabilität** (Schiff) / estabilidad f dinámica, equilibrio m dinámico ‖ ⁓e **Steifigkeit** (Masch) / rigidez f dinámica ‖ ⁓e **Steilheit**, Arbeitssteilheit f (Eltronik) / pendiente f dinámica ‖ ⁓e **Streuung** (Krist) / dispersión f dinámica ‖ ⁓e **Unstabilität** (Raumf) / instabilidad f dinámica ‖ ⁓es **Vakuumsystem** (Pneum) / sistema m dinámico de vacío ‖ ⁓es **Verhalten** (Instr) / respuesta f dinámica ‖ ⁓er **Verlustwiderstand** / resistencia f al movimiento ‖ ⁓e **Verschiebung** (DV) / displazamiento m dinámico ‖ ⁓er **Vervielfacher**, Pendelvervielfacher m / multiplicador m dinámico ‖ ⁓e **Viskosität** o. **Zähigkeit** (gemessen in Poise o. P), Vd (Phys) / viscosidad f dinámica ‖ ⁓er **Widerstand** (Eltronik) / resistencia f dinámica ‖ ⁓e **Zähigkeit** / tenacidad f dinámica ‖ ⁓e **Zeiteinheit** / unidad f dinámica del tiempo
Dynamit n / dinamita f ‖ mit ⁓ **sprengen** / dinamitar ‖ ⁓**depot** (Bergb) / recámara f ‖ ⁓**ladung** f / carga f de dinamita ‖ ⁓**patrone** f / cartucho m de dinamita
Dynamitron n (Teilchenbeschl) / dinamitrón m
Dynamitsprengung f / dinamitación f, voladura f con dinamita
Dynamo m, -maschine f (elektromagn. Stromerzeuger) / dínamo m, máquina f dinamoeléctrica ‖ ⁓**blech** n (Elektr) / chapa f para (o del) dínamo ‖ ⁓**elektrisch** / dinamoeléctrico ‖ ⁓**gestell** n, -rahmen m (Elektr) / marco m de dínamo ‖ ⁓**maschine** f **für konstante Spannung** / dínamo f para tensión constante ‖ ⁓**maschine für konstanten Strom** / dínamo f para corriente constante ‖ ⁓**metamorphose**, Stauungsmetamorphose f (Geol) / dinamometamorfismo m, metamorfismo m dinámico ‖ ⁓**meter** n, Kraftmesser m (Phys) / dinamómetro m ‖ ⁓**metrisch**, elektrodynamisch / dinamométrico ‖ ⁓**stahl** m (Hütt) / acero m para dínamos ‖ ⁓**stahlguss** m / fundición f de acero para dínamos
Dyna • motor m, rotierender Gleichstrom-Gleichstrom-Umspanner (Elektr) / dinamotor m ‖ ⁓**starter** m (Kfz) / dinamotor m de arranque
Dynatron n (Eltronik) / dinatrón m ‖ ⁓**kippschaltung** f / oscilador m dinatrón ‖ ⁓**wirkung** f / efecto m dinatrón
Dynistor m (Eltronik) / dinistor m
Dynode f, Prallelektrode f (Sekundäremissionskathode) (Eltronik) / dínodo m
Dynoden • dunkelstrom m (Elektr) / corriente f de oscuridad de dinodo ‖ ⁓**serie** f (TV) / cadena f de dinodos, serie f de dinodos
Dynstat • -Gerät n (Plast) / dinstato m ‖ ⁓**-Methode** f, Einspann-Methode f (Plast) / método m con probeta encastrada
Dyotron n (Eltronik) / diotrón m
Dyschromasie f (Med) / discromatopsia f
Dyskrasit m (Antimonsilbererz) (Min) / discrasito m
Dysprosium n, Dy (Chem) / disprosio n ‖ ⁓... / disprósico
DZM, Drehzahlmesser m / cuentarrevoluciones m
D-Zug (obsol.), Schnellzug m (Bahn) / tren m expreso, exprés m
d-Zustand m, D-Zustand m (Chem, Nukl) / estado m D

327

E

E 13 B-Schrift f (DV) / caracter m E 13 B (para tinta magnética)
EA (Fernm) = Endamt / central f terminal
E/A (= Eingabe/Ausgabe) (DV) / entrada-salida f, I/O = input/output
EAG = Europäische Atomgemeinschaft; EURATOM / Comunidad f Europea de Energía Atómica
Eagle-Aufstellung f (Opt) / disposición f Eagle
EAM (Eltronik) = Einseitenband-Amplitudenmodulation
E/A-Maske f (DV) / máscara f de entrada/salida
E-Anlasser m (Bosch), elektrisch betätigter Schubschraubtrieb-Anlasser (Kfz) / motor m de arranque con piñón movido eléctricamente por rosca
EAN•-Strich-Code m (13-stellige europ. Artikelnummer) / EAN (código de barras) ‖ ≙**-System** n = Europäische Artikel-Nummerierung (nS)
E-Anzeige f (Radar) / presentación f visual tipo E
EARB (Luftf) = European Airlines Research Bureau (Forschungsbüro Europäischer Luftverkehrsgesellschaften)
Early-Effekt m (Halbl) / efecto m Early
EARN = European Academic Research Network (IBM)
EAROM n (Electrically Alterable Read Only Memory) (DV) / memoria f EAROM, memoria f de sólo lectura alterable eléctricamente
E/A-Steuereinheit f / unidad f de mando de entrada/salida
Easy-care-Ausrüstung f (Tex) / apresto m easy-care
Easy-Gleitung f (Krist) / desliz[amiento] m fácil
EAU (= Einankerumformer) (Elektr) / conmutatriz f de inducido único
Eau de Javel n, Kalibleichlauge f (Chem) / lejía f de Javel ‖ ≙ **de Labarraque** / solución f de labarraque
EB (Masch) = Einheitsbohrung ‖ ≙, = Eigenbewegung (Astr) ‖ ≙, Elektronenstrahl m / haz m de electrones
Ébauche f (Werk ohne Gang, Unruh, Zifferblatt, Zeiger) (Uhr) / ébauche m, esbozo m, bosquejo m
Ebbe f (Ozean) / marea f baja, bajamar f ‖ ≙**anker** m (Schiff) / ancla f de reflujo ‖ ≙**strömung** f, -strom m (Ozean) / reflujo m, corriente f de reflujo ‖ ≙**tor** n (Seeschleuse) / puerta f [de esclusa] de reflujo ‖ ≙**- und Flut-Kraftwerk** n, Gezeitenkraftwerk n (Elektr) / central f [electrica] marr[o]motriz
EBCDIC•-Code m, erweiterter BCD-Code (DV) / código m BCD ampliado, código m decimal codificado en binario ampliado para el intercambio de información ‖ ≙**-Codierung** f (DV) / codificación f EBCDIC
E.B.C.-Verfahren n (Lack) / procedimiento m de cocción por haz electrónico
EBD (electronic brake distribution = elektron. Bremskraftverteilung) (Kfz) / distribución f electrónica de la fuerza de frenado
eben, flach / plano, aplanado, llano ‖ ~, glatt / liso ‖ ~ (Math) / de dos dimensiones o ejes ‖ ~ [mit], bündig [mit] / al mismo nivel ‖ ~, nicht vervundne (Holz) / sin torsiones ‖ ~ (o. waagerecht) machen (Straßb) / nivelar, aplanar, arrasar ‖ ~**e Felsfläche** (Geol) / liso m ‖ ~**e Figur** (Geom) / figura f plana ‖ ~**e Fläche** (Math) / plano m, superficie f plana ‖ ~**e Flächen herstellen** (Wzm) / aplanar ‖ ~ **gebaut**, stockwerklos / de planta única ‖ ~ **gekrümmt** / curvado planar ‖ ~ **es od. flaches Gelände** / terreno m llano ‖ ~**e Geometrie**, Planimetrie f / planimetría f ‖ ~**er Graph**, planarer Graph / gráfica f plana, gráfico m plano ‖ ~**e Gruppe**

(Antenne) / red f planar de antenas ‖ ~**e Koordinaten** f pl (Math) / coordenadas f pl planas ‖ ~**es Kurbelgetriebe** (Mech) / mecanismo m plano de manivela ‖ ~**es Lager** (Brücke) / apoyo de superficie plana ‖ ~ **machen**, schlichten (Wzm) / aplanar ‖ ~**er Reflektor** (Opt) / reflector m plano ‖ ~**es Tragwerk** (Bau) / estructura f plana ‖ ~**er Verformungszustand** (Mech) / deformación f plana ‖ ~ **walzen** / laminar planamente ‖ ~**e Welle** (Phys) / onda f plana ‖ **auf** ~**er Strecke** (Bahn) / en sección de vía horizontal ‖ **vollkommen** ~ / totalmente llano o plano ‖ **zu** ~**er Erde** (Bau) / a nivel [de tierra], a flor de tierra
Ebenbild, Gegenstück n / equivalente m, compañero m, pareja f
Ebene f (Geo, Geol) / llanura f, planicie f, llano m, meseta f, llana[da] f ‖ ≙, [ebene] Fläche (Masch, Math) / plano m, superficie f plana ‖ ≙ **der Wicklung** (Elektr) / plano m del devanado ‖ ≙ **gleicher Stellen** (DV) / plano m de dígitos ‖ **auf technischer** ≙ / a nivel tecnológico ‖ **in derselben** ≙ **liegend** (Math) / en el mismo plano ‖ **in eine** ≙ **bringen**, abgleichen / nivelar ‖ **in einer** ≙ **liegend** (Kabel) / dispuestos en un plano
ebenen vt, ebnen, glätten / aplanar, alisar, igualar, allanar ‖ ~, in eine Ebene bringen, bündig einlassen / nivelar
eben•erdig (Bau) / de planta baja (E), en los bajos (LA) ‖ ~**erdig ohne Keller** / a nivel del suelo, sin sótano ‖ ~**flächig** / de superficie plana
Ebenheit f / planeidad f, planicidad f ‖ ≙, Glattheit f / lisura f ‖ ≙, Flachheit f / planitud f, forma f plana ‖ ≙ **des Bandes** (Walzw) / planitud f de la cinta
Ebenheits•fehler m / error m de planicidad ‖ ≙**prüfer** m / verificador m de la planeidad
Eben•holz n (Bot) / ébano m, madera f de ébano ‖ ≙**maß** n / simetría f, armonía f ‖ ~**mäßig**, regelmäßig / regular ‖ ~**mäßig**, symmetrisch / simétrico ‖ ~**sohlig**, waagerecht, söhlig (Bergb) / horizontal
Eberesche f, Sorbus (Bot) / serbal m, serbo m
Ebereschenmotte f, Argyresthia conjugella (Zool) / tiña f del manzano, gorgojo m del manzano
EBL = Erprobungsstelle der Bundeswehr für Luftfahrtgerät
EBM = Fachnormenausschuss Eisen-, Blech- und Metallwaren im DNA ‖ ≙ = Wirtschaftsverband Eisen, Blech und Metall verarbeitende (nS) Industrie
ebnen vt, abplatten / dar forma de lamina, laminar
E-Bogen, -Krümmer m (Wellenleiter) / codo m E
E-Bombe f, Mikrowellenbombe f, Smart Bomb f (Mil) / bomba f E (de impulsos electromagnéticos)
Ebonit n, Hartgummi m (Plast) / ebonita f, goma f endurecida
Ebullientkühlung, Heißwasserkühlung f (Mot) / refrigeración f a ebullición
Ebulliometer n (Phys) / ebull[i]ómetro m
Ebullio•skop n / ebull[i]oscopio m ‖ ≙**skopie** f (Phys) / ebullioscopía f
EBV (= elektronischer Bremskraftverteiler) (Kfz) / distribuidor m electrónico de la fuerza de frenado
EC (Chem) = Ethylcellulose
ECAM n (= electronic centralized aircraft controller) (Luftf) / ECAM m
EC-Anlage f (Film) / equipo m vídeofilm
ECC-Einrichtung f (DV) / equipo m de verificación y de corrección de errores
Eccles-Jordanschalter, Flip-Flop-Auslöser m (DV) / basculador m Eccles-Jordan
ECDC-Transistor m (Halbl) / transistor m ECDC, transistor m de colector difuso formado por método electroquímico
ECF = elektrochemisches Feinbohren
Ecgonin n (Chem) / ecgonina f (a base de cocaína)
Echappement n (Uhr) / escape m del reloj ‖ ≙**-Feile** f / lima f para escape
Echelettegitter n (Opt) / retículo m echelette

Echellegitter *n* (Opt) / retículo *m* escalonado o de fracción
Echo *n*, Widerhall *m* (Akust) / eco *m*, repercusión *f* ‖ ⁓, Geisterbild *n* (TV) / imagen *f* fantasma, imagen *f* eco ‖ ⁓ *n*, Radarreflexion *f* (Radar) / eco *m*, señal *f* de retorno, onda *f* reflejada ‖ ⁓ **durch Gerätefehler** (Radar) / eco *m* parásito ‖ ⁓**anzeige** *f* (Radar, Ultraschall) / señal *f* visible de eco, impulso *m* de eco ‖ ⁓**auswertesystem** *n* / sistema *m* de evaluación por eco ‖ ⁓**betrieb** *m* (Ultraschall) / funcionamiento *m* por eco ‖ ⁓**bild** *n* / imagen *f* del eco, ecograma *m* ‖ ⁓**box** *f*, Hohlraumresonator *m* (Eltronik) / caja *f* ecoica o de ecos, cavidad *f* resonante de ecos artificiales, resonador *m* de ecos artificiales ‖ ⁓**dämpfung**, Rückflussdämpfung *f* (Fernm) / pérdida *f* por reflexión o debida a las reflexiones ‖ ⁓**effekt** *m* (Akust) / efecto *m* de eco ‖ ⁓**empfänger** *m* / receptor *m* de eco ‖ ⁓**entzerrer** *m* (TV) / filtro *m* corrector de ecos ‖ ⁓**falle** *f* (TV) / trampa *f* de eliminación de imágenes fantasma ‖ ⁓**frei**, schalltot (Akust) / sin eco, sin reflexión ‖ ⁓**freiheit**, -unterdrückung *f* / supresión *f* de ecos ‖ ⁓**gebirge** *n* (Radar) / cúmulo *m* de ecos ‖ ⁓**gramm** *n*, -graph *m* / registro *m* del eco, curva *f* de los ecos ‖ ⁓**graphie** *f* / ecografía *f* ‖ ⁓**gras** *n*, Gras *n* (Ultraschall) / hierba *f* de ecos ‖ ⁓**höhenmesser** *m* (Luftf) / altímetro *m* de eco ‖ ⁓**impuls** *m* (Fernm) / impulso *m* eco ‖ ⁓**lage** *f* (Ultraschall) / posición *f* del eco ‖ ⁓**laufzeit** *f* (Akust) / tiempo *m* de transmisión del eco ‖ ⁓**lautstärke** *f* / intensidad *f* sonora del eco ‖ ⁓**lot** *n* (Schiff) / ecobatímetro *m*, sonda *f* acústica o ecoica, sondeador *m* ecoico o de profundidades, ecómetro *m* de profundidad ‖ ⁓**lot-Anzeigegerät** *n*, Echograph *m*, -schreiber *m* / ecógrafo *m* ‖ ⁓**lotung** *f* (Geo, Schiff) / ecosondeo *m*, sondaje *f* acústica, sondeo *m* aústico, batimetría *f* ‖ ⁓**lotwarngerät** *n* (Luftf) / altímetro *m* absoluto, indicador *m* de margen vertical sobre el terreno ‖ ⁓**maschine** *f* (Akust) / mecanismo *m* de reverberación artificial ‖ ⁓**meter** *n* / ecómetro *m* ‖ ⁓**metrie** *f* / ecometría *f* ‖ ⁓**ortung** *f* (Eltronik) / localización *f* por ecos, sondeo *m* ecoico o por ecos ‖ ⁓**prüfgerät** *n* (Ultraschall) / ecómetro *m*, aparato *m* de inspección ultrasónica ‖ ⁓**prüfung** *f* (Magn.Bd) / comprobación por retrotransmisión;.f. ‖ ⁓**raum** *m*, schallharter o. Hallraum (Akust) / cámara *f* reverberante, camara *f* de ecos ‖ ⁓**rauschen** *n* (Akust) / ecos *m pl* parásitos ‖ ⁓**rückstrahlung** *f* (Radar) / reflexión *f* de eco ‖ ⁓**spannung** *f* (Fernm) / tensión *f* reflejada ‖ ⁓**sperrdämpfung** *f* (Fernm) / atenuación *f* de bloqueo ‖ ⁓**sperre** *f* (Fernm) / supresor *m* de ecos ‖ ⁓**strom** *n* **am Leitungsende** (Fernm) / eco *m* final ‖ ⁓**teilung** *f* (Radar) / escisión *f* de impulso ‖ ⁓**unterdrücker** *m* (Eltronik) / supresor *m* de ecos ‖ **stetig arbeitender** ⁓**unterdrücker** (Eltronik) / supresor *m* de eco de acción continua ‖ ⁓**unterdrückung** *f* (Radar) / supresión *f* del eco, eliminación *f* de ecos ‖ ⁓**weg** *m* (Fernm) / trayecto *m* de eco, itinerario *m* de las corrientes de eco ‖ ⁓**welle** (Eltronik) / onda *f* reflectada, eco *m* ‖ ⁓**zeichenabgleich** *m* / igualación *f* de ecos
echt, rein / puro, genuino, auténtico ‖ ~, dauerhaft, fest (Farbe) / sólido ‖ ~, körperhaft / sustancial ‖ ~ (Math, Mengenlehre) / propio ‖ **~e Bronze**, Goldbronze *f* (Hütt) / bronce *m* de oro ‖ **~er Bruch** (Math) / quebrado *m* propio, fracción *f* propia o pura ‖ **~e Lösung**, molekulare Lösung (Chem) / solución *f* molecular ‖ **~e Seide** (Tex) / seda *f* d e morera [bombyx], seda *f* cultivada ‖ **~e o. eigentliche Teilmenge** (Math) / cantidad *f* parcial propia
Echt•beizenfarbstoff *m* / colorante *m* de mordiente sólido ‖ ⁓**druckfarbe** *f* (Druck) / colorante *m* de impresión sólido ‖ ⁓**farbe** *f* (Färb) / color *m* sólido ‖ ⁓**färbebase** *f* / base *f* de tintura sólida ‖ **~färben** / teñir con colorantes sólidos ‖ ⁓**farbenhologramm** *n* /

holograma *m* de colores sólidos ‖ ⁓**farbstoff** *m* (Tex) / colorante *m* sólido ‖ ⁓**gelb** *n* (Färb) / amarillo *m* sólido
Echtgrün *n* / verde *m* sólido
Echt•heit *f* (Farbe) / solidez *f* ‖ ⁓**heit**, Reinheit *f* / pureza *f* ‖ ⁓**orange** *n* (Zeichn) / naranja *m* sólido ‖ ⁓**pergament** *n*, Pergamentpapier *n* (Pap) / pergamino *m* auténtico ‖ ⁓**prägung** *f* (Tex) / gofrado *m* sólido ‖ ⁓**rot**, Pararot *n* (Färb) / rojo *m* sólido o de paranitranilino ‖ ⁓**vered[e]lung** *f* (Tex) / acabado *m* sólido
Echtzeit *f* (DV) / tiempo *m* real ‖ ⁓**ausgabe** *f* / salida *f* de datos en tiempo real ‖ ⁓**-Betrieb** *m*, -Operation *f* (DV) / operación *f* en tiempo real ‖ ⁓**eingabe** *f* / entrada *f* en tiempo real, introducción *f* en tiempo real ‖ ⁓**rechner** *m* / computadora *f* de tiempo real ‖ ⁓**-Rechnung** *f* / cálculo *m* en tiempo real ‖ ⁓**-Rückmeldesatellit** *m* (Raumf) / satélite *m* de retransmisión directa ‖ ⁓**signal** *n* (DV) / señal *f* en tiempo real
Echtzeit-Simulation *f*, Real-Time-Simulation *f* (DV) / simulación *f* en tiempo real
Echtzeit•-System *n* (DV) / sistema *m* de tiempo real ‖ ⁓**-Testmanipulator** *m* / emulador *m* en tiempo real o en circuito ‖ ⁓**uhr** *f*, Uhrzeitgeber *m* (DV) / reloj *m* en tiempo real ‖ ⁓**verarbeitung** *f* / procesamiento *m* en tiempo real
Eck•... (Ventil) / angular ‖ ⁓**absperrventil** *n* / válvula *f* angular de cierre ‖ ⁓**abzweig** *m* (Rohr) / codo *m* doble, desviación *f* angular ‖ ⁓**anker**, Diagonalanker *m* (Bau) / fijación *f* diagonal ‖ ⁓**anschluss** *m* (Stahlbau) / ensamble *m* de ángulo, unión *f* de ángulo ‖ ⁓**armierung** *f*, -bindesteine *m pl* (Bau) / trabazón *f* de esquina ‖ ⁓**band** *n*, Eckbeschlag *m* (Tischl) / refuerzo *m* de esquina, herraje *m* de esquina, cantonera *f* ‖ ⁓**beschläge** *m pl* (Container) / herrajes *f pl* de esquinas ‖ ⁓**blech** *n*, Eckverstiefung *f* (Stahlbau) / ala *f*, plancha *f* de ángulo ‖ ⁓**blech eines Rahmens** (Bau) / chapa *f* de refuerzo ‖ ⁓**bohrmeißel** *m* (Dreh) / cuchilla *f* de torneado interior de ángulos ‖ ⁓**drehmeißel** *m* / cuchilla *f* para ángulo ‖ **gebogener** ⁓**drehmeißel** / cuchilla *f* curvada para ángulo
Ecke *f* / esquina *f* ‖ ⁓, Straßen]ecke *f* (allg, Geom) / semiesquina *f* ‖ ⁓ (z.B. eines Würfels) (Math) / vértice *m* ‖ ⁓, Innenkante *f* / arista *f* ‖ ⁓, Eckstein *m* (Bau) / piedra *f* angular ‖ ⁓ **der Schneide** (Wz) / canto *m* del corte ‖ ⁓ **eines dreieckigen Gegenstandes** / ángulo *m* ‖ **eine** ⁓ **bilden** / hacer o formar esquina ‖ **innere** ⁓, Winkel *m* zwischen zwei Wänden / rincón *m*, cantón *f* ‖ **mit** ⁓**n versehen** / dotar de esquinas ‖ **um die** ⁓ **biegen** (Kfz) / doblar la esquina
ecken, klemmen *vi* / atascarse ‖ ⁓, Schiefaufsitzen *n* (Masch) / atascamiento *m*, atasco *m*
Ecken•abrundemaschine *f* (Tischl) / redondeadora *f* de ángulos ‖ ⁓**abschnitt** *m* (Masch) / corte *m* de esquina ‖ ⁓**biegemaschine** *f* / máquina *f* para plegar ángulos ‖ ⁓**bohrer** *m*, Winkelbohrer *m* / taladradora *f* de codos ‖ ⁓**brenner** *m* (Chem, Heizung) / mechero *m* rinconero (hogar) ‖ ⁓**drahtheftmaschine** *f* (Druck) / máquina *f* de coser con alambre en ángulo ‖ ⁓**feuerung** *f*, Tangentialfeuerung *f* (Chem, Heizung) / hogar *m* tangencial ‖ ⁓**fräsen** *n* (Innenkanten) (Masch, Tischl) / fresado *m* de aristas ‖ ⁓**fräsen** (Außenkanten) / fresado *m* de cantos ‖ ⁓**fräsen** (Innenecken) / fresado *m* de vértices ‖ ⁓**heftmaschine** *f* (Kistenherst.) / máquina *f* de engrapar cajas en esquina ‖ ⁓**maß** *n* (Sechskant) / medida *f* entre vértices ‖ ⁓**rahmen** *m* (Bergb) / marco *m* angular ‖ ⁓**reflektor** *m* (Elektr) / reflector *m* angular o diedro ‖ ⁓**runden** *n* (Masch, Tischl) / redondeado *m* de aristas o cantos o vértices ‖ ⁓**rundung** *f*, -radius *m* / radio *m* de aristas o cantos o vértices ‖ ⁓**schärfe** *f* (TV) / nitidez *f* en los angulos ‖ ⁓**schnitt** *m* (Repro) / esquina *f* cortada ‖ ⁓**schutzleiste** *f* (scharfkantig) (Bau) / protector *m* de arista, protector *m* de canto ‖ ⁓**steifigkeit** *f* (Stahlbau) /

rigidez *f* de los ángulos ‖ ⁓**stoßfänger** *m* (Kfz) / ala *f* de parachoques ‖ ⁓**winkel** *m* (Wz) / ángulo *m* en punta de rincón
Eckermannit *m* (Min) / eckermannita *f*
Eck•faden *m*, Abfallfaden *m* (Spinn) / mecha *f* falsa, mecha *f* de las orillas ‖ ⁓**fadenabsaugung** *f* (Spinn) / aspiración *f* de mechas falsas ‖ ⁓**fenster** *n* (Bau) / ventana *f* rinconera ‖ ⁓**flansch** *m* / brida *f* de esquina ‖ ⁓**frequenz** *f* (Eltronik) / frecuencia *f* límite, frecuencia *f* de corte ‖ ⁓**hahn** *m* / grifo *m* angular ‖ ⁓**haus** *n* (Bau) / casa *f* [de] esquina ‖ ⁓**-Hobelmeißel** *m* (Wzm) / cuchilla *f* para [a]cepillar ángulos ‖ ⁓**holz-Balken** *m* (Bau) / viga *f* de cuatro cantos, viga *f* de sección rectangular
eckig, mit Ecken / angular, esquinado ‖ ⁓, mit vielen Ecken / anguloso ‖ ⁓ (z.B. Säule), kantig / poligonal ‖ ~e **Klammer** (Druck, Math) / paréntesis *m* cuadrado o recto
Eckigkeit *f* / angulosidad *f*
Eck•klammer *f* (Bau, Zimm) / grapa *f* de ángulo ‖ ⁓**klotz** *m* (Tischl) / bloque *m* angular ‖ ⁓**lasche** *f* / brida *f* angular ‖ ⁓**lautsprecher** *m* / altavoz *m* de esquina (E), altoparlante *m* esquinero (LA) ‖ ⁓**leiste** *f* (Tischl) / listón *m* angular ‖ ⁓**lohn** *m* (F.Org) / salario *m* básico ‖ ⁓**maß** (Sechskant) / medida *f* entre vértices ‖ ⁓**mast** *m* (Hochsp.Ltg) / mástil *m* de anclaje ‖ ⁓**mast** (Fernm) / poste *m* de ángulo ‖ ⁓**messerkopf** *m* (Wzm) / fresa *f* angular de corte ‖ [**innere**] ⁓**naht** (Schw) / soldadura *f* de rincón ‖ **äußere** ⁓**naht** (Schw) / soldadura *f* de esquina ‖ ⁓**pfeiler** *m* (Bau) / montante *m* de esquina, poste *m* esquinero (LA) ‖ ⁓**pfeiler**, Widerlagerpfeiler *m* (Brücke) / pila *f* de estribo ‖ ⁓**pfosten**, -ständer, -stiel *m* (Elektr) / pie *m* derecho de ángulo, poste *m* de ángulo ‖ ⁓**pfosten** *m*, -säule *f* (Container) / estructura *f* angular ‖ ⁓**platz** *m* (Bahn) / asiento *m* de esquina ‖ ⁓**radius**, Bördelhalbmesser eines Kessels *m* / radio *m* del reborde ‖ ⁓**rahmen** *m* (Bergb) / bastidor *m* angular o de esquina ‖ ⁓**regal** *n* (Möbel) / rinconera *f* ‖ ⁓**ring** *m* (Kessel) / refuerzo *m* angular en los ángulos ‖ ⁓**rohrkessel** *m* / caldera *f* de tubos acodados ‖ ⁓**rohrzange** *f* (Wz) / llave *f* para apretar los tubos en ángulos ‖ ⁓**runge** *f* (Bahn) / telero *m* de esquina (E), estaca *f* de esquina (MEJ) ‖ ⁓**säule** *f* (Bau) / columna *f* angular ‖ ⁓**säule der Karosserie** (Kfz) / columna *f* de esquina de la carrocería ‖ ⁓**schiene**, -schutzleiste *f* (Bau) / cantonera *f* (E), barra *f* protectora de esquinas, esquinero *m* (LA) ‖ ⁓**schrank** *m* (Möbel) / rinconera *f*, módulo *m* del ángulo, armario *m* rinconero ‖ ⁓**schrauber** *m*, Winkelschrauber *m* (Wz) / destornillador *m* angular ‖ ⁓**ständer** (Bau) / montante *m* de esquina ‖ ⁓**stein** *m*, Prellstein *m* (Bau) / recantón *m*, trascantón *m* ‖ ⁓**stein** (Bau) / piedra *f* angular ‖ ⁓**stein**, -ziegel *m* (Dach) / ladrillo *m* angular ‖ ⁓**stichbalken** *m* (Zimm) / cabestrillo *m* angular ‖ ⁓**stiel** *m* (Bau) / cornijal *m* ‖ ⁓**stoß** *m* (Schw) / junta *f* angular o de ángulo, unión *f* angular o de ángulo ‖ ⁓**stoß**, Gehrungsstoß *m* (Tischl) / junta *f* de inglete, junta *f* al sesgo ‖ ⁓**stoß** (Stahlbau) / unión *f* angular o de ángulo ‖ ⁓**stück** *n*, Zwickel *m* (Bau) / cuña *f* ‖ ⁓**stück eines Rohres**, Kniestück *n* / codo *m* ‖ ⁓**stufe** *f* (Bau, Zimm) / peldaño *m* angular ‖ ⁓**stütze** *f* (Stahlbau) / pilar *m* angular, sostén *m* angular, soporte *m* angular ‖ ⁓**tisch** *m* (Möbel) / rinconera *f* ‖ ⁓**überblattung** *f* **mit geradem (o. schrägem) Schnitt** (Zimm) / ensamble *m* de ángulo recto (o oblícuo) a media madera
EC-Kupfer *n*, Leitkupfer *n* (Elektr, Hütt) / cobre *m* de alta conductibilid
Eck•ventil *n* / válvula *f* angular ‖ ⁓**ventil**, -klappe *f* / válvula *f* angular de mariposa ‖ ⁓**verband** *m* (Bau) / trabazón *f* angular ‖ ⁓**verband** (Stahlbau, Zimm) / ensamblaje *m* angular ‖ ⁓**verbindung durch Dübel** *f* (Tischl) / ensamblaje *m* angular por tacos ‖ ⁓**verkämmung** *f* **mit schrägem Haken** (Zimm) /

escopladura *f* en ángulo con tacón oblicuo ‖ ⁓**versteifung** *f*, -verstärkung *f* (Bau) / refuerzo *m* de ángulo ‖ ⁓**versteifung**, Knotenblech *n* (Stahlbau) / cartela *f* de unión, cartela *f* de los nudos, cartabón *m* ‖ ⁓**versteifung durch Winkelstähle** (Bau) / refuerzo *m* por ángulos ‖ ⁓**verzapfung** *f* (Zimm) / fijación *f* angular por machos ‖ ~**weise**, diagonal *adv* / diagonalmente ‖ ⁓**winkel** *m* (Stahlbau) / rinconera *f* ‖ ⁓**zapfen** *m*, Winkelzapfen *m* (Tischl) / espiga *f* angular ‖ ⁓**ziegel** *m* (Tür od. Fensterbasis) (Bau) / ladrillo *m* de caja
ECL, emittergekoppelte Logik / lógica *f* acoplada a emisor, ECL
e-clothes, smart wear (Textilien mit Bedienungsfeldern) / textiles inteligentes
ECM, elektronische Gegenmaßnahmen / contramedidas *f pl* electrónicas
ECMA *f* (European Computer Manufacturers Association) (DV) / ECMA *f* (Asociación Europea de Fabricantes de Ordenadores) ‖ ⁓**-Code** *m* / código *m* ECMA ‖ ⁓**-Norm** *f* / norma *f* ECMA
ECM-Elysieren *n* (elektrochemische Metallabtragung) / ECM *m* (elizado)
Economic-Lager *n* / rodamiento *m* "Economic"
Ecraseleder *n* / cuero *m* aplastado
Ecrüseide *f*, Cru-, Bastseide *f* (Tex) / seda *f* cruda o no desgrasada
ECS, elektronisches Klimasystem (Luftf) / Sistema *m* Climatológico Electrónico
Ectoin *n* (ein Enzym) / ectoína *f*
ECU (= Electronic Control Unit) / unidad *f* electrónica de control
ED, Einschaltdauer *f* (Elektr) / duración *f* de conexión
edaphisch, bodenbedingt (Bot) / edáfico
Edaphologie *f* / edafología *f*
Edaphon *n* (Boden als Lebensraum) / edáfono *m*
Eddiograph *m* (Drahtprüf) / eddiógrafo *m*
edel, kostbar / noble ‖ **edles Metall** (Galv) / metal *m* electropositivo
Edeleanuverfahren *n* (Öl) / procedimiento *m* Edeleanu
Edel•erz *n* (Min) / mineral *m* rico ‖ ⁓**fäule** *f* **des Weins** (verursacht von Botrytis cinerea) / podredumbre *m* noble ‖ ⁓**furnier** *n* (Holz) / chapa *f* de madera noble ‖ ⁓**gas** *n* (Chem) / gas *m* noble, gas *m* inerte, gas *m* raro ‖ ⁓**gasgenerator** *m* / generador *m* de (o a base de) gas noble ‖ ⁓**gasschale** *f* (Atom) / capa *f* de gas noble ‖ ⁓**gas-Spaltprodukte** *n pl* (Chem) / productos *m pl* de fisión de gas noble ‖ ⁓**harz** *n*, -kunstharz *n*, Gießharz *n* (Plast) / resina *f* de moldeo ‖ ⁓**holz** *n* (Tischl) / madera *f* preciosa o fina ‖ ⁓**kastanie** *f*, Castanea sativa (Bot) / castaño *m* ‖ ⁓**kohle** *f* (< 3% Asche) / carbón *m* (< 3% cenizas) ‖ ⁓**korund** *m* / corindón *m* especial ‖ ⁓**metall** *n* (Chem) / metal *m* noble, metal *m* precioso, metal *m* estable ‖ ⁓**metallmotordrehwähler** *m*, EMD-Wähler *m* (Fernm) / selector *m* rotatorio a motor con contactos de metal precioso ‖ ⁓**metall-Motor-Koordinaten-Wähler** *m*, EMK-Wähler *m* (Fernm) / selector *m* de coordenadas a motor con contactos de metal Precioso ‖ ⁓**metall-Schnellkontakt-Relais** *n*, ESK-Relais *n* (Fernm) / relé *m* rápido con contactos de metal precioso o noble ‖ ⁓**passung** *f* / ajuste *m* de alta precisión ‖ ⁓**putz** *m* (Bau) / revoque *m* fino ‖ ⁓**rost** *m*, Patina *f* / pátina *f* ‖ ⁓**schimmelkäse** *m*, -pilzkäse *m* (Nahr) / queso *m* azul ‖ ⁓**schrott** *m* (Hütt) / chatarra *f* de alto valor ‖ ⁓**stahl** *m* / acero *m* fino o especial ‖ **legiertes** ⁓**stahl** / acero *m* fino aleado ‖ ⁓**stahlguss** *m* / fundición *f* de acero fino o aleado ‖ ⁓**stahlherstellung** *f* / producción *f* de acero fino ‖ [**echter**] ⁓**stein** (Min) / piedra *f* preciosa o fina ‖ **synthetischer** ⁓**stein** / piedra *f* preciosa sintética ‖ ⁓**steine** *m pl*, Juwelen *n pl* / joyas *f pl* ‖ ~**steingelagert** / asentado sobre cojinete de piedra [preciosa o dura] ‖

≃steinkunde f (Min) / gemología f ‖ ≃steinlupe f (Opt) / lupa f para joyas ‖ ≃steinschleifer, -schneider m / tallador m de piedras preciosas, tallista m y pulidor de piedras preciosas ‖ ≃tanne f [spanische] (Bot) / pinsapo m ‖ ≃tanne f, Silber-, Weißtanne f, Abies alba / abeto m albar o blanco o común, pinabete m ‖ ≃tannennadelöl n, Oleum pini piceae (Chem, Pharm) / aceite m de abeto albar, esencia f de abeto albar ‖ ≃zellstoff m (Chem) / celulosa f pura o de alta calidad, pasta f química noble
Edenit m, grünblaue Hornblende (Min) / edenita f
EDI (= Electronic Data Interchange) / Intercambio m de Datos Electrónicos
Ediacarium n (Erdzeitalter) / ediacario m
edieren vt, editieren (DV) / editar
Edison•akkumulator m, Eisen-Nickel-Akkumulator m (Elektr) / acumulador m Edison ‖ ≃fassung f, Gewindefassung f / portalámparas m de rosca ‖ ≃gewinde n / rosca f Edison ‖ ≃sockel m, Schraubsockel m / casquillo m de rosca ‖ ≃zwergsockel m, Lampensockel E 10 DIN / casquillo m miniatura de rosca
editierbar (DV) / editable
Editieren n, Editing n (DV) / edición f
Editiermaske f / máscara f de edición
EDM = elektroerosive Bearbeitung
EDS, elektronische Differentialsperre (Kfz) / bloqueo m electrónico de diferencial
EDTA, Ethylendiamintetraessigsäure f (Chem) / ácido m etilenodiamintetraacético
EDU = Energie-Direkt-Umwandlung
Edukt n (Ggs.: Produkt) / educto m (contr.: producto)
edul, entgegen dem Uhrzeigerlauf / levógiro, contrario a las agujas del reloj
EDV (= Elektronische Datenverarbeitung) / PED (= Procesamiento Electrónico de Datos) ‖ ≃-**Personal** n / personal m operario
E-Ebene f (Hohlleiter) / plano m E
EEG n (= Elektroenzephalogramm) (Med) / EEG m (= electroencefalograma)
E-Einfang m (Eltronik) / captura f de electrones
E-Eisen n (Hütt) / hierro m electrolítico
EEROM n, elektrisch löschbares ROM (DV) / EEROM m, memoria f de sólo lectura borrable electricamente
Efe (spanische Presseagentur) / Efe
Effekt m / efecto m ‖ ≃, Arbeitsleistung f / rendimiento m de trabajo ‖ ≃, Nutzeffekt m, Wirkungsgrad m / rendimiento m ‖ ≃, Zeichnung f (Web) / efecto m ‖ **3 D-**≃, Raumeffekt m (Akust) / efecto m espacial ‖ ≃**beleuchtung** f (TV) / efectos m pl luminosos ‖ ≃**bogen**, Flammenbogen m (Elektr) / arco m luminoso, arco m de llama ‖ ≃**faden** m (Tex) / hilo m haciendo la fantasía ‖ ≃**garn** n, -zwirn m / retorcido m de fantasía
effektiv, tatsächlich, wirksam, wirklich / efectivo, eficaz ‖ ~er **Absorptionskoeffizient** (Phys) / coeficiente m efectivo de absorción ‖ ~e **Adresse** (DV) / dirección f efectiva ‖ ~er **Anstellwinkel** (Luftf) / ángulo m efectivo de incidencia ‖ ~er **Anteil der verzögerten Neutronen** (Nukl) / fracción f efectiva de neutrones desacelerados o frenados ‖ ~e **Antennenlänge** / longitud f efectiva de antena ‖ ~er **Befehl**, endgültiger Befehl (DV) / instrucción f efectiva, instrucción f definitiva ‖ ~er **Betriebsfaktor**, Wirkungsgrad m (DV) / disponibilidad f, factor m de buen funcionamiento, relación f de operación ‖ ~e **elektromotorische Kraft** (Elektr) / fuerza f electromotriz efectiva ‖ ~e **Haftreibung** (Bahn) / adherencia f real ‖ ~e **Halbwertzeit** (Nukl) / período m efectivo ‖ ~e **Kolbenfläche** (im Druckzylinder) (Hydr) / superficie f efectiva del émbolo ‖ ~e **Korngröße** (Ionenaustauscher) / tamaño m efectivo ‖ ~e **Kraftwirkung** (Nukl) / campo m efectivo de fuerza nuclear ‖ ~e **Lageabweichung** / desviación f

verdadera ‖ ~e **Masse** (Nukl) / masa f efectiva ‖ ~er **Mittelwert der Spannung** (Eltronik) / tensión f efectiva o eficaz, tensión f RMS, tensión f cuadrática media ‖ ~e **Ordnungszahl** (Chem) / número m atómico efectivo ‖ ~er **Parallelwiderstand** (Quarz) / resistencia f equivalente en paralelo efectiva ‖ ~es **Resonanzintegral** (Nukl) / integral f efectiva de resonancia ‖ ~es **Seitenverhältnis** (Luftf) / proporción f dimensional efectiva ‖ ~er **Serienwiderstand** (Quarz) / resistencia f equivalente en serie ‖ ~e **Siebweite** (Aufb, Bergb) / anchura f eficaz de criba ‖ ~e **Spaltbreite** (Akust) / anchura f efectiva del entrehierro ‖ ~e **Strahlung** (Nukl) / [ir]radiación f efectiva, flujo m eficaz de radiación ‖ ~e **Strahlungsleistung** / potencia f efectiva radiada, PER f, potencia f aparente radiada, PAR f ‖ ~er **Strom** (Elektr) / corriente f activa, corriente f efectiva o eficaz ‖ ~er **Teilverlust** / pérdida f parcial determinada por medición ‖ ~er **thermischer Wirkungsquerschnitt** (Nukl) / sección f térmica eficaz ‖ ~ **vorhandener E-Modul** / módulo m efectivo de elasticidad ‖ ~e **Weglänge** (Masch, Phys) / recorrido m efectivo ‖ ~e **Weglänge** (Potentiometer) / rotación f efectiva ‖ ~e **Wellenlänge** (Nukl) / longitud f efectiva de onda ‖ ~e **Welligkeit** (Elektr) / factor m efectivo de ondulación, factor m de rizado eficaz
Effektiv•frequenz f (Eltronik) / frecuencia f real o verdadera f ‖ ≃**höhe** f (Antenne) / altura f efectiva ‖ ≃**ität** f / eficiencia f ‖ ≃**leistung** f (Elektr) / potencia f efectiva, potencia f media cuadratica ‖ ≃**maß**, Istmaß n / medida f efectiva, medida f real ‖ ≃**spannung** V_{eff} f (Elektr) / tensión f efectiva o eficaz ‖ ≃**spielraum** m (allg) / margen m efectivo ‖ ≃**temperatur** f (Phys) / temperatura f efectiva ‖ ≃**wert** m, tatsächlicher Wert / valor m eficaz, valor m real ‖ ≃**wert**, quadratischer Mittelwert (Elektr) / valor m eficaz (igual a 0,707 del valor máximo), valor m cuadrático medio ‖ ≃**wertmesser** m / aparato m medidor del valor efectivo o eficaz, instrumento m indicador de valores cuadráticos medios ‖ ≃**zähler** m (Elektr) / contador m de valores efectivos
Effektkohle f (Bogenlampe) / carbón m para arco de llama
Effektor m (Kybernetik) / efector m
Effekt•scheinwerfer m (Elektr) / proyector m de haz concentrado, proyector m de siluetas ‖ ≃**schuss** m (Tex) / trama f de efecto ‖ ≃**zwirn** m, -garn n / retorcido m de fantasía ‖ ≃**zwirnmaschine** f / retorcedora f para hilados de fantasía
effizient adv / eficazmente, con eficacia
Effizienz f / eficacia f, eficiencia f ‖ ≃, Wirkungsgrad m / rendimiento m
Effloreszenz, Ausblühung f (Chem, Min) / eflorescencia f
Effuser m, Ausflussrohr n (Luftf) / efusor f
Effusiometer m (Chem) / efusiómetro m
Effusion f, Lavaausfluss m (Geol) / efusión f ‖ ≃ (Durchgang von Gasen durch kleine Öffnungen) (Ggs.: Diffusion) (Phys) / efusión f molecular de gases
Effusionszelle f / célula f de efusión
Effusivgestein n (Geol) / roca f efusiva
EFH, Einfamilienhaus n / casa f unifamiliar
EFM = Einzelkanal-Frequenzmodulation
EGA, Enhanced Graphics Adapter (DV)
egal, gleichmäßig / igual, uniforme ‖ ≃**färbung** f, gleichmäßige Färbung / coloración f de igualación
egalisieren / igualar
Egalisier•farbstoff m (Tex) / colorante m para igualar ‖ ≃**hilfsmittel** n (Färb) / medio m auxiliar para igualar ‖ ≃**maschine** f (Web) / igualadora f ‖ ≃**mittel** n (Färb) / igualador m, medio m para igualar ‖ ≃**[spann]rahmen** m (Tex) / rama f igualadora ‖ ≃**vorrichtung** f, Abstreifer m / racleta f, raspador m ‖ ≃**walzmaschine** f (Tex) / máquina f de cilindros igualadores

331

Egge f (Landw) / rastra f, grada f, rastrillo m ‖ ≃ **oder Kante von Segeltuch** / orillo m de lona, orilla f de lona ‖ ≃**balken** m (Landw) / barra f de grada
eggen / traillar ‖ ~ / rastrear, gradar, traillar ‖ ≃**teller** m, -scheibe f / disco m de grada ‖ ≃**zahn** m, -zinke f / diente m de grada ‖ ≃-**Zugbalken** m (Landw) / timón m de grada, barra f de tiro
Eggertzmethode f **zur Kohlenstoffschnellbestimmung** (Hütt) / método m de Eggertz
E-Glas n, alkalifreies Glas / vidrio m exento de álcali
Egoutteur m, Dandyroller m, -walze f (Pap) / cilindro m escurridor, escurridero m (E), desgotador m (E), bailarín m (LA) ‖ ≃**rippe**, Wasserlinie f (Pap) / puntizón m ‖ **Papier mit** ≃**rippung** / papel m con nervios de desgotador ‖ ≃**walze** f (Pap) / rodillo m desgotador
EGR (exhaust gas recirculation), Abgasrückführung / recirculación f de los gases de escape
egrenieren vt (Spinn) / despepitar, desgranar
Egreniermaschine f (Spinn) / despepitadora f, desgranadora f
egrenierte Baumwolle / algodón m despepitado
EGW (Electrogas Welding), Elektrogas-Schweißen n / soldadura f por electrogás
Egyptienne f (serifenbetonte Linear-Antiqua) (Druck) / egipcia f
EH-Anpassungsglied n (Wellenleiter) / adaptador m E-H
EHB Einschienen-Hängebahn
EHD-Generator m, elektrohydrodynamischer Stromerzeuger (Elektr) / generador m EHD, generador m electrohidrodinámico
EHF (= extremely high frequency - 100 Gigahertz) / frecuencia f ultraelevada
EH-T-Kopplungsstück n (Wellenleiter) / acoplamiento m EH-T
Eiablage f (Zool) / oviposición f ‖ ≃ **des Schwammspinners**, Schwamm m / bolsa f de huevos
Eibe f (Bot) / tejo m
eibennadliger Mammutbaum / sequoia f gigante[sca]
Eich•amt n / Oficina f de Contraste [de pesas y medidas], almotacén m (la oficina), almotacenazgo m ‖ ≃**beamter** m / almotacén m, almotazaf m, inspector m de pesas y medidas ‖ ≃**behörde** f / almotacén m, almotacenazgo m ‖ ≃**druckmesser** m (Kessel) / manómetro m calibrador
Eiche f, Quercus (Bot) / roble m, encina f
Eichel f (Bot, Gerb) / bellota f ‖ ≃**röhre** f (Eltronik) / tubo m bellota
Eichempfänger m (Funk) / receptor m de ajuste
eichen adj, aus Eichenholz / de roble, de encina
eichen vt (Hohlmaße) / graduar, aforar ‖ ~ (Instr) / calibrar, tarar, contrastar ‖ ~ , Gewichte adjustieren / ajustar pesas ‖ ~ , bestimmte Markierungen anbringen / aforar, graduar ‖ ~ , kalibrieren (Masch) / calibrar ‖ **amtlich** ~ / contrastar ‖ ~ , vermessen (Schiff) / arquear ‖ ≃ n (amtlich) / almotacenía f, almotazanía f, almotacenazgo m, aforo m ‖ ≃, Eichung f (Gewichte) / ajuste m, almotacenazgo m ‖ ≃ (Instr) / calibrado m, calibración f ‖ ≃ (Hohlmaße) / graduación f ‖ ≃ **von Skalen** / aforo m de escalas
Eichen•gallnuss f, -gallapfel m (Bot, Gerb) / nuez f de agallas ‖ ≃**gallwespe** f (Zool) / avispa f de las agallas del roble ‖ ≃**holz** n / madera de roble, madera f de encina ‖ ≃**holzbohle** f (Bau, Zimm) / tablón m de roble ‖ ≃**holzparkett** n / parqué m de roble ‖ ≃**kernholz** n / cerne m de roble ‖ ≃**langholz** n / roble m de (o al) hilo ‖ ≃**lohe** f (Gerb) / corteza f o casca de roble, tanino m ‖ ≃**rinde** f (Pharm) / tan m ‖ ≃**wickler** m, Tortrix viridana f (Zool) / piral m del roble
eich•fähig (Mess) / contrastable, aforable ‖ ≃**fehler** m (Schiff) / error m de arqueado ‖ ≃**frequenz** f (Eltronik) / frecuencia f patrón, frecuencia f contrastada, frecuencia f normal ‖ ≃**gebühr** f (Mess) / derechos m pl de contraste ‖ ≃**generator** m (Elektr) / generador m de calibración ‖ ≃**gewicht** n / peso m legal, peso m patrón ‖ ≃**gewicht** (aus Gewicht) / pesa f de contraste ‖ ≃**glocke** f, Testapparat m (Gas) / gasómetro m de control ‖ ≃**impuls** m (Eltronik) / impulso m de calibración ‖ ≃**instrument** n (z.B. Potentiometer) (Elektr) / instrumento m calibrador ‖ ≃**kabel** n / cable m patrón ‖ ≃**kanal** m (Fernm) / canal m de calibrado ‖ ≃**kette** f (Verm) / cadena f de calibrado ‖ ≃**kreis** m, -leitung f (Elektr) / circuito m de contraste, circuito m calibrador ‖ ≃**kurve** f (Mess) / curva f de calibración ‖ ≃**lampe** f (Eltronik) / lámpara f de contraste ‖ ≃**leitung** f (Instr) / caja f de atenuación ‖ ≃**leitung**, Bezugsstromkreis m (Elektr) / circuito m de referencia ‖ ≃**marke** f, -zeichen n (Mess) / marca f de calibración ‖ ≃**marke** (Gefäß) / señal f de envase ‖ ≃**maß** n / medida f patrón, patrón m para pesas y medidas ‖ ≃**meister** m / verificador m de pesas y medidas ‖ ≃**metall** (60% Cu, 38% Zn, 2% Fe), Sterrometall n / metal m Muntz ‖ ≃**mikrophon** n / micrófono m patrón ‖ ≃**mustergewicht** n (Mess) / peso m de calibrado ‖ ≃**normal** n / patrón m de medida o de calibrado ‖ ≃**ordnung** f / reglamento m de almotacén ‖ ≃**oszillator** m (Eltr) / oscilador m de calibración ‖ ≃**pegelmesser** m / hipsómetro m de contraste ‖ ≃**pfahl** m, -marke f (Hydr) / marca f de marea ‖ ~**pflichtig** (Mess) / sometido o sujeto a contraste [oficial] ‖ ≃**probe** f (Mat.Prüf) / probeta f de calibrado ‖ ≃**punktabstand** m (beim Spektrumgenerator) (Phys) / separación f armónica de intervalos ‖ ≃**quarz** m (Eltronik) / calibrador m de frecuencia regulado por cristal ‖ ≃**quelle** f (Instr) / fuente f de calibrado ‖ ≃**rinne** f (Hydr) / canal m de calibrado ‖ ≃**sender** m (Eltronik) / emisor m de calibrado ‖ ≃**skala** f (Mess) / escala f de calibración ‖ ≃**spannung** f (Elektr) / tensión f calibradora, voltaje m de verificación ‖ ≃**stab** m (Chem) / varilla f de aforo o de contraste, patrón m ‖ ≃**standard** m (Mess) / patrón m de calibración ‖ ≃**stempel** m, -marke f / sello m de contraste, contraste ‖ ≃**substanz** f (Chem) / sustancia f de contraste ‖ ≃**tabelle** f (Mess) / tabla f de contraste ‖ ≃**teiler** m (Fernm) / atenuador m calibrado ‖ ≃**theorie** f (Nukl) / teoría f de calibrado ‖ ≃**ton** m (Akust) / sonido m de contraste
Eichung f s. Eichen
Eichungstensor m / tensor m de calibrado
Eich•verzerrer, Frequenzvervielfacher m (Eltronik) / generador m de armónicas ‖ ≃**waage** f (Mess) / báscula f para contrastar ‖ ≃**wagen** m (Bahn) / vagón m de tarado, vagón m contraste o contrastador, vagón m para tarar básculas, carro m de pesas (MEJ) ‖ ≃**widerstand** m (Elektr) / resistor m normal o patrón, resistor m de tipo standard, patrón m de resistencia, resistencia f patrón ‖ ≃**zahl**, Galvanometerkonstante f (Elektr) / constante f del galvanómetro
Eicosapentaensäure f, EPA (Biochem) / ácido m eicosapentaénico
Eico-Track-Vorschubsystem n (Bergb) / sistema m de avance Eico-Track
EIC-Röhre f (Nachtfernsehen) / tubo m de conducción inducida por electrones
Eiderdaune f (Zool) / edredón m
Eidophor m (TV) / eidóforo m ‖ ≃-**TV-[Groß]bildmann** f / pantalla f [de] eidóforo ‖ ≃**verfahren** n (zur Projektion von Fernsehbildern) (TV) / procedimiento m eidóforo
Eier•brikett n (Bergb) / briqueta f ovoide ‖ ≃**einsatz** m, -fach n (Kühlschrank) / platillo m para huevos ‖ ≃**eiweiß** n (Biol) / albúmina f, clara f de huevo ‖ ≃**fach** n (im Kühlschrank) / compartimiento m para huevos ‖ ≃**isolator** m (Elektr) / aislador oval f ‖ ≃**isolatorenkette** f / cadena f de aisladores ovales ‖ ≃**konservierungsmittel** n (Chem) / agente m conservador para huevos ‖ ≃**prüfer** m (Nahr) / ovoscopio m ‖ ≃**schale** f (Zool) / cáscara f de huevo ‖

≃**schalenglanz** m (Lack) / brillo m de cascarón de huevo ‖ ≃**schalen-Textur** f (Fehler) / acabado m de cascarón de huevo ‖ ~**schalige Beschaffenheit, poröse Glasur** (Porzellan) / vidriado m poroso ‖ ≃**sortierwaage** f / balanza f de clasificación de huevos ‖ ≃**uhr** f (Mess) / ampolleta f ‖ ≃**waage** f / peso f para huevos

Ei•formbrikettpresse f (Bergb) / prensa f para briquetas ovoides ‖ ~**förmig**, oval / ovoide[o], aovado, oval, ovalado, ovado

eifrig, sorgfältig / cuidadoso, detenido, diligente

Eigelb n, -dotter m n / yema f de huevo

eigen, zugehörig / propio, particular ‖ ~, besonders / especial, característico, raro ‖ ~**e Asche** (Bergb) / ceniza f inherente ‖ ~**e Berge**, Eigenberge m pl / zafra f inherente, zafra f y ganga

Eigen•..., betriebseigen (F.Org) / interno ‖ ≃**absorption** f (Opt) / absorción f individual ‖ ≃**absorption** (Nukl) / autoabsorción f, inversión f de líneas espectrales ‖ ≃**absorptionsfaktor** m (Nukl) / factor m de autoabsorción ‖ ≃**antrieb** m (Masch) / autopropulsión f ‖ **mit** ≃**antrieb** / automotor, autopropulsor ‖ ≃**art** f / característica f particular ‖ ~**artiger Geruch** / olor m repulsivo, maloloro m ‖ ≃**bedarf** m / consumo m propio ‖ ≃**bedarfsnetz** n (Elektr) / red f de auxiliares ‖ ≃**bedarfszeche** (Bergb) / mina f integrada ‖ ~**belüftet** (Elektr) / autoventilado ‖ ~**belüfteter Motor** / motor m autoventilado ‖ ~**beschwert** (Tex) / de carga propia ‖ ≃**beweglichkeit** f (Halbl) / movilidad f intrínseca ‖ ≃**bewegung** f / movimiento m propio (o intrínseco) ‖ ≃**bewegungspaar** n (Astr) / pareja f de movimiento propio ‖ ≃**bewegungsstern** m (Astr) / estrella f de movimiento propio ‖ ≃**-Brandgefährdung** f (Bau) / peligro m interno de incendio ‖ ≃**dämpfung** f (Mech) / amortiguamiento m propio, fricción f interna ‖ ≃**diagnose** f (DV) / autodiagnosis f ‖ ≃**diffusion** f (Chem, Phys) / autodifusión f ‖ ≃**drehimpuls** m, Isospin m (Phys) / isospín m ‖ ≃**drehmoment** n (Phys) / momento m angular intrínseco ‖ ≃**drehung** f / autorrotación f, giro m ‖ ≃**drehung** (Satellit) / espín m autorrotativo ‖ ≃**drehungsantrieb** m (Raumf) / accionamiento m de rotación ‖ ≃**echo**, Rückhören n (Fernm) / efecto m local ‖ ≃**empfindlichkeit** f (Eltronik) / sensibilidad f intrínseca ‖ ≃**energie** f / energía f propia ‖ ~**erregt**, selbsterregt (Elektr) / autoexcitado ‖ ≃**erregung** f / autoexcitación f ‖ ≃**erzeuger** f / productor autónomo ‖ ≃**erzeugung** f / producción f o fabricación propia ‖ ~**farbig** (Chem, Tex) / de color propio o natural ‖ ≃**fehler** m / error m intrínseco ‖ ≃**fehler**, Dauerfehler m (DV) / error m inherente ‖ ≃**feldmethode** f (Nukl) / método m de campo autoconsistente ‖ ≃**festigkeit** f (Material) / resistencia f propia o inherente ‖ ≃**frequenz** f (Phys) / frecuencia f propia, frecuencia f natural ‖ ≃**frequenz**, Resonanzfrequenz f (Schwingungen) / frecuencia f resonante o de resonancia ‖ ≃**frequenz** (Quantentheorie) / frecuencia f característica ‖ ≃**frequenz der Ionendrehung**, Gyrofrequenz f (Phys) / frecuencia f de rotación, girofrecuencia f ‖ ≃**-Frequenzmodulation** f (Eltronik) / modulación f parásita (o incidental) de frecuencia ‖ ≃**funktion** f (Phys) / función f característica, función f propia ‖ ≃**geschwindigkeit** f (Luftf) / velocidad f [con] respecto al aire, velocidad f relativa aerodinámica ‖ **berichtigte angezeigte** ≃**geschwindigkeit** (Luftf) / velocidad f indicada corregida ‖ ~**gesichert** / intrínsecamente seguro, autoprotegido ‖ ≃**gewicht** n / peso m propio ‖ ≃**gewicht**, Leergewicht n eines Fahrzeugs / peso m sin carga, tara f ‖ ≃**gewichtsausgleich** m (Bergb) / compensación f del peso propio ‖ ≃**halbleiter** m, i-Halbleiter m / semiconductor m intrínseco ‖ ≃**halbleiter** (bei dem sich Akzeptoren und Donatoren gerade kompensieren) / semiconductor m compensado ‖ ≃**heim** n (Bau) / casa f propia

Eigenheit f / característica f, peculiaridad f, particularidad f

Eigen•impedanz f (Elektr) / autoimpedancia f, impedancia f propia ‖ ≃**induktivität** f / autoinductancia f, inductancia f propia ‖ ≃**kapazität** f (Elektr, Eltronik) / autocapacitancia f, -capacidad f, capacitancia f propia o distribuida o repartida ‖ ≃**klirrfaktor** m (Eltronik) / distorsión f inherente, distorsión f propia ‖ ~**kompensiert** / de compensación interna, compensado internamente ‖ ≃**korrelation** f / autocorrelación f ‖ ≃**kühlung** f s. Eigenlüftung ‖ ≃**kühlung** / autorrefrigeración f, autoenfriamiento m, enfriamiento m natural ‖ ≃**kurs** m (Schiff) / ruta f propia ‖ ≃**leistung** f (Netzplan) / trabajo m realizado por la empresa misma ‖ ~**leitend**, Eigen[leitungs]..., Intrinsic... (Halbl) / de conducción intrínseca (Elektr) / conducción f intrínseca, intrínseca ‖ ≃**leitung** f (allein auf Grund der durch Wärmebewegung befreiten Elektronen und Defektelektronen) (Elektr) / conducción f intrínseca, conductividad f intrínseca ‖ ≃**leitungsdichte** f, Intrinsic-Dichte f / densidad f intrínseca, densidad f de inversión ‖ ≃**lenkeffekte** m pl (der Antriebsräder) (Kfz) / efectos de dirección involuntaria m pl ‖ ≃**lenkung** f / autodirección f, autoguía f ‖ ≃**lenkverhalten** m (Kfz) / comportamiento m de la dirección en rodadura ‖ ≃**licht** n (Astr) / autoluminosidad f ‖ ≃**lichtaufnahme** f (Foto) / fotografía f bajo luz natural ‖ ≃**lüftung** f (Elektr, Mot) / autoventilación f, ventilación f propia ‖ ≃**magnetische Beschleunigung** (Plasma) / aceleración f termoiónica ‖ ≃**masse** f, -gewicht n / peso m propio ‖ ≃**masse**, -gewicht n eines Schiffes / peso m de buque ‖ ≃**merkmal** n, inherentes Merkmal / característica f inherente ‖ ≃**mittel** n pl (finanziell) / fondos propios m pl ‖ ≃**nachführung** f (Raumf) / autorrastreo m, seguimiento m automático ‖ ≃**peilung** f (Eltronik) / radiogoniometría f propia ‖ ≃**periode** f (Phys) / período m propio ‖ ≃**pfeifen** n (Funk) / silbido m de autobatido, autosilbido m ‖ ≃**programmierung** f (DV) / programación f interna ‖ ≃**prüfeinrichtung** f / dispositivo m incorporado de control ‖ ≃**rauschen** n (Eltronik) / ruido m inherente, ruido m propio ‖ ~**relative Adresse** (DV) / dirección f diferencial ‖ ≃**resonanz** f (Eltronik) / resonancia f propia, autorresonancia f ‖ ≃**resonanzfrequenz** f (Halbl) / frecuencia f de resonancia propia ‖ ≃**rückkühlung** f **durch Luft in geschlossenem Kreislauf** (Elektr) / ventilación f propia por aire en circuito cerrado ‖ ≃**sättigung** f (Induktivität) / autosaturación f

Eigenschaft f, Eigenheit f, charakteristische Besonderheit / característica f, peculiaridad f, particularidad f, Qualität f / calidad f, cualidad f ‖ ≃ (sensorische Prüfung) / propiedad f, atributo m ‖ ≃ **en** f pl **in Walzrichtung** (Hütt) / propiedades f pl en direcciones de laminado ‖ ≃ **en quer zur Walzrichtung** (Hütt) / propiedades f pl transversal a la dirección de laminado ‖ ≃**en verleihen** (o. geben o. mitteilen) / dar o conferir propiedades

Eigen•schatten m (Satellit) / sombra f propia ‖ ≃**schnittpunkt**, Doppelpunkt m, (einer Kurve) (Math) / punto m doble ‖ ≃**schrott** m (Hütt) / chatarra f propia ‖ ≃**schwingung** f (Phys) / vibración f propia o propia, oscilación f característica ‖ ≃**schwingung**, selbsterregte Schwingung (Eltronik) / autooscilación f, oscilación f propia ‖ ≃**schwingung** (Laser) / modo m natural ‖ ≃**schwingung** (Antenne) / modo m normal ‖ ≃**schwingungen** f pl **im Resonanzgebiet** (Phys) / vibraciones f pl libres, oscilaciones f pl libres ‖ ≃**schwingungsfreie Rückkopplung** (Fernm) / regeneración f aperiódica ‖ ≃**schwingungsperiode** f / período m de oscilación natural ‖ ≃**schwingungs-Unterdrückerschaltung** f (Eltronik) / circuito m de estabilización de la frecuencia de

Eigenschwingungszahl

barrido horizontal ‖ ⁓**schwingungszahl** f, -frequenz f / frecuencia f de vibraciones propias ‖ ⁓**schwingungszustand** m (Antenne) / estado m de modo normal ‖ ~**sicher**, von sich aus (o. grundsätzlich) sicher (Masch) / de seguridad intrínseca, de funconamiento intrínsecamente seguro ‖ ~**sichere Strebverständigungsanlage** (Bergb) / sistema m de comunicación de tajo con seguridad intrínseca ‖ ⁓**sicherheit** f (Elektr, Masch) / seguridad f inherente o propia ‖ ⁓**spannung** f (Mech) / esfuerzo m internal, esfuerzo m residual ‖ ⁓**spannung** (Elektr) / tensión f inherente, tensión f propia ‖ ⁓**spannungsriss** m / fisura f de contracción, fisura f de encogimiento ‖ ⁓**speisung** f (Elektr) / alimentación f interna ‖ ⁓**spin** m (Phys) / rotación f propia, autorrotación f ‖ ⁓**stabilität**, -steifigkeit f (Mech) / estabilidad f inherente, estabilidad f propia ‖ ⁓**stabilität** f (Nukl) / estabilidad f inherente o intrínseca ‖ ~**ständig** / independiente, autónomo ‖ ⁓**steuerung** f / mando m propio ‖ ⁓**strahlung** f (Nukl) / rayos m pl característicos, radiación f característica ‖ ⁓**strahlung** (Raumf) / radiación f natural ‖ ⁓**streuung** f (Opt, Phys) / dispersión f natural ‖ ⁓**streuung** (Nukl) / autodifusión f, autodispersión f ‖ ⁓**strom** m (Elektr) / electricidad f independiente ‖ ⁓**stromanlage** f (Elektr) / grupo m electrógeno autónomo doméstico ‖ ⁓**synchronisation** f (Kath.Str) / sincronización f interna ‖ ⁓**temperatur** f (Phys) / temperatura f natural, temperatura f propia
eigentlich•e Bedeutung / significado m propio ‖ ~**e Betriebsdauer** (Elektr, Masch) / duración f efectiva en servicio ‖ ~**e Teilmenge** (Math) / subconjunto f propio ‖ ~**e Zeichenreihe** (DV) / cadena f de caracteres propia
Eigen•ton m (unerwünschter Effekt) (Akust) / resonancia f propia, tono m característico ‖ ⁓**trickmischung** f (TV) / superposición f, supertoma f, efecto m de sobreimpresión ‖ ⁓**trinkwasserversorgung** f / sistema m privado de alimentación con agua potable
eigentümlich, eigenartig / peculiar ‖ ~ [für], eigen (mit Dativ) / propio [de] ‖ ~, spezifisch / específico
Eigentümlichkeit f, Eigenheit f / peculiaridad f
Eigentumswohnung f (Bau) / vivienda f en propiedad, piso m propio, propiedad f horizontal
Eigen•überlagerungsempfang m (Radio) / recepción f autodina ‖ ⁓**vektor** m (Math) / vector m característico o propio ‖ ⁓**verbrauch** m / consumo m característico o propio ‖ ⁓**verbraucher** m / consumidor m propio ‖ ⁓**verlust** m (Nukl) / pérdida f natural ‖ ⁓**verluste** m pl (Elektr) / pérdidas f pl propias ‖ ⁓**verluste**, Leerlaufverluste m pl / pérdidas f pl en vacío o de ralentí ‖ ⁓**versatz** m (Bergb) / relleno m por hundimiento ‖ ⁓**-Verständigungsanlage** f (Luftf) / sistema m de intercomunicación, sistema m de interconexión [telefónica] ‖ ⁓**verzerrungsgrad** m (Fernm) / grado m de distorsión inherente o propia ‖ ⁓**verzinkerei** f (Galv, Hütt) / taller m de galvanización de la empresa ‖ ⁓**viskosität** f (Phys) / viscosidad f intrínseca ‖ ⁓**wärme** f (Phys) / calor m sensible ‖ ⁓**wasser** n (Bau, Landw) / agua f [de la región] propia ‖ ⁓**wasserversorgung** f / alimentación f propia de agua ‖ ⁓**welle** f (Eltronik) / onda f natural ‖ ⁓**wellenlänge** f **der unbelasteten Antenne** (Eltronik) / longitud f de onda natural de la antena no cargada ‖ ⁓**wert** m (Quantentheorie) / valor m propio, valor m característico, valor m crítico, autovalor m ‖ ⁓**wertaufgabe** f (Math) / problema m de valor propio ‖ ⁓**widerstand** m (Elektr) / resistencia f interna ‖ ⁓**zeit** f (Regeln) / tiempo m de respuesta ‖ ⁓**zertifikat** n / autocertificación f ‖ ⁓**zündung** f (Chem) / autoinflamación f
eignen, sich ~ [zu, für] / ser apropiado [para], ser adecuado [para]

Eignung f / adecuación f, idoneidad f ‖ ⁓, Befähigung f (beruflich) / cualificación f, calificación f, aptitud f
Eignungs•prüfung f (Personal) / examen m [p]sicotécnico, examen m de aptitud, prueba f de aptitud ‖ ⁓**prüfung** (beruflich) / test m [sicológico], test m de cualificación ‖ ⁓**prüfung an Mustern** / ensayo m de adecuación a base de muestras ‖ ⁓**zeugnis** n (Beruf) / certificado f de cualificación
Ei-Isolator m (Antenne) / aislador m oval
Eikonal n (Opt) / eikonal m, ikonal m
Eikonometer n (Foto, Opt) / eiconómetro m, iconómetro m
Eikosapentaensäure f (Biochem) / ácido m eicosapentaénico
Eikurve f (Straßb) / curva f aovada
Eil•gang, Schnellgang m (Wzm) / marcha f rápida ‖ ⁓**gut** n (Bahn, Transp) / gran f velocidad, G.V.
Eilgut, als ~ (Bahn, Kfz) / en o por gran velocidad
Eilgutverkehr m / transporte m en gran velocidad
Eilinie f, Oval n (Math) / óvalo m
Eil•regler m, Schnellregler m (Regeln) / regulador m rápido ‖ ⁓**rücklauf**, -rückgang m / retroceso m rápido ‖ ⁓**rückstellhebel** m / palanca f de retroceso rápido ‖ ⁓**vorschub** m, -zustellung f (Wzm) / avance m rápido ‖ ⁓**wartung** f (bei Störungen) / mantenimiento m de emergencia
Eimer m, Wassereimer m / cubo m, cubeta f ‖ ⁓ (Bagger) / cangilón m ‖ ⁓ (im Straßenablauf), Gully m (Straßb) / cubo m del sumidero ‖ ⁓, Pütz f (Schiff) / balde m ‖ ⁓**kette** f (Bagger) / cadena f de cangilones ‖ ⁓**kettenbagger** m / elevadora f de cangilones (o de rosario) ‖ ⁓**kettenbagger**, Eimer[leiter]bagger m (Trockenbagger) / excavadora f de cangilones ‖ ⁓**ketten-Grabenbagger** m (Bau, Landw) / zanjadora f de cangilones ‖ ⁓**kettennassbagger** m / draga f de cangilones ‖ ⁓**kettenrücklader** m (Bau) / recogedora f apiladora con cangilones ‖ ⁓**kettenschaltung** f, BBD (eine ladungsgekoppelte Einrichtung) (DV) / circuito m en cadena de cangilones ‖ ⁓**leiter** f (Bau, Hydr) / bastidor m guía-cangilones ‖ ⁓**-Melkanlage** f (Landw) / ordeñadora f para cubos ‖ ⁓**rad** n (Hydr) / rueda f de cangilones ‖ ⁓**seilbagger** m, Kratzbagger m (Bau) / dragalina f de arrastre ‖ ⁓**seil-Schreitbagger** m (Bau) / dragalina f sobre patines ‖ ⁓**trommel** f, Turasscheibe f (Bagger) / tambor m de cangilones
ein - aus (Gerät) / sí - no (LA) ‖ ~ **- aus** (Getriebe) / acoplado - desacoplado
"**Ein**", eingeschaltet (Schaltstellung) / conectado, en funcionamiento
Ein•abnehmerkrempel f (Tex) / carda f de un [solo] descargador ‖ ⁓**achs...**, einachsig / de un eje ‖ ⁓**achsanhänger** m / remolque m de un eje ‖ ~**achsig** (Fahrzeug) / de un solo eje, monoeje ‖ ~**achsig** (Walzw) / de una sola línea ‖ ⁓**achsschlepper** m (Landw) / tractor m de un eje o de dos ruedas, motocultor m ‖ ⁓**aderleitung** f (Elektr) / cable m monoconductor o monofilar ‖ ⁓**-Adress...** (DV) / de dirección única ‖ ⁓**adressbefehl** m (DV) / instrucción f de dirección única ‖ ⁓**adresscode** m (DV) / código m de dirección única ‖ ⁓**adrig** (Elektr) / monoconductor, monofilar
einander ausschließend / mutuamente excluidor ‖ ~ **zugeordnet** / conjugado
Einankerumformer m (Elektr) / convertidor m rotativo o rotario, convertidor m giratorio o síncrono, conmutatriz f [giratoria] ‖ ~ **für Drehstrom-Gleichstrom**, Drehstromgleichstrom-Einankerumformer m / conmutatriz f de corriente trifásica en corriente continua ‖ ~ **für Wechselstrom-Gleichstrom**, Wechselstromgleichstrom-Einankerumformer m / conmutatriz f de corriente alterna en corriente continua ‖ ~ **für Wechselstrom-Wechselstrom** (Elektr) / conmutatriz f de corriente alterna en corriente alterna

Einanoden • ... (Eltronik) / monoanódico ‖ ≃**stromrichter**, -anoden-[Ignitron]gleichrichter *m* / rectificador *m* monoanódico
einarbeiten *vt*, hineinbringen, -mischen (allg) / incorporar ‖ ~ [in] (F.Org) / hacer familiarizarse [con], hacer adquirir práctica [en] ‖ **sich** ~ [in] (F.Org) / familiarizarse [con], adquirir práctica [en], iniciarse [en], orientarse ‖ **sich** ~, abnutzen / desgastar [por rozamiento etc.] ‖ **sich ineinander** ~ / atravesarse
Einarbeitung *f* (F.Org) / familiarización *f* [con], iniciación *f* [en] ‖ ≃, Nest *n* (Plast) / cavidad *f* ‖ ≃ / incorporación
einarmig (Wzm) / de un solo montante, en cuelle de cisne ‖ ~, einläufig (Treppe) / de un solo tramo ‖ **~er Ausleger** (am Leitungsmast) (Elektr) / port[a]aisladores *m* de un solo lado ‖ **~er Hebel** (Mech) / palanca *f* de un brazo ‖ **~er Hebel**, Schwinghebel *m* (Masch) / balancín *m*, palanca *f* oscilante ‖ **~er Hebel mit Kraftangriff außerhalb des Lastangriffs** (Phys) / palanca *f* de segundo género ‖ **~er Hebel mit Lastangriff außerhalb des Kraftangriffs** (Phys) / palanca *f* de tercero género ‖ **~er Kniehebel** (Masch) / planca *f* acodada de un brazo ‖ **~e Spindelpresse** (Masch) / prensa *f* de husillo de un solo montante
einatmen *vt vi* (Physiol) / aspirar
einatomig, einatomar (Chem) / monoatómico
einätzen *vt* (in) / grabar (en)
einäugig, monokular (Opt) / monocular ‖ **~es Sehen** (Med) / vista *f* monocular ‖ **~e Spiegelreflexkamera**, SRC *f* (Foto) / cámara *f* réflex monocular o de un solo objetivo, cámara *f* mono-réflex
Ein-Aus-Betrieb *m* / régimen *m* de servicio-parada, régimen *m* de cierre-apertura
Ein/Ausfuhrerlaubnis *f*, -lizenz *f* / permiso *m* de im/exportación
Ein-Ausgabe *f*, E/A (DV) / entrada-salida *f* ‖ ≃-... (DV) / de entrada-salida ‖ ≃-**Anschluss** *m* (DV) / adaptador *m* de terminal ‖ ≃-**Anschluss**, -Steuerung *f* (DV) / unidad *f* de control de entrada-salida ‖ ≃-**Befehl** *m* (DV) / instrucción *f* de entrada-salida, orden *f* de entrada-salida ‖ ≃-**Geräte** *m pl* (DV) / dispositivos *m pl* de entrada-salida ‖ ≃-**Kanal** *m* (DV) / canal *m* de entrada-salida ‖ ≃-**Steuereinheit** *f* / unidad *f* de control de entrada-salida ‖ ≃-**Steuerung** *f* (DV) / mando *m* de entrada-salida ‖ ≃-**Steuerungssystem** *n* / sistema *m* de programación para control de entrada-salida
Ein-Ausgang *m* (DV) / entrada-salida *f*
Ein-Aus•-Regelung *f* (Regeln) / control *m* de cierre-apertura, regulación *f* por todo o nada ‖ ≃-**Regelung**, Aussetzerregelung *f* / regulación *f* discontinua ‖ ≃-**Schalter** *m* (Elektr) / interruptor *m*, conmutador *m* conectador-desconectador ‖ ≃-**Schalter**, Flip-Flop *m n* (Eltronik) / basculador *m* ‖ ≃-**Tastung** *f* (Fernm) / manipulación *f* [por] todo o nada, manipulación *f* por cierre-apertura
einaxiale Druckfestigkeit (Boden) / resistencia *f* del suelo libre a la compresión
Einbad • ... (Färb) / de un baño, a un solo baño ‖ ≃-... (Repro) / de un solo baño ‖ ≃-**Entwicklung** *f* (Foto) / revelador *m* de un solo baño ‖ ≃-**schwarz** *n* (Färb) / negro *m* a un solo baño ‖ ≃-**verfahren** *n* (Druck) / procedimiento *m* de un solo baño
einbahnig, mit einer Richtungsfahrbahn (Straßb) / de vía única ‖ **~er Drucker** (DV) / impresora *f* simple o de una vía
Einbahn•straße *f* (Verkehr) / calle *f* de dirección única ‖ ≃**trockner** *m* (Tex) / secador *m* de una banda ‖ ≃**verkehr** *m* (Kfz) / tráfico *m* unidireccional
Einband *m* (Bb) / encuadernación *f* ‖ ≃**decke** *f*, Einband *m* (Druck) / tapa *f*, cubierta *f*, pasta *f* ‖ ≃**deckel-Vorderseite** *f* / delante *m* de la tapa ‖ ≃**gewebe** *n* (Druck) / tejido *m* de (o para) libro

ein•bändig (Druck) / de un volumen ‖ **~basisch**, -basig (Chem) / monobásico
Einbau *m*, -tätigkeit *f* / montaje *m*, instalación *f*, alojamiento *m*, empotramiento *m* ‖ ≃, Verlegung *f* (Leitungen) / tendido *m*, colocación *f* ‖ ≃ (Ggs: Aufbau) (Elektr, Kfz) / incorporación *f* [a nivel] ‖ ≃... (Instr) / incorporado a nivel, no saliente, empotrado ‖ **für nachträglichen** ≃ / para montaje posterior ‖ ≃**anschluss** *m* (Elektr) / enchufe empotrable ‖ ≃**antenne** *f* / antena *f* incorporada o integral ‖ ≃**ausführung** *f* (Kfz) / ejecución *f* incorporada ‖ ≃**backofen** *m* / horno *m* de la cocina [eléctrica]
einbaubar, leicht (o. **mühelos**) ~ / de fácil montaje
Einbau•becken *n* (Labor) / lavabo *m* incorporado, sifón *m* incorporado ‖ ≃**beispiel** *n* (Masch) / ejemplo *m* de aplicación ‖ ≃**belüftungsgebläse** *n* (Landw) / ventilador *m* empotrado para desecación del heno ‖ ≃**buchse** *f* (Eltronik) / borne *m* incorporado ‖ ≃**durchmesser** *m* / diámetro *m* de montaje
einbauen *vt* / montar, instalar ‖ ~, einbringen / incorporar [a], alojar, encastrar ‖ **[fest o. versenkt]** ~ (z.B. in die Wand), einlassen / empotrar
Einbau•fassung *f* (Elektr) / portalámparas *m* de inserción ‖ ≃**fehler** *m* / error *m* o defecto de montaje, falta *f* de montaje ‖ ≃**fehler** (Luftf, Staudruckmesser) / error *m* de posicionamiento ‖ ≃**fertig** / dispuesto para el montaje, listo para ser instalado ‖ **~fertiges Fenster** / ventana *f* lista para ser instalada ‖ ≃**gehäuse** *n* (Elektr, Masch) / carcasa *f* para montaje empotrado ‖ ≃**getriebe** *n* / engranaje *m* incorporado ‖ ≃**herd** *m* / fogón *m* incorporado, hornillo *m* incorporado ‖ ≃**höhe zwischen den Platten einer Presse** / abertura *f* [libre] de la prensa ‖ ≃**küche** (Möbel) / cocina *f* de tipo americano estandarizada ‖ ≃**küche**, Kitchenette *f* / cocina *f* incorporada, cocinilla *f* ‖ ≃**kühlschrank** *m* / frigorífico *m* incorporado, nevera *f* incorporada ‖ ≃**lage** *f* / posición *f* de montaje, posición *f* de instalación ‖ ≃**länge** *f* / largo *m* para montar ‖ ≃**leuchte** *f* (Elektr) / lámpara *f* incorporada, lámpara *f* integrada ‖ ≃**maß** (Zeichn) / dimensión *f* de montaje, medida *f* de montaje ‖ ≃**maß** (Kegelrad) / distancia *f* de referencia de vértice ‖ ≃**material** *n* (Elektr) / material *m* de instalación ‖ ≃**messsystem** *n* (Vakuum) / cabeza *f* de medida incorporada
einbäumige Leiter (Bau) / escala *f* de espárrago, escalerón *m*
Einbau•möbel *n pl* / muebles *m pl* incorporados o de incorporación ‖ ≃**möglichkeit** *f* (Masch) / posibilidad *f* de montaje ‖ ≃**motor** *m* (Wzm) / motor *m* incorporado ‖ ≃**öffnung** *f* / abertura *f* para el montaje, orificio *m* para el montaje ‖ ≃**passung** *f* / ajuste *m* de montaje ‖ ≃**punkt** *m*, -stelle *f* / punto *m* de montaje, lugar *m* de montaje ‖ ≃**raum** *m* (der Federn) (Kfz) / espacio *m* de rebote ‖ ≃**satz** *m* (Eltronik, Masch) / juego *m* de montaje ‖ ≃**satz für nachträglichen Einbau** / juego *f* para montaje posterior ‖ ≃**schacht** *m* (für Autoradio) / compartimento *m* de montaje ‖ ≃**schrank** *m* / armario *m* empotrado o empotrable ‖ ≃**spiel** *n* / juego *m* inicial ‖ ≃**stück** *n* / pieza *f* de montaje, pieza *f* montada ‖ ≃**stück** (Walzw) / colisa *f* de cojinete de cilindro, ampuesa *f*, herraje *m*
Einbauten *m pl*, spätere Einbauteile / piezas *f pl* montadas posteriormente ‖ ≃ (z.B. in Rohren, Drehöfen) / deflectores *m pl*, tabiques *m pl*
Einbau•tiefkühlschrank *m* (Küche) / congelador *m* incorporado ‖ ≃**toleranz** *f* (Bau) / tolerancia *f* de montaje ‖ ≃**vorrichtung** *f* / dispositivo *m* para el montaje ‖ ≃**vorschlag** *m* / propuesta *f* de montaje ‖ ≃**vorschriften** *f pl* / normas *f pl* para el montaje, prescripciones *f pl* para el montaje ‖ ≃**waage** *f* / balanza *f* incorporada ‖ ≃**wanne** *f* (Bau, Sanitär) / bañera *f* incorporada [E], bañadera *f* incorporada [LA]

335

Einbeinfahrwerk

Ein•beinfahrwerk n (Luftf) / tren m monotraza ‖ ~**beinstativ** n (Foto) / soporte m monopie ‖ ~**benutzer**... / de (o para) usador único ‖ ~**bereichs**... (Eltronik) / de gama única ‖ ~**bereichsöl** n (Kfz) / aceite m de gama única, aceite m monovalente ‖ ~**beschreiben** (Math) / inscribir ‖ ~**beschreibung** f / inscripción f ‖ ~**beschriebenes Vieleck** / polígono m inscrito ‖ ~**betonieren** (Bau) / empotrar en hormigón ‖ ~**bettabteil** n (Bahn) / cabina f individual de coches cama (E), camarote m privado (LA)
einbetten vt, einlassen / empotrar, alojar, encajar, encapsular ‖ ~, (spez.:) eindrücken / embutir ‖ ~ (Gieß) / empotrar ‖ ~ (in Zement) (Bau) / cimentar ‖ ~ (Metall in Plastik o.ä.) / incrustar ‖ ~ n / empotrado m
einbettige Flachstrickmaschine (Tex) / tricotosa f rectilínea con una fontura
Einbett•masse f / masa f de inmersión ‖ ~**material** n (Sintern) / material m de empaquetadura
Einbettung f (Bau) / cimentación f, fundamentación f, basamento m ‖ ~ (Nukl) / inmersión f, incorporación f ‖ ~ (Wzm) / asentamiento m ‖ ~ (Sintern) / empaquetadura f ‖ ~ **in feste Matrizen** (Nukl) / incorporación f en matrices sólidas
Ein•bettungsflüssigkeit f (Mikrosk) / medio m de inclusión, líquido m de inclusión ‖ ~**beuldruck** m / presión f de abolladura
einbeulen / abollar ‖ ~ (sich), beulen (sich) (Platten) / abollar[se], alabear[se]
Einbeulung f, Beule f / abolladura f, abollamiento m ‖ ~ **IE** (= indice d'emboutissage) (Hütt) / índice m de abolladura
Einbeulversuch m (Mat.Prüf) / ensayo m de abolladura ‖ ~, Erichsen-Tiefziehversuch m / ensayo m de Erichsen ‖ ~ **mit eingespannter Probe** / ensayo m de abolladura con probeta empotrada
ein•beziehen vt, einbinden (Bau, Straßb) / integrar ‖ ~**biegen** u, um die Ecke biegen (Fahrzeuge) / doblar la esquina ‖ ~**biegung** f (Formänderung) / inflexión f ‖ ~**bildkomparator** m (Opt) / monocomparador m ‖ ~**bindegrad** m (Kessel) / índice m de retención de ceniza ‖ ~**bindelänge** f (Beton, Bewehrungsstahl) / longitud f de empotramiento
einbinden vt (Maurer) / empotrar ‖ ~, einbeziehen (Bau, Straßb) / integrar ‖ ~ (Bb) / encuadernar ‖ ~ (Web) / ligar ‖ **in Pappe** ~ (Bb) / encuadernar en cartón ‖ ~ n, **Einbindung** f (Bau) / empotrado m
Ein•bindung f (in), Aufnahme f (in) (F.Org) / enrolamiento m ‖ ~**bitfehler** m / error m de un solo bit ‖ ~**bitspeicher** m (DV) / memoria f de bits individuales, memoria f monobit ‖ ~**-Bit-Verzögerungsglied** n (DV) / elemento m de retardo monobit ‖ **Gas ~blasen**, durchblasen / insuflar, inyectar ‖ ~**blasen** n / inyección f, insuflación f ‖ ~**blasmühle** f (für Kohlenstaub) (Bergb) / pulverizador m de carbón con insuflación momentánea ‖ ~**blasrohr** n **für Luft o. Dampf** (Chem) / tubo m de inyección, tubo m rociador ‖ ~**blattdruck** m (Druck) / hoja f volante ‖ ~**blatten** (Zimm) / ensamblar en escuadra ‖ ~**blatthubkreissägemaschine** f **für Querschnitt** / sierra f circular de una sola hoja para corte transversal ‖ ~**blattkreissäge** f / sierra f circular de una sola hoja
einblenden vt (TV) / mezclar, intercalar ‖ ~ (Kath.Str) / superponer, sobreponer ‖ ~ n (TV) / mezclado m
Einblendung f (Eltronik, Film, Foto, TV) / fundido m ‖ ~ (Radio) / incidencia f ‖ ~ **von Formularen** (DV) / inserción f de formularios
Ein•blick-Fernrohr n (Opt) / telescopio m monocular ‖ ~**blicktubus** m (Opt) / tubo m de observación ‖ ~**blitzfeuer** n (Luftf) / baliza f monoflash ‖ ~**block**... (allg, Mot) / monobloc, de monobloque ‖ ~**bohren** (sich)(in) / penetrar vi (en) ‖

~**bördelmaschine** f (für zylindrische Teile) (Wzm) / máquina f de rebordear, rebordeadora f, máquina f de estajar, pestañadora f
Einbrand m (Schw) / penetración f ‖ ~**-Elektroerosion** f / electroerosión f por penetración ‖ ~**kerbe** f (Schw) / ranura f de penetración ‖ ~**tiefe** f (Schw) / profundidad f de penetración
einbrechen, -**fallen**, -**stürzen** (Bau) / hundirse, desmoronarse ‖ ~ vi (Geol) / hundirse ‖ ~ n, Nachgeben n (Fußboden) / hundimiento m
einbrennbares Abziehbild (Keram) / calcomanía f cerámica
einbrennen vt (Lack) / secar al horno o en estufa ‖ ~, krabben (Web) / fijar en húmedo ‖ ~ (Keramikfarben) / efectuar la cochura de color cerámico, cocer ‖ ~ vi (Radar, TV) / quemar ‖ **Dickfilme** ~ (Halbl) / secar capas espesas al horno ‖ **Email** ~ (Keram) / cocer esmalte ‖ **Zeichen** ~ (Landw) / marcar a fuego ‖ ~ n, **Verbrennen** n (Gieß) / quema f ‖ ~ (Lack) / secado m al horno ‖ ~ (Hütt) / cochura f ‖ ~ (zur Vermeidung von Frühausfällen) (Eltronik) / rodaje m ‖ ~ **des Rasterfeldes** (Eltronik, Röhre) / quemadura f de tramo ‖ ~ **[zum Keimfreimachen]** (Raumf) / esterilización f
Einbrenn•fleck m (Eltronik) / Einbrennung f (Kath.Str) / mancha f iónica o de iones, mancha f obscura, descoloración f del centro de la pantalla ‖ ~**lack** m, Ofenlack m / esmalte m de secado al horno, barniz m de secado al horno ‖ ~**lackieren** / barnizar al horno ‖ ~**lackierung** f / barnizado m al horno ‖ ~**ofen** m (Lack) / horno m secador ‖ ~**ofen** (Glas) / horno m para vidrios decorados ‖ ~**ofen für Heißemailplatten** (Repro) / horno m de calcinación para las planchas de esmalte caliente ‖ ~**rückstand** m (Chem) / residuo m de incineración ‖ ~**schutz** m (Kath.Str) / trampa f iónica de iones, atrapaiones m
einbringen vt (allg) / introducir ‖ ~, beschicken / cargar ‖ ~, im Satz einlaufen lassen (Druck) / ganar [líneas], comer línea ‖ ~ (Straßb) / colocar ‖ **einen Wagenzug** ~ (Bahn) / llevar una rama a la estación ‖ **in Schichten** ~ / colocar en capas ‖ ~ n **des Versatzes** (Bergb) / colocación f del relleno ‖ ~ **einer Abdeckplatte** (Bau) / colocación f de una tapa, colocación f de una placa de cubrición
Einbruch m, Verbruch m (Bergb, Geol) / falla f, paraclasa f, corrimiento m ‖ ~ (Boden) (Bau) / hundimiento m ‖ ~ (Meteo) / irrupción f, infracción f ‖ ~**-Alarm** / alarma f contra ladrones, dispositivo m antihurto ‖ ~**becken** n, Einbruchkessel m (Geol) / circo m de hundimiento, pliegue m sinclinal ‖ ~**hemmend** (Bau) / retardant fracturas ‖ ~**Hilfsschuss** m (Bergb) / tiro m de franqueo ‖ ~**meldeanlage** f, Alarmanlage f / instalación f de alarma contra robo (con infracción) ‖ ~**schießen** n (Bergb) / voladura f de arranque ‖ ~**schuss** m (Bergb) / franqueo m ‖ ~**sicher** (Bau) / a prueba de robo [con fractura], a prueba de ladrones ‖ ~**sicherung** f / aparato m de protección contra robo con fractura ‖ ~**sicherungsradar** m n / radar m de protección contra robo con fractura
ein•buchten vt (Geo) / formar una ensenada ‖ ~**buchtung** f / escotadura f ‖ ~**bühnen** (Bergb) / asegurar el pie del estemple ‖ ~**bündig** (Bau) / a un lado del corridor ‖ ~**checken** n (Luftf) / checking-in m ‖ ~**chip-Computer** m (DV) / computador m monochip ‖ ~**-Chip-Mikrocomputer** m / microcomputador m monochip ‖ ~**dallen** vt (Blech), einbeulen / abollar ‖ ~**dammen** vt (Gieß) / enterrar el molde ‖ ~**dämmen** vt, aufhalten / detener, retener ‖ ~**dämmen**, eindeichen (Hydr) / cerrar con dique, poner diques ‖ ~**dämmung**, -**deichung** f, Uferbau m / obra f hidráulica [E], obra f ribereña [LA]
eindampfen / evaporar ‖ ~, eindicken / concentrar, espesar ‖ ~ n, Verdampfen n / evaporación f ‖ ~ **einer Säure** / concentración f de un ácido

Ein•dampfgerät *n*, Evaporator *m* / evaporador *m* ‖ ⁓**dampfrückstand** *m* / residuo *m* de evaporación ‖ ~**decken** *vt*, mit Dach versehen (Bau) / tejar, techar ‖ ⁓**decker** *m* (Luftf) / monoplano *m*, avión *m* monoplano ‖ ⁓**decker** (Sieb) / criba *f* de un solo plano ‖ ⁓**deck-Flachpalette** *f* (Transp) / paleta *f* monoplana ‖ ⁓**deckrahmen** *m* (Bau, Dachfenster) / marco *m* de cobertura ‖ ⁓**deckung** *f* (Bau) / tejado *m* ‖ ~**deichen** *vt* (Hydr) / cerrar con dique, poner diques ‖ ⁓**dekaden...** (DV) / monodígito
eindeutig, bestimmt / definido, evidente ‖ ~ (Begriff) / monovalente, unívoco, de símple valuación ‖ ~ [**bestimmt**], unzweideutig / inequívoco ‖ ~ **definiert** (DV) / unívocamente definido ‖ ~**e Funktion** (Math) / función monovalente ‖ ~**e Identifikation** (Nukl) / identificación *f* inequívoca ‖ ~**e Übereinstimmung** / coincidencia *f* inequívoca
Ein•deutigkeit *f* / univocación *f*, inequivocación *f* ‖ ⁓**dickbütte** *f* (Pap) / cuba *f* de espesar ‖ ⁓**dicke** *f*, Verdickungsmittel *n* (Färb) / espesador *m*
eindicken *vt*, verdicken (Chem) / concentrar, espesar ‖ ~ (Farbe, Öl) / trabar, espesar ‖ ~, einengen (Chem) / reducir ‖ [**durch Wärme**] ~ (Farbe) / espesar por calor
Eindicker, Eindickbehälter *m* (Chem) / concentrador *m* ‖ ⁓ *m*, Entwässerungsmaschine *f* (Pap) / espesadora *f*, espesador *m*, condensador *m* ‖ ⁓**-Unterlauf** *m*, Dickschlamm *m* (Aufb) / lodo *m* espesado, flujo *m* bajero del espesador
Eindick•regler *m* (Zuck) / regulador *m* de espesamiento ‖ ⁓**trommel** *f* (Chem) / tambor *m* espesador
Eindickung, Gelierung *f* (Chem) / gelificación *f*, gelación *f* ‖ ⁓ *f* / trabazón *f* ‖ ⁓ (Chem, Farbe) / inspisación *f*, inspisamiento *m* ‖ **normale** ⁓ (Bergb) / espesamiento *m* por gravitación
Ein•dickzyklon *m* (Chem) / ciclón *m* espesador ‖ ~**diffundieren** (Chem, Halbl) / difundirse [en] ‖ ~**dimensional** / unidimensional ‖ ~**docken** *vi* (Schiff) / entrar en dique ‖ ⁓**docken** *n* (Schiff) / entrada *f* en el dique ‖ ~**dosen** *vt*, konservieren (Nahr) / enlatar, conservar ‖ ⁓**drahtantenne** *f* / antena *f* unifilar, antena *f* monofilar ‖ ~**drähtig**, Eindraht... (Elektr) / unifilar, monofilar, de un solo hilo ‖ ⁓**drahtleitung** *f* (mit Erdrückleitung) / circuito *m* unifilar, línea *f* unifilar ‖ ⁓**draht-Speiseleitung** *f* / circuito *m* unifilar de alimentación ‖ ⁓**drahtsystem**, -leitersystem *n* (Elektr) / sistema *m* unifilar, sistema *m* monofilar ‖ ~**drehen** *vt*, einschrauben (Holz, Masch) / atornillar ‖ ~**drehen** (Wzm) / rebajar, entallar ‖ ⁓**drehen** *n* **von Schrauben** / atornillado *m*, fijación *f* del tornillo ‖ ⁓**drehung** *f*, Einstich *m* (Dreh) / gollete *m*
eindringen *vi* (in) / penetrar (en), permear ‖ ~, -sickern (Hydr) / infiltrarse ‖ ⁓ *n* / penetración *f* ‖ ⁓, -treten *n*, -tritt *m* / entrada *f*, ingreso *m*, acceso *m* ‖ ⁓ *n* **in den Radarschatten** (Radar) / penetración *m* en la sombra del radar ‖ ⁓ **von Feuchtigkeit** / penetración *f* de humedad ‖ ⁓ **von Wasser** (Bergb) / penetración *f* de agua
Eindring•fähigkeit *f* (Flugkörper, Ultraschall) / capacidad *f* de penetración, poder *m* de penetración ‖ ⁓**körper** *m* (Härteprüfung) / indentor *m* ‖ ⁓**prüfung** *f* (Mat.Prüf) / ensayo *f* de penetración
Eindringtiefe *f* (Bergb) / profundidad *f* de penetración ‖ ⁓, Eindrucktiefe *f* (Plast) / profundidad *f* de penetración, profundidad *f* de huella ‖ ⁓ (HF) / profundidad *f* de penetración ‖ ⁓ (gemessen am Abfall der Ladungsträgerdichte auf 3/8 der Dichte an der Oberfläche) (Halbl) / distancia *f* de atenuación, profundidad *f* de atenuación ‖ ⁓ (Magn.Bd) / penetración *f* de cabezal ‖ ⁓ **bei einem Rammschlag** / penetración *f* de un impacto de hincado
Ein•dringungsstrecke *f* (seitens fremder Verwaltung) (Bahn) / recorrido *m* de interpenetración ‖ ⁓**dringverfahren** *n* (Prüfung) / procedimiento *m* de

penetración ‖ ⁓**drittelnormalstein** *m* (Feuerfest) / tercio *m* de ladrillo
Eindruck *m*, Abdruck *m*, Prägung *f* / impresión *f*, huella *f*, mella *f* ‖ ⁓, Wahrnehmung *f* / impresión *f*, percepción *f* ‖ ⁓**diagonale** *f* / diagonal *f* de mella ‖ ⁓**durchmesser** *m* (Mat.Prüf) / diámetro *m* de la penetración
eindrucken *vt* (Druck) / imprimir
eindrücken *vt* (allg) / romper, forzar ‖ ~, prägen / troquelar, acuñar, hacer una impresión, hacer una huella ‖ ~ (tief) / hundir ‖ ~, zerdrücken / aplastar, magullar, quebrantar ‖ ~, Blechschaden verursachen (Kfz) / abollar, chocar [contra] ‖ ~ (z.B. Gas), -pressen / inyectar a presión ‖ ⁓ *n* (DIN 8583) (Umformen) / indentación *f*
Eindrücker *m*, Eindrückwalze *f* (Spinn) / cilindro *m* hundidor
Eindruck•form, Druckform *f* (Tex) / bloque *m* de estampado ‖ ⁓**kalotte** *f* (Härteprüfung) / calota *f* de penetración ‖ ⁓**schmierung** *f* / engrase *m* monoimpulso ‖ ⁓**Schwellbereich** *m* (DIN 53574) (Mat.Prüf) / zona *f* de fatiga a las fuerzas de indentación pulsátiles ‖ ⁓**stempel** *m* (Bau, Bitumenprüfung) / émbolo *m* de indentación ‖ ⁓**tiefe** *f* (Brinell) / profundidad *f* de Brinell
Eindrückung *f* (in Material) / huella *f* de presión
Eindruck•verfahren *n* (Mat.Prüf) / procedimieto *m* Brinell ‖ ⁓**versuch** *m* (Asphalt) / ensayo *f* de indentación
Ein•drückvorrichtung *f* (Hütt, Stoßofen) / dispositivo *m* de empuje ‖ ⁓**drückwalze** *f* **des Ballenbrechers**, Presswalze *f* (Tex) / rodillo *m* de presión, cilindro *m* compresor ‖ ⁓**druckwerk** *n* (Druck) / impresor *m* ‖ ~**dunsten** *vt* (Säfte) / evaporar, concentrar
Einebenen•-Antenne *f* / antena *f* de un nivel ‖ ⁓**-Yagi-Antenne** *f* / red *f* de antenas colineales, antena *f* de elementos colineales
einebnen (Bau) / allanar, explanar ‖ ~ (erneut) / rellanar ‖ ~, planieren, das Planum herstellen (Bahn, Straßb) / nivelar
Ein•ebner *m* (Galv) / agente *m* alisador ‖ ⁓**ebnung** *f* / aplanamiento *m* ‖ ~**eindeutig** (Math) / biunívoco ‖ ⁓**eindeutigkeit** *f* (Math) / correspondencia *f* biunívoca ‖ ~**einwertig** (Elektrolyt) (Chem) / uni-univalente ‖ ⁓**-Elektron-Speicher** *m* (DV) / memoria *f* monoelectrón
einengen *vt* (allg) / estrechar, comprimir ‖ ~, anreichern (Chem) / concentrar ‖ ~, zusammenschnüren (Bahn) / suspensión *f* catenaria combinada, estrechar
Einer *m* (Math) / unidad *f* ‖ ⁓**gang** *m* (Film) / toma *f* de vista una por una ‖ ⁓**komplement** *n* (DV) / complemento *a* uno ‖ ⁓**reihe** *f* (Math) / fila *f* de las unidades ‖ ⁓**stelle** *f* / lugar *m* de las unidades ‖ ⁓**wahl** *f* (Fernm) / numeración *f* de las unidades
Einetagen•... (Spanplattenherst) / de plano único, de nivel único ‖ ⁓**presse** *f* / prensa *f* de nivel único ‖ ⁓**-Spannrahmen** *f* (Tex) / marco *m* tensor de nivel único
einfach, unaufgelöst, ungeteilt / simple ‖ ~**e Anführungsstriche** *m pl* (Druck) / comillas *f pl* sencillas ‖ ~**er Atlas** (Tex) / satén *m* sencillo ‖ ~**e Balkenlage** (Bau, Zimm) / envigado *m* simple ‖ ~**baumwollumsponnen** (Elektr) / forrado con una capa de algodón ‖ ~**e Benutzerführung** / manejo *m* sencillo, manipulación *f* sencilla ‖ ~**e Bespannung** (Bahn) / tracción *f* simple ‖ ~**e Bindung** (Chem) / ligado *m* sencillo ‖ ~**e Bohrerschneide**, Meißelschneide *f* / filo *m* sencillo, corte *m* sencillo ‖ ~**er boolescher Ausdruck** (Math) / término *m* simple de Boole ‖ ~**er Bremsberg** (Bahn) / galería *f* de arrastre simple ‖ ~**er Falzhobel** (Holz, Wz) / rebajador *m* sencillo, juntera *f* sencilla ‖ ~**e Farbe** / color *m* primario ‖ ~**er Gasbehälter** / gasómetro *m* sencillo ‖ ~ **geladen** (Nukl) / de carga única ‖ ~ **geschlossen** (Wicklung)

einfach

(Elektr) / de una reentrada || ~**es Gitter**, Translationsgitter *n* (Krist) / rejilla *f* de translación || ~**e Gleiskreuzung** (Bahn) / travesía *f* ordinaria || ~**er Haken mit Schaft** (Kran) / gancho *m* sencillo con espiga || ~**es Hängewerk** (Bau) / techo *m* suspendido [simple], armadura *f* de espolón [simple] || ~**er Hieb** (Feile) / picado *m* sencillo || ~**e Kaskaden-Regelung** (Eltronik) / mando *m* en cascada simple || ~**e Kettenaufhängung** (Bahn) / suspensión *f* [de] catenaria simple || ~**e Kreuzung** (Bahn) / cruce *m* simple, cruzamiento *m* sencillo, cruzada *f* sencilla (LA) || ~**e Kreuzungsweiche** [mit innenliegenden Zungen] (Bahn) / travesía *f* de unión sencilla con agujas interiores || ~**er Lichtbogen** [zwischen zwei Elektroden] / arco *m* [voltaico] simple || ~**es** [mathematisches] **Pendel** / péndulo *m* [matemático] simple || ~ **papierisolierter Draht** (Elektr) / alambre *m* forrado de una capa de papel || ~**er Phantomkreis** (Eltronik) / circuito *m* fantasma simple || ~ **positiv geladenes Proton** (Phys) / protón *m* de carga positiva sencilla, protón *m* cargado positivamente simple || ~**e Probenahme** (Stat) / toma *f* de muestras únicas || ~**er Prüfkopf**, Einschwinger-Prüfkopf *m* (Ultraschall) / transceptor *m* || ~**es Raster** (TV) / análisis *m* consecutivo || ~**e Rolle** (Mech) / rodillo *m* simple || ~**e Rotationskolbenmaschine** (nicht: Drehkolben!) (Mot) / motor *m* simple de pistón rotativo || ~**er Schalter** (Elektr) / conmutador *m* unidireccional || ~**er Schlauch** / tubo *m* flexible sencillo || ~**er Schneckenbohrer** / barrena *f* helicoidal de una sola arista de corte || ~**es** [Schrauben]**gewinde** / rosca *f* sencilla o simple, filete *m* sencilla o simple || ~**e Schwarzwerthaltung** (TV) / fijación *f* de nivel del negro por diodo único || ~**es Sintern** (Hütt) / sinterización *f* simple || ~**e Sinusfunktion** (Math) / función *f* senoidal simple || ~**e Sinusschwingung** (Phys) / movimiento *m* armónico simple || ~**er Stoff** (Chem) / sustancia *f* elemental || ~**e Stuhlschiene** (Bahn) / rail *m* con cojinetes simple, riel *m* de hongo simple || ~**es Umlaufgetriebe** / tren *m* planetario simple || ~**e umschlungen** (Riemen) / abrazado sencillo, de un solo arrollamiento || ~ **ungesättigt** (Chem) / monoetenoide || ~ **unique verboten** (Nukl) / prohibido unívocamente de primer orden || ~ **unverwüstlich**, indestructible, imperturbable || ~ **verboten** (Nukl) / prohibido de primer orden || ~**es Verfahren** / procedimiento *m* simple || ~ **verzweigt** (Stromkreis) / de un ramal || ~**e Weiche** (Bahn) / cambio *m* sencillo (E), desviador *m* (LA) || ~**e Weichen- o. Gleisverbindung** (Bahn) / diagonal *m*, escape *m* || ~**e Wellenwicklung** (Elektr) / devanado *m* ondulado simple || ~ **wiedereintretend** (Wicklung) / de reentrada simple || ~**er Zielausdruck** (DV) / expresión *f* simple de designación || ~**e Zinkung** (Tischl) / ensambladura *f* a diente simple (E), junta *f* machihembrada simple (LA)

Einfach • abzweiger *m* (Elektr) / circuito *m* secundario de un ramal || ⁓**achtfilm** *m* (Foto) / película *f* de 8 mm || ⁓**adresse** *f*, Nachricht für einen Empfänger (Fernm) / mensaje *m* de dirección única || ⁓**bereifung** *f* (Kfz) / bandajes *m* *pl* simples || ⁓**betrieb** *m* (Fernm) / servicio *m* simplex || ⁓**brechend** (Opt) / monorrefringente || ⁓**brenner** *m* (Heizung, Masch) / quemador *m* simple || ⁓**erdschluss** *m* (Elektr) / tierra *f* sencilla, contacto *m* a tierra simple || ⁓**-Europakarte** *f* (IC) / tablero *m* sencillo de circuitos impresos europeo || ⁓**expansionsmaschine** *f* (Dampfmaschine) / máquina *f* de vapor con expansión simple || ⁓**fenster** *n* (Bau) / ventana *f* simple || ⁓**form** *f* (Plast) / molde *m* de una sola cavidad || ⁓**garn** *n*, Single-Garn *n* (Tex) / hilo *m* sencillo || ⁓**-Gewölbesperre** *f*, Bogensperrmauer *f* / presa *f* arqueada o en arco, presa *f* en bóveda || ⁓**glockenisolator** *m* (Elektr) / aislador *m* de simple campana || ~**hahn** *m* (Sanitär) /

grifo *m* de una vía || ⁓**haken** *m* (Kran) / gancho *m* sencillo || ⁓**härten** *n* (Hütt) / temple *m* sencillo, templado *m* sencillo

Einfachheit *f* [im Betrieb] (F.Org) / simplicidad *f* [funcional]

Einfach • -Hobeleisen *n* (Tischl, Wz) / cuchilla *f* acepilladora sin rendija || ⁓**-Job-Steuerung** *f* (DV) / programación *f* de tareas únicas || ⁓**kartiergerät** *n* (Photogrammetrie) / aparato *m* de restitución simple || ⁓**kettenstich** *m* (Tex) / punto *m* sencillo de cadeneta || ⁓**kreuzpoller** *m* (Schiff) / noray *m* en [simple] cruz || ⁓**leiterkabel** *n* (Elektr) / cable *m* monoconductor o monofilar || ⁓**leitung** *f*, -leiter *m* (Fernm) / línea *f* unifilar, línea *f* monofilar || ⁓**leitung** (dreiphasig mit 3 Leitern) (Überlandltg) / línea *f* trifásica de alta tension simple || ~**logarithmisches Diagramm** (Math) / diagrama *m* semilogarítmico || ~**logarithmisches Diagrammpapier** / papel *m* semilogarítmico || ⁓**-Messgerät** *n* / instrumento *m* sencillo de medición || ~**operator** *m* (DV, Math) / operario *m* monádico || ⁓**-Paritätsprüfung** *f* (DV) / prueba *f* simple de paridad || ~**periodisch** (Math) / simplemente periódico || ⁓**presstechnik** *f* (Masch, Plast) / técnica *f* sencilla de prensado || ⁓**produktion** *f* (Druck) / producción *f* única, tirada *f* única || ⁓**riemen** *m* / correa *f* sencilla || ⁓**ringschlüssel** *m* (Wz) / llave *f* de estrella sencilla, llave *f* de una boca estrellada || ⁓**rollenkette** *f* / cadena *f* de rodillos simple || ⁓**schaltung** *f* (Fernm) / sistema *m* símplex || ⁓**schieber** *m* (Hydr, Öl) / corredera *f* sencilla, distribuidor *m* sencillo || ⁓**schreiber** *m* (Mess) / registrador *m* sencillo || ⁓**signal** *n* (Fernm) / señal *f* de componente único || ⁓**sintern** *n* (Hütt) / sinterización *f* simple || ⁓**spulen** *n* (Garn) (Tex) / bobinado *m* simple || ~ **stich** *m* (Nähm) / puntada *f* sencilla || ⁓**streuung** *f* (Nukl) / dispersión *f* única || ⁓**strom** *m* (Fernm) / corriente *f* simple || ⁓**strombetrieb** *m* (Fernm) / servicio *m* por corriente simple || ⁓**tarif** *m* (Elektr) / tarifa *f* simple || ⁓**telegrafie** *f* (histor.) / telegrafía *f* símplex || ⁓**treibstoff** *m* (Raumf) / monopropulsor *m*, -propulsante *m* || ⁓**umlaufgreifer** *m* (Nähm) / lanzadera *f* rotativa, lanzadera *f* de una vuelta || ⁓**verzahnung** *f* (Masch) / dentado *m* simple || ⁓**waagerechtfräsmaschine** *f* (Wzm) / fresadora *f* horizontal simple || ⁓**weife** *f* (Tex) / aspa *f* sencilla o simple || ⁓**wendel** *f* (Lampe) / filamento *m* espiralado o en espiral || ⁓**werkzeug** *n* (Stanz) / herramienta *f* simple de estampado, troquel *m* simple || ⁓**werkzeug** (Plast) / molde *m* simple || ⁓**wicklung** *f* (Elektr) / devanado *m* simple, bobinaje *m* simple || ⁓**wirkend** (Masch) / de efecto simple, de simple efecto || ⁓**zählung** *f* (Fernm) / contaje *m* simple || ⁓**zellenschalter** *m* (Akku) / conmutador *m* de elemento único || ⁓**zwirnen** *n* (Tex) / retorcido *m* simple

einfädeln *vt* (Tex) / enhebrar, enhilar || ~, einlegen (Film) / enhebrar, colocar la película || **sich** ~ (Verkehr) / entrar o integrarse en la corriente de tráfico, unirse en una línea de tráfico || ~ *n* (Tex) / enhebrado *m* || ⁓ (Film) / colocación *f* de la película

Ein • fädelschlitz *m* (Projektor) / ranura *f* para enhebrar || ⁓**fädelschwanz** *m* (Rollfilm) (Foto) / lengüeta *f* de la película en carrete || ⁓**fädelung** *f* (Verkehr) / integración *f*, entremezcla || ⁓**fädelungsstrecke** *f* (Autobahn) / pista *f* de entremezcla || ⁓**fädelvorrichtung** *f* (Film) / dispositivo *m* de colocación || ⁓**fädelzeit** *f* (Tex) / tiempo *m* de enhebrado

Einfaden • aufhängung *f* (Elektr) / suspensión *f* unifilar || ⁓**lampe** *f* / lámpara *f* de filamento simple

einfädig, Einfaden..., Eindraht..., monofil / monofilar, unifilar || ~ (Spinn) / sencillo || ~**er Zylinder** (Feinspinnen) / cilindro *m* unifilar o de un solo filo || ~**er Zylinder des Stetigspinners** (Spinn) / cilindro *m* de un solo casquillo

Ein•fädler *m* (Tex, Wirkm) / enhebrador *m* ‖ ≈**fahrbefehl** *m* (NC) / orden *f* de entrada
einfahren *vt*, eintragen (Ofen) / cargar ‖ ~, ernten (Landw) / acarrear ‖ ~, einlaufen [lassen] (Masch, Mot) / rodar ‖ ~ (Nukl, Steuerstab) / insertar, hundir ‖ ~ *vi* (Bergb) / bajar [a la mina] ‖ ~, -laufen (Bahn) / entrar ‖ **das Fahrgestell** ~ (Luftf) / retirar el tren de aterrizaje ‖ **den Brand** ~ (Ziegl) / cargar el horno ‖ **eine Brücke** [auf Prahmen] ~ / lanzar un puente sobre pontones ‖ **in das Werkstück** ~ (Wzm) / penetrar en la pieza, entrar en la pieza ‖ **in eine Fahrstraße** ~ (Nav) / abocar ‖ **wird eingefahren** (Kfz) / en rodaje, (estar) en ablande (ARG) ‖ ≈ *n* (Masch, Mot) / rodaje *m* ‖ ≈ (NC) / entrada *f*, penetración *f*
Einfahr•gleis *n* (Bahn) / vía *f* de llegada, vía *f* de recepción ‖ ≈**gruppe** *f* (Bahn) / haz *m* de recepción, patio *m* de recibo (MEJ) ‖ ≈**kontakthülse** *f* (Elektr) / conector *m* hembra ‖ ≈**kontaktstift** *m* / conector *m* macho, enchufe *m* macho ‖ ≈**öffnung** *f* (Palette) / apertura *f* para horquilla ‖ **freie** ≈**öffnung** (Palette) / entrada *f* para ruedas ‖ ≈**seite** *f* (Ofen) / lado *m* de carga ‖ ≈**signal** *n* (Bahn) / señal *f* de entrada ‖ ≈**strecke** *f* (Bahn) / recorrido *m* de entrada ‖ ≈**strecke** (seitens fremder Verwaltung) (Bahn) / recorrido *m* de interpenetración
Einfahrt *f* (Bau) / entrada *f* ‖ ≈, Torweg *m* / puerta *f* cochera, cochera *f* ‖ ≈ (Hafen) / boca *f* ‖ ≈, Grubenfahrt *f* (Bergb) / bajada *f* ‖ ≈ *f*, -fahren *n* (Bahn) / llegada *f* ‖ ≈ **in das Werkstück** (Wzm) / penetración *f* en la pieza, entrada *f* en la pieza ‖ **direkte** ≈ **in ein Nebengleis** (Bahn) / entrada *f* directa sobre una vía de servicio
Einfahr•toleranz *f* (NC) / tolerancia *f* de posicionamiento ‖ ≈**verhalten** *n* (NC) / comportamiento *m* de entrada ‖ ≈**weiche** *f* (Bahn) / aguja *f* de entrada ‖ ≈**zeit** *f* (Kfz) / período *m* de rodaje ‖ ≈**zeit** (NC) / tiempo *m* de posicionamiento, período *m* de posicionamiento
Einfall *m*, Eintritt *m* (Licht) / incidencia *f* ‖ ≈, Hemmung *f* (Uhr) / escape *m* ‖ ≈**dosis** *f* (Radiol) / dosis *f* de incidencia
einfallen *vi*, einstürzen (Bau) / caerse, derrumbarse ‖ ~ (Opt) / incidir ‖ ~ (gegen die Senkrechte) (Bergb) / buzar ‖ ~ (Raste) / encajar, engranar ‖ ≈ *n*, Kollaps *m* (Plast) / colapso *m* ‖ ≈, Neigung *f*, Tonnlage *f* (Bergb) / buzamiento *m*, echado *m*, incidencia *f* ‖ ≈ **der Falle** / cierre *m* del trinquete ‖ ≈ **der Schichten**, steil einfallender Gang (Geol) / inclinación *f* de los estratos
einfallend (Bergb) / inclinado ‖ ~ (Opt) / incidente ‖ **~er diagonaler Abbau** (Bergb) / extracción *f* inclinado diagonal al rumbo ‖ **~es Flöz** (Bergb) / filón *m* inclinado ‖ **~es Licht** (Opt) / luz *f* incidente ‖ **~e Ortsstrecke** (Bergb) / galería *f* inclinada al frente ‖ **~er Schacht** / pozo *m* inclinado ‖ **~er Strahl** (Opt) / rayo *m* incidente ‖ **~e Strecke** (Bergb) / galería *f* inclinada
Einfallenschloss *n* / cerradura *f* de un solo gatillo
Einfall•rad *n* (Uhr) / rueda *f* de escape ‖ ≈**richtung** *f* (Bergb) / sentido *m* de buzamiento
Einfalls•ebene *f* (Ultraschall) / plano *m* de incidencia ‖ ≈**feld** *n*, Auftastimpulsstufe *f*, -impulskreis *m* (Radar) / circuito *m* de desbloqueo periódico ‖ ≈**lot** *n* (Opt) / normal *f*, recta *f* normal ‖ **perspektivischer** ≈**punkt** (Opt) / punto *m* accidental
Einfall•stelle *f* (Plast) / depresión *f* superficial, rechupe *m* ‖ ≈**straße zum Zentrum** / carretera *f* radial
Einfallswelle *f* (Ultraschall) / onda *f* incidente
Einfallvorrichtung *f*, Sperrvorrichtung *f* / mecanismo *m* de trinquete
Einfallwinkel *m* (Opt) / ángulo *m* de incidencia ‖ ≈ (Bergb) / ángulo *m* de buzamiento ‖ ≈ **der Wellen** / ángulo *m* de onda ‖ ≈**-Fluktuation** *f* (Radar) / ruido *m* ocasionado por fluctuación del ángulo de incidencia ‖ ≈**-Komplement** *n* (Opt) / ángulo *m* de reflexión, ángulo *m* de desviación

Einfüllwinkelsonde *f*, Abtriftmaßsonde *f* (Raumf) / sonda *f* derivométrica
einfalzen *vt* (Bb) / plegar
Einfamilien•haus *n* (Bau) / casa *f* unifamiliar ‖ ≈**[doppel]haus** *n* / casa *f* o vivienda unifamiliar [pareada] ‖ ≈**reihenhaus** *n* / chalet *m* unifamiliar adosado, casa *f* unifamiliar en serie
Einfang *m* (von Neutronen) (Nukl) / captura *f* neutrónica ‖ ≈**ausbeute** *f* (Atom, Nukl) / eficiencia *f* de captura ‖ ≈**becken** *n* / represa *f* de captura
einfangen *vt* (Nukl) / capturar ‖ ≈, Stoppen *n* (Halbl) / captura *f*, atrapamiento *m*
Einfang•-Faktor *m* (Nukl) / coeficiente *m* de captura ‖ ≈**-Gammastrahlung** *f* / radiación *f* gamma de captura ‖ ≈**geschwindigkeit** *f* (Luftf, Trägerschiff) / velocidad *f* de enganche ‖ ≈**gitter** *n* (Opt) / rejilla *f* de captura ‖ ≈**querschnitt** *m* (Nukl) / sección *f* de captura ‖ ≈**verstärker** *m* (Fernm) / amplificador *m* síncrono
Ein•färbegerät *n* (Druck, Foto, Tex) / equipo *m* para coloración ‖ ≈**färben** *vt* (Druck) / colorar ‖ **tief ~färben** (Pap) / entintar intensamente
Einfarben•druck *m* (Druck) / impresión *f* unicolor ‖ ≈**druckmaschine** *f* / máquina *f* de impresión unicolor ‖ ≈**-Flächendruck** *m* (Färb) / estampación *f* con bloques *o* moldes ‖ ≈**offsetmaschine** *f* (Druck) / máquina *f* offset unicolor
einfarbig (allg) / unicolor ‖ ~ (Foto, Opt) / monocromático, isocromático ‖ ~, von gleichmäßiger Farbe (Bot, Zool) / de *o* con color uniforme ‖ ~, uni (Web) / de color único, unicolor, liso ‖ ~, naturfarbig (Tex) / de color natural ‖ **~e Übertragung** (TV) / transmisión *f* monocromática, emisión *f* monocroma
Ein•farbigkeit *f*, Monochromie *f* / monocromía *f* ‖ ≈**färbung** *f* (allg, Druck) / entintación *f*, tintaje *m* ‖ ≈**faserkabel** *n*, Einfaser-LWL *m* (Wellenleiter) / cable *m* fibroóptico monoconductor ‖ ≈**fassapparat**, Einfasser *m* (Nähm) / ribeteador *m* ‖ ≈**fassband** *n* (Tex) / ribete *m*, cinta *f* de orlar
einfassen *vt* (allg, Straßb) / orillar, cercar ‖ ~, fassen (Edelsteine) / engastar, engarzar ‖ ~ (mit Biese) (Tex) / orlar, ribetear, acenefar ‖ ~ (runde Objekte) / proveer de canto, rodear, circundar
Einfass•führer *m* (Nähm) / pata *f* ribeteadora ‖ ≈**nähmaschine** *f* / máquina *f* de orlar *o* ribetear
Einfassung *f* (Bau) / muro *m* de circunvalación, cercado *m*, cerco *m* ‖ ≈, [Stoß]kante *f* / borde *m* ‖ ≈ *f* (Besatz) (Tex) / ribete *m*, orla *f*, cenefa *f*
Einfassungseisen *n* (Bau, Masch) / hierro *m* perfilado de cercado
Einfederung *f* (Kfz) / compresión *f* de resorte
Einfeld-Einkontaktregler *m* (Elektr) / regulador *m* de campo único y contacto único
ein•feldrig (Stahlbau) / de traviesa única ‖ ≈**feldträger** *m* (Bau) / viga *f* de una traviesa
einfetten *vt*, schmieren / engrasar, lubri[fi]car ‖ ~, schmälzen (Wolle) / engrasar, ensimar ‖ **dünn ~** / dar una capa tenue de grasa [a] ‖ ≈ *n*, Einfettung *f* / engrase *m*, lubri[fi]cación *f*
ein•feuchten *vt*, durchweichen (allg) / mojar, humectar, humedecer ‖ ≈**firstdach** *n* (Bau) / tejado *m* de un solo caballete, tejado *m* a dos aguas ‖ ≈**flächig** (Math) / unifacial ‖ ≈**flammrohrkessel** *m* / caldera *f* de un tubo de llama ‖ ≈**flankenprüfung** *f* (Zahnrad) / verificación *f* de un flanco ‖ ≈**flanschstück**, F-Stück *n* (DIN 28523) / espiga *f* monobrida ‖ **~flechten** *vt* / entrelazar, entretejer ‖ ≈**flechtfaden**, Spannfaden *m* (Tex) / hilo *m* de tensión ‖ ≈**fliegen** *vt*, probefliegen (Luftf) / hacer vuelos de ensayo *o* de prueba ‖ **~fliegen** *vi* [in] / ir en avión [a], llevar, aproximarse (a) ‖ ≈**flieger** *m*, Testpilot *m* / piloto *m* de pruebas ‖ **~fließen**, -strömen / fluir, correr, desembocar [en] ‖ ≈**flocken** (Web) / de un velo, de una guata ‖ **~fluchten** *vt* (Bau, Verm) / alinear ‖ ≈**fluchtgerät** *n* (Verm) / aparato *m* de alineación ‖ ≈**fluchtung** *f* / alineación *f*

339

Einflug *m*, Anflug *m* (Luftf) / vuelo *m* de aproximación o de acceso ‖ ⁓**abschnitt** *m* / zona *f* de acceso
einflüg[e]lig (Luftf) / monoala ‖ ~ (Fenster, Tür) / de una hoja, de un batiente
Einflügel-Verschluss *m* (Foto) / obturador *m* de una sola pala o lámina
Einflug•-Leitstrahlbake *f* (Luftf) / radio *m* faro de enfilamiento de pista ‖ ⁓**punkt** *m* (Luftf) / punto *m* de entrada ‖ ⁓**schneise** *f*, -korridor *m* (Luftf) / canal *m* de aproximación, corredor *m* de entrada ‖ ⁓**sender** *m*, -zeichensender *m* (Luftf) / radiofaro *m* de aterrizaje o de pista ‖ ⁓**tor** *n* (Luftf) / puerta *f* de entrada ‖ ⁓**zeichen** *n* (Luftf) / señal *f* de aproximación
Einfluss *m* / influencia *f*, influjo *m* ‖ ⁓, Angriff *m* (Chem) / ataque *m* ‖ ⁓, Einflüsse *m pl* (Chem, Meteo) / agentes *m pl* (químicos, atmosféricos etc.) ‖ ⁓**bereich** *m*, -gebiet *n* -*sphäre* *f* / esfera *f* de influencia, zona *f* o área de influencia ‖ ⁓**dreieck** *n* (Mech) / triángulo *m* de influencia ‖ ⁓**effekt** *m* (Instr) / variación *f* (por influencia) ‖ ⁓**funktion** *f* (Nukl) / función *f* de importancia ‖ ⁓**funktion von Unregelmäßigkeiten** (Nukl) / peso *m* estadístico ‖ ⁓**größe** *f*, -faktor *m* (Instr) / parámetro *m*, factor *m* de influencia ‖ ⁓**größe** (Regeln) / variable *f* activa ‖ ⁓**linie** *f* (Mech) / línea *f* de influencia ‖ ⁓**schleuse**, Spülschleuse *f* (Hydr) / esclusa *f* de purga ‖ ⁓**untersuchung** *f* / análisis *m* factorial ‖ ⁓**versuch** *m* / ensayo *m* factorial ‖ ⁓**wert** *m*, -zahl *f* (Mech) / coeficiente *m* de influencia
einflutig (Turbine) / de un solo flujo ‖ ~**er Verdichter** / compresor *m* de aspiración única, compresor *m* de un flujo
Einfokus... (Opt) / de foco único
einfonturig (Strumpf) / de una fontura ‖ ~**e Leistenrundstrickmaschine** (Tex) / tricotosa *f* circular de orillos con una fontura ‖ ~**e Rundstrickmaschine** / tricotosa *f* circular con una fontura ‖ ~**e Rundstrickmaschine mit Hakennadeln** / tricotosa *f* circular con una fontura y agujas a corchetes ‖ ~**e Rundstrickmaschine mit Ringeleinrichtung** / tricotosa *f* circular con una fontura y mecanismo para rayas horizontales
ein•fördern *vt* (Bergb) / bajar con jaula ‖ ⁓**formen** *n* (Krist) / coalescencia *f* ‖ ⁓**formen**, Formen *m* (Gieß) / moldeado *m* ‖ ~**förmig**, monoton / monótono ‖ ~**förmig**, einheitlich / uniforme ‖ ⁓**formung** *f* **des Zementits** (Hütt) / esferoidización *f* de la cementita ‖ ~**fräsen** *vt* / fresar, grabar fresando ‖ ⁓**frequenzsystem** *n* (Elektr) / sistema *m* de una frecuencia ‖ ⁓**frequenzzeichen** *n* (Fernm) / señal *f* simple ‖ ~**fressen** *vt* (Chem, Masch) / picar ‖ ⁓**fressung** *f* (o. **Einfressspur**) **des Auspuffventils** (Mot) / picadura *f* de la válvula de escape ‖ ⁓**fried[ig]en** *vt*, einzäunen / cercar, vallar, acotar ‖ ⁓**fried[ig]ung**, Ein-, Umzäunung *f* / cercado *m*, cerca *f*, vallado *m* (E), corral *m* (LA) ‖ ⁓**fried[ig]ung** *f* (mit Pfählen) / estacada *f*, empalizada *f* ‖ ⁓**friedungsmauer** *f* / vallado *m*, muro *m* de cerca
einfrieren *vi* / helarse, congelarse ‖ ~ *vt* / helar, congelar ‖ ~, tiefgefrieren *vt* (Lebensmittel) / congelar ‖ ~ (Plast) / fraguar ‖ ⁓ *n* / congelación *f* ‖ ⁓ **von Energie** (Phys) / fijación *f* de energía, almacenamiento *m* de energía
Einfriertemperatur *f*, Einfrierpunkt *m* (Glas) / punto *m* de transformación ‖ ⁓ (Plast) / temperatura *f* de fraguado
Einfügemarke *f* (DV) / cursor *m*
einfügen *vt*, einpassen / incorporar, integrar, ensamblar ‖ ~, -schieben / insertar, intercalar, encajar ‖ ~ (Text) (DV) / insertar
Einfügung *f*, Einfalzung *f*, Einblattung *f* (Bau, Tischl) / ensamblaje *m*, encajadura *f* ‖ ⁓ **in eine Abbildung** (Druck) / inserción *f*
Einfügungs•anweisung *f*, -befehl *m* (DV) / mando *m* de inserción ‖ ⁓**byte** *n* (DV) / byte *m* de inserción ‖ ⁓**gewinn** *f* (Fernm) / ganancia *f* de inserción ‖

⁓[**prozedur**]**vereinbarung** *f* (DV) / declaración *f* de inserción ‖ ⁓**verlust** *m*, -fügungsdämpfung *f* (Fernm) / pérdida *f* de inserción, atenuación *f* de inserción ‖ ⁓**zeichen** *n* (DV) / señal *f* de inserción
Einfuhr *f*, Import *m* / importación *f*
Einführapparat *m*, Warenführer *m* (Färb) / alimentador *m* de género ‖ ⁓ **für Maschenware** / alimentador *m* de género tejido
einführen *vt* / introducir ‖ ~ (Werkzeug) / aplicar ‖ ~, importieren / importar ‖ ~ (Bergb) / bajar con jaula ‖ ~ (Neuerung) / ...implantar, adoptar ‖ ~, ausstatten (mit) / implementar ‖ ~ (Math) / hacer intervenir ‖ ⁓ *n* (Stecker) / inserción *f*
Einführ•-Ende *n* (z.B. Schraube) / macho *m* centrador ‖ ⁓**kegel** *m* (Räumwz) / cono *m* de entrada ‖ ⁓**presse** *f*, Offsetpresse *f* (Druck) / máquina *f* de impresión indirecta, prensa *f* offset ‖ ⁓**presse zum Glätten** (Druck) / prensa *f* bruñidora ‖ ⁓**rille** *f*, -nut *f* (Masch) / ranura *f* de entrada ‖ ⁓**rille** (Audio) / surco *m* inicial o de entrada ‖ ⁓**schacht** *m* (DV) / pozo *f* de inserción ‖ ⁓**tuch** *n* (Spinn) / tablero *m* alimentador o de alimentación
Einführung *f*, Eintritt *m* (von Kabeln) (Elektr) / entrada *f* ‖ ⁓ [**in**] (z.B. Lehrbuch) / introducción *f* (p.e. en un manual) ‖ ⁓ (z.B. eines Verfahrens) / implantación *f* (p.e. de un método) ‖ ⁓ **der Datenverarbeitung** / computerización *f* ‖ ⁓ **einer Methode** / adopción *f* de un método
Einführungs•brunnen *m* (Elektr, Fernm) / pozo *m* de entrada *n* ‖ ⁓**buchse** *f* (Kabel) / enchufe *m* de entrada, borne *m* de entrada ‖ ⁓**draht** *m* (Elektr) / alambre *f* de entrada ‖ ⁓**draht** (Fernm) / alambre *m* para acometida ‖ ⁓**isolator** *m*, Durchführungsglocke *f* (Elektr) / aislador *m* pasamuros ‖ ⁓**kabel** *n* / cable *m* de entrada ‖ ⁓**kasten** *m* (Elektr) / caja *f* de paso ‖ ⁓**klemme** *f* (Elektr) / borne *m* de entrada, terminal *m* de entrada ‖ ⁓**öffnung** *f*, Einlass *m* / orificio *m* de entrada ‖ ⁓**patent** *n* / patente *f* de introducción (E) ‖ ⁓**rohr** *n* / tubo *m* de acceso o de entrada ‖ ⁓**stutzen** *m* / tubuladura *f* de entrada o de admisión ‖ ⁓**tülle** *f* / boquilla *f* de introducción, boquilla *f* alimentadora, cápsula *f* de entrada ‖ ⁓**zeichen** *n* (DV) / señal *f* de introducción
Einführ•vorrichtung *f* (Tex) / alimentador *m* ‖ ⁓**walze**, Zufuhrwalze *f* (Tex) / cilindro *m* alimentador ‖ ⁓**zylinder** *m* (erster Zylinder der Trockenpartie) (Pap) / cilindro *m* introductor, cilindro *m* embarcador
Einfülldichte *f* (Dichte) / densidad *f* de carga
einfüllen *vt* / llenar, envasar, cargar
Einfüll•gefäß *n* / vasija *f* de llenado ‖ ⁓**kanal** *m* (Druckguss) / canal *m* de alimentación ‖ ⁓**masse-Ladung** *f* (Zuck) / carga *f* de masa cocida final ‖ ⁓**öffnung** *f* (der Form) (Plast) / orificio *m* de entrada, orificio *m* de alimentación ‖ ⁓**öffnung**, Fülloch *n* / abertura *f* de (o para el) llenado, boca de carga o de alimentación·f. ‖ ⁓**schacht** *m* / pozo *m* de llenado o relleno ‖ ⁓**schale** (Küchenmaschine) / baudeja *f* de relleno ‖ ⁓**stutzen** *m* (allg) / tubuladura *f* de relleno ‖ ⁓**stutzen** (Öltank) / tubo *m* de alimentación, tubo *m* de carga ‖ ⁓**trichter** *m* (Chem, Kfz) / tolva *f* alimentadora, embudo *m* de relleno ‖ ⁓**trichter**, Fülltrichter *m* (Hütt) / tolva *f* de alimentación, tolva *f* de carga ‖ ⁓**verschluss** *m* (Kfz) / tapa *f* de depósito ‖ ⁓**verschluss am Kühler** (Kfz) / tapa *f* de radiador
Einfunkenzündung *f* (Kfz) / encendido *m* de una chispa
Einfurchen•pflug *m* (Landw) / arado *m* monosurco ‖ ⁓**-Schlepper** *m* (Landw) / tractor *m* monosurco
Eingabe *f* (allg, DV) / alimentación *f*, insertación *f*, entrada *f* ‖ ⁓, Antrag *m* / petición *f*, solicitud *f* ‖ ⁓ **von Hand** (DV) / entrada *f* manual, introducción *f* manual ‖ ⁓**-Ausgabe....** s. Ein-Ausgabe... ‖ ⁓**bereich** *m* / zona *f* de entrada, sector *m* de entrada ‖ ⁓**datei** *f* (DV) / fichero *m* de entrada ‖ ⁓**daten** *pl* (DV) / datos *m pl* de entrada ‖ ⁓**datenkanal** *m* (DV) / canal *m* digital de

entrada ‖ ˜einheit f, -werk n (DV) / unidad f de entrada ‖ ˜fehler m (DV) / error m de entrada ‖ ˜feinheit f (Dosierung) / precisión f de introducción ‖ ˜feinheit (NC) / sensibilidad f de entrada ‖ ˜folge f, EF (DV) / secuencia f de entrada ‖ ˜format n / tamaño m de entrada ‖ ˜gerät n (DV) / periférico m de entrada ‖ ˜geschwindigkeit f / velocidad f de entrada ‖ ˜kraft f (Person), Datentypist m (DV) / operador m de datos ‖ ~limitiert (DV) / de entrada limitada
Eingabelung f (Dosierung) / horquillado m
Eingabelungsverfahren n / método m de dosificación por horquillado
Eingabe•operation f (DV) / operación f de entrada ‖ ˜programm n, Einlese-, Leseprogramm n / programa m de entrada ‖ ˜puffer m (DV) / almacenamiento m intermedio de entrada ‖ ˜pufferspeicher m (Fernm) / almacenamiento m de mensaje de llegada ‖ ˜sammler m (DV, Prozessrechn) / multiplexor m de entrada ‖ ˜signal n, eingegebenes Signal (Eltronik) / señal f entrante o de entrada ‖ ˜speicher m (DV) / almacenamiento m de entrada, registro m previo de entrada ‖ ˜station f / estación f de entrada ‖ ˜steuerung f / mando m de entrada ‖ ˜system n, -gerät n / sistema m de introducción de datos ‖ ˜tastatur f / teclado m de entrada ‖ ˜unterprogramm n / rutina f de entrada ‖ ˜-Warteschlange f / cola f de entrada ‖ ˜werk n (allg) / alimentador m ‖ ˜werk, -einheit f (DV) / unidad f de entrada
Eingang m, Öffnung f / apertura f, orificio m ‖ ˜, Zugang m (Bau) / acceso m, ingreso m ‖ ˜, Vorplatz m / vestíbulo m, entrada f ‖ ˜ m (Eltronik) / entrada f ‖ ˜, Eingehen n (Gewebe) / encogimiento m ‖ ˜ **für positive und negative Signale** (DV) / entrada f bipolar ‖ **auf den** ˜ **bezogen** (Eltronik) / relativo a la entrada ‖ **Eingänge** m pl (z.B. Waren) / entradas f pl (de mercancías o de mercaderías (LA)
Eingang-Bodenmischer m (Straßb) / estabilizador m de terreno a un paso
eingängig (Gewinde) / de una entrada, de un filete ‖ ~**er Abwälzfräser** (Wzm) / fresa f helicoidal de paso simple ‖ ~**er Fräser** / fresa f de paso simple ‖ ~**e Schnecke** (Plast) / husillo m de entrada simple o de una entrada ‖ ~**e Schraube** / tornillo m de una entrada ‖ ~**es [Schrauben]gewinde** / rosca f de una entrada, filete m de una entrada ‖ ~**e Wellenwicklung** (Elektr) / devanado m ondulado simple ‖ ~**e Wicklung** (Elektr) / devanado m simple, bobinado m simple
Eingangs•... (DV, Eltronik) / de entrada ‖ ˜... (Spinn) / de alimentación ‖ ˜**admittanz** f, -scheinleitwert m (Elektr) / admitancia f de entrada ‖ ˜**bandfilter** n / filtro m preselector ‖ ˜**brumm-Unterdrückung** f (IC) / supresión f de rizado de entrada ‖ ˜**buchse** f (Eltronik) / borne f de entrada, jack m de entrada ‖ ˜**differenzverstärker** m (Eltronik) / amplificador m diferencial de entrada ‖ ˜**druck** m (Gas) / presión f suministrada o de red ‖ ˜**echo** m (Ultraschall) / eco m de entrada ‖ ˜**energie** f (allg, Phys) / energía f de entrada ‖ ˜**fehlspannung** f, -offsetspannung f (Verstärker) / tensión f de desnivel de entrada ‖ ˜**flughafen** m / aeropuerto m de entrada ‖ ˜**frequenz** f (Eltronik) / frecuencia f de entrada ‖ ˜**größe** f (Regeln) / magnitud f de entrada ‖ ˜**gut** n, -material m (Tex) / materia f alimentada o cargada ‖ ˜**halle** f (Bau) / vestíbulo m de entrada ‖ ˜**immitanz** f (Elektr) / imitancia f de entrada ‖ ˜**impedanz** f, -scheinwiderstand m (Elektr) / impedancia f de entrada ‖ **mechanische** ˜**impedanz** (Vibrationen) / impedancia f de barrido mecánico de entrada ‖ ˜**impedanz** f **bei unbelastetem Ausgang** / impedancia f libre o en cortocircuito ‖ ˜**kennlinie** f (Transistor) / característica f de entrada ‖ ˜**konduktanz** f, -[wirk]leitwert m (Elektr) / conductancia f de entrada ‖ ˜**konfiguration** f (Eltronik) / configuración f de entrada ‖ ˜**kontrolle** f / comprobación f de entrada, control m de entrada ‖ ˜**kontrolleur** m / inspector m de entrada, revisor m de entrada ‖ ˜**kopplung** f (Fernm) / acoplamiento m de entrada ‖ ˜**kreis** m (Eltronik) / circuito m de entrada ‖ ˜**lastfaktor** (DV) / factor m de carga de entrada ‖ ˜**leistung** f (Elektr) / potencia f de entrada ‖ ˜**leitwert** m / conductancia f de entrada ‖ ˜**licht** n (obsol.) (Luftf) / faro m de aterrizaje ‖ ˜**luntenführer** m (Spinn) / guía-mecha m de alimentación ‖ ˜**öffnung** f (Ziehstein) / cono m de entrada ‖ ˜**pegel** m (Eltronik) / nivel m de entrada ‖ ˜**platz**, -schrank m (Fernm) / posición f de entrada o de llegada ‖ ˜-**Rauschtemperatur** f (Eltronik) / temperatura f de ruido de entrada ‖ ˜**resonator** m (Eltronik) / resonador m de entrada ‖ ˜**signal** n, -effekt m, -größe f (Eltronik) / valor m entrante o de entrada ‖ ˜**signal** (Pneum) / señal f de entrada ‖ ˜-**Signalwandler** m (Regeln) / convertidor m de señal de entrada ‖ ˜**spannung** f (Eltronik) / tensión f de entrada, tensión f primaria ‖ ˜**spannungs-Regelfaktor** m (IC) / coeficiente m estabilizador de tensión de entrada ‖ ˜**speicher**, Eingabespeicher m (DV) / almacenamiento m de entrada, registro m previo ‖ ˜**stelle** f (Info) / circuito m receptor de recepción ‖ ˜**stempel** m / sello m de entrada ‖ ˜**stollen** m (Bergb) / galería f de entrada ‖ ˜**strom** m (DV) / corriente f [de convergencia] de entrada ‖ ˜**stufe** f (Eltronik) / paso m de entrada ‖ ˜**tiefbass** m, Vortiefbass m (Eltronik) / filtro m paso bajo previo ‖ ˜**trägerpegel** m (Fernm) / nivel m de portador de entrada ‖ ˜**treppe** f (Bau) / escalera f de entrada ‖ ˜**trigger** m / disparador m de entrada ‖ ˜**tür** f / puerta f de entrada o de acceso ‖ ˜**übertrager** m (Eltronik) / transformador m de entrada ‖ ˜**verstärker** m / amplificador m de entrada ‖ ˜**verstärkerteil** m (Eltronik) / unidad f de amplificación de entrada ‖ ˜**verstärkung** f (Eltronik) / amplificación f de entrada ‖ ˜**volumen** n (Eltronik, Funk) / volumen m de entrada ‖ ˜**vordach** m (Bau) / alero m, colgadizo m ‖ ˜**wähler** m (Fernm) / selector m de entrada o de llegada ‖ ˜**wahlschalter** m (Audio) / selector m de entrada ‖ ˜**wert** m (Eltronik) / valor m inicial ‖ ˜**widerstand** m (Elektr) / resistencia f de entrada
eingearbeitet / integrado, incorporado ‖ ~ (F.Org) / familiarizado [con], adiestrado, iniciado [en] ‖ ~**e Arbeitskräfte** f pl / mano f de obra familiarizada o cualificada
eingebaut, Einbau... (Masch, Möbel) / incorporado, empotrado, instalado, montado ‖ ~ (Dachrinne) / integrado ‖ ~ (DV) / interno ‖ ~**e Antenne** (im Gehäuse) / antena f integrada ‖ ~**e Breite** (Teppich) / anchura f instalada ‖ ~**es Filter** (Eltronik) / filtro m integrado ‖ ~**e Routine** / rutina f generalizada ‖ ~**er Schrank** / armario m empotrado ‖ ~**er Volumenmesser** (Flüssigkeit) (Mess) / volúmetro m integrado ‖ **fest** ~ / de instalación fija
eingeben (DV) / insertar vt, entrar vt, efectuar una entrada, introducir ‖ ~, zuführen / alimentar ‖ **Fäden** ~ (Web) / alimentar hilos
eingebettet, vertieft / embutido, empotrado ‖ ~ (Spule) (Elektr) / embebido (bobina) ‖ ~ (Geol) / intercalado ‖ ~ **werden** (Gieß, Modell) / ser embebido
eingebeult / sabollado, con abolladura[s]
eingeblasene Luft (Hütt) / aire m [soplado] a presión
eingeblendet (DV, Radar) / superpuesto, sobrepuesto
eingeboren (allg) / nativo
eingebrannt (Farbe) / secado al horno ‖ ~, enkaustisch (Keram) / encáustico ‖ ~ (Email) / cocido ‖ ~ (Röhre) / estabilizado ‖ ~**e Aufgusfarbe** (Keram) / color m sobre esmalte de estufa ‖ ~**es Raster** (TV) / retícula f retenida ‖ ~**er Sand** (Gieß) / arena f adherente a la pieza

341

eingedampft (Latex) / evaporizado ‖ ~e **Ablauge** (Tex) / lejía f residual recuperada
eingedickt•er Fruchtsaft / zumo m concentrado ‖ ~e **Trübe** (Aufb) / líquido m denso concentrado
eingedrehter Kurs (Luftf) / rumbo m preseleccionado
eingefahren, -gekurbelt / retirado ‖ ~, -geschoben (Einschub) (Elektr) / enchufado ‖ ~ (Kfz) / rodado (E), ablandado (LA) ‖ ~**er Schienenstoß** (Bahn) / junta f baja ‖ ~ **werden** (Kfz) / estar en ablande (ARG)
eingefallene Stelle (Plast) / cavidad f por (o de) contracción
eingefangen•es Elektron / electrón m cautivo o atrapado o retenido ‖ ~e **Teilchen** n pl (Nukl) / partículas f pl atrapadas o retenidas
eingefärbt spritzbar (Plast) / moldeable o inyectable encolorado
eingefrorene Spannung (Mech) / tensión f congelada
eingefügt, -gesetzt / intercalado, insertado
eingeführtes Holz / madera f del extranjero
eingegliedert, integrado / integrado
eingegossen (Gieß) / fundido en bloque ‖ ~ (Beton) / vertido
eingehalst (Kesselboden) / rebordeado hacia dentro, con chufe tubular hacia dentro
eingehängt / colgado ‖ ~**es Feld** (Stahlbau) / recuadro m suspendido ‖ ~e **Spannweite** (Gerberträger)(Brücke) / viga f central suspendida del puente cantilever ‖ ~**er Träger einer Hängebrücke** / viga f suspendida
eingehäusig (Turbine) / de una caja, con carcasa única
eingehen vi (Landw) / morir, decaer, perecer ‖ ~ [in] (in die Rechnung) (Math) / entrar [en] ‖ ~, einlaufen (Stoffe) / encogerse ‖ ≙ n, -laufen n (Tex) / encogimiento m, contracción f
eingehend (Stoffe) / encogible
eingehülstes Spaltstoff-Element (Nukl) / unidad f de combustible encamisada
ein•gekeilt, Keil... / sujetado por cuñas ‖ ~**gekittet** (Bau) / cimentado, enmasillado ‖ ~**geklammert**, in Klammern (Math) / entre paréntesis ‖ ~**geklappt** (z.B. Mast) / plegado, doblado (p.e. mástil) ‖ ~**gelagert** (Geol) / estratificado, intercalado ‖ ~**geläppt** / lapeado
eingelassen, bündig (Bau) / a nivel [de] ‖ ~, versenkt (Hütt, Tischl) / hundido, encastrado ‖ ~, versenkt (mit glatter Oberfläche) / avellanado ‖ ~ (Treppenwange) / empotrado ‖ ~**er Riegel** (Schloss) / pestillo m sumergido ‖ ~**er Schalter** (Elektr) / conmutador m empotrado ‖ ~**es Schloss** / cerrojo m sumergido
eingelaufen (Lager, Motor) / rodado (E), ablandado (LA)
eingelegt (Tischl) / de marquetería, incrustado ‖ ~e **Arbeit**, Einlegearbeit f (Tischl) / labor f de taracea, incrustación f ‖ ~**es Gewerbe o. Gelenk** (Zange) / unión f encastrada
eingeleitet (Reaktion) / gatillado, iniciado
Eingelenk•achse f (Kfz) / eje m de articulación única ‖ ≙**bogen** m (Bau) / arco m de una articulación ‖ ≙**pendelachse** f (Kfz) / eje m oscilante o pendular de articulación única
ein•gelötet (elektron. Bauteile) / soldado, alambrado ‖ ~**gemacht** (in Dosen) (Nahr) / en latas, enlatado ‖ ~**gemauert** (Bau) / empotrado ‖ ~**gemietete o. -gesäuerte Schnitzel** (Landw) / recortes m pl de remolacha en silados ‖ ~**gemörtelt** (Bau) / cimentado ‖ ~**gepasst**, abgepasst / ajustado ‖ ~**gepflastert** (Gleis) / en calzada
eingeprägt•er (o. lastunabhängiger) **Strom** (Elektr) / corriente f independiente de la carga ‖ ~e **Spannung** / tensión f aplicada
eingepresst (Plast) / moldeado, engastado ‖ ~**es Ornament** (Tex) / ornamento m estampado ‖ ~**er Zunder** (Ziehen) / cascarilla f encrustada
eingepumptes Gas / gas f insuflada suministrada
eingerastet / engatillado [en]

eingerissen, ausgefranst / deshila[cha]do
eingerüttelter Beton / hormigón m compactado, hormigón m concentrado por vibración
eingeschaltet, zwischengeschaltet (allg) / insertado, intercalado ‖ ~, "ein", in Betrieb / conectado ‖ ~ (Licht) (Elektr) / encendido ‖ ~**er Zustand** (Eltronik) / condiciones f pl en período de conexión
eingeschlagen (aufeinander arbeitende Teile) / deformado por choques
eingeschleppt•e Gattung (Bot) / especie f importada ‖ ≙**es** n, Eintrag m (Galv) / impurificación f arrastrada
eingeschliffen (Glas) / adaptado por esmerilado ‖ ~**er Stopfen** (Chem) / tapón m esmerilado
eingeschlossen (allg) / encerrado ‖ ~ (allg, Math, Verm) / incluido ‖ ~ (Min) / ocluido ‖ ~e **Luft** / aire m encerrado ‖ ~**es Splintholz**, Mondring m / mancha f medular ‖ ~**es Wasser** (Geol) / agua f intersticial, agua f congénita o connata o fósil
eingeschmolzen (Hütt) / fundido
eingeschnürt / estrechado ‖ ~ (Kokon) / reniforme
eingeschoben (allg, Tischl) / intercalado ‖ ~ (Einschub), -gefahren (Elektr) / enchufado ‖ ~ (Brücke) / puesto en posición ‖ ~e **Decke** (Bau) / techo m falso ‖ ~**es Gewölbe** / bóveda f intercalada ‖ ~e **Treppe** / escalera f a la molinera [sin contrahuellas] ‖ ~e **Wicklung** (Elektr) / bobinado m introducido
ein•geschossig (Bau) / de un piso ‖ ~**geschränkt**, bedingt / limitado, restringido ‖ ~**geschraubter Bolzen** / perno m atornillado ‖ ~**geschwungener Zustand** (Elektr) / estado m estabilizado
eingesetzt (allg) / puesto, metido ‖ ~e **Bohrerschneide** (Wzm) / filo m postizo [de la broca], corte m postizo ‖ ~**es Messer** (Wz) / cuchillo m postizo ‖ ~**er Stahl** / acero m cementado ‖ ~**es Stück**, Einsatz m (Tex) / cuchillo m
eingespannt (Mech) / empotrado, fijo ‖ ~**er Bogen** (Stahlbau) / arco m rígido ‖ ~**es Gewölbe** (Bau) / bóveda f empotrada ‖ ~e **Stütze** / columna f semiempotrada ‖ **beiderseits** ~ (Balken) / empotrado en ambos lados
eingespeist (Strom) (Elektr) / aplicado (corriente)
eingesprengt, fein verwachsen (Bergb) / diseminado ‖ ~, durchwachsen (Bergb) / entrelazado ‖ ~, durchsetzt (Bergb) / entremezclado [de] ‖ ~e **Ader**, Gangart f, -mittel n / veta f
eingesteckt (Schloss) / encajado
eingestellt•e Härte (Wasser) / dureza f estandarizada ‖ ~e **Tiefe** (Wz) / profundidad f determinada
eingestemmt•e Abstandsstücke n pl (z.B. zwischen Turbinenschaufeln) / distanciadores m pl retacados ‖ ~e **Treppe** (Bau) / escalera f de peldaños compuestos
eingestreut / diseminado
eingeteilter Kreisbogen, Gradbogen m (Geom) / sector m graduado
eingetragen, registriert / registrado ‖ ~ (Galv) / arrastrado ‖ ~**es Maß** (Zeichn) / medida f inscrita ‖ ~**es Warenzeichen** / marca f registrada
eingewachsener Ast / nudo m con fibras entrelazadas con las de la madera
eingewalzt (Fehler, Walzw) / laminado ‖ ~**er Deckel** / tapa f laminada ‖ ~**er Ofenzunder** (Hütt) / huella f de cascarilla ‖ **mit** ~**em Muster** (Walzw) / gofrado
eingewebt, eingewirkt (Web) / entretejido
eingeweicht / mojado ‖ ~ **liegen** / estar embebido
ein•gewogen (Chem) / pesado ‖ ~**gewöhnen** vt, anpassen / aclimatizar, acostumbrar
Eingewöhnung f, Anpassung f / aclimatización f ‖ ≙, **Routinebildung** f (F.Org) / adquisición f de rutina o experiencia
Eingewöhnungszeit f / período m de aclimatización o de adaptación
eingewölbt (Bau) / abovedado
eingezeichnetes (o. eingetragenes) **Maß** (Zeichn) / cota f

Einheit

eingezogen (z.B. Werkzeugschaft), abgesetzt / reducido || ~ (Raumf) / retirado || ~e Düse / tobera f convergente-divergente
ein•gezwängt / encajonado || ~gießen vt, vergießen (Masch) / fundir [en] || **Flüssigkeiten ~gießen** / verter [en], echar || ~**gießende** n (Hütt) / recogedor m de colada || ~**gipflig** (Math, Stat) / unimodal || ~**gipsen** vt (Bau) / enyesar || ~**gittern** vt, einzäunen (Bau, Landw) / enrejar || ~**gitterröhre** f (Eltronik) / válvula f de una sola parrilla (E) o rejilla (LA) || ~**glasen** vt, verglasen (Bau) / vitrificar || ~**glasen** vi (Glashafen) / ser vitrificado || ~**gleisen** vt, aufgleisen (Bahn) / encarrilar || ~**gleisig** (Bahn) / de una sola vía, de vía única || ~**gleisige Strecke** (Bahn) / línea f de una vía || ~**graben** vt / enterrar, soterrar || **sich ~graben** [in] / enterrarse || ~**grasen** n, Wiesenwirtschaft f (Landw) / praticultura f, cultivo m pratense || ~**gravieren** vt / grabar
eingreifen vi (Räder) / engranar || ~ (Maurer) / atacar || ~, ineinander greifen / encajar || ~ n, Eingriff m (allg) / intervención f || ~ (Bahn, Kupplung) / acoplamiento m de los enganches
eingrenzen vt, -engen / limitar, delimitar || ~ (z.B. Fehler), lokalisieren / localizar
Eingrenzung f **durch Messung** (Fernm) / localización f mediante medición || ~ **eines Fehlers** / localización f de avería
Eingrenzungs•linie f (Verm) / línea f marginal || ~**widerstand** m (Elektr) / resistencia f de localización || ~**widerstand**, Interpolationswiderstand m (Elektr) / resistencia f de interpolación
Eingriff m (Masch) / ataque m, contacto m || ~ (Berührungsstelle der Zahnflanken) / engrane m || ~, **Eingriffnahme** f / intervención f || ~ (Zahnhöhe) (Uhr) / penetración f || ~ **in das Gefüge** (Hütt) / interferencia f de la estructura || ~ **von Hand** / operación f manual, manipulación f || **außer ~ bringen** (Zahnräder) / desengranar || **in ~ gesichert** / protegido contra manipulaciones || **in ~** (Wz) / en ataque || **in ~** (Getriebe) / engranado || **in ~ bringen** (Revolverkopf) / engranar || **in ständigem ~** (Getriebe) / en toma o engrane constante
Eingriff[s]bogen m (Zahnrad) / arco m de acción || ~ **hinter der Zentralen** (Zahnrad) / arco m de retroceso || ~ **vor der Zentralen** (Zahnrad) / arco m de aproximación
Eingriffs•breite f (Zahnrad) / anchura f de contacto || ~**dauer** f (Masch) / duración f de engrane || ~**ebene** f / plano m de acción, plano m de contacto || ~**feld** n, **Eingriff** m (Getriebe) / superficie f de contacto || ~**fläche** f (Zahnrad) / plano m de contacto || ~**flankenspiel** f / juego f m entre los flancos || ~**gerade** f / recta f de engrane || ~**glied** n (Kinematik) / pieza f impulsada o mandada || ~**länge** f (Bohrer) / longitud f de trabajo || ~**linie** f (Zahnrad) / línea f de ataque o de acción || ~**programm** n (DV) / programa m de interrupción || ~**punkt** m / punto m de ataque o de acción || ~**spiel** n (Zahnrad) / juego m de los dientes || ~**störung** f / interferencia f de engrane || ~**strecke** f / curva f de engrane || ~**streckenlänge** f / longitud f de acción || ~**teilung** f (Zahnräder) / paso m sobre el círculo primitivo || ~**tiefe** f / profundidad f de engrane, penetración || ~**toleranz** f (Masch) / tolerancia f de operación || ~**verhältnis** n / relación f de engrane || ~**winkel** m / ángulo m de engrane || ~**winkel**, Flankenwinkel m (Zahnrad) / ángulo m [de la línea] de ataque o de acción || ~**winkel** m **des Werkzeugs** / ángulo m nominal de la herramienta || ~**winkel im Normalschnitt** / ángulo m de ataque normal || ~**winkel im Stirnschnitt** / ángulo m de ataque transversal || ~**winkelfehler** f (Zahnrad) / error m en el ángulo de engrane o de ataque
Eingriff•teilung f (Zahnrad) / paso m sobre el círculo primitivo || ~**tiefe** f **zweier Zahnräder** / penetración f

Eingruppen•modell n (Nukl) / modelo m de un grupo || ~**theorie** f (Nukl) / teoría f de grupo único, canal m de entrada
Einguss m, Öffnung f, Schnauze f (allg) / vertedero m, pico m, canilla f || ~, Gusstrichter m (der Kokille) (Hütt) / bebedero m, trompa f, canal f de entrada, piquera f || ~ (senkrechter Teil), Trichtereinlauf m (Gieß) / embudo m de colada || ~, Querlauf m (Gieß) / canal m de alimentación o de colada || **direkter ~ von oben** / colada f directa desde arriba || ~**-Abschneidpresse** f / prensa-cortadora f || ~**anbringung** f (Gieß) / instalación f del canal de entrada || ~**formhälfte** f, feste Formhälfte (Druckguss) / mitad f fija del molde || ~**kanal**, Einlauf m (in der Form) (Gieß) / canal m de entrada || ~**kasten** m (Gieß) / caja f de alimentación || ~**loch** n / orificio m de colada || ~**modell** n, Gießzapfen m (Gieß) / modelo m de bebedero || ~**rinne** f (Gieß) / canal m de colada o alimentación || ~**[stutzen]** m (Abfall) (Plast) / pieza f rechazada || ~**stutzen** m, Füllstutzen m (Mot) / tubuladura f de relleno || ~**sumpf** m, -mulde f, Tümpel m (Hütt) / cubeta f de colada || ~**trichter** m (Gieß) / embudo m de colada
ein•haken vt / enganchar || ~**halsen** vt, zuziehen (Ziehtechnik) / reducir la sección || ~**halten** (Vorschriften) / observar, cumplir [con] || ~**haltung** f, Befolgung f / observación f, cumplimiento m || ~**haltung der Form** / observación f de forma || ~**hämmern** vt, reduzieren / reducir a martillazos || ~**hämmern** (Wälzlager) / producir impresiones por vibraciones o golpes
Einhand•bedienung f / manejo m por una [solo] mano || ~**brenner** m (Schw) / soplete m monomanual
Einhänder-Rohrzange f, Einhand-Rohrzange f (Wz) / tenazas f pl monomanuales para tubos, pico m de loro monomanual (LA)
Einhand•mischbatterie f / grifo m (mezclador) monopalanca || ~**schrauber** m (Wz) / atornilladora f monomanual
Einhänge•blende f (Hydr) / diafragma m colgante || ~**draht** m (Galv) / varilla f para suspender || ~**filter** n (Chem) / filtro m de suspensión || ~**gestell** n (Galv) / bastidor m portapiezas
einhängen vt (allg) / colgar, enganchar, suspender || ~ (Bergb) / colgar desde jaula || ~, auflegen (Fernm) / colgar || ~ (Bb) / pegar en la cubierta || **Dachziegel ~** (Bau) / poner o colocar tejas || **eine Tür ~** / poner una puerta en sus bisagras, enquiciar || **in einer passenden Aufnahme ~** / encajar formando juegos || ~ n (Druck) / aplicación f de la cubierta || ~ (Bahn, Kupplung) / acoplamiento m de los enganches
Einhänge•öse f / ojal m de suspensión || ~**stift** m (Stanz) / pasador m de fijación || **versenkbarer ~stift** / pasador m de fijación escamot[e]able
ein•hängiges Dach (Bau) / techo m a una sola agua || ~**härtbarkeit** f (Stahl) / poder m de penetración de la cementación || ~**härten** n, Einhärtung f / cementación f penetradora || ~**härtungstiefe** f, -härtetiefe f / espesor m de la cementación, profundidad f de la cementación·f. || ~**hauen** vt (Bergb, Walzw) / picar || **ein Loch ~hauen** / abrir un hueco o un orificio
Einhebel•...(z.B. Mischbatterie) / monomando, monopalanca || ~**bedienung** f / manejo m por palanca única, servicio m monopalanca || ~**mischer** m, -mischbatterie f (Sanitär) / grifo m monomando, grifo mezclador monopalanca || ~**steuerung** f / mando m por una sola palanca
einheben, die Form ~ (Druck) / meter la forma
einheften (ein Blatt) (Druck) / encarpetar
einheimisch / nativo, del país || ~ (Holz) / de la región, del país || ~ (Bot) / indígena
Einheit f, Ganze[s] n / conjunto m || ~ (Phys) / unidad f || ~ (Bohr-, Fräs- usw.) (Wzm) / unidad f (de taladrar,

343

Einheit

fresar etc.) ‖ ≃, Einzelaggregat *n* (DV) / componente *f*, unidad *f* ‖ ≃ *f* (im Betriebssystem eines Rechners) (DV) / dispositivo *m* ‖ ≃ **bei Probenahme** / item *m* ‖ ≃ **der Entropie**, J/K (nicht: J/grd.) (Phys) / unidad *f* de entropía, J/K ‖ ≃ **der Schallschluckung**, Sabin *n* (Akust) / sabin *m* ‖ ≃ **der Strahlendosis** (veraltet) (Radiol) / unidad *f* de dosis absorbida, rep *m* ‖ ≃ **der Wärmekapazität** (metrisch: J/grd, nicht: J/° K o. J/° F) (Phys) / unidad *f* de la capacidad calorífica, J/grd ‖ **[Bau]-**≃ / elemento *m* [unificado] de construcción
Einheiten • ... / de unidad, unitario ‖ ≃**anschaltung** *f* (DV) / identificación *f* de unidades ‖ ≃**ausgabe** *f* (DV) / salida *f* de unidades ‖ ≃**eingabe** *f* (DV) / entrada *f* de unidades ‖ ≃**fehler** *m* (DV) / error *m* de material, falta *f* de material ‖ ≃**feld** *n* (DV) / campo *m* de unidades ‖ ≃**prüfung** *f* (DV) / verificación *f* de material ‖ ≃**schlüssel** *m* (DV) / palabra *f* de mando para periféricas ‖ ≃**selektor** *m* (DV) / selector *m* de unidad ‖ ≃**system** *n* (Phys) / sistema *m* de unidades ‖ ~**unabhängig** *f* (DV) / independiente de unidades ‖ ≃**zeiger** *m* (Mess) / indicador *m* de unidades
einheitlich, gleich[artig] / uniforme ‖ ~, homogen / homogéneo ‖ ~, Einstoff... (Chem) / unario, monario, uncomponente ‖ ~ **blau** / uniformemente azul ‖ ~ **destillierend** (Chem) / de destilación uniforme ‖ ~ **gestalten** / coordinar, armonizar ‖ ~ **machen**, homogenisieren / homogeneizar ‖ ~ **machen**, standardisieren, normen / estandarizar, estandardizar, normalizar ‖ ~**e Maschinensprache** (DV) / lenguaje *m* estandarizado de máquina ‖ ~ **reagieren** (Chem) / reaccionar uniformemente ‖ ~**e Schaltung** (Eltronik) / conexión *f* normalizada ‖ ~**er Spinnstoff** (Tex) / material *m* hilable uniforme, materia *f* hilable uniforme ‖ **nicht** ~ / no-normalizado, heterogéneo, no uniforme
Einheitlichkeit *f* / uniformidad *f*, homogeneidad *f*
Einheits • ... / unificado ‖ ≃..., Normal... / estándar, normal, unitario ‖ ≃..., vereinheitlicht / estandarizado, normalizado ‖ ≃..., spezifisch / específico ‖ ≃..., um eine Einheit (z.B. Sprung) / de escalón unitario ‖ **echte** ≃**adresse** (DV) / dirección *f* real o absoluta de unidad ‖ ≃**auftrieb** *m*, Auftriebszahl *f* in N je m³ (Luftf) / coeficiente *m* específico o unitario de fuerza ascensional ‖ ≃**bauart** *f*, -konstruktion *f* / modelo *m* standard, ejecución *f* standard, tipo *m* standard ‖ ≃**beanspruchung** *f* (Mech) / esfuerzo *m* unitario ‖ ≃**bohrung** *f* / agujero *m* o taladro base o normal ‖ **System der** ≃**bohrung** / sistema *m* de agujero base ‖ ≃**bruchlast** *f* (Mech) / carga *f* unitaria de rotura ‖ ≃**buchse** *f* / casquillo *m* standard ‖ ≃**-Drehzahl** *f* / velocidad *f* específica o característica ‖ ≃**druckform** *f* (Bau) / forma *f* standard [para ensayos de compresión] ‖ ≃**dyade** *f*, Einheitstensor *m* (Math) / tensor *m* unificado ‖ ≃**einschub** *m* (Eltronik, Funk) / cajón *m* normalizado ‖ ≃**element** *n* (DV) / elemento *m* unificado ‖ ≃**fahrzeug** *n* (Kfz) / vehículo *m* corriente ‖ ≃**fläche** *f* (Geom) / área *f* unidad ‖ ≃**format** *n* / tamaño *m* normalizado ‖ ≃**gehäuse** *n* (Eltronik, Funk) / caja *f* normalizada ‖ ≃**gestell** *n* (Funk) / marco *m* normalizado ‖ ≃**gewicht** *n* (z.B. eines Kessels) (Masch) / peso *m* unitario, peso *m* por unidad de volumen ‖ ≃**gewinde** *n* / rosca *f* unificada ‖ ≃**größe** *f* (Phys) / magnitud *f* normal ‖ ≃**größe** (Abmessung) / tamaño *m* normal ‖ ≃**güterwagen** *m* (Bahn) / vagón *m* unificado ‖ ≃**hochofen** *m* (Hütt) / alto *m* horno independiente ‖ ≃**intervall** *n* (Fernm) / intervalo *m* normalizado ‖ ≃**kegel** *m*, Morsekonus *m* (Wzm) / cono *m* normalizado, cono *m* Morse ‖ ≃**klasse** *f* (Schiff) / clase *f* unitaria ‖ ≃**-Kohlenhobel** *m* (Bergb) / rebanador *m* lento de carbón ‖ ≃**kreis** *m* (Geom) / círculo *m* de radio 1 ‖ ≃**ladung** *f* (Phys) / carga *f* unitaria ‖ ≃**last** *f* / carga *f* unitaria o unidad ‖ ≃**leistung** *f*, Literleistung *f* (Mot) / potencia *f* unitaria ‖ ≃**maß** *n* (Phys) / medida *f*

normalizada ‖ ≃**matrix** *f* (Math) / matriz *f* de identidad ‖ ≃**pol** *m* (Magn) / polo *m* unitario ‖ ≃**rahmen** *m* (Eltronik, Funk) / marco *m* normalizado ‖ ≃**regelungssystem** *n* / sistema *m* de control estandarizado ‖ ≃**regler** *m* / regulador *m* estandarizado o normalizado ‖ ≃**schnittstelle** *f* (DV) / interfase *f* normal ‖ ≃**signal** *n* / señal *f* normal[izada] ‖ ≃**spannung** *f* (Mech) / tensión *f* específica ‖ ≃**sprung**, -schritt *m* (Eltronik) / salto *m* de escalón unitario ‖ ≃**sprungfunktion** *f* (Regeln) / función *f* escalón unitario ‖ ≃**spule** *f* (Foto) / carrete *m* normalizado ‖ ≃**stammform** *f* (Plast) / cuna *f* de un juego de moldes normalizado ‖ ≃**stoß** *m*, Dirac-Funktion *f* (Math) / función *f* de impulsión de Dirac ‖ ≃**temperaturkurve** *f* (Phys) / curva *f* normalizada de temperatura ‖ ≃**-Triebwerk** *n* (Raumf) / motor *m* unitario ‖ ≃**typ** *m*, -ausführung *f* / tipo *m* normalizado ‖ ≃**vektor** *m* (Mech) / vector *m* unitario ‖ ≃**verfahren** *n* (Chem) / procedimiento *m* normalizado ‖ ≃**welle** *f* (Toleranzen, Passungen) / árbol *m* base o normal, eje-patrón *m*, eje-base *m* (tolerancias, ajustes) ‖ ≃**zeit**, Zonenzeit *f* z.B. in USA / hora *f* civil, hora *f* oficial [del meridiano] ‖ ≃**zug** *m* (Bahn) / rama *f* composición tipo
Ein • hieb *m*, Markierung *f* / entalla[dura] *f*, marca *f* ‖ ~**hiebig** (Feile) / de picado único ‖ ≃**hieb-Schlichtfeile** *f*, Cabinettfeile *f* / lima *f* para ebanistas ‖ ~**holen**, einziehen (Tau) (Schiff) / retirar, halar ‖ ~**holen**, erreichen / alcanzar ‖ ≃**holleine** *f* / cable *m* de halar ‖ ~**holmig** (Luftf) / con un madero de cabeza ‖ ≃**holm-Stromabnehmer** *m* (Bahn) / pantógrafo *m* de un brazo ‖ ≃**hubjacquardmaschine** *f* (Tex) / telar *m* Jacquard de simple alza ‖ ~**hüftig** (Gewölbe) (Bau) / rampante ‖ ~**hüftiger Bogen**, steigender Bogen (Bau) / arco *m* por tranquil ‖ ~**hüllen** *vt*, ummanteln / envolver, enfundar, cubrir, abrigar ‖ ~**hüllen**, -hülsen (Nukl) / revestir, encamisar ‖ ≃**hüllen** *n* (Nukl) / revestimiento *m*, encamisado *m* ‖ ≃**hüllende** *f* **des Impulses** (Eltronik) / envolvente *f* del impulso ‖ ≃**hüllentanker** *m* (Schiff) / petrolero *m* monocasco ‖ ≃**hüllungskurve** *f*, Einhüllende *f* (Geom) / curva *f* envolvente ‖ ≃**hülsen** *n* (Nukl) / encamisado *m*, enfundadura *f* ‖ ~**impfen** *vt* (Chem, Med) / inocular, vacunar ‖ ~**impfen** (Krist) / introducir el germen inicial ‖ ~**jährig**, annuell (Bot) / anual ‖ ≃**kabel...** / de cable único ‖ ≃**kaliberstopfenwalzwerk** *n* (Hütt) / laminador *m* percutor de un calibre ‖ ~**kalken** *vt*, -kälken (Gerb) / encalcar, pelar, tratar por la cal ‖ ~**kalkuliertes Risiko** / riesgo *m* calculado
Einkammer • ... (Masch) / de una sola cámara, de cámara única ‖ ≃**-Bremsverstärker** *m* / reforzador *m* del freno de cámara única ‖ ≃**wasserrohrkessel** *m* / caldera *f* de una cámara con tubo de agua, caldera *f* acuotubular de una sola cámara de agua (LA)
Einkanal • ... (Eltronik) / de un canal, monocanal ‖ ≃**rad** *n* (Mech) / polea *f* de una garganta ‖ ≃**spektrometer** *n* (Phys) / espectrómetro *m* monocanal ‖ ≃**ton** *m* (Ggs.: Stereo...) (Eltronik) / sonido *m* monocanal ‖ ≃**-Träger** *m* (Bodenstation) / enlace *m* monocanal por corriente portadora
einkapselbar (Elektr) / [en]capsulable
einkapseln *vt* / encapsular ‖ ~, -betten / embeber, encapsular ‖ ~, metallisch kapseln (Elektr) / blindar ‖ ~ (Keram) / encastillar ‖ ~, vergießen (Eltronik) / fundir, sellar
Einkapselung *f* / encapsulación *f*
Einkastenplansichter *m* (Aufb, Bergb) / planchíster *m* de una sola caja
Einkäufer *m* / comprador *m*
Einkaufs • abteilung *f* / sección *f* de compra ‖ ≃**muster** *n* / muestra *f* de compra ‖ ≃**preis** *m* / precio *m* de compra ‖ ≃**wagen** *m* (DIN 32601) / carr[it]o *m* para las compras, carro *m* supermercado ‖ ≃**zentrum** *n* /

344

Einlassschütz

hipermercado *m*, supermercado *m* || ⁓**zentrum**
(Städtebau) / centro *m* comercial
einkehlen *vt* / acanalar, ranurar
Einkehlung *f* / acanaladura *f* || ⁓, Kehlrinne *f* / ranura
concava *f* || ⁓, Dachkehle *f* (Bau) / garganta *f* de
tejado, lima-hoya *f* || ⁓ **an einer Wand oder Esse**,
Schoßrinne *f* / garganta *f*
ein•keilen *vt* / acuñar, sujetar con cuñas ||
⁓**keimblättrig** (Bot) / monocotiledóneo || ⁓**keimig**
(Saat) / monogerme || ⁓**kerben**, Kerben machen /
entallar, muescar, hacer muescas [en], estriar ||
⁓**kerbung** *f*, Kerbe *f* / entalladura *f*, muesca *f* ||
⁓**kerbung der Kausche**, Keep *f* (Schiff) / garganta *f* del
guardacabos || ⁓**kernig** (allg) / de un núcleo,
mononuclear, uninuclear || ⁓**kernig** (Chem, Ring) /
monocíclico || ⁓**kesselschalter** *m* (Elektr) / interruptor
m de cuba única || ⁓**kettentrogförderer** *m* /
transportador *m* de cajones monocadena ||
⁓**kett-System** *n* (Tex) / sistema *m* de urdimbre única ||
⁓**kitten** *vt* (Bau) / enmasillar, tapar con masilla ||
⁓**klammern** *vt* (Druck, Math) / poner en[tre] paréntesis
Einklang *m* (Akust) / unísono *m* || **im** ⁓ **stehend** [mit] / de
conformidad [con] || **in** ⁓ **bringen** / poner de acuerdo
ein•klappbar, einziehbar / plegable, retráctil ||
⁓**klappbarer Arm** (Raumf) / brazo *m* plegable ||
⁓**klappen** *vt* / plegar, retractar || ⁓**kleben** / pegar [en]
|| ⁓**klemmarmaturen** *f pl* (Sanitär) / grifería *f* sin brida
|| ⁓**klemmen** *vt*, quetschen / apretar || ⁓**klemmen**,
befestigen / aprisionar, inmovilizar, sujetar, engrapar
|| ⁓**klinken** *vt*, einschnappen lassen / engatillar,
aplicar el trinquete || ⁓**klinken** *vi*, einrasten / encajar,
enclavar, echar el trinquete || ⁓**klinken** *n* (Eltronik) /
inserción *f* || ⁓**klopfen** *vt*, eintreiben / introducir a
golpes || ⁓**kneifen** *vt* / engarzar || ⁓**knicken** *vi* /
pandearse, doblarse (E), flambearse (LA) ||
⁓**knicken** *n* (Bau) / pandeo *m* || ⁓**knopfbedienung** *f*
(Eltronik) / mando *m* por pulsador o botón único ||
⁓**kochen** *vt*, konzentrieren, eindicken (Chem, Pharm) /
concentrar [por cocción], dejar espesarse || ⁓**kochen**
n (Chem) / decocción *f* ||
⁓**kolben-Festsattelscheibenbremse** *f* (Kfz) / freno *m*
de disco con pinza fija actuada por monopistón ||
⁓**kolbenspritzen** *n* (Plast) / moldeo *m* por
transferencia || ⁓**komponentenkleber** *m* / pegamento
m sintético monocomponente ||
⁓**komponentensystem** *n* (Chem) / simetría *f* unitaria ||
⁓**komponenten-Treibstoff** *m*, Monergol *n* (Raumf) /
monergol *m* || ⁓**komponentenwaage** *f* (Phys) / balanza
f monoproducto || ⁓**kontakt...** (Elektr) / de contacto
único, monocontacto || ⁓**kopf...** (Ultraschall) / de
palpador único || ⁓**kopfstrecke** *f* (Spinn) / manuar *m*
de una cabeza de un pasaje, manuar *m* de un
cabezal (LA) || ⁓**kopieren** *vt* / copiar [en] ||
⁓**koppelsonde** *f* (Messinstr) / sonda *f* de excitación ||
⁓**koppelstrecke** *f*, Steuerraum *m* (Wellenleiter) /
espacio *m* de modulación || ⁓**kopplungskapazität** *f*
(Halbl) / agujeros *m pl* terciarios || ⁓**kornbeton** *m* (Bau)
/ hormigón *m* monogranular || ⁓**korndrille** *f*,
-drillmaschine *f* (Landw) / sembradora *f* monograno ||
⁓**kränzige Turbine** *f* / turbina *f* con rodete de una
corona || ⁓**kräuselung** *f* (Garn) / encrespamiento *m*,
rizado *m*
Einkreis•... (z.B. Bremse) / monocircuito, de circuito
único || ⁓... (Eltronik) / de circuito simple || ⁓**anlage** *f*,
-reaktor *m* (Nukl) / reactor *m* de ciclo directo ||
⁓**-Bremssystem** *n* (Kfz) / sistema *m* de freno
monocircuito || ⁓**-Driftröhre** *f* (Eltronik) / tubo *m* de
desviación de circuito simple, tubo *m* con modulación
de velocidad de circuito simple ||
Ein•kreiselkompass *m* (Schiff) / brújula *f*
monogiroscópica || ⁓**kreisempfänger** *m*, Einkreiser
m (Funk) / receptor *m* de circuito único || ⁓**kreisen** *vt* /
encerrar || ⁓**kristall** *m* (Krist) / monocristal *m* ||
⁓**kristallgleichrichterzelle** *f* (Eltronik, Halbl) / diodo *m*

rectificador semiconductor || ⁓**kufengestell** *n* (Luftf) /
tren *m* de aterrizaje con patín central || ⁓**kuppeln**, die
Kupplung einrücken / engranar, embragar (en
movimiento), acoplar (en reposo) || ⁓**kuppeln** (Seilb) /
embragar || ⁓**kuppeln** *n* / embrague *m* (en
movimiento), acoplamiento *m* (en reposo) ||
⁓**kurbelpumpe** *f* / bomba *f* con un codo de manivela ||
⁓**kurbeltrieb** *m* / mecanismo *m* de una sola manivela
|| ⁓**laden** *vt*, verladen / cargar
Einlage *f*, Ausfütterung *f* (allg, Tex) / camisa *f*,
revestimiento *m* interior, forro *m* || ⁓, eingelegtes
Stück, Zwischenstück *n* / pieza *f* intercalada o
intermedia, pieza *f* postiza, suplemento *m* || ⁓,
Reifen-, Deckeneinlage *f* (Kfz) / capa *f* || ⁓, innere
Puppe, Wickel *m* (Zigarre) / tripa *f* || ⁓,
Einlagefutterstoff *m* (Tex) / entretela *f* || ⁓ (Pap) / capa
f intermedia, tripa *f* || ⁓ **der Hohlladung** (Mil) /
revestimiento *m* de la carga hueca || ⁓**steife** ⁓ /
refuerzo *m* || ⁓**blech** *n* / chapa *f* de refuerzo || ⁓**draht**
m (Reifen) / alambre *m* de refuerzo || ⁓**futterstoff** *m*
(Tex) / entretela *f* || ⁓**holz** *n*, -klotz *m* (Verp) / bloque *m*
de relleno
Einlagen•bruch *m* (Reifen) / rotura *f* de cables o de la
tela || ⁓**karton** *m* (Pap) / cartón *m* reforzador || ⁓**putz**
m (Bau) / revoque *m* de una capa || ⁓**schweißung** *f* /
soldadura *f* de un paso || ⁓**wicklung** *f* (Elektr) /
arrollamiento *m* de una capa
einlagern *vt*, einspeichern / almacenar, depositar || ⁓,
silieren (Landw) / ensilar
Einlagerung *f*, Speicherung *f* / almacenaje *m*,
almacenamiento *m* || ⁓, Einlage *f* (allg, Tex) / camisa *f*,
revestimiento *m* interior || ⁓, -schließung *f* (Geol) /
intercalación *f*, inclusión *f* || ⁓ **im Silo** (Landw) /
ensilado *m*, ensilaje *m* ||
Einlagerungs•kammer *f* (Nukl) / cámara *f* de
almacenamiento || ⁓**[misch]kristall** *m* / cristal *m*
[mixto] intersticial
Einlagevliesstoff *m* (Tex) / entretela *f* 'nonwoven',
entretela *f* de material no tejido
einlagig, Einlagen... / de una capa || ⁓, Einlagen... (Schw)
/ en una pasada || ⁓**es Dach** (Bau) / tejado *m* de una
capa || ⁓**e Schicht** / monocapa *f*, monoestrato *m*
einläppen *vt* / lapear
Einlass *m* / entrada *f*, admisión *f* || ⁓ (Bau) / puerta *f* [de
entrada] || ⁓ (Vorgang), Ansaugung *f* (Mot) / admisión
f, aspiración *f* || ⁓, Ansaugstutzen *m*, -öffnung *f* /
orificio *m* de admisión || ⁓**band** *n* (Spinn) / cinta *f* de
alimentación || ⁓**bauwerk** *n* (Hydr) / obra *f* de entrada
|| ⁓**ecke** *f*, Scheinecke *f* (Beschlag) (Tischl) / herraje *m*
angular
einlassen *vt*, hereinlassen / dejar entrar, permitir la
entrada, admitir || ⁓, einlegen, versenken (Bau) /
encastrar, encajar || ⁓, versenken (Schloss) / avellanar
|| ⁓, versenken (Tischl, Zimm) / hundir, encastrar || ⁓
(in die Wand) (Bau) / empotrar || ⁓, -passen / ajustar,
adaptar || ⁓ *n* (Bau) / empotrado *m*
Einlass•fläche *f* (Nukl) / lado *m* de admisión, lado *m* de
entrada || ⁓**führung** *f* / guía *m* de alimentación ||
⁓**gestänge** *n*, Ansauggestänge *m* (Mot) / varillaje *m* de
admisión || ⁓**hebel**, Steuerhebel für das Einlassventil
m (Mot) / palanca *f* de admisión || ⁓**hub** *m*, -takt *m*
(Mot) / carrera *f* de admisión, ciclo *m* de admisión ||
⁓**kanal** *m*, -leitung *f* (Mot) / colector *m* de admisión,
colectora *m* de entrada || ⁓**kanal** (Dampfm) / canal *m* de
admisión || ⁓**mittel** *n* (Anstrich) / pintura *f* aislante ||
⁓**nadel** *f* **für Benzin** (Kfz) / aguja *f* de flotador, aguja *f*
de la válvula de admisión || ⁓**nocken** *m* (Kfz, Mot) *f*
leva *f* de admisión || ⁓**öffnung** *f* / orificio *m* de
admisión, entrada *f* || ⁓**rohr** *n* / tubo *m* de toma, tubo
m de admisión || ⁓**schieber** *m* / válvula *f* de admisión ||
⁓**schleuse** *f*, -siel *m* *n* (Abwasser) / esclusa *f* de purga ||
⁓**schlitz** *m* (Einspritzpumpe) / ranura *f* de llenado ||
⁓**schlitz** (Mot) / lumbrera *f* de admisión || ⁓**schütz** *n*,

Einlassseite

Einlaufschütz *n* (Hydr) / compuerta *f* de entrada ||
⁓seite *f* des Motors / lado *m* de admisión ||
⁓steuerung *f* / distribución *f* de admisión || ⁓trichter,
-rumpf *m* / tolva *f* de alimentación o de carga
Einlassung *f*, Einfügung *f* (Bau, Masch) / inserción *f*,
incorporación *f*
Einlass•ventil *n* (Mot) / válvula *f* de entrada o de
admisión || ⁓ventil hängend, Auslassventil stehend
(Mot) / válvula *f* de admisión colgante y de escape
derecha || ⁓walze *f* (Spinn) / cilindro *m* alimentador
Einlauf *m* (Hydr) / entrada *f* || ⁓, Verschleißkehle *f*
(Bahn) / garganta *m* del aro de rueda (formada por
desgaste) || ⁓ in einen Gleisbogen (Bahn) / entrada *f*
en curva || ⁓ und Stockfäule (Holz) / podredumbre *f*
del tronco en el tocón || ⁓anschnitt *m* (Gieß) / entrada
f de alimentación || ⁓bauwerk *n* der Talsperre / obra *f*
de toma || ⁓belastung *f* (Getriebe) / carga *f* de rodaje ||
⁓bremse *f* (Bergb) / freno *m* de entrada || ⁓echt (Tex) /
resistente al encogimiento
einlaufen *vi*, -fahren (Bahn) / entrar || ⁓ ~ (z.B. Methode),
ins Laufen kommen / empezar a funcionar || ⁓
(Maschine) / suavizarse || ⁓, einschrumpfen, sich
krumpen (Tex) / encogerse || ⁓ [lassen], einfahren
(Masch) / rodar || ⁓ lassen (Flüssigkeit) / verter, llenar ||
⁓ lassen, im Satz einbringen (Druck) / quitar espacio,
aproximar, estrechar || sich ~ (Maschine) /
esmerilarse (col.) || ⁓ *n* (Kfz, Masch) / rodaje *m* || ⁓
(Spinn) / encogimiento *m* || ⁓ der Durchlassspannung
(Diode) / recuperación *f* de la tensión en estado de
conducción || ⁓ der Spannung (Eltronik) /
recuperación *f* de la tensión || ⁓ von
Streckenbändern (Spinn) / entrada *f* de las cintas en el
banco de estiraje
einlaufend (Stoff) / encogible || ~ (Strom) / de
alimentación || ~ (Schiff) / entrante || ~e Flanke
(Getriebe) / flanco *m* de entrada || nicht ~ (Stoff) /
inencogible
Einlauf•feld *n* (Tex) / zona *f* de introducción || ⁓filter *m*
n (Hydr) / filtro *m* de entrada || ⁓grübchen *n pl* (Masch)
/ pitting *m* inicial o de rodaje
einläufig (Gewehr) / de un cañón || ~ (Treppe) / de un solo
tramo
Einlauf•kante *f* (Druck) / tacón *m* de frente ||
⁓kohlenstoff *m* (Hütt) / carbono *m* de fin de fusión ||
⁓kopf *m* (Zementfabr.) / cabezal *m* alimentador ||
⁓läppen *n* (Zahnrad) / lapeado *m* de rodaje ||
⁓periode *f* (Hütt) / período *m* de iniciación, período *m*
de comienzo || ⁓pipette *f* (Chem) / pipeta *f* de
alimentación || ⁓rechen *m*, -gitter *n* (Hydr) / rejilla *f* de
entrada, alcachofa *f* || ⁓rechenreiniger *m* / limpiador
m de la alcachofa || ⁓rille *f*, spirale *f* (Audio) / surco *m*
inicial o de entrada || ⁓rillenfehler *m* (Audio) / recodo
m del surco inicial || ⁓rollgang *m* (Walzw) / camino *m*
de rodillos de alimentación || ⁓rost *m* (Gully) (Bau) /
rejilla *f* del sumidero || ⁓rutsche *f*, -schurre *f* / plano *m*
inclinado alimentador || ⁓schacht *m* (Straßb) /
sumidero *m* || ⁓schieber *m* (Dampfmaschine) /
distribuidor *m* de admisión, corredera *f* de entrada ||
⁓schlacke *f* (Hütt) / escoria *f* inicial || ⁓schütz *n*,
-schütze *f* (Hydr) / compuerta *f* de entrada || ⁓schwelle
f (Hydr) / solera *f* de fondo de entrada || ⁓seiher *m*
(Tank) / colador *m* de llenar || ⁓spannung *f*, Zulauf-,
Vorspannung *f* (Spinn) / tensión *f* de entrada ||
⁓spirale *f* (Turbine) / espiral *f* de entrada || ⁓stutzen *m*
/ tubuladura *f* de entrada || ⁓tisch *m* (Gieß) / mesa *f* de
introducción [de la carga] || ⁓topf *m*, -stutzen *m*
(Dachrinne) / codo *m* de bajada de aguas, embocadura
f || ⁓trichter *m*, Zuführtrichter *m* (allg, Gieß) / embudo
m de colada, tolva de carga o de alimentación·*f*. ||
⁓verlust *m* / pérdida *f* por puesta en marcha ||
⁓verschluss *m* (Hydr) / compuerta *f* de bocatoma ||
⁓walze *f* (Walzw) / rodillo *m* de entrada || ⁓werk *n*
(Hydr) / obra *f* de toma de la presa || ⁓zeit *f* (einer
Maschine) / tiempo *m* adaptador de marcha o al

régimen normal, tiempo *m* de ajuste || ⁓zeit (zum
Anwärmen) (Eltronik) / tiempo *m* de calentamiento
[inicial] || ⁓zeit *f* (Automatisierung) / tiempo *m* de
estreno || ⁓zeit, Einfahrzeit *f* (Kfz) / tiempo *m* de
rodaje || ⁓zeit einer Arbeitsweise (F.Org) / período *m*
de familiarización || ⁓zeit eines Geräts / tiempo *m* de
puesta en servicio
einlegbare Wicklung (Elektr) / devanado *m* embutido
Einlege•arbeit *f*, eingelegte Arbeit, Intarsie *f* (Tischl) /
labor *f* de taracea, marquetería *f*, incrustación *f*,
embutido *m* || ⁓arbeit (Stanz) / acabado *m* de piezas
sueltas || ⁓barre *f* (Web) / barra *f* de inserción ||
⁓boden *m*, Fachbrett *n* (Möbel) / anaquel *m* || ⁓gerät
n (Roboter) / robot *m* para insertar || ⁓keil *m* (Masch) /
chaveta *f* redonda embutida || ⁓keil (Masch) / chaveta
f plana || ⁓kokille *f* (Gieß) / coquilla *f* engastada ||
⁓maschine *f*, Sickenmaschine *f* (Wzm) / rebordeadora
f, acanaladora *f* de chapas || ⁓maschine (Klempner) /
máquina *f* de insertar alambre
einlegen *vt* (Film, Filter) / enhebrar, cargar || ~, auslegen
(Tischl) / incrustar || ~, bördeln (Blech) / rebordear,
apestañar || Bogen in die Punkturen ~ (Druck) / fijar
las hojas en la punción || einen Zug zusätzlich ~
(Bahn) / criar un tren adicional || ⁓ *n*, Hineinstecken *n*
/ metimiento *m* || ⁓ des Films (Foto) / carga *f* de la
cámara || ⁓ von Zügen (Bahn) / puesta *f* en circulación
de trenes
Einlegeplatine *f* (Web) / platina *f* de inserción
Einleger *m*, Anleger *m* (Druck) / marcador *m* de
imprenta
Einlege•ring *m* / anillo *m* de inserción, arandela *f* de
ajuste || ⁓ring (Schw) / anillo *m* de soporte soldado ||
⁓scheibe *f* / disco *m* insertable || ⁓schweißverfahren
n / procedimiento *m* de soldadura por intercalación
de un electrodo [recubierto] || ⁓stäbchen *n*, Rute *f*
(Web) / varilla *f* del plegador || ⁓streifen *m* (Papier) /
tira *f* de papel inserta || ⁓teil *n* (Masch) / pieza *f* para
insertar || ⁓teil (Stanz) / pieza *f* insertada, pieza *f*
suelta para acabar || ⁓tisch *m* (Druck) / mesa *f*
marcadora, tablero *m* marcador o ponedor || ⁓tisch
(Masch) / mesa *f* de alimentación || ⁓vorbau *m*,
Doghouse *n* (Glasofen) / alimentador *m* frontal ||
⁓vorgang *m* (Roboter) / operación *f* de inserción,
inserción *f*
einleiten *vt*, beginnen / empezar, comenzar, iniciar || ~,
hineinschicken / introducir || ~ (Abwässer in einen
Fluss) / descargar aguas residuales || ~, anstoßen
(Eltronik) / disparar || ~ (DV) / iniciar (programa) ||
eine Reaktion ~ (Chem) / iniciar una reacción,
provocar una reacción || in eine Lösung ~ (Chem) /
introducir
einleitend (z.B. Vorbemerkung) / introductorio,
preliminar || ~, vorbereitend / preparativo
Einleiter•..., Eindraht... (Elektr) / monofilar, unifilar ||
⁓antenne *f* / antena *f* unifilar o monofilar o de un solo
hilo || ⁓kabel *n* (Fernm) / cable *m* unifilar o
monoconductor || ⁓stromwandler *m*,
Einwindungstrafo *m* (Elektr) / transformador *m*
monovuelta o de una espira || ⁓verbindung *f* (Elektr) /
línea *f* unifilar o monofilar o de un solo conductor
Einleitung *f* / introducción *f* || ⁓ eines Arbeitsspiels
(Masch, Mot) / comienzo *m* del ciclo de trabajo,
iniciación *f* || ⁓ von Abwässern / descarga *f* de aguas
residuales
Einleitungs•programm *n* (DV) / programa *m* iniciador ||
⁓-System *n* (mit nur einer Leitung) (Heizung) /
sistema *m* de una tubería
Einlenken *n* in die Umlaufbahn (Raumf) / entrada *f* en la
órbita
Einlenkungsbahn *f* (Rakete) / trayectoria *f* de entrada
Einlese•geschwindigkeit *f* (aus Datenträgern) (DV) /
velocidad *f* de lectura || ⁓maschine *f* (Web) / máquina *f*
de lisaje

346

Einphasenmotor

einlesen in den Speicher (DV) / almacenar ‖ ⁓ n (von Daten) (DV) / entrada f por lectura
Einlese•programm n (DV) / programa m de entrada ‖ ⁓**schnüre** f pl, Korden f pl (Web) / cordones m pl de encruzamiento ‖ ⁓**speicher** m (DV) / almacenamiento m de entrada, memoria f de entrada
Einliegerwohnung f (Bau) / habitación f adjunta (a una casa propia)
Ein•linienzentrale f (Feuermeldg) / central f avisadora de incendios de línea única ‖ ⁓**lippenbohrer** m (Wz) / broca f recta o barrena de un solo filo ‖ ⁓**literflasche** f / botella f de un litro ‖ ⁓**litzig** (Seil) / de un cordón
Einloch•batterie f, Einlochmischbatterie f (Waschbecken) / batería f mezcladora [para lavamanos] ‖ ⁓**befestigung** f (Bau) / fijación f por un agujero ‖ ⁓**düse** f (Mot) / tobera f de un solo orificio ‖ ⁓**gasbrenner** m / mechero m de una tobera, mechero m de un solo orificio ‖ ⁓**wicklung** f (Elektr) / bobinado m concentrado ‖ ⁓**windeisen** n (Wz) / giramachos m de agujero único ‖ ⁓**zieheisen** n (Drahtziehen) / hilera f de un solo orificio
einloggen (sich) (DV, Fernm) / iniciar una sesión, registrarse (con un apodo o nick) ‖ ⁓ n (DV) / proceso m de comienzo de sesión
ein•lösige Bremse (Bahn) / freno m de aflojado directo ‖ ⁓**loten** vt (Bau) / verificar la verticalidad ‖ ⁓**löten** / unir soldando, soldar [con] ‖ ⁓**löt-Schmelzsicherung** f (Elektr) / fusible m con hilos de conexión ‖ ⁓**maischen**, maischen (Brau) / macerar, encubar la malta ‖ ⁓**maischen** (nach dem Kochen) (Zuck) / malaxar ‖ ⁓**maischen** n (Brau) / maceración f ‖ ⁓**maischschnecke** f (Zuck) / malaxador m
einmal baumwoll- und zweimal seideumsponnen (Elektr) / forrado con una capa de algodón y dos capas de seda ‖ ⁓ **gestrichen** (Pap) / una vez pintado ‖ ⁓ **mit Baumwolle umsponnener Lackdraht** (Elektr) / alambre m esmaltado forrado de una capa de algodón
Einmal•..., Wegwerf... (Verp) / no returnable, de uso perdido o único, desechable, de un solo uso ‖ ⁓**-Antrieb** m (Flugkörper) / motor m de uso perdido ‖ ⁓**brand** m (Keram) / cocción f única, cochura f única
Einmaleins n (Math) / tabla f de multiplicar
Einmal•handschuhe f / guantes m pl desechables ‖ ⁓**handtuch** n / toalla f de uso único
einmalig, Einmal... / único, de paso único ‖ ⁓**er Durchsatz** (Math) / pasaje m único ‖ ⁓**e Füllung** (o. Ladung) / carga f única ‖ ⁓**e Zeitablenkung** (Kath.Str) / barrido m único
Einmal•-Kathode f (Eltronik) / catodo m de uso perdido ‖ ⁓**-Kohlepapier** n (Büro) / papel m carbón para una vez o de uso único ‖ ⁓**verpackung** f, Einwegverpackung f (Verp) / embalaje m [de uso] perdido
Einmann•... / unipersonal, individual ‖ ⁓**bedienung** f (Masch) / servicio m por un solo hombre, manejo m unipersonal ‖ **mit** ⁓**bedienung** / de un solo operario u operador ‖ ⁓**betrieb** m (Triebfahrzeug) (Bahn) / conducción f por un solo agente ‖ ⁓**platte** f (Bau) / placa f hasta cincuenta kilos ‖ ⁓**säge** f, Waldsteifsäge f (Forstw) / sierra f tronzador para un solo hombre ‖ ⁓**sitzbank** f (Motorrad) / sillín m monoplaza ‖ ⁓**wagen** m (Straßenbahn) / tranvía f sin cobrador
Ein•mastantenne f / antena f de poste sencillo ‖ ⁓**maststütze** f (Scilb) / pilón m soporte ‖ ⁓**mastzelt** n / tienda f de un mástil ‖ ⁓**mauern** vt (Bau) / empotrar ‖ ⁓**mauern**, mit Mauern umgeben / encerrar o cercar con un muro ‖ ⁓**mäulig**, mit einem Maul (Schlüssel) / de una boca ‖ ⁓**maulschlüssel** m / llave f de una boca ‖ ⁓**meißeln** / cincelar [en], grabar ‖ ⁓**meißel-Wälzhobeln** m (Tischl) / acepillado m por rodadura con una cuchilla ‖ ⁓**messen** vt / colocar a medida ‖ ⁓**minutenschaltung** f (Uhr) / distribución f a minutos ‖ ⁓**mischen**, mischen (DV) / intercalar ‖ **sich**

[unterbrechend] ⁓**mischen** / mezclarse [en], entrometerse ‖ ⁓**mitten** vt / centrar ‖ ⁓**mitten** n / centrado m ‖ ⁓**moden...** (Phys) / monomodal ‖ ⁓**modenlaser** m, Monomode-Laser m / láser m monomodal ‖ ⁓**montieren** vt / montar [en] ‖ ⁓**mörteln** vt (Bau) / fijar con argamasa ‖ ⁓**motorenantrieb** m / accionamiento m por un solo motor, propulsión f por un solo motor ‖ ⁓**motorig** / monomotor, con (o de) un solo motor ‖ ⁓**motten** n (Nukl) / conservación f ‖ ⁓**münden** (Fluss, Straßb) / desembocar [en] ‖ ⁓**münden** (Kanalisation) / desaguar [en] ‖ ⁓**mündung** f (von Flüssen allgemein, von Straßen) / embocadura f, desembocadura f ‖ ⁓**mündung**, Abfluss m (Hydr) / desagüe m ‖ ⁓**nähen** vt / coser [en] ‖ ⁓**näher** m, Einschlagapparat m (Nähm) / dobladillador m ‖ ⁓**nahme** f / ganancia f, obtención f ‖ ⁓**nebeln**, vernebeln / nebulizar, aneblar, cubrir con niebla [artificial] ‖ ⁓**nieten** vt / remachar, roblonar ‖ ⁓**nivellieren** (Verm) / nivelar ‖ ⁓**normal**, einsnormal (Chem) / normal ‖ ⁓**nummer** f (Tex) / número m inicial, número m de la alimentación
einölen vt / lubri[fi]car, aceitar ‖ ⁓, besprengen mit Öl (Jute, Wolle) / engrasar, ensimar ‖ ⁓ n / lubri[fi]cación f, aceitado m ‖ ⁓ (Tex) / engrasado m, ensimado m
einordnen vt, sortieren / clasificar ‖ ⁓, zuordnen ‖ ⁓ coordenar ‖ ⁓ (sich) (Verkehr) / enfilarse, unirse a una línea de tráfico
Einordnung f, Klassifizierung f / clasificación f
einpacken, einwickeln, einschlagen (Verp) / envolver
Einpack•maschine f, Verpackungsmaschine f / embaladora f, envasadora f ‖ ⁓**papier** n, Einwickelpapier n, Packpapier n / papel m de embalaje, papel m de envolver (LA)
Einpackung f, Umhüllung f / envoltura f ‖ ⁓ f (Kabel) / forro m, aforro m, cinta f aislante
Ein•parameterschar f (Math) / haz m de un parámetro ‖ ⁓**parken** (in eine Lücke) (Verkehr) / aparcar [entre dos vehículos] ‖ ⁓**parkhilfe** f (Kfz) / ayuda f al aparcamiento ‖ ⁓**passdurchmesser** m / diámetro m de ajuste
einpassen vt / ajustar, adaptar, acomodar ‖ ⁓ (Buchsen, Hülsen) / encasquillar ‖ ⁓, -lassen (Bau, Tischl) / encajar ‖ **genau o. streng** ⁓ / ajustar por fuerza ‖ ⁓ n (Vorgang) / ajuste m, ajustado m
ein•passieren vt (Kette) (Web) / pasar, remeter ‖ ⁓**passverfahren** n (Verm) / rectificación f mediante puntos de verificación ‖ ⁓**pegeln** n (Fernm) / ajuste m del nivel ‖ ⁓**pegelung** f (Elektr) / nivelación f ‖ **sich** ⁓**pendeln** [bei] (Phys) / acercarse pendulando, estabilizarse [en] ‖ ⁓**periodisch** (Chem, Phys) / monocíclico ‖ ⁓**perlmessung** f (Chem) / medición f por burbujeo de aire ‖ **nach** ⁓**pfeifen** (Eltronik) / después de batido cero ‖ ⁓**pflanzen** (Bot, Med) / implantar, insertar ‖ ⁓**pflanzen** (Landw) / plantar en la tierra ‖ ⁓**pflanzung** f / implantación f
Einphasen•anker m (Elektr) / inducido monofásico ‖ ⁓**brückenschaltung** f / conexión f en puente monofásico ‖ ⁓**-Drehstromumformer** m / convertidor m de corriente monofásica-trifásica ‖ ⁓**drehtrafo**, -drehregler m / regulador m monofásico por inducción ‖ ⁓**dreileiterzähler** m / contador m monofásico de tres conductores ‖ ⁓**gleichrichter** m / rectificador m monofásico ‖ ⁓**/Gleichstrom-Lokomotive** f / locomotora f con grupo monocontinuo ‖ ⁓**-Induktionsmotor** m / motor m monofásico de inducción ‖ ⁓**kommutatormotor**, -kollektormotor m / motor m monofásico de colector ‖ ⁓**motor** m **mit Anlaufkondensator** / motor m monofásico con capacitor de arranque ‖ ⁓**motor mit Hilfswicklung o. mit Anlasshilfsphase** / motor m monofásico con bobinado auxiliar de arranque ‖ ⁓**motor mit Hilfswicklung und Drosselspule, [Widerstand]** / motor m monofásico con bobinado auxiliar y

347

Einphasennebenschlussmotor

reactancia, [resistencia] ‖ ⁓**nebenschlussmotor** m / motor m monofásico en shunt ‖ ⁓**netz** n / red f monofásica ‖ ⁓**reihenschlussmotor** m / motor m monofásico en serie con colector ‖ ⁓**repulsionsmotor**, Dérimotor m / motor m monofásico de repulsión, motor m Deri ‖ ⁓**transformator** m, -autotransformator m / transformador m monofásico ‖ ⁓**unterwerk** n / subestación f monofásica ‖ ⁓**webmaschine** f (Web) / telar m monofásico ‖ ⁓ **[wechsel]strom** m / corriente f [alterna] monofásica ‖ ⁓ **[wechselstrom]generator** / alternador m monofásico ‖ ⁓ **[wechselstrom]motor** / motor m monofásico ‖ ⁓**zähler** m / contador m monofásico
einphasig (Elektr) / monofásico ‖ ~ (Legierung) / monofásico ‖ ⁓**er Betrieb** (Fehler) (Elektr) / funcionamiento m con una sola fase ‖ **~e Erdung** (Elektr) / puesta f a tierra de una sola fase ‖ **~es Medium** (Phys) / medio m monofásico
ein•pipettieren vt (Chem) / introducir mediante pipeta ‖ **~planen** vt, mit einplanen / incluir en el plan o en la planificación ‖ ⁓**plattenruder** n (Schiff) / timón m de una sola plancha ‖ ⁓**platten-Speicher** m (DV) / memoria f de un disco ‖ **~pökeln** vt, einsalzen (Fleisch) / salar, poner en salmuera
einpolig (Elektr) / unipolar, monopolar, de un solo polo ‖ **~e Dynamomaschine**, Unipolarmaschine f / máquina f acíclica o unipolar ‖ **~er Erdschluss** / toma f de tierra de un solo polo ‖ **~ geerdeter Verstärker** (Regeln) / amplificador m asimétrico ‖ **~er Kondensator** [für beide Stromrichtungen] (Elektr) / capacitor m polarizado ‖ **~er Schalter** / conmutador m monopolar o unipolar o de un polo ‖ **~er Umschalter** / inversor m monopolar o unipolar de dos vias
Einpoligkeit f / monopolaridad f, unipolaridad f
Einpol-Massenspektrometer n (Phys) / espectrómetro m monopolar de masas
einprägen vi (allg, Hütt) / acuñar, estampar, imprimir por prensado ‖ **eine Spannung ~** (belastungsunabhängig) (Elektr) / aplicar una tensión ‖ ⁓ n (Eindrücken des Musters) (gedr.Schaltg) / impresión f
Einpress•arbeiten f pl (Bau) / trabajos m pl de inyección ‖ ⁓**buchse** f / casquillo m de montaje a presión ‖ ⁓**druck** m / presión f de introducción o de apriete ‖ ⁓**dübel** m (Bau) / taco m de encastre a presión
einpressen vi, -drücken / introducir a presión, meter a presión, encajar a presión ‖ ~ (Zement) (Bau) / inyectar (cemento) ‖ ~, einprägen / troquelar, acuñar, estampar, imprimir por prensado ‖ ⁓ n (Lager) / montaje m forzado, introducción f a presión ‖ ⁓ (Zement) (Bau) / inyección f ‖ ⁓ **eines Bogens** (Bb) / prensado m
Einpress•gas n (Öl) / gas m inyectado ‖ ⁓**gerät** n, Injektionsgerät n (Bau, Zement) / aparato m para inyección de cemento ‖ ⁓**mutter** f / tuerca f prisionera ‖ ⁓**-Schürze** f, Injektionsschleier m (Hydr) / cortina f de inyección ‖ ⁓**teil** n (Duroplast) / engaste m, inserción f ‖ ⁓**teil-Haltestift** m / espiga f prisionera ‖ ⁓**vorrichtung** f (Uhr) / dispositivo m de ajuste (para colocar cristales)
Ein•prisma... (Opt) / de un solo prisma, de prisma sencillo ‖ ⁓**profil-Schleifscheibe** f / muela f de un solo perfil ‖ ⁓**programmbetrieb** m (DV) / monoprogramación f ‖ ⁓**prozess...** (Tex) / de proceso único
einpudern vt (Plast) / espolvorear ‖ **mit Talkum ~** / talcar
Ein•puls-Technik f (Eltronik) / técnica f monoimpulsional ‖ ⁓**punktbetrieb** m, Stoßbetrieb m (DV, IBM) / modalidad f de ráfagas ‖ ⁓**quadrant-Stromrichter** m (Elektr) / convertidor m de cuadrante único, mutador m de cuadrante único ‖

⁓**quartier** n, Viertelziegel m (Maurer) / cuarto m ‖ ⁓**quartierung** f (Einschnitt für Treppenstufen) (Zimm) / alojamiento m de escalones ‖ ⁓**quersammlung** f (Eier) (Landw) / mesa f de clasificación de huevos ‖ **~rädrig** / de una rueda, monorrueda ‖ ⁓**radschlepper** m (Landw) / monocultor m monorrueda ‖ **~rahmen** vt, einschieben (Tischl) / encuadrar ‖ **~rahmen** (Tuch) / fijar en marco ‖ **~rammen** vt, rammen (Pfähle) / pilotear, hincar o soterrar pilotes, clavar ‖ **~rastbar** / enclavable, engatillable ‖ ⁓**rastbügel** m / estribo m de trinquete
einrasten vt / engatillar, encajar ‖ ~ vi / enclavarse, engatillarse, engancharse, encajar ‖ ~ **[lassen]** (Elektr, Stecker) / hacer engatillar ‖ ⁓, Verriegeln n / engatillamiento m, enclavamiento m
einrastend / de trinquete ‖ **~e Drucktaste** / conmutador m de trinquete ‖ **~e Flachsteckverbindung** (Elektr) / conectador m de encajar a presión elástica
Einrast•klinke f / trinquete m de enclavamiento ‖ ⁓**scheibe** f / disco m de muescas, disco m de enclavamiento ‖ ⁓**strom** m (Thyristor) / corriente f de enganche
einrauben vt (Bergb) / rescatar
einregeln vt, einregulieren (Eltronik) / ajustar, regular ‖ ~, einstellen (Radio) / captar la onda, ajustar la frecuencia ‖ **auf höchste Leistung ~** (Mot) / poner a punto, afinar ‖ **den Verstärker ~** (Fernm) / ajustar el repetidor ‖ ⁓, Auf-Leistung-Bringen n (Mot) / reglaje m, puesta f a punto, afinación f
Ein•regelung f, Einpegeln n, Abgleich m (Elektr) / igualización f, equilibrado m ‖ ⁓**regelzeit** f (Eltronik) / tiempo m de respuesta ‖ ⁓**regulierung** f **für Langsamlauf** (Kfz) / ajuste m a marcha lenta ‖ **~reiben** vt [mit] / untar [con] ‖ **~reihen** vt, ordnen / clasificar, ordenar ‖ ⁓**reihen**, Ordnen n / clasificación f ‖ ⁓**reihenmotor** m (Kfz) / motor m de una fila de cilindros
einreihig / de (o con) una fila, de una hilera, uniserial ‖ **~es Kugellager** / rodamiento m de bolas de una fila o de una hilera ‖ **~e Nietung** (Nietverb. mit Überlappung) / remachado m sencillo (con cubrejunta)
einreißen vt, abreißen (Bau) / derribar, echar abajo, demoler, destruir, tirar un edificio ‖ ~ (Kante) / desgarrar el canto ‖ ~ vi, Risse bekommen / agrietarse
Einreiß•festigkeit f (Pap, Plast, Tex) / resistencia f al desgarramiento ‖ ⁓**-Festigkeitsprüfer** m (Tex) / aparato m de ensayo de la resistencia al desgarramiento ‖ ⁓**haken** m (F'wehr) / gancho m de derribo ‖ ⁓**haken** (Bergb) / gancho m de saneamiento
Einrichte•arbeit f (Wzm) / trabajo m de ajuste ‖ ⁓**blatt** n (NC) / lista f de herramental [para determinada operación] ‖ ⁓**bogen** m (Druck) / hoja f de ajuste
einrichten vt, anbringen / fijar, montar ‖ ~, anordnen / ajustar, disponer, preparar, arreglar ‖ ~ (Wzm) / ajustar la máquina-herramienta ‖ ~, installieren / instalar ‖ ~, ausrüsten / equipar ‖ ~, errichten, anlegen / establecer ‖ ~, ausrichten / orientar ‖ ~ (Wohnung) / amueblar ‖ ⁓ n / preparación f, ajuste m
Einrichter m, Einsteller m (Wzm) / ajustador m
Einrichtezeit f, Rüstzeit f (Masch) / tiempo m de preparación
Einrichtung f, Vorrichtung f / dispositivo m ‖ ⁓ f, Apparatur f / equipo m ‖ ⁓, Anlage f / instalación f ‖ ⁓ f, Mechanismus m / mecanismo m ‖ ⁓, Justierung f / ajuste m ‖ ⁓ (Wohn) / muebles m pl ‖ ⁓ f pl (z.B. im Flughafen) / instalaciones f pl y servicios ‖ ⁓ f, Vorbereitung f / preparación f ‖ **~en** f pl (allg, Bau, Luftf) / facilidades f pl (LA) ‖ ⁓ **zur Informationsbearbeitung im Teilnehmerbetrieb** (DV) / instalación f de procesamiento de datos en repartición de tiempo

Einsatzofen

Einrichtungs•..., in einer Richtung / unidireccional, en una sola dirección || ⁓**arbeiten** ƒ pl, Installationsarbeiten ƒ pl (Bau) / trabajos m pl de instalación || ⁓**betrieb** m (Bahn) / circulación ƒ en una sola dirección || ⁓**gebühr** ƒ (Fernm) / cuota ƒ de instalación || ⁓**gegenstände** m pl / enseres m pl, bienes de equipo mpl || ⁓**kanal** m (DV) / canal m unidireccional || ⁓**kosten** pl (Fernm) / costes m pl de establecimiento || ⁓**technik** ƒ / técnica ƒ de instalación || ⁓-**Triebwagen** m (Bahn) / automotor m unidireccional || ⁓**ventil** n (Eltronik) / válvula ƒ unidireccional || ⁓**verzeichnis** n (DV) / registro m de instalaciones
Ein•riemchenflorteiler m (Spinn) / divisor m sencillo || ⁓**riemchenstreckwerk** n (Tex) / banco m sencillo de estiraje || ⁓**rillig** / de una garganta o ranura || ⁓**ringig** (Chem) / monocíclico || ⁓**ringschlüssel** m (Wz) / llave ƒ de una boca estrellada || ⁓**riss** m / grieta ƒ, rasgadura ƒ, desgarro m || ⁓**ritzen** vt, ritzen / rayar, ranurar, grabar [en] || ⁓**röhren**... (Eltronik) / monotubo, -tubular, de tubo único, de un tubo || ⁓**röhrenzwischenverstärker** m (Fernm) / repetidor m monotubular de dos vías || ⁓**rohriger o. -zügiger Rohrstrang** / conducto m de un tubo || ⁓**rohrkessel** m / caldera ƒ monotubular || ⁓**rohr-Stoßdämpfer** m (Kfz) / amortiguador m de choques monotubular || ⁓**rohrsystem** n (Heizung) / sistema m de una tubería
einrollen vt, zusammenrollen / enrollar, arrollar || ⁓, kräuseln (Web) / cresponar || **lassen** (Zahnräder) / bruñir un engranaje (haciendolo rodar con otro templado y rectificado) || ⁓ n (Walzw) / enrollado m
Einrollenlager n (Brücke) / apoyo m con un rodillo
Einroll•maschine ƒ (für Rohrstreifen) (Walzw) / máquina ƒ curvadora para banda de tubo || ⁓**maschine**, Einbördelmaschine ƒ (Wzm) / rebordeadora ƒ || ⁓**verfahren** n (Schleifscheiben, Wzm) / método m de aplastamiento || ⁓**werkzeug** n / herramienta ƒ de arrollar
Einrück•gabel ƒ / horquilla ƒ de engrane o de embrague || ⁓**hebel** m / palanca ƒ de engrane o de embrague || ⁓**magnet** m / electroimán m de engrane
einrühren vt / mezclar agitando || **Kalk** ⁓ (Bau) / amasar, mezclar revolviendo (cal)
Einrumpf•flugzeug m (Luftf) / avión m monofuselaje || ⁓**schiff** n / barco m monocasco
ein•rüsten vt, das Gerüst errichten (Bau) / montar el andamio || ⁓**rüstung** ƒ (Bau) / elevación ƒ del andamio || ⁓**rütteln** (Gieß) / sacudir || ⁓**rütteln** (Beton) / vibrar
eins (Math, Phys) / uno || ⁓ (Wahrscheinlichkeit) / único || ⁓ **zu eins** (Getriebe) / uno a uno || ⁓ **zu zwei** (Neigung) / uno a dos || ⁓ ƒ, eins (Nummer) / uno || ⁓ **am Ausgang** (DV) / salida ' uno '
"**Eins**", **auf** ⁓ **stellen** (DV) / poner a ' uno '
Eins, mit zwei ⁓**en** (Math) / con dos unos
Ein•sackapparat m, -maschine ƒ (Verp) / aparato m de ensacado, ensacadora ƒ, embolsadora ƒ (LA) || ⁓**sacken** vi (Bau, Plast) / hundirse, rechuparse || ⁓**sacken** vt (Verp) / ensacar || ⁓**sacken** n / ensacado m, embolsado m (LA) || ⁓**sackung** ƒ, -senkung ƒ, Einsackstelle ƒ (Bau, Plast) / hundimiento m, cavidad ƒ, depresión ƒ superficial || ⁓**sägen** vt (Tischl) / hacer un corte [con la sierra], entallar || ⁓**sägen**, einschneiden, mit glattem Rücken einbinden (Bb) / entallar serrando || ⁓**sägen** n (Bb) / serrado m || ⁓**sägung** ƒ (allg) / serradura ƒ || ⁓**salzeffekt** m (Öl) / efecto m de salificación || ⁓**salzen** vt, pökeln (Nahr) / salificar, curar [con sal], salar, adobar || ⁓**sammeln** vt / recoger, recolectar || ⁓**sargung** ƒ (Nukl) / sellado m || ⁓**sattlung**

ƒ (TV) / relación ƒ cresta a valle || ⁓**sattlung einer Kurve** / depresión ƒ de una curva
Einsatz m, Verwendung ƒ, Anwendung ƒ / empleo m, uso m, utilización ƒ, aplicación ƒ || ⁓, Tätigkeit ƒ / acción ƒ, funcionamiento m, actividad ƒ || ⁓, Einsatzteil n / encaje m, inserto m, pieza ƒ insertada || ⁓ (austauschbar) / pieza ƒ insertada recambiable || ⁓, Patrone ƒ / cartucho m || ⁓ (Amboss) / tas m de espiga || ⁓, Spitzeneinsatz m / entredós m de puntas || ⁓, Pfand n (Flasche usw.) / depósito m, señal m || ⁓ (Einpflanzung) (Nukl) / injerto m radiológico || ⁓, eingesetztes Stück (Gewebe) / nesga ƒ, sesga ƒ, cuchillo m || ⁓, Beschickung ƒ (Hütt) / carga ƒ || ⁓, Zementiermittel n (Chem, Hütt) / agente m de cementación || ⁓ (z.B. Taucheinsatz) (Galv) / jaula ƒ portapiezas || ⁓ **aus Hartmetall** (Wz) / inserto m de metal duro || ⁓ **von Kernenergie** / utilización ƒ de la energía nuclear || ⁓ **von Stromerzeugern** (Elektr) / utilización ƒ de generadores || **im** ⁓ **befindlich** / en acción, en funcionamiento || **im** ⁓ **härten** (Hütt) / cementar
Einsatz•abbruch m (Raumf) / interrupción ƒ de la misión || ⁓**art** ƒ / clase ƒ de aplicación || ⁓**aufgabe** ƒ (Raumf) / misión ƒ || ⁓**bedingung** ƒ / condición ƒ de aplicación, condición ƒ de servicio || ⁓**bereich** m, -gebiet n / gama ƒ de aplicación o utilización, campo m o sector de aplicación || ⁓**bereit** / dispuesto para el uso o para funcionar, listo para elempleo || ⁓**bereit, betriebsbereit** (DV) / operativo || ⁓**bereite Reserven** ƒ pl (Raumf) / reservas ƒ pl disponibles || ⁓**bereitschaft** ƒ / disponibilidad ƒ de aplicación || ⁓**bericht** m (Luftf) / repaso m rápido de un vuelo || ⁓**blende** ƒ (Opt) / diafragma m intercambiable || ⁓**brücke** ƒ (Dreh) / puente m [de inserción] || ⁓**dauer** ƒ (F.Org) / duración ƒ de función || ⁓**deckel** m / tapa ƒ de inserción || ⁓**effekt** m (Radioröhre) / efecto m umbral || ⁓**entfernung** ƒ (Flugkörper) / alcance m || ⁓**erprobung** ƒ / ensayo m en la práctica || ⁓**fähig**, verwendbar / apto para el empleo || ⁓**fähigkeit** ƒ (Stahl) / cementabilidad ƒ || ⁓**filter** m n / filtro m de cartucho || ⁓**futter** n, Reduktionsfutter n (Wzm) / cono m de reducción || ⁓**gebiet** n (Masch) / campo m o sector de aplicación || ⁓**gehärtet** (Hütt) / templado por cementación || ⁓**geprüft** / verificado en la práctica || ⁓**gewicht** n / peso m bruto de material || ⁓**gewinde** n / filete m inserto || ⁓**glas** n (Positionslat.) (Schiff) / vidrio m coloreado recambiable || ⁓**glühen** n (Hütt) / recocido m de cementación || ⁓**härte** ƒ (Stahl) / dureza ƒ de cementación || ⁓**härtemittel** n / agente m de cementación || ⁓**härten** / cementar, templar por cementación || ⁓**[härte]schicht** ƒ / capa ƒ de cementación || ⁓**härtung** ƒ **im Salzbad**, Zyanhärtung ƒ / cianuración || ⁓**härtung mittels Kohlenstoff**, -härten n / cementación ƒ (con carbono), templado m por cementación || ⁓**härtung mittels Stickstoff**, Nitrierhärtung ƒ / cementación ƒ por nitruración || ⁓**härtungstiefe** ƒ / profundidad ƒ de cementación || ⁓**hinderlich** / no apto para la aplicación || ⁓**hülse** ƒ / casquillo m suplementario o interior || ⁓**kasten** m, Einsatzhärtekasten m (Hütt) / caja ƒ de cementación || ⁓**kohle** ƒ (Kokerei) / carga ƒ de carbón || ⁓**leiter m vor Ort** (Feuerwehr) / OSC m (On-Scene-Commander) || ⁓**leitrechner** m (DV) / computadora ƒ de dirección de operaciones || ⁓**-Leitwagen** m (F'wehr) / coche m de mando (E), carro m de mando (LA) || ⁓**material** n (Öl) / carga ƒ de partida || ⁓**meißel**, Drehzahn m (Dreh) / lengüeta ƒ para torno || ⁓**mittel** n (Hütt) / agente m de cementación || ⁓**mittel** n pl **der Projektwirtschaft** (F.Org) / recursos m pl del control de proyecto || ⁓**möglichkeit** ƒ (Luftf, Mil) / aptitud ƒ para la misión || ⁓**möglichkeiten** ƒ pl / posibilidades ƒ pl de aplicación || ⁓**ofen** m (Ggs: Durchlaufofen) (allg, Pulv.Met) / horno m de carga discontinua, horno m para lotos || ⁓**ofen** (für Einsatzhärtung) (Hütt) / horno m de cementación

Einsatzort

‖ ⁓ort *m*, -stelle *f* / lugar *m* de aplicación o de empleo ‖ ⁓patrone *f* (Revolverdrehen) / cartucho *m* de fijación ‖ ⁓planung *f* (F.Org) / ingeniería *f* de aplicación ‖ ⁓pulver *n* (Hütt) / polvo *m* para cementar ‖ ⁓ring *m* (Herd) / rodaja *f* ‖ ⁓schicht *f* (Hütt) / capa *f* cementada ‖ ⁓schneide *f* (Wz) / filo *m* postizo ‖ ⁓schwelle *f* / umbral *m* o límite de entrada ‖ ⁓spannung *f* (Eltronik, Röhre) / tensión *f* de corte ‖ ⁓spirale *f* (Foto) / espiral *f* portapelícula ‖ ⁓spitze *f* (Zirkel) / punta *f* de recambio ‖ ⁓spitzen *f pl* (Tex) / encajes *m pl* de entredos ‖ ⁓stahl *m* (Hütt) / acero *m* cementado o de cementación ‖ ⁓stöckel, Ambosseinsatz *m* (Schm) / tas *m*, asiento *m* del yunque ‖ ⁓stoff *m* (Energieerzeugung) / insumo *m* ‖ ⁓stück *n* / inserto *m*, pieza *f* intercalada o suplementaria o de inserción ‖ ⁓stück, Distanzstück *n* / distanciador *m*, pieza *f* distanciadora ‖ ⁓stutzen *m* / tubo *m* de conexión ‖ ⁓tage *m pl* (F.Org) / días *m pl* de servicio o de utilización ‖ ⁓teilzirkel *m* (Zeichn) / compás *m* divisor de puntas [inter]cambiables ‖ ⁓tiefe *f* (Hütt) / profundidad *f* de cementación ‖ ⁓trichter *m* (Aufb, Chem Verf) / tolva *f* de carga o de inserción ‖ ⁓truppe *f* gegen Waldbrände (Feuerwehr) / BRIF *f* (E) (Brigada Especial Contra Grandes Incendios Forestales) ‖ ⁓- und Planungsforschung *f* (F.Org) / investigación *f* operacional o operativa ‖ ⁓werkzeug *n* (Plast) / molde *m* intercambiable ‖ ⁓zeit *f* / tiempo *m* de servicio o de empleo ‖ ⁓zeit im Reaktor (Nukl) / período *m* de estancia o de estada en el reactor ‖ ⁓zirkel *m* (Zeichn) / compás *m* de puntas [inter]cambiables ‖ ⁓zug *m* (Bahn) / tren *m* de refuerzo o suplementario ‖ ⁓zuverlässigkeit *f* (F.Org) / seguridad *f* de servicio
einsäuern *vt* (Landw) / ensilar
einsaugen *vt*, ansaugen / aspirar, chupar ‖ ⁓, absorbieren / embeber ‖ ⁓, aufnehmen (Chem) / absorber, resorber ‖ ⁓, Ansaugen *n*, Aufsaugen *n* / aspiración *f*, succión *f*
Ein • saugfärbung *f*, Absorptionsfärbung *f* / coloración *f* por absorción ‖ ⁓saugung *f* (Masch) / aspiración *f* ‖ ⁓saugverfahren *n*, Marco-Verfahren *n* (Plast) / procedimiento *m* de imbibición [de la resina activada] ‖ ⁓säulentrennschalter *m* (Elektr) / interruptor *m* aislador de soporte único ‖ ⁓säurig (Chem) / monoácido
Eins-aus-10-Code *m* (DV) / código *m* uno sobre diez
ein • scannen *vt* / escanear ‖ ⁓schaben *n* des Lagers (Masch) / rascado *m* del cojinete ‖ ⁓schachteln *vt* / encajar ‖ ⁓schachtmaschine *f* (Verp) / máquina *f* de encajar ‖ ⁓schäkeln *vt* (Schiff) / fijar grilletes ‖ ⁓schalen *vt* (Bau) / encofrar ‖ ⁓schalenkarosserie *f* (Kfz) / carrocería *f* monocasco ‖ ⁓schalig (z.B. Hyperboloid) (Geom) / de una hoja ‖ ⁓schalig (Turbine) / con carcasa de una sola pieza ‖ ⁓schallen *vt* (Ultraschall) / sonorizar ‖ ⁓schallrichtung *f* (Ultraschall) / dirección *f* de sonorización ‖ ⁓schallwinkel *m* (Ultraschall) / ángulo *m* de sonorización
Einschalt • automatik *f* (Kfz) / encendido *m* automático de luces ‖ ⁓automatik *f* (Elektr, Masch) / mecanismo *m* de puesta en servicio automática ‖ ⁓befehl *m* / orden *f* de conexión ‖ ⁓brumm (Eltronik) / ruido *m* de puesta en marcha ‖ ⁓dauer *f*, Laufzeit *f* (Masch) / tiempo *m* de funcionamiento o marcha, período *m* de funcionamiento o marcha ‖ ⁓dauer *f*, ED (Elektr) / duración *f* de conexión ‖ 100 % ⁓dauer (o. ED) (Elektr) / régimen *m* permanente, servicio *m* continuo ‖ Motor für 40 % ⁓dauer / motor *m* para servicio intermitente de 40% ‖ ⁓drehzahl *f* (Kfz, Lichtmaschine) / velocidad *f* de conyunción ‖ ⁓druck *m* (Druckluft) / presión *f* de puesta en servicio ‖ ⁓druck (Kompressor) / presión *f* a la puesta en marcha ‖ ⁓druckknopf *m* (Elektr) / botón *m* para poner en servicio
einschalten *vt*, einrücken (Mech) / insertar, intercalar, encajar ‖ ⁓, in den Stromkreis schalten (Elektr) / poner en circuito, cerrar el circuito, conectar ‖ ⁓, zwischenschalten (Elektr) / intercalar ‖ ⁓ (DV, Peripherie) / accionar ‖ ⁓ (Gang d.Kfz, Radio, TV) / poner ‖ ⁓, verriegeln / enclavar ‖ ein Verriegelungsrelais ⁓ (Elektr) / excitar un relé de bloqueo ‖ Leitungen ⁓ (Elektr, Mot) / poner en circuito ‖ Licht ⁓ (Elektr) / encender la luz, dar la luz ‖ Maschinen ⁓ / poner en marcha ‖ sich ⁓, überwachen (Eltronik, Fernm, TV) / controlar, monitorear ‖ sich ⁓, mithören (Fernm) / intercalarse en una línea, ponerse a la escucha ‖ ⁓ *n*, Einrücken *n* (Getriebe) / engrane *m* ‖ ⁓ einer Linse (Opt) / intercalación *f* de una lente
Einschalter *m* (Elektr) / conectador *m* ‖ ⁓ (Radio) / botón *m*, selector *m*
Ein- u. Ausschalter (Lampe)(automat.) / detector *m* de presencia
Einschalt • folge *f* (Elektr) / secuencia *f* de operación ‖ ⁓funke *m* (Elektr) / chispa *f* de cierre ‖ ⁓fußbrett *n* (Masch) / pedal *m* de engrane, pedal *m* de puesta en marcha ‖ ⁓häufigkeit *f* / frecuencia *f* de puesta en servicio ‖ ⁓hebel *m* / palanca *f* de embrague, palanca *f* de maniobra ‖ ⁓impuls *m* / impulso *m* de arranque ‖ ⁓knopf *m* (Elektr) / botón *m* para conectar ‖ ⁓lichtbogen *m* / arco *m* [voltaico] de conexión ‖ ⁓moment *n* / momento *m* de conexión ‖ ⁓motor *m* / motor *m* de arranque, motor *m* de puesta en marcha ‖ ⁓quote *f* (TV) / índice *m* de audiencia ‖ ⁓sperre *f* / bloqueo *m* de conexión ‖ ⁓spule *f* (Relais) / bobina *f* de atracción ‖ ⁓stellung *f* (Elektr) / posición *f* de conexión o circuito cerrado, posición de puesta en circuito #*f* ‖ ⁓stoß *m* (Elektr) / impulso *m* de cierre ‖ ⁓stoß (Pneum) / impulso *m* de marcha ‖ ⁓strom *m* (Elektr) / corriente *f* de cierre ‖ ⁓strom (Mot) / corriente *f* de arranque ‖ ⁓stromstärke *f* (Elektr) / amperaje *m* de puesta en circuito ‖ ⁓stromstoß *m*, -spitze *f* (Elektr) / corriente *f* de irrupción, extracorriente *f* de sierre ‖ ⁓stromverhältnis *n* (Halbl) / relación *f* de corriente transitoria ‖ ⁓taste *f* (Elektr) / tecla *f* de conexión
Einschaltung *f*, Inbetriebnahme *f* / puesta *f* en servicio o en marcha ‖ ⁓, Verbindung *f* (Elektr) / puesta *f* en circuito, conexión *f*, cierre *m* del circuito ‖ ⁓, -fügung *f* / inserción *f*, intercalación *f* ‖ ⁓ *f*, Aktivierung *f* (DV) / activación *f*, arranque *M*
Einschaltungszeichen *n* (Druck) / signo *m* de intercalación, carete *m* (E), careta *f* (LA)
Einschalt • verlust *m* (Eltronik) / pérdida *f* de desbloqueo ‖ ⁓verlustleistung *f* (Halbl) / potencia *f* de perdida de conmutación ‖ ⁓vermögen *n* (Elektr) / capacidad *f* de conmutación ‖ ⁓verzögerung *f* (Elektr) / retardo *m* de activación *f* ‖ ⁓verzögerungsrelais *n* / relé *m* de conexión de acción diferida ‖ ⁓vorgang *m*, Einschwingen *n* / cebado *m*, efecto *m* eléctrico transitorio ‖ ⁓vorrichtung *f* (Masch) / dispositivo *m* de puesta en marcha ‖ ⁓zeit *f* (Halbl) / tiempo *m* de conducción ‖ ⁓zustand *m*, eingeschalteter Zustand (Elektr) / estado *m* de circuito cerrado, estado *m* de marcha o de servicio
Einscharfplug *m* (Landw) / arado *m* de reja única, arado monosurco-m.
Einscheibung *f*, Bewertung *f* / evaluación *f*
Einscheiben • ... / monopolea, monodisco ‖ ⁓antrieb *m* / accionamiento *m* monopolea, mecanismo *m* monopolea ‖ ⁓bremse *f* / freno *m* monodisco ‖ ⁓federdruckbremse *f* / freno *m* monodisco aplicado por muelle ‖ ⁓gleitdrucklager *n* (Schiff) / cojinete *m* axial de deslizamiento monodisco ‖ ⁓kupplung *f* (Kfz) / embrague *m* monodisco ‖ ⁓kupplung in Öl laufend (Kfz) / embrague *m* monodisco en aceite ‖ ⁓refiner *m* (Pap) / refino *m* monodisco ‖ ⁓sicherheitsglas *n*, ESG / monocristal *m* inastillable ‖ ⁓-Trockenkupplung *f* (Kfz) / embrague *m* monodisco en seco
einschenkelig (Geom) / de un solo lado ‖ ⁓es Drahtseili / cable *m* de acero de un solo toróno cordón

Einschmelzdraht

einscheren vt (Seil) / pasar entrando (p.ej. el cabo en una polea) ‖ ~ vi, sich einordnen (Verkehr) / colocarse en [una] fila, volver a la vía, enfilarse
Einschicht•... (F.Org) / de un solo turno ‖ ~..., **einschichtig** (Eltronik) / de una capa, de capa única ‖ ~**band** n (Magn.Bd) / cinta f homogénea ‖ ~**betrieb** m (F.Org) / explotación f de un solo turno ‖ ~**papier** n (für Karbondruck) / papel m de una capa ‖ ~**sicherheitsglas** n, Einschicht-, Einscheibenglas n, ESG / vidrio m de seguridad sencillo o templado ‖ ~**wicklung** f (Elektr) / devanado m de una capa
einschiebbar, zurückziehbar / retirable ‖ ~ (z.B. Antenne), ausziehbar / telescópico, extensible ‖ ~, Einschiebe... (Elektr) / enchufable
einschieben, hineinschieben / hacer entrar, encajar, insertar ‖ ~, dazwischenschieben / intercalar, interponer ‖ **voll** ~ / introducir hasta el fondo ‖ ~ (einer Brücke) / lanzamiento m (de un puente) ‖ ~ **des Kabels in den Kanal** (mittels Gestänge) (Kabel) / introducción f del cable en una canalización (por vástagos)
Einschieber•steuerung f / distribución f de corredera única ‖ ~**vergaser** m (Kfz) / carburador m de válvula única
Ein•schiebleiste f (Tischl) / regla f de encaje ‖ ~**schiebnute**, Nute für Einschiebleisten f (Tischl) / ranura f de encaje ‖ ~**schiebung** f / interposición f, intercalación f, introducción f ‖ ~**schiebung** (DV) / inserción f
Einschienen•... (Bahn, Masch) / monocarril, monorriel, monorrail ‖ ~**bahn** f / ferrocarril m monocarril, monocarril m ‖ ~**greiferlaufkatze** f (Förd) / carro m monocarril suspendido con cuchara de mordazas ‖ ~**hängebahn** f (Förd) / ferrocarril suspendido monocarril, monocarril m aéreo ‖ ~**hängebahnkatze** f (Förd) / carro m monocarril suspendido ‖ ~**hochbahn** f (Bahn) / monocarril m elevado ‖ ~**kran** m (Förd) / grúa f monocarril ‖ ~**laufkatze** f (Förd) / carro m monorriel ‖ ~**-Umlaufbahn** f / monorriel m continuo
Einschießbogen m (Druck) / llenador m
einschießen, einschlagen (Web) / insertar la trama ‖ ~ (Druck) / intercalar papel blanco ‖ ~ (Nukl) / inyectar ‖ ~ (Bolzen) (Bau) / fijar por impacto ‖ ~ **auf Umlaufbahn** (Raumf) / inyectar en la órbita ‖ **ein Gewehr** ~ / probar un fusil ‖ **sich** ~ / corregir el tiro ‖ ~ (Web) / inserción f de la trama ‖ ~ (Waffe) / verificación f de tiro
Einschieß•herd m (Hütt) / puerta f de carga ‖ ~**methode** f, Ringflächenkalibrierung f (Plast) / calibrado m de superficies anulares ‖ ~**vorrichtung** f (Druck) / dispositivo m de intercalar
Ein•schiffen n, Einschiffung f / embarco m (personas), embarque m (mercancías) ‖ ~**schiffig** (Bau) / de una sola nave ‖ ~**schlackenverfahren** n (Hütt) / procedimiento m de una escoria
Einschlag m, Umschlag m, Hülle f (Verp) / sobre m, envoltura f ‖ ~ (Kfz, Vorderräder) / oblicuidad [de las ruedas delanteras], ángulo m de giro del volante ‖ ~ (Druck) / forro m ‖ ~ (Geschoss) / impacto m (de un proyectil) ‖ ~, Schuss m (Web) / trama f ‖ ~ (Nähm) / doblez f, alforza f ‖ ~ (Tätigkeit und Menge) (Forstw) / corta f ‖ ~ (Blitz) (Meteo) / caída f, punto m de caída ‖ ~... (Radar, TV) / a ciclo simple ‖ ~ m **des Deckelrandes** (Dose) / trinquete m de la tapa ‖ ~ **von Meteoriten** (Astr) / impacto m de meteoritos o aerolitos ‖ ~ **von 40° nach beiden Seiten** (Kfz) / libertad f de 40° hacia ambos lados ‖ **großer** ~, **scharfer** ~ (Kfz) / radio m de giro corto ‖ ~ [**vollständiger**] ~ **der Vorderräder**, Ausschlag m (Kfz) / oblicuidad f máxima de las ruedas delanteras ‖ ~**apparat** m (Nähm) / dobladillador m ‖ ~**dübel** m (Bau) / clavija f de impacto, tarugo m de encastre

einschlagen vt (Pfahl, Pfosten) / plantar ‖ ~, markieren / marcar ‖ ~ (Bb) / plegar una hoja ‖ ~ (z.B. Keile) / introducir a golpes ‖ ~ (Saum) / doblar, alforzar ‖ ~, eindrücken / romper ‖ ~ (z.B. Nägel) / clavar ‖ ~, einschießen (Web) / tramar ‖ ~ (Tuch) / envolver (tela) ‖ ~ vi (Geschoss) / impactar, hacer impacto ‖ ~ [in] (Blitz) / caer ‖ **die Vorderräder** ~ (Kfz) / doblar las ruedas delanteras, girar el volante ‖ **Pfähle** ~ / hincar [pilotes], hundir ‖ **Wurzeln** ~ (Bau, Landw) / enterrar ‖ ~ n **von Ventilen** / desgaste m del asiento de válvulas
Einschlag•faden m, Schuss[faden] m (Spinn) / hilo m de trama ‖ ~**garnspulen** n (Web) / bobinado m de trama ‖ ~**glocke** f (Elektr) / campana f de un solo toque ‖ ~**griff** m, -heft m / asidero m plegable ‖ ~**hammer** m (Webautomat) / martillo m cambiacascillos
einschlägig, passend / del ramo, del caso, correspondiente, pertinente
Einschlag•lupe f (Opt) / lupa f plegable, lupa f de bolsillo ‖ ~**mutter** f (Holz) / tuerca f de fijación ‖ ~**öler** m / engrasador m de muelle ‖ ~**öse** f / armella f, hembrilla f ‖ ~**papier** n, Einwickelpapier n (Pap) / papel m de embalaje o de envolver ‖ ~**schere** f (Walzw) / cizalladora f de impacto ‖ ~**seide** f (Web) / seda f de trama ‖ ~**vorrichtung** f (Spinn) / dispositivo m de alimentación ‖ ~**wecker** m (Fernm) / timbre m de golpe sencillo, timbre m intermitente ‖ ~**winkel** m **der Vorderräder** (Kfz) / ángulo m de doblez de las ruedas, ángulo m de oblicuidad de las ruedas delanteras ‖ ~**zentrum** n (Meteor) / centro m de impacto
Ein•schlämmen n, Einspülen n (Bau) / relleno m hidráulico (E), refulado m (LA) ‖ **sich** ~**schleichen**, unterlaufen (Fehler) / colarse, deslizarse
einschleifen vt, einschmirgeln / esmerilar ‖ ~ (Ventil) (Kfz) / esmerilar, adaptar ‖ ~ (Elektr) / insertar en bucle en un circuito ‖ ~ n (Verdrahtung) / inserción f en bucle ‖ ~ **von Glasstopfen** / esmerilado m de tapones de cristal ‖ ~ **von Ventilen** / esmerilado m de válvulas
Einschleif•masse f, -paste f / pasta f de esmerilar ‖ ~**spur** f (Straßb) / pista f de integración
einschleppen vt (Galv) / arrastrar impurezas ‖ ~ n (Galv) / arrastre m de impurezas de solución adherida
Einschleusen n (Reaktor) / transporte m [por esclusa] hacia adentro
einschließen vt, zuschließen / cerrar [con llave] ‖ ~ (Tex) / desprender ‖ ~, enthalten / contener ‖ ~ (allg, Math) / incluir ‖ ~ (Gas) / ocluir ‖ ~ (Schw) / incluir ‖ ~, umringen / cercar ‖ **sich** ~, umfassen / comprender
Einschließkamm m (Wirkm) / excéntrico m de platinas
einschließliches ODER (DV) / 0 inclusive m
Ein•schließplatine f (Wirkm) / platina f de desprendimiento m ‖ ~**schließung** f (Spinn) / confinamiento m ‖ ~**schließung des Plasmas** / confinamiento m del plasma ‖ ~**schließungseffekt** m (Gummi) / efecto m de encapsulación ‖ ~**schliff** m (Opt) / esmerilado m hacia adentro ‖ ~**schlitzen** vt (Tischl) / ranurar
Einschluss m, Einschließung f (Chem, Schw) / oclusión f ‖ ~ (Hütt) / segregación f ‖ ~ (Diamant) / impureza f ‖ ~ (von festen Körpern), Einbettung f / inclusión f ‖ ~**gummierter Bänder** (Sperrholz) / inclusión f de cintas engomadas ‖ ~ **in Behältern** (radioakt. Abfälle) / encapsulado m, encapsulación f ‖ ~**barriere** f, Behälterbarriere f (Atom, Nukl) / barrera f de confinamiento ‖ ~**stellung** f, Strickstellung f (Wirkm) / posición f de tricotosa, posición f de tejer (de cerrojo o de aguja) ‖ ~**thermometer** m (Chem, Phys) / termómetro m de escala cerrada ‖ ~**verbindung** f, Clathrat n (Chem) / compuesto m de inclusión, clatrato m
einschmälzen, einfetten (Tex) / engrasar, ensimar ‖ ~ n (Tex) / engrase m, ensimado m
Einschmelz•brenner m (Glas, Glühlampe) / mechero m de sellado ‖ ~**draht** m (Glühlampe) / hilo m de sellado

351

einschmelzen

einschmelzen / fundir, refundir ‖ ~ (Wachs, Fett) / derretir ‖ ≃ *n*, Wiedereinschmelzen *n* / fusión *f*, refundición *f* ‖ ≃ (Glas, Glühlampe) / sellado *m*, incrustación *f* en vidrio
Einschmelz•gerät *n* (Eltronik) / aparato *m* de sellado ‖ ≃glas *n* / vidrio *m* para pasajes ‖ ≃-Kohlenstoffgehalt *m* (Hütt) / contenido *m* de carbono al fin de fusión ‖ ≃leistung *f* (Ofen) / rendimiento *m* de fusión ‖ ≃rohr *n*, Einschlussrohr *n* (Chem) / tubo *m* de sellado ‖ ≃sirup *m* (Zuck) / jarabe *m* derretido
Einschmelzung *f* (zur Abdichtung) (Eltronik) / fusión *f* [para estanqueizar]
einschmieren *vt*, be-, überstreichen / untar ‖ ~ (z. B. mit Rostschutzmitteln) / recubrir con compuesto antioxidante o antiherrumbroso ‖ ~, fetten / engrasar, lubri[fi]car ‖ ≃ *n* / untura *f*
einschnappbarer Deckel, Schnappdeckel *m* / tapa *f* de resorte
einschnappen *vi* / enclavarse el fiador, cerrarse de golpe, engranar ‖ ~, -klinken / engatillar ‖ ~ lassen / cerrar con aldaba, sujetar con pestillo
Einschnappklinke *f* (zur festen Verbindung) / aldaba *f*, pestillo *m*
Einschnecken•-Extruder *m* (Plast) / extrusionadora *f* monohusillo ‖ ≃presse *f* / prensa *f* monohusillo
Einschneide•-Bohrkrone *f* (Bergb, Öl) / corona *f* perforadora con (o de) un solo filo [cortante] ‖ ≃fräser *m* (Wzm) / fresa *f* de un filo
einschneiden (Wzm) / cortar ‖ ~, schlitzen / ranurar ‖ ~ / hacer una incisión ‖ ~, -ritzen, -kerben / ranurar, cortar, entallar, entrecortar ‖ rückwärts [vorwärts] ~ (Verm) / intersectar hacia atrás, [hacia adelante] ‖ ≃ *n* / incisión *f* ‖ ≃, Anschneiden *n* (Tagebau) / talla *f* ‖ ≃ *n* (Reifen) / entallamiento *m*
Einschneidephotogrammetrie *f* / fotogrametría *f* de plancheta
einschneidig (Wz) / de un filo o corte ‖ ~er Bohrer (Wz) / broca *f* de un solo filo cortante ‖ ~er Fräser (Wz) / fresa *f* de un solo corte
Einschnitt *m*, Schnitt *m* / talla *f*, incisión *f* ‖ ≃, Kerbe *f* / entalladura *f*, muesca *f* ‖ ≃, Kerbe *f* (Geom) / mordedura *f* ‖ ≃ (im Gelände), Steilhang *m*, -wand *f* (Geo, Geol) / tajo *m* ‖ ≃ (im Gelände) (Bahn, Straß) / desmonte *m*, trinchera *f*, corte *m* (CHIL), zanja *f* ‖ ≃ (im Schlüsselbart), Angriff *m* (Schloss) / guarda *f*, rastrillo *m* ‖ ≃ *m* als Aufnahme / asiento *m*, lecho *m* ‖ ≃ für Treppenstufen, Einquartierung *f* / alojamiento *m* de escalones ‖ ≃bahn *f* (Bahn) / ferrocarril *m* en zanja a cielo abierto ‖ ≃böschung *f* / talud *m* en desmonte
Ein-Schnitt-Fertigbohrer *m* für Gewinde, Einschnitt-Gewindebohrer *m* (Wz) / macho *m* de roscar o de aterrajar de pasada única
einschnittig es Gelenk / junta *f* de sección simple ‖ ~e Nietung / remachado *m* sencillo de dos chapas ‖ ~ überlappt [genietet] / remachado sencillo de recubrimiento ‖ ~e Verbindung / unión *f* de simple superposición ‖ ~es Werkzeug / herramienta *f* de un corte o filo
Einschnitt•kette, Grundkette *f* (Web) / urdimbre *f* de fondo ‖ ≃schuss *m* (Web) / trama *f* de fondo
Ein•schnur... (Fernm) / monocordón ‖ ≃schnürdehnung *f* / extensión *f* a la estricción ‖ ≃schnüreffekt *m*, Klemmeffekt *m* (Elektr) / efecto *m* de estricción ‖ ≃schnüren, einengen / estrechar ‖ ≃schnurrolle *f* / polea *f* de una garganta ‖ ≃schnürtrommel *f* (Förderband) / tambor *m* de contracción
Einschnürung *f*, Kontraktion *f* / contracción . *f* ‖ ≃, Querschnittsverminderung *f* / estricción *f*, constricción *f*, entalla *f*, estrangulación *f*, estrangulamiento *m* ‖ ≃ *f*, enge Stelle, Einschnür[ungs]stelle *f* / embotellamiento *m*, zona *f*

de estricción ‖ ≃ (Hütt, SM-Ofen) / estricción *f* ‖ ≃en *f pl* (Strangpressen) / estricciones *f pl*
Einschnürungs•-Instabilität *f* (Plasma) / inestabilidad *f* de salchicha ‖ ≃punkt *m* (Elektronenlinse) / punto *m* de cruce ‖ ≃verhältnis *n* / relación *f* de estricción
ein•schränken *vt* [auf] / limitar, reducir, restringir ‖ ~schränkend / restrictivo, limitativo
Einschraubbuchse *f*, Insert *n* / casquillo *m* con rosca
einschrauben, festschrauben / atornillar, apretar el tornillo ‖ ~ (Lampe) / enroscar
Einschraub•ende *n* (Bolzen) / extremo *m* atornillado ‖ ≃konus *m* / racor *m* de rosca cónica ‖ ≃länge *f*, -tiefe *f* / alcance *m* de un tornillo, longitud *f* de penetración ‖ ≃maschine *f*, Kraftschrauber *m* (Wz) / atornilladora *f* ‖ ≃mutter *f* / tuerca *f* para atornillar ‖ ≃öler *m* / engrasador *m* de tornillo ‖ ≃öse *f*, Augbolzen *m* / ojete *m* para atornillar, ojal *m* para atornillar (LA) ‖ ≃[sicherungs]automat *m* (Elektr) / cortacircuito *m* automático de atornillar ‖ ≃stutzen *m* / enchufe *m* roscado ‖ ≃verschraubung *f* / racor *m* [para enroscar] ‖ ≃zapfen *m* (Rohr) / muñón *m* roscado ‖ ≃zapfen an Bolzen / empalme *m* roscado del perno
einschreiben, Maße ~ (Zeichn) / inscribir medidas o cotas
Ein•schriftleser *m* (DV) / lectora *f* de una sola escritura ‖ ~schrittiger Code (DV) / código *m* de paso unitario ‖ ~-Schritt-Verfahren *n* (Chem) / procedimiento *m* de un ciclo
einschrumpfen *vi* (Tex) / encogerse, contraerse, arrugarse ‖ ≃ *n* / encogimiento *m*, contracción *f*
Einschub *m*, Blindboden *m* (Bau) / falso *m* entarimado, contrapiso *m* ‖ ≃, Steckeinheit *f* (Eltronik) / unidad *f* enchufable ‖ ≃ *m* (Opt) / inserción *f* ‖ ≃ in Kastenform (Elektr) / chasis *m* intercambiable tipo cajón ‖ ≃bauweise *f* / modo *m* de construcción en unidades enchufables ‖ ≃decke *f* (Bau) / entrevigado *m*, suelo *m* intermedio ‖ ≃führung *f* (im Gestell) (Eltronik) / guía *m* de la unidad enchufable ‖ ≃-Rahmen *m*, -Gestell *n* / rack *m* de unidades enchufables ‖ ≃schrank *m* (Eltronik) / bastidor *m*
einschurig (Wolle) / de esquileo único, de un solo esquileo
einschürige Wiese (Landw) / prado *m* de un solo corte
Einschuss *m* (Bergb) / tiro *m* ‖ ≃ (Web) / trama *f* ‖ ≃ (Druck) / intercalación *f* de papel blanco ‖ ≃ (in einer Umlaufbahn) (Raumf) / inyección *f* en una trayectoria ‖ ≃ (Nukl) / inyección *f* de partículas ‖ ≃ des Projektils / entrada *f* del proyectil ‖ ≃apparat *m* (Web) / aparato *m* de tramar ‖ ≃bogen *m* (Druck) / hoja *f* de intercalación ‖ ≃faden *m* (Web) / hilo *m* de trama[r]
einschüssig (Kessel) / de una sola pieza
Einschuss•kammer *f* (Vakuumbremse) / cámara *f* de impulsión ‖ ≃produktion *f* (Plast) / producción *f* de una sola inyección ‖ ≃spule *f*, Schützenspule *f* (Web) / canilla *f* de trama ‖ ≃zündung *f* (Bergb) / tiro *m* alternativo
ein•schütten *vt*, -füllen / cargar, llenar, echar, verter [en] ‖ ≃schütttrichter *m*, Fülltrichter *m* / tolva *f* de carga o de alimentación ‖ ~schwärzen *vt* (Druck) / ennegrecer, entintar ‖ ≃schweiß... / de soldadura [directa], soldado, de o a soldar ‖ ≃schweißbogen *m* / codo *m* de soldar o para conexiones soldadas ‖ ≃schweißstutzen *m* / racor *m* soldado o de soldar ‖ ~schwenken / girar hacia dentro ‖ ≃schwimmen *n* (Brücke) / montaje *m* por flotación ‖ ≃schwingen *n*, Einschaltvorgang *m* (Elektr) / efecto *m* transitorio, fase *f* de estabilización, cebados *mpl* ‖ ≃schwingen-Backenbrecher *m* (Aufb, Bergb) / trituradora *f* de mandíbula única, machacadora *f* de palanca única (LA) ‖ ≃schwinger-Prüfkopf *m*, einfacher Prüfkopf (Ultraschall) / palpador *m* de emisión-recepción, transceptor *m*
Einschwing•impuls *m* (Elektr) / impulso *m* transitorio ‖ ≃spannung *f* / tensión *f* transitoria de ruptura ‖

≃spektrum n (Opt) / especto m transitorio ‖ ≃verhalten n (Eltronik) / respuesta m de (o en) régimen transitorio ‖ ≃verhalten bei kleinen Signalen (Eltronik) / respuesta f en régimen transitorio para señal débil ‖ ≃verzerrung f (Fernm) / distorsión f característica ‖ ≃vorgang m (Eltronik, TV) / fenómeno m transitorio ‖ ≃zeit f (Eltronik) / tiempo m de ataque, tiempo m de respuesta ‖ ≃zeit (TV) / tiempo m de ataque o subida, tiempo m de establecimiento ‖ ≃zustand m (Elektr) / estado m transitorio, régimen m transitorio
Ein•schwung, Unterschwung m (TV) / distorsión f por submodulación ‖ ≃segment-Nachricht f (DV) / noticia f de un segmento ‖ ~seifen, mit Schaum bedecken / enjabonar, jabonar
Einseil•bahn f (Bau) / monocable m, funicular m o teleférico monocable o de cable sin fin ‖ ≃förderung f (Bremsberg) / transporte m de un solo cable ‖ ≃greifer m (Bau) / cuchara f de un solo cable ‖ ≃-Pendelbahn f / monocable m de vaivén ‖ ≃-Umlaufbahn f / teleférico m monocable de circulación continua
Einseitenband n (Eltronik) / banda f lateral única, BLU ‖ ≃... (Funk, TV) / de banda lateral única, con una sola banda lateral ‖ ≃betrieb m, -senden n (TV) / transmisión f de banda lateral única, emisión f con banda lateral única ‖ ≃modulation f, EM (Eltronik) / modulación f de banda lateral única ‖ kompatible ≃-Sendung / emisión f BLU compatible
Einseiten•hobelmaschine f (Wzm) / acepilladora f de una cara ‖ ≃kipper m (Bau, Bergb) / volquete m de descarga unilateral, vagón m basculador unilateral, camión m basculante unilateral
einseitig / unilateral ‖ ~ (Schw) / de un lado ‖ ~ [belastet] (Elektr, Fernm) / desequilibrado, asimétrico ‖ ~ (Webschützen) / de punta excéntrica ‖ ~ (Spulmaschine) / de una cara ‖ ~er Achsantrieb (Bahn) / transmisión f unilateral ‖ ~er Ausleger (Masch) / brazo m lateral ‖ ~er Autobahnanschluss (Straßb) / acceso m unilateral a la autopista ‖ ~es Band (Web) / cinta f con orla unilateral ‖ ~ beschichtet (Flächen) / recubierto en una cara, con recubrimiento unilateral ‖ ~ bestrichen (Gummi) / cubierto de un lado ‖ ~er (o. schiefer) Bogen (Bau) / arco m oblicuo o sesgado o en esviaje ‖ ~e Datenübertragung (DV) / comunicación f unilateral o de un solo sentido, transmisión f unilateral de datos ‖ ~e Diazotierung, Monodiazotierung f (Chem) / diazotación f unilateral ‖ ~e Doppelweiche o. Folgeweiche (Bahn) / cambio m doble con dos vías desviadas a la derecha o a la izquierda ‖ ~ eingespannt, freitragend (Mech) / fijado en voladizo ‖ ~e eingespannt (am andern Ende aufliegend) (Mech) / fijado en un extremo ‖ ~ eingespannter Träger / viga f voladiza, viga f semicantilever ‖ ~er Einschnitt (Straßb) / corte m unilateral ‖ ~e Flottenzirkulation (Färb) / circulación f en un sentido ‖ ~e Führung / guía f unilateral ‖ ~ geerdet (Elektr) / de toma de tierra unilateral ‖ ~ gefärbt (Pap) / coloreado unilateral o en una cara ‖ ~ gelagerte Kurbel / manivela f apoyada unilateralmente ‖ ~ gelagerte Kurbelwelle / cigüeñal f apoyado unilateralmente ‖ ~ glatt (Pap) / satinado de una cara ‖ ~er Informationsfluss (DV, Eltronik) / flujo m unidireccional de información ‖ ~ kaschiert (Pap) / recubierto por una cara ‖ ~er Kastenkipper (Bau, Kfz) / vehículo m con caja basculante hacia un lado ‖ ~e Kontakte m pl (IC) / contactos m pl en una cara ‖ ~ nach plus (Fehler) / continuamente positivo ‖ ~es Pressen (Sintern) / compresión f unilateral ‖ ~ schneidend (Fräser) / con filo cortante de un solo lado ‖ ~er Stoff (Tex) / género m unilateral ‖ ~er Versuch (Stat) / ensayo m unilateral ‖ ~er Vertrauensbereich (Stat) / intervalo m de confianza unilateral ‖ ~e Verzerrung (Eltronik) / distorsión f asimétrica ‖ ~e Weife (Tex) / aspa f de una cara ‖ ~e Wellpappe /

cartón m ondulado en una cara ‖ ~ [wirkend] (Kugellager) / que absorbe el empuje axial en una dirección
Einseitigkeit f, einseitige Neigung / unilateralidad f, inclinación f unilateral
einsenken vt, absenken / hundir, bajar, hincar ‖ ~ (Wz) / embutir con punzón de forma, punzonar troqueles, estampar en frío ‖ ≃ n (Bohrung) / contraperforación f ‖ ≃ [auf der Einsenkpresse] / fabricación f de troqueles por perforación con punzón de forma [de metal duro]
Einsenk•presse f (Formenbau) / prensa f hidráulica troqueladora, prensa f de troquelar o para punzonar troqueles ‖ ≃schloss n / cerradura f encastrada ‖ ≃stempel, Pfaffe m (Formenbau) / troquel m de impresión, punzón m de forma para embutición o para estampar en frío
Einsenkung f / concavidad f, depresión f superficial ‖ ≃ (Boden) / hundimiento m ‖ ≃ des Gleises (Bahn) / asiento m (E) o asentamiento (LA) en la vía
Einser m pl, Einsen f pl (DV) / cifras f pl uno ‖ ≃komplement n (Math) / complemento m de unos
einsetzbar (Eltronik, Kontaktelement) / postizo ‖ ~ (Stahl) (Hütt) / cementable ‖ ~e Schneide, Schneidplättchen n (Wzm) / filo m postizo
Einsetzbühne f (Hütt) / plataforma f de carga
einsetzen, anwenden, verwenden / emplear, utilizar, aplicar ‖ ~, einbringen / implantar, introducir ‖ ~ (eine Variable) (Math) / re[e]mplazar, sustituir ‖ ~, anstücken (Wzm) / insertar ‖ ~, fest anbringen, einfügen (Masch) / colocar, poner ‖ ~, chargieren (Hütt) / cargar, enhornar ‖ ~, aufkohlen / cementar ‖ ~, fassen (Diamanten) / engastar ‖ ~ vi, beginnen vi / empezar, comenzar, iniciar ‖ eine Glasscheibe ~ / poner un cristal ‖ eine Größe ~ (o. ersetzen) (Math) / sustituir o re[e]mplazar una magnitud o cantidad ‖ [im Kasten] ~ (Stahl) / cementar en caja ‖ in den Ofen ~ (Hütt) / cargar, enhornar ‖ Schaufeln ~ (Turbine) / montar palas ‖ Züge ~ (Bahn) / crear trenes ‖ ≃ n, Beginnen n / comienzo m, inicio m ‖ ≃, Anbringen n / colocación f, inserción f ‖ ≃, Besetzen n, Besatz m (Keram) / guarnición f ‖ ≃, Einsatzhärten n (Stahl) / cementación f ‖ ≃, -schieben n (Hütt) / carga f ‖ ≃ n der Schaufeln (Turbine) / montaje m de las palas
Einsetz•kran m, Chargierkran m (Hütt) / grúa f de carga ‖ ≃leistung f (Hütt) / capacidad f de carga ‖ ≃maschine f (Hütt) / alimentadora f frontal de hornos ‖ ≃mulde f (Hütt) / caja f de carga ‖ ≃ofen m / horno m de carga discontinua ‖ ≃schaufel f, -löffel m (Glas) / pala f de carga ‖ ≃spannung f (Elektr) / tensión f inicial ‖ ≃tür f, Füllöffnung f (Hütt, Masch) / puerta f de carga ‖ ≃[ungs]methode f (Math) / procedimiento m de sustitución ‖ ≃vorrichtung f, Chargierapparat m (Hütt) / dispositivo m de carga ‖ ≃wagen m (Hütt) / carro m cargador
Einsfrequenz f, Frequenz f bei Stromverstärkung 1 (Halbl) / frecuencia f de amplificación unitaria
Einsichtsstrecke f (Tunnel) / zona f de umbral
ein•sickern (Flüssigkeit), -dringen / infiltrarse ‖ ~silbiges Wort (Fernm) / palabra f monosilábica o monosílaba, monosílabo m ‖ ~sinken vi / hundirse ‖ ~sinken (Erdboden) / hundirse ‖ ~sinken (z.B. in Triebsand) / ahogarse ‖ ≃sinken n, Versinken n / hundimiento m ‖ ≃sinkung f (Plast) / depresión f superficial, rechupe m ‖ ≃sitzer m, Monoposto m (Kfz) / monoplaza m ‖ ≃sitzer (Luftf) / avión monoplaza m ‖ ~sitzig, Einsitzer... / monoplaza ‖ ≃sohlenbau (Bergb) / explotación f por un nivel ‖ ~sortieren (DV) / clasificar ‖ ≃sortiermaschine f / clasificadora f ‖ ~spaltig (Druck) / de una columna
Einspann•backe f (Schw) / garra f de cierre ‖ ≃backe (Mat.Prüf) / mordaza f de sujeción

einspannen *vt* (Wzm) / empotrar, fijar por medio del plato ‖ ~ (Mech) / sujetar en voladizo ‖ ~ (Dreh) / poner en el torno, cargar ‖ **das Werkzeug** ~ / sujetar o inmovilizar la herramienta ‖ **einseitig** (o. zweiseitig) ~ (Balken) / fijar en un [o dos] extremo[s] ‖ **Fäden** ~ (Spinn) / fijar hilos, pinzar hilos ‖ **in einen Rahmen** ~ / tensar en un bastidor
Einspann•fläche *f* / superficie *f* de fijación ‖ ⁓**kopf** *m* (Mat.Prüf) / mordaza *f* de sujeción ‖ ⁓**länge** *f* (Mat.Prüf) / longitud *f* libre entre mordazas ‖ ⁓**methode** *f*, Dynstat-Methode *f* (Mat.Prüf) / método *m* Izod, método *m* con probeta encastrada ‖ ⁓**moment** *n* (Masch) / momento *m* de sujeción ‖ ⁓**platte** *f* (Stanz) / placa *f* de fijación ‖ ⁓**rahmen** *m*, Spann-, Halterahmen *m* / bastidor *m* de tensado ‖ ⁓**reißversuch** *m* (DIN) (Schw) / ensayo de soldadura atiesada o embridada ‖ ⁓**rohr** *n* / tubo *m* intermedio de fijación ‖ ⁓**schaft** *m* / vástago *m* de fijación ‖ ⁓**stelle** *f* (Mech) / punto *m* de fijación ‖ ⁓**stelle** (Revolverkopf) / posición *f* de trabajo
Einspannung *f*, -spannen *n* (Masch, Wzm) / sujeción *f*, fijación *f*., empotramiento *m* ‖ **beidseitige** ⁓ / sujeción *f* doble ‖ **feste** ⁓ (Mech) / sujeción *f* fija
Einspann•vorrichtung *f* (Wzm) / dispositivo *m* de sujeción o fijación ‖ ⁓**vorrichtung** (Schw) / plantillo *m* de soldeo ‖ ⁓**vorrichtung für leere Spulen** (Web) / dispositivo *m* de sujeción para bobinas vacías ‖ ⁓**vorrichtung** *f* **mit Klauen** / sujetador de (o con) garras ‖ ⁓**werkzeug** *n* / útil *m* para sujetar ‖ ⁓**zapfen** *m* (Stanz) / vástago *m* de fijación
Ein•sparung *f* (F.Org) / ahorro *m*, economía *f* ‖ ⁓**sparung von Arbeitskräften** / ahorro *m* de mano de obra ‖ ⁓**speichern** *vt*, einlesen (DV) / memorizar, hacer ingresar o insertar en una memoria ‖ ⁓**speicherung** *f* **in den Hauptspeicher** (DV) / almacenaje *m* en la memoria principal o central ‖ ⁓**speicherungskratzer** *m* (Förd) / rascador *m* recogedor ‖ ⁓**speisedruck** *m* (Kompressor) / presión *f* de alimentación ‖ **Strom**~**speisen** (Elektr) / alimentar [la] corriente ‖ ⁓**speisepunkt** *m* / punto *m* de alimentación ‖ ⁓**speisesystem** *n* (Reaktor) / sistema *m* de inyección ‖ ⁓**speise-Unterflurbehälter** *m* / recipiente *m* subterráneo de presurización ‖ ⁓**speisung** *f* (Elektr) / alimentación *f* ‖ ⁓**speisung**, -speiser *m* (Elektr) / alimentador *m* ‖ ⁓**speisungfeld** *n* / zona *f* de alimentación ‖ ~**spielen** *vt* (Libelle) / calar ‖ **sich** ~**spielen** (Waage) / balancearse, equilibrarse ‖ ⁓**spiellautsprecher** *m* (Studio) / altavoz *f* de sonorización ‖ ⁓**spindelautomat** *m* (Dreh) / torno *m* automático monohusillo o de un mandril ‖ ~**spindlig**, Einspindel... (Wzm) / monohusillo, de un solo husillo, de husillo único, de un mandril ‖ **Additive** ~**spinnen** (Spinn) / incorporar en la hiladura ‖ **sich** ~**spinnen** (o. verpuppen) (Seide, Zool) / encapsularse ‖ ⁓**spitzenlagerung** *f* (Masch) / apoyo *m* en una punta
Eins-Plus-Eins-Adressbefehl *m* (DV) / instrucción *f* de uno más uno
Ein•sprechender *m* (Patent) / oponente *m* ‖ ⁓**sprechöffnung** *f* (Mikrofon) / rejilla *f* del micrófono **einsprengen**, besprengen / rociar, mojar [superficialmente] ‖ ~, gewaltsam eintreiben / encuñar ‖ **mit Salz** ~, mit Salz einstreuen (Nahr) / espolvorear con sal
Einsprengmaschine *f* (Tex) / humectadora *f*
einspringen *vi* (Bau) / entrar, encajar ‖ ~, einschnappen / engatillar[se] ‖ ~, -schnappen, sich verriegeln [mit] / enclavar[se] ‖ [lassen] (mittels Feder) / enclavar con resorte ‖ ~ (Osziloskop) / sincronizar[se], enclavar[se], enganchar[se] ‖ ~ (Tex) / encogerse
einspringende Ecke, einspringender Winkel (Bau, Geom) / ángulo *m* [re]entrante
Einspritz•anlage *f* (Mot) / sistema *m* de inyección ‖ ⁓**druck** *m* (Mot) / presión *f* de inyección ‖ ⁓**düse** *f* (Mot) / tobera *f* de inyección

einspritzen *vt* (Mot, Plast) / inyectar ‖ **Zement** ~ (Bau) / inyectar cemento ‖ ⁓ *n* **in den Luftstrom** (Vergaser) / inyección *f* en el tubo del carburador ‖ ⁓ **von Anlasskraftstoff** (Kfz) / inyección *f* de combustible de arranque
Einspritz•kammer *f*, Ausgusszieher *m* (Plast) / culata *f* de inyección ‖ ⁓**kanal** *m* (Mot) / canal *m* de inyección ‖ ⁓**kondensation** *f* / condensación *f* por inyección ‖ ⁓**kondensator** *m* / condensador *m* de inyección ‖ ⁓**kühler**, -kühlapparat *m* / refrigerador *m* de vapor por inyección ‖ ⁓**maschine** *f*, kompressorlose Dieselmaschine (Kfz) / motor *m* diesel de inyección mecánica o por bomba o sin aire ‖ ⁓**mengenregelung** *f* (Kfz) / regulación *f* de la cantidad de inyección ‖ ⁓**motor** *m* / motor *m* de inyección ‖ ⁓**mutter** *f* / tuerca *f* de inserción ‖ ⁓-**Ottomotor** *m* (DIN) (Kfz) / motor *m* de gasolina (E) o de nafta (LA) de inyección ‖ ⁓**pumpe** *f* (Mot) / bomba *f* de inyección ‖ ⁓**pumpengehäuse** *n* / caja *f* de la bomba de inyección ‖ ⁓**rohr** *n* / tubo *m* de inyección ‖ ⁓**seite** *f*, Düsenseite *f* (Plast) / lado *m* de la boquilla, lado *m* de inyección ‖ ⁓**strahl** (Diesel) / chorro *m* de inyección ‖ ⁓**strahl** (Dampfm) / chorro *m* de condensación ‖ ⁓**teil** *n* (Druckguss, Spritzguss) / inserto *m*, encastre *m*
Einspritzung *f* (Bau, Masch) / inyección *f* ‖ ⁓ **mit konstanten Mengen** / inyección *f* de caudal constante
Einspritz•ventil *n* / válvula *f* de inyección, inyector *m* ‖ ⁓**vergaser** *m* (Luftf) / carburador *m* de inyección ‖ ⁓**versteller** *m* (Mot) / mecanismo *m* de avance de inyección ‖ ⁓**verzögerung** *f* / retardación *f* de inyección ‖ ⁓**vorgang** *m* (Mot) / proceso *m* de inyección ‖ ⁓**zement** *m* (Bau) / cemento *m* para inyección
Einspruch *m* (Patent) / oposición *f* ‖ ⁓ **erheben** o. **anmelden** (Patent) / formular oposición
einsprühen *vt*, sprühen / rociar
Einsprung *m* (Gewebe) / contracción *f* ‖ ⁓**bedingung** *f* (DV) / condición *f* de entrada ‖ ⁓**stelle** *f* (DV) / punto *m* de entrada
Ein•spülen *n*, Einschlämmen *n* (Bau) / relleno *m* hidráulico o por inyección ‖ ~**spulig**, Einspulen... (Elektr) / de una bobina ‖ ~**spulig** (Gasturbine) / de un cuerpo ‖ ⁓**spülpumpe** *f* / pompa *f* de relleno hidráulico
Einspunkt *m* **der Sekundäremission** (Eltronik) / punto *m* de cruce
Ein•spurbetrieb *m* (Bahn) / circulación *f* de vía única, explotación *f* de vía única ‖ ⁓**spurfeder** *f* / resorte *m* de engrane ‖ ⁓**spurhebel** *m* **des Anlassers** / palanca *f* de embrague ‖ ~**spurig** (Bahn) / de una vía, de vía simple o única ‖ ⁓**spurlinie** *f*, -strecke *f* (Bahn) / vía *f* simple o única, vía *f* sencilla (LA) ‖ ⁓**spur-Magnetkopf** *m* (Eltronik) / cabezal magnético de una sola pista ‖ ⁓**spurtechnik** *f* (Magn.Bd) / técnica *f* de una sola pista, grabación *f* monopista
Eins-Signal *n* **am Ausgang** (DV) / señal *f* de salida 'uno'
Einstahlwerkzeug *n* / herramienta *f* de una punta
einstampfen *vt* (Druck) / hacer maculatura ‖ ~, verdichten / pisar, apisonar, compactar ‖ ~, einrammen (Straßb) / apisonar
Einständer... (Wzm) / de un montante, de una columna ‖ ⁓**exzenterpresse** *f* / prensa *f* excéntrica de un solo montante ‖ ⁓**hobelmaschine** *f* / acepilladora *f* de brazo o de un montante ‖ ⁓**karusseldrehmaschine** *f* / torno *m* vertical de un montante ‖ ⁓**presse** *f* (Schm) / prensa *f* de un bastidor, prensa *f* de bastidor único
Ein•stanzen *n* **seitlicher Aussparungen** / estampado *m* de entalladuras [laterales] ‖ ⁓-**Stapel-Ofen** *m* (Hütt) / horno *m* de una pila ‖ ~**stauben**, bestauben, -stäuben / pulverizar ‖ ~**stauben** (Bergb) / cubrir de polvo [de roca] ‖ ⁓**stäubfarbe**, Staubfarbe *f* (Druck) / tinta *f* para pulverizar ‖ ⁓**staubmittel** *n* (Gieß) / desmoldante *m*, agente *m* desmoldante ‖ ⁓**stauung** *f* (Bewässerung) (Landw) / infiltración *f*

Einstech•bewegung f (Dreh) / movimiento de tronzado m ‖ ≃-Durchgangschleifen n (Wzm) / rectificado m punzador en paso
einstechen vt (allg) / picar, pinchar ‖ ~, lochen / punzonar, perforar ‖ ~ (Wzm) / tronzar, penetrar, entrar en "plongée" ‖ ~ (beim Schleifen) (Wzm) / punzar ‖ ~ (Druck) / registrar
Einstech•formschleifen n (Wzm) / rectificado m punzador del contorno ‖ ~fräsen / fresar en "plongée" ‖ ≃fräsen n / tronzado m punzador ‖ ≃meißel m, Einstechdrehmeißel m (Dreh) / herramienta f de ahuecar, cuchilla f de tronzar o punzar ‖ ≃schleifen n, -schliff m (Wzm) / rectificado m punzador ‖ ≃schleifmaschine f / rectificadora f punzadora ‖ ≃vorschub m (Dreh) / avance m de penetración radial
einsteck•bar / enchufable, encajable ‖ ≃baustein m (Funk) / componente m enchufable ‖ ≃bolzen m / perno m empotrable, bulón m empotrable ‖ ≃einheit f (Funk) / unidad f enchufable
einstecken vt [in] (allg) / poner, meter [en], introducir ‖ ~ (Stecker) / enchufar, insertar, introducir ‖ ~ (Beilagen) / añadir ‖ Nadel o. Ä. ~ / clavar ‖ Niete ~ oder setzen / colocar remaches
Einsteck•ende n, Schaft m des Bohrers (Wz) / gorrón m empotrable ‖ ≃-Futter n / mandril m o portabrocas enchufable ‖ ≃hahn m (Chem, Steinzeug) / grifo m empotrable ‖ ≃heber m (Kfz) / gato m enchufable ‖ ≃hülse f (Spinn) / cono m de transferencia ‖ ≃kurbel f (Masch) / manivela f desmontable, manivela f de quita y pon ‖ ≃leiterplatte f (Eltronik) / placa f enchufable de circuitos impresos ‖ ≃maschine f (Druck) / máquina f ensertadora ‖ ≃meißel m (Wz) / cuchilla f empotrable ‖ ≃muffe f / enchufe m, manguito m de enchufe ‖ ≃runge f (Bahn) / telero f empotrable ‖ ≃schloss n (Schloss) / cerradura f empotrable o de encaje ‖ ≃schlüssel m (DIN 905) (Wz) / llave f de cubo con mango en T ‖ ≃seite f (Walzw) / lado m de entrada ‖ ≃seite (Wz) / lado m de encaje o enchufe ‖ ≃stoß m (Stahlbau) / unión f de manguito ‖ ≃verbindung f (Masch) / unión f por enchufe ‖ ≃vorwärmer m (Elektr) / calentador m previo enchufable ‖ ≃werkzeug n / herramienta f postiza o encajable
Einsteige•griff m (Bahn) / barandilla f ‖ ≃karte f, Bordkarte f (Luftf) / tarjeta f de embarque
einsteigen vi (Bahn) / subir al tren ‖ ~, an Bord gehen (Luftf) / subir a bordo de un avión, embarcarse en un avión ‖ ~ n, Boarding n (Luftf) / abordaje m ‖ ~, Einstieg m (Fahrzeug) / subida f ‖ ¡ (Bahn) / ¡abordaje!, ¡viajeros al tren!
Ein•steig[e]schacht m, Einsteig[e]loch n / pozo m de acceso o de entrada o de visita ‖ ≃steigetür f (DIN 2924) (Kessel) / puerta f de acceso o de entrada ‖ ≃steigöffnung f, Mannloch n / agujero m de hombre ‖ ≃steigschacht, Kabelbrunnen m (Fernm) / pozo m de inspección, caja f de registro, pozo m de acceso
Einstein•sches Äquivalentgesetz n (Phys) / ley f de equivalencia de Einstein ‖ ≃sches Relativitätsgesetz n / ley f einsteiniana de la relatividad ‖ ≃-de-Haas-Effekt m / efecto m Einstein-de Haas
Einsteinium n, Es (Chem) / einsteinio m
einsteinstarke Wand (Bau) / pared f de espesor de un ladrillo
Einsteinverschiebung f (Astr) / dislocación f de Einstein
Einstell•... (Instr, Masch) / de ajuste, de reglaje ‖ ≃achse f (Bahn) / eje m convergente o de orientación libre ‖ ≃anzeigewerk n / indicador m de ajuste ‖ ≃arbeiten f pl / trabajos m pl de reglaje o ajuste
einstellbar, regulierbar, nachstellbar / regulable, ajustable, graduable ‖ ~ (Richtung) / orientable ‖ ~ (Elektr) / variable ‖ ~er Haspelzug (Walzw) / cabrestante m variable ‖ ~e Hochfrequenz- o. HF-Spule, Variometer n (Eltronik) / variómetro m, inductancia f variable ‖ ~es Komma (DV) / coma f

ajustable ‖ ~er Kondensator (Eltronik) / capacitor m o condensador variable ‖ ~es Lager (Masch) / asiento m ajustable (allgemein), rodamiento m ajustable (Wälzlager), cojinete m ajustable (Gleitlager) ‖ ~e Lehre (Mess) / calibre m ajustable ‖ ~e Regelgröße (Regeln) / magnitud f variable, variable f bajo control ‖ ~er Schärkonus (Spinn) / cono m urdidor ajustable ‖ ~er Stoßdämpfer (Kfz) / amortiguador m variable ‖ ~es Windeisen (Wz) / giramachos m ajustable (E), portaterraja f (LA) ajustable
Einstellbarkeit f / ajustabilidad f, regulabilidad f, graduabilidad f
Einstell•bereich m / margen m de ajuste, gama f de ajuste ‖ ≃bereich, Sollwertbereich m (Regeln) / gama f de valor nominal ‖ ≃bild n, Testbild n (TV) / imagen f patrón, imagen f piloto ‖ ≃druck (Sicherheitsventil) / presión f prefijada ‖ ≃druck, Ansprechdruck m / presión f de accionamiento o de reacción ‖ ≃ebene f (Opt) / plano m de focalización
einstellen vt / arreglar ‖ ~, regulieren (Masch) / regular ‖ ~, justieren / ajustar ‖ ~, richten (Masch) / preparar ‖ ~, orientieren (Verm) / orientar ‖ ~, abstellen / parar, suspender, poner fuera de servicio ‖ ~ (Foto, Mot) / reglar ‖ ~, fokussieren (Opt) / enfocar ‖ ~ (Bildausschnitt) (TV) / encuadrar ‖ ~, einregeln (Radio) / sintonizar ‖ ~, eintasten (DV) / entrar ‖ ~ (Kfz) / encerrar o estacionar (en el garaje) ‖ ~ (Personal) / colocar, contratar ‖ ~ (Gerb) / preparar el baño ‖ ~ (Wasserhärte) / normalizar la dureza del agua ‖ auf ~ (Chem) / regular a un título determinado ‖ auf einen Winkel ~ / tomar un ángulo ‖ auf höchste Leistung ~ (Kfz) / poner a punto el motor ‖ auf null ~ (Instr) / ajustar a cero, poner a cero ‖ den Sender ~ (Radio, TV) / sintonizar con una estación ‖ die Produktion ~ / parar o suspender la producción ‖ die Sitze ~ (Kfz) / ajustar los asientos ‖ die Waage ~ (Mess) / equilibrar la balanza ‖ die Zündung ~ (Kfz) / poner a punto el encendido ‖ eine Lösung ~ (Chem) / estandarizar una solución ‖ falsch ~ / desajustar ‖ neu ~ / reajustar ‖ Niveauhöhen ~ (Bau, Verm) / nivelar ‖ sehr fein ~ (Eltronik, Opt) / graduar muy finamente ‖ sich ~, erfolgen / darse, producirse ‖ sich ~ [auf] / prepararse [para] ‖ Spiel ~ (Lager) / ajustar el juego ‖ wir stellen ein! / ¡colocamos!, ¡se busca! ‖ ~ n, [Ein]regulieren n, Justieren n / puesta f a punto ‖ ~ (Radio) / sintonización f ‖ ~ (Betätigung von Koppelelementen) (Fernm) / regulación f ‖ ~ des Zündzeitpunkts (Kfz) / puesta f a punta del encendido ‖ ~ gegeneinander (Lager) / ajuste m mutuo o recíproco de dos juego interior
Einstellentfernung f (Foto) / distancia f de enfoque
Einsteller m (Person) (Wzm) / mecánico m ajustador ‖ ~ (Spinn) / montador m de maquinas ‖ ~ (Instr) / ajustador m
Einstell•feder f / resorte m regulador ‖ ≃fernrohr n (Opt) / anteojo m de enfoque ‖ ≃film m / film m de ajuste ‖ ≃filter n (Foto) / filtro m regulable ‖ ≃genauigkeit f / grado m de ajuste, exactitud f de ajuste ‖ ≃gewindelehre f (Mess) / calibre m ajustable para roscas ‖ ≃glied f (Regeln) / elemento m de ajuste, órgano m de ajuste ‖ ≃glied für den Anstellwinkel (Luftf) / regulador m del paso ‖ ≃größe f (Regeln) / magnitud f de ajuste ‖ ≃hahn m / grifo m de ajuste ‖ ≃halle f, -raum m (Kfz) / garaje m ‖ ≃hebel m / palanca f de ajuste, palanca f de regulación ‖ ≃hebel (Fernm) / palanca f de control
einstellig (Math) / de una cifra, de un dígito ‖ ~es Addierwerk (DV) / adicionador m de un dígito ‖ ~e Zahl (Math) / número m de un dígito
Einstell•impuls m (Eltronik) / impulso m de mando ‖ ≃keil m / cuña f de ajuste ‖ ≃knopf m (Mech) / botón m de ajuste ‖ ≃knopf (Funk, TV) / botón m, maneta f

355

Einstelllager

de sintonización ‖ ᷉lager *n* / rodamiento *m* orientable ‖ ᷉last *f* des Stempels (Bergb) / carga *f* fijada del estemple ‖ ᷉lehre *f* (Masch) / calibre *m* ajustador ‖ ᷉leiste *f* / chaveta *f* de regulación ‖ ᷉linse *f* / enfocador *m* ‖ ᷉lupe *f* / lupa *f* de enfoque ‖ ᷉marke *f*, Strichmarke *f* / marca *f* de referencia, referencia *f* de regulación ‖ ᷉marke (Peilgerät) / línea *f* de fe ‖ ᷉maß *n* (gedr.Schaltg) / escala *f* de reducción ‖ ᷉mikroskop *n* (Opt) / microscopio *m* de enfoque ‖ ᷉nadellager *n* / rodamiento *m* ajustable de agujas ‖ ᷉normal *n* (Masch) / galga *f* de ajuste ‖ ᷉okular *n* (Opt) / ocular *m* de enfoque ‖ ᷉plan *m*, -zeichnung, Werkzeuganordnung *f* (Wzm) / disposición *f* del herramental ‖ ᷉-Potentiometer *n* (Eltronik) / potenciómetro *m* de lectura ‖ ᷉rädchen *n*, Nachstellrädchen *n* / ruedecita *f* de ajuste ‖ ᷉-Reihenfolge, Zündfolge *f* (Mot) / secuencia *f* de encendido ‖ ᷉ring *m* (Wzm) / anillo *m* de comprobación ‖ ᷉ring an Kugellagern / aro *m* autoorientable ‖ ᷉schärfe *f* der Lautstärke / exactitud *f* de volumen ‖ ᷉scheibe *f* (Opt) / pantalla *f* de enfoque o de ajuste ‖ ᷉schlitten *m* (Foto) / carro *m* de regulación ‖ ᷉schraube *f* / tornillo *m* de regulación o de reglaje ‖ ᷉skala *f* (Mess) / escala *f* de reglaje ‖ ᷉spindel *f* (Masch) / husillo *m* de ajuste ‖ ᷉systemschalter *m* (Filmkamera) / conmutador *m* del sistema de regulación ‖ ᷉tabelle *f* / tabla *f* de ajuste ‖ ᷉thermometer *n* / termómetro *m* ajustable ‖ ᷉tubus *m* (Opt) / tubo *m* de enfoque ‖ ᷉tuch *n* (hist.) (Foto) / paño *m* negro
Einstellung *f* / regulación *f*, ajuste *m* ‖ ᷉ (Opt) / enfoque *m*, enfocamiento *m* ‖ ᷉ (Richtung) / orientación *f* (dirección) ‖ ᷉ (Wzm) / ajuste *m* o montaje de herramientas ‖ ᷉ (o. Abstimmung) des Regelkreises (Regeln) / sintonización *f* del circuito regulador ‖ ᷉ auf die Ankunftszeit der Trägerwelle / sintonización *f* a la llegada de la onda portadora ‖ ᷉ beim Drehen (Foto) / plano *m* cinematográfico ‖ ᷉ der Arbeiten (F.Org) / cesación *f* de los trabajos ‖ ᷉ des Anschlags (Wzm) / colocación *f* del tope ‖ ᷉ des Heizwertes (Gasverflüss) / regulación *f* del poder calorífico ‖ ᷉ des zeitlichen Abstandes / cronometraje *m* secuencial ‖ ᷉ eines Dienstes (Bahn, Fernm) / suspensión *f* de un servicio ‖ ᷉ *f* von Arbeitskräften / colocación *f* o contratación de mano de obra ‖ ᷉ zur Arbeit / disposición *f* relativamente al trabajo ‖ mit mechanischer ᷉ / de ajuste mecánico ‖ unwillkürliche nicht objektive ᷉ des Zeitnehmers (hervorgerufen durch Eigenschaften des Arbeiters) (F.Org) / efecto *m* de halo
Einstellungspunkt *m* (Instr, Masch) / punto *m* de referencia
Einstell•vorrichtung *f* / dispositivo *m* de ajuste, dispositivo *m* de graduación ‖ ᷉wert *m* (Regeln) / valor *m* descrito de la magnitud regulada, valor *m* de consigna ‖ ᷉widerstand (Elektr) / reóstato *m* de ajuste ‖ ᷉winkel *m* (Masch) / ángulo *m* de ajuste o de adaptación ‖ ᷉winkel (NC, Wzm) / ángulo *m* de posición (o de colocación) del útil, ángulo *m* de carga herramienta ‖ ᷉winkel (Kontrolle) / ángulo *m* indicado ‖ ᷉winkel (Drehmeißel) / ángulo *m* del canto de cuchilla ‖ ᷉winkel (nicht: Anstellwinkel) (Luftf) / ángulo *m* de posicionamiento, calaje *m* ‖ ᷉zähler *m*, Vorwahlzähler *m* (Fernm) / contador *m* de preselección ‖ ᷉zeichnung *f*, -plan *m*, Werkzeuganordnung *f* (Wzm) / plan *m* de distribución del herramental ‖ ᷉zeit *f* (Masch, Nukl) / tiempo *m* de ajuste ‖ ᷉zeit (Prozessrechn) / tiempo *m* de seguimiento ‖ ᷉zeit (Instr) / tiempo *m* de respuesta ‖ ᷉zeit (Wzm) / tiempo *m* de preparación
Ein•stemmband *n* (Fenster) / bisagra *f* ‖ ~stemmen *vt*, stemmen (Zimm) / escoplear ‖ ᷉stemmschloss *n* / cerradura *f* embutida ‖ ~stempeln *vi* (F.Org) / marcar tarjeta (entrada) ‖ ᷉sternmotor *m* (Luftf) / motor *m*

en estrella con una sola corona de cilindros ‖ ᷉steuermechanik *f* (Foto) / engranaje *m* regulador de posición ‖ ᷉steuern auf die *n* [mond] nahe Umlaufbahn (Raumf) / inserción *f* en la órbita de descenso ‖ ᷉steuern in eine Umlaufbahn *n* (Raumf) / inyección *f* en una órbita ‖ ᷉steuerungsbahn *f* / órbita *f* de inyección, órbita *f* de puesta en trayectoria
Einstich *m*, kleines Loch (Kfz) / pinchazo *m* ‖ ᷉, Absatz *m* (Dreh) / garganta *f*, escotadura *f* ‖ ᷉ *m* (Druckguss) / socavación *f* ‖ ᷉ (Walzw) / entrada *f* ‖ ᷉pyrometer *n* / pirómetro *m* de inserción ‖ ᷉säge *f* (Tischl, Wz) / serrucho *m* de calar
Einstieg *m* (Kfz) / entrada *f*, puerta *f* de entrada ‖ ᷉ [s]... / de entrada, de acceso ‖ ᷉blech (Kfz) / chapa *f* de entrada ‖ ᷉luke *f* (Schiff) / trap *m*, escotilla de entrada.f. ‖ ᷉luke (Raumf) / escotilla *f* de acceso ‖ ᷉vorraum *m*, Einstieg[sraum] *m* (Bahn) / vestíbulo *m* de acceso, plataforma *f* de acceso
Ein•stimmung *f*, Akkommodierung *f* / acomodación *f* ‖ ᷉stimmung (Radio) / sintonización *f* ‖ ᷉stimmungsrad *n* (Eltronik) / rueda *f* de sintonización ‖ ~stöckig (Bau) / de un piso
Einstoff•..., einheitlich (Chem) / unario, monario ‖ ᷉rakete *f* (Raumf) / cohete *m* monergol ‖ ᷉system *n*, unitäres System (Chem) / sistema *m* unitario
ein•stoßen *vt* / romper, fracturar ‖ ᷉stoßvorrichtung *f* (Spinn) / dispositivo *m* de empuje
Einstrahl•... (Eltronik) / de un haz, de haz único ‖ ᷉oszilloskop *n* (Eltronik) / osciloscopio *m* de haz único ‖ ᷉peilgerät *n* (Nav) / radiogoniómetro *m* unidireccional ‖ ᷉spektrometer *n* (Phys) / espectrómetro *m* de haz único
Ein•strahlung *f* (allg, Phys) / [ir]radiación *f* incidente ‖ ᷉strahlwasserzähler *m* / contador *m* de agua de un solo chorro ‖ ᷉strängig (Chem, Masch) / de un ramal, de cadena sencilla, monocatenario ‖ ᷉strangkette *f* / cadena *f* de un ramal ‖ ᷉strangverfahren *n* (Gieß) / colada *f* continua de una línea ‖ ᷉streichfeile *f*, Schraubenkopffeile *f* (Wz) / lima *f* achaflanada ‖ ᷉streifer *m* (Tex) / prensamalla *f* ‖ ~streuen *vt* (z.B. Zusätze) (Aufb, Chem) / entremezclar ‖ ~streuen (Landw) / hacer la cama de paja, echar virutas para camas ‖ ~streuen *vi* (Funk) / perturbar ‖ ~streuen *n* (z.B. von Teilchen) / distribución *f*, diseminación *f* ‖ ᷉streumenge *f* (Bau) / cantidad *f* de aditivo ‖ [Störungs-] ᷉streuung (Funk) / interferencia *f*, perturbación *f* ‖ ᷉strich *m* (waagerechtes Holz für Schachtausbau) (Bergb) / traviesa *f* [del pozo] ‖ ~strömen *vi* / entrar, afluir ‖ ᷉strömkanal *m* (Mot) / conducto *m* de admisión ‖ ᷉strömöffnung, Zylinderöffnung *f* / orificio *m* de entrada o de admisión ‖ ᷉strömung *f*, Einströmungsöffnung *f* / orificio *m* de afluencia
einstufen *vt*, klassifizieren / clasificar ‖ ᷉ *n* von Arbeiten (F.Org) / clasificación *f* de puestos [de trabajo]
Einstufen•filter *n* / filtro *m* de una etapa ‖ ᷉gebläse *n* / compresor *m* sencillo ‖ ᷉kompressor *m* / compresor *m* monofásico ‖ ᷉rückführung *f*, Kreislauf nach Hertz (Nukl) / recirculación *f* de etapa única ‖ ᷉turbine *f* / turbina *f* de expansión simple, turbina *f* a un escalón, turbina *f* monoetápica ‖ ᷉verfahren *n*, -ätzung *f*, Schnellätzverfahren *n* (Druck) / estampación *f* rápida por mordiente, mordedura *f* monoetápica ‖ ᷉verfahren, Direktverfahren *n* (Schaumstoff) / procedimiento *m* directo
einstufig, Einstufen... / de etapa única, de un [solo] escalón, monoetápico ‖ ~ (Bau, Treppe) / de un solo paso ‖ ~ (Dampfm) / simple ‖ ~e Dampfdehnung (Turbine) / expansión *f* monoetápica ‖ ~e Gleichdruckturbine, de Laval-Turbine *f* / turbina *f* de Laval, turbina *f* de acción monoetápica ‖ ~e Rakete (Raumf) / cohete *f* de un cuerpo, cohete *f* de una fase de impulsión ‖ ~er Raumtransporter / trasbordador *m* de etapa única

Einstufung *f* (F.Org) / clasificación *f*
einstündig / de una sola hora, unihorario ‖ **~e Belastung** (Elektr) / servicio *m* de una hora
Einsturz *m* (Geol) / hundimiento *m* ‖ ⁔, Zusammensturz (Bau) / derrumbamiento *m*, derrumbe *m*, desmoronamiento *m* ‖ ⁔ **im Grubenbau** (Bergb) / hundimiento *m* ‖ **vom** ⁔ **bedroht sein** (Bau) / amenazar ruina ‖ **zum** ⁔ **bringen** / hacer derrumbar ‖ ⁔**beben** *n* (Geol) / terremoto *m* por hundimiento ‖ **~drohend** (Bau, Bergb) / en peligro de derrumbarse
einstürzen, zusammenbrechen / venirse a tierra ‖ **~**, einfallen (Bau) / derrumbarse ‖ **~** (Bergb) / hundirse
Einsturz•gefahr *f* (Bau) / peligro *m* de derrumbamiento, amenaza *f* de ruina ‖ ⁔**trichter** *m* (Geol) / cráter *m* de hundimiento, hundimiento *m* en forma de embudo, caldera *f*
Einstutzenanschluss *m* (Gasrohr) / conexión *f* a un solo tubo
ein•sumpfen *vt* (Bau, Kalk) / mojar ‖ **~systemig** (Strickmaschine) / de sistema único
Eins•-zu-Eins-Übersetzer *m* (DV) / traductor *m* uno por uno ‖ ⁔**-Zustand** *m* (DV) / estado *m* uno
Eintagsfliege *f*, Ephemera (Zool) / efemeróptero *m*, efémera *f*, efímera *f*, cachipolla *f*, mosca *f* de pesca
Eintakt•ausgang *m* (DV) / salida *f* sencilla ‖ ⁔**eingang** *m* (DV) / entrada *f* sencilla
Eintakt•schaltung *f* (Eltronik, Röhre) / circuito *m* monofásico ‖ ⁔**spannungswandler** *m* (Elektr) / transformador *m* de tensión unipolar ‖ ⁔**-Verstärker** *m* (Regeln) / amplificador *m* asimétrico, amplificador de salida a masa.m.
ein•talgen *vt* / ensebar ‖ ⁔**tarifzähler** *m* (Elektr, Gas) / contador *m* de una tarifa ‖ ⁔**taschen** *n* / puesta *f* en camisa
eintasten (DV) / entrar, digitar (mediante teclas) ‖ **die Nummer ~** (Tastentelefon) / teclar o teclear el número ‖ ⁔ *n* (DV, Eltronik, Fernm) / tecleado *m*, tecleado *m*
Eintast•fehler *m* (DV) / error *m* de tecl[e]ado ‖ ⁔**geschwindigkeit** *f* (DV, Schreibm) / velocidad *f* de escribir, velocidad *f* de teclo
eintauchen *vt*, untertauchen / sumergir, hundir, sumir ‖ **~**, einweichen / mojar, sumergir ‖ **~** *vi* / sumergirse ‖ ⁔ *n* / inmersión *f* ‖ ⁔ **in die Erdatmosphäre** (Raumf) / reentrada *f* en la atmósfera terrestre ‖ ⁔ **in eine Umlaufbahn** (Raumf) / inserción *f* en una órbita
Eintauch•gießverfahren *n* (Eltronik) / fundición *f* por inmersión ‖ ⁔**lötung** *f* (Eltronik) / soldadura *f* [indirecta] por inmersión ‖ ⁔**mikroskop** *n* / microscopio *m* de inmersión ‖ ⁔**plattierung** *f* (Galv) / plaqueado *m* por inmersión ‖ ⁔**refraktometer** *n* (Opt) / refractómetro *m* de inmersión ‖ ⁔**refraktometer nach Pulfrich** / refractómetro *m* de Pulfrich ‖ ⁔**rohr** *n* / tubo *m* de inmersión ‖ ⁔**schmierung** *f* / lubricación *f* por inmersión ‖ ⁔**tiefe** *f* (Hydr) / profundidad *f* de inmersión ‖ ⁔**tiefe** (Reaktor) / profundidad *f* de inserción ‖ ⁔**tiefe** (Schiff) / calado *m* ‖ ⁔**tiefe des Hinterschiffs** / calado *m* de la popa ‖ ⁔**trommel** *f*, -walze *f* (Wollwäsche) / cilindro *m* de inmersión, sumergidor *m* ‖ ⁔**winkel** *m* (Raumf) / ángulo *m* de reentrada en la atmósfera
Einteilchen... (Nukl) / de partícula única
einteilen *vt*, abstufen / escalonar, graduar, seccionar ‖ **~** [nach] / separar [según] ‖ **~**, teilen / dividir, seccionar, graduar, clasificar, subdividir ‖ **~** (verteilen) / distribuir ‖ **~**, klassifizieren / clasificar ‖ **in Grade ~** / graduar ‖ **in Klassen ~** / clasificar ‖ **in Zoll o. Inch ~** (Mess) / dividir en pulgadas ‖ **~** *n*, Werkeinteilung *f* (Web) / distribución *f* de ligaduras ‖ **~ der Magnetspur** (Eltronik) / disposición *f* predeterminada de la pista magnética ‖ ⁔ **des Werkzeugs** (Web) / distribución *f* de herramientas
einteilig / de una [sola] pieza ‖ **~er Hängeisolator** (Elektr) / aislador *m* suspendido (o colgante o de cadena) de una sola pieza ‖ **~er Käfig** (Lager) / jaula *f* de una pieza ‖ **~e Kappe** (in den Stößen eingebühnt) (Bergb) / tirante *m* de una sola pieza ‖ **~er Kolbenring** (Mot) / segmento *m* de una pieza ‖ **~er Schieber** (Masch, Pneum) / corredera *f* de una sola pieza, distribuidor *m* de una sola pieza ‖ **~es Werkzeug** (Masch) / herramienta *f* de una pieza
Ein-Teilnehmer-Betrieb *m* (DV) / operación *f* con un solo usuario
Einteilung *f* (allg) / división *f*, subdivisión *f* ‖ ⁔, Abteilung *f* / departamento *m* ‖ ⁔, Abstufung *f* / escalonamiento *m* ‖ ⁔, Graduierung *f* / graduación *f* ‖ ⁔, Anordnung *f* / distribución *f* ‖ ⁔, Klassifikation *f* / clasificación *f*, subdivisión *f* ‖ ⁔ *f* **in Abschnitte** / seccionamiento *m* ‖ ⁔ **in Fächer oder Felder** / encasillamiento *m*, encasillado *m* ‖ ⁔ **mit dem Zirkel** (Zeichn) / división *m* con compás
Einteilungsschablone *f* (Tex) / patrón *m* de distribución
Ein•tiefung *f* (Fluss) / erosión *f* ‖ **~tippen** (DV) / teclear o entrar (datos) ‖ ⁔**ton...** (Akust) / monofónico ‖ ⁔**tor** *n* (DV) / red *f* de una puerta ‖ ⁔**tourengreifer** *m* (Nähm) / garfio *m* rotatorio de una vuelta ‖ ⁔**tourenkupplung** *f* / embrague *m* de una vuelta ‖ ⁔**tourenpresse** *f* (Druck) / máquina *f* impresora monorrotatoria
eintourig (Elektromotor) / de una velocidad ‖ **~** (Schloss) / de una vuelta
Eintrag *m*, Eingeschlepptes *n* (Galv) / solución *f* adherida ‖ ⁔, Mahlgut *n* (Pap) / pasta *f* a refinar ‖ ⁔, Schuss *m* (Web) / trama *f*, hilo *m* de trama ‖ ⁔, Eindringen *n* von Schadstoffen / penetración *f* de contaminantes
eintragen (z.B. Messergebnisse) (Verm) / registrar, anotar, acotar ‖ **~**, abwerfen (F.Org) / arrojar (beneficio) ‖ **~**, -führen (Ofen) / cargar ‖ **~** (Pap) / alimentar ‖ **~**, abschnellen (Web) / lanzar ‖ **eine Schutzmarke ~** / registrar una marca ‖ ⁔ *n* (Web) / impulso *m* de trama
Einträger-Laufkran *m* (Förd) / grúa-puente de una viga
Eintragseite *f*, Speiserseite (Karde) / lado *m* de entrada
Eintragskötzer *m* (Tex) / canilla *f* de trama
Eintragung *f*, Position *f* / posición *f*, artículo *m*, ficha *f* ‖ ⁔ (DV) / introducción *f* de datos, incorporación *f* de datos ‖ ⁔ (COBOL) (DV) / cláusula *f* de descripción
Eintragungsstaat *m* (Luftf) / país *m* de registro, estado *m* de matrícula
Ein•transfer *m*, Einspeicherung *f* (DV) / memorización *f*, almacenamiento *m* ‖ **~träufeln** *vt* (Chem) / instilar
eintreiben *vt* / colocar a golpes o forzadamente o a la fuerza ‖ **~** (Nagel) / clavar ‖ **~** (Pfahl) / hundir, hincar ‖ **~** (Keil) / encuñar ‖ ⁔ *n*, Einschlagen *n* / hincado *m*
eintreten *vi* (Ereignis) / producirse, efectuarse, acontecer, ocurrir ‖ **~ in eine Umlaufbahn** (Raumf) / inscribirse o entrar en órbita ‖ ⁔ *n*, -tritt *m* / entrada *f*
ein•tretend, -fallend (Opt) / incidente ‖ ⁔**tretezeichen** *n* (Fernm) / señal *f* de intervención ‖ **~trimmen** *vt* (Eltronik) / ajustar
Eintritt *m* (von Kabeln o. Leitungen) (Elektr) / entrada *f* ‖ ⁔ (Strömungsmittel) / entrada *f*, admisión *f* (de un fluido) ‖ ⁔**eingriff** *m* / contacto *m* de entrada ‖ ⁔**-Eingriffsstrecke** *f* / longitud *f* de contacto de entrada
Eintritts•anweisung *f* (DV) / mando *m* de entrada, instrucción *f* de entrada ‖ ⁔**arbeit** *f* / trabajo *m* de admisión ‖ ⁔**echo** *n* (Ultraschall) / eco *m* de entrada ‖ ⁔**evolvente** *f* / evolvente *f* de entrada ‖ ⁔**gehäuse** *n* **der Turbine** / carcasa *f* de entrada de la turbina ‖ ⁔**kante**, Vorderkante *f* (des Luftschraubenblattes) (Luftf) / borde *m* de ataque ‖ ⁔**leitschaufel**, Dralldrossel *f* (Gebläse) / álabe *f* fijo o director de entrada ‖ ⁔**leitschaufeln** *f pl* (Luftf) / álabes-guía *m pl*

Eintrittsmodul

‖ ⁻modul m (Raumf) / módulo m de [re]entrada ‖
⁻öffnung f, -schlitz m (Dampfm) / orificio m de
entrada, orificio m de admisión ‖ ⁻pupille f (Opt) /
pupila f de entrada ‖ ⁻temperatur f / temperatura f
de entrada ‖ ⁻widerstand m (Hydr) / resistencia f a la
entrada ‖ ⁻winkel m (Math, Phys) / ángulo m entrante,
ángulo m de incidencia
ein • trocknen vi / secarse, irse secando ‖
⁻**trommelwinde** f / torno m monotambor ‖ ~**tröpfeln**
vt, einträufeln / instilar ‖ ⁻**tröpfeln** n, Einträufeln n /
instilación f ‖ ~**trüben** vt vr (Chem) / enturbiar[se] ‖
~**trümig** (Seil) / de un ramal ‖ ~**trümig** (Schacht) / de
un compartimiento ‖ ⁻**tuch-Bindemäher** m (Landw) /
segadora-agavilladora f (E) o -atadora (LA) ‖ ~**türig**
(Kfz) / de una (sola) puerta ‖ ⁻**typen**... (Wellenleiter) /
monomodal
Ein- und Ausgabe f (DV) / entrada f y salida ‖ ~ n **und**
Auslagern von Programmen (DV) / retirada f y
entrada de programa, cambio m de programas ‖ ⁻
und Ausschalten (Elektr) / conexión f y desconexión ‖
⁻ **und Austiegstür** f (Bahn) / puerta f de entrada y
salida ‖ ~ **und ausrückbar** (Kupplung) (Masch) /
embragable y desembragable ‖ ~ **und ausrücken,**
-schalten / embragar y desembragar ‖ ⁻ **und**
Ausrücker m (Spinn) / mecanismo m de embrague y
desembrague ‖ ⁻ **und Ausrückhebel** (Getriebe) /
palanca f de enganche y desenganche, palanca f de
embrague y desembrague ‖ ⁻ **und**
Ausrückvorrichtung f (Masch) / mecanismo m de
embrague y desembrague ‖ ⁻ **und Ausstiegsluke**
(Raum) / escotilla f de entrada y salida
Ein • vergütung f (Härten) / penetración f de temple y
revenido ‖ ⁻**-Verstärker**... (Eltronik) / de aceleración
única ‖ ~**vibrieren** vt (Bergb) / cargar por vibración ‖
⁻**vielfunktionenschalter** m / conmutador m de
función monoentrada-multisalida ‖ ⁻**visieren** n **nach**
Richtung und Höhe (Verm) / alineación f y nivelación ‖
⁻**waage** f, eingewogene Menge f / pesada f ‖ ⁻**waage**
(Konserven) / peso m líquido ‖ ~**wachsen** vt (mit
Wachs) / encerar ‖ ⁻**wachsen** n (mit Wachs) /
encerado m ‖ ⁻**wägelöffel** m (Chem) / cuchilla f de
pesar ‖ ~**wägen** vt, einwiegen (Chem) / pesar ‖ ⁻**walze**
f (Tex) / rodillo m de alimentación
einwalzen vt (in die Oberfläche) (Hütt) / sobre-laminar ‖
~ (Rohre) (Rohre) / mandilar tubos, abocardar ‖ ~,
einrollen (Hütt) / enrollar ‖ ⁻ n **des Sprengrings**
(Bahn) / montaje m del cerquillo
Einwalzer • ... (Pap) / monocilíndrico ‖ ⁻**brecher** m
(Aufb, Bergb) / trituradora m de un cilindro ‖ ⁻**reiniger**
m (Spinn) / abridora f de un tambor ‖ ⁻**schrämlader** m
(Bergb) / rozadora-cargadora f de una cabeza
Einwalzung f (Fehler, Walzw) / sobrelaminado m
einwandfrei adj / intacto, impecable, perfecto,
inmejorable ‖ ~ adv / en buen estado ‖ ~**es Ergebnis** /
resultado m perfecto ‖ ~**er galvanischer**
Niederschlag / depósito m regulin
einwandig (Stahlbau) / de una sola alma
Einwand-Tanker m (Schiff) / petrolero m monocasco
einwärts / hacia adentro ‖ ~ **falten** vt / replegar ‖ ~
gekrümmt (Oberfläche) / cóncavo, en forma de plato ‖
~ **krümmen** vt / incurvar
einwässern vt, auslaugen / mojar, empapar, lixiviar ‖ ~,
einweichen (Brau) / macerar
einweben, Fäden ~ (Tex) / entretejer
Einweg • ... (Masch) / de un sentido ‖ ⁻..., Wegwerf... /
perdido, desechable, de uso único, de un solo uso,
monouso, no recargable, no retornable ‖ ⁻**artikel** m,
Disposable n (Tex) / disposable m ‖ ⁻**-C-Behälter** m
(Schiff) / container m C en envase m **flasche** f
(Verp) / botella f no retornable, botella f sin retorno ‖
⁻**gebinde** n / recipiente m perdido ‖ ⁻**gleichrichter** m
(Eltronik) / rectificador m de media onda ‖
⁻**gleichrichterröhre** f / tubo m rectificador de media
onda ‖ ⁻**gleichrichtung** f / rectificación f de media

onda, rectificación f de una sola alternancia,
rectificación f de semiciclos ‖ ⁻**hahn** m, -kegelhahn
m / llave f de un solo paso ‖ ⁻**handschuhe** m pl,
Einmalhandschuhe m pl / guantes m pl desechables
einweger Zyklus / ciclo m de un sentido
Einweg • kanal m (DV) / canal m de una vía ‖ ⁻**kupplung**
f / embrague m de un solo sentido ‖ ⁻**leiter** m
(Wellenleiter) / aislador m, desacoplador m, elemento
m unidireccional ‖ ⁻**ofen** m (Hütt) / horno m de
circulación uniforme ‖ ⁻**packung** f (Verp) / envase m
no retornable o no recuperable, envase m perdido ‖
⁻**palette** f / paleta f no retornable ‖ ⁻**rutsche** f (Förd) /
resbaladera f simple ‖ ⁻**schaltung** f (Elektr) / circuito
m unidireccional ‖ ⁻**spule** f (Tex) / bobina f de uso
único ‖ ⁻**übertragung** f (Fernm) / transmisión f
unidireccional ‖ ⁻**ventil** n / válvula f antirretorno ‖
⁻**verpackung** f / embalaje m perdido ‖ ⁻**verstärker** m
(Eltronik) / amplificador m unidireccional
Einweichbottich m (Brau, Tex) / tina f de remojo
einweichen, einwässern / remojar, poner en remojo ‖ ~,
durchtränken / empapar ‖ ~ (Jute) / engrasar el yute ‖
~ (Hanf) / bañar ‖ ~, aufschütten (Brau) / macerar ‖
~, beizen (Gerb) / adobar ‖ ~ **und walken** (Leder) /
adobar y batanar ‖ **Wäsche** ~ / poner en remojo,
remojar ‖ ⁻ n / remojo m
Ein • weichwasser n (Mais) (Landw) / agua f para
macerar ‖ ~**weisen** vt, einführen (Personal) / iniciar,
dar instrucciones [iniciales] ‖ ~**weisen**, informieren,
beraten / orientar ‖ ⁻**weisung** f (Personal) / instrucción
f inicial ‖ ⁻**weisungsanlage** f (Radar) / instalación f de
guía ‖ ⁻**wellen**... (Masch, Turbine) / de un árbol,
monoárbol ‖ ⁻**wellen[zwangs]mischer** m (Bau) /
mezcladora f [de circulación forzada] de un árbol ‖
⁻**wellenstrom** m (Elektr) / corriente f sin armónicos ‖
⁻**wellige Faser** (Glas) / fibra f monomodal ‖ ~**welliges**
Licht (Phys) / luz f monocromática ‖ ~**wellige**
Wellpappe / cartón m ondulado simple ‖ **den**
Schützen ~**werfen** (Web) / mover la lanzadera ‖
⁻**werkstoff**... / de un solo material ‖ ~**wertig** (Chem) /
univalente, monovalente ‖ ~**wertiger Alkohol** /
alcohol m monohídrico ‖ ~**wertige Säure** / ácido m
primario ‖ ⁻**wertigkeit** f (Chem) / univalencia f ‖
⁻**wickelmaschine** f (Verp) / máquina f envolvedora o
empaquetadora ‖ ~**wickeln** / envolver ‖
⁻**wickelpapier** n / papel m de envolver, papel m de
embalaje, papel m de empaque (LA) ‖ ~**wiegen**, nach
der Setzwaage verlegen (Bau) / equilibrar ‖ ~**wiegen**
(Chem) / pesar en un recipiente ‖ ⁻**windungs**... (Elektr)
/ de una espira, monovuelta ‖ ~**winkeln**, in den
Winkel bringen (Bau, Tischl) / escuadrar ‖ ~**winken** vt
(Luftf) / guiar, dirigir ‖ ~**winken** (auf dem
Flugzeugträger) / estacionar sobre cubierta ‖
⁻**winker** m (Person), Marshaller m (Luftf) /
señalizador m, arreglador m ‖ ~**winklig** (Geom) /
uniangular ‖ ~**wintern** vt (Bau) / preparar para el
invierno ‖ ⁻**wintern** n, Einwinterung f (Boot, Kfz) /
invernaje m ‖ ~**wirken** vi [auf] / actuar [sobre], obrar
‖ ~**wirken** (Chem) / influir [en o sobre] ‖ ~**wirken**
lassen (Chem) / dejar actuar ‖ ⁻**wirkung** f / acción f,
influjo m ‖ ⁻**wirkung**, [Aus]wirkung f / efecto m ‖
⁻**wirkung**, Tätigkeit / operación f ‖ **starke** ~**wirkung**
[auf] / impacto m [sobre] ‖ ⁻**wirkungsbereich** f
(Bergb) / zona f afectada [por la explotación] ‖
⁻**wirkzeit** f, Einwirkungsdauer f / tiempo m de
actuación ‖ ⁻**wohnergleichwert** m, EGW (Abwasser) /
equivalente m de población ‖ ~**wölben** vt (Bau) /
abovedar ‖ ⁻**wortregister** n (DV) / registro m de una
palabra
Einwurf • kasten m (Lok), Brennstoffzuführung f / caja f
de alimentación de combustible ‖ ⁻**öffnung** f, -schlitz
m für Münzen / ranura f para la moneda ‖ ⁻**öffnung**
(für Briefe) / orificio m de entrada de cartas ‖
⁻**schacht** m (Sägewerk) / canal m de alimentación,
canal m de entrada

Einzackenschrift *n* (Akust, Eltronik) / pista *f* sonora sencilla de área variable
Einzahn•... (Wzm) / de una sola punta, de punta unica o simple ‖ ~**-Antrieb** *m* (vom Fahrzeug-Vorderrad) (Taxameter) / accionamiento *m* por espiral ‖ ~**-Entgratmaschine** *f* / desbarbadora *f* de punta única ‖ ~**-Gewindesträhler** *m* / peine *m* para roscar de un sola punta ‖ ~**-Wälzfräser** *m* / fresa-madre *f* de punta única
ein•zapfen *vt*, einstecken, schiften (Zimm) / ensamblar, espigar, mortajar, machihembrar ‖ ~**zäunen** *vt* / cercar, vallar ‖ ~**zäunen**, mit Pfählen umgeben / empalizar, cercar con (o rodear de) palizadas o empalizadas ‖ ~**zäunung** *f* / cerca *f*, cercado *m*, vallado *m* ‖ ~**zehntelnormal** (Chem) / decinormal ‖ ~**zeichen...** (Fernm) / de señal única, monoseñal ‖ **die Maße ~zeichnen** (in Plan) / dar dimensiones, inscribir cuotas ‖ ~**zeilig** (Druck) / de una línea ‖ ~**zeiliges Drucken** (DV) / impresión *f* de espaciado simple
Einzel•... (allg) / individual, simple ‖ ~**...**, einzeln, lose / suelto ‖ ~**abfederung** *f* (Kfz, Luftf) / suspensión *f* individual ‖ ~**abfederung mit Drehstabfeder** (Kfz) / suspensión *f* individual con barra de torsión ‖ ~**abgefedert** / suspendido individualmente ‖ ~**abteil** *n* (Bahn) / compartimiento *m* individual ‖ ~**achsantrieb** *m* (Bahn) / propulsión *f* independiente de los ejes, transmisión *f* individual ‖ ~**achse** *f* (Kfz) / eje *m* único ‖ ~**adressierung** *f*, Adressierung für direkten Zugriff (DV) / direccionamiento *m* directo o libre ‖ ~**adressierung**, Stationsbestimmung ‖ (Datenfernverarb) / identificación *f* de estaciones ‖ ~**aggregat** *n* (DV) / componente *m* ‖ ~**akkord** *m* (F.Org) / destajo *m* individual por pieza ‖ ~**anruf** *m* (Fernm) / llamada *f* selectiva ‖ ~**anschluss** *m* (Fernm) / línea *f* individual o única ‖ ~**antenne** *f* (einer Anlage) / elemento *m* de antena ‖ ~**antrieb** *m* (Masch) / accionamiento *m* independiente o individual, propulsión *f* individual, mando *m* o control individual ‖ ~**antriebsmotor** *m* (Wzm) / motor *m* para mando individual ‖ ~**anweisung** *f* (COBOL) / instrucción *f* simple ‖ ~**arbeit** *f* / trabajo *m* individual ‖ ~**arbeit**, -auftrag *m*, Los *n* (F.Org) / encargo *m*, orden *f* ‖ ~**äste** *m pl* (Holz) / nudos *m pl* aislados o esporádicos ‖ ~**aufhängung** *f* (Kfz) / suspensión *f* individual ‖ ~**ausführung** *f* (F.Org) / ejecución *f* individual ‖ ~**ausgang** *m* (DV) / salida *f* individual ‖ ~**bahn** *f* (Pap) / plana *f* individual ‖ ~**beobachtung** *f* / observación *f* aislada ‖ ~**bestimmung** *f*, -nachweis *m* (Chem) / análisis *m* individual ‖ ~**bild** *n* (Foto) / imagen *f* individual ‖ ~**bild** (Film) / cuadro *m* ‖ ~**bild** (Filmaufnahme) / imagen *f* fija ‖ ~**bild...** (Foto) / de imagen individual, imagen por imagen ‖ ~**bildeinrichtung** *f* (Foto) / dispositivo *m* de toma de vistas una por una, winder *m* ‖ ~**bildmessung** *f* / fotogrametría *f* por una sola exposición ‖ ~**bildschaltung** *f* (Film) / exposición *f* o proyección una por una ‖ ~**blatt** *n* **eines Formularsatzes** / hoja *f* individual o única ‖ ~**blattdicke** *f* (Pap) / espesor *m* de una hoja individual o única ‖ ~**blatteinzug** (DV) / alimentador *m* de hojas sueltas, cargador *m* automático de hojas sueltas, introductor *m* automático de hojas ‖ ~**blattpapier** *n* (DV) / papel *m* carta ‖ ~**blattzuführung** *f* (DV) / alimentación *f* de hojas sueltas ‖ ~**blechprüfgerät** *n* (Mat.Prüf) / aparato *m* para ensayo de chapa única ‖ ~**brenner** *m* (Schw) / soplete *m* no variable ‖ ~**buchstabe** *m* (Druck) / tipo *m* individual ‖ ~**buchstabensetzmaschine** *f*, Monotypmaschine *f* / máquina *f* componedora monotipo, monotipo *m* ‖ ~**carbonatation** *f* (Zuck) / carbonatación *f* en lotes ‖ ~**charakteristik** *f* (Funk) / característica *f* individual ‖ ~**diffusionsstufe** *f* (Nukl) / etapa *f* de difusión simple ‖ ~**drahtverlegung** *f* (Elektr) / cableado *m* de un solo alambre ‖ ~**eingang**

einzeln

m (DV) / entrada *f* individual ‖ ~**eingriffsfaktor** *m* (Zahnrad) / factor *m* de contacto aislado ‖ ~**elektronbindung** *f* (Chem) / enlace *m* monoelectrónico ‖ ~**elektron[ensystem]** *n* / electrón *m* suelto ‖ ~**empfang** *m* (Radio) / escucha *f* individual ‖ ~**empfang** (TV) / visión *f* individual ‖ ~**erdschluss** *m* (Elektr) / toma *f* de tierra individual ‖ ~**exemplare** *n pl* (Druck) / tomos *m pl* sueltos, ejemplares *m pl* sueltos ‖ ~**faden**, Monofil *m* (Chem, Tex) / monofilamento *m* ‖ ~**faden...** (Tex) / de hilo simple ‖ ~**faden** (Seide) / hilo *m* individual ‖ ~**fall** *m*, Zufallsfehler *m* / error *m* aislado ‖ ~**faser** *f* (Tex, Wellenleiter) / fibra *f* individual o elemental ‖ ~**fehler** *m*, individueller Irrtum / error *m* individual ‖ ~**[an]fertigung** *f* (F.Org) / fabricación *f* individual, fabricación *f* por pieza o por unidad ‖ ~**feuerung** *f* (Bau, Hütt) / calefacción *f* individual ‖ ~**förderer** *m* / transportador *m* individual o de cargas individuales o sueltas ‖ ~**förderung** *f* (Bergb) / tranporte *m* intermitente ‖ ~**formular** *n* (DV) / formulario *m* individual ‖ ~**formularzuführung** *f* (Vorgang) (DV) / alimentación *f* de formularios individuales ‖ ~**führung** *f* / guiado *m* individual ‖ ~**fundament** *n* (Bau) / cimiento *m* aislado ‖ ~**funkenstrecke** *f* (Elektr) / descargador *m* sencillo ‖ ~**gang** *m*, ein Spiel / ciclo *m* único ‖ ~**garage**, Box *f* (Kfz) / garaje *m* separado o individual ‖ ~**gesprächszählung** *f*, -gesprächserfassung *f* (Fernm) / cómputo *m* sencillo ‖ ~**gewicht** *n* / peso *m* por unidad ‖ ~**gewindestahl**, Spitzmeißel *m* (Dreh) / cuchilla *f* de corte en punta ‖ ~**gründung** *f* (Bau) / cimentación *f* individual ‖ ~**gussform** *f* (Gieß) / molde *m* de colada individual ‖ ~**halbleiter-Bauelement** *n* (Eltronik) / componente *m* semiconductor discreto ‖ ~**haus** *n* (isoliert stehend) (Bau) / casa *f* aislada o particular ‖ ~**hebelstellwerk** *n* (Bahn) / puesto *m* de palancas individuales
Einzelheit *f* / detalle *m*, particularidad *f* ‖ ~, Feinheit *f* / detalle *m*, finura *f*, fineza *f* ‖ ~**en** *f pl*, Daten *n pl* / detalles *m pl*, datos *m pl*
Einzel•heizung *f* (Bau) / calefacción *f* individual ‖ ~**hub** *m* (Presse) / carrera *f* sola ‖ ~**kanal** *m* **bei Frequenzmultiplex** (Fernm) / vía *f* derivada en frecuencia ‖ ~**kanal bei Zeitmultiplex** (Fernm) / vía *f* derivada en el tiempo, canal *m* derivado en el tiempo ‖ ~**kanal-Frequenzmodulation** *f*, EFM (Fernm) / modulación *f* de frecuencia del canal derivado ‖ ~**korndrillgerät** *n* (Landw) / sembradora *f* monograno o sencilla ‖ ~**Kornfestigkeit** *f* (Kohle) / resistencia *f* al aplastamiento de la pastilla ‖ ~**lagen-Reifen** *m* (Kfz) / neumático *m* de una capa ‖ ~**last** *f* (Mech) / carga *f* aislada o independiente ‖ ~**laufwerk** *n* (Film, Magn.Bd) / mecanismo *m* desenrollador sencillo ‖ ~**leerstelle** *f* (Chem) / hueco *m* simple ‖ ~**leiterstromkreis** *m* (Elektr) / circuito *m* de conductor individual ‖ ~**leitung** *f* (Elektr) / línea *f* de un solo alambre, vía *f* única
Einzeln•-Lademaschine *f* (Akku) / cargadora *f* de una celda ‖ ~**silo** *m* (Landw) / silo *m* monocelular ‖ ~**wechsellichtverfahren** *n* (Opt) / método *m* de medición con iluminación monocelular
einzellig (Biol) / unicelular, monoceluar
Einzel•linse *f* (Eltronik, Opt) / lente *f* sencilla o única ‖ ~**litze** *f* (Seil) / cordón *m* aislado ‖ ~**Luftbild** *n* (Foto) / foto *f* aérea individual ‖ ~**maschine** *f* / máquina *f* individual ‖ ~**meißel** *m* (Wzm) / cuchilla *f* de torno individual ‖ ~**messung** *f* (Mess) / medición *f* individual ‖ ~**motor** *m* / motor *m* individual ‖ ~**muster** *n*, -probe *f* / muestra *f* individual
einzeln, Einzel... / particular, individual ‖ ~ (statt paarweise) / de uno en uno, desparejado ‖ ~**er Anführungsstrich** (Druck) / guión *m* simple ‖ ~**e Ausreißer** (Stat) / valor individual errático (o dudoso o extraño) ‖ ~**er Band aus einem Werk** (Druck) / tomo *m* suelto, volumen *m* suelto ‖ ~**e Probenahme** (Stat) /

einzeln

toma *f* de muestras separadas ‖ ~**er Punkt**, Detail *n* / detalle *m* ‖ ~ **stehend**, frei stehend, vereinzelt (Bau) / aislado, destacado, independiente ‖ ~**e Stücke** *n pl* / piezas *f pl* sueltas, piezas *f pl* sin pareja
Einzel • nadelauswahl *f* (Tex) / selección *f* individual de agujas ‖ ~**objekt** *n* / objeto *m* individual ‖ ~**ofen** *m* (Hütt, Keram) / horno *m* individual ‖ ~**ofenheizung** *f* (Bau) / calefacción *f* por horno individual ‖ ~**packung** *f* (z.B. für Kleinteile) / embalaje *m* individual ‖ ~**plattenkassette** *f* (DV) / cartucho *m* de disco única ‖ ~**platzsystem** *n* (DV) / sistema *m* monousuario [integrado] ‖ ~**polmaschine** *f* (Elektr) / máquina *f* unipolar o acíclica ‖ ~**posten** *f* (Ware) / lote *m* separado ‖ ~**probe** *f*, -muster *n* / muestra *m* individual o separada ‖ ~**prozess** *m* (Nukl) / proceso *m* simple ‖ ~**prüfung** *f* / prueba *f* individual ‖ ~**punktschweißung** *f* / soldadura *f* por puntos aislados o separados o independientes ‖ ~**radaufhängung** *f* (Kfz) / suspensión *f* [de rueda] independiente, suspensión *f* individual ‖ ~**radbetätigung** *f* (Bremse) / acción *f* por rueda separada ‖ ~**reifen anstelle von Zwillingsreifen** (Kfz) / neumático *m* ' supersingle' ‖ ~**saturation** *f* (Chem) / saturación *f* intermitente ‖ ~**schalter** *m* (Elektr, Masch) / interruptor *m* individual ‖ ~**schlag** *m* / golpe *m* sencillo ‖ ~**schmierung** *f* / lubrificación *f* individual ‖ ~**schnitt** *m* (Wzm) / corte *m* individual ‖ ~**schnur** *f* / cuerda *f* individual ‖ ~**schrittbetrieb** *m* (DV) / operación *f* paso por paso ‖ ~**schuss** *m* (Plast) / inyección *f* singular ‖ ~**schweißumformer** *m* (Elektr) / transformador *m* para un solo soldador ‖ ~**spule** *f* (Elektr) / bobina *f* elemental ‖ ~**stempel** *m* (Bergb) / estemple *m* suelto o individual ‖ ~**steuerung** *f* **von zusammengekuppelten Triebfahrzeugen** (Bahn) / acoplamiento *m* con mando independiente de vehículos motores ‖ ~**strecke** *f* **einer Übertragungskette** / sección *f* de una cadena de transmisión ‖ ~**stromrichter** *m* (Elektr) / convertidor *m* único ‖ ~**stück** *n*, -teil *n* / pieza *f* individual ‖ ~**stufe** *f* (allg) / etapa *f* ‖ ~**takt** *m* / paso *m* único ‖ ~**takt** (DV) / impulso *m* único de tiempo ‖ ~**teil** *n* / pieza *f* suelta o individual, elemento *m* [suelto] ‖ ~**teilbau** *m* / construcción *f* por componentes ‖ ~**teilchen** *n* (Atom) / partícula *f* ‖ ~**teilchenmodell** *n* (Nukl) / modelo *m* de partícula única ‖ ~**teile** *n pl*, Bestandteile *n pl* / componentes *m pl* ‖ **aus ~teilen bestehend** / integrado por componentes ‖ ~**teilung** *f* (Zahnrad) / paso *m* sencillo ‖ ~**teilungsabweichung** *f* (Getriebe) / error *m* de paso individual ‖ ~**teilverfahren** *n* (Wzm) / procedimiento *m* sencillo de dividir ‖ ~**teilzeichnung**, Teilzeichnung *f* / plano *m* de detalles ‖ ~[**teil**]**zeichnung** *f* (in größerem Maßstab) / dibujo *m* técnico detallado ‖ ~**tonanalysator** *f* (Akust) / analizador *m* de sonidos aislados ‖ ~**triebeinstellung** *f* (Opt) / enfoque *m* individual ‖ ~**trinkwasserversorgung** *f* / alimentación *f* individual de agua potable ‖ ~**umschnürung** *f* (Stahlbeton) / armadura *f* en forma de anillo ‖ ~**verarbeitung** *f* (DV) / procesamiento *m* individual ‖ ~**vergrößerung** *f* (Opt) / amplicación *f* parcial, aumento *m* de detalle ‖ ~**verlustermittlung u. -summierung** *f* / suma *f* de pérdidas individuales ‖ ~**verstellung** *f* (Wzm) / desplazamiento *m* independiente ‖ ~**versuch** *m* (Chem, Phys) / ensayo *m* aislado ‖ ~**wagenbeleuchtung** *f* (Bahn) / alumbrado *m* autónomo o independiente de vehículos ‖ ~**wasserversorgung** *f* / alimentación *f* individual de agua ‖ ~**wirkend** (allg, Chem) / de acción individual ‖ ~**zeichen** *n* (Druck, DV) / carácter *m* sencillo ‖ ~**zeichnung** *f* (Zeichn) / dibujo *m* [técnico] detallado ‖ ~**zeit** *f* **aus Fortschrittszeitaufnahme**, Teilzeit *f* (F.Org) / tiempo *m* de sustracción ‖ ~**zeitverfahren** *n* (Zeitaufnahme) (F.Org) / cronometraje *m* recurrente

einzementieren *vt* (Bau) / empotrar con cemento, encementar
Einziehband, Stahl-~ (Elektr) / cinta *f* de acero para introducir o pasar el conductor
einziehbar / retráctil, retirable
einziehbares Fahrgestell (Luftf) / tren *m* de aterrizaje replegable o retráctil o escamotable
Einzieh • dose *f* (Elektr) / caja *f* para introducir el cable o conductor ‖ ~**draht** *m* (Elektr, Install) / alambre *m* de acero para introducir el conductor
einziehen *vt*, zurückziehen / retraer ‖ ~, aufwinden, aufkurbeln / retirar ‖ ~, einrücken, zurücktreten lassen (Druck) / hacer entrar una línea ‖ ~ (Flüssigkeit) / absorber, infiltrar ‖ ~ (Luftf) / replegar, escamot[e]ar ‖ ~, zurückziehen (Bau) / hacer retirada ‖ ~, später einfügen / instalar posteriormente ‖ ~, reduzieren (Schm, Stanz) / reducir ‖ ~ (Tex) / pasar ‖ **Drähte** ~ (Elektr) / introducir o pasar conductores ‖ **eine Decke** ~ (Bau) / montar el cielo raso o el plafón ‖ **einen Niet** ~ / colocar un remache o roblón ‖ **Gase** ~ / aspirar gases ‖ **Kettfäden** ~ (Tex) / re[e]ntrar o pasar hilos de urdimbre ‖ **Schnur** ~ / pasar o introducir un cordón o una cuerda ‖ ~, Zurückziehen *n* / retracción *f* ‖ ~ (Fahrgestell) (Luftf) / plegado *m*, escamoteo *m* ‖ ~, Rohrziehen *n* über Stopfen / estirado *m* de tubos con punzón ‖ ~ **der Luft** / aspiración *f* de aire ‖ ~ **von Balken** (Bau) / atravesado *m* ‖ ~ **von Kabeln** (Elektr) / tracción *f* de cables, tiro *m* de cables ‖ ~ **von Rohren** (Elektr) / trazado *m* de tubos ‖ ~ **von Wettern** (Bergb) / aireamiento *m*, ventilación *f*
einziehend • er Schacht (Bergb) / pozo *m* de entrada de aires ‖ ~**e Wetterstrecke** (Bergb) / galería *f* de entrada de aires ‖ ~**er Wetterstrom** (Bergb) / corriente *f* de aire fresco
Einzieh • fahrwerk *n* (Luftf) / tren *m* de aterrizaje replegable o escamotable ‖ ~**haken** *m* (Tex) / pasador *m* ‖ ~**kasten** *m*, -dose *f* (Elektr) / caja *f* para introducir el conductor ‖ ~**kran** *m* (Förd) / grúa *f* de pluma (o pescante) replegable ‖ ~**nadel** *f*, -haken *m*, -messer *n* (Web) / pasador *m* ‖ ~**rolle** *f*, Einzugrolle *f* / rodillo *m* de alimentación ‖ ~**spannzange** *f* / mandril *m* de pinza con retracción
Einziehung *f*, Verjüngung *f* / contractura *f* ‖ ~ (Bau) / retirada *f* ‖ ~ (Chem) / absorción *f* ‖ ~ **eines Behälterrandes** / contracción *f* del borde ‖ **ohne** ~ (o. Einschnürung) / sin garganta
Einzieh • walze *f* (Tex) / cilindro *m* alimentador ‖ ~**werk** *n* (Kran) / mecanismo *m* de plegado ‖ ~**zange** *f* (Elektr, Install) / tenazas *f pl* para introducir cables ‖ ~**zange** (Drahtziehen) / tenazas *f pl* de trefilado
Ein • ziffer-Addierglied *n*, Halbaddierer *m* (DV) / semisumador *m* ‖ ~**-Zimmer-Apartment** *n* (Bau) / estudio *m*, apartamento *m* de una habitación
einzuführende Werte (DV) / valores *m pl* a alimentar
Einzug *m*, Schwächerwerden *n* (Bau) / adelgazamiento *m* ‖ ~ (Druck) / entrada *f* ‖ ~ (Web) / pasado *m* ‖ ~ (Drucker, DV) / alimentador *m* ‖ ~ (Anfang eines Absatzes) (Druck) / sangría *f* (principio de párrafo) ‖ **ohne** ~, stumpf (Druck) / sin entrada
einzügig (Kabelkanal) / de un solo conducto
Einzugschnecke *f* (Hütt) / husillo *m* de alimentación
Einzugs • fehler *m* (Web) / error *m* de pasado ‖ ~**gebiet** *n* (Verkehr) / área *f* útil ‖ ~**gebiet** (Hydr) / cuenca *f* [hidrográfica], cuenca *f* de drenaje o captación, vertiente *f* ‖ ~**keil** *m* / cuña *f* de entrada ‖ ~**vorrichtung** *f* (Kopierer) / dispositivo *m* para inserción de hojas ‖ **photoelektrische** ~**vorrichtung**, photoelektrischer Einzug / introductor *m* fotoeléctrico ‖ ~**walze** *f* (Hütt) / rodillo *m* de alimentación o de entrada ‖ ~**winkel** *m* (Walzw) / ángulo *m* de entrada ‖ **genutete** ~**zone** (Plast) / zona *f* de entrada ranurada ‖ ~**zylinder** *m* (Sägewerk) / cilindro *m* de entrada

Einzug•wicklung f (Elektr) / devanado m de atracción ‖ ⁓**zylinder** m (Tex) / cilindro m alimentador
Ein-Zustand m (DV) / estado m de funcionamiento
einzustürzen drohen, vom Einsturz bedroht sein / amenazar ruina
einzwängen, pressen / prensar, introducir por fuerza ‖ ⁓, zusammendrücken / comprimir
Einzweck•..., Spezial... (Masch) / especializado, para una sola función ‖ ⁓**maschine** f (Wzm) / máquina f especializada
ein/zweibasiges Pulver (Chem, Mil) / pólvora f de una/dos base[s]
ein/zweiseitig wirkendes Axial-Rillenkugellager / rodamiento m axial de bolas de simple/doble efecto
Ein-Zweispindeldrehautomat m (Wzm) / torno m automático de uno/dos husillos
ein/zweistufiges Unterprogramm (DV) / subrutina f de primer/segundo nivel
Einzylinder•... (Mot) / de un cilindro, monocilindro, monocilíndrico ‖ ⁓**maschine** f / máquina f monocilindro o de un cilindro
Ei•profil n (Kanalisation) / perfil m oval ‖ ⁓**pulver** n (Nahr) / huevos m pl en polvo, huevos m pl deshidratados
Eis n (allg, Phys) / hielo m ‖ ⁓, Speiseeis n (Nahr) / helado m ‖ **mit** ⁓ **o. Reif bedecken** (Meteo) / cubrir de hielo ‖ ⁓**ansatz** m, -bildung f (Luftf, Meteo) / formación f de hielo ‖ ⁓**aufbruch** m (von Flüssen) / descongelación f ‖ ⁓**bank** f (Geo) / banco m de hielo ‖ ⁓**berg** m (Geo) / iceberg m ‖ ⁓**blänke** f (Geo) / polinia f ‖ ⁓**blumenartig** / parecido a flores de hielo ‖ ⁓**blumenglas** n / vidrio m escarchado ‖ ⁓**blumenlack**, Frostlack m / esmalte m escarchado ‖ ⁓**brecher** (Schiff) / buque m rompehielos ‖ ⁓**brecher**, Eisbrecherpfeiler m (Brücke) / rompehielos m ‖ ⁓**decke** f / capa f de hielo ‖ ⁓**-Einschlags-Leisten** f pl, Ice Impact Trays (Luftf) / listones m pl de impacto de hielo
Eisen n, Fe (Chem, Hütt) / hierro m, fierro m (LA) ‖ ⁓..., eisenhaltig (Chem, Min) / férreo, ferroso, sidérico ‖ ⁓**(II)-...**, Ferro... (Chem) / ferroso ‖ ⁓**(III)-...**, Ferri... / férrico ‖ ⁓ **im Brechgut** (Hütt) / fragmentos m pl extraños de hierro, hierro m casual, trozos m pl sueltos de hierro ‖ ⁓ **schaffende Industrie** / industria f siderúrgica, siderurgía f ‖ ⁓ **verarbeitend** / elaborador de hierro, transformador de hierro, sideromecánico f ‖ ⁓ **verarbeitende Industrie** / industria f ferrometalúrgica, industria f transformadora de hierro ‖ α-⁓ / hierro m α ‖ β-⁓ / hierro m austenita o β ‖ **im Abstichloch erstarrtes** ⁓ (Hütt) / bobo m de piquera o de sangría
Eisen•abfall m, Abfalleisen n / desperdicios m pl del hierro ‖ ⁓**abscheider** m / separador m [magnético] de hierro ‖ ⁓**abstich** m (Hütt) / colada f de hierro, sangría f de hierro ‖ ⁓**abstichloch** n (Hochofen) / piquera f ‖ ⁓**acetat** n (Chem) / acetato m de hierro ‖ ⁓**(II)-acetat** n / acetato m ferroso, pirolignito m de hierro ‖ ⁓**ader** f, -gang m (Bergb) / veta f de hierro ‖ ⁓**alaun** m, Halotrichit m (Min) / halotriquita f ‖ ⁓**albuminat** n (Chem) / albuminato m de hierro ‖ ⁓**-Ammon-Citrat**, Ferriammoniumcitrat n / citrato m férrico amoniacal ‖ ⁓**(II)-ammoniumoxalat** n / oxalata f ferrosa amoniacal ‖ ⁓**(III)-ammoniumsulfat**, Eisenammoniakalaun m / sulfato m férrico amoniacal ‖ ⁓**arm** (Min) / pobre en hierro ‖ ⁓**artig**, -haltig (Chem) / ferroso ‖ ⁓**ausbau** m, Stahlausbau m (Bergb) / apuntalamiento m de acero ‖ ⁓**ausbau des Schachts** / fortificación f de acero del pozo ‖ ⁓**ausfühlung** f (Bau, Masch) / ejecución f en hierro ‖ ⁓**ausschmelzung** f (Keram) / punto m de hierro ‖ ⁓**azetat** n / pirolignito m de hierro ‖ ⁓**bad** n (Hütt) / baño m de hierro
Eisenbahn f / ferrocarril m, ferrocarriles m pl, vía f o línea férrea, camino m de hierro, FF.CC. ‖ ⁓ s. auch Bahn ‖ ⁓..., Bahn... / ferroviario (E), ferrovial (E), ferrocarrilero (LA) ‖ **mit der** ⁓ / por vía férrea ‖ **mit der** ⁓ **befördern** (Bahn) / transportar por vía férrea ‖ ⁓**abteil** n / compartim[i]ento m ‖ ⁓**anschluss** m / conexión f a la red de ferrocarriles ‖ ⁓**arbeiter** m / obrero m ferroviario ‖ ⁓**ausbesserungswerk** n, Bahnbetriebswerkstatt f / taller m ferroviario ‖ ⁓**bau** m / construcción f de ferrocarriles ‖ ⁓**-Bau- und -Betriebsordnung** f, BO / reglamento m de construcción y servicio de ferrocarriles ‖ ⁓**beamter** m, -bediensteter m / agente m ferroviario, ferroviario m ‖ ⁓**betrieb** m / servicio m ferroviario ‖ ⁓**blockanlage** f / instalación f de bloqueo ‖ ⁓**böschung** f (Bahn) / talud m del terraplén de ferrocarril ‖ ⁓**bremse** f / freno m del tren ‖ ⁓**brücke** f / puente m ferroviario ‖ ⁓**damm** m / terraplén m del ferrocarril ‖ ⁓**deck** n (Schiff) / cubierta f para trenes ‖ ⁓**effekt** m, pseudostereoskopischer Effekt (Opt) / efecto m seudoestereoscópico ‖ ⁓**einschnitt** m (Bahn) / trinchera f ferroviaria
Eisenbahner m (der RENFE) / renfero m (coloq.) ‖ ⁓ (coll.) / ferroviario m (agente o obrero), ferrocarrilero m ‖ ⁓ **im Betriebsdienst Fachrichtung Lokführer und Transport** / maquinista m
Eisenbahn•fähre f, Trajekt m n / ferry m para ferrocarril, transbordador m de trenes ‖ ⁓**fahrplan** m / horario m de trenes, indicador m de ferrocarriles ‖ ⁓**fahrt** f / viaje m en tren ‖ ⁓**fahrzeug** n / vehículo m ferroviario ‖ ⁓**fahrzeuge** n pl, rollendes Material / material m rodante ‖ ⁓**-Forschungs- u. Versuchsamt** n / Oficina f de Investigación y Experimentación de la Unión Internacional de Ferrocarriles ‖ ⁓**fremd** / extraferroviario m ‖ ⁓**gelände** n / terreno m del ferrocarril ‖ ⁓**gleis** m / vía f de ferrocarril, carrilera f (LA) ‖ ⁓**knotenpunkt** m / cruce m de ferrocarriles, empalme m de vías, nudo m o centro ferroviario ‖ ⁓**knotenpunkt und Schifffahrtsknotenpunkt** / nudo m ferroviario (o de vías férreas) y de líneas de navegación ‖ ⁓**kran** m / grúa f ferroviaria ‖ ⁓**kupplung** f / acoplamiento m, enganche m de vagón ‖ ⁓**linie**, Strecke f / línea f férrea ‖ ⁓**material** m / material m ferroviario ‖ ⁓**netz** n / red f ferroviaria, red f de ferrocarriles ‖ ⁓**oberbau** m (Bahn) / superestructura f ferroviaria ‖ ⁓**planum** n / plataforma f de la vía (E), plano m de formación, cama f (MEJ), corona f (MEJ) ‖ ⁓**schiene** f / carril m, riel m, rail m ‖ ⁓**schotter** m / balasto m ferroviario ‖ ⁓**schwelle** f / traviesa f (E), durmiente m (LA) ‖ ⁓**sicherung** f, Eisenbahnsicherungseinrichtung f, -anlage f / instalación f de seguridad ferroviaria o de ferrocarril ‖ ⁓**sicherungswesen** n, (jetzt:) Signaltechnik f / técnica f de señalización ‖ ⁓**signal** n / señal f ferroviaria ‖ ⁓**signalordnung** f, Signalbuch n / reglamento m de señalización ferroviaria ‖ ⁓**signalwesen** n / señalización f ferroviaria ‖ ⁓**standort für Neubaustrecken** / recorrido m sobre el terreno ‖ ⁓**station** f / estación f ferroviaria o de ferrocarril ‖ ⁓**strecke** f / línea f férrea o de ferrocarril, ferrovía f ‖ ⁓**transport** m, Schienentransport m / transporte m por ferrocarril ‖ ⁓**transportkessel** m (Hütt) / cisterna f para transporte ferroviario ‖ ⁓**tunnel** m / túnel m ferroviario ‖ ⁓**überführung** f (für Straßen) / paso m superior de la carretera ‖ [**schienengleicher**] ⁓**übergang** / paso m a nivel ‖ ⁓**unglück** n, -unfall m / accidente m ferroviario ‖ ⁓**unterbau** m / infraestructura f ferroviaria ‖ ⁓**unterführung** f (für Straßen) / paso m inferior de la carretera ‖ ⁓**verbindung** f / relación f o comunicación ferroviaria ‖ ⁓**verkehr** m / tráfico m ferroviario ‖ ⁓**verkehrsordnung** f, EVO / reglamento m de transportes por ferrocarril ‖ ⁓**viadukt** m / viaducto m ferroviario ‖ ⁓**wagen**, Reisezugwagen m / coche m [de viajeros] ‖ ⁓**wagen**, Güterwagen m / vagón m de mercancías ‖ ⁓**wagen** m pl / vagones m pl y coches ‖ ⁓**wagenkipper** m / basculador m de vagones ‖

Eisenbahnwesen

⁓wesen n / ferrocarriles m pl ‖ ⁓zeug n / material m de vía ‖ ⁓zug m / tren m
Eisen•bakterien n pl (Zool) / ferrobacterias f, siderobacterias f ‖ ⁓**band** n, Bandeisen n, Stahlband n (Hütt) / fleje m de hierro o acero, cinta f de hierro o acero ‖ **dünnes** ⁓**band** / cinta f [delgada] de acero ‖ ⁓**band** n, -ring m (Hydr, Tischl) / virola f ‖ ⁓**bandbewehrtes Bleikabel mit Papierisolation** (Elektr) / cable m de plomo aislado con papel y armado por cinta de acero ‖ ⁓**bandbewehrung** f (Elektr) / armadura f [espiral] de cinta (o de fleje) de acero ‖ ⁓**beize**, -schwärze f (Chem) / mordiente m ferruginoso ‖ ⁓**belag** m, eiserner Bodenbelag (Bau, Bergb) / pavimiento m de hierro ‖ ⁓**bereifung** f (Bahn) / bandaje m de hierro, llantas f pl de acero ‖ ⁓**beschlag** m (Bau) / herrajes m pl ‖ **quantitative** ⁓**bestimmung** (Chem) / determinación f cuantitativa del hierro ‖ ⁓**beton** m, Stahlbeton m (Bau) / hormigón m armado ‖ ⁓**bewehrt**, armiert / armado de cinta [espiral] de acero ‖ ⁓**bieger** m (Bau) / ferrallista m ‖ ⁓**blau** n, Eisen(II)-prussiat n (Chem) / ferroprusiato m, ferrocianuro m ‖ ⁓**blaudruck** m (Druck) / impresión f de ferroprusiato ‖ ⁓**blaupigment** n (Chem) / pigmento m de ferroprusiato ‖ ⁓**blech** n (Hütt) / chapa f de hierro, palastro m (chapa gruesa) ‖ ⁓**blüte** f, Aragonit m (Min) / aragonita f ‖ ⁓**bromid** n (Chem) / bromuro m de hierro ‖ ⁓**bügel** m (Masch) / asa f de hierro ‖ ⁓**carbid** n (Chem) / carburo m de hierro ‖ ⁓**carbid**, Zementit m (Hütt) / cementita f ‖ ⁓**carbonat** n (Chem) / carbonato m ferroso ‖ ⁓**chlorid** n (Chem) / cloruro m de hierro ‖ ⁓**(II)-chlorid**, Ferrochlorid n / cloruro m ferroso ‖ ⁓**(III)-chlorid**, Ferrichlorid n / cloruro m férrico ‖ ⁓**chlorose** f (Landw) / clorosis f férrica ‖ ⁓**(III)-chromat**, Sideringelb n (Keram) / cromato m férrico ‖ ⁓**cyanblau** n (Farb) / azul m de ferrocianuro ‖ ⁓**cyanid** n (Chem) / cianuro m de hierro ‖ ⁓**(II)-cyanid** n / ferrocianuro m ‖ ⁓**(III)-cyanid**, Ferricyanid n / ferricianuro n ‖ ⁓**dicyclopentadienyl** n (Öl) / diciclopentadienilo m de hierro ‖ ⁓**draht** m, Stahldraht m / alambre m de hierro o de acero ‖ ⁓**dreher** m (Arbeiter) / tornero m de hierro ‖ ⁓**drossel** f (Elektr) / choque m con núcleo de hierro, bobina f [de reactancia] de núcleo de hierro ‖ ⁓**druse** f, drusig gewachsenes Eisenerz n (Min) / drusa f de hierro ‖ ⁓**erde** f, eisenhaltige Erde / tierra f ferruginosa ‖ ⁓**erz** n / mineral m de hierro **erdiges o. sandiges o. schlammiges** ⁓**erz** / mineral m de hierro terroso o arenoso o fangoso ‖ ⁓**erzbergwerk** n, -erzgrube f / mina f de hierro ‖ ⁓**erzeugnis** n (Hütt) / producto f siderúrgico ‖ ⁓**erzeugung** f / producción f o fabricación del hierro ‖ ⁓**erz-Koks-Pellet** n / pellet m de mineral de hierro-coque ‖ ⁓**erzlagerstätte** f (Bergb, Geol) / yacimiento m de [mineral de] hierro ‖ ⁓**fänger** m, Fanginstrument n (Bergb) / extractor m de hierro ‖ ⁓**farbe** f, -grau n / color m de hierro, gris m [de] hierro ‖ ⁓**feilspäne** m pl / limaduras f pl de hierro ‖ ⁓**fleck** m, Rostfleck m / mancha f de herrumbre ‖ ⁓**flecke** m pl (Keram) / manchas f pl de hierro ‖ ⁓**fluorid** n (Chem) / fluoruro m de hierro ‖ ⁓**forschung** f (Hütt) / investigación f del hierro y del acero ‖ ⁓**frei** (Chem, Min) / no ferroso, no férrico, no férreo ‖ ⁓**führend** (Bergb, Geol) / ferrífero, ferroso ‖ ⁓**fuß** m (Schuh) / horma f de trabajo ‖ ⁓**gang** m, -ader f (Bergb) / filón m de hierro, veta f de hierro ‖ ⁓**garn**, Glanzgarn n (Tex) / hilo m glacé, hilo m pulido ‖ ⁓**gehalt** m (Chem, Min) / contenido m de (o en) hierro ‖ ⁓**gehalt in %** m / porcentaje m de hierro ‖ ⁓**geschlossen**, mit geschlossenem Eisenkern (Elektr) / ferromagnético ‖ ⁓**geschlossenes Dynamometer** / dinamómetro m ferromagnético ‖ ⁓**geschlossenes Instrument** / instrumento m [ferro]magnético ‖ ⁓**gewicht** n (Chem, Hütt) / peso m de hierro ‖ ⁓**gießerei** f / fundición f de hierro, taller m de fundición, factoría f (LA) ‖ ⁓**gitter** n / reja f de hierro, rejilla f de hierro ‖ ⁓**glanz** m, Glanzeisenstein m (Min) / hierro m oligisto ‖ **[eigentlicher]** ⁓**glanz (metallisch glänzender Hämatit)** / hematita f, hematites f, especularita f, albin m ‖ ⁓**gleichrichter** m (Elektr) / rectificador m con cuba de acero, válvula f de cuba de acero ‖ ⁓**glimmer** m (Min) / hierro m micáceo ‖ ⁓**granat**, Pyrop m (Min) / piropo m ‖ ⁓**-Graphitdiagramm** n (Hütt) / diagrama m de hierro-grafito ‖ ⁓**grau** (RAL 7011) (Farb) / gris [de] hierro ‖ ⁓**graupe** f (Hütt) / hierro m granulado ‖ ⁓**guss** m, Gusseisen n / hierro m fundido o colado, fundición f ‖ ⁓**guss** (Vorgang) / colada f de hierro ‖ ⁓**gussstück** n, -guss m / fundición f de hierro, pieza f de hierro fundido ‖ ⁓**halbzeug** n, -fabrikate n pl / semimanufacturas f de hierro ‖ ⁓**haltig** (Chem, Min) / férreo, ferrífero, que contiene hierro ‖ ⁓**haltig** (Pharm) / ferruginoso ‖ **schwach** ⁓**haltig** / ferrítico ‖ ⁓**haltige Erde**, Eisenerde f (Geol) / tierra f ferruginosa ‖ ⁓**haltiger Quarz** s. Eisenkiesel ‖ ⁓**haltiger Quarz** (Min) / cuarzo m ferruginoso ‖ ⁓**haltige Verkrustung** / capa f o incrustación ferruginosa ‖ ⁓**hammerschlag** m (Hütt) / batiduras f pl de hierro ‖ ⁓**händler** m / ferretero m ‖ ⁓**-Hohlkathodenlampe** f / lámpara f con cátodo hueco de hierro ‖ **australisches** ⁓**holz**, Backhousia myrtifolia (Bot) / palo m de hierro de Queenslandia ‖ **weißes** ⁓**holz**, Nepris undulata / palo m [de] hierro blanco ‖ ⁓**holzbaum** m, Prospis ñandubay / ñandubay m, cavén m (CHIL), ácana f (CUB) ‖ ⁓**hütte** f, -hüttenwerk n (Hütt) / planta f siderúrgica ‖ ⁓**hüttenchemie** f / química f siderúrgica ‖ ⁓**hüttenindustrie** f / industria f siderúrgica ‖ ⁓**hüttenkunde** f / metalurgia f ferrosa, siderurgia f ‖ ⁓**hüttenmann** m, Hüttenarbeiter m / siderurgista m ‖ ⁓**hüttenprozess** m, -hüttenbetrieb m, -hüttenverfahren n / proceso m o procedimiento siderúrgico ‖ ⁓**hüttenwesen** n / siderurgia f, ingeniería f siderúrgica ‖ ⁓**(II)-hydroxid**, Ferrohydroxid n (Chem) / hidróxido m ferroso ‖ ⁓**(III)-hydroxid** n (Chem) / hidróxido m férrico ‖ ⁓**ignitron** n (Phys) / ignitrón m con cuba de hierro ‖ ⁓**induktion** f (Elektr) / inducción f en el hierro ‖ ⁓**industrie** f, eisenerzeugende o. -verbrauchende Industrie / industria f del hierro ‖ ⁓**- u. Metallindustrie** f / industria f siderometálurgica ‖ ⁓**iodid** n (Chem) / yoduro m férrico ‖ ⁓**kalkstein** m (Min) / caliza f ferruginosa ‖ ⁓**kern** m (Elektr) / núcleo m de hierro, núcleo m ferromagnético ‖ ⁓**kernabstimmung** f (Radio) / sintonía f por núcleo buzo, sintonía f por variación de la autoinducción ‖ ⁓**kernblech** n (Elektr) / chapa f del núcleo ‖ ⁓**kernlos**, ohne Eisenkern (Elektr) / con núcleo de aire ‖ ⁓**kernspule** f (Elektr) / bobina f con núcleo de hierro ‖ ⁓**kernspule**, Trimmer m (Funk) / compensador m de ajuste variable, trimmer m, trímer m, corrector m de sintonía ‖ ⁓**kerntrafo** m (Elektr) / transformador m con núcleo de hierro ‖ ⁓**kies** m, Pyrit m (Min) / pirita f de hierro ‖ ⁓**kiesel** m, -quarz m (Min) / cuarzo m ferruginoso ‖ ⁓**klinker** m pl (Bau) / ferroclíneas f pl (ladrillos vitrificados) ‖ ⁓**kobaltkies** m, Spatiopyrit m, Safflorit m (Min) / saflorita f, arseniuro m de cobalto ‖ ⁓**kohlenstoffdiagramm** n, -kohlenstoffschaubild n, EKD (Hütt) / diagrama m hierro-carbono ‖ ⁓**kohlenstofflegierung** f (Hütt) / aleación f de hierro y carbono ‖ ⁓**koks** (Hütt) / ferrocoque m ‖ ⁓**-Konstantan-Thermoelement** m (Phys) / elemento m termoeléctrico hierro-constantán ‖ ⁓**konstruktion** f, Stahlkonstruktion f, Stahlbau m (Bau, Masch) / construcción f de hierro, construcción f metálica, estructura f metálica ‖ ⁓**konstruktionswerkstatt** f / taller m de construcciones metálicas, taller m de carpintería metálica ‖ ⁓**kraftfluss** m (Elektr) / flujo m magnético

en el hierro ‖ ⁓krebs m, Spongiose f (Hütt) / espongiosis f ‖ ⁓kreis m (Elektr) / circuito m magnético en el hierro ‖ ⁓kunstguss m (Gieß) / fundición f artística de hierro ‖ ⁓kurzwaren f pl / quincallería f ‖ ⁓lack m / laca f para hierro ‖ ⁓legierung f (Hütt) / aleación f de hierro, aleación f férrica ‖ ~los (Spule) (Elektr) / con núcleo de aire, sin núcleo ‖ ~los (Eltronik) / sin transformador ‖ ~loser Verstärker / amplificador m sin núcleo ‖ ⁓luppe f (Hütt) / lupa f o zamarra de hierro ‖ ⁓manganerz n (Min) / mineral m de ferromanganeso ‖ ⁓mantel m, -umhüllung f / camisa f de hierro, capa f de hierro, forro m de hierro ‖ ⁓massel f (Hütt) / lingote m de hierro ‖ ⁓melder m, -meldegerät n (Pap, Tex) / detector de partículas magnéticas ‖ ⁓mennige f / minio m de hierro ‖ ⁓metall n (Hütt) / metal m de hierro ‖ ⁓metallhalbzeug n / semiproductos m pl siderúrgicos ‖ ⁓metallurgie f / ferrometalurgia f ‖ ⁓nickelbatterie f, Edisonakkumulator m (Elektr) / acumulador f de ferroníquel, acumulador m Edison ‖ ⁓nickelkies, Pentlandit m (Min) / nicopirita f, pentlandita f ‖ ⁓niere f (Min) / mineral m de hierro reniforme ‖ ⁓(II)-nitrat n (Chem) / nitrato m ferroso ‖ ⁓(III)-nitrat / nitrato m férrico ‖ ⁓nitrid n / nitruro m de hierro ‖ ⁓nitrit n / nitrito m de hierro ‖ ⁓ocker m, ockriger Brauneisenstein (Min) / ocre m de hierro ‖ roter ⁓ocker / ocre m rojo ‖ ⁓oolith, -rogenstein m / oolita f ferruginosa ‖ ⁓(II)-oxalat n (Chem) / oxolato m ferroso ‖ ⁓(III)-oxalat / oxalato m férrico ‖ ⁓oxid n / óxido m de hierro ‖ ⁓(II)-oxid, -monoxid, Eisenoxydul / óxido m ferroso ‖ ⁓(III)-oxid / óxido m férrico ‖ ⁓(II,III)-oxid n (früher Eisenoxyduloxyd) / óxido m ferrosoférrico ‖ rotes ⁓oxid, Colcothar m / óxido m rojo de hierro, colcótar m ‖ ⁓oxidabgabe f (Magn.Bd) / desprendimiento m de partículas de óxido ‖ ⁓oxidpigment n (Magn.Bd) / depósito m de óxido de hierro en polvo ‖ ⁓oxidrauch m, brauner Rauch (Hütt) / humo m pardo ‖ ⁓oxidul n (veraltet) s. Eisen(II)-oxid ‖ ⁓[penta]carbonyl n (Chem) / pentacarbonilo m de hierro ‖ ⁓peptonat n (Chem) / peptonato m de hierro ‖ ⁓phosphat n / fosfato m de hierro ‖ ⁓(III)-phosphat / fosfato m férrico ‖ ⁓phosphid, Phosphoreisen n (Chem, Hütt) / fosfuro m de hierro ‖ ⁓pigmente m pl / pigmentos m pl de hierro ‖ ⁓platine f / llanta f para chapa fina de hierro ‖ ⁓platte f / plancha f de hierro ‖ ⁓portlandzement m (Bau) / cemento m Portland de hierro ‖ ⁓probe f (Hütt) / prueba f de hierro ‖ ⁓(II)-prussiat n (Chem) / prusiato m de hierro, ferroprusiato m ‖ ⁓pulver n (Hütt) / hierro m en polvo ‖ ⁓pulverelektrode f (Schw) / electrodo m de polvo férrico o de hierro ‖ ⁓pulverkern m (Elektr) / núcleo m de hierro en polvo ‖ ⁓pulverkupplung f / embrague m de hierro en polvo ‖ ⁓pulvermagnet m (Elektr) / imán m de hierro en polvo ‖ ⁓pyrit m, Eisenkies m (Min) / pirita f de hierro ‖ ⁓quarz m, -kiesel m (Min) / cuarzo m ferruginoso ‖ ⁓querschnitt f (Bau) / sección f de la armadura ‖ ⁓rahmen m / bastidor m de hierro, armazón m de hierro ‖ ⁓reiches Zinn (Zinngewinnung) / estaño m rico en hierro ‖ ⁓reifen m (Verp) / fleje de hierro ‖ ⁓reifen (Bahn, Rad) / bandaje m de hierro ‖ ⁓rhodanat f (Chem) / tiocianato m de hierro ‖ ⁓rhodanid, Ferrirhodanid, Ferrithiocyanat n / sulfocianuro m de hierro, tiocianato m férrico ‖ ⁓ring m / anillo m de hierro, aro m de hierro ‖ ⁓ring, Zwinge f / abrazadera f, virola f ‖ ⁓ring, -band n (Hydr) / cinta f de acero ‖ ⁓ringspalt m (Elektr) / entrehierro m anular ‖ ⁓rinne f, Gussrinne f (Hochofen) / canal m de colada ‖ ⁓rogenstein, -oolith m (Min) / oolito m ferruginoso, oolita f ferruginosa ‖ ⁓rost m (Chem) / herrumbre f, óxido m de hierro ‖ ⁓rostfarbe f / color m ferruginoso ‖ ⁓rückgewinnungsanlage f (Hütt) / instalación f de recuperación de hierro ‖ ⁓rüstung f, -ausbau m des Schachts (Bergb) / anillo m de acero para pozo ‖ ⁓säge f (Handsäge) / sierra f de mano para cortar hierro ‖ ⁓säge (Motorantrieb) / sierra f mecánica para hierro ‖ ⁓(II)-salz, Ferrosalz n (Chem) / sal f ferrosa ‖ ⁓(III)-salz, Ferrisalz n / sal f férrica ‖ ⁓sand m (Min) / arena f ferruginosa o de hierro ‖ ⁓sandstein m (Geol) / lias m ferruginoso ‖ ⁓sättigung f (Elektr) / saturación f del hierro ‖ ⁓sau f, Ofensau f (Hütt) / salamandra f ‖ ⁓schere f / cizalla[s] f [pl] para hierro ‖ ⁓schlacke f / escoria f de hierro, cagafierro m (coll) ‖ ⁓schlamm m / lodo m de hierro ‖ ⁓schmelze f (Hütt) / hierro m fundido ‖ ⁓schneider m (Wzm) / cortahierros m, cizalla f, cortafierros m ‖ ⁓schrott m (Hütt) / chatarra f de hierro ‖ ~schüssig (Bergb) / ferruginoso ‖ ⁓schwamm m (Hütt) / esponja f de hierro, hierro m esponjoso ‖ ⁓schwammpellet n / pellet m de esponja de hierro ‖ ⁓schwarz n (Chem) / óxido m negro de hierro ‖ ⁓schwärze f / colorante m gris de hierro ‖ ⁓schwärze, -beize f / mordiente m de hierro ‖ ⁓silikat m / silicato m ferroso o de hierro ‖ ⁓spalt m, Luftspalt m (Elektr) / entrehierro m ‖ ⁓spat, Sphärosiderit m (Min) / espato m de hierro, esferosiderita f ‖ ⁓stab m, Stahl-, Eisenstange f / barra f de hierro ‖ ⁓stearat n (Chem) / estearato m de hierro ‖ ⁓sulfat n / sulfato m de hierro ‖ ⁓(III)-sulfat n / sulfato m férrico ‖ ⁓sulfatdosimetrie f (Nukl) / dosimetría f de sulfato de hierro ‖ ⁓sulfid n (Chem) / sulfuro m de hierro ‖ ⁓(II)-sulfid n (Chem) / sulfuro m ferroso ‖ ⁓teilchen n (Magn.Bd) / partícula f de hierro ‖ ⁓tonkonglomerat n (Hütt) / conglomerado m de arcilla de hierro ‖ ⁓- und Stahlindustrie f / industria f del hierro y del acero ‖ ⁓- und Stahlwaren f pl / productos m pl de hierro y acero ‖ ⁓verarbeitung f / transformación f de hierro ‖ ⁓verbindung f (Chem) / compuesto m de hierro ‖ ⁓verkleidung f / revestimiento m de hierro ‖ ⁓verlust m, Ummagnetisierungsverlust m (Elektr) / pérdidas f pl magnéticas, pérdidas f pl por histéresis ‖ ⁓verlust, Wirbelstromverlust m (Elektr) / pérdidas f pl por corrientes de Foucault ‖ ⁓verluste m pl (Elektr) / pérdidas f pl en el hierro ‖ ⁓vitriol n, grünes Vitriol (veraltet) (Chem) / vitriolo m de hierro o verde, aceche m, caparrossa f ‖ ⁓walzwerk n / laminadora f de hierro ‖ ⁓waren f pl / artículos m pl de hierro, ferretería f ‖ ⁓wasserbau m (Hydr) / construcción f metálica de obras hidráulicas ‖ ⁓wasserstoffwiderstand m (Eltronik) / resistencia f de hierro [en atmósfera de] hidrógeno ‖ ⁓werkstoffe m pl / materiales m pl de hierro, productos m pl férricos ‖ ⁓widerstand m (Elektr) / resistencia f de hierro ‖ ⁓widerstand m (Fernm) / resistencia f con filamento de hierro ‖ ⁓wolfram m (Chem) / ferrotungsteno m ‖ ⁓-Zink-Diagramm n (Hütt) / diagrama m de hierro-zinc ‖ ⁓zwinge f (Wz) / virola f, férula f eisern, von Eisen, Eisen... / de hierro, metálico, férreo ferroso ‖ ⁓es Band / fleje m de hierro ‖ ~er Bergmann (Abbaugerät) / minero m continuo ‖ ~er Bestand (F.Org) / reserva f permanente ‖ ~er Hut (Geol) / sombrero m de hierro Eis•erzeuger m, -generator m / generador m de hielo ‖ ⁓essig (Chem) / ácido m acético glacial ‖ ⁓fabrik f / fábrica f [productora] de hielo ‖ ⁓farben f pl (Färb) / colorantes m pl azoicos ‖ ⁓feld n, -flarr m, Packeis m (Geo) / pack m, pac m ‖ ⁓flocken f pl / hielo m en escamas ‖ ~frei / libre de hielo[s] ‖ ⁓gang m (Hydr) / deshielo m ‖ ~gekühlt / helado ‖ ⁓glas n / vidrio m craquelé eisig (Meteo) / glacial Eis•kalorimeter n (Phys) / calorímetro m de hielo ‖ ⁓klappe f (Hydr) / compuerta f de hielo ‖ ⁓klasse f (Schiff) / IAS ‖ ⁓klüftig, -rissig (Holz, Stein) / con grietas de heladas ‖ ⁓klumpen m / trozo m de hielo ‖ ⁓kondensationsreaktor m (Nukl) / reactor m [de]

Eislast

condensador de hielo ‖ ≃**last** f (Freileitungen) (Elektr) / carga f por congelación ‖ ≃**maschine** f / generador m de hielo ‖ ≃**maschine für Halbgefrorenes** / máquina f para hacer helados, heladora f ‖ ≃**nadelwolke** f (Meteo) / nube f de cristales de hielo ‖ ≃**nebel** m / niebla f helada ‖ ≃**phosphorsäure** f (Chem) / ácido m fosfórico glacial ‖ ≃**pickel** m (Wz) / picahielo m ‖ ≃**punkt** m (Phys) / punto m de congelación ‖ ≃**regen** m (Meteo) / lluvia f congelada o helada ‖ ~**rissig**, -**klüftig** (Holz, Stein) / con grietas de heladas ‖ ≃**schale** f (Kühlschrank) / bandeja f de hielo ‖ ≃**schlamm** m (Kältetechnik) / lodo m de hielo ‖ ≃**scholle** f (Hydr) / témpano m de hielo ‖ ≃**stadion** n / pista f helada ‖ ≃**stau** m (Hydr) / acumulación f de hielo ‖ ≃**überzug** m **auf Drähten** / formación f de hielo en los alambres ‖ ≃**warndienst** m (Verkehr) / servicio m de patrullas de hielo ‖ ≃**wasser** n / agua f helada o de hielo ‖ ≃**-Wasser-Gemisch** n / fragmentos m de hielo flotantes, agua f en proceso de congelación ‖ ≃**würfel** m / cubito m de hielo ‖ ≃**zapfen** m (Meteo) / carámbano m, canelón m, calamoco m ‖ ≃**zeit** f (Geol) / período m glacial o glaciario, época f glacial o glaciaria, glaciación f ‖ ≃**zeitlich**, glazial (Geol) / glacial, glaciario ‖ ≃**zelle** f (Kältetechnik) / célula f de hielo
Eiweiß n (Chem) / albúmina f ‖ ≃, Eiweißmischung f (Bb) / clara f de huevo ‖ **einfache** ≃**e**, Proteine n pl (Biochem) / proteínas f pl ‖ ~**artig**, -**haltig** / albuminoso, albuminífero ‖ ~**artig**, -**ähnlich** / proteínico, proteico, albuminóideo ‖ ≃**aufspaltung** f, Proteolyse f / proteolisis f ‖ ≃**bestandteil** m / componente m albuminoideo ‖ ≃**chemiefaser** f (Tex) / fibra f química [a base] de proteína ‖ ≃**gehalt** m, -anteil m (Biochem) / contenido m en albúmina, proporción f de albúmina ‖ ≃**schlichte** f (Tex) / encolante m proteínico, cola f de albúmina ‖ ~**spaltend** (Biochem) / proteolítico, proteoclástico ‖ ≃**stoff** m, Eiweiß n / albúmina f, proteína f, sustancia f albuminoidea, globulina f ‖ ≃**verbindung** f / compuesto m proteico
Ejektor m, Saugstrahlpumpe f / eyector m ‖ ≃ **am Auspuff** (Kfz) / eyector ‖ ≃**auspuff** m (Luftf) / tubo m de escape con eyector ‖ ≃**bohren** n (Wzm) / taladrado m por eyector ‖ ≃**diffusionspumpe** f / bomba f de difusión por eyector ‖ ≃**pumpe** f (Vakuum) / bomba f eyectora ‖ ≃**pumpe** (Dampfm) / eyector m de vapor
EK-Beizverfahren n **für Draht** (Hütt) / procedimiento m EC (tratamiento químico de superficies de alambres)
EKD (Hütt) = Eisen-Kohlenstoff-Diagramm
EKG n (= Elektrokardiogramm) (Med) / ECG m (= electrocardiograma)
Ekki n, Azobé, Bongossiholz n (Bot) / azobé m, ekki m, akuga m
Eklipse f (Astr) / eclipse m
Ekliptik f (Astr) / eclíptica f
ekliptikale Koordinaten f pl (im Sonnensystem) / coordenadas f pl elípticas heliocéntricas
Ekliptikebene f (Astr) / plano m eclíptico
Eklogit m (sehr altes Gestein) / eclogita f
Ekman-Spirale f (Meteo) / capa f límite de Ekman
Ekonomiser m, Vorwärmer m (Dampfm) / economizador m, precalentador m
Ekrasit n / ecrasita f
E-Krümmer, -Bogen m (Wellenleiter) / codo m de E
Ekrüseide f, Rohseide f (Tex) / seda f cruda o floja
Ekto•parasit m (außensitzender Parasit) (Zool) / ectoparásito m ‖ ≃**toxin** n (Bakteriengift) (Biol) / ectotoxina f
E-Kupfer n (Hütt) / cobre m electrolítico
EKV (= Exoatmospheric Kill Vehicle)(Abfangrakete) (Mil) / cohete m o misil interceptor
EKW, Elektrokraftwagen m / vehículo m electromotorizado

EKZ, Wegstreckenmesser m (Mess) / contador m de recorrido
el (Fernm) = elfenbein
Elaidin•reaktion f (Chem) / reacción f de elaidina ‖ ≃**säure** f / ácido m elaidínico o elaídico
Elain n, Olein n / elaína f, oleína f
Eläolith m (Min) / eleolito m, nefelina f grasa
Eläometer n, Ölreinheitsprüfer m (Öl) / eleómetro m
Elast, Elastomer n (Chem) / elastómero m
Elastanz f (Reziprokwert der Kapazität) (Elektr) / elastancia f
Elastase f (Enzym) / elastasa f
Elasthan n (Chemiefaser) / elastán m
Elastic n (Tex) / tejido m elástico
Elastic-Stop-Mutter f / turca f Elastic-Stop
Elastifikator m, Weichmacher m (für Kautschuk) (Chem, Plast) / elastificante m
elastifizieren / elastificar
Elastikreifen m (Kfz) / neumático m elástico, llanta f elástica
Elastin n (Biochem) / elastina f
elastisch, nachgiebig / elástico ‖ ~, geschmeidig / flexible ‖ ~, federnd / flexible, elástico, resiliente ‖ ~ **ähnliches Modell** (Luftf) / modelo m elástico ‖ ≃**e Aufhängung** (Kfz) / suspensión f elástica ‖ ≃**e Ausweichfähigkeit** / espaciamento m elástico ‖ ≃**es Band** / cinta f elástica ‖ ≃**e Dehnung** (Mech) / alargamiento m elástico ‖ ≃**e Durchbiegung** (Mech) / flexión f elástica ‖ ≃**e Erholung** (Gummi, Mech) / recuperación f elástica ‖ ≃**e Ermüdung** / fatiga f elástica ‖ ≃**e Fahrdrahtaufhängung** (Bahn) / suspensión f elástica de la línea de contacto ‖ ≃**e Formänderung** / deformación f elástica ‖ ≃**es Gelenk** / articulación f elástica ‖ ≃**es Gewebe** (Tex) / tejido m elástico ‖ ≃**es Gewebe** (mit eingewebten Gummifäden) / tejido m elástico con frunces ‖ ≃**e Hohlwelle** / árbol m hueco elástico ‖ ≃**e Isolierung** (eine Trennung) / aislamiento m elástico ‖ ≃**e Kupplung** / acoplamiento m elástico ‖ ≃**e Linie**, Durchbiegungslinie f / curva f de flexión ‖ ≃**e Nachwirkung** / fatiga f elástica ‖ ≃**e Nullachse o. neutrale Achse** / eje m neutro elástico ‖ ≃**es Polymer[isationsprodukt]** (Plast) / producto m elastomérico ‖ ≃**e Rückstellung** (Mech) / restitución f elástica ‖ ≃**e Schienenunterlagsplatte** (Bahn) / almohadilla f elástica ‖ ≃**er Stoß** (Nukl) / choque m elástico, colisión f elástica ‖ ≃**e Streuung** (Nukl) / dispersión f elástica ‖ ≃**e Stützung** / soporte m elástico ‖ ≃**e Verformung** (Mech) / deformación f elástica ‖ ≃**e Verformungsarbeit** / resiliencia f
Elastivität f (Elektrostatik) / elastividad f
Elastizität f, Federkraft f (Mech) / elasticidad f ‖ ≃, Geschmeidigkeit, Nachgiebigkeit f / flexibilidad f ‖ ≃ f (Rohgummi) / nervio m de caucho ‖ ≃ (bes. Metall), Federkraft f (Metall) / resiliencia f ‖ ≃ f (der Gase) (Phys) / expansibilidad f (de los gases) ‖ ≃ (des Motors) / [capacidad de] estirada f ‖ **unvollkommene** ≃ / anelasticidad f, inelasticidad f
Elastizitäts•berechnung f (Mech) / cálculo m de la elasticidad ‖ ≃**bereich** m (Mech) / zona f de elasticidad ‖ ≃**grad** m / índice m de elasticidad ‖ ≃**grenze** f / límite m de elasticidad ‖ ≃**grenze**, Fließgrenze f / límite m aparente de elasticidad, límite m de fluencia, punto m de deformación plástica ‖ ≃**hysteresis** f (Elektr) / histéresis f elástica ‖ ≃**koeffizient** m / coeficiente m de elasticidad, factor m de elasticidad ‖ ≃**konstanten** f pl / constantes f pl elásticas ‖ ≃**lehre** f, -theorie f (Phys) / teoría f de la elasticidad ‖ ≃**messer** m / elastómetro m, elasticímetro m ‖ ≃**messung** f / elasticimetría f ‖ ≃**modul** m, -zahl f (Mat.Prüf) / módulo m de elasticidad ‖ **räumlicher** ≃**modul** (Bau) / módulo m de elasticidad espacial
Elasto•faser f (Chem, Tex) / fibra f elástica, elastofibra f ‖ ≃**garn** n (Tex) / hilo m elástico ‖ ≃**gramm** n (Mat.Prüf) / elastograma f ‖ ≃**hydrodynamik** f, EHD (Schmierung) /

elastohidrodinámica f ‖ ≏idin n (Chem) / elastoidina f
‖ ≏mechanik f / elastomecánica f
elastomer•e Beschichtung / enduido m elastomérico ‖
~er Kunststoff / plástico m elastomérico ‖ ≏ n (Chem)
/ elastómero m
Elasto•optik f, Spannungsoptik f (Phys) / elastoóptica f ‖
~plastisch / elastoplástico ‖ ≏statik f / elastoestatica
f ‖ ≏widerstand m / elastoresistencia f
Elaterit m (Min) / elaterita f
Elchtest m (Kfz) / prueba f del alce
Elco-Lackierung f, EL / barnizado m eléctrico
ELDO = Europäische Organisation für Entwicklung u. Bau von
Trägerfahrzeugen
Electra n (Nav) / electra f
Electroforming n (Galv) / electroformación f
Electron-Printing n (mit radioaktiven Strahlen) (Druck)
/ impresión f electrónica
Elefantenhaut f (Hütt) / piel f de elefante
Elektivnährboden m, Selektiv-, Differentialnährboden
m (Med, Zool) / medio m de cultivo selectivo
Elektoralwolle f (Tex) / lana f merina-sajona
Elektret m (Elektr, Phys) / electret m, electreto m
elektrifizieren (Bahn) / electrificar
elektrifizierte Eisenbahn / ferrocarril m con tracción
eléctrica, ferrocarril m electrificado
Elektrifizierung f (Bahn) / electrificación f
Elektrik f / sistema m eléctrico, instalación f eléctrica
Elektriker m, Elektroinstallateur m / electricista m ‖
≏arbeiten f pl / trabajos m pl de electricista ‖ ≏zange f
/ alicates m pl de electricista
elektrisch, Elektrizitäts..., Elektro... (mit Wirkung der
Elektrizität zusammenhängend) / eléctrico, electro...
‖ ~e Abbaubeleuchtung (Bergb) / iluminación f
eléctrica del tajo ‖ ~e Abgasreinigung / precipitación
f eléctrica de los gases de escape ‖ ~er Abgleich /
compensación f eléctrica ‖ ~e Abhängigkeit (Bahn) /
encerrojamiento m eléctrico, enclavamiento m
eléctrico ‖ ~e Achse (Krist) / eje m eléctrico ‖ ~er
Alarmvorrichtung / alarma f eléctrica ‖ ~e Anlage /
instalación f eléctrica ‖ ~er Antrieb / accionamiento
m eléctrico, propulsión f eléctrica, electropropulsión f
‖ ~er Aufzug (Uhr) / mecanismo m eléctrico de
remontar, cuerda f automática eléctrica ‖ ~e
Ausrüstung / equipo m eléctrico ‖ ~ beleuchtet / con
alumbrado eléctrico ‖ ~ betrieben, elektrisch
angetrieben / accionado por electricidad, propulsado
por electricidad ‖ ~ betrieben (Bahn) / electrificado,
explotado por tracción eléctrica ‖ ~e Betriebsmittel n
pl / utillaje m eléctrico ‖ ~e Bohrmaschine /
taladradora f eléctrica, barreno m eléctrico ‖ ~e
Bremse / freno m eléctrico ‖ ~es Bügeleisen / plancha
f eléctrica ‖ ~es Büschel / penacho m eléctrico ‖ ~er
Dampfkessel / caldera f [de vapor] eléctrica ‖ ~e
Deckenheizung / calefacción f eléctrica del techo ‖
~er Dipol (Eltronik) / dipolo m eléctrico, dublete m
eléctrico ‖ ~es Dipolmoment / momento m eléctrico
dipolar ‖ ~es Drehen (Elektr) / mando m por
impulsos, mando m por cierres sucesivos rápidos ‖
~er Drehwinkel (Potentiometer) / ángulo m funcional,
ángulo m eléctrico efectivo ‖ ~er
Druckluftbohrhammer / martillo m perforador
electropneumático ‖ ~er Durchflussregler m /
regulador m eléctrico del caudal de paso ‖ ~er
Durchschlag, -bruch / disrupción f eléctrica ‖ ~e
Durchschlagsfeldstärke / intensidad f disruptiva del
campo eléctrico ‖ ~e Eisenbahn / línea f de tracción
eléctrica ‖ ~e Energie / energía f eléctrica ‖ ~e
Energiefortleitung, -übertragung / transmisión f de
energía eléctrica ‖ ~e Entladung / descarga f eléctrica
‖ ~e Erwärmung / calentamiento m eléctrico ‖ ~e
Fahrradbeleuchtung / alumbrado m eléctrico de
bicicleta ‖ ~es Fahrwerk (Kranbau) / mecanismo m
eléctrico de traslación ‖ ~es Feld, Kraftfeld n (Phys) /
campo m eléctrico ‖ ~e Feldkonstante, ε_o /

permitividad f absoluta, constante f dieléctrica ‖ ~es
Feldlinienbild / líneas f pl de campo eléctrico ‖ ~e
Feldstärke / intensidad f de campo eléctrico ‖ ~er
Fensterheber m. Klemmschutzvorrichtung /
elevalunas m eléctricos secuenciales y
antipinzamiento ‖ ~es Flurförderfahrzeug / carro m
industrial eléctrico ‖ ~e Flussdichte, Kraftlinienzahl
f / densidad f de flujo eléctrico ‖ ~e Fördermaschine
(Bergb) / máquina f eléctrica de extracción ‖ ~es
Gefäll[e] / diferencia f de potencial ‖ ~ geheizter
Fliegeranzug / traje m de vuelo calentado
eléctricamente ‖ ~ geladen / cargado
[eléctricamente] ‖ ~ geschweißt / electrosoldado,
soldado eléctricamente ‖ ~ getrennter Stromkreis /
circuito m flotante ‖ ~er Gleichlauf (Walzw) /
sincronismo m ‖ ~e Größe / cantidad f variable
eléctrica ‖ ~er Haarentferner m / depiladora f
eléctrica ‖ ~es Haushaltgerät / aparatos m pl
electrodomésticos, enseres m pl domésticos eléctricos
‖ ~e Heizdecke / manta f calentada eléctricamente,
frazada f calentada eléctricamente ‖ ~e Heizgewebe n
pl / tejidos m pl de calefacción eléctrica ‖ ~es
Heizkissen / almohad[ill]a f eléctrica ‖ ~e Heizung /
calefacción f eléctrica ‖ ~er Influenz (Phys) / inducción
f electr[ostát]ica ‖ ~ isoliert / aislado eléctricamente ‖
~e Kochplatte / placa f calentadora eléctrica ‖ ~er
Konvektionsofen (Heizung) / convector m eléctrico ‖
~e Kopplung (Eltronik) / acoplamiento m
electr[ostát]ico o capacitivo ‖ ~e Ladung (Phys) /
carga f eléctrica ‖ ~es Längenmaß von Leitungen
(Fernm) / distorsión f total ‖ ~er Lastkraftwagen, Lkw
m mit Elektroantrieb / camino m con motor eléctrico
‖ ~es Läutewerk / timbre m de llamada eléctrico ‖ ~
leitend / electroconductor, con conductividad
eléctrica, que conduce la electricidad ‖ ~e
Leitfähigkeit / conductividad f eléctrica ‖ ~er Leitweg
/ camino m de conducción eléctrica ‖ ~e Lichtanlage
/ instalación f de luz eléctrica ‖ ~ löschbarer ROM
(DV) / memoria f de lectura solamente borrable
eléctricamente, EEROM ‖ ~er Lötkolben /
electrosoldador m, hierro m de soldar eléctrico ‖ ~e
Maschinen f pl / máquinas f pl eléctricas ‖ ~ messend
/ por medición f eléctrica ‖ ~es Moment / momento m
eléctrico, par m eléctrico ‖ ~er Nullpunkt / cero m
eléctrico ‖ ~er Oberwellen-Analysator (Phys) /
analizador m armónico eléctrico ‖ ~er Ofen / horno
m eléctrico ‖ ~e Programmierung / programación f
eléctrica ‖ ~e Rauchgasreinigung / precipitación f
eléctrica de los gases de humo ‖ ~es
Sauerstoff-Schneiden (Schw) / corte m oxieléctrico,
oxicorte m por arco ‖ ~er Schlag (im Körper),
Stromschlag m / sacudida f eléctrica, electrochoque m
‖ ~es Schlagwerk (Fernm) / sonería f eléctrica ‖ ~
schmelzen (Hütt) / fundir en horno eléctrico ‖ ~es
Schneiden / corte m eléctrico ‖ ~er Schrauber (Wz) /
destornillador m eléctrico ‖ ~e Schwingungen f pl
(Phys) / oscilaciones f pl eléctricas ‖ ~e Sperre (Bahn) /
cerrojo m eléctrico ‖ ~e Sperre mit zwangsläufiger
Abstützung (Bahn) / cerrojo m eléctrico de
enclavamiento forzado ‖ ~e Startanlage / instalación
f de arranque eléctrica ‖ ~er Staubabscheider /
recogedor m eléctrico de polvo ‖ rein ~es Stellwerk
(Bahn) / puesto m de enclavamiento eléctrico ‖ ~er
Sturm (Meteo) / tormenta f eléctrica ‖ ~e
Suszeptibilität (Phys) / susceptibilidad f eléctrica ‖ ~
symmetrisch, gleichpolig (Elektr) / homopolar ‖ ~e
Türverriegelung / interruptor m de seguridad de la
puerta ‖ ~e Uhr / reloj m eléctrico ‖ ~e Uhrenanlage
/ relojes m pl repuestos en hora eléctricamente ‖ ~er
Verbraucher (Gerät) / resistencia f [eléctrica],
consumidor m ‖ ~er Verlust / pérdida f eléctrica ‖ ~e
Verriegelung / cerrojo m eléctrico ‖ ~er Verschluss
(Bahn) / encerrojamiento m eléctrico, enclavamiento
m eléctrico ‖ ~e Versilberung (Galv) / galvanoplastia f

elektrisch

de plata ‖ ~ **versorgt** / alimentado con energía eléctrica ‖ **~e Vorspannung** (Eltronik) / polarización *f* eléctrica ‖ **~e Wandheizung** / calefacción *f* eléctrica mediante paneles radiantes ‖ **~e Weiche**, Motor-Weiche *f* (Bahn) / aguja *f* accionada con motor, cambio *m* accionado con motor ‖ **~er Weichenantrieb** (Bahn) / motor *m* de aguja ‖ **~e Weichenstellung** (Bahn) / accionamiento *m* de agujas con motor ‖ **~e Welle** (zur Übertragung von Drehbewegungen) / árbol *m* eléctrico ‖ **~er Widerstand** / resistencia *f* eléctrica ‖ **~es Widerstandsschweißen** / soldadura *f* por resistencia eléctrica ‖ **~er Wind** (Elektr) / viento *m* eléctrico ‖ **~er Winkel** / ángulo *m* eléctrico ‖ **~e Winkelgeschwindigkeit**, ω / frecuencia *f* angular, pulsación *f* ‖ **~e Zerstäubung** / pulverización *f* eléctrica ‖ **~e Zugförderung** (Bahn) / tracción *f* eléctrica ‖ **~er Zünder** / encendedor *m* eléctrico ‖ **~e Zündvorrichtung**, -maschine (Bergb) / cebo *m* o detonador eléctrico
elektrisch-mechanisches Bauelement (Eltronik) / componente *m* electromecánico
elektrisieren *vt*, elektrisch laden / electrizar, cargar eléctricamente
Elektrisiermaschine *f* (hist.) (Phys) / máquina *f* electrizante, generador *m* electrostático
Elektrisierung *f* (allg) / electrización *f*
Elektrizität *f* / electricidad *f* ‖ **~**, Strom *m* / corriente *f*
Elektrizitäts•entladung *f* / descarga *f* eléctrica ‖ **⁻erregung** *f* / excitación *f* eléctrica ‖ **⁻erregung**, -erzeugung *f* (Biol) / electrogénesis *f*, generación *f* de electricidad, producción *f* de electricidad ‖ **~erzeugend** / electrógeno, generador de energía eléctrica ‖ **⁻erzeugung** *f* / generación *f* de energía eléctrica ‖ **⁻erzeugungseinheit** *f* / entidad *f* generadora de energía eléctrica, unidad *f* generadora de energía eléctrica, grupo *m* generador de energía eléctrica ‖ **⁻lehre** *f* / electrología *f*, teoría *f* de la electricidad ‖ **⁻leiter** *m* / conductor *m* eléctrico ‖ **⁻lieferung** *f*, -versorgung *f* / suministro *m* de energía eléctrica ‖ **⁻menge** *f* / cantidad *f* de electricidad ‖ **⁻messung** *f* / medición *f* de la electricidad, electrometría *f* ‖ **⁻quelle** *f*, Stromquelle *f* / fuente *f* de energía eléctrica, manantial *m* de energía eléctrica ‖ **⁻verlust** *m*, Stromverlust *m* / pérdida *f* de energía eléctrica ‖ **⁻versorgung** *f*, -lieferung *f* / suministro *m* de energía eléctrica, abastecimiento *m* eléctrico ‖ **⁻-Versorgungsunternehmen** *n*, EVU / compañía *f* de electricidad ‖ **⁻verteilung** *f* / distribución *f* de energía eléctrica ‖ **⁻werk** *n*, Elt-, Kraftwerk *n*, elektrische Zentrale, EW *n* / central *f* eléctrica, planta *f* eléctrica, usina *f* eléctrica (ARG) ‖ **⁻wirtschaft** *f* / economía *f* [de energía] eléctrica ‖ **⁻zähler** *m* / contador *m* eléctrico, contador *m* de electricidad
Elektro•..., elektrisch betätigt / accionado eléctricamente, electroaccionado, de mando eléctrico ‖ **⁻...** s. auch elektrisch u. Elektrizitäts... ‖ **⁻abscheidung** *f* (Chem) / precipitación *f* electrostática ‖ **⁻affination** *f* / electroafinación *f* ‖ **⁻affinität** *f* / electroafinidad *f*, afinidad *f* eléctrica ‖ **⁻aggregat** *n* / grupo *m* electrógeno ‖ **⁻akustik** *f* / electroacústica *f* **elektroakustisch** / electroacústico ‖ **~er Passivwandler** *m* (DIN), Hydrophon *n* (Öl) / hidrófono *m* ‖ **~er Übertragungsfaktor**, Druck-Übertragungsfaktor *m* (Akust) / rendimiento *m* en función de la presión de un micrófono de presión, repuesta *f* en presión, rendimiento *m* intrínseco en presión ‖ **~es Übertragungsmaß des Empfängers** (Fernm) / eficacia *f* absoluta de un sistema receptor ‖ **~es Übertragungsmaß des Senders** (Fernm) / eficacia *f* absoluta de un sistema emisor ‖ **~er Unterwasserwandler** (DIN) (Schiff) / proyector *m* acústico submarino, transductor *m* electroacústico sumergido ‖ **~er Wandler** / transductor *m*

electroacústico ‖ **~er Wirkungsgrad** (Lautsprecher) / rendimiento *m* electroacústico
Elektro•analyse *f* (Chem) / electroanálisis *m*, análisis *m* electrolítico ‖ **⁻anschluss** *m*, Stromanschluss *m* (Bau) / acometida *f* eléctrica ‖ **⁻anschluss haben** / tener acometida a la red eléctrica ‖ **⁻antrieb** *m* / accionamiento *m* eléctrico, propulsión *f* eléctrica, electropropulsión *f* ‖ **⁻antrieb** (Raumf) / propulsión *f* eléctrica ‖ **⁻antrieb**, -antriebsmotor *m* (Raumf) / propulsor *m* eléctrico ‖ **⁻backofen** *m* / horno *m* eléctrico de panificación ‖ **⁻bandrolle** *f* (Hütt) / rodillo *m* o tambor impelente ‖ **⁻beizen** *n* / decapado *m* electrolítico ‖ **⁻beton** *m* (Bau) / electrohormigón *m* ‖ **~biologisch** / electrobiológico ‖ **⁻blech** *n* (Hütt) / chapa *f* magnética ‖ **⁻bohren** *n* (Öl) / perforación *f* eléctrica subterránea ‖ **⁻bohrer** *m* (Öl) / perforadora *f* eléctrica ‖ **⁻bohrhammer** *m* (Wz) / taladradora-perforadora *f* eléctrica ‖ **⁻bohrmaschine** *f* (Wzm) / taladradora *f* eléctrica ‖ **⁻bremse** *f* / freno *m* eléctrico, electrofreno *m* ‖ **⁻brenner** *m* (Chem) / mechero *m* eléctrico ‖ **⁻brüter** *m* / incubadora *f* eléctrica, electroincubadora *f* ‖ **⁻bus** *m*, O-Bus *m* / trolebús *m*, electrobús *m* ‖ **⁻chemie** *f* / electroquímica *f* ‖ **⁻chemiker** *m* / electroquímico *m*
elektrochemisch / electroquímico *adj* ‖ **~es Abtragen** / erosión *f* electroquímica ‖ **~e Abtragmaschine** / máquina *f* para erosión electroquímica ‖ **~es Äquivalent**, Faraday-Äquivalent *n* / equivalente *m* electroquímico de Faraday ‖ **~e Bearbeitung** / mecanización *f* electroquímica ‖ **~e Bearbeitungsmaschine** / máquina *f* para erosión electroquímica ‖ **~es Feinbohren**, ECF / taladro *m* electroquímico de precisión ‖ **~e Metallfärbung** / coloración *f* electroquímica de metales ‖ **~e Polarisation** / polarización *f* electrolítica ‖ **~e Reihe o. Spannungsreihe** / serie *f* electroquímica [de tensión] ‖ **~e Spannungsreihe** / serie *f* de tensiones electroquímicas o de Volta ‖ **~e Umwandlung in der Batterie** / conversión *f* electroquímica en la batería ‖ **~e Wertigkeit** / valencia *f* electroquímica
elektro•chrom (Eltronik) / electrocrómico ‖ **⁻colorverfahren** *n* (Metallfärbung) / procedimiento *m* electrocolor ‖ **⁻cureverfahren** *n* (Lack) / endurecimiento *m* por haz electrónico ‖ **⁻dampfkessel** *m* / caldera *f* de vapor calentada electricamente
Elektrode *f* (allg) / electrodo *m* ‖ **~** (Schw) / electrodo *m* fusible, electrodo *m* consumible ‖ **~** (Zyklotron) / desviador *m* deflector ‖ **~** *f* **eines galvanischen Elementes** / electrodo *m* de un elemento galvánico ‖ **~ mit gasumhülltem Lichtbogen** (Schw) / electrodo *m* de arco en atmósfera protectora ‖ **~ zum Glasschmelzen** / electrodo *m* para fusión de vidrio
Elektroden•abbrand *m* / desgaste *m* del electrodo, consunción *f* del electrodo ‖ **⁻abstand** *m* (der Zündkerze) (Kfz) / separación *f* de los electrodos de la bujía ‖ **⁻abstand** (Eltronik, Schw) / distancia *f* entre electrodos ‖ **⁻abstandslehre** *f* (Kfz) / galga *f* distanciadora de electrodos ‖ **⁻-Admittanz** *f*, -Scheinleitwert *m* / admitancia *f* de electrodo ‖ **⁻arm** *m* / brazo *m* portaelectrodos ‖ **⁻ausgang** / salida *f* del electrodo ‖ **⁻befestigung** *f*, -halterung *f* (Hütt) / soporte *m* de electrodos ‖ **⁻behälter** *m*, -köcher *m* (Schw) / caja *f* para electrodos ‖ **⁻-Blindleitwert** *m* / susceptancia *f* de electrodo ‖ **⁻-Blindwiderstand** *m*, -Reaktanz *f* / reactancia *f* de electrodo ‖ **⁻charakteristik** *f*, -kennlinie *f* / característica *f* de electrodo ‖ **⁻druck** *m* (Schw) / presión *f* del electrodo ‖ **⁻fehlstrom** *m* / corriente *f* perdida o debida a la falla de un electrodo ‖ **⁻halter** *m*, -zange *f* (Schw) / porta-electrodos *m*, portaelectrodos *m*, pinza-portaelectrodos *m* ‖ **⁻-Impedanz** *f*, -Scheinwiderstand *m* / impedancia *f* de electrodo ‖ **⁻kapazität** *f* (Eltronik) / capacidad *f* entre electrodos ‖

elektrokalorisch

˜kessel m / caldera f de electrodos ‖ ˜kohle f / carbón m de electrodo ‖ ˜konduktanz f, -Wirkleitwert m / conductancia f de electrodo ‖ ˜kraft f (Schw) / presión f del electrodo ‖ ˜kühlblech n (Eltronik) / chapa f refrigerador del electrodo ‖ ˜leerlaufspannung f (Eltronik, Röhre) / tensión f en vacío de un electrodo ‖ ~lose Entladung, Ringentladung f / descarga f sin electrodos, descarga f luminosa en un tubo sin electrodos ‖ ~lose Röhre, Nullode f (Eltronik) / tubo m sin electrodos ‖ ˜mantel m, -ummantelung f (Schw) / revestimiento m o forro de electrodo, envoltura f del electrodo ‖ ˜mehl n (Chem) / electrodos m pl pulverizados ‖ ˜metall n (Schw) / metal m de electrodo ‖ ˜potential n / potencial m de electrodo ‖ ˜reaktanz f, Elektrodenblindwiderstand m / reactancia f de electrode ‖ ˜relais n / relé m de electrodes ‖ ˜ring m / anillo m de electrodo ‖ ˜schaft m (Schw) / adaptador m de electrodo ‖ ˜-Scheinleitwert m, -Admittanz f / admitancia f de electrodo ‖ ˜-Scheinwiderstand m, -Impedanz f / impedancia f de electrodo ‖ ˜schluss m / cortocircuito m entre electrodos ‖ ˜sitz m (Schw) / asiento m [conico] de electrodo ‖ ˜spannung, Potentialdifferenz f / diferencia f de potencial entre electrodos ‖ ˜steuerung f (Ofen) / mando m de electrodos, reactancia f de electrodo ‖ ˜strom m (Eltronik, Funk) / corriente f de electrodo ‖ ˜treibrollen f pl (Ofen) / rodillos m de alimentación de electrodos ‖ ˜überschlag m / salto m del arco entre electrodos ‖ ˜verbrauch m / consumo m de electrodos, desgaste m de electrodos ‖ ˜verlustleistung f / disipación f de electrodo ‖ ˜vorspannung f / tensión f de reposo de electrodos ‖ ˜wechsel m (Schw) / cambio m de electrodo[s] ‖ ˜-Wirkleitwert m, -konduktanz f / conductancia f de electrodo ‖ ˜zange f, Elektrodenhalter m (Schw) / pinza f portaelectrodos
Elektro • desintegration f (Nukl) / electrodesintegración f ‖ ˜dialyse f (Chem) / electrodiálisis f ‖ ˜dispersion f / electrodispersión f ‖ ˜dynamik f (Phys) / electrodinámica f ‖ ~dynamisch, dynamometrisch / electrodinámico, dinamométrico ‖ ~dynamisch, dynamisch (Eltronik, Lautsprecher, Mikrofon) / electrodinámico, de bobina móvil ‖ ~dynamische Kontraktion, elektrodynamische Einschnürung (Plasma) / contracción f electrodinámica, encogimiento m electrodinámico ‖ ~dynamischer Leistungsmesser / vatímetro m electrodinámico ‖ ~dynamisches Schwebesystem n, EDS (Bahn) / levitación f electrodinámica ‖ ~dynamisches Wattmeter / vatímetro m electrodinámico ‖ ~dynamisches Wattmeter mit Eisenkern / vatímetro m de Sumpner ‖ ˜dynamometer n (Fernm, Phys) / electrodinamómetro m ‖ ˜endosmose f (Chem) / electroendosmosis f ‖ ˜energie f / energía f eléctrica ‖ ˜entstaubung f / desempolvoramiento m eléctrico ‖ ˜enzephalograph m (Med) / electroencefalógrafo m ‖ ˜erosion f (Wzm) / electroerosión f ‖ ˜erosionsmachine f / máquina f de electroerosión ‖ ~erosive Bearbeitung, funkenerosives Abtragen / mecanizado m electroerosivo ‖ ~-erosive Lichtbogenbearbeitung / mecanizado m por arco voltaico ‖ ˜erzeugung f / producción f de energía eléctrica ‖ ~-explosiv / electroexplosivo, electropirotécnico f ‖ ˜fahrwerk n (Kran) / mecanismo m de traslación eléctrico ‖ ˜fahrzeug n (Kfz) / vehículo m con propulsión eléctrica, automóvil m eléctrico ‖ ˜fahrzeug, -schienenfahrzeug n (Bahn) / vehículo m ferroviario eléctrico ‖ ˜fax-Verfahren n / método m Electrofax ‖ ˜filter m n (Chem, Hütt) / filtro m electrostático, electrofiltro m ‖ ˜fläche f / superficie f eléctricamente activa ‖ ˜[flaschen]zug m (Förd) / polipasto m eléctrico, aparejo m eléctrico ‖ ˜flotation f (Aufb) / electroflotación f ‖
˜fluiddynamik f (Phys) / dinámica f de electroflúidos ‖ ˜fluor n (transpar. Material, das el. Energie in sichtb. Licht umwandelt) (Chem) / electroflúor m ‖ ˜flurfördergeräte n pl / carretillas f pl eléctricas ‖ ˜förderwagen m (Bergb) / vagoneta f eléctrica ‖ ˜formguss m (Gieß) / fundición f [moldeada] al horno eléctrico ‖ ˜formung f (Galv, Hütt) / formación f en baño eléctrico, electroplastía f, formación f electrolítica, electroformación f ‖ ˜gabelstapler m (Förd) / carretilla f eléctrica [de horquilla] elevadora ‖ ˜galvanisation f / electrocincado m, galvanización f eléctrica ‖ ~galvanisch / electrogalvánico ‖ ˜gasdynamik f, EGD / dinámica f de electrogas ‖ ˜gas-Schweißen n (Electrogas Welding) / proceso EGW, soldadura f por electrogás ‖ ˜gebläse n / ventilador m eléctrico, electroventilador m ‖ ˜gen n (bei Belichtung Elektronen abgebendes Molekül) (Chem) / electrógeno m ‖ ˜getriebe n (Kfz) / engranaje m eléctrico, transmisión f eléctrica ‖ ˜gewinde n (Lampen) / rosca f Edison (para bombillas) ‖ ˜glas n, Elektrolytglas n / vidrio m electrolítico ‖ ˜graphie f (Druck) / electro[foto]grafía f ‖ ˜graphit m (Min) / grafito m para usos eléctricos ‖ ˜graphitstift m / lápiz m electrografítico ‖ ˜grenzlehre f (Mess) / calibre m eléctrico de tolerancias ‖ ˜guss m (Gieß) / fundición f eléctrica ‖ ˜gyroantrieb, Kreiselantrieb m (Bahn, Kfz) / propulsión f electrogiroscópica ‖ ˜hammer m (Wz) / martillo m eléctrico ‖ ˜handbohrmaschine f / taladradora f eléctrica de pistola ‖ ˜-Handhubwagen m (Förd) / carretilla f eléctrica para paletas ‖ ˜hängebahn f / monocarril m aéreo, ferrocarril m eléctrico suspendido ‖ ˜-Haushalt... / electrodoméstico ‖ ˜hebemagnet m, Lasthebemagnet m / electroimán m de elevación ‖ ˜hebezeug n / aparato m elevador eléctrico ‖ ˜heizband n / banda f electrocalefactora ‖ ˜heizkörper m / radiador m eléctrico ‖ ˜heizung f, Elektrowärme f (Bau) / calor m negro ‖ ˜heizung f / calefacción f eléctrica ‖ ˜herd m, E-Herd n / cocina f eléctrica, horno m eléctrico ‖ ˜hochofen m (Hütt) / alto horno eléctrico ‖ ˜hocker m / taburete m calentador eléctrico ‖ ˜holografischer Schalter / conmutador m electroholográfico ‖ ˜hubwagen m (Förd) / carretilla f elevadora eléctrica, carro m eléctrico elevador ‖ ˜hubwerk n / mecanismo m elevador eléctrico ‖ ~hydraulisch / electrohidráulico ‖ ~hydraulisches Bohren (Bergb) / perforación f electrohidráulica ‖ ~hydraulische Zerkleinerung / trituración f electrohidráulica, desintegración f electrohidráulica ‖ ~hydraulische Flugsteuerung, Fly-by-wire m n (Luftf) / mando m electrohidráulico del avión ‖ ~hydraulische Steuerung (Schaltung), EH-Automatik f (Kfz) / mando m EH ‖ ~hydrodynamischer Stromerzeuger, EHD-Generator m (Elektr) / generador m electrohidrodinámico ‖ ˜-Hydropumpe f / bomba f electrohidráulica ‖ ~induktive Prüfung / ensayo m electroinductivo, control m por inducción eléctrica ‖ ˜industrie f / industria f eléctrica, electroindustria f ‖ ˜industrie, -maschinenbau m / industria f de maquinaria eléctrica ‖ ˜ingenieur m / ingeniero m eléctrico o electrotécnico o electricista ‖ ˜installateur m (jetzt: Systemelektroniker für Energie- und Gebäudetechnik) / [instalador] electricista m ‖ ˜installation f (Bau) / instalación f eléctrica ‖ ~isolierend / electroaislante ‖ ˜isolierfolie f / hoja f delgada para aislamiento eléctrico, lámina f electroaislante ‖ ˜isolierlack m / barniz m electroaislante ‖ ˜isolierpapier n / papel m de aislamiento eléctrico, papel m dieléctrico ‖ ˜isolierpappe f / cartón m [electro]aislante ‖ äquatorialer ˜jet (Meteo) / electrochorro m ecuatorial ‖ ˜kalorimeter n (Mess, Phys) / calorímetro m eléctrico, electrocalorímetro m ‖ ~kalorisch /

elektrokalorisch

electrocalórico ‖ ~**kalorischer Effekt** / efecto *m* electrocalórico ‖ ~**kapillar** / electrocapilar ‖ ~**kardiogramm** *n*, EKG (Med) / electrocardiograma *m* ‖ ~**kardiograph** *m* / electrocardiógrafo *m* ‖ ~**karren**, -wagen *m* (Förd) / carretilla *f* eléctrica, vagoneta *f* eléctrica, carro *m* eléctrico ‖ ~**keramik** *f* / electrocerámica *f*, aisladores *m pl* cerámicos ‖ ~**kessel** *m* / caldera *f* eléctrica ‖ ~**kettenzug** *m* / polipasto *m* eléctrico de cadena ‖ ~**kinematik** *f* (Phys) / electrocinemática *f* ‖ ~**kinetik** *f* / electrocinética *f* ‖ ~**kinetisch** / electrocinético ‖ ~**kippdämpfer** *m* (Landw) / caldera *f* cocedora basculante eléctrica al vapor ‖ ~**[klein]material** *n* / material *m* eléctrico [pequeño] ‖ ~**kleinmotor** *m* / motor *m* de potencia fraccionaria, motor *m* de fracción de caballo ‖ ~**koagulation** *f* (Med) / electrocoagulación *f* ‖ ~**kocher** *m* / calentador *m* eléctrico ‖ ~**[koch]geschirr** *n* / batería *f* de cocina eléctrica (de fondo plano) ‖ ~**kochplatte** *f* / placa *f* calentadora eléctrica ‖ ~**kohleherd** *m* / cocina *f* mixta (carbón-electricidad) ‖ ~**korund** *m* / corindón *m* artificial o sintético, electrocorindón *m* ‖ ~**kranwagen** *m* (Förd) / carretilla *f* eléctrico con grúa ‖ ~**kultur** *f* (Landw) / electrocultivo *m* ‖ ~**kupfer** *n* (Hütt) / cobre *m* electrolítico ‖ ~**kution** *f*, tödlicher Stromschlag (Med) / electrocución *f* ‖ ~**lackpappe** *f* / cartón *m* aislante barnizado ‖ ~**lieferwagen** *m* (Kfz) / furgoneta *f* eléctrica ‖ ~**löffelbagger** *m* (Bau) / pala *f* eléctrica, draga *f* eléctrica ‖ ~**lokomotive** *f*, elektrische Lokomotive, E-Lok *f* / locomotora *f* eléctrica ‖ ~**lumineszenz** *f* (Phys) / electroluminiscencia *f* ‖ ~**lumineszenzplatte**, Leuchtplatte *f* / panel *m* mural electroluminiscente
Elektrolyse *f* (Chem) / electrólisis *f* ‖ ~**bad** *n* / baño *m* electrolítico ‖ ~**ofen** *m*, -zelle *f* (Alu) / horno *m* de electrólisis, célula *f* de electrólisis ‖ ~**rückstände** *m pl*, -schlamm *m* (Galv) / residuos *m pl* de la electrólisis, fango *m* electrolítico o anódico
Elektrolyse[u]r *m* (Chem) / electrolizador *m*
elektrolysierbar / electrolizable
elektrolysieren, durch Elektrolyse zersetzen / electrolizar, descomponer por electrólisis
Elektrolyt *m* / electrólito *m* ‖ ~ **an der Kathode**, Katholyt *m* / católito *m* ‖ ~**blei** *n* (Hütt) / plomo *m* electrolítico ‖ ~**detektor** *m* (Eltronik) / detector *m* electrolítico, detector *m* de Schloemilch ‖ ~**eisen** *n* / hierro *m* electrolítico ‖ ~**glas** *n* / vidrio *m* ectrolítico ‖ ~**gleichrichter** *m* (Elektr) / rectificador electrolítico, válvula *f* electrolítica
elektrolytisch / electrolítico ‖ ~**e Apparatur** (Chem) / instalación de celdas electrolíticas, equipo *m* de electrolizador ‖ ~**e Auflösung** / electrodisolución *f* ‖ ~**es Beizbad** (Hütt) / baño *m* de decapado o decapaje electrolítico ‖ ~**er Blitzableiter** (Elektr) / pararrayos *m* electrolítico ‖ ~**e Bürstpolitur** (Hütt) / pulimento *m* electrolítico a la brocha ‖ ~**e Dissoziation** (Chem) / disociación *f* electrolítica ‖ ~**es Entfettungsbad** (Hütt) / baño *m* electrolítico desengrasante ‖ ~**e Extraktion** (Hütt) / extracción *f* electroquímica ‖ ~**e Goldgewinnung** / extracción *f* electrolítico de oro ‖ ~**es Messgerät** / medidor *m* electrolítico, contador *m* electrolítico ‖ ~**e Metallbearbeitung** (Hütt) / trabajo *m* electrolítico de metales ‖ ~**er Metallüberzug** / recubrición *f* metálico-electrolítica ‖ ~**er Niederschlag** / precipitación *f* electrolítica ‖ ~**e Photozelle**, photochemische Zelle / fotocélula *f*, célula *f* fotoeléctrica ‖ ~ **polieren** (Hütt) / pulir electrolíticamente ‖ ~**es Polieren** / pulido *m* electrolítico ‖ ~**e Raffination** / afino *m* electrolítico ‖ ~**es Reinigungsmittel** (Galv) / detergente *m* electrolítico ‖ ~**es Schleifen**, Elysierschleifen *n* / afilado *m* electrolítico ‖ ~**er Strom-Mittelwert** (Elektr) / corriente *f* media de electrólisis ‖ ~**e Trennung** (Hütt) / separación *f* electrolítica ‖ ~**er Trog** (Phys) / cuba *f* electrolítica ‖ ~**er Überspannungsableiter** (Elektr) / pararrayos *m* electrolítico ‖ ~**er Zähler**, Gas[entwicklungs]zähler *m* (Elektr) / contador *m* electrolítico, voltámetro *m* de gas ‖ ~**e Zersetzung** / corrosión *f* electrolítica
Elektrolyt • kondensator, Elko *m* (Elektr) / capacitor *m* electrolítico, condensador *m* electrolítico ‖ ~**kupfer** *n* (Hütt) / cobre *m* electrolítico ‖ ~**lösung** *f* (Chem) / solución *f* de electrólitos ‖ ~**nickel** *n* (Hütt) / níquel *m* electrolítico ‖ ~**pulver** *n* (Sintern) / polvo *m* electrolítico ‖ ~**-Reinigungsbad** *n* (Hütt) / baño *m* de desengrase o de limpieza electrolítico ‖ ~**stärke** *f* (Chem) / concentración *f* del electrólito ‖ ~**strahlbohren** *n*, ESD / taladrado *m* por chorro de electrolito ‖ ~**zähkupfer** *n* (Hütt) / cobre *m* oxidulado ‖ ~**zink** *n* / cinc *m* electrolítico
Elektro • magnet *m* / electroimán *m*, electro *m* (coll) ‖ ~**magnet**, Tauchankermagnet *m* / electroimán *m* de núcleo móvil, solenoide *m* ‖ ~**magnet mit nur einem bewickelten Schenkel** / electroimán *m* con arrollamiento unilateral ‖ ~**magnetfutter** *n* (Wzm) / mandril *m* electromagnético
elektromagnetisch / electromagnético ‖ ~ (Eltronik, Lautsprecher, Mikrofon) / electromagnético, inductor, de reluctancia variable, de hierro móvil (término a evitar) ‖ ~**e Abschirmung** / blindaje *m* electromagnético ‖ ~**e Abstrahlung** / radiación *f* electromagnética ‖ ~**er Antrieb** (Raumf) / motor *m* de plasma ‖ ~**e Bewegungsgröße** (Phys) / cantidad *f* electromagnético de moción ‖ ~**e Bremse** (Bahn) / freno *m* electromagnético ‖ ~**er Brumm** (Eltronik) / interferencia *f* electromagnética, zumbido *m* electromagnético ‖ ~**e Brummschleife** / bucle *m* electromagnético de captación de zumbido ‖ ~**es Eigenfeld** (Nukl) / campo *m* autoconsistente ‖ ~**e Einheit**, E.M.E. (veraltet) (Phys) / unidad *f* electromagnética ‖ ~**e Energiedichte**, volumenbezogene elektromagnetische Energie / densidad *f* de volumen de la energía eléctrica ‖ ~**es Feld** / campo *m* electromagnético ‖ ~**e Feldröhre** (Eltronik) / tubo *m* de flujo electromagnético ‖ ~**e Feldtheorie** (Phys) / teoría *f* del campo electromagnético ‖ ~**er Funkenlöscher** / electroimán *m* soplador ‖ ~**e Induktion** / inducción *f* electromagnética ‖ ~**e** *f pl* **Kompatibilitätsstudien** (Raumf) / estudios *m pl* de compatibilidad electromagnética ‖ ~**e Kompensationswaage** / balanza *f* de compensación electromagnética ‖ ~**e Kupplung** (Kfz) / acoplamiento *m* electromagnético ‖ ~**er Lautsprecher**, Freischwinger *m* / altavoz *m* inductor, altavoz *m* electromagnético ‖ ~**e Polstärkeneinheit** (Phys) / unidad *f* de masa magnética (en el sistema magnético) ‖ ~**es Prospektieren** (Bergb, Geol) / prospección *f* electromagnética ‖ ~**e Prüfung** (Schw) / inspección *f* electromagnética ‖ ~**es Pulsfeld** / campo *m* electromagnético pulsatorio ‖ ~**e Pumpe** / bomba *f* electromagnética ‖ ~**e Rückkopplung** (Eltronik) / reacción *f* magnética ‖ ~**er Schnellauslöser** / disparador *m* electromagnético ‖ ~**e Schwebeführung** *f*, EMS *f* (Bahn) / levitación *f* electromagnética ‖ ~**e Störfreiheit o. Verträglichkeit**, EMV (Eltronik) / ausencia *f* de perturbaciones electromagnéticas, compatibilidad *f* electromagnética ‖ ~**e Störungen** *f pl* / interferencia *f* electromagnética ‖ ~**er Tonabnehmer** (Audio) / captor *m* electromagnético ‖ ~**e Verträglichkeit**, EMV / compatibilidad *f* electromagnética ‖ ~**e Welle** (Phys) / onda *f* electromagnética
Elektro • magnetisieren *n* / electromagnetización *f* ‖ ~**magnetismus** *m* (Phys) / electromagnetismo *m* ‖ ~**magnet-Schienenbremse** *f* (Bahn) / freno *m* electromagnético sobre el carril ‖ ~**magnet-Spannvorrichtung** *f* / dispositivo *m* de sujeción electromagnético ‖ ~**manometer** *n* (Mess) /

electromanómetro m || ~**maschine** f / máquina f eléctrica || ~**maschinen** f pl / maquinaria f eléctrica || ~**maschinenbau** m (Industrie) / industria f de maquinaria eléctrico || ~**maschinenbau** (Tätigkeit) / construcción f de maquinaria eléctrica || ~**maschinenbauer** m (Lehrberuf) / constructor m de maquinaria eléctrica || ~**material** n / material m y equipamiento eléctricos || ~**mechanik** f / electromecánica f || ~**mechaniker** m / mecánico m electricista || ~**mechanisch** / electromecánico || ~**mechanische Fühlschiene** (Bahn) / pedal m electromecánico de palanca || ~**mechanisches Stellwerk** (Bahn) / puesto m electromecánico || ~**mechanische Waage** / balanza f de electromecánica || ~**mechanisches Relais** / relé m electromecánico || ~**medizin** f / electromedicina f || ~**medizinisch** / electromédico || ~**mer** (Chem) / electrómero || ~**metall** n (Hütt) / metal m electrolítico || ~**metallurgie** f / electrometalurgia f || ~**meter** n (Instr) / electrómetro m || ~**meterlampe** f / lámpara f electrométrica || ~**meterröhre** f (Eltronik, Funk) / tubo m electrométrico || ~**metrie** f, elektrometrische Maßanalyse (Chem, Mess) / electrometría f || ~**metrisch**, potentiometrisch (Chem) / electrométrico || ~**mobil** n (Kfz) / automóvil m eléctrico, electromóvil m || ~**monteur** m, Installateur m / electricista m, instalador m || ~**motor** m / motor m eléctrico, electromotor || ~**motorbremse** f / freno m electromotor || ~**motorenantrieb** m, elektr[omotor]ischer Antrieb / propulsión f por electromotor, accionamiento m por motor eléctrico **elektromotorisch** (Elektrizität erzeugend) / electromotor, -motriz || ~ **angetrieben** / impulsado por motor eléctrico, propulsado por motor eléctrico || ~**e Gegenkraft**, Gegen-EMK f / fuerza f contraelectromotriz || ~**e Kraft**, EMK f / fuerza f electromotriz, f.e.m. FEM || **aufgedrückte** ~**e Kraft** / f.e.m. impuesta o aplicada || ~**e Kraft einer Batterie**, Leerlaufspannung f (Akku) / tensión f de (o en) circuito abierto, tensión f en vacío || ~**e Potentialdifferenz** / diferencia f de potencial electromotriz || ~**e Spannungsreihe**, Spannungsreihe f (Chem) / serie f electroquímica [de tensión] || **wirksame o. effektive** ~**e Kraft** / fuerza f electromotriz efectiva
Elektromyographie f (Med) / electromiografía f
Elektron n (Chem, Phys) / electrón m || ~, Elektronmetall n (Hütt) / electrón m (aleación metálica) || ~ **n der äußersten Schale** (Chem) / electrón m de valencia || ~ **der L-Schale** (Nukl) / electrón m L || **freies** ~ (Chem) / electrón m suelto || **negatives** ~ (Phys) / electrón m negativo, negatón m || **positives** ~ (Phys) / electrón m positivo, positón m
elektro•negativ, negativ elektrisch / electronegativo, eléctricamente negativo || ~**negativität** f / electronegatividad f
Elektron-Elektron-Streuung f (Phys) / difusión f electrón-electrón
Elektronen•... / de electrones, electrónico || ~**abbildung** f / imagen f electrónica || ~**abgabe** f / emisión f electrónica o de electrones || ~**ablösung** f, Elektronenfreisetzung f / liberación f de electrones || ~**abstoßend** (Chem) / repelente a los electrones || ~**abtaststrahl** m (Kath.Str) / rayo m electrónico de barrido || ~**affin** (Chem) / con o de afinidad electrónica || ~**-Affinität** f, Austrittsarbeit f (Nukl) / trabajo m de extracción o de salida (en electrón-voltios) || ~**affinität** f (Chem) / afinidad f electrónica o a los electrones || ~**anhäufung** f / acumulación f de electrones || ~**anlagerung** f / captura f de electrón, atracción f de electrón || ~**anordnung**, -konfiguration f / configuración f electrónica || ~**anregung** f (Eltronik) / excitación f electrónica || ~**anziehung** f (Chem) / atracción f de electrones || ~**aufprall** m (Nukl) / colisión f electrónica, choque m electrónico || ~**aussendung**, -emission f (Eltronik) / emisión f electrónica o de electrones || ~**austauscher** m / intercambiador m de electrones || ~**bahn** f (Chem) / órbita f electrónica o de electrones || ~**ballung**, -gruppierung f / agrupamiento m de electrones, apiñamiento de electrones || ~**beraubtes Atom** (Nukl) / átomo m despejado (o desprovisto) de atomos, atomo m nuclear || ~**beschleuniger** m / acelerador m de electrones || ~**beschuss** m / bombardeo m electrónico o de electrones || ~**beschuss-Triebwerk** n, -Bombardierungsantrieb m (Raumf) / motor m de bombardeo electrónico || ~**beugung** f (Nukl) / difracción f de electrones || ~**bild** n (TV) / imagen f electrónica, electronografía f || ~**bildzerleger** m (TV) / tubo m disector de imagen, fotoanalizador m electrónico || ~**blitz** m (Foto) / flash m electrónico, destello m electrónico || ~**blitz-Ausrüstung**, -**Gerät** n / equipo m de flash electrónico, destellador m electrónico, dispositivo de destellos electrónicos || ~**bremsstrahlung** f / radiación f [fotónica] de retardo || ~**bremsung** f (Phys) / desaceleración f de electrones, retardo m || ~**bündel** n / haz m de electrones || ~**defektstelle** f (Phys) / laguna f de electrón, hueco m de electrón || ~**dichte**, -konzentration f (Plasma) / densidad f electrónica o de los electrones || ~**diffraktographie** f (Phys) / difractografía f de electrones || ~**durchlasskoeffizient** m / coeficiente m de paso de la corriente electrónica || ~**-Einfang** m / captura f de electrones || ~**emission**, -aussendung m / emisión f de electrones || ~**emissionsdetektor** m, EED m, Kollektron m / colectrón m || ~**entladung** f / descarga f de electrones || ~**entladungsröhre** f / tubo m de descarga electrónica || ~**erzeugend** / electronógeno || ~**fackel** f, Plasmabrenner m (Eltronik) / antorcha f electrónica, quemador m de plasma || ~**[fernseh]kamera** f (TV) / cámara f electrónica || ~**fluenz** f (Phys) / fluencia f de electrones || ~**fluss** m / flujo m electrónico o de electrones || ~**fluss im Raum** / corriente f espacial de electrones || ~**gas** n (Phys) / gas m de electrones || ~**gekoppelt** / de acoplamiento o acoplo electrónico || ~**geräusch** n / ruido m blanco || ~**gleichgewicht** m (Chem) / equilibrio m de electrones || ~**gleichrichter** m (Eltronik) / rectificador m electrónico || ~**gruppierung**, -ballung f (Phys) / agrupamiento m de electrones, apiñamiento m de electrones || ~**hülle** f / envoltura f de electrones || ~**kamera** f (Eltronik) / cámara f electrónica || ~**kanone**, -schleuder f, Strahlsystem n (Kath.Str) / cañón m electrónico || ~**konfiguration**, -anordnung f (Phys) / configuración f electrónica || ~**ladung** f (= $1{,}60203 \cdot 10^{-19}$ Coulomb) / carga f electrónica o del electrón || ~**ladungs-Masse-Verhältnis** n / carga f específica del electrón || ~**laufweg** m / trayectoria f de electrones || ~**laufzeit** f / tiempo m de tránsito de un electrón || ~**lawine** f / avalancha f electrónica || ~**leitung** f (Halbl) / conducción f electrónica || ~**linearbeschleuniger** m (Phys) / acelerador m lineal de electrones || ~**linse** f (Eltronik, Opt) / lente f electrónica || ~**loch** n, Elektronendefektstelle f / hueco m de electrones, laguna f de electrones || ~**mangel** m / electrones m pl en defecto || ~**masse** f (9×10^{-28} gr) / masa f del electrón || ~**mikroskop** m (Eltronik, Opt) / microscopio m electrónico || ~**mikroskop mit Magnetlinsen** / microscopio m electrónico con lentes magnéticas || ~**mikroskopbild** n / micrografía f electrónica || ~**mikroskopie** f / microscopía f electrónica || ~**mikroskopisch** / microscópico-microscópico || ~**mikroskopische Aufnahme** / micrografía f por microscopio electrónico || ~**oktett** n (Chem) / octeto m de electrones || ~**optik** f / óptica f electrónica || ~**optik-Röhre** f / tubo m optoelectrónico || ~**optisch** / optoelectrónico,

elektronenoptisch

electrón-óptico ‖ ~optischer Impulsverstärker (Eltronik) / amplificador *m* de impulsos optoelectrónico ‖ ~optisches Zielverfolgungsverfahren / sistema *m* de seguimiento optoelectrónico ‖ **[geteiltes]** ~paar (Chem) / par *m* electrónico o de electrones ‖ freies o. einsames ~paar (Chem) / par *m* electrónico suelto ‖ ~paarbindung *f* (Chem) / enlace *m* [atómico] covalente, enlace *m* homopolar ‖ ~paket *n* (Klystron) / paquete *m* de electrones ‖ ~physik *f* / física *f* electrónica ‖ ~quelle *f* (Eltronik) / emisor *m* de electrones ‖ ~quelle, Emissionselektrode *f* / electrodo *m* emisor [de electrones] ‖ ~radius *m* (Phys) / radio *m* del electrón ‖ ~rechner, Computer *m* (DV) / computadora *f* [electrónica], calculadora *f* electrónica, ordenador *m* ‖ ~relais *n* (Eltronik) / relé *m* electrónico, relevador *m* electrónico ‖ ~resonanz *f* (Phys) / resonancia *f* electrónica ‖ ~-Resonanzbeschleuniger *m* / acelerador *m* de electrones de resonancia ‖ ~resonanzspektroskopie *f* / espectroscopia *f* de resonancia electrónica ‖ ~rohr *n* s. Elektronenkanone ‖ ~röhre *f* (Eltronik) / tubo *m* electrónico, válvula *f* electrónica ‖ ~ruhemasse *f* (Phys) / masa *f* del electrón en reposo ‖ ~rumpf *m* / núcleo *m* del electrón ‖ ~-Sammlung *f* (Atom, Nukl) / recolección *f* electrónica ‖ ~schale *f* (K,L usw.) (Phys) / capa *f* electrónica (K, L etc.) ‖ ~schleuder *f*, Betatron *n*, Rheotron *n* / betatrón *m* ‖ ~schwarm *m*, -wolke *f* / nube *f* electrónica o de electrones ‖ ~sensitiv / electrón-sensible ‖ ~sonde *f* / sonda *f* electrónica ‖ ~spektroskopie *f* für chemische Analyse / espectroscopia *f* electrónica para el análisis químico ‖ ~spender, Don[at]or *m* (Halbl) / donador *m*, donante *m* ‖ ~spiegel *m* (Phys) / espejo *m* electrónico ‖ ~spiegelmikroskop *m* (Eltronik, Opt) / microscopio *m* electrónico con espejo ‖ ~spin *m* (Phys) / espín *m* del electrón ‖ ~spinresonanz *f*, E.S.R., E.P.R., parametrische Elektronenresonanz / resonancia *f* de espín del electrón, R.S.E., resonancia *f* magnética ‖ ~sprung *m* / salto *m* de un electrón (de una órbita a otra), transición *f* ‖ ~stoß *m* (Phys) / choque *m* electrónico, colisión *f* electrónica ‖ ~stoß-Ionentriebwerk *n* (Raumf) / motor *m* propulsor de iones por choque electrónico

Elektronenstrahl *m*, -bündel *n*, -strahlung *f* (Phys) / haz *m* electrónico ‖ **[nicht fokusierter]** ~ / chorro *m* electrónico ‖ ~abtragung *f* (Masch) / eliminación *f* [de material] por haz electrónico, erosión *f* [de material] por haz electrónico ‖ ~-Anregung *f* (Phys) / excitación *f* por haz electrónico ‖ ~aufzeichnung *f* (Foto) / registro *m* por haz electrónico con espejos ‖ ~bearbeitung *f* (Masch) / labrado *m* por haz electrónico ‖ ~bohren *n* / perforación *f* por haz electrónico ‖ ~-Erzeuger *m* (Eltronik) / cañón *m* electrónico o de electrones ‖ ~löten *n* (Masch) / soldadura *f* con estaño por haz electrónico ‖ ~oszilloskop *n* (Eltronik) / osciloscopio *m* catódico o de rayos catódicos ‖ ~quelle *f* (TV) / generador *m* de haz electrónico ‖ ~röhre *f* (Eltronik) / tubo *m* de haz electrónico ‖ ~schmelzen *n* (Hütt) / fusión *f* por haz electrónico ‖ ~schreiben *n* (Phys) / impresión *f* por haz electrónico ‖ ~schweißen *n*, ES / soldadura *f* por haz electrónico ‖ ~system *n* (Farbbildröhre, TV) / sistema *f* de haces ‖ ~-Umschmelzverfahren *n* (Hütt) / refusión *f* por haz electrónico

Elektronenstrahlung *f*, -strahlen *m pl* (Phys) / radiación *f* electrónica, haz *m* electrónico, haz *m* de electrones

Elektronenstrahl-Wandlerröhre *f*, -wandler *m* / válvula *f* convertidora por haz electrónico

Elektronen • streuung *f* / dispersión *f* de electrones ‖ ~streuung in der Anzeigeröhre (Kath.Str) / borrosidad *f* de imagen por agrandamiento del punto explorador ‖ ~strom (Phys) / flujo *m* electrónico, corriente *f* de electrones ‖ ~transfer *m*, -austausch *m* (Phys) /

transferencia *f* de electrones ‖ ~übergang *m*, -wanderung *f* / arrastre *m* electrónico ‖ ~uhr *f* (Mess) / reloj *m* electrónico ‖ ~verdampfung *f* (Phys) / emisión *f* termoeléctrica ‖ ~-Verlust *m* / pérdida *f* de electrones ‖ ~-Vernichtung *f* / aniquilación *f* de electrones ‖ ~verschiebung *f* / desplazamiento *m* de electrones ‖ ~vervielfacher, SEV *m* (TV) / multiplicador *m* electrónico o de electrones ‖ ~volt *n*, eV (Phys) / electronvoltio *m*, eV ‖ 10^6 ~volt, 1 MeV / megaelectronvoltio *m*, MeV ‖ ~welle *f* / onda *f* electrónica ‖ ~wellen-Magnetfeldröhre *f* (Eltronik) / magnetrón *m* de ondas electrónicas ‖ ~wellenröhre *f* / tubo *m* de onda electrónica ‖ ~wolke *f*, -schwarm *m* (Phys) / nube *f* electrónica o de electrones ‖ ~wucht *f* / fuerza *f* de colisión electrónica ‖ ~zählrohr *n* / tubo *m* contador electrónico ‖ ~zerfall *m* (Phys) / desintegración *f* electrónica ‖ ~zerfall *m* del electrón ‖ ~zyklotron, Mikrotron *n* / microtrón *m*

Elektro • neurographie *f* (Med) / electroneurografía *f* ‖ ~nibbler *m*, Nibbelschere *f* (Bau, Masch) / cizallas *f pl* vibratorias eléctricas ‖ ~-Niederschachtofen *m* / horno *m* eléctrico de cuba baja

Elektronifizierung *f* / electronificación *f*

Elektronik *f*, elektronische Ausrüstung / equipamiento *m* o equipo electrónico ‖ ~ (Fachgebiet) / electrónica *f* ‖ ~baukasten *m* / kit *m* electrónico ‖ ~chrott *m* / chatarra *f* electrónica

Elektroniker *m* (Lehrberuf) / electrónico *m* ‖ ~ (Ingenieur) / ingeniero *m* electrónico o en electrónica ‖ ~zange *f* mit nadelförmigen Backen (Wz) / pinzas *f pl* de puntas de aguja

Elektronik • -Mechaniker *m*, Mechatroniker *m* / técnico *m* en electrónica ‖ ~motor *m* / motor *m* electrónico

Elektron-Injektion *f* (Phys) / inyección *f* de electrones

elektronisch / electrónico ‖ ~e Abtastung (Radar) / exploración *f* electrónica ‖ ~er Analogrechner (DV) / computadora *f* analógica electrónica ‖ ~e Aufklärung (Mil) / reconocimiento *m* electrónico ‖ ~es Auswuchten (Kfz, Masch) / equilibrado *m* electrónico ‖ ~er Baustein / componente *m* electrónico ‖ ~e Benzineinspritzung (Kfz) / inyección *f* de combustible con regulación electrónica ‖ ~e Bildaufzeichnung (TV) / grabación *f* electrónica de video ‖ ~er Cäsiumdampfkonverter (Phys) / convertidor *m* electronico de vapor de cesio ‖ ~e Datenverarbeitung (DV) / tratamiento *m* electrónico de datos ‖ ~e Datenverarbeitungsanlage / instalación *f* o máquina de tratamiento electrónico de datos ‖ ~es Datenverarbeitungssystem / sistema *m* de tratamiento electrónico de datos ‖ ~es Datenvermittlungssystem, EDS / sistema *m* de transmisión electrónica de datos ‖ ~e Deichsel (2 LKWs intereinander fahrend nur elektronisch gekoppelt) / barra *f* de unión electrónica ‖ ~er Diagrammabtaster / analizador *m* electrónico de diagramas ‖ ~er Drehmoment[en]schlüssel (Wz) / llave *f* de apriete electrónica ‖ ~er Eingangsleitwert (Eltronik) / conductancia *f* electrónica de entrada ‖ ~er Flugsimulator (Luftf) / simulador *m* electrónico de vuelos ‖ ~e Gebührenerhebung (Verkehr) / RP / Road Pricing) ‖ ~e Gegenmaßnahmen *f pl*, ELOGM (Mil) / contramedidas *f pl* electrónicas ‖ ~e Geräte für allgemeine Zwecke *n pl* / artículos *m pl* electrónicos para el consumo público ‖ ~ gesteuert / electrónicamente controlado, de control electrónico ‖ ~e Haustechnik / HES (= Home Electronic System) ‖ ~e Impulssteuerung (DV) / emisor *m* electrónico de dígitos ‖ ~e Kampfführung, ELOKA (Mil) / guerra *f* electrónica ‖ ~e Karteneinblendung (Radar) / superposición *f* electrónica de vídeo (mapas) ‖ ~e Kippschaltung, Flip-Flop *m n*, flip0flop *m* /

basculador *m* electrónico ‖ ~e **Klischiermaschine** (Druck) / grabador *m* electrónico ‖ ~e **Leistung** (Phys) / energía *f* electrónica ‖ ~ **löschbares ROM, EEROM** *n* (DV) / memoria *f* de lectura solamento borrable electrónicamente ‖ ~es **Management** (Mot) / gestión *f* electrónica ‖ ~e **Messlinie** (Radar) / cursor *m* electrónico ‖ ~e **Musik** / música *f* electrónica ‖ ~es **Nachrichtenübermittlungssystem** / mensajería *f* electrónica ‖ ~es **Notizbuch** (DV) / bloc *m* de notas electrónico ‖ ~e **Post,** E-Mail *f* (DV) / correo *m* electrónico, E-Mail *m*, EM *m* ‖ ~e **Regelung** (Masch) / control *m* electrónico, regulación *f* electrónica ‖ ~er **Schalter** (Elektr) / conmutador *m* electrónico ‖ ~es **Schaltsystem** / sistema *m* de conmutación electrónica ‖ ~es **Schütz** (Elektr) / contactor *m* electrónico ‖ ~e **Schutzmaßnahmen** *f pl* (Mil) / neutralización *f* de contramedidas electrónicas, medidas *fpl* electrónicas de protección ‖ ~es **Schweißen** / soldadura *f* electrónica ‖ ~e **Schwingungen** *f pl* (Phys) / oscilaciones *f pl* electrónicas ‖ ~er **Spaltleitwert** (Eltronik) / admitancia electrónica del espacio de salto ‖ ~e **Steuerung** / mando *m* electrónico ‖ ~e **Steuerung** (Gerät) / controlador *m* electrónico ‖ ~e **Störung** (Mil) / interferencia *f* intencionada ‖ ~e **Strahlschwenkung** (Radar) / exploración *f* electrónica ‖ ~er **Taster** (Elektr) / conmutador *m* electrónico de contacto sostenido ‖ ~e **Täuschung** (Mil) / contramedida *f* electrónica de señuelo ‖ ~e **Technik** / técnica *f* de la electrónica ‖ ~es **Testbild** (TV) / mira *f* de prueba, carta *f* de ajuste ‖ ~es **Traktionssystem** (Kfz) / ETS (= Electronic Traction System), sistema *m* electrónico de tracción ‖ ~e **Umlaufmappe** (Büro) / carpeta *f* de circulación electrónica ‖ ~e **Verstimmung** (Oszillator) / sintonización *f* electrónica ‖ ~es **Verstimmungsmaß** / índice *m* de sintonización electrónica ‖ ~es **Voltmeter** (Mess) / voltímetro *m* electrónico ‖ ~es **Wählsystem,** EWS (Fernm) / sistema *m* de conmutación electrónica ‖ ~e **Wählvermittlung** (Fernm) / central *f* automática electrónica ‖ ~e **Wegfahrsperre** *f*, -sicherung *f* (Kfz) / antiarranque *m* electrónico, inmovilizador *m* electrónico antirrobo ‖ ~es **Zeitelement** (Eltronik) / interruptor *m* temporizado electrónico ‖ ~es **Zeitrelais** / relé *m* temporizado electrónico ‖ ~er **Zeitschalter** / conmutador *m* horario electrónico
elektronisch-pneumatisch / neumoelectrónico, electrónico-neumático
Elektron•-Loch-Paar *n* (Phys) / par *m* electrón-laguna, par *m* electrón-hueco ‖ ~**-Positron-Paar** *n* / par *m* electrón-positrón ‖ ~**volt** *n*, eV (Phys) / electronvoltio *m*
Elektro•ofen *m* (Hütt) / horno *m* eléctrico ‖ ~**ofen zum Heizen** / estufa *f* eléctrica (para calefacción) ‖ ~**-Okular** *n* (Radar) / electr[o]ocular *m*, ocular *m* eléctrico ‖ ~**optik** *f* / electr[o]óptica *f* ‖ ~**-optischer Kerreffekt** (Phys) / efecto *m* electr[o]óptico, efecto *m* Kerr ‖ ~**osmose** *f* (Chem) / electroendósmosis *f*, electr[o]ósmosis *f* ‖ ~**phil** (Chem) / electrófilo ‖ ~**phon** *n* (Musik) / electrófono *m* ‖ ~**phor** *m* (Phys) / electróforo *m* ‖ ~**phorese** *f* (Med, Phys) / electroforesis *f* ‖ ~**phoretisch** / electroforético ‖ ~**phoretisches Tauchlackieren** / barnizado *m* electroforético por inmersión ‖ ~**phosphatieren** / fosfatar por vía eléctrica ‖ ~**phosphatieren** *n* (Hütt) / fosfatado *m* electrolítico ‖ ~**photografisch** / electrofotográfico ‖ ~**photographie** *f*, Elektrografie *f* / electrofotografía *f* ‖ ~**photokopie** *f* / electrofotocopia *f* ‖ ~**photolumineszenz** *f* (Phys) / electrofotoluminiscencia *f* ‖ ~**physik** *f* / electrofísica *f* ‖ ~**physikalisch** / electrofísico ‖ ~**physiologie** *f* (Med) / electrofisiología *f* ‖ ~**plastik** *f*, Elektroplattierung *f*, -plattieren *n*, Galvanoplastik *f* (Galv, Hütt) / plaqueado *m* galvánico, galvanostegia *f*, galvanoplastia *f*, electroplastia *f* ‖ ~**plattieren** *vt*, elektrolytisch

metallisieren / metalizar por electrólisis (E), enchapar por electrólisis (LA) ‖ ~**pneumatisch** / electroneumático ‖ ~**polieren** *n* (Hütt, Masch) / puli[menta]do *m* electrolítico ‖ ~**polierer** *m* (Gerät) / pulidora *f* eléctrica, bruñidor *m* eléctrico ‖ ~**porzellan** *n* (Keram) / porcelana *f* para fines eléctricos ‖ ~**positiv**, positiv elektrisch (Phys) / electropositivo ‖ ~**pumpe** *f* / bomba *f* eléctrica, electrobomba *f* ‖ ~**reduktionsofen** *m* (Hütt) / horno *m* de arco sumergido ‖ ~**roheisen** *n* (Hütt) / hierro *m* bruto [al horno] eléctrico, arrabio *m* al electrohorno ‖ ~**rolle** *f* (Walzw) / rodillo *m* motor, rodillo *m* accionado ‖ ~**rolle** (Transportal) / rodillo *m* impelente ‖ ~**rollgang** (Förd) / camino *m* de rodillos accionados ‖ ~**rüttler** *m*, Elektrovibrator *m* (Bau) / vibrador *m* eléctrico ‖ ~**schere** *f* (Wz) / cizallas *f pl* eléctricas ‖ ~**[schienen]fahrzeug** *n* (Bahn) / vehículo *m* eléctrico [sobre rieles], vehículo *m* ferroviario eléctrico ‖ ~**schiff** *n* / nave *f* con propulsión eléctrica, buque *m* de propulsión eléctrica, barco *m* eléctrico ‖ ~**schlackeschweißen** *n* / soldadura *f* por arco sumergido en escoria ‖ ~**schlacke-umgeschmolzener Stahl** (Hütt) / acero *m* refundido eléctricamente en escoria ‖ ~**schlacke-Umschmelzanlage** *f* / planta *f* de refusión de escoria eléctrica ‖ ~**schlacke-Umschmelzverfahren** *n* (Hütt) / procedimiento *m* de refusión de escoria eléctrica ‖ ~**schlauch** *m* (Staubsauger) / tubo *m* flexible conductor de corriente ‖ ~**schlepper** *m* / tractor *m* con propulsión eléctrica, tractor *m* eléctrico, electrorremolcador *m* ‖ ~**schmelzofen** *m* (Hütt) / horno *m* eléctrico de fundición ‖ ~**schneidemaschine** *f* (DIN 1858, 1859) (Haushaltsgerät) / rebanador *m* eléctrico ‖ ~**schock** *m* (Med) / electrochoque *m* ‖ **tödlicher** ~**schock** / electrocución *f*, muerta *f* por electrocución ‖ ~**schrauber** *m* (Wz) / atornilladora *f* eléctrica, destornillador *m* eléctrico, aprietatuercas *m* eléctrico ‖ ~**schreiber** *m* (zum Beschriften) / rotulador *m* eléctrico ‖ ~**schweißapparat** *m*, -gerät *n* / soldador *m* eléctrico ‖ ~**schweißen** *n* / soldeo *m* eléctrico, electrosoldeo *m*, soldadura *f* eléctrica ‖ ~**schweißen unter Schutzgas** *n* / soldeo *m* eléctrico bajo gas de protección ‖ ~**schweißer** *m* / soldador *m* [por arco] eléctrico ‖ ~**schweißerei**, -schweißanstalt *f* / taller *m* de electrosoldeo, taller *m* de soldadura eléctrica ‖ ~**schweißhammer** *m* (Wz) / martillo *m* para soldador de arco ‖ ~**schweißmaschine** *f* / máquina *f* de soldadura eléctrica ‖ ~**schwingverdichter** *m* / compresor *m* eléctrico de vibración ‖ ~**seilzug** *m* / polipasto *m* eléctrico de cable ‖ ~**sherardisieren** *n* (Hütt) / electrosherardización *f*, sherardización *f* eléctrica ‖ ~**-Sichelmäher** *m* (Landw) / cortacesped *m* [de motor] eléctrico con hoz rotativo ‖ ~**signieren** / marcar por chispa eléctrica ‖ ~**signieren** *n* / electrorrotulación *f* ‖ ~**silage** *f* (Landw) / ensilaje *m* eléctrico ‖ ~**skop** (hist.) (Phys) / electroscopio *m* ‖ ~**smog** (Meteo) / electro(e)smog *m* ‖ ~**sol** *n* (Chem) / electrosol *m* ‖ ~**speicherofen** *m* (Hütt) / horno *m* eléctrico de acumulación ‖ ~**spray** *n* (Chem) / electrospray *m* ‖ ~**stahl** *m* (Hütt) / acero *m* eléctrico, acero *m* al (o de) horno eléctrico ‖ ~**stahlguss** *m* / fundición *f* de acero [al horno] eléctrico ‖ ~**stahlhalbzeug** *n* / semiproductos *m pl* de acero eléctrico ‖ ~**stahlherstellung** *f*, -erzeugung *f* / siderurgia *f* eléctrica ‖ ~**stahlofen** *m* / horno *m* para acero eléctrico ‖ ~**stahlwerk** *n* / planta *f* de acero eléctrico, acerería *f* con hornos eléctricos ‖ ~**stampfer** *m* (Gieß) / pisón *m* eléctrico ‖ ~**stapler** *m* (Förd) / carretilla *f* elevadora eléctrica ‖ ~**starter** *m* (hist.), Anlasser *m* (Kfz) / aparato *m* de arranque eléctrico ‖ ~**statik** *f* (Phys) / electrostática *f*
elektrostatisch / electrostático, electroestático ‖ ~e **Ablenkempfindlichkeit** / sensibilidad *f* de desviación electrostática ‖ ~e **Abscheidung** (Chem) /

elektrostatisch

precipitación *f* eléctrostática ‖ ~**er Antrieb** (Raumf) / motor *m* electrostático ‖ ~**e Anziehung o. Haftung** (Phys) / atracción *f* electrostática ‖ ~**e Aufladung** / carga *f* electrostática ‖ ~**e Beugung** (Kath.Röhre) / desviación *f* electrostática, deflexión *f* electrostática ‖ ~**e Bindung** (Chem) / ligación *f* electrostática ‖ ~**e Brummschleife** (Eltronik) / bucle *m* electrostático de captación de zumbido ‖ ~**er Drucker** (DV) / impresora *f* electrostática ‖ ~**e Einheit** (Phys) / unidad *f* electrostática ‖ ~**e Farbpulverbeschichtung**, EPS / barnizado *m* electrostático por polvo coloreado ‖ ~**e Impedanz** (Eltronik) / impedancia *f* electrostática ‖ ~**er Kerreffekt** (Phys) / efecto *m* Kerr electrostático ‖ ~**e Komponente** (von Wellen) / componente *f* electrostática ‖ ~**er Kreisel** (Schiff) / giróscopo *m* electrostático ‖ ~**es Lackieren** / barnizado *m* electrostático ‖ ~**er Lautsprecher** / altavoz *m* electrostático ‖ ~**er Leistungsmesser** (Mess) / vatímetro *m* electrostático ‖ ~**e Linse** (Eltronik) / lente *f* electrostática ‖ ~**e Maschine** (hist.) (Phys) / máquina *f* de influencia ‖ ~**es Mikrophon** / micrófono *m* electrostático ‖ ~**e Pulverlackierung**, EPL / barnizado *m* electrostático por polvo ‖ ~**er Rauchgasreiniger** / limpiador *m* electroestático de gas de escape ‖ ~**er Speicher** (DV) / memoria *f* electrostática ‖ ~**es Spritzlackieren** / barnizado *m* electrostático con pistola, pintura *f* electrostática con pistola ‖ ~**er Staubabscheider** / precipitador *m* electrostático de polvo ‖ ~**es Vibrieren** (Luft) / vibración *f* electrostática ‖ ~**e Zerstäubung** / pulverización *f* electrostática

Elektro•stauchversuch *m* (Mat.Prüf) / ensayo *m* de recalcado con calentamiento por efecto Joule ‖ ~**stenolyse** *f* (Chem, Phys) / electro[e]stenólisis *f* ‖ ~**stoßschweißung**, Widerstandsstoßschweißung für Nichteisenmetalle *f* / soldadura *f* electrostática por percusión ‖ ~**straßenfahrzeug** *n* (Kfz) / vehículo *m* eléctrico de carretera ‖ ~**striktion** *f* (Dielektrikum) / electro[e]stricción *f* ‖ ~**tauchlackierung** *f* / barnizado *m* electroforético por inmersión ‖ ~**tauchpumpe** *f* / electrobomba *f* de inmersión ‖ ~**technik** *f* / electrotecnia *f* ‖ **für** ~**technik** / para fines electrotécnicos ‖ ~**techniker** *m*, Elektroingenieur *m* / ingeniero *m* eléctrico ‖ ~**technisch** / electrotécnico ‖ ~**technische Industrie**, Elektroindustrie *f* / industria *f* electrotécnica ‖ ~**technisches Porzellan** (Keram) / porcelana *f* para fines electrotécnicos ‖ ~**therapie**, -therapeutik *f* (Med) / electroterapia *f*, terapéutica *f* eléctrica ‖ ~**thermie** *f* (Phys) / electrotermia *f* ‖ ~**thermisch** / electrotérmico ‖ ~**thermischer Antrieb** (Raumf) / propulsor *m* electrotérmico ‖ ~**-Thermolumineszenz** *f* (Phys) / electrotermoluminiscencia *f* ‖ ~**titration** *f* (Chem) / titulación *f* eléctrica ‖ ~**[transport]karren** *m* (Förd) / carretilla *f* eléctrica de transporte ‖ ~**triebwagen** *m* (Bahn) / coche *m* automotor eléctrico ‖ ~**triebwerk** *n* (Raumf) / motor *m* cohético eléctrico ‖ ~**trommel** *f* (Transportband) / tambor *m* impelente eléctrico ‖ ~**typie** *f*, Galvanoplastik *f* (Druck) / electrotipia *f*, galvanoplastica *f* ‖ ~**unfall** *m* (Med) / accidente *m* eléctrico ‖ ~**valenz** *f* (Chem) / electrovalencia *f* ‖ ~**ventil** *n* / válvula *f* eléctrica, electroválvula *f* ‖ ~**verhütten** *n* (Hütt) / tratamiento *m* eléctrico de minerales ‖ ~**viskos** (Flüssigkeit) / electroviscoso ‖ ~**wagen** *m* / vehículo *m* eléctrico ‖ ~**wagen**, -karren *m* (Förd) / carretilla *f* eléctrica ‖ ~**wagenbatterie** *f* (Elektr) / batería *f* de tracción ‖ ~**wärme** *f* / electrocaldeo *m*, electrotermia *f*, calor *m* eléctrico ‖ ~**wärmegeräte** *n pl* / aparatos *m pl* electrocalefactores, aparatos *m pl* electrotérmicos ‖ ~**wärmelehre** *f* (Phys) / electrotermia *f* ‖ ~**wärmespeicher[ofen]** *m*, Elektrospeicherofen *m* / acumulador *m* electrotérmico ‖ ~**wärmetechnik** *f* / termotecnia *f* eléctrica ‖ ~**weidezaun** *m* (Landw) / cerca *f* eléctrica, cercado *m* eléctrico, pastor *m* eléctrico ‖ ~**werkzeug** *n* / herramienta *f* eléctrica, útil *m* eléctrico ‖ ~**wickler** *m* (Hütt) / arrollador *m* eléctrico ‖ ~**wirtschaft** *f* / economía *f* eléctrica ‖ ~**zaun** *m* (Landw, Mil) / valla *f* eléctrica ‖ ~**zement** *m* (Bau) / cemento *m* eléctrico ‖ ~**zubehör** *n* / aparellaje *m* eléctrico ‖ ~**zug** *m*, Elektroflaschenzug *m* (Förd) / poli[s]pasto *m* eléctrico ‖ ~**zug-Katze** *f* / carro *m* con polipasto eléctrico ‖ ~**zug-Schwerkran** *m* / grúa *f* puente pesada con polipasto eléctrico

Elektrum *n*, silberhaltiges Gold (55-88% Au) (Min) / eléctrum *m*

Element *n*, Grundstoff *m* (Chem) / elemento *m*, cuerpo *m* simple ‖ ~, Glied *n* (DV) / elemento *m*, órgano *m* ‖ ~, Datenwort *n* (DV) / elemento *m* de información ‖ ~, Peripheriegerät *n* (DV) / unidad *f* periférica ‖ ~ *n*, Zelle *f* (Elektr) / elemento *m* [galvánico], pila *f*, célula *f* ‖ ~ (modulares System) / elemento *m* ‖ ~ **einer Menge** (Math) / elemento *m* de un conjunto ‖ **finites** ~ (Mech) / elemento *m* finito ‖ **überschwere** ~**e** (Chem) / elementos *m pl* superpesados, elementos *m pl* transuránicos, transuranios *m pl* ‖ **mit** ~**abständen von 0 bis 1** λ (Antenne) / con elementos muy próximos **elementar**, grundlegend / elemental, fundamental, esencial ‖ ~, primär, Grund..., Elementar... / primario ‖ ~, rein (Chem) / elemental ‖ ~**er Aufbau der Materie** (Phys) / estructura *f* elemental de la materia ‖ ~**er [linearer] Zweipol** (Eltronik) / dipolo *m* elemental [lineal] ‖ ~**e Mathematik** / matemáticas *m pl* elementales

Elementar•analyse *f* (Chem) / análisis *m* último, análisis *m* elemental ‖ ~**ausdruck** *m* (DV) / expresión *f* elemental ‖ ~**bestandteil** *m n* (Chem, Phys) / elemento *m* constitutivo, parte *m* constituyente elemental ‖ ~**bewegung** *f* (F.Org) / movimiento *m* básico, micromovimiento *m* ‖ ~**dipol** *m* (Eltronik) / dipolo *m* elemental ‖ ~**faden** *m* (Glas) / filamento *m* elemental, hilo *m* elemental ‖ ~**feld** *n* (Phys) / campo *m* elemental ‖ ~**fibrille** *f* (Pap) / fibrilla *f* elemental ‖ ~**ladung** *f* (Elektr) / carga *f* [electrónica] elemental ‖ ~**ladung**, Ladungseinheit *f* (Chem, Phys) / carga *f* unitaria de electricidad ‖ **mit** ~**ladung ausgestattet** (o. geladen o. behaftet) / con carga unitaria ‖ ~**länge** *f* (etwa 10⁻¹³ cm) (Phys) / longitud *f* elemental ‖ ~**magnet** *m*, Molekularmagnet *m* / imán *m* elemental, imán *m* molecular ‖ [**elektrische**] ~**menge**, -ladung / carga *f* [eléctrica] elemental ‖ ~**operation** *f* (DV) / operación *f* elemental ‖ ~**prozess**, -vorgang *m* / proceso *m* elemental ‖ ~**quantum** *n* (Phys) / quántum *m* elemental, cuanto *m* elemental, quántum *m* de Planck ‖ ~**reaktion** *f* (Chem) / reacción *f* elemental ‖ ~**schwefel** *m* / azufre *m* elemental ‖ ~**strom**, Molekularstrom *m* (Magnetismus) / corriente *f* molecular ‖ ~**teilchen** *n* (Nukl, Phys) / partícula *f* elemental o fundamental ‖ ~**teilchenphysik** *f* / física *f* de las partículas elementales ‖ ~**wirbel** *m* (Aerodynamik) / torbellino *m* elemental ‖ ~**zeit** *f* (etwa 10⁻²³ s) (Phys) / tiempo *m* elemental ‖ ~**zelle** *f* (Krist) / célula *f* elemental

Elementen•kohle *f* (Elektr) / carbón *m* para pilas ‖ ~**paar** *n* (Kinematik) / par *m* cinemático ‖ ~**paare** *n pl* (Kybernetik) / pares *m pl* de elementos

Elementfehlerquote *f* (Stat) / proporción *f* de errores en los elementos

Elementierung *f* (Bau) / construcción *f* con elementos prefabricados

Elementumwandlung *f* (Chem) / transmutación *f* de elementes

Elemi•balsam *m* (Chem, Pharm) / bálsamo *m* elemí ‖ ~**harz**, Elemi *n* / elemí *m*, resina *f* elemí (pl. elemíes)

Elevating Grader, Förderlader *m* (Straß) / niveladora-elevadora *f*

Elevation, Höhe f (Astr) / elevación f
elevations•abhängiger Fehler (Peil) / error m octantal residual || ⁼**winkel** m, Erhöhungswinkel m (Mil) / ángulo m de elevación || ⁼**winkelbereich**, Erfassungswinkel m (Radar) / ángulo m de cobertura
Elevator m, Hebewerk n (Förd) / elevador m, montacargas m || ⁼**becher** m / cangilón m de elevador || ⁼**ofen** m (Glühofen mit Herdwagen) (Hütt) / horno m elevador
Elevon n (Luftf) / elevón m
ELF (= extremly low frequency, 50-100 Hz) (Elektronik) / frecuencia f extremadamente baja
Elfeck n (Geom) / endecágono m
Elfenbein n (Zool) / marfil m || ~**artig**, elfenbeinern / marfileño, parecido al marfil, ebúrneo || ~**farbig** / de color [de] marfil, elefantino || ⁼**karton** m (Pap) / cartón m marfil || ⁼**nuss**, Steinnuss f (Bot) / nuez f de marfil || ⁼**porzellan** n (Keram) / porcelana f mata || ⁼**schwarz** n (Chem) / negro m [de] marfil
Elfer•loch, Überloch n (Eltronik) / perforación f de X, posición f X || ⁼**probe** f / prueba f por módulo 11
elf•jähriger Sonnenzyklus (Astr) / ciclo m solar de 11 años || ⁼**plattenstapel** m (DV) / unidad f de once discos || ⁼**stift-Sockel** m (Eltronik) / base f magnal
Elgiloy n (Berylliumlegierung) (Hütt) / elgiloy m
Elimination f (Math) / eliminación f
Eliminationsdeterminante f (Math) / determinante f de eliminación
eliminieren vt, ausscheiden / eliminar
eliminierende Suche (DV) / búsqueda f dicotómica o binaria
Elinvarlegierung f (Hütt) / aleación f Elinvar (= elasticidad invariable)
Elko, Elektrolytkondensator m (Elektr) / condensador m electrolítico, capacitor m electrolítico
Ellagengerbstoff m (Gerb) / curtiente m elagitánico
Ell[en]bogenrohr n, Knierohr n / codo m, tubo m acodado
Ellipse f (Geom) / elipse f
Ellipsen•ausbau m (Bergw) / entibación f elipsoide || ⁼**bahn** f (Astr) / órbita f elíptica, trayectoria f elíptica || ⁼**bogen** m (Bau, Geom) / arco m elíptico || ⁼**getriebe** n (Masch) / engranaje m elíptico || ⁼**lenker** m / balancín m de trayectoria elíptica || ⁼**messgerät** m (Opt) / elipsómetro m || ⁼**querschnitt** m (Geom) / sección f [transversal] elíptica || ⁼**schwingsieb** n (Aufb, Bergb) / criba f vibratoria elíptica || ⁼**spiegel** m (Opt) / espejo m elíptico || ⁼**zirkel**, Ellipsograph m (Zeichn) / compás m para trazar elipses, elipsógrafo m
Ellipsoid n (Geom) / elipsoide m
ellipsoidisch / elipsoidal
Ellipsometer n / elipsómetro m
Elliptikfeder f / ballesta f elíptico o doble
elliptisch (Geom) / elíptico, en forma de elipse, eliptiforme || ~**es Bahnverfolgungssystem** (Radar, Raumf) / sistema m elíptico de seguimiento || ~**e Funktion** (Math) / función f elíptica || ~**es Integral** / integral m elíptica || ~**er Nebel** (Astr) / niebla f elíptica, galaxia f elíptica || ~**e Polarisation** (Phys) / polarización f elíptica || ~**er Punkt** (Math) / punto m elíptico || ~**e Umlaufbahn** (Astr) / órbita f elíptica || ~**e Verzahnung** (Masch) / engranaje m elíptico || ~**er Zylinder** (Math) / cilindroide m
Elliptizität, Ellipsengestalt f (Kugelabplattung) (Geom) / elipticidad f
Ellipton, Derrid n (in Derris-Harz) (Chem) / eliptona f
Ellira-Schweißen n (= Elektro-Linde-Rapid), UP-Schweißen n / soldadura f Ellira, soldadura f electrorrápida Linde
Elmsfeuer, St. ⁼ (Phys, Schiff) / fuego m de San Telmo
E-Lok f / locomotora f eléctrica, electromotriz f
ELOKA (Mil) = elektronische Kampfführung
Elongation f (Astr, Phys) / elongación f
Elothermhärtung f (Hütt) / temple m Elotherm

Eloxal•qualität f (Alu) / calidad f para anodizar || ⁼**verfahren** n / procedimiento m de oxidación electrolítica [del aluminio], anodización f
eloxieren / anodizar, oxidar electrolíticamente, eloxar || ⁼ n / anodización f, oxidación f electrolítica, tratamiento m anódico
Eluat n, bei der Elution entstehende Lösung (Chem) / eluato m, eluido m, producto m de eluición
Eluent m (Chem) / eluynte m
eluieren, herauslösen (Chem) / eluir vt, efectuar la elución
Eluierung f, Elution f, Herauslösen n / elución f
Eluierungsmittel n / eluyente m, eluente m
eluvial (am Entstehungsort verblieben) (Geol) / eluvial
Eluvium n (Geol) / eluvio m
El-Winkel m (Radar) / ángulo m de elevación
Elysieren n / mecanizado m electrolítico, trabajo m electrolítico de metales
Elysierschleifen n, elektrolytisches Schleifen / rectificación f electrolítica
Elzevir f (Schrift) (Druck) / elzeviriano m
EM, Einseitenbandmodulation f (Eltronik) / modulación f por banda unilateral || ⁼, elektromagnetisch / electromagnético
E-Mail f / correo m electrónico, "emilio" m (col.)
Email n, Emaille f / esmalte m || ⁼ **aufbrennen** / aplicar esmalte en caliente o por fusión, esmaltar [en caliente] || ~**artig** / vidrioso || ⁼**belag** m / capa f de esmalte || ⁼**draht** m (Elektr) / alambre m esmaltado || ⁼**farbe** f / pintura f de esmalte || ⁼**fritte** f / frita f de esmalte || ⁼**gefäß** n / recipiente m esmaltado, vaso m esmaltado || ⁼**geschirr** n / vajilla f esmaltada || ⁼**lack** m (gut verlaufender glänzender Lack) / laca f de esmalte, esmalte m de laca
Emaille•guss m / fundición f para esmaltar || ⁼**schlicker** m / pasta f de esmalte [sin cocer]
Emaillier•betrieb m, -werk n / taller m de esmaltar, esmaltería f [industrial] || ⁼**blech** n / chapa f para esmaltar
emaillieren / esmaltar || ⁼ n, Emaillierung f / esmaltación f, esmaltación f
Emaillierer m, Emailarbeiter m / esmaltador m
Emaillierofen m / horno m de esmaltar
emailliert•er Lampenkolben (Elektr) / ampolla f esmaltada || ~**er Stahl** (Hütt) / acero m esmaltado
Email•malerei f (Kunst) / pintura f al esmalte || ⁼**mühle** f / molino m para esmaltes || ⁼**pulver** n / esmalte m en polvo || ⁼**schild** n / rótulo m esmaltado (E), chapa f esmaltada (LA) || ⁼**weiß**, Lithopona f / blanco m de esmalte, litopona f
Eman n (= 10^{-10} Curie/Liter), Em (veraltet) (Nukl Einh) / eman m (obsoleto)
Emanation f (Geol, Phys) / emanación f
E-Maschinen f pl s. Elektromaschinen
EMB, elektromechanische Bremse / freno m electromecánico
Emballage f, Verpackung f / embalaje m
Emballagenblech n (Hütt) / chapa f de embalaje
Embolit m, Chlorbromsilber n (Min) / embolita f
EMD-Zentrale f (Fernm) / central f con selectores rotatorios de metal precioso
Emensit m (Bergb) / emensita f (explosivo)
Emersion f (Astr, Phys) / emersión f
EMF, elektromagnetisches Feld / campo m electromagnético
Emission f (Phys) / emisión f || ⁼, Luftverunreinigung f (in g je m³) (Umw) / emisión f (contaminación o polución del aire en gramos por m³) || **induzierte (o. stimulierte)** ⁼ (Phys) / emisión f estimulada
Emissions•auslösung f (Laser) / gastillado m, activación f || ⁼**bande** f (Opt) / banda f de emisión || ⁼**bandenspektroskopie** f / espectroscopia f de bandas de emisión || ⁼**begrenzer** f (Nukl) / limitador m de rendimiento || ⁼**elektrode**, Elektronenquelle f

Emissions-Elektronenmikroskop

(Eltronik) / electrodo *m* emisor [de electrones] ||
⁓**-Elektronenmikroskop** *n* (Opt) / microscopio *m*
electrónico de fotoemisión || ⁓**fähigkeit** *f*, -vermögen
n (Phys) / capacidad *f* de emisión, poder *m* emisivo ||
⁓**fläche** *f* (Nukl) / superficie *f* emisora ||
⁓**-Flammenphotometrie** *f* (Chem) / fotometría *f* de
emisión de llama || ⁓**grad** *m*, Emissivität *f* (Nukl) /
emisividad *f*, grado *m* de emisión || ⁓**kennlinie** *f*
(Spektrum) / característica *f* de emisión || ⁓**kraft** *f*
(Phys) / poder *m* emisivo || ⁓**linie** *f* (Spektrum) / línea *f*
de emisión || ⁓**menge** *f* / cantidad *f* emitida ||
⁓**mikroskop** *n* (für Metallstrukturforschung) (Opt) /
microscopio *m* de emisión || ⁓**oxid** *n* / óxido *m*
emisivo || ⁓**photozelle** *f* / fotocélula *f* de emisión ||
⁓**quelle** *f* (Phys) / foco *m* emisor, fuente *f* de emisión ||
⁓**rate** *f*, Quellstärke *f* (Nukl) / tasa *f* de emisión ||
⁓**rückgang** *m* / reducción *f* de la emisión || ⁓**schicht** *f*
(Eltronik) / capa *f* de emisión || ⁓**spektroskopie** *f* (Nukl,
Opt) / espectroscopia *f* de emisión || ⁓**spektrum** *n* /
espectro *m* de emisión || ⁓**strom** *m* (Thermionik) /
corriente *f* de emisión || ⁓**substanz** *f* (Kath.Str) /
material *m* activo, sustancia *f* de emisión, materia *f*
emisiva || ⁓**theorie** *f* (Licht) / teoría *f* de la emisión ||
⁓**vermögen** *n* (Phys) / poder *m* emisivo o emisor ||
⁓**wert** *m* / nivel *m* de emisión
Emittanz *f*, spezifisches Emissionsvermögen (Phys) /
emitancia *f*
Emittent *m*, Emitter *m* (Luftverunreinigungsquelle) /
emisor *m*
Emitter *m* (Halbl) / emisor *m* || ⁓**anschluss** *m* (Transistor)
/ contacto *m* de emisor, borne *m* de emisor ||
⁓**bahnwiderstand** *m* (Halbl) / resistencia *f* serie del
emisor || ⁓**-Basis...** / ...emisor-base ||
⁓**-Basis-Reststrom** *m* (Halbl) / corriente *f* de escape
emisor-base || ⁓**-Basisschaltung** *f* in
Vorwärtsrichtung / tensión *f* directa emisor-base ||
⁓**-Basis-Spannung** *f* / tensión *f* emisor-base ||
⁓**-Basis-Strom** *m* / corriente *f* emisor-base ||
⁓**-Basis-Zonenübergang** *m*, -Basisstrecke *f* / unión *f*
emisora || ⁓**elektrode** *f*, Emitter *m* (Halbl) / electrodo
m emisor || ⁓**folger** *m* (Halbl) / etapa *f* de emisor
seguidor, seguidor *m* de emisor ||
⁓**folger-Transistorlogik** *f* / lógica *f*
emisor-seguidor-transistor || ~**gekoppelte Logik**,
Emitteranschlusslogik *f* (stromgeregelte Technik)
(DV) / circuito *m* de operador lógico de transistores
acoplados por el emisor || ⁓**grundschaltung** *f*
(Eltronik, Funk) / conexión *f* de emisor común ||
⁓**-Kollektor...** (Halbl) / ...emisor-colector || ⁓**kreis** *m* /
circuito *m* [de] emisor || ⁓**pille** *f* (Halbl) / punto *m*
emisor || ⁓**-Restspannung** *f* / tensión *f* mínima de
emisor || ⁓**ruhestrom** *m* / corriente *f* de reposo [del]
emisor || ⁓**schaltung** *f* (Transistor) / circuito *m* de
emisor común, montaje *m* de emisor [común] ||
⁓**schaltung rückwärts** *f* / circuito *m* de emisor común
inverso || ⁓**-Sperrschicht** *f* (Halbl) / capa *f* barrera [de]
emisor || ⁓**stromkreis** *m*, Emitterkreis *m* / circuito *m*
[de] emisor || ⁓**-Talstrom** *m* / corriente *f* valle de
emisor || ⁓**-Übergang** *m* / unión *f* emisora ||
⁓**-Verlustleistung** *f* / potencia *f* de disipación del
emisor || ⁓**verstärker** *m* (Eltronik) / circuito *m*
amplificador de emisor seguidor || ⁓**widerstand** *m*
(Halbl) / resistencia *f* de emisor || ⁓**zone** *f* (Nukl) / zona *f*
de emisor
emittieren, aussenden (Phys) / emitir
emittierend / emisor
emittiertes Teilchen (Nukl) / partícula *f* emitida
Emittodyneschaltung *f* (Nukl) / circuito *m* emitodino
EMK, elektromotorische Kraft / fuerza *f* electromotriz
EMK-Sonde *f* (Hütt) / sonda *f* de fuerza electromotriz
EML, elektronische Motorleistungskontrolle / control
m electrónico de la potencia del motor
Emmetropie, Normalsichtigkeit *f* (Med) / emetropia *f*

E-Modul *m*, Elastizitätsmodul *m* (Masch) / módulo *m* de
elasticidad, módulo *m* de Young || ⁓ **aus Zugversuch** /
módulo *m* en tensión
E-Modulindex *m* (Mech) / índice *m* del módulo de
Young
Emoticon *n* (emotion + icon) (DV) / emoticón *m*
E-Motor *m* (Elektr) / motor *m* eléctrico, electromotor *m*
EMP-Effekt, Atomexplosions-Effekt *m* (Nukl) / efecto *m*
EMP, efecto *m* de explosión atómica
Empfang *m* (Eltronik, TV) / recepción *f* || ⁓ **aus allen
Richtungen** / recepción *f* omnidireccional || ⁓ **mit
Wellentransformation**, Superheterodynempfang *m* /
recepción *f* superheterodina || ⁓ **über Antenne** (TV) /
recepción *f* por antena || ⁓ **über Kabel** (TV) /
recepción *f* por cable || **auf** ⁓ **stehen** / estar en
[posición de] recepción || **auf** ⁓ **stellen** / poner en
recepción
empfangen *vt*, eine Station bekommen (Eltronik, TV) /
recibir, captar || ⁓ *n* (Regeln) / recepción *f*
Empfänger *m* (Radio) / receptor *m* de radio,
radiorreceptor *m* || ⁓, Tuner *m* (Radio) / sintonizador
m, selector *m* || ⁓ (DV) / receptor *m* || ⁓ **für
ungedämpfte Wellen** (Radio) / receptor *m* de ondas no
amortiguadas || ⁓ **mit UKW-Teil** (Eltronik) / receptor
m con sección MF o de toda onda || **für eine
bestimmte Schwingungszahl abgestimmter** ⁓ /
receptor *m* armónico || ⁓**auflösung** *f* (TV) / definición
f de recepción || ⁓**ausgang** *m* (Radio) / salida *f* del
receptor • **große** ⁓**dynamik** / amplia *f* gama dinámica
del receptor || ⁓**eingang** *m* (Radio) / entrada *f* del
receptor || ⁓**gehäuse** *n* / caja *f* del receptor || ⁓**kristall**
m (Ultraschall) / cristal *m* receptor || ⁓**oszillator** *m*
(Radio) / oscilador *m* del receptor ||
⁓**-Primärvalenzen** *f pl* (TV) / colores *m pl* primarios
del receptor || ⁓**-Rauschzahl** *f* (Eltronik, Radio) / factor
m de ruido del receptor || ⁓**röhre** *f* (Eltronik) / tubo *m*
receptor, válvula *f* receptora || ⁓**seite** *f* (Fernm) / parte
f de recepción || ~**seitiges Ende** (Fernm) / extremo *m*
de recepción || ⁓**-Sperröhre** *f* (Radio) / tubo *m*
transmisión / recepción, tubo *m* TR || ⁓**weiche** *f* (Phys)
/ diplexer *m* de recepción
Empfänglichkeit *f* (Physiol) / receptividad *f*
Empfangs•... (allg, Biol) / perceptor *adj* || ⁓**anlage** *f*,
-apparat *m* (Eltronik) / instalación *f* de recepción,
aparato *m* de recepción || ⁓**antenne** *f* / antena *f*
receptora o de recepción || ⁓**aufruf** *m* (DV) / selección
f || ⁓**bahnhof** *m*, Zielbahnhof *m* (Bahn) / estación *f* de
destino || ⁓**bereich** *m* (Antenne) / zona *f* de recepción ||
⁓**bereich**, Frequenzbereich *m* (Eltronik) / gama *f* de
sintonzación || ⁓**bereich** *m* (Radio) / área *f* de servicio,
cobertura *f* efectiva || ⁓**bestätigung** *f* (Eltronik, Fernm) /
acuso *m* de recibo || ⁓**betrieb** *m* (Regeln) / modo *m* de
recepción || ⁓**bezugsdämpfung** *f* (Fernm) / equivalente
m de referencia a la recepción || ⁓**buchse** *f* (Eltronik) /
boca *f* receptora, jack *m* de entrada ||
⁓**-Datensichtgerät** *n* (DV) / unidad *f* de
representación de recepción solamente || ⁓**diplexer**
m, -weiche *f* (Fernm) / diplexer *m* de recepción ||
⁓**dipol** *m* (Antenne) / dipolo *m* de recepción ||
⁓**empfindlichkeit** *f* (Eltronik) / sensibilidad *f* de
recepción || ⁓**energie** *f* (Radio) / energía *f* de
recepción || ⁓**feldstärke** *f* / intensidad *f* del campo de
recepción || ~**freier Punkt** (Eltronik) / punto *m* de
recepción nula || ⁓**frequenz** *f* / frecuencia *f* de
recepción, frecuencia *f* de entrada, frecuencia *f*
incidente || ⁓**frequenzbereich** *m* / gama *f* de
frecuencias de recepción || ⁓**gebäude** *n* (Bahn) /
edificio *m* de viajeros o pasajeros || ⁓**gebäude** (Luftf) /
edificio *m* de llegada o de recepción || ⁓**gebiet** *n*
(Radio, TV) / cobertura *f*, alcance *m*, zona *f* servida o
útil o de recepción || ⁓**gerät** *n* (Radio, TV) / receptor *m*,
aparato *m* receptor, equipo *m* receptor || ⁓**güte** *f* /
cualidad *f* de recepción || ⁓**halle** *f* (Bau) / vestíbulo *m* ||
⁓**jigger** *m* (Eltronik) / jigger *m* receptor || ⁓**kreis** *m*

(Eltronik) / circuito m receptor o de recepción ‖ ⁓lautstärke f (Eltronik) / volumen m de sonido de recepción, intensidad f sonora de recepción ‖ ⁓leistung f (Antenne) / potencia f de recepción ‖ ⁓leistungsflussdichte f (z.B. von 0,00005 W/m² beim Handy) / densidad f de flujo de la potencia de recepción ‖ ⁓loch n (Radio) / zona f de silencio ‖ ⁓modem n (Fernm) / módem m de recepción ‖ ⁓optik f (Laser) / colector m de luz ‖ ⁓ort m (Fernm) / lugar m de recepción, punto m de recepción ‖ ⁓oszillator m (Radar) / oscilador m local ‖ ⁓pegel m (Eltronik) / nivel m de recepción ‖ ⁓quarz m (Ultraschall) / cuarzo m receptor ‖ ⁓raum m (Bau) / sala f de recepción, recibimiento m vestíbulo ‖ ⁓relais n (Fernm) / relé m receptor o de recepción ‖ ⁓richtung f (Fernm) / dirección f de recepción ‖ ⁓schuppen m (Bahn) / muelle m cubierto de recepción ‖ ⁓signal n (Eltronik) / señal f de recepción ‖ ⁓sperre f / bloqueo m de recepción ‖ ⁓sperrzelle f (Wellenleiter) / célula f TR ‖ ⁓stärke f (Eltronik) / intensidad f de recepción ‖ ⁓station f (Eltronik) / estación f receptora ‖ ⁓station (DV) / terminal m receptor ‖ ⁓station ohne Eigenprogramm (DV) / estación f esclava, estación f mandada o secundaria ‖ ⁓störung f (Eltronik) / perturbación f de la recepción, interferencia f de la recepción ‖ ⁓system n / sistema m receptor o de recepción ‖ ⁓terminal n, -station, Datensenke f (DV) / terminal m receptor ‖ ⁓trichter m (obsol.) (Fernm, Goubeauleitung) / bocina f de recepción ‖ ⁓verhältnisse n pl (Eltronik) / condiciones f pl de recepción ‖ ⁓verstärker m (Fernm) / repetidor m de recepción ‖ ⁓verstärker (Funk) / amplificador m de recepción ‖ ⁓weiche f (Antenne) / conmutador m de cambio de antena ‖ ⁓zone f (Magnetosphäre) / zona f de captura
empfindlich, Fein... (Foto, Instr) / sensible, sensitivo ‖ ~ [für, gegen] (Chem, Phys, Physiol) / sensible [a], susceptible ‖ ~ (gegen Licht) (Chem, Med) / fotosensible ‖ ~e **Flamme** (Phys) / llama f manométrica ‖ ~ **machen**, sensibilisieren (Foto) / sensibilizar
Empfindlichkeit f (allg, Instr) / sensibilidad f ‖ ⁓ (Antennenspannung in μ V) (Radio) / respuesta f ‖ ⁓ (Mikrofon) / nivel m de salida ‖ ⁓ (Aufnahmeröhre, TV) / sensibilidad f al flujo radiante ‖ ⁓ [gegen], Anfälligkeit f / susceptibilidad f [a] ‖ ⁓ f **bei naher Besprechung** (Mikrofon) / sensibilidad f a habla cerca ‖ ⁓ **des Films** (Foto) / sensibilidad f de la película, grado m de sensibilidad ‖ ⁓ **des Galvanometers in mm/μA** (Galv) / sensibilidad f del galvanómetro ‖ ⁓ **einer Bildaufnahmeröhre** (TV) / sensibilidad f al flujo radiante ‖ ⁓ f **gegenüber Fremddatomen** (Halbl) / sensibilidad f a impurezas ‖ ⁓ **im Kniepunkt** (Elektr) / sensibilidad f en el codo ‖ ⁓ **nach ASA** (Foto) / sensibilidad f según ASA ‖ **[geringe]** ⁓ **(gegen widrige äußere Bedingungen)** (DV) / supervivencia f ‖ **spektrale** ⁓ (Phys) / sensibilidad f espectral, selectividad f espectral
Empfindlichkeits•analyse f (Regeln) / análisis f de sensibilidad ‖ ⁓**bereich** m **des Ohres** (Physiol) / zona f de audibilidad ‖ **mit zwei** ⁓**bereichen** (Eltronik) / de dos áreas de sensibilidad ‖ ⁓**faktor** m (Instr) / coeficiente m de sensibilidad ‖ ⁓**grad** m, -maß n (allg, Ultraschall) / grado m de sensibilidad ‖ ⁓**index** m (Film) / índice m de exposición ‖ ⁓**kehrwert** m (Foto) / valor m recíproco de sensibilidad ‖ **spektrale** ⁓**kurve** (Phys) / curva f espectral de sensibilidad, característica f espectral ‖ ⁓**messer** m (Mess) / sensitómetro m ‖ ⁓**pegel** m (Akust) / nivel m de sensibilidad ‖ ⁓**regelung** f (Eltronik) / control m de sensibilidad, mando m de sensibilidad ‖ ⁓**regler** m / regulador m de sensibilidad ‖ ⁓**schwelle** f (Eltronik) / umbral m de silenciamiento ‖ ⁓**stufe** f / escalón m de sensibilidad ‖ ⁓**zahl** f (Bergb) / valor m medio de rotura del techo

Empfindung f, Wahrnehmung f (Physiol) / percepción f
empfindungs•gemäß / sensorio, sensorial ‖ ⁓**grenze** f (kleinster vernehmbarer Unterschied) / límite m de sensación ‖ ⁓**schwelle** f / umbral m de sensación, limen m
empfohlen, Richt... / recomendado
empfundene Lärmigkeit (Luftf) / ruidos m pl percibidos
empirisch / empírico ‖ ~e **Formel** (allg) / formula f empírica ‖ ~-**praktische Methode** / método m empírico-práctico, método m de tanteos, método m de corta y prueba
Emplektit, Kupferwismutglanz m (Min) / emplectita f
Empore f (Bau) / tribuna f, galería f alta
empor•ragen / sobresalir [de], elevarse encima [de] ‖ ~**strebend** / ascensional
Emprotid n (Chem) / emprótido m
EMPTA ( ) = **Ethyl-Methyl-Phophono-Thinoic Acid** (Chem) / ácido m etil-metil-fosfono-tiónico
empyreumatisch, brenzlig / empireumático
EMS (= elektromagnetisches Schwebesystem) (Bahn) / sistema m sustentador electromagnético
Emscher•brunnen, Imhofftank m (Abwasser, Umw) / tanque m clarificador tipo Emscher o Imhoff ‖ ⁓**verfahren** n (Abwasser) / procedimiento m de fango activado
Emulation f / emulación f ‖ ⁓ (DV) / emulación f
Emulationsprogramm n / programa m de emulación
Emulator m (Umsetzungsprogramm von einem Rechnertyp auf einen andern) (DV) / emulador m
Emulgator m, Emulgierungsmittel n (Chem) / emulsionante m, emulsificador m, agente m emulsificante o emulsivo
Emulgierarbeit f / trabajo m de emulsificación
emulgierbar / emulsionable ‖ ~es **Öl** / aceite m soluble
Emulgierbarkeit f / emulsionabilidad f, emulsibilidad f
emulgieren vt, emulsionieren (Chem) / emulsionar ‖ ⁓ n, Emulsionieren n, Emulgierung f / emulsificación f, emulsionamiento m
emulgierend / emulsionante, emulsificante
Emulgier•flüssigkeit f / líquido m emulsionante ‖ ⁓**maschine** f, Emulsioniermaschine f (Foto) / máquina f de revestimiento de la película ‖ ⁓**maschine**, Emulsioniermaschine f (Chem) / máquina f para hacer emulsiones, emulsor m, emulsificador m
emulgiert / emulsionado
Emulgierungsmittel n s. Emulgator
Emulgiervermögen n / poder m emulsionante
emulieren vt (DV) / emular
Emulsin n (Chem) / emulsina f
Emulsion f / emulsión f
Emulsionieren n (Foto) / revestimiento m de la película
Emulsions•apparat m (Käse) / emulsor m ‖ ~**beständig** / emulsivo ‖ ⁓**beständigkeit** f, -stabilität f (Chem, Foto) / estabilidad f de [la] emulsión ‖ ⁓**fett** (Chem) / grasa f de emulsión ‖ ⁓-**Gefrierschutz** m / agente m anticongelante de emulsiones ‖ ⁓**kautschuk** m / emulsión f de caucho ‖ ⁓**methode** f (Nukl) / técnica f de emulsión ‖ ⁓**polymerisation** f (Chem, Plast) / polimerización f por emulsionamiento ‖ ⁓**schicht** f (Foto) / capa f de emulsión ‖ ⁓**test** m (DIN 51591) (Chem) / prueba f de emulsión ‖ **im** ⁓**verfahren gestrichenes Papier** / papel m estucado por emulsión
Emulsoid n, lyophiles Kolloid (Chem) / emulsoide m, coloide m liófilo
EMV, elektromagnetische Verträglichkeit / compatibilidad f electromagnética
EMVU, elektromagnetische Umweltverträglichkeit (Handy) / compatibilidad f electromagnética medioambiental
EN = Euronorm ‖ ⁓ (= elektronegativ) / electronegativo
enantio•mer adj (Chem) / enantiómero adj ‖ ⁓**mer** n (Chem) / enantiómero m ‖ ~**morph** (Krist) / enantiomorfo ‖ ⁓**morphie** f (Chem) / enantiomorfismo m, simetría f complementaria ‖

enantiostereomer

~**stereomer** / enantioestereómero ‖ ~**trop** / enantiotropo ‖ ≃**tropie** f (Chem) / enantiotropía f
Enargit m (ein Kupfererz) (Min) / enargita f
en-bloc / en bloque
Encoder m / codificador m
Encoding n (DV) / codificación f
End•..., Schluss... / final, terminal ‖ ≃..., Ausgangs... (Funk, TV) / de salida, terminal ‖ ≃**abhörkontrolle** f (Sender) / monitoreo m de salida ‖ ≃**ableitung** f (Akku) / terminal m ‖ ≃**abnahme** f (Bau, Chem) / inspección f final, control m final o definitiva, verificación f final, entrega f ‖ ≃**abnehmer** m, Endverbraucher m / consumidor m [final] ‖ ≃**abregelung** f (Kfz) / corte m en ella ‖ ≃**abschaltung** f (Elektr) / desconexión f final, interrupción f final ‖ ≃**abschnitt** m / sección f final ‖ ≃**abspannmast** m (Fernm) / poste m terminal, poste m cabeza de línea ‖ ≃**adresse** f (DV) / dirección f final ‖ ≃**amt** n (Fernm) / central f terminal ‖ ≃**amt**, Bezirksamt n (Fernm) / central f regional ‖ ≃**amts-Gruppenabschnitt** m / sección f terminal de grupo ‖ ≃**anflug** m (Luftf) / aproximación f final ‖ ≃**anflug**, Endphase f (Raumf) / fase f terminal o final ‖ ≃**anflughöhe** f / altura f de aproximación final ‖ ≃**anode** f (Kath.Str) / acelerador m final, electrodo m final de alta tensión ‖ ≃**anschlag** m (Mech) / tope m [final] ‖ ≃**anstrich** m (Anstrich) / capa f final, pintura f final, última f mano de pintura, última f capa de pintura ‖ ≃**anweisung** f (DV) / instrucción f final ‖ ≃**anwender** m / usuario m final ‖ ≃**anzeiger** m / indicador m límite ‖ ≃**apparatur**, -einrichtung f (Fernm) / equipo m terminal ‖ ≃**arbeiten** f pl (Bau) / trabajos m pl finales ‖ ≃**aufbereitung** f (der Brennelemente) (Nukl) / preparación f final (de los elementos combustibles) ‖ ≃**ausbau** m (Bau) / construcción f final ‖ ≃**ausbauleistung** f (Masch) / capacidad f después de terminar la instalación ‖ ≃**ausbaustufe** f (Bau) / etapa f final de la construcción ‖ ≃**[aus]schalter**, Grenzschalter m (Kran) / interruptor m de fin de carrera ‖ ≃**ausschlag** m (Instr) / desviación f máxima o total ‖ ≃**aussteifung** f (Stahlbau) / fortificación f final ‖ ≃**bahnhof** m, -station f (Bahn) / estación f terminal o de término, terminal m ‖ ≃**band**, Nachlaufband n (Film) / cola f protectora, (esp.:) f cola de propaganda ‖ ≃**bearbeitung** f (Masch) / acabado m, mecanizado m final ‖ ≃**bearbeitung** (Sperrholz) / transformación f de acabado ‖ ≃**befestigung** f, -klemme f (Fernm) / pinza f terminal ‖ ≃**beschichtung** f (Fußboden) (Bau) / cubierta f final ‖ ≃**bestand** m (Lager) (F.Org) / inventario m final ‖ ≃**bildfenster** n (Elektronenmikroskop) / ventanilla f de imagen final, visor m de la imagen final ‖ ≃**-Bit** n (o. -Zeichen) (DV) / centinela f ‖ ≃**blech** n (Masch) / chapa f terminal ‖ ≃**[block]sperre** f, Rückblockungssperre f (Bahn) / cierre m de bloqueo terminal ‖ ≃**bund** n (elektr. Leitung) / ligadura f al aislador de anclaje ‖ ≃**bund** (Seil) / ligadura f de extremo de cable ‖ ≃**dämpfung** f (Fernm) / pérdida f final, atenuación f final ‖ ≃**deckel** m (Lager) / tapa f del [extremo exterior del] alojamiento ‖ ≃**diagonale** f (Stahlbau) / diagonal f extrema ‖ ≃**drehzahl** f (Mot) / velocidad f [de giro] final, número m de revoluciones final, velocidad f máxima ‖ ≃**druck** m (Öl, Pneum) / presión f final, presión f de salida
Ende n (räumlich) / extremo m, extremidad f ‖ ≃ (zeitlich) / fin m, final m ‖ ≃, Stück n / trozo m, pedazo m ‖ ≃, Spitze f / punta f ‖ ≃ (Math) / extremidad f ‖ ≃ ! (Funksprechverkehr) / icorto! ‖ ≃ n **der Arbeit** (DV) / fin m del trabajo ‖ ≃ **der Aufzeichnung** (DV, Eltronik) / fin m de la grabación ‖ ≃ **der Autobahn** / fin m de la autopista ‖ ≃ **der Lebensdauer** (DV, Masch) / fin m de la vida útil ‖ ≃ **einer Seite** (Druck) / base f de una página ‖ ≃ **Nachricht** (DV) / fin m de mensaje ‖ ≃ n **Überholverbot** (Verkehr) / fin m de la prohibición de

adelantar ‖ ≃ **Übertragung** (Eltronik) / fin m de la transmisión ‖ **[langsam] zu** ≃ **gehen** / estar acabándose, terminarse gradualmente ‖ **oberes** ≃ / extremo m superior ‖ **zu** ≃ **führen**, vollenden / llevar a cabo ‖ **zu** ≃ **gehen**, auslaufen / expirar, cesar
End•einrichtung, -apparatur f (Fernm) / equipo m terminal ‖ ≃**einschalter** m (Elektr) / conectador m final ‖ ≃**einspannung** f (Bau, Masch) / empotramiento m de un extremo
Endeka-Nitrozellulose f (Chem) / nitrocelulosa f endeka
enden vt, endigen, beenden, beschließen / terminar, acabar, finalizar, dar fin, dar término ‖ ~ vi [in] / terminarse, acabarse
End-End-Konfiguration f (Fernwirk) / red f de teleacción punto a punto
Endenschere f (Hütt) / tijera f de despunte
Endentgasung f **einer Vakuumlampe** (durch Getter o. Gasabsorption im Glas) (Eltronik) / desgaseado m final, afinación f del vacío
enden[un]gleich (Färb) / [des]igual en los extremos
End•ereignis n **der Tätigkeit** (PERT) / nudo m final ‖ ≃**ergebnis** n / resultado m final, resultado m definitivo
endergonisch (Energie aufnehmend) (Chem) / endoenergético, endergónico
Enderzeugnis n / producto m final
ENDESA (span. Elektrizitätsunternehmen) / ENDESA (= Empresa Nacional de Electricidad)
Endezeichen n (DV) / marca f de fin
End•fahrt f (Bahn) / recorrido m terminal ‖ ≃**feinheit** f (Tex) / finura f final ‖ ≃**feld** n (Elektr, Fernm) / panel m final o de fin ‖ ≃**feld** (Stahlbau) / sección f final ‖ ≃**feld** (Brücke) / tramo m extremo ‖ ≃**fernamt** n, EF / central f interurbana extrema ‖ ≃**fertigung** f, Endbearbeitung f / acabado m ‖ ≃**feuchtigkeit** f / humedad f final, humedad f residual ‖ ≃**feuer** n (Luftf) / balizaje m terminal de la pista ‖ ≃**fläche** f (Bau, Geom) / superficie f terminal, superficie f del extremo ‖ ≃**flügel** m (Luftf) / ala f exterior o extrema ‖ ≃**form** f (Schm) / pieza f acabada ‖ ≃**format** m (Pap) / tamaño m final ‖ ≃**füllmasse** f (Zuck) / masa f cocida final ‖ ~**gelagert** (Nukl) / depositado en almacén final ‖ ≃**gerät**, Terminal n (DV) / terminal m, unidad f terminal ‖ ≃**gerüst** n (Walzw) / caja f acabadora, caja f terminadora ‖ ≃**geschwindigkeit** f (Phys) / velocidad f final ‖ ≃**geschwindigkeit**, Restgeschwindigkeit f / velocidad f residual ‖ ≃**geschwindigkeit** f (freier Fall) / velocidad f final de [la] caída [libre] ‖ ≃**gestell** n (Spinn) / bancada f extrema ‖ ≃**glied** n (Masch) / miembro m extremo, último m miembro ‖ ≃**glied** (Math) / término m final ‖ ≃**gruppe** f (Chem) / grupo m terminal, grupo m final ‖ ~**gültig**, definitiv / definitivo ‖ ≃**gültiger Befehl**, effektiver Befehl (DV) / instrucción f efectiva ‖ ≃**gültiger Maschinenbefehl** (DV) / instrucción f absoluta ‖ ≃**gut** n, Fertiggut n (Aufb) / producto m final ‖ ≃**hülse** f (Kabel) / virola f ‖ ≃**kapazität** f / capacidad f final o terminal ‖ ≃**kern** m (Atom) / núcleo m final ‖ ≃**klemme** f, -befestigung f (Fernm) / borne m terminal, pinza f de extremidad ‖ ≃**knoten** m (Statik) / nudo m extremo ‖ ≃**konsonanten-Verständlichkeit** f (Fernm) / inteligibilidad f de consonantes terminales ‖ ≃**kontakt** m (Masch) / contacto m de fin de carrera ‖ ≃**kontrolle** f, -abnahme f (F.Org) / inspección f final, control m final ‖ ≃**kontrollgerät** n (TV) / monitor m principal [de control final] ‖ ≃**konvergenz** f (Opt) / convergencia f terminal ‖ ≃**konzentration** f (Chem, Pharm) / concentración f final ‖ ≃**-Koppelschleife** f (Wellenleiter) / bucle m de acoplamiento de segmentos ‖ ≃**korrektur** f (Druck) / corrección f final ‖ ≃**kunde** m (im Gegensatz zu OEM-Kunde) / consumidor m final, utilizador m final ‖ ≃**kupplung** f (für Seile) / casquillo m sujetacable ‖ ≃**kurve**, Phillipskurve f (Unruhfeder) / curva f Phillips, curva f terminal ‖ ≃**lage**

f (DV, Masch) / posición *f* final, posición *f* extrema ‖ ~**lage** (oberste Schicht) / capa *f* superior o final ‖ ~**lage**, -stellung *f* (Hub) / fin *m* de carrera ‖ ~**lagendämpfung** *f* / amortiguación *f* final ‖ ~**lagengeber** *m* / captador *m* fin de carrera ‖ ~**lager** *n* (bei mehrfach gelagerter Welle) (Mot) / cojinete *m* extremo o exterior o final ‖ ~**lager** (Nukl) / almacén *m* final, almacén *m* definitivo ‖ ~**lagerbehälter** *m* (Nukl) / POLLUX *m* ‖ ~**lagern** *vt* / almacenar definitivamente, depositar en almacén final ‖ ~**lagerstätte** *f* (Nukl) / lugar *m* de almacenamiento final, "cementerio" *m* nuclear ‖ ~**lagerung** *f* (Reaktorbrennstoff) / deposición *m* final, almacenamiento *m* final o definitivo (de residuos radiactivos) ‖ ~**lauge** *f* (Chem) / lejía *f* final ‖ ~**leiste** *f* **am Flügel** (Luftf) / borde *m* de salida ‖ ~**leistung** *f* (Eltronik) / potencia *f* de salida, energía *f* de salida
endlich, begrenzt (Math) / finito ‖ ~ (Keilriemen) / de extremo libre, de final abierto ‖ ~**es Dämpfungsmoment** (Elektr) / momento *m* de amortiguamiento finito ‖ ~**er Dezimalbruch** (Math) / fracción *f* decimal finita ‖ ~**e Grundgesamtheit** (Stat) / populación *f* finita ‖ ~**e Impulsantwort** (Eltronik) / respuesta *f* finita a una impulsión ‖ ~**er Keilriemen** / correa *f* trapezoidal con fin ‖ ~**e Menge** (Math) / cantidad *f* finita ‖ ~**e Reihe** (Math) / progresión *f* finita ‖ ~**e Zahl** (Math) / número *m* finito
Endlichkeitsbedingung *f* / condición *f* de finito
endlos, ohne Ende / sin fin, sinfín ‖ ~, kontinuierlich dauernd / continuo ‖ ~**e [Auslauf]rille** (Audio) / surco *m* final sin fin ‖ ~**es Band**, Bandschleife *f* (Film, Magn.Bd) / bucle *m* continuo o sin fin ‖ ~**e Schleife** (Programm) (DV) / programa *m* cíclico ‖ ~**e Schnecke** (Masch) / tornillo *m* sin fin ‖ ~**-Bandkassette** *f* (Eltronik) / casete *m* de cinta sin fin ‖ ~**-Bandschreiber** *m* / registrador *m* de cinta sin fin ‖ ~**druck** *m* (Druck) / impresión *f* continua ‖ ~**faden** *m* (Tex) / hilo *m* sin fin, hilo *m* continuo ‖ ~**faser** *f*, (jetzt:) Filament *n* (Tex) / filamento *m*, fibra *f* sin fin ‖ ~**folie** *f* / hoja *f* continua ‖ ~**formular** *n*, -vordruck *m* (DV) / formulario *m* continuo o sin fin, impreso *m* sin fin ‖ ~**formular**, Leporelloformular *n* (für Stachelführung) (DV) / formulario *m* de plegado leporello (con alimentación de pernos) ‖ ~**garn** *n* (monofil) (Tex) / hilo *m* sin fin (monofilamento) ‖ ~**garn** (multifil) / hilo sin fin (multifilamento) ‖ ~**matte** *f* (Plast) / fieltro *m* de hilos continuos ‖ ~**papier** *n* / papel *m* sin fin o continuo, papel *m* de rollo ‖ ~**-Seilförderung** *f* (Bergb) / extracción *f* por cable sin fin ‖ ~**vordruck** *m*, -formular *n* (DV) / formulario *m* continuo o sin fin
End•luft *f* (Lager), -spiel *n* (Masch) / juego *m* axial o longitudinal ‖ ~**maß** *n* (Dreh) / tamaño *m* deseado o especificado ‖ ~**maß** (Kontrolle) / calibre *m* normal, calibre *m* de caras paralelas, bloque *m* calibrador ‖ **auf** ~**maß räumen** (Masch) / brochar al tamaño deseado ‖ ~**maßsatz** *m* / juego *m* de calibres normales ‖ ~**mast** *m*, -gestänge *n* (Elektr, Fernm) / poste *m* terminal, poste *m* cabeza de línea ‖ ~**melasse** *f* (Zuck) / melaza *f* final ‖ ~**montage** *f* / montaje *m* final, ensamblaje *m* final ‖ ~**moräne** *f* (Geol) / morena *f* frontal o terminal ‖ ~**muffe** *f* / manguito *m* terminal
Endoenzym *n* (Biochem) / endoenzima *f*
Endöffnung *f* (Brücke) / abertura *f* final
Endo•gas *n* (Sintern) / atmósfera *f* endotérmica, gas *m* endotérmico ‖ ~**gen** (Geol) / endógeno ‖ ~**genes Gestein** (Geol) / rocas *f pl* endógenas ‖ ~**-Konfiguration** *f* (Chem) / endoconfiguración *f* ‖ ~**lytisch** / endolítico ‖ ~**morphismus** *m* (Math) / endomorfismo *m* ‖ ~**parasit** *m* (Med, Zool) / endoparásito *m* ‖ ~**philie** *f* (Chem, Tensid) / endofilia *f* ‖ ~**phyt** *m* (Bot) / endófito *m* ‖ ~**skop** *n* (Med) / endoscopio *m*
Endosmose *f*, einwärts verlaufende Osmose (Chem) / endosmosis *f*
endo•therm[isch], Wärme verzehrend (o. aufnehmend) (Chem) / endotérmico ‖ ~**toxin** *n* (Biochem) / endotoxina *f*
End•parameter *m* **einer Schleife** (DV, FORTRAN) / parámetro *m* terminal ‖ ~**pentode** *f* (Eltronik, Funk) / pentodo *m* final ‖ ~**pfeiler** *m* (Bau, Stahlbau) / pilar *m* extremo ‖ ~**phase** *f*, -stadium *n* / fase *f* final, etapa *f* final, última etapa *f* ‖ ~**platte** *f* (El-Röhre) / placa *f* terminal ‖ ~**platte** (Akku) / placa *f* extrema ‖ ~**platte am Rotor** (Elektr) / chapa *f* extrema del núcleo ‖ ~**plattenmagnetron** *n* (Eltronik) / magnetrón *m* a pantallas de extremo ‖ ~**[pol]klemme** *f* (Elektr) / terminal *m*, borne *m* terminal ‖ ~**portal** *n*, Windportal *m* (Brücke) / pórtico *m* del extremo ‖ ~**position** *f* / posición *f* final ‖ ~**produkt**, -erzeugnis *n* / producto *m* final ‖ ~**produkt** *n*, Konzentrat *n* (Erz) / concentrado *m* ‖ ~**produkt** (Kohle) / carbón *m* [de cualidad] comercial ‖ ~**prüfung** *f* (F.Org) / verificación *f* final, control *m* final ‖ ~**punkt** *m* (allg) / punto *m* final, extremo *m* ‖ ~**punkt**, Umschlagspunkt *m* (Chem) / punto *m* final de la titulación ‖ ~**punkt** *m* **der Bearbeitung** (NC) / punto *m* limitador del mecanizado ‖ ~**punkt der Wiederholung** (NC) / punto *m* final de repetición ‖ ~**punktsbestimmung** *f* **der volumetrischen Titration nach dem spez. Gewicht** (Chem) / isopicnoscopia *f* ‖ ~**qualität** *f*, E.Q. (F.Org) / calidad *f* final ‖ ~**querträger** *m* (Stahlbau) / viga *f* transversal de remate, travesaño *m* extremo ‖ ~**rahmen** *m* (Container, Stahlbau) / marco *m* de remate ‖ ~**regelgröße** *f* (NC) / variable *f* final regulada ‖ ~**regelung** *f* (NC) / regulación *f* final, control *m* final, reglaje *m* final ‖ ~**reinigung** *f* (Brennstoff-Aufbereitung, Nukl, Reaktor) / tratamiento *m* final (del combustible irradiado) ‖ ~**rille** *f* (o. unmodulierte Rille) (Audio) / surco *m* final
Endrin *n* (Chem) / endrina *f*
End•röhre *f* (Eltronik, Funk) / tubo *m* de potencia, válvula *f* de salida ‖ ~**rücknahme** *f* (Bearbeitung) (Masch) / retroceso *m* final ‖ ~**schalter** s. Endausschalter ‖ ~**schaltraum** *m* (TV) / sala *f* principal de control ‖ ~**scheibe** *f* (am Flügel), Seitenscheibe *f* (Luftf) / placa *f* terminal [del ala], disco *m* lateral ‖ ~**scheibe** (Lager) / disco *m* de cierre, arandela *f* de cierre ‖ ~**scheibenleitwerk** *n* (Luftf) / empenaje *m* doble de placa terminal ‖ ~**schild** *m* (ein Lagerschild) / placa *f* terminal de cojinete ‖ ~**schwärzung** *f* (Foto) / densidad *f* máxima ‖ ~**schwefelung** *f* (Zuck) / sulfitación *f* final ‖ ~**schwelle** *f* (Hydr) / travesaño *m* de salida ‖ ~**sortierung** *f* (DV) / clasificación *f* final ‖ ~**spannung** *f* (Akku) / tensión *f* final, tensión *f* de parada ‖ ~**speiseleitung** *f* (Elektr) / línea *f* de alimentación por el extremo, alimentador *m* radial ‖ ~**speisung** *f* (Antenne) / alimentación *f* por la base ‖ ~**sperre** *f* (Masch) / bloqueo *m* principal ‖ ~**stadium** *n* s. Endphase ‖ ~**ständig** (Chem) / terminal *adj* ‖ ~**station** *f*, -bahnhof *m* (Bahn) / estación *f* terminal o de término, terminal *m* ‖ ~**stein** *m* (Draht) / hilera *f* final ‖ ~**stelle** *f* (Fernm) / aparato *m* del abonado ‖ ~**stellung**, -lage *f* / posición *f* final o extrema o definitiva ‖ ~**stellung**, -lage *f* (Hub) / posición *f* fin de carrera ‖ ~**stöpsel** *m* (Abwasser) / capacete *m* ‖ ~**strahl** *m* **eines Winkels** (Geom) / lado *m* final de un ángulo ‖ ~**strebe** *f* (Stahlbau) / montante *m* extremo inclinado ‖ ~**strecke** *f* / recorrido *m* final ‖ ~**stromkreis** *m* **[eines Gebäudes]** (Elektr) / circuito *m* final o terminal [de un edificio] ‖ ~**strosse** *f* (Bergb) / banco *m* final ‖ ~**stück** *n*, Abschlussstück *n* / pieza *f* terminal, extremo *m*, terminal *m* ‖ ~**stück** (Räumwz) / extremo *m* trasero (de la brocha) ‖ ~**stückhalter** *m* (Räumwz) / portaextremo *m* de la brocha ‖ ~**stufe** *f* (Eltronik, Funk) / paso *m* final, etapa *f* final ‖ ~**stufe** (TV) / transformador *m* de salida ‖ ~**stufe der Rakete** (Raumf) / etapa *f* final del cohete ‖ ~**stufenmodulation** *f* (Eltronik) / modulación *f* de alto

Endsturzflug

nivel ‖ ~**sturzflug** m (Luftf) / vuelo m en picado final ‖
~**stütze** f (z.B. Beschlag) (Masch, Tischl) / apoyo m o soporte terminal (por ej. de un herraje) ‖ ~**sud** m (Brau, Zuck) / cocción f final ‖ ~**summe** f (Math) / total m final, suma f final ‖ ~**temperatur** f / temperatura f final ‖ ~**träger** m (Bahn, Stahlbau) / viga f exterior en un entramado ‖ ~**triode** f (Eltronik) / triodo m final ‖ ~**tülle** f (Elektr) / manguito m terminal ‖ ~**übertrag** m, Umwälzen n (DV) / transporte m cíclico o de contorno ‖ ~**umschalter** m (Elektr, Masch) / inversor m fin de carrera ‖ ~**umsetzer** m (Trägerfrequenz) / modulador m final ‖ ~**vakuum** n / vacío m final ‖ ~**verankerung** f (Seilb) / anclaje m de remate ‖ ~**verbinder** m (Akku) / conector m terminal ‖ ~**verbindung** f (Schw) / unión f final ‖ ~**verbraucher** m / consumidor m final ‖ ~**vermittlungsstelle**, EVSt, Ortsvermittlungsstelle f (Fernm) / central f urbana, estación f local ‖ ~**verschluss** m (Kabel) / caja f terminal, caja f de extremidad ‖ ~**verschraubung** f / racor m final ‖ ~**versiegeln** n (Plast) / sellado m terminal ‖ ~**verstärker** m (Eltronik) / amplificador m final ‖ ~**verstärker** (Fernm) / repetidor m final ‖ ~**verstärkung** f (Eltronik) / amplificación f de potencia ‖ ~**verteilerkasten** m, EV (Elektr) / caja f de distribución final ‖ ~**verzweiger** m (Elektr, Hausinstall) / distribuidor m final ‖ ~**verzweigung** f / ramificación f terminal ‖ ~**wand** f (Koksofen) / pared f de contrafuerte ‖ ~**weise**, End-zu-End... / de punta a punta ‖ ~**wert** m / valor m final ‖ ~**wert**, Gesamtwert m (Math) / valor m acumulado o total ‖ **über den** ~**wert hinaus** (Instr) / fuera de escala ‖ ~**wickel** m (Spinn) / husillo m final ‖ ~**widerstand** m (Elektr) / resistencia f final ‖ ~**windung** f **der Breguetspirale** (Uhr) / espira f exterior de la espiral Breguet ‖ ~**wirt** m (Parasiten) / huésped m final ‖ ~**wölbung** f, Polwölbung f / abombamiento m de los polos ‖ ~**ziel** n / meta f final, propósito m final, objetivo m final ‖ ~**zustand** m / estado m final
EN-Eingang m (DV) / entrada f del validación [del operador]
Energetik f (Chem, Phys) / energética f
energetisch / energético, enérgico ‖ ~**e Sanierung** / saneamiento m o acondicionamiento energético ‖ ~**e Selbstabschirmung** (Nukl) / autoprotección f energética ‖ ~**er Wirkungsgrad** / rendimiento m energético
Energie f (Phys) / energía f ‖ ~, Schwung m / vitalidad f, ímpetu m ‖ ~... / energético, de energía ‖ ~ **abgebend** / exoenergético ‖ ~ [durch Turbine] **umwandeln** / turbinar ‖ **der Materie mitgeteilte** ~ (Phys) / energía f impartida o comunicada a la materia
Energie•abbau m / degradación f de energía ‖ ~**abgabe** f, -lieferung f / suministro m de energía ‖ ~**abhängig** (DV, Speicher), volátil ‖ ~**absorption** f (Chem, Nukl) / absorción f de energía ‖ ~**absorptionsdiode** f (Halbl) / diodo m absorbente de energía ‖ ~**analysator** m (Mikrosk) / analizador m [de perdidas] energía ‖ ~**äquivalent** n (Phys) / equivalente m energético ‖ ~**äquivalenz** f (1 Masseneinheit = 930 x 10⁶ eV) / equivalencia f de energía ‖ ~**arm** / pobre en energía ‖ ~**armes Erz** / mineral m no energético ‖ ~**aufnahme** f (Phys) / absorción f de energía, consumo f de energía ‖ ~**aufspeicherung** f / acumulación f de energía, almacenamiento m de energía ‖ ~**aufwand** m / energía f necesaria o empleada ‖ ~**ausbeute** f / rendimiento m energético ‖ ~**ausfall** m (Strom, Gas usw.) / corte m de energía ‖ ~**ausgleich** m / compensación f de energía ‖ ~**austausch** m / intercambio m de energía ‖ ~**band** n (Bereich von Energiewerten im Kristall, der dauernd von Elektronen besetzt werden kann) (vollbesetzt oder leer) (Halbl) / banda f de energía (saturada o vacía) ‖ ~**bedarf** m (F.Org) / necesidades f pl de energía, energía f necesaria, demanda f energética ‖

~**bedarf**, -verbrauch m / consumo m de energía, energía f consumida ‖ ~**begriff** m / concepto m de energía ‖ ~**-Beiträge** m pl / contribuciones f pl energéticas ‖ ~**berater** m (Umw) / asesor m en cuestiones energéticas ‖ ~**bereich** m / campo m o sector de energía ‖ ~**berg** m (Chem) / barrera f de energía ‖ ~**betrag** m / cantidad f de energía ‖ ~**bilanz** f, -haushalt m (Masch) / balance m energético ‖ ~**box** f, Kleinkraftwerk n / microcentral f ‖ ~**brücke** f / puente m para tuberías y cables ‖ ~**dargebot** n / presentación f de energía ‖ ~**dekrement** n (Nukl) / decremento m de energía ‖ ~**dichte** f (Phys) / densidad f de energía, densidad f de la potencia ‖ ~**dichte**, Belichtung f (Produkt aus Beleuchtungsstärke u. Belichtungszeit) (Laser) / luminación f ‖ ~**direktumwandlung** f (jede Art Energie) (Phys) / transformación f de energía ‖ ~**dosis** f (Nukl) / dosis f absorbida ‖ ~**dosisleistung** f (Nukl) / tasa f de energía absorbida ‖ ~**effizienz** f (Bau) / eficiencia f energética ‖ ~**einheit** f (Phys) / unidad f de energía ‖ ~**einspeisung** f / suministro m de energía [a la red], entrega f de energía [a la red] ‖ ~**elastizität** f (Stahl) / elasticidad f de energía ‖ ~**elektroniker** m **der Fachrichtung Anlagentechnik**, (früher:) Elektronikinstallateur m / montador m de (o en) electrónica ‖ ~**entzug** m / toma f de energía ‖ ~**erhaltung** f (Phys) / conservación f de la energía ‖ ~**erhaltungsgesetz** n / ley f de la conservación de la energía ‖ ~**ersparnis** f, -einsparung f (Elektr, Phys) / ahorro m de energía, economía f de energía ‖ ~**erzeugung** f / generación f de energía, producción f de energía ‖ ~**fluenz** f (Nukl) / fluencia f de energía ‖ ~**fluss** (in der Wärmeberechnung eines Satelliten) (Raumf) / consumo m calorífico ‖ ~**fluss** m **Sonne-Erde** (Astr, Phys) / flujo m energético o de energía Sol-Tierra ‖ ~**flussbild**, Sankeydiagramm n / calor m seco, diagrama m de Sankey, diagrama m térmico ‖ ~**flussdichte** f (Nukl) / densidad f de[l] flujo energético ‖ ~**freisetzung** f (Phys) / liberación f de energía ‖ ~**fressend**, -verschwendend / que derrocha energía ‖ ~**gefälle** n (Phys) / caída f de energía, desnivel m de energía ‖ ~**gefiltertes Elektronenmikroskop** (Opt) / microscopio m electrónico selector de energía ‖ ~**gehalt** m (Nahr) / valor m energético o calorífico ‖ ~**geladenes Teilchen** (Phys) / partícula f energética ‖ ~**gewinnung** f (Elektr, Phys) / obtención f de energía ‖ ~**gleich** f, equienergético, igual en energía ‖ ~**holz** n / leña f ‖ ~**inhalt** m, -gehalt m (Phys) / energía f interna ‖ ~**inhalt eines Treibstoffes** / potencia f energética del agente propulsor ‖ ~**-intensive Industrie** f / industria f de elevado consumo de energía ‖ ~**kabel** n (Elektr) / cable m de energía eléctrica ‖ ~**kette** f (Chem) / cadena f energética ‖ ~**knappheit** f / escasez f de energía ‖ ~**komponente** f, Wirkanteil m (Elektr) / componente m eficaz o activo ‖ ~**konversion** f (Phys) / transformación f de energía ‖ ~**kreislauf** m / ciclo m energético ‖ ~**krise** f (Umw) / crisis f energética o de energía ‖ ~**kurve** f (Licht) / curva f de energía ‖ ~**leiste** f (mit mehreren Steckdosen) (Elektr) / regleta f de bornes ‖ ~**leitung** f, -übertragung f / transporte m de energía ‖ ~**liefernd**, exergonisch (Phys) / exergónico ‖ ~**lieferung** f, -abgabe f / entrega f de energía, suministro m de energía ‖ ~**management** n / gestión f de los recursos energéticos ‖ ~**[maß]einheit** f (Phys) / unidad f de energía ‖ ~**messgerät** n / aparato m medidor de energía ‖ ~**mix** m / mezcla f de energía[s] ‖ ~**netz** n, Energieversorgungsnetz n / red f [de suministro] de energía ‖ ~**niveau** n, Term m (Phys) / nivel m energético o de energía, término m energético ‖ **von gleichem** ~**niveau** (Nukl) / monoenergético ‖ ~**-Niveaudiagramm**, Termschema n (Phys) / diagrama m de los niveles de energía, diagrama m energético ‖ ~**niveauverteilung** f (Phys) / distribución f del nivel energético ‖ ~**-Operator** m

(Nukl) / operador m de energía ‖ ˜pass m (für Gebäude) / certificado m de eficiencia energética ‖ ˜pflanze f (Bot) / planta f energética ‖ ˜politik f / política f energética o de energía ‖ ˜potential n / potencial m energético ‖ ˜prinzip n, -satz m (Phys) / principio m de [la conservación de] la energía ‖ ˜profil n (Chem) / perfil m energético ‖ ˜-Pro-Kopfverbrauch m / consumo m de energía per cápita ‖ ˜prozesstechnik f / técnica f de procesos energéticos ‖ ˜quantum n, -quant n (Phys) / cuanto m de energía, quantum m de energía ‖ ˜quelle f (Phys) / fuente f de energía ‖ ˜quelle, -verstärker m / energizador m ‖ ˜quelle, Antrieb m (Uhr) / dispositivo m motor ‖ ˜räuber m / aparato m de gran consumo de energía ‖ ˜reaktor m, Leistungsreaktor m (Nukl) / reactor m de potencia ‖ ˜regelung f (Elektr) / control m de energía ‖ ~reich (Nukl) / de alta energía, de gran energía ‖ ~reiches Neutron (bis 100 eV) (Nukl) / neutrón m epitérmico o de gran energía ‖ ˜reserve f / reserva f energética ‖ ˜rohstoffe m pl (Kohle, Erdöl, Erdgas, Uran, Erdwärme) / materias f pl primas energéticas ‖ ˜rückgewinnung f (Umw) / recuperación f de energía ‖ ˜sammler m (Hydr) / acumulador m ‖ ˜satz m, Energiegleichung f (Phys) / ecuación f de energía ‖ ˜schema n, Termschema n (Phys) / esquema m de termos ‖ ˜schiene f (Elektr) / carrel m o riel de energía ‖ ˜schwelle f (Chem) / barrera f de energía ‖ ˜schwelle der Spaltung (Nukl) / umbral m de fisión ‖ ˜senke f (Phys) / receptor m de energía ‖ ˜sparen n, -einsparung f / ahorro m de energía ‖ ~sparend / que ahorra energía ‖ ˜sparer m (Gerät) / economizador m de energía, ahorrador m de energía ‖ ˜sparlampe f / lámpara f [o bombilla] ahorradora de energía ‖ ˜speicher m (allg) / acumulador m de energía ‖ ~speicherndes Schwungrad / volante m almacenador de energía ‖ ˜speicherung f, Arbeitsinhalt m / almacenamiento m de energía ‖ ˜spektrum n (Phys) / espectro m energético o de energía ‖ ˜stromdichte f, Poyntingscher Faktor (Elektr) / factor m de Poynting ‖ ˜technik f, (früher:) Starkstromtechnik f / técnica f energética, (antes:) f técnica de las corrientes fuertes, ingeniería f eléctrica ‖ ˜techniker m / técnico m energético ‖ ˜term m, -stufe f, Term m (Phys) / término m [de energía], nivel m de energía ‖ ˜träger m / portador m de energía ‖ ˜träger m pl / recursos m pl energéticos ‖ ˜treppe f (Quantensprünge) / niveles m pl de energía ‖ ˜überschuss m / exceso m de energía, superávit m energético, excedente m de energía ‖ ˜überträger m / transportador m de energía ‖ ˜übertragung f, -leitung f, Energietransport m (Phys) / transmisión f de energía, transferencia f de energía, traspaso m de energía (LA) ‖ ˜[um]wandlung, -umsetzung f (Phys) / transformación f de energía ‖ linearer ˜-Umwandlungskoeffizient, -Übertragungskoeffizient m (Nukl) / coeficiente m de transfer de energía ‖ ~unabhängig (DV, Speicher) / involátil, no volátil ‖ ˜verbrauch m / consumo m de energía, gasto m energético o de energía ‖ ~verbrauchend, endergonisch / endergónico ‖ ˜verbund m (Elektr) / interconexión f de energía ‖ ˜verbundwirtschaft f / economía f de interconexión de energía ‖ ˜verknappung f / escasez f de energía ‖ ˜verlust m / pérdida f de energía, degradación f de la energía ‖ ˜vernichter m / disipador m de energía ‖ ˜verschwendung, -vergeudung f (Umw) / disipación f de energía, derroche m de energía ‖ ˜versorgung f, -zufuhr f / suministro m de energía, abastecimiento m energético o de energía ‖ ˜versorgungsunternehmen n, EVU / empresa f productora y distribuidora de energía ‖ ˜verteilung f / distribución f de energía ‖ ˜verteilung der Neutronen im Reaktor (Nukl) / distribución f de la energía de los neutrones ‖ ˜verwischung f (Radio) / dispersión f de energía ‖
˜verzehrer m, -vernichter m (Hydr) / depósito m amortiguador ‖ ˜wald m (z.B. Weiden) (Umw) / bosque m energético (por ej. sauces) ‖ ˜wandler m (Masch) / convertidor m de energía ‖ ˜wert m / valor m energético ‖ ˜wirtschaft f / economía f energética o de energía ‖ ˜zufuhr f / suministro m de energía ‖ ˜zustand m (Phys) / estado m energético
energisch (Reaktion) / enérgico ‖ ~es Reduktionsmittel (Chem) / agente m reductor energético
Energol n (Rakete) / energol m
Enfleurage f (Blütenölgewinnung) / enfloración f, extracción f de esencias de flores
eng / estrecho (E), angosto (LA) ‖ ~ (Gewebe) / tupido ‖ ~ **anliegend** / ajustado ‖ ~**e Bohrung** (Öl) / perforación f de diámetro reducido ‖ ~**er Durchlass**, pasaje m estrecho ‖ ~**er Hals** (Flasche usw.) / cuello m estrecho ‖ ~**e Kopplung** (Elektr) / acoplamiento m cerrado o fuerte ‖ ~**e Öffnung** / apertura f estrecha ‖ ~**er Querschnitt**, sección f estrecha ‖ ~**e Schalung** (Bau, Beton) / encofrado m apretado ‖ ~**e Scharrierung** (Bau) / escodado m fino ‖ ~ **setzen** (Druck) / estrechar, quitar espacios ‖ ~ **e Toleranz** / tolerancia f rigurosa o estrecha ‖ ~ **werden** / estrecharse ‖ **eine Zeile** ~ **setzen** (Druck) / condensar un renglón ‖ **[untereinander]** ~ **zusammenhängend** / interdependiente
Eng n (Holz) / eng m
Engdruck m (Druck) / tipos m pl condensados, tipos m pl esqueletos
Enge f / estrechez f (E), angostura f (LA)
Engel m, Engelecho n (Radar) / eco m estraño o parásito
Engerling m (Landw, Zool) / gusano m blanco, larva f del abejorro sanjuanero
Engewiderstand m (Elektr) / resistencia f de constricción
eng•furchig (Landw) / yunto adj ‖ ~**gebündelte Funkübertragung** / radiotransmisión f por haz estrecho ‖ ~**gepackt** (z.B. Komponenten) / de construcción densa, con los componentes muy juntos ‖ ~**gewellt** (Schlauch) / de espiras paralelas cerradas ‖ ˜**hals-Press-Blaseprozess** m, EPB-Prozess m (Glas) / proceso m de presión y de soplado de cuello estrecho ‖ ˜**hals-Standflasche** f (Chem) / botella f de cuello estrecho y de fondo plano ‖ ˜**holz** n, Spätholz n, Sommerholz n (Forstw) / leño m tardío, leño m de otoño, leño m estrecho
Engineering n / ingeniería
Engländer, (jetzt:) Rollgabelschlüssel m (Wz) / llave f inglesa, llave f de boca variable
Engler•grade m pl (veraltet), °E (Öl) / grados m pl Engler (obsoleto) ‖ ˜**kolben** m (Chem) / frasco m Engler ‖ ˜**viskosimeter** n / viscosímetro m de Engler
englisch•e Achsenmontierung (Opt) / montura f inglesa de eje ‖ ~**e Bindung** (Tex) / ligamento m inglés ‖ ~**es Halbporzellan**, Wedgewood n (Keram) / porcelana f inglesa ‖ ~**er Härtegrad** (Wasser) / grado m hidrotimétrico inglés ‖ ~**e Linie** (Druck) / cizido m a la francesa ‖ ~**e Mennige** (Anstrich) / minio m inglés ‖ ~**es Porzellan** / porcelana f opaca ‖ ~**e Rahmenmontierung** (Opt) / montura f inglesa con soporte ‖ ~**e Treppenwange** (Bau) / zanca f de cremallera o a la inglesa ‖ ~**e Wärmeeinheiten** (= 1.26 x 10^{15} J) (Phys) / unidades f pl térmicas inglesas ‖ ~**es Maßsystem** (Mess) / sistema m inglés ‖ ~**er Normenausschuss** / British Standards Institution ‖ ˜**blau** n (Keram) / azul m de cobalto ‖ ˜**leder** n (Tex) / cuero m inglés, molesquín m ‖ ˜**rot** n, Colcothar m (Galv) / colcótar m, rojo m de Inglaterra
engmaschig (Tex) / de mallas estrechas o finas o tupidas ‖ ~ (Rost) (Lokomotive) / cerrado (parilla)
Engobe f, Beguss m (Keram) / enlucido m cerámico ‖ ˜, farbiger Verblender / ladrillo m vitrificado ‖ ˜, Engobierung f / engobado m, enlucimiento m

engobieren, überziehen / vitrificar (ladrillos), enlucir (cerámica)
Eng•pass m (F.Org, Verkehr) / cuello m de botella, estrechura f ‖ ⁓**pass** (Geo) / desfiladero m, paso m angosto ‖ ⁓**pass** (i.d. Produktion) / embotellamiento m, estrangulamiento m ‖ ⁓**passleistung** f (Fernm) / prestación f de horas-punta ‖ ~**porig**, porös / de poros múltiples, muy poroso ‖ ~**ringig**, feinjährig (Holz) / de anillos estrechos ‖ ~**ringige Kette** / cadena f inglesa ‖ ~**rohriger Siederohrkessel** / caldera f de tubos de agua ‖ ⁓**schrift** f (Druck) / escritura f estrecha ‖ ⁓**schrift** s. auch Engdruck ‖ ⁓**spaltschweißen** n / soldeo m de ranura estrecha ‖ ~**strahlend** (Phys) / de radiación estrecha ‖ ⁓**strahler** m (Elektr, Opt) / reflector m de haz estrecho
Engstspalt m (Passung) / holgura f mínima
engtoleriert / de tolerancia estrecha o rigurosa
enkaustisch, eingebrannt (Keram) / encáustico
Enlevage f, Ätzpapp m (Tex) / pasta f de estampación, reserva f corroyente o corrosiva ‖ ⁓, Ätz[beiz]druck m (Mustern durch örtliches Entfärben) (Gewebedruck) / estampación f por reserva ‖ ⁓, Ätzbeizdruck m (Tätigkeit) / estampado m por reserva
Ennea-Nitrozellulose f (Chem) / nitrocelulosa f ennea
Enol n / enol m ‖ ⁓**ase** f / enolasa f ‖ ⁓**form** f (Chem) / forma f enólica
enolisierbar / enolizable
enolisieren / enolizar
Enollakton n / lactona f enólica
Enometer m n, Würzemesser m (Nahr) / enómetro m
Enometrie f (Chem, Öl) / enometría f
ENR, elektronische Niveauregelung (Kfz) / regulación f electrónica del nivel
ENSA f = Equipos Nucleares SA
Ensat n (eine Gewindebüchse) / inserción f roscada, casquillo m con rosca interior y exterior
Ensilage f, Gärfutterbereitung f (Landw) / ensilaje m
Enstatit m (Min) / enstatita f
ent•aktivieren vt (Chem, Nukl) / desactivar, suprimir la actividad ‖ ⁓**alkalinisieren** n (Chem) / desalcalinización f ‖ ⁓**alkoholisieren** n (Chem) / desalcoholización f ‖ ⁓**alkylierung** f, Desalkylierung f / desalquilación f ‖ ⁓**aluminierung** f / desaluminificación f ‖ ~**arretieren** vt, die Arretierung lösen (Masch) / desbloquear ‖ ⁓**arsenung** f (Chem) / desarsenicado m, desarsenicación f ‖ ~**artet** (Biol, Halbl, Phys) / degenerado ‖ ⁓**artung** f, Degeneration f (Biol) / degeneración f ‖ ⁓**artung** (Bot) / retrogradación f ‖ ~**aschen** (Chem) / extraer las cenizas ‖ ⁓**aschungsanlage** f / extractor m de cenizas, instalación f extractora de cenizas ‖ ⁓**asphaltierung** f (Öl) / desasfaltado m, desalfatación f ‖ ~**ästen** vt (Forstw) / desramificar, podar, mondar árboles, desramar ‖ ⁓**ballung** f (Stadt) / desconcentración f ‖ ~**basen** vt (Chem) / desbasificar ‖ ~**basten** vt, degummieren (Seide) / desengomar, descrudecer ‖ ⁓**basten** n / desengomado m ‖ ⁓**basung** f (Ionenaustauscher) / descationización f, eliminación f de cationes ‖ ⁓**basung des Boens** (Landw) / neutralización f del suelo ‖ ⁓**benzolung** f, Austreiben des Benzols n (Kokerei) / desbenzolado m, desbenzolaje m ‖ ~**bittern** vt (Nahr) / desamargar, extraer la sustancia amarga ‖ ~**blättern** vt (Bot) / de[s]foliar, deshojar ‖ ~**blocken** (Bahn) / desbloquear ‖ ~**blocken** (DV) / desagrupar (registros agrupados en bloques) ‖ ⁓**blockierung** f (Radar) / desbloqueo m del receptor, activación f del receptor ‖ ⁓**blockungsrelais** n (Bahn) / relé m de desbloqueo ‖ ⁓**blößung**, Denudation f (Geol) / desnudación f ‖ ~**borieren** vt (Nukl) / eliminar el boro ‖ ~**bromen** vt (Chem) / eliminar el bromo ‖ ~**brumm...** (Eltronik) / antizumbido adj ‖ ⁓**brummen** n (Funk) / supresión f de zumbido ‖ ⁓**brummkondensator** m (Eltronik) / capacitor m de filtraje del zumbido ‖ ⁓**bündeln** n (Kath.Str) / desagrupamiento m, desapelotonamiento m ‖ ⁓**buschung** f (Landw) / eliminación f de arbustos ‖ ⁓**butaner** m (Öl) / desbutanizador m ‖ ~**chloren** vt (Chem) / desclorar, eliminar el cloro, desclorurar ‖ ⁓**chlorung** f / descloruración f, desclorado m ‖ ~**chromen** vt (Hütt) / descromar ‖ ⁓**chromungsanlage** f / instalación f descromadora ‖ ⁓**coder** m, Decoder m (DV, Eltronik) / descodificador m ‖ ⁓**codung** f (DV) / descodificación f ‖ ⁓**coiler** m (Walzw) / desarrolladora f de bobinas ‖ ⁓**dämpfung** f (Eltronik) / desamortiguamiento m, compensación f del amortiguamiento ‖ ⁓**dämpfungs-Grenzfrequenz** f (Tunneldiode) / frecuencia f de corte resistivo ‖ ~**decken** vt, ausfindig machen / detectar ‖ ~**decken**, finden / descubrir, relevar ‖ ⁓**deckung** / detección f, descubrimiento m ‖ ~**deuterieren** (Nukl) / desdeuterizar, eliminar el deuterio ‖ ⁓**differenzierung** f / de[s]diferenciación f ‖ ~**doppeln** vt (Tex) / desdoblar ‖ ~**draht** (Antenne) / antirrotatorio ‖ ~**dröhn...**, schalldämpfend (Bahn, Kfz) / insonorizante, antisonorizante, insonoro ‖ ⁓**dröhnanstrich** m / pintura f insonorizante ‖ ⁓**dröhnbelag** m / capa f insonorizante ‖ ~**dröhnen** n, -dröhnung f / insonorización f, antisonorización f, absorción f acústica ‖ ~**eisen**, -frosten / deshelar, descongelar, quitar el hielo ‖ ~**eisenen**, Eisen entziehen (Wasser) / desferrizar, desferruginar ‖ ⁓**eisenung** f / desferrización, eliminación f de hierro, desferruginación f ‖ ~**eiser**, Entfroster m (Kfz, Luftf) / descongelador m, deshelador m, dispositivo m antihielo (LA) ‖ ⁓**eisung** f, Entfrostung f (Kfz, Luftf) / descongelación f, deshelamiento m ‖ ⁓**eisungsmittel** n (Kfz, Luftf) / anticongelante m ‖ ⁓**emulgierbarkeit** f (Chem) / desemulsionabilidad f ‖ ~**emulsieren** vt / desemulsionar
Enten•flügel m (Luftf) / ala f tipo canard ‖ ⁓**flugzeug** n (Luftf) / avión m tipo pato ‖ ⁓**muschel** f (eine Bohrmuschel) (Zool) / percebe m ‖ ⁓**schnabel** m (Zange) / alicates m pl de pico de pato, pinzas f pl de punta ancha o de puntas planas ‖ ⁓**schnabel-Überlauf** m (Hydr) / rebosadero m en forma de pico de pato
Enterokinase f / enteroquinasa f
Ent•ethaner m (Öl) / desetanizador m ‖ ⁓**fall** m, Abfall m / desecho m ‖ ⁓**fallsäure** f (Chem) / ácido m residual ‖ ~**faltbare Antenne** / antena f desplegable ‖ ~**falten** vt, aus[einander]breiten / desplegar, extender ‖ ~**sich** ~**falten** (o. öffnen) (Fallschirm) / desplegarse, abrirse ‖ ⁓**faltungsregelung** f (Fallschirm) / hilo m de cierre
entfärben vt / de[s]colorar, desteñir, descolorir ‖ ~, Farbe ab- o. ausziehen (Färb) / extraer el color ‖ ⁓, Bleichen n / de[s]coloración f, blanqueo m ‖ ⁓ n, Abziehen n (Färb) / extracción f
Entfärbungs•kohle f (Chem) / carbón m descolorante, carbón m activo ‖ ⁓**mittel** n / descolorante m, agente m descolorante
Entfaserer m, Defibrator m / desfibrador m
entfasern (allg) / desfibrar, quitar las fibras ‖ ~ (Stoffe) / deshilachar, separar las fibras
entfeinter Beton, Schüttbeton m (Bau) / hormigón m colado o de relleno
entfernbar, leicht ~ / fácilmente separable, de quita y pon fácil
entfernen, ausbauen / desmontar, separar ‖ ~, wegnehmen / quitar, eliminar, sacar, extraer ‖ ~, wegrücken / apartar, alejar, distanciar ‖ ~ (Flecken) / quitar (manchas) ‖ **den Griff** ~ / desmangar ‖ ⁓ n, Trennen n / separación f ‖ ⁓ **von Farbe** / remoción f de capa de pintura
entfernt, fern..., Fern... / distante ‖ ~ (Ähnlichkeit) / vago ‖ ~ **aufgestellt** / remoto ‖ ~**er Bestimmungsort** (Luftf, Schiff) / destino m remoto ‖ **100 m** ~ / a 100 metros [de

distancia] ‖ **um 90°** ~ (Astr) / en cuadratura ‖ ~**est** / más lejano
Entfernung f, Distanz f / distancia f ‖ ~, Beseitigung f / eliminación f, separación f ‖ ~, Austreibung f / expulsión f, extracción f ‖ ~ f **Linse-Leinwand**, Bildabstand m (Film) / distancia f de proyección
entfernungs•abhängig (Fernm, Tarif) / en función de la distancia ‖ ~**auflösung** f (Radar) / resolución f radial [de distancia] ‖ ~**auflösungsvermögen** n (Radar) / discriminación f de distancia ‖ ~**codierung** f (Radar) / codificación f de distancia ‖ ~**einstellung** f (Foto) / regulación f de la distancia [focal], enfoque m ‖ ~**fehler** m (Radar) / error m de distancia ‖ ~**kennzeichenfeuer** n (Luftf) / luz f indicadora de distancia ‖ ~**kreis** m (Radar) / círculo m indicador de distancia ‖ ~**lineal** n (Verm) / regla f estadi[o]métrica ‖ ~**marke** f (Radar) / marca f de distancia ‖ ~**messer** m (Foto, Verm) / telémetro m, distanciómetro m, estadímetro m ‖ ~**messer für große Strecken**, Tellurometer n (Mess) / telurómetro m ‖ ~**messer mit senkrechter Basis** / telémetro m de depresión, telémetro m de base vertical ‖ ~**messgerät** n (Luftf) / equipo m [radio] telemétrico, equipo m de medida de distancia, radiotelémetro m ‖ ~**messlinie** f (Verm) / línea f telemétrica ‖ ~**messmarke** f (Radar) / baliza f fija [radárica] ‖ ~**messradar** m n / radar m telemétrico ‖ ~**messtechnisch** / telemétrico ‖ ~**messung** f (allg) / telemetría f, telemetraje m ‖ ~-**Nulleinstellung** f / cero m de distancia ‖ ~**ring** m (Radar) / anillo m de distancia, marcador m de distancia, marca f móvil ‖ ~**skala** f (Foto) / escala f de enfocar o de enfoque ‖ ~-**Streuung** f (Phys) / dispersión f o difusión de distancia ‖ ~**stufe** f, -schnitt m (Bahn) / fracción f de distancia ‖ ~**umschalter** m (Instr) / conmutador m de escala de distancia ‖ ~- **und Geschwindigkeitssystem** n (Phys) / sistema m de distancia y velocidad (efecto Doppler) ‖ ~- **und Höhensichtgerät** n (Luftf) / indicador de distancia y altura ‖ ~- **und Höhenwinkelsichtgerät** n (Radar) / indicador m de distancia y ángulo de elevación
ent•festigt / ablandado, sin cohesión ‖ ~**festigt** (Bau) / quebradizo, corrompido ‖ ~**festigung** f (Metall) / ablandamiento m ‖ ~**festigung** (des Bodens) / descompactación f ‖ ~**festigungsglühen** n (Hütt) / recocido m de ablandamiento, suavización f térmica
entfetten vt, von Fett oder Schmiere befreien / des[en]grasar, quitar o eliminar la [materia] grasa ‖ ~, spülen (Färb) / des[en]grasar, quitar el aceite superfluo ‖ ~, entschweißen (Wolle) / desengrasar, separar la suarda ‖ ~ (Keram) / adicionar arena ‖ ~ n, -fettung f / desengrasado m, desgrase m ‖ ~ **im Perdampf** / desengrasado m por vapores de tri[cloretileno]
Entfettung f **durch Lösemittel** (Galv) / desengrasado m mediante disolvente
Entfettungs•bad n (Hütt) / baño m de desengrase ‖ ~**maschine** f (Wolle) / máquina f separadora de la suarda ‖ ~**mittel** n (Chem) / desengrasante m, agente m desengrasante, disolvente m para desengrasar
ent•feuchten vt / deshumedecer ‖ ~**feuchter** m / deshumectante m, deshumectador m ‖ ~**feuchtung** f / deshumectación f, deshumidificación f, desecación f ‖ ~**filzen** vt (Tex) / desfieltrar ‖ ~**filzer** m, Kammwalzmaschine f (Spinn) / desfieltrador m ‖ ~**flammbar** / inflamable ‖ ~**flammbarkeit** f / inflamabilidad f ‖ ~**flammen** vt [vi] / inflamar[se], encender[se] ‖ ~**flammpunkt** m / punto m de inflamación o ignición ‖ ~**flammpunkt** (Plasma) / temperatura f de ignición ‖ ~**flammung** f (DIN/ISO) (DIN/ISO), (früher:) Zündung m (Mot) / encendido m (E), ignición f (LA) ‖ ~**flammungsverzögerer** m (Chem) / retardador m de inflamación ‖ ~**flechten** vt, aufflechten / destrenzar ‖ ~**flechtung** f **der Leiterbahnen** (IC) / proceso m de destejer los

conductores ‖ ~**flecken** n, Detachieren n (Tex) / desmanchado m, desmanche m ‖ ~**fleischen** vt (Leder) / descarnar ‖ ~**fleischmaschine** f / descarnadora f, máquina f descarnadora ‖ ~**flocken** vt (Chem) / desflocular ‖ ~**flocken** (Tex) / desborrar ‖ ~**flockter Graphit** / grafito m desfloculado ‖ ~**flockung** f / desfloculación f ‖ ~**fokussieren** vt [vi] (Opt) / desenfocar[se] ‖ ~**formen** vt (Gieß) / desmoldear, sacar del molde ‖ ~**formen**, ausstoßen (Plast) / eyectar, expulsar ‖ ~**formen** n / desmoldeo m ‖ ~**fritten** vt (Fernm) / descohesionar, interrumpir la cohesión ‖ ~**fritter** m (Eltronik) / descohesor m ‖ ~**frosten** vt (Kfz) / descongelar, desescarchar ‖ ~**froster** m (Kfz) / descongelador m, desescarchador m ‖ ~**fuseln** vt (Chem) / extraer los componentes metílicos ‖ ~**gasen** vt (Öl, Vakuum) / desgasear, desgasificar ‖ ~**gasen** (Sintern) / evaporar ‖ ~**gaser** m (Öl) / desaireador m ‖ ~**gast**, entgasend, ventiliert / ventilado, desgasificado ‖ ~**gasung** f, Entgasen n (Öl) / desgasificación f, desgaseado m ‖ ~**gasungsgas** n, Koksofengas n / gas m de horno de coque ‖ ~**gasungsschnecken-Spritzgussmaschine** f / extrusora f de husillo con respiradero ‖ ~**gasungsstopfen** m (Akku) / tapón m de aireación
entgegen dem Uhrzeigerlauf, edul / en sentido contrahorario, a la izquierda
entgegengerichtet, in entgegengesetztem Sinn / en dirección opuesta, en dirección contraria ‖ ~**er Strom** (Elektr) / corriente f opuesta o inversa
entgegengesetzt / opuesto, contrario, contrapuesto ‖ ~**e Bahnen** f pl (Astr, Phys) / órbitas f pl inversas ‖ ~**es Ereignis** (Stat) / evento m complementario ‖ ~ **gepolt**, ungleichnamig (Elektr) / de polaridad contraria ‖ ~ **[gerichtet] induziert** (Elektr) / inducido en sentido opuesto ‖ ~ **gerichtete Kraft** (Phys) / fuerza f opuesta ‖ ~ **gleich** (Math) / opuesto y igual ‖ ~ **gleiche Momente** m pl (Phys) / momentos m pl opuestos e iguales ‖ ~**e Phase** (Elektr) / fase f opuesta ‖ ~**es Vorzeichen** (Math) / signo m contrario ‖ ~**e Winkel** m pl (Math) / ángulos m pl opuestos ‖ **in** ~**en Sinn** / en sentido contrario o inverso ‖ **in** ~**er Phase** [sein], entgegengesetzte Phase haben (Elektr) / estar en oposición de fase ‖ **in** ~**er Richtung** / en dirección opuesta o contraria, en sentido opuesto ‖ **in** ~**er Richtung wirken** / tener efecto retroactivo ‖ **in** ~**er Richtung wirken** (Elektr) / oponer una tensión a otra
Entgegen•haltung f (Patent) / citación f, oposición f, referencia ‖ ~**kommend** (Verkehr) / en dirección contraria ‖ ~**wirken** / actuar [contra], reaccionar, contrarrestar, oponer[se], contrariar ‖ ~**wirkend**, -kommend ‖ ~**wirkend**, verhindernd / que impide, con efecto antagonista, antagonista
entgiften vt (Chem) / des[in]toxicar, desenvenenar, detoxicar, de[s]toxificar ‖ ~, dekontaminieren (Nukl) / descontaminar
Entgiftung f, Detoxifikation f / des[in]toxicación f, destoxificación f ‖ ~, Dekontaminierung f (Nukl, Umw) / de[s]contaminación f
entglänzen vt (Pap, Tex) / quitar el brillo [a una cosa], deslustrar
ent•glasen (Glas) / desvitrificar ‖ ~**glasung** f / desvitrificación f
entgleisen vi, aus den Schienen springen (Bahn) / descarrilarse (E), desrielar[se] (LA), salirse de los rieles ‖ **zum** ~ **bringen**, entgleisen vt / hacer descarrilar
Entgleisung f, Entgleisen n (Bahn) / descarrilamiento m (E), desrielamiento m (LA)
Entgleisungs•schutz m (Bahn) / protección f contra el descarrilamiento f, protección f para evitar los descarrilamientos ‖ ~**vorrichtung** f, -schuh m (Bahn) / descarrilador m, calce m descarrilador ‖ ~**weiche** f (Bahn) / aguja f descarriladora (E), desviador m de seguridad (LA)

ent•grannen vt (Landw) / desaristar, desbarbar ‖ ⁓**granner** m (Landw) / desbarbadora f ‖ **~graphitieren** vt (Mot) / descarbonizar ‖ **~grasen**, -krauten (Bahn) / eliminar las hierbas, desherbar ‖ **~gräten** vt (Fisch) / quitar las espins o raspas, desespinar
entgraten vi (Masch) / desbarbar, rebarbar, quitar rebabas ‖ ⁓ n, -gratung f (Masch) / desbarbado m, rebarbado m
Entgrater m (Arbeiter) / rebarbador m ‖ ⁓, Spitzsenker m (Wz) / avellanador m, broca f de avellanar
Ent•gratmaschine f / desbarbadora f ‖ **thermische** ⁓**gratmethode**, TEM / método térmico para desbarbar
enthaaren vt (Häute), abpölen (Gerb) / depilar, apelambrar, afilar (pieles) ‖ ⁓ / pelar
Ent•haarmaschine f (Gerb) / depiladora f, máquina f de depilar ‖ ⁓**haarungsmittel** n (Chem, Pharm) / depilatorio m ‖ ⁓**haftungszeit** f (Elastomer) / tiempo m de quitar la pegajosidad
Enthalpie, Gibbssche Wärmefunktion f (Phys) / entalpía f ‖ **mit konstanter** ⁓ / isoentálpico ‖ ⁓**messgerät** n / entalpímetro m
enthalten vt / contener, comprender, encerrar, incluir
enthärten vt (Stahl) / destemplar, recocer ‖ **Wasser ~** / ablandar, desendurecer, descalcificar, endulzar ‖ ⁓, Weichglühen n (Hütt) / destemplado m, recocido m suave
Enthärter m (Wasser) / desendurecedor m, ablandador m
Enthärtung f (Wasser) / desendurecimiento f ‖ ⁓ **des Spektrums** (Nukl) / ablandecimiento m del espectro
Enthärtungs•anlage f (Wasser) / instalación f de descalcificación, planta f descalcificadora o desendurecedora ‖ ⁓**mittel** n (Chem) / reblandecedor m
ent•harzen vt / desresinificar, extraer la resina ‖ **~häuten** vt (Leder) / despellejar, desollar ‖ **~holzen** vt, entbasten (Stängel) / descortezar ‖ ⁓**homogenisierung** f (Chem) / deshomogeneización f ‖ **~hüllen** vt, enthülsen (von Brennelementen) (Nukl) / desencamisar ‖ **~hülsen** vt (Leguminosen), ausschoten (Landw) / desvainar, mondar ‖ ⁓**hülsungsmaschine** f / descascadora f, mondadora f, desgranadora f ‖ **~hülsungsmaschine** (für Schoten) / desvainadora f ‖ **~ionisieren** vt / desionizar ‖ ⁓**ionisierung** f / desionización f ‖ ⁓**ionisierungszeit**, Löschzeit f (Eltronik, Röhre) / tiempo m de desionización ‖ ⁓**ionisierungszeit** f (Entladung) (Eltronik) / tiempo m de recuperación ‖ **~isolieren** vt (Kabel) / descamisar, quitar el aislamiento, pelar un cable, desnudar, desguarnecer
Entitie f (CAD, DV) / entidad f
entkalken vt / descalcificar ‖ **~** (Boiler, Kessel) (Boiler, Kessel) / desincrustar ‖ ⁓ n **des Rübensaftes**, Karbonatation f (Zuck) / carbonatación f
ent•kälken vt (Gerb) / desencalar ‖ ⁓**kalkungsanlage** f / instalación f descalcificadora ‖ ⁓**kapselmaschine** f / descapsuladora f ‖ **~karbonisieren** vt (Chem) / descarbonizar, descarburar, descarbonatar ‖ ⁓**karbonisierung** f, Teilentsalzung f (Ionenaustauscher) / descarbonatación f
entkeimen, sterilisieren / esterilizar ‖ **~** (Brau) / desgerminar ‖ **~**, desinfizieren (Med) / desinfectar
Entkeimgang m (Mühle) / molienda f desgerminadora
Entkeimungs•filter m, Bakterienfilter m / filtro m impermeable para las bacterias ‖ ⁓**filtration** f / filtración f de degerminación ‖ ⁓**lampe** f, Entkeimungsstrahler m (Landw) / lámpara f germicida
entkernen vt (altes Gebäude) (Bau) / desnuclear ‖ **~** (Landw) / despepitar, quitar las semillas ‖ **~** (Gieß) / expulsar el macho
Entkernung f (Städtebau) / desconcentración f
Entkernung f (Gebäude) / desnucleado m

Ent•kieselung f / desili[fi]cación f, eliminación f de la sílice ‖ **~kletten** vt (Wolle) / desmotar ‖ ⁓**kletten** n, -klettung f / desmotado m, desmote n ‖ ⁓**klettwolf** m / lobo m desmotador, diablo m de desmote ‖ ⁓**knitterung** f (Faltenbeständigkeitsprüfung ASTM) (Tex) / desarrugado m ‖ **~kohlen** vt, dekarbonisieren (Stahl) / descarburar, eliminar el carbono ‖ ⁓**kohlen** n, Entkohlung f von Roheisen (Hütt) / descarburación f del arrabio ‖ **~kohlend geglüht** / recocido [con efecto] decarburante ‖ ⁓**kohlungstiefe** f / profundidad f de descarburación ‖ ⁓**kokung** f (Öl) / descoquefìcación f ‖ ⁓**kommgeschwindigkeit** f (Raumf) / velocidad f de escape [de la Tierra], segunda f velocidad cósmica ‖ ⁓**kommungselektron** n (Phys) / electrón m de aumento continuo de energía ‖ **~komprimieren** vt (DV) / descomprimir
entkoppeln vt (Elektr, Eltronik) / desacoplar
entkoppelt (Regeln) / no interdependiente ‖ **~e Zweige** m pl (Sankt) / ramales m pl desacoplados
Entkopplung f (Eltronik) / desacoplamiento m, desacoplo m ‖ ⁓, Neutralisation f (Eltronik) / neutralización f
Entkopplungs•filter n (Eltronik) / filtro m de desacoplamiento ‖ ⁓**glied** n, -kreis m (Eltronik) / circuito m tapón o antirresonante ‖ ⁓**kapazität** f (zum Ausgleich der Gitter-Anodenkapazität) (Eltronik) / capacitancia f equilibradora o de compensación, capacitancia f de neutralización ‖ ⁓**kondensator** f / capacitor m de paso o de sobrepaso ‖ ⁓**relais** n (ganzer Stromkreise) (Elektr) / relé m librador o de liberación ‖ **~relais** (von Koppelkreisen) / relé m de desacopl[amient]o
ent•körnen vt, egrenieren (Tex) / desgranar (el algodón) ‖ **~körnen** n, -körnung f / desgrane m ‖ ⁓**körnungsmaschine** f / desgranadora f ‖ **~kräuseln**, glattmachen, -streichen / alisar, desrizar ‖ **~krauten** n (Hydr, Landw) / extirpación f de malezas, desherbado m ‖ ⁓**krauter** m (Landw) / escardadora f ‖ **~krusten** f / desincrustar ‖ **~kupfern** vt, vom Kupfergehalt befreien, die Verkupferung abbeizen / quitar el cobre
entkuppeln vt / desacoplar, desembragar ‖ **~**, abhängen (Bahn) / desenganchar ‖ ⁓ n, Ausschalten n (Masch) / desacoplamiento m
Entkupplungsrelais n (Masch) / relé m de desacoplamiento, relé m de desembrague
entlacken vt / quitar la laca, deslacar, desbarnizar
Entlackung f / desbarnizado f, deslacado f
Entlade•becherwerk n (Förd) / elevador-descargador de cangilones ‖ ⁓**brücke** f (Kranbau) / puente m de descarga ‖ ⁓**bühne**, -plattform f, -flur m (Bahn, Förd) / plataforma f de descarga ‖ ⁓**drossel** f (Eltronik) / bobina f de descarga estática, self m de derrame a tierra de cargas estáticas ‖ ⁓**fähigkeit** f, -leistung f, Leistung f beim Entladen (Förd) / capacidad f de descarga ‖ ⁓**funkenstrecke** f (Eltronik) / descargador m (E), explosor m (LA) ‖ ⁓**klappe** f (Güterwagen) (Bahn) / lateral m de descarga de vagones ‖ ⁓**leistung** f (Akku) / rendimiento m energético
entladen v (allg, Elektr) / descargar ‖ **~** (Kondensator) / derramar a tierra ‖ **~**, löschen (Schiff) / descargar ‖ **~** adj (Akku) / descargado ‖ **sich [selbst] ~** (Akku) / descargarse, agotarse ‖ **~** n (Wzm) / descarga f
Entlader m, Entladekran m, Entladevorrichtung f / descargador m, grúa f descargadora, dispositivo m de descarga ‖ ⁓ (Funk) / descargador m
Entlade•schlussspannung f (Akku) / límite m de descarga ‖ ⁓**spannung** f (Akku) / tensión f de descarga ‖ ⁓**spannung**, Ionisationsspannung f (Eltronik) / voltaje m de ionización ‖ ⁓**stärke** f (Elektr) / potencia f de descarga ‖ ⁓**station** f (Seilb) / estación f de descarga ‖ ⁓**strom** f (Elektr) / corriente f de descarga ‖ ⁓**strom**, -[strom]stärke f (Elektr) / intensidad f de la corriente de descarga ‖ ⁓**verzug** m (Halbl) / tiempo m de almacenamiento del portador ‖ ⁓**vorrichtung** f **für**

Entmagnetisierung

Kondensatoren (Eltronik) / dispositivo *m* de descarga de capacitores ‖ ⁓**weite** *f* (Funkenstrecke) / distancia *f* explosiva de descarga ‖ ⁓**widerstand** *m* (Elektr) / resistor *m* de descarga
Entladung *f* (Akku) / descarga *f* ‖ ⁓, Überschlag *m* (Elektr) / salto *m* de chispas ‖ ⁓ (Förderanl, Nukl) / descarga *f* ‖ **elektrische** ⁓ (mit Funkenbildung) / chispazo *m*
Entladungs•elektrode *f* (Eltronik) / electrodo *m* activo, electrodo *m* de descarga ‖ ⁓**energie** *f* (Elektr) / energía *f* de descarga ‖ ⁓**funke** *m* (Elektr) / chispa *f* de descarga, chispa *f* disruptiva ‖ **~geheizte Kathode** (Eltronik) / cátodo *m* de calentamiento iónico ‖ ⁓**glimmen** *n* / efluvio *m* ‖ ⁓**glimmen** (Gasentladung) / descarga *f* luminiscente, efluvio *m* ‖ ⁓**kanal** *m* (Nukl) / canal *m* de transferencia ‖ ⁓**kreis** *m* (Eltronik) / circuito *m* de descarga ‖ ⁓**lampe** *f* (Elektr) / lámpara *f* de [gas de] descarga ‖ ⁓**röhre** *f* (Eltronik) / tubo *m* de descarga ‖ ⁓**spannung** *f* (Elektr) / tensión *f* límite de descarga ‖ ⁓**störungen** *f pl* (Elektr) / ruidos *m pl* parásitos de descarga ‖ ⁓**strecke** *f* (Eltronik, Röhre) / distancia *f* de descarga
entlanden *vt* (Hydr) / quitar el lodo (de un lago, río)
entlang einer Achse (Flug) / a lo largo de un eje
entlassen *vt* (auch Gase etc.) (Chem, F.Org) / despedir
Entlassung *f*, Kündigung *f* [fristlose] (F.Org) / despido *m* [sin aviso previo]
entlasten *vt* / descargar ‖ ⁓ (Bau) / aliviar, aligerar la carga ‖ ⁓ (Verkehr) / descongestionar ‖ **den Schieber** ⁓ (Masch) / equilibrar la corredera ‖ **vom Druck** ⁓, den Druck reduzieren / reducir la presión ‖ ⁓ *n*, Entlastung *f* / alivio *m*, dsecarga *f*
entlastet, ausgeglichen / equilibrado, compensado ‖ **~e Futtermauer**, Breschmauer *f* (Bau) / muro *m* de revestimiento descargado ‖ **~er Schieber** / compuerta *f* equilibrada
Entlastung *f* / descarga *f* ‖ ⁓, Erleichterung *f* / alivio *m* ‖ ⁓ (Verkehr) / descongestión *f* ‖ ⁓, Stützmauer *f* (Bau) / muro *m* de contención
Entlastungs•..., Ausgleich... / equilibrador, compensador *m* ‖ ⁓**anlage** *f* (Hydr) / instalación *f* de descarga ‖ **Oberflächen-⁓anlage** (Hochwasser) / evacuador *m*, aliviadero *m* ‖ ⁓**autobahn** *f* (Kfz) / autopista *f* de descongestión ‖ ⁓**becken** (Hydr) / pila *f* de descarga ‖ ⁓**bogen** *m*, Stützbogen *m* (Bau) / arco *m* de descarga ‖ ⁓**bogen**, Türbogen *m* / arco *m* de puerta, arco *m* de entrada ‖ ⁓**bogen** (oben eben) / arco *m* de trasdós horizontal ‖ ⁓**bogen**, umgekehrter Bogen / arco *m* invertido ‖ ⁓**bohrung** *f* (Bergb, Öl) / perforación *f* de alivio ‖ ⁓**einrichtung** *f* (Waage) / dispositivo *m* de descarga ‖ ⁓**feder** *f* / resorte *m* de descarga, muelle *m* de descarga ‖ ⁓**fuge** *f* (Bau) / hueco *m* de descarga, ranura *f* de descarga ‖ ⁓**kanal** *m* / canal *m* de descarga ‖ ⁓**kolben** *m* (Turbine) / émbolo *m* compensador ‖ ⁓**straße** *f* (Kfz) / carretera *f* de descongestión, ruta *f* de desvío ‖ ⁓**strecke** *f* (Bahn) / línea *f* de desvío ‖ ⁓**ventil** *n* / válvula *f* de descarga o de alivio ‖ ⁓**ventil** (Hütt) / escabel *m* ‖ ⁓**vorrichtung** *f* **in Bunkern** / dispositivo *m* antipresión ‖ ⁓**wehr** *n* (Hydr) / aliviadero *m*, vertedero *m* de crecidas, rebosadero *m* ‖ ⁓**zug** *m* (Bahn) / tren *m* adicional, extra *m* (LA)
Ent•laubung *f* (Umw) / de[s]foliación *f* ‖ ⁓**laubungsmittel** *n* / de[s]foliador *m*, de[s]foliante *m* ‖ **~laufen**, abrollen (Bahn, Wagen) / escaparse ‖ ⁓**laufen** *n* (von Wagen) (Bahn) / deriva *f* ‖ **~laugen** *vt*, auslaugen (Chem) / lixiviar ‖ ⁓**laugung** *f* (Chem) / lixiviación *f*
entleeren *vt* (Behälter) / vaciar, descargar ‖ ⁓ (Flüssigkeit), absaugen / evacuar ‖ ⁓, auskippen / volcar ‖ ⁓ (Ballon) / desinflar ‖ ⁓ (Wasser i.d. Pumpe) / descebar ‖ ⁓, ausblasen / purgar, evacuar ‖ ⁓ (Klärgrube) / vaciar ‖ **die Treibstoffbehälter** ⁓ (Raumf) / vaciar los depósitos ‖ ⁓ *n* / vaciado *m*

Entleerhahn, [kleiner] ⁓ / llave *m* de desagüe
Entleerseil *n* (Kran) / cable *m* de descarga
entleert, leergemacht, ausgeräumt / vaciado
Entleerung *f*, Entleeren *n*, Leermachen *n* / vaciado *m*, descarga *f*, evacuación *f* ‖ ⁓ (Abwasser, Altöl usw.) / purga *f*, descarga *f* ‖ ⁓, Ausblasen *n* / purga *f*, evacuación *f* ‖ ⁓ *m*, Erschöpfung *f* / depleción *f* ‖ ⁓ *f*, Entschlammung *f* (z.B. Abwasserrohr) / limpieza *f*, desenlodado *m* ‖ ⁓, Absaugung *f* / evacuación *f*
Entleerungs•anschluss *m*, -stutzen *m* (Bahn) / raccor *m* de vaciado ‖ ⁓**druck** *m* (Kompressor) / presión *f* de vaciado ‖ ⁓**hahn** *m* / grifo *m* de vaciado ‖ ⁓**leitung** *f* (Gas) / tubería *f* de vaciado ‖ ⁓**pumpe** *f* / bomba *f* de vaciado, bomba *f* evacuadora ‖ ⁓**schieber** *m* / compuerta *f* de descarga, corredera *f* de descarga ‖ ⁓**schraube** *f*, Ablassstopfen *m* (Mot) / tornillo *m* de vaciado, tapón *m* roscado de vaciado ‖ ⁓**speicher** *m*, Ablaufspeicher *m* (Heißwasser) / calentador *m* [de agua] de acumulación ‖ ⁓**ventil** *n* / válvula *f* de vaciado o de drenaje, válvula *f* de desagüe
Entleerventil *n* (Rakete) / válvula *f* de purga[ción]
ent•legene Örtlichkeit / sitio *m* remoto o alejado ‖ **~leimen** *vt* / desencolar ‖ **~leimen** (Knochen) / desgelatinizar ‖ ⁓**lieschen** *n* (Entfernen der Hüllblätter) (Mais) / desperfollado *m*, deshojado *m* (E), deschalado *m* (LA) ‖ ⁓**lohnung** *f* **für die Zeit vom Betreten bis zum Verlassen der Anlage** (F.Org) / pago *m* para tiempo de puerta a puerta ‖ ⁓**lohnung nach Vorgabezeiten** (F.Org) / pago *m* según tiempos prefijados ‖ ⁓**löten** *vt* / desoldar ‖ ⁓**lötgerät** *n* / aparato *m* de desoldar ‖ ⁓**lötgerät**, -lötpistole *f* / equipo *m* de desoldado ‖ ⁓**lötpumpe** *f* / bomba *f* de desoldeo
entlüften *vt*, Luft austreiben / desairear, expulsar el aire ‖ ⁓, durchlüften / ventilar, airear ‖ ⁓ (Leitungen, Bremse u. Ä.) / purgar el aire, evacuar el aire, dar salida al aire ‖ ⁓ (Form) / desgasear ‖ ⁓ *n* / [des]aireación *f*, ventilación *f* ‖ ⁓ **der Bremsen** (Kfz) / purga *f* de aire de los frenos
Entlüfter *m* (Bau) / aspirador *m*, ventilador *m*, aireador *m* ‖ ⁓ (Mot) / chimenea *f* de aireación del cárter ‖ ⁓**kappe** *f* (Mot) / casquete *m* de ventilación ‖ ⁓**knie** *n* / codo *m* de purga de aire ‖ ⁓**rohr** *n*, Entlüftungsrohr *m* (Mot) / tubo *m* de ventilación ‖ ⁓**stutzen** *m* / tubuladura *f* de ventilación
Entlüftung *f* (allg) / ventilación *f*, desaireación *f*, purga *f* de aire, vaciado *m* ‖ ⁓ (Spritzform) / desgaseado *m*
Entlüftungs•apparat *m*, -einrichtung *f* / aparato *m* de desaireación ‖ ⁓**düse** *f* (Pneum) / tobera *f* de salida ‖ ⁓**gitter** *n* / rejilla *f* de ventilación ‖ ⁓**hahn** *m* (Heizung) / llave *f* de purga ‖ ⁓**haube** *f*, -kappe *f* / caperuza *f* de escape de aire ‖ ⁓**kanal** *m* / canal *m* de aire, respiradero *m* ‖ ⁓**kappe** *f* (Akku) / tapón *m* con orificio de ventilación ‖ ⁓**öffnung** *f*, Luftloch *n* / orificio *m* de escape de ventilación, ventosa *f* ‖ ⁓**öffnung an der Formfuge** (Gieß) / respiradero *m* ‖ ⁓**pause** *f* **beim Spritzen** (Plast) / pausa *f* de desgaseado ‖ ⁓**schacht** *m* (Bergb) / pozo *m* de ventilación, chimenea *f* de ventilación ‖ ⁓**schlitz** *m* (Masch) / ranura *f* para escape de aire, lumbrera *f* para escape de aire ‖ ⁓**schraube** *f* (allg) / tornillo *m* de escape [de aire] ‖ ⁓**schraube** (Kfz) / tornillo *m* de purga de aire ‖ ⁓**stutzen** *m* (Mot) / tubuladura *f* de escape de aire ‖ ⁓**ventil** *n* (allg) / válvula *f* de aireación, válvula *f* de purga ‖ ⁓**ventil**, -hahn *m* (in Leitungen, Öfen usw.) / válvula *f* de escape de aire
entmagnetisieren *vt* (Phys) / desmagnetizar, desiman[t]ar ‖ ⁓, löschen (Magn.Bd) / borrar (una grabación) ‖ ⁓ (Mil) / desgausar, neutralizar el magnetismo
entmagnetisiert, völlig ⁓ / neutral
Entmagnetisierung *f* (Phys) / desmagnetización *f*, desiman[t]ación *f*, desimantado *m* ‖ ⁓ (Kriegsschiff) / desmagnetización *f*, desgausamiento *m*

Entmagnetisierungs•gerät n / aparato m de desmagnetización, aparato m desmagnetizador, aparato m para desimanar ‖ ≈**kurve** f / curva f de desiman[t]ación ‖ ≈**spule** f, Löschgerät n (Magn.Bd) / desmagnetizador m, carrete m borrador
Ent•manganung f (Abwasser, Hütt) / desmanganización f ‖ ~**manteln** vt (Kabel) s. abisolieren ‖ ~**masten** vt (Schiff) / desarbolar ‖ ≈**metallisierbad**, Abziehbad n (Galv) / baño m de eliminación ‖ ~**metallisieren** vt, entnickeln, entchromen, entkadmen, entkupfern usw. (Galv) / eliminar un revestimiento metálico ‖ ≈**methaner** m (Öl) / columna f desmetanizadora ‖ ≈**methylierung** f (Chem) / desmetilación f ‖ ~**minen** vt (Mil) / desminar, limpiar de minas ‖ ≈**mineralisierung** f (Chem Verf) / desmineralización f
entmischen vt, dissoziieren / disgregar, desintegrar, desmezclar, disociar, separar ‖ **[sich]** ~ (Chem) / disgregar[se], desintegrar[se], disociar[se] ‖ **sich** ~ (Beton) / segregarse ‖ ≈ n, Entmischung f / disgregación f, separación f (de una mezla) ‖ ≈ (Beton, Sintern) / segregación f ‖ ≈ **beim Festwerden** (Nukl) / formación f de núcleo ‖ **zum** ≈ **neigend** / con tendencia a la segregación
Entmischungs•neigung f (Bitumen) / tendencia f a la sedimentación ‖ ≈**zone** f (Schw) / zona f de desintegración
Entmistungsanlage, [mechanische Schleppschaufel-] ≈ (Landw) / instalación f de evacuación de estiércol, instalación f desestiercoladera
Ent•modulation f (Eltronik) / de[s]modulación f, detección f ‖ ~**modulieren** vt / de[s]modular ‖ ~**motten** vt (Mil) / poner en servicio de nuevo ‖ ≈**müllung** f / retirada f de basuras ‖ ≈**nagelungsmaschine** f (Tischl, Zimm) / máquina f sacaclavos
Entnahme von Dampf o. Wasser usw. / toma f de vapor o agua etc. ‖ ≈ f **von [Voraus-]Mustern** / toma f de muestras ‖ ≈**bauwerk** n (Kraftwerk) / obra f de toma ‖ ≈**bauwerk** [an der Staumauer] (Hydr) / cámara f de carga, edificio m de distribución ‖ ≈**liste** f (Lager) / lista f de retirado de artículos(del almacén) ‖ ≈**rohr** n (Dampfm) / tubo m de toma ‖ ≈**stab** m (Chem) / varilla f de aplicación, varilla f de toma ‖ ≈**stelle** f (Bau) / lugar m de toma ‖ ≈**stelle** (Kies, Sand) / lugar m de extracción ‖ ≈**stollen** m (Hydr) / galería f de toma ‖ ≈**stutzen** m / racor m de toma ‖ ≈**sunk** m (Hydr) / descenso m del nivel por toma de agua ‖ ≈**trichter** m (bei der Entnahme von Grundwasser mittels eines Brunnens) (Hydr) / cono m de depresión ‖ ≈**turbine** f / turbina f de toma [intermedia] vapor ‖ ≈**ventil** n (Dampfm) / válvula f de toma, válvula f de extracción
Ent•naphtalinung f (Chem) / denaftalinación f ‖ ≈**nebelung** f / desnebul[iz]ación f, disipación f de niebla[s] ‖ ≈**nebelungsanlage** f (Färb) / instalación f de disipación de nieblas ‖ ≈**nebler** m, Demister m / desnebulizador m
entnehmen vt, anzapfen / tomar, extraer, sangrar ‖ ~ (z.B. den Normen) / tomar, deducir (por ej. de las normas) ‖ ~ **[von, aus]** (Lager) / tomar, sacar [de] ‖ **Strom** ~ (Elektr) / tomar corriente
Ent•netzen n (Chem) / desreticulación f ‖ ~**nickeln** vt (Galv) / desniquelar ‖ ≈**nickeln** n (Galv) / desniquelado m ‖ ~**nieten** vt, losnieten / quitar o sacar los remaches ‖ ~**nitrieren** vt (Chem) / desnitrar, desnitrificar ‖ ~**nommene Probe[menge]** (Chem, Hütt) / muestra f tomada ‖ ~**ölen** vt, Öl entfernen / quitar el aceite, desaceitar, separar el aceite ‖ ~**ölen** (Wolle) / desengrasar ‖ ≈**ölen** (Wolle) / desengrasado m ‖ ≈**öler** m (Masch) / separador m de aceite ‖ ≈**ölung** f **von Lagerstätten** / extracción f del petróleo
Entoparasit m, Endoparasit m, Innenschmarotzer m (Zool) / endoparásito m, endosito m, parásito m interno

Ent•oxidierung f (Chem) / desoxidación f ‖ ~**packen** vt, dekomprimieren (Daten) / desagrupar bloques de datos, expandir ‖ ~**palleti[si]eren** vt (Förd) / despaletizar ‖ ~**paraffinieren** vt (Chem) / desparafinar ‖ ≈**paraffinierung** f / desparafinado m, desparafinamiento m, de[s]ceración f ‖ ~**passivieren** vt, depolarisieren (Galv) / despolarizar ‖ ~**pentanisieren** vt (Öl) / despentanizar ‖ ~**phenolisieren** vt (Chem) / desfenolizar ‖ ≈**phenolung** f / desfenolización f ‖ ~**phosphoren** vt / desfosforar ‖ ~**pickeln** vt (Gerb) / eliminar la salación ácida ‖ ~**polymerisieren** vt (Chem) / despolimerizar ‖ ≈**preller** m (Eltronik, Funk) / dispositivo m para impedir rebotes ‖ ~**propanen** vt / despropanizar ‖ ~**pülpen** vt (Zuck) / despulpar ‖ ≈**pülpmaschine** f / despulpador m ‖ ~**pupinisiert**, entspult (Fernm, Kabel) / despupinizado ‖ ~**rahmen** vt (Milch) / descremar, descremar ‖ ~**rahmen**, vom Rahmen abnehmen (Tuch) / quitar de la rama ‖ ≈**rahmen** n, Abrahmen n (Milch) / desnate m, desnatado m, separación f de la nata, descremado m ‖ ≈**rahmer** m, Milchzentrifuge f (Milch) / desnatadora f, descremadora f
Entrainment, Mitreißen n (Chem) / arrastre m
ent•rastern vt (Foto) / destramar ‖ ≈**regung** f (Elektr) / desexcitación f
entriegeln vt (Bau, Masch) / descerrajar, desencerrojar, destrincar ‖ ~ (Schaltkreis) / desbloquear, desenclavar ‖ ~ (Rundtisch) (NC) / desbloquear la mesa circular ‖ **die Weiche** ~ (Bahn) / desencerrojar la aguja
Ent•riegelrelais n (Reaktor) / relé m de sobreflujo ‖ ≈**riegelung** f (Masch, Schloss) / desenclavamiento m, desbloqueo m, desencastre m ‖ ~**rinden** vt (Baum) / descortezar, quitar la corteza, decorticar ‖ ≈**rinden** n / decorticación f ‖ ≈**rindung** f, Schälen n (der Rinde) / descortezamiento m, decorticación f, descortezado m, descorticación f ‖ ≈**rindungsmaschine** f, -rinder m / descortezadora f ‖ ~**rohren** vt / quiatar los tubos
Entropie f (Phys) / entropía f ‖ ≈, mittlerer Informationsgehalt (DV) / entropía f ‖ ≈**diagramm** n (Phys) / diagrama m entrópico
entrosten vt, vom Rost befreien / desoxidar, quitar la herrumbre, quitar el orín, decapar, desherrumbrar ‖ ≈ n **mittels Abbrennen** / desoxidación f mediante soplete
Entrostungs•brenner m / soplete m para desoxidar ‖ ≈**hammer** m / martillo m [neumático] para desoxidar ‖ ≈**mittel** n / desoxidante m, desherrumbrante m
ent•rümpeln vt (Wohnung) / uitar los trastos viejos ‖ ~**rußen** vt (Kfz, Zylinderkopf) / deshollinar ‖ ≈**rußungsmittel** n / deshollinador m, agente m deshollinador
Entry-Adresse f (DV) / símbolo m de entrada, dirección f de entrada
ent•saften vt / extraer el zumo, deszumar ‖ ≈**safter** m, Obstpresse f / extractor m de zumo, exprimidera f, licuadora f ‖ ~**salzen** vt / desalinizar, potabilizar, desalar, eliminar sales ‖ ~**salzen** (Wasser) / desmineralizar ‖ ≈**salzung** f / desalinización f, desalación f ‖ ≈**salzung**, Mineralsalzentzug m (Wasser) / desmineralización f ‖ ≈**salzung mit vielstufiger Entspannung** / desalación f por destilación rápida de muchas etapas ‖ ≈**salzungsanlage** f (Meerwasser) / planta f desalinizadora o de desalación, planta f potabilizadora, desaladora f ‖ ~**sanden** vt (allg) / quitar o eliminar la arena ‖ ~**sanden** (Hydr) / desarenar ‖ ≈**sander** m, Sandfang m / desarenador m, separador m de arena ‖ ≈**sättigung** f, Verblassen n (TV) / desaturación f ‖ ~**säuern** vt, -säuren (Chem) / desacidificar, desagriar ‖ ~**säuern**, neutralisieren (Öl) / neutralizar ‖ ≈**säuerung** f (Ionenaustauscher) / neutralización f ‖ ≈**säuerungsgrad** m (Granalien) / grado m de descarbonización ‖ ≈**säuerungsmittel** n pl (Färb) / agentes m pl desoxidantes, desacidificantes

m pl ‖ ~**schalen** *vt*, ausschalen (Bau) / desencofrar, quitar el encofrado, descimbrar ‖ ⁓**schalungsmittel** *n*, -öl *n* (Beton) / agente *m* desencofrador, aceite *m* de desencofrado ‖ ~**schärfen** *vt* (Munition, Bombe) (Munition) / descebar, quitar el cebo, desactivar, desarmar ‖ ⁓**schärfung** *f* (Sprengkörper) / desactivación *f* ‖ ~**schäumen** *vt* (Chem) / quitar la espuma ‖ ⁓**schäumer** *m*, Schaumgegenmittel *n* (Chem) / antiespumante *m*
entscheiden *vt vi* / decidir ‖ ~, regeln / resolver, determinar
entscheidend, kritisch / crítico, crucial, decisivo ‖ ~, bestimmend / decisivo, determinante
Entscheidungs•befehl *m* (DV) / instrucción *f* de decisión ‖ ~**befugt**, leitend (F.Org) / en puesto rector, con cargo directivo ‖ ⁓**element**, Verknüpfungsglied *n* (DV) / elemento *m* de decisión ‖ ⁓**gehalt** *m* / contenido *m* decisivo ‖ ⁓**höhe** *f* (Luftf) / altura *f* de decisión ‖ ⁓**punkt** *m* (Luftf) / punto *m* de decisión ‖ ⁓**schwelle** *f* (Eltronik) / umbral *m* de decisión ‖ ⁓**tabelle** *f* (DV) / tabla *f* de decisiones
ent•scheinen *vt*, den Blaustich unterdrücken (Öl) / suprimir la fluorescencia ‖ ⁓**schichtung** *f* / eliminación *f* de una capa de pintura etc. ‖ ~**schlacken** *vt* (Bahn) / quitar escorias de un hogar ‖ ~**schlacken** (Hütt) / quitar las escorias, descorificar, separar las escorias ‖ ~**schlammen** *vt* / desenlodar, desfangar, eliminar el fango o el lodo ‖ ⁓**schlammer** *m* (Abwasser) / separador *m* de lodo ‖ ⁓**schlämmsieb** *n* (Aufb, Bergb) / criba *f* de lodo ‖ ⁓**schlämmung** *f* (Bergb) / separación *f* de lodo ‖ ⁓**schleimung** *f* (Nahr) / demucilaginación *f* ‖ ~**schlempen** *vt* (Brennerei) / desflemar, eliminar la flema ‖ ~**schlichten** *vt* (Tex) / desencolar, desaprestar ‖ ⁓**schlichten** *n*, -schlichtung *f* / desencolado *m*, desapresto *m* ‖ ⁓**schlichtmaschine** *f* (Tex) / máquina *f* desencoladora ‖ ⁓**schlichtungsmittel** *n* (Tex) / desencolante *m* ‖ ~**schlüsselbar** (Code) / descifrable ‖ ⁓**schlüsseler** *m* (DV) / de[s]codificador *m* ‖ ~**schlüsseln** *vt*, dekodieren / de[s]codificar ‖ ~**schlüsseln** (Geheimcode), dechiffrieren / descifrar ‖ ⁓**schlüsselung** *f* / de[s]codificación *f* ‖ ⁓**schlüsselungsmatrix** *f* (DV) / matriz *f* de descodificación ‖ ~**schmälzen** *vt* (Tex) / desensimar ‖ ~**schwefeln** *vt* (Chem) / desulfurar, eliminar o extraer el azufre ‖ ~**schweißen** *vt* (Wolle) / desuardar, descharrar ‖ ~**seuchen** *vt* (Med) / desinfectar ‖ ~**seuchen** (Nukl) / de[s]contaminar ‖ ⁓**seuchung**, Entkeimung *f* (Med) / desinfección *f* ‖ ⁓**seuchung** *f* (Nukl) / de[s]contaminación *f* ‖ ⁓**seuchungsanlage** *f* / planta *f* decontaminadora ‖ ⁓**seuchungsmittel** *n* (Nukl) / decontaminante *m*, agente *m* de[s]contaminador *m* ‖ ~**sichern** *vt* (Waffe) (Mil) / desengatillar, amartillar, quitar el seguro, desasegurar ‖ ~**silbern** *vt* / desargentar, desplatar, quitar o eliminar la plata ‖ ⁓**silberung** *f* (Zink) / desplatación *f* (del zinc) ‖ ~**silizieren** *vt* (Hütt) / desilicificar ‖ ⁓**silizieren** (Wasser) / desilicificación *f*, desilic[i]ación *f* ‖ ~**sorgen** *vt* (Nukl, Umw) / eliminar los desechos ‖ ⁓**sorger** *m*, -sorgungsunternehmen *n* / empresa *f* de eliminación de residuos o desechos ‖ ⁓**sorger** (Ausbildungsberuf) / especialista *m/f* en eliminación de residuos o desechos ‖ ⁓**sorgung** *f* / retirada *f*, descarga *f*, traída *f*, eliminación *f* de residuos o desechos
entspannen *vt* (Mech) / distender, relajar (p.e. un esfuerzo) ‖ ~ (eine Feder), nachlassen (Biegefeder) / aflojar (un muelle), relajar (un muelle o resorte) ‖ ~ (Gase) / descomprimir ‖ [sich] ~, [sich] ausdehnen [lassen] / distender[se] ‖ ein Seil ~ (o. entlasten) / destensar un cable, aflojar ‖ einen Bogen ~ / enderezar un arco ‖ **Messwerkzeuge** ~ / sazonar calibradores
Entspannhebel *m* (Waffe) / palanca *f* para aflojar

entspannt, gelockert / relajado ‖ ~, unbelastet (Masch) / no cargado, sin presión, sin carga, sin fuerza ‖ ~ (Flüssigkeit) / de baja tensión superficial ‖ ~**er Dampf** / vapor *m* expandido ‖ ~**es Wasser** / agua *f* de baja tensión superficial
Entspannung *f*, Lockerung *f* / distensión *f*, aflojamiento *m*, relajación *f*, reducción *f* de la presión, relajamiento *m* ‖ ~ (Stahl, Werkstoff) / atenuación *f* de [las] tensiones ‖ **vielstufige** ~ (Entsalzung) / expansión *f* rápida de etapas múltiples
Entspannungs•dampf *m* (Entsalzung) / vapor *m* de expansión rápida ‖ ⁓**-Deflektionsdüse** *f* (Masch) / tobera *f* de expansión-deflexión ‖ ⁓**gefäß** *n*, -behälter *m* / depósito *m* de expansión ‖ ⁓**gerät** *n* (Drahtziehen) / dispositivo *m* para la atenuación de tensiones internas ‖ ⁓**geschwindigkeit** *f* (Mech) / velocidad *f* de relajación ‖ ⁓**glühen** *n* (Hütt) / atenuación *f* de las tensiones por recocido, recocido *m* de normalización ‖ ⁓**kammer** *f* (Entsalz) / cámara *f* de vacío ‖ ⁓**kriechgrenze** *f* (Hütt) / límite *m* de arrastre de relajación ‖ ⁓**ofen** *m* (Hütt) / horno *m* de revenido ‖ ⁓**pumpe** *f* / bomba *f* de depresión, bomba *f* depresora ‖ ⁓**stufe** *f* / etapa *f* de depresión ‖ ⁓**temperatur** *f* (Hütt) / temperatura *f* de relajación ‖ ⁓**trommel** *f* (Öl) / tambor *m* de depresión rápida ‖ ⁓**turm** *m* / torre *f* de depresión ‖ ⁓**verdampfer**, Schnellverdampfer *m* / evaporador *m* rápido, vaporizador *m* rápido ‖ ⁓**verdampfer** *m* (mehrstufig) / unidad *f* de destilación rápida en etapas de depresión múltiples ‖ ⁓**verdampfung** *f* (Destillation mit diskontinuierlichem Druckabfall) / destilación *f* rápida en etapas de depresión múltiples ‖ ⁓**verdampfung**, Schnellverdampfung *f* / vaporización *f* instantánea o rápida ‖ ⁓**verhalten** *n* / comportamiento *m* de relajación, propiedades *f pl* de relajación ‖ ⁓**verhalten** (Fett) / características *f pl* de descompresión ‖ ⁓**verhältnis** *n* (Rakete) / tasa *f* de expansión ‖ ⁓**versuch** *m* (Mat.Prüf) / ensayo *m* de relajación de tensiones ‖ ⁓**versuch** (bei erhöhter Temperatur), Relaxationsversuch *m* / ensayo *m* de relajación a temperatura elevada ‖ ⁓**widerstand** *m* (Hütt) / resistencia *f* a la relajación ‖ ⁓**zeit** *f* (Mech) / tiempo *m* de relajación
Ent•speicherungskratzer *m* (Bergb) / rascador *m* de evacuación de depósitos ‖ ~**sperrbares Zwillings-Rückschlagventil** (Hydr) / válvula *f* gemela de retención desbloqueable ‖ ~**sperren** *vt* (allg, Masch) / desbloquear, desenclanchar, destrincar, desenclavar ‖ ⁓**sperrung** *f* (Eltronik) / desbloqueo *m* ‖ ~**spiegeln** *vt* (Opt) / eliminar el reflejo, aplicar una capa antirreflejo ‖ ~**spiegelt** (Opt) / con recubrimiento antirreflectante o antirreflexivo, con capa antirreflexiva ‖ ⁓**spiegelte Linse** / lente *f* tratada o con recubrimiento antirreflexivo ‖ ⁓**spiegelte Gläser** / lentes antirreflexivas *f pl* ‖ ⁓**spiegelung** *f* (Opt) / tratamiento *m* antirreflejos, anulación *f* del reflejo ‖ ~**spitzen** *vt*, gipfeln (Landw) / descopar
entsprechen *vi* / corresponder [a], ser análogo [a] ‖ **entspricht dem neuesten Stand der Technik** / constituye la vanguardia tecnológia
entsprechend, gemäß / correspondiente [a], según, conforme [a] ‖ ~, angemessen / adecuado [a] ‖ ~, vergleichbar / comparable [a, con], correspondiente ‖ ~, äquivalent / equivalente
Entsprechung, Gleichwertigkeit *f* / equivalencia *f*, analogía *f* ‖ ~ *f*, Korrelation *f* / correlación *f*
ent•springen *vi*, quellen (Fluss) / nacer (río), manar, emanar ‖ ~**spult**, entpupinisiert (Fernm, Kabel) / despupinizado *m* ‖ ⁓**stapelung** *f* (Förd, Walzw) / desapilado *m* ‖ ⁓**stapler** *m* (Holz) / descargador *m* de pilas ‖ ~**stauben** *vt*, Staub entfernen, staubfrei machen / despolvorear, desempolvar, extraer el polvo, eliminar el polvo ‖ ~**stauben** (elektrostatisch), Staub niederschlagen / precipitar el polvo ‖ ⁓**stauber**

Entstaubtes

m (Zuck) / caja despolvor[e]adora *f* ‖ ~**staubtes** *n* (Aufb) / carbón *m* despolvoreado ‖ ~**staubung** *f* / des[em]polvoramiento *m*, desempolvamiento *m*, eliminación *f* del polvo, captación *f* de polvo[s] ‖ ~**staubungsanlage** *f*, -vorrichtung *f* / instalación *f* despolvoradora o desempolvadora, colector *m* de polvo ‖ ~**staubungsgrad** *m* / grado *m* de extracción de polvo, grado *m* de depuración (del aire) ‖ ~**staubungstrommel** *f* (Lumpen) (Tex) / batuar *m* de trapos ‖ ~**stearinieren** *n* (Fett) / desestearinización *f*
entstehen *vi* / originarse, formarse, producirse ‖ ~, hervorgehen [aus] / nacer [de] ‖ ~, sich entwickeln / desarrollarse ‖ ~ *n*, -stehung *f* / origen *m*, formación *f*, creación *f* ‖ **im** ~ **begriffen** / naciente, en estado de formación, en vía de formación
Entstehung *f*, Entstehungsvorgang *m* / proceso *m* de formación
Entstehungs•mechanismus *m* / mecanismo *m* de formación ‖ ~**ort** *m* (von Daten) (DV) / punto *m* de origen (de datos) ‖ ~**potential** *n*, Ionisationsspaltung *f* (Eltronik) / potencial *f* de ionización ‖ ~**wärme** *f* (Chem) / calor *m* de formación
Entstehungszustand *m*, Status Nascendi / estado *m* de formación, estado *m* naciente
ent•steifen *vt*, geschmeidig machen / hacer suave ‖ ~**steinmaschine** *f* (Obst) / máquina *f* de deshuesar ‖ ~**sticken** *vt* (Hütt) / eliminar o quitar el nitrógeno, desnitrificar ‖ ~**stickung** *f* / desnitrificación *f* ‖ ~**stickung**, Stickoxidentzug *m* (Chem) / eliminación *f* del monóxido de nitrógeno ‖ ~**stipper** *m* (Pap) / despuntillador *m*
Entstör•... (Funk, TV) / antiparasitario (E), antiparásito (LA) ‖ ~**diode** *f*, Entstörer *m* (TV) / diodo *m* antiparasitario, inversor *m* antiparásitos (LA)
entstören *vt*, abschirmen (Eltronik) / blindar ‖ ~ (Funk) / antiparasitar, desparasitar, suprimir los parásitos, eliminar los ruidos parásitos ‖ **Störquellen** ~ / eliminar o suprimir perturbaciones
Entstörer *m*, Störschutzeinrichtung *f* / dispositivo *m* antiparasitario (E), dispositivo *m* antiparásito (LA), supresor *m* de interferencias ‖ ~ **am Zündverteiler** (Kfz) / supresor *m* de interferencias en el distribuidor (del encendido) ‖ ~ **für Fahrzeugräder** (Kfz) / dispositivo *m* antiparasitario para ruedas (de vehículos) ‖ ~ **für statische Aufladungen** (Eltronik) / eliminador *m* de cargas electrostáticas
Entstör•filter *m n* / filtro *m* de interferencia ‖ ~**gerät** *n*, Entstörer *m*, Störschutzeinrichtung *f* (Eltronik) / supresor *m* de interferencias, dispositivo *m* antiparásitos (LA) ‖ ~**geschirr** *n* (Kfz) / unidad *f* antiparasitaria ‖ ~**glied** *n*, Entstörer *m* (Eltronik) / unidad *f* de blindaje antiparasitario, elemento *m* de blindaje antiparasitario ‖ ~**kappe** *f* (Kfz) / capuchón *m* antiparasitario ‖ ~**kondensator** *m* (Eltronik) / capacitor *m* antiparasitario ‖ ~ **[mittel]satz** *m* (Kfz) / juego *m* antiparasitario ‖ ~**schirm**, Abfangschirm *m* (Eltronik, Phys) / pantalla *f* antiparasitaria o antiperturbadora ‖ ~**schlauch**, Abschirmschlauch *m* (Eltronik) / tubo *m* [flexible] antiparasitario trenzado, funda *f* antiparasitaria ‖ ~**stecker** *m* (Kfz) / clavija *f* antiparasitaria
Entstörung *f* (gegen andere Sender) (Eltronik) / método *m* antiinterferencias ‖ ~ / eliminación *f* o supresión de perturbaciones o interferencias, desparasitaje *m* ‖ ~, Abschirmung *f* (Elektr) / blindaje *m*
Ent•störwiderstand *m* (Kfz) / resistencia *f* antiparasitaria ‖ ~**strahlen** *vt* (Nukl) / descontaminar ‖ ~**sumpfen** *vt*, entwässern / desecar terrenos pantanosos ‖ ~**tanken** *vt* (Luftf) / vaciar el depósito de combustible ‖ ~**teeren** *vt* (Öl) / desalquitranar, desembrear ‖ ~**tonen** *vt* (Bergm) / eliminar la arcilla ‖ ~**trübung** *f*, -trüben *n* (Radar) / control *m* de sensitividad en el tiempo, sistema *m* STC, control *m* de ganancia contra emborronamiento ‖ ~**trübung**,

Verhinderung *f* von Störeinflüssen (Radar) / sistema *m* reductor de perturbaciones [intencionales] ‖ ~**trübung des Minimums**, Null-Enttrübung *f* (Ortung) / mejora *f* del mínimo o del cero ‖ ~**trübungsschaltung** *f* (Radar) / circuito *m* de pequeña constante de tiempo ‖ ~**trümmern** *vt*, Trümmer räumen / des[es]combrar ‖ ~**trümmern** (Bergb) / desatibar, quitar escombros ‖ ~**trümmern** *n*, Trümmerbeseitigung *f* (Bau) / descombro *m*, remoción *f* de escombros ‖ ~**trümmerung** *f* / remoción *f* de escombros, des[es]combro *m* ‖ ~**völkerung** *f* **der Städte** / desurbanización *f* ‖ ~**vulkanisiereinrichtung** *f* (Gummi) / instalación *f* de desvulcanizadora ‖ ~**wachsen** *n* (Gieß) / eliminación *f* de la cera ‖ ~**waldung** *f* (Forstw, Umw) / silvicidio *m* ‖ ~**warnen** (Luftf, Mil) / dar la señal de fin de alarma ‖ ~**warnung** *f* (Luftf, Mil) / fin *m* de alarma, cese *m* de alarma ‖ ~**wässerbarkeit** *f* (Pap) / facilidad *f* de deshidratación
entwässern *vt* (allg) / desaguar, quitar el agua ‖ ~, dränieren (Landw) / drenar, derivar el agua, desaguar, avenar ‖ ~, abtropfen lassen / escurrir, dejar escurrirse ‖ ~, dephlegmieren (Chem) / desflemar ‖ ~ (Rohrleitungen) / purgar (tuberías) ‖ ~ (Moor) / desecar ‖ ~ (Alkohol) / rectificar ‖ ~ (Bergb) / achicar, desaguar ‖ ~, dehydratisieren (Chem) / deshidratar ‖ **Leder [durch Einsalzen]** ~ (Gerb) / salar [las pieles] ‖ **mittels Graben** ~ / achicar, drenar ‖ **Öl** ~ (Chem) / deshidratar el aceite ‖ **Teer** ~ / desecar la brea
Entwässerung *f*, Drainung *f*, Trockenlegung *f* (Hydr, Landw) / drenaje *m*, avenamiento *m* ‖ ~, Kanalisation *f*, Abwässerableitung *f* / extracción *f* de agua, desagüe *m* ‖ ~, Trocknung *f* von Teer oder Dampf (Chem) / desecación *f*, desecado *m* ‖ ~ (Bergb) / extracción *f* del agua ‖ ~ (Chem) / deshidratación *f* ‖ ~ **des Gleisplanums** (Bahn) / saneamiento *m* de la plataforma de la vía ‖ **mechanische** ~ / extracción *f* mecánica de la humedad
Entwässerungs•anlage *f* (Hütt) / planta *f* deshidratadora o de deshidratación ‖ ~**anlagen** *f pl*, -werke *n pl* (Hydr, Landw) / obras *f pl* de drenaje, instalaciones *f pl* de drenaje, obras *f pl* de avenamiento *f pl* ‖ ~**apparat**, Dekantierständer *m* (Teer) / hidroextractor *m* ‖ ~**arbeiten** *f pl*, Kanalisationsarbeiten *f pl* (Bau) / obras de salubridad *f pl* (LA) ‖ ~**becherwerk** *n* (Pap) / evelador *m* de cangilones de desagüe ‖ ~**filz** *m* (Pap) / fieltro *m* de deshidratación o para prensapastas ‖ ~**graben** *m*, -kanal *m*, -rinne *f* (Landw) / zanja *f* de drenaje, canal *m* de desagüe o de avenamiento ‖ ~**graben** (Bahn) / foso *m* de desagüe ‖ ~**hahn** *m* (Kessel) / llave *f* de purga ‖ ~**haube** *f*, -deckel *m* (Straßb) / caperuza *f* del sumidero ‖ ~**leitung** *f* (Hydr) / conducto *m* de desagüe ‖ ~**maschine** (Landw) / extractor *m* de succión ‖ ~**maschine** (Pap) / prensapastas *f* ‖ ~**mittel** *n* (Chem) / deshidratante *m* ‖ ~**neigung** *f* (Pap) / tendencia *f* a deshidratación ‖ ~**netz** *n* (Hydr) / red *f* de desagüe o de drenaje ‖ ~**plan** *m* (Landw) / esquema *m* de drenaje ‖ ~**presse** *f* (Pap) / prensa *f* deshidratadora o escurridora ‖ ~**pumpe** *f* (Bergb, F'wehr) / bomba *f* de desagüe, bomba *f* de achicar ‖ ~**rinne** *f* (Straßb) / canal *m* de desagüe o drenaje ‖ ~**rohr**, Sickerrohr *n* (Bahn, Straßb) / tubo *m* de desagüe ‖ ~**rohr** *n*, -schlitz *m* (in Mauern), Lockleck *n* (Bau) / barbacana *f* ‖ ~**rohr**, -röhre *f*, Dränrohr *n* (Landw) / tubo *m* de drenaje, desaguadero *m*, tubo *m* de avenamiento ‖ ~**schacht** *m* (Bergb, Straßb) / pozo *m* de desagüe ‖ ~**schleuse** *f* / esclusa *f* de desagüe ‖ ~**schraube** *f* / tornillo *m* de purga ‖ ~**stollen** *m* (Straßb) / túnel *m* de drenaje ‖ ~**stollen** (Bergb) / galería *f* de desagüe ‖ ~**topf** *m* (Öl) / purgador *m*, trampa *f* de desagüe ‖ ~**turm** *m* (Hydr) / torre *f* escurridora ‖ ~**ventil** *n* (Bahn, Schiff) / válvula *f* de purga o de descarga ‖ ~**zentrifuge** *f* / centrífuga *f* de desagüe, centrifugadora *f* de hidroextracción ‖ ~**zylinder** *m* (Pap) / cilindro *m* de deshidratación

ENTWEDER-ODER n (NC) / O u O
entweichen vi (Gase), sich abscheiden o. verflüchtigen / escaparse, fugarse, volatilizarse, evadir, desprenderse ‖ ~, durchsickern, lecken / escapar[se] ‖ ~, ablaufen / escurrir ‖ ~ (Abgase) / escapar[se], salir[se], fugarse ‖ ⁓ n (Dampf, Gas) / escape m, desprendimiento m, fuga f, desahogo m ‖ ⁓ **aus dem Erdschwerefeld** (Raumf) / escape m del campo de gravedad, liberación f de la atracción terrestre
Entweichgeschwindigkeit f [aus dem Schwerefeld] (Raumf) / velocidad f de escape, segunda f velocidad cósmica, velocidad f de liberación
entwerfen vt, planen / diseñar, proyectar, planificar, concebir, planear ‖ ~, skizzieren / delinear, hacer un croquis, croquizar, bosquejar, esbozar ‖ ~ (auf dem Reißbrett) / trazar ‖ ~, entwickeln (Masch) / desarrollar, construir, concebir ‖ **nach Bauricht- o. Rastermaß** ~ (Bau) / proyectar según el sistema modular
Entwerfer m, Designer m (Tex) / diseñador m ‖ ⁓, Planer m (Plan) / delineante de un plan m, proyectista m
entwerten vt (Briefmarken) / matasellar ‖ ~, Wert mindern / despreciar, desvalorar ‖ **einen Fahrausweis** ~ (o. ungültig machen) (Bahn) / obliterar, inutilizar, pasar el trinquete (E)
Entwerter m (für Fahrausweise) / obliterador m, timbrador m ‖ ⁓ (Poststempel) / matasellos m
entwesen vt (Bakt, Med) / desinfectar, destruir los parásitos ‖ ~ **durch Räuchern** / fumigar, desinfectar o destruir por fumigación
Entwesung f (Bakt, Med) / destrucción f de parásitos, desinfección f
entwickeln vt (allg) / desarrollar ‖ ~, entwerfen (Masch) / desarrollar, construir, concebir ‖ ~, entfalten / desplegar, desarrollar (actividades) ‖ ~ (Foto) / revelar ‖ ~ (Geschwindigkeit) / alcanzar ‖ ~ (Gas) / producir ‖ ~ (sich) (Biol) / evolucionar, desarrollarse ‖ **nach steigenden Potenzen** ~ (Math) / desarrollar en potencias ascendentes ‖ **Rauch** ~ / producir humo, desprenderse humo ‖ **sich** ~ (Chem) / producirse, formarse ‖ ⁓, **Konstruieren** n / ingeniería f de desarrollo, construcción f
entwickelnd, Entwicklungs... / de desarrollo
entwickelt • e Funktion (Math) / función f explícita ‖ ~ **o. geschaffen** [für] / desarrollado [para], puesto a punto
Entwickler m, -flüssigkeit f (Foto) / revelador m, agente m o baño revelador, iconógeno m ‖ ⁓, **Erzeuger** m (Chem, Kfz) / productor m ‖ ⁓, **Konstrukteur** m (Masch) / ingeniero m constructor ‖ ⁓ (Software) (DV) / desarrollador m ‖ ⁓ **[für Farben]** (Färb) / agente m de desarrollo ‖ ⁓ (Dampf, Gas) / generador m ‖ ⁓**flasche** f, Entwicklungsgefäß n (Chem) / generador m [de gas] ‖ ⁓**regenerierung** f (Foto) / regeneración f del revelador ‖ ⁓**schale** f (Foto) / cubeta f para relevar o de revelado ‖ ⁓**station** f (Film) / estación f de revelado, máquina f de revelado de películas
Entwicklung f (allg) / desarrollo m ‖ ⁓, Planung f / ingeniería f de desarrollo, planificación f ‖ ⁓, Erzeugung f / generación f, producción f ‖ ⁓, Verlauf m / desenvolvimiento m, desarrollo m ‖ ⁓, Bereitstellung f / puesta f a punto f ‖ ⁓ (z.B. einer Reihe) (Math) / desarrollo m (por ej. de una progresión) ‖ ⁓ f, Entwicklungsgang m, -zustand m (Biol) / desarrollo m, evolución f, estado m de evolución ‖ ⁓ (Foto) / revelado m ‖ ⁓ (Gas, Rauch) / desprendimiento m
Entwicklungs • abteilung f (F.Org) / departamento m de desarrollo, sección f de desarrollo ‖ ⁓**anstalt** f (Foto) / laboratorio m de revelado ‖ ⁓**automat** m (Foto) / aparato m revelador automático ‖ ⁓**bad** n (Foto) / baño m de revelado ‖ ⁓**dose** f, Bildtrommel f / tambor m de revelado ‖ ~**fähig** / desarrollable, susceptible o capaz de desarrollo ‖ ⁓**farbe** f (Druck) / tinta f reveladora o de revelar, tinta f de reporte ‖

⁓**farbstoff** m (Färb) / colorante m de desarrollo ‖ ⁓**gefäß** n (Chem) / recipiente m de generación [de gas] ‖ ⁓**hilfe** f (Wirtsch) / ayuda f [económica] a países en [vías de] desarrollo ‖ ⁓**ingenieur** m / ingeniero m de estudios o investigación [aplicada] ‖ ⁓**labor** n / laboratorio m de investigación y desarrollo ‖ ⁓**land** n / país f en [vías de] desarrollo ‖ ⁓**licht** n (Foto) / luz f de revelado ‖ ⁓**maschine** f (Foto) / máquina f de proceso [químico] continuo ‖ ⁓**maschine** (Offset) / máquina f de tratamiento ‖ ⁓**ministerium** n (BRD: Ministerium für wirtschaftliche Zusammenarbeit) / Ministerio m de Fomento y Desarrollo (RFA: Ministerio de Cooperación Económica) ‖ ⁓**papier** n (Foto) / papel m de revelado ‖ ⁓**phase** f, -stufe f / fase f embriónica ‖ **Regionaler** ⁓**plan** / PDR (= Plan de Desarrollo Regional) ‖ ⁓**richtung** f, -tendenz f / dirección f de desarrollo, tendencia f de desarrollo ‖ ⁓**risiko** n (Foto) / riesgo m de desarrollo ‖ ⁓**satz** m (Foto) / equipo m de revelado ‖ ⁓**schale** f (Foto) / probeta f ‖ ⁓**schleier** m (Foto) / velo m de revelado ‖ ⁓**schritt** m / etapa f o fase f de desarrollo ‖ ⁓**stadium** n (allg, Biol) / estado m de desarrollo, fase f de desarrollo ‖ ⁓**stand** m **des Laboraufbaus** / estado m de montaje experimental o ‖ ⁓**stufe** f (allg, Biol) / grado m de desarrollo ‖ ⁓**tank** m (Foto) / depósito m de revelado (E), tanque m de revelado (LA) ‖ ~**träge** (Färb) / de revelado lento ‖ ⁓**- und Konstruktionsbüro** n / oficina f de investigación aplicada ‖ ⁓**- und Konstruktionsleiter** m (F.Org) / ingeniero-jefe m de la oficina de investigación aplicada ‖ ⁓**- und Produktionsplanungsphase** f (F.Org) / fase f de investigación y de planificación de la producción ‖ ⁓**vorhersage**, Landewettervorhersage f (Luftf) / previsión f meteorológica para el aterrizaje ‖ ⁓**vorschrift** f (IC) / prescripción f para el diseño ‖ ⁓**zustand** m / estado m embriónico
entwipfeln vt, köpfen (Forstw) / descabezar
entwirren vt / desenredar, desembrollar, desenmarañar ‖ ~ (Knäuel) / desovillar
entwollen vt / arrancar la lana
Entwurf, Plan, Riss m (Zeichn) / diseño m, trazado m ‖ ⁓, Plan m, Planung f / proyecto m, plan m, planeo m, planeamiento m ‖ ⁓ m, Layout n (Druck, Repro) / layout m, disposición f ‖ ⁓ **des mechanischen Teils eines Apparates** / dibujo m de la parte mecánica (de un aparato) ‖ ⁓ **nach günstigsten Kosten** (F.Org) / concepción f según costes óptimos ‖ **erster** ⁓ **einer Zeichnung** / croquis m, trazado m, boceto m ‖ **flüchtiger** ⁓, Skizze f / bosquejo m, esbozo m ‖ **schriftlicher** ⁓ / borrador m, minuta f ‖ ⁓**gestaltung** f / realización f de un diseño ‖ ⁓**papier** n / papel m de dibujo para trazar
Entwurfs • arbeit f / trabajo m de diseño o de proyecto ‖ ⁓**aufriss** m (Kfz) / proyecto de ingeniería ‖ ⁓**blatt** n **für Vordrucke** (Foto) / hoja f para trazar formularios impresos ‖ ⁓**diagramm** n (Schiff) / diagrama m de contornos ‖ ⁓**geschwindigkeit** f (Straßb) / velocidad f de régimen ‖ ⁓**gewicht** m (Luftf) / peso m máximo de cálculo ‖ ⁓**ingenieur** m / ingeniero m proyectista ‖ ⁓**leistung** f (Masch) / potencia f calculada o de diseño ‖ ⁓**leistung** (Bahn) / potencia f para el dimensiono ‖ ⁓**qualität** f / calidad f del proyecto ‖ ⁓**skizze** f (Zeichn) / croquis m ‖ ⁓**zeichenpapier** n / papel m de dibujo ‖ ⁓**zeichner** m / dibujante-proyectista m, diseñador-proyectista m, delineante m proyectista ‖ ⁓**zeichnung** f / bosquejo m de construcción, esbozo m ‖ ⁓**zuverlässigkeit** f (Elektr, Masch) / fiabilidad f inherente
entwurzeln vt (Forstw) / desarraigar
Entzerreinrichtung f (Kabel) s. Entzerrvorrichtung
entzerren vt (Eltronik, Fernm) / corregir, igualar ‖ ~ (FM-Empfänger) / desacentuar, atenuar, eliminar las distorsiones ‖ ~ (Foto) / rectificar o corregir distorsiones ‖ ⁓ n (Fernm) / corrección f, igualación f

Entzerrer

Entzerrer *m*, **Entzerrvorrichtung** *f* (Fernm) / corrector *m*, atenuador *m*, igualador *m* || ~**kette**, -schaltung *f* (Fernm) / red *f* igualadora o de compensación || ~**-Vorverstärker** *m* (Eltronik) / amplificador-corrector *m*
Entzerr•filter *m* (Eltronik) / filtro *m* equilibrador || ~**kreis** *m* / circuito *m* formador de onda || ~**linse** *f* (Opt) / lente *f* correctora de distorsiones || ~**magnet** *m* (TV) / imán *m* antidistorsivo, imán *m* de corrección || ~**netzwerk** *n* (Phys) / red *f* correctora o conformadora || ~**schaltung** *f* s. Entzerrkette || ~**spule**, Peaking-Versteilerungsspule *f* (TV) / bobina *f* agudizadora, bobina *f* de compensación o de corrección
Entzerrung *f* (TV) / agudización *f*, corrección *f*, compensación *f* || ~ (Opt) / restitución *f*
Entzerrungs•gerät *n* (Eltronik) / aparato *m* desacentador || ~**gerät** (Foto) / aparato *m* rectificador, aparato *m* antideformador || ~**gerät** (Topographie) / restituidor *m* || ~**kreis** *m* (Eltronik) / circuito *m* antirresonante o de tapón || ~**rückkopplung** *f* / reacción *f* correctiva
Entzerrvorrichtung *f*, Entzerrer *m* (Fernm) / dispositivo *m* corrector [de la distorsión], dispositivo *m* antidistorsivo o antidistorsión || ~, -gerät *n* (Luftbild) / aparato *m* rectificador o restituidor de fotografías aéreas || ~ **für Kabel** (Fernm) / corrector *m*, atenuador *m* para cables, igualador *m* de atenuación
entziehen *vt* / sacar, retirar, quitar || ~ (Chem) / extraer || **das Öl** ~ / extraer el aceite || **Feuchtigkeit** ~ / deshidratar, desecar || **Kohlensäure** ~ / descarbonatar || **Metall** ~ / extraer metal || **sich der Beobachtung** ~ / escaparse de la observación
Entziehung *f*, Entzug *m* / sustracción *f*, privación *f* || ~ **von Wasserstoff**, Dehydrierung *f* (Chem) / deshidrogenación *f* || **[teilweise]** ~ **des Sauerstoffes**, Reduktion *f* / desoxidación *f* [parcial], reducción *f*
ent•ziffern *vt*, dechiffrieren / descifrar || ~**zifferung** *f* / desciframiento *m* || ~**zimmern** *vt*, rauben (Bergh) / recuperar las entibaciones (E), rascar los estemples (LA) || ~**zinken** *vt* (Galv) / quitar el zinc || ~**zinken** (Messing) / separar el zinc del latón || ~**zinnen** *vt* (Hütt) / quitar el estaño, desestañar || ~**zuckern** *vt* / extraer el azúcar, desacarificar || ~**zuckern** *m*, -zuckerung *f* / desacarificación *f*
Entzug *m* / eliminación *f*
ent•zündbar, -zündlich / inflamable, combustible || ~**zündbarkeit** *f*, -zündlichkeit *f* / inflamabilidad *f* || ~**zünden** *vt*, anzünden / encender, inflamar, hacer arder || **sich** ~**zünden** / encenderse, inflamarse || ~**zunderer** *m* (Hütt) / descascarillador *m* || ~**zundern** *vt* / descascarillar, eliminar las batiduras || ~**zunderung** *f*, Entzundern *n* (Hütt) / descascarillamiento *m* || ~**zunderung**, Rostentfernung *f* (Galv) / decapado *m*, desoxidación *f* || ~**zunderungsanlage** *f* **mit Stahlkiesschleuderrädern** (Hütt) / instalación *f* descascarilladora con granalla de acero || ~**zunderungsofen** *m* / horno *m* descascarillador || ~**zunderungswärme** *f* (Hütt) / calor *m* de descascarillamiento || ~**zündlichkeit** *f*, Entflammbarkeit *f* (Chem) / inflamabilidad *f* || ~**zündung** *f* / inflamación *f*, ignición *f* || ~**zündungstemperatur** *f* / temperatura *f* de inflamación, temperatura *f* de encendido
entzwei / roto, partido, destrozado || ~, auseinander / deshecho, hecho añicos o pedazos, rasgado desgarrado
Enzianviolett *n* / violeta *m* de genciana
Enzym *n*, Ferment *n* (Biochem) / enzima *m f*, fermento *m*
enzymatisch / enzimático || ~**e Hydrolyse** / hidrólisis *f* enzimática
Enzym•inhibitor *m* / inhibidor *m* enzimático || ~**reaktion** *f* / reacción *f* enzimática || ~**test** *m* (Chem) / prueba *f* enzimática, análisis *m* enzimático || ~**wolle** *f* (Tex) / lana *f* [de depilación] enzimática
EO *n* (od. OA = Ethylenoxid) (Chem) / EO
Eolienne *f* (Web) / eolién *m*, eoliana *f*
EONR = European Organization for Nuclear Research (Europäische Organisation für Kernforschung) / Organización Europea de Investigación Nuclear
EOQC = European Organization for Quality Control (Europäische Organisation für Qualitätskontrolle) / Organización Europea para el Control de Calidad
Eosin *n* (Färb, Pharm) / eosina *f*, terabromofluoresceína *f* || ~**ophil**, mit Eosin färbbar / eosinófilo
Eozän *n* (Geol) / eoceno *m*
Eozoikum *n* / eozoico *m*, arqueozoico *m*
EP (Plast) = Epoxid
EPA *n* (Europ. Patentamt) / OEP *f* (Oficina Europea de Patentes) || ~, Eicosapentaensäure *f* (Biochem) / ácido *m* pentaénico
EP-Additiv *n* (= extreme pressure), Hochdruckzusatz *m* (Chem) / aditivo *m* de presión extrema, aditamento *m* de presión extrema
E-Papier *n*, elektronisches Papier / papel *m* electrónico
EPC-Ruß *m* (= easy-processing channel) (Gummi) / negro *m* EPC
EPDM-Gummi *m* / goma *f* de etileno-propileno-dieno-monómero
EP-Fett *n* (Hochdruckfett) / grasa *f* para cargas elevadas
EPG [= Electronic Program Guide - elektronische Programmzeitschrift] / Guía *f* Electrónica de Programa
Ephedrin *n* (Pharm) / efedrina *f* (alcaloide de efedra)
ephemer (Bot, Zool) / efímero
Ephemeriden *pl* (Astr) / efemérides *f pl* || ~**zeit** *f* / tiempo *m* de efemérides
Ephesit *m* (Min) / efesita *f* (mica)
Epi•cadmium *n* (Chem, Nukl) / epicadmio *m* || ~**cadmium-Neutronen** *n pl* (Nukl) / neutrones *m pl* epicádmicos || ~**cadmium-Resonanzintegral** *n* / integral *f* de resonancia epicádmica || ~**chlorhydrin** *n* (Chem) / epiclorhidrina *f* || ~**dermis**, Oberhaut *f* (Leder) / epidermis *f* || ~**diaskop** *n* (Opt) / epidiascopio *m* || ~**dosit** *m*, Epidotfels *m* (Geol) / epidosita *f* || ~**dot** *m*, piemontesischer Braunstein, Pistazit *m* (Min) / epidota *f* || ~**genesetheorie**, Postformationstheorie *f* (Biol) / teoría *f* de epigénesis || ~**genetisch** (Min) / epigenético || ~**gnostizieren** *vt* / epignosticar || ~**kontinental** (Geo) / epicontinental || ~**lamenreibung** *f* (Masch) / fricción *f* por contacto molekularen Film), Grenzschmierung *f* (Masch) / lubricación *f* por capa molecular de lubricante || ~**lation** *f* (völliger Haarverlust z.B. durch Strahlen) (Med, Nukl) / epilación *f* || ~**lationsdosis** *f* (Radiol) / dosis *f* de epilación || ~**mer** *n* (Chem) / epímero *m* || ~**merisierung** *f* (Chem) / epimerización *f* || ~**morphose** *f* (Min) / epimorfosis *f*
Epinglé *m* (Web) / epingle *m* (imitación de terciopelo)
Epi•phyt *m* (Bot) / epifito *m* || ~**plan-Objektiv** *n* (Opt) / objetivo *m* Epiplan
Epirogenese *f*, epirogenetische Bewegungen *f pl* (Geol) / epirogénesis *f*, movimientos *m pl* epirogenéticos (de la Tierra)
Epi•skop *n* (Opt) / episcopio *m* || ~**stilbit** *m* (Min) / epistilbita *m* || ~**taktisch**, -taxisch, Epitaxie..., epitaxid (Eltronik) / epitaxial, epitáxico || ~**taxialer Siliziumfilm auf Isolatoren**, ESFI (Halbl) / película *f* epitaxial de silicio sobre aisladores || ~**taxialer Wuchs** (Krist) / crecimiento *m* epitaxial || ~**taxialschicht** *f* (Eltronik) / capa *f* epitaxiada o epitaxial || ~**taxialtransistor** *m* (Halbl) / transistor *m* epitaxial || ~**taxie** *f*, Aufwachsen *n* (Krist) / epitaxia *f* || ~**taxie-Reaktor** *m* (Ofen zur Beschichtung mit Si-Scheiben für Mikrochips) / reactor *m* epitaxial || ~**thermisch** (Nukl) / epitérmico || ~**thermische**

Neutronen n pl / neutrones m pl epitérmicos ‖ **~thermischer Reaktor** / reactor m epitérmico o de neutrones epitérmicos ‖ **~trochoide** f (Math) / curva f epitrocoidal ‖ **~trochoidenmotor** m / motor m epitrocoidal ‖ **~zentralgebiet** n (Geol) / area f epicentral o epicéntrico ‖ **~zentrum** n (Geol) / epicentro m ‖ **~zykel** m (Astr) / epiciclo m ‖ **~zyklisch** / epicíclico ‖ **~zykloide** f (Math) / epicicloide f ‖ **~zykloidengetriebe** n (Masch) / engranaje m epicicloidal ‖ **~zykloidenrad** n / rueda f epicicloidal ‖ **~zykloidisch** / epicicloidal
Epoche f (Impulse) / época f de forma de ondas
Epoxid n, Epoxidharz n, Epoxy[d]harz n, EP / epoxi m, epoxia f, resina f epoxi o epóxica o epoxílica
Epoxidation f (Chem) / epoxidación f
Epoxid • -Gießharz n / resina f epoxi de moldeo ‖ **~harzmörtel** m (Straßb) / mortero m [de resina] epoxi
Epoxi • -Glasfaserplatte f / placa f de fibras de vidrio epoxi ‖ **~papier** n / papel m epoxi ‖ **~-Teer-Kombination** f (Bau) / combinación f epoxi-brea
EPR-Kautschuk m (Chem) / caucho m de etileno y propileno
EPROM n (DV) / memoria f de sólo lectura programable y borrable, EPROM m
E²PROM n / memoria f de sólo lectura programable y borrable eléctricamente, E²PROM m
EP-Schmiermittel, Hochdruck-Schmiermittel n / lubri[fi]cante m AP
Epsilan n (Keram) / epsilano m
Epsomsalz n, Epsomit m (Min) / sal f de la Higuera, epsomita f
Epstein • gerät n / histerésímetro m Epstein ‖ **~-Rahmen** m (Magn.Prüf) / cuadro m Epstein
EPZ (Bau) = Eisenportlandzement
Equalizer m (parametrischer) / ecualizador m paramétrico
Equisignal... (Funk) / de equiseñales, equiseñal
Erarbeiten n **von Problemlösungen** (DV) / resolución f de problemas actuales o reales
erbauen vt / construir, edificar, erigir, levantar
Erbauer m / constructor m
Erbauung, Errichtung f / edificación f, erección f, construcción f
Erbium n, Er (Chem) / erbio m, Er ‖ **~iodid** n / yoduro m érbico ‖ **~laser** m / láser m de erbio ‖ **~oxid** n, Erbinerde f (Chem) / óxido m de erbio, erbina f
erblasen vt (Hütt) / soplar
erbohren vt (Bergb, Öl) / encontrar perforando
Erbrüten n (Nukl) / regeneración f, reproducción f
Erbse f, Pisum sativum (Landw) / guisante m (E), arveja f, alverja f (LA), pésol m, arvejo m
Erbsen • blattrandkäfer m (Schädling) (Zool) / sitona f del guisante ‖ **~förmig** / pisiforme ‖ **~gallmücke** f (Schädling), Contarina pisi (Zool) / cecidomia f del guisante ‖ **~käfer** m / gorgojo m del guisante ‖ **~rost** m, Uromyces pisi (Bot) / roya f del guisante ‖ **~[schwad]mäher** m (Landw) / segadora f [hileradora] de guisantes ‖ **~stein** m (Geol) / arenisca f de guisantes, pisolita f ‖ **~wickler** m (Schädling) / gusano m del guisante, mariposa f del guisante
Erbskohle f (Bergb) / carbón m garbancillo
Erbstollen m (Bergb) / galería f principal
ERC (= European Research Council), Europäischer Forschungsrat / Consejo m Europeo de Investigación
Erd • ... / de tierra, terrestre, térreo, terrero, telúrico, terrizo ‖ **~abflachung** f / achatamiento m del globo terráqueo ‖ **~ableitung** f (Elektr) / conexión f a tierra ‖ **~ableitwiderstand** m (Elektr) / resistencia f a tierra ‖ **~abscheider** m / separador m de tierra ‖ **~abscheidungstrommel** f / tambor m lavador-separador de tierra ‖ **~abtrag** m, Abtrag m (Bau) -desmonte m de tierras ‖ **~achse** f (Geo) / eje m [polar] terrestre, eje m de la Tierra ‖ **~ähnliche**

Planeten m pl (Astr) / planetas m pl telúricos ‖ **~alkali** n, Erdalkalibase f (Chem) / tierra f alcalina, base f alcalinotérrea ‖ **~alkalimetalle** n pl / metales m pl alcalinotérreos ‖ **~alkalisch** / alcalinotérreo ‖ **~anker** m (Bau) / ancla f enterrada ‖ **~anschluss** m, Erde f (Elektr) / conexión f a tierra, toma f de tierra, puesta f a tierra ‖ **~anschlusskasten** m (Elektr) / caja f de conexión a tierra ‖ **~anschüttung**, -aufschüttung f (Bau) / relleno m de tierras ‖ **~antenne** f / antena f enterrada ‖ **~anziehungskraft** f, -anziehung f (Phys) / gravedad f, atracción f terrestre, fuerza de la atracción terrestre f ‖ **~äquator** m (Geo) / ecuador m terrestre ‖ **~arbeit** f, Erdbau m, -aushub m (Bau) / trabajos m pl [de movimientos] de tierras (E), obras f pl de excavación, terracerías f pl (LA) ‖ **~arbeiter** m / terraplenador m, desmontista m, peón m zapador, terracero m (LA) ‖ **~atmosphäre** f / atmósfera f terrestre o de la Tierra ‖ **~aufschüttung** f (an Gräben) (Bau) / relleno m de tierras, terraplén m ‖ **~aufwurf** m **um Öltanks** / muralla f de tierra alrededor de un tanque ‖ **~ausbreitungswiderstand** m (Elektr) / resistencia f a la propagación en la tierra ‖ **~aushub** m (Bau) / tierras f pl excavadas ‖ **~aushub**, Baggergut n / excavación f, material m excavado ‖ **~aushub** (Arbeiten) / trabajos m pl de excavación ‖ **~ausleuchtend** (Antenne) / que cubre todo el globo terráqueo ‖ **~bahn** f (Astr) / órbita f terrestre o de la Tierra ‖ **~balken** (beim Pflügen), Balken m (Landw) / banda f de tierra, facha f de tierra ‖ **~ball** m / globo m terráqueo o terrestre, esfera f terrestre o terráquea ‖ **~baumaschinen** f pl (Bau) / maquinaria f para el movimiento de tierras ‖ **~baumechanik** f, Bodenmechanik f (Bau) / mecánica f del suelo ‖ **~bauplanum** n (Straßb) / plataforma f de la carretera (E), plano m de formación (LA)
Erdbeben n (Geo, Geol) / terremoto m, seísmo m, sismo m, movimiento m sísmico ‖ **~aufnehmer** m / transductor m sísmico, detector m sísmico ‖ **~fest**, -sicher (Bau) / asísmico, a prueba de terremotos, sismorresistente, antisísmico ‖ **~forschung** f, Erdbebenkunde f (Geo) / sismología f ‖ **~frei** (z.B. Gebiet) (Geo) / asísmico (p.e. región) ‖ **~gebiet** n / zona f sísmica ‖ **~gefährdung** f / sismicidad f ‖ **~häufigkeit** f / frecuencia f sísmica ‖ **~herd** m / foco m sísmico, hipocentro m ‖ **~messer** m, Seismometer n / sismómetro m ‖ **~messer** (schreibend), Seismograph m / sismógrafo m ‖ **~sicherheit** f / sismorresistencia f ‖ **~stoß** m, leichtes Erdbeben n / temblor m de tierra, temblor m sísmico o de tierra, sacudida f sísmica ‖ **~tätigkeit** f / actividad f sísmica ‖ **~technik** f / ingeniería f sísmica ‖ **~warte** f / observatorio m sismográfico ‖ **~welle** f / onda f sísmica
Erd • [behandl]ung f, Erden n (Öl) / tratamiento m con tierra [descolorante] ‖ **~beschleunigung** f (Phys) / aceleración f terrestre, aceleración f de (o por la) gravedad ‖ **~bewegung** f, -arbeiten f pl (Bau) / movimiento m de tierras, transporte m de la tierra ‖ **~bewegungsmaschine** f / máquina f para el movimiento de tierras ‖ **~bildaufnahme** f (Verm) / levantamiento m terrestre, fotografía f terrestre ‖ **~bildmessung** f, terrestrische Photogrammetrie f, fotogrametría f terrestre ‖ **~boden** m (allg, Bau) / suelo m, tierra f, terreno m ‖ **über dem ~boden gelegen**, oberirdisch / sobre tierra ‖ **unter dem ~boden gelegen**, unterirdisch / subterráneo, bajo tierra ‖ **dem ~boden gleichmachen** / arrasar ‖ **~[boden]-Radioaktivität** f (Phys) / radiactividad f terrestre ‖ **~bogen** m, Gegenbogen m (Bau) / arco m invertido ‖ **~bohrer** m (Bau, Bergb) / barrenador m de suelo, sonda f de tierra ‖ **~bohrer**, Pflanzlochbohrer m (Landw) / motoahoyadora f ‖ **~bohrmaschine** f / [máquina] perforadora de terreno f ‖ **~bohrung** f, Versuchsbohrung f (Bergb, Öl) / perforación f, sondaje

m, sondeo *m* del suelo ‖ ~**braun**, -farben / marrón terroso ‖ ²**damm**, -wall *m* / terraplén *m*, albarrada *f* ‖ ²**damm** *m* **um Öltanks** / muralla *f* de tierra alrededor de un tanque ‖ ²**dampfkraftwerk** *n* / central *f* térmica de vapor natural ‖ ²**dampfquelle** *f*, Blaser *m* (Geol) / sofión *m*, bufador *m*, fuente *f* de vapores naturales ‖ ²**drän** *m*, Maulwurfdrän *m* (Hydr) / drenaje *m* subterráneo ‖ ²**druck** *m* (Bau) / presión *f* de tierra o del suelo

Erde *f* (Planet) / Tierra *f* ‖ ², Boden *m*, Land *n* (Bau, Landw) / tierra *f*, suelo *m*, terreno *m* ‖ ², Bleicherde *f* (Öl) / tierra *f* descolorante, tierra *f* activada ‖ ², Masse *f* (Elektr) / masa *f*, tierra *f* ‖ ² *f* (Ggs: Masse) (Elektr) / tierra *f* física ‖ **an** ² **legen** (Elektr) / poner a tierra, conectar con tierra ‖ **an** ² **liegen** (Elektr) / estar conectado con tierra ‖ **gewachsene** ², natürlicher Boden (Geol, Landw) / tierra *f* natural ‖ **seltene** ²**n** (Chem) / tierras *f pl* raras ‖ **unter der** ², erdverlegt (Leitung) / bajo tierra, enterrado ‖ **von** ² **isoliert** (Elektr) / aislado de tierra ‖ **zu ebener** ² (Bau) / en el piso bajo (E), en los bajos (LA), a nivel del suelo

Erde • empfangsstation *f* (Raumf) / estación *f* receptora terrestre ‖ ²**funkstelle** *f* (Raumf) / estación *f* terrestre o terrena

Erdeinlagerung *f* (von Abfällen) (Umw) / almacenamiento *m* terrestre (de desechos)

erdelos, hydroponisch / hidropónico

erden *vt*, an Erde legen (Elektr) / poner o conectar a tierra o a masa, dar tierra [a] ‖ ² *n* (Elektr) / puesta *f* a tierra, conexión *f* a tierra, toma *f* de tierra

Erder *m*, Erdverbindung *f* (Elektr) / conductor *m* de tierra ‖ ², Erdungselektrode *f* (Elektr, Fernm) / electrodo *m* de tierra

Erde • -Raum-Fernsehverbindung *f* / unión *f* Tierra-espacio por vídeo ‖ ²**regeneration** *f* (Öl) / regeneración *f* por tierra descolorante

Erderkundungs- u. -erforschungssatellit *m* (Raumf) / satélite *m* investigador de los recursos de la Tierra

Erderplatte *f* (Elektr) / plancha *f* de puesta a la tierra

Erde • -stabilisiert (Raumf) / estabilizado respecto a Tierra ‖ ²**-Station** *f* (Raumf) / terminal *m* terreno ‖ ²**-Station zur Bahnverfolgung** (Raumf) / estación *f* de seguimiento de Tierra ‖ ²**-Wiedereintrittshöhe** *f* / altitud *f* de reentrada

Erd • farbe *f* (Anstrich) / color *m* térreo o terroso ‖ ~**farben** / de color terroso o térreo ‖ ²**faulversuch** *m* (Tex) / ensayo *m* de putrefacción de artículos enterrados ‖ ²**fehler** *m* (Fernm) / pérdida *f* de tierra, fuga *f* a tierra ‖ ²**feld** *n* (Antenne, Magnetismus) / campo *m* terrestre ‖ ²**ferne** *f* (Astr) / apogeo *m* ‖ ~**festes Achsenkreuz** (Nav) / triedro *m* terrestre ‖ ~**feucht** (Bau) / húmedo como la tierra ‖ ~**feuchter Beton** / hormigón *m* ligeramente húmedo ‖ ²**fläche** *f* (Geo) / área *f* telúrica ‖ ²**fließen** *n* (Geol) / solifluxión *f* ‖ ~**frei**, nicht geerdet (Elektr) / aislado [de tierra] ‖ ²**funkstelle** *f* (Eltronik) / estación *f* terrestre de radiocomunicación ‖ ²**gas** *n*, Naturgas *n* / gas *m* natural, gas *m* de petróleo ‖ ²**gas-Benzin** *n* / gasolina *f* a partir de gas natural ‖ ²**gasfeld** *n* / campo *m* de gas natural ‖ ²**gasleitung** *f* / gasoducto *m* ‖ ²**gasquelle** *f* / fuente *f* de gas natural ‖ ²**gasreformer** *m* (extrahiert H₂ aus dem Erdgas) / reformador *m* ‖ ²**gastanker** *m* / metanero *m*, barco *m* metanero ‖ ²**gasvorkommen** *n* (Geol) / yacimiento *m* de gas natural ‖ ~**gebunden** / terrestre ‖ ²**gerichtet** / dirigido a Tierra ‖ ²**geschoss** *n*, Parterre *n*, zu ebener Erde (Bau) / planta *f* baja, piso *m* bajo, bajos *m pl* ‖ ² **gezeiten** *f pl* (Geo) / mareas *f pl* terrestres ‖ ²**glasur** *f* (Keram) / vidriado *m* térreo ‖ ²**gleiche** *f* (Bau) / nivel *m* del suelo ‖ ²**gleiche** / a ras de tierra, a ras del suelo ‖ ²**gleicheschicht** *f* (Bau) / capa *f* a nivel del suelo ‖ ²**gravisphäre** *f* (Phys) / esfera *f* terrestre de gravitación ‖ ²**grube** *f* (Gieß) / fosa *f* de colada ‖ ² **hälfte** *f* (Geo) / hemisferio *m* ‖ ~**haltig** (Min) / terroso, térreo ‖ ²**haue** *f*, Breithaue *f* (Bergb) / pico *m*

ancho ‖ ²**hobel** *m*, Grader *m* (Bau, Straßb) / niveladora *f*, explanadora *f*, escarificadora *f* ‖ ²**hobel** (Bergb) / trailla *f* ‖ ²**hörer** *m*, Geophon *n* (Bergb) / geófono *m* ‖ ²**hügel** *m*, -hügelaufwurf *m*, Erdanschüttung *f*, Erdhaufen *m* (Bau) / montón *m* de tierra, montículo *m*, terraplén *m*, terrero *m* ‖ ²**hülle**, Geosphäre *f* (Geo) / geosfera *f*

erdig / terroso, térreo ‖ ~**e Braunkohle** / lignito *m* terroso ‖ ~**e Kohle** / carbón *m* terroso ‖ ~**er Uranit** (Min) / uranita *f* pulverulenta

Erd • induktion *f* (Phys) / inducción *f* [magnética] terrestre ‖ ²**induktionskompass** *m* (Nav) / brújula *f* de inducción terrestre ‖ ²**induktor** *m* (Elektr) / magnetómetro *m* generador ‖ ²**kabel** *n* (in Erde verlegt) / cable *m* subterráneo o bajo tierra ‖ ²**kabel** (Ggs.: Seekabel) / cable *m* de tierra ‖ ²**kabelnetz** *n* / red *f* subterránea de cables ‖ ²**kampf-Flugkörper** *m* (Mil) / misil *m* tierra a tierra ‖ ²**kapazität** *f*, Hüllenkapazität *f* (Elektr) / capacidad *f* entre conductor y tierra, capacitancia *f* a tierra ‖ ²**karte** *f* (Geo) / mapamundi *m* ‖ ²**kern** *m* / núcleo *m* de la Tierra, núcleo *m* terrestre ‖ ²**kippe** *f* (Bau) / vertedero *m* de tierras ‖ ²**klemme** *f* (Elektr) / borne *m* de [puesta a] tierra ‖ ²**klumpen** *m* / terrón *m*, gleba *f* ‖ **schwarzer** ²**kobalt**, Asbolit *m* (Min) / asbolita *f* ‖ ²**kontakt** *m* (Elektr, Fehler) / tierra *f* accidental, avería *f* por puesta a tierra ‖ ²**krümmung** *f* (Geo) / curvatura *f* terrestre o de la Tierra ‖ ²**krümmungslineal** *n* / regla *f* de corrección de la curvatura de la Tierra ‖ ²**kruste** *f*, -rinde *f* (Geol) / corteza *f* terrestre, costra *f* terrestre, litosfera *f* ‖ ²**kugel** *f* / globo terráqueo o terrestre ‖ ²**leitung** *f*, -leiter *m* (Elektr) / conductor *m* a (o de) tierra, conductor *m* de masa ‖ ²**leitung** (Fernm) / hilo *m* de tierra ‖ ²**leitung** (Ggs.: Unterwasserleitung) (Elektr) / circuito *m* de puesta a tierra, toma *f* de tierra ‖ ²**leitung**, Schutzleitung *f* (Freileitung) / conductor *m* de protección ‖ ²**leitung**, -schleife *f* (Freileitung) / circuito *m* de tierra, retorno *m* a tierra ‖ ²**leitung** *f*, -anschluss, Erder *m* (Elektr) / conexión *f* a tierra, toma *f* de tierra ‖ ²**leitungsmessung** *f* (Elektr) / medición *f* de la resistencia de tierra ‖ ²**leitungsunterbrecher** *m* / interruptor *m* de circuito de puesta a tierra ‖ ²**lochbohrer** *m* (Bau, Landw) / barrena *f* para abrir hoyos o agujeros ‖ ~**magnetisches Feld**, Erdmagnetfeld *n* (Phys) / campo *m* magnético terrestre ‖ ~**magnetisches Instrument**, Magnetometer *n* (Elektr) / magnetómetro *m*, instrumento *m* geomagnético ‖ ~**magnetischer Sturm**, magnetischer Sturm (Astr) / tempestad *f* [geo]magnética ‖ ²**magnetismus** *m* / magnetismo *m* terrestre, geomagnetismo *m* ‖ ²**massen** *f pl* (Bau) / masas *f pl* de tierra ‖ ²**meridian** *m* (Geo) / meridiano *m* terrestre ‖ ²**messung** *f*, Geodäsie *f* (Verm) / geodesia *f* ‖ ²**metall** *n* (Chem) / metal *m* térreo ‖ ~**nah** (Raumf) / próximo a [la] Tierra ‖ ~**nahe Parkbahn** (Raumf) / órbita *f* de espera próxima a Tierra ‖ ~**naher Raum** / espacio *m* extraatmosférico ‖ ~**naher Satellit** / satélite *m* en órbita próximo a Tierra ‖ ~**nähe** *f* (Astr) / perigeo *m* ‖ **in** ²**nähe befindlich**, Erdnähe... / perigeal ‖ **auf** ~ **Umlaufbahn** (Raumf) / en órbita próxima a Tierra ‖ ²**netz** *n*, geerdetes Schutznetz (Elektr) / red *f* protectora ‖ ²**netz** (Antenne) / red *f* de toma de tierra ‖ ²**nuss** *f* (Frucht von Arachis hypogaea) (Bot) / cacahuete *m* (E), maní *m* (LA) ‖ ²**nussdrescher** *m* (Landw) / trilladora *f* de cacahuete ‖ ²**nusseiweißfaser** *f* / fibra *f* sintética de proteido de cacahuete ‖ ²**nussöl** *n* / aceite *m* de cacahuete (E), aceite *m* de maní (LA) ‖ ²**oberfläche** *f* (Geo) / superficie *f* terrestre, superficie *f* de la Tierra

Erdöl *n* / petróleo *m* crudo, crudo *m* ‖ ²... / de petróleo, petrolífero, petrolero ‖ ² *n* **in Küstengewässern** / petróleo *m* offshore, petróleo *m* cerca de la costa ‖ ²**asphalt** *m* / asfalto *m* de petróleo ‖ ²**bakterien** *n pl* /

bacterias *f pl* petrolíferas ‖ ⁓-**Benzin** *n*, -Kraftstoff *m* / gasolina *f* (E), nafta *f* (LA) ‖ ⁓**bergbau** *m* / minería *f* petrolífera ‖ ⁓-**Bitumen** *n* / betún *m* de petróleo (E), bitumen *m* de petróleo (LA) ‖ ⁓**bohrturm** *m* / torre *f* de perforación ‖ ⁓**bohrung** *f* / sondeo *m* petrolífero ‖ ⁓**chemie** *f*, Petro[l]chemie *f* / petroquímica *f* ‖ ⁓**chemikalien** *f pl*, -derivate *n pl* / derivados *m pl* de petróleo, productos *m pl* petroquímicos ‖ ~**chemische Industrie** / industria *f* petroquímica ‖ ⁓**derivat** *n*, -abkömmling *m* / derivado *m* de petróleo ‖ ⁓**destillat** *n* / destilado del petróleo, destilado *m* del crudo ‖ ⁓**destillation** *f* / destilación *f* del petróleo ‖ ⁓-**Destillationsrückstand** *m* / residuo *m* de destilación, crudo *m* asfáltico ‖ ⁓**emulsion** *f* / emulsión *f* de petróleo ‖ ⁓**entstehung** *f* / origen *m* del petróleo ‖ ⁓**erzeugnisse** *n pl*, -produkte *n pl* / productos *m pl* de petróleo, productos *m pl* derivados del petróleo, productos *m pl* petroquímicos ‖ ⁓**falle** *f* / estrato *m* impermeable ‖ ⁓**feld** *n*, -gebiet *n* (Geol) / campo *m* petrolífero ‖ ⁓**förderung** *f* / extracción *f* de petróleo ‖ ⁓**fraktion** *f* / fracción *f* de [petróleo] crudo ‖ ⁓**gas** *n* / gas *m* de petróleo ‖ ⁓**gebiet** *n* (in Ausbeutung) / campo *m* petrolero ‖ ~**haltig**, -führend / petrolífero, que contiene petróleo ‖ ~**höffig** / en espera de petróleo, que promete petróleo ‖ ~**höffiges Gebiet** / región *f* en espera de petróleo ‖ ⁓**industrie** *f* / industria *f* petrolera ‖ ⁓**lagerstätte** *f*, -lager *n* / yacimiento *m* petrolífero ‖ ⁓**pech** *n* / asfalto *m*, bitumen *m* ‖ ⁓**pech** / residuo *m* de refinación ‖ ⁓**quelle** *f*, Ölquelle *f* / fuente *f* de petróleo ‖ ⁓**raffinerie** *f* / refinería *f* de petróleo o crudos ‖ ⁓**speichergestein** *n* / rocas *f pl* petrolíferas ‖ ⁓**suche**, Exploration *f* / exploración *f* de petróleo, búsqueda *f* de petróleo, prospección *f* ‖ ⁓**tanker** *f* / petrolero *m* ‖ ⁓**technik** *f* / tecnología *f* del petróleo ‖ ⁓**verarbeitung** *f* / refinación *f* del crudo ‖ ⁓**vorkommen** *n*, Erdöllagerstätte *f* / yacimiento *m* petrolífero

Erd • peilgerät *n*, Erdrichtungssucher *m* / radiogoniómetro *m* por la Tierra ‖ ⁓**phosphat** *n* (Chem) / fosfato *m* térreo ‖ ⁓**pigment** *n* (Farbe) / pigmento *m* térreo ‖ ⁓**platte** *f* (Elektr) / placa *f* de puesta a la tierra ‖ ⁓**platte** (Antenne) / toma *f* de tierra equilibrada ‖ ⁓**potential** *n*, -spannung *f* (Elektr) / potencial *m* de [la] tierra ‖ ⁓**prüfer** *m* s. Erdschlussanzeiger ‖ ⁓**punkt** *m* / punto *m* neutro de tierra ‖ ⁓**radius** *m* (Geo) / radio *m* de la Tierra ‖ ⁓**ramme** *f* (Bau) / pisón *m* ‖ ⁓**rammer**, Bodenverfestiger *m* / compactador *m* del suelo ‖ ⁓**raupe** *f* (Straßb) / niveladora *f* ‖ ⁓**raupe**, Agrotis spp (Landw, Schädling) / larva *f* de agrótido ‖ ⁓**reich** *n*, Erde *f* / suelo *m*, tierra *f*, tierras *f pl*, terreno *m*, terruño *m* ‖ ⁓**richtungssucher** *m* s. Erdpeilgerät ‖ ⁓**rinde** *f* (Geol) / corteza *f* o costra terrestre, litosfera *f* ‖ ⁓**rotation** *f*, -drehung *f* (Astr) / rotación *f* terrestre ‖ ⁓**rückleitung** *f* (Elektr) / circuito *m* con retorno o con vuelta por tierra ‖ ⁓**rutsch** *m*, -schlupf *m* (Geol) / derrumbamiento *m* o derrumbe de tierras, deslizamiento *m* de la tierra, corrimiento *m* de la tierra ‖ ⁓**sammelschiene** *f* (Elektr) / barra *f* colectora de tierra, varilla *f* de tierra colectiva ‖ ⁓**satellit** *m* (Astr) / satélite *m* [artificial] en órbita terrestre ‖ ⁓**schatten** *m* / sombra *f* de la Tierra ‖ ⁓**schaufel** *f*, Traktorerdschaufel *f* (Landw) / pala *f* de tractor ‖ ⁓**schaufel**, Kiesschaufel *f* (Bau) / pala *f* para sacar gravilla ‖ ⁓**schein** *m* (Astr) / claro *m* de tierra, luz *f* cenicienta ‖ ⁓**schieber** *m* (Bau) / niveladora *f*, empuja-tierras *m* ‖ ⁓**schieber am Einachsschlepper** (Landw) / trailla *f* niveladora para motocultor ‖ ⁓**schlamm** *m* / limo *m* ‖ ⁓**schleife** *f* (Elektr) / camino *m* cerrado de tierra ‖ ⁓**schleuder** *f*, Mietenzudeckgerät *n* (Landw) / centrífuga *f* para cubrir de tierra los silos

Erdschluss *m* (Elektr) / contacto *m* a tierra ‖ ⁓, unerwünschter Erdkontakt / contacto *m* o cortocircuito a tierra accidental ‖ ⁓ **durch schwingende Drähte**, aussetzender Erdschluss / contacto *m* intermitente a tierra ‖ **voller** ⁓ / contacto *m* completo a tierra ‖ ⁓**anzeiger** *m* (Elektr) / indicador *m* de [contacto a] tierra, indicador *m* de defectos de aislamiento ‖ ⁓**bestimmung** *f* (Elektr) / detección *f* de contacto a tierra, localización *f* de contacto a tierra ‖ ⁓**drossel** *f* / bobina *f* de derrame ‖ ⁓**klemme** *f* / borne *m* de toma de tierra ‖ ⁓**löschspule**, Petersenspule *f* / bobina *f* [de] Petersen ‖ ⁓**melderelais** *n* / relé *m* avisador de contacto a tierra ‖ ⁓**prüfer**, Isolationsprüfer *m* / verificador *m* de aislamiento, megóhmetro *m* ‖ ⁓**reaktanz** *f* (Elektr) / reactancia *f* de la toma de tierra ‖ ⁓**relais** *n*, -überwachungsrelais *n* / relé *m* de puesta a tierra ‖ ⁓**schutz** *m* / protección *f* contra puesta a tierra accidental ‖ ⁓**schutz**, Sicherheitserdung *f* / puesta *f* a tierra de protección, protección *f* por puesta a tierra ‖ ⁓**spule** *f* (Elektr) / bobina *f* de puesta a tierra ‖ ⁓**strom** *m* / corriente *f* de puesta a tierra ‖ ⁓**strom**, Fehlerstrom *m* / corriente *f* de falla o debida a la falla ‖ ⁓**wischer** *m* (Elektr) / puesta *f* a tierra accidental pasajera

Erd • scholle *f* (Landw) / gleba *f*, terrón *m*, tepe *m* ‖ ⁓**schüttungs-Staudamm** *m* (Hydr) / presa *f* de relleno de tierra ‖ ⁓**seil** *n* (Hochsp.Leitung) / conductor *m* de protección ‖ ⁓**sektor** *m* (Geol) / sector *m* de la Tierra ‖ ⁓**senkung** *f* (Bau, Bergb) / hundimiento *m* de tierra[s] o del terreno ‖ ⁓**sicht** *f* (Luftf) / visibilidad *f* del suelo ‖ ⁓**sieb** *n*, Durchwurf *m* (Bau) / criba *f* para tierra, tamiz *m* para tierra, zaranda *f* ‖ ⁓**spalt** *m* (Geol) / grieta *f*, fisura *f* ‖ ⁓**spieß** *m* (Elektr) / piquete *m* de puesta a tierra, varilla *f* de toma de tierra ‖ ⁓**stampfer** *m* (Bau) / compactador *m* de tierra ‖ ⁓**station** *f*, -stelle *f* (Raumf) / estación *f* terrestre o terrena ‖ ⁓**staudamm** *m*, Schüttdamm *m* (Hydr) / presa *f* de tierra ‖ ⁓**stollen** *m* (Raupenschlepper) / chapa *f* de nervios de quita y pon para orugas ‖ ⁓**stoß** *m*, -beben *n* (Geol) / conmoción *f*, sacudida *f* sísmica ‖ ⁓**strahlung** *f* (Astr) / radiación *f* terrestre o telúrica o de la Tierra ‖ ⁓**strom** *m* (Elektr) / corriente *f* de retorno por tierra, corriente *f* de tierra ‖ ⁓**ströme** *m pl* (Lagerstättenerkundung) / corrientes *f pl* telúricas ‖ ⁓**sturz** *f* / caída *f* de tierras, avalancha *f* de tierras ‖ ~**synchrone Umlaufbahn** (Satellit) / órbita *f* terrestre síncrona ‖ ⁓**system** *n* (Elektr) / sistema *m* trifilar de tres hilos ‖ ⁓**tag** *m*, irdischer Tag (Astr) / día *m* terrestre ‖ ⁓**tank** *m* (Gas, Öl) / depósito *m* bajo tierra o subterráneo, tanque *m* bajo tierra o subterráneo ‖ ⁓**taste** *f* (Fernm) / tecla *f* de tierra ‖ ⁓**teil** *m* (Geo) / parte *f* del Mundo ‖ ⁓**telegrafie** *f* (Fernm) / telegrafía *f* por el suelo ‖ ⁓**übergangswiderstand** *m* (Elektr) / resistencia *f* de paso del hilo de toma de tierra ‖ ⁓**umdrehungsgeschwindigkeit** *f* (Astr) / velocidad *f* de rotación de la Tierra ‖ ⁓**umgebung** *f*, Umfeld *n* der Erde / ambiente *m* de la Tierra ‖ ~**umkreisend** / en órbita terrestre, orbitante la Tierra ‖ ~**umkreisende Werkstatt** (Raumf) / laboratorio espacial o en órbita ‖ ⁓**umlaufbahn** *f* (Astr, Raumf) / órbita *f* terrestre o circunterrestre ‖ ⁓**umlaufecho**, Vorwärtsecho, Rückwärtsecho *n* (Eltronik) / eco *m* de circunvalación terrestre ‖ ⁓**umrundung** *f*, -umkreisung *f* (Raumf) / orbitación *f* terrestre, vuelo *m* circunterrestre ‖ ⁓**- und Felsarbeiten** *f pl* (Bau) / trabajos *m pl* de movimiento de tierras y rocas ‖ ⁓**- und Steinschüttungsdamm** *m* (Hydr) / dique *m* de relleno de tierra y rocas

Erdung *f*, Erden *n* (Öl) / tratamiento *m* con tierras activadas o descolorantes ‖ ⁓, Erdverbindung *f* (Elektr) / puesta *f* a tierra, conexión *f* a tierra, toma *f* de tierra

Erdungs • anschlusskasten *m* / caja *f* de conexión a tierra ‖ ⁓**buchse** *f* (Fernm) / jack *m* de toma de (o puesta a) tierra ‖ ⁓**draht** *m* (Elektr, Fernm) / hilo *m* de

Erdungsdrosselspule

[puesta a] tierra ‖ ⁓**drossel[spule]**, Saugdrossel *f* (Elektr) / bobina *f* de derrame ‖ ⁓**klemme**, Masseklemme *f* (am Gerät) (Elektr) / terminal *m* de [puesta a] tierra ‖ ⁓**kreis** *m* / circuito *m* de tierra ‖ ⁓**leiter** *m*, -leitung *f* (Elektr) / conductor *m* de [puesta a] tierra ‖ ⁓**messer** *m* / medidor *m* de resistencia contra tierra ‖ ⁓**öse** *f* (Elektr) / ojete *m* de puesta a tierra ‖ ⁓**plan** *m* (Elektr) / esquema *m* de puesta a tierra ‖ ⁓**platte** *f* / placa *f* de [puesta a] tierra ‖ ⁓**schalter** *m* / conmutador *m* de puesta a tierra ‖ ⁓**schelle** *f* / abrazadera *f* de puesta a tierra ‖ ⁓**schiene** *f* / barra *f* colectora de tierra, conexión *f* general de masa ‖ ⁓**schutz** *m* / puesta *f* a tierra de protección ‖ ⁓**stange** *f* / pértiga *f* de [puesta a] tierra, varilla *f* de toma de tierra ‖ ⁓**steckdose** *f* / caja *f* de enchufe para puesta a tierra ‖ ⁓**system** *n* / sistema *m* de [puesta a] tierra ‖ ⁓**trenner** *m* / aislador *m* de puesta a tierra, seccionador *m* de puesta a tierra ‖ ⁓**widerstand** *m* / resistencia *f* de puesta a tierra, resistencia *f* contra tierra ‖ ⁓**zeichen** *n* (DIN) / símbolo *m* de puesta a tierra ‖ ⁓**zeitanteil** *m* (Fernm) / porcentaje *m* temoral de toma de tierra

Erd•unsymmetrie *f* (Eltronik) / desequilibrio *m* de puesta a tierra ‖ ⁓ **[verbind]ung** *f* (Elektr) / conexión *f* a (con) tierra ‖ ⁓**verlegt** (Leitung) / subterráneo, bajo tierra, enterrado ‖ ⁓**verlegtes Kabel**, Erdkabel *n* (Elektr, Fernm) / cable *m* subterráneo, cable *m* tendido bajo tierra ‖ ⁓**verlegung** *f* **von Kabeln** / tendido *m* de cables bajo tierra ‖ ⁓**wachs** *n*, -paraffin *n*, Ozokerit *m* (Chem) / cera *f* mineral, cera *f* fósil, ococerita *f*, ozoquerita *f* ‖ ⁓**wall**, -damm *m* / terraplén *m*, albarrada *f* ‖ ⁓**wall** *m* (Tanklager) / muralla *f* de tierra alrededor de un tanque ‖ ⁓**wärme** *f* (Geol, Phys) / geotermia *f* ‖ ⁓**wärmebergbau** *m* / minería *f* geotérmica ‖ ⁓**wärme-Energie** *f* / energía *f* geotérmica ‖ ⁓**wärmesonde** *f* / sonda *f* geotérmica ‖ ⁓**widerstand** *m* (el. Widerstand der Erde) (Elektr) / resistencia *f* de la tierra ‖ ⁓**widerstand von Masten** (Elektr) / resistencia *f* de tierra de la base de un poste ‖ ⁓**widerstands-Bohrlochschürfung** *f* (Öl) / prospección *f* eléctrica de la perforación

Ereignis *n*, Zwischenfall *m* / incidente *m*, evento *m* ‖ ⁓ (DV) / evento *m*, suceso *m* ‖ ⁓**ablauf** *m* / secuencia *f* de eventos ‖ ⁓**baum** *m* / árbol *m* de sucesos ‖ ⁓**folge** *f* (Reaktorunfall) / secuencia *f* de eventos ‖ ⁓**horizont** *m* (Raumf) / horizonte *m* de eventos ‖ ⁓**raum** *m*, Raum-Zeit-Mannigfaltigkeit *f* (Phys) / espacio-tiempo *m*

erfahren *adj* / con experiencia, experimentado, experto, entendido [en] ‖ ⁓ [in], vertraut [mit] / familiarizado [con]

erfahren *vt*, durchmachen / experimentar, sufrir ‖ **eine Verbesserung** ⁓ / experimentar una mejora

Erfahrung *f*, Praxis *f*, praktische Erfahrung / experiencia *f*, práctica *f*, experiencia *f* práctica

Erfahrungs•..., empirisch, erfahrungsgemäß / empírico, por experiencia ‖ ⁓**austausch** *m* / intercambio *m* de experiencias o impresiones ‖ ⁓**entzug** *m* / privación *f* de experiencias ‖ ⁓**formel** *f* (allg) / fórmula *f* empírica ‖ ⁓**gut** *n* / experiencia *f* adquirida ‖ ⁓**methode** *f*, Empirismus *m* / empirismo *m*, método *m* empírico ‖ ⁓**nutzung** *f*, aprovechamiento *m* de valores empíricos ‖ ⁓**tatsache** *f* / hecho *m* empírico ‖ ⁓**wahrscheinlichkeit** *f* / probabilidad *f* empírica ‖ ⁓**wert** *m* / valor *m* empírico ‖ ⁓**wissenschaft** *f* / ciencia *f* empírica

erfassen, ergreifen / tomar, coger (E), recoger ‖ ⁓ (Daten) (DV) / registrar (datos), recopilar, obtener, acopiar, relevar ‖ ⁓, packen / coger (E), agarrar ‖ ⁓ (Radar) / detectar, captar, adquirir ‖ ⁓, abfangen (Mil) / interceptar ‖ ⁓, begreifen / entender, comprender ‖ ⁓ *n* **von Daten** (DV) / adquisición *f* de datos, captación *f* de datos, recogida *f*, relevamiento *m* de datos (ARG)

erfasst•er Bildwinkel (Foto) / ángulo *m* de imagen nítida ‖ ⁓**es Gebiet** (TV) / cobertura *f*, zona *f* servida o de acción

Erfassung *f* (Luftf, Raumf) / adquisición *f* ‖ ⁓ (Nukl, Radar) / detección *f* ‖ ⁓ **anormaler o. unlogischer Vorgänge** / detección *f* de comportamientos anormales o ilógicos ‖ ⁓ **magnetischer Anomalie** (Phys) / detección *f* de anomalía magnética ‖ ⁓ **von Daten** / adquisición *f* de datos, captación *f* de datos

Erfassungs•bereich *m*, vertikale Bedeckung (Radar) / cobertura *f* vertical ‖ ⁓**diagramm** *n* / diagrama *m* de cobertura ‖ ⁓**geräte** *n pl* (DV) / equipo *m* para captación de datos ‖ ⁓**grenze** (Mat.Prüf) / límite *m* de detección ‖ ⁓**höhe** *f* (Radar) / altura *f* de detección ‖ ⁓**manöver** *n* (Raumf) / maniobra *f* de respuesta ‖ ⁓**maske** *f* / máscara *f* para introducir datos ‖ ⁓**reichweite** *f* (Radar) / distancia *f* de detección ‖ ⁓**vermögen** (Mat.Prüf) / capacidad *f* de detección ‖ ⁓**winkel** *m*, Elevationswinkelbereich *m* (Radar) / cobertura *f* angular

erfinden *vt* / inventar ‖ ⁓, ersinnen / idear

Erfinder *m* / inventor *m* ‖ ⁓**gabe** *f*, Erfindungsgabe *f*, Erfindergeist *m* / inventiva *f*, genio *m* o ingenio inventivo

erfinderisch, schöpferisch / inventivo, ingenioso

Erfindertätigkeit *f* / actividad *f* inventiva

Erfindung *f* (allg, Patent) / invención *f*, invento *m*

Erfindungs•beschreibung *f* / descripción *f* o especificación de una patente ‖ ⁓**bezeichnung** *f* / título *m* de patente, denominación *f* de la invención ‖ ⁓**gedanke** *m* (Patent) / objeto *m* de la invención ‖ ⁓**gemäß** / conforme a la invención ‖ ⁓**höhe** *f* / altura *f* inventiva, nivel *f* patentizable ‖ **keine** ⁓**höhe [gegenüber...] aufweisend** (Patent) / que no tiene altura inventiva ‖ ⁓**patent** *n* / patente *f* de invención ‖ ⁓**priorität** *f* / prioridad *f* inventiva

Erfindungsschöpfung *f* (Patent) / Status *m* Nascendi (nS)

Erfindungsschutz *m* / protección *f* de la invención

Erfolg *m*, positiver Ausgang / éxito *m*, resultado *m* positivo ‖ ⁓ **versprechend** / prometedor, esperanzador

erfolgen, sich ergeben / resultar ‖ ⁓, stattfinden / tener lugar, suceder, acontecer ‖ ⁓, sich realisieren / realizarse

erfolg•loser Anruf (Fernm) / llamada *f* ineficaz o perdida ‖ ⁓**reich**, wirksam / efectivo, eficaz, con éxito, exitoso (LA)

Erfolgs•prämie *f* (F.Org) / prima *f* de éxito ‖ ⁓**quotient** *m* (z.B. bei Versuchen) / proporción *f* de éxito ‖ ⁓**wahrscheinlichkeit** *f* **für den Start** (Raumf) / probabilidad *f* de éxito del lanzamiento

erforderlich, notwendig, nötig / necesario, imprescindible, indispensable

Erfordernis *n*, [Vor]bedingung *f*, Voraussetzung *f* / requisito *m*, condición *f* previa, exigencia *f*, necesidad *f*

erforschen *vt*, untersuchen / investigar, explorar, sondear, estudiar ‖ **ein Land** ⁓ / explorar un país

Erforschung, Untersuchung *f* / investigación *f*, exploración *f*, estudio *m*, sondeo *m*, reconocimiento *m*

Erfrischungsmittel *n* (ein Anlösungsmittel) (Gummi) / reactivante *m*

erfüllen, halten (Vertrag) / cumplir un contrato ‖ **eine Bedingung** ⁓ / cumplir con una condición ‖ **eine Forderung** ⁓ / cumplir un requisito ‖ **eine Formalität** ⁓ / cumplir una formalidad

Erfüllung *f* **eines Arbeitsauftrags** (F.Org) / cumplimiento *m* de una orden

Erfüllungs•ort *m* **der Lieferung** / lugar *m* de cumplimiento ‖ ⁓**ort der Zahlung** / lugar *m* de pago

Erg *n* (1 erg = 1 dyn x 1 cm) (veraltet) (Phys) / ergio *m*

ergänzen vt / completar, añadir, complementar, agregar, suplir ‖ **ein Bad ~** (Färb) / regenerar un baño
ergänzend, Ergänzungs... / suplementario, complementario, supletorio, adicional ‖ **~e Ein-Ausgabe-Anweisung** (DV) / instrucción f entrada-salida auxiliar
Ergänzung f (allg) / complemento m, suplemento m, adición f, añadidura f ‖ **~**, Korrelat n / noción f correlativa ‖ **~** (Geom) / complemento m
Ergänzungs•... / complementario, suplementario ‖ **~band** m / volumen m suplementario, suplemento m ‖ **~baustein** m (Masch) / módulo m suplementario ‖ **~einheit** f (Gerät, das noch mit angeschlossen werden kann) / unidad f complementaria ‖ **~farbe** f (liefert Weiß), Komplementärfarbe f (Opt) / color m complementario ‖ **~impuls** m (DV) / impulso m adicional ‖ **~kegel**, Rückenkegel m (Getriebe) / cono m complementario ‖ **~netzwerk** n (Fernm) / complemento m de línea ‖ **~speicher** m (DV) / memoria f auxiliar ‖ **~teil** n (Masch) / pieza f suplementaria ‖ **~wasser** n / agua f adicional ‖ **~winkel** m, Supplementwinkel m (zu 180 °) / ángulo m suplementario, suplemento m ‖ **~winkel** (zu 90°), Komplementwinkel m / ángulo m complementario ‖ **~zwillinge** m pl (Krist) / maclas f pl de yuxtaposición
ergeben vt, liefern / dar, suministrar, rendir ‖ **~**, sich belaufen [auf] (Math) / ascender [a] ‖ **~** (sich) (Summe) / arrojar ‖ **bei der Analyse ~** (Chem) / dar por resultado del análisis..., resultar del análisis ‖ **der Verbrauch ergab sich zu 500 g/kWh** / el consumo ascendió a 500 g/kWh ‖ **sich ~** [aus] / resultar [de], derivarse [de]
Ergebnis n, Resultat n / resultado m, producto m, fruto m, efecto m, consecuencia f ‖ **ein ~ fälschen o. stören o. beeinträchtigen** (Stat) / falsificar, viciar ‖ **~band** n (DV) / cinta f de salida ‖ **~feld** n / campo m de resultado
ergibt sich [aus] (DV) / dos puntos igual [a], := ‖ **~anweisung** f (FORTRAN) / instrucción f de asignación ‖ **~zeichen** n (IBM) (DV) / símbolo m de asignación
ergiebig, ertragreich / productivo, lucrativo, rendidor (LA), de gran o buen rendimiento ‖ **~**, fruchtbar (Landw) / fecundo, fértil ‖ **~**, mächtig (Bergb) / espeso, de gran espesor ‖ **~**, fündig (Bergb) / rico ‖ **~e Quelle** / manantial m rico o abundante ‖ **~e Schicht** (Bergb) / formación f explotable, cochizo m
Ergiebigkeit f, Leistung f / rendimiento m ‖ **~**, guter Ertrag m / gran o buen rendimiento ‖ **~**, Fruchtbarkeit f (Landw) / fertilidad f, fecundidad f ‖ **~** f, Deckfähigkeit f (Farbe) / poder m cobriente
ergießen, sich ~ / descargarse [en], verterse, derramarse [sobre], manar [de], desaguar [en]
Ergmesser m (Phys) / ergómetro m
Ergobasin, -metrin n (Chem) / ergometrina f, ergobasina f, ergotocina f
Ergoden•probleme n pl (Math) / ergodismo m, problemas m pl ergóticas ‖ **~theorie** f (Phys) / teoría f ergódica
ergodisch (der Ergodenhypothese entsprechend) / ergódico
Ergograph m (Med) / ergógrafo m
Ergol n (Raumf) / ergol m ‖ **~Bodensatz** m, Treibstoffrückstände m pl / residuos m pl de ergol
Ergo•meter n (Phys) / ergómetro m ‖ **~metrie** f (Med) / ergometría f
Ergon n, Zellwirkstoff m, Ergin n (Biol, Chem) / ergona f, biocatalizador m, ergina f ‖ **~** (Energiequantum eines Oszillators) (Eltronik) / ergon m (cuanto de energía de un oscilador)
Ergo•nomie, Arbeitswissenschaft f / ergonomía f ‖ **~nomisch** / ergonómico ‖ **~sterin** (Chem) / ergosterol m, ergosterina f ‖ **~tamin** n (ein Mutterkorn-Alkaloid) (Chem, Pharm) / ergotamina f ‖ **~toxin** n (Med) / ergotoxina f
ergreifen vt, fassen, packen / coger (E), tomar, empuñar, asir, agarrar (ARG) ‖ **~** (Therblig) (F.Org) / tomar [con la mano]
Erguss•... (Geol) / efusivo, eruptivo, ígneo ‖ **~gestein** n, Effusiv-, Extrusivgestein n / roca f efusiva o eruptiva
erhaben, getrieben (Masch) / de o en relieve, realzado ‖ **~** (Tex) / elevado, perfilado ‖ **~**, konvex / convexo ‖ **~e Arbeit**, Relief n / relieve m, trabajo m en relieve, realce m ‖ **~e Schrift** (Gieß, Plast) / letras f pl en relieve ‖ **~e Walznarbe** (Fehler, Walzw) / marca f elevada del cilindro ‖ **~er Winkel** (Math) / ángulo m cóncavo
erhalten vt, konservieren / conservar, mantener, entretener ‖ **~**, aufrechterhalten / mantener ‖ **ein Ergebnis ~** / obtener un resultado ‖ **gut ~** (Bau) / bien conservado, [conservado] en buen estado o en buenas condiciones
erhältlich / obtenible ‖ **~ sein** / estar disponible
Erhaltung f, Bewahrung f / conservación f ‖ **~**, Unterhaltung f, Wartung f / mantenimiento m, entretenimiento m ‖ **~ der Energie** (Phys) / conservación f de la energía ‖ **~ der Materie** (Chem) / conservación f de la materia
Erhaltungs•gesetze n pl (Chem, Phys) / leyes f pl de la conservación, principios m pl de la conservación ‖ **~laden** n (Akku) / carga f de compensación ‖ **~Ladespannung** f / tensión f de carga de compensación ‖ **~zustand** m (F.Org) / estado m de conservación
erhärten vi, hartwerden / endurecerse, solidificarse
Erhärtung f (allg, Plast) / endurecimiento m
Erhärtungs•dauer f / duración f del endurecimiento ‖ **~vorgang** m **von Zement**, Abbinden n (Bau) / fraguado m, proceso m de endurecimiento del cemento
erhauen vt (Bergb) / extraer, arrancar (con pica)
erheben (Bau) / alzar, elevar, realzar ‖ **in die ... Potenz ~** (Math) / elevar a la ... potencia ‖ **in die dritte Potenz ~**, kubizieren / elevar a la tercera potencia ‖ **sich vom Erdboden ~** (Luftf) / despegar, levantarse
Erheblichkeit f / relevancia f, importancia f
Erhebung f, Höhe f, Hügel m (Geo) / loma f, cerro m, colina, elevación f, eminencia f ‖ **~**, Enquête f (Stat) / encuesta f ‖ **~ auf einer Oberfläche** (Fehler) / abolladura f, protuberancia f ‖ **~ ins Quadrat** (Math) / elevación f a la segunda potencia, elevación f al cuadrado ‖ **~ statistischer Daten** / recopilación f de datos estadísticos
Erhebungs•winkel m (Radar) / ángulo m de elevación, elevación f angular ‖ **~winkel der Sonne** (Astr) / ángulo m de altura del sol
erhellen vt, erleuchten / iluminar, alumbrar ‖ **~** (Zuck) / clarificar ‖ **sich ~** / aclararse, iluminarse, serenarse
erhitzen vt / calentar, caldear ‖ **sich ~** / calentarse ‖ **durch ~ dargestellt** (Chem) / piro...
erhitzt, heiß / caliente, caldeado
Erhitzung f, Erwärmung f / calentamiento m, calefacción f, caldeo m ‖ **~**, Wärmung f, Heizung f, Erhitzen n (Chem) / [re]calentamiento m ‖ **~ durch Luftreibung** (Luftf) / calentamiento m cinético o dinámico
Erhitzungs•geschwindigkeit f / velocidad f de calentamiento ‖ **~-Geschwindigkeitskurve** f (Thermoanalyse) / derivada f de la curva de calefacción ‖ **~kurve** f (Phys) / curva f de calefacción ‖ **~mikroskop** n (Keram) / microscopio m de calefacción ‖ **~probe** f (Öl) / prueba f de calentamiento ‖ **~tiefe** f (Phys) / penetración f del calentamiento
erhöhen vt, steigern / aumentar, incrementar, elevar, alzar ‖ **~**, aufstocken (Bau) / elevar, añadir un nuevo piso, sobreedificar ‖ **~**, auf-, überhöhen (Bau) /

peraltar, realzar || ~, intensivieren / intensificar || **den Widerstand** ~ (Elektr, Phys) / aumentar la resistencia || **die Drehzahl** ~ / acelerar || **die Leistung** ~ (Masch) / aumentar la potencia || **um 1** ~ / incrementar en 1
erhöht, gehoben / aumentado, elevado, realzado || **~e Auflösung** (Opt, Radio) / resolución ƒ de grado elevado || **~e Leistung** (Masch) / potencia ƒ aumentada || **~ schlagzäh** (Plast) / con resistencia elevada a los choques || **mit ~em Schub** (Luftf) / con empuje aumentado || **~e Sicherheit** "e" (Elektr) / tipo *m* de protección 'e', seguridad ƒ 'e'
Erhöhung ƒ (Geo) / elevación ƒ, eminencia ƒ || ⁓, Aufhöhung ƒ (Bau) / peralte *m* || ⁓, erhöhte Stelle (Geo) / colina ƒ, punto *m* elevado || ⁓ ƒ, Steigerung ƒ / incremento *m*, aumento *m*, intensificación ƒ || ⁓ **der Betriebsleistung** (Masch, Reaktor) / incremento *m* de la potencia || ⁓ **der Geschwindigkeit** / aceleración ƒ || ⁓ **der mittleren Neutronenenergie** (Nukl) / endurecimiento *m* [del espectro] de neutrones || ⁓**en** ƒ pl **auf Walzoberflächen** (Walzw) / marcas ƒ pl elevadas en la superficie [de chapa] laminada
Erhöhungswinkel *m*, Elevationswinkel *m* (Ballistik) / ángulo *m* de elevación
erholen, sich ~ / recuperarse, regenerarse, recrearse
Erholung ƒ / recuperación ƒ || ⁓ (Mech) / recuperación ƒ, restablecimiento *m* || ⁓ (Akku) / regeneración ƒ
Erholungs•... / recuperativo, recuperador, recreativo || ⁓**fähigkeit** ƒ / capacidad ƒ de regeneración o recuperación
Erholungsgebiet *n*, -fläche ƒ, -raum *m* (Städtebau) / zona ƒ o área recreativa o de recreo, zonas ƒ pl verdes
Erholungs•glühen *n* (Hütt) / recocido *m* || ⁓**zeit** ƒ / tiempo *m* de recuperación || ⁓**zeit** (Akku) / tiempo *m* de regeneración || ⁓**zentrum** *n* / centro *m* recreativo
Erholungszuschlag *m* (F.Org) / suplemento *m* por fatiga
Erholungszyklus *m* / ciclo *m* de recuperación, ciclo *m* de regeneración
Erholzeit ƒ (Eltronik, Röhre) / tiempo *m* de desionización
Eriaseide ƒ (Tex) / seda ƒ Eria
Erichsen•-Tiefung ƒ **IE** (= indice d'emboutissage) / índice *m* de embutición IE || ⁓**-Tiefziehversuch** *m* / ensayo *m* [de] Erichsen
Ericsson-Prozess *m* (Gasturbine) / proceso *m* Ericsson, ciclo *m* de Ericsson
erikaviolett (RAL 4003) / violeta brezo
Erinit *m* (Min) / erinita ƒ (arseniato de cobre)
Erinnerungseffekt *m* (Plast) / efecto *m* memoria
Erionit *m* (Min) / erionita ƒ
erkalten vi / enfriarse || ~ **lassen** / enfriar, refrigerar
erkennbar / reconocible, perceptible, distinguible
Erkennbarkeit ƒ, Wahrnehmbarkeit ƒ / perceptibilidad ƒ
Erkennen *n*, Erkennung ƒ (z.B. von Zeichen) / percepción ƒ, identificación ƒ || ⁓ **der Gefahr** (Kfz) / reconocimiento *m* del peligro
Erkenntnisse, heutige ⁓ / conocimientos *m* pl actuales
Erkennung ƒ **von Strukturen** (DV) / reconocimiento *m* de configuraciones, identificación ƒ de figuras
Erkennungs•code *m* / código *m* de identificación || ⁓**grenze** ƒ (Ggs: Nachweisgrenze) / límite *m* de decisión (contr.: límite de percepción) || ⁓**logik** ƒ (OCR) (DV) / lógica ƒ de reconocimiento || ⁓**marke** ƒ (F.Org, Mil) / placa ƒ o chapa de identidad || ⁓**mechanismus** *m* / mecanismo *m* de reconocimiento || ⁓**rate** ƒ / tasa ƒ de reconocimiento || ⁓**stromkreis** *m* (Magnetschrift) / circuito *m* de reconocimiento || ⁓**system** *n* (Roboter) / sistema *m* de reconocimiento || ⁓**teil** *n* (COBOL) (DV) / división ƒ de la identificación, distintivo *m* || ⁓**zeichen** (Luftf) / signo *m* de identificación, distintivo *m* || ⁓**zeichen** (Radio) / señal ƒ de identificación
Erkennweite ƒ (Bahn) / distancia ƒ de observación
Erkensator *m*, Papierstoffzentrifuge ƒ (Pap) / depurador *m* centrifugal de la pasta

Erker *m* (Bau) / mirador, arimez *m*, gabinete *m* (COL) || ⁓**fenster** *n* / ventana ƒ de mirador
Erklärung ƒ (allg) / explicación ƒ, aclaración ƒ || ⁓ (Programmieren) / entrada ƒ de descripción
erkunden vt, sichten / explorar, reconocer
Erkundung, Rekognoszierung ƒ (Geol, Mil) / reconocimiento *m*
Erkundungs•bohrung ƒ (Öl) / perforación ƒ para exploración || ⁓**fahrzeug** *n* (Raumf) / vehículo *m* de exploración || ⁓**flug** *m* (Luftf) / vuelo *m* de reconocimiento || ⁓**stollen** *m* (Tunnelbau) / galería ƒ de exploración
Erlang *n*, Erl., Verkehrseinheit, VE ƒ (Fernm) / erlang *m* (unidad de intensidad de tráfico)
erlangen vt, erreichen / conseguir, obtener, alcanzar, lograr
Erlangmeter *n* (Fernm) / erlangómetro *m*, erlanguímetro *m*
Erlaubnis, Genehmigung ƒ / permiso *m*, autorización ƒ, licencia ƒ || ⁓**-Blocksperre** ƒ (Bahn, eingleis. Strecke) / cierre *m* del bloqueo permisivo || ⁓**feld** *n* (Bahn) / aparato *m* de bloqueo permisivo
erlaubt / admisible, permitido, autorizado || ⁓**e Maßabweichung** (Masch, Zeichn) / tolerancia ƒ, variación ƒ admisible
erläuternd / explicativo, explicatorio, aclaratorio
Erläuterung ƒ, Text *m* (Zeichn) / leyenda ƒ, nota ƒ explicativa
Erläuterungstafel ƒ, -schild *n* / placa ƒ explicativa o descriptiva, cartel *m* explicativo
Erle ƒ, Alnus glutinosa (Bot) / aliso *m*
erleichtern vt, leichter machen / facilitar, simplificar || **[Druck]** ~ / aligerar, reducir la presión
Erleichterung ƒ, Befreiung ƒ / aligeramiento *m*, aligeración ƒ || ⁓, Förderung ƒ / facilitación ƒ || ⁓, Vereinfachung ƒ / simplificación ƒ
Erleichterungsloch *n* (Stanz) / agujero *m* de aligeramiento
erleiden, eine Veränderung ~ / experimentar un cambio, sufrir un cambio
Erlen•blattkäfer *m* (Forstw, Zool) / escarabajo *m* de la hoja del aliso || ⁓**maser** ƒ (Holz) / veta ƒ del aliso
Erlenmeyerkolben *m* (Chem) / matraz *m* de Erlenmeyer, frasco *m* [de] Erlenmeyer
erlernbar, leicht, [schwer] ~ / fácil, [difícil] de aprender
erleuchten vt, beleuchten / iluminar, alumbrar
erleuchtet, hell / claro, iluminado || ~**es Landezeichen** (Luftf) / marcador *m* de aterrizaje iluminado
Erliegen *n* (Wzm) / fallo *m* del útil || ⁓ **des Verkehrs**, paralización ƒ del tráfico, congestión ƒ total del tráfico, colapso *m* || **zum** ⁓ **kommen**, erliegen (Bergb) / agotarse, abandonarse
Erlkönig *m* (coll), Versuchsfahrzeug *n* (neuer Unterbau mit altem Aufbau) (Kfz) / vehículo *m* de prueba previa, prototipo *m* camuflado
erloschen vi, aus (Feuer, Vulkan) / extinguido, apagado, extinto
erlöschen, ausgehen / apagarse, extinguirse || ~ (Patent) / expirar, caducar
ermächtigen, jemanden ~ / apoderar a alguien, conferir poderes [a]..., autorizar [a alg], facultar [a alg]
ermäßigen vt, erniedrigen / reducir, bajar, rebajar
ermäßigte Gebühr / tasa ƒ reducida
Ermessensfrage ƒ / cuestión ƒ de arbitrio
Ermeto-Verschraubung ƒ / racor *m* "Ermeto"
ermitteln vt, nachweisen / averiguar, detectar, comprobar || ⁓, bestimmen / determinar || ⁓, lokalisieren / localizar
Ermittlung ƒ / averiguación ƒ, determinación ƒ, investigación ƒ, comprobación ƒ || ⁓ **der Gasfreisetzung** (Thermoanalyse) / detección ƒ de gases emitidos o desprendidos
Ermittlungsbogen *m* (F.Org) / lista ƒ de chequeo

ermüden vt /vi/ / fatigar[se], agotar[se] || ~ vi (Material), altern / envejecerse || ~, erschlaffen / relajarse
ermüdend / fatigoso
Ermüdung f (Masch) / fatiga f || ⁓ (Lumineszenz) / fatiga f || ⁓ **bei sehr hoher Wechselzahl** (Masch) / fatiga f megacíclica || ⁓ **der Augen** (Med) / fatiga f visual o de los ojos
Ermüdungs•anriss m (Masch) / fisura f inicial por fatiga || ⁓**ausfall** m (eines Lagers) (Masch) / fallo m o deterioro de un rodamiento por fatiga || ⁓**beanspruchung** f / esfuerzo m de fatiga || **~beständig** / resistente a la fatiga || ⁓**bruch** m / rotura f por (o debida a la) fatiga || ⁓**erscheinung** f (Material) / síntoma m de fatiga || ⁓**festigkeit** f, Ursprungsfestigkeit f (Material) / resistencia f a la fatiga por oscilaciones permanentes || **~frei** / a prueba de fatiga, sin fatiga || ⁓**grenze** f, Dauerfestigkeit f / límite m de fatiga, resistencia f a la fatiga [por tensiones alternativas] || ⁓**korrosion** f / corrosión f de fatiga || ⁓**laufzeit** f / tiempo m de marcha a la fatiga || ⁓**lebensdauer** f / duración f a la fatiga || ⁓**riss** m / grieta f o fisura producida por la fatiga || ⁓**schaden** m / daño m por fatiga || ⁓**schutz** m / protección f contra la fatiga || ⁓**spuren** f pl (Lager) / huellas f pl de fatiga || ⁓**versuch** m (Mat.Prüf) / ensayo m de fatiga
Ernährung, Nahrung f (Biol) / alimentación f, alimento m || ⁓ f (Physiol) / nutrición f
Ernährungs•..., der Ernährung dienend / nutrimental, nutritivo, alimenticio, alimental, trófico, bromatológico || ⁓**fachmann** m / especialista m en nutrición || ⁓**industrie** f / industria f alimenticia || ⁓**normen** f pl / normas f pl dietéticas || ⁓**wirtschaft** f / economía f de la alimentación || ⁓**wissenschaft** f, -lehre f, -kunde f / trofología f, ciencia f de la alimentación, bromatología f || ⁓**wissenschaftler** m, -physiologe m / científico m en alimentación, nutricionista m, bromatólogo m
Ernennung, Beförderung f (F.Org) / nombramiento m, promoción f
erneuerbar (z.B. Energien) / renovable || **~e Energie** (Umw) / energía f renovable || **~e Energiequelle** / fuente f de energía renovable
erneuern vt / renovar, restaurar, regenerar, remozar || ~, ersetzen / sustituir, remplazar || **den Ausbau ~** (Bergb) / renovar la entibación || **die Straßendecke ~** (Straßb) / renovar el firme
Erneuerung f / renovación f, restauración f, reforma f, remozamiento m || ⁓ **von Daten** (DV) / regeneración f de datos
erneut•es Abtasten (o. Durchsuchen o. Lesen) (DV) / exploración f repetida || **~ abtasten o. lesen** (DV) / releer || **~ beginnen od. anfangen** / recomenzar || **~ od. wieder auftreten** / reaparecer
erniedrigen vt, ermäßigen / bajar, rebajar || ~, verringern / reducir, mermar, disminuir, decrecer, aminorar || **die Spannung ~** (Elektr) / reducir la tensión || **um 1 ~** (DV) / reducir en 1
Erniedrigung f, Verringerung f / reducción f, disminución f, merma f
Ernstfall m / caso m de peligro o urgencia
Ernte f, Ernten n (Landw) / cosecha f, recolección f, recogida f || ⁓, Ertrag m, eingebrachte Ernte / cosecha f, productos m pl recolectados, mitaca f (BOL) || ⁓ **des Zuckerrohrs** / zafra f || **stehende ⁓**, Ernte f auf dem Halm / cosecha f sin recoger || ⁓**ertrag** m / rendimiento m de la cosecha || ⁓**maschine** f / cosechadora f, máquina f recolectadora, recogedora f
ernten vt / cosechar, recoger, recolectar, hacer la recolección || ~, ausmachen (Kartoffeln) / arrancar patatas

Erntewagen m (Landw) / carro m de cosecha, carro m de recolección
erodieren vt vi (Geol, Hydr) / erosionar || ⁓ (Wzm) / electroerosionar
Erodiermaschine, Erosionsmaschine f (Wzm) / máquina f electroerosiva, máquina f de erosión
eröffnen vt / abrir, inaugurar
Eröffnung f (z.B. einer Datei) (DV) / inauguración f (p.e. archivo)
Eröffnungsbefehl m, -anweisung f (DV) / instrucción f de apertura, instrucción f inaugural
Erosion, Abtragung f (Geol, Hydr) / erosión f, derrubio m
Erosions... / erosivo
Erosions•graben m / cárcava f de erosión || ⁓**korrosion** f (Masch) / corrosión f erosiva || ⁓**produkte** n pl, -schutt m (Geol) / productos m pl de erosión || **~sicher** / a prueba de erosión
erosiver Abbrand (Raumf) / combustión f erosiva
EROS-System n (Flugsicherung) / sistema m EROS (= eliminate range zero system)
erproben vt, probieren, testen / probar, ensayar, someter a [una] prueba || ⁓ n, Probe f (Masch) / prueba f, ensayo m
erprobt / experimentado, probado
Erprobungsversuch m / ensayo m de comprobación
erratisch, unregelmäßig / errático || **~er Block**, Findling m (Geol) / bloque m errático || **~es Geschiebe** (Geol) / escombros m pl erráticos
errechnen vt (Math) / calcular, obtener por cálculo, computar || **sich ~** [aus] / calcularse [a base de]
errechnet•e Adresse (DV) / dirección f calculada || **~e Geschwindigkeit** / velocidad f calculada || **~ werden können** / llegar a ser calculable || **~er Wert**, Genauwert m / valor m calculado, valor m exacto
Errechnung f, Errechnen n / cómputo m, cálculo m
erregen vt (allg) / excitar, activar, instigar || ⁓ (Elektr) / excitar
Erreger m (aktiver Strahler) (Antenne) / excitador m || ⁓ (Elektr) / excitatriz f || ⁓**admittanz** f, -scheinleitwert m / admitancia f de excitación || ⁓**amplidyne** (Eltronik) / amplidino m excitador || ⁓**anode** f / ánodo m excitador || ⁓**ausgangsspule** f / carrete m inductor de salida || ⁓**dipol** m / dipolo m de ataque || ⁓**durchflutung** (Elektr) / flujo m de excitación || ⁓**eingangsspule** f / carrete m inductor de entrada || ⁓**feld** n / campo m de excitación || ⁓**feldspule** f / carrete m inductor || ⁓**filter** m n (Opt) / filtro m de excitación || ⁓**flüssigkeit** f / líquido m excitador, solución f excitatriz || ⁓**gleichrichter** m / rectificador m de excitación || ⁓**grad** (Elektr) / grado m de excitación || ⁓**kreis** m (Elektr) / circuito m excitador o de excitación || ⁓**kreis**, geschlossener Schwingkreis (Eltronik) / circuito m oscilante [cerrado] || ⁓**lampe**, Tonlampe f (Film) / lámpara f excitadora, lámpara f fónica || ⁓**leistung** f (Eltronik) / tractor m tipo caballero || ⁓**leistung** f (Elektr) / potencia f de excitación || ⁓**maschine** f, -dynamo m / dínamo f excitatriz, máquina f excitatriz, excitatriz f || ⁓**[maschinen]satz** m / grupo m de excitación || ⁓**spannung** f (Elektr) / voltaje m de excitación, tensión f de excitación || ⁓**spule** f (Elektr) / bobina f excitatriz o excitadora o de excitación || ⁓**spule** (Eltronik) / bobina f de ataque || ⁓**strom** m (Elektr) / corriente f de excitación, corriente f del campo de inducción || ⁓**verlust** m (Elektr) / pérdida f de excitación || ⁓**wicklung** f / devanado m excitador, arrollamiento m de excitación
erregt (Elektr) / excitado
Erregung f (Elektr, Phys) / excitación f || ⁓ **von Schwingungen** (Phys) / excitación f de oscilaciones || **volle ⁓** / excitación f máxima
Erregungs•diagramm n (Fernm) / diagrama m de excitación de relevadores || ⁓**ebene** f (Ultraschall) / plano m de excitación || ⁓**fluss** m (Elektr) / flujo m de

excitación, flujo *m* inductor || ⁓**geschwindigkeit** *f*, Ansprechgeschwindigkeit *f* (Flurförderer) / velocidad *f* de excitación, velocidad *f* de respuesta || ⁓**[regel]widerstand** *m* (Elektr) / reóstato *m* de excitación [del campo inductor] || ⁓**verlust** *m* (Elektr) / pérdida *f* de excitación
erreichbar, zugänglich / accesible, al alcance [de] ..., asequible || ⁓, machbar, realisierbar / realizable || ⁓**e Fertigungsgenauigkeit** / precisión *f* de trabajo asequible
Erreichbarkeit *f* (Fernm) / accesibilidad *f*
erreichen *vt*, erzielen / alcanzar, lograr, obtener || ⁓, gleichkommen / igualar || ⁓, einholen / alcanzar || **ein Ziel** ⁓ / alcanzar una meta, llegar a una meta || **einen Stand** ⁓ / alcanzar un nivel || **leicht zu** ⁓ / fácilmente accesible, al alcance de la mano || ⁓ *n* **der Position** (Raumf) / adquisición *f* de la posición || ⁓ **der Umlaufbahn** / adquisición *f* de la órbita
errichten, aufrichten (allg, Bau) / erigir, levantar, edificar || ⁓, montieren (Masch) / montar || ⁓, etablieren, gründen / establecer, fundar, crear
Errichtung *f* (Bau) / construcción, edificación *f* || ⁓, Etablierung *f* / establecimiento *m*, fundación *f*, creación *f* || ⁓, Aufstellung *f* / erección *f*
Error Log *n* (DV) / registro *m* de errores
Errungenschaft, technische ⁓ / adelanto *m* o logro técnico o de la Técnica
Ersatz, Austausch *n*, Ersetzung *f*, Ersetzen *n* / su[b]stitución *f*, re[e]mplazo *m*, recambio || ⁓ *m*, -stoff *m* / su[b]stitutivo *m*, sucedáneo *m* || ⁓, Reserve *f* / reserva *f* || ⁓..., Austausch... / de recambio, de repuesto, de reserva, de re[e]mplazo || ⁓..., Vertretungs... / sustitutivo *adj*, substitutivo, sustitutorio, substitutorio || ⁓, stellvertretend / suplente *adj* || ⁓ / sucedáneo *adj* || ⁓..., Behelfs... / auxiliar, improvisado || ⁓..., künstlich (Elektr, Fernm) / artificial, ficticio || **als** ⁓ [für] / en lugar [de], en su[b]stitución [de], en compensación [de]
Ersatz•ader *f* (Kabel) / conductor *m* vacante o en reserva || ⁓**anker** *m* (Elektr) / inducido *m* de repuesto || ⁓**anspruch** *m* / derechos *m pl* a sustitución o indemnización || ⁓**antenne** *f*, Behelfsantenne *f* / antena *f* auxiliar || ⁓**antenne**, künstliche Antenne / antena *f* artificial o ficticia || ⁓**bad** *n* (Galv) / baño *m* de recambio || ⁓**batterie** *f* (Elektr) / pila *f* de reserva || ⁓**belastung** *f* (Fernm) / carga *f* equivalente || ⁓**beschaffung** *f* / adquisición *f* de repuestos, suministro *m* de repuestos || ⁓**bild**, -schaltbild *n* (Elektr) / circuito *m* equivalente || ⁓**dämpfung** *f* (Fernm) / atenuación *f* equivalente || ⁓**dämpfung AEN** / atenuación *f* equivalente para la nitidez || ⁓**dämpfung auf Basis der Rückfragehäufigkeit**, (früher:) Nutzdämpfung (Fernm) / equivalente *m* de transmisión efectiva || ⁓**dämpfungseichkreis** *m* **ARAEN** (Fernm) / aparato *m* de referencia para la determinación de la atenuación equivalente para nitidez || ⁓**drosselspule** *f* (Eltronik) / bobina *f* compensadora de reactancia || ⁓**film** *m* (Foto) / portapelícula *m* tipo cartucho, película *f* de reserva || ⁓**füllung** *f* (allg, Büro) / recarga *f*, cartucho *m* de reserva || ⁓**gas** *n* **für Erdgas** (USA) / gas *m* natural sintético || ⁓**gerät** *n* (allg, DV) / aparato *m* de reserva, unidad *f* de reserva || ⁓**getriebe** *n* (Mech) / mecanismo *m* equivalente || ⁓**gewicht** *n* / peso *m* equivalente || ⁓**kanal** *m*, -leitweg *m* (Fernm) / canal *m* de reserva || ⁓**kette** *f* (Web) / urdimbre *f* suplementaria || ⁓**kraft** *f*, Resultierende *f* (Mech) / resultante *f* || ⁓**kreis** *m* (Elektr) / circuito *m* equivalente || ⁓**last** *f* (Mech) / carga *f* equivalente || ⁓**last** (Fernm) / [circuito *f* de] carga ficticia || ⁓**leerzeichen** *n* (DV) / carácter *m* blanco de sustitución || ⁓**leitung** *f* (Fernm) / circuito *m* de reserva o de socorro || ⁓**lieferung** *f* / suministro *m* subsidiario || ⁓**lose Probenahme** (Stat) / toma *f* de muestras sin su[b]stitución || ⁓**lösung** *f* (Alternative) / solución *f* de recambio || ⁓**maschine** *f* / máquina *f* de reserva || ⁓**masse** *f* (Mech) / masa *f* equivalente || ⁓**mine** *f* (Kugelschreiber) / mina *f* de recambio o de reserva || ⁓**mittel** *n*, -stoff *m* / su[b]stitutivo *m*, sucedáneo *m* || ⁓**netzwerk** *n* (Elektr) / red *f* equivalente || ⁓**programm** *n* (DV) / programa *m* alternativo || ⁓**rad** *n* (Kfz) / rueda *f* de recambio o de repuesto || ⁓**radhalter** *m* (Kfz) / portarrueda *m* || ⁓**radheber** *m* (Lkw) / elevador *m* de la rueda de recambio || ⁓**reifen** *m*, Reservereifen *m* (Kfz) / neumático *m* de recambio o de reserva, llanta *f* de reserva (ARG) || ⁓**schaltbild** *n*, -schaltplan *m* (Eltronik) / esquema *m* equivalente || ⁓**schaltung** *f*, Leitungsnachbildung *f* / montaje *m* equivalente, línea *f* artificial || ⁓**signal** *n* (Bahn) / señal *f* de sustitución || ⁓**sperrschichttemperatur**, innere Ersatztemperatur (Halbl) / temperatura *f* equivalente interna || ⁓**spur** *f* (DV) / pista *f* de sustitución, pista *f* alternativa || ⁓**stab** *m* (Mech) / barra *f* equivalente || ⁓**störlautstärke** *f* (Eltronik) / nivel *m* equivalente de ruido || ⁓**streckgrenze** *f* (Masch) / límite *m* aparente de elasticidad || ⁓**teil** *m n*, Ersatzstück *n* (allg) / pieza *f* de recambio, repuesto *m*, recambio *m*, refacción *f* (MEJ) || ⁓**teilhaltung** *f*, Lagerhaltung *f* von Ersatzteilen (F.Org) / almacenaje *m* de recambios, existencia *f* de piezas de recambio || ⁓**teilkasten** *m*, -kästchen *n* / caja *f* de recambios o repuestos || ⁓**teillager** *n* / almacén *m* de piezas de recambio || ⁓**teilstützpunkt** *m* / centro *m* o punto de venta de recambios o repuestos || ⁓**teilverzeichnis** *n*, Ersatzteilliste *f*, -katalog *m* / lista *f* de piezas de recambio, catálogo *m* de piezas de recambio || **innere** ⁓**temperatur** (Halbl) / temperatura *f* equivalente interna || ⁓**trägheitsmoment** *n* / momento *m* de inercia equivalente || ⁓**wagen** *m* (nach Unfall) / coche *m* de sustitución || ⁓**weg** *m* (Fernm) / ruta *f* alternativa, enrutado *m* de alternativa || ⁓**weise** / en sustitución [de] || ⁓**widerstand** *m* (Elektr) / resistencia *f* de compensación, resistencia *f* equivalente || ⁓**widerstand** (Halbl) / resistencia *f* aparente || ⁓**zähnezahl** *f* (Getriebe) / número *m* virtual de dientes
ersaufen *vi*, ertrinken *vi* (Bergb) / inundarse, llenarse de agua || ⁓, absaufen *vi* (Mot) / ahogarse
Ersaufen *n* (der Grube) (Bergb) / inundación *f* (de la mina)
ersäufen, ertränken *vt* (Bergb) / inundar || **den Motor** ⁓ (Kfz) / ahogar el motor || **Kalk** ⁓ (Bau) / apagar cal
erscheinen / aparecer, manifestarse, surgir, emerger || ⁓ (Druck) / salir, publicarse || ⁓ *n* / aparición *f* || ⁓ (Druck) / publicación *f*
Erscheinung, Naturerscheinung *f* / fenómeno *m*, manifestación *f* || ⁓, Aussehen *n* / aspecto *m*, apariencia *f*
Erscheinungs•form *f* / forma *f* manifiesta || ⁓**form** (umweltbedingt) (Biol) / fenotipo *m* || ⁓**potential** *n* (Nukl) / potencial *f* de aparición
Erschlaffung, nachlassen / relajarse, aflojarse, debilitarse
Erschlaffung, Relaxation *f* (Rheologie) / relajación *f*
erschließbar (Städtebau) / urbanizable
erschließen *vt*, [er]öffnen / abrir || **ein Gebiet** ⁓ (Bau) / explotar, hacer accesible un territorio || **ein Gebiet** ⁓ (Bauland) (Städtebau) / urbanizar, hacer edificable || **eine Quelle** ⁓ / alumbrar || **für die Landwirtschaft** ⁓ (Neuland) / poner en cultivo || **Reserven** ⁓ (Min, Öl) / movilizar reservas o recursos
Erschließung (Bergb) / desarrollo *m*, puesta *f* en explotación || ⁓ (Städtebau) / urbanización *f* || ⁓ (Ödland) / puesta *f* en cultivo de yermos || ⁓ **einer Lagerstätte** (Öl) / explotación *f* de un yacimiento petrolífero || ⁓ **eines Wasservorkommens** / alumbramiento *m*, aprovechamiento *m* de los recursos hidráulicos
Erschließungsgesellschaft *f* (Bauland) / [Groß]bauunternehmen *n* / urbanizadora *f*

erschlossen (für Bebauung) / urbanizado, edificable ‖ ~ (für Verkehr) / abierto al tráfico
erschmelzen vt (Stahl) (Hütt) / fundir (acero), elaborar
Erschmelzung f (Hütt) / fundición f, producción f de acero, elaboración f de acero
Erschmelzungsart f (Hütt) / tipo m de procedimiento de elaboración del acero
erschmolzen (Stahl) / fundido, elaborado
erschöpfen vt / agotar ‖ **den Boden ~** (Landw) / agotar el suelo
erschöpfend • e Extraktion (Chem) / extracción f exhaustiva ‖ **~e Methylierung** (Chem) / metilación f exhaustiva o total
erschöpft / agotado, extenuado ‖ ~, verbraucht (Akku) / descargado, agotado
Erschöpfung f / agotamiento m ‖ ≃, Entleerung f / depleción f
erschürfen vt (Bergb) / descubrir un filón por excavación o sondeo
erschüttern vt / sacudir, hacer trepidar, hacer vibrar, producir vibraciones
Erschütterung f / sacudida f, choque m ‖ ≃, Lufterschütterung f durch den Schall (Phys) / percusión f ‖ ≃ (Bau) / vibración f, trepidación f
Erschütterungs • empfindlichkeit f (Masch) / sensibilidad f a la vibración o a los choques ‖ **~fest, -sicher** (Bau, Masch) / a prueba de sacudidas, antivibrátil ‖ **≃festigkeit** f / resistencia f a las vibraciones ‖ **~frei** / exento de o sin vibraciones, exento de o sin sacudidas, exento de o sin trepidaciones, libre de trepidaciones ‖ **~freie Unterlage** / base f antivibratoria ‖ **≃fühler** m / sensor m de vibraciones, captador m de vibraciones ‖ **≃messer** m / aparato m medidor de vibraciones ‖ **≃schreiber** m / vibrógrafo m ‖ **≃schuss** m (Bergb) / tiro m de estremecimiento ‖ **≃sphäre** f / esfera f de conmoción
erschweren vt / dificultar, hacer [más] difícil, complicar ‖ ~, beschweren (Tex) / cargar ‖ **Seide ~** / cargar seda
Erschwerniszulage f (F.Org) / suplemento m de trabajo difícil, prima f por trabajos penosos
erschwerte Bedingungen f pl / condiciones f pl muy duras o extraduras
ersetzbar, vertretbar (Chem) / su[b]stituible ‖ ~, auswechselbar / re[e]mplazable, cambiable, intercambiable
Ersetzbarkeit f (Chem) / su[b]stituibilidad f
ersetzen vt [durch] / su[b]stituir [por], re[e]mplazar [por] ‖ ~, verdrängen / desalojar, desplazar ‖ ~, erneuern / renovar, reemplazar ‖ ~, auswechseln / cambiar, recambiar, intercambiar, reponer ‖ **A durch B ~** / reemplazar A por B ‖ **Ausführung B ersetzt Ausführung A** / modelo m B reemplaza [el] modelo A ‖ **etwas ~,** jemanden entschädigen / compensar, indemnizar ‖ ≃ n, Ersetzung f / re[e]mplazo m
ersetzend, Ersatz... / reparador adj ‖ ~, Ersatz... / sustituidor, substituidor
ersetzt, ausgetauscht / repuesto
Ersetzungszeichen n (DV) / signo m sustitutivo
ersinnen vt, erfinden, ausdenken (sich) / idear, crear, concebir, inventar
ersoffen (Schacht) (Bergb) / inundado (pozo), sumergido
Ersparnis f / ahorro m, economía f ‖ **zwecks ≃,** aus Ersparnisgründen / por motivos económicos o de ahorro
erst • [er], Erst... / primero ‖ **~er Ablauf** (Destill.) (Chem) / producto m de la destilación primaria ‖ **~er Anstrich,** Grundierung f (Farbe) / imprimación f ‖ **~er Ausbau** / primera f fase o etapa ‖ **~er Durch- od. Arbeitsgang** / primera pasada ‖ **~er Gang, Erster m** (coll) (Kfz) / primera f marcha o velocidad, primera f ‖ **~er Gruppenwähler** (Fernm) / selector m del grupo primario, selector m primero ‖ **~e Harmonische,** Grundschwingung f (Phys) / frecuencia f fundamental ‖ **~er Hauptsatz der Wärmelehre** / primer principio termodinámico ‖ **~e Hilfe** / primeros auxilios m pl, primera ayuda, socorrismo m ‖ **~e Lage der Isolation** (Bau, Elektr) / primera capa del aislamiento ‖ **~er Mann einer Gruppe** (Bergb) / cabo m ‖ **~e Prozesse** m pl (Chem) / procesos m pl preliminares ‖ **~e Qualität** / primerísima calidad ‖ **~e Seite** (Druck) / página f falsa ‖ **~er Stock,** erstes Obergeschoss (obsol.) (Bau) / piso m principal (E) ‖ **~er Stock** (über dem Erdgeschoss) (Bau) / piso m principal (en España) ‖ **~e Stufenrolle** (Walzw) / primer rodillo del blooming
Erstablauf m (Zuck) / producto m de la destilación primaria
Erstanlagekosten f pl (F.Org) / coste m inicial
erstarren vi / solidificarse, congelarse, ponerse rígido ‖ ~ (zu Eis) / congelarse, helarse ‖ **~ lassen** / dejar que se solidifique ‖ ≃ n (Hütt) / solidificación f
erstarrt, festgeworden / congelado, solidificado ‖ **~e Lava** / lava f solidificada
Erstarrungs • bad n (Chem) / baño m de coagulación ‖ **≃bereich** m (Chem, Hütt) / gama f de solidificación ‖ **≃beschleuniger** m (Beton) / acelerador m de solidificación ‖ **≃bild** n (Metall) / diagrama m de solidificación ‖ **≃flüssigkeit** f, Koagulierflüssigkeit f (Chem) / líquido m coagulador ‖ **≃front** f, Fest-Flüssig-Trennfläche f (Hütt) / frente m de solidificación, fase f límite sólido-líquido ‖ **≃gesteine,** Eruptivgesteine n pl (Geol) / rocas f pl eruptivas ‖ **≃konstante** f (Hütt) / constante f de solidificación ‖ **≃kurve** f (Hütt) / curva f de solidificación ‖ **≃produkt,** -gebilde n / producto m de solidificación ‖ **≃punkt** m, Festpunkt m (Hütt) / punto m de solidificación ‖ **≃punkt (Öl)** / punto m de congelación ‖ **≃punkt des Silbers** (Phys) / punto m de la plata ‖ **≃punkt von Paraffin** (Chem) / punto m de fluidez de la parafina ‖ **≃punktbestimmung** f **am rotierenden Thermometer** / ensayo m del punto de solidificación en el termómetro rotativo ‖ **≃punktprobe** f, galizische Probe f (Öl) / ensayo m de congelación ‖ **≃schwindung** f (Bau) / contracción f de (o por) solidificación ‖ **≃verzögerer** m, VZ, Abbindeverzögerer m (Beton) / retardador m de fraguado ‖ **≃vorrichtung** f (Gieß) / cuba f para enfriar las herramientas de pudelar a mano ‖ **≃wärme** f / calor m de solidificación ‖ **≃zeit** f (Leim, Plast) / tiempo m de solidificación ‖ **≃zone** f (Hütt) / zona f de solidificación
Erst • ausfertigung f, -exemplar n / primer ejemplar, copia f original ‖ **≃ausführung** f, Prototyp m / prototipo m ‖ **≃ausgabe** f (z. B. Normen) / primera edición ‖ **≃ausgabe** (Druck) / primera edición, edición f primera, edición f príncipe ‖ **≃ausstattung** f (Masch) / equipo m inicial ‖ **≃beschickung** f (Nukl) / primera carga, carga f inicial ‖ **≃besitzer** m (Kfz) / primer proprietario m ‖ **≃daten** plt (DV) / datos m pl de origen o de base
Erste-Hilfe-Koffer m / botiquín m
ersteigen vt, erklettern / escalar, subir [a]
erstellen vt (Dokumentation) / preparar, elaborar, redactar ‖ ~, errichten (Bau) / edificar
Erstellung f (Programm) / elaboración f, redacción f, concepción f ‖ **≃ einer Tabelle** (DV, F.Org) / elaboración f de una tabla
Erstellzeit f / tiempo m de elaboración
Erstentwicklung f / primer desarrollo
ersterben, ausschwingen (Schwingung) / apagarse, extinguirse
Erst • erfassung f (Daten) (DV) / adquisición f de datos de origen ‖ **≃erzeugnis** n (F.Org) / producto m primero, primer producto m ‖ **≃füllung** f (Aufb, Hütt) / primera carga ‖ **≃e-Hilfe-Kasten** m (Kfz) / botiquín m
ersticken vt / sofocar, ahogar ‖ ~ vi (Med) / asfixiarse, morir de asfixia ‖ **Flammen ~** / apagar, extinguir llamas

erstickend, Stick... (Chem) / asfixiante, sofocante ‖ ~e n pl (o. matte) Wetter (Bergb) / aire m mefítico
Erstickung f / sofocación f
Erst•inbetriebnahme f / estreno m, primera puesta en servicio ‖ ≈installation f (DV) / primera instalación ‖ ≈kern m (Reaktor) / núcleo m primario ‖ ~klassig (Qualität) / de primera calidad, de primera categoría ‖ ≈kopie f (Film) / copia f de prueba, prueba f ‖ ≈ladung f (Akku) / carga f inicial
Erstlingsvließ n, Erstlingswolle f (Wolle) / lana f prima
Erstluft f / aire m primario
erstmalig, erstmals / por primera vez ‖ ~ anstreichen, grundieren (Anstrich) / imprimar ‖ ~e Inspektion (Kfz, Masch) / inspección f primera, primera inspección
Erst•montage f (Masch) / primer montaje ‖ ≈produkt n (jetzt: Weißzucker 1 o. Rohzucker 1) (Zuck) / azúcar m de primera, producto m primario
erstrecken, sich ~ [auf] / referirse [a], aplicarse [a] ‖ sich ~, reichen [bis] / extenderse [a o hasta], llegar [hasta] ‖ sich ~ [über] / extenderse [sobre]
Erst•schmierung f (Masch, Mot) / lubrificación f original, engrase m inicial ‖ ≈spur f (DV) / pista f primera ‖ ≈stoßwahrscheinlichkeit f (Nukl) / probabilidad f de primera colisión ‖ ≈wagen m (neben dem Zweitwagen) (Kfz) / vehículo m principal ‖ ≈ziehen n, Ziehen n im Vorzug (Stanz) / primera embutición, embutición f preparatoria
erteilen (Patent) / conceder, otorgar ‖ ~ (Bewegung) (Phys) / impartir (movimiento) ‖ ~ (Auftrag) / dar (orden), hacer (un pedido)
Erteilung f (Patent) / concesión f, otorgamiento m ‖ ≈ (Baugenehmigung) / concesión (del permiso de construcción) ‖ ≈ eines Auftrags / otorgamiento m de orden, concesión f de contracto
Erteilungsdatum n (Patent) / fecha f de otorgamiento, fecha f de concesión
erteufen vt (Bergb) / descubrir por sondeo
ertönen vi (Akust) / sonar, resonar, tocar (timbre) ‖ ~ lassen / hacer sonar
Ertrag m, Nutzen m, Gewinn m / rendimiento m, beneficio m, ganancia f, utilidad f ‖ ≈ abwerfen, sich rentieren / rentar vi
ertragen (Druck), aushalten / soportar
erträglich / sufrible, sufridero ‖ ~e Störung / interferencia f aceptable, perturbación f tolerable
ertragreich, ergiebig / productivo, rentable
Ertrags•fähigkeit f / productividad f ‖ ≈höhe f / nivel m de renta o de la producción ‖ ≈klasse, Bonität f (Aufb) / clase f de rendimiento ‖ ≈rübe f, Handelsrübe f (Landw) / remolacha f comercial ‖ ≈zellstoff m (Pap) / celulosa f de alto rendimiento
ertränken v (Bergb) / ahogar
ERTS (Raumf) = Earth Resources Technology Satellite
ERU (= Enriched Reprocessed Uranium) / uranio m reprocesado enriquecido
Erucasäure f (Chem) / ácido m erúcico
Erugit m (Min) / erugita f (arseniato de níquel)
Eruption f, Ausbruch m (Geol) / erupción f
Eruptions•..., Eruptiv... (Geol) / eruptivo ‖ ≈kanal m, Schlot m (Geol) / chimenea f volcánica ‖ ≈kreuz n (Öl) / árbol m de conexiones (E) o de navidad (MEJ), cruz f (VEN) ‖ ≈quelle f (Geol) / fuente f de erupción
Eruptiv•gestein n, magmatisches o. Erstarrungs-, Massengestein n, Magmengestein n / roca f eruptiva, roca f volcánica ‖ ≈gesteinsgebiet n (Geol) / zona f de roca eruptiva, región f de roca eruptiva
Erwachsenen-Schulungskurs m (Arbeit) / curso m de formación de adultos
Erwärmdauer f (Stahl) / tiempo m de calentamiento
erwärmen vt / calentar, caldear ‖ bis zu einer Temperatur von ... Grad ~ / calentar hasta una temperatura de ... grados
Erwärmung f, Temperaturanstieg m (Phys) / aumento m de la temperatura ‖ ≈ (allg, Schm) / calentamiento m,

caldeo m, caldeamiento m ‖ ≈ (Elektr, Masch) / calentamiento m, recalentamiento m ‖ ≈ eines Leiters (Elektr) / calentamiento m de un conductor ‖ ≈ mittels Heizband (Hütt) / calentamiento m por cinta
Erwärmungs•grenze f (Elektr) / límite m térmico, límite m de calentamiento ‖ ≈versuch m, -prüfung f (Elektr, Mot) / ensayo m de calentamiento
erwartete Lebensdauer / vida f esperada
Erwartungswert m / valor m de esperanza
erweichen vi, weich werden (Feuerfest) / ablandar[se] ‖ ~ vt, weich machen / reblandecer, ablandecer, ablandar ‖ ≈ n, langsames Kochen (Chem) / elixación f
erweichendes Mittel, Weichmacher m / ablandador m, medio m de ablandecimiento, plastificante m, emoliente m
Erweichung f / reblandecimiento m ‖ ≈, Nachgeben n (Unterbau) / ablandamiento m
Erweichungs•intervall n (Hütt) / intervalo m de reblandecimiento ‖ ≈probe f (Feuerfest) / ensayo m de reblandecimiento ‖ ≈punkt m (Hütt, Plast) / punto m de reblandecimiento ‖ ≈punkt (Keram) / punto m de caída del cono ‖ ≈punkt (Glas) / punto m de deformación ‖ ≈temperatur f (Gummi) / temperatura f de reblandecimiento ‖ ≈tiefe f (Plast) / profundidad f de reblandecimiento ‖ ≈zone f / zona f de ablandecimiento
Erweichwalze f (Pap) / cilindro m ablandecedor
erweisen, sich als geeignet o. tauglich ~ / mostrarse idóneo o competente
erweiterbar (DV) / de fin abierto, ampliable
erweitert vt, ausdehnen / extender ‖ ~, größer machen / ampliar, agrandar, ensanchar ‖ ~ (Bruch) (Math) / multiplicar por una constante ‖ ~, erhöhen / aumentar ‖ ~, verlängern / alargar, prolongar ‖ ein Rohr ~ / dilatar un tubo, abocardar
erweitert (Math) / multiplicado por una constante ‖ ~es Bohrloch (Bergb) / sondeo m ensanchado o de ensanche ‖ ~er Modus (DV) / modo m extendido ‖ ~er Prüfpunkt (DV) / punto m de control ampliado ‖ ~e Tastatur (DV) / teclado m ampliado ‖ ~er Temperaturbereich (Phys) / zona f de temperaturas ampliada
Erweiterung f, Vergrößerung f / ampliación f ‖ ≈, Ausbau m (Bau) / aumento m, ampliación f ‖ ≈ f, Verbreiterung f / ensanchamiento m, ensanche m ‖ ≈, Ausdehnung f / extensión f ‖ ≈, Verlängerung f / alargamiento m (räuml.), prolongación f (zeitl.) ‖ ≈ des Codes für Befehle (DV) / ampliación f del código de instrucciones ‖ ≈ eines Betriebes, einer Einrichtung / ampliación f de una instalación o planta ‖ trichterförmige ≈ (Rohr) / abocamiento m
Erweiterungs•..., Anbau... (Bau) / de ampliación, adicional ‖ ≈arbeiten f pl / obras f pl de ampliación ‖ ≈bau m / ensanche m, edificio m anexo ‖ ≈bohrer, Exzentermeißel m (Bergb, Öl) / trépano m ensanchador de ensanche ‖ ≈bohrung f / taladro m de ensanche
erweiterungsfähig, erweiterbar (allg) / ampliable, susceptible de ampliación, extensible, dilatable ‖ ~, ausbaufähig (DV) / expandible, ampliable
Erweiterungs•gebiet n, Ausbaugebiet n (Städtebau) / zona f de ensanche ‖ ≈möglichkeit f / posibilidad f de ampliación ‖ ≈schaltung f (Eltronik) / circuito m de expansión ‖ ≈schuss m (Bergb) / voladura f de ensanche ‖ ≈steckkarte f (DV) / tarjeta f de adaptación ‖ ≈steckplatz m (DV) / ranura f de ampliación o de expansión ‖ ≈stück n, Reduktionsstück n (Masch, Rohr) / adaptador m, elemento m reductor ‖ ≈stufe f (Eltronik, Masch) / etapa f de ampliación
Erwerbsgartenbau m / horticultura f profesional o industrial

Ery•thren, Butadien n (Chem) / eritreno m, butadieno m ‖ ~thrin m, Kobaltblüte f (Min) / eritrina f, arseniato m de cobalto ‖ ~thrit m (ein vierwertiger Alkohol) (Chem) / eritrita f ‖ ~throdan n / alizarina f ‖ ~throse f (Chem) / eritrosa f ‖ ~throsin n (Färb) / eritrosina f
Erz n (Bergb) / mineral m, mena f ‖ ~, Bronze f / bronce m ‖ ~ führend (Bergb, Geol) / metalífero ‖ ~e gewinnen, Erze abbauen (Bergb) / arrancar minerales ‖ abgeschertes ~ / mena f de rastra ‖ armes (o. taubes o. geringwertiges) ~ / mineral m pobre ‖ geschiedenes ~ / mineral m separado ‖ hochwertiges, hochhaltiges ~ / mineral m rico, gallito m (MEJ) ‖ mögliches ~ / mineral m posible ‖ sicheres ~ / mineral m seguro
Erz•abfall m (Bergb) / zafra f y ganga ‖ ~abgänge m pl (Bergb) / detritos m pl de lavaje ‖ ~-Abzugstelle f (Bergb) / punto m de extracción ‖ ~ader f, Erzgang m / vena f metalífera, veta f, filón m, sirca f (LA) ‖ reiche ~ader / bonanza f ‖ anschwellende ~ader, Erzbringer m / criadero m ‖ ~anschliff m (Mikrosk) / muestra f de superficie pulida ‖ ~arme Charge (Hütt) / carga f pobre ‖ ~art f (Bergb) / especie f de mineral ‖ ~arten f pl (Gegensatz: Gangarten) / minerales m pl metálicos ‖ ~aufbereitung f (Aufb) / preparación f mecánica de menas ‖ ~aufbereitung auf nassem oder trockenem Wege / preparación f líquida o en seco ‖ ~aufbereitung durch Pulverisierung / preparación f por pulverización ‖ ~aufbereitungsmaschine f / máquina f preparadora de minerales ‖ ~beizen f / lixiviación f de minerales ‖ ~bergbau m, -gewinnung f / minería f, explotación f de minas o de minerales ‖ ~bergwerk n / mina f ‖ ~bett n (Hütt) / capa f de mineral ‖ ~bett-Bereitung f (Hütt) / preparación f de la capa de mineral ‖ ~brecher m (Aufb) / trituradora f de minerales, machacadora f de minerales ‖ ~brikettieranlage f / instalación f de briquetear mineral ‖ ~bringer m (Bergb) / veta f metalífera ‖ ~bunker m, -tasche f / tolva f para mineral ‖ ~charge f (Hütt) / carga f de mineral ‖ ~druse, Druse, Geode f (Bergb) / drusa f de mineral
erzen vt, Erz zusetzen (Hütt) / adicionar mineral
erzeugen vt, hervorbringen, [er]schaffen / criar, crear ‖ ~ (Kraft, Strom) / generar ‖ ~, fabriziren / fabricar, manufacturar, producir, elaborar, confeccionar ‖ ~ (Math) / engendrar ‖ ~ (Landw) / producir ‖ ein Vakuum ~ (Phys) / producir un vacío
erzeugend, produzierend, herstellend, ...erzeuger / productor adj, producente ‖ ~ (Biol, Math, Phys) / generador, generatriz ‖ ~e Funktion (Math) / función f generatriz ‖ ~es Rad (Wzm) / rueda f generatriz
Erzeugende, Generatrix f (DV, Math) / generatriz f
Erzeuger m (z.B. Gaserzeuger) / generador m (p.e. generador de gas, gasógeno) ‖ ~, Hersteller m / productor m, fabricante m, producente m (LA) ‖ ~ (Elektr) / generador m, alternador m ‖ ~ (Landw) / productor m ‖ ~druck m (Kompressor) / presión f producida ‖ ~gas n, Generatorgas n / gas m de gasógeno ‖ ~gerade f (Math) / recta f generatriz ‖ ~preis m (F.Org) / precio m al productor (o en la producción)
Erzeugnis, Produkt n / producto m, fabricado m, artículo m ‖ ~ordnung f (der Werkzeugmaschinen-Gruppierung) (F.Org) / disposición f [de las máquinas] según los productos ‖ ~programm n / línea f de producción
erzeugte Leistung (Elektr) / potencia f generada
Erzeugung f / generación f ‖ ~, Herstellung f / fabricación f, producción f, manufactura f, elaboración f, confección f ‖ ~ (Landw) / producción f [agrícola] ‖ ~, Gewinnung f, Förderung f (Bergb) / extracción f, obtención f ‖ ~ f (Abwälzfr) / generación f ‖ ~ von Strom (Elektr) / generación f de energía ‖ ~ von Vakuum / generación f de vacío

Erzeugungs•anweisung f (DV) / instrucción f de generación ‖ ~kosten pl (F.Org) / costos m pl de producción ‖ ~kreis m des Torus (Eltronik, Math) / circunferencia f generatriz del toro ‖ ~wälzkreis m (Masch) / círculo m generador de rodamiento ‖ ~wärme f (Phys) / calor m de producción ‖ ~wirkungsgrad m (F.Org) / rendimiento m de la producción ‖ ~zahnstange f (Getriebe) / cremallera f generatriz
Erz•fall m (Bergb) / bonanza f ‖ ~fäustel m (Wz) / martillo m de minero ‖ ~feld n (Bergb) / campo m de explotación, campo m asignado ‖ ~förderpumpe f / bomba f para transportar mineral ‖ ~förderung f / extracción f de minerales ‖ ~frachter m (Schiff) / transportador m de minerales, [buque] m mineralero ‖ ~frischverfahren n, -frischen n (Hütt) / afino m con mineral, proceso m directo ‖ ~führende Kluft (Hütt) / veta f metalífera ‖ ~führung f / presencia f de mineral ‖ ~gang m / veta f, criadero m, vena f metalífera, filón m metalífero, sirca (LA) ‖ ~-Gehaltsmesser m / medidor m del contenido en minerales ‖ ~gicht f (Hütt) / carga f de mineral ‖ ~gießer m / fundidor m de bronce ‖ ~gießerei f / fundición f de bronce ‖ ~granulat n / granulado m de mineral ‖ ~grube f (Bergb) / mina f de metal ‖ ~hafen m (Schiff) / puerto m mineralero ‖ ~halde f, -haufen m (Bergb) / amontonamiento m de mineral ‖ ~haltig / metalífero, que contiene mineral ‖ stark ~haltig / rico en mineral[es] ‖ ~haltige Schicht (Bergb) / formación f explotable ‖ ~hütte f (obsol.) / planta f siderúrgica
erzielen vt, erreichen, erlangen / lograr, obtener, alcanzar, conseguir
Erz•imprägnation f (Bergb) / mineral m diseminado ‖ ~klauber m (Arbeiter - obsol.) / separador m de minerales ‖ ~klumpen m / bloque m de mineral ‖ ~-Konzentrat n (Aufb, Hütt) / mineral m concentrado ‖ ~lager n, -lagerplatz m (Bergb) / parque m de mineral ‖ ~lagerstätte f / yacimiento m metálico o de minerales, criadero m, panizo m (CHIL) ‖ ~laugung, -laugerei f / lixiviación f de minerales ‖ [natürliche] ~masse / cuerpo m mineral, masa f de mineral, macizo m de mineral, criadero m en masa ‖ ~-Massengut-Öl-Frachtschiff n, Erz-Bulk-Öl-Frachter m, OBO-Carrier-Frachter m (Schiff) / carguero m OBO ‖ ~mikroskopie f, Auflichtmikroskopie f / microscopia f para minerales ‖ ~mineral n / mineral m metálico ‖ ~mittel n (Bergb) / clavo m mineralizado de débil buzamiento ‖ ~möller m (Hütt) / lecho m de mineral ‖ ~mühle, Läufermühle f (Bergb) / trituradora f de muelas para minerales, trapiche m (LA) ‖ ~nest n / nido m de mineral ‖ ~niere f (Geol) / nódulo m de mineral ‖ ~-Öl-Frachtschiff n (Schiff) / mineralero-petrolero m, petromineralero m ‖ ~pfeiler m (Bergb) / macizo m de mineral ‖ ~probe f, Probenehmen m (Bergb) / toma f de pruebas de mineral, tentadura f ‖ ~probe, -muster n / muestra f de minerales ‖ ~-Probieranalyse f / ensayo m de minerales ‖ ~quetsche f / machacadora f de minerales ‖ ~reduktion f (Hütt) / reducción f de menas ‖ ~reiche Charge (Hütt) / carga f rica ‖ ~reichtum m (Geo) / riqueza f minera ‖ ~reserven f pl (Bergb) / reservas f pl de minerales ‖ ~rolle f (Bergb) / chimenea f para mineral ‖ ~rösten n / tostado m de mineral, calcinación f de mineral ‖ ~satz m, -gicht f (Hütt) / carga f de mineral ‖ ~saure Elektrode (Schw) / electrodo m ácido ‖ ~scheidemaschine f, -scheider m (Hütt) / separador m de minerales ‖ ~schicht f (Bergb) / capa f de mineral, manto m (LA) ‖ ~schiff n / mineralero m ‖ ~schlamm m, -schlick m (Bergb) / lodo m mineral ‖ ~schlämmen n / lavaje m o lavado de minerales ‖ ~seife f / mineral m aluvial ‖ ~stampfwerk, -pochwerk n / quebrantador m de mineral, bocarte m ‖ ~stapelgerät n / amontonadora f de minerales ‖

≈stock m, Stockwerk n (Geol) / entrecruzamiento m de guías mineralizadas ‖ ≈stufe f (Bergb) / muestra f de mineral para exposición ‖ ≈tagebau m / explotación f de mineral a cielo abierto ‖ ≈tasche f, -bunker m / tolva f de mineral ‖ ≈träger m (Geol) / mineral m asociado ‖ ≈transporter m (Schiff) / mineralero m, transportador m de mineral ‖ ≈trübe f (Bergb) / lodo m de mineral ‖ ≈trum m n / ramal m portador de mineral ‖ ≈umschlag m (Schiff) / carga f de minerales, transbordo m de minerales ‖ ≈verarbeitung f (Hütt) / transformación f de minerales ‖ ≈verhüttung f / fundición f de minerales, tratamiento m metalúrgico de minerales ‖ ≈verladeanlage f (Bahn, Schiff) / instalación f cargadora de minerales ‖ ≈verladebrücke f / puente f cargadora de minerales ‖ ≈vorkommen n, -lager n (Bergb, Geol) / yacimiento m de minerales, criadero m, depósito m menero ‖ ≈wagen m (Bahn) / vagón m para minerales ‖ ≈wäsche f, Waschwerk n (Bergb) / lavadero m de mineral ‖ ≈wäsche (Vorgang) / lavado m de minerales ‖ ≈wäscher m, Klassiertrommel f (Bergb) / lavadero m de mineral ‖ ≈wäschesieb n, Schwingsieb n / criba lavadora oscilante de mineral

erzwungen, Zwangs... / forzado ‖ ~er Bereich (Schwingungen) / régimen m forzado ‖ ~e Lage / posición f forzada ‖ ~e Schwingung (o. Wellenbewegung) / oscilación f forzada ‖ ~er Zustand (Phys) / estado m forzado

Erzzusatz m, Erzzugabe f (Hütt) / adición f de mineral[es]

ESA (Raumf) = European Space Agency

Esaki•diode, Tunneldiode f (Eltronik) / diodo m de túnel, diodo m Esaki ‖ ≈-Effekt m / efecto m de Esaki

ESB (Eltronik) = Einseitenband ‖ ≈ (Wzm) = Elektrolytstrahlbohren

Esc (Taste) (DV) / esc = salir

ESCA (Electron Spectroscopy for Chemical Analysis) (Chem) = Fotoelektronenspektroskopie

Escape-Taste f, Annullierungstaste f (DV) / tecla f de escape

E-Schale f, äußerer Kern (Erde) / capa f E

Esche f, ES, Fraxinus excelsior (Bot) / fresno m

Eschen•holz n / madera f de fresno ‖ ≈schlagarm m (Tex) / brazo m batidor de madera de fresno

E-Schicht f (Ionosphäre) / región f E, capa f E

E-Schirm m, E-Sichtanzeige f (Radar) / pantalla f tipo E

E-Schirmbilddarstellung f (Radar) / presentación f visual tipo E

Eschka-Mischung f (65% Magnesiumoxid, 35% Natriumkarbonat) (Bergb, Chem) / reactivo m Eschka

ESD-Magnet m (Elektr) / imán m de dominio único prolongado

Eselsrücken m, doppelseitiger Ablaufberg (Bahn) / doble lomo m de descomposición ‖ ≈bogen, Karniesbogen m, Kielbogen m (Bau) / arco m conopial, arco m ojival apuntado

Eserin, Physostigmin n (Chem) / fisostigmina f, eserina f

ESFI = epitaxialer Siliziumfilm auf Isolatoren ‖ ≈-Technik (Halbl) / técnica ESFI

ESG = Einscheibensicherheitsglas

E-Sichtanzeige f (Radar) / presentación f tipo E

ESK (Fernm) = Edelmetall-Schnellkontakt ‖ ≈-Crosspoint-System n (Fernm) / sistema m ESK crosspoint ‖ ≈-Relaiskoppler m (Fernm) / acoplador m de relé ESK ‖ ≈-Zentrale f (Fernm) / central f ESK

Esmarkit m (Min) / esmarquita f

ESP, Elektron. Stabilitätsprogramm n (Kfz) / programa m electrónico de estabilidad

Espagnolette f, Drehstangenverschluss m (Bau) / cierre m de españoleta, falleba f

Esparto m, Alfa, Halfa f, Stipa tenacissima, Espartogras n (Bot) / esparto m, atocha f ‖ ≈zellstoff m (Pap) / pulpa f de esparto, celulosa f de esparto

Espenholz n, Zitterespenholz n (Bot) / madera f de álamo temblón

Esprit = European Strategic Programme for Research and Development in Information

ESR, Elektronenspin-Resonanz f (Nukl, Phys) / resonancia f de espín electrónico

Essapfel m (Landw) / manzana f de mesa

ESSA-Wettersatellit m mit Umlaufbahn über die Pole (Meteo) / satélite m E.S.S.A.

essbar / comestible

Essbesteck n / cubierto m

ES-Schweißen n, Elektroschlacke-Schweißen n / soldadura f por arco sumergido en escoria

Esse f, Schornstein m (Bau) / chimenea f, tronera f (MEJ), torreón m (VEN) ‖ ≈, Schmiedeesse f (Schm) / fragua f, forja f

Essecke f, -nische f (Bau) / rinconera f, rincón m de comer

Essen•kopf, Kaminhut m (Bau) / cabeza f de chimenea ‖ blinder ≈kopf / cabeza f falsa de chimenea

essentielle Aminosäure (Chem) / aminoácido m esencial

Essenz f, etherisches Öl (Chem, Pharm) / esencia f

Essenzunge f (Bau) / lengüeta f de chimenea

Essexit m (Geol) / esexita f

essfertig (Nahr) / preparado

Essig m / vinagre m ‖ ≈.. (Chem) / acético, aceto... ‖ ≈amid n (Chem) / acetamida f ‖ ≈amylester m / acetato m de amilo ‖ ≈bakterien f pl (Biol) / acetobacterias f pl ‖ ≈bereiter m (Chem) / acetificador m ‖ ≈bildung f (Biol) / acetificación f ‖ ≈essenz f (Chem) / ácido m acético puro de 80% ‖ ≈ester, -ether, Essigsäureethylester m / acetato m etílico o de etilo, éter m acético ‖ ≈fabrik f (Zool) / fábrica f de vinagre ‖ ≈fliege f, Tauffliege f / mosca f de vinagre ‖ ≈gärung f (Biol) / fermentación f acética, acetificación f ‖ ≈geschmack m / sabor m de vinagre ‖ ≈kahm m / moho m de vinagre ‖ ≈konserve f (Nahr) / conserva f en vinagre ‖ ≈mutter f, -ferment n (Biol) / madre f de vinagre, solero m ‖ ~sauer (Chem) / acético, avinagrado ‖ ~saure Tonerde (Handelsbez.) (Pharm) / acetato m de alúmina

Essigsäure f / ácido m acético ‖ reine, konzentrierte ≈, Eisessig m (Chem) / ácido m acético glacial ‖ ≈anhydrid n / acetanhídrido m, anhídrido m [de ácido] acético ‖ ≈bakterien f pl (Biol) / bacterias f pl acéticas ‖ ≈benzylester m (Chem) / acetato m de bencilo ‖ ≈gärung (Chem) / fermentación f acética ‖ ≈isoamylester m / acetato m isoamílico ‖ ≈methylester m, Methylacetat n / éster m metilacético, acetato m metílico

Essig•spindel f, -waage f / acetímetro m, acetómetro m ‖ ≈stich m / acescencia f ‖ ≈zucker m / azúcar m de vinagre

Esskohle f (Bergb) / carbón m de fragua, carbón m de brezo

Esswaren f pl / comestibles m pl, alimenticios m pl

ESTEC = European Space Technology Center

Ester m (Chem) / éster m ‖ ≈ase f (Chem) / esterasa f ‖ ≈gummi n / goma f de éster ‖ ≈harz n / resina f de éster

esterifizieren / esterificar

Esterifizierung f / esterificación f

Esteröl n (synthetisches Schmieröl) / aceite m diéster

Esterol n / esterol m

Ester•zahl f, EZ / índice m de éster ‖ ≈zinn n / éster m de estaño ‖ ≈-Zinn-Stabilisator m / estabilizador m de éster de estaño

Estrade f (Bau) / estrado m, plataforma f

Estragon m (Bot) / estragón m

Estrich m (Bau) / solado m, pavimento m ‖ gegossener ≈, schwimmender Estrich / solado m fundido, solado m flotante ‖ ≈arbeiten f pl (Bau) / trabajos m pl de solería ‖ ≈gips m / yeso m de solados ‖ ≈leger m / solador m

E-Stück, Flanschmuffenstück *n* (Rohr) / manguito-brida *m*
ESU-Verfahren, Elektroschlacke -Umschmelzverfahren *n* (Hütt) / procedimiento *m* de refusión de escoria eléctrica
ESV *n* (Kfz) / vehículo *m* experimental de seguridad
ES-Verfahren *n*, Elektronenstrahlverfahren *n* / procedimiento *m* por haz electrónico
Eta *n*, *η* / eta *m* ‖ ~**faktor** *m* (Nukl) / factor *m* eta
Etage *f*, Stockwerk *n*, Geschoss *n* (Bau) / piso *m* ‖ ~ (Schaltschrank) (Elektr) / plano *m* del armario de distribución
Etagen•bogen *m* (Rohr) / codo *m* escalonado de tubo ‖ ~**bruchbau** *m*, Teilsohlen[bruch]bau *m* (Bergb) / explotación *f* por plantas intermedias sin relleno posterior ‖ ~**förderer** *m* (Lager) / transportador *m* vertical ‖ ~**gestell** *n* / estante *m*, estantería *f* ‖ ~**häuser** *n pl* (Bau) / casas *f pl* de varios pisos ‖ ~**heizung** *f* / calefacción *f* individual por pisos ‖ ~**käfig** *m*, Stufenkäfig *m* (Landw) / jaula *f* de escalones ‖ ~**kessel** *m* (Masch) / caldera *f* escaleriforme ‖ ~**ofen** *m* (Bäckerei) / horno *m* de pisos ‖ ~**presse** *f* (Plast) / prensa *f* a platina, prensa *f* de platos múltiples ‖ ~**rahmen** *m* (Tex) / rama *f* secadora de varios pisos ‖ ~**rost** *m* (Aufb) / parrilla *f* de pisos ‖ ~**sieb** *n* (Bergb) / criba *f* de pisos ‖ ~**trockner** *m* (Aufb) / secador *m* o secadero de pisos ‖ ~**trockner** (Keram) / estante *m* secador ‖ ~**ventil** *n* / válvula *f* escalonada ‖ ~**wohnung** *f* (Bau) / piso *m* ‖ ~**zwirnmaschine** *f* (Tex) / retorcedora *f* con varios pisos de bobinas
Etagere *f*, Regal *n* (Möbel) / estantería *f*, estante *m*
Etalon *n* (Spektrosk) / etalón *m* ‖ ~**plattenspektroskop** *n* / espectroscopio *m* de placa etalón
Eta-Meson, *η*-Meson *n* / etamesón *m*, mesón*η m*
Etamin *n* (Tex) / estameña *f*, etamín *m*, etamina *f*
Etappe, Teilstrecke *f* / etapa *f*
Eta-Teilchen *n* (Phys) / partícula *f* eta
ETC *n f*, elektronische Traktionskontrolle (Kfz) / control *m* electrónico de tracción
Eternit *n* (Asbestzement) (Bau) / eternita *f*
Ethan *n*, Dimethyl *n*, Ethylwasserstoff *m* (Chem) / etano *m* ‖ ~**ol** *n* / etanol *m* ‖ ~**olamin** *n* / etanolamina *f* ‖ ~**säure** *f* / ácido *m* acético
Ethen *n*, Ethylen *n* / eteno *m*
Ether *m*, (früher:) Äther *m* / éter;m.
etherisch (Chem) / etérico ‖ ~**e Lösung** / solución *f* etérica ‖ ~**e Öle** *n pl* / aceites *m pl* esenciales
Ethernet *n* (ein Betriebssystem) (Xerox Corp) / Ethernet *m*
Ethin, Acetylen *n* (Chem) / acetileno *m*
Ethinyl-Östradiol *n* (Chem, Med) / etinilestradiol *m*
Ethionamid *n* (Chem) / etionamida *f*
Ethmolith *m* (Magma) / etmolita *f*
Ethoxy[l]gruppe *f* (Chem) / grupo *m* etoxílico
Ethoxylierung *f*, Oxethylierung *f* / etoxilación *f*
Ethoxylinharz *n*, -pressmassen *f pl* s. Epoxid
Ethyl *n*, (früher:) Äthyl *n* / etilo *m* ‖ ~... / etílico ‖ ~**acetat** *n*, Essigsäureethylester *m* / acetato *m* etílico ‖ ~**acrylat** *n* / acrilato *m* etílico ‖ ~**alkohol** *m*, Ethanol *n* / alcohol *m* etílico, etanol *m* ‖ ~**amin** *n* / etilamina *f* ‖ ~**aminophenol** *n* / etilaminofenol *m* ‖ ~**benzol** *n* / etilbenzeno *m*, etilbenzol *m* ‖ ~**cellulose** *f* / etilcelulosa *f* ‖ ~**chlorid** *n* / cloruro *m* de etilo ‖ ~**dichlorarsin** *n* / etildicloroarsin *m*
Ethylen *n*, (früher:) Äthylen *n*, schweres Kohlenwasserstoffgas / etileno *m* ‖ ~... / etilénico ‖ ~**bindung** *f* / enlace *m* etilénico ‖ ~**chlorid**, Chlorethylen *n* / cloruro *m* etilénico ‖ ~**diamintartrat** *n* (piezoelektrischer Kristall) / etilenodiamintartrato *m* ‖ ~**dibromid** *n* / dibromuro *m* de etileno ‖ ~**dichlorid** *n* / dicloruro *m* de etileno ‖ ~**glykol** *n* / glicol *m* etilénico ‖ ~**kunststoff** *m* / plástico *m* etilénico ‖ ~**oxid**, Oxiran *n* (Chem) / óxido *m* etilénico o de etileno ‖ ~**-Polyterephthalat** *n* /

politereftalato *m* etilénico ‖ ~**propylen** *n* / propileno *m* etilénico ‖ ~**propylengummi** *n* / goma *f* de propileno etilénico ‖ ~**tanker** *m* (Schiff) / cargador *m* de etileno ‖ ~**-Vinylacetat-Copolymer** (Chem) / copolimero *m* de vinilacetato etilénico
Ethyl•ether *m* / éter *m* [etílico], éter *m* sulfúrico ‖ ~**halogenid** *n* / hal[ogen]uro *m* etilénico
Ethyliden *n* / etilideno *m* ‖ ~**dibromid** *n* / 1,1-dibromometano *m*
Ethyl•iodid *n* / ioduro *m* etílico ‖ ~**mercaptan** *n* / mercaptán *m* etílico ‖ ~**nitrit** *n*, Salpetrigsäureethylester *m* / nitrito *m* etílico ‖ ~**quecksilber** *n* / etilmercurio *m* ‖ ~**quecksilberchlorid** *n* / cloruro *m* de etilmercurio ‖ ~**radikal** *n* / radical *m* etilo ‖ ~**rot** *n* / rojo *m* de etilo ‖ ~**schwefelsäure** *f* / ácido *m* etilsulfúrico ‖ ~**wasserstoff** *m*, Ethan *n* / hidrocarburo *m* etílico, etano *m* ‖ ~**zellulose**, AT-Zellulose *f* / celulosa *f* etílica
Etikett *n*, Klebzettel *m* / etiqueta *f*, marbete *f*, rótulo *m* ‖ ~, Kennsatz *m* (DV) / etiqueta *f*, rótulo *m*, símbolo *m* ‖ ~**code** *m* (DV) / código *m* de etiqueta
Etiketten•annähmaschine *f* (Tex) / máquina *f* a (o para) coser etiquetas ‖ ~**draht** *m* / alambre *m* para etiquetas ‖ ~**druck** *m* (DV) / impresión *f* de etiquetas ‖ ~**karton** *m* (Pap) / cartón *m* para etiquetas ‖ ~**leser** *m* (DV) / lector *m* de etiquetas o rótulos ‖ ~**leser**, Ausweisleser *m* (DV) / lectora *f* de credenciales o cédulas
Etikettfeld *n* (DV) / zona *f* de etiqueta
etikettieren *vt*, bezetteln / rotular, poner etiqueta, etiquetar ‖ ~ *n*, Etikettierung *f* / etiquetado *m*, etiquetaje *m*, rotulación *f*
Etikettiermaschine, Bezettelungsmaschine *f* (Brau) / máquina *f* etiquetadora, rotuladora *f*
Etikettverarbeitung *f* (DV) / procesamiento *m* de rótulas
Etiolieren *n* (Bot) / etiolación *f*
ETL (Kfz) = Elektrotauchlackierung
Etmal *n* (Nav) / singladura *f*
ETP, Elektronen-Transport-Partikel (Eltronik) / partícula *f* transportadora de electrones, PTE
E-Treppe *f* (Bau) / escalera *f* de tres voladas
ETS, elektronisches Traktionssystem / Sistema *m* Electrónico de Tracción (SET)
ETS-Code (Edge = Kantengriff, Turn = Drehbarkeit, Speed = Geschwindigkeit)(Ski) / ETS-Code *m* (esquí)
ETSI (= European Telecommunications Standard Institute) / Instituto *m* Europeo de Estándares de Telecomunicación
Ettinghausen-Effekt *m* (Phys) / efecto *m* de Ettinghausen
Ettringit *m* (Quellbeton-Zusatz) (Bau) / etringita *f*
Etui *n*, Futteral *n* / estuche *m*, caja *f* ‖ ~**samt** *m* (Tex) / terciopelo *m* de estuche
E-Typ *m* (Wellenleiter) / modo *m* E, modo *m* TM
ET-Zeichen *n* (das Zeichen "&"), Und-Zeichen (Druck, DV) / ET [comercial]
ET-Zellulose, Ethylzellulose *f* (Chem) / celulosa *f* etílica
EU (= Europäische Union)(früher: EG, EWG) / UE (= Unión Europea)
Euchlorin *n* (Chem) / euclorina *f*
euchromatisch (Phys) / eucromático
Eudiometer *n* (Luftqualität) / eudiómetro *m*
Eudoxin *n* (Chem) / eudoxina *f*
Eugenese *f* (Biotechnologie) / eugénesis *f*
Eugenglanz *m*, Polybasit *n* (Min) / polibasita *f*
Eugenol *n* (Chem) / eugenol *m*
Eukalyptol *n*, Cineol *n* (Pharm) / eucaliptol *m*
Eukalyptus•baum *m*, Blaugummibaum *m*, Eucalyptus globulus (Bot) / eucalipto *m*, gomero *m* azul ‖ ~**gummi** *n* / goma *f* de eucalipto ‖ ~**öl** *n* (Chem, Pharm) / esencia *f* de eucalipto

euklidisch

euklidisch (Math) / euclidiano ‖ ~es Axiom / axioma m euclidiano ‖ ~e Geometrie / geometría f euclidiana
Eukolloid n (Chem) / eucoloide m
Eukryptit m (Min) / eucriptita f
Euler•sches Integral (Math) / integral m de Euler ‖ ≃sche Knickformel (Mech) / fórmula f de Euler ‖ ≃sche Knickspannung / tensión f crítica de Euler ‖ ≃sche Konstante (Mech) / constante f de Euler ‖ ≃sche Korrelation / correlación f de Euler ‖ ≃sche Kurve (Math) / diagrama m de Euler ‖ ≃sche Spirale (Math) / espiral f de Euler ‖ ≃sche Winkel m pl / ángulos m pl de Euler ‖ ≃sche Zahl (e = 2,7182818284) / número m de Euler ‖ ≃wiege f (Krist) / balanza f de Euler
Eulit m (im Orthoferrosilit) (Min) / eulita f
Eulytin, Kieselwismut m (Min) / eulitina f
eupelagisch (Biol) / eupelágico
Euphorbin n (Chem) / euforbina f
Euphorbiumharz n / resina f de euforbio
Euphratpappel f, Populus euphratica (Bot) / álamo m de Elche
Euphyllit m (Min) / eufilita f
EURATOM, Europäische Atomgemeinschaft / EURATOM, Comunidad f Europea de Energía Atómica (CEEA)
Eurit m (Geol) / eurita f
Euroanschluss m (TV) / conexión f Euro
Euro-AV (21-polige Normverbindung für AV-Geräte) (Eltronik) / scart m
Euro•bus-Platine f (Eltronik) / platina f eurobús ‖ ≃flasche f / botella f de estándar europeo ‖ ≃form f (Flaschen) / forma f de estándar europeo ‖ ≃format n, Europaformat n / tamaño m de estándar europeo ‖ ≃-Jäger od. Fighter m (Luftf, Mil) / ACE m pl (avión de combate europeo), eurocaza m ‖ ≃norm f / euronorma f, EN f (= Norma Europea) ‖ ≃normträger m / portador m de estándar europeo
europäische•Artikelnummer / numeración f europea de artículos ‖ ~e Darstellung (Zeichn) / proyección f europea ‖ ~e Flugsicherungsbehörde (Luftf) / Eurocontrol m ‖ ~es Poleiöl (Chem, Pharm) / esencia f de menta poleo (Oleum Pulegii) ‖ ~es Stromverbundnetz / UCPTE ‖ ~es System des direkten Informationseingangs, DIANE (DV) / DIANE ‖ ≃e Atomgemeinschaft (EURATOM) (Nukl) / Comunidad f Europea de Energía Atómica ‖ ≃er Erdbeobachtungs-Satellit, ERS m / satélite m europeo de observación de la Tierra ‖ ~e Farbskala (Druck) / escala f europea de colores ‖ ~e Gemeinschaft, EG (jetzt: Europäische Union = EU) / Comunidad f Europea, CE (ahora: UE) ‖ ≃e Güterzug-Fahrplankonferenz f, LIM (Bahn) / Conferencia Europea de Horarios de Trenes de Mercancías, L.I.M. ‖ ≃es Komitee für Normung, CEN / Comité m Europeo de Normalización ‖ ≃er Normenausschuss / CEN m (Comité Europeo de Normalización) ‖ ≃es Patentabkommen / CPE (= Convenio Europeo sobre Patentes) ‖ ≃es Patentamt / Oficina f de Patentes Europea ‖ ≃e Reisezugfahrplan- und Wagenbeistellungskonferenz, EFK-EWK f (Bahn) / Conferencia Europea de Horarios de trenes de Viajeros y de Servicios Directos, C.E.H. ‖ ≃e Rundfunkunion / UER (= Unión Europea de Radiodifusión) ‖ ≃e Umweltbehörde f / EEA (= European Environmental Agency) ‖ ≃e Wagenbeistellungsplan, EWP (Bahn) / cuadro m de los servicios europeos de coches directos ‖ ≃e Weltraumbehörde / ESA ‖ ≃e Zusammenarbeit im Bereich d. wissenschaftl. u. techn. Forschung / COST (European Cooperation in the field of Scientific and Technical Research)
Europakarte f (Leiterplatte im Normformat, ca. 10 x 15 cm) (Eltronik) / placa f estandarizada europea

Europalette f (Transp) / europaleta f
Europa-Patent n / patente f europea
europatauglich (z.B. Kfz-Bremsen) / adaptado a EN
European Pressurized Water Reactor (europäischer Druckwasserreaktor) (Nukl) / reactor m EPR
Europium n, Eu (Chem) / europio m ‖ ≃oxid n / óxido m de europio ‖ ≃verbindung f (Chem) / compuesto m de europio
EUROP-Wagenpark m (Bahn) / parque m EUROP (vagones)
Eurostecker m / euroconector m
euro•strategische Rakete / misil m euroestratégico ‖ ≃vision f (TV) / Eurovisión f
eurybatisch (in allen Wassertiefen lebend), eurybath (Biol) / euribático
eustatische Schwankungen f pl (Geol) / movimientos m pl eustáticos
Eutaxit m (Min) / eutaxita f (liparita)
Eutektikale f (Hütt, Phys) / línea f eutéctica
Eutektikum n (Chem) / mezcla f eutéctica
eutektisch / eutéctico adj ‖ ~es Gefüge / estructura f eutéctica ‖ ~e Legierung / aleación f eutéctica ‖ ~er Punkt, eutektikale Temperatur / punto m eutéctico o de eutexia ‖ ~er Stahl / acero m eutéctico ‖ Bildung der ~en Lösung (Met) / eutexia f
eutektoid / eutectoide adj ‖ ≃ n / eutectoide m
Eutexie f / eutexia f
eutroph, nährstoffreich (Gewässer, Umw) / eutrófico
Eutrophie f / eutrofia f
Eutrophierung f / eutroficación f
Eutropie f (Chem) / eutropía f
eutropisch (Krist) / eutrópico
Euxenit n (Min) / euxenita f
euxinisch / euxínico
eV = Elektronenvolt
EV (Elektr) = Endverteilerkasten
EVA n, Ethylen-Vinyl-Acetat n (Chem) / etileno m de vinilacetato ‖ ≃ (Raumf) / actividad f extravehicular ‖ ≃, Einwirkung f von außen (Nukl) / impacto m externo
Evakuation f, Evakuierung f (Vakuum) / evacuación f
Evakuierereinrichtung f / instalación f de evacuación
evakuieren vt, luftleer machen / evacuar, hacer el vacío, enrarecer ‖ ≃, Entlüften n / evacuación f de aire
Evakuierpumpe f / bomba f de evacuación
evakuiert, luftleer, leergepumpt / vaciado
Evakuierung f, Evakuieren n / evacuación f
Evaporat n (Chem) / producto m de evaporación
Evaporation f (Chem, Phys) / evaporación f
Evaporator n, Eindampfgerät n, Verdampfer, Verdampfapparat m (Chem) / evaporador m, vaporizador m
evaporieren vt (Chem, Milch) / evaporar
Evaporimeter n (Chem) / evaporímetro m
Evaporit m, Salzgestein n (Geol) / evaporita f
Evaporographie f (Infrarotphotographie) / evaporografía f
Evektion f (Astr) / evección f
EVG, elektronisches Vorschaltgerät (Leuchtstoffröhre) / balasto m electrónico
EVO = Eisenbahnverkehrsordnung
Evolute f (Geom) / evoluta f
Evolutfeder, [kegelige] Wickelfeder (Masch) / muelle m de hélice cónica, resorte m de espira[l] cónica
Evolution, Entwicklung f (Biol) / evolución f
Evolutions... / evolucionista adj
evolutiv / evolutivo
Evolvente f (Geom) / evolvente f, involuta f
Evolventen•-Geradstirnpaar n (Masch) / engranaje m cilíndrico directo de evolvente ‖ ≃-Kegelschraubenfläche f / helicoide m de evolvente esférico ‖ ≃-Profil n (Transmission) / perfil m de evolvente ‖ ≃-Profil (Zahnrad) / dentado m [de] evolvente ‖ ≃rad n (Masch) / rueda f de evolvente ‖ ≃-Schraubenfläche f / helicoide m en evolvente ‖

402

⌒-**Stirnrad** *n* / rueda *f* cilíndrica evolvente ‖
⌒**zahn-Räumwerkzeug** *n* / brocha *f* para árboles ranurados en evolvente ‖
⌒**verzahnung** *f* / engranaje *m* evolvente, dentado *m* evolvente ‖ ⌒**wicklung** *f* (Elektr) / arrollamiento *m* en evolvente ‖ ⌒-**Zahnnaben-Räumwerkzeug** *n* (Masch, Wz) / brocha *f* para cubos ranurados en evolvente ‖
⌒-**Zylinderschraubenfläche** *f* / helicoide *m* de evolvente
Evorsion *f* (Hydr) / evorsión *f*
EVR-Verfahren *n* (= electronic video recording) (TV) / grabación *f* electrónica de vídeo
EV-Teil, Eingangsverstärkerteil *m* (Eltronik) / amplificador *f* de entrada
EVU (= Energieversorgungsunternehmen) / empresa suministradora de energía (gas, calor, electricidad)
EW = Elektrizitätswerk ‖ ⌒ = Einheitswelle
E-Welle *f* (Wellenleiter) / onda *f* E, onda *f* transversal magnética, onda *f* TM
Ewer *m*, Leichter *m* (Elbschiff) / barga *f*, lanchón *m*, gabarra *f* [en el río Elba], queche *m* ‖ ⌒**führer** *m* / gabarrero *m*
E-Werk *n* s. Elektrizitätswerk
ewig • e Gefrornis, Dauerfrost[boden] *m* (Geol) / permafrost *m*, hielo *m* eterno ‖ ~**e Teufe** (Bergb) / profundidad *f* ilimitada
EWP (Bahn) = Europäischer Wagenbeistellungsplan
EWS = elektronisches Wählsystem
EWSD = Elektronisches Digitales Telefonwählsystem
EWT-Zelle *f* (=emitter wrap through) (Solar) / célula *f* EWT
Ex- und Tox-Gefahren *f pl* / riesgos *m pl* de explosión e intoxicación
Exa..., 10^{18} / exa...
exakt / exacto, preciso, de precisión ‖ ~**e Wissenschaften** / ciencias *f pl* exactas
Exaktheit *f* / exactitud *f*, precisión *f*, esmero *m*
Exaltolid *n* (ein Lacton) (Chem) / exaltolida *f*
Exalton *n* (Chem) / exaltona *f*
EXAPT-Programmiersprache *f* (Wzm) / lenguaje *m* EXAPT (Exact Automatic Programming of Tools)
Excess-3-Code *m* (DV) / código *m* exceso de tres
Excimer *m* / excímero *m* (dímero de gases nobles excitado)
Excimerlaser *m* (excited dimer) / láser *m* excimero
Excipiens *n* (Pharm) / excipiente *m*
Exciplex-Laser *m* (excited state complex) / láser *m* excíplex
Excitantia *pl*, anregende Mittel *n pl* (Pharm) / excitantes *m pl*
Exciton, Exziton *n* (Nukl) / excitón *m*
Excitron *n* (ein Quecksilberdampfgleichrichter) (Eltronik) / excitrón *m*
Excore... (Nukl) / fuera del núcleo
Exekutivprogramm *n* (DV) / programa *m* de ejecución, rutina *f* de ejecución, rutina *f* directora
Exemplar *n* (Druck) / ejemplar *m* ‖ ⌒**streuung** *f* (Eltronik) / dispersión *f* unitaria
Exergie *f*, technische Arbeitsfähigkeit / exergía *f*
exergonisch, energieliefernd / exergónico
exgeschützt (Elektr) s. explosionsgeschützt
Exhalation, Ausdünstung *f* / exhalación *f*
exhaustieren *vt* / exhaustar (gases quemados)
Exhaustor *m*, Exhauster *m*, Sauggebläse *n* / ventilador *m* eductor, exhaustor *m* ‖ ⌒, Saugapparat, Sauger *m* (Chem) / agotador *m*, extractor *m* ‖ ⌒ **für Konservendosen** / exhaustor *m* para conservas
Exide-Großoberflächenplatte *f* (Akku) / placa *f* de rosetas
Exine *f* (Bot) / exine *f*
Exinit *n* (Gefügebestandteil der Steinkohle) / exinita *f*
ex/inklusives Segment / segmento *m* ex/inclusivo
existenter Abdampfrückstand (Chem, Kraftstoff) / depósito *m* sólido

Existenz *f*, Bestand *m*, Vorhandensein *n* / existencia *f* ‖ ~**fähig** / capaz de existir ‖ ⌒**satz** *m* (Math) / teorema *m* de la existancia
Exklusion *f* / exclusión *f*
exklusiv, ausschließend (DV) / exclusivo ‖ ~**e NICHT-UND-Verknüpfung** / NI exclusivo ‖ ~**es ODER** (DV, WC) / 0 exclusivo
Exklusiv • code *m* / código *m* exclusivo ‖ ⌒**modus** *m* (DV) / modo *m* exclusivo ‖ ⌒**-ODER-Gatter** *n* (Eltronik) / compuerta *f* 0 excluyente
Ex-Motor *m*, schlagwettergeschützter Motor (Bergb) / motor *m* protegido contra explosión
Exnovae *pl* (Astr) / postnovae *f pl*
Exo • biologie *f* / exobiología *f* ‖ ⌒**elektron** *n* (Phys) / exoelectrón *m* ‖ ~**energetisch** / exoenergético ‖ ⌒**gas** *n* (Sintern) / exogás *m* ‖ ~**gen** (Biol, Geol) / exógeno ‖ ~**kinetisch** / exocinético ‖ ⌒**philie** *f* (Chem, Tensid) / exofilía *f*
Exosmose *f*, auswärts verlaufende Omose (Chem) / exósmosis *f*
Exo • sphäre *f* (Astr) / exosfera *f* ‖ ~**therm[isch]** (Phys) / exotérmico ‖ ⌒**toxin** *n* (Bakt) / exotoxina *f*
Expander *m* (Ton) / expansor *m*
Expanderfilter *m* (chem. Reinigung) / filtro *m* expansible
expandierbar / expansible, expandible
Expandierbarkeit *f* / expansibilidad *f*
expandieren, sich ausdehnen o. entspannen / expandirse, expansionarse, dilatarse
expandiert (Plast) / expandido ‖ ~**er Kork** / corcho *m* expandido ‖ ~**es Kügelchen** / partícula *f* preexpandida ‖ ~**es Teilchen** (Plast) / partícula *f* o perla expandida
Expansion *f* / expansión *f*, dilatación *f* ‖ ⌒, Ausbreitung *f* / extensión *f* ‖ ⌒ **des Weltalls** (Astr) / expansión *f* del universo
Expansions • ... / de expansión, expansivo, expansionista ‖ ⌒**arbeit** *f* / trabajo *m* de expansión ‖ ⌒**blatt** *n* (Tex) / peine *m* de expansión ‖ ⌒**dampfmaschine** *f* / máquina *f* de vapor de expansión ‖ ⌒**dorn** *m* (Masch) / mandril *m* expansible ‖ ⌒**dübel** *m* (Bau) / clavijo *m* de expansión ‖ ⌒**düse** *f* (Masch) / tobera *f* divergente ‖ ⌒**exzenter** *m* / excéntrica *f* de expansión ‖ ⌒**gefäß** *n*, Ausdehnungsgefäß *n* (Heizung) / tanque *m* de expansión, recipiente *m* de expansión ‖ ⌒**grad** *m* / grado *m* de expansión ‖ ⌒**hub** *m* (Mot) / carrera *f* de expansión, golpe *m* de expansión, tiempo *m* de expansión ‖ ⌒**kamm** *m*, verstellbarer Kamm (Tex) / peine *m* de expansión, peine *m* ajustable ‖ ⌒**kammer** *f*, -nebelkammer *f* (Nukl) / cámara *f* de expansión o de niebla o de Wilson ‖ ⌒**kraft** *f* (Phys) / fuerza *f* expansiva ‖ ⌒**kühler** *m* (Masch) / refrigerador *m* de expansión ‖ ⌒**kulisse** *f* / culisa *f* de expansión ‖ ⌒**linie** *f* (Indikator) / curva *f* de expansión ‖ ⌒**maschine** *f* / máquina *f* de expansión ‖ ⌒**regulator** *m* (Masch) / regulador *m* de expansión ‖ ⌒**reibahle** *f* (Wz) / escariador *m* de expansión ‖ ⌒**röhrenverbindung** *f* / junta *f* de dilatación para tubos ‖ ⌒**schalter** *m* (Elektr) / interruptor *f* por expansión ‖ ⌒**schieber** *m* (Dampfmaschine) / distribuidor *m* de expansión ‖ ⌒**steuerung** *f* (Hydr) / distribución *f* de expansión variable ‖ ⌒**stufe** *f* (Fernm) / etapa *f* de expansión ‖ ⌒**turbine** *f* / turbina *f* de expansión ‖ ⌒**ventil**, Reglerventil *n* / válvula *f* de expansión, válvula *f* de alivio ‖ ⌒**verhältnis** *n* / relación *f* de expansión ‖ ⌒**welle** *f* (Nukl) / onda *f* de expansión, onda *f* de choque o explosión ‖ ⌒**welle** (Raumf) / onda *f* de dilatación
expansiv / expansivo ‖ ⌒**beton** *m* (Bau) / hormigón *m* expansivo ‖ ⌒**geschoss** *n* / proyectil *m* expansivo ‖ ⌒**kraft**, Spannkraft *f* (Phys) / fuerza *f* expansiva ‖ ⌒**zement**, Quellzement *m* (Bau) / cemento *m* expansivo

Experiment

Experiment n, Versuch m / experimento m, prueba f, experiencia f ‖ ⁓ **auf Palette** (Raumf) / experimento m sobre paleta
Experimental•..., experimentell / experimental, de ensayo, de prueba ‖ ⁓**-Brutreaktor** m (Nukl) / reactor m autorregenerador experimental ‖ ⁓**-Chemie** f / química f experimental ‖ ⁓**einheit** f / unidad f experimental ‖ ⁓**funktion** f / función f experimental ‖ ⁓**physik** f / física f experimental ‖ ⁓**-Sicherheitsauto** n, ESV (Kfz) / vehículo m experimental de seguridad ‖ ⁓**wert** m / valor m experimental
Experimentator m, Versuchsleiter m / experimentador m
experimenteller Verlauf [von] / desarrollo m experimental
experimentieren vi, Versuche machen / experimentar, hacer ensayos o experimentos ‖ ⁓ n / experimentación f
Experimentier•gerät n (Chem, Phys) / aparato m de ensayo ‖ ⁓**kanal** m / canal m experimental ‖ ⁓**pflanze** f / planta f experimental ‖ ⁓**pult** n, -tisch m / mesa f de experimentación
Experte, Fachmann m / experto m, especialista m ‖ ⁓, Gutachter m / perito m
Expertensystem n (DV) / sistema m experto o de expertos
Expertise, Begutachtung f (Vorgang) / dictamen m, peritaje m, examen m pericial ‖ ⁓ f (Ergebnis) / juicio m pericial, prueba f pericial (LA)
explizit (DV, Math) / explícito ‖ ~**e Funktion** / función f explícita
Exploded View f, Explosionszeichnung f (Zeichn) / vista f desarrollada o despiezada, despiece m
Explodierbarkeit, Explosivität f / explosibilidad f, explosividad f
explodieren vi / explosionar, hacer explosión ‖ ~, in die Luft fliegen / detonar, estallar, reventar, fulminar ‖ ~, platzen (Kessel) / romper, reventar ‖ ~ **lassen** (Sprengladung), zur Detonation bringen / hacer detonar, pegar, hacer estallar, hacer explotar, volar
Exploration, Erdölsuche f (Öl) / exploración m
Explorationsbohrung f (Öl) / perforación f de exploración
explorieren vt / explorar
explosibel, explosiv, explodierbar (Chem, Mil) / explosivo ‖ **explosibles Gemisch** (Mot) / mezcla f explosiva
Explosimeter n (für Explosionsneigungsmessung von Gas-Luftgemisch) / explosímetro m
Explosion f / estallido m, explosión f, fogonazo m ‖ ⁓, Knall m / detonación f
explosions•artig / explosivo ‖ ⁓**bereich** m / zona f de explosión, gama f de explosión ‖ ⁓**blende** f (Foto) / obturador m de explosión ‖ ⁓**bürette** f (Chem) / bureta f de explosión ‖ ⁓**druck** m (Mot) / presión f de explosión ‖ ⁓**druckwelle** f (Phys) / onda f de explosión, onda f de choque ‖ ⁓**fähigkeit** f / capacidad f explosiva, explosividad f ‖ ⁓**form[geb]ung**, Hochenergie-Umformung f / conformación f por explosión, conformado m por explosión ‖ ⁓**-Formungsmaschine** f / máquina f de conformación por explosión ‖ ⁓**gefahr** f / peligro m de explosión ‖ ~**gefährdet** / potencialmente explosivo ‖ ~**gefährdeter Raum** / local m en potencia de explosión ‖ ~**gefährlich**, explosiv / explosivo ‖ ⁓**gemisch** n, explosives Gemisch / mezcla f explosiva o detonante ‖ ⁓**geschoss** n (Mil) / proyectil m explosivo ‖ ⁓**geschützt**, -sicher, -gekapselt (Elektr) / antiexplosivo, protegido contra explosión ‖ ~**geschützt**, schlagwettergeschützt (Bergb) / a prueba de grisú ‖ ~**geschützter Schalter** / interruptor m antiexplosivo ‖ ⁓**grenze** f (Chem) / límite m de explosión ‖ ⁓**härtung** f (Hütt) / temple m por explosión ‖ ⁓**herd** m / centro m de explosión ‖ ⁓**höhe** f (Nukl) / altura f de estallido ‖ ⁓**hub** m (Mot) / carrera f de combustión ‖ ⁓**kalorimeter** n (Phys) / bomba f calorimétrica ‖ ⁓**kette** f (Chem) / cadena f de explosiones, serie f de explosiones ‖ ⁓**klappe** f / válvula f de seguridad contra explosiones ‖ ⁓**klappe** (Hütt) / puerta f de seguridad contra explosiones ‖ ⁓**klasse** f (Bergb) / clase f de explosión ‖ ⁓**kraft** f / fuerza f explosiva ‖ ⁓**motor** m / motor m de explosión ‖ ⁓**neigung** f, Explodierbarkeit f / tendencia f a estallar ‖ ⁓**niet** m (Masch) / remache m explosivo ‖ ⁓**nieten** n / remachado m por explosión, roblonado m por explosión ‖ ⁓**plattieren**, Sprengplattieren n (Hütt) / plaqueteado m por explosión ‖ ⁓**ramme** f (Bau) / apisonadora f de explosión, pisón m de explosión o de combustión interna ‖ **schwere** ⁓**ramme** (Straßb) / pisón m de explosión tipo rana ‖ ⁓**raum** m, Verbrennungskammer f (Mot) / cámara f de combustión ‖ ⁓**reaktion** f (Chem) / reacción f explosiva ‖ ⁓**risiko** n / riesgo m de explosión ‖ ⁓**schutz** m, Ex-Schutz m (Bergb) / protección f contra explosión, protección f antideflagrante ‖ ⁓**schutzart** f (Elektr) / clase f de protección contra explosión, ejecución f antideflagrante ‖ ⁓**schwaden** f pl (Bergb) / humos m pl de explosión ‖ ⁓**schweißen** n, -schweißung f / soldadura f por explosión ‖ ~**sicher** (Elektr) / a prueba de explosión, antideflagrante, inexplosivo ‖ ⁓**sicherheit** f / seguridad f contra explosiones ‖ ⁓**sperre** f (Bergb) / barrera f contra [la expansión de] explosiones, barrera f contra [la propagación de] explosiones ‖ **durchgehende** [geteilte] ⁓**sperre** (Bergb) / barrera f de una pieza, [barrera partida] contra explosiones ‖ ⁓**stampfer** s. Explosionsramme ‖ ⁓**stoff** m / explosivo m, materia f explosiva ‖ ⁓**verdichten** n, -pressen n (Hütt) / compactación f por explosión ‖ ⁓**verhütend** / antiexplosivo, antideflagrante ‖ ⁓**welle** f (Mil, Phys) / onda f explosiva o de explosión, soplo m ‖ ⁓**zeichnung** f s. Exploded View ‖ ⁓**zentrum** n / centro m de la explosión ‖ ⁓**zentrum** (Nukl) / punto m cero
explosiv (explosionsartig, leicht explodierend) / explosivo ‖ ~, explosionsgefährdet, fulminant... Spreng... / potencialmente explosivo ‖ ~**e Freigabe** (Raumf) / separación f pirotécnica ‖ ~**es Gemisch** (Chem) / mezla f explosiva ‖ ~**e Spaltung** (Nukl) / fisión f nuclear explosiva
Explosiv•bolzen m, Sprengbolzen m (Masch) / perno m [rompedor] explosivo ‖ ⁓**geschoss** n (Mil) / proyectil m explosivo
Explosivität f, Explodierbarkeit f (Chem) / explosibilidad f, explosividad f
Explosiv•laute m pl (Fernm) / ruido m explosivo, consonantes f pl explosivas ‖ ⁓**stoff** m, Sprengstoff m / explosivo m, materia f explosiva ‖ ⁓**verbrennung** f (Chem, Mot) / combustión f por explosión
Exponat, Ausstellungsstück n, -gegenstand m / objeto m expuesto
Exponent m, Index m, Zeiger m (Math) / exponente m, cantidad f exponencial
Exponenten•überlauf m (DV) / exceso m de capacidades exponenciales ‖ ⁓**unterlauf** m (DV) / exceso m de capacidades negativas exponenciales
Exponentfaktor m (DV) / modificador m de exponentes
exponential, -tiell, Exponential... (Math) / exponencial f ‖ ⁓**absorption** (Nukl) / absorción f exponencial ‖ ⁓**beziehung** f (Math) / relación f exponencial ‖ ⁓**experiment** n (Nukl) / experimento m exponencial ‖ ⁓**funktion** f (Math) / función f exponencial ‖ ⁓**gesetz** n (Phys) / ley f exponencial ‖ ⁓**gleichung** f (Math) / ecuación f exponencial ‖ ⁓**größe** f (Math) / magnitud f exponencial ‖ ⁓**[horn]strahler** m (Antenne) / bocina f exponencial, pabellón m exponencial ‖ ⁓**kurve** f (Math) / curva f exponencial ‖ ⁓**lautsprecher** m / altavoz m exponencial ‖ ⁓**papier** n (Math) / papel m logarítmico ‖ ⁓**reaktor** m (Nukl) / reactor m exponencial ‖ ⁓**reihe** f (Math) / serie f exponencial ‖

⁓**röhre** *f* (Eltronik) / válvula *f* exponencial ‖ ⁓**trichter** *m* (Akust) / bocina *f* exponencial ‖ ⁓**verteilung** *f* (Stat) / distribución *f* exponencial
exponentiell (Math) / exponencial ‖ ~**e Abfangkurve** (Luftf) / curva *f* de descenso por reducción de la velocidad al final de la trayectoria de bajada ‖ ~**e Anordnung** (Nukl) / disposición *f* exponencial ‖ ~**e Glättung** (Stat) / nivelación *f* exponencial ‖ ~**er Zerfall** (Nukl) / desintegración *f* exponencial
exponieren *vt*, belichten (Foto) / exponer, impresionar
exponierte Daten *n pl* (DV) / datos exponenciales *m pl*
Export *m* v. techn. u. wissenschaftl. **Know how** / exportación *f* de materia gris ‖ ⁓**abteilung** *f* / sección *f* de exportación ‖ ~**fähig** / exportable
exportieren (Waren, Daten) / exportar
Exportverpackung, in ⁓ / en embalaje de exportación
Exposé *n* / exposición *f*
Exposition, Belichtung *f*, Belichten *n* (Foto) / exposición *f* ‖ **für Notfälle geplante** ⁓ (Nukl) / exposición *f* externa excepcional planeada ‖ **nicht vorgesehene nicht zugelassene** ⁓ (Nukl) / exposición *f* accidental
Expositionsdosis *f* (Nukl) / dosis *f* de exposición
Exposure *f* (Photonenbestrahlung) / exposición *f*
Expressgut *n* / paquete *m* exprés, mercancía *f* por o en gran velocidad
Expression *f* (Produktion neuer Gene) (Gentechnologie) / expresión *f*
Expresszug *m* (Schweiz) (Bahn) / tren *m* rápido, rápido *m*
Exschutz *m* (Elektr) / protección *f* contra explosión
Exsikkantien, austrocknende Mittel *n pl* (Chem) / agentes *m pl* desecantes o de exsecación
Exsikkator *m* (Chem) / desecador *m*, secador *m* ‖ ⁓**platte** *f*, -einsatz *m* / placa *f* del desecador, salvilla *f*
Exsudat *n* (Biol) / exudato *m*
Exsudation *f* (Biol) / exudación *f*
Extender *m* (Elastomere) / diluyente *m*, diluente *m*
extensiv (Landw) / extensivo
Extensometer *n* (Dehnungsmesser) (Phys) / extensómetro *m*, extensímetro *m*
extern / externo ‖ ~**e Darstellung** (DV) / representación *f* externa ‖ ~**er Name** (DV) / identificación *f* externa ‖ ~**er Programmparameter** (DV) / parámetro *m* externo de rutina ‖ ~**e Prozedur** / procedimiento *m* externo ‖ ~**e Schreibweise** (DV, FORTRAN) / anotación *f* externa ‖ ~**er Speicher** (DV) / memoria *f* externa ‖ ~**e Stromversorgung** (Eltronik) / alimentación *f* externa ‖ ~**es Symbol** (DV) / símbolo *m* externo ‖ ~**e Vorspannung** (Beton) / pretensión *f* externa
Extern•code *m* (DV) / código *m* externo ‖ ⁓**verweis** *m* (DV) / referencia *f* externa
Extinktion *f* (Opt, Radio) / extinción *f*, apagado *m*
Extinktions•koeffizient *m* (Chem) / coeficiente *m* de extinción ‖ ⁓**kurve** *f* (Opt) / curva *f* de extinción ‖ ⁓**modul** *m* (Opt) / coeficiente *m* de absorción linear ‖ ⁓**registrierung** *f* / registro *m* de extinción ‖ ⁓**schreiber** *m* / registrador *m* de extinción
extra kurz (Spiralbohrer) / extracorto ‖ ⁓**...**, besonders, speziell / especial ‖ ⁓**...**, zusätzlich / adicional ‖ ⁓**s** *n pl*, wahlweises [Serien-]Zubehör (Kfz) / extras *m pl*, equipamiento *m* opcional ‖ ⁓**s**, nachträgliche Wünsche *m pl* (Bau) / accesorios *m pl* ‖ ⁓**doppelfeinfleier** *m* (Spinn) / mechera *f* extrasuperfina ‖ ~**dünn** / extrafino ‖ ⁓**feinfleier** *m* (Spinn) / mechera *f* superfina ‖ ~**feingewinde** *n* (Masch) / filete *m* extrafino, rosca *f* extrafina ‖ ~**flach** / extraplano ‖ ~**fokale Strahlung** (Radiol) / radiación *f* extrafocal ‖ ~**galaktisch** (Astr) / extragaláctico ‖ ~**galaktische** *f pl* **Radiowellen** / ondas *f pl* radiofónicas extragalácticas ‖ ~**hart** / extraduro
extrahierbar / extractable, extraíble

extrahieren *vt* / extraer ‖ ~, auslaugen (Chem) / lixiviar, macerar ‖ ⁓ *n*, Extraktion *f* (Chem) / extracción *f* ‖ ⁓, [Aus]laugen *n* (Chem) / lixiviación *f*
extrahiert, durch Extraktion gewonnen (Chem, Pharm) / extraído ‖ ~**e Schnitzel** *n pl* (Zuck) / pulpa *f*
Extrakt, Auszug *m* (Chem, Pharm) / extracto *m* ‖ ⁓**bitumen** *n* (Chem) / betún *m* de extracción ‖ ⁓**garn** *n* (Tex) / hilo *m* alpaca
Extraktion *f* (Chem) / extracción *f* ‖ ⁓, Stripping *n* (Nukl) / arrancamiento *m* ‖ ⁓ **durch selektive Lösungsmittel** (Chem, Öl) / extracción *f* por solventes selectivos ‖ ⁓ **flüssig/flüssig** / extracción *f* líquido-líquido, extracción *f* por repartición
Extraktions•anlage, Gewinnungsanlage *f* (Chem Verf) / instalación *f* de extracción ‖ ⁓**apparat** *m* (Chem Verf) / extractor *m*, aparato *m* de extracción ‖ ⁓**benzin** *n* (Öl) / bencina *f* de extracción ‖ ⁓**hülse** *f* (Chem, Labor) / cartucho *m* de extracción ‖ ⁓**kohle** *f* (Bergb) / lignito *m* de extracción ‖ ⁓**kolben** *m* (Chem) / matraz *m* de extracción ‖ ⁓**kolonne** *f*, -säule *f* / columna *f* de extracción, torre *f* de extracción ‖ ⁓**kolonne mit Pulsation** / columna *f* de extracción con pulsación ‖ ⁓**lauge** (Hütt) / solución *f* para extracción ‖ ⁓**mittel** *n* / producto *m* de extracción, agente *m* de extracción, medio *m* extractor ‖ ⁓**mittel** (Chromatographie) / eluyente *m*, agente *m* de extracción ‖ ⁓**verfahren** *n* (Chem) / método *m* de extracción ‖ ⁓**zyklus** *m* (Brennstoff, Nukl) / ciclo *m* de extracción
extraktiv•e Destillation, Extraktivdestillation *f* / destilación *f* extractiva ‖ ~**e Kristallisation** / cristalización *f* extractiva ‖ ⁓**...** / extractivo ‖ ⁓**stoff** *m* / materia *f* extractiva
Extraktöl, Walkfett *n* (Wolle) / grasa *f* de las aguas de batanado
Extraktor *m* (Chem, Radar) / extractor *m*
Extraktwolle *f* (Tex) / regenerado *m*, lana *f* de extracción
Extranet *n* (DV) / extranet *m*
extra•ordinär (Doppelbrechung) / extraordinario ‖ ⁓**polation** *f* (Math) / extrapolación *f* ‖ ⁓**polationslänge** *f*, Extrapolationsstrecke *f* (Nukl) / distancia *f* de extrapolación ‖ ~**polieren** (Math) / extrapolar ‖ ~**polierte Grenze** (Nukl) / límite *m* extrapolado, superficie *f* límite extrapolada ‖ ~**polierte Reichweite** (Nukl) / alcance *m* extrapolado ‖ ~**polierte Zuverlässigkeit** / fiabilidad *f* extrapolada ‖ ~**schwer**, -dick / extrapesado, reforzado ‖ ~**steif** / extrarrígido ‖ ⁓**strom** *m* (Elektr) / extracorriente *f* ‖ ~**terrestrisch** (Astr) / extraterrestre ‖ ~**terrestrische Biologie** / biología *f* extraterrestre, astrobiología *f* ‖ ~**terrestrisches Leben** / vida *f* extraterrestre
extrem *adj*, äußerst / extremo ‖ ~**elliptisch** (Umlaufbahn) / altamente excéntrico ‖ ~**e Funktion** (Math) / función *f* extrema ‖ ⁓ **hohe Geschwindigkeit** / hipervelocidad *f* ‖ ⁓ **hohes Molekulargewicht** (Chem) / peso *m* molecular extremamente alto ‖ ⁓ **kurz** / extracorto ‖ ⁓ **lang** / extralargo ‖ ⁓ **monochromatisch** (Chem, Opt) / extrema[da]mente monocromático ‖ ⁓ **rasche Abkühlung** (Hütt) / enfriamiento *m* brusco ‖ ⁓ *n* / extremo *m*
Extremaleigenschaft *f* / propiedad *f* extrema
Extrem•punkt *m* **einer Kurve** (Math) / punto *m* de extremo de una curva ‖ ⁓**thermometer** *m*, Maximum-Minimum-Thermometer *n* (Phys) / termómetro *m* de máxima y mínima ‖ ⁓**thermometer** / termómetro *m* para medir temperaturas extremas ‖ ⁓**-Ultraviolett** *n* / ultravioleta *m* extremo ‖ ⁓**wert** *m*, Extrem[um] *n* (Math) / valor *m* extremo ‖ ⁓**wertberechnung** *f* / cálculo *m* de extremo ‖ ⁓**wertregler** *m* (Masch) / regulador *m* de valores límites o extremos ‖ ⁓**wertstelle** *f* (Math) / punto *m* de extremo
extrinsisch / extrínsico
Extrudat *n* (Plast) / producto *m* extruido o de extrusión, pieza *f* extruida

Extruder

Extruder *m* (Metall, Plast) / extrusionadora *f*, extrusionador *m*, extrusor *m*, extrusora *f*, prensa *f* de extrusión ‖ ⁓**mundstück** *n*, -düse *f*, Spritzmundstück *n* / tobera *f* de la extrusionadora ‖ ⁓**schnecke** *f* / husillo *m* de la extrusionadora ‖ ⁓**-Trockner** *m* / secador *m* de extrusión ‖ ~**ummantelt** (Kabel) / con envulta extrusionada
extrudierbar, spritz[press]bar (Plast) / extrusionable
Extrudierbarkeit *f*, Spritzbarkeit *f* (Plast) / extrudabilidad *f*
extrudieren *vt* (Plast) / extrusionar, extrudir, moldear a presión ‖ ⁓ *n* (Plast) / extrusionado *m*, [moldeado *m* por] extrusión
Extrusions•beschichten *n* (Plast) / recubrimiento *m* por extrusión, recubrimiento *m* con una película extrusionada ‖ ⁓**blasanlage** *f* (Plast) / instalación *f* de moldeado por extrusión y soplado ‖ ⁓**blasen** *n* / moldeado *m* por extrusión y soplado ‖ ⁓**form**, Düse *f* / hilera *f* de extrusión ‖ ⁓**formen** *n* / moldeado *m* o moldeo por extrusión ‖ ⁓**kaschieren** *n* / forrado *m* por extrusión ‖ ⁓**schweißen** *n*, Schmelzdrahtschweißen *n* mit gespritztem Zusatzdraht / soldadura *f* por extrusión, soldadura *f* con alambre de aportación extrusionado ‖ ⁓**teil** *n* / pieza *f* extrusionada ‖ ⁓**trocknung** *f* / secado *m* por extrusión
Exxon-Doner-Verfahren *n* (Bergb) / hidratación *f* [de carbón] de Exxon-Doner
Exzenter *m* (Masch) / excéntrica *f*, excéntrico *m* ‖ ⁓, Exzenterscheibe *f* (Masch) / disco *m* excéntrico ‖ ⁓**bewegung** *f* / movimiento *m* por excéntrica ‖ ⁓**bolzen** *m* / bulón *m* excéntrico ‖ ⁓**buchse** *f* (für Hubverstellung) (Presse) / buje *m* o casquillo excéntrico ‖ ⁓**bügel** *m* / collar *m* de vástago de excéntrica ‖ ⁓**dipol** *m* (Antenne) / dipolo *m* excéntrico ‖ ⁓**druckpumpe** *f* / bomba *f* impelente de excéntrica ‖ ⁓**gabel** *f* (Nähm) / horquilla *f* excéntrica ‖ ⁓**hub**, -weg *m* (Masch) / excentricidad *f* ‖ ⁓**lage** *f* / posición *f* de la excéntrica ‖ ⁓**meißel**, Erweiterungsbohrer *m* (Bergb) / trépano *m* excéntrico ‖ ⁓**nutkurve** *f* (Masch) / leva *f* de ranura excéntrica ‖ ⁓**presse** *f* / prensa *f* excéntrica ‖ ⁓**pumpe** *f* / bomba *f* de excéntrica ‖ ⁓**rad** *n* / rueda *f* excéntrica ‖ ⁓**radius**, -halbmesser *m* / radio *m* de excéntrica ‖ ⁓**-Ringpumpe** *f* / bomba *f* de anillos excéntricos ‖ ⁓**rolle** *f* / seguidor *m* de excéntrica ‖ ⁓**schaftmaschine** *f* (Tex) / maquinita *f* de lizos con excéntrica ‖ ⁓**scheibe** *f* (Masch) / disco *m* excéntrico ‖ ⁓**schneckenpumpe** *f* / bomba *f* de visinfín excéntrica ‖ ⁓**schwingsieb** *n* / criba *f* vibratoria con eje excéntrico ‖ ⁓**spannung** *f* (Wzm) / sujeción *f* o fijación por excéntrica ‖ ⁓**stange** *f* (Masch) / vástago *m* de excéntrica, biela *f* de excéntrica, barra *f* de excéntrica ‖ ⁓**tempo** *n* (Cottonm) / velocidad *f* de excéntricas ‖ ⁓**verschluss** *m* (Masch) / cierre *m* excéntrico ‖ ⁓**webstuhl** *m* (Tex) / telar *m* excéntrico ‖ ⁓**weg** *m*, -hub *m* (Masch) / excentricidad *f*, carrera *f* de la excéntrica ‖ ⁓**welle** *f* / árbol *m* de excéntrica ‖ ⁓**zapfen** *m* / muñón *m* de la excéntrica, gorrón *m* excéntrico
exzentrisch, aus dem Gleichgewicht / desequilibrado ‖ ~, mit verschiedenen Mittelpunkten, außermittig / excéntrico, descentrado ‖ ~**e Anomalie** (Astr) / anomalía *f* excéntrica ‖ ~**e Auskniсkung** (Mech) / deformación *f* excéntrica ‖ ~ **gelagert** / dispuesto excéntricamente ‖ ~**e Rundsichtdarstellung**, exzentrisches Rundsichtschirmbild (Radar) / presentación *f* panorámica descentrada ‖ ~**er Standpunkt** (Verm) / posición *f* excéntrica ‖ **stark** ~**e Umlaufbahn** (Raumf) / órbita *f* muy excéntrica
Exzentrizität *f*, Außermittigkeit *f* / excentricidad *f*, descentramiento *m* ‖ ⁓, Unwucht *f* / desequilibrio *m* ‖ ⁓ *f*, Exzenterumlauf *m* / carrera *f* de la excéntrica ‖ ⁓ **des Kerns** (Nukl) / excentricidad *f* del núcleo

Exzentrizitäts•fehler *m* (Masch) / error *m* de excentricidad ‖ ⁓**zahl** *f* (Mech) / coeficiente *m* de excentricidad, factor *m* de excentricidad
Exzess-3-Code (DV) / código *m* de exceso de tres
exzessiv / excesivo
Exziton, Exciton *n* (Phys) / excitón *m*
Eytelweinsche Formel *f* (Hydr) / fórmula *f* de Eytelwein
EZ (=Esterzahl) (Chem) / índice *m* de ester

F

f *f* (= Brennweite) (Opt) / f (= distancia focal)
f. (= für) / p. (= para)
F (zur Datensicherung) (DV) / firewall *m*
F (Phys) = Fahrenheit
F (Elektr) = Farad
F (Chem) = Fluor
F-abhängig (Eltronik) / dependiente de la frecuencia
F-Abhängigkeit *f* (DV) / dependencia *f* de estado libre
Fabric-Presse *f* (Pap) / prensa *f* fabric, prensa *f* de tela plástica
Fabrik *f*, -anlage *f*, -gebäude *n* / fábrica *f*, factoría *f* (LA), manufactura *f*, usina *f* (LA), establecimiento *m* fabril, centro *m* fabril o de fabricación ‖ ⁓... / fabril ‖ ⁓**abnehmer** *m* / constructor *m* de equipo original ‖ ⁓**abwasser** *n* / desagües *m pl* industriales ‖ ⁓ **[anlage]** *f* / fábrica *f*, instalacifón *f* fabril, planta *f* de fábrica ‖ ⁓**anschlussgleis** *n* (Bahn) / vía *f* de empalme a la fábrica
Fabrikant *m* / fabricante *m* ‖ ⁓ (von Maschinen) / constructor *m*
Fabrik•arbeiter *m* / obrero *m* industrial o de fábrica, operario *m* ‖ ⁓**arbeiter** (gelernt) / obrero *m* calificado ‖ **[ungelernter]** ⁓**arbeiter** / obrero *m* no calificado, jornalero *m*
Fabrikat, Erzeugnis *n* / producto *m*, fabricado *m*, marca *f*, artículo *m* manufacturado ‖ ⁓ *n* (Herkunftsangabe) / procedencia *f*
Fabrikation *f*, Fertigung *f* / fabricación *f*, elaboración *f* ‖ ⁓, Herstellung *f*, Erzeugung *f* / fabricación *f*, producción *f*, manufactura *f* ‖ ⁓ **im Weltraum** / fabricación *f* en el espacio
Fabrikations•..., Produktions... (Wzm) / de fabricación ‖ ⁓**anforderungen** *f pl* / exigencias *f pl* de fabricación ‖ ⁓**gang** *m* / ciclo *m* o proceso de fabricación ‖ ⁓**programm** *n* / programa *m* de fabricación, plan *m* de fabricación ‖ ⁓**stufe** *f* / etapa *f* de fabricación ‖ ⁓**verfahren** *n*, -prozess *m*, -methode, -weise *f* / método *m* de fabricación, proceso *m* o procedimiento de fabricación
fabrikatorisch / fabríl
Fabrikatsspektrum, breites ⁓ / ancha gama de fabricación
Fabrik•automation *f* / automa[tiza]ción *f* industrial ‖ ⁓**bahn** *f* (Bahn) / ferrocarril *m* industrial ‖ ⁓**besichtigung** *f* / visita *f* a la fábrica ‖ ⁓**einrichtung**, -ausstattung *f* / instalación *f* fabril o de fábrica ‖ ⁓**einstellung** *f* (Instr) / ajuste *m* en fábrica ‖ ~**fertig** / montado en [la] fábrica ‖ ~**fertig**, vorfabriziert / prefabricado ‖ ~**fertiger Installationsverteiler**, FIV (Elektr) / tablero *m* de distribución montado en fábrica ‖ ⁓**gebäude** *n* / edificio *m* de la fábrica, fábrica *f* ‖ ⁓**gelände** *n* / recinto *m* de la fábrica ‖ ~**halle** *f* / nave *f* de fábrica[ción], nave *f* industrial ‖ **ab** ⁓ **lager** / disponible en almacén de fábrica ‖ ⁓**lieferungen**, OEM-Lieferungen *f pl* / suministros *m pl* del constructor de equipo original, entregas *f pl* ‖ ⁓**marke** *f*, -zeichen *n* / marca *f* de fábrica ‖ ~**mäßig**, Fabrik... / fabril, industrial, hecho en la fábrica ‖ ~**mäßig**, von der Stange (coll) (Tex) / de confección, hecho ‖ ~**mäßig**, serienmäßig / en serie ‖ ~**mäßig herstellen** / fabricar [en serie] ‖ ~**mäßige Lackierung** / esmaltado *m* de fábrica ‖ ~**mäßige Runderneuerung** (Reifen) / reconstrucción *f* de talón a talón, recauchutaje *m* ‖ ~**neu** / recién fabricado, flamante,

nuevo de fábrica ‖ ⁓**nummer** *f*, Werksnummer *f* / número *m* de fábrica ‖ ⁓**organisation** *f* / organización *f* de fábrica ‖ ⁓**preis** *m* / precio *m* de fábrica ‖ ⁓**rübe** *f* (Zuck) / remolacha *f* [azucarera] comercial ‖ ⁓**schiff** *n* / buque-fábrica *m*, buque-factoría *m*, factoría *f* flotante ‖ ⁓**schild** *n* / placa *f* del fabricante ‖ ⁓**schornstein** *m* / chimenea *f* de fábrica ‖ ⁓**standort** *m* / ubicación *f* de la fábrica ‖ ⁓**verkauf** *m*, Werkshandel *m* (FOC) / venta *f* en la fábrica ‖ ⁓**verkaufszentrum** *n* / FOC (= Factory Outlet Center) ‖ ⁓**wasser** *n* / agua *f* de servicio general
fabrizieren *vt*, erzeugen / fabricar, producir, manufacturar
Fabry-Pérot Interferometer *n* (Phys) / interferómetro *m* Fabry-Pérot
Facette *f* (Min) / faceta *f* ‖ ⁓ (Glas) / bisel *m*
Facetten•fräsmaschine *f* (Wzm) / fresadora *f* de facetas ‖ ⁓-**Lautsprecher** *m* / altavoz *m* multicelular, altoparlante *m* multicelular (LA) ‖ ⁓**schliff** *m* (Glas) / talla *f* faceteada ‖ ⁓**verschluss**, Druckverschluss *m* (Druck) / cierre *m* por compresión, cierre *m* de planchas
facettieren *vt* (Glas) / facet[e]ar, afacet[e]ar, biselar
Facettiermaschine *f* (Opt) / máquina *f* biseladora
facettiert•es Glas ⁓ / vidrio *m* biselado ‖ ~**e [Kontroll]leuchte** / lamparita *f* piloto tipo diamante, ojo *m* de buey con vidrio facetado
Fach *n*, Brett *n* (im Schrank) (Möbel) / anaquel *m*, entrepaño *m*, balda *f* ‖ ⁓, Kastenfach / casilla *f*, cajón *m* ‖ ⁓, hölzernes Feld (Bau) / compartimiento *m*, panel *m* ‖ ⁓ (DV) / casilla *f* ‖ ⁓, Kaltfach *n* (Herd) / armario *m* frío ‖ ⁓ (Web) / calada *f*, paso *m* ‖ ⁓, Fachgebiet *n*, Lehrfach *n* / especialidad *f*, asignatura *f*, disciplina *f*, materia *f*, ramo *m*, división *f* ‖ ⁓ **einer Fachwand**, Riegelfach *n* (Zimm) / forjado *m* del entramado ‖ **das** ⁓ **bilden** (Web) / formar la calada ‖ **reines offenes** ⁓ (Web) / calada *f* abierta ‖ ⁓**arbeiter**, Spezialist *m* / obrero *m* especializado o calificado, mano *f* de obra especializada, especialista *m*, trabajador *m* especializado ‖ ⁓**aufsatz** *m* (eine Veröffentlichung) / estudio *m* científico ‖ ⁓**ausbildung** *f* (Unterricht) / formación *f* o educación profesional ‖ ⁓**ausdruck** *m* / término *m* técnico, tecnicismo *m* ‖ ⁓**ausschuss** *m* / comisión *f* de expertos ‖ ⁓**ausstellung** *f* / exposición *f* monográfica ‖ ⁓**auswahlprüfung** *f* (DV) / prueba *f* de clasificación por comparación ‖ ⁓**baum** *m* (Hydr) / borde *m* superior ‖ ⁓**berater** *m* / consejero *m* o asesor técnico ‖ ⁓**bildemaschine** *f* (Web) / máquina *f* para la formación de la calada ‖ ⁓**bildung** *f* (Web) / formación *f* de la calada ‖ ⁓**brett** *n* (Möbel) / anaquel *m* ‖ ⁓**buch** *n* / libro *m* técnico ‖ ⁓**buch**, wissenschaftliches [Taschen]buch / libro *m* científico ‖ ⁓**einstellung** *f* (Web) / ajuste *m* o reglaje de la calada
fachen *vt*, doppeln (Spinn) / doblar, reunir ‖ ⁓ *n*, Doppeln *n* (Tex) / doblado *m*, doblaje *m*
Facher *m*, Gewebeablegevorrichtung *f* (Spinn) / doblador *m*, reunidora *f*, dispositivo *m* plegador del tejido
Fächer *m* / abanico *m* ‖ ⁓ (Ventilator) / ventilador *m* ‖ ⁓**antenne** *f* / antena *f* en abanico ‖ ⁓**blende** *f* (Film) / diafragma *m* en abanico ‖ ⁓**brenner** *m*, Schnittbrenner *m* (Gas) / mechero *m* en abanico ‖ ⁓**brücke** *f* (Stahlbau) / puente *m* en abanico ‖ ⁓**einbruch** *m* (Bergb) / franqueo *m* en abanico ‖ ⁓**fenster** *n*, halbrundes Fenster (Bau) / ventana *f* semirredonda en abanico ‖ ~**förmig** / en [forma de] abanico, flabelado, flabeliforme ‖ ~**förmiger Anschnitt** (Gieß, Plast) / ataque *m* en [forma de] abanico ‖ ⁓**gewölbe** *n* (Bau) / bóveda *f* palmeada, bóveda *f* en abanico ‖ ⁓**markierungsbake** *f*, -markierungssender *m*, -funkfeuer *n* (Nav) / radiobaliza *f* [de haz] en abanico ‖ ⁓**motor**, W-Motor *m* / motor *m* con cilindros dispuestos en abanico

fächernd

fächernd, stark ~ (Prisma) / de alta dispersividad, de gran poder dispersivo
Fächer•scheibe f (Masch) / arandela f de abanico ‖ ⁓**scheibe** [außen- o. innengezahnt] (DIN 6798) / arandela f de frenado dentellado ‖ ⁓**strahlmundstück** n / lanza f de abanico ‖ ⁓**struktur** f (Geol) / estructura f en abanico
Fächerung f, Fanning n (Eltronik) / desplegamiento m en abanico
Fächerwaage f (Mess) / balanza f con escala de abanico
Fach•gebiet n, Spezialgebiet n / ramo m especial, especialidad f ‖ ⁓**gebiet**, Gebiet n (Wissenschaft) / campo m científico ‖ ~**gemäß** / conforme a la especialidad o a las reglas [de arte] ‖ ⁓**geschäft** n / tienda f especializada ‖ ⁓**gestell**, -regal n (Möbel) / estante m ‖ ⁓**grundspezifikation** (CENEL) / especificación f genérica ‖ ⁓**gruppe** f / grupo m profesional ‖ ⁓**hochschule** f / escuela f técnica superior ‖ ⁓**höhe** f (Web) / profundidad f de la calada ‖ ⁓**ingenieur** m / ingeniero m especializado ‖ ⁓**ingenieur für Nukleartechnik** / ingeniero m nuclear ‖ ⁓**kenntnisse** f pl / conocimientos m pl técnicos o especiales ‖ ⁓**können** n, Fertigkeit f / habilidad f ‖ ⁓**kräfte** f pl, -arbeiter m pl / obreros m pl especializados, mano f de obra especializada, personal m especializado o técnico ‖ ⁓**kreuzspule** f (Spinn) / bobina f cruzada ‖ ⁓**kreuzspulmaschine** f / reunidora f de cruzado rápido ‖ ⁓**kunde** f / conocimientos m pl especiales ‖ ⁓**kunde** (als Unterrichtsfach) / teoría f de la materia ‖ ~**kundig** / competente, perito, experto, entendido ‖ ⁓**kurs** m, -lehrgang m / curso m o cursillo monográfico ‖ ⁓**leute** pl, Fachkräfte f pl / técnicos m pl, especialistas mpl ‖ ~**lich** / profesional, técnico, especial[izado] ‖ ⁓**literatur** f / literatura f técnica o especial ‖ ⁓**mann** m (pl: -leute), Mann m vom Fach / técnico m en la especialidad o materia, perito m, especialista m, profesional m ‖ **technischer** ⁓**mann**, Spezialist m / experto m, perito m técnico ‖ ⁓**mann/frau** m f **für Lithoüberdrucke** / reportista m/f ‖ ~**männisch**, sachverständig / experto, competente, profesional, del ramo ‖ ~**männisch** (Ausführung, Arbeit) / hecho con pericia ‖ ⁓**maschine** f (Spinn) / dobladora f, reunidora f, máquina f de doblar ‖ ⁓**messe** f / feria f especializada o monográfica, salón m monográfico ‖ ⁓**presse** f (Druck) / prensa f especializada o técnica, prensa f profesional o científica ‖ ⁓**regal**, -gestell n (Möbel) / estante m con casillas ‖ ⁓**richtung** f / especialidad f ‖ ⁓**schule** f / escuela f de peritaje, escuela f especializada o profesional ‖ **technische** ⁓**schule** / escuela f técnica, escuela f técnico-profesional ‖ ⁓**schul-Ingenieur** m / ingeniero m graduado ‖ ⁓**sprache** f / lenguaje m técnico o profesional, terminología f técnica ‖ ⁓**spulmaschine** f (Spinn) / bobinadora f plegadora ‖ ⁓**studium** n, -richtung f / estudios m pl especiales o profesionales, especialidad f ‖ ⁓**tagung** f / reunión f de especialistas ‖ ~**übergreifend** / interdisciplinario
Fachung f, Dopplung f (Garn, Spinn) / doblado m [de cabos]
Fach•verband m (Beruf) / asociación f profesional ‖ ⁓**wand** f (Bau) / entramado m ‖ **ausgemauerte** ⁓**wand** (Bau) / entramado m rellenado con ladrillos ‖ ⁓**wechsel** m (Web) / cambio m de calada ‖ ⁓**weife** f (Spinn) / aspa f dobladora o reunidora ‖ ⁓**weite** f (Web) / abertura f de calada ‖ ⁓**welt** f / mundo m técnico
Fachwerk n (Bau, Holz) / entramado m ‖ ⁓ (Stahlbau) / celosía f ‖ ⁓, Bind[e]werk n (Bau) / forjado m ‖ **engmaschiges** ⁓ / celosía f tupida ‖ ⁓**ausbau** m (Bergb) / entibación f armada ‖ ⁓**ausleger** m (Kran) / pescante m de o en celosía, pluma f de celosía ‖ ⁓**balkenbrücke** f (Bau) / puente m de vigas en celosía ‖ ⁓**binder** m, -balken m / viga f de celosía ‖ ⁓**bogen** m / arco m de celosía o entramado ‖ ⁓**bogenbrücke** f / puente m en arco de celosía o entramado ‖ ⁓**brücke** f / puente m de celosía ‖ ⁓**-Drehgestell** n (Bahn) / bogie m [armado] de celosía ‖ ⁓**hängebrücke** f (Bau) / puente m colgadizo de celosía ‖ ⁓**knoten** m (Brücke) / nudo m de entramado ‖ ⁓**pfette** f (Bau) / correa f de entramado
Fachwerksbau m / construcción f en entramados
Fachwerkstab m (Stahlbau) / barra f de celosía
Fachwerkswand f, -zwischenwand f (Bau) / pared f entramada
Fachwerkträger m / viga f en celosía
Fach•wissen n, -kenntnisse f pl / conocimientos m pl profesionales o técnicos ‖ ⁓**wissenschaft** f / especialidad f científica ‖ ⁓**wort** n / término m técnico ‖ ⁓**wörterbuch** n (Druck) / diccionario m especial[izado] ‖ ⁓**wörterbuch der Technik** / diccionario m técnico ‖ ⁓**zeitschrift** f / revista f especial[izada], revista f técnica ‖ ⁓**zugfeder** f (Tex) / muelle m tiralizos ‖ ⁓**zwirnen** n (Spinn) / retorcido m ‖ ⁓**zwirnmaschine** f (Spinn) / dobladora-retorcedora f, reunidora-retorcedora f
Fackel f (allg) / antorcha f, tea f, blandón m, hacha f ‖ ⁓ (Öl) / quemador m del gas sobrante, antorcha f ‖ ⁓**feld** n (Sonne) (Astr) / fácula f ‖ ⁓**gas** n (Öl) / gas m sobrante ‖ ⁓**rohr** n (Raffinerie) / tubo m para gas sobrante
façonniert, fassoniert (Web) / con dibujos
FAD (Chem, Med) = Flavin-Adenin-Dinucleotid
Fädelmaschine f (Tex) / máquina f enhebradora
fädeln vt, ein-, auffädeln / enhebrar
Fädel•speicher m (DV) / memoria f por conexionado ‖ ⁓**wicklung** f (Elektr) / arrollamiento m bobinado
Faden m (allg, Tex) / hilo m, hebra f ‖ ⁓, Faser f / fibra f ‖ ⁓ (Glühlampe) / filamento m ‖ ⁓, Nähfaden m (Tex) / hilo m de coser ‖ ⁓, Stromfaden m (Luftf) / hilo m de corriente ‖ ⁓, Zwirn m, Garn n (Tex) / hilo m torcido, hilado m ‖ ⁓ (= 6 Fuß = 1,8287 m) (veraltet) (Schiff / braza f ‖ **[gesponnener]** ⁓ (Spinn) / hilo m hilado [en fino]
Faden•absaugung f (Vorgang) (Spinn) / aspiración f de hilos ‖ ⁓**absaugung** (Teil d. Masch.) / [caja] f colectora de hilos aspirados ‖ ⁓**abschneider** m (Tex) / cortador m de hilos ‖ ⁓**anfang** m (Tex) / cabo m del hilo ‖ ⁓**anleger** m (Web) / engarzahilos m, anudador m ‖ ⁓**anzugshebel** m (Nähm) / palanca f compensadora ‖ ⁓**aufhängung** f (Phys) / suspensión f por fibra o hilo ‖ ⁓**aufhängung mit eingeschalteter Spannfeder** / suspensión f por hilo y resorte ‖ ⁓**auge** n (Web) / ojal m para el (o del) hilo ‖ ⁓**auge**, Schützenauge n / ojal m de la lanzadera ‖ ⁓**bakterien**, Seidenbakterien f pl (Zool) / clamidobacterias f pl ‖ ⁓**ballon** m, -bauch m (Spinn) / balón m de hilo ‖ ⁓**band** m (Spinn) / cinta f de hilo ‖ ⁓**behälter** m, -kasten m / portahilos m ‖ ⁓**brecher** m (Spinn) / aparato m de corta-uniones ‖ ⁓**bremse** f (Webschützen) / dispositivo m tensor de la lanzadera, freno m del hilo ‖ ⁓**bruch** m (Spinn) / rotura f del hilo ‖ ⁓**bruch** (Gewebefehler) (Web) / error m de rotura ‖ ⁓**bruch-Absauger** m (Tex) / aspirador m de hilos rotos, colector m de hilos rotos ‖ ⁓**bruchzahl** f (Tex) / número m de hilos rotos ‖ ⁓**dehnung** f im Gewebe (Tex) / alargamiento m del hilo ‖ ⁓**dichte** f von Geweben / densidad f de los hilos en tejidos, cuenta f de los hilos, cuenta f de hilos ‖ ⁓**diopter** n, -visiervorrichtung f (Opt) / pínula f de hilos cruzados ‖ ⁓**einkreuzung** f (Web) / cruzamiento m de los hilos ‖ ⁓**einleger** m (Web) / enhebrador m ‖ ⁓**einzug** m (Web) / remetido m [de los hilos] ‖ ⁓**elektrometer** n (hist.) (Phys) / electrómetro m de hilo ‖ ⁓**ende** n (Tex) / cabo m de hilo ‖ ⁓**entfernungsmesser** m (Opt) / telémetro m de hilos, distanciómetro m de hilos ‖ ⁓**evolvente** f / evolvente f de hilo ‖ ⁓**fangvorrichtung** f, -wächter m (Web) / para-tramos m ‖ ⁓**fehler** m (Thermometer) / error m del filamento ‖ ~**förmig**, -ähnlich, -artig /

filiforme, filamentoso ‖ ~**fühler** m (Web) / pulsador m del hilo ‖ ~**führer**, -leiter m (Spinn) / guía-hilo m, guiahilos m ‖ ~**führer** m, -leiter m (Seidenspinn) / pasahilos m ‖ ~**führergleitschiene** f (Wirkm) / barra f de deslizamiento del guiahilos ‖ ~**führer[halter]** m (Web) / soporte m del guiahilos, porta-guiahilos m ‖ ~**führerhaltestange** f (Spinn) / barra f sustentadora del guiahilos ‖ ~**führerklappe** f (Web) / plancheta f del guiahilos ‖ ~**führer[ring]** m (Tex) / anillo-guía m ‖ ~**führerschlauch** m / tubo m [flexible] de guiahilos ‖ ~**führungsrolle** f (Tex) / rodillo m guíahilo ‖ ~**geber**, -hebel m (Nähm) / entrega-hilo m, mecanismo m alimentador del hilo ‖ ~**geber** m (Schärmaschine) / alimentador m de hilo ‖ ~**gehalt** m **des Kokons** / contenido m de fibra en el capullo ‖ ~**gerade** / perpendicular ‖ ~**gezwickt** (Schuh) / de ejecución "stitched down" ‖ ~**glas** n, Filigranglas n / vidrio m de filigrana[s] ‖ ~**heftmaschine** f (Druck) / cosadora f con hilos o de los libros ‖ ~**hygrometer** n (Phys) / higrómetro m capilar ‖ ~**kathode** f (Eltronik, Funk) / cátodo m filiforme, cátodo m de calentamiento directo ‖ ~**klauber** m (Tex) / máquina f para separar los hilos duros ‖ ~**kluppe** f (Tex) / dispositivo m de pinzado del hilo ‖ ~**knüpfer** m (Arbeiter, Web) / anudador m ‖ ~**kochen** n (Zuck) / cocción f hasta madejas ‖ ~**korrektur** f (Instr, Phys) / corrección f de filamento ‖ ~**korrosion** f / corrosión f filigrana ‖ ~**kreuz** n (Opt) / retículo m [de líneas cruzadas], cruz f reticular ‖ ~**kreuz** (Web) / cruz f, encruzamiento m ‖ ~**kreuzcursor** m (DV, Eltronik) / cursor m reticulado ‖ ~**kreuzeinlesemaschine** f (Tex) / máquina f para hacer la cruz ‖ ~**kreuzsystem** n (Opt) / sistema m de retículo ‖ ~**kreuzung** f (Web) / encruzamiento m, cruzado m de hilos ‖ ~**kristall** m, Whisker m (Min) / cristal m filiforme, triquita f ‖ ~**lage** f (Spinn) / capa f de hilos ‖ ~-**Laminat** n (Plast) / laminado m de hilo[s] ‖ ~**legung** f (Tex) / disposición f del hilo ‖ ~**leiter** m (Seide) / guía-hilos m, arañero m ‖ ~**lieferung** f, -zufuhrung f (Spinn) / alimentación f del hilo ‖ ~**lötzinn** n (Eltronik) / soldadura f [de estaño] filiforme ‖ ~**lunker** m (Hütt) / poro m filiforme ‖ ~**mantel** m (Spinn) / superficie f del hilo ‖ ~**mikroskop** m (Opt) / microscopio m de hilo ‖ ~**molekül** n (Chem) / molécula f filiforme ‖ ~**netz** n (Astr) / retículo m ‖ ~**nut** f (Webschützen) / ranura f de hilo ‖ ~**öffner** m, Garnettmaschine f (Spinn) / abridora f garnett ‖ ~**öffnung** f, Fach n (Web) / calada f ‖ ~**öse** f, -öhr n (Tex) / ojete m para hilo ‖ ~**parallelspulmaschine** f / bobinadora f paralela para hilos ‖ ~**pilz** m (Bot) / hongo m hifomiceto ‖ **zur** ~**probe kochen** (Zuck) / cocer hasta madejas ‖ ~**rapport** m (Web) / repetición f ‖ ~**regulierung** f (Tex) / regulación f del hilo, enderezamiento m del hilo ‖ ~**reiniger** m (Spinn) / limpiahilos m, purgador m de hilos ‖ ~**reißer** m (für Abfall) (Spinn) / deshilachador m de hilos ‖ ~**reiter** m (Tex) / caballete m ‖ **in** ~**richtung** (Kette o. Schuss) / en sentido del hilo (urdimbre o trama) ‖ ~**rinne** f (Webschützen) / ranura f de hilo ‖ ~**rinne** (Nähm.), Rinne f der Nadel (Tex) / ranura f de la aguja ‖ ~**riss** m, -bruch m (Tex) / rotura f de hilo ‖ ~**rolle** f (Tex) / carrete m de hilo ‖ ~**rückholer** m (Tex) / recogedor m [del hilo] ‖ ~**rücklauf** m / retroceso m del hilo ‖ ~**rückzugeinrichtung** f (Tex) / dispositivo m de retroceso ‖ ~**rückzugsdraht** m (Tex) / alambre m retrocesor ‖ ~**scheibe** f, Baumscheibe f (Web) / disco m del plegador ‖ ~**scheinig** (Schuh), deshilachado, raído ‖ ~**scheinig werden** (Web) / deshilacharse ‖ ~**schleier** m, -bauch m (Spinn) / balón m de hilo ‖ ~**schleife** f (Fehler, Seide) / ojal m del hilo ‖ ~**schlieere** f (i.Glas) / burbuja f o estría filiforme ‖ ~**schlinge** f, Nadelmasche f (Tex) / bucle m del hilo ‖ ~**schlupf** m / resbalamiento m del hilo ‖ ~**schneider** m (Web) / corta-hilos m ‖ ~**schoner** m (Tex) / dispositivo m para preservar el hilo ‖ ~**sonde** f (Strömungslehre) / sonda f de hilo ‖ ~**spanner** m, -spannung f (Nähm) / tensor m del hilo ‖ ~**spannung** f / tensión f del hilo ‖ ~**spule** f, Kops m / bobina f de hilo ‖ ~**strahl** m, gaskonzentrierter Elektronenstrahl (Phys) / chorro m electrónico concentrado ‖ ~**strecke** f **in der Bindung**, Fadenweg m (Tex) / trayectoria f del hilo ‖ ~**teiler** m (Web) / divisor m de hilo ‖ ~**teilstange** f (Web) / barra f separadora ‖ ~**thermometer** n (Phys) / termómetro m capilar ‖ ~**trenner**, Separator m (Tex) / separador m de hilos ‖ ~**umgang** m / vuelta f de aspa ‖ ~**verdickung** f (Fehler, Web) / engrosamiento m de hilos ‖ ~**verkreuzung** f (Web) / cruzado m de [los] hilos, encruzamiento m ‖ ~**vorspannung** f (Tex) / tensión f inicial del hilo ‖ ~**wächter** m, -fangvorrichtung f (Web) / [dispositivo] m guardahilo ‖ ~**wächter der Spulmaschine** (Tex) / guardahilo ‖ ~**wächter der Zwirnmaschine**, Bandabsteller m (Tex) / mecanismo m de disparo ‖ ~**wächternadel** f (Web) / aguja f guardahilo ‖ ~**werg** n / estopa f de hilos ‖ ~**wickelverfahren** n (Tex) / procedimiento m de arrollamiento de hilos ‖ ~**widerstand** m / resistencia f del filamento ‖ ~**windung** f (Spinn) / espira f de hilo ‖ ~**zahl** f (Web) / número m de hilos ‖ **mit niedriger** ~**zahl** (Gewebe) / de bajo número de hilos ‖ ~**zähler** m, Weberglas n (Web) / cuentahilos m ‖ ~**zeiger** m (Messinstr) / indicador m en forma de hilo ‖ ~**ziehen** / hacer madejas ‖ ~**ziehen** n (Kunstseide) / formación f de hebras ‖ ~**ziehend** / filamentoso, hebroso, que hace madeja ‖ ~**ziehverfahren** n (Glas) / método m de elongación de fibra ‖ ~**zubringer** m (Tex) / alimentador m de hilo, alimentahilos m, regulador m de hilo ‖ ~**zuführungsgetriebe** n / mecanismo m alimentador del hilo ‖ ~**zugkraftmesser** m / medidor m de la fuerza de la tracción de hilo ‖ ~**zugregler** m (Nähm.) (Tex) / regulador m de la tensión o tracción del hilo

Fadeometer n, Lichtechtheitsprüfer m (Chem) / fadeómetro m

Fader m, Überblendregler m (Audio) / fáder m

Fading n (Radio) / desvanecimiento m, fading m ‖ ~ (Foto, Signal) / atenuación f, debilitamiento m ‖ ~ (Bremsen) / aflojamiento m del frenado ‖ ~-**Hexode** f (Eltronik) / hexodo m de desvanecimiento ‖ ~-**in** n, Einblenden n (Akust, Opt) / aparición f gradual ‖ ~-**[Misch]hexode** f (Eltronik) / conversor m de frecuencia triodo-héxodo ‖ ~-**out** n, Ausblenden n (Akust, Opt) / debilitamiento m progresivo, desvanecimiento m

FAG, Fernmeldeanlagengesetz n / Ley f de Instalaciones de Telecomunicación

fähig [zu] / capaz [de], hábil, apto, idóneo

Fähigkeit f / capacidad f, poder m ‖ ~ (geistig) / facultad f ‖ ~, Geeignetsein n / aptitud f, idoneidad f ‖ ~, Geschicklichkeit f / habilidad f

fahl, bleich, farblos / pálido ‖ ~**band** n (Geol) / fahlbanda f ‖ ~**erz** n, Kupferfahlerz n (Min) / tetraedrita f, fahlerz m, cobre m gris ‖ ~**gelb** / amarillo pálido, amarillento ‖ ~**leder** n, Schaftleder n (Gerb) / cuero m de obra ‖ ~**rot** / leonado

Fahne f, Anhänger m / etiqueta f colgante, banderilla f ‖ ~, Aufhängefahne, -nase f (Akku) / talón m de suspensión ‖ ~ (Instr) / paleta f ‖ ~, Fahnenziehen n (TV) / imagen f falsa o espuria ‖ ~ (Abzug) (Druck) / galerada f, prueba f

Fahnen•anschluss m, -schuh m (Widerstand) / zapata f de conexión ‖ ~**bildung** f (Foto) / nublado m ‖ ~**korrektur** f, Korrekturlesen n (Druck) / corrección f de galerada ‖ ~**magnetron**, Stegmagnetron n (Elektr) / magnetrón m de aletas ‖ ~**presse** f (Druck) / prensa f para galeradas ‖ ~**stellung** f (Lufft, Propeller) / paso m de embanderado, paso m de puesta en bandera ‖ ~**stoff**, Flaggenstoff m (Tex) / tela f para banderas

Fahr•antrieb, -mechanismus m (Masch) / accionamiento m o mecanismo de traslación o de avance ‖

≃**antrieb-Getriebe** n / engranaje m motorreductor, órgano m de traslación motorreductor ‖ ≃**anzug** m (Bergb) / traje m del minero ‖ ≃**arm** m **des Planimeters** (Geom) / brazo m móvil o trazador del planímetro ‖ ≃**aufnahme** f (Film) / panorámico f ‖ ≃**ausweis** m (Bahn) s. Fahrkarte
Fahrbahn f, -damm m (Straßb) / calzada f, piso m, vía f de tráfico ‖ ≃, Richtungsfahrbahn f (Straßb) / carril m, faja f, trocha f, (localismos:) carrilera f, callejuela f ‖ ≃ f **einer Brücke** / tablero m de un puente ‖ **zwei dreispurige** ≃**en** / dos calzadas de tres carriles ‖ **zwei getrennte** ≃**en** (Straßb) / dos carriles separados ‖ ≃**begrenzungslinie** f / línea f o raya demarcadora de la calzada, línea f o raya lateral blanca o amarilla ‖ ≃**belastung** f (Brücke) / carga f del tablero ‖ ≃**beleuchtung** f (Verkehr) / iluminación f de calzada ‖ ≃**decke** f, -tafel f, -belag m (Straßb) / revestimiento m de la calzada, capa f de cubierta, firme m ‖ ≃**entwässerung** f (Brücke) / drenaje m del tablero ‖ ≃**kabelschacht** m (Fernm) / pozo m de visita [en la calzada] ‖ ≃**kontakt** m (Kfz) / contacto m con el firme ‖ ≃**markierung** f (Verkehr) / señalización f horizontal ‖ ≃**platte**, -tafel f (Brücke) / losa f, plancha f, plataforma f, elemento m del tablero ‖ ≃**rand** m (Straßb) / borde m de la carretera, arcén m ‖ ≃**rost** m, -**grippe** n (Brücke) / esqueleto m del tablero ‖ ≃**stoß** m (Straßb) / sacudida f proveniente de la calzada o carretera, choque m por las irregularidades del camino ‖ ≃**teiler** m (Straßb) / islote m divisor de la calzada ‖ ≃**träger** m (Brücke) / viga f sustentadora del tablero ‖ ≃**verengung** f (Straßb) / estrechamiento m de calzada ‖ ≃**verengung!** (Warnschild) / ¡calzada estrecha! ‖ ≃**wechsel** m (Verkehr) / cambio m de carril
fahrbar, mit Rädern / sobre ruedas ‖ ≃, transportabel / transportable, portátil ‖ ≃, ortsveränderlich / móvil ‖ ≃, befahrbar (Weg) (Kfz) / transitable, viable ‖ ≃**er** (o. **transportabler) Bandförderer**, fahrbares Förderband (Förd) / cinta f transportadora móvil ‖ ≃**e Bohranlage** (Öl) / perforadora f sobre remolque ‖ ≃**e** (o. **tragbare) Bohrmaschine** (Wzm) / taladradora f portátil ‖ ≃**e Brückenwaage** / báscula f de plataforma móvil ‖ ≃**e Funkstation**, -stelle f (Eltronik) / estación f móvil ‖ ≃**es Gerät** (o. Montagegestell) (als LKW-Anhänger geeignet) (Kfz) / gato m rodante, plataforma f sobre ruedas ‖ ≃**es Gerüst** / andamio m móvil o corredizo o ambulante ‖ ≃**e Leiter**, Roll-Leiter f (Bahn) / escalera f rodante ‖ ≃**er Portalkran** (Förd) / grúa f de portico móvil ‖ ≃**es Schweißaggregat** / instalación f móvil de soldadura ‖ ≃**es Unterwerk** (Elektr) / subestación f móvil, usina f rodante (LA) ‖ ≃**e zahnärztliche Behandlungseinheit** / móvil m odontológico
Fahr•benzin n (Kfz) / gasolina f para vehículos motorizados (E), nafta f para vehículos motorizados (LA) ‖ ≃**bereich** m, -**strecke** f (Kfz) / radio m de acción, área f de circulación, autonomía f ‖ ≃**bereich** (eines Triebfahrzeugs) (Bahn) / autonomía f ‖ ~**bereit** (Kfz) / en disposición para salir, listo para rodar o para salir, dispuesto para salir ‖ ≃**bereitschaft** f (Kfz) / parque m móvil ‖ **elektrischer** ≃**betrieb** (Bahn) / tracción f eléctrica ‖ ≃**bewegung** f (Masch) / movimiento m de traslación ‖ ≃**bildanzeiger** m (Seilb) / indicador m de la posición de la cabina
Fähr•boot n s. Fähre ‖ ≃**bootwagen** m (Bahn) / vagón m de ferry-transbordador
Fahrbremse f (Kfz, Masch) / freno m de servicio o de maniobra
Fährbrücke f / puente f transbordador
Fahr•buch n (Bergb) / libro m de control ‖ ≃**bühne** f (Bergb, Masch) / plataforma f móvil ‖ ≃**bühne** (Aufzug) / plataforma f del montacargas ‖ ≃**damm** m (Straßb) / calzada f, arroyo m ‖ ≃**detektor** m (Nukl) / detector m móvil ‖ ≃**dienstleiter** m (Bahn) / jefe m de circulación, jefe m de estación ‖ ≃**dienstvorschriften** f pl, FV (Bahn) / reglamentos m pl de la circulación ‖ ≃**dieselmotor** m (Bahn) / motor m Diesel de tracción
Fahrdraht m (Bahn) / línea f de contacto, catenaria f, hilo m de contacto ‖ ≃**abspannung** f (Vorrichtung) / dispositivo m tensor del hilo de contacto ‖ ≃**aufhängung** f (Bahn) / suspensión f de la línea de contacto ‖ ≃**bügel** m (Bahn) / arco m de toma de corriente ‖ ≃**fernsprecher** m / teléfono m por el hilo de contacto ‖ ≃**grubenlokomotive** f (Bergb) / locomotora f eléctrica de minas con trole ‖ ≃**hänger** m, Hängerklemme f (Bahn) / péndola f de catenaria ‖ ≃**klemme** f (Bahn) / pinza f del hilo de contacto ‖ ≃**kreuzung** f (Bahn) / aguja f aérea ‖ ≃**lokomotive** f / locomotora f trole o troley ‖ ≃**schutzbereich** m (Bergb) / zona f de seguridad del trole ‖ ≃**-Seitenhalter** m (Bahn) / brazo m de atirantado ‖ ≃**spanner** m / elemento m tensor para hilo de contacto ‖ ≃**[stoß]klemme** f (Bahn) / grifa f de unión ‖ ≃**weiche** f, Luftweiche f / aguja f aérea
Fahrdynamik f (Bahn, Kfz) / dinámica f de movimiento de los vehículos ‖ ≃**regelung** f (FDR) / ESP (= electronic stability program)
Fähre f, Fährschiff n / ferry-boat m, [barco] transbordador m (E), ferro m barco (LA) ‖ ≃ (eine Art F. für Autos) (Schiff) / buque m canguro
Fahr•eckhalbmesser m (Schiene) (Bahn) / radio m del borde de rodadura ‖ ≃**eigenschaft** f (Kfz) / propiedad f de marcha, característica f de conducción ‖ ≃**eigenschaften** f pl, Straßenlage f (Kfz) / cualidades f pl de marcha
fahren vt (Fahrzeuge), lenken, steuern / guiar, pilotar, conducir, manejar (LA) ‖ ~, befördern / transportar, llevar, acarrear ‖ ~, schieben / empujar ‖ ~ (Anlage) / operar (una planta industrial) ‖ ~ (Programm) (DV) / operar un programa ‖ ~ vi (von Fahrzeugen) / marchar, rodar ‖ ~ (im Wagen) / ir o andar (en coche, en tren, en barco), viajar [en] ‖ ~ (Schiff) / navegar ‖ ~ (Bergb) / andar ‖ ~, auffahren (Bergb) / subir ‖ ~, einfahren (Bergb) / bajar ‖ ~, Kurs halten / singlar ‖ **eine Kurve** ~ / virar, hacer un viraje, tomar una curva ‖ **mit voller Kraft** ~ / ir a toda velocidad ‖ **über einen Fluss** ~ / atravesar un río ‖ **[zu] schnell** ~ (Kfz) / rebasar la velocidad admisible ‖ ≃ n (Bahn) / circulación f, marcha f ‖ ≃ (Kfz) / conducción f ‖ ≃, Fahrung f (Bergb) / movimiento m subterráneo [a pie] ‖ ≃ **auf Sicht** (Bahn) / explotación f en régimen de maniobra, explotación f con marcha a vista ‖ ≃ **im Freilauf** (Kfz) / marcha f con rueda libre ‖ ≃ **im Leerlauf** (Kfz) / marcha f en régimen desembragado ‖ ≃ **mit [Wohnwagen-]Anhänger** / caravaning m
fahrend (Zug) / en marcha ‖ ~**er Fensterflügel** (Bau) / marco m móvil
Fahrenheitskala f (Phys) / escala f [de] Fahrenheit
Fahrer m, Kraftfahrer m (Kfz) / conductor m, automovilista m, motorista m, chófer m ‖ ≃ (Flurförderer) / conductor m, operario m, tractorista m ‖ **mit** ≃, handgesteuert (Flurförderer) / con conductor, operado a mano ‖ ≃**assistenzsystem** n (Kfz) / sistema m asistente al conductor ‖ ≃**betätigung** f (Bremse) / control m por el conductor, accionamiento m por el conductor ‖ ≃**boden** m (Kfz) / piso m de la cabina del conductor ‖ ≃**-Bremsweg** m (Kfz) / distancia f de parada del conductor ‖ ≃**fernes Vorderrad** / rueda f delantera derecha (conducción a la izquierda) ‖ ≃**fußraste** f (Motorrad) / apoyapies m ‖ ≃**haus** n (Kfz) / cabina f del conductor ‖ ≃**haus neben o. vor dem Motor** (Nutzfahrzeuge) / cabina f avanzada ‖ ≃**kanzel** f (Lok) (Bahn) / cabina f del maquinista
Fahrerlaubnis f (Kfz) / permiso m de conducir, licencia f de conducir, carnet m de chófer
fahrer•los / sin conductor ‖ ≃**luke** f (Kfz, Mil) / escotilla f del conductor ‖ ≃**sitz** m / asiento m del conductor ‖ ≃**stand** m / puesto m del conductor ‖ ≃**tür** f (Kfz) / puerta f del conductor

Fahrschalthebel

fahr•fertig, -bereit / dispuesto para salir o rodar ‖ ⁓**fläche** f (Schiene) / superficie f de rodadura ‖ ⁓**gast** m / ocupante m, pasajero m ‖ ⁓**gastabteil** n (Bahn) / compartimiento m [de los pasajeros] ‖ ⁓**gastbrücke** f (Luftf) / pasarela f, puente m de pasajeros ‖ ⁓**gastfluss** m (Bus) / entrada f y salida de los pasajeros ‖ ⁓**gastraum** m (Pkw) / habitáculo m, célula f para pasajeros, cabina f ‖ ⁓**gastschiff** n / buque m de pasaje[ros] ‖ ⁓**geräusche** npl (Kfz. etc.) / ruidos m pl de (o durante la) marcha ‖ ⁓**gerüst** n (Bau) / andamio m sobre ruedas ‖ ⁓**geschwindigkeit** f (Fahrzeuge) / velocidad f de marcha ‖ ⁓**geschwindigkeit** (Kran etc.) / velocidad f de traslación
Fahrgestell n (Luftf) / tren m de aterrizaje ‖ ⁓, Fahrwerk n, Chassis n (Kfz) / chasis m, tren m de rodaje ‖ ⁓ n, Untergestell n (Bahn, Masch) / bastidor m [de ruedas], cuadro m, bogie m ‖ ⁓ (Kran) / carro m de grúa ‖ **das** ⁓ **einfahren** (Luftf) / retraer o replegar el tren de aterrizaje ‖ **das** ⁓ **herunterlassen** (o. ausfahren) (Luftf) / hacer salir el tren de aterrizaje ‖ **einziehbares** ⁓ (Luftf) / tren m de aterrizaje replegable o retráctil o escamotable ‖ ⁓**bein** n / pata f del tren de aterrizaje ‖ ⁓**-Einziehsperre** f (Luftf) / fiador m del tren replegado ‖ ⁓**gewicht** n **ohne alles** (Kfz) / peso m del chasis desnudo ‖ ⁓**nummer** f (Kfz) / número m de chasis ‖ ⁓**rad** n (Luftf) / rueda f [del tren] de aterrizaje ‖ ⁓**rahmen** m (Kfz) / bastidor m del chásis ‖ ⁓**raum** m (Luftf) / espacio m o alojamiento del tren de aterrizaje ‖ ⁓**verkleidung** f (Luftf) / carenado m del tren de aterrizaje ‖ ⁓**verriegelung** f (Luftf) / fiador m de subida y bajada del tren
Fahr•handhebel m (Kfz) / acelerador m manual ‖ ⁓**hauer** m (Bergb) / capataz m facultativo ‖ ⁓**hebel** m (Bahn) / palanca f de velocidad o de maniobra ‖ ⁓**kante** f **von Schienen** (Bahn) / borde m de rodadura, cara f de guiado ‖ ⁓**karte** f, -ausweis m / billete m, ticket m, boleto m (LA), boletín m (CUBA) ‖ ⁓**karte** s. auch Fahrschein ‖ ⁓**kartenautomat** m, -ausweisautomat m / expendedora f de billetes, máquina f billetera, distribuidor m automático de billetes, boletero m automático (LA) ‖ ⁓**kartendruckmaschine** f (Bahn) / máquina f para imprimir billetes o boletos, impresor m de billetes ‖ ⁓**kartenschalter** m, -kartenausgabe f (Bahn) / taquilla f de billetes, despacho m de biletes, boletería f (LA) ‖ ⁓**kilometer** m pl / kilómetros m pl recorridos, kilometraje m recorrido ‖ ⁓**komfort** m (Kfz) / confort m de marcha o de viaje ‖ ⁓**korb** m, Aufzugskabine f (Förd) / cabina f del ascensor, jaula f del montacargas ‖ ⁓**korbträger** m (Aufzug) / elemento m suspensor de la cabina ‖ ⁓**kran** m (Förd) / grúa f móvil osobre ruedas ‖ ⁓**kultur** f (Kfz) / cultura f al volante ‖ ⁓**kunst** f, fahrerisches Können (Kfz) / habilidad f al volante ‖ ⁓**kunst** (historisch) (Bergb) / escaler[ill]as f pl mecánicas ‖ ⁓**kurbel** f (Bahn) / manivela f de maniobra ‖ ⁓**lader** m, Ladeschaufel f (Bau) / cargador m móvil, cargador m frontal, pala f mecánica ‖ ⁓**lader** (Bergb) / montacargas m sobre ruedas ‖ ⁓**lehrer** m (Kfz) / profesor m de autoescuela, instructor m
Fährleichterschlepper m (Schiff) / remolcador-gabarra m
Fahrleistung f (Bahn, Mot) / prestación f kilométrica
Fahrleitung f (Bahn) / línea f de contacto, hilo m de contacto, catenaria f ‖ ⁓ **mit Doppeltragseil** (Bahn) / catenaria f doble
Fahrleitungs•... s. auch Fahrdraht... ‖ ⁓**joch** n (Bahn) / pórtico m soporte de catenaria ‖ **biegsames** ⁓**joch**, Querseilaufhängung f (Bahn) / pórtico m flexible o funicular, soporte m de catenaria transversal ‖ ⁓**mast** m (Bahn) / soporte m de catenaria, poste m o mástil de la línea de contacto ‖ ⁓**omnibus** m, O[berleitungsomni]bus m / trolebús m, filobús m, omnibús m de trole ‖ ⁓**-Querverspannung** f (Bahn) / arriostramiento m transversal de la línea de contacto ‖ ⁓**system** n (Bahn) / sistema m de catenaria ‖ ⁓**-Untersuchungswagen** m, Regelturmtriebwagen m / vehículo m automotor de inspección de catenaria[s]
Fahr•licht n, Abblendlicht n (Kfz) / luz f de cruce ‖ ⁓**loch**, Mannloch n (Kessel, Tank) / agujero m de entrada, agujero m de hombre ‖ ⁓**mechanismus**, -antrieb m / mecanismo m de traslación ‖ ⁓**motor** m (Laufkran) / motor m de tra[n]slación ‖ ⁓**motor** (Bahn) / motor m de tracción ‖ ⁓**motor für welligen Gleichstrom**, Wellenstrommotor m (Bahn) / motor m de corriente continua ondulada ‖ ⁓**pedal** (DIN), Gaspedal n (Kfz) / [pedal] acelerador m ‖ ⁓**personal** n (Bahn) / personal m de trenes y de máquinas
Fahrplan m (Bahn) / horario m de trenes ‖ ⁓, Kursbuch n / guía f de ferrocarril[es] ‖ **nicht nach** ⁓, verspätet (Bahn) / fuera de horario, con retraso ‖ ⁓**mäßig** / a la hora, según el horario, conforme al horario, regular ‖ ~**mäßig**, pünktlich / puntualmente ‖ ~**mäßige Zeit** (Bahn) / hora f oficial ‖ ~**mäßiger Zug** (Bahn) / tren m regular ‖ ⁓**trasse** f (Bahn) / trazado m o grafiado de un tren
Fahr•praxis f / práctica f en la conducción ‖ ⁓**preis** m / precio m del billete o del viaje ‖ ⁓**preis im Güterverkehr** (Bahn) / tarifa f ‖ ⁓**preisanzeiger** m, Taxameter n (Kfz) / taxímetro m ‖ ⁓**preisanzeiger des Taxameters** (Kfz) / indicador m del precio de viaje ‖ ⁓**preiszone** f (Bus) / zona f de tarifa ‖ ⁓**prüfung** f (Kfz) / examen m de chófer o de conducción
Fahrrad n, Zweirad n / bicicleta f, bici f (pop) ‖ ⁓ **mit Hilfsmotor**, Moped n (Kfz) / ciclomotor m, bicicleta f con motor auxiliar, velomotor m ‖ ⁓**anhänger** m / remolque m de bicicleta ‖ ⁓**beleuchtung** f / alumbrado m de bicicleta ‖ ⁓**bereifung** f / neumáticos m pl de bicicleta ‖ ⁓**ergometer** m (Med) / ergómetro m de bicicleta ‖ ⁓**felge** f / llanta f de bicicleta ‖ ⁓**gabel** f / horquilla f de bicicleta ‖ ⁓**glocke** f / timbre m de bicicleta ‖ ⁓**hilfsmotor** m / motor m auxiliar de bicicleta ‖ ⁓**kette** f / cadena f de bicicleta ‖ ⁓**kippständer** m / patilla f de apoyo de la bicicleta ‖ ⁓**knochen** m (Wz) / llave f de ocho bocas (bicicleta) ‖ ⁓**lenker** m, -lenkstange f / manillar m de bicicleta ‖ ⁓**lichtmaschine** f / dínamo m de bicicleta ‖ ⁓**lichtmaschine mit Scheinwerfer** / dínamo f de bicicleta con faro incorporado ‖ ⁓**nabe** f / cubo m de bicicleta ‖ ⁓**pedal** m / pedal m de bicicleta ‖ ⁓**pumpe** f / bomba f para inflar neumáticos, bomba f de aire, inflador m (LA), bombín m ‖ ⁓**rahmen** m / cuadro m de bicicleta ‖ ⁓**reifen** m, -mantel m, -decke f / cubierta f para bicicleta[s] ‖ ⁓**sattel** m / sillín m de bicicleta ‖ ⁓**scheinwerfer** m / faro m de bicicleta ‖ ⁓**schlauch** m / cámara f [interior] de bicicleta ‖ ⁓**schloss** n / cerradura f de la bicicleta ‖ ⁓**schlussleuchte** f / luz f trasera ‖ ⁓**speiche** f / radio m de bicicleta ‖ ⁓**ständer** m / soporte m de bicicletas ‖ ⁓**ständer** (auf Kfz-Dach) / portabicicletas m ‖ ⁓**träger** m (Kfz) / portabicicletas m ‖ ⁓**weg** m (Straßb) / pista f para bicicletas, carril-bici m ‖ ⁓**zubehör** n, -teile m pl / accesorios m pl para bicicletas
Fahr•richtung f s. Fahrtrichtung. ⁓**rinne** f, -wasser n (Schiff) / canal m de navegación, canalizo m navegable (entre bajos), cauce m navegable, pasa f, rebasadero m ‖ ⁓**rinne** (Straßb) / ranura f de la vía, rodera f ‖ ⁓**rinnenboje** f (Schiff) / boya f de canal de navegación ‖ ⁓**riss** m (Bergb) / plano m sencillo de la mina ‖ ⁓**rohr** n (Rohrpost) / tubo m de transporte ‖ ⁓**schacht** m (Bergb) / pozo m de bajada o de descenso, pozo m de transporte ‖ ⁓**schacht** (Aufzug) / caja f del ascensor ‖ ⁓**schalter** m, Kontroller m (Bahn) / combinador m de mando ‖ **[handbetätigter]** ⁓**schalter** (Bahn) / controler m, combinador m manual de mando ‖ ⁓**schalter**, Hauptschalter m (Bahn) / combinador m de potencia ‖ ⁓**schaltergehäuse** n, -schaltertrommel f / caja f del controler, tambor m del controler ‖ ⁓**schalthebel** m (Bahn) / palanca f del combinador ‖

411

Fahrschalung

≈schalung, Wanderschalung f (Bau, Tunnel) / encofrado m de progresión horizontal ‖ ≈schautafel f (Bahn) / diagrama m de tracción ‖ ≈schein m, -karte f / billete m (E), boleto m (LA), ticket m ‖ ≈scheindrucker m / impresora f de billetes ‖ ≈scheinentwerter m / canceladora f u obliteradora de billetes ‖ ≈scheinheft n (Bahn) / carnet m de cupones, cuaderno m de billetes ‖ ≈schemel m (Kfz) / tren m delantero, puente m delantero (de dirección) ‖ ≈schiene f (Förd) / carril m de rodadura o de traslación
Fährschiff n s. Fähre
Fahr•schule f (Kfz) / escuela f de chóferes, autoescuela f ‖ ≈schüler m (Kfz) / aspirante m a conductor
Fährseil, Giertau n (Schiff) / cable m de la balsa, cuerda f de la balsa
Fahr•sicherheit f (Verkehr) / seguridad f al conducir ‖ ≈silo m (Landw) / silo m sobre ruedas ‖ ≈simulator m (Kfz) / simulador m de marcha ‖ ≈simulator (Kfz) / simulador m de marcha ‖ ≈sperre f (Bahn) / cierre m de una línea ‖ ≈spiegelhalbmesser m (Schienenkopf) (Bahn) / radio m del ancho de rodadura ‖ ≈spur f, -streifen m (Straßb) / carril m, faja f, trocha f, división f (MEX) ‖ ≈spur m, Radpur f / releje m, carrilada f ‖ mit drei ≈spuren (Straßb) / de tres carriles ‖ mit mehreren ≈spuren / de carriles múltiples ‖ ≈spurmarkierung f, weißer Strich (coll), gelber Strich (coll) (Straßb) / señalización f horizontal, línea f blanca o amarilla ‖ ≈stabilitätsregelung f (Kfz) / control m de estabilidad ‖ ≈stand m (Schiff) / puesto m de mando ‖ ≈steig m (Flughafen, Bahn), Rollsteig m / pasillo m o andén rodante, pista f móvil ‖ ≈steiger, Steiger m (Bergb) / capataz m de minas ‖ ≈stellung f (z.B. Bremse) (Kfz, Masch) / posición f de marcha ‖ ≈strahl m, Radiusvektor m (Math, Mech) / radio m vector
Fahrstraße f (Nav) / ruta f de navegación ‖ ≈, -strecke f (Bahn) / itinerario m ‖ ≈, Weichenstraße f (Bahn) / vías f pl de enlace, diagonal m, bretel m ‖ ≈ f für Durchgangsbetrieb (Bahn) / itinerario m de trazado permanente ‖ eine ≈ festlegen (o. einstellen) (Bahn) / establecer un itinerario
Fahrstraßen•auflösung f (Bahn) / anulación f o liberación de un itinerario ‖ ≈ausschluss m (Bahn) / incompatibilidad f entre itinerarios ‖ ≈einstellung f (Bahn) / mando m de itinerarios ‖ ≈festlegung f mit Teilauflösung (Bahn) / enclavamiento m de tránsito elástico ‖ ≈festlegung ohne Teilauflösung (Bahn) / enclavamiento m de tránsito rígido ‖ ≈geber m (Bahn) / distribuidor m de itinerarios ‖ ≈hebel m (Stellwerk) / palanca f de itinerario ‖ ≈hebelsperre f, -hebelverschluss m (Bahn) / enclavamiento m de palanca de itinerario ‖ ≈raster m (Bahn) / red f de itinerarios ‖ ≈speicher m (Bahn) / acumulador m de itinerarios ‖ ≈speicherung f (Bahn) / registro m de itinerarios ‖ beliebig einstellbare ≈taste (Bahn) / pulsador m de itinerario de repetición ‖ ≈verschluss m, -straßensperre f (Bahn) / enclavamiento de itinerario marcado ‖ ≈verschlusstafel f (Bahn) / cuadro m de combinaciones [posibles] de itinerarios ‖ ≈wechsel m (Bahn) / cambio m de itinerarios
Fahr•strecke f (allg, Bahn, Kfz) / distancia f, recorrido m ‖ ≈strecke (Bergb) / galería f de circulación ‖ ≈strecke, -bereich m (Kfz) / radio m de acción ‖ ≈strecke, Route f / ruta f, itinerario m ‖ ≈streifen s. Fahrspur ‖ ≈strom m (Bahn) / corriente f de tracción ‖ ≈stufe f (Bahn) / muesca f de marcha ‖ ≈stuhl, Aufzug, Lift m / ascensor m ‖ ≈stuhlführer, Aufzugsführer m / ascensorista m ‖ ≈stuhlschacht m, Aufzugsschacht m (Bau) / caja f del ascensor, hueco m ‖ ≈stuhltür f, Aufzugstür f / puerta f del ascensor ‖ ≈stutzen, Mannlochstutzen m / tubuladura f del agujero de acceso
Fahrt f, Wagenfahrt f / viaje m, desplazamiento m, carrera f (taxi) ‖ ≈, Lauf m / marcha f ‖ ≈, kurze Reise / viaje m, excursión f ‖ ≈, Eisenbahnfahrt f / viaje m en tren ‖ ≈, Fahrgeschwindigkeit f (Schiff) / velocidad f de marcha ‖ ≈, Einfahrt f (Bergb) / bajada f, descenso m ‖ ≈, Kurs m (Schiff) / rumbo m, derrotero m ‖ ≈, Schiffsfahrt f / viaje m por mar ‖ ≈, zurückgelegter Weg / recorrido m ‖ ≈, Fluggeschwindigkeit f gegen Luft (Luftf) / velocidad f con respecto al aire, velocidad f relativa ‖ ≈ , bei der ein Schiff noch steuerbar ist (Schiff) / velocidad f mínima necesaria para poder maniobrar un buque ‖ ≈ f auf falschem Gleis (Bahn) / marcha f a la contravía ‖ ≈ auf Sicht (Bahn) / marcha f a la vista ‖ ≈ ins Blaue (Bahn, Kfz) / viaje m sorpresa ‖ ≈ machen (Schiff) / aumentar su velocidad ‖ ≈ f mit Schubmaschine (Bahn) / marcha f con locomotora de empuje ‖ auf großer ≈ (Schiff) / en alta mar ‖ das Signal auf ≈ stellen (Bahn) / poner la señal en o de vía libre ‖ in voller ≈ / en plena marcha, con toda velocidad
Fahrtanzeiger m (Luftf) / indicador m de velocidad
Fahrte f, Fahrt f, (meist:) Fahrten f pl (Bergb) / escalera f de descenso, escaleras f pl
Fahrten•buch n, [persönliches] Kontrollbuch (Kfz) / libro m de ruta ‖ ≈schreiber m (Bahn, Kfz) / tacógrafo m ‖ ≈speicher m für Ablaufanlagen (Bahn) / combinador m automático de clasificación
Fahrtiefe f (Fahrwasser) / calado m
Fahrt•messanlage f (Schiff) / corredera f eléctrica con tubo de Pitot ‖ ≈messer m, Log n (Schiff) / corredera f ‖ ≈messer, Geschwindigkeitsmesser m (Luftf) / velocímetro m ‖ ≈regler m, Geschwindigkeitsregler m / regulador m de velocidad ‖ ≈regler (der Fördermaschine) (Bergb) / regulador m y limitador de la velocidad
Fahrtreppe f, Rolltreppe f / escalera f mecánica, escalera f automática (LA)
Fahrt•richtung f / dirección f de marcha, sentido m de marcha, rumbo m ‖ in ≈richtung (Bahn) / en m sentido de la marcha ‖ gegen die ≈richtung (Bahn) / en contradirección ‖ ≈richtungsanzeiger m (Kfz) / indicador m de dirección, intermitente m ‖ ≈richtungsschalter m (Kfz) / conmutador m de dirección o para intermitentes ‖ ≈richtungs-Umkehrstange f (Dampfm) / barra f de cambio de marcha ‖ ≈richtungswechsel m, -richtungsumkehr f (Verkehr) / cambio m de dirección de marcha
Fahrtrum m (Bergb) / compartimiento m de pozo para el movimiento del personal
Fahrt•schreiber m, Tachograph m (Kfz) / tacógrafo m ‖ ≈signal n (Bahn) / señal f de vía libre ‖ ≈sperre, Gleissperre f / bloqueo m de vía ‖ ≈stellung f (Elektr) / posición f de marcha ‖ ≈stellung (Bahn, Scheibensignal) / posición f de vía libre, "vía libre"
fahr•tüchtig (Person) / capaz de conducir ‖ ~tüchtig (Zustand) (Kfz) / en estado de marcha
Fahrt•unterbrechung f / interrupción f del viaje, detención f en ruta ‖ ≈wender m, Wendeschalter m (Bahn) / inversor m de marcha, combinador m de inversión de marcha ‖ ≈wind m / viento m relativo ‖ ≈zeichengeber, Anschläger m (Bergb) / pocero m, enganchador m, piquete m
Fahr- und Kommandostand m (Schiff) / puesto m de mando [y navegación]
Fahrung f (Bergb) / movimiento m de personas en la mina
Fahrungszeit f (Bergb) / tiempos m pl de camino
Fahr•verhalten n (Kfz) / cualidades f pl ruteras, comportamiento m en ruta o en marcha ‖ ≈verkehr m / tráfico m rodado ‖ ≈versuch m / ensayo m de marcha ‖ ≈wasser n, Fahrrinne f (Schiff) / agua[s] f pl navegable[s], ruta f navegable, canal m navegable o de navegación ‖ nutzbare ≈wassertiefe / profundidad f utilizable de la ruta de navegación ‖ ≈wassertonne f / boya f de agua navegable ‖ ≈wasserzeichen n / señal

f de pasos navegables ‖ ~**weg** *m* (Straß) / calzada *f*, carretera *f*, camino *m* [carretera] transitable ‖ ~**weg** (Bergb) / camino *m* para andar ‖ **festgelegter** ~**weg** (z.B. im Ärmelkanal) (Schiff) / ruta *f* de navegación ‖ ~**weganzeiger** *m* (Bahn) / indicador *m* de itinerario ‖ ~**wegsimulator** *m* (Bahn) / simulador *m* de itinerario ‖ ~**weise** *f* (Kfz) / modo *m* de conducir ‖ **sportliche** ~**weise** / marcha *f* deportiva ‖ ~**weise** *f* **eines Reaktors** (Nukl) / funcionamiento *m* de un reactor ‖ ~**werk** *n*, -vorrichtung *f* (Kran) / mecanismo *m* de traslación, dispositivo *m* de traslación, dispositivo *m* de avance [del carrillo] ‖ ~**werk**, Fahrgestell *n* (Luftf) / tren *m* de aterrizaje ‖ ~**werk** *n* s. auch Fahrgestell ‖ ~**werkklappe** *f* / trampilla *f*, compuerta *f* del tren de aterrizaje ‖ ~**werkschacht** *m* (Luftf) / compartimiento *m* para el tren de aterrizaje ‖ ~**widerstand** *m* / resistencia *f* al avance, esfuerzo *m* resistente ‖ ~**winde** *f* (Kran) / torno *m* de traslación (E), guinche *m* de traslación (LA) ‖ ~**zeit** *f*, Fahrtdauer *f* / duración *f* de la marcha o del viaje, tiempo *m* de la marcha o del viaje ‖ ~**zeit** (Bahn) / duración *f* del recorrido ‖ **[eigentliche]** ~**zeit**, Zeit *f* am Steuer (Kfz) / tiempo *m* al volante ‖ ~**zeittafel** *f* (Bahn) / cuadro *m* de tiempos de recorrido
Fahrzeug *n* / vehículo *m*, coche *m*, carro *m* ‖ ~ (Luftf) / aerodino *m*, vehículo *m* aéreo ‖ ~, Wasserfahrzeug *n*, Schiff *n* / vehículo *m* acuático, embarcación *f* ‖ ~... / *f* de o para vehículo[s] ‖ ~ *n* **für jedes Gelände**, Offroader *m* (Kfz) / vehículo *m* [para] todo terreno, todoterreno *m* ‖ ~ **mit Front- bzw. Vorderradantrieb**, Fronttriebler *m* / vehículo *m* de propulsión delantera ‖ ~ **mit geringen Emissionswerten**, LEV *n* / vehículo *m* de baja emisión ‖ ~ **ohne Eigenantrieb** (Schiff) / embarcación *f* sin motor propio ‖ ~**abmessungen** *f pl* (Kfz) / dimensiones *f pl* del vehículo ‖ ~**abstand** *m* / distancia *f* entre vehículos ‖ ~**ausrüstung** *f* / equipo *m* [del vehículo] ‖ ~**ausrüstung**, Kraftfahrzeugzubehör *n* / accesorios *m pl* para vehículos motorizados ‖ ~**batterie** *f*, Traktionsbatterie *f* / batería *f* de tracción ‖ ~**bau** *m* / construcción *f* de vehículos ‖ ~**begrenzungslinie** *f* (Bahn) / gálibo *m* límite de carga ‖ ~**benutzer** *m* (StVO) (Kfz) / usuario *m* de un vehículo motorizado ‖ ~**bestand** *m*, -zusammensetzung *f* (Bahn, Kfz) / composición *f* del parque ‖ ~**brief** *m*, Kfz-Brief *m* (jetzt: Zulassungsbescheinigung, Teil II) (Kfz) / carta *f* de vehículo ‖ ~**dichte** *f* (Verkehr) / densidad *f* de vehículos ‖ ~**-Eigengewicht** *n*, Tara *f* (Kfz) / peso *m* propio del vehículo, tara *f* ‖ ~**einheit** *f* (Bahn) / unidad-vehículo *f* ‖ ~**einsatz** *m* (Bahn, Kfz) / utilización *f* de vehículos ‖ ~**fest** (Raumf) / fijado al vehículo ‖ ~**führer** *m* (Kfz) / conductor *m*, chófer *m* ‖ ~**glühlampe** *f* (DIN) / bombilla *f* de incandescencia ‖ ~**halle** *f* (F'wehr, Kfz) / cochera *f*, garaje *m* ‖ ~**halter** *m* / titular *m* del vehículo ‖ ~**heck** *n* / zaga *f* ‖ ~**identifizierungsnummer** *f*, VIN *f* / número *m* de identificación del vehículo ‖ ~**industrie** *f* (Kfz) / industria *f* automovilística, industria *f* de vehículos [motorizados] ‖ ~**klasse** *f* / tipo *m* de vehículo, categoría *f* de vehículo ‖ ~**konstante** *f* (Taxameter) / constante *f* del vehículo ‖ ~**kupplung** *f* (Bahn) / enganche *m* de vehículos ‖ ~**motor** *m* / motor *m* de automóvil ‖ ~**park** *m*, Betriebsmittel *n pl*, rollendes Material (Bahn) / material *m* rodante o móvil ‖ ~**park** (einer Firma etc.), Fuhrpark *m* (Kfz) / parque *m* móvil ‖ ~**schein** *m* (jetzt: Zulassungsbescheinigung, Teil I) (Kfz) / permiso *m* de circulación del vehículo ‖ ~**schlange** *f* (Kfz) / caravana *f* o columna de vehículos ‖ ~**technische** ~**überprüfung** (TÜV) (Kfz) / revisión *f* técnica de vehículos ‖ ~**waage** *f* / báscula *f* para vehículos ‖ **automatische** ~**waschanlage** (Kfz) / lavado *m* automático de vehículos ‖ ~**zange** *f* (DIN 5251) (Wz) / alicates *m pl* para vehículos
Fahrzyklus *m* (Masch) / ciclo *m* de marcha

FAI (Luftf) = Fédération Aéronautique Internationale / Federación Aeronáutica Internacional
Fail-Hardover *n* (DV) / falla *f* con permanencia de salida máxima
Faille *f* (Web) / faille *f* (tela de seda gruesa)
failsafe, betriebssicher (Eltronik) / de seguridad total, de doble seguridad, a prueba de daño por falla ‖ ~**-Prinzip** *n* (Nukl) / principio *m* a prueba de falla, sistema *m* de falla a seguridad
Fail-Soft-Verhalten *n* (DV) / comportamiento *m* "failsoft" (falla que el sistema puede compensar)
Fairfieldit *m*, Leukomanganit *m* / fairfieldita *f*, leucomanganita *f*
Fajans-Soddysches Verschiebungsgesetz *n* (Nukl) / ley *f* de Fajans-Soddy sobre el desplazamiento radioactivo
Fäkalien *f pl*, Abfallstoffe *m pl* (Biol, Umw) / materias *f pl* fecales, excrementos *m pl* ‖ ~**abfuhr** *f* / evacuación *f* de fecales, traída *f* de fecales ‖ ~**fahrzeug** *n* / vehículo *m* cisterna para materias fecales ‖ ~**grube** *f* (Bau) / pozo *m* negro ‖ ~**pumpe** *f* / bomba *f* para materias fecales
FAKAU = Fachnormenausschuss Kautschukindustrie im DNA
FAKI = Fachnormenausschuss Kinotechnik für Film und Fernsehen im DNA
FAKRA = Fachnormenausschuss Kraftfahrzeugindustrie
Faksimile *n* (Druck) / facsímil[e] *m*, fax *m*, copia *f* figurada ‖ ~**-Bildtelegrafie** *f*, Faxen *n* (Fernm) / videotelegrafía *f* facsímil, fototelegrafía *f* facsímil ‖ ~**-Druck** *m* (Druck) / impresión *f* facsímil ‖ ~**empfänger**, Bildempfänger *m* (Fernm) / receptor *m* belinográfico o de facsímile, belinógrafo *m* ‖ ~**gerät** *n*, Faxgerät *m* / aparato *m* "fax" o de facsímile, telecopiador *m* ‖ ~**modulation** *f* / modulación *f* [de] facsímil ‖ ~**schreiber** *m* / registrador *m* de facsímile ‖ ~**-Sendeempfänger** *m*, -Transceiver *m* / transmisor-receptor *m* o transceptor de facsímile ‖ ~**-Terminal** *n* / terminal *m* facsímile ‖ ~**-Übertragung** *f* / transmisión *f* de facsímil[e], telefax *m* ‖ ~**übertragung** *f* **im Format A 5** (Fernm) / mínifax *m*
Faktis, Ölkautschuk *m* (Gummi) / factis *m*, facticio *m*, caucho *m* de aceite
Faktor *m* (allg: maßgebliche Größe, Masch, Phys: Zahl mal Größe, Math: zu multiplizierende Größe) / factor *m* ‖ ~, Teiler *m* (Math) / divisor *m* ‖ ~ *m* (multiplizierende Größe) (Math) / factor *m* de multiplicación ‖ ~, Adjunkte *f* (Math) / cofactor *m* ‖ ~ *m* (Druck) / jefe *m* de máquinas o de prensas ‖ ~ **einer Abmessung** (Masch) / valor *m* reducido de una dimensión
Faktoren•analyse *f* (Math) / análisis *m* factorial o de factores ‖ ~**flaschenzug** *m*, Potenzflaschenzug *m* (Masch) / polipasto *m*, cuadernal *m* de varios ojos ‖ ~**speicher** *m* (DV) / memoria *f* de factores
Faktorgruppe *f* (Math) / grupo *m* de factores
faktoriell / factorial *adj* ‖ ~ *f* (Math) / factorial *f*
faktorisierbar, in Faktoren zerlegbar (Math) / factorable
Faktorisierung *f* (Math) / factorización *f*
Fakturieren *n* (F.Org) / facturación *f*
Fakturierung *f* (F.Org) / facturación *f*
Fakultät *f* (Math) / factorial *f* ‖ ~ (einer Universität) / facultad *f* ‖ **a** ~**, a!** (Math) / factorial a!
Fakultätsschreibweise *f* (DV) / notación *f* factorial
Fall, Fallen *n* (Phys) / caída *f* ‖ ~, Fallen *n*, Neigung *f* / inclinación *f* ‖ ~, Abnahme *f* (Wasserstand) / descenso *m* del caudal, baja *f*, disminución *f* ‖ ~ **des Masts** (Schiff) / inclinación *f* del palo ‖ ~ **von Körpern** (Phys) / caída de los cuerpos ‖ **freier** ~ / caída *f* libre ‖ **im günstigsten** ~**e** / en el caso más favorable
Fäll•apparat *m* (Nukl) / precipitador *m*, dispositivo *m* de precipitación ‖ ~**axt** *f* (Forstw) / hacha *f* de leñador ‖ ~**bad** *n* (Cellulose) / baño *m* de regeneración ‖ ~**bad** (Chem) / baño *m* de precipitación

Fällbad

fällbar (Forstw) / sazonable, talable ‖ ~ (Chem) / precipitable
Fallbär m (Bau) / maza f de caída
Fällbarkeit f (Chem) / precipitabilidad f
Fall•beilabschwächer m (Wellenleiter) / atenuador m de guillotina ‖ **~benzin** n (Kfz) / gasolina f alimentada por gravedad ‖ **~benzintank** m / depósito m de alimentación por gravedad ‖ **~beschleunigung** f (Phys) / aceleración f de [la] gravedad ‖ **~bewegung** f / movimiento m de caída ‖ **~birne** f (Bau, Gieß) / pera f, rompedor m de caída ‖ **~blech** n (Raschelmaschine) / lámina f o plancha de caída ‖ **~blockverschluss** m (Waffe) / cierre m de cuña vertical ‖ **~bö** f, Luftloch n (Luftf) / bolsa f de aire, pozo m de aire ‖ **~bö**, -wind m (Luftf) / ráfaga f descendente ‖ **~bremsanlage** f (Kfz) / freno m de caída, freno m mecánico automático del remolque ‖ **~brücke** f, Zugbrücke f (Bau) / puente m levadizo ‖ **~bügel** m (Messinstr) / estribo m de caída, cuchillo m de impresión ‖ **~bügelinstrument** n / instrumento m de estribo de caída ‖ **~draht** m (Web) / platina f de caída
Falle f (Masch) / trampa f ‖ **~**, Trap n (Halbl) / trampa f de iones ‖ **~**, Klinke f, Schnapper m (Schloss) / gatillo m, pestillo m
Fallebene f (Phys) / plano m de gravitación
fallen vi (allg) / caer[se] ‖ ~ (Gelände) / descender ‖ ~ (Wasser) / descender, bajar, reducir[se] (nivel de agua) ‖ ~ (Barometer, Thermometer) / bajar, descender ‖ ~ **lassen** / dejar caer ‖ ~ **lassen**, auslösen / desenganchar
Fallen, Einfallen n (Bergb) / buzamiento m ‖ **~** n **der Schicht** (Bergb, Geol) / inclinación f del filón o del estrato
fällen vt (Senkrechte) / trazar la perpendicular ‖ ~, ausfällen (Chem) / precipitar ‖ ~, schlagen (Forstw) / talar [árboles], derribar, cortar, tumbar (LA) ‖ **einen Baum ~** / tirar o talar un árbol
Fällen n, Schlagen n (Forstw) / tala f
fallend, abwärts gerichtet / descendente ‖ ~ (Kurvenast, Math) / descendente, en declive ‖ **~es Blatt** (Kunstflug) / caída f de la hoja, hoja f muerta ‖ **~er Guss** (Gieß, Hütt) / colada f en caída directa, colada f por arriba o en pie ‖ **~e Ordnung** (Math) / orden m descendiente ‖ **~e Platine**, Falldraht m (Web) / platina f de caída ‖ **~e Reihe** (Math) / progresión f descendente ‖ **~er Streb** (Bergb) / tajo m hundido ‖ **~ vergießen** (Hütt) / colar directamente o por arriba ‖ **~er Verhieb** (Bergb) / explotación f descendente
Fallenergie f (Hydr) / energía f de caída (del agua)
Fallen•filter n (Eltronik) / filtro m de muesca ‖ **~schloss**, Klinkenschloss n (Tür) / cerradura f de gatillo ‖ **~schloss**, Schnappschloss n / cerradura f de resorte
Fall•fenster n (Bahn, Bau) / ventana f [de] guillotina ‖ **~filmverdampfung** f (Chem) / evaporación f molecular por gravedad ‖ **~geschwindigkeit** f (Phys) / velocidad f de caída ‖ **~gesetz** n (Phys) / ley f de caída ‖ **~gewicht** n / peso m de caída, contrapeso m ‖ **~gewicht**, Schrottkugel f (Hütt) / pera f, rompedor m de caída ‖ **~gewicht** (Bahn) / contrapeso m de llamada ‖ **~gewichtsbremse** f (Bahn) / freno m contrapeso ‖ **~gewichtsramme** f (Bau) / martinete m, martillo m pilón ‖ **~gewichtsversuch** m, -hammerversuch m (Mat.Prüf) / ensayo m de peso de caída ‖ **~hammer** m, Freifallhammer m (Schm) / martinete m de caída o de gravedad ‖ **~härteprüfer** m, Skleroskop n (Mat.Prüf) / medidor m de dureza por rebote, escleroscopio m, escleroscopo m ‖ **~härteprüfung** f / ensayo m por escleroscopio
Fällheber m (Forstw) / gato m ‖ **~ mit Wendehaken** (Forstw) / cuña f de fijación con gancho para los troncos
Fall•hobelmaschine f (Zündholz) / acepilladora f tubular ‖ **~höhe** f (Phys) / altura f de caída ‖ **~höhe** (Hydr) /
altura f de salto, altura f de caída, salto m ‖ **~holz und abständiges Holz** (Forstw) / madera f sobremadura
Fäll•holz n, Schlagholz n / madera f sazonable ‖ **~keil** m (Forstw) / cuña f de tala
Fall•klinke f (Schloss) / aldaba f, gatillo m ‖ **~kugel** f (Bau, Phys) / bola f de caída ‖ **~kugel** (Hütt) / mazo m o rompedor de caída, pera f ‖ **~kurve** f / curva f de caída ‖ **~leitung** f (Bergb) / tubería f de caída o descendente ‖ **~leitung**, Druckleitung f (Hydr) / tubería f bajo presión, tubería f forzada ‖ **~linie** f (Geol) / vaguada f ‖ **~linie** (Verm) / gradiente m de la pendiente, línea f de pendiente ‖ **~masche** f (Tex) / carrera f ‖ **~maschine** f (Phys) / máquina f de Atwood, máquina f para demostrar la aceleración de la caída de los cuerpos
Fällmittel n, Fällzusatz m (Chem) / precipitante m
Fall•nadel f **des Nullenzirkels** (Zeichn) / punta f corrediza ‖ **~naht** f (Schw) / soldadura f vertical descendente ‖ **~nest** n (Landw) / ponedor m registrador ‖ **~nullenzirkel** m (Zeichn) / bigotera f de círculos o de bomba, bailadora f, bailarina f ‖ **~obst** n (Landw) / frutos m pl de caída, fruta f caediza
Fallout m, radioaktiver Niederschlag (Nukl) / precipitación f radiactiva
Fall•probe, Rüttelprobe f (Koks) / ensayo m de sacudidas ‖ **~probe**, -versuch m (Masch) / prueba f de caída, ensayo m de caída ‖ **~reep** n (Schiff) / escala f real, brandal m, escalerilla f de portalón, escala f de viento ‖ **~reepdavit** m (Schiff) / pescante m para escala real ‖ **~reep[s]knoten** m (Schiff) / piña f con barrilete ‖ **~reep[s]tür** f / portalón m ‖ **~reepwinde** f (Schiff) / guinche m para escala real ‖ **~richtung** f, Fallen n (Geol) / buzamiento m
Fallrohr n (Regenrinne) (Bau) / tubo m bajante o de bajada, bajante f ‖ **~** (Abwasser) / tubo m de caída ‖ **~** (Gas) / tubo m descendente ‖ **~** (Druckleitung) (Hydr) / tubo m forzado ‖ **~**, Fallröhre f (Phys) / tubo m de Newton ‖ **~**, Schüttrinne f (Bergb) / tolva f ‖ **unteres Ende des ~es** (Bau) / extremo m inferior del tubo bajante
Fall•schacht m, Druckschacht m (Hydr) / pozo m de caída ‖ **~schachtautomat** m / distribuidor m automático m de alimentación por gravedad ‖ **~scheibe** f (Fernm) s. Fallklappe
Fallschirm m (Luftf) / paracaídas m ‖ **~ mit Aufziehleine am Flugzeug** / paracaídas m automático ‖ **~ mit Auszieh- o. Hilfsfallschirm** / paracaídas m con piloto, paracaídas m con paracaídas extractor o de salvamento ‖ **~[ab]sprung** / salto m en o con paracaídas, descenso m con paracaídas ‖ **~abwurf** m (Raumf) / echazón m en paracaídas ‖ **~anzug** m (Luftf) / vestidura f del paracaidista ‖ **~-Behälter** m / receptáculo m para paracaídas ‖ **~faltung** f, -falten n / plegado m del paracaídas ‖ **~gurtzeug** m / arnés m o correaje m del paracaídas ‖ **~kappe** f / cúpula f de paracaídas, telamen m ‖ **~landung** f / llegada f a tierra con paracaídas ‖ **~öffnung** f / agujero m central del paracaídas ‖ **~-Packhülle** f (Luftf) / paquete m del o saco para el paracaídas ‖ **~springen** / paracaidizar, saltar o echar con paracaídas ‖ **~springen** n / paracaidismo m, paracaidización f, lanzamiento m con paracaídas ‖ **~springer** m / paracaidista m, parachutista m ‖ **~springturm** m / torre f de entrenamiento para paracaidistas
Fall•schmierung f (Masch) / engrase m por gravedad o por goteo ‖ **~schranke**, Hubschranke f (Schweiz) (Bahn) / barrera f levadiza ‖ **~schutzeinrichtung** f (Uhr) / dispositivo m protector antichoque ‖ **~stab** m (Verm) / bara f de caída ‖ **~stabviskosimeter** n (Chem, Phys) / viscosímetro m con barra de caída ‖ **~stange** f (Zirkel) / punta f corrediza ‖ **~strecke** f (allg, Phys) / distancia f de caída ‖ **~strecke** (Tex) / manuar m de caída ‖ **~strich** m (Kartenzeichn) / línea f de desnivel ‖ **~stromvergaser** m (Kfz) / carburador m [de corriente o de flujo] descendente ‖ **~studie** f / estudio m de un

caso práctico ‖ ⁓**stütze** f (gegabelt) (Kfz) / apoyo m de seguridad ‖ ⁓**tank** m (Kfz) / depósito m de alimentación por gravedad ‖ ⁓**test** m / prueba f de caída ‖ ⁓**treppe** f (Luftf) / escalerilla f ‖ ⁓**tür** f (Bau) / escotillón m ‖ ⁓**tür** / puerta f de guillotina ‖ ⁓**tür** / trampilla f, trampa f, puerta f caediza ‖ ⁓**tür** (Schiff) / escotilla f ‖ ⁓**turm** m (Simulierung der Schwerelosigkeit) (Raumf) / torre f de caída (libre)

Fällung f, Niederschlag m (Chem) / precipitación f ‖ ⁓ (Cellulose) / regeneración f

Fällungs•analyse f (Chem) / análisis m por precipitación ‖ ⁓**desoxidation** / desoxidación f por precipitación ‖ ⁓**mittel** n (Chem) / precipitante m ‖ ⁓**pulver** n (Sintern) / polvo m de precipitación

Fall•versuch m (Radbandagen) / ensayo m de caída ‖ ⁓**wasser** n (Zuck) / agua f del condensador barométrico ‖ ⁓**werk** n (Prüfmasch) / mecanismo m de caída, máquina f de ensayo de caída ‖ ⁓**werk**, Masselbrecher m (Hütt) / quebrantalingotes m ‖ ⁓**werkskran** m (Hütt) / grúa f de martinete ‖ ⁓**werkskugel** f / bola f para grúa de martinete ‖ ⁓**wind**, Bergwind m (Ggs: Talwind) (Meteo) / viento m catabático ‖ ⁓**wind**, m, -bö f (Luftf) / ráfaga f descendente ‖ ⁓**wind**, Abwind m (Luftf) / viento m descendente ‖ ⁓**winkel** m (Geschoss) / ángulo m de descenso o de caída [de un proyectil] ‖ ⁓**winkel** (Bergb) / ángulo m de inclinación ‖ ⁓**winkel** (Phys) / ángulo m de caída ‖ ⁓**zahl** f (Stat) / índice m de frecuencia ‖ ⁓**zeit** f, Abfallzeit f (Impuls) / tiempo m de bajada o de caída ‖ ⁓**zirkel** m (Zeichn) / bigotera f loca ‖ ⁓**zuführung** f (Masch) / alimentación f por gravedad

falsch adj, unrichtig / falso, incorrecto, equivocado, erróneo ‖ ~, unecht / falso ‖ ~, nachgeahmt / imitado, postizo, falsificado, adulterado ‖ ~, Schein... / [p]seudo... ‖ ~, künstlich / artificial ‖ ~, blind (Bau) / ciego ‖ ~ adv / mal, equivocadamente ‖ ~ **[ab]stimmen** (Eltronik) / desacordar, desintonizar, alterar la sintonía ‖ ~ **e Anpassung** (D. Einstellung) (Mech) / ajuste m erróneo o falso ‖ ~ **er Boden** (Gefäß) / doble fondo, segundo fondo ‖ ~ **bohren**, verbohren / taladrar fuera del centro ‖ ~ **einstellen** (Masch) / descentrar ‖ ~ **es Garn** (Fehler, Tex) / hilos m pl mezclados o mixtos ‖ ~ **gehen** (Uhr) / andar mal ‖ ~ **geliefert** / mal entregado ‖ ~ **gewählt** (Fernm) / mal marcado ‖ ~ **e Impulse** m pl (Elektr) / impulsos m pl parásitos ‖ ~ **informiert** / mal informado ‖ ~**es Instruktionsformat** (DV) / error m de formato, formato m erróneo ‖ ~ **es Korn** (Zuck) / grano m secundario ‖ ~**e Luft**, Nebenluft f (Bau) / aire m adicional o secundario ‖ ~**e Luft** (Martinofen) / aire m falso, aire m infiltrado ‖ ~**e Naht** (Strumpf) / sutura f falsa ‖ ~**e Nummer** (Fernm) / número m equivocado ‖ ~ **rechnen** (Math) / hacer errores de cálculo, equivocarse ‖ ~ **setzen** / poner o colocar o meter en un lugar inadecuado ‖ ~ **verbinden** (Fernm) / equivocarse de número, comunicar erróneamente [con] ‖ ~**e Verbindung** / comunicación f errónea, error m de comunicación ‖ ~**e Zählung** / error m de cómputo o de cuento o de suma

Falsch•anruf m (Fernm) / llamada f errónea ‖ ⁓**ansprechen** n (Empfänger) / respuesta f espuria ‖ ⁓**anzeige**, Fehlanzeige, -weisung f (Instr) / indicación f falsa o defectuosa ‖ ⁓**ausrichtung** f / desalineación f, desalineamiento m ‖ ⁓**bedienung** f (Masch) / manejo m erróneo ‖ ⁓**draht** f (Spinn) / torsión f falsa ‖ ⁓**drahtvorrichtung** f (Spinn) / dispositivo m de torsión falsa ‖ ⁓**drahtzwirnmaschine** f (Tex) / retorcedora f de torsión falsa ‖ ⁓**echo** n (Radar) / eco m espurio, falso eco ‖ ⁓**einstellung** f (Masch) / ajuste m erróneo ‖ ⁓**einstellung** (Opt) / enfoque m equivocado

fälschen vt, imitieren / imitar ‖ ~ (Chem, Nahrungsmittel) / adulterar ‖ ~, nachmachen / falsificar ‖ ~ (Qualität u. Ä.), verändern / alterar **Versuchsergebnisse** ~ / corromper o falsificar los resultados de un ensayo

Falsch•fahrer m (auf der Autobahn) / conductor m suicida o kamikaze ‖ ⁓**fahrt**, Fahrt auf dem falschen Gleis (Bahn) / marcha f a contravía ‖ ⁓**farbenbild** n (Raumf) / foto f de colores falsos ‖ ⁓**farbenfilm** m (Foto) / película f de colores falsos ‖ ~**geleitet**, fehlgeleitet / enviado equivocadamente ‖ ⁓**kern** m (Holzfehler) / falso cerno o cerne, falso duramen

fälschlich[erweise] adv / erróneamente, por error, por equivocación, equivocadamente, falsamente

Falsch•licht n (Elektr, Opt) / luz f parásita ‖ ⁓**luft** f s. falsche Luft ‖ ~**phasig** (Elektr) / de[s]fasado ‖ ⁓**polung** f (Elektr) / polaridad f errónea ‖ ⁓**rechnung** f (Math) / cálculo m equivocado, error m de cálculo o de cómputo

Fälschung f, Verfälschung f / falsificación f, imitación f, alteración f ‖ ⁓ (Chem) / adulteración f

Fälschungs•mittel n, -stoff m / adulterante m ‖ ~**sicher** / a prueba de falsificación, seguro contra falsificación

Falsch•wahl f (Fernm) / error m de selección, discado m o teclado erróneo o equivocado ‖ ⁓**weisung** f (Nav) / indicación f falsa ‖ ⁓**zündung** f (Eltronik) / ignición f equivocada

Falt•ausleger m, einklappbarer Arm (Raumf) / brazo m plegable o rebatible ‖ ⁓**band** n (Transp) / cinta f transportadora [de borde] plegable o en acordeón ‖ ⁓**bandplatte** f (Akku) / electrodo m de cinta plisada ‖ ⁓**bandzelle** f (Akku) / elemento m de cinta plegada o plisada ‖ ~**bar**, Falt... / plegable, plegadizo ‖ ⁓**behälter** m, -container m (Transp) / contenedor m plegable o desmontable ‖ ⁓**beutel** m (Verp) / bolsa f plegable ‖ ⁓**biegeversuch** m (Mat.Prüf) / ensayo m de plegado a 180° ‖ ⁓**blatt** n, -prospekt m / desplegable m ‖ ⁓**blatt** (z. Einlegen) / folleto m, panfleto m ‖ ⁓**boot** n / canoa f plegable ‖ ⁓**broschüre** f / folleto m, fascículo m ‖ ⁓**brücke** f (Mil) / puente m plegable ‖ ⁓**dach** n (Bau) / techo m de acordeón ‖ ⁓**dach** (Kfz) / techo m plegable o plegadizo ‖ ⁓**dachwagen** m (Bahn) / vagón m de techo plegable ‖ ⁓**dipol** m (Antenne) / dipolo m plegado

Falte f / pliegue m, plegadura f ‖ ⁓, Schnalle f (Pap) / arruga f, pliegue m ‖ ⁓ (Geol) / pliegue m, arruga f ‖ ⁓, Knitter m, Walkrippe f (Stoff) / doblez f, arruga f, surco m ‖ ⁓, Falz m / plegar m, reborde m ‖ ⁓, Rüsche, Krause f (Tex) / frunce m, fruncido m ‖ ⁓ f [am Einspannrand, 1. Ordnung) (Tiefziehen) / pliegue m de embutición [de 1er grado) ‖ ⁓**n ziehen** vi (o. bilden) / arrugarse, formarse pliegues ‖ **voller kleiner** ⁓**n** / con muchas arruguitas

Faltegge f (Landw) / grada f plegable

Fältelungsriss m, Faltungsriss m (Walzw) / grieta f o fisura por pliegue

Fältelzusatz m (Nähm) / dispositivo m fruncidor

falten vt / plegar, doblar ‖ ~, fälteln, in Falten legen (Tex) / plegar, plisar, rizar, fruncir ‖ **sich** ~, Falten bilden vi / fruncirse, rizarse, plisarse, hacer pliegues ‖ **sich** ~, knittern vt vi / arrugarse ‖ ⁓, Zusammenlegen n / plegado m

Falten•balg m (Dichtung) / fuelle m ‖ ⁓**balg** (Gabel d. Motorrades) / goma f de protección ‖ ⁓**balg** (Foto) / fuelle m del parasol ‖ ⁓**balg** (Expansionsteil) (Masch, Rohr) / tubo m de dilatación ‖ ⁓**balg** (Bahn) / fuelle m de intercomunicación ‖ ⁓**balgrahmen** m (Bahn) / marco m del fuelle de intercomunicación ‖ ⁓**balgventil** n (Bahn) / válvula f tipo fuelle ‖ ⁓**band** n / cinta f arrugada ‖ ⁓**beständigkeit** f (Tex) / estabilidad f del plisado ‖ ⁓**bildung** f (Plast) / formación f de arrugas ‖ ⁓**bildung** (Walzw) / formación f de pliegues ‖ ⁓**bildung** (Geol) / plegamiento m ‖ ⁓**bildung der Zeilen**, Geisterbild n (TV) / imagen f eco o fantasma, imágenes f pl superpuestas ‖ ⁓**bogen**, -krümmer m (Rohrleitung) / codo m rugoso u ondulado

faltend verformen, eindrücken (Blech) (Stanz) / conformar plegando, deformar repujando, repujar

Falten•drücker m (Nähm) / plisador m ‖ ⁓**filter** m (Chem) / filtro m [de papel] plegado ‖ ⁓**förderband** n (Förd) / cinta f transportadora arrugada ‖ ⁓**frei**, -los (Tex) / sin pliegues, sin arrugas ‖ ⁓**führer** m (Nähm) / guía f plisadora ‖ ⁓**gebirge** n (Geol) / montaña f plegada o de pliegues, pliegues m pl orogénicos ‖ ⁓**halter** m (Stanz) / pisa f, pisador m, sujetador m ‖ ⁓**hohlraum** m (Klystron) / cavidad f replegada ‖ ⁓**krümmer**, -bogen m / codo m rugoso u ondulado ‖ ⁓**lautsprecher** m / altavoz m con bocina plegada ‖ ⁓**leg-Nähmaschine** f / máquina f de coser y hacer pliegues ‖ ⁓**rad** n (Bahn) / rueda f de disco nervado ‖ ⁓**rohr** n (Masch) / tubo m ondulado ‖ ⁓**sack** m / saco m de fuelle ‖ ⁓**schlauch** m / tubo m flexible ondulado, manga f fuelle o ondulada ‖ ⁓**wurf** m (Tex) / drapeado m, plisado m

Falter, Spanner m (Zool) / falena f, geométrido m

Falt•flasche f / botella f plisada ‖ ⁓**flügel** m (Flugkörper) / ala f plegable ‖ ⁓**garage** f (Kfz) / garaje m plegable ‖ ⁓**gerippe** n (Bau) / costillaje m plegado

faltig, runzelig, runzlig / arrugado, plegado, rugoso ‖ ⁓ (Fehler, Web) / arrugado ‖ ⁓ **machen** / plegar, plisar ‖ ⁓ **werden** / plisarse, arrugarse

Falt•kiste f, -karton m (Verp) / caja f plegable ‖ ⁓**lukendeckel** m (Schiff) / tapa f plegable de la escotilla ‖ ⁓**lutte** f (Bergb) / tubo m de aire plegado ‖ ⁓**maschine** f (Tex) / plisadora f, plegadora f, dobladora f, máquina f de plisar o doblar o plegar ‖ ⁓**maschine** (Prüfmaschine) (Mat.Prüf) / máquina f de ensayos de plegado ‖ ⁓**maschine** (Wzm) / máquina f plegadora ‖ ⁓**prospekt** m, Broschüre f (Druck) / folleto m ‖ ⁓**punkt** m (Nukl) / punto m de plegado ‖ ⁓**rohrkompensator** m / compensador m de tubo ondulado ‖ ⁓**schachtel** f (Verp) / (o f plegada)/o plegada ‖ ⁓**schachtelkarton** m / cartón m para cajas plegables o plegadizas ‖ ⁓**schalung** f (Bau) / encofrado m desmontable ‖ ⁓**schiebedach** n (Kfz) / techo m corredizo plegable ‖ ⁓**schiebetür** f (Bahn, Bau) / puerta f articulada corrediza ‖ ⁓**spriegel** m (Kfz) / contracercho m plegable ‖ ⁓**tor** n, Harmonikator n (Bau) / puerta f tipo acordeón ‖ ⁓**tür** f (Aufzug, Bahn) / puerta f articulada ‖ ⁓**tür** (Bau) / puerta f articulada [de elementos múltiples]

Faltung f (Vorgang), Falten n / plegado m, plegadura f ‖ ⁓ (Geol) / plegamiento m ‖ ⁓ / surrección f

Faltungs•..., tektonisch (Geol) / tectónico ‖ ⁓**riss** m (Bergb) / grieta f de plegado ‖ ⁓**riss**, Faltriss m (Hütt) / grieta f de plegadura

Falt•verdeck n (Kfz) / techo m plegable ‖ ⁓**versuch** m (Mat.Prüf) / ensayo m de plegado, prueba f de plegado ‖ ⁓**versuch auf 180°** / ensayo m de plegado a 180° ‖ ⁓**wand** f (Bau) / tabique m tipo acordeón ‖ **prismatisches** ⁓**werk** (Bau) / estructura f plegada prismática ‖ ⁓**werkdach** n (Bau) / techo m de estructura plegada ‖ ⁓**wohnwagen** m (Kfz) / caravana f plegable

Falunit m (Min) / falunita f

Falz m, -naht f, -verbindung f (Blech) / engrapado m simple plano, unión f por engatillado simple plano ‖ ⁓ (Pap) / pliegue m ‖ ⁓, Schlitz m, Zarge f, Nut[e] f / ranura f, acanaladura f ‖ ⁓, eingestemmter Schlitz / mortaja f, ranura f cincelada ‖ ⁓ (an den Seitendeckeln) (Druck) / cajo m ‖ ⁓ (mitgehefteter Papierstreifen) (Druck) / onglete m, cartivana f ‖ ⁓, Ausfalzung f (Tischl) / rebajo m ‖ ⁓, Gleitfalz m (Tischl) / ranura f de deslizamiento ‖ ⁓ **eines Fensters**, Anschlag m / encaje m, renvalso m ‖ **doppelter** ⁓, Doppelfalz m (Klempner) / unión f con engatillado (o engrapado) doble enrasado con bordes levantados ‖ **mit** ⁓ **versehen** (Bb) / insertar ongletes ‖ **sich** ⁓**e legen** (Hütt) / plegarse ‖ **stehender** ⁓ / engrapada f con bordes levantados

Falz•apparat m (Druck) / plegadora f, plegador m, aparato m de plegar ‖ ⁓**bein** n / plegadora f,

plegadera f ‖ ⁓**beitel** m (Wz) / útil m plegador ‖ ⁓**blech** n / chapa f de excelentes propiedades de doblado ‖ ⁓**boden**, -deckel m (Dose) / fondo m engatillado ‖ ⁓**breite** f (Tür) / ancho m del rebajo ‖ ⁓**[dach]ziegel** m (Bau) / teja f mecánica o de encaje ‖ ⁓**deckeldose** f / caja f con tapa engatillada ‖ ⁓**draht** m / alambre m para rebordes ‖ ⁓**einpressen** n (Druck) / formación f de cajos ‖ ⁓**eisen** n (Gerb) / luneta f ‖ ⁓**elektrode** f (Elektr) / electrodo m con revestimiento de cinta enrollada

falzen vt, abkanten (Stanz) / plegar, doblar ‖ ⁓ (Bleche), durch Falzen verbinden / unir por engatillado o engrapado, engatillar, engrapar ‖ ⁓, zinken (Tischl) / ensamblar a diente ‖ ⁓ (Pappe) / rayar, estriar ‖ ⁓ (Leder) / raspar, rebajar ‖ ⁓, ausriefen (Tischl) / ranurar, acanalar, renvalsar ‖ ⁓ n, Falzung f (Druck) / plegado m

Falz•festigkeit f (Pap) / resistencia f al plegado ‖ ⁓**fräser** m (Tischl) / fresa f para ensambladuras (E), fresa f para machihembrar (LA), fresa f de ranurar ‖ ⁓**hobel** m / guillame m, cepillo m de media madera, cepillo m moldurador ‖ ⁓**los** (Tür) / sin rebajo ‖ ⁓**luft** f (Bau) / juego m de la junta ‖ ⁓**maschine** f (Druck) / plegadora f ‖ ⁓**maschine** (Blech) / engatilladora f ‖ ⁓**messer**, -eisen n (Gerb) / cuchilla f depiladora o de raspar, luneta f ‖ ⁓**messer** n (Druck) / cuchilla f plegadora ‖ ⁓**naht** f (Tex) / costura f plegada ‖ ⁓**pfanne** f, -ziegel m (Bau) / teja f con encaje o borde ‖ ⁓**rahmen** m (senkr.Schiebefenster) (Zimm) / marco m de la ventana de guillotina ‖ ⁓**register** n, -marke f (Druck) / signos m pl de plegado ‖ ⁓**rohr** n / tubo m engrapado o engatillado ‖ ⁓**schleifmaschine** f (Tischl) / lijadora f de encajes y ranuras ‖ ⁓**tiefe** f (Tür) / profundidad f del encaje o rebajo ‖ ⁓**tisch** m / enderezador m del plegado ‖ ⁓**trichter** m (Druck) / embudo m plegador, triángulo m formador, horma f triangular

Falzung f (Druck) / pliegue m

Falz•verbindung f (Tischl) / ensamblaje m por machihembrado ‖ ⁓**verbindung** (Blech) / unión f por engatillado o engrapado ‖ ⁓**walze** f (Sickenmaschine) / rueda f de rebajamiento ‖ ⁓**weite** f, -breite f (Tischl) / ancho m de la ranura ‖ ⁓**zahl** f (Pap) / número m de pliegues ‖ ⁓**ziegel** m, -platte f, -pfanne f (Dach) / teja f con borde, teja f de encaje, teja f ribeteada ‖ ⁓**zudrückmaschine** f (Klempner) / cerradora f de uniones engatilladas o engrapadas ‖ ⁓**zylinder** m (Druck) / cilindro m plegador

FAM (Fernm) = Frequenzmodulation im Multipexbetrieb

Famatinit m (Min) / famatinita f

FAME (= Fettsäuremethylester)(Biodiesel) / éster m metílico de ácido graso

Familie f **der eisenhaltigen Mineralien** / sidéridos m pl

Familien•betrieb m / explotación f o empresa familiar ‖ ⁓**-Spezifikation** f (Qual.Pr.) / especificación f de familias

FAM-Normalbenzin (FAM = Fachausschuss Mineralöl- u. Brennstoffnormung) / espíritu m de petróleo de norma FAM, gasolina f normal

FAMOS-Speicher m (DV) / memoria f FAMOS (Floating Gate Avalanche-Injection MOS)

FAM-Prüfkraftstoff m / gasolina f de norma FAM

Fan m, Gebläse n (Lufft) / soplante m

FANAK = Fachnormenausschuss Akustik und Schwingungstechnik im DNA

Fancy-Cord m (Tex) / cordoncillo m de fantasía

Fanfarenhorn n (Kfz) / bocina f de sonido acorde

Fang m (Ausbeute in der Fischerei) / pesca f ‖ ⁓, Abscheider m (Straßb) / separador m, interceptor m ‖ ⁓ (Wirkm) / malla f cargada ‖ **Rechts-Links-**⁓ (Bindung) (Tex) / puntada f izquierda-derecha (ligamento) ‖ ⁓**anode** f (Eltronik) / ánodo m colector ‖ ⁓**arbeit** f (Bergb) / trabajo m de pesca, pesca f ‖ ⁓**bereich** m (TV) / margen m f de enganche o de sincronismo ‖ ⁓**bereich bei automatischer**

Scharfeinstellung (Radio) / gama *f* de captura ‖ ⁓**brett**, Hebemesser *n* (Tex) / cuchilla *f* elevadora ‖ ⁓**bügel** *m* (Stromabn) / estribo *m* de seguridad ‖ ⁓**damm** *m*, -buhne *f* (Hydr) / pared *f* de retención ‖ ⁓**draht** *m* / alambre *m* de protección ‖ ⁓**drän** *m* (Bergb) / dren *m* para aguas subterráneas
Fangehäuse *n* (Luftf) / carcasa *f* del soplante
Fang•einrichtung *f* (Fernm) / dispositivo *m* de intercepción de llamadas anónimas ‖ ⁓**elektrode** *f* (Kath.Str, TV) / electrodo *m* de blanco, blanco *m*
fangen *vt* / coger (nicht in ARG!), captar ‖ ⁓, abfangen (Bergb) / apuntalar bloques de piedra, interceptar ‖ ⁓ (mit Netz) / enredar ‖ **sich** ⁓ (Luftf) / recuperar la posición horizontal ‖ ⁓ *n* (Fernm) / intercepción *f* de llamadas anónimas
Fang•fabrikschiff *n* (ein Trawler) / buque *m* factoría ‖ ⁓**gerüst** *n* (Bau) / andamio *m* de protección ‖ ⁓**gitter** *n* (Eltronik, Fernm) / rejilla *f* supresora o secundaria o de retención ‖ ⁓**glocke** *f* (Bergb, Öl) / campana *f* de salvamento o de detención ‖ ⁓**graben** *m* (Hydr) / zanja *f* colectora ‖ ⁓**grad**, Ladegrad *m* (Mot) / factor *m* de sobrealimentación ‖ ⁓**haken** *m* / gancho *m* de retenida ‖ ⁓**haken** (Luftf) / gancho *m* de parada o de frenado ‖ ⁓**haken** (Schiff) / gancho *m* de cola ‖ ⁓**hebel** *m* (Masch) / palanca *f* de retenido ‖ ⁓**henkel** *m* (Wirkm) / bucle *m* de carga ‖ ⁓**keil** *m* / chaveta *f* paracaídas ‖ ⁓**kettenware** *f* (Tex) / géneros *m pl* de punto de urdimbre ‖ ⁓**kettstuhl** *m*, Raschelmaschine *f* (Wirkm) / máquina *f* Raschel, telar *m* de urdimbre de dos fonturas ‖ ⁓**klinke** *f* / trinquete *m* de parada ‖ ⁓**kreis**, Haltekreis *m* (Fernm) / circuito *m* de intercepción, circuito *m* de bloqueo para determinar la procedencia de la llamada ‖ ⁓**kreis** *m*, -bereich *m* (TV) / margen *m f* de enganche o de sincronismo ‖ ⁓**leine** *f* (Fwehr) / cuerda *f* de salvamento para bomberos ‖ ⁓**leine** (des Fallschirms) (Luftf) / cuerda *f* de suspensión del paracaídas ‖ ⁓**loch** *n* (Stanz) / agujero *m* de posicionamiento
Fanglomerat *n*, Schlammbrekzie *f* (Geol) / fanglomerado *m*
Fang•masche *f* (Tex) / malla *f* de retenida, bucle *m* ‖ ⁓**nut** *f* (Masch) / ranura *f* colectora ‖ ⁓**pflanze** *f* (Landw) / planta-trampa *f* ‖ ⁓**pilz** *m* (Blitzschutz) / pararrayos *m* tipo hongo ‖ ⁓**rechen** *m* (Hydr) / emparrillado *m* de retención, rejilla *f* de retención ‖ ⁓**reflektor** *m* (Eltronik) / reflector *m* secundario ‖ ⁓**ring**, Kernheber *m* (Bergb) / sacamuestras *m* en forma de anillo ‖ ⁓**rinne** *f* (Masch) / ranura *f* colectora ‖ ⁓**rohr** *n* (Schmierung) / tubo *m* colector ‖ ⁓**schale** *f* (für Späne etc.) (Wzm) / bandeja *f* [colectora] de virutas ‖ ⁓**schaltung** *f* (Fernm) s. Fangeinrichtung ‖ ⁓**schloss** *n* (Tex) / cerrojo *m* de retenido ‖ ⁓**schutz** *m* (Wzm) / chapa *f* de protección ‖ ⁓**schutz** (Schleifm.) / cárter *m* de protección ‖ ⁓**seil** *n* (Luftf) / cable *m* de freno ‖ ⁓**spiegel** *m* (Astr) / espejo *m* secundario ‖ ⁓**spule** *f* (Film) / bobina *f* receptora [para enrollado automático] ‖ ⁓**stelle** *f* (Nukl) / punto *m* de captura ‖ ⁓**stelle**, Haftstelle *f* (Halbl) / trampa *f* ‖ ⁓**stempel** *m* (Masch) / macho *m* centrador ‖ ⁓**stift** (Stanz) / clavija *f* cónica, pasador *m* centrador ‖ **fester** ⁓**stift** / clavija *f* fija ‖ **umlegbarer** ⁓**stift** / clavija *f* rebatible ‖ ⁓**stoff** *m* (Sorptionsmittel) (Chem) / getter *m* ‖ ⁓**stoff** (Pulv.Met) / absorbedor *m* ‖ ⁓**stütze** *f* (Bergb) / trinquete *m* de seguridad ‖ ⁓**tasche** *f* (Schmierung) / bolsa *f* colectora ‖ ⁓**trichter** *m* (für Tanken in der Luft) (Luftf) / cono *m* de reabastecimiento en vuelo ‖ ⁓**trichter**, Abfülltrichter *m* (Bahn) / embudo *m* de desagüe ‖ ⁓**trog** *m* (Bau) / pila *f* de desagüe ‖ ⁓**tuch** *n*, -matte *f* (Insektiz) / tejido *m* atrapamoscas ‖ ⁓**verarbeitungsschiff** *n* / buque-fábrica *m* ‖ ⁓**vorrichtung** *f* (allg, Masch) / dispositivo *m* de retención o de seguridad ‖ ⁓**vorrichtung** (Aufzug) / paracaídas *m* ‖ ⁓**vorrichtung** (Seilb) / [dispositivo] *m* paracaídas ‖ ⁓**vorrichtung** (Straßenbahn) /

salvavidas *m* ‖ ⁓**vorrichtung**, Barriere *f* (Flugplatz) / dispositivo *m* de frenado, barrera *f* de frenado ‖ ⁓**vorrichtung** *f* (Fernm) / dispositivo *m* de intercepción (de llamadas anónimas) ‖ ⁓**walze** *f* (Baumwolle) / descargador *m* del volante ‖ ⁓**walze** (Wolle) / cilindro *m* arrollador de borrillo ‖ ⁓**ware** *f* (Tex) / géneros *m pl* de punto inglés, tejido *m* cárdigan ‖ ⁓**werkzeug** *n* (Ölbohrung) / sacamuestras *m*
Fan-Heckrotor *m* (Helikopter) (Luftf) / rotor *m* trasero de doble flujo
Fan-In *n*, Zusammenführung[smöglichkeit] *f* (DV, Eltronik) / convergencia *f* de entrada, ingresancia *f*
Fanning *n*, Fächerung *f* (Strahl) / abaniqueo *m*
Fan•-Out *n*, Ausgangsfächerung *f* (DV, Eltronik) / divergencia *f* o ramificación de salida, egresancia *f* ‖ ⁓**-Triebwerk** *n* (Luftf) / reactor *m* soplante
FAO (= Free Angle Optics)(Fotozelle) / óptica *f* de ángulo libre
FAP-System *n* (FAP = filtre à particules), Partikelfiltersystem *n* / sistema *m* FAP (filtro de partículas)
FAQ (= frequently asked questions) / preguntas *f pl* más frecuentes
Farad *n*, F (Phys) / faradio *m*, farad *m*
Faraday•-Äquivalent, elektrochemisches Äquivalent *n* / equivalente *m* de Faraday ‖ ⁓**-Auffänger** *m* (Elektr) / colector *m* de Faraday ‖ ⁓**effekt** *m*, Magnetorotation *f* (Phys) / efecto *m* Faraday, magnetorrotación *f*
Faraday-Isolator *m* / aislador *m* de Faraday
Faraday•-Käfig *m* (Elektr) / jaula *f* de Faraday, pantalla *f* electrostática ‖ ⁓**scher Dunkelraum** *m* (Phys) / espacio *m* oscuro de Faraday ‖ ⁓**sche Gesetze** *n pl* / leyes *f pl* de electrólisis de Faraday ‖ ⁓**sches Induktionsgesetz** *n* (Elektr) / ley *f* de inducción de Faraday ‖ ⁓**sche Zahl**, Faraday-Konstante *f* / constante *f* de Faraday
Faradisation *f* / faradización *f*
Faradmeter *n* / faradímetro *m*, faradómetro *m*
Farb... s. auch Farben...
Färb[e]..., zum Färben dienend, färbend / colorante, tintóreo
Farb•abbrenngerät *n* (Anstrich) / aparato *m* quitapinturas por quemazón ‖ ⁓**abgleich** *m* (TV) / ajuste *m* cromático ‖ ⁓**abmusterung** *f* (Phys, Tex) / realización *f* del equilibrio colorimétrico ‖ ⁓**abstand** *m* (TV) / diferencia *f* de color ‖ ⁓**abstimmung** *f* (Foto) / equilibrio *m* de colores ‖ ⁓**abweichung** *f* / divergencia *f* o desviación de color ‖ ⁓**abzug** *m*, -kopie *f* (Foto) / copia *f* en (o de) color[es] ‖ ⁓**analysator** *m* (Phys) / analizador *m* de colores ‖ ⁓**änderung** *f* / cambio *m* de color, alocroísmo *m*, alocromasia *f* ‖ ⁓**andruck** *m* (Druck) / prueba *f* de color ‖ ⁓**anpassung** *f* (TV) / equilibrio *m* colorimétrico ‖ ⁓**anstrich** *m* / mano *f* de pintura, capa *f* de pintura ‖ **spektraler** ⁓**anteil** *m* (Phys) / componente *m* de excitación espectral ‖ ⁓**artflimmern** *n* (TV) / centelleo *m* cromático o de colores, intermitencia *f* cromática, trémulos *m pl* ‖ ⁓**artkoordinate** *f* (TV) / coordenada *f* de cromaticidad ‖ ⁓**artsignal** *n* (TV) / señal *f* de crominancia ‖ ⁓**art und -sättigung** *f* (Farblehre) / cromaticidad *f*, cromatismo *m* ‖ ⁓**ätzung** *f* (Druck) / grabado *m* en colores ‖ ⁓**aufbrechen** *n* (TV) / descomposición *f* de colores, disociación *f* o separación *f* de colores ‖ ⁓**aufheller** *m* (Tex) / mordiente *m* modificador ‖ ⁓**aufhellung** *f* / aclaración *f* del color o del tinte ‖ ⁓**auflösungsvermögen** *n* (TV) / poder *m* de resolución de colores ‖ ⁓**aufnahme** *f* (Foto) / foto *f* en color ‖ ⁓**aufnahmefähigkeit** *f* (Druck) / toma *f* de la tinta ‖ ⁓**aufnahmefähigkeit** (Färb) / receptividad *f* para los colorantes, poder *m* tintoral ‖ ⁓**aufstreichrakel** *f* / cuchilla *f* de tintero ‖ ⁓**aufteilung** *f* / separación *f* cromática ‖ **dicker** ⁓**auftrag** (Anstrich) / capa *f* o mano *f* espesa de pintura, empaste *m* ‖ ⁓**auftrag** (Schicht) (allg) / mano *f* de pintura ‖ ⁓**auftrag** (Druck) /

Farbauftrag

aplicación *f* de color o tinta ‖ ~**auftrag mit Rollapparat** (Anstrich) / [aplicación *f* de] pintura mediante rodillo ‖ ~**auftragwalze** *f* (Druck) / rodillo *m* entintador ‖ ~**ausbeute** *f* (Färb) / resultado *m* de tintura o colorante ‖ ~**ausbeute**, Ergiebigkeit *f* pro m^2 (Anstrich) / rendimiento *m* de una pintura por m^2 ‖ ~**ausgleichsfilter** *n* (Foto) / filtro *m* de balance de color ‖ ~**austaster**, -unterdrücker *m* (TV) / supresor *m* de crominancia o de color[es] ‖ ~**auszug** *m* (Repro, TV) / separación *f* de color ‖ ~**auszug** (Opt) / extracto *m* de color ‖ ~**auszugfilter** *n* / filtro *m* separador de color ‖ ~**auszugsignal** *n* (TV) / señal *f* primaria de color ‖ ~**auszugverfahren** *n* (Druck) / técnica *f* de separación ‖ ~**bad** *n* (Tex) / baño *m* de colorante o tintura ‖ ~**balance** *f*, -ton, -ausgleich *m* (Foto) / ajuste *m* cromático, balance *m* cromático ‖ ~**balken** *m* (TV) / barra *f* o franja cromática ‖ ~**balkengenerator** *m* (TV) / generador *m* de franjas cromáticas ‖ ~**balkentestbild** *n* (TV) / imagen *f* patrón de franjas cromáticas ‖ ~**ballen** *m* (Druck) / borrón *m* de tinta ‖ ~**band** *n* (Schreibm) / cinta *f* de máquina de escribir, cinta *f* entintada o mecanográfica ‖ ~**band** (Fehler, Web) / barra *f* de tinte en la trama ‖ ~**band für abhebendes Löschen** (Schreibmaschine) / cinta *f* correctora seca [en mojado] ‖ ~**bandanhebung** *f* (Schreibm) / levantamiento *m* de la cinta, levanta-cinta *m* ‖ ~**bänder** *n pl* (TV) / franjeado *m* cromático ‖ ~**bandgabel** *f* (Schreibm) / horquilla *f* del levanta-cinta, horquilla-guía *f* para cinta ‖ ~**bandkassette** *f* / cajita *f* o casete de la cinta ‖ ~**bandspule** *f* (Schreibm) / carrete *m* de la cinta, bobina *f* ‖ ~**bandtransport** *m* (Schreibm) / alimentación *f* de la cinta, avance *f* de la cinta ‖ ~**band-Umschalthebel** *m*, -zonenumschaltung *f* / palanca *f* para el cambio de color de cinta ‖ ~**bandumstellhebel** *m*, -umkehrhebel *m* (Schreibm) / palanca *f* para inversión de la cinta
färbbar / teñible, tingible, coloreable
Färbbarkeit *f* / colorabilidad *f* ‖ ~ (Tex) / receptividad *f* para colorantes, afinidad *f* hacia los colorantes
Farb • base *f* (Färb) / base *f* colorante ‖ ~**basenaufschluss** *m* / solución *f* de base colorante ‖ ~**batch** *n* / concentrado *m* de colores ‖ ~**becher** *m* **der Spritzpistole** (Anstrich) / depósito *m* de pintura ‖ ~**behälter**, -napf *m* (Rasterdruck) / alveolo *m*, alvéolo *m*, carnelita *m* de la retícula ‖ ~**behälter** (der Druckmaschine), -kasten *m* (Druck) / tintero *m* de prensa ‖ ~**beständig** (Anstrich, Tex) / sólido [al color] ‖ ~**beständigkeit** *f* **gegen Licht** (Anstrich, Tex) / solidez *f* de color o del tinte o de la pintura [a la luz] ‖ ~**bezugssignal** *n* (TV) / señal *f* de referencia de colores ‖ ~**bild** *n* (Foto) / foto[grafía] *f* en (o de) color ‖ ~**bild-Arbeitsstation** *f* / puesto *m* de trabajo con presentación visual en colores ‖ ~**bild[austast]signal**, FBA-Signal *n* (TV) / señal *f* de imagen cromática o en colores ‖ ~**bildaustastsynchronsignal**, FBAS-Signal *n* / señal *f* policroma compuesta ‖ ~**bilddeckung** *f* (TV) / convergencia *f* de colores ‖ ~**bildend** (Foto) / cromógeno ‖ ~**bild-Kontrollempfänger** *m* (TV) / monitor *m* de imagen de color, dispositivo *m* de control de la imagen en color ‖ ~**bildner** *m* (Foto) / formador *m* de color ‖ ~**bildröhre** *f*, Kineskop *n* (TV) / tubo *m* de imagen en colores, cinescopio *m* policromo, cromoscópio *m* ‖ ~**bildröhre für Wiedergabe** (TV) / tubo *m* de imagen en color[es], cromocinescopio *m*, cinescopio *m* policromo, cromoscópio *m* ‖ ~**bildschirm** *m* / pantalla *f* policroma ‖ ~**bildsignal** *n* (TV) / señal *f* de colores, señal *f* cromática o de cromaticidad ‖ ~**bildsignalgemisch** *n* (TV) / videoseñal *f* de color ‖ ~**bildübertragung** *f*, Farbfernsehen *n* / transmisión *f* de imágenes en color, televisión *f* en color[es] ‖ ~**blitz** *m* (Foto) / flash en color ‖ ~**bluten** (Plast) / sangrado *m* de colores ‖ ~**charakter** *m* (Foto) /

tonalidad *f* ‖ ~**-Chip** *m*, Farbenpastille *f* (Eltronik) / chip *m* de color, pastilla *f* de color ‖ ~**code** *m* / código *m* de colores, clave *f* de colores ‖ ~**code für Widerstände** (Elektr) / clave *f* de colores de resistores ‖ ~**coder** *m* (TV) / codificador *m* cromático ‖ ~**code-Verdrahtung** *f* / cableado *m* en código cromático ‖ ~**codiert** / identificado por colores o mediante una clave de colores ‖ ~**deckung** *f* (Druck, TV) / registro *m* de colores ‖ ~**decoder** *m* (TV) / de[s]codificador *m* cromático ‖ ~**demodulator** *m* (TV) / de[s]modulador *m* de crominancia ‖ ~**dia[positiv]** *n* (Foto) / diapositiva *f* policroma o en colores ‖ ~**dichte** *f* (Druck) / densidad *f* de la tinta ‖ ~**dichte** (TV) / pureza *f* colorimétrica ‖ ~**dichtemesser** *m* (Mess) / densitómetro *m* de tinta ‖ ~**differenzsignal** *n* (TV) / señal *f* [de] diferencia de color ‖ ~**display** *n*, -bildschirm *m* (DV) / presentación *f* visual en colores ‖ ~**dreieck** *n* (Phys) / triángulo *m* cromático o de colores ‖ ~**druck** *m* s. Farbendruck ‖ ~**druckstock** *m*, -platte *f* (Druck) / clisé *m* de colores ‖ ~**düse** *f* (DV) / boquilla *f* inyectora (de la impresora) ‖ ~**dynamik** *f* (wissenschaftlich begründete Farbgebung unter sorgfältiger Ausnutzung der Farbkontraste und Spannungen) (Phys) / dinámica *f* de color[es]
Farbe / color *m* ‖ ~, Farbstoff *m* / colorante *m*, materia *f* colorante, tinte *m* ‖ ~, Farbnuance *f* / matiz *m*, tonalidad *f*, tinta *f*, tono *m* ‖ ~ *f* (eines Farbstoffs) / color *m* (de un colorante) ‖ ~ **für Anstriche** / pintura *f* ‖ ~ *f*, Tünche *f* (Bau) / jalbegue *m* ‖ ~, Färbemittel *n* / tintura *f* ‖ ~, Druckfarbe *f* (Druck) / tinta *f* ‖ ~ **abbeizen** / de[s]capar, quitar la [capa de] pintura ‖ ~ **annehmen** / tomar color, colorarse ‖ ~ **aufnehmen** / morder *vi* ‖ ~ **n auftragen** / aplicar [una capa de] pintura ‖ ~ **auftragen** (o. ausstreichen) (Druck) / extender la tinta ‖ ~ *f* **durch Walzen auftragen** (Druck) / entintar con el cilindro ‖ ~ **n einbrennen** / secar al horno ‖ ~ **n erkennender Sensor** (Eltronik) / captador *m* cromosensible ‖ ~ **erzeugend** (o. hervorbringend) / cromátogeno ‖ ~ **[gehen] lassen** / desteñir[se], descolorar[se] ‖ ~ **n verschmelzen** / confundir colores ‖ **auffallende** (o. grelle o. lebhafte o. schreiende) ~ / color *m* chillón o subido, colorinche (ARG + URUG) ‖ **die** ~ **wechselnd**, allochroisch / alocroico ‖ **eine braune** ~ **haben**, braun sein / pardear *vi* ‖ **in allen** ~**n** / omnicolor *adj* ‖ **nur eine** ~ **erzeugend** (Färb) / monogenético (que engendra un solo color) ‖ **zusammengesetzte** ~ (Phys) / color *m* combinado o compuesto
Färbe • apparat *m* (Labor) / aparato *m* de teñir ‖ ~**bad** *n*, -flotte *f* (Färb) / baño *m* de tintura o de teñir ‖ ~**baum** *m* (Tex) / plegador *m* de tintura
Farbebene *f* / plano *m* cromático
Färbe • beschleuniger *m* (Färb) / activador *m*, vehículo *m* ‖ ~**brühe**, -flüssigkeit *f* / líquido *m* colorante
farb • echt (Tex) / de color sólido, fijo al color, de color constante o permanente o estable ‖ ~**echtheit** *f* (Tex) / solidez *f* de tintes ‖ ~**echtheit** (Druck) / solidez *f* de colores
Färbe • eigenschaft *f* / propiedad *f* tintórea ‖ ~**flotte** *f*, Flotte *f* (Färb) / baño *m* de tintura o de teñir ‖ ~**foulard** *m* (Tex) / foulard *m* de teñido, jigger *m* para teñido ‖ ~**gerberei** *f* (Leder) / curtido *m* en tintes o por colorantes ‖ ~**gut** *n* (Färb) / material *m* a teñir, material *m* teñido ‖ ~**haspel** *m* *f* (Färb) / torniquete *m* de teñir, devanadera *f* o aspa de teñido ‖ ~**hilfsmittel** *n* / productos *m pl* auxiliares para tintorería ‖ ~**hülse** *f* (Spinn) / tubo *m* perforada (de chapa para teñido)
Farb • eindringprüfung *f* / ensayo *m* de penetración del tinte ‖ ~**eindruck** *m* (Psychol) / efecto *m* de color, impresión *f* de color ‖ ~**eindruck** (eines Objektes) / color *m* percibido, percepción *f* de color ‖ ~**einstellung** *f* (Druck) / ajuste *m* de la distribución de la tinta

Färbe•jigger m, **-maschine** f (Tex) / foulard m o jigger [para teñido] || ~**kraft** f / poder m colorante || ~**kraft**, Ergiebigkeit f (Färb) / fuerza f tintórea, poder m de teñido || ~**kufe** f, Färbe[r]barke f / tina f de tintorería o para teñir, barca f de teñir || ~**küvette** f (Labor) / cubeta f para teñir
Farbelement n (TV) / elemento m de color, punto m en color
Färbe•lösung f (Mikrosk) / solución f colorante, líquido m colorante || ~**maschine** f (Tex) / máquina f de teñir || ~**material** n, **-stoff** m (Tex) / material m colorante, tinte m || ~**methode** f (Tex) / método m de tinción o coloración || ~**mittel** n s. Farbmittel
Farb•empfänger m (TV) / televisor m en colores || ~**empfinden** n / sentido m de colores || ~**empfindlich** s. farbenempfindlich || ~**empfindlichkeitskurve** f (Foto) / curva f de la sensibilidad cromática || ~**empfindung** f, **-wahrnehmung** f / percepción f de color, sensación f cromática
färben vt / colorear, colorar || ~ (Färb) / teñir, tinturar || ~, in Treiblauge legen (Gerb) / empapar o remojar [los pellejos en caldo curtiente] || ~ (Leder) / bruñir || ~ im Bad (Gerb) / teñir en tina || **leicht** ~ / teñir ligeramente || **mit Purpur** ~ / purpurar || **mit Schutzbeizen o. mit Reserven** ~ / teñir con reservas || **sich** ~ / tomar color, color[e]arse || ~ n (Vorgang), Färbung f (allg) / teñido m, teñidura f, tinte m, tinción f || ~ (Tex) / teñido m, tinción f || ~, Kolorieren n / coloración f, colorido m, coloreado m || ~ n **im Strang** (Tex) / teñido m en madeja || ~ **in der Faser** / teñido m en fibra || ~ **in der Flocke** (Tex) / teñido m en borra || ~ **mit Lösungsmittelzusatz** (Tex) / teñido m con adición de disolventes || **anodisches** ~, Eloxieren n / abrillantamiento m || **im Stück** ~ (Tex) / teñido m en pieza [por inmersión] || **in der Wolle** ~ / teñido m en lana
Farben• ... s. auch Farb... || ~**abstufung** f / gradación f de color[es] || ~**abweichung** f, chromatische Abweichung (Opt) / aberración f cromática || ~**änderung** f (Fehler, Tex) / alteración f del color || ~**angeber** m (Jacquard, Tex) / indicador m del color || ~**atlas** m / átlas m de colores, átlas m cromático || ~**auszieher** m (Färb) / extractor m de color || ~**beize** f, [Farben]abbeizmittel n (Anstrich) / decapante m de pinturas, decapante m quitapinturas || ~**bindemittel** n / aglutinante m de pinturas || ~**blind** (Med) / daltoniano, acromatóptico, ciego m para los colores || ~**blindheit** f, Daltonismus m (Med) / daltonismo m, acromatopsia f, ceguera f para los colores o al color || ~**brechung** f (Phys) / refracción f de colores || ~**chemie** f / química f de los colorantes || ~**chemiker** m / químico m de los colorantes
färbend / colorante, tintóreo
Farben•druck m (Druck) / cromotipia f, cromotipografía f, impresión f [tipográfica] en colores, cromo m || ~**druck** (Tex) / estampación f en colores, estampado m en colores || ~**druckmaschine** f (Druck) / máquina f cromotipográfica o para imprimir en colores
Farbendstufe f (TV) / fase f o etapa final de color
Farben•durcheinander n / mezcla f [desordenada] de colores || ~**eimer** m, **-topf** m (Bau) / cubo m de pintura || ~**empfindlich** (Foto) / sensible a los colores o al color || ~**empfindlich**, orthochromatisch (Foto) / ortocromático, ortopancromático || ~**empfindlichkeit** f (Foto) / ortocromatismo m || ~**empfindlichkeit eines Apparates** / sensibilidad f cromática, respuesta f cromática o al color || ~**fabrik** f / fábrica f de colorantes o de pinturas || ~**fehler** m (Opt) / error m cromático || ~**fehlsichtigkeit** f, Farbensinnstörungen f pl (Med) / discroma[top]sia f, anomalía f de la visión de colores || ~**freudig**, -froh / de alegres colores, de colores vivos, pintoresco || ~**freudig** (Pap) / encoloro || ~**gang** m, -strak m (Schiff) / línea f de construcción de la banda || ~**gefühl** n /

sentido m de colores || ~**getreue Wiedergabe** (Foto, TV) / fidelidad f cromática o de colores || ~**harmonie** f / armonía f de colores || ~**hobbock** m (Anstrich) / barril m de pintura || ~**index** m (Astr) / índice m de colores || ~**industrie** f / industria f de colorantes o de pinturas || ~**kanne** f (Anstrich) / lata f de pintura || ~**karte** f (Foto) / tabla f cromática o de colores || ~**kasten** m, Malkasten m / caja f de pinturas || ~**klimatisierung** f / acondicionamiento m cromático || ~**komparator** m (Phys) / comparador m de colores || ~**konsistenz** f (Druck) / consistencia f de tinta || ~**lehre**, -kunde f (Phys) / teoría f de los colores || ~**messer** m, Kolorimeter m n (Phys) / colorímetro m, aparato m colorimétrico, cromatómetro m, crómometro m || ~**messung** f / colorimetría f, cromometría f || ~**mischen** n (Vorgang) (Anstrich) / mezcla[dura] f de colores || ~**mischer** m / aparato m mezclador de colores || ~**mischung** f, -gemisch n / mezcla f de colores, colormixto m || ~**mühle** f / molino m de pigmentos || ~**palette** f / paleta f [de colores] || ~**passiermaschine** f / máquina f filtradora de tinta[s] || ~**pastille** f / pastilla f de color, chip m de color || ~**photographie** f / fotografía f en colores || ~**photographie** (Druck) / cromofotografía f || ~**platte** f (Keram) / paleta f de colores || ~**pyramide** f (Phys) / pirámide f de colores || ~**raum** m, Vektorraum m der Farben (Phys) / espacio m cromático o de colores || ~**reaktion** f / reacción f cromática || ~**register** n (Druck) / registro m de los colores || ~**reiber** m, -reibmaschine f (Färb) / máquina f para moler colores || ~**rein** / de color[es] puro[s], cromáticamente puro || ~**reinheit** f / pureza f de colores || ~**richtig** / ortocromático || ~**ringe** m pl (Opt) / anillos m pl de Newton, anillos m pl electrocrómicos || ~**saum** m, Fransen n (TV) / franja f cromática || ~**scheibe** f (TV) / disco m cromático, disco m de sectores coloreados || ~**seitenband** n / banda f lateral cromática || ~**sensitometrie** f (Foto) / sensitometría f de color[es] || ~**sinn** m, Farbtüchtigkeit f / sentido m cromático o de colores || ~**skala** f (Tex) / gama f de colores || ~**sortierung** f, Trennung f nach Farben / clasificación f por colores, separación f por colores || ~**sortiment** n / surtido m de colores o pinturas || ~**spektrum** n (Opt) / espectro m cromático o de colores || ~**steindruck** m (Erzeugnis) / cromolitografía f, cromo m || ~**streuung** f (Phys) / dispersión f cromática || ~**system** n / sistema m de colores || **einheitliches** ~**system**, Farbencode m / código m de colores, clave f de colores
Farbentferner m (Anstrich) / quitapinturas m, decapante m de pinturas
Farben•trennung f (TV) / separación f de colores || ~**treue** f / fidelidad f cromática o de color[es] || ~**tube** f (Anstrich) / tubo m de colores
Farbentwickler m, chromogener Entwickler (Foto) / revelador m cromático o cromógeno o de color
Farben•überdeckung f (TV) / superposición f de colores || **erster** ~**überzug**, erste Farbschicht (Anstrich) / primera capa de pintura || ~ **und Lackfabrikation** / fabricación f de pinturas y lacas || ~**vergleich** m / comparación f de colores || ~**verteilung** f (Tätigkeit) / coloración f, colorización || ~**wahrnehmung** f / percepción f de colores || ~**wandlung** f, Farb[en]wechsel, -umschlag m (Min) / cambio m de colores || ~**zerlegung** f (TV) / descomposición f o disociación o separación f de colores || ~**zerstäuber** m (Anstrich) / pulverizador m de colores || ~**zerstreuung** f, Dispersion f (Opt) / dispersión f cromática o de colores || ~**zinkoxid** n / óxido m de zinc (un pigmento) || ~**zuführwalze** f (Druck) / rodillo m de entintar || ~**zusammenstellung** f / combinación f de colores, esquema m de colores
Färbeöl n / aceite m de teñir
Färber m / tintorero m || ~**barke** f, Färbekufe f (Tex) / tina f o barca de teñir

Farberde

Farberde f / tierra f colorante ‖ ≈, Angussfarbe f (Töpf) / colorante m para cerámica
Färberdistel f, Saflor m / alazor m, cártamo f
Färberei f (Betrieb) / tintorería f, taller m de tintorero ‖ ≈, Färben n (Tätigkeit) / teñido m, tintura f, tinte m ‖ ≈**abwasser** n (Umw) / desagües m pl de tintorería, aguas f pl residuales de tintorería ‖ ≈**hilfsmittel** n / producto m auxiliar para la tintura ‖ ≈**maschine** f / máquina f de tintorería ‖ ≈**technik** f / tecnología f tintorera
Färberezept n / fórmula f de tintura
Färber•flechte f (Bot, Färb) / liquen m de tintorero ‖ ≈**flotte**, -brühe f, -bad n (Färb) / baño m de teñir, líquido m
färberisch / tintóreo
Färber•lack, Lackdye m / laca f de tintorero ‖ ≈**röte**, Rubia tinctorum f, Krapp m (Bot) / rubia f, granza f (E), madder m (LA), lengua f de gato
Farberscheinung f (Phys) / fenómeno m cromático o de coloración
Färbe•salz n (Färb) / sal f de tintura ‖ ≈**schale** f (Labor) / cubeta f de coloración ‖ ≈**stern** m (Tex) / estrella f de tintura ‖ ≈**trog** m (Tex) / depósito m o cuba de teñir ‖ ≈**vermögen** n (Färb) / poder m colorante ‖ ≈**verzögerer** m / retardador m de teñido
Farb•extrakt m (zum Färben) / extracto m tintóreo ‖ ≈**falle** f (Pflanzenschutz) / trampa f de color ‖ ≈**fehler** m, Chromasie f (Opt) / aberración f cromática, cromatismo m ‖ ≈**fehler** (Druck) / error m de colores ‖ ≈**fehler** (TV) / defecto m cromático o de color ‖ ~**fehlerfrei**, achromatisch (Linse) / acromático ‖ ≈**fernsehbildröhre** f, Chromoskop m (TV) / cromoscopio m, tubo m catódico para imagen TV en colores ‖ ≈**fernsehen** n / televisión f en color[es] ‖ ≈**fernsehen mit Plasmaschirm** / televisión f en colores con pantalla de plasma ‖ ≈**fernseher** m, -fernsehempfänger m / televisor m en color[es], receptor m de televisión en color ‖ ≈**fernsehkamera** f / cámara f de televisión en colores, tomavistas m de TV en colores ‖ ≈**fernsehnorm** f / norma f de televisión en colores ‖ ≈**fernsehsendung**, -übertragung f / emisión f o transmisión f de TV en colores ‖ ≈**festigkeitsprüfer** m / fadeómetro m ‖ ≈**festigkeitsprüfung** f / ensayo m de solidez de la tintura ‖ ≈**film** m (Foto) / película f en o de color[es], cinemacolor m (ARG) ‖ ≈**filter** m n (Foto, Phys) / filtro m cromático o de color, filtro m compensador de colores ‖ ≈**filter** n, -scheibe f (TV) / disco m de filtro cromático ‖ ≈**filterbestimmer** m (Foto) / analizador m del color ‖ ≈**fixierung** f (Druck) / fijación f de tintas ‖ ≈**fleck** m / mancha f de colores o de pintura ‖ ≈**fleck**, Schmierfleck m / embadurnamiento m ‖ ≈**flimmern** n (TV) / centelleo m cromático o de colores, intermitencia f cromática ‖ ≈**flotte** f, Färberflotte f (Färb) / baño m de tintura ‖ ≈**folge** f / secuencia f o sucesión de colores ‖ ~**frei** / incoloro, sin color, blanco ‖ ≈**gebegerät** n (Anstrich) / dosificador m de colores ‖ ≈**gebend**, chromophor / cromóforo ‖ ≈**gebung** f / coloración f, colorido m ‖ ≈**gebungsknopf** m (Vervielfältg) / botón m de entintado ‖ ≈**gitter** n (TV) / rejilla f de color ‖ ≈**glanzpigment** n / pigmento m de brillo coloreado ‖ ≈**glas** n, Buntglas n / vidrio m coloreado o de color, cristal m de color[es] ‖ ≈**glashalter** f (Mikrosk) / soporte m para disco de color ‖ ≈**glasrevolver** m (Opt) / panel m giratorio de vidrios de color ‖ ≈**glasschmelze** f / frita f de color ‖ ≈**gleichgewicht** n (Foto) / equilibrio m de colores, balance m de colores ‖ ≈**gleichlauf**, -synchronismus m (TV) / sincronismo m cromático ‖ ≈**gleichung** f (Phys) / ecuación f de colores ‖ ≈**gold** n (Hütt) / aleación f de oro para bisutería ‖ ≈**grafik** f / gráfico m de color[es] ‖ ≈**granulat** n / granulado m coloreado ‖ ≈**grenze** f / límite m de color ‖ ≈**haut** f (Anstrich) / película f de pintura ‖

≈**hebewalze** f (Druck) / cilindro m tomador del color ‖ ≈**helligkeit** f (TV) / brillo m de colores, brillantez f, luminosidad f ‖ ≈**helligkeitsregelung** f (TV) / control m de brillo o de luminosidad ‖ ≈**hilfsträger** m (TV) / subportadora f de color o de crominancia ‖ ≈**hof** m (Opt) / halo m pleocroítico ‖ ≈**holz** n (Bot, Färb) / madera f tintórea o colorante, palo m tintóreo o colorante ‖ ≈**holzbaum** m / palo m amarillo, palo m de mora (COL, MEJ), fusete m (CUB)
farbig / de color, en color[es], coloreado ‖ ~, chromatisch (Opt) / cromático ‖ ~, gefärbt / coloreado, pintado, teñido ‖ ~**e Ausrüstung** (Tex) / acabado m en color[es] ‖ ~**e Brille** / gafas f pl de color ‖ ~**es Grundpapier** / papel m soporte coloreado ‖ ~**er Kennfaden** (Fernm) / hilo m piloto ‖ ~**er Niederschlag** / depósito m coloreado ‖ ~**er Splint** (Holz) / albura f colorada ‖ ~**er Verblender** o. **Verblendstein** (Bau) / ladrillo m de fachada o de paramento vitrificado en color
Farb•indikation f (Chem) / indicación f coloreada ‖ ≈**indikator** m / indicador m reactivo de color ‖ ≈**indikator-Titration** f / valoración f colorimétrica ‖ ≈**information** f (TV) / información f cromática o de color ‖ ≈**infrarotfilm** m (Foto) / película f infrarroja en colores ‖ ≈**intensität**, -tiefe f / intensidad f de color ‖ ≈**kanal** m, -leitung f (TV) / canal m cromático ‖ ≈**kasten** m (Druck) / tintero m, depósito m tintero, caja f de tinta ‖ ≈**keil** m (Opt) / cuña f colorimétrica ‖ ≈**kennzeichen** n (Elektr) / indicativo m de color ‖ ≈**kennzeichnung** f (Elektr) / codificación f de colores, identificación f por clave de colores ‖ ≈**kessel** m (Spritzpistole) / depósito m de pintura ‖ ≈**kessel** (Färb) / tina f de teñir ‖ ≈**killer**, -unterdrücker, -austaster m (TV) / supresor m de color[es] o de crominancia ‖ ≈**kissen** (Druck) / tampón m para sellos (E), almohadilla f de entintar, almohadilla f para sellos (LA) ‖ ≈**komponente** f / componente m cromógeno ‖ ≈**kontrast** m / contraste m de color[es] ‖ ≈**konturschärfe** f / resolución f cromática, definición f de colores ‖ ≈**konzentrat** n (Anstrich) / solución f madre de color ‖ ≈**koordinaten** f pl / coordenadas f pl de cromaticidad ‖ ≈**kopie**, -photographie f / impresión f en colores, tirada f en colores ‖ ≈**kopie** f (Film) / película f positiva en color ‖ ≈**körper** m (veraltet), Pigment n / pigmento m ‖ ≈**korrektur** f (Foto, Opt) / corrección f de color ‖ ≈**korrektur** (Videoband) / corrección f de error de crominancia ‖ **selektive** ≈**korrektur** / corrector m selectivo de color[es] ‖ ≈**korrekturgerät** n, Scanner m (Foto) / aparato m corrector del color ‖ ≈**korrekturmaske** f (Film) / máscara f incorporada de corrección cromática
farbkorrigiert (Foto, Opt) / de o con corrección cromática, corregido de color
Färbkraft f s. Färbkraft
Farb•kratzer m / rasqueta f quitapinturas ‖ ≈**kreis** m (Opt) / círculo m de cromaticidad ‖ ≈**kühlvorrichtung** f (Druck) / dispositivo m refrigerador de la tinta ‖ ≈**kuppler** m (Färb) / copulador m, desarrollador m ‖ ≈**kuppler** (TV) / equilibrador m de colores ‖ ≈**lack** m (DIN 7730) (Plast) / pintura f de esmalte, barniz m de color, laca f colorante ‖ ≈**laserdrucker** m (DV) / impresora f laser en colores ‖ ≈**läufer** m (Druck) / moleta f (E), batidor m (LA) ‖ ≈**leitfläche** f (TV) / plano m de color[es] ‖ ≈**leitpunkt** m (TV) / centro m de color ‖ ≈**lichtsignal** n (Bahn) / señal f luminosa de colores ‖ ≈**lieferwalze** f (Druck) / cilindro m entintador
farblos, glasklar, wasserhell / sin color, incoloro, hialino ‖ ~, durchsichtig / transparente, diáfano ‖ ~, achromatisch / acromático ‖ ~**er Phosphor** (Chem) / fósforo m blanco ‖ ~**er Schutzlack** / laca f protectora incolora, barniz m protector transparente

Farbstreifen

Farblosigkeit f (Zustand der Entfärbung) / de[s]coloración f ‖ ⁓ (Fehler) / falta f de color o colorido
Farb•lösung f / solución f colorante ‖ ⁓**malz** n (Brau) / malta f de color, malta f torrefacta ‖ ⁓**-Markierung** f, Seezeichen n (Luftf) / tinte m marcador usado en el mar ‖ ⁓**maske** f (TV) / máscara f de color
Färbmasse f / materia f colorante, sustancia f colorante
Farb•maßzahl f (Phys) / índice m colorimétrico ‖ ⁓**matrixschaltung** f (TV) / circuito m de matriz de transformación de señales de color ‖ ⁓**messfilter** n (Opt) / filtro m triestímulo ‖ ⁓**messgerät** n, -messer m (Phys) / colorímetro m, instrumento m medidor de colores ‖ ⁓**messung** f (durch Vergleich) / cromatometría f ‖ ⁓**messung mit Kolorimeter** / colorimetría f ‖ ⁓**metrik** f, -messung f / métrica f de colores, teoría f de la valencia cromática ‖ ⁓**metrisch** / colorimétrico ‖ ⁓**metrische Bestimmung** / evaluación f colorimétrica, determinación f colorimétrica ‖ ⁓**mikrofilm** m (Foto) / microficha f en colores ‖ ⁓**mischkopf** m (Foto) / cabeza f mezcladora del color ‖ ⁓**mischung** f, -gemisch n / mezcla f de colores ‖ **additive**, [subtraktive] ⁓**mischung** (Phys) / superposición f de colores ‖ ⁓**mittel** n, Färbemittel n / agente m colorante, materia f colorante ‖ **unlösliches** ⁓**mittel** / pigmento m, colorante m insoluble ‖ **lösliches** ⁓**mittel** / colorante m soluble ‖ ⁓**modulator** m (TV) / modulador m de crominancia ‖ ⁓**monitor** m (z.B. mit 8 bit Farbtiefe) (DV) / monitor m [de] color ‖ ⁓**muster** n (Anstrich, TV) / muestra f de[l] color ‖ ⁓**mustergenerator** m (TV) / generador m de imagen patrón en colores ‖ ⁓**musterkarte** f / tabla f de colores ‖ ⁓**nachstellung** f (TV) / [re]ajuste m de la tonalidad ‖ ⁓**nebel** m (allg) / niebla f de pintura, niebla f de pintar ‖ ⁓**nebel** (Druck) / niebla f de tinta ‖ ⁓**negativ** n (Foto) / negativa f en color ‖ ⁓**negativfilm** m / película f negativa en color ‖ ⁓**normenatlas** / átlas m de colores normalizados ‖ ⁓**nuance** f / tono m o matiz de color ‖ ⁓**öl** n / aceite m para tinturas ‖ ⁓**ort** m (Farbmetrik) / lugar m del color en el diagrama cromático ‖ ⁓**oxid** n, Farbenzinkoxid n (Chem) / óxido m de zinc (un pigmento) ‖ ⁓**palette** f / tabla f de la gama de colores ‖ ⁓**papier** n / papel m coloreado o [de] color ‖ ⁓**paste** f (Druck, Tex) / pasta f colorante para impresión ‖ ⁓**photographie**, -foto n (Abzug) / foto f en color[es] ‖ ⁓**photographie**, -foto n / fotografía f en colores, impresión f en colores ‖ ⁓**pigment** n / pigmento m colorante ‖ ⁓**pistole** f, Spritzpistole f / pistola f para pintar [al duco] ‖ ⁓**platte**, -palette f (Tex) / gama f de colores ‖ **reiche** ⁓**platte**, -palette f / amplia gama de colores ‖ ⁓**plotter** m (DV) / plotter m de color, trazadora f de gráficos multicolores ‖ ⁓**positiv** n (Foto) / positiva f en color ‖ ⁓**prägung** f (Vorgang) (Druck) / gofrado m en colores ‖ ⁓**probe** f, -muster n / muestra f de color[es] ‖ ⁓**probeschalter** m (TV) / botón m de conmutación de colores ‖ ⁓**prüfung** f, -vergleich m / comprobación f de colores, comparación f de colores ‖ ⁓**pulver** n (Tex) / polvo m coloreado, colorante m en polvo ‖ ⁓**pumpe** f (Druck) / bomba f de tinta ‖ ⁓**punkt** m / punto m coloreado o de color ‖ ⁓**pünktchen** n pl / manchitos m pl de color ‖ ⁓**punktzittern** n (TV) / centelleo m de puntos ‖ ⁓**pyrometer** m (Hütt) / pirómetro m cromático ‖ ⁓**randeffekt**, -saum m (TV) / franjas f pl cromáticas espurias, cromaticidad f espuria marginal ‖ ⁓**raster** m (Druck) / retícula f de colores (E), trama f de colores (LA) ‖ ⁓**rasterfilm** m (Foto) / película f con retículas de color (E), película f con trama de color[es] (LA) ‖ ⁓**rauschen** n (Eltronik) / ruido m cromático ‖ ⁓**reaktion** f (Chem) / reacción f cromática ‖ ⁓**rechner** m (Foto) / calculador m de color ‖ ⁓**regelband** n (Film) / banda f de ajuste o de prueba, banda f de filtraciones ‖ ⁓**reinheit** f (Foto, TV) / pureza f cromática ‖ ⁓**reinheitsgrad** m (TV) / pureza f de excitación ‖

⁓**reiz** m (Physiol) / estímulo m de color ‖ ⁓**richtig** (Foto) / ortocromático ‖ ⁓**ringe** m pl, Newtonsche Ringe (Opt) / anillos m pl de Newton ‖ ⁓**roller** m (Anstrich) / rodillo m de [aplicación de] pintura ‖ ⁓**rührwerk** n (Druck) / agitador m de tinta ‖ ⁓**ruße** m pl (Anstrich, Keram) / hollines m pl de color ‖ ⁓**salz** n / sal f colorante ‖ ⁓**sättigung**, -stärke f (TV) / saturación f cromática o de color ‖ ⁓**satz** m (Druck) / juego m de clisés en color ‖ ⁓**saum** (TV) / franjas f pl cromáticas espurias ‖ ⁓**schalter** m (TV) / botón m de conmutación de colores ‖ ⁓**schalter-Steuerungsimpuls** m (TV) / impulso m de conmutación de colores ‖ ⁓**schaltfrequenz** f (TV) / frecuencia f de conmutación de colores ‖ ⁓**schaltung** f (TV) / conmutación f de colores ‖ ⁓**schattierung** f / matiz m cromático o de color, tonalidad f ‖ ⁓**scheibe** f (allg) / disco m de color[es] ‖ ⁓**scheibe**, -filter m n (Foto, Phys) / filtro m de color ‖ ⁓**scheibenwechsler** m (Bühne) / panel m giratorio de filtros de color ‖ ⁓**schicht** f (Anstrich) / capa f de pintura, mano f de pintura ‖ ⁓-**Schirmbild** n (DV) / presentación f visual en colores ‖ ⁓**schnitt** m (Druck) / corte m pintado o de tinta ‖ ⁓**schreiber** m (Messinstr) / registrador m en colores ‖ ⁓**schriftröhre** f, Skiatron n (TV) / tubo m catódico de pantalla absorbente o de traza obscura, eskiatrón m ‖ ⁓**schwelle** f (TV) / umbral m de color ‖ ⁓**signal** n (Verkehr) / señal f luminosa de colores ‖ ⁓**signal**, Farbwertsignal n (TV) / señal f de colores, señal f cromática de cromaticidad ‖ ⁓**signal-Phasenlageeinstellung** f (TV) / fasamiento m cromático, convergencia f cromática ‖ ⁓**skala** f, Farbenreihe f (Phys) / gama f de colores ‖ ⁓**skala von Thermofarben** / gama f de colores indicadores de la temperatura ‖ ⁓**spatel** m, -spachtel m (Foto) / espátula f de tinta ‖ ⁓**sperre** f, -sperrimpuls m (TV) / impulso m de supresión de colores de crominancia ‖ ⁓**sperrstufe** f (TV) / etapa f de supresión de colores ‖ ⁓**spritzapparat** m (Photogravüre) / aerógrafo m ‖ ⁓**spritzen**, spritzen (Anstrich) / pintar a pistola o al duco ‖ ⁓**spritzen** n / pintura f a pistola o al duco, aerografía f, pintura f aerográfica ‖ ⁓**spritzer** m pl (außerhalb des Zeichens) (Drucker, DV) / salpicaduras f pl ‖ ⁓**spritzpistole** f (Anstrich) / pistola f para pintar [al duco], pistola f aerográfica o pulverizadora, pistolete m aerográfico ‖ ⁓**sprühdose** f / envase m aerosol con pintura ‖ ⁓**stabilisator** m (Nahr) / estabilizador m de colorantes ‖ ⁓**stammlösung** f (Chem) / solución f madre de colorante ‖ ⁓**stärke** f, -kraft f / poder m colorante, fuerza f colorante ‖ ⁓**stärke**, -intensität f / intensidad f de color ‖ ⁓**stein** m, Reibestein m (Druck) / plato m de [batir] la tinta, mesa f para la tinta, piedra f para mezclar la tinta ‖ ⁓**stich** m (Foto, TV) / tono m de color, matiz m de color ‖ ⁓**stift** m, Buntstift m / lápiz m de color ‖ ⁓**stift**, Pastellstift m / lápiz m pastel
Farbstoff m (Chem, Färb) / colorante m, materia f colorante, tinta f ‖ ⁓**affin** (Chem) / afín al colorante ‖ ⁓**-Auflösung** f, -solubilisierung f / solubilización f de colorantes, disolución f de colorantes ‖ ⁓**bildend**, chromogen (Chem) / cromógeno f ‖ ⁓**-Dispersion** f / dispersión f de colorantes ‖ ⁓**einspritzung** f (Laser) / inyección f de materia colorante ‖ ⁓**indikator** m (Landw) / indicador m [de propiedades] del suelo por colorantes ‖ ⁓**industrie** f / industria f de colorantes ‖ ⁓**laser** m / láser m de colorante ‖ ⁓**paste** f (Druck) / pasta f colorante ‖ ⁓**pflanze** f (Bot) / planta f tintórea ‖ ⁓**prüfung** f **auf Ausbluten** / ensayo m de sangrado ‖ ⁓**pulver** n (Tex) / colorante m en polvo ‖ ⁓**rezept** n / fórmula f de colorante ‖ ⁓**ringkanal** m / garganta f anular de pintura
Farb•strahldruckwerk n (DIN 9784) (DV) / impresora f a chorro de tinta ‖ ⁓**streifen** m (allg) / franja f de color ‖ ⁓**streifen** (o. Stoffstreifen) (Webfehler in Schussrichtung) / barra f de tinte, lista f o rayadura de

421

Farbstufe

tinte ‖ ≈**stufe** f, -ton m / tono m de color, matiz m de color ‖ ≈**stufenmesser** m / tintómetro m ‖ ≈**stufung** f / gradación f de colores ‖ ≈**synchron[isier]signal** n (NTSC-System) (TV) / señal f de sincronización cromática (según normas NTSC) ‖ ≈**synchronismus**, -gleichlauf m (TV) / sincronización f cromática ‖ ≈**tafel** f / tabla f de colores ‖ ≈**tafel** (nach CIE), -dreieck n / triángulo m cromático o de colores ‖ ≈**teilbild** n (TV) / cuadro m de color ‖ ≈**temperatur** f / temperatura f de color ‖ ~**tief** / de color intenso ‖ ≈**tiefdruck** m (Druck) / huecocolor m ‖ ≈**tiefe** f / intensidad f del color o de la coloración, intensidad f del tono

Farbton m, Nuance f / matiz m [de color], tono m de color ‖ ≈, Tönung f, Schattierung f / tonalidad f ‖ ≈ (Foto) / tinte m ‖ ≈, Chrominanz f (Opt) / crominancia f ‖ ~**gleich** (Opt) / dominante ‖ ~**gleiche Wellenlänge** (Foto) / longitud f de onda dominante ‖ ≈**gleichheit**, Dominanz f (Opt) / dominancia f ‖ ≈**kreis** m (Opt) / círculo m cromático o de colores ‖ ~**richtig**, farbtreu / con exactitud de colores ‖ ≈**sättigung** f / saturación f cromática ‖ ~**stabil** (Tex) / de tinte estable ‖ ≈**trennung** f (TV) / separación f de tintas ‖ ≈ **und -sättigung** f, Chroma n (TV) / croma m ‖ ≈**- und Sättigungsregelung** f (TV) / control m del croma

Farb•tonung f (Foto) / viraje m ‖ ≈**tönung** f, Nuance f / matiz m de color, tono m ‖ ≈**ton-Unterscheidungsvermögen** n (Physiol) / capacidad f de distinguir matices de color ‖ ≈**topf** m / bote m o tarro de pintura

Farbträger m, Chromophor m / cromoforo m ‖ ≈ (Opt, TV) / portadora f de colores, subportadora f de crominancia ‖ ≈**oszillator** m / oscilador m de reinserción de portadora ‖ ≈**synchronimpuls** m, -synchronsignal n (TV) / señal f de sincronización cromático (NTSC)

Farb•trennfilter n / filtro m de separación de colores ‖ ~**treu** / con fidelidad de colores ‖ ≈**treue** f / fidelidad f de los colores, fidelidad f cromática ‖ ≈**tuch** n (Druck, DV) / tejido m entintador ‖ völlige ≈**übereinstimmung** / equilibrio m colorimétrico ‖ ≈**übergang** m (TV) / transición f de color[es] ‖ ≈**übersättigung** f (TV) / sobresaturación f de color ‖ ≈**übertragung** f (Druck) / transferencia f de tinta ‖ ≈**übertragwalze** f (Druck) / rodillo m de transferencia de tinta ‖ ≈**überzug** m (allg, Anstrich) / revestimiento m de color, recubrimiento m ‖ ≈**umkehrfilm** m (Foto) / película f en colores reversible ‖ ≈**umschlag** m, Farbwechsel m / cambio m de color ‖ ≈**umstimmung** f / cambio m de adaptación cromática ‖ ~**unecht sein** / desteñir

Färbung f / coloración f, colorido m, tinción f ‖ ≈ (Tex) / tinte m, teñido m ‖ ≈, Anstrich m / pintura f ‖ ≈ **lebender Zellen** (Biol) / coloración f intra-vitam ‖ **[nachträgliche]** ≈ **des Films** (Foto) / viraje m de la película

Färbungsmittel n (Tex) / colorante m

Farb•unruhe f (Färb, Tex) / tinte m irregular ‖ ≈**unterdrücker**, -austaster m (TV) / supresor m de colores o de crominancia ‖ ≈**unterscheidungsvermögen** n (Physiol) / poder m de diferenciación de [los] colores ‖ ≈**valenz** f / valencia f cromática ‖ ≈**valenzeinheiten** f pl / unidades f pl tricromáticas ‖ ≈**valenzflimmern** n (TV) / centelleo m de colores, centelleo m cromático ‖ ≈**verbrauch** m (Druck) / consumo m de tinta ‖ ≈**verfälschung** f, -untreue f (Foto) / infidelidad f de colores ‖ ≈**vergleich** m, -prüfung f / prueba f de colores, comparación f de colores ‖ ≈**verlust** m, Entfärbung f / de[s]coloración f, descolorimiento m ‖ ≈**verreibung** f (Druck) / distribución f de la tinta ‖ ≈**verreibwalze** f, -zylinder m / rodillo m distribuidor ‖ ≈**verstärker** m (TV) / amplificador m de señales cromáticas ‖ ≈**vertiefung** f / acentuación f de tintes, intensificación f de tintes ‖

≈**vertiefung**, Schwärzung f (Pap) / ennegrecimiento m ‖ ≈**vertiefung** (Galv) / abrillantamiento m ‖ ≈**verzerrung** f (TV) / distorsión f cromática ‖ ≈**-Video-Signal** n (TV) / videoseñal f de color ‖ ≈**walze** f (Tex) / rodillo m alimentador de colorante ‖ ≈**walze**, Auftragswalze f (Druck) / rodillo m entintador o de entintar ‖ ≈**werk** n (Druck) / mecanismo m entintador ‖ ≈**wert** m (Farblehre) (Phys) / valor m tricromático, valor m triestímulo o de triple estimulo ‖ ≈**wertanteil** m, Farbwertkoordinate f (Phys, TV) / coordenada f de cromaticidad ‖ ≈**wertkontrollgerät** n (TV) / aparato m de control de señales primarias ‖ ≈**wertregler** m (TV) / regulador m de matices o de tintes ‖ ≈**wertsignal** n (TV) / señal f de colores, señal f cromática o de cromaticidad ‖ ≈**wertverschiebung** f (TV) / contaminación f de colores ‖ ≈**wiedergabe** f (Druck, TV) / calidad f de los colores, exactitud f de los colores ‖ ≈**wiedergabetreue**, -wiedergabegüte, -naturlichkeit f (TV) / fidelidad f de reproducción de los colores ‖ ≈**zeige** m (TV) / indicador m de color ‖ ≈**zeitfehlerausgleichung** f (TV) / corrección f de la base de tiempo de los colores ‖ ≈**zerlegung** f (Opt) / dispersión f cromática, separación f de colores ‖ ≈**zusatz** m (Lebensmittel) / aditamento m de colorantes

Farin m (Zucker) / azúcar m mascabado o molido, azúcar m moreno o negro

Farm f, landwirtschaftlicher Betrieb / granja f, explotación f agrícola, hacienda f (LA), rancho m (LA), finca f rústica (LA), estancia f (ARG)

Farmerhammerzange f (Wz) / tenazas -martillo m

Farm•geflecht n (Landw) / tela f metálica de triple torsión combinada ‖ ≈**sonnenkraftwerk** n (Elektr) / central f heliotérmica de unidades múltiples

Farnsworthröhre f, Dissektorröhre f (TV) / tubo m disector de imágenes de Farnsworth

fas (free alongside ship) (Schiff) / puesto al costado del buque

Faschine f, Reisigbündel n (Hydr) / fajina f, fajinada f, gavión m

Faschinen•bau m (Hydr) / fajinada f, construcción f de fajinas ‖ ≈**damm** m, Wurstdamm m / dique m de fajinas ‖ ≈**drän** m / dren m de o en fajinas ‖ ~**holz** n / ramaje m ‖ ≈**werk** m / enfajinado m

Fase f, abgefaste Kante (Masch, Tischl) / bisel m, chaflán m, canto m biselado, arista f muerta ‖ ≈, Führungsfase f (Wz) / guía f entre acanaladuras ‖ ≈**brett** n (Zimm) / tabla f achaflanada

fasen vt, abfasen (Masch, Tischl) / achaflanar, biselar, tornear chaflán ‖ ≈ n [von Kanten] / achaflanado m de largo

Fasen•breite f (Bohrer) / ancho m de la guía ‖ ≈**freiwinkel** m (Räumwz) / ángulo m de incidencia en el chaflán ‖ ≈**keilwinkel** m (Wzm) / ángulo m de chaflán ‖ ≈**ring** m (Mot) / segmento m achaflanado ‖ ≈**schneide** f (Wz) / filo m de faceta longitudinal, cuchilla f para biselar ‖ ≈**spanwinkel** m (Räumwz) / ángulo m de desprendimiento en el chaflán ‖ ≈**winkel** m (Masch, Tischl) / ángulo m del bisel, ángulo m del chaflán

Faser f (allg) / fibra f, hebra f ‖ ≈, Fiber f, Stapel m (Qualitätsbegriff) (Tex) / fibra f, hebra de algodón ‖ ≈ f (Asbest) / fibra f [de amianto] ‖ ≈, Fäserchen n (Web) / hilacha f ‖ ≈ n f pl, Werg n (Flachs) / hilaza f de lino ‖ ≈ f **quer zum Format** (Pap) / fibra f transversal al formato ‖ **mit** ≈ **in Längsrichtung des Formats** (Pap) / la fibra en dirección del formato ‖ **mit der** ≈ (Holz) / en el sentido de la fibra ‖ **quer zur** ≈ (Holz) / transversal a la fibra

Faser•achse f / eje m de la fibra ‖ ≈**affin** (Färb, Tex) / afín a la fibra ‖ ≈**agave** f (Bot) / pitera f ‖ ≈**aggregat** n (Min) / agregado m fibroso ‖ ≈**alaun** m (Chem) / alumbre m calcinado ‖ ~**artig**, -förmig / fibroso, filamentoso, fibroide, fibrinoso ‖ ≈**asbest** m (Bau, Min) / amianto m fibroso ‖ ≈**aufbau** m, -struktur f / estructura f fibrosa

‖ ⁓**aufreißung** f (Holz) / desgaje m de fibras ‖ ⁓**aufschluss** m (Pap) / desintegración f de las fibras ‖ ⁓**bahn** f / banda f de fibras ‖ ⁓**band** n, Krempelband n (Spinn) / cinta f de carda ‖ ⁓**bandetagentrockner** n / máquina f secadora múltiple para fibras ‖ ⁓**bart** m, -büschel n (Spinn) / mechón m, barba f ‖ ⁓**baryt** m (Min) / barita f fibrosa ‖ ⁓**beton** m (Bau) / hormigón m fibroso o de fibra ‖ ⁓**bruch** m (Tex) / corte m de fibras ‖ ⁓**bruch** (Holz) / rotura f [a lo largo] de la fibra ‖ ⁓**bündel** n (Wellenleiter) / haz m de fibras ópticas ‖ ⁓**bündel**, -büschel n (Baumwolle) / mechón m de fibras ‖ ⁓**bündelung** f / formación f de mechones de fibras
Fäserchen n, Fibrille f (Biol, Tex) / fibrilla f
Faser • dämmplatte f (aus Glasfasern) (Bau) / placa f aislante de fibras de vidrio ‖ ⁓**dämmstoff** m / aislante m fibroso ‖ ⁓**diagramm** n (Krist) / diagrama m de fibras ‖ ⁓**durchlauf** m (Spinn) / paso m de fibras ‖ ⁓**einlage** f (Seil) / alma f fibrosa ‖ ⁓**element** n / elemento m de fibra ‖ ⁓**ende** n (Wellenleiter) / extremidad f de fibra óptica ‖ ⁓**fänger** m (Zuck) / colector m de pulpa ‖ ⁓**fett** n (Bot, Chem) / grasa f de fibra ‖ ⁓**filter** m n (Chem) / filtro m de fibras ‖ ⁓**flaum** m (Tex) / borrilla f de fibras, pelusilla f ‖ ⁓**flocken** f pl (Tex) / copos m pl fibrosos ‖ ⁓**flor** m, [Faser]vlies n (Tex) / velo m de fibra[s], velo m cardado ‖ ⁓**flug** m, K: Flusen / pelusilla f ‖ ⁓**förmiges Aluminiumoxid** (Chem, Min) / alúmina f fibrosa ‖ ⁓**Fraktioniergerät** n (Pap) / clasificador m de fibras ‖ ⁓**fraktionierung** f / fraccionamiento m de fibras, clasificación f de fibras ‖ ⁓**füllstoff** m (Plast) / carga f fibrosa ‖ ⁓**gebilde** n / formación f fibrosa ‖ ⁓**gefüge** n / estructura f fibrosa ‖ ⁓**gemisch** n (Tex) / mezcla f de fibras ‖ ⁓**gewebe** n, -stoff m (Tex) / tejido m fibroso ‖ ⁓**gewicht** n / peso m de fibras secas ‖ ⁓**gips** m (Bau) / yeso m fibroso ‖ ⁓**gitter** n (Krist) / red f cristalina fibrosa ‖ ⁓**gut** n, Spinngut n (Tex) / materia f para o de hilar, materia f hilable ‖ ⁓**harz** n (Chem) / resina f fibrosa ‖ ⁓**holz**, Zellstoffholz n (Pap) / madera f hebrosa o fibrosa
faserig / fibroso, filamentoso, hebroso ‖ ⁓, spinnstoffartig / textil adj ‖ ⁓ (Fleisch, Holz) / hebroso ‖ ⁓**er Alaun** (Min) / alumbre m fibroso ‖ ⁓**er Anthrazit** (Bergb) / antracita f fibrosa ‖ ⁓**e Beschaffenheit** / constitución f fibrosa ‖ ⁓**er Brauneisenstein**, brauner Glaskopf (Min) / goetita f, lepidocroquita f ‖ ⁓**er Bruch** / rotura f fibrosa ‖ ⁓**-zellig** / fibrinoso-celular
Faser • kalk m, Atlasspat m (Min) / calcita f fibrosa ‖ ⁓**kiesel** m, Sillimanit m (Min) / silimanita f, fibrolita f ‖ ⁓**klumpen**, -klotz m, Knolle f (Baumwolle) / pedazo m o trozo de algodón ‖ ⁓**kohle** f (Bergb) / carbón m fibroso, hulla f fibrosa ‖ ⁓**kopf** m (Tex) / cabeza f de mechón ‖ ⁓**kunstleder** n (Plast) / similcuero m fibroso ‖ ⁓**länge** f / longitud f de [la] fibra ‖ ⁓**längenmessgerät** n / aparato m para medir la longitud de fibras ‖ ⁓**laufrichtung** f, -längsrichtung f (Pap) / sentido m de fibras ‖ ⁓**metall** m (Hütt) / metal m de fibras ‖ ⁓**metallurgie** f / fabricación f de metales de fibras, metalurgia f de fibras metálicas ‖ ⁓**mischung** f (Tex) / mezcla f de fibras
fasern vt vi, abfasern / deshilachar[se], desfibrar[se]
Faser • neigung f (Holz) / inclinación f de fibras ‖ ⁓**optik** f, Bildleitstab m / fibroscopio m ‖ ⁓**optikbeleuchtung** f (Instr) / iluminación f por un haz de fibras de vidrio ‖ ⁓**orientierung f in der Längsrichtung** (Holz) / orientación f en sentido de fibras ‖ ⁓**parallel** / al hilo ‖ ⁓**pflanze** f (Bot) / planta f fibrosa ‖ ⁓**platte** f (Opt) / placa f de fibras ‖ ⁓**platte** (Holz) / plancha f de fibras ‖ ⁓**plattenpresse** f (Holz) / prensa f para planchas de fibras, prensa f de aglomerar fibras ‖ ⁓**protein** n (Biochem) / proteína f fibrosa ‖ **grünlichgrauer** ⁓**quarz** (Min) / ojo m de gato de cuarzo ‖ ⁓**reaktiv** (Chem) / susceptible de reaccionar con la fibra ‖ ⁓**richtung** f (Holz) / sentido m de la fibra ‖ ⁓**richtung**, Maschinenrichtung f (Pap) / dirección f de las fibras ‖ ⁓**riste** f, -büschel n (Bot, Tex) / manojo m de fibras ‖ ⁓**rohstoff** m / material m textil en bruto ‖ ⁓**schicht** f / capa f fibrosa o de fibras ‖ ⁓**schicht** (Pap) / capa f de fibras ‖ ⁓**schliere** f / estría f corta y fina ‖ ⁓**schliff** m (Pap) / desfibrado m ‖ ⁓**schonend** / que preserva la fibra ‖ ⁓**schreiber** m / rotulador m ‖ ⁓**schutz** m, -schutzmittel n (Tensid) / agente m protector de fibras ‖ ⁓**seele** (Seil) / alma f de fibra ‖ ⁓**seil** n / cable m de fibras, soga f de fibras ‖ ⁓**serpentin** m (Min) / crisotilo m ‖ ⁓**silikat** n / silicato m fibroso ‖ ⁓**staub** m / polvo m de fibras ‖ ⁓**steigungswinkel** m (Spinn) / ángulo m de torsión de las fibras ‖ ⁓**stift** m, Filzstift m / rotulador m [de punta de fibras] ‖ ⁓**stoff** m (allg) / material m fibroso, sustancia f fibrosa ‖ ⁓**stoff** (Zuck) / bagazo m ‖ ⁓**stoff**, Fasergut n (Tex) / materia f hilable o para hilar ‖ ⁓**stoffhaltig**, faserig (Pap) / fibroso, filamentoso ‖ ⁓**stoffisolierung**, -stoffisolation f (Elektr) / aislamiento m fibroso ‖ ⁓**stoffkabel** n (Elektr) / cable m con revestimiento de fibra ‖ ⁓**stoffplatte**, Hartpappe f (Bau) / plancha f de materia fibrosa ‖ ⁓**stoffschicht** f (Pap) / capa f de fibras ‖ ⁓**stoffumhüllung** f (Elektr) / envoltura f textil ‖ ⁓**stoffzusammensetzung** f (Pap) / composición f fibrosa ‖ ⁓**struktur** f / estructura f fibrosa ‖ ⁓**substrat** n / substrato m fibroso ‖ ⁓**summenzahl** f / índice m de suma de la fibra ‖ ⁓**talk** m / talco m fibroso ‖ ⁓**textur** f / textura f fibrosa ‖ ⁓**torf** m / turba f fibrosa ‖ ⁓**umhüllend** (Farbstoff) / que envuelve la fibra

Faserung f (Opt) / formación f de haces ‖ ⁓ (Plast) / fibra f aparente

Faser • verbundwerkstoff m / material m compuesto de fibras ‖ ⁓**verlauf** m (Schm, Stahl) / contextura f de las fibras ‖ ⁓**verlauf** (Gewebe) / dirección f o orientación f de la fibra ‖ ⁓**verstärkt** (Plast) / reforzado f con (o por) fibras ‖ ⁓**verstärktes Metall** / metal m enfibrado, metal m reforzado por fibras ‖ ⁓**vlies**, Nonwoven m (Vliesstoff) (Tex) / tela f no tejida ‖ ⁓**werkstoff** m / material m [compuesto] de fibras ‖ ⁓**zahl** f / número m de fibras ‖ ⁓**zement** m (Bau) / cemento m fibroso o de fibras, fibrocemento m ‖ ⁓**zeolith**, Phillipsit m (Min) / zeolita f fibrosa ‖ ⁓**-zu-Faser-Bindung** f (Pap) / ligamento m entre fibras

Fass n (kleineres) / barril m, barrica f ‖ ⁓ (größeres, Tone) / cuba f, tonel m ‖ ⁓, Bottich m / tia f ‖ ⁓, Vorratsbehälter m / depósito m, cisterna f ‖ ⁓, Barrel n (159 l) (Öl) / barril m ‖ ⁓, (große) Tonne (= 252 gallons) f / barril m (p: bocoyes), barrica f (200-250 litros) ‖ ⁓ **je Minute** (Öl) / bpm, barriles m pl por minuto ‖ ⁓ **je Tag** (Öl) / b/d, barriles m pl por día ‖ ⁓ **Wasser je Tag** (Öl) / barriles m pl de agua por día, bwpd ‖ **auf Fässer füllen** (Brau) / embarrilar, entonelar ‖ **kleines** ⁓ / barril m ‖ **vom** ⁓ (Brau) / de barril

Fassfüllen n / embarrilado m, trasiego m

Fassade f, [Vorder]front f, Vorderseite f (Bau) / fachada f, frontispicio m

Fassaden • begrünung f / recubrimiento m de fachadas con plantas verdes ‖ ⁓**breite** f (Bau) / lienzo m ‖ ⁓**elemente** n pl / paneles m pl de fachada ‖ ⁓**farbe** f / pintura f de fachada ‖ ⁓**gerüst** n / andamio m de fachada ‖ ⁓**kollektor** m (Sonnenwärme) / colector m solar vertical ‖ ⁓**lift** m (zum Reinigen) (Bau) / montacargas m para limpieza de fachadas ‖ ⁓**platte** f, Verkleidungsplatte f (Bau) / placa f de revestimiento para fachadas ‖ ⁓**putz** m / revoque m de fachada, enlucido m de fachada ‖ ⁓**schutzmittel** n (Bau) / medio m protector de fachada[s] ‖ ⁓**stein** m, -ziegel m / ladrillo m de fachada ‖ ⁓**-Traggerüst** n / estructura f portante de fachada ‖ ⁓**verkleidung** f / revestimiento m de fachada ‖ ⁓**wand** f / paramento m de fachada

Fassait m (Min) / fasaita f

Fass • anhänger m (Kfz) / remolque m para transporte de barriles ‖ ⁓**artige Erweiterung** / abarrilamiento m ‖

Fassaufzug

~**aufzug**, -elevator *m* / montacargas *m* de barriles ‖
~**ausleuchtlampe** *f* / lámpara *f* para inspección de
  barriles ‖ ~**bauch** *m*, -bauchung *f* / barriga *f* de barril ‖
~**bier** *n* (Brau) / cerveza *f* de barril ‖ ~**boden** *m* / fondo
  m de[l] barril o del tonel, témpano *m* ‖ ~**boje** *f*, -tonne
  f / boya *f* de tonel
Fässchen *n*, Tönnchen *n* / barrilete *m*, tonelete *m*,
  tonelillo *m*
Fass•daube *f* / duela *f*, dovela *f*, costilla *f* ‖
  ~**daubenhobel** *m* (Wz) / abladera *f*
fassen *vt*, ergreifen / asir, agarrar, tomar, coger (nicht in
  ARG!), agarrar (ARG) ‖ ~ (Wasserkraft) (Hydr) /
  poner en explotación, utilizar (energía) ‖ ~ (Tex) /
  orlar, guarnecer ‖ ~, einfassen / enmarcar ‖ ~,
  enthalten / contener, comprender, tener cabida o
  capacidad [para] ‖ ~, einsetzen (Edelsteine) / engastar
  ‖ ~, aufreihen (Perlen) / engarzar ‖ ~ (Opt) / montar ‖
  ~ *vi* (Leim, Mörtel) / prender ‖ ~, ziehen (Pumpe) /
  funcionar ‖ ~ *vi*, eingreifen (Zahnrad) / endentar,
  engranar ‖ **eine Quelle** ~ (Hydr) / captar una fuente ‖
  mit den Händen ~ / asir con las manos ‖ **mit der
  Zange** ~ / sujetar o coger con las pinzas o tenazas ‖ ~
  n, Fassung *f* (Edelsteine) / engaste *m* ‖ ~, Greifen *n* /
  agarro ‖ ~ (Perlen) / engarce *m*
Fasser *m* (Arbeiter) (Opt) / montador *m*
Fass•fabrik *f* / fábrica *f* de barriles, tonelería *f* ‖
  maschinelle ~**fabrikation** / fabricación *f* mecánica de
  barriles ‖ ~**förmig** / de forma de tonel ‖ ~**gärung** *f*
  (Brau) / fermentación *f* en barril[es] ‖ ~**geläger** *n*,
  -hefe *f* (Brau) / depósito *m*, sedimento *m*, fondo *m* ‖
  ~**greifer** *m* (Kran) / pinzas *f pl* para barriles ‖ ~**hahn** *m*,
  Zapfen *m* (Brau) / espita *f* ‖ ~**heber** *m* (Förd) / elevador
  m de barriles ‖ ~**herstellungsmaschine** *f*, -maschine *f*
  / máquina *f* para hacer barriles o para tonelería ‖
  ~**kühler** *m* / radiador *m* de tambor ‖ ~**lager** *n* (ein
  Gestell) (Brau) / combo *m* [de barriles]
Fasson *f* / forma *f*, modelo *m* ‖ ~... s. a. Form... ‖ ~**arbeit** *f*
  (Dreh) / perfilado *m*, trabajo *m* de perfilado ‖ ~**draht** *m*,
  Profildraht *m* / alambre *m* perfilado ‖ ~**flasche** *f* /
  frasco *m* de forma especial ‖ ~**fräsmaschine** *f* (Wzm) /
  fresadora *f* de modelos o perfilar ‖ ~**hammer** *m*
  (Goldschmied) / martillo *m* de modelar ‖ ~**hobel** *m*,
  Stabhobel *m* (Tischl) / cepillo *m* de perfilar
fassonieren *vt*, formen (Masch) / perfilar ‖ ~, façonieren
  (Web) / adornar con dibujos
Fassonlehre *f* (Glas) / calibre *m* de forma
Fass•pumpe *f* / bomba *f* [portátil] para barriles o
  bidones, bomba *f* de trasiego ‖ ~-**Putzmaschine**,
  -Scheuermaschine *f* / máquina *f* para limpiar barriles
  ‖ ~**reif[en]** *m* / bandaje *m* de barril, cello *m*, fleje *m*,
  cincho *m* ‖ ~**reifenbandstahl** (Hütt) / fleje *m* ‖
  ~**rumpf** *m* / cuerpo *m* del barril ‖ ~**spund** *m*,
  Spundloch *m* (Brau) / ojo *m* de barril, canillero *m* ‖
  ~**tonne** *f*, -boje *f* (Schiff) / boya *f* de barril
Fassung *f*, Beschlag *m* (Masch, Tischl) / armadura *f* ‖ ~,
  Fassen *n*, Einsetzen *n* der Diamanten (Edelsteine) /
  engaste *m* ‖ ~ (Quelle) / captación *f*, alumbramiento *m*
  de una fuente, tode/to de ‖ ~ (z.B. von Bächen) /
  regularización *f* del curso de ríos ‖ ~, Halterung *f*
  (Masch) / soporte *m*, sostén *m* ‖ ~ (Glühlampe) /
  portalámparas *m*, casquillo *m* portabombillas ‖ ~
  (Leuchtstofflampe) / portatubos *m* fluorescentes ‖ ~ **der
  Sicherung** (Elektr) / portafusibles *m* ‖ ~ **mit Schalter**,
  Hahnfassung *f* (Elektr) / portalámparas *m* con llave ‖
  ~ **optischer Instrumente** / montura *f* de instrumentos
  ópticos ‖ **aus** ~ **nehmen** (Edelsteine) / desengastar
Fassungs•raum *m* / capacidad *f*, cabida *f*, volumen *m* ‖
  ~**ring** *m* (Messblende) / anillo *m* portador del
  diafragma de medición ‖ ~**vermögen** *n* / capacidad
  f [volumétrica], cabida *f* ‖ ~**vermögen für aufgerolltes
  Kabel** (Schiff) / capacidad *f* en cable arrollado
Fass•[ver]lader *m* (Brau) / cargador *m* de barriles ‖
  bocoyes ‖ ~**verschluss** *m*, -verschlussmutter *f* / cierre

m de barril, tuerca *f* de cierre ‖ ~**wagen** *m* (Bahn) /
  vagón *m* cuba o fudre ‖ ~**zapfen** *m* (Brau) / espita *f*
Fast-Back-Karosserie *f* (Kfz) / carrocería *f* "fast-back"
Fastebene *f* (Geo, Math) / peniplanicie *f*
Fastingmühle *f*, Schwingmühle *f* (Aufb) / molino *m*
  vibratorio
Fast-Motion-Kamera *f* / cámara *f* rápida
fastperiodisch (Elektr) / casi periódico
FAST-Turbine *f* (Luftf) / turbina *f* FAST (fan and
  supersonic turbine)
FAT (= File Allocation Table), Dateizuordnungstabelle
  f (DV) / tabla *f* de asignación de ficheros
Fatigue Monitoring System / sistema *m* FAMOS
faul, verrottet (Biol, Nahr) / podrido, putrefacto,
  descompuesto, pútrido ‖ ~, morsch (Holz) /
  carcomido ‖ ~ (Obst) / picado pocho ‖ ~**er Ast o.
  Knorren** (Holz) / nudo *m* podrido ‖ ~**ästig** (Holz) / de o
  con nudos podridos
Faul•becken *n* (Abwasser) / pila *f* de putrefacción ‖
  ~**behälter** *m* (Schlamm) / tanque *m* de fermentación ‖
  ~**brüchig** (Gieß) / quebrasido, vidrioso ‖ ~**bütte** *f*,
  Lumpenfäule *f* (Pap) / tina *f* de fermentación
Fäule *f*, Fäulnis *f* (Biol, Holz, Nahr) / putrefacción *f*
faulen *vi*, vermodern (Biol) / podrir[se], pudrir[se],
  empodrecer ‖ ~, verderben, schlecht werden (Nahr) /
  descomponerse, corromperse ‖ ~ (Obst) / macarse ‖
  ~ (Holz) / carcomerse ‖ ~, mauken (Keram) /
  fermentar ‖ ~ *n*, Verfaulen *n* / putrefacción *f* ‖ ~,
  Faulenlassen *n*, Mazerieren *n* (Pap) / maceración *f* ‖ ~,
  Rotten *n* (Flachs etc.) / enriado *m*
faulend (Biol) / putrescente, en [estado de] putrefacción
  ‖ ~**e Gärung** / fermentación *f* pútrida
Faulenzer *m* (Kabel) (Schiff) / virador *m*
Faul•gärung *f* (Fäulung durch Alkalien) (Chem) /
  alcalescencia *f*, putrefacción *f* alcalina ‖ ~**gas**, Biogas
  n (Landw, Sanitär) / gas *m* de fermentación, gas *m* de
  cloaca, gas *m* pútrido, biogás *m* ‖ ~**grube** *f* (Seide) /
  fosa *f* de fermentación
faulig, übel riechend / hediondo ‖ ~**er Geruch**, Gestank
  m / hedor *m*, olor *m* pútrido
Faulkammer *f* (Schlamm) / cámara *f* de fermentación,
  pudridero *m*
Fäulnis *f*, Fäule *f* (Biol) / podredumbre *f*, putrescencia *f*,
  putridez *f* ‖ ~, Verwesung *f* / descomposición *f*,
  putrefacción *f* ‖ ~, Zersetzung *f* / descomposición *f* ‖
  in ~ **übergehen** / pudrirse, entrar en putrefacción ‖
  ~**bakterium** *n* / bacteria *f* putrificante o de
  putrefacción ‖ ~**beständig**, -fest / resistente a la
  putrefacción, imputrescible ‖ ~**erregend**, saprogen /
  saprógeno, putrescible ‖ ~**fähig**, -erregend /
  putrefactivo, putrefactor, putrescible ‖ ~**fähigkeit** *f*,
  Verrottungsfähigkeit *f* / putrescibilidad *f* ‖ ~**gärung** *f* /
  fermentación *f* pútrida ‖ ~**prozess** *m* / proceso *m* de
  putrefacción ‖ ~**schutz** *m* (Holz) / protección *f* contra
  la putrefacción ‖ ~**schutzbeize** (Holz, Tex) /
  mordiente *m* antipútrido ‖ ~**verhütend**, -widrig (Holz)
  / antipútrido, antiputrescible
Faul•raum *m* (Abwasser) / tanque *m* de digestión ‖
  ~**[raum]wasser** *n* (Abwasser) / líquido *m*
  sobrenadante ‖ ~**schlamm** *m*, Sapropel *n* / sapropelo
  m, lodo *m* pútrido, cieno *m* podrido ‖ **gallertartiger
  ~schlamm** / saprogel *m* ‖ ~**[schlamm]gas** *n*
  (Abwasser) / gas *m* de los pantanos ‖ ~**schlammkohle** *f*
  / carbón *m* sapropélico ‖ ~**verfahren** *n*, Fermentieren
  n (Seide) / procedimiento *m* o método de
  fermentación
Fauna *f* (Zool) / fauna *f*, reino *m* de los animales ‖ ~ **u.
  Flora des Meeresbodens in 200-800 m Tiefe** /
  mesobentos *m*
Fauréplatte *f* (Akku) / placa *f* Fauré, placa *f* empastada
Fausteisen, kugeliges ~ (Schm) / trancha *f*
Fäustel *m* (DIN 6475) (Masch) / mallo *m*, martillo *m* de
  porra ‖ ~, Handfäustel *m* (Bergb) / martillo *m* de

mano ‖ ⁓, Bohrschlägel *m* (Bergb) / mazo *m*, mallo *m*, martillo *m* de minero
Faust • feuerwaffe *f* (Mil) / arma *f* de fuego corta ‖ ⁓**formel**, -regel *f* / fórmula *f* o regla empírica o práctica ‖ ⁓**hammer** *m*, kleiner Hammer (Bau) / mazo *m*[de hojalatero] ‖ ⁓**handschuh** *m* (Tex) / manopla *f* ‖ ⁓**hobel** *m* (Tischl) / cepillo *m* pequeño ‖ ⁓**messer** *m* / navaja *f* de puño ‖ ⁓**säge** *f*, Handsäge *f* / sierra *f* de mano ‖ ⁓**schere** *f* (Wz) / cizallas *f pl* de puño ‖ ⁓**stöckchen** *n* (Ambosshilfswerkzeug) / tas *m* de apoyo
Fax *n* (Fernm) / fax *m* ‖ ⁓**gerät** *n* / aparato *m* [de] fax, máquina *f* [de] fax ‖ ⁓**modem** *n* (Fernm) / módem -fax *m* ‖ ⁓**weiche** *f* / cambio *m* de fax
Fayalit *m* (Min) / fayalita *f*
Fayence, Majolika *f* (Keram) / faenza *f*, fayenza *f*, loza *f* fina ‖ ⁓**blau**, *n*, Englischblau *n* / azul *m* de China
Fazies *f* (Geol) / facies *f*
Fazit, Endergebnis *n* / resultado *m*[total]
FBA = Fernmeldebauamt
FBAS-Signal *n*, Farbbildaustastsynchronsignal *n* (TV) / videoseñal *f* compuesta de color
FBO = Fernmeldebauordnung
FB-Verfahren *n* (Schw) / método *m* "flux-backing"
FBW (Steuerung) (Luftf) / mando *m* FBW (fly by wire)
FCC (Fernm) = Federal Communications Commission / Comisión Federal de Comunicaciones, FFC
FCC-Emissionsrichtlinien *f pl* / normas *f pl* de emisión de la FFC
FCD (Floating Car Data - Kfz-Flotte liefert Daten über fließenden Verkehr) / datos *m pl* procedentes del tráfico rodado
FCKW *m* (= Fluorchlorkohlenwasserstoff) / CFC *m*, clorofluorocarbono *m*, clorofluorurocarbonado *m*, HCF *m* (= hidroclorofluoruro), HCFC *m* (= hidroclorofluorocarbono)
FCR (= Fault Current Limiter), Kurzschlussstrombegrenzer *m* (Elektr) / limitador *m* de corriente de cortocircuito
FD, Floppy Disk *f* / disquete *m* o disco flexible
F-Darstellung *f* (Radar) / presentación *f* visual tipo F
FDDI (= Fiber Distributed Data Interface) (DV, Fernm) / interfaz *f* de fibra óptica
FDMA-System *n* (= Frequency Division Multiplex Access) / sistema *m* de acceso múltiplex por división de frecuencias
FDR (Nukl) = fortgeschrittener Druckwasserreaktor ‖ ⁓ (= Flight Data Recorder - Black Box) (Luftf) / caja *f* negra
F&E, Forschung und Entwicklung / investigación *f* y desarrollo
Feature *n*, Dokumentarsendung *f* (Radio, TV) / documental *m* ‖ ⁓, Hauptfilm *m* (TV) / largometraje *m*, película *f* principal
Fechner-Benham-Farben *f pl* / colores *m pl* de Fechner-Benham
Feder *f*, Vogel-, Schreibfeder *f* / pluma *f* ‖ ⁓ (Masch) / muelle *m*, resorte *m* ‖ ⁓, Längskeil *m* (Masch) / chaveta *f* ‖ ⁓, Blattfeder *f* / ballesta *f* ‖ ⁓ (Tischl) / lengüeta *f*, lambeta *f* ‖ ⁓ (Uhr) / cuerda *f*, resorte *m* ‖ ⁓..., Haar... / plumoso ‖ ⁓ *f* **und Nut** (Flansch) / macho *m* y hembra ‖ ⁓ **und Nut**, Nut und Feder (Tischl) / lengüeta *f* y ranura ‖ ⁓ **unter dem Kupplungsbelag** (Kfz) / resorte *m* de presión ‖ ⁓ **unter der Achse** (Kfz) / resorte *m* debajo del eje ‖ **auf** ⁓**n setzen**, mit Federn versehen (Masch) / montar sobre resortes o muelles ‖ **mit einer** ⁓, federnd / equipado con muelle o resorte
Feder • achse *f* / eje *m* del resorte ‖ ⁓**alaun** (Chem) / alumbre *m* de pluma, alumbre *m* cristalizado en filamentos ‖ ⁓**anordnung** *f* (Masch) / disposición *f* de resortes ‖ ⁓**anschlussklemme** *f* (Elektr) / borne *m* de resortes ‖ ⁓**anstellung** *f* (Masch) / reglaje *m* o ajuste por medio de muelles ‖ ⁓**antrieb** *m*, -motor *m*, -werk *n* / accionamiento *m* por muelle[s] o resorte, mecanismo *m* de resorte[s], mecanismo *m* de arrastre de cuerda ‖ ⁓**apparat** *m* (Presse) / sujetador *m* con resortes ‖ ⁓**arbeit** *f* (Masch) / trabajo *m* de resorte ‖ ~**artig**, -förmig (Biol) / plumoso ‖ ⁓**aufhängung** *f* (Masch) / suspensión *f* elástica o por muelles ‖ ⁓**auflage** *f* (Relais) / tope *m* elástico ‖ ⁓**auge** *n* / ojo *m* de resorte, oreja *f* de resorte ‖ ⁓**auswerfer** *m* (Plast) / eyector *m* elástico ‖ ⁓**balg** (Rohr) / fuelle *m* de tubo flexible ondulado ‖ ⁓**balgventil** *n* (Masch) / válvula *f* de fuelle ‖ ⁓**band**, Pendeltürband *n* (Bau, Zimm) / charnela *f* de resorte para puerta de vaivén ‖ ⁓**bandkupplung** *f* (Kfz) / acoplamiento *m* de fleje de acero ‖ ⁓**bandstahl** *m* (Hütt) / fleje *m* de acero para resortes o muelles ‖ ⁓**barometer** *n* (Phys) / barómetro *m* de resorte, barómetro *m* aneroide ‖ ⁓**bein** *n*, -strebe *f* (Luftf) / tubo *m* amortiguador portarruedas, pata *f* telescópica (LA), riostra *f* telescópica ‖ ~**belastet** (Masch) / cargado por resorte, bajo presión del muelle ‖ ~**belastetes Sicherheitsventil** / válvula *f* de seguridad de resorte ‖ ~**belastetes Ventil** / válvula *f* [bajo presión] de resorte ‖ ⁓**belastung** *f* (Masch) / carga *f* por resorte, presión *f* por resorte ‖ ~**betätigt** / accionado por (o de) muelle ‖ ⁓**biegegrenze** *f*, Biegeelastizitätsgrenze *f* / límite *m* de flexión de un muelle ‖ ⁓**blatt** *n* / hoja *f* de ballesta ‖ **oberstes** ⁓**blatt** / hoja *f* maestra de ballesta ‖ ⁓**blattspreizer** *m* / separador *m* de hojas de ballesta ‖ ⁓**blattstahl** *m* (Hütt) / acero *m* para ballestas ‖ ⁓**blech** / chapa *f* para láminas de contacto ‖ ⁓**block** *m*, -paket *n* / bloque *m* o grupo de resortes ‖ ⁓**bock** *m*, -stütze *f* / soporte *m* de ballesta, mano *f* de soporte, tope *m* amortiguador ‖ ⁓**bock des Stromabnehmers** (Bahn) / base *f* del trole ‖ ⁓**bolzen** *m* (Masch) / perno *m* de resorte, bulón *m* de ballesta ‖ ⁓**bolzen-Zungenprüfer** *m* (Bahn) / comprobador *m* de cuchillas de agujas de pulsador ‖ ⁓**bremse** *f* (Masch) / freno *m* por muelle [helicoidal] ‖ ⁓**bride** *f* / brida *f* de ballesta ‖ ⁓**bruch** *m* / rotura *f* de[l] muelle o de [la] ballesta ‖ ⁓**buchse** *f* / casquillo *m* de resorte ‖ ⁓**bügel** *m* (DIN), -bund *m* (Kfz) / estribo *m* de ballesta, abrazadera *f* de ballesta ‖ ⁓**bügel** (allg) / estribo *m* elástico, abrazadera *f* elástica, grapa *f* elástica ‖ ⁓**bügel**, -bund *m* (Bahn) / brida *f* del resorte o de muelle ‖ ⁓**clip** *m* / clip *m* elástico ‖ ⁓**dehnung** *f*, -weg *m* der Zugfeder / recorrido *m* del resorte de tracción ‖ ⁓**diagramm** *n* / diagrama *m* de elasticidad de resortes, curva *f* de deformación ‖ ⁓**draht** *m* / alambre *m* para muelles, alambre *m* de resorte ‖ ⁓**druck** *m* / presión *f* del muelle o resorte, carga *f* del muelle, fuerza *f* de opresión, tensión *f* del muelle ‖ **unter** ⁓**druck [stehend]** / bajo la presión del resorte ‖ ⁓**druckkörner** *m* / granete *m* a presión de muelle (E), granete *m* automático (E), centrador *m* a presión de muelle (LA) ‖ ⁓**druckmesser** *m* (Mess) / manómetro *m* de resorte ‖ ⁓**dynamometer** *n*, -waage *f* / dinamómetro *m* de muelle o de resorte ‖ ⁓**eigenschaften** *f pl* / propiedades *f pl* elásticas de resorte ‖ ⁓**einsatz** *m*, Federeinlage *f* / suplemento *m* elástico de muelle ‖ ~**elastisches Vakuummeter** (Pneum) / vacuómetro *m* de deformación elástica ‖ ⁓**element** *n*, Spannelement *n* / elemento *m* tensor ‖ ⁓**erz** *n*, Heteromorphit *m* (Min) / jamesonita *f*, plagionita *f* ‖ ~**führendes Unternehmen** / empresa *f* responsable de un proyecto ‖ ⁓**gabel** *f* (Kfz) / horquilla *f* de ballesta, horquilla telescópica.f. ‖ ⁓**galvanometer** *n* (Elektr) / galvanómetro *m* de resorte ‖ ⁓**gamasche** *f*, -schutz *m* (Kfz) / funda *f* o envoltura del muelle ‖ ⁓**gedämpft** / amortiguado [por muelles] ‖ ⁓**gehänge** *n* (Kfz) / biela *f* de suspensión ‖ ⁓**gehäuse**, -haus *n* (Uhr) / caja *f* de cuerda, barrilete *m*[del resorte] ‖ ⁓**gelenk** *n* (Masch) / articulación *f* elástica ‖ ~**gespert** *n* (Uhr) / trinquete *m* de resorte ‖ ~**gesteuertes Hilfsruder** (Luftf) / compensador *m* [de los timones] de resorte[s] ‖ ~**gestützt** / apoyado por muelles ‖ ⁓**getriebe** *n* (Mech) / mecanismo *m*

425

[accionado] por resortes ‖ ⁓gips m (Bau, Min) / yeso m fibroso ‖ ⁓griff m, -handfalle f (Schloss) / retén m de resorte, fiador m o pistillo de resorte ‖ ⁓grubber m (Landw) / cultivador m de dientes elásticos o de púas flexibles ‖ ⁓haken m (Masch) / gancho m de resorte, engancharresortes m ‖ ⁓haken, Karabiner m / gancho m de mosquetón o de carabina, mosquetón m ‖ ⁓hammer m (Schm) / martillo m de resorte, martinete m de resorte ‖ ⁓hand f, -arm m (Kfz) / mano f de ballesta ‖ ~hart / templado ‖ ~hart werden / adquirir temple de muelle o resorte ‖ ⁓härte f, Härte f der Feder / rigidez f de muelle o resorte ‖ ⁓härte (nach dem Härten) / temple m de resorte o muelle ‖ ⁓haus n, Federgehäuse n (Uhr) / caja f de cuerda, barrilete m, cubo m ‖ ⁓hauskern m (Uhr) / núcleo m del barrilete ‖ ⁓haustrommel f (Uhr) / tambor m de barrilete ‖ ⁓heber m (Wz) / tenazas f pl de resorte ‖ ⁓hobel m (Holz) / cepillo m para machihembrar ‖ ⁓kabelschuh m (Elektr) / terminal m de resorte ‖ ⁓kabeltrommel f, -leitungsroller m (DIN) / tambor m de cable arrollable por acción de resorte ‖ ⁓kamm m (Web) / peine m de resortes ‖ ⁓kasten, -stock m (Strumpf) / caja f de resorte, resorte m periférico del cilindro ‖ ⁓keil m, Einlegekeil m (Masch) / chaveta f embutida ‖ ⁓kennlinie f, -charakteristik f / característica f del resorte o muelle, curva f característica de elasticidad ‖ ⁓kennlinie, Hysteresekurve f für Schaumstoffe (Plast) / curva f de histéresis (para material espumoso o celular) ‖ ⁓kennung f (Masch) / característica f de flexibilidad ‖ ⁓kennwert m, -kennzahl f / factor m o valor característico de elasticidad ‖ ⁓kern m (Matratze) / núcleo m de muelle[s] ‖ ⁓kern, Federhauskern m (Uhr) / núcleo m del barrilete ‖ ⁓kernstütze f (Gieß) / soporte m de núcleo helicoidal ‖ ⁓kissen n, -apparat m (Presse) / sujetador m con resorte ‖ ⁓klammer f, -bride f (Kfz) / brida f de ballesta ‖ ⁓klammer / grapa f elástica ‖ ⁓klemme f (Elektr) / borne m [de contacto] elástico ‖ ⁓klemme, -klammer f (Bahn) / escarpia f elástica, clavo m elástico (LA) ‖ ⁓klinke f / trinquete m de resorte ‖ ⁓klinke (Fernm) / conjuntor m de resorte ‖ ⁓kolben m (Kfz) / émbolo m o pistón m de suspensión ‖ ⁓konstante f (Masch) / constante f del muelle, constante f de elasticidad, flexibilidad f de un resorte ‖ ⁓kontakt m, federnder Kontakt / contacto m elástico o de muelle ‖ ⁓korbpresse f (Glas) / prensa f de resortes ‖ ⁓kraft f, Elastizität f (Phys) / fuerza f elástica, elasticidad f ‖ ⁓kraft, Federungsvermögen n (Masch) / fuerza f del muelle o resorte, potencia f de resorte, tensión f de resorte ‖ ⁓kraft, Federn n / acción f de resorte, efecto m de resorte ‖ ⁓kraftspeicher m / acumulador m de fuerza elástica ‖ ⁓kugellager n / rodamiento m con presión por resorte ‖ ⁓kupplung f / acoplamiento m elástico ‖ ⁓lager n, -bock m / soporte m del resorte, cuelgaballestas m, tirante m de suspensión ‖ ⁓länge f (vorgespannt) / longitud f del resorte en estado comprimido ‖ ⁓lasche f / grillete m de suspensión [de muelle] ‖ ~leicht / ligero o liviano (ARG) como una pluma ‖ ⁓leichtpapier, Dickdruckpapier n (Druck) / papel m pluma ‖ ⁓leiste f (Eltronik) / conector m multipolar de enchufe ‖ ⁓manometer f / manómetro m de resorte ‖ ⁓manschette f Federgamasche ‖ ⁓matrize f (Stanz) / matriz f suspendida en resortes ‖ ⁓messer n / cortaplumas m ‖ ⁓motor m s. Federantrieb ‖ ⁓mutter f (Masch) / tuerca f elástica, tuerca f con arandela de seguridad

federn vt, abfedern / suspender elásticamente ‖ ~, mit Feder versehen (Tischl) / equipar con lengüeta[s], unir por (o a) lengüeta ‖ ~ vi / ser elástico, hacer muelle, ser flexible ‖ ⁓ n, federndes Nachgeben / elasticidad f

Federnagel m, -klammer, -klemme f (Bahn) / escarpia f elástica (E), clavo m elástico (LA)

fedend, elastisch / elástico, flexible ‖ ~, Dämpfungs... / antivibratorio ‖ ~ (Röhrenfassung) (Eltronik) / antimicrofónico ‖ ~es Achslager (Bahn) / apoyo m elástico del eje ‖ ~ angebracht, auf Federn / sobre muelles, montado en muelles, de suspensión elástica, suspendido en muelles ‖ ~er Anschlag (Instr) / contacto m elástico ‖ ~er Anschlag (allg, Stanz) / tope m elástico ‖ ~e Aufhängung (Kfz, Masch) / suspensión f elástica ‖ ~er Auswerfer (Plast) / eyector m bajo presión de muelle ‖ ~er Brems[prüf]stand / banco m o puesto de prueba para frenos suspendidos en o por resortes ‖ ~er Deckel / tapa f con acción de resorte ‖ ~e Durchbiegung / flexión f elástica ‖ ~er Einhängestift (Stanz) / pasador m de suspensión flexible ‖ ~e Fächerscheibe, außenverzahnt (DIN 6798 A) / arandela f elástica con dentado exterior ‖ ~e Klappe / chapeleta f con resorte ‖ ~er Klappsitz (Bahn) / asiento m plegable con resorte ‖ ~e Klemme / borne m de resorte, clip m de resorte, pinza f elástica ‖ ~e Klemmplatte (Bahn) / grapa f elástica (E), clepe m elástico (LA) ‖ ~e Klinke / gatillo m de resorte ‖ ~er Kontakt (Elektr) / contacto m elástico o de resorte ‖ ~es Lager (Masch) / cojinete m elástico o flexible ‖ ~er Sicherungsring / anillo m elástico de seguridad ‖ ~e Sperrklinke / trinquete m de resorte ‖ ~er Stab (Mech) / barra f elástica ‖ ~er Stahlring, Beilagering m (Mot) / anillo m de guarnición elástico ‖ ~er Stift, Federstift m (Masch) / pasador m elástico ‖ ~e Unterlegscheibe, Spannscheibe f / arandela f elástica ‖ ~e Vorderradgabel, Teleskopgabel f (Motorrad) / horquilla f telescópica elástica [de la rueda delantera] ‖ ~er Vorreiber (Fenster) / aldabilla f de resorte ‖ ~e Weichenzunge, Federschiene f (Bahn) / aguja f flexible, cuchilla f flexible, espadín m flexible ‖ ~e Zahnscheibe / arandela f elástica dentada ‖ ~e Zahnscheibe, außen verzahnt (DIN 6797 A) / arandela f elástica con dientes exteriores ‖ ~e Zahnscheibe für Senkschrauben o. tellerförmig / arandela f elástica dentada para tornillo avellanado ‖ ~e Zahnscheibe, innen verzahnt (DIN 6797 J) / arandela f elástica con dientes interiores

federnd-porös (Materie) / elástico y poroso

Feder • nut f, Zapfennut f (Tischl) / mortaja f ‖ ⁓öse f (Masch) / corchete m para el muelle, ojete del muelle ‖ ⁓paket n (Bahn, Masch) / bloque m o grupo de resortes, conjunto m de muelle ‖ ⁓paketkupplung f (Masch) / acoplamiento m por muelles agrupados ‖ ⁓platte f / plancha f o placa elástica ‖ ⁓platte, Plattenventil n / diafragma m, válvula f de disco ‖ ⁓plattenpumpe f, Diaphragmapumpe f / bomba f de diafragma ‖ ⁓prüfmaschine f / máquina f para ensayar muelles o para ensayo de resortes ‖ ⁓puffer m (Bahn, Masch) / tope m de muelle, tope m de resorte, parachoques m elástico, amortiguador m de muelle ‖ ⁓rad n (Uhr) / rueda f motriz principal ‖ ⁓raste f (Nut) / muesca f para el muelle ‖ ⁓regler m / regulador m de resorte ‖ ⁓ring m, federnder Ring / arandela f elástica o de presión o de resorte, anillo m elástico ‖ doppelter ⁓ring / arandela f de doble espiral ‖ aufgebogener ⁓ring / arandela f de muelle levantada ‖ glatter ⁓ring / arandela f de Grover ‖ ⁓ring m für Scheibenräder, Limesring m / arandela f Limes ‖ ⁓ring mit Schutzmantel / arandela f elástica con anillo de seguridad ‖ ⁓rohr n / tubo m elástico o flexible ‖ ⁓rollband n (ein Maßband) (Mess) / metro m flexible con muelle recuperador ‖ ⁓rolle f (Masch) / rodillo m flexible o elástico ‖ ⁓rollenkorb m / jaula f con rodillos elásticos ‖ ⁓rollenlager n / rodamiento m de rodillos elásticos o flexibles ‖ ⁓rückfallweiche f (Bahn) / aguja f de muelle ‖ ⁓-Rückholeinrichtung f / mecanismo m de muelle recuperador ‖ ⁓sattel m / asiento m pivoteador de resorte ‖ ⁓satz m, Satz m Federn / juego m de resortes ‖ ⁓säulensatz m (Bahn) / guía f del muelle ‖ ⁓schake f / argolla f o anilla de suspensión ‖ ⁓**schalbrett** *n* (Zimm) / tabla *f* para encofrar con lengüeta ‖ ⁓**schalter** *m* (Elektr) / interruptor *m* de muelle, conmutador *m* con contactos elásticos ‖ ⁓**schaltung** *f* / combinación *f* de resortes ‖ ⁓**scheibe** *f* / disco *m* elástico ‖ ⁓**scheibe** (eine Unterlegscheibe) / arandela *f* elástica, arandela *f* de presión o de resorte ‖ **gewellte** ⁓**scheibe** / arandela *f* elástica ondulada ‖ **gewölbte** ⁓**scheibe** / arandela *f* elástica abombada ‖ **tellerförmige** ⁓**scheibe** / arandela *m* elástica en forma de disco o plato ‖ ⁓**schenkel** *m* / brazo *m* de muelle ‖ ⁓**schiene** *f* (Bahn) / aguja *f* flexible, cuchilla *f* flexible, espadín flexible.m. ‖ ⁓**schlag** *m* (Schm, Web) / golpe *m* elástico ‖ ⁓**schleifbremse** *f* / freno *m* por muelle helicoidal y anillos elásticos ‖ ⁓**schloss** *n* (Schloss) / cerradura *f* de golpe ‖ ⁓**schraube** *f* (für Blattfedern) (Kfz) / tornillo *m* para asegurar muelles ‖ ⁓**schuh** *m* (Kfz) / silla *f* de ballesta ‖ ⁓**schutz** *m* / funda *f* o envoltura del muelle ‖ ⁓**sicherung** *f* / retenedor *m* o sujetador de resorte ‖ ⁓**spanner** *m*, -spannschraube *f* / tornillo *m* tensor de muelle ‖ ⁓**spannschraube** *f* (Bahn) / manilla *f* de suspensión ‖ ⁓**spannung** *f*, -kraft *f* (Masch, Phys) / tensión *f* del muelle o resorte ‖ ⁓**spannung** (Näm) / tensión *f* automática, discos *m* pl de tensión automática ‖ ⁓**speicher** *m* (Masch) / almacenador *m* de fuerza por muelle ‖ ⁓**speicherbremse** *f* / freno *m* con fuerza almacenada de muelle ‖ ⁓**speicher-Bremszylinder** *m* (Kfz) / accionador *m* de freno por resorte ‖ ⁓**sperrrad**, Schaltrad *n* / rueda *f* de trinquete o de gatillo ‖ ⁓**spiel** *n* / flexión *f* de un resorte ‖ ⁓**spitzzirkel** *m* (Zeichn) / compás *m* de puntas con resorte ‖ ⁓**splint** *m* / pasador *m* de horquilla ‖ ⁓**sporn** *m* (Luftf) / espolón *m* para suspensión elástica de la cola ‖ ⁓**stab** *m* / varilla *f* elástica ‖ ⁓**stabkupplung** *f*, -stiftkupplung *f* / acoplamiento *m* por clavijas elásticas ‖ ⁓**stabstahl** *m* (Hütt) / acero *m* en barra para muelles ‖ ⁓**stahl** *m* / acero *m* para muelles o resortes, acero *m* para ballestas ‖ ⁓**stahldraht** *m*, Klaviersaitendraht *m* / alambre *m* par cuerdas de piano ‖ ⁓**stecker** *m* pl / pasadores *m* pl elásticos ‖ ⁓**steife** *f*, -härte *f* / rigidez *f* del muelle ‖ ⁓**steigung** *f* / altura *f* de paso del muelle, inclinación *f* de la espira ‖ ⁓**stift** *m*, -bolzen *m* / pasador *m* elástico ‖ ⁓**stock**, -kasten *m* (Strumpf) / caja *f* de resorte, resorte *m* periférico del cilindro ‖ ⁓**stoßdämpfer** *m* (Kfz) / amortiguador *m* de choques por muelle[s] ‖ ⁓**strebe** *f*, -bein *n* (Luftf) / apoyo *m* telescópico, pata *f* telescópica ‖ ⁓**striegel** *m*, Dammbürste *f* (Landw) / almohaza *f* para binadora ‖ ⁓**stütze** *f* (Kfz) / soporte *m* de ballesta, portaballesta *m* ‖ ⁓**stütze**, -bock *m* (Bahn) / soporte *m* de muelle ‖ ⁓**system** *n*, die Federn *f* pl (Masch) / sistema *m* o equipo de resortes ‖ ⁓**taster** *m* (Mess) / calibre *m* de resorte, compás *m* de resorte ‖ ⁓**[teil]zirkel** *m* (Zeichn) / compás *m* micrométrico de resorte ‖ ⁓**teller** *m* (Masch) / caja *f* de resorte o muelle ‖ ⁓**thermometer** *n* (Phys) / termómetro *m* de resorte ‖ ⁓**topf** *m* / copa *f* de guía del muelle ‖ ⁓**topfantrieb** *m* (Bahn) / acoplamiento *m* elástico por muelles helicoidales ‖ ⁓**träger** *m* (Kfz) / soporte *m* de ballesta ‖ ⁓**trimmklappe** *f* (Luftf) / tab *m* de muelle ‖ ⁓**trommel** *f* / tambor *m* del resorte ‖ ⁓**umschalter** *m* (Elektr) / conmutador *m* de resorte ‖ ⁓**- und Nutverbindung** *f*, Nut- und Federverbindung *f* (Tischl) / ensambladura *f* o juntura de lengüeta y ranura

Federung *f* / suspensión *f* elástica, amortiguación *f*, muelles *m* pl ‖ ⁓, Nachgiebigkeit *f* / facilidad *f* de un muelle de ceder bajo la carga, resiliencia *f*, elasticidad *f* ‖ ⁓, Art der Federung / sistema *m* amortiguador

Federungs•arbeit *f* (Mech) / trabajo *m* de deformación elástica ‖ ⁓**arbeit** (Masch) / trabajo *m* de los resortes, trabajo *m* de amortiguación ‖ ⁓**element** *n* / elemento *m* amortiguador ‖ ⁓**grenze** *f* / límite *m* de acción de un muelle ‖ ⁓**vermögen**, Elastizität *f* / capacidad *f* elástica, elasticidad *f* ‖ ⁓**vermögen**, Federkraft *f* / fuerza *f* del muelle o resorte ‖ ⁓**weg** *m*, Federweg *m* / recorrido *m* elástico, recorrido *m* de la suspensión elástica

Feder•unterlage *f* / calce *m* de ballesta o muelle ‖ ⁓**ventil** *n* / válvula *f* de resorte ‖ ⁓**verschluss** *m* (Tür) / cerradura *f* de golpe ‖ ~**vorgespannt** / pretensado por resorte o muelle ‖ ⁓**vorstecker** *m*, gespaltener Vorstecker (Masch) / pasador *m* elástico [partido] ‖ ⁓**waage** *f* (Mess) / balanza *f* de resorte o muelle, pesón *m* ‖ ⁓**weg in der Zugfeder**, -dehnung *f* / recorrido *m* del resorte de tracción, flecha *f*, alargamiento *m* elástico del muelle ‖ ⁓**weiß** *n*, Talk *m* (Min) / talco *m* ‖ ⁓**werkaufzug** *m* (hist.) (Kamera) / cuerda *f* mecánica de resorte ‖ ⁓**wert** *m* (Masch, Phys) / índice *m* de elasticidad ‖ ⁓**wickelautomat** *m* / arrolladora *f* o enrolladora automática de muelles ‖ ⁓**winder** *m* (Uhr) / dispositivo *m* de arrastre de cuerda ‖ ⁓**windung** *f* / espira *f* de muelle o resorte ‖ ⁓**wirkung** *f* / efecto *m* de elasticidad, acción *f* elástica, efecto *m* de resorte ‖ ⁓**wolke** *f* (Meteo) / cirro *m*, cirros *m* pl ‖ ⁓**zahnegge** *f*, Federzinkenegge *f* (Landw) / grada *f* con (o de) dientes flexibles ‖ ⁓**zahngrubber** *m* (Landw) / cultivador *m* de púas elásticas o de dientes flexibles ‖ ⁓**zange** *f* (Schloss) / tenazas *f* pl con resorte, alicates *m* pl con resorte ‖ ⁓**zinken** *m* (Landw) / púa *f* flexible, diente *m* flexible ‖ ⁓**zirkel** *m* s. Federteilzirkel ‖ ⁓**zug** *m* (Seil) / tirante *m* elástico de resorte[s] ‖ ⁓**zug** *m*, / tensión *f* de resorte ‖ ⁓**zugregister** *n* (Tex) / registro *m* tiralizos de resorte ‖ ⁓**zunge** *f* (Bahn) / aguja *f* flexible, cuchilla *f* flexible ‖ ⁓**[zungen]weiche** *f* (Bahn) / cambio *m* de agujas flexibles ‖ ⁓**zwischenplatte** *f* / arandela *f* elástica intermedia

Feedback *m*, Rückwirkungen *f* pl auf andere Bereiche (allg) / re[tro]alimentación *f*, retroacción *f*, reacción *f*, circuito *m* recurrente, feedback *m* ‖ ⁓, Außenrücklauf *m* (DV) / realimentación *f*, retroacción *f*

Feeder *m*, Speisekabel *n* (Elektr) / línea *f* de alimentación, cable *m* de alimentación ‖ ⁓, Antennenzuleitung *f* / línea *f* de alimentación, bajada *f* de antena ‖ ⁓ (kleineres Containerschiff) / portacontenedores *m*

fegen *vt*, kehren / barrer, limpiar ‖ **den Schornstein** ~ / deshollinar la chimenea

fehgrau (RAL 7000) / gris ardilla

Fehl•... / erróneo, equivocado, falso ‖ ⁓**abmessung** *f* / dimensión *f* errónea, error *m* de medición ‖ ⁓**alarm** *m* / alarma *f* falsa ‖ ⁓**anflug** *m* (Luftf) / aproximación *f* frustrada ‖ ⁓**anflughöhe** (Luftf) / altura *f* de aproximación frustrada ‖ ⁓**anflugverfahren** *n* (Luftf) / procedimiento *m* de aproximación frustrada ‖ ~**angepasst** / maladaptado ‖ ⁓**anordnung** *f* / disposición *f* errónea ‖ ⁓**anpassung** *f*, falsche Anpassung (Funk) / maladaptación *f* ‖ ⁓**anpassungsfaktor** *m* / factor *m* de [pérdidas por] reflexión *f* ‖ ⁓**anruf** *m* (Fernm) / llamada *f* equivocada ‖ ⁓**anzeige**, Falschanzeige, -weisung *f* (Instr) / indicación *f* errónea o falsa ‖ ⁓**anzeige** *f*, -meldung *f* / indicación *f* "no hay", "nada", "ninguno" ‖ ⁓**auslösung** *f* (Elektr, Masch) / desenclavamiento *m* o desenganche erróneo ‖ ⁓**austrag** *m* (Aufbereitung), Fehlkorn *n* / grano *m* de tamaño anormal ‖ ⁓**bedienung** *f* / operación *f* errónea, error *m*, falsas maniobras ‖ ⁓**betrag** *m* [an] / déficit *m* ‖ ⁓**bezeichnung** *f* / denominación *f* errónea ‖ ⁓**boden**, Blindboden *m* (Bau) / cielo *m* raso, entarimado *m*, suelo *m* falso ‖ ⁓**bogen** *m* (Druck) / hoja *f* mal impresa ‖ ⁓**bohrung** *f* (Öl) / perforación *f* sin éxito ‖ ⁓**deutung** *f* / interpretación *f* o apreciación errónea ‖ ⁓**druck** *m* (Druck) / impresión *f* borrosa o defectuosa, impresión *f* con erratas ‖ ⁓**einstellung** *f* (Regeln) / regulación *f* falsa ‖ ⁓**eintastung** *f* (DV) / pulsación *f* errónea, datos *m* pl erróneamente digitados

fehlen

fehlen *vi* / faltar, no existir, estar ausente || ≙ *n*, **Abwesenheit** *f* / ausencia *f* || ≙ [von] / falta *f* [de], carencia *f* || ≙ **an Maß**, Manko *n* an Maß / medida *f* deficiente, dimensión *f* insuficiente, deficiencia *f* de medida
fehlend, unzureichend / deficiente, insuficiente || ~, defizitär / deficitario || **~es Gewicht**, Mindergewicht *n* / falta *f* de peso, peso *m* deficiente, deficiencia *f* de peso || **~e Kompatibilität** / incompatibilidad *f* || **~e Menge**, Abmangel *m* / cantidad *f* deficiente, déficit *m* || **~er Parameter** (DV) / parámetro *m* cero
Fehl•entscheidung *f* / decisión *f* errónea || ≙**entwicklung** *f* / desarrollo *m* defectuoso
Fehler *m*, Defekt *m* / defecto *m* || ≙, Irrtum *m* / error *m*, equivocación *f* || ≙, Versager *m* / falta *f*, falla *f* || ≙ *m*, Makel *m* / tacha *f*, vicio *m*, desperfecto *m* || ≙, Abweichung *f* / divergencia *f* || ≙, Panne *f* / avería *f* || ≙ **an der Formnaht** (Reifen) / defecto *m* de la rebaba de molde || ≙ **aus Störeinflüssen** (Instr) / error *m* parásito || ≙ **bei der Probenvorbereitung** (Aufb) / error *m* en la preparación de muestras || ≙ **beim Formen** (Gieß) / defecto *m* de moldeo || ≙ **der Ein-Ausgabe-Einheit** (DV) / error *m* de la unidad de entrada/salida || ≙ *m pl* **der Größe x** (Math, Phys) / errores *m pl* de la magnitud x || ≙ *m* **eines Gerätes im Entwicklungsstadium** / defectos *m pl* iniciales || ≙ **im Material**, Materialfehler *m* / defecto *m* del material, vicio *m* en el material || ≙ *m pl* **in der Schmelzmasse o. beim Glasschmelzen** (Glas) / defectos *m pl* en la masa fundida || ≙ *m* **infolge Nullpunktsungenauigkeit** (Instr) / error *m* corrimiento o desplazamiento del cero || ≙ **[o. Irrtümer] ausschalten** (o. ausmerzen) / eliminar errores || **einen** ≙ (o. Defekt) **beseitigen** / eliminar un defecto || **grober** ≙ / falta *f* muy grave, error *m* craso || **sich addierende** ≙ / errores *m pl* [a]cumulativos o sistemáticos || **sich aufhebende o. zufällige** ≙ / errores *m pl* compensatorios o compensativos
Fehler•abschaltstrom *m* (Elektr) / corriente *f* de interrupción inducida por avería || ≙**anzahl** *f* / número *m* de errores, cantidad *f* de errores || ≙**anzeige** *f* (allg) / indicación *f* de errores || ≙**anzeige** (DV) / bandera *f* de error || ≙**ausgleichung**, -abgleichung *f* / compensación *f* de errores || ≙**auslösung** *f* (Elektr) / expulsión *f* por error || ≙**behebung** *f* / corrección *f* de errores || ≙**bereich** *m* (Stat) / gama *f* de error, margen *m* de error || ≙**beseitigung** *f* (DV) / depuración *f*, eliminación *f* de fallas || ≙**beseitigung am Modell** / eliminación *f* de defectos en el modelo || ≙**bestimmung** *f* **aus dem Spannungsabfall** (Elektr) / prueba *f* de conductividad || ≙**bit** *n* (DV) / bit *m* erróneo || ≙**bündel** *n* (DV) / ráfaga *f* de errores || ≙**code** *m* (DV) / código *m* de errores || ≙**dämpfung** *f* (Fernm) / atenuación *f* de equilibrio o de adaptación || ≙**dämpfungskoeffizient** *m* (Fernm) / coeficiente *m* de atenuación de equilibrio || ≙**dämpfungsmessbrücke** *f*, -messsatz *m* / equilibrómetro *m* || ≙**dämpfungsmessgerät** *n*, Reflektometer *n* / reflectómetro *m* || ≙**diagnose** *f* (DV) / diagnóstico *m* de errores || ≙**diagramm** *n* / diagrama *m* de errores || ≙**dreieck** *n* (Verm) / triángulo *m* de error || ≙**echo** *n*, Zwischenecho *n* (Ultraschall) / eco *m* [de un punto] defectuoso || ≙**eingrenzung** *f* / localización *f* del defecto o de la avería, delimitación *f* del error || ≙**eingrenzung** (Prüfung) / ensayo *m* de localización del defecto || ≙**eingrenzung durch Messung** (Fernm) / localización *f* del defecto por medición || ≙**-/Ereignis-Baum-Untersuchung** *f* (Nukl) / análisis *m* de árboles de fallos/árboles de sucesos || **~erkennend** / detector de errores || ≙**erkennung** *f* / detección *f* de errores || ≙**erkennungs-Ausgleicher** *m* / igualador *m* de decisión retroactiva || ≙**erkennungscode** *m* (DV) / código *m* de detección de error[es] || ≙**erkennungssystem** *n* **mit**

Signalwiederholung / sistema *m* detector de errores con repetición de la señal || ≙**fläche** *f* (Mat.Prüf) / superficie *f* defectuosa || ≙**fläche** (Fernm) / área *f* o zona de incertidumbre || ≙**fortpflanzungsgesetz** *n* (Math) / ley *f* de la propagación de error[es] || **~frei**, richtig / correcto || **~frei**, -los / sin error, sin defecto, exento de defectos, sin falta || ≙**funktion** *f*, -integral *n* (Math) / función *f* de errores, integral *f* de Gauss o de Laplace || ≙**geber** *m* (Eltronik) / transmisor *m* de errores || ≙**-Gegenkopplung** *f* (Regeln) / realimentación *f* de errores, contrarreacción *f* de errores || ≙**grenze** *f* / límite *m* de error, margen *m* de error, error *m* admisible || ≙**größe** *f* (Mat.Prüf) / dimensión *f* del defecto
fehlerhaft / defectuoso, vicioso || **~**, falsch / incorrecto, falso, inexacto || **~** (Pap) / defectuoso, deficiente, averiado || **~**, mangelhaft, ungenügend, mit Mängeln behaftet / imperfecto, malo, en mal estado || **~**, beschädigt / averiado || **~** (Probenahme) / no conforme || ≙ **codiert** (DV) / con error de codificación || **~ Form** (Reifen) / molde *m* defectuoso || **~es Funktionieren** / mal *m* funcionamiento, funcionamiento *m* defectuoso || **~e Paarung** / mal emparejamiento *m* || **~er Schuss** (Tex) / trama *f* defectuosa || **~es Teil**, Ausschussteil *n* / rechazo *m*, pieza *f* descartada o rechazada || **~es Teil in einem Gerät** / órgano *m* defectuoso, pieza *f* defectuosa
Fehler•haftigkeit *f* / defectuosidad *f*, incorrección *f*, deficiencia *f* || ≙**häufigkeit** *f*, -rate *f* / frecuencia *f* o proporción de errores || ≙**integral** *n*, -funktion *f* (Math) / integral *f* de Gauss o de Laplace, función *f* de errores || ≙**korrektur** *f* (DV, Fernm) / corrección *f* de errores || ≙**korrekturcode** *m* (DV) / código *m* corrector de errores || ≙**korrektursignal** *n* (Regeln) / señal *f* de corrección de errores || ≙**korrigierend** (DV) / corrector de errores || ≙**kurve** *f* (Diagramm) / curva *f* de errores || **~los** s. fehlerfrei || **~los** / sin error, sin defecto, correcto, exacto, sin tacha || ≙**meldeeinrichtung** *f* / dispositivo *m* indicador de averías || ≙**meldung** *f* (DV) / mensaje *m* de error, aviso *m* de error || ≙**nachricht** *f*, -information *f* (DV) / mensaje *m* de error || ≙**ortsbestimmung** *f*, -eingrenzung *f* / localización *f* de errores o defectos || ≙**ortsbestimmung** (Versuch) / ensayo *m* de localización del defecto || ≙**ortsbestimmung aus der Ferne** / telelocalización *f* de defectos || ≙**ortsbestimmung durch Messung des Schleifenwiderstandes** (Elektr) / prueba *f* en o del bucle o de lazo, medición *f* en circuito cerrado o en anillo || ≙**ortungsstab** *m* (Ultraschall) / varilla *f* de localización de defectos || ≙**paket** *n* (DV) / ráfaga *f* de errores || ≙**prozentsatz** *m* (Stat) / porcentaje *m* de errores || ≙**prüfcode** *m* (DV) / código *m* de verificación de errores || ≙**prüfeinrichtung** *f* / dispositivo *m* detector de errores, dispositivo *m* de verificación de errores || ≙**prüfung** *f* / control *m* de errores, detección *f* de errores || ≙**quadrat** *n* (Math, Stat) / error *m* cuadrático || ≙**quelle** *f*, -ursache *f* / fuente *f* de errores, causa *f* del defecto || **eine** ≙**quelle ausmerzen** / eliminar la causa del defecto || ≙**quote** *f*, -rate *f* (DV) / proporción *f* de errores [en los bits] || ≙**rechnung** *f* (Math) / cálculo *m* de errores || ≙**relais**, Differentialrelais *n* (Elektr) / relé *m* o relevador diferencial || ≙**[behandlungs]routine** *f* / rutina *f* de recuperación de errores || ≙**schutz** *m*, Ausgleichschaltung *f* (Fernm) / protección *f* diferencial || ≙**schutz**, Fehlerüberwachung *f* (DV) / control *m* de errores || ≙**schutzeinheit** *f* (DV) / unidad *f* de control de errores || **~sicher** / a prueba de errores || ≙**sicherung** *f* / protección *f* contra los errores || ≙**signal** *n* (Eltronik) / señal *f* de error || ≙**spannung** *f* (Elektr) / tensión *f* de error || ≙**spannungsauslöser** *m* / interruptor *m* de circuito por tensión de error || ≙**statistik** *f* / estadística *f* de errores || ≙**stelle** *f*

(Mat.Prüf) / punto m defectuoso ‖ ⁓stopp m in der Schleife, dynamischer Stopp (DV) / instrucción f de interrupción ‖ ⁓strom m (Elektr) / corriente f debida a la falla, corriente f de la falla ‖ ⁓strom, Differenzstrom m / corriente f residual ‖ ⁓stromabschalter m, -auslöser m / interruptor m de corriente de la falla ‖ ⁓stromrelais n / relé m de corriente de fuga ‖ ⁓stromschutzschalter m / interruptor m de corriente de defecto ‖ ⁓suche f / localización f de averías o de fallas, investigación f de averías, diagnóstico m de fallas ‖ ⁓suche im Defektzustand / examinación f postmortem ‖ ⁓suchgerät n / localizador m de averías ‖ ⁓suchprogramm n, Fehlerprogramm n (DV) / programa m de diagnóstico ‖ ⁓suchprogramm, Postmortem-Programm n (DV) / programa m postmortem, rutina f de postmortem, programa m de autopsia ‖ ⁓suchtabelle f / tabla f para la localización de averías ‖ ⁓summierung f (Zeichn) / acumulación f de errores ‖ ⁓taste f (Fernm) / tecla f de borrado, botón m de anulación (LA) ‖ ⁓tolerant (DV) / tolerante a fallos ‖ ⁓ursache f / causa f de la avería o de error, origen m del fallo ‖ ⁓verteilung f, Laplace-od. Normalverteilung f (Math) / distribución f normal de errores ‖ ⁓verzeichnis n, Druckfehlerverzeichnis n (Druck) / fe f de erratas ‖ ⁓wahrscheinlichkeit f (Stat) / probabilidad f de errores ‖ ⁓wiedergutmachung f (DV) / recuperación f de errores
Fehl•farbe f (Tex) / color m defectuoso ‖ ⁓färbung f (Tex) / teñido m defectuoso, tintura f defectuosa, teñido m fugaz ‖ ~geleitet / extraviado, desviado ‖ ~geleitet (Fernm) / mal encaminado, transmitido por vía indebida ‖ ~geordnete Legierung (Hütt) / aleación f desordenada ‖ ~greifen, danebengreifen / equivocarse ‖ ⁓griff m, -handlung f / desacierto m, equivocación f, error m ‖ ⁓guss m / fundición f defectuosa o malograda ‖ ⁓gut m, -austrag m (Aufb) / grano m de tamaño anormal ‖ ⁓impuls m (zu schwacher Impuls) (Elektr) / impulso m ausente o fallante
Fehlingsche Lösung f (Chem) / solución f de Fehling
Fehl•justierung, -anpassung f, Versatz m (Masch) / desajuste m, mala adaptación, mala colocación ‖ ⁓kante f (Holz) / canto m falso ‖ ⁓kochung f (Pap) / cocción f imperfecta ‖ ⁓konstruktion f / diseño m erróneo, construcción f defectuosa ‖ ⁓korn n, -größe f (Aufb) / grano m de tamaño anormal ‖ ⁓landung f (Luftf) / aterrizaje m defectuoso ‖ ⁓leistung f, -handlung f / acto m fallido, fracaso m ‖ ⁓leitung f (Fernm) / mal encaminamiento, error m de encaminamiento ‖ ⁓messung f / medición f errónea ‖ ⁓ordnung f (Krist) / imperfección f, defecto m ‖ ⁓planung f / planeamiento m equivocado ‖ ⁓polarisation f (Eltronik) / polarización f cruzada ‖ ⁓ruf m (Fernm) / llamada f falsa ‖ ⁓schaltung f, -bedienung f / maniobra f errónea, cambio m erróneo, error m del operador ‖ ⁓schaltung, -verbindung f (Fernm) / mala conexión, error m de número ‖ ⁓schaltung f (Elektr) / conexión f errónea o equivocada ‖ ⁓schätzung f / estimación f incorrecta o falsa o equivocada ‖ ⁓schicht f (F.Org) / turno m no efectuado ‖ ⁓schlag m, Versager m / fallo m, fracaso m, malogro m ‖ ⁓schlagen / fracasar, fallar ‖ ⁓schmelze f (Gieß, Glas) / colada f desacertada ‖ ⁓schneiden, verschneiden / cortar mal ‖ ⁓schuss m (Mil) / tiro m errado o fallado ‖ ⁓schweißung f / soldadura f defectuosa ‖ ⁓start m (Luftf) / despegue m defectuoso (E), decolaje m defectuoso (LA), salida f en falso ‖ ⁓stelle f (allg) / lugar m defectuoso, punto m defectuoso, lugar m de defecto, laguna f ‖ ⁓stelle (Schw) / defecto m de soldadura ‖ ⁓stelle (Magn.Bd) / laguna f, vacío m ‖ ⁓stellenecho n (Ultraschall) / reflejo m procedente de un punto defectuoso ‖ ⁓stellenhalbleiter m / semiconductor m extrínseco ‖

⁓stöße m pl (Nukl) / impulsos m pl parásitos ‖ ⁓strom m (Röhre) / corriente f residual ‖ ⁓tastung f (Buchungsmaschine) / composición f errónea ‖ ⁓teil n, Lagerbestand m Null / pieza f agotada [en almacén] ‖ ⁓verbindung f (Fernm) / conexión f errónea o equivocada, error m de número, equivocación f ‖ ⁓verdrahtung f (Elektr) / cableado m erróneo ‖ ⁓verleimung f, Aufblättern n, Delaminierung f (Sperrholz) / encolado m defectuoso, desestratificación f ‖ ⁓walzung f (Walzw) / laminación f defectuosa sin acabar ‖ ⁓ware f (Tex) / géneros m pl defectuosos, mercancía f defectuosa ‖ ⁓weisung f, Falsch-, Fehlanzeige f / indicación f errónea o falsa ‖ ⁓weisung, Kompassfehler m (Nav) / error m de indicación, error m de [la] brújula ‖ ⁓winkel m (Trafo) / error m de deslface ‖ ⁓winkel (Dielektr) / ángulo m de pérdidas dieléctricas ‖ ⁓zeichen m (Druck, DV) / signo m erróneo, signo m no reconocido ‖ ⁓zündung f, Aussetzer m (Mot) / encendido m defectuoso, fallo m de encendido ‖ ⁓zündung (Magnetron) / salto m de modo, falla f de cebado ‖ ⁓zündungen haben, knallen (Mot) / tener fallos en el encendido
Feier•schicht f (F.Org) / turno m de descanso, turno m no efectuado ‖ ⁓tagsarbeit f / trabajo m en los días festivos ‖ ⁓tagszuschlag m / prima f por trabajo en días festivos
Feigenkaktus m (Bot) / tuna f, tuno m (LA)
Feilarbeit f, Feilen n / limado m, trabajo m con lima, limadura f
Feile f (Wz) / lima f ‖ ⁓ mit glatten Kanten / lima f de aristas lisas ‖ ⁓ von gleich bleibender Breite und Dicke, flachstumpfe Feile / lima f de sección constante
feilen, mit der Feile bearbeiten / limar ‖ ⁓anbruch m (Hydr) / erosión f de talud de ambas partes ‖ ⁓angel f (Wz) / cola f de la lima ‖ ⁓bürste f (aus Kratzenstoff) / cepillo m para limas fabricado de guarnición de cardas ‖ ⁓bürste, Drahtbürste f / cepillo m metálico para limas ‖ ~hart (Oberfläche) / inatacable por la lima, resistente al limado ‖ ⁓hauen n, -aufhauen n / picado m de limas ‖ ⁓hauer m, Feilenmacher m / limero m, picador m de limas ‖ ⁓hieb m / picadura f, picado m de una lima ‖ einfacher ⁓hieb / picado m simple ‖ feiner ⁓hieb / picado m fino ‖ grober ⁓hieb / picado m basto ‖ ⁓seite f ohne Hieb / cara f de la lima sin picado ‖ ⁓stahl m (Hütt) / acero m para limas ‖ ~weich / de fácil limadura ‖ ⁓zahn m / diente m de lima
Feil•kloben m (Schloss) / tornillo m de mano, entenallas f pl (E), morsa f de mano (LA) ‖ schmaler ⁓kloben / tornillo m de mano con mordazas estrechas o pequeñas ‖ ⁓maschine f (Wzm) / limadora f ‖ ⁓probe f / prueba f de la lima ‖ ⁓sägemaschine f (Wzm) / sierra f y limadora combinada ‖ ⁓scheibe f / disco m limador, disco m de lima f ‖ ⁓späne m pl / limaduras f pl ‖ ⁓strich f / pasada f, limada f
fein, zerbrechlich / delicado ‖ ~, rein / fino, limpio, puro ‖ ~, sehr klein / diminuto, menudo, sutil ‖ ~, geschmackvoll / exquisito ‖ ~, dünn (allg, Faden) / fino, delgado, tenue ‖ ~ (Staub) / menudo ‖ ~, geläutert / refinado ‖ ~ aufbereitet (Keram) / de grano fino ‖ ~ bearbeitet / de acabado fino ‖ ~ einstellen / ajustar [con precisión], regular con precisión ‖ ~ mahlen / moler finamente, triturar ‖ ~ mahlen (Pap) / refinar ‖ ~ [st]es Maismehl (Nahr) / maicena f ‖ ~ e o. hohe Garnnummer (Tex) / número fino o elevado ‖ ~er Sand / arena f fina, arenisca f ‖ ~er Schluff (Geol) / lodos m pl de aluvión ‖ ~ vermahlen / finamente molido ‖ ~ zerreiben (unter Flüssigkeitszufuhr) / levigar ‖ ⁓ sehr ~ (Feile) / muzo ‖ sehr ~, hochfein / refino adj
Fein•..., Präzisions... / de precisión, fino ‖ ⁓ablauf m, Grünablauf m (Zuck) / salida f del primer jugo ‖ ⁓ablesung f (Instr) / lectura f precisa o de precisión ‖

429

⁓**abstimmpotentiometer** *n* (Eltronik) / potenciómetro *m* vernier ‖ ⁓**abstimmung** *f* (Eltronik) / sintonización *f* precisa o aguda, sintonía *f* aguda o fina ‖ ⁓**abstimmungskondensator** *m* / condensador *m* microfaradio o vernier ‖ ⁓**abtastung** *f* (TV) / barrido *m* de alta precisión, exploración *f* fina ‖ ⁓**abweichung** *f* (Toleranz) / tolerancia *f* estrecha o rigurosa ‖ ⁓**arbeit** *f* / trabajo *m* de precisión ‖ ⁓**arbeitsgang** *m* (NC) / pasada *f* de acabado ‖ ⁓**armaturen** *f pl* (Messgeräte für Strömungsmittel) (Mess) / instrumentos *m pl* de precisión ‖ ⁓**ausbringen** *n* (Bergb) / rendimiento *m* en partículas finas ‖ ⁓**azimut** *m n* (Peilen) / acimut *m* de precisión ‖ ⁓**bandstahl** *m* (Hütt) / fleje *m* de acero fino o delgado ‖ ⁓**bank** *f*, -spindelbank *f* (Spinn) / mechera *f* en fino ‖ ⁓**bau** *m*, -struktur *f* / estructura *f* fina, microestructura *f* ‖ ⁓**bearbeitung** *f* / mecanizado *m* de precisión, acabado *m* de precisión ‖ ⁓**bereichsbeugung** *f* (Elektronenmikroskop) / microdifracción *f* ‖ ⁓**bewegung** *f* (Wzm) / movimiento *m* o desplazamiento de precisión ‖ ⁓**blech** *n* (Hütt) / chapa *f* fina ‖ **sehr dünnes** ⁓**blech** (Hütt) / chapa *f* superfina ‖ ⁓**blechner** *m* (Lehrberuf) / carpintero *m* de chapa fina ‖ ⁓**blech[bau]technik** *f* / [técnica *f* de] carpintería de chapa fina ‖ ⁓**blech-Vorwalzgerüst** *n* **mit ungehärteten Gusswalzen** (Walzw) / caja *f* debastadora con cilindros no templados para chapa fina ‖ ⁓**blechwalzwerk** *n* (Walzw) / laminador *m* de chapa fina, laminadora *f* de chapa fina ‖ ⁓**blei** *n*, Pb 99,99 (Hütt) / plomo *m* fino de 99,99% ‖ ⁓**bohren** / taladrar o mandrinar con precisión ‖ **~ [st]bohren** / puntear ‖ ⁓**[st]bohren** *n* (Wzm) / punteado *m* ‖ ⁓**bohrkopf** *m* (Wzm) / cabezal *m* de puntear ‖ ⁓**bohrmaschine** *f*, -bohrwerk *n* / taladradora *f* de precisión, mandrinadora *f* de precisión, alesadora *f* de precisión (LA) ‖ ⁓**brecher** *m* (Aufb) / triturador *m* fino ‖ **Silber**~**brennen** (Hütt) / afinar plata ‖ ⁓**bürette** *f* (Chem) / microbureta *f* ‖ ⁓**chemie** *f* / química *f* fina ‖ ⁓**chemikalien** *f pl* / productos *m pl* químicos puros ‖ ⁓**daten** *n pl* (DV) / datos *m pl* escogados ‖ ⁓**dehnungsmessung** *f* / determinación *f* de la elongación por el extensómetro
feindlich (Bahn, Strecke) / incompatible ‖ **~e Weiche** (Bahn) / cambio *m* de vía de seguridad
fein•**drähtig** (Drahtseil) / de hilo fino ‖ **~drehen** (Dreh) / acabar en el torno ‖ **~drehen** (mit Diamant) / tornear de precisión con diamante ‖ ⁓**drehmaschine** *f* / torno *m* de precisión ‖ ⁓**druckmesser** *m* / micromanómetro *m*
Feine, Feinheit *f* (Metalle) / finura *f*
Fein•**egge** *f* (Landw) / grada *f* de púas finas, grada *f* para desherbar ‖ ⁓**einstellknopf** *m* (Instr) / botón *m* micrométrico ‖ ⁓**einstellschraube** *f* (Instr) / tornillo *m* de ajuste micrométrico ‖ ⁓**einstellskala** *f* (Radio) / escala *f* de ajuste fino ‖ ⁓**einstellung**, -verstellung, -bewegung *f* (Wzm) / ajuste *m* de precisión ‖ ⁓**einstellung** *f* (Opt) / enfoque *m* de precisión o fino ‖ **selbsttätige** ⁓**einstellung** (Wzm) / graduación *f* de precisión automática ‖ ⁓**einstellung** *f* **von Hand** / ajuste *m* de precisión manual o mano ‖ ⁓**einstellvorrichtung** *f* / dispositivo *m* ajustador de precisión ‖ ⁓**eisen** *n* (Hütt) / laminados *m pl* o hierros comerciales, perfiles *m pl* ligeros ‖ ⁓**eisenwalzwerk** *n*, Feinstahlwalzwerk *n* / laminador *m* de hierros comerciales, laminadora *f* de hierros comerciales
feinen *vt*, verfeinern (allg, Hütt, Zuck) / refinar, afinar (esp. metales) ‖ ~ (Gieß) / afinar la masa ‖ ~ *n* (Hütt) / afino *m*, refinación *f*, afinación *f*
Fein•**entstörung** *f* (Eltronik) / eliminación *f* completa de perturbaciones o parásitos ‖ ⁓**erde** *f* (Landw) / tierra *f* fina ‖ ⁓**erz** *n* (Bergb, Hütt) / mineral *m* menudo ‖ ~**faserig**, fibrillär / de fibra fina, finamente fibroso o fibrilado, fibrilar ‖ ~**faserig, -porig** (Holz) / de fibras delgadas, de poros finos ‖ ⁓**filter** *n* / filtro *m* de depuración fina, filtro *m* fino ‖ ~**flammig meliert**, jaspiert (Tex) / jaspeado ‖ ⁓**fleier**, -flyer *m*, Fein[spindel]bank *f* (Spinn) / mechera *f* en fino ‖ ⁓**fleierin** *f* (Person) / mechera *f* en fino ‖ ~**flockig** *f* / finamente floculado, de copos finos ‖ ⁓**fokusröhre** *f* (Radiol) / tubo *m* de rayos X con enfoque fino ‖ ⁓**folie** *f* (unter 0,25 mm) (Plast) / lámina *f* o película fina ‖ ⁓**förderkohle** *f*, gewaschene Feinkohle (Bergb) / carbón *m* fino lavado ‖ ~**fraktionieren** (Chem) / fraccionar por segunda vez ‖ ⁓**fräsen** *n* (Wzm) / fresado *m* [de acabado] fino ‖ ⁓**frotteur**, -nitschler *m* (Tex) / rotafrotador *m* fino, rematador *m* ‖ ~**fühlig**, sensitivo, sensible ‖ ⁓**fühligkeit** *f* / sensibilidad *f* ‖ ⁓**führungsradar** *m n*, PAR (= Precision Approach Radar) / radar *m* de precisión para aproximación o de aterrizaje, radar *m* de acercamiento de precisión ‖ ⁓**gang** *m* / marcha *f* de precisión
F-Eingang *m* (DV) / entrada *f* libre
fein•**gängig** (Gewinde) / de paso fino ‖ ⁓**garn**, -gespinst *n* (Spinn) / hilo *m* fino ‖ ~**gebündelt** / con un haz fino, de haz fino ‖ ⁓**gefüge** *n*, Mikrostruktur *f* / microestructura *f*, estructura *f* fina
Feingehalt *m* (Metalle) / finura *f* ‖ ~, Feine *f*, Feingewicht *n* (Gold) / quilate *m*, patrón *m*, ley *f* [de aleación] ‖ **den** ~ **bestimmen** / aquilatar ‖ **gesetzmäßiger** ~ / título *m* legal
Fein•**gehaltsstempel** *m* / marca *f* de contraste ‖ ~**gepulvert** (Aufb) / finamente pulverizado ‖ ⁓**geräte** *n pl* / aparatos *m pl* de precisión ‖ ⁓**gerätebau** *m* / construcción *f* de aparatos de precisión ‖ ~**geschliffen** / rectificado ‖ ~**gesiebt** (z.B. Gips) / finamente cribado (por ej. yeso) ‖ ~**gesiebter Formsand** (Gieß) / arena *f* fina para moldeo ‖ ~**gespinst** *n*, Fertiggespinst *n* (Spinn) / hilado *m* fino ‖ ~**gestanzt** / finamente troquelado o estampado ‖ **metallisches** ⁓**gewebe** / tela *f* metálica fina
Feingewinde *n* / rosca *f* fina, filete *m* fino ‖ ~ **NEF** (USA) / rosca *f* extrafina NEF (= National Extra Fine) ‖ ~ **NF** (USA) / rosca *f* extrafina NF (= National Fine) ‖ ~ **UNEF** (USA) / rosca *f* extrafina UNEF (= Unified National Extra Fine) ‖ ~ **UNF** (USA) / rosca extrafina UNF (= Unified National Fine)
fein•**gezahnt** / de dientes finos ‖ ⁓**gillspinnmaschine** *f* (Flachs) / continua *f* de hilar de aletas ‖ ⁓**gips** *m* (Bau) / escayola *f* ‖ ⁓**gold** *n* (24-karätig) / oro *m* fino, oro *m* de ley (24 quilates) ‖ ⁓**-Grader** *m* (Straß) / niveladora *f* de precisión ‖ ⁓**graupappe** *f* (Pap) / cartón *m* gris ‖ ⁓**grieß** *m* (Kohle) (Bergb) / carbón *m* menudo ‖ ⁓**grubber** *m*, Kulturegge *f* (Landw) / cultivador *m* tipo danés ‖ ⁓**guss** *m* (Gieß) / fundición *f* de precisión, fundición *f* a cera fundida ‖ ⁓**guss mit Keramikkokillen** / fundición *f* de precisión en coquillas de cerámica ‖ ⁓**gussstück** *n*, Genaugussstück *n* / pieza *f* fundida de precisión ‖ ⁓**gussverfahren** *n* / microfusión *f* ‖ ⁓**gut** *n* (Aufb, Bergb) / material *m* fino o menudo
Feinheit *f* / finura *f* ‖ ~, Genauigkeit *f* / precisión *f* ‖ ~, Dünne *f* / delgadez *f*, tenuidad *f* ‖ ~ *f* (Gewinde) / finura *f* de la rosca, número *m* de filetes ‖ ~, Gauge (Nadeln je 1 1/2") (Strumpf) / número *m* de mallas ‖ ~ (Maß für die Korngrößenverteilung) / módulo *m* de finura ‖ ~ (Fasern) / densidad *f* lineal ‖ ~ **von Garn**, Nummer *f* (Tex) / finura *f* del hilo ‖ ~**en** *f pl* / detalles *m pl* finos, Einzelheiten *f pl* / detalles *m pl* finos
Feinheitsmodul *m* / módulo *m* de finura
Feinheitsnummer *f* (Seide) / título *m* de seda ‖ ~ (Garn) / número *m* del hilo ‖ ~ (Strumpf) / patrón *m*, numero *m* de mallas
Fein•**höhenmesser** *m* (Luftf) / estatoscopio *m*, estatóscopo *m* ‖ ⁓**horizontierung** *f* (Opt) / horizontalización *f* de precisión ‖ ⁓**hubwerk** *n* (Förd) / mecanismo *m* elevador de precisión ‖ ~**jährig**, -ringig (Holz) / de capas finas anuales, con anillos muy

Feinspinnen

estrechos || ⁓**justierung** f (Instr) / ajuste m de precisión || ⁓**kalk** m (Bau) / cal f pulverizada || ⁓**karton** m, Feinpappe f (Pap) / cartulina f, cartoncillo m || ⁓**keramik** f / cerámica f fina || ~**keramischer Werkstoff** / material m cerámico fino || ⁓**kies** m (2-15 mm) (Bau) / grava f fina o menuda, gravilla f, garbancillo m, piñoncillo m || ⁓**kohle** f (Bergb) / carbón m fino o menudo, carbón m granulado, carbonilla f || ⁓**koks**, Perlkoks m (Hütt) / coque m o cok fino || ⁓**kollergang** m (Mühle) / molino m fino de muelas verticales || ⁓**kontrast** m (TV) / contraste m fino || ⁓**kontrollstab** m (Reaktor) / barra f reguladora de gran sensibilidad || ⁓**köper**, Twill m (Web) / sarga f fina, twill m || ⁓**korn** n (Foto, Stahl) / grano m fino || ⁓**korn**, feine Teilchen (Bergb, Plast) / finos m pl || ⁓**korneisen** n / hierro m de grano fino, hierro m de granulación fina || ⁓**kornentwickler** m (Foto) / revelador m de (o para) grano fino || ⁓**kornfilm** m (Foto) / película f de grano fino || ⁓**kornguss** m / fundición f de grano fino
feinkörnig / de grano fino, finamente granulado || ~**er Bruch** (Hütt) / fractura f de grano fino || ~**es Gefüge** / estructura f de grano fino || ~**es Pulver** / polvo m de grano fino, polvo m finamente granulado
Fein•körnigkeit f / finura f de grano, granulación f fina || ⁓**kornsetzmaschine** f (Bergb) / lavadora f de grano fino || ⁓**kornstahl** m (Hütt) / acero m de grano fino || ⁓**-Kreiselbrecher** o. **-Kegelbrecher** m (Aufb) / trituradora f giratoria en fino || ⁓**kreissäge** f / sierra f [circular] de tablillas o de dientes finos || ⁓**krempel** f, -kratze, -karde f (Spinn) / carda f acabadora o mechera || ⁓**krempel**, Fellmaschine f (Wolle) / carda f media o repasadora, segunda carda || ⁓**krepp** m (Tex) / crespón m de China || ~**kristallin[isch]** (Min) / finamente cristalino || ⁓**kupfer** n (Hütt) / cobre m fino || ⁓**leder** n / cuero m fino || ⁓**leinen** n (Tex) / tela f fina || ⁓**lochung** f (Masch) / perforación f de precisión || ⁓**lot** n (Schw) / soldadura f fina || ⁓**lunkerung** f, -lunker m / rechupes m pl finos || ⁓**mahlapparat** m (Aufb) / aparato m de molienda fina || ⁓**mahlapparat**, Pulverisiermaschine f / pulverizadora f || ⁓**mahlen** n (Aufb) / molienda f fina, trituración f, moltura f o molturación f fina || ⁓**mahlung**, Feinstmahlung f, Zerreiben n / pulverización f || ⁓**makulatur** f (Pap) / papel m de desecho fino || ⁓**maschig** / de malla fina o tupida || ⁓**mechanik** f / mecánica f de precisión || ⁓**mechaniker**, -werker m / mecánico m de precisión || ⁓**mechanische Industrie** / industria f de la mecánica de precisión || ⁓**messbasis** f (Radar) / barrido m lupa o de precisión || ⁓**messeinrichtung**, -stelleinrichtung f / vernier m, dispositivo m de ajuste de precisión || ~**messen** / medir con precisión || ⁓**messgerät** n, -messinstrument n / instrumento m de medición de precisión, instrumento m o aparato medidor de precisión || ⁓**messkunde** f, -lehre f / metrología f de precisión || ⁓**messlehre** f / calibre m [con tornillo] micrométrico || ⁓**messokular** n (Opt) / ocular m de medición de precisión || ⁓**messschraube** f, Mikrometerschraube f (Mess) / pálmer m, tornillo micrométrico || ⁓**messtechnik** f / técnica f metrológica de precisión || ⁓**messuhr** f, Feinzeiger m / micrómetro m con cuadrante indicador || ⁓**messung** f / medición f de precisión || ⁓**messung** (Verm) / levantamiento m de precisión || ⁓**mine** f (Büro) / mina f de trazo fino || ⁓**modulzahnrad** m (Masch) / rueda f dentada de módulo de precisión || ⁓**montage** f / montaje m de precisión || ⁓**mühle** f (Bergb, Pap) / molino m fino || ⁓**nitschler**, -frotteur m (Tex) / rotafrotador m fino || ⁓**nivellierer** m (Verm) / nivelador m de alta precisión || ⁓**nivellierlatte** f / mira f de nivelación de alta precisión || ⁓**nivellierung** f / nivelación f de alta precisión || ⁓**optik** f / óptica f de alta precisión || ⁓**ortung** f (Radar) / localización f de precisión || ⁓**papier** n / papel m fino || ⁓**pappe** f /

cartón m fino || ⁓**parallelschalten** n (Elektr) / conexión f de precisión en paralelo || ⁓**passbolzen** m / perno m de ajuste fino || ⁓**passung** f (Masch) / ajuste m fino, ajuste m de precisión || ⁓**passung** (Gütegrad) / ajuste m fino || ⁓**pergamenteinband** m (Druck) / pasta f italiana || ⁓**pipette** f (Chem) / micropipeta f || ⁓**polieren** n / pulimento m fino || ⁓**pore** f (Sintern) / poro m fino, microporo m || ~**porig** (Material) / de poros finos, finamente poroso, de fina porosidad || ~**porig**, -faserig (Holz) / de fibras delgadas || ⁓**porigkeit** f (Hütt) / microporosidad f, porosidad f fina || ⁓**prallmühle** f (Aufb) / molino m fino de impacto || ⁓**probe** f, Analysenmuster n (allg, Chem) / muestra f de análisis || ⁓**probe**, Münzprobe f (Hütt) / análisis m de quilate || ⁓**probe** (Vorgang) / ensayo m de finura f ⁓**pulver** n (< 44μm) / polvo m fino || ~**pulverig**, fein pulverisiert (Chem) / pulverulento, finamente pulverizado || ⁓**punkt** m (TV) / punto m móvil o explorador || ⁓**punktröhre** f (TV) / tubo m de punto móvil || ⁓**punktröhre** (Kath.Str) / tubo m catódico de alta resolución || ⁓**punktschweißmaschine** f / máquina f soldadora por puntos finos || ⁓**putz** m, Edelputz m (Bau) / enlucido m fino || ⁓**putz** (Material) / yeso m para enlucido fino || ⁓**raspel** f (Wz) / escofina f || ⁓**raster** n (60 Linien/cm) (Druck) / trama f fina, linatura f fina || ⁓**rasterdruck** m / impresión f con trama fina || ⁓**rechen** m (Hydr) / rejilla f fina, rejilla f de pasos estrechos || ⁓**rechenreiniger** m (Hydr) / rastrillo m para limpiar rejillas finas || ~**regeln**, feinregulieren / regular finamente, ajustar finamente o con precisión || ⁓**regler** m (Elektr, Masch) / regulador m de precisión || ⁓**regulierung** f, -regelung f / regulación f fina o de precisión || ⁓**regulierung**, -steuerung f (Nukl) / control m fino || ⁓**reinigung** f / limpieza f fina, depuración f fina || ⁓**relais** f / relé m de precisión || ⁓**ripp-Rundstrickmaschine** f (Tex) / tricotosa f circular para mallas finas || ⁓**rohrmühle** f (Aufb) / molino m tubular fino || ⁓**säge** f (DIN) (Wz) / sierra f de dentado fino || ⁓**säge**, Abgleichsäge f (Tischl) / sierra f de costilla || ⁓**sägefeile** f (Wz) / lima f para sierra de dientes finos || ⁓**sand** / arena f fina || ⁓**schaben** n (Masch) / raspado m de acabado || ⁓**schalter** m / interruptor m de precisión, conmutador m de precisión || ⁓**schärfen** n **der Walzen** (Walzw) / colocación f de asperezas superficiales || ⁓**schlacke** f (Hütt) / escoria f o dulce || ⁓**schlag** m **der Bettung** (Bahn, Straß) / gravilla f (balasto) || ⁓**schläger**, Ausschläger m (Tex) / batán m acabador || ~**schleifen** (Wzm) / rectificar de alta precisión || ~**schleifen** (Messer) / afilar, amolar || ~**schleifen** (Glas) / esmerilar || ~**schleifen**, läppen (Wzm) / lapear || ⁓**schlichten** n (Masch) / acabado m fino o de precisión || ⁓**schlichtfeile** f (Wz) / lima f dulce o muza || ⁓**schliff** m / rectificado m fino || ⁓**schmieden** / forjado m de precisión || ⁓**schneiden**, -stanzen m (Stanz) / corte m de precisión || ⁓**schnitt- u. Fügemaschine** f / máquina f de precisión para cortar y ensamblar || ⁓**schnittkreissägemaschine** f / sierra f circular automática de dientes finos || ⁓**schub** m (Raumf) / empuje m fino || ⁓**seigerung** f (Hütt) / microsegregación f || ⁓**sicherung** f (Elektr) / fusible m para corrientes débiles, cortacircuito m para baja intensidad || ⁓**sicherung** (Fernm) / bobina f térmica || ⁓**sicherungspatrone** f, -sicherungseinsatz m (Fernm) / cartucho m para bobina térmica || ⁓**sieb** n (Aufb, Bau) / criba f fina, tamiz m fino || ⁓**silber** n (Hütt) / plata f fina, plata f de ley || ⁓**silizium** n (Chem) / silicio m fino || ⁓**skala** f (Instr) / escala f de precisión o de ajuste fino || ~**sortieren**, nach Feinheit sortieren / clasificar según la finura || ⁓**sortierung** f / clasificación f [fina] || ⁓**spaltbandmesser** n / cuchilla f fina de cinta para partir || ⁓**span** m (Spanplatte) / viruta f fina, virutilla f || ⁓**spanplatte** f / tabla f de viruta fina || ⁓**spinnen** n

Feinspinnmaschine

(Spinn) / hilado *m* en fino || ≃**spinnmaschine** *f* / máquina *f* de hilar en fino || ≃**spinnselfaktor** *m* / selfactina *f* para números finos || ≃**splitt** *m* (Siebweite 1/3") (Straßb) / gravilla *f* fina || ≃**sprit** *m* / alcohol *m* rectificado o fino || ≃**spulmaschine**, Jackmaschine *f* (Tex) / mechera *f* en fino
Feinstabstecharbeit *f* (Wzm) / microdecoletaje *m*
Fein•stahl *m* (Hütt) / perfiles *m* *pl* delgados || ≃**stahl**, Edelstahl *m* / acero *m* refinado o afinado o superior || ≃**stahl-Walzwerk** *n* / tren *m* laminador de perfiles y barras delgadas
Feinst•anteil *m* (Pulv.Met) / partículas *f* *pl* superfinas || ≃**anteil** (Chem) / fracción *f* fina
Fein•stanzen *n* / troquelado *m* de precisión, estampación *f* lisa o de precisión || ≃**staub** *m* (Aufb, Umw) / polvo *m* fino
feinst•bearbeitet, supfiniert / superacabado *adj* || ≃**bearbeitung**, Supfinition *f* / superacabado *m*, acabado *m* finísimo o de alta precisión || ≃**bearbeitung** *f* o. Schaben von Getrieben / rascado *m* de engranajes || ≃**blech** *n* (Walzw) / chapa *f* extra fina || ≃**bohrmaschine** *f* (Wzm) / taladradora *f* de superacabado || ≃**bohrwerk** *n* (Wzm) / taladradora-mandrinadora *f* de superacabado || ≃**draht** *m* / alambre *m* extra fino || ≃**drahtvlies** *n* (Katalysator) / tejido *m* de alambre extrafino || ≃**drehen** *n* (Wzm) / torneado *m* finísimo
Feinstein *m* (Nickel) (Hütt) / mata *f* fina (níquel) || ≃**gut** *n* (Keram) / loza *f* fina
Feinsteinstellung *f* / ajuste *m* de alta precisión
Fein•steinzeug *n* (Keram) / gres *m* fino || ≃**stell-Element** *n* / elemento *m* de ajuste de precisión || ≃**stellknopf** *m* / botón *m* de ajuste fino || ≃**stellschraube** *f* / tornillo *m* para ajuste de precisión || ≃**stell-Schraube**, Mikrometer-Schraube *f* / tornillo *m* micrométrico, tornillo *m* para graduación fina || ≃**stellschraube** *f* (Theodolit) (Opt, Verm) / tornillo *m* antagonista || ≃**steuerelement** *n* (Nukl) / elemento *m* de control fino || ≃**steuer-Rakete** *f* (Raumf) / motor *m* cohético de ajuste fino
Feinst•filter *m* *n* / filtro *m* finísimo || ~**gepulvert**, fein vermahlen / finísimamente pulverizado o molido || ~**geschliffen** / rectificado de refino o de alta precisión || ≃**kohle** *f* (< 0,5 mm) (Bergb) / carbón *m* finamente granulado (< 0,5 mm) || ≃**korn** *n* (Bergb, Hütt) / grano *m* superfino, grano *m* finísimo || ≃**lehrenbohrwerk** *n* (Wzm) / punteadora *f* de alta precisión || ≃**mahlanlage** *f* (Aufb) / instalación *f* de pulverización [ultrafina] || ~**mahlung** *f*, Pulverisieren *n* / pulverización *f* [finísima] || ≃**mechanik**, Mikromechanik *f* / micromecánica *f* || ≃**papier** *n* / papel *m* superfino || ≃**pulver** *n* (< 1μm) / polvo *m* ultrafino (< 1 μm) || ≃**raffinade** *f* (Zuck) / azúcar *m* de flor
Fein•straße *f* (Walzw) / tren *m* de perfiles finos y barras delgadas || ≃**strecke** *f* (Spinn) / tercer *m* paso de manuar, manuar *m* acabador || ≃**streckerin** *f* (Wolle) / mechera *f*
Feinstregulierung *f* / regulación *f* de alta precisión
Fein•streifigkeit *f* / rayado *m* fino || ≃**struktur** *f* (Nukl, Phys) / estructura *f* fina, microestructura *f* || ≃**strukturdiagramm** *n* / diagrama *m* de estructura fina || ≃**struktur-Konstante**, Sommerfeldsche Konstante *f* (Nukl) / constante *f* de estructura fina, constante *f* de Sommerfeld
Feinstschleifen *n* (Wzm) / rectificado *m* de alta precisión
Fein•stufe *f* / escalón *m* fino || ~**stufig** / de escalones finos, finamente escalonado o graduado, de escalonamiento fino || ~**stufiger Vorschub** (Wzm) / avance *m* fino || ≃**stufigkeit** *f* (Elektr) / finura *f* de regulación
feinst•verteilt / muy finamente distribuido o dispersado || ≃**zerkleinerung** (bis 0,5 μm) / micronización *f* || ≃**zerkleinerungsanlage** *f* / equipo micronizador

Fein•synchronisieren *n* (Elektr) / sincronizaci1on *f* ideal || ≃**taster** *m* (Masch, Mess) / compás *m* de precisión, palpador *m* de precisión, micropalpador *m* || ≃**thermometer** *n* (Phys) / termómetro *m* de precisión || ≃**trieb** *m* / accionamiento *m* de ajuste fino, mando *m* de ajuste fino || ≃**triebskala** *f* (Eltronik, Funk) / escala *f* de ajuste fino || ≃**trimmer** *m* (Eltronik) / capacitor *m* vernier
Feinung *f* (Hütt) / refinado *m*, afinado *m*, refinación *f*, afinación *f*
Feinungsschlacke *f* (Hütt) / escoria *f* de afino
Fein•vakuum *n* ($1 \cdot 10^{-3}$ Torr) (Phys) / vacío *m* [inter]medio || ~**verteilt** / finamente distribuido o dispersado o repartido || ≃**verzahnung** *f* / dentado *m* fino || ≃**vorschub** *m* (Wzm) / avance *m* fino o de precisión || ≃**waage** *f* (Chem) / balanza *f* de precisión || ≃**wägetechnik** *f* / técnica *f* de pesadas de precisión || ~**walzen**, glattwalzen / laminar alisando o de acabado || ≃**walzen** *n* (Gewinde) / laminado *m* de acabado || ≃**wellpappe** *f* / cartón *m* ondulado delgado o fino || ≃**werker**, -mechaniker *m* / mecánico *m* de precisión || ≃**werk-Industrie** *f* / industria *f* de la mecánica de precisión || ≃**werktechnik** *f* / técnica *f* de la mecánica de precisión || ~**werktechnischer Apparat** / aparato *m* mecánico de precisión || ~**werktechnische Arbeit** / trabajo *m* mecánico de precisión || ≃**wiegung** *f* (Mess) / pesada *f* de precisión, palanca *f* sensitiva || ≃**zeiger** *m* (Instr) / indicador *m* de precisión, palanca *f* sensitiva || ≃**zeiger**, -taster *m* (Messuhr) / micrómetro *m* con cuadrante indicador || ≃**zeitrelais** *n* (Elektr) / relé *m* temporizador de precisión || ≃**zentrierung** *f* / centraje *m* de precisión || ≃**zerkleinerung** *f* / requiebro *m* || ≃**zerkleinerung** (Aufb) / trituración *f* fina, requiebro *m* || ≃**zerkleinerung fester Metalle** (Hütt) / trituración *f* o porfirización de metales sólidos || ≃**zerteilung** *f* / dispersión *f* fina || ≃**zeug**, Papierzeug *n* (Pap) / pasta *f* o pulpa fina, finos *m* *pl* || ~**ziehschleifen** (Wzm) / superacabar, rectificar (con movimiento planetario) || ≃**zink** *n* (Hütt) / cinc *m* destilado || ≃**zink-Destillationsanlage** *f* / planta *f* destiladora de cinc || ≃**zinn**, Klangzinn *n* (Hütt) / estaño *m* sonoro || ≃**zucker** *m* / azúcar *m* refinado || ≃**zug** *m* (Draht) / estirado *m* fino, trefilado *m* fino || ≃**zustellung** *f* (Wzm) / avance *m* de precisión || ≃**zustellung**, Mikrometer-, Feinsteinstellung *f* / avance *m* micrométrico
Feld *n* (allg, Eltronik, Verm) / campo *m* || ≃ (Informatik) / zona *f*, campo *m* || ≃, Acker *m* (Landw) / campo *m*, tierra *f* de labor || ≃ (Bau) / panel *m*, compartimiento *m* || ≃, Öffnung *f* (Brücke) / recuadro *m*, vano *m* || ≃ (Fachwerk) / compartimiento *m* || ≃, Paneel *n*, Füllung *f* (Tischl) / panel *m*, entrepaño *m* || ≃, Karo *n* (allg) / cuadrado *m* || ≃**...** (z.B. Versuch) / de campo (por.ej. ensayo) || ≃**...**, Freiland... / de campo, en campo abierto, al aire libre || ≃ **als Deckenschmuck** (Bau) / artesón *m*, cuadrícula *f* de artesonado || ≃ **einer Matrix** (Math) / campo *m* de una matriz || ≃ **eines Vordruckes** / espacio *m* de un formulario || ≃ **im Drall eines gezogenen Rohrs** (Mil) / pared *f* del ánima
Feld•abschwächung *f* (Elektr) / shuntado *m* de los inductores || ≃**ahorn** *m* (A.campestre) (Holz) / arce *m* menor o común || ≃**-Amperewindungen** *f* *pl* (o. AW) (Elektr) / espiras *f* *pl* de amperio de campo || ≃**änderung** *f* (Elektr) / modificación *f* del campo, variación *f* del flujo inductor || ≃**ansteuerung** *f* (DV) / selección de zona || ≃**anweisung** *f* (DV), Matrixanweisung *f* (DV) / instrucción *f* de dimensión || ≃**arbeit** *f*, Feldbau *m* (Landw) / labranza *f*, faenas *f* *pl* o labores del campo o de cultivo || ≃**ausmessung** *f* (Phys) / construcción *f* gráfica del campo || ≃**auswahl** *f* (DV) / selección *f* de campos || ≃**bahn** *f* (Bergb) / ferrocarril *m* portátil || ≃**begrenzung** *f* / definición *f* de zona o campo || ≃**beregnung** *f* (Landw) / riego *m* [por aspersión] de tierras de labor || ≃**bestellung** *f* / cultivo

m de los campos, cultivo *m* de la tierra, labranza *f* ‖
˜**bestellung**, (spez.:) Pflügen *n* / arada *f* ‖
˜**bestellung**, Aussaat *f* / siembra *f* ‖ ˜**bestimmung** *f*,
-begrenzung *f* (DV) / determinación *f* de campo ‖
˜**bogen** *m* (Elektr) / arco *m* con efecto de campo ‖
˜**bussole** *f*, -kompass *m* (Verm) / brújula *f* del
agrimensor ‖ ˜**definition** *f* (DV) / definición *f* de
campo ‖ ˜**diagramm** *n* (Elektro) / diagrama *m* de
campo ‖ ˜**dichte** *f* (Elektr) / densidad *f* del campo ‖
˜**drainagerohre** *n pl* (Landw) / tubos *m pl* de drenaje ‖
durch ˜**effekt gesteigert** (Emission) / intensificado por
[efecto de] campo ‖ ˜**effekt-Ionentriebwerk** *n*
(Raumf) / propulsor *m* iónico de efecto de campo ‖
˜**effekttransistor** *m*, FET *m* (Halbl) / transistor *m* de
efecto de campo, TEC ‖ ˜**effekt-Transistortetrode** *f* /
tetrodo *m* de transistor de efecto de campo ‖
˜**effekttriode**, -effekttransistortriode *f* / triodo *m* de
transistor de efecto de campo ‖ ˜**einteilung** *f* (Druck,
Zeichn) / división *f* o subdivisión en zonas ‖
˜**einteilung**, Schlageinteilung *f* (Landw) / disposición *f*
de los campos o parcelas ‖ ˜**elektron** *n* (Phys) /
electrón *m* de campo ‖ ˜ **[elektronen-]Emission** *f*
(Eltronik) / emisión *f* de [electrones de] campo ‖
eigentliche ˜**-Elektronenemission**, Feldemission *f*,
Kaltemission *f* / emisión *f* de campo sin excitación
exterior, emisión *en* frío ‖ ˜**elektronenmikroskop**,
-emissionsmikroskop *n* (Opt) / microscopio *m* de
emisión electrónica por o de campo ‖ ˜**element** *n*
(DV) / elemento *m* de campo
Felderdecke *f*, Kassettendecke *f* (Bau) / techo *m* o plafón
artesanado
Felderregung *f* (Elektr) / excitación *f* del campo
Felderstrecke *f* (Bergb) / galería *f* principal
feld•erzeugend (Elektr) / productor *m* o generador de
campo ‖ ˜**flattern**, Panelflattern *n* (Rakete) / flameo
m de alas ‖ ˜**form** *f* (Eltronik) / configuración *f* de
campo ‖ ˜**-Formfaktor** *m* (Verhältnis der mittleren
zur höchsten Felddichte im Luftspalt) (Elektr) / factor
m [de] campo/forma ‖ ˜**forschung** *f* / investigación *f*
de campo ‖ ~**frei** (Elektr) / de campo cero o nulo ‖
~**freie Emission** (Eltronik) / emisión *f* en campo nulo ‖
˜**früchte** *f pl* (Landw) / frutos *m pl* del campo ‖
˜**funktion** *f* (Phys) / función *f* de campo ‖ ˜**gestell** *n*,
Jochring *m* (Elektr) / anillo *m* de yugo ‖ ˜**gestell**,
Magnetgestell *n* (Elektr) / bastidor *m* de arrollamiento
de inductor ‖ ˜**gesteuert** (Eltronik) / mandado por el
campo ‖ ˜**gleichung** *f* (Elektr) / ecuación *f* de campo ‖
˜**grenze** *f* (Bergb) / límite *m* de la zona asignada ‖
selbstaufnehmender ˜**häcksler** (Landw) /
cortadora-recolectora *f* ‖ ˜**häcksler, selbstfahrend** *m*
(Landw) / recogedora-picadora *f*, máquina *f* cortapajas
de campo ‖ ˜**häckslerfahrzeug** *n*, -bunker *m* (Landw) /
remolque *m* para cortadora-recolectora ‖ ˜**index**,
-exponent *m* (Betatron) / índice *o* exponente de
campo ‖ ˜**ionenmikroskop** *n*, FIM (Opt) /
microscopio *m* de emisión iónica [por campo
eléctrico] ‖ ˜**kabel** *n* (Elektr) / cable *m* de campaña ‖
˜**konstante** *f* (Phys) / constante *f* [eléctrica o
magnética] de campo ‖
˜**-Leerlauf-Übertragungsfaktor** *m* (Mikrofon) / factor
m de eficacia en el campo acústico libre ‖ ˜**leitung** *f*,
fliegende Leitung (Landw, Regner) / tubería *f*
desmontable (para rociadores giratorios) ‖ ˜**linie** *f*
(Phys) / línea *f* de flujo ‖ ˜**linse**, Kollektivlinse *f* (Opt) /
objetivo *m* ‖ ˜**magnet** *m* (Elektr) / inductor *m*, estator
m ‖ ˜**[magnet]spule** *f* / bobina *f* del inductor ‖ ˜**maß**
n (Landw) / medida *f* agraria ‖ ˜**messen** *n*,
Feldmessung *f* (Verm) / agrimensura *f*, levantamiento
m de planos ‖ ˜**messer** *m*, Geometer *m* (Verm) /
agrimensor *m*, geómetra *m* ‖ ˜**moment** *f* (Mech) /
momento *m* de flexión entre dos apoyos ‖ ˜**name** *m*
(DV) / nombre *m* de zona ‖ ˜**ort** *n* (Bergb) / extremo *m*
de galería ‖ ˜**ortstrecke** *f* (Bergb) / trayecto *m* de
extracción ‖ ˜**paket** *n* (Elektr) / paquete *m* de chapas
del inductor ‖ ˜**parallelwiderstand** *m* / resistencia *f*
en paralelo con el inductor ‖ ˜**platte** *f* (magnetisch
steuerbarer Halbleiterwiderstand) / célula *f*
fotorresistiva mandada por campo magnético ‖
˜**plattenpotentiometer** *n* / potenciómetro *m* de
magnetorresistencia ‖ ˜**pol** *m* (Elektr) / polo *m*
inductor ‖ ~**programmierbarer Festwertspeicher o.
ROM** (DV) / memoria *f* de lectura solamente de
contenido programable por el utilizador ‖ ˜**quant** *n*
(Phys) / cuanto *m* de campo ‖ ˜**quantisierung** *f*,
-quantelung *f* / cuantización *f* del campo ‖
˜**regelanlasser** *m* (Elektr) / arrancador *m* reostático ‖
˜**regelung** *f* (Elektr) / control *m* de campo, regulación
f del campo ‖ ˜**regelwiderstand** *m* (Elektr) / reóstato
m potenciométrico de campo ‖ ˜**regler** *m* (Elektr) /
reóstato *m* de campo, regulador *m* de excitación ‖
˜**regner** *m* (Landw) / regador *m* o rociador giratorio ‖
˜**richtung** *f* (Phys) / orientación *f* del campo ‖
˜**schädling** *m* (Landw) / parásito *m* [de los cultivos] ‖
~**schwächende Verbunderregung** (Elektr) / excitación
f compuesta substractiva ‖ ˜**schwächer** *m* (Elektr) /
atenuador *m* de campo ‖ ˜**schwächung** *f* **durch
Nebenschluss** (Elektr) / shuntado *m* de los inductores
‖ ˜**schwächungsschalter** *m*,
-schwächungseinrichtung *f* (Bahn) / combinador *m* de
shuntado ‖ ˜**schwächungsstufe** *f* (Elektr) / posición *f*
de shuntado reducido ‖ ˜**schwächungsverhältnis** *n*
(Elektr) / proporción *f* de shuntado ‖
˜**schwächungswiderstand** *m* (Elektr) / resistencia *f* de
shuntado ‖ ˜**spannung** *f* (Elektr) / tensión *f* del campo
eléctrico ‖ ˜**spannung**, Erregerspannung *f* (Elektr) /
tensión *f* de excitación ‖ ˜**spat** *m* (Min) / feldespato *m*
‖ **dichter** ˜**spat** / feldespato *m* compacto ‖ **gemeiner**
˜**spat**, Kalifeldspat *m*, Orthoklas *m* / feldespato *m*
común o potásico, ortoclasa *f* ‖ **schiefwinkliger, schief
spaltender** ˜**spat**, Plagioklas *m* / plagioclasa *f* ‖
˜**spaten** *m* (Wz) / pala *f* de campaña ‖ ~**spathaltig**,
feldespatig ‖ ~**spathaltiger Sandstein** / arenisca *f*
feldespática ‖ ˜**spatoid**, Foid, Feldspatvertreter *m* /
feldespatoide *m* ‖ ˜**spatoidbasalt** *m* / basalto *m* de
feldespatoide, roca *f* volcánica de feldespatoide ‖
˜**spatporzellan** *n* (Keram) / porcelana *f* dura ‖
˜**spritze** *f* (Landw) / pulverizadora *f* para cultivos ‖
˜**spritze**, Radantriebspritze *f* (Landw) / pulverizadora
f accionada por las ruedas ‖ ˜**spritzgestänge** *n*
(Landw) / barra *f* distribuidora de la pulverizadora ‖
˜**spule** *f* (Elektr) / bobina *f* excitadora o de excitación,
carrete *m* excitador, carrete *m* inductor ‖ ˜**spule**,
-wicklung *f* / arrollamiento *m* del inductor ‖ ˜**stärke** *f*
(Elektr) / intensidad *f* de[l] campo ‖ ˜**stärkemesser** *m*
(Elektr) / medidor *m* de [intensidad del campo] ‖
˜**stärkendiagramm** *n* (Antenne) / diagrama *m* de la
intensidad del campo, diagrama *m* de radiación ‖
˜**stativ** *n* (Foto, Verm) / trípode *m* de campaña ‖
zusammenschiebbares ˜**stativ** / trípode *m* de
campaña con patas telescópicas ‖ ˜**stecher** *m*,
Fernglas *n* (Opt) / gemelos *m pl* [binoculares],
prismáticos *m pl* ‖ ˜**stein** *m*, unbehauener Bruchstein
(Bau) / canto *m* ‖ ˜**stein** (über 100 mm Größe) (Geol) /
guija *f*, grava *f* (> 100 mms) ‖ ˜**steinmauerwerk** *n*,
rohe Bruchsteinmauern *f pl* (Bau) / mampostería *f* de
piedras no labradas ‖ ˜**stern** *m* (Astr) / estrella *f* de
campo ‖ ˜**streifen** *m* (Bau) / franja *f* ‖ ˜**strom** *m*
(Elektr) / corriente *f* de campo, corriente *f* inductora ‖
˜**studie** *f* / estudio *m* de campo o en el terreno ‖
˜**system** *n* (Elektr) / sistema *m* de campo ‖ ˜**teilchen** *n*
(in ionisiertem Gas) (Phys) / partícula *f* de campo ‖
˜**teilung**, -weite *f* (Bau) / longitud *f* o expansión del
recuadro ‖ ˜**telefon** *n* (Fernm) / teléfono *m* de
campaña ‖ ˜**theorie** *f* (Phys) / teoría *f* del campo ‖
˜**typ** *m* (Wellenleiter) / tipo *m* de campo ‖
˜**übertragungsmaß** *n* (Fernm) / respuesta *f* de
corriente en campo libre ‖ ˜**übertragungsmaß in dB**
(Mikrofon) / respuesta *f* en campo libre o al aire libre,

Feldumkehrschaltung

sensibilidad *f* en campo libre ‖ ~**umkehrschaltung** *f* (Elektr) / conmutación *f* del circuito de campo ‖ ~**unterbrecher** *m* (Elektr) / interruptor *m* de campo inductor o de excitación, disyuntor *m* de excitación ‖ ~**vektor** *m* / vector *m* de campo [eléctrico] ‖ ~**vereinbarung** *f* (DV) / declaración *f* de campo o zona ‖ ~**vergleich** *m* (DV) / comparación *f* de campo o zona ‖ ~**verstärkende Verbunderregung** (Elektr) / excitación *f* compuesta aditiva ‖ ~**verstärkung** *f* (Elektr) / intensificación *f* del campo ‖ ~**versuch** *m* (Landw) / ensayo *m* sobre el terreno, prueba *f* práctica ‖ ~**verteilung** *f* (Eltronik) / distribución *f* de campo ‖ ~**verzerrung** *f* (Elektr) / distorsión *f* del campo ‖ **[erdmagnetische]** ~**waage** (Phys) / balanza *f* geomagnética ‖ ~**weg** *m* / camino *m* rural ‖ ~**weg**, Gemeindeweg *m* / camino *m* vecinal ‖ ~**weise** (Bau) / por paneles ‖ ~**weise** (DV) / campo por campo, zona por zona ‖ ~**weite** *f* (Bau) / espacio *m* entre dos apoyos ‖ ~**weite** (Statik) / ancho *m* de un recuadro ‖ ~**wellenwiderstand** *m* (Wellenwiderstand des Vakuums) (Phys) / impedancia *f* característica de campo ‖ ~**wellenwiderstand des freien Raumes** / impedancia *f* de onda característica ‖ ~**wicklung** *f*, Erregerwicklung *f* (E-Motor) / arrollamiento *m* de campo o del inductor, devanado *m* de campo ‖ ~**wicklung**, -spule *f* (Elektr) / bobina *f* de inductor, carrete *m* de inductor ‖ ~**wicklungskupfer** *n* (Elektr) / cobre *m* de [arrollamiento del] inductor ‖ ~**widerstand** *m* / resistencia *f* de campo ‖ ~**windungen** *f pl* (Elektr) / espiras *f pl* excitatrices ‖ ~**wölbung** *f* (Opt) / curvatura *f* de campo ‖ ~**zerfall** *m* (Elektr) / desintegración *f* del campo

Felge *f*, Radkranz *m* (Kfz, Masch) / llanta *f* ‖ ~ (Wagenrad) / pina *f* ‖ ~ **für Drahtreifen**, Drahtreifenfelge *f* / llanta *f* para cubierta con cercos de acero ‖ ~ **mit tiefem Bett**, gekrümmte o. Tiefbettfelge / llanta *f* de base profunda o hundida ‖ **auf der** ~ **fahren** / rodar sobre la llanta (con un pinchazo) ‖ **die** ~ **aufziehen** / montar la llanta, poner la llanta ‖ **geteilte** ~ / llanta *f* seccionada o desmontable

Felgen•abziehhebel *m* (Kfz) / palanca *f* para desmontar la cubierta ‖ ~**band** *n* (Kfz) / bandaje *m* de llanta ‖ ~**baum** *m* / árbol *m* para apilar llantas ‖ ~**bett** *n* (Kfz) / base *f* o garganta de la llanta, lecho *m* de la llanta ‖ ~**bremse** *f* (Fahrrad) / freno *m* sobre la llanta ‖ ~**flansch** *m* (Kfz) / brida *f* de llanta ‖ ~**keil** *m* (Bahn) / cuña *f* de llanta ‖ ~**kurbel** *f* (Kfz) / manivela *f* para llanta ‖ ~**messband** *n* / cinta *f* graduada de acero para medir llantas ‖ ~**mutterschlüssel** *m* (Wz) / llave *f* para tuercas de llanta ‖ ~**rand** *m*, -horn *n* (Kfz) / borde *m* de llanta, pestaña *f* de llanta, talón *m* de llanta ‖ ~**recht** (Strahl) / sagital ‖ ~**ring** *m* (Kfz) / aro *m* de llanta ‖ ~**rundmaschine** *f* / máquina *f* para curvar llantas ‖ ~**schloss** *n* (Fahrrad, Krad) / cerradura *f* de llanta ‖ ~**schulter** *f* (Kfz) / espalda *f* de la llanta ‖ ~**sprengring** *m* (Kfz) / anillo *m* de muelle para sujeción de llantas

Felici-Generator *m* (Nukl) / generador *m* de Felici

Fell *n* (mit Haar), Pelz *m* (Gerb) / piel *f* (de pelo) ‖ ~, Balg *m* / pellejo *m*, piel *f* ‖ ~, Vlies *n* / vellón *m*, tela *f* ‖ ~ (mit der Wolle) / zalea *f* ‖ ~, Sheet *n* (Gummi) / hoja *f* homogeneizada [de caucho] ‖ ~ *n*, Überlappung *f* (Schm, Walzw) / solapa *f*, solape *m* ‖ ~... / pellejero *adj* ‖ ~**maschine** *f* (Gerb, Tex) / carda *f* intermedia o repasadora, segunda carda ‖ ~**trommel** *f* (Spinn, Wolle) / tambor *m* napador, tambor *m* formador del colchón

Fels *m*, festes Gebirge (Geol) / roca *f* viva ‖ ~ , **Felsen**, Stein *m* / roca *f*, peña *f* ‖ ~**abtrag** *m*, -aushub *m* (Bau, Bergb) / desmonte *m* de rocas, excavación *f* de rocas ‖ ~**ader** *f* (Geol) / vena *f* de roca ‖ ~**anker** *m* (Bau) / ancla *f* de roca, tirante *m* de roca ‖ ~**bank** *f* (Geol) / banco *m* de roca ‖ ~**block** *m* (Geol) / bloque *m* de roca ‖ ~**boden** *m*, Steinboden *m* / suelo *m* rocoso o

roqueño ‖ ~**bohrung** *f* (Bergb) / perforación *f* de rocas ‖ ~**brecher** *m*, Felsmeißelschiff *n* / buque *m* con cincel de roca ‖ ~**brocken** *m* (Geol) / canchal *m*, peñasco *m*, bloque *m* [de roca] ‖ ~**decke** *f* (Bergb) / recubrimiento *m* rocoso

Felsen... / roquero

Fels•gründung *f* (Bau) / cimentación *f* en o sobre roca[s] ‖ ~**haken** *m*, Nagel *m* / pitón *m*

felsig, felsbedeckt / rocoso, roqueño, cubierto de rocas ‖ ~**er Untergrund** (Bau, Geol) / subsuelo *m* roqueño

Felsit *m* (Min) / felsita *f*

Fels•klippe *f*, Felsenriff *n* (Schiff) / arrecife *m*, escollo *m* ‖ ~**mechanik** *f* / mecánica *f* de [las] rocas ‖ ~**meißel** *m* (Bergb) / cincel *m* de roca ‖ ~**platte** *f* (Geol) / roca *f* subyacente, capa *f* horizontal de roca saliente ‖ ~**riffe** *n pl* (Ozean) / escollos *m pl*, arrecifes *m pl* ‖ ~**rutsch**, -sturz *m* (Geol) / desprendimiento *m* de rocas, caída *f* de rocas ‖ ~**schüttungsstaudamm** *m*, Staudamm *m* mit Steinkern (Bau, Hydr) / piedraplén *m*, dique *m* con núcleo de piedras o rocas ‖ ~**untergrund** *m* (Bau) / lecho *m* de roca

FEM (= finite Elementemethode) / método *m* de elementos finitos

Femel[hanf], Femmel, Fimmel *m* (Tex) / cáñamo *m* masculino o macho

Femelschlag *m*, -hieb *m* (Forstw) / entresaca *f* selectiva

femisch (Geol) / fémico

FEM-Modul *n* (Festigkeitsprüfung) / módulo *m* FEM (resistencia mecánica)

FEMO (= fernbediente Modultechnik) (Nukl) / técnica *f* de módulos telemandados

Femto..., 10^{-15} (von Schwedisch femton = 15) (Phys) / femto...

Fenchelöl *n* (Pharm) / aceite *m* o esencia de hinojo

Fenchon *n* (Chem) / fenquona *f*

Fender *m* (aus Tauen usw.) (Schiff) / cojín *m*, amortiguador *m* de choque ‖ ~, Scheuerleiste *f* (Schiff) / cintón *m* reforzador, defensa *f* ‖ ~**pfahl**, Scheuerpfahl *m* (Hafen) / piloto *m* de defensa

Fenster *n* (Bau, Geol, Nukl) / ventana *f* ‖ ~, Oberlicht *n* (Bau) / claraboya *f* ‖ ~, Sichtfenster *n* (DV) / ventanilla *f*, ventanillo *m* ‖ ~ (Kfz) / ventanilla *f* ‖ ~, Arbeitsöffnung *f* (Masch) / abertura *f*, orificio *m* ‖ ~ (Defekt, Plast) / laguna *f* ‖ ~ **anbringen od. vorsehen** / fenestrar (gal.) ‖ ~ **in der Palette** (Förd) / abertura *f* de una paleta ‖ ~ **einsetzen**, mit Fenstern versehen / montar ventanas, dotar de ventanas ‖ ~ *n* **im Druckstock** / claro *m* ‖ ~ **in einer Apparatur**, Schauloch *n* (Masch) / mirilla *f* ‖ ~ **mit elektrischem Scheibenheber** (Kfz) / ventanilla *f* con elevalunas eléctrico ‖ ~ **mit Zwischenpfosten** (Bau) / ventana *f* con columna central ‖ ~ **neben der Außentür** / ventana *f* al lado de la puerta exterior ‖ **gerade abgeschlossenes** ~ (Bau) / ventana *f* con dintel recto ‖ **großes** ~ / ventanal *m* ‖ **herablassbares o. versenkbares** ~, vertikales Schiebefenster / ventana *f* de guillotina ‖ **nach außen oder innen sich erweiterndes** ~ / ventana *f* con derrame hacia fuera o dentro ‖ **nach außen oder innen sich öffnendes** ~ / ventana *f* que se abre hacia fuera o dentro ‖ **rundes** ~, Ochsenauge *n* (Bau) / ojo *m* de buey ‖ **rundes** ~ (Luftf) / ventanilla *f* redonda

Fenster•abdichtschiene *f* (Kfz) / listón *m* de obturación de la ventanilla ‖ ~**anordnung** *f* (Bau) / disposición *f* de las ventanas ‖ ~**anschlag** *m*, -falz *m* (Tischl) / renvalso *m*, encaje *m* ‖ ~**ausschnitt** *m*, -öffnung *f* (Bau) / hueco *m* de la ventana ‖ ~**aussteller** *m* (Kfz) / deflector *m* (parabrisas, ventanillas oscilantes) ‖ ~**band** *n*, Fitsche *f* / bisagra *f* de ventana, gozne *m*, quicio *m* ‖ ~**band**, Bandfenster *n* / ventanas *f pl* arregladas en cinta ‖ ~**bank** *f*, -sohlbank *f* / repisa *f* de ventana, solera *f*, antepecho *m* ‖ **äußere** ~**bank** / solera *f* exterior de la ventana, alféizar *m* ‖

⁓**beschläge** m pl / herrajes m pl de ventana[s] ‖ ⁓**blei** n (Bau) / plomo m para vidrieras ‖ ⁓**bogen** m, Entlastungsbogen m / arco m de ventana, arco m de descarga ‖ ⁓**brett** n / solera f ‖ ⁓**bretthöhe** f **über Boden** / altura f de la solera sobre el suelo o piso ‖ ⁓**briefumschlag** m, -briefhülle f (Büro) / sobre m con ventanilla ‖ ⁓**brüstung** f (Bau) / antepecho m de ventana, parapeto m o pretil de ventana ‖ ⁓**dichtung** f **aus Gummi** / barlete m para ventanas, bandas f pl para ventanas ‖ ⁓**dichtungsschnur** f / cuerda f obturizante para ventanas ‖ ⁓**einfassung** f / marco m de ventana ‖ ⁓**einfassung** (Kfz) / marco m de la ventanilla ‖ ⁓**einsetzer** m, Fenstermonteur m (Bau) / fijador m ‖ **aufrechtes** ⁓**eisen** (Bau) / montante m de ventana en acero ‖ ⁓**fach**, -feld n, -füllung f / entrepaño m de ventana ‖ **[zu verglasendes]** ⁓**feld** / superficie f a acristalar ‖ ⁓**fläche** f, verglaste Fläche / superficie f acristalada ‖ ⁓**flügel** m / batiente m de ventana, hoja f de ventana ‖ ⁓**flügelfeststeller** m / inmovilizador m del batiente ‖ ⁓**flügel[rahmen]** m / marco m o cuadro del batiente ‖ ⁓**flügelweite** f / ancho m del dintel superior ‖ ⁓**führung** f (Kfz) / guía f lateral de la ventanilla ‖ ⁓**führungsschiene** f (Kfz) / riel-guía m de la ventanilla ‖ ⁓**futter** n, Fensterzarge f (Bau) / cerco m o marco de ventana ‖ ⁓**gaze** f (Bau) / gasa f metálica para ventanas ‖ ⁓**gesims** n (Bau) / moldura f de ventana, cornisa f de ventana ‖ ⁓**gewände** n, -pfeiler m / montante m de ventana ‖ ⁓**gitter** n / reja f de ventana, celosía f de ventana ‖ ⁓**glas** n (bis 3 mm Dicke) / cristal m de ventana, luna f, vidrio m plano y delgado ‖ ⁓**glas**, Flachglas n / vidrio m para ventanas o lunas o vidrieras ‖ ⁓**glas bis 6 mm** / cristal m espeso para ventanas ‖ ⁓**glas Standardqualität** / cristal m de calidad estándar ‖ ⁓**griff** m (Bau) / manecilla f de ventana, tirador m ‖ **runder** ⁓**griff** / manecilla f de ventana en forma de botón ‖ ⁓**haken** m / gancho m de ventana, aldabilla f ‖ ⁓**halterungs-Teile**, -leibungs-Teile n pl (Kfz) / elementos m pl del cuadro o marco de la ventanilla ‖ ⁓**heber** m (Bau) / elevador m de la ventana de guillotina ‖ ⁓**heber** (Kfz) / elevalunas[s] m, alzacristales m, levantacristales m ‖ **elektrischer** ⁓**heber m. Klemmschutzvorrichtung** / elevalunas m eléctricos secuenciales y antipinzamiento ‖ ⁓**heberschiene** f (Kfz) / riel m de elevalunas ‖ ⁓**hersteller** m, -schreiner m / ventanero m ‖ ⁓**jalousie** f / persiana f ‖ ⁓**käfig** m (Wälzlager) / jaula f cerrada, jaula f de (o con) ventanas ‖ ⁓**kämpfer** m (Bau) / imposta f de ventana, jamba f ‖ ⁓**kitt** m / masilla f de vidriero ‖ ⁓**klimagerät** n / acondicionador m de aa dispuesto en la ventana ‖ ⁓**knopf** m, Olive f / manecilla f de ventana en forma de botón ‖ ⁓**konsole** f / consola f de ventana, ménsula f de ventana ‖ ⁓**kreuz** n / cruz f de ventana, mainel m, partelu m ‖ ⁓**kristall** m / cristal m de ventana ‖ ⁓**kurbel** f (Kfz) / manivela f elevalunas, eleva-lunas f ‖ ⁓**laden** m, Klappladen m (Bau) / postigo m, contraventana f ‖ **in die Höhe zu ziehender** ⁓**laden**, Jalousie f (Bau) / persiana f, celosía f ‖ ⁓**lauf** m (Kfz) / bastidor m de ventana ‖ ⁓**leder** n / gamuza f ‖ ⁓**leibung**, Schmiege f (Bau) / intradós m de ventana (E), mocheta f (LA) ‖ ⁓**leibungs-Teile**, -halterungs-Teile n pl (Kfz) / elementos m pl del cuadro o marco de la ventanilla ‖ ∼**los** (Gebäude) / sin ventana[s] ‖ ⁓**[mittel]pfosten** m / parteluz m (que divide el vano en dos), entreventana f, montante m de ventana ‖ ⁓**nische** f / nicho m de ventana ‖ ⁓**öffner** m (Kfz) / abridor m de ventanilla, abrelunas m ‖ ⁓**öffnung** f (Bau) / vano m de ventana, hueco m de vidriero o de la ventana ‖ ⁓**öffnung** (Fahrzeug) / abertura f de ventanilla ‖ ⁓**pfeiler** m, -gewände n (Bau) / entreventana f ‖ ⁓**pfosten** m, -säule f / montante m de ventana ‖ ⁓**platz** m (in Fahrzeug) / asiento m junto a la ventanilla o ventana ‖ ⁓**profil** n, -stahl m (Hütt) / perfil m para ventanas ‖ ⁓**profilblei** n / plomo m de vidriero ‖ ⁓**profilgummi** m (Kfz) / goma f perfilada para ventanillas ‖ ⁓**putzgerüst** n (für Hochhaus) / andamio m corredizo o suspendido (para limpieza de ventanas y fachadas) ‖ ⁓**rahmen** m (DIN) (Kfz) / bastidor m de ventanilla ‖ ⁓**rahmen**, -zarge f (Bau) / marco m de ventana, bastidor m o cerco f de ventana ‖ ⁓**rahmen**, -flügelrahmen m (Bau) / cuadro m de ventana de hojas ‖ **schiebbarer** ⁓**rahmen** (Bau) / cuadro m de ventana corrediza o de ventana guillotina ‖ ⁓**rahmenwinkel** m, Scheinecke f (Tischl) / falsa escuadra f ‖ ⁓**riegel** m, Sturzriegel m (Zimm) / dintel m de la ventana, cargadero m ‖ ⁓**riegel** (Schloss) / colanilla f ‖ ⁓**riegel**, Drehstangenverschluss m (Tischl) / falleba f, española f (LA) ‖ ⁓**rolle**, Rahmenrolle f / polea f de la ventana de guillotina ‖ ⁓**säule** f (Bahn) / montante m de ventanilla ‖ ⁓**scheibe** f, [Glas]scheibe f, Fensterglas n (Glas) / cristal m, vidriera f, luna f ‖ **bauchige, gebogene** ⁓**scheibe** / cristal m esférico o abombado ‖ ⁓**schräge** f (Bau) / derrame m ‖ ⁓**schutzstange** f (Bahn) / barra f protectora, barra f de apoyo ‖ ⁓**sims** m n (Bau) / repisa f de ventana ‖ ⁓**sohlbank** f, Fensterbank f / solera f, repisa f de ventana ‖ ⁓**sprosse** f (Tischl) / baquetilla f, travesaño m de ventana ‖ ⁓**stahl** m (Walzw) / acero m para perfiles de ventanas ‖ ⁓**stollen** m (Tunnel) / socavón m, galería f lateral ‖ ⁓**sturz** m (Bau) / dintel m [de ventana], cargadero m, capialzado m ‖ ⁓**technik** f (DV) / aprovechamiento m de ventanas [sobre la pantalla] ‖ ⁓**tuch** n / bayeta f para limpiar cristales ‖ ⁓**tür** f (Bau) / puertaventana f ‖ ⁓**- und Türbeschläge** m pl / herrajes m pl de ventanas y puertas ‖ ⁓**verglasung** f / acristalado m ‖ ⁓**vorhang** m / telón m, cortina f de ventana ‖ **federbetätigter** ⁓**vorhang** / cortina f arrollable con resorte ‖ ⁓**vorhang**, Rollvorhang m / cortina f arrollable ‖ ⁓**weitschenkel** m (Bau) / travesaño m de la base de ventana ‖ ⁓**wirbel** m / tarabilla f ‖ ⁓**zählrohr** n (Strahlung) / tubo m contador de ventanilla ‖ ⁓**zarge** f, -einfassung f (Bau) / cerco m de ventana

Fentin n, Triphenylzinn n (Chem) / fentina f
FeO = Fernsprechordnung
FEP n (Chem) = fluoriertes Ethylenpropylen
Ferberit m (Wo-Mineral) / ferberita f (un tungstato)
Ferkelschutzkorb m (Landw) / cesto protector para cochinillo[s]
Fermat•sches Prinzip n, Fermatscher Satz der geometrischen Optik, Fermatsches Minimalprinzip (Opt) / principio m de Fermat ‖ ⁓**sche Spirale** (Math) / espiral f de Fermat, espiral f parabólica
Ferment, Enzym n (Biochem) / fermento m, enzima f. ‖ ⁓, Treibmittel n, Hefe f / fermento m, levadura f
Fermentation f, Fermentierung f (Biochem) / fermentación f
fermentativ / fermentativo
Fermenter m (Biochem) / fermentador m
Fermentierbarkeit f / fermentabilidad f
fermentieren vt, [ver]gären (Chem) / fermentar ‖ ∼ **lassen** (Chem) / hacer o dejar fermentar
fermentierend / cimógeno
fermentiert / fermentado
Fermi, f (veraltet), (jetzt:) Femtometer n (Phys) / fermi, femtometro m ‖ ⁓**alter** n (Nukl) / edad f de Fermi ‖ ⁓**-Alter-Gleichung** f / ecuación f de edad de Fermi ‖ ⁓**-Diagramm** n (Nukl) / gráfica f de Fermi ‖ ⁓**-Dirac-Entartung** f (Phys) / degeneración f Fermi-Dirac ‖ ⁓**-Dirac-Sommerfeld-**n**[Geschwindigkeitsverteilungs-]Gesetz** (Phys) / ley f FDS de la distribución de la velocidad ‖ ⁓**-[Dirac-]Statistik** f / estadística f de Fermi [y Dirac] ‖ ⁓**-Dirac-Verteilung** f (Halbl) / distribución f Fermi-Dirac ‖ ⁓**fläche** f (Phys) / superficie f Fermi ‖ ⁓**-Funktion** f / función f de Fermi ‖ ⁓**-Gas** n / gas m

Fermikante

Fermi ‖ ⁓**kante** *f*, -niveau *n* (Nukl) / nivel *m* característico de Fermi ‖ ⁓**konstante** *f* (Phys) / constante *f* de Fermi
Fermion *n*, Fermi-Teilchen *n* (Phys) / fermión *m*
fermionisches Kondensat (Materiezustand) / condensado *m* fermiónico
Fermische Alterstheorie / teoría *f* de la edad de Fermi
Fermium *n* (OZ = 100), Fm (Chem, Nukl) / fermio *m*
Fermi-Verteilungsfaktor *m*, Besetzungswahrscheinlichkeit *f* (Halbl) / factor *m* de distribución de Fermi, probabilidad *f* de ocupación
fern, weit [weg] / lejos, distante, lejano, distanciado, apartado, remoto ‖ ~ **halten** [von] / mantener alejado [de], alejar, apartar ‖ ⁓**es Infrarot** (Phys) / infrarrojo *m* lejano ‖ ⁓**es Ultraviolett** (Phys) / ultravioleta *m* lejano ‖ ⁓**er Weltraum** (Astr) / espacio *m* lejano
Fern•..., Langstrecken... / de larga distancia ‖ ⁓**...**, Tele... / tele..., remoto, a distancia ‖ ⁓**abfrage** *f* / teleconsulta *f* ‖ ⁓**abfrage** (DV) / consulta *f* o interrogación a distancia ‖ ⁓**ablesegerät** *n* (Mess) / aparato *m* lector a distancia ‖ ⁓**ablesung** *f* / lectura *f* a distancia, telelectura *f* ‖ mit ⁓**ablesung**, -anzeige / con lectura a distancia ‖ ⁓**ablesung** *f* **von Zählern** / telemedida *f* de contadores ‖ ⁓**abschaltung** *f* (Vorgang) (Elektr) / interrupción *f* a distancia, teleinterrupción *f* ‖ ⁓**abschaltung** (Schalter) / teleinterruptor *m* ‖ ⁓**abstimmung** *f* (Eltronik) / sintonización *f* a distancia, telesintonización *f* ‖ ⁓**alarm** *m* / alarma *f* a distancia, telealarma *f* ‖ ⁓**amt** *n*, Fernvermittlungsstelle (Fernm) / central *f* interurbana, centro *m* interurbano ‖ ⁓**amtsanschluss** *m* / línea *f* de enlace interurbana ‖ ⁓**amtsperre** *f* (Fernm) / bloqueo *m* de comunicaciones exteriores ‖ ⁓**anschluss** *m* (Fernm) / conexión *f* interurbana ‖ ⁓**antrieb** *m*, -bedienung *f* (Masch) / telemando *m*, teleaccionamiento *m*, control *m* remoto, mando *m* a distancia ‖ ⁓**anweisen** *n* (DV) / teleinstrucción *f* ‖ ⁓**anzeige** *f* (Instr) / indicación *f* a distancia, teleindicación *f*, teleseñalización *f* ‖ ⁓**anzeigendes Voltmeter** (Elektr) / televoltímetro *m* ‖ ⁓**anzeiger** *m*, -anzeigeinstrument *n* / teleindicador *m*, indicador *m* a distancia, instrumento *m* teleindicador ‖ ⁓**aufnahme** *f* (Foto) / telefotografía *f*, fotografía *f* a distancia, imagen *f* telefotográfica ‖ ⁓**aufnahme**, Teleröntgenographie *f* (Radiol) / telerradiografía *f* ‖ ⁓**aufnahme** *f* (TV) / plano *m* distante o lejano, toma *f* de la escena completa ‖ ⁓**auslöser** *m* (Foto) / disparador *m* a distancia ‖ ⁓**auslösung** *f* (Foto) / disparo a distancia ‖ ⁓**auslösung** (mechanisch) (Masch) / desenganchamiento *m* o disparo a distancia ‖ ⁓**beben** *n* (Geol) / terremoto *m* a gran distancia ‖ ~**bedienen**, fernbetätigen / manejar por control remoto o telemandor, mandar a distancia, telegobernar ‖ ~**bedienter Schalter**, Fernschalter *m* / teleinterruptor *m*, interruptor *m* a distancia, teleconmutador *m* ‖ ~**bedienter Schmiedemanipulator** (Hütt) / telemanipulador *m* para forja ‖ ~**bediente Weiche** (Bahn) / cambio *m* accionado a distancia ‖ ⁓**bedienung**, -betätigung, -steuerung *f* (Eltronik, Masch) / telemando *m*, accionamiento *m* o mando a distancia, telecontrol *m*, telegobierno *m*, control *m* remoto ‖ ⁓**bedienung** *f* (Reaktor) / telemanipulación *f* ‖ ⁓**bedienungsdrähte** *n pl* (Eltronik) / alambres *m pl* de telemando ‖ ⁓**bedienungsgerät** *n* (Nukl) / aparato *m* o equipo de control remoto, telemanipulador *m* ‖ ⁓**beförderung** *f* (Förd) / transporte *m* a gran distancia ‖ ⁓**bereich** *m* (Eltronik) / zona *f* de acción lejana ‖ ⁓**bestrahlung** *f* (Radiol) / irradiación *f* a distancia, telerradiación *f* ‖ ~**betätigt**, -bedient / telecontrolado, telemandado, teleaccionado, teledirigido, telegobernado ‖ ~**betätigter Spannungsregler** / regulador *m* de la tensión a distancia ‖ ⁓**betriebseinheit** *f* (parallel o. seriell), FBS (DV) / unidad *f* de control remoto,

equipo *m* de telemando ‖ ⁓**betriebseinheit**, Datenendeinrichtung *f*, Terminal *n* (DV) / equipo *m* terminal (para procesamiento de datos) ‖ ⁓**bild** *n*, Telephoto *n* (Foto) / telefoto *f* ‖ ⁓**bleiben** *n* **von der Arbeit** / absentismo *m* (laboral) ‖ ⁓**brille** *f* (Opt) / gafas *f pl* para lejos ‖ ⁓**daten** *n pl* (DV) / datos *m pl* transmitidos a distancia ‖ ⁓**daten-Register** *n*, -Speicher *m* (DV) / memoria *f* de datos teletransmitidos ‖ ⁓**daten-Steuereinheit** *f* (DV) / terminal *m* de transmisión ‖ ⁓**diagnose** *f* (DV) / telediagnóstico *m* ‖ ⁓**dienst** *m*, -betrieb *m* (Fernm) / servicio *m* interurbano, servicio *m* de larga distancia ‖ ⁓**dienstleitung** *f* (Fernm) / línea *f* de servicio interurbano ‖ ⁓**drehzahlmesser** *m* (Masch) / velocímetro *m* a distancia, cuentarrevoluciones *m* teleindicador ‖ ⁓**drucken** *n* / tele[e]scritura *f* ‖ ⁓**drucker** *m* / teleimpresor *m*, teletipo *m* ‖ ⁓**durchgangsplatz** *m* (Fernm) / grupo *m* de tránsito interurbano ‖ ⁓**einstellung** *f* / ajuste *m* a distancia ‖ ⁓**einstellvorrichtung** *f* / dispositivo *m* de ajuste a distancia ‖ ⁓**empfang** *m* (Funk) / recepción *f* a distancia, telerrecepción *f* ‖ guten ⁓**empfang bringen** (Eltronik) / captar estaciones muy lejanas ‖ ⁓**empfangsgebiet** *n* (Radio) / área *f* o zona de recepción por o de ondas reflejadas ‖ ⁓**energie** *f* (Elektr) / energía *f* a larga distancia ‖ ⁓**entriegelung** (Kfz) / desenclavamiento *m* a distancia ‖ ⁓**erfassungs-Einheit** *f* (DV) / unidad *f* de adquisición descentralizada o a distancia ‖ ⁓**erknnung** *f* (Eltronik) / teledetección *f* ‖ ⁓**erkundung** *f* (Eltronik, Mil) / teledetección *f* ‖ ⁓**fahrer** *m* (Kfz) / camionero *m* [de transportes a gran distancia] ‖ ⁓**feld** *n* (Phys) / campo *m* lejano ‖ ⁓**feld**, Fraunhoferregion *f* (Antenne) / región *f* de Fraunhofer ‖ ⁓**flug** *m* (Luftf) / vuelo *m* a gran distancia, vuelo *m* de crucero ‖ ⁓**fühlen**, Istwert-Fernerfassen *n* (Regeln) / teledetección *f* ‖ ⁓**funkfeuer** *m* (Luftf) / radiofaro *m* de gran alcance ‖ ⁓**gas** *n* / gas *m* suministrado a gran distancia, telegás *m* ‖ ⁓**gasleitung** *f* / gasoducto *m* [a larga distancia] ‖ ⁓**gasnetz** *n* / red *f* de gasoductos, red *f* de distribución de gas a gran distancia ‖ ⁓**gasversorgung** *f* / suministro *m* de gas a gran distancia ‖ ⁓**geber** *m* (Messinstr) / aparato *m* de telemando ‖ ~**gelenkt** / controlado a distancia, teledirigido ‖ ~**gelenkt**, [Fern]lenk... (Geschoss) / guiado, teleguiado ‖ ~**gelenkt** s. auch fernbetätigt ‖ ~**geregelt** / telerregulado
Ferngespräch *n* / llamada *f* interurbana, conferencia *f* interurbana, llamada *f* a larga distancia (LA) ‖ ⁓ **mit dem Ausland**, Auslandsgespräch *n* / llamada *f* internacional, conferencia *f* con el extranjero ‖ ⁓ **über 2 Grenzen** / llamada *f* [internacional] de doble tránsito ‖ ⁓**e** *n pl* **im Selbstwählferndienst in das gesamte Ausland** / telefonía *f* automática a escala mundial
ferngesteuert, -gelenkt / telecontrolado, teleguiado, teledirigido, telemandado, mando a distancia, de control remoto ‖ ~ (Hydr) / accionado por piloto, accionado por válvula auxiliar ‖ ~**e Flugzeugrakete** / misil guiado lanzado desde un avión en vuelo ‖ ~**es Kraftwerk** / central *f* robot o de control remoto ‖ ~**er Manipulator** (Nukl) / telemanipulador *m* ‖ ~**e Maschine** / máquina *f* de control remoto ‖ ~**es Rückschlagventil** / válvula *f* de retención telemandada ‖ ~**e Zuganzeigetafeln** *f pl* (Bahn) / indicador *m* móvil telemandado
Fern•glas *n* (Opt) / gemelos *m pl*, anteojos *m pl*, prismáticos *mpl* ‖ ⁓**glasbrille** *f* (Opt) / gemelo-gafas *m* ‖ ⁓**heizung** *f* (Bau) / calefacción *f* a distancia ‖ **städtische** ⁓**heizung**, Stadtheizung *f* / calefacción *f* urbana ‖ ⁓**heizwerk** *n* / central *f* calefactora a distancia ‖ ⁓**hörer** *m* (Fernm) / receptor *m* telefónico, auricular *m* telefónico ‖ ⁓**hörerkapsel** *f* / caja *f* receptora o de receptor ‖ ⁓**kabel** *n*, Fk (Fernm) / cable *m* de larga o gran distancia, telecable *m* ‖ ⁓**kabel**

436

(Elektr) / telecable *m* ‖ ⁓**kamera** *f* (Foto) / telecámara *f* ‖ ⁓**kompass** *m* (Nav) / brújula *f* magnética maestra, telebrújula *f* ‖ ⁓**kopier...** (Fernm) / telefax, por telecopia ‖ ⁓**kopieren** *n* / telecopiado *m*, telecopia *f* ‖ ⁓**kopierer** *m* / telecopiador *m* ‖ ⁓**kursbuch** *n* (Bahn) / guía *f* de grandes líneas ‖ ⁓**lastzug** *m*, Fernlaster *m* (Kfz) / camión *m* [con remolque] para transportes a gran distancia ‖ ⁓**leitung** *f* (Elektr) / línea *f* a gran distancia ‖ ⁓**leitung**, Freileitung *f* (Elektr) / línea *f* aérea [a gran distancia] ‖ ⁓**leitung** (Fernm) / línea *f* interurbana ‖ ⁓**leitung** (Rohr) / tubería *f* a gran distancia ‖ ⁓**leitungsmast** *m* (Elektr) / castillete *m* o mastíl de transmisión, torre *f* de transmisión ‖ ⁓**leitungsnetz** *n* (Fernm) / red *f* de telecomunicaciones ‖ ⁓**leitungsnetz** (Hochspannung) / red *f* de alta tensión, red *f* de transmisión ‖ ⁓**leitungsschema** *n* (Fernm) / esquema *m* de vías troncales, diagrama *m* de enlaces ‖ ~**lenken** *vt*, -betätigen / teleguiar, telemandar, telegobernar, pilotar a distancia ‖ ~**lenken**, -steuern (Wzm) / telecontrolar, controlar por radio ‖ ⁓**lenkgeschoss** *n*, Lenkwaffe *f* (Mil) / misil *m* o cohete teleguiado, misil *m* teledirigido, arma *f* teledirigida ‖ **ballistisches** ⁓**lenkgeschoss** / proyectil *m* balístico teleguiado o teledirigido ‖ ⁓**lenkung** *f*, Fernsteuerung *f* / telemando *m*, teledirección *f*, mando *m* a distancia, teledirigido ‖ ⁓**lenkung** (Mil) / guía *f* a la base de origen ‖ **drahtlose** ⁓**lenkung** / telemando *m* o teleguiado inalámbrico o por radio ‖ ⁓**lenkung von Flugkörpern** (Mil) / radioguía *f* o teleguía de proyectiles ‖ ⁓**licht** *n* (Kfz) / luz *f* de carretera o de ruta, luz *f* larga, luz *f* alta (LA) ‖ ⁓**lichtkontrollleuchte** *f* (Kfz) / lámpara *f* piloto de la luz de carretera

Fernmelde•abteilung *f* / departamento *m* de telecomunicaciones ‖ ⁓**amt** *n* / oficina *f* de telecomunicaciones ‖ ⁓**anlage** *f* (allg) / instalación *f* de transmisión/recepción a distancia ‖ ⁓**anlage** / sistema *m* de telecomunicaciones ‖ ⁓**betrieb** *m*, -dienst *m* / servicio *m* de telecomunicaciones ‖ ⁓**betriebsanweisung** *f* / instrucciones *f pl* para el servicio de telecomunicaciones ‖ ⁓**dienstarbeiter** *m* / operario *m* de entretenimiento de la línea, agente *m* de telecomunicaciones, instalación *f* de telecomunicaciones ‖ ⁓**einrichtung** *f* / equipo *m* de telecomunicaciones, instalación *f* de telecomunicaciones ‖ ⁓**freileitung** *f* / línea *f* aérea para telecomunicación ‖ ⁓**-Gegenmaßnahmen** *f pl* / contramedidas *f pl* de telecomunicación ‖ ⁓**geheimnis** *n* / secreto *m* de telecomunicación ‖ ⁓**gerät** *n* / aparato *m* de telecomunicación ‖ ⁓**ingenieur** *m* / ingeniero *m* de telecomunicación ‖ ⁓**kabel** *n* / cable *m* de telecomunicación ‖ ⁓**kanal** *m* / canal *m* de telecomunicación ‖ ⁓**lampe** *f* / lámpara *f* avisadora de llamadas telefónicas ‖ ⁓**leitung** *f* / línea *f* de telecomunicación, línea *f* telefónica ‖ ⁓**-Luftkabel** *n* / cable *m* aéreo de telecomunicación ‖ ⁓**messkoffer** *m* / maletín *m* de control de la frecuencia vocal ‖ ⁓**monteur** *m* / montador *m* u operario *m* de telecomunicaciones ‖ ⁓**nebenstelle** *f* / puesto *m* telefónico tributario ‖ ⁓**netz** *n* / red *f* de telecomunicación

Fernmelder / televisador *m*, indicador *m* a distancia, avisador *m* a distancia ‖ ⁓, Zeichengeber *m* (Fernm) / comunicador *m* [de señales]

Fernmelde•rechnung *f* / factura *f* de teléfono ‖ ⁓**relais** *n* / relé *m* telefónico ‖ ⁓**satellit** *m* (Raumf) / satélite *m* de o para telecomunicaciones ‖ ⁓**satelliten-Bodenfunkstelle** *f* / estación *f* terrestre de satélite de telecomunicaciones ‖ ⁓**satelliten-Funkdienst** *m* (Fernm) / servicio *m* de telecomunicaciones por satélite ‖ ⁓**satelliten-Funkdienst** (für den direkten Empfang) / servicio *m* de radiodifusión por satélite para recepción directa ‖ ⁓**satelliten-Weltraumfunkstelle** *f* / estación *f* espacial de retransmisión por satélite ‖

⁓**schnur** *f* (Fernm) / cordón *m* de mesa ‖ ⁓**technik** *f*, -wesen *n* / técnica *f* de telecomunicaciones, ingeniería *f* de telecomunicaciones ‖ **drahtlose** ⁓**technik** / telecomunicaciones *f pl* inalámbricas o sin hilos, radiocomunicación *f* ‖ ⁓**techniker** *m* / técnico *m* de telecomunicaciones ‖ ⁓**turm** *m* (TV) / torre *f* [para instalaciones] de telecomunicación o de retransmisión ‖ ⁓**-Union** *f*, ITU / Unión Internacional de Telecomunicaciones, UIT ‖ ⁓**unternehmen** *n* (privat) / empresa *f* [privada] de telecomunicaciones ‖ ⁓**-Verbindung** *f* / comunicación *f*, telecomunicación *f* ‖ ⁓**verkehr** *m* / tráfico *m* de telecomunicaciones ‖ ⁓**verwaltung** *f* (behördlich) / entidad administradora [oficial] de telecomunicaciones ‖ ⁓**wesen** *n*, -verkehr *m* (allg, Fernm) / telecomunicaciones *f pl* ‖ ⁓**zentrale** *f* (Flughafen) / centro *m* de telecomunicaciones ‖ ⁓**zone** *f* (Fernm) / zona *f* de telecomunicación ‖ ⁓**zuladung** *f* (Raumf) / carga *f* útil [de aparatos] de telecomunicación

Fern•messen, -messwesen *n*, -messung *f* (Mess) / telemedición *f*, medición *f* a distancia, telemedida *f* ‖ ⁓**messgerät** *n* / aparato *m* telemétrico o de telemedida ‖ ⁓**messregister** *n* / registro *m* de telemedida ‖ ⁓**mess-System** *n* / sistema *m* de telemedición ‖ ⁓**messtechnik** *f* / telemedida *f*, telemedición *f* ‖ ⁓**messüberwachung** *f* / control *m* telemétrico ‖ ⁓**messung** *f* / telemedida *f*, telemedición *f*, medición *f* a distancia, teledetección *f* ‖ ⁓**messung**, -steuerung *f* (Raumf) / telemetría *f*, telemedición *f* ‖ ⁓**messung des Betriebszustandes** (Raumf) / telemetría *f* del estado interno ‖ ~**mündlich** / telefónico, por teléfono ‖ ⁓**nebensprech...** (Fernm) / telediafónico ‖ ⁓**nebensprechdämpfung** *f* / atenuación *f* telediafónica ‖ ⁓**nebensprechen** *n* / telediafonía *f*, diafonía *f* lejana ‖ ⁓**netz** *n* (Fernm) / red *f* [de comunicación] interurbana ‖ ⁓**orientierung** *f* / orientación *f* a distancia ‖ ⁓**ortung** *f* / telelocalización *f* ‖ ⁓**pegel** *m* / aparato *m* teleindicador del nivel o del caudal ‖ ⁓**photographie** *f* (elektrisch übertragen) / telefotografía *f*, fotografía *f* a gran distancia, imagen *f* telefotográfica ‖ ⁓**photographie** (ultrarot) / telefotografía *f* [por rayos infrarojos] ‖ ⁓**psychrometer** *n* (Meteo, Phys) / telepsicrómetro *m* ‖ ⁓**punkt** *m* (Opt) / punto *m* lejano ‖ ⁓**punkt** (Satellit) / punto *m* más alejado ‖ ⁓**punkt** (Kinematik) / punto *m* en el o del infinito ‖ ⁓**punkt**, uneigentlicher Punkt (Geom) / punto *m* impropio ‖ ⁓**punktsucher** *m* (Opt) / visor *m* del punto lejano ‖ ⁓**radar** *n* (mit TV) / telerradar *m*, radar con televisión.m. ‖ ⁓**regelung** *f*, Fernregeln / control *m* remoto, telecontrol *m*, telerregulación *f*, regulación *f* a distancia ‖ ⁓**regler** *m* / telerregulador *m* ‖ ⁓**reiseomnibus** *m* (Kfz) / autocar *m* de largo recorrido ‖ ⁓**reisezug** *m* / tren *m* de largo recorrido

Fernrohr *n* (Astr, Opt) / telescopio *m* ‖ ⁓ **des Spektroskops** / telescopio *m* [de análisis] espectral ‖ ⁓ **mit Prismenumkehrsatz** / telescopio *m* con prismas de inversión ‖ **durchschlagbares** ⁓ (Verm) / telescopio *m* reversible ‖ **ein** ⁓ **richten** (o. einstellen) [auf] / apuntar un telescopio [a o sobre] ‖ **monokulares** ⁓ / anteojo *m* [de larga vista], catalejo *m*, tubo *m* monocular

Fernrohr•aufsatz *m* (Mil) / alza *f* telescópica, alza *f* de luneta ‖ ⁓**brille** *f*, -lupe *f* (Opt) / gafas *f pl* de telescopio, gemelo-gafas *m* ‖ ⁓**lupe** *f* / lupa-anteojo *f* ‖ ⁓**mikroskop** *n* / microscopio *m* telescópico ‖ ⁓**montierung** *f* / montura *f* de telescopio ‖ ⁓**okular** / ocular *m* de anteojo *n* ‖ ⁓**ring** *m* / collar *m* de anteojo ‖ ⁓**vorsatz** *m* (Foto) / adaptador *m* para el telescopio

Fern•ruf *m*, Anruf *m* (Fernm) / llamada *f* [telefónica] ‖ ⁓**rufabfrage** *f* (Fernm) / consulta *f* o escucha *f* de llamadas ‖ ⁓**rufrelais** *n* / relé *m* [tipo] telefónico ‖ ⁓**satz** *m* (Druck) / composición *f* a distancia,

fernschalten

telecomposición f ‖ ~**schalten** (Elektr) / teleconectar ‖
~**schalten** n / teleconexión f, teleconmutación f ‖
~**schalter** m, fernbedienter Schalter (Elektr) /
teleinterruptor m, telerruptor m, interruptor m o
conmutador de control remoto, interruptor m
telecontrolado ‖ ~**schalter** (Fernm) / relé m de
corriente fuerte ‖ ~**schaltung** f (Elektr) / control m
remoto o a distancia ‖ ~**schaltung** (Kfz) / cambio de
velocidades a distancia ‖ ~**schaltung** (Masch) /
maniobra f a distancia ‖ **mehrgliedriger**
~**schnelltriebwagen** (Bahn) / [tren] m automotor
articulado de largo recorrido ‖ ~**schrank** m (Fernm) /
cuadro m interurbano
Fernschreib•anschluss m, Telexadapter m (Fernm) /
enlace m al sistema Télex ‖ ~**anschluss** (DV) / puesto
m terminal para línea de teleimpresores ‖ ~**code** m /
código m de transmisión por teleimpresor ‖
5-Kanal-~**code** / código m [de] Baudot ‖ ~**dienst** m /
servicio m Télex ‖ ~**empfänger** m / receptor m
teleimpresor o teleinscriptor
Fernschreiben n, Telex n / Télex m, mensaje m
teleimpreso
Fernschreiber m, -schreibapparat m / teletipo m,
teleimpresor m, telescritor m ‖ ~ (Mess) /
telerregistrador m ‖ ~ (Person) / teletipista m f ‖
~**technik** f / técnica f de teleimpresores
Fernschreib•leitung f (Fernm) / línea f TTY o teletipo,
línea f Télex ‖ ~**-Lochstreifen** m / cinta f perforada de
teletipo ‖ ~**netz** n / red f de teleimpresión o de
teleimpresores, red f teletipográfica, red f télex ‖
~**technik** f / formador m de tambor ‖ ~**teilnehmer** m
/ abonado m de télex ‖ ~**verkehr** m **über Zentralen** /
servicio m TWX, servicio m de teleimpresores con
conmutación ‖ ~**vermittlung** f / central f Télex,
centro m Télex ‖ ~**[wähl]system** n, Telexsystem n /
sistema m Télex
Fernschutzwirkung f (Galv) / protección f electrolítica
Fernseh•..., TV- / de televisión, televisivo, TV ‖
~**anstalt** f / estación f o corporación f de TV (RFA:
entidad de derecho público), televisión f (la empresa)
‖ ~**antenne** f / antena f de televisión ‖ ~**apparat** m s.
Fernsehempfänger ‖ ~**aufnahme** f / toma f de vistas para
televisión, toma f de televisión, captación f TV,
grabación f [en] vídeo ‖ ~**[aufnahme]kamera** f /
cámara f televisora o de televisión, cámara f
tomavistas de TV ‖ ~**aufnahmeröhre** f / tubo m de la
cámara de TV, tubo m tomavistas de TV, iconoscopio
m ‖ ~**aufnahmetechnik** f / técnica f de captación de
TV ‖ ~**-Aufnahmewagen** m / camión m para tomas
exteriores de TV ‖ ~**aufzeichnung** f (Vorgang) (TV) /
telerregistro m de TV, registro m de programas de TV
‖ ~**aufzeichnung** (Produkt) / videograma m, vídeo m
‖ ~**ausstrahlung** f / emisión f o transmisión televisiva
o de TV ‖ ~**band** n / cinta f magnética de TV ‖
~**-Bandaufnahmegerät** n / grabadora f de cinta
magnética de TV, videógrafo m ‖ ~**betrieb** "**Bild**" m /
operaciones f pl vídeo, régimen m vídeo ‖ ~**betrieb**
"**Ton**" m / operaciones f pl de sonido de TV ‖
~**bibliothek** f, Videothek f / videoteca f ‖ ~**bild** n /
imagen f de TV, imagen f televisiva o televisada ‖ **das
komplette** ~**bild** (bei Zeilensprungverfahren) /
imagen f completa de TV ‖ **das** ~**bild stabilisieren** (o.
einstellen o. regulieren) (TV) / estabilizar la imagen
TV ‖ ~**bildprojektor** m / proyector m de imágenes
televisivas, proyector m de televisión ‖ ~**bildröhre** f /
tubo m de imagen TV, cinescopio m ‖ ~**-Bildsender**
m / emisor m de imágenes TV ‖ ~**bildsignal** n / señal f
vídeo ‖ ~**brücke** f, -kette f / cadena f de estaciones
emisoras de televisión ‖ ~**code** m **für europäisches
Satellitenfernsehen**, D2-Mac (D2 = duobinär, Mac
= multiple analog component) / D2-Mac m ‖
~**einzelbild** n / imagen f TV individual ‖
~**-Einzelbildeinrichtung** f / dispositivo m de imagen
individual ‖ ~**empfang** m / recepción f televisiva o de

televisión ‖ ~**empfänger** m, -gerät n, Fernseher m
(coll) / aparato m [receptor] de televisión, televisor m,
receptor m TV ‖ ~**empfangsröhre** f / cinescopio m,
tubo m pantalla de TV, tubo m de imágenes
fernsehen (TV) / ver el programa de televisión, mirar la
televisión, observar por TV ‖ ~ n, Fernsehrundfunk
m (amtlich) / televisión f, tele f (pop.) ‖ **durch** ~
übertragbar / retransmisible por TV, televisible ‖ **im**
~ **übertragen** / transmitir por TV, televisar ‖
Spanisches ~ **TVE** / TVE = Televisión Española
Fernseher m (Person), Fernsehzuschauer m, -zuseher m
(Österr.) / tele[e]spectador m, espectador m de TV
Fernseh•-Fernleitung f / línea f de TV a gran distancia ‖
~**fernsprechen** n, -telefonie f / telefonía f con
televisión, videotelefonía f ‖ ~**-Fernsprecher** m,
Fernsehtelefon n / teléfono m TV, videoteléfono m ‖
~**film** m / película f televisada o TV, telefilm m,
película f de televisión ‖ ~**film-Aufnahmegerät** n /
cámara f de telecine, tomavistas m de telecine ‖
~**film-Projektor** m / proyector m telecinematográfico
o de telecine ‖ ~**filmvorführung** f / proyección f de
película TV, telecine m ‖ ~**gerät** s. Fernsehempfänger ‖
~**gleichrichter** m / rectificador m para televisores ‖
~**großbildprojektor** m / proyector m de televisión de
gran imagen ‖ ~**kabel**, Breitbandkabel n / cable m TV
[de banda ancha] ‖ ~**kamera** f / cámara f televisora o
de televisión, cámara f tomavistas o de televisión ‖ ~**kamera für
Außenaufnahmen** / cámara f de televisión para
[escenas de] exteriores ‖ ~**kamera für Wärmebilder** /
cámara f TV termográfica ‖ ~**kanal** m / canal m de
televisión, videocanal m ‖ ~**kanalsignal** n / señal f de
un canal de televisión ‖ ~**[kanal]umsetzer** m /
convertidor m de frecuencias de TV ‖ ~**kassette** f /
videocassette f, videocasete f ‖ ~**kette** f, -brücke f /
cadena f televisiva o de TV ‖ ~**kino** n / telecine[ma] m
‖ ~**-Konferenz** f / conferencia f por televisión ‖
~**kopie** f (TV) / copia f de TV grabada ‖ ~**leitung** f /
línea f de televisión ‖ ~**leitungskette** f / cadena f [de
líneas] de televisión ‖ ~**leitungs-Schaltstelle** f / punto
m de conexión o conmutación de líneas TV ‖
~**leitungs-Verbindung** f / enlace m de líneas de TV ‖
~**-Mann** m / ingeniero m o técnico de TV, (esp.:) m
perito de TV ‖ ~**-Mikroskop** n (Opt) /
telemicroscopio m, microscopio m televisivo ‖
~**-Mikroskopie** f / telemicroscopia f, microscopia f
por TV (LA: ...microscopía) ‖ ~**netz** n / red f [de
emisoras] de televisión ‖ ~**norm** f / norma f de
televisión ‖ ~**normwandler** m / convertidor m de
normas de televisión ‖ ~**-Ortsleitung** f / línea f de TV
local ‖ ~**programm** n / programa m de televisión ‖
~**programm**, -kanal m / canal m de TV ‖ **gefilmtes**
~**programm** / registro m cinescópico ‖
~**programm-Schaltstelle** f / centro m de
conmutación de programas de TV ‖ ~**projektor** m /
proyector m TV de pantalla ancha, proyector m de
telecine ‖ ~**prüfgenerator** m, -testbildgenerator m /
generador m de mira de televisión, generador m de
imagen patrón ‖ ~**radar** m n / rádar m y TV,
telerradar m ‖ ~**reklamefilm** m / anuncio m
comercial [corto], cuña f publicitario de TV ‖
~**-[Relais]kette** f / cadena f de [estaciones de]
televisión, red f interurbana de TV ‖
~**-Reparaturtechniker** m / reparador m de
televisores ‖ ~**röhre** f, -empfangsröhre f / tubo m de
imagen, tubo m de TV, cinescopio m ‖ ~**rundfunk**
(amtlich), Fernsehen n / televisión f, videodifusión f ‖
deutscher ~**satellit**, TV-Sat m / TV-sat m (satélite TV
alemán) ‖ ~**satellit m für Direktempfang** (TV) /
satélite m TV para recepción en directo ‖ ~**schirm** m,
Bildschirm m / pantalla f cinescópica, pantalla f de TV
‖ ~**senden**, über Fernsehen senden / retransmitir por
TV, televisar ‖ ~**sender** m / estación f difusora o
emisora de televisión, emisor m de TV, transmisor m
de TV, tele[e]misora f ‖ ~**senderöhre** f (Eltronik) / tubo

m emisor de TV, iconoscopio *m* ‖ ≃**sendung** *f* / emisión *f* televisiva, difusión *f* de programas de televisión ‖ ≃**signal** *n* / señal *f* de televisión o de TV ‖ ≃**sonde** *f* (Raumf) / sonda *f* TV ‖ ≃**sprechverbindung** *f* (Fernm) / telefonía *f* TV ‖ ≃**station** *f* / estación *f* de televisión ‖ ≃**strecke** *f* / enlace *m* de televisión ‖ ≃**studio** *n* / telestudio *m*, estudio *m* de TV ‖ ≃**technik** *f* / técnica *f* de la televisión ‖ ≃**techniker** *m* / técnico *m* de TV ‖ ≃**-Teilnehmer** *m* / tele[e]spectador *m*, televidente *m*, abonado *m* a la televisión ‖ ≃**telefon** *n* / videoteléfono *m*, teléfono *m* de TV, videófono *m* ‖ ≃**testbild** *n* / mira *f* de televisión, imagen *f* patrón ‖ ≃**text** *m* / teletexto *m*, texto *m* televisado ‖ ≃**ton** *m* / sonido *m* de TV ‖ ≃**trägerfrequenz** *f* / frecuencia *f* portadora de TV ‖ ≃**truhe** *f* / receptor *m* de televisión tipo mueble o con mueble de consola ‖ ≃**tuner** *m* / sintonizador *m* de TV, bloque *m* de sintonía de televisor ‖ ≃**turm** *m* / torre *f* de televisión ‖ ≃**übertragung** *f* / retransmisión *f* TV, emisión *f* o transmisión televisiva o de o en televisión ‖ ≃**umsetzer** *m* / estación *f* de retransmisión o de reemisión televisiva, repetidor *m* de TV ‖ ≃**verstärker** *m* (Eltronik) / amplificador *m* de TV ‖ ≃**wagen** *m*, Ü-wagen *m* / vehículo *m* de TV ‖ ≃**wandler** *m* (Eltronik) / convertidor *m* o transductor internacional de televisión ‖ ≃**weiche** *f*, -brückenweiche *f* / diplexer *m* o diplexor de televisión ‖ ≃**zeit** *f* / hora *f* de televisión, tiempo *m* de TV ‖ ≃**-Zuschauer** *m*, -zuseher (Österr.) / teleespectador *m*, televidente *m*, espectador *m* de TV ‖ ≃**zuschauer** *pl*, -publikum *n* / público *m* televidente, teleespectadores *pl*

Fern•selbstwahl *f* (Fernm) / selección *f* automática interurbana o de larga distancia ‖ ≃**setzgerät** *n* (Druck) / máquina *f* telecomponedora o de telecomposición ‖ ≃**sicht** *f* (Foto) / perspectiva *f* ‖ ~**sichtig**, weitsichtig (Med, Opt) / présbita, hipermétrope ‖ ≃**spannungsregulator** *m* (Fernm) / regulador *m* de tensión a distancia ‖ ≃**speicher** *m* (Kraftwerk) / embalse *m* acumulador distante, presa *f* de acumulación distante

Fernsprech•... s.a. Fernmelde..., Telefon... ‖ ≃**abschlusskabel** *n* (Fernm) / cable *m* telefónico terminal, cable *m* terminal de teléfono ‖ ≃**amt**, Amt *n* (Fernm) / central *f* telefónica ‖ ≃**anlage** *f* / instalación *f* telefónica, equipo *m* telefónico ‖ ≃**ansagedienst** *m* / servicio *m* telefónico informativo, servicio *m* de anuncios telefónicos ‖ ≃**anschluss** *m* / comunicación *f* telefónica, enlace *m* telefónico ‖ ≃**anschluss**, -gerät *n* / aparato *m* telefónico del abonado, teléfono *m*, conexión *f* telefónica ‖ ≃**anschlusskabel** *n* / cable *m* telefónico del abonado, línea *f* de abonado ‖ ≃**apparat** *m*, -sprecher *m*, Telefon *n* / aparato *m* telefónico, teléfono *m* ‖ ≃**apparat für Selbstanschluss**, Selbstwählapparat *m* / teléfono *m* automático ‖ ≃**-Auftragsdienst** *m* (Fernm) / servicio *m* telefónico de encargos (E) o de secretaría (ARG) ‖ ≃**ausgangsstation** *f* / estación *m* emisora de teléfono, centro *m* transmisor ‖ ≃**auskunft** *f* / servicio *m* de información telefónica, servicio *m* de consulta ‖ ≃**automat** *m*, Münzfernsprecher *m* / teléfono *m* público automático [de monedas] ‖ **oberhalb, (unterhalb) des** ≃**bereichs** / encima, [debajo] de la frecuencia telefónica o vocal ‖ ≃**betrieb** *m* / servicio *m* telefónico, comunicación *f* telefónica, explotación *f* telefónica ‖ ≃**betrieb mit selbsttätiger Durchgangsvermittlung** / servicio *m* automático de tránsito, servicio *m* por doble oficina automática escalonado ‖ ≃**betrieb über Leitungen** / servicio *m* telefónico por hilo, telefonía *f* alámbrica ‖ ≃**buch** *n*, Telefonbuch *n* (coll.) (Fernm) / guía *f* telefónica, lista *f* de abonados al teléfono, listín *m* telefónico, directorio *m* o anuario telefónico ‖ ≃**dienst** *m* /

servicio *m* telefónico ‖ ≃**einrichtung** *f* / instalación *f* telefónica

fernsprechen / llamar o hablar por teléfono, telefonear, comunicar por teléfono ‖ ≃, Fernsprechwesen *n* / telefonía *f*

Fernsprechendstation *f* / estación *f* telefónica terminal o receptora

Fernsprecher, Fernsprechapparat *m* / teléfono *m*, aparato *m* telefónico

Fernsprech•formfaktor *m* **der Spannung**, -störfaktor *m* / factor *m* TIF ‖ ≃**formfaktor des Stromes** / factor *m* telefónico de forma de la corriente ‖ ≃**frequenz** *f* / frecuencia *f* telefónica ‖ ≃**gebühr** *f* / tarifa *f* o tasa telefónica ‖ ≃**hauszentrale** *f* / centralilla *f* telefónica ‖ ≃**instandhaltungstrupp** *m* / equipo *m* de mantenimiento de instalaciones telefónicas ‖ ≃**kabel** *n* / cable *m* telefónico ‖ ≃**kabine** *f*, -zelle *f*, -box *f* / cabina *f* o caseta o casilla telefónica, locutorio *m* telefónico ‖ ≃**kanal**, Sprechkanal *m* (Fernm) / canal *m* de voz o de banda vocal ‖ ≃**kondensator** *m* (ca 0.001 μF) / condensador *m* telefónico ‖ ≃**konferenz** *f* / audioconferencia *f* ‖ ≃**leitung** *f*, -linie *f* / línea *f* telefónica, circuito *m* telefónico ‖ ≃**messwesen** *n* / telefonometría *f* ‖ ≃**münze** *f* / ficha *f* (E) o chapita (LA) de teléfono ‖ ≃**nebenstelle** *f* / teléfono *m* supletorio *m* ‖ ≃**netz** *n* / red *f* telefónica ‖ ≃**schaltung** *f* / conexión *f* telefónica, circuito *m* telefónico **[elástica]** ‖ ≃**schnur** (Fernm) / cordón *m* telefónico elástico ‖ ≃**schrank** *m* / cuadro *m* de comunicaciones, cuadro *m* de operadora ‖ ≃**-Seekabel** *n* / cable *m* telefónico submarino o transoceánico ‖ ≃**stelle** *f*, Sprechstelle *f* / puesto *m* de teléfono, estación *f* telefónica, teléfono *m* público ‖ ≃**störfaktor** *m*, -formfaktor *m* der Spannung / factor *m* TIF (= telephone interference factor) ‖ ≃**technik** *f* / técnica *f* telefónica ‖ ≃**teilnehmer** *m* (Fernm) / abonado *m* al teléfono ‖ ≃**tischapparat** *m* / teléfono *m* de mesa ‖ ≃**übertragung** *f* / transmisión *f* telefónica o por teléfono ‖ ≃**-Ureichkreis** *m* (des CCIF) / sistema *m* patrón de referencia para la transmisión telefónica ‖ ≃**verbindung** *f* / comunicación *f* telefónica ‖ ≃**verkehr** *m* / servicio *m* telefónico, comunicación *f* telefónica, tráfico *m* telefónico, telefonía *f* interurbana ‖ ≃**vermittlung**, -zentrale *f* / central *f* telefónica ‖ ≃**verstärker** *m* / repetidor *m* telefónico ‖ ≃**wählamt** *n* (Fernm) / central *f* automática ‖ ≃**wesen**, Fernsprechen *n* / telefonía *f* ‖ **drahtloses** ≃**wesen** / telefonía *f* inalámbrica o sin hilo, radiotelefonía *f* ‖ ≃**zeitanschluss** *m* / conexión *f* telefónica provisional, teléfono *m* temporal ‖ ≃**zelle** *f*, -kabine *f* / cabina *f* telefónica o de teléfono, caseta *f* de teléfono, locutorio *m*, telefónico

Fern•spürmethode *f* (Mil) / teledetección *f* [aerospacial], telelocalización *f* ‖ ≃**stapelbetrieb** *m* (DV) / procesamiento *m* remoto por lotes ‖ ≃**stapeleingabe** *f*, RBE (DV) / entrada *f* remota por lotes ‖ ≃**stellen** *n* (Eltronik) / tele-ajuste *m*, telemanipulación *f*, maniobra *f* a distancia ‖ ≃**stellen**, Fernbetätigung *f* (Eltronik, Masch) / teledirección *f*, telegobierno *m*, control *m* remoto, mando *m* a distancia ‖ ≃**stellwerk** *n* (Bahn, Schweiz) / puesto *m* de mando centralizado ‖ ≃**steuer...**, Fernwirk... (Eltronik, Masch) / telemandato, telecontrolado, -accionado, -dirigido ‖ ≃**steuerfunkgerät** *n*, Funkfernsteuerung *f* (Modellflugzeug) / aparato *m* de teledirección por radio ‖ ≃**steuern** (Eltronik, Masch) / accionar a distancia, mandar a distancia, telemandar, teledirigir, telegobernar, radioguiar, teleguiar ‖ ≃**steuerstelle**, -leitstelle *f* / estación *f* de control central *f*

Fernsteuerung *f*, -steuern *n* / mando *m* a distancia *m*, telemando *m*, telecontrol *m*, teleaccionamiento *m* ‖ ≃, -lenkung *f* / dirección a distancia *f*, teledirección *f*, telegobierno *m*, telecontrol *m*, control *m* remoto, telemando *m* ‖ ≃, -messung *f* (Raumf) / telemedición *f*,

Fernsteuerung

medición f remota, telemedida f, telemetría f ‖ ≈ **des Verkehrs** (Bahn) / mando m central[izado] de la circulación de trenes ‖ ≈ **über Frequenzmultiplex** / telemando m por multiplex de frecuencia ‖ **mechanische** ≈ / telemando mécanico m ‖ **mit** ≈, -betätigung f / telemecánico adj
Fernsteuerungs•apparat, Telemotor m / telemotor m ‖ ≈**synchro** m n (Elektr) / sincro m de control ‖ ≈**system** n (Antenne) / rotor m de antena
Fernstpunkt m (Opt) / punto m más alejado
Fern•strecke f (Bahn) / línea f principal ‖ ≈**test** m / ensayo m a distancia ‖ ≈**thermometer** n (Phys) / termómetro m teleindicador ‖ ≈**transport** m / transporte m a gran distancia ‖ ≈**triebwagen** m (Bahn) / automotor m de gran recorrido ‖ ≈**übermittlung** f **von Informationen** (DV) / teletransmisión f de informaciónes ‖ ≈**übertragung** f (DV) / transmisión f a distancia, teletransmisión f ‖ ≈**übertragung von Messwerten** (Regeln) / telemetría f ‖ ≈**übertragungseinheit** f (DV) / unidad f de teletransmisión ‖ ~**überwacht** (Elektr) / televigilado, inatendido ‖ ≈**überwachung** f / televigilancia f, control m a distancia, telecomprobación f ‖ ≈**überwachung** (Bahn) / comprobación f a distancia ‖ ≈**überwachung** (Fernm) / telecontrol m ‖ ≈**überwachung des Untertagebetriebs** (Bergb) / control m central de la mina ‖ ≈**unterricht** m / teleenseñanza f ‖ ~**verarbeiten** vt (DV) / teleprocesar ‖ ≈**verarbeitung** f (DV) / teleprocesamiento m ‖ ≈**verbindung** f (Fernm) / comunicación f interurbana ‖ ≈**verbindung** (Bahn) / relación f de gran recorrido ‖ ≈**verbindungen** f pl (Fahrplan) / relaciones f pl interregionales ‖ ≈**verbindungsaufbau** m (Fernm) / conferencia f de larga distancia ‖ ≈**verkehr** m (allg) / tráfico m a gran distancia ‖ ≈**verkehr** (Güter) / transporte m interurbano ‖ ≈**verkehr** (Personen) / transportes mpl a distancia ‖ ≈**verkehr** (Fernm) / tráfico m a gran distancia, servicio m interurbano, servicio m entre redes vecinas ‖ ≈**[verkehrs]gespräch** n (Fernm) / conferencia f interurbana ‖ ≈**verkehrsnetz** n (Fernm) / red f interurbana ‖ ≈**verkehrsstraße**, Bundesstraße f / carretera f principal, nacional f (E) ‖ ≈**vermittlung** f (Fernm) / central f telefónica interurbana ‖ ≈**vermittlungsleitung** f (Fernm) / línea f interurbana ‖ ≈**versorgung** f (Energie) / alimentación f interurbana, abastecimiento m a distancia ‖ ≈**versorgung** (Elektr) / red f interurbana ‖ ≈**voltmeter** n (Elektr) / televoltímetro m ‖ ≈**wahl** f (Fernm) / selección f interurbana automática, telediscado m ‖ ≈**wahlnetz** n (Fernm) / red f telefónica interurbana automática ‖ ≈**wählsystem** n / [sistema de] telediscado m ‖ ≈**wärme** f (Heizung) / calor m a distancia, calor m para calefacción, telecalor m ‖ ≈**wartung** f (Masch) / telemantenimiento m ‖ ≈**wasserleitung** f / acueducto m subterráneo ‖ ≈**welle** f (Hydr) / ola f externa ‖ ≈**wirkanlage** f / instalación f de teleaccionamiento ‖ [**mechanische**] ≈**wirkanlage** / instalación f telemecánica ‖ ≈**wirkkanal**, Steuerkanal m (Raumf) / canal m de telemando ‖ ≈**wirk-Konfiguration** f (Eltronik) / configuración f de telecontrol ‖ ≈**wirktechnik** f / técnica f de telecontrol, telecontrol m, teletécnica f ‖ ≈**wirkung** f / acción f a distancia ‖ **galvanische** ≈**wirkung** / protección f a distancia (zinc) ‖ ≈**zählen** n / telecontado m ‖ ≈**zähler** m, -zählwerk n / telecontador m, totalizador m de telecómputo ‖ ≈**zähler** (für Mengen) / totalizador m a distancia ‖ ≈**ziel** n / objetivo m a lo largo, objetivo m lejano ‖ ≈**zone** f, Fernfeld n (Geol) / zona f distante, campo m lejano ‖ ≈**zone** (Nukl) / zona f a larga distancia ‖ ≈**zug** m (Bahn) / tren m de grandes líneas ‖ ≈**zugwagen** m (Bahn) / coche m de largos recorridos
Ferraktor m (Eltronik) / ferractor m

Ferranti•effekt m (Elektr) / efecto m de Ferranti ‖ ≈**motor**, Pulsationsmotor m / motor m de Ferranti
Ferraris•instrument, Drehfeldinstrument n (Elektr) / instrumento m o aparato de campo giratorio, instrumento m [de] Ferraris ‖ ≈**-Tachogenerator** m / generador m tacométrico con metal no magnético
Ferrat n (Chem) / ferrato m
Ferri•..., Eisen(III)-... / férrico ‖ ≈**chlorid** n, Eisen(III)-chlorid n / cloruro m férrico ‖ ≈**cyanid**, Eisen(III)-cyanid n / ferricianuro m ‖ ≈**cyankalium** n / ferricianuro m de potasio ‖ ≈**ferrocyanid** n / ferricianuro m férrico ‖ ≈**magnet** m (Phys) / ferrimagneto m ‖ ≈**magnetismus** m / ferrimagnetismo m ‖ ≈**molybdit** m (Min) / ferrimolibdita f ‖ ≈**rhodanid**, Ferrithiocyanat, Eisenrhodanid n (Chem) / tiocianato férrico m ‖ ≈**salz**, Eisen(III)-salz n / sal f férrica ‖ ≈**sulfat** n / sulfato m férrico
Ferrit n (Chem) / ferrita f ‖ ≈ m (Met) / ferrita f ‖ ≈**antenne** f (Eltronik) / antena f [con barra] de ferrita, antena f magnética ‖ ≈**dreher** m (Wellenleiter) / rotador m de ferrita ‖ ≈**gelb** n / amarillo m de ferrita
Ferritin n (eisenhaltiges Protein) (Biochem) / ferritina f
ferritisch / ferrítico ‖ ~ **geglühtes Gusseisen** (Hütt) / hierro m recocido ferrítico ‖ ~**er Stahl** / acero m ferrítico ‖ ~**er Stahlguss** (Erzeugnis) / pieza f de acero de fundición ferrítica
Ferrit•kern m (DV) / núcleo m de ferrrita ‖ ≈**kernspeicher** m (DV) / memoria f de [núcleos de] ferrita ‖ ≈**-Lochplatte** f (DV) / placa f de ferrita con agujeros ‖ ≈**perle** f (Hütt) / perla f de ferrita ‖ ≈**-Richtungsisolator** m, -Richtungsleitung f (Wellenleiter) / desacoplador m o separador de ferrita ‖ ≈**rohrkern** m, -rohr n (Elektr) / tubo m de ferrita ‖ ≈**stab** m (Hütt) / barra f o varilla m de ferrita, bastón m de ferrita ‖ ≈**stabantenne** f / antena f con barra de ferrita
Ferro•..., Eisen(II)-... (Chem) / ferroso ‖ ≈**aluminium** n (Hütt) / ferroaluminio m ‖ ≈**bor** n (Chem) / ferroboro m ‖ ≈**cen** n / ferroceno m ‖ ≈**chlorid** n, Eisen-II-chlorid n / cloruro m ferroso ‖ ≈**chrom** n (Hütt) / ferrocromo m ‖ ≈**chrom-Silizium** n (Hütt) / ferrocromo m silicio ‖ ≈**cyanid** n (Chem) / ferrocianuro m, cianuro m ferroso ‖ ≈**cyankalium** n / ferrocianuro m potásico, prusiato m de potasa ‖ ≈**cyankaliumschwarz**, Dampfanilinschwarz n (Färb) / negro m de ferrocianuro potásico ‖ ≈**cyankupfer**, Kupferferrocyanid n (Chem) / ferrocianuro m cúprico ‖ ≈**cyanwasserstoffsäure**, Cyanoeisen(II)-säure f / ácido m ferrocianhídrico ‖ ~**dynamisch** (Elektr) / ferrodinámico ‖ ≈**elektrikum** n / ferroeléctrico m ‖ ~**elektrisch** / ferroeléctrico adj ‖ ~**elektrische Schicht** (Hütt) / capa f ferroeléctrica ‖ ~**elektrischer Wandler** (Wärme in Elektrizität) / transformador m ferroeléctrico ‖ ~**elektrische Flüssigkristallanzeige** / FLCD m (= Ferroelectric Liquid Crystal Display) ‖ ≈**-Elektrizität**, Seignette-Elektrizität f / ferroelectricidad f ‖ ≈**ferri...** (Chem) / ferroso-férrico ‖ ≈**ferricyanid**, Turnbulls Blau n / azul m de turnbulls, cianuro m ferroso-férrico ‖ ≈**fluid** n (magnetische Flüssigkeit) / ferrofluido m ‖ ~**hydrodynamisch** / ferrohidrodinámico ‖ ≈**karbidstein** m (Hütt) / piedra f de ferrocarburo ‖ ≈**koks** m (Hütt) / ferrocoque m ‖ ≈**legierung** f (Hütt) / ferroaleación f, aleación f ferrosa ‖ ≈**legierungsofen** m / horno m para aleación ferrosa
Ferrolsche Multiplikation f (Math) / multiplicación f de Ferrol
Ferro•magnet m (Phys) / ferromagneto m ‖ ≈**magnetikum** n / ferromagnético m ‖ ~**magnetisch** / ferromagnético adj ‖ ≈**magnetismus** m / ferromagnetismo m ‖ ≈**mangan** m (Chem, Hütt) / ferromanganeso m ‖ ≈**mangan-Silizium** n / ferromanganeso silicio m ‖ ≈**meter** n (für

Elektroblech-Messung) (Hütt) / ferrómetro *m* ‖
⁓**molybdän** *n* (Chem, Hütt) / ferromolibdeno *m* ‖
⁓**nickel** *n* / ferroníquel *m* ‖ ⁓**niob** *n* (Chem) /
ferroniobio *m* ‖ ⁓**phosphat** *n* / fosfato *m* ferroso ‖
⁓**phosphor** *m* (Hütt) / ferrofósforo *m* ‖ ⁓**prussiat** *n*
(Chem) / ferroprus[s]iato *m* ‖ ⁓**receptor** *m* (Antenne,
Eltronik) / ferroreceptor *m*, ferrorreceptor *m* ‖
~**resonant** (Eltronik) / ferroresonante,
ferrorresonante ‖ ⁓**resonanz** *f* / ferroresonancia *f*,
ferrorresonancia *f* ‖ ⁓**silizium**, Fesi *n* (Chem, Hütt) /
ferrosilicio *m* ‖ ⁓**sulfat** *n*, Eisen(II)-sulfat *n* (Chem) /
sulfato *m* de hierro hidratado, sulfato *m* ferroso ‖
⁓**titan** *n* (Hütt) / ferrotitanio *m* ‖ ⁓**typie** *f* (Foto) /
ferrotipia *f* ‖ ⁓**vanadium** *n* (Hütt) / ferrovanadio *m* ‖
⁓**wolfram** *n* / ferrotungsteno *m*
Ferroxcube *n* (Eltronik) / ferroxcubo *m*
Ferroxylindikator *m* (Chem) / indicador *m* de ferroxilo
Ferro•zement *m* (Bau) / ferrocemento *m* ‖ ⁓**zirkon** *n*
(Hütt) / ferrocirconio *m*
Ferse *f* / talón *m*
Fersen•einlage *f* (Schuh) / plantilla *f* de tacón ‖
⁓**zwicken** *n* (Schuh) / montar *m* traseras
fertig, vollendet / terminado, acabado, hecho, concluido
‖ ~ **bearbeiten** / terminar, acabar, mecanizar en
acabado ‖ ~ **einmontiert** / completamente montado ‖
~**er Fußboden** (Bau) / piso *m* acabado ‖ ~ **gemacht**,
voreingestellt (Instr) / preajustado (acelerómetro) ‖ ~
gemischt (o. angesetzt) / mezclado en fábrica ‖ ~
kochen *vt* (Chem, Nahr) / terminar la cocción ‖ ~
legiertes Pulver (Sintern) / polvo *m* aleado
completamente ‖ ~ **machen**, vollenden / acabar,
terminar, perfeccionar ‖ ~ **machen**, beenden /
terminar, llevar a cabo ‖ ~ **stellen**, -machen /
terminar, acabar, completar ‖ **die Gussform** ~
machen / preparar el molde ‖ ⁓**...**, **End**... / final ‖ ⁓**...**,
vorfabriziert / prefabricado
Fertig•anstrich *m* (Anstrich) / última *f* mano de pintura,
pintura *f* de acabado ‖ ⁓**bau** *m*, Montage *f* (Masch) /
montaje *m* [final] ‖ ⁓**bau**, Fertigbauweise *f* (Bau) /
construcción *f* en piezas prefabricadas ‖ ⁓**bau**... (Bau)
/ prefabricado ‖ ⁓**bau** *m* **in Großelementen**,
Fertigbauweise *f* in Großelementen, Systembau *m*
(Bau) / construcción *f* en unidades de montaje ‖
~**bauen** / acabar la construcción, terminar la
construcción ‖ ⁓**bauhalle**, Montagehalle *f* / nave *f* de
montaje, taller *m* de montaje ‖ ⁓**bauteil** *m n*,
Fertigbauelement *m* (Bau) / elemento *m* prefabricado
‖ ⁓**bearbeiten** (Wzm) / terminar, acabar, mecanizar en
acabado ‖ ⁓**bearbeitung** *f* / acabado *m*, terminado *m*
‖ ⁓**behandlung** *f* (Tex) / procedimiento *m* de acabado
‖ ⁓**beton** *m* (Bau) / hormigón *m* prefabricado ‖
⁓**betonstein** *m* / piedra *f* prefabricada de hormigón ‖
⁓**betonwerk** *n* / planta *f* de hormigón prefabricado ‖
~**blasen** (Konverter) / acabar de soplar ‖ ~**bohren** /
acabar al taladro ‖ ⁓**breite** *f* / anchura *f* del artículo
acabado ‖ ⁓**bütte** *f* (Pap) / caja *f* de pasta acabada ‖
⁓**dichte** *f* (Sintern) / densidad *f* final ‖ ~**drehen** /
acabar al torno ‖ ⁓**drehen** *n* / acabado *m* de una pieza
[en el torno], torneado *m* de acabado ‖
⁓**drehmaschine** *f* (Wzm) / torno *m* de acabar ‖
⁓**element** *n* (Bau) / unidad *f* prefabricada
fertigen *vt* / fabricar, manufacturar, producir,
confeccionar, trabajar
Fertiger *m* (Straßb) / acabadora *f*
Fertig•erzeugnis *n* / producto *m* manufacturado, objeto
m manufacturado, producto *m* acabado, producto
elaborado o terminado ‖ ⁓**format** *n* / formato *m*
definitivo, dimensiones *fpl* definitivas ‖ ⁓**formteil** *n*
(Sintern) / cuerpo *m* moldeado acabado ‖ ⁓**fräsen** *vt* /
fresar de acabado ‖ ⁓**gemisch** *n* (Aufb, Chem) / mezcla
f preparada ‖ ⁓**gerben** *n* (Leder) / curtición *f* de
acabado ‖ ⁓**gericht** *n* (Nahr) / comida *f* prefabricada ‖
⁓**gerichte** *n pl* / platos *mpl* precocinados ‖ ⁓**gerüst** *n*
(Walzw) / caja *f* acabadora ‖ ⁓**gesenk** *n* (Schm) /

estampa *f* calibradora, matriz *f* acabadora ‖
⁓**gespinst** *n*, Feingarn *n* (Tex) / hilado *m*, hilo *m* ‖
⁓**gewindebohrer** *m* (Masch) / macho *m* terminador ‖
⁓**glühen** *n* (Hütt) / recocido *m* final ‖ ⁓**guss** *m*,
Feinguss *m* (Gieß) / fundición *f* terminada ‖ ⁓**gut** *n*
(Bergb, Brecher) / material *m* quebrado ‖ ⁓**gut** (Glas) /
vidrio *m* hueco acabado ‖ ⁓**haus** *n* (Bau) / casa *f*
prefabricada ‖ ⁓**industrie** *f* / industria *f* de productos
acabados ‖ ⁓**kalander** *m* (Pap) / calandra *f* de acabado
‖ ⁓**kaliber** *n* (Walzw) / canal *m* de calibre final
Fertigkeit, Geschicklichkeit *f* / técnica *f*, arte *m f*,
habilidad *f*, destreza *f*, rutina *f*
Fertig•keller *m* (Bau) / sótano *m* de elementos
prefabricados ‖ ⁓**kleidung** *f*, Konfektion *f* (Tex) /
confección *f* ‖ ⁓**kontrolle** *f* / control *m* de acabado ‖
⁓**lager** *n* / almacén *m* de acabados ‖ ⁓**länge** *f* (Walzw) /
longitud *f* final, longitud *f* de acabado ‖ ⁓**läppen** *vt*
(Masch) / lapear completamente ‖ ~**legiert** (Hütt) /
aleado completamente ‖ ⁓**machen** *n* / acabado *m*,
terminación *f* ‖ ⁓**machen**, letzte Arbeit / toque *m*
final ‖ ⁓**machen der Buchdeckel** (Druck) /
encuadernación *f* después la costura ‖ ⁓**macher** *m*
(Druck) / ajustador *m* ‖ ⁓**macher** (Streckwerk) /
acabador *m* ‖ ⁓**macherei** *f* (Bb) / aplicación *f* de las
tapas ‖ ⁓**malz** *n* (Brau) / malta *f* preparada ‖ ⁓**maß** *n* /
dimensión *f* final ‖ ⁓**maße** *n pl* / cotas de acabado *fpl*
‖ ⁓**montage** *f* / montaje *m* final ‖ ⁓**pfahl** *m* (Bau) /
estaca *f* prefabricada ‖ ~**polieren** *vt*, glänzen (Galv) /
...dar brillo, ...dar lustro [a] ‖ ⁓**polieren** *n* / pulimiento
m de acabado ‖ ~**pressen** *vt* / acabar en la prensa ‖
⁓**produkt** *n*, -erzeugnis *n* / producto *m* acabado o
manufacturado o elaborado, material *m* acabado,
manufactura *f*, material *m* manufacturado ‖
⁓**produkt** (Bergb) / producto *m* final, concentrado *m* ‖
⁓**putz** *m* (Bau) / revoque *m* final ‖ ⁓**putz**, Siloputz *m* /
revoque *m* disponible en silo[s] ‖ ⁓**putzen** *n*, Ab-,
Entgraten *n* (Gieß) / acabado *m*, rebarbado *m* ‖
⁓**putzplatte** *f* (Bau) / placa *f* prefabricada con revoque
final ‖ ⁓**reibahle** *f* (Wz) / escariador *m* acabador o de
acabado ‖ ⁓**sand** *m* (Gieß) / arena elaborada *DGf* ‖
⁓**schacht** *n* (Abwasser) / pozo *m* de visita prefabricado
‖ ⁓**schlacke** *f* (Hütt) / escoria *f* final ‖ ~**schleifen** *vt*
(Masch) / acabar de rectificar, acabar con la muela ‖
⁓**schleifen** *n*, -schliff *m* / rectificado *m* de acabado,
rectificado *m* de terminación, acabado *m* con la
muela ‖ ⁓**schlichten** *n* (Wzm) / acabado *m* final ‖
⁓**schmieden** *n* / acabado *m* de forjado ‖ ⁓**schneider**
m (Gewinde, Wz) / macho *m* acabador, diente *m* de
acabado ‖ ⁓**sintern** *n*, -sinterung *f* / sinterización *f*
final ‖ ~**spinnen**, feinspinnen (Tex) / hilar en fino ‖
⁓**spinnmaschine** *f* / hiladora *f* en fino ‖ ⁓**staffel** *f*
(Walzw) / escalón *m* de acabado ‖ ⁓**stapel** *m* (Walzw) /
pila *f* de láminas acabadas ‖ ⁓**stauchen** *n* (Masch) /
recalcado *m* de acabado ‖ ⁓**stellung** *f*, Fertigstellen *n*
/ terminación *f*, acabado *m* ‖ ⁓**stellung** *f* ‖ ⁓**stellung
des Revolverkopfes** (Wzm) / posicionamiento *m* final ‖
⁓**stellung einer Zeichnung** / ejecución *f* de un dibujo
‖ **vereinbarter** ⁓**stellungstermin** / plazo *m* para la
terminación ‖ ⁓**stich** *n* (Hütt) / pasada *f* final ‖
⁓**straße** *f*, -strecke *f* (Walzw) / tren *m* acabador, tren *m*
de acabado o de terminación ‖ ⁓**teil** *n* (Netzplan) /
pieza *f* acabada ‖ ⁓**teilbauweise** *f* (Bau) / montaje *m* de
piezas prefabricadas ‖ ⁓**teile** *n pl*, vorgefertigte Teile
npl / piezas *fpl* prefabricadas ‖ ⁓**teilschlüssel** *m*
(Netzplan) / código *m* de piezas acabadas ‖ ⁓**teilwerk** *n*
(Bau) / planta *f* de prefabricados ‖ ⁓**trocknen** *n* /
secado *m* definitivo
Fertigung, Fabrikation *f* / fabricación *f*, elaboración *f* ‖ ⁓
f, Produktion *f* / producción *f* ‖ **in** ⁓ **befindlich** / ...en
producción
Fertigungs•..., produktiv (Arbeiter) / productivo ‖ ⁓**...**
(Industrie) / manufacturero ‖ ⁓**ablauf** *m* (F.Org) /
proceso *m* de fabricación o de producción ‖
⁓**ablaufdiagramm** *n* / diagrama *m* de flujo ‖

Fertigungsablaufstudie

⁓**ablaufstudie** f (F.Org) / estudio m de producción ‖
⁓**abteilung** f / departamento m de fabricación ‖
⁓**anlage** f, [Fertigungs]werk n (F.Org) / fábrica f ‖
⁓**anlauf** m / comienzo m de la producción ‖ **den ⁓anlauf anhalten** (F.Org) / parar el comienzo de la producción ‖ ⁓**ausschuss** m / desecho m ‖
⁓**ausschuss** (Pap) / costeros m pl, papel m averiado ‖
⁓**bedarf** m (F.Org) / demanda f de fabricación ‖
~**bedingt** / condicionado por la fabricación ‖
⁓**beginn** m, Fertigungsfreigabe f (F.Org) / comienzo m de fabricación ‖ ⁓**dauer** f, -zeit f / tiempo m de fabricación ‖ ⁓**diagramm** n / diagrama m de fabricación ‖ ⁓**einbruch** m (F.Org) / paralización f de fabricación ‖ ⁓**einheit** f (F.Org) / unidad f de fabricación o de producción ‖ ⁓**einrichtung** f / instalación f de fabricación ‖ ⁓**fehler** f / error m de fabricación, defecto m de fabricación ‖ ⁓**fluss** m / flujo m de producción ‖ ⁓**freigabe** f, Fertigungsbeginn m (F.Org) / distribución f de las órdenes de trabajo ‖ ⁓**genauigkeit** f (Masch) / precisión f de fabricación ‖ ⁓**güte** f / calidad f de fabricación ‖ ⁓**ingenieur** m / ingeniero m de fabricación ‖ ⁓**insel** f (Wzm) / isla f de máquinas-herramientas ‖ ⁓**kette** f / cadena f de producción ‖ ⁓**kontrolle** f, -überwachung f / control m de fabricación ‖ ⁓**kosten** pl / costes mpl de fabricación o de producción, costos mpl de fabricación o de producción ‖ ⁓**länge** f / longitud f de fabricación ‖ ⁓**leiter** m, Produktionsleiter m / jefe m de fabricación ‖ ⁓**linie** f / línea f de fabricación ‖ ⁓**lohn** m, produktiver Lohn (F.Org) / salario m de fabricación ‖ ⁓**löhne** m pl (F.Org) / salarios mpl de la fabricación ‖ ⁓**lohn-Ermittlung** f / direct costing m, cálento m de costos directos ‖ ⁓**los** n / lote m de producción ‖
⁓**maß** n (Masch) / medida f nominal de fabricación con diferencias admisibles ‖ ⁓**material** n (F.Org) / material m directo ‖ ⁓**mechaniker** m / mecánico m de fabricación ‖ ⁓**messtechnik** f / metrología f industrial ‖ ⁓**organisation**, -vorbereitung f in weitem Sinne / organización f de la fabricación ‖ ⁓**organisator** m / ingeniero m industrial o de métodos ‖ ⁓**periode** f (Masch) / período m de fabricación ‖ ⁓**personal** n, Werkstattarbeiter m pl / personal m de fabricación, obreros de taller, m.pl. ‖ ⁓**phase** f (F.Org, PERT) / fase f de operación ‖ ⁓**planer** m (F.Org) / planificador m de fabricación ‖ ⁓**planung** f / planificación f de fabricación ‖ ⁓**programm** n / programa m de fabricación ‖ ⁓**prüfung** f / verificación f de fabricación ‖ ⁓**qualität** f / calidad f de fabricación ‖
⁓**reife** f (Neuentwicklung) / estado m de fabricación ‖
~**reifes Modell**, Serienmodell n / modelo m de producción ‖ ⁓**reihe** f (F.Org) / cadena f de producción ‖ ⁓**-Schaubild** n (F.Org) / esquema m de operaciones ‖ ⁓**sortiment** n / surtido m de fabricación ‖
⁓**spannweite** f / gama f de producción ‖ ⁓**spule** f (Draht) / bobina f de fabricación ‖ ⁓**stätte** f, -betrieb m / fábrica f ‖ ⁓**steuerung** f, Arbeitsvorbereitung f / control m de la fabricación, mando m de la fabricación ‖ ⁓**straße** f / tren m de fabricación, cadena f [automatizada] de producción continua ‖
⁓**streubereich** m, -streuungen f pl / margen m de desviación de fabricación ‖ ⁓**stufe** f, -schritt m / etapa f de fabricación ‖ ⁓**technik** f / técnica f de producción o de fabricación, práctica f de fabricación ‖ ⁓**teile** mpl / piezas f pl de fabricación ‖ ⁓**tiefe** f (Anteil in % an Zulieferfirmen) / porcentaje m de casas suministradoras (en la fabricación) ‖ ⁓**toleranz** f / tolerancia f de fabricación ‖ ⁓**überwachung** f (F.Org) / verificación f de fabricación ‖ ⁓**unterlagen** f pl / documentación f de fabricación ‖ ⁓**verfahren** n / método m de fabricación, procedimiento m de fabricación, operación f de elaboración ‖
⁓**vorbereiter**, Planer m (F.Org) / ingeniero m de procesos ‖ ⁓**vorbereitung** f / preparación f de fabricación ‖ ⁓**vorbereitung** (in weitem Sinne), -organisation f / organización f de la fabricación ‖
⁓**zeichnung** f (Masch) / dibujo m de fabricación, plano m de fabricación ‖ ⁓**zeichnung**, Werkstattzeichnung f / dibujo m de taller ‖ ⁓**zeit**, -dauer f / tiempo m de fabricación ‖ ⁓**zelle** f (Wzm) / célula f de máquinas-herramientas, célula f de mecanización
Fertig•walze f (Walzw) / cilindro m terminador o acabador ‖ ~**walzen** vt / acabar de laminar ‖ ⁓**walzen** n / laminación f acabadora ‖ ⁓**walzung**, -walze f / paso m final ‖ ⁓**walzwerk** n / tren m laminador acabador o de acabado ‖ ⁓**waren** f pl / productos mpl manufacturados, productos mpl acabados ‖
⁓**[waren]bestand** m / stock m de acabados ‖ ⁓**ziehen** n (Stanz) / estirado m final ‖ ⁓**zug** m (Drahtziehen) / paso m de acabado
fertil, fruchtbar (Biol, Landw) / fértil
Féry-Spektrograph m (Phys) / espectrógrafo m de Féry
Fessel•ballon m / globo m cautivo ‖ ⁓**ballonsonde** f (Meteo) / globo m sonda meteorológico
fesseln, Kreisel ~ (Luftf) / bloquear giroscopios
fest, dauerhaft, haltbar, stark / sólido, resistente, estable, irrompible ‖ ~, befestigt, verstärkt / fijo, reforzado, compacto ‖ ~, im festen Aggregatzustand (Phys) / sólido ‖ ~ [gegen], beständig / resistente [a] ‖ ~ (Ggs: auswechselbar) / fijo ‖ ~ (Steuerknüppel) / fijo ‖ ~, befestigt / fijado ‖ ~, feststehend, stationär / fijo, estacionario ‖ ~, für Dauer / permanente, resistente ‖ ~, dicht (Struktur) / denso ‖ ~ (Gestein) / compacto, duro ‖ ~ (Bau) / sólido ‖ ~, echt, dauerhaft (Farbe) / duradero, sólido, inalterable ‖ ~, kompakt / compacto, macizo ‖ ~, hart, nicht weich / duro, compacto ‖ ~, konsistent (Chem) / consistente ‖ ~ (Knoten) / fijo (nudo) ‖ ~, dicht (Web) / denso, tupido ‖ ~ [gepackt] / compacto y empaquetado densamente ‖ ~, ausdrücklich / firme ‖ ~**er Achsstand** (Bahn) / base f rígida ‖ ~**er Aggregatzustand** (Phys) / estado m sólido ‖ ~**e Anbringung** / montaje m rígido ‖ ~ **angebracht** (Elektr) / fijado ‖ ~ **ankuppeln** / acoplar rígidamente ‖ ~**er Anschlag** / tope m fijo ‖ ~**e Antenne** / antena f estacionaria ‖ ~**e Auflage** (Dreh) / soporte m fijo ‖ ~**e Auflage** (mitgehend) (Dreh) / apoyo m deslizante ‖ ~**es Auflager** / apoyo m fijo ‖ ~**e Aufspannplatte** (Gieß) / placa f de fijación estacionaria ‖ ~ **begrenzt** / definido ‖ ~**er Bezugspflock**, -punkt m (Verm) / piquete m de referencia ‖ ~**er Boden** (Bau) / tierra f firme ‖ ~**er Brennstoff** (Raumf) / combustible m sólido ‖ ~**e Einspannung** (Mech) / fijación f rígida, empotramiento m ‖ ~**e elektrische Verbindung** / conexión f eléctrica ‖ ~**er od. nichtflüssiger Elektrolyt** / electrólito m sólido ‖ ~**e Felge** (Kfz) / llanta f fija ‖ ~**es Fenster** (Bahn) / ventana f fija ‖ ~**er Flugfernmeldedienst** / servicio m aeronáutico fijo ‖ ~**er Funkdienst** / servicio m de radiocomunicación fijo ‖ ~ **gebaut** / firme ‖ ~**es Gebirge**, Fels m (Geol) / roca f compacta, terreno m consistente ‖ ~ **gebunden** (Chem) / en estado de combinación ‖ ~ **gedreht** (Garn) / fuertemente torcido, con torsión fuerte ‖ ~ **gekoppelt** (Weichenzungen) / de maniobra conjugada ‖ ~ **gepackt**, fest [gepackt] / empaquetado densamente ‖ ~**e Glucose**, Stärkezucker m (Chem) / azúcar m de fécula ‖ ~**er Griff** (Tex) / tacto m compacto ‖ ~**es Komma** (DV) / coma f fija ‖ ~**er Kontakt** (Kfz) / contacto m fijo ‖ ~**er Körper** (Phys) / sólido m ‖ ~**e Kosten** pl (F.Org) / costos m pl fijos, costess mpl fijos ‖ ~ **kuppeln** vt (Bahn) / acoplar rígidamente ‖ ~**e Kupplung** / acoplamiento m fijo ‖ ~**e Lage**, Sitz m (Masch) / posición f estable ‖ ~**es Land** (Geo) / tierra f firme ‖ ~**e Länge** (Hütt) / longgitud f exacta ‖ ~**e Lösung** (Chem) / solución f sólida ‖ ~**e Maschinenzeit** (F.Org) / tiempo m de máquina controlado ‖ ~**er Name** (DV) / identificador m reservado ‖ ~**e Passung**, Fetspassung f (Masch) / ajuste m fijo, ajuste m

Festkörper-Bildwandler

apretado ‖ **~e Phase** (Gieß, Phys) / fase *f* sólida ‖ **~es Programm** (DV, Fernm) / programa *m* por conexionado ‖ **~e Riemenscheibe** (Masch) / polea *f* fija ‖ **~er Schaum**, Aerogel *n* (Chem) / aerogel *m* ‖ **~e Schwindung** (Gieß) / contracción *f* sólida ‖ **~es Sieb** (Aufb) / criba *f* fija ‖ **~e Spitze** (Wzm) / punta *f* fija ‖ **~er Stoff** (Chem) / sólido *m* ‖ **~er Stoß** (Bahn) / junta *f* apoyada ‖ **~er Termin o. Zeitpunkt** / plazo *m* límite ‖ **~e Übersetzung** (Getriebe) / razón *f* fija ‖ **~e Verlegung** / instalación *f* permanente ‖ **~e Verpackung** / embalaje *m* rígido ‖ **~es Werkzeug** (Schm) / útil *m* fijo ‖ **~e Zeileneinstellung** (Drucker, DV) / escritura *f* de transferidora a renglón fijo ‖ **~ zugeordnet** / de atribución fija ‖ **~ zusammengedrängt**, dicht / denso ‖ **~ zusammenhängend** / cohesivo ‖ **in ~er Form** / sólido
Fest•antenne *f* (Luftf) / antena *f* fija ‖ **~armig** (Opt) / de brazo fijo ‖ **~backen** *vi*, anhaften / adherir[se], quedar pegado ‖ **⁓beton** *m* (Bau) / hormigón *m* consistente ‖ **⁓bett** *n* (Chem) / lecho *m* estacionario o fijo ‖ **⁓bett-Ionenaustauscher** *m* / permutador *m* de iones de lecho fijo ‖ **⁓bettprozess** *m* (Öl) / proceso *m* de lecho fijo ‖ **~binden** *vt*, anbinden / zunchar, amarrar, atar, sujetar, anudar ‖ **⁓blattwebmaschine** *f* (Tex) / telar *m* de peine fijo ‖ **⁓boden** *m* (Landw) / suelo *m* compacto ‖ **⁓bremsmoment** *n* (Elektr) / par *m* límite o máximo, momento *m* torsor de parada ‖ **~brennen** *vi* / griparse, agarrotarse debido al calor ‖ **⁓brennen** *n* **auf den Führungen** (Walzen) / agarrotamiento *m* debido al calor ‖ **⁓dachtank** *m* (Bahn) / tanque *m* con techo fijo ‖ **⁓drehen** *n* **von Garn** (Spinn) / torsión *f* fuerte de hilo
Feste *f* (Bergb) / pilar *m*
Festecho, Dauerecho *n* (Radar) / eco *m* fijo o estacionario, eco *m* permanente
Festenbau *m* (Bergb) / explotación *f* por pilares
fest•fahren *vi*, stecken bleiben (Kfz, Masch) / atascarse, pararse, calarse ‖ **~fahren** (Schiff) / tocar fondo ‖ **⁓fenster** *n* **für Schiffe** / portilla *f* fija ‖ **~-fest** (Chem) / sólido-sólido ‖ **⁓feuer** *n* (Schiff) / luz *f* fija ‖ **⁓feuer mit periodisch veränderlicher Lichterscheinung** (Luftf) / faro *m* undulatorio ‖ **~-flüssig** (Chem) / sólido-líquido ‖ **~-Flüssig-Extraktion** *f* (Chem) / extracción *f* sólido-líquida ‖ **⁓-Flüssig-Trennfläche**, Erstarrungsfront *f* (Hütt) / fase *f* límite sólido-líquida ‖ **⁓frequenz** *f* (Eltronik) / frecuencia *f* fija ‖ **sich ~fressen** / agarrotarse, incrustarse, griparse, atascarse, adherirse fuertemente ‖ **⁓fressen**, Blockieren *n* (Masch) / mordedura *f*, gripaje *m*, agarrotamiento *m* ‖ **~gebremster Läufer** (Elektr) / rotor *m* bloqueado, rotor *m* enclavado o calado ‖ **~gefahren** (Kfz, Masch) / bloqueado, calado ‖ **~gefressen** (Lager) / agarrotado, agarrado, atascado, encallado, gripado (Galicismo) ‖ **~gegangener Seilzug** (Bremse) / cable *m* atascado ‖ **~gehalten** (DV) / memorizado ‖ **~gehaltenes Bild** (Kath.Str) / imagen *f* retenida, imagen *f* remanente ‖ **~gekeilt**, Keil... / fijar por (o con) cuña ‖ **~gekuppeltes Wagenpaar** (Bahn) / coches *mpl* gemelos ‖ **~gelegt**, bestimmt / determinado ‖ **~gelegt**, vorbestimmt / predeterminado ‖ **zuvor ~gelegt** / prefijado ‖ **~gelegter Emitter** (Halbl) / emisor *m* a tierra, emisor *m* a masa ‖ **~gelegter Kollektor** (Halbl) / colector *m* a tierra, colector *m* a masa ‖ **~geschaltete Leitung** (Fernm) / línea *f* particular o privada ‖ **~gesetzt** / fijado ‖ **~gestampft** (Bau) / compactado ‖ **~gestein** (Geol) / roca *f* consolidada ‖ **~gewalzter Erddamm** (Bau) / terraplén *m* apisonado con rodillos ‖ **~geworden**, erstarrt / solidificado, congelado ‖ **~gezogen**, fest [sitzend] (Mutter) / fijado ‖ **~gezwirnt** (Spinn) / retorcido fuertemente ‖ **⁓griff** *m* (Motorrad) / puño *m* fijo ‖ **~haften** *vi* (an) / adherirse (a) ‖ **~haftend** / muy adherente, adhesivo ‖ **~haken** *vt* / fijar con gancho, enganchar ‖ **sich ~haken** / engancharse ‖ **⁓haken** *n*,

Hängenbleiben *n* (Uhr) / agarratomiento *m* ‖ **⁓haltegriff**, Handgriff *m* (Bahn, Kfz) / agarrador *m* ‖ **~halten**, [zurück]halten / [man]tener agarrado, retener, sujetar ‖ **~halten**, anhalten / detener, parar ‖ **schriftlich ~halten** / protocolar ‖ **~haltend**, nicht entweichen lassend (Bau) / estanco ‖ **⁓haltescheibe**, Arretier[ungs]scheibe *f* / polea *f* de bloqueo ‖ **⁓halte-Schraubendreher** *m* (Wz) / destornillador *m* portatornillo ‖ **⁓haltevorrichtung**, Sicherungsvorrichtung *f* (Masch) / dispositivo *m* de seguro ‖ **⁓harz** *n* (Plast) / resina *f* sólida ‖ **~heften** *vt*, anheften / fijar, coser, hilvanar
festigen *vt*, stärken / consolidar, reforzar
Festiger *m* / fijador *m*
Festigkeit *f* / solidez *f* ‖ **⁓**, Zähigkeit *f* / tenacidad *f* ‖ **⁓** *f*, Stabilität *f* (Mech) / resistencia *f* mecánica, estabilidad *f* ‖ **⁓**, Stabilität *f* (Chem) / solidez *f* ‖ **⁓**, Stabilität *f* (Mech) / estabilidad *f* ‖ **⁓**, Sicherheit *f* / seguridad *f* ‖ **⁓**, Kompaktheit *f* / compacidad *f* ‖ **⁓**, Dichtheit *f* (Tex) / densidad *f* ‖ **⁓** *f* (Stein) / dureza *f* ‖ **⁓ [bei statischer Belastung]** (Masch) / resistencia *f* estática ‖ **⁓ [gegen]** / resistencia *f* [a] ‖ **⁓** *f* **gegen Zerquetschen** / resistencia *f* al aplastamiento ‖ **⁓ im Grünlingszustand** (Pulv.Met) / resistencia *f* en verde ‖ **[mechanische und/oder elektrische] ⁓ des Isolators** (Elektr) / resistencia *f* del aislador
Festigkeits•berechnung *f* (Masch, Med) / cálculo *m* de la resistencia ‖ **⁓eigenschaft** *f* / característica *f* dinamométrica [de resistencia], propiedad *f* de resistencia ‖ **⁓eigenschaft** (gegen Zug) / propiedad *f* de resistencia a la tracción, propiedad *f* de resistencia a la tensión ‖ **⁓einstellung** *f* (Tex) / ajuste *m* de cerraje del punto ‖ **~gerecht** (Bau, Masch) / conforme a las leyes de la resistencia de materiales ‖ **⁓gleichung** *f* / ecuación *f* de resistencia ‖ **⁓grenze** *f*, Bruchgrenze *f* / límite *m* de resistencia, límite *m* de rotura ‖ **⁓guss** *m* (Gieß) / fundición *f* de alta resistencia ‖ **⁓klasse** *f* (Schrauben) / clase *f* de resistencia ‖ **⁓lehre** *f* (Mech) / resistencia *f* de materiales, teoría *f* de la resistencia de los materiales ‖ **⁓prüfer** *m* / aparato *m* o técnico para pruebas de resistencia ‖ **⁓prüfmaschine** *f* (Mat.Prüf) / máquina *f* para ensayos de resistencia ‖ **⁓prüfung** *f* / prueba *f* de resistencia ‖ **⁓schweißung** *f* / soldadura *f* resistente ‖ **⁓versuch** *m* (Mat.Prüf) / ensayo *m* de resistencia ‖ **⁓werte** *m pl* / datos de resistencia[s] *mpl*
Festigung *f* / solidificación *f* ‖ **⁓**, Konsolidierung *f* / consolidación *f*
Festigungsnaht *f* (Näh) / costura *f* de refuerzo
Fest•ion *n* (ein Ion) (Chem) / ion *m* fijo ‖ **⁓kamm** *m*, Fixkamm *m* (Spinn) / peine *m* fijo ‖ **~keilen** *vt*, durch Keilwirkung festsetzen, festklemmen / fijar con cuña, sujetar con cuña ‖ **~keilen**, aufkeilen, mit Keilen verbinden / acuñar, enchavetar ‖ **~klammern** *vt* / agarrar, sujetar con grapas, sujetar con garras ‖ **~kleben** *vt* / pegar, colar ‖ **~kleben** *vi* / quedar pegado, quedar adherido, estar pegado, haberse adherido ‖ **~klemmen** *vt* / apretar, inmovilizar, fijar con pinza, aprisionar ‖ **⁓**... (DV) / coma *f* fija ‖ **⁓komma...** s. auch Festpunkt... ‖ **~kommen** (Schiff) / tocar fondo ‖ **⁓kondensator** *m* (Elektr) / capacitor *m* fijo, condensador *m* fijo ‖ **⁓kondensator**, Blockkondensator *m* / capacitor *m* fijo de bloque, condensador *m* fijo de bloque ‖ **⁓kopf-Plattenspeicher** *m* (DV) / memoria *f* de disco de cabeza fija ‖ **⁓kopfspeicher** *m* (DV) / memoria *f* de cabeza fija
Festkörper *m*, fester Körper (Phys) / cuerpo *m* [en estado] sólido ‖ **⁓...**, monolithisch (Eltronik) / monolítico, de estado sólido ‖ **⁓** *m pl* **in Farben** / componentes *mpl* sólidos en colores ‖ **⁓anteil** *m*, -gehalt *m* / porcentaje *m* de material sólido ‖ **⁓bauteil** *n* (Halbl) / componente *m* monolítico, componente *m* de estado sólido ‖ **⁓-Bildwandler** *m* (Eltronik) / fotosensor *m* de estado sólido ‖

443

≈-Diffusion f (Chem) / difusión f sólida ‖ ≈laser m / laser m de estado sólido ‖ ≈maser m / maser m de estado sólido ‖ ≈modulator m (Eltronik) / modulador m de estado sólido ‖ ≈physik f / física f de los [cuerpos] sólidos, física del estado sólido ‖ ≈-Plasma n (Phys) / plasma m de estado sólido ‖
≈-Protonenleiter-Brennstoffzelle f / pila f de combustible de conductor protónico sólido ‖ ≈reibung f, Trockenreibung f (Masch) / frote m al seco, rozamiento m al seco ‖ ≈schaltkreis m (Eltronik) / circuito m de estado sólido ‖ ≈schaltkreistechnik f, Molekularelektronik f (Eltronik) / electrónica f molecular, técnica f de circuitos sólidos ‖ ≈spurendetektor (Nukl) / detector m de trazas de estado sólido ‖ ≈volumen n (Phys) / volumen m de sólido
Fest•kraftstoff m (Raumf) / combustible m sólido ‖ ≈lager n (Masch) / rodamiento m fijo ‖ ≈land n, Land n (Ggs: Wasser) (Geo) / tierra f firme ‖ ≈land (Geo) / continente m ‖ ~ländisch (Geo) / continental ‖ ≈lands..., Onshore... / onshore, terrestre ‖ ≈landsstation f / estación f terrestre ‖ ~legen vt, bestimmen / determinar, fijar ‖ ≈legen n des Arbeitswertes (F.Org) / fijación f del destajo ‖ ≈legung, Lokalisierung f / localización f ‖ ≈legung f, Befestigung f, Fixierung f / fijación f, bloqueo m, sujeción f ‖ ≈legung eines Projektes (F.Org, PERT) / definición f de un proyecto ‖ ≈lösungsverfestigen n (Hütt) / consolidación f en solución sólida ‖ ≈macheboje f (Schiff) / boya f de amarre, boya f de anclaje ‖ ~machen vt, befestigen / fijar, sujetar ‖ ~machen, -legen / apoyar, asentar ‖ ~machen, verankern (Bau) / anclar ‖ ~machen, verfestigen (Chem) / solidificar ‖ ~machen vt (am Pier o. auf Reede) (Schiff) / amarrar ‖ ≈machepier m f / muelle m de amarre ‖ ≈macher m (Schiff) / dispositivo m de amarre ‖ ≈macher, Leine f / estacha f de amarre, calabrote m ‖ ≈maß n (Mess) / medida f para sólidos ‖ ≈meter m (Holz) / metro m cúbico sólido ‖ ≈montiert / fijado por montaje ‖ ~nageln vt / clavar, sujetar con clavos, fijar con clavos ‖ ≈netz n (Fernm) / red f fija o estacionaria, telefonía f básica ‖ ≈netztelefon n (Fernm) / teléfono m fijo
Feston n (Girlande) (Bau) / festón m (guirnalda), colgante m ‖ ≈ (Tex) / bordado m de realce ‖ ≈bogen m (Web) / festón m, festonado m
Festonier•einrichtung f (Nähm) / dispositivo m de festonear ‖ ≈fuß m (Nähm) / pie m para festonear
Fest•passung f (Masch) / ajuste m fijo ‖ ≈phasensintern n (Hütt) / sinterización f en fase sólida ‖ ≈platte f (DV) / disco m duro (E) o rígido (LA) ‖ auf ≈platte speichern (DV) / archivar en disco duro ‖ ≈plattenspeicher m (DV) / memoria f de disco duro ‖ ~pressen vt / fijar prensando ‖ ~programmiert (DV) / de programa fijo ‖ ~programmierter Fest[wert]speicher / memoria f de lectura solamente de programa fijo ‖ ≈propeller m (Luftf) / hélice f de paso fijo
Festpunkt m, Fixpunkt m (Verm) / punto m fijo, punto m de referencia ‖ ≈, Ausgangspunkt m (Verm) / punto m de salida ‖ ≈, Absteckstab m (Verm) / piquete m ‖ ≈ m, Festkomma n (DV) / coma f [decimal] fija ‖ ≈, Verankerungspunkt m / punto m de anclaje ‖ ≈, Erstarrungspunkt m (Phys) / punto m de solidificación ‖ ≈, Gleissicherungspunkt m (Bahn) / punto m fijo de referencia ‖ ≈ m (Instr.Skala) / punto m fijo ‖ ≈ der Fahrleitung (Bahn) / punto m antideslizamiento de la catenaria ‖ ≈arithmetik f (Math) / aritmética f de coma fija ‖ ~-binär adj (DV) / binario de coma fija ‖ ≈darstellung f (DV) / representación f de coma fija ‖ ≈rechnung f / cálculo m de coma fija ‖ ≈schreibweise f / notación f con coma fija
Fest•ring m (Lager) / anillo m de fijación ‖ ≈rolle f (Masch) / rodillo m fijo ‖ ~rosten vi / agarrotarse por oxidación, inmovilizarse por corrosión ‖ ≈sattel-Scheibenbremse f (Kfz) / freno m de disco de estribo fijo, freno m de disco de pinza fija ‖ sich ~saugen / adherirse por succión ‖ ≈scheibe f, Antriebsscheibe f (Masch) / polea f fija ‖ ≈schmierstoff m / lubricante m sólido, grasa f consistente ‖ ~schnallen vt / sujetar con hebillas ‖ sich ~schnallen, sich anschnallen (Luftf) / abrochar el cinturón de seguridad, atarse ‖ ≈schnallgurt m / cinturón m de seguridad ‖ ≈schnallvorrichtung f (Luftf) / dispositivo m de abrochamiento ‖ ~schnüren vt / atar o sujetar con cuerdas ‖ ~schrauben vt / atornillar, fijar con tornillos ‖ ~schrauben, Schraube anziehen / apretar el tornillo ‖ ~schreiben vt (DV) / registrar ‖ ≈schreibung f (DV) / registro m ‖ den Tarif ~setzen / tarifar ‖ ~setzen vt, bestimmen / determinar ‖ ~setzen, aufstellen / sentar ‖ die Bremse ~setzen / inmovilizar el freno ‖ ≈setzung, Bestimmung f / determinación f ‖ ≈sitz m, Festpassung f (Masch) / ajuste m fijo ‖ ~sitzen vi, klemmen, stecken bleiben / estar fijo o agarrotado ‖ ~sitzen, festgefahren sein / estar inmovilizado ‖ ~sitzen (durch Fressen) (Masch) / agarrotarse ‖ ~sitzen (Schiff) / estar encallado ‖ ~sitzend, nicht rutschend / de asiento duro o forzado ‖ ~spannen vt / fijar, sujetar ‖ ≈spannen n / fijación f, sujeción f fija ‖ ≈spannschraube f (Spannband) / tornillo m tensor ‖ ≈speicher m (DIN) (DV) / memoria f de lectura solamente, memoria f de datos fijos ‖ elektrisch veränderbarer ≈speicher, EAROM (DV) / memoria f de lectura solamente eléctricamente alterable ‖ ≈speicher-Instruktion f (DV) / instrucción f de lectura solamente ‖ ~stampfen vt / apisonar, compactar ‖ ~-stationärer Zustand / estado m fuertemente estacionado ‖ ~stecken vt (mit Nadel) / fijar, fijar con aguja o con alfileres, sujetar o prender con aguja, prender con alfileres
feststehend, stationär / fijo, estacionario ‖ ~, stabil / estable ‖ ~ (Foto) / inmóvil, fijo (imagen) ‖ ~ (Messer) / inmóvil ‖ ~, bewegungslos / estático, inmóvil ‖ ~e Achse (Masch) / eje m estacionario ‖ ~e Achse (Math) / eje m fijo ‖ ~er Anker (Elektr) / inducido m fijo ‖ ~e Bohrinsel (Öl) / plataforma f fija ‖ ~er drehbarer Stapler (Förd) / apiladora f giratoria ‖ ~e Formplatte (Plast) / placa f fija de molde ‖ ~er Kontakt (Elektr) / contacto m fijo ‖ ~es Messer des Lumpenklopfers (Pap) / cuchilla f fija de la batidora de trapos ‖ ~e Reitstockspitze (Wzm) / punta f de centrado ‖ ~er Setzstock (Wzm) / luneta f fija ‖ ~er Teil der Spritzform (Plast) / parte f fija del molde ‖ ~e Trommelwelle / árbol m fijo de tambor
feststellbar / verificable, detectable, discernible ‖ ~, fixierbar / fijador ‖ ~e Bremse (Kfz) / freno m de estacionamiento
feststellen vt, festsetzen / fijar, bloquear, enclavar, inmovilizar ‖ ~, bestimmen (Chem) / determinar ‖ ~, nachprüfen / comprobar ‖ ≈ n der Fadendichte (Web) / contado m de hilos
Feststeller m des Riegels (Schloss) / asegurador m ‖ ≈ für Großbuchstaben (DV, Schreibm) / tecla f fijadora de caracteres superiores
Feststell•hebel m (Masch) / palanca f de detención, palanca f de bloqueo, palanca f de enclavamiento ‖ ≈keil m / cuña f de fijación, cuña f de bloqueo ‖ ≈schraube f / tornillo m prisionero o de sujeción ‖ ≈taste f, Feststeller m (DV) / tecla f de bloqueo o sujeción, tecla f fijadora
Feststellung f (DV) / instrucción f general, expresión f válida ‖ ~, Bestimmung / determinación f, comprobación f, verificación f
Feststell•vorrichtung f, Feststellung f, Arretierung f / dispositivo m de detención, dispositivo m de bloqueo, dispositivo f de fijación, dispositivo f de inmovilización ‖ ≈vorrichtung, einrückbare

Arretierung / dispositivo *m* de retención o detención, dispositivo *m* de enclavamiento ‖ ⁓**zange** *f*, Grip-Zange *f* (Wz) / tenazas *f pl* de inmovilización
Feststoff *m* (Chem, Phys) / sólido *m*, sustancia *f* sólida ‖ ⁓ (Reaktor) / desperdicios *mpl* sólidos ‖ ⁓, Festtreibstoff *m* (Rakete) / propelente *m* sólido, propulsante *m* o propulsor sólido ‖ ⁓**anteil** *m* (Chem) / contenido *m* de sólidos ‖ ⁓**ausbringen** *n* (Bergb) / extracción *f* sólida ‖ ⁓**ausstoß** *m* (Kfz) / emisión *f* sólida ‖ ⁓**bilanz** *f* **der Entwässerung** (Aufb) / balance *m* de deshidratación ‖ ⁓**elektrolyt-Brennstoffzelle** *f* / pila de combustible con electrólito sólido ‖ ⁓**feuerung** *f* / hogar *m* para combustibles sólidos ‖ ⁓**-Flüssigkeitsphase** *f* (Chem) / fase *f* sólido-líquida ‖ ⁓**-Flüssigkeitsrakete** *f* (Raumf) / misil *m* de propulsión sólido-líquida ‖ ⁓**-Gasphase** *f* (Phys) / fase *f* sólida-gaseosa ‖ **mit hohem** ⁓**gehalt** (Chem) / con gran contenido de sólidos ‖ **kontinuierlicher** ⁓**maser** (Phys) / máser *m* de tres niveles ‖ ⁓**-Phase** *f* / fase *f* sólida ‖ ⁓**-Pipeline** *f* (Förd) / conducto *m* para sólido ‖ ⁓**rakete** *f* (Raumf) / cohete *m* con propulsor sólido o de propulsante sólido ‖ ⁓**raketen-Zusatzantrieb** *m* / motor *m* cohético adicional de propulsante sólido ‖ ⁓**schmiermittel** *n* (Masch) / lubricante *m* sólido
fest•treten *vt*, -stampfen / apisonar, pisar ‖ ⁓**verdrahtet** (DV) / enhebrado de conexiones fijas, permanentemente conectado ‖ ⁓**verdrahtetes Programm** (DV) / programa *m* enhebrado, programa precableado ‖ ⁓**verdrahtete Schleife**, festverdrahteter Zyklus (DV) / ciclo *m* fijo ‖ ⁓**verschraubt** / rígidamente atornillado ‖ ⁓**walken** *n* (Tuch) / batanado *m* denso ‖ ⁓**walzen** *vt* (Boden) / apisonar ‖ ⁓**werden**, Steifwerden *n* (Chem) / gelación *f* ‖ ⁓**werden** (Chem, Phys) / solidificación *f* ‖ ⁓**werden**, Dichtwerden *n* / concreción *f*, consolidación *f* ‖ ⁓**wert** *m*, Konstante *f* (Phys) / constante *f*, valor *m* fijo ‖ ⁓**werteinstellung** *f* (DV) / control *m* de encabezamiento ‖ ⁓**wertregelung** *f* (NC) / registro *m* de encabezamiento ‖ ⁓**wertspeicher**, Konstantenspeicher *m* (DV) / memoria *f* de constantes ‖ ⁓**wertspeicher** *m* (DV) s. Festspeicher ‖ ⁓**widerstand** *m* (Eltronik) / resistencia *f* fija ‖ ⁓**wort** *n* (DV) / palabra *f* de longitud fija ‖ ⁓**zacke** *f* (Radar) / señal *f* de eco permanente ‖ ⁓**zeichenaustastung** *f* (Radar) / supresión *f* de ecos fijos ‖ ⁓**zeichenbild** *n* (Radar) / diagrama *m* de ecos fijos ‖ ⁓**zeichenecho** *n* (Radar) / eco *m* fijo, eco *m* permanente ‖ ⁓**zeichenunterdrücker** *m* (Radar) / dispositivo *m* indicador de blancos móviles ‖ ⁓**zeichenunterdrückung** *f*, MTI (Radar) / indicación *f* de blancos móviles ‖ ⁓**zeitgespräch** *n* (Fernm) / conversación *f* a hora fija ‖ ⁓**ziehen** *vt* (Schrauben) / apretar, atornillar ‖ ⁓**ziehen**, nachziehen / reapretar ‖ ⁓**zurren** *vt* (Schiff) / amarrar, trabar ‖ ⁓**zurr-Vorrichtung** *f* (Container) / dispositivo *m* de amarre
FET *m* (= Feldeffekttransistor) (Halbl) / transistor *m* de efecto de campo
fett *adj*, fett-, ölhaltig, fettig / grasiento, adiposo ‖ ⁓ (Boden) / graso ‖ ⁓ (Beton, Kohle, Mörtel) / graso ‖ ⁓ (Druck) / en negrita, en negrilla, grueso ‖ ⁓**er Boden** (Landw) / tierra *f* grasa ‖ ⁓**er Buchstabe**, fette Schrift / letra *f* gruesa ‖ ⁓ **drucken** / imprimir en gruesa ‖ ⁓**er Durchschuss** (Druck) / regleta *f* gruesa ‖ ⁓**er [Form]sand**, Masse *f* (Gieß) / arena *f* grasa ‖ ⁓**es Gemisch** (Mot) / mezcla *f* rica ‖ ⁓**es Öl**, Fettöl *n* / aceite *m* graso ‖ ⁓**e Schrift** / letra *f* supernegra ‖ ⁓**er od.** *m* [**hoch**]**plastischer Ton**, Fett-Ton *m* / arcilla *f* grasa, greda *f* ‖ ⁓**er Torf** / turba *f* bituminosa
Fett *n* / grasa *f*, materia *f* grasa, unto *m* ‖ ⁓, Lipid *n* (Biochem) / lípido *m* ‖ ⁓ **auslassen** (o. schmelzen) / fundir grasa, derretir grasa ‖ ⁓ *n* **wiederkäuender Tiere**, Talg *m* / sebo *m*

Fett•abscheider, -fang *m* (Abwasser) / separador *m* de grasas ‖ ⁓**alkohol** *m* (Chem) / alcohol *m* graso ‖ ⁓**amin** *n* / amina *f* grasa ‖ ~[**art**]**ig**, fettähnlich / lipoideo, lipoídico, graso ‖ ⁓**artig**, fettig, Fett... (Zool) / adiposo ‖ ⁓**avivage** *f* (Tex) / suavizado *m* en grasa ‖ ⁓**beständig** / resistente a la grasa ‖ ⁓**bildend**, -erzeugend (Biol) / lipógeno, lipogénico ‖ ⁓**blank**, schmierblank (Draht) / trefilado a la grasa ‖ ⁓**büchse**, -buchse *f* / engrasador *m* de copa, grasera *f* de compresión ‖ ⁓**dicht** / impermeable a las grasas ‖ ⁓**dichter Karton** / cartón *m* impermeable a grasas ‖ ⁓**dichtes Papier** / papel *m* impermeable a grasas ‖ ⁓**druck** *m*, Dickdruck *m* (Druck) / impresión *f* en letras gruesas, impresión *f* en negrilla, impresión *f* en negrita ‖ ⁓**emulsion** *f* / emulsión *f* grasa
fetten *vt* (Masch) / engrasar, lubri[fi]car ‖ ⁓, einfetten (Spinn) / engrasar ‖ **Leder** ⁓ (Gerb) / hacer penetrar el aceite ‖ ⁓ *n* / engrase *m*
Fett•entziehung *f* / extracción *f* de grasa ‖ ⁓**erzeugend**, -bildend (Biol) / lipogenoso ‖ ⁓**fang** *m* (Abwasser) / separador *m* de grasas ‖ ⁓**farbstoff** *m* (Nahr) / color *m* para grasas ‖ ⁓**film** *m* / película *f* de grasa, film *m* de grasa ‖ ⁓**filter** *m* / filtro *m* de grasa ‖ ⁓**filter** / filtro *m* antigrasa ‖ ⁓**fleckphotometer** *n* (Phys) / fotómetro *m* de Bunsen, fotómetro *m* de mancha de aceite ‖ ⁓**frei** (Chem, Nahr) / sin o exento de grasa ‖ ⁓**füllung** *f* / relleno *m* de grasa, carga *f* de grasa ‖ ⁓**gares Leder** / cuero *m* engrasado ‖ ⁓**gehalt** *m* (Chem, Nahr) / contenido *m* en grasa ‖ ⁓**gehaltsbestimmung** *f* (Butter) / butirometría *f* ‖ ⁓**gerbung** *f* (Leder) / curtición *f* con aceite ‖ ⁓**glänzend** / con brillo untuoso ‖ ⁓**grund** *m* (Lack) / basa *f* grasa ‖ ⁓**hahn**, Schmierhahn *m* (Masch) / grifo *m* engrasador ‖ ⁓**haltig** / graso, grasoso ‖ ⁓**härtung** *f* (Nahr) / endurecimiento *m* de grasa ‖ ⁓**harz** *n* / oleorresina *f* ‖ ⁓**hydrierhärtung** *f* / hidrogenación *f* de grasas ‖ ⁓**hydrierungsverfahren** *n* (Nahr) / proceso *m* de hidrogenación de grasas
fettig / grasiento, graso, grasoso, engrasado ‖ ⁓, ölig / untuoso ‖ ⁓, fettfleckig / con manchas de grasa ‖ ⁓, ungewaschen (Wolle) / en suarda, en churre ‖ ⁓**er Glanz** / brillo *m* untuoso
Fettigkeit *f* / untuosidad *f*
Fett•kalk *m*, fetter Kalk[mörtel] (Bau) / cal grasa *f* ‖ ⁓**kartusche** *f* (Kfz, Masch) / cartucho *m* de lubri[fi]cante ‖ ⁓**klumpen** *m* / pedazo *m* de grasa ‖ ⁓**kohle** *f* (backende Kohle mit 18-36% flüchtigen Bestandteilen) (Bergb) / carbón *m* bituminoso ‖ ⁓**körper** *m* (Chem) / lipoide *m* ‖ ⁓**kreide** *f*, lithografische Kreide / tiza *f* litográfica ‖ ⁓**licker** *m* (Gerb) / grasas *fpl*, fat-liquor *m* ‖ ⁓**lösend**, fettspaltend (Chem) / disolvente de grasas, lipolítico, lipodástico ‖ ⁓**löser** *m* / disolvente *m* de grasa ‖ ⁓**löslich**, im Fett löslich / soluble en grasa, liposoluble ‖ ⁓**lösliche Vitamine** (A-K$_2$) / vitaminas liposolubles *f pl* ‖ ⁓**löslichkeit** *f* / liposolubilidad *f* ‖ ⁓**lösungsmittel** *n* / disolvente *m* de grasa ‖ ⁓**presse** *f* (Masch) / pistola *f* de engrasar, pistola *f* inyector de grasa, jeringa *f* de grasa, engrasadora *f* ‖ ⁓**reihe** *f* (Chem) / serie *f* alifática ‖ ⁓**rillendichtung** *f* (Masch) / obturación *f* por ranuras de grasa ‖ ⁓**sauer** (Chem) / sebáceo ‖ ⁓**säure** *f* / ácido *m* graso ‖ ⁓**säureamid** *n* / amido *m* de ácido graso ‖ ⁓**säuredestillation** *f* / destilación *f* de ácidos grasos ‖ ⁓**säuremethylester** *m* (FAME)(Biodiesel) / éster *m* metílico de ácido graso ‖ ⁓[**säure**]**synthese** *f* / síntesis *f* de ácidos grasos ‖ ⁓**schmierautomat** *m* / sistema *m* automático de engrase ‖ ⁓**schmiere** *f* (Gerb) / baño *m* de grasa, jugo *m* de grasa ‖ ⁓**schmierung** *f* / engrase *m*, lubricación *f*, lubrificación *f* con grasa ‖ ⁓**schwanzschaf** *n* (Zool) / oveja *f* de cola gorda o gruesa, ovis platyura ‖ ⁓**seife** *f* (Chem) / jabón *m* graso ‖ ⁓**spaltanlage** *f* (Chem) / instalación *f* desdobladora de grasa ‖ ⁓**spaltend** (Chem) / lipoclástico ‖ ⁓**spalter** *m*, Lipase *f* (Biochem) /

Fettspaltung

desdoblador *m* de grasa, lipasa *f* ‖ ≃**spaltung**, Lipolyse *f* / lipólisis *f*, desdoblamiento *m* de grasa ‖ ≃**stift** *m* / lápiz *m* vidriográfico ‖ ≃**stoff** *m* (Chem) / materia *f* grasa ‖ ≃**verseifung** *f* / saponificación *f* de grasa ‖ ≃**wolle** *f* (Tex) / lana *f* grasa o en suarda o en churre

Fetzen, Lappen *m* (Tex) / pedazo *m*, trapo *m*, harapo *m*

feucht / húmedo, mojado, humedecido ‖ **~er Beton** (Bau) / hormigón *m* húmedo (E), concreto *m* húmedo (LA) ‖ **~e Kammer** / cámara *f* húmeda ‖ **~e Luft** / aire *m* húmedo ‖ **~ machen** / mojar, humedecer ‖ **~ verdichtet** (Sand) (Gieß) / compactado en húmedo ‖ **~ werden** / humedecerse, ponerse húmedo, mojarse

feucht • adiabatischer Temperaturgradient (Meteo) / gradiente *m* adiabático saturado ‖ ≃**biotop** *n* (Umw) / biotopo *m* húmedo ‖ ≃**dehnungsmesser** *m* (Pap) / higroexpansímetro *m*

Feuchte *f* / humedad *f* ‖ ≃**messer** *m* (Phys) / humidímetro *m*, higrómetro *m*

feuchten, anfeuchten / humedecer, mojar

Feucht-Entwicklung *f* (Foto) / revelado *m* semihúmedo

Feuchtetest *m* / ensayo *m* de calor húmedo

Feuchtetoleranz *f* / tolerancia *f* de humedad

feucht • fest / antihigroscópico, resistente a la humedad ‖ ≃**gebiet** *n* (Bio) / región *f* húmida o higrófila ‖ ≃**glätte** *f* (Pap) / satinado *m* al agua ‖ ≃**-Glättwerk** *n* (Pap) / calandria *f* de satinar, mecanismo *m* abrillantador ‖ ≃**haltekasten** *m*, -glas *m* (Wirkm) / caja *f* humectadora ‖ **~halten** *vt* / mantener húmedo

Feuchtigkeit *f* / humedad *f* ‖ ≃, Klammheit *f* / estado *m* húmedo ‖ ≃ **abweisend** / hidrófugo, humedífugo, a prueba de humedad ‖ ≃ **anziehend**, hygroskopisch / higroscópico ‖ ≃ **verlieren** *vi* (Mauerwerk) (Bau) / revenirse ‖ ≃ **von Baumwolle** / humedad *f* de algodón ‖ **von** ≃ **zerfließen** (Chem) / estar sujeto a delicuescencia, estar delicuescente ‖ **[vorhandene o. zulässige]** ≃ (Tex) / cantidad *f* legal de humedad, represa *f*

Feuchtigkeits•... / de humedad ‖ ≃**aufnahme** *f* / absorción *f* de humedad ‖ ≃**aufnahmevermögen** *n* / capacidad *f* higroscópica ‖ ≃**ausgleich** *m* / equilibrio *m* higrométrico o de humedad ‖ **~beständig** / resistente a la humedad, húmedorresistente ‖ ≃**bestimmung** *f* / determinación *f* de humedad ‖ ≃**dämmschicht**, -sperrschicht *f* (Bau) / capa *f* aisladora de humedad ‖ ≃**dehnung** *f* (Bau, Pap, Phys) / expansión *f* por humedad ‖ ≃**durchschlag** *m* (Bau) / penetración *f* de humedad ‖ **~fest** / resistente a la humedad ‖ ≃**gehalt** *m* / higrometricidad *f*, contenido *m* higrométrico o de humedad, grado de humedad ‖ ≃**gehalt**, -menge *f* / cantidad *f* de humedad ‖ ≃**gehalt der Luft** / cantidad *f* absoluta de humedad del aire ‖ ≃**gehalt in %** *m* / porcentaje *m* de humedad ‖ **den** ≃**gehalt regeln** (Tex) / acondicionar ‖ **~geschützt** (Bau, Elektr) / protegido contra humedad ‖ ≃**grad** *m*, relative Luftfeuchtigkeit (Meteo) / grado *m* higrométrico o de humedad relativa ‖ ≃**isolierung** *f* (Bau) / aislamiento *m* de humedad ‖ ≃**menge** *f*, -gehalt *m* / contenido *m* húmedo o de humedad ‖ ≃**messer** (allg) / humidímetro *m* ‖ ≃**messer**, Psychrometer *n* / [p]sicrómetro *m* ‖ ≃**messer für Luftfeuchtigkeit**, Hygrometer *m* / higrómetro *m*, higroscopio *m* ‖ ≃**messung** *f* / higrometría *f* ‖ ≃**probe** *f* / comprobación *f* de humedad ‖ ≃**prüfer** *m*, Konditioniervorrichtung *f* (Spinn) / comprobador *m* de humedad, higrotéster *m* ‖ ≃**prüfer für Seide** / estufa *f* de acondicionamiento para seda ‖ ≃**prüfung** *f*, Konditionieren *n* (Spinn) / ensayo *m* higrométrico ‖ ≃**regler**, Hygrostat *m* / higrostato *m* ‖ **mit** ≃**schutz** (Elektr) / a prueba de humedad ‖ **~spendend** (Kosmetik) / hidratante ‖ ≃**sperre** *f* (Bau) / cierre *m* [hermético] contra la humedad ‖ ≃**sperrschicht**, -dämmschicht *f* (Bau) / capa *f* aisladora de humedad ‖ ≃**überschuss** *m* / exceso *m* de humedad ‖ ≃**verhalten**

n / comportamiento *m* bajo humedad ‖ ≃**verlust** *m* / pérdida *f* de humedad ‖ ≃**wächter** *m* / humidostato *m* ‖ ≃**wiederaufnahme** *f* / tolerancia *f* de humedad [recuperada]

feucht • kalt / húmedo y frío, de frío húmedo ‖ ≃**korrosion** *f* / corrosión *f* húmeda ‖ ≃**kugeltemperatur** *f* (Phys) / temperatura *f* de termómetro húmedo ‖ ≃**kugelthermometer** *n* / termómetro *m* húmedo o de ampolleta húmeda ‖ ≃**lagerung** *f* / almacenamiento *m* en medio húmedo ‖ ≃**luft** *f* (Meteo) / aire *m* húmedo ‖ ≃**lufttrockner** *m* / secadero *m* de aire húmedo ‖ ≃**lufttrocknung** *f* / desecación *f* en aire húmedo ‖ ≃**maschine** *f*, Anfeuchtmaschine *f* (Pap, Tex) / humectador *m* ‖ ≃**presse** *f* (Pap) / lisadora *f* húmeda ‖ ≃**raum** *m*, Weiche *f* (Brau) / planta *f* de remojo ‖ ≃**raum...** (Elektr, Install.Mat) / para *f* locales húmedos ‖ ≃**raumfassung** *f* / portalámpara *m* para locales húmedos ‖ ≃**raumleitung** *f*, -raumkabel *n* (Elektr) / conductor *m* para recintos húmedos, cable *m* resistente a la humedad, cordón *m* impermeable ‖ ≃**raumleuchte** *f* / lámpara *f* para recintos húmedos o a prueba de humedad ‖ ≃**satiniertes Papier** / papel *m* satinado o alisado húmedo ‖ ≃**streifen** *m* (Fehler, Pap) / franja *f* húmeda ‖ ≃**tuch** *n* (Sanitär) / toallita *f* húmeda ‖ ≃**verfahren** *n* (Pap, Tex) / procedimiento *m* de mojado ‖ ≃**walze**, Wischwalze *f* (Druck) / rodillo *m* mojador ‖ **~warm**, schwül (Meteo) / cálido-húmedo, caliente y húmedo, de calor húmedo ‖ ≃**wasser** *n* (Offset) / agua *f* de remojo o para humedecer ‖ ≃**wasser**, Wischwasser *n* (Druck) / solución *f* mojadera ‖ ≃**-Wechselklima** *n* (Meteo) / clima *m* alterno de humedad ‖ ≃**werk** *n* (Druck) / equipo *m* humectador, mecanismo humedecedor o mojador

Feuer *n*, Flamme *f* / fuego *m* ‖ ≃, Leuchtfeuer *n* (Schiff) / luz *f*, faro *m* ‖ ≃, Brand *m* / incendio *m* ‖ ≃ (einer Oberfläche), Politur *f*, Glanz *m* / brillo *m* ‖ ≃ (Edelstein) / brillo *m* (de piezas preciosas) ‖ **offenes** ≃ / llama *f* libre ‖ ≃**alarm** *m* / alarma *f* de incendio[s], toque *m* a fuego ‖ ≃**anzünder** *m* / encendedor *m* ‖ ≃**ätzung** *f* (Sintern) / cauterización *f* al fuego ‖ ≃**auge** *n* s. Feuermelder ‖ ≃**bekämpfung** *f* / defensa *f* contra incendios ‖ ≃**bekämpfungsmittel** *n* / agente *m* matafuegos ‖ ≃**berührte Fläche**, Heizfläche *f* (Kessel) / superficie *f* de caldeo ‖ ≃**beständig**, -fest / ininflamable, resistente al fuego, refractario, incombustible ‖ **~beständiges Glas** / vidrio *m* resistente al fuego ‖ ≃**beständigkeit**, -festigkeit *f* / resistencia *f* al fuego, poder *m* refractario ‖ ≃**beton** *m*, Feuerfestbeton *m* (Bau) / hormigón *m* refractario ‖ ≃**brand** *m* / incendio *m* ‖ ≃**brand** (durch Erwinia amylovora) (Landw) / tizón *m* ‖ ≃**brücke** (Hütt, Ofen) / altar *m* [del hogar], tornallamas *m*, puente *m* de hogar ‖ ≃**brückenträgerrohr** *n* (Bahn) / tubo *m* de bóveda ‖ ≃**büchse**, -buchse, -kiste *f* (Dampfm) / hogar *m* ‖ ≃**büchsmantel**, Stehkessel *m* (Bahn) / caja *f* de fuego [externo] ‖ ≃**einwirkung** *f* / efectos *mpl* de incendio ‖ ≃**email** *n* / esmalte *m* ‖ ≃**emaillieren** *vt* / esmaltar ‖ ≃**empfindlich** / sensible al fuego

feuerfest, -beständig, nicht brennbar / ininflamable, resistente al fuego, refractario, incombustible, apiro ‖ **~, -sicher** (auf lange Dauer widerstandsfähig) / a prueba de fuego o incendios ‖ **~** (Keram) / refractario ‖ **~er Anstrich** / pintura *f* ininflamable ‖ **~e Anstrich- und Spritzgemische** *n pl* / cubertura *f* ininflamable ‖ **~e Auskleidung** (Hütt) / revestimiento *m* refractario ‖ **~e Auskleidung**, feuerfestes Futter / camisa *f* ininflamable ‖ **~ bei hohen Temperaturen** / refractario ‖ **~es Chromerzeugnis** (Hütt) / material *m* refractario de cromo ‖ **~e Flickmasse** (Hütt) / argamasa *f* refractaria de remienda ‖ **~es Glas** / vidrio *m* refractario ‖ **~es Graphit-Ton-Erzeugnis** *n* (Hütt) / plumbago *m* refractario, plombagina *f* refractaria ‖ **~er Imprägnieranstrich** / pintura *f*

incombustible ‖ ~ **imprägniert** / ignífugo ‖ ~ **machen** / ignifugar ‖ **~es Material** / material m refractario ‖ **~er Mörtel** (Bau) / argamasa f refractaria ‖ **~e NE-Gusslegierung** (Gieß, Hütt) / aleación f nonférrea refractaria ‖ **~er Normalstein** (Bau) / ladrillo m refractario ‖ **~er [plastischer] Ton**, Feuerton, Fireclay m (Bau, Keram) / arcilla f refractaria ‖ **~e Plastmasse** (Hütt) / antiguamento m, obsolescencia f (poco usado) ‖ **~er Sand** / arena f refractaria ‖ **~e Schwimmweste** / chaleco m salvavidas ininflamable ‖ **~e Stampfmasse** (Hütt) / masa f de apisonar refractaria ‖ **~er Stein**, Ofenziegel m (Hütt, Keram) / ladrillo m refractario para hornos ‖ **~e Stoffe** m pl / refractarios mpl ‖ **~er Tiegel** / crisol m de tierra refractaria ‖ **~er Zement** (Bau) / cemento m refractario
Feuerfest • -Ausgitterung f (Hütt) / mampostería f de ladrillos refractarios ‖ **⁓-Ausmauerung** f / revestimiento m refractario, camisa f refractaria ‖ **⁓beton** m (Bau) / hormigón m refractario ‖ **⁓betonerzeugnis** n / producto m de hormigón refractario ‖ **⁓einschlüsse** m pl (Hütt) / oclusiones fpl de ladrillos refractarios ‖ **⁓erzeugnis mit niedriger Rohdichte**, Leichtsteinerzeugnis n (Bau, Keram) / ladrillo m ligero refractario
Feuer • festigkeit f, Nichtbrennbarkeit f (Bau, Material, Tex) / resistencia f al fuego, incombustibilidad f, ignifugación f ‖ **⁓festigkeit**, -beständigkeit f (Keram, Material) / refractariedad f ‖ **⁓fest-Industrie** f / industria f de [materiales] refractarios ‖ **⁓festmachen** n, Brandschutz m (Bau, Elektr) / ignifugación f ‖ **⁓festmaterial** n / material m refractario ‖ **⁓festmaterial aus stabilisiertem Dolomit** (Keram) / dolomita f estabilizada refractaria ‖ **⁓festton** m, Flintton m / arcilla f flint ‖ **⁓festwerker** m (Beruf) / operario m especializado en productos refractarios ‖ **~flüssig** (Hütt) / licuado a alta temperatura ‖ **~flüssige Magma** (Geol) / magma m ígneo ‖ **⁓fluten** n (Sekundärgewinnung) (Öl) / empuje m por calefacción o por combustión ‖ **⁓gas** n (Heizung, Hütt) / gas m de hogar ‖ **⁓gefahr** f / riesgo m o peligro de incendio ‖ **⁓gefährlich** / inflamable, combustible ‖ **~gefährliche Flüssigkeit** / líquido m inflamable ‖ **⁓geschränk** n (Hütt) / paramento m del hogar ‖ **⁓geschwindigkeit** f, Schussfolge f / cadencia f de tiro, velocidad f de tiro ‖ **⁓gewölbe** n (Hütt) / bóveda f del hogar ‖ **⁓gewölbe** (Ziegelei) / canal m de calefacción ‖ **⁓graben** m / zanja f cortafuegos ‖ **⁓hahn** m, Wandhydrant m (Bau) / boca f de riego mural ‖ **⁓haken** m, Einreißhaken m (Feuerwehr) / garabato m, gancho m de incendio ‖ **⁓haken**, Schüreisen n / hurgón m, atizador m, espetón m ‖ **⁓hemmend** / ignífugo, retardante de combustión ‖ **⁓hydrant** m, (DIN:) Feuerlöschwasserständer m / boca f de riego de superficie ‖ **⁓kammer** f (Ofen) / cámara f de fuego ‖ **⁓kanal**, Fuchs m (Ofen) / conducto m del fuego ‖ **⁓klappe** f (Brandschutz) / trampilla f de fuego ‖ **⁓kugel** f, Bolid m (Meteorit) / bólido m ‖ **⁓leichtstein**, Leichtstein m (Bau, Keram) / ladrillo m ligero refractario ‖ **⁓leiter** f, Not-, Brandleiter f (Bau) / escalera f de incendio[s] ‖ **⁓leiter** (Kfz) / escalera f giratoria a motor ‖ **ausziehbare ⁓leiter** / escalera f extensible o telescópica ‖ **⁓leitung** f (Mil) / control m del fuego, dirección m de fuego ‖ **⁓loch** n s. Feuertür ‖ **⁓loch** (Ofen) / boca f del hogar ‖ **~lose Lokomotive** (Bahn) / locomotora f sin hogar
Feuerlösch • anlage f / instalación f de extinción de incendios ‖ **⁓apparat**, -löscher m / extintor m[de fuego o incendios], extinguidor m (LA) ‖ **⁓boot** n / barco m extintor de incendios ‖ **⁓brause**, Sprinkler m / regadera f contra incendios ‖ **⁓dienst** m, -wehr f / servicio m de incendios, servicio m de bomberos ‖ **⁓fahrzeuge** n pl / vehículos mpl de extinción de incendios ‖ **⁓geräte** n pl / medio m de extinción de incendios, apagafuegos m, extintor m de incendios ‖ **⁓kanone** f (Schiff) / cañón m de agua ‖ **⁓material** n / material m contra incendios ‖ **⁓mittel** n / agente m extintor, matafuego m ‖ **⁓pumpe** f / bomba f de [contra]incendios ‖ **⁓-Schaum** m / espuma f para la extinción de incendios ‖ **⁓schlauch** m / manguera f de incendio ‖ **⁓-Steigleitung** f (ständig wasserführend), -Steigrohr n (nicht ständig wasserführend) / tubería f ascendente para extinción de incendios ‖ **⁓übung** f / ejercicio m de lucha anti-fuego ‖ **⁓verfahren**, Brandverfahren n / método m de lucha anti-fuego ‖ **⁓wagen** m, Löschwagen m / autobomba f [de incendios] ‖ **⁓wasserständer** m (DIN), Hydrant m / boca f de riego de superficie ‖ **⁓wesen** n (allg) / servicio m contra incendios, protección f contra incendios
feuer • löten vt / soldar al fuego ‖ **⁓mauer** f (Bau) / muro m cortafuegos ‖ **⁓meldeanlage** f / sistema m avisador de incendio, instalación f de aviso de incendios ‖ **⁓melder** m / avisador m de incendios, detector m de incendios ‖ **⁓meldestelle** f / puesto m avisador de incendios ‖ **⁓meldung** f / detección m de incendios, aviso m de incendios
feuern vt, Feuer unterhalten / alimentar el fuego ‖ **~**, pliesten, filzen (Galv) / pulir con fieltro ‖ **~ vi**, funken (Elektr) / chispear, echar chispas ‖ **~** n (Mil) / acción f de disparar, disparo m ‖ **~**, Funken[bildung] f (Elektr) / chispeo m, formación f de chispas ‖ **~**, Filzen n (Galv) / pulido m con fieltro
Feuer • politur f (Glas) / pulimento m por fuego ‖ **⁓probe** f (Bau, Material) / prueba f del fuego ‖ **~ raffiniert** (Kupfer) / refinado al fuego ‖ **⁓raum** m (Hütt) / espacio m del hogar, hogar m, caja f de fuego ‖ **⁓raum** (Ziegelei) / cámara f de combustión ‖ **⁓raumgewölbe** (Hütt) / bóveda f de horno ‖ **⁓raumkühlung** f / refrigeración f de hogar ‖ **⁓rohr** n, Rauchrohr n (Hütt) / tubo m de hornos ‖ **⁓rost** (Ofen) / parrilla f, emparrillado m del hogar ‖ **⁓rot** (RAL 3000) / rojo m vivo
Feuersbrunst f / incendio m
Feuer • schiff n (Schiff) / buque-faro m, barco-faro m ‖ **⁓schirm** m / parafuego m, pantalla f ‖ **⁓schneise** f, Brandschneise f / raya f, calva f labrada ‖ **⁓schott** n (Schiff) / mamparo cortafuegos o refractario m, cortafuegos m ‖ **⁓schutz** m (Bahn, Luftf) / protección f antiincendioso o contra incendios ‖ **⁓schutzabschluss** m (Bau) / barrera f de fuego ‖ **⁓schutzanstrich** m / pintura f ignífuga ‖ **⁓schutzanzug** m / traje m ininflamable ‖ **~schützend** / anti-fuego, ignífugo, contra incendios ‖ **~schützende Trennwand**, Feuerschutzwand f (Bau) / tabique m cortafuego ‖ **⁓schutzfallklappe** f / trampilla f de fuego ‖ **⁓schutzhelm** m / casco m protector contra incendios ‖ **⁓schutzklappe** f (Projektor) / chapaleta f cortafuego ‖ **⁓schutzmittel** n / producto m ignífugo ‖ **⁓schutzschneise** f (Wald) / cortafuegos m ‖ **⁓schutztrommel** f, Filmtrommel f (Kino) / tambor m protegido contra incendios ‖ **⁓schutztür** f (Bau) / puerta f cortafuego ‖ **⁓schutzwand** f / pared f cortafuego ‖ **⁓schweißen** n / soldadura f al martillo o a la fragua
Feuersgefahr f / peligro m de incendio, riesgo de incendio
feuer • sicher s. feuerfest ‖ **⁓sicherheit** f / incombustibilidad f, seguridad f contra incendios ‖ **~sicherheitliche Prüfung** / ensayo m de la seguridad contra incendios ‖ **⁓sirene** f / sirena f de incendios ‖ **⁓spritze** f (Feuerwehr) / bomba f de [o contra] incendios ‖ **⁓stein** m, Flintstein m, Flint m (Geol) / piedra f de chispa, sílex m ‖ **⁓stein**, Zündstein m / piedra f para encender fuego ‖ **⁓stelle** f, -stätte f, -raum m, Feuerung f / hogar m ‖ **⁓stoß** m (Dampflok) / golpe m de fuego ‖ **⁓sturm** m / tormenta f de fuego ‖ **⁓ton** m, feuerfester [plastischer] Ton (Keram) / arcilla f

Feuertreppe

refractaria ‖ ⁓treppe f (Bau) / escalera f de escape ‖ ⁓trockner m (Zuck) / secador m por contacto directo con los gases de combustión ‖ ⁓tür f (Ofen), Feuerungstür f / puerta f del hogar, boca f del hogar ‖ ⁓tür (Bahn) / puerta f del hogar, puerta f de la caja de fuego ‖ ⁓übersprung m (Brand) / salto m del fuego

Feuerung f, Beheizung f, Heizung f / calefacción f ‖ ⁓, Heizmaterial n, Brennstoff m / combustible m ‖ **mit zwei ⁓en** / de dos hogares

Feuerungs•gas n (Hütt) / gas m de combustión ‖ ⁓**kanal** m, Heizkanal m / conducto m de calefacción ‖ ⁓**material** n / combustible m ‖ ⁓**raum** m (Hütt) / hogar m ‖ ⁓**technik** f / técnica f de calefacción ‖ ⁓**tür** f s. Feuertür ‖ ⁓**tür** f (Ofen) / puerta f de hogar

feuer•verbleit / plomado en caliente ‖ ⁓**vergoldung** f **auf Bronze** (mit Amalgam) (Galv) / dorado por amalgamación ‖ ⁓**verhütung** f, Brandschutz m / prevención f de incendios, protección f contra incendios ‖ ~**verzinken** vt (Hütt) / galvanizar por inmersión en caliente ‖ ~**verzinkte Auflage** / capa f galvanizada por inmersión en caliente ‖ ⁓**verzinkung** f / galvanización f por inmersión en caliente, galvanizado m ‖ ⁓**verzinkungsbad** n / baño m caliente de galvanización ‖ ~**verzinnt** / estañado en caliente ‖ ~**verzinntes Weißblech** / hojalata f estañada en caliente ‖ ⁓**verzinnung** f / estañado m en caliente ‖ ⁓**vorhang** m, eiserner Vorhang m (Theater) / telón m metálico o de acero, cortina f de hierro (LA) ‖ ⁓**wache** f, Löschmannschaft f / retén m de bomberos, equipo m de bomberos ‖ ⁓**wache** (ein Feuerwehrgebäude) / parque m de bomberos, puesto m de bomberos, cuartel m de bomberos ‖ ⁓**waffe** f / arma f de fuego ‖ ⁓**wand** f (innerhalb eines Stockwerks) (Bau) / pared f cortafuego ‖ ⁓**warnanlage** f, Brandmelder m / instalación f avisadora de incendios

Feuerwehr f / bomberos m pl, cuerpo o servicio de bomberos ‖ ⁓**beil** n / hacha f de bombero ‖ ⁓**gerät** n, -ausrüstung f / equipos mpl matafuegos, equipo m de bomberos

Feuer[wehr]leiter f / escalera f de bomberos

Feuerwehr•mann m / bombero m ‖ ⁓**schlauch** m / manga f de incendios, manguera f de incendios

Feuer•werk n / fuegos artificiales mpl, artificio m de fuego, pólvora f ‖ **ein** ⁓**werk abbrennen** / quemar los fuegos artificiales ‖ ⁓**werker** m, Sprengmeister m / pirotécnico m, foguero m, fueguero m(LA) ‖ ⁓**werkskörper** m / artificio m pirotécnico ‖ ⁓**werkstechnik**, Pyrotechnik f / pirotécnica f, pirotecnia f ‖ ~**werkstechnisch** / pirotécnico ‖ ⁓**zange** f (Schm) / tenazas fpl de forja ‖ ⁓**zarge** f, Zarge f einer Feuertür (Bau) / marco m de una puerta protectora de fuego ‖ ⁓**zeug** n / encendedor m de bolsillo, mechero m, yesquero m ‖ ⁓**ziegel** m, feuerfester Ziegel / ladrillo m refractario ‖ ⁓**zug**, -kanal m, Fuchs m (Ofen) / canal m de fuego, canal m de llamas

Feynmangraph m, -diagramm n (Nukl) / diagrama m de Feynman

FFAG-Maschine f (= fixed-field alternating gradient) (Teilchenbeschleuniger) / acelerador FFAG m

FFP-Resonator m, faseroptischer Fabry-Perrot-Resonator m (Phys) / resonador m Fabry-Perrot de fibra óptica

FFS, flexibles Fertigungssystem / sistema m de fabricación flexible

FFT (= Fast Fourier Transformation) (Eltronik, Math) / transformación f de Fourier rápida

FFT-Analysator m (Farbe, Frequenz, Temperatur) (Phys) / analizador m de color, de frecuencia y de temperatura

FFZ, flexible Fertigungszelle / célula f de fabricación flexible

FGR (= fortgeschrittener gasgekühlter Reaktor) (Nukl) / reactor m avanzado refrigerao por gas

FhG = Fraunhofer-Gesellschaft

FIA-Verfahren n (DIN 51791), Fluoreszenz-Indikator-Adsorptionsmethode f (Nukl) / procedimiento m de adsorción por indicador fluorescente, método m FIA

Fiber, Faser f / fibra f ‖ ⁓**-dichtung** f / junta f de fibra ‖ ⁓**-Drum** n / tambor m de fibra ‖ ⁓**glas** n / lámina f estratificada de fibras de vidrio ‖ ⁓**kanne** f (Spinn) / bote m de fibra ‖ ⁓**optik** f, Glasfaseroptik f / sistema m óptico de fibras de vidrio, óptica f de fibras de vidrio

Fibonacci-Folge f (2, 3, 5, 8, 13) (Math) / serie f Fibonacci

fibrillär, feinfaserig / fibrilar adj

Fibrille f (Bot, Med) / fibrilla f

Fibrillenwinkel m (Holz) / ángulo m fibrilar

fibrillieren vt (Pap) / fibrilar v

Fibrillierung f (Plast) / fibrilación f

Fibrillierwalze f / rodillo m de fibrilar

Fibrin n (Biol) / fibrina f

Fibroferrit m (Krist) / fibroferrita f

Fibrograph m, Fasrelängenmessgerät n (Chem) / fibrógrafo m

Fibroin n (Faserprotein der Seide) / fibroína f

Fibrolith m (Min) / fibrolita f

Fichte (gemeine o. Weißfichte), Rottanne f, Picea abies (Karst) o. excelsa (Link) (Forstw) / abeto m rojo o falso, picea f ‖ **kanadische** ⁓ / pino m [rojo] del Canadá

Fichten•anpflanzung f, -wald m / pinar m ‖ ⁓**brett** n, -diele f (Tischl) / tablón m de madera de pino ‖ ⁓**galllaus** f (Zool) / pulgón m de la agalla del abeto ‖ ⁓**harz** n / resina f del pino ‖ **weißes** ⁓**harz** / galipote m ‖ ⁓**holz** n / madera f de abeto o de pino ‖ ⁓**holzteer** m / alquitrán m de abeto ‖ ⁓**holz-Zellstoff** m (Pap) / pasta f papelera de abeto ‖ ⁓**lohe** f (Gerb) / tanino m de abeto ‖ ⁓**nadel** f / hoja f de pino, pinocha f, hoja acicular ‖ ⁓**nadelöl** n, -essenz f (Pharm) / esencia f [de hojas] de pino, pineolina f ‖ ⁓**säure** f, Pininsäure f (Chem) / ácido m abiético

Ficksches Gesetz n (Diffusion, Isotopentrennung) (Phys) / ley f de Fick

FIDO (= Fog Intensive Dispersal Operation) (Luftf) / sistema m FIDO

Fieberthermometer n (Med) / termómetro m clínico

Fieder- u. Fransenschneidemaschine f / máquina f para cortar franjas de papel

fieren vt (Schiff) / arriar, desguindar

fifa (Maßeinheit für zulässigen Abbrand), FIFA-Wert m (Nukl) / valor m de FIFA [de consumo admisible] (FIFA: fissions per unit fissionable atoms in %)

Fifo-Methode f (= first in, first out) (DV, Lager) / método m de primera entrada - primera salida

Figur f, Bronze-, Porzellan-, Tonfigur f / figura f ‖ ⁓ (Geom) / figura f[de geometría] ‖ ⁓ (grafisch), Abbildung f / diagrama m, representación f gráfica ‖ ⁓ f (Druck) / ilustración f ‖ ⁓ (Web) / dibujo m, motivo m ‖ **ebene** ⁓ / figura f plana

figurative Konstante (DV) / constante f figurativa

Figuren•druck m (Tex) / estampado m de objetos ‖ ⁓**kette**, Figurkette f (Web) / urdimbre f de dibujo o de figura o de muestra ‖ ⁓**schere** f / tijeras fpl de contornear ‖ ⁓**schuss** m (Web) / trama f de dibujo

figuriert, gemustert (Web) / figurado

figürlich, bildlich / figurado, figurativo ‖ **~ darstellen** / representar [en dibujo]

Figurzylinder, Dessinzylinder m (Web) / cilindro m para dibujo

fiktiv, Schein... / fictivo, simulado ‖ **~e Antwort** (DV) / respuesta f fictiva ‖ **~e Belastung** (Elektr) / carga f de circuito fantasma ‖ **~e Entfernung** / distancia f ficticia, distancia f hipotética ‖ **~e Erde** (Mikrowellen) / terra f ficticia, globo m terráqueo ficticio ‖ **~er Modul**

Filmsieden

(Mech) / módulo *m* fictivo ‖ ~es **Vermittlungsamt** (Fernm) / central *f* [telefónica] ficticia
Fil-à-Fil *m* (Web) / hilo *m* por hilo
Filament *n* (Astr) / filamento *m* ‖ ≃ (Endlosfaser, Tex) / filamento *m*, hilo *m* continuo ‖ ≃**garn** *n* (Spinn) / hilo *m* continuo
File *n* (DV) / datoteca *f*
Filet *n*, Abnehmer *m* (Spinn) / [cilindro] *m* peinador, llevador *m* ‖ ≃, Filetarbeit *f* (Stick) / filete *m*, fileteado *m* ‖ ≃, durchbrochene Kettenware (Tex) / género *m* de fileteado ‖ ≃**bindung** *f* (Web) / ligado *m* de fileteado
Filete *f*, Philete *f* (Bb) / cajetín *m* hierro de dorar
Filet•faden *m* (Tex) / hilo *m* de la malla ‖ ≃**hobel** *m* (Tischl) / cepillo *m* para molduras
filetieren *vt* (Fisch, Fleisch) / filetear
Filetiermaschine *f* **für Fische** / máquina *f* fileteadora de peces
Filet•maschine *f* (Netzherstellung) / máquina *f* de hacer red ‖ ≃**nadel** *f* (Tex) / aguja *f* de fileteado ‖ ≃**spitze** *f* / punta *f* de fileteado
Filial..., Zweig..., Neben... / sucursal *adj*
Filiale *f*, Zweigniederlassung *f* / sucursal *f*
Filieren *n* (Tex) / primer *f* torsión
filierte Seide, vorgedrehte Seide / hilo *m* sencillo, pelo *m*
Filigran *n*, -arbeit *f* / filigrana *f* ‖ ≃**arbeit** *f* (Tex) / trabajo *m* de filigrana ‖ ≃**korrosion** *f* / corrosión *f* en filigrana ‖ ≃**papier** *n* (Papier mit Wasserzeichen) / papel *m* filigrana ‖ ≃**porzellan** *n* (Keram) / porcelana *f* filigrana
Fillingmaschine *f* (Tex) / máquina *f* filling
Film *m*, dünne Schicht / capa *f* delgada, película *f*, filme *m* ‖ ≃ (Foto) / película *f*, film *m*, cinta *f*, filme *m* ‖ ≃ (als Vorführung) / cine *m* ‖ ≃, Filmkunst *f* / arte *m* cinematográfico ‖ ≃... / cinematográfico, fílmico, filmo..., del cine ‖ ≃... (Chem, Plast) / pelicular *adj* ‖ ≃ *m* **mit Tonspur** / película *f* [con pista] sonora ‖ **3D-**≃ / filme *m* tridimensional, película *f* en relieve ‖ **einen** ≃ **drehen** / filmar, cinematografiar, rodar una película ‖ **einen** ≃ **einlegen** / cargar la cámara ‖ ≃**abstreifer** *m* (Foto) / pinzas *f pl* escurridoras ‖ ≃**abtaster** *m* (TV) / explorador *m* de película ‖ ≃**abtastkamera** *f* / cámara *f* exploradora de película[s] ‖ ≃**adapter** *m* (Mikrosk) / adaptador *m* cinematográfico ‖ ≃**agitator** *m*, -dosenbewegungsgerät *n* (Foto) / agitador *m* de película ‖ ≃**andruckplatte** *f* (Foto) / prensapelícula *m* ‖ ≃**anschnitt** *m* (Plast) / entrada *f* pelicular ‖ ≃**apparat** *m*, -aufnahmeapparat *m* (Foto) / cámara *f* tomavistas, cámara *f* cinematográfica ‖ ≃**architekt** *m* / decorador *m* ‖ ≃**archiv** *n* / depósito *m* de películas, cinemateca *f* ‖ ≃**atelier**, Aufnahmeatelier *n* / estudio *m* cinematográfico ‖ ≃**aufnahme** *f*, Drehen *n* / filmación *f*, rodaje *m* ‖ ≃**aufnahmeleuchte** *f* / foco *m* supletorio ‖ ≃**aufwickelvorrichtung** *f* / mecanismo *m* de bobinado para película ‖ ≃**aufzeichnung** *f* / toma *f* de vistas, impresión *f* de una película ‖ ≃**aufzeichnungsgerät** *n* (TV) / telegrabadora *f* o teleimpresora de películas ‖ ≃**aufzug** *m* (Foto) / avance *m* de la película ‖ ≃**aufzugshebel** *m* (Foto) / palanquilla *f* de enrollado de la película ‖ ≃**ausgabe** *f* (DV) / registro *m* en filme, grabación *f* en película ‖ ≃**auslauf** *m* (Film) / cola *f* negra o protectora ‖ ≃**bahn** *f* / guía *f* de la película ‖ ≃**bespurung** *f* (Film) / aplicación *f* de la pista sonora o de la pista de sonido ‖ ≃**betrachter** *m* / visor *m* de película, Moviola *f* ‖ **[das einzelne]** ≃**bild** / cuadro *m* ‖ ~**bildend** / filmógeno ‖ ≃**bildetemperatur** *f* (Plast) / temperatura *f* de formación de película ‖ ≃**bildner** *m* (Anstrich, Chem) / agente *m* filmógeno, formador *m* de película ‖ ≃**boden** *m* (Chem) / plataforma *f* de películas ‖ ≃**bondierung** *f* (Plast) / forrado *m* con película adhesiva ‖ ≃**-Coating-Anlage** *f* **für Überziehen von Feinpartikeln** / máquina *f* aplicadora de emulsión o de capa delgada ‖ ≃**codierung** *f* (Film) / codificación *f* de filme ‖ ≃**dosimeter** *n* (Nukl) / dosímetro *m* de película, dosímetro *m* fotográfico personal ‖ ≃**dosimetrie** *f* (Nukl) / dosimetría *f* sobre película fotográfica ‖ ≃**druck**, Schablonendruck *m* (Tex) / estampación *f* lionesa o a película o al cuadro, impresión *f* por estarcido ‖ ≃**druckmaschine** *f* / estampadora *f* a película, máquina *f* de estampación al cuadro ‖ ≃**druckwagen** *m* / carro *m* de estampación al cuadro ‖ ≃**eingabe** *f* (DV) / exploración *f* de filme ‖ ≃**empfindlichkeit** *f* (Foto) / sensibilidad *f* de la película
filmen *vt*, verfilmen / filmar, cinematografiar ‖ ≃ *n*, Drehen *n* / filmación *f*, rodaje *m*
Film•entwickler *m*, -entwicklungsmaschine *f* / revelador *m* de películas ‖ ≃**entwicklungsdose** *f* / caja *f* de revelado ‖ ≃**fangspule** *f* / bobina *f* captadora ‖ ≃**farbwerk** *n* (Druck) / tintero *m* de cuchilla entintada pelicular ‖ ≃**fenster** *n* (Foto) / ventanilla *f* de proyección ‖ ≃**flotation** *f* (Bergb) / flotación *f* de filme ‖ ≃**fortschaltung** *f* (Film) / movimiento *m* intermitente del filme ‖ ≃**führung** *f* / guía *f* de película ‖ ≃**führungskanal** *m* / guíapelícula *m* ‖ ≃**gelände** *n* (Film) / recinto *m* cinematográfico ‖ ≃**geschwindigkeit** *f* / velocidad *f* [de desarrollo] de la película ‖ ≃**gießen** *n* (Plast) / colada *f* de películas ‖ ≃**gleitbahn** *f* **des Projektors** (Film) / deslizador *m* de la película ‖ ≃**kamera** *f* (für 16 o. 8 mm Film), -apparat *m* / cámara *f* tomavistas, tomavistas *m*, cámara *f* cinematográfica, filmadora *f*, cinecámara *f* ‖ ≃**kameraobjektiv** *n* (Opt) / objetivo *m* del tomavistas ‖ ≃**kassette** *f* (Film) / cajita *f* de la película ‖ ≃**kassette 126** / cartucho *m* 126, cartucho *m* instamatic ‖ ≃**kassette** (Stehbild) / adaptador *m* de bloque de películas ‖ ≃**kassette für Filmrollen** / caja *f* metálica para guardar películas ‖ ≃**kitt**, -kleber *m* / cola *f* para películas ‖ ≃**klammer** *f* / sujetapelículas *m*, pinza *f* ‖ ≃**klebepresse** *f* (Film) / prensa *f* para empalmar películas, empalmadora *f* ‖ ≃**kopie** *f* / copia *f* de película ‖ ≃**kühlung** *f* (Chem, Plast) / refrigeración *f* de película o de capa delgada ‖ ≃**länge** *f* (Film) / metraje *m* del filme ‖ ≃**lauflänge** *f*, -laufzeit *f* / longitud *f* del filme ‖ ≃**laufwerk** *n* (Projektor) / mecanismo *m* transportador o para el paso de filme ‖ ≃**laufzeit** *f* / duración *f* de la película ‖ ≃**leinwand** (Heimkino) / pantalla *f* para filme ‖ ≃**leseeinheit** *f* (DV) / unidad *f* para la exploración óptica de filme ‖ ≃**magazin** *n* (Foto) / cargador *m*, chasis *m* cargador, cargador *m* alimentador ‖ ≃**material** *n* (Rohfilm) / película *f* virgen ‖ ≃**othek** *f* / filmoteca *f*, archivo *m* cinematográfico, cinemateca *f* ‖ ≃**pack** *n* (obsol.) (Foto) / bloque *m* de películas (una caja metálica) ‖ ≃**plakette** *f* (Nukl) / dosímetro *m* de película ‖ ≃**produzent** *m* (Film) / productor *m* cinematográfico ‖ ≃**projektion** *f* / proyección *f* cinematográfica ‖ ≃**projektionsapparat**, -projektor *m* / proyector *m* cinematográfico o de cine ‖ ≃**ring** *m* (Nukl) / anillo *m* dosimétrico, dosímetro *m* de película en anillo ‖ ≃**risskontakt** *m* (Foto) / contacto *m* de rotura de la película ‖ ≃**rolle** *f* (Film) / rollo *m* de película, carrete *m* de película ‖ ≃**rollen zusammenziehen** (durch Festhalten des Wickels und Ziehen an den Kanten) / cinchar el rollo de película ‖ ≃**rückspulung** *f* / rebobinado *m* de la película ‖ ≃**salat** *m* (im Aufnahme- o. Vorführgerät) (coll) / corrida *f* de bucle ‖ ≃**schablone** *f* (Tex) / cuadro *m* de estampado ‖ ≃**schachtel** *f* (Film) / caja *f* metálica para guardar películas ‖ ≃**schaltrolle** *f*, -transportrolle *f* / rodillo *m* dentado de alimentación ‖ **spannungslose** ≃**schleife** / bucle *m* de la película ‖ ≃**schleifenbildner** *m* **zur Filmvorberuhigung** / rueda *f* tensora para preestabilización de la película ‖ ≃**schneidetisch** *m* / mesa *f* de montaje ‖ ≃**schnitt** *m* / montaje *m* de filme ‖ ≃**schritt** *m* / paso *m* de filme ‖ ≃**setzmaschine** *f* (Druck) / fotocomponedora *f*, fotocomposidora *f* ‖ ≃**sieden** *n* (Verdampfung) / ebullición *f* de película ‖ **instabiles** ≃**sieden im Übergangsbereich**

449

Filmspeicher

(Verdampfung) / ebullición f de transición || ~**speicher** m (DV) / memoria f de película ferromagnética delgada || ~**spule** f (Foto) / bobina f para película, carrete m para película || ~**spulenhalter** m (Fernseh) / portacarretes m || ~**stoffdrucker** m (Tex) / serígrafo m || ~**streifen**, Strip m (Foto) / tira f o cinta de vistas fijas || ~**streifen** m (Standardlänge 1000 ft) (Film) / cinta f [de una longitud de 1.000 pies] || ~**streifen** (Repro) / cinta f de imágenes || ~**streifenhalter** m (Schmalfilm) / sujetador m de cinta || ~**studio** n (Film) / estudio m cinematográfico || ~**technik** f / técnica f cinematográfica, cinematografía f || ~**techniker** m / técnico m cinematográfico, cineasta m || ~**teller** m / plato m de la película || ~**theater** n / cine m, cinema m || ~**transport** m (Foto) / avance m o arrastre de la película, pasada f de la película || ~**transportrolle**, Schaltrolle f (Filmapparat) / rodillo m dentado de alimentación || ~**transportvorrichtung** f (Foto) / dispositivo m para el avance de la película || ~**trommel** f (als Gehäuse für Spule) (Film) / tambor m de película || ~**trommel** (für Aufbewahrung) / tambor m para guardar la película || ~**verdampfer** m (Chem) / evaporador m pelicular || ~**vorberuhigung** f / preestabilización f de la película || ~**vorführer** m (Kino) / operador m de cine o de la cabina || ~**vorführgerät** n / proyector m cinematográfico || ~**vorführraum** m, -vorführkabine f (Film) / cabina f de proyección de películas || ~**vorführung** f / proyección f cinematográfica o de una película, representación f cinematográfica || ~**vorlage** f (Siebdruck) (Druck) / tipón m, película f modelo || ~**vorratsspule** f (Film) / carrete m de reserva (con película virgen) || ~**vorspann** m (selbsteinfädelnd) / cabeza f protectora || ~**wechsler** m / cambiador m de películas || ~**wiedergabe** f / proyección f cinematográfica || ~**zähler** m / contador m de metraje || ~**-Zahnrolle** f / rodillo m dentado de alimentación de la película

Filter m n, Filtrierapparat m, Filtergerät n / filtro m, aparato m filtrador || ~, Sieb n (Eltronik) / filtro m || ~ m n (Foto) / filtro m de luz, pantalla-filtro f || ~, Perkolator m (Chem, Pharm) / percolador m || ~ ... s. auch Filtrier... || ~ **des Ionenaustauschers** m n (Chem) / filtro m del cambiador de iones || **ein** ~ **einlegen** / poner un filtro || ~**anlage** f / instalación f de filtraje || ~**anschluss** m (Foto) / montura f para fijación del filtro || ~**aufnahme** f (Mikroskop) (Opt) / alojamiento m del filtro (microscopio) || ~**becken** n (Abwasser) / pila f filtrante, balsa f de filtración || ~**bett** n (Hydr) / capa f filtrante || ~**brunnen** m (Hydr) / pozo m filtrante || ~**drossel** f (Eltronik) / reactor m de filtro, choque m de filtro, reactancia f de filtro || ~**-Durchlässigkeit** f / transmitancia f de filtro || ~**einsatz** m (allg) / cartucho m o elemento filtrante || ~**einsatz** (Gasmaske) / cartucho m de filtro || ~**element** n (Chem Verf) / elemento m filtrador o filtrante || ~**faktor** m (Foto) / factor m de filtro || ~**fläche** f / superficie f de filtración || ~**gaze** f / gasa f filtrante || ~**geschwindigkeit** f, Durchgangsgeschwindigkeit f / velocidad f de filtración || ~**gestell** n, -rahmen m (Chem) / marco m del filtro, soporte m del filtro || ~**gewebe** n / tejido m filtrante || ~**hilfsstoff** m, -hilfe f (Chem) / material m auxiliar para filtración || ~**kammer** f (Brau, Hydr) / cámara f de filtración || ~**-Kat[alysator]** m / catalizador-filtro m || ~**kegel** m (Chem) / cono m filtrante || ~**kerze** f (Ionenaustauscher) / bujía f filtrante || ~**kette** f (Eltronik) / cadena f de filtros || ~**kies** m / gravilla f para filtrar, grava f filtradora || ~**kohle** f (Chem) / carbón m [de madera] filtrante || ~**kolben** m / matraz m para filtrar || ~**kopplung** f (Eltronik) / acoplamiento m de filtros || ~**kreis** m (Eltronik) / circuito m filtrante o de filtraje || ~**kuchen** m (Planfilter) / torta f [de filtro] || ~**kuchen** (Zuck) / torta f de cachaza o del filtro-prensa || ~**kuchen** (Hydr) / costra f de lodo || **den** ~**kuchen absüßen** (Zuck) / extraer el azucar de la torta de cachaza || ~**laufzeit** f (Sanitär) / duración f en servicio (entre limpiezas) || ~**maske** f / máscara f con filtro || ~**masse** f / material m filtrante, masa f filtradora

filtern vt, filtrieren / filtrar, [hacer] pasar por un filtro, eliminar o separar por filtración || ~ n / filtración f, filtrado m, filtraje m

Filter•nutsche f, Büchnerfilter m n (Chem) / filtro m de Büchner, filtro m de vacío || ~**papier** n / papel m filtrante o de filtro, papel-filtro m || ~**presse** f (Chem Verf) / filtro-prensa m, filtro m de presión || ~**presspumpe** f / bomba f de presión de filtrado, bomba f impelente de filtrado || ~**pulpe** f (Pap) / pulpa f de filtrado || ~**pumpe** f / filtro-bomba f || ~**quarz**, Resonatorquarz m (Eltronik) / cristal m de resonador || ~**rahmen** m (Chem) / bastidor m de filtro, marco m de filtro || ~**revolver** m (Opt) / portafiltros m revólver || ~**rohr** n / tubo m filtrante || ~**rückstand** m (Chem) / residuo m de filtración || ~**sack** m (Chem Verf) / bolsa f del filtro || ~**sack** (Aufb) / saco m de filtrado || ~**sack**, Staubsack m / saco m para polvos || ~**schicht** f (Chem Verf) / capa f filtrante || ~**schlamm** m (luftgemischter Schaum) (Zuck) / fango m de los filtros || ~**schlammaussüßung** f / extracción f del azúcar del fango de filtros || ~**schlauch** m (Chem Verf) / manga f de filtración || ~**sieb** n (Chem) / tamiz m, filtro m || ~**station** f (Zuck) / estación f de filtración || ~**stoff** m, -tuch n s. Filtergewebe || ~**stoff**, -tuch n (Chem, Tex) / tejido m filtrante, tela f filtrante, paño m de filtro || ~**system** n / sistema m de filtraje, juego m de filtros || ~**transformator** m (Eltronik) / transformador-filtro m || ~**-Transmissions-Elektronenmikroskop** n / microscopio m electrónico de transmisión por filtro || ~**-Trennschärfe** f (Eltronik) / selectividad f del filtro || ~**trockner** m / secador-filtrador m || ~**trommel** f (Zellenfilter) / tambor m filtrante || ~**turm** (Zuck) / torre f de filtrar || ~**verrohrung** f (Öl) / tubo m revestidor auxiliar perforado, tubo m calado (VEN) || ~**verstopfungszahl** f / índice m de obturación de un filtro || ~**weiche** f (Fernm) / diplexer m [con filtro] de muesca || ~**widerstand** m / resistencia f del filtro || ~**wirkung** f / efecto m filtrante || ~**zyklon** m / ciclón-filtro m

Filtrat n (Chem Verf) / filtrado m, materia f filtrada
Filtration f (Chem Verf) / filtraje m, filtración f, filtrado m
Filtrations•enzym n (Biochem) / enzima m de filtración || ~**mittel** n (Chem) / agente m de filtraje, material m filtrante
Filtrat•wasser n / agua f de filtración || ~**weg** m / distancia f de filtrado
Filtrier• ... s. auch Filter... || ~**apparat** m, -gerät n (Chem) / aparato m de filtración o para filtrar
filtrierbar / filtrable
Filtrierbarkeit f nach Hagemann u. Hammrich (DIN 51770) (Dieselöl) / filtrabilidad f según Hagemann y Hammrich
Filtrierbarkeits-Grenzwert m (Öl) / límite m de filtrabilidad
Filtrier•becher m / vaso m de filtración || ~**becken** n (Wasserversorgung) / depósito m de filtración || ~**einsatz** m (gesintert) (Chem) / juego m de filtros (sinterizado)
filtrieren vt, filtern / filtrar || ~ n / filtrado m, filtraje m, filtración f
filtrierend, Filtrier... / filtrante
Filtrier•fläche f / superficie f filtrante || ~**flasche** f, -kolben m (Chem) / frasco m de filtración || ~**geschwindigkeit** f / velocidad f de filtración || ~**gestell** n, Trichterhalter m / portaembudo m || ~**hadern** f pl (Pap) / trapos m pl de filtrar || ~**heber** m / sifón m de filtrado || ~**konus** m / cono m filtrante o de filtración || ~**masse** f / masa f filtrante, material m filtrante || ~**papier** n / papel m filtro, papel m filtrante

‖ ⁓stein *m* (Pap) / arenita *f* filtrante ‖ ⁓tiegel *m* / crisol *m* filtrante
Filz *m* (Tex) / fieltro *m* ‖ ⁓abdichtung *f* (Masch) / obturación *f* con (o por) fieltro ‖ ⁓artig, filzig / afieltrado
Filzbarkeit *f*, Krimpkraft *f* / fieltrabilidad *f*
filz•bildend, verfilzbar / fieltrante ‖ ⁓deckel *m*, Filz *m*, Filzunterlage *f* / tapa *f* de fieltro ‖ ⁓dichtung, -packung *f* (Masch) / junta *f* de fieltro, empaquetadura *f* de fieltro ‖ ⁓einlage *f* / capa *f* intermedia de fieltro
filzen (Galv) / pulir con disco de fieltro ‖ ⁓, Feuern *n* (Galv) / pulido *m* con disco de fieltro ‖ ⁓ *n*, Filzarbeit *f* (Tex) / enfieltrado *m*, fieltramiento *m*
filz•fähig / fieltrable ‖ ⁓fähigkeit *f* / poder *m* fieltrante ‖ ⁓fehler *m*, -marke *f* (Pap) / marca *f* de fieltro o de manchón ‖ ⁓führung *f* (Pap) / guía *f* de fieltro
filzig (Wolle) / fieltrado ‖ ⁓, verfilzend (Tex) / de fieltro, fieltrante ‖ ⁓, filzartig / afieltrado
Filz•kalander *m* / calandria *f* con cilindros de fieltro ‖ ⁓leitwalze *f* (Pap) / rodillo-guía *m* de fieltro ‖ ⁓marke *f* (Druck) / marca *f* de manchón, marca *f* de (o producida por e) fieltro ‖ ⁓markierung *f* (Pap) / marca *f* de fieltro o de manchón ‖ ⁓maschine *f* (Tex) / máquina *f* para fieltrar o para fabricar fieltro ‖ ⁓packung, -dichtung *f* (Masch) / junta *f* de fieltro ‖ ⁓papier *n*, -pappe *f* / papel *m* fieltro ‖ ⁓pappe *f* (Bau) / cartón *m* fieltro ‖ ⁓platte *f* / plancha *f* de fieltro ‖ ⁓rohrfilter *n* (Kfz) / filtro *m* tubular de fieltro ‖ ⁓scheibe *f*, -polierscheibe *f* (Galv) / muela *f* de fieltro, disco *m* de fieltro para pulir ‖ auf der ⁓scheibe abziehen, filzen / pulir con disco de fieltro ‖ ⁓schreiber, -stift *m* (Büro) / rotulador *m* [de fieltro] ‖ ⁓schrumpfung *f* (Tex) / encogimiento *m* de fieltro ‖ ⁓seite *f* (Pap) / lado *m* de fieltro ‖ ⁓teppich *m* / alfombra *f* de fieltro ‖ ⁓tuch *n* / paño *m* de fieltro, tejido *m* de fieltro ‖ ⁓tuch (gewebt) / fieltro *m* tejido ‖ ⁓unterlage *f* / base *f* de fieltro, almohadilla *f* de fieltro, mantilla *f* ‖ ⁓unterlegscheibe *f* / arandela *f* de fieltro ‖ ⁓vermögen *n* (Gewebe) / poder *m* fieltrante ‖ ⁓walker *m* (Arbeiter) / abatanador *m* de fieltro ‖ ⁓walkmaschine *f* (Tex) / máquina *f* de abatanar el fieltro ‖ ⁓walze *f* (Pap) / cilindro *m* revestido de fieltro ‖ ⁓wolle, Krullwolle *f* (Tex) / lana *f* cerrada
FIM = Feldionenmikroskop
fima (Maßeinheit für Spaltungen bezogen auf den Schwermetallgehalt) (Nukl) / fima, valor *m* FIMA
finalisieren (CDs) (DV) / finalizar
finden *vt* / encontrar, hallar ‖ ⁓, entdecken / descubrir ‖ ⁓, suchen / localizar
Finderteilkreis *m* am Spektroskop (Phys) / círculo *m* de localización
Findigkeit, Erfindungsgabe *f* / ingenuosidad *f*
Findling *m*, erratischer Block (Geol) / roca *f* errática, bloque *m* errático
Findlingsquarzit *m* (Keram) / cuarcito *m* errático
Finger *m* / dedo *m* ‖ ⁓ (koll.) (Luftf) / pasarela *f* de embarque ‖ genetischer ⁓abdruck (Biol) / característica *f* genética ‖ ⁓abdrücke *m pl* (z.B. auf polierten Flächen) (allg) / impresiones *f pl* digitales ‖ ⁓abdrücke (Polizei) / huellas *f pl* dactilares ‖ ⁓abdruck-Sensor *m* (Laptop) (DV) / sensor *m* de impresión digital ‖ ⁓anschlag *m* (Fernm) / tope *m* de marcador de disco ‖ ⁓balken (Landw) / barra *f* de corte con dedos ‖ ⁓breite *f* / ancho *m* de un dedo (dos dedos de ancho) ‖ ⁓fertigkeit *f* / destreza *f* (de los dedos) ‖ ⁓flugsteig *m* (Luftf) / muelle *m* de embarque digitiforme ‖ ⁓förmig / digitado, digitiforme ‖ ⁓fräsen *n* (Masch) / fresado *m* con fresa de punta ‖ ⁓fräser *m* (Wzm) / fresa *f* de punta ‖ ⁓greifer *m* (Roboter) / pinza *f* que ejecuta los movimientos de los dedos ‖ ⁓hebelwelle *f* (Kfz) / árbol *m* del dedo de dirección ‖ ⁓hut *m* (Tex) / dedal *m* ‖ ⁓hut, Digitalis *f* purpurea (Bot) / digital *m*, dedalera *f* ‖ ⁓hut-Ionisationskammer *f* (Nukl) / cámara *f* dedal ‖

⁓hutrohr *n* (Reaktor) / caperuza *f*, manguito *m* ‖ ⁓kontakt *m* (Eltronik) / contacto *m* digitiforme ‖ ⁓platte *f* (Mähmaschine) / contra-placa *f* ‖ ⁓probe *f* (Zuck) / prueba *f* del dedo ‖ ⁓regelstab *m* (Reaktor) / barras *f pl* de regulación múltiple ‖ ⁓ring-Filmdosimeter *n* (Nukl) s. Filmring ‖ ⁓rührer *m* (Chem) / agitador *m* de rastrillo ‖ ⁓scheibe *f*, Wählscheibe *f* (Fernm) / disco *m* marcador o dactilar ‖ ⁓schutz *m* / protección *f* de los dedos, dedil *m* ‖ ⁓spitzenbetätigung *f* / control *m* inmediato o de botón ‖ ⁓strickmaschine *f* (Tex) / tricotosa *f* de dedos de guantes ‖ ⁓taste *f* / tecla *f*
Finieren *n*, Finish *m* (Tex) / acabado *m*
Finimeter *n* (Bergb) / manómetro *m* de la provisión de oxígeno
Finish *n*, Oberflächengüte *f* / acabado *m* superficial, asperezas *f pl* superficiales ‖ ⁓-Dekatieren *n*, -Dekatur *f* (Tex) / decatizado *m* final
Finisher *m* (Straßb) / acabador *m*
Finishmaschine *f* (Web) / máquina *f* acabadora
finit (Mech) / finito ‖ ⁓es Element (Mech) / elemento finito ‖ ⁓e Elementemethode, FEM / método *m* de elementos finitos ‖ ⁓e Menge (Math) / conjunto *m* finito
Finne *f*, Blasenwurm *m* (Zool) / cisticero *m*
Finne *f*, Pinne *f*, schmale Hammerbahn (Wz) / corte *m* del martillo, peña *f*, boca *f* ‖ gespaltene ⁓ / peña *f* partida ‖ mit der ⁓ abklopfen (o. hämmern o. bearbeiten) / trabajar o martill[e]ar con la peña
finster, unbeleuchtet / oscuro
Finsternis *f* (Astr) / eclipse *m* ‖ ⁓-Ende *n* (Astr) / fin *m* de eclipse
FIP (Bau) = Fédération Internationale de la Précontrainte
FIR, Ferninfrarot *n* (Nachtsichtgerät) / infrarrojo *m* a distancia
Fireclay, Feuerton *m* (Keram) / arcilla *f* refractaria
Firewall *f* (DV) / cortafuegos *m*, muro *m* de seguridad
Firewire-Anschluss *m* (für schnelle Übertragung von Datenmengen) / conexión *f* Firewire
firmen•eigen (z.B. Galvanik) / interno, de la empresa ‖ ⁓kennfaden *m* (Kabel) / hilo *m* identificador ‖ ⁓schild *m* / rótulo *m* de establecimiento ‖ schild (des Herstellers) / placa *f* del constructor ‖ ⁓schild, Leistungsschild *n* (Elektr) / placa *f* identificadora ‖ ⁓stempel *m* / sello *m* de la empresa ‖ ⁓symbol, Wappenzeichen *n* (Kfz) / virola *f*, aro *m* ornamental ‖ ⁓wert *m*, Goodwill *m* / valor *m* de negociación (E), fondo *m* de comercio (LA), guantes *m pl* (México) ‖ ⁓zeichen *n*, Fabrikmarke *f* / marca *f* [de fábrica]
Firmware *f* (DV) / microprogramación *f* [cableada]
Firnis *m* / barniz *m* [transparente], aceite *m* cocido ‖ ⁓papier *n* / papel *m* barnizado
firnissen *vt* (Tischl) / barnizar ‖ ⁓ *n* / barnizado *m*
First *m*, Dachfirst *m* (Bau) / caballete *m*, cima *f*, cumbrera *f* ‖ ⁓abdeckung *f* (Bau) / recubrimiento *m* de cumbrera ‖ ⁓balken *m* / viga *f* de caballete [de tejado], viga *f* cumbrera, hilera *f*, parhilera *f* ‖ ⁓blech *n*, Gratblech *n*, Firsteindeckung *f* / plancha *f* [de cinc] del caballete
Firste *f*, First *m* (Bergb) / techumbre *f*, techo *m* de la galería ‖ ⁓, Abbaufirste *f* (Bergb) / techo *m* de arranque ‖ ⁓, Streckenfirste *f* (Bergb) / techo *m* de galería
Firsten•bau *m* (Bergb) / explotación *f* en gradas ‖ ⁓brand *m* / incendio *m* de techo ‖ ⁓druck *m* (Bergb) / presión *f* del techo ‖ ⁓einbruch *m* (Bergb) / hundimiento *m* de techo ‖ ⁓höhe *f* / altura *f* del techo ‖ ⁓kammerbau, Firstenbau *m* mit abgesetzten Stößen (Bergb) / explotación *f* por cámaras y testeros ‖ ⁓krone *f* / soporte *m* anular para techos ‖ ⁓schuss *m* (Bergb) / tiro *m* en el techo
First[en]stempel *m* (Bergb) / entibado *m* del techo
Firsten•stoß *m* (Bergb) / grada *f* ascendente, testero *m* ‖ ⁓stoßbau *m* (Bergb) / testeros *m pl* con tolvas

Firstgebinde

First•gebinde n (Dach) / pizarra f de caballete ‖ ≈gewölbe n (Bergb) / arco m del techo ‖ ≈haken m (Dach) / gancho m de cumbrera ‖ ≈haube, -abdeckung f (Bau) / cubierta f del caballete ‖ ≈haube f, -verzierung f (Dach) / chapa f de cumbrera
First-in-first-out, Fifo-Prinzip n (Lager) / primera entrada, primera salida
First-in-Last-out, Filo-Prinzip n / primera entrada, última salida
First• [kamm, -sattel] m (Bau) / cresta f del tejado ‖ ≈lage f, -schar f (Dach) / teja f de remate ‖ ≈lüfter m (Dach) (Bau) / teja f de caballete de ventilación ‖ ≈lüftung f (Bau) / ventilación f por la cumbrera ‖ ≈pfette f (Dach), -rähm, -balken m (Bau) / cabio m del caballete ‖ ≈punkt m (Bergb, Verm) / punto m de referencia en techo ‖ ≈schlussziegel m (Dach) / [media] teja terminal [del caballete] ‖ ≈stempel m (Bergb) / entibado m del techo ‖ ≈ziegel m (Dach) / teja f de caballete, teja f de cumbrera
FIS, Fahrerinformationssystem n / sistema m de información para el conductor
FI-Schalter m, Fehlerstromschutzschalter m / interruptor m protector de defecto de corriente
Fisch•aufstand m (DIN) (Umw, Zool) / subida f a la superficie de los peces (por ej. por falta de oxígeno) ‖ ≈auge n, -augenobjektiv n (Foto, Plast) / objetivo m ojo de pez ‖ ≈band n, Einsatzband n (Schloss) / bisagra f ‖ ~bauchig / en forma de vientre de pez ‖ ≈bauchträger m (Stahlbau) / viga f en [forma de vientre de] pez ‖ ≈blase f (Zool) / vejiga f de pez ‖ ≈davit m (Ankergeschirr) / pescante m del pescador ‖ ≈echolot n (Eltronik, Schiff) / localizador m de bancos de peces, localizador m de cardúmen e, buscapeces m
fischen / pescar, capturar ‖ mit dem Schleppnetz ~ / pescar a la vastra, pescar al arrastre ‖ ≈ (mit Grundnetz) / rastreo
Fischerei•abfälle m pl / desechos m pl de captura, desperdicios m pl de pescado ‖ ≈fahrzeug n (Schiff) / embarcación f pesquera, barco m pesquero, lancha f pesquera ‖ ≈hafen m / puerto m pesquero ‖ ≈schutzboot n / barco m guardapescas
Fischer-Tropsch-Synthese f, Kogasinsynthese f (Chem) / síntesis f Fischer-Tropsch
Fisch•fabrikschiff n / buque m especial para pescar y elaborar, buque m factoría de pesca ‖ ≈fang m, Fischerei f / pesca f ‖ ≈fanggeräte n pl, Fischereigeräte n pl / aparejos m pl o artes de pesca, enseres m pl de pesca ‖ ≈fang-undVerarbeitungsschiff n / buque m factoría ‖ ~förmig / pisciforme ‖ ≈gerinne n, -graben m, -leiter (Hydr) / paso m para peces ‖ ≈gräte f (Tex, Zool) / espina f de pez, raspa f ‖ ≈grätenantenne f / antena f en espina de pez, antena f raspa ‖ ≈grätenmelkstand m (Landw) / sala f de ordeñar ‖ ≈grätenmuster n (Tex) / espinapez ‖ mit ≈grätenmuster versehen / proveer de dibujo en espina ‖ ≈grätenparkett n (Bau) / parqué m espinapez, entarimado m de espinapez, espinapez m ‖ ≈grätenverband m (Bau) / trabazón f en espinapez ‖ ≈gratköper m (Web) / sarga f interrumpida ‖ ≈hautränderln n (Masch) / moleteado m en X, moleteado m romboidal ‖ ≈industrie f, Fisch verarbeitende / industria f pesquera ‖ ≈konserve f, conserva f de pescado ‖ ≈leder n / cuero m de pez ‖ ≈leim m, Hausenblase f (Chem, Tischl) / cola f de pescado, ictiocola f, colapez f ‖ ≈leiter f (Hydr) / rama f salmonera, escala f de peces ‖ ≈linie f / cable m para [la] pesca ‖ ≈logger m, Logger m (Schiff) / lugre m ‖ ≈lot n, -lupe f (Eltronik, Schiff) s. Fischecholt ‖ ≈mehl n / harina f de pescado ‖ ≈netz n / red f de pesca o de pescar ‖ ≈netz, Schleppnetz n / red f de rastra ‖ ≈netzwinde f (Schiff) / cabrestante f para las redes ‖ ≈öl n (Nahr) / aceite m de pescado ‖ ≈papier n / papel m de pescado ‖ ≈pass m, -treppe f, -weg m (Hydr) /

paso m para peces ‖ ≈produkte n pl / productos m pl pesqueros ‖ ≈pumpe f (Schiff) / bomba f de pescado ‖ ≈raum m (Schiff) / bodega f de pescado ‖ ≈reuse f / nasa f ‖ ≈schuppen f pl (Email, Fehler) / escamas f pl ‖ ≈schwanz m, Fischschwanzbrenner m (Schw) / mechero m tipo cola de milano o cola de pez ‖ ≈schwanz (Motorrad) / escape m tipo cola de milano ‖ ≈schwanzkneter m, Doppelnabenkneter m (Bäckerei) / amasadora f con aletas, amasadora f en forma de cola de pez ‖ ≈schwanzmeißel m, -bohrer m (Öl) / barrena f cola de pescado ‖ ≈schwarm (Zool) / banco m de peces ‖ ≈teich m / estanque m de peces ‖ ≈tran m (Nahr) / aceite m de pescado ‖ ≈treppe f s. Fischpass ‖ ≈zucht f / piscicultura f ‖ ≈zuchtanstalt f / piscifactoría f
Fission, Kernspaltung f (Nukl) / fisión f
Fissium n (Spaltproduktsbestandteil) (Nukl) / fisio m
fit (Ausfälle in 10^9h) (= failures in time) (DV) / fit
FIT (= Field Installation Time) (DV) / tiempo m de instalación en zona
Fitness-Gerät n / aparato m o banco de gimnasia
Fitsche f s. Fischband
Fittigsche Reaktion f (Herstellung alkylsubstituierter Aromaten) (Chem) / síntesis f de Fittig
Fitting n (Bahn, Luftleitung) / pieza f de empalme con brida ‖ ≈s pl, [kleine] Armaturen f pl (Wasserltg) / accesorios m pl de cañería o de tubo, piezas f pl de empalme o de conexión
Fitzbund m (Druck) / cadeneta f, punto m de cadeneta
Fitze f, Fitz m (Spinn) / madeja f, madejita f, troquillón m
Fitzen n, Abbinden n (Spinn) / devanado m en troquillones
Fitzer m / aspeador m de madejas, aspador m
Fitz•knoten m (Tex) / nudo m de la madeja o de troquillón ‖ ≈schnur f, Fitz[faden] m / trascanador m de madejas, centener m
FIV, fabrikfertiger Installationsverteiler (Elektr) / panel m o tablero de distribución hecho en fábrica
fix, fest / fijo ‖ ~e Länge / longitud f fija
Fixativ, Fixiermittel n (Chem, Foto) / fijador m
Fix•echo n, Dauerecho n (Radar) / eco m fijo o permanente ‖ ≈fokus-Einrichtung f (Foto, Opt) / fijación f de enfoque ‖ ≈fokusobjektiv n (Foto, Opt) / objetivo m de foco fijo
Fixier•bad n (Foto) / baño m fijador o de fijación ‖ ≈[bad]-Entwicklung f / baño m de revelado y fijación ‖ ~bar (allg, Chem) / fijable ‖ ≈dämpfer m (Tex) / vaporizador m de fijación
fixieren vt, befestigen / fijar, sujetar, inmovilizar, calzar ‖ ~, örtlich festlegen / localizar ‖ ~ (Foto) / fijar ‖ [Chemie]fasern ~ (Tex) / fijar las fibras sintéticas ‖ ≈ n (Foto, Zeichn) / fijado m, fijación f ‖ ≈, [Klett n (Tex) / planchado m ‖ ≈ mittels Dampf (Textildruck) / fijado m al vapor o por vaporizado ‖ ≈ und Glänzen (Tex) / fijado m y planchado
Fixier•feld n (Tex) / zona f de fijación ‖ ≈loch n / agujero m de referencia ‖ ≈maschine f (Web) / máquina f de fijación ‖ ≈mittel n, Beize f (Färb) / agente m de fijación ‖ ≈mittel, -bad n (Foto) / agente m fijador, fijador m ‖ ≈natronzerstörer m (Chem, Foto) / eliminador m de tiosulfato ‖ ≈öl n (Drucker) / aceite m fijador ‖ ≈salz, Natriumthiosulfat n (Chem, Foto) / sal f fijadora, tiosulfato m sódico ‖ ≈spannmaschine f (Tex) / máquina f tensora ‖ ≈stift m (Masch) / espiga f o clavija posicionadora
Fixismus m (Geol) / fijismo m
Fix•kamm m, Festkamm m (Spinn) / peine m fijo o rectilíneo ‖ ≈punkt m (Verm) / punto m fijo o de referencia ‖ ≈punkt (Temperatur) / punto m de referencia fijo ‖ ≈punkt (DV) / punto m de interrupción o de parada, punto m de control o de pausa ‖ ≈punkt-Projektor (Elektr) / proyector m convergente ‖ ≈punktroutine f (DV) / rutina f de punto de control ‖ ≈stern m (Astr) / estrella f fija ‖

Flächendiagonale

≚**walze,** Schnellwalze f (Tex) / volante m ‖ ≚**zeitpunkt,** Meilenstein m (PERT) / hito m
Fjord m (Geo) / fiordo m
FK (Mil, Raumf) = Flugkörper ‖ ≚ = Fachausschuss Kunststoffe im VDI ‖ ≚ = Flüssigkristall ‖ ≚ (Plast) = faserverstärkter Kunststoff
F-Kalander m, Kalander m in F-Form / calandra f en F
F-Kontakt m (Foto) / contacto m desincromazación "F"
FK-Schnellboot n / lancha f rápida lanzamisiles
FK•-Start m (Mil) / lanzamiento m de misiles ‖
≚**-Zielsuchkopf** m / morro m autodirector del misil
FL = Fachausschuss Lebensmitteltechnik im VDI
Flab f (= Fliegerabwehr) (Mil) / defensa f antiaérea
Flabrakete f (Schweiz) / misil m antiaéreo
flach, glatt, eben / liso, plano ‖ ~, schalenförmig / poco profundo, tipo platillo ‖ ~, platt / aplanado, aplastado, llano, plato, plano, papiriquí (MEJ) ‖ ~, seicht (Wasser) / bajo, poco profundo ‖ ~ (Lagerung) (Bergb) / de poca inclinación ‖ ~, ohne Anschlüsse (Chip) / sin contactos ‖ ~ (Flug) / raso, rasante ‖ ~**e Abstimmung** (Eltronik) / sintonía f plana ‖ ~**es Bild** (Foto) / imagen f sin relieve o sin contrastes, imagen f débil ‖ ~**e Blase** (an der Oberfläche) (Plast) / vejiga f, ampolla f ‖ **mit ~em Boden** (Schiff) / de fondo plano ‖ ~**es Einfallen** (Bergb) / inclinación f pequeña ‖ ~ **einfallend** (Opt) / con pequeño ángulo de inclinación, de ángulo llano ‖ ~ **einfallend** (Bergb) / de poca inclinación, de escasa pendiente ‖ ~**er Hohlbeitel** (Holzbearb) / gubia f plana ‖ ~**es Isolierrohr** (Elektr) / tubo m plano de aislamiento ‖ ~**er Kolben,** Flachkolben m (Mot) / émbolo m de cabeza plana ‖ ~**e Kronenmutter** (Masch) / tuerca f almenada plana ‖ ~**e Küste** (Geo) / costa f plana, playa f ‖ ~ **legen** / disponer de plano ‖ ~**er Lochstein** (Instr) / piedra f de cojinete plana ‖ ~**e Schale** (Bau) / cascarón m plano ‖ ~**e Schiene** / rail m o raíl o riel plano ‖ ~ **spritzen,** aus flacher Düse spritzen (Plast) / extruir con una boquilla de ranura ancha ‖ ~**er Verlauf** m (o. Gang) (Akust) / respuesta f de paso de banda, característica f pasabanda ‖ ~ **werden,** abflachen (sich) / aplanarse, achatarse ‖ ~**e Wiedergabe** (Eltronik) / respuesta f uniforme o plana ‖ ~**er Winkel** (Geom) / ángulo m plano ‖ ~**er Zylinderkopf** (Schraube) / cabeza f cilíndrica plana ‖ ~**e Zylinderschale** (Bau) / cascarón m cilíndrico plano
Flach•anschluss m (Halbl, Zuleitung) / conexión f plana ‖ ≚**anschlussstück** n (Elektr) / conector m de sección rectangular ‖ ≚**bagger** m (Bau) / bulldozer m, aplanadora f
Flachbahn f (Wzm) / plano m, carrera f plana ‖ ≚ (Phys) / trayectoria f plana o rasante ‖ ≚**-stich** m (Walzw) / parada f en plano ‖ ≚**anlasser** m (Elektr) / reóstato m de arranque de placa frontal ‖ ≚**förderer** m (Förd) / transportador m de cinta plana
Flachbahnhof m (Bahn) / estación f de clasificación en horizontal
Flachbahn•kaliber n (Walzw) / calibre m plano ‖ ≚**kollektor** m (Elektr) / colector m de delgas plano ‖ ≚**-Magnetspektrometer** n (Phys) / espectrómetro m magnético plano ‖ ≚**steller** m, Flachbahnregler m / atenuador-regulador m deslizante plano, regulador m de corredera ‖ ≚**trockner** m (Pap) / secadora f de recorrido plano
Flach•bandkontakt m (Elektr, Stecker) / contacto m de cinta ‖ ≚**baugruppe** f (Eltronik) / subconjunto m plano ‖ ≚**bauteil** n (Eltronik) / componente m plano, elemento m 'flatpack' ‖ ≚**bauten** pl (Bau) / construcciones f pl horizontales ‖ ≚**bauweise** f (Bau) / construcción f en un nivel, construcción f plana ‖ ≚**bauweise,** SMT (DV) / montaje m superficial de componentes [planos] ‖ ≚**bett** n (Druck) / base f llana, cama plana.f. ‖ ≚**bett** (Dreh) / bancada f plana ‖ ≚**bettfelge** f (Kfz) / llanta f de base llana ‖ ≚**bettmaschine** f (Druck) / máquina f tipográfica plana

‖ ≚**bettnähmaschine** f (Tex) / máquina f de coser de placa plana ‖ ≚**bettplotter** m, Tischplotter m (DV) / trazadora f de mesa ‖ ≚**beutel** m (Verp) / bolsa f plana ‖ ≚**beutel[verpackungs]maschine** f / máquina f para embalar en bolsas planas ‖ ≚**-Biege-Schwingversuch** m (Mat.Prüf) / ensayo m de fatiga por flexión plana ‖ ≚**bildröhre** f (TV) / tubo m de TV plano ‖ ≚**bildschirm** m (TV) / flat-panel m, flatscreen m ‖ ≚**bild-TV-Gerät** n, Flat-Panel-Fernseher m / televisor m de pantalla plana ‖ ≚**boden-Bauform** f (Thyristor) / tiristor m del tipo de disco ‖ ≚**bodenselbstentlader** m (Bahn) / vagón m con descarga automática por el fondo ‖ ≚**bodentank** m / depósito m de fondo plano ‖ ≚**bogen** f (Bau) / arco m rebajado o escarzano ‖ ≚**bohrloch** n (Öl) / barreno m plano ‖ ≚**bohrung** f (Bergb) / sondeo m de ángulo llano ‖ ≚**boot** n, Barge f (Schiff) / chata f ‖ ≚**bramme** f (Walzw) / desbaste m plano ‖ ≚**brenner** m (Schw) / mechero m tipo cola de milano o cola de pez ‖ ≚**brücke** f (Bau) / puente m llano ‖ ≚**bündelverfahren** n nach Pressley (Tex) / método m Pressley de fascículos planos ‖ ≚**bundmutter** f (Kfz, Masch) / tuerca f de collar plano ‖ ≚**dach** n (Bau) / techo m o tejado plano, azotea f ‖ ≚**dechsel** f (Wz, Zimm) / azuela f [de hoja] plana ‖ ≚**decke** f (Bau) / techo m o plafón plano ‖ ≚**dichtung** f (Masch) / junta f plana ‖ ≚**docht** m / mecha f plana ‖ ≚**draht** m / alambre m plano ‖ ≚**drahtbewehrung** f (Kabel) / armadura f de hilos planos ‖ ≚**druck** m (Druck) / planografía f, impresión f plana ‖ **im ≚druck herstellen** / planografiar ‖ ≚**drücken** vt (Glas) / aplanar ‖ ≚**druckmaschine** f (Tex, Zeugdr) / máquina f de impresión plana, impresora f plana ‖ ≚**druckpresse** f (Druck) / impresora f plana ‖ ≚**druckrotationsmaschine** f (Druck) / rotativa f para impresión plana ‖ ≚**druckverfahren** n (Druck) / procedimiento m de grabado de superficie, impresión planográfica.f., planografía f ‖ ≚**düse** f (Plast) / tobera f plana
Fläche f (abgegrenzt, begrenzt) (allg, Geom) / área m [limitada], extensión f, explanada f, zona f ‖ ≚, Ebene f (allg, Geo) / superficie f plana, plana f ‖ ≚ (Math) / superficie f, plano m ‖ ≚, Oberfläche f, Querschnittsfläche f / superficie f, área f ‖ ≚, flache Seite / parte f o cara plana ‖ ≚, Wasserfläche f / agua f, superficie f de agua ‖ ≚, Schliff-Fläche f / faceta f ‖ ≚ **des Sechskantkopfes** / parte f plana de la cabeza hexagonal ‖ ≚ **2. Grades** (Math) / superficie f de segundo grado ‖ **begrenzte ≚** (Geom) / área f limitada ‖ **ebene ≚** (Geom) / superficie f plana
Flacheisen n, -band n / llanta f ‖ ≚ s. Flachstahl
Flächen•abbrenngeschwindigkeit f / velocidad f de combustión en superficie ‖ ≚**-Aberration** f, Zonenfehler m (Opt) / aberración f zonal ‖ ≚**analyse** f (Chem) / análisis m de superficie ‖ ≚**anschnitt** m (Plast) / entrada f pelicular ‖ ≚**antenne** f / antena f en hoja, antena f de hilos horizontales ‖ ≚**ausdehnung** f / extensión f superficial ‖ ≚**ausdehnungszahl** f (Wärmedehnung) / coeficiente m de dilatación térmica superficial ‖ ≚**bedarf** m / espacio m ocupado ‖ ≚**belastung** f (Bau) / carga f por unidad de superficie ‖ ≚**belastung,** -last f (Filter) / carga f en las superficies [de contacto] ‖ ≚**belastung** f (Luftf) / carga f por unidad de ala ‖ ≚**berechnung** f / cálculo m de áreas ‖ ≚**beziehungsgesetz** n / ley f de relación de áreas ‖ ≚**bezogen** / en función a la superficie, en relación a la superficie ‖ ~**bezogene Auftreffrate** f / tasa f de incidencia ‖ ~**bezogene Masse** (Pap) / sustancia f ‖ ~**bezogene Masse** (allg, Phys) / masa f por unidad de superficies ‖ ≚**blitz** m (Elektr, Meteo) / rayo m difuso ‖ ≚**blitz** m / relámpago m difuso ‖ ≚**brand** m (Forstw) / incendio m de gran extensión superficial ‖ ~**deckend** / área extendida, que cubre toda la región ‖ ≚**detektor** m (Halbl) / detector m de capas o de unión ‖ ≚**diagonale** f (Math) / diagonal f de superficie ‖

453

Flächendichte

~**dichte** f (Elektr) / densidad f superficial ‖ ~**dichte des magnetischen Moments** / potencia f de una hoja ‖ ~**diode** f (Halbl) / diodo m de unión ‖ ~**druck** m, -pressung f (Masch) / presión f superficial (entre las superficies de contacto) ‖ ~**echolot** n (Schiff) / sonar m de exploración lateral ‖ ~**einheit** f (Geom, Verm) / unidad f de superficie ‖ ~**eisen** n (Steinmetz) / trincheta f, escoda f ‖ ~**element** n, unendlich kleines Flächenteilchen (Phys) / elemento m superficial ‖ **gleichmäßige** ~**erosion** (Geol) / erosión f laminar [uniforme] ‖ ~**förmig** / planiforme ‖ ~**fräsen** n (Masch) / fresado m plano o de superficies planas ‖ ~**fräser** m (Wz) / fresa f para superficies planas ‖ ~**fräsmaschine** f (Wzm) / fresadora f planeadora ‖ ~**funke[n]** m (Eltronik) / chispa f planiforme ‖ ~**galvanisieren** n / cubrición f total ‖ ~**geschwindigkeit** f (Astr) / velocidad f areolar ‖ ~**gewicht** n (Pap) / peso m básico o elemental ‖ ~**gewicht** (bezogen auf 1 Ries) (Pap) / peso m por resma ‖ ~**gewicht** (in g/m$_2$) (Pap) / peso m por metro cuadrado ‖ ~**gitter** n / reja f bidimensional ‖ ~**gleich** (Math) / de área equivalente ‖ ~**gleichrichter** m (Elektr) / rectificador m de contacto por superficie, rectificador m de superficie de contacto ‖ ~**gleichrichter** (Halbl) / rectificador m de unión ‖ ~**heizleiter** m (Bau) / banda f calefactora de gran superficie ‖ ~**heizung** f (Bau) / calefacción f de superficie ‖ ~**helligkeit** f (Licht) / intensidad f de iluminación, luminosidad f por unidad de superficie ‖ ~**inhalt** m (Math) / área f, cabida f ‖ ~**inhalt einer Oberfläche** / área f de superficie ‖ ~**inhaltsbestimmung** f / planimetría f ‖ ~**integral** n (Math) / integral f de superficie ‖ ~**kalkulator** m **für gedruckte Schaltungen** / calculador m de superficie ‖ ~**kathode** f (Eltronik) / placa f cátodo ‖ ~**kühler** m (Hütt) / radiador m plano ‖ ~**kühler der Klimaanlage** (Bau) / batería f refrigerante ‖ ~**ladung** f (Elektr) / carga f superficial ‖ ~**lager** n, ebenes Lager (Brücke) / apoyo m simple, apoyo m plano ‖ ~**längsriss** m (Walzw) / grieta f longitudinal del plano ‖ ~**leuchte** f, Leuchtkondensator m (Licht) / condensador m luminoso ‖ ~**leuchte** (Film) / lámpara f compuesta de múltiples bombillas, hilera f de lámparas ‖ ~**maß** n (Einheiten) / unidad f de superficie ‖ ~**maß**, -abmessung f (Geom, Verm) / medida f de superficie ‖ ~**messer** m, Planimeter n (Mess) / planímetro m ‖ ~**messung** f / planimetría f ‖ ~**monitor** m (Nukl) / monitor m de área ‖ ~**muster-Erkennung** f (DV) / reconocimiento m de configuraciones ‖ ~**navigation** f (Luftf) / navegación f horizontal ‖ ~**nutzungsplan** m (Bau) / plan m de aprovechamiento del terreno ‖ ~**pressung** f (Masch) / presión f superficial ‖ ~**querriss** m (Walzw) / grieta f transversal del plano ‖ ~**raster** (Bau) / retícula f, módulo m ‖ ~**raum** m / superficie f ‖ ~**reduzierung** f / reducción f de superficie ‖ ~**regel** f (Luftf) / regla f de las áreas ‖ ~**rüttler** m (Bau) / vibrador m plano ‖ ~**satz** m **von Kepler** (Astr) / ley f de las áreas de Kepler ‖ ~**schaubild** (Math) / histograma m ‖ ~**schleifen** (Wzm) / rectificado m plano ‖ ~**schleifer** m (Arbeiter) / rectificador m plano o de superficies ‖ **[tragbarer]** ~**schleifer** (Holz) / lijadora f de superficies [portátil] ‖ ~**schleifmaschine** f (Wzm) / rectificadora f planeadora o de superficies planas ‖ ~**schluss** m, abfalloses Stanzen (Stanz) / corte m, estampado m sin recortes ‖ ~**schluss** (Schm) / corte m sin chatarra ‖ ~**speicherröhre** f (Eltronik) / tubo m plano de memoria ‖ ~**spezifische Masse** (Luftf) / masa-superficie f ‖ ~**spülung** f (Geol) / erosión f laminar [de capa] ‖ ~**steuerung** f (Luftf) / control m por alas ‖ ~**strahler** m, Flächenantenne f / antena f horizontal con dipolos en contrafase ‖ ~**tiefenvariabel** (Tiefdruck) / semiautotípico ‖ ~**traganteil** m (Luftf) / fracción f portante de una superficie ‖ ~**trägheitsmoment** n (Mech) / momento m de inercia de una superficie ‖ ~**tragwerk** n (Bau) / estructura f plana sustentante ‖ ~**transistor** m (Halbl) / transistor m de unión o juntura o de par, transistor m de contacto o de capas ‖ ~**treue Projektion** (Landkarte) / proyección f equivalente de superficies ‖ ~**variabel** (Tiefdruck) / autotípico ‖ ~**veränderlicher Flügel** (Luftf) / ala f de superficie variable ‖ ~**verhiebsleistung** f (m^2/min) (Bergb) / metros m pl cuadrados excavados por minuto ‖ ~**widmungsplan** m (Bau) / plano m general de urbanización ‖ ~**winkel** m, Raumwinkel m / ángulo m diedro, diedro m ‖ ~**winkel**, ebener Winkel / ángulo m plano ‖ ~**wirkungsgrad** m (Antenne) / eficiencia f de abertura ‖ ~**wirkungsgrad** (Licht) / eficiencia f de iluminación ‖ ~**zentriert** (Krist) / de caras centradas **flach•erhabene Arbeit** / bajorrelieve m ‖ ~**erzeugnisse** n pl (Bleche, Bänder usw) (Walzw) / productos m pl planos ‖ ~**feder** f (Masch) / muelle m plano ‖ ~**feder**, Blattfeder f (Masch) / ballesta f ‖ ~**feile** f (Wz) / lima f plana ‖ ~**feile mit einfachem Hieb**, Weichmetallfeile f, Zinnfeile f (Wz) / lima f plana de corte sencillo ‖ ~**filament** n (Tex) / filamento m plano ‖ ~**finniger Hammer** / martillo m de peña plana ‖ ~**flansch** m, Flachflanschverbindung f (glatte Kupplung) (Wellenleiter) / brida f plana ‖ ~**flansch** (Masch) / brida f plana ‖ ~**flanschkupplung** f (Wellenleiter) / unión f plata o a tope, empalme m a tope ‖ ~**folie** f, Breitbandfolie f (Plast) / lámina f plana ‖ ~**förderband** n / cinta f transportadora plana ‖ ~**form** f (Druck) / forma f plana ‖ ~**formdruck** m (Druck) / impresión f planográfica ‖ ~**formdruckmaschine** f / prensa f tipográfica con molde plano ‖ ~**formrelais** n (Eltronik) / relé f de forma plana, relé m bajo ‖ ~**formrelais, dichtgeschweißt** n / relé m plano bajo cubierta hermética ‖ ~**formrollenmaschine** f s. Flachdruckrotationsmaschine ‖ ~**fräsbohrer** m (Wz) / broca f de fresado plano ‖ ~**führung** f (Masch) / guía f rectilínea ‖ ~**gängig** (Gewinde) / de paso plano, de filete plano ‖ ~**garn** n (Spinn) / hilo m plano ‖ ~**gedrückt** / aplanado, aplastado ‖ ~**gedrückt** (Rohrende) / aplanado, achatado ‖ ~**gehäuse** n, -packung f, Flatpack m (Masch) / componente m plano, subconjunto m plano, elemento m 'flatpack' ‖ ~**gehend** (Schiff) / de poco calado ‖ ~**gekröpft** / poco acodado ‖ ~**gelegt** / puesto [de] plano ‖ ~**gelenk**, Zirkelgelenk m (Masch) / articulación f tipo compás ‖ ~**gewalzte Pappe** / cartón m laminado ‖ ~**gewinde** n (mit Rechteckprofil) / rosca f plana, rosca f cuadrada ‖ ~**gewirkt** (Strumpf) / regular, menguado ‖ ~**gewölbe** n (Bau) / bóveda f rebajada ‖ ~**gewölbt** (Bogen) / poco bombeado ‖ ~**gewölbter Boden** (Behälter) / fondo m semielipsoidal ‖ ~**gipfligkeit** f (Stat) / exceso m negativo, aplanamiento m ‖ ~**gitter** n (Opt) / retículo m plano, rejilla f plana, gratícula f plana, retícula f plana ‖ ~**glas** n / vidrio m plano ‖ ~**glas**, Walzglas n / vidrio m laminado ‖ ~**gründung** f, schwimmende Gründung (Bau) / cimentación f flotante ‖ ~**gründung auf tragfähigem Untergrund** / cimentación f natural ‖ ~**gummi** m / placa f de goma ‖ ~**hacke** f, Rodehacke f (Forstw) / azada f de desbrozar ‖ ~**halbrundstahl** m (Hütt) / acero m semirredondo plano (perfil) ‖ ~**halbrundstahl** (Sammelbegriff) / semirredondos m pl planos ‖ ~**hämmern** vt / aplanar con martillo, martillear ‖ ~**hang** m, Gleithang m (Geo) / pendiente m suave, faldeo m (LA) ‖ ~**haue** f (Bergb) / pico m de minero ‖ ~**heftmaschine** f (Druck, Verp) / engrapadora f en plano, máquina f de engrapar en plano ‖ ~**heftung** f (Druck) / engrapado m [cosido] en plano **Flachheit**, Ebenheit f / aplanamiento m ‖ ~, Kontrastmangel m (Foto) / error m de contraste **Flach•heizkörper** m (Bau) / radiador m plano ‖ ~**hobel** m (Tischl) / cepillo m de alisar ‖ ~**/Hochmüllerei** f /

molienda *f* baja/alta ‖ ~-**Hump-Felge**, Flat-Hump-Felge, FHA (Kfz) / llanta *f* 'flat hump' **flächig** / laminar *adj*, en forma de hoja ‖ ~, eben (Math) / plano ‖ ~, dünn / fino, tabular ‖ ~**e Spaltbarkeit** / hendibilidad *f* laminar

Flach•kabel *n*, -leitung *f* (Elektr) / cable *m* plano o cinta ‖ ~**käfig** *m* (Lager) / jaula *f* plana, regleta *f* de agujas ‖ ~**kaliber** *n*, Flachbahnkaliber *n* (Walzw) / calibre *m* plano ‖ ~**kämmer** *m* (Baumwolle, Kammgarn) / peinadora *f* rectilínea ‖ ~**kanne** *f* / lata *f* plana, bidón *m* plano ‖ ~**kant gelegt**, flachgelegt / puesto [de] plano ‖ ~**kartei**, Sichtkartei *f* (Büro) / fichero *m* visual ‖ ~**kegel** *m* (Geom) / cono *m* de poca inclinación o conicidad, cono *m* de pequeño ángulo de conicidad ‖ ~**keil**, Federkeil *m* (Masch) / chaveta *f* plana ‖ ~**kernwendel** *f* (Lampe) / filamento *m* de núcleo plano ‖ ~**kettelmaschine** *f*, -kettmaschine *f* (Tex) / remallosa *f* rectilínea ‖ ~**kettenwirkmaschine** *f* (Tex) / tricotosa *f* rectilínea ‖ ~**kettig** (Web) / de urdimbre plana ‖ ~**kiel** *m* (Schiff) / quilla *f* recta o plana ‖ ~**klammerschraube** *f* (DIN 25194) / tornillo *m* escarpia plano ‖ ~**klemme** *f* (Elektr) / borne *m* plano ‖ ~**klemmenleiste** *f* / regla *f* de bornes planos ‖ ~**kloben** *m* (Masch) / galápago *m* ‖ ~**knüppel** *m* (Hütt) / palanquilla *f* plana ‖ ~**kolben** *m* (Mot) / émbolo *m* plano ‖ ~**kollektor** *m* (Solar) / colector *m* plano ‖ ~**kontakt-Stecker** *m* (Elektr) / ficha *f* de contactos planos ‖ ~**kopf** *m* **mit Schlitz** (Schraube) / cabeza *f* plana con ranura ‖ ~**kopf-Ankerschraube** *f* / tornillo *m* de anclaje con cabeza plana ‖ ~**kopfgeschoss** *n* (Mil) / proyectil *m* de cabeza plana ‖ ~**köpfig** / de cabeza plana ‖ ~**kopfniet** *m* / remache *m* de cabeza alomada o de cabeza plana, roblón *m* de cabeza alomada, remache *m* de cabeza rebajada ‖ ~**kopfschraube** *f*, Senkschraube *f* (Masch) / tornillo *m* avellanado ‖ ~**kopfschraube**, Blechschraube *f* / tornillo *m* roscachapa ‖ ~**korn** *n* (Karde) / grano *m* plano ‖ ~**kulier-Rippwirkmaschine** *f* (Tex) / telar *m* para géneros de punto por urdimbre con mando por costillas ‖ ~**kulierwirkmaschine** *f*, Cottonmaschine *f* / telar *m* rectilíneo de recogida, máquina *f* rectilínea para calcetería, máquina *f* cotton ‖ ~**kupfer** (Hütt) / llanta *f* de cobre ‖ ~**kupferwicklung** *f* (Elektr) / devanado *m* plano de cobre ‖ ~**kuppe** *f* (Gewindestift) / punta *f* plana ‖ ~**kuppel** *f* (Bau, Hütt) / cúpula *f* aplanada, cúpula *f* plana o de aros rebajados ‖ ~**küste** *f* (Geo) / playa *f*, orilla *f* plana ‖ ~**ladung** *f* (Rakete) / carga *f* plana ‖ ~**land** *n*, Niederung *f* (Geo) / llanura *f* ‖ ~**landstrecke** *f* (Bahn) / línea *f* en horizontal ‖ ~**landung** *f* (Luftf) / aterrizaje *m* en dos puntos o de ruedas ‖ ~**läppmaschine** *f* (Wzm) / lapeadora *f* plana ‖ ~**lasche** *f* (Bahn) / brida *f* o eclisa plana (E), chapa *f* o maestra plana (PERU) ‖ ~**lautsprecher** *m* / altavoz *m* plano ‖ ~**legevorrichtung** *f* (Plast) / dispositivo *m* de poner de plano ‖ ~**leitung** *f* (Elektr) / cable *m* plano o cinta ‖ ~**liegen** *vi* / estar en posición plana ‖ ~**liegende Pappe** / cartón *m* puesto de plano o que queda plano, cartón *m* aplanado ‖ ~**litze** *f* (Hütt) / torón *m* plano, cordón *m* plano ‖ ~**litziges Seil** / cable *m* de cordones plano ‖ ~**lukendeckel** *m* (Schiff) / cierre *m* de escotilla que queda enrasada con la cubierta ‖ ~**machen** *vt*, -schlagen / aplanar (con una herramienta) ‖ ~**machen**, planieren, einebenen (Bau) / aplanar, nivelar ‖ ~**material** *n* (Hütt) / plano *m*, plancha *f*, material *m* plano ‖ ~**meißel** *m* (Metall) (Wz) / cincel *m* plano, cortafrío *m* ‖ ~**meißel** / cortafrío *m* [plano], escoplo *m* plano ‖ ~**messerschere** *f* (Wz) / tijeras *f pl* de hojas planas ‖ ~**nadel** *f* (Wz) / aguja *f* plana ‖ ~**nähmaschine** *f*, -bettnähmaschine *f* (Tex) / máquina *f* de coser de placa plana ‖ ~**naht** *f* (Schw) / costura *f* plana ‖ ~**offsetmaschine** *f* (Druck) / máquina *f* offset plana ‖ ~**palette** *f* (Transp) / paleta *f* plana ‖ ~**passung** *f* (Masch) / ajuste *m* plano ‖ ~**pflügen** *n* (Landw) / labrado *m* plano, labor *f* plana ‖ ~**pinsel** *m* (Anstrich) / brocha *f* plana, pincel *m* plano ‖ ~**poller** *m* (Schiff) / bolardo *m* plano, noray *m* plano ‖ ~**prägen** *n* (Stanz) / troquelado *m* plano ‖ ~**pressplatte** *f* (Holz) / plancha *f* de virutas prensada plana ‖ ~**produkt** *n* (Hütt) / producto *m* plano ‖ ~**profil** *n* (Hütt) / perfil *m* plano ‖ ~**rampe** *f* (Bahn) / rampa *f* suava ‖ ~**rändeln** *vt* / moletear en paralelo o paralelamente ‖ ~**reflektor** *n* (Licht) / reflector *m* plano ‖ ~**relais** *n* (Elektr) / relé *m* bajo, relé *m* de forma plata ‖ ~**relief** *n*, Basrelief *n* (Bau) / bajorrelieve *m* ‖ ~**riemen** *m* (Masch) / correa *f* plana ‖ ~**riss** *m*, Achsenriss *m* (Bergb) / plano *m* paralelo a la estratificación ‖ ~**röhre** *f* (TV) / tubo *m* plano ‖ ~**rohrheizkörper** *m* (Bau) / radiador *m* de calefacción con tubos achatados ‖ ~**rohrkühler** *m* (Kfz) / radiador *m* de tubos planos ‖ ~**rolle** *f* (Gummi) / rodillo *m* cilíndrico ‖ ~**rücken**, Flatback *m* (Druck) / lomo *m* plano ‖ ~**runde Backe** (Zange) / mordaza *f* semirredonda ‖ ~**rundkopf** *m* (Niet, Schraube) / cabeza *f* semirredonda o de hongo ‖ ~**rundniet** *m* / remache *m* de cabeza redonda o de cabeza de hongo ‖ ~**rundschraube** / tornillo *m* de cabeza redonda ‖ ~**rundschraube** *f* **mit Nase** / tornillo *m* de cabeza redonda con talón ‖ ~**rundschraube mit Vierkantansatz** (DIN 603) / tornillo *m* de cabeza redonda con cuello cuadrado ‖ ~**rundzange** *f* (Wz) / alicate *m* de boca semirredonda ‖ ~**rundzange mit Seitenschneider** (DIN 5236) / alicate *m* de boca semirrondada con corte [lateral]

Flachs, [echter] ~, Linum usitatissimum (Bot) / lino *m* ‖ **roher** ~ / lino *m* crudo

Flachs•..., Lein... / lináceo *m* ‖ ~**abfall** *m* / desechos *m pl* de lino ‖ ~**abfall**, Hechelwerg *n*, -hede *f* / desechos *m pl* de peinado, estopa *f* de lino, desperdicios *m pl* de lino

Flachsattel *m* (Schmiedepresse) / yunque *m* plano

Flachsaufbereitung, -zubereitung *f* (Tex) / preparación *f* de lino

Flachsauger *m* (Pap) / aspirador *m* plano

Flachsbreche *f* (Tex) / agramadora *f* de lino

Flach•schaber *m* (Wzm) / rascador *m* plano, rasqueta *f* plana ‖ ~**scheibe** *f* (Schleifscheibe) / muela *f* plana ‖ ~**scheibenzerspaner** *m* (Spanplatten) / cortadora *f* de disco plano ‖ ~**schicht** *f* (Bau) / hilada *f* de ladrillos planos ‖ ~**schieber** *m* (Dampfm) / corredera *f* plana, distribuidor *m* plano ‖ ~**schieber** (Bunker) / obturador *m* plano ‖ ~**schiene** *f* (Bahn) / riel *m* de cabeza plana, riel *m* plano ‖ ~**schleifmaschine** *f* (Wzm) / rectficadora *f* plana ‖ ~**schliff** *m*, -schleifen *n* (DIN), Planschliff *m*, -schleifen / rectificado *m* plano ‖ ~**-Schlitzbrenner** *m* (Schw) / soplete *m* plano ‖ ~**schloss** *n* **für Ketten** / fiador *m* plano ‖ ~**schlüssel** *m* (Schloss) / llave *f* plana ‖ ~**schmieden** *vt* (Schm) / aplanar en la forja ‖ ~**-Schmiernippel** *m* / engrasador *m* de cabeza plana ‖ ~**schraubstock** *m* / tornillo *m* de banco plano ‖ ~**schweißnaht** *f* / costura *f* de soldadura plana

Flachsdotter *m n* (Tex) / camelina *f*

Flach•seezone *f*, neritische Zone (Ozean) / zona *f* nerítica ‖ ~**seil** *n* / cable *m* plano ‖ ~**seite** *f* (des Normalsteins) (Bau) / cara *f* plana (del ladrillo normal) ‖ ~**seite der Axt** / mocheta *f* ‖ ~**seitiges Ziegelpflaster** (Bau) / pavimento *m* de ladrillos planos ‖ ~**senken** (z.B. für Schrauben) / avellanar ‖ ~**senker** *m*, -senkwerkzeug *n* (Wz) / avellanador *m* ‖ ~**senker mit Zylinderschaft u. festem Führungszapfen** (DIN 373) / avellanador *m* cilíndrico con espiga guía fija ‖ ~**[kopf]senkniet** *m* / remache *m* de cabeza avellanada plana ‖ ~**senkung** *f* (Wzm) / avellanado *m* plano

Flachs•entsamung *f* (Landw) / desgranado *m* de lino ‖ ~**feld** *n* (Landw) / linar *m* ‖ ~**garn** *n* (Spinn) / hilo *m* de lino ‖ ~**hechel[maschine]** *f* (Tex) / máquina *f* de peinar, rastrilladora *f* de lino

Flach•sieb *n* / criba *f* plana ‖ ~**silber** *n* (Hütt) / argentería *f* o platería plana

Flachsleinwand

Flachsleinwand, Leinwand f (Tex) / tela f [de lino], lienzo m [de lino]
Flach•span m (Spanplatten) / viruta f plana ‖ ⁓**spannen** n (Werkbank) / sujeción f plana (banco de trabajo) ‖ ⁓**spin** m (Raumf) / espín m plano ‖ ⁓**spitzfeile** f (Wz) / lima f carleta, lima f plana de punta ‖ ⁓**spule** f (Eltronik) / galleta f, bobina f plana ‖ ⁓**spulenvariometer** n / variómetro m de bobina plana ‖ ⁓**spülklosett** n (Sanitär) / taza f inodora plana, inodoro m de taza plana ‖ ⁓**spülung** f (WC) / descarga f por taza [inodora] plana
Flachs•raufen n (Landw) / arrancamiento m o arrastro de lino, recolección f del lino ‖ ⁓**raufer** m (Landw) / cosechadora f de lino ‖ ⁓**riffelkamm** m (Tex) / peine m de estriado ‖ ⁓**rotte**, -röste f / enriado m del lino ‖ ⁓**schwingmaschine** f / espadadora f de lino ‖ ⁓**seide** f (Tex) / cuscuta f
Flach•stab m (Hütt) / barra f plana ‖ ⁓**stahl** m, flachgewalzte Erzeugnisse n pl / acero m plano ‖ ⁓**stahl mit abgerundeten Kanten** / acero m plano de bordes redondeados ‖ ⁓**stahlgitterwerk** n (Brücke) / celosía f de [elementos de] acero plano[s] ‖ ⁓**stampfer** m (Gieß) / pisón m plano, estampa f plana ‖ ⁓**stanzen**, Planieren n (Stanz) / aplanamiento m ‖ ⁓**stauchwiderstand** m (Pap) / resistencia f al aplastamiento ‖ ⁓**stecker** m (Elektr) / enchufe m plano ‖ ⁓**stecker für Kabelsteckschuhe** / lengüeta f para terminales ‖ ⁓**steckverbinder** m (Eltronik) / conector m por enchufe plano para circuitos impresos ‖ ⁓**stelle** f (Bahn) / plano m en las ruedas, aplanaduras f pl ‖ ⁓**stich** m, -bahn f (Walzw) / pasada f plana ‖ ⁓**stich** (Nähm) / puntada f plana ‖ ⁓**strahl** m / chorro m en abanico ‖ ⁓**strahldüse** f (Landw) / surtidor m de chorro plano o en abanico ‖ ⁓**strahlregner** m / aparato m de lluvia a chorro llano ‖ ⁓**strahl[schlitz]-Elektronenkanone** f / cañón m transversal de electrones ‖ ⁓**strickautomat** m (Tex) / tricotosa f rectilínea automática ‖ ⁓**strickmaschine** f / máquina f tricotosa rectilínea ‖ ⁓**strickware** f (Tex) / género m de tricotosa rectilínea ‖ ⁓**stromvergaser** m (Kfz) / carburador m horizontal ‖ ⁓**stumpffeile** f (Wz) / lima f plana paralela o roma ‖ ⁓**stumpf-Schärffeile** f / lima f plana roma para afilar
Flachs•vorgarn n (Spinn) / mecha f de lino ‖ ⁓**vorhechler** m (Tex) / desbloqueador m de lino ‖ ⁓**werg** n / sedena f ‖ ⁓**zubereitung**, -aufbereitung f / preparación f de lino ‖ ⁓**zwirnmaschine** f (Spinn) / retorcedora f de lino
Flach•tastatur f (DV) / teclado m de bajo relieve ‖ ⁓**tischpantograph** m (Zeichn) / pantógrafo m de mesa plana ‖ ⁓**tischrevolverdrehmaschine** f (Wzm) / torno m revólver de mesa plana ‖ ⁓**trockner** m (Tex) / secador m horizontal ‖ ⁓**trudeln** n (Luftf) / barrena f plana ‖ ⁓**ufer** n, flacher Strand, Flachküste f (Geo) / orilla f plana, playa f ‖ ⁓**- und Eckenheftmaschine** f (Druck, Verp) / máquina de engrapar en plano y en ángulo ‖ ⁓**wagen**, K-Wagen m (Bahn) / vagón m plataforma, plataforma f ‖ ⁓**wagen** m [mit Drehgestellen] (Bahn) / plataforma f de bogies ‖ ⁓**wagen für Huckepackverkehr** (Bahn) / vagón m porta-[semi]remolques ‖ ⁓**wähler** m (Fernm) / selector m de panel ‖ ⁓**walzen** (Hütt) / laminar plano ‖ ~**walzen** (Draht) / aplastar o laminar mediante rodillos ‖ ⁓**walzwerk für Draht** / laminador m para alambre plano ‖ ⁓**walzwerk für Flachstahl** / laminador m para acero llano ‖ ~**wandig** (Bau) / de pared plana ‖ ⁓**wasserpumpe** f / bomba f para aguas poco profundas ‖ ⁓**weiche** f (Bahn) / cambio m de pequeño ángulo ‖ ⁓**wender** m, Schälpflug m (Landw) / arado m rastrojero, arado m de alzar ‖ ⁓**winkel** m (Geom) / ángulo m agudo ‖ ⁓**winkel** m (Mil) / ángulo m bajo ‖ ⁓**winkel** (Anreißwerkzeug) (Masch) / escuadra f [para trazar] plana ‖ ⁓**winkelradar** m n / radar m de ángulo de incidencia rasante ‖ ⁓**wirkmaschine** f (Tex)

/ tricotosa f rectilínea ‖ ⁓**zange** f (Wz) / alicate m de boca plana ‖ ⁓**zange für Freileitungen** (DIN 5245) / alicates m pl planos ‖ ⁓**zange mit Seitenschneider**, Kombizange f / alicate m universal ‖ ⁓**zellenbatterie** f, Batterie 10 F 15 DIN 40871 (Elektr) / pila f de celdas planas ‖ ⁓**zerreißstab** m (Mat.Prüf) / probeta f plana para tracción ‖ ⁓**zeug** n (Walzw) / productos m pl planos ‖ ⁓**ziegel** m, Biberschwanz m (Bau) / teja f plana, teja f cola de castor ‖ ⁓**ziehen** n (Masch) / embutición f ligera ‖ ⁓**zulauf** m (Gieß) / entrada f plana
Flacker•effekt m (TV) / efecto m de centelleo, centelleo m ‖ ⁓**feuer** n (Schiff) / llamarada f ‖ ~**frei** (TV) / libre de parpadeo o centello ‖ ⁓**freiheit** f (TV) / ausencia f de centelleo
flackern vi (Bildschirm), flimmern / centellear, parpadear, titilar, fluctuar ‖ ~ (Flamme), lodern / flamear, llamear ‖ ~ (Licht) / fluctuar, oscilar, vacilar ‖ ⁓, Flimmern n (TV) / centelleo m, parpadeo m ‖ ⁓, Zittern n (Radar) / inestabilidad f o fluctuación de tiempo, vacilación f temporal, inestabilidad f de la base de tiempos ‖ ⁓ n, Flattern n des Lichtbogens (Elektr) / titileo m del arco voltaico ‖ ~ (Licht) (aperiodisches Schwanken der Leuchtdichte) / fluctuación f aperiódica de la densidad luminosa
Flacker•relais n (Fernm) / relé m de accionamiento intermitente ‖ ⁓**taste** f (Fernm) / tecla f de señal intermitente ‖ ⁓**zeichen** n (Fernm) / señal f de destellos
Fladen m (Landw) / boñigo m, boñiga f ‖ ⁓**verteiler** m (Landw) / esparcidora f de boñigas
Flader, Maser f (Holz) / veta f
fladerig (Holz) / veteado
Flader•papier n / papel m de calcar para la pintura ‖ ⁓**schnitt** m (Holz) / corte m tangencial
Fla-Flugkörper m, Boden-Luft-Rakete f (Mil) / misil m superficie-aire
Flag n (DV) / flag m
Flagge f / bandera f, pabellón m
Flaggen•signal n (Bahn) / señal f de bandera ‖ ⁓**signal** (Schiff) / señal f marítima, banderas f pl de señal[es] ‖ ⁓**stich** n / nudo m de escota ‖ ⁓**stock** m, -mast m (Schiff) / asta f de bandera ‖ ⁓**tuch** n, Fahnentuch n (Tex) / lanilla f para banderas
Flaggschiff n / buque m insignia o almirante ‖ ~, Spitzenmodell n (eines Herstellers) / modelo m estrella
Flagzug m (Bahn, Schweiz) / tren m bandera
Flak f, Flugabwehr-Artillerie f (Mil) / artillería f antiaérea ‖ ⁓**...** / antiaéreo ‖ ⁓**-Feuerleitung** f / dirección f de tiro antiaéreo ‖ ⁓**geschütz** n, Fla-Kanone f, Flak f / cañón m antiaéreo, pieza f de artillería antiaérea
Flakon n m (Glas) / frasquito m, pomo m, frasco m
Flak•panzer m (Mil) / tanque m con cañón antiaéreo ‖ ⁓**rakete** f (Mil) / cohete m antiaéreo
Flamm... (Ofen) / reverberatorio
Flammbarkeit f / inflamabilidad f
Flamm•bogenofen m (Hütt) / horno m de arco de llama ‖ ⁓**bondieren** n (Tex) / forrado m o pegado con llama
Flamme f / llama f ‖ **helle** ~ / llama f luminosa, llama f muy viva o intensa ‖ **in** ~**n** / [estar] en llamas, ardiendo ‖ **offene** ~ / llama f directa o libre, lumbre f
Flammeiche n[pl], Quercus pubescens (Bot) / roble m pubescente
flammen, gasen, absengen (Web) / chamuscar, llamear, flamear, sollamar ‖ ~ (einen Stoff) (Färb) / chinar o flamear (un tejido)
Flämmen n (Hütt) / escarpado m a la llama
Flammen•-Abriss f (Hütt) / ruptura f de la llama ‖ ⁓**ausbreitgeschwindigkeit** f / velocidad f de propagación de llamas ‖ ⁓**-Aussetzer** m (Schw) / fallo m de llama ‖ ⁓**bild** n (Schw) / aspecto m de la llama ‖

⁓**bild** (Hütt) / diagrama *m* de llamas ‖ ⁓**bogen**, Effektbogen *m* (Elektr) / arco *m* de llama
flammend / inflamado, en llamas
Flammen•dämpfer *m* (Luftf) / apagallamas *m* ‖ ⁓**dämpfung** *f* (Raketensignale) / atenuación *f* debida a la llama de escape ‖ ⁓**deflektor** *m* (Raumf) / deflector *m* de llamas ‖ ⁓**-Emissionsspektralanalyse** *f* (Chem, Phys) / fotometría *f* de llamas ‖ ⁓**-Emissionsspektroskopie** *f* / espectroscopia *f* de emisión de llamas ‖ ⁓**färbung** *f* / coloración *f* de la llama, color *m* de la llama ‖ ⁓**fortpflanzung** *f* / propagación *f* de llamas ‖ ⁓**front** *f* / frente *f* de llamas ‖ ⁓**garn** *n*, geflammtes o. flammiertes Garn (Tex) / hilo *m* flameado ‖ ⁓**halter** *m* (Düsenantrieb) / estabilizador *m* de llamas ‖ ⁓**härten** vt (Schm) / templar con soplete ‖ ~**hemmend**, flammhemmend (Chem, Plast) / resistente a las llamas, pirorretardante, antillama ‖ ⁓**hemmstoff** *m* / producto *m* ignífugo ‖ ⁓**hülle** *f* / zona *f* exterior de la llama, penacho *m* de llama ‖ ⁓**-Ionisations-Detektor** *m* (Abgas) (USA) / detector *m* de la ionización de llama ‖ ⁓**kern** *m*, -kegel *m* (Schw) / dardo *m* ‖ ⁓**kohle** *f* (Bogenlampe) / carbón *m* mineralizado ‖ ~**los**, ohne sichtbare Flamme / sin llama [visible] ‖ ⁓**mergel** *m* (Geol) / marga *f* o marna flameada ‖ ⁓**photometer** *n* (Chem, Phys) / fotómetro *m* de llama ‖ ⁓**photometrie** *f* / fotometría *f* de llama ‖ ⁓**polieren** (Plast) / pulido *m* a la llama ‖ ⁓**probe** *f* (Chem) / ensayo *m* a la llama ‖ ⁓**regulierung** *f* (Schw) / regulación *f* de la llama ‖ ⁓**reinigung** *f*, Abbrennen *n* (Anstrich) / quemado *m* ‖ ⁓**rückschlag** *m* (Schw) / retroceso *m*, retrogresión *f* de la llama ‖ ⁓**rückschlagsicherung** *f* / dispositivo *m* antirretroceso de la llama, supresor *m* del retorno de llama ‖ ⁓**schutz** *m* / protección *f* contra llamas ‖ ⁓**schutzkleidung** *f* / vestidos *m pl* incombustibles ‖ ⁓**schutzmittel** *n* / material *m* ignífugo, agente *m* ignífugo ‖ ⁓**schutzschild** *m* (Raumf) / escudo *m* protector, deflector *m* de llamas, pantalla *f* térmica ‖ ⁓**schutzwand** *f*, Feuerbrücke *f* (Keram) / pantalla *f* protectora contra las llama [rada]s, parafuego *m* ‖ ⁓**sengmaschine** *f* (Web) / máquina *f* de chamuscar ‖ ~**sicher**, feuersicher / ignífugo, incombustible, a prueba de fuego, antideflagrante ‖ ⁓**spektroskopie** *f* (Chem, Phys) / espectroscopia *f* de llama ‖ ⁓**spektrum** *n* (Phys) / espectro *m* de llama ‖ ⁓**sperre**, -rückschlagsicherung *f* (Schw) / dispositivo *m* antirretroceso de la llama ‖ ⁓**sterilisator** *m* (Lebensmittel) / esterilizador *m* a llamas (alimentos) ‖ ⁓**strahlbohren** (Bergb) / perforación *f* por chorro de llamas ‖ ⁓**strahlbohrer** *m* (Bergb) / perforador *m* equipado con chorro de llamas ‖ ⁓**strahltrockner** *m* (Pap) / secador *m* a chorro de llamas ‖ ⁓**wächter** *m* (Gas) / guardallamas *m* ‖ ⁓**werfer** *m* (Mil) / lanzallamas *m* ‖ ⁓**zwirn** *m* (Spinn) / hilo *m* torcido y flameado
Flamm•garn *n* (Tex) / hilo *m* flameado ‖ ⁓**gerät** *n* **zur Unkrautvernichtung** (Landw) / aparato *m* desherbador por llamas, dispositivo *m* de desherbaje por llamas ‖ ⁓**glühkerze** *f* (Dieselmotor) / bujía *f* de precalentamiento de llama
flämmhobeln / aplanar a la llama
Flammierung *f*, Schinieren *n*, Chinieren *n* (Färb) / chinado *m*
Flamm•kerze *f* (Kfz) / bujía *f* de llama ‖ ⁓**kohle** *f* (mit 32-36% Flüchtigem) (Bergb) / carbón *m* de llama ‖ ⁓**kohle** (mit 40-45% Flüchtigem) / carbón *m* de llama larga ‖ ⁓**loch** *n* (Hütt) / boca *m* de fuego ‖ ~**los** / sin llama ‖ ⁓**löten** *n* / soldadura *f* con soplete o con llama ‖ ⁓**maschine** *f* (Web) / máquina *f* de chamuscar o flamear, máquina *f* chamuscadora
Flämmmaschine *f* (Hütt) / máquina *f* de escarpar, flameador *f*
Flamm•ofen *m* (Hütt) / horno *m* de reverbero ‖ ⁓**ofen zum Glühen von Blechtafeln** / horno *m* de reverbero para el recocido (de planchas de chapa) ‖ ⁓**ofenfrischen** *n* / afinado *m* al horno de reverbero ‖ ⁓**plattieren** *n* (Hütt) / chapeado *m* con metal fundido ‖ ⁓**probe** *f* (Chem, Geol) / ensayo *m* a la llama ‖ ⁓**punkt** *m*, FP (Öl) / punto *m* de inflamación o de inflamabilidad ‖ ⁓**punkt** (Plast) / punto *m* de encendido ‖ ⁓**punkt im geschlossenen Gerät** / punto *m* de inflamación cerrado ‖ ⁓**punkt O.T.** *m* (offener Tiegel) / punto *m* de inflamación en crisol abierto ‖ ⁓**punktprüfer** *m* (Öl) / comprobador *m* del punto de inflamación
flämmputzen vt (Hütt) / limpiar con llama ‖ ⁓ *n* / escarpado *m* a la llama
Flamm•richten *n* (Hütt) / enderezado *m* con soplete ‖ ⁓**rohr** *n* (Gasturbine) / tubo *m* de llamas ‖ ⁓**rohr** (großen Durchmessers) (Kessel) / tubo *m* de humos ‖ ⁓**rohrkessel** *m* / caldera *f* de tubo de llama ‖ **kombinierter** ⁓**rohrrauchrohrkessel** / caldera *f* de tubos de llama y tubos de humos ‖ ⁓**rohrsiederohrkessel** *m* / caldera *f* de hogares tubulares y tubos de agua ‖ ⁓**ruß** *m* / negro *m* de lámpara ‖ ⁓**schutz** *m* / protección *f* contra llamas ‖ ⁓**schweißen** *n* / soldadura *f* de o con llama ‖ ~**spritzen** (Beschicht) / metalizar con la llama ‖ ⁓**spritzen** *n* (Beschicht, Plast) / proyección *f* a la llama ‖ ⁓**spritzen** (nach Schoop), Schoopieren *n* (Chem, Holz) / pulverización *f* [con metal líquido] según Schoop ‖ ⁓**spritzpistole** *f* / pistola *f* a gas o a la llama ‖ ⁓**startanlage** *f* (Dieselmotor) / dispositivo *m* de arranque a la llama ‖ ⁓**strahlen** (Anstrich, Hütt) / decapado *m* por soplete ‖ ⁓**- und Platzsicherheit**, FP / seguridad *f* contra o resistencia a las llamas y a la explosión ‖ ~**widrig** (Material) / resistente a la inflamación, antiinflamable, ininflamable ‖ ~**widrig** (Plast) / pirorretardante, retardante a las llamas, de combustión lenta ‖ ~**widrig gemacht** (o. imprägniert) / sometido a ignifugación, ignifugado ‖ ⁓**zündkerze** *f* (Kfz) / bujía *f* [de encendido] de llama
Flanell *m* (Tex) / franela *f* ‖ **grober** ⁓ / bayeta *f*
Flanke *f* / flanco *m* ‖ ⁓ (Eltronik, Impuls) / flanco *m* del impulso ‖ ⁓, Seite *f* (Leder) / lado *m* ‖ ⁓ *f*, Ätzflanke *f* (Druck) / costado *m* o borde del grabado [al agua fuerte] ‖ ⁓ (Berg) / falda *f*, ladera *f* ‖ ⁓ **zwischen Teilkreis und Fuß** (Zahnrad) / flanco *m* de diente
Flanken•abfallzeit *f* (Halbl) / tiempo *m* de declive ‖ ⁓**abstand** *m* (Masch, Schw) / separación *f* de bordes ‖ ⁓**abweichung** *f* (Getriebe) / error *m* de flanco ‖ ⁓**anstieg** *m* (Impuls) (Eltronik) / aumento *m* de un impulso ‖ ⁓**anstiegszeit** *f* (Halbl) / tiempo *m* de aumento ‖ ⁓**durchmesser** *m* (Gewinde) / diámetro *m* en los flancos ‖ ⁓**einbrand** *m* (Schw) / penetración *f* lateral ‖ **schlechter** ⁓**einbrand** (Schw) / falta *f* de unión entre las caras del chaflán y el metal depositado ‖ ⁓**eintrittsform** *f* (Masch, Zahn) / perfil *m* de engrane ‖ ⁓**fahrt** *f*, -stoß *m* (Bahn, Unfall) / alcance *m* o choque de costado ‖ ⁓**form** *f* (Zahnrad) / flanco *m* definido por su forma ‖ ⁓**formfaktor** *m* (Zahnrad) / factor *m* geométrico ‖ ~**geschliffen** / destalonado, con flancos rectificados ‖ ~**gesteuerter Eingang** (Eltronik) / entrada *f* de transición ‖ ⁓**gleichrichtung** *f* (Eltronik) / demodulación *f* de flancos ‖ ⁓**korrektur** *f* (Zahn) / modificación *f* de forma de flanco ‖ ⁓**linie** *f* (Abwälzfräsen) / línea *f* curvada del flanco ‖ ⁓**linie** (Schrägzahnrad) / línea *f* de los flancos ‖ ⁓**linienabweichung** *f* (Zahnrad) / error *m* de alineación ‖ ~**los** (Keilriemen) / de flancos abiertos ‖ ⁓**neigung** *f* (Impuls) (Elektr) / pendiente *f* [del borde] de impulso ‖ ~**offen** (Keilriemen) / de flancos crudos ‖ ⁓**passung** *f* (Zahnwelle) / ajuste *m* lateral ‖ ⁓**richtungsfehler** *m* (Zahnrad) / error *m* de alineación del diente ‖ ⁓**rücknahme** *f* (Zahnrad) / destalonado *m* de flancos ‖ ⁓**ruder** *n* (Schiff) / timón *m* lateral ‖ ⁓**schutz** *m* (Kfz) / protector[es] *m[pl]* de flancos ‖ ⁓**schutzmittel** *n* (Druck) / solución *f* protectora de los flancos ‖ ⁓**spiel**

Flankenspiel

n (Zahnrad) / movimiento *m* muerto entre flancos, holgura *f* ‖ ⁓**spiel** (Gewinde) / juego *m* de la rosca ‖ ⁓**steilheit** *f* (Eltronik) / pendiente *f* del flanco ‖ ⁓**übertragung** *f* (Akust) / transmisión *f* indirecta ‖ ⁓**welligkeit** *f* (Zahnrad) / ondulación *f* del flanco del diente ‖ ⁓**winkel** *m*, Eingriffswinkel *m* (Zahnrad) / ángulo *m* de ataque o de engrane ‖ ⁓**wolle** *f* (Tex) / lana *f* de flanco o de costado ‖ ⁓**zeit** *f* (Halbl) / tiempo *m* de pendiente

flankierende Maßnahmen *f pl* / medidas *f pl* flanqueadoras

Flansch *m*, Rohrflansch *m* / collar[ín] *m*, brida *f* del tubo ‖ ⁓, Rand *m* (Masch) / brida *f*, reborde *m* ‖ ⁓, Wange *f* (Kurbelwelle) / gualdera *f*, cara *f* lateral ‖ ⁓ (Wellenleiter) / brida *f*, acoplador *m*, adaptador *m* ‖ ⁓ **an Walzprofilen** / ala *f* o cabeza de perfiles laminados ‖ ⁓ **der Drahtspule** / brida *f* de la bobina ‖ ⁓ **des I-Trägers** / ala *f* ‖ ⁓ **des Schienenfußes** (Bahn) / patín *m* de riel, base *f*, zapata *f* ‖ ⁓ **des Winkeleisens** / lado *m* del hierro de ángulo ‖ ⁓ **einer Welle** (Masch) / platillo *m* de acoplamiento ‖ ⁓ **mit Ansatz** / brida *f* con collar ‖ ⁓ **mit Eindrehung u. Rücksprung** / inserción *f* de caucho ‖ ⁓ **mit Feder o. Vorsprung** / brida *f* con lengüeta ‖ ⁓ **mit Feder u. Nut** / brida *f* con lengüeta y ranura ‖ ⁓ **mit Nut o. Rücksprung** / brida *f* con ranura ‖ ⁓ **von Gelenkwellen** / platillo *m* de árboles articulados ‖ **fester** ⁓ / brida *f* fija ‖ **glatter** ⁓ / brida *f* plana ‖ **loser** ⁓, Ring *m* / collar *m*, anillo *m* ‖ **loser** ⁓ / brida *f* postiza o loca ‖ **mit** ⁓ **versehen** / abridado, con brida ‖ **um 180° umgelegter** ⁓ (Stanz) / brida *f* doblada en 180°

Flansch•anbau... / unido por brida, de brida, abridado ‖ ⁓**armaturen** *f pl* / robinetería *f* abridada, grifería *f* unida por brida[s] ‖ ⁓**befestigung** *f* / fijación *f* por brida ‖ ⁓**bogen** s. Flanschkrümmer ‖ ⁓**bogen** *m* / codo *m* de dos bridas ‖ ⁓**breite**, Fußbreite *f* (Walzprofil) / anchura *f* del ala ‖ ⁓**buchse** *f* / casquillo *m* de brida ‖ ⁓**deckel** *m* / tapa *f* abridada ‖ ⁓**dichtung** *f* / guarnición *f* para bridas ‖ ⁓**dose** *f* (Elektr) / caja *f* de enchufe de brida

flanschen *vt*, mit Flansch versehen / [a]bridar ‖ ⁓, anflanschen / embridar, unir por brida

Flansch•[en]hahn *m* / grifo *m* con brida ‖ ⁓**fläche**, Anschlussfläche *f* (Masch) / cara *f* de brida, superficie *f* de contacto de la brida ‖ ⁓**fuß** *m* / pie *m* de brida ‖ ⁓**fußkrümmer** *m*, N-Stück *n* (DIN 28538) / codo *m* de dos bridas con pie, pieza *f* N ‖ ⁓**gehäuse** *n* / caja *f* abridada, soporte *m* con brida ‖ ⁓**klappe** *f* (ein Ventil) / válvula *f* de mariposa de dos bridas ‖ ⁓-**Krümmer** *m* / codo *m* embridado ‖ ⁓**krümmer** *m*, FFK-Stück *n* (DIN 28539) / codo *m* de 45° de dos bridas, pieza *f* FFK ‖ ⁓**krümmer**, Q-Stück *n* (DIN 28537) / codo *m* de 90° de brida doble, pieza *f* Q ‖ ⁓**kupplung** *f* (Masch) / acoplamiento *m* abridado o con bridas, acoplamiento *m* de platinas ‖ ⁓**lager** *m* / rodamiento *m* con soporte abridado ‖ ⁓**lagerschild** *m* (Elektr) / platillo *m* de cojinete con brida ‖ ⁓**lötstutzen** *m* (DIN 7635) / tubuladura *f* de brida de soldar ‖ ⁓**motor** *m* (Elektr) / motor *m* eléctrico de brida ‖ ⁓**muffenstück** *m*, E-Stück *n* (Rohr) / manguito *m* con brida, pieza *f* E ‖ ⁓**nabe** *f* (Kfz) / cubo *m* abridado ‖ ⁓**neigung** *f* (Stahlbau) / inclinación *f* de las alas ‖ ⁓**presse** *f* / prensa *f* para embutir bridas ‖ ⁓**pumpe** *f* / bomba *f* con (o de) brida ‖ ⁓**ring** *m*, Ringflansch *m* / brida *f* postiza o loco ‖ ⁓**ring**, Ring *m* mit Flansch / anillo *m* con brida ‖ ⁓**rohr** *n* / tubo *m* de (o con) bridas ‖ ⁓**scheibe** *f* (eine Riemenscheibe) / polea *f* con brida ‖ ⁓**schwinger** *m* (Ultraschall) / transductor *m* de brida ‖ ⁓**sockel** *m* (Glühlampe) / portalámpara *m* de aletas ‖ ⁓-**Spitzende**, F-Stück *n* (Rohr) / extremo *m* [de tubo] con brida única, pieza *f* F ‖ ⁓**stück** *n* **mit Flanschstutzen**, T-Stück *n* / pieza *f* [en] T con tres bridas ‖ ⁓**stück mit 2 Flanschstutzen**, TT-Stück *n* (DIN 28544) / pieza *f* doble T con 4 bridas, pieza *f* TT

‖ ⁓**stutzen** *m* (DIN 7634) / tubuladura *f* con brida ‖ ⁓-**Übergangsstück**, FFR-Stück *n* (DIN 28545) / pieza *f* de reducción con dos bridas, pieza *f* FFR ‖ ⁓-**Unparallelität** *f* (Stahlbau) / defecto *m* angular de bridas ‖ ⁓**ventil** *n* / válvula *f* de brida ‖ ⁓**verbindung** *f* / unión *f* abridada, unión *f* por bridas o platinas ‖ ⁓**verbindungsstutzen** *m* (DIN 7636) / tubuladura *f* de unión de dos bridas ‖ ⁓**verschraubung** *f* (mit festen Flanschen) (Masch) / racor *m* o empalme por bridas (fijas) ‖ ⁓**verschraubung mit losen Flanschen** / racor *m* o empalme por bridas locas ‖ ⁓**walze** *f* / rodillo *m* para [hacer] bridas ‖ ⁓**welle** *f* / árbol *m* con plato de acoplamiento ‖ ⁓**wulsteisen** *n* (Hütt) / acero *m* con bordón y brida

Fla-Rakete *f* (Mil) / cohete *m* antiaéreo

Flares *f pl* (Raketenabwehr) / llamaradas *f pl* de magnesio (defensa anticohética)

Flare-Stern *m* (Astr) / estrella *f* eruptiva

Flarr *n*, Packeis *n* (Ozean) / pack *m*, pac *m*, banquisa *f*

Fläschchen *n* / botellita *f*, frasquito *m*, botellín *m*

Flasche *f* / botella *f* ‖ ⁓, Stahlflasche *f* (Schw) / botella *f* de acero o para gas ‖ ⁓, Kanne *f* (Tex) / bote *m* ‖ ⁓, Gehäuse *n* eines Flaschenzuges (Förd) / motón *m*, cuadernal *m* ‖ ⁓ **mit Schraubverschluss** / botella *f* de tapa roscada ‖ **abnehmbare** ⁓ **des Flaschenzuges** (Förd) / pasteca *f* ‖ **auf** ⁓**n füllen** / embotellar ‖ **große** ⁓, Säureflasche *f* (Chem) / damajuana *f*, bombona *f* ‖ **kleine** ⁓ / frasco *m*, botellín *m*

Flaschen•abfüllapparat *m* (Nahr) / embotelladora *f* ‖ ⁓**abzug** *m*, -abfüllung *f* (Nahr) / embotellamiento *m* ‖ ⁓**bauch** *m* / vientre *m* de la botella ‖ ⁓**bier** *n* (Brau) / cerveza *f* embotellada o en botellas ‖ ⁓**blasmaschine** *f* (Glas) / máquina para soplar botellas ‖ ⁓**boden** *m* / fondo *m* o culo de la botella ‖ ⁓**bündel** *n*, Gas-Flaschenbündel *n* (Schw) / haz *m* de botellas de acero ‖ ⁓**bürste** *f* / cepillo *m* para botellas, [cepillo] limpiabotellas *m* ‖ ⁓**druck** *m* (Bedrucken) / impresión *f* sobre botellas ‖ ⁓**etikett** *n* / etiqueta *f* [de botellas] ‖ ⁓**etikettiermaschine** *f* / etiquetadora *f* de botellas ‖ ⁓**fach** *n* (Kühlschrank) / compartimiento *m* para botellas ‖ ⁓**förmig** / ampuliforme ‖ ⁓**füllen** *n* (Nahr) / embotellado *m* ‖ ⁓**füllmaschine** *f* / [máquina] embotelladora *f*, llenadora *f* de botellas ‖ ⁓**gärkeller** *m* / bodega *f* de fermentación [en botellas] ‖ ⁓**gas** *n* / gas *m* comprimido en botella ‖ ⁓**gestell** *n*, -regal *n*, -ständer *m* / botellero *m*, estantería *f* de botellas, portabotellas *m* ‖ ⁓**glas** *n* / vidrio *m* de botellas ‖ ⁓**grün**, dunkelgrün / verde botella ‖ ⁓**hals** *m* / gollete *m*, cuello *m* de botella ‖ ⁓**hals**, Engpass *m* (Verkehr) / embotellamiento *m*, cuello *m* de botella, estrangulamiento *m*, impasse *m* (gal.) ‖ ⁓**halsform** *f* (Glas) / molde *m* de gollete ‖ ⁓**halskokille** *f* (Hütt) / lingotera *f* en forma de botella ‖ ⁓**hülse** *f*, -spule *f* (Spinn) / bobina *f* botella o de una valona ‖ ⁓**hülse**, Strohhülse *f* (Verp) / envoltura *f* o funda de paja (de botella) ‖ ⁓**kapsel** *f* (als Verschluss) / capuchón *m* para botellas ‖ ⁓**kapsel** (als Verzierung für Weinflaschen) / cápsula *f* de adorno (para botellas de vino) ‖ ⁓**kapselmaschine** *f* (Brau) / capsuladora *f* ‖ ⁓**kasten** *m*, -träger *m* (Brau) / caja *f* para botellas, frasquera *f* ‖ ⁓**korkmaschine** *f* / máquina *f* taponadora de botellas ‖ ⁓**maschine** *f*, Kannenmaschine *f* (Spinn) / hiladora *f* de botes ‖ ⁓**öffnung** *f* / boca *f* ‖ ⁓**pfand** *n* / depósito *m* ‖ ⁓**regal** *n* / módulo *m* botellero ‖ ⁓**spule** *f*, -hülse *f* (Spinn) / bobina *f* cónica o en forma de botella, bobina *f* botella ‖ ⁓**spulmaschine** *f* (Spinn) / bobinadora *f* para bobinas cónicas ‖ ⁓**spülmaschine** *f* / máquina *f* lavadora de botellas, máquina *f* enjuagadora de botellas ‖ ⁓**ventil** *n* / válvula *f* para botellas de gas ‖ ⁓**verschluss**, Bügelverschluss *m* / cierre *m* de botella ‖ ⁓**verschraubung** *f* / tapón *m* roscado para botellas ‖ ⁓**zug** *m* (Klempner) / poli[s]pasto *m*, aparejo *m*, juego *m* de poleas, tróculo *m*, roldanas *f pl* ‖ **einfacher**

⁓zug, Doppelrolle f / poli[s]pasto m simple de dos poleas ‖ ⁓zugblock m (Öl) / polea f móvil o viajera
Flaschner m, Spengler m / fontanero m
flaserige Textur, Flasertextur f (Geol) / textura f lenticular o flaser
Flashdestillation f (Benzol) / destilación f por expansión instantánea
Flashen, Heizspannungsbrennen n (Eltronik, Röhre) / activación f del absorbedor de gases residuales
Flash•-Photolyse f (Chem) / fotólisis f instantánea ‖ ⁓-Rösten n (Zink) (Hütt) / tostado m instantáneo o flash ‖ ⁓-Smelting, Schwebeschmelzen n (Hütt) / fusión f instantánea o flash ‖ ⁓-Speicher m (DV) / memoria f flash ‖ ⁓spektrum n (Astr) / espectro m instantáneo ‖ ⁓verdampfung f (Destillation mit diskontinuierlichem Druckabfall) (Chem) / destilación f rápida o en corriente de vapor
Flat n, Klapp-Palette f (Schiff) / paleta f rebatible
Flat Screen m, Flachbildschirm m (DV, TV) / pantalla f plana
Flatbed-Lkw m, Pritschenwagen m (Kfz) / camión m de plataforma
Flat•chip n (Eltronik) / flatchip m ‖ ⁓-Hump-Felge f (Kfz) / llanta f flat-hump ‖ ⁓pack n, Flachgehäuse n, -packung f (Eltronik) / componente m o subconjunto plano, elemento m flatpack ‖ ⁓rate f (DV, Fernm) / tarifa f plana
Flatter•dämpfer m (Luftf) / amortiguador m de vibraciones ‖ ⁓-Echo m (Akust) / eco m múltiple ‖ ⁓effekt m, -wirkung f (Elektr) / efecto m ondulatorio o vibratorio ‖ kritische ⁓geschwindigkeit, Flattergrenze f (Luftf) / velocidad f de vibración ‖ ⁓marke f (Druck) / marca f de ordenación de pliegos
flattern vi / bailar, bambolear ‖ ~ (Kfz, Räder) / oscilar ‖ ~ (Segel) / flamear, undular ‖ ⁓ n, Instabilität f (Luftf) / vibración f [aeroelástica], flameo m ‖ ⁓ (von Kfz-Vorderrädern), Planschlag m / shimmy m, baileteo m, oscilación f (de las ruedas delanteras), flotadura f ‖ ⁓ der Brücke (Bau) / oscilación f del puente ‖ ⁓ des Lichtbogens (Elektr) / oscilación f del arco voltaico ‖ ⁓ in abgerissener Strömung (Luftf) / aleteo m por pérdida de sustentación ‖ ⁓ von Rädern, Planschlag m (Kfz) / baileteo m de las ruedas, flotadura f ‖ ⁓ von Sägen / flotamiento m de sierras
Flatter•neigung f (Räder), -tendenz f (Kfz) / tendencia f a shimmy o a oscilaciones ‖ ⁓satz m (Druck) / composición f a pedazos ‖ ⁓satz links-, [rechts]bündig (Druck) / alineamiento m a la izquierda [derecha], composición f rectificada por la izquierda [derecha] ‖ ⁓scheibe f (Galv) / disco m flotante ‖ ⁓test m (Luftf) / prueba f de vibraciones ‖ ⁓ventil n / válvula f oscilante ‖ ⁓wirkung f, -effekt m (Elektr) / efecto m vibratorio u ondulatorio
flau, kontrastarm (Foto) / poco brillante, flojo, sin vigor ‖ ~ (Wind) / encalmado (viento)
Flaum m, Faserflaum m (Spinn) / pelusilla f, pelusa f ‖ ⁓ am Tuch (Web) / vello m, vellosilla f
flaumig, wollig / peloso, velloso, lanuginoso
Flausch m (Tex) / frisa f ‖ ⁓ausrüstung f (Web) / apresto m de terciopelo
Flautezeit f (Bahn) / horas f pl de carga mínima, horas f pl descargadas, período f valle
Flavanthren n (Chem) / flavantreno m
Flavin n (Chem) / flavina f ‖ ⁓-Adenin-Dinukleotid n, FAD / flavinadeninadinucleótido m, flavin-adenin-dinucleótido m, FAD ‖ ⁓enzym n, Flavoprotein n / flavoproteína f, fermento m amarillo ‖ ⁓mononukleotid n, FMN / flavin-mononucleótido n, FMN
Flavon n (gelber Blütenfarbstoff) / flavona f
Flavo[u]r n (Phys) / flavor m
FLC, Grenzformänderungskurve f (Mat.Prüf) / curva f límite de deformación

Flecht•arbeit f / [trabajo] entretejido m, [trabajo] trenzado m ‖ ⁓art f / tipo m de trenzado ‖ ⁓art, Flechtung f (Seil) / tramado m ‖ ⁓artikel m pl / artículos m pl entretejidos, géneros m pl entretejidos ‖ ⁓automat m / máquina f automática para enrejados (simple torsión)
Flechte f, Zopf m / trenza f ‖ ⁓ (Biol) / liquen m
flechten vt / trenzar, entretejer ‖ Draht ~ / trenzar alambre
Flecht•leine f / cuerda f trenzada ‖ ⁓maschine f, Flechter m / trenzadora f ‖ ⁓strömung f, Turbulenz f (Phys) / turbulencia f, protuberancia f ‖ ⁓- und Klöppelmaschine f (Tex) / máquina f de trenzar y hacer encajes de bolillos ‖ ⁓- und Schindelfolie f (Plast) / lámina f de segunda calidad ‖ ⁓werk, Geflecht n / trenzado m ‖ ⁓werk n (Stahlbau) / estructura f trenzada metálica ‖ ⁓werk, Faschinen[werk] n (Hydr) / enfajinado m, fajinas f pl ‖ ⁓werkmantel m, Mantelfläche f einer Kuppel (Bau) / envoltura f de cúpula ‖ ⁓winkel m, Seilsteigungswinkel m / ángulo m de cableado ‖ ⁓zaun m (aus Holz- o. Metallstreifen) / enzarzada f, defensa f de zarzos, cerca f trenzada
Fleck m, Stelle f / lugar m, sitio m, punto m ‖ ⁓, [Schmutz- usw.]flecken m / mancha f ‖ ⁓, Leuchtfleck m (TV) / punto m luminoso ‖ ⁓ (Schw) / punto m ‖ ~ s. auch Flecken ‖ ⁓e entfernen / eliminar manchas ‖ blinder ⁓ der Netzhaut (Med) / punto m ciego, mancha f ciega ‖ großer ⁓ / manchón m ‖ mit ⁓en versehen, sprenkeln / manchar, salpicar ‖ ~abstoßend (Tex) / repelente de las manchas
flecken vt, beflecken / manchar ‖ ⁓, sprenkeln / manchar, salpicar, motear ‖ ⁓, Klecks m / mancha f ‖ ⁓, Flickfleck m / parche m, pedazo m, remiendo m ‖ ⁓ und Fladern pl (Holz) / manchas f pl y vetas ‖ ⁓bildung f (Email, Fehler) / formación f de manchas ‖ ~fest (Plast) / a prueba de manchas ‖ ~los / sin mancha ‖ ⁓rand m / cerco m de mancha ‖ ⁓reiniger m, -entferner m, -wasser n (Chem, Tex) / quitamanchas m ‖ ⁓relativzahl f, Wolfsche Relativzahl (Sonnenflecken) / número m relativo de Wolf, número m relativo de manchas solares ‖ ⁓stadium n (Biol) / estadio m de manchas
Fleck•entfernung f (allg, Tex) / eliminación f de manchas ‖ vorherige ⁓entfernung (Färb) / eliminación f previa de manchas ‖ ⁓helligkeit f (TV) / brillo m del punto explorador
fleckig (Fehler) / manchado ‖ ~, gesprenkelt / manchado, salpicado, moteado ‖ ~, missfarbig / de colores desagradables ‖ ~es Bild (TV) / imagen f manchada ‖ ~ werden, schmutzen / mancharse
Fleckigkeit, Sprenkelung f / jaspeado m
Fleckigwerden n / formación f de manchas
Fleck•schärfe f (TV) / nitidez f del punto explorador ‖ ⁓schiefer m (Min) / esquisto m moteado ‖ ⁓unschärfe f (TV) / defocalización f, falta f de nitidez del punto explorador ‖ ⁓unschärfe bei Ablenkung (Kath.Str) / falta f de nitidez por deflexión ‖ ⁓verzerrung f (TV) / distorsión f del punto explorador ‖ ⁓wasser n (Chem, Tex) / quitamanchas m
Fledermausgaube f, -gaupe f (Bau) / buhardilla f redondeada (E), entretecho m (LA)
Fleetreep n (Treibnetz) (Schiff) / cuerda f flotante, guindaleza f (de la red de arrastre)
Fleier m s. Flyer
Fleinserde f, Kalkschwarzerde f, Rendsina f / rendzina f
Fleisch n (Nahr) / carne f ‖ ⁓, Wandstärke f (Masch) / espesor m del material ‖ ⁓ von Buchstaben (Druck) / blanco m de letras ‖ ⁓ von Früchten (Bot) / pulpa f ‖ ⁓abfälle m pl / despojos m pl de carne o de matadero ‖ ⁓bearbeitungsmaschine f, -verarbeitungsmaschine f / máquina f para la preparación de carnes ‖ ⁓beschau f (Nahr) / inspección f de carnes ‖

Fleischbeschauer

⁓**beschauer** m / inspector de matadero m ‖ ⁓**einsalzen**, -einpökeln n / salazón m de carnes
Fleischerbeil n (Wz) / hacha f de carnicero
Fleischereimaschine f / máquina f para carnicería
Fleischer•messer n, Blockmesser n / cuchillo m de carnicero ‖ ⁓**waage** f / balanza f de carnicero
fleisch•farben / encarnado, de color carne ‖ ⁓**frucht** f / fruto m pulposo ‖ ⁓**haken** m / gancho m o garabato de carnicero
fleischig / carnoso ‖ ~ (Früchte) / pulposo
Fleisch•kammer f / depósito m de carne, cámara f frigorífica para carne ‖ ⁓**klopfer** m / martillo m de picar carne, ablandador m ‖ ⁓**konserve** f / conserva f cárnica o de carne ‖ ⁓**kühlanlage** f / instalación f frigorífica para carne ‖ ⁓**kühlfach** n (Kühlschrank) / compartimiento m para carne ‖ ⁓**mehl** n (Nahr) / harina f de carne ‖ ⁓**messer** n, Schabemesser n (Gerb) / chifla f, cuchillo m rascador, cuchillo m para descarnar ‖ ⁓**milchsäure** f (Chem) / ácido m sarcoláctico ‖ ⁓**mürbemaschine** f (Nahr) / batidora f de carne ‖ ⁓**pepton** n (Chem) / peptona f de carne ‖ ⁓**seite** n (Gerb) / lado m brillante, carnaza f ‖ ⁓**spalt** m (Leder) / costra f de carne ‖ ~**verarbeitend** / elaborador de carne, que elabora carne ‖ ⁓**verarbeitung** f / elaboración f de carnes, tratamiento m [industrial] de carnes ‖ ⁓**wolf** m, -maschine f (Nahr) / máquina f para trinchar o picar carne, picadora f de carne, triturador m de carne ‖ ⁓**-Wollschaf** n / ovino m de doble aptitud lana/carne o carne/lana
flensen vt, den Walfisch zur Ölgewinnung aufschneiden / despedazar la ballena, quitar la grasa
Flensmesser n / cuchilla f despedazadora
Flex f (coll. = Trennschleifer) (Wzm) / tronzadora f por abrasión
Flexballzug m (ein Bowdenzug) / tracción f Flexball
Flex-Fuel-System n (Kfz) / sistema m Flex-Fuel
flexibel, nachgiebig / flexible, elástico, blando ‖ ~ (Schuh) / flexible ‖ **flexible Automatisierung** (Roboter) / automatización f cuidadosa ‖ **flexible Drehzelle** (Werkzeugm) / célula f de torneado flexible ‖ **flexibler Einband** (Druck) / tapa f o cubierta fexible ‖ **flexibles Fertigungs- u. Handhabungssystem** (F.Org) / FMS (= Flexible Manufacturing System) ‖ **flexibles Fertigungssystem**, FFS (F.Org) / sistema m de fabricación flexible ‖ **flexible Fertigungszelle**, FFZ / célula f de producción flexible ‖ **flexibler Kunststoff** / materia f plástica flexible ‖ **flexible Kupplung** (Masch) / acoplamiento m flexible ‖ **flexible Leiterplatte** (Eltronik) / placa f de circuitos impresos flexible ‖ **flexible Magnetplatte**, Floppy-Disk n (DV) / disco m flexibe ‖ **flexible Mehrschichtisolierstoffe** / materiales m pl aislantes flexibles combinadas ‖ **flexibles Messzentrum** / centro m de medición flexible ‖ **flexibles Montagesystem**, FMS / sistema m flexible de montaje ‖ **flexibles System-Symbol** (DV) / símbolo variable de[l] sistema ‖ **flexible Verbindung** / conexión f flexible ‖ **flexible Welle** / eje m flexible, árbol m flexible ‖ **flexibler Wellenleiter** / guía f de ondas flexible
Flexibelbogen m (Karde) / cintra f flexible
flexibilisieren (Fertigung) / flexibilizar
Flexibilität f / flexibilidad f
Flexibilitätsmatrix f (Masch) / matriz f de flexibilidad
Flexi•chrom-Verfahren n (Druck) / procedimiento m Flexicromo ‖ ⁓**graph** m, Durchbiegungsschreiber m (Masch, Mat.Prüf) / flexígrafo m
Flexodruck m, -graphie f (Druck) / impresión flexográfica
Flexograph m (Beruf) / flexógrafo m
Flexplatte f (Bau) / losa f semiflexible
Flex•scheibe f (Wz) / disco m tronzador ‖ ⁓**schlauch** m (Kfz) / tubo m flexible
Flexur, Kniefalte f (Geol) / flexura f

Flexwelle f, biegsame Welle (Masch) / árbol m o eje flexible
Flickarbeit f (Ausbesserung) / remiendo m
flicken vt (allg, Tex) / parchear, parchar (LA) ‖ ~ (Loch im Reifen) / poner un parche ‖ ~, ausbessern (Masch) / remendar, echar un remiendo ‖ ⁓ n **des Ofenfutters** (Hütt) / arreglo m, reparación f
Flicken m, Fleck m (allg, Tex) / parche m
flickern vi (Licht), flackern / parpadear, centellear, titilar ‖ ⁓ n (Licht) (Schwanken mit kleinerer als der Netzfrequenz) / titilación f
Flicker-Steuerung, Schwarz-Weiß-Steuerung f (Fernlenk) / mando m bang-bang o sensible, telemando m por todo o nada
Flick•gemisch n, -masse f (Hütt) / pasta f refractaria de remiendo ‖ ⁓**gummi**, -fleck m (Fahrrad) / parche m [de goma] ‖ ⁓**masse** f (allg) / material m de reparación, masa f de remiendo ‖ ⁓**mörtel** m (Bau) / mortero m de remiendo ‖ ⁓**stelle** f / punto m de reparación o de remiendo ‖ ⁓**werk** n, Stückwerk n / obra f imperfecta, frangollo m (coll), chapucería f ‖ ⁓**zeug** n (Fahrrad) / bote m de parches, estuche m de reparación ‖ ⁓**zug** (Straßb) / equipo m o unidad de bacheo
Fliege f (Zool) / mosca f ‖ ⁓, Mücke f (Spinn) / cursor m, anillo m, corredor m
fliegen vi / volar ‖ ~ (im Flugzeug) / ir en avión ‖ ~ vt (eine Maschine) (Luftf) / pilotear ‖ **in die Luft** ~ (Bergb, Mil) / estallar, detonar ‖ **mit Jet** ~ (Luftf) / ir en avión a chorro, ir en jet ‖ ⁓ n (Tätigkeit) / vuelo m ‖ ⁓, Fliegerei f (Luftf) / aviación f ‖ ⁓ **mit Bodensicht** (Luftf) / aviación f de contacto
Fliegenaugenkamera f (Foto) / cámara f fotográfica tipo ojo de mosca
fliegend, Flug... / volador adj, volante ‖ ~, beweglich / móvil, portátil ‖ ~ (Start) / lanzado ‖ ~, freitragend (Brücke, Flügel) / de tipo cantiléver ‖ ~ (Steckverbindung) / que conecta dos cables ‖ **e Achse** / eje en voladizo m ‖ ~ **angeordnet**, vorspringend / en voladizo, en saliente, dispuesto en voladizo ‖ **~e Anordnung** / disposición f en voladizo ‖ **~er Druck** (DV) / impresión f volante ‖ **~er Drucker** (DV) / impresora para impresión volante f ‖ **~e Fähre**, Seilfähre f (Schiff) / balsa f volante ‖ **~er Flügel** (Luftf) / ala f volante ‖ ~ **gelagert** (Masch) / alojado en voladizo ‖ **~es Gerüst** (Bau) / andamio m suspendido ‖ **~es Gleis** (Bahn) / vía f portátil ‖ **~e Kolonne** (F.Org) / brigada f o cuadrilla volante [de trabajadores] ‖ **~er Kran**, Schwerlasthubschrauber m (Luftf) / helicóptero m para cargas pesadas, grúa f volante ‖ **~er Magnetkopf** (Eltronik) / cabeza f magnética de lectura sin contacto ‖ **~es Personal** (Luftf) / tripulación f, personal m de a bordo ‖ **~er Rollenwechsel** (Druck) / cambio m automático del carrete o de la bobina ‖ **~e Säge** (Forstw) / sierra f volante ‖ **~e Schere** (Hütt) / tijera f volante ‖ **~e Schnellstanze** (geht mit dem Streifen mit) (Stanz) / prensa f estampadora rápida volante ‖ **~es Schott** (Schiff) / mamparo m provisional ‖ **~e Stufe** (einseitig eingespannt) (Bau) / peldaño m cantiléver o en voladizo ‖ **~e Überholung** (Bahn) / alcance m en marcha ‖ **~e Untertasse** (coll), Ufo n (Raumf) / platillo m volante, objeto m volante no identificado, OVNI m
Fliegenköpfe m pl, Blockade f (Druck) / letras f pl bloqueadas ‖ ⁓ **setzen** / bloquear
Flieger m (Luftf) / aviador m ‖ ⁓, Berufspilot m / piloto m [profesional] ‖ ⁓**abwehr** f, Luftabwehr f (Mil) / defensa f antiaérea ‖ ⁓**alarm** m / alarma f aérea ‖ ⁓**bombe** f / bomba f aérea ‖ ⁓**horst** m (Mil) / base aérea f ‖ ⁓**schule** f, Flugschule f (Luftf) / escuela f de pilotos o de aviación
Fliehgewicht n / pesa f centrífuga ‖ ⁓ (Einspritzpumpe) / regulador m, pesa f de regulación

Fliehkraft f (Phys) / fuerza f centrífuga ‖ ⁓... / centrífugo... ‖ ⁓... s. auch Schleuder... und Kreisel... ‖ ⁓**abscheider** m, Zyklon m / separador m centrífugo, ciclón m, aventadora f de torbellino ‖ ⁓**anlasser** m (Kfz) / arrancador m centrífugo ‖ ⁓**bremse** f / freno m de fuerza centrífuga ‖ ⁓**entstauber** m / despolvoradora f centrífuga ‖ ⁓**kontaktregler** m / gobernador m centrífugo de contacto ‖ ⁓**kupplung** f / embrague m centrífugo ‖ ⁓**maschine** f, g-Beschleunigungsprüfer m (Raumf) / máquina f giratoria ‖ ⁓**mühle** f (Aufb) / triturador m por fuerza centrífuga ‖ ⁓**pumpe** f / bomba f centrífuga ‖ ⁓**regler** m (Kfz) / regulador m centrífugo ‖ ⁓**relais** n (Elektr) / relé m centrífugo ‖ ⁓**schalter** m (Elektr) / conmutador m de fuerza centrífuga ‖ ⁓**schmierung** f / engrase m centrífugo ‖ ⁓**sichter** m (Aufb) / separador m de fuerza centrífuga ‖ ⁓**ventilator** m, Zentrifugallüfter m / ventilador m centrífugo ‖ ⁓**verdichter** m / compresor m centrífugo ‖ ⁓**versteller** m (Kfz) / regulador m centrífugo del avance ‖ ⁓**verstellung** f (Kfz) / variación f centrífuga del avance de encendido ‖ ⁓**zerfall** m, Auseinanderfliegen n (Mat.Prüf) / explosión por rotación excesiva o por embalamiento
Fliehpendel•... / de péndulo centrífugo ‖ ⁓**tachograph** m / tacógrafo m mecánico o de péndulo centrífugo
Fliehpotential n (Phys) / potencial m centrífugo
Fliese f, Wandfliese f (Bau, Keram) / loseta f, baldosilla f, azulejo m ‖ ⁓, Fußbodenplatte f / losa, baldosa f, baldosín m, baldosilla f ‖ ⁓ f, Abrichtplatte f (Masch) / mármol m de trazar
fliesen vt, mit Fliesen o. Steinplatten be- o. auslegen (Bau) / solar, embaldosar, enlosar, azulejar, alicatar ‖ ⁓ n / alicatado m ‖ ⁓**belag** m, geflieste Fläche / embaldosado m, alicatado m ‖ ⁓**boden** m / suelo m enlosado ‖ ⁓**hammer** m / martillo m de baldosador ‖ ⁓**leger** m, -setzer m / solador m, baldosador m, baldosista m (LA), azulejista m (ARG) ‖ ⁓**pflaster** n / pavimento m de losas, [em]baldosado m (LA)
Fließ n, schwimmendes Gebirge (Geol) / rocas f pl migrantes ‖ ⁓**arbeit** f, -fertigung f (F.Org) / fabricación f en cadena ‖ ⁓**arbeitstisch** m / mesa f de trabajo en cadena
Fließband n / cadena f de producción o fabricación o de montaje ‖ ⁓ mit **Drahtgurt** / cadena f de montaje con cinta transportadora de tela metálica ‖ ⁓ mit **Gurt** / cadena f de montaje con cinta transportadora ‖ ⁓**fertigung** f (F.Org) / producción f en cadena, trabajo m en cadena ‖ ⁓**kontrolle** f / control m de (o en) cadena ‖ ⁓**lackierung** f / barnizado m en cadena ‖ ⁓**montage** f (F.Org) / montaje m de cinta continua, montaje m en cadena ‖ ⁓**verarbeitung** f, Pipelining n (DV) / procesamiento m entubado
Fließ•**beton** (Bau) / hormigón m canalizado ‖ ⁓**bett** n, Wirbelbett n, -schicht f (Chem Verf) / lecho m fluidizado, capa f turbulenta ‖ ⁓**bett**, jetzt: Festbett n (Ionenaustauscher) / camada f fija ‖ mit **Rührern versehenes** ⁓**bett** (Chem Verf) / lecho m fluidizado provisto de agitadores ‖ ⁓**bett-Beschichtung** f / recubrimiento m en lecho fluidizado ‖ ⁓**bettkatalysator** m / catalizador m de lecho fluidizado ‖ ⁓**bett-Katalyse** f (Öl) / craqueo m catalítico en lecho fluidizado ‖ ⁓**bettmethode**, Fluidisierung f (Chem Verf) / fluidización f, método m de lecho fluidizado ‖ ⁓**bettrösten** n (Zink) / tostación f en lecho fluidizado ‖ ⁓**betttrockner** m / secador m de lecho fluidizado ‖ ⁓**bettverfahren** n (Chem) / procedimiento m de lecho fluidizado ‖ ⁓**bewegung** f (Geol) / movimiento m de flujo o de descenso ‖ ⁓**bild** n (F.Org) / diagrama m del proceso de producción, esquema m funcional ‖ ⁓**bild**, Stoff-Fließbild n / diagrama m de circulación de materiales ‖ ⁓**boden** m, weicher Baugrund (Bau) / terreno m blando o poco resistente ‖ ⁓**dauer** f (Sintern) / coeficiente m de flujo ‖ ⁓**dehnung** f (Mech) / alargamiento m de o debido a la fluencia ‖ ⁓**diagramm** n / flujograma m, diagrama m de circulación o de flujo ‖ ⁓**druck** m (Fett) / fluopresión f ‖ ⁓**druck** (Verformung) / compresión f hasta el flujo ‖ ⁓**druck** (Spülgerät) / presión f a la corriente máxima ‖ ⁓**drücken**, Drückwalzen n (Masch) / repujado m ‖ ⁓**druckpresse** f, Extruder m (Plast) / prensa f de extrusión [en frío] ‖ ⁓**eigenschaften** f pl (Pulv.Met) / propiedades f pl de fluidez

fließen vi, strömen (allg) / fluir ‖ ⁓, laufen, rinnen (Wasser) / correr, derramar[se], manar ‖ ⁓ (Elektr) / circular ‖ ⁓, zerfließen / derretirse, fundirse ‖ ⁓ (Pap) / chupar (por ej. la tinta) ‖ ⁓ n, Strömen n / flujo m ‖ ⁓ (Wasser) / corriente f ‖ ⁓ **von Material** / fluencia f ‖ **zum** ⁓ (o. Schmelzen) **bringen**, verflüssigen / fundir, licuar

fließend, strömend, im Fluss / fluyente, fluente, fluido ‖ ⁓ (Wasser) / corriente ‖ ⁓**er Verkehr** (Kfz) / tráfico m fluyente o fluido ‖ ⁓**es Wasser** (o. Gewässer), Fließgewässer n / agua f corriente o fluente

Fließend-Wasser-Ökosystem n (Umw) / ecosistema m de agua fluente

fließ•**fähig** / corriente, no o poco viscoso ‖ ⁓**fähigkeit** f (allg, Phys) / fluidez f, flujo m ‖ ⁓**fertigung** f, fließende Fertigung s. Fließbandfertigung ‖ ⁓**fett** n (Nahr) / grasa f fluida ‖ ⁓**figuren** f pl, Fließlinien f pl, Lüderssche Linien f pl (Hütt) / figuras f pl de fluencia, líneas f pl de Lüders ‖ ⁓**figurenbildung** f / formación f de figuras de fluencia ‖ ⁓**fläche** f (Mech) / superficie f de fluencia ‖ ⁓**förderer** m, Stetigförderer m (Förd) / transportador m continuo ‖ ⁓**formen** n (Masch) / repujado m ‖ ⁓**geschwindigkeit** f (sec je 100 g für vorgegebenen Weg) (Mat.Prüf) / desplazamiento m volumétrico [por unidad de tiempo], gasto m, caudal m ‖ ⁓**gewässer** n pl, fließendes Wasser (Geo) / agua f corriente o fluente ‖ ⁓**glätte** f (Bergb) / litarge m o masicote fresco o húmedo ‖ ⁓**gleichgewicht** n (Biol, Chem) / equilibrio m dinámico ‖ ⁓**grenze** f, unterer Plastizitätszustand m, W_f (Masch) / límite m de fluencia, límite m de alargamiento ‖ ⁓**grenze**, Elastizitätsgrenze f / límite m de elasticidad ‖ **obere** [**untere**] ⁓**grenze** / límite m de fluencia o de alargamiento superior [inferior] ‖ ⁓**gussverfahren**, Pressspritzen n, Intrusionsverfahren n (Plast) / moldeado m por intrusión, colada f inyectada ‖ ⁓**güte** f / fluidez f ‖ ⁓**härte** f, Ziehhärte f (Masch) / dureza f de estirado ‖ ⁓**heck** n, Schrägheck n / zaga f inclinada, parte f trasera o popa aerodinámica ‖ ⁓**katalysatorverfahren** n (Chem, Öl) / procedimiento m de catalizador fluido ‖ ⁓**kohle** f, Kolloidkohle f (Bergb) / carbón m coloidal ‖ ⁓**koksverfahren** n / fluid m cóking ‖ ⁓**komma** n, Gleitkomma n (DV) / coma f flotante ‖ ⁓**kunde**, Rheologie f / reología f ‖ ⁓**linie** f (Fehler, Plast) / línea f de flujo ‖ ⁓**linie** s. auch Fließfiguren ‖ ⁓**linienmarkierung** f (Plast) / marca f de líneas de flujo ‖ ⁓**mittel** n (Chromatographie) / solvente m, disolvente m ‖ ⁓**ofen** m, Durchlaufofen m / horno m de paso continuo ‖ ⁓**papier**, Löschpapier n / papel m secante ‖ ⁓**phase** f (Chromatogr.) / fase líquida f ‖ ⁓**presse** f (Hütt, Masch) / extrusionadora f, extrusora f, máquina f de extrusión ‖ ⁓**pressen** vt, extrudieren v / extrusionar, extruir, practicar la extrusión ‖ ⁓**pressen** n / extrusión f [en frío], extrusionado m, prensado m de extrusión ‖ ⁓**pressen entgegen der Stempelrichtung** / extrusión f en dirección opuesta ‖ ⁓**pressen in Stempelrichtung** / extrusión f directa ‖ ⁓**punkt**, FP, Schmelzpunkt (Phys) / punto de fusión f ‖ ⁓**punkt** (Fett) / temperatura f de descongelación o de fluidez ‖ ⁓**punkt** (Plast) / punto m cedente o de relajamiento ‖ ⁓**punkt** (Öl) / punto m de fluidez ‖ ⁓**punkt nach Ubbelohde**, Tropfpunkt m / punto m de goteo o de gota o de rocío ‖ ⁓**punkt-Operationen** f pl **pro Sekunde** (DV) / operaciones f pl de punto flotante por segundo ‖

Fließsand

~**sand** m (Geol) / arena f movediza ‖ ~**sandverfahren** n (Gieß) / moldeo m con arena fluida o fluidizada ‖ ~**scheide** f (Schm) / plano m neutro de deslizamiento, zona f neutra de deslizamiento ‖ ~**schema**, Stoffflussbild n / diagrama m de circulación [de materiales] ‖ ~**schlacke** f (Hütt) / escoria f fluidizada ‖ ~**span** m (Wzm) / viruta f plástica, viruta f continua o larga ‖ ~**spannung** f (Material) / tensión f de deformación permanente, tensión f iniciadora de flujo ‖ ~**strömung** f (Wasser) / corriente f calma ‖ ~**struktur**, Fließtextur, Fluidaltextur n, Fließgefüge n (Geol) / estructura f fluida, textura f fluida ‖ ~**temperatur** f (Schmiermittel) / temperatura f de fluencia ‖ ~**trichter** m (Pulv.Met) / fluidímetro m, flujómetro m ‖ ~**verfahren** n / procedimiento m reológico ‖ ~**verhalten** n (Phys) / comportamiento m de flujo, propiedades f pl de flujo ‖ ~**verhalten**, Visco-Elastizität f / viscoelasticidad f ‖ ~**verhalten** (Thixotropie) / paso m del estado coloidal al estado líquido y viceversa ‖ ~**verkehr** m, Verkehrsfluss m / flujo m continuo del tráfico, tráfico m fluyente o fluido ‖ ~**vermögen** n (Email, Farbe) / capacidad f de fluir, fluidez f ‖ ~**vermögen**, Plastizität f / plasticidad f ‖ geringes, [hohes] ~**vermögen** / baja f [alta] fluidez ‖ ~**versatz** m (Bergw) / relleno m hidráulico ‖ ~**vorgang** s. Fließen ‖ ~**wasser** n (Bau) / agua f corriente ‖ ~**widerstand** m / resistencia f a la fluencia ‖ ~**zahl** f (Chem) / índice m de fluidez ‖ ~**zeitmesser** m / caudalímetro m, aforador m ‖ ~**zone** f (Erde) / hidrosfera f, zona f fluida
Flimmer•dosierung f (TV) / dosificación f de parpadeo ‖ ~**empfindlichkeit** f (Eltronik) / sensibilidad f al parpadeo ‖ ~**frei** / libre de parpadeo ‖ ~**freiheit** f (Eltronik) / ausencia f de centelleo ‖ ~**frequenz** f / frecuencia f de centelleo o parpadeo ‖ ~**messer** m (Meteo) / escintilómetro m, centellómetro m
flimmern vi (Licht, TV), flackern / centellear, titil[e]ar, parpadear ‖ ~, flirren / despedir centellas o destellos ‖ ~ n (allg, TV) / centelleo m, parpadeo m, titileo m, titilación f ‖ ~ (Licht) (Schwanken im Takt der Netzfrequenz), Frequenzflimmern / centelleo m de la luz (al ritmo de la frecuencia de la red) ‖ **störendes** ~ / centelleo m molesto
flimmernd (Biol) / vibrátil
Flimmer•peilung f (Nav) / radiogoniometría f por centelleo ‖ ~**photometer** n / fotómetro m por destellos o de parpadeo ‖ ~**photometrie** f / fotometría f intermitente o por destellos
flinke Sicherung (Elektr) / fusible m rápido
Flinkit m (Min) / flinquita f
Flinte f / escopeta f [de cañón liso]
Flintenschrot m n / perdigones m pl, posta f
Flint•glas n / vidrio m de roca o [del] flint, flint m [glass] ‖ ~**papier** n (Schleifpapier für Holz) / papel m de lija ‖ ~**stein**, Feuerstein m (Geol) / pedernal m, piedra f de chispa
Flip•-Chart f n (DV) / flip-chart m ‖ ~**-Chip** n m (Halbl) / flipchip m, lasquilla f reversible o invertida ‖ ~**-Chip-Verbindung** f / conexión f con lasquilla invertida
Flip-Flop m n, bistabiles Kippglied (Eltronik) / basculador m, multivibrador m biestable, flip-flop m ‖ ~**-Auslöser**, Eccles-Jordanschalter m (DV) / circuito m de Eccles-Jordan, trigger m Eccles-Jordan ‖ ~**-Generator** m (Eltronik) / generator m flip-flop, multivibrador m monoestable ‖ ~**-Schaltung** f / circuito m bascula[nte] o basculador
Flipper, Zentrierarm m (Schiff, Spreader) / brazo m de centrado
Flip-Schiff n (waagerecht fahrend, senkrecht arbeitend) (Schiff) / barco m "flip"
Flitter m / laminillas f pl de metal no precioso
Flitterchen n (Opt) / lentejuela f
Flittergold n, Rausch-, Schaumgold n (Hütt) / oropel m

flittrig (Pulv.Met) / lamelar, escamoso ‖ ~**es Pulver**, schuppiges Pulver (Sintern) / polvo m escamoso
Float•bad n (Glas) / baño m de flotado ‖ ~**glas** n (auf Metallschmelze schwimmend erstarrt) / vidrio m flotado
Flocculator m (Chem Verf, Umw) / floculador m
Flocculi pl (Astr) / flóculos m pl
Flock•druck m (Tex) / estampado m por flocado ‖ ~**druckmaschine** f (Färb) / máquina f de estampar por flocado
Flocke, Schuppe f / copo m, flóculo m, escama f ‖ ~ f, Schneeflocke f (Meteo) / copo m de nieve ‖ ~, Knoten m (Tex) / copo m, nudo m ‖ ~ f, Wollflocke f / vedija f, mechón m de lana ‖ ~ (Färb) / borra f, flojel m
flocken vi (Chem Verf) / flocular, formar flóculos o copos ‖ ~, kotonisieren (Tex) / cotonizar ‖ ~, füttern, füllen (Krempel) / emborrar ‖ ~ n, Beflocken n (Tex) / flocadura f ‖ ~, Koagulation f (Chem) / coagulación f ‖ ~, Flocculation f (Chem) / floculación f
Flocken•asbest m (Chem, Min) / amianto m en flóculos ‖ ~**bast** m (Tex) / lino m cotonizado ‖ ~**bildung** f / floculación f, formación f de copos ‖ ~**bündel** n (Spinn) / mechón m ‖ ~**eis** n, Scherbeneis n (Kältetechnik) / hielo m en escamas ‖ ~**frei** (Seide) / sin borrilla f ‖ ~**glasur** f (Beschicht) / esmalte m flocado ‖ ~**glimmer** m (Min) / mica f en copos ‖ ~**graphit** m (Min) / grafito m en copos o en escamas ‖ ~**graphitguss** m (Gieß) / fundición f de grafito con flocos ‖ ~**neigung**, -empfindlichkeit f (Hütt) / tendencia f a la floculación ‖ ~**schicht** f (Karde) / capa f de fibras ‖ ~**schuss**, Noppenschuss m (Web) / trama f de nopas ‖ ~**speiser** m **für Karden** (Spinn) / [dispositivo] m alimentador para cardas ‖ ~**zerstörer** m, Peptisationsmittel n (Flotation) / agente m de peptisación
Flockfaser f (Tex) / fibra f flocada
flockig / flocado ‖ ~, flaumig / peloso, velloso
Flockigkeit f (Chem) / floculencia f
Flock•seide f, Seidenabfälle m pl (Tex) / seda f azache ‖ ~**tapete**, Samttapete f (Pap) / papel m [de pared] aterciopelado ‖ ~**test** m (Chem Verf) / ensayo m o prueba de floculación
Flockung f, Ausflocken n / floculación f
Flockungs•messer m (Umw) / floculómetro m ‖ ~**mittel** n / agente m de floculación ‖ ~**punkt** m (Chem) / punto m de floculación ‖ ~**schutzvermögen** n (Färb) / poder m protector contra la floculación ‖ ~**stabilität** f (Farbe) / resistencia f a la floculación
Flockwolle f (Polster) / borra f de lana
Floconné, Flockenstoff m (Tex) / tejido m floconé
Floff-System f (= floating offshore liquefaction) (Öl) / sistema m FLOFF
Flop-in-Methode f (Nukl) / método m flop-in
Flop-out-Methode f (Nukl) / método m flop-out
Floppy-Disk n, flexible Magnetplatte (DV) / disco m flexible, diskette m, floppy[-disc] m, minifloppy m ‖ ~**-Speicher** m / memoria f de disco flexible
Flops (= floating point operations per second), Zahl der Fließpunktoperationen pro Sekunde als Angabe der Rechenleistung (DV) / número m de operaciones de punto flotante por segundo
Flor m, Vlies n, Florware f (Tex) / velo m, guata f ‖ ~ (hauchzart) / velillo m ‖ ~ m, -ware f (Garn) / guata f, velo m ‖ ~, Polkette f (Web) / urdimbre f de velo ‖ ~, Krempelflor m (Spinn) / velo m cardado o de carda ‖ ~ m, Krepp m (Tex) / crespón m ‖ **mehrfacher** ~ (Spinn) / velo m múltiple ‖ ~**aufschichtung** f (Tex) / superposición f del velo ‖ ~**brecher** m, Pelzbrecher m (Spinn) / cortador m de la tela
Florence m (ein Futtertaffet) (Web) / florencia f
Florentine f (geköperte Baumwolle) (Web) / florentina f
Florett•band n (Tex) / cinta f de seda e hilo ‖ ~**seide**, Schappeseide f (Tex) / filadiz m, seda f floja o de

schappe, hiladillo *m* ‖ ⁓**spinnerei** *f* / hilandería *f* de schappe
Flor•[faden] *m* (Web) / hilo *m* de velo ‖ ⁓**garn** *n*, gasiertes Baumwollgarn (Wirkm) / hilo *m* de algodón gaseado ‖ ⁓**gewebe** *n*, -ware *f* (Tex) / tejido *m* de (o con) pelo
Floridaerde, Fullererde *f*, Floridin *n* (Tex) / tierra *f* de batán
Florideenstärke *f* (Chem) / almidón *m* de florídeas
Floridin *n* (Bleicherde aus Florida) / tierra *f* descolorante de Florida
Flor•schicht *f*, Pol *m*, Faserflor *m* (Tex) / capa *f* de velo ‖ ⁓**schuss** *m* (Tex) / trama *f* de velo ‖ ⁓**streifen** *m* (Spinn) / cinta *f* o tira de velo ‖ ⁓**täfler** *m* (Tex) / aparato *m* doblador de velo ‖ ⁓**teilapparat** *m*, -teiler *m* (Spinn) / divisor *m* del velo ‖ ⁓**webstuhl** *m* (Tex) / telar *m* para gasa y crespones
Floß *n* / almadía *f*, armadía *f*, balsa *f* ‖ ⁓ (Hütt) / galápago *m*, lingote *m*
Flosse, Seitenflosse *f* (Luftf) / estabilizador *m* de aletas, plano *m* fijo ‖ ⁓ *f* (Rakete) / estabilizador *m*
flößen, Holz ⁓ / acarrear o aguar la madera ‖ ⁓ *n* (Holz) / conducción *f* de balsas o almadías
Flossen•bett *n*, Masselgraben *m* (Hütt) / lecho *m* de colada ‖ ⁓**kiel** *m* (Schiff) / quilla *f* de lastre ‖ ⁓**kneter** *m*, Fischschwanzkneter *m* / amasadora *f* con brazo cola de pez, amasadora *f* con aletas ‖ ⁓**rohr** *n* / tubo *m* de aletas ‖ ⁓**stabilisator** *m* (Schiff) / estabilizador *m* lateral
Floß•gasse *f* (Hydr) / canal *m* para balsas ‖ ⁓**rechen** *m* / rejilla *f* de retención ‖ ⁓**sack** *m* (Luftf) / bote *m* neumático [de salvamento], canoa *f* neumática
Flotation *f* (Tätigkeit), Flotierung *f* (Aufb) / flotación *f*, separación *f* por flotación ‖ ⁓ (Anlage) / instalación *f* de flotación ‖ ⁓ **durch Lufteinblasen** (Aufb) / flotación *f* por insuflación de aire ‖ ⁓ **mit minimalen Ölmengen** / flotación *f* con cantidades mínimas de aceite
Flotations•gift *n* (Aufb) / veneno *m* de flotación ‖ ⁓**konzentrat** *n* (Aufb) / concentrado *m* de flotación ‖ ⁓**mittel** *n* (Pap) / agente *m* de flotación ‖ ⁓**-Mittelgut** *n* (Aufb) / mezclados *m pl* de flotación ‖ ⁓**öl** *n* (Aufb) / aceite *m* de flotación ‖ ⁓**prozess** *m*, -verfahren *n* (Aufb) / proceso *m* de flotación ‖ ⁓**schaum** *m* (Aufb) / espuma *f* de flotación ‖ ⁓**schlamm** *m* (Aufb) / fango *m* de flotación ‖ ⁓**stammbaum** *m* / esquema *f* de operaciones de la flotación ‖ ⁓**-Stofffänger** *m* (Pap) / recogepastas *m* de flotación ‖ ⁓**trübe** *f* (Aufb) / líquido *m* [denso] de flotación ‖ ⁓**zelle** *f* **mit Luftrührung** (Aufb) / célula *f* de aireación ‖ ⁓**zusatz** *m* (Aufb) / reactivador *m*, modificador *m*
Flötenkessel *m* (Küche) / hervidor *m* de silbato (E), pava *f* (LA)
flotierbar (Hütt) / flotable
Flotierbarkeit *f* (Hütt) / flotabilidad *f*
flotieren, aufschwimmen *vt* (Aufb) / flotar
Flotierung *f*, Flotation *f* (Aufb) / flotación *f*
Flotte (Kfz, Luftf, Schiff) / flota *f* ‖ ⁓ (Handels-, Kriegs) / marina *f* (mercante, de guerra) ‖ ⁓, Färbeflotte *f*, -brühe *f* (Tex) / baño *m* de tintura (E) o de teñir (LA) ‖ ⁓, Tränkflüssigkeit *f* (Gerb) / baño *m*, líquido *m* de impregnado
flotten *vi* (Fehler, Web) / flotar
Flotten•aufnahme *f* (Färb) / absorción *f* de baño ‖ ⁓**kreislauf**, -umlauf *m*, -zirkulation *f* (Färb) / circulación *f* [continua] del baño ‖ ⁓**stärke** *f* (Seestreitkräfte) (Mil) / poder *m* naval ‖ ⁓**stützpunkt** *m* (Mil) / base *f* naval ‖ ⁓**verhältnis** *n* (Tex) / proporción *f* del baño
flottierender (o. nicht eingebundener) Faden, flottender Faden (Fehler, Web) / hilo *m* flotante
flottmachen (Schiff) / poner a flote, zafar, desencallar ‖ ⁓ *n* (Schiff) / puesta *f* a flote
Flottung *f*, Flotten *m* (Web) / flotación *f*, flotaje *m*

Flowmeter *n* (Nukl) / mediador *m* de fluencia de partículas
Flow-Solder-Löten *n* / soldadura *f* por ola
Flox *n* (Gemisch von Flüssigsauerstoff u. Flüssigfluor) (Rakete) / flox *m*
Flöz *n*, Flözschicht *f* (Bergb) / estrato *m* ‖ ⁓, Gang *m* (Kohle) / filón *m*, vena *f* ‖ ⁓ (Erz) / criadero *m*, venero *m* ‖ ⁓**[ab]bau** *m* (Bergb) / explotación *f* por filón ‖ ⁓**archiv** *n* (Bergb) / archivo *m* de filones ‖ ⁓**brand** *m* / incendio *m* del filón ‖ ~**führend**, -artig (Bergb) / estratificado ‖ ⁓**gebirge** *n*, -gebirgsarten *f pl* (Bergb) / rocas *f* secundarias ‖ ~**geführt** / siguiendo el filón ‖ ⁓**gruppe** *f*, -zug *m* / haz *m* de venas ‖ ⁓**karte** *f* / mapa *f* de filones ‖ ⁓**kohle** *f* / carbón *m* de vena ‖ ⁓**leer** (Bergb) / estéril ‖ ⁓**leeres** *n* (Bergb) / estrato *m* estéril ‖ ⁓**mächtigkeit** *f* / cubicación *f* del filón, potencia *f* del filón ‖ ⁓**profil** *n* / peril *m* del filón ‖ ⁓**schichtung** *f* (Bergb, Geol) / estratificación *f* ‖ ⁓**störung** *f* (Bergb) / accidente *m* en el filón ‖ ⁓**strecke** *f* (Erz) / galería *f* de venero ‖ ⁓**streckenvortriebsmaschine** *f* (Bergb) / máquina *f* para avanzar galerías ‖ ~**weise, in Flözen** (Bergb) / en estratos ‖ ~**weise gelagert sein** / ser estratificado
Fluat, Fluor[o]silikat *n* (Chem) / fluato *m*
Flucht, Reihe *f* / fila *f*, serie *f* ‖ ⁓ *f*, Fluchtlinie *f*, Bauflucht *f* (Bau) / alineación *f* ‖ **nach der** ⁓ **ein-, ausrichten** / alinear ‖ ⁓**abweichung** *f* / desalineación *f* ‖ ⁓**bewegung** *f* (Astr) / efecto *m* de Hubble, liberación *f*
fluchten *vt*, ab-, ausfluchten (Verm) / alinear *vt* ‖ ~ *vi*, fluchtrecht sein, Flucht halten (Bau) / alinear *vi*, estar alineado
fluchtend, genau ⁓ / de alineación exacta ‖ **schlecht oder nicht** ⁓ / desalineado
Flucht•fehler *m* / error *m* de alineación, desalineación *f* ‖ ⁓**geschwindigkeit** *f* (Raumf) / velocidad *f* de liberación ‖ ⁓**geschwindigkeit ins Unendliche** (Raumf) / velocidad *f* al infinito ‖ ⁓**holz** *n* (Verm) / piquete *m*
flüchtig, instabil (Chem) / voluble ‖ ~, volatil (Chem) / volátil ‖ ⁓, zart / sutil ‖ ~, vorübergehend / pasajero, transitorio, efímero ‖ ~**er Bestandteil** (Chem) / componente *m* volátil ‖ ~**es Bindemittel** (Chem) / agente *m* de ligado temporal ‖ ~**es Brandprodukt** (Chem) / componente *m* gaseoso de incendio ‖ ~**er Entwurf** / trazado *m* ‖ ~**e Längs-EMK** (Elektr) / fuerza *f* electromotriz subtransitoria longitudinal ‖ ~**es Lösungsmittel** (Chem) / solvente *m* ligero o volátil ‖ ~ **sein oder werden** (Chem) / volatilizarse ‖ ~**er Speicher** (DV) / memoria *f* volátil ‖ ~**er Stoff** (Chem) / sustancia *f* volátil ‖ **mit hohem Gehalt an** ⁓**em** (Kohle) / de alto contenido en materias volátiles
Flüchtigkeit *f* (Chem) / volatilidad *f* ‖ ⁓, Fugazität *f* / fugacidad *f* ‖ ⁓ **der Grobfraktion** (Öl) / volatilidad *f* de la fracción de cabeza
Flüchtigkeitsprodukt *n* (Chem) / producto *m* de volatilidad
Flucht•linie *f* (Bau) / alineación *f* ‖ ⁓**linie** (Opt, Zeichn) / línea *f* de fuga ‖ ⁓**linie von Lagern** (Masch) / alineación *f* de apoyos ‖ ⁓**linien** *f pl* (Zeichn) / líneas *f pl* de perspectiva ‖ ⁓**linienabweichung** *f*, Fluchtungsfehler *m* (Bau) / desalineación *f* ‖ ⁓**linientafel** *f* (Math) / ábaco *m* nomograma *m*, diagrama *m* nomográfico ‖ ~**los bauen** / construir sin alineación ‖ ⁓**punkt** *m* (Opt) / punto *m* de fuga ‖ ⁓**punktbedingung** *f* (Verm) / condición *f* de punta de fuga ‖ ⁓**punktsteuerung** *f* (Verm) / control *m* de punto de fuga ‖ ⁓**-Räumnadel** *f* (um mehrere Kurbelwellenlager zugleich zu bearbeiten) (Wzm) / brocha *f* de alineación ‖ ~**recht** (Bau) / alineado, en línea recta ‖ ⁓**schleuse**, Abzugsschleuse *f* (Hydr) / compuerta *f* de descarga ‖ ⁓**stab** *m*, Bake *f* (Verm) / banderola *f*, jalón *m* ‖ ⁓**steg** *m* (Bau) / pasarela *f* de escape ‖ ⁓**strecke** *f* (Bergb) / galería *f* de seguridad ‖

Fluchttunnel

~**tunnel** *m* / túnel *m* de escape, galeria *f* de retorno ‖
~**turm** *m*, -system *n* (Raumf) / torre *f* de retroceso o de ecape
Fluchtung *f* / alineación *f*
Fluchtweg *m* (Bau) / camino *m* de emergencia, pasaje *m* de retirada o de escape, vía *f* de evacuación
Flue-Curing *n*, Heißluft-Trocknung *f* (Landw) / secado *m* al aire caliente
Fluenz *f* (Nukl) / fluencia *f*
Flug *m*, Fliegen *n* / vuelo *m* ‖ ~ (eingewebte lose Fasern) (Fehler, Web) / pelusa *f*, pelusilla *f*, borrilla *f* ‖ ~ **in den Raum hinaus** (Raumf) / vuelo *m* interestelar ‖ ~ **mit Antrieb** (Rakete) / vuelo *m* propulsado ‖ ~ *m* **mit Muskelkraft** (hist.) / VPH *m* (= vuelo a propulsión humana) ‖ ~ **mit Zusatzantrieb** / vuelo *m* accelerado ‖ ~ **ohne Aufenthalt**, Non-Stop-Flug *m* / vuelo *m* sin escala ‖ ~ **über Land** / vuelo *m* sobre tierra ‖ ~ **zu äußeren Planeten** (Raumf) / misión *f* a planetas exteriores ‖ **im** ~**e erproben** / ensayar en vuelo
Flug•-Abnahmeversuch *m* (Raumf) / prueba *f* de aceptación en vuelo ‖ ~**abwehr** *f* (Mil) / defensa *f* antiaérea ‖ ~**asche** *f* / pavesa *f*, ceniza *f* volante o volátil, ceniza *f* arrastrada ‖ ~**asche**, PFA *f* (Straßb) / ceniza *f* pulverizada ‖ ~**aschebläser** *m* / soplador *m* de pavesa ‖ ~**aschenfang** *m* / colector *m* de cenizas voantes ‖ ~**aufgaben** *f pl* (Mil, Raumf) / operaciones *f pl*, misiones *f pl* ‖ ~**auto** *n* / coche-avión *m*, coche *m* volador
Flugbahn *f* (Luftf) / trayectoria *f* de vuelo ‖ ~, Bahn *f* (Atom, Geschoss) / trayectoria *f* de un proyectil, línea *f* balística, derrota *f* ‖ ~ **direkt zum Mond** (Raumf) / trayectoria *f* a la Luna ‖ ~ **Richtung Mond und darüber hinaus** / misión *f* translunar ‖ **seine** ~ **weiterverfolgen** (Raumf) / seguir la trayectoria ‖ ~**-Achsenkreuz** *n* (Luftf) / sistema *m* de coordenadas para trayectoria ‖ ~**aufzeichnung** *f* (Rakete) / registro *m* de la trayectoria ‖ ~**daten** *pl* / valores *m pl* balísticos ‖ ~**geschwindigkeit** *f* / velocidad *f* de trayectoria ‖ ~**scheitelpunkt** *m* / vértice *f* de trayectoria ‖ ~**verfolgung** *f* / trayectografía *f* ‖ ~**winkelschreiber** *m* / registrador *m* de la trayectoria de vuelo, trayectógrafo *m*
Flug•bandtrockner *m* (Spanplatten) / secador *m* de virutas en suspensión ‖ ~**begleiter** *m* (Luftf) / auxiliar *m* de vuelo ‖ ~**benzin** *n* / gasolina *f* de aviación, aerogasolina ‖ ~**beratung** *f* / instrucciones *f pl* finales ‖ ~**bereich**, Aktionsbereich *m*, -weite *f* / autonomía *f*, radio *m* de acción, alcance *m* de vuelo ‖ ~**bereit**, startbereit / listo para despegar o para el despegue ‖ ~**besatzung** *f* / tripulación *f* [de vuelo] ‖ ~**beschränkungsgebiet** *n* (Luftf, Mil) / zona *f* restringida ‖ ~**betrieb** *m* / servicio *m* aéreo ‖ ~**betriebslenkung** *f* (Luftf) / control *m* operacional o de operaciones, control *m* de tráfico aéreo ‖ ~**bewegungen** *f pl* / marcha *f* de los vuelos ‖ ~**bildung** *f* (Tex) / formación *f* de borrillas ‖ ~**blatt** *n*, Flugschrift *f* (Druck) / folleto *m* ‖ ~**boot** *n* (Luftf) / hidroavión *m* ‖ ~**brand**, nackter Brand, Ustilago nuda (Landw) / carbón *m* desnudo [de la cebada], tizón *m* ‖ ~**buch** *n* (manuell) (Luftf) / diario *m* de a bordo, libro *m* de vuelo ‖ ~**datenregistrierung** / registro *m* de vuelo ‖ ~**datenschreiber** *m*, Black Box *f* / registrador *m* de vuelo o de a bordo, caja *f* negra, Flight Data Recorder (FDR), blackbox *f* ‖ ~**dauer** *f* (Luftf) / duración *f* del vuelo ‖ ~**deck** *n* (Schiff) / cubierta *f* de aterrizaje ‖ ~**drachen** *m* (Luftf) / planeador *m*, cometa *m* ‖ ~**eigenschaft** *f* / cualidades *f pl* de vuelo
Flügel *m* (allg, Windmühle) / ala *f*, aspa *m* ‖ ~, Tragflügel *m*, Tragfläche *f* (Luftf) / ala *f*, aleta *f*, plano *m* sustentador ‖ ~, Blatt *n* (Propeller) / pala *f* ‖ ~, Gebäude *m* (Bau) / ala *f* ‖ ~, Rührflügel *m* / paleta *f* [del agitador] ‖ ~, Konzertflügel *m* / piano *m* de cola ‖ ~ (Bergb) / departamento *m* ‖ ~, Aufzugsklappe *f*

(Klappbrücke) / semitablero *m* basculante ‖ ~, Tür-, Fensterflügel *m*, Flügelrahmen *m* (Bau) / batiente *m*, hoja *f* ‖ ~ **der Schlagmaschine** (Tex) / devanadera *f*, volante *m* ‖ ~ **der [Ver]spinnmaschine** (Spinn) / aleta *f*, mechera *f* ‖ ~ **der Weife** (Spinn) / araña *f* ‖ ~ **des Ballentreckers**, Schläger *m* (Spinn) / cilindro *m* batidor ‖ ~ **des Fensterladens**, Ladenflügel *m* / hoja *f* ‖ ~ **einer Rakete** (Raumf) / ala *f*
Flügel•abschnitt *m*, -hälfte *f* (Luftf) / sección *f* de ala ‖ ~**abstand** *m* (Luftf) / distancia *f* entre planos ‖ ~**anschluss** *m* / unión *f* de las alas al fuselaje ‖ ~**anstellung** *f* / ángulo *m* de ataque del ala ‖ ~**arm** *m*, -bein *n* (Spinn) / brazo *m* de a aleta ‖ ~**ast** *m* (Holz) / nudo *m* bigote ‖ ~**ausrundung** *f* (Luftf) / redondeado *m* de alas ‖ ~**austrittskante** *f* / borde *m* de salida ‖ ~**belastung** *f* (Luftf) / carga *f* alar o del ala ‖ ~**blende** *f*, Abdeckflügel *m* (Film) / pala *f* de obturación ‖ ~**bremse** *f*, Windbremse *f* (Luftf) / freno *m* de aire o de alas, freno *m* aerodinámico ‖ ~**deich** *m*, Leit-, Schenkeldeich *m* (Hydr) / dique *m* de aleta ‖ ~**einsatz** *m* **der Zentrifuge** / paletas *f pl* [de centrífuga] ‖ ~**eintrittskante**, -vorderkante *f* (Luftf) / borde *m* de ataque, arista *f* de ataque ‖ ~**verwindbares oder biegsames ende** (Luftf) / extremo *m* flexible de ala ‖ ~**verwundenes ende** / extremo *m* de ala torcido ‖ ~**endkufe**, -schleifkufe *f* (Luftf) / patín *m* de extremo de ala ‖ ~**fenster** *n*, Fensterrahmen *m* mit Flügeln (Bau) / ventana *f* de hoya[s] batiente[s] o de hoya[s] abisagrada[s] ‖ ~**flächeninhalt** *m* (Luftf) / superficie *f* alar ‖ ~**gerippe** *n* / esqueleto *m* del ala, armazón *f* del ala ‖ ~**hahn** *m* / grifo *m* de paletas ‖ ~**hinterkante** *f* (Luftf) / borde *m* posterior del ala, borde *m* de salida ‖ ~**holm** *m* (Luftf) / larguero *m* del ala ‖ ~**kasten** *m* (Luftf) / caja *f* del ala ‖ ~**klappe** *f*, Spreiz-, Landungsklappe *f* / aleta *f* de hipersustentación ‖ ~**klemme** *f* (Elektr) / borna *f* con tornillo de mariposa ‖ ~**kopfschraube** *f* / tornillo *m* de cabeza de mariposa ‖ ~**kreuzschlitz** *m* (Schraube) / mortaja *f* cruzada TORQ-SET ‖ ~**mauer** *f* (Brücke) / muro *m* final o de cabeza ‖ ~**mauer** (Bau) / muro *m* en ala ‖ ~**mauer** (Staudamm) / dique *m* en ala ‖ ~**mutter** *f* (Masch) / tuerca *f* de mariposa
flügeln *vt* (Bahn) / bifurcar (vías)
Flügel•nase *f* (Luftf) / punta *f* del ala ‖ ~**nasenteil** *n* (Space-Shuttle) (Raumf) / borde *m* de[l revestimiento de] ataque ‖ ~**oberseite** *f* (Luftf) / plano *m* superior del ala ‖ ~**ort** *n* (Bergb) / tajo *m* transversal ‖ ~**profil** *n*, -querschnitt *m* (Luftf) / perfil *m* del ala, sección *f* del ala ‖ ~**pumpe** *f* (Masch) / bomba *f* de aletas ‖ ~**rad** *n* (Wasserpumpe) / rueda *f* o corona móvil, rotor *m* ‖ ~**rad** (Kfz) / rueda *f* de aletas ‖ ~**rad**, Schraubenrad *n* (Masch) / rueda *f* helicoidal ‖ **[Woltmannsches]** ~**rad** / molinete *m* de Woltmann ‖ ~**radanemometer** *n*, hydrometrischer Flügel *m* (Meteo) / anemómetro *m* de molinete ‖ ~**radflüssigkeitsmesser** *m* / contador *m* de [líquido con] turbina ‖ ~**radpumpe** *f*, Propellerpumpe *f* (Hydr) / bomba *f* de rueda de paletas ‖ ~**radverdichter** *m* (Luftf) / compresor *m* a (o de) paletas ‖ ~**rahmen** *f* (Fenster) (Bau) / marco *m* de hoja ‖ ~**rakete** *f* (Raumf) / cohetealas *m*, cohete *m* de alas, cohete *m* estabilizado por alas ‖ ~**scheibe** *f* (Masch) / disco *m* de aletas ‖ ~**schiene** *f* (Bahn) / pata *f* de liebre (E), riel *m* de ala (LA) ‖ ~**schneide** *f* **des Bohrmeißels** (Bergb) / corte *m* lateral ‖ ~**schraube** *f* / tornillo *m* de orejetas, mariposa *f*, perno *m* de orejas ‖ ~**schwimmer** *m* (Luftf) / flotador *m* de extremo de ala ‖ ~**signal** *n* (Bahn) / semáforo *m*, señal *f* semafórica ‖ ~**spannweite** *f* (Luftf) / envergadura *f* [de las alas] ‖ ~**spindel** *f* (Tex) / huso *m* de aleta o de araña ‖ ~**spinnmaschine** *f* / [hiladora] continua de aletas *f* ‖ ~**spitze** (Luftf) / punta *f* del ala, extremo *m* de ala ‖ ~**spitzentank**, Tiptank *m* (Luftf) / depósito *m* del extremo del ala ‖ ~**spitzenverwindung** *f* (Luftf) / torsión *f* de los extremos de alas ‖

464

≈spitzenverwindung nach oben, negative Flügelschränkung (Chem) / alabeo *m* negativo ‖ **≈spitzenverwindung nach unten** (Luftf) / alabeo *m* positivo ‖ **≈sporn** *m* (Luftf) / patín *m* de ala ‖ **~stabilisiert** (Rakete) / estabilizado por aletas ‖ **≈streckung** *f* (Luftf) / alargamiento *m* de ala ‖ **≈stummel**, -stumpf *m* (Luftf) / ala *f* trunca ‖ **≈tank** *m* (Luftf) / depósito *m* de combustible en el ala ‖ **≈tiefe** *f* (Luftf) / profundidad *f* de ala, cuerda *f* del ala ‖ **≈tür** *f*, -tor *n* (zweiflügelig) (Bau) / portal *m* de dos hojas ‖ **≈tür**, Falttür *f* / puerta *f* plegable ‖ **≈tür** *f* (nach oben) (Kfz) / portezuela *f* tipo mariposa ‖ **≈turbine** *f* / turbina *f* de aletas ‖ **≈türer** *m* (Kfz) / coche *m* con dos portezuelas tipo mariposa

Flügelung *f* (Bahn) / bifurcación *f* (de vías), separación *f* del tren

Flügel•unterseite *f* (Luftf) / superficie *f* inferior del ala ‖ **≈verwindung** *f* (Luftf) / alabeo *m* del ala ‖ **≈vorderkante**, -eintrittskante *f* (Luftf) / borde *m* delantero del ala, borde *m* de entrada ‖ **≈vorspinnmaschine**, Spindelbank *f* (Spinn) / mechera *f* ‖ **≈walze** *f* (Landw) / rotor *m* o cilindro de aletas ‖ **≈-Windbremse** *f* (Seilb) / freno *m* al aire ‖ **≈wölbung** *f* (Luftf) / combado *m* del ala ‖ **≈wurzel** *f*, -stumpf *m* (Luftf) / raíz *f* del ala ‖ **≈zelle** *f* (Luftf) / celda *f* de ala ‖ **≈zwirnmaschine** *f* (Spinn) / continua *f* de torcer de aletas

Flug•entfernung *f* (Luftf) / distancia *f* aérea ‖ **~erprobt** / comprobado o ensayado en la práctica o en vuelo ‖ **≈erprobungsprogramm** *n* / programa *m* de prueba en vuelo ‖ **~fähig** / en estado de vuelo, capaz de volar, apto para el vuelo ‖ **~fähig** (Staub) / dispersible (polvo) ‖ **≈faser** *f* (Tex) / fibra *f* volante ‖ **≈fehler** *m* (Luftf) / error *m* en el vuelo ‖ **≈feld** *n* (Luftf) / campo *m* de aviación ‖ **≈feld**, Rollfeld *n* / pista *f* de traslado o de rodaje ‖ **unbefestigtes ≈feld** / campo *m* de aterrizaje ‖ **≈fernmeldedienst** *m* / servicio *m* de telecomunicaciones aéreas ‖ **≈feuer** *n* / fuego *m* arrastrado por el viento ‖ **≈fläche** *f* (konstanten Luftdrucks) (Luftf) / nivel *m* de vuelo ‖ **≈führung** *f* / pilotaje *f* ‖ **≈funk** *m* (Fernm) / radiotelecomunicación *f* aérea ‖ **beweglicher ≈funkdienst** (Luftf) / servicio *m* móvil aeronáutico ‖ **≈funkleitstelle** *f* (Luftf) / estación *f* radioeléctrica de control aire-tierra ‖ **≈gast** *m* / pasajero *m* [aéreo] ‖ **≈gastbrücke** *f* (Luftf) / pasarela *f* telescópica ‖ **≈gastraum** *m* (Luftf) / cabina *f* de los viajeros o pasajeros ‖ **≈gepäckwaage** *f* / báscula *f* para equipajes aéreos ‖ **≈gerätbauer** *m* / constructor *m* de aerodinos ‖ **≈gerätemechaniker** *m* / mecánico *m* para aparatos de vuelo ‖ **am Boden empfangene ≈geräusche** (Umw) / ruidos *m pl* de avión percibidos en el suelo ‖ **≈geschwindigkeit** *f* (Luftf) / velocidad *f* de vuelo ‖ **≈geschwindigkeit gegen Luft**, Fahrt *f* (Luftf) / velocidad *f* respecto al aire, velocidad *f* relativa ‖ **≈gewicht** *n* (Luftf) / peso *m* en orden de vuelo

Flughafen *m* / aeropuerto *m*, aeródromo *m* ‖ **≈...** / aeroportuario ‖ **≈-Ansteuerungsfeuer** *n* / luz *f* de aproximación, farol *m* de aproximación ‖ **≈bahnhof** *m* / estación *f* de aeropuerto ‖ **≈befeuerung** *f* (Luftf) / balizamiento *m* de aeropuerto ‖ **≈-Drehfunkfeuer** *n*, VOR (Luftf) / VOR, radiofaro *m* omnidireccional de VHF ‖ **≈gebäude** *n* / edificio *m* de aeropuerto ‖ **≈gebäude für Hubschrauber** / edificio *m* de helipuerto ‖ **≈gebäude für Transitfracht** / edificio *m* [para mercancías] de tránsito ‖ **≈ingenieur** *m* (Luftf) / ingeniero *m* de aeropuerto ‖ **≈-Kontrollradar** *m n* / radar *m* de control de aeródromo ‖ **≈-Leuchtfeuer** *n* / faro *m* de aeropuerto, baliza *f* luminosa de aeropuerto ‖ **≈-Rundsichtradar** *m n*, ASR / radar *m* de vigilancia de aeropuerto ‖ **≈-Warnungsfeuer** *n* / radiofaro *m* de peligro en aeropuerto (debido a mala visibilidad), radiofaro *m* de espera de aterrizaje ‖ **≈werftanlage** *f* / zona *f* industrial del aeropuerto ‖ **≈-Wettermindestbedingungen** *f pl* / condiciones *f pl* meteorológicas mínimas de un aeropuerto

Flug•handbuch *n* / manuel *m* de vuelo ‖ **≈-Hardware** *f* (Raumf) / elementos *m pl* físicos de vuelo ‖ **≈hefe** *f* (Biol) / levadura *f* volante ‖ **≈höhe** *f* (Luftf) / altura *f* o altitud de vuelo, techo *m* de vuelo ‖ **≈höhe** (Mil) / perpendicular *m* de una trayectoria ‖ **≈hydraulik** *f* / hidráulica *f* aeronáutica ‖ **≈indikator** *m* (Raumf) / indicador *m* de vuelo ‖ **≈-Informationsgebiet** *n* (Luftf) / región *f* de información de vuelo ‖ **≈-Informationszentrale** *f* / centro *m* de información de vuelo ‖ **≈kanal** *m* (Spinn) / conducto *m* del algodón ‖ **≈kapitän** *m* (Luftf) / primer *m* piloto, comandante *m* [de a bordo] ‖ **~klar** (Luftf) / dispuesto a despegar, listo para despegar ‖ **≈kleie** *f* (Landw) / salvado *m* volante ‖ **≈klimatologie** *f* / climatología *f* aeronáutica ‖ **≈koks** *m* (Hütt) / coque *m* o cok volante ‖ **≈kontrollzentrum** *n* (Raumf) / centro *m* de control [de misión] ‖ **≈körper** *m*, -gerät *n* (Luftf) / aparato *m* volante, aerodino *m* ‖ **≈körper** (Mil) / misil *m*, cohete *m* balistico, proyectil *m* radioguiado ‖ **≈körper zur U-Bootsbekämpfung vom Schiff aus**, SUM (Mil) / misil *m* antisubmarino de a bordo ‖ **~körperfest** / montado a bordo ‖ **≈körperschnellboot** *n* / lancha *f* rápida lanzamisiles ‖ **≈körpersilo** *m* (Mil) / depósito *m* de misiles ‖ **≈körperspezialist** *m* / misilero *m* ‖ **≈körpertechnik** *f* / misilería *f* ‖ **≈körper-Verfolgungsradar** *n* / radar *m* de seguimiento o de persecución de misiles ‖ **≈körperziel** *n* / cohete-blanco *m* ‖ **≈kraftstoff** *m* (Luftf) / carburante *m* de aviación, queroseno *m* ‖ **≈kraftstoff für Turbojet mit niedriger Oktanzahl** (zum Strecken) / avtag *m* ‖ **≈kunststück** *n* (Luftf) / acrobacia *f* [de vuelo], vuelo *m* acrobático ‖ **≈lage** *f* (Winkel zur Flugrichtung) (Luftf) / posición *f* de vuelo ‖ **in die normale ≈lage zurückbringen** (Luftf) / restablecer la posición ‖ **≈lagenanzeiger** *m* (Luftf) / indicador *m* de vuelo ‖ **≈lagenkreisel** *m* / giroscopio *m* de altitud ‖ **≈lagenregelung** *f* (Luftf) / control *m* de posición de vuelo ‖ **≈lärm** *m* (Umw) / ruido *m* de los aviones, ruidos *m pl* procucidos por la aviación ‖ **≈lärmüberwachung** *f* / control *m* de ruido de los aviones ‖ **≈leistung** *f* (Luftf) / potencia *f* de vuelo, performance de vuelo (LA) ‖ **≈leiter** *m*, -leitanlage *f* / dispositivo *m* director de vuelo ‖ **≈linie** *f* (allg) / línea *f* aérea ‖ **≈linie**, -kurve *f*, -bahn *f* / trayectoria *f* ‖ **≈-Logbuch** *n* (Luftf) / diario *m* de a bordo o de navegación, libro *m* o cuaderno de vuelo ‖ **≈lotse** *m* / controlador *m* [del tráfico] aéreo ‖ **≈machzahl** *f* / número *m* Mach [de vuelo] ‖ **≈mechanik** *f* / aeromecánica *f*, mecánica *f* de vuelo ‖ **≈medizin**, (bisher:) Luft- und Raumfahrtmedizin *f* / medicina *f* aeronáutica ‖ **≈meldedienst** *m* / servicio *m* de mensajes aéreos ‖ **≈modellbauer** *m* / aeromodelista *m* ‖ **≈motor** *m*, Flugzeugmotor *m* / motor *m* de avión ‖ **≈motorenöl** *n* / lubri[fi]cante *m* para motores de avión ‖ **≈navigation** *f* / navegación *f* aérea, aeronavegación *f* ‖ **≈navigationsfunkdienst** *m* / servicio *m* de radionavegación aeronáutica ‖ **≈not**, Luftnot *f* / emergencia *f* aérea ‖ **≈park** *m* / parque *m* de aviones ‖ **≈personal** *n* / tripulación *f* [de avión], personal *m* de vuelo ‖ **≈planung** *f* / plan *m* de vuelo ‖ **≈platz** *m*, Behelfsflugplatz *m* / campo *m* de aviación ‖ **≈platz für Hubschrauber** / helipuerto *m* ‖ **≈rad** *n*, Regulator *m* (Uhr) / regulador *m* ‖ **≈radius** *m* (Luftf) / radio *m* de vuelo ‖ **≈regelung** *f* / control *m* de vuelo ‖ **≈regler**, Autopilot *m* / autopiloto *m* ‖ **≈reise** *f* / viaje *m* aéreo o en avión ‖ **≈rost** *m* / corrosión *f* ligera, herrumbre *f* ligera ‖ **≈sand** *m* (Geol) / arena *f* eólica, arena *f* movediza ‖ **≈schein** *m*, -ticket *n* (Luftf) / billete *m* o pasaje de vuelo, boleto *m* de vuelo (LA) ‖ **≈schneise** *f* / corridor *m* aéreo ‖ **≈schrauber** *m* (Luftf) / girodino *m*, helicoplano *m* ‖ **≈schreiber** *m* / registrador *m* de vuelo o de a bordo, caja negra.f.,

Flugschub

tacógrafo *m* de avión || ~**schub** *m* (Luftf) / empuje *m* de vuelo || ~**schule** *f*, Pilotenschule *f* / escuela *f* de aviación || ~**schüler** *m* (Luftf) / alumno *m* piloto, infante *m* (LA) || ~**sicherheit** *f* / seguridad *f* de vuelo o de los vuelos || ~**sicherheits-Bezirkskontrolle** *f* / control *m* de área, control regional de la seguridad aérea || ~**sicherheitsboot** *n* / lancha *f* de búsqueda y salvamento || ~**sicherheitskontrollzone** *f* (Luftf) / zona *f* de control || ~**sicherheitsmeldung** *f* / mensaje *m* relativo a la seguridad de vuelo o de los vuelos || ~**sicherung** *f*, FS / control *m* del tráfico o de tránsito aéreo
Flugsicherungs•anweisung, FS-Anweisung *f* / instrucción *f* de control de tránsito aéreo || ~**-[Kontroll]zentrale** *f* / centro *m* de control de área, centro *m* de control del tráfico aéreo || ~**lotse** *m*, Fluglotse *m* (Luftf) / controlador *m* [del tráfico] aéreo || ~**schiff** *n* / buque *m* de control del tránsito aéreo || ~**system** *n* / sistema *m* de control de tráfico aéreo
Flug•sicht *f* / visibilidad *f* en vuelo || ~**simulator** *m* / simulador *m* de vuelo || ~**sport** *m* / deporte *m* aéreo, aviación *f* deportiva || ~**spur** *f* / trayectoria *f* de vuelo || ~**staub** *m* / polvo *m* volátil, finos *m pl* || ~**staub** (Hütt) / ceniza *f* volante o volátil o arrastrada, paveza *f* || ~**steig** *m* (Luftf) / muelle *m* de embarque || **automatische** ~**steuerung** / pilotaje *m* automático || ~**strecke** *f* / distancia *f* recorrida en avión || ~**strecke**, -weg *m* (Luftf) / ruta *f* de aviación, derrota *f* || ~**streckenbefeuerung** *f* / abalizamiento *m* de la ruta de aviación || ~**streckenfeuer** *n* (Luftf) / baliza *f* de ruta aérea, radiofarol *m* de ruta aérea || ~**streckenregelung** *f* (Radar) / regulación *f* de rutas || ~**streckenwähler** *m* (Luftf) / selector *m* de trayectoria de vuelo || ~**stunde** *f* / hora *f* de vuelo || ~**stunden absolvieren** / realizar el número prescrito de horas de vuelo || ~**stützpunkt** *m*, Luftbase *f* (Mil) / base *f* aérea || ~**technik** *f*, Flugwesen *n* / técnica *f* aeronáutica o de aviación, aerotécni[c]a *f* || ~**technik** (das Können) / técnica *f* del vuelo || ~**training** *n* / adiestramiento *m* de vuelo || ~**triebwerk** *m* / motor *m* del avión, grupo *m* motopropulsor, turbopropulsor *m* || ~**tüchtig** / apto de volar, apto para el vuelo || ~**turbinenkraftstoff** *m* / combustible *m* para turbopropulsores || ~**überwachung** *f* / control *m* de vuelo || ~**überwachung durch Satelliten** / control *m* de tráfico aéreo por satélite || ~**überwachungsinstrumentenanlage** *f* / sistema *m* de instrumentos de vuelos || ~**verbindung** *f* / comunicación *f* aérea || ~**verbotszone** *f* / zona *f* de exclusión aérea || ~**verkehr** *m* / tráfico *m* aéreo, tránsito *m* aéreo || ~**verkehrsdrehkreuz** *n*, Hub *m* / nudo *m* de tráfico aéreo || ~**verkehrsleiter** *m* / inspector *m* o controlador del tráfico aéreo || ~**verkehrsleitstelle** *f* / unidad *m* de control de tráfico aéreo || ~**verkehrsleitung** *f* / centro *m* de control de tráfico aéreo || ~**verlauf** *m* / estado *m* de vuelo, marcha *f* de vuelo || ~**verlaufanzeige** *f* **auf Display** / presentación *f* de la marcha de los vuelos || ~**verlaufkurve** *f* (Luftf) / diagrama *m* tiempo-combustible || ~**vermögen** *n*, -fähigkeit *f* (Staub) / dispersibilidad *f* || ~**warnanlage** *f* (Luftf) / instalación *f* de alarma de peligro || ~**weg** *m* / ruta *f* o trayectoria *f* de vuelo || **tatsächlicher** ~**weg** / derrota *f* || ~**weggeschwindigkeits-Komponente** *f* / componente *f* de la velocidad en ruta || ~**wegrechner** *m* / calculadora *f* de trayectoria de vuelo || ~**wegschreiber** *m* / registrador *m* de vuelo o de a bordo || ~**wegzeichnen** *n* (Luftf) / graficación *f* por radar de la trayectoria de vuelo || ~**weite** *f*, Flugbereich *m* / alcance *m* de vuelo, autonomía *f*, radio *m* de acción || ~**werft** *f* / talleres *m pl* aeronáuticos || ~**werk** *n* (Luftf) / estructura *f* o célula del avión || ~**werte** *m pl* / datos *m pl* de vuelo || ~**werterechner** *m*, ADS *n* / computadora *f* de a bordo || ~**wesen** *n*, -technik *f* / aviación *f*,

aeronáutica *f*, técnica *f* aeronáutica || **allgemeines** ~**wesen** (ohne Verkehrs- u. Militärfliegerei) / aviación *f* general || ~**wetter** *n* (Meteo) / tiempo *m* favorable para volar || ~**wetterdienst** *m* / servicio *m* meteorológico aeronáutico || ~**wetterkunde** *f* / meteorología *f* aeronáutica || ~**wetterwarte**, -station *f* / estación *f* meteorológica aeronáutica, observatorio *m* aerológico || ~**windachsen** *f pl* (Luftf) / ejes *m pl* de viento || ~**winkel** *m* / ángulo *m* de vuelo || ~**zeit** *f*, -dauer *f* / duración *f* del vuelo || ~**zeit** (Nukl) / tiempo *m* de vuelo || ~**zeit der Ausrüstungen** (Luftf) / horas *f pl* de vuelo de las unidades || ~**zeitmethode** *f* (Nukl) / método *m* de tiempo de vuelo || ~**zeitspektrometer** *n* (Nukl) / espectrómetro *m* de trayectorias || ~**zeit-Spektrum** *n* (Nukl) / espectro *m* de tiempo de vuelo
Flugzeug *n* / avión *m*, aeroplano *m*, aerodino *m* || ~ **für Einsatz auf Flugzeugträgern** / avión *m* de portaviones || ~ *n* **für Kfz-Transporte** / transbordador *m* aéreo || ~ **für Senkrechtstart u. -landung**, VTOL-Flugzeug *n* / avión *m* VTOL, avión *m* de despegue y aterrizaje vertical, convertíplano *m* || ~ **kompl. ohne Motor** / célula *f* del avión || ~ *n* **mit intermittierendem Staustrahlrohr** / avión *m* de reactor intermitente || ~ **mit nur Touristenklasse** / avión *m* de clase única || ~ **führen** (o. steuern o. lenken) / pilotear, mandar un avión || ~ **mit** ~ **[transportiert]** / aerotransportado, [transportado] por avión || **pfeilförmiges** ~ / avión *m* en delta
Flugzeug•absturz *m* / caída *f* de un avión, avionazo *m* (MEJ) || ~**absturzfest** (Reaktor) / resistente *m* a la caída [de un avión] || ~**anpeilung** *f* (Eltronik) / detección *f* o radiolocalización del avión, interceptación *f* de un avión || ~**antennenfehler** *m* / efecto *m* de avión || ~**bau** *m* / construcción *f* aeronáutica || ~**bauer** *m*, -konstrukteur *m* / proyectista *m* de aviones || ~**besatzung** *f* / tripulación *f* [del avión], personal *m* || ~**betankung** *f* / alimentación *f* de combustible para aviones || ~**bordradar** *m n* / radar *m* de a bordo || ~**eigen** / de a bordo || ~**fabrik** *f* / fábrica *f* de aviones || ~**fest** (Luftf) / montado a bordo || ~**feste Achse** (Luftf) / eje *m* de cuerpo || ~**führer** *m* / piloto *m*, aviador *m* || ~**führerschein** *m* / permiso *m* de piloto, licencia *f* de piloto || ~**führersitz** *m* / asiento *m* del piloto || ~**geschwindigkeit** *f* (Luftf) / velocidad *f* del avión || ~**geschwindigkeits-Komponente** *f* / componente *m* de velocidad del avión || ~**halle** *f*, Hangar *m* / hangar *m*, cobertizo *m* para aviones || ~**halter** *m* / titular *m* [propietario] del avión || ~**industrie** *f* / industria *f* aeronáutica || ~**katapult** *m n* (Schiff) / lanzador *m* de aviones || ~**-Lenkflugkörper** *m*, GAM *n* (Mil) / proyectil *m* guido de lanzamiento de un avión en vuelo || ~**mechaniker** *m* / aeromecánico *m*, mecánico *m* de avión || ~**modell** *n* / modelo *m* de avión || ~**modell**, -bauart *f* / tipo *m* de avión, clase *f* de avión || ~**modellbau** *m* / aeromodelismo *m* || ~**modellbauer** *m* / aeromodelista *m* || ~**motor**, Flugmotor *m* / motor *m* de avión, motor *m* aéreo || ~**mutterschiff** *n* (für Wasserflugzeuge) (Schiff) / buque *m* nodriza de hidroplanos || ~**radar** *n* / radar *m* de avión || ~**reifen** *m* (Luftf) / neumático *m* de avión || ~**rumpf** *m* (Luftf) / fuselaje *m*, casco *m* del avión || ~**schlepp** *m* (Segelflug) / remolque *m* por avión || ~**schlepper** *m* / remolcador *m* de aviones || ~**schleppstart** *m* / despegue *m* a remolque || ~**träger** *m* (für Landflugzeuge) / port[a]aviones *m* || ~**unglück** *n* / accidente *m* aéreo o de avión || ~**waage** *f* / báscula *f* pesa-aviones || ~**zelle** *f* / célula *f* del avión || ~**-Zusammenstoß** *m* / colisión *f* de aviones
Flugzustandsanzeige *f* (Luftf) / indicador *m* de estado de vuelo
Fluid *n* (flüssiges oder gasförmiges Medium) (Phys) / fluido *m*

fluidal, Flüssigkeits... / fluido *adj*, fluídico || ⁓**textur**, Fließtextur, -struktur *f*, -gefüge *n* (Geol) / estructura *f* fluida
Fluidantrieb *m* (Masch, Turbine) / accionamiento *m* fluido o hidráulico
Fluidat *n* (Chem) / materia *f* seca fluidizada || ⁓**bett** *n* (Hütt) / lecho *m* fluidizado
Fluidchromatographie, überkritische ⁓ (Chem) / cromatografía *f* de fluido supercrítico
Fluid•elemente *n pl*, digitale Strömungselemente / componentes *m pl* fluidificados || ⁓**extrakt** *m* (Chem) / extracto *m* fluido || ⁓**form-Tiefziehen** *n* / embutición *f* "fluid form"
Fluidik *f* (Art Steuertechnik) (Masch) / fluídica *f*
fluidisiert, Wirbel[schicht, -bett]... (Chem, Hütt) / fluidificado, fluidizado || ~**er Katalysator** (Chem) / catalizador *m* fluidificado o fluidizado
Fluidisierung, Fließbettmethode *f* / fluidización *f*
Fluidität *f* (Ggs: Viskosität) (Phys) / fluidez *f*(término contrario a viscosidad)
Fluid•kompass *m*, Schwimmkompass *m* (Nav) / aguja *f* de alcohol || ⁓**kracken** *n* (Öl) / craqueo *m* fluido || ⁓**mechanik** *f* (Phys) / mecánica *f* de los fluidos || ⁓**mischer** *m*, Compoundmischer *m* (Chem Verf) / mezcladora *f* de fluidos || ⁓**-Sonnensensor** *m* (Raumf) / sensor *m* fluídico del sol || ⁓**-System** *n* (Luftf) / sistema *m* fluídico, sistema *m* hidráulico || ⁓**technik** *f* (Masch) / fluídica *f* || ⁓**-Verstärker** *m* (Regeln) / amplificador *m* fluídico
Fluktuation *f*, Schwankung *f* / fluctuación *f* || ⁓, Arbeiterwechsel *m* / fluctuación *f* de personal (o de la plantilla)
fluktuieren *vi*, schwanken / fluctuar
Flunken *m*, Flunke, Ankerschar *f* (Schiff) / uña *f*[del ancla]
Fluo•borat, Fluoroborat *n*, Fluorborsäuresalz *n* (Chem) / fluoborato *m* || ⁓**borsäure** *f* / ácido *m* fluobórico || ⁓**cerit** *m* (Min) / fluocerita *f*
Fluor *n*, F (Chem) / flúor *m* || ⁓**...** / fluoro..., fluo... || ⁓**acetamid** *n* / fluoroacetamida *f* || ⁓**acetat** *n* / fluoroacetato *m* || ⁓**antimon** *n* / fluoruro *m* de antimonio, fluoroantinomio *m* || ⁓**bedampfung** *f* (Opt) / fluoración *f*, fluoruración *f*, vaporación *f* con flúor || ⁓**bor** *n*, Borfluorid *n* (Chem) / fluoruro *m* de boro || ⁓**borsäuresalz**, Fluor[o]borat *n* / fluoborato *m* || ⁓**chlorkohlenwasserstoff** *m*, FCKW / hidrocarburo *m* clorofluorado, hidroclorofluorocarbonado *m* || ⁓**derivat** *n* / fluorderivado *m*, derivado *m* de flúor
Fluoren, Diphenylenmethan *n* / fluoreno *m*
Fluoreszein, Resorcinphthalein *n* / fluoresceína *f* || ⁓**papier** *n* / papel *m* de fluoresceína || ⁓**salz**, Uranin *n* / uranina *f*
Fluoreszenz *f* (Phys) / fluorescencia *f* || ⁓**-Abklingzeit** *f* / período *m* de desaparición de fluorescencia || ~**aktiviertes Display** (Eltronik) / pantalla *f* activada por fluorescencia || ⁓**analyse** *f* (Chem) / análisis *m* por fluorescencia || ⁓**-Auflichtkondensor** *m* (Phys) / condensador *m* epifluorescente || ⁓**ausbeute** *f* (Nukl) / rendimiento *m* de fluorescencia || ⁓**-Gehaltmessgerät** *n* (Phys) / fluorometro *m* || ⁓**-Indikator-Adsorptions-Methode** *f*, FIA-Verfahren *n* (DIN 51791) (Chem, Phys) / método *m* FIA, método *m* de absorción por indicador fluorescente || ⁓**lampe** *f*, -röhre *f* / lámpara *f* fluorescente || ⁓**lampe für Straßenbeleuchtung** / farol *m* fluorescente || ⁓**mikroskop** *n* (Opt) / microscopio *m* de fluorescencia || ⁓**mikroskopie**, -markierung *f* / microscopia *f* fluorescente o de fluorescencia || ⁓**schirm**, Leuchtschirm *m* (Eltronik, Radiol) / pantalla *f* fluorescente || ⁓**spektralanalyse** *f* (Chem) / análisis *m* espectral por fluorescencia || ⁓**spektrometer** *n* / espectrómetro *m* de fluorescencia || ⁓**spektrum** *n* / espectro *m* de fluorescencia
fluoreszieren / fluorescer

fluoreszierend / fluorescente || **bei UV-Bestrahlung** ~**e Stoffe** (Phys) / materias *f pl* fluorescentes bajo luz ultravioleta
Fluor•ethylenpropylen *n*, FEP (Chem, Plast) / propileno *m* de fluoretileno || ⁓**farbe**, Tageslichtfarbe *f* / color *m* fluorescente || ⁓**glas** *n*, PTFE-imprägniertes Glasgewebe / tejido *m* de vidrio impregnado de PTFE
Fluorid *n*, Fluorverbindung *f*, Fluor... (Chem) / fluoruro *m*
fluoridieren *vt* (Wasseraufb) / fluorar
Fluoridierung *f* (Wasser) / fluorización
fluorieren *vt*, mit Fluorid behandeln (o. versetzen), fluorisieren (Chem) / fluorar, agregar flúor [a]
Fluorimeter *n* (Chem, Nukl) / fluorómetro *m*
Fluorimetrie *f*, Fluorometrie *f* (Fluoreszenzmessung) / fluorometría *f*
fluorimetrisch (Chem) / fluorométrico, fluorimétrico
Fluorination *f* (Urangewinnung) / fluorinación *f*
Fluorit, Flussspat *m* (Min) / fluorita *f*, espato *m* flúor || ⁓**objektiv**, -system *n* (Opt) / objetivo *m* de fluorita
Fluor•kalium *n* (Chem) / fluoruro *m* potásico || ⁓**kalzium** *n* (Chem) / fluoruro *m* de calcio || ⁓**kautschuk** *m* / caucho *m* fluorado || ⁓**kieselsäure** *f* / ácido *m* fluorsilícico || ⁓**kohlenstoff** *m*, Fluorkohlenwasserstoff *m*, Fluorcarbon *m n* / fluorocarbón *m*, fluocarbono *m*, hidrocarburo *m* fluorado, fluorocarburo *m* || ⁓**kunststoff** *m* / resina *f* fluorocarbúrica, fluoroplástico *m* || ~**metallische Verstärkungsfolie** (Radiographie) / hoja *f* de refuerzo fluorometálica || ⁓**natrium** *n* (Chem) / fluoruro *m* sódico
Fluo[ro]arsenat *n* / fluo[ro]arsenato *m*
Fluoro•chrom *n* (fluoreszierendes Material) / fluorocromo *m*(material fluorescente) || ⁓**faser** *f* / fluorofibra *f* || ⁓**graphie** *f*, Schirmbildverfahren *n* (Nukl) / fluorografía *f*, radiofotografía *f*
Fluorometer *n* s. Fluorimeter
fluorophor, fluorogen (Fluoreszenz verursachend) / fluoróforo, fluorógeno
Fluorose *f*, chronische Fluorvergiftung (Med) / fluorosis *f*
Fluoroskopie *f* (Phys) / fluoroscopia *f*
Fluor•salze *n pl* (Chem) / fluoruros *m pl* || ⁓**silikat** *n* / fluosilicato *m* || ⁓**silizium** *n* / fluoruro *m* silícico || ⁓**wasserstoff** *m* / fluoruro *m* de hidrógeno || ⁓**wasserstoffsäure**, Flusssäure *f* / ácido *m* fluorhídrico || ⁓**-Wasserstofftriebwerk** *n* (Raumf) / motopropulsor *m* o accionamiento (a base) de flúor e hidrógeno
Fluosolidröstung *f* (Hütt) / tostación *f* fluosólida
Fluothane *n* (Chem) / fluotano *m*
Flur *f*, Feld *n* / campo *m* || ⁓ (Kataster) / sección *f*, parcela *f* || ⁓ (Landw) / campiña *f*, vega *f* (España del Sur)
Flur *m*, Diele *f* (Bau) / vestíbulo *m*, recibidor *m* || ⁓, Korridor *m* (Bau) / corredor *m* || ⁓, Fußboden *m* / piso *m*, suelo *m* || **unter** ~ / bajo piso, subterráneo ||
Flur•bereinigung *f* (Landw) / concentración *f* parcelaria || ~**betätigt** (Bahn) / operado desde el suelo || ⁓**förderer** *m pl* (Förd) / transportadores *m pl* sobre el suelo || ⁓**förderwesen** *n*, Flurförderung *f* / transporte *m* industrial terrestre, transporte *m* en el suelo || ⁓**förderzeuge** *n pl* / vehículos *m pl* industriales || ⁓**höhe**, -ebene *f* (Bau) / nivel *m* de piso || ⁓**schaden** *m* / daños *m pl* campestres o causados en el campo || ⁓**zwang** *m* / obligación *f* de cultivar
Fluse *f* (Web) / hilacha *f*, pelusa *f*
Flusen *n*, Haaren *n* (Tex) / desprendimiento *m* de pelusas || ⁓**filter** *m* (Waschmaschine) / filtro *m* de pelusas || ~**frei** (Putzlappen) / libre de pelusa || ⁓**messer** *n* (Tex) / cortador *m* de pelusas || ⁓**wächter** *m* (Spinn) / guardahilacha *m*
Flushdecksrumpf *m*, Glattdecksrumpf *m* (Schiff) / casco *m* de cubierta corrida

467

Flushen

Flushen n (Überführung in Pastenform) (Chem) / flushing m
Flush•förderung f (Öl) / extracción f por empuje de gas ‖ ≈-**Montage** f, randlose Montage (Druck) / composición f sin margen ‖ ≈**verfahren** n (Färb) / procedimiento m flushing
Flusigkeit f (Eigenschaft) (Tex) / estado m pelusiento
Fluss m, Strom m / corriente f ‖ ≈, Wasserlauf m / río m ‖ ≈ m, Abfließen n / flujo m ‖ ≈, Flussmittel n (Hütt) / fluidificante m, fundente m ‖ ≈, Lauf m / curso m ‖ ≈ (Phys) / flujo m ‖ ≈ m, Schmelze f (Hütt) / fusión f, colada f ‖ ≈ **einer vektoriellen Größe** (Math) / flujo m de una cantidad vectorial ‖ **elektrischer** ≈ / flujo m eléctrico ‖ **in** ≈ **geraten** / entrar en fusión ‖ **kalter** ≈, Kriechen n (Plast) / fluidez f en frío
Fluss•abflachung f, -glätten n (Phys) / aplanamiento m del flujo ‖ ~**abwärts** / río abajo, agua[s] abajo ‖ ~**abwärts fahren** (Schiff) / viajar río abajo ‖ ≈**anlieger** m / ribereño m ‖ ≈**arm** m (Geo) / brazo m de un río ‖ ~**aufwärts** / río arriba, agua[s] arriba ‖ ~**aufwärts fahren** (Schiff) / viajar río arriba o aguas arriba ‖ ≈**bau** m (Hydr) / obras f pl fluviales, construcción f fluvial ‖ ≈**bauwerk** n, -staustufe f / obra hidráulica f, presa f fluvial (E), represa f fluvial (LA) ‖ ≈**becken**, -gebiet n (Geo) / cuenca f, hoya f (LA) ‖ ≈**bett** n / cauce m, lecho m ‖ ≈**bild** n, Betriebsfolgediagramm n (Regeln) / diagrama m del proceso operativo ‖ ≈**damm** m (Hydr) / dique m de río, tupia f (LA) ‖ ≈**delta**, Delta n (Geo) / delta m del río ‖ ≈**diagramm** n (allg) / diagrama m de flujo ‖ ≈**diagramm**, Ablaufdiagramm n (DV) / gráfico m de flujo de datos, plano m de cálculo o de ejecución, organigrama m ‖ ≈**diagramm** (Nukl) / diagrama m de flujo ‖ ≈**dichte** f (Nukl) / densidad f de flujo ‖ ≈**dichtewölbung** f (Nukl) / laplaciano m, curvatura f ‖ ≈**eisen** n (Hütt) / hierro m de fusión ‖ ≈**empfindlichkeit** f (Eltronik) / sensibilidad f al flujo ‖ ≈**falle** f (Nukl) / trampa f de flujo ‖ ≈**fischerei** f / pesca f fluvial ‖ ≈**gebiet**, -becken n (Geo) / cuenca f del río ‖ ≈**gold** n (Hütt) / oro m aluvial ‖ ≈**hafen** m (Schiff) / puerto m fluvial ‖ ≈**haltung** f (Hydr) / embalse m de un río
flüssig, tropfbar [flüssig] / líquido ‖ ~ (Gas) / fluido, líquido, lienado ‖ ~ (Metall) / fundido ‖ ~**e Abfallstoffe** m pl, Kloakenwasser n (Umw) / agua f residual ‖ ~**er Atommüll** (Nukl) / basura f nuclear líquida ‖ ~**er Einsatz** (Hütt) / carga f líquida ‖ ~**er Elektrolyt** / electrólito m líquido ‖ ~**es Holz**, Holzkitt m (Tischl) / masilla f de madera ‖ ~**e Kathode** (Eltronik) / cátodo m líquido ‖ ~**er Kristall**, Flüssigkristall m / cristal m líquido ‖ ~**es Kühlmittel** / refrigerante m líquido ‖ ~**er Leim aus Stärke** (Tischl) / cola f líquida [a base] de almidón ‖ ~**e Luft** / aire m líquido ‖ ~ **machen**, zum Fließen bringen (Chem, Phys) / liquidar, lienar, fluidificar ‖ ~ **machen**, schmelzen (Hütt) / fundir, derretir ‖ ~**es Neutronengift** / veneno m líquido de neutrones ‖ ~**es Paraffin**, Paraffinum liquidum n (Chem) / parafina f líquida ‖ ~**e Phase** (Chem) / fase f líquida ‖ ~**es Propan[gas]** / propano m líquido ‖ ~**e Reibung** (Masch, Phys) / rozamiento m líquido ‖ ~**es Schmiermittel** (Masch) / lubri[fi]cante m líquido ‖ ~**e Seife** / jabón m líquido ‖ ~**es Sikkativ** (Chem) / sicativo m líquido ‖ ~**er Silikonkautschuk**, LSR m / goma f de silicona líquida, caucho m de silicona líquido ‖ ~**er Verkehr** (Kfz) / tráfico m líquido o móvil o circulante, circulación f no bloqueada ‖ ~**es Waschmittel** / detergente m líquido ‖ ~**es Wasser** / agua f líquida ‖ ~ **werden** / licuarse, fluidificarse ‖ ~ **werden**, schmelzen / fundirse, derretirse ‖ ~ **werden** vi, schmelzen / fundirse, licuarse, entrar en fusión ‖ ~ **werden**, kondensieren vi (Phys) / condensarse ‖ ~**er Zustand**, Liquidität f / estado m líquido, liquidez f
Flüssig•bett n (Chem) / lecho m fluidificado o fluidizado ‖ ≈**chromatographie** f / cromatografía f líquida ‖ ≈**dünger** m (Landw) / abono m o fertilizante líquido ‖

≈**düngung** f (Landw) / abonado m líquido ‖ ≈-**Erdgas** n, LNG / gas m natural licuado ‖ ≈**erdgas-Tanker** m (Schiff) / petrolero m de gas natural licuado ‖ ≈-**Extraktion** f (Chem Verf) / extracción f líquida ‖ ~-**fest** / líquido-sólido ‖ ~-**flüssig** / líquido-líquido ‖ ≈-**Flüssig-Extraktion** f (Chem Verf) / extracción f por repartición, extracción f líquido-líquido ‖ ≈-**Flüssig-Extraktionssäule** f (Chem Verf) / columna f de extracción líquido-líquido ‖ ≈**gas** n, LPG (Öl) / gas m licuado de petróleo, G.L.P., supergás m (ARG, UR) ‖ ≈**gas-Aräometer** n (Chem) / areómetro m de gas licuado ‖ ≈**gas-Düngung** f (Landw) / abono m mediante gas licuado ‖ ≈**gaseinlagerung** f (Öl) / almacenamiento m subterráneo de gas licuado ‖ ≈-**Gasphase** f (Phys) / fase f de gas líquida y gaseosa ‖ ≈**gasspaltanlage** f (Chem Verf) / instalación f para la descomposición de gas licuado ‖ ≈**gastanker** m (Schiff) / buque m cisterna para gas licuado ‖ ~**gekühlter Reaktor** (Nukl) / reactor m de refrigeración líquida ‖ ≈**holz** n (für Injektionen) / madera f líquida
Flüssigkeit f, Flüssiges n / líquido m ‖ ≈ (Chem) / licor m ‖ ≈, Liquidität f, flüssiger Zustand (Phys) / liquidez f, estado m líquido ‖ ≈, Bad n (Chem, Galv) / baño m
Flüssigkeits•akkumulator m (Masch) / acumulador m hidráulico ‖ ≈**anlasser** m (Elektr) / arrancador m de resistencia líquida ‖ ≈**aufnahme** f / absorción f líquida o de líquidos ‖ ≈**barometer** m (Meteo, Phys) / barómetro m de líquido ‖ ≈**behälter** m, Blechgebinde n (Verp) / depósito m para líquidos ‖ ≈**bremse** f (Geschütz) (Mil) / freno m hidráulico ‖ ≈**bremse** (Prüfen) / freno m hidrodinámico ‖ ≈-**Container** m (Transp) / container-cisterna m (E), container-tanque m (LA) ‖ ≈-**Dampfgleichgewicht** n / equilibrio m líquido-vapor ‖ ≈**dämpfung** f (Masch) / amortiguación f hidráulica ‖ ≈**druck** m, hydrostatischer Druck (Phys) / presión f hidrostática ‖ ≈**druckwaage** f (Vakuum) / manómetro m de nivel líquido ‖ ≈**durchströmte Wirbelschicht** (Chem) / lecho m fluidizado con líquido ‖ ≈**einschluss** m (Min) / inclusión f líquida ‖ ≈**feder** f (Masch) / resorte m hidráulico ‖ ≈-**Federthermometer** n (Phys) / termómetro m de expansión con manómetro ‖ ~**gekühlt** / enfriado por líquido ‖ ≈**gemisch** n / mezcla f líquida ‖ ≈**getriebe** m (Bahn) / transmisión f hidráulica ‖ ≈**getriebe**, hydraulisches Getriebe (Kfz) / cambio m de marchas hidráulico ‖ ≈-**Glasthermometer** n (Phys) / termómetro m de dilatación en vidrio ‖ ≈**grad** m, Viskosität f / viscosidad f ‖ ≈-**Hochdruckchromatographie** f (Chem) / cromatografía f líquida de presión alta ‖ ≈**kompass** m (Schiff) / aguja f de alcohol ‖ ≈**kondensator** m (Elektr) / condensador m líquido ‖ ≈**kreislauf** m / circulación f del líquido ‖ ≈**kupplung** f (Kfz, Masch) / acoplamiento m o embrague hidráulico ‖ ≈**lichtleiter** m (Opt) / conductor m líquido de luz ‖ ≈**linse** f (Opt) / objetivo m de inmersión ‖ ≈**maß** n (Mess) / medida f de líquidos ‖ ≈**maß[system]** / sistema m de medición de líquidos ‖ ≈**mechanik** f (Phys) / mecánica f de fluidos, hidromecánica f ‖ ≈**messer** m (Mess) / fluidímetro m ‖ ≈**messgefäß** n / envase m o vaso para medir líquidos ‖ ≈**potential**, Diffusionspotential n / potencial m de difusión, potencial m líquido-líquido ‖ ≈**pumpe** f / bomba f de líquidos ‖ ≈**rakete** f (Raumf) / cohete m con combustible líquido ‖ ≈-**Regelwiderstand** m (Elektr) / reóstato m de resistencia líquida ‖ ≈**reibung** f (Masch, Phys) / rozamiento m viscoso ‖ ≈**ring**, Wasserring m (Pumpendichtung) / anillo m de agua ‖ ≈**ringpumpe** f / bomba f hidráulica con ≈**ring-Vakuumpumpe** f / bomba f hidrorrotaviva del vacío ‖ ≈**ringverdichter** m / válvula f de precalentamiento ‖ ≈**sackverfahren** n (Plast) / procedimiento m húmedo con membrana ‖ ≈**säule** f (Phys) / columna f de líquido ‖ ≈**schmierung** f (Masch) / lubri[fi]cación f líquida ‖

reine ⁓schmierung / lubri[fi]cación f hidrodinámica o perfecta ‖ ⁓spiegel m, -pegel, -stand m / nivel m[del líquido] ‖ ⁓standanzeiger m / indicador m del nivel [del líquido] ‖ ⁓strahl m / chorro m [del] líquido ‖ ⁓strahlpumpe f / bomba f a chorro de líquido ‖ ⁓strahltriebwerk n (Raumf) / propulsor m a chorro de líquido ‖ ⁓thermometer n (Phys) / termómetro m de [dilatación de] líquido ‖ ⁓thermostat m, Wasserbadthermostat m (Elektr) / termostato m para líquidos ‖ ⁓waage f, Spindel f (Mess) / areómetro m ‖ ⁓wärme f (Phys) / calor m de vaporación ‖ ⁓wechselgetriebe n (Masch) / cambio m de marchas hidráulico ‖ ⁓widerstand m / resistencia f de líquidos ‖ ⁓widerstand, Widerstand einer Flüssigkeitssäule (Phys) / resistencia f de una columna líquida ‖ ⁓widerstand (Elektr) / reóstato m líquido de arranque ‖ ⁓zerstäuber m / pulverizador m ‖
Flüssig•kristall m (Phys) / cristal m líquido ‖ ⁓kristallbildschirm m (Eltronik) / pantalla f de cristal líquido ‖ ⁓kristallphase f (Krist) / fase f mesomórfica ‖ ⁓kristall-Sichtanzeige f, LCD-Anzeige f (Eltronik) / pantalla f LCD, LCD-display m, visualiación f por cristal líquido ‖ ⁓linse f (Fotohandy) / lente f líquida (Fluid Focus) ‖ ⁓luft f / aire m líquido ‖ ⁓luftsprengstoff m / explosivo m de aire líquido ‖ ⁓luftzerlegung f / separación f de aire líquido ‖ ⁓machen n nur eines von mehreren Legierungsbestandteilen (Hütt) / elicuación f ‖ ⁓machung f (Chem, Gas) / fluidificación f, licuación f, licuefacción f ‖ mit ⁓metallkühlung / refrigerado f por metal líquido ‖ ⁓metallreaktor m (Nukl) / reactor m de combustible de metal líquido ‖ ⁓metall-Schnellbrüter m / [reactor] m autorregenerador o sobrerregenerador rápido de combustible de metal líquido ‖ ⁓metall-Wärmeaustauscher m / termocambiador m de metal l1íquido, intercambiador m de calor [a base] de metal líquido ‖ ⁓metallzelle f (Elektr) / celda f o pila de combustible de metal líquido ‖ ⁓methan-Tanker m (Schiff) / buque m de metano licuado ‖ ⁓mist n (Landw) / estiércol m líquido o licuado ‖ ⁓müllverbrennungsofen m (Umw) / horno m de incineración de basuras líquidas ‖ ⁓naturgas n, LNG n / gas m natural licuado ‖ ⁓phase f (Chem) / fase f líquida ‖ ⁓phasen-Epitaxie f (Chem) / epitaxia f en fase líquida ‖ ⁓rückstände in einem Behälter m pl / residuos m pl líquidos, líquido m residual ‖ ⁓sauerstoff m / oxígeno m líquido ‖ ⁓sauerstoff auftanken / repostar o echar oxígeno líquido, cargar con oxígeno líquido ‖ ⁓stickstoff m (Chem) / nitrógeno m líquido ‖ ⁓stickstoffbehälter m / recipiente m para nitrógeno líquido ‖ ⁓[tank]lager n (Hafen) / tanques m pl de almacenamiento ‖ ⁓treibstoff m (Raumf) / combustible m líquido ‖ ⁓wasserstoff m / hidrógeno m líquido
Fluss•kabel n (Elektr) / cable m subfluvia ‖ ⁓kahn m / buque m fluvial, barca f de río ‖ ⁓kanal m (Hydr) / canal m fluvial ‖ ⁓kies m / grava f de río ‖ ⁓klärung f, Selbstreinigung f (Abwasser) / depuración f natural ‖ ⁓korrektion f, -kanalisierung f, -regulierung f (Hydr) / corrección f o canalización o rectificación de un río ‖ ⁓kraftwerk n (Elektr) / central f fluvial, central f eléctrica de río ‖ ⁓lauf m (Geo) / curso m del río ‖ ⁓leitwert, Vorwärtsleitwert m (Halbl) / conductancia f directa ‖ ⁓linie f, Ablauflinie f (Plast) / línea f del flujo ‖ ⁓linie im Ablaufplan / línea f de flujo, línea f funcional ‖ ⁓matrix f (DV) / esquema m de operaciones ‖ ⁓messer m, Fluxmeter m (Elektr, Mess) / fluxímetro m, fluxómetro m, flujómetro m
Flussmittel n, -pulver n, -zusatz m (Schw) / fundente m ‖ ⁓ (Hütt) / fundente m, castina f ‖ ⁓ zum Abdecken (Schw) / fundente m de cubrición ‖ mit ⁓ überziehen, tauchen (Schw) / cubrir de fundente ‖ mit ⁓ [überzogen o. gemischt] / cubierto de fundente ‖ ⁓bad n (Galv) / baño m de fundente ‖ ⁓behandlung f, -auftrag m (Galv, Schw) / rociadura f con fundente ‖ ⁓decke f (Galv) / capa f o tapa de fundente ‖ ⁓füllung f, -seele f (Lötdraht) / alma f de fundente o de resina ‖ ⁓schmelze f (Schw) / fundente m líquido ‖ ~umhüllte Hartlote / soldaduras f pl fuertes con capa de fundente
Fluss•mündung f (Geo) / desembocadura f del río, estuario m ‖ ⁓mündungssediment n (Geol) / sedimentación f del estuario ‖ ⁓netz, -system n (Geo) / sistema m fluvial ‖ ⁓nutzung f (DIN) (Elektr) / capacidad f útil de una central fluvial ‖ ⁓ökosystem n (Umw) / ecosistema m fluvial ‖ ⁓plan m (DV) / diagrama m de operaciones ‖ ⁓prinzip n (F.Org) / principio m de cinta continua ‖ ⁓regulierung f (Hydr) s. Flusskorrektion ‖ ⁓richtung, Vorwärtsrichtung f (Eltronik) / dirección f directa ‖ ⁓richtung f, Ablaufrichtung f (DV) / dirección f de flujo ‖ ⁓sand m / arena f de río, arena f fluvial ‖ ⁓säure f, Fluorwasserstoffsäure f (Chem) / ácido m fluorhídrico ‖ ⁓säure-Alkylierung, HF-Alkylierung f (Chem) / alcoholición f o alquilación de ácido fluorhídrico ‖ ⁓schifffahrt f / navegación f fluvial ‖ ⁓schleuse f / esclusa f fluvial ‖ ⁓schwerspat m, Baryflussspat m (Min) / espato m flúor de bario ‖ ⁓schwinde f, Bachschwinde f, Versickerung f (Geo) / rezumadero m de un río, infiltración f de un río ‖ ⁓schwund m, magnetischer Schwund (Phys) / pérdida f magnética ‖ ⁓sohle f (Geo) / fondo m del río ‖ ⁓spat m, Fluorit m (Min) / espato m flúor, fluorita f, fluorina f ‖ ⁓stahl m (Hütt) / acero m dulce ‖ ⁓staustufe f, -bauwerk n (Hydr) / remanso m fluvial o de río, represa f fluvial ‖ ⁓strecke f (Geo) / curso m de río ‖ ⁓system, -netz n / sistema m fluvial ‖ ⁓tal n / valle m fluvial o de río ‖ ⁓ufer n / ribera f, orilla f de río ‖ an ⁓ufern gedeihend o. lebend / ribereño ‖ ⁓-Verkettung f (z.B. beim Transformator) (Elektr) / acoplamiento m o acoplo inductivo ‖ ⁓verschmutzung f (Umw) / contaminación f de aguas fluviales o de ríos, polución f fluvial ‖ ⁓verstärker m, Flusswandler m (Nukl) / conjunto m combustible para acelerar el flujo de mentrones rápidos ‖ ⁓wächter m (Hydr) / guardaflujos m ‖ ⁓wasser n / agua f de río ‖ ⁓wechseldichte f / densidad f de cambios de flujo ‖ ⁓widerstand m (Eltronik) / resistencia f directa o en sentido directo ‖ ⁓windung f, Mäander m (Geo) / meandro m ‖ ⁓wölbung f (Nukl) / laplaciano m, curvatura f ‖ ⁓zeit f (Eltronik) / tiempo m de abertura, período m de conducción
Flüster•asphalt m (Straßb) / asfalto silencioso o sin ruidos ‖ ⁓modus m (Gerät) / modo m silencioso ‖ ⁓pumpe f / bomba f silenciosa ‖ ⁓reifen m (Kfz) / neumático m silencioso
Flut (Ggs.: Ebbe) (Ozean) / marea f alta o entrante, pleamar f ‖ ⁓, Ebbe und Flut / flujo m y reflujo, bajamar f y pleamar f ‖ ⁓, Hochwasser n (Hydr) / inundación f, crecida f, avenida f [de las aguas] ‖ ⁓bett n (Hydr) / cauce m de inundación ‖ ⁓bohrung f (Öl) / perforación f de admisión ‖ ⁓brandung f, Bore f, Wasserwalze f (Ozean) / ola f sísmica, tsunami m ‖ ⁓brücke f / puente m sobre terrenos de inundación
fluten vt / inundar ‖ ~ (U-Boot) / tomar agua, cargar agua, llenar los estancos ‖ ⁓ n (Anstrich) / pintura f por riego ‖ ⁓ des Bohrlochs (Öl) / inyección f con agua, anegación f
Flutenzahl f (Dampfturbine) / número m de flujos
Fluter m, Leerlauf m (Hydr) / desagüe m, zanja f de drenaje
Flut•gerät n (Bau, Heizung) / aparato m de inyección (de agua) ‖ ⁓grenze f, -stromgrenze f / límite m de la marea [alta] o de la pleamar ‖ ⁓hafen, Tidehafen m (Schiff) / puerto m de marea ‖ ⁓höhe f (Ozean) / altura f de marea ‖ ⁓klappe f (U-Boot) / compuerta f reguladora ‖ ⁓kraftwerk n (Elektr) / central f

Flutlicht

mare[o]motriz ‖ ⁓licht n (Straßb) / luz f de proyectores o de inundación, alumbrado m por proyección ‖ ~lichtbeleuchtet (Instr) / iluminado por el borde o por el canto ‖ ⁓lichtbeleuchtung f (Instr) / iluminación f por el borde o por el canto ‖ ⁓lichtbeleuchtung für Sportplätze / alumbrado m deportivo ‖ ⁓lichtlampe f / proyector m para alumbrado ‖ ⁓lichtskala f (Instr) / cuadrante m iluminado por el borde ‖ ⁓öffnung f (Hydr) / aliviadero m ‖ ⁓öffnung, -brücke f (Brücke) / abertura f de inundación ‖ ⁓raum m (Reaktor) / pozo m del reactor ‖ ⁓rinne f (Fluss) / canal m de descarga ‖ ⁓rinne f (Nordsee, Watt) / canal m de marea ‖ ⁓schleuse f (Schiff) / esclusa f de marea ‖ ⁓schleuse (Hydr) / compuerta f de inundación ‖ ⁓schreiber m, -zeiger m (Ozean) / mareógrafo m ‖ ⁓seite, Butenabdachung f (Deich) / lado m de marea o de ataque ‖ ⁓seite, Dammbrust f (Hydr) / lado m exterior [del dique] ‖ ⁓strömung f (Tideerscheinung) (Ozean) / marea f ‖ ⁓stunde f, Hafenzeit f (Schiff) / establecimiento m del puerto ‖ ⁓stunden f pl, Flutzeit f (Bahn) / horas f pl de congestionamiento ‖ ⁓tor n (Seeschleuse) / puerta f de pleamar
Flutung f (Öl) / inyección f de agua, anegación f
Flut•ventil n (Hydr) / válvula f de marea ‖ ⁓ventil (Schiff) / válvula f de fondo o de inundación ‖ ⁓wasser n, FW (Öl) / agua f de inyección ‖ ⁓welle f / ola f gigante o de pleamar, riada f ‖ ⁓welle bei Seebeben, Bore f / ola f sísmica, tsunami m ‖ ⁓zeit f / tiempo m de las marcas, pleamar f
fluvial, im Fluss vor sich gehend (z.B. Schifffahrt / fluvial ‖ ~, fluviatil, im Fluss lebend oder sich abspielend (z.B. Ablagerung) / fluviatil
fluvia[ti]le Ablagerungen f pl / sedimentación f fluviatil
fluvioglacial (Geol) / fluvioglacial
fluviomarin / fluviomarino
Fluviometer n / fluviómetro m
Flux, Neutronenfluss m (Nukl) / flujo m de neutrones
fluxen vt, zurückfluxen, verdünnen (Öl) / fluidificar
Fluxer m (Löten) / estación f de rociadura con fluonte
Flux•gate-Magnetometer n (Mess) / magnetómetro m de saturación [de flujo mandado] ‖ ⁓meter m / flujómetro m, fluxímetro m, fluxómetro m ‖ ⁓mittel n (Öl) / fluidificante m ‖ ⁓quant n (Phys) / cuanto m de flujo
Fly-by•-Effekt m (naher Vorbeiflug an Planeten) (Raumf) / efecto m de aceleración ‖ ⁓-Punkt m (Raumf) / punto m de sobrevuelo
Fly-by-wire n, Stützmotorsteuerung f (Luftf) / mando m indirecto por servomotor
Flyer m, Flügelspinnmaschine f (Tex) / mechera f [para algodón] ‖ ⁓flügel m / aleta f de la mechera ‖ ⁓hülse f (DIN 61805) / bobina f de mechera ‖ ⁓kette f / cadena f para mecheras ‖ ⁓lunte f / mecha f
Flyern, Vorspinnen n / hilatura f en grueso
Flying-Spot•-Röhre f (TV) / tubo m analizador de punto móvil ‖ ⁓-Scanner, Lichtpunktabtaster m (Kath.Str) / analizador m o explorador de punto móvil
Flysch m (Geol) / flysch m
FM f (= Frequenzmodulation) (Fernm) / MF f (= modulación de frecuencia) ‖ ⁓-Cyclotron n (Nukl) / sincrociclotrón m ‖ ⁓-Demodulation f (TV) / rectificación f de MF o de modulación de frecuencia ‖ ⁓-Doppler-Radar m n / radar m Doppler de modulación de frecuencia
F-Meson n (Phys) / mesón m F
FMQ n (Frequency modulated Quartz) (Eltronik) / circuito m oscilante de cristal de modulación de frecuencia
FM-Radar m n / radar m modulado en frecuencia
FMS, Flug-Managementsystem n (Luftf) / sistema m de gestión de vuelo

FM•-Synchrotron, Frequenz-Modulations-Synchrotron n (Nukl) / sincrotrón m modulado en frecuencia ‖ ⁓-Teil m n, UKW-Teil m n (Funk) / parte f MF ‖ ⁓-Telefonie f (Fernm) / telefonía f MF
fob, frei an Bord (Schiff) / puesto o libre a bordo
Fock-Raum m (Math, Nukl) / espacio m de Fock
Fogging n, Beschlagen n der Scheiben (Kfz) / empañamiento m ‖ ⁓ (schwarzer o. brauner, schmieriger Niederschlag auf Flächen) / fogging m
Föhre f, Kiefer f, Pinus spp. (Bot) / pino m silvestre o albar
Foilkasten m (Pap) / caja foil
fokal, Fokal... (Opt) / focal ‖ ⁓distanz, Brennweite f (Opt) / distancia f focal, (incorrecto:) f longitud focal ‖ ⁓ebene f / plano m focal
Fokometer n (Opt) / focómetro m
Fokus, Brennpunkt m / foco m ‖ ⁓differenz f / profundidad f focal ‖ ⁓plattenabstand m (Radiol) / distancia f entre foco y placa
Fokussier•anode f (Eltronik) / ánodo m de enfoque ‖ ⁓elektrode f (Eltronik) / electrodo m de enfoque
fokussieren vt (Foto, Opt) / enfocar, poner en foco ‖ ⁓ n, Fokussierung f / enfoque m, focalización f, concentración f
Fokussier•magnet, Abbildungsmagnet m / imán m de enfoque o de concentración ‖ ⁓optik f / sistema m óptico de focalización ‖ ⁓potential n (Eltronik) / potencial m de enfoque ‖ ⁓spule, Abbildungsspule f (TV) / bobina f de enfoque o de focalización
fokussierte Glühlampe (Kfz) / lámpara f de foco fijo
Folge f, Zyklus m / ciclo m ‖ ⁓, Konsequenz f / consecuencia f, resultado m ‖ ⁓ f, Anzahl aufeinander folgender / secuencia f ‖ ⁓, -ordnung f, Fortschritt m / progresión f ‖ ⁓, Nacheinanderfolge f / sucesión f ‖ ⁓, Reihenfolge f / serie f ‖ ⁓ der Bremsmaßnahmen (Raumf) / secuencia f de las medidas de frenado ‖ ⁓ der Länge Eins (DV) / cadena f unitaria ‖ ⁓ von [gleichartigen] Erscheinungen / serie f de efectos, efectos m pl en serie ‖ ⁓ von Nullen / serie f de ceros ‖ ⁓ von Programmverbindungs- o. Anschlussbefehlen (DV) / secuencia f de encadenamiento ‖ ⁓ f von Querrissen auf gezogenem Draht (Hütt) / roturas f pl transversales en serie ‖ zur ⁓ haben / tener como consecuencia
folge•abhängiger Verschluss (Bahn) / enclavamiento m de sucesión ‖ ⁓abhängigkeit f (Bahn) / enclavamiento m de continuidad ‖ ⁓abtastung f (TV) / exploración f secuencial ‖ ⁓adresse f (DV) / dirección f siguiente o de seguimiento ‖ ⁓aufnahme f, Nachfolgeaufnahme f (TV) / toma f secuencial ‖ ⁓ausfall m / fallo m dependiente ‖ ⁓befehl m (DV) / instrucción f secuencial ‖ ⁓bereich m (DV) / área f de exceso ‖ ⁓bildanschluss m (Verm) / conjunción f de fotografías sucesivos ‖ ⁓diagramm n (DV) / esquema m secuencial ‖ ⁓einrichtungen f pl, infrastrukturelle Anlagen f pl (Bau) / instalaciones f pl de infraestructura ‖ ⁓[erscheinung], Konsequenz f / consecuencia f ‖ ⁓frequenz f (DV) / frecuencia f de repetición ‖ ⁓gebunden (DV) / secuencial ‖ ⁓kontakt m (Relais) / contacto m de secuencia ordenada ‖ ⁓kontrolle, -prüfung f (DV) / control m de secuencia ‖ ⁓kosten pl / costes m pl consecutivos
folgen vi [aus] / resultar [de], originarse ‖ einem Weg ~ / seguir un camino ‖ ⁓, Zielverfolgen m (Radar) / seguimiento m
folgend, nachfolgend / subsecuente, sucesivo ‖ ~ [auf] / siguiente [a]
Folge•nuklid, Tochternuklid, -produkt n (Nukl) / descendiente m radiactivo, producto m de filiación ‖ ⁓nummer f (Fernm) / número m consecutivo ‖ ⁓[ordnung] f / progresión f ‖ ⁓pol m (Messinstr) / polo m consecuente ‖ ⁓presse f, Galeriestanze f (Wzm) / prensa f múltiple ‖ ⁓presse, Stufenpresse f / prensa f escalonada ‖ ⁓produkt n (Nukl) / producto m

secuencial o de desintegración ‖ ≈**programm** n (DV) / programa m de sucesión ‖ ≈**prüfprogramm** n (DV) / programa m de control de secuencia, rutina f de control de secuencia ‖ ≈**prüfung**, -**kontrolle** f (DV) / control m secuencial o de secuencia ‖ ≈**prüfung** f, fortschreitendes Stichprobenverfahren, Folgestichproben f pl (Stat) / muestreo m sucesional según programa ‖ ≈**reaktion** f (Chem) / reacción f secundaria ‖ **mit** ≈**regelsteuerung** / servoaccionado, -mandado ‖ ≈**regelung** f, Kaskadenregelung f (Regeln) / control m en cascada ‖ ≈**regelung**, Servosteuerung f (NC) / servomando m, servocontrol m ‖ ≈**regler** m (Regeln) / servocontrolador m ‖ ~**richtig**, logisch / consecuente, lógico ‖ ≈**richtigkeit** f / consecuencia f, lógica f
folgern, ableiten / deducir, concluir
Folgerung f, [Rück]schluss m / deducción f, condusión f
Folge•**satz**, Zusatz m (Math) / corolario m ‖ ≈**satz** m (DV) / registro m siguiente ‖ ~**schadensicher** / a prueba de daños por falla ‖ ≈**schalter** m (Elektr) / combinador m, conmutador m secuencial ‖ ≈**schaltung** f (Elektr) / conexión f sucesiva ‖ ≈**schaltung** (DIN), Schaltwerk n (IBM) (Eltronik) / circuito m secuencial o de secuencia, circuito m seguidor ‖ ≈**schnitt** m, -werkzeug n (Stanz) / útil m consecutivo ‖ ≈**signal** n (Fernm) / señal f subsiguiente o de secuencia ‖ ≈**spalte** f (DV) / columna f de continuación ‖ ≈**stab** m (Reaktor) / prolongador m ‖ ≈**steuerung** f (Eltronik) / mando m secuencial por control de fases ‖ ≈**steuerung** (für Zielverfolgung) (Mil) / mando m de seguimiento ‖ ≈**steuerung** (selbsttätig) (Regeln) / control m automático de secuencia ‖ ≈**steuerungsanlage** f (Raumf) / secuenciador m ‖ ≈**steuerungsmechanismus** m (Regeln) / servomecanismo m ‖ ≈**steuerungssystem** n (Masch) / sistema m servo ‖ ≈**strom** m (Elektr) / corriente f de seguimiento ‖ ≈**system** n (Regeln) / sistema m de seguimiento, servosistema m ‖ ≈**überwachung** f (Masch) / control m de secuencia ‖ ≈**verarbeitung** f (DV) / planificación f secuencial ‖ ≈**verbundwerkzeug** n (Stanz) / útil m compuesto sucesivo ‖ **einseitige** ≈**weiche** (Bahn) / cambio m doble con dos vías desviadas ‖ ≈**werkzeug** n, -schnitt m (Stanz) / útil m consecutivo ‖ ≈**zylinder** m (Bremse) / cilindro m secundario
Folie f (Plast) / hoja f [delgada], lámina f, película f ‖ ≈, Belag m (Spiegel) / azogue m, capa f de azogar ‖ ≈ **für Overhead-Projektor** (Plast) / transparencia f
Folien•**abzugsmaschine** f / desenrolladora f de películas ‖ ≈**bahn** f, Endlosfolie f / hoja f continua ‖ ≈**band** n (Plast) / cinta f de película ‖ ≈**band** (Kupfer) / cinta f de cobre ‖ ≈**bändchen** n (Tex) / hilo m de lámina ‖ ≈**bedruckmaschine** f (Plast) / máquina f para imprimir películas ‖ ≈**beschichtung** f / recubrimiento m con láminas ‖ ≈**blasen** n, Schlauchfolien-Extrusion f (Plast) / extrusión f de láminas, soplado m de láminas ‖ ≈**blasmaschine** f (Plast) / máquina f sopladora de láminas ‖ ≈-**Extrudiermaschine** f (Plast) / extrusadora f de láminas ‖ ≈**faser** f, fibrillierte Faser / fibra f de lámina ‖ ≈**garn** n, fibrilliertes Garn (Tex) / hilo m desfibrado ‖ ≈**guss** m (Plast) / fundición f de hojas ‖ ≈**kalander** m / calandria f para hojas plásticas ‖ ≈**kaschiermaschine** f (Pap) / máquina f para forrar con hoja plástica ‖ ≈**kondensator** m (Elektr) / condensador m de hojas ‖ ≈**reckanlage** f (Plast) / instalación f alargadora de hojas plásticas ‖ ≈**schalter** m (Elektr) / interruptor m de membrana, conmutador m de membrana ‖ ≈**schneidemaschine** f (Plast) / cortadora f de hojas o láminas ‖ ≈**stärke** f / grueso m de la hoja ‖ ≈**stumpfnahtschweißen** n / soldadura f de películas mediante costuras a tope ‖ ≈**tastenfeld** n (DV) / teclado m de membrana ‖ ≈**verarbeitung** f (Plast) / procesamiento m de películas ‖ ≈**walzwerk** n

(Walzw) / laminadora f de láminas metálicas ‖ ≈**ware** f (Plast) / láminas f pl y hojas delgadas de plástico
foliieren vt, mit Folie belegen (Spiegel) / azogar
Folinsäure f (Chem) / ácido m folínico
Folioformat n (Druck) / infolio m
Follow-up-System n / sistema m de seguimiento
Folsäure, Pteroylglutaminsäure f (Chem) / ácido m fólico
Fön m, Handtrockner m, Haartrockner m / secador m de mano
Fond m (Färb) / color m de fondo ‖ ≈ (Kfz) / fondo m ‖ ≈**fenster** n (Kfz) / ventanilla f trasera ‖ ≈**seitenteil** n (Kfz) / parte f lateral trasera ‖ ≈**sitz** m (Kfz) / asiento m trasero o de fondo ‖ ≈**strich** m (Tapeten) / capa f base
Fonotelex n (Fernm) / fono m télex
Fontäne f / surtidor m
Fontauswahl f, Schriftauswahl f (DV) / selección f del tipo de caracteres
Fontkanzel f (Bahn) / carlinga f del AVE, TGV, ICE
Fontur f (Strumpf) / fontura f, barra f de agujas, cabeza f
Fonturenbreite f (Strumpf) / anchura f de fontura
Foodtainer m (Nahr) / contenedor m para víveres
foolproof, missbrauchsicher / seguro contra abuso, a prueba de imprudencias o de curiosos y chambones
Footboard m (Einheit) / pie m de madera, footboard m, F.B.M.
Foot-Lambert n (Leuchtdichteeinheit, 1 ft la = 3,426259 x 10⁻⁴ sb) / Lambert-pie m
Foot-Pound n (= 0,1383 kgm) / foot-pound m, libra-pie f
Foraminiferenkalk m (Geol) / calcio m de foraminíferos
Forbush-Verminderung f (Raumf) / reducción f de Forbush
forcieren vt, beschleunigen, erzwingen / forzar, acelerar
Fordbecher m (Phys) / viscosímetro m de Ford
Förder•..., [be]fördernd, Transport... / transportador adj ‖ ≈**aggregat** n / grupo m de transporte ‖ ≈**anlage**, -**einrichtung** f / transportador m, instalación f de transporte ‖ ≈**anlage** f, -**maschine** f (Bergb) / instalación f de extracción (E) o de manutención (LA) ‖ ≈**ausfall** m (Bergb) / pérdida m por interrupción de extracción ‖ ≈**bahn** f (Bau) / tranvía m industrial ‖ ≈**bahn** (Bergb) / ferrocarril m de extracción ‖ ≈**band** m (Förd) / cinta f transportadora ‖ ≈**band** m **mit Stahlseileinlagen** (Bergb) / cinta f con refuerzo por cables de acero ‖ ≈**bandantrieb** m / accionamiento m de cinta transportadora ‖ ≈**bandkeilriemen** m / correa f trapezoidal de cinta ‖ ≈**bandreiniger** m / limpiador m de cinta rascadora ‖ ≈**bandumkehrstation** f (Förd) / estación f de inversión de la cinta transportadora ‖ ≈**bohrung** f (Öl) / pozo m productivo ‖ ≈**brücke** f / puente m transportador ‖ ≈**büchse** f (Rohrpost) / cápsula f de transporte ‖ ≈**druck** m (Pumpe) / presión f de elevación
fordere an (DV, FORTRAN) / demanda
Förder•**einrichtung** f / dispositivo m de transporte ‖ ≈**einrichtung**, -**maschine** f (Bergb) / dispositivo m de extracción ‖ ≈**ende** m (Mot) / fin m de admisión
Förderer m, Transporteur m, Konveyor m / transportador m, conveyor m ‖ ≈ m pl (Sammelbegriff) / transportadores m pl y elevadores
Förder•**erz**, Roherz n (Bergb) / mineral m [en] bruto ‖ ≈**gebäude** n (Bergb) / edificio m de extracción ‖ ≈**gebläse** n (für Getreide u. dergl) / transportador m o elevador neumático ‖ ≈**gefäß** n / recipiente m de transporte ‖ ≈**gefäß** (Bergb) / jaula f de extracción ‖ ≈**gefäß**, -kasten, -kübel m (ungeführt, bes. zum Abteufen) / cangilón m de extracción, cubita f de extracción, skip m ‖ ≈**gerät** n / aparato m de transporte, equipo m transportador ‖ ≈**gerüst** m, Fördertürm m (Bergb) / castillete m de extracción ‖ ≈**geschwindigkeit** f / velocidad f de transporte ‖ ≈**geschwindigkeit** (Bergb) / velocidad f de extracción ‖ ≈**[gruben]bahn** f (Bergb) / ferrocarril m de extracción ‖ ≈**grus** m (Bergb) / detritos m pl de extracción ‖

471

Fördergurt

≈**gurt** m s. Förderband || ≈**gut** n / material m a transportar, material m transportado || ≈**gutstrom** m / flujo m del material a transportar || ≈**haspel** m f, -winde f (Bergb) / cabrestante m de extracción || ≈**höhe** f (Bergb) / altura f de extracción || ≈**höhe** (Bau) / altura f de elevación || ≈**höhe** (Pumpe) / altura f de presión || ≈**insel** f (Öl) / plataforma f de extracción || ≈**karren** m / carretilla f de transporte || ≈**kohle** f, ungesiebte Kohlen f pl (Bergb) / carbón m bruto, carbón m de mina || ≈**kohlesieb** n / criba f para carbón de mina || ≈**kolben** m (Einspritzpumpe) / émbolo m impulsor || ≈**korb** m, -gestell n, -schale f (Bergb) / jaula f de extracción || **zweibödiger** ≈**korb** / jaula f de dos pisos || **den** ≈**korb beschicken** (Bergb) / cargar la jaula || ≈**korb** m **mit Fangvorrichtung** (Bergb) / jaula f con freno de seguridad || ≈**korbbeschicker** m / cargador m de jaula || ≈**korbetage** f / piso m o nivel de jaula || ≈**kosten** pl (Bergb) / costos m pl de extracción || ≈**lader**, Elevating Grader m (Straß) / niveladora-elevadora f || ≈**leistung** f, -menge f, -möglichkeit f / capacidad f de transporte || ≈**leistung**, -menge f eines Bergwerks (Bergb) / capacidad f de extracción, rendimiento m || ≈**leistung einer Pumpe** / capacidad f de elevación, caudal m, capacidad f volumétrica [de una bomba] || ≈**leistung eines Gebläses**, (jetzt:) Förderstrom m / capacidad f de un ventilador || ≈**leitung** f, -rohr n (Rohrpost) / tubería f de transporte || ≈**leitung** (Mot) / tubería f de alimentación || ≈**leitung** (Pumpe) / tubería f de elevación || ≈**luft** f (Bergb) / aire m primario || ≈**maschine** f (Bergb) / máquina f de extracción, máquina f elevadora || ≈**maschinenraum** m / sala f de (o para) la máquina [de extracción] || ≈**maschinist** m (Bergb) / maquinista m de pozo || ≈**medium** n (Pumpe) / medio m de bombeado || ≈**meister** m (Öl) / capataz m de pozo || ≈**menge** f s. Förderleistung || ≈**menge** (Pumpe) / caudal m / caudal m || ≈**menge** (Bergb) / cantidad f extraída || **stündliche** ≈**menge** (Pumpe) / caudal m por hora || ≈**mischer** m (Beton) / mezclador-elevador de hormigón || ≈**mittel** n / aparato m o medio de transporte, transportador m || ≈**motor** m / motor m de extracción
fordern, anfordern / exigir, solicitar, pedir
fördern / incentivar || ~ / promocionar || ~ (Pumpe) / impeler || ~, befördern / transportar || ~, heben / elevar || ~, gewinnen (Bergb) / extraer, explotar || ~, beschleunigen / acelerar, activar, impulsar || ~, subventionieren / fomentar, subvencionar || ~, weiterbringen (Menschen) / fomentar, apoyar || ~ vt / promover || **innerbetrieblich** ~ / mover los materiales || ≈ n, Transportieren n / transporte m, movimiento m de materiales || ≈, Streckenfördern n (Bergb) / transporte m por las galerías de extracción
fördernd / promotor, promovedor adj || ~, stimulierend / estimulante, estimulador
Förder•**pause** f (Bergb) / interrupción f de extracción || ≈**plattform** f (Öl) / plataforma f de extracción || ≈**pumpe** f (Bergb) / bomba f de suministro || ≈**pumpe** f, bomba f elevadora, bomba f de extracción || ≈**pumpe** (Raumf) / bomba f de alimentación || ≈**rechen** m / rastillo m de transporte || ≈**rinne** f, Trog[ketten]förderer m (Bergb) / transportador m de cadena con artesa || ≈**rinne**, Schüttelrinne f, Förderschwingrinne f / canal m vibrador u oscilante, canaleta f vibradora || ≈**rolle** f / rodillo m [de] transportador || ≈**rutsche** f (Aufb) / plano m inclinado de transporte || ≈**schacht**, Treibschacht m (Bergb) / pozo m de extracción || ≈**schacht**, Hauptschacht m (Bergb) / pozo m principal || ≈**schnecke** f, Schneckenförderer m / tornillo m sin fin de transporte, rosca f transportadora || ≈**seil** n (Einseilbahn) / cable m de transporte || ≈**seil**, Schachtseil n (Bergb) / cable m de extracción || ≈**seite** f (Pumpe) / lado m de presión || ≈**seite**, Gutseite f (Förderband) / lado m de carga || ≈**sohle** f (Bergb) / nivel m de extracción, planta f de explotación || ≈**spiel** n (Bergb) / ciclo m de extracción || ≈**steiger** m (Bergb) / capataz m de transporte || ≈**strecke** f (für Förderwagen), -bahn f (Bergb) / trayecto m de extracción || ≈**strecke** (allgem.) (Bergb) / galería f de extracción || ≈**strecke** f, -weg m (Bau, Straß) / recorrido m de transporte || ≈**strom** m (Gebläse) / caudal m suministrado || ≈**strom** (Bergb) / corriente f continua del material || ≈**system** n (Rakete) / dispositivos m pl de alimentación || ≈**technik** f (Sammelbegriff) / técnica f de movimiento de materiales || ≈**teufe** f (Bergb) / profundidad f de extracción || ≈**tisch** m / mesa f transportadora || ≈**trommel** f (Bergb) / tambor m elevador || ≈**trum** m, Schachtabteil n für Förderung (Bergb) / compartimiento m de jaulas || ≈**tuch** n **des Bindemähers** (Landw) / tela f de la segadora-atadora || ≈**turm** m, -gerüst n (Bergb) / castillete m de extracción, torre f de extracción || ≈**turmmaschine** f, Turmfördermaschine f (Bergb) / máquina f de extracción instalada en el castillete
Forderung, Anforderung f / demanda f, requerimiento m
Förderung f, Beförderung f / transporte m || ≈, Erdbewegung f (Bau) / movimiento m de tierras || ≈, Gewinnung f (Bergb) / extracción f, producción f, explotación f || ≈ f (Bagger) / excavación f || ≈ (Pumpe) / elevación f || ≈ **und Enwicklung** / promoción f y desarrollo || ≈ **unter Tage** (Bergb) / explotación f subterránea
Förder•**volumen** n (Vakuum) / volumen m desplazado || ≈**wagen** m, Grubenhund m (Bergb) / cajón m, carro m de mina, vagoneta f de extracción || **flacher** ≈**wagen** (Bergb) / vagoneta f plana [de mina] || ≈**wagensperre** f (Bergb) / trinquete m para carros || ≈**wagenvordrücker** m (Bergb) / empujador m de vagonetas || ≈**wagenvorzieher** m (Bergb) / avanzador m de vagonetas || ≈**weg** m, -strecke f (Bau, Straß) / recorrido m de transporte || **Haupt-**≈**weg** (Bergb) / galería f principal de transporte || ≈**werk** n (Landw, Mähdrescher) / dispositivo m de avance || ≈**winde** f (Bergb) / torno m de extracción (E), guinche m de extracción (LA) || ~**würdig**, abbauwürdig / explotable, comercial || ≈**zeug** n / material m de transporte || ≈**zone** f, Beschickungszone f (Hütt, Masch) / zona f o área de alimentación || ≈**zug** m (Pumpe) / arrastre m
Forleule f, Kieferneule f, Panolis flamea (Schädling) / noctuela f
For-Life-Schmierung f (Masch) / engrase m a vida
Form f (Art u. Weise) / forma f || ≈ (allg, Krist) / forma f || ≈, homogenes Polygon (Math) / polígono m homogéneo || ≈, Gestalt f / figura f || ≈, Modell n / modelo m || ≈, Profil n (Walzw) / perfil m || ≈, Gießform f (Gieß) / molde m || ≈, Kokille f (Hütt) / coquilla f, lingotera f || ≈ (Druck) / molde m de imprenta || ≈, Kontur f (menschliche Gestalt) / contorno m || ≈, Windform f (Hütt) / tobera f || ≈, Leisten m (Schuh) / horma f || ≈, Vollholzigkeitszahl f (Wald) / factor m de forma || ≈ (**o. Ausführung**) **A usw.** / ejecución f A, serie f A || ≈ **annehmen** / tomar forma || ≈ f **beim isostatischen Pressen mit**, [ohne] **Flüssigmedium** (Sintern) / molde m de prensado isostático en líquido, [en seco] || ≈ **geben**, gestalten / moldear, formar, dar forma || ≈ f **mit Abquetschfläche** (Plast) / molde m con borde de rebaba || ≈ **sechsten Grades**, Sextik f (Math) / séxtica f || **die** ≈ **abflammen** (Gieß) / flamear el molde || **die** ≈ **schließen** (Druck) / cerrar la forma || **die** ≈ **zurichten** (Druck) / ajustar o arreglar la forma || **geometrische** ≈ / forma f geométrica || **gut aus der** ≈ **gehen** (Gieß) / desmoldarse bien || **in** ≈ [von] / bajo la forma [de] || **konkrete** ≈ **geben** (Patent) / dar cuerpo

Form•abdruck m, Fehlstelle f (Gieß, Plast) / marcas f pl del molde ‖ ⁓**abtastung** f (Wzm) / palpamiento m [de un patrón] ‖ ⁓**abweichung** f, Gestaltabweichung 1. Ordnung (DIN 4770) / error m de forma, inexactitud f ‖ [**zulässige**] ⁓ / tolerancia f de forma
formal, Form... / formal ‖ ~**e Ladung** (Elektr) / carga f formal ‖ ~**e Logik** (DV) / lógica f formal ‖ ~**e Sprache** (DV) / lenguaje m formalizado
Formal, Methylal n (Chem) / formal m, metilal m
Formaldehyd m, Methanal n (Chem) / formaldehído m, metanal m, aldehído m fórmico ‖ ⁓**anilinharz** n / resina f anilina-formaldehído ‖ ⁓**echtheit** f / resistencia f al formaldehído ‖ ⁓**harz** n / resina f formaldehído
Formalin n / formalina f
formalisiert (DV) / formal[izado]
Formalparameter m (ALGOL) (DV) / parámetro m formal
Formamid n (Chem) / formamida f
Formänderung f, Deformation f, Verformung f / deformación f ‖ ⁓, Formgebung f / conformación f, cambio m de forma ‖ **bleibende** ⁓ / deformación f permanente ‖ **spezifische** ⁓ / deformación f unitaria
Formänderungs•arbeit f, Verschiebungsarbeit f / trabajo m de conformación o de deformación ‖ **spezifische** ⁓**arbeit** / trabajo m específico de conformación ‖ ⁓**bereich** m / zona f de deformación ‖ ⁓**festigkeit** f, Fließgrenze f (Mech) / resistencia f a la deformación, límite m de fluencia ‖ ⁓**festigkeit**, Umformfestigkeit f (Schm) / resistencia f a la conformación ‖ ⁓**relaxation** f, Verformungs-, Deformationsrelaxation f / relajación f de cambio de forma, relajación f de deformación ‖ ⁓**verhältnis** n (Umformen) / grado m de conformación ‖ ⁓**-Widerstand** m (Schm) / resistencia f a la conformación
Form•angabe f (NC) / información f dimensional ‖ ⁓**anguss** m, Gusstrichter m (Gieß) / bebedero m ‖ ⁓**anilid** n (Chem) / formanilida f ‖ ⁓**anpassungsvermögen** n / conformabilidad f, elasticidad f, maleabilidad f, plasticidad f
Formant m (Akust, Fernm) / formante m ‖ ⁓**bereich** m (Akust) / zona f de formantes ‖ ~**-kodierend** (Akust, Sprachanalysator) / que codifica formantes
Form•arbeit f, Formen n / trabajo m de conformación ‖ ⁓**arbeit** (Masch) / trabajo m de mecanización ‖ ⁓**arbeit** (Gieß) / trabajo m de moldeado ‖ ⁓**arbeit** (Glas) / trabajo m de dar forma ‖ ⁓**artikel** m pl (Gummi) / artículos m pl moldeados
Format n (allg) / tamaño m, formato m ‖ ⁓ (DV) / formato m ‖ ⁓ (Buch) / forma f ‖ ⁓ **machen** (Druck) / formar ‖ ⁓ n **mit fester Blocklänge** / formato m de bloques fijos ‖ **auf** ⁓ [**zugeschnitten**] / cortado a medida ‖ **ein** ⁓ **festlegen** (o. bilden) / fijar un formato ‖ ⁓**anweisung** f (FORTRAN) (DV) / instrucción f "formato" ‖ ⁓**beschränkung** f / limitación f del formato ‖ ⁓**bogen** m (Druck, Pap) / hoja f en formato ‖ ⁓**einstellung** f (Drucker) (DV) / selección f del formato [del papel]
Formateverfahren n (Verzahnung) / proceso m de cíclo único
Format•fehler m (DV) / error m de formato ‖ ~**freier Datensatz** (DV) / registro ineditado ‖ ~**gebunden** (DV) / de formato fijo
formatieren (DV) / formatear, maquetar ‖ ⁓ n (DV) / formateo m, formateado m
Formation f (Geol) / formación f ‖ ⁓ (Pap) / formación f
Formations•fliegen n, -flug m / vuelo m en formación ‖ ⁓**kunde**, Schichtenkunde f (Geol) / estratigrafía f
formativ, Wachstums... / formativo
Format•kontrolle f (DV) / control m de formato ‖ ⁓[**kreis**]**sägemaschine** f / sierra f circular con mesa movil para cortar formatos ‖ ⁓**leiste** f (Pap) / regleta f lateral ‖ ⁓**ordnung** f (Pap) / clasificación f de formatos ‖ ⁓**schneiden** n, Bogenschneiden n (Druck) / corte m de pliegos ‖ ⁓**steg** m (Druck) / filete m ‖ ⁓**steuerung** f (DV) / edición f ‖ ⁓[**steuer**]**zeichen** n (DV) / determinante f de formato ‖ ⁓**trennmaschine** f (Briefe) / separadora f de formatos ‖ ⁓**- u. Besäumkreissäge** f (Holz) / sierra f circular para cantear y dar forma ‖ ⁓**verstellung** f (Pap) / ajuste m de formato ‖ ⁓**wagen** m (Pap) / carro m de formato ‖ ⁓**wechsel** m (Walzw) / cambio m de sección ‖ ⁓**wechsel** (DV) / cambio m de formato
Form•aufbau m **in Ziegeln** (Gieß) / preparación f del molde con ladrillos ‖ ⁓**aufspannplatte** f (Plast) / placa f portamolde ‖ ⁓**auftriebskraft** f (Plast) / fuerza f de apertura del molde ‖ ⁓**auge** m (Hütt) / boca f de tobera ‖ ⁓**automat** m (Dreh) / torno m automático para perfilar ‖ ⁓**band** m (Gieß) / cinta f de molde ‖ ⁓**bank** f / banco m de moldear
formbar, plastisch / moldeable, conformable, plástico ‖ ~ (Plast) / postmoldeable ‖ ~**e Tafel o. Folie** (Plast) / hoja f plástica postmoldeable ‖ ⁓**keit** f / conformabilidad f, plasticidad f
Formbarkeit f (Sintern) / compactabilidad f
Form•belastung f, -beschwerung f (Gieß) / peso m para un molde ‖ ⁓**beständigkeit** f / estabilidad f de forma, estabilidad f dimensional ‖ ⁓**beständigkeit**, Verformungswiderstand m / resistencia f de forma, resistencia f a la deformación ‖ ⁓**beständigkeit in °C** f / temperatura f de deformabilidad por calor ‖ ⁓**beständigkeit f in der Wärme** (Plast) / estabilidad f dimensional bajo calor ‖ ⁓**biegen** n (Stanz) / conformación f y doblado ‖ ⁓**bild** n, Hochbild n / representación f tridimensional en escala ‖ ~**bildend** (Biol) / morfógeno ‖ ⁓**blatt** n, Formular n / formulario m ‖ ⁓**blech** n / chapa f de forma, chapa f perfilada ‖ ⁓**brett** n, Schablone f (Gieß) / calibre m de molde ‖ ⁓**draht** n, Fasson-, Profildraht m (Hütt) / alambre m perfilado ‖ ⁓**draht** (Pap) / hilo m de forma ‖ ~**drehen** (Wzm) / tornear en perfil, tornear piezas perfiladas, perfilar al torno ‖ ⁓**drehmaschine** f / torno m de perfilar, torno m para piezas perfiladas ‖ ⁓**drehmeißel** m / herramienta f de perfilar ‖ ⁓**drehteil** n / pieza f perfilada al torno ‖ ⁓**düse** f, Düsenrüssel m (Hütt) / boquilla f de tobera ‖ ⁓**ebene** f, Düsenboden m (Hütt) / nivel m de toberas ‖ ⁓**einheit** f, genormte Teilform (Plast) / molde m normalizado ‖ ⁓**einpassen** n (Druck) / prerregistro m de formas ‖ ⁓**eisen** n, Formstahl m (Hütt) / acero m perfilado, perfil m de acero ‖ ⁓**eisen**, Formmesser n (Gieß) / cuchilla f del moldeador
Formel f / fórmula f ‖ **in eine** ⁓ **bringen** / formular v
Form-Elastizität f / elasticidad f de forma
Formel•auswertung f / evaluación f de una fórmula ‖ ⁓**bild** n (Chem) / fórmula f de estructura ‖ ⁓**-I-Rennwagen** m (Kfz) / coche m de carreras de fórmula I ‖ ⁓**sammlung** f (Math, Phys) / formulario m, manual m de fórmulas ‖ ⁓**satz** m (Druck) / composición f de fórmulas científicas ‖ ⁓**sprache** f (DV) / lenguaje m de fórmula ‖ ⁓**übersetzung** f (DV) / traducción f de fórmula ‖ ⁓**zeichen** n / signo m de fórmula
formen vt, gestalten / formar, conformar, dar forma, transformar la forma ‖ ~, modellieren / modelar ‖ ~ (Gieß) / moldear ‖ **auf der Töpferscheibe** ~ (Keram) / tornear ‖ **mit dem Hammer** ~ (Blei) / martill[e]ar ‖ **Ton** ~ (Keram) / conformar arcilla ‖ ⁓ n (Gieß) / moldeado m, moldeo m ‖ ⁓ (Eltronik, Impulse) / formación f ‖ ⁓ **auf Modellplatte** (Gieß) / moldeo m en la placa de modelo ‖ ⁓ **des Reifens**, Bombieren n / abombado m ‖ ⁓ **durch Stoßwellen** (Sintern) / conformación f por explosión o por ondas de choque ‖ ⁓ **im Boden**, Bodenformen n (Gieß) / moldeo m en el suelo ‖ ⁓ **in der Grube**, Grubenformen n (Gieß) / moldeo m en el foso ‖ ⁓ **mit Magnetkraft** / conformación f electromagnética ‖ ⁓ **mit Maschinen**, Maschinenformen n (Gieß) / moldeado m mecánico

Formenbau

Formen•bau m, -konstruktion f (Gieß, Plast) / construcción f de moldes ‖ ⁓bau, -bauwerkstatt f (Plast) / taller m [de construcción] de moldes ‖ ⁓bauer, -konstrukteur m (Gieß) / diseñador m de moldes, moldista m
formend / formativo
Formen•-Einsatz m (Gieß) / inserto m en el molde ‖ ⁓fräsmaschine f / fresadora f de moldes ‖ ⁓graviermaschine f / máquina f para grabar moldes ‖ ⁓hohlraum m / cavidad f de molde ‖ ⁓macher, -bauer m (Druckguss, Plast, Schm) / matricero m ‖ ⁓ofen, Trockenofen m (Gieß) / horno m para secar moldes ‖ ⁓öl n (Druckguss) / aceite m para moldes ‖ ⁓pappe f / cartón m de moldeado ‖ ⁓rüssel m (Hütt) / boquilla f de tobera ‖ ⁓schließeinheit f (Gieß, Plast) / unidad f de cierre del molde ‖ ⁓schluss m (Gieß, Plast) / cierre m de molde ‖ ⁓schwindmaß n (Gieß) / margen m de contracción en el moldes, contracción f de moldeo ‖ ⁓stahl m / acero m para moldes ‖ ⁓träger m / portamolde[s] m ‖ ⁓trennebene f / nivel m de separación del molde ‖ ⁓trennmittel n (Plast) / desmoldeante m, agente m de desmoldeo ‖ ⁓trockner m (Gieß) / secador m de molde[s]
Former m, Formgerät n / conformador m ‖ ⁓ (Arbeiter) (Gieß) / moldeador m, amoldador m
Formerde f (Gieß) / arcilla f de moldeado
Formerei f, Gussformerei f / moldería f, taller m de moldeo ‖ ⁓, Formen n (Tätigkeit) / moldeo m
Formerkennen n (Roboter) / reconocimiento m de forma
Former•stift, Kernnagel m (Gieß) / alfiler m de moldear ‖ ⁓tisch m / mesa f de moldeado, banco m del moldeador ‖ ⁓ton m / arcilla f de moldeado
Form•faktor m (Sintern) / factor m de forma de partícula ‖ ⁓faktor (Elektr, Masch) / factor m de forma ‖ ⁓fehler m / error m de geometría, error m de forma ‖ ~fertigstanzen, nachschlagen (Stanz) / estampar con troquelado ‖ ⁓fräser m (Wz) / fresa f perfilada o de perfil, fresa f de forma ‖ ⁓fuge f, -naht f (Gieß) / junta f de molde ‖ ⁓gebend bearbeiten (Masch) / conformar, perfilar ‖ ⁓gebende Werkzeugöffnung (Fließpressen) / boca f de tobera
Formgebung, Bearbeitung f / conformación f (cambio de forma) ‖ ⁓ f, Gestaltung f / formado m, delineación f, diseño m ‖ ⁓ eines Schnittes (Stanz) / diseño m de una rodaja ‖ spanende o. spanabhebende ⁓ / conformación f con arranque de viruta[s] o de material, mecanizado m ‖ spanlose ⁓ / conformación f sin arranque de viruta[s] o de material
Form•gebungsdruck m, Formungsdruck m (Plast) / presión f de conformación ‖ ⁓gebungsfehler m (Keram) / error m de conformación ‖ ⁓gebungsverfahren n (Stahl) / producción f, proceso m de fabricación ‖ ⁓gedächtnis n (Plast) / memoria f de forma ‖ ⁓genauigkeit f / precisión f o exactitud o perfección de la forma ‖ ⁓gepresst (Plast) / moldeado por compresión ‖ ~gepresstes Schichtpressstoffrohr / tubo estratificado moldeado por compresión ‖ ~gerecht / adaptado a la forma, en debida forma ‖ ~gerecht (Strumpf) / a medida ‖ ⁓geschäumt, -verschäumt (Plast) / esponjado in situ ‖ ⁓gestalter, Designer m / diseñador m[industrial] ‖ ⁓gestaltung f, Formen n, Modellieren n / configuración f, conformación f, modelado m ‖ ⁓gestaltung, Design n / diseño m[industrial] ‖ ~getreue Nachbildung f / reproducción f exacta ‖ ~gezahnt (Keilriemen) / dentado por un molde ‖ ⁓gips m (Gieß) / yeso m de moldear ‖ ⁓grat, Schließgrat m / rebaba f de molde ‖ ⁓grube f / foso m de moldear ‖ ⁓guss m, Guss mit verlorener Form (Gieß) / fundición f de molde perdido ‖ ⁓guss, Fertigguss m, -gussteil n (Gieß) / pieza f colada en molde perdido
Formhälfte f, [unterer o. oberer] Formkasten (Gieß) / caja f [inferior o superior] de molde ‖ bewegliche ⁓,
Auswerferformhälfte f (Druckguss) / bloque m móvil ‖ feste ⁓, Eingussformhälfte (Druckguss) / bloque m fijo
Form•haut, Brennhaut f (Keram) / crusta f ‖ ⁓hobler m (Wzm) / cepilladora f de perfilar
Formiat n (Salz der Ameisensäure) (Chem) / formiato m
formieren vt (Akku) / formar ‖ ⁓ n, Formierung f (Akku) / formación f
Formiermasse f (Akku) / pasta f para acumuladores
Formierung f von Kathoden (Eltronik) / activación f de cátodos ‖ ⁓ von Wolframwendeln (Elektr) / conformación f de hélices de tungsteno
Form•invarianz f, Kovarianz f (Chem) / covariancia f ‖ ⁓isomerie f (Chem) / isomería f de forma ‖ ⁓kabel n (Elektr) / cable m preformado ‖ ⁓kaliber n (Walzw) / canal m perfilado, acanaladura f perfilada ‖ ⁓kammerverfahren n (Plast) / procedimiento m con cámara de moldeo ‖ ⁓kasten m, [Sand-]Kasten m, Flasche f (Gieß) / caja f de molde ‖ unterer ⁓kasten (Gieß) / caja f inferior ‖ mittlerer ⁓kasten (Gieß) / caja f media ‖ oberer ⁓kasten (Gieß) / caja f superior ‖ den ⁓kasten abheben / levantar la caja superior ‖ ⁓kasten m mit Schoren / caja f con barras ‖ den ⁓kasten zusammensetzen / montar las cajas ‖ ⁓kastenfüllsand m (Gieß) / arena f de relleno ‖ ⁓kastenhälfte f / semicaja f de moldeo ‖ ⁓kasten-Wendezapfen m / gorrón m inversor [de la caja] ‖ ⁓kastenzentrierstift m, -zulegestift m (Gieß) / pitón m de centrado [de las cajas] ‖ ⁓keil m, Keilchen n (Druck) / regleta f ‖ ⁓kern m (Gieß) / macho m de molde ‖ ⁓kitt m / masilla f para modelos de fundición ‖ ⁓lehm m (Gieß) / arcilla f de moldeador ‖ ⁓lehre f (Masch) / calibre m de forma ‖ ⁓leiste f (Kfz, Tischl) / guarnición f, regleta f
Formling m, Brikett n / briqueta f, aglomerado m ‖ ⁓ (Keram) / pieza f en bruto ‖ ⁓e m pl (Ziegl) / ladrillos m pl brutos
Form•linienplan m (Kfz) / dibujo m de superficie ‖ ⁓litze f (Elektr) / cordón m perfilado ‖ ⁓löffel, -spatel m (Gieß) / cuchilla f de moldeador, espátula f de moldeo ‖ ~los / sin perfil, sin forma, informe ‖ ~los, amorph / amorfo ‖ ⁓mantel m, Überform f (Gieß) / sobremolde m ‖ ⁓mantel (Lehmformerei) / caja f exterior ‖ ⁓maschine f (Gieß) / máquina f de moldear, moldeadora f ‖ ⁓maschine (Tex) / máquina f conformadora ‖ ⁓maske f (Gieß) / cáscara f de moldeo ‖ ⁓[masken]verfahren, Croningverfahren n / procedimiento m Croning, moldeo m en cáscara ‖ ⁓masse, Masse f (Gieß) / arena f seca de moldeo ‖ ⁓masse f (Oberbegriff) (Plast) / compuesto m de moldeo, materia f moldeable ‖ pulverige ⁓masse / polvo m de moldeo ‖ ⁓meißel m, -stahl m (Dreh) / cuchilla f de perfilar ‖ ⁓messer, Formeisen n (Gieß) / cuchilla f del moldeador ‖ ⁓mikanit f (Min) / micanita f moldeable ‖ ⁓naht f (Gieß) / junta f de molde ‖ ⁓nase f s. Formrüssel ‖ ⁓nest n (Plast) / molde m sencillo de la matriz múltiple ‖ ⁓öffnung f der Windform (Hütt) / boca f de tobera
Formoltitrierung f (Chem) / titulación f con formol
Form•pappe f / cartón m moldeado ‖ ⁓platte f (Gieß) / placa f de molde ‖ ⁓presse f (Plast) / prensa f moldeadora ‖ ⁓pressen n (Pulv.Met) / moldeado m por compresión ‖ ⁓pressen mit Grat (Schm) / forjado m con matriz cerrado ‖ ⁓pressen ohne Grat (Schm) / preforjado m ‖ ⁓pressling m (Plast) / pieza f prensada en molde ‖ ⁓pressstoff m / materia f plástica de moldear por compresión ‖ ⁓pressteil n (Plast) / pieza f moldeada por compresión ‖ ⁓puder m (Gieß) / polvo m desmoldante ‖ ⁓rahmen m (Plast) / chasis m de molde ‖ ⁓rahmen (Druck) / rama f, chasis m de forma ‖ ⁓rüssel m, -nase f (Hütt) / punta f de tobera, morro m de tobera ‖ ⁓sand m (Gieß) / arena f de (o para) moldes ‖ ⁓sandaufbereitung f / preparación f de la arena de moldes ‖ ⁓sandmischturm m / torre f mezcladora de arena para moldes ‖ ⁓sandstampfer

m / atacador *m* ‖ ⁓**schaftfräser** *m* (Wz) / fresa *f* de mango perfilado ‖ ⁓**schäumen** *n* (Plast) / esponjado *m* en molde ‖ ⁓**scheibe** *f* (für Randbearbeitung) (Opt) / cristal *m* de molde ‖ ⁓**scheibenmeißel**, -stahl *m* (Wzm) / cuchilla *f* redonda perfilada ‖ ⁓**schieber** *m* (Plast) / corredera *f* de molde ‖ ⁓ **[schleif]scheibe** *f* / muela *f* de forma, muela *f* perfilada ‖ ⁓**schlichte** *f* (Gieß) / unto *m* de moldes ‖ ~**schlichten** (Dreh) / acabar el perfil ‖ ⁓**schließen** *n* (Druck) / cierre *m* de forma ‖ ⁓**schließen**, -schluss *m* (Plast) / cierre *m* de molde ‖ ⁓**schließkraft** *f* / fuerza *f* de cierre de molde ‖ ⁓**schließmechanismus** *m* (Druckguss) / mecanismo *m* de cierre [del molde] ‖ ⁓**schluss** *m* (Mech) / arrastre *m* de forma, unión *f* positiva o geométrica ‖ ~**schlüssig** (Kupplung) / en arrastre de forma, en unión positiva o continua ‖ ~**schlüssige [ausrückbare] Kupplung** / embrague *m* en arrastre de forma ‖ ~**schlüssige Fachbildung** (Web) / formación *f* positiva de la calada ‖ ~**schlüssige Bremse** / freno *m* de acción positiva ‖ ⁓**schlüssigkeit** *f* / unión *f* por forma, arrastre *m* de forma ‖ ⁓**schmieden** *n*, Gesenkschmieden *n* / forjado *m* en estampa o en matriz ‖ ⁓**schmieden**, Genauschmieden *n* / forjado *m* de precisión ‖ ⁓**schnitt** *m* (Wz) / útil *m* de [recortar] contornos ‖ ~**schön**, elegant / de línea elegante ‖ ⁓**schräge** *f* (Plast) / conicidad *f* ‖ ⁓**schräge** (Gummi) / conicidad *f* del molde ‖ ~**schruppen** *vt* / desbastar el perfil, rebajar el perfil bruto ‖ ⁓**schwärze** *f* (Gieß) / negro *m* o grafito para moldes ‖ ⁓**senken** *f* (Formenbau) / hundimiento *m* ‖ ⁓**signal** *n* (Bahn) / semáforo *m* ‖ ⁓**sinterung** *f* / sinterización *f* en (o de) molde ‖ ⁓**sitz** *m*, -sattel *m* (Fahrrad) / sillín *m* moldeado, sillín *m* anatómico ‖ ⁓**sperrholz** *n* / madera *f* contrachapeada moldeada ‖ ⁓**spule** *f* (Elektr) / bobina *f* moldeada o de forma ‖ ~**stabil** / estable de forma, de estabilidad dimensional ‖ ⁓**stahl** *m* (Walzw) / acero *m* estructural o de construcción ‖ ⁓**stahl**, Profilstahl *m* / acero *m* perfilado ‖ ⁓**stahl**, -meißel *m* (Dreh) / cuchilla *f* de forma o de perfilado ‖ **schwerer**, [**leichter**] ⁓**stahl** (Hütt) / perfiles *m pl* pesados [ligeros] ‖ ⁓**stahlbiegepresse** *f* (Wzm) / prensa *f* curvadora de perfiles ‖ ⁓**stahlguss** *m* (Hütt) / acero *m* fundido [en molde] ‖ ⁓**stahlschere** *f* (Wz) / cizallas *f pl* para perfiles ‖ ⁓**stahlträger** *m* (Bau, Hütt) / viga *f* de acero perfilado ‖ ⁓**stahlwalzwerk** *n* / laminador *m* de perfiles ‖ ⁓**stampfer** *m* (Gieß) / atacador *m* ‖ ~**stanzen** (Stanz) / estampar y troquelar ‖ ⁓**stanzen** *n* / estampado *m* y troquelado ‖ ⁓**stanzteil** *n* / pieza *f* estampada y troquelada ‖ ⁓**station** *f* (Gieß) / estación *f* de moldeo ‖ ~**steif**, -beständig / de forma estable, rígido ‖ ⁓**steife** *f*, Formsteifheit *f* / rigidez *f* de forma ‖ ⁓**steifigkeit** *f*, Eigensteifigkeit *f* / estabilidad *f* inherente ‖ ⁓**stein**, -ziegel *m* (Bau) / ladrillo *m* perfilado ‖ ⁓**stein** *m* (Hütt) / ladrillo *m* moldeado o de molde ‖ ⁓**stein aus Beton** (Bau) / piedra *f* moldeada de hormigón ‖ ⁓**steinzug** *m* (Kabel) / conducto *m* portacable ‖ ⁓**stich** *m* (Walzw) / pasada *f* en acanaladura perfilada ‖ ⁓**stift**, Formerstift *m* (Gieß) / alfiler *m* para moldería ‖ ⁓**stift**, Absatzstift *m* (Schuh) / estaquilla *f* para tacones ‖ ⁓**stoff** *m* (Gieß) / material *m* a moldear ‖ ⁓**stoff** (Plast) / semiproducto *m* [plástico] moldeado ‖ ⁓**straße** *f* (Holz) / instalación *f* de conformación continua ‖ ⁓**stück** *n*, -teil *m* (Hütt, Masch) / pieza *f* formada o perfilada ‖ ⁓**stück**, -teil *n* (Plast) / pieza *f* moldeada ‖ ⁓**stück**, Fitting *m* (Pipeline, Sanitär) / racor *m* de tubería, grifería *f* ‖ **rundes** ⁓**stück** (Gieß) / objeto *m* redondo, pieza *f* de forma redonda ‖ **im Aufbau wichtiges** ⁓**stück** / elemento *m* esencial, miembro *m* estructural ‖ ~**technisch richtig** / de diseño funcional ‖ ~**teil** *n*, vorgeformtes Teil / pieza *f* preformada ‖ ⁓**teil** (Masch) / pieza *f* mecanizada ‖ ⁓**teil** (Plast) / pieza *f* moldeada ‖ ⁓**teilfläche** *f*, -trennungsfläche *f* (Gieß) / plano *m* de separación ‖ ⁓**teilpresse** *f* (Plast) / prensa *f* de moldeo por compresión ‖ ⁓**teilung** *f*, Trennfuge *f* (Druckguss) / junta *f* ‖ ⁓**toleranz** *f* (Masch) / tolerancia *f* de forma ‖ ⁓**trennmittel** *n* (Gieß) / [producto] desmoldeante *m*

Formular *n* (allg, DV) / formulario *m* ‖ ⁓**e einführen** (DV) / introducir formularios ‖ **[leeres]** ⁓ (o. Formblatt) / formulario *m* en blanco ‖ ⁓**ausrichten** *n* (DV) / alineado *m* de formularios ‖ ⁓**drucker** *m* (DV) / impresora *f* de formularios o de paginas ‖ ⁓**druckmaschine** *f* (Druck) / máquina *f* impresora de formularios ‖ ⁓**einblendung** *f* (DV) / sobreposición *f* de formulario ‖ ⁓**führung [seinrichtung]** *f* (DV) / guía *f* de formularios ‖ ⁓**halter** *m* / dispositivo *m* portaformularios ‖ ⁓**satz** *m*, Mehrfachformulare *n pl* / formularios *m pl* o esqueletos comerciales ‖ **sechsfacher** ⁓**satz** / formularios *m pl* sextuplos ‖ ⁓**satz** *m* (Setzerei) / composición *f* de formularios ‖ ⁓**satz mit eingeschossenem Kohlepapier** (Büro) / formularios *m pl* con papel [a] carbón interpuesto ‖ ⁓**-Stacheltransport** *m* / tractor *m* de formularios ‖ ⁓**steuerband** *n* (DV) / cinta *f* piloto ‖ ⁓**vorschub** *m* (DV) / avance *m* de formularios, alimentación *f* de formularios, salto *m* de formulario ‖ ⁓**vorschubzeichen** *n* / carácter *m* de avance [de formularios]

Formulierlabor *n* (Chem) / laboratorio *m* de formulación
Formulierung *f*, Fassung *f* / formulación *f* ‖ ⁓ (Chem, Galv) / formulación *f*, prescripciones *f pl*
Form- und Lagetoleranzierung *f* (Masch) / fijación *f* de tolerancias geométricas ‖ ⁓ **und Schraubenautomat** *m* (Wzm) / máquina *f* automática de perfilado y de tornilleado
Formung *f* s. Formgebung ‖ ⁓ s. auch Formierung
Form•verschäumen *n* (Plast) / esponjado *m* in situ ‖ ⁓**verschluss** *m* (Plast) / cierre *m* del molde ‖ ⁓**verzerrung** *f* (Schm) / distorsión *f* del perfil o de la forma ‖ ⁓**verzerrungen** *f pl* **von Impulszügen** (Eltronik) / ondulación *f*, culebreos *m pl*, meneos *m pl* ‖ ⁓**vollholz** *n* (gebogenes Holz) / madera *f* maciza moldeada ‖ ⁓**vorsignal** *n* (Bahn) / señal *f* de aviso ‖ ⁓**vulkanisation** *f* (Gummi) / vulcanización *f* en el molde ‖ ⁓**wagen** *m* (Gieß) / carro *m* portamoldes ‖ ⁓**walzen** *n* (Walzw) / laminado *m* de perfiles ‖ ⁓**wandler** *m* (Opt) / transductor *m* óptico ‖ ⁓**werkzeug** *n* (Masch) / útil *m* de moldeo ‖ ⁓**widerstand** *m* (Kfz, Luftf) / resistencia *f* de [la] forma ‖ ⁓**widerstand** (Schiff) / resistencia *f* de la carena
Formyl *n* (Chem) / formilo *m*
formylieren *vt* (Chem) / formilar
Formylierung *f* / formilación *f*
Formyl•säure, Ameisensäure *f* / ácido *m* fórmico ‖ ⁓**trichlorid**, Chloroform, Trichlormethan *n* / tricloruro *m* de formilo, cloroformo *m*, triclormetano *m*
Form•zacken *m* (Hütt) / placa *f* de tobera ‖ ⁓**zahl** *f* (Dauerversuch) (Mat.Prüf) / coeficiente *m* o índice *m* de forma o de concentración ‖ ⁓**zahl** (Elektr) / factor *m* de forma ‖ ⁓**zahl** (Schneckengetriebe) / cociente *m* diametral ‖ ⁓**zahl**, Vollholzigkeitszahl *f* (Holz) / coeficiente *m* de forma ‖ ⁓**zustand** *m* / estado *m* físico ‖ ⁓**zylinder** *m* (Druck) / cilindro *m* de huecograbado (E), cilindro *m* portaformas (LA) o portaplanchas

forschen [**über**] / investigar [sobre], explorar, buscar ‖ ~, untersuchen / estudiar ‖ ⁓ *n* / investigación *f*, exploración *f*
Forscher *m* / investigador *m* [cientifico], hombre *m* de ciencia ‖ ⁓**gruppe** *f*, -team *n* / equipo *m* investigador
Forschung, Untersuchung *f* / investigación *f*, estudio *m* ‖ ⁓ **, Entwicklung u. Test** / investigación, desarrollo y prueba ‖ ⁓ **u. Entwicklung**, F & E / investigación y desarrollo
Forschungs•... / investigador, de investigación ‖ ⁓**anstalt** *f*, -institut *n*, Untersuchungslabor *n* / instituto *m* de investigación, laboratorio *m* de

investigación ‖ ⁓**arbeit** f / trabajo m de investigación ‖ ⁓**bereich** m, -gebiet n / campo m o sector de investigación ‖ ⁓**ergebnisse** n pl / resultados m pl experimentales o investigativos ‖ ⁓**gemeinschaft** f / asociación f de investigación ‖ ⁓**labor[atorium]** n / laboratorio m de investigación ‖ ⁓**lehre**, -methodik f / metodología f de investigación ‖ ⁓**leiter** m / jefe m de las investigaciones ‖ ⁓**park** m / parque m de investigación ‖ ⁓**programm** n / programa m de investigación ‖ ⁓**projekt** n / proyecto m de investigación ‖ ⁓**raketenbereich** m (Meteo) / radio m de exploración de los cohetes ‖ **Oberster** ⁓**rat** (in Spanien) / Consejo Superior de Investigaciones Científicas, CSIC ‖ ⁓**reaktor** m (Nukl) / reactor m de investigación o de ensayo ‖ ⁓**reise** f / viaje m de exploración ‖ ⁓**satellit** m (Raumf) / satélite m científico ‖ **kleiner** ⁓**satellit**, SSS / satélite m científico pequeño, satélite m científico ligero ‖ ⁓**schiff** n (Schiff) / buque m de investigación ‖ ⁓**stab** m / grupo m de investigadores ‖ ⁓**tätigkeit** f / acividad f investigadora ‖ ⁓**zentrum** n / centro m investigador o de investigación
Forst•... / forestal ‖ ⁓ m, kultivierter Wald / bosque m, aglomeración f forestal ‖ ⁓**[abfuhr]straße** f / camino m forestal ‖ ⁓**arbeiter** m / obrero m forestal ‖ ⁓**betrieb** m / explotación f forestal
Forsterit m (Min) / forsterita f ‖ ⁓**-Feuerfeststoff** m (Keram) / forsterita f refractaria ‖ ⁓**marmor**, Ophicalcit m (Min) / oficalcita f
Förstersonde f (Eltronik) / sonda f de Förster
Forst•**[fach]mann** m / experto m forestal, silvicultor m ‖ ⁓**gerät** n / aparatos m pl y aperos para la silvicultura ‖ ⁓**ingenieur** m, -wirt m / ingeniero m de montes (E) ‖ ⁓**kultur** f / silvicultura f, cultivo m forestal ‖ ⁓**kulturgerät** n / apero m de cultivo forestal
Forstnerbohrer m (Wz, Zimm) / broca f Forstner
Forst•**schädlinge** m pl / animales m pl o insectos dañinos del bosque, plagas f pl forestales ‖ ⁓**technik** f / ingeniería f forestal ‖ ⁓**wesen** n / silvicultura f, bosques m pl y montes, explotación f forestal ‖ ⁓**wesen**, -wirtschaft f / economía f forestal ‖ ⁓**wissenschaft** f / ciencia f forestal
Fort•**bestand** m / subsistencia f ‖ ⁓**bestehen** n, Fortgang m / continuidad f, continuación f ‖ ⁓**bestehen**, Dauer f / duración f, permanencia f ‖ ⁓**bewegen** vt, -rücken, -schieben / mover, traladar, transportar ‖ ⁓**bewegung** f / movimiento m progresivo o de progresión ‖ ⁓**bewegung**, Ortsveränderung f / locomoción f, traslación f, desplazamiento m, transporte m ‖ ⁓**bewegungs**... / locomotor adj, locomotriz f ‖ ⁓**bewegungsrichtung** f / dirección f de la traslación ‖ ⁓**dauer** f, Stetigkeit f, Kontinuität f / continuidad f, permanencia f ‖ ⁓**dauern** vi, bestehen / continuar f pl [existiendo], persistir ‖ ⁓**druck** m (Druck) / impresión f de la tirada ‖ ⁓**fall** m, Wegfall m / supresión f, eliminación f ‖ ⁓**führung** f, Weiterführung f / continuación f ‖ ⁓**führung von Arbeiten** / continuación f de trabajos ‖ ⁓**gang** m **der Arbeiten** / avance m de los trabajos
fortgeschritten / adelantado, avanzado ‖ ⁓**er Druckwasserreaktor**, FDR (Nukl) / reactor m avanzado de agua a presión ‖ ⁓**e Neutronenquelle** / ANS (= Advanced Neutron Source)
Fortgeschrittenenkurs m / curso m o cursillo para adelantados, curso m de perfeccionamiento
fortgesetzt, stetig / continuo ‖ ⁓**e Multiplikation** (o. fortlaufende M.) (Math) / multiplicación f continua o en cadena
fortlaufend / sucesivo, continuo, reiterado ‖ ⁓**e Farbe** (Web) / color m continuo ‖ ⁓ **nummerieren** / numerar correlativamente ‖ ⁓**e Nummernkontrolle** / control m de la numeración correlativa ‖ ⁓**e Nummerung** / numeración f correlativa ‖ ⁓**e Zählung** / cuenta f continua

Fort•**leitung**, Leitung f (Phys) / conducción f ‖ ⁓**luft** f (Lüftung) / aire m de escape
fortpflanzen [sich] (Biol) / reproducir[se] ‖ **sich** ⁓, sich ausbreiten (Phys) / propagarse
fortpflanzend / propagador adj
Fortpflanzung f (Biol) / procreación f ‖ ⁓ (Phys) / propagación f ‖ ⁓, Übertragung f (Phys) / transmisión f ‖ ⁓ f (Biol) / multiplicación f, reproducción f
Fortpflanzungs•**geschwindigkeit** f (Phys) / velocidad f de propagación, VDP ‖ ⁓**geschwindigkeit im Milieu** / velocidad f de propagación en el ambiente o en el medio ‖ ⁓**konstante** f (Fernm) / constante f de propagación ‖ ⁓**maß** n (Fernm) / factor m de propagación, relación f de propagación ‖ ⁓**zeitdauer** f (Phys) / tiempo m de propagación
FORTRAN n (DV) / FORTRAN m
fort•**räumen** vt, -schaffen / quitar ‖ **Schutt, Trümmer** ⁓**räumen** (Bau) / desescombrar ‖ ⁓**satz** m, Verlängerung f / prolongación f, apéndice m ‖ ⁓**schaltbetrag** m (Taxameter) / importe m de incremento ‖ ⁓**schalten** vt vi, klinken (Masch) / mover[se] por trinquete ‖ ⁓**schaltkontakt** m (Elektr) / contacto m paso a paso ‖ ⁓**schaltrelais** n / relé m paso a paso ‖ ⁓**schaltstrecke** f (Taxameter) / saltos m pl sucesivos ‖ ⁓**schaltung** f, Weiterschaltung f (Elektr) / conmutación f progresiva ‖ ⁓**schaltungsadressierung** f (DV) / direccionamiento m de progresión automática ‖ ⁓**schalt[vorricht]ung** f / dipositivo m de rueda dentada y de trinquete ‖ ⁓**schellwecker** m, -klingel f (Fernm) / timbre m de sonido continuo ‖ **auf Schienen o. Rollen** ⁓**schieben** / trasladar sobre rieles o rodillos ‖ ⁓**schreiben**, aktualisieren (DV) / actualizar ‖ ⁓**schreibung** f (DV) / mantención f de archivos, actualización f, puesta f al día ‖ ⁓**schreiten** vi, weitergehen / avanzar, progresar ‖ ⁓**schreiten** m, Fortgang m / avance m, progresión f ‖ ⁓**schreitend** (z.B. Feuchtigkeit) / progresivo ‖ ⁓**schreitend** (Stichproben) / secuencial ‖ ⁓**schreitende Bewegung** (Mech) / movimiento m translatorio, tra[n]slación f ‖ ⁓**schreitende Grübchenbildung** (Zahnrad) / pitting m destructivo, formación f de hoyelos ‖ ⁓**schreitende Lösung der Bremsen** (Bahn) / aflojamiento m progresivo de los frenos ‖ ⁓**schreitende Welle** (Phys) / onda f progresiva ‖ ⁓**schreitungs**... (Phys) / translatorio ‖ ⁓**schritt** m / progreso m, adelanto m, avance m ‖ **großer** ⁓**schritt** / grandes progresos m pl
fortschrittlich, fortschritten / avanzado, adelantado, perfeccionado
Fortschritts•**diagramm** n (F.Org) / diagrama m de progreso ‖ ⁓**grad** m (Luftschraube) (Luftf) / coeficiente m de avance de la hélice ‖ ⁓**steigung** f (Luftf) / paso m [efectivo] de la hélice ‖ ⁓**überwachung** f (Netzplan) / control m del progreso ‖ ⁓**-Zeitverfahren** n (F.Org) / cronometraje m coninuo
fort•**schütten** vt / echar, derramar, tirar ‖ ⁓**schwemmen** vt (Geol) / arrastrar ‖ ⁓**setzen** vt, weiterführen / continuar vt ‖ **sich** ⁓**setzen**, anhalten / continuar vi, persistir ‖ ⁓**setzung** f / continuación f ‖ ⁓**setzungsadresse** f (DV) / dirección f de coninuación ‖ ⁓**setzungsgeschwindigkeit** f (Kabel) / velocidad f relativa de propagación ‖ ⁓**während**, unaufhörlich / constante, interminable, continuo, incesante
Forum n / mesa f redonda
fossil, fósil adj ‖ ⁓**e Energieträger** / portadores m pl de energía fósil ‖ ⁓**es Grundwasser** / aguas f pl subterráneas fósiles ‖ ⁓**e Seifen** f pl / aluviones m pl fósiles ‖ ⁓**er Überhitzer** (Reaktor) / sobrecalentador m [de materia] fósil ‖ ⁓ n, Versteinerung f (Geol) / fósil m, petrificación f
fossilbefeuertes Kraftwerk (Elektr) / central f de combustible fósil
Fosterscher Reaktionssatz / fórmula f de Foster, teorema m defoster

Foster-Seely-Detektor, Phasendiskriminator *m* (Eltronik) / detector *m* Foster-Seely
f.o.t., frei Lkw (Lieferklausel) / puesto o franco sobre camión
Foto *n*, Fotoabzug *m*, Fotografie *f* / foto *f*, fotografía *f*, prueba *f* fotográfica ‖ ⁓... / fotográfico ‖ ⁓... s.a. Photo... ‖ ‖ ⁓**abzug** *m* / prueba *f* fotográfica ‖ ⁓**apparat** *m* / cámara *f* fotográfica, máquina *f* (coll.), aparato *m* fotográfico ‖ ⁓**archiv** *n* / fototeca *f* ‖ ⁓**ätzung** *f* (gedr.Schaltg) / fotograbado *m* ‖ ⁓**aufnahme** *f* / foto *f*, fotografía *f*, toma *f* de fotografía ‖ ⁓**bedarf** *m* / material *m* fotográfico ‖ ⁓**beschriftung** *f* / titulación *f* de fotos ‖ ⁓**blitz** *m*, -blitzlicht *n* / fotoflash *m*, destello *m* o relámpago para fotografía, flash *m* ‖ elektronisches ⁓**blitzgerät**, Blitzgerät *n* / aparato *m* fotoflash electrónico, aparato *m* de destello electrónico ‖ ⁓**druck** *m* (Druck) / impresión *f* fotográfica ‖ ⁓**drucker** *m* (für Digitalkameraaufnahmen) / impresora *f* de fotos digitales ‖ ⁓**film** *m* / película *f* fotográfica ‖ ⁓**finish** *n* (Sport) / fotofinish *m*, entrada *f* o llegada fotoeléctrica ‖ ⁓**graf** *m* / fotógrafo *m* ‖ ⁓**grafie** / foto *f*, fotografía *f* ‖ ⁓**grafie**, Lichtbildkunst *f* / fotografía *f* ‖ ⁓**grafieren** *vt*, aufnehmen / fotografiar, tomar fotos, sacar fotos fotografisch, fotgrafisch / fotográfico ‖ ⁓**er Abzug** / prueba *f* fotográfica ‖ ⁓**er Apparat** / cámara *f* fotográfica, aparato *m* fotográfico ‖ ⁓**e Chemikalien** *f pl* / productos *m pl* fotoquímicos ‖ ⁓**e Empfindlichkeit**, (Kurzzeichen:) S / sensibilidad *f* de la emulsión ‖ ⁓**e Herstellung** / fabricación *f* por fotografía ‖ ⁓**es Kopiergerät** (Repro) / aparato *m* de reproducción por proyección ‖ ⁓**es Material**, Photomaterial / material *m* fotográfico ‖ ⁓**e Photometrie** / fotometría *f* fotográfica ‖ ⁓**e Platte** / placa *f* fotográfica ‖ ⁓**es Zenitteleskop** (Zeitmessung) / fototelescopio *m* cenital
Foto⁓**handy** *n* (Fernm) / móvil *m* cámara ‖ ⁓**initiator** *m* / fotoiniciador *m* ‖ ⁓**interpretation** *f* / fotointerpretación *f* ‖ ⁓**kamera** *f* / cámara *f* fotográfica ‖ ⁓**karte** *f* / fotomapa *m*, mapa *m* fotográfico, carta *f* fotográfica ‖ ⁓**kopie** *f* (Erzeugnis) / fotocopia *f* ‖ ⁓**kopie** (Methode) / fotocopiado *m* ‖ ⁓**kopiergerät** *n* / fotocopiadora *f* ‖ ⁓**kopierpapier** *n* / papel *m* para fotocopiar ‖ ⁓**labor** *n* / laboratorio *m* fotográfico ‖ ⁓**laborant** *n* / ayudante *m* de laboratorio fotográfico ‖ ⁓**lack** *m* (gedr.Schaltg) / laca *f* fotosensible ‖ ⁓**lampe** *f* / lámpara *f* sobrevoltada o para fotografía ‖ ⁓**maske** *f* (IC) / máscara *f* fotográfica, estarcido *m* fotográfico ‖ ⁓**mechanisch** (Druck) / fotomecánico ‖ ⁓**montage** *f* / fotomontaje *m* ‖ ⁓**objektiv** *n* (Foto) / objetivo *m* fotográfico ‖ ⁓**papier** *n* (Foto) / papel *m* fotográfico ‖ ⁓**planzeichner** *m* / delineante del plano fotográfico *m* ‖ ⁓**plotter** *m* (DV) / fototrazador *m* ‖ ⁓**pult** *n* (Verkleinerungsgerät) / pupitre *m* fototécnico ‖ ⁓**realistisch** (DV, Foto) / fotorrealista ‖ ⁓**rohpapier** *n* / papel *m* soporte fotográfico ‖ ⁓**satellit** *m* (Mil, Raumf) / satélite *m* fotográfico ‖ ⁓**satz** *m*, Lichtsatz *m* (Druck) / fotocomposición *f* ‖ ⁓**schutzpapier** *n* / papel *m* fotoprotector ‖ ⁓**setzmaschine** *f* (Druck) / fotocomposítora *f*, máquina *f* de fotocomposición ‖ ⁓**spaltlampe** *f* / lámpara *f* fotográfica de hendidura ‖ ⁓**stativ** *n* / trípode *m* [de fotógrafo] ‖ ⁓**Sternkarte** *f* (Astr) / mapa celestial fotográfico ‖ ⁓**transistor** *m* / fototransistor *m* ‖ ⁓**tubus** *m* / fototubo *m*, tubo *m* fotográfico ‖ ⁓**überwachung** *f* / vigilancia *f* fotográfica
Föttinger•**getriebe** *n* (Masch) / transmisión *f* de Föttinger ‖ ⁓**kupplung** *f* / embrague *m* [hidráulico] Föttinger ‖ ⁓**-Wandler** *m* / convertidor *m* de Föttinger o de par
Foucault•**sches Pendel** *n* (Phys) / péndulo *m* de Foucault ‖ ⁓**sches Schneidenverfahren** *n* (Opt) / prueba *f* de Foucault de filo cortante ‖ ⁓**scher Strom**, Wirbelstrom *m* (Elektr) / corriente *f* de Foucault o de remolino
Foulard *m* (Stoff), Foulardine *f* (Web) / foulard *m*, fular *m* ‖ ⁓ *m* (*pl*: Foulards), Klotzmaschine *f* (Färb) / foulard *m*, máquina *f* "padding"
foulardieren *vt* (Färb) / fularizar, foulardizar
Foulardisieren *n* / foulardado *m*
Foulardjigger *m* (Färb) / jigger *m*
Fouléausrüstung *f* (Tex) / apresto *m* o acabado de fulé
Fouling *n* (Ionenaustauscher) / impurificación *f*
Fourcault[**-Glaszieh-**]**Maschine** *f* (Glas) / máquina *f* de [estirar vidrio] Fourcault
Fourdrinier-Drahtnetz *n* (Pap) / foudrinier *m*
Fourier•**sches Integral** *n* (Math) / integral *f* de Fourier ‖ ⁓**-Analyse** *f* / análisis *m* de Fourier ‖ ⁓**-Entwicklung** *f* / expansión *f* de Fourier ‖ ⁓**-Koeffizient** *m* / coeficiente *m* de (la serie de) Fourier ‖ ⁓**-Phasenspektrum** *n* (Phys) / espectro *m* de fase de Fourier ‖ ⁓**-Reihe** *f* (Math) / serie *f* de Fourier ‖ ⁓**-Spektroskopie** *f* (Phys) / espectroscopía *f* de Fourier ‖ ⁓**-Transformation** *f* (Math) / síntesis *f* [de] Fourier, síntesis *f* armónica, transformada *f* de Fourier
Fourmarierit *m* (Min) / fourmarierita *f*
Fournisseur *m* (für Faden) (Wirkm) / alimentador *m* del hilo ‖ ⁓, Lieferant *m* von Wirkmaschinen / suministrador *m* de máquinas de género de punto ‖ ⁓**rad** *n* (Wirkm) / rueda *f* del alimentador del hilo
f.o.w., frei Waggon (Lieferklausel) / puesto o franco sobre vagón
Fowler•**it** *m* (Min) / fowlerita *f*, foulerita *f* ‖ ⁓**-Klappe** *f* (Luftf) / flap *m* tipo Fowler
Fox-Message *f* (Fernm) / texto *m* de prueba "fox"
Foyait, Eläolithsyenit *m* (Geol) / foyaita *f*
FP = Fixpunkt, Festpunkt ‖ ⁓ = Flammpunkt ‖ ⁓ = Fließpunkt
FPS (= Fire Prevention System) (automat. Kraftstoffabschaltung nach Kollisionen) (Kfz) / sistema *m* de prevención de incendios
FPS-System *n* (englisches Maßsystem) (Phys) / sistema *m* [inglés] FPS (pie, libra, segundo)
FR, Forschungsreaktor *m* (Nukl) / reactor *m* de investigación
Frac *m*, Fracbehandlung *f*, Fracen (Öl) / fraccionamiento *m*
Fracht *f* (allg) / carga *f* ‖ ⁓, Beförderung *f* / transporte *m*, acarreo *m* ‖ ⁓, Ladung *f* (Schiff) / flete *m* ‖ ⁓ *f*, Beförderungspreis *m*, Frachtkosten *f pl* / flete *m*, gastos *m pl* de transporte, porte *m* ‖ **als** ⁓ **o.**
Frachtgut (Bahn) / en pequeña velocidad ‖ ⁓**abfertigungsanlage** *f*, Frachtterminal *m* (Luftf) / terminal de carga ‖ ⁓**aufzug** *m*, Last[en]aufzug *m* (Förd) / montacargas *m* ‖ ⁓**basis** *f* (Schiff) / base *f* de carga ‖ ⁓**behälter** *m*, -container *m* / contenedor *m*, container *m* ‖ ⁓**brief** *m*, Konossement *n* (Schiff) / conocimiento *m* ‖ ⁓**brief** (Bahn) / carta *f* de porte
Frachter *m*, Frachtschiff *n* / carguero *m*, buque de carga
Fracht•**flugzeug** *n* / avión *m* de carga (E), carguero *m* aéreo (LA) ‖ ⁓**frei** (Bahn) / franco de porte ‖ ⁓**führer** *m* (Bahn) / porteador *m*, transportista *m* ‖ ⁓**gut** *n* / mercancías *f pl* en pequeña velocidad ‖ ⁓**gutabfertigung** *f* (Bahn) / recepción *f* de mercancías ‖ ⁓**hubschrauber** *m* / helicóptero *m* de carga ‖ ⁓**kahn** *m*, Lastkahn *m* (Schiff) / chalana *f*, gabarra *f*, lancha *f* de carga ‖ ⁓**raum** *m*, Schiffsraum *m* (auch gesamter Frachtraum einer Flotte) / capacidad *f* de carga, cabida *f*, tonelaje *m* ‖ ⁓**raum** (für Güter) / bodega *f* de carga, espacio *m* de carga ‖ ⁓**raum** (Luftf) / compartimento *m* de carga ‖ ⁓**schiff**, Kauffahrteischiff *n* (amtlich) / buque *m* mercante ‖ ⁓**schiff**, Frachter *m* (allg) / buque *m* de carga, carguero *m* ‖ ⁓**schiff mit Fahrgastbeförderung**, Fracht-Fahrgastschiff *n* / buque *m* [mixto] de carga y pasaje[ros] ‖ ⁓**stück** *n* (Bahn) / bulto *m*, encomienda *f*

(LA) ‖ ≈verkehr m / tráfico m de mercancías (E) o de mercaderías (LA)
Fracken n s. Frac
Frage f / cuestión f, problema m ‖ **eine** ≈ **aufwerfen** / plantear un problema ‖ ≈**-Antwort-Gerät** n, Interrogator-Responder m (Fernm) / interrogador-respondedor m ‖ ≈**-Antwort-System** n, Dialogsystem n (DV) / sistema m de diálogo o consulta ‖ ≈**zeichen** n (Druck) / signo m de interrogación, interrogante m, principio m y fin de interrogación
Fragment n / fragmento m ‖ ≈**ausbeute** f (Nukl) / rendimiento m de fisión primario
Fragmentierung f (DV) / fragmentación f
fraktal adj (Math) / fractal ‖ **~e Geometrie** / geometría f fractal ‖ **~e Mathematik** / matemáticas f pl fractales
Fraktal n (Math) / fractal m
Fraktil n o. **Quantil einer Wahrscheinlichkeitsverteilung** (Math) / fractil m o cuantil de una ley de probabilidad
Fraktion f (Chem) / fracción f
Fraktionier•aufsatz m / aparato m de fraccionamiento ‖ ≈**boden** m / platillo m de la columna fraccionadora
fraktionieren vt, stufenweise destillieren / fraccionar ‖ ≈ n, Fraktionierung f / fraccionamiento m
fraktionierende Diffusionspumpe (Chem) / bomba f fraccionadora de difusión
Fraktionier•kolben m / matraz m de fraccionamiento ‖ ≈**kolonne** f, -turm m, Fraktionskolonne f / columna f o torre fraccionadora o de fraccionamiento ‖ ≈**schnitt** m / corte m de fraccionamiento
fraktioniert / fraccionado ‖ **~e Destillation** / destilación f fraccionada ‖ **~e Kristallisation** / cristalización f fraccionada ‖ **~e Sublimation** / sublimación f fraccionada
Fraktionierung f, stufenweise Trennung (Geol) / fraccionamiento m
Fraktografie f / fractografía f
fraktografisch / fractográfico
Frakto•kumuluswolke f (Meteo) / nube f fractocúmulo ‖ ≈**stratuswolke** f / nube f fractoestrato
Fraktur[schrift] f (Druck) / letra f gótica o alemana
Frame m n (Roboterprogramm) / unidad f de información ‖ ≈**-Relay-Technik** f, FR (DV) / retransmisión f de tramas ‖ ≈**-Sequenz** f (DV) / secuencia f de tramas ‖ ≈**work** n (DV, Programm) / framework
Francevillit m (Min) / francevillita f
Franchise f, Franchising n / franquicia f ‖ ≈**-Geber** m, Franchise-Kontaktgeber m / franquiciador m ‖ ≈**-Nehmer** m, Franchisee m / franquiciado m
Francis•-Schachtturbine f / turbina f Francis vertical ‖ ≈**turbine** f (Kraftwerk) / turbina m Francis
Francium, Fr (Chem) / francio m
Frankfurter Schaufel / pala f tipo Francfort
frankieren, einen Brief ~ (o. freimachen) / franquear una carta
Frankiermaschine f, Freistempler m / franqueadora f, máquina f de franquear
Frankierstempel m / sello m de franqueo
frankiert / franqueado
Franklin n, Fr (Einheit der elektr. Ladung) (1 Fr = 1/3 x 10⁻⁹C) (veraltet) (Elektr) / franklin m ‖ ≈**antenne** f / antena f Franklin ‖ ≈**it** m (Min) / franclinita f
Frankolith, Kollophan m (Min) / francolita f
Franse f (Tex) / franja f, fleco m
fransen / franjear, hacer franjas ‖ ≈ n, Farbensaum m (TV) / franjas f pl de colores ‖ ≈**knüpfmaschine** f (Tex) / máquina f anudadora de flecos
fransig, ausgefranst / deshilachado
Franzbranntwein m (Med) / aguardiente m francés desnaturalizado
Franzose, (jetzt): Rollgabelschlüssel m (Wz) / llave f inglesa o francesa, llave f de cremallera, llave f ajustabe

französisch•e Normen f pl, NF / normas f pl francesas ‖ **~er Normenausschuss** (AFNOR) / Asociación Francesa de Normalización ‖ **~e Spitze** (Strumpf) / punta f francesa ‖ **~es Zuhaltungsschloss** (Schloss) / cerradura f [de enclavamiento] francesa ‖ **~e [Treppen]wange** (Bau, Zimm) / zanca f a la francesa
Franz-Standort m (direkte Bodenbeobachtung) (Luftf) / posición f identificada, punto m identificado
Fräs•apparat m (Druck) / rauteadora f, fresadora f, taladradora f, rebajadora f ‖ ≈**arbeit** f (Wzm) / [trabajo de] fresado m ‖ ≈**automat** m / fresadora f automática ‖ ≈**bagger** m (Bau) / draga f con cabezal cortador ‖ ≈**bild** n (Wzm) / superficie f de la pieza fresada ‖ ≈**bohr-Stichling** m (Holz) / broca f para barrenar y fresar
Fraschverfahren n (Schwefelgewinnung) / procedimiento m Frasch
Fräs•dorn m, Fräserdorn m (Senkr.-Fräsmasch) / mandril m portafresa o de fresa ‖ ≈**dorn** (Waagerechtfräsmasch) / árbol m portafresas
Fräse f (Landw) / azada f rotatoria, rotocultor m ‖ ≈ (Zimm) / mortajadora f
Fräseinheit f (Wzm) / unidad f fresadora
fräsen (Wzm) / fresar ‖ ~, aussenken (Holz) / avellanar, hundir ‖ ≈ n (Wzm) / fresado m ‖ ≈ (Landw) / labranza f con rotocultor, fresadura f ‖ ≈ **mit Satzfräsern** / fresado m con juego de fresas combinadas ‖ ≈ **zweier Seitenflächen** / fresado m combinado de dos caras
Fräser m (Wzm) / fresa f ‖ ≈ (Arbeiter) (Wzm) / fresador m ‖ ≈, Senker m / avellanador m ‖ ≈, Abwälzfräser m (Wzm) / fresa f madre, fresa f generatriz ‖ ≈ **mit Unterschnitt** (Verzahnung) / fresa f madre de (o con) interferencia ‖ ≈**anzugschraube** f / tornillo m de apriete de fresa ‖ ≈**arbeitslänge** f, -breite f (Getriebe) / longitud f de contacto de la fresa madre ‖ ≈**auslauf** m (Abwälzfräsen) / salida f de la fresa madre ‖ ≈**breite** f (Abwälzfräsen) / anchura f de la fresa madre ‖ ≈**dorn** s. Fräsdorn
Fräserei f, Fräswerkstatt f / taller m de fresado, departamento m de fresado
Fräser•satz m / juego m de fresas ‖ ≈**schaft** m / vástago m de la fresa ‖ ≈**schleifautomat**, -schärfautomat m (Wzm) / afiladora f automática de fresas ‖ ≈**windung** f (Abwälzfräsen) / espira f de la fresa madre
Fräs•kette f / cadena f fresadora, cadena f de escoplear ‖ ≈**kopf**, Messerkopf m (Wzm) / cabezal m portafresa[s], cabezal m portacuchillas ‖ ≈**kopf** m (Holzbearb) / cabeza f portajadora ‖ ≈**lader** m (Bau, Straßb) / cargadora f con rueda fresadora ‖ ≈**leistung** f **beim Abwälzfräsen** (Wzm) / capacidad f de fresado con fresa generatriz ‖ ≈**marke** f / huella f de fresado ‖ ≈**maschine** f, -werk m (Wzm) / fresadora f, máquina f de fresar ‖ ≈**maschine** (für Unterputzleitungen) (Elektr) / rozadora f ‖ ≈**maschine für Holzbearbeitung** / tupí m ‖ ≈**messer** m (Holzbearb) / cuchilla f fresadora ‖ ≈**schlitten** m, -spindelkopf m, -spindelschlitten m (Wzm) / carro m fresador o de fresadora, carro m portafresa ‖ ≈**-Schrämmaschine** f (Bergb) / rozadora-fresadora f
Fraß•gang m (Holz) / galería f de nutrición ‖ ≈**gift** n (Chem, Landw) / insecticida m gástrico o de ingestión ‖ **~hemmend** (Insektizid) / antinutritivo ‖ ≈**hemmung** f (Insektizid) / efecto m antinutritivo
Fräs•spindel f (Fräsm) / husillo m o árbol portafresa[s], husillo m de fresar ‖ ≈**spindelkopf** m / cabezal m de husillo portafresa ‖ ≈**spindelständer** m / montante m del husillo portafresa ‖ ≈**- und Aufraustation** f (Bb) / dispositivo m de refilado ‖ ≈**stichel** m (Wz) / buril m de fresar ‖ ≈**stift** m (gedr.Schaltg) / pin m ‖ ≈**technik** f / técnica f de[l] fresado ‖ ≈**tiefe** f / profundidad f de fresado ‖ ≈**tisch** m / mesa f de la fresadora ‖ ≈**trommel** f (Schneefräse) / tambor m fresador ‖ ≈**- und Bohrmaschine** f / fresadora-taladradora f[combinada] ‖ ≈**vorrichtung** f (Dreh) / dispositivo m

fresador ‖ ⁓**vorrichtung** (Einspann- o. Hilfsvorrichtung) / dispositivo *m* de sujeción para fresado ‖ ⁓**vorsatz** *m* / dispositivo *m* fresador supletorio ‖ **bewegliche** ⁓**walze** (Dungstreuer) / fresa *f* oscilante de la esparcidora de abonos ‖ ⁓**werk** *n*, -maschine *f* (Wzm) / máquina *f* fresadora ‖ ⁓**werkzeug** *n* / herramienta *f* para fresar, fresa *f*
Fraud Analyst *m* (DV) / analista *m* de fraude[s]
Frauenarbeit *f* / trabajo *m* de mujeres o de la mujer, trabajo *m* femenino
Fraunhofer•region *f*, Fernfeld *n* (Antenne) / región *f* de Fraunhofer ‖ ⁓**sche Beugungserscheinung** (Phys) / difracción *f* de Fraunhofer ‖ ⁓**sche Linien** *f pl* (Spektrum) / rayas *f pl* o líneas de Fraunhofer
Freenet *n* (DV) / freenet *f* (servicio gratuito)
Freeware *f* (kostenlose Programme) (DV) / freeware *m*
Freezer *m*, Gefrierfach *n* / congelador *m*
Fregatte *f* (Mil) / fragata *f*
frei / libre ‖ ⁓, unbesetzt, leer / vacante *adj* ‖ ⁓, ungebunden / libre ‖ ⁓ (Beruf) / liberal (profesión) ‖ ⁓ [von] / exento [de] ‖ ⁓, offen / expuesto ‖ ⁓, aufgedeckt / descubierto ‖ ⁓ (fig.), unbezogen / no recubierto ‖ ⁓, unbesetzt (Fernm) / libre, no ocupado ‖ ⁓, unbesetzt (Platz) / desocupado, sin ocupar ‖ ⁓ (Sicht) / ilimitado ‖ ⁓, entblockt (Bahn) / desbloqueado ‖ ⁓ (Taxameter) / libre ‖ ⁓, unabhängig / independiente ‖ ⁓, verfügbar / disponible ‖ ⁓**e Achse** (Mech) / eje *m* libre [de rotación] ‖ ⁓**es Atom** (Chem) / átomo *m* libre o no ligado ‖ ⁓ **aufliegend**, auf zwei Stützen (Mech) / libremente apoyado ‖ ⁓**er Auftrieb** (Phys) / fuerza ascensional libre ‖ ⁓ **auskragende Länge** (Bau) / longitud *f* en voladizo ‖ ⁓**er Auspuff** (Kfz) / escape *m* libre ‖ ⁓ **Bahnhof** (Lieferklausel) / franco estación, puesto en [la] estación ‖ ⁓**e Base-Form** (Ionenaustauscher) / forma *f* base libre ‖ ⁓ **Baustelle** (Lieferklausel), frei Verwendungsstelle / franco lugar de obras, franco solar ‖ ⁓**er Beruf** / profesión *f* liberal, carrera *f* profesional, profesional *m* ‖ ⁓ **beweglich**, gelenkig / flexible, articulado ‖ ⁓ **beweglich** / de movimiento libre, libremente móvil ‖ ⁓ **beweglich aufhängen** / suspender libremente ‖ ⁓**e Bindungen** *f pl* (Chem) / enlaces libres *m pl* ‖ ⁓**e Daten** (DV) / datos *m pl* libres ‖ ⁓ **drehbare Rolle** / rodillo *m* loco ‖ ⁓**e Drehbarkeit** / rotación *f* libre ‖ ⁓ **Eisenbahn** (Lieferklausel), f.o.r. / franco ferrocarril ‖ ⁓**e Elektrizität** / electricidad *f* libre ‖ ⁓**es Elektron**, Leitungselektron (Phys) / electrón *m* libre ‖ ⁓**e Energie** (Phys) / energía *f* libre ‖ ⁓**e Fahrt geben** (Bahn) / desbloquear la [sección de] vía, dar paso libre al tren ‖ ⁓**er Fall** (Phys) / caída libre [de los cuerpos] ‖ ⁓**e Farbe** (Phys) / color *m* superficial ‖ ⁓**er Federungsweg der Räder** / recorrido [libre] de la suspensión elástica de las ruedas ‖ ⁓**e Fläche** / superficie *f* o área libre ‖ ⁓ **geführt** / libremente guiado ‖ ⁓ **Hafen** (Lieferklausel) / franco puerto ‖ ⁓ **Haus** / franco domicilio, puesto a domicilio ‖ ⁓**e Impedanz** (Elektr) / impedancia *f* libre ‖ ⁓**e Ladung** (Phys) / carga *f* libre ‖ ⁓**e Lage** / posición *f* libre ‖ ⁓**e Leitung** (Fernm) / línea *f* disponible o no ocupada ‖ ⁓**e Leitwegzuteilung** (Fernm) / selección *f* de la línea abierta ‖ ⁓**e Lenkachse** (Kfz) / eje *m* de dirección libre ‖ ⁓ **Lkw** (Lieferklausel) / franco camión, puesto en (o sobre) camión ‖ ⁓ **machen**, räumen / desobstruir ‖ ⁓ **machen** (Abfluss, Gully) / desobturar (desagüe) ‖ ⁓ **machen**, wegschaffen, reinigen / descombrar, apartar, quitar, borrar ‖ ⁓ **machen**, befreien / liberar, dejar, desprender ‖ ⁓ **machen** (Mech) / soltar, desenganchar, desbloquear ‖ ⁓**er Magnetismus** / magnetismo *m* libre ‖ ⁓**er Parameter** / parámetro *m* arbitrario ‖ ⁓ **programmierbar** (DV) / libremente programable ‖ ⁓ **programmierbare Datenendstation**, intelligentes Terminal / terminal *m* inteligente ‖ ⁓ **programmierbare Steuerung** (NC) / mando *m* libremente programable ‖ ⁓**es Radikal** (Chem) /

radical *m* libre ‖ ⁓**er Raum** (Phys) / espacio libre [aparente] ‖ ⁓**er Raum** (Aerosol-Packung) / cámara *f* de aire ‖ ⁓**er Raum zwischen Deckenträgern** (Bau) / espacio libre entre vigas de techo ‖ ⁓**e Raumladungswelle** (Phys) / onda *f* libre de carga de espacio ‖ ⁓ **rotieren** / girar libremente ‖ ⁓ **schweben** / flotar [libremente] en el aire ‖ ⁓ **schwebend** / libremente suspendido ‖ ⁓**er Schwefel** (Chem) / azufre *m* libre ‖ ⁓ **schwingend** / oscilante libremente ‖ ⁓**e Schwingung** / oscilación *f* libre ‖ ⁓**er Spänedurchfall** (Wzm) / caída *f* libre de virutas, espacio *m* libre para el pasaje de virutas ‖ ⁓**es Stabende** (Stahlbau) / extremo *m* libre ‖ ⁓**e Stärke** / almidón *m* libre ‖ ⁓ **stehend**, allein, isoliert / aislado *adj*, autónomo *adj*, independiente *adj* ‖ ⁓ **stehend** (Elektr, Masch) / separado *adj*, independiente *adj* ‖ ⁓ **stehend** (Stahlbau) / autoestable *adj* ‖ ⁓**e stehende Hülle** (Nukl) / revestimiento *m* independiente ‖ ⁓ **stehende Schalttafel** (Elektr) / tablero *m* de mandos aislado o separado ‖ ⁓**er stehender Bauaufzug** (Bau) / montacargas *m* autoestable ‖ ⁓ **stehender Mast** (Elektr) / torre *f* autoestable ‖ ⁓**e Strecke** (Bahn) / plena vía *f* ‖ ⁓**er Sturz** (Hydr) / caída *f* o bajada libre ‖ ⁓ **tragen**, vorkragen (Bau) / salir en voladizo ‖ ⁓**er Vektor** (Math) / vector *m* [representativo] del momento ‖ ⁓ **verfügbar** / [libremente] disponible ‖ ⁓ **verfügbar** (z.B. Klemmen) / a la disposición [libre] del usuario / por bornes disponibles) ‖ ⁓ **von systematischen Fehlern** (Ergebnis) / sin errores sistemáticos ‖ ⁓ **von Wasser u. mineralischen Bestandteilen** (Aufb) / exento de agua y sustancia mineral ‖ ⁓ **Waggon** (Lieferklausel) / franco *m* vagón, puesto sobre vagón ‖ ⁓ **wählbare Verarbeitung** (DV) / procesamiento *m* aleatorio ‖ ⁓ **e. o. ungebundene Wärme** / calor *m* libre o desprendido ‖ ⁓**es Wasser** (Chem) / agua *f* libre ‖ **[mittlere]** ⁓**e Weglänge** (Phys) / recorrido *m* libre ‖ ⁓**e Welle** (Hydr) / ola *f* de origen externo ‖ ⁓ **werden** (Chem) / quedar libre ‖ ⁓ **werdend**, naszierend (Chem) / naciente *adj*, nacedero *adj* ‖ ⁓**er Wirbel** (Luftf) / torbellino *m* de estela ‖ ⁓ **Zeche** (Bergb) / franco sobre vagón en la mina ‖ **das Gleis** ⁓ **machen** (Bahn) / dejar libre la vía
Frei•anlage *f* / instalación *f* al aire libre o a la intemperie, Hochantenne *f* ‖ ⁓**antenne** / antena *f* alta o aérea o elevada ‖ ⁓**arbeiten** *vt*, -schaffen / ahuecar, embutir ‖ ⁓**arm** *m* (Nähm) / brazo *m* libre ‖ ⁓**armmaschine** *f* (Nähm) / máquina *f* de coser con brazo libre ‖ ⁓**ätzung** *f* (gedr.Schaltg) / agujero *m* de paso ‖ ⁓**aufliegende Zwischenplatte** (Plast) / placa *f* intermedia móvil ‖ ⁓**auslösung** *f* (Elektr) / disparo *m* libre, desencavamiento *m* libre ‖ **ohne** ⁓**auslösung** (Schalter) / sin disparo libre ‖ **mit** ⁓**auslösung** / con disparo libre ‖ ⁓**bad**, Schwimmbad *n* / piscina *f* [no cubierta] ‖ ⁓**ballon** *m* (Luftf) / globo *m* libre
Freibergit *m*, Fahlerz *n* (Min) / freibergita *f*, panabasa *f* argentífera, tetraedrita *f* mineral de Fahl
freiberuflich Tätiger, Freiberufler *m* / trabajador *m* autónomo, profesionalista *m* (MEJ)
frei•bewegliches Lager (Masch) / rodamiento *m* o cojinete flotante ‖ ⁓**bewitterung** *f* (Prüfung) / exposición *f* a la intemperie ‖ ⁓**bezirk** *m* (Hafen) / recinto *m* franco ‖ ⁓**biegen** *n* (Stanz) / plegado *m* libre [no guiado] ‖ ⁓**bohrung** *f* (Durchm. größer als der des Bolzens) / taladro *m* con diámetro superior al del bulón ‖ ⁓**bord** *n* (Schiff) / francobordo *m* ‖ ⁓**borddeck** *n* (Schiff) / cubierta *f* de francobordo ‖ ⁓**bordhöhe** *f* (Schiff) / puntal *m* de francobordo ‖ ⁓**bordmarke** *f* (Schiff) / marca *f* de francobordo, calado *m* de francobordo ‖ ⁓**dampf** *m* (Gummi) / vapor *m* directo
Freie *n* / aire *m* libre ‖ **im** ⁓**n** / al aire libre, a la intemperie, de exterior ‖ **im** ⁓**n aufzustellen** / a montar o a instalar al aire libre ‖ **im** ⁓**n wachsend**, Freiland... (Landw) / de campo libre

Freic

479

frei•fahrendes Motorgüterschiff / motolancha *f* autopropulsada, gabarra *f* autónoma ‖ **⁓fahrturbine** *f* (Luftf) / turbina *f* libre
Freifall *m* (Phys) / caída *f* libre ‖ **⁓apparat** *m* / aparato *m* de caída libre ‖ **⁓bahn** *f* (Raumf) / trayectoria *f* de caída libre ‖ **⁓beschleunigung** *f* (Phys) / aceleración *f* en [la] caída libre ‖ **⁓bohren** *n* (Bergb, Öl) / sondeo *m* de caída libre ‖ **⁓bohrer** *m* (Bergb) / barrena *f* de caída libre
freifallend / de caída libre ‖ **⁓es Wasser** (Hydr) / agua *f* que baja en caída libre
Freifall•hammer *m* (Schm) / martillo *m* de caída libre ‖ **⁓klassieren** *n* (Bergb) / clasificación *f* por sedimentación libre ‖ **⁓klassieren** (Keram) / clasificación *f* en caída libre ‖ **⁓meißel** *m* (Bergb) / trépano *m* de caída libre ‖ **⁓mischen** *n* (Aufb, Bergb) / mezclado *m* en caída libre ‖ **⁓mischer** *m* / mezcladora *f* de caída (o de volquete) libre ‖ **⁓mischung** *f* (Bergb) / mezcla *f* en caída libre o por gravedad ‖ **⁓ramme** *f* / martillo *m* pilón de caída libre ‖ **⁓schirm** *m*, Fallschirm *m* ohne Aufzeihleine (Luftf) / paracaídas *m* sin cuerda de disparo ‖ **⁓turm** *m* (Raumf) / torre *f* para ensayos de ingravidez ‖ **⁓verdampfer** *m* (Vakuum) / evaporador *m* de caída libre
Freifeld *n* (Schall) / campo *m* acústico libre ‖ **⁓...** (Landw) / de campo libre
Freifläche *f* / espacio *m* libre o desocupado, superficie *f* libre o desocupada ‖ **⁓** (für den Anfangssteigflug) (Luftf) / zona *f* libre ‖ **⁓** (Urbanisation) / espacio *m* libre o sin edificar ‖ **⁓ des Beitels** (Tischl, Wz) / bisel *m* del escoplo ‖ **⁓ des Meißels** (Dreh) / flanco *m* de la cuchilla
Freiflächen•fase *f* (Dreh) / chaflán *m* en la superficie de incidencia ‖ **⁓profil** *n* (Wz) / perfil *m* de flanco ‖ **⁓verschleiß** *m* / desgaste *m* del flanco
frei•fliegend, überhängend (Bau) / en voladizo ‖ **⁓fliegender Kolben** (Mot) / émbolo *m* flotante ‖ **⁓fliegende Nutzlast** (Raumf) / carga *f* útil en vuelo libre o autónoma ‖ **⁓fließend** / de corriente libre ‖ **⁓flug** *m* (Luftf) / vuelo *m* libre ‖ **⁓flugbahn** *f* / trayectoria *f* de vuelo libre ‖ **⁓flughafen** *m* / aeropuerto *m* franco ‖ **⁓flug[wind]kanal** *m* / túnel *m* aerodinámico de vuelo libre ‖ **⁓fluss...** / de flujo libre, de paso libre ‖ **⁓flussviskosimeter** *n* / viscosímetro *m* de flujo libre ‖ **⁓formen** *n* (DIN 8583) (Masch) / conformación *f* libre ‖ **⁓formgeschmiedet** / forjado [a martillo] sin estampa ‖ **⁓formschmieden** *n* / forjado *m* libre o sin estampa o sin matrices, forjado *m* a golpe de martillos ‖ **⁓formschmiedestück** *n* / pieza *f* forjada a martillo ‖ **⁓-Frei-Strahlung** (Nukl) / radiación *f* libre·libre ‖ **⁓-Frei-Übergang** *m* (Nukl) / transición *f* libre-libre
Freigabe *f*, Auslösung *f* (Masch) / disparo *m*, liberación *f*, desenclavamiento *m* ‖ **⁓**, Entblockung *f* (Bahn) / desbloqueo *m* ‖ **⁓** (Luftf) / autorización *f*, permiso *m* ‖ **⁓** (DV, Fernm) / disparo *m* ‖ **⁓** (F.Org) / autorización *f* de fabricación ‖ **⁓...** (Signal) / permisivo ‖ **⁓anweisung** *f* (DV) / sentencia *f* o instrucción de liberación ‖ **⁓-Blocksperre** *f* (Bahn) / cierre *m* de bloqueo permisivo ‖ **⁓datum** *n* (F.Org) / fecha *f* de autorización ‖ **⁓datum**, Verfalldatum *n* (DV) / fecha *f* de caducidad o de expiración ‖ **⁓feld** *n* (Bahn) / aparato *m* de bloqueo permisivo ‖ **⁓grenze** *f* (Luftf) / límite *m* de permiso o de validez [de una autorización] ‖ **⁓impuls** *m* (DV) / impulso *m* preparador ‖ **⁓schalter** *m* / conmutador *m* de desenclavamiento ‖ **⁓signal** *n* (DV) / señal *f* habilitación ‖ **⁓signal** (Fernm) / señal *f* de disparo o de liberación ‖ **⁓signal** (Bahn) / señal *f* de vía libre ‖ **⁓taste** *f* (DV) / tecla *f* de liberación o de desplazamiento ‖ **⁓zeit** *f* (Eltronik, Signale) / tiempo *m* de liberación ‖ **⁓zeit** ("Grün"), Grünphase *f* (Verkehr) / período *m* "verde", fase *f* "verde"

Freigang•geräte *n pl* (Landw) / aperos *m pl* libremente suspendidos ‖ **⁓relais** *n* (Elektr) / relé *m* de liberación
freigeben *vt* / autorizar, dar el permiso, dar luz verde, desenganchar ‖ **⁓**, auslösen, loslassen / disparar, desbloquear, soltar ‖ **⁓** (für den Verkehr) / abrir al tráfico ‖ **⁓** (Strecke) (Bahn) / dar vía libre, desenclavar, desbloquear ‖ **⁓** (Bahn) / desenganchar, desenclavar ‖ **⁓ für die Fertigung** / autorizar para la fabricación ‖ **die Leitung ⁓** (Fernm) / liberar la línea ‖ **Speicherplatz ⁓** (DV) / liberar la posición del almacenamiento
Frei•gelände *n* / recinto *m* al aire libre ‖ **⁓gemacht** (Post) / franqueado ‖ **⁓gepäck** *n* (Luftf) / equipaje *m* libre ‖ **⁓gesetzt** / liberado, disparado, puesto en libertad ‖ **⁓gespannt** (Träger) / sin apoyos intermedios ‖ **⁓hafen** *m* (Schiff) / puerto *m* franco ‖ **⁓haltezeit** *f* (Halbl) / intervalo *m* de supresión ‖ **⁓händig** (Zeichn) / a pulso, sin apoyarse, a mano alzada ‖ **⁓händig gezogene Linie**, Freihandlinie *f* / línea *f* trazada sin regla o a mano alzada, línea *f* a pulso ‖ **⁓händig zeichnen** / sacar a pulso ‖ **⁓handschleifen** *n* (Wzm) / rectificado *m* a mano ‖ **⁓handschleifen** *n* / amolar a mano, rectificar a mano ‖ **⁓handschleifen** *n* (Wzm) / rectificado *m* a mano, amolado *m* a mano ‖ **⁓handwalzen** *n* (Walzw) / laminado *m* a mano ‖ **⁓handwerkzeug** *n* / herramienta *f* de mano ‖ **⁓handzeichnung** *f*, -zeichnen *n* / dibujo *m* a pulso, dibujo *m* a mano alzada ‖ **⁓hang** *m* (Turbine) / altura *f* entre turbina y nivel inferior ‖ **⁓hängend** / suspendido [libremente]
Freiheit, Unabhängigkeit *f* / libertad *f*, independencia *f*
Freiheitsgrad *m* (Chem, Mech, Phys) / grado *m* de libertad ‖ **mehrere ⁓e** / más de dos grados de libertad ‖ **mit mehreren ⁓en** / multivariante ‖ **mit zwei ⁓en** (Chem) / bivariante ‖ **Zahl der ⁓e** (Chem) / número *m* de grados de libertad
Freihub *m* (Gabelstapler) / elevación *f* libre
Freikolben•kompressor *m* / compresor *m* de émbolo flotante ‖ **⁓motor** *m* / motor *m* de émbolo flotante ‖ **⁓-Turboanlage** *f* / instalación *f* de turbina de gas de émbolo flotante
Frei•kommen *n* (Raumf) / despegue *m* de la torre ‖ **⁓ladegleis** *n* (Bahn) / vía *f* de carga y de descarga ‖ **⁓lagerung** *f* (F.Org) / almacenamiento *m* al aire libre ‖ **"Frei"-Lampe** *f* (Bahn) / lámpara *f* de luz verde, lámpara *f* [piloto] de línea desocupada, luz *f* verde
Frei•land *n* (Landw) / campo *m* libre ‖ **⁓landsicherung** *f* (Elektr) / cortacircuito *m* a la intemperie ‖ **⁓landversuch** *m* (Landw) / experimento *m* o ensayo al aire libre o de campo ‖ **⁓lassen** / dejar libre o abierto
Freilauf *m* (TV) / funcionamiento *m* libre autónomo ‖ **⁓** (Kfz) / rueda *f* libre, marcha *f* libre ‖ **⁓** (Fahrrad) / rueda *f* libre, piñón *m* libre ‖ **⁓** (Vorgang) (Kfz) / marcha *f* libre, desembrague *m* ‖ **⁓ *m* des Rotors** (Hubschrauber) / rotación *f* de las palas después de desembrague del motor ‖ **⁓ mit Rücktrittbremse** (Fahrrad) / piñón *m* libre con freno (contrapedal) ‖ **[im] ⁓ fahren** (Fahrrad) / rodar en o con piñón libre
freilaufend (Ausgabe, Meldung) (DV) / espontáneo, no solicitado
Freilauf•gehäuse *n* (Kfz) / cárter *m* del mecanismo de rueda libre ‖ **⁓getriebe** *m* / engranaje *m* de arrastre unidireccional, engranaje *m* de piñón libre ‖ **⁓getriebe des Anlassers** / embrague *m* de sobremarcha del arrancador ‖ **⁓klemmrolle** *f* / rodillo *m* bloqueador de piñón libre ‖ **⁓kupplung** *f* (Kfz) / embrague *m* de rueda libre ‖ **⁓nabe** *f* / cubo *m* o buje de rueda [o marcha] libre ‖ **⁓nocken** *m* (Kfz) / leva *f* de embrague de rueda libre ‖ **⁓schaltung** *f* (Kfz) / cambio *m* de marcha de rueda libre ‖ **⁓sperre** *f* / bloqueo *m* de rueda libre ‖ **⁓system** *n* (TV) / sistema *m* libre ‖ **⁓temperatur** *f* (der Schlacke) (Hütt) / temperatura *f* de libre fluencia [de la escoria] ‖ **⁓zweig** *m* (Eltronik) / brazo *m* de rueda libre

freilegen *vt* / poner o dejar al descubierto, desnudar ‖ ~, aufdecken / descubrir ‖ **das Gleis ~** (Bahn) / deguarnecer la vía ‖ **eine Mauer ~** / quitar el enlucido (de un muro)
Freilegung *f* / descubrimiento *m*
Freileitung *f* (Elektr) / línea *f* aérea, conductor *m* aéreo ‖ ~ (nicht unterirdisch) (Rohr) / tubería *f* superficial ‖ ~ **auf Stahlmasten** (Elektr) / línea *f* [eléctrica] de alta tensión sobre torres o castilletes
Freileitungs•bau *m* / construcción *f* de líneas aéreas ‖ ~**isolator** *m* / aislador *m* para línea aérea ‖ ~**klemme** *f* / clema *f*, borne *m*, pinza *f* de toma[corriente] ‖ ~**linie** *f* (Fernm) / línea *f* aérea ‖ ~**mast** *m* (Elektr) / torre *f* de línea aérea, castillete *m* ‖ ~**mast** (Fernm) / poste *m* telegráfico ‖ ~**monteur** *m* (Elektr) / instalador *m* de líneas aéreas ‖ ~**netz** *n* / red *f* de líneas aéreas ‖ ~**seil** *n* / cable *m* aéreo o de línea aérea ‖ ~**sicherung** *f* (Elektr) / fusible *m* o cortacircuitos de línea aérea
Frei•licht..., Außen... / al aire libre ‖ ~**lichtaufnahme** *f*, Außenaufnahme *f* (Film) / rodaje *m* en exteriores ‖ ~**lichtbühne** *f* / teatro *m* al aire libre ‖ ~**lichtkino** *n* / cine *m* al aire libre ‖ ~**liegen** *vi* / estar al descubierto ‖ ~**liegend** / descubierto, accesible, de fácil acceso
Freiluft, für ~ (Elektr) / para usos al aire libre, para exteriores ‖ ~**aufstellung** *f* (Elektr, Masch) / emplazamiento *m* al aire libre o al exterior ‖ ~**ausführung** *f* (Elektr) / ejecución *f* a prueba de intemperie ‖ ~**klima** *n* / clima *m* exterior ‖ ~**lautsprecher** *m* / altavoz *m* de intemperie exterior ‖ ~**schaltanlage**, -Unterstation *f* (Elektr) / subestación *f* de exterior, puesto *m* de exterior ‖ ~**trocknung** *f* (Ziegl) / secado *m* natural o al aire libre ‖ ~**umspannstation** *f*, -transformatorenanlage *f*, -umspannwerk *n* (Elektr) / estación *f* de transformadores a prueba de intemperie
frei•machen (Bau) / despejar ‖ ~**machen** *vt*, frankieren (Brief) / franquear ‖ ~**machung** *f*, Räumung *f* / despejo *m*, desobstrucción *f* ‖ ~**maß** *n* (Masch) / medida *f* libre, cota *f* sin tolerancia ‖ ~**maßtoleranz** *f* / tolerancia *f* de medida libre ‖ ~**pumpen** *vt* (Bergb) / vaciar con la bomba ‖ ~**raum**, Zwischenraum *m* / distancia *f* de guarda ‖ ~**raumausbreitungsdiagramm** *n* (Antenne) / diagrama *m* de radiación en el espacio libre ‖ ~**raumdämpfung** *f* (Fernm) / atenuación *f* en espacio libre ‖ ~**rüsten** *vt* (Bau) / quitar el andamio ‖ ~**schalten** *vt* (Mobiltelefon) / liberar, autorizar el uso (del móvil) ‖ ~**schalten** *n* (Fernm) / desconexión *f* ‖ ~**schalten** (Mobiltelefon) / liberación *f* ‖ ~**schliff** *m* (Wzm) / destalonado *m* lateral ‖ ~**schneidegerät** *n* (Forstw) / sierra *f* para cortar troncos bajos y arbustos ‖ ~**schneiden** *vi* / poner al descubierto cortando ‖ ~**schnitt** *m* (Stanz) / útil *m* no guiado ‖ ~**schwebend** / libremente suspendido ‖ ~**schwebender Lauf** (des extrudierten Films) (Plast) / recorrido *m* libre (de la película extrusionada) ‖ ~**schwimmen** *n* (Helling) / flotación *f* ‖ ~**schwingen** (Eltronik) / oscilar libremente
freischwingend•er Multivibrator (Eltronik) / multivibrador *m* astable o autónomo o de funcionamiento libre ‖ ~**er Plansichter** (Aufb, Bergb) / plansíchter *m* o planchíster autooscilante ‖ **um die senkrechte Achse** ~**es Rad** / roldana *f* pivotante
Frei•schwinger *m*, elektromagnetischer Lautsprecher / altavoz *m* electromagnético o de inductor (E), altoparlante *m* electromagnético (LA) ‖ ~**schwinger...** (Funk) / autooscilante, autooscilador ‖ ~**schwingsieb** *n* (Aufb, Bergb) / criba *f* vibratoria o de sacudidas ‖ ~**setzen** *vt* (Energie) / liberar, desprender ‖ ~**setzen**, frei machen (Chem) / liberar ‖ **Wärme** ~**setzen** (Phys) / emitir calor, desprender calor ‖ ~**setzen** *n* (Chem, Phys) / liberación *f*, desprendimiento *m*, puesta *f* en libertad ‖ ~**setzung**, Abtrennung *f* / separación *f* ‖ ~**setzung** *f*, Abgabe *f* (Nukl) / desprendimiento *m*, eliminación *f* ‖ ~**setzung von Pestiziden** / desprendimiento *m* de pesticidas, liberación *f* de pesticidas ‖ ~**sicht...** (z.B. Maschinenform) / de buena visibilidad ‖ ~**sicht-Traktor** *m* / tractor *m* de visibilidad panorámica ‖ ~**signal** *n* (Bahn) / señal *f* de vía libre ‖ ~**sinterung** *f* (Hütt) / sinterizado *m* al aire libre ‖ ~**sparen** *vt*, aussparen / rebajar, entallar, escotar ‖ ~**sparren** *m* (Zimm) / cabrio *m* intermedio ‖ ~**spiegelleitung** *f* (Bergb) / canal *m* abierto de desagüe ‖ ~**sprechanlage** *f* (Fernm, Kfz) / mandos *m pl* de equipo de audio integrados [en el volante] ‖ ~**sprechanlage vorbereitet** / con preparación para teléfono manos libres ‖ ~**sprechapparat** *m* (Fernm) / audiófono *m* ‖ ~**sprechen** *n* (Fernm) / operación *f* con manos libres ‖ ~**stechen** *vt* (Wzm) / destalonar, entallar ‖ ~**stehend** (Druck) / silueteado *adj*, recortado *adj* (autograbado) ‖ ~**stehwanne** *f* (Sanitär) / bañera *f* no empotrada ‖ ~**stempel** *m* (für Frankierung) (Büro) / timbre *m* impreso para franquear ‖ ~**stempler** *m* / franqueadora *f* ‖ ~**stich** *m* (DIN 509) (Wzm) / entalladura *f*, garganta *f* de salida, redondeamiento *m* ‖ ~**strahl** *m* / chorro *m* libre o aislado ‖ ~**strahlanlage** *f* (Gieß) / instalación *m* para chorreado de arena con tubo flexible ‖ ~**strahldüse** *f* / tobera *f* de chorro aislado ‖ ~**strahlen** *n* (Wzm) / chorreado *m* ‖ ~**strahlschalter** *m* (Elektr) / interruptor *m* de chorro libre ‖ ~**strahlturbine** *f*, Peltonturbine *f* (Kraftwerk) / turbina *f* Pelton ‖ ~**strahlüberfall** *m* (Hydr) / aliviadero *m* [de chorro] libre, vertedero [de chorro] libre ‖ ~**strahlwindkanal** *m* (Luftf, Masch) / túnel *m* aerodinámico de chorro libre ‖ ~**suchen** *n* (Fernm) / acción *f* de buscar, rebusca *f* ‖ ~**ton** *m* ("Wählen!") (Fernm) / sonido *m* ininterrumpido, tono *m* de marcar
freitragend (Bau, Luftf, Mech, Stahlbau) / [en] voladizo *m*, saliente *m*, de tipo cantilever ‖ ~, nicht unterstützt / sin apoyo, sin soporte, sin puntal[es], sin columnas ‖ ~**e Decke** (Bau) / techo *m* sin apoyos ‖ ~**er Eindecker** (Luftf) / monoplano *m* de ala cantilever ‖ ~**e Länge** (Bau) / distancia *f* entre apoyos ‖ ~**es Pultdach** (Bau) / tejado *m* de una sola agua (o vertiente) tipo cantilever ‖ ~**er Träger**, Freiträger *m* / viga *f* en voladizo (E), viga *f* voladiza (LA) ‖ ~**e Treppe** / escalera *f* suspendida o colgada
Frei•treppe *f*, Außentreppe *f* / escalinata *f* ‖ ~**umlaufender Greifer** (Nähm) / garfio *m* rotativo ‖ ~**vorbau** *m* (Brücke) / cantilever *m*, montaje *m* en cantilever o en voladizo, avance *m* en cantilever o en voladizo, montaje *m* por lanzamiento, método *m* en voladizo ‖ ~**vorbauträger** *m* (Brücke) / viga *f* en construcción cantilever ‖ ~**vulkanisation** *f* (Gummi) / vulcanización *f* al aire libre ‖ ~**wahl** *f* (Fernm) / selección *f* libre, rebusca *f* ‖ ~**wahlzeit** *f* (Fernm) / tiempo *m* de selección libre ‖ ~**wange** *f*, äußere Treppenwange (Bau, Zimm) / zanca *f* exterior de escalera, zanca *f* libre ‖ ~**wasser** *n* (DIN) (Hydr) / agua *f* en exceso ‖ ~**werden** *n* (Chem) / liberación *f* ‖ ~**werden von Wärme** / desprendimiento *m* de calor ‖ ~**willig**, beabsichtigt / voluntario *adj*, intencionado *adj* ‖ ~**williger Umwälzungspunkt** / centro *m* espontáneo de giración ‖ ~**winkel** *m* (Dreh, Wzm) / ángulo *m* de incidencia o de despullo, ángulo *m* libre ‖ ~**winkel**, Hinterschleifwinkel *m* / ángulo *m* de destalonado ‖ ~**zeichen** *n* (Verkehr) / señal *f* de paso, señal *f* de vía libre ‖ ~**zeichen**, Anforderungssignal *n* (Fernm) / tono *m* de marcar, sonido *m* ininterrumpido ‖ ~**zeichen** *n* **der gewählten Nummer** (Fernm) / señal *f* de llamada ‖ ~**zeit** *f* / tiempo *m* libre, ocio *m* ‖ ~**zeitgestaltung** *f* / aprovechamiento *m* del tiempo libre, disposición *f* de pasatiempo ‖ ~**zeitindustrie** *f* / industria *f* del ocio ‖ ~**zeit-Software** *f*, Unterhaltungs-Software *f* (DV) / software *m* de entretenimiento o de ocio ‖ ~**zugängliches Gebiet**

(Nukl) / área f o zona inactiva o de acceso libre ‖ ⁓zustand m (Fernm) / circuito m en reposo
fremd (allg, Chem) / extraño m ‖ ~e Berge (Bergb) / zafras y gangas f pl ‖ von ~em Ursprung (Biol) / heterogéneo adj ‖ ⁓..., Zukauf... / adquirido por compra, ajeno adj
fremd•angetrieben / accionado por fuerza ajena, propulsado por fuerza ajena ‖ ⁓anhaftungen f pl (vom unfallverursachenden am geschädigten Fahrzeug) (Kfz) / partículas f pl ajenas (del causante del accidente en el vehículo siniestrado) ‖ ⁓ansteuerung f (Eltronik) / excitación f externa ‖ ~artig, exotisch (Metall) / exótico adj ‖ ⁓atom n (Halbl) / átomo m extraño ‖ ⁓atomstoff m (Halbl) / átomo m de impureza ‖ ⁓aufladung f (Mot) / sobrealimentación f por compresor separado ‖ ⁓aufladung (Elektr) / carga f extraña [por un manantial extraño] ‖ ⁓ausrüstung f (Luftf) / equipo m adquirido de otro fabricante o por compra ‖ ~belüftet (Elektr) / de ventilación independiente ‖ ⁓belüftung f (Elektr) / ventilación f forzada o independiente ‖ ⁓belüftung durch eingebautes Aggregat / ventilación f forzada por grupo incorporado ‖ ~betrieben, netzunabhängig (Elektr) / independiente de la red ‖ ⁓bezug m (von Strom) (Elektr) / compra f, adquisición f de corriente eléctrica ‖ ⁓einstrahlung f (Radio) / interferencias f pl por radiación externa, parásitos m pl radiados ‖ ⁓energie f aus überregionalem Netz (Elektr) / suministro m de energía eléctrica procedente de red de interconexión ‖ ~erregt (Elektr) / excitado independientemente, de excitación separada o independiente ‖ ⁓erregung f (Elektr) / excitación f independiente o exterior ‖ ⁓fabrikat n / producto m ajeno, producto m de fabricación ajena ‖ ⁓feld n (Elektr) / campo m ajeno ‖ ⁓feldeinfluss m (Elektr) / influencia f exterior de campo magnético, influencia f por campo magnético parásito ‖ ⁓film-Material n (TV) / filmes m pl de cinemateca ‖ ⁓führung f (Eltronik) / conmutación f externa ‖ ⁓gas n / gas m procedente de otra fuente ‖ ~gegendruck m (Sicherheitsventil) / contrapresión f superpuesta ‖ ~gekühlt / refrigerado por ventilación forzada, enfriado por aire a presión ‖ ~gelagerter Magnetzünder, Schwungmagnetzünder m (Kfz) / magneto f de volante ‖ ~gelagerter Startergenerator, Schwunglichtanlasser m / arrancador-generator m montado en el cigüeñal, volante m dinastart o dinamo-magneto ‖ ⁓geräusch n (Eltronik) / ruido m extraño ‖ ~gesteuert / de regulación exterior ‖ ~gesteuerte Austastschaltung (Radar) / circuito m de supresión de regulación exterior ‖ ~gesteuerte Pendelschaltung (Eltronik) / detector m superregenerativo de extinción externa ‖ ⁓heitsquantenzahl f (Nukl) / número m de extrañeza, extrañeza f ‖ ⁓induktion f (Elektr) / inducción f externa ‖ ⁓ion n (Chem) / ión m ajeno ‖ ⁓keim m (Biol) / gérmen m ajeno ‖ ~körper m, -stoff m (allg, Chem, Pharm) / cuerpo m extraño, materia f extraña, sustancia f extraña ‖ ~körper, Verunreinigung f (Chem, Halbl, Hütt) / impureza f ‖ ⁓körperbeschädigung f / daño m por cuerpos extraños ‖ ⁓körperchen n / partícula f extraña ‖ ⁓kraft-Bremsanlage f (Kfz) / servofreno m ‖ ~kraftgetrieben / accionado por fuerza externa ‖ ~kühlung f / refrigeración f por ventilación forzada ‖ ⁓leistung f (F.Org) / prestación f por empresa[s] ajena[s] ‖ ~lenkung f (Mil) / guía f pasiva a la base de origen ‖ ⁓leuchter m (Phys) / fuente f de luz secundaria ‖ ⁓licht n (Opt) / luz f extraña ‖ ⁓lüfter m / ventilador m independiente o separador ‖ ⁓lüftung f (Elektr) / ventilación f independiente ‖ ⁓modulation f (Eltronik) / modulación f externa ‖ ⁓ortung f (Luftf) / localización f radiogoniométrica desde tierra ‖ ⁓ortung über Satelliten (durch vom Schiff ausgehende Signale) (Schiff) / navegación f activa por satélites ‖ ⁓peil-Kontrollstelle f, DFCS (Luftf) / estación f radiogoniométrica de control ‖ ⁓peilung f (Luftf, Schiff) / marcación f recíproca ‖ ⁓quelle f (Elektr) / fuente f ajena ‖ ⁓rost m (Hütt) / herrumbre f de origen externo ‖ ⁓schall m (Akust) / sonido m externo ‖ ⁓schrott m (Hütt) / chatarra f ajena ‖ ⁓spannung f (Elektr) / tensión f [de procedencia] ajena ‖ ⁓spannung, -strom m / corriente f [de procedencia] ajena ‖ ⁓spannungsabstand m (Störspannung) (Eltronik) / relación f señal a ruido sin compensación ‖ ~spannungsarme Erde (Elektr) / tierra f silenciosa ‖ ⁓speicher m (DV) / memoria f externa ‖ ⁓speicherung f (DV) / almacenamiento m secundario ‖ ⁓sprachensatz m (Druck) / composición f en (o de) lenguas extranjeras ‖ ~sprachliches Äquivalent (Lin) / equivalente m [concebido] en una lengua extranjera ‖ ⁓steuerung f / control m externo, mando m externo ‖ ⁓stoff m / sustancia f extraña, materia f extraña, cuerpo m extraño ‖ ⁓stoff, Verunreinigung f (Chem) / impureza f ‖ ⁓stoffgehalt m / contenido m en materia extraña ‖ ⁓strom m, Störstrom m (Elektr) / corriente f parásita ‖ ⁓strom, bezogener Strom (Elektr) / corriente f eléctrica comprada, corriente f [de procedencia] ajena ‖ ⁓strom, vagabundierender o. Irrstrom m / corriente f vagabunda ‖ ⁓strom (Korrosion) / corriente f vagabunda [de una fuente externa] ‖ ⁓strombezug f (Elektr) / suministro m de corriente eléctrica ‖ ⁓synchronisierung f (Elektr) / sincronización f telemandada ‖ ⁓teile n pl (F.Org) / piezas f pl procedentes de otra[s] empresa[s] ‖ ⁓trickmischung f (Film) / inlay m ‖ ⁓wasser n / agua f extraña ‖ ~wasser (eindringends - Kanalis.) / agua f [superficial] entrante ‖ ⁓zündung, Funkenzündung f (Mot) / encendido m de chispa
Frenkeldefekt m, -fehlstelle f (Krist) / defecto m de Frenkel
Freon n (Chem) / freón m ‖ ⁓ 12, Frigen n (Kälte) / freón m 12, diclorodifluorometano m
frequentieren vt (z.B. Zeitschrift im Internet) / visitar
Frequenz f (Elektr) / frecuencia f ‖ ⁓... / frecuencial ‖ ⁓ für "Ruf an alle" (Fernm) / frecuencia f "llamada a todos" ‖ ⁓ f von 50 (o. 60) Hz (Elektr) / frecuencia f normal de red ‖ ⁓ von 10-30 kHz, VLF (Eltronik) / frecuencia f muy baja (VLF) ‖ ⁓ zwischen 10 und 100 Hz, Bereich 2 / frecuencia f superbaja, zona 2 f ‖ für alle ⁓en (Eltronik) / para todas las frecuencias ‖ höchste Nutz- o. höchste brauchbare [Übertragungs-] ⁓ (bei ionosphärischer Wellenausbreitung) / omnidireccional f, omnidirectivo ‖ mit [nur] einer ⁓ / de frecuencia única, monofrecuencial adj ‖ niedrigste brauchbare ⁓ (bei ionosphärischer Wellenausbreitung) / frecuencia f mínima utilizable (LUF)
Frequenz•abfall m / caída f de frecuencia ‖ ~abgesetzter Simplexbetrieb (Luftf) / simplex m por frecuencias desplazadas, simplex m de frecuencia aproximada ‖ ~abhängig, selektiv (Eltronik) / dependiente de la frecuencia, selectivo, en función de la frecuencia ‖ ~abhängig aufgetragen / representado en función de la frecuencia ‖ ⁓abhängigkeit f / dependencia f de la frecuencia ‖ ⁓ablage f (FM-Sender) / error m de frecuencia central o nominal ‖ ⁓abstand m (Eltronik) / espaciamiento m de frecuencias, separación f de frecuencias ‖ ⁓abstand (Eltronik) / separación f de (o entre) modos ‖ ⁓abstimmung f / sintonización f de frecuencias ‖ ⁓abweichung f, -verlauf m / desviación f de frecuencia ‖ ⁓abweichung, -verlauf der Oszillatorröhre m / corrimiento m de la frecuencia del oscilador, deslizamiento m de la frecuencia del oscilador ‖ ~agiles Radar, Frequenzspringer-Radar n / radar m ágil en frecuencia ‖ ⁓agilität f (Radar) / agilidad f de frecuencia ‖ ⁓-Amplituden-Modulation

f, FAM (Eltronik) / modulación *f* de (o en) frecuencia y amplitud ‖ ~**analysator** *m* / analizador *m* de frecuencias ‖ ~**analysator** (Akust) / analizador *m* armónico ‖ ~**-Analyse** *f* (Eltronik, Phys) / análisis *m* armónico de Fourier ‖ ~**anzeiger** *m*, -messer *m*, -kontrollapparat *m* / indicador *m* de frecuencia, frecuencímetro *m* ‖ ~**auslöschungszone** *f* (Radio) / área *f* de cancelación, zona *f* de cancelación ‖ ~**aussiebung** *f* / discriminación *f* de frecuencia ‖ ~**auswanderung**, -drift, -abweichung *f* (allg) / deriva *f* de frecuencia, desviación *f* de frecuencia ‖ ~**auswanderung** *f* **bei Belastung** (Fernm) / deslizamiento *m* de la frecuencia, arrastre *m* de la frecuencia ‖ ~**band** *n* (Eltronik) / banda *f* de frecuencias ‖ ~**band von 535 bis 1605 kHz** / banda *f* radiofónica (o de radiodifusión) normal ‖ ~**bereich** *m*, -gebiet *n* (Radio) / gama *f* de frecuencias, campo *m* de frecuencias, margen *m* de frecuencias ‖ ~**bereich**, -gang *m* (Mikrofon) / respuesta *f* armónica ‖ ~**bereicheinstellskala** *f* (Eltronik) / escala *f* de la gama de frecuencias ‖ ~**bewertungsfaktor** *m* / factor *m* de ponderación de frecuencia ‖ ~**charakteristik**, -kennlinie *f*, -verlauf, -gang *m* / característica *f* de frecuencia ‖ ~**demodulation** *f* / desmodulación *f* de frecuencia ‖ ~**diskriminator** *m* / discriminador *m* de frecuencia ‖ ~**diversity** *f*, Frequenzmehrfachempfang *m* (Radio) / diversidad *f* frecuencial o de frecuencias ‖ ~**doppler**, -verdoppler *m* (Eltronik) / doblador *m* de frecuencias ‖ ~**drift** *f* / deriva *f* de frecuencia, desviación *f* de frecuencia, corrimiento *m* o desvío de frecuencia ‖ ~**eichung** *f* / calibración *f* de frecuencia ‖ ~**empfindlich** / sensible a la frecuencia ‖ ~**empfindlichkeit** *f* / sensibilidad *f* de frecuencia ‖ ~**flimmern** *n* (Licht) / centelleo *m* de la luz (al ritmo de la frecuencia de la red) ‖ ~**gang** *m* (Elektr, Regeln) / característica *f* de frecuencia, respuesta *f* de frecuencia ‖ ~**gang** (Magn.Bd) / respuesta *f* registro-lectura ‖ ~**gang bei diffusem Schalleinfall** (Akust) / característica *f* de respuesta de reverberación ‖ ~**gang des Schalldruckpegels** (Akust) / respuesta *f* electroacústica ‖ ~**gang einer Wechselstrommaschine** (Elektr) / respuesta *f* de frecuencia de una máquina de CA ‖ ~**gangkurve** *f*, Ortskurve des Frequenzgangs (Eltronik) / curva *f* de respuesta, característica *f* de respuesta [de frecuencia] ‖ ~**gangverfahren** *n*, -gangmethode *f* (Regeln) / método *m* de respuesta de frecuencia ‖ ~**gemisch** *n* (Eltronik) / espectro *m* de frecuencias ‖ ~**gerader Kondensator** / condensador *m* de variación lineal de frecuencias ‖ ~**gleichung** *f* / ecuación *f* de frecuencias o de dispersión ‖ ~**grenze** *f* (Fernm) / frecuencia *f* de corte ‖ ~**hub** *m* (Fernm) / valor *m* de corrimiento de frecuencia ‖ ~**hub der Modulation** (Eltronik) / valor *m* de desviación de frecuencia en FM, variación *f* de la frecuencia ‖ ~**hub Spitze-Spitze** / amplitud *f* de frecuencia punta a punta ‖ ~**inkonstanz** *f*, -instabilität *f* / inestabilidad *f* de frecuencia, labilidad *f* de frecuencia ‖ ~**inkonstanz**, -verwerfung *f* / desviación *f* de frecuencia, deslizamiento *m* de frecuencia ‖ ~**kammgenerator** *m* (Phys) / generador *m* de peine de frecuencias ‖ ~**kanal** *m* / canal *m* de frecuencias ‖ ~**konstant** / frecuencia estable ‖ ~**konstanter Oszillator** / oscilador *m* local estable ‖ ~**konstanz** *f* / estabilidad *f* de frecuencia ‖ ~**kontrollgerät** *n* (Elektr, Eltronik) / monitor *m* de frecuencia ‖ ~**[kontroll]relais** *n* / relé *m* [de control] de frecuencia ‖ ~**kurve** *f*, Gang *m* (Eltronik) / curva *f* de respuesta [de frecuencia] ‖ ~**lage** *f* (Eltronik) / posición *f* de frecuencia ‖ ~**marke** *f* (Messinstr) / marca *f* de frecuencia, frecuencia marcadora o de calibración ‖ ~**markierung** *f* (Radar) / calibración *f* de frecuencia ‖ ~**messer** *m* (Eltronik, Eltronik) / frecuencímetro *m*

Frequenzmodulation *f*, FM / modulación *f* de frecuencia (FM) ‖ ~ **fremd** / modulación *f* externa de frecuencia ‖ ~ **im Frequenzvielfach**, Frequenzmodulation im Multiplexbetrieb mit Frequenzteilung (Fernm) / multiplexión *f* por división de frecuencia en modulación de frecuencia ‖ ~ **mit Frequenzumtastung** / manipulación *f* por [deslizamiento de] frecuencia ‖ **zeitproportionale** ~ (Eltronik) / modulación *f* "chirp" o por compresión de impulso

Frequenz•modulator *m* / modulador *m* de frecuencia ‖ ~**modulieren** *vt* / modular en frecuencia ‖ ~**moduliert** / de modulación en frecuencia, modulado en frecuencia ‖ ~**modulierter Quarzkreis**, FMQ / circuito *m* de cuarzo de frecuencia modulada (FMQ) ‖ ~**moduliertes Zyklotron** (Phys) / ciclotrón *m* de modulación de frecuencia, sincrociclotrón *m* ‖ ~**multiplex** *n* (Fernm) / múltiplex *m* [por división] de frecuencia ‖ ~**multiplexkanal** *m* (DV) / canal *m* en múltiplex por división en frecuencia ‖ ~**nachlauf** *m*, -verfolgung *f* (Raumf) / seguimiento *m* por frecuencia ‖ ~**nachsteuerung** *f*, AFC (Eltronik) / control *m* automático de frecuencia, CAF ‖ ~**normal** *n* / patrón *m* de frecuencia ‖ ~**planung** *f* (Mobilfunk) / planificación *f* frecuencial ‖ ~**regelung** *f* / regulación *f* de frecuencia ‖ ~**regler** *m* / regulador *m* de frecuencia ‖ ~**relais** *n* / relé *m* de frecuencia ‖ ~**schreiber** *m* / frecuencímetro *m* registrador ‖ ~**schwankung** *f* / fluctuación *f* de la frecuencia ‖ ~**schwankung**, Wobbeln *n* / bambaleo *m*, tambaleo *m*, wobulación *f*, vobulación *f* ‖ ~**schwankung über 200 Hz** / fluctuaciones *f pl* de alta frecuencia ‖ ~**selektiv** / selectivo en frecuencia ‖ ~**siebfilter** *m n* (Eltronik) / filtro *m* de onda eléctrica ‖ ~**skala** *f* (Eltronik) / escala *f* de frecuencias ‖ ~**spektrograph** *m* (Eltronik) / espectrógrafo *m* de frecuencias ‖ ~**spektrum** *n* / espectro *m* de frecuencias ‖ ~**sprung** *m* / salto *m* de frecuencia ‖ ~**stabil** / estable en frecuencia ‖ ~**stabilisierung** *f* / estabilización *f* de frecuencia ‖ ~**stabilität** *f* / estabilidad *f* de frecuencia ‖ ~**steigerungstransformator** *m* / elevador *m* o multiplicador de frecuencia ‖ ~**stoß** *m* (Elektr) / impulso *m* de frecuencia ‖ ~**-Streubereich** *m* / dispersión *f* de frecuencia ‖ ~**-Strom-Wandler** *m* / convertidor *m* de frecuencia-corriente ‖ ~**tastung** *f* / manipulación *f* de frecuencia ‖ ~**teiler** *m* / divisor *m* de frecuencia ‖ ~**teilerdiode** *f* / diodo *m* generador de armónicas ‖ ~**teilerschaltung** *f* / circuito *m* divisor de frecuencia ‖ ~**teilung** *f* (Fernm) / demultiplicación *f* de frecuencia, división *f* de frecuencia ‖ ~**toleranz** *f* (zulässige Abweichung der Trägerfrequenz) / tolerancia *f* de frecuencia[s] ‖ ~ **transformation**, -transponierung *f* / transformación *f* de frecuencia[s] ‖ ~**transformator** *m* / transformador *m* de frecuencia[s] ‖ ~ **trennung** *f*, Frequenzaussiebung *f* (Eltronik) / discriminación *f* de frecuencias ‖ ~**treue** *f*, H.F.-Qualität *f* / fidelidad *f* [de respuesta] de frecuencia, calidad *f* de alta fidelidad ‖ ~**überlagerung** *f* / mezcla *f* de frecuencias ‖ ~**überwachungszentrale** *f* (Radio) / central *m* de control de frecuencia, central *m* frecuencimétrico ‖ ~**umfang** *m* / alcance *m* de frecuencias, gama *f* de frecuencias ‖ **rotierender** ~**umformer** (Elektr) / convertidor *m* [rotativo] de frecuencia[s] ‖ ~**umsetzer** *m*, -umschalter *m* / convertidor *m* de frecuencias, cambiador *m* de frecuencias ‖ ~**umspringen** *n* (Magnetron) / saltos *m pl* irregulares entre dos frecuencias ‖ ~**umtasttelegrafie** *f* (hist.) (Fernm) / telegrafía *f* por desplazamiento de frecuencia, telegrafía *f* de manipulación por frecuencia, manipulación *f* por desplazamiento o por deslizamiento de frecuencia ‖ ~**umtastung** *f* (Fernm) / manipulación *f* por frecuencia, manipulación *f* por desplazamiento o por deslizamiento de frecuencia ‖ ~**[um]wandlung** *f*, -umformung *f* / transformación *f* de frecuencia[s] ‖

~**unabhängiges Messgerät** (für Gleich- u. Wechselstrom) (Elektr) / instrumento *m* de medida para corriente continua y alterna ||
~**unterschied-Messgerät** *n* / instrumento *m* de medida de la diferencia de frecuencias ||
~**untersetzung** *f* / demultiplicación *f* de frecuencia, división *f* de frecuencia || ~**verdoppler**, -doppler *m* / doblador *m* de frecuencia || ~**verdreifacher** *m* / triplicador *m* de frecuencia || ~**verfolgung** *f*, -nachlauf *m* (Raumf) / seguimiento *m* por frecuencia ||
~**verhalten** *n* (Eltronik) / característica *f* de frecuencia, respuesta *f* de frecuencia || ~**verkettung**, -verkämmung *f* / intercalación *f* de frecuencias, entrelace de frecuencias || ~**verlauf** *m* / curva *f* de respuesta de frecuencia || ~**verschiebung** *f* / corrimiento *m* o desplazamiento de frecuencia ||
unerwünschte ~**verstimmung** / desintonización *f* de frecuencias, desintonía *f* de frecuencias || ~**verteilung** *f* / distribución *f* de frecuencia[s], reparto *m* de frecuencia[s] || ~**vervielfacher** *m* (Fernm) / multiplicador *m* de frecuencia, elevador *m* de frecuencia || ~**vervielfacher**, Eichverzerrer *m* (Eltronik) / generador *m* de armónicas ||
~**vervielfacher-Diode**, Frequenzteiler-Diode *f* (Eltronik) / diodo *m* generador de armónicas o subarmónicas || ~**vervielfacherkristall** *m* / cristal *m* multiplicador de frecuencia || ~**vervielfachung** *f* / multiplicación *f* de frecuencia || ~**vervierfacher** *m* (Eltronik) / cuadruplicador *m* de frecuencia ||
~**verwerfung** *f*, -inkonstanz *f* / desviación *f* de frecuencia, error *m* de la frecuencia, corrimiento *m* de la frecuencia || ~**verzerrung** *f* (Eltronik) / distorsión *f* de frecuencia[s] || ~**vielfach[es]** *n* / múltiple *m* de frecuencia || ~**wähler** *m* (Eltronik) / selector *m* de frecuencia[s] || ~**wanderung**, Verstimmung *f* (Eltronik) / desintonación *f* o desintonía de frecuencia, deslizamiento *m* de frecuencia || ~**wandler** (statisch), -transformator *m* (Elektr) / transformador *m* de frecuencia[s] || ~**wandler** *m*, Wechselumrichter *m* (Elektr) / convertidor *m* de frecuencia[s] || ~**wechsel** *m* / cambio *m* de frecuencia || ~**weiche**, Brückenschaltung *f* (Eltronik) / diplexer *m*, diplexor *m* || ~**weiche**, -teilerschaltung *f* (Eltronik) / red *f* de división de frecuencia, filtro *m* divisor ||
~**-Wobbelmethode** *f* (Eltronik) / método *m* de gimoteo o de lloriqueo de frecuencias || ~**wobbler** *m* / instrumento *m* de gimoteo de frecuencia || ~**zähler**, -messer *m* (Elektr) / contador *m* de frecuencia, frecuencímetro *m* [del tipo] contador ||
~**-Zeit-Modulation** *f* (Radio) / modulación *f* en tiempo de frecuencia || ~**ziehen** *n* (Magnetron) / corrimiento *m* adelantando || ~**ziehen**, Frequenzwanderung *f* bei Belastung (Laser) / arrastre *m* de frecuencia, deslizamiento *m* de frecuencia bajo carga ||
~**ziehwert** *m* (Eltronik) / índice *m* de arrastre ||
~**zuteilung** *f*, -zuweisung *f* (Eltronik) / asignación *f* de frecuencias, adjudicación *f* de frecuencias ||
~**zuteilung im Multiplexbetrieb**, FAM / multiplex *m* por distribución de frecuencias (FAM)
Freske *f*, Freskomalerei *f*, Fresko[bild] *n* / fresco *m*, pintura *f* al fresco
Fresnel•integral *n* / integral *f* de Fresnel o de difracción || ~**linse**, Ringlinse *f* (Opt) / lente *f* escalonada concéntrica, lente concéntrica de Fresnel || ~**linse**, Gürtellinse *f* / lente *f* escalonada cilíndrica, lente *f* cilíndrica de Fresnel || ~**optik** *f* / sistema *m* óptico de Fresnel || ~**region** *f*, -zone *f*, Nahfeld *n* (Antenne) / zona *f* de Fresnel || ~**sches Biprisma** (Opt) / biprisma *m* de Fresnel || ~**scher Doppelspiegel** / espejos *m pl* dobles de Fresnel || ~**sche Zonenplatte** (Laser) / lentilla *f* de Fresnel
fressabschreckend, fraßhemmend (Insektizid) / repelente, antinutritivo

fressen *vi* (Masch) / agarrotarse, griparse || ~, sich festfressen (Lager) / rayarse || ~ *vt*, korrodieren (Chem) / corroer, atacar || ~ *n* (Masch) / agarrotamiento *m*, gripado *m*, gripaje *m*
fressend, ätzend / corrosivo || ~, rupfend (Masch) / gripante
fressenverhütend (Masch) / antigripante
Fress•gift *n*, durch den Magen wirkendes Insektizid (Landw) / insecticida *m* gástrico o de ingestión || ~**[grenz]last** *f* (Zahnrad) / carga *f* límite de gripado || ~**riefe** *f* / huella *f* de gripado, estría *f* de gripado, rasguñadura *f* || ~**tragfähigkeit** *f* (Getriebe) / carga *f* admisible de gripado || ~**verschleiß** *m* (Getriebe) / desgaste *m* abrasivo o por gripado
Frettage *f*, Frettieren *n* (Mil) / acción *f* de calar en caliente
Frette *f* (Schm) / virola *f*, zuncho *m*, suncho *m*
Fretz-Moon•-Schweißen *n* (Vorgang) / Fretz-Moon || ~**-Schweißung** *f* (Ergebnis) / soldadura *f* Fretz-Moon
Freund-Feindkennung *f*, IFF-Anlage *f* (Mil, Radar) / identificación *f* de amigo o enemigo
Freyalit *m* (Torsilikat) (Min) / freyalita *f*
Friedel-Crafts-Synthese *f* (o. -Reaktion) (Chem) / síntesis *f* Friedel-Crafts, reacción *f* de Friedel y Crafts
Friedhof *m* (atomarer) (Nukl) / cementerio *m* nuclear
friedliche Nutzung [der Kernenergie] / utilización *f* pacífica [de la energía nuclear], aplicaciones *f pl* civiles, aprovechamiento *m* pacífico de la energía nuclear
friemeln *vt* (Walzw) / laminar transversalmente o por rotación entre cilindros inclinados || ~ *n* / laminación *f* transversal
Friemelwalzwerk, Glättwalzwerk *n* / laminador *m* alisador o transversal
frieren *vi*, erstarren, gefrieren / helarse *v*, congelarse, solidificarse *v*
Fries *m* (Bau) / friso *m*, faja *f*, andana *f* || ~, Flaus *m* (Tuch) / frisa *f* || ~**platte** *f* (Bau) / baldosa *f* de bardillo
Frigen *n*, Freon 12 (Gas, Kälte) / Freón 12 *m*, diclorodifluorometano *m*
Frigistor *m* (Thermopaar) / frigistor *m*
Friktion *f*, Reibung *f* (Phys) / fricción *f* || ~, Bremse *f* (Tex) / fricción *f*
friktionieren *vt* (Pap) / friccionar || ~ *n* (Imprägnieren von Geweben) (Gummi) / friccionado *m* (impregnación de tejidos)
Friktionierung *f* mittels Kalander (Pap) / friccionado *m* mediante calandria
Friktions•..., Reibungs... / de o por fricción || ~**antrieb** *m* / transmisión *f* por fricción || ~**geglättet** (Pap) / alisado *m* por fricción, satinado *m* por frección || ~**gewebe** *n* (Tex) / tejido de *m* (o por) fricción || ~**glättung** *f* (Pap, Tex) / alisadura *f* mediante [calandria de] fricción || ~**kalander** *m* (Pap) / calandria *f* de fricción || ~**scheibe** *f* (Masch) / disco *m* de fricción, plato *m* de fricción || ~**[spindel]presse** *f*, -prägepresse *f* (Pap) / prensa *f* de husillo [con volante] de fricción || ~**walze** *f* (Pap, Tex) / cilindro *m* friccionador
frisch, unverbraucht / fresco, no viciado || ~ (allg, Farbe, Luft) / fresco, vivo || ~, neu / nuevo *adj* || ~, feucht (Beton) / no fraguado || ~**e Brise** (Windstärke 5) (Meteo) / viento *m* fuerza 5 || ~**bereitete Nahrung** (Ggs: Konserve) / alimento *m* recién preparado || ~**gestrichen!** / ¡recién pintado!, ¡cuidado con la pintura! || ~**es Holz** / madera *f* verde
Frisch•arbeit *f*, Frischprozess *m*, Frischen *n* (Hütt) / afino *m* || ~**band** *n* (Film) / cinta *f* virgen, banda *f* virgen || ~**band** (Magn.Bd) / cinta *f* virgen o no grabada || ~**beton** (Bau) / hormigón *m* fresco o no fraguado || ~**betonsteife** *f* / rigidez *f* del hormigón no fraguado || ~**blei** *n* (Hütt) / plomo *m* refinado || ~**dampf** *m* (Turbine) / vapor *m* vivo || ~**dampfdecke** *f* (Zuck) / clarificación *f* por vapor vivo

frischen *vt*, reduzieren (Hütt) / afinar, descarburar, reducir el carbono ‖ ~, blasen (Hütt) / soplar, inyectar aire ‖ **Blei** ~ / reducir el plomo, reavivar *v* ‖ **im Flammofen** ~, puddeln / pudelar ‖ **Kupfer, Bleiglätte** ~ / reavivar el cobre o el litargirio ‖ ~ *n*, Frischarbeit *f* (Hütt) / afino *m*, afinación *f*
frisch • erschmolzenes Metall / metal *m* de primera fusión ‖ ~**fett** *n* / grasa *f* nueva ‖ ~**gas** *n* (Hütt) / gas *m* de afino ‖ ~**gefäß** *n* (Hütt) / recipiente *m* de afino ‖ ~**geschwindigkeit** *f* (Hütt) / velocidad *f* de eliminación del carbono o de descarburación ‖ ~**gewicht** *n* (Erdboden) / peso *m* [fresco] de la tierra [de humedad normal] ‖ ~**glätte** *f* (Hütt) / litargirio *m* fresco o duro
Frischhalte • beutel *m* / bolsa *f* para conservación fresca ‖ ~**folie** *f* / hoja *f* para conservación fresca ‖ ~**mittel** *n* / [agente] conservante *m* ‖ ~**packung** *f* / envase *m* de conservación fresca, embalaje *m* para conservación fresca ‖ ~**papier** *n* / papel *m* para conservación fresca
Frisch • haltung *f* / conservación *f* fresca ‖ ~**ladung** *f*, Nachladung *f* (Nukl) / recarga *f* ‖ ~**lauge** *f* (Pap) / lejía *f* nueva o fresca o blanca ‖ ~**lauge** (Erzscheidg) / lejía *f* nueva adicionada
Frischluft *f* / aire fresco *m*, aire *m* del exterior, aire *m* no viciado ‖ ~**ansaugrohr** *n* / tubo *m* de aspiración de aire fresco o frío ‖ ~**einlass** *m* (Mot) / admisión *f* [de] aire fresco, entrada *f* [de] aire fresco ‖ ~**gebläse** *n* / ventilador *m* de aire fresco, inyector *m* de aire fresco ‖ ~**gerät** *n* (Bergb) / aparato *m* respiratorio [de aire fresco], aparato *m* para respirar aire fresco ‖ ~**hebel** *m* (Kfz) / palanca *f* para entrada de aire fresco ‖ ~**heizung** *f* (Kfz) / calefacción *f* por aire fresco ‖ ~**kanal** *m* (Klimaanlage) / canal *m* de aire fresco ‖ ~**klappe** *f* (Kfz) / válvula *f* de aire ‖ ~**kühlung** *f* (Elektr) / refrigeración *f* por aire fresco ‖ ~**zufuhr** *f* (Vorgang) / aflujo *m* de aire fresco ‖ ~**zutritt** *m* / admisión *f* de aire del exterior, entrada *f* de aire del exterior
Frisch • maß *n* (Holz) / medida *f* de la madera verde ‖ ~**milch** *f* / leche *f* fresca ‖ ~**öl** *n* (Masch) / aceite *m* nuevo o no usado ‖ ~**ölschmierung** *f* (Kfz) / lubricación *f* por aceite agregado a la gasolina ‖ ~**periode** *f* (Hütt) / período *m* de afino ‖ ~**raumgewicht** *n* (Erde) s. Frischgewicht ‖ ~**reaktion** *f* (Hütt) / reacción *f* de afino ‖ ~**schlacke** *f* (Hütt) / escoria *f* de afino ‖ ~**schlamm** *m* (Abwasser) / lodo *m* crudo, cieno *m* crudo ‖ ~**silage** *f* (Landw) / ensilado *m* fresco o verde ‖ ~**trübe** *f*, Zusatztrübe *f* (Aufb) / líquido *m* denso aportado ‖ ~**wasser** *n* (Schiff) / agua *f* dulce ‖ ~**wasser**, Zusatzwasser *n* (Aufb) / agua *f* adicionada ‖ ~**wasserkühlung** *f* / refrigeración *f* de agua en circuito abierto ‖ ~**wetter** *n pl* (Bergb) / aire *m* fresco
Frisé *m*, Epingle *m* (Tex) / epingle *m*
frisieren, tunen (Mot) / poner *v* a punto, afinar, retocar, truncar
Frist *f*, Termin *m* / plazo *m* [determinado], término *m*, fecha *f* ‖ ~**ablauf** *m* / expiración *f* del plazo ‖ ~**ausbesserung** *f* (Bahn) / reparación *f* periódica ‖ ~**gerecht** (Patent) / dentro del plazo prescrito ‖ ~**untersuchung** *f*, periodische Inspektion (Schweiz) (Lokomotive) / revisión *f* periódica
Fritfliege *f*, Oscinella frit (Schädling) / mosca *f* frit, mosca oscini *f*
Fritte *f* (Email, Glas) / frita *f*, composición *f* de materia[les] vitrificables, mezcla *f* de materia[les] vitrificables ‖ **die** ~ **zubereiten** (Glas) / calcinar la frita ‖ ~**glas** *n* (Dickfilm) / vidrio *m* fritado para capas espesas ‖ ~**glasfilter** *m n* (Chem) / filtro *m* de vidrio fritado ‖ ~**grund** (Email) / masa *f* fritada, bizcocho *m*
fritten *vt* (Hütt) / sinterizar ‖ ~, vitrifizieren (Ofenfutter) (Gieß) / fritar *v*, vitrificar, gretear (MEJ) ‖ ~ *n*, oberflächliche Vitrifizierung des Sandes (Gieß) / fritado *m*, fritaje *m*, fritura *f*, vitrificación *f* superficial

de la arena ‖ ~**porzellan**, Glasporzellan *n* (Keram) / porcelana *f* fritada
Fritter *m*, Kohärer *m* (Fernm) / cohesor *m* ‖ ~**sicherung** *f* (Eltronik) / cohesor *m* protector
Frittetafel *f* (Glas) / tabla *f* de mezcla
Fritteuse *f* (Großküche) / freidora *f*
Frittezubereitung *f* (Glas) / calcinación *f* de la frita, cochura *f* de la frita
Frittofen *m* / horno *m* de fritar o calcinar
Frittung *f* (Bau, Hütt) / vitrificación *f* ‖ ~ (Eltronik) / cohesión *f*
Front *f* (Bau) / frente *m*, fachada *f*, frontis[picio] *m* ‖ ~, Frontteil *n*, Vorderteil *n* / parte *f* delantera ‖ ~ (Kfz) / frente *m* ‖ ~**abdeckung** *f*, Frontplatte *f* (Eltronik, Instr) / placa *f* frontal, panel frontal *m*
frontal / frontal, de frente ‖ ~ **zusammenfahren o. auffahren** / colisionar frontalmente, telescopiar ‖ ~**aufprall** *m*, -zusammenstoß *m* (Kfz) / colisión *f* frontal, choque *m* frontal ‖ ~**aufprall-System** *n* (Kfz) / sistema *m* de antichoque frontal ‖ ~**beschickung** *f* / carga *f* frontal ‖ ~**zone** *f* (Troposphäre) / zona *f* frontal
Front • anschluss *m* (Elektr) / conexión *f* frontal ‖ ~**antrieb** *m*, Vorderradantrieb *m* (Kfz) / propulsión *f* delantera, tracción *f* delantera ‖ ~**antriebsachse** *f* / eje *m* de propulsión delantera, eje *m* motor delantero ‖ ~**antriebskeilwelle** *f* (Kfz) / árbol *m* de chaveta múltiple (o eje estriado) para propulsión delantera ‖ ~**aufprall gegen starre Barriere** / colisión *f* frontal contra barrera fija ‖ ~**aufwind** (Meteo) / corriente *f* ascendente frontal ‖ ~**avionikraum** (Luftf) / compartimiento *m* de proa del equipo electrónico ‖ ~**bedient** (Wzm) / de manejo frontal ‖ ~**binder**, -bindemäher *m* (Landw) / segadora-atadora *f* frontal ‖ ~**bogenausleger** *m* (Druck) / salida *f* frontal de pliegos ‖ ~**drehmaschine** *f* (Wzm) / torno *m* frontal ‖ ~**düngerstreuer** *m* (Landw) / distribuidor *m* frontal de abono ‖ ~**einbau** *m*, -anbau *m* / instalación *f* frontal, montaje *m* al frente del carro ‖ ~ **[en]segeln** *m*, Gewittersegeln *n* (Luftf) / vuelo *m* en frente tormentoso ‖ ~**fahrerhaus** *m* (Lkw) / cabina *f* del conductor avanzada
Front-Fan-Triebwerk *n* (Luftf) / reactor *m* soplante delantero, turborreactor *m* de doble flujo con soplante delantero
Front • gabelstapler *m* (Förd) / carretilla *f* elevadora con horquilla frontal ‖ ~**grill** *f* (Kfz) / rejilla *f* frontal, parrilla *f* delantera ‖ ~**hydraulik** *f* (Landw) / alzamiento *m* hidráulico frontal
Frontispiz *n*, Giebelseite *f* (Bau) / frontispicio *m*, frontis *m*, frontón *m* ‖ ~ (Druck) / frontispicio *m*, portada *f*
Front • kamera *f* (Kfz) / cámara *f* frontal ‖ ~**kathodenmultiplier** *m* (Mikrosk) / multiplicador *m* de cátodo frontal ‖ ~**köpfer** *m* (Landw) / segadora *f* de espigas empujada ‖ ~**lader** *m* (Bau) / cargador *m* frontal, cargadora *f* con artesa frontal ‖ ~**lader** (Waschmaschine) / lavadora *f* de carga frontal ‖ ~**lader** (Landw) / cargador *m* frontal ‖ ~**lader mit angetriebenen nicht gelenkten Vorderrädern** (Bau) / cargadora *f* frontal con ruedas delanteras propulsadas y sin dirección ‖ ~**lader mit beschränkter Seitenentladung** / cargadora *f* frontal con vaciado lateral limitado ‖ ~**lader mit Seitenentleerung** (Bau) / cargadora *f* frontal con vaciado [o descarga] lateral ‖ ~**länge**, -breite *f* (Grundstück) / longitud *f* de fachada (a la calle) ‖ ~**lenker** (Kfz) / vehículo *m* de dirección delantera ‖ ~**lenker** (Teil des Lenkgestänges) (Kfz) / barra-guía *f* de la dirección ‖ ~**lenker** (Kfz) / camión *m* de cabina avanzada ‖ ~**lenkung** (Kfz) / dirección *f* delantera ‖ ~**linse** *f* (Opt) / lente *f* frontal ‖ ~**mähbalken** *m* (Landw) / barra *f* de corte frontal ‖ ~**mähwerk** *n* / segadora *f* frontal ‖ ~**mauer** *f* (Bau) / muro *m* de fachada ‖ ~**motor** *m* (Kfz) / motor *m* frontal ‖ ~**-Office-Bereich** *m* (Bank, DV) / área *f* de ventanilla

Frontofokometer

Fronto•fokometer n (Opt) / frontofocómetro m ‖ ⁓**genesis** f (Meteo) / frontogénesis f ‖ ⁓**lysis** f (Meteo) / frontólisis f
Frontormaschine f (Wzm) / torno m Frontor
Front•partie f (Kfz) / frontal m ‖ ⁓**passagiere** m pl (Kfz) / pasajeros m pl [en los asientos] delanteros ‖ ⁓**platte** f (Funk, Instr) / panel m frontal o de frente, tablero m delantero ‖ **von der** ⁓**platte aus bedient** (Eltronik) / controlado o mandado desde el panel frontal ‖ ⁓**rahmen** m / marco m frontal ‖ ⁓**ring** m (Opt) / anillo m de frente ‖ ⁓**schaufelbagger** m, -schaufler m (Bau) / pala f excavadora frontal, excavadora f de pala frontal ‖ ⁓**schaufellader** m (Bau) / cargador m de pala frontal ‖ ⁓**scheibe** f (Bahn, Kfz) / parabrisas m, vidrio m frontal, luna f delantera ‖ ⁓**schneider** m (Wz) / alicate m corte frontal ‖ ⁓ **[schnitt]mähmaschine** f (Landw) / segadora f empujada ‖ ⁓**schott** n (der Back) (Schiff) / mamparo m del castillo ‖ ⁓**schürze** f (Kfz) / revestimiento m delantero ‖ ⁓**seite** f (allg) / lado m frontal, cara f frontal, superficie f frontal ‖ ~**seitiger Kurssektor** (Luftf) / sector m de rumbo frontal ‖ ⁓**sitz** m (Kfz, Luftf) / asiento m delantero ‖ ⁓**speisung** f (Antenne) / alimentación f frontal ‖ ⁓**spoiler** m (Kfz) / spoiler m delantero ‖ ⁓**stapler** m (Flurförderer) / carretilla f elevadora frontal ‖ ⁓**steilheit** f (Eltronik, Funk) / pendiente f frontal ‖ ⁓**triebler** m (Kfz) / coche m con tracción delantera ‖ ⁓**tür** f (Kfz) / puerta f delantera o frontal ‖ ⁓**- u. Heck-Aufpralltest** m (Kfz) / ensayo m de colisión o impacto frontal y trasero contra barrera fija ‖ ⁓**verkleidung** f (Kfz) / revestimiento m frontal ‖ ⁓**wand** f (Bau) / muro m frontal, fachada f ‖ ⁓**welle** f / onda f rectilínea ‖ ⁓**werfer** m (Polizei) / cañón m de agua frontal ‖ ⁓**zapfwelle** f (Landw) / toma f de fuerza delantera
Frosch m (Feuerwerkskörper) / buscapiés m, petardo m, trabuca f ‖ ⁓, Explosionsramme f (Straßb) / martinete m de explosión ‖ ⁓**beinwicklung, Verbundwicklung** f (Elektr) / arrollamiento m en pata de rana ‖ ⁓**klemme**, Kniehebelklemme f (Elektr, Fernm) / rana f tensora, entenalla f ‖ ⁓**klemme** f, Parallelklemme f (Elektr) / rana f de mordazas paralelas ‖ ⁓**laichgärung** f (Zuck) / fermentación f mucilaginosa ‖ ⁓**mann** m (Schiff) / hombre-rana m ‖ ⁓**maul** n, Kaffenster n (Bau) / ventana f de medio punto o medio ojo ‖ ⁓**perspektive** f (Foto, Zeichn) / perspectiva f desde abajo
Frost m, scharfe Kälte (Meteo) / helada f ‖ **ewiger** ⁓ (Klima) / hielo m eterno ‖ **ewiger** ⁓, Dauerfrostboden m (Geol) / subsuelo m helado de modo permanente ‖ ⁓**aufbruch** m (Straßb) / levantamiento m por helada o congelación ‖ ⁓**ausbreitungsvorgänge** m pl / fenómenos m pl de propagación de las heladas ‖ ~**beständig**, -sicher / resistente a las heladas, incongelable ‖ ⁓**beständigkeit** f / resistencia f a las heladas ‖ ⁓**boden** m (Geol) / suelo m helado ‖ ⁓**brand** m (Bot) / nip ‖ ⁓**empfindlichkeit** f / sensibilidad f a las heladas
frosten, einfrieren / congelar v
Froster m (Tiefkühlteil) / congelador m ‖ ⁓, Verdampfer m (Kälte) / evaporador m de la nevera
frost•frei / libre de las heladas, protegido contra las heladas ‖ ~**geschädigte Rübe** f (Zuck) / remolacha f helada ‖ ⁓**grenze f im Boden** (Bau) / límite m de heladas ‖ ⁓**kern** m (Holz) / corazón m helado ‖ ⁓**punkt** m (Meteo, Phys) / punto m de congelación ‖ ⁓**riss** m (Holz) / grieta f de helada ‖ ⁓**rissig**, -klüftig (Holz, Stein) / agrietado por helada ‖ ⁓**schutz**... (Bau, Chem, Kfz) / anticongelante m, anticongelable, antirrefrigerante, antiheladas ‖ ⁓**schutz** m, -schutzmittel n (Kfz) / anticongelante m ‖ ⁓**schutzberegnung** f (Landw) / riego m antihelada por aspersión, aspersión antihelada ‖ ⁓**schutzkies** m (Straßb) / grava f de [la capa de] protección contra las heladas ‖ ⁓**schutzventil** n (Heizung) / válvula f automática antihelada ‖ ⁓**schutzzusatz** m **für Betonmischung** (Bau) / aditivo m anticongelante para hormigón ‖ ~**sicher** / protegido contra heladas ‖ ⁓**spanner** m, Frostnachtspanner m (Zool) / mariposa f de la escarcha ‖ **großer** ⁓**spanner**, Erannis defoliaria, Hibernia defoliaria (Schädling) / falena f deshojadora, defoliadora f ‖ **kleiner** ⁓**spanner**, Cheimatobia brumata / falena f invernal, queimatobio m de invierno, azote m de los frutales ‖ ⁓**sprengung** f (Geol) / gelifracción f ‖ ⁓**-Tau-Wechsel** m (Bau, Mat.Prüf) / ciclo m de helada-rocío ‖ ⁓**-Tau-Wechselversuch** m (Straßb) / ensayo m alternativo de helada-rocío ‖ ⁓**wächter** m / avisador m de heladas
Froth-Contact-Wärmeübertrager, Wärmeübertrager durch sprudelnde Wasserschicht m (Phys) / transmisor m de calor por [capa de] agua burbujeante
Frothingprozess m, Vorschäumverfahren n (Plast) / procedimiento m 'frothing', esponjado m frothing
frothy (Defekt, Gummi) / frothy
Frottee n m, Frottee-, Frottiergewebe n (Tex) / tejido m de rizo, rizo m ‖ **besonders dickes** ⁓**handtuch** (Tex) / toalla f de felpilla ‖ ⁓**tuch** n, Badetuch n / toalla f de rizo
Frotteurstrecke f, Nitschelstrecke f (Tex) / estiraje m por rotafrotadores, manuar m rotafrotador
Frottier•handtuch n / toalla f de rizo ‖ ⁓**webmaschine** f / telar m para tejido de rizo ‖ ⁓**zeug** n (Spinn) / aparato m frotador, rotafrotador m, cueros m pl frotadores
Froude•scher Zaum, Froudesche Bremse (Masch) / dinamómetro m de Froude, freno m [hidráulico] de Froude ‖ ⁓**zahl** f (Phys) / índice m de Froude
Frucht f (pl. Früchte), Obst n (Bot, Landw) / fruta[s] f [pl] ‖ ⁓ / fruto m ‖ ⁓, Getreide n (Landw) / cereales m pl, granos m pl ‖ ⁓ **tragen** (Bot) / dar o llevar frutos ‖ ⁓**wechseln** (Landw) / alternar el cultivo
fruchtbar / rico ‖ ~ (Vegetation) / fértil, feraz
Fruchtbarkeit, Ergiebigkeit f (Landw) / fertilidad f, feracidad f
fruchtbar•machend / fertilizante ‖ ⁓**machung** f / fertilización f
Frucht•dicksaft m / jarabe m, zumo m concentrado ‖ ⁓**essenz** f / esencia f de fruta[s] ‖ ⁓**ether** m, -öl n (künstlich) / éter m de frutas ‖ ⁓**ether**, etherisches Öl (natürlich) / aceite m esencial ‖ ⁓**extrakt** m / extracto m de frutas ‖ ⁓**fleisch** n (Bot) / sarcocarpio m, pulpa f ‖ ⁓**fliege** f (Zool) / mosca f de frutas, Ceratitis capitata ‖ ⁓**folge** f (Landw) / sucesión f de cultivos ‖ ⁓**hülse**, -schale f (Bot) / vaina f, cáscara f ‖ ⁓**konserve** f (Nahr) / conserva f de fruta, fruta f en conserva ‖ ⁓**mark**, -fleisch n (Früchte, Zuck) / pulpa f [de fruta] ‖ **[gepresste]** ⁓**masse** (z.B. des Apfels), Obsttrester m / residuos m pl de frutas, bagazo m ‖ ⁓**presse** f / exprimidor m de frutas, exprimidera f, exprimefrutas m, prensa f para estrujar ‖ ⁓**saft** m / zumo m de frutas ‖ ⁓**saftgewinnung** f / extracción f de zumo de frutas ‖ ⁓**saftzentrifuge** f / centrifugadora f de zumo de frutas ‖ ⁓**säure** f (Chem) / ácido m de frutas ‖ ⁓**schalenwickler** m, Carpocapsa pomonella (Zool) / polilla f del manzano ‖ ⁓**sirup** m / jarabe m de frutas ‖ ~**tragend** (Bot) / fructífero ‖ ~**tragender Baum** / árbol m frutal ‖ ⁓**transporter** m (Schiff) / frutero m, barco m frutero ‖ ⁓**wechsel** m, -wechselwirtschaft f (Landw) / cultivo m alterno, rotación f de cultivos o de cosechas ‖ ⁓**zucker**, Fruktose f (Chem) / fructosa f, levulosa f
Frue-Vanner m (Aufb) / frue vanner m
früh, frühzeitig / temprano ‖ ~**er**, älter / antes adv, más viejo ‖ ~**e Sorte** / variedad f temprano, temprano m ‖ ⁓... (Landw) / temprano, tempranal, tempranero ‖ ⁓**ausfälle** m pl (DV) / fallas f pl precoces ‖ ⁓**beet** n, -beetrahmen, -beetkasten m (Gartenbau) / tabla f de mantillo ‖ ⁓**festigkeit** f, -hochfestigkeit f (Beton) / gran f resistencia inicial ‖ ⁓**gemüse** n (Landw)

/ hortalizas *f pl* tempran[er]as ‖ ⁓**hanf** *m* (Bot) /
cañamo *m* de primavera ‖ ~**hochfest** (Zement) (Bau) /
de gran resistencia inicial ‖ ⁓**holz** *n* (Landw) / leño *m*
de primavera ‖ ⁓**jahrssaat** *f* (Landw) / siembra *f* de
primavera ‖ ⁓**kartoffeln** *f pl* / patatas *f pl*
tempran[er]as ‖ ⁓**kultur** *f* (Landw) / tempranal *m*
Frühlings..., Frühjahrs... (Astr) / vernal *adj*
früh•reif (Biol) / precoz, tempranero ‖ ⁓**reife** *f* /
precocidad *f* ‖ ⁓**schicht** *f* (F.Org) / jornada *f* temprana,
turno *m* de madrugada ‖ ⁓**schosser** *m* (Zuck) /
remolacha *f* espigada prematuramente ‖ ⁓**stadium** *n*
/ estadio *m* precoz o primero o temprano ‖ **Zeit der**
⁓**sterblichkeit** (Eltronik) / tiempo *m* de depuración
Frühstückspause *f* / pausa *f*, descanso *m* ‖ ⁓ **machen** /
tomar de las 10
Früh•warnfeuermelder *m* / preavisador *m* de incendios
‖ ⁓**warnsystem** *n* (Mil) / sistema *m* de prealerta ‖
⁓**warnung** *f*, Voralarm *m* (Mil) / prealerta *f* ‖
⁓**warnungslinie** *f*, DEW-Linie *f* / línea *f* avanzada de
prealerta ‖ ⁓**warnungssatellit** *m* / satélite *m* de
prealerta ‖ ~**zeitig**, vorzeitig / previo, prematuro ‖
~**zeitig** *adv*, rechtzeitig / a tiempo *adv*,
oportunamente *adv*, con la debida antelación ‖
⁓**zündung** *f* (Fehler) (Mot) / ignición *f* prematura ‖
⁓**zündung**, Vorzündung *f* (Kfz) / preencendido *m*,
preignición *f*, encendido *m* adelantado
Fruktose *f*, Fruchtzucker *m* (Chem) / fructosa *f*, levulosa *f*
FS (Fernm) = Fernschreiben ‖ ⁓ (Luftf) = Flugsicherung ‖ ⁓
= Fernsehen
F.S.B. = Fischereischutzboot
F₁-Schicht *f* (Atmosphäre) / capa *f* F₁
F₂-Schicht *f* (Ionosphäre) / capa *f* F₂, capa *f* Appleton
F-Schirmbilddarstellung *f* (Radar) / presentación *f*
[visual] tipo F
FS•-Flugplan *m* (Luftf) / plan *m* de vuelo[s] ‖
⁓**-Freigabe** *f* **einer Flughöhe oberhalb der**
Wolkendecke (Luftf) / autorización *f* de un vuelo por
encima del techo de nubes
FSI (= Fuel Stratified Injection - geschichtete
Aufladung) (Mot) / inyección *f* estratificada del
combustible
FS•-Informationsgebiet *n* (Luftf) / región *f* de
información de vuelo ‖ ⁓**-Informationszentrale** *f* /
centro *m* de información de vuelo, centro *m* FIC ‖
⁓**-Kontrollturm** *m* (Luftf) / torre *f* de control o de
dirección de tráfico ‖ ⁓**-Kontrollzone** *f* (Luftf) / zona *f*
de control de vuelo ‖ ⁓**-Lotse** *m* (Luftf) / controlador
m de vuelos ‖ ⁓**-Lotse für Start- u. Landebahn** (Luftf)
/ controlador *m* para pista de aterrizaje
F-Stück, Flansch-Spitzende *n* (Rohr) / racor *m* de brida
única
F-Synchronisation *f* (Foto) / sincronización *f* F
FTM (Eltronik) = Frequenz-Zeit-Modulation
FTS (Raumf) = Festtreibstoff ‖ ⁓ (F.Org) = fahrerloses
Transportsystem
FTZ (Fernm) = Fernmeldetechnisches Zentralamt
Fuchs *m*, Feuerzug *m* (Hütt) / conducto *m* de humos,
humero *m* ‖ ⁓ **des Kupolofens** (Hütt) / sifón *m* del
horno cupol ‖ ⁓**brücke** *f* (Hütt) / puente o altar del
conducto de humos
Fuchsin *n* (Chem) / fucsina *f* ‖ ~**schweflige Säure** / ácido
m sulfuroso de fucsina, reactivo *m* de Schiff
Fuchsit *m* (Min) / fucsita *f*
fuchs•rot / rojo *m* subido ‖ ⁓**schwanz** *m*, Handsäge *f*
(Wz) / serrucho *m* ‖ ⁓**schwanz mit Rücken** / serrucho
m de costilla ‖ ⁓**schwanzsägemaschine** *f* (Wzm) /
sierra *f* tronzadora mecánica
Fuderlader, Futterlader *m* (Landw) / cargador *m* de
forraje
Fugazität *f* (Chem, Phys) / fugacidad *f*
Fuge *f* (Tischl) / junta *f*, juntura *f*, ensambladura *f*, encaje
m ‖ ⁓ (Bau, Straßb), junta *f* ‖ ⁓, Nut *f*, Falz *m*, Rille *f* /
ranura *f*, rendija *f* ‖ ⁓, Einschnitt *m* / entalladura *f* ‖
⁓, Trennlinie *f* / comisura *f*, línea *f* de separación ‖ ⁓,

Naht *f* / costura *f* ‖ ⁓ *f*, Spalt *m* (Schw) / ranura *f*,
hendidura *f* ‖ ⁓, Wurzelöffnung *f* (Schw) / separación *f*
de bordes ‖ ⁓**n verstreichen**, ausfugen (Bau) / tapar
juntas, rejuntar, llaguear ‖ **aus den** ⁓**n gehen** /
desencajarse, dislocarse ‖ **aus den** ⁓**n gewichen** /
dislocado ‖ **hohle o. offene** ⁓ (Bau) / junta *f* abierta o
hueca
Füge•druck *m*, Schweißdruck *m* (Plast) / presión *f* de
soldadura ‖ ⁓**hobel** *m* (Tischl, Wz) / juntera *f*,
aderezador *m* ‖ ⁓**hobelmaschine** *f* **für Furnierpakete**
/ máquina *f* de cantear los paquetes de chapas de
madera ‖ ⁓**maschine** *f* (Tischl) / machihembradora *f*
fugen *vt*, ausfugen, verfugen (Bau) / rejuntar, llaguear ‖
⁓ *n* (Mauer) / rejuntado *m*, llagueado ‖ ⁓, Falzen *n*
(Tischl) / rebajado *m*
fügen, aneinander fügen, verbinden / juntar, unir,
acoplar ‖ ~, ineinander fügen, nesten / encajar ‖ ~,
zusammenfügen (Masch) / ensamblar ‖ ⁓ *n* (DIN
8593) (Fertg) / ensambladura *f*, ensamble *m*,
ensamblado *m*, montaje *m* ‖ ⁓ **durch Kerben**,
Verkerben, Vernieten, Sternen *n* (Metall) / ensamble
m por entallado ‖ ⁓ *n* **durch Kleben** / ensamble *m* por
pegado (bonding adhesivo)
Fugen•abdeckung *f* (Vorgang) (Bau) / cubrición *f* de
juntas ‖ ⁓**ausmalen** *n* (Bau) / pintado *m* de juntas ‖
⁓**band** *n* (Tischl) / cinta *f* [de cubrición] de juntas, cinta
f cubrejuntas preformada ‖ ⁓**bedeckung** *f*, -deckleiste
f (Bau) / cubrejuntas ‖ ⁓**dichtmasse** *f* (Bau) / masa *f*
selladora de juntas ‖ ⁓**dichtung** *f* (Material) /
guarnición *f* de junta, empaquetadura *f* de junta ‖
⁓**dichtung** (Vorgang) / hermetización *f* de junta ‖
⁓**durchlässigkeit** *f* (Bau) / permeabilidad *f* de juntas ‖
⁓**fläche** *f* / cara *f* de la junta ‖ ⁓**flämmen** *n* (Schw) /
escopleadura *f* a la llama de los bordes, escarpado *m* a
la llama de los bordes ‖ ⁓**flanke** *f* (Schw) / borde *m*
[preparado] de soldadura ‖ ⁓**form** *f* (Schw) / forma *f*
de los bordes ‖ ⁓**füllmasse** *f*, -dichtungsmasse *f* (Bau) /
masa *f* para juntas, pasta *f* estanqueizadora para
juntas ‖ ⁓**hobel** *m* (Tischl, Wz) / cepillo *m* acanalador ‖
⁓**hobeldüse** *f* (Schw) / boquilla *f* ranuradora ‖
⁓**hobeln** (Schw) / ranurado *m* con soplete,
acanalado *m* con soplete ‖ ⁓**hobler** *m* (Schw) / soplete
m ranurador ‖ ⁓**kelle** *f* (Bau) / palastrillo *m* de
rejuntar (E), cuchara *f* de rejuntar (LA) ‖ ⁓**kitt** *m* /
masilla *f* para juntas o ranuras ‖ ⁓**kratzer** *m*,
Kratzkelle *f* (Bau) / rasqueta *f* de juntas ‖ ⁓**leiste** *f*
(Bau, Tischl) / cubrejuntas *m* ‖ ~**los** / sin juntas o
junturas ‖ ~**los** (Gleis) / continuo, sin juntas ‖ ~**loser**
Fußboden (Bau) / suelo *m* sin juntas ‖ ~**lose**
Straßendecke (Straßb) / firme *m* sin juntas ‖ ⁓**material**
n (feuerfest) / material *m* [refractario] para tapar juntas
‖ ⁓**meißel** *m* (Wz) / cincel *m* ranurador, escoplo *m*
ranurador, buril *m* ‖ ⁓**rand** *m* (Plast) / borde *m* de una
junta, labio *m* de una junta ‖ ⁓**raum** *m* (Bau) / espacio
m de junta, hueco *m* ‖ ⁓**schleifmaschine** *f* (Straßb) /
cortadora *f* de juntas por muela ‖ ⁓**schneider** *m*,
Fugensäge *f* (Straßb) / cortadora *f* de juntas ‖
⁓**verhalten** *n* (Bau) / comportamiento *m* de una junta
‖ ⁓**versatz** *m* (Gieß) / mala *f* colocación, desajuste *m*
de juntas ‖ ⁓**verstreichung** *f*, Ausfugung *f* (Bau) /
tapado *m* de juntas ‖ ⁓**vibrator** *m* (Bau) / vibradora *f*
[de tableros] para juntas ‖ ⁓**vorbereitung** *f* (Schw) /
preparación *f* de los bordes ‖ ⁓**werkzeug** *n* (Bau) /
herramienta *f* para llaguear
Füge•spalt *m* (Schw) / ranura *f* de unión ‖ ⁓**technik** *f* /
técnica *f* de ensambladura o de unión ‖ ⁓**zeit** *f*,
Schweißzeit *f* (Plast) / tiempo *m* de soldadura
fühlbar, greifbar / sensible, táctil, palpable ‖ ~**e Wärme**
/ calor *m* sensible
fühlen *vt*, wahrnehmen / sentir, percibir ‖ ~, [ab]tasten /
palpar, explorar
Fühler, Messfühler *m*, Sonde *f* (Mess) / sonda *f* ‖ ⁓ *m*,
Sensor *m* (Elektr) / sensor *m*, elemento *m* sensible,
detector *m*, captador *m* ‖ ⁓, Taster *m* der Kopierfräse

Fühler

(Wzm) / palpador m ‖ ≈ m, Fühlhebel m (Masch, Web) / palanca f de contacto (E), palanca f sensitiva, tactor m, tanteador m, pulsador m (LA), testigo m sensible ‖ ≈ **der Koppeleinrichtung** (Raumf) / sonda f del mecanismo acoplador ‖ **~gesteuert** / mandado por palpador ‖ ≈**kopf** m / cabezal m explorador ‖ ≈**lehre** f, Spion m (Mess) / galga f de espesores (E), calibre m explorador (LA), calibre sonda m (LA) ‖ ≈**steuerung** f (Wzm) / mando m por palpado (E), mando m por pulsador (LA)
Fühl • hebel m (Elektr) / palanca f sensitiva, palanca f de contacto ‖ ≈**hebel** s. auch Fühler ‖ ≈**hebelmessgerät** n, Fühlhebel m (Mess) / medidor de palanca sensitiva m, instrumento m medidor con palpador ‖ ≈**nadel** f (Wzm) / aguja f palpadora ‖ ≈**nadel** (Einspritzdüse, Mot) / aguja f sensitiva ‖ ≈**schiene** (Bahn) / pedal m de enclavamiento, barra f de enclavamiento ‖ ≈**schiene einer spitz befahrenen Weiche** (Wzm) / pedal m mecánico para agujas de punta ‖ ≈**schraube** f / tornillo m sensitivo ‖ ≈**stab** m / barra f palpadora, varilla f palpadora ‖ ≈**stift** m / espiga f palpadora ‖ ≈**uhr** f / comparador m mecánico o de reloj
führen vt (in Führungen) / guiar ‖ ~, leiten / guiar, conducir ‖ ~ (Fahrzeug) / conducir v, guiar v, manejar v (LA) ‖ ~ (Luftf, Schiff) / pilotar ‖ ~, hinführen, leiten [zu] / llevar [a] ‖ ~ [zu], bewirken / producir, ocasionar, provocar, originar v ‖ ~, enthalten (Bergb) / contener ‖ **den Cursor ~** / mover el cursor ‖ **die Schmelze ~** (Hütt) / operar la fusión ‖ **mit sich ~** (Geröll etc.) (Fluss) / acarrear v, arrastrar ‖ **Strom ~** (Elektr) / estar bajo tensión, conducir corriente ‖ ≈ n (allg, Kfz) / conducción f
führend • es Fabrikat / producto m de primera categoría, líder m ‖ **~e Null**, Leer- o. Füll-Null f (DV) / cero m no significativo, cero m a la izquierda ‖ **~er Platz** (Fernm) / posición f directriz o principal
Führer m, Lineal n (Nähm) / guía f ‖ ≈, Fahrer m (Kfz) / conductor m, chófer m ‖ ≈ (Luftf, Schiff) / piloto m ‖ ≈ (Straßenbahn) / conductor m ‖ ≈ **eines elektrischen Triebfahrzeuges** (Bahn) / conductor m, maquinista m ‖ ≈**bremsventil** n (Bahn) / válvula f de mando de freno ‖ ≈**bremsventil der Zusatzbremse**, Rangierbremsventil n / válvula f de mando de freno de maniobra ‖ ≈**kabine** f, -korb m (Kran) / cabina f del maquinista o de mando, casilla f del maquinista ‖ ≈**kanzel** f, Cockpit n (Luftf) / cabina f del piloto, carlinga f ‖ **~los**, unbemannt (Luftf) / sin piloto, no tripulado ‖ ≈**pult** n (Lokomotive) / pupitre m del maquinista ‖ ≈**schalter** m, Steuerfahrschalter m (Bahn, Elektr) / combinador m ‖ ≈**schein** m (Jetzt: Fahrerlaubnis) (Kfz) / permiso m de conducir, carné m de chofer, licencia f de manejar (MEX) ‖ ≈**sitz** m, Fahrersitz m (Kfz) / asiento m del conductor ‖ ≈**sitzanlasser** m (Luftf) / arrancador m al alcance del piloto ‖ ≈**stand** m (Bahn) / puesto m de maquinista (E), cabina f de conducción (PERU), caseta f de conducción (PERU) ‖ ≈**stand** m (Kran, Seilb) / puesto m de maniobra ‖ ≈**stands[lauf]katze** f (Kran) (Förd) / carro m de maniobra ‖ ≈**standssignal** n (Bahn) / repetidor m de señales en la cabina de la locomotora
Fuhrpark m (Kfz) / parque m móvil, parque m de vehículos
Führung f, Leitung f / conducción f, guía f ‖ ≈, Steuerung f, Lenkung f (z.B. Betriebs...) / dirección f ‖ ≈ (Luftf) / pilotaje m ‖ ≈ (Masch) / guía f, riel m o guía m, guiadera f, dispositivo de guía m, regleta f de guía ‖ ≈, Regelung f / control m, mando m, guiado m ‖ ≈, Wange f (Wzm) / bancada f ‖ ≈**en** f pl (Bahn) / contracarril m (E), contrariel m (LA) ‖ ≈ f (Schiff) / mando m ‖ ≈ (Eltronik) / conmutación f ‖ ≈ **der Schmelze** (Hütt) / conducción f de la colada ‖ ≈ **eines Ofens usw.** / dirección f de la marcha o del funcionamiento ‖ ≈ **für lagenweises Wickeln** / rodillo-guía m ‖ ≈ **in der Endphase**,
Endphasenlenkung f / guiado m [en la fase] final ‖ **automatische** ≈ **einer Kfz-Kolonne** (Verkehr) / platooning m
Führungs • achse f (Bahn) / eje m director ‖ ≈**ansatz** m (Schraube) / espiga-guía f ‖ ≈**arm** m (Wzm) / brazo m de conducción ‖ ≈**backe** f / mordaza f de guía ‖ ≈**bahn** f (allg) / vía f de conducción ‖ ≈**bahn**, Führungen f pl (Wzm) / guía f [de conducción] ‖ ≈**bahn**, Kulisse f / colisa f ‖ ≈**bahn** (Aufzug) / guía f para la cabina ‖ ≈**bahn** (Schacht) / vía f de deslizamiento ‖ ≈**bahn**, -laufbahn f (Wälzlager) / pista f de rodadura, camino m de rodadura ‖ ≈**bahn-Schleifmaschine** f (Wzm) / rectificadora f para vías de deslizamiento ‖ ≈**band** n, Führungsring m (Granate) / faja f de forzamiento, anillo-guía m ‖ ≈**block** m, -schlitten m (Masch) / carro-guía m, [pieza] corredera de guía ‖ ≈**bogen** (Masch) / arco m de guía ‖ ≈**bogen am Steuerungshebel** (Dampfm) / sector m de la palanca de inversión de marcha ‖ ≈**bogen am Zirkel** (Zeichn) / sector m del compás ‖ ≈**bohrstange** f (Bergb) / barra f portabrocas con guía ‖ ≈**bolzen** m (Masch) / perno m [de] guía, bulón-guía m ‖ ≈**buchse** f, -hülse f (allg) / casquillo m [de] guía, manguito m [de] guía ‖ ≈**buchse** (Drehautomat) (Wzm) / caja f de guía (torno automático) ‖ ≈**direktleitung** f (Fernm) / teléfono m rojo de la dirección, línea f directa del jefe ‖ ≈**fase**, Fase f (Wz) / faja-guía f ‖ ≈**feder** f (Tischl) / lengüeta f ‖ ≈**feld** n (Teilchenbeschl) / campo m de guía ‖ ≈**fläche** f / superficie f [de] guía o de guiado, plano m de guía ‖ ≈**folgeschnitt** m (Stanz) / útil m consecutivo con bastidor de guía ‖ ≈**gas** n (Chem) / gas m de arrastre ‖ ≈**gelenk** n (allg) / articulación f [de] guía ‖ ≈**gelenk** (Kfz) / rótula f del pivote de maniobra ‖ ≈**gestänge** n (Masch) / varillas f pl de guía [y control], varillaje m de guía [y control] ‖ ≈**gestell** n (Stanz) / bastidor m de guía ‖ ≈**gremium** n, -schicht f, -team n (F.Org) / ejecutivos m pl, equipo m director ‖ ≈**größe** f (Regeln) / magnitud f piloto o directriz o de guía
Führungshebel m / palanca f de guía, palanca-guía f ‖ ≈ (Kamera) / palanca f de mando ‖ **[Faden-]** ≈ (Nähm) / palanca f guíahilo
Führungs • hülse f, -buchse f (allg) / manguito-guía m ‖ ≈**hülse** (Schraubendreher) / manguito m de centrado ‖ ≈**informatik** f (DV) / informática f de gestión, procesamiento m de datos para administración de empresas ‖ ≈**kabel**, Ankerseil n (Fallschirm) / cable estático del paracaídas ‖ ≈**käfig** m (Wälzlager) / jaula-guía f ‖ ≈**kamm** m (Web) / peine-guía m ‖ ≈**kanal** m **der Strangpressform** (Gieß, Plast) / canal m de la boquilla ‖ ≈**kante**, Anlegekante f / arista f de guía, canto m de guía ‖ ≈**kante** f (Schiene) (Bahn) / borde m de guía (riel) ‖ ≈**kasten** m (Hütt) / caja f de guía ‖ ≈**kette** f (Pflug) / cadena f para guía automática ‖ ≈**klaue** f / entalla-guía f ‖ ≈**kräfte** f pl, -schicht f (F.Org) / ejecutivos m pl, personal m directivo ‖ ≈**kratzer** m (Fehler, Walzw) / rasguño m de guía ‖ ≈**lager** n (Fahrz, Masch) / rodamiento m guía, cojinete m guía ‖ ≈**länge** f / longitud f de guiado ‖ ≈**länge** (Ziehstein) / longitud f calibrada ‖ ≈**leiste** f / listón m de guía ‖ ≈**lineal** n / regla f de guía ‖ ≈**lineal**, -leiste f (Masch) / regleta f de guía[do], regleta-guía f ‖ ≈**linie** f **bei Rotationsdruck** (Druck) / línea f muerta ‖ ≈**loch** n / orificio m guía, agujero m de guía ‖ ≈**loch** (Stanz) / agujero m de posicionamiento ‖ ≈**meißel** m (Öl) / barrena f piloto ‖ ≈**mutter** f / tuerca f guía ‖ ≈**nocke** f / leva f de guía ‖ ≈**nut** f / ranura f de guía, ranura-guía f ‖ ≈**prisma** n (Wzm) / guía f prismática o de V invertida ‖ ≈**rand** m (Masch) / borde m de guía ‖ ≈**regler** m (Regeln) / regulador m piloto, órgano m director ‖ ≈**reibahle** f (Wz) / escariador m de [volvedor con] guía ‖ ≈**ring** m / anillo-guía m, aro-guía m ‖ ≈**ring**, -band n (Granate) / faja f de forzamiento, anillo-guía m ‖ ≈**rippe** f, -leiste f / nervio m [de] guía ‖ ≈**rohr** n, Schutz-Führungsrohr n (Öl) / primer m tubo

Füllöffnung

revestidor ‖ ⁓rolle f (eines Fleiers) (Tex) / polea-guía f, rodillo m [de] guía ‖ ⁓rolle (Wzm) / rodillo m de contacto o palpador ‖ eine ⁓rolle einnehmen / tomar una posición protagonista m ‖ ⁓säule f (Stanz) / columna-guía f ‖ ⁓scheibe f / arandela f de guía ‖ ⁓scheibe (Riemen) / polea f conductora ‖ ⁓schiene f (Bahn) / riel m [de] guía, carril [de] guía ‖ ⁓schiene für Profillatten (Straßb) / riel-guía m para regla arasadora del hormigón ‖ ⁓schlitten m (Wzm) / carro m de guía, corredera f de guía ‖ ⁓schlitz m / ranura f [de] guía ‖ ⁓schnitt m (Stanz) / útil m con bastidor de guía ‖ ⁓schraube f / tornillo m de guía, tornillo-guía m ‖ ⁓schuh m (am Fördergestell) (Bergb) / patín m de guía ‖ ⁓schulter f (Kugellager) / reborde m de guía ‖ ⁓seil n / cable m de guía ‖ ⁓sektor m (Weiche) (Bahn) / sector m de guía, arco m de guía ‖ ⁓spiel n / juego m de guiado ‖ ⁓stange, Leitstange f (Masch) / vástago m [de] guía, varilla-guía f, barra f de guía ‖ ⁓stift m (Stanz) / espiga f de guía, espiga-guía f, pasador m de guía, clavija-guía f ‖ ⁓stück n (Räumwz) / guía f trasera de un escariador ‖ ⁓teil m des Geschosses (Mil) / parte f de guía de la bala ‖ ⁓teile n pl / piezas-guía f pl ‖ ⁓text m für Bediener (DV) / mensaje m guía para operador ‖ ⁓tisch m (Walzw) / mesa f de guía [do] ‖ ⁓walze f / cilindro m conductor, rodillo m conductor, cilindro m [de] guía ‖ ⁓walzen m (Walzw) / laminado m guiado ‖ ⁓wand f (Hydr) / pared f de guía ‖ ⁓warze f (Schiff) / espolón m de guía ‖ ⁓welle f (nach de Broglie) (Phys) / onda f piloto o identificador ‖ ⁓zapfen m / espiga f de guía, gorrón m de guía ‖ ⁓zapfen der Röhre (Eltronik) / espiga f del tubo termoiónico, macho m

Fuhr•unternehmer m, Speditionsbetrieb m, Spediteur m / agente m transportista, transportista m ‖ ⁓werk n, Wagen m / vagón m, vehículo m, carro m ‖ ⁓werk (f. Zugtiere) / vehículo m de tracción animal ‖ ⁓werkswaage f / báscula f de plataforma ‖ ⁓wesen n / transportes m pl, acarreo m, [servicio de] camionaje m

Fulgurit m, Blitzröhre f (Geol) / fulgurita f
Fulgurometer n (Mess) / fulgurómetro m
Füll•ansatz m (des Ballons) (Luftf) / racor m de relleno, apéndice m de inflación o de llenado, manguito m de inflación o de llenado ‖ ⁓apparat m (Masch) / aparato m alimentador ‖ ⁓apparat, -vorrichtung f / dispositivo m de llenar, llenadora f ‖ ⁓appretur f (Tex) / apresto m de relleno ‖ ⁓bauweise f (Plast) / construcción m 'sandwich' ‖ ⁓befehl m (DV) / instrucción f inoperativa, seudoinstrucción f ‖ ⁓beton m (Bau) / hormigón m magro de relleno ‖ ⁓bleistift, Drehbleistift m / portaminas m ‖ ⁓boden m (Zellst. Kocher) / plataforma f de alimentación o de carga ‖ ⁓buchstabe m (DV) / letra f inoperativa ‖ ⁓decke f (Bau) / techo m de relleno ‖ ⁓dichte f (Pulv.Met) / densidad f del polvo no compactado ‖ ⁓draht m (allg) / alambre m de relleno ‖ ⁓drahtelektrode f (Schw) / electrodo m con alma ‖ ⁓draht-Machart f (Seil) / construcción f con alambres de relleno ‖ ⁓drehzahl f (Wzm) / velocidad f de llenado ‖ ⁓druck m (Kompressor) / presión f de carga o de llenado ‖ ⁓einrichtung f / dispositivo m envasador o cargador o alimentador, instalación f envasadora, dispositivo m de llenado (de carga)
füllen vt, ein-, auf-, wegfüllen / llenar [de o con] ‖ ~, aufblasen / inflar v, hinchar v ‖ ~, beschicken / cargar v, cebar v ‖ ~, umfüllen / trasvasar v ‖ ~ (Grube, Loch), auffüllen / cubrir ‖ ~, polstern / acolchar v, rellenar v ‖ bis zum Rand ~ / llenar hasta el borde ‖ Fässer ~ / embarrilar v, entonelar v ‖ Flaschen ~ / embotellar, enfrascar v ‖ in Bottiche gießen od. ~ / encubar ‖ Säcke ~ / ensacar v ‖ ~ n, Füllvorgang m / llenado m, relleno m
Füller m, Fülleinrichtung f / llenadora f, cargador m, dispositivo m de llenado ‖ ⁓, Streckmittel m (Farbe) /

carga f, pigmento m de carga ‖ ⁓, Füllmaterial n (Straßb) / agregado m fino, harina f, rellenador m
Fuller-Bonnot-Luftstrom-Kugelmühle f (Bergb) / molino m de bolas Fuller-Bonnot
Fullerene n pl (Fußballmoleküle), buckyballs (Chem) / fulerenos m pl
Fuller•erde f, Bleicherde f (Färb) / tierra f de batán, tierra f de blanqueo ‖ ⁓kurve f (Beton) / parábola f de Fuller ‖ ⁓-Lehigh Ring-Kugelmühle f (Aufb) / pulverizador m de bolas Fuller-Lehigh ‖ ⁓mühle f (Aufb) / trituradora f centrífuga Fuller ‖ ⁓pumpe f / bomba f Fuller-Kinyon
Füllerzugabe f (Straßb) / adición f de rellenador
Füll•faden m (Web) / hilo m de relleno ‖ ⁓faktor m (allg) / factor m de llenado ‖ ⁓faktor, -konstante f (Plast, Sintern) / factor m de compresión, razón f de espacio o de relleno ‖ ⁓faktor (Seil, Spulenwicklung) / factor m de espacio o de relleno ‖ ⁓faktor (Nukl) / factor m de contracción ‖ ⁓faserpflanzen f pl / plantas f pl fibrosas para acolchado ‖ ⁓federhalter m, Füller m (Büro) / pluma f estilográfica o fuente ‖ ⁓form f (Plast) / molde m positivo ‖ ⁓form mit Abquetschfläche (Plast) / molde m positivo con borde de rebaba ‖ ⁓gas n (Ballon) / gas m de inflación ‖ ⁓gerät n, Aufblasegerät n (Ballon, Reifen) / inflador m ‖ ⁓gewicht m (allg) / peso m de relleno o de carga, peso m al envasar ‖ ⁓gewicht, Schussgewicht n (Plast) / peso m de una inyectada ‖ ⁓gewicht (Sintern) / peso m no compacto ‖ ⁓grad m (Drahtseil) / coeficiente m de relleno ‖ ⁓gut n / producto m llenador ‖ ⁓haar n (Polsterung) / pelote m ‖ ⁓hahn m (Kessel) / grifo de llenado ‖ ⁓hahn (Behältnis) (Pumpe) / grifo m de carga ‖ ⁓höhe f / altura f de relleno ‖ ⁓holz n, -klotz m (Verp) / madera f de relleno ‖ ⁓holz, Stauholz n (Schiff) / madera f para estiba ‖ ⁓holz n (Furnierplatte) / madera f de relleno, soporte m ‖ ⁓kamm (Wolle) / peine m fijo ‖ ⁓kasten m (Spinn) / depósito m de alimentación ‖ ⁓kette f (Tex) / urdimbre f de relleno ‖ ⁓koks m (Hütt) / coque m de relleno ‖ ⁓kokssäule f / lecho m de coque ‖ ⁓konstante f, Schüttvolumen m / módulo m volumétrico ‖ ⁓körpersäule, -körperkolonne f (Chem Verf) / columna f de cuerpos llenadores ‖ ⁓körperschüttung, -körperschüttschicht f (Chem Verf) / capa f de cuerpos llenadores ‖ ⁓kraft, Fülle f (Farbe) / cuerpo m ‖ ⁓loch n / orificio m de llenado, tubuladura f de llenado, boca f de llenado ‖ ⁓lochverschlussschraube f / tapón m roscado de la tubuladura de llenado ‖ ⁓magazin n (Web) / cargador m ‖ ⁓marke f / marca f de relleno ‖ ⁓maschine f / máquina f llenadora, llenadora f ‖ ⁓masse f / masa f o pasta de relleno, materia f o material de relleno ‖ ⁓masse (Akku) / pasta f de relleno ‖ ⁓masse, Isoliermasse f (Elektr) / masa f aislante ‖ ⁓masse (Zuck) / masa f cocida ‖ ⁓masseknoten m (Zuck) / grumo m de masa cocida ‖ ⁓massen..., nicht zentrifugiert (Zuck) / no centrifugado ‖ ⁓masseschieber m (Zuck) / corredera f vaciadora para masa cocida ‖ ⁓material n (z.B. für Wärmeisolierung) (Bau) / material m termoaislante ‖ ⁓material (Bau) / material m de relleno ‖ ⁓material, Beschwerungsmittel n, Füllstoff m (Chem) / carga f ‖ ⁓material, Blindmaterial n (Druck) / blancos m pl tipográficos ‖ ⁓material s. Füllstoff ‖ ⁓menge f, -gewicht n / volumen m de relleno, peso m de relleno ‖ ⁓menge (z.B. Pipeline) / carga f (por ej. de un oleoducto) ‖ ⁓mittel n s. Füllstoff ‖ ⁓niet m / remache m postizo o falso ‖ ⁓-Null f, führende o. Leer-Null (DV) / cero m a la izquierda, cero m no significativo ‖ ⁓nut[e] f, Einfüllöffnung f, Fülloch n (Kugellager) / ranura f para entrada de las bolas, escotadura f para entrada de las bolas ‖ ⁓öffnung f, Einsetz-,

489

Füllöffnung

Arbeitstür f (Hütt) / abertura f de carga, lumbrera f de carga ‖ ⁓**öffnung** s. auch Füllloch ‖ ⁓**ort** n (Bergb) / cargadero m ‖ ⁓**orteinrichtung** f, Aufschieber m (Bergb) / enjaulador m ‖ ⁓**pigment** n, -stoff m (Lack) / pigmento m de carga ‖ ⁓**pulver O2** n, F.P. 02, TNT (Chem) / trinitrotolueno m ‖ ⁓**rahmen** m (Gieß) / bastidor m para llenar arena ‖ ⁓**raum** m (Formerei, Gieß) / espacio m de carga ‖ ⁓**raum** (Sintern) / volumen m del molde ‖ ⁓**raum [der Form]** (Plast) / cámara f de carga o de compresión ‖ ⁓**raum-Abquetschwerkzeug** n, semipositive Form (Plast) / molde m semipositivo ‖ ⁓**raumform** f, -werkzeug n (Plast) / molde m positivo ‖ ⁓**raumspiel** n (Plast) / juego m para la salida de exceso ‖ ⁓**raumtiefe** f (Sintern) / profundidad f de llenado ‖ ⁓**rumpf**, Vorratsbunker m (Bergb) / depósito-tolva m ‖ ⁓**rumpf** m, Überladerumpf m, Fülltrichter m / plano m inclinado de transbordo ‖ ⁓**sand** m (Gieß) / arena f de relleno ‖ ⁓**säure** f (Akku) / ácido m de relleno, ácido m para acumuladores, electrólito m ‖ ⁓**schaufel** f / manguera f de trasiego, manga f de trasiego, pala f de llenar ‖ ⁓**schlauch** m (Flüssigkeit) / tubo m flexible de llenar (líquidos) ‖ ⁓**schlauch** (Gas) / tubo m flexible de inflación ‖ ⁓**schrift** f (Audio) / grabado m amplitudiforme ‖ ⁓**schuss** m, Futterschuss m (Web) / trama f de relleno ‖ ⁓**schwall** m (Hydr) / represamiento m ‖ ⁓**schwelle** f (Bahn) / traviesa f de relleno ‖ ⁓**sender** m (TV) / emisora f satélite, estación f de relleno ‖ ⁓**sieb** n / criba f de llenado ‖ ⁓**sohle** f (Schuh) / refuerzo m del tenar ‖ ⁓**sparren** m (Zimm) / cabrio m de relleno ‖ ⁓**stab** m (Stahlbau) / barra f de celosía ‖ ⁓**stand** m / nivel m de relleno o de carga

Füllstands•anzeiger m / indicador m del nivel ‖ ⁓**fühler** m (Raumf) / sensor m del nivel ‖ ⁓**messgerät** n (mit feststehender Strahlungsquelle) (Nukl) / medidor m del nivel estático con fuente de radiación fija ‖ ⁓**messgerät mit eigener Strahlungsquelle** (Nukl) / medidor m de nivel con fuente de radiación propia ‖ ⁓**messung** f (im Behälter) / medición f del nivel ‖ ⁓**regelung** f / regulación f del nivel de relleno ‖ ⁓**wächter** m / avisador-regulador m del nivel

Füll•station f / estación f de carga o llenado, puesto m de trasiego ‖ ⁓**stein** m (zur Betonersparnis) (Bau) / piedra f de relleno ‖ ⁓**steine** m pl (Maurer) / mampuestos m pl ‖ ⁓**steine** (Hütt) / cascajo m ‖ ⁓**stellung** f (Bremse) / posición f de cargar [el freno], posición f de llenado ‖ ⁓**stellung** (Konverter) / posición f de carga ‖ ⁓**stift** m, Spatie f (Druck) / espacio m ‖ ⁓**stoff** m, -mittel n (allg) / su[b]stancia f de relleno, relleno m ‖ ⁓**stoff** (DIN) (Farbe) / carga f para el cubrimiento, pigmento m de carga ‖ ⁓**stoff**, -masse f, -material, -mittel n (Chem, Pap, Plast) / material m de relleno, ingrediente m de relleno, carga f ‖ ⁓**stoff** s. auch Füllmaterial ‖ ⁓**stoffaktivator** n (Appretur) / activador m de material de carga ‖ ~**stofffrei** (Plast) / sin carga[s] ‖ ~**stofffreie Mischung** (Elastomer) / mezcla f [pura goma] sin carga ‖ ⁓**strich** m (Gefäß) / marca f de relleno ‖ ⁓**stück** n, Zwischenstück n (Masch) / pieza f intermedia o intercalada ‖ ⁓**stück** (Sperrholz) / pieza f empotrada o de encaje ‖ ⁓**stutzen** m **für Öl** (Mot) / tubuladura f de llenado, boquilla f para llenar

Full-Time-Job m, Vollzeitbeschäftigung f / trabajo m de tiempo completo

Füll•trichter m (Masch) / tolva f de carga o de alimentación ‖ ⁓**trichter** (Chem) / embudo m de llenado o de carga ‖ ⁓**tür** f (Heizung) / puerta f de carga, portezuela f de carga ‖ ⁓**tür** (Waschmaschine) / portezuela f, puerta f delantera ‖ ⁓**- und Ablasshahn** m / grifo m de llenado y de purga ‖ ⁓**- und Druckprüfgerät** n (Reifen) / aparato m de inflar con manómetro

Füllung f, Ladung f, abgeteilte Menge f, Schub m / carga f ‖ ⁓, Inhalt m / contenido m ‖ ⁓ (Bremse) (Tätigkeit) / relleno m, llenado m, proceso m de llenar, alimentación f ‖ ⁓ (Vorgang) (Ballon) / inflación f, hinchado m ‖ ⁓ (Dampfm) / admisión f ‖ ⁓, Ausfütterung f (Masch) / revestimiento m, forro m ‖ ⁓ f, Türfüllung f (Tischl) / panel m, entrepaño m ‖ ⁓, Polsterung f (Möbel) / acolchado m, relleno m, tapicería f ‖ ⁓ (des Geschosses) (Mil) / carga f (del proyectil) ‖ ⁓ **des Fallschirms**, Öffnung f (Luftf) / despliegue m del paracaídas ‖ ⁓ **von oben, [unten]** (Masch) / alimentación f por la parte superior [inferior], carga f por la parte superior [inferior]

Füllungs•grad m (allg, Bunker) / grado m de relleno, nivel m de relleno ‖ ⁓**grad** (Diesel) / grado m de admisión ‖ ⁓**regelung** f (Mot) / regulación f de la admisión [por inyección parcial] ‖ ⁓**regelung** (Mot) / regulación f de llenado ‖ ⁓**stab** m (Stahlbau) / barra f de celosía ‖ ⁓**tür** f (Tischl) / puerta f de paneles o con entrepaño

Füll•vliesstoff m (Tex) / material m de relleno no tejido ‖ ⁓**volumen** n / volumen m de llenado ‖ ⁓**volumen** (Plast) / volumen m de inyección ‖ ⁓**vorrichtung** f, -apparat m / dispositivo m llenador o de llenado, dispositivo m de envasado o de carga ‖ ⁓**wagen** m (Koksofen) (Hütt) / vagón m de carga (horno de coque) ‖ ⁓**wand** f, Paneel[werk] n (Bau) / pared f de panel[es] ‖ ⁓**wirkung** f (Färbung) / efecto m de plenitud ‖ ⁓**wort** n (DV) / palabra f de relleno ‖ ⁓**zeichen** n, -ziffer f (DV) / carácter m de relleno, símbolo m de relleno, cifra f de relleno ‖ ⁓**zustand** m (Tank etc.) / estado m de llenado

Fulminat n (Chem) / fulminato m
Fulvene n pl (Chem) / fulvenos m pl
Fulvinsäure f (Chem) / ácido m fúlvico
Fumarat n (Chem) / fumarato m
Fumarin n (Chem) / fumarina f
Fumarole f (Geol) / fumarola f
Fumarsäure f (Chem) / ácido m fumárico
Fundament n, Bett n (Masch) / asiento m, lecho m ‖ ⁓ (Basis) (Bau) / fundamento m, base f, fundación f ‖ ⁓, Basis f (Bau) / fundación f, cimientos m pl ‖ ⁓ n, Fundamentplatte f, -rahmen f (Masch) / placa f base, asiento m ‖ **das** ⁓ **legen** (Bau) / cimentar, fundamentarsentar o echar los cimientos ‖ **durchgehendes** ⁓, Fundamentstreifen m / cimentación f continua ‖ **versenktes o. unverschaltes** ⁓ / cimentación f bajada, cimientos m pl no encofrados

Fundamentabsatz m / resalto m de cimiento
fundamental, Grund... / fundamental adj, básico adj ‖ ⁓**gleichung** f (Math) / ecuación f fundamental ‖ ⁓**gruppe** f (Math) / grupo m fundamental ‖ ⁓**punkte** m pl (Temp. Messung) / puntos m pl de referencia ‖ ⁓**satz** m (Math) / principio m fundamental ‖ ⁓**serie**, Bergmannserie f (Spektrum) / serie f fundamental, serie f de Bergmann ‖ ⁓**welle** f (Phys) / onda f fundamental

Fundament•anker m (Bau) / tocho m de anclaje, perno m de fundación ‖ ⁓**auflager** n, Fundamentbasis f / zapata f de cimentación ‖ ⁓**aussparung** f / hueco m de fundamento ‖ ⁓**bolzen** m / perno m de cimentación, espárrago m de cimentación ‖ ⁓**graben** m, -grube f (Bau) / zanja f de cimentación ‖ ⁓**grube** f (Bau) / foso m de cimentación ‖ ⁓**grubenplan** m / plano m de fosos de cimentación

fundamentieren vt / cimentar v, fundamentar, sentar o echar los cimientos
Fundamentierung f / fundamentación f, fundación f, cimentación f

Fundament•klotz m, -block m / bloque m de los cimientos ‖ ⁓**mauer** f, Grundmauer f / muro m de fundación, muro m de cimentación ‖ **unterer Teil einer** ⁓**platte** / base f de la placa de fundación ‖ ⁓**platte** f / placa f de fundación o de fundamento, suela f ‖ ⁓**platte in Stahlbeton** / suela f de hormigón

armado ‖ ⁓**rahmen** *m* / bastidor *m* de cimentación ‖ **hölzerner** ⁓**rahmen** (für Baumaschinen) (Bau) / bastidor *m* base de madera (para maquinaria de obras) ‖ ⁓**schacht** *m* / pozo *m* de fundación ‖ ⁓**schiene** *f* (Elektr) / riel *m* de asiento ‖ ⁓**schraube** *f*, -bolzen *m*, Ankerschraube *f* (Bau) / perno *m* de fundación, tornillo *m* de anclaje o de asiento ‖ ⁓**sohle** *f* / solera *f* de cimentación ‖ ⁓**vorsprung** *m* / arranque *m* del cimiento ‖ ⁓**zeichnung** *f*, -plan *m* (Bau) / plano *m* de fundación o de cimentación ‖ ⁓**zeichnung einer Maschine** / plano *m* del asiento de una máquina
fundiert, solide (Kenntnisse) / sólido
Fundierungsarbeiten *f pl* (Bau) / trabajos *m pl* de cimentación
fündig (Bergb) / con éxito, con indicios, positivo ‖ ~ **werden** / descubrir un yacimiento
Fundort *m*, Vorkommen *n* (Min) / yacimiento *m*, lugar *m* del hallazgo
Funduskamera *f* (Opt) / cámara *f* [fotográfica] para fondo del ojo
fünf•atomig (Chem) / pentatómico ‖ ⁓**bit-Gruppe** *f* (DV) / quinteto *m* ‖ ⁓**blatt-Bogen** *m* (Bau) / arco *m* quinquefoliado ‖ ⁓**dekaden...** (Math) / de cinco números o dígitos o cifras ‖ ~**eck**, -seit, Pentagon *n* (Geom) / pentágono *m* ‖ ~**eckig**, -kantig / pentagonal *adj* ‖ ⁓**eckigkeit** *f* / pentagonalidad *f* ‖ ⁓**elektrodenröhre** *f*, Pentode *f* (Eltronik) / pentodo *m*
Fünfer *m* (Kabelbezeichnung) / cable *m* de cinco conductores ‖ ⁓**alphabet** *n*, Baudotalphabet *n* (Fernm) / alfabeto *m* de cinco elementos o unidades ‖ ⁓**code** *m*, -alphabet *n* (Fernm) / código *m* de cinco unidades o elementos, código *m* Baudot ‖ ⁓**gruppe** *f* (Chem, Math) / quinario *m* ‖ ⁓**kanal** *m* (Fernm) / banda *f* de cinco canales ‖ ⁓**kombination** *f* (Fernschreiber) / combinación *f* de cinco impulsos ‖ ⁓**teilerkette** *f* (TV) / cadena *f* de divisores de razón cinco ‖ ⁓**teilerstufe** *f* / paso *m* de divisor de razón cinco ‖ ⁓**zählung** *f* / cuenta *f* de cinco
fünf•fach / quíntuplo, quíntuple, cinco veces tanto ‖ ~**fache Wellpappe** / cartón *m* ondulado quíntuplo ‖ ⁓**finger...** (Phys) / pentadigital *adj* ‖ ~**flächig** (Geom) / pentaédrico *adj* ‖ ⁓**flächner** *m*, Pentaeder *n* / pentaedro *m* ‖ ⁓**ganggetriebe** *n* (Kfz) / caja *f* de cambios de cinco marchas o velocidades ‖ ~**gängig** (Schnecke) / de cinco entradas ‖ ⁓**gerüstige Triofertigstraße** (Walzw) / tren *m* laminador trío de acabado de cinco bastidores o jaulas ‖ ⁓**gitter-Mischröhre**, Misch-Heptode *f* (Eltronik) / pentarrejilla *f* ‖ ⁓**gliedriges Getriebe**, Fünfgelenkgetriebe *n* (Mech) / mecanismo *m* de cinco elementos ‖ ⁓**jährig** / quinquenal *adj* ‖ ⁓**kanalcode** *m* (Fernm) / código *m* de cinco canales ‖ ~**kantig** (Geom) / pentagonal *adj* ‖ ⁓**kantmutter** *f* / tuerca *f* pentagonal ‖ ⁓**kantreibahle** *f* (Wz) / escariador *m* de cinco aristas ‖ ⁓**körper-Verdampfapparat** *m* (Zuck) / evaporador *m* de efecto quíntuplo ‖ ⁓**leitersystem** *n* (Elektr) / sistema *m* de cinco conductores o hilos ‖ ~**molekular** (Chem) / quintomolecular *adj* ‖ ~**motorig** / pentamotor ‖ ⁓**neunerzahl** *n* (99,999%) (Hütt) / cinc *m* de 99.999% ‖ ⁓**pol[end]röhre**, Pentode *f* (Eltronik) / tubo *m* de cinco electrodos, pentodo *m* ‖ ~**polig** / pentapolar *adj* ‖ ⁓**polschirmröhre** *f* (Eltronik) / pentodo *m* de alta frecuencia ‖ ⁓**punktanordnung**, Quincunxanordnung *f* / quincunce *m*, disposición de cinco puntos *f* ‖ ⁓**punktblende** *f* (Opt) / diafragma *m* de cinco puntos ‖ ⁓**ring** *m* (Chem) / compuesto *m* de núcleo pentagonal ‖ ⁓**schenkeltrafo** *m* (Elektr) / transformador *m* de cinco núcleos ‖ ⁓**seitenprisma** *n* (Geom) / escuadra *f* de prisma pentagonal ‖ ~**seitig** / pentagonal *adj* ‖ ⁓**spindelautomat** *m* (Wzm) / torno *m* automático de cinco husillos ‖ ⁓**stahl-Rundsupport** *m* (Wzm) / carro *m* revólver de cinco útiles ‖ ~**stellig** (Math) / de cinco dígitos o cifras ‖ ~**stellige Zahl** / número *m* de cinco dígitos ‖ ⁓**stiftsockel** *m* (Eltronik) /

zócalo *m* de cinco clavijas ‖ ⁓**tagewoche** *f* (F.Org) / semana *f* inglesa
fünfte Tür, Rückwandtür *f* (Kfz) / puerta *f* trasera, portón *m* posterior, la quinta puerta
fünfteilig / de cinco piezas o componentes
Fünftel•dach *n* (Bau) / tejado *m* peraltado al quinto ‖ ⁓**geviert** *n* (Druck) / espacio *m* delgado o fino
Fünf•türer *m* (Kfz) / un cinco puertas ‖ ~**wertig** (Chem) / pentavalente *adj* ‖ ~**wertiges Element** (Chem) / elemento *m* pentavalente ‖ ⁓**zehneck** *n* (Geom) / pentadecágono *m* ‖ ⁓**zehnminutenleistung** *f* (Elektr) / régimen *m* de un cuarto de hora ‖ ⁓**zehntel** *n* (Math) / quinzavo *m* ‖ ⁓**zylinderreihendieselmotor** *m* (Kfz) / motor *m* Diesel de cinco cilindros en serie
Fungistatikum *n* (Chem, Landw) / fungistático *m*
fungizid *adj* / fungicida *adj* ‖ ⁓ *n* / fungicida *m*
Funk *m* / radio *f*, radiodifusión *f*, radiotelegrafía *f*, radiotelefonía *f* ‖ ⁓**...**, drahtlos / radio..., radioeléctrico, inalámbrico ‖ ⁓**alarm- und -meldeanlage** *f* / instalación *f* de alarma y de aviso por radio ‖ ⁓**amateur** *m* / radioaficionado *m* ‖ ⁓**anflughilfen** *f pl* (Luftf) / ayudas de aproximación *f pl* ‖ ⁓**anlage** *f* (Fernm, Radio) / instalación *f* de radio, estación *f* de radio, emisora *f* de radio ‖ ⁓**antenne** *f* / antena *f* de radio ‖ ⁓**aufklärung** *f* (Mil) / radiorreconocimiento *m* ‖ ⁓**ausrüstung** *f* / equipo *m* de radio, equipo *m* radioeléctrico ‖ ⁓**-Bahnverfolgung** *f* (Raumf) / radioseguimiento *m* ‖ ⁓**bake** *f* (Nav) / radiobaliza *f* ‖ ⁓**baken-Empfänger** *m* / receptor *m* de radiobaliza ‖ ⁓**befehl** *m* / mando *m* por [la] radio ‖ ⁓**befeuern** *vt* (Nav) / equipar con radiobalizas, encender el sistema de radiobalizas ‖ ⁓**befeuerung** *f*, -bebakung *f* / sistema *m* de radiobalizas, radiobalizaje *m* ‖ ⁓**bereitschaft** *f* **mit sendebereitem Sender** (USA) (Mil) / radioalerta *f* de guardia ‖ ⁓**beschickt** (Radar) / corregido *adj* ‖ ⁓**beschickung**, Beschickung *f* (Radar) / corrección *f* ‖ ⁓**betriebszentrale** *f* (Radio) / centro *m* de control ‖ ⁓**bezeichnung** *f* (Raumf) / indicativo *m* de llamada ‖ ⁓**bild** *n* (Fernm) / fotorradiograma *m*, telefoto *f*, fotografía *f* radiada, radiofoto *f* ‖ ⁓**bildgerät** *n* / aparato *m* de fotorradiogramas, belinógrafo *m* ‖ ⁓**bildgerät**, -faksimilegerät *n* / telefax *m*, emisor *m* de facsímil[e] ‖ ⁓**brücke** *f* / transmisión *f* dirigida o direccional, puente-radio *m* ‖ ⁓**dämpfungsmessung** *f*, RAM (Eltronik) / medición *f* de atenuación radioeléctrica ‖ ⁓**-Dauerbereitschaft** *f* (USA) (Mil) / radioalerta *f* ‖ ⁓**dienst**, -verkehr, -betrieb *m* / servicio *m* de radiodifusión o de radiotransmisión ‖ **fester** ⁓**dienst mit Satelliten** / servicio *m* fijo de radiocomunicación por satélite
Funke *m*, Funken *m* / chispa *f*, centella *f* ‖ ~**n sprühen oder geben** / echar chispas, chispear *v*, chisporrotear *v* ‖ ~**n sprühend** / chispeante *adj* ‖ **großer** ⁓ (glühendes Teilchen) / partícula *f* incandescente
Funk•echo *n* (Radio) / radioeco *m*, eco *m* radioeléctrico o de radio ‖ ⁓**einweisung** *f* (Luftf) / radioalineamiento *m*
Funkel•effekt *m* (Eltronik) / efecto *m* de centelleo ‖ ⁓**effekt** (Anteil des Röhrenrauschens), Schroteffekt *m*, -rauschen *n* (nach Schottky) (Elektr, Eltronik) / ruido *m* granular o de granalla, efecto *m* de Schottky ‖ ⁓**feuer** (Nav) / luz *f* parpadeante ‖ ⁓**gebiet** *n* (Eltronik, Fernm) / región *f* de ruido excesivo o de exceso
funkeln *vi*, glänzen, glitzern / brillar, resplandecer ‖ ~, aufblitzen / centellear *v*, chispear, chisporrotear ‖ ~, szintillieren / centellear, destellar ‖ ⁓, Glitzern *n* / centelleo *m*, brillo *m*
Funkelrauschen *n* (Eltronik, Röhre) / ruido *m* de centelleo
Funk•empfang *m* (Radio) / radiorrecepción *f* ‖ ⁓**empfänger** *m* (Radio) / radiorreceptor *m*

funken *vi*, Funken sprühen / hacer o echar o emitir chispas, chisporrotear, chisp[e]ar ‖ ~, feuern (Elektr) / producir chispas ‖ ~ *vt vi* (Fernm) / radiotelegrafiar, transmitir por radio, radiar ‖ ≙ *n* / radiotransmisión *f*, radiotelegrafía *f*
Funken•analyse *f* (Chem Verf, Masch) / análisis *m* por chispas ‖ ≙**bahn** *f* (Elektr) / trayectoria *f* de chispa ‖ ≙**[bildung]** *f*, Feuern *n* (Elektr) / formación *f* de chispas, producción *f* de chispas, chispeo *m*, chisporroteo *m* ‖ ≙**blitz** *m* (Fernm) / descarga *f* de chispas ‖ ≙**entladung** *f* (Elektr) / descarga *f* de (o por) chispas ‖ ≙**entladungs-Schweißen** *n* / soldadura *f* por percusión, soldadura *f* por [descarga de] chispas ‖ ~**erodieren** / mecanizar por electroerosión ‖ ≙**erosion** *f* / electroerosión *f* por chispas, mecanizado *m* electroerosivo o por descargas eléctricas ‖ ≙**erosionsmaschine** *f* (Wzm) / máquina *f* para el mecanizado electroerosivo ‖ ~**erosiv** / por electroerosión, por descargas eléctricas ‖ ≙**erreger** *m* / generador *m* de chispas ‖ ≙**fächer** *m*, Funkenlöscherzwischenwand *f* (Elektr) / pared *f* intermedia parachispas (E), tabique *m* apagachispas (LA) ‖ ≙**fänger** *m*, -gitter *n* (Lokomotive) / parachispas *m*, chispero *m* (LA), apartabrasas *m* (MEJ) ‖ ≙**flug** *m* (Bahn) / proyección *f* de chispas ‖ ≙**folge** *f* (Elektr) / secuencia *f* de chispas ‖ ~**frei**, funkenlos (Elektr) / exento de chispas, sin chispas ‖ ~**freie** Unterbrechung (Elektr) / interrupción *f* sin chispas ‖ ≙**garbe** *f*, -regen *m* / ráfaga *f* de chispas, lluvia *f* de chispas ‖ ≙**horn** *n* / brazo *m* para el arco voltaico, cuerno *m* de chispas, conductor *m* ‖ ≙**indikator** *m* / indicador *m* de chispa ‖ ≙**induktor** *m* (Phys) / carrete *m* de inducción o de Ruhmkorff, inductor *m* de chispas ‖ ≙**ionenquelle** *f* / fuente *f* de iones [por descarga] de chispas ‖ ≙**kammer** *f*, -löschkammer *f* (Elektr) / cámara *f* apagachispas, caja *f* apagachispas ‖ ≙**kammer** (Nukl) / cámara *f* de destellos ‖ ≙**länge** *f* (Elektr) / distancia *f* de descarga ‖ ≙**löscher** (Elektr) / extintor *m* de chispas, amortiguador *m* de chispas, apagachispas *m*, parachispas *m*, matachispas *m* ‖ ≙**löscher mit RC-Gliedern** (Fernm) / amortiguador *m* de chispas ‖ ≙**löschmagnet** *m* / electroimán *m* soplador ‖ ≙**löschspule** *f* (Elektr) / bobina *f* de soplo, bobina *f* del soplador de chispas ‖ ≙**löschung** *f* / amortiguación *f* de chispas, extinción *f* de chispas ‖ ≙**mikrometer** *n* (Mess) / micrómetro *m* de chispa[s] ‖ ≙**photographie** *f* / fotografía *f* de chispas ‖ ≙**potential** *n* (Elektr) / potencial *m* de chispas, potencial *m* disruptivo ‖ ≙**probe** *f* (Masch) / ensayo *m* de chispa[s], prueba *f* de chispa[s] ‖ ~**rechen** *m* (Elektr) / rejilla *f* apagachispas o parachispas ‖ ≙**schlagweite** *f* (Elektr) / distancia *f* de descarga ‖ ≙**schreiber** *m* (Elektr) / registrador *m* de chispas ‖ ≙**schreiber** / inscriptor *m* por chispas ‖ ≙**schweißen** *n* / soldadura *f* de percusión ‖ ~**sicher** / a prueba de chispas ‖ ≙**sinterung** *f* / sinterizado *m* por chispas ‖ ≙**spannung** *f* (Elektr) / tensión *f* de chispa, voltaje *m* de chispa ‖ ≙**spektroskopie** *f* / espectroscopia *f* de chispas ‖ ≙**spektrum** *n* (Phys) / espectro *m* de chispas ‖ ≙**sprühen** *n* / chisporroteo *m*, proyección *f* de chispas ‖ ≙**sprühen**, Szintillation *f* (Phys) / centelleo *m* ‖ ≙**staub** *m*, Schleifstaub *m* (Wzm) / amoladura *f* ‖ ≙**störung** *f* (Kfz) / ruido *m* de encendido ‖ ≙**strecke** *f*, -schlagweite *f* (Elektr) / distancia *f* explosiva de chispas, distancia *f* disruptiva o de salto de la chispa ‖ ≙**strecke** (zwischen Elektroden) / distancia *f* interelectródica ‖ ≙**strecke** (Messapparatur) / chispómetro *m*, escinterómetro *m* ‖ ≙**strecke**, Überspannungsableiter *m* (Elektr) / descargador *m* (E) de chispa, explosor *m* (LA) ‖ ≙**strecken-Blitzableiter** *m* / pararrayos *m* a distancia explosiva ‖ ≙**stroboskopie** *f* (Opt) / estroboscopia *f* por chispas

Funk•entstördrossel *f* (Elektr) / choque *m* antiparasitario, choque *m* de supresión de ruidos ‖ ≙**-Entstörkondensator** *m* / condensador *m* o capacitor *m* de supresión de interferencias ‖ ~**entstört** / antiparásito, protegido contra interferencias ‖ ≙**entstörung** *f* / protección *f* antiparásita, antiparasitaje *m*, supresión *f* de [las] interferencias
Funken•überschlag *m* / salto *m* de chispas ‖ ≙**überschlagsprüfung** *f* (Kabel) / prueba *f* de descarga disruptiva ‖ ≙**versetzung** *f* (Kfz) / desplazamiento *m* angular de chispas ‖ ≙**wurf** *m* (Bahn) / chisporroteo *m* ‖ ≙**zieher** *m* (Elektr) / excitador *m* [de chispas] ‖ ≙**zünder**, Spaltzünder *m* (Bergb) / cebo *m* de chispa ‖ ≙**zündung**, Fremdzündung *f* (Mot) / encendido *m* por chispa
Funker *m* (Mil, Schiff) / radiotelegrafista *m*, radiooperador *m*, radio *m*
Funk•erfassung *f* (Mil) / intercep[ta]ción *f* radioeléctrica o de radiomensajes ‖ ≙**-Erfassungsstelle** *f* / estación *f* de intercep[ta]ción radioeléctrica, estación *f* de vigilancia de las radiocomunicaciones
Funker•haube *f* (Eltronik) / casco *m* de radiooperador ‖ ≙**kabine** *f* (Schiff) / cabina *f* de radio[telegrafista], cámara *f* de radio[telegrafista], radiocabina *f* ‖ ≙**-Zeugnis** *n*, -patent *n* / certificado *m* de radiooperador
Funk•etikett *n* / etiqueta *f* RFID (radio frequency identification) ‖ ≙**feld** *n* / campo *m* de radioenlace, campo *m* de enlace hertziano ‖ ~**[fern]gesteuert** / radiodirigido, teleguiado por radio ‖ ≙**fernmessen** *n* (Mess) / radiotelemetría *f*, radiotelemedición *f* ‖ ≙**fernschreiben** *n* (Fernm) / radioteletipo *m* ‖ ≙**fernschreiber** *m* / radioteleimpresor *m*, radiotelescriptor *m* ‖ ≙**-Fernschreibübertragung** *f* / radiotransmisión *f* de mensajes de teleimpresores ‖ ≙**fernsprechen** *n* / radiotelefonía *f* ‖ ≙**fernsprecher** *m* / radioteléfono *m* ‖ ≙**fernsprechsteuerung** *f* / telemando *m* radiotelefónico ‖ ≙**-Fernsteuerung** *f* / radiotelemando *m*, telemando *m* por radio, teledirección *f* o telecontrol por radio ‖ ≙**feuer** *n*, Kursfunkfeuer *n* (Nav) / radiofaro *m* direccionado de alineación ‖ ≙**feueranflug** *m* (Luftf) / aproximación *f* por radiofaro[s] ‖ ≙**feuererkennung** *f* / identificación *f* por radiobalizas ‖ ≙**folgesystem** *n* (Eltronik) / sistema *m* de seguimiento por radio ‖ ≙**frequenzliste** *f* / registro *m* de referencia de [radio]frecuencias ‖ ≙**frequenzverstärker** *m* / amplificador *m* de radiofrecuencia ‖ ≙**gabel** *f* (Fernm) / radiobifurcación *f* ‖ ≙**gegenmaßnahmen** *f pl* (Mil) / contramedidas *f pl* radioeléctricas ‖ ≙**gerät** *n* (Fernm) / radiotransmisor y receptor *m* ‖ ≙**gerät**, -ausrüstung *f* / equipo *m* radioeléctrico o hertziano, material *m* de radio ‖ ≙**gespräch** *n* (Eltronik) / radioconversación *f*, radiocomunicación *f* ‖ **ein** ≙**gespräch führen** / radiotelefonear ‖ ≙**gesteuert** (Uhr) / radiocontrolado ‖ ~**gesteuert** / radioguiado *adj*, radiomandado *adj*, radiogobernado *adj*, radiocontrolado ‖ ~**gesteuert** (Rakete) / radiodirigido *adj*, -conducido *adj* ‖ ≙**gleichlaufsysteme** *n pl* (Eltronik) / sistemas *m pl* síncronos de radiotelegrafía ‖ ≙**halsband** *n* (Zool) / collar *m* inalámbrico (de radioseñales) ‖ ≙**haus** *n* / edificio *m* de radiodifusión, centro *m* de radiodifusión ‖ ≙**hilfe** *f* **zur Standortbestimmung** / ayuda *f* de determinación por radio, radioayuda *f*, ayuda *f* radiogoniométrica ‖ ≙**höhenmesser** *m* (Luftf) / radioaltímetro *m*, altímetro *m* radioeléctrico ‖ ≙**horchstelle** *f* (Mil) / puesto *m* de vigilancia de radiocomunicaciones ‖ ≙**horizont** *m*, Radiohorizont *m* (Radio) / horizonte *m* radioeléctrico, radiohorizonte *m* ‖ ≙**kanal** *m* / radiocanal *m*, canal *m* radioeléctrico ‖ ≙**kompass** *m* (Luftf) / radiocompás *m*, radiobrújula *f* ‖ ≙**kompassanzeiger** *m* / indicador *m* de radiocompás ‖ ≙**kopfhörer** *m* / auriculares *m pl* inalámbricos ‖

⁓leitbake f (Nav) / radiofaro m [direccional] ‖
⁓leitgerät n (Nav) / aparato m de radioguía ‖
⁓leitstrahl m (Luftf, Schiff) / radioenlace m por haz dirigido ‖ ⁓lenkstation, -leitstation f (Raumf) / estación f [de] radioguía o radioguiaje ‖ ⁓linie f (Eltronik) / circuito m o enlace radioeléctrico o de radiotelecomunicación ‖ ⁓loch n (Radio, TV) / zona f muerta ‖ ⁓lokalisierung f (Mobilfunk) / radiobusqueda f del móvil ‖ ⁓mast m, Antennenmast m / mástil m portaantenas, torre f de antena ‖ ⁓maus f (DV) / ratón m inalámbrico ‖ ⁓messen n, -ortung f (nichtnavigatorisch) / radiolocalización f ‖
⁓messfernsehsystem n / telerán m ‖ ⁓messgerät n, Radar m n / instalación f [de] radar ‖ ⁓messtechnik f (Radar) / radiotelemetría f, técnica f radiotelemétrica ‖
⁓messung f, -ortung f / radiolocalización f, localización f radiotelemétrica ‖ ⁓mutung f (Bergb) / radioprospección f, radiosondeo m ‖ ⁓navigation f, F.N. / radionavegación f ‖ ⁓navigationshilfen f pl / ayudas f pl radioeléctricas a la navegación ‖ ⁓netz n / red f de radiotransmisión ‖ ⁓notsignal n (Schiffsfunkspruch) / MAYDAY ‖ ⁓offizier m (Mil, Schiff) / oficial m de radionavegación ‖
⁓ort[bestimm]ung, Peilung f (Nav) / radiogoniometría f ‖ ⁓orter m (Nav) / radista m ‖
⁓ortung f (nichtnavigatorisch), -messen n / radiolocalización f ‖ ⁓-Ortungsgerät n, Funkpeiler m (Eltronik) / equipo m o receptor o aparato radiogoniométrico, radiogoniómetro m ‖ ⁓peilboje f / boya f radiogoniométrica ‖ ~peilen vi / localizar por radiogoniometría ‖ ⁓peilerrahmenantenne f / antena f de cuadro radiogoniométrica ‖ ⁓peilnetz f, Peilnetz n, Funkpeilbasis f / red f radiogoniométrica ‖
⁓peilstelle f / estación f radiogoniométrica ‖
⁓peil-Tochterkompass m (Nav) / brújula f radiogoniométrica de repetición ‖ ⁓peilung f, -ortung f (Nav) / radiogoniometría f, radiolocalización f, radioorientación f ‖ ⁓peilung, Fremdpeilung f / radiolocalización f desde la estación ‖ ⁓peilung, Eigenpeilung f / radiolocalización f hacia la estación ‖
⁓peilwagen m (Fernm) / vehículo m de radiodetección ‖ ⁓personal m / operadores de radio m pl ‖
⁓querverbindung f (Eltronik) / canal m de intercomunicación ‖ ⁓raum m (Schiff) s. Funkerkabine ‖
⁓rauschen n (Eltronik) / ruidos m pl de radio ‖
⁓rufdienst m / servicio m de llamada por radio ‖
⁓rufempfänger m / receptor m de radiomensajes ‖
⁓schatten m (Radio) / zona f de sombra, zona f de silencio, zona f muerta ‖ ⁓sender m / radiotransmisor m, radioemisora f, emisora f de radio ‖ ⁓sendung f / emisión f radiofónica, radioemisión f ‖ ⁓signal n / radioseñal f, señal f [de] radio ‖ ⁓sonde f (Meteo) / radiosonda f ‖ ⁓-Sonoboje f (Nav, Schiff) / radioboya f hidrófónica, radiosonoboya f ‖ ⁓sprech... (Fernm) / radio[tele]fónico ‖ ⁓sprechanlage f / instalación f radiotelefónica o de radiotelefonía ‖ ⁓sprechgerät n (tragbar) / transmisor-receptor m portátil ‖
⁓sprechverbindung f / comunicación f radiotelefónica o por radiotelefonía ‖
⁓sprechverkehr m / servicio m radiotelefónico, radiotelefonía f ‖ ⁓sprechzeugnis n (Luftf) / certificado m de radiotelefonía ‖ ⁓spruch m / mensaje m por radio ‖ durch ~spruch / por radio ‖
⁓station f, Sendestelle f, Sender m (Fernm, Radio) / estación f [radio]emisora o radiotelegráfica, estación f de radiodifusión, estación f de radio ‖ ⁓steuerung f / radiocontrol m, telemando m por radio, radiodirección f, radiotelemando m ‖ ⁓stille f (Luftf, Schiff) / período m de silencio, [período m de] suspensión de emisiones ‖ ⁓störfestigkeit f (Empfänger) (Eltronik) / inmunidad f a los parásitos o a las perturbaciones o interferencias ‖ ⁓störfrei sein / no producir o emitir parásitos ‖ ⁓störmessplatz m (Fernm) / puesto m de control de interferencias ‖

⁓störung f (Eltronik) / radiointerferencia f, parásitos m pl, ruidos parasitarios m pl ‖ ⁓störungsmessdienst m / servicio m para medir las perturbaciones de radiodifusión ‖ ⁓streife f (Polizei) / radio-patrulla f ‖
⁓streifenwagen m (Kfz) / coche m [de] radiopatrulla ‖
⁓studio n / estudio m de radiodifusión ‖ ⁓tastatur f (DV) / teclado m inalámbrico ‖ ⁓täuschung f (Mil) / tácticas f pl de radiocomunicación engañosas ‖ ⁓taxi n / radiotaxi m ‖ ⁓technik f, Radiotechnik f / radiotécnica f, ingeniería f radioeléctrica ‖
⁓techniker m, Radiotechniker m / radiotécnico m ‖
~technisch / radiotécnico adj, radioeléctrico adj ‖
⁓telefon n (Fernm) / radioteléfono m ‖ ⁓telefon, Handy n, Mobiltelefon n (Fernm) / móvil m (E), celular m (LA) ‖ ⁓telefonie f / radiotelefonía f ‖
⁓telegrafie f / radiotelegrafía f, telegrafía f sin hilos, TSH f ‖ ⁓telegramm n / radiotelegrama m ‖
Funktion f (allg, Chem, Phys) / función f ‖ ⁓ (Math) / función f ‖ ⁓, Funktionieren n / funcionamiento m, marcha f ‖ ⁓ des Ortes / función f de[l] lugar o de posición ‖ ⁓ 2. Grades (Math) / función f cuadrática ‖
⁓ f von Funktionen / función f de funciones ‖ als ⁓ [von] / en función [de] ‖ außer ⁓ geraten (Masch) / fallar ‖ ganze ⁓ / función f entera o integral ‖ in ⁓ setzen / poner en función
Funktional n (Math) / funcional m ‖ ⁓analysis f (Math) / análisis m funcional ‖ ⁓determinante f (Math) / determinante f funcional, jacobiano m
Funktionalität f / funcionalidad f
funktionell, funktional, Funktions... (Math) / funcional m ‖ ~e Beziehung / relación f funcional ‖ ~e Durchsatzrate in Hz/cm² (Eltronik) / tasa f de paso funcional en Hz/cm² ‖ ~er Entwurf / diseño m funcional ‖ ~er Entwurf (DV) / diseño m lógico ‖ ~e Gruppe (Ionenaustauscher) / grupo m funcional ‖ ~e Küche / cocina f funcional ‖ ~e
Leistungsbeschreibung / especificación f de funcionamiento y caraterística funcional ‖ ~e
Operation (DV) / operación f lógica ‖ ~e Planung / diseño m funcional ~es Symbol (DV) / símbolo m lógico
Funktionentheorie f (Math) / teoría f de funciones
funktionieren vi, arbeiten / funcionar v, marchar v ‖ ⁓, Laufen n / marcha f
Funktions•... / operacional, funcional ‖ ⁓ablauf m / desarrollo m funcional ‖ ⁓analyse f (DV) / análisis m funcional ‖ ⁓anzeigelampe f / lámpara f [indicadora] de funcionamiento ‖ ⁓anzeiger m / indicador m de función ‖ ⁓argument m (DV) / argumento m funcional ‖ ⁓art f (Masch) / modo m de funcionamiento ‖
⁓baugruppe f (DV) / unidad f funcional ‖ ⁓begriff m, -bezeichnung f / designación f de funciones, denominación f de funciones ‖ ⁓bereich m des Nebenschlussreglers (Elektr) / zona f de funcionamiento del shunt ‖ ⁓beschreibung f / características f pl funcionales ‖ ⁓beteiligt f funcional adj, activo adj ‖ ⁓bezeichner m, -kennzeichen n (DV) / señalador m de funciones ‖ ⁓bit n (DV) / bit m funcional ‖ ~definierend / que define funciones ‖
⁓diagramm n (DV) / diagrama m funcional ‖
⁓drehmelder, Resolver m (Regeln) / sincro-resolutor m ‖ ⁓einheit f (DIN) / unidad f funcional o de función ‖ ⁓empfänger m / receptor m descompositor, repetidor m ‖ ⁓fähig / en orden de marcha, capaz de funcionar ‖ ⁓fähigkeit f / funcionabilidad f, capacidad f funcional o de funcionamiento ‖ ⁓fehler m, Funktionsversagen n / fallo m funcional ‖ ⁓fläche f (Masch) / superficie f activa o actuante ‖ ⁓geber m, -generator m (DV) / generador m de función [es] ‖
⁓generatorröhre f (Kath.Str) / tubo m de haz perfilado ‖ ~gerecht / adaptado a la función ‖ ⁓glied n (Eltronik) / unidad f de control ‖ ⁓gruppe f / grupo m funcional ‖ ⁓gruppenautomatik f (Kraftwerk) / mando m o control automático de grupos funcionales ‖

493

Funktionskennwerte

⁓**kennwerte** *m pl* / características *f pl* funcionales o de funcionamiento ‖ ⁓**kontrolle** *f* / control *m* de funcionamiento ‖ ⁓**kreis** *m* / ciclo *m* funcional ‖ ⁓**maß** *n* (Zeichn) / cota *f* funcional ‖ ⁓**multiplizierer** *m* (DV) / multiplicador *m* de funciones ‖ ⁓**pfeil** *m* (Sinnbild) / flecha *f* funcional ‖ ⁓**plan** *m* (Masch) / diagrama *m* operativo o funcional ‖ ⁓**plan** (DV) / esquema *m* lógico o de funciones ‖ ⁓**prüfung** *f* / prueba *f* funcional o de funcionamiento ‖ ⁓**prüfung** (DV) / verificación *f* funcional ‖ ⁓**schema** *f* (allg) / diagrama *m* funcional, esquema *m* funcional o de funcionamiento ‖ ⁓**sicherheit** *f*, Betriebssicherheit *f* / seguridad *f* funcional o de funcionamiento ‖ ⁓**störung** *f* / falla *f* de funcionamiento, mal *m* funcionamiento, disfunción *f* ‖ ⁓**tabelle** *f* (Math) / tabla *f* de función ‖ ⁓**tafel** *f*, -tisch *m* (DV) / mesa *f* de funciones ‖ ⁓**taste** (allg) / tecla *f* de operación o función ‖ ⁓**taste** (DV) / tecla *f* de control ‖ ⁓**tasten** *f pl* (Drucker) / teclado *m* de funciones ‖ ⁓**test** *m* / prueba *f* de funcionamiento ‖ ⁓**tisch** *m* (DV, Plotter) / graficador *m*, aparato *m* trazador ‖ ⁓**tüchtig** / en condiciones de funcionar, capaz de funcionar ‖ ⁓**tüchtigkeit** *f* / capacidad *f* de funcionamiento, aptitud *f* funcional ‖ ⁓**überprüfung** *f* im Betrieb / prueba *f* de funcionamiento ‖ ⁓**überwachungssystem** *n* (Raumf) / sistema *m* de control del funcionamiento ‖ ~**unfähig**, nicht betriebsfähig / incapaz de funcionar ‖ ~**unfähiger Bildschirm** (DV) / pantalla *f* inactiva ‖ ⁓**untüchtigkeit** *f* / inoperancia *f*, inaptitud *f* funcional ‖ ⁓**verlauf** *m*, -ablauf *m* / desarrollo *m* funcional ‖ ⁓**verstärker** *m* / amplificador *m* operacional o de operación ‖ ⁓**wächter** *m* (DV) / monitor *m* del funcionamiento ‖ ⁓**wählschalter** *m* (Elektr) / selector *m* de funciones ‖ ⁓**wandler** *m* (DV, Eltronik) / conversor *m* de función ‖ ⁓**wechsel** *m* / cambio *m* de función ‖ ⁓**weise** *f* / régimen *m* ‖ ⁓**werkstoff** *m* / material *m* fincional ‖ ⁓**wert** *m* (Math) / valor *m* de la función ‖ ⁓**zeichen** *m* (DV) / carácter *m* funcional, símbolo *m* funcional ‖ ⁓**zeichen**, Formatzeichen *n* (DV) / carácter *m* de formato ‖ ⁓**zustand** *m* / estado *m* funcional ‖ ⁓**zustandregister** *n* (DV) / registro *m* de interrupciones de programa

Funktor *m* (ein Symbol) (Math) / functor *m* (símbolo)

Funk•turm *m*, Antennentragwerk *n* (DIN) / torre *f* emisora [de radio] ‖ ⁓**übertragung** *f* / radiotransmisión *f* ‖ ⁓**übertragungsstelle** *f* / emisor *m* de radiotelefonía ‖ ⁓**übertragungsweg** *m* / radioenlace *m* ‖ ⁓**überwachung** *f* / radiocontrol *m*, radiovigilancia *f* ‖ ⁓**uhr** *f*, funkgesteuerte Uhr / reloj *m* radiocontrolado o controlado por radio ‖ ⁓**verbindung** *f*, -verkehr *m* (Fernm, Radio) / radiocomunicación *f*, comunicación *f* por radio ‖ ⁓**verbindung in Sichtlinie** / circuito *m* de trayectoria óptica ‖ ⁓**verkehr** *m* / radiocomunicación *f* ‖ **in** ⁓**verkehr stehen** / estar en radiocomunicación ‖ ⁓**wagen** *m*, -streifenwagen *m* (Polizei) / coche *m* [de] radiopatrulla ‖ ⁓**wecker** *m* / radiodespertador *m* ‖ ⁓**weg** *m* (Fernm, Radio) / radiocanal *m* ‖ **auf dem** ⁓**weg** / por radio ‖ ⁓**-Weitverkehrsverbindung** *f* / radioenlace *m* de gran alcance ‖ ⁓**wesen** *n*, -technik *f* / radiotécnica *f*, radio[tele]comunicación *f* ‖ ⁓**wesen**, Flugfunkwesen *n* (Luftf) / radiotelecomunicación *f* ‖ ⁓**wetter** *n* (Meteo) / condiciones *f pl* radiometeorológicas ‖ ⁓**wetterdienst** *m* / servicio *m* radiometeorológico ‖ ⁓**wetterstation** *f* / estación *f* radiometeorológica (casera) ‖ ⁓**zeichen** *n* (Fernm, Radio) / radioseñal *f* ‖ ⁓**zelle** *f* (Mobilfunk) (Fernm) / célula *f*, celda *f* de teléfono móvil ‖ ⁓**-Zielflug** *m* (Luftf) / recalada *f* por radio

Funnel-and-Gate-System *n* (Grundwasserreinigung) / sistema *m* F and G (purificación de aguas freáticas)

Fural *n*, Furfural *n*, α-Furfurylaldehyd *n* (Chem) / fural *m*, furfural *m*

Furan, Furfuran *n* (Chem) / furano *m*, furfurano *m* ‖ ⁓**harz** *n* (Plast) / resina *f* de furano ‖ ⁓**ring** *m* (Chem) / anillo *m* de furano

Furatin *n* (Raumf) / furatina *f* (combustible)

Furche *f* (Landw) / surco *m* [de labranza] ‖ ⁓, Rille *f* in Holz o. Metall / acanaladura *f*, ranura *f*, estría *f*, arruga *f* ‖ ⁓, Rinne *f*, Wagengeleis *n* / carrilada *f*, huella *f* de rodada ‖ ⁓ (Näm) / ranura *f*

furchen (Bau) / labrar acanaladuras ‖ ~, Furchen ziehen / surcar *v*, labrar surcos, hacer surcos ‖ ~, riefen (Masch) / estriar *v*, grabar estrías, hacer rayas ‖ ⁓**berieselung** *f*, -bewässerung *f* (Landw) / riego *m* por corrugación ‖ ⁓**öffner** *m* (Sämaschine), -zieher *m* / asurcador *m*, surcador *m* ‖ ⁓**presser** *m* / rodillo *m* compresor de caballones ‖ ⁓**rad** *n* (Landw, Pflug) / rueda *f* del surco ‖ ⁓**rücken** *m* / caballón *m* ‖ ⁓**sohle** *f* / solera *f* del surco ‖ ⁓**wand** *f* (Landw) / pared *f* del surco

Furfuralharz *n* (Plast) / resina *f* de furfural

Furfur•amid *n* (Chem) / furfuramida *f* ‖ ⁓**ylalkohol** *m* / alcohol *m* furfurílico

Furnaceruß *m* (Chem Verf) / negro *m* de horno, negro *m* furnace

Furnier *n*, Furnierblatt *n* (Holz) / chapa *f* u hoja de madera, enchapado *m* ‖ ⁓**arbeit**, Furnierung *f* (Tischl) / chapeado *m*, enchapado *m*, chapería *f* ‖ ⁓**band** *n* / cinta *f* de chapa de madera ‖ ⁓**besäummaschine** *f* / canteadora *f* de chapas de madera ‖ ⁓**bock** *m*, -presse *f* / caballete *m* para enchapar

furnieren *vt* / chapear, enchapar ‖ **auf beiden Seiten** ~ / contrachap[e]ar *v* ‖ ⁓ *n* / chapeado *m*, enchapado *m*

Furnier•fügemaschine *f* / máquina *f* de colocar chapas de madera ‖ ⁓**hobelmaschine** *f* / acepilladora *f* de chapas de madera o de enchapado ‖ ⁓**holz** *n*, Holz *n* für Furniere / madera *f* para enchapado ‖ ⁓**holz**, furniertes Holz / madera *f* chapeada o enchapada ‖ ⁓**klebemaschine** *f* / encoladora *f* de chapas de madera, máquina *f* para pegar chapas de madera ‖ ⁓**messermaschine** *f* / plana *f* ‖ ⁓**paketschneidemaschine** *f* / cizalla *f* o guillotina para paquetes de chapas de madera ‖ ⁓**paketzurichtmaschine** *f* / máquina *f* para enderezar paquetes de chapas de madera ‖ ⁓**platte** *f* (dünne Sperrholzplatte) / placa *f* de madera contrachapeada ‖ ⁓**platte** / placa *f* de chapa[s] de madera ‖ ⁓**platte** (dreilagig) / placa *f* de tres chapas o espesores ‖ ⁓**platte** (zum Furnieren), -träger *m* / placa *f* soporte de enchapado ‖ ⁓**presse** *f* / prensa *f* para chapas de madera, prensa *f* de chapear, prensa *f* de enchapado ‖ ⁓**säge** *f* / sierra *f* para chapa[s] de madera ‖ ⁓**schälholz** *n* / madera *f* para desenrollar chapas u hojas de madera ‖ ⁓**schälmaschine** *f*, -rundschälmaschine *f* / desenrolladora *f* de chapas de madera ‖ ⁓**-Schälmesser** *n* / cuchilla *f* desenrolladora de chapas de madera ‖ ⁓**schere für einzelne Furniere** / cizalla *f* para chapa de madera suelta ‖ ⁓**[schneid]maschine** *f* / cortadora *f* de chapas de madera, máquina *f* de hacer chapa de madera ‖ ⁓**schubhobel** *m* / cepillo *m* rasqueteador para enchapados ‖ ⁓**stanze** *f* / prensa cortadora de chapas de madera;.f.

Furnierung *f*, furnierte ausgelegte Arbeit (Kunsttischl) / chapeado *m*, marquetría *f*

Furnier-Zusammensetzmaschine *f* (Holz) / juntadora *f* de chapas de madera

Furoin *n* (Chem) / furoína *f*, polímero *m* de furfurol

Furolviskosimeter *n* / viscosímetro *m* de furol

Furosemid *n* (Chem, Med) / furosemida *f*

Furoylierung *f* (Chem) / furoilación *f*

Furt *f* (Geo) / vado *m*

FUS = Flugunfalluntersuchungsstelle

Fusain *n* (Bergb) / fusaína *f* ‖ ~**reiche Kohle** / hulla *f* de alto contenido en fusaína

Fusariose *f*, Fusarium- o. Fruchtfäule *f* (Bot, Landw) / fusariosis *f*

Fusariumpilz *m* / fusarium *m*

FU-Schalter *m*, Fehlerspannungsschutzschalter *m* / interruptor *m* de circuito por tensión de error protector

Fuscin *n*, Fuszin *n* (Chem) / fuscina *f*

Fusel *m* (Chem) / alcohol *m* metílico, aguardiente *m* malo ‖ ⁓**öl** *n* / aceite *m* [de] fúsel, aceite *m* empireumático ‖ ⁓**öl**, Gärungsamylalkohol *m* / alcohol *m* amílico, [iso]butilcarbinol *m*

Fusinit *m*, Mazeral *n* der Steinkohle (Steinkohle) / fusinita *f*

Fusion *f*, Kernfusion *f* (Nukl) / fusión *f* nuclear ‖ ⁓ (Handel) / fusión *f*

fusionieren *vi* (Handel) / fusionar

Fusions•antrieb *m* (Raumf) / propulsión *f* por fusión ‖ ⁓**brennstoff** *m* (Nukl) / combustible *m* de fusión ‖ ⁓**brüter** *m*, Fusionsbrutreaktor *m* (Nukl) / reactor *m* autorregenerador de fusión ‖ ⁓**energie** *f* (Nukl) / energía *f* de fusión ‖ ⁓**punkt** *m* (F.Org, PERT) / punto *m* de fusión ‖ ⁓**reaktor** *m* (Nukl) / reactor *m* de fusión

Fusit *m* (eine Streifenkohle) (Bergb) / fusita *f*

Fuß *m* (allg, Med) / pie *m* ‖ ⁓, Unterlage *f*, Untergestell *n* (Bau, Masch) / base *f*, bastidor *m*, pie *m*, zócalo *m*, placa-base *f* ‖ ⁓, Zahnfuß *m* (Zahnrad) / pie *m* [del diente] (E), raíz *f* del diente (LA) ‖ ⁓, Möbel-, Tischfuß *m* / pata *f*, pie *m* ‖ ⁓ (Säule) / base *f*, pedestal *m*, zócalo *m* (de la columna) ‖ ⁓, Fußgestell *n* / base *f*, pedestal *m* ‖ ⁓, Ständer *m* (Wzm) / montante *m* ‖ ⁓ *m* (Telefonmast) / pie *m* del poste ‖ ⁓, Füßchen *n* (der sockellosen Röhre) (Eltronik) / base *f* interna, pinza *f*, pie *m* de un tubo electrónico, pellizco *m* ‖ ⁓ (= 0.304800609 m) (Mess, USA) / pie *m* [norte]americano ‖ ⁓ **der Schiene**, Schienenfuß *m* (Bahn) / patín *m* del riel, base *f* plana del riel ‖ ⁓ **einer Bindung o. Masche** (Tex) / pie *m* de un ligamento o de una malla ‖ ⁓ **einer Böschung** / base *f* de un talud ‖ ⁓ **eines Deiches** / base *f* de un dique

Fuß•abstreifer *m*, -abstreifgitter *n* / limpiapiés *m* ‖ ⁓**anlasser** *m* (Nähm) / conmutador *m* gradual de pedal ‖ ⁓**antrieb** *m*, Pedalantrieb *m* / movimiento *m* por pedal ‖ **mit** ⁓**antrieb**, fußbetätigt / accionado por pedal o por pie ‖ ⁓**auftritt** *m* (Bau) / terrazón *m* para pies ‖ ⁓**ausrundungsfläche** *f*, Fußrundung *f* (Zahnrad) / superficie *f* redondeada ‖ ⁓**ball-Moleküle** *n pl* / fulerenos *m pl*, buckyballs ‖ ~**betätigte Speiseregelung** (Tex) / regulación *f* de alimentación por pedal ‖ ⁓**bewässerung** *f* (Landw) / riego *m* de pie, riego *m* gota-a-gota ‖ ⁓**bindung** *f* (Tex) / ligamento *m* de pie

Fußboden, Diele *f* (Bau) / piso *m*, suelo *m* ‖ ⁓ **verlegen bzw. beschichten** / tirar el piso (CUB) ‖ **Fußböden** *m pl* **für gewerbliche Zwecke** / pavimentos *m pl* industriales ‖ ⁓**balken** *m* / viga *f* de suelo ‖ ⁓**belag** *m* / recubrimiento *m* del suelo, revestimiento *m* del suelo, pavimento *m* ‖ ⁓**belag** (Kfz) / moqueta *f* [del coche] ‖ ⁓**heizung** *f* (Bau) / calefacción *f* de suelo ‖ ⁓**kontakt** *m* (Elektr) s. Fußkontakt ‖ ⁓**leiste** *f* (Bau) / listón *m* [del zócalo] ‖ ⁓**öl** *n* / aceite *m* para entarimados, encáustico *m* líquido ‖ **[künstliche o. natürliche]** ⁓**platte**, Bodenfliese *f* (Bau, Straßb) / baldosa *f* [artificial o natural] ‖ ⁓**rost** (Bahn) / rejilla *f* de piso ‖ ⁓**schall** *m* (Akust, Bau) / ruido *m* propagado por el suelo ‖ ⁓**schleifmaschine** *f* (Bau) / lijadora *f* para suelos o de entarimados, amoladora *f* de pavimentos ‖ ⁓**-Speicherheizung** *f* (Bau) / calefacción *f* bajo pavimento por acumulación ‖ ⁓**steckdose** *f* (Elektr) / caja *f* de enchufe [empotrada] en el suelo ‖ ⁓**wachs** *n* / encáustico *m*

Fuß•breite, Flanschbreite *f* (Walzprofil) / anchura *f* del ala ‖ ⁓**bremse** *f*, Betriebsbremse *f* (Kfz) / freno *m* de pedal o de pie, freno *m* de servicio ‖ ⁓**bremshebel** *m*, Bremspedal *n* / pedal *m* de freno ‖ ⁓**brett** *n* (Kfz) /

rodapié *m* ‖ ⁓**bügel** *m* **der Schweißmaschine** / pedal *m* de la máquina de soldar ‖ ⁓**drehbank** *f* (hist.) (Wzm) / torno *m* de pedal ‖ ⁓**eingriff** *m* (Getriebe) / engrane *m* en el pie ‖ ⁓**eingriffslinie** *f* / línea *f* de engrane en el pie ‖ ⁓**einrückung** *f* (Masch) / embrague *m* a pedal, engrano *m* a pedal

Fussel *m* (Tex) / hilacha *f*, pelusa *f*, mota *f*

fusselig, haarig (Tex) / hilachoso *adj*, deshilachado *adj*

Fuß•ende *n* (Flachs) / pie *m*, extremo *m*, cola *f* ‖ ⁓**feststellbremse** *f* (Kfz) / freno *m* de estacionamiento por pedal ‖ ⁓**flachlinie** *f* (Zahnrad) / recta *f* del pie ‖ ⁓**freischnitt** *m* (Zahnrad) / socavación *f* de pie

Fußgänger *m* / peatón *m*, transeúnte *m*, viandante *m* ‖ ⁓... / peatonal *adj*, para peatones ‖ ⁓**ampel** *f* (Verkehr) / semáforo *m* para peatones ‖ ⁓**brücke** *f*, Fußsteg *m* (Straßb) / puente *m* para peatones, pasarela *f* para peatones ‖ ⁓**ebene** *f* / nivel *m* para peatones ‖ ⁓**insel** *f*, Verkehrsinsel *f* (Straßb) / isla *f* de peatones ‖ ⁓**phase** *f* (Ampel) (Verkehr) / fase *f* de peatones ‖ ⁓**schranke** *f* (Bahn) / portillo *m* de paso a nivel ‖ ⁓**tunnel** *m*, -unterführung *f* (Straßb) / túnel *m* de peatones ‖ ⁓**überführung**, Laufbrücke *f*, -steg *m* (Bahn, Hydr, Straßb) / pasarela *f* de peatones ‖ ⁓**überweg** *m*, Zebrastreifen *m* / paso *m* de cebra o de peatones ‖ ⁓**unterführung** *f* / paso *m* [de peatones] bajo nivel ‖ ⁓**verkehr** *m* / circulación *f* de peatones ‖ ⁓**weg** *m* (an Landstraßen) / camino *m* peatonal o para peatones ‖ ⁓**zone** *f* / zona *f* peatonal ‖ **zur** ⁓**zone machen** / peatonalizar *v*, convertir en zona peatonal

Fuß•gashebel *m*, Gaspedal *n* (Kfz) / pedal *m* de gas, acelerador *m* ‖ ⁓**gebinde** *n* (Dach) / pizarra *f* del alero ‖ ⁓**gelenk** *n* **einer Säule** (Masch) / articulación *f* de pie de una columna ‖ ⁓**gesims** *n*, -sims *m* (Bau) / listón *m* ‖ ⁓**gestell** *n*, Sockel *m* (aus Holz) / peana *f* de madera ‖ ⁓**getriebe** *n* / mecanismo *m* de accionamiento por pedal ‖ ⁓**hahn** *m* (Bahn) / grifo *m* de pedal ‖ ⁓**hebel**, -tritt *m* (Masch) / palanca *f* de pie, pedal *m* ‖ ⁓**hebel für Rückwärtsfahrt o. -lauf** / pedal *m* inversor ‖ ⁓**hebel-Betätigung** *f* / accionamiento *m* con el pie o por pedal ‖ ⁓**heber** *m* (Nähm) / palanca *f* del prensatela ‖ ⁓**höhe** *f* (bezogen auf Mittenkreis) (Zahnrad) / deddéndum *m*, altura *f* del pie ‖ ~**kalt** (Boden) (Bau) / frío (suelo) ‖ ⁓**kegel** *m* (Zahnrad) / cono *m* de pie (E) o de raíz (LA) ‖ ⁓**kegelwinkel** *m* (Kegelrad) / ángulo *m* de pie (E) o de raíz (LA) ‖ ⁓**kehlfläche** *f* (Schneckengetriebe) / toroide *m* de pie (E) o de raíz (LA) ‖ ⁓**kontakt**, -schalter *m* (Elektr) / contacto *m* de pedal o de pie, interruptor *m* de pedal ‖ ⁓**kranz** *m*, -leiste *f* (Bau, Möbel) / rodapié *m* ‖ ⁓**kreis** *m* (Zahnrad) / circunferencia *f* de fondo o interior ‖ ⁓**lager** *n*, Spurlager *n* / rangua *f*, tejuelo *m*, cojinete *m* (Zahnrad) / deddéndum *m* ‖ ⁓**längenzähler** *m* (Film) / contador *m* de metraje ‖ ⁓**lasche** *f* (Bahn) / eclisa *f* de patín ‖ ⁓**leiste**, Scheuerleiste *f* (Bau) / listón *m* de zócalo, guardacanto *m*, tapa *f* canal (CUB) ‖ ⁓**leisten-Strahlungsheizung** *f* / calefacción *f* por el listón de zócalo ‖ ⁓**linie** *f* (Zahnrad) / línea *f* de pie ‖ ⁓**linie** (Dach) / línea *f* límite ‖ ⁓**linie** (Druck) / raya *f* de pie, filete *m* de pie ‖ ⁓ **[luft]pumpe** *f* / bomba *f* [infladora] de pedal, bomba *f* de aire accionada por pedal ‖ ⁓**mantelfläche** *f* (Zahnrad) / superficie *f* del pie ‖ ⁓**maß** *n* (Mess) / medida *f* en pies ‖ ⁓**matte** *f* (Kfz) / estera *f*, alfombra *f* de goma ‖ ⁓**motor** *m* (Elektr) / motor *m* eléctrico normal ‖ ⁓**neigung** *f* **von Profilstahl** / inclinación *f* interior del ala ‖ ⁓**note** *f* (Druck) / nota *f* explicativa [al pie de la página] ‖ ⁓**pendelpresse** *f* (Wzm) / prensa *f* accionada por pedal ‖ ⁓**pfad** *m* (Straßb) / sendero *m*, senda *f*, vereda *f* ‖ ⁓**pfette** *f* (Dach) / correa *f* inferior ‖ ⁓**-Pfund-Sekunde** *f* (US, GB) (Phys) / pie-libra-segundo *m* ‖ ⁓**platte** *f* (Bau, Masch) / base *f*, placa *f* [de] base o de fondo ‖ ⁓**platte** (Gerüst) / plinto *m*, base *f* ‖ ⁓**platte** (Nähm) / pedal *m*, placa *f* de pedal ‖ ⁓**pumpe** *f*, Tretpumpe *f* / bomba *f* de pedal ‖ ⁓**punkt**, Nadir *m* (Astr) / nadir *m* ‖

Fußpunkt

≈**punkt** *m* (Geom) / planta *f* ‖ ≈**punkt des Lichtbogens** (Elektr) / raíz *f* del arco voltaico ‖ ≈**punkt einer Kraft usw.** (Phys) / pie *m* de una fuerza etc. ‖ ≈**punkt einer Senkrechten** (Geom) / pie *m* de una perpendicular ‖ ~**punktbelastete Antenne** / antena *f* cargada en su base, antena *f* con inductancia en la base ‖ ≈**punktspeisung**, Spannungsspeisung *f* (Antenne) / alimentación *f* por (o en) la base ‖ ≈**punktwiderstand** *m* (Eltronik) / impedancia *f* de base ‖ ≈**rand** *m* (Papierblatt) / margen *m* de pie, pie *m* de página ‖ ≈**rast[e]** *f* (Motorrad) / descansapiés *m*, reposapiés *m*, apoyapiés *m* ‖ ≈**raum** *m* (Kfz) / espacio *m* para los pies, parte *f* baja ‖ ≈**röhre** *f*, Saugrohr *n* (Pumpe) / tubo *m* de aspiración ‖ ≈**röllchen** *n* (Möbel) / ruedecita *f* orientable ‖ ≈**rücknahme** *f* (Zahnrad) / socavación *f* de pie ‖ ≈**schalter** *m* (Elektr) / interruptor *m* de pedal o de pie, conmutador *m* de pedal o de pie ‖ ≈**schalter**, Schalter mit Füßen (Elektr) / interruptor *m* separado de la superficie ‖ ≈**schaltung** *f* (Motorrad) / pedal *m* selector [de cambio] de velocidades, cambio *m* de velocidades al pie ‖ ≈**schiene** *f* (Bahn) / riel *m* de [o con] patín ‖ ≈**schraube** *f* (Theodolit, Waage) / tornillo *m* nivelador ‖ ≈**schutz** *m* **für Leitungsmasten** (Elektr) / protección *f* del pie del poste ‖ ≈**schwelle** *f* (Bau) / umbral *m*, dintel *m* inferior, solera *f* ‖ ≈**sockel** *m*, -leiste *f* (Bau) / zocalillo *m* ‖ ≈**sockel**, Fußlambris *m*, -täferung *f* / entrepaño *m* ‖ ≈**spiel** *n* (Verzahnung) / juego *m* en el fondo ‖ ≈**spitze** *f* (Strumpf) / punta *f* de pie, puntera *f*, puntapié *m* ‖ ≈**stange** *f* (Nähm) / barra *f* del prensatela ‖ ≈**steg** *m* (Druck) / regleta *f* de pie ‖ ≈**steuerhebel** *m* (Masch) / pedal *m* de mando ‖ ≈**steuerung**, -schaltung *f* / control *m* o mando de (o por) pedal ‖ ≈**stück** *n* (Bau, Masch) / pieza *f* de base, zócalo *m*, pie *m* ‖ ≈**stütze** *f* (Motorrad) (Kfz) / reposapiés *m*, reposa-piés *m*, apoyapiés *m*, apoyo *m* para los pies ‖ ≈**-Tonne** *f* (GB, US) (= 2.240 ft lb) (Mess) / pie-tonelada *m* ‖ ≈**tritt** *m*, Tritt *m* (Masch) / pedal *m* ‖ ≈**umschalter** *m* (Elektr) / conmutador *m* de . recambio de pedal ‖ ≈**ventil** *n* (Luftpumpe) / válvula *f* de pie ‖ ≈**ventil**, fußbetätigtes Ventil / válvula *f* [accionada] por pedal ‖ ≈**waschgrube** *f*, -becken *n* (Schwimmbad) / lavapiés *m* ‖ ≈**weg** *m*, Fußpfad *m* / senda *f*, sendero *m* ‖ ≈**weg**, Bürgersteig *m* (Straßb) / acera *f* (E), vereda *f* (LA), camino *m* peatonal o de peatones ‖ ≈**weg** *m* **[längs des Gleises]** (Bahn) / paseo *m* de la vía (E), banqueta *f* (LA), banquina *f* (LA) ‖ ≈**wegeländer** *n* / barandilla *f* de acera ‖ ≈**wegkragträger** *m* (Brücke) / viga *f* de soporte para acera[s] ‖ ≈**winkel** *m* **eines Stativs** / resalto *m* de un trípode ‖ ≈**wippe** *f* (Masch) / pedal-balancín *m* ‖ ≈**wolle** *f* (Tex) / botones *m pl* de las patas ‖ ≈**zapfen** *m* (Zimm) / espiga *f*, mecha *f* ‖ ≈**zylinder** *m* (Zahnrad) / cilindro *m* de pie

Fustein *n* (Chem) / fusteína *f*

Fustian *m* (Köperbarchent) (Tex) / sarga *f* de fustán, fustán *m*

Fustik • farbe *f* (Tex) / alfóncigo *m*, fustic *m*, fustac *m* ‖ ≈**holz** *n* (Färb) / madera *f* de fustete o fustac

Futter, Ausfütterung *f* / revestimiento *m* [interior], recubrimiento *m* interior, forro *m* ‖ ≈ *n* (Landw) / alimento *m*, comida *f*, forraje *m*, pasto *m*, pienso *m* ‖ ≈, Ausfütterung *f* (Tex) / forro *m* ‖ ≈, Füllstück *n*, Ausfütterung *f* (Masch) / pieza *f* de relleno ‖ ≈, Ausfüttern *n* (Hütt) / forro *m* refractario, revestimiento *m* ‖ ≈, Wandauskleidung *f*, Verkleidung *f* (Bau) / revestimiento *m* de pared[es], alicatado *m* ‖ ≈ (Dreh) / plato *m* [universal], mandril *m* ‖ ≈, Bohrfutter *n* (Wzm) / mandril *m*, portabroca[s] *f*, portabarrenas *m*, portamachos *m* ‖ ≈, Mauermantel *m* (Bau) / paramento *m*, contramuro *m* ‖ **in das** ≈ **spannen** (Wzm) / sujetar en el mandril ‖ **saures** ≈ (mit hohem SiO$_2$-Gehalt) (Hütt) / revestimiento *m* de sílice y alúmina, revestimiento *m* de ácido

Futteral *n* / estuche *m*, funda *f* ‖ ≈, Scheide *f* / vaína *f*

Futter • anbau *m* (Landw) / cultivo *m* forrajero ‖ ≈**arbeit** *f* (Dreh) / trabajo *m* en el plato ‖ ≈**automat** *m* (Wzm) / torno *m* automático de mandril ‖ ≈**automat** (Landw) / comedero *m* automático ‖ ≈**barchent** *m*, Fustian *m* (Tex) / fustán *m* ‖ ≈**blech** *n*, Futter *n* (Stahlbau) / chapa *f* de forro, chapa *f* de revestimiento, revestimiento *m* o forro de chapa ‖ ≈**blech für Schienenstoß** (Bahn) / suplemento *m* de desgaste para bridas ‖ ≈**bohlen**, Verkleidungsbohlen *f pl* (Tunnel) / tablones *m pl* de revestimiento ‖ ≈**brett** *n* (Treppe) / tabla *f* de contrahuella ‖ ≈**dämpfen** *n* (Landw) / vaporización *f* de forraje ‖ ≈**dämpfer** *m* / aparato *m* para vaporizar forrajes ‖ ≈**flansch** *m* (Wzm) / contraplato *m* ‖ ≈**gang** *m* (Landw, Stall) / pasillo *m* [de servicio] ‖ ≈**gerste** *f* (Landw) / cebada *f* forrajera ‖ ≈**getreide** *n* (Landw) / cereales *m pl* forrajeros, cereales-pienso *m pl* ‖ ≈**halle** *f* (Landw) / nave *f* de forraje ‖ ≈**holz** *n* (Tischl) / madera *f* de relleno ‖ ≈**kalk** *m* (Landw) / cal *f* forrajera, fosfate *m* dicálcico ‖ ≈**kartoffeln** *f pl* / patatas *f* (E) forrajeras, papas *f* (LA) forrajeras ‖ ≈**kattun** *m*, Glanzleinwand *f* (Tex) / lustrina *f* [de algodón, de seda] ‖ ≈**lader** *m* (Landw) / cargador *m* de forraje ‖ ≈**leinwand** *f* / entretela *f* ‖ ≈**mauer** *f* (Bau) / muro *m* de revestimiento, pared *f* de revestimiento ‖ ≈**mauer**, Gegenstützmauer *f* / contramuro *m*, paramento *m* ‖ ≈**mauer**, Ofenausfütterung *f* (Hütt) / forro *m* refractario del horno, contramuro *m* ‖ ≈**mehl** *n*, Nachmehl *n*, Bollmehl *n* (Landw) / afrechos *m pl*, moyuelo *m* ‖ ≈**mittel** *n pl* / alimentos *m pl* para animales, forrajes *m pl*, piensos *m pl*

füttern *vt*, ausschlagen, verkleiden / forrar, revestir, guarnecer ‖ ~ (Landw) / alimentar, echar o dar de comer, echar forraje o pienso ‖ ~ (Kleid) / forrar ‖ **mit Grünfutter** ~ (Landw) / alimentar con pienso o forraje verde ‖ **mit Watte** ~ (Tex) / guatear *v*, acolchar *v*

Futter • pflanze *f* (Landw) / planta *f* forrajera ‖ ≈**rahmen**, Fensterrahmen, -stock *m* (Bau, Zimm) / cerco *m* de ventana, marco *m* de ventana ‖ ≈**ration** *f* (Landw) / porción *f* alimenticia ‖ ≈**reservestoff** *m* (Landw) / materia *f* de reserva de forraje ‖ ≈**rinne** *f* (Landw) / canal *m* de alimentación ‖ ≈**rohr** *n*, Casing *n* (Ölbohrung) / tubo *m* de revestimiento, cañería *f* de entubación (LA) ‖ ≈**rohr**, Seelenrohr *n* (Mil) / tubo *m* encamisado [de un cañón] ‖ ≈**rübe** *f* (Landw) / remolacha *f* forrajera ‖ ≈**rübenanbau** *m* / cultivo *m* de remolachas forrajeras ‖ ≈**rüben-Sammellader** *m* (Landw) / recogedora-cargadora *f* de remolachas forrajeras ‖ ≈**rübenvollernter** *m* / cosechadora *f* de remolachas forrajeras ‖ ≈**schlüssel** *m* (Wzm) / llave *f* de mandril, volvedor *m* de mandril ‖ ≈**schneidemaschine** *f* (Landw) / cortadora *f* de forrajes, cortaforrajes *m* ‖ ≈**seide** *f* (Tex) / seda *f* para forros ‖ ≈**silierung** *f* (Landw) / ensilado *m* de piensos ‖ ≈**silo** *m* (Landw) / silo *m* [para forrajes] ‖ ≈**stoff** *m* (Tex) / tela *f* para forro ‖ ≈**stück** *n* **der Weiche** (Bahn) / tirante *m* embridado ‖ ≈**stufe** *f*, Setzstufe *f* (Treppe) / contrahuella *f* (E), contrascalón *m* (LA) ‖ ≈**taffet** *m*, Avignontaffet *m* (Tex) / tafetán *m* de Aviñón ‖ ≈**trockner**, Trockenstoffnachlieferer *m* (Landw) / secadora *f* de forrajes, deshidratadora *f* de forrajes ‖ ≈**trog** *m*, Krippe *f* (Landw) / comedero *m*, pesebre *m* ‖ ≈**turm** *m*, -silo *m*, Hochsilo *m* (Landw) / silo-torre *m*, silo *m* elevado

Fütterung *f* (Landw) / alimentación *f* del ganado, alimentación *f* animal

Fütterungsbahnhof *m* (Bahn) / estación *f* para alimentación del ganado

Futter • verwertung *f* (Landw) / conversión *f* o transformación alimenticia ‖ ≈**verwertungsindex** *m* / índice *m* de transformación alimenticia ‖ ≈**wert** *m* (Landw) / valor *m* nutritivo o forrajero ‖ ≈**werteinheit** *f*, FWE *f* / unidad *f* de valor forrajero ‖ ≈**wicke** *f* (Bot, Landw) / algarroba *f* ‖ ≈**zerreißer** *m* (Landw) /

trituradora f de forraje[s], desmenuzadora f de forraje[s] ‖ ⁓**zubringer** m (Landw) / aportador m de forraje ‖ ⁓**zuckerrübe**, Gehaltsrübe f / remolacha f semiazucarera ‖ ⁓**zuführung** f (Landw) / alimentación f de forraje ‖ ⁓**zusatz** m / aditivo m para piensos
Futura f (Druck) / futura f
Futurologie f / futurología f
Fuzzy f **Logic** (DV, KI) / lógica f borrosa ‖ ⁓**-Technologie** f (KI) / tecnología f "fuzzy"
F-Verteilung f (Stat) / distribución F f, ley f de F
FVK, faserverstärkter Kunststoff / plástico m reforzado por fibras
FVW = Faserverbundwerkstoff
FW = flammwidrig
FWE = Futterwerteinheit
FWU = Institut für Film und Bild in Wissenschaft und Unterricht
FZA (Fernm) = Fernmeldetechnisches Zentralamt
F-Zentrum n (Nukl) / centro F m
FZG = Forschungsstelle für Zahnräder und Getriebe ‖ ⁓**-Test** m (für Getriebeöl) / ensayo m de FZG (aceite de engranajes) ‖
⁓**-Zahnradverspannungsprüfmaschine** f / máquina f para ensayo de ruedas dentadas tipo FZG

G

g, Erdbeschleunigung *f* (Phys) / g, aceleración *f* por la gravedad
g, Gramm *n* (Mess) / gr, gramo *m*
G *n* (= Gauß) (Phys) / G = gausio o gauss *m*
G, Gleitmodul *m* (Mech) / G, módulo *m* de elasticidad transversal
G, Leitwert *m* (Elektr) / conductancia *f*
G- und D-Kraftwerk *n* (Elektr) / central *f* movida por turbinas de gas y de vapor
GA *f* (= Gemeinschaftsantenne) / antena *f* colectiva
GAA *f*, Gamma-Aminobuttersäure *f* (Chem) / GAA *m*, ácido *m* gamma-aminobutírico
GaAs, Galliumarsenid *n* (Halbl) / arsenurio *m* de galio
GaAs-Laser *m* / láser *m* GaAs
Gabardine *m f* (Tex) / gabardina *f*
Gabbro, Euphotid *m* (Geol) / gabro *m*
Gabel *f* (Landw) / horca *f*, bieldo *m* ‖ ⁓ (Tischbesteck) / tenedor *m* (E), trinche *m* (LA) ‖ ⁓ (Masch) / horquilla *f* ‖ ⁓ (Fahrrad) / horquilla *f* ‖ ⁓ *f* (Ballistik) / horquilla *f*, sucesión *f* de dos salvas para ahorquillar el blanco ‖ ⁓ **des Fernsprechers** / soporte *m*, horquilla *f* ‖ ⁓ *f* **des Kardangelenks** / yugo *m* de la articulación cardán
Gabel•abgleich *m* (Fernm) / acoplador *m* híbrido o diferencial ‖ ⁓**achse** *f* (Kfz) / eje *m* de horquilla ‖ ⁓**anker** *m* (Bau) / ancla *f* de horquilla ‖ ⁓**anschlag** *m* (Flurförderer) / tope *m* de la horquilla ‖ ⁓**arm** *m* (Hubwagen) / brazo *m* doble, parte *f* horizontal de la horquilla ‖ ⁓**baum** *m* (Roller) / botavara *f* ‖ ⁓**befestigung** *f* (Roller) / horquilla *f* de fijación ‖ ⁓**bolzen** *m* / perno *m* o pasador de horquilla ‖ ⁓**bügel** *m* / estribo *m* ‖ ⁓**deichsel** *f* (Landw) / limonera *f*, varas *f pl*, limón *m* ‖ ⁓**einguss** *m* (Gieß) / entrada *f* en forma de horquilla ‖ ⁓**einschub** *m* (Fernm) / gaveta *f* de circuito híbrido ‖ ⁓**feile** *f* (Wz) / lima *f* de horquilla ‖ ⁓**filter** *m* (Fernm) / filtro *m* separador ‖ ~**förmig**, gegabelt / en forma de horquilla, ahorquillado, bifurcado ‖ ~**förmiger Kreuzkopf** / cruz *f* o cruceta bifurcada ‖ ~**förmige Kurbelstange**, Gabelstange *f* (Dampfm) / biela *f* bifurcada ‖ ~**förmige Stangenverbindung** / conexión *f* o unión de estribo ‖ ⁓**gelenk** *n* (Kfz) / articulación *f* de horquilla ‖ ⁓**gelenkschaft** *m* (Bahn) / vástago *m* o tirante de horquilla ‖ ⁓**greifer** *m* (Kran) / cuchara *f* prensora con garras ‖ ⁓**hebel** *m* (allg) / palanca *f* ahorquillada ‖ ⁓**hebel** (Kfz) / palanca *f* ahorquillada de dirección ‖ ⁓**hebelwelle** *f* (Kfz) / árbol *m* de la palanca ahorquillada ‖ ⁓**-Heuwender** *m* (Landw) / revolvedor *m* de heno, tornadera *f* de heno ‖ ⁓**hubwagen** *m* (Förd) / carretón *m* elevador con horquilla, carretilla *f* de horquilla elevadora ‖ ⁓**hubwagen für Paletten** / transpaleta *f*, carretilla *f* de alza, manipulador *m* de paletas
gabelig, gegabelt / bifurcado, ahorquillado
Gabel•kanter *m* (Hütt) / manipulador *m* de horquilla ‖ ⁓**kappe** *f* (Isolator) / casquete *m* bifurcado ‖ ⁓**kopf** *m* (Fahrrad) / cabeza *f* de [la] horquilla, cabeza *f* de la barra de dirección ‖ ⁓**kopf für Bedienstänge** / cabeza *f* de horquilla para vástagos de mando ‖ ⁓**lasche** *f* (Fahrleitung) / brida *f* bifurcada ‖ ⁓**leitung** *f*, gegabelte Anschlussleitung (Elektr) / terminador *m* bifurcado ‖ ⁓**maß** *n*, Kluppe *f* (Forstw) / calibre *m* para troncos ‖ ⁓**mitnehmer** *m* (Förd) / arrastrador *m* de horquilla ‖ ⁓**montierung** *f* (Fernrohr) / montura *f* de horquilla ‖ ⁓**motor** *m*, V-Motor *m* / motor *m* en V ‖

⁓**muffe** *f* **für zwei [drei] Adern** (Elektr) / manguito *m* bi-[tri]furcado
gabeln *vt*, gabelförmig teilen / ahorquillar ‖ ~ (sich), sich verzweigen, abzweigen *vi* (Straße) / bifurcarse ‖ **sich** ~ (Geol) / ramificar[se]
Gabel•pfanne *f* (Gieß) / caldero *m* (E) o cucharón (LA) de horquilla ‖ ⁓**pleuel** *n* (Mot) / biela *f* articulada o bifurcada ‖ ⁓**probe** *f* (Korrosion) / probeta *f* en Y ‖ ⁓**probe** (Holz) / prueba *f* con orquilla ‖ ⁓**punkt** *m* (Elektr) / punto *m* de bifurcación ‖ ⁓**punkt einer Vierdrahtleitung** (Elektr) / terminal *m* híbrido, terminador *m*, unidad *f* terminadora diferencial ‖ ⁓**rahmen** *m* (Kfz) / bastidor *m* en forma de horquilla ‖ ⁓**rechen** *m* (Förd) / rastrilla *f* de transporte, horquilla *f* de transporte ‖ ⁓**rechenwaschmaschine** *f* (Tex) / lavadora *f* de horquilla ‖ ⁓**rohr** *n*, Hosenrohr *n* / tubo *m* bifurcado, tubo *m* en Y ‖ ⁓**runge** *f*, -stütze *f* (Bahn) / telero *m* de horquilla (E), estaca *f* de horquilla (MEJ) ‖ ⁓**runge**, Klapprunge *f* (Bahn) / telero *m* articulado (E), estaca *f* articulada (MEJ) ‖ ⁓**schaft** *m*, -schaftrohr *n* (Fahrrad) / tija *f* de la horquilla ‖ ⁓**[schaltung]** *f* (Fernm) / unidad *f* terminadora, dispositivo *m* de terminación ‖ ⁓**scheide** *f* (Fahrrad) / tirante *m* de la horquilla ‖ ⁓**schlüssel** *m* (Wz) / llave *f* de boca o de maquinista, llave *f* española (LA) ‖ ⁓**schlüssel für Kreuzloch- o. Nutmuttern**, Schlitzmutterndreher *m* (ISO) / destornillador *m* de tuercas amortajadas ‖ ⁓**schlüssel, verstellbar** *m* (ISO) / llave *f* de boca ajustable ‖ ⁓**schubstapler** *m* (Förd) / estibadora *f* con horquilla de extensión ‖ ⁓**schurre** *f* / tolva *f* bifurcada ‖ ⁓**schusswächter** *m* (Web) / paratramas *m* de horquilla ‖ ⁓**spannschloss** *n* / tensor *m* bifurcado ‖ ⁓**stahl** (Wz) / cuchilla *f* de filetear o de roscar en dos puntos ‖ ⁓**stange** *f*, -stütze *f* / soporte *m* bifurcado ‖ ⁓**stange**, gabelförmige Kurbelstange (Dampfm) / biela *f* bifurcada ‖ ⁓**stapler** *m* (Förd) / carretilla *f* de horquilla elevadora, toro *m* (col.) ‖ ⁓**staplerkran** *m* / grua *f* apiladora de horquilla ‖ ⁓**stiel** *m* / riostra *f* en Y ‖ ⁓**stück** *n* / pieza *f* ahorquillada ‖ ⁓**stütze** *f* / soporte *m* bifurcado ‖ ⁓**tasche** *f* (Container) / entrada *f* para horquilla ‖ ⁓**träger** *m* **des Gabelstaplers** (Förd) / portador *m* de horquilla ‖ ⁓**übertrager**, Differentialübertrager *m* (Fernm) / transformador *m* diferencial ‖ ⁓**[um]schalter** *m* (Fernm) / gancho *m* conmutador, conmutador *m* de horquilla
Gabelung, Verzweigung *f* / bifurcación *f*
Gabel•verkehr *m* (Fernm) / comunicación *f* bifurcada ‖ ⁓**verlängerung** *f* (Flurförderer) / piezas *f pl* de prolongación o de extensión [para horquilla] ‖ ⁓**verstärker** *m* (Fernm) / amplificador *m* híbrido o diferencial ‖ ⁓**wagen** *m* (Förd) / carretilla *f* de heno de horquilla ‖ ⁓**wender** *m* (Landw) / revolvedor *m* de heno de horquilla ‖ ⁓**zinke** *f* / púa *f*, diente *m* ‖ ⁓**zinke** (Hubwagen) / brazo *m* de horquilla ‖ ⁓**zinke mit Gabelhaken** (Stapler) / brazo *m* de horquilla con gancho
Gabun, Okume *n* (Holz) / madera *f* de Gabón
Gadolinit *m* (Min) / gadolinita *f*, iterbita *f*
Gadolinium *n*, Gd (Chem, Min) / gadolinio *m* ‖ ⁓**-Gallium-Granat** *m* (Min) / granate *m* de gadolinio-galio
Gaede•-Diffusionspumpe *f* (Phys) / bomba *f* Gaede de difusión ‖ ⁓**-Molekularpumpe** *f* / bomba *f* molecular de Gaede ‖ ⁓**pumpe** *f* (Vakuum) / bomba *f* de vacío tipo Gaede
GA-E-Stück *n* (Rohr) / final *m* de extremidad con brida de embocadura
Gagat, Jet *m* (Bergb, Min) / azabache *m*, gagata *f*, ámbar *m* negro ‖ ⁓**schäler**, Strahlentrinder *m* (Pap) / peladora *f* de [o a] chorro
Gahnit, Zinkspinell *m* (Min) / ganita *f*, gahnita *f*, espinela *f* de zinc
Gaiac, Guaiacum *n* (Bot) / madera *f* de guayaco

GAl (Hütt) = Gussaluminium
Gal n (Einheit der Beschleunigung, = 0,01 m/sec^2) (veraltet) (Phys) / gal m
Galaktan n (Chem) / galactano m
galaktisch (Astr) / galáctico ‖ **~er Haufen** / cúmulo m galáctico ‖ **~es Rauschen** / ruido m galáctico ‖ **~e Rotation** / rotación f galáctica ‖ **~e Strahlung** / irradiación f galáctica ‖ **~es Zentrum** / concentración f galáctica
Galaktometer n, Milchwaage f, Lakto[densi]meter n (Nahr) / galactómetro m, pesaleche m, lactodensímetro m, lactómetro m
Galaktosamin n (Chem) / galactosamina f
Galaktose f / galactosa f
Galaktoskop n (Nahr) / galactoscopio m
Galakturonsäure f (Chem) / ácido m galacturónico
Galalith n (Plast) / galalita f
Galanteriewaren f pl / bisutería f, artículos m de fantasía
Galaxis f (Milchstraße) (Astr) / galaxia f
Galbanum[harz] n (Bot) / gálbano m
Galeerenofen m (Quecksilber) (Hütt) / galera f, fila f de hornos de reverbero
Galenit, Bleiglanz m (Min) / galena f
Galerie f, Lawinenwehr f (Straßb) / paravalanchas m ‖ ≃, Rampe f (obsol.) (Gasbrenner) / rampa f ‖ ≃ (Bau) / galería f ‖ ≃ f, Bedienungsgang m (Masch) / pasarela f ‖ ≃, Strecke f, Stollen m (Bergb) / galería f ‖ ≃stanze f (Wzm) / punzonadora f múltiple
Galette f (eine Glasrolle) (Tex) / polea f de cristal, cristalero m ‖ ≃garn n, Filosellegarn n / seda f de capullos
Galettenüberlaufrolle f (Tex) / rodillo m deflector del cristalero
Galettseide f, Seidenabfall m / desechos m pl de seda
Galgant (Bot) / galanga f
Galgen m, Giraffe f (Mikrofon) / jirafa f ‖ ≃, Bock m (Masch) / soporte m ‖ ≃ (Öl) / poste m grúa, grúa f de palo, pluma f de cabria (ARG), caballete m (VEN)
Galileisches System (Phys) / sistema m de Galileo
Galileitransformation f (Phys) / transformación f de Galileo
Galipot n, weißes Fichtenharz (Bot) / galipote m
galizische Probe, Erstarrungspunktmessung f nach Shukoff (Öl) / ensayo m de solidificación
Gall•... (Chem) / gálico ‖ **≃apfel** m, Galle f, Cecidie f (Bot) / agalla f [de China] ‖ **≃apfelbeize, -farbe** f (Chem) / color m de nuez de agallas ‖ **≃apfeltannin** n (Chem) / tanino m de nuez de agallas
Galle f (Sekret) (Zool) / secreción f biliar ‖ ≃, Gussblase f (Gieß) / burbuja f de fundición
Gallein, Alizarinviolett n (Färb) / galeína f
Gallen•farbstoff m / pigmento m biliar ‖ **≃säure** f (Chem) / ácido m biliar
Gallert n, Gelatine f (Chem) / gelatina f ‖ **in ≃ verwandeln** / gelatinificar ‖ **~artig** / gelatinoso, gelatiniforme
Gallerte f, Gallert n (aus Säften) (Nahr) / jalea f
Gallicin n, Gallussäure-Methylester m (Chem) / galato m de éter metílico
gallieren vt, tannieren (Tex) / tratar con tanina ‖ ≃ n, Schnürung f (Web) / encoletado m en la tabla de arcadas
Gallierung, Beschnürung f (Tex) / lizos m pl, mallas f pl de cuerpo
Gallium n, Ga (Chem) / galio m ‖ **≃-Antimonid** n, GaSb / antimoniuro m de galio ‖ **≃arsenid** n, GaAs / arseniuro m de galio ‖ **≃arsenid-Laser**, GaAs-Laser m / láser m de arseniuro de galio ‖ **≃phosphid** n (Chem) / fosfuro m de galio ‖ **≃-Selenid** n, GaSe / seleniuro m de galio
Gallmücke f, Cecidomyiida (Zool) / cecidomyia f, mosquito m de agalla

Gallone f / galón m ‖ **amerikanische ≃** (= 3,785332 Liter) / galón m americano ‖ **englische ≃** (= 4,5459631 Liter) / galón m británico
Gallsche Kette f / cadena f Galle
Gallseife f (Chem) / jabón m de hiel
Gallus•gerbsäure f, Tannin n / ácido m galotánico ‖ **≃säure**, Trihydroxybenzoesäure f / ácido m gálico
Gallwespe f (Zool) / cecidio m, cecidia f
Galmei m, Zinkspat m (Min) / calamina f, carbonato m de zinc, smithsonita f ‖ **≃blumen** f pl, -flug m (Hütt) / atutía f
Galois-Feld n (Eltronik) / campo m de Galois
Galonmaschine f (Tex) / máquina f de fabricar galones
Galoppbewegung f (Bahn, Schweiz) / galope m, movimiento m de galope
Galton•pfeife, Grenzpfeife f (Akust) / pito m o silbato de Galton ‖ **≃sches Brett** (Phys) / aparato m de Galton ‖ **≃sche Kurve**, Zufallskurve f (Stat) / curva f de Galton
Galvanik f / galvanoplastia f, galvanostegia f, electroplastia f ‖ ≃, Galvaniserwerkstatt f / taller m de chapeado electrolítico, taller m de galvanoplastia ‖ **≃[abteilung]** f / departamento m de chapeado electrolítico ‖ **≃steg** m (gedr.Schaltg) / barra f de metalización
Galvanisation f (Med) / galvanización f
galvanisch, Galvaniser... / galvánico, voltaico ‖ **~e Abwässer** n pl / aguas f pl residuales electrolíticas, residuos m pl de la galvanostegia ‖ **~es Aluminieren** / aluminaje m o aluminado galvánico ‖ **~es Bad** / baño m galvánico ‖ **~ behandelt** (Masch) / metalizado (encobrado, niquelado etc.) ‖ **~er Bleiniederschlag** / plomo m electrolítico, plomo m depositado por galvanoplastia ‖ **~e Brummschleife** (Eltronik) / captación f de zumbido por conducción ‖ **~ (o. strömende) Elektrizität** / electricidad f dinámica o voltaica ‖ **~es Element** (Elektr) / pila f voltaica ‖ **~e Färbung** (Hütt) / coloración f por anodización ‖ **~e feste Verbindung** (Luftf) / conexión f o ligazón eléctrica íntima ‖ **~ gefällt** / electrodepositado ‖ **~ isoliert** / electrolíticamente aislado ‖ **~e Kopplung** (Eltronik) / acoplamiento m directo ‖ **~e Korrosion** (Hütt) / corrosión f electrolítica, corrosión f bimetálica ‖ **~e Metallabscheidung** / electrodeposición f, electroplastia f, galvanoplastia f, galvanostegia f ‖ **~e Metallfärbung** / coloración f por anodización ‖ **~ metallisierbar** (Plast) / metalizable [por electrodeposición] ‖ **~ niederschlagen** / depositar por electrólisis, electrodepositar, electroplastiar ‖ **~e Oberflächenbehandlung** (Hütt) / tratamiento m galvánico ‖ **~e (o. Voltasche) Säule** (Elektr) / pila f voltaica o de Volta ‖ **~er Überzug** / recubrimiento m metálico, electroplastia f, electrochapeado m ‖ **mit ~em Überzug** s. galvanisch behandelt ‖ **~en Überzug entfernen** / quitar un recubrimiento metálico ‖ **mit ~em Überzug versehen** (Galv) / revestir con una capa metálica, electrochapear ‖ **~e (o. galvanisch leitende) Verbindung** / conexión f eléctrica o directa ‖ **~ verbleien** / electrodepositar el plomo ‖ **~ verbunden** (Elektr) / conectado directamente ‖ **~ vergolden** / dorar electrolíticamente ‖ **~e Vergoldung** / doradura f electrolítica, dorado m electrolítico ‖ **~ verkupfern** / encobrar electrolíticamente o por electrólisis ‖ **~ verzinken** / electrogalvanizar, electrocincar ‖ **~e Verzinkung** / electrocincado m, galvanizado m electrolítico ‖ **~ verzinnen** / estañar electrolíticamente ‖ **~er Zinküberzug** / recubrimiento m por electrogalvanización ‖ **einwandfreier ~er Niederschlag** / depósito m regulin
Galvaniseur, -isierer m / galvanizador m
Galvanisieranlage f / instalación f o planta galvanoplástica o de galvanoplastia
galvanisieren vt, einen galvanischen Überzug aufbringen / recubrir electrolíticamente ‖ **~**, verzinken / galvanizar, cincar ‖ **≃** n **mit periodischem**

Galvanisiergerät

Wechsel der Polarität / galvanoplastia *f* con polaridad invertida periódicamente
Galvanisiergerät *n* / aparato *m* de galvanización
galvanisiertes Blech / chapa *f* galvanizada
Galvanisierung *f* **nichtmetallischer Gegenstände** / electrometalización *f*
Galvanisierwerkstatt s. Galvanik
Galvannealing *n* (Verzinken) / recocido *m* después de la galvanización
Galvano *n*, Klischee *n*, Galvanoplastik *f* (Druck) / galvano *m*, galvanoplastia *f*, clisé *m* ∥ **~chemisch** / galvanoquímico *f* **~chromie** *f*, elektrochemische Metallfärbung (Hütt) / galvanocromía *f*, coloración *f* anódica de metales ∥ **~form** *f* / pieza *f* electroformada ∥ **~formung** *f*, -plastik *f* / galvanoplasti[c]a *f*, formación *f* por electroplastia o por galvanostegia ∥ **~geformt** / fabricado por galvanoplastia ∥ **~magnetischer Effekt** (z.B. Hall-, Nernst-Effekt) (Elektr) / efecto *m* galvanomagnético ∥ **~meter** *n* / galvanómetro *m* ∥ **~meter für Spannungsmessung** / galvanómetro *m* de potencial ∥ **~meterkonstante**, Eichzahl *f* (Elektr) / constante *f* de un galvanómetro ∥ **~metrisch** / galvanométrico ∥ **~plastik** *f* (Druck) s. Galvano ∥ **~plastik**, -formung *f*, -stegie *f* / galvanoplastia *f*, galvanoplastica *f*, galvanostegia *f*, electroplastia *f* ∥ **~plastisch** / galvanoplástico ∥ **~skop** *n* (Phys) / galvanoscopio *m* ∥ **~statisch** / galvanoestático, galvanostático ∥ **~stegie** *f* s. galvanische Metallabscheidung / **~taktisch** (Elektrofischerei) / galvanotáctico, electrotáctico ∥ **~taxis** *f* / galvanotaxis *f*, electrotaxis *f* ∥ **~technik** *f* / galvanotécnica *f*, técnica *f* electrogalvánica ∥ **~techniker** *m* / galvanotécnico *m* ∥ **~technisch** / galvanotécnica *adj* ∥ **~technische Chemie** / química *f* galvanoplástica *f* ∥ **~technische Filtration** / filtración *f* galvanotécnica ∥ **~technische Industrie** / industria *f* de la galvanotécnica ∥ **~thermische Elektrode** (Elektr) / electrodo *m* galvanotérmico ∥ **~tropie** *f* (Biol) / galvanotropismo *m* ∥ **~typie** *f*, Elektrotypie *f* (Druck) / electrotipia *f*
Gambir *m*, Terra japonica *f* (Gerb) / gambir *m*
Gambo *m*, indischer Hanf (Tex) / cáñamo *m* de Gambo
Gamma *n*, Kontraststärke *f* (Film, TV) / gamma *m*, factor *m* de medida de contraste ∥ **~**, Γ, γ (Magnetismus) / gamma *m*, unidad *f* de la intensidad magnética ∥ **~**, γ (Elektr) / gamma *m*, reciproca *f* de la inductancia ∥ **~absorptionsmessung** *f* (Nukl) / absorciometría *f* [de rayos] gamma ∥ **~-Aufheizung** *f* (Nukl) / calentamiento *m* por absorción de rayos gamma ∥ **~bestrahlung** *f* (Nukl) / irradiación *f* gamma ∥ **~dichtemesser** *m* (Mess) / densímetro *m* gamma ∥ **~eisen** *n* (Hütt) / hierro *m* gamma ∥ **~entzerrung** *f* (Nukl) / restitución *f* gamma ∥ **~funktion** *f* (Math) / función *f* gamma ∥ **~graphie, -radiographie** *f*, -strahlverfahren *n* (Mat.Prüf) / gammagrafía *f*, radiografía *f* por rayos gamma ∥ **~korrektur**, -entzerrung *f* (Foto, TV) / corrección *f* del gamma ∥ **~messing** *n* (Hütt) / latón *m* gamma ∥ **~meter** *n* (Hütt, Mess) / gammámetro *m* ∥ **~metrisch**, -radiometrisch (Mat.Prüf) / gammamétrico ∥ **~quant** *n* (Phys) / cuanto *m* gamma ∥ **~radiographie** *f* s. Gammagraphie ∥ **~raum**, Γ-Raum, γ-Raum *m* (Phys) / espacio *m* gamma ∥ **~-Ray-Log** *n* (Bergb) / perfil *m* por rayos gamma ∥ **~regelung** *f*, -regler *m*, Gradationsregelung *f*, -regler *m* (TV) / regulación *f* del gamma ∥ **~rückstreuung** *f* (Nukl) / retrodifusión *f* gamma ∥ **~spektrometer** *n* / espectrómetro *m* de rayos gamma ∥ **~strahl** *m* (Phys) / rayo *m* gamma, gamma *m* ∥ **~strahlenabsorption** *f* (Nukl) / absorción *f* de rayos gamma ∥ **~strahlenbild** *n* / imagen *f* por rayos gamma ∥ **~strahlendetektor** *m* (Nukl) / detector *m* de los rayos gamma ∥ **~strahlenkonstante** *f* / constante *f* de rayos gamma, constante *f* [específica] de radiación gamma ∥ **~strahlenphotographie** *f* s. Gammagraphie ∥ **~strahlenquelle** *f* / fuente *f* de rayos gamma ∥ **~strahler** *m* / emisor *m* de rayos gamma ∥ **~strahlspektrometer** *n* / espectrómetro *m* de rayos gamma ∥ **~strahlung** *f* / radiación *f* gamma, radiación *f* γ ∥ **~-Verteilung** *f* (Stat) / distribución *f* gamma ∥ **~verzeichnung** *f* (Opt) / distorsión *f* gamma ∥ **~verzerrung** *f* (TV) / deformación *f* gamma ∥ **~-Zeitkurve** *f* (Foto) / característica *f* gamma, curva *f* H-D ∥ **~zellulose** *f* (Chem) / celulosa *f* gamma ∥ **~zerfall** *m* (Nukl) / desintegración *f* gamma
Gang *m*, Korridor *m* (Bau) / corredor *m*, pasillo *m* ∥ **~**, Laufgang *m* / galería *f* ∥ **~**, Stollen *m* (Bergb) / galería *f*, caña *f* ∥ **~**, Flöz *n* (Bergb) / filón *m* ∥ **~**, Ader *f* (Bergb) / vena *f* ∥ **~** (Erzbergbau) / venero *m*, criadero *m* ∥ **~**, Bewegung *f*, Lauf *m* (Masch) / marcha *f*, movimiento *m*, funcionamiento *m* ∥ **~**, Gewindegang *m* (Schraube) / filete *m*, paso *m* de tornillo, hilo *m* ∥ **~**, Ganghöhe (Gewinde) / altura *f* de paso ∥ **~** (im Getriebe) (Kfz) / cambio *m*, marcha *f*, velocidad *f* ∥ **~** (z.B. einer Kurve) (Phys) / curso *m*, desarrollo *f* ∥ **~** *m*, Frequenzkurve *f* (Eltronik) / curva *f* o característica de respuesta ∥ **~**, Hemmung *f* (Uhr) / escape *m* ∥ **~**, Trend *m* (Qual.Pr.) / tendencia *f* ∥ **~** *m*, Operation *f* (F.Org) / operación *f*, fase *f* ∥ **~**, Zyklus *m* / ciclo *m* ∥ **~** *m*, Plattengang *m* (Schiff) / traca *f* de planchas ∥ **~**, Mittelgang *m* (Autobus) / pasillo *m* ∥ **~ auf einem Schiff** / pasillo *m*, pasaje *m* ∥ **~ der Berechnung** / curso *m* del cálculo ∥ **~** *m* **der Ereignisse** / desarrollo *m* de los acontecimientos, evolución *f* ∥ **~ mit konstanter Kraft** (Uhr) / escape *m* de acción constante ∥ ∥ **außer ~**, außer Betrieb (Masch) / fuera de marcha o de funcionamiento ∥ **außer ~ setzen** / parar, desembragar ∥ **erster ~** (Kfz) / primera marcha o velocidad ∥ **im ~ befindlich**, unterwegs (z.B. Entwicklung) / en marcha ∥ **im dritten ~ fahren** (Kfz) / ir en tercera ∥ **in ~ bringen** / poner en servicio ∥ **in ~ halten** / mantener en marcha ∥ **in ~ sein** / funcionar, estar en marcha ∥ **in ~ setzen**, einschalten / poner en movimiento ∥ **in ~ setzen** / poner en marcha, embragar, engranar ∥ **in ~ setzen**, anlassen (Masch, Mot) / arrancar ∥ **in den ersten ~ schalten** (Kfz) / poner la primera marcha o velocidad ∥ **mit eingeschaltetem ~** (Kfz) / con una marcha puesta ∥ **oberer o. unterer ~ eines geteilten Flözes** (Bergb) / ramal *m* superior o inferior, desviación *f* superior o inferior ∥ **steil einfallender ~** (Bergb) / buzamiento *m* de un filón
Gang•anordnung *f* (DIN) (Kfz) / disposición *f* de las marchas o velocidades ∥ **~art** *f* (Masch) / marcha *f* ∥ **~art**, Muttergestein *n* (Geol) / roca *f* filoniana ∥ **~art**, -mittel *n*, eingesprengte Ader (Bergb) / intercalación *f* estéril ∥ **~aufnehmer**, -führer *m* (Web) / guía *f* [de plegador de urdimbre]
gangbar (Weg) (Straßb) / practicable ∥ **~**, durchführbar / viable, practicable
Gang•breite *f* (z.B. im Lager) / anchura *f* de paso ∥ **~brett** *n* **mit Querleisten** (Bau) / paso *m* de listones ∥ **~erz** *n* (Bergb) / mineral *m* filoniano ∥ **[wertloses] ~erz** / zafra *f* y ganga ∥ **~feder**, Triebfeder *f* / resorte *m* motor, muelle *m* accionador ∥ **~genauigkeit** *f* (Uhr) / precisión *f* ∥ **~gestein** *n* (Bergb) / roca *f* filoniana ∥ **~hebel** *m* (Kfz) / palanca *f* de cambio [de velocidad] ∥ **~höhe** *f*, Steigung *f* (Walzw) / paso *m* ∥ **~höhe**, -steigung *f* (Gewinde) / altura *f* del paso, paso *m* de rosca ∥ **~höhe**, Steigung *f* des Propellers (Luftf) / paso *m* de la hélice ∥ **~höhe des gewundenen Gitters** (Eltronik) / paso *m* de la rejilla ∥ **~höhe** *f* **eines mehrgängigen Gewindes** / avance *m*
gängig (Ware) / corriente, de fácil salida ∥ **~**, üblich, allgemein gebräuchlich (allg) / usado, de uso corriente ∥ **~**, leicht laufend (Masch) / de bien marcha o funcionamiento suave, fácil
Gängigkeit *f*, Gangrichtung *f* (Fräser) / dirección *f* del paso ∥ **~** (Gewinde) / marcha *f* suave

Gang•kontrollgerät n (Uhr) / aparato m para controlar la marcha ‖ ⁓**kreuz**, Scharkreuz n (Bergb) / intersección f de filones ‖ ⁓**kurve** f (Frequenz) / característica f de frecuencias ‖ ⁓**linie** f (Hydr) / curva f hidrográfica ‖ ⁓**mittel** n (Bergb) s. Gangart ‖ ⁓**pflug** m, Mehrscharfpflug m (Landw) / arado m [de reja] múltiple ‖ ⁓**rad**, Hemmungsrad n (Uhr) / rueda f de escape ‖ ⁓**regler** m (Uhr) / registro m ‖ ⁓**reserve** f (Uhr) / reserva f de cuerda ‖ ⁓**richtung**, Gängigkeit f (Fräser) / dirección f del paso ‖ ⁓**schaltspindel** f mit **Schalthebel** (Kfz) / árbol m de cambio de marchas con palanca selectora ‖ ⁓**schaltung** f, -wechsel m (Kfz) / cambio m de marchas, cambio m de velocidad[es] ‖ ⁓**schaltung durch Umlegen der Kette** (Fahrrad) / cambio m de piñón ‖ ⁓**schaltungshebel** m (Motorrad) / selector m [de velocidades] ‖ ⁓**spalte**, Kluft f (Bergb, Geol) / diaclasa f, grieta f, quebradura f ‖ ⁓**spalte**, Querkluft f (Bergb) / grieta f transversal ‖ ⁓**spill** n (Schiff) / cabrestante m [de palancas] ‖ ⁓**system** n (Geol) / sistema m de filones, zona f de cizallamiento ‖ ⁓**übersetzung** f (Kfz) / reducción f o multiplicación de velocidad ‖ ⁓**unterschied** m (Opt) / diferencia f de trayectorias ‖ ⁓**versteller** m des Kettengetriebes (Fahrrad) / selector m del cambio de piñón ‖ ⁓**verzögerung** f (Masch) / retraso m de ciclo ‖ ⁓**[vor]wähler** m (Kfz) / preselector m de velocidades ‖ ⁓**wahl** f (Kfz) / selección f de marchas o velocidades ‖ ⁓**wähler** m (Kfz) / selector m de marchas o velocidades
Gangway f (Luftf, Schiff) / escala f de acceso, escalerilla f de [des]embarque
Gang•werk n (Uhr) / mecanismo m ‖ ⁓**winkel**, Schwingungswinkel m (Uhr) / ángulo m de oscilación ‖ ⁓**zahl** f (Fräser, Gewinde) / número m de filetes o de espiras ‖ ⁓**zahl** (Kfz) / número m de velocidades ‖ ⁓**zähler** m (Masch) / contador m de ciclos
Ganister m (Geol) / ganistro m
GAN-Netzplantechnik f (= generalized activity network) (F.Org) / planificación f por técnica de redes sistema G.A.N.
Ganomalith m (Min) / ganomalita f
Gänsefuß m (Grubber, Landw) / reja f de pata de ganso, reja f de alas, pie m de ganso
gantern vt (Langholz) (Forstw) / apilar madera de hilo
Gantry f (Teil des CT-Geräts: rotierende Strahlenquelle) / gantry m
Gantry-Fräsmaschine f (Wzm) / fresadora f tipo pórtico, fresadora f puente con pórtico desplazable
ganz, (Math:) ganzzahlig / entero (número) ‖ ~, gesamt / todo ‖ ~, gänzlich / total, entero ‖ ~, vollständig, unversehrt / completo ‖ ~ (Bergb) / sólido, virgen ‖ ~**e Dualzahl** (Math) / binario m íntegro ‖ ~ **eben** (o. flach) / absolutamente plano ‖ ~**e Reichweite** (Luftf) / alcance m total, independencia f total ‖ ~**er Schlag** (Seil) / tramado m ‖ ~**er Stein** (Ziegl) / ladrillo m entero ‖ ~**es Vielfaches** (Math) / múltiple m integral o entero ‖ ~**e Zahl**, Ganzzahl f (Math) / número m entero, entero m
Ganz•analyse f (Chem) / análisis m completo ‖ ⁓**aufnahme** f (Foto) / retrato m de cuerpo entero ‖ ⁓**band** m (Druck) / encuadernación f entera ‖ ~**basisch** (Hütt) / completamente básico ‖ ⁓**dreher** m (Tex) / gasa f de vuelta completa ‖ ~**erhabene Arbeit** / alto m relieve
Ganzes n, Gesamtheit f / totalidad f
Ganz•fabrikat n / producto m acabado ‖ ~**geschweißt** / completamente soldado ‖ ⁓**glasapparatur** f / dispositivo m enteramente en vidrio, dispositivo m todo vidrio ‖ ⁓**glasausführung** f / ejecución f todo vidrio ‖ ⁓**glasröhre**, Rimlockröhre f (Eltronik) / válvula f Rimlock, tubo m de vidrio ‖ ~**heitlich**, Ganzheits... / integral, integral, global ‖ ⁓**heitsbasis** f (Math) / base f integral ‖ ⁓**holz** n (Forstw) / madera f en pie ‖ ⁓**holz**, Stammholz n (Zimm) / pieza f [de madera] de sección cuadrangular ‖ ⁓**holzbalken** m / viga f de una pieza de madera de sección cuadrangular ‖ ⁓**holzbauweise** f (Bau) / construcción f enteramente en madera ‖ ⁓**jahresreifen** m (Kfz) / neumático m todo año o 12 meses ‖ ~**jahrestauglich** (z.B. Cabrio) / utilizable 12 meses ‖ ⁓**körperbestrahlung** f (Nukl) / irradiación f total ‖ ⁓**körperbestrahlungsmesser** m / analizador m de la radioactividad total de cuerpo ‖ ⁓**körperdosis** f (Med) / dosis f aplicada al cuerpo entero ‖ ⁓**körperzähler** m (Nukl) / contador m de cuerpo entero, contador m total de cuerpo ‖ ⁓**kristallin** (Geol) / holocristalino ‖ **in** ⁓**leder gebunden** (Druck) / encuadernado en cuero [entero] ‖ ⁓**lederband** m (Bb) / encuadernación f en cuero [entero] ‖ ~**leinen** (Tex) / de lino puro ‖ ⁓**leinen**, -gewebe n (Druck) / encuadernación f en tela [entera] ‖ ⁓**leinen** n (Tex) / lienzo m o lino puro ‖ ⁓**metall...** / enteramente metálico, todo metal ‖ ⁓**metallbau** m, -bauweise f / construcción f enteramente metálica ‖ ⁓**metallflugzeug** n (Luftf) / avión m todo metálico ‖ ⁓**metallröhre** f (Eltronik) / tubo m todo metálico ‖ ⁓**metallschlauch** m / tubo m flexible metálico ‖ ⁓**metallwagen** m (Bahn) / coche m metálico ‖ ⁓**pflanzenernte** f (Getreide) / cosecha f de plantas enteras ‖ ⁓**pflanzenernte für Futterzwecke** / cosecha f de planta entera para forraje ‖ ~**seitig** (Druck) / de página entera, a toda página, a toda plana ‖ ~**seitige Abbildung** / ilustración f de página entera ‖ ⁓**stahl...** / enteramente o totalmente de acero, todo acero ‖ ⁓**stahlkarosserie** f (Kfz) / carrocería f enteramente de acero ‖ ⁓**stahlkonstruktion** f / construcción f enteramente metálica o todo acero ‖ ⁓**stahlrad** n (badagenlos) (Bahn) / rueda f de centro lleno ‖ ~**steinstarke Wand** (Bau) / muro m [del espesor] de un ladrillo ‖ ⁓**stoff** m, -zeug n (Pap) / pasta f de papel ‖ ⁓**stoffbereitung** f / preparación f de la pasta ‖ ⁓**strahlungspyrometer** n (Hütt, Phys) / pirómetro m de irradiación total ‖ ~**tägig** / de todo el día, durante todo el día ‖ ⁓**tagsarbeit** f (F.Org) / trabajo m de jornada entera ‖ ⁓**ton** m (Akust) / tono m entero ‖ ⁓**- und Teilsystem** n / sistema m entero y parcial ‖ ⁓**welle** f (Phys) / onda f completa ‖ ⁓**wellen...**, Vollwellen... / de ondas completas ‖ ⁓**wellendipol** m, -antenne f (Eltronik) / dipolo m de onda completa ‖ ⁓**wellengleichrichter** m / rectificador m de onda completa, rectificador m de dos alternancias ‖ ⁓**wölber** m (Bau) / ladrillo m cuneiforme o para bóvedas ‖ ⁓**wölber** (Ofen) / ladrillo m refractario para bóveda ‖ ~**wollen** (Tex) / todo lana, de lana pura ‖ ~**[zahlig]** (Math) / entero ‖ ~**zahlig machen** (durch Weglassen der Dezimalen), abkürzen (Ggs: abrunden, Math) / truncar ‖ ~**zahliges Polynom** (Math) / polinomio m integral ‖ ⁓**zahlige Potenz** (Math) / potencia f entera ‖ ⁓**zahlige Programmierung** (DV) / programación f en números enteros ‖ ⁓**zahliger Spin** (Phys) / spin m integral, espín m integral ‖ ⁓**zahliger Teil** (Math) / característica f del logaritmo ‖ ⁓**zahliges Vielfaches** (Math) / múltiple m integral ‖ ⁓**zahligkeit**, Integrität f (Math) / integridad f ‖ ⁓**zahligmachen** n (DV, Math) / truncamiento m ‖ ⁓**zahlplanungsrechnung** f (F.Org) / programación f en números enteros ‖ ⁓**zeug** n (Pap) / pasta f de papel ‖ ⁓**zeugholländer** m, Ganz[stoff]holländer m (Pap) / batán m ‖ ⁓**zug** m (Bahn) / tren m completo
GAP-Former m (Pap) / formador m GAP
gar (Koks) / carbonizado ‖ ~ (Gerb) / adobado a fondo, curtido ‖ ~ **machen** (Gerb) / adobar, curtir ‖ ~ **machen**, garen (Hütt) / refinar
Gärablauge / lejía f residual del proceso de fermentación
Garage f (Kfz) / garaje m
Garagen•bedarf m / artículos m pl para garajes ‖ ⁓**box** f / box m ‖ ⁓**einfahrt** f / entrada f al garaje ‖ ⁓**heber** m, fahrbarer Autoheber / gato m o cric sobre rodillos ‖

Garagenplatz

⁓**platz** m, Kfz-[Ab]stellplatz m / plaza f de garaje ‖
⁓**rampe** f / rampa f de acceso ‖ ⁓**tor** n / puerta f de garaje
Gäranlage f (Brau) / instalación f de fermentación
Garantie f, Gewähr[leistung] f / garantía f ‖ ⁓ **auf Material und Verarbeitung** / garantía f contra errores (o defectos) de material y de fabricación ‖ **mit dreifacher** ⁓ (Produkt) / trigarante
garantieren vt, gewährleisten / garantizar, asumir la garantía
garantiert•e Dehngrenze (Mech) / límite m convencional de elasticidad ‖ **⁓e Vorgabezeit** (F.Org) / tiempo m prefijado (o concedido) garantizado ‖ **⁓er Wirkungsgrad** (Masch) / rendimiento m garantizado
Garantie•schein m / hoja f de garantía, certificado m de garantía ‖ **⁓zeit** f / período m de garantía
Gäraufsatz m, Sicherheitsrohr n (Chem) / válvula f de seguridad
gärbar, gärfähig (Nahr) / fermentable
Garbe f (Mil) / ráfaga f, haz m de proyectiles ‖ ⁓ (Landw) / gavilla f ‖ **⁓n binden** / agavillar
Garben•binder m, Bindemäher m (Landw) / agavilladora f, atadora f [de gavillas] ‖ **⁓förderer** m / cargadora f de gavillas ‖ **⁓gebläse**, Schleusengebläse n (Landw) / transportador m neumático de gavillas ‖ **⁓trenner** m / separadora f de gavillas ‖ **⁓wender** m / volvedera f
Gär•bottich m, -bütte f (Brau) / tina f o cuba de fermentación ‖ **⁓bottichkühler** m (Brau) / refrigerador m [de la cuba de fermentación]
Garbrand m (Keram) / cochura f final ‖ **⁓temperatur** f (Email) / temperatura f de cochura final
Gärdecke, Decke f (Brau) / capa f de levadura
Garderobe f, Umkleideraum m (Fabrik) / local m para guardarropa, guardarropa m, vestuario m ‖ ⁓ **mit Hutablage** (Möbel) / perchero m
Garderobenschrank m / armario m ropero, ropero m
Gardine f (Tex) / cortina f
Gardinen•bildung f (Farbe) / arrugamiento m ‖ **⁓bildung** (TV) / estriación f vertical ‖ **⁓leiste** f / riel m de la cortina ‖ **⁓maschine** f (Web) / máquina f de cortinas ‖ **⁓spanner** m, -spannrahmen m / bastidor m tensor para cortinas ‖ **⁓tüll** m (Tex) / tul m para cortinas
Gardner-Farbzahl f / índice m de coloración [de] Gardner
Gardplatine, Platinenbarre f (Strumpf) / barra f de ganchos (E), barra f portaplatinas (LA)
Gärdrucktank m (Brau) / cuba f de fermentación a presión
Gare f, Bodengare f (Landw) / estructura f friable o desmoronadiza del suelo
gären vi, schäumen (Gärung) / espumar ‖ ~ (Most) / hervir ‖ ~, arbeiten (Chem) / fermentar ‖ ~, gehen (Teig) / subir, venirse ‖ ⁓ n, Gärverfahren n, -vorgang m, -prozess m / fermentación f, proceso m de fermentación, proceso m zimotécnico
gärend, Gärungs... (Chem) / fermentante ‖ ~ **machend**, Gärungs... / fermentativo
gär•fähig, gärbar (Nahr) / fermentable, fermentescible ‖ **⁓fähigkeit** f, Vergärbarkeit f / capacidad f fermentativa ‖ **⁓faulverfahren** n (Chem) / proceso m de fermentación y putrefacción ‖ **⁓futter** n, Silage f (Landw) / forraje m ensilado, ensilaje m ‖ **⁓futteraufbereitung** f, Silieren n (Landw) / ensilaje m, ensilado m ‖ **⁓futtersilo** m / silo m para fermentar forrajes ‖ **⁓heu** n, Heulage f, Haylage f / haylage f, forraje m haylage ‖ **⁓keller**, -raum m (Brau) / bodega f de fermentación ‖ **⁓kraft** f (Chem) / fuerza f fermentativa ‖ **⁓kraftbestimmung** f (Nahr) / determinación f de la fuerza fermentativa
Gar•kupfer n (Hütt) / cobre m negro purificado ‖ **⁓leder** n (Gerb) / cuero m curtido [a fondo] ‖ **⁓machen** vt, appretieren (Gerb) / curtir [al fondo]

Gär•messer m / zimosímetro m ‖ **⁓mittel** n, -stoff, Gärungserreger, -pilz m / fermento m, fermentativo m
Garmond f (= 10 Punkt), Korpus f (Druck) / garamón m (10 puntos)
Garn n, Faden m (Tex) / hilo m, hilado m ‖ ⁓ **für Webzwecke** / hilo m para tejer ‖ ⁓ **für Wirkwaren** / hilo m para géneros de punto, hilo m para tricotasa (ARG)
Garn•anfeuchter m (Web) / humectador m de hilo ‖ **⁓appretur** f / apresto m de hilo ‖ **⁓aufkarter** m / ovillador m [sobre tarjetas] ‖ **⁓[auf]wickelung** f / enrollado m del hilo ‖ **⁓ausgeber**, Fadenführer m (Wirkm) / guíahilos m ‖ **⁓ausgeber** m / alimentador m de hilos ‖ **⁓baum**, Zettelbaum m (Web) / plegador m de urdimbre, enjulio m, enjullo m, ensullo m ‖ **⁓bestimmungswaage** f, -sortierwaage / balanza f para numerotaje ‖ **⁓bezeichnung** f / denominación f o clase de hilo ‖ **⁓bindung** f (Landw) / atadura f con hilo o bramante ‖ **⁓bündel** n (Seil) / haz m de hilos ‖ **⁓[bündel]presse** f (Tex) / prensa f para empaquetar los hilos ‖ **⁓dämpfapparat** m (Tex) / vaporizador m de hilos ‖ **⁓drehung** f / torsión f del hilo ‖ **⁓drehungszähler** m / torsiómetro m [de hilos] ‖ **⁓druck** m (Tex) / impresión f de hilos ‖ **⁓dynamometer** n (Tex) / dinamómetro m para hilos ‖ **⁓entwirrerin** f / separadora f de hilos
Garnettkrempel, Krempel f mit Sägezahndrahtbeschlag / carda f con guarnición de diente de sierra
Garnettöffner m, -maschine f, Fadenöffner m, Droussierkrempel f / abridora f garnett
Garn•färben n / teñido m de hilos ‖ **⁓führer** m (Tex) / guíahilos m ‖ **⁓gefärbt** / teñido m en rama ‖ **⁓gleichheitsprüfer** m / aspa f para examinar la regularidad o la uniformidad del hilo ‖ **⁓haspel** m f, Weife f / devanadora f, aspa f
garnieren vt / guarnecer ‖ ~ (Keram) / pegar con barbotina las asas
Garnierit m (Min) / garnierita f
Garnierung f (Schiff) / tablas f pl de estiba o para estibar
Garnitur f, Ausrüstung f / juego m, surtido m ‖ ⁓, Besatz m (Tex) / guarnición f, adorno m ‖ ⁓ (gleichartiger Maschinen) / juego m ‖ ⁓ (Druck) / los diversos tipos de la misma especie ‖ ⁓ (Lok m. Wagen), Zuggarnitur f (Bahn) / composición f ‖ ⁓, Kratzenbeschlag m (Spinn) / guarnición f de cuerda, placa f de guarnición
Garn•knäuel m (Nähm) / ovillo m [de hilo] ‖ **⁓konditionieren** n, Feuchthalten n / acondicionamiento m del hilo ‖ **⁓körper** m (Tex) / husada f ‖ **⁓körperfärbung** f (Tex) / teñido m de husada ‖ **⁓kötzer** m, -wickel m (Tex) / canilla f [de hilo] ‖ **⁓merzerisiermaschine** f / máquina f de mercerización de hilo ‖ **⁓merzerisierung** f / mercerización f de hilo ‖ **⁓meterzähler** m / contador m métrico del hilo ‖ **⁓mitnehmer** m (Bindemäher, Landw) / disco m portahilo ‖ **⁓nettogewicht** n (Spinn) / peso m neto del hilo ‖ **⁓nummer** f (Tex) / número m del hilo ‖ **⁓nummer**, Titrierung f (Seide) / título m del hilo ‖ **⁓nummerfeinheit** f / número m de finura del hilo ‖ **⁓presse** f (Tex) / prensa f empaquetadora de hilo ‖ **⁓prüfer** m, Waage f zum Prüfen des Garns / verificador m del hilo ‖ **⁓rolle** f (Nähm) / carrete m de hilo de coser ‖ **⁓rolle** (Selfaktor) / bobina f de condensador o de mecha ‖ ⁓ **rolle für Oberfaden** (Nähm) / carrete m del hilo superior ‖ **⁓scheibe** f, Baumscheibe f (Web) / disco m del plegador, arandela f del plegador ‖ **⁓senge** f, -sengen n (Spinn) / gaseado m de hilo, chamuscado m ‖ **⁓sengmaschine** f, Gasiermaschine f (Spinn) / chamuscadora f de hilo ‖ **⁓[sortier]waage** f (Spinn) / balanza f pesa-hilos ‖ **⁓spule**, Spule f (Web) / bobina f, carrete m ‖ **⁓ständer** m (Nähm) / portabobina m ‖ **⁓ständerdorn** m (Nähm) / brocha f portabobina ‖ **⁓strähne** f, -strähn m (Spinn) /

madeja f de hilo ‖ ~**streckmaschine** f / máquina f de estirar hilos ‖ ~**tafel** f, -umrechnungstafel f (Spinn) / tabla f de pesos y números, tabla f de conversión para hilos ‖ ~**torsionsmesser** m / torsiómetro m de hilo ‖ ~**veredelungs-Einrichtung** f (Spinn) / dispositivo m para el apresto de hilos ‖ ~**verwechslung** f (Fehler, Tex) / confusión f de hilos ‖ ~**waschmaschine** f (Tex) / máquina f para lavar hilados ‖ ~**weife** f (Spinn) / devanadera f, aspa f ‖ ~**wickel** m (für Verkaufspackung) (Spinn) / estrella f de hilo de coser ‖ ~**wickel**, -kötzer m (Web) / canilla f [de hilo] ‖ ~**wickelmaschine** f (Tex) / máquina f para bobinar ‖ ~**winde** f, [Seiden]winde f (Spinn) / aspa f, devanadera f
GA-Rohr n / tubo m GA
Garprobe f (Kupfer) / ensayo m de afinado
Gär•prozess m (Chem, Nahr) / proceso m de fermentación ‖ ~**raum** m, -kammer f / cámara f de fermentación ‖ ~**röhrchen** n (Chem) / tubo m de fermentación
Gar•rösten n (Hütt) / tostación f final ‖ ~**schaum** m, -schaumgraphit m (Hütt) / grafito m de sobresaturación ‖ ~**schlacken** f pl (Hütt) / escoria f rica
Garten•anlagen f pl, gärtnerische Anlagen / jardines m pl, zonas f pl verdes ‖ ~**architekt** m / arquitecto m paisajista ‖ ~**bau** m, Gärtnerei f / horticultura f ‖ ~**baubetrieb** m / exploración f hortícola ‖ ~**bauerzeugnis** n / producto m hortícola ‖ ~**[blank]glas** n, Gärtnereiglas n / vidrio m de invernadero ‖ ~**fräse** f, Bodenfräse f (Landw) / fresa f para huertas ‖ ~**geräte** n pl / enseres m pl o útiles de jardinería ‖ ~**gestalter** m, Landschaftsgärtner m / jardinero m paisajista ‖ ~**klarglas** n / vidrio m colado transparente para jardin ‖ ~**leuchte** f / lámpara f de jardín ‖ ~**regner** m / aspersor m de jardín ‖ ~**schere** f / cizalla f de agricultor, tijeras f pl de jardinero ‖ ~**schlauch** m / manguera f o manga de jardín, manguera f de riego ‖ ~**spritze** f / pulverizador m para insecticidas ‖ ~**stadt** f / ciudad-jardín f ‖ ~**zaun** m / vallado m, cerco m ‖ ~**zentrum** n / jardinería f
Gärthermometer n (Brau) / termómetro m de fermentación
Gärtnermesser n, Gartenmesser n, Gartenhippe f / navaja f jardinera
gärtnern vi / jardinear
Gärtnersteifsäge f (Wz) / sierra f de jardinero
Gärung f, Gären, Gärverfahren n, -vorgang, -prozess m, Arbeiten n (Brau, Chem, Nahr) / fermentación f ‖ ~ **des Brotes** / fermentación f del pan ‖ ~ **verhindernd** / anticimótico, antifermentativo
Gärungs•..., Gärung verursachend, durch Gärung entstanden / cimótico, cimógeno o ‖ ~**alkohol**, Ethylalkohol m (Chem) / alcohol m de fermentación, alcohol m etílico ‖ ~**amylalkohol**, Isoamylalkohol m / alcohol m amílico de fermentación ‖ ~**bakterien** f pl (Biol) / bacterias f pl fermentativas o de fermentación ‖ ~**beschleuniger** m (Fermentation) / acelerador m de fermentación ‖ ~**butylalkohol** m (Chem) / alcohol m butílico de fermentación ‖ ~**chemie**, Zymologie f / cimología f, zimología f
Garungsdauer f (Koks) / período m o tiempo de coquefacción
gärungs•erregend (Chem) / zimógeno, zimótico, cimógeno, cimótico ‖ ~**erreger** m, Ferment n / germen m o agente fermentativo o fermentador, fermento m, zimógeno m, cimógeno m ‖ ~**essig** m / vinagre m de fermentación ‖ ~**fähig** / fermentescible, fermentable ‖ ~**fähigkeit** f / fermentabilidad f ‖ ~**hemmend** (Chem) / antifermentativo, anticimótico, anticimógeno, antizímico ‖ ~**hemmender Stoff** / antiferment m, antienzima f ‖ ~**kunde** f, -lehre f, Zymologie f / cimología f, zimología f ‖ ~**küpe** f (Färb) / cuba f de fermentación ‖ ~**messer** m, -prüfer m

(Chem) / cimosímetro m ‖ ~**milchsäure** f / ácido m láctico de fermentación ‖ ~**mittel** n, Gär[ungs]stoff m (Chem) / agente m fermentador o de fermentación, fermentante m, fermento m, materia f fermentescible ‖ ~**physiologisch**, -technisch / zimotécnico, cimotécnico ‖ ~**prozess** m / proceso m fermentativo, proceso m de fermentación ‖ ~**technik**, -physiologie, -wissenschaft f / cimotecnia f, tecnología f de fermentación, zimotécnica f ‖ ~**technisch** / cimotécnico, zimotécnico ‖ ~**verhindernd** s. gärungshemmend
Garungszeit f (Koks) s. Garungsdauer
Gärungszwischenprodukt n (Chem) / intermedio m o producto intermedio de fermentación
Gas n / gas m ‖ ~ (Kfz) s. Gaspedal ‖ ~ **durch Flüssigkeit leiten** / hacer burbujear el gas ‖ ~ **entwickeln** (o. erzeugen) / generar o producir gas ‖ ~ **geben** (Kfz, Mot) / acelerar, pisar el acelerador ‖ ~ n **unter Lagerstättendruck** (Öl) / gas m natural bajo presión subterránea ‖ ~ **unterhalb der kritischen Temperatur** / vapor m ‖ ~ **wegnehmen** (Kfz) / cortar el gas, desacelerar
Gas•... / de gas, gaseoso, gasístico ‖ ~**abfang** m (Hütt) / toma f de gas ‖ ~**abgabe** f, Entgasen n (Vakuum) / desgasificación f, evacuación f de gas ‖ ~**abgebende Ölquelle** f / pozo m productor de gas ‖ ~**absauganlage** f / instalación f aspiradora de gas[es] ‖ ~**absaugbohrung** f (Bergb) / perforación f de evacuación de grisú ‖ ~**absaugung** f (Bergb) / aspiración f del grisú ‖ ~**abscheider** m / separador m de gas[es] ‖ ~**absorption** f (Chem) / absorción f gaseosa ‖ ~**absperrhahn** m, Haupthahn m / cortagás m, grifo m principal, llave f principal para gas ‖ ~**abzug** m, -austritt m / salida f de gas[es], escape m de gas[es], evacuación f de gas[es] ‖ ~**abzug**, -entlüftungsöffnung f / orificio m de salida de gas ‖ ~**analysator** m / analizador m de gas ‖ ~**analyse** f (Chem) / análisis m de gas ‖ ~**anfall** m, -ausbeute f (Öl) / cantidad f de gas desprendido ‖ ~**anlage** f, -versorgungsanlage f (Bau) / instalación f de gas ‖ ~**anlagerungsverfahren** n **nach Brunauer, Emmet und Teller** (Bergb) / método m B.E.T. de absorción de gas ‖ ~**anlasser** m, -starter m (Luftf) / arrancador m de gas comprimido ‖ **spontane** ~**annahme** / aspiración f [espontánea] de gas ‖ ~**anreicherung** f / acumulación f o concentración de gas ‖ ~**-Anschluss** m, -versorgung, -belieferung f / toma f de gas, suministro m de gas, acometida f de gas ‖ ~**anstalt** f, Gaswerk n / fábrica f de gas (E), usina f de gas (LA) ‖ ~**anzeige** f (Ölkammer) / indicación f de gas ‖ ~**anzeiger** m, -detektor m / detector m de gas ‖ ~**anzeiger** m (Bergb) / indicador m de grisú ‖ ~**anzünder** m / encendedor m de gas ‖ ~**arm** (Kohle) / pobre en gas ‖ ~**armes Gemisch** (Mot) / mezcla f pobre ‖ ~**armaturen** f pl / tubo-accesorios m pl para cañerías de gas, valvulería f o robinetería de gas ‖ ~**artig**, -förmig / gaseoso, gasiforme ‖ ~**atemgerät**, Gasfilter n / filtro de máscara antigás ‖ ~**aufkohlen** n (Stahl) / cementación f en atmósfera carburadora, carbonitruración f gaseosa ‖ ~**aufkohlungsofen** m / horno m de cementación ‖ ~**aufzehrung** f, Getterung f (Vakuum) / absorción f interna de gas ‖ ~**ausbeute** f (Öl) / rendimiento m en gas ‖ ~**ausbruch** m (Bergb, Geol) / exhalación f de grisú, estallido m de gas, erupción f de gas ‖ ~**-Außendruckkabel** n (Elektr) / cable m con gas a presión ‖ ~**außendruckkabel** n **in Stahlrohr** / cable m con gas a presión entubado ‖ ~**austausch** m, -wechsel m (Biol) / intercambio m gaseoso o de gases ‖ ~**austritt** m, -bruch m / emanación f de gas ‖ ~**austritt**, Entwickeln n von Gas / salida f de[l] gas, escape m de gas, fuga f de gas ‖ ~**austrittskegel** m (Turboreaktor) / cono m interno de expulsión ‖ ~**automat** m (Chem) / distribuidor m automático de gas ‖ ~**backofen** m / horno m [de cocer] de gas ‖

Gasbadeofen

≈**badeofen** m (Bau) / calentador m de gas de (o para) baño ‖ ≈**ballastpumpe** f / bomba f de (o con) lastre de aire, bomba f rotatoria de lastre de gas ‖ ≈**ballon** n (Luftf) / globo m de gas ‖ ≈**behälter** m / depósito m o recipiente de gas ‖ ≈**behälter**, Gasometer m / gasómetro m ‖ ≈**behälter**, -raum m (Schw) / cámara f de gas ‖ ≈**behälterglocke** f / campana f del gasómetro ‖ ~**beheizt**, -geheizt / calentado por gas ‖ ≈**beleuchtung** f / alumbrado m por (o de) gas ‖ ≈**benzin** n (Leichtbenzin aus Erdölgasen) / gasolina f natural, gasolina f ligera de gas húmedo ‖ ≈**benzol** n (Hütt) / benzol m de gas [de hornos de coke] ‖ ~**beständig** / resistente al gas ‖ ≈**beton** m (Bau) / hormigón m esponjoso o celular, aerocreto m ‖ ≈**bilanz** f / balance m de gas ‖ ~**bildend** / gasógeno ‖ ≈**bildung** f / gasificación f, formación f de gases ‖ ≈**blase** f (unter der Oberfläche) (Gieß) / burbuja f de gas, hoyuelo m ‖ ≈**blase** (Hütt, Schw) / sopladura f ‖ ≈**bläser** m, gasführende Schicht (Bergb) / estrato m gaseoso ‖ ≈**bleiche** f (Pap) / blanqueo m gaseoso o por gas ‖ ≈**bohrkopf** m / trépano m de sondeo (para aspirar gas) ‖ ≈**bohrloch** n (Bergb) / sondeo m para aspirar gas ‖ ≈**brenner** m / quemador m de gas ‖ ≈**brennschnitt** m (Schw) / corte m autógeno o con oxígeno, oxicorte m ‖ ≈**bringer** m (Bergb) / capa f gaseosa ‖ ≈**bürette** f (Chem) / bureta f de gas ‖ ≈**carbonitrieren** n (Hütt) / carbonitruración f gaseosa ‖ ~**chromatografisch** (Chem) / por vía cromatográfica en fase gaseosa ‖ ≈**chromatograph** m / cromatógrafo m en fase gaseosa ‖ ≈**-Chromatographie** f / cromatografía f en fase gaseosa ‖ ≈**detektor**, -anzeiger m / detector m de gas[es] ‖ ~**dicht** / estanco o hermético al gas, a prueba de gas, impermeable al gas ‖ ~**dicht** (Akku) / estanco, obturado ‖ ≈**dichte** f (Phys) / densidad f de gas ‖ ≈**dichte bei unendlich kleinem Druck** (Phys) / densidad f limitadora ‖ ≈**dichteeinheit** f (1 amagat = 1 mol/22,4 dm³) / unidad f de densidad de un gas ‖ ≈**dichtemessung** f / medición f de la densidad de gas, manoscopía f ‖ ~**dichter Revolver** / revólver m con empaquetadura de gas ‖ ≈**dichtigkeit** f / hermeticidad f a los gases ‖ ≈**diffusion** f (Phys) / difusión f gaseosa ‖ ≈**diffusionsverfahren** n (Nukl) / procedimiento m de difusión gaseosa ‖ ≈**dissoziation** f (Chem) / disociación f de gas ‖ ≈**[dreh]griff** m (Motorrad) (Kfz) / puño m giratorio del gas, puño m acelerador de la moto ‖ ≈**drive** m, Gastreiben n (Öl) / empuje m por gas [en solución] ‖ ≈**druck**, Versorgungsdruck m / presión f del gas ‖ ≈**druckkabel** n (Elektr) / cable m con gas a presión ‖ ≈**drucklader**, -düsenlader m (Mil) / arma f con toma de gases ‖ ≈**druckmesser** m (allg) / manómetro m [de gas] ‖ ≈**druckmesser** (Mil) / crusher m ‖ ≈**druckminderventil** n, -druckminderer m / reductor m de presión de gas ‖ ≈**druckregler** m / regulador m de la presión del gas ‖ ≈**druck-[Rohr]kabel** n (Elektr) / cable m con gas a presión entubado ‖ ≈**drucksicherheitsgerät** n / dispositivo m de seguridad por sobrepresión de gas ‖ ≈**druckstoßdämpfer** m (Kfz) / amortiguador m de gas ‖ ≈**drucktriebwerk** n (Raumf) / propulsor m de presión de gas ‖ ≈**durchbruch** m (Bergb) / erupción f de gas ‖ ≈**durchflusszähler** m (Mess) / contador m del flujo de gas ‖ ~**durchlässig** / permeable al gas ‖ ≈**durchlässigkeit** f / permeabilidad f a los gases ‖ ≈**durchlauferhitzer** m / calentador m de paso continuo de gas ‖ ≈**durchströmte Wirbelschicht** / lecho m fluidizo de gas ‖ ≈**düse** f (Hütt) / tobera f de gas ‖ ≈**dynamik** f (Phys) / dinámica f de los gases ‖ ~**dynamisch** / gasodinámico ‖ ~**dynamische Gleichung** / ecuación f de la dinámica de gases ‖ ~**dynamische Stoßwelle** / onda f de choque gasodinámica ‖ **realer** ~**effekt** (Phys) / efecto m real de gas ‖ ≈**einbruch** m (Bergb) / irrupción f de gas ‖ ≈**einpressen** n (Öl) / extracción f artificial por gas,

bombeo m neumático (LA) ‖ ≈**einsatzhärtung** f (Hütt) / temple m de cementación con gas ‖ ≈**einschluss** m (Gieß) / inclusión f gaseosa ‖ ≈**einschluss** (Schw) / oclusión f, inclusión f gaseosa ‖ ≈**eintritt** m / entrada f de gas, acceso m de gas **GaSe-Laser** m / láser m GaSe, láser m de seleniuro de galio **gas•elektrischer Stromerzeuger** / generador m gas-eléctrico ‖ ≈**elektrode** f (Elektr) / electrodo m a gas ‖ ≈**element** n, -kette f (Chem) / pila f de gas **gasen**, kochen (Akku) / desprender gas, gasear ‖ ≈, Ausgasen n (Hütt) / separación f del gas, desprendimiento m de gas ‖ ≈, Sengen n (Tex) / gaseado m, chamuscado m **Gas•entartung** f (Phys) / degeneración f del gas ‖ ≈**entgiftung** f (Chem) / desintoxicación f de gases ‖ ≈**entladung** f (Elektr) / descarga f gaseosa ‖ ≈**entladungsableiter** m (Eltronik) / pararrayos m de descarga de gas ‖ ≈**entladungs-Display** n / pantalla f de descarga de gas ‖ ≈**entladungslampe** f / lámpara f de descarga gaseosa o luminosa ‖ ≈**entladungslaser** m / láser m gaseoso ‖ ≈**entladungsrelais** n, -entladungsventil n (Elektr) / relé m a descarga gaseosa ‖ ≈**entladungsröhre** f (Eltronik) / tubo m de descarga gaseosa ‖ ≈**entnahme** f / toma f de[l] gas ‖ ≈**entschwefelung** f (Chem) / desulfuración f de un gas ‖ ≈**entspannungsturbine** f / turbina f de gas de expansión ‖ ≈**entstaubung** f / despolvoreo m de gases ‖ ≈**entweichung** f / escape m de gas ‖ ≈**entwickler**, -erzeuger, -generator m / gasógeno m, generador m de gas ‖ ≈**entwicklung** f (Hütt) / evolución f de gas ‖ ≈**entwicklungsflasche** f, -entwicklungsapparat m, Kippscher Apparat (Chem) / aparato m para producir o generar gas, aparato m [de] Kipp ‖ ≈**[entwicklungs]zähler** m, elektrolytischer Zähler (Elektr) / contador m electrolítico ‖ ≈**erzeugeranlage** f / instalación f gasógena ‖ ≈**erzeugung**, -herstellung f / fabricación f o producción o generación de gas **Gasex** n (Lösungsmittel) / gasex m **Gas•fackel** f (Öl) / torcha f de gas ‖ ≈**falle** f (Öl) / tubo m de absorción ‖ ≈**familie** f (Chem) / familia f de gases ‖ ≈**fang** m, -sammelröhre f / colector m de gas f, ≈**fang**, Gichtverschluss m (Hochofen) / cierre m del tragante ‖ ≈**feder** f / tubo m de suspensión elástica por gas ‖ ≈**federung** f (Kfz) / suspensión f elástica por gas ‖ ≈**fernleitung** f / gasoducto m ‖ ≈**fernversorgung** f, Ferngasversorgung f / distribución f de gas a distancia ‖ ~**fest** / resistente a los gases ‖ ≈**-Festkörpersuspension** f (Chem) / suspensión f de un sólido en un gas ‖ ≈**feueranzünder** n (Heizung) / encendedor m o mechero de gas ‖ ≈**feuerung** f, Ofen mit Gasbrenner m / hogar m para combustibles gaseosos ‖ ≈**feuerung** (Heizung) / calefacción f [a base] de gas o alimentado por gas ‖ ≈**feuerzeug** n / encendedor m de gas ‖ ≈**film** m (Molekülbau) / film m gaseoso, película f gaseosa ‖ ≈**filter**, Gasatemgerät n / filtro m de máscara antigás ‖ ≈**flamme** [offene] / pico m de gas ‖ ≈**flamme** f (Brenner) / llama f de gas ‖ ≈**flammkohle** f (35-40% FB) (Bergb) / carbón m de llama larga de (o para) gas ‖ ≈**flammofen** m (Hütt) / horno m de reverbero a gas ‖ ≈**flasche** f / botella f de gas, botella f de acero, bombona f (de butano) ‖ ≈**flaschenventil** n / válvula f para botella de gas ‖ ≈**-Flüssigkeit-Chromatographie** f (Chem) / cromatografía f gas-líquido ‖ ≈**-Flüssigphase-Reaktor** m (Nukl) / reactor m a gas en fase líquida ‖ ≈**flussregelgerät** n / [aparato] m regulador del flujo de gas[es] ‖ ≈**fokussierung**, -konzentrierung f (Kath.Str) / enfoque m por gas ‖ ≈**förderkohle**, -gruskohle f (Bergb) / carbón m en bruto de (o para) gas ‖ ≈**formation** f (Bergb) / formación f gasógena ‖ ~**förmig**, -artig, Gas... / gaseoso, gasiforme ‖ ~**förmiger Aggregatzustand** / estado m gaseoso ‖ ~**förmiger Brennstoff** /

combustible *m* gaseoso o en forma gaseosa ‖ ~förmiger Elektrodenmantel, Gashülle *f* (Schw) / revestimiento *m* volátil de electrodo ‖ ~förmige Schutzhülle, Schutzgashülle *f* (Schw) / atmósfera *f* inerte o gaseosa ‖ ~förmigkeit *f* / estado *m* gaseiforme ‖ ~führend (Bergb) / gaseoso, rico en gases ‖ ~führung *f*, -Regelung *f* (Hütt) / conducción *f* de gases ‖ ~füllung *f* / inflación *f* o insuflación de gas ‖ ~-Gathering *n* (Öl) / recolección *f* de gas ‖ ~gebläse *n* (Hütt) / soplante *m* de gas ‖ ~gebläse, Hochdruckexhaustor *m* / ventilador *m* de gas alta presión o AP ‖ ~gebläsemaschine *f* / sopladora *f* a (o de) gas ‖ ~gebläseofen *m* / horno *m* de laboratorio ‖ ~gefeuert s. gasgeheizt ‖ ~gefüllt / lleno de gas ‖ ~gefüllt (Ballon) / inflado [de gas] ‖ ~gefüllte Glühkathoden-Gleichrichterröhre (Eltronik) / rectificador *m* gaseoso con cátodo incandescente ‖ ~gefüllte [Glüh]lampe / lámpara *f* de atmósfera gaseosa, lámpara *f* de gas ‖ ~gefüllte Röhre, Gasröhre *f* (Eltronik) / válvula *f* blanda, tubo *m* blando, tubo *m* gasificado [con vacío imperfecto] ‖ ~gehalt *m* / contenido *m* de (o en) gas ‖ ~geheizt, -gefeuert / caldeado o calentado de o con) gas, de calefacción de gas, alimentado por gas ‖ ~geheizter Ofen / horno *m* alimentado por gas ‖ ~gekühlt (Nukl) / refrigerado de (o por) gas ‖ ~gekühlter graphitmoderierter Reaktor / reactor *m* [moderado] de grafito refrigerado por gas ‖ ~gekühlter Reaktor / reactor *m* de refrigeración por gas o de refrigerante gaseoso ‖ ~gelagert (Masch) / apoyado en un cojín de gas o en una capa de gas ‖ ~gelagerter Kreisel (Luftf) / giroscopio *m* apoyado en gas ‖ ~gemisch, -gemenge *n* (Chem) / mezcla *f* gaseosa o de gases ‖ ~gemisch *n* (Kfz) / mezcla *f* de gasolina y de aire ‖ ~gemisch mit 98,7% He und 1,3% Butan (Chem) / gas *m* "Q" ‖ ~generator, -erzeuger *m* / gasógeno *m*, generador *m* de gas ‖ ~geräte *n pl* / aparatos *m pl* de gas ‖ ~geruch *m* / olor *m* a gas ‖ ~geschmiertes Gleitlager / cojinete *m* lubri[fi]cado por gas ‖ ~gesetze *n pl* (Phys) / leyes *f pl* de los gases ‖ ~gestänge *n* (Kfz) / varillaje *m* de gas ‖ ~gewinde *n* (Masch) / rosca *f* de (o para) [tubo de] gas ‖ ~gewindeschneideisen *n pl* (Wz) / terraja *f* para roscas de gas ‖ ~gewindeschneidmaschine *f* (Wzm) / máquina *f* para tallar roscas de gas ‖ ~gleichgewicht *n* (Phys) / equilibrio *m* de gases ‖ ~gleichrichter *m* (Eltronik) / rectificador *m* gaseoso ‖ ~gleichung *f* (Phys) / ecuación *f* de los gases ‖ ~glocke *f* (Schw) / campana *f* de gas ‖ ~glühlichtkörper *m*, -glühstrumpf *m* / camisa *f* incandescente [de gas de alumbrado] ‖ ~-Graphit-Reaktor *m* (Nukl) / reactor *m* de [uranio natural] gas-grafito, reactor *m* de grafito-gas

Gash *n* (Ferroelektrikum), Guanidin-Aluminiumsulphat-Hexahydrat (Chem) / gash *m*

Gas•hahn *m* / llave *f* de gas, grifo *m* de gas ‖ ~haltig / gaseoso, gasífero ‖ ~haltiges Öl / petróleo *m* vivo ‖ ~handhebel *m* (Motorrad), Handgashebel *m* (Kfz) / acelerador *m* de (o a) mano ‖ ~härteofen *m* (Hütt) / horno *m* de gas para templar ‖ ~haupthahn *m* s. Gasabsperrhahn ‖ ~-Hauptleitung *f* / gasoducto *m* principal ‖ ~hebel *m* (Luftf) / palanca *f* o manija del gas ‖ ~hebel (Kfz) s. Gaspedal ‖ ~heizkammer *f* (Hütt) / cámara *f* para calentar el gas ‖ ~heizkessel *m* (Heizung) / caldera *f* de calefacción [alimentado] por gas ‖ ~heizung *f* / calefacción *f* por (o de) gas ‖ ~herd, -kochherd *m* / cocina *f* de gas ‖ ~-Holdup *n*, Gasspeichervermögen *n* einer Flüssigkeit (Chem, Phys) / capacidad *f* absorbente de gas en un líquido ‖ ~hülle, Atmosphäre *f* (Phys) / atmósfera *f* ‖ ~hydrat *n* (ein Clathrat) (Chem) / hidrato *m* de gas

gasieren *vt*, sengen (Web) / gasear, chamuscar ‖ ~ *n* (Web) / gaseado *m*, chamuscado *m*, flameado *m*

Gasiermaschine *f* (Tuch) / máquina *f* de gasear o de chamuscar

gasiertes Baumwollgarn, Florgarn *n* / hilo *m* de algodón gaseado

gasiges Eisen (Hütt) / fundición *f* gaseosa

Gas•industrie *f* / industria *f* del gas ‖ ~inhalt *m* (Bergb) / contenido *m* de gases ‖ ~inhalt (Schw) / capacidad *f* ‖ ~innendruckkabel *n* (Elektr) / cable *m* lleno de gas de presión ‖ ~innenleitung *f* / tubo *m* de gas de (o para) instalación interna ‖ ~-Installateur *m* / gasista *m*, fontanero *m*, gasfitero *m* (PERU) ‖ ~-Interferometer *n* (Bergb) / interferómetro *m* de (o para) gases ‖ ~[ionisations]verstärkung *f* (Eltronik) / amplificación *f* del (o debida al) gas ‖ ~kabel *n* (Elektr) / cable *m* lleno de gas ‖ ~kältemaschine *f* / refrigerador *m* a gas ‖ ~kammer *f* (Hütt) / cámara *f* de gas ‖ ~kammergewölbe *n* (SM-Ofen) / bóveda *f* de la cámara de gas ‖ ~kanal *m* (Hütt) / canal *m* de gas ‖ ~kappe *f*, -kopf *m* (Öl) / capa *f* o cúpula gasífera, cresta *f* gasífera (VEN) ‖ ~kesselwagen *m* (Bahn) / vagón *m* especial para el transporte de productos gaseosos ‖ ~kette *f*, -element *n* (Chem) / pila *f* de gas ‖ ~kinetik *f* (Phys) / cinética *f* del gas ‖ ~kissen *n* (eine Sicherheitsvorrichtung, Airbag *n* (Kfz) / cojín *m* de aire ‖ ~kocher *m* (Tischmodell) / hornilla *f* de gas ‖ ~kocher mit Bratofen, -herd *m* / cocina *f* de gas ‖ ~kohle *f* s. Gasflammkohle ‖ ~koks *m* (Hütt) / cok *m* de gas o de retorta ‖ ~kompressor *m* / compresor *m* de gas ‖ ~konstante *f*, Konstante *f* R (Phys) / constante *f* de los gases perfectos ‖ ~konzentrierung *f* (Eltronik) / concentración *f* por gas o por repulsión iónica, enfoque *m* iónico [por gas] ‖ ~körper *m* (Phys) / cuerpo *m* gaseiforme ‖ ~kühler, -kondensator *m* / condensador *m* de gas ‖ ~kühler *m* / refrigerador *m* de (o por) gas ‖ ~kühlung *f* (Kokerei) / refrigeración *f* del gas ‖ ~küvette *f* (Chem) / cubeta *f* de gas ‖ ~- u. Dampf-KW *n* (GuD-KW) (Energie) / central *f* eléctrica de gasy vapor ‖ ~lager, -reservoir *n*, -lagerung *f* / depósito *m* de gas ‖ ~lager (Masch) / cojinete *m* de gas ‖ ~lagerstätte, -formation *f* (Bergb) / formación *f* gaseosa ‖ ~lagerstätten-Erforschung mit chemischen Mitteln, Gasvermessung *f* / exploración *f* química de yacimientos de gas ‖ ~lagerung *f* für Lebensmittel / almacenaje *m* en gas o en atmósfera protectora ‖ ~lampe *f* / lámpara *f* de gas ‖ ~laser *m* / láser *m* gaseoso ‖ ~laterne *f* / farol *m* de gas ‖ ~leitung *f* / tubería *f* de gas, gasoducto *m*, canal *m* de gas, conducción *f* o cañería de gas ‖ ~leitung, Versorgungsleitung, Straßenleitung *f* / tubería *f* [alimentadora] de gas, canalización *f* de gas ‖ ~leitung *f* (Hütt) / conducto *m* de gas ‖ ~leitung für Treibgas / línea *f* del gas combustible ‖ ~lift *m* (Öl) / extracción *f* artificial por gas, bombeo *m* neumático ‖ ~linse *f* (Opt) / lente *f* gaseosa ‖ ~löten *n* (Schw) / soldadura *f* indirecta por gas ‖ ~-Luftgemisch *n* / mezcla *f* de gas y aire ‖ ~mangelsicherung *f* / cortagas *m* por falta de gas ‖ ~mantel *m* (Schweißelektrode) / revestimiento *m* volátil ‖ ~marken *f pl* (Galv) / ranuras *f pl* de gas ‖ ~maschine *f*, -motor *m* / motor *m* de gas ‖ ~maser *m* (Eltronik) / máser *m* gaseoso ‖ ~maske *f*, -schutzmaske *f* / máscara *f* antigás o contra gas, careta *f* antigás ‖ ~maskeneinsatz *m*, -maskenfilter *m* / filtro *m* de máscara antigás ‖ ~meldegerät / indicador *m* de gas ‖ ~menge *f* / volumen *m* o caudal de gas, cantidad *f* de gas ‖ ~messer, -zähler *m* (Mess) / contador *m* de gas, (localismos:) *m* medidor de gas, reloj *m* del gas ‖ ~-Methanisieren *n* / carburación *f* del gas ‖ ~mischanlage *f* / instalación *f* mezcladora de gases ‖ ~motor *m* / motor *m* de gas ‖ ~multiplikation, -verstärkung *f* (Eltronik) / multiplicación *f* debida al gas ‖ ~multiplikationsfaktor *m* / factor *m* de multiplicación debida al gas ‖ ~nebel *m* (Astr) / nebulosa *f* gaseosa ‖ ~nitrieren *n* (Hütt) / nitruración *f* gaseosa o con gas ‖ ~nitriert / nitrurado al gas,

Gasofen

bonificado con nitrógeno || ~**ofen** *m* (für Heizung) / horno *m* de gas, estufa *f* de gas, radiador *m* de gas
Gasohol *n* (US: 90% unverbleites Benzin + 10% Ethylalkohol) / gasohol *m*
Gasol *n* (Fischer-Tropsch) (Chem) / gasol *m*
Gas•öl *n* / gasóleo *m*, gas-oil *m*, gasoil *m* || ~**ölentschwefelung** *f* (Chem) / desulfuración *f* de gasoil || ~**ölfraktion** *f* / fracción *f* de gasoil
Gasolin *n* für chem. Zwecke (Siedebereich 30-80° C) / éter *m* de petróleo
Gaso•meter *m* / gasómetro *m* || ~**metrie** *f* s. Gasvermessung
Gas•patrone *f* / cartucho *m* de gas || ~**pedal**, Fahrpedal *n* (DIN) (Kfz) / acelerador *m*, pedal *m* [de mando] del gas, pedal *m* del acelerador, chancleta (Col.) || **das** ~**pedal betätigen** / pisar el acelerador || **das** ~**pedal loslassen** (Kfz) / soltar el pedal del gas || ~**pedalsperre** *f* / bloqueo *m* del acelerador || ~**phase** *f* (Chem, Phys) / fase *f* gaseosa || ~**phasenabscheidung** *f* (Sintern) / deposición *f* [química] en fase gaseosa || ~**phasenepitaxie** *f* (Chem) / epitaxia *f* een fase gaseosa || ~**-Pipeline** *f* / gasoducto *m* || ~**pipette** *f* (Chem) / pipeta *f* de (o para) gas || ~**pistole** *f* (Waffe) / pistola *f* de gas || ~**plattieren** *n* / metalización *f* en vacío || ~**polen** *n* (Kupfer) / afinado *m* bajo capa de gas || ~**pore** *f* (Schw) / picadura *f* || ~**pressschweißen** *n* / soldeo *m* con gases a presión || ~**probe** *f*, -probenehmen *n* (Chem) / toma *f* [de muestras] de gas || ~**proberohr** *n* (Chem) / tubo *m* para tomar muestras de gas || ~**prüfer** *m*, -anzeiger *m* (Mess, Phys) / detector *m* de gas || ~**-Pulver-Schweißen** *n* / soldadura *f* oxiacetilénica bajo polvo || ~**pyrometer** *n* / pirómetro *m* de gas || ~**quelle** *f* (Geol) / manantial *m* de gas [natural] || ~**raum**, Gammaraum *m* (Phys) / espacio *m* gamma || ~**raum** *m* (Gasometer) / volumen *m* gasométrico o de gas || ~**rauschen** *n* / ruido *m* de gas || ~**reduktion** *f* (Hütt) / reducción *f* indirecta o por gas || ~**regler** *m* / regulador *m* del gas || ~**reich**, -haltig, -führend / rico en gas, gaseoso || ~**reiches Gemisch** (Kfz) / mezcla *f* rica || ~**reiniger** *m* / purificador *m* o depurador de gas || ~**reiniger** (für Ergoldämpfer) (Raumf) / absorbedor-neutralizador *m* || ~**reinigung** *f*, -waschen *n* / purificación *f* o depuración de gases, barrido *m* de gases, lavado *m* de gas[es] || ~**reinigungsanlage** *f* / instalación *f* purificadora de gases || ~**reinigungskatalysator** *m* / catalizador *m* purificador de gas || ~**reinigungsmasse** *f* / masa *f* depuradora de gas || ~**relais** *n*, Gastriode *f* als Relais (Eltronik) / relé *m* de gas, triodo *m* de gas || ~**reservoir** *n*, -lagerung *f* / depósito *m* o almacenamiento de gas || ~**ring-Vakuumpumpe** *f* / bomba *f* de vacío con anillo de gas || ~**rohr** *n*, -leitung *f* / tubo *m* de gas (E), tubería *f* o cañería de gas, caño *m* de gas (LA) || ~**röhre** *f*, gasgefüllte Röhre (Eltronik, Funk) / válvula *f* [de atmósfera] gaseosa, tubo *m* de gas || ~**rohrgewinde** *n* s. Gasgewinde || ~**-Rohrleger** *m* (Bau) / gasista *m*, fontanero *m*, gasfitero *m* (PERU) || ~**rohrwendeisen** *n* (Wz) / volvedor *m* de tubos de gas || ~**rohrzange** *f* (Wz) / alicates *m pl* de gasista || ~**röstofen** *m* (Hütt) / horno *m* de gas de calcinado || ~**rückstand** *m*, Restgas *n* / gas *m* residual || ~**ruß** *m* (Chem) / negro *m* de gas, negro *m* channel || ~**ruß**, Lampenruß *m* / negro *m* de horno, negro *m* furnace || ~**sammelbehälter** *m* / depósito *m* colector de gas, gasómetro *m* || ~**sammelbeutel** *m* / bolsa *f* para la toma de muestras de gas || ~**sammelleitung** *f* / canalización *f* principal del gas || ~**sammelröhre** *f*, -fang *m* / tubo *m* colector de gas || ~**sammler** *m* (Schw) / colector *m* de gas || ~**sauger**, Exhaustor *m* / exhaustor *m* de gases || ~**schaukel** *f* **nach Clusius** / separador *m* basculante de gas || ~**schaum** *m* (Chem) / espuma *f* gaseosa || ~**schieber** *m* (Mot) / compuerta *f* de gas || ~**schiebervergaser** *m* (Kraftrad) / carburador *m* con válvula de estrangulación || ~**schlauch** *m* / tubo *m* de goma para gas, manguera *f* de gas || ~**schleuse** *f* (Hütt, Masch) / esclusa *f* de gas || ~**schleuse** (Luftschutz) / esclusa *f* antigás || ~**schmelzschweißen** s. Gasschweißen || ~**schmiedeofen** *m* / horno *m* de forja calentado por gas || ~**schmierung** *f* (Schw) / lubri[fi]cación *f* a gas || ~**schneidbrenner** *m* / soplete *m* de corte || ~**schneiden** *n* / corte *m*, oxicorte *m* || ~**schutz** *m* (Chem, Mil) / protección *f* antigás || ~**schutz...** / antigás... || ~**schutzbunker** *m* / refugio *m* antigás || ~**[schutz]gerät** *f*, Atemschutzgerät *n* / equipo *m* protector contra gas desprendido, aparato *m* protector respiratorio || ~**schweißbrenner** *m* / soplete *m* para soldadura || ~**schweißdraht** *m* / alambre *m* de aportación || ~**schweißen** / soldar con gas o con sopleto || ~**schweißen** *n*, -schweißung *f*, -schmelzschweißen *n* / soldeo *m* autógeno o con gas o con soplete || ~**schweißstab** *m* / varilla *f* de aportación
Gasse *f* / callejuela *f*, calleja *f* || ~ (Gieß) / vía *f* || ~ (Fehler) (Karde, Tex) / espacio *m*, ecartamiento *m* (gal.) || ~, Straße *f* (Druck) / calle *f*, callejón *m*, corral *m*
Gas•seil *n*, -zug *m* (Kfz) / cable *m* del acelerador || ~**sengmaschine** *f*, -senge *f* (Tex) / chamuscadora *f* o flameadora a gas || ~**sensor** *m* / sensor *m* de gas || ~**sicherung** *f* (Bau, Heizung) / dispositivo *m* de seguridad (p.ej por falla de encendido) || ~**spaltung** *f* (Chem) / crácking *m* o craqueo de gas || ~**spannung** *f* (Phys) / tensión *f* de gas || ~**spannungsregler** *m* (Elektr) / regulador *m* de voltaje de tipo gaseoso, tubo *m* regulador de tensión con atmósfera gaseosa || ~**sparer** *m* (für Geräte) / economizador *m* de gas || ~**sparventil** *n* (Schw) / válvula *f* ahorradora de gas || ~**speicher** *m* / acumulador *m* de gas || ~**speicherung** *f* / almacenamiento *m* del gas || ~**-Spezialheizkessel** *m* (Heizung) / caldera *f* especial de calefacción por gas || ~**spürer** *m*, -spürgerät *n* (Bergb) / detector *m* de gases, indicador *m* de presencia de gas inflamable, gasoscopio *m* || ~**spürer** (Beauftragter) (Bergb) / detector *m* de gas (un técnico) || ~**spürer** (Gerät) (Bergb) / grisúmetro *m* || ~**spürgerät** *n* für Kabel (Elektr) / aparato *m* detector de gas para cables || ~**starter** *m* (Kfz) / arrancador *m* de gas || ~**steiger** *m* (Wettersteiger) (Bergb) / capataz *m* de ventilación || ~**strahl-Bearbeitungsmaschine** *f* / máquina *f* de mecanización por chorro de gas || ~**strahlmühle** *f* (Aufb) / pulverizador *m* a chorro de gas || ~**strahlpumpe** *f* (Vakuum) / bomba *f* de chorro de gas || ~**strahl-Steuersystem** *n* (Raumf) / sistema *m* de mando por chorro de gas || ~**strom** *m* (Phys) / corriente *f* de gas || ~**stromerzeuger** *m* (Elektr) / grupo *m* generador gas-eléctrico || ~**-Szintillationszähler** *m* (Phys) / contador *m* de centelleo a gas, centellómetro *m* o escintilómetro a gas || ~**tanker** *m* (Schiff) / buque-tanque *m* para gas líquido, metanero *m* || ~**tankstelle** *f* (Kfz) / distribuidor *m* o puesto de gas combustible || ~**technik** *f* / tecnica *f* de gases || ~**teer** *m* / alquitrán *m* de gas
Gäste•ruf *m* (Hotel) / busca *f* o búsqueda de personas || ~**rufeinrichtung** *f* / equipo *m* de busca de personas, equipo *m* de llamada por altavoces || ~**tubus** *m* (Opt) / tubo *m* para invitados
Gas•thermochromatografie *f* (Chem) / cromatografía *f* en fase gaseosa || ~**thermometer** *n* (Phys) / termómetro *m* de gas || ~**thermostat** *m* (Phys) / interruptor *m* termostático accionado por fuelle de gas
Gastprozessor *m* (DV) / ordenador *m* central
Gas•transfer-Vakuumpumpe *f*, -transportpumpe *f* / bomba *f* de vacío de transferencia || ~**transportlaser** *m* / láser *m* a circulación de gas || ~**trennanlage** *f* (Öl) / torre *f* fraccionadora de gas || ~**trennung** *f* / separación *f* de gases || ~**triode** *f* (Eltronik) / triodo *m* gaseoso o de gas || ~**triode als Relais**, Gasrelais *n* / triodo *m* o relé de gas || ~**trocknung** *f* (Chem, Öl) /

deshidratación f de gas ‖ ⁓trocknung (Koks) / secado m del gas ‖ ⁓trocknungsmittel n (Chem) / desecante m de gas ‖ ⁓turbine f / turbina f de gas o de combustión ‖ ⁓turbine mit offenem [o. geschlossenem] Kreislauf / turbina f de gas con circuito abierto [o cerrado] ‖ ⁓turbinenlokomotive f (Bahn) / locomotora f de turbina de gas ‖ ⁓turbinentriebkopf m (Bahn) / cabeza f motriz de turbina de gas ‖ ⁓turbinen-Triebwagen m / automotor m de turbina de gas ‖ ⁓turbinen-Triebzug m (Bahn) / tren m automotor de turbina de gas ‖ ⁓übergabe[stelle] f / estación f de transferencia de gas ‖ ⁓uhr f (coll), -zähler m / contador m de gas, (localismos:) m medidor o reloj de gas, gasómetro m ‖ ⁓- und Wasserarmaturen f pl / grifería f o valvulería o robinetería para gas y agua ‖ ⁓- und Wasserinstallateur m / fontanero m, instalador m de agua y gas, hojalatero m, perolero m (VEN) ‖ ⁓- und Wasserleitungsinstallation f (Bau) / tubería f y fontanería para gas y agua ‖ ⁓- und Wasserversorgung f / aprovisionamiento m o suministro de gas y agua ‖ ~undurchlässig / estanco al gas

Gasungsspannung f (Akku) / tensión f al comenzar el gaseado

Gas•verdichter, -kompressor m / compresor m de gas ‖ ⁓verdichtungswelle f (Raumf) / onda f de choque adiabática ‖ ⁓verflüssigung f / licuación f o licuefacción o liquefacción de gas ‖ ⁓vergiftung f (Med) / intoxicación f por gas ‖ ⁓vermessung, Gaslagerstätten-Erforschung f mit chemischen Mitteln (Bergb) / exploración f química de yacimientos de gas ‖ ⁓versorgung f / suministro m o aprovisionamiento de gas, servicio m de gas ‖ ⁓versorgungsanlage f, -anlage f (Bau) / instalación f abastecedora de gas ‖ ⁓verstärkung, -multiplikation f (Eltronik) / amplificación f o multiplicación debida al gas ‖ ⁓verwertung (Bergb) / aprovechamiento m de los gases desprendidos ‖ ⁓volumetrie f (Chem, Phys) / análisis m volumétrico de gas ‖ ⁓volumetrisch (Chem) / gasométrico ‖ ⁓vorkommen n (Geol) / yacimiento m de gas ‖ ⁓waage f (Phys) / balanza f de gas ‖ ⁓wärme f (Phys) / calor m latente del gas ‖ ⁓warngerät n / detector-avisador m de gases ‖ ⁓waschen n, -wäsche f (Chem Verf) / lavado m del gas ‖ ⁓wascher m / lavador m de gas ‖ ⁓waschflasche f / botella f lavadora de gas ‖ ⁓wasser, Ammoniakwasser n (Chem) / agua f amoniacal ‖ ⁓wasser, Abwasser n von Gaswerken (Umw) / agua f residual de la fábrica de gas ‖ ⁓wassererhitzer m, -boiler m / calentador m de agua [aimentado] por gas ‖ ⁓wechsel m (Kfz) / cambio m de gases [de escape y de gases frescos] ‖ ⁓werk n / fábrica f de gas (E), usina f de gas (LA) ‖ ⁓-Wirbelschicht f / lecho m fluidizado por gas ‖ ⁓zähler m, -messer m (Mess) / contador m de gas, (localismos:) m medidor o reloj de gas ‖ ⁓zähler, gasgefüllter Geigerzähler (Nukl) / contador m [Geiger] de [corriente de] gas ‖ ⁓zählerbalgen m (Mess) / fuelle m del contador de gas ‖ ⁓zelle f (Photozelle) / fotocélula f de atmosfera gaseosa ‖ ⁓zelle (Luftschiff) / balonet m del dirigible ‖ ⁓zelle (Ballon) / bolsa f o cámara de gas ‖ ⁓zementieren n (Hütt) / cementación f con gas ‖ ⁓zentrifuge f (Nukl) / centrifugadora f o centrífuga f de gas ‖ ⁓zerlegung f (Chem) / separación f de gas ‖ ⁓zufuhr f, -zuführung f / alimentación f de gas, suministro m de gas ‖ ⁓zylinder m (Chem) / cilindro m de burbujeo

Gate n, Flugsteig m (Lufft) / puerta f de embarque, salida f ‖ ⁓, Gatt[er], Tor n (DV) / gate m, compuerta f, electrodo m de control ‖ ⁓ (Thyristor) / compuerta f, electrodo m de desbloqueo ‖ ⁓-Array n (DV) / gate-array m ‖ ⁓-Array-Technik f / técnica f gate-array, tecnología f de las estructuras predifundidas ‖ ⁓-Beam-Röhre f (Eltronik) / tubo m gate-beam ‖ ⁓-Drain-Spannung f (Halbl) / tensión f compuerta-dren ‖ ⁓-Elektrode f des IG-FET (Halbl) / electrodo m de compuerta del transistor de efecto de campo con compuerta aislada ‖ ⁓-Impuls m (Halbl) / impulso m de compuerta [de mando], impulso m gatillador ‖ ⁓laufzeit f, Gatterlaufzeit f (Eltronik) / tiempo m de cómputo ‖ ⁓-Leckstrom m (Halbl) / corriente f de fuga de compuerta ‖ ⁓-Reststrom m (Halbl) / corriente f residual de compuerta ‖ ⁓-Schaltung f (Halbl) / compuerta m común ‖ ⁓-Source-Spannung f (Halbl) / tensión f compuerta-fuente o -cátodo o -surtidor ‖ ⁓spannung f / tensión f de puerta ‖ ⁓strom (Halbl) / corriente f de compuerta ‖ ⁓-Triggerspannung f (Triac) / tensión f de gatillado ‖ ⁓-Trigger-Spitzenstrom m (Triac) / corriente f [de] punta de gatillado ‖ ⁓-Überlappungskapazität (MOS-IC) / capacidad f de recubrición de compuerta ‖ ⁓way-Funktion f (Fernm) / función f Gateway ‖ ⁓-Widerstand m (Halbl) / resistencia f de compuerta ‖ ⁓-Zone f des FET / región f de compuerta del transistor de efecto de campo

GA-T-Stück n, Reinigungs-T-Stück n (Rohr) / té m de limpieza

Gatt n, Gatje n, Tauloch n (Schiff) / ollao m

Gatter n, Gitter n / reja f, enrejado m ‖ ⁓ s. auch Gattersäge ‖ ⁓, Zaun m (Landw) / cercado m, cerca f ‖ ⁓ (DV) s. Gate ‖ ⁓ n (Zwirnm) / cántara f, fileta f ‖ ⁓bügel m (Zwirnm) / estribo m de cántara ‖ ⁓führung f, -schenkel m, -stock m (Säge) / guía f del marco de la sierra alternativa ‖ ⁓lehre f (Säge) / calibrador m de alternativa

gattern vt (Bergb) / seccionar ‖ **Zinn ~** (Hütt) / refinar estaño ‖ **Zinnkörner durch Sieben ~** / clasificar estaño

Gatter•rahmen m (Web) / cuadro m o marco de cántara o de fileta ‖ ⁓rahmen, Sägegatter n (Holz) / marco m de la sierra alternativa ‖ ⁓säge f / sierra f alternativa, aserradero m ‖ ⁓[tor] n (Bau) / puerta f enrejada

gattieren vt (Gieß, Hütt) / mezclar el lecho de fusión ‖ ⁓ **der Baumwolle** (Tex) / mezcla f del algodón

Gattierung f (Gieß) / proporción f de peso entre combustible y mineral

Gattierwaage f (Gieß, Hütt) / balanza f para la predeterminación de mezlas

Gattung f, Art f / especie f, variedad f ‖ ⁓ (Bot, Zool) / género m ‖ ⁓, Klasse f / clase f

Gattungs•... (Biol, Patent) / genérico ‖ ⁓bezeichnung f, -name, -begriff m / denominación f genérica, nombre m genérico

GaU, GAU, größter anzunehmender Unfall o. Schadensfall (Nukl) / accidente m máximo previsible o imaginable

Gaube f (Dach) / tragaluz m, lumbrera f

Gaufrage (Leder, Plast) / gofrado m

gaufrieren vt, prägen (Web) / gofrar ‖ ⁓ n (Tex) / estampado m en relieve, gofrado m

Gaufriermaschine f, -kalander m (Leder, Tex) / calandria f gofradora o de gofrado, gofrador m

Gauge n (Nadeln je 1 1/2"), Feinheit f, gg (Strumpf) / número m de agujas por pulgada y media, finura f de la máquina, galga f, paso m, gasa f

Gaultheriaöl n, Wintergrünöl n (Pharm) / esencia f de gaulteria, gaulterilena f

Gauß n, g, gs (CGS-Einheit der magnet. Induktion = 10^{-4} Tesla) (veraltet) (Phys) / gausio m, gauss m ‖ ⁓... / .....de Gauss, gausiano ‖ ⁓messer m (Phys) / gausiómetro m ‖ ⁓-Objektiv n (Opt) / objetivo m de Gauss ‖ ⁓-Okular n (Opt) / ocular m de Gauss, ocular m autocolimador ‖ ⁓scher Algorithmus (Math) / algoritmo m de Gauss, eliminación f de Gauss ‖ ⁓sches Fehlergesetz (Math) / teorema m de errores o de residuos ‖ ⁓sche Fehlerverteilung (Math) /

distribución *f* de errores según Gauss, distribución *f* normal ‖ ~sche **Klammern** *f pl* / corchetes *m pl* de Gauss ‖ ~sche **Koordinaten** *f pl* (Math) / coordenadas *f pl* curvilíneas de Gauss ‖ ~sche **Krümmung** (Math) / curvatura *f* de Gauss ‖ ~sche **Lage** (Magnetismus) / posición *f* de Gauss ‖ ~sche **Normalverteilungskurve**, Gaußsche Häufigkeitsverteilungskurve o. Glockenkurve (Stat) / curva *f* acampanada de Gauss, curva *f* de distribución normal ‖ ~sche **Optik o. Näherung** (Phys) / óptica *f* o aproximación de Gauss ‖ ~scher **Potentialtopf**, Gaußsche Potentialmulde (Nukl) / pozo *m* [de potencial] gausiano ‖ ~sches **Prinzip des kleinsten Zwanges** / principio *m* de Gauss del vínculo mínimo ‖ ~sches **Rauschen** (Phys) / ruido *m* gausiano o de Gauss ‖ ~sche **Verteilung**, Normalverteilung *f* (Stat) / distribución *f* normal o de Gauss ‖ ~sches **weißes Rauschen** (Phys) / ruido *m* blanco gausiano ‖ ~sche **Zufallsfunktion** (Stat) / función *f* aleatoria gausiana ‖ ~-**Spiegel** *m* / espejo *m* de Gauss

Gautschbruch *m*, Nassausschuss *m* (Pap) / roturas *f pl* en la prensa de manchón

Gautsche *f* / prensa-manchón *f*

gautschen *vt* (Pap) / desaguar, sacar el papel de la tela, desprender el papel del manchón ‖ ~ *n* (Pap) / extracción *f* del papel de la tela para depositarlo en el primer fieltro

Gautscher *m* (Arbeiter) / ponedor *m*, oficial *m* de prensa, desprendedor *m*

Gautsch•filz *m* (Pap) / primer fieltro ‖ ~**knecht** *m* (Papiermaschine) / chorrito *m* recortador de la hoja húmeda ‖ ~**presse** *f* (Pap) / prensa *f* del manchón ‖ ~**walze** *f* (Pap) / rodillo-prensa *m* del manchón ‖ ~**winkel** *m* (Pap) / ángulo *m* de extracción

Gay-Lussac[sches] Gesetz *n* (Chem, Phys) / ley *f* de Gay-Lussac

Gay-Lussac-Turm *m* (Chem) / torre *f* de Gay-Lussac

Gaylussit *m* (Min) / gaylussita *f*

Gaze *f* (Web) / gasa *f* ‖ ~**artig**, von Gaze / tipo gasa, como gasa, de gasa ‖ ~**fenster** *n* (Bau) / ventana *f* de gasa metálica ‖ ~**gewebe** *n* (Tex) / tejido *m* de gasa de vuelta ‖ ~**papier** *n* / papel *m* de gasa ‖ ~**schleier** *m* (Tex) / velo *m* de gasa ‖ ~**sieb** *n* / tamiz *m* de gasa, criba *f* de gasa ‖ ~**stuhl** *m* (Web) / telar *m* para tejidos de vuelta gasa ‖ ~**tür** *f* (Bau) / puerta *f* de gasa metálica

GAZ•-F-Stück *m* (Rohr) / final *m* de extremidad con brida y unión ‖ ~**-H-Stück** *n*, Hosenstück *n* / pieza *f* en Y, pantalón *m* ‖ ~**-K-Stück** *n*, Knie *n* / codo *m* ‖ ~**-O-Stück** *n*, Kappe *f* / tapón *m* hembra ‖ ~**-P-Stück** *n*, Stopfen *m* / tapón *m* macho ‖ ~**-R-Stück** *n*, Konus *m* / cono *m* ‖ ~**-Stück** *n* / racor *m* macho ‖ ~**-TT-Stück** *n*, Kreuzstück *n* / cruz *f* ‖ ~**-X-Stück** *n*, Blindflansch *m* flach / brida *f* ciega plana

Gb = Gigabit

GB = Gigabyte

gballte Kraft / energía *f* concentrada

g-Beschleunigungsprüfer, Rundlauf *m* (Phys) / mesa *f* de centrifugación

Gbm = Gebrauchsmuster

GBS, Grundbetriebssystem *n* (DV) / sistema *m* operacional básico

GCA-Landung *f* (Ground Controlled Approach) (Luftf) / aproximación *f* dirigida o controlada desde tierra, acercamiento *m* dirigido desde tierra

GCS-Thyristor *m*, torgesteuerter Thyristor (Halbl) / tiristor *m* controlado por compuerta

G-Darstellung *f* (Radar) / representación *f* G

GDCh = Gesellschaft Deutscher Chemiker

GDL-Analyse *f* / análisis con GDL

GDM = Deutsche Gesellschaft für Materialkunde

GDMB = Gesellschaft Deutscher Metallhütten- und Bergleute

GDU (Elektr) = Gleichstrom-Drehstrom-Umformer

GDÜ = Gleichstrom-Datenübertragungs-Einrichtung

ge (Fernm) = gelb

GE (Gieß) = Gusseisen

geadert, marmoriert / jaspeado, veteado

gealtert, abgelagert / envejecido

Geartronic-Funktion *f* (Kfz-Getriebe) / función *f* Geartronic

geätzt (Chem) / corroído

Ge-Auskoppeletalon *m* (Laser) / etalón *m* de salida en Ge

Gebälk *n*, Balkenwerk *n*, Balken *m pl* (Bau, Zimm) / viguería *f*, envigado *m*, maderamen *m* ‖ ~, Balkenlage *f* / marco *m*

geballt, aufgehäuft / aglomerado, concentrado, acumulado ‖ ~**e Ladung** (Mil) / carga *f* concentrada

gebauchter Rücken (Säge) / dorso *m* convexo

Gebäude *n* (Bau) / edificio *m*, construcción *f* ‖ ~**-Boden-Potential** *n* (Elektr) / potencial *m* entre estructura y suelo ‖ ~**brand** *m* / incendio *m* de (o en) un edificio ‖ ~**flügel** *m* (Bau) / ala *f* de edificio ‖ ~**kern** *m* / núcleo *m* de edificio ‖ ~**komplex** / complejo *m* o grupo de edificios ‖ ~**komplex**, Häuserblock *m* / manzana *f* de edificios ‖ ~**körper** *m* / cuerpo *m* de edificio ‖ ~**kran** *m* (Reaktor) / grúa *f* de edificio ‖ ~**leittechnik** *f* / técnica *f* de mando de operaciones para edificios ‖ ~**plan** *m* / plano *m* de edificios ‖ ~**schutz** *m* / protección *f* de edificio[s] ‖ ~**technik** *f*, Haustechnik *f* / domótica *f* ‖ ~**trockner** *m* (Bau) / desecadora *f* de edificio[s] ‖ ~**überwachung** *f* (Eltronik) / control *m* electrónico del edificio ‖ ~**unterhaltung** *f* / entretenimiento *m* del edificio (E), manutención *f* del edificio (LA)

gebaute Mächtigkeit (Bergb) / altura *f* excavada

geben *vt*, senden (Fernm) / transmitir, emitir

Geber *m*, Gebeapparat *m* (Fernm) / emisor *m*, transmisor *m* ‖ ~ (Eltronik) / transductor *m* ‖ ~**impuls** *m* / impulso *m* emisor ‖ ~**papier** *n*, Reaktions-Durchschreibpapier *n* (Büro) / papel *m* [auto]copiador ‖ ~**seite** *f*, Senderseite *f* (Fernm) / extremo *m* de emisión ‖ ~**wicklung** *f* (DV) / devanado *m* o bobinado de captura ‖ ~**zylinder** *m* (Regeln) / cilindro *m* maestro o director

Gebiet *n*, Land *n* / terreno *m* ‖ ~, Territorium *n* / territorio *n* ‖ ~, Distrikt *m* / área *f*, distrito *m* ‖ ~, Region *f* / región *f*, comarca *f* ‖ ~, Sachgebiet *n* / materia *f*, campo *m*, ámbito *m* ‖ ~, Bereich *m* (Math) / región *f* ‖ ~ *n* (Fach-, Spezial-) / especialidad *f* ‖ ~ **der mittleren Energie** (Phys) / zona *f* de energías intermedias ‖ ~ **mit Aufenthaltsbestimmungen** (Nukl) / zona *f* restringida, zona *f* de estancia limitada ‖ ~ **vorrangiger städtebaulicher Entwicklung** / zona *f* de urbanización prioritaria ‖ ~ **zurückgestellter Erschließung** / zona *f* de urbanización aplazada ‖ ~ **erfasstes** ~ (Sender) / zona *f* servida o de acción, cobertura *f*

Gebiets•karte *f* (Luftf) / mapa *m* de área ‖ ~**lizenz** *f* (Patent) / licencia *f* territorial ‖ ~**norm** *f* / norma *f* regional ‖ ~**verdunstung** *f* (Wasser) / evaporación *f* en una región ‖ ~**weise**, regional / regional, por regiones

Gebilde *n* / formación *f*, creación *f*, producto *m*

gebildet, wissenschaftlich [gebildet] / formado, con carrera científica

Gebinde *n* (Tex) / troquillón *m* ‖ ~ (Verp) / barrica *f* de embalaje

Gebirge *n* (Geo) / montaña *f*, montes *m pl*, cordillera *f* (LA) ‖ ~, Gebirgsart *f* (Bergb) / roca *f*, macizo *m* rocoso

Gebirgs•anker *m* (Bergb) / bulón *m*, bulón *m* des anclaje ‖ ~**art** *f*, Gesteinsart *f* (Geol) / roca *f* ‖ ~**aufbau** *m* (Geol) / estructura *f* geológica ‖ ~**bahn** *f* / ferrocarril *m* de montaña ‖ ~**bahnlokomotive** *f* / locomotora *f* de montañas ‖ ~**bewegung** *f* (Geol) / movimiento *m* orogénico o de roca ‖ ~**bildend** (Bergb) / orogénico ‖ ~**bildung**, Orogenese *f* (Geol) / orogénesis *f*, orogenia *f* ‖ ~**druck** *m* / presión *f* de roca ‖ ~**kamm** *m* (Geo) / cumbre *f*, cima *f*, cresta *f* ‖ ~**massiv** *n* (Bergb) / roca *f*

maciza ‖ ⁓**massiv** (Geo) / macizo *m* montañoso ‖ ⁓**mechanik** *f* (Bergb, Geol) / mecánica *f* de la roca ‖ ⁓**schicht** *f* / capa *f* geológica ‖ ⁓**schlag** *m* (Bergb) / hundimiento *m* del techo ‖ **leichter** ⁓**schlag** / desmoronamiento *m* ‖ **schwerer** ⁓**schlag** / derrumbe *m*, derrumbamiento *m* ‖ ~**schlaggefährdet** / con peligro de derrumbamiento del techo ‖ ⁓**schub** *m*, -**druck** *m* (Bergb, Geol) / presión *f* de roca, empuje *m* de roca ‖ ⁓**straße**, Bergstraße *f* / carretera *f* de montaña ‖ ⁓**strecke** *f* (Bahn) / línea *f* de montaña ‖ ⁓**temperatur** *f* (Bergb) / temperatura *f* de roca ‖ ⁓**verfestigung** *f* / cimentación *f* de las capas pendientes, compactación *f* del pendiente
Gebläse *n* / ventilador *m*, soplante *m*, soplador *m* ‖ ⁓ (Hochofen) / máquina *f* soplante ‖ ⁓ **für Druckkabinen** (Luftf) / compresor *m* de cabina ‖ **das** ⁓ **anlassen** (Hütt) / conectar o poner el ventilador ‖ **ohne** ⁓ / con (o de) tiro natural ‖ ⁓**brenner** *m* (Chem) / soplete *m* ‖ ⁓**druck** *m* (Hütt) / presión *f* del soplante ‖ ⁓**entlader** *m* (Landw) / descargadora *f* neumática o por aspiración ‖ ⁓**flügel** *m* / aleta *f* de ventilador ‖ ⁓**gleichrichter** *m* (ein Gebläsebauteil) / reja *f* enderezadora de ventilador ‖ ⁓**häcksler** *m* / cortaforraje-ensiladora *f*, cortaforraje *m* soplante, cortapajas *m* con soplante ‖ ⁓**kammer** *f* (Sandstrahl) / cámara *f* del soplador ‖ ⁓**lampe** *f* / lámpara *f* con soplete ‖ ⁓**laufrad** *n* / rodete *m* o rotor del soplador, corona *f* o rueda móvil ‖ ~**loser Brenner** / quemador *m* atmosférico ‖ ⁓**luft** *f* / aire *m* soplado o forzado ‖ ⁓**luftkühlung** *f* (Kfz) / refrigeración *f* por ventilador o por corriente de aire forzado ‖ ⁓**maschine** *f*, Gebläse *n* / máquina *f* soplante, soplante *m* ‖ ⁓**motor**, -antrieb *m* / motor *m* del ventilador ‖ ⁓**motor** *m*, Auflademotor *m* / motor *m* de sobrealimentación
geblasen (z.B. Glas, Plastfolie, Öl) / soplado ‖ ~**es Bitumen** (Chem) / betún *m* oxidado o soplado ‖ ~**es Öl** (Zusatz zu Marineölen) / aceite *m* soplado
Gebläse•ofen *m*, Hochofen *m* (Hütt) / horno *m* con aire forzado, alto horno ‖ ⁓**rauschen** *n* (Luftf) / ruido *m* del compresor ‖ ⁓**regulator** *m* (Hütt) / regulador *m* del soplante ‖ ⁓**schacht** *m* (Bergb) / pozo *m* de ventilación ‖ ~**unterstützt** (Brenner) / asistido por soplante (quemador) ‖ ⁓**verkleidung** *f* / cubierta *f* del ventilador ‖ ⁓**wind** *m*, -luft *f* (Hochofen) / aire *m* o viento forzado
geblättert (Chem) / foliado ‖ ~ (Elektr) / laminado, laminoso
gebläut (Stahl) / pavonado
geblaut (Zuck) / azulado
geblecht (Elektr) / chapeado, de chapas, a base de chapas
gebleicht (Tex) / blanqueado
gebleiter Kraftstoff (Kfz) / gasolina *f* de (o con) plomo, gasolina *f* etilada
geblimpt, schalldicht (Kamera) / aislado contra el ruido
geblockt (DV) / agrupado
geblümt (Tex) / floreado
gebogen, bogenförmig / encurvado, curvo, corvo ‖ ~, gewölbt / arqueado ‖ ~**er ISO-Drehmeißel** (Wzm) / cuchilla *f* para desbaste curvada (ISO) ‖ ~**e Kokille** (Stranggus) / lingotera *f* curva ‖ ~**e Windschutzscheibe** (Kfz) / parabrisas *m* bombeado ‖ ~**e Winkellasche** (Stahlbau) / brida *f* angular curvada
gebohrt / taladrado
gebondeter Stoff (Tex) / género *m* enlazado
gebördelt, mit umgelegter Kante / rebordeado
geborstener Wasserheizschlauch (Gummi) / cámara *f* vulcanizadora reventada
Gebotsschild *n* (Verkehr) / señal *f* prescriptiva o de obligación, señal *f* obligatoria
gebräch (Bergb) / quebradizo, friable
gebrandet / con marca
gebrannt (Keram) / cocido ‖ ~**er Alaun** (Chem) / alumbre *m* calcinado ‖ ~**er Borax**, Borax usta *f* (Chem) / bórax *m* calcinado ‖ ~**er Gips** / yeso *m* calcinado ‖ ~**er Kalk** (Bau) / cal *f* viva ‖ ~**e Magnesia** / magnesia *f* calcinada ‖ ~**er Ton** (Keram) / arcilla *f* cocida o calcinada ‖ ~**er Zucker**, Zuckercouleur *f* (Nahr) / caramelo *m*
Gebräu *n* (Brau) / calderada *f*
Gebrauch *m*, Einsatz *m*, Anwendung *f* / empleo *m*, aplicación *f* ‖ ⁓, Anwendung *f*, Nutzung *f* / utilización *f* ‖ ⁓ [von] / manejo *m* ‖ **anderem** ⁓ **zugeführt** / destinado a otro uso ‖ **außer** ⁓ **setzen** / poner fuera de uso o de servicio ‖ **in** ⁓ **nehmen** / poner en uso
gebräuchlich / usual, corriente ‖ **am ~sten** / de uso muy corriente, el más utilizado
Gebrauchs•anleitung, -anweisung *f* / modo *m* de empleo, instrucciones *f pl* para el servicio o para el uso, manual *m* de instrucciones ‖ ⁓**anleitung** *f* (als Faltblatt) / folleto *m* de instrucciones ‖ ⁓**artikel**, -gegenstände *m pl*, -güter *n pl* / objetos *m pl* de uso corriente, bienes *m pl* de consumo ‖ ⁓**beanspruchung** *f* / esfuerzo *m* [a carga] durante el servicio, solicitación *f* a carga durante el servicio ‖ ⁓**dauer** *f* / duración *f* de servicio, tiempo *m* de servicio, vida *f* en servicio ‖ ⁓**eigenschaften** *f pl* / características *f pl* de uso ‖ ⁓**eignung**, Brauchbarkeit *f* / aptitud *f*, utilidad *f*, capacidad *f* funcional ‖ ⁓**fähig**, einsatzbereit (Masch) / en condición o en estado de funcionamiento o de marcha ‖ ⁓**fähig**, verwendbar / apto para el uso, utilizable ‖ ⁓**fertig** / listo o pronto para el uso ‖ ⁓**fertig**, komplett (DV) / completo ‖ ⁓ **sofort** ~**fertig**, listo para el uso inmediato ‖ ⁓**form** *f* (DIN) / forma *f* estándar, tamaño *m* estándar ‖ ⁓**gegenstand** *m* / artículo *m* u objeto de uso corriente, prenda *f* de uso corriente ‖ ⁓**geschirr** *n* (aus Steingut o. Porzellan) (Keram) / vajilla *f* de uso corriente ‖ ⁓**glas** *n* / vidrio *m* de uso corriente ‖ ⁓**grafik** *f* / dibujo *m* publicitario, grafismo *m* ‖ ⁓**grafiker**, Grafiker *m* / grafista *m*, dibujante *m* publicitario, dibujante *m* de productos [industriales] ‖ ⁓**güter** *n pl* s. Gebrauchsartikel ‖ ⁓**hand** *f*, Arbeitshand *f* / mano *f* activa o de trabajo ‖ ⁓**härte** *f* (Stahl) / dureza *f* de utilización ‖ ⁓**heizwert** *m* (Phys) / valor *m* calorífico de empleo ‖ ⁓**last** *f* / carga *f* de trabajo o de regimen ‖ ⁓**last** (Stahlbau) / carga *f* adicional de (o en) servicio ‖ ⁓**muster** *n*, Gbm (Patent) / modelo *m* registrado, modelo *m* utilitario, modelo *m* de utilidad industrial (E), privilegio *m* industrial (LA) ‖ ⁓**musterrolle** *f* / registro *m* nacional de modelos ‖ ⁓**musterschutz** *m* / protección *f* de [dibujos y] modelos [de utilidad] registrados ‖ ⁓**musterschutz** (Eintragung) / registro *m* de modelos (E), registro *m* de privilegios (LA) ‖ ⁓**qualität** *f* / calidad *f* corriente ‖ ⁓**spannung** *f* (Mech) / tensión *f* de utilización o de servicio ‖ ⁓**tauglichkeit** *f* / aptitud *f* para el uso ‖ ⁓**unfähigkeit** *f* / incapacidad *f* funcional ‖ ⁓**wert** *m* / valor *m* útil o de utilidad ‖ ⁓**wertprüfung** *f* / examen *m* del valor útil o de propiedades de uso
gebraucht, Alt... / de segunda mano, de ocasión, de lance ‖ ~, benutzt / usado ‖ ~, nötig / necesario, preciso ‖ ~**e Wetter** *n pl* (Bergb) / aires *m pl* usados ‖ ⁓**wagen** *m* (Kfz) / coche *m* usado, vehículo *m* de ocasión o de segunda mano
gebrochen, gerissen / quebrado, quebrantado, desgarrado ‖ ~, zerbrochen / roto, partido ‖ ~ (Bergb) / desbastado ‖ ~, gelenkig / articulado ‖ ~ (Opt) / refractado ‖ ~, angesäuert (Tex) / acidificado, acidulado ‖ ~ (Exponent) (Math) / fraccionario (exponente), quebrado ‖ ~**es Dach** (Bau) / tejado *m* quebrado, cubierta *f* quebrada ‖ ~**e Farbe** (Maler) / medias *f pl* tintas ‖ ~**e Gurtung** (Stahlbau) / cabeza *f* quebrada, cordón *m* quebrado ‖ ~**es Härten** (Hütt) / temple *m* interrumpido ‖ ~**e Kante** / canto *m* quebrado, arista *f* matada ‖ ~**er Köper** (Tex) / sarga *f* cortada ‖ ~**er Lichtstrahl** / rayo *m* [de luz] refractado ‖ ~**e Mauerecke** (Bau) / esquina *f* [de muro] quebrada ‖ ~**e Schrift** (Druck) / impresión *f* quebrada, caracteres *m pl* quebrados, tipos *m pl* quebrados ‖ ~**er Weg**, Schiene-Wasser-Weg *m* (Bahn, Schiff) /

509

transporte *m* [combinado] por vía fluvial (o marítima) y ferroviaria ‖ ~ **werden** (Strahlen) (Opt) / ser refractado (rayo) ‖ **~e Zahl** (Math) / número *m* fraccionado o quebrado, quebrado *m*
gebühlerter Draht (Hütt) / alambre *m* [de] Bühler
Gebühr *f* / tasa *f* ‖ ⁻, Maut *f* (Brücken, Straßen) / peaje *m*
Gebühren *f pl* / impuestos *m pl*, tasas *f pl*, derechos *m pl*, cuota *f pl* ‖ **mit** ⁻ **belegen** / tasar, gravar
Gebühren•ansage *f* (Fernm) / indicación *f* de tasa ‖ ⁻**anzeiger** *m* (Fernm) / indicador *m* de tasa ‖ ⁻**aufkommen** *n* (Lizenz) / ingresos *m pl* [procedentes] de licencias o royalties ‖ ⁻**berechnung** *f* / tasación *f*, tarificación *f* ‖ ⁻**drucker** *m* (Fernm) / impresor *m* de tasas ‖ ⁻**einheit** *f* (Fernm) / unidad *f* de tasa, paso *m* de contador ‖ **in Rechnung gestellte** ⁻**einheit** (Fernm) / unidad *f* de tasa facturada ‖ ⁻**erfassung** *f* (Fernm) / tasación *f*, cómputo *m* o contabilidad de llamadas ‖ ⁻**erlass** *m* / exención *f* de derechos ‖ ⁻**-Fernsehen** *n*, Pay-TV *n* / televisión *f* de pago adelantado ‖ **~frei** / exento de derechos o tasas, libre de derechos ‖ ⁻**impuls** *m* (Fernm) / impulso *m* de cómputo o de contaje ‖ ⁻**markenautomat** *m* / distribuidora *f* automática de timbres ‖ ⁻**melder** *m* (Fernm) / indicador *m* de tasa ‖ ⁻**minute** *f* (Fernm) / minuto *m* tasado o cobrado o cargado ‖ ⁻**ordnung** *f* (Bau) / reglamento *m* de tarifas, tarifa *f* ‖ **~pflichtig** (allg) / sujeto a derechos o a tasas, tasable, que paga derechos ‖ **~pflichtig** (Fernm) / tasable, de tasación ‖ **~pflichtig** (Brücke, Straße) / de peaje ‖ **~pflichtiger Parkplatz** / parking *m* o aparcamiento vigilado (E) ‖ **~pflichtige Verwarnung** / multa *f* ‖ ⁻**sätze** *m pl* / tarifa *f*, honorarios *m pl* ‖ ⁻**verrechnung** *f* (Fernm) / tasación *f*, facturación *f* de tasas ‖ **zentralisierte selbsttätige** ⁻**verrechnung** (Fernm) / contabilidad *f* automática centralizada de llamadas ‖ ⁻**verrechnungseinrichtung** *f* (Fernm) / instalación *f* de tasación ‖ ⁻**zähler** *m* / contador *m* del abonado, computador *m* de tasa ‖ **relative** ⁻**zeit** (Fernm) / rendimiento *m* horario ‖ ⁻**zeitraum** *m* (Fernm) / período *m* tasado o de tasación, duración *f* tasable [de una llamada telefónica] ‖ ⁻**zone** *f* (Fernm) / zona *f* de tarifa telefónica
Gebund, Bündel *n* (allg, Spinn) / haz *m*, manojo *m*, lío *m*
gebündelt / agrupado, atado en fardos ‖ ~, gerichtet (Strahlen) / en haz
gebunden [an], abhängig [von] / dependiente [de] ‖ ~ (Schleifmittel) / aglomerado ‖ ~, geschnürt / atado ‖ ~, latent / latente ‖ ~ [an] (Chem) / ligado, combinado [con] ‖ ~ (Bb) / encuadernado ‖ ~ (Eltronik) / ligado ‖ ~ (in Pappband) (Druck) / en pasta ‖ **~es Ammoniak** (Koks) / amoniaco *m* combinado ‖ **~e Arbeit** (F.Org) / trabajo *m* limitado ‖ **~es Atom** (Phys) / átomo *m* ligado ‖ **~er Deskriptor** (DV) / descriptor *m* ligado ‖ **~es Elektron** (Phys) / electrón *m* ligado, electrón *m* no libre ‖ **~e Farbe** (Phys) / matiz *m* relativo o de contraste ‖ **~er Kautschuk** / caucho *m* ligado ‖ **[chemisch] ~er Kohlenstoff** (Chem) / carbono *m* ligado o combinado ‖ **~e Ladung** (Elektr) / carga *f* [eléctrica] latente ‖ **~er Magnetismus** (Phys) / magnetismo *m* latente ‖ **~e Stärke** (Chem) / fécula *f* no extraíble ‖ **~e (o. latente) Wärme** (Chem) / calor *m* latente ‖ **~er Wirbel** / torbellino *m* junto
gebürstete Mattverchromung (Galv) / cromado *m* mate cepillado
gechlort / clorado
Gecom-Code *m* (= general computer) (DV) / código *m* gecom
gecrashtes Fahrzeug / vehículo *m* colisionado
gedacht, ideell, imaginär / imaginario ‖ ~ [für] (z.B. Gerät) / destinado [para], ideado [para]
Gedächtnis *n* **von Kunststoffen** / memoria *f* de plásticos ‖ **~stützend** / mnemónico
gedämpft (Nahr, Tex) / tratado con vapor ‖ ~ (Licht) / tamizado (luz) ‖ ~ (Schall) / amortiguado ‖ ~

(Hochofen) / amortiguado, de marcha temporalmente parada ‖ ~ (Schwingung) / amortiguado, atenuado (oscilación) ‖ **~e Eigenfrequenz** (Eltronik) / frecuencia *f* propia amortiguada ‖ **~e Eigenschwingung** (Phys) / período *m* propio amortiguado, oscilación *f* propia amortiguada ‖ **~er Wellenzug** (Phys) / tren *m* de ondas amortiguadas ‖ **[aperiodisch]** ~ (Elektr) / amortiguado [aperiódicamente] ‖ **stark** ~ (Kompass) / amortiguado ‖ **~es Minimum** (Opt) / mínimum *m* amortiguado
Gedankenstrich *m* (Druck) / raya *f*, guión *m* [mayor]
gedankliche Tätigkeiten *f pl* (Patent) / actividades *f pl* intelectuales, quehacer *m* intelectual
gedeckelter Stahl (Hütt) / acero *m* tapado
gedeckt, bedeckt / cubierto ‖ ~ (Pap) / dúplex ‖ ~, mit Dach (Bau) / cubierto, tejado, con tejado ‖ ~ (Zuck) / lavado ‖ ~ (Seilart) (DIN 3065) / cerrado ‖ **~er Abzugskanal** / canal *m* de desagüe cubierto ‖ **~e Brücke**, überdachte Brücke / puente *m* cubierto ‖ **~er Durchlass** (Straß) / atarjea *f* ‖ **~er Gang**, spez.: Kreuzgang *m* / claustro *m* ‖ **~er Güterwagen**, Waggon *m* (Bahn) / vagón *m* cerrado (E) o cubierto (LA), bodega *f* (CHILE), carro *m* caja (MEJ) ‖ **~e Pappe** / cartón *m* dúplex ‖ **~es Schwimmbad** / piscina *f* cubierta ‖ **~es Sportstadion** / estadio *m* o coliseo cubierto
gedehnte Faser (Mech) / fibra *f* extendida, fibra *f* bajo tensión
gedichtet, verdichtet (Straßb) / compactado
gediegen, massiv / macizo ‖ ~, bergfein (Bergb) / nativo, puro, virgen, madre ‖ **~es Antimon**, Spießglanz *m* (Chem) / antimonio *m* nativo ‖ **~es (o. natürliches) Arsen**, Giftkobalt *m* (Chem) / arsénico *m* nativo ‖ **~es Gold** (Bergb) / oro *m* nativo o virgen ‖ **~es Gold**, massives Gold / oro *m* fino o de ley ‖ **~es Metall**, Regulus *m* (Hütt) / regulin *m*
Gediegenheit *f* (Metall) / pureza *f*
gedielt (Bau) / revestido de tablas
Gedinge *n* (allg, F.Org) / destajo *m* ‖ **im** ~ **arbeiten** (Bergb) / trabajar en (o a) destajo, trabajar a tanto alzado ‖ ⁻**arbeit** *f* (Bergb) / trabajo *m* a destajo ‖ ⁻**arbeiter** *m* (Bergb) / minero *m* o trabajador a destajo
gedoppelte Zwischenwand (für Schiebetüren) (Bau) / tabique *m* doblado
gedopte Schicht (Halbl) / junción *f* producida por impurificación, capa *f* producida por adulteración
gedoubelt (Film) / doblado
Gedränge *n*, Menschengedränge *n* / gentío *m*
gedrängt, kompakt (Bauweise) / compacto ‖ ~, voll / atestado, abarrotado ‖ ~, kurzgefasst / conciso, breve, resumido, sucinto ‖ ~, zusammengedrängt, gepresst / apretado, comprimido
Gedrängtheit *f*, Dichtheit *f* / compacidad *f*, densidad *f*
gedrechselt (Holz) / torneado
gedreht, gewendet / vuelto, torneado ‖ ~, auf der Drehbank bearbeitet (Wzm) / torneado, mecanizado en el torno ‖ ~ (Massenartikel) / torneado automáticamente ‖ ~ (Stirnfläche) (Wzm) / refrentado ‖ **aus einem Stück** ~ / torneado de una sola pieza
gedrosselt / estrangulado ‖ ~, mit gedrosseltem Motor / a medio gas, a motor estrangulado
gedruckt (Druck) / impreso ‖ **~es Bauteil** (IC) / componente impreso ‖ **~e Rückseitenverdrahtung** (gedr.Schaltg) / tablero *m* trasero matriz ‖ **~e Schaltung**, gedrucktes Schaltbild (Eltronik) / circuito *m* impreso ‖ **~e Schaltung** (o. Platte o. Karte) / tablero *m* de circuitos impresos o de conexionado impreso ‖ **~e Schaltung** (o. Verdrahtung) / conexionado *m* impreso, cableado *m* plano ‖ **~e Schaltung mit versenkten Leitern**, eingebettete Schaltung (Eltronik) / circuito *m* impreso al ras ‖ **~e Schaltung nach dem Additivverfahren** / circuito *m* impreso por método aditivo ‖ **~e Schaltung nach der**

Folien-Ätzmethode / conexionado *m* grabado ‖ **biegsame ~e Schaltung** / circuito *m* impreso flexible ‖ **[mehrlagige] ~e Schaltung** / circuito *m* impreso de múltiples capas
gedrückt, zusammengedrückt / comprimido ‖ **~** (Glied, Stahlbau) / sometido a la compresión ‖ **~**, flach (Bau, Bogen) / rebajado ‖ **~**, passiviert (Flotation) / pasivado ‖ **~e Arbeit** (auf der Drückbank) / trabajo *m* repujado ‖ **~er Bogen**, Kettenbogen *m* (Bau) / arco *m* catenario ‖ **~e Diagonale** (Stahlbau) / diagonal *f* sometida a la compresión ‖ **~e Faser** (Mech) / fibra *f* comprimida, fibra *f* sometida a compresión ‖ **~e Gurtung** (Stahlbau) / cabeza *f* sometida a la compresión
gedrungen / compacto, cerrado ‖ **~**, stark, fest / sólido
Gee•-Gerät *n*, Weitstreckenradar *m n* (20-80 MHz) (Radar) / radar *m* Gee ‖ **≈ H** *n* (Luftf) / sistema *m* Gee H
geeicht (Instr) / tarado ‖ **~** (Gewicht, Maß) / contrastado ‖ **~** (Elektr) / calibrado ‖ **~** (Flüssigkeit) / aforado ‖ **~e Länge** / longitud *f* de referencia o de prueba, longitud *f* calibrada ‖ **~e Messblende** / orificio *m* [de medida] calibrado
geeignet, verwendbar / aplicable, utilizable ‖ **~** [für] / propio [para], apropiado [para], idóneo [para], indicado [para], apto [para] ‖ **~**, praktisch / conveniente, adecuado, apropiado, práctico ‖ **~**, fähig [zu] / susceptible, capaz [de] ‖ **~** (DV) / serviciable ‖ **~ gemacht** / adaptado ‖ **~ machen** / hacer adecuado ‖ **zum Bretterschneiden** (Holz) / tablero *adj* ‖ **~ zum Drehen** (Wzm) / mecanizable en el torno ‖ **sehr ~** [für] / indicadísimo [para]
Gee-pound *n* (= Masse, von 1 lb um 1 ft/s^2 beschleunigt) (Phys) / gee-pound *m*
geerdet, an Erde gelegt (Elektr) / puesto o unido a tierra ‖ **~e Antenne** / antena *f* con toma de tierra ‖ **~e Antenne**, Kondensatorantenne *f* / antena *f* de capacitancia ‖ **~er Nullleiter** / conductor *m* neutro puesto a tierra ‖ **~es Schutznetz** (unter Hochspannungsleitungen), Erdnetz *n* (Elektr) / red *f* protectora puesta a tierra
GEE-Verfahren *n*, -Navigationssystem *n* (Radar) / sistema *m* GEE
gefacht, gedoppelt (Garn) / doblado ‖ **~es Glasfilamentgarn** / hilo *m* cableado de fibra de vidrio
gefädeltes Programm (DV) / programa *m* por conexionado, programa *m* en tableros de conexiones por hilos
Gefahr *f* / peligro *m* ‖ **≈ !**, Achtung! / ¡ peligro !, ¡ atención ! ‖ **≈en abwenden o. ausschalten** [bei] / restarle peligro a algo ‖ **≈** *f* **des Kunden** (Lieferklausel) / riesgo *m* del cliente ‖ **≈ des Lieferanten oder Herstellers** / riesgo *m* del suministrador ‖ **gegen alle ≈en** / contra todos los riesgos
Gefahrdeich *m*, Schaardeich *m* (Hydr) / dique *m* de peligro
gefährden *vt* / poner en peligro
gefährdend, Gefahr bringend / que pone en peligro ‖ **sich ~** (Bahn, Strecke) / incompatible
gefährdete Räume (Nukl) / locales *m pl* con riesgos agravados
Gefährdung *f* / peligro *m* ‖ **≈** / amenaza *f*
Gefährdungs•dosis *f* (Nukl) / dosis *f* de tolerancia ‖ **≈schwelle** *f*, Schädlichkeitsschwelle *f* / umbral *m* de nocividad
gefahrene Kilometer (Kfz) / kilometraje *m*, kilómetros *m pl* recorridos
Gefahren•bereich *m*, -zone *f*, -gebiet *n* / zona *f* peligrosa o de peligro ‖ **im ≈fall**, bei Gefahr / en caso de peligro ‖ **≈feuer** *n* (Luftf) / luz *f* de peligro ‖ **~frei** / exento de peligro, sin peligro ‖ **≈herd** *n* / foco *m* de peligro ‖ **≈klasse** *f* / clase *f* o categoría de peligrosidad ‖ **zur ≈klasse AI gehörig** / altamente inflamable ‖ **≈melder** *m* / avisador *m* de peligro[s] ‖ **≈moment** *n*, -quelle *f* /

fuente *f* **de peligros** ‖ **≈punkt** *m*, **-stelle** *f* / punto *m* o lugar peligroso ‖ **≈schalter** *m* (Elektr) / interruptor *m* [en caso] de peligro ‖ **≈schild** *n*, -zeichen *n* (Straßb) / señal *f* [avisadora] del peligro ‖ **≈stelle** *f*, Gefahrpunkt *m* / punto *m* o lugar peligroso ‖ **≈symbol** *n* / símbolo *m* de peligro ‖ **≈zeichen** *n*, -signal *n* / señal *f* de peligro o de alarma ‖ **≈zeichen** (Elektr) / señal *f* avisadora de peligro ‖ **≈zone** *f*, -gebiet *n* / zona *f* peligrosa o de peligro ‖ **≈zulage** *f* (F.Org) / plus *m* de peligrosidad, prima *f* por trabajos peligrosos
Gefahrgut *n* / medio *m* o líquido o gas peligroso ‖ **≈transport** *m* / transporte *m* de productos peligrosos
gefährlich / peligroso ‖ **~**, seicht (Nav) / peligroso, de bajo fondo ‖ **~**, gewagt / arriesgado ‖ **~**, bedenklich / crítico ‖ **~es Gut** (Bahn) / mercancía *f* peligrosa (E), carga *f* de peligro (LA) ‖ **~er Körperstrom** (Elektr) / paso *m* peligroso de corriente ‖ **~e toxische Rückstände** (Chem) / RTP (= residuos tóxicos peligrosos)
Gefährlichkeit *f* / peligrosidad *f*, carácter *m* peligroso ‖ **≈**, Risikogefahr *f* / grado *m* o nivel de riesgo
gefahr~los, ungefährlich / sin peligro, sin riesgo, seguro ‖ **≈losigkeit** *f* / ausencia *f* de peligro[s] ‖ **~voll** / lleno de peligros, muy peligroso, arriesgado
Gefällanzeiger *m* (Luftf) / indicador *m* del ángulo de aproximación
Gefälle *n*, Abhang *m* / recuesto *m* ‖ **≈**, Neigung *f* / pendiente *f*, declive *m* ‖ **≈** (Druck, Temperatur usw) / gradiente *m*, desnivel *m* ‖ **≈**, Gefäll *m*, Druckhöhe *f* des Wassers (Hydr) / salto *m*, altura *f* de caída ‖ **≈**, Spannungsgefälle *n* (Elektr) / diferencia *f* de potencial, caída *f* de tensión ‖ **≈ des Geländes** / desnivel *m*, diferencia *f* de nivel ‖ **≈ des Wasserspiegels** (o. des hydrostatischen Drucks) / gradiente *m* hidráulico ‖ **≈ eines Flusses** / corriente *f*, declive *m* ‖ **≈ geben**, abschüssig machen (Hydr) / inclinar ‖ **[nutzbares] ≈** (Hydr) / salto *m* útil ‖ **mit ≈** (Hydr) / por gravedad, por pendiente natural ‖ **natürliches ≈** / caída *f* natural, salto *m* natural ‖ **starkes ≈** / declive *m* áspero
Gefälle•bahnhof *m* (Rangierbahnhof) (Bahn) / estación *f* de clasificación en pendiente continua ‖ **≈beton** *m* (Bau) / hormigón *m* con caída ‖ **≈bremsung** *f* (Bahn) / frenado *m* de contención ‖ **≈dach** *n* (ein Flachdach) (Bau) / tejado *m* plano con declive ‖ **≈speicher** *m* (Hydr) / acumulador *m* de caída ‖ **≈zuführung** *f* (Kfz) / alimentación *f* por gravedad
Gefäll•höhe *f* (Hydr) / altura *f* de caída ‖ **≈linie**, Falllinie / línea *f* de desnivel ‖ **≈linie** *f*, Höhenschichtenlinie *f* (Verm) / línea *f* de nivel ‖ **≈messer** *m* (Verm) / clinómetro *m*
Gefällsausrundung *f* (Bahn) / acuerdo *m* de rasantes
Gefäll•strecke *f* (Bergb) / plano *m* inclinado ‖ **≈strecke** (Bahn) / línea *f* en pendiente ‖ **≈strecke** (Straßb) / pendiente *f* ‖ **≈stufe** *f* (Hydr) / pendiente *f* terrazada
gefällt, ausgefällt (Chem) / precipitado ‖ **~es Kalziumkarbonat** / blanco *m* de París
Gefäll•verlust *m* (Hydr) / pérdida *f* de corriente ‖ **≈wechsel** *m* (Bahn) / cambio *m* de rasante
gefälscht, nachgemacht / falsificado, imitado ‖ **~** (Lebensmittel) / adulterado
gefaltet, Falten... / plegado ‖ **~er Blechkörper** (der Brennstoffzelle) (Raumf) / camisa *f* replegada ‖ **~er Trichter** (Lautsprecher) / pabellón *m* reentrante
gefalzt / plegado, replegado
gefangenes Wasser / agua *f* atrapada
gefärbt, farbig / teñido, tinto ‖ **~**, leicht getönt / ligeramente teñido ‖ **im Garn** (o. **in der Faser**) **~** / teñido en rama ‖ **im Tuch o. im Stück ~** / teñido en pieza ‖ **in der Wolle ~** / teñido en lana ‖ **zweimal ~** / teñido dos veces
Gefäß (allg) / vaso *m* ‖ **≈**, Hohlgefäß *n* / recipiente *m*, receptáculo *m*, cubeta *f*, vasija *f* ‖ **≈** *n*, Tank *m* / tanque *m*, depósito *m* ‖ **≈**, Skip *m* (Bergb) / skip *m*,

Gefäßbündel

depósito *m* colgante ‖ ~**bündel** *n*, Leitbündel *n* (Bot) / haz *m* conductor, haz *m* o hacecillo vascular ‖ ~**förderung** *f*, Skipförderung *f* (Bergb) / extracción *f* por (o con) skips
gefasst (Edelstein) / engarzado, engastado
Gefäßwand *f* / pared *f* del recipiente
gefast (Wz) / biselado
Gefechtskopf *m* (Mil) / ojiva *f* [de guerra], cabeza *f* de combate [de un misil]
gefedert / con resorte, suspendido en muelles o ballestas ‖ ~, unter Federspannung (o. -druck), Feder... / bajo tensión de resorte ‖ ~ (Tischl) / con lengüeta ‖ ~**e Achse** / eje *m* suspendido [por resortes], eje *m* elástico ‖ ~**es Lager** (Instr) / cojinete *m* con resorte de compensación, cojinete *m* con muelle antagonista ‖ ~**e Masse** / masa *f* suspendida por resortes ‖ ~**e Matrize** (Wz) / útil *m* flotante ‖ ~**es Rad** (Bahn) / rueda *f* elástica ‖ ~**er Zahnradantrieb** / engranaje *m* elástico ‖ ~**e Zentrierspitze** (Wzm) / punta *f* de centraje elástica
gefeuert, aus einem Rohr ~ (Flugkörper) / lanzado de un tubo
gefiltert / filtrado ‖ ~**e Luftzufuhr** / suministro *m* de aire filtrado
gefirnisst / barnizado
geflammt (Färb, Plast) / flameado ‖ ~, gewässert (Färb) / muarado, moaré..., muaré...
Geflecht *n* / trenzado *m* ‖ ~, Gewebe *n* / tejido *m* ‖ ~, Drahtgeflecht *n* / tela *f* metáica, enrejado *m* ‖ ~, Maschengeflecht *n* / malla *f* ‖ **ohne** ~ (Kabel) / sin trenza ‖ ~**schlauch** *m* (Kabel) / cubierta *f* o coraza trenzada
gefleckt / manchado, pintado ‖ ~, buntscheckig / abigarrado ‖ ~, gesprenkelt / salpicado, jaspeado ‖ ~ (Tuch) / moteado ‖ ~, scheckig (Fell) / remendado
geflochten / trenzado ‖ ~**es Seil** / cable *m* de hilos trenzados
Geflügel•farm *f* (Landw) / granja *f* avícola, criadera *f* de aves ‖ ~**marke** *f* (Landw) / marca *f* de identidad
geflügelt, Flügel... / alado
geflutet (Chem, Kolonne) / inundado ‖ ~ (Tank)(U-Boot) / llenado (depósito)
gefördert (Bergb) / extraído ‖ ~**e Luftmenge** / rendimiento *m* de aire
geformt, gestaltet / formado, conformado ‖ ~, in Form hergestellt (Gieß, Plast) / moldeado ‖ ~, der Form angepasst / adaptado a la forma
gefranst (Tex) / franj[e]ado
gefressene Stelle, Riefe *f* (Wzm) / lugar *m* agarrotado
Gefrier•... / frigerífico, por congelación ‖ ~**abteufen** *n* (Bergb) / perforación *f* de pozos por congelación ‖ ~**anlage** *f* / instalación *f* frigorífica o de congelación ‖ ~**apparat** *m* / congelador *m*, congeladora *f*, aparato *m* frigorífico o de congelación ‖ ~**ätzung** *f*, -ätzverfahren *n* (Elektron.Mikrosk) / criofractura *f*, criodecapaje *f*, fractura *f* por congelación, congelación-fractura *f* ‖ ~**-Auftauprüfung** *f* (Bau) / ensayo *m* de congelación-descongelación ‖ ~**bar** / congelable, helable, heladizo ‖ ~**brand** *m* (Tiefkühlkost) / pérdida *f* de humedad por sublimación ‖ ~**-Container** *m* / contenedor *m* de congelación
gefrieren *vt*, einfrieren / congelar ‖ ~ *vi* / congelarse, helar[se] ‖ ~ **lassen** / dejar congelarse ‖ **in vorgetrocknetem Zustand** ~ / congelar después de la deshidratación ‖ ~ *n* / congelación *f* ‖ ~, Frost *m* (Meteo) / helada *f* ‖ **durch** ~ **getrocknet** (Nahr) / liofilizado
Gefrier•fach *n* (des Kühlschranks) / congelador *m* [de la nevera] ‖ ~**fangschiff** *f* / buque *m* congelador [de rampa por popa] ‖ ~**fest** / resistente a la congelación ‖ ~**fisch** *m* / pescado *m* congelado ‖ ~**fleisch** *n* / carne *f* congelada ‖ ~**getrocknet** / !iofilizado ‖ ~**getrockneter Kaffee-Extrakt** / extracto *m* de café liofilizado ‖ ~**gründung** *f* (Bau) / fundación *f* por

congelación ‖ ~**gut** *n*, -produkt *n*, Tiefkühlkost *f* (Nahr) / artículo *m* congelado, productos *m pl* alimenticios congelados ‖ ~**konzentration** *f* / crioconcentración *f* ‖ ~**kostschachtel** *f* / cartón *m* de alimentos congelados ‖ ~**mahlung** *f* (Lebensmittel) / molienda *f* en estado congelado ‖ **ultraschnelle** ~**methode** (mit flüssigem Stickstoff) / congelación *f* ultrarrápida [por nitrógeno líquido] ‖ ~**mikrotom** *n* (Biol, Med) / micrótomo *m* de corte congelada ‖ ~**mischung** *f* (Phys) / mezcla *f* frigorífica ‖ ~**möbel** *n*, -theke *f* (Nahr) / mostrador *m* frigorífico ‖ ~**punkt**, Schmelzpunkt *m* (Phys) / punto *m* de fusión ‖ ~**punkt** *m*, Eispunkt *m* (Phys) / punto *m* de congelación, punto *m* álgido ‖ **unter dem** ~**punkt**, unter Null / bajo cero ‖ ~**punktsbestimmung** *f* / crioscopia *f* ‖ ~**punktserniedrigung** *f* / depresión *f* o disminución del punto de congelación ‖ ~**punktsmesser** *m* / crioscopio *m*, criómetro *m* ‖ ~**punktsmethode** *f*, kryoskopische Methode (Chem) / método *m* crioscopico ‖ ~**raum** *m* / cámara *f* frigorífica ‖ ~**riss** *m*, Kaltriss *m* (Stahl) / grieta *f* por contracción, grieta *f* en estado frío ‖ ~**schacht** *m* (Bergb) / pozo *m* de congelación, pozo *m* excavado por congelación ‖ ~**schnitt** *m* (Mikrosk, Nahr) / corte *m* de (o por) congelación, sección *f* de (o por) congelación, corte *m* congelado ‖ ~**schrank** *m* / armario *m* congelador, frigorífico *m*, congelador *m* vertical ‖ ~**schutz...** / anticongelante *adj* ‖ ~**schutz** *m* (Landw) / protección *f* contra [las] heladas ‖ ~**schutzbehandlung** *f* / tratamiento *m* anticongelante ‖ ~**schutzmittel** *n* / anticongelante *m* ‖ ~**substitution** *f*, -austauschverfahren *n* / congelación-substitución *f* ‖ ~**technik** *f* / criotecni[c]a *f*, técnica *f* frigorífica ‖ ~**temperatur** *f* / temperatura *f* de congelación ‖ ~**trocknen** *vt* (Nahr) / liofilizar ‖ ~**trockner** *m* / cámara *f* de desecación por congelación, instalación *f* liofilizadora ‖ ~**trocknung**, Lyophilisation *f* / liofilización *f*, desecación *f* [por] congelación, criodesecación *f* ‖ ~**trocknung** *f* **von Nahrungsmitteln** / liofilización *f* de productos alimenticios ‖ ~**truhe** *f*, Tiefkühltruhe *f* / congelador *m* horizontal, arcón *m* congelador ‖ ~**tunnel** *m* (Lebensmittel) / túnel *m* de congelación, túnel *m* de liofilización, túnel *m* de congelación ‖ ~**verfahren** *n* (Bergb) / excavación *f* por congelación
gefrischt (Hütt) / afinado
gefrittete Glasur (Keram) / vidriado *m* fritado
gefroren / helado
Gefrornis *f*, Dauerfrostboden *m* (Geo) / permafrost *m*, permagel *m*
Gefüge *n*, Textur *f* (allg, Geol, Pap) / textura *f*, contextura *f* ‖ ~, Struktur *f* / estructura *f* ‖ ~, Kristallgefüge *n* (Chem, Phys) / trabazón *f* cristalina ‖ ~ (z.B. bei Formsand) / consistencia *f* (p.ej arena de moldeo) ‖ ~, Struktur (Hütt) / estructura *f*, textura *f*, microestructura *f* ‖ ~**änderung** *f* (Hütt) / alteración *f* de la microestructura ‖ ~**aufbau** *m* (Krist) / composición *f* estructural, estructuración *f* ‖ ~**ausbildung** *f* (Vorgang) (Krist) / formación *f* de la estructura ‖ ~**ausbildung** (Resultat) / estructura *f* cristalina ‖ ~**ausscheidung** *f* / precipitación *f* estructural ‖ ~**auswertung** *f* (Mat.Prüf) / evaluación *f* de la estructura ‖ ~**beständigkeit** *f*, -stabilität *f* / estabilidad *f* o constancia estructural o de la estructura ‖ ~**bestandteil** *m* (Hütt) / componente *m* estructural ‖ ~**bild** *n* (Hütt) / aspecto *m* de la textura ‖ ~**los**, strukturlos / sin estructura ‖ ~**probe** *f* (Mat.Prüf) / probeta *f* de la estructura cristalina ‖ ~**richtreihe** *f* (Hütt) / serie *f* de estructuras tipo ‖ ~**umbildung** *f* / transformación *f* de la estructura ‖ ~**untersuchung** *f* / examen *m* de la estructura, análisis *m* o examen estructural o metalográfico ‖ ~**veränderung** *f* / modificación *f* de la estructura [interna] ‖

⁀**verbesserung** f / mejora f de la estructura ‖
⁀**verfestigung** f / endurecimiento m de la estructura
gefugt, gefügt / juntado
gefügt / ensamblado, encajado
Gefühl n (beim Anfassen) / tacto m
Gefühls•hebel m, Fühlhebel m (Instr) / palanca f sensitiva ‖ ~**mäßig** (Masch) / por tacto ‖ ⁀**schraube** f (Mikrometer) / tornillo m sensitivo o de tacto
geführt, gelenkt (allg, Mil) / guiado
gefüllt (Lötdraht) / con alma fundente
gefundene Lösung (Math) / solución f
gefurchter Putz (Bau) / revoque m rústico
gefüttert / forrado
gegabelt, verzweigt / bifurcado ‖ ~ (Fernm) / dicotómico ‖ ~**e Pleuelstange** (Mot) / biela f ahorquillada o de horquilla
gegautscht, zu Lagen vereinigt (Pap) / prensado en capas o en tongadas
gegeben•e Größe (Math, Phys) / magnitud f dada ‖ ~**e Voraussetzungen o. Bedingungen** pl / condiciones f pl en vigor
gegen / contra, en contra [de], contrario [a] ‖ ~ **die Faser** / a contrahilo ‖ ~ **das Haar**, gegen den Strich (Tex) / a contrapelo, contra el pelo ‖ ~ **das Licht** / contra [la] luz ‖ ~ **den Wind**, Gegenwind... / contra el viento ‖ ~ **Erde** (Elektr) / respecto a tierra (p.e voltaje) ‖ ⁀**...**, entgegengesetzt / contra..., anti..., opuesto, antagonista
Gegen•abzug m (Druck) / contraprueba f ‖ ⁀**achse** f / contraeje m ‖ ⁀**admittanz** f (Vierpolkonstante) (Elektr) / contraadmitancia f ‖ ⁀**amperewindung** f (Elektr) / contraamperi[o]vuelta f, amperiovuelta f antagonista o desmagnetizante ‖ ⁀**amt** n (Fernm) / central f distante o de destino, estación f corresponsal ‖ ⁀**anflugteil** m (Luftf) / trayectoria f a favor del viento ‖ ⁀**anschlag** m / contratope m ‖ ⁀**antenne** f / contraantena f ‖ ⁀**anzeige** f (Med, Pharm) / contraindicación f ‖ ⁀**anziehung** f (Phys) / atracción f opuesta, contraatracción f ‖ ⁀**ausgleichträger** m (Bahn, Fahrleitung) / silleta f de brazo estabilizador ‖ ⁀**beispiel** n (Math) / ejemplo m contrario ‖ ⁀**betrieb** m (Datenübertragung) / exploración f [en] dúplex, funcionamiento m en dúplex ‖ ⁀**bewegung** f (Phys) / contramovimiento m, movimiento m contrario ‖ ⁀**biegewechsel** m / flexión f alternativa ‖ ⁀**bild**, n, Kehrbild n (Opt) / imagen f a la inversa ‖ ⁀**bindungsstelle** f (Tex) / punto m de ligadura ‖ ⁀**blasen** n (Glas) / contrasoplado m ‖ ⁀**bogen**, Erdbogen m (Bau) / arco m invertido ‖ ⁀**bohren** / contrataladrar ‖ ⁀**böschung** f (Bau) / contraescarpa f
Gegend f, Landstrich m / región f, comarca f, zona f
Gegen•dämmerung f, Erdschatten m (Astr) / anticrepúsculo m ‖ ⁀**dampf** m / contravapor m, vapor m contrario ‖ ⁀**dampfbremse** f / freno m por contravapor ‖ ⁀**detektor** m (Eltronik) / detector m doble ‖ ⁀**diagonale** f (Stahlbau) / contradiagonal f ‖ ⁀**dotierung** f (Halbl) / contradotación f ‖ ⁀**dral** m / contratorsión f ‖ ⁀**[dreh]moment** n (Masch, Phys) / par m [de giro] antagonista o antagónico, contrapar m de giro, par m o momento de giro opuesto ‖ ⁀**drehung** f, -lauf m (Luftf, Schiff) / rotación f antagonista (de la hélice) ‖ ⁀**drehung des Propellers** (Luftf) / contrarrotación f, rotación f inversa de la hélice
Gegendruck m, Reaktion f (Phys) / reacción f ‖ ~ (Dampfm, Masch) / contrapresión f ‖ ~ (Druck) / contraprueba f ‖ ~ (Textildruck) / teñido m del fondo ‖ ⁀**apparat** m (mit Federn o. Gummi) (Stanz) / aparato m de contrapresión (con resortes o goma) ‖ ⁀**apparat** (hydraulisch, pneumatisch) (Stanz) / cojín m hidráulico o neumático ‖ ⁀**entnahmeturbine**, -anzapfturbine f / turbina f de contrapresión de toma de vapor ‖ ⁀**füllung** f (Verp) / relleno m por contrapresión ‖ ⁀**schraube** f (Masch) / tornillo m

antaagonista ‖ ⁀**turbine** f / turbina f de contrapresión ‖ ⁀**zylinder** m / cilindro m de contrapresión
Gegendurchbiegung f (Statik) / contraflecha f
gegeneinander abwägen (fig.) / ponderar ‖ ~ **in Reihe** / opuesto en serie ‖ ~ **laufen** / marchar en sentido contrario ‖ ~ **stoßende Enden** n pl / extremos m pl unidos en tope ‖ ~ **versetzen** / apartar, decalar ‖ ~ **wirkende Justierschrauben** f pl / tornillos m pl [de ajuste] antagonistas
Gegen•einfallen n (Bergb) / contrapendiente f ‖ ⁀**elektrode** f (TV) / contraplaca f ‖ ~**elektromotorisch** (Elektr) / contraelectromotor adj, c.e.m. ‖ ~**elektromotorische Kraft**, Gegen-EMK f (Elektr) / fuerza f contraelectromotriz, fuerza f c.e.m. ‖ ⁀**email** n / contraesmalte m ‖ ⁀**entwurf** m / contraproyecto m ‖ ⁀**fahrbahn** f (Straßb) / vía f opuesta, carril m opuesto ‖ ⁀**fahren** n (gegen einen Prellbock) (Bahn) / choque m contra un tope fijo ‖ ⁀**farbe** f, Kontrastfarbe f / color m de contraste o de contrario ‖ ⁀**farbe** [im engeren Sinn] (liefert Unbunt), Kompensationsfarbe f (Phys) / color m complementario o de compensación ‖ ⁀**feder** f / muelle m o resorte antagonista ‖ ⁀**feld** n (Elektr) / campo m [giratorio] contrario ‖ ⁀**feldleistung** f (Elektr) / potencia f de campo inverso ‖ ⁀**feldstrom** m / corriente f de campo inverso ‖ ⁀**feuer** n (Forstw) / contrafuego m (E), contracandela f (LA) ‖ ⁀**flanke** f (Getriebe) / flanco m de contacto ‖ ⁀**flansch** m (Masch, Rohr) / contrabrida f ‖ ⁀**flut** f (Ozean) / contramarea f ‖ ⁀**form** f (Gieß) / contramolde m ‖ ⁀**form** (Web) / fondo m ‖ ⁀**führung** f (Wzm) / contraguía f, contraguiado m ‖ ⁀**furnier** n, unteres Deckblatt (Tischl) / chapa f inferior ‖ ~**gekoppelt** (Eltronik) / con contrarreacción, degenerativo ‖ ~**gekoppelter Verstärker** (Eltronik) / amplificador m de contrarreacción ‖ ~**gerichtete Flanken** f pl (Getriebe) / flancos m pl opuestos ‖ ~**geschaltet** (Elektr) / conectado en oposición ‖ ⁀**gewicht** n / contrapeso m, masa f de equilibrio, contra-balanza f ‖ ⁀**gewicht** (Antenne) / antena f compensadora ‖ ⁀**gewicht** n (für Gewichtsausgleich) / contrapeso m de equilibración o equilibraje ‖ **ein** ~ **gewicht bilden** / contrabalancear, contrapesar ‖ ⁀**gewicht** n **des Schiebefensters** / contrapeso m de la ventana de guillotina ‖ ⁀**gewicht in Rädern**, Ausgleichgewicht n / contrapeso m en las ruedas ‖ ~**gewichtete Viertelwellenantenne** / antena f cuarto de onda con plano de tierra o con tierra artificial ‖ ⁀**gewichtsbremse** f / freno m de contrapeso ‖ ⁀**gewichtskasten** f / caja f de contrapeso ‖ ⁀**gewichts-Koaxialantenne** f / semidipolo m con tetón adaptador coaxial ‖ ⁀**gewichtskurbel** f / manivela f con contrapeso ‖ ⁀**gewichtslast** f / carga f o presión f de (o por) contrapeso ‖ ⁀**gewichtswagen** m **am Bremsberg** (Bergb) / vagoneta f de contrapeso del plano inclinado ‖ ⁀**gewölbe** n (Bau) / bóveda f invertida ‖ ⁀**giebel** (Bau) / frontispicio m opuesto ‖ ⁀**gift** n (Med, Pharm) / contraveneno m, antídoto m, antitóxico m, antifármaco m ‖ ~**gleich** (Math, Phys) / diametralmente opuesto ‖ ~**halten** vt (Nieten) / sufrir ‖ ⁀**halter** (Tischl) / contratope m (del sargento) ‖ ⁀**halter**, Nietstempel m / sufridera f, contrabuterola f, contraestampa f ‖ ⁀**halter** m (Fräsm) / luneta f ‖ ⁀**halter** (Stanz) s. Gegendruckapparat ‖ ⁀**halterführungsarm** m (Wzm) / brazo m corredizo ‖ ⁀**hang** (Geo) / contrapendiente f, pendiente f opuesta ‖ ⁀**hebel** m / contrapalanca f, balancín m ‖ ⁀**impedanz** f (Vierpolkonstante) (Elektr) / impedancia f mutua ‖ ⁀**induktivität** f (Elektr) / inductancia f mutua ‖ ⁀**induktivitätsbelag** m / inductancia f mutua unitaria ‖ ⁀**ion** n (Chem) / contraion m ‖ ⁀**kabel** n (Luftf) / cable m para sujetar en tierra ‖ ⁀**kapstan** m, Andruckrolle f (Filmkamera) / contrarrodillo m ‖ ⁀**kathete** f **zu** α (Math) / cateto m ‖ ⁀**kathode** f (Elektr) / anticátodo m ‖ ⁀**keil** m, Nasenkeil m / chaveta f con cabeza ‖ ⁀**keil**, -feder f,

gegenkeilen

Stellkeil *m* / contrachaveta *f* ‖ **~keilen** *vt* / colocar una contrachaveta ‖ **⁓kiel** *m* (Schiff) / contraquilla *f* ‖ **⁓kolben** *m* (Mot) / pistón *m* opuesto, émbolo *m* opuesto, contraémbolo *m* ‖ **⁓kolbenmotor** *m* (Kfz) / motor *m* de émbolos opuestos o enfrentados, motor *m* de pistones opuestos ‖ **⁓kommer** *m* (Schiff) / buque *m* de rumbo recíproco ‖ **⁓komponente** *f* (Elektr) / componente *f* inversa ‖ **⁓kompoundmotor** *m*, -verbundmotor *m* (Elektr) / motor *m* de excitación compuesta sustractiva ‖ **⁓kompoundwicklung** *f* / arrollamiento *m* compuesto sustractivo ‖ **⁓kontakt** *m* (Elektr) / contracontacto *m* ‖ **⁓kontaktfeder** *f* / resorte *m* de contracontacto ‖ **~kontrollieren** *vt* / verificar ‖ **⁓kontrollzeichen** *n* / contramarca *f* ‖ **⁓konus** *m* / cono hembra *m* ‖ **⁓kopplung** *f* (Elektr) / realimentación *f* o reacción negativa o degenerativa, contrarreacción *f*, degeneración *f* ‖ **⁓korrektur** *f* (Druck) / contraprueba *f* ‖ **⁓kraft** *f* (Phys) / fuerza *f* antagonista o antagónica, fuerza *f* opuesta ‖ **⁓krümmung** *f*, -kurve *f* (Bahn) / contracurva *f* ‖ **⁓kurbel** *f* / contramanivela *f* ‖ **⁓kurs** *m* (Schiff) / rumbo *m* recíproco ‖ **⁓lage** *f* / posición *f* contraria ‖ **⁓lager** *n* (Masch) / contracojinete *m*, contraapoyo *m*, contrasoporte *m* ‖ **⁓lagerständer** *m* (Bohrmaschine, Fräsm) / contrasoporte *m* ‖ **⁓lauf** *m*, -drehung *f* (Masch) / antirrotación *f*, contrarrotación *f*, marcha *f* contraria o inversa, movimiento *m* contrario ‖ **⁓lauf** (Bahn) / encaminamiento *m* en retroceso ‖ **⁓lauf des Propellers** (Luftf) / contrarrotación *f* de a hélice ‖ **⁓lauferreger** *m* (Masch) / vibrador *m* centrífugo en contramarcha ‖ **~lauffräsen** (Wzm) / fresar en contra de avance ‖ **⁓lauffräsen** *n* (Wzm) / fresado *m* normal, fresado *m* en sentido opuesto a la rotación, fresado *m* contra avance o en contrasentido

gegenläufig / de o en marcha contraria u opuesta, contrario, en sentido opuesto ‖ **~e Bewegung** / movimiento *m* opuesto o antagonista, movimiento *m* en contrasentido ‖ **~ biegen** / doblar ‖ **~e Faltung** (Plast) / plegado *m* antiprismático ‖ **~ gewickelt** (Elektr) / contradevanado ‖ **~e Kolben** *m pl* (Mot) / émbolos *m pl* o pistones opuestos ‖ **~e Kurbeln** *f pl* / manivelas *f pl* opuestas ‖ **~er Motor** / motor *m* de émbolos opuestos ‖ **~er Propeller** (Luftf) / hélice *f* contrarrotativa ‖ **~es Rührwerk** (Chem Verf, Masch) / agitador *m* de movimiento contrario ‖ **~e Turbine**, Gegenlaufturbine *f* / turbina *f* de contramarcha ‖ **~er Wirbel** (Hydr) / torbellino *m* contrario

Gegen•läufigkeit *f* **des Effektes** / desplazamiento *m* [en sentido] contrario ‖ **⁓laufrotoren** *m pl* (Luftf) / rotores *m pl* contrarrotativos ‖ **⁓laufschleifen** *n* (Wzm) / rectificado *m* normal o en contrasendido ‖ **⁓laufschraube** *f* (Schiff) / contrahélice *f* ‖ **⁓lehrdorn** *m* (Mess) / contracalibre *m* macho ‖ **⁓leistung**, Blindleistung der Gegenkomponente *f* (Elektr) / potencia *f* [reactiva] inversa ‖ **⁓licht** *n* (Bau, Opt) / contraluz *f* ‖ **⁓lichtaufnahme** *f* (Foto) / fotografía *f* a contraluz ‖ **⁓lichtblende** *f* (Foto) / parasol *m* ‖ **⁓lichttubus** *m* (Foto) / tubo *m* contra luz ‖ **⁓logarithmus** *m* (Math) / antilogaritmo *m* ‖ **~magnetisieren** *vt* / contramagnetizar, contraiman[t]ar ‖ **⁓magnetisierungswicklung** *f* / arrollamiento *m* de contramagnetización ‖ **⁓maske** *f* (Foto) / contramáscara ‖ **⁓maßnahme** *f* / contramedida *f* ‖ **⁓mauer**, Futtermauer *f* (Bau) / muro *m* de revestimiento, contramuro *m* ‖ **⁓mauer** *f*, Überfallmauer *f* (Hydr) / muro *m* del aliviadero ‖ **⁓messer** *n*, feststehendes Messer (Mahlwerk) / contracuchilla *f*, cuchilla *f* fija ‖ **⁓mittel** *n* (Med, Pharm) / antídoto *m* ‖ **⁓modulation** *f* (Eltronik) / modulación *f* inversa ‖ **⁓mole** *f* (Hafen), -damm *m* / contramuelle *m* ‖ **⁓moment** *n* (Masch, Phys) / momento *m* de torsión antagónico, par *m* antagonista o de contratorsión, contrapar *m* ‖ **⁓mutter** *f* / contratuerca *f* ‖ **⁓nebensprechen** *n*, -mitsprechen *n* (Fernm) /

telediafonía *f*, diafonía *f* lejana ‖ **⁓nippel** *m* / contrarracor *m* ‖ **⁓parallelschaltung** *f* (Elektr) / acoplamiento *m* antiparalelo ‖ **⁓pfeiler** *m* (Bau) / contrafuerte *m* ‖ **⁓phase** *f* (Elektr) / fase *f* opuesta o contraria ‖ **~phasig**, in Gegenphase / en oposición de fase, de fases opuestas ‖ **⁓phasigkeit**, -phase *f* / oposición *f* de fase ‖ **⁓platte** *f* / contraplaca *f*, placa *f* opuesta o antagónica ‖ **⁓pol** *m* (Mech) / antipolo *m* ‖ **⁓pol** (Elektr) / polo *m* contrario o [de signo] opuesto ‖ **~polar** (Phys) / antipolar *adj* ‖ **⁓polare** *f* (Mech) / antipolar *f* ‖ **⁓polviereck** *n* / antiparalelogramo *m* ‖ **⁓probe** *f* / contraprueba *f* ‖ **⁓probe** (Prüfling) / contraprobeta *f* ‖ **[Zerreißstab aus der] ⁓probe** / barreta *f* de contraprueba ‖ **die ⁓probe machen** / hacer la contraprueba ‖ **⁓projekt** *n* / contraproyecto *m* ‖ **⁓punkt** *m* (Phys) / contrapunto *m* ‖ **⁓rad** *n* (Zahnrad) / contrarrueda *f* ‖ **⁓radar** *n* / antirádar *m*, antiradar *m* ‖ **⁓[raketen]triebwerk** *n* (Raumf) / grupo *m* propulsor de frenaje ‖ **⁓reaktanz** *f* (Eltronik) / reactancia *f* mutua ‖ **⁓reihenschlusswicklung** *f* (Elektr) / arrollamiento *m* en contraserie ‖ **⁓reizmittel** *n* (Med, Pharm) / contrairritante *m* ‖ **⁓resonanz** *f* (Akust, Elktronik) / contrarresonancia *f*, antirresonancia *f* ‖ **⁓richtung** *f* / sentido *m* opuesto, sentido *m* contrario al de la marcha, contrasentido *m*, dirección *f* opuesta ‖ **⁓rotation** *f* s. Gegenlauf ‖ **⁓ruf** *m* (Fernm) / contrallamada *f* ‖ **⁓satz** *m* (allg) / oposición *f*, contraposición *f* ‖ **⁓satz**, Kontrast *m* (Foto, Opt) / contraste *m* ‖ **im ⁓satz** [zu] / en contraposición [a], al contrario [de], en contraste [a], en oposición [a] ‖ **⁓schall** *m* (Akust) / contrasonido *m* ‖ **⁓schaltung** *f* (Elektr) / conexión *f* en oposición ‖ **⁓schaltungs-Methode** *f* / método *m* de oposición ‖ **⁓schaltwicklung** *f* / arrollamiento *m* reductor de voltaje ‖ **⁓scheibe** *f* / polea *f* mandada o impulsada, contrapolea *f* ‖ **⁓schein** *m*, Gegenstellung *f* (Astr) / oposición *f* ‖ **⁓scheinleitwert** *m* (Elektr) / transadmitancia *f*, admitancia *f* de transferencia ‖ **⁓schiene** *f* (Bahn) / contracarril *m* (E), contrarriel *m* (LA) ‖ **⁓schlag** *m* (allg, Mil) / contragolpe *m* ‖ **im ⁓schlag** (Seil) / en capas cruzadas ‖ **⁓schlaghammer** *m* / martillo *m* o martinete de contragolpe o de doble efecto ‖ **⁓schraffierung** *f* (Zeichn) / contrarraya *f* ‖ **⁓schreiben** *n* (Fernm) / telegrafía *f* dúplex ‖ **⁓schweißung** *f* / soldadura *f* contraria ‖ **⁓seil** *n*, Unterseil *n* (Seilb) / cable *m* lastre ‖ **⁓seite** *f* / lado opuesto ‖

gegenseitig / mutuo, recíproco ‖ **~ abhängig** / interdependiente[s] ‖ **~ abhängige Regelung** / regulación *f* interdependiente ‖ **~e Abhängigkeit zweier Fertigungsvorgänge** / interdependencia *f* de dos operaciones ‖ **~e Anziehung** (Phys) / atracción *f* mutua ‖ **~ austauschbar** / intercambiable ‖ **~e Austauschbarkeit** / intercambiabilidad *f* ‖ **~e Beeinflussung** / influencia *f* mutua, interacción *f* [mutua] ‖ **~e Beeinflussung** (o. Störung) (Eltronik) / interferencia *f* mutua ‖ **~e Beeinflussung von Stark- und Schwachstromleitungen** / inducción *f* mutua entre líneas de voltaje alto y bajo ‖ **~e Beziehung** / relación *f* recíproca, interrelación *f* ‖ **~ bezogen**, untereinander verbunden / sindético ‖ **~e Durchdringung**, interpenetración *f* ‖ **~er Einfluss Sonne-Mond** (Astr) / interacción *f* sol/luna, atracción *f* lunisolar ‖ **~e Erregung** (Phys) / excitación *f* mutua ‖ **~ ersetzbar** / intercambiable ‖ **~e Induktion** (Elektr) / inducción *f* mutua ‖ **~e Induktivität** (Elektr) / inductancia *f* mutua ‖ **~e Peilung** (Schiff) / localización *f* recíproca ‖ **~e Sperre o. Verriegelung** / bloqueo *m* mutuo, enclavamiento *m* mutuo o recíproco, encerrojamiento *m* recíproco ‖ **~e Sperrung**, o. Blockierung o. Verriegelung o. Stromunterbrechung (aus Sicherheitsgründen) (Elektr) / interbloqueo *m* ‖ **~ unabhängig** / mutuamente independiente ‖ **~e Unabhängigkeit** / independencia *f* mutua,

interindependencia f ‖ ~es **Verhältnis** / relación f recíproca o mutua, correlación f ‖ ~ **vertauschen** / intercambiar ‖ ~**e Verträglichkeit** / compatibilidad f ‖ **sich** ~ **ausschließend** / incompatible ‖ **sich** ~ **beeinflussen** / ejercer una influencia mutua o recíproca, estar sometidos a una interacción ‖ **sich** ~ **durchdringen** / interpenetrarse
Gegen•seitigkeit f / reciprocidad f, mutualidad f ‖ ~**signal** n (Eltronik) / contraseñal f ‖ ~**sinn** m / contrasentido m ‖ ~**sinnig** / en sentido contrario ‖ ~**sinnig gekrümmte Schale** (Plast) / concha f con curvaturas opuestas ‖ ~**sinnige Steigungsrichtung** (Getriebe) / dirección f inversa del paso ‖ ~**sinniger Verlauf** / correlación f negativa ‖ ~**spannung** f (Elektr) / contratensión f ‖ ~**spant** n (Schiff) / contracuaderna f ‖ ~**spirale** f / contraespiral f ‖ ~**spitze** f, Reitstockspitze f (Wzm) / punto m del contrapunto ‖ ~**sprechanlage** f / instalación f de intercomunicación o de interconexión ‖ ~**sprechbetrieb**, -**sprechverkehr** m (gleichzeitiges Gegensprechen) (Fernm) / explotación f [en] dúplex ‖ ~**sprechen** n (Fernm) / telefonía f dúplex ‖ ~**sprechen in Staffelschaltung** (Fernm) / telefonía f dúplex escalonada ‖ ~**sprech-Gabelschaltung** f (Fernm) / [sistema] m dúplex en montaje híbrido ‖ ~**sprechgerät** n / interfono m, intercomunicador m ‖ ~**sprechtaste** f (Fernm) / manipulador m dúplex ‖ ~**spule** f (Elektr) / bobina f de amperiovueltas antagonistas ‖ ~**spur** f (Straßb) / carril m opuesto ‖ ~**stand** m, Artikel m / artículo m ‖ ~**stand**, Objekt n / objeto m ‖ ~**stand der Erfindung** (Patent) / objeto m de [la] invención ‖ ~**stand in Übergröße** / tamaño m excesivo, objeto m supergrande o de tamaño excesivo ‖ ~**ständer** m (Wzm) / contramontante m ‖ ~**ständerarm** m (Fräsm) / brazo m del contramontante
Gegenstands•farbe f / color m de un objeto ‖ ~**strahl** m, Objektstrahl m (Laser) / rayo m de objeto ‖ ~**träger** m, Objektträger m (Mikrosk) / portaobjeto m ‖ ~**weite** f (Opt) / distancia f del objeto
Gegen•station f (Fernm) / estación f remota o distante ‖ ~**stelle** f, -terminal n (DV) / estación f secundaria, supletorio m ‖ ~**stellung** f, -schein m (Astr) / oposición f ‖ ~**steuern** (Kfz, Nav) / contravirar ‖ ~**stopp** m, -anschlag m (Masch) / contratope m ‖ ~**strebe**, Diagonale f (Zimm) / contradiagonal f ‖ ~**strecke** f (Bergb) / contragalería f ‖ ~**strecke** (Bahn) / contravía f
Gegenstrom m, Gegenströmung f (Hydr) / contracorriente f, corriente f inversa ‖ ~ (Elektr) / contracorriente f ‖ ~ (Fernm) / corriente f inversa ‖ **durch** ~ **abbremsen** (Walzw) / frenar por contracorriente ‖ **im** ~ **arbeiten** / operar por [o según el principio de] contracorriente ‖ ~**absitzgefäß** n (Abwasser, Aufb) / recipiente m de sedimentación por contracorriente ‖ ~**aufbereitung** f (Bergb) / preparación f en contracorriente ‖ ~**auswaschen** n (Aufb) / lavado m por contracorriente ‖ ~**bremse** f (Elektr) / freno m de contracorriente ‖ ~**bremsung** f / frenaje o frenado por recuperación ‖ ~-**Brennkammer** f (Luftf) / cámara f de combustión de flujo invertido ‖ ~**destillation** f, Kolonnendestillation f (Chem Verf) / rectificación f de contracorriente o de columna[s] ‖ ~-**Extraktion** f (Chem) / extracción f por contracorriente ‖ ~-**Gasturbinen-Triebwerk** n (Luftf) / turborreactor m de flujo invertido ‖ ~**kessel** m / caldera f de corriente[s] inversa[s] ‖ ~**klassierer** m (Bergb) / clasifcador m por contracorriente ‖ ~**kondensator**, -kühler m / condensador m por contracorriente ‖ ~**mischer** m / mezclador m de (o a) contracorriente o de cinta helicoidal ‖ ~**regeneration** f (Ionenaustauscher) / regeneración f por contracorriente ‖ ~**schaltung** f (Elektr) / conexión f en contracorriente ‖ ~**spülung** f (Kfz) / barrido m invertido o de contracorriente

Gegenströmung f (Hydr) / contracorriente f ‖ ~, Stauung f (Hydr) / estancamiento m, contención f ‖ ~ f, Versetzung f (Nav) / abatimiento m ‖ ~ **unter der Oberfläche** (Hydr) / resaca f, corriente f de fondo
Gegen•stromvorwärmer m (Zuck) / precalentador m de contracorriente ‖ ~**stück** n / pieza f opuesta o antagónica, contrapieza f ‖ ~**stück**, Ebenbild n / compañero m, pareja f, equivalente m ‖ **das** ~**stück bilden** / hacer juego [con], formar pareja [con] ‖ ~**stützmauer**, Futtermauer f (Bau) / muro m de refuerzo o de apoyo, contramuro m, muro m de revestimiento ‖ ~**system** n (Elektr) / sistema m invertido
Gegentakt•... (Eltronik) / simétrico, contrafásico, en [o de] contrafase, "push-pull" ‖ ~**ausgang** m (DV) / salida f simétrica ‖ ~**betrieb**, Zweirichtungsbetrieb m (Regeln) / funcionamiento m en contrafase ‖ ~**-Demodulator**, Travis-Detektor m (Eltronik) / demodulador m simétrico, detector m en contrafase ‖ ~**eingang** m (DV) / entrada f en contrafase ‖ ~**-Endstufe** f (Eltronik) / paso m de salida en contrafase, etapa f en contrafase ‖ ~**gleichrichter** m / rectificador m simétrico o contrafásico o en contrafase ‖ ~**gleichrichtung** f / rectificación f de onda completa ‖ ~**-Leistungsverstärker** m (Eltronik) / amplificador m de potencia contrafásico ‖ ~**mikrophon** m / micrófono m de circuito simétrico, micrófono m [doble] en contrafase ‖ ~**-Mischstufe** f (Eltronik) / paso m mezclador simétrico ‖ ~**modulation** f (Eltronik) / modulación f simétrica o contrafásica ‖ ~**modulator** m (Fernm) / modulador m simétrico o contrafásico o en contrafase ‖ ~**neutralisation** f (Eltronik) / neutralización f cruzada, neutralización f de una etapa en contrafase ‖ ~**oszillator** m / oscilador m simétrico o equilibrado o contrafásico ‖ ~**-Parallelverstärker** m (Eltronik) / amplificador m contrafásico de elementos en paralelo ‖ ~**schaltung** f, -anordnung f / disposición f o configuración simétrica, circuito m en contrafase ‖ ~**schaltung mit Phasenumkehr** (Eltronik) / circuito m parafásico ‖ ~**stufe** f (Eltronik) / paso m simétrico o equilibrada o contrafásica ‖ ~**tonspur** f (Film) / pista f sonora simétrica, traza f acústica simétrica ‖ ~**-Verstärker**, Push-Pull-Verstärker m (Eltronik) / amplificador m simétrico o contrafásico o en contrafase
Gegen•teil n (allg, Math) / lo opuesto, lo contrario ‖ **sofern nichts** ~**teiliges vermerkt** / salvo indicación en contrario ‖ ~**terminal** n, -stelle f (DV) / supletorio m, estación f secundaria ‖ ~**turm** m (Kabelkran) / contratorre f ‖ ~**über**, verglichen [mit] / comparado [con], en comparación [con] ‖ ~**über [liegend]** / frente [a], en frente [de], opuesto [a] ‖ ~**überhöhung** f (Bahn) / desnivel m contrario ‖ ~**übersprechen** n (Fernm) / telediafonía f (entre real y real) ‖ ~**unwucht** f (Masch) / contradesequilibrio m ‖ ~**vakuum** n (Phys) / antivacío m ‖ ~**verbund...**, -kompound... (Elektr) / con devanado mixto diferencial ‖ ~**verbunderregung** f (Elektr) / excitación f diferencial ‖ ~**verkehr** m (Verkehr) / circulación f en sentido contrario o a contravía, tráfico m de contracorriente o ~**verkehr** ! / ¡ Doble circulación ! ‖ ~**verkehr** m (Fernm) / tráfico m dúplex ‖ ~**verkehrsleitung**, -verbindung f (Fernm) / línea f dúplex o duplexada ‖ ~**verstrebung** f / contrarriostra f ‖ ~**versuch** m / prueba f en contra, experimento m o experiencia de control ‖ ~**wahrscheinlichkeit** f (Stat) / probabilidad f inversa ‖ ~**walze** f / rodillo m en contacto ‖ ~**walze der Gaufriermaschine** (Pap) / cilindro m de papel de la máquina gofradora
gegenwärtig adj (örtlich u. zeitlich) / presente ‖ ~ adv / actualmente, de momento, en la actualidad
Gegen•welle f (Masch) / contraárbol m ‖ ~**wendel**, Doppelwendel f / hélice f doble ‖ ~**wendel** f (Kabel) /

Gegenwert

espira *f* helicoidal antitorsión ‖ ⁓**wert** *m* (Math) / equivalente *m* ‖ ⁓**wind** *m* / viento contrario o en contra, contraviento *m*, viento *m* de cara, aire *m* en contra (CUBA) ‖ ⁓**windlandung** *f* (Luftf) / aterrizaje *m* contra viento ‖ ⁓**windung** *f*, -wendel *f* / contraespiral *f* ‖ ⁓**winkel** *m* (Geom) / ángulo *m* opuesto ‖ ⁓**winkel** *m* pl / ángulos *m* pl correspondientes [a otro] ‖ ~**wirkend** / antagonista, antagónico ‖ ~**wirkende [Zug]feder** / resorte *m* de tracción antagonista ‖ ⁓**-Wirkleitwert** *m* (Halbl) / transconductancia *f* intrínseca ‖ ⁓**wirkung** *f* / efecto *m* contrario o antagónico, contraefecto *m* ‖ ⁓**zelle** *f* (Akku) / elemento *m* de fuerza contraelectromotriz ‖ ⁓**zug** *m* (Bahn) / tren *m* de cruzamiento, tren *m* en dirección contraria ‖ ⁓**zug** (Drahtziehen) / trefilado *m* de contratracción ‖ ⁓**zugschaftmaschine** *f* (Web) / maquinilla *f* con alza mecánica y baja por tiralizos ‖ ⁓**zugziehen** *n* (Hütt) / estirado *m* de contratracción
gegerbt (Leder) / curtido ‖ ~**es Fell**, Garleder *n* / piel *f* curtida, cuero *m* curtido
gegisster Schiffsort (Nav) / punto *m* estimado, posición *f* estimada
geglättet / alisado ‖ ~, kalandert / calandrado ‖ ~, satiniert (Pap) / satinado ‖ **schwach** ~ (Pap) / ligeramente satinado
gegliedert, in Fachwerk (Bau) / en entramado ‖ ~, mit Gelenken versehen o. verbunden / articulado ‖ ~**e Achse** / eje *m* articulado ‖ ~**e Baumassen** (Bau) / masas *f* pl de la obra bien diferenciadas ‖ ~**e Pfette** (Bau) / correa *f* articulada
geglitten (Beton) / hecho con encofrado deslizante
geglüht (Chem) / calcinado ‖ ~ (Hütt) / recocido ‖ **bei der Weiterverarbeitung** ~ (Hütt) / recocido durante el tratamiento ulterior ‖ **vom Hersteller** ~ (Hütt) / recocido *m* por el fabricante
gegossen (Gieß) / fundido, colado, vaciado ‖ ~ (Pap) / revestido por fusión ‖ ~**e Folie** (Plast) / lámina *f* colada ‖ ~**es Formstück** (Gieß) / pieza *f* fundida en molde ‖ ~**er Glühtopf** (Gieß) / pote *m* de fundición para recocer ‖ ~**er Rohling** (Hütt) / pieza *f* en bruto fundida ‖ ~**e Schriftzeile** (Druck) / línea *f* fundida ‖ ~ **und nicht vergütet** (Hütt) / fundido sin mejorar ‖ ~ **und vergütet** / fundido o vaciado y mejorado ‖ **im Block, in einem Stück** ~ (Gieß) / fundido o colado en lingote o en bloque, fundido en una sola pieza
gegurtet (Bauteil, Eltronik) / encintado
Geh... (Förderer) / de marcha
Gehalt *n* (F.Org) / sueldo *m*, salario *m* ‖ **Gehälter und Sozialleistungen** / salarios *m* pl y prestaciones sociales
Gehalt *m*, Inhalt *m* / contenido *m* ‖ ⁓, Feingehalt *m* (Edelmetall) / ley *f*, quilate *m* ‖ ⁓, Volumen *n* / capacidad *f*, volumen *m* ‖ ⁓ **einer Flüssigkeit** (Chem) / título *m* de un líquido o de una solución, concentración *f* ‖ ⁓ **in Prozenten** / porcentaje *m* ‖ **den** ⁓ **verlieren** / empobrecerse
gehalten, aufrechterhalten / mantenido
gehalt•los (Erz) / pobre [en] ‖ ~**losigkeit** *f* (Erz) / pobreza *f* ‖ ~**reich** (Erz) / rico [en]
Gehalts•rübe, Futterzuckerrübe *f* (Landw) / remolacha *f* semiazucarera ‖ ⁓**tarif** *m* (F.Org) / tarifa *f* de sueldos
gehämmert, getrieben / repujado ‖ ~ (Pap) / martillado ‖ ~ (Stahl) / forjado, martillado ‖ ~**er Kolbenring** (Mot) / segmento *m* de émbolo martillado ‖ ~**es Messingblech** / chapa *f* de latón batida
Gehänge *n* (Hütt) / aparato *m* o dispositivo de suspensión, colgante *m* ‖ ⁓ (Seilb) / aparejo *m* de suspensión ‖ ⁓ (Gießpfanne) (Gieß) / estribo *m* de cuchara ‖ ⁓ *n*, Hängebau *m* (Hydr) / protección *f* de taludes por rejas suspendidas ‖ **loses** ⁓ (Hütt) / suspensión *f* floja ‖ ⁓**putzmaschine** *f* (Gieß) / desarenadora *f* de suspensión oscilante
gehärtet (Stahl) / templado ‖ ~ (Plast) / endurecido

geharzt / resinificado ‖ ~**e Bahn**, Pressbahn *f* (Plast) / banda *f* barnizada, hoja *f* impregnada, cinta *f* pintada (LA) ‖ ~**e Papierbahn**, Lack[papier]bahn *f* / papel *m* barnizado o impregnado o pintado (LA)
gehaspeltes Garn (Spinn) / hilo *m* aspeado
Gehäuf, Aggregat *n* (Geol) / agregado *m*
gehäuft / amontonado, apilado ‖ ~, eng gepackt / agregado ‖ ~**e Parameter** (Math) / parámetros *m* pl concentrados ‖ ~**er Wert**, Summenwert *m* (Stat) / valor *m* acumulado
Gehäuse *n* (Masch) / caja *f*, carcasa *f*, envoltura *f* ‖ ⁓, Gestell *n* (Masch) / bastidor *m* ‖ ⁓ *n*, Schrank *m* (Eltronik) / caja *f*, armario *m* ‖ ⁓ (PC) / gabinete *m* ‖ ⁓ (Lager) / alojamiento *m*, soporte *m* ‖ ⁓, Mantel *m* (Plast) / camisa *f*, envolvente *f* ‖ ⁓, Behältnis *n* / receptáculo *m* ‖ ⁓ *n* (Turbine) / carcasa *f*, caja *f* ‖ ⁓ (Photoapparat) / caja *f* ‖ ⁓ (Radio) / caja *f* ‖ ⁓ (Stecker) / funda *f* aislante ‖ ⁓ (Erde, Masse) / masa *f*, toma *f* de masa ‖ ⁓ **eines Flaschenzuges**, Flasche *f* / cajera *f* ‖ ⁓ **für Einschübe** (Eltronik) / bastidor *m*, chasis *m*, armario *m* metálico ‖ ⁓ **für Wasch- o. Spülmaschine** (Herd, Kühlschrank usw.) / carcasa *f* de la lavadora o lavaplatos ‖ ⁓ **von Geräten** (Opt) / caja *f*, montura *f* ‖ ⁓ **in einem** ~ / montado en una caja
Gehäuse•ansatz *m*, -absatz *m* / resalte *m* o saliente de la caja ‖ ⁓**antenne** *f* / antena *f* incorporada o integral ‖ ⁓**deckel** *m*, -abdeckung *f* (Masch) / tapa *f* o cubierta de la caja, tapa *f* de cierre ‖ ⁓**dichtung** *f* (Elektr) / junta *f* de la caja, elemento *m* obturador de la caja ‖ ⁓**flansch** *m* / brida *f* de la caja o del alojamiento ‖ ⁓**-Gleitlager** *n* / cojinete *m* de (o con) soporte o alojamiento ‖ ⁓**hälfte** *f* (Motorrad) / semicárter *m* ‖ ⁓**hälfte** (Lager) / mitad *f* de la caja ‖ ⁓**horn-Abstand** *m* (Uhr) / distancia *f* entre cuernos ‖ ⁓**kapazität** *f* (Eltronik) / capacidad *f* de la caja ‖ ⁓**klemme** *f* (Elektr) / borne *m* de masa ‖ ⁓**körper** *m* / cuerpo *m* de la caja ‖ ⁓**motor** *m* / motor *m* eléctrico en carcasa ‖ ⁓**öffner** *m* (Tex) / abridora *f* de jaula, porcupina *f* ‖ ⁓**resonanz** *f* (Eltronik) / resonancia *f* de la caja o del mueble acústico ‖ ⁓**scheibe** *f* / arandela *f* ajustada al alojamiento ‖ ⁓**schluss** *m* (Elektr) / cortocircuito *m* a masa ‖ ⁓**schulter** *f* / resalte *m* o pestaña de la caja ‖ ⁓**strahlung** *f* (Eltronik) / radiación *f* de la caja ‖ ⁓**teil** *m n* / pieza *f* de la caja
Gehbahn *f* (Brücke) / acera *f* ‖ ⁓**kabelschacht** *m* (Elektr, Fernm) / pozo *m* de cables [en la acera], cámara bajo la acera.f.
Gehbelag *m* (Bau) / revestimiento *m* del suelo
"Gehe zu" (Befehl) (DV) / "ira", hallar
geheftet, broschiert (Druck) / en rústica, encuadernado en rústica ‖ ~**er Block** (Druck) / bloc *m* cosido
Geheim•code *m* / clave *f* secreta ‖ ⁓**fach** *n* (Bau, Möbel) / secreto *m* ‖ **mit** ⁓**haltungsstufe versehen** / clasificar de secreto (documentos etc) ‖ ⁓**nummer** *f* (Fernm) / número *m* secreto ‖ ⁓**schloss** *n* / cerradura *f* secreta ‖ ⁓**text** *m* / texto *m* cifrado, criptograma *m*
geheizt, erwärmt / calentado ‖ ~**e Anrichte** (Großküche) / aparador *m* calentable
gehen *vi*, arbeiten, in Gang sein, laufen (Masch) / funcionar, marchar, trabajar ‖ ~ (Uhr)] andar ‖ ~ [nach] (DV) / ir [a] ‖ ~, treiben (Teig) / fermentar, subir, venirse (coll.) ‖ **ins Braune** ~ / tirar a marrón ‖ **zu schwer, zu hart** ~ (Masch) / marchar demasiado duro
Geh-Gabelstapler *m* (Förd) / carretilla *f* elevadora de marcha
Gehilfe, Helfer *m* (allg) / ayudante *m*, asistente *m*, auxiliar *m*
Gehlenit *m* (Min) / gehlenita *f*
Gehn wir's an!, Frisch ans Werk / ¡manos a la obra!
gehobelt, mit ~**er Kante** (Zimm) / con canto acepillado
gehoben, erhöht / elevado, alzado, levantado ‖ ~**e Strandlinie** (Geol) / playa *f* elevada
Gehölzkunde, Dendrologie *f* (Bot) / dendrología *f*

gehopfte [Bier]würze (Brau) / mosto *m* lupulado
Gehör *n*, Gehörsinn *m* (Physiol) / oído *m* ‖ ~..., akustisch / acústico ‖ ~**ermüdung** *f* (Med) / fatiga *f* auditiva ‖ ~**messung** *f* (Med) / audiometría *f* ‖ ~**richtig** / con corrección auditiva
Gehörs..., Hör... (Physiol) / auditivo
Gehör•schaden *m* (Med) / lesión[es] *f [pl]* del aparato auditivo ‖ ~**schärfe** *f*, Auflösungsvermögen *n* (Physiol) / agudeza *f* auditiva ‖ ~**schutz** *m* / protección *f* del oído ‖ ~**schutz**, Ohrenkappen *f pl* / cascos *m pl* de protección auditiva, protectores *mpl* del oído, orejeras *f pl* ‖ ~**schutzdiode** *f* (Fernm) / diodo *m* supresor de chasquidos, diodo *m* absorbedor de choques acústicos ‖ ~**schützer** *m* / protector *m* antirruido
Gehrampe *f* (Bau) / chapera *f*
Gehrdreieck *n*, [festes] Gehrmaß zu 45° (Zeichn) / escuadra *f* de inglete, cartabón *m*
Gehre *f* s. Gehrung
gehren *vt*, auf Gehrung sägen (Tischl, Zimm) / sesgar, cortar al sesgo, cortar ingletes, ingletear ‖ ~, auf Gehrung verbinden (Zimm) / ensamblar al sesgo
Gehr•fuge *f*, -verbindung *f*, Stoß *m* auf Gehrung / ensambladura *f* a inglete, ensamblaje *m* a inglete, unión *f* o junta a escuadra ‖ ~**lade** *f* / caja *f* de ingletes ‖ ~**maß** *n*, Gehrungswinkel *m* / escuadra *f* al sesgo, sentanilla *f* ‖ **bewegliches** ~**maß**, Gehrungsschmiege *f* (Wz) / falsa escuadra, saltarregla *f*
Gehrung *f*, Schrägschnitt *m* (Tischl) / inglete *m*, sesgo *m* ‖ ~, Gehrverbindung *f*, Gehre *f*, Gehrstoß *m* / junta *f* al sesgo ‖ **auf** ~ (Tischl) / a inglete, al sesgo ‖ **halbe** ~ / medio *m* sesgo
Gehrungs•lineal *n* / regla *f* de inglete ‖ ~**rückensäge** *f* (Tischl) / sierra *f* de costilla para ingletes ‖ ~**säge** *f* / sierra *f* para cortar [en] ingletes o al sesgo ‖ ~**schnitt** *m* / corte *m* al sesgo o a inglete, sesgadura *f* ‖ ~**schweißen** *n* / soldadura *f* a (o en) inglete ‖ ~**stanze** *f* / estampadora *f* de ingletes ‖ ~**stoß** *m*, -fuge *f* (Tischl, Zimm) / junta *f* de (o a) inglete, ensambladura *f* a inglete, unión *f* a bisel ‖ ~**stoßlade** *f*, Stoßlade *f* / caja *f* para ingletes, ensamblador *m* de ingletes
Geh-Steh-Verzerrung, Bezugs-Verzerrung *f* (Fernm) / distorsión *f* arrítmica
"Geht-und-Kommt-Fehler" *m* / error *m* vaivén
Geh•- u. Fahrrecht *n* (Bau, Landw) / servidumbre *f* de camino[s] o de tránsito ‖ ~**weg**, Bürgersteig *m* (Straßb) / acera *f* (E), vereda *f* (LA), banqueta *f* (MEJ) ‖ ~**weg**, -bahn *f*, Fußweg *m* (Brücke) / camino *m* para peatones ‖ ~**wegplatte** *f* (eine eiserne Abdeckplatte) (Bau) / placa *f* de cobertura ‖ ~**wegplatte**, Kunststeinplatte *f* (viereckige Zementplatte, über 19 mm dick) / placa *f* [de hormigón] para aceras ‖ ~**werk** *n* (Uhr) / movimiento *m* [del reloj], mecanismo *m* de relojería
Geierit *m* (Min) / geieirita *f*
Geigenharz *n* / colofonia *f*
Geiger•-Müller-Bereich, Auslösebereich *m* (Nukl) / región *f* de Geiger-Mueller ‖ ~**-Nuttall-Beziehung** *f* (Nukl) / relación *f* de Geiger-Nuttall ‖ ~**zähler**, Geiger-Müller-Zähler *m*, -zählrohr *n* / tubo *m* contador [de] Geiger-Mueller
Geikielith *m* (Min) / geikielita *f*
geil (Boden) (Landw) / demasiado graso
Geiser *m*, Geysir *m* (Geol) / géiser *m*
Geißenfuß *m*, Geißfuß *m*, Nagelklaue *f* (Wz) / pie *m* de cabra, desclavador *m*
Geißfuß *m* (Wz) / pico *m* de cabra
Geißlersche Röhre *f* (Phys) / tubo *m* de Geissler
Geister•bild, Doppelbild *n* (TV) / imagen *f* fantasma, imagen *f* eco ‖ ~**echo** *n*, Geist *m* (Radar) / eco *m* fantasma ‖ ~**effekt** *m* (Druck) / efecto *m* fantasma ‖ ~**fahrer** *m* (Verkehr) / piloto *m* suicida o kamikaze

Geistes•arbeit *f* / trabajo *m* intelectual ‖ ~**arbeiter** *m* / trabajador *m* intelectual ‖ ~**wissenschaft** *f* / humanidades *f pl*, letras *f pl*, ciencias *f pl* filosóficas
geistiges Getränk / bebida *f* espirituosa o alcohólica
Geistleitung *f* (Raffinerie) / tubería *f* suspendida
Geitau *n* (Schiff) / cenal *m* ‖ ~ **für Ladebäume** (Schiff) / retenida *f*
gekalkt (Bau, Landw) / tratado con cal
gekämmt (Tex) / peinado
gekappt•er Baum (Forstw) / árbol *m* desmochado o descabezado ‖ ~**e Schwelle** (Bahn) / traviesa *f* entallada
gekapselt, dicht verschlossen / estanco, hermético ‖ ~, eingekapselt / encapsulado ‖ ~ (Schalter) / blindado ‖ ~**er Elektromotor** (Elektr) / motor *m* eléctrico blindado ‖ ~**er Klebstoff** *m* / adhesivo *m* encapsulado ‖ ~**er Kompressor** / compresor *m* blindado
gekästelt / encasillado
gekennzeichnet (DV) / calificado ‖ ~ (Fahrbahn) / marcado ‖ ~ **[durch]**, charakterisiert / caracterizado [por] ‖ ~**er Name** (DV, PL/1) / nombre calificado
gekerbt / entallado, con entalladura
gekettet (DV) / encadenado ‖ ~**e o. verknüpfte Liste** (DV) / lista *f* encadenada
gekielt (Schiff) / de o en quilla
geklärt, geschieden (Zuck) / filtrado, decantado
geklebt / pegado, encolado
geklemmt, gepresst / apretado
Geklirr *n* / tintineo *m*, estrépito *m*
geklopft (Sintern) / golpeado
Geknatter *n*, Knattern *n* (Mot) / traqueteo *m*, petardeo *m*
geknäuelt, zusammengeballt / aglomerado
geknickt (Mech) / deformado por pandeo, pandeado, doblado (E), flambeado (LA) ‖ ~**er Wulst** (Reifen) / talón *m* con cocas o pliegues
gekochtes Öl / aceite *m* hervido
gekohlt (Hütt) / carburado ‖ ~**es Eisen** / hierro *m* carburado ‖ ~**es Siliziumeisen** / hierro *m* silíceo carburado ‖ ~**er Stahl** (Hütt) / acero *m* al carbono
geköpert (Web) / cruzado ‖ ~**er Barchent** / fustán *m* cruzado, bombasí *m* o bombacié cruzado ‖ ~**er Flanell** / franela *f* cruzada ‖ ~**er Samt** / terciopelo *m* cruzado o con fondo de sarga ‖ ~**er Stoff** (Tex) / sarga *f*
gekoppelt (Elektr, Masch) / acoplado, unido ‖ ~**e** (Azoverbindung) (Chem) / copulado ‖ ~**e Differentialgleichungen** *f pl* (Math) / ecuaciones *f pl* diferenciales simultáneas ‖ ~**es Flügelflattern** (Luftf) / aleteo *m* acoplado ‖ ~**er Multiplizierer** (Analogrechner) / multiplicador *m* bicanal o de dos canales ‖ ~**e Schrankenbäume** *m pl* (Bahn) / barreras *f pl* acopladas ‖ ~**es Schwingen** (Masch) / modo *m* acoplado ‖ ~**e Schwingungen** *f pl* (Masch, Phys) / oscilaciones *f pl* acopladas ‖ ~**es Stromkreissystem** (Elektr) / sistema *m* de circuitos acoplados ‖ **im Gegentakt** ~ / conectado simétricamente o en contrafase ‖ ~ **[induktiv]** ~**er Sender** (Eltronik) / emisor *m* inductivo o de acoplamiento inductivo
gekordelt (Masch) / moleteado en diagonal o diagonalmente
gekörnt / granulado, en granalla ‖ ~ (Leder) / graneado, chagrinado ‖ ~**es Leder** / chagrín *m*, chagrén *m*
gekrackt (Chem) / craqueado
Gekrätz *n* (Hütt) / escorias *f pl* ‖ ~ (Verzinken) / residuos *m pl* metalíferos
gekräuselt, wellig, gekreppt (Tex) / rizado
gekräuselter Samt / terciopelo *m* rizado
gekrempelt (Tex) / cardado
gekreppt (Pap) / cresponado
gekreuzt / cruzado, en cruz ‖ ~ (Zange) / con estrías cruzadas ‖ ~ (Druck) / decusado ‖ ~**e Adern** *f pl* (Kabel) / conductores *m pl* cruzados ‖ ~**e Dipole** *m pl* (Eltronik) / dipolos *m pl* cruzados ‖ ~**e Doppeladern** *f pl* (Elektr) / par *m* cruzado ‖ ~**es ebenes Raster** (allg,

gekreuzt

Opt) / retículo *m* plano cruzado ‖ ~e **Faser** (Furnier) / veta *f* atravesada ‖ ~e **Gleisverbindung** (Bahn) / diagonal *f* doble, bretel *m* ‖ ~er **Polarisator** (Opt) / polarizador *m* de prismas cruzados, polarizador *m* cruzado ‖ ~er **Riementrieb** / transmisión *f* de correa cruzada
geköpft (Welle, Rohr) / acodado ‖ ~e **Achse** (Bahn, Kfz) / eje *m* acodado ‖ ~es **Bett** (Wzm) / bancada *f* con escote ‖ ~es **Handrad** / volante *m* con brazos acodados ‖ ~er **Rahmen** (Kfz) / bastidor *m* rebajado ‖ ~es **Rohr**, S *n* / tubo *m* en [forma de] S ‖ ~e **Schleifscheibe** / muela *f* con centro rebajado ‖ ~e **Übergangslasche** (Bahn) / brida *f* mixta o de reducción ‖ ~er **Werkzeughalter** (Wzm) / portaútil *m* acodado ‖ **4-fach** ~ (Kurbelwelle) / de 4 codos
gekrümmt, krumm, gebogen / curvado, curvo ‖ ~, krumm[linig] / curvilíneo, sinuoso ‖ ~, verworfen (Holz) / abarquillado ‖ ~, gewölbt / bombeado, arqueado, abombado ‖ ~er **Abschnitt einer Brücke** / sección *f* curvada de un puente ‖ ~e **Astsäge mit Heft** (Wz) / sierra *f* de jardinero ‖ ~er **Balken** (Bau) / viga *f* curvada ‖ ~e **Fläche** (Geom) / superficie *f* curva[da] ‖ ~e **Gurtung** (Stahlbau) / cordón *m* arqueado ‖ ~er **Raum** (Phys) / espacio *m* curvo ‖ ~es **Sperrholz** / madera *f* contrachapeada curva
gekühlt (Getränk) / frío, refrigerado
gekümpelt (Masch) / embutido
gekuppelt, gekoppelt (Masch) / acoplado ‖ ~, gegenseitig verriegelt / enclavado ‖ ~e **Räder** *n pl* (Bahn) / ruedas *f pl* acopladas ‖ ~e **Signale** *n pl* (Bahn) / señales *f pl* conjugadas
gekürzt (Math) / simplificado, reducido
Gel *n* (Chem) / gel *m* (pl.: geles) ‖ ~ **aus mehreren Solen**, Pluralgel *n* / gel *m* múltiple ‖ **zusammenhängendes** (o. **kohärentes**) ~ / gel *m* coherente
geladen (Elektr, Mil) / cargado ‖ ~es **Teilchen** (Eltronik, Phys) / partícula *f* cargada
Geläger *n* (Brau) / depósito *m*, sedimento *m*, fondo *m*
gelagert sein [in] (Welle) / rodar o girar en rodamientos ‖ **siebenfach** ~ / de siete apoyos
Gelände, Terrain *n* / terreno *m*, área *f* ‖ ~... (Reifen) / con perfil todo terreno ‖ ~..., querfeldein / todo terreno, a campo traviesa ‖ **natürliches** ~ / terreno *m* natural ‖ **trockenes** ~ / sequedal *m* ‖ ~**abbruch** *m*, -verschiebung *f* (Geol) / dislocación *f* de tierras, corrimiento *m* o desplazamiento de tierras ‖ ~**abfall** *m*, Neigung *f* / pendiente *m* ‖ ~**antrieb** *m*, Allradantrieb *m* (des Vierrad-Fahrzeugs) / tracción *f* sobre las 4 ruedas, propulsión *f* o tracción sobre todas las ruedas ‖ ~**aufnahme** *f* (Verm) / topometría *f*, agrimensura *f*, alzado *m* topográfico ‖ ~**bedingungen** *f pl* / condiciones *f pl* del terreno ‖ ~**beschaffenheit** *f*, -oberfläche *f* / configuración *f* del terreno, características *f pl* del terreno ‖ ~**darstellung** *f* / representación *f* topográfica o del terreno ‖ ~**einschnitt** *m* (Straßb) / corte *m* en el terreno, incisión *f* (LA) ‖ ~**erschließung** *f* (Bau) / abrimiento *m* de un terreno ‖ ~**fahrzeug** *n* (Kfz) / vehículo *m* [para] todo terreno, campero *m* (LA) ‖ ~**federung** *f* (Kfz) / suspensión *f* para todo terreno ‖ ~**flugzeug** *n* (Luftf) / avión *f* que no requiere pista ‖ ~**folgeflug** *m* (Flugkörper) / vuelo *m* de seguimiento del terreno ‖ ~**gang** *m* (Kfz) / velocidad *f* [para] todo terreno, marcha *f* todo terreno ‖ ~**gängig** (Kfz) / [para] todo terreno, para cualquier tipo o clase de terreno ‖ ~**gängigkeit** *f* (Kfz) / aptitud *f* [de marcha sobre] todo terreno ‖ ~**höhenlinie** *f* (Luftverm) / curva *f* de nivel ‖ ~**höhenunterschiede** *m pl* (Verm) / desniveles *m pl* de terreno ‖ ~**karte** *f* / mapa *m* topográfico ‖ ~**koordinaten** *f pl* (Verm) / coordenadas *f pl* de terreno ‖ ~**mulde** *f*, -senkung *f* (Geo) / depresión *f* [del terreno], hondonada *f* ‖ ~**neigung** *f* / pendiente *f* de terreno ‖ ~**oberfläche** *f* / superficie *f* del terreno

Geländer *n* (Bau) / baranda *f*, barandilla *f* ‖ ~, Reling *f* (Schiff) / cairel *m* de regala, borda *f*, baranda *f* ‖ ~ (Brücke) / pretil *m*, parapeto *m*, guardalado *m* ‖ ~, Balustrade *f* (Bau) / balaustrada *f*
Gelände•reifen *m* (Kfz) / neumático *m* [para] todo terreno (E), llanta *f* [para] todo terreno (LA) ‖ ~**reifen**, Hochstollenreifen *m* (Landw) / neumático *m* agrícola
Geländer•-Handlauf *m* (Bau) / pasamano *m* ‖ ~**pfosten** *m* / pilar *m* o poste de [la] barandilla ‖ ~**stab** *m* / balaustre *m*, balaústre *m* ‖ ~**stange** *f* / barandal *m*
Gelände•schub *m* (Geol) / empuje *m* de terreno ‖ ~**skizze** *f* / croquis *m* o esbozo del terreno ‖ ~**stufe**, Terrasse *f* (Geol) / terraza *f*
gelandet (Luftf) / aterrizado
Gelände•untersetzung *f* (Allradantrieb) / submultiplicación *f* para todo terreno ‖ ~**untersuchung** *f* / estudio *m* del terreno ‖ ~**winkel** *m* (Wehrt) / ángulo *m* de situación ‖ ~**winkellibelle** *f* / nivel *m* de ángulos de situación
gelappt, lappig / lobulado
geläppt / lapeado, bruñido
gelartig (Chem) / como un gel
gelascht / unido mediante eclisa[s]
Gelatine *f* (Chem) / gelatina *f*, jaletina *f* ‖ ~**artig**, gelatinös / gelatinoso ‖ ~**dynamit** *n* / gelatina-dinamita *f*, gelignita *f*, dinamita *f* gelatinizada, gelatina *f* explosiva ‖ ~**filter** *n* (Foto) / filtro *m* de gelatina ‖ ~**folie** *f* / hoja *f* de gelatina, gelatina *f* en hojas ‖ ~**freie Platte**, Schumannplatte *f* (Foto) / placa *f* de Schumann ‖ ~**geleimt** (Pap) / colado de gelatina ‖ ~**kapsel** *f* (Pharm) / cápsula *f* de gelatina
gelatinieren *vt* [vi] [lassen] (Chem) / gelatinizar[se]
Gelatinierungsmittel *n* / gelatinizante *m*, agente *m* gelatinizador
Gel[atinis]ierung *f* / gelatinización *f*
gelatinös / gelatinoso, gelatinizado
gelb angelassen (Hütt) / revenido al amarillo ‖ ~e **Anzeigelampe** / lámpara *f* piloto amarillo o de color ámbar ‖ ~es **Blutlaugensalz** (Chem) / cianuro *m* amarillo de potasio, ferrocianuro *m* de portasio ‖ ~e **Bronze** (Hütt) / bronce *m* amarillo ‖ ~ **färben** / color[e]ar de amarillo, teñir de amarillo ‖ ~ **gefleckte Baumwolle** / algodón *m* moteado ‖ ~e **Glätte**, Silberglätte *f* (Hütt) / litargirio *m* de plata ‖ ~**er Grund** (verwitterter Kimberlit) (Geol) / kimberlita *f* descompuesta ‖ ~**er Limonit**, Xanthosiderit *m* (Min) / xantosiderita *f* ‖ ~**es Messing** (Hütt) / latón *m* ordinario o corriente ‖ ~**er Phosphor** (Chem) / fósforo *m* amarillo ‖ ~e **Strohpappe** / cartón *m* de paja amarillo ‖ ~ **werden**, sich gelb färben / ponerse amarillo, amarillear, amarillecer ‖ ~ *n*, gelbe Farbe, gelber Farbstoff / amarillo *m*, colorante *m* amarillo
Gelb•beizen *n* (allg) / mordentado *m* amarillo ‖ ~**blättrigkeit** *f* (Bot) / clorosis *f* ‖ ~**bleierz** *n*, Wulfenit *m* (Min) / molibdato *m* de plomo, wulfenita *f* ‖ ~**braun**, ockerfarben / de color ocre ‖ ~**braun**, dunkelgelb / amarillo oscuro, moreno ‖ ~**brenne** *f*, -brenngerät *n*, -beize *f* (Galv) / instalación *f* de decapar el latón ‖ ~**brennen** (Messing) / decapar el latón ‖ ~**brennen** *n* (Galv) / decapado *m* del cobre y sus aleaciones ‖ ~-**Doppeldruckwerk** *n* (Offset) (Druck) / mecanismo *m* de retiración del amarillo ‖ ~**erde** *f*, -latosol *m*, gelber Ferralit (Min) / almagra *f*, almagre *m*, almazarrón *m*, tierra *f* amarilla ‖ ~**erz** *n*, Chakopyrit *m* (Min) / calcopirita *m*, cobre *m* piritoso ‖ ~**filter** *n* (Foto, Opt) / filtro *m* amarillo ‖ ~**gar**, weiß-, alaungar (Gerb) / curtido en blanco ‖ ~**gehalt** *m* (Zellulose) / grado *m* de amarilleamiento ‖ ~**gießer** *m* (Hütt) / fundidor *m* de latón o de bronce, latonero *m* ‖ ~**gießerei** *f* / taller *m* de fundición de latón ‖ ~**glut** *f* (Schm) / amarillo *m* anaranjado ‖ ~**glut[hitze]** (ab 995 °C = 1270 K = 1825 ° F) (Hütt) / calor *m* amarillo ‖ ~**grün** / amarillo verdoso ‖ ~**guss** *m* (Hütt) / cobre *m*

amarillo, latón *m* [rico en cinc] ‖ ⁓**guss** (Me 60) / latón *m* 60
Gelbildung *f*, Gelatinierung *f* (Chem) / formación *f* de gel, gelación *f*
Gelb•kiefer, Yellow Pine (Pinus Ponderosa) (Bot) / pinotea *f*, pino *m* amarillo, pino *m* colorado (localismo) ‖ ⁓**körper** *m* (Med) / cuerpo *m* amarillo o lúteo ‖ ⁓**kreuz** *n* (Giftgas, Mil) / cruz *f* amarilla, gas *m* [de] mostaza ‖ ⁓**kupfer** *n* (Hütt) / cobre *m* amarillo ‖ ⁓**kupfererz** *n* s. Gelberz
gelblich, fahlgelb / amarillento ‖ ~**er Diamant** / diamante *m* del Cabo
Gelb•licht *n* (Verkehr) / luz *f* ámbar o amarilla ‖ ⁓**-Magenta-Cyan** *n* (Farbskala in Europa) (Druck) / amarillo-magenta-cian *m* (escala cromática en Europa) ‖ ⁓**metall** *n* (Hütt) / metal *m* amarillo ‖ ⁓**nickelkies** *m*, Millerit *m* (Min) / sulfato *m* natural de níquel, milerita *f*, pirita *f* capilar ‖ ⁓**öl** *n* (Chem) / aceite *m* amarillo ‖ ~-**oliv** (RAL 6014) / amarillo oliva ‖ ⁓-**Purpur-Cyan** *n* (Farbskala in außereurop. Ländern) (Druck) / amarillo-púrpura-cian *m* (escala cromática en países no europeos) ‖ ⁓**rohstoff** *m* (Pap) / pasta *f* de paja amarilla ‖ ⁓**rost** *m*, Puccinia glumarum (Landw) / roya *f* amarilla ‖ ~**rot** / rojo amarillento ‖ ⁓**scheibe** *f* (Foto, Opt) / filtro *m* amarillo ‖ ⁓**stich** *m* (Pap) / matiz *m* amarillo ‖ ⁓**strohpapier** *n* / papel *m* de paja amarilla ‖ ⁓**ton** *m* (Pap) / grado *m* de amarilleo ‖ ⁓**werden** *n* / amarilleo *m* ‖ ⁓**wurzel** *f*, Kurkuma *f* (Bot, Nahr) / cúrcuma *f*, yuquilla *f*
Geld•automat *m* / cajero *m* o pagador automático ‖ ⁓**einwurf** *m* (Vorgang) / inserción *f* o introducción de una moneda ‖ ⁓**einwurföffnung** *f*, -einwurf *m* / ranura *f* para [echar] monedas ‖ ⁓**schrank** *m* / cofre *m* fuerte, caja *f* fuerte, arca *f* [invulnerable] de caudales ‖ ⁓[**stück**] *n*, Münze *f* / moneda *f*, pieza *f* ‖ ⁓**transport** *m* / transporte *m* blindado ‖ ⁓- **und Literzähler**, Preisrechner *m* (Zapfsäule) / contador *m* del precio y litros, calculador *m* por suministro de combustible ‖ ⁓**wechselautomat** *m* / aparato *m* automático de cambiar moneda, cambiador *m* de moneda ‖ ⁓**zählmaschine** *f* / máquina *f* contadora de monedas(billetes)
geledderte Antriebscheibe (Seilb) / polea *f* motriz con guarnición de cuero
Gelee *n* (Chem, Nahr) / jalea *f* ‖ **zu ~ machen** / jaleizar
Gelege *n*, Eigelege *n* (Ungeziefer) / bolsa *f* de huevos ‖ ⁓ (Hydr) / vegetación *f* litoral
gelegen, befindlich / sito ‖ ~ **sein**, liegen *vi* / estar ubicado
Gelegenheits... / de ocasión
gelegentlich [**vorkommend**], Gelegenheits... / ocasional, eventual, accidental, casual
Gelehrter, Forscher *m* / sabio *m*, investigador *m*, hombre *m* de ciencias
geleimt (Pap) / encolado ‖ ~ **und zweimal kalandert** (Pap) / encolado y dos veces calandrado
Geleise *n*, Eisenbahngleis *n* (Bahn) / vía *f* [férrea] ‖ ⁓, Wagenspur *f* / huella *f* de rodada, carrilada *f*
geleitet, gelenkt / guiado *f*, dirigido ‖ ~**e Schwingungsart** (Eltronik) / modo *m* de propagación guiado
Geleit•fregatte *f* (Schiff) / fragata *f* [de] escolta ‖ ⁓**zug**, Konvoi *m* (Schiffe) / convoy *m*
Gelenk *n* / articulación *f* ‖ ⁓ (Kinematik) / junta *f* articulada, juntura *f* ‖ ⁓, Gelenkverbindung *f* / unión *f* articulada, junta *f* ‖ ⁓, Kugelgelenk *n* / rótula *f*, articulación esférica *f* ‖ ⁓, Scharniergelenk *n* / bisagra *f*, charnela *f* ‖ ⁓ [in der Lenkung] (Kfz) / articulación *f* del árbol de dirección ‖ ⁓ (Schuh) / enfranque *m*, arqueo *m* ‖ **mit ⁓en versehen** (o. verbunden), gegliedert / articulado ‖ **um ein ⁓ drehbar** / giratorio sobre articulación
Gelenk•achse *f* / eje *m* articulado ‖ ⁓**arm** *m* / brazo *m* articulado ‖ ⁓**armmarkise** *f* / toldo *m* de brazos extensibles, marquesina *f* con brazos articulados ‖ ⁓[**auf**]**lager** *n*, Kipplager *n* (Brücke) / apoyo *m* oscilante ‖ ⁓**ausleger** *m* / pescante *m* o brazo articulado, pluma *f* articulada ‖ ⁓**balken**, -träger *m* (Bau) / viga *f* articulada ‖ ⁓**band** *n*, Scharnier *n* / charnela *f*, bisagra *f* ‖ ⁓**band-Formstahl** *m* (Walzw) / perfiles *m pl* para bisagras o charnelas ‖ ⁓**befestigung** *f* / fijación *f* articulada ‖ ⁓**bogen** *m* (Bergb) / arco *m* [metálico] articulado ‖ ⁓**bogenausbau** *m* (Bergb) / apuntalado *m* en arcos articulados ‖ ⁓**bolzen** *m* / pasador *m* o perno de bisagra ‖ **starker ⁓bolzen**, feststehende Drehachse / eje *m* de bisagra ‖ ⁓**bolzenfachwerk** *n* (Stahlbau) / celosía *f* con ejes de bisagra ‖ ⁓**bus** *m* (Kfz) / autobús *m* o omnibús articulado ‖ ⁓**egge** *f* (Landw) / grada *f* articulada ‖ ⁓**einlage** *f* (Schuh) / cambrillón *m* ‖ ⁓**Fadengeber** *m* (Näm) / entrega-hilo *m* articulado ‖ ⁓**fuß** *m* (Näm) / pie *m* prensador o prensatelas articulado ‖ ⁓**gabel** *f* (Motorrad) / horquilla *f* de articulación ‖ ⁓**gestänge** *n* (Stromabnehmer) / sistema *m* articulado del pantógrafo ‖ ⁓**getriebe** *n* (Mech) / mecanismo *m* articulado ‖ ⁓**griff** *m* (Wz) / mango *m* articulado, empuñadura *f* articulada ‖ ⁓**hebel** *m* / palanca *f* articulada ‖ ⁓**hebelantrieb** *m*, Stangenantrieb *m* (Bahn) / transmisión *f* por bieletas ‖ ⁓**-Hohlbolzen** *m* / tubo *m* pivote[ador] ‖ ⁓**holm** *m* (Brücke) / carrera *f* articulada
gelenkig, Gelenk..., frei beweglich / articulado, flexible ‖ ~ **anbringen oder lagern** / articular, abisagrar ‖ ~**es Element**, bewegliches Element (Masch) / elemento *m* articulado o móvil ‖ ~ **gelagerter Balken** / viga *f* articulada ‖ ~**er Knoten**, Gelenkknoten[punkt] (Stahlbau) / nudo *m* de articulación [a rótula] ‖ ~**er** *m* [**Stab**]**anschluss** (Stahlbau) / unión *f* de barras articuladas ‖ ~ **verbinden** (o. anbringen o. lagern) / articular [con]
Gelenk•kette, Laschenkette *f* / cadena *f* articulada de mallas ‖ ⁓**kette** *f*, Rollenkette *f* / cadena *f* de rodillos ‖ **zerlegbare ⁓kette** / cadena *f* articulada desmontable ‖ ⁓**knopflochfuß** *m* (Näm) / pie *m* articulado para ojales ‖ ⁓**knoten**[**punkt**] *m* / nudo *m* de articulación [de rótula] ‖ ⁓**kopf** *m* (Masch) / cabezal *m* articulado ‖ ⁓**kreuz** *n* / junta *f* universal ‖ ⁓**kupplung** *f* (Bahn, Masch) / acoplamiento *m* articulado ‖ ⁓**kupplung** (kugelig) / acoplamiento *m* de rótula ‖ ⁓**kupplung** (z. B. einer Rohrleitung) (Masch) / acoplamiento *m* de eslabón ‖ ⁓**lager** *n* / cojinete *m* articulado, apoyo *m* móvil libre ‖ ⁓**lager** (kugelig) / cojinete *m* de rótula o de articulación, articulación *f* de rótula ‖ ⁓**lokomotive** *f*, Garratlokomotive *f* (Bahn) / locomotora *f* articulada o Garrat ‖ ⁓**loser Rotor** (Luftf) / rotor *m* fijo o no articulado ‖ ⁓**maßstab** *m* (Mess) / metro *m* plegable ‖ **zehngliedriger ⁓maßstab** (2 Meter) / metro *m* doble plegable de 10 elementos ‖ ⁓**mast** (Bahn, Elektr) / poste *m* flexible ‖ ⁓**messer** *n* (Forstw) / cuchilla *f* articulada ‖ ⁓**öse** *f* / ojete *m* de charnela ‖ ⁓**parallelogramm** *n* / paralelogramo *m* articulado o de palancas articuladas ‖ ⁓**pendelachse** *f* (Kfz) / eje *m* oscilante articulado ‖ ⁓**pfanne** *f* / tejuelo *m* de una articulación de rótula ‖ ⁓**pfette** *f*, gegliederte Pfette (Bau, Zimm) / correa *f* articulada ‖ ⁓**pfette**, Gerberpfette *f* / correa *f* Gerber ‖ ⁓**plattenförderband** *n* (Förd) / cadena *f* de platillos articulados ‖ ⁓**pleuelstange** *f* (Mot) / biela *f* articulada ‖ ⁓**punkt** *m* / punto *m* de articulación ‖ ⁓**punkt** (Kinematik) / centro *m* de la junta articulada, codo *m* articulado ‖ ⁓**punkt** (Stahlbau) / nudo *m* articulado ‖ ⁓**quarz**, Itakolumit *m* (Min) / cuarzo *m* flexible, itacolumita *f* ‖ ⁓**rahmen** *m* / cuadro *m* articulado ‖ ⁓**reibung** *f* / rozamiento *m* en articulaciones ‖ ⁓**riemenverbinder** *m* / empalmador *m* flexible de correas ‖ ⁓**roboter** *m* / robot *m* articulado ‖ ⁓**roboter**, Knickarmroboter *m* / robot *m* antropomórfico ‖ ⁓**rohr** *n* / tubo *m* articulado ‖

≈**rohrwelle** f (Kfz) / árbol m cardán tubular ‖ ≈**runge** f / telero m articulado, estaca f articulada (MEJ) ‖ ≈**säumer** m (Nähm) / dobladillador m articulado ‖ ≈**schärblatt** n (Web) / peine m articulado ‖ ≈**scheibe** f, Scheibengelenk n (Kfz) / junta f universal de discos flexibles, flector m ‖ ≈**schiene** f (Brücke) / carril m o riel de articulación ‖ ≈**schloss** n (Weiche) / cerrojo m de aguja con articulación ‖ ≈**schlüssel** m (Wz) / llave f articulada ‖ ≈**schlüssel für Muttern** / llave f de tuercas articulada ‖ ≈**schmierung** f / lubrificación f de la articulación o junta ‖ ≈**schutzhülle** f, -manschette f, -stulpe f (Kfz) / manguito m protector ‖ ≈**spindel** f / husillo m articulado ‖ ≈**spindelbohrmaschine** f (Wzm) / taladradora f de husillo[s] articulado[s] ‖ ≈**spindelkopf** m (Wzm) / cabezal m de husillos articulados ‖ ≈**spitzenverschluss** m, Gelenkschloss n (Bahn, Weiche) / cerrojo m de agua con articulación, balancín m de encerrojamiento ‖ ≈**spreize** f, Scherenspreize f / pinza f extensible ‖ ≈**stange** f / barra f articulada ‖ ≈**stangenkopf** m / cabezal m articulado de rótula ‖ ≈**steckschlüssel** m (Wz) / llave f de vaso articulada ‖ ≈**stickfuß** m (Nähm) / pie m articulado para bordar ‖ ≈**stiel** m / mástil m de pie articulado ‖ ≈**stoß** m (Stahlbau) / junta f articulada ‖ ≈**stück** m (Schuh) / cambrillón m ‖ ≈**stück** (Mech) / pieza f de articulación, juntura f ‖ ≈**stützpunkt** m / soporte m oscilante o de articulación
gelenkt, geleitet / dirigido ‖ ~, geführt / guiado ‖ ~e **Ausdehnung** (Gieß) / dilatación f dirigida ‖ ~e **Erstarrung** (Gieß) / solidificación f dirigida ‖ ~**er Flug** (Flugkörper) / vuelo m guiado ‖ ~e **Interkontinentalrakete** (Mil) / misil m o cohete intercontinental guiado ‖ ~e **Oxidation** (Chem) / oxidación f controlada
Gelenk•träger m, Gerberbalken m (Bau) / viga f articulada o sistema Gerber ‖ ≈**triebwagen** m (Straßenbahn) / coche m motor articulado ‖ **[ebene] ≈verbindung** / junta f articulada [sobre charnela] ‖ ≈**verbindung** f (kugelig) / junta f de rótula ‖ ≈**viereck** n / cuadrilátero m articulado ‖ ≈**vorortzug** m (Bahn) / tren m articulado de cercancías ‖ ≈**wagen** m (Bahn) / vehículo m articulado ‖ ≈**[weichen]zunge** f (Bahn) / aguja f con talón articulado ‖ ≈**welle** f (allg, Masch) / árbol m articulado ‖ ≈**welle** (Kfz) / árbol m de transmisión, árbol m cardán ‖ ≈**welle mit einem Gelenk** (Kfz) / árbol m de transmisión con una junta cardán ‖ ≈**wellenanschluss** m, Zapfwellenanschluss m (Traktor) / empalme m para toma de fuerza ‖ ≈**wellenantrieb** m, Kardanwellenantrieb m (Kfz) / accionamiento m por árbol cardán o árbol articulado ‖ **[äußeres] ≈wellenrohr** (Kfz) / tubo m del árbol de transmisión ‖ ≈**wellentunnel** m, Kardantunnel m / túnel m del árbol cardan ‖ ≈**zahnstange** f (Bahn) / cremallera f articulada ‖ ≈**zapfen** m (Kfz, Masch) / pivote m, gorrón m de articulación ‖ ≈**zug** m (Straßenbahn) / tren m articulado
gelernt•er Arbeiter / obrero m capacitado, obrero m c[u]alificado, obrero m adiestrado ‖ ~e **Arbeitskräfte** f pl / mano f de obra c[u]alificada ‖ ~**er Handwerker** / artesano m c[u]alificado o adiestrado
Gelese n, Fadenkreuz n (Web) / cruz f, encruzamiento m ‖ ≈-**blatt** n, -riet n (Web) / peine m de telar
Geleucht n, Grubenlampe, Wetterlampe f (Bergb) / lámpara f de seguridad
Gel[filtrations]chromatographie f (Chem) / cromatografía f por filtración de gel
gelieren vt vi, gelatinieren (Chem) / gelatinizar[se] ‖ ~ vi, in Gelzustand übergehen (Chem, Öl) / gelificarse ‖ ≈ n, Gelatinierung f / gelatinización f
Gelier•maschine f / máquina f gelificadora ‖ ≈**mittel** n / agente m gelificante ‖ ≈**punkt** m (Plast) / punto m de gelificación
geliert, in Gelzustand versetzt (Chem, Öl) / gelificado

Gelierung f, Erstarrung f (Chem, Öl) / gelificación f, formación f de gel
Gelierzeit f / tiempo m de gelificación
Gelifraktion f, Frostverwitterung f (Geol) / gelifracción f
Gelignit n (Sprengstoff) / gelignita f
gelinde (Wärme) / moderado ‖ ~ **kochen** vi (Nahr) / hervir a fuego lento o pequeño
gelitzt (Elektr, Kabel) / de conductores o hilos retorcidos
Gelkautschuk m (Chem) / caucho m gel
gellend (Ton) / estridente, agudo, penetrante
gelocht, perforiert / perforado, agujereado ‖ ~ (Stanz) / punzonado
gelockert / relajado ‖ ~ (Schraube) / aflojado ‖ ~**er Boden** (Bagger, Landw) / suelo m mullido
gelöscht (z.B. Kalk) / apagado (por ej.: cal), muerto ‖ ~ (DV) / borrado, puesto a cero ‖ ~**es Band** (DV) / cinta f borrada o en blanco ‖ ~**es Netz** (Elektr) / red f compensada
gelöst (Chem) / disuelto ‖ ~**er Stoff**, Gelöstes n (Chem) / materia f disuelta, sustancia f disuelta, soluto m
gelötet / soldado, unido por soldadura
Gel•permeations-Chromatographie f, GPC (Chem) / cromatografía f por permeación del gel ‖ ≈**punkt** m, Gelierpunkt m (Chem) / punto m de gelificación ‖ ≈-**Sattel** m (Fahrrad) / sillín m con [relleno de] gel ‖ ≈**schicht** f (Plast) / capa f de gel ‖ ≈-**Sol-Umwandlung**, Peptisation, Peptisierung f (Chem) / peptización f
gelten [für], passen [zu] / aplicarse [a], hacer juego [con] ‖ ~ o. **gültig sein** [für] / valer, ser valedero o válido, regir (: lo mismo rige para...)
geltend, derzeit gültig / válido, corriente, valedero, vigente, en vigor ‖ ~ (DV) / significativo
Geltung, in ≈ **sein** / estar vigente o en vigor
Geltungsbereich m / zona f de aplicación, campo m o ámbito de vigencia o de aplicación ‖ **zum** ≈ **einer Norm gehören** / estar regido por una norma [determinada]
gel•verhütend (Chem) / antigel ‖ ≈**zeit** f (Klebstoff) / duración f de la gelificación ‖ ≈**zustand** m (Chem) / estado m de gel
gemacht [aus] / hecho [de]
gemahlen / molido ‖ ~, pulverisiert / pulverizado ‖ ~e **Faser**, Glas-Kurzfaser f / fibra f de vidrio corta ‖ ~e **Hochofenschlacke** (Bau, Hütt) / escoria f de alto horno pulverizada ‖ ~**es Pulver** / polvo m molido ‖ ~**er Schamottebruch** (Hütt) / chamota f molida
Gemäldefirnis m / barniz m para cuadros al óleo
Gemarkung f (Geo) / límites m pl, confines m pl
gemasert (Holz) / veteado
gemäß, entsprechend / según, de acuerdo [con], conforme [a], correspondiente [a], con arreglo [a] ‖ ~, in Übereinstimmung [mit] / de conformidad [con], en armonía [con]
gemäßigt, gemildert / moderado ‖ ~e **Zone** (Klima) / zona f templada
Gemäuer n (Bau) / muros m pl, paredones m pl ‖ ≈, Mauerwerk n / mampostería f, mazonería f, obra f de fábrica
gemauert•e Auskleidung (Hütt) / revestimiento m [interior] de ladrillos ‖ ~**er Unterbau** (Bau) / cimientos m pl de mampostería
gemeiner Bruch (Math) / quebrado m común
Gemeinbedarfsfläche f (Urbanistik) / terreno m para necesidades públicas
Gemeinde•fahrzeug n (Kfz) / camión m para fines comunales ‖ ≈**fahrzeuge** n pl, Kommunalfahrzeuge n pl / vehículos m pl municipales ‖ ≈-**Grünfläche** f / zonas f pl verdes [comunales] ‖ ≈**straße** f / carretera f o calle municipal ‖ ≈**weg** / camino m municipal o vecinal
Gemein•kosten pl, Overhead n (F.Org) / costes m pl o gastos generales o indirectos ‖ ≈**kosten...** (F.Org) / indirecto ‖ ~**nützige Einrichtung** / institución f o entidad de utilidad pública o sin fines lucrativos

gemeinsam *adv*, gemeinschaftlich / en común ‖ ~ *adj* / común, conjunto, colectivo ‖ ~, mitwirkend / cooperativo ‖ **~e Abfertigungsvorschriften für den internationalen Eisenbahn-Güterverkehr**, PIM (Bahn) / Prescripciones Internacionales para el Transporte de Mercancías, PIM ‖ **~e Abfrage** (DV) / lectura *f* particionada ‖ **~e Abnehmerleitung** (Fernm) / enlace *m* común ‖ **~ benutzen** / utilizar en común ‖ **~e Datenbenutzung** (DV) / utilización *f* compartida de datos ‖ **~er Einsteller** (Fernm) / ajustador *m* común ‖ **~er Faktor** (Math) / factor *m* común ‖ **~e Frequenznutzung** (Eltronik, Radio) / compartimiento *m* de frecuencias ‖ **~ [ge- o. benutzt]** / compartido ‖ **~er Internationaler Tarif für die Beförderung von Personen u. Reisegepäck** (Bahn) / Tarifa Común internacional para el Transporte de Pasajeros y de Equipaje[s], T.C.V. ‖ **~er Kanal** (Fernm) / cocanal *m* ‖ **~e Kapazität** / capacitancia *f* combinada ‖ **~e Kennzeichnung in EU-Ländern** / marcaje *m* común en los países de la UE ‖ **~e Leitung** (Fernm) / línea *f* común ‖ **~e Logik** (DV) / lógica *f* compartida ‖ **~er [Löt]anschluss** (Eltronik) / punto *m* de conexiones, punto *m* común de soldadura ‖ **~er Markt der Staaten Arg., Urug., Parag., Brasil.** / Mercosur *m* (LA) ‖ **~e Maschinensprache** (DV) / lenguaje *m* de máquina común ‖ **auf einen ~en Nenner bringen** (Math) / reducir a un denominador común ‖ **~ nutzen** / compartir ‖ **~es Programm** (Radio) / transmisión *f* simultánea ‖ **~er Programmabschnitt** (DV) / sección *f* de programa de mando en común ‖ **~e Rückleitung** (Elektr) / retorno *m* común ‖ **~e Speicherbenutzung** (DV) / utilización *f* compartida de la memoria ‖ **~er Speicherbereich** (DV) / zona *f* compartida de almacenamiento ‖ **~ stranggepresst** (Plast) / producido por coextrusión ‖ **~er Teiler** (Math) / divisor *m* común ‖ **ohne ~en Teiler**, teilerfremd (Math) / primos *m pl* entre sí (números) ‖ **~er Verkehr** (Bahn) / tráfico *m* común ‖ **~es Vielfaches** (Math) / múltiple *m* común ‖ **~e Zahnhöhe** (Zahnrad) / altura *f* útil de dientes ‖ **~er Zaun** (der Grundstücksnachbarn) / valla *f* común ‖ **~er Zweig** (Eltronik) / ramal *m* mutuo
gemeinschaftlich s. gemeinsam
Gemeinschafts•... / colectivo ‖ **~anschluss** *m* (Fernm) / línea *f* compartida o colectiva ‖ **~antenne** *f* / antena *f* colectiva ‖ **~antenne eines Stadtteils** / antena *f* compartida o comunitaria (de un barrio) ‖ **~arbeit** *f*, Teamwork *n* (F.Org) / trabajo *m* en equipo o en grupo, trabajo *m* colectivo con un fin común, trabajo *m* aunado o cooperativo, trabajo *m* común o mancomunado ‖ **~bahnhof** *m* (Bahn) / estación *f* común ‖ **~bahnhof für verschiedene Verkehrsmittel** / estación *f* intermodal ‖ **~betrieb** *m*, -unternehmen *n* (F.Org) / empresa *f* colectiva ‖ **~decoder** *m* (Radar) / decodificador *m* común ‖ **~empfang** *m* (Eltronik, TV) / recepción *f* colectiva ‖ **~leitung** *f* (allg) / línea *f* de servicio compartido ‖ **~leitung** (Fernm) / línea *f* compartida o repartida o colectiva o común ‖ **~produktion** *f*, Koproduktion *f* (Film, TV) / coproducción *f* ‖ **~rechner** *m* (DV) / ordenador *m* común ‖ **~sendung** *f* (Radio, TV) / emisión *f* simultánea ‖ **~strecke** *f* (Bahn) / sección *f* de vía común ‖ **~welle**, Gleichwelle *f* (Eltronik, Funk) / onda *f* común
Gemenge *n*, Gemisch *n* (Chem) / mezcla *f*, mixtura *f* ‖ **~**, Konglomerat *n* (Bergb) / conglomerado *m* ‖ **~** (Glas) / frita *f* ‖ **~eingabe** *f* / introducción *f* de la mezcla
Gemengsel *n*, Komplex *m* / mezcla *f*, complejo *m*
gemessen / medido ‖ **~er Ausschuss** (Nukl) / desperdicios *m pl* medidos ‖ **~e (o. tatsächliche) Bruchlast** / carga *f* de rotura efectiva o medida ‖ **~er Durchmesser** / diámetro *m* medido ‖ **~e Fläche** (Rauheit) / superficie *f* medida ‖ **~e Länge** / longitud *f* medida ‖ **~e Leistung** / potencia *f* medida ‖ **~e Strecke**, Messstrecke *f* / distancia *f* medida ‖ **~ werden** [in] / ser medido ‖ **~er Wert**, Messwert *m* / valor *m* medido, valor *m* determinado o obtenido por medición ‖ **~er (o. beobachteter) Winkel** (Geom) / ángulo *m* observado o tomado
gemietet•e Amtsleitung (Schweiz) (Fernm) / línea *f* del Estado en arriendo ‖ **~e Leitung** (Fernm) / línea *f* dedicada
Gemisch *n*, Mixtur *f* / mezcla *f* ‖ **~**, Konglomerat *n* / conglomerado *m* ‖ **~**, Masse, Paste *f* (Chem, Pharm) / pasta *f* ‖ **~** *n* (Mot) / mezcla *f* de combustible ‖ **~**, Zusammengesetztes *n* / compuesto *m* ‖ **~** (Mot, Zweitakt) / mezcla *f* de gasolina y aceite (para motores a dos tiempos), mezcla *f* para dos tiempos ‖ **~abmagerung** *f* (Mot) / dilución *f* de la mezcla ‖ **~maische**, Maische *f*, auf-, eingemaischter Zucker (Zuck) / azúcar *m* mezclado, magma *f* ‖ **~regelung** *f*, -regler *m* (Mot) / control *m* de la mezcla, regulación *f* de la mezcla ‖ **~regler** *m* (Mot) / regulador *m* de [la] mezcla ‖ **~schmierung** *f* (Mot) / lubrificación *f* por aceite agregado a la gasolina
gemischt / mezclado, mixto ‖ **~**, zusammengesetzt / compuesto ‖ **~e Adhäsions- u. Zahnstangenbetrieb** / servicio *m* mixto de adhesión y cremallera ‖ **~er Anschluss** (DV) / conexión *f* [entre] mezclada ‖ **~e Beförderung** (über Schiene, Straße, Wasser) / transporte *m* mixto (mar, ferrocarril, carretera) ‖ **~er Betrieb** / servicio *m* mixto ‖ **~e Bremsanlage** (Trommel- plus Scheibenbremse) / sistema *m* de freno mixto ‖ **~er Bruch** (Math) / fracción *f* mixta ‖ **~ digital-analog** (DV) / híbrido ‖ **~e elektromagnetische Welle** (Elektr) / onda *f* electromagnética compuesta o híbrida ‖ **~e Form** / modalidad *f* mixta ‖ **~es Hüttenwerk** / planta *f* siderúrgica integrada ‖ **~es Hybridsystem** (DV) / sistema *m* híbrido mixto ‖ **~e Schaltung** (Eltronik) / montaje *m* o circuito mixto, conexión *f* no uniforme ‖ **~er Turbokompressor** / turbocompresor *m* mixto ‖ **~es Wechselsprechen** (Fernm) / intercommunicación *f* mixta ‖ **~e Zahl** (Math) / número *m* mixto ‖ **~er Zug** (Bahn) / tren *m* mixto (mercancías y pasajeros) ‖ **~e Zünd[zeitpunkt]-Verstellung** (Kfz) / ajuste *m* semiautomático del [momento de] encendido
gemischt•adriges o. -paariges Kabel (Elektr) / cable *m* compuesto ‖ **~basis-Schreibweise** *f* (DV) / notación *f* con base mixta ‖ **~bau** *f*, -bauweise *f* (Bau) / construcción *f* combinada o mixta ‖ **~bauweise** *f* (Holz) / construcción *f* mixta de un armazón ‖ **~paarig** (Kabel) / compuesto, combinado ‖ **~schalenbauweise** *f* (Flugzeug) / sistema *m* semimonocasco ‖ **~zellig** (Schaumstoff) / con o de alvéolos abiertos y cerrados
Gemisch•verhältnis *m* (Mot) / relación *f* o proporción de la mezcla ‖ **~zusammensetzung** *f* (Mot) / riqueza *f* de la mezcla
Gemme *f* (Schmuckstück) / piedra *f* [preciosa] entallada
Gemmologie, Edelsteinkunde *f* / gemología *f*
Gemsleder *n* / piel *f* de gamuza, gamuza *f*
gemünzt / acuñado, troquelado
Gemüse•... / hortícola ‖ **~** *n*, Blattgemüse *n* / hortalizas *f pl* ‖ **~**, Hülsenfrüchte *f pl* / legumbres *f pl* ‖ **~**, Kohlgemüse *n* / berza *f*, col *f* ‖ **~**, Grün-, Blattgemüse *n* / verduras *pl* ‖ **~[an]bau** *m* / horticultura *f*, cultivo *m* de hortalizas ‖ **~darre** *f*, -trockner *m* (Landw) / desecador *m* de hortalizas ‖ **~fliege** *f* (Zool) / mosca *f* de las hortalizas ‖ **~konserve** *f* (Nahr) / conserva *f* vegetal ‖ **~pflanzen** *f pl* / plantas *f pl* hortenses, hortalizas *f pl* ‖ **~schale** *f* [klappbar] (Kühlschrank) / cubeta *f* [rebatible] para verduras
gemustert (Web) / con dibujos ‖ **~** (Plast) / decorativo ‖ **~**, rhombenförmig figuriert (Web) / decorado con losanges ‖ **~es Blech**, Dessinblech *n* (Hütt) / chapa *f* con dibujos ‖ **~ od. fassonierter Samt** (Tex) / terciopelo *m* labrado
Gen *n* (Biol) / gen *m* ‖ **~...** / genético, de genes

521

genadelt (Tex) / a la aguja
genähter Rahmen, Kerbwulstrahmen m (Schuh) / cerco m cosido
Genappe[garn] n (Spinn) / retorcido m fuerte gaseado, genappe m
genarbt, gekörnt (Leder) / graneado ‖ ~, grob gekörnt (Leder) / chagrinado ‖ ~ (Plast) / graneado ‖ ~, gaufriert, geprägt (Pap) / gofrado
genau, exakt / exacto ‖ ~, streng / estricto, riguroso ‖ ~, präzis / preciso ‖ ~, empfindlich (Instr) / sensible ‖ ~, richtig / justo ‖ ~, sorgfältig / minucioso, esmerado, con esmero, escrupuloso, detallado ‖ ~ (zeitlich) / puntual, en punto ‖ **~e Anforderungen** f pl / exigencias f pl detalladas ‖ ~ **anliegen** / estar muy contiguo ‖ ~ **bearbeiten** / mecanizar con tolerancias rigurosas ‖ **~e Beschreibung** (o. Darstellung) / descripción f exacta o detallada ‖ ~ **bezeichnen** (o. umreißen) / definir ‖ ~ **entgegengesetzt**, diametral / diametralmente opuesto ‖ ~ **ermitteln o. abgrenzen** / localizar con exactitud ‖ ~ **gehend**, zuverlässig / de seguridad funcional ‖ ~ **gehend** (Uhr) / que marca siempre el tiempo exacto ‖ ~ **gezogen** (Draht) / trefilado con precisión o con tolerancias estrechas ‖ ~ **gießen** (Wachsschmelzguss) / fundir a cera perdida ‖ **~er Guss** / fundición f de precisión ‖ ~ **machen**, richtig machen / acertar ‖ **~e Markierung** (Radar) / indicación f exacta de distancia ‖ **~es Maß** / medida f exacta ‖ ~ **od. detailliert beschreiben od. aufzählen** / pormenorizar ‖ ~ **passen** / estar ajustado exactamente ‖ **~e Prüfung** / verificación f exacta, control m exacto ‖ **~e Synchronisation** (Film) / sincronización f labial, doblaje m labial ‖ **~e Zeit** / hora f exacta ‖ **auf den mm** ~ / con precisión milimétrica
Genau•guss m (Gieß, Tätigkeit) / fundición f o colada de precisión ‖ **≈guss**, Wachsschmelzguss m / fundición f a cera perdida ‖ **≈guss**, Guss m nach dem Croningverfahren / fundición f Croning ‖ **≈halt** m (Wzm) / parada f de precisión
Genauigkeit f, Exaktheit f / exactitud f ‖ **≈**, Wortlänge f (DV) / precisión f ‖ **≈** (Waage) / sensibilidad f ‖ **≈** (Instr) / precisión f ‖ **≈** (Zeit) / puntualidad f, precisión f cronológica ‖ **≈**, Sorgfalt f / esmero m ‖ **≈** (**gute**) ~ (z.B. von Näherungswerten) / buena aproximación ‖ **mit doppelter** **≈** (DV) / de precisión doble, de doble precisión ‖ **mit einfacher** **≈** (DV) / de precisión simple
Genauigkeits•anforderungen f pl / exigencias f pl de precisión ‖ **≈angabe** f / tolerancia f ‖ **≈ausführung** f / ejecución f de precisión ‖ **≈-Bearbeitungszentrum** n (Wzm) / centro m mecanizador de precisión ‖ **≈berichtigung** f **des Mittelwerts** (Stat) / corrección f [de la precisión] del valor medio ‖ **≈bezeichnung** f / designación f de [la] precisión ‖ **≈bohrer** m (Wz) / broca f de precisión ‖ **≈drehmaschine** f (Wzm) / torno m [para trabajos] de precisión ‖ **≈fehler** m (Instr) / error m de precisión ‖ **≈grad** m (Messung) / grado m de exactitud ‖ **≈grad**, Definiertheit f (DV) / precisión f ‖ **≈grad** (Kompass) / grado m de exactitud ‖ **≈klasse** f / clase f de exactitud ‖ **≈kontrolle** f **der Zifferndarstellung** (DV) / comprobación f o prueba de validez, crítica f de consistencia ‖ **≈maschinen** f pl (Wzm) / máquinas f pl de [alta] precisión ‖ **≈schleifen** / rectificar con precisión ‖ **≈verlust** m (DV) / pérdida f de precisión
Genau•schmiedestück, -schmieden n / pieza f forjada de tolerancias rigurosas ‖ **≈teil** n (Sintern) / pieza f de precisión ‖ **≈wert** m (Math) / valor m exacto ‖ **≈wert**, errechneter Wert / valor m calculado ‖ **≈werte** m pl (in Zahlen) (Zahlen) / números m pl exactos
Genchirurgie f (Biol) / ingeniería f genética
genehmigen vt / autorizar, dar el permiso, aprobar, dar [la] luz verde ‖ ~ (Bauart) / homologar
Genehmigung f, Billigung f / aprobación f, autorización f ‖ **≈**, Zulassung f / homologación f, admisión f ‖ **≈**, Erlaubnis f / licencia f, concesión f, autorización f ‖ **≈** f (Reaktor) / autorización f, homologación f
Genehmigungs•druck m (Druckluft) / presión f de régimen ‖ **~pflichtig** / sujeto a permiso ‖ **≈verfahren** n (Nukl) / proceso m o procedimiento de autorización ‖ **≈vermerk** m / visto m bueno ‖ **≈zeichnung** f (Bauart) / dibujo m de homologación
geneigt / inclinado, en declive, ladeado ‖ **~e Ebene** (Mech) / plano m inclinado, rampa f ‖ **~e Fläche**, Schrägung f / superficie f inclinada ‖ **~e Ladebühne** / plataforma f inclinada de carga ‖ **~e Rückwand** (Ofen) / muro m trasero inclinado ‖ **~e Schaufel** (Rührwerk) / paleta f inclinada ‖ ~ **sein** (Fläche) / estar inclinado [a o hacia] ‖ **eins zu sechs** ~ / inclinado 16 2/3 % ‖ **zur Äquatorebene ~e Umlaufbahn** (Satellit) / órbita f inclinada
General•bebauungsplan m, Gesamtbebauungsplan m / plan m general de urbanización o de edificación ‖ **≈hauptschlüssel** m (Bau) / llave f maestra general ‖ **≈nenner** m (Math) / denominador m común o general ‖ **≈plan** m (Schiff) / plano m de disposición general ‖ **≈stabskarte** m (1:100000 in Dtschld) (Masch) / mapa m del Estado Mayor ‖ **~überholt** / repasado o revisado a fondo ‖ **≈überholung** f / revisión f general, repaso m general, chequeo m ‖ **≈unternehmer** m (Bau) / contratista m general ‖ **≈verkehrsplan** m / plan m general de tráfico [o de transportes]
Generation f (allg, DV, Phys, Repro) / generación f ‖ **≈**, Paarbildung f (Halbl) / formación f de un par ‖ **zur nächsten ≈ gehörend** (DV) / de la nueva generación
Generations•dauer f (Nukl) / tiempo m de generación ‖ **≈nummer** f (DV) / número m de generación
Generator m (Elektr) / generador m [eléctrico] ‖ **≈**, erzeugendes Programm (DV) / programa m generador ‖ **≈**, Entwickler m (Gas) / generador m [de gas], gasógeno m ‖ **≈ für Wechselstrom**, Wechselstrommaschine f (Elektr) / alternador m ‖ **≈ mit senkrechter Welle** (Hydr) / alternador m de árbol vertical ‖ **≈betrieb** m (Elektr) / servicio m o régimen generador ‖ **≈betrieb** m (Kfz) / funcionamiento m con gas [procedente] de gasógeno ‖ **≈diagramm**, Smithsches Leitungsdiagramm n (Wellenleiter) / diagrama m de Smith ‖ **≈diagramm**, Riekediagramm n (Magnetron) / diagrama m de Rieke ‖ **≈gas** n / gas m de gasógeno ‖ **≈isotop** n (Nukl) / isótopo m de generador, radionucleido m producido en el generador de isótopos ‖ **≈kohle** f / carbón m para gasógenos ‖ **≈kreis** m (Eltronik) / circuito m generador ‖ **≈leistung** f (Elektr) / potencia f del generador ‖ **≈mantel** m (Gas) / envoltura f del gasógeno ‖ **≈maschinensatz** m, -satz m (Elektr) / grupo m electrógeno o electrogenerador, grupo m [turbo]alternador ‖ **≈röhre**, Schwingröhre f (Eltronik) / tubo m oscilador, válvula f oscilante ‖ **≈sammelschiene** f (Elektr) / barra f colectora de generador ‖ **≈schacht** m (Masch) / cuerpo m del gasógeno ‖ **≈seite** f (Elektr) / lado m de[l] generador ‖ **≈spannung** f (Elektr) / tensión f de generador ‖ **≈spannung** (Gleichstrom) / tensión f de dínamo de CC ‖ **≈spannung** (Wechselstrom) / tensión f de alternador
Generatrix, Erzeugende f (DV, Math) / generatriz f
generell / general
generieren (DV) / generar
Generierer m, Generator m (DV) / programa m generador
Generika n pl (Pharm) / genéricos m pl
generisch, Gattungs... / genérico m ‖ **~e Funktion** (DV) / función f genérica
genestet (Fernrohr) / encajado
Genetiker m (Biol) / geneticista m
genetisch (Biol) / genético ‖ **~e Dosis** (Nukl) / dosis f genética ‖ **~er Fingerabdruck** (Biol) / característica f genética ‖ **~e Information**, Erbinformation f (Biol) / información f genética

Genfer Nomenklatur f (Chem) / nomenclatura f de Ginebra
genietet, Niet... / remachado ‖ **~er Käfig** (Wälzlager) / jaula f remachada ‖ **warm ~** / remachado en caliente
Genistein n (Farbstoff) / genisteína f
genitscheltes Vorgespinst (Tex) / mecha f condensada por frotación
Genlock•-Betrieb m (TV) / modo m enclavador de fase Genlock, intersincronización f ‖ **≈-Karte** f / tarjeta f Genlock
Genmanipulation f (Biol) / manipulación f genética o transgénica
Genmutation f, **Genumwandlung** (Biol) / mutación f de genes
Genomik f / genómica f
genormt / normalizado, estandarizado, estandardizado ‖ **~e Baugruppe** (Masch) / unidad f normalizada ‖ **~e Teilform, Formeinheit** f (Plast) / elemento m de molde intercambiable normalizado, molde m [de un juego] normalizado ‖ **nicht ~** / sin norma
Genpac-Coater m, **Schmelzbeschichter** m (Plast) / máquina f de recubrimiento por fusión tipo "Genpac"
Gen•-Screening n (Biol) / depuración f o selección de genes ‖ **≈technik** f / tecnología f genética ‖ **~technisch manipulierter Organismus** (GMO) / organismo m modificado por ingeniería genética ‖ **≈technologie** f / tecnología f de los genes
Gentiana•blau n (Färb) / azul m de genciana ‖ **≈violett** n, **Methylviolett** n (Färb) / violeta f de genciana
Genua•cord m, **Köpermanchester** m (Tex) / terciopelo m de Génova ‖ **≈samt** m (Tex) / pana f de Génova
genügen vi, **ausreichen[d sein]** / bastar, ser suficiente ‖ **[einer Forderung] ~** / satifacer [a]
Genussmittel n, **Stimulans** n / estimulante m
genutet / acanalado, estriado, moldurado ‖ **~es Ankerpaket** (Elektr) / núcleo m de inducido dentado
Geo•biologie f / geobiología f ‖ **≈biont** m (Biol) / geobionte m ‖ **≈botanik** f / geobotánica f ‖ **≈chemie** f / geoquímica f ‖ **~chemisch** / geoquímico ‖ **≈chronologie** f / geocronología f ‖ **[höhere] ≈däsie** (Verm) / geodesia f ‖ **niedere ≈däsie**, **Vermessungskunde** f / agrimensura f ‖ **≈dät** m (akademisch ausgebildeter Vermessungsingenieur) / geodesta m ‖ **~dätisch** / geodésico ‖ **~dätische Bauweise** (Bau) / construcción f geodésica ‖ **~dätische Halle** / cúpula f geodésica ‖ **~dätische Linie**, **Geodätische** f (Math) / línea f geodésica, geodésica f ‖ **~dätischer Satellit** (Raumf) / satélite m geodésico ‖ **~dätische Struktur** (Bau) / estructura f geodésica
Geode f (Geol) / geoda f
Geo•dimeter (für elektronisch-optische Distanzmessung) (Verm) / geodímetro m ‖ **≈dynamik** f (Geol) / geodinámica f ‖ **~dynamisch** / geodinámico ‖ **~dynamisches Meter** (1 gdm = 10 m²/sec²) / metro m geodinámico ‖ **≈elektrik** f (Geol) / geoelectricidad f ‖ **~elektrischer Effekt** (Bot) / efecto m geoeléctrico ‖ **≈elektrodynamik** f, (früher:) **Geomagnetismus** m / geoelectrodinámica f ‖ **≈faktor** m (Biol, Stat) / factor m geográfico, componente f geográfica
Geografie f, **Erdkunde** f / geografía f
geografisch / geográfico ‖ **~e Breite** / latitud f [geográfica o terrestre] ‖ **~e Datenbasis** (Luftf) / banco m de datos geográficos ‖ **~e Länge** / longitud f [geográfica o terrestre] ‖ **~e Nordrichtung** (Nav) / Norte m geográfico o verdadero
Geohydrologie f, **Hydrogeologie** f (Geol) / geohidrología f, hidrogeología f
Geoid n (theor. Form der Erde) (Verm) / geoide m (forma teórica de la Tierra)
Geo•informatik f / geoinformática f ‖ **≈isotherme** f (Fläche gleicher Temperatur im Erdinnern) / geoisoterma f ‖ **≈korona** f / geocorona f
Geologe m / geólogo m
Geologensonde f / sonda f sacamuestras

Geologie f / geología f
geologisch / geológico ‖ **~e Barriere** (Atom, Nukl) / barrera f geológica ‖ **~e Erkundung** / exploración f geológica, conocimiento m geológico ‖ **~e Formation, Schichtenbildung** / formación f geológica ‖ **~er Horizont** / horizonte m geológico ‖ **~e Karte** / mapa f geológica ‖ **~e Zeitskala** / tiempo m geológico
geölt / lubri[fi]cado, engrasado
Geo•magnetik f / geomagnética f ‖ **~magnetisch**, (jetzt:) **geoelektrodynamisch** / geomagnético adj ‖ **≈medizin** f / geomedicina f ‖ **≈meter** m, **Vermessungsingenieur** m (Verm) / geómetro m, agrimensor m
Geometrie f / geometría f ‖ **≈ der Lage** (Math) / topología f ‖ **≈ der räumlichen Gebilde, Stereometrie** f / estereometría f ‖ **≈faktor** m (Nukl) / factor m geométrico o de geometría o de forma ‖ **≈fehler** m, **geometrische Verzeichnung** (TV) / distorsión f geométrica ‖ **≈-Testbild** n (TV) / imagen m piloto (o patrón) geométrica, mira f geométrica
geometrisch / geométrico ‖ **~e Addition** / adición f geométrica o vectorial o de vectores ‖ **~ ähnlich** / geométricamente semejante ‖ **~e Blattsteigung** (Luftf) / paso m geométrico ‖ **~e Dämpfung o. Schwächung** (Nukl) / atenuación f geométrica ‖ **~einwandfreies Profil** / perfil m geométrico ideal ‖ **~e Fernrohrlichtstärke** (Opt) / luminosidad f geométrica del anteojo ‖ **~e Fläche** (Math) / plano m geométrico ‖ **~e Flussdichtewölbung** (Nukl) / laplaciano m geométrico, laplaciana f geométrica ‖ **~e Form** / forma f geométrica ‖ **~e Höhe** (Luftf) / altura f geométrica ‖ **~e Isomerie** (Chem) / isomería f geométrica ‖ **~e Konfiguration** (Nukl) / configuración f geométrica ‖ **~es Mittel** (Math) / media f geométrica ‖ **~es Muster** / dibujo m geométrico ‖ **~e Oberfläche** / superficie f geométrica ‖ **~e Optik, Strahlenoptik** f / óptica f geométrica ‖ **~er Ort** / lugar m geométrico ‖ **~er Ort aller Punkte mit gleichem Abstand** [von] / lugar m geométrico de todos puntos equidistante [de] ‖ **~er Querschnitt** (Nukl) / sección f geométrica ‖ **~e Reihe** (Math) / progresión f o serie geométrica ‖ **~ sicher** (Reaktor) / geométricamente seguro ‖ **~es Signal** (Regeln) / señal f geométrica ‖ **~e Summe** (Math) / suma f vectorial ‖ **~ überbestimmt** / geométricamente sobredefinido ‖ **~es Verhältnis** (Math) / proporción f geométrica ‖ **~e Verwindung** (Luftf) / torsión f geométrica
Geo•morphologie f / geomorfología f ‖ **≈nomie** f (Geol, Stadtplanung) / geonomía f ‖ **≈ökologie** f / geoecología f ‖ **≈phon** n, **Erdhörer** m (Bergb) / geófono m ‖ **≈physik** f / geofísica f ‖ **~physikalisch** / geofísico ‖ **~physikalisches Jahr** / Año Geofísico ‖ **~physikalisches Schürfverfahren** (Bergb, Öl) / exploración f o prospección geofísica ‖ **[umlaufendes] ~physikalisches Observatorium** (Raumf) / OGO, observatorio geofísico orbital ‖ **≈physiker** m / geofísico m ‖ **≈potential** n (Phys) / geopotencial m ‖ **~potentiell** / geopotencial adj ‖ **~potentielle Höhe** (in Meter) / altura f geopotencial ‖ **~potentielle Kote** / cota f geopotencial ‖ **~potentielles Meter** (1 gpm = 9,80665 m²/sec²) / metro m geopotencial ‖ **≈radar** n / georradar m
geordnet / ordenado, clasificado ‖ **~, in Ordnung gebracht** / ordenado, en orden, arreglado ‖ **~ (DV)** / puesto en secuencia, organizado en secuencia ‖ **~e Deponie** (Umw) / vertedero m [de basuras] controlado ‖ **~e (od. kontrollierte) Entsorgung** (Müll usw.) / vertido m controlado ‖ **[auf- o. absteigend] ~e Folge** (o. Zeichenfolge o. Kette o. Daten) (DV) / cadena f, secuencia f, cordón m [de ítems ya ordenados], serie f ‖ **~e Lagen** f pl (Rollen, Walzw) / turnos m pl regulares ‖ **~e Menge** (Math) / conjunto m ordenado
Georef n (Geo) / sistema m de referencia geográfico mundial

Georgette *m f* (Tex) / crespón *m* Georgette
Geo•sphäre, Erdhülle *f* (Geophys) / geosfera *f* ||
~**stationär**, geosynchron (Satellit) / geo-estacionario,
geosincrono || ~**stationäre Höhe** (Raumf) / altura *f*
geo-estacionaria o sincrona, altura *f* de
geosincronismo || ~**stationäre Position** (Raumf) /
posición *f* geo-estacionaria || ~**stationäre
Umlaufbahn** / órbita *f* geoestacionaria ||
~**strophischer Wind** (Meteo) / viento *m* geostrófico ||
~**synchroner Satellit** (Raumf) / satélite *m* geosincrono
o geosincrónico || ~**synklinale** *f* (Senkungstrog)
(Geol) / geosinclinal *f* || ~**technik** *f* / geotecnia *f*,
geotécnica *f* || ~**tektonik** *f* (Geol) / geotectónica *f* ||
~**tektonisch** / geotectonico || ~**thermal** (Wasser) /
geotermal || ~**thermik** *f* (Geol) / geotermia *f* ||
~**thermisch**, Erdwärme... / geotérmico ||
~**thermische Energie**, Erdwärme-Energie *f* / energía
geotérmica || ~**thermisches Kraftwerk** (Elektr) /
central *f* geotérmica || ~**thermische Tiefenstufe** (Geol)
/ grado *m* geotérmico || ~**tropismus** *m* (Biol) /
geotropismo *m* || ~**wissenschaft** *f* / geociencia *f* ||
~**zentrisch** (Astr) / geocéntrico, relativo al centro de
la Tierra || ~**zentrische Ausrichtung** / orientación *f*
geocéntrica || ~**zentrische Breite** / latitud *f*
geocéntrica || ~**zentrische Länge** / longitud *f*
geocéntrica || ~**zentrische magnetische
Solarkoordinaten** *f pl* (Raumf) / coordenadas *f pl*
magnéticas solares geocéntricas || ~**zentrischer
Winkelabstand** / separación *f* angular geocéntrica
gepachtet, Pacht... / tomado en arrendamiento,
arrendado, alquilado
Gepäck *n* / equipaje *m*, bagaje *m* (galicismo), bulto *m* ||
~**abfertigung** *f* (Ort) / despacho *m* de facturación [y
recepción de] equipaje || ~**abfertigung**, -annahme *f*
(Tätigkeit) / facturación *f* de equipajes || ~**ablage** *f*,
-netz *n* (Bahn) / rejilla *f* [para equipajes],
portaequipajes *m*, canastilla *f* (LA) || ~**abteil** *n*,
-raum *m* (Bahn) / departamento de equipajes ||
~**anhänger** *m* (Kfz) / remolque *m* portaequipajes ||
~**anhänger** (Pap) / etiqueta *f* colgante ||
~**aufbewahrung** *f* (Bahn) / consigna *f* de equipajes (E),
reserva *f* de equipajes (LA) || ~**aufgabe** *f* (Luftf) /
entrega *f* de equipajes || ~**aufzug** *m* / montacargas *m*
de equipaje || ~**ausgabeband** *n*, -karusell *n* / cintas de
llegada[s] de equipajes *f pl* || ~**bahnsteig** *m* (Bahn) /
andén *m* de equipajes || ~**fach** *n* (Bus) / bodega *f* del
equipaje || ~**halle** *f* (Luftf) / terminal *m* de equipajes ||
~**-Handling** *n* (Flughafen) / movimiento *m* de
maletas || ~**karren** *m* / carretilla *f* para equipajes ||
~**karussell** *n*, Gepäckkreisel *m* (Luftf) / carrusel *m* de
equipaje || ~**netz** *n* (Bahn) / rejilla *f* para equipaje[s],
redecilla *f* || ~**raum** *m* (im Vorraum), -abteil *m* (Bahn) /
vestíbulo *m* para equipajes || ~**raum**, Kofferraum *m*
(Kfz) / maletero *m* (E), maleta *f*, baúl (LA)m. ||
~**raum** (Luftf) / compartimento *m* o depósito de
equipajes || ~**schalter** *m* (Bahn) / taquilla *f* de
equipajes || ~**schein** *m* (Bahn) / talón *m* de equipajes
(E), contraseña *f* de equipaje (LA) || ~**schienen** *f pl*
(Kfz) s. Dachreling || ~**schließfach** *n* (Bahn) / consigna *f*
automática || ~**sortierhalle** *f* (Luftf) / sala *f* de
clasificación de equipajes || ~**stück** *n* / bulto *m*
gepackt (DV) / comprimido || ~**e Dezimalziffern** *f pl*
(DV) / decimales *m pl* comprimidos || ~**e Form** (2
Dezimalziffern in 1 Byte) (DV) / modo *m* comprimido
Gepäck•träger *m*, Dachträger *m* (Kfz) / baca *f*,
portaequipajes *m* || ~**träger** (Fahrrad) / portaequipajes
m, portabultos *m* || ~**-Triebwagen** *m* (Bahn) / furgón *m*
automotor || ~**wagen** *m* (Bahn) / furgón *m*, breque *m*
(LA)
gepanzert / blindado, acorazado || ~**es Flanschenrohr**
(Chem, Steinzeug) / tubo *m* de gres blindado con bridas
|| ~**er Hahn** (Chem) / llave *f* blindada de gres, grifo *m*
blindado de gres
geperlter Ruß (Chem) / negro *m* de humo granulado

gepfeilt (Luftf) / en flecha
gepflastert (Straßb) / adoquinado
geplant, beabsichtigt / proyectado, intencionado, con
intención || ~**er Starttermin** / fecha *f* de lanzamiento
proyectada || ~**er Termin**, Zieldatum *n* / fecha *f* fijada
o límite o tope || ~**e Zerstörung** (Raumf) / destrucción
f intencionada
geplatzt (Reifen) / reventado || ~, rissig / rajado,
agrietado, resquebrajado, hendido
gepolstert, Polster... (Möbel) / acolchonado,
almohadillado || ~ (Armaturenbrett) (Kfz) /
acolchado (salpicadero)
gepolt, polarisiert (Elektr) / polarizado || ~**er
Kondensator** (Elektr) / capacitor *m* polarizado || ~**es
Relais** / relé *m* polarizado || **nicht genügend** ~ (Kupfer)
/ tratado insuficientemente con la pértiga
geprägt (Pap, Plast) / gofrado
Geprassel *n* / crepitación *f*, crujido *m*
gepresst / prensado || ~, verdichtet / comprimido,
compactado || ~, zusammengepresst / comprimido,
apretado || ~ (Kontakt) / de presión, engarzado a
presión || ~ (Rohr) / extrusionado en caliente || ~**es
[Kunststoff]-Formstück** (Plast) / pieza *f* moldeada por
compresión || ~**er Rohling** (Schm) / pieza *f* bruta
estampada || ~**er** (od. gaufrierter) **Samt** / terciopelo
m cincelado || ~**e Stange** (Plast) / barra *f* prensada ||
aus einem Stück ~ / estampado de una sola pieza
geprüft, kontrolliert / controlado, comprobado,
examinado, verificado || ~, getestet / ensayado || ~
auf ... Bar / comprobado a (o hasta) una presión de ...
bar
gepuffert (Drucker) (DV) / con memoria intermedia ||
~**e Ein-/Ausgabe** (DV) / entrada/salida *f* diferida || ~**e
Ladung** (Bergb) / carga *f* explosiva amortiguada
gepulst / pulsado || ~ (Laser) / sintonizable || ~**e
Elektronenquelle** (Phys) / fuente *f* pulsada de
electrones || ~**es Neutron** / neutrón *m* pulsado || ~**er
Plasmakleinstantrieb** (Raumf) / micropropulsor *m* de
plasma pulsado
gepulvert / pulverizado
gepunktet, punktgeschweißt (Schw) / soldado por puntos
|| ~, punktiert (Web) / moteado, punteado con lunares
geputzt, verputzt (Bau) / revocado, enlucido
gequantelt (Phys) / cuantificado
gequollen / hinchado
Gerad•bartschlüssel *m* (Schloss) / llave *f* de paletón
recto || ~**bug** *m* (Schiff) / proa *f* recta
gerade, geradlinig / recto, rectilíneo || ~, eben / llano,
plano, raso || ~ (Bahn) / en línea recta || ~, unmittelbar
/ directo || ~, geradläufig (Bau) / recto || ~, [auf]recht /
derecho || ~ (Zangenriffelung) (Wz) / recto || ~
abgeschlossenes Fenster / ventana *f* de dintel recto ||
~**r Abschnitt einer Brücke** / sección *f* recta de un
puente || ~ **Achse**, Normalachse *f* (Bahn) / eje *m* recto
|| ~ **biegen** / desdoblar, desplegar, rectificar || ~**s
Blatt** (Tischl, Zimm) / empalme *m* a media madera con
cortes a escuadra || ~ **Destillation** (Chem) / destilación
f recta || ~**s doppeltes Blatt**, Hakenblatt *n* (Zimm) /
ensambladura *f* a media madera con tacón || ~**r
Drehmeißel** (Dreh) / cuchilla *f* de torno recta || ~**r
Fachwerkträger**, Parallelträger *m* (Bau) / viga *f*
paralela || ~ **Faser** (Sperrholz) / fibra *f* recta || ~**s
Gewölbe** (Bau) / bóveda *f* recta || ~ **Kante** / filo *m*
recto, canto *m* recto, arista *f* recta || ~**r kreisförmiger
Kegel** / cono *m* circular recto, cono *m* de revolución
recto || ~ **Kreuzung** (Bahn) / travesía *f* de vías en recta
|| ~ **Länge** (Draht) / longitud *f* extensa del hilo || ~ **(o.
unverzweigte) Molekülkette** (Chem) / cadena
molecular linear || ~ **Muffe** *f*, Überschiebmuffe *f* /
manguito de empalme || ~ **richten**, [aus]richten
(Masch) / enderezar || ~ **richten**, -biegen, -machen /
poner derecho || ~ **Schleifscheibe** / muela *f* abrasiva
plana || ~ **Seiten** *f pl* (Druck) / páginas *f pl* pares o
izquierdas o verso || ~ **stehend** (Druck) / romano || ~**r**

524

Strang der Weiche (Bahn) / línea *f* directa del cambio de vías ‖ **~r Strang [zwischen Kurven]** (Bahn) / vía *f* en alineación directa, alineación *f* directa, tangente *f* ‖ **~s Stück** (z.B. einer Strecke) / sección *f* recta ‖ **~ Tragrolle** (Gurtband) / rodillo *m* portador derecho ‖ **~s Verhältnis** (Math) / razón *f* o relación *f* directa ‖ **~ Vielfachschaltung** (Fernm) / multiplicación *f* directa ‖ **~r Vierkantmeißel** (Dreh) / cuchilla *f* cuadrada recta ‖ **~ Zahl** (Math) / número *m* par ‖ **~ Zahnung**, gerade Zangenriffelung (Zange) / estría *f* recta
Gerade *f* (Bahn, Math) / [línea] recta *f*
Geradeaus•anflug *m* (Luftf) / aproximación *f* [en línea] recta (avión) ‖ **≗destillation** *f* (Chem) / destilación *f* recta ‖ **≗empfang** *m* (Eltronik) / recepción *f* de radiofrecuencia sintonizada o de amplificación directa ‖ **≗empfänger** *m* / receptor *m* de R.F. sintonizada o de RFS, receptor *m* de amplificación directa ‖ **≗entfernung** *f* (Radar) / distancia *f* real ‖ **≗flug** *m* (Luftf) / vuelo *m* recto horizontal ‖ **≗-Hologramm** *n* (Phys) / holograma *m* de Gabor ‖ **≗lauf** *m* (Kfz) / estabilidad *f* direccional ‖ **≗programm** *n* (DV) / programa *m* secuencial ‖ **≗programmierung** *f* (ohne Schleifen) (DV) / secuencia *f* sin bucles ‖ **≗projektion** *f* (Math) / proyección *f* [en línea] recta ‖ **≗schaltung** *f* / conexión *f* directa ‖ **≗stecker** *m* (Elektr) / clavija *f* [de enchufe] recta ‖ **≗verkehr** *m* (Kfz) / circulación *f* directa, corriente *f* directa del tráfico ‖ **≗verstärker** *m* (Eltronik) / amplificador *m* directo
Gerade•-Einstechschleifen *n* (Wzm) / amolado *m* profundizante de avance normal ‖ **~gedreht** (R'scheibe) / torneado recto ‖ **≗-gerade-Kern** *m* (Kerne mit derselben Protonen- u. derselben Neutronenzahl) (Phys) / núcleo *m* par-par ‖ **≗halter**, Hängeisolator *m* (Elektr) / aislador *m* de alineación
Geradeinblick *m* (Mikrosk) / tubo *m* monocular recto
Gerade•lauf *m* (Förderband) / movimiento *m* rectilíneo ‖ **≗leger n für Bogen** (Druck) / ajustador *m* de pliegos ‖ **≗legung**, Rektifikation *f* (Hydr) / regulación *f*
Geradeninterpolation *f* (NC) / interpolación *f* linear
Gerade•richten *n*, Richten *n* / enderezamiento *m* ‖ **~stoßen** *n* (Bahn) / igualado *m* ‖ **≗-ungerade-Kern** *m* (Phys) / núcleo *m* par-impar
gerad•faserig (Holz) / de fibras rectas ‖ **≗flankenverzahnung** *f* / dentado *m* de flancos rectilíneos ‖ **~flankig** / de flancos rectilíneos ‖ **≗führung** *f* / guía *f* [en línea] recta, guía *f* rectilínea ‖ **≗führung** (Zeichn) / guía *f*, corredor *m* ‖ **≗führung**, Gleitstange *f* (Masch) / guía *f* recta, barra *f* de deslizamiento ‖ **≗führungsstange** *f* / barra *f* o varilla de conducción rectilínea
Geradheitsprüfung *f* / examen *m* de alineación
Gerad•holz *n* / fuste *m* derecho ‖ **~kettig** (Chem) / de cadena lineal ‖ **~läufige Treppe** (Bau) / escalera *f* recta ‖ **≗laufregler** *m* (Pap) / guía *f* automática
geradlinig / rectilíneo, lineal, en línea recta ‖ **~**, Linear... / lineal ‖ **~**, in direkter Linie, direkt / lineal, directo ‖ **~e Abtastung** (Eltronik) / exploración *f* lineal, barrido *m* lineal ‖ **~ arbeitender Messgrößenumformer** / transductor *m* de función rectilínea ‖ **~ begrenzte Figur** (Geom) / figura *f* de contornos rectilíneos ‖ **~e Bewegung**, Translation *f* (Mech) / movimiento *m* rectilíneo o de traslación, traslación *f* ‖ **~e Kollision** (Nukl) / colisión *f* directa o central ‖ **~e Modulation** (Fernm) / modulación *f* lineal ‖ **~ translatierender Wandler** (Schwingungen) / transductor *m* lineal o de traslación rectilínea ‖ **~ verlegen** / tender o colocar (p.e. un cable) en línea recta ‖ **~e Vibration** (Phys) / vibración *f* rectilínea
gerad•nutig (Wz) / de ranuras rectas ‖ **≗rändel** *m* (Wzm) / moleta *f* recta ‖ **≗säge** *f* (Wz) / sierra *f* de dientes rectos ‖ **≗schiffchen** *n* (Nähm) / lanzadera *f* recta ‖ **≗schubkurbel** *f* / mecanismo *m* de biela-manivela ‖ **~seitiges Schiff** / buque *m* o barco de costados rectos ‖ **≗seitreifen**, Drahtseilreifen *m* (Kfz) / neumático *m* con alambres metálicos o de cordón metálico ‖ **≗seittiefbettfelge** *f* (Kfz) / llanta *f* de garganta profunda ‖ **~sichtig** (Opt) / de visión directa ‖ **≗sichtprisma** *n* / prisma *m* de visión directa ‖ **≗sitzventil** *n* / válvula *f* de asiento recto ‖ **~stämmiger Baum**, geradschäftiger Baum (Forstw) / árbol *m* de tronco recto ‖ **≗stich** *m* (Nähm) / punto *m* recto ‖ **≗stirnrad** *n* (Masch) / rueda *f* dentada recta ‖ **≗stirn-Ritzel** *n*, Stirntrieb *m* / piñón *m* de dientes rectos ‖ **≗stoßmaschine** *f* (Druck) / igualadora *f* ‖ **~verzahnt** / de dientes rectos ‖ **≗verzahnung** *f* / dentado *m* recto
geradzahlig, mit gerader Zahl (Math) / de número par ‖ **~e Oberwelle** (Phys) / armónica *f* de número par ‖ **~e Paritätskontrolle** (DV) / prueba *f* o comprobación de paridad ‖ **~er Zeilensprung** (TV) / entrelazado *m* de líneas de orden par
Gerad•zahligkeit *f* (Math) / carácter *m* par ‖ **~zähnig** / de dientes rectos, de dentadura recta ‖ **≗zahnkegelrad** *n* / rueda *f* cónica de dientes rectos ‖ **≗zahnmotor** *m* (Bergb) / motor *m* de engranajes rectos
gerahmt / encuadrado
gerändelt / moleteado (E), acordonado (LA)
Geraniol *n* (Chem) / geraniol *m*
Geraniumöl *n* (Chem) / esencia *f* de geranio
Geranyl *n* / geranilo *m*
gerastet, Rast... (Wzm) / muescado
Gerät *n* (meist: Schaltgerät), Apparatur *f* / aparato *m*, aparamenta *f* ‖ **≗**, Gebrauchsgegenstand *m* / utensilio *m* ‖ **≗**, Handwerkzeug *n* / herramienta *f*, útil *m*, útiles *m pl*, utillaje *m* ‖ **≗**, Besteck *n* / estuche *m* ‖ **≗** (Landw) / aperos *m pl* agrícolas o de labranza ‖ **≗**, Gerätschaften *f pl* / utilería *f*, enseres *m pl*, pertrechos *m pl* ‖ **≗**, Ausrüstung *f* (DV) / equipo *m* ‖ **≗**, Teil *n*, Einheit *f* (im Rechner eingebaut) (DV) / unidad *f* ‖ **≗** *n* **zum Bestimmen der Übergangsfunktion** (Eltronik) / analizador *m* de respuesta en régimen transitorio ‖ **≗ zum Entleeren** / vaciador *m*
Geräte•adresse *f* (DV) / dirección *f* de equipo ‖ **≗anbaurahmen** *m* (Landw) s. Geräteträger ‖ **≗anschlusshahn** *m* / grifo *m* de empalme o enchufe ‖ **≗ansteuerung** *f* (DV) / activación *f* de las unidades periféricas ‖ **≗bau** *m* / construcción *f* de aparatos, fabricación *f* de aparatos ‖ **≗beschreibung** *f* (DV) / manual *m* técnico, descripción *f* del equipo ‖ **≗einheit** *f* / unidad *f* de equipo ‖ **≗-Erde** (Elektr) / tierra *f* principal ‖ **≗fehler** *m* (DV) / error *m* del equipo o aparato ‖ **≗fenster** *n* (DV) / ventana *f* de la pantalla terminal ‖ **≗flasche** *f* (Chem) / frasco *m* o botella del aparato ‖ **≗freigabe** *f* (DV) / liberación *f* de equipo ‖ **≗fuß** *m* / soporte-pie *m*, soporte-base *m* ‖ **≗glas** *n* / vidrio *m* de aparatos ‖ **≗haus** *n*, -halle *f* (F'wehr) / edificio *m* o cobertizo para [vehículos y] enseres de bomberos, cuarto *m* de herramientas ‖ **≗hersteller** *m* / fabricante *m* [del aparato] ‖ **≗kammer** *f*, Abstellkammer *f* (Bau) / trastera *f* ‖ **≗kasten** *m*, Werkzeugkasten *m* / caja *f* de (o para) herramientas ‖ **≗kategorie** *f* **ILS** (Instrument Landing System) (Luftf) / categoría *f* ILS ‖ **≗klemme** *f* (Elektr) / borne *m* de conexión [del aparato], terminal *m* ‖ **≗konstante** *f* (Phys) / constante *f* del aparato ‖ **≗kurzbezeichnung** *f* / denominación *f* mnemónica del equipo ‖ **≗name** *m* (DV) / denominación *f* del aparato o equipo ‖ **~orientiert** (DV) / orientado hacia las unidades ‖ **≗park** *m* (Bau) / parque *m* de maquinaria ‖ **≗programm** *n*, Lieferprogramm *f* / programa *m* de suministro ‖ **≗prüfung**, -selbstprüfung *f* / prueba *f* automática ‖ **≗rahmen** *m* (Landw) s. Geräteträger ‖ **≗raum** *m* (allg) / cuarto *m* de herramientas ‖ **≗raum** (Fernm) / sala *f* de equipo[s] ‖ **≗reihe** *f* (Fernm) / serie *f* de equipo[s] o aparatos ‖ **≗schaltbild** *n*, Anlagenschaltbild *n* / esquema *m* de conexión [de aparatos] ‖ **≗schalter** *m* (Elektr) / interruptor *m* del

Geräteschnittstellen

aparato ‖ ~**schnittstellen** *f pl* (Raumf) / interconexiones *f pl* ‖ ~**schnur** *f*, biegsame Leitung (Elektr) / conductor *m* flexible de conexión del aparato, cordón *m* ‖ ~**schrank** *m* / armario *m* de instrumentos ‖ ~**schrank** (Fernm) / cuadro *m* conmutador ‖ ~**schutzsicherung** *f* (Elektr) / fusible *m* protector del aparato ‖ ~**sicherungslampe** *f* / lámpara *f* piloto-fusible ‖ ~**steckdose** *f* (Hausgeräte) / caja *f* de enchufe para aparatos eléctricos ‖ ~**stecker** *m* (Hausgeräte) / clavija *f* o ficha para aparatos electrodomésticos ‖ ~**steckvorrichtung**, Kupplung *f* (Elektr) / clavija *f* y enchufe de conexión ‖ ~**steckvorrichtung** *f* **für den Hausgebrauch** / conexión *f* de enchufe para usos domésticos ‖ ~**steuerung** *f* (DV) / control *m* o mando de aparatos (o equipo) periféricos ‖ ~**steuerzeichen** *n* (DV) / carácter *m* de control de aparatos, señal *f* de control ‖ ~**störungen** *f pl* (Eltronik) / parásitos *m pl* radioeléctricos [producidos por el hombre] ‖ ~**tabelle** *f* (DV) / lista *f* o tabla de aparatos ‖ ~**tasche** *f* / estuche *m*, caja-estuche *f* ‖ ~**- und Feinwerktechnik** *f* / técnica *f* de aparatos y mecánica de precisión ‖ ~**träger**, -rahmen *m*, -tragrahmen *m* (Landw) / bastidor *m* portaaperos, portaaperos *m*, portaingenios *m*, portador *m* de aperos ‖ ~**träger** *m* (ein Traktor) (Landw) / tractor *m* portaaperos o portaingenios ‖ ~**träger** (Repro) / portaherramientas *m* ‖ ~**transport-Anhänger** *m* (Landw) / remolque *m* para el transporte de aperos y máquinas ‖ ~**verdrahtungsplan** *m* / esquema *m* de cableado o de conexiones del equipo ‖ ~**verwaltung** *f* (DV) / gobierno *m* del equipo periférico ‖ ~**wagen** *m*, Werkstattwagen *m* (Kfz) / camión-taller *m* ‖ ~**wagen** (Fwehr) / camión *m* o vehículo de enseres ‖ ~**zeichnung** *f*, Gesamtzeichnung *f* / dibujo *m* de conjunto ‖ ~**zuordnung** *f* (DV) / asignación *f* de unidades periféricas
Gerätschaften *f pl* / enseres *m pl* ‖ ~, Ausstattung *f* / equipo *m*, material *m*
geräuchert (Nahr) / ahumado, curado
geräumig / espacioso, vasto ‖ ~, weit / amplio, grande
Geräumigkeit *f*, Ausdehnung *f* / [vasta] extensión *f*, espaciosidad *f*, amplitud *f* ‖ ~ (Bau) / espaciosidad *f*
geräumt (Wz) / brochado *m* ‖ ~ (Straße, Weg) / despejado, expedito
Geräusch *n* / ruido *m* ‖ ~**e** *n pl* (Funk) / ruidos *m pl* [parásitos], perturbación *f* ‖ ~ *n*, Kreischen *n* (Feile, Säge) / chirrido *m* ‖ ~..., Rausch..., psophometrisch (Phys) / psofométrico, sofométrico ‖ ~**e** *n pl* **durch Einschwingvorgänge** (Fernm) / ruidos *m pl* transitorios ‖ **[störendes]** ~ **verursachen** / provocar o causar ruidos parásitos o molestos
Geräusch•abstand *m* (in dB) (Eltronik) / relación *f* señal-ruido o señal a ruido ‖ ~**abstand** (in dB) **zum Batteriestrom** (Eltronik) / relación *f* señal a corriente de batería ‖ ~**analyse** *f* (Akust) / análisis *m* del ruido ‖ ~**arm** / poco ruidoso, con bajo o poco ruido ‖ ~**arm** (Antenne) / antiparásito, antiparasitario, antiestático, antistático ‖ ~**armer Lauf** (Masch, Mot) / funcionamiento *m* poco ruidoso ‖ ~**armut** *f* / escasez *f* de ruidos ‖ ~**aufteilung** *f* (Fernm) / balance *m* de ruidos ‖ ~**-Austastsignal** *n* (Eltronik) / señal *f* de supresión de ruido[s] ‖ ~**band** *f* (Film) / cinta *f* de efectos sonoros ‖ ~**begrenzer** *m*, -filter *m n* (Akust) / limitador *m* o filtro de ruidos ‖ ~**bekämpfung** *f*, Lärmbekämpfung *f* (Umw) / supresión *f* de ruidos, atenuación *f* o reducción de ruidos ‖ ~**bekämpfung** (Umweltschutz) / lucha *f* contra la polución sonora ‖ ~**bekämpfung durch Schalldämpfung** / insonorización *f* ‖ ~**beurteilung** *f* (Akust) / clasificación *f* por intensidades de ruido, ponderación *f* de ruido ‖ ~**boje** *f* (Schiff) / boyarín *m* acústico ‖ ~**dämmend** / fonoaislante ‖ ~**dämmung** *f* / aislamiento *m* acústico o sonoro ‖ ~**dämpfend** /

amortiguador *adj* de ruidos, atenuador o reductor de ruidos ‖ ~**dämpfender Käfig** (Wälzlager) / jaula *f* amortiguadora [de ruidos] ‖ ~**dämpfer** *m* / amortiguador *m* de ruidos ‖ ~**dämpfer** (Mot) / silenciador *m*, silencioso *m* ‖ ~**dämpfung** *f* / amortiguación *f* de ruidos, insonorización *f* ‖ ~**-EMK** *f*, Geräuschquellenspannung *f* (Elektr) / fuerza *f* electromotriz sofométrica, FEM sofométrica *f* ‖ ~**entwicklung** *f* (Kfz) / rumorosidad *f* ‖ ~**filter** *n* (Fernm) / filtro *m* antichasquido o antiparásitos ‖ ~**filter** *m n*, -begrenzer *m* (Eltronik) / filtro *m* antiruido, limitador *m* de parásitos ‖ ~**frei machen** / insonorizar ‖ ~**freiheit** *f* / ausencia *f* o carencia de ruidos ‖ ~**grenze** *f* / límite *m* de ruido ‖ ~**[grund]pegel** *m*, Grundgeräusch *n* / ruido *m* de fondo ‖ ~**kulisse** *f*, Lärmkulisse *f* (Radio) / fondo *m* sonoro, ruidos *m pl* de fondo ‖ ~**los** / silencioso, sin ruido[s], ausente o libre de ruidos
geräuschlos, -arm / silencioso, que produce poco ruido ‖ ~**er Gang** (o. Lauf) / marcha *f* silenciosa ‖ ~**e o. geräuscharme Kette** / cadena *f* silenciosa ‖ ~**e Schreibmaschine** / máquina *f* de escribir silenciosa
Geräusch•losigkeit *f* / silenciosidad *f*, silencio *m*, ausencia *f* de ruido ‖ ~**messer** *m*, -messgerät *n* (Akust) / medidor *m* de ruidos, sonómetro *m*, decibelímetro *m* ‖ ~**messung** *f* / medición *f* de ruidos ‖ ~**orgel** *f* (Film, Radio) / organillo *m* de efectos acústicos ‖ ~**platte** *f* (Audio) / disco *m* de efectos sonoros ‖ ~**prüfung** *f*, -test *m*, -untersuchung *f* (Akust) / ensayo *m* de ruidosidad, prueba *f* o medida de ruidos ‖ ~**qualität** *f* (Lager) / calidad *f* respecto al ruido ‖ ~**quelle**, Störquelle *f* / fuente *f* de ruidos, foco *m* de ruidos ‖ ~**schutz** *m* / protección *f* contra el ruido, insonorización *f* ‖ ~**spannung** *f* (Fernm) / tensión *f* sofométrica, voltaje *m* sofométrico ‖ ~**spannungsmesser** *m*, Psophometer *n* (Fernm) / psofómetro *m*, sofómetro ‖ **[subjektiver]** ~**-Spannungsmesser**, Audiometer *n* / audiómetro *m* [de ruidos], sofómetro *m* subjectivo ‖ ~**spektrum** *n* (Akust) / espectro *m* de ruidos ‖ ~**sperre** *f*, Squelch *m* (Eltronik) / silenciador *m* automático, silenciador *m* en ausencia de señal, reglaje *m* silencioso ‖ ~**techniker** *m*, -macher *m* (Film, Radio) / técnico *m* de ruidos ‖ ~**übertragung** *f* / transmisión *f* de ruidos ‖ ~**unterdrücker** *m* (Eltronik) / supresor *m* de ruido[s], eliminador *m* o limitador de parásitos ‖ ~**unterdrückung** *f* / supresión *f* de ruidos, limitación *f* de parásitos ‖ ~**verhalten** *n* (Kfz, Masch) / comportamiento *m* respecto al ruido ‖ ~**voll**, laut / ruidoso, estrepitoso ‖ ~**vorrichtung** *f* (Film) / mesa *f* de sonido
geraut, rau / rugoso ‖ ~ (Tex) / perchado, emborrizado, cardado ‖ ~**er Futterstoff**, Futterbarchent *m* / fustán *m* frisado o perchado (LA) ‖ ~**e Wirkware** (Tex) / tricotasa *f* perchada
Gerbaktivität [eines Gerbmittels] (Leder) / actividad *f* curtiente o tanificadora
Gerbe•brühe *f*, flüssiges Gerbemittel / curtiente *m* [líquido], baño *m* de curtiente ‖ ~**mühle** *f*, Schälgang *m* (Mühle) / molino *m* de mondar o de pelar
gerben *vt* (Leder) / curtir, tanificar, adobar ‖ ~, aushülsen (Mühle) / pelar, mondar ‖ **in Alaun (o. Aluminiumsulphat)** ~ (Gerb) / curtir en baño de alumbre ‖ **[rot]** ~ / adobar con corteza ‖ **weiß oder gelb** ~ / curtir en blanco ‖ ~ *n* (Leder) / curtido *m*, curtición *f*, curtimiento *m*, curtidura *f*, curtimbre *f*, tanificación *f*, adobo *m* ‖ ~ **in der Lohbrühe** / curtido *m* en el baño de tanino
Gerber *m*, Loh-, Rotgerber *m* / curtidor al tanino, noquero *m*, adobador *m* de pieles, zurrador *m* ‖ ~**brücke** *f* (Bau) / puente *m* sistema Gerber
Gerberei *f*, Lohgerberei *f* (Leder) / teñería *f*, adobería *f*, curtiduría *f*, taller *m* de curtición, curtiembre *f* (LA) ‖ ~, Fettgerberei *f* / curtido *m* al aceite, curtido *m* graso

‖ ⁓**hilfsprodukt** *n*, -**mittel** *n* / producto *m* auxiliar de tenería ‖ ⁓**industrie** *f* / industria *f* del curtido
Gerber•fachwerkbalken *m* (Bau) / viga *f* Gerber triangulada o de celosía ‖ ⁓**fett** *n*, Degras *n* (Leder) / degrás *m*, moellón *m*
Gerbergelenk *n* (Stahlbau) / articulación *f* [de] Gerber
Gerber•kalk, Äscher *m* (Gerb) / pelambre *m*, cal *f* de curtidor ‖ ⁓**lohe** *f* (Gerb) / corteza *f* curtiente
Gerbernorm, CCIR-Norm *f* (625 Zeilen usw) (TV) / norma *f* C.C.I.R. o Gerber
Gerber•pfette *f* (Stahlbau) / correa *f* articulada ‖ ⁓**rinde** *f*, Gerbrinde *f* (Leder) / corteza *f* curtiente o de tanino, casca *f* ‖ ⁓**rot**, Phlobaphen *n* (Gerb) / flobafeno *m*
Gerbersche Momentenfläche *f* (Phys) / diagrama *m* de Gerber de momentos, áreas *f pl* de los momentos de Gerber
Gerber•sumach *m* (Leder) / zumaque *m* ‖ ⁓**träger** *f* (Brücke) / viga *f* Gerber articulada ‖ ⁓**wolle** *f* (abgebeizte Wolle) (Tex) / lana *f* de piel, peladiza *f*
Gerb•extrakt *m* (Gerb) / extracto *m* curtiente ‖ **pulverförmiger** ⁓**extrakt** / tanino *m* en polvo ‖ ⁓**flotte** *f* / baño *m* curtiente ‖ ~**saures Albumin** (Chem) / albúmina *f* tánica, tanato *m* de albúmina ‖ ⁓**säure** *f* / ácido *m* tánico ‖ ~**saures Salz** (Chem) / tanato *m* ‖ ⁓**stoff** *m*, -**mittel** *n* (Leder) / curtiente *m*, tanino *m*, agente *m* para curtir, materia *f* curtiente ‖ ⁓**stoffpflanze** *f* / planta *f* curtiente o tanifera ‖ ⁓**stoffverfärbung** *f* (Holz) / coloración *f* por material curtiente ‖ ⁓**techniker** *m* (Leder) / técnico *m* en curtidos
gerechnetes Gewicht *n* (Luftf) / peso *m* de régimen
Gerechtsame *f* (Hydr) / concesión *f* ‖ ⁓, Bergbaugerechtsame *f*, Berechtsame *f* (Bergb) / privilegio *m* de explotación de minas
gereckt (Faden) (Plast) / estirado ‖ ⁓**e Polypropylenfolie** (Plast) / hoja de polipropileno orientada
geregelt / regulado, controlado, arreglado ‖ ~**e Anlage** / sistema *m* controlado ‖ ~**er Anlageteil** / conjunto *m* de regulación automática ‖ ~**e Atmosphäre** / atmósfera *f* controlada ‖ ~**e Ladespannung** (Elektr) / tensión *f* de carga regulada ‖ ~**es Netzteil** (Eltronik) / fuente *f* de alimentación o de energía regulada o estabilizada ‖ ~**e Prozessoptimierung** / optimización *f* de proceso por realimentación ‖ ~**es System**, Regelstrecke *f* / sistema *m* controlado ‖ ~**er Zustand** / estado *m* controlado, condición *f* controlada
gereinigt, rein / limpio, limpiado, depurado, puro, purificado ‖ ~**er Birkenholzteer** / esencia *f* de madera de abedul ‖ ~**er Schwefel** (Chem) / azufre *m* puro o purificado ‖ ~**er Weinstein** (Chem, Pharm) / tártaro *m* depurado, cremor *m* de tártaro
Gergelimöl *n* (Chem) / aceite *m* de sésamo
gerichtet / dirigido, orientado [hacia] ‖ ~, gleichgerichtet (Elektr) / rectificado ‖ ~, gebündelt (Strahlen) / dirigido, enfocado, concentrado ‖ ~, Richt... (Funk) / dirigido, direccional ‖ ~**e Antenne** / antena *f* direccional o dirigida o directiva o orientada ‖ ~**es Blech** (Walzw) / chapa *f* enderezada ‖ ~**es Bohren** (Öl) / perforación *f* de desviación controlada ‖ ~**e drahtlose Telegrafie** / radiotelegrafía *f* dirigida, telegrafía inalámbrica dirigida.f. ‖ ~**er Empfang** / recepción *f* dirigida o direccional ‖ ~**e Größe** (Math, Phys) / vector *m* ‖ ~**er Großlautsprecher** / megáfono *m* eléctrico, electromegáfono *m* ‖ ~**es Mikrophon** / micrófono *m* direccional ‖ ~**e Rahmenantenne** / antena *f* dirigida de cuadro ‖ **einseitig** ~ (Eltronik) / unidireccional ‖ **entgegengesetzt** ~ / dirigido en sentido opuesto o inverso
Gerichts•chemie *f* / química *f* legal o forense ‖ ⁓**chemiker** *m* / químico *m* forense
gerieft / estriado ‖ ~, gerillt / acanalado, moldurado, ranurado ‖ ~, gerändelt / moleteado, acordonado ‖ ~, gefressen / gripado ‖ ~**e Pinzette** / pinzas *f pl* estriadas

geriffelt / acanalado, corrugado, arrugado ‖ ~**es Pedal** / pedal *m* rayado
gerillt, Rillen... / ranurado, acanalado
gering, niedrig / bajo ‖ ~ (Niederschläge) / escaso ‖ ~, wenig / poco, corto ‖ ~, klein, unbedeutend / pequeño *m*, insignificante, de poca consideración o importancia ‖ ~**er**, kleiner [als] / menor [que], inferior [a] ‖ ~**es Fließvermögen** (Plast) / fluidez *f* reducida ‖ ~**er Gehalt** / bajo contenido *m* ‖ ~**er Integrationsgrad** (Eltronik) / integración *f* en pequeña escala ‖ ~**er Stromverbrauch** / bajo consumo de corriente eléctrica ‖ ~**er Tiefgang** (Schiff) / poco calado *m* ‖ ~**es Vakuum** / bajo vacío *m* ‖ ~**e Verwerfung** (Bergb) / falla *f* ligera, dislocación *f* ligera ‖ ~**er werden**, kleiner werden, abnehmen / decrecer, disminuir ‖ ~**er werden an Zahl** / disminuir en número
geringbituminös (Kohle) / de bajo contenido en bitumen
geringelt / anillado
geringfügig, schwach / débil ‖ ~, unbedeutend / insignificante, de poca importancia, de poca consideración o monta ‖ ~, an der Grenze, Rand... / marginal, límite ‖ ~, in geringem Maß / en escasa medida ‖ ~**er Schaden** / daño *m* menor, daño *m* de poca importancia
gering•haltig (Erz) / pobre ‖ ~**haltiges Silber** (Hütt) / plata *f* de baja o poca ley ‖ ~**mächtig** (Bergb) / de poco espesor
geringst, kleinst / mínimo ‖ ~**er quadratischer Fehler** (Math) / error *m* cuadrático mínimo ‖ ~**e Zugriffszeit** (DV) / mínimo tiempo de acceso
Geringst•maß *n* / medida *f* mínima ‖ ⁓**wert** *m* / valor *m* mínimo ‖ ~**wertig** (DV) / menos significado
geringwertig, minderwertig / de menor calidad, de calidad inferior, de bajísima calidad ‖ ~ (Erz) / pobre, de baja ley ‖ ~ / de poco valor, de escaso valor ‖ ~**e Kohle** / carbón *m* de calidad inferior
gerinnbar, koagulierbar / coagulable
Gerinnbarkeit *f* / coagulabilidad *f*
Gerinne *n*, Graben *m* / zanja *f*, acequia *f* ‖ ⁓ (Gieß) / canal *m* de colada
gerinnen *vi*, koagulieren / coagular[se] ‖ ~, klumpig werden • engrumecerse ‖ ~ (Fett, Milch) / cuajarse, cortarse ‖ ~, zusammenlaufen, sich verdicken / espesarse, volverse espeso ‖ ~ (Hütt) / concretarse ‖ ~ **machen**, **zum Gerinnen bringen** / hacer cuajar o coagularse ‖ ⁓ *n*, Koagulation *f* / coagulación *f* ‖ ⁓, Käsen *n* / caseación *f* ‖ ⁓ *n* (Fett, Milch) / cuajadura *f*
Gerinnsel *n* (Med) / coágulo *m*, materia *f* coagulada ‖ ⁓, Klümpchen *n* / grumo *m*
gerinnungs•hemmend (Med) / anticoagulante ‖ ⁓**mittel** *n* (Chem) / coagulante *m* ‖ ⁓**zeit** *f*, Gerinnzeit *f* (Med) / tiempo *m* de coagulación
Gerippe *n* (Bau) / estructura *f* ‖ ⁓, Lehrgerüst *n* (Bau) / cimbra *f* ‖ ⁓, Skelett *n* (Stahlbau) / esqueleto *m* ‖ ⁓, Spantenwerk (Schiff) / costillaje *m*, cuadernas *f pl* ‖ ⁓ *n* **des Tragflügels** (Luftf) / esqueleto *m* del ala, costillas *f pl* del ala
gerippt / nervado, con nervaduras ‖ ~, gerieft / acostillado, estriado ‖ ~ (Federstahl) / ranurado ‖ ~, mit Filz- o. Walzenmarkierung (Pap) / verjurado ‖ ~, durch Rippen verstärkt / reforzado por nervios, acostillado ‖ ~ (Web) / de cordoncillo, de cañutillo ‖ ~**er Stoff**, Cord *m* (Tex) / tejido cord *m*, pana *f* abordonada
gerissen / roto ‖ ~, geplatzt, gesprungen / reventado, agrietado ‖ ~, trezeliert (Porzellan) / agrietado ‖ ~ (Tex) / roto, desgarrado ‖ ~, gefroren / helado, congelado ‖ ~**er Kettfaden** (Tex) / hilo *m* de urdimbre roto ‖ ~**er Schussfaden** (Tex) / hilo *m* de trama roto
Germanat *n* (Chem) / germanato *m*
Germanit *m* (Min) / germanita *f*
Germanium *n*, Ge (Chem) / germanio *m*, Ge ‖ ⁓**...** (Chem) / de germanio ‖ ⁓**diode** *f* (Eltronik) / diodo *m* de

527

Germaniumeinkristall

germanio ‖ ≃**einkristall** *m* (Chem) / monocristal *m* de germanio
Germizid, Desinfektionsmittel *n* (Pharm) / germicida *m*
Geröll *n,* Rollsteine *m pl* (Geol) / cantos *m pl* rodados, guijarros *m pl* ‖ ≃, Felsgeröll *n* / rocalla *f* ‖ ≃, Geschiebe *n* (Geol) / escombros *m pl* arrastrados por la corriente, morrillos *m pl,* gravas *f pl,* rocarda *f* ‖ ≃ *n,* Kies *m* / guijarros *m pl* (E), grava *f* (E), pedregullo *m* (LA) ‖ ≃**fang** *m* (Hydr) / colector *m* de escombros arrastrados ‖ ≃**halde** *f* (Geol) / morena *f,* terreno *m* de acarreo
geröllig, geröllhaltig (Bergb) / pedregoso
Geröllrutsch, Sandrutsch *m* (Geol) / corrimiento *m* o desprendimiento de piedras [y arena]
gerollt, eingerollt / enrollado ‖ ~**e Buchse** (Masch) / manguito *m* o buje enrollado ‖ ~**es Stangenscharnier** / bisagra *f* o charnela de piano
geronnen (Milch) / cuajado, cortado ‖ ~ (Chem) / coagulado ‖ ≃**es,** Gerinnsel *n* (Chem) / materia *f* coagulada ‖ ≃**es** *n,* Klümpchen *n* / grumo *m*
geröstet (Hütt) / tostado ‖ ~ (Kaffee) / torrefacto ‖ ~**es Erz** (Hütt) / mineral *m* tostado o calcinado ‖ ~**e Gerste** (Brau) / cebada *f* tostada ‖ **zu stark** ~ / sobretostado
Gersdorffit *m,* Arsennickelglanz *m* (Min) / gersdorf[f]ita *f,* sulfarseniuro *m* de níquel
Gerste *f* (Bot) / cebada *f*
Gerstenkleie *f* (Landw) / salvado *m* de cebada
Gersten•korn *n* (Web) / gran[it]o *m* de cebada ‖ ≃**kornbindung** *f* (Tex) / ligamento *m* granité o [de] granito ‖ ≃**malz** *n* (Brau) / malta *f* de cebada, cebada *f* malteada ‖ ≃**schleim** *m* (Brau) / mucílago *m* de cebada ‖ ≃**zucker** *m* (Nahr) / azúcar *m* de cebada
Gerstenzwergrost *m,* Puccinia hordei (Bot, Landw) / roya *f* enana de la cebada
GERT-Verfahren *n* (Netzplan) / sistema *m* o método GERT (graphical evaluation and review technique)
Geruch *m* / olor *m* ‖ ≃, Wohlgeruch *m* / perfume *m,* aroma *m,* olor *m* agradable ‖ ≃, stickiger Geruch / tufo *m* ‖ **übler o. schlechter** ≃ / mal olor *m,* hedor *m,* fetidez *f* ‖ ~**beseitigend** / desodorante ‖ ≃**beseitigung** *f* / desodorización *f* ‖ ≃**beseitigungsmittel** *n* / desodorante *m,* desodorizante *m* ‖ ≃**dicht** / estanco a los olores ‖ ~**freies Petroleum** / queroseno *m* desodorizado ‖ ~**los** / inodoro, sin olor ‖ ~**los machen,** Geruch beseitigen / desodor[iz]ar, hacer inodoro ‖ ≃**losigkeit** *f* / inodoridad *f,* ausencia *f* de olor ‖ ≃**[s]messer** *m* (Chem) / odorímetro *m,* olfactómetro *m*
Geruchs•belästigung *f* / molestia *f* por olores ‖ ≃**merkmal** *n* / característica *f* del aroma ‖ ≃**messung** *f* (Chem) / odorimetría *f* ‖ ≃**probe** *f* (Chem, Pharm) / prueba *f* olfactoria ‖ ≃**sinn** *m* (Med) / sentido *m* olfactorio, olfato *m* ‖ ≃**stoff** *m,* Riech-, Duftstoff *m* (Chem) / sustancia *f* olorosa o odorífera o odorante ‖ ≃**träger,** geruchsbildender Anteil einer Verbindung *m* (Chem) / osmóforo *m* ‖ ≃**verschluss** *m,* Siphon *m,* Knie (Sanitär) / sifón *m* inodoro
gerufen•e Station (DV) / estación *f* llamada ‖ ~**er Teilnehmer,** B-Teilnehmer *m* (Fernm) / abonado *m* llamado, demandado *m*
gerundet (Walzw) / redondo ‖ ~, auf-, abgerundet (Math) / redondeado, en cifras redondas ‖ ~**e Kante** / arista *f* redondeada, canto *m* redondeado
Gerüst *n,* Rahmen *m* / cuadro *m* ‖ ≃, Bühne *f* / tablado *m,* tarima *f,* tribuna *f* (p.e. para espectadores) ‖ ≃, Gerippe *n* / esqueleto *m* ‖ ≃ *n* (Walzw) / caja *f,* montante *m* de cilíndros ‖ ≃, Baugerüst *n* / andamio *m,* andamiaje *m* ‖ ≃, Hebegerüst *n* (Bau) / castillejo *m* ‖ ≃, Gestell *n* / armazón *f,* caballete *m* ‖ ≃**e abschlagen** (Bau) / desmontar andamios ‖ ≃ *n* **für Jupiterlampen** (Film) / pasarela *f* para proyectores ‖ **ein** ~ **aufschlagen** / montar un andamio, andamiar ‖ **eisernes** ≃, Eisenkonstruktion *f* (Bau) / envigado *m* metálico, armazón *f* o vigueria metálica

Gerüst•abstand *m* (Walzw) / distancia *f* entre cajas ‖ ≃**auflager** *n* (am Gebäude) (Bau) / travesaño *m* saliente de un pie derecho para apoyar tablones de andamio ‖ ≃**bau** *m* (Bau) / trabajos *m pl* verticales ‖ ≃**baum** *m,* Rüstbaum *m,* Gerüststange *f* / palo *m* de andamiaje ‖ ≃**bock** *m* / caballete *m* de andamio ‖ ≃**bogen** *m* (Bau) / arco *m* de tablado ‖ ≃**brücke,** Bockbrücke *f* / puente *m* de caballetes ‖ ≃**brücke** (provisorisch) / puente *m* provisional de andamio ‖ ≃**bug** *m,* -holz *n* (Bau) / puntal *m* en diagonal ‖ ≃**eiweiß** *n,* Skleroprotein *n* (Biochem) / escleroproteína *f* ‖ ≃**hebel** *m* (Bau) / almojaya *f* [del andamio] ‖ ≃**helling** *f* (Schiff) / grada *f* de andamiaje ‖ ≃**klammer** *f,* Bauklammer *f* (Bau) / grapón *m* de andamiaje (E), grampón *m* (LA) ‖ ≃**knoten** *m* (Bau) / ligadura *f* del andamio ‖ ≃**kran** *m* / grúa *f* de caballete ‖ ≃**leiter** *f* / escalera *f* de andamio ‖ ≃**loch** *m,* Rüstloch *n* (Bau) / ojada *f,* agujero *m* para andamios ‖ ≃**nagel** *m* (doppelköpfig) / clavo *m* de dos cabezas para andamios ‖ ≃**silikat** *n* (Geol) / tectosilicato *m* ‖ ≃**stange** *f* (Bau) / paral *m* ‖ ≃**stoff,** Builder *m* (Waschmittel) / ayudante *m* ‖ ≃**substanz** *f,* -stoff *m* (Biol) / materia *f* esquelética ‖ ≃**werk** *n,* großes Gerüst (Bau) / andamiada *f*
gerüttelt / vibrado ‖ ~, verdichtet (Boden) / compacto por vibración
gesägtes Holz / madera *f* aserrada (E), madera *f* cortada (LA)
gesalzen (Nahr) / salado
Gesämeausleser, Trieur *m* (Mühle) / separador *m* de granos, máquina *f* clasificadora y limpiadora de granos
gesammelt, Sammel... / colectivo ‖ ~**e Produktion** (Druck) / tirada *f* combinada, tirada *f* con los productos coleccionados
gesamt / total, completo, íntegro ‖ ~, global / global ‖ ~, insgesamt / en conjunto ‖ ~, ganz, gesammelt / todo, entero, de conjunto ‖ ~, zusammenfassend / en resumen ‖ ~, brutto / bruto ‖ ~**e absorbierte Dosis** (Nukl) / dosis *f* total absorbida ‖ ~**e äquivalente Bremsleistung** (Luftf) / potencia *f* total equivalente al freno ‖ ~**e Fertigungs- o. Herstellungszeit,** -dauer (F.Org) / tiempo *m* total de fabricación ‖ ~**e Kolbenbelastung** (Mot) / carga *f* total sobre el pistón ‖ **die** ~**e Ausrüstung o. Austattung** (allg) / equipo *m* total, instalación *f* total ‖ **die** ~**e Besatzung** (Luftf, Schiff) / tripulación *f* o dotación completa
Gesamt•abdampfrückstand *m* (Öl) / goma *f* total, gomosidad *f* ‖ ≃**ablauf** *m* / ciclo *m* total o completo ‖ ≃**ablauf-Prüfeinrichtung** *f* / equipo *m* de verificación total ‖ ≃**abmessungen** *f pl* / dimensiones *f pl* totales ‖ ≃**abreicherungsspannung** *f* (Atom, Nukl) / tensión *f* de empobrecimiento total ‖ ≃**absorptionskoefficient** *m* (Nukl) / coeficiente *m* de absorción total ‖ ≃**alkalität** *f,* (jetzt): Alkalität *f* (Wasser) / alcalinidad *f* total ‖ ≃**anfangsmasse** *f* (Raumf) / masa *f* inicial total ‖ ≃**anlagekosten** *pl* (F.Org) / coste *m* total de la instalación ‖ ≃**anlageplan** *m* (Bau) / plano *m* general [conjunto] ‖ ≃**anordnung,** Übersicht *f* / disposición *f* de[l] conjunto, cuadro *m* sinóptico ‖ ≃**anschluss** *m* (Elektr) / conexiones *f pl* totales ‖ ≃**anschlusswert** *m* (Elektr) / potencia *f* conectada ‖ ≃**ansicht** *f* / vista *f* de conjunto ‖ ≃**ansicht** (Bau) / dibujo *m* de localización ‖ ≃**asche** *f* (Chem) / ceniza[s] *f [pl]* total[es] ‖ ≃**aufbau** *m* / construcción *f* total o de conjunto ‖ ≃**auflage** *f* (Druck) / tirada *f* global ‖ ≃**aufnahme** *f* (Foto) / plano *m* distante, fotografía *f* de la escena completa ‖ ≃**auftrieb** *m* (Luftf) / ascendencia *f* total, sustentación *f* total ‖ ≃**auftriebsmittelpunkt** *m* / centro *m* de aplicación de la sustentación total ‖ ≃**aufwand** *m* (F.Org) / inversión *f* total ‖ ≃**ausbeute** *f* (allg, Bergb) / rendimiento *f* total ‖ ≃**ausfall** *m,* Stromausfall *m* (Elektr) / falta *f* de corriente [total], apagón *m* (col.) ‖ ≃**auslastung** *f* (Luftf) / factor *m* de carga ‖ ≃**ausschlag**

Geschäftsviertel

m (Messgerät) / desviación *f* total de la aguja ‖ ⁓**auswuchtzeit** *f* (einschl. Auf- u. Abspannen) (Kfz) / duración *f* total de un ciclo ‖ ⁓**bandbreite** *f* (TV) / ancho *m* total de banda ‖ ⁓**basenzahl** *f* (Öl) / índice *m* de base total ‖ ⁓**baukomplex** *m* / conjunto *m* de construcciones o edificios ‖ ⁓**beanspruchung** *f* / esfuerzo *m* total, solicitación *f* total ‖ ⁓**bebauungsplan** *m* / plano *m* de urbanización total ‖ ⁓**bedarf** *m* (F.Org) / demanda *f* total, necesidad *f* total ‖ ⁓**belegschaft** *f* / plantilla *f* total o completa ‖ ⁓**betrag** *m* (Math) / total *m*, suma *f* [numérica] ‖ ⁓**betrag** / suma *f* total, importe *m* total ‖ ⁓**betriebszeit** *f* / tiempo *m* total en servicio ‖ ⁓-**Bezugsäquivalent** *n* (Fernm) / equivalente *m* de referencia total ‖ ⁓-**Bezugsverzerrungsgrad** *m* (Fernm) / grado *m* de distorsión arrítmico total ‖ ⁓**bild** *n* / vista *f* total ‖ ⁓**breite**, Baubreite *f* / anchura *f* total, ancho *m* total ‖ ⁓**bremsweg** *m* (Kfz) / distancia *f* de frenado total ‖ ⁓**drehimpuls**, Gesamtdrall, -spin *m* (Phys) / cantidad *f* total de movimiento angular ‖ ⁓**druck** *m* (Luftf) / presión *f* total ‖ ⁓**druck** (Aerodynamik) / presión *f* [isentrópica] ‖ ⁓**durchflutung** *f* (Elektr) / amperios-vuelta *m pl* en total ‖ ⁓**durchflutung je cm Ankerumfang** (Elektr) / amperios-vuelta *m pl* específicos en total ‖ ⁓**eigenschaften** *f pl* / propiedades *f pl* del conjunto ‖ ⁓**entkohlung** *f* (Hütt) / descarburación *f* total o completa ‖ ⁓**entladungsstrecke** *f* (Eltronik, Röhre) / distancia *f* total de descarga ‖ ⁓**entwurf** *m* / proyecto *m* de conjunto ‖ ⁓-**Erdbewegung** *f* (für eine Baustelle) (Bau) / movimiento *m* total de tierras ‖ ⁓**erdungswiderstand** *m* (Elektr) / resistencia *f* total de puesta a tierra ‖ ⁓**fahrstraßenauflösung** *f* (Bahn) / tránsito *m* rígido ‖ ⁓**fallhöhe** *f* (Hydr) / salto *m* total ‖ ⁓**fehler** *m* **des Kompasses** (Nav) / error *m* total de la brújula ‖ ⁓**feuchtigkeit** *f* (Bau, Phys) / humedad *f* total ‖ ⁓**flächenbedarf** *m* (Bau) / superficie *f* total necesaria ‖ ⁓**flügelfläche** *f* (Luftf) / superficie *f* total de las alas ‖ ⁓**fluggewicht** *m* / peso *m* total de vuelo ‖ ⁓**flugzeit** *f* / total *m* de horas de vuelo ‖ ⁓**förderhöhe** *f* (allg) / altura *f* total de elevación ‖ ⁓**förderhöhe** (Pumpe) / altura *f* [manométrica] total de elevación (de la bomba) ‖ ⁓-**Formänderung** *f*, Formänderung *f* / deformación *f* total ‖ ⁓**frequenzgang** *m* (Magn.Bd) / respuesta *f* de frecuencia global ‖ ⁓**gewicht** *n* / peso *m* total ‖ **höchstzulässiges** ⁓**gewicht** (Kfz) / peso *m* máximo admisible, PMA ‖ ⁓**gewicht** *n* (Luftf) / peso *m* bruto ‖ ⁓**gewichtung** *f* / valoración *f* relativa ‖ ⁓**güte** *f* (Resonator) / Q de una cavidad resonante *m* ‖ ⁓**güte** (Fernm) / calidad *f* del enlace, calidad *f* global de las conexiones ‖ ⁓**härte** *f* (Wasser) / dureza *f* total

Gesamtheit *f* (allg, Math) / conjunto *m*, totalidad *f*, colectividad *f*

Gesamt•heizfläche *f* (Bau) / superficie *f* total de calefacción o de caldeo ‖ ⁓**hubraum** *m* (Mot) / cilindrada *f* total ‖ ⁓**informationsinhalt** *m* (DV) / contenido *m* total de información ‖ ⁓**keimzahl, -kolonienzahl** *f*, GKZ (Pap) / índice *m* de germinación total ‖ ⁓**klirrdämpfung** *f* (Eltronik) / atenuación *f* de distorsión armónica total ‖ ⁓**klirrfaktor** *m* (Fernm) / coeficiente *m* de distorsión armónica total o global ‖ ⁓**kohlenstoff** *m* (Hütt) / carbono *m* total ‖ ⁓**kontrast** *m* (TV) / factor *m* de contraste total ‖ ⁓**kosten eines Gebäudes** *pl* (während der Lebensdauer) / gastos *m pl* totales de un edificio (durante su vida) ‖ ⁓**ladungszahl** *f* / número *m* de carga total ‖ ⁓**länge** *f*, Länge über alles / longitud *f* total, largo *m* total ‖ ⁓**last**, -belastung *f* / carga *f* total ‖ ⁓**lastzeit** *f* / tiempo *m* total de acción de la carga ‖ ⁓**laufzeit** *f* / tiempo total de funcionamiento ‖ ⁓**lebensdauer** *f* / duración *f* total ‖ ⁓**leistung** *f* / rendimiento *m* total, potencia *f* total ‖ ⁓**lieferung** *f* / suministro *m* total, entrega *f* total ‖ ⁓**löschung** *f* (DV) / anulación *f* general ‖ ⁓**mächtigkeit** *f* (Bergb) / espesor *m* total, abrigo *m* total (MEJ) ‖ ⁓**mächtigkeit einschließlich Bergemittel** (Bergb) / altura *f* total ‖ ⁓**maß** *n*, -abmessung *f* / dimensión *f* total ‖ ⁓**masse** *f* (Phys) / masa *f* global o total ‖ ⁓**menge** *f* (Math) / conjunto *m* universal ‖ ⁓**muster** *n* / muestra *f* global ‖ ⁓**nennbruchlast** *f* **aller Drähte** (Seil) / carga *f* de rotura nominal de todos los hilos ‖ ⁓**plan** *m*, -übersicht *f* / plano *m* de conjunto, plano *m* sinóptico o general ‖ ⁓**planung** *f* / planificación *f* global ‖ ⁓**porenvolumen** *n* / volumen *m* total de poros ‖ ⁓**produktion** *f* **in t** / tonelaje *m*, producción *f* total en toneladas ‖ ⁓**profil** *n* (Bergb) / sección *f* de la cuenca carbonífera ‖ ⁓**querschnitt** *m* (Nukl) / sección *f* eficaz de conjunto ‖ ⁓-**Querschnittsabnahme** *f* (Walzw) / reducción *f* o disminución total de sección ‖ ⁓**reaktion** *f* (Chem) / reacción *f* global ‖ ⁓**reibung** *f* (Phys) / rozamiento *m* total o global ‖ ⁓**rückstrahlung** *f*, Totalreflexion *f* / reflexión *f* total ‖ ⁓**sauerstoffbedarf** *m* / demanda *f* total de oxígeno ‖ ⁓**schaltverlust** *m* (Fernm) / pérdida *f* total de conmutación ‖ ⁓**schnitt** *m*, Blockschnitt *m* (Stanz) / útil *m* combinado ‖ ⁓**schnittdruck** *m* (Wzm) / presión *f* total de corte ‖ ⁓**schub** *m* (Propeller) / empuje *m* total ‖ ⁓**schwefel** *m* (Chem) / azufre *m* total ‖ ⁓-**Sonnenreflektanz** *f* / reflectancia *f* solar total ‖ ⁓**sonnenstrahlung** *f*, G.S.R. *f* / radiación *f* solar total o global ‖ ⁓**spannung** *f* (Elektr) / tensión *f* total, voltaje *m* total ‖ ⁓**spin**, Gesamtdrall *m* (Phys) / cantidad *f* total de movimiento angular ‖ ⁓**strahlung** *f* (Phys) / radiación *f* total ‖ ⁓**strahlungspyrometer** *n* (Phys) / pirómetro *m* de radiación total ‖ ⁓**strahlungstemperatur** *f* (Temp.-Strahler) / temperatura *f* de radiación total ‖ ⁓**summe** *f* (Math) / suma *f* total, total *m* ‖ ⁓**system** *n* (Met) / sistema *m* compuesto ‖ ⁓**temperatur** *f* (Luftf) / temperatura *f* total ‖ ⁓**überdeckung** *f* (Getriebe) / recubrimiento *m* total ‖ ⁓**übersicht** *f* / sinopsis *f*, vista *f* general o global, cuadro *m* sinóptico ‖ ⁓**übersicht**, Zusammenfassung *f* / resumen *m* total ‖ ⁓**übersicht** (Bau) / plano *m* general, plano *m* sinóptico o de conjunto ‖ ⁓**verlust** *m* (Elektr) / pérdida *f* total ‖ ⁓**verlustleistung** *f* (Diode) / pérdida *f* total de energía ‖ ⁓**verlustverfahren** *n* (Elektr) / determinación *f* del rendimiento por la pérdida total de energía ‖ ⁓**verstärkung** *f* (Fernm) / ganancia *f* total, amplificación *f* total ‖ ⁓**verzug** *m* (Spinn) / estiraje *m* total ‖ ⁓**verzugsfeld** *n* (Spinn) / zona *f* total de estiraje ‖ ⁓-**Vielfachfeld** *n* (Fernm) / múltiple *m* completo ‖ ⁓**vorschub** *m* (Bohrer) / avance *m* total ‖ ⁓**wärmeleistung** *f* (Reaktor) / potencia *f* térmica [de régimen] total ‖ ⁓**werkzeug** *n* (Fließpressen) / troquel *m* ‖ ⁓**widerstand** *m* (Elektr) / resistencia *f* total ‖ ⁓**widerstand** (Luftf) / resistencia *f* total al avance ‖ ⁓**wirkungsgrad** *m* / rendimiento *m* total o global ‖ ⁓**zeichnung** *f* / dibujo *m* de conjunto ‖ ⁓**zucker** *m* / azúcar *m* total ‖ ⁓**zugriffszeit** *f* (DV) / tiempo *m* total de acceso

gesättigt (Chem, Eltronik, Phys) / saturado ‖ **~er Dampf** (Phys) / vapor *m* saturado ‖ **~e Diode** (Eltronik) / diodo *m* saturado ‖ **~er Kohlenwasserstoff** (Chem) / hidrocarburo *m* saturado ‖ **~e Lösung** (Chem) / solución *f* saturada ‖ **~e Verbindung** (Chem) / compuesto *m* saturado ‖ **~ste Farbe** / color *m* puro o saturado

geschabt (allg) / rascado ‖ ~ (Wzm) / rasqueteado

geschachtelt (DV) / encajado

geschaffen / hecho, fabricado ‖ **~ o. entwickelt** [für] / puesto a punto, desarrollado [para]

Geschäfts•anschluss *m* (Fernm) / estación *f* de abonado para uso comercial ‖ ⁓**flugzeug** *n* (Luftf) / avión *m* comercial ‖ ⁓**haus** *n* (Bau) / casa *f* de comercio, edificio *m* comercial ‖ ⁓**raum** *m*, -lokal *n* / local *m* comercial, oficina *f* de negocios ‖ ⁓**viertel** *m* (Ggs: Wohnbezirk) / distrito *m* comercial, barrio *m*

comercial || ~**wagen** *m*, Lieferwagen *m* (Kfz) / furgoneta *f*, camioneta *f* [de reparto] || ~**zentrum** *n* / centro *m* comercial
geschält (allg, Furnier) / descortezado [anular] || ~ (Reis etc.), enthülst / descascarado || ~ (Hütt) / pulido y descascarillado || ~ (Plast) / pelado || ~**er Reis** / arroz *m* descascarado, arroz *m* sin cáscara
geschaltet (Elektr, Eltronik) / conectado, conmutado, acoplado
geschärft (Alarmanlage) / activado
geschätzt [auf] / estimado [en], evaluado [en], tasado [en] || ~**e Zeit**, Schätzzeit *f* (F.Org) / tiempo *m* estimado || ~**e Zuverlässigkeit** (Stat) / fiabilidad *f* estimada
geschäumt, Schaum... (Plast) / espum[e]ado || **am Ort** ~**er Kunststoff** / espumado " in situ"
Geschehen *n* / suceso *m*, acontecimiento *m*, acción *f*, evento *m*
geschichtet, gestapelt / apilado || ~, schichtenweise / estratificado, por o en capas || ~ (Phys, Plast) / estratificado, laminado || ~ (Bergb) / en capas, estratiforme || ~**e Antenne** / antena *f* laminar o laminada || ~**e Elektrode** (Schw) / eletrodo *m* con revestimiento multicapa || ~**es Phenolharz** / laminado *m* fenólico || ~**e Sprache** (DV) / lenguaje *m* estratificado || ~**er Vorformling** (Plast) / preforma *f* estratificada || ~**e Zufallsprobe** (Gieß) / muestra *f* aleatoria estratificada || **[aus Platten übereinander]** ~, laminiert (Plast) / laminado, laminar
Geschicklichkeit *f*, [and]fertgkeit *f* / habilidad *f* || ~, Fähigkeit *f* / aptitud *f*, capacidad *f* || ~ *f*, Fingerfertigkeit *f* / destreza *f*, maña *f*, agilidad *f* de dedos || ~, Kunstfertigkeit *f* / arte *m*
geschickt / hábil, apto, ágil || ~**e Anordnung** / disposición *f* inteligente || ~**e Handhabung** / destreza *f*
Geschiebe *n* (glazial) (Geol) / depósitos *m pl* de origen glacial || ~, Geröll *n* / escombros *m pl* arrastrados por la corriente || ~**bänke** *f pl* / bancos *m pl* de morrillos || ~**betrieb** *m* / acarreo *m* de escombros por segundo || ~**fracht** *f* / acarreo *m* anual de escombros || ~**führung** *f*, -transport *m* (Hydr) / acarreo *m* o transporte de escombros || ~**lehm**, glazialer Geschiebemergel *m* (Geol) / arcilla *f* de acarreo, marga *f* o marna de transporte glaciar || ~**sand** *m* (Geol) / arena *f* glaciar
geschieden (veraltet), gekalkt (Zuck) / encalado
geschirmt (Kabel, Stecker) / blindado, apantallado || ~**er Kabelsatz**, -baum *m* (Kfz) / cableado *m* preformado blindado || ~**er Kerzenstecker** (Kfz) / capuchón *m* blindado para bujías, caperuza *f* blindada || ~ **und wassergeschützt** (Zündkerze) / blindado y estanco
Geschirr *n* (Ton-, Steingut, Porzellan) (Keram) / vajilla *f* || ~, Hebezeug *n* (Schiff) / aparejo *m* || ~, Schaftwerk *n* (gesamte Einrichtung) (Web) / remesa *f* || ~**einziehmaschine** *f* (Tex) / máquina *f* para remeter urdimbres || ~**faden** *m* (Tex) / torzal para lizos o peínes || ~**rahmen** *m* **für Container** (Förd) / cuadro *m* de elevación || ~**schrank** *m* (Möbel) / aparador *m*, armario *m* de vajilla || ~**spülmaschine** *f* / lavavajillas *m*, lavaplatos *m* || ~**spültisch**, Abwaschtisch *m* / mesa *f* para fregar vajilla || ~**teilung** *f* (Tex) / juego *m* de lizos || ~**wärmer** *m* / calientaplatos *m* || ~**ziehpresse** *f* (Stanz) / prensa *f* de embutir
geschlagen (Seil) / torcido || ~ (Jacquardkarte) / perforado || ~ (Holz) / talado || ~**er Nietkopf** / cabeza *f* de remache aplastada
geschlämmt • e Kaolinmasse (Keram) / leche *f* de caolín || ~**er Schmirgel** / esméril *m* levigado || ~**e Tonmasse**, Schlicker *m* / barbotina *f*
Geschlecht *n* (Biol) / sexo *m* || ~ **einer Fläche** (Math) / género *m* de una superficie
geschleift / con un bucle, dotado de bucles
geschleppt / remolcado, arrastrado
geschlichtet (Web) / encolado

geschliffen, facettiert (Spiegel) / biselado || ~ (mit Sandpapier) (Holz) / lijado || ~**er Edelstein** / piedra preciosa tallada o faceteada || ~**es Glas**, Kristallglas *n* / vidrio *m* tallado, cristal *m* tallado || ~**-poliert** / amolado y pulido
geschlitzt, Schlitz... / hendido, rajado || ~**e Hohlleiterantenne** / antena *f* de guía con fugas o aperturas || ~**er Kern** (Elektr) / núcleo *m* dividido || ~**er Kontakt** (Elektr) / contacto *m* bifurcado || ~**e Messleitung** (Eltronik, Koax) / guía *f* ranurada de medida || ~**er Schraubenkopf** / cabeza *f* de tornillo ranurada || ~**e Unterlegscheibe** / arandela *f* amovible ranurada
geschlossen, zu / cerrado || ~ (Elektr, Math, Mech) / cerrado || ~, dicht / estanco, obturado || ~, verschlossen (Chem) / sellado || ~, insgesamt / en bloque, en conjunto || ~ (Mech) / sin fin || ~, überdeckend (Elektr, Wicklung) / cerrado || ~**er Arbeitsgang** (o. Kreisprozess) (F.Org) / ciclo *m* completo || ~**er Aufbau** (Kfz) / carrocería *f* cerrada o cubierta || ~**e Außenhaut** (Schaumstoff) (Plast) / capa *f* externa cerrada || ~**e Bahn**, Kreisbahn *f* / circuito || ~**e Bebauung** / edificación *f* compacta || ~**e Einheit** (Bahn) / tren *m* indeformable || ~**es Fach** (Web) / calada *f* cerrada, paso *m* cerrado || ~**es Ganzes** / unidad *f*, conjunto *m* cerrado || ~**e Informationskette** (DV) / ráfaga *f* de informaciones || ~**er Kreislauf** / ciclo *m* cerrado || **[vollständig]** ~**er Motor** (Elektr) / motor *m* acorazado || ~**es Netzwerk** (Elektr) / red *f* conecta || ~ **e Ortschaft** / población *f* (E), zona *f* edificada o construida o urbanizada (LA), aglomeración *f* urbana || ~**es Präparat** (Nukl) / fuente *f* hermética || ~**es Promenadendeck** (Schiff) / cubierta *f* de paseo || ~**es Regelsystem** (NC) / sistema *m* de control de cadena cerrada || ~**e selbstkühlende Maschine** (Elektr) / máquina *f* cerrada de refrigeración automática || ~**er Speiser** (Gieß) / embudo *m* de colada rebosadero || ~**es Stauchkaliber** (Walzw) / calibre *m* de recantear cerrado || ~**er Stromkreis** (Elektr) / circuito *m* cerrado || ~**es Unterprogramm** (DV) / subrutina *f* cerrada || ~**e Wicklungsnut** (Elektr) / ranura *f* cerrada de arrollamiento || ~**er Windkanal** (Luftf) / túnel *m* aerodinámico cerrado, túnel *m* de vena cerrada || ~**er Wirkungsweg** (NC) / lazo *m* cerrado || ~**e Zelle** (Schaumstoff) (Plast) / alvéolo *m* espumado || ~**er Zug**, Blockzug *m* (Bahn) / tren *m* bloque || **in** ~**em Gesenk** / en estampa cerrada || **in sich** ~ / autónomo, independiente, completo en sí mismo || **in sich** ~ / autónomo, independiente, completo en sí mismo
Geschlossenfach *n* (Web) / calada *f* cerrada, paso *m* cerrado
geschlossenzellig (Schaumstoff) (Plast) / de alvéolos cerrados || ~**er Schaumstoff** / plástico *m* espumado, plástico *m* de células cerradas
Geschmack *m* (Physiol) / sabor *m* || ~**los** (Chem) / insípido, sin sabor
Geschmacks • muster *n* / modelo *m* estético o [de adorno] registrado || ~**musterschutz** *m* / protección *f* de modelos || ~**stoff** *m*, geschmackverbessernder Zusatz (Nahr) / aromatizante *m*, saborizante *m*, agente *m* aromático || ~**stoff für Nahrungsmittel** / aromatizante *m* para alimentos || ~**verbessernde Zusätze** / aditivos *m pl* saborizantes, saborizantes *m pl* || ~**verstärker** *m* (Nahr) / reforzante *m* del sabor, potenciador *m* de sabor || ~**versuch** *m* **an drei Proben** (Physiol) / degustación *f* con tres pruebas
geschmeidig, biegsam / flexible || ~, weich / suave, blando || ~ (Motor) / elástico || ~, hämmerbar (Metall) / maleable, dúctil || ~ **machen** / ablandar, suavizar || ~ **werden** / suavizarse
Geschmeidigkeit *f*, Weichheit *f* / suavidad *f* || ~, Nachgiebigkeit *f*, Elastizität *f* / elasticidad *f*, flexibilidad *f* || ~ (Metall) / ductilidad *f*

Geschwindigkeitsselektor

geschmiedet (Stahl) / forjado ‖ **~es Kupfer** / cobre *m* forjado ‖ **~er Rohling** / pieza *f* bruta forjada [en estampa]
geschmirgeltes Gewebe (Tex) / tejido *m* esmerilado
geschmolzen (Stahl) / fundido ‖ **~**, zerlassen (Fett) / derretido ‖ **~es Schweißgut** / metal *m* depositado o de aporte ‖ **an der Luft ~** (Hütt) / fundido al aire
geschnitten, abgeschnitten / cortado, tronzado ‖ **~**, zugeschnitten / cortado a media ‖ **~** (Verzahnung) / tallado a máquina ‖ **~** (Hütt, Kante) / cizallado (canto) ‖ **~er Glasspinnfaden**, geschnittenes Textilglas / fibra *f* de vidrio cortada ‖ **~e Waren** *f pl* (Wirkerei) (Tex) / géneros *m pl* de punto cortados ‖ **auf [Kunden]maß ~es Holz** / madera *f* cortada según especificaciones dimensionales
geschnitzelt (allg) / recortado ‖ **~** (Zuckerrohr) / tajado, acuchillado
geschobener Zug (Bahn) / tren *m* empujado
geschoren (Landw) / esquilado ‖ **~** (Samt) / cortado, recortado
Geschoss *n*, Stockwerk *n* (Bau) / piso *m*, planta *f* ‖ **⁓e** *n pl*, Hochbauteil *m* (Bau) / las plantas ‖ **⁓** *n*, Projektil *n* / proyectil *m* ‖ **⁓**, Gewehrkugel *f* (Mil) / bala *f* ‖ **⁓**, Granate *f* / granada *f* ‖ **⁓bahn** *f* (Mil) / trayectoria *f* [del proyectil] ‖ **⁓bau** *m*, Hochbau *m* (Bau) / edificio *m* [de varias plantas], edificación *f* en pisos ‖ **⁓boden** *m* (Mil) / culote *m* de proyectil, fondo *m* del cartucho ‖ **⁓breite** *f* (Bau) / crujía *f* ‖ **⁓decke** *f* / techo *m*, plafón *m* ‖ **⁓ebene** *f* / nivel *m* de piso ‖ **⁓fläche[nzahl]** *f* (Bau) / índice *m* de superficie de pisos, edificabilidad *f* por planta ‖ **⁓höhe** *f*, Stockwerkshöhe *f* (Bau) / altura *f* de[l] piso ‖ **⁓kern** *m* (Mil) / núcleo *m* de la bala, núcleo *m* de proyectil ‖ **⁓mantel** *m* / camisa *f* o envuelta o envoltura del proyectil ‖ **⁓spitze** *f* (Mil) / punta *f*, vértice *m* de un proyectil, ojiva *f* de un proyectil ‖ **⁓treppe** *f* (Bau) / escalera *f* entre pisos
geschränkt (Riemen) / cruzado ‖ **~** (Säge) / triscado
geschraubt, an-, aufgeschraubt, Schraub... / atornillado ‖ **~es [Kreuzungs]herzstück** (Bahn) / corazón *m* de cruzamiento armado de carriles (E), corazón *m* de rieles (LA)
geschrieben, vom Benutzer ~ (DV, Programm) / escrito por el usador
geschrumpft / contraído, encogido ‖ **~** (Geschützrohr) / colocado en caliente
geschult (Personal) / adiestrado, cualificado
geschuppt, schuppig / escamado, escamoso
Geschütz *n* (Mil) / cañón *m*, pieza *f* de artillería, boca *f* de fuego ‖ **⁓aufsatz** *m* / alza *f* o mira telescópica ‖ **⁓rohr** *n* / tubo *m* de cañón ‖ **⁓start** *m* (Rakete) / lanzamiento *m* del cohete desde un cañón
geschützt, gesichert (allg, Elektr) / protegido, asegurado ‖ **~** [vor], abgeschirmt [gegen] / protegido [de], al abrigo [de] ‖ **~**, [ab]gedeckt / cubierto, revestido, recubierto ‖ **~**, firmeneigen / i es propiedad !, de marca ‖ **~e Bauart** (Elektr) / tipo *m* protegido ‖ **~ gegen Obsoleszenz** (Veralten) / protegido contra la obsolescencia ‖ **gegen zufällige Berührungen** (Elektr) / protegido contra contactos accidentales ‖ **~er Isolator** (Elektr) / aislador *m* armado ‖ **~e Lage** / situación *f* abrigada ‖ **~e Sicherung** (Elektr) / cortacircuito *m* protegido ‖ **~er Speicherbereich** (DV) / zona *f* de almacenamiento protegida ‖ **~er Speicherplatz** (DV) / ubicación *f* protegida
Geschützverschluss *m* (Mil) / culata *f*
geschwächt, gedämpft / atenuado ‖ **~**, verdünnt / diluido
Geschwader *n* (Luftf, Mil) / escuadrón *m*
geschwärzt / ennegrecido ‖ **~e Anode** (Eltronik) / ánodo *m* revestido de negro de humo
geschwefelt, schwefelhaltig (Chem) / sulfurado, azufrado ‖ **~es Fettöl** (Chem) / aceite *m* vegetal sulfurado ‖ **~er Kautschuk** (Chem) / caucho *m* vulcanizado

geschweift / bombeado, combado, curvado, arqueado ‖ **~** (Zange) / acampanado ‖ **~e Klammer** (Druck) / abrazadera *f*, llave *f*, corchete *m* ‖ **~er Rücken** (Säge) / lomo *m* curvado
geschweißt, Schweiß... / soldado ‖ **~e Kette** / cadena *f* soldada ‖ **~e Langschienen** (Bahn) / barras *f pl* soldadas [en grandes longitudes], carriles *m pl* soldados en grandes longitudes, barra *f* larga ‖ **~er Leichtträger aus Walzprofilen** / viga *f* ligera soldada de perfiles laminados ‖ **~er Träger aus Walzprofilen** / viga *f* soldada de perfiles laminados
Geschwindigkeit *f* (Phys) / velocidad *f* ‖ **⁓**, Schnelligkeit *f* (allg) / rapidez *f*, ligereza *f*, celeridad *f* ‖ **⁓**, Behändigkeit *f* / prontitud *f*, presteza *f* ‖ **⁓**, Gangart *f* / marcha *f* ‖ **⁓**, Drehzahl *f* (Masch, Mot) / velocidad *f* [angular], número *m* de revoluciones, vueltas/min, r/m, rpm ‖ **⁓**, Gang *m* (Kfz) / marcha *f*, velocidad *f* ‖ **⁓**, Fahrt *f* (Schiff) / velocidad *f* (en nudos) ‖ **⁓** *f* **am Umfang** / velocidad *f* circunferencial o periférica ‖ **⁓ beim Übergang von laminarer in turbulente Strömung** (Hydr) / velocidad *f* crítica ‖ **⁓ in beliebiger Richtung** (Skalargröße) (Phys) / velocidad *f* escalar ‖ **⁓ in bestimmter Richtung** (Vektorgröße) (Phys) / velocidad *f* vectorial, magnitud *f* del vector ‖ **⁓ von 10 Anschlägen je sec** (Büro) / cadencia *f* de 10 pulsaciones por segundo ‖ **mit einer ⁓** [von] / a una velocidad [de] ‖ **mit mehreren ⁓en** / de múltiples velocidades ‖ **mit voller ⁓ o. Fahrt** (Schiff) / a toda velocidad, a todo gas, a toda máquina ‖ **volle (o. größte o. höchste o. maximale) ⁓** / velocidad *f* máxima
Geschwindigkeits•abfall *m* / pérdida *f* [brusca] de velocidad, caída *f* de velocidad ‖ **⁓abnahme** *f* / reducción *f* o disminución de la velocidad, decrecimiento *m* de la velocidad ‖ **⁓abstufung** *f* / graduación *f* de la velocidad ‖ **⁓änderung** *f* / variación *f* de la velocidad ‖ **⁓anzeige** *f* / indicación *f* de velocidad ‖ **⁓anzeiger** *m*, -messer *m*, Tachometer *m n* (Kfz) / tacómetro *m*, indicador *m* de la velocidad, velocímetro *m* ‖ **⁓-Aussteuerung** *f* (Eltronik, Röhre) / amplitud *f* o profundidad de la modulación de velocidad ‖ **⁓begrenzer** *m* (Kfz) / limitador *m* de velocidad ‖ **⁓begrenzung** *f*, -beschränkung *f* (Verkehr) / limitación *f* de [la] velocidad ‖ **⁓bereich** *m* / margen *m* de velocidad[es] ‖ **⁓faktor** *m* / factor *m* de velocidad ‖ **⁓fernmessung** *f* / televelocimetría *f* ‖ **⁓fluktuation** *f* (Hydr) / fluctuación *f* de velocidad de un fluido ‖ **⁓-Gefälle** *n*, Schergefälle *n* (Rheologie) / gradiente *m* de cizallamiento ‖ **⁓grenze** *f*, -begrenzung *f* (Verkehr) / velocidad *f* límite ‖ **⁓kategorie** *f* (Reifen) / categoría *f* de velocidad ‖ **⁓konstante** *f*, -beiwert *m* (Chem, Phys) / constante *f* de velocidad ‖ **⁓kontrolle** *f* (Kfz) / control *m* de crucero adaptivo (por radar) ‖ **⁓messer** *m*, -anzeiger *m*, Tachometer *m n* (Kfz) / indicador *m* de [la] velocidad, velocímetro *m*, tacómetro *m* ‖ **⁓messer** (Phys) / celerímetro *m* ‖ **⁓messer**, -anzeiger *m* (Ballistik) / velocímetro *m* ‖ **⁓messer**, Log *n* (Schiff) / corredera *f* ‖ **⁓modulation** *f* (Eltronik) / modulación *f* de la velocidad, de modulación de la velocidad ‖ **⁓moduliert** (Eltronik) / modulado en velocidad, de modulación de la velocidad ‖ **⁓plan** *m*, -schaubild *n* / diagrama *m* de velocidades ‖ **⁓plan** (Kinematik) / diagrama *m* de velocidad vectorial ‖ **⁓potential** *n*, Potentialfunktion *f* (Hydr) / función *f* potencial ‖ **⁓profil** *n* (Thermodynamik) / perfil *m* de velocidad ‖ **⁓rad** *n* (Turbine) / rueda *f* de velocidad ‖ **⁓regelung** *f* / regulación *f* de [la] velocidad, control *m* de velocidad ‖ **adaptive ⁓regelung**, ASC (Kfz) / control *m* autoadaptable de la velocidad ‖ **⁓regler** *m* / regulador *m* de [la] velocidad, variador *m* de [la] velocidad ‖ **⁓schock** *m* / choque *m* o shock de velocidad ‖ **⁓schreiber** *m* (Bahn, Kfz) / registrador *m* de velocidad, tacógrafo *m* ‖ **⁓schwankung** *f* / variación *f* de la velocidad, fluctuación *f* ‖ **⁓selektor** *m* **für Neutronen** (Nukl) / selector *m* de velocidad[es]

531

neutrónica[s] o de velocidad de neutrones ‖ ˜-Sortierung f (von Elektronen) (Phys) / selección f de velocidad [de electrones], separación f [de electrones] según sus velocidades ‖ ˜spektrograph m (Phys) / espectrógrafo m [de campo] magnético (para separar los electrones de velocides diferentes) ‖ ˜streifen m (Bahn) / cinta f para el tacómetro ‖ ˜streuung f (Phys) / divergencia f de velocidad ‖ ˜stufe f (Masch) / grado m de velocidad ‖ ˜stufe (Turbine) / grado m de velocidad, etapa f de velocidad, expansión f de impulsión ‖ ˜tor m (Doppler-Radar) / filtro m de velocidad ‖ ˜trommel f (Wzm) / tambor m de velocidades ‖ ˜überschreitung f (Verkehr) / exceso m de velocidad ‖ ˜verlust m / pérdida f de velocidad ‖ ˜wasserzähler m / velómetro m contador de agua ‖ ˜wechselrad n, -wechselgetriebe n / engranaje m de cambio de velocidad ‖ ˜-Zeit-Diagramm n (Bahn) / diagrama m o gráfico velocidad-tiempo ‖ ˜ziffer f, -koeffizient m (Hydrodynamik) / coeficiente m de velocidad ‖ ˜-Zuwachs m / incremento m o aumento de velocidad

geschwollen, dick / hinchado
geschwungen / curvo, curvado, arqueado
Geselle m (Handwerk) / oficial m
Gesellschaft f, Vereinigung f / asociación f, sociedad f
Gesellschafts•-Erdschluss m (Elektr) / contacto m a tierra polifásico ‖ ˜-Erdschluss (zweiphasig) / contacto m a tierra bifásico ‖ ˜leitung f (Fernm) / línea f colectiva o común, línea f compartida o en participación ‖ ˜raum m (Bau) / salón m
gesendet•e Welle (Eltronik) / onda f transmitida ‖ ~ **werden** (Radio) / ser emitido, estar en el aire
gesengt (Tex) / chamuscado, gaseado
Gesenk n (Schm) / estampa f, matriz f ‖ ˜, Fornest n (Plast) / matriz f, parte f hembra del molde ‖ ˜, Zwischenschacht m (Bergb) / pozo m interior, pozo m que une dos pisos ‖ ˜ **mit gebrochener Teilfuge** (Schm) / estampa f con plano de separación escalonado ‖ im ˜ **geschlagen** / estampado en matriz ‖ im ˜ **geschmiedetes und gewalztes Reinsteisen** / acero m de alta pureza forjado en estampa y laminado ‖ im ˜ **hohlschmieden** / forjar un cuerpo hueco en estampa ‖ im ˜ **schmieden** / forjar en estampa, matrizar
Gesenk•amboss m / yunque m estampador ‖ ˜**bau** m (Werkstatt) / taller m de matrices o de estampas, matricería f ‖ ˜**bauer** m / matricero m, estampador m ‖ ˜**biegepresse** f, -biegemaschine f (Wzm) / máquina f de doblar entre matrices, prensa f dobladora ‖ ˜**block** m (Schm) / bloque m de matriz ‖ ˜**bördeln** n, Stanzbördeln n (Stanz) / rebordeado m en la prensa ‖ ˜**drücken** n, Nachschlagen n / calibrado m ‖ ˜**einsatz** m (Schm) / asiento m de la matriz, intercalado m ‖ ˜**einsatz** (Plast) / inserción f de la matriz ‖ ˜**formen** n (DIN 8583), -schmieden n (Schm) / estampado m, matrizado m ‖ ˜**fräsmaschine** f (Wzm) / fresadora f de matrices ‖ ˜**fuge** f (Schm) / divisoria f de la estampa, plano m de separación ‖ ˜**führung** f (Schm) / guías de matriz f pl ‖ ˜**halteplatte** f, -einsatzfutter n / placa f de alojamiento de la matriz ‖ ˜**halter** m, Schabotte-Einsatz m / portamatriz m ‖ ˜**hammer** m (Schm) / martinete m estampador o para estampar, martillo m pilón estampador ‖ ˜**hohlraum** m / cavidad f de la matriz ‖ ˜**klotz** m, -block m, -stock m / bloque m para estampar ‖ ˜**kopierfräsmaschine** f (Wzm) / fresadora f copiadora de estampas ‖ ˜**matrize** f (Schm) / matriz f [para estampar], estampa f ‖ ˜**platte** f, Lochplatte f (Schloss) / clavera f, estampa f universal o de banco, tas m de banco ‖ ˜**prägepresse** f (Wzm) / prensa f para hundir matrices ‖ ˜**presse** f (Schm) / prensa f para estampar o matrizar ‖ ˜**pressen** / matrizar ‖ ˜**pressteil** n / pieza f estampada ‖ ˜**rahmen** m (Plast) / bloque m sujetador de la matriz, chasis m del molde ‖ ˜**schmied** m / forjador m de estampa ‖ ˜**schmiede** f / forja f en estampa ‖ ~**schmieden** / forjar en estampa o en matriz ‖ ˜**schmieden** n (Schm) / forjado m en estampa ‖ ˜**schmiedepresse** f, -schmiedemaschine f / máquina f o prensa para forjar en estampa, prensa-estampa f ‖ ˜**schmiedestück** n / pieza f forjada en estampa o en matriz ‖ ˜**schräge** f, Anzug m (Schm) / conicidad f, sesgo m lateral de estampa ‖ ˜**stahl** m / acero m para estampas o matrices ‖ ˜**stempel** m (Schm) / macho m estampador o de estampar

gesenkt (Hydr) / rebajado ‖ ~**e Lage** / posicion f rebajada
Gesenk•teilung f (Schm) / plano m de separación de la estampa ‖ ˜**unterteil** n (die eigentliche Matrize) / matriz f [para estampar], contraestampa f
Gesetz n (Math, Mech, Phys) / ley f, principio m, regla f [invariable] ‖ ˜ **der doppelten Exponentialverteilung** (Math) / distribución f [de] Gumbel ‖ ˜ **der großen Zahl** (Stat) / ley f de los grandes números ‖ ˜ **der kleinsten Quadrate** / ley f de los cuadrados más pequeños ‖ ˜ **der konstanten Proportionen** (Chem) / ley f de las proporciones constantes ‖ ˜ **der multiplen Proportionen** (Chem) / ley f de las proporciones múltiples ‖ ˜ **der Nichtüberkreuzung** (Nukl) / ley f de la imposibilidad de cruzamiento ‖ ˜ **der reziproken Proportionen** (Chem) / ley f de las proporciones recíprocas ‖ ˜ **der Temperaturstrahlung** (Phys) / ley f de la radiación isoterma ‖ ˜ **der Winkelkonstanz** (Min) / ley f de la constancia de ángulos [interfaciales] ‖ ˜ **gegen Umweltverschmutzung** / ley f contra la contaminación o polución del medio ambiente ‖ ˜ **von der Erhaltung der Energie**, Energieerhaltungssatz m (Phys) / ley f de la conservación de la energía ‖ ˜ **von der Erhaltung der Materie** (Mech, Phys) / ley f de la conservación de la materia ‖ ˜ **zur Vermeidung von Arbeitsunfällen** / Ley f de Prevención de Riesgos Laborales (E) ‖ **den** ˜**en der Mechanik zuwider** (Phys) / contrario a las leyes de la mecánica
Gesetzgebung f zur Reinhaltung der Luft / legislación f sobre la protección de la atmósfera, ley f contra la polución de aire
gesetzlich / legal ‖ ~ (Feiertag) / oficial, en el calendario oficial (día festivo) ‖ ~ **garantierter Mindestlohn** / SMIG (= Salario Mínimo Interprofesional Garantizado) (E) ‖ ~ **geschützt** (allg, Patent) / registrado legalmente, patentado, protegido por la ley, de marca ‖ ~**es Ohm** (Elektr) / ohmio m legal ‖ ~**e [Uhr]zeit** / hora f legal ‖ ~**e Vorschrift** / prescripción f legal
gesetzmäßig, legal / legal, conforme a la ley ‖ ~ (Phys) / según las leyes de la Física
Gesetzmäßigkeit f (allg) / legalidad f ‖ ˜ (Masch, Phys) / regularidad f ‖ ˜**en** f pl **erarbeiten o. aufstellen** / establecer leyes, establecer normas generales
gesichert, geschützt (allg, Elektr) / protegido, seguro ‖ ~, geschützt [gegen] / al abrigo [de], asegurado [contra] ‖ ~ (Waffe) / asegurado, en punto de seguro ‖ ~, sicher befestigt / asegurado ‖ ~, abgesichert (Elektr) / protegido por fusible ‖ ~ (Stat) / significativo
Gesicht n, Kopf m (Schriftg) / cara f
Gesichts•achse f, Sehachse f (Opt) / eje m visual ‖ ˜**ebene** f (Opt) / plano m de colimación ‖ ˜**feld** n, Sehfeld n (Opt) / campo m visual o de visión ‖ ˜**feld** (Windschutzscheibe) / campo m visual, panorama m ‖ ˜**feld** (Foto) / campo m visual o de visión o de toma [de la cámara] ‖ ˜**feldblende** f (Opt) / diafragma m de campo ‖ ˜**felderkennung** f / identificación f mediante biometría (datos fisonómicos) ‖ ˜**feldmessung** f (Opt) / perimetría f
Gesichtskreis m / radio m visual ‖ ˜ / línea f o círculo de horizonte, horizonte m ‖ **sichtbarer** ˜, Kimm f / horizonte m visible ‖ **wahrer** ˜ (Opt) / horizonte m astronómico o verdadero

Gesichts•linie f, Sehstrahl m (Fernrohr) / línea f visual ‖ ⁓**linie**, optische Achse (Opt) / línea f de colimación, eje m óptico ‖ ⁓**maske** f, Schutzmaske f / máscara f o careta de protección ‖ ⁓**punkt** m, Augenpunkt m, Augpunkt m (Opt) / punto m de vista, centro m perspectivo ‖ ⁓**punkte** m pl (z.B für Entscheidungen) / puntos m pl de vista, aspectos m pl, criterios m pl ‖ ⁓**schutz** m / protección f facial o de la cara, careta f protectora ‖ ⁓**sinn** m, Sehen n / vista f, sentido m visual ‖ ⁓**winkel** m (Opt) / ángulo m óptico o visual
gesickt (Blech) / con acanaladuras
gesiebt•e Kohle (Bergb) / carbón m tamizado o cribado ‖ ⁓**er Saft** (Zuck) / jugo m filtrado
Gesims n, Simswerk n (Bau) / entablamento m, cornisamento m ‖ ⁓, Türaufsatz m (Zimm) / moldura f ‖ ⁓**hobel** m, Simshobel m (Wz) / cepillo m moldurador o para molduras, guillame m ‖ ⁓**leiste** f (Tischl) / listón m perfilado
gesintert, Sinter... / sinterizado
gesockelter Anschluss (Elektr) / terminal m con zócalo
gesondert gesetzter Akzent (Druck) / acento m postizo o separado
gespachtelt (Bau) / emplastecido
gespalten, rissig / agrietado, con fisuras ‖ ⁓ (Holz) / partido, hendido ‖ ⁓**er Diamant** / diamante m hendido ‖ ⁓**e Enden**, Dopplung f (Blechfehler) / extremos m pl astillados ‖ ⁓**e Finne des Hammers** (Wz) / peña f partida [del martillo] ‖ ⁓**er Keil** / chaveta f hendida ‖ ⁓**er Satz** (Druck) / composición f por columnas
Gespann n (Hütt) / sifón m ‖ ⁓, Gespann-, Bodenplatte f (Hütt) / placa f de sifón ‖ ⁓ (Zugfahrzeug + Anhänger) / camión m con remolque ‖ ⁓**guss** m (Hütt) / colada f en sifón ‖ ⁓**pflug** m (Landw) / arado m de tracción animal
gespannt (Feder) / tensado, flechado ‖ ⁓, unter Spannung stehend / sometido a tensión, bajo tensión ‖ ⁓ (Draht, Seil) / tenso, tensado ‖ ⁓, vorgespannt (Beton) / pretensado ‖ ⁓ (Waffe) / amartillado, armado ‖ ⁓, gestaut (Wasser) / estancado ‖ ⁓ (Grundwasser) / a presión ‖ ⁓ (Luft im Treibhaus) / enfermo ‖ ⁓**e Fahrzeit** (Bahn) / horario m forzado ‖ ⁓**e Feder** / resorte m o muelle tensado o armado
gespeichert, latent (Bild, TV) / latente ‖ ⁓ (DV, Eltronik) / almacenado ‖ ⁓**e Daten** (DV) / datos m pl almacenados ‖ ⁓**e Energie** (Nukl) / energía f almacenada o acumulada ‖ ⁓**es Kraftwasser** (Kraftwerk) / agua f acumulada para generación de energía
gespeistes Element (Antenne) / elemento m excitado
Gesperr n (Uhr) / retén m
Gesperre n, Sperrung f / mecanismo m trabador o sujetador o de bloqueo o de cierro ‖ ⁓, Schaltwerk n / trinquete m, mecanismo de trinquete
gesperrt, zu (Hahn) / cerrado ‖ ⁓, am Starten verhindert (Luftf) / suspendida la licencia de vuelo ‖ ⁓ [gedruckt] (Druck) / espaciado ‖ ⁓, blockiert / bloqueado ‖ ⁓ **für jeden Verkehr** / prohibida la circulación, prohibido el paso, cerrado al tráfico ‖ ⁓ **für Kfz** / prohibido el paso para vehículos motorizados ‖ ⁓ **für LKW** (Straßl) / prohibido el paso para camiones ‖ ⁓ **für PKW** / prohibido el paso para turismos ‖ ⁓ **setzen** (Druck) / espaciar
gespiegelt, reflektiert (Opt) / reflejado, reflejo
Gespinst n (Tex) / hilado m, hilaza f ‖ ⁓, Drahtnetz n / enrejado m de hilo de metal ‖ ⁓**faser** f (Tex) / fibra f textil ‖ ⁓**motte** f (Zool) / polilla f de ciruelo, hiponomeuta m ‖ ⁓**umflechtung** f, Umspinnung f (Tex) / recubrimiento m de hilo
gespitzt, scharriert (Bau, Haustein) / escodado ‖ ⁓**e Fläche** (Bau) / superficie f escodada
gespleißt (Seil) / ayustado, empalmado
gesponnen (Tex) / hilado

Gespräch n, Telefonat n (Fernm) / conferencia f telefónica (E), llamada f, comunicación f, conversación f (LA) ‖ ⁓ **beendet** / conversación f terminada ‖ ⁓ n **mit Voranmeldung** / conferencia f con preaviso (E), comunicación f o llamada personal o de persona a persona (LA) ‖ ⁓ **mit Zeitzählung** / conferencia f con contado del tiempo de pasos (E), comunicación f con tasa de duración (LA) ‖ ⁓ **über 2 zwischenstaatliche Leitungen** (Fernm) / comunicación f de simple tránsito ‖ ⁓ **über 3 zwischenstaatliche Leitungen**, Gespräch n über zwei Grenzen (Fernm) / comunicación f de doble tránsito ‖ **ankommendes** ⁓ (Fernm) / conferencia f entrante (E), comunicación f de llegada (LA), llamada f entrante (E + LA) ‖ **ein** ⁓ **anmelden** / pedir o solicitar una conferencia (E), demandar una comunicación (LA) ‖ **ein** ⁓ **umlegen** (o. weitergeben), weiterverbinden (Fernm) / transferir una conferencia o comunicación ‖ **vom Anmelder zu zahlendes** ⁓ / conferencia f a pagar por el solicitante
Gesprächs•anmeldung f (Fernm) / petición f de conferencia, demanda f o solicitud de comunicación (LA) ‖ ⁓**beginn** m / comienzo m de la conferencia ‖ ⁓**dauer** f / duración f de la conferencia o de la conversación ‖ ⁓**dichte** f (Fernm) / frecuencia f de conversaciones, densidad f de llamadas (LA) ‖ ⁓**einheit** f / unidad f de conversación ‖ ⁓**einheit**, Zählerschritt m / paso m de contador ‖ ⁓**ende** n / fin m de [la] conversación ‖ ⁓**gebühr** f (Fernm) / tarifa f telefónica o de comunicación ‖ ⁓**gebühren** f pl / tarificación f de las comunicaciones ‖ ⁓**gebühreneinheit** f (Fernm) / unidad f de tarifa ‖ ⁓**kanal** m (Fernm) / canal m [de telefonía], vía f de llamada (LA) ‖ ⁓**minute** f / minuto m de comunicación o de tarifa (E), comunicación f minuto, minuto m de llamada (LA) ‖ ⁓**teilnehmer** m, Partner m (Fernm) / interlocutor m ‖ ⁓**verständlichkeit** f (Fernm) / inteligibilidad f de comunicación ‖ ⁓**weg** m / ruta f telefónica ‖ ⁓**weitergabe** f / transferencia f de comunicaciones ‖ ⁓**zahl** f (Fernm) / número m de llamadas o conferencias ‖ ⁓**zähler** m (Fernm) / contador m de llamadas o de conferencias ‖ ⁓**zähler** (beim Teilnehmer) (Fernm) / contador m de abonado ‖ **bezahlte** ⁓**zeit je Stunde** (Fernm) / rendimiento m horario ‖ ⁓**zeitmesser** m (Fernm) / registrador m de tiempo
gespreizt / esparrancado
gesprenkelt, getüpfelt / manchado, moteado, mosqueado, salpicado
gespritzt, spritzgepresst, stranggepresst (Gummi, Metall, Plast) / extrusionado ‖ ⁓ (Email) / recubierto por aspersión (esmalte) ‖ ⁓ (Farbe) / pintado al duco o con pistola ‖ ⁓ (Obst) / protegido o tratado químicamente ‖ ⁓**er Glühfaden** (Glühlampe) / filamento m extruido ‖ ⁓**es Profil** (Gummi) / perfil m extruido ‖ ⁓**er Schlauch** (Gummi) / manga f extruida, tubo m flexible extruido ‖ ⁓**e Schraube** / tornillo m moldeado por inyección ‖ ⁓**e Umhüllung**, Kokonisierung f / envoltura f de cocoon
gesprochen, aus-, zugesprochen (Fernm) / hablado ‖ ⁓**er Brief** (DV) / carta f oral o vocal ‖ ⁓**e Mitteilung** (Fernm) / mensaje m hablado
gesprungen (Glas, Keram) / hendido, rajado, agrietado ‖ ⁓, geplatzt (Holz) / roto
gespundet (durch Nut und Feder) (Tischl) / machihembrado, ensamblado por ranura y lengüeta
gestaffelt, abgestuft / graduado, escalonado ‖ ⁓, Zick-Zack... / en zigzag ‖ ⁓, verstimmt (Funk, TV) / de sintonía escalonada ‖ ⁓, terrassenförmig / banqueado ‖ ⁓**e Linsenantenne** / antena f de reflector escalonado ‖ ⁓**e Pupinisierung** (Fernm) / pupinización f escalonada ‖ ⁓**e Straße**, Zickzackduo n (Walzw) / tren laminador dúo en zigzag m ‖ ⁓**e Vielfachschaltung** (Fernm) / multiplicación f

gestaffelt

escalonada o parcial ‖ ~**e Walzenstraße** (Walzw) / tren *m* de laminación estirado
Gestalt *f*, Form *f* / forma *f*, figura *f*, aspecto *m* ‖ ⁓ (Geol) / configuración *f* ‖ ⁓ **annehmen** / tomar cuerpo o forma ‖ **äußere** ⁓ (o. Form) / forma *f* geométrica
Gestaltabweichung *f* **1. Ordnung**, Formabweichung *f* / error *m* de forma, desviación *f* de la forma geométrica ‖ ⁓ **2. Ordnung**, Welligkeit *f* / corrugación *f* [superficial] ‖ ⁓ **3.-5. Ordnung**, Rauigkeit / rugosidad *f* superficial
Gestaltänderung *f* / modificación *f* de [la] forma, deformación *f*
gestalten *vt*, Gestalt geben / dar forma ‖ ~, formen / formar, conformar, configurar, estructurar, confeccionar, modelar ‖ ~, entwickeln / elaborar, desarrollar
Gestalt•festigkeit *f* / resistencia *f* o rigidez de la pieza conformada [dependiente de su forma], resistencia *f* según diseño ‖ ~**los**, amorph / amorfo ‖ ⁓**magnetostriktion** *f*, Joule-Effekt *m* (Elektr) / magnetostricción *f* positiva
Gestaltung *f* / formación *f*, conformación *f*, configuración *f*, estructuración *f* ‖ ⁓, Schöpfung *f* / creación *f* ‖ ⁓, Verwirklichung *f* / realización *f* ‖ ⁓, Entwicklung *f* / desarrollo *m* ‖ ⁓, Anordnung *f* / disposición *f* ‖ ⁓ **von Normen** / concepción *f* (o elaboración) y presentación de normas ‖ ⁓ **von Normenblättern** / redacción *f* de hojas de normas
Gestaltungsregeln *f pl* (z.B. Normen) / reglas *f pl* de presentación
Gestaltwandel *m*, Metamorphose *f* / metamorfosis *f*
gestampft, gestoßen / apisonado ‖ ~**e Ofensohle** / solera *f* apisonada del horno
geständert (Hochbahn) / sobre puntales o pilares
Gestänge *n* (Masch) / varillaje *m*, varillas *f pl*, vástagos *m pl* ‖ ⁓ (Bahn) / rieles *m pl* ‖ ⁓ (Fernm) / postes *m pl* y mástiles ‖ ⁓ (Mech) / sistema *m* de vástagos o barras ‖ ⁓, Bohrgestänge *n* (Bergb) / varilla *f* de perforación o de sondeo o de barrenado ‖ ⁓**-Ablegen** *n* (Öl) / colocación *f* sobre tarima (p.ej. sarta de tubería) ‖ ⁓**antrieb** *m* / accionamiento *m* por vástagos ‖ ⁓**antrieb an Schaltern** (Elektr) / mando *m* por varillas (o palancas) para interruptores ‖ ⁓**betätigung** *f*, -steuerung *f* / mando *m* por vástagos ‖ ⁓**bewegung** *f*, Hin- und Herbewegung *f* (Masch) / movimiento *m* de vaivén por vástagos ‖ ⁓**bohren** *n* (Bergb) / sondaje *m* o sondeo por varillas ‖ ⁓**bremse** *f* (Kfz) / freno *m* por varillaje ‖ ⁓**bühne** *f* (Öl) / plataforma *f* de celosías o de varillas (sondeo rotatorio) ‖ ⁓**hahn** *m* (Ölbohren) / válvula *f* de tapón ‖ ⁓**kanal** *m* (Bahn) / canal *m* de transmisión rígida ‖ ⁓**pumpe** *f* (Bergb) / bomba *f* de vástago o de varilla ‖ ⁓**pumpen** (Öl) / bombeo *m* por varilla de succión ‖ ⁓**rohr** *n* (Öl) / tubería *f* vástago, caño *m* de perforación (ARG), barra *f* de sondeo (ARG) ‖ ⁓**rückstellfeder** *f*, -gegenfeder *f* (Bahn) / muelle *m* de llamada de la timonería ‖ ⁓**steller** *m* (Bremse) / ajustador *m* de juego de varillas ‖ ⁓**steuerung** *f* / mando *m* por varillaje ‖ ⁓**übertragung** *f* (Bahn) / transmisión *f* rígida ‖ ⁓**zange** *f* **für gebrochenes Gestänge** (Öl) / extractor *m* del varillaje ‖ ⁓**ziehen** *n* (Öl) / extracción *f* de varillaje roto
Gestank *m*, übler o. schlechter Geruch / mal olor, hedor *m*, fetidez *f* ‖ **mit** ⁓ **erfüllen** / apestar
gestanzt (Blech, Tex) / estampado ‖ ~**e Nadel** (Tex) / aguja *f* estampada
gestapelt, geschichtet / apilado
gestaucht / recalcado ‖ ~**e Karkasse** (Kfz, Mängel) / neumático *m* deformado ‖ ~**er Stoß** (Schw) / unión *f* a tope recalada ‖ ~**er Wulstschutzstreifen** (Reifen) / antifricción *f* deformada
gestaut (Hydr) / estancado ‖ ~, vollgepresst (Ladung) / abarrotada
Gestehungskosten *pl* (F.Org) / costes *m pl* de producción o fabricación

gesteigert, erhöht / aumentado, incrementado, intensificado
Gestein *n* (Geol) / roca[s] *f[pl]*, piedra[s] ‖ [**anstehendes**] ⁓ / frente *m* de arranque ‖ **gelöstes** ⁓ / piedras *f pl* sueltas o arrancadas ‖ **sekundäres o klastisches** ⁓ (Geol) / roca *f* clástica ‖ ⁓**arbeit** *f*, Arbeit *f* auf dem Gestein (Bergb) / explotación *f* de rocas
Gesteins•ader *f* / veta *f* o vena de roca ‖ ⁓**analyse** *f* (Geol) / análisis *m* de rocas ‖ ⁓**art** *f* / clase *f* de rocas ‖ ⁓**bearbeitungswerkzeuge** *n pl* / herramientas *f pl* para labrar piedras y rocas ‖ ⁓**beschreibung** *f*, -kunde *f* (Geol) / litología *f* ‖ ~**bildend** / petrificante *adj* ‖ ⁓**bildung** *f* / formación *f* de rocas, petrogénesis *f* ‖ ⁓**bohrer** *m* / barrena *f* para roca ‖ ⁓**bohrer**, -bohrmaschine *f* / barrenadora *f* de minería o de roca, perforadora *f* [rotativa] de roca ‖ **waagerecht arbeitender** ⁓**bohrer** (Bergb) / barrena *f* para sondeo horizontal ‖ ⁓**bohrhammer** *m* / perforadora *f* de percusión, martillo *m* perforador para rocas ‖ ⁓**bohrstahl** *m* / acero *m* para perforadora de roca ‖ ⁓**brocken** *m* / trozo *m* de roca, pedazo *m* de roca, fragmento *m* ‖ ⁓**chemie** *f* (Geol) / petroquímica *f* ‖ ⁓**drehbohrmaschine** *f* (Bergb) / perforadora *f* rotativa de roca ‖ ⁓**faser** *f* / fibra *f* mineral o de roca ‖ ⁓**formation** *f* / formación *f* de roca ‖ ⁓**kopf** *m* (Schachtabsenken) (Bergb, Öl) / corona *f* para roca ‖ [**beschreibende**] ⁓**kunde**, Petrographie *f* / petrografía, litología *f* ‖ [**physikalisch-chemische**] ⁓**lehre**, Petrologie *f* / petrología *f* ‖ ⁓**magnetisierung** *f* (Geol) / magnetización *f* de rocas ‖ ⁓**masse** *f* / masa *f* rocosa ‖ ⁓**mechanik** *f* / mecánica *f* de rocas ‖ ⁓**mehl** *n* (Bergb) / harina *f* mineral o de roca ‖ ⁓**mehl** (Geol) / roca *f* pulverizada [por rozamiento], polvo *m* de roca ‖ ⁓**meißel** *m*, Kegelrollenmeißel *m* (Öl) / trépano *m* de rodillos cónicos, trépano *m* tricono ‖ ⁓**Prallmühle** *f* (Aufb) / quebradora *f* por impacto ‖ ⁓**probe** *f* / muestra *f* de roca, prueba *f* de mineral ‖ ⁓**säge** *f* / sierra *f* de roca o de piedra ‖ ⁓**schicht** *f* (Geol) / estrato *m* de roca, capa *f* rocosa o de roca ‖ ⁓**schutt**, Detritus *m* (Geol) / detrito *m*, roca *f* detrítica ‖ ⁓**staub** *m* (zur Verhinderung von Kohlenstaubexplosionen) (Bergb) / polvo *m* incombustible o mineral o de roca (para evitar explosiones de polvo de carbón) ‖ ⁓**staubkrankheit** *f*, Staublunge *f* (Med) / silicosis *f*, pneumoconiosis *f* ‖ ⁓**staubmahlanlage** *f* (Bergb) / planta *f* para la obtención de polvo mineral ‖ ⁓**staubschranke** *f* (Bergb) / barrera *f* de polvo mineral ‖ ⁓**strecke** *f* (Bergb) / galería *f* en roca ‖ ⁓**vortrieb** *m* (Bergb) / perforación *f* a través de roca ‖ ⁓**waschmaschine** *f* / lavadora *f* de rocas y piedras ‖ ⁓**wolle** *f*, -faser *f* (Bau) / lana *f* mineral o pétrea o de roca ‖ ⁓**zerfall** *m*, physikalische o. mechanische Verwitterung (Geol) / disgregación *f* de rocas (por razones físicos o mecánicos) ‖ ⁓**zersetzung** *f*, chemische Verwitterung / descomposición *f* de rocas (por razones químicas)
Gestell *n*, Rahmen *m* (Masch, Spinn) / bastidor *m*, armazón *f m*, marco *m*, armadura *f* ‖ ⁓, Walzengerüst *n* (Walzw) / bastidor *m*, jaula *f* [del laminador] ‖ ⁓ (Drehmasch.) (Wzm) / bastidor *m* [del torno] ‖ ⁓ (Eltronik, Fernm) / rack *m*, chasis *m*, bastidor *m* [de montaje] ‖ ⁓, Gerüst *n*, Bock *m* / caballete *m* ‖ ⁓, Wiege *f* / cuna *f* ‖ ⁓, Gehäuse *n* (Masch) / caja *f*, carcasa *f* ‖ ⁓, Ständer *m* / pedestal *m*, caballete *m* ‖ ⁓, Regal *n* / estantería *f*, estante *m* ‖ ⁓, Stütze *f* / apoyo *m*, soporte *m* ‖ ⁓, Förderkorb *m* (Bergb) / jaula *f* de extracción ‖ ⁓ (Hochofen) / obra *f* ‖ ⁓ (Bremsberg) / vagoneta *f* ‖ ⁓ (Galv) / percha *f* para baño ‖ ⁓, Fassung *f* (Brille) / montura *f*, armadura *f* ‖ ⁓**aufbau** *m* (Eltronik, Fernm) / construcción *f* para montaje en bastidor normalizado ‖ ⁓**belastung** *f* (Hütt) / carga *f* del crisol ‖ ⁓**boden** *m* (Hütt) / fondo *m* o solera del crisol ‖ ⁓**bremsberg** *m* (Bergb) / plano *m* inclinado con

vagoneta ‖ ≃**durchbruch** *m* (Hochofen) (Hütt) / perforación *f* de la obra y del crisol ‖ ≃**einschub** *m* (Eltronik) / chasis-cajón *m*, unidad *f* enchufable (para rack) ‖ ~**fähig** (Eltronik, IC) / de montaje en bastidor [normalizado] ‖ ≃**förderung** *f* (Bergb) / extracción *f* por (o en) jaulas ‖ ≃**herd** *m* (Hochofen) / crisol *m* ‖ ≃**panzer** *m*, -mantel *m* (Hütt) / blindaje *m* o camisa de la obra o coraza ‖ ≃**reihe** *f* (Fernm) / hilera *f* de bastidores, fila *f* ‖ ≃**säge** *f* / sierra *f* de bastidor ‖ ≃**schluss** *m* (Relais) / cortocircuito *m* de masa ‖ ≃**wand** *f* (Hochofen) / pared *f* de la obra ‖ ≃**weite** *f* (Uhr) / distancia *f* entre platinas
gestelzt, überhöht (Bau, Bogen) / peraltado (arco)
gesteppt (Tex) / pespuntado
gesteuert, geregelt / mandado, maniobrado, controlado, regulado ‖ ~, erzwungen / forzado ‖ ~ (Eltronik, Röhre) / con rejilla polarizada ‖ **~er Ausgang** (Eltronik) / salida *f* controlada ‖ **~es Einlassventil** / válvula *f* de admisión mecánicamente accionada ‖ **~er Kippvorgang** (Kath.Str) / barrido *m* mandado ‖ **~er Kurs**, Kompasskurs *m* (Nav) / rumbo *m* de aguja ‖ **~er Lawinengleichrichter** (Eltronik) / rectificador *m* de avalancha controlada ‖ **~e Schreibstellen** *f pl* (DV) / puestos *m pl* de entrada de impresión ‖ **~e Schwingung** / oscilación *f* controlada o guiada ‖ **~er Übertrag** (DV) / transporte *m* por instrucción separada ‖ **~es Ventil** / válvula *f* mecánicamente accionada
gestielt (Wz) / con mango ‖ **~er Hochdecker** (Luftf) / monoplano *m* parasol
Gestimmtsein *n*, Harmonie *f* / armonía *f*
Gestirn *n* (Astr) / astro *m*, estrella *f* ‖ ≃**peilung** *f* (Nav) / marcación *f* por estrellas
Gestirns•... / astro..., estelar ‖ ≃**höhe** *f* (Astr) / altura *f* astronómica o del astro
Gestirnweite *f*, Amplitude *f* (Astr) / amplitud *f* estelar
gestochen scharf (Opt) / muy nítido
gestockt, übereinander angeordnet (Antenne) / superpuesto, sobrepuesto, de múltiples pisos ‖ ~ (Stein, Beton) / granulado, abujardado ‖ **~e Halbwellenantennen** *f pl* / antenas *f pl* de media onda de elementos superpuestos o apilados
gestopfte Windlöcher (Hütt) / toberas *f pl* obturadas
gestört / perturbado ‖ ~ (Masch, Uhr) / desarreglado ‖ ~, defekt / averiado, en mal estado ‖ ~ (Geol) / dislocado ‖ **~ Einer- [o. Null]signal** (DV) / señal *f* de salida uno [o cero] perturbada ‖ **~e Leitung** (Fernm) / línea *f* averiada ‖ **~es Schwarz** (TV) / negro *m* perturbado, alteración *f* del negro por ruido ‖ **~e Totalreflexion** (Faseroptik) / diafonía *f* ‖ **~e Verbindung** (Fernm) / mala conexión, mal contacto ‖ **Leitung** ~ (Fernm) / avería *f* en la línea, línea *f* averiada
Gestörtzeichen *n* (Fernm) / señal *f* de avería
gestoßen, gestampft / apisonado ‖ ~ (Wzm) / ranurado
gestreckt, platt (Geom) / alargado ‖ ~ (Bahn) / alargado (trayectoria) ‖ ~, gerade / recto ‖ **~er Dipol** (Eltronik) / dipolo *m* recto ‖ **~e Gleislage** (Bahn) / longitud *f* desarrollada de vía ‖ **~er Kautschuk** / caucho *m* estirado ‖ **~e Länge** (des geknickten Stabes) (Mech) / longitud *f* efectiva (de la barra pandeada) ‖ **~ programmieren** (DV) / codificar "in extenso" ‖ **~e Programmierung** / codificación *f* directa ‖ **~e Verseilung** / cableado *m* sin pretorsión ‖ **~er Winkel** (Math) / ángulo *m* llano
gestreift (Tex) / afranjado, rayado, a o de rayas, listado ‖ **~er Batist** (Tex) / batista *f* rayada ‖ **~es Croisé** (Web) / tela *f* harvard para camisas
gestreut (allg, Opt) / dispers[ad]o ‖ **~es Lesen** (DV) / lectura *f* de información dispersa ‖ **~e Speicherungsform** (DV) / almacenamiento *m* disperso ‖ **~e Transmission** (Opt) / transmisión *f* difusa
gestrichelt (mit langen Strichen) (Zeichn) / en trazos, en rayitas, articulado, rayado ‖ **~e Linie mit kurzen,**

geteilt

[langen] **Strichen** / línea *f* puntada o de puntos, [de trazo interrumpido]
gestrichen, ungültig / cancelado, anulado, sin validez ‖ ~ (Pap) / cuché, couché, estucado ‖ ~, angemalt (Anstrich) / pintado ‖ ~, bestrichen (z.B. mit Firnis) / barnizado ‖ ~ [voll] (Hohlmaß) / raso, arrasado
Gestrick *n* (Tex) / género *m* de punto
gestrickte Oberbekleidung (Tex) / ropa *f* exterior de punto
gestrippt (Öl) / despojado de fracciones livianas
Gestrüpp *n* / broza *f*, maleza *f*, malezal *m* (LA) ‖ **~durchwachsenes Gelände** / matorral *m*, zarzal *m*, breña *f*
Gestübbe *n* (Hütt) / mezcla *f* de coque menudo y de esquisto y de arcilla (para revestir hornos)
gestuft, abgestuft (Gelände) / escalonador, banqueado ‖ ~ (Härten) / escalonado, de o en escalones ‖ **~es Härten** / temple *m* escalonado
gestürzte Achse (Kfz) / eje *m* inclinado
gestutzt, abgehackt / truncado ‖ ~ (Bäume) (Landw) / recortado, [cha]podado (árboles)
gestützt, gehalten / sujetado, apoyado, soportado ‖ ~, rechnergestützt (DV) / asistido o ayudado por ordenador
gesuchte Größe (Math) / magnitud *f* buscada o desconocida
Gesundheit *f* **am Arbeitsplatz** / salud *f* laboral
gesundheits•fördernd, gesund / salubre, saludable, salutífero ‖ ≃**gefahren** *f pl*, -risiken *n pl* / peligros *m pl* para la salud, riesgos *m pl* contra la salud ‖ ≃**ministerium** *n* / Ministerio *m* de Sanidad y Seguridad Social (E) ‖ ≃**pflege** *f*, -wesen *n*, Hygiene *f* / higiene *f* [pública] ‖ ≃**polizei** *f* / policía *f* sanitaria o de sanidad ‖ ≃**schädlich** / insalubre, malsano, nocivo para o dañino a la salud ‖ ≃**schädlich** (Gas) / deletéreo ‖ ≃**schädlich** (Arbeit) / nocivo o perjudicial para la salud ‖ ≃**schutz** *m* (Med) / protección *f* sanitaria ‖ ≃**technik** *f* / técnica *f* sanitaria ‖ **~technisch**, Gesundheits..., sanitär / sanitaria, en materia sanitaria
"**Gesundschrumpfen**" *n* / redimensionamiento *m* ‖ ≃ / redimensionamiento *m* (de empresas)
gesüßt / edulcorado
getäfelt, in Füllungen eingeteilt (Bau) / subdividido en paneles, artesonado
getäkst (Schuh) / fijado o montado con estaquillas
getaktet (DV) / de ciclo fijo
getastet (Fernm) / manipulado ‖ **~es Ausgangssignal** (Regeln) / señal *f* de salida periódica ‖ **~es Netzteil** (Eltronik) / bloque *m* de alimentación manipulado ‖ **~e Rückstrahlantenne** / antena *f* con reflector codificada ‖ **~es System** (Regeln) / sistema *m* manipulado ‖ **~e ungedämpfte Wellen** *f pl* (Eltronik) / ondas *f pl* entretenidas manipuladas ‖ **nicht ~** (Fernm) / no manipulado
getaucht / inmerso, de o por inmersión ‖ ~ (Elektrode, Schw) / revestido por inmersión ‖ **~e Fahrt**, Tauchfahrt *f* (Schiff) / viaje *m* submarino o bajo agua, navegación *f* bajo [la superficie del] agua
geteert (Straßb) / alquitranado, embreado ‖ **~er Hanf** / cáñamo *m* embreado ‖ **~e Leinwand** (Schiff) / lona *f* alquitranada o impermeable, tela *f* doble de yute ‖ **~es Werg**, Kalfaterwerg *n* (Schiff) / estopa *f* alquitranada o de calfatear, empaque *m*
geteilt / dividido, partido, fraccionado ‖ ~, abgeteilt / separado, partido ‖ ~ (in der Längsrichtung, z. B. Lager, Kurbelwelle, Formen, Armaturen usw) (Masch) / en dos piezas o partes, partido longitudinalmente, (cojinete): en dos casquillos ‖ **~e Achse** / eje *m* dividido ‖ **~es Achslager** (Bahn) / caja *f* de grasa de dos piezas ‖ **~es Bild** (TV) / imagen *f* dividida ‖ **~e Felge** (Kfz) / llanta *f* desmontable ‖ **~es Fenster** (Bahn) / ventanilla *f* de guillotina ‖ **~e Form** (Gieß) / molde *m* partido ‖ **~er Käfig** (Wälzlager) /

535

geteilt

jaula *f* partida ‖ **~es Kaliber** (Walzr) / paso *m* partido ‖ **~er Kolben** (Mot) / pistón *m* partido o de dos piezas ‖ **~er Kompressor** (Axialgasturbine) (Luftf) / compresor *m* doble (turbina axial de gas) ‖ **~es Kurbelgehäuse** (Mot) / cárter *m* partido ‖ **~e Matrize** (Sintern) / matriz *f* segmentada o en dos piezas ‖ **~es Modell** (Gieß) / modelo *m* de dos o varias partes ‖ **~es Rad** / rueda *f* partida ‖ **~e Raketenspitze** (Raumf) / ojiva *f* partida ‖ **~e Riemenscheibe** / polea *f* dividida o partida ‖ **~es Schwungrad** / volante *m* en dos mitades ‖ **~e Strömung** *f* / corriente *f* dividida ‖ **~es System** (Kompressor u. Verdampfer getrennt) (Kältetechnik) / sistema *m* en dos partes ‖ **~e Tastatur** (DV) / teclado *m* seccionado ‖ **~er umklappbarer Rücksitz** (Kfz) / asiento *m* trasero dividido y rebatible ‖ **~e Verbrennungskammer** / cámara *f* de combustión dividida ‖ **in Segmente ~** / segmentado
getempert (Schm) / maleabilizado
getigert, gefleckt (Marmor) / gateado, jaspeado ‖ **~es (o. geflecktes) Mahagoniholz** / madera *f* de caoba gateada o atigrada o moteada o jaspeada
getönt / matizado, teñido, tintado ‖ **~e Scheibe** (Kfz) / cristal *m* tintado, vidrio *m* de color, luna *f* tintada
getoppt, leicht destilliert (Öl) / reducido
Getränke•automat *n* / máquina *f* expendedora de bebidas, distribuidor *m* automático de bebidas ‖ **~industrie** *f* / industria *f* de bebidas ‖ **~schlauch** *m* / tubo *m* flexible para bebidas ‖ **~technologie** *f* / tecnología *f* de las bebidas
getränkt, imprägniert / impregnado, embebido, empapado
Getreide *n*, Körnerfrüchte *f pl* / cereales *m pl*, granos *m pl* ‖ **~ [auf dem Halm]** / cereales *m pl* sin cosechar
Getreide•... / cereal *adj* ‖ **~..**, spez.: Weizen... / triguero *adj* ‖ **~ableger** *m* (Landw) / segadora *f* agavilladora ‖ **~ähre** *f* (Bot) / espiga *f* ‖ **~annetzmaschine** *f*, -befeuchtmaschine *f* (Brau) / máquina *f* humectadora de granos ‖ **~beize** *f*, -beizung *f* / desinfección *f* de granos ‖ **~beizmittel** *n* / desinfectante *m* de granos ‖ **~boden** *m*, Speicher *m* / granero *m* ‖ **~brand** *m* (Landw) / tizón *m*, añubio *m*, niebla *f* ‖ **~brennerei** *f*, -destillation *f* / destilería *f* de granos ‖ **~bürstmaschine** *f*, -poliermaschine *f* (Brau) / limpiadora *f* y pulidora de granos ‖ **~chemie** *f* / química *f* de [los] cereales ‖ **~einheit** *f* **(GE)**, Getreidewert *m* (Nahr) / valor *m* cereal ‖ **~halmwespe** *f*, Cephus pygmaeus (Zool) / cefo *m* del grano ‖ **~heber** *m*, -elevator *m* / elevador *m* de granos ‖ **~korn** *n* / grano *m* [de cereales] ‖ **~mäher** *m*, Mähmaschine *f* (Landw) / segadora *f* de cereales, cosechadora *f* de cereales ‖ **~mehltau** *m* (Erysiphe graminis) (Bot) / oídio *m* de los cereales ‖ **~motte** *f* (Zool) / polilla *f* de los cereales ‖ **~mühle** *f*, Mahlmühle *f* / molino *m* triguero o harinero o para granos ‖ **~putzmaschine** *f*, -reinigungsmaschine *f* / limpiadora *f* de granos, máquina *f* aventadora de cereales ‖ **~rost** *m* (Landw) / nublado *m* ‖ **~rüßler** *m*, Kornkäfer *m*, Calandra granaria, Sitophilus granarius (Parasit) / gorgojo *m* del trigo o de los graneros ‖ **~schädlinge** *m pl* (Landw) / parásitos *m pl* de cereales ‖ **~schäl- und -spitzmaschine** *f* / máquina *f* para mondar y desmondar [el trigo] ‖ **~schotten** *pl* (Schiff) / cubichetes *m pl* de estiba ‖ **~sieb** *n*, Rätter *m* / cedazo *m* o cribo para granos, arel *m* ‖ **~sortiermaschine** *f* (Landw) / clasificadora *f* de granos ‖ **~speicher** *m*, -silo *m*, -lagerhaus *n* / silo *m* [para granos], granero *m*, troja *f* (LA), balanzón *m* (MEJ) ‖ **~stärke** *f* / almidón *m* [de cereales] ‖ **~stroh** *n* (Pap) / paja *f* [de cereales] ‖ **~waage** *f* / báscula *f* de cereales ‖ **~wanze** *f* (Zool) / chinche *m* de los cereales ‖ **~zentrifuge** *f* / limpiadora *f* centrífuga de granos
getrennt *adj* / separado ‖ **~**, im Abstand / espaciado ‖ **~** *adv* / por separado ‖ **~**, diskret (Eltronik) / discreto, diferenciado ‖ **~er Antrieb** / propulsión *f* separada o independiente ‖ **~er Auftrag** (Kleber) / aplicación *f* por separado ‖ **~er Bahnkörper** (Straßenbahn) / asiento *m* de vía propio ‖ **~ gegossener Probestab** / probeta *f* fundida por separado ‖ **~e Mengen** *f pl* (Math) / conjuntos *m pl* disgregados o separados ‖ **~ montieren** / montar por separado ‖ **~e Nabe** (Kfz) / cubo *m* de dos piezas ‖ **~e Phasen** (Elektr) / fases *f pl* aisladas ‖ **~e Schaltung** (Kfz) / cambio *m* de velocidades a distancia ‖ **~ werden** (Elektr) / ser cortado ‖ **~mahlung** *f* (Pap) / refinado *m* por separado ‖ **~schmierung** *f* / lubri[fi]cación *f* separada
Getriebe *n*, Vorgelege *n* (Masch) / engranaje *m*, contramarcha *f* de engranajes ‖ **~** (Mech) / mecanismo *m* [reductor] ‖ **~**, Schaltgetriebe *n* (Kfz) / cambio *m* de marchas (E), caja *f* de cambios (E), cambio *m* de velocidades (LA), caja *f* de transferencia ‖ **~**, Winkelgetriebe *n* / linterna *f* ‖ **~**, Vorgelege *n* / contramarcha *f* ‖ **~**, Riemengetriebe *n* / transmisión *f* [por correa] ‖ **~** (Ackerschlepper) / transmisión *f* ‖ **~**, Gangwerk *n* (Uhr) / rodaje *m*, tren *m* de ruedas ‖ **~ für Hilfseinrichtungen** (Luftf) / engranaje *m* impulsor de los accesorios ‖ **~ mit** [ohne] **Achsenwinkelmodifikation** / engranaje *m* con [sin] modificación del ángulo de ejes ‖ **~ mit gekreuzten Wellen** / engranaje *m* con árboles cruzados ‖ **~ mit Handschaltung** (Kfz) / caja *f* de cambios manual ‖ **~ mit Rasten** (o. Raststellungen) / mecanismo *m* con posiciones de detención ‖ **~ mit Übersetzung ins Schnelle** / engranaje *m* multiplicador o de multiplicación ‖ **~ mit Untersetzung ins Langsame** / engranaje *m* reductor o demultiplicador o de reducción ‖ **~ zur Erzeugung bestimmter Funktionen** (Kinematik) / mecanismo *m* cinemático, generador *m* de funciones ‖ **achsversetztes ~** / engranaje *m* de ejes desplazados, engranaje *m* hipoide ‖ **automatisches ~**, Automatikgetriebe *n* (Kfz) / caja *f* de cambios automática, cambio *m* automático ‖ **mit eingebautem ~** / con engranaje integrado o incorporado ‖ **stufenloses ~** / engranaje *m* sin escalones
getriebe•abhängige Zapfwelle, Getriebe-Zapfwelle *f* (Landw) / toma *f* de fuerza del cambio de velocidades ‖ **~anordnung** *f* **im Knotenpunkt der Drehschwingungen** / disposición *f* del mecanismo en el punto nodal de las vibraciones por torsión ‖ **~arbeit** *f* (Bergb) s. Getriebezimmerung ‖ **~atlas** *m* / atlas *m* de engranajes ‖ **~aufhängung** *f* / suspensión *f* de la caja de cambios ‖ **~automat** *m*, -automatik *f* (Kfz) / caja *f* de cambios automática, cambio *m* automático ‖ **~block** *m* / bloque *m* de engranajes ‖ **~-Blockschaltbild** *n* / diagrama *m* cinemático ‖ **~bremse** *f* / freno *m* sobre el [árbol del] engranaje ‖ **~bremsmotor** *m* / motor *m* reductor con freno incorporado ‖ **~eingangswelle** *f* / árbol *m* de entrada [de la transmisión] ‖ **~fett** *n* / grasa *f* para engranajes ‖ **~flansch** *m* (Kfz) / brida *f* de la caja de velocidades ‖ **~gehäuse** *m*, -kasten *m* / cárter *m* del engranaje o del mecanismo, caja *f* de engranaje ‖ **~gehäuse** (Kfz) / caja *f* de cambios o de velocidades ‖ **~gehäusedeckel** *m* (Kfz) / tapa *f* de la caja de cambios ‖ **~hals** *m*, -verlängerung *f* (Kfz) / cuello *m* de la caja de cambios ‖ **~kette** *f* (Kinematik) / mecanismos *m pl* consecutivos ‖ **~kette** (Masch) / cadena *f* para engranajes ‖ **~kleinmotor** *m* / motor *m* de fracción de caballo con engranaje [reductor] incorporado ‖ **~kompressor** *m* / compresor *m* con multiplicador incorporado ‖ **~kopf** *m* / ~ cabeza *f* del engranaje [reductor] ‖ **~lehre** *f* (Masch) / teoría *f* de engranajes ‖ **~lehre** (Kinematik) / teoría *f* de mecanismos, cinemática *f* de los engranajes ‖ **~lokomotive** *f* (Bahn) / locomotora *f* Diesel con engranaje ‖ **~los**, räderlos / sin engranaje[s] ‖ **~motor** *m* (Elektr) / motor *m* [con engranaje] reductor, motorreductor *m*

getrieben / accionado ‖ ~, angetrieben, mitgenommen (Masch) / accionado, impulsado, propulsado, mandado ‖ ~, angetrieben (Zahnrad) / conducido ‖ ~, gehämmert / repujado ‖ ~, geprägt / troquelado ‖ ~ (Edelmetalle) / martelé ‖ **~e Arbeit** / repujado *m* ‖ **~es Rad** / rueda *f* accionada o mandada, rueda *f* conducida o impulsada
Getriebenes *n*, getriebene o. Treibarbeit / trabajo *m* repujado
Getriebe•öl *n* (Kfz) / aceite *m* [lubricante] para engranajes ‖ **~paar** *n* / par *m* de mecanismos ‖ **~plan** *m* (Wzm) / esquema *m* de engranaje ‖ **~prüfgerät** *n* / verificador *m* de la relación de transmisión ‖ **~rad** *n* / rueda *f* de engranaje o de engrane ‖ **~rad für ständigen Eingriff** / rueda *f* de engrane permanente ‖ **~Ratschen** *n* (Kfz) / rechinamiento *m* de engranajes ‖ **~reibung** *f* / rozamiento *m* entre ruedas de engranaje ‖ **~schalthebel** *m* / palanca *f* de cambio ‖ **~schaltung** *f* (Tätigkeit) / cambio *m* de velocidad ‖ **~schnecke** *f* / visinfín *m* ‖ **~sperre** *f* / bloqueo *m* del engranaje ‖ **~technik** *f* (Kinematik) / técnica *f* de [los] mecanismos, construcción *f* de mecanismos ‖ **~teil** *m* (eines Apparates) / engranaje *m* impulsor (de un aparato) ‖ **~teil** *m n* / elemento *m* de engranaje, pieza *f* integrante de un engranaje ‖ **~trommel** *f* (Kran) / tambor *m* reductor ‖ **~tunnel** *m* (Kfz) / túnel *m* del árbol de transmisión ‖ **~turbine** *f* / turbina *f* con reductor incorporado, turbina *f* de accionamiento con engranaje ‖ **~turboverdichter** *m* / turbocompresor *m* con multiplicador incorporado ‖ **~verlängerung** *f*, -hals *m* (Kfz) / cuello *m* de la caja de cambios ‖ **~verluste** *m pl* / pérdidas *f pl* por rozamiento en el engranaje ‖ **~verluste durch Ölbewegung** / pérdidas *f pl* por turbulencia de aceite en el engranaje ‖ **~verzahnung** *f* / dentado *m* de engranaje ‖ **~welle** *f* / árbol *m* de la caja de cambios, árbol *m* de transmisión ‖ **~zimmerung** *f* (Bergb) / entibación *f* de avance en piedras sueltas o en arena movediza ‖ **~zug** *m* / tren *m* de engranajes
Getriebsschema *n* (Kinematik) / esquema *m* cinemático
getriggert, angestoßen (Eltronik) / gatillado ‖ **~e Zeitablenkung** / base *f* de tiempos gatillada
getrocknet / desecado, secado, seco ‖ **an der Luft** ~ / secado al aire
getroffen / chocado ‖ **~e Fläche** (Strahlung) / blanco *m* ‖ **~er Kern** (Nukl) / núcleo *m* chocado o bombardeado o percutido ‖ **~es Teilchen** (Nukl) / partícula *f* bombardeada
Getter *n* (Vakuum) / getter *m*, rarefactor *m*, afinador *m* de vacío ‖ **~ionenpumpe** *f* (Eltronik) / bomba *f* de vacío sorbedora de iones o de adsorción iónica
gettern *vt* (Eltronik) / adsorber [gases residuales] por getter, eliminar gases por getter
Getterpumpe *f* / bomba *f* de getter, bomba *f* de sorción
Getterung *f*, Gasaufzehrung *f* (Vakuum) / adsorción *f* de gases residuales, afinación *f* del vacío
Getter•verdampferpumpe *f* (Vakuum) / bomba *f* de afinación del vacío por evaporación ‖ **~werkstoff** *m*, -substanz *f* / sustancia *f* reductora de presión, rarefactor *m*
getüncht (Bau) / enjalbegado
getupft, Tupfen..., getüpfelt / moteado, punteado
Gev, Gigaelektronenvolt *n* / gigaelectrón-voltio *m*
Gevelingsschott *n*, Getreideschott *n* (Schiff) / cubichete *m* de estiba
Geviert *f*, Quadrat *n* (Geom) / cuadrado *m* ‖ ~, Türstock *m* (Bergb) / puntal *m* ‖ ~, Ganzgeviert *n* (Druck) / cuadratín *m*, espacio *m* de eme ‖ **~zimmerung** *f* (Bergb) / entibación *f* por puntales
Gew.% = Gewichtsprozent
gewachsen (allg) / crecido ‖ ~ (Reifen) / dilatado ‖ **~er Boden** (Landw) / suelo *m* natural ‖ **~er Fels** (Geol) / roca *f* viva ‖ **~e Schicht**, gewachsener Übergang (Halbl) / capa *f* o unión cultivada o por crecimiento ‖ ~

sein (jeder Aufgabe) / enfrentarse (a cualquier tarea) ‖ **einer Sache ~ sein** / poder hacer frente a alguna cosa, estar a la altura de la tarea
Gewächshaus *n* / invernáculo *m*, invernadero *m* ‖ **~ für Versuche** (Biol) / fitotrón *m* ‖ **[heizbares]** ~ (Landw) / invernáculo *m* calentable ‖ **nicht heizbares** ~ / invernáculo *m* frío o no calentable
gewachst (Holz) / encerado, parafinado
gewählt, ausgewählt / seleccionado, escogido, selecto ‖ **~er Code** / código *m* seleccionado
gewähren *vt* / conceder, otorgar
gewährleisten, garantieren / garantizar
Gewährleistung *f*, Gewähr *f* / garantía *f*, saneamiento *m*
Gewährleistungs•anspruch *m* / derecho *m* a garantía o de saneamiento [por defectos] ‖ **~werte** *m pl* / valores *m pl* garantizados
Gewährsmängel *pl* / falta *f* de garantía
gewalkt (Tex) / batanado, abatanado
Gewalt *f* / fuerza *f*, violencia *f* ‖ **~bremsung** *f* (Kfz) / frenado *m* violento, frenazo *m* ‖ **~bruch** *m* / rotura *f* de violencia ‖ **~bruch** (Mat.Prüf) / rotura *f* forzada ‖ **~bruch** (Lager etc.) / rotura *f* completa o total [de un rodamiento] ‖ **~bruch** (Nukl) / rotura *f* violenta [de la vaina del combustible]
gewältigen, Grubenbaue ~ (Bergb) / achicar las aguas
Gewaltprobe *f*, -versuch *m* (Mat.Prüf) / ensayo *m* violento o de violencia, prueba *f* forzada
gewalzt (Hütt) / laminado ‖ **~es Gewinde** / rosca *f* laminada ‖ **~e Graupappe**, Hartpappe *f* (Pap) / cartón *m* duro o comprimido ‖ **~es Messer** (Zuck) / cuchilla *f* [de] Goller ‖ **~es Rohglas** / vidrio *m* bruto fundido [en hojas] ‖ **~e Schraube** / tornillo *m* con rosca laminada
Gewände *n* **der Tür** (Bau) / derrame *m*
Gewandtheit *f* / habilidad *f*, destreza *f*, agilidad *f*
gewaschen (Bergb, Tex) / lavado ‖ **~es Gut** (Bergb) / producto *m* lavado ‖ **~es Kaolin** / caolín *m* lavado ‖ **~e Kohle** (Bergb) / carbón *m* lavado ‖ **~e Nusskohle** / hulla *f* granulada lavada ‖ **~ und gereinigt** (Kaffee) / lavado y limpi[ad]o ‖ **~e Wolle** (Tex) / lana *f* desengrasada
Gewässer *n* / aguas *f pl* ‖ **stehendes, stagnierendes** ~ / aguas *f pl* estancadas, agua *f* muerta ‖ **~kunde** *f*, Hydrographie *f* / hidrografía *f* ‖ **~lehre** *f*, Hydrologie *f* / hidrología *f* ‖ **~reinigungsfahrzeug** *n* (Hydr) / vehículo *m* limpiador de aguas ‖ **~schutz** *m* (Umw) / protección *f* de aguas
gewässert, getränkt / remojado, empapado ‖ ~, moiriert, Moiré... (Web) / muarado ‖ ~ (Landw) / regado
Gewässerverschmutzung *f* (Umw) / polución *f* o contaminación *f* de [las] aguas
Gewebe *n* (Biol, Tex) / tejido *m* ‖ ~, Webart *f*, Weben *n* / tejedura *f* ‖ ~, Stoff *m* (Tex) / tela *f*, paño *m* ‖ ~... / de tejido[s], textil ‖ ~ *n* **mit 20 Kettfäden u. 18 Schussfäden je Zoll** / tejido *m* de 20 hilos de urdimbre y de 12 hilos de trama por pulgada ‖ **durchscheinende (o. zarte)** ~ / *pl* transparentes, tejidos *m pl* tipo ilusión ‖ **mit ~ bezogener Karton** (Pap) / cartón *m* revestido con tejido o tela ‖ **mit ~ versehen** / con tejido, textil
gewebe•ähnlich, -äquivalent (Nukl) / equivalente al tejido ‖ **~art** *f* (Web) / clase *f* de tejido, textura *f*, tejedura *f* ‖ **~aufbau** *m*, -bild *n* (Biol, Tex) / contextura *f*, constitución *f* del tejido ‖ **~bahnenführer** *m* (Tex) / aparato *m* introductor de tejido ‖ **~band** *f* / cinta *f* textil ‖ **~befeuchtungsmaschine** *f* / máquina *f* humectadora de tejidos ‖ **~bespannung** *f* / revestimiento *m* textil ‖ **~bezogener Karton** (Pap) / cartón *m* con capa de tejido ‖ **~bindung** *f* (Tex) / ligamento *m* de tejido ‖ **~blatt** *n*, Stoffscheibe *f* / disco *m* de tela (Reifen) / rotura *f* de telas ‖ **~bruch** *m* / **~bürstmaschine** *f* (Tex) / máquina *f* para cepillar tejidos ‖ **~dichte** *f* / densidad *f* del tejido ‖

Gewebedichtefaktor

~**dichtefaktor** m / factor m de cobertura ‖ ~**draht** m / alambre m para tela metálica ‖ ~**druck** m, Textildruck m (Tex) / estampación f o impresión textil o de telas ‖ ~**druckmaschine** f / máquina f de estampar tejidos ‖ ~**einband** m, Leinenband n (Druck) / encuadernación f textil o en tela ‖ ~**einlage** f (Reifen) / tejido m intermedio, entretela f ‖ ~**entstaubung** f (Chem, Verfahren) / filtración f por tejidos ‖ ~**falz** m (Bb) / cajo m de tela ‖ ~**filmdruck** m (Tex) / estampación f de tejidos a la lionesa ‖ ~**filter** n, -entstauber m / filtro m textil ‖ ~**fixierung** f (Tex) / fijación f del tejido ‖ ~**füllstoff** m (Plast) / material m textil de relleno ‖ ~**gurt** m (Masch, Tex) / correa f textil ‖ ~**haltiger Isolierschlauch** (Elektr) / manga f aislante [con refuerzo] textil ‖ ~**kante** f, Salleiste f (Tex) / orillo m de tejido ‖ ~**kultur** f (Biol) / cultivo m de tejidos ‖ ~**lage** f (Kfz, Reifen) / capa f textil o de tejido ‖ ~**legemaschine** f (Tex) / máquina f plegadora de tejidos o telas ‖ ~**loser Isolierschlauch** / manga f aislante sin refuerzo de tejido ‖ ~**packpapier** n / papel m de embalaje reforzado por tejido ‖ ~**packung** f (Masch) / empaquetadura f de material textil ‖ ~**papier** n, Gazepapier n / papirolina f, papel m con tela interior ‖ ~**pappe** f / cartón m con refuerzo textil ‖ ~**prepreg** n (Tex) / tejido m preimpregnado ‖ ~**putzmaschine** f (Tex) / desmotadora f, máquina f de desmotar ‖ ~**riemen** m (Masch) / correa f tejida ‖ ~**rücken** m, linke Seite des Gewebes (Tex) / revés m ‖ ~**schermaschine** f (Tex) / tundidora f de tejidos ‖ ~**schnitzel** n pl (Plast) / recortes m pl de tejido[s] ‖ ~**spanntrockner** m (Tex) / rama f secadora y tensora ‖ ~**trockenmaschine** f / máquina f de secar tejidos, secatejidos m ‖ ~**umschlag** m (Reifen) / vuelta f de tela[s] ‖ ~**veredelung** f (Tex) / acabado m de tejidos ‖ ~**verstärkung** f (Plast) / refuerzo m por tejido, capa f posterior de refuerzo ‖ ~**weichmacher** m, Weichspülmittel n / suavizante m
Gewebs•kultur f (Biol) / cultivo m de tejidos ‖ ~**system** n, Pflanzengewebe n (Bot) / tejido m vegetal
gewebt (Tex) / tejido adj ‖ ~**e Filztuche** n pl / paños m pl de fieltro tejidos ‖ ~**e Umklöppelung** (für Schläuche) / envoltura f tejida (para tubos flexibles)
Gewehr n / fusil m, rifle m ‖ ~, Jagdgewehr n / escopeta f ‖ **gezogenes** ~, Büchse f / fusil m rayado ‖ ~**fabrik** f / fábrica f de armas ‖ ~**granate** f (Mil) / granada f de boca o de fusil ‖ ~**kolben** m / culata f de fusil ‖ ~**lauf** m / cañón m de fusil ‖ **gezogener** ~**lauf** / cañón m rayado o de ánima rayada ‖ ~**mündung** f / boca f del fusil ‖ ~**riemen** m / portafusil m, portaescopeta m ‖ ~**schaft** m / caja f de fusil ‖ ~**schloss** n / cerrojo m del fusil ‖ ~**schulterstütze** f / apoyo m en el hombre ‖ ~**teile** m pl / piezas f [desmontables] del fusil
geweiftes Garn (Spinn) / hilo m devanado
geweißt (Bau) / blanqueado, enjalbegado
gewellt (Pap, Schlauch) / ondulado ‖ ~**e Kokille** (Hütt) / lingotera f ondulada ‖ ~**es Prallblech** (Hütt) / pantalla f [de choque] ondulada
gewendelt (Glühfaden) / arrollado [en hélice] ‖ ~**e Handapparateschnur** (Fernm) / cordón m [telefónico] retráctil o enroscado o en espiral ‖ ~**er Leuchtdraht** (Elektr) / filamento m arrollado ‖ ~**e Stufe** (Bau) / peldaño m de abanico o de vuelta ‖ ~**er Wärmeaustauscher** (Heizung) / cambiador m de calor con tubos helicoidales ‖ **doppelt** ~ (Elektr, Masch) / doblemente arrollado
Gewerbe n (Dachbegriff) / artesanado y pequeñas y medias empresas comerciales e industriales ‖ ~ / industria f, arte m industrial, actividad f industrial ‖ ~, Handwerk n / oficio m, actividad f artesanal, los oficios, artesanado m ‖ ~, Beruf m / actividad f profesional, profesión f ‖ ~, Handel m, Verkehr m / comercio m, actividad f comercial, tráfico m ‖ ~ (Zange) / movimiento m inverso en unión encajada ‖ ~, Branche f / ramo m, sector m ‖ ~..., gewerblich /

industrial ‖ ~ n **des Scharniers** (Tischl, Zimm) / parte f arrollada de la charnela, bote m de bisagra ‖ ~**aufsicht** f / inspección f industrial o de industrias, inspección f del trabajo ‖ ~**aufsichtsamt** n / oficina f de inspección industrial ‖ ~**betrieb** m / empresa f industrial o artesanal ‖ ~**bügeleisen** n / plancha f industrial ‖ ~**gebiet** n, Industriegebiet n, -zone f (einer Stadt) / polígono m industrial ‖ ~**hygiene** f (Med) / higiene f industrial ‖ ~**kühlschrank** m / refrigerador m o frigorífico comercial o industrial ‖ ~**kunde** f, Technologie f / tecnología f ‖ ~**nähmaschine** f (Tex) / máquina f de coser industrial ‖ ~**ordnung** f / código m industrial, estatuto m industrial (E) ‖ ~**salz** n (Chem) / cloruro m de sodio puro ‖ ~**schule** f / escuela f industrial o profesional, escuela f de artes y oficios (E) ‖ ~**strom** m (Elektr) / corriente f para la industria ‖ ~**treibender** m / industrial m, artesano m, comerciante m
gewerblich, Gewerbe... / industrial, profesional ‖ ~ adj, handwerklich / artesanal ‖ ~ adv / para fines industriales ‖ ~**e Abfälle** / desechos m pl o desperdicios industriales ‖ ~**e Abwässer** n pl (Umw) / desagües m pl industriales ‖ ~**es Eigentum** bzw. **Schutzrecht**, [auch:] Patentwesen n / propiedad f industrial ‖ ~**es Muster** (zweidimensional) (Patent) / dibujo m industrial, muestra f industrial ‖ ~**es Muster** (dreidimensional) / modelo m industrial ‖ ~**er Rechtsschutz** / protección f de la propiedad industrial ‖ ~**e Verwertbarkeit** (Patent) / aplicación f industrial
Gewerk n (Teilbereich des Bauhandwerks) / subsector m del ramo de la construcción
Gewerkschaft f (F.Org) / sindicato m [obrero] (E), gremio m (LA) ‖ ~, Gewerke n (Bergb) / sociedad f minera ‖ **sozialistische** ~ **in Spanien** / UGT (= Unión General de Trabajadores) (E)
Gewerkschaftsvertreter m / delegado m o representante m sindical
Gewicht n, Druck m (Mech) / carga f, presión f ‖ ~, Gewichtskraft f, Masse f (allg) / peso m, masa f ‖ ~, Wägewert m (Mess) / valor m obtenido o resultante de una pesada ‖ ~, Schwere f (Phys) / peso m, pesantez f, gravedad f ‖ ~, Belastung f, Ladung f / carga f ‖ ~, Gewichtstein m, -stück n (Waage) / pesa f ‖ ~, Stellenwert m (Math) / peso m (p.ej. de un número) ‖ ~ **beladen** (Kfz) / peso m del vehículo cargado ‖ ~ **des Lotes** (Schiff) / peso m de la plomada ‖ ~ **eingerüttelt** (Gieß) / peso m compactado [por vibración] ‖ ~ n **fahrfertig mit vollem Tank ohne Insassen** (Kfz) / peso m del vehículo sin ocupantes en condiciones de servicio ‖ ~ **für Harnischfäden** (Jacquard) (Web) / plomo m de arcadas ‖ ~ **je m³ umbauten Raumes** (Bau) / peso m por metro cúbico construido ‖ ~ **leer** (Kfz) / peso m en vacío, tara f ‖ ~ n **nach Verbrauch des Treibstoffes** (Luftf) / peso m sin carburante ‖ ~ **pro [laufender] Meter** / peso m por metro lineal ‖ **leichtes (o. geringes)** ~ / peso m ligero ‖ **nach** ~ / según peso
gewichten vt (Stat) / ponderar
gewichtet, stellenbewertet (Code) / ponderado ‖ ~**es Mittel** (Stat) / media f ponderada ‖ ~**er mittlerer Teilchendurchmesser** (Ruß) / diámetro m medio ponderado de partículas
Gewichts•abgang m, -mangel m / menoscabo m de peso, falta f de peso ‖ ~**abhängiges Druckminderventil** (Bahn) / válvula f reductora de la presión (en dependencia del peso) ‖ **[zulässige]** ~**abweichung** / tolerancia f en el peso ‖ ~**analyse** f / análisis m gravimétrico, gravimetría f ‖ ~**analytisch** (Chem) / gravimétrico ‖ ~**änderung** f / modificación f del peso ‖ ~**angabe** f, -anzeige f / indicación f del peso, declaración f del peso ‖ ~**antrieb** m (Uhr) / movimiento m por pesa[s] ‖ ~**anzeiger** m, Drillometer n (Öl) / indicador m de peso ‖

~**ausbringen** *n*, Mengenausbringen *n* (Bergb) / rendimiento *m* en peso ‖ ~**ausgleich** *m* / equilibrio *m* [de peso], compensación *f* de pesos ‖ ~**ausgleich**, Gegengewicht *n* / contrapeso *m*, masa *f* de equilibrio ‖ ~**belastetes Sicherheitsventil** / válvula *f* de seguridad con contrapeso ‖ ~**belastung** *f* (Ofen) / peso *m* admisible ‖ ~**berechnung** *f*, -ermittlung *f* / cálculo *m* del peso, determinación *f* del peso ‖ ~**beständigkeit** *f* / estabilidad *f* de peso ‖ ~**betätigt** / accionado por gravedad ‖ ~**bremse** *f* / freno *m* de contrapeso ‖ ~**deplacement** *n*, Deplacement *n* (Schiff) / desplazamiento *m* [en toneladas] ‖ ~**dosierung** *f* / dosificación *f* por peso ‖ ~**durchfluss** *m*, -durchsatz *m* / caudal *m* volumétrico en unidades de peso (N/h) ‖ ~**einheit** *f* (Mess, Phys) / unidad *f* ponderal o de peso ‖ ~**einheiten** *f pl* / medidas *f pl* ponderales ‖ ~**ersparnis** *f*, -einsparung *f* / economía *f* en el (o de) peso ‖ ~**faktor** *m* / factor *m* de peso ‖ ~**füllung** *f* (Sintern) / llenado *m* con una masa dada ‖ ~**funktion** *f* (Math) / función *f* ponderal o ponderatriz de ponderación ‖ ~**grenze** *f* / límite *m* de peso ‖ ~**hebel** *m* / palanca *f* lastrada ‖ ~**klasse** *f* / categoría *f* de peso ‖ ~**konstanz** *f* (Chem) / peso *m* constante, estabilidad *f* de peso ‖ **bis zur** ~**konstanz** (Chem) / hasta [alcanzar] un peso constante ‖ ~**kontrolle** *f* / control *m* del peso, repeso *m* ‖ ~**kontrollmesser** *m*, Bohrdruckmesser *m* (Öl) / indicador *m* de peso ‖ ~**konzentration** *f* (Chem) / concentración *f* de peso ‖ ~**kraft** *f* (DIN 1305) (Phys) / peso *m* ‖ ~-**Leistungsverhältnis** *n* / relación *f* peso-potencia, razón *m* de peso a potencia ‖ ~**los** / sin peso, sin pesantez ‖ ~**nummerierung** *f* (Tex) / numeración *f* relativa a un peso determinado del hilo ‖ ~**prozent** *n*, Gew.% *n*, (veraltet, jetzt:) Massenanteil *m* / porcentaje *m* o porciento en peso ‖ ~**regler** *m*, -regulator *m* / regulador *m* por gravedad o de contrapeso ‖ ~**rückfallweiche** *f* (Bahn) / cambio *m* de agujas con contrapeso ‖ ~**satz** *m* (Mess) / juego *m* de pesas ‖ ~**schale** *f* (Waage) / platillo *m* para las pesas ‖ ~**schwerpunkt** *m* (Schiff) / centro *m* de gravedad ‖ ~**schwund** *m* / merma *f* de peso (p.ej en ruta) ‖ ~**staumauer** *f* (Hydr) / presa *f* de gravedad ‖ **aufgelöste** ~**staumauer**, Pfeilerstaumauer *f* / presa *f* de contrafuertes ‖ ~**staumauer f in Zellenbauweise** / presa *f* de gravedad de construcción celular ‖ ~**stück** *n* (Waage), -stein *m* / pesa *f* ‖ ~**tabelle** *f* / especificación *f* de pesos, tabla *f* de pesos ‖ ~**teil** *n* / parte *f* en peso ‖ ~**toleranz** *f* / tolerancia *f* en peso ‖ ~**überschreitung** *f* (Luftf) / exceso *m* de peso ‖ ~**uhr** *f* / reloj *m* de pesas ‖ ~**ventil** *n* / válvula *f* de contrapeso ‖ ~**verhältnis** *n* / relación *f* de peso[s], proporción *f* en peso ‖ ~**verlagerung** *f* (Kfz, Schiff) / transferencia *f* de cargas o de pesos ‖ ~**verlust** *m*, -abgang *m* / pérdida *f* de peso, merma *f* de peso ‖ ~**verlust** [beim Glühen] **in Wasserstoff** (Hütt) / pérdida *f* de peso en el hidrógeno ‖ ~**verminderung** *f* / disminución *f* del peso, aligeramiento *m* ‖ ~**verteilung** *f* / reparto *m* de los pesos o de la carga ‖ ~**vorschub** *m* / avance *m* por contrapeso ‖ ~**zoll** *m* / derecho *m* por peso ‖ ~**zunahme** *f* / aumento *m* de peso ‖ ~**zunahme durch Korrosion** / aumento *m* de peso por corrosión ‖ ~**zuschlag** *m*, Last-, Belastungszuschlag *m* / suplemento *m* para peso excesivo
Gewichtung *f* (allg, Stat) / ponderación *f*, valoración *f* ‖ ~ **der Anforderungen** (F.Org) / ponderación *f* de tareas ‖ ~ **eines Wertes** (Stat) / ponderación *f* de un valor
gewickelt, aufgewickelt / arrollado ‖ ~, umwickelt (Isolation) / encintado, bajo cinta ‖ ~**es Schichtpressstoffrohr** / tubo *m* de estradificado enrollado ‖ ~ **und formgepresst** (Plast) / estratificado enrollado y laminado
Gewinde *n* / rosca *f*, filete *m* ‖ ~, äußeres o. Schraubengewinde / rosca *f* de tornillo, filete *m* de tornillo ‖ ~ **für Gasrohre** / rosca *f* [para tubos] de gas ‖ ~ **rollen** / rodar roscas ‖ ~ **schneiden**, gewinden / roscar, aterrajar, terrajar, filetear, tallar una rosca, labrar o fabricar roscas o filetes ‖ ~ **schneiden** (in Bohrungen) / roscar con macho ‖ ~ *n* **UN** (US) / rosca *f* UN ‖ ~ **walzen** / laminar roscas, roscar por laminación ‖ **5/8"** ~ / rosca *f* de 5/8 pulgadas ‖ **5 mm** ~ / rosca *f* de 5 mm ‖ **die** ~ **mit 8 Gängen je Zoll** (Masch) / roscas *f pl* de 8 vueltas por pulgada lineal ‖ **inneres** ~, Muttergewinde *n* / rosca *f* interior ‖ **mit** ~ (Bolzen) / fileteado, con rosca exterior ‖ **mit** ~ (Bohrung) / con rosca interior ‖ **nicht bis zum Grund durchgeschnittenes** ~ / filete *m* poco profundo
Gewinde•abdeckung *f* / cubrerroscas *m* ‖ ~**abdichtband** *n* / cinta *f* hermetizante para roscas ‖ ~**anschluss** *m* / racor *m* roscado, racor *m* de empalme ‖ ~**anschlussstück** *n* / pieza *f* de enlace roscada ‖ ~**anstellring** *m* / anillo *m* roscado de apriete ‖ ~**auge** *n* **im Guss** (Gieß) / botón *m* para [labrar] rosca ‖ ~-**Ausgleichfutter** *n* / mandril *m* de filete regulable ‖ ~**auslauf** *m*, -ende *n* / terminal *m* o fin de rosca ‖ ~**auslaufflänge** *f* / longitud *f* de fin de rosca ‖ ~-**Ausschuss-Lehrdorn** *m* / calibre *m* macho fileteado NO ENTRA ‖ ~-**Ausschuss-Lehrring** *m* / calibre *m* hembra fileteado NO ENTRA ‖ ~**backe** *f* / cojinete *m* ajustable de terrajas ‖ ~**bajonett** *n* (Glühlampe) / bayoneta *f* fileteada ‖ ~**bohren** *n* / roscado *m* con macho ‖ ~**bohrer** *m* / macho *m* de roscar ‖ **besonders langer** ~**bohrer** / macho *m* de roscar extralargo ‖ ~**bohrer m für Sacklöcher**, Grundbohrer *m* / macho *m* de roscar para agujeros ciegos ‖ ~**bohrer im Zollmaß und echten Brüchen davon** / macho *m* de roscar en pulgadas y sus fracciones simples ‖ ~**bohrer mit kurzer Span-Nute für Kurzgewinde** / macho *m* de roscar con ranura corta para roscas cortas ‖ ~**bohrer mit Schälanschnitt** / macho *m* de roscar con entrada helicoidal ‖ ~**bohrer-Aufsatz** *m* / adaptador *m* para macho de roscar ‖ ~**bohrerentferner** *m* / desintegrador-extractor *m* de machos de roscar ‖ ~**bohrersatz** *m* / juego *m* de machos de roscar ‖ ~**bohrmaschina** *f*, -schneidmaschine *f* / máquina *f* de roscar, roscadora *f* ‖ ~**bolzen** *m* / perno *m* roscado, espárrago *m* roscado ‖ ~**buchse** *f* / manguito *m* con rosca interior ‖ ~**buchse**, -einsetzbuchse *f* (Plast) / casquillo *m* con rosca interior ‖ ~**drehmaschine** *f* (Wzm) / torno *m* de roscar o de filetear ‖ ~**drücken** *n* / repujado *m* de roscas ‖ ~**drückmaschine** *f* (Masch) / máquina *f* para repujar roscas
Gewindedurchmesser *m* (Masch) / diámetro *m* de [la] rosca ‖ **äußerer** ~ / diámetro *m* exterior de rosca ‖ **innerer** ~, Kerndurchmesser *m* / diámetro *m* interior o del núcleo de la rosca ‖ **mittlerer** ~, Flankendurchmesser *m* / diámetro *m* medio o de los flancos de rosca
Gewinde•durchzug *m* (Stanz) / valona *f* para rosca, collarín *m* para rosca ‖ ~**einsatz** *m* / inserto *m* roscado, inserción *f* roscada ‖ ~**ende** *n* / salida *f* de rosca ‖ ~**fassung** *f* (Elektr) / portalámpara *m* roscado ‖ ~**feile** *f* / lima *f* para [repasar] roscas ‖ ~**flanke** *f* / flanco *m* de rosca ‖ ~**flansch** *m* / brida *f* roscada ‖ ~**formen** *n*, -pressen *n* / prensado *m* de roscas o filetes ‖ ~**formende Schraube** / tornillo *m* auto-terrajador ‖ ~**former** *m* (Wz) / dispositivo *m* para moldear roscas o filetes ‖ ~**fräsen** *n* / roscado *m* con fresa, fresado *m* de roscas ‖ ~**fräser** *m* / fresa *f* de roscas ‖ ~**fräsmaschine** *f* (Wzm) / fresadora *f* de roscas ‖ ~**frei** / no roscado, sin rosca, liso ‖ ~**freistich** *f* / garganta *f* hasta el núcleo de la rosca ‖ ~**fressen** *n* / agarrotamiento *m* de la rosca ‖ ~**furche** *f*, -lücke *f* / ranura *f* de rosca ‖ ~**gang** *m*, Schraubengang *m* (Masch) / espira *f*, vuelta *f* de rosca ‖ ~**grund** *m*, -fuß *m*, Gewindekern *m* / fondo *m* de la rosca ‖ ~-**Gut-Lehrdorn** *m* / calibre *m* macho filcteado ENTRA ‖ ~-**Gut-Lehrring** *m* / calibre *m* hembra fileteado ENTRA ‖ ~**hals** *m* (Glas) / cuello *m* roscado

Gewindehülse

≈-hülse f / casquillo m roscado o con rosca ‖ ≈-hülse mit Außengewinde / manguito m con rosca exterior ‖ ≈-kehle f / acanaladura f de rosca ‖ ≈-kern m / núcleo m de rosca, ánima f de rosca ‖ ≈-kernloch n, Kernlochbohrung f (Masch) / agujero m de núcleo de rosca ‖ ≈-kernlochbohrer m (Wz) / broca f de taladrado previo ‖ ≈-kluppe f (Wz) / terraja f ‖ ≈-kupplung f / acoplamiento m fileteado ‖ ≈-länge f / longitud f roscada o de la rosca ‖ ≈-lehrdorn m / calibre m macho para agujeros roscados o para roscas interiores ‖ ≈-lehre f (allg) / calibre m de control de roscas, galga f de roscas ‖ ≈-lehre, -lehrring m / calibre m hembra para roscas exteriores ‖ ≈-leitbacke f / cabezal m seguidor para roscar ‖ ≈-[leit]patrone f (Wzm) / cartucho m [de] guía de roscado, casquillo m roscado patrón ‖ ≈-loch n, -bohrung f (Masch) / agujero m para rosca interior ‖ ≈-löcher durchziehen (Stanz) / extruir collarines ‖ ~loses Leitungsrohr (Elektr) / tubo m para cables liso o no fileteado ‖ ≈-luft f (zwischen Spitze und Grund) / juego m u holgura [entre vértice y fondo] de rosca ‖ ≈-meißel m (Wzm) / cuchilla f [de torno] para filetear ‖ ≈-messdraht m / alambre m medidor de roscas [exteriores] ‖ ≈-messgerät n / calibre m de roscas, galga f de roscas ‖ ≈-messung f / verificación f de roscas ‖ ≈-mikrometer n, -bügelmessschraube f / micrómetro m o pálmer para roscas ‖ ≈-mittelschneider m (Wz) / 2° macho de roscar, macho m para tallar ‖ ≈-muffe f, -hülse f / manguito m roscado o con rosca
gewinden vt s. Gewinde schneiden
Gewinde•nachschneider m (Wz) / macho m acabador, 3ᵉʳ macho de roscar ‖ ≈-nippel m / racor m fileteado o roscado ‖ ≈-passung f / ajuste m de rosca o de filete ‖ ≈-patrone f (Strehlen) / cartucho m de roscar o filetear, terraja f de peines ‖ ≈-profil n (Masch) / perfil m de la rosca, sección f del filete, perfil m de[l] filete ‖ ≈-prüflehre f / calibre m de control de roscas ‖ ≈-prüfung f / control m o comprobación de la rosca ‖ ≈-räderkasten m (Dreh) / caja f de engranajes para roscado ‖ ≈-rille f / garganta f de rosca ‖ ≈-rille, -auslaufrille f / garganta f de salida de rosca ‖ ≈-ring m / anillo m roscado ‖ ≈-rohr n / tubo m roscado (E), caño m roscado (LA) ‖ ≈-rolle f / rodillo m para labrar roscas ‖ ~rollen / rodar roscas ‖ ≈-rollen n / fileteado m por rodadura, rodadura f de roscas ‖ ≈-rollkopf m / cabezal m [con 3 rodillos] para rodar roscas ‖ ≈-rollmaschine f (Wzm) / máquina f de roscar por rodadura ‖ ≈-schablone f / plantilla f [de peines] para roscas ‖ ≈-schälmaschine f, -wirbelmaschine f (Wzm) / roscadora f con cabezal giratorio ‖ ≈-scheibenfräser m / fresa f de disco para tallar roscas ‖ ~schleifen / rectificar roscas ‖ ≈-schleifen n / rectificado m de roscas ‖ ≈-schleifmaschine f (Wzm) / rectificadora f de roscas ‖ ≈-[schneid]backe f / mordaza f del cojinete o de terraja ‖ ≈-[schneid]backe für Gewindebohrer / mordaza f patrón de terraja ‖ ~schneiden (Masch) s. Gewinde schneiden ‖ ~schneiden / tallado m de roscas ‖ ≈-schneiden mit Schneideisen- oder -kluppe / aterrajado m ‖ ~schneidender Bohrer (Wz) / broca f roscadora o terrajante ‖ ≈-schneider m (Masch) / herramienta f de roscar o filetear ‖ ≈-[schneid]kluppe f / terraja f de mano ajustable, cojinete m de roscar ‖ ≈-schneidkopf n (Wzm) / cabezal m roscador o para roscar o para tallar roscas ‖ ≈-schneidleistung f / capacidad f de roscado ‖ ≈-schneidmaschine f (Wzm) / máquina f para tallar roscas o filetes, roscadora f ‖ ≈-[schneid]meißel m, -schneidwerkzeug n (Dreh) / cuchilla f [de torno] para filetear o para roscar ‖ ≈-schneidpatrone f (Wzm) / cartucho m de roscar, casquillo m copiador para roscar ‖ ≈-schneidschraube f, selbstschneidende Schraube / tornillo m autoterrajador o de rosca cortante ‖ ≈-schneid- f u. Anfasmaschine für Rohre / máquina f para filetear y biselar tubos ‖

≈-Schraubtiefe f / profundidad f de penetración en el elemento roscado interiormente ‖ ≈-schutz m (Öl, Rot.Bohren) / guardarrosca m ‖ ≈-schutzkappe f / caperuza f protectora de rosca ‖ ≈-sockel m (Glühlampe) / casquillo m roscado ‖ ≈-spiel n / juego m [en el vértice o en el fondo] de la rosca, juego m del filete ‖ ≈-spiel, Flankenspiel n / juego m entre flancos del filete ‖ ≈-spindel f / husillo m roscado ‖ mit ≈-spindel / accionado por o con husillo roscado ‖ [starke] ≈-spindel (Presse) / husillo m roscado de gran diámetro, columna f fileteada ‖ ≈-spitze f / cresta f del filete, vértice m ‖ ≈-stange f / vástago m roscado ‖ ≈-steigung f / paso m de rosca o de filete ‖ ≈-[steigungs]lehre f, -schablone f / calibre m de pasos de rosca, plantilla f de pasos ‖ ≈-steigungs-Messmaschine f / máquina f medidora del paso ‖ ≈-stern m / estrella f de rosca ‖ ≈-stift m (DIN), (früher:) Wurm-, Madenschraube f / tornillo m prisionero o de sujeción, pasador m roscado ‖ ≈-stift [mit Kegelkuppe, mit Spitze, mit Zapfen, mit Ringschneide] / tornillo m prisionero [con chaflán, con punta, con espiga, con chaflán afilado] ‖ ≈-stift des eisernen Hobels / varilla f roscada de ajuste (para cepillo) ‖ ≈-stift mit abgerundetem Zapfen / tornillo m prisionero con espiga redondeada ‖ ≈-stift mit Innensechskant / tornillo m prisionero con exágono interior ‖ ≈-stift mit runder Kuppe / tornillo m prisionero con punta redondeada ‖ ≈-stift mit Schlitz / tornillo m prisionero con ranura ‖ ≈-stift mit Schlitz und Zapfen (DIN 417) / tornillo m prisionero con ranura y pivote ‖ ≈-stift mit stumpfer o. Ansatzspitze / tornillo m prisionero con punta roma ‖ ≈-stopfen m / tapón m roscado ‖ ≈-strehlen n / formación f de roscas con el peine de roscar ‖ ≈-strehler m, -stahl m / peine m de roscar ‖ ≈-strehlmaschine f (Wzm) / aterrajadora f por peines ‖ ≈-stück n / pieza f [tubular] roscada ‖ ≈-stutzen m in Blech (z. B. für Ölbehälter) / tubuladura f roscada ‖ ≈-support m / soporte m de roscar o para roscadora
gewindet / fileteado, roscado, con rosca o filete ‖ **bis Kopf ~** / totalmente roscado o fileteado
Gewinde•taster m (Mat.Prüf) / compás m de gruesos para pasos de rosca (E), explorador m palpador para roscas (LA) ‖ ≈-teil m (Bolzen) / parte f o porción roscada ‖ ≈-teil von Gewindebohrern / parte f o porción roscada de machos ‖ ≈-tiefe f (Masch) / profundidad f del filete ‖ ≈-träger m pl (Muttern, Schrauben) / elementos m pl con rosca ‖ ≈-trieb n / mecanismo m con elementos fileteados ‖ ≈-vorschneider m (Wz) / primer macho de roscar ‖ ≈-[walz]backe f / matriz f laminarroscas ‖ ~walzen / laminar roscas, roscar por laminación ‖ ≈-walzen n / roscado m por laminación, laminado m de roscas ‖ ≈-wirbeln n / roscado m con cabezal giratorio, roscado m por remolinado ‖ ≈-zapfen m / vástago m roscado, espiga f roscada
gewinkelt / acodado ‖ ~ (Zange) / curvo (lateral o frontal)
Gewinn m, Nutzen m / provecho m, beneficio m, utilidad f ‖ ≈, Ertrag m, Ausbeute f / rendimiento m ‖ ≈ am Rand der Ausleuchtungszone (Opt) / ganancia f marginal ‖ ≈-beteiligung f (F.Org) / participación f en los beneficios
gewinnen, erlangen / ganar, obtener, conseguir ‖ ~ (Bergb) / extraer, beneficiar, explotar ‖ ~, erreichen / alcanzar, lograr, conseguir ‖ ~ (Chem) / obtener, elaborar
Gewinn•ermittlung f / cálculo m de las ganancias o de los beneficios ‖ ≈-parameter m (Eltronik, Wanderfeldröhre) / parámetro m de ganancia ‖ ≈-spanne f / margen m de beneficios ‖ ≈- und Verlustrechnung f / cuenta m de pérdidas y ganancias
Gewinnung f, Erzeugung f, Produktion f (Industrie, Landw) / producción f ‖ ≈, Bereitung f (Chem) /

preparación f, obtención f, elaboración f ‖ ~, Förderung f (Bergb, Masch) / extracción f, explotación f, beneficio m ‖ ~, Extraktion f / extracción f ‖ ~ des Holzes (Forstw) / explotación f forestal ‖ ~ des Saftes (Zuck) / extracción f del jarabe ‖ ~ unter Tage (Bergb) / extracción f subterránea ‖ ~ von natürl. Rohstoffen / obtención f de materias primas naturales ‖ ~ von Natursteinen / extracción f de piedras naturales ‖ ~ von Nebenerzeugnissen / obtención f de subproductos
Gewinnungs•anlage, Extraktionsanlage f (Bergb) / planta f de extracción ‖ ~dredge f (Unterwasserabbau) / draga f de extracción submarina ‖ ~front f (Bergb) / frente m de explotación ‖ ~grad m (Bergb) / proporción f de extracción
Gewirke u. Gestricke n pl (Tex) / géneros m pl de mallas y de punto, géneros m pl de punto por trama
gewirkt (Web) / tejido de punto de trama, tricotado
gewischte Verzinnung (Hütt) / estañado m al tampón
Gewitter n (Meteo) / tormenta f ‖ ~forschung f / investigación f científica de tormentas ‖ ~front f / frente m tormentoso ‖ ~neigung f / amenaza f de tormenta ‖ ~regen m, -schauer m pl / aguacero m tormentoso, chubasco m tormentoso ‖ ~schaltung f, -stellung f (Elektr) / posición f puesta a tierra del pararrayos ‖ ~störungen f pl (Eltronik) / perturbaciones f pl atmosféricas, parásitos m pl atmosféricos o intempestivos ‖ ~wolke f (Meteo) / nube f de tormenta, nubarrón m
gewobbelte Sinustöne (Eltronik) / sonidos m pl ululados o ululantes
gewogen, gewichtet (Stat) / ponderado ‖ ~es Mittel (Math) / media f ponderada ‖ ~e Spannung (Stahlbau) / tensión f ponderada
gewöhnen, [sich] ~, [sich] akklimatisieren / aclimatar[se]
Gewohnheit f / hábito m, costumbre f, usanza f, rutina f
gewöhnlich, üblich, normal / usual, habitual, normal, común ‖ ~, regulär / regular, corriente ‖ ~e Größe / tamaño m estándar ‖ ~es Leitungswasser / agua f corriente ordinaria ‖ ~e Seife (Tex) / jabón m ordinario ‖ ~wasser n, GW / caudal m regular de agua
Gewölbe n, gewölbte Decke (Bau) / cubierta f abovedada, bóveda f ‖ ~ (Raum) / cava f ‖ ~ (Ofen) / bóveda f ‖ ein ~ erstellen / construir una bóveda ‖ kleines ~ (Bau) / bovedilla f ‖ ~anfang m, -fuß m / arranque m de bóveda ‖ ~anker m (Bau) / ancla f de bóveda ‖ ~ausschnitt m (Hütt) / sector m de bóveda ‖ ~bau m / construcción f de bóvedas ‖ ~bogen m / arco m de bóveda ‖ ~brücke f / puente m abovedado ‖ äußere ~fläche, Gewölberücken m / extradós m o trasdós de la bóveda ‖ innere ~fläche, Gewölbeleibung f / intradós m de la bóveda ‖ ~-Gewichtssperre f, Bogenschwergewichtsstaumauer f (Hydr) / presa f arqueada de gravedad, presa f en bóveda ‖ ~halbstein m (Bau) / ladrillo m semibóveda ‖ ~haltbarkeit f (Hütt) / duración f de la bóveda ‖ ~längsschub m (Bau) / empuje m longitudinal de la bóveda ‖ ~linie f (Math) / catenaria f común ‖ ~niederhalter m (Hütt) / anclaje m de la bóveda ‖ ~pfeiler m, Strebbogen m (Bau) / contrafuerte m, arbotante m ‖ ~profil n, -linie f / perfil m de bóveda, línea f de la bóveda ‖ ~reihenstaumauer f (Hydr) / presa f de bovedillas múltiples ‖ ~rippe f (Bau) / nervio m de la bóveda, costilla f o nervadura de la bóveda ‖ ~rüstung f (Bau) / armadura f de bóveda ‖ ~schacht m (Bau) / pozo m trasdós ‖ ~scharen f pl (Hütt) / anillos m pl de bóveda ‖ ~scheitel m (Bau) / vértice m de bóveda ‖ ~schenkel m / jamba f de una bóveda ‖ ~schlussstein m (Bau, Ofen) / clave m de bóveda ‖ ~schub m (Bau) / empuje m de bóveda ‖ ~schwergewichtsstaumauer f, Bogengewichtsmauer f (Hydr) / presa f mixta de bóveda y de gravedad ‖ ~staumauer f / presa f en (o de) bóveda, presa f arqueada, presa f de cúpula ‖ ~stein m, -formstein m (Bau) / ladrillo m para (o de) bóvedas, dovela f, bovedilla f ‖ ~stich m (Ofen) / levantamiento m de la bóveda ‖ ~trägerdecke f, Schürmanndecke f (Bau) / techo m de bovedillas ‖ ~-Widerlager n (Bau) / estribo m de bóveda ‖ ~winkel m einer Kuppel, -zwickel m (Bau) / pechina f ‖ ~zwickel m (Ofen) / saliente m de la bóveda
gewölbt, Gewölbe... (Bau) / abovedado, en bóveda ‖ ~, überhöht / peraltado ‖ ~ (Masch) / bombeado ‖ ~, bauchig, konvex / abombado, convexo ‖ ~ (Straßb) / arqueado ‖ ~ (Walzw) / bombeado ‖ ~ (Lagerstein, Uhr) / abombado ‖ ~er Balken (Bau) / viga f curvada ‖ ~er Boden (Kessel) / fondo m bombeado ‖ ~er Boden in Klöpperform (Kessel) / fondo m torosférico ‖ ~er Boden in Korbbogenform (Kessel) / fondo m en curva apainelada ‖ ~er Durchlass (Hydr) / alcantarilla f abovedada ‖ ~e Glasscheibe / luna f bombeada, cristal m bombeado ‖ ~er Griff (Zange) / mango m curvado ‖ ~e Leitschaufel (Turbine) / pala f o paleta directriz de geometría variable ‖ ~er Luftansaugekanal (Luftf) / canal m aspirador de aire arqueado o curvado ‖ ~e Mauerkappe (Bau) / cresta f bombeada de muro ‖ ~e Scheibe, Spannscheibe f / arandela f elástica curvada ‖ ~er Schienenkopf (Bahn) / cabeza f de riel [de superficie] convexa ‖ nach außen ~ / convexo
gewolft (Tex) / pasado por el batuar
gewollt, beabsichtigt / intencionado, planeado (irradiación) ‖ ~e Formabweichung der Flanken (Getriebe) / modificación f de la forma [de los flancos] ‖ ~er Unterschnitt, Fußfreiheit f (Zahnrad) / entrante m (para evitar la interferencia)
gewonnener Saft (Zuck) / jugo m extraído
gewunden, gedreht / torcido, retorcido ‖ ~, schraubenförmig / helicoidal ‖ ~, schlängelnd / sinuoso, serpenteante ‖ ~ (Treppe) / [de forma] helicoidal, de caracol ‖ ~ spiralig ~ / espiraliforme, en [forma de] espiral
gewünscht•e Korngröße (Aufb) / tamaño m de grano deseado ‖ ~e Stückzahl / cantidad f deseada
gewürfelt / cuadriculado, a cuadros
gewürgeltes Vorgespinst (Tex) / mecha f condensada por frotación
Gewürz n (Nahr) / especia f, condimento m ‖ ~essig m / vinagre m aromático o a base de especias ‖ ~mühle f / molino m de especias ‖ ~nelke f / clavo aromático o de especia o de olor, clavillo m ‖ ~pflanze f / planta f aromática o condimenticia ‖ ~stoff m, Aromastoff m / aroma m, condimento m
gewürzt / condimentado
Geyserit m, Kieselsinter m (Min) / geyserita f
Geysir m, Geiser m (Geol) / géiser m, géisir m
gezackt, sägezahnförmig / dentado, dentellado, serrado ‖ ~er Betonstahl / acero m dentellado para hormigón armado ‖ ~e Scheibe (Egge, Landw) / disco m dentado
Gezäh[e], Berg-, Gruben-~ / herramientas f pl mineras, útiles m pl mineros
gezahnt, gezackt / dentellado, dentado, denticulado ‖ ~, mit Zähnen / dentado ‖ ~, lückig / dentado, con huecos o vanos ‖ ~ (Zange) / estriado ‖ ~es Federhaus (Uhr) / barrillete m dentado ‖ ~e Greiffläche (Zange) / boca f estriada ‖ ~es Rohr (Bergb) / tubo m dentado ‖ ~er Sektor / sector m dentado ‖ ~er Spachtel (Bau) / espátula f dentellada ‖ ~er Stab / barra f o varilla dentada
gezeichnete Schrift (Zeichn) / escritura f dibujada o diseñada
Gezeit f, Tide f (Ozean) / marea f ‖ von den ~en beeinflusst, Gezeiten... / de marea[s], marcal
Gezeiten•bewegung f / movimiento m de las mareas, flujo m y reflujo ‖ ~diagramm n / mareograma m,

diagrama *m* de mareas ‖ ~**energie** *f* / energía *f* mareal o de marea[s], "hulla azul" ‖ ~**kraftwerk** *n* (Elektr) / central *f* maremotriz ‖ ~**mitte** *f*, Mittelwasser *n*, MQ (Ozean) / aguas *f pl* medias ‖ ~**schreiber** *m* / mareógrafo *m* ‖ ~**-Sperrwerk** *n* (Hydr) / presa *f* del estuario ‖ ~**strom** *m* (Ozean) / corriente *f* de marea ‖ ~**strudel** *m* / remolino *m* de marea ‖ ~**tafel** *f* / tabla *f* mareográfica o de mareas, mareograma *m*, anuario *m* de mareas ‖ ~**tor** *n* (Hydr) / puerta *f* de pleamar ‖ ~**wechsel** *m* (Ozean) / cambio *m* de marea ‖ ~**welle** *f*, Tidewelle *f* / onda *f* de marea ‖ ~**zone** *f* / zona *f* intermareal, zona *f* de entremarea ‖ ~**zyklus** *m* / ciclo *m* de las mareas
geziehklingt, mit Ziehklingmaschine geglättet (Tex, Tischl) / rascado y suavizado
gezielt (Methode) / selectivo, apropiado, dirigido, enfocado, encanzado ‖ **es Vorgehen** od. **Verfahren** / direccionalidad *f*
gezimmert / carpinteado
gezinkt, mit Zinken / espigado ‖ ~ (Tischl) / ensamblado a diente
gezogen (allg, Hütt) / tirado, estirado ‖ ~ (Draht) / trefilado ‖ ~ (Mech, Stahlbau) / bajo tracción ‖ ~ (Krist) / cultivado, formado por crecimiento ‖ ~ (Gewehr) / rayado ‖ ~**e Diagonale** (Stahlbau) / diagonal *f* bajo tracción ‖ ~**e Faser** (Mech) / fibra *f* sometida a tracción ‖ ~**er Flächentransistor** / transistor *m* de uniones cultivadas ‖ ~**er Glühfaden** (Lampe) / filamento *m* trefilado ‖ ~**e Kurve** (Luftf) / curva *f* encabritada o de encabritamiento ‖ ~**er Lauf** (Gewehr) / cañón *m* rayado ‖ ~**e Nadel** (Tex) / aguja *f* estirada, aguja *f* tirada hasta fuera ‖ ~**es Profil** (Hütt) / perfil *m* trefilado ‖ ~**es Seiltrum** / ramal *m* conducido ‖ ~**er Stab** (Stahlbau) / barra *f* bajo tracción ‖ ~**er Teil** (Geschützrohr) (Mil) / parte *f* o porción rayada (del cañón) ‖ ~**er Übergang** (Halbl) / unión *f* o capa cultivada ‖ **im** ~**en Zustand** (Hütt) / en estado de estirado ‖ **mit geringer Querschnittsabnahme** ~, SD (Draht) / trefilado ligeramente
gezündet, aktiviert (Eltronik, Röhre) / encendido, cebado
gezwirnt (Spinn) / retorcido, torcido ‖ ~**es Garn**, Zwirn *m* / hilo *m* retorcido, retorcido *m* ‖ ~**es Schussgarn** (Tex) / hilo *m* de trama retorcido ‖ ~**e Seide** (Tex) / seda *f* torcida u obrada ‖ ~**es Viskosefilament** / filamento *m* de viscosa retorcido ‖ **dreifach** ~**es Garn** / hilo *m* retorcido de tres cabos
Gezwitscher *n* (Eltronik) / gorjeo *m*, pirada *f*
g-Faktor *m* (Nukl) / factor *m* g
GFHP-Kupfer *n* (= gasfree high-purity) / cobre *m* GFHP
GFK = glasfaserverstärkter Kunststoff ‖ ~**-Mattenpressen** *n* (Plast) / moldeo *m* a baja presión de fieltros (o mats) reforzados con fibra de vidrio
GFP (Plast) = glasfaserverstärktes Polyesterharz
G-Funktion *f* (NC) / función *f* G
GFV = Güterfernverkehr
GFZ, Geschossflächenzahl *f* (Bau) / índice *m* de edificabilidad por planta
gg (Tex) = gauge
GG (Gieß) = Grauguss
GGG (Gieß) = Gusseisen mit Kugelgraphit
GGGK (Gieß) = Gusseisen mit Kugelgraphit in Kokille vergossen
GGK (Hütt) = Gusseisen-Kokillenguss (-F-ferritisch, -FP = ferritisch-perlitisch, -P = perlitisch)
gg-Kern *m*, Gerade-gerade-Kern *m* (Nukl) / núcleo *m* par-par
GGL (Gieß) = Gusseisen mit Lamellengraphit
gg-Nuklid *n* / nucleido *m* par-par
GGR (Nukl) = gasgekühlter Graphitreaktor
GGV, Gefahrgutverordnung *f* / reglamiento *m* sobre productos peligrosos
GHTR = gasgekühlter Hochtemperaturreaktor
GHz = Gigahertz

Gibbs • -Helmholtzsche Gleichung *f* (Thermodynamik) / ecuación *f* de Gibbs-Helmholtz ‖ ~**it** *m*, Hydrargillit *m* (Min) / gibbsita *f*, hidrargilita *f* ‖ ~**sches Adsorptionstheorem** *n* (Chem) / teorema *m* de adsorción de Gibbs ‖ ~**sches Phasengesetz** (fälschlich: Phasenregel) (Chem) / ley *f* o regla de fase[s] de Gibbs ‖ ~**sche Wärmefunktion**, Enthalpie *f* (Phys) / entalpia *f*, función *f* térmica de Gibbs
Gibson-Wirbel *m* (Turbulenz) / torbellino *m* de Gibson
Gicht *f* (obere Öffnung) (Hütt) / tragante *m*, cargadero *m*, boca *f* [del alto horno] ‖ ~, Einsatz *m* (Hütt) / carga *f*, hornada *f* ‖ ~**aufzug** *f* (Hütt) / montacargas *m* del alto horno ‖ **geneigter** ~**aufzug**, Schrägaufzug *m* / montacargas *m* inclinado ‖ ~**brücke** *f* / puente *m* de carga ‖ ~**bühne** *f* (Hütt) / plataforma *f* del tragante o de carga ‖ ~**durchmesser** *m* / diámetro *m* del tragante
gichten *vt*, beschicken / cargar el horno ‖ ~**folge** *f* (Hütt) / ciclo *m* de cargas, secuencia *f* de cargas ‖ ~**zähler** *m* (Hütt) / contador *m* [automático] de cargas
Gicht • gas *n* / gas *m* de alto horno o de horno alto, gas *m* de tragante ‖ ~**gasabzug** *m* / salida *f* del gas de tragante ‖ ~**gasfackel** *f* (Hütt) / antorcha *f* del gas de tragante ‖ ~**gasfang** *m* / toma *f* de gas del tragante ‖ ~**gasgebläse** *n* (Hütt) / soplante *m* aspirador del gas de alto hornos ‖ ~**gasleitung** *f* / conducto *m* de gas de alto horno ‖ ~**gasleitung** (zw. Hochofen und Staubsammler) (Hütt) / tubería *f* de gas del tragante [entre alto horno y colector de polvo] ‖ ~**gasmaschine** *f*, -gasmotor *m* / motor *m* a gas de alto horno ‖ ~**glocke** *f*, Gichtverschluss *m* / campana *f* del tragante ‖ ~**kübel** *m* / cubeta *f* de carga ‖ ~**kübel-Schrägaufzug** *m* (Hütt) / montacargas *m* inclinado para cubeta de carga ‖ ~**öffnung** *f* / boca *f* del tragante ‖ ~**schlamm** *m* / lodo *m* del gas de alto horno ‖ ~**sonde** *f* (Hütt) / indicador *m* del nivel de carga, sonda *f* del tragante ‖ ~**staub** *m* / polvo *m* de tragante o de alto horno ‖ ~**staubabscheider** *m* (Hütt) / separador *m* o colector de polvo de tragante ‖ ~**staubbrikettieranlage** *f* / instalación *f* para la fabricación de aglomerados de polvo de alto horno ‖ ~**staubbrikettierung** *f* / aglomeración *f* del polvo de alto horno ‖ ~**staubbriketts** *n pl* / aglomerados *m pl* de polvo de alto horno ‖ ~**staubsammler** *m*, -staubsack *m* (Hütt) / colector *m* de polvo de alto horno ‖ ~**stein** *m*, Windzacken *m*, Windzackenstein *m* (Hütt) / contraviento *m* ‖ ~**trichter** *m* (Hütt) / embudo *m* del tragante
Gichtung *f*, Begichtung *f* (Hütt) / carga *f* del alto horno
Gicht • ventil *n* (Hütt) / válvula *f* de (gas de) tragante ‖ ~**verschluss** *m*, Gasfang *m* (Hochofen) / cierre *m* del tragante ‖ ~**wagen** *m* (Hütt) / vagoneta *f* para carga de altos hornos ‖ ~**weite** *f* (Hütt) / diámetro *m* del tragante ‖ ~**zacken** *m* (Hütt) / placas *f pl* de contraviento
Giebel *m*, Giebelfeld *n* (Bau) / frontispicio *m*, frontón *m*, fachada *f* ‖ ~ **über Türen, Fenstern**, Ziergiebel *m* / frontón *m*, hastial *m* ‖ ~**dach** *n*, Satteldach *n* / tejado *m* a dos aguas o vertientes ‖ ~**mauer** *f*, -wand *f* / muro *m* de frontispicio o de hastial, frontón *m* ‖ ~**schutzbrett** *n*, Ortgang-, Stirnbrett *n* / tablero *m* frontal ‖ ~**seite** *f* (Bau) / fachada *f* frontal ‖ ~**spitze** *f* / remate *m* ‖ ~**zelt** *n*, Hauszelt *n* / tienda *f* canadiense
Gier • achse *f* (Luftf, Schiff) / eje *m* de guiñada ‖ ~**dämpfer [schalter]** *m* (Luftf) / amortiguador *m* de guiñada ‖ ~**dämpfung** *f* / amortiguación *f* de guiñada ‖ ~**ebene** *f* / plano *m* de guiñada
gieren *vi* (Luftf, Schiff) / dar guiñadas, guiñar ‖ ~ *n* (Luftf, Schiff) / guiñada *f*, derrape *m* (LA) ‖ ~ **vor Anker** (Schiff) / balanceo *m*
Gierenziegel *m* (Bau) / ladrillo *m* angular
Gier • -Fähre *f* (Schiff) / transbordador *m* por guiñada, balsa *f* de cuerda o de cadena ‖ ~**geschwindigkeit** *f* (Luftf) / velocidad *f* de guiñada o de derrape ‖

≈**moment** *n*, Gierroll-, Wenderollmoment *n* (Luftf) / momento *m* de guiñada ‖ ≈**rechner** *m* / computador *m* de control de guiñada ‖ ≈**tau**, Fährseil *n* (Schiff) / cable *m* de puente volante, andarivel *m* ‖ ≈**triebwerk** *n* (Luftf) / propulsor *m* de eje de guiñada
Gierungsmesser *m* (Luftf) / indicador *m* de guiñada
Gierwinkel *m* / ángulo *m* de guiñada
Gieß•anlage *f* / instalación *f* de colada ‖ ≈**apparat** *m* (Druck) / estereotipadora *f* ‖ ≈**apparat** (Gelatine) / aparato *m* de congelación *f* ‖ ~**bar** (Gieß) / fundible, colable ‖ ≈**baum** *m*, -traube *f* / racimo *m* ‖ ≈**beton** *m* (Bau) / hormigón *m* líquido ‖ ≈**bett** *n* (Gieß) / leche *m* de colada ‖ ≈**bühne** *f* / plataforma *f* de colada ‖ ≈**düse** *f* / tobera *f* de colada
gießen *vt*, schütten / verter, echar [en] ‖ ~, ausgießen [über] / derramar [sobre], vaciar ‖ ~ (Hütt) / fundir ‖ ~, einen Abguss fertigen (Gieß) / colar ‖ **fallend**, [steigend] ~ / colar por arriba, [en sifón] ‖ **in Bottiche** ~ od. **füllen** / encubar ‖ **in Formen** ~ / vaciar en molde, colar ‖ **in Sand** ~ / colar en arena ‖ **mit verlorener Wachsform** ~ / colar con molde perdido [de cera] ‖ ≈ *n* (Gieß) / fundición *f* ‖ ≈, Einschmelzen *n* (Hütt) / fusión *f* ‖ ≈, Abgießen *n* (Hütt) / vaciado *m* en molde, colada *f* ‖ ≈, Guss *m* von Blöcken (Hütt) / lingotaje *m*, colada *f* de lingotes ‖ ≈ **der Buchstaben** (o. Zeilen) (Druck) / fundición *f* de tipos (o líneas)
Gießer *m*, Gießereiarbeiter *m* / fundidor *m*, vaciador *m*
Gießerei *f* / taller *m* de fundición o de colada, fábrica *f* de fundición ‖ ≈, Gießhalle *f* / área *f* o nave de colada, nave *f* de fundición ‖ ≈**bedarf** *m* / material *m* para talleres de fundición ‖ ≈**erzeugnis** *n* / pieza *f* colada, producto *m* de fundición ‖ ≈**fachmann** *m* / técnico *m* de fundición, especialista *m* en fundición ‖ ≈**fertigerzeugnis** *n* / producto *m* acabado de fundición ‖ ≈**-Flammofen** *m* / horno *m* de reverbero para fundición ‖ ≈**koks** *m* / coque *m* de fundición ‖ ≈**kran** *m* / grúa *f* para taller de fundición ‖ ≈**krätze** *f* / escorias *f pl* de fundición ‖ ≈**-Laufkran** *m* / puente-grúa *m* para talleres de fundición ‖ ≈**maschine** *f* / máquina *f* de colar ‖ ≈**meister** *m* / maestro *m* fundidor ‖ ≈**modell** *n* / modelo *m* para fundición ‖ ≈**roheisen** *n* / arrabio *m* de o para fundición ‖ ≈**sand** *m* / arena *f* de fundición ‖ ≈**schachtofen** *m* / cubilote *m*, horno *m* de cúpola ‖ ≈**schmelzofen** *m* / horno *m* de fusión para fundiciones ‖ ≈**schwärze** *f* / plombagina *f* ‖ ≈**technik** *f*, -wesen *n*, -betrieb *m* / técnica *f* de la fundición ‖ ≈**zusätze** *m pl* / aditivos *m pl* de fundición
Gieß•fähigkeit *f* / colabilidad *f* ‖ ≈**fehler** *m* / defecto *m* de colado ‖ ≈**folie** *f* (Plast) / hoja *f* colada ‖ ≈**form** *f*, Gussform *f* (Gieß) / molde *m* de fundición ‖ **bleibende, feste** ≈**form** / molde *m* permanente ‖ ≈**geschwindigkeit** *f* / velocidad *f* de colada o fundición ‖ ≈**grube** *f* (Gieß, Hütt) / foso *m* de colada, fosa *f* de colada ‖ ≈**hafen** *m*, -wanne *f* (Glas) / recipiente *m* de colada ‖ ≈**halle** *f* / nave *f* de fundición, galpón *m* (LA) ‖ ≈**harz** *n* (Plast) / resina *f* de moldeo ‖ ≈**harztransformator** *m* (Elektr) / transformador *m* de impregnación integral de resina ‖ ≈**harzvollverguss** *m* (Elektr) / impregnación *f* integral de resina de moldeo ‖ ≈**haus** *n* / taller *m* de fundición ‖ ≈**kabelkran** *m* (Bau) / grúa *f* de cable para colada de hormigón ‖ ≈**kanne** *f* (Garten) / regadera *f* ‖ ≈**karussell** *n* (Hütt) / máquina *f* rotativa de fundición ‖ ≈**kelle** *f*, -löffel *m* (Gieß) / cuchara *f* de colada ‖ ≈**kern** *m* (Galvanotypie) / núcleo *m* de fundición ‖ ≈**kolonne** *f* / grupo *m* de fundición, brigada *f* de fundición, cuadrilla *f* de fundidores, equipo *m* fusor o de fusión ‖ ≈**kopf** *m* (Gieß) / bebedero *m* ‖ ≈**kopf** (Abfall) (Block) / mazarota *f* de lingote ‖ ≈**kran** *m* (Gieß, Hütt) / grúa *f* de colada ‖ ≈**maschine** *f* (Druck) / máquina *f* de colar, fundidora *f* de tipos ‖ ≈**masse** *f* / masa *f* fundida ‖ ≈**massel** *f* (Hütt) / lingote *m*, lingote *m* de fundición ‖ ≈**mund** *m* (Galv) / boca *f* de fundición ‖ ≈**ofen** *m* (Hütt) / horno *m* de fundición ‖ ≈**pappe** *f* / cartón *m* en pasta, cartón *m* moldeado ‖ ≈**pfanne** *f* (Gieß) / cuchara *f*, cazuela *f*, caldero *m* de colada ‖ ≈**pfanne mit Wagen** / carro *m* portacuchara ‖ ≈**pfannengabel** *f* / horquilla *f* de la cuchara a mano ‖ ≈**pfannengehänge** *n* / dispositivo *m* de suspensión para cuchara ‖ ≈**pfannenkran** *m* / grúa *f* manipuladora de cuchara ‖ ≈**pfannenschieber** *m* / llave *f* o válvula de cuchara ‖ ≈**pfannenschnabel** *m* / pico *m* de la cuchara [de colada] ‖ ≈**pfannentiegel** *m* / crisol *m* de fundición ‖ ≈**pfannenwagen**, Pfannenwagen *m* / carro *m* portacuchara ‖ ≈**pfropfen** *m* / tapón *m* de cuchara ‖ ≈**plan** *m* / esquema *m* de fundición ‖ ≈**polyamid** *n* (Plast) / poliamida *f* de moldeo ‖ ≈**polymerisation** *f* (Plast) / polimerización *f* por moldeo ‖ ≈**pressen** *n* (Druckguss) / moldeado *m* bajo presión ‖ ≈**pressschweißen** *n* / soldadura *f* a presión y a base de energía termoquímica ‖ ≈**rad** *n* (Hütt) / rueda *f* fundidora ‖ ≈**rinne** *f* (Hütt) / canalón *m* o canal de colada ‖ ≈**rinne des Kupolofens, der Pfanne** / canal *m* de fundición ‖ ≈**schale** *f*, -wanne *f* (Gieß) / artesa *f* de colada ‖ ≈**schlicker** *m* (Keram) / barbotina *f* colable ‖ ≈**schmelzschweißen** *n* / soldadura *f* de fusión a base de energía termoquímica ‖ ≈**schnauze** *f*, Abstichrinne *f* (Gieß) / labio *m* de caldera, piquera *f* de caldera ‖ ≈**schweißen** *n* / soldadura *f* por fundición ‖ ≈**spirale** *f* (Gieß) / molde *m* en espiral ‖ ≈**stand** *m* / puesto *m* de colada ‖ ≈**stopfen** *m* / tapón *m* de colada ‖ ≈**stopfen in der Pfanne** / tapón *m* de cuchara ‖ ≈**strahl** *m* / chorro *m* [de metal] fundido ‖ ≈**strahlbehandlung** *f* (Hütt) / tratamiento *m* del chorro durante la colada ‖ ≈**strahlentgasung** *f* / desgasificación *f* por trasiego bajo vacío ‖ ≈**technik** *f* / técnica *f* de colada o de fundición ‖ ≈**tisch** *m* / mesa *f* de colada ‖ ≈**tisch**, -tafel *f* (Glas) / placa *f* de fundición ‖ ≈**trichter** *m* (Gieß) / embudo *m* de colada, bebedero *m* ‖ ≈**trommel** *f* / tambor *m* de colada ‖ ≈**übergabewagen** *m* / vagón *m* de colada de alimentación ‖ ≈**verfahren** *n* / procedimiento *m* de fundición ‖ ≈**vorgang** *m* (Hütt) / proceso *m* de fundición ‖ ≈**vorgang** (Massenfertigung) / ciclo *m* de colada ‖ ≈**wagen** *m* / carro *m* o vagón de colada ‖ ≈**walzdraht** *m* / hilo *m* laminado de colada continua ‖ ≈**walzen** *n* (Hütt) / laminado *m* de colada continua ‖ ≈**wanne** *f*, Tundish *m* (Gieß) / artesa *f* ‖ ≈**wanne**, Vorherd *m* / solera *f* receptora, horno *m* receptor ‖ ≈**wanne**, -hafen *m* (Glas) / recipiente *m* de colada ‖ ≈**werk** *n* (Druck) / fundidora *f* para estereotipia curva y plana, dispositivo *m* fundidor ‖ ≈**zange** *f* (Hütt) / tenazas *f pl* de fundición ‖ ≈**zapfen** *m*, Eingussmodell *n* (Gieß) / modelo *m* de bebedero ‖ ≈**zettel** *m* (Druck) / póliza *f* o lista *f* de tipos, esquema *m* de la póliza de tipos ‖ ≈**zugabe** *f* / demasía *f* de cuchara
GIF (= Graphics Interchange Format) (DV) / formato *m* GIF
Gift *n* (Chem, Pharm) / tóxico *m*, sustancia *f* tóxica, veneno *m* ‖ ≈**fang**, -gang, -kanal *m* (Hütt) / canal *m* colector de arsénico ‖ ~**fest** (Katalysator) / resistente a venenos ‖ ~**frei** (Chem, Pharm) / atóxico, no venenoso, sin veneno ‖ ≈**gas** *n* (Chem) / gas *m* tóxico o deletéreo o venenoso ‖ ~**grün** / verde cardenillo ‖ ≈**hütte** *f* / fábrica *f* para la sublimación de arsénico
giftig / venenoso, tóxico ‖ ~, schädlich / nocivo ‖ ~ (Gas) / deletéreo ‖ ~**e Abgase** (Kfz) / gases *m pl* de escape tóxicos ‖ ~ **für Pflanzen** / fitotóxico ‖ ~**er Klärschlamm** / lodos *m pl* tóxicos ‖ ~ **[wirkend]**, Gift enthaltend (z.B. Speisen) / venenoso
Giftigkeit, Toxizität *f* / toxicidad *f*, venenosidad *f*
Gift•kobalt *m* (Min) / arsenio *m* nativo ‖ ≈**kunde** *f*, Toxikologie *f* / toxicología *f* ‖ ≈**müll** *m*, Sondermüll *m* (Umw) / residuos *m pl* sólidos tóxicos o peligrosos ‖ ≈**nebel** *m*, -wolke *f* / niebla *f* o nube tóxica, humareda *f* tóxica ‖ ≈**rechner** *m* (Reaktor) / calculador *m* de

Giftschaum

venenos ‖ ≈**schaum** m / espuma f tóxica ‖ ≈**schwöde**, Realgarschwöde f, Giftäscher m (Gerb) / pelambre m al arsénico ‖ ≈**stoff** m, Gift n / su[b]stancia f tóxica o venenosa ‖ ≈**stoff** (Mikroben, Pilze), Toxin n / toxina f
Giga•..., G, 10^9 / giga... ‖ ≈**bit** n (DV) / gigabitio m ‖ ≈**byte** n (Einheit d. Speichergröße od. -kapazität) (DV) / GB m (= gigabyte) ‖ ≈**elektronenvolt** n, GeV / giga-electronvoltio m ‖ ≈**hertz** n / gigahertzio m, gigahertz m ‖ ≈**hertz-Bereich** m (Elektr) / ámbito m o régimen de gigahertzios, gama f de gigahertzios ‖ ≈**-Jahr** n (10 Jahre) (Astr) / gigaaño m ‖ ≈**meter** n (Mess) / gigametro m ‖ ≈**watt** n (Elektr) / gigavatio m, gigawatt m, GW ‖ ≈**wattjahr** n (Elektr) / año m GW ‖ ≈**wattstunde** f, GWh (Elektr) / gigavatio-hora f
GIGO (= garbage in, garbage out), schlechte Programmierung (DV) / "si basura entra, basura sale" **Gilbert**, Gb n (1 Gb = 1 Oerstedt x 1 cm) (Phys) / gilbert m, gilbert[i]o m
Gilbungsskala f (Pap) / escala f de amarilleo
Gill n (Einheit der Rechengeschwindigkeit) (DV) / gill m ‖ ≈**box** f (Tex) / gill-box m
Gilles-Schaltung f (Fernm) / dispositivo m Gilles
Gillette-Power f (Maßeinheit) (Laser) / gillete m
Gillingit m (Min) / gilingita f
Gill-Morell-Oszillator m (Phys) / oscilador m Gill-Morell
Gill•spinnen n, Grobgarnspinnen n (Tex) / hilado m de grueso ‖ ≈**stab** m (Tex) / barreta f, gill m
Gillung f **im Lateralplan** (Schiff) / bovedilla f
Gilsonit, Uintait m (Asphaltart) (Min) / gilsonita f
Gimbalring m (Rakete) / anillo m montado a la cardán
Gimpe f (Tex) / hilado m entorchado
Gingelyöl n / aceite m de sésamo
Gingham, Gingan m (Web) / guinga f, gingham m
Giobertit m (Min) / giobertita f
Giorgisches System (o. MKSA-System) (veraltet) (Phys) / sistema m de Giorgi
Gipfel m, Scheitel m / ápice m ‖ ≈, höchster Grad o. Punkt / cumbre f, punto m culminante, cúspide m, tope m ‖ ≈, höchste Spitze / punto m máximo ‖ ≈ (Math) / vértice m, cúspide f ‖ ≈ (Geo) / cumbre m, cúspide f, cima f ‖ ≈ **eines Impulses** (Eltronik, Funk) / cresta f del impulso ‖ ≈**höhe** f (Luftf) / techo m [de vuelo] ‖ ≈**höhe**, Betriebs-, Dienstgipfelhöhe f / techo m práctico o de servicio ‖ ≈**höhe** (Flugkörper) / apogeo m ‖ ≈**höhe der Geschossbahn** / vértice m de la trayectoria, perpendicular f del cenit de la trayectoria ‖ ≈**kessel** m (Geol) / caldera f de cumbre ‖ ≈**punkt** m, Gipfelung f / punto m culminante ‖ ≈**punkt** (Eltronik, Tunneldiode) / punto m de cresta, pico m ‖ ≈**punkt der Rollbewegung** / vértice m de la curva descrita por los cuerpos rodantes ‖ ≈**[punkt] einer Kurve**, Spitze f / cúspide f ‖ ≈**spannung**, Höckerspannung f (Tunneldiode) / tensión f de cresta
Gipfelung f, Kulmination f, Gipfelpunkt m / culminación f
Gipfelwert, -betrag m / valor m máximo o de cresta
Gips m, Selenit n (Min) / selenita f, gipso m, aljez m ‖ ≈, Kalzium-Sulfat-Hemidydrat m (Chem) / sulfato m hidratado de calcio, sulfato m cálcico hidratado ‖ ≈, wasserhaltiger o. Kalk-Gips (Bau) / yeso m, gipso m ‖ ≈ **als Papierfüllstoff** (Pap) / caolín m de calcio precipitado para cargar ‖ **[gebrannter]** ≈ (Bau, Chem) / yeso m calcinado [deshidratado] ‖ **feiner** ≈, Stuckgips m (Bau) / escayola f ‖ **gespaltener** ≈, Marienglas n / espejuelo m
Gips•abdruck m / impresión f en yeso, gipsografía f ‖ ≈**abguss** m / vaciado m de yeso ‖ ≈**ader** f (Min) / veta f de yeso ‖ ≈**arbeit** f (Bau) / yesería f, obra f de yesería ‖ ≈**arbeiter** m, Stuckarbeiter m / yesero m ‖ ~**artig** / yesoso ‖ ≈**bauplatte** f (Bau) / panel m o tablón prefabricado de yeso, placa f prefabricada de yeso ‖ ≈**baustein** m / bloque m de yeso para construcciones ‖ ≈**bauteil** m / elemento m prefabricado de yeso ‖

≈**beton** m / hormigón m de yeso ‖ ≈**bewurf** m / enlucido m de yeso, revoque m o revoco de yeso ‖ ≈**brei** m / lechada f de yeso, pasta f de yeso ‖ ≈**brennen** n / calcinación f o cochura de yeso ‖ ≈**brennerei** f / yesería f ‖ ≈**[brenn]ofen** m / horno m para calcinar yeso ‖ ≈**brocken** m / yesón m ‖ ≈**decke** f / techo m de escayola, plafón m de escayola o de estuco, cielo m raso ‖ ≈**diele**, -bauplatte f / losa f de escayola, tablero m de yeso
gipsen, ver-, eingipsen / escayolar, enyesar ‖ ≈ n, Ver-, Eingipsen n / enyesado m, enyesadura f
Gipser m / yesero m, estuquista m ‖ ≈**beil** n / hacha f de yesero ‖ ≈**pinsel**, -quast m / brocha f de yesero
Gips•estrich m / solado m de yeso ‖ ≈**-Faser-Mischung** f (Bau) / estaf m ‖ ≈**form** f (Gieß) / molde m de yeso ‖ ≈**formguss** m (Erzeugnis) / pieza f fundida en molde de yeso ‖ ≈**-Glattstrich** m (Bau) / alisado m de yeso ‖ ≈**grube** f / yesal m, yesar m, yesera f ‖ ~**haltig** (Min) / gipsoso, gipsífero ‖ ~**haltig** (Chem) / yesoso, yesífero ‖ ~**haltig** (Wasser) / selenitoso ‖ ≈**hohldiele** f / tablón m hueco de yeso ‖ ≈**kalk**, Gipskalkmörtel m / mortero m de yeso cocido ‖ ≈**kartonplatte** f (Bau) / placa f de yeso entre cartones, plancha f de yeso encartonado ‖ ≈**leichtstein**, -hohlstein m / ladrillo m hueco de yeso ‖ ≈**marmor** m / mármol m artificial, estuco m de mármol ‖ ≈**mehl** n, gemahlener Gips / polvo m de yeso, yeso m en polvo, harina f de yeso ‖ ≈**mergel** m (Min) / marga f yesosa ‖ ≈**modell** m / modelo m de yeso ‖ ≈**ofen** m, -brennofen m / horno m para calcinar yeso ‖ ≈**plättchen** n (Opt) / lámina f de yeso ‖ ≈**platte** f (Bau) / tablón m de yeso ‖ ≈**plattennagel** m / clavo m para tablón de yeso ‖ ≈**putz** m, Schlichte f (Bau) / revoque m de yeso o de escayola, enlucido m de yeso ‖ **glatt gestrichener** ≈**putz** / alisado m de yeso ‖ ≈**putzdecke** f, Stuckdecke f / plafón m (o cielo raso) de escayola ‖ ≈**schlackenzement** m, Sulfathüttenzement m (DIN 4210) / cemento m de sulfato de calcio y escoria de altos hornos ‖ ≈**-Schwefel-Zement** m / cemento m por el procedimiento yeso-ácido sulfúrico ‖ ≈**spat** m (Min) / yeso m espático, espato m yeso (Min) ‖ ≈**stein** m (Bau) / piedra f yesosa ‖ ≈**stuck** m / estuco m de yeso ‖ ≈**werk** n / yesería f ‖ ≈**zement** m, Putzkalk m mit 5 % Gips / cemento m de yeso, cemento m selenitoso
Giraffe f, Galgen m (TV) / jirafa f telescópica
Girbotolprozess m (zur Entfernung von H_2S u. CO_2) (Chem) / proceso m Girbotol (para la eliminación de H_2S y CO_2)
Girbotol- u. Clausanlage f (Öl) / instalación f de centrifugación y de horno Claus
Girdler-Verfahren n (Gasentschwefelung) (Chem) / procedimiento m Girdler (para la desulfuración de gas)
Girlande f (Bau) / guirnalda f, festón m
Girlanden•träger m, durchlaufender Hängeträger / viga f en forma de guirnalda ‖ ≈**trockner** m, Hängetrockner m (Pap, Tex) / secador m o secadero de cinta colgante
Girling-Colette-Bremsbelag m (Kfz) / ferodo m [de freno] Girling-Colette
Girodofen m (unmittelbarer Lichtbogenofen) (Hütt) / horno m de Girod, horno m de arco voltaico directo
Girostat m, Kreisel m (allg) / giróstato m
GIS, geografische Informationssysteme / sistemas m pl de información geográfica
Gispe f (Glas) / burbuja f pequeña
gissen, koppeln (Nav) / estimar [la posición]
Gissungs-Navigation f / navegación f por estima
Gitter n (prakt. jeder Art), Gitterwerk n / rejilla f ‖ ≈, Gatter n / reja f ‖ ≈ n (aus Draht vor Fenster) / sobrevidriera f ‖ ≈, -rost m / parrilla f ‖ ≈, Vergitterung f / enrejado m ‖ ≈ (Eltronik) / rejilla f ‖ ≈, Raster n (Opt) / retículo m, retícula f ‖ ≈, Netz n (Radiol) / red f ‖ ≈ n, Steuergitter n (Eltronik, Funk) /

Gitterstab

rejilla *f* de mando o de control, rejilla *f* de gobierno (LA) ‖ ⁓ (Krist) / red *f* cristalina ‖ ⁓ (Kompressor) / cascada *f* ‖ ⁓ (Landkarte) (Geo, Verm) / cuadrícula *f*, gratícula *f* ‖ **kleines** ⁓ / rejuela *f* ‖ **mit einem** ⁓ **versehen** / enrejado, reticulado, reticular ‖ **mit** ⁓**n, Gitter...** (Eltronik) / con rejilla
Gitter • ableitwiderstand *m* (Eltronik, Funk) / resistencia *f* de escape de rejilla ‖ ⁓**ablenkröhre** *f* (TV) / cromatrón *m*, tubo *m* de Lawrence ‖ ⁓**abschaltung** *f*, -sperrung *f* (Eltronik, Gleichrichter) / bloqueo *m* de rejilla ‖ ⁓**abstand** *m* (Nukl) / espaciamiento *m* del reticulado ‖ ⁓**abweichung** *f* (Nav) / declinación *f* reticular ‖ ⁓**anisotropie** *f* (Nukl) / anisotropía *f* de red ‖ ⁓**-Anodenkapazität** *f* (Eltronik) / capacitancia *f* rejilla-ánodo ‖ ⁓**anordnung** *f* (Krist) / estructura *f* de retículo ‖ ⁓**anordnung** (Nukl) / disposición *f* del cuadriculado ‖ ⁓**anschluss** *m* (Eltronik) / conexión *f* de rejilla ‖ ⁓**ansteuerung** *f* (Eltronik, Röhre) / excitación *f* de rejilla, ataque *m* de rejilla ‖ ⁓**antenne** *f* / antena *f* de paraguas ‖ ⁓**atom** *n* / átomo *m* de la red ‖ ⁓**audion** *n* (Eltronik) / detector *m* en audión, detector *m* de escape de rejilla ‖ ⁓**-Ausleger** *m* (Kran) / pluma *f* en celosía ‖ ⁓**ausrichtung** *f* (Verm) / orientación *f* de cuadriculado ‖ ⁓**aussteuerbereich** *m* (vom Mittelwert berechnet) (Eltronik) / oscilación *f* de rejilla entre neutro y punta ‖ ⁓**aussteuerbereich Spitze-Spitze** / oscilación *f* de rejilla punta a punta ‖ ⁓**aussteuerung** *f* (Eltronik) / excitación *f* de rejilla ‖ ⁓**balken**, [hölzerner o. Stahl-] Gitterträger *m* (Bau) / viga *f* de celosía [de madera o de acero] ‖ ⁓**basisschaltung** *f* (Eltronik) / polarización *f* de rejilla ‖ ⁓**basisverstärker** *m* / amplificador *m* de rejilla a tierra o a masa ‖ ⁓**batterie** *f* (Eltronik) / batería *f* de [polarización] de rejilla ‖ ⁓**[bau]fehler** *m* (Krist) / defecto *m* de la red cristalina, defecto *m* reticular ‖ ⁓**bindung** *f* / enlace *m* o ligado cristalino ‖ ⁓**blech** *n* / chapa *f* perforada ‖ ⁓**blende** *f* (Astr) / diafragma *m* de cuadrícula ‖ ⁓**blockierung** *f* (Eltronik) / bloqueo *m* de rejilla ‖ ⁓**blockkondensator** *m* / condensador *m* de bloqueo de rejilla, capacitor *m* de rejilla ‖ ⁓**boden** *m* (Chem) / plataforma *f* en rejilla ‖ ⁓**box** *f* (Kfz) / garaje-jaula *m* ‖ ⁓**box**, -behälter *m* (Verp) / jaula *f* de transporte ‖ ⁓**boxpalette** *f* (Förd) / paleta *f* enrejada ‖ ⁓**brücke** *f* / punte *m* [metálico] de o en celosía ‖ ⁓**draht** *m* / alambre *m* para rejas o en rejados ‖ ⁓**draht am Kompass** (Luftf) / hilo *m* de rejilla ‖ ⁓**drehung** *f*, azimutale Versetzung (Foto) / rotación *f* de rejilla ‖ ⁓**durchgriff** *m* (Eltronik) / factor *m* de transparencia de rejilla ‖ ⁓**ebene** *f* (Krist) / plano *m* reticular ‖ ⁓**eingangskreis** *m* (Eltronik) / ciruito *m* rejilla-filamento ‖ ⁓**elektrode** *f* / electrodo *m* [en forma] de rejilla ‖ ⁓**elektron** *n* / electrón *m* de rejilla ‖ ⁓**emission** *f* / emisión *f* de rejilla ‖ ⁓**energie** *f* (Krist) / energía *f* de configuración ‖ ⁓**fachwerk** *n* / enrejado *m* ‖ ⁓**fehler** *m*, -störstelle *f* (Krist) / defecto *m* de retículo, imperfección *f* de la red cristalina ‖ ⁓**fehler** (Nukl) / defecto *m* en la celosía ‖ ⁓**fehlstelle** *f*, -loch *n* (Krist) / hueco *m* de la red cristalina ‖ ⁓**fehlstrom** *m* (Eltronik) / corriente *f* de hueco ‖ ⁓**fenster** *n* (Bau) / ventana *f* enrejada o de reja ‖ ⁓**förmig** / en forma de rejilla, en forma de reja ‖ ~**gesteuert** (Eltronik) / mandado por rejilla ‖ ~**gesteuerter Gleichrichter** / rectificador *m* de mando por rejilla ‖ ~**getastet** / manipulado por rejilla ‖ ⁓**glas** *n*, Drahtglas *n* / vidrio *m* armado o alambrado ‖ ⁓**gleichrichter** *m* (Eltronik) / rectificador *m* de rejilla ‖ ⁓**gleichrichtung** *f* / rectificación *f* por rejilla ‖ ⁓**gleichspannung** *f* / tensión *f* continua de rejilla ‖ ⁓**gleichstrom** *m* / corriente *f* continua de rejilla ‖ ⁓**heizfläche** *f* (Martinofen) / parilla *f* para calentamiento ‖ ⁓**hohlstein** *m* (Hütt) / ladrillo *m* hueco de o para colmenas ‖ ⁓**kammer** *f* (Hütt) / cámara *f* de colmena ‖ ⁓**kappe** *f*, -anschluss *m* (Eltronik) / sombrerete *m* de contacto de rejilla, pinza *f* de rejilla ‖ ⁓**karton** *m* /

cartón *m* de rejilla ‖ ⁓**-Kathodenkapazität** *f* / capacitancia *f* cátodo-rejilla ‖ ⁓**kennlinie** *f* (Funk) / característica *f* de rejilla ‖ ⁓**kiste** *f*, Lattenkiste *f* (Verp) / esqueleto *m*, jaula *f* de tablas ‖ ⁓**kondensator** *m* (Eltronik) / capacitor *m* o condensador de rejilla ‖ ⁓**kondensator mit Nebenschlusswiderstand** (R-Glied) / capacitor *m* o condensador con resistencia de rejilla ‖ ⁓**konstante** *f*, -abstand *m* (Nukl) / constante *f* de red ‖ ⁓**konstruktion** *f* / construcción *f* de o en celosía, estructura *f* en celosía ‖ ⁓**kontakte** *m pl* (Eltronik) / contactos *m pl* cuadriculados ‖ ⁓**kopie** *f* (Spektrum) / copia *f* de una rejilla ‖ ⁓**kreis** *m* (Eltronik) / circuito *m* de rejilla ‖ ⁓**kreismodulation** *f* / modulación *f* del circuito de rejilla ‖ ⁓**längengrad** *m* (Verm) / meridiano *m* del cuadriculado ‖ ⁓**leinwand** *f* (Tex) / canevá *m*, cañamazo *m*, tela *f* reticulada ‖ ⁓**lücke** *f*, -loch *n* (Halbl, Krist) / hueco *m*, laguna *f*, vacante *m*, agujero *m* ‖ ⁓**mantelschornstein** *m* (Schiff) / chimenea *f* con revestimiento de rejilla ‖ ⁓**masche** *f* (Eltronik) / malla *f* de rejilla ‖ ⁓**maßstab** *m* (Opt) / escala *f* de retículo ‖ ⁓**mast** *m*, -pfeiler *m* (Elektr) / poste *m* o mástil de celosía, torre *f* de celosía, torre *f* reticular ‖ ⁓**mast** (Schiff) / palo *m* de celosía ‖ ⁓**mauerwerk** *n* (Bau) / muro *m* perforado ‖ ⁓**modulation** *f* (Eltronik) / modulación *f* de o por rejilla ‖ ⁓**monochromator** *m* / monocromador *m* de rejilla ‖ ⁓**muster**, Netzmuster *n* / diseño *m* de red, diseño *m* cuadriculado ‖ ⁓**navigation** *f* / navegación *f* de cuadrícula ‖ ⁓**netz** *n* (Verm) / red *f* de cuadrados, cuadrícula *f* ‖ **mit** ⁓**netz** (Karte) / cuadriculado ‖ ⁓**netz-Anlegung** *f* (Karte) / cuadriculación *f* ‖ ⁓**[netz]karte** *f* (Landkarte) / mapa *m* cuadriculado ‖ ⁓**nord** *n* (Verm) / norte *m* de cuadriculado ‖ ⁓**packung** *f*, -mauerung (Hütt) / emparrillado *m* ‖ ⁓**pfette** *f* (Stahlbau) / correa *f* en celosía ‖ ⁓**platte** *f* (Akku) / placa *f* de rejilla ‖ ⁓**platz** *m* (Nukl) / lugar *m* de rejilla ‖ ⁓**pneu** *m* (Schiff), Seilnetz *n* mit pneumatischer Stützung / malla *f* de cable con membrana soportada neumáticamente ‖ ⁓**potential** *n* (Eltronik) / potencial *m* de rejilla ‖ ⁓**punkt** *m* (Krist) / nudo *m* en la red cristalina ‖ ⁓**rad** (Landw, Schlepper) / rueda *f* de rejilla, rueda *f* de jaula antideslizante ‖ ⁓**radwalze** *f* (Straßb) / apisonadora *f* de rueda de rejilla ‖ ⁓**rauschwiderstand** *m* (Eltronik) / resistencia *f* de ruido de rejilla ‖ ⁓**reflektor** *m* (Antenne) / reflector *m* de parrilla o de reja ‖ ⁓**rost**, Lattenrost *m* / parrilla *f* de reja, rejilla *f* de parrilla ‖ ⁓**rost**, Gymnosporangium sabinae (Bot, Landw) / roya *f* del peral ‖ ⁓**roststein** *f* (Winderhitzer) / ladrillo *m* para colmenas ‖ ⁓**rückleitung** *f* (Eltronik) / retorno *m* de rejilla ‖ ⁓**rührer** *m* / agitador *m* de bastidor *f* ‖ ⁓**schnitt** *m* (Lack) / corte *m* reticular ‖ ⁓**schnittprobe** *f* (Lack) / prueba *f* de corte reticular ‖ ⁓**schnittprüfer** *m* (Opt) / verificador *m* de rejilla ‖ ⁓**schnittprüfer** (Lack) / controlador *m* de corte reticular ‖ ⁓**schutzwiderstand** *m* (Eltronik) / resistencia *f* protectora de rejilla, resistencia *f* de freno de rejilla ‖ ⁓**spannung** *f* / tensión *f* de rejilla ‖ **kritische** ⁓**spannung**, Gitterzündspannung *f* / tensión *f* crítica de rejilla ‖ ⁓**spannungs-Anodenstrom-Kennlinie** *f* / característica *f* de tensión de rejilla/corriente anódica ‖ ⁓**spannungsmodulation** *f* / modulación *f* por la variación de la polarización de rejilla ‖ ⁓**spannungsquelle** *f* (Eltronik) / fuente *f* de tensión de rejilla ‖ ⁓**spektrograph** *f* (Phys) / espectógrafo *m* de red ‖ ⁓**spektrograph** (Astr) / espectógrafo *m* de rejilla ‖ ⁓**spektrometer** *n* (Phys) / espectrómetro *m* de rejilla ‖ ⁓**spektrum**, Beugungsspektrum *n* (Opt) / espectro *m* de difracción ‖ ⁓**sperrspannung** *f* (Eltronik) / tensión *f* de corte o de bloqueo de rejilla ‖ ⁓**sperrung** *f* (Eltronik) / apagado *m* por rejillas ‖ ⁓**spitzenstrom** *m* / corriente *f* cresta o máxima de rejilla ‖ ⁓**spule** *f* / bobina *f* de rejilla ‖ ⁓**stab**, Diagonalstab *m*, Diagonalversteifung *f* (Stahlbau) / barra *f* diagonal ‖

545

Gitterstab

~stab m (Antenne) / nervio del reflector m ‖ ~stab eines Absperrgitters aus senkr. Stäben / barrote m de la verja ‖ ~stein m (Bau) / ladrillo m perforado ‖ ~stein, Wabenstein m (Bau) / ladrillo m alveolar ‖ ~stein (Hütt) / ladrillo m de o para colmenas ‖ ~steuerleistung f (Eltronik) / potencia f de entrada o de excitación de rejilla, potencia f impulsora de rejilla ‖ ~steuerung f / control m o mando por rejilla ‖ ~stoff m, -leinen n (Tex) / canevá m, cañamazo m ‖ ~störstelle f s. Gitterfehler ‖ ~strom m (Eltronik) / corriente f de rejilla ‖ ~stromaussteuerung f (Eltronik) / oscilación f de corriente de rejilla ‖ ~strombegrenzer m / limitador m de corriente de rejilla ‖ ~strommodulation f / modulación f de corriente de rejilla ‖ ~struktur f (Krist) / estructura f reticular ‖ ~stütze f (Seilb) / castillete m con estructura de celosía ‖ ~tastung f (Eltronik) / manipulación f por rejilla ‖ ~teilung f (Opt) / retículo m ‖ ~theorie f (Nukl) / teoría f de la celosía espacial ‖ ~tor n / verja f ‖ ~tragbalken m (Bau) / jácena f de celosía ‖ ~träger m (Stahlbau) / viga f en celosía ‖ ~träger (Eltronik) / soporte m de rejilla ‖ ~trennwand f, -schott n (Kfz) / mampara f de rejilla ‖ ~tür f, -tor n (aus gekreuzten Stäben) / puerta f cancela, cancela f ‖ ~tür, Tür f mit Drahtgeflecht / puerta f enrejada, puerta f con trenzado de alambre ‖ ~tür mit senkrechten Stäben / verja f ‖ ~umformer m (Wellenleiter) / convertidor m reticular, rejilla f convertidora ‖ ~umwandlung f (Krist) / transformación f de la red cristalina ‖ ~unregelmäßigkeit f (Krist) / irregularidad f de la red cristalina ‖ ~vektor m / vector m de la red cristalina ‖ ~ventil n / válvula f en parrilla ‖ ~verblockung f (Eltronik) / bloqueo m por rejilla ‖ ~verschlag, Lattenverschlag m (Bau) / tabique m de celosía ‖ ~vorspannung f (Eltronik) / polarización f de rejilla ‖ ~vorspannungsbatterie f / batería f de polarización [de rejilla] ‖ ~wechselspannung f / tensión f alterna de la rejilla ‖ ~werk, Rostwerk n (Bau) / celosía f, enrejado m ‖ ~ornamentales ~werk (Bau) / enrejado m ornamental ‖ ~werk n, -konstruktion f (Stahlbau) / estructura f en celosía ‖ ~werk (Hütt) / emparrillado m ‖ ~widerstand m, Zweigwiderstand m des Gitterkondensators (Eltronik) / resistencia-shunt f del condensador de rejilla ‖ ~widerstand für Batterieanschluss f (Eltronik) / resistencia f de rejilla ‖ ~windkanal m / túnel m aerodinámico en cascadas ‖ ~ziegel m s. Gitterstein ‖ ~zündspannung f (Eltronik) / tensión f crítica de rejilla ‖ ~zündstrom m / corriente f crítica de rejilla
GL (Schiff) = Germanischer Lloyd
Glacé•garn n (Tex) / hilo m lustrado o glacé ‖ ~leder n / cuero m glacé o lustrado, cabritilla f ‖ ~-Papier n (Druck) / papel m glacé
glacieren, Zwirn ~ (Spinn) / lustr[e]ar hilo torcido
Glaever-Tunneleffekt m (Phys) / efecto m [de túnel] de Glaever
Glanz m, Leuchtkraft, Helligkeit f (allg) / brillo m, brillantez f, esplendor m, luminosidad f ‖ ~, Feuer m / resplandor m, fulgor m ‖ ~, Glasur f / esmalte m, vidriado m ‖ ~, Politurglanz m / lustre m ‖ ~, Schein m / brillo m ‖ ~... (Galv) / brillante ‖ **den** ~ **nehmen**, dekatieren (Tex) / decati[za]r, deslustrar ‖ **den** ~ **verlieren** / perder el brillo o lustre ‖ **heller** ~ / brillo m intenso
Glänzabbau m (Tex) / decatizado m, decatisado m
Glanzabzug m (Foto) / copia f brillante
Glänzanlage f (Galv) / instalación f de abrillantado
Glanz•appretur f (Tex) / acabado m de lustre ‖ ~asbestplatte f (Bau) / placa f de amianto pulida ‖ ~bad n (Galv) / baño m brillante ‖ ~badbehandlung f, Glanzvernickeln, -verkupfern, -verzinken usw. (Galv) / chapeado f brillante ‖ ~bildner m (Galv) / abrillantador m, agente m de abrillantamiento ‖

~blech n (Hütt) / chapa f pulida o pulimentada ‖ ~brennen n, -brenne f (Messing) / decapado m brillante, abrillantado m ‖ ~bürste f / cepillo m para dar lustre ‖ ~bürste, Schleifbürste f (Galv) / cepillo m de pulir ‖ ~dekatur f (Tex) / decatizado m de lustre ‖ ~drücken (Hütt) / bruñir
Glänze, Wasserappretur f (Stoff) / apresto m a o con agua, aderezo m con agua
Glanz•effekt m (Tex) / efecto m brillante o de brillo ‖ ~eisenstein m (Min) / hierro m oligisto ‖ ~eloxieren vt (Metall) / anodizar al brillo
glänzen vt / brillar, dar lustre o brillo [a] ‖ ~ (Leder, Spinn) / barnizar, charolar ‖ ~, fertigpolieren (Galv) / pulir, lustrar ‖ ~ (Metall) / bruñir ‖ ~ (Zwirn) / lustrar el hilo torcido ‖ ~ (Pap) / satinar ‖ ~ vi / brillar, resplandecer ‖ ~, scheinen / lucir, relumbrar ‖ ~, schimmern / rutilar vi ‖ ~, blinken / relucir, radiar ‖ ~, spiegeln / dar brillo especular, reflejar ‖ ~ n, Funkeln n / lustrado m
glänzend, schimmernd / refulgente ‖ ~, hell / brillante ‖ ~, blank / pulido ‖ ~, strahlend, leuchtend / brillante, radiante, resplandeciente, reluciente, relumbrante, relumbroso ‖ ~ **machen**, glänzen, Glanz verleihen (Leder, Tex) / abrillantar, lustrar, glasear ‖ ~ **machen**, polieren (Metall) / pulir, aluciar, abrillantar, pulimentar ‖ ~ **machen** (Foto) / dar brillo ‖ ~**machen** n (Tex) / acabado m brillante, lustrado m
Glanz•falle f (Farbmess) / trampa f antibrillante ‖ ~farbe f / tinta f brillante, pintura f brillante o de brillo ‖ ~firnis m (Tischl) / barniz m brillante ‖ ~flor m, Brillantgarn n (Spinn) / hilo m brillante de Escocia ‖ ~folienkaschierung f (Pap) / recubrimiento m o forrado con lámina u hoja brillante ‖ ~futterstoff m (Tex) / tela f brillante para forro ‖ ~galvanisierung f (Galv) / chapeado m con depósito brillante ‖ ~garn n, Eisengarn n (Tex) / hilo m pulido o glacé
Glänzgerät n / abrillantadora f, pulidora f
Glanz•gold n / oro m brillante ‖ ~haltungs-Index m (Farbe) / índice m de estabilidad del brillo ‖ ~hammer m / martillo m de pulir ‖ ~hartverchromung f / cromado m duro y brillante ‖ ~kalander m, Glättkalander m (Pap) / calandra f o calandra de abrillantar o de satinar ‖ ~karton m / cartón m fuertemente satinado, cartulina f satinada ‖ ~kaschiert, hochglanzkaschiert (Druck) / contracolado de brillo ‖ ~kattun m (Tex) / lustrina f, indiana f engomada o mercerizada ‖ ~kobalt m, Kobaltglanz m, Kobaltit m (Min) / cobaltina f ‖ ~kohle f (Bergb) / carbón m brillante o lustroso, carbón m de fractura glaseada ‖ ~krumpe f, Dekatieren n (Tex) / decatizado m, deslustrado m ‖ ~lack m / charola f, charol m ‖ ~leder n, Lackleder n / cuero m charolado, charol m ‖ ~leinwand f, Futterkattun m (Tex) / tela f engomada ‖ ~lichter n pl, -flächen f pl (Galv) / brillos m pl ‖ ~los, matt / deslustrado, sin brillo, mate
Glänzmaschine f, Glänze f (Bb) / máquina f satinadora
Glanz•messer m (Mess, Opt) / medidor m de brillo ‖ ~messer (Pap) / brillancímetro m, difusionímetro m ‖ ~mittel n (Galv) / abrillantador m, agente m de abrillantamiento ‖ ~nickel n (Hütt) / níquel m brillante ‖ ~nickelbad n (Galv) / baño m de niquelado brillante ‖ ~papier n / papel m satinado [con ágata], papel m lustrado ‖ ~pappe f s. Glanzkarton ‖ ~pressen, glänzen, pressen (Tuch) / dar brillo por la prensa de abrillantar o de cubeta ‖ ~ruß m (Chem, Hütt) / negro m de fumo brillante ‖ ~schleifen / pulir brillante o al brillo ‖ ~schuss m (Fehler, Tex) / pasada f a trama brillante ‖ ~seide f (Tex) / seda f joyante ‖ ~silber n (Hütt) / plata f brillante ‖ ~stärke f (Tex) / almidón m brillante ‖ ~stoff m / rayón m, seda f [artificial] de cobre ‖ ~-Taft m (o. -Taffet), Lustrin m (Tex) / tafetán m de lustre, glasé m, lustrina f ‖ ~tuch n (Tex) / hule m charolado ‖ ~verchromt / cromado de adorno ‖ ~vergoldung f / dorado m brillante ‖ ~verkupfern,

[-vernickeln] / encobrar [niquelar] brillante ‖ ~vernickelung f / niquelado m brillante ‖ ~versilberung f / plateado m brillante, plateadura f brillante ‖ ~verzinken / cincar al brillo ‖ ~verzinkung f / galvanizado m brilante, cincado m brillante ‖ ~viskose f (Tex) / viscosa f ‖ ~wachs n / cera f de abrillantar ‖ ~weiß n / blanco m brillante ‖ ~winkel m (Radiol) / ángulo m de Bragg
Glänzwirkung f / efecto m de brillo
Glanz•zink n / cinc m brillante ‖ ~zinn n / estaño m brillante ‖ ~zusatz m (Galv) s. Glanzmittel ‖ ~zwirn m / torzal m glacé, hilo m glacé
Glas n / vidrio m ‖ ~, Fensterglas n / vidrio m de ventanas ‖ ~, Glasbecher m, Wasserglas n, Trinkglas n / copa f ‖ **geschliffenes** ~ / cristal m tallado, vidrio m tallado ‖ **im** ~, in vitro (Biol, Chem) / in vitro ‖ **in** ~ **verwandeln**, verglasen / vitrificar
Glas•abdeckung f / tapadera f de cristal, recubrimiento m de cristal ‖ ~**abdichtung** f (Dach) / obturación f del recubrimiento de cristal ‖ ~**ähnlichkeit** f / vidriosidad f ‖ ~**anbauten** (z.B. Wintergarten) / construcciones f pl anejas acristaladas ‖ ~**-Apparatebauteile** n pl / componentes m pl de vidrio ‖ ~**arbeiter** m / vidriero m ‖ ~**artig**, -ähnlich / vítreo ‖ ~**artig** (Geol) / hialino ‖ ~**artiger Bruch** / fractura f vítrea ‖ ~**artig geworden** / vitrificado ‖ ~**ätzung** f / grabado m [al ácido] sobre vidrio ‖ ~**aufzug** m (Bau) / ascensor m con cabina acristalada ‖ ~**ballon** m (Verp) / bombona f [de vidrio] ‖ ~**ballon**, große gläserne Korbflasche / damajuana f de vidrio ‖ ~**band** n / hoja f de vidrio, cinta f de vidrio ‖ ~**batist** m (Web) / batista f de vidrio ‖ ~**bau** m (Bau) / construcción f de o en vidrio ‖ ~**baustein** m / ladrillo m vítreo o de vidrio ‖ ~**bearbeitung** f / hialotecnia f ‖ ~**behälter** m **des Aräometers** / ampolla f del areómetro ‖ ~**bild**, Diapositiv n (Foto) / diapositiva f ‖ ~**blasen** n / soplado m de[l] vidrio, sopladura f del vidrio ‖ ~**bläser und Glasapparatebauer** m (Lehrberuf) / soplador m de vidrio ‖ ~**bläserlampe** f / soplete m o mechero de vidriero ‖ ~**bläserpfeife**, -macherpfeife f / caña f de soplador ‖ ~**bläserrohr** n / puntel m ‖ ~**block** m / bloque m de vidrio ‖ ~**bodenboot** n / embarcación f con fondo de vidrio ‖ ~**bohrer** m (Wz) / broca f para cristal ‖ ~**brechzange** f, Kröselzange f, Glaserzange f (Wz) / tenazas f pl de vidriero, tenazas f pl para quebrar vidrio ‖ ~**bruch** m, -scherben f pl (Glas) / chatarra f de vidrio, pedazos de vidrio, roto m pl, añicos m pl ‖ ~**bruchmelder** m / avisador m de rotura de cristal ‖ ~**dach** n (Bau) / techo m de vidrio, tejado m de cristal, cubierta f acristalada o de cristal, vidriera f ‖ ~**dach** (mit Glasdachziegeln gedeckt) / techo m de ladrillos de vidrio, tejado m de cristal, montera f ‖ ~**dachziegel**, -dachstein m / ladrillo m de techo de vidrio ‖ ~**deckel** m / tapadera f o tapa f de cristal ‖ ~**deckel**, -reif m (Großuhr) / luneta f ‖ ~**diamant** m, Strass / estrás m ‖ ~**dicke** f / espesor m o grosor del cristal ‖ ~**druck**, Hyalotypie f (Druck) / impresión f sobre vidrio, hialotipia f ‖ ~**durchführung** f (Elektr) / cierre m de vidrio ‖ ~**-Effektgarn** n (Spinn) / hilo m de fantasía de fibras de vidrio ‖ ~**eindeckung** f / cubierta f de vidrio o de cristal ‖ ~**einschmelzlegierung** f (Hütt) / aleación f para incrustación en vidrio ‖ ~**elektrode** f (Eltronik) / electrodo m de vidrio ‖ ~**email** / esmalte m vítreo ‖ ~**-Endlosmatte** f / estera f continua de fibras de vidrio ‖ ~**-Epoxy-Substrat** n (Eltronik) / substrato m epoxi-vidrio
Glaser m / vidriero m ‖ ~**arbeiten** f pl, Verglasung f (Bau) / trabajos m pl de vidriero, acristalado m, acristalamiento m ‖ ~**blei** n / plomo m para vidrieras ‖ ~**diamant** m (Wz) / diamante m corta-vidrios o de vidriero
Glaserei f, Glaserwerkstatt f / vidriería f
Glaser•hammer m (Wz) / martello m de vidriero ‖ ~**kitt** m / masilla f, almáciga f

gläsern, aus Glas / de vidrio, de cristal
Gläserspülapparat m, -reinigungsapparat m / lavadora f o limpiadora de copas y vasos de vidrio
Glaserzange s. Glasbrechzange
Glasfaden m / hilo m o filamento de vidrio
Glasfaser f / fibra f de vidrio, vitrofibra f ‖ ~, -wolle f / cotón m de vidrio, lana f de vidrio ‖ **nichttextile** ~ / fibra f de vidrio no textil ‖ **textile** ~ / fibra f de vidrio textil ‖ **mit 30%** ~**anteil** (Plast) / con o de una proporción de un 30% de fibra de vidrio ‖ ~**bindemittel** / aglomerante m para fibras de vidrio ‖ ~**filter** n / filtro m de fibras de vidrio ‖ ~**garn** n / hilo m de fibras de vidrio ‖ ~**gewebe** n / género m o tejido de hilo de vidrio ‖ ~**kabel** n (Fernm) / cable m fibroóptico ‖ ~**matte** f / estera f de vidrio textil ‖ ~**optik** f / óptica f de fibra[s] de vidrio, fibroóptica f ‖ ~**papier** n / papel m [a base] de fibras de vidrio ‖ ~**pressmasse** f, Glasfaserkunststoff m, GFK / materia f plástica [reforzada] de fibras de vidrio
glasfaserverstärkt, -bewehrt / reforzado de (por o con) fibras de vidrio ‖ ~**es Nylon** / nilón m reforzado por fibras de vidrio ‖ ~**es Polyesterharz**, UP-GF / resina f de poliester reforzada por fibras de vidrio ‖ ~**es Pressstofflager** (o. Kunstharzlager) / cojinete m compuesto reforzado por fibras de vidrio ‖ ~**er Schichtstoff**, Glasfaserschichtstoff m / estratificado o laminado reforzado por fibras de vidrio
Glasfaser•vliesstoff m / tela f no tejida de fibra[s] de vidrio ‖ ~**zement** m (Bau) / cemento m [mezclado] con fibra de vidrio
Glas•federmanometer m (Phys) / manómetro m de resorte de vidrio ‖ ~**fenster** n (Bau) / ventana f de vidrio o de cristal ‖ ~**fenster** (Kfz) / ventanilla f de cristal ‖ ~**filament** n / filamente m de vidrio ‖ ~**filamentgarn** n / hilo m de filamentos de vidrio ‖ ~**filamentgewebe** n / tejido m de filamentos de vidrio, tejido m de silIona ‖ ~**filamentzwirn** m / hilo m torcido de filamentos de vidrio ‖ ~**fläschchen** n / frasco m o frasquito de vidrio ‖ ~**flasche** f / botella f de vidrio ‖ ~**fliese** f (Bau) / baldosa f o loseta de vidrio ‖ ~**fluss** m, -paste, Masse f (Glas) / fundente m, vidrio m en pasta ‖ ~**fluss**, Verglasung f / vitrificación f ‖ ~**folie** f, -film m / película f de vidrio, film m de vidrio ‖ ~**fuß** m, -quetschfuß m (Eltronik, Röhre) / pellizco m ‖ ~**gang** m (Bau) / pasarela f acristalada, pasillo m acristalado ‖ ~**garn** n / hilo m de fibra de vidrio ‖ ~**garngelege** n, Scrim n / material m no tejido de vidrio textil ‖ ~**gefäß** n / recipiente m o vaso de vidrio ‖ ~**gehäuse** n (Eltronik) / envolvente m de vidrio ‖ ~**gemengemischmaschine** f / mezcladora f para frita de vidrio ‖ ~**gerät** n / aparato m de vidrio ‖ ~**geschirr** n, -geräte n pl / vajilla f de cristal, cristalería f ‖ ~**gespinst** n / vidrio m hilado, hilado m de vidrio, hilaza f de vidrio ‖ ~**gewebe** n, Textilglasgewebe n / tejido m de [fibra de] vidrio o de vitrofibra, tela f de vidrio ‖ ~**gewirk** n, -gestrick n / géneros m pl de punto de fibra de vidrio ‖ ~**gießen** n / fundición f de vidrio ‖ ~**glanz** m (Min) / brillo m vítreo ‖ ~**gleichrichter** m (Eltronik) / rectificador m con ampolla de vidrio ‖ ~**glocke** f, -sturz (Chem) / campana f de vidrio ‖ ~**glocke**, -schirm m (Lampe) / campana f de cristal ‖ ~**glühofen** m / horno m para recocer lunas de cristal, carquesa f ‖ ~**grün**, flaschengrün / verde botella ‖ ~**hafen**, Schmelzhafen m / crisol para fundir vidrio, crisol m de vidriería ‖ ~**hafenton** m / arcilla f para crisoles ‖ ~**hahn** (Chem) / espita f o. llave de vidrio ‖ ~**halbleiter** m / semiconductor m de vidrio ‖ ~**hart**, spröde (Bau) duro como el vidrio ‖ ~**hart** (Stahl) / de temple vítreo ‖ ~**hart machen** (Stahl) / templar a la dureza del vidrio ‖ ~**harter Ziegel**, Glaskopf m / ladrillo m vitrificado ‖ ~**härte** f / dureza f de vidrio ‖ ~**härte** (Stahl) / temple m vítreo ‖ ~**hartgewebe** n / tejido m endurecido de fibras de vidrio o de vitrofibras ‖ ~**haus** n / invernáculo m, invernadero m

547

GlasHubdach

|| ⁓**Hubdach** n (Kfz) / techo m abatible de cristal || ⁓**-Hubschiebedach** n (Kfz) / techo m corredizo y elevable de cristal || ⁓**hülle** f (Fernsehröhre) / envoltura f de vidrio || ⁓**hütte** f / vidriería f, cristalería f, fábrica f de cristales || ⁓**hüttentechnik** f, -wesen n / hialotecnia f, hialurgia f
glasieren vt, Glasur geben (Keram) / vidriar || ⁓ (Pap, Tuch) / glasear || ⁓ n (Keram) / vidriado m
Glasier•-Muffelofen m / horno m mufla para vidriar || ⁓**ofen** m / horno m de vidriado
glasiert (Keram) / vidriado || ⁓**er Dachziegel**, Dachkachel f / teja f vidriada || ⁓**er Drahtwiderstand** (Elektr) / resistor m bobinado recubierdo de esmalte vítreo || ⁓**e Tonröhre** / tubo m de gres vidriado || ⁓**es Tonzeug** / gres m vidriado
glasig, glasartig / vítreo || ⁓ (Geol) / hialino || ⁓ **geworden** / vitrificado || ⁓**e Schlacke** (Hütt) / escoria vítrea || ⁓ **werden** / vitrificarse
Glas•industrie f / industria f cristalera o vidriera o del vidrio || ⁓**industrie**, -warenindustrie f / industria f de cristalería || ⁓**instrumente** n pl / instrumentos m pl de vidrio [soplado] || ⁓**isolation** f (Elektr) / aislamiento m de (o por) vidrio || ⁓**isolator** m / aislador m de vidrio || ⁓**isoliert** / aislado por vidrio || ⁓**kabine** f (Aufzug) / cabina f acristalada || ⁓**kasten** m, -schrank m / vitrina f || ⁓**keramik** f / cerámica f de vidrio, vitrocerámica f || ⁓**keramikmulde** f, -keramikkochfeld n (Elektroherd) / placa f vitrocerámica || ⁓**keramisch** / vitrocerámico || ⁓**keramisches Kochfeld** / encimera f vitrocerámica, placa f vitrocerámica || ⁓**kiste** f (Verp) / caja de embalaje para vidrio || ⁓**klar**, durchsichtig / transparente [como vidrio], hialino, diáfano como el cristal || ⁓**kolben** m, Lampenkolben m (Elektr, Eltronik) / bombilla f, ampolla f [de vidrio] || ⁓**kolben** (Chem) / matraz m, balón m, redoma f || ⁓**kolben**, Rezipient m (Chem) / recipiente m de vidrio || ⁓**kopf** m, glasharter Ziegel (Bau) / ladrillo m vitrificado || ⁓**kopf** (Nadel) / cabeza f de vidrio || **schwarzer** ⁓**kopf**, Psilomelan m (Min) / manganomelano m, [p]silomelán m, peróxido m de manganeso || **roter** ⁓**kopf**, Haematit m / hematites f roja [concrecionada] || **brauner** ⁓**kopf**, Nadeleisenerz n / hematites f parda, goet[h]ita f, lepidocroquita, -crocita f || ⁓**kordel** f / cordón m de vidriotextil || ⁓**kreis** m (Opt) / limbo m de vidrio || ⁓**kugel** f / bola f o esfera de vidrio || ⁓**kugel**, Glasgefäß n in Kugelform / ampolla f [esférica] de vidrio || **hohle** ⁓**kugel** / globo m de vidrio o de cristal || ⁓**kügelchen** n pl (für Hinweiszeichen) (Straß) / bolitas f pl de vidrio (para señalización vertical) || ⁓**kühlofen** m / horno m de enfriamiento para vidrio || ⁓**kuppel** f (Bau) / cúpula f de vidrio || ⁓**kurzfaser** f / fibra f de vidrio corta || ⁓**lamellendach** f (Kfz) / techo m de láminas de cristal || ⁓**lava** f (Geol) / vidrio m volcánico, obsidiano m || ⁓**leinwand** f (zum Schleifen) / tela f de lija o de esmeril || ⁓**machen** n, -herstellung f / producción f o fabricación f de vidrio || ⁓**macher**, -arbeiter m / vidriero m, soplador m de vidrio || ⁓**macherei**, -hütte, -industrie f, (auch:) Glaswaren f pl / vidriería f || ⁓**macherpfeife** f / caña f de vidriero o de soplador || ⁓**macherstuhl** m (eine Vorrichtung) (Glas) / banco m de vidriero || ⁓**maler** m, -malerin f / vidrienista m [f], pintor m sobre cristal || ⁓**malerei** f / pintura f sobre cristal || **eingebrannte** ⁓**malerei** f / pintura f vítrea, hialografía f || ⁓**malz** n (Brau) / malta f vidriada o vítrea || ⁓**masse**, Fritte f / frita f || ⁓**masse** f, Schmelzfluss m / masa f de vidrio fundido || ⁓**maßstab** m (Mess) / regla f graduada de vidrio || ⁓**matte** f, -vlies n / estera f de fibras de vidrio || ⁓**mattenverstärkt** / reforzado o armado por estera de fibras de vidrio || ⁓**mattiermaschine** f / esmeriladora f [para hacer cristal opaco] || ⁓**mehl**, -pulver n / polvo m de vidrio, vidrio m en polvo || ⁓**metall** n (Eltronik, Röhre) / vidrio-metal m || ⁓**-Metallverbindung** f / unión f vidrio-metal || ⁓**-Metall-Verschmelzung** f / cierre hermético vidrio-metal || ⁓**meteorit** m, Tektit m (Min) / tectita f || ⁓**mosaik** n / mosaico m de vidrio || ⁓**napf** m, -pfanne f (Spinn) / crapodina f de vidrio || ⁓**-Oberflächenmatte** f / estera f "overlay" (de hilos de vidrio) || ⁓**ofen** m / horno m de vidriería, honrno m para fundir vidrio || ⁓**papier** n (zum Schleifen) / papel m [de] lija, papel m [de] esmeril o de vidrio || ⁓**passivierung** f (Halbl) / cierre m hermético pasivado con vidrio, cierre m hermético por deposición pirolítica || ⁓**perle** f / perla f de vidrio, abalorio m || ⁓**pfanne** f, -napf m (Spinn) / crapodina f de vidrio || ⁓**pfeife** f / caña f de vidrio || ⁓**pinsel** m / pincel m de vidrio || ⁓**platte** f, -tafel f, -scheibe f / hoja f o placa de vidrio o de cristal || **große** ⁓**platte** / plancha f de vidrio, luna f || ⁓**politur** f, -schleifen n / pulimentación f de vidrio || ⁓**-Porzellan** n, weiches Porzellan (Keram) / porcelana f vítrea, semiporcelana f || ⁓**posten** m, Külbel m / grumo m de vidrio || ⁓**pressform** f / molde m para [prensar] vidrio || ⁓**prisma** n (Opt) / prisma m de vidrio || ⁓**pulver**, -mehl n / polvo m de vidrio, vidrio m en polvo || ⁓**pulver** n, -staub m (Keram) / calcina f || ⁓**quarz** m (Min) / cuarzo m hialino || ⁓**rampe** f, -tropfen m / gota f de vidrio || ⁓**raster** m / retículo m de vidrio, trama f de vidrio (LA) || ⁓**reif** m, -deckel m (Großuhr) / luneta f || ⁓**reinigungsmaschine** f / máquina f para limpiar cristal[es] || ⁓**rohr** n, -röhre f / tubo m de vidrio, caña f de vidrio || ⁓**rohrsicherung** f (Elektr) / fusible m en tubito de vidrio || ⁓**rolle** f, Galette f (Tex) / cristalero m || ⁓**roving** m (Tex) / roving m de vitrofibra || ⁓**sand** m / arena f vitrificable o para la fabricación de vidrio || ⁓**sand** (Graphik) / arena de cristal o de vidrio || ⁓**satz** m / mezcla f de ingredientes || ⁓**schablone** f (gedr.Schaltg) / hialógrafo m, matriz f de vidrio || ⁓**scheibe** f, Glasplatte f / cristal m, [plancha hoja de] vidrio || ⁓**scheibe** (Fenster) / cristal m, luna f || ⁓**scheibenheber** m (Transp) / ventosa f para levantar lunas || ⁓**scherbe** f / pedazo m o añico de vidrio roto, casco m de vidrio, tiesto m || ⁓**schere**, Abschneideschere f / tijeras f pl de vidriero || ⁓**schiebedach** n (Kfz) / techo m corredizo de vidrio || ⁓**schirm** m, -glocke f (Lampe) / campana f de vidrio || ⁓**schlacke** (Hütt) / escoria vitrificada || ⁓**schleifen** / pulir vidrio || ⁓**schleifen** (matt) / esmerilar vidrio || ⁓**schleifer** m / pulidor m de vidrio, esmerilador m de vidrio || ⁓**schleifmaschine** f / máquina f pulidora o esmeriladora de vidrio || ⁓**schlicker** m (Leder, Pap) / herramienta f para glasear || ⁓**schliff** m, Glasschleifen n / pulido m o esmerilado de vidrio || ⁓**schliff** (am Gerät) / superficie f esmerilada || ⁓**schmalz** n, Queller m, Salicornia f (Bot) / salicar m || ⁓**schmelze** f / masa f fundida o líquida de vidrio, vidrio m fundido || ⁓**schmelzen** / fundición f de vidrio || ⁓**schmelzer** m / fundidor m de vidrio || ⁓**schmelzofen**, Aschenofen m / horno m de vidriería, horno m de fundir del vidrio || ⁓**schmelzwanne** f (Fourcault-Verfahren) / horno m de fundir vidrio (seg.el proced. Fourcault) || ⁓**schneider** m, -schneidemesser n (Wz) / diamante m de vidriero, [diamante] m cortavidrios o cortacristales, cortador m de cristal || ⁓**schnittmatte** f / estera f de fibras de vidrio cortadas || ⁓**schrank** m / armario-vitrina m || ⁓**[schreib]stift** m / lápiz m vidriográfico || ⁓**seide** f / seda f de filamentos de vidrio, siliona f || ⁓**seide** (spinnfähig), -gespinst n / filamento m de vidrio || ⁓**seidenmatte** f / estera f de filamentos de vidrio || ⁓**seidensteppmatte** f / estera f pespunteada de filamentos de vidrio || ⁓**seidenstrang** m, Roving m (Plast) / roving m de filamentos de vidrio || ⁓**sicherung** f (Elektr) / fusible m de vidrio || ⁓**-Similistein**, Strass / estrás m || ⁓**sockel-Lampe** f (Elektr) / lámpara f o bombilla con zócalo de vidrio || ⁓**speicher** m (DV) / memoria f de vidrio || ⁓**spektrograph** m (Phys) / espectrógrafo m de cristal || ⁓**spinnen** n, -spinnerei f / hilatura f de vidrio || ⁓**spinnfaden** m / hilo m o

filamento de vidrio ‖ ~**spinnfaden**, Glassträhne *f* / mecha *f* de siliona ‖ ~**spinnroving** *m* / roving de hilo de vidrio ‖ ~**splitter** *m* / astilla *f* o esquirla de vidrio, casco *m* de vidrio ‖ ~**stab** *m*, -stange *f* / barra *f* o varilla de vidrio ‖ ~-**Stahlbeton** *m* (Bau) / hormigón *m* translúcido ‖ ~-**Stahlbetondach** *n* / cubierta *f* en hormigón translúcido ‖ ~-**Stapelfaser** *f* (Tex) / fibra *f* cortada de vidrio, vitriona *f* ‖ ~**stapelfasergarn** *n* / hilo *m* de vitriona ‖ ~**stapelfasergewebe** *n* / tejido *m* de vitriona ‖ ~**stapelfaser-Vorgarn** *n* / mecha *f* de vitriona ‖ ~**steinwand** *f* (Bau) / pared *f* de ladrillos de vidrio ‖ [eingeschliffener] ~**stöpsel**, -stopfen *m* / tapón *m* [de vidrio] esmerilado ‖ ~**tafel** *f* / placa *f* de vidrio ‖ ~**technisch** / hialotécnico, referente a la técnica del vidrio ‖ ~**teilring** *m* (Spinn) / anillo *m* divisor de cristal ‖ ~**temperofen** *m* (Phys) / horno *m* de templado para vidrio ‖ ~**thermometer** *n* / termómetro *m* de vidrio ‖ ~**tinte** *f* / tinta *f* para vidrio ‖ ~**trage** *f* (Transp) / portacristales *m* ‖ ~**träne** *f*, -rampe *f*, -tropfen *m* / lágrima *f* de Batavia, almendra *f* de cristal ‖ ~**tresen**, -Verkaufstisch *m* / mostrador *m* de cristal ‖ ~**trichter** *m* / embudo *m* de vidrio ‖ ~**trübung** *f* / enturbiamiento de de[l] cristal ‖ ~**tür** *f* (Bau) / puerta *f* de cristal, puerta *f* vidriera, mampara *f* (PER) ‖ ~**übergang** *m* (Plast) / transición *f* vítrea ‖ ~**übergangstemperatur** *f*, Glaseinfriertemperatur *f* (Plast) / temperatura *f* de transición vitrea ‖ ~**umwandlung** *f* (Polymer) (Chem) / vitrificación *f* ‖ ~**umwandlungspunkt** *m* (Plast) / temperatura *f* de transición vítrea de segundo orden

Glasur *f* (Keram) / vidriado *m*, mogate *m* ‖ ~, Email *n* / esmalte *m* [vítreo] ‖ ~ (Töpferei) (Keram) / pega *f* ‖ ~... s. auch Glasier... ‖ ~**brand** *m* / cocción *f* o fusión de vidriado ‖ ~**brei** *m* / pasto *m* de vidriado ‖ ~**erz** *n*, reiner Bleiglanz / alquifol *m*, galena *f* pulverizada ‖ ~**fritte** *f* / frita *f* de mogate ‖ ~**riss** *m* (Email, Keram) / grieta *f* ‖ ~**schicht** *f* / vidriado *m* ‖ ~**stein**, glasierter Stein (Bau) / ladrillo *m* vidriado o esmaltado

Glas•veranda *f* (Bau) / veranda *f* de cristales ‖ ~**verarbeitende Industrie** / industria *f* cristalera, industria *f* transformadora del vidrio ‖ ~**verbindung** *f* (Chem) / conexión *f* [todo] vidrio ‖ ~**veredlung** *f* / mejoramiento *m* del vidrio ‖ ~**vergoldung** *f* / dorado *m* de vidrio o de cristal ‖ ~**vlies** *n*, -matte *f* / estera *f* de fibras de vidrio no tejidas ‖ ~**vorherd** *m* (Glas) / antecrisol *m* para fundir vidrio ‖ ~**walzmaschine** *f* / laminadora *f* de cristales, laminadora *f* de hojas de vidrio ‖ ~**wand** *f* (Bau) / pared *f* de vidrio, vidriera *f* ‖ ~**wanne** *f*, -trog *m* / artesa *f* o cubeta de vidrio ‖ ~**waren** *f pl*, -erzeugnisse *n pl* / vidrios *m pl* ‖ ~**watte** *f* / guata *f* de vidrio

glasweise / a vasos

Glas•wolle *f* / lana *f* de vidrio ‖ ~**ziegel** *m*, Glasbaustein *m* / ladrillo *m* vítreo o de vidrio, pavés *m* ‖ ~**ziehmaschine** *f* / máquina *f* estiradora del vidrio ‖ ~**zustand** *m* (Phys) / estado *m* hialino ‖ ~**zwischenwand** *f*, -trennwand *f* (Bau) / tabique *m* o entrepaño de vidrio ‖ ~**zylinder** *m* (hist.) / tubo *m* de cristal ‖ Lampenzylinder *m* (hist.) / tubo *m* de cristal ‖ ~**zylinder** / cilindro *m* o caña de vidrio

glatt, gleichmäßig / liso ‖ ~, eben, plan / llano, plano, igual ‖ ~, poliert / pulido, pulimentado ‖ ~, glänzend / blanco, terso ‖ ~, schlüpfrig / resbaladizo, escurridizo ‖ ~, eben, geglättet / alisado, pulido ‖ ~, satiniert (Pap) / satinado ‖ ~, einwandfrei, perfekt / perfecto ‖ ~ (Walzw) / liso ‖ ~, abgefahren, ohne Profil (Reifen) / sin perfil, desgastado, liso ‖ ~, einfach, uni (Web) / liso ‖ ~, ungenoppt (Tuch) / sin motas ‖ ~ **abschließend**, bündig / enrasado, a flor [de], ras con ras ‖ ~ **abschneiden** / cortar limpio ‖ ~**er Anker** (Elektr) / inducido *m* liso ‖ ~ **anzufühlen** / suave ‖ ~**er Federring** / arandela *f* [de muelle] espiral de Grower ‖ ~**er Grund** (Tex) / fondo *m* liso ‖ ~ **landen** (Luftf) / aterrizar suavemente o llanamente o perfectamente ‖ ~**er Lauf** (Gewehr) / cañón *m* liso ‖ ~ **machen**, glätten / alisar, aplanar ‖ ~**e Mauerfläche** (Bau) / muro *m* desnudo ‖ ~**e o. glänzende Oberfläche** / superficie *f* tersa ‖ ~**er Samt** (Tex) / terciopelo *m* liso ‖ ~**er Satz** (Druck) / composición *f* ordinaria o corrida o corriente, composición *f* de texto ‖ ~ **schleifen** (Glas) / alisar con muela ‖ ~**e Spaltungsfläche** / superficie *f* de rotura plana o lisa ‖ ~ **streichen**, glätten / alisar, aplanar ‖ ~ **streichen** (Putz) / fratasar ‖ ~**e Tür** (Bau) / puerta *f* plana ‖ ~**er Verlauf** / desarrollo *m* liso ‖ **Fugen** ~ **streichen** (Bau) / alisar juntas y ranuras

Glattanker, Turboanker *m* (Elektr) / inducido *m* o rotor liso

Glättbalken *m*, -bohle *f* (Bau) / tablón *m* nivelador o aplanador, viga *f* alisadora

Glatt•brand *m*, Scharffeuerbrand *m*, Glattfeuer *n*, Scharffeuer *n* (Keram) / fuego *m* vivo, cochura *f* de vidriado ‖ ~**deck-Bauweise** *f* (Schiff) / construcción *f* de cubierta corrida ‖ ~**deckschiff** *n* / buque *m* de cubierta corrida

Glättdornstange *f* (Walzw) / barra *f* mandrinadora de acabado

glattdrücken, auf der Drückbank ~ / aplanar en el torno de repujar

Glätte *f*, Glattheit *f* / lisura *f* ‖ ~ (Pap) / suavidad *f* ‖ ~, Ebenheit *f* / llanura *f* ‖ ~, Politur *f* / pulimento *m* ‖ ~, Pressglanz *m* (Tuch) / lustre *m* ‖ ~ *f* (Fahrbahn) / estado *m* resbaladizo ‖ ~, Bleiglätte *f* (Anstrich, Chem) / litargirio *m*, litarge *m* ‖ **rote** ~ (Anstrich, Chem) / litargirio *m* rojo

Glatteis *n* (Straßb) / superficie *f* helada, pavimento *m* helado, hielo *m* resbaladizo ‖ ~, -gefahr ! (Verkehr) / i peligro de helada ! ‖ **mit** ~ **bedeckt** / cubierto de hielo

Glätteisen *n* (Wz) / herramienta *f* alisadora

Glatteiswaarner *m* (Kfz) / avisador *m* de peligro de helada

Glättekelle *f*, Glättkelle *f* (Bau) / palustre *m* de alisar, fratás *m*, llana *f* de alisar

glätten, glatt machen / alisar ‖ ~, schlichten (Masch) / acabar, afinar, repasar ‖ ~, polieren / pulir, tersar ‖ ~, ebenen / aplanar, igualar, nivelar, allanar ‖ ~, austraken (Luftf, Schiff) / carenar ‖ ~, satinieren (Pap) / satinar ‖ ~ (Bau) / emparejar, fratasar ‖ ~, abziehen / suavizar ‖ ~ (Gleichstrom) / filtrar, aplanar las fluctuaciones o los rizos ‖ ~ (Gerb) / remellar ‖ **Beulen** ~, ausbeulen (Metall) / desabollar ‖ **mit der Kelle** ~ (Bau) / alisar con la paleta ‖ **mit Sandpapier** ~ / esmerilar, lijar ‖ ~ *n* / aplanado *m*, aplanamiento *m*, allanamiento *m* ‖ ~, Schlichten *n* / acabado *m*, afinado *m* ‖ ~ (Magnetfluss) / aplanamiento *m* del flujo, nivelación *f* del flujo

Glättfeile *f* (Wz) / lima *f* dulce

Glattfeuer *n*, Glattbrand *m* (Keram) / fuego *m* vivo

Glättfilz *m* / fieltro *m* de alisar

glatt• [flächig] (Min) / de superficie[s] lisa[s] ‖ ~**geschoren** (Web) / tundido ‖ ~**gewebe** *n* (Tex) / tejido *m* liso ‖ ~**gewölbe** *n* (SM-Ofen) / bóveda *f* lisa

Glätthammer *m* (Wz) / martillo *m* aplanador, plana *f*

glatthämmern / repasar con el martillo, alisar a martillo, igualar o aplanar a martillo

Glattheit, Ebenheit *f* / llanura *f* ‖ ~ *f*, Glätte *f* / lisura *f*

Glatthobel *m* (Tischl) / garlopa *f*, cepillo *m* [alisador]

Glättmaschine *f* (Hütt) / alisadora *f* ‖ ~ (Wolle) / máquina *f* de alisar

Glättmesser *n*, Pfeife *f* (Leder) / chifla *f*

Glatt•passage *f* / pasaje *m* liso ‖ ~**prägen** *n* / troquelado *m* liso

Glättpresse *f* (Pap) / prensa *f* satinadora o friccionadora o alisadora

Glatt•putz *m* (Bau) / revoque *m* fratasado ‖ ~**[rad]walze** *f* (Bau) / apisonadora *f* de cilindro liso, rodillo *m* alisador ‖ ~**ripsbindung** *f* (Web) / ligamento *m* de reps liso ‖ ~**rohr** *n* / tubo *m* de borde plano ‖ ~**rohr** (Kanone) / cañón *m* de alma lisa

Glattrohrverbindung

~rohrverbindung f / unión f de tubos sin rosca ‖
~rohr-Wärmeübertrager m / cambiador m de calor de tubos lisos ‖ ~rollen n (Wzm) / rodadura f de acabado
Glättschaber m (Pap) / rasqueta de alisar ‖
~-Streichanlage f (Pap) / instalación f de estucado con lámina dosificadora flexible
Glattschachtgitter n (Hütt) / colmena f o rejilla de paso directo tipo chimenea
Glättscheibe f (Wzm) / disco m alisador
glattschneiden / cortar de borde limpio
Glättstahl m, -werkzeug n (Drückbank) (Wz) / bruñidor, pulidor m
glatt•stampfen (Straßb) / apisonar ‖ ~stoßen n [mit Rüttler] (Pap) / alineado m [por el vibrador] ‖ ~strich m (Bau) / fratasado m, enlucido m
Glätt- und Lösewalzwerk m (Walzw) / laminador m para alisar y desprendar los tubos [del mandril]
Glättung f, Glätten n (allg) / alisamiento m, alisado m, suavizado m ‖ ~ (Eltronik) / filtración f, aplanamiento m de fluctuaciones ‖ ~ der Unebenheiten (Galv) / nivelación f [de desigualdades], nivelado m
Glätt[ungs]..., Abflach[ungs]... (Eltronik) / de aplanamiento
Glättungs•drossel f (Fernm) / choque m de aplanamiento, bobina o reactancia de absorción o de filtraje ‖ ~faktor m (Eltronik, Funk) / factor m de aplanamiento o de filtrado ‖ ~glied n, -filter n (Elektr) / filtro de aplanamiento o de suavización m ‖ ~kondensator m (Eltronik) / capacitor m o condensador filtrador o de filtro o de aplanamiento ‖ ~siebkette f, Brummfilter n (Eltronik) / filtro m de ondulación o para pulsaciones, filtro m contra el zumbido ‖ ~widerstand m / resistencia f de aplanamiento, resistor m de filtro
Glattwalze f (Landw) / rodillo m liso o allanador, rulo m liso ‖ ~, Walze f mit glattem Ballen (Walzw) / cilindro m liso
Glättwalze f (Straßb) / rodillo m o cilindro alisador ‖ ~, Polierwalze f (Walzw) / cilindro m pulidor ‖ ~ (Pap) / rodillo m de calandrar, cilindro m de satinar
glattwalzen vt, feinwalzen / laminar de acabado ‖ ~ n (Gewinde) / laminación f de acabado ‖ ~, Feinwalzen, (früher:) Oberflächendrücken n, Präge- oder Presspolieren n / galeteado m, pulido por presión de rodillo ‖ ~ n von Feinblech / planeado m de chapa fina ‖ ~stuhl m (Mühle) / molino m de rodillos lisos
Glattwalzmaschine f (Wzm) / rodadora f superacabadora cilíndrica, alisadora f de rodillos
Glättwalzwerk n (Walzw) / tren m laminador alisador ‖ ~, Friemelwalzwerk n (Walzw) / laminador m transversal
Glattwasser n (Brau) / mosto m del último lavado
Glätt•werk n, -kalander m (Pap) / calandria f de satinar ‖ ~werkoberwalze f (Pap) / cilindro m superior de la calandria ‖ ~werkzeug n, -stahl m (Met.Drücken) / herramienta f alisadora para metal, alisador f ‖
~werkzeug (Stanz) / herramienta f bruñidora ‖
~zylinder m (Pap) / cilindro m satinador o abrillantador
Glauberit m (Min) / glauberita f
Glaubersalz n, Mirabilit m (Chem, Min) / sal f de Glauber, sulfato m sódico hidratado, glauberita f
Glauko•chroit m (Min) / glaucocroita f ‖ ~dot m (Min) / glaucodot m
Glaukonit m (Min) / glauconita f ‖ ~sand, Grünsand m (Geol) / arena f glauconífera ‖ ~sandstein, Grünsand m / arena f verde
Glaukophan m (Min) / glaucofana f, glaucofán m ‖
~schiefer m (Geol) / glaucofanita f
Glaukopyrit n (Min) / glaucopirita f
glazial, eiszeitlich (Geol) / glaciario ‖ ~, Gletscher... (Geol) / glaciar, glacial ‖ ~ n, Eiszeit f / glaciación f ‖

~bildung f / formación f glacial ‖ ~see m / lago m [de origen] glaciario
Glaziologie f, Gletscherkunde f / glaciología f
Gleason-Verzahnung f (Getriebe) / dentado m Gleason
Glei m, Gley m (Bodentyp) / gley m
gleich, gleichmäßig, egal / igual ‖ ~, gleichkommend / parecido, semejante, similar, parejo ‖ ~ (allg, Math) / igual [a] ‖ ~er Abstand, gleiche Entfernung / equidistancia f ‖ ~ bleibend, konstant / constante, invariable ‖ ~ bleibende Begriffe (DV) / información f constante o invariable ‖ ~ bleibende Steigung (Schraube) / paso m constante ‖ ~ groß (o. lang usw) / connmensurable ‖ ~e Potenzen f pl (Math) / potencias f pl iguales ‖ ~e Sicherheit (Mech) / seguridad f homogénea ‖ ~ und entgegengesetzt / igual y opuesto ‖ annähernd ~ (Math) / casi igual ‖ auf ~er Höhe [mit] / a nivel [de] ‖ in ~em Abstand / equidistante ‖ in ~er Richtung wandernd (Chem) / ortocinético ‖ mit ~ bleibender Geschwindigkeit / a velocidad constante ‖ mit ~er Neigung / isogónico ‖ von ~em pH-Wert (Chem) / isohídrico ‖ zeitlich ~ bleibend / constante, invariable en tiempo
Gleich•..., Iso... (Chem, Phys) / iso... ‖ ~achsig (Krist) / equiaxial ‖ ~achsigkeit f / coaxialidad f, concentricidad de los ejes ‖ ~armig (Hebel) / de brazos iguales ‖ ~armige Balkenwaage, Tafelwaage f / balanza f de Roberval, balanza f de platillas, balanza f de brazos iguales ‖ ~armige Drehbrücke (Bau) / puente m giratorio de brazos iguales ‖ ~artig / homogéneo, del mismo género, de la misma naturaleza ‖ ~artig (von gleicher Abstammung), homolog (Biol) / homólogo ‖ ~artigkeit f / homogeneidad f, igualdad f ‖ ~artigkeit, Homologie f / homología f ‖ ~bedeutend [wie, mit] / idéntico [a], equivalente [a]
gleichdick adj (Sägeblatt) / de espesor uniforme ‖ ~ n (Geom) / cuerpo con error de redondez pero de diámetro igual
Gleichdruck m (Phys) / equipresión f ‖ ~... (Meteo) / isobárico ‖ ~brenner m (Schw) / soplete m de presiones iguales ‖ ~motor m, -verbrennungsmaschine f / motor m de presión constante ‖ ~pumpe f / bomba f a presión constante ‖ ~rad n, Aktionsrad n (Turbine) / rueda f de acción constante ‖ ~regler m / equilibrador m de presión m ‖ ~turbine, Aktionsturbine f / turbina f de acción ‖ gemischte ~-Überdruck-Turbine, Aktions-Reaktions-Turbine f / turbina f de acción y de reacción combinada ‖ ~verbrennung f (Mot) / combustión f a presión constante ‖
~verdrängungsspeicher m / acumulador m de presion constante por expulsión
Gleiche f (Web) / textura f plana ‖ ~, Mauergleiche f (Bau) / hombro m de pared
gleich•elektronisch / isoelectrónico ‖ ~energieweiß, Idealweiß n (TV) / blanco m ideal o puro ‖ ~fällig (Kohlenwäsche) / de igual densidad [aparente], de igual velocidad de caída ‖ ~fälligkeit f (Bergb) / igualdad f de velocidad de caída ‖ ~fälligkeitsklasse f (Bergb) / clase f de caída simultánea ‖ ~farbig (Biol) / homocromático, isocromático, del mismo color ‖
~fasenring m (Mot) / anillo rascador de aceite de biseles simétricos ‖ ~feld n (Phys) / campo eléctrico equidireccional o constante ‖ ~feld (Eltronik) / campo de corriente continua ‖ ~feldrauschen n (Magn.Bd) / ruido m de corriente continua ‖ ~flächig (Geom) / isoédrico, de superficies iguales ‖ ~flächige Strömung (Phys) / corriente f laminar ‖ ~flächige Überlagerung, Konkordanz f (Geol) / concordancia f ‖ ~flächner m (Geom) / isoedro m ‖ ~fließpressen n, Vorwärtsfließpressen n (Plast) / extrusión f hacia adelante
gleichförmig (Pulver) / de partículas uniformes ‖ ~ (allg, Chem) / homogéneo ‖ ~, einförmig / uniforme,

Gleichlaufstrom

constante, monótono ‖ ~ [mit] / conforme [a] ‖ ~, -bleibend / igual, uniforme, constante, invariable ‖ ~ **abnehmend** / decreciente uniformemente, de decrecimiento uniforme ‖ **~e Abtastgeschwindigkeit** (Eltronik) / barrido *m* lineal ‖ **~e o. -mäßige Beschleunigung** (Phys) / aceleración *f* constante o uniforme ‖ **~e Farbtafel**, USC-Farbtafel *f* / diagrama cromático uniforme ‖ **~er Gang**, Gleichgang *m* (Mot) / marcha *f* regular o uniforme ‖ **~e Maschinengeräusche** *n pl* / ruidos *m pl* uniformes de máquina, ronrón *m* ‖ **~es Pulver** (Pulv.Met) / polvo *m* de partículas uniformes ‖ **~e Stabilität** (Regeln) / estabilidad uniforme ‖ **~ übersetzendes Getriebe** / transmisión *f* de multiplicación constante ‖ **~ verändert** / uniformemente modificado o variado ‖ **~ zunehmend** / de crecimiento uniforme o monótono
Gleichförmigkeit *f* / uniformidad *f*, regularidad *f*
Gleichförmigkeitsgrad *m* (Licht) / grado *m* de uniformidad
Gleichförmig-Leuchte *f* (Licht) / lámpara *f* de iluminación uniforme
gleich•gehend (Uhr) / síncrono ‖ **~gerichtet**, -laufend / paralelo [a] ‖ **~gerichtet** (Krist) / equiaxial, de ejes iguales ‖ **~gerichtet** (Geom, Mech) / en el mismo sentido ‖ **~gerichtet**, gerichtet (Eltronik) / rectificado ‖ **~gerichtete Flanken** *f pl* (Getriebe) / flancos *m pl* homólogos o correspondientes ‖ **~gerichtete Spannung** (Elektr) / tensión *f* rectificada, voltaje *m* rectificado ‖ **~gerichteter [ungeglätteter] Wechselstrom** / corriente *f* alterna rectificada ‖ **~geschlagen** (Seil) / de torsión directa o en sentido igual ‖ **~gestaltig**, isomorph / isomorfo ‖ **~gestreut** (Math) / homotético
Gleichgewicht *n* / equilibrio *m* ‖ **~, Schwebezustand** *m* / estado *m* de suspensión ‖ **~ *n* der Bewegungsenergien** / equilibrio *m* de las cantidadas de movimiento ‖ **~ gegen Verdrehung** / equilibrio *m* respecto a la torsión ‖ **aus dem ~ bringen** / desequilibrar ‖ **außer ~**, unausgeglichen / desequilibrado, fuera de equilibrio, en desequilibrio ‖ **das ~ herstellen** / equilibrar, conseguir el equilibrio ‖ **das ~ wiederherstellen** / restablecer el equilibrio ‖ **im ~** / equilibrado, en estado de equilibrio ‖ **im ~ halten** / mantener en [el] equilibrio, guardar el equilibrio ‖ **im ~ halten**, balancieren / balancear, contrabalancear ‖ **im ~ sein** (o. stehen) / estar en equilibrio, equilibrarse ‖ **ins ~ bringen** / equilibrar
gleichgewichtig (Code) / ponderado
Gleichgewichts•bedingung *f* (Phys) / condición *f* de equilibrio ‖ **~bereich** *m* **zwischen Erde und Mond** (Raumf) / región *f* del cero ‖ **~core** *n*, -kern *m* (Reaktor) / núcleo *m* equilibrado ‖ **~diagramm**, Zustandsdiagramm, -schaubild *n* (Masch, Phys) / diagrama *m* de equilibrio ‖ **~dichte** *f* (Halbl) / densidad *f* de equilibrio ‖ **~ebene** *f* / plano *m* de corrección ‖ **~einstellung** *f* / equilibración *f*, equilibraje *m* ‖ **~einstellung** (Luftf) / estabilización *f*, centrado *m* ‖ **~ester** *m* (Chem) / éster *m* de equilibrio ‖ **~feuchte** *f* / humedad *f* de equilibrio ‖ **~feuchte** (Ionenaustauscher) / contenido *m* de humedad en estado de equilibrio ‖ **~gefühl** *n*, -sinn *m* (Physiol) / sentido *m* estático o del equilibrio ‖ **~gleichung** (Mech) / ecuación *f* de equilibrio ‖ **~herstellung** *f* / equilibración *f*, equilibraje *m* ‖ **~höhe** *f* (Luftf) / altura *f* de equilibrio ‖ **~ionendosis** *f* (Photonenstrahlung) / dosis *f* de exposición equilibrada ‖ **~ionendosis-Leistung** *f* / dosis *f* de exposición por unidad de tiempo equilibrada ‖ **~konstante** *f* (Chem) / constante *f* de equilibrio ‖ **~kontrolle** *f* (an einem Gerät) / rodillo *m* de equilibrio ‖ **~konzentration** *f* (Nukl) / concentración *f* de equilibrio ‖ **~lage** *f*, -zustand *m* / estado *m* de equilibrio ‖ **~lage** (Luftf, Schiff) / posición *f* de equilibrio ‖ **~lehre** *f*, Statik *f* (Bau, Phys) / estática *f* ‖ **~mischung** *f* (Chem) / mezcla *f* de equilibrio ‖ **~mischung zweier Isomere** / isomería *f* ‖ **~phase** *f* (Brennstoffkreislauf) (Nukl) / fase *f* de equilibrio (de un ciclo de combustible) ‖ **~reaktion** *f* (Chem) / reacción *f* de equilibrio ‖ **~störung** *f* / perturbación *f* del equilibrio, desequilibrio *m*, desajuste *m* de equilibrio ‖ **~störung**, -verschiebung *f* / desplazamiento *m* del equilibrio ‖ **~temperatur** *f* (Chem) / zona *f* equifase ‖ **~verzeigung** *f* (Mech) / bifurcación *f* de equilibrio ‖ **~zentrum** *n* (Phys) / centro *m* de equilibrio ‖ **~zustand** *m*, -lage *f* / estado *m* de equilibrio
gleichgroß / del mismo tamaño, de tamaño análogo
Gleichhalteschaltung *f* (Elektr) / circuito *m* estabilizador o de estabilización
Gleichheit *f*, Gleichwertigkeit *f* (Math) / igualdad *f* ‖ **~**, Gleichartigkeit *f* / homogeneidad *f* ‖ **~**, Parität *f* / paridad *f* ‖ **~**, Identität *f* / identidad *f* ‖ **~**, Gleichmäßigkeit, -förmigkeit *f* / uniformidad *f*
Gleichheits•koeffizient *m* (Ionenaustauscher) / coeficiente *m* de uniformidad ‖ **~photometer** *n* (Mess) / fotómetro *m* de igualdad de esplendor ‖ **~prüfer** *m* (Tex) / comparador *m* de planitud ‖ **~prüfer** (DV) / comparador *m* de equivalencia ‖ **~prüfer** (Spinn) / aspa *f* arrollador para examinar la regularidad del hilo ‖ **~zeichen** *n* (Math) / signo *m* de igualdad o de ecuación, signo *m* "igual a"
gleich•ionisch (Nukl) / isoiónico ‖ **~kanalbetrieb** *m* (Eltronik, Fernm) / emisión *f* en el mismo canal ‖ **~kanalstörung** *f* (Eltronik, Fernm) / interferencia *f* de canal común ‖ **~kernig** (Biol, Nukl) / equinuclear ‖ **~klang** *m* (Musik) / unisonancia *f* ‖ **~kommen** *vi*, erreichen / igualar [a], alcanzar [a] ‖ **~lageverfahren** *n* (Fernm) / sistema *m* de canal dúplex ‖ **~last** *f* (Mech) / carga *f* distribuida uniformemente
Gleichlauf *m* (Masch) / acoplamiento *m* mecánico ‖ **~** (Tonband) / marcha *f* libre de fluctuación ‖ **~**, Synchronismus *m* / sincronismo *m* ‖ **auf ~ bringen** / sincronizar ‖ **zum ~ verbinden** (Musik) / acoplar mecánicamente ‖ **~anzeiger** *m* (Elektr) / sincronoscopio *m*, indicador *m* de sincronismo ‖ **~bit** *n* (DV) / bitio *m* de sincronismo ‖ **~einrichtung** *f*, -gerät *n*, -vorrichtung *f* / dispositivo *m* de sincronización, sincronizador *m* ‖ **~einrichtung**, Synchrongerät, Synchro *n* / sincro *m*, sincromáquina *f*, dispositivo *m* [auto]sincrónico
gleichlaufend, synchron / síncrono, sincrónico, sincronizado ‖ **~**, in gleicher Richtung / en el mismo sentido ‖ **~**, parallel / paralelo
Gleichlauf•filter *m n* (Film) / filtro *m* de sincronización ‖ **~fräsen** *n* (Wzm) / fresado *m* de marcha igual o en sentido de la rotación de la fresa, fresado *m* codireccional ‖ **~frequenzgleichrichter** *m* (Eltronik) / rectificador *m* sincronizador ‖ **~gelenk** *n*, homokinetisches Gelenk (Kfz) / junta *f* homocinética ‖ **~herstellung** *f* (Eltronik) / sincronización *f* ‖ **~impuls** *m* (Eltronik) / impulso *m* de tiempo ‖ **~impuls** (Fernm) / impulso *m* de corrección ‖ **~impuls** (TV) / impulso *m* sincronizador o de sincronización ‖ **~kegel** *m*, Synchronkegel *m* (Kfz) / cono *m* de sincronización ‖ **~messfilm** *m* (Eltronik) / película para medir la fluctuación ‖ **~pendelfräsmaschine** *f* (Wzm) / fresadora *f* codireccional en vaivén ‖ **~pilot** *n* (Fernm) / piloto *m* de sincronización ‖ **~prüfung** *f* (DV) / control *m* de sincronización ‖ **~regelung** *f* / regulación *f* de sincronismo ‖ **~regler** *m* / regulador *m* de marcha sincrónica ‖ **~schaltung** *f* / circuito *m* sincronizador ‖ **~schaltung** (Kfz) / sincronización *f* de las velocidades o marchas ‖ **~schleifen** *n* (Wzm) / rectificado *m* codireccional ‖ **~schwankung** *f* (Eltronik) / fluctuación *f* ‖ **~schwankungen** *f pl* / fluctuaciones *f pl* de velocidad ‖ **~signal** *n* (TV) / señal *f* de sincronismo o sincronización ‖ **~spannung** *f* (Elektr) / tensión *f* sincrónica o de sincronismo ‖ **~strom** *m* (Fernm) / corriente *f* o señal de corrección ‖

551

Gleichlaufverfahren

⁓**verfahren** n (Fernm) / método m de sincronización ‖
⁓**welle** f / árbol m sincronizado ‖ ⁓**winkel** m / ángulo m del sincro, desplazamiento m angular del rotor ‖
⁓**zahnräder** n pl / ruedas f pl dentadas sincronizadas
Gleichlicht n / luz f constante
gleichmachen, ausgleichen / compensar, equilibrar ‖ ⁓, ausgleichen (z.B. Höhe) / igualar, emparejar ‖ ⁓, abgleichen / nivelar, aplanar, allanar, enrasar ‖ ⁓, ausgleichen, egalisieren / igualar, allanar
gleichmächtig (Math) / del mismo nombre cardinal
Gleichmaßdehnung f / alargamiento m uniforme, elongación f uniforme ‖ ⁓ (Mat.Prüf) / alargamiento m precedente a la estricción
gleichmäßig, -förmig, -bleibend / uniforme, constante ‖ ⁓, homogen / homogéneo ‖ ⁓, -förmig (Bewegung) / uniforme, regular ‖ ⁓ (Abnutzung) / uniforme, regular ‖ ⁓, vereinheitlicht / unificado ‖ ⁓, gleich groß / igual ‖ ⁓**er Anschlag** (DV, Schreibm) / pulsación f uniforme ‖ ⁓ **auf den Umfang verteilt** / equicircunferencial, distribuido regularmente sobre la circunferencia ‖ ⁓**e Belastung** / carga constante ‖ ⁓ **[bleibend]** / estable ‖ ⁓ **bzw. einheitlich machend** / uniformador ‖ ⁓**e Dehnung** (Mech) / extensión f uniforme, alargamiento f uniforme ‖ ⁓**e [Durch]färbung** (Mikrosk) / coloración f o tinción uniforme ‖ ⁓**e Färbung**, Egalfärbung f (Tex) / tinte m uniforme ‖ ⁓**es Garn** (Spinn) / hilo m redondo o regular o uniforme ‖ ⁓ **gemasert** (Holz) / veteado uniformemente ‖ ⁓**e Konvergenz** (Math) / convergencia f uniforme ‖ ⁓**es Rauschen** (Eltronik) / ruido m [de espectro] continuo o uniforme, ruido m blanco, ruido m distribuido uniformemente ‖ ⁓**e Staffelung** (Fernm) / interconexión f progresiva simétrica ‖ ⁓ **verteilen** (o. auftragen) / distribuir o aplicar uniformemente ‖ ⁓ **verteilte Belastung** / carga f uniformemente distribuida ‖ ⁓**e Verteilung des Fördergutes** / distribución uniforme del producto a transportar [en la cinta]
Gleichmäßigkeit, -förmigkeit, Gleichheit f / uniformidad f ‖ ⁓, Homogenität f / homogeneidad f ‖ ⁓, Ebenheit f / igualdad f ‖ ⁓, Regelmäßigkeit f / regularidad f
gleichmolekular (Chem) / equimolecular
gleichnamig (Magnet) / de la misma polaridad ‖ ⁓ (Math) / del mismo o común denominador, unívoco ‖ ⁓ (Elektr) / del mismo nombre, de signos iguales ‖ ⁓**er Bruch** (Math) / quebrado m [no]equivalente ‖ ⁓**e Elektrizität** / electricidad f del mismo nombre ‖ ⁓**es Feld** (Elektr) / campo m de la misma polaridad ‖ ⁓**e** f pl **Flanken** (Verzahnung) / flancos m pl correspondientes ‖ ⁓ **machen** (Bruch) (Math) / llevar o reducir a un denominador común ‖ ⁓**e Pole** m pl (Elektr, Magn) / polos m pl del mismo nombre
Gleichnamigkeit f (Elektr) / polaridad f igual
Gleich • phasensystem n (in allen Phasen symmetrisches Sternpunktsystem) (Elektr) / sistema m homopolar ‖ ⁓**phasenzone** f (Radar) / zona f equifase ‖ ⁓**phasig**, in Phase [gleich] (Elektr, Phys) / equifásico, equifase ‖ ⁓**phasig gespeist** (Antenne) / alimentado en fase o de la misma fase ‖ ⁓**phasige Rückkopplung** (Eltronik) / realimentación f o reacción positiva, regeneración f ‖ ⁓**polgenerator** m, -polmaschine f (Elektr) / alternador m homopolar ‖ ⁓**polig** (Elektr, Magn) / de la misma polaridad ‖ ⁓**polig**, elektrisch symmetrisch (Elektr) / homopolar ‖ ⁓**raumprozess** m, Ottoverfahren n (Mot) / ciclo m de Otto
gleichrichten vt (Elektr, Eltronik) / rectificar ‖ ⁓ (Strömung) / rectificar ‖ ⁓, demodulieren (Eltronik) / demodular, detectar
Gleichrichter m, GR (Elektr) / rectificador m [de corriente] ‖ ⁓ **für Strömungen** / reja f enderezadora de corrientes ‖ ⁓ **mit Alu-Anode**, elektrolytischer Gleichrichter (Elektr) / rectificador m electrolítico ‖ ⁓**anlage** f (Elektr) / instalación f rectificadora, equipo m rectificador ‖ ⁓**block** m, -salz m / pila f de rectificadores, conjunto m o grupo de rectificadores ‖ **aufgesetzte** ⁓**brücke** (als Überspannungsschutz) (Eltronik) / rectificador m [de montaje] en puente [para protección contra sobretensiones] ‖ ⁓**brücke** f **in Graetzschaltung** (Elektr) / rectificador m [conectado] en puente ‖ ⁓**brückenschaltung** f / conexión f en puente del rectificador ‖ ⁓**diode** f / diodo m rectificador ‖ ⁓**element** n, Sperrschichtzelle f (Eltronik) / elemento m rectificador, celula f rectificadora ‖ ⁓**instrument** n (Gleichstrom-Messinstrument für Wechselstrom) (Elektr) / instrumento m de medición con rectificador [incorporado] ‖ ⁓**kristall** m / cristal m detector ‖ ⁓**lokomotive** f (Bahn) / locomotora f de rectificador[es] ‖ ⁓**röhre** f (Eltronik) / válvula f rectificadora, tubo m rectificador ‖ ⁓**schaltung** f, -kreis m / circuito m rectificador ‖ ⁓**sperrglied** n / filtro m supresor [de eco] de acción continua ‖ ⁓**station** f, -werk n (Elektr) / estación f rectificadora ‖ ⁓**station**, -unterwerk n / subestación f de rectificación ‖ ⁓**-Trafo** m / grupo m transformador-rectificador ‖ ⁓**welligkeit** f / ondulación f residual de rectificación ‖ ⁓**wirkung** f (Elektr) / conductibilidad f unidireccional o asimétrica, efecto m rectificador
Gleichrichtung f (Elektr, Eltronik) / rectificación f ‖ ⁓ **der Moleküle** (Chem) / alineación f de [las] moléculas
Gleichrichtungs • faktor, Gleichrichterwirkungsgrad m (Elektr) / factor m o coeficiente de rectificación ‖ ⁓**kennlinie** f / curva f característica de rectificación
Gleich • [richt]wert m / valor m medio de una cantidad periódica ‖ ⁓**schalten**, koordinieren / coordinar ‖ ⁓**schenkelig** (Geom) / isósceles ‖ ⁓**schenkelig-rechtwinklig** (Geom) / rectangular-isósceles ‖ ⁓**schenklig** (Walzw) / de lados o alas iguales, isósceles ‖ ⁓**schenkliger rundkantiger Winkelstahl** / ángulo m isósceles de cantos redondados ‖ ⁓**schenkliger scharfkantiger Winkelstahl**, LS-Stahl m / ángulo m isósceles de aristas vivas ‖ ⁓**schenkliges Trapezgewinde** / rosca trapezoidal isósceles ‖ ⁓**schenkliges T-Stück** (Glas) / T de lados iguales ‖ ⁓**schenkliges Winkelprofil** (Hütt) / perfil m angular isósceles o de lados iguales ‖ ⁓**schlag** m, Längsschlag m (Seil) / torsión f directa, torsión f en sentido igual ‖ ⁓**schlagseil** n / cable m de torsión directa ‖ ⁓**seitig** (allg) / equilateral ‖ ⁓**seitig** (Math) / equilátero ‖ ⁓**seitig** (Pap) / de caras iguales ‖ ⁓**seitig** (Tex, Twill) / equilateral, de doble aspecto ‖ ⁓**seitiges Dreieck** (Geom) / triángulo m equilátero ‖ ⁓**seitige Hyperbel** (Geom) / hipérbola f rectangular ‖ ⁓**seitiger Köper** (Tex) / sarga f de doble aspecto ‖ ⁓**seitigkeit** f / igualdad f de lados ‖ ⁓**setzen** vt [mit] / equiparar [a] ‖ ⁓**signalzone** f (Consol radar) / zona de señales iguales ‖ ⁓**sinnig** / de[l] mismo o igual sentido, en el mismo sentido ‖ ⁓**sinnig in Reihe** (Elektr) / en serie aditiva ‖ ⁓**sinnig laufend o. rotierend** (Masch) / de giro paralelo
Gleichspannung f (des Gleichstroms) (Elektr) / tensión f [de la corriente] continua, voltaje m continuo
Gleichspannungs • -Änderung f / variación de tensión continua ‖ ⁓**festigkeit** f (Kabel) / estabilidad f bajo tensión continua ‖ ⁓**komponente** f (TV) / componente f [de la tensión] continua ‖ ⁓**messer** m (Elektr) / voltímetro m para corriente continua, voltímetro m de continua ‖ ⁓**quelle** f (Eltronik) / fuente de tensión constante ‖ ⁓**signal** n / señal f de tensión continua ‖ ⁓**verlust**, Leitfähigkeitsverlust m (Eltronik) / pérdida f o perdidancia de conductividad ‖ ⁓**wandler**, Gleichumrichter m (DIN) (Elektr) / convertidor de continua a continua
Gleich • sperrspannung f **in Rückwärtsrichtung** (Halbl) / tensión continua permanente inversa ‖ ⁓**sperrspannung in Vorwärtsrichtung** (Halbl) / tensión continua permanente en sentido directo ‖

⁓**spulenwicklung** f (Elektr) / devanado m en rombo ‖
⁓**standdrillmaschine** f (Landw) / sembradora f de distribución uniforme ‖ **~stellen** / equiparar, igualar ‖ **~stellen**, koordinieren / coordinar ‖ ⁓**stellung** f / equiparación f, igualación f ‖ ⁓**stellung**, Koordination f / coordinación f ‖ ⁓**streckenlast** f / carga f linear distribuida uniformemente
Gleichstrom m, -strömung f (Hydr) / flujo m en el mismo sentido ‖ ⁓ (Dampf, Wasser usw) / flujo m paralelo, corriente f paralela ‖ ⁓, GS (Elektr) / corriente f continua (E), CC, c.c., corriente directa (LA), CD, c.d. ‖ ⁓... (Chem, Masch) / de flujo paralelo ‖ ⁓... (Elektr) / de corriente continua ‖ ⁓**absitzgefäß** n (Zuck) / decantador m de corriente paralela ‖ ⁓**anteil** m (Elektr) / componente f de CC, componente continua ‖ ⁓**antrieb** m / accionamiento m por CC ‖ ⁓**ausgleichmaschine** f / equilibrador m para corriente continua ‖ ⁓**bogen** m / arco m de corriente continua ‖ ⁓**bremse** f (Bahn) / freno m de corriente continua ‖ ⁓**bremsung** f / frenado m por inserción de corriente continua ‖ ⁓**brennkammer** f (Luftf) / cámara f de combustión de flujo recto ‖ ⁓**dampfmaschine** f / máquina f de vapor uniflujo o de flujo unidireccional ‖ ⁓**dynamo** m, -generator m (Elektr) / generador m de corriente continua, dínamo f [de c.c.] ‖ ⁓**einspeisung**, -zuführung f / alimentación f de c.c. ‖ ⁓**erregung** f / excitación f por c.c., accionamiento m por c.c. ‖ ⁓**fahrbetrieb** m (Bahn) / tracción f por c.c., accionamiento m por c.c. ‖ ⁓**generator** m (Elektr) / generador m de c.c. ‖
⁓-**Gleichstrom-Umformer** m / convertidor m de continua a continua ‖ ⁓**hauptschlussmotor** m, -reihenschlussmotor m / motor m de c.c. en serie ‖ ⁓**kabel** n / cable m de corriente continua ‖ ⁓**komponente**, Nullfrequenz f (TV) / componente f de frecuencia cero, componente f de corriente o tensión c.c. ‖ ⁓**kreis** m / circuito m de c.c. ‖ ⁓**leistung** f / potencia f de corriente continua ‖ ⁓**leitung** f / línea f de c.c. ‖ ⁓**leitwert** m / conductancia f [de c.c.] ‖
⁓-**Lichtbogenschweißmaschine** f / generatriz f [de c.c.] para soldeo por arco ‖ ⁓**-Lichtmaschine** f (Kfz) / generador m de c.c., dínamo f de c.c. ‖ ⁓**maschine** f, -generator m / generador m de c.c. ‖ ⁓**motor** m / motor m [eléctrico] de corriente continua ‖ ⁓**nebenschlussmotor** m / motor m de c.c. en derivación ‖ ⁓**netz** n / red f de c.c. ‖ ⁓**quelle** f / fuente f de c.c. ‖ ⁓**regelmotor** m / motor m de c.c. [de velocidad] regulable ‖ **umkehrbarer** ⁓**regelmotor**, Gleichstrom-Umkehr-Regelmotor m / motor m de c.c. reversible y regulable ‖ ⁓-**Regeneration** f (Ionenaustauscher) / regeneración f por flujo paralelo ‖ ⁓**relais** n (Elektr) / relé m de c.c. ‖ ⁓**Rundsieb** n (Pap) / forma f redonda de equicorriente ‖
⁓**schienenverbinder** m mit Wechselstromsperre, Drosselstoß m (Bahn) / conexión f inductiva ‖ ⁓**seite** f (Umformer) (Elektr) / lado m de c.c. ‖ ⁓**spannung** f / tensión f continua ‖ ⁓**spülung** f (Mot) / barrido m de flujo unidireccional ‖ ⁓**steller** m (Eltronik) / interruptor periódico de c.c. ‖ ⁓**steuerspannung** f / tensión f de mando de c.c. ‖ ⁓-**Tachodynamo** m / dínamo f tacométrica ‖ ⁓-**Turbogenerator** m / turbogenerador m de c.c. ‖ ⁓**überlagerung** f / superposición f de c.c. ‖ ⁓**übertragung** f (Elektr) / transmisión f de c.c. ‖ ⁓**übertragung** (Fernm) / transmisión f por c.c. ‖ ⁓**übertragung** (TV) / transmisión f en corriente continua ‖ ⁓**umformer** m (Elektr) / convertidor m de c.c. ‖ ⁓**umspanner** m, Gleichrichter m / convertidor m de coninua a continua ‖ ⁓**verhältnis** n (Halbl) / valor estático de la razón de transferencia directa de corriente ‖
⁓**verstärker** m (Elektr) / amplificador m de c.c. ‖
⁓**verstärker**, direkt gekoppelter Verstärker (Eltronik) / amplificador m de acoplamiento directo por resistencia ‖ ⁓**verstärker** m (Eltronik) / amplificador m rectificador ‖ ⁓**vormagnetisierung** f (Elektr) /

preimantación por c.c. ‖ ⁓**vorwärmer** m (Dampf) / precalentador m de flujo único ‖ ⁓**wandler** m, -messwandler m (Elektr) / transductor m de medida para c.c. ‖ ⁓-**Wechselstrom-Umformer** m / conmutatriz f de c.c en c.a. ‖ ⁓**wecker** m (Fernm) / zumbador m, vibrador m, chicharra f ‖ ⁓**weiche** f (Eltronik) / circuito m de separación de c.c. ‖
⁓**widerstand**, Ohmscher Widerstand m (Elektr) / resistencia f óhmica o en continua ‖
⁓-**Wiederherstellungsschaltung** f, Klemmschaltung f (TV) / fijador m de nivel [de referencia] ‖ ⁓**zähler** m (Elektr) / contador m para c.c. ‖ ⁓**zentrierung** f (TV) / centrado m por c.c. ‖ ⁓**zuführung**, -einspeisung f (Elektr) / alimentación f en c.c., inserción de [la componente] c.c.
Gleichtakt m (DV, Eltronik) / modo m común, modalidad f común ‖ ⁓..., richtigphasig / en fase, en la misma fase ‖ ⁓ m, -tritt, -lauf m / sincronismo m, simultaneidad f ‖ ⁓**aufnahme** f (Eltronik) / grabación f en fase, registro m en fase ‖ ⁓-**Energie** f / salida f en el modo común ‖ ⁓**feuer** n (Nav) / luz f intermitente ‖
⁓**signal** n (Eltronik) / señal f de modo común ‖
⁓**störspannung** f (Instr) / tensión f parásita de modo común ‖ ⁓**störung** f (Eltronik) / interferencia f en modo común ‖ ⁓-**Unterdrückung** f (Eltronik, Verstärker) / rechazo m en modo común, rechazo m de señales en fase ‖ ⁓-**Unterdrückungsfaktor** m, -Unterdrückungsverhältnis n (Kath.Str) / factor m de rechazo m en modalidad común]
Gleich•teilende f, Aliquote f (Math) / alícuota f ‖
⁓**umrichter** (DIN), Gleichspannungswandler m, Gleichstromumrichter m (Elektr) / convertidor m de continua a continua
Gleichung f (Math) / ecuación f ‖ ⁓**en aufstellen**, in Gleichungen bringen / expresar en ecuaciones ‖ ⁓ f **1. Grades** / ecuación f lineal o de primer grado ‖ ⁓ **2. Grades**, Quadratische Gleichung / ecuación f cuadrada o de 2º grado ‖ ⁓ **3. Grades**, Kubische Gleichung / ecuación f cúbica o de 3er grado ‖ ⁓ **4. Grades** / ecuación f de cuarto grado ‖ ⁓ **höherer Ordnung** / ecuación f de un grado más elevado o de grado superior ‖ ⁓ **mit mehreren Unbekannten** / ecuación f con varias incógnitas ‖ ⁓ **xten Grades** (o. xter Ordnung) / ecuación f de grado x
Gleichungs•auflöser m / resolvedor m de ecuaciones ‖
⁓**berechnung** f, -auflösung / resolución f de una ecuación
Gleich•verteilung [auf], Äquipartition f / equipartición f ‖ ⁓**verteilungsgesetz** n **der Energie** (Phys) / teorema m o principio de equipartición de la energía ‖
~**vielfache f Größe** (Math) / equimúltiple m ‖
~**wahrscheinlicher Wert** (Math) / valor m equiprobable ‖ ~**warm** / isotermo, homotermal, homotérmico, homotermo ‖ ~**weit entfernt** / equidistante ‖ ~**weit entfernt sein** / equidistar ‖
⁓**welle**, Gemeinschaftswelle f (Eltronik) / onda f común, canal m compartido ‖ ⁓**wellen**[**rund**]**funk** m / radiodifusión f por frecuencia, servicio m de emisoras sincronizadas ‖ ⁓**wellensender** m / emisión f de frecuencia común ‖ ⁓**wert** (Math, Phys) / equivalente m ‖ ⁓**wert**, Gleichrichtwert m (Phys) / valor m medio de una cantidad periódica ‖ ⁓**wert der genetischen Dosis** (Nukl) / equivalente m de dosis genética ‖
~**wertig** [mit] / equivalente [a], del mismo valor ‖
~**wertig in beiden Richtungen** / bilateral ‖ ~**wertige Lösung** / solución f equivalente (de un problema) ‖
~**wertig od. äquivalent sein** [mit] / equivaler [a] ‖
~**wertige Trennwichte** (Bergb) / densidad f equivalente de separación ‖ ⁓**wertigkeit** f, Gleichheit f (Math) / igualdad f, equivalencia f, paridad f ‖
⁓**wertigkeit**, Entsprechung f / equivalencia f ‖
⁓**wertigkeit** (Eigenschaften) / características f pl equivalentes ‖ ~**wink**[**e**]**lig** (Geom) / equiángular ‖
räumlich ~**wink**[**e**]**lig**, mit gleicher Neigung /

Gleichwinkligkeit

isógono, isogónico (E), isogono (LA) ‖ ≈**winkligkeit** f (Polygon) / isogonalidad f (de un polígono) ‖ ~**wirkend** / de acción igual, de efecto igual
gleichzeitig, simultan, Simultan... / simultáneo ‖ ~ [mit], Begleit... / concomitante [a] ‖ ~, von gleicher Dauer / isócrono ‖ ~ (Patent) / simultáneo ‖ ~, On-line... (DV) / en línea ‖ ~ adv, zur gleichen Zeit / al mismo tiempo, simultáneamente ‖ ~ **abtasten** [mit] (Eltronik) / barrer simultáneamente o en paralelo ‖ ~ **ausführen, betreiben usw.** / simultanear ‖ ~**er elektrolytischer Überzug von Legierungen** (Hütt) / depósito m simultáneo, codeposición de aleaciones ‖ ~**er Erdschluss** (Elektr) / cortacircuito m a tierra polifásico ‖ ~**e Erzeugung** (zweier nutzbarer Energiearten) (Phys) / cogeneración f [de dos formas útiles o aprovechables de energía] ‖ ~**e Gesprächszahl** (Fernm) / número m de llamadas simultáneas ‖ ~**es Lesen u. Schreiben** (DV) / lectura y escritura simultáneas ‖ ~ **sein**, synchron ablaufen / estar sincronizado ‖ ~**e Veränderung** / variación f simultánea, covariación f ‖ ~ **wirkend** / concurrente, concomitante ‖ ~ **zulässig** (Bahn) / compatible
Gleichzeitigkeit, Simultaneität f / simultaneidad f ‖ ≈ f, Gleichdauer f der Schwingung / isocronismo m ‖ ≈, Zusammentreffen n / coincidencia f ‖ ≈ **der Bewegung** / isocronismo m del movimiento
Gleichzeitigkeitsfaktor m / factor m de simultaneidad
gleichziehen, nachkommen / alcanzar [a]
Gleis n, Geleise n (Bahn) / vía f ‖ ≈, Wagengleis n (Straßb) / ranuras f pl de la vía ‖ ≈, Zuggleis n (Bahn) / vía f de circulación ‖ ≈ **im Gefälle** (Bahn) / vía f en pendiente ‖ ≈ **frei**, Fahrtstellung f (Bahn) / vía f libre ‖ ≈ **in einem Werk**, (offiziell für:) Anschlussgleis / vía f [de apartadero] industrial ‖ ≈**e** n pl, Schienen f pl (Bahn) / rieles m pl, carriles m pl, raíles m pl ‖ ≈ n **mit dritter Schiene**, mehrspurige Strecke / vía f con tres carriles, vía f de dos anchos, vía f mixta ‖ ≈ **e u. ortsfeste Anlagen** f pl (Bahn) / vías f pl e instalaciones fijas ‖ **auf dem falschen** ≈ / sobre la vía contraria, a contravía ‖ **totes** ≈ / vía f muerta
Gleis•abschnitt m / seccion f de vía, trozo m o tramo de vía ‖ ≈**abschnitt hinter einem Signal** (Bahn) / proximidad f posterior de una señal ‖ ≈**abschnitt vor dem Sperrsignal** (Bahn) / proximidad f anterior de una señal ‖ ≈**absenkung** f (Bahn) / descenso m de la vía ‖ ≈**abstand** m / distancia f entre ejes de la vía ‖ ≈**achse** f / eje m de la vía ‖ ≈**anlage** f / sistema m de vía ‖ ≈**anlagen** f pl / enrieladura f (ECUAD.) ‖ ≈**anlagen** f pl **unter Tage** / vías férreas subterráneas [en minas] ‖ ≈**anschluss** m / vía f de empalme, apartadero m ferroviario ‖ ≈**anschluss zu bahnbetrieblichen Einrichtungen**, [auch:] Gleisanschluss rund um Bahnhöfe / PAET (= puesto de apartado de estacionamiento técnico) ‖ ≈**arbeiten** f pl / trabajos m pl en la vía ‖ ≈**arbeiter** m, Streckenarbeiter m / asentador m ‖ ≈**bankett** n / balasto m de vía ‖ ≈**bauer** m / constructor m de vías férreas ‖ ≈**baugeräte** n pl, -baumaschinen f pl / máquinas f pl de asiento de vía, maquinaria f para obras ferroviarios ‖ ≈**besetzungslampe** f / lámpara f indicadora de ocupación de vía o de linea ‖ ≈**besetzungsplan** m / cuadro m o gráfico de ocupación de las vías ‖ ≈**bett** n (Bahn) / lecho m de balasto ‖ ≈**bettung** f, Schotterbett n (Bahn) / balastado m de vía, lastre m (CHILE, PERÚ) ‖ ≈**bild** n (Bahn) / esquema m de las vías ‖ ≈**bildstellwerk** n / combinador m, puesto m de mando geográfico por pulsadores o llaves ‖ ≈**bildstellwerk mit Tastenbild u. Meldetafel** / puesto "todo relés" ‖ ≈**bildtafel** f (Bahn) / cuadro m sinóptico de mando ‖ ≈**bogen** m / vía f en curva ‖ ≈**bremse** f (Bahn) / freno m de vía, freno m carril, retardador m (LA) ‖ ≈**bündel** n, -gruppe f / haz m de vías (E), playa f o patio de vías (CHIL, PER, MEJ.) ‖ ≈ **dreieck** n (Bahn) / triángulo m de vías (E), estrella f (LA), Y

griega f (MEJ) ‖ ≈**entfernung** f, -mittenabstand m / distancia f entre los ejes de los vías ‖ ≈**erneuerung** f / renovación f de la vía ‖ ≈**fahrzeug** n (Bahn) / vehículo m sobre rieles ‖ ≈**führung** f / trazado m de vías ‖ ~**gebunden** (Fahrzeug), schienengebunden / sobre carriles ‖ ≈**hebebaum** m (Bahn) / palanca f o barra de vía ‖ ≈**heber** m (Bahn) / alzavías m ‖ ≈**hebewinde** f / gato m alzavías, gato m para elevar vías ‖ ≈**joch** n, -rahmen m / tramo m de vía ‖ ≈**kette** f, Raupe f (Kfz) / cadena f de oruga, cadena-oruga f, oruga f ‖ ≈**ketten...** (Kfz) / de [o con] orugas ‖ ≈**kettenantrieb** m / propulsión f o impulsión por cadena-oruga ‖ ≈**kettenfahrzeug** n / vehículo m oruga ‖ ≈**kettenschlepper** m / tractor m oruga o de orugas ‖ ≈**kontakteinrichtung** f, Gleiskontakt m (Bahn) / contacto m fijo de vía ‖ ≈**kraftwagen** m, Motordraisine f (Bahn) / dresina f motorizada, vagoneta f automóvil, zorra motor (LA) ‖ ≈**kreuzung** f / cruce m de una vía con otra ‖ ≈**krümmung** f / curvatura f o curva de la vía ‖ ≈**lage[rung]** f / asiento m de la vía ‖ ~**los** / sin carril, sin vía ‖ ~**loses od. schienenloses Fahrzeug** / vehículo m sin vía ‖ ≈**material** m / material m [ferroviario] de vía ‖ ≈**meldetafel** f (Bahn) / cuadro o esquema de control óptico ‖ ≈**messwagen** m / vagón m de reconocimiento de defectos de vías ‖ ≈**mittenabstand** m, -entfernung f / distancia f entre los ejes de las vías ‖ **das gesamte** ≈**netz** / red f ferroviaria ‖ ≈**oberbau** m (Bahn) / superstructura f ‖ ≈**räumer** m (Bahn) / quitapiedras m (E), miriñaque m (ARG), quitarreses m (ARG), trompa f (CHIL), botavaca f (P.RICO) ‖ ≈**rückkopf** m (Bagger) / cabeza f ripadora ‖ ≈**rückmaschine** f (Bahn) / ripadora f de vía o de rieles ‖ ≈**schuh** m / tope m ‖ ≈**sicherungspunkt**, Festpunkt m (Bahn) / punto m fijo de referencia de la vía ‖ ≈**sperre** f, Entgleisungsschuh m (Bahn) / descarrilador m ‖ ≈**sperre**, Sperrklotz m (Bahn) / calce m o taco móvil de parada ‖ ≈**stopfhacke** f (Wz) / bate m para compactar balasto ‖ ≈**stopfmaschine** f (Bahn) / bateadora f (E), compactadora f de balasto, apisonadora (LA) ‖ ≈**stopf-Richtmaschine** f / bateadora -alineadora f ‖ ≈**strang** m (Bahn, Bergb) / vía f férrea ‖ ≈**strang aus endlos zusammengeschweißten Schienen** (Bahn) / vía f sin juntas, vía f soldada ‖ ≈**stromkreis** f (Bahn) / circuito m de vía ‖ ≈**stromkreis für Weichensperrung** (Bahn) / circuito m de vía de inmovilización de aguja ‖ ≈**tafel** f, Gleisbild n ‖ ≈**transportzange** f / tenazas f pl para transporte de carriles ‖ ≈**überführung** f, -überwerfung f (Schweiz), Kreuzungsbauwerk n (Bahn) / salto m de carnero ‖ ≈**umbau** m (Bahn) / reacondicionamiento m de vías férreas ‖ ≈**unterhaltung** (Bahn) / conservación f o mantenimiento de la vía ‖ ≈**unterhaltungsgeräte** n pl / herramental m para conservación de la vía ‖ ≈**untersuchungswagen** m s. Gleismesswagen ‖ ≈**verankerung** f / anclaje m de vías ‖ **doppelte** ≈**verbindung**, gekreuzte Gleisverbindung f (Bahn) / diagonal m doble, bretel m, cruce m entre vías paralelas ‖ **einfache** ≈**verbindung** (Bahn) / escape m, diagonal m ‖ ≈**verlegung** f / tendido m o asiento de la vía, colocación f de la vía (E), enrieladura f (LA) ‖ ≈**vermarkung**, -versicherung f (Bahn) / establecimiento m de puntos de referencia del trazado de la vía ‖ ≈**verschlingung** f (Bahn) / interpenetración f de las vías ‖ ≈**verwerfung** f, -verformung f, -verwindung f / deformación f de la vía ‖ ≈**verwindung** f / desnivelación f relativa de los carriles ‖ ≈**verziehung** f / alteración f de la entrevía ‖ ≈**waage** f, Gleisfahrzeugwaage f (Bahn) / puente m báscula [ferroviario] ‖ ≈**wasserwaage** f / nivel m de burbuja para vías ‖ ≈**wechselbetrieb** m (Bahn) / explotación f con banalización, banalización f de la vías ‖ ≈**winde** f (Bahn) / gato m de vía ‖

Gleitreibungskraft

≈zwischenraum *m* (Bahn) / entrevía *m* ||
≈zwischenstück *n* (Bahn) / pieza *f* de vía intercalada
Gleit•achslager *n* (Bahn) / caja con cojinete ||
≈-Axiallagerring *m* (DIN 7479) / anillo *m* del cojinete axial de deslizamiento || ≈backe *f*, -block *m*, -schuh *m*, Gleitstück *n* / patín *m*, colisa *f* || ≈backe (Masch) / mordaza *f* deslizante || ≈bahn *f* / vía *f* o pista de deslizamiento || ≈bahn, Rutsche *f* (Förd) / plano *m* inclinado o de deslizamiento, resbaladera *f* || ≈bahn, -schiene *f* (Masch) / vía *f* de deslizamiento, vía *f* de resbalamiento || ≈bahn, *f*, Führung *f* / guía *m* de deslizamiento, resbaladera *m* || ≈bahn, -fläche *f* (Brücke) / superficie *f* de deslizamiento o resbalamiento || ≈bahn (Luftf) / trayectoria *f* de planeo o de descenso || ≈bahn, Rutsche, Rutschbahn *f* (Förd) / plano *m* inclinado, resbaladero *m*, deslizadero *m*, pista *f* de deslizamiento ||
≈bahndruck *m* / presión *f* de deslizamiento ||
≈bahnkontaktfroster *m* (Elektr) / congelador *m* por contacto de cinta deslizante || ≈bahnsender *m* (Luftf) / transmisor *m* de trayectoria de descenso || ≈band *n* (Förd) / cinta *f* deslizante || ≈bandanlage *f*, -bandförderer *m* / transportador *m* de cinta deslizante || ≈beiwert *m*, Reibungszahl *f* (Mech) / coeficiente *m* de frotamiento por delizamiento ||
≈belag *m* / revestimiento *m* de la pista de deslizamiento || ≈bonderbad *n* (Hütt) / baño *m* de bonderización antifricción || ≈boot, Stufenboot *n* (Schiff) / hidroplano *m* [escalonado], hidroplaneador *m*, hidro *m*, deglisador *m* (ARG), deslizador *m* (COL) || ≈buchse *f* / casquillo *m* guía, casquillo *m* o cojinete de deslizamiento || ≈dichtung *f* / obturación *f* rozante || ≈drahtwiderstand *m* (Elektr) / resistencia *f* de [hilo y] cursor, reóstato *m* de contacto corredizo ||
≈druck *m* / presión *f* variable || ≈ebene *f* (Krist) / plano *m* de corrimiento o de deslizamiento || ≈ebene (Luftf) / plano *m* de descenso || ≈eigenschaft *f* / propiedad *f* de deslizamiento
gleiten *vi*, rutschen / deslizar, deslizarse, patinar, escurrirse || ~, schleudern (Kfz, Räder) / patinar, resbalar || ~ (Bahn, Räder) / patinar (ruedas caladas) || ~, segeln (Luftf) / planear || ~ lassen / hacer deslizar || ≈ *n* / deslizamiento *m*, resbalamiento *m* || ≈, Rutschen *n* (gebremste Räder) / patinaje *m*, patinazo *m*, resbalamiento *m* || ≈ (Luftf) / planeo *m* || ≈ an den Kristallgrenzen (Hütt) / deslizamiento *m*, corrimiento *m* || ins ≈ bringen / deslizar *vt*
gleitend, Gleit... / deslizante, deslizable, resbaladizo || ~e Arbeitszeit, Gleitzeit *f* (F.Org) / jornada *f* flexible || ~es Druckaufbereitungszeichen (DV) / signo *m* de edición flotante || ~er Durchschnitt (Stat) / término *m* medio de escala móvil || ~es Querhaupt, Traversengleitstück *n* / travesaño *m* corredizo || ~e Reibung (Mech) / rozamiento *m* por deslizamiento || ~e Skala / escala *f* móvil o variable
Gleitentladung *f* (Elektr) / descarga *f* deslizante
Gleiter *m*, Kufe *f* / patín *m* || ≈, Segelflugzeug *n* (Luftf) / planeador *m*, velero *m*
gleit•fähig / capaz de deslizar || ≈fähigkeit *f*, -vermögen *n* (Luftf) / coeficiente *f* de planeo || ≈falz *m*, -bahn *f* / ranura *f* de corredera || ≈feder *f* des Getriebes, Parallelkeil *m* (Kfz) / chaveta *f* deslizante o paralela, lengüeta *f* corrediza o deslizante || ≈fertigung *f* (Bau) / construcción *f* con encofrado deslizante || ~fest, rutschfest (Tex) / antideslizante || ≈festmachen *n* (Tex) / acabado *m* antideslizante || ≈fläche *f* / superficie *f* o cara de deslizamiento o de resbalamiento || ≈fläche, Laufflache *f* des Kolbens (Mot) / superficie *f* de rozamiento || ≈fläche (Krist) s. Gleitebene || ≈fläche (Schiff) / aleta *f* hidrodinámica || ≈fläche (Schalter) / placa *f* corrediza de un interruptor || ≈fläche für den Gurt (Fließband) / superficie *f* de deslizamiento para la cinta || ≈flug (Luftf) / vuelo *m* planeado, planeo *m* ||
≈flug, Landeanflug *m* (Luftf) / vuelo *m* de descenso ||
~fördernd / que fomenta el deslizamiento ||
≈führung *f* (Wzm) / guía *f* de deslizamiento o de resbalamiento, deslizadera *f* || ≈funkenelektrode *f* (Zündkerze) / electrodo *m* de chispa deslizante ||
≈funkenspektrometer *n* (Phys) / espectrómetro *m* de chispa deslizante || ≈funkenzündkerze *f* (Kfz) / bujía *f* [de encendido] por chispa deslizante || ~gelagert (Welle) / que gira en cojinetes (árbol) || ≈gelenk *n* / junta *f* corrediza o resbaladiza, junta *f* de deslizamiento || ≈gelenk (Zange) / articulación *f* movible || ≈gelenkzange *f* (Wz) / pinza *f* ajustable o de articulación movible, alicates *m pl* de expansión ||
≈geschwindigkeit *f* (Lagerzapfen) / velocidad *f* de deslizamiento || ≈haken *f* / gancho *m* redondo ||
≈hang *m*, Flachhang *m* (Geo) / pendiente *f* suave, faldeo *m* (LA) || ≈hülse *f* / casquillo *m* deslizante ||
≈indikator *m* [nach Tannert] (Schmierstoff) / indicador *m* de deslizamiento || ≈keilkupplung *f* / embrague *m* de cuña deslizante || ≈kettenförderbahn *f* (Förd) / vía *f* transportadora de cadenas deslizantes ||
≈kipper *m* (Bau, Kfz) / basculante *m* o volquete de caja deslizante || ≈klotz, Schlitten *m* (Dampfm, Masch) / corredera *f* || ≈kokille *f* (Hütt) / coquilla *f* deslizante ||
≈komma *n* (DV) s. Gleitpunkt || ≈kontakt *m* (Elektr) / contacto *m* deslizante o corredizo o móvil, cursor *m* ||
≈körper *m* / cuerpo *m* deslizante || ≈kraft *f* / fuerza *f* sobre el patín || ≈kreuzgelenk *n* (Kfz) / junta *f* cardán deslizante || ≈kufe *f* (Luftf) / patín *m* de deslizamiento [para aterrizar sobre la nieve], patín *m* de aterrizaje ||
≈kufen[lande]gestell *n* / tren *m* de aterrizaje de patines || ≈lack *m* / laca *f* lubrificante || ≈lager *n* / cojinete *m* de deslizamiento (E) o de fricción (LA), cojinete *m* liso o deslizante || ≈lagerbuchse *f* / casquillo *m* del cojinete || ≈lagerfett *n*, Staufferfett *n* / grasa *f* consistente || ≈lagerschale *f* / semicojinete *m* ||
≈linie *f* (allg) / línea *f* de deslizamiento || ≈linie, Trajektorie *f* (Mech) / trayectoria *f* de tensiones tangenciales || ≈linie (Luftf) / línea *f* o trayectoria de planeo || ≈linienfeld *n* (Mech, Schm) / campo *m* de trayectorias de tensiones tangenciales ||
≈linienstreifen *m* (Hütt) / banda *f* de deslizamiento ||
~los / sin deslizamiento || ≈maß *n*, -modul *m* / coeficiente *m* de rigidez, coeficiente *m* de elasticidad en corte || ≈masse *f* / masa *f* resbaladiza || ≈mittel *n* (gegen Fressen) / antigripante *m* || ≈mittel (Masch) / medio *m* o agente antifricción || ≈mittel (Chem) / lubri[fi]cante *m*, deslizante *m* || ≈mittel, Trennmittel *n* (Plast) / agente *m* de desmoldeo || in den Kunststoff eingebrachtes ≈mittel (Plast) / lubri[fi]cante *m* ||
≈mutter *f* / tuerca *f* móvil o de traslación || ≈öl *n* / aceite *m* de deslizamiento || ≈paarung *f* / emparejamiento *m* de metales en contacto de deslizamiento || ≈passung *f* / ajuste *m* corredizo o suave || ≈pfad *m* (Luftf) / trayectoria *f* de descenso ||
≈platte *f*, Reibplatte *f*. / platillo *m* de fricción ||
≈platte (Weiche) / cojinete *m* de resbalamiento (E), silla *f* para cambios (LA) || ≈platte, Friktionsscheibe *f* / placa *f* de rozamiento || ≈punkt *m*, -komma *n* (DV) / punto *m* o decimal flotante, coma *f* flotante
Gleitpunkt•addition *f* / suma *f* con punto flotante ||
≈arithmetik *f* (DV) / aritmética *f* de (o con) punto flotante || ≈betriebsart *f* (DV) / modalidad *f* de punto flotante || ≈darstellung *f*, -schreibweise *f* / representación *f* en coma flotante || ≈einrichtung *f* (festverdrahtet) (DV) / dispositivo *m* automático de punto flotante || ≈konstanten *f pl* mit erweiterter Mantissenlänge (DV) / constantes *f pl* de punto flotante de alta precisión || ≈programm *m* (DV) / programa *m* de punto flotante, rutina *f* de punto flotante || ≈rechnung *f* / cálculo *m* de punto flotante ||
≈schreibweise *f* / notación *f* con punto flotante
Gleit•reibung *f*, gleitende Reibung / rozamiento *m* de deslizamiento || ≈reibungskraft *f* / fuerza *f* del

rozamiento de deslizamiento || ~**reibungsmoment** *n* / momento *m* o par de resistencia por deslizamiento || ~**reibwert** *m*, -reibungszahl *f* / coeficiente *m* de frotamiento por deslizamiento || ~**ring** *m* / anillo *m* deslizante o de deslizamiento || ~**ringdichtung** *f* / retén *m* frontal || ~**ringdichtung** (Turbine) / cierre *m* de anillo deslizante || ~**riss** *m* (Sintern) / fisura *f* o grieta de deslizamiento || ~**rohr** *n* (Hütt) / tubo *m* de deslizamiento || ~**rolle** *f* (Möbel) / rodillo *m* para muebles || ~**-Roll-Effekt** *m* / efecto *m* de deslizamiento-rodadura || ~**schalung** *f* (Bau) / encofrado *m* deslizante || ~**schalungsbauweise** *f* (Bau) / método *m* de encofrado deslizante, construcción *f* por encofrado deslizante o progresivo || ~**schalungsfertiger** *m* (Straß) / acabador *m* de firmes por encofrado sobre rieles || ~**schieber** *m* (Elektr, Reißverschl) / cursor *m* || ~**schiene**, Laufschiene *f* / barra *f* de deslizamiento, carril *m* o riel o rail de rodadura, riel-guía *m* || ~**schiene** *f*, Spannschiene *f* / riel *m* tensor || ~**schiene** (Mech) / guía *f* de deslizamiento || ~**schiene** (Ofen) / rail *m* de deslizamiento || ~**schienenführung** *f* / guía *f* de deslizamiento || ~**schirm** *m* (Sport) / parapente *m* || ~**schleifen** *n* **mit Vibration** (Wzm) / rectificado *m* por vibración || ~**schuh** *m* (Masch) / patín *m* [de] guía || ~**schuh** (Dampfm) / patín *m* de cruceta || ~**schuh** (Luftf) / patinador *m* || ~**schutz** *m*, Schleuderschutzeinrichtung *f* (Bahn) / dispositivo *m* antipatinaje || ~**schutz** (Kfz) / dispositivo *m* antipatinaje o antideslizante || ~**schutz**... / antideslizante, antipatinaje || ~**schütz** *n* (Hydr) / compuerta *f* deslizante || ~**schutz** *m* **für die Räder** (Bahn) / dispositivo *m* antibloqueador || ~**schutzkante** *f* (Kfz) / borde *m* antipatinante || ~**schutzkette** *f* (Kfz) / cadena *f* antideslizante || ~**schutzleiste** *f*, -streifen, Stollen *m* (Reifen) / grampa *f* abrazadera || ~**schutz[mittel]** *m[n]* / antideslizante *m* || ~**schutzmuster** *n* (Kfz) / perfil *m* antideslizante || ~**schutzreifen** (Kfz) / neumático *m* antiderapante || ~**segelfallschirm** *m* (Raumf) / paracaídas *m* planeador || ~**sicher** / antideslizante || ~**sichtbrille** *f* / gafas *f pl* con lentes progresivas || ~**sichtglas** *n*, Progressivglas *n* (Brille) / lente *f* progresiva || ~**sitz** *m* (Passung) / ajuste *m* corredizo o suave || ~**sitz** (Kfz) / asiento *m* móvil ajustable, asiento *m* deslizante || ~**skala** *f* (Instr) / escala *f* móvil || ~**spanen** *n*, Rommeln *n* / limpieza *f* en tambor || ~**spindel** *f* / husillo *m* [helicoidal] de traslación || ~**spiralflug** *m* (Luftf) / planeo *m* en espiral || ~**spur** *f* (Masch) / huella *f* de deslizamiento, resbaladura *f* || ~**stein** *m* (Wzm) / taco *m* de corredera || ~**stein** (Einspritzpumpe) / deslizadera *f*, bloque *m* deslizante || ~**steinführung** *f* (Wzm) / guía *f* de taco || ~**stelle** *f* / punto *m* de deslizamiento || ~**stift** *m* / pasador *m* deslizante || ~**stößel** *m* (Mot) / botador *m* deslizante || ~**strahlverschleiß** *m* / desgaste *m* por erosión || ~**striemung**, -streifung *f* (Geol) / estriación *f* || ~**strömung** *f* (Luftf) / flujo *m* deslizante o de deslizamiento || ~**stück** *n* / pieza *f* deslizante, resbaladera *f*, deslizadera *f*, patín *m* deslizante || ~**stück**, Reibstück *n* / frotador *m* || ~**stuhl** *m* **einer Weiche**, -platte *f* (Bahn) / placa *f* de resbalamiento (de una aguja), cojinete *m* de resbalamiento, silleta *f* para cambios (LA) || ~**tisch** *m* / mesa *f* deslizante || ~**ufer** *n* (Hydr) / talud *m* de ribera deslizante
Gleitung *f*, Gleiten *n* (Krist) / deslizamiento *m*, corrimiento *m*
Gleit•verhalten *n* / comportamiento *m* de deslizamiento || ~**verlustleistung** *f* **der Räder** (Bahn) / potencia *f* de pérdida por deslizamiento de ruedas || ~**vermögen** *n* (allg) / capacidad *f* de deslizamiento || ~**vermögen**, -fähigkeit *f* (Luftf) / capacidad *f* de planear || ~**verschleiß** *m* / desgaste *m* por deslizamiento || ~**wachs** *n* / cera *f* de deslizamiento || ~**weg** *m* (Luftf) / trayectoria *f* de descenso o de planeo || ~**weg** (Mech) / camino *m* de deslizamiento || ~**wegbake** *f* (Luftf) / radiobaliza *f* de trayectoria de descenso || ~**wegsektor** *m* (Luftf) / sector *m* de trayectoria de descenso || ~**wegsender** *m* (Luftf) / transmisor *m* de trayectoria de descenso || ~**wert** *m*, Reibungszahl *f* / coeficiente *m* de frotamiento de deslizamiento || ~**widerstand** *m*, Widerstand gegen Gleiten o. Rutschen / resistencia *f* al resbalamiento o al deslizamiento || ~**winkel** *m* (Luftf) / ángulo *m* de aproximación, ángulo *m* de la trayectoria de descenso || ~**winkel**, Böschungswinkel *m* / ángulo *m* de talud, talud *m* natural || ~**winkelfeuer** *n*, -befeuerung *f* (Luftf) / balizamiento *m* de ángulo de aproximación || ~**zahl** *f*, -verhältnis *n*, Verhältnis Auftrieb zu Widerstand (Luftf) / fineza *f*, rendimiento *m* aerodinámico || ~**zahl** (Straß) / coeficiente *m* de patinaje || ~**zeiger** *m* (DV) / cursor *m* || ~**zeit** *f* (F.Org) / horario *m* flexible || ~**zeitregistriergerät** *n* / registrador-impresor *m* de horario flexible || ~**ziehen** *n* (Hütt) / estirado *m* con deslizamiento

Gletscher *m* (Geol) / glaciar *m*, helero *m*, nevero *m* || ~**bildung** *f* / formación *f* de glaciares || ~**kunde** *f*, Glaziologie *f* / glaciología *f* || ~**schrammen** *f pl* (Geol) / estrías *f pl* glaciares || ~**spalte** *f* / grieta *f* de ventisquero || ~**topf** *m*, -mühle *f* (Geol) / embudo *m* de helero, molino *m* glaciar || ~**uhr** *f* (Mess) / cronómetro *m* [registrador] glaciar

Gley *m*, Glei *m* (Bodentyp) (DIN 4047) / glei *m*, tierra *f* gley, tierra *f* húmeda
Gliadin *n*, Prolamin *n* (Biochem) / gliadina *f*, prolamina *f*
glibberig / viscoso, gelatinoso
Glied *n* (allg, Bau, Kinematik) / elemento *m*, miembro *m* || ~, Feld *n* / campo *m*, división *f* || ~, Verbindungsglied *n* (DV) / nexo *m*, vínculo *m* || ~, Zwischenglied *n* / miembro *m* intermedio, pieza *f* intermedia || ~ (Math) / término *m*, Stab *m* (Stahlbau) / barra *f* || ~, Kettenglied *n* / eslabón *m* || ~ **der Raupenkette** / patín *m* de oruga, placa *f* de oruga || ~ **des Gesimses** (Bau) / elemento *m* o miembro de la moldura || ~ **des Regelkreises** (Regeln) / componente *m* (o elemento) funcional del circuito de regulación || ~ **eines Gliederzuges** (Bahn) / elemento *m* de un tren articulado, unidad *f* de un tren || **äußeres** ~ (Math) / término *m* extremo || **erstes** ~ (eines Verhältnisses) (Math) / antecedente *m* || **festgestelltes (o. ruhendes)** ~ (Kinematik) / miembro *m* fijo || **inneres** ~ (Math) / término *m* medio || **linkes [rechtes]** ~ **einer Gleichung** (Math) / primer [segundo] miembro de una ecuación

Glieder•armband *n* (Uhr) / pulsera *f* articulada o de eslabones || ~**band** *n* (Förd) / cinta *f* [transportadora] articulada, tablero *m* articulado || ~**bandförderer** *m* / transportador *m* de tablero articulado || ~**egge** *f* (Landw) / grada *f* reticulada || ~**förderer** *m* (Förd) / transportador *m* articulado || ~**hohlleiter** *m* (Eltronik) / guiaondas *m* articulado || ~**käfig** *m* (Lager) / jaula *f* articulada || ~**keilriemen** *m* / correa *f* trapezoidal articulada || ~**kessel** *m* (Heizung) / caldera *f* seccional || ~**kette** *f* / cadena *f* de eslabones || ~**maßstab**, Zollstock *m* (Mess) / metro *m* plegable
gliedern *vt* (Masch, Math) / dividir, subdividir, distribuir, clasificar
Glieder•riemen *m* / correa *f* articulada o de eslabones || ~**röhre** *f* / tubo *m* articulado || ~**schnecke** *f* / visinfín *m* articulado
Gliederung *f*, Verteilung *f* / distribución *f* || ~, Aufbau *m* / estructura *f*, estructuración *f* || ~, Einteilung *f* / división *f*, subdivisión *f* || ~, Plan *m* / disposición *f* || ~ (in Abschnitte) / seccionamiento *m* || ~ **einer Struktur** (Geol) / articulación *f* de una estructura
Glieder•verbindung *f* (Masch) / unión *f* articulada || ~**walze** *f* (Landw) / rodillo *m* articulado || ~**zug** *m* (Bahn) / tren *m* articulado (en España: TALGO)

Gliedkopplung, Linkkopplung f (Eltronik) / acoplamiento m de eslabón o en cadena
Glimm•anzeigeröhre f (Eltronik) / tubo m indicador o testigo de descarga luminosa o luminiscente o de efluvios ‖ ~**beständigkeit** f (Elektr) / resistencia f al efecto corona o a la descarga luminosa ‖ ~**bogenentladung** f / descarga f en arco luminoso
glimmen vi / arder sin llama ‖ ~, glühen / lucir débilmente, esparcir un débil resplandor ‖ ~ n (Feuer) / combustión f lenta, incandescencia f ‖ ~ (Elektr) / efluvio m
glimmende Asche / rescoldo m
Glimm•entladung f (Elektr) / efluvio m [eléctrico] ‖ ~**entladungsmikrophon** n / micrófono m de descarga luminosa ‖ ~**entladungsröhre** f / tubo m de descarga luminosa o luminiscente
Glimmer m (Min) / mica f ‖ ~..., glimmerschiefrig, -haltig, -artig / micáceo ‖ **dunkler o. schwarzer** ~, Biotit m / mica f negra, biotita f ‖ ~**abfall** m / desechos m pl de mica ‖ ~**band** n / cinta f micácea ‖ ~**blatt** n, -blättchen n, -plättchen n / hoja f o lámina de mica, laminita f o plaquita de mica ‖ ~**block** m / bloque m de mica ‖ ~**farben** f pl (f. Metallic-Look) / colores micalizados m pl ‖ ~**gewebe** n (Min) / tejido m de mica ‖ ~**isolation** f (Elektr) / aislamiento m de mica ‖ ~**kondensator** m / capacitor m o condensador de mica ‖ ~**konus** m (Elektr) / cono m de mica ‖ ~**platte** f / placa f de mica ‖ ~**pulver** n (Min) / polvo m de mica ‖ ~**quarz** m, Avanturin m, Aventurin m / venturina f ‖ ~**schiefer** m / esquisto m micáceo, micasquisto m, micacita f
glimm•frei / exento de efluvios ‖ ~**haut, anodische** (Elektr) / resplandor m o fulgor anódico ‖ ~**kathode** f / cátodo m frío ‖ ~**lampe** f / lámpara f de efluvios ‖ ~**lampenoszillator** m / oscilador m de lámpara fluorescente ‖ ~**licht** n / descarga f luminescente ‖ ~**lichtabstimmanzeiger** m / indicador m de sintonía de rayos catódicos, indicador m catódico de sintonía ‖ ~**lichtgleichrichter** m / tubo m rectificador de efluvios o de descarga luminiscente ‖ ~**lichtoszilloskop** n / osciloscopio m de descarga luminiscente o luminosa, ondoscopio m, osciloscopio m ‖ ~**lichtstroboskop** n / estroboscopio m de lámpara de neón ‖ ~**papier** n / papel m de combustión lenta ‖ ~**relais** n (Eltronik) / relé m de [lámpara de] efluvio ‖ ~**relaisröhre** f (DIN) (Eltronik) / tubo m relé [del tipo] de cátodo frío ‖ ~**röhre** f / tubo m [luminiscente] de neón ‖ ~**röhrenstabilisator** m / tubo m estabilizador de gas o de neón ‖ ~**röhren-Zeitablenkung** f (Eltronik) / tubo m neón para base de tiempo, generador m de dientes de sierra con lámpara neón ‖ ~**schaltröhre** f / tubo m interruptor térmico de descarga luminiscente ‖ ~**schutz** m, Potentialsteuerung f (Elektr) / protección f contra efluvios ‖ ~**spannung** f / tensión f de efluvio o de luminescencia o de descarga luminiscente ‖ ~**strecke** f / distancia f de descarga luminiscente ‖ ~**verlust** m / pérdida f por efecto de corona ‖ ~**zählröhre** f / tubo m contador de gas
Glitch n (spezielle Wellenformdeformation) (Eltronik, Kath.Str) / glitch m / (deformación de onda)
Glitschboden m (Chem) / platillo m de Glitsch
glitschig / resbaladizo, escurridizo
Glitschigkeit f / estado m resbaladizo
glitzern, aufblitzen / centellear, destellar ‖ ~ n **der Sonne auf dem Wasser**, Sonnenreflexe auf dem Wasser m pl (Radar) / reflexión f fluctuante
global, umfassend / global ‖ ~, Welt... (Raumf) / global, mundial ‖ ~**es Dorf** (Internet) (DV) / aldea f global ‖ ~**es Satelliten-Fernmeldesystem** / sistema m mundial de telecomunicaciones por satélite ‖ ~**e Zirkulation** (Atmosphäre) / circulación f planetaria ‖ ~**es System für Mobilkommunikation** / GSM (= Global System for Mobile Communication)

Globalbedeckungsstrahl m (Raumf) / haz m de cobertura global
Globalisierung f / globalización f, mundialización f
Global•schätzung f (F.Org) / valorización f global ‖ ~**strahlung** f (Nukl) / radiación f global
Globigerinenschlamm m (Meer) / fango m o barro de globigerinas
Globoid n / globoide m ‖ ~**getriebe** n / engranaje m globoide ‖ ~**rad** n / rueda f globoide ‖ ~**schnecke** f / tornillo m sinfín o visinfín globoide ‖ ~**schneckengetriebe** n / engranaje m [helicoidal] con tornillo sin fin globoide ‖ ~**-Schneckenrad** n / rueda m visinfín globoide
Globule f (pl: Globuli, -len) (Dunkelwolke) (Astr) / glóbulo m
Globu•lin n (Eiweiß) (Biochem) / globulina f ‖ ~**lit** m, Mikrolith m (Geol) / globulito m, microlito m
Globus m, Erdball m / globo m terráqueo o geográfico
Glocke f (des Fallschirms) / parte f inferior del velamen ‖ ~ (allg) / campana f, campanilla f ‖ ~, Klingel f / timbre m, campanilla f ‖ ~ (Hochofen) / campana f del alto horno ‖ ~ (Chem) / campana f ‖ ~ (frakt.Destill) / calota f de burbujas ‖ ~ (Galv) / cuba f de galvanización ‖ ~ **aus klarem Glas**, Klarglaslampenglocke f (Elektr) / globo m o pantalla en vidrio claro
glocken•ähnlich (TV, Verzerrung) / en forma de campana, campaniforme ‖ ~**anker** (Elektr) / inducido m en forma de campana ‖ ~**anlage** f, Klingelanlage f / instalación f de timbre[s] ‖ ~**boden** m (Chem) / plato m o platillo de burbujas ‖ ~**boje** f, -tonne f (Nav) / boya f de campana ‖ ~**bronze** s. Glockengut ‖ ~**dach** n (Bau) / techo m en forma de campana, tejado m de campana ‖ ~**förmig** / acampanado, en forma de campana, campaniforme ‖ ~**fräser** (Wzm) / fresa f cilíndrica de vaso o de copa ‖ ~**giebel** m (Bau) / aguilón m acampanado ‖ ~**gießer** m (Gieß) / fundidor m de campanas, campanero m ‖ ~**guss** m / fundición f de campanas, colada f de una campana ‖ ~**gut** (Bronze mit bis 30 % Sn), -metall n, -bronze, -speise f / bronce m de campana[s], metal m campanil, campanil m ‖ ~**isolator** m (Elektr) / aislador m [en forma de campana, aislador m de cascabel ‖ ~**kappe** f (Stahlflasche) / tapa f o calota protectora [con rosca] ‖ ~**klöppel** m / badajo m ‖ ~**körper** m, -schweifung f / cuerpo m de campana ‖ ~**kreis** m (Secam, TV) / circuito-filtro m gausiano ‖ ~**krone** f / corona f de la campana ‖ ~**kupplung** f (Spinn) / campana f de entrada ‖ ~**kurve** f **nach Gauss** (Stat) / curva f de campana, curva f de distribución normal, curva f de Gauss ‖ ~**läufermotor** m (Elektr) / motor m con rotor no magnético ‖ ~**magnet** m (Elektr) / imán m en forma de campana ‖ ~**mantel** m / molde m de la campana ‖ ~**messing** n (60-63% Cu, 40-37 Zn) / latón m para campana ‖ ~**muffe** f / manguito m en forma de campana ‖ ~**mühle** f, Kegelmühle f (Aufb) / molino m cónico o de campana ‖ ~**profil** n (Walzw) / perfil m en forma de campana ‖ ~**schale** f (Elektr) / campanilla f [de timbre] ‖ ~**schneidrad** n (für Verzahnung) (Wzm) / fresa f madre cilíndrica de campana, rueda f mortajadora cóncava ‖ ~**spiel** n (Musik) / carillón m ‖ ~**spinnmaschine** f (Spinn) / continua f [con husos] de campana ‖ ~**stuhl** m (Bau) / yugo m ‖ ~**tränke** f (Landw) / abrevadero m en forma de campana ‖ ~**trichter** m (Chem, Labor) / embudo m acampanado ‖ ~**turm** m (Bau) / torre f de [las] campanas ‖ ~**turm** (Bau) / campanario m ‖ ~**verpackung** f, Blasenverpackung f (Verp) / blister m, envase m de burbuja ‖ ~**zapfen**, -henkel m, -krone f / asas f pl de la campana ‖ ~**zeichen**, -signal m / señal f de campana o de timbre, llamada f de campanilla ‖ ~**zentriervorrichtung** f (Wzm) / punzón m de centraje en forma de campana
Glorie, Aureole f (Meteo) / auréola f

Glossar

Glossar *n* / glosario *m*
Glove-Box *f (pl: -Boxen)* (Nukl) / caja *f* o cámara de guantes, guantera *f*
Gloversäure *f* (70-80% H_2SO_4) (Chem) / ácido *m* Glover
Gloverturm *m* (Chem) / torre *f* [de] Glover
Glucid *n* (Chem) / glúcido *m*
Glucin *n* (ein Süßstoff) / glucina *f*
Glück, auf gut ≃ **überprüfen** (DV) / examinar al azar
Gluco... s. Glyko...
Gluconsäure *f* / ácido *m* glucónico || ≃-δ-**Lacton** *n* (Chem) / δ-lactona *f* del ácido glucónico
Glucoproteid *n* / glucoproteido *m*, glicoproteido *m*
Glucose *f*, Glukose *f*, Glykose *f* (veraltet) / glucosa *f*, dextrosa *f* || ≃**anteil** *m* / parte *f* glucósica || ≃-**Syrup** *m* / jarabe *m* de glucosa o de almidón, glucosa *f* líquida
Glucosid *n* / glucósido *m* || ≃**bindung** *f* / enlace *m* glucosídico
Glucosinolat *n* / glucosinolato *m*
Glucuronsäure *f* / ácido *m* glucurónico o glicurónico
Glüh•anlage *f*, Glüheinrichtung *f*, Glüherei *f* (Hütt) / instalación *f* o planta de recocido || ≃**anlassschalter** *m* (Kfz) / interruptor *m* de incandescencia y arranque || ≃**bad** *n* (Hütt) / baño *m* de recocido || ≃**behälter** *m* / cuba *f* de recocer || ≃**behandlung** *f* / recocido *m* isotérmico, tratamiento *m* de recocido || ≃**beständig** / estable al rojo, resistente al rojo vivo o a la incandescencia || ≃**[beständigkeits]probe** *f* (Hütt) / ensayo *m* [de estabilidad] al rojo || ≃**birne** *f* (ugs.) (Licht) / bombilla *f*, pera *f* || ≃**brand** *m* (Keram) / primera *f* cochura || ≃**brandtunnel** *m* (Keram) / túnel *m* de primera cochura, túnel *m* de cochura por incandescencia || ≃**dauer** *f* (Stahl) / duración *f* del recocido || ≃**draht** *m* (Elektr) / filamento *m* incandescente o de incandescencia ||
≃**drahtschweißen** *n*, Heizdrahtschweißen *n*, Trennahtschweißen *n* (Plast) / soldadura *f* con alambre caliente o incandescente || ≃**einrichtung** *f* (Hütt) / instalación *f* de recocido || ≃**elektrischer Effekt**, Richardson-Effekt *m*, Glühemission *f* (Phys) / efecto *m* Richardson o Edison o termoeléctrico, emisión *f* termoiónica o termoelectrónica ||
≃**elektronenentladung** *f* (Eltronik) / descarga *f* termoiónica o termoelectrónica ||
≃**emissionsmikroskop** *n* / microscopio *m* de emisión termoiónica o termoelectrónica
glühen *vt*, glühend machen / calentar al rojo, enrojecer [al fuego], poner al rojo [vivo] || ~, ausglühen / caldear || ~ *vt* (Stahl) / recocer || ~, normalglühen / normalizar || ~ (Chem) / calcinar || ~ *vi*, rotglühen (Hütt, Schm) / estar al rojo || ~, weißglühen / estar en ignición, estar candente o incandescente || **zu stark** ~ (Schm) / sobrecalentar || ~ *n* (Zustand) / incandescencia *f* || ≃ (auf Rotglut)(Tätigkeit) (Hütt, Schm) / puesta *f* al rojo || ≃ (Tätigkeit) (Hütt) / recocido *m* [completo] || ≃, Normalglühen *n* / normalizado *m*, estabilizado *m* || ≃ (Chem) / calcinación *f* || ≃ **auf kugeligen Zustand** (Hütt) / recocido *m* globular || ≃ **in [vor] der Verzinkungslinie** (Hütt) / recocido *m* dentro [delante] de la línea de galvanización || ≃ **oberhalb, [unterhalb] A_1** (A = Haltepunkt = arrêt) / recocido *m* encima [debajo] del punto crítico || ≃ **von Feinblech über A_3** / recocido *m* de chapa fina encima de A3, recocido *m* completo || ≃ **zwischen zwei Zügen** / recocido *m* intermedio entre dos pasadas
glühend / calentado al rojo o al blanco, incandescente || ~**e Asche** / rescoldo *m* || ~ **heiß** / candente, rusiente || ~**e Kohlen** *f pl*, Glut *f* / brasas *f*
Glühentladungs-Spektroskopie *f* (Chem, Phys) / espectroscopia *f* de descarga luminiscente
Glüherei *f* (Hütt) / instalación *f* de recocido, taller *m* de recocido
Glüh•faden *m* (Glühlampe) / filamento *m* [incandescente] || ≃**faden-Pyrometer** *n* (Mess) / pirómetro *m* de desaparición de filamento || ≃**farbe** *f* (Schm) / color *m* de incandescencia || ≃**fehler** *m* (Hütt) / defecto *m* de recocido || ≃**festigkeit** *f* / resistencia *f* durante el recocido || ≃**frischen** *n* (Temperguss) / maleabilización *f* por descarburación, recocido *m* con afino || ≃**gefäß** *n* / cubeta *f* de recocido ||
≃**-Globlampe** *f* (Licht) / lámpara *f* [de incandescencia] Glob || ≃**haube** *f* (Hütt) / campana *f* de recocer || ≃**hitze** *f*, Gluthitze *f*, Glühtemperatur *f* (Rot- bzw. Weißglut) / calor *m* al (o de) rojo, calor *m* de incandescencia || ≃**kammer** *f* (Keram) / mufla *f* de recocer || ≃**kasten** *m*, -kiste *f* (Hütt) / caja *f* de recocido || ≃**kat[h]ode** *f* (Eltronik) / cátodo *m* caliente o candente o termoiónico o termoelectrónico ||
≃**kathoden-Entladungslampe** *f* / lámpara *f* [de descarga] de cátodo caliente ||
≃**kathodengleichrichter**, -stromrichter *m* (Elektr) / rectificador *m* termoiónico o de cátodo caliente ||
≃**kathodenröhre** *f* (Eltronik) / tubo *m* termoiónico, tubo *m* de cátodo caliente ||
≃**kathoden-Vakuummeter** *n* (Mess) / vacuómetro *m* de cátodo caliente || ≃**kathodenventil** *n* (Eltronik) / válvula *f* de cátodo caliente || ≃**kerze** *f* (Mot) / bujía *f* de incandescencia, bujía *f* de precalentamiento || ≃**kerzenschleife** *f* / bucle *m* de la bujía de incandescencia || ≃**kerzenspirale** *f* / filamento *m* espiraliforme o en espiral de la bujía de incandescencia || ≃**kerzenwiderstand** *m* / resistor *m* para bujía de incandescencia || ≃**kopf** *m* (Mot) / culata *f* incandescente, bulbo *m* incandescente ||
≃**kopfmotor** *m* / motor *m* de bulbo incandescente, motor *m* semi-Diesel || ≃**körper** *m* (Phys) / cuerpo *m* incandescente
Glühlampe *f* (Elektr) / lámpara *f* incandescente o de incandescencia, bombilla *f* eléctrica, bombillo *m* (LA), ampoll[et]a *f* (CHIL), foco *m* (ARG, central LA) || **glatte [klare, matte]** ≃ / bombilla *f* sin punta, [de vidrio claro, mate o opaca]
Glühlampen•anruf *m* (Fernm) / llamada *f* por lámpara de incandescencia || ≃**armatur** *f* (Elektr) / guarnición *f* de lámpara de incandescencia || ≃**fassung** *f* (Elektr) / portalámpara *m* || ≃**gewinde** *n* / rosca *f* [Edison] de la lámpara de incandescencia || ≃**kolben** *m* / ampolla *f* de la lámpara de incandescencia || ≃**photometer** *n* (Foto) / fotómetro *m* para lámparas de incandescencia || ≃**reaktor** *m* (Raumf) / propulsor *m* nuclear de bombilla || ≃**schalter** *m* (Elektr) / llave *f* de portalámpara || ≃**sockel** *m* / casquillo *m* o zócalo de la lámpara incandescente
Glüh•licht *n* / luz *f* incandescente o de incandescencia || ≃**muffel** *f* (Hütt) / mufla *f* para horno de recocido, mufla *f* de recocer || ≃**ofen** *m* (Hütt) / horno *m* de recocer || ≃**ofen**, Flammofen *m* / horno *m* de reverbero || ≃**ofen** (Chem) / horno *m* de calcinar || ≃**ofen**, Blankglühofen *m* / horno *m* para recocido brillante || ≃**ofen**, Temperofen *m* / horno *m* de maleabilizar || ≃**phosphat** *n* (Chem) / fosfato *m* calcinado || ≃**platte** *f* / placa *f* incandescente || ≃**probe** *f*, Glühbeständigkeitsprobe *f* (Mat.Prüf) / ensayo *m* [de estabilidad] al rojo, ensayo *m* de incandescencia || ≃**punkt** *m* (Phys) / punto *m* de incandescencia || ≃**riss** *m* (Hütt) / grieta *f* de recocido || ≃**rohr** *n* (Mot) / tubo *m* incandescente || ≃**rohr** (Hütt) / tubo *m* de recocer || ≃**rohr** (Chem) / tubo *m* de calcinar, tubo *m* de tostación || ≃**rohrzündung** *f* / encendido *m* por tubo incandescente || ≃**rückstand** *m* (Chem, Pap) / residuo *m* de calcinación, contenido *m* en cenizas ||
≃**rückstand**, Trockenrückstand *m* (Chem) / residuo *m* seco || ≃**schacht** *m* (Hütt) / cuba *f* de recocido || ≃**schale** *f*, Röstscherben *m* (Probier) / cubeta *f* de calcinación o de tostación || ≃**schalter** *m* (Kfz) / interruptor *m* de precalentamiento || ≃**schiffchen** *n* (Chem) / navecilla *f* de calcinación || ≃**span** *m*, Zunder *m* / cascarilla *f*, batiduras *f pl* [de hierro] || ≃**spirale** *f* (Elektr) / espiral *f* incandescente o de calentamiento,

filamento *m* incandescente en espiral ‖
⁓**spiralenkerze** *f* (Kfz) / bujía *f* de precalentamiento con filamento en espiral ‖ ⁓**stab** *m* / varilla *f* o barra incandescente ‖ ⁓**startlampe** *f* (eine Lampenart) / lámpara *f* de cebado en caliente ‖ ⁓**startschalter** (Kfz) / interruptor *m* de precalentamiento y de arranque ‖ ⁓**stiftkerze** *f* (Kfz) / bujía *f* de incandescencia tipo espiga ‖ ⁓**temperatur** *f*, -hitze *f* / temperatura *f* de incandescencia, calor *m* al rojo ‖ ⁓**topf** *m*, -kasten *m* (Hütt) / caja *f* de recocido, pote *m* cerrado para recocer ‖ ⁓**überwacher** *m*, Anzeigewiderstand *m*, Glühkontroller *m* (Kfz) / resistor *m* indicador de incandescencia ‖ ⁓**- und Anlasssalze** *n pl* (Hütt) / sales *f pl* de recocido y revenido ‖ ⁓**ventil** *n* (Eltronik) / válvula *f* de rectificación, tubo *m* rectificador ‖ ⁓**verlust** *m* (Hütt) / pérdida *f* por recocido ‖ ⁓**verlust** (Chem) / pérdida *f* por calcinación ‖ ⁓**verlust in Wasserstoff** (Pulv.Met) / pérdida *f* en hidrógeno ‖ ⁓**wendel** *f* (Lampe) / filamento *m* incandescente en espiral ‖ ⁓**zeit-Steuergerät** *n* (Kfz) / aparato *m* de mando del tiempo de precalentamiento ‖ ⁓**zunder** *m* (Hütt) / cascarilla *f* de recocido o de laminación ‖ ⁓**zünder** *m* (Bergb) / detonador *m* de incandescencia ‖ ⁓**zündung** *f* (Mot) / autoencendido *m*, autoignición *f* ‖ ⁓**zündungsgeräusch** *n* (Kfz) / ruido *m* de autoencendido ‖ ⁓**zündungslauf** *m* (Mot) / marcha *f* de (o por) autoencendido ‖ ⁓**zyklus** *m* (Hütt) / ciclo *m* de recocido

Glukose *f* s. Glucose
Gluon *n* (hypothetische Partikel) / gluón *m*
Glut *f*, Glühen *n* / incandescencia *f* ‖ ⁓, Hitze *f* / candencia *f*, calor *m* [ardiente] ‖ ⁓, glühende Kohlen *f pl* / brasas *f pl*, ascua *f*, carbón *m* ardiente o encendido
Glutamin *n* (Biochem) / glutamina *f*
Glutam[in]at *n*, Mononatriumglutamat *n* / glutamato *m* [monosódico]
Glutaminsäure *f* / ácido *m* glutámico o glutamínico
Glutarsäure *f* (Chem) / ácido *m* glutárico
Glutbeständigkeit *f* s. Glutfestigkeit
Gluten *n*, Klebereiweiß *n* (Biochem) / gluten *m*
Glutfestigkeit *f* (Hütt) / resistencia *f* a la incandescencia o en caliente, estabilidad *f* al rojo
Glutin *n*, Gelatine *f* (Biochem) / glutina *f*, gelatina *f* ‖ ⁓**leim** *n* / cola *f* animal, cola *f* de glutina
glutrot / rojo vivo
Glycerid *n*, Glycerinester *m* (Chem, Pharm) / glicérido *m*
Glycerin *n*, Propantriol *n*, Trihydroxypropan (Chem) / glicerina *f*, propantriol *m* ‖ ⁓**aldehyd** *m* / aldehído *m* glicérico ‖ ⁓**monoacetat** *n* / monoacetato *m* de glicerina ‖ ⁓**säure** *f* / ácido *m* glicérico ‖ ⁓**seife** *f* / jabón *m* de glicerina ‖ ⁓**trinitrat** *n*, Nitroglycerin *n* / trinitrato *m* de glicerina, trinitroglicerina *f*
Glycerophosphat *n* / glicerofosfato *m*
Glycin *n*, Glykokoll *n*, Gly *n* (Chem) / glicina *f*, glicocola *f*
Glykogen *n* (Biochem) / glicógeno *m*, glucógeno *m*, almidón *m* animal
Glykole *n pl* (Sammelbezeichnung für zweiwertige Alkohole) (Chem) / glicoles *m pl* (nombre genérico de alcoholes bivalentes)
Glykolsäure *f*, Hydroxyessigsäure *f* / ácido *m* glicólico
Glykolyse *f* (Biochem) / glicólisis *f*, glucólisis *f*
Glykosid *n* / glicósido *m* ‖ ⁓**bindung** *f* / enlace *m* glicosídico
Glyoxal *n*, Ethandial *n*, Oxalaldehyd *m* (Chem) / glioxal *m*, oxalaldehído *m*
Glyoxylsäure, -oxalsäure *f* / ácido *m* glioxílico
Glyptal *n* (Chem) / gliptal *m* ‖ ⁓**[harz]** (Plast) / resina *f* gliceroftálica ‖ ⁓**harzlack** *m* / pintura *f* gliceroftálica
Glyzerin *n* s. Glycerin
GM = Gebrauchsmuster
GMD = Gesellschaft für Mathematik und Datenverarbeitung
Gmelinit *m* (Min) / gmelinita *f*

GMEQ (Stichproben) (Stat) s. Grenze der mittleren Endqualität
G.M.-Oszillator *m* (Eltronik) / oscilador *m* Gill-Morell
GMSC (Gateway Mobile Switching Center) (Fernm) / centro *m* de conmutación
GMT (mittlere Zeit Greenwich) / hora *f* media de Greenwich, HMG
gn (Fernm) = grün
Gneis *m* (Geol) / gneis *m*, neis *m* (invar) ‖ ⁓**artig** / gnéisico, neísico
Gnomon *m*, Schattenstab *m* (Astr) / gnomón *m*, nomón *m*
gnomonisch (Astr, Krist) / gnomónico
gnom[on]ische Projektion, orthodromische Projektion *f* (Geom, Verm) / proyección *f* gnomónica
Go-Cart, -Kart *m* (Kfz) / go-cart *m*, Kart *m*
Goethit *m* (Min) / goethita *f*, lepidocroquita *f*
Gofrier... s. Gaufrier...
Golay-Zelle *f* (Phys) / celda *f* de Golay
Gold *n*, Au / oro *m* ‖ ⁓, Feingold *n* / oro *m* de ley ‖ ⁓**(I)-...**, Auro... / áureo, auroso ‖ ⁓**(III)-...**, Auri... / áurico ‖ ⁓ *n* **bis 18 Karat** / oro *m* bajo, oro *m* alemán ‖ ⁓ **in Barren**, in Ingots / oro *m* en lingotes o en barras, lingotes *m pl* de oro ‖ ⁓ **waschen** (Bergb) / lavar arena aurífera ‖ ⁓**gediegenes** ⁓ (Bergb) / oro *m* nativo o virgen ‖ **silberlegiertes** ⁓, Elektrum *n* (55-88 % Au) / electro *m*
Gold•ader *f* (Bergb) / filón *m* de oro, veta *f* de oro ‖ ⁓**amalgam** (Chem, Min) / amalgama *f* de oro, auramalgama *f* ‖ ⁓**auflage** (galvanisch) / chap[e]ado *m* de oro por galvanización ‖ ⁓**auflage** (mechanisch) / oro *m* laminado ‖ ⁓**barren** *m* / lingote *m* de oro, barra *f* de oro
Goldberg-Emulsion *f* (Foto) / emulsión *f* [de] Goldberg
Gold•beryll *m* (Min) / berilo *m* amarillo o dorado, crisoberilo *m* ‖ ⁓**blatt** *n*, -belag *m*, -folie *f* / hoja *f* o hojuela *f* de oro batido ‖ ⁓**blattelektroskop** *n* (hist.) (Phys) / electroscopio *m* de hojas de oro ‖ ⁓**blech** *n* / chapa *f* o lámina de oro, oro *m* en chapas o láminas ‖ ⁓**blick** (Hütt) / coruscación *f* de oro ‖ ⁓**borte** *f* (Tex) / galón *m* de oro ‖ ~**braun** / pardo-dorado ‖ ⁓**brokat** *m* (Tex) / brocado *m* o briscado de oro, tisú *m*, lama *f* ‖ ⁓**bronze** *f*, echte Bronze (Hütt) / bronce *m* áureo o de oro ‖ ⁓**bronze**, -pigmentfarbe *f* (Farb) / pintura *f* de pigmento de oro ‖ ⁓**bronzepulver** *n* / polvo *m* de bronce de pinturas, polvo *m* de bronce de oro, purpurina *f*, polvo *m* de bronce florentino ‖ ⁓**(III)-chlorid** *n*, Aurichlorid *n* (Chem) / cloruro *m* áurico, tricloruro *m* de oro ‖ ⁓**(I)-chlorid**, Aurochlorid *n* / cloruro *m* auroso o áureo, [mono]cloruro *m* de oro ‖ ⁓**chlor[idchlor]wasserstoffsäure** *f*, (im Handel:) Goldchlorid *n* / ácido *m* cloroáurico ‖ ⁓**(I)-cyanid** *n*, Aurocyanid *n* / cianuro *m* auroso o áureo ‖ ⁓**(III)-cyanid**, Auricyanid *n* / cianuro *m* áurico ‖ ⁓**cyanlaugeverfahren** *n*, Mulhollandverfahren *n* (Metall) / extracción *f* de oro por cianuración, procedimiento *m* Mulholland ‖ ⁓**doublé** *n*, -dublee *n* / dublé *m* [de oro], oro *m* chapado, plaqué *m* [oro] ‖ ⁓**doublé...**, goldplattiert / chapado o enchapado de oro (LA) ‖ ⁓**draht** / alambre *m* o hilo de oro, oro *m* tirado ‖ ⁓**drahtdiode** *f* (Eltronik) / diodo *m* con punta de oro ‖ ⁓**durchwirkt** (Tex) / bordado en oro, bordado de espejuelo
golden, von Gold, Gold... / dorado, de oro, áureo, áurico ‖ ~**e Regel** (Math) / regla *f* de oro ‖ ⁓**er Schnitt** (Math) / sección *f* áurea
Gold•erz *n* (Bergb) / mineral *m* aurífero o de oro ‖ ⁓**farbe** *f* (Farbnuance von Gold) / color *m* de oro ‖ ~**farben** *f* de color de oro, dorado ‖ ⁓**firnis** *m*, -lack *m* (Anstrich) / corladura *f*, barniz *m* amarillo ‖ ⁓**folie** *f*, Blattgold *n* / oro *m* en hojas, oro *m* batido, lámina *f* u hoja *f* de oro, pan *m* de oro ‖ ⁓**führend**, -haltig (Bergb) / aurífero ‖ ~**führende Alluvionen** *f pl* (Geol) /

aluviones *m pl* auríferos ‖ **~führender Quarzgang** (Australien) (Bergb) / filón *m* de cuarzo aurífero ‖ **≈gang** *m* / filón *m* aurífero, veta *f* aurífera ‖ **≈gehalt** *m* / contenido *m* en oro, título *m* de oro ‖ **~gelb** / amarillo dorado o de oro, gualdo ‖ **≈gewinnung** *f* (Bergb) / extracción *f* de oro, obtención *f* de oro ‖ **≈glätte** *f* (Chem) / litargirio *m* de oro ‖ **≈glimmer** *m*, Katzengold *n* (Min) / mica *f* amarilla ‖ **≈gräber** *m* / buscador *m* de oro, cateador *m* de oro (LA), gambusino *m* (MEJ) ‖ **≈grube** *f*, -mine *f*, -bergwerk *n* (Bergb) / mina *f* aurífera o de oro ‖ **≈grund** *m* / dorado *m* ‖ **~haltig**, -führend (Bergb) / aurífero ‖ **~haltig**, Gold... (Chem) / áuric o ‖ **≈(III)-hydroxid** *n*, Goldsäure *f* / hidróxido *m* áurico, ácido *m* áurico ‖ **~käferfarbig** (Tex) / de color de escarabajo de oro ‖ **≈kiefer** *f*, Schwerholzkiefer *f* (Bot) / pino *m* ponderoso o real ‖ **≈kies** *m* (Min) / pirita *f* aurífera ‖ **≈kissen** *n* (Bb) / cojín *m* para el oro ‖ **≈klumpen** *f* / pepita *f* de oro, terrón *m* de oro ‖ **≈lahn** *m* / alambre *m* de oro aplanado ‖ **≈leder** *n* / cuero *m* dorado ‖ **≈legierung** *f* / aleación *f* de oro ‖ **≈leiste** *f* / listón *m* dorado ‖ **≈messer** *n* (Druck) / spátula *f* de dorar ‖ **≈metallisierung** *f* / metalización *f* con oro ‖ **≈-Metallpigmentfarbe** *f* (Anstrich) / pintura *f* de pigmento metálico de oro, purpurina *f* ‖ **≈ocker** *n* (Zeichn) / ocre *m* de oro ‖ **≈orange**, Methylorange *n* / anaranjado *m* dorado o de metilo, helantina *f*, naranja *f* de metilo ‖ **≈(III)-oxid** *n* / óxido *m* áurico ‖ **≈papier** *n* / papel *m* dorado ‖ **≈pigmentfarbe** *f*, -bronze *f* / pintura *f* de pigmento de oro ‖ **≈platingewebe** *n* (Tex) / tejido *m* de oro y platino ‖ **~plattieren** *vt*, dublieren (Galv) / chapar con oro (E), [en]chapar de oro (LA) ‖ **~plattiert** / chapado de oro (E), [en]chapado de oro (LA) ‖ **≈plattierung** *f* (Galv) / chapado *m* de oro por galvanización ‖ **≈prägung** *f* (Druck) / estampado *m* de (o en) oro, estampación *f* en oro ‖ **≈probe** *f* (Bergb) / pallón *m* ‖ **≈pulver** *n*, -staub *m* / oro *m* en polvo, polvo *m* de oro ‖ **≈punkt** *m* (1063 ° C) (Phys) / punto *m* de oro ‖ **≈purpur** *m*, Cassiusscher Purpur (Farbe) / púrpura *f* de oro o de Casio ‖ **≈quarz** *m* (Min) / cuarzo *m* aurífero, oroche *m* (MEJ), tuma *f* (COL) ‖ **≈salz** *n*, Aurat *n* (Chem) / aurato *m* ‖ **≈salz**, Figuiersches Salz / cloraururo *m* de sodio, sal *f* di Figuier ‖ **≈sand** *m* (Geol) / arena *f* aurífera, alima *f*, placer *m* ‖ **≈säure** *f*, Gold-III-hydroxid *n* (Chem) / ácido *m* áurico ‖ **≈scheider** *m* / separador *m* o refinador *m* de oro ‖ **≈scheidewasser** *n* (Aufb, Chem) / agua *f* regia ‖ **≈scheidung** *f* (Aufb) / separación *f* del oro [de la plata] ‖ **≈schlagen** *n*, -schlägerei *f* / batido *m* de oro ‖ **≈schläger** *m* / batidor *m* de oro, batihoja *m* ‖ **≈schlägerhaut** *f* / película *f* de batihoja[s] o de dorador, tripa *f* de buey ‖ **≈[schlag]lot** *n* / soldadura *f* de orfebre ‖ **≈schlamm** *m* (Bergb) / barro *m* descartado [durante el beneficio del oro] ‖ **Goldschmidt-Verfahren** *n* (Entzinnung) / proceso *m* de Goldschmidt
Gold • schmied *m* / orfebre *m* ‖ **≈schmiedearbeit** *f* / orfebrería *f* ‖ **≈schnitt** *m* (Druck) / cortes *m pl* o cantos dorados ‖ **≈schnittpresse** *f* (Druck) / prensa *f* para dorar cortes ‖ **≈schwefel** *m*, Antimonzinnober *m*, Antimon-(V)-sulfit *n* (Chem) / azufre *m* dorado de antimonio, pentasulfuro *m* de antimonio ‖ **≈seife** *f* (Min) / placer *m* [aurífero] ‖ **≈sol** *n* (Chem) / sol *m* de oro ‖ **≈staub** *m* (Bergb) / oro *m* en polvo, polvo *m* aurífero o de oro ‖ **≈stein** *m* (Min) / crisolito *m*, crisólito *m* ‖ **≈stickerei** *f* (Tex) / bordado *m* o realce de oro ‖ **≈streichstein** *m*, Probierstein *m* / piedra *f* de toque ‖ **≈stufe** *f* / quijo *m* de oro ‖ **≈topas** *m* (Min) / topacio *m* oriental ‖ **dünner ≈überzug** (unter 2μm) / capa *f* delgada de oro ‖ **≈- und Silberscheidung** *f* / separación *f* del oro de la plata ‖ **≈vorkommen** *n* (Bergb) / yacimiento *m* aurífero o de oro, presencia *f* de oro, oral *m* (COL) ‖ **≈waage** *f* / balanza *f* para oro,

pesillo *m* ‖ **≈wäscherei** *f*, -waschen *n* (Bergb) / lavado *m* de oro ‖ **≈waschherd** *m*, -waschtrog *m*, -wäsche *f* / lavadero *m* de oro ‖ **≈wirker** *m* (Tex) / fabricante *m* de brocado de oro ‖ **≈zahl** *f*, Schutzzahl *f* (Kolloid) / número *m* de oro
Golf *m* (Geo) / golfo *m*
Goliath • kran *m* (Förd) / grúa *f* de pórtico ‖ **≈-Sockel** *m* (Elektr) / casquillo *m* goliat, casquillo *m* E 40
Gollermesser *n*, gewalztes Messer (Zuck) / cuchillo *m* Goller
Gon *n*, Neugrad *m*, (Kurzzeichen: ᵍ) (Verm) / grado *m* centesimal o moderno, gonio *m*
Gonadendosis *f*, -belastung *f* (Nukl) / dosis *f* gonadial o gonádica o de gónadas
Gondel *f*, Ballonkorb *m* / barquilla *f*, cestilla *f* ‖ **≈ des Triebwerks** (Luftf) / góndola *f* ‖ **≈bahn** *f* / teleférico *m* de cabinas múltiples
Gong *m* / carillón *m* ding-dong ‖ **≈** / tantán *m*, gong *m*, batintín *m*
Goniometer *m n*, Winkelmesser *m* / goniómetro *m* ‖ **≈kopf** *m* (Krist) / cabeza *f* de goniómetro
Gonio • metrie *f* / goniometría *f* ‖ **~metrisch** / goniométrico
goniometrische Funktionen / funciones *f pl* trigonométricas
Goochtiegel *m*, -filter *n* (Chem) / crisol *m* [de] Gooch
Goodwill *m*, Firmenwert *m* / "goodwill" *m*, fondo *m* de comercio
Googol *n*, 10¹⁰⁰ / googol *m* ‖ **≈faches** *n* / googolplex *m*
Gooseneck *n* (Kfz) / cuello *m* de cisne ‖ **≈-Tunnel** *m* (Container) / túnel *m* [de] cuello de cisne
Göpel *m* (Schiff) / cabrestante *m* [de eje] vertical ‖ **≈**, Förder-, Windemaschine *f* (Bergb) / torno *m* de extracción (E), guinche *m* de extracción (LA), malacate *m*
Gordonmischer *m* / mezclador *m* Gordon
Goslarit *m* (Min) / goslarita *f*, sulfonato *m* natural de cinc
Gossage-Prozess *m* (Sodaherstellung) (Chem) / proceso *m* o procedimiento de Gossage
GOST *m* (staatlicher Allunionsstandard in Russland) / GOST *m*
gotisch (Bau) / gótico ‖ **~e Schrift** (Druck) / tipo *m* gótico ‖ **~er Verband** (Bau) / trabazón *f* flamenca
Goubau-Leitung *f* (Fernm, TV) / línea *f* Goubau
Goudron *m*, Asphaltteer *m* (Straßb) / goudron *m*, brea *f* de asfalto
Goudronné *n*, Teerpapier *n* / papel *m* alquitranado o embreado
GÖV, Gas-Öl-Verhältnis *n* / proporción *f* gas-aceite
GP (Phys) = Gefrierpunkt
gpm (Mess) = geopotentielles Meter
GPS *n* / GPS *m* (= Global Positioning System), sistema de posicionamiento global (mediante satélite)
gr (Fernm) = grau
GR (Elektr) = Gleichrichter
Grabarbeit *f* / trabajo *m* de excavación ‖ **≈** (für Gräben) / excavación *f* de zanjas
graben, tief graben / cavar, ahondar, penetrar ‖ **~**, abtragen / planar, cavar, abrir la tierra ‖ **~**, Gräben ziehen o. ausheben / abrir o excavar zanjas, cavar, cavar fosos ‖ **~**, schaufeln / zapar ‖ **ein Loch ~ o. ausheben** / hacer, abrir o cavar un agujero u hoyo (en la tierra) ‖ **einen Brunnen ~** / abrir un pozo[s] ‖ **≈** / excavación *f* ‖ **≈**, Mutung *f*, Schürfung *f* (Bergb) / calicata *f*
Graben *m* / foso *m*, zanja *f* [abierta] ‖ **≈** (Geol) / graben *m* ‖ **≈**, Entwässerungskanal *m* / acequia *f*, conducto *m* de desagüe, canal *m* ‖ **≈**, Grabenbruch *m*, -senkung *f* (Geol) / fosa *f* tectónica, zona *f* de hundimiento tectónico ‖ **≈**, Ablaufgraben *m* / dren *m* abierto, canal *m* de desagüe ‖ **≈**, Abzugsgraben *m* / alcantarilla *f*, canal *m* de desagüe ‖ **≈**, Straßengraben *m* / zanja *f*,

cuneta *f* ‖ **mit Gräben durchziehen,** ≈ / cruzar con zanjas (un terreno) ‖ **tiefer** ≈ / zanjón *m*
Graben•absatz *m*, Berme *f* / banqueta *f* de foso, retallo *m*, berma *f* (LA) ‖ ≈**aushub** *m* / tierra *f* excavada de una zanja ‖ ≈**aussteifung** *f* / apuntalado *m*, apuntalamiento *m*, entibo *m* de foso ‖ ≈**bagger** *m*, -zieher *m*, Tieflöffelbagger *m* / excavadora *f* de zanjas, excavazanjas *m*, zanjadora *f* ‖ ≈**böschung** *f* / talud *m* de zanja ‖ ≈**dränage** *f*, -entwässerung *f* (Hydr) / drenaje *m* o avenamiento por zanjas ‖ ≈**erosion** *f*, Tiefenerosion *f* (Geol) / erosión *f* en cárcavas ‖ ≈**fräse** *f* (Bau, Landw) / fresa *f* de zanjas, zanjadora *f* fresadora ‖ ≈**füller** *m*, -verfüllgerät *n* (Bau) / rellenazanjas *m* ‖ ≈**löffelbagger** *m* / zanjadora *f* de cuchara ‖ ≈**mäher** *m* / guadañadora *f* para zanjas ‖ ≈**netz** *n* / red *f* de zanjas o de avenamiento ‖ ≈**pflug** *m*, Rigolpflug *m* (Landw) / arado *m* por labor profunda, arado *m* desfondador ‖ ≈**räumschuh** *m* / zapata *m* del limpiazanjas ‖ ≈**reiniger** *m* / limpiazanjas *m* ‖ ≈**reinigung** *f* / limpieza *f* de zanjas o de canales ‖ ≈**senkung** *f* (Geol) / hundimiento *m* tectónico ‖ ≈**sohle** *f* / solera *f* de la zanja, fondo *m* del foso ‖ ≈**verfüllung** *f* / relleno *m* de zanja[s] ‖ ≈**verschalung** *f*, Absteifung *f*, Abstützung *f* (Bau) / entibación *f* de zanja, encofrado *m* ‖ ≈**zieher** *m* (Landw) / abrezanjas *m*, excavazanjas *m*, excavadora *f* de zanjas
Grab•sand *m* (Bau) / arena *f* de cantera ‖ ≈**schaufel** *f* / pala *f* de cavar, laya *f* ‖ ≈**stichel** *m*, Grabmeißel *m* / buril *m*, cincel *m*, punzón *m*
Grabung *f* / excavación *f*
Grab•weite *f* **des Baggers** (Bau) / alcance *m* de excavadora ‖ ≈**zahn** *m*, Baggerzahn *m* / diente *m* excavador, diente *m* de la pala
grad, Gradient *m* (Math, Phys) / gradiente *m*
Grad *m* (allg, Math) / grado *m* ‖ ≈, Altgrad *m* (Math, Phys) / grado *m* [antiguo] ‖ ≈, Neugrad *m* / grado *m* moderno o centesimal, gonio *m* ‖ ≈ (= Verhältnis zweier Größen, das nur 100% werden kann) (Math) / coeficiente *m* ‖ ≈ (ein Verhältnis) / grado *m* ‖ ≈, Stufe *f* / grado *m* ‖ ≈, Ordnung *f* (Math) / orden *m* ‖ ≈, Schriftgrad *m* (Druck) / cuerpo *m* de la letra de imprenta ‖ ≈... s. Gerad... ‖ ≈ *m* **Celsius** (Phys) / grado *m* centígrado ‖ ≈ **der Dichte** / consistencia *f* ‖ ≈ **der Reaktion** (Chem) / orden *m* de reacción ‖ ≈ **der Übereinstimmung verschiedener Zeitstudien** (F.Org) / grado *m* de concordancia entre distintos cronometrados ‖ ≈ **der zerstreuten Reflexion** (Opt) / reflectancia *f* con difusión ‖ **[Funktion] 4.** ≈ **es** (Math) / de cuarto grado ‖ **bei 10** ≈ **unter Null**, bei minus 10° C / a [una temperatura de] 10 grados bajo cero ‖ **nach** ≈**en** / graduado, según grados, gradual
Gradation *f* (Foto) / gradación *f*, escala *f* de valores tonales ‖ **flache** ≈ / gradación *f* plana
Gradations•fehler *m* (TV) / error *m* de gradación ‖ ≈**kurve** *f*, -verlauf *m* (Foto) / curva *f* de gradación ‖ ≈**regelung** *f*, -regler *m*, Gammaregelung *f*, -regler *m* (TV) / regulación *f* de gradación, regulación *f* del gamma ‖ ≈**verhältnis** *n* (TV) / contraste *m* total o nominal
Gradbogen *m* (Geom) / arco *m* graduado ‖ ≈, Limbus *m* (Verm) / limbo *m* graduado ‖ ≈, Transporteur *m* (Math) / transportador *m* ‖ ≈, Markscheiderwaage *f* (Bergb) / nivel *m* de apeador ‖ ≈, Halbkreis *m* (Geom) / semicircunferencia *f* graduada ‖ ≈, Viertelkreis *m* / cuadrante *m* graduado
Grad[ein]teilung *f*, Graduierung *f* / graduación *f*, división *f* en grados, escala *f* graduada ‖ **mit** ≈ **[versehen]** / dividido en grados
Grader *m* (Straßb) / nivelador *m*, motoniveladora *f*, trailla *f* motorizada o a motor
Gradient *m* **eines Skalarfeldes** (Math) / gradiente *m* de un campo escalar ‖ ≈**drift** *f* (Raumf) / deriva *f* bajo el efecto del graduente geomagnético
Gradiente *f*, Gefälle *n* (Straßb) / gradiente *m*

Gradienten•faser *f* (LWL) / fibra *f* de gradiente ‖ ≈**messer** *m*, Gradiometer *n* (Elektr, Phys) / gradiómetro *m*, medidor *m* de gradiente ‖ ≈**messer** (Straßb) / gradientímetro *m*, nivel *m* de pendientes ‖ ≈**profil** *n* (LWL) / perfil *m* gradual ‖ ≈**relais** *n* (Elektr) / relé *m* de velocidad de variación ‖ ≈**wind** *m* (Meteo) / viento *m* de gradiente
Gradientmikrophon *n* / micrófono *m* de gradiente
gradieren *vt* (Schuh) / dividir patrones ‖ ~ (Skala) / graduar, dividir en grados ‖ ~ (Salzsole) / evaporar, graduar
Gradiersaline *f*, Dornwand *f* / salina *f* o torre de graduación
Gradierung *f* (Salz) / graduación *f*, evaporación *f*, concentración *f*
Gradierwaage *f* / areómetro *m*
Grad•leiter *f*, -teilung *f*, Skala *f* (Instr) / escala *f* graduada ‖ ≈**maß** *n* / medida *f* en grados ‖ ≈**messer** *m* / escala *f* graduada, graduador *m* ‖ ≈**messung** *f* / medición *f* de grados ‖ ≈**netz** *n* (Geo) / red *f* de paralelos y meridianos, red *f* de coordenadas geográficas ‖ ≈**netz** (Nav) / red *f* graduada ‖ ≈**netzentwurf** *m* / representación *f* cartográfica ‖ ≈**netznavigation** *f* / navegación *f* por red graduada ‖ ≈**scheibe** *f* (Elektr) / disco *m* graduado ‖ ≈**strich** *m* (Instr) / raya *f* de graduación ‖ ≈**tage** *m pl*, Gt (Heizung) / grados-días *m pl* ‖ ≈**teiler** *m* (Math) / nonio *m* ‖ ≈**teilung** *f*, Graduation *f* / graduación *f*, división *f* en (o por) grados, escala *f* de grados ‖ **mit** ≈**teilung [versehen]** / graduado
graduell, stufenweise / gradual, escalonado
graduieren, mit Gradteilung versehen / graduar ‖ ~, kalibrieren (Instr) / graduar, calibrar
graduiert / graduado ‖ ~**e Glasglocke** (Chem) / campana *f* graduada de vidrio ‖ ~**e Pipette** / pipeta *f* graduada ‖ ~**er Ingenieur** / ingeniero *m* diplomado
Graduierung *f* / graduación *f*, colocación *f* de grados
grad•weise / por grados, gradual[mente] ‖ ≈**wert** *m* / valor *m* de un grado ‖ ≈**zeichen** *n* (°) / signo *m* de grados (°)
Graetz-Gleichrichter *m*, Vollwegleichrichter *m* (Elektr) / rectificador *m* de Gra[e]tz
Grafentheorie *f* (Math) / teoría *f* de gráficos
Graf[f]itoarbeit *f* (Bau) / grafito *m* (pl.: grafiti)
Grafik *f*, Graphik *f* / gráfica *f*, grafismo *m* ‖ ≈, grafische Darstellung / representación *f* gráfica, gráfico *m* ‖ ≈**-Betrieb** *m* (DV) / modalidad *f* gráfica
Grafiker *m*, Gebrauchs-Grafiker *m* / grafista *m*, dibujante *m* [publicitario]
grafik•fähig (DV) / con capacidad gráfica ‖ ≈**karte** *f*, -platine *f* (DV) / tarjeta *f* gráfica, placa *f* gráfica ‖ ≈**-Prozessor** *m* (DV) / procesador *m* gráfico ‖ ≈**-Rechner** *m* (DV) / ordenador *m* gráfico ‖ ≈**-Software** *f* (DV) / soporte *m* lógico para gráficos ‖ ≈**-Tableau** *n* (DV) / tabla *f* de gráficos ‖ ≈**-Terminal** (DV) / terminal *m* gráfico ‖ ≈**verarbeitung** *f* (DV) / procesamiento *m* de imágenes ‖ ≈**zeichen** *n* (DV) / símbolo *m* gráfico
grafisch / gráfico ‖ ~, in Form eines Diagramms / en forma de un diagrama ‖ ~**es Ausgabegerät** (DV) / terminal *m* de presentación gráfica ‖ ~**e Auswertung** (Messergebnisse) / evaluación *f* gráfica ‖ ~**e Behandlung** (Probleme) / análisis *m* o cálculo gráfico de datos, infografía *f* ‖ ~ **dargestellt** / representado gráficamente ‖ ~ **darstellen** (o. aufzeichnen) / trazar un diagrama ‖ ~ **darstellen** (o. veranschaulichen) / representar gráficamente ‖ ~**e Darstellung** / representación *f* gráfica, gráfico *m* ‖ ~**e Darstellung** (DV) / grafismo *m* ‖ ~**e Datenverarbeitung** / procesamiento *m* gráfico de datos, infografía *f* ‖ ~**er Fahrplan** (Bahn) / gráfico *m* de marcha de los trenes, gráfico *m* de la circulación de trenes ‖ ~**es Gerät** (DV) / aparato *m* gráfico ‖ ~**es Gewerbe** (Druck) / artes *f pl* gráficas, industria *f* gráfica ‖ ~**es Kernsystem**, GKS (DV) / sistema *m* gráfico de

núcleos ‖ ~e **Massenberechnung** (Bau) / cálculo *m* gráfico de masas ‖ ~e **Schusstafel** (Mil) / tabla *f* de tiro gráfica ‖ ~er **Sollfahrplan** (Bahn) / gráfico *m* teórico de marcha de los trenes ‖ ~e **Statik** (Bau) / estática *f* gráfica, grafostática *f* ‖ ~ **summieren** (Math) / sumar gráficamente ‖ ~**es Symbol** / símbolo *m* gráfico ‖ ~**es Verfahren**, grafische Methode / método *m* o procedimiento gráfico
Graftcopolymer *n* (Chem) / copolímero *m* de injerta
Grahamhemmung *f*, ruhender Ankergang (Uhr) / escape *m* de Graham
Grahamit *m* (Bitumen) / grahamita *f*
Graham • kühler *m* (Chem) / refrigerador *m* de serpentín tipo Graham ‖ ~**salz** *n* (für Wasserenthärtung), Natriumhexametaphosphat *n* / sal *f* de Graham, hexametafosfato *m* sódico ‖ ~**sches Gesetz der Diffusionsgeschwindigkeiten** (Chem) / ley *f* de Graham [de la velocidad de difusión]
Grain *n* (Gewicht = 0,0648 g) / grano *m*, gn
Grainieren *n*, Eierzüchten *n* (Seidenh) / cultivo *m* de granos
Grains *m pl* (Seidenh) / granos *m pl*, granitos *m pl*
Gramfärbung *f* (Bakt) / coloración *f* [de] Gram, método *m* de Gram
Gramineen *f pl*, Gräser *n pl* (Bot) / gramíneas *f pl*
Gramm *n*, g / gramo *m* ‖ ~ **je m²** (Pap) / gramo *m* por m² ‖ ~**äquivalent** *n* (Chem) / equivalente-gramo *m* ‖ ~**äquivalent pro Liter** / equivalente-gramo *m* por litro
Grammatit *m*, Tremolit *m* (Min) / gramatita *f*, tremolita *f*
Grammatom *n* (Chem) / átomo-gramo *m*
Grammewicklung *f*, Ringwicklung *f* (Elektr) / arrollamiento *m* de Gramme
Gramm • ion *n* (Phys) / gramo-ion *m* ‖ ~**kalorie** *f*, cal, (früher:) kleine Kalorie (= 4,1855 J) (Phys) / pequeña caloría, caloría-gramo *f* ‖ ~**molekül** *n*, Mol, mol *n* (Chem) / molécula-gramo *f*, mol *m* ‖ ~**molekül...**, Mol... / molar ‖ ~**molekularvolumen** *n*, V_M (Nukl) / volumen *m* molar
Grammophon *n* (hist.) (Audio) / fonógrafo *m*, gramófono *m* ‖ ~**nadel** *f* / aguja *f* fonográfica o de lectura, aguja *f* del brazo fonocaptor, púa *f* de gramófono (LA) ‖ ~**platte** *f* / disco *m* fonográfico o de gramófono
Gramm • -Rad *n* ($=10^2$ erg) (Nukl) / rad-gramo *m* (unidad de la energía de radiación ionizante) ‖ ~**-Röntgen** *n* (Nukl) / roentgen-gramo *m*
gram ~negativ, gramfrei (Bakt) / gramnegativo, Gram-negativo ‖ ~**positiv**, gramfest (Bakt) / grampositivo, Gram-positivo
Gramsche Lösung (Chem) / solución *f* de Gram
Granalie *f* (Hütt) / granalla *f*, granulado *m*, gránulo *m* ‖ ~**n** *f pl* / granallas *f pl*, metal *m* granulado
Granaliengebläse *n* (Masch) / máquina *f* sopladora de granalla
Granat *m* (Min) / granate *m* ‖ **edler (o. roter)** ~ (Min) / granate *m* precioso, andradita *f* ‖ ~**apfelbaum** *m* (Bot) / granado *m*
Granate *f* (Gewehr- o. Handgranate) (Mil) / granada *f* (de fusil o de mano) ‖ ~, Geschoss *n* (Mil) / proyectil *m*, granada *f* ‖ ~ **mit Zeitzünder** / granada *f* de explosión retardada
Granatoeder *m*, Rhombendodekaeder *m* (Krist) / rombododecaedro *m* (tipo granate), dodecaedro *m* romboidal
Granat • schleifleinen *n* (Galv) / tela *f* abrasiva de granates ‖ ~**werfer** *m* (Mil) / lanzagranadas *m*
Grand *m*, Grant *m*, grober Kies (Bau) / casquijo *m*, guijo *m*
gränieren (Pap) / granular
Gräniermaschine *f*, [Segment]krispelmaschine *f* (Gerb) / máquina *f* para levantar el grano
Granit *m* (Web) / granitado *m*, granito *m*, granité *m* ‖ ~ (Geol) / granito *m*, piedra *f* berroqueña ‖ **feinkörniger**

~ (Bau, Geol) / granito *m* de grano fino ‖ ~**aplit** *m* (Geol) / aplita *f* granítica ‖ ~**artig**, Granit... / granítico, granitoideo ‖ ~**artig aussehend** / semejante al granito ‖ ~**beton** *m* (Bau) / hormigón *m* granítico ‖ ~**bindung** *f* (Tex) / ligamento *m* granité ‖ ~**email** *n* (Beschicht) / esmalte *m* granitado ‖ ~**grau** (RAL 7026) / gris granítico, gris granito ‖ ~**isation** *f*, -bildung *f* (Geol) / granitización *f* ‖ ~**isch** / granítico ‖ ~**ischer Gneis** (Geol) / gneis *m* granítico ‖ ~**krepp** *m* (Tex) / crepé *m* de granitos ‖ ~**papier** *n* / papel *m* chinado o jaspeado ‖ ~**platte** *f*, Anreißplatte *f* (Mess) / mármol *m* de granito [para trazar] ‖ ~**porphyr**, Granophyr *m* (Bau, Geol) / pórfido *m* granítico (E), pórfiro *m* de granito (LA)
Granne *f* (Bot) / barba *f*, arista *f*, raspa *f*
grannen • förmig / aristiforme ‖ ~**haar** *n* (Wolle) / pelo basto, pelo *m* largo y bronco ‖ ~**haar** (Gerb) / crin *f* ‖ ~**loser Weizen** (Landw) / trigo *m* mocho
grannig, voll Grannen (Bot) / aristado, aristoso
grano • blastisch (Geol) / granoblástico ‖ ~**diorit** *m* (Geol) / granodiorita *f*
Grant *m*, Würze-, Läuterungrant *m* (Brau) / depósito *m*
Gran-Turismo-Wagen *m*, Grand Tourisme-Wagen *m*, GT (Kfz) / coche *m* [de] gran turismo, coche *m* GT
Granül *n* (Pulv.Met) / gránulo *m* [de polvo]
granuläre Physik / física *f* granular
Granularität *f* / granularidad *f*
Granu • lat *n* (Plast) / granulado *m* ‖ ~**lation** *f*, Granulierung *f* / granulación *f* ‖ ~**lator** *m*, Pulverkörnmaschine *f* / granulador *m*, granuladora *f* ‖ ~**latpulver** *n* / polvo *m* granulado ‖ ~**latstreuer** *m* (Landw) / distribuidor *m* de granulado
granulieren *vt*, körnen / granular
Granulier • maschine *f*, Granuladora *f*, máquina *f* para granular ‖ ~**mühle** *f* / trituradora-granuladora *f* ‖ ~**rinne** *f* / canaleta *f* de granulación ‖ ~**rost** *m*, Körnrost *m* / parrilla *f* de granulación
granuliert / granulado ‖ ~**e Hochofenschlacke**, Schlackensand *m* / escoria *f* granulada del alto horno, arena *f* de escorias ‖ ~**e Kohle**, Kohlekörner *n pl* / carbón *m* granulado ‖ ~**er Kork** / corcho *m* granulado ‖ ~**er Kunstdruckkarton** / cartón *m* cuché granulado ‖ ~**es Zinn** / estaño *m* en lágrimas, lágrims *f pl* de estaño
Granulier • teller *m* / plato *m* granulador ‖ ~**trommel** *f* / tambor *m* granulador o de granulación
Granulierung *f* **in hartes Granulat** / porfirización *f*
Granulit *m*, Weißstein *m* (Geol) / granulita *f* (granito que contiene mica blanca)
granulitisch (Geol) / granulítico
Granulometrie *f*, Korngrößenbestimmung *f* / granulometría *f*
granulometrische Verteilungskurve / curva *f* de distribución granulométrica
Granu • lose *f* (Chem) / granulosa *f* ‖ ~**lum** *n*, Granule *f* (Sonne) (Astr) / gránulo *m*
Grapefruit *f*, Pampelmuse *f* (Bot) / pomelo *m*
Graph *m* (DV, Math) / representación *f* gráfica, gráfico *m*, gráfica *f*
Graphecon *n* (Radar) / graficón *m*, tubo *m* de acumulación
Graphem *n* (DV) / grafema *m*
Graphik, graphisch s. Grafik, grafisch
Graphik-Oberfläche *f* / ambiente *m* gráfico ‖ ~ (DV) / entorno *m* gráfico, ambiente *m* gráfico
graphisch • e Darstellung / presentación *f* gráfica ‖ ~**es Gewerbe** / ramo *m* de artes gráficas, artes *f pl* gráficas ‖ ~**e Werkstätten**, [Buch]druckerei *f* / talleres *m pl* gráficos
Graphit *m* (Min) / grafito *m*, plombagina *f* ‖ ~ **in Flittern** / grafito *m* en laminillas ‖ ~ **in Flocken**, Flocken-, Schuppengraphit *m* / grafito *m* en copos ‖ **kolloidaler** ~ / grafito *m* coloidal ‖ **synthetischer** ~ / grafito *m* artificial o sintético ‖ ~**anstrichfarbe** *f* / pintura *f*

grafítica || ⁓**ausscheidung** f (Hütt) / separación f de grafito || ⁓**bergwerk** n, -mine f / mina f de grafito || ⁓**bildung** f (beim Grauguss) (Hütt) / grafitización f (en la fundición gris) || ⁓**block-Wärmeübertrager** m / cambiador m térmico de grafito || ⁓**elektrode** f / electrodo m de grafito || ⁓**fett** n / grasa f grafitada || **~frei** / libre de grafito || **~glühen** vt (Hütt) / grafitizar || ⁓**guss** m / fundición f de grafito || **~haltig**, graphitisch / grafítico, que contiene grafito, con contenido de grafito || **~haltig**, -artig, -farbig / grafitoso, de color de grafito || ⁓**heizstab** m / barra f calentadora de grafito
graphitieren vt (Chem, Hütt) / grafitar || ~ (Galv) / frotar con grafito || ~ vi / grafitizar || ~ / producir grafito artificial
Graphitierung, Spongiose f (Fehler, Gieß) / grafitización f, esponjosidad f
Graphitisation, Temperkohleabscheidung f (Hütt) / grafitización f
Graphitisieren n (Hütt) / maleabilización f por grafitización
Graphit•knötchen n (Hütt) / nódulo m de grafito || ⁓**kohle** f (Bergb) / carbón m grafítico o grafitado || ⁓**kohle**, -kohlenstoff m (Chem) / carbono m grafítico || ⁓**kohlebürste** f / escobilla f de carbón grafítico, escobilla f de grafito || ⁓**kohlenstoff** m / carbono m grafítico || ⁓**kugel** f (Nukl) / bola f de grafito || ⁓**mine** f, -bergwerk n / mina f de grafito, lapizar m || ⁓**moderator** m, -bremsmasse f (Nukl) / moderador m de grafito || **~moderiert** (Nukl) / moderado por (o de) grafito || **~moderierter Reaktor** / reactor m moderado por (o de) grafito || ⁓**quarzit** n (Min) / cuarcita f grafítica || **wassergekühlter** ⁓**reaktor** (Nukl) / reactor m moderado por grafito y refrigerado por agua || ⁓**säure** f (Chem) / ácido m grafítico || ⁓**schiefer** m (Min) / pizarra f grafítica, esquisto m grafítico || ⁓**schlichte** f (Gieß) / plombagina f de grafito || ⁓**schmiere** f, -schmiermittel n / grasa f grafitada, grasa f con grafito o plombagina || ⁓**schmierlager** n, Graphitlager n / cojinete m de grafito || ⁓**schmierung** f / lubri[fi]cación f con grafito || ⁓**schnitt** m (Druck) / corte m de lápiz plomo, corte m con grafito || ⁓**schnur** f / cuerda f grafitada || ⁓**schwärze** f, -schwarz n (Farbe) / negro m grafito || ⁓**stab** m (Nukl) / barra f de grafito || ⁓**stabofen** m (Elektr) / horno m [de fusión] con barras de grafito || ⁓**stein** m (Hütt) / ladrillo m de grafito || ⁓**stift** m (Zeichn) / lápiz m de grafito || ⁓**tiegel** m / crisol m de grafito || ⁓**tiegler** m (Beruf) / obrero m que fabrica crisoles de grafito || **leitender** ⁓**überzug** (Elektr) / capa f de grafito || ⁓**widerstand** m / resistor m de grafito
Gras n, Graspflanze f (Bot) / hierba f (E), yerba f (LA) || ~ (Störung bei stehender Basis, TV) / hierba f || ~ ..., grasartig (Bot) / gramíneo, herbáceo, graminácéo, graminiforme || **an** ~ **gedeihend** (Pilz) / graminícola || **~bewachsen**, -bedeckt / cubierto m de hierba || **~[breit]sämaschine** f (Landw) / sembradora f de pratenses [a voleo] || ⁓**bündler** m (Mähmaschine) / dispositivo m enfardelador
grasen [lassen], weiden [lassen] (Landw) / [dejar] pacer o herbajear
Gräser f pl (Bot) / gramíneas f pl, gramináceas f pl
Gras•fangkorb m (Landw) / recipiente m para [la] hierba, cubeta f || ⁓**häcksler** m (Landw) / desmenuzadora f de hierbas || ⁓**knicker**, Knickzetter m (Landw) / quebrantaforrajes m || ⁓**lader** m, Grünfutterlader m (Landw) / cargador m de hierba o de forraje verde || ⁓**land** n, Weide f (Landw) / herbazal m, pastizal m, campo m de pastoreo || ⁓**landfräse** f / rotocultor m para pastizales || ⁓**leinen** n (Tex) / batista f de ramio || ⁓**mähmaschine**, -schneidemaschine f / guadañadora f || **~narbe**, -decke f / capa f de césped, césped m || ⁓**narbendrillmaschine** f (Landw) / sembradora f bajo césped || ⁓**platz** m (Luftf) / campo m de aviación [cubierto de césped] || ⁓**trockner** m (Landw) / secador m de hierba || ⁓**zetter** m (Landw) / tornadera f de hierba, revolvedor m

Grat m, Kante f (Masch) / arista f, canto m || ~, Gussgrat m (Masch) / rebaba f, barba f || ~, Kamm m (Geo, Geol) / cresta f, risco m || ~, Dachgrat m (Bau) / lima f tesa, cresta f del copete || ~ (Web) / línea f de remetido || ~, Steg m (Audio) / camellón m, paso m || **starker** ~ / rebaba f || **überwalzter** ~ (Hütt) / grieta f de repliegue
Grat•abstanzen n (Hütt) / corte m de rebabas, desrebabado m por estampación || ⁓**abstreifer** m (Schm) / extractor m de rebaba || ⁓**ansatz** m (Schm) / resto m de rebaba || ⁓**bahn** f (Form, Gieß) / cordón m de rebaba, pista f de rebaba || ⁓**balken** m (Bau) / viga f horizontal de lima tesa || ⁓**bildung** f (Hütt) / formación f de rebabas o barbas
Gräte f (Web) / espinilla f || ~ (Bau) / arista f
grat•frei, -los (Hütt) / exento de o sin rebaba[s] || ⁓**hobel** m (für Falze) / quillame m, cepillo alisador.m.
Gratifikation f / gratificación f
Gräting f (Schiff) / enjaretado m, emparrillado m
Grat•kante f, -linie f (Schm) / línea f de rebaba || ⁓**linie** f (Dach) / línea f de lima tesa, arista f || ⁓**linie** (Plast) / línea f de rebaba || ⁓**mulde** f (Schm) / cavidad f de rebaba || ⁓**ring** m, Abquetschring m (Plast) / anillo m de rebaba, ranura f de rebaba || ⁓**rippe** f (Gieß) / nervio m o cordón de rebaba || ⁓**schifter** m (Bau) / cuartón m de lima tesa || ⁓**schneiden** n, Entgraten n (Gieß) / desbarbado m, desrebabado m || ⁓**seil** n, Firstseil n (Bau) / cable m de cumbrera || ⁓**sparren** (Bau) / cabrio m de lima tesa || ⁓**stichbalken**, Stichbalken m (Zimm) / viga f embrochalada || ⁓**verbindung** f, Graten n (Zimm) / ensamble m por muesca en cola de milano || ⁓**ziegel** m, Walzmziegel m (Bau) / teja f de copete o de cresta
grau (allg, Nukl) / gris || **~**, neutral (Foto, Opt) / neutro || **~e Filmunterlage** (Repro) / base f gris o azul || **~es Gusseisen**, Graugus m / fundición f gris || **~es Packpapier**, Trasspapier / papel m gris de embalaje || **~er Strahler** (Astr) / cuerpo m gris, radiador m non selectivo || **~e Wickelpappe** / cartón m gris de enrollado ~ n, graue Farbe / gris m, color m gris
Grau•aluminium (RAL 9007) / aluminio m gris || ⁓**anteil** m (Foto) / desaturación f || **~beige** (RAL 1019) / gris beige || **~blank gezogen** (Draht) / estirado en gris blanco || **~blau** / gris azulado || **~braun** / gris pardo || ⁓**empfindung** f, -sehen n (Opt) / visión f acromática || ⁓**erz**, Silberfahlerz n (Min) / cobre m gris argentífero || ⁓**fäule** f, Sauer-, Stielfäule f (Bot, Traube) / podredumbre f gris de la vid || ⁓**feinkarton** n / cartón m gris fino, cartulina gris.f. || ⁓**filter** n (Opt) / filtro m gris o neutro, filtro m no selectivo || ⁓**filter**, Grauglasscheibe f (TV) / filtro m de luz ambiente || ⁓**fleckigkeit** f (Getriebe) / punteado m gris || ⁓**gießerei** f, Eisengießerei f / taller m de fundición gris || **~grün** / gris verdoso, verde grisáceo, glauco || ⁓**güldigerz** n (Min) / cobre m gris mercurífero || ⁓**guss** m (Hütt) / fundición f gris || ⁓**guss**, Gussstück n in Grauguss / pieza f de fundición gris || **weicher** ⁓**guss** / fundición f gris dulce; hierro m fundido dulce || ⁓**guss** m **mit Lamellengraphit** / fundición f gris laminar || ⁓**gussrohr** n / tubo m de fundición gris || ⁓**guss-Scheibenrad** n (Kfz) / rueda f de disco de fundición gris || ⁓**gussschweißen** n [warm o. kalt] / soldadura f de fundición [con y sin recalentamiento] || ⁓**kalk** m, Magerkalk m (Bau) / cal f gris, cal f magra o árida, pirolignito m de cal || ⁓**kalk**, Kalziumacetat n (Chem) / acetato m de calcio || ⁓**keil** m (Opt) / cuña f gris || ⁓**keil** (Repro) / cuña f escalonada || ⁓**keil-Belichtungsmesser** m, Graukeil-Photometer m (Foto) / cuña f fotométrica || ⁓**keilsignal** n / señal f de escalera || ⁓**leiter** f (Opt) / escala f de grises || ⁓**manganerz** n (Min) / pirolusita f, bióxido m de manganeso, mena f de manganeso || ⁓**maßstab** m (Färb) / escala f de grises || ⁓**metall** n, grauer Tombak

m (Hütt) / tumbaga *f* gris ‖ ~**nussholz** *n* (Bot) / nogal *m* blanco americano ‖ ~**oliv** (RAL 6006) / gris oliva ‖ ~**pappe** *f* (Pap) / cartón *m* gris ‖ ~**pappel** *f*, Populus canescens (Bot) / álamo *m* gris de Picardia
Graupe *f* (Landw) / cebada *f* perlada o mondada ‖ ~, [natürliches] Gräupelerz (Bergb) / mineral *m* en grano, mineral *m* de estaño
Graupegel *m* (TV) / nivel *m* de gris
graupeln *vi* (Meteo) / granizar ‖ ~ *pl* (Meteo) / granizo *m* menudo
Graupen•bett, Setzbett *n* (Aufb) / lecho *m* filtrante ‖ ~**erz** *n* (Min) / mineral *m* en grano ‖ ~**gang** *m*, -mühle *f* (Mühle) / molino *m* para mondar cebada
graupig (Erz) / granulado, granuloso
Grau•scheibe *f* (TV) / filtro *m* óptico, filtro *m* de luz ‖ ~**schiefer** *m* (Bergb) / esquisto *m* gris ‖ ~**schimmel** *m*, Botrytisfäule *f* (Bot, Landw) / botritis *f* cinérea, podredumbre *f* gris ‖ ~**schleierbildung** *f* (Chem, Foto) / formación *f* de velos grises ‖ ~**sehen** *n*, -empfindung *f* (Opt) / acromatopsia *f* ‖ ~**skala** *f*, -stufung, -treppe *f* (TV) / escala *f* de grises ‖ ~**spießglanz** *m* (Min) / antimonita *f*, sulfuro *m* de antimonio gris, estibina *f* ‖ ~**stoff** *m* beim Deinken (Pap) / pasta *f* gris ‖ ~**strahler** *m* (Phys) / cuerpo *m* gris ‖ ~**töne** *m pl* / tonos *m pl* acromáticos, medias *f pl* tintas ‖ ~**tönung** *f* (Foto) / matiz *m* gris ‖ ~**wacke** *f* (Geol) / grauvaca *f*, graywacke *f* ‖ ~**wackenformation** *f* (Geol) / formación *f* traumatosa ‖ ~**wackenkalk**, Übergangskalk *m* / caliza *f* grauvaca ‖ ~**wackenschiefer** *m* / gres *m* esquistoso, esquisto-grauvaca *m*, grauvaca *f* esquistosa ‖ ~**wasser** *n* (Chem, Sanitär) / aguas *f pl* grises ‖ ~**weiß** (RAL 9002) / blanco grisáceo ‖ ~**werden** *n* / agrisamiento *m* ‖ ~**werk** *n* (Marmor) (Bau) / mármol *m* de Mons ‖ ~**wert** *m* (TV) / valor *m* acromático ‖ ~**wertbild** *n* (Foto) / imagen *f* de medio tono ‖ ~**wertwiedergabe** *f* (TV) / reproducción *f* de medio tono
Graveur *m* / grabador *m*, tallista *m*, tallador *m*
Gravieranstalt *f* / taller *m* de grabado
gravieren, stechen / grabar, burilar ‖ ~ *n* / grabado *m*
gravier•fräsen (Wzm) / grabar por fresado ‖ ~**fräser** *m* (Wz) / fresa *f* buril ‖ ~**fräserfeile** *f* (Wz) / lima *f* fresa para grabar ‖ ~**kugel** *f* / bola *f* para grabar ‖ ~**kunst** *f* / grabado *m* ‖ ~**maschine** *f*, -fräsmaschine *f* (Wzm) / grabadora *f*, máquina *f* de grabar, fresadora *f* de grabar ‖ ~**nadel** *f* (Wz) / aguja *f* de grabar, punta *f* seca ‖ ~**stichel** *m* (Wzm) / buril *m*
gravierte Platte / placa *f* grabada
Gravier- und Beschriftungsmaschine *f* / máquina *f* de grabar y de rotular
Gravierung *f* (Produkt u. Vorgang) / grabado *m*, gravadura *f*
Gravierwerkstätte *f* / taller *m* de grabado, taller *m* de [electror]rotulado
Gravimeter *n* (Geoph) / gravidímetro *m*
Gravimetrie *f* (Bergb) / exploración *f* gravimétrica ‖ ~, Schweremessung *f* (Geoph) / gravimetría *f* ‖ ~, Gewichtsanalyse *f* (Chem) / análisis *m* gravimétrico o ponderal
gravimetrisch (Chem, Geoph) / gravimétrico ‖ ~**e Bestimmung** / determinación *f* gravimétrica ‖ ~**es Sulfatverfahren** / método *m* gravimétrico al sulfato
Gravipause *f* (Raumf) / gravipausa *f*, punto *m* neutro
Gravis, Accent grave (Druck) / acento *m* grave
Gravisphäre *f* (Phys, Raumf) / gravisfera *f*, esfera *f* de gravitación
Gravisphärenscheide *f* (Raumf) / divisoria *f* gravitacional
Gravitation, Massenanziehung *f* (Phys) / gravitación *f* ‖ ~ **verursachend**, Gravitations... / gravitacional, gravitatorio, gravífico
Gravitations•beschleunigung *f* / aceleración *f* de la gravedad ‖ ~**drehwaage** *f* / balanza *f* de gravitación ‖ ~**feld** *n*, Schwerefeld *n* / campo *m* gravitacional o gravitatorio o de gravitación o de gravedad ‖ ~**fluss** *m* / flujo *m* de gravitación ‖ ~**gesetz**, Newtons Gesetz *n* / ley *f* de la gravitación, ley *f* de Newton ‖ ~**kollaps** *m* / colapso *m* de gravedad ‖ ~**konstante** *f* / constante *f* de la gravitación ‖ ~**linsen** *f pl* (Einstein) / lentes *f pl* gravitacionales ‖ ~**moment** *n* (Raumf) / momento *m* gravitacional ‖ ~**quantum**, Graviton *n* (Phys) / cuanto *m* gravitacional, gravitón *m* ‖ ~**wellen** *f pl* / ondas *f pl* gravitacionales ‖ ~**zentrum** *n* / centro *m* de gravedad
gravitieren *vi* / gravitar
Graviton *n* (Phys) / gravitón *m*
Gravur, Gravierung *f* / grabado *m*, grabadura *f*, grabación *f* ‖ ~ *f* (Gesenk) / grabado *m* ‖ ~**druckwalze** *f* (Druck) / rodillo *m* impresor grabado
Gravüre *f* (Druck) / grabado *m*
Gravurenkleber *m* (Bb) / pegamento *m* para planchas
Gray *n*, Gy (= 100 rad) (Nukl) / gray *m* ‖ ~**-Code** *m*, zyklisch vertauschter Binärcode (DV) / código *m* Gray, código *m* binario reflejado ‖ ~**-King Kokstyp** *m* (Hütt) / coque *m* del tipo Gray-King ‖ ~**-Prozess** *m* (mit Fullererde) (Chem) / desulfuración *f* catalítica de Gray
Greenockit *m* (Min) / gre[e]noquita *f* (sulfuro de cadmio)
Greenwich Mittlere Zeit, GMT / hora media de Greenwich, HMG
Grège *n* (nichtentbastetes Seidengarn) (Seide) / seda *f* aspeada o cruda, seda *f* en rama
Greif•..., Klemm..., Halte... / prensor *adj* ‖ ~**arm** *m*, Manipulator *m* (Nukl) / manipulador *m*, brazo *m* del manipulador ‖ ~**arme** *m pl*, -zange *f* (Container) / brazos *m pl* prensores ‖ ~**armlader** *m* (Förd) / cargador *m* con brazo [auto]prensor ‖ ~**backe** *f* / mordaza *f*, mandíbula *f* manipuladora ‖ ~**bagger** (Bau) s. Greiferbagger
greifbar, fühlbar / palpable, táctil, tangible ‖ ~, zur Verfügung stehend / disponible, al alcance de la mano ‖ ~**er Zucker** / azucar *m* disponible
Greif•bereich *m*, Reichweite *f* des Arms / radio *m* de acción del brazo ‖ ~**einheit** *f*, Greifer *m* (Roboter) / mano *f*
greifen *vt*, packen / asir, prender, tomar, coger (nicht in ARG!), agarrar, empuñar ‖ ~, fassen, nehmen (Roboter) / tomar ‖ ~, klemmen / apretar, sujetar ‖ ~ *vi* (Feile) / atacar ‖ ~ (Räder) / agarrar ‖ ~ *n* / acción *f* de asir o coger ‖ ~, Halten *n* / toma *f* ‖ ~, Fassen *n* (Walznebrecher) / arrastre *m*
Greifer *m* (Bagger) / cucharón *m*, cuchara *f* automática [de] excavadora, cuchara *f* de mordazas ‖ ~, Bogengreifer *m* (Druck) / pinza *f* [de enganchar], uña *f* ‖ ~ (Traktor) / zapata *f*, patín *m* ‖ ~, Aufnehmer *m* (Landw) / recogedora *f* ‖ ~ *m*, Selbstgreifer *m* (meist hydraulisch betätigt) / cuchara *f* automática o autoprensora *f* ‖ ~ (Roboter) / brazo pinza [del robot], mano *f* mecánica o manipuladora, telepinzas *f pl* ‖ ~ (Nähm) / lanzadera *f*, garfio *m* ‖ ~, Zentral-, Rundgreifer *m* (Nähm) / lanzadera *f* oscilante de bobina central ‖ ~ (Film) / uña *f*, uñeta *f*, gancho *m* ‖ ~ **mit einem Seil**, Einseilgreifer *m* (Bagger) / cuchara *f* de un solo cable o monocable ‖ ~ **mit Motorantrieb**, Motorgreifer *m* (Förd) / cuchara *f* de motor
Greifer•antrieb *m*, -mechanismus *m* (Film) / mecanismo *m* de ganchos ‖ ~**aufzug** *m* (Landw) / elevador *m* de cucharas ‖ ~**bagger** *m* (Trocken) (Bau) / excavadora *f* de cuchara ‖ ~**betrieb** *m* (Bergb) / explotación *f* con cuchara ‖ ~**dorn** *m* (Nähm) / espiga *f* de la lanzadera ‖ ~**drehkran** *m* / grúa *f* giratoria con cuchara autoprensora ‖ ~**einrichtung für Bagger** / equipo *m* de cuchara excavadora ‖ ~**faden** *m*, Unterfaden *m* (Nähm) / hilo *m* inferior ‖ ~**finger** *m* (Nähm) / dedo *m* del gancho de la lanzadera ‖ ~**-Hubseil** *n* (Bagger) / cable *m* elevador de la cuchara ‖ ~**inhalt** *m* / capacidad *f* de [la] cuchara ‖ ~**kante** *f*, Anlegesteg *m* (Druck) / margen de uña[s] *m f*, agarre *m* de la uña, blanco *m* de entrada ‖ ~**kette** *f* (Förd) / cadena *f* de garras ‖ ~**kopf** *m* (Bau) / cabeza *f* de la cuchara ‖

~kran m / grúa f con (o de) cuchara prensora ‖ ~kran zum Baggern / grúa f con cuchara excavadora ‖ ~kübel m / cuchara f de mordaza, cucharón m ‖ ~lader m (Bergb) / cargador m con cuchara ‖ ~laufkatze f (Förd) / carro m de grúa con cuchara de mordazas ‖ ~laufkran m / grúa f corrediza de cuchara ‖ ~platte f, -deckplatte f (Nähm) / placa f cobertera para lanzadera ‖ ~portalkran m / grúa f de pórtico con cuchara prensora ‖ ~rad n (Landw) / rueda f de garras ‖ ~rand m (Druck) / margen m f de entrada de pinzas, blanco m de pinzas ‖ ~schalen f pl (Kran) / mordazas f pl de la cuchara ‖ ~schaufel f (Radschlepper) / pala f de agarre ‖ ~scheibe f, -seilscheibe f (Förd) / polea f de pinzas ‖ ~schließseil n (Förd) / cable m de cierre de la cuchara ‖ ~schneide f / cortante f de cuchara ‖ ~schützen m (Web) / lanzadera f de arrastre, pinza f ‖ ~spannzange f (Wzm) / pinza f portapieza con ganchos ‖ ~spitze f (Nähm) / punta f de la lanzadera ‖ ~system n (Film) / sistema m alimentador por ganchos ‖ ~system ~vorschub m, -zuführung f / avance m por ganchos ‖ ~-Vorschubapparat m (Stanz) / alimentador m por pinzas ‖ ~wagen m (Offset) / dispositivo m prensor de cadenas ‖ ~webmaschine f / telar m con lanzadera de arrastre, máquina f de tejer de pinzas ‖ ~welle f (Nähm) / árbol m de lanzadera ‖ ~winde f / torno m para cuchara ‖ einfache ~winde, Eintrommelwinde f / torno m para cuchara de un solo tambor ‖ ~winde f mit getrennter Hub- und Entleertrommel, Zweitrommelwinde f / torno m para cuchara de tambor doble ‖ ~zahn m (Bagger) / diente m de mordaza ‖ ~zange f (Wzm) / brazo-pinza m

Greiffläche, gekreuzt gezahnte, [gerade gezahnte, schräg gezahnte] ~ (Zange) / superficie f prensora con estría cruzada [estría recta, estría inclinada] ‖

Greif• haken m (Förd) / garfio m prensor ‖ ~kante f (Container) / rebajo m longitudinal ‖ ~klaue f / garra f de sujeción, uña f ‖ ~kraft f / fuerza f prensora ‖ ~manipulator m (Nukl) / manipulador m de tipo general, manipulador m de brazo conductor y brazo conducido ‖ ~organ n (Roboter) / órgano m prensor o prensil ‖ ~rahmen m (Container) / cuadro m de elevación ‖ ~vorrichtung f (Walzw) / enganchador m ‖ ~werkzeug n / herramienta f prensora ‖ ~winkel m (Walze) / ángulo m de ataque ‖ ~zange f (Wz) / tenazas f pl prensoras, pinza f prensora, alicates m pl, pinzas f pl ‖ ~zange, -arme m pl (Container) / brazos m pl prensores ‖ ~zange mit Gleitgelenk (DIN), Wasserpumpenzange f (Wz) / pinzas f pl de articulación movible ocorrediza ‖ ~zirkel m / compás m de espesor[es] o de grueso

Greinacher-Schaltung f (Elektr) / rectificador m tipo Delon o Greinacher

Greisen m (Granit ohne Feldspat) (Geol) / greisen m

grell, blendend (Licht) / deslumbrante ‖ ~, schrill (Ton) / agudo, penetrante, estridente ‖ ~, schreiend (Farbe) / llamativo, muy vivo, chillón, subido

Grenadillholz n / grenadille m de Africa, grenadillo m, ibira f, vera f (LA)

Grenadine f (Web) / seda f granadina

Grenz• ..., Begrenzungs..., begrenzend / límite, limítrofe ‖ ~..., Höchst... / máximo, ...tope ‖ ~..., Rand... / límite, de frontura, marginal, extremo, confinante ‖ ~abweichung f, -abmaß n / discrepancia f o diferencia límite ‖ ~anhydrit f (Geol) / anhidrita f límite ‖ ~anschlag m (Messinstr) / desviación f límite ‖ ~anteil m / proporción f límite ‖ ~arbeitslehre f (Masch) / calibre m límite de trabajo ‖ ~aschegehalt m (Kohle) / contenido m límite en cenizas ‖ ~beanspruchung f (zulässig) / solicitación f máxima admisible ‖ ~bedingung f / condición f límite ‖ ~bedingung, -wert m / valor m límite ‖ ~belastung f / carga f o solicitación límite, solicitación f extrema [a carga] ‖

mechanische ~belastung (Freileitung) / carga f fundamental ‖ ~bereich m / región f o zona límite o limítrofe, margen m f límite ‖ ~bereich **der Atmosphäre** (Raumf) / alta f exósfera ‖ ~bereich m **des Empfangs** (Radio) / zona f marginal de recepción, zona f de señales débiles ‖ ~biegespannung f / tensión f límite de flexión ‖ ~dämpfung f (Fernm) / capacidad f límite de amortiguación, amortiguación f interna límite ‖ ~daten pl / datos m pl o valores límites ‖ ~dextrin n (Chem) / dextrina f marginal ‖ ~dosis f (Nukl) / dosis f límite ‖ ~drehzahl f (Elektr, Masch) / velocidad f límite de giro, número m límite de revoluciones ‖ obere [unterer] ~druck / presión f límite superior, [inferior]

Grenze f (Staats- usw) / frontera f ‖ ~, Ende n / fin m ‖ ~ (Landw) / límite m, linde f m, deslinde m ‖ ~, Rand m / borde m, margen m f ‖ ~, Beschränkung, Begrenzung f / limitación f ‖ ~ f (Bergb) / límite m (de un campo de explotación) ‖ ~ (Math) / límite m ‖ ~**n** f **der Entwicklung** / límite[s] m [pl] del desarrollo ‖ ~ **der mittleren Endqualität,** GMEQ (Stichprobe) / límite m de cualidad final media ‖ ~**n** f pl **der Wissenschaft** / límites m pl de la ciencia ‖ **an der oberen** ~ **sein** / haber llegado al límite superior ‖ **äußerste** ~ / confines m pl ‖ **mit gemeinsamer** ~ / colindante ‖ **natürliche** ~ (allg, Geo) / frontera f natural ‖ **pn-**~ (o. -Grenzschicht), Übergangszone f (Halbl) / límite m PN, linde m f PN ‖ **untere** ~ (Math) / límite m inferior

Grenzempfindlichkeit f (Phys) / sensibilidad f límite ‖ ~ (Eltronik) / límite m de sensibilidad

grenzen vi [an] / limitar [con], confinar [con], lindar [con], ser contiguo [a] ‖ ~**los,** unbegrenzt / ilimitado, sin límites, infinito, inmenso

Grenzentfernung, photometrische ~ (Opt) / distancia f límite

Grenz• erwärmung f (Elektr) / calentamiento m máximo admisible ‖ ~**fall m** / caso m límite o extremo ‖ ~**farbe f** / color m límite de tolerancia ‖ ~**feuer f** (Luftf) s. Grenzlicht ‖ ~**fläche f** / superficie f límite o de separación ‖ **[scharfe]** ~**fläche** / superficie f separadora ‖ ~**fläche f einer Zelle** / superficie f exterior de una célula

Grenzflächen• ... (Phys) / interfacial ‖ ~**aktiv** (Chem) / tensoactivo, humector ‖ ~**aktiver Stoff,** Tensid n / agente m [químico] tensoactivo o humector ‖ ~**aktivität f** (Chem) / actividad f en la superficie límite [de separación] ‖ ~**energie f** (flüssig-flüssig) / energía f interfacial líquido-líquido ‖ ~**energie** (Nukl) / energía f de superficie ‖ ~**-Polykondensation f** (Chem) / policondensación f interfacial ‖ ~**-Reibungsarbeit f** / trabajo m de fricción interfacial ‖ ~**schmierung f** (Lager) / lubri[fi]cación f de capa muy fina entre superficies límite ‖ ~**spannung f,** Oberflächenspannung f an der Trennungsfläche / tensión f interfacial ‖ ~**winkel m** (Krist) / ángulo m interfacial ‖ ~**zustand m** (Sintern) / estado m interfacial

Grenz• formänderungskurve f, FLC f (Mat.Prüf) / curva f límite de deformación ‖ ~**frequenz f** (Eltronik) / frecuencia f límite o limítrofe ‖ **untere** ~**frequenz** / frecuencia f inferior de corte ‖ ~**frequenz,** kritische Schwingungszahl (Bau, Masch) / frecuencia f crítica o de ruptura ‖ ~**frequenz f,** kritische Frequenz (Schwingungsart) / frecuencia f de corte ‖ ~**frequenz der Verstärkung** (Eltronik) / frecuencia f de corte de amplificación ‖ ~**gefälle n** (Bahn, Straßb) / gradiente m límite, inclinación f límite ‖ ~**geschwindigkeit f** (Projektil) / velocidad f crítica ‖ ~**geschwindigkeit,** -drehzahl, Höchstgeschwindigkeit f (Masch, Mot) / velocidad f límite o máxima ‖ ~**geschwindigkeit f** (Luftf) / velocidad f de equilibrio ‖ ~**gewindelehre f** / calibre m macho de tolerancias para roscas ‖ ~**-Gewinderollenlehre f** / calibre-rodillo m de tolerancias para roscas ‖ ~**glas n** (Opt) / vidrio m

límite || ~**horizont** *m* (Geol) / límite *m* entre capas ||
~**kegel** *m* / cono *m* límite || ~**kohlenwasserstoff** *m*,
Paraffin *n* (Chem) / hidrocarburo *m* [cíclico] saturado,
parafina *f*, hidrocarburo *m* para fínico || ~**korn** *n*
(Sieberei) / grano *m* [de tamaño] límite || ~**kosten**,
Mindestkosten *pl* (F.Org) / costos *m pl* marginales ||
~**kreis** *n* (Astr) / círculo *m* límite || ~**kurve**,
Sättigungsisotherme *f* (Chem) / curva *f* límite de
solubilidad, isoterma *f* de saturación || ~**ladung** *f*
(Batterie) / carga *f* límite || ~**lageabweichung** *f* /
desviación *f* de posición límite || ~**lagenschalter** *m* /
interruptor *m* de fin de carrera límite || ~**last für
funkenfreie Kommutierung** (Elektr) / carga *f* límite
determinada por el chispeo || ~**lastregelung** *f*,
Load-Sensing-Steuerung *f* (Kran) / regulación *f* de
limitación de carga || ~**Lastspielzahl** *f* (Mat.Prüf) /
límite *m* de alteración de carga || ~**lehrdorn** *m* /
calibre *m* macho de tolerancias, varilla *f* calibradora ||
~**lehre** *f* (Masch) / calibre *m* límite o de tolerancias,
galga *f* límite || ~**lehre für Abnahmeprüfung** / calibre
m límite para recepción || ~**leistung** *f* / potencia *f*
límite || ~**leistung bei Schnellabschaltung** (Nukl) /
potencia *f* de parada de emergencia || ~**licht** *n*
(Flugplatz) / baliza *f* luminosa de limitación, luz *f*
delimitadora o limítrofe, luz *f* de limitación o
demarcación || ~**linie** *f*, Trennungslinie *f* / línea *f*
divisoria, línea *f* de separación o demarcación ||
~**linie der Flut** (Ozean) / línea *f* límite de la marea alta
|| ~**linie der Ober-, [Unter]spannung** (Dauerversuch) /
límite *m* de tensión máxima, [mínima] || ~**-Machzahl**
f (Luftf) / número *m* [de] Mach crítico || ~**maß** *n*
(Passung) / medida *f* límite || ~**maß**, -abmessung *f* /
dimensión *f* límite o tolerada || ~**maße** *n pl*,
Höchstmaße *n pl* / dimensiones *f pl* máximas o límite ||
obere u. untere ~**maße** / límites *m pl* superior e
inferior || ~**mauer** *f* (Bau) / muro *m* medianero ||
~**membran[e]** / / membrana *f* limítrofe ||
~**nutenlehre** *f* / calibre *m* de tolerancia para ranuras ||
~**pfeife**, Galtonpfeife *f* (Phys) / pito *m* de Galton ||
~**potential** *n* (isolier. Oberfläche) / potencial *m* de
bloqueo || ~**pressdichte** *f* (Sintern) / densidad *f* límite ||
~**prüfung** *f*, Prüfen unter verschärften Bedingungen /
ensayo *m* marginal || ~**punkt** *m* / punto *m* límite o
extremo || ~**punkt** (Elektrotl) / punto *m* de corte ||
~**quartil** *n* (Stat) / cuartila *f* límite || ~**rachenlehre** *f* /
calibre *m* límite de boca o de herradura, calibre *m*
límite de exteriores || ~**regelung** *f*, ACC-Regelung *f*
(NC) / control *m* autoadaptable || ~**reibung** *f*,
trockene Reibung / rozamiento *m* límite o mixto ||
~**-Sauerstoff-Index** *m* (Chem) / valor *m* mínimo de
oxígeno || ~**schalter** *m* (Elektr) / interruptor *m*
limitador, desconectador *m* de fin de carrera
Grenzschicht *f* / capa *f* límite, película *f* delimitadora ||
~ (Halbl) / capa *f* [de] barrera, barrera *f* || ~**abblasung**
f (Luftf) / soplado *m* de la capa límite || ~**ablösung** *f*
(Luftf) / separación *f* de la capa límite || ~**absaugung** *f*
(Luftf) / succión *f* o aspiración de la capa límite ||
~**beeinflussung** *f* / control *m* de la capa límite ||
~**durchschlag** *m* (Halbl) / perforación *f* de la barrera ||
~**koeffizient** *m* / coeficiente *m* de capa límite ||
~**schneide** *f* (Luftf) / trampilla *f* de control para capa
límite || ~**spannung** *f* (Phys) / tensión *f* interfacial ||
~**trennzunge** *f* (Luftf) / tabique *m* de control para capa
límite
Grenz•schmierung, Epilamenschmierung *f* /
lubri[fi]cación *f* por contacto próximo || ~**spannung** *f*
(Mech) / tensión *f* límite || ~**spannweite** *f* (Bau) /
abertura *f* límite || ~**steigung** *f*, maßgebende Steigung
(Bahn, Straßb) / gradiente *m* límite, inclinación límite.f.
|| ~**stelle** *f* (Ablaufplan, DV) / interrupción *f* de
programa || ~**strahl** *m* (Radiol) / rayo *m* límite, rayo *m*
de Bucky || ~**strahlentherapie** *f* (Med) / buckyterapia *f*
|| ~**strom** *m* (Fernm) / corriente *f* marginal || ~**strom**
(Trafo) / corriente *f* límite || ~**strom-Steuerschalter** *m*

(Elektr) / combinador *m* para corriente límite ||
~**stützweite** *f* / abertura *f* límite || ~**taster** *m* (Elektr) /
interruptor *m* [de] límite [de carga] || ~**temperatur** *f* /
temperatura *f* límite || ~**umschalter** *m* (Elektr) /
inversor *m* de fin de carrera || ~**- und Kenndaten** *pl* /
valores *m pl* o datos límite[s] y características ||
~**vakuum** *n* / límite *m* de vacío || ~**verstellung** *f*
(Pflug) (Landw) / ajuste *m* marginal del arado ||
~**versuch** *m* (Mat.Prüf) / ensayo *m* marginal ||
~**verteilung** *f* (Stat) / distribución *f* asintótica ||
~**viskosität** *f* (Anstrich) / viscosidad *f* límite ||
~**viskosität[szahl]** (in Gramm je Liter) / índice *m* de
viscosidad límite || ~**-Vorrang** *m* (DV) / prioridad *f*
límite || ~**wellen** *f pl* (50-200 m) (Eltronik) / ondas *f*
límites (50-200 m) || ~**wellenbereich** *m* (Eltronik) /
gama *f* de ondas límites || ~**wellenlänge** *f* (Radiol) /
longitud *f* de onda límite
Grenzwert, limes *m* (Math) / valor *m* límite, límite *m* || ~
m **der Glieder** (DV) / límite *m* de elementos || ~ **der
Leistung** (Elektr) / límite *m* de potencia || ~ **der
Toleranzkette** / valor *m* límite de la cadena de
tolerancias || **oberer,** [**unterer**] ~ / límite *m* superior,
[inferior] || ~**bedingung** *f* (Regeln) / constreñimiento
m || ~**funktion** *f* (Math) / función *f* umbral || ~**melder**
m / indicador *m* de valor límite || ~**problem** *n* /
problema *m* de valor límite || ~**prüfung** *f* (DV) /
prueba *f* marginal || ~**regelung** *f* (NC) / control *m*
autoadaptable || ~ **satz** *m* (Stat) / grupo *m* de valores
límites || ~**vergleicher** *m* (NC) / comparador *m* de
valores límite
Grenz•widerstand *m* (Mech) / resistencia *f* [de] límite ||
~**widerstand** (Mess) / resistencia *f* crítica ||
~**widerstand des Achskurzschlusses für den Abfall
des Gleisrelais** (Bahn) / shunt *m* límite || ~**widerstand
für den Anzug des Gleisrelais** (Bahn) / shunt *m*
preventivo || ~**winkel** *m* (Phys) / ángulo *m* límite o
crítico || ~**zähnezahl** *f* / número *m* límite de dientes ||
~**zeichen** *n* (Bahn) / señal *f* límite de apartadero,
piquete *m* de vía || ~**zone** *f*, Randgebiet *n* / zona *f*
limítrofe || ~**zustand** *m* / estado *m* límite || ~**zyklus** *m*
(Regeln) / cíclo *m* límite
Grex *m* (Gewicht von 10 km Faden) (Tex) / grex *m*
(unidad para numeración de hilado)
Gribbel, Rübenstecher *m* (Zuck) / sacamuestras *m* de
remolachas
Griddipper *m* (Resonanzmessgerät) (Eltronik) /
ondámetro *m* dinámico
Griebe *f* (Nahr) / chicharro *m*
griechischer Buchstabe / letra *f* griega, carácter *m*
griego
Grieß *m*, grobkörniger Sand (Bau) / arena *f* gorda o
gruesa, gravamenuda *f* || ~, Grießkohle *f* (Bergb) /
carbón *m* menudo, cisco *m* || ~ (Mühle) / sémola *f* || ~,
Holzkohlenlösche *f* / polvo *m* de carbón vegetal || ~
(TV) / hierba *f* || ~ **für Bettung** (Bahn) / grava *f*,
arenisca *f* || ~**abscheider, -fänger** *m* (Abwasser) /
separador *m* de arena
Griessäule *f* (Landw) / montante *m* de arado
Grießigkeit, Körnigkeit *f* (Farbe) / aspecto *m* granuloso
Grieß•mühle *f* (Nahr) / molino *m* de sémola || ~**probe** *f*
(Glas) / prueba *f* de sémola || ~**putzmaschine** *f* /
limpiadora *f* de sémola, sasor *m*
Griff *m*, Stiel *m* (Axt, Schaufel) / astil *m* || ~, Handgriff
m / asidero *m*, empuñadura *f*, cogedero *m* (E),
agarradero *m* (ARG), agarradera *f* (LA) || ~,
Handgriff *m*, Stiel *m* (Säge) (Wz) / mango *m* || ~,
Henkel *m*, Traggriff *m* / asa *f*, manecilla *f* || ~
(Fahrrad) / puño *m* || ~, Türgriff *m* (Kfz) / manija *f* || ~
(Waffe) / puño *m*, empuñadura *f* || ~, Greifen *n* /
agarro *m*, acción *f* de agarrar || ~ (Web) / tacto *m* || ~
(Schlüssel), Räute *f* / ojo *m*, anillo *m* || ~ **an
Schmiedezangen** (Schm) / mango *m* de las tenazas [de
forja] || ~ **des Kippschalters** (Elektr) / palanca *f* del
interruptor basculante || ~ **in Ringform** / argolla *f*, ojo

Grobkeramik

m ‖ ~ **zum Ziehen** / tirador *m* ‖ **den** ~ **entfernen** / desmangar ‖ **Messer mit** ~ **versehen** / montar el mango, fijar la hoja en el mango ‖ **mit** ~ (o. **Stiel**) **versehen** / dotar de un mango, montar un mango
Griff•avivage *f* (Web) / acabado *m* sostenido suave ‖ **natürlicher o. optimaler** ~**bereich** (F.Org) / alcance *m* de trabajo de las manos
Griffelschiefer *m* / pizarra *f* para pizarrines
griff•fest (Farbe) / fijo al uso ‖ ~**fläche** *f* / superficie *f* de manejo ‖ ~**fläche**, Greiffläche *f* der Zange / boca *f* ‖ ~**günstig** / de fácil alcance ‖ ~**hahn** *m* / llave *f* con empuñadura ‖ ~**hüllen** *f pl* (der Zange) / aislamiento *m* de los mangos
griffig, handlich (Wz) / fácil de agarrar, manejable, manuable, de fácil manejo ‖ ~ (Kfz, Reifen) / antideslizante, antideslizable, adherente ‖ ~ (Fahrbahn) / rugoso (firme) ‖ ~ (Tex, Web) / agradable al tacto, de buen tacto
Griffigkeit *f* **der Reifen** (Kfz) / adherencia *f* de los neumáticos
griffigmachen *vt* (Tex) / dar buen tacto al tejido
Griffithweiß, Emailweiß *n* / litopón *m*
Griffith-Zahl *f*, G (Mat.Prüf) / número *m* de Griffith
Griff•kontakt *m* / contacto *m* de mango ‖ ~**kreuz** *n*, Kreuzgriff *m* (DIN) (Wzm) / manilla *f* en cruz (E), manija *f* en cruz (LA) ‖ ~**kugel** *f*, Kugelgriff *m* / bola *f* de empuñadura, empuñadura *f* esférica ‖ ~**leiste** *f* / agarradero *m* ‖ ~**loch** *n* (Masch) / agujero *m* de manejo ‖ ~**mulde** *f* / empuñadura *f* empotrada ‖ ~**mutter**, Rändelmutter *f* / tuerca *f* moleteada ‖ ~**paar** *n* (Zange) / mangos *m pl* ‖ ~**rille** *f* / ranura *f* para asir ‖ ~**schale** *f* (Messer, Pistole) / cacha *f* ‖ ~**schaltung** (Motorrad) / cambio *m* al manillar ‖ ~**schutzkragen** *n* **des Schalters** / collarín *m* protector de maneta ‖ ~**sicherung** *f* (Elektr) / cortacircuito *m* o fusible con empuñadura ‖ ~**stange** *f*, [Fest]haltestange *f* / barra *f* agarradera, pasamanos *m* ‖ ~**stelle** *f* / punto *m* de contacto ‖ ~**stück** *n* (Pistole) / empuñadura *f* ‖ ~**verbesserung** *f* (Tex) / mejoramiento *m* del tacto ‖ ~**verhärtung** *f* (Tex) / endurecimiento *m* del tacto ‖ ~**zeit** *f* (F.Org) / tiempo *m* de (o para el) manejo ‖ ~**zwinge** *f*, Heftzwinge *f* (Wz) / virola *f* para empuñaduras o mangos
Grignardsche Verbindung *f* (Chem) / compuesto *m* de Grignard
Grill *m* (Küche) / parrilla *f*, gril[l] *m*, asador *m* ‖ ~ **im Küchenofen** / parrilla *f* integral ‖ ~**gerät** *n*, Salamander *m* (Großküche) / salamandra *f* ‖ ~**kühlung** *f* (Raumf) / refrigeración *f* por rotación
Grimmsche Regel *f* (Krist) / regla *f* de Grimm
Grind *m* (der Obstbäume) (Bot) / roya *f* (de los frutales)
Grindel *m* (Pflug) / cama *f* del arado, timón *m*
Grip *m*, Haftvermögen *n* der Reifen (Kfz) / adherencia *f* de los neumáticos
Grip-Zange *f*, Feststellzange *f* / tenazas *f pl* "grip"
Grisaille *m* (Web) / grisalla *f*
Griseofulvin *n* (Chem) / griseofulvina *f*
grisselige Raupe (Schw) / porosidad *f* esponjosa de la soldadara
Grit *m*, grobkörniger Sandstein (Geol) / arenisca *f* silícea
Grivation *f* (Gitternetzabweichung) (Verm) / declinación *f* reticular
grob / grueso, crudo, basto, tosco ‖ ~ *adj*, annähernd / aproximado *adj*, aproximativo *adj* ‖ ~ *adv* / [a] grosso modo, aproximadamente *adv* ‖ ~, rau / rudo, áspero ‖ ~ (Garn) / gordo ‖ ~ (Tex) / basto, burdo, grueso ‖ ~, rau (See) / grueso ‖ ~, unbearbeitet / en bruto, rústico ‖ ~**e Abstufung** / escalonamiento *m* grueso ‖ ~ **bearbeiten**, schruppen (Wzm) / desbastar ‖ ~**behauener** [Bau–]**Stein** / carretal *m* ‖ ~**er Durchschnitt** / media *f* aproximada ‖ ~**e Fahrlässigkeit** / negligencia *f* grave ‖ ~**er Fehler** / falta *f* grave, error *m* grave ‖ ~**e Feile** (12 Zähne je Zoll) (Wzm) / lima *f* bastarda, limatón *m* ‖ ~**e**

Garnnummer (Spinn) / número *m* bajo o grueso del hilo ‖ ~ **gezahnt** / de dientes gruesos ‖ ~**er Hieb** o. **Schnitt** (Feile) / picado *m* ‖ ~**e Leinwand** (Tex) / tela *f* basta ‖ ~**er Pinselstrich** / brochazo *m* ‖ ~**er Raster** (Druck) / trama *f* gruesa ‖ ~ **regeln** / regular o ajustar a un valor aproximado ‖ ~**er Sand**, Grieß *m* / arena *f* gruesa, sablón *m* ‖ ~**er Schluff** (Geol) / lodos *f* de aluvión gruesos ‖ ~**es Sieb**, Rätter *m* (Bergb) / criba *f* de mallas gruesas ‖ ~ **sieben** / cribar ‖ ~ **sortieren** / preclasificar ‖ ~**es starkes Vorgespinst**, Lunte *f* (Tex) / mecha *f* condensada ‖ ~**es Verpackungsgewebe** / tejido *m* grueso para embalar ‖ ~**e Wolle** (Tex) / lana *f* grosera ‖ ~**e Zuschlagstoffe** *m pl* (Bau) / áridos *m pl* gruesos ‖ **in** ~**en Zügen** / a grandes rasgos
Grob•abgleich *m* / alineado *m* aproximado, ajuste *m* aproximado ‖ ~**abstimmung** *f* (Eltronik) / sintonización *f* basta o aproximada ‖ ~**abtastung** *f* (TV) / exploración *f* aproximada, barrido *m* aproximado ‖ ~**ätzung** *f* / macroataque *m* ‖ ~**ausbringen** *n* (Bergb) / extracción *f* bruta ‖ ~**azimut** *m* (Raumf) / acimut *m* bruto ‖ ~**ballig** (Turbulenz) / de torbellinos finos ‖ ~**bearbeitung** *f* / desbaste *m*, desbastado *m*, mecanizado *m* en grueso ‖ ~**beton** *m* (Bau) / hormigón *m* [de grano] grueso ‖ ~**bewurf** *m* (Bau) / revoque *m* grueso ‖ ~**blech** *n*, Schwarzblech *m* (Hütt) / chapa *f* gruesa, palastro *m* ‖ ~**blecherzeugnis**, -blechprodukt *n* / producto *m* de chapa gruesa ‖ ~**blechrichtmaschine** *f* / enderezadora *f* para chapas gruesas ‖ ~**blechtafel** *f* / tabla *f* de chapa gruesa o de palastro ‖ ~**blechwalzwerk** *n* / laminador *m* para (o de) chapa gruesa, fábrica *f* de laminación para chapa gruesa ‖ ~**blitzschutz** *m*, -sicherung *f* (Fernm) / fusible *m* de tubo de vidrio ‖ ~**boden** *m* (Landw) / tierra *f* gruesa o basta ‖ ~**brecher** *m* (Aufb) / quebrantadora *f* gruesa, triturador *m* grueso ‖ ~**draht** *m*, Walzdraht *m* / alambre *m* laminado ‖ ~ **[draht]zug** *m* / banco *m* de estirar para alambre grueso ‖ ~**einsteller** *m* (TV) / regulador *m* preajustable ‖ ~**einstellung** *f* (allg) / regulación *f* aproximada o de aproximación, ajuste *m* aproximativo o grueso ‖ ~**einstellung** (Opt) / enfoque *m* aproximado, graduación *f* basta ‖ ~ **einstellung**, Schnelleinstellung *f* (Wzm) / ajuste *m* rápido ‖ ~**entstaubung** *f* / despolvoramiento *m* primario ‖ ~**entstörung** *f* (Eltronik) / eliminación *f* gruesa de perturbaciones
Grobes *n* (Bergb) / grueso *m*
Grob•faden, Doppelfaden *m* (Tex) / hilo *m* doble ‖ ~**faden** *m* (Fehler, Web) / trama *f* gruesa o basta ‖ ~**faden**, schlechter Andreher (Spinn) / botín *m* vientre, gafa *f* en el hilo ‖ ~**fädig** (Web) / de hilo basto ‖ ~**faserig** (Holz) / de fibra[s] gruesa[s] o basta[s] ‖ ~**faserigkeit** *f* (Holz) / textura *f* de fibra gruesa ‖ ~**feile** *f* (Wz) / lima *f* gruesa o bastarda, limatón *m* ‖ ~**-Fein-Fokussierung** *f* / enfoque *m* aproximado de precisión ‖ ~**filter** *n m* / filtro *m* de depuración basta, filtro *m* de poros ‖ ~**flyer** *m* (Spinn) / mechera *f* en grueso ‖ ~**folie** *f* (Plast) / hoja *f* o lámina espesa ‖ ~**frotteur** *m* (Tex) / rotofrotador *m* [en] grueso ‖ ~**garn** *n* (Tex) / hilo *m* de carda-mechera, hilo *m* cardado ‖ ~**garnkrempel** *f* (Tex) / carda *f* abridora ‖ ~**gefüge** *n*, Makrostruktur *f* (Material) / macroestructura *f*, estructura *f* basta o tosca ‖ ~**gefügebild** *n*, Makrographie *f* (Material) / macrografía *f* ‖ ~**gestalt** *f*, makrogeometrische Gestalt / estructura *f* macrogeométrica ‖ ~**gewinde** *n* / rosca *f* gruesa o basta ‖ ~**gewinde NC** (USA) / rosca gruesa NC (EE.UU.) ‖ ~**gewinde UNC** *n* (US) / rosca *f* gruesa UNC (EE.UU.) ‖ ~**gut** *n* (Hütt) / trozos *m pl* grandes ‖ ~**hechel**, Abzughechel *f* (Flachs) / peine *m* desbastador, rastrillo *m* en grueso ‖ ~**hecheln** *v* / rastrillar *m* en grueso ‖ ~**hieb** *m* (Feile) / picadura *f* gruesa o basta ‖ ~**jährig** (Holz) / con anillos anchos, de capa anual basta ‖ ~**karde** *f*, Grobkrempel *f* (Spinn) / carda *f* abridora ‖ ~**keramik** *f*, Baukeramik *f* /

Grobkeramikindustrie

cerámica f de construcción, cerámica f de tejas y ladrillos, cerámica f ordinaria o tosca, tejería f ||
≈**keramikindustrie** f / industria f de la cerámica de construcción || **~keramischer Werkstoff** / material m cerámico ordinario || ≈**kies** m (30 bis 55 mm) / grava f gruesa || ≈**kleie** f / salvado m o afrecho grueso ||
≈**kohle** f (Bergb) / carbón m grueso, hulla f gruesa ||
≈**kohle** (Aufb) / hulla f cribada || ≈**koks** m / coque m grueso || ≈**korn** n, grobes Korn / grano m grueso o basto o tosco || ≈**korn** (Sieben etc.) / bastos m pl ||
≈**kornanfälligkeit** f (Hütt) / susceptibilidad f al crecimiento del grano || ≈**kornglühen** n (Hütt) / recocido m de regeneración del grano || **~körnig** / de grano grueso o basto, de granulación gruesa o basta ||
~körniger Bruch / fractura f de grano grueso ||
~körniges Pulver / pólvora f de grano || ≈**körniges** n (Bergb) / partículas f pl gruesas || ≈**körnigkeit** f (Schleifscheibe) / granulación f tosca || ≈**kornstahl** m (Hütt) / acero m de grano grueso || ≈**kornwäsche** f (Anlage) (Bergb) / planta f lavadora de granos gruesos || ≈**kreiselbrecher** m (Bergb) / trituradora f (o machacadora) giratoria en grueso || ≈**krempel** f (Tex) / carda f abridora || **~kristallin** / de cristales gruesos ||
≈**lunter**, -spuler m (Tex) / mechera f en grueso ||
≈**mahlanlage** f (Aufb) / planta f trituradora en grueso || **~mahlen**, -zerkleinern / triturar, fragmentar en grueso || **~maschig**, großmaschig / de malla[s] gruesas[s] || **~maschiges Drahtgeflecht** / trenzado m de alambre de mallas gruesas || **~maschiges Sieb**, Grobsieb n / criba f de mallas gruesas || ≈**messbereich** m (Mess) / gama f de medición aproximada ||
≈**montage** f / montaje m [en] grueso || ≈**nessel** f (Web) / cretona f || ≈**nitschler** m, -frotteur m (Tex) / rotafrotador m [en] grueso || ≈**ortung** f (Radar) / marcación f o localización aproximativa || ≈**passung** f (Gewinde) / ajuste m grosero o aproximado || ≈**pore** f, Makropore f / macroporo m || **~porig** / de poros grandes || ≈**pumpe** f (Vakuum) / bomba f de vacío grosero || ≈**rasterätzung** f (Druck) / grabado m de trama gruesa || ≈**rechen** m, -sieb n / criba f de mallas gruesas || ≈**rechen** (Hydr) / rastrillo m basto ||
≈**regelung** f / regulación f aproximada o basta ||
≈**regler** m / regulador m grueso || ≈**reinigung** f / depuración f previa || ≈**rinde** f (Wald) / corteza f tosca ||
≈**sand** m (Geol) / sablón m, arena f gruesa, sábulo m, maicillo m (CHIL), granzón m (VEN) || ≈**schale** f als Kleie / salvado m o afrecho grueso || ≈**schale als Spelze** (Mühle) / cáscara f gruesa || ≈**schalter** m (Elektr) / conmutador m de aproximación || ≈**schätzung** f / valuación f aproximada || ≈**schlag** m, Grobschotter m (4-8 cm) (Bau) / piedras f pl bastas, grava f gruesa ||
≈**schlammsieb** n / tamiz m de fango || **~schleifen** (Wzm) / desbastar con muela || ≈**schleifen** n / esmerilado m basto || ≈**schleifmaschine** f (Wzm) / amoladora f para desbaste || ≈**schleifscheibe** f, Abgratscheibe f (Galv) / muela f para desbaste, muela f desbarbadora || **~schlichten** / desbastar ||
≈**schlichtfeile** f, Feile mit grobem Hieb (Wz) / lima f bastarda || ≈**schliff** m (Met) / desbaste m || ≈**schmied** m / herrero m [de grueso] || ≈**schotter** m (Bau) / balasto m o cascajo basto, canteras f pl || ≈**schroten** n (Mühle) / trituración f gruesa || ≈**sicherung** f (Elektr) / cortacircuito m de alta tensión || ≈**sicherung** (auf Strom ansprechend) (Elektr) / fusible m de línea de fuerza || ≈**sicherung**, Hauptsicherung f (Elektr) / fusible m principal || ≈**sicherung** f, -blitzschutz m (Fernm) / fusible m de tubo de vidrio, fusible m protector contra rayos || ≈**sieb** n / criba f o zaranda (LA) de malla gruesa, tamiz m o cedazo grueso ||
≈**sieb** n [für Stückgutscheidung] (Bergb) / criba f preliminar para partir piedra || ≈**sitz** m, Grobpassung f (Masch) / ajuste m grosero o aproximado || ≈**skala** f (Instr) / escala f de lectura aproximada || **~sortieren** / clasificar en grueso || ≈**sortieren** n / clasificación f

basta || ≈**spannungsschutz** m (Elektr) / fusible m protector contra corriente de alta intensidad ||
≈**spindelbank** f, Grobspuler, -lunter m (Tex) / mechera f en grueso || ≈**splitt** m (10-30 mm) (Straßb) / gravilla f gruesa || ≈**spuler** m (Tex) / mechera f en grueso || ≈**staub** m (Umw) / polvo m grueso, partículas f pl pulverulentas gruesas || ≈**staub...** / de polvo grueso || ≈**staubfilter** m n / filtro m contra polvo grueso || **~steinig** / pedregoso || ≈**steinzeug** n (Keram) / gres m ordinario || ≈**steuereinheit** f (Nukl) / elemento m de control basto || ≈**stoff** m (Altpapier) / pulpa f o pasta gruesa || ≈**stoffauslauf** m / salida f de pulpa gruesa || ≈**stollig** (Reifenprofil) / de gruesos nervios (neumático) || ≈**straße** f (Hütt) / tren m desbastador ||
≈**strecke** f, Rohstrecke f (Spinn) / estiradora f en grueso, primer m gill-box || ≈**struktur** f / macroestructura f || **~stückig** / en pedazos gruesos, en terrones gruesos || ≈**stufe** f / escalón m grueso ||
~stufig / de escalonamiento grueso || ≈**ton** m (Geol) / arcilla f gruesa || ≈**trieb** m (Opt) / ajuste m grueso ||
≈**vakuum** n (Phys) / vacío m entre 760 y 100 torr, vacío m grosero || ≈**vermahlung** f / molienda f basta ||
≈**verstellung** f, -zustellung f (Wzm) / avance m grueso, aproximación f gruesa || ≈**verstellung von Hand** (Wzm) / ajuste m rápido manual o a mano ||
≈**verteilung** f / primera f clasificación || ≈**verzahnung** f / dentado m grueso || ≈**vorspinnstuhl** m (Tex) / mechera f en grueso || ≈**walze** f (Hütt) / cilindro m desbastador || ≈**walzen** n (Hütt) / blooming m, desbastado m, desbaste m || ≈**walzwerk** n / laminador m desbastador o de desbaste, laminador m blooming || ≈**walzwerk**, Grobzerkleinerungsanlage f / planta f de trituración gruesa || ≈**wolle** f (Tex) / lana f gruesa ||
~zahnige Säge (Wz) / sierra f de dentado grueso ||
~zerkleinern / triturar [en grueso] || ≈**zerkleinerung** f / trituración f gruesa o basta || ≈**zug** m (Drahtziehen) / estirado m desbastador o grueso

Gros n (12 Dutzend) / gruesa f (obsol.) || ≈ m (Seidengewebe in Leinwandbindung) (Web) / gro m
groß (Ggs.: klein) / grande || **~**, umfangreich / voluminoso || **~**, geräumig / espacioso || **~** (Wert) / grande, elevado || **~**, ausgedehnt / amplio, extenso, vasto || **~**, reichlich / amplio, intenso || **~e Achse**, Hauptachse f (der Ellipse) (Geom) / eje m mayor || **~**-**dimensioniert** / grandimensionado grandes dimensiones || **~ gemustert** / de dibujos grandes || **~e Halbachse** f (Geom) / semieje m mayor || **~ kariert** / a grandes cuadros || **~e Wachsmotte**, Galleria mellonella / polilla f de la cera || **für ~e Fahrt** (Schiff) / para navegación en alta mar || **zu ~** / demasiado grande, sobredimensionado

Groß •..., Haupt..., größer / mayor, en gran escala, superior, de grandes dimensiones || ≈**abbaubetrieb** m / explotación f en gran escala || ≈**abnehmer** m / comprador m al por mayor || ≈**absperrschieber** m / válvula f de compuerta grandimensionada || ≈**anlage** f / instalación f grande o en gran escala || ≈**antenne** f / antena f colectiva o compartida || ≈**anzeige** f, -anzeigegerät n (Instr) / indicador m de gran cuadrante, instrumento m para lectura a grandistancia || ≈**armaturen** pl / robinetería f de grandes dimensiones || ≈**aufnahme** f (von Einzelobjekten, Szenen usw.) (Film) / vista f de primer plano || ≈**aufnahme**, Nahaufnahme f (TV) / primer m plano || ≈**aufnahme** (Foto) / fotografía f de cerca, vista f tomada de cerca || ≈**bagger** m (Bau) / excavadora f de gran potencia || ≈**basispeiler** m (Radar) / radiogoniómetro m de base extensa || ≈**baustelle** f / obras f pl grandes || ≈**bau[werk]** n / edificio m grande o de gran extensión || ≈**behälter**, Transcontainer m (DIN) / contenedor m grande, transcontainer m ||
≈**behälter**, -tank m / depósito m o recipiente grande, depósito m de gran capacidad o de gran cabida, tanque m grande || ≈**behälter m für Gas** / depósito m

grande para gas || ⁓**betrieb** *m* / gran establecimiento, gran empresa o explotación || ⁓**betrieb** (Tätigkeit) / explotación *f* en gran escala || ⁓**bild**... (TV) / de gran imagen, de pantalla grandimensionada || ⁓**bildkamera** *f* (Foto) / cámara *f* gran formato o de imágenes grandes || ⁓**bildprojektion** *f* (Foto) / proyección *f* sobre pantalla grande || ⁓**bildprojektor** *m* / proyector *m* de pantalla grande || ⁓**bildschirm** *m* (TV) / pantalla *f* grande o gigante || ⁓**bodenrad** *n*, Zentrumrad *n* (Uhr) / rueda *f* grande de arrastre, gran intermedio *f* || ⁓**bohrloch** *n* (Bergb) / perforación *f* de gran diámetro || ⁓**bohrlochschießen** *n* / voladura *f* con barreno grande, dinamitación *f* con barreno grande || ⁓**brand** *m*, -feuer *n* / gran incendio *m* || ⁓**buchstabe** *m* (Druck) / letra *f* mayúscula, mayúscula *f* || ⁓**chemie** *f* / química *f* industrial || ⁓**dockenwicklung** *f* (Tex) / enrollado *m* a gran diámetro || ⁓**drehbank** *f*, -drehmaschine *f* (Wzm) / torno *m* de gran potencia, torno *m* para mecanizar piezas grandes || ⁓**dyn** *n* (10^5 dyn)(obsol.) (Phys) / dina *f* grande

Größe *f*, Abmessung *f* / tamaño *m* || ⁓, Ausdehnung *f* / extensión *f* || ⁓, Dimension *f* / dimensión *f* || ⁓, Rauminhalt *m* / volumen *m*, capacidad *f* || ⁓, Format *n* / tamaño *m*, formato *m* || ⁓, Höhe *f* / altura *f* || ⁓, Weite *f* / amplitud *f*, vastedad *f* || ⁓, Masse *f* / masa *f*, grosor *m* || ⁓ *f*, Parameter *m* (Phys) / magnitud *f*, parámetro *m* || ⁓, Nummer *f* (Schuh) / número *m*, tamaño *m* || ⁓ *f* (Bekleidungsindustrie) / talla *f* || ⁓, Klasse *f* / clase *f*, orden *m* || ⁓ *f* (Math) / cantidad *f* || ⁓ (Schwingung) / amplitud *f* || ⁓ (Astr) / magnitud *f*, grandor *m* || ⁓ **der Abquetschfläche** (Plast) / extensión *f* de la superficie de rababa de contacto || ⁓ **der Abweichung** / amplitud *f* de aberración || ⁓ **der Kraft** / intensidad *f* de la fuerza || ⁓ **des Amplitudenvektors** / amplitud *f* || ⁓ **des Wuchses**, Höhe *f* / talla *f*, altura *f* || ⁓ **im Normalschnitt** (Schrägstirnrad) / dimensión *f* real || **in der** ⁓ [von] / del orden [de] || **in jeder** ⁓ / en o de cualquier tamaño || **in natürlicher** ⁓ / en o de tamaño natural

Großeinsatz *m* (Masch) / aplicación *f* en gran escala

Größen • änderung *f* / cambio *m* de dimensión || ⁓**bereich** *m* / alcance *m* de dimensiones || ~**beschränkt** (Regeln) / limitado || ⁓**bezeichnung** *f* / denominación *f* de la dimensión, designación *f* del tamaño || ⁓**einteilung** *f*, -klassierung *f* / clasificación *f* o subdivisión según tamaño[s] o dimensiones || ⁓**faktor** *m* / factor *m* de dimensión o magnitud || ⁓**faktor** (Hütt) / factor *m* de tamaño || ⁓**klasse** *f* / categoría *f* de magnitud || ⁓**ordnung**, Dimension *f* / dimensión *f*, [orden de] magnitud *f* || ⁓**ordnung** *f* **einer Zahl** / orden *m* de un número || **um eine** ⁓**ordnung kleiner** / menor en un orden de magnitud || ~**sortiert** / clasificado [según tamaños] || ⁓**sortierung** *f* / clasificación *f* según tamaños, calibrado *m* || ⁓**system** *n* / sistema *m* de tamaños o magnitudes o dimensiones || ⁓**vergleich** *m* / comparación *f* de (o entre) tamaños || ⁓**vergleich** (DV) / comparación *f* || **als** ⁓**vergleich** / a título de comparación || ⁓**verhältnis** *n* / proporción *f*, relación *f* || ⁓**verteilung** *f* **der Körner** (Chem, Min) / distribución *f* de [los] granos según su tamaño || ⁓**wandler**, Zuordner *m* (DV) / cuantificador *m* || ⁓**werter** *m*, Analog-Digitalwandler *m* (Eltronik) / convertidor *m* de información analógica en numérica || ⁓**werter** *m*, Codierwerk *n* (DV) / codificador *m*

größer, Groß..., Haupt... / mayor || ⁓ **als** / mayor [que] || ~ **[oder] gleich** (Math) / superior o igual [a] || ⁓**werden** *n* **der Anzeige** (Oszilloskop) / agrandamiento *m* del punto explorador, hiperluminosidad *f* o hiperfluorescencia del punto explorador

Groß • fabrikation *f*, Großfertigung *f* (Chem) / fabricación *f* en gran escala o en grandes cantidades || ⁓**feld-Mikroskop** *n* / microscopio *m* de gran campo [visual] || ⁓**flächenberegner** *m* / regador *m* para grandes superficies || ⁓**flächenflimmern** *n* (TV) / centelleo *m* de gran extensión || ⁓**flächenleuchte** *f* / lámpara *f* para grandes áreas || ⁓**flächenlupe** *f* / lupa *f* de grandes dimensiones || ⁓**flächenmembran** *f* (Masch) / deafragma *m* de gran tamaño o superficie || ⁓**flächensender** *m* (Radio) / emisora *f* de gran alcance o cobertura || ~**flächig** / de superficie grande || ~**flächiges Betonfertigteil** / panel *m* prefabricado de hormigón || ⁓**flughafen** *m* / aeropuerto *m*[central] || ⁓**flugzeug** *n* / avión *m* gigante || ⁓**folio** *n* (Pap) / folio *m* mayor, folio *f* imperial o atlántico || ⁓**fonturig** (Strumpf) / de multiples fonturas || ⁓**förderanlagen** *f pl* / instalaciones *f pl* de elevación y transporte de grandes dimensiones || ⁓**förderwagen** *m* (Bergb) / vagoneta *f* grande || ⁓**format** *n* / tamaño *m* grande, gran formato *m* || ⁓**format** (Astr) / anomalía *f* verdadera || ⁓**formatig** / de gran tamaño || ~**formatiger Stein** (Hütt) / ladrillo *m* de tamaño grande || ⁓**formatkamera** (Foto) / cámara *f* [fotográfica] de gran formato || ⁓**fräserei** *f* / taller *m* para fresado de piezas grandes || ⁓**funkstation** *f* / emisora *f* radiotelegráfica de alta potencia || ⁓**garage** *f* / garaje *m* colectivo || ⁓**gasmaschine** *f* (Mot) / motor *m* de (o a) gas de gran potencia || ⁓**gebinde** *n* / envase *m* grande || ⁓**gemeinschafts-Antennenanlage** *f*, GGA (TV) / sistema *m* de televisión de antena colectiva || ⁓**getriebe** *n* / engranaje *m* de grandes dimensiones || ~**gezahnt** / de dientes grandes || ⁓**gussteil** *n* / pieza *f* grande de fundición || ⁓**güterwagen** *m* (Bahn) / vagón *m* de gran capacidad || ⁓**[handels]preis** *m* / precio *m* al por mayor || ⁓**händler** *m*, Grossist *m* / comerciante *m* al por mayor, mayorista *m* || ⁓**händler in Elektronikbauteilen**, Distributor *n* / distribuidor *m*[de componentes electrónicos] || ⁓**industrie** *f* / gran industria *f* || **chemische** ⁓**industrie** / gran industria química || ⁓**industrieller Einsatz** / utilización *f* en (o por) la industria || ⁓**integration** *f* / (large scale integration) (Eltronik) / Lsi || ⁓**-Intervall** *n* / intervalo *m* grande || ⁓**kabine** (Seilb) / cabina *f* de gran capacidad || ⁓**kältemaschine** *f* / máquina *f* frigorífica grande || ⁓**kammerofen** *m* / horno *m* de cámara[s] grande[s] || ⁓**kessel** *f* / caldera *f* grande || ⁓**-Klein-Umschaltung** *f* (DV, Schreibm) / inversión *f* a letras || ⁓**klima** *n*, Makroklima *n* (Meteo) / macroclima *m* || ⁓**kompressor** *m* / compresor *m* de gran potencia || ⁓**kops** *m* (Spinn) / husada *f* grande || ⁓**kraftschleifer** *m* (Pap) / desfibrador *m* de gran potencia o de gran producción || ⁓**kraftwerk** *n* (Elektr) / estación *f* superpotente, usina *f* eléctrica de gran producción (LA), superusina *f* || ⁓**kran** *m* (Förd) / grúa *f* grande o gigante || ⁓**kreis** *m*, Orthodrome *f* (Nav) / ortodromia *f* || ⁓**kreis der Kugel** / círculo *m* máximo || ⁓**kreisabweichung** *f* (Nav) / desviación *f* lateral || ⁓**kreisentfernung** *f* (Nav) / distancia *f* ortodrómica || ⁓**küche** *f* / gran cocina || ⁓**lautsprecher** *m* / altavoz *m* (E) o altoparlante (LA) de gran potencia || ⁓**lieferant**, Zulieferant *m* (allg) / proveedor *m*, abastecedor *m* [al por mayor] || ⁓**lochbohrmaschine** *f*, Bohrwolf *m* (Bergb) / barrenadora *f* para recortes de gran diámetro || ⁓**luke** *f*, -luk *n* (Schiff) / escotilla *f* mayor || ⁓**masche** *f* / mallas grandes o anchas || ⁓**maschinenbau** *m* / construcción *f* de maquinaria grande || ⁓**mast** (Schiff) / maestro *m*, palo *m* mayor || ~**molekular** (Chem) / macromolecular || ⁓**motoren** *m pl* / motores *m pl* de gran potencia, motores *m pl* gigantes || ⁓**nachrichtensatellit** *m* (Fernm) / satélite *m* grande de telecomunicaciones || ⁓**oberflächenplatte** *f* (Akku) / placa *f* de gran superficie || ⁓**okktav[format]** *n* (Druck) / folio *m* francés || ⁓**packung** *f* / envase *m* grande || ⁓**pfahl** *m* (Bau) / pilote *m* perforado || ⁓**pflaster** *n* (Straß) / pavimento *m* grueso || ⁓**photo**, Mural *m* (Foto) / foto *f* grande, fotomural *f* || ⁓**platte** *f* (Keram) / placa *f* o losa cerámica grande ||

Großplattenbauweise

~plattenbauweise f (Bau) / construcción f en paneles grandes ‖ ~porig / de poros grandes ‖ ~projekt n / proyecto m de gran volumen o extensión ‖ ~rad n (Masch) / rueda f grande o grandimensionada ‖ ~rad, Hohlradkranz m (Planetengetr) / rueda f con dentado interior, corona f ‖ ~rakete f (Raumf) / cohete m gigante, supercohete m
Großraum m (Geo, Verkehr) / área f o región grande ‖ ~ (Bergb) / cámara f ‖ ~... / de gran capacidad o volumen ‖ ~... (Bahn, DV, Luftf, Schiff, Seilb, usw) / de gran capacidad ‖ ~abteil n (Bahn) / departamento m corrido o único, compartimento m de gran capacidad ‖ ~bagger m (Bau) / excavadora f de gran capacidad ‖ ~beleuchtung f / alumbrado m de locales grandes ‖ ~büro n / oficina f colectiva o de gran espacio ‖ ~bus m / maxiautobús m ‖ ~förderung f (Bergb) / extracción f de gran volumen, transporte m intensivo ‖ ~förderwagen m (Bergb) / vagoneta f grande ‖ ~güterwagen m / vagón m [de mercancías] de gran capacidad ‖ ~heizung f (Bau) / calefacción f para locales grandes, calefacción f de gran capacidad
großräumig (Bauwerk) / de gran espacio, de grandes dimensiones
Großraum•-Jet m (z.B. Boeing 747) (Luftf) / Jumbo m ‖ ~kabine f / cabina f de gran capacidad ‖ ~-Kühlschrank m / refrigerador m de gran capacidad ‖ ~-Langstrecken-Verkehrsflugzeug n / avión m de gran capacidad para trayectos largos ‖ ~ofen m / calorífero m de aire de gran capacidad, horno m de gran capacidad ‖ ~-Pkw m, -Limousine f, Van m / granvolumen m, van m, coche m monovolumen ‖ ~saugpresse f / prensa f aspiradora de gran capacidad ‖ ~schützen m (Tex) / lanzadera f de gran capacidad, lanzadera f extralarga ‖ ~speicher m (DV) / memoria f de gran capacidad ‖ ~tiefofen m (Hütt) / horno m pit de gran capacidad ‖ ~transporter m (Kfz) / camión m de gran capacidad ‖ ~verkehrsflugzeug n / avión m [de transporte] de gran capacidad ‖ ~wagen m (für Personen) (Bahn) / coche m de departamento único, coche m corrido ‖ ~wasserversorgung f / abastecimiento m de agua en (o para) regiones grandes
Groß•rechenanlage f (DV) / instalación f de procesamiento de datos de gran capacidad ‖ ~rechner m, Mainframer m / ordenador m gigante ‖ ~reihenfertigung f, F.Org. (F.Org) / fabricación f en grandes series ‖ ~rohre n pl / tubos m pl de gran diámetro ‖ ~-Rollpalette f / paleta f de gran superficie sobre rodillos ‖ ~rundfunkstation f, -sender m / emisora f de alta potencia, transmisor m de radiodifusión de alta potencia ‖ ~rundstrickmaschine f / telar m circular de gran diámetro, máquina f circular para género de punto de gran diámetro ‖ ~schädling m (Landw) / parásito m importante ‖ ~schaufelradbagger m (Bau, Bergb) / excavadora f gigante de rueda fresadora ‖ ~scheinwerfer m (Licht) / proyector m grande ‖ ~schifffahrtsweg m (allg) / ruta f navegable de gran capacidad ‖ ~schirm-Fernsehen f / televisión f de (o en) pantalla grande, pantalla f de TV teatral ‖ ~schlächterei f / carnicería f al por mayor, saladero m, salador m (LA) ‖ ~schrämmaschine f (Bergb) / rozadora f de gran capacidad ‖ ~sender m, -rundfunkstation f / emisora f de alta potencia, transmisor m de radiodifusión de alta potencia ‖ ~serie f (F.Org) / serie f en gran escala ‖ in ~serien herstellen, in Massen produzieren / fabricar en grandes series ‖ ~serienfertigung f / fabricación f en grandes series ‖ ~signal n (Eltronik) / señal f fuerte ‖ ~signalsteilheit f (Eltronik) / conductancia f mutua mayor ‖ ~signalverstärkung f / ganancia f de la señal fuerte ‖ ~-Silo-Fahrzeug n (Kfz) / camión-cisterna m grande ‖ ~skala f (Instr) / escala f grande ‖ ~speicher m (DV) / memoria f de gran capacidad ‖ ~städtischer

Nahverkehr (Bahn) / servicio m metropolitano de cercanías ‖ ~strahler m, starke Strahlenquelle (Nukl) / fuente m de radiación de gran intensidad ‖ ~stückig (Bergb) / de grandes piezas o pedazos, en terrones ‖ ~stückige Kohle / hulla f de grandes pedazos
größt, höchst / máximo, tope, límite ‖ ~e Abmessung / dimensión f máxima ‖ ~e Abmessungen f pl (Schiff) / dimensiones f pl de fuera a fuera ‖ ~e Annäherung (Raumf) / distancia f de máxima aproximación ‖ ~er anzunehmender Unfall o. Schadensfall, GAU (Nukl) / accidente m previsible o imaginable máximo
Groß•tafelbauart f (Bau) / construcción f en paneles grandes ‖ ~tank, -behälter m (Brau, Gas, Öl) / depósito m o tanque o recipiente grande ‖ ~tanker m (Schiff) / superpetrolero m, petrolero m grande ‖ ~tankstelle f (Kfz) / gran puesto de gasolina
Größtcomputer m (DV) / ordenador m gigante
großtechnisch / en o a escala industrial ‖ ~e Darstellung (o. Herstellung) / producción f a escala industrial ‖ ~er Maßstab, technischer Maßstab / escala f industrial
Großteleskop n (Opt) / telescopio m gigante
Größt•integration f, VLSI (Eltronik) / integración f en escala muy grande ‖ ~maß n / tamaño m máximo, máximum m, máximo m, medida f máxima ‖ ~maß (Passung) / máximo m ‖ ~möglich / lo más grande posible ‖ ~spiel n (Masch) / juego m máximo, holgura f máxima ‖ ~übermaß n (Passung) / apriete m o exceso máximo ‖ ~wert m / valor m máximo, máximum m
Groß•uhr f (Ggs: Taschenuhr, Chronometer) / reloj m grande ‖ ~uhrwerk n / mecanismo m de reloj grande ‖ ~umschlag m (Schiff) / transbordo m de gran volumen ‖ ~unternehmen n / gran empresa f ‖ ~verbraucher m / gran consumidor m ‖ ~verfahren n / procedimiento m industrial ‖ ~versuch m / experimento m o ensayo a gran escala ‖ ~versuchsanlage f / instalación f o planta para ensayo[s] en gran escala ‖ ~vieh n (Landw) / ganado m mayor ‖ ~vieheinheit f, GV (Landw) / unidad f de ganado mayor ‖ ~viehtransportanhänger m (Kfz) / remolque m para ganado mayor ‖ ~volumig / de gran volumen ‖ ~wälzlager n, Drehkranz m / corona f giratoria ‖ ~wasserraumkessel m / caldera f de gran volumen o de gran capacidad [de agua] ‖ ~wasserzähler m / contador m de agua de gran capacidad o para grandes caudales ‖ ~wetterkunde f (Meteo) / meteorología f a gran escala ‖ ~wetterlage f / situación f meteorológica general ‖ ~wind[kraft]anlage f (Elektr) / central f eólica de gran potencia ‖ ~zahlauswertung f (Stat) / análisis m por estadística de frecuencias, interpretación f estadística ‖ ~zahllehre f, Statistik f / estadística f ‖ ~zügige Vorgabezeit (F.Org) / tiempo concedido o prefijado generoso
Grotesk[schrift] f (DIN 1451) (Druck) / escritura f grotesca, letra f grotesca o de palo seco
grotzieren (Felle) / cebrar
Groupware f (DV) / software m para grupos
Grown-Diffused Transistor m (Halbl) / transistor m de uniones formadas por difusión de impurezas
Grubber m, Kultivator m (Landw) / cultivador m
Grubbern n (Landw) / trabajo m con cultivador, escarificación f
Grubberzinken m / diente m de cultivador, púa f, brazo m
Grübchen n (Fehler, Hütt) / picadura f ‖ ~ bilden / formar picaduras ‖ ~bildung f (Galv, Kontakt) / formación f de picaduras ‖ ~korrosion f / corrosión f crateriforme o selectiva
Grube f (allg, Bau) / foso m, fosa f, hoyo m ‖ ~ (f. Fundament) (Bau) / cepa f, excavación f ‖ ~, Klär-, Versitzgrube f (Bau) / foso m séptico, pozo m negro ‖ ~ (Bergb) / mina f ‖ ~, Schmiergrube f (Kfz) / cava f

570

Gruben•abort m / retrete m con foso séptico ‖ ˜**abwässer** n pl (Bergb) / desagües m pl de mina ‖ ˜**anlage** f (Bergb) / instalación f o planta minera ‖ ˜**anschlussbahn** f (Bahn) / ramal m [de ferrocarril] de mina ‖ ˜**arbeit** f (Bergb) / trabajo m minero ‖ ˜**arbeiter** m (Kohle) / minero m ‖ ˜**aufschluss** m (Bergb) / trazado m de una mina ‖ ˜**ausbau** m / entibación f minera ‖ ˜**[ausbau]stahl** m / perfiles m pl de acero para entibación, acero m para entibaciones ‖ ˜**bahn** f / ferrocarril m minero ‖ ˜**bahngleis** n (untertage) / vía f de galería principal, vía f de mina ‖ ˜**bahnhof** m / estación f minera o de mina ‖ ˜**bau** m (Bergb) / explotación f minera, excavación f subterránea, laboreo m de minas ‖ ˜**baue**, -**räume** m pl (Bergb) / excavaciones f pl subterráneas ‖ ˜**baue gewältigen** (Bergb) / desaguar galerías, achicar las aguas ‖ ˜**bauhof** m, Zimmerhof m / solar m de carpintero ‖ ˜**bedarf** m / aperos m pl o utensilios de minería (E), implementos m pl para minería (LA) ‖ ˜**beleuchtung** f / alumbrado m de mina ‖ ˜**berge** m pl (Bergb) / escombros m pl, zafras f pl ‖ ˜**betrieb** m / explotación f minera o de mina[s] ‖ ˜**betriebsführer** m (Bergb) / jefe m de explotación minera ‖ ˜**bewetterung** f / ventilación f de minas ‖ ˜**bewetterungsmaschine** f / ventilador m de mina ‖ ˜**bild** n (Bergb) / plano m [y elevación] de una mina ‖ ˜**bögen** m pl (Bergb) / cimbras f pl de entibar, cuadros m pl de entibar ‖ ˜**brand** m (Bergb) / incendio m en una mina o de galería ‖ ˜**bruch** m (Bergb) / rotura f de techo, aplastamiento m de pilares ‖ ˜**drehbank**, -drehmaschine f (Wzm) / torno m de fosa ‖ ˜**entleerung** f (Sanitär) / vaciado m del foso o pozo séptico ‖ ˜**fahrt**, Einfahrt f (Bergb) / descenso m, bajada f ‖ ˜**feld** n / campo m de explotación [minera] ‖ ˜**fernsprechanlage** f / instalación f telefónica subterránea ‖ ˜**feucht** (Bergb) / húmedo de mina ‖ ˜**fördergut** n / material m o producto a extraer [de la mina] ‖ ˜**förderung** f / extracción f minera ‖ ˜**förderung** (Menge) / tonelaje m extraído ‖ ˜**formerei** f (Gieß) / moldeado m en fosos ‖ ˜**gas**, -wetter m, schlagendes Wetter (Bergb) / grisú m, mofeta f ‖ ˜**gas** n, leichtes Kohlenwasserstoffgas, Methan n (Chem) / metano m ‖ ˜**gasanalysator** m (Bergb) / aparato m analizador de grisú, aparato m de Haldane ‖ ˜**gasanzeige** f / grisumetría f ‖ ˜**gasanzeiger** m / indicador m de grisú, metanómetro m ‖ ˜**gashaltig** / grisutoso ‖ ˜**gasinterferometer** n / interferómetro m de grisú, grisúmetro m interferencial ‖ ˜**gebäude** n (Bergb) / conjunto m de galerías ‖ ˜**gebläse** n, -bewetterungsmaschine f / ventilador m de mina ‖ ˜**gefälle**, Haufwerk n (Bergb) / broza f, conjunto m de minerales de una ganga ‖ ˜**gerbung** f (Gerb) / curtición f en fosos o noques ‖ ˜**glühen** n (Hütt) / recocido m en fosos ‖ ˜**guss** m (Gieß) / fundición f en foso ‖ ˜**halde** f (Bergb) / escombrera f de mina ‖ ˜**hobelmaschine** f (Wzm) / acepilladora f de fosa ‖ ˜**holz** n (Bergb) / madera f de entibar o para minas, entibos m pl (E), estemples m pl (LA) ‖ ˜**holzausbau** m (Bergb) / entibación f con madera ‖ ˜**inhalt** m (Sanitär) / contenido m del foso o pozo séptico ‖ ˜**kabel** n (Bergb) / cable m minero ‖ ˜**kaue**, Kaue f (Bergb) / baño-ducha m ‖ ˜**kies** m (Bau) / grava f de cantera ‖ ˜**kies**, Gleiskies m, Kiesbettung f, Schotterbett n (Bahn) / balasto m de cantera ‖ ˜**klein** n (Bergb) / carbón m menudo de mina ‖ ˜**kohle** f / carbón m de mina, hulla f ‖ ˜**kompass** m / brújula f de minero ‖ ˜**lampe** f, Geleucht n, Wetterlampe f / lámpara f de minero o de seguridad ‖ ˜**lokomotive** f (Bergb) / locomotora f de minas ‖ ˜**mauerung**, Ausmauerung f (Bergb) / mampostería f de galerías ‖ ˜**pulver** n (Bergb) / pólvora f para minas ‖ ˜**pumpe**, Baupumpe f / bomba f para obras, bomba f de contratista ‖ ˜**räume**, -baue m pl (Bergb) / conjunto m de galerías ‖ ˜**rettungsapparat** m / aparato m de salvamento de mina ‖ ˜**rettungsstation** f (Bergb) / puesto m subterráneo de salvamento ‖ ˜**riss** m (Bergb) / plano m de mina ‖ **einen** ˜**riss aufnehmen** (Bergb) / trazar un plano de mina ‖ ˜**rundholz** n / entibos m pl redondos, estemples m pl redondos ‖ ˜**sand** m (Bau, Gieß) / arena f de cantera ‖ ˜**schiene** f (Bergb) / riel m o carril de (o para) minas ‖ ˜**schmelz** m (Hütt) / esmalte m burilado ‖ ˜**schnittholz** n (Bergb) / madera f aserrada o cortada para minas ‖ ˜**sicherheit** f / seguridad f en las minas ‖ ˜**sicher[heitseinricht]ung** f / instalación f de seguridad minera ‖ ˜**silo** m (Landw) / silo m enterrado [de hormigón] ‖ ˜**sohle** f (Bergb) / fondo m de mina ‖ ˜**stahl** m / acero m para entibaciones ‖ ˜**stahl-I-Profil** n (Bergb) / perfil m en I para minas ‖ ˜**stahlstempel** m / estemple m de acero [para minas] ‖ ˜**steiger** m / capataz m minero o de minas ‖ ˜**stempel** m / estemple m [de mina], puntal m de mina ‖ ˜**stempelpresse** f / prensa f para estemple de minas ‖ ˜**telefon** n, -apparat m (Fernm) / teléfono m de mina ‖ ˜**- und Kanalreinigung** f (Sanitär) / limpieza f de fosos o pozos sépticos y alcantarillas ‖ ˜**unglück** n (Bergb) / accidente m minero, catástrofe f de mina ‖ ˜**vermessung**, Markscheiderarbeit f / levantamiento m topográfico de minas ‖ ˜**wagen** / vagoneta f de mina, cajón m ‖ ˜**warte** f (Bergb) / central f de control minero ‖ ˜**wasser** n (Bergb) / agua f de infiltración ‖ ˜**wehr** f / brigada f (E) o escuadrilla (LA) de salvamento de mina ‖ äquivalente ˜**weite**, -öffnung f (Bergb) / sección f equivalente del pozo ‖ ˜**wettermaschine** f / ventilador m de mina ‖ ˜**zimmerung** f (Bergb) / entibación f de mina ‖ ˜**zimmerung**, Geviert n (Bergb) / escuadría f ‖ ˜**zug** m (Bergb, Verm) / levantamiento m topográfico de una mina ‖

Grude•koks m (Hütt) / coque m o cisco de lignito ‖ ˜**ofen**, -herd m, Grude f (Hütt) / estufa f para coque de lignito

Gruftgebäude n (Reaktor) / edificio m para almacenamiento, edificio m de combustible gastado o agotado

Grummet, Grumt n (Landw) / retoño m, segundo m corte

grün / verde ‖ ~, saftfrisch (Holz) / fresco, verde ‖ ~, ungebrannt (Kaffee) / no tostado ‖ **~er Dünger**, Gründünger m (Landw) / abono m verde o vegetal ‖ **~ färben** / teñir de verde ‖ **~es Glas**, Flaschenglas n / vidrio m verde [botella] ‖ **~er Rasen**, Tag m (Bergb) / superficie f [de tierra] ‖ **~er Rohton** (Keram) / arcilla f cruda o activa ‖ **~er Strahl** (Meteo) / rayo m verde ‖ **~e Welle** (Verkehr) / onda f verde, semáforos m pl sincronizados ‖ **~er Zustand**, roher Zustand (Keram) / estado m verde o crudo o bruto ‖ ~ n, grüne Farbe / verde m, color m verde

Grün•ablauf m (Zuck) / jarabe m verde ‖ ˜**algen**, Chlorophyzeen f pl (Bot) / algas f pl verdes, clorofíceas f pl ‖ ˜**anlage** f (Städtebau) / zona f verde, zona f ajardinada ‖ ˜**anteil** m **der Lichtempfindlichkeit** (Foto) / fracción f verde de la fotosensibilidad ‖ **~beige** (RAL 1000) / beige verdoso ‖ ˜**beimischer** m (TV) / circuito m de adición verde ‖ **~blau** / verdeazul, verdiazul ‖ ˜**bleierz** n, Pyromorphit m (Min) / piromorfita f, fosfato m natural de plomo ‖ **~blind** / deuteranopo ‖ ˜**blindheit** f (Opt) / acloropsia f, deuteranopía f

Grund m (allg) / motivo m ‖ ˜, Boden m (Landw) / suelo m, terreno m, tierra f ‖ ˜, Bauplatz m, -grund m (Bau) / solar m, terreno m ‖ ˜, Bett n eines Flusses (Hydr) / fondo m de un cauce ‖ ˜, Untergrund m (Bau) / subsuelo m ‖ ˜, Unterlage f (Farbe) / fondo m ‖ ˜..., Haupt... / principal ‖ ˜..., fundamental / fundamental, básico, basal ‖ ˜..., Basis... / dc base, básico ‖ ˜..., Anfangs... / elemental, inicial ‖ ˜..., vorwiegend / predominante ‖ ˜ **und Boden** / bienes m pl raíces ‖

Grund

auf ⁓ **laufen** (Schiff) / encallar, varar ‖ **den** ⁓ **legen** (Bau) / echar los cimientos
Grund•ablass m (Hydr) / descarga f de fondo, vaciadero m o desagüe de fondo ‖ ⁓**ablassschieber** m / llave-compuerta f vaciadera de fondo
Grün[flach]dach n (Bau) / cubierta f verde (con césped)
Grund•adresse f (DV) / dirección f de base ‖ ⁓**akkord** m (F.Org) / destajo m básico ‖ ⁓**anker** m (Schiff) / ancla f de fondo ‖ ⁓**anstrich** m, Grundierung f (Tätigkeit) / primera f capa o mano, mano f de imprimación ‖ ⁓**anstrich**, Grundierfarbe f (Farbe) / pintura f de fondo, pintura f base, capa de fondo.f., imprimación f ‖ ⁓**ausbildung** f / formación f fundamental o básica ‖ ⁓**ausrüstung** f (DV) / elementos m pl físicos básicos ‖ ⁓**ausrüstung des Befehlsvorrats** (DV) / juego m de instrucciones básicas ‖ ⁓**ausstattung** f / equipo m básico o estándar[d] ‖ ⁓**balken** m (Zimm) / viga f maestra ‖ ⁓**balken** (Holzrost) / travesaño m principal del emparrillado o enrejado ‖ ⁓**balken**, Lagerbalken m, [Grund-]Schwelle f (Zimm) / umbral m ‖ ⁓**bandbreite** f (Eltronik) / banda f base o básica ‖ ⁓**bau** m, Unterlage f (Straßb) / asiento m ‖ ⁓**bau** (Baumaßnahmen) / fundaciones f pl, trabajos m pl de fundación ‖ ⁓**baustein** m (Eltronik, Masch) / módulo m básico ‖ ⁓**bedingung** f / condición f básica ‖ ⁓**begriff** m, -idee f / concepto m fundamental, idea f fundamental ‖ ⁓**begriffe** m pl / nociones f pl fundamentales o básicas, términos m pl básicos ‖ ⁓**belastung** f / carga f básica ‖ ⁓**berührung** f (Schiff) / culada f ‖ ⁓**besitz**, Boden m (Bau, Landw) / propiedad f inmobiliaria, bienes m pl raíces, propiedad f de tierras ‖ ⁓**bestandteil** m (allg, Chem) / parte f integrante, elemento m fundamental, ingrediente m básico ‖ ⁓**betriebssystem** n (DV) / sistema m de explotación básico ‖ ⁓**bett** n (Hydr) / fondo m del lecho ‖ ⁓**-Bezugsspannung** f, Normalpotential n (Chem) / tensión f normal de un electrodo ‖ ⁓**bindungen** f pl (Web) / ligamentos m pl fundamentales o de fondo, base f de evoluciones ‖ ⁓**bohrer** m (Gewinde) / primer macho m [de roscar] ‖ ⁓**bruch** m (Bau) / hundimiento m de la cimentación ‖ ⁓**bruch** (Wehr) (Hydr) / socavación f de la presa ‖ ⁓**bündel** n (Fernm) / haz m principal ‖ ⁓**dämpfung** f (Fernm) / atenuación f básica ‖ ⁓**daten** pl (DV) / datos m pl básicos ‖ ⁓**drehzahl** f (Elektr, Mot) / velocidad f [de giro] básica ‖ ⁓**-Ebene**, Ausgangsebene f (Zeichn) / plano m de referencia ‖ ⁓**eigenschaft** f / propiedad f fundamental ‖ ⁓**einheit** f (Phys) / unidad f fundamental ‖ ⁓**einheit**, Staudinger-Einheit f (Plast) / unidad f estructural ‖ ⁓**eis** n / hielo m de fondo ‖ ⁓**element** n (Fernm, Kabel) / cuadrete m (conjunto de cuatro conductores) ‖ ⁓**element**, GE (DV) / elemento m de base ‖ ⁓**email** n (Beschicht) / esmalte m de fondo
gründen vi [auf] / basar [en] ‖ ⁓ vt (z.B. ein Unternehmen), errichten / fundar ‖ ⁓, den Grund legen (Bau) / fundar, echar los cimientos ‖ ⁓, grunden (Färb) / imprimir ‖ **auf Pfähle** ⁓ (Bau) / fundar sobre pilotes ‖ **[ein Gebäude]** ⁓ (Bau) / fundamentar, cimentar ‖ **sich** ⁓ **[auf]** / basarse [en]
Grund•erregung f / excitación f de base ‖ ⁓**faden** m (Web) / hilo m de base o de fondo ‖ ⁓**farbe** f, erster Anstrich / primera f mano o capa [de pintura], pintura f de fondo ‖ ⁓**farbe**, Primärfarbe f (Opt) / color m primario o elemental, color m primitivo del espectro ‖ ⁓**farbe** (Färb) / tintura f de fondo, tinte m de base ‖ ⁓**farbe**, Grund m (Pap, Tex) / fondo m ‖ ⁓**farbe einer Mischung** / color m primario ‖ ⁓**färbung** f (Tex) / teñido m de fondo ‖ ⁓**fehler** m / error m intrínseco o fundamental ‖ ⁓**felge** f (Kfz) / fondo m de llanta ‖ ⁓**fertigkeiten** f pl / destrezas f pl básicas ‖ ⁓**firnis** m (Tischl) / barniz m de fondo ‖ ⁓**fläche** f / área f, superficie f ‖ ⁓**fläche**, Basis f (Geom) / base [plana] ‖ **auf der** ⁓**fläche befindlich** (Math) / basal ‖ ⁓**flächenzahl** f (Bau) / relación f entre solar y piso ‖ ⁓**flankenlinie** f,

-zylinder-Flankenlinie f / hélice f de base ‖ ⁓**form** f, Ausgangsform f / forma f básica o fundamental, forma f original ‖ ⁓**format** n (DV) / formato m básico ‖ ⁓**formel** f (Chem) / fórmula f fundamental ‖ ⁓**frequenz** f (Eltronik) / frecuencia f fundamental, frecuencia f básica o de base ‖ ⁓**frequenz**, -takt m (DV) / frecuencia f de reloj ‖ ⁓**gänger** m (Mil, Torpedo) / torpedo m hundido ‖ ⁓**gas** n (Quecksilberdampflampe) / gas m de base ‖ ⁓**gebirge** n, Urgebirge n (Geol) / terreno m primario o primordial ‖ ⁓**gebühr** f (Elektr, Fernm) / tarifa f base o básica o fija, tarifa f binomia (LA), cuota f de abono ‖ ⁓**gebühr** (Elektr) / tasa f fija ‖ ⁓**gerät** n / aparato m base ‖ ⁓**geräusch**, Eigenrauschen n (Eltronik) / ruido m de fondo ‖ ⁓**geräusch** n (Audio) / ruido m de aguja o de superficie ‖ ⁓**geräusch-Austastung** f (TV) / supresión f del ruido de fondo ‖ ⁓**gerüst** n, -struktur f / estructura f fundamental ‖ ⁓**gesamtheit** f (Stat) / poblaciones f pl ‖ ⁓**geschoss** n (Bau) / piso m bajo ‖ ⁓**geschwindigkeit** f (Luftf) / velocidad f respecto al suelo o al terreno o a tierra ‖ ⁓**geschwindigkeit** (DV) / velocidad f básica ‖ ⁓**gesetz**, -prinzip n, -satz m (Phys) / ley f fundamental ‖ ⁓**gestein**, Urgestein n (Geol) / rocas f pl primitivas ‖ ⁓**gewebe** n (Tex) / tejido m de base ‖ ⁓**gewicht** n (Luftf) / peso m bruto o básico ‖ ⁓**gleichung** f (Math) / ecuación f fundamental ‖ ⁓**größe** f (Math, Phys) / magnitud f fundamental ‖ ⁓**gruppe** f (Fernm) / grupo m básico o de base ‖ ⁓**güter** n pl / productos m pl básicos ‖ ⁓**helligkeit** f (TV) / luminosidad f de fondo, brillo m de fondo ‖ ⁓**hieb** m (Feile) / picadura f de fondo ‖ ⁓**hobel** m (Tischl) / guimbarda f, cepillo m de cuchilla estrecha ‖ ⁓**hobel**, Nuthobel m / cepillo m acanalador ‖ ⁓**hobeleisen** n / cuchilla f de la guimbarda
grundieren, erstmalig anstreichen (Anstrich) / imprimar, dar la primera capa o mano, dar la base, tirar la base (CUB) ‖ ⁓ (Färb) / dar un fondo, mordentar ‖ ⁓ (vor dem Vergolden) / sisar ‖ **Holz** ⁓ / impregnar ‖ ⁓ (Anstrich) / imprimación f ‖ ⁓ (Färb) / mordentado m
Grundier•farbe f / pintura f de fondo o de imprimación ‖ ⁓**lack** m / laca f de fondo, barniz m de fondo ‖ ⁓**maschine** f (Textildruck) / máquina f impresora
Grundierung f, Unterlage f (Anstrich) / capa f o pintura de fondo, imprimación f ‖ ⁓ (Farbe, Tätigkeit) / aplicación f de la primera capa, imprimación f ‖ ⁓, Primer m (Material) / imprimador m, tapaporos m ‖ ⁓, Spachteln n / emplastecimiento m ‖ ⁓ (Leder) / capa f de flor
Grund•industrie f / industria f básica ‖ ⁓**integral** n (Math) / integral f principal ‖ ⁓**irrtum** m / error m fundamental o radical ‖ ⁓**joch** n (Bau) / pilotes m pl de fundación ‖ ⁓**kegel** m (Verzahnung) / cono m primitivo o de base ‖ ⁓**kette** f (im Vierpol) (Fernm) / cadena f fundamental ‖ ⁓**kette**, Unter-, Bodenkette f (Web) / urdimbre f de fondo ‖ ⁓**konfigurationen** f pl (DV) / configuraciones f pl fundamentales ‖ ⁓**konzept** o, -lage f, -begriff m / concepto m básico ‖ ⁓**kraftwerk**, Grundbelastungswerk n (Elektr) / central f eléctrica de carga fundamental ‖ ⁓**kreis** m (Zahnrad) / círculo m primitivo o de base ‖ ⁓**kreis**, Mutterkreis m (Teilmasch.) / círculo m graduado ‖ ⁓**kreisdurchmesser** m (Zahnrad) / diámetro m [del círculo] de base, diámetro m interior ‖ ⁓**kreisscheibe** f / disco m del círculo de rodadura ‖ ⁓**kreisteilung** f (Zahnrad) / paso m [del círculo] de base ‖ ⁓**kristall** m / cristal m de base ‖ ⁓**kurs** m (Radar) / rumbo m exacto o verdadero ‖ ⁓**lack** m (Anstrich) / laca f de fondo, barniz m de fondo ‖ ⁓**lage**, Basis f / base f, fundamento m ‖ **auf der** ⁓**lage** [von] / sobre la base [de] ‖ **unwirksame** ⁓**lage** (Dynamit) / base f inerte ‖ **wirksame** ⁓**lage** (Dynamit) / base f activa ‖ **als** ⁓**lage dienen** / servir de base ‖ ⁓**lage von lose ins Wasser geschütteten Steinen** (Bau, Hydr) / pedraplén m ‖ ⁓**lagen** f pl, -prinzipien n pl / principios m pl

Grundstoff

fundamentales o básicos ‖ ⁓**lagen der höheren Mathematik** / fundamentos m pl de matemáticas superiores ‖ ⁓**lagen der Statik** / elementos m pl de la estática ‖ ⁓**lagenforschung** f, reine Forschung / investigación f [científica o tecnológica] básica o fundamental ‖ ⁓**lagenforschung** (Math) / axiomática f ‖ ⁓**lagen-Forschungsabteilung** f / departamento m de investigación fundamental ‖ ⁓**lager** n, Hauptlager n (Masch) / cojinete m principal ‖ ⁓**last** f, Dauerlast f (Mech) / carga f de base, carga f fundamental ‖ ⁓**last[kraft]werk** n (Elektr) / central f (E) o usina (LA) eléctrica de base ‖ ⁓**lawine** f / alud m de témpanos ‖ **~legend**, Grund... / básico, [de] base ‖ **~legend**, elementar / elemental ‖ **~legend**, grundsätzlich / fundamental ‖ **~legende Bestimmung** / reglas f pl o normas o disposiciones fundamentales ‖ ⁓**legung**, Gründung f (Bau) / trabajos m pl de fundación, fundación f, cimentación f ‖ ⁓**leistung** f (Elektr) / potencia f básica ‖ ⁓**leitung** f (Trägerfrequenz) / enlace m en línea
gründlich, sorgfältig / esmerado, cuidadoso, exacto adj, a fondo, minuciosamente adv ‖ **~ durchgearbeitet**, für hohe Ansprüche / sofisticado
Grund•licht n (Foto) / luz f ambiente o del ambiente ‖ ⁓**linie**, Standlinie f (Verm) / línea f de base, base f ‖ ⁓**linie** f (Math) / base f ‖ ⁓**linie** (Zeichn) / línea f de referencia ‖ ⁓**linie** (Nav) / línea f de base, eje m focal ‖ ⁓**linien-Rauschen** n (Eltronik) / ruido m térmico, hierba f ‖ ⁓**loch** n, Sackloch n (Masch) / agujero m ciego ‖ ⁓**lochgewindebohrer** m (Masch) / macho m para roscar agujero[s] ciego[s] ‖ ⁓**lochherstellung** f (Masch) / ejecución f de agujeros ciegos ‖ ⁓**lochreibahle** f (Wz) / escariador m para agujeros ciegos ‖ ⁓**log** n (Schiff) / corredera f de fondo ‖ ⁓**lohn** m (F.Org) / salario m base o básico ‖ **~los** (Straßb) / intransitable ‖ ⁓**maschine** f / máquina f básica ‖ ⁓**maß** n, theoretisches Maß / medida f teórica o básica, cota f de base ‖ ⁓**maß**, Normalmaß n / medida f normal ‖ ⁓**maß** (Bau) / dimensión f de base ‖ ⁓**masse** f (Bau) / masa f del edificio ‖ ⁓**masse**, Matrix f (Feuerfest) / matriz f ‖ ⁓**masse**, Matrix f (Plast) / material m base ‖ ⁓**masse eines Gesteins** (Geol) / ganga f, roca f madre ‖ ⁓**material** n, -stoff m / materia f prima o básica, material m base ‖ ⁓**material**, -masse f (Pulv.Met) / matriz f ‖ ⁓**material**, -metall n (Galv) / metal m de base, metal-soporte m ‖ ⁓**material** n (Lumineszenz) / base f, material m base ‖ ⁓**mauer** f, Fundamentmauer f (Bau) / muro m de cimentación o de fundación, cimientos m pl ‖ ⁓**mauer**, -bau m / basamento m ‖ ⁓**mauer**, Schwelle f, Sockel m (Bau) / zócalo m ‖ ⁓**mauerwerk** n, Fundamentierung f / mampostería f de fundación ‖ ⁓**metall**, -material n (Galv) / metal-soporte m, metal m [de] base ‖ ⁓**metall** n (Schw) / metal m [de] base, metal m que se suelda ‖ ⁓**mode** f, -schwingung f (Phys) / modo m fundamental ‖ ⁓**modell** n (Kfz) / modelo m standard o básico ‖ ⁓**modul** n (Bau, Eltronik) / módulo m básico ‖ ⁓**moräne** f (Geol) / morena f de fondo ‖ ⁓**muster** n, Type f / tipo m ‖ ⁓**nachbildung** f (Fernm) / línea f artificial base, línea f equilibradora, equilibrador m fundamental ‖ ⁓**nahrungsmittel** n pl / alimentos m pl básicos ‖ ⁓**netz** n (Fischerei) / traíña f, traína f ‖ ⁓**netzsender** m (TV) / emisora f madre ‖ ⁓**niveau** n (Nukl) / nivel m de energía más bajo ‖ ⁓**norm** f / norma f fundamental ‖ ⁓**operation** f, -verfahren n / operación f de base ‖ ⁓**patent** n / primera f patente ‖ ⁓**pegel** m (Geräusch) / nivel m del ruido de fondo ‖ ⁓**periode** f (Phys) / período m fundamental ‖ ⁓**pfahl**, Ausgangs-, Stationspfahl m (Verm) / jalón m o piquete de referencia ‖ ⁓**pfahl** m (Bau) / pilote m de fundación, estaca f ‖ ⁓**pfählung** f, Pfahlgründung f (Bau) / zampeado m ‖ ⁓**pfeiler** m (Bau) / pilar m de fundación, pilote m, puntal m ‖ ⁓**platine** f (Wirkm) / platina f de descenso

Grundplatte f / placa f [de] base o de fondo ‖ ⁓, Unterlagsplatte f / platina f ‖ ⁓, Fundamentplatte f (Bau) / placa f de fundación o de fundamento ‖ ⁓ (Masch) / placa f de montaje, bancada f, bancaza f ‖ ⁓ (Stanzwerkzeug) / panel m matriz ‖ ⁓ (Bahn, Weiche) / placa f de asiento de la aguja (E), sill[et]a f de cambio (LA) ‖ ⁓ (Walzw) / plataforma f base ‖ ⁓ (Wirkm) / placa f [de] base de asiento ‖ ⁓ (Eltronik, Radio) / chasis m ‖ ⁓, Schlossblech n (Schloss) / palastro m ‖ ⁓ **der Reißmaschine** (Tex) / placa-zócalo f de la deshilachadora ‖ ⁓ f **der Trommelbremse** (Kfz) / placa f del freno de tambor
Grund•polieren n, -politur f / primera f pulimentación ‖ ⁓**preis** m / precio m base o básico ‖ ⁓**prinzipien** n pl, -lagen f pl / principios m pl fundamentales o básicos ‖ ⁓**profil** n (Gewinde) / perfil m básico ‖ ⁓**profil** (Flügel) (Luftf) / perfil m de base del ala ‖ ⁓**programm** n (DV) / rutina f de base ‖ ⁓**rahmen** m / cuadro m o marco m de fundación [de] base ‖ ⁓**raster** m (gedr.Schaltg) / rejilla f de base, retículo m fundamental ‖ ⁓**rauschen** n (Eltronik) / ruido m de fondo ‖ ⁓**rechnungsart**, Spezies f (Math) / operación f fundamental [de la aritmética] ‖ **die vier** ⁓**rechnungsarten** / las cuatro operaciones fundamentales, las cuatro cuentas o reglas o especies fundamentales ‖ ⁓**regel** f / regla f fundamental ‖ ⁓**reibahle** f (DIN) (Wz) / escariador m avellanador ‖ ⁓**resonanz** f (Phys) / resonancia f fundamental ‖ ⁓**richtung** f / tendencia f general ‖ ⁓**ring** m (Kessel) / anillo m de fondo, [anillo] adaptador inferior ‖ ⁓**riss** m, Draufsicht (Zeichn) / plano m horizontal, proyección f horizontal, planta f, corte m horizontal ‖ ⁓**rissplanung** f / esquema m de distribución ‖ ⁓**risszeichnung** f / plano m de planta ‖ ⁓**rohr** n (Abwasser) / tubo m de desagüe ‖ ⁓**säge** f (Wz) / sierra f para trabajos bajo agua ‖ ⁓**satz** m, Maxime f (Math) / principio m, máxima f ‖ ⁓**satz von der Erhaltung der Energie** (Phys) / principio m de la conservación de la energía ‖ **~sätzlich** / fundamental, elemental ‖ ⁓**saugbagger** m / draga f de succión de fondo ‖ ⁓**schaltbild** m, -schaltplan m (Elektr, Eltronik) / esquema m de conexiones básico ‖ ⁓**schaltung** f (Eltronik) / circuito m básico o fundamental ‖ ⁓**schaltung** (Elektr) / circuito m principal, disposición f básica ‖ ⁓**schaltungsarten** f pl / configuraciones f pl fundamentales ‖ ⁓**schicht** f (Anstrich, Bau) / capa f de fondo ‖ ⁓**schicht** (Atmosphäre) / peplosfera f ‖ ⁓**schieber** m (Hydr) / compuerta f de fondo ‖ ⁓**schleier** m (Foto) / velo m de fondo ‖ ⁓**schleppnetz** n, -netz n / red f de arrastre, traíña f, traíña f ‖ ⁓**schrägungswinkel** m (Zahnrad) / ángulo m de hélice de base ‖ ⁓**schuss** m (Web) / trama f de fondo ‖ ⁓**schwelle** f (Hydr) / solera f ‖ ⁓**schwingung** f, erste Harmonische (Phys) / oscilación f fundamental ‖ ⁓**[schwingungs]frequenz** f / frecuencia f fundamental ‖ ⁓**schwingungsgehalt** m (Phys) / factor m fundamental ‖ ⁓**schwingungsleistung** f (Eltronik) / potencia f fundamental ‖ ⁓**schwingungsquarz** m (Phys) / cristal m piezoeléctrico para funcionamiento en la fundamental ‖ ⁓**see** (Schiff) / mar m de fondo, marejada f de fondo ‖ **die drei** ⁓**signale** (TV) / primarios m pl de transmisión ‖ ⁓**sinnbild** n / símbolo m general o básico ‖ ⁓**spachtel** m (Masse) / masilla f de fondo ‖ ⁓**spannung** f (Mech) / tensión f primaria ‖ ⁓**spant** n (Schiff) / cuaderna f maestra ‖ ⁓**spezifikation** f / especificación f básica ‖ ⁓**spiel** n (Passung) / juego m fundamental ‖ ⁓**stahl** m (früher: Massenstahl) (Hütt) / acero m de gran producción
Grundstein m (Bau) / primera f piedra, piedra f fundamental ‖ **den** ⁓ **legen** / colocar o poner la primera piedra ‖ ⁓**legung** f / colocación f de la primera piedra
Grund•stellung f / posición f normal ‖ ⁓**stellung**, Ausgangs-, Ruhestellung f / posición f inicial, posición f zero ‖ ⁓**stellung** (NC) / estado m inicial ‖ ⁓**stoff** m

Grundstoff

(Chem) / cuerpo *m* simple, elemento *m* [químico] ‖ ²**stoff**, Rohmaterial *n* / materia *f* prima ‖ ²**stoff**, Ausgangsstoff *m* / material *m* básico, material *m* de partida ‖ ²**stoffindustrie** *f* / industria *f* de materias primas ‖ ²**strahlung** *f* (Phys) / radiación *f* de fondo ‖ ²**strecke** *f* (Bergb) / galería *f* de base ‖ ²**strich** *m* (Druck) / pierna *f* de letra, grueso *m* de letra, trazo *m* magistral ‖ ²**struktur** *f*, -gerüst *n* / estructura *f* fundamental o básica ‖ ²**stück** *n* (Bau) / fundo *m*, terreno *m*, inmueble *m*, solar *m* ‖ **landwirtschaftlich (forstwirtschaftlich) genutztes** ²**stück** / inmueble *m* agrícola o rural [forestal], finca *f* rústica ‖ ²**stück** (baureif) (Bau) / finca edificable *f* ‖ ²**stückentwässerung** *f* / drenaje *m* de un terreno ‖ ²**stücksgrenze** *f* / límite *m* del terreno ‖ ²**substanz** *f* / sustancia *f* fundamental ‖ ²**symbol** *n*, -sinnbild *n* / símbolo *m* fundamental o general, símbolo *m* básico o general ‖ ²**takt** *m* (DV) / ritmo *m* básico ‖ ²**takt**, -frequenz *f* (DV) / frecuencia *f* de reloj ‖ ²**tau** *n* (Fischfang) / relinga *f* de fondo ‖ ²**test** *m* (DV) / prueba *f* básica ‖ ²**text** *m* / texto *m* original o básico ‖ ²**toleranz** *f* (Masch) / tolerancia *f* fundamental o básica ‖ ²**ton** *m* (Akust) / tono *m* fundamental ‖ ²**ton**, -farbe *f* (Färb) / matiz *m* de fondo ‖ ²**tonquarz** s. Grundschwingungsquarz ‖ ²**typ** *m* (allg) / tipo *m* básico o fundamental ‖ ²**typ** (Wellenleiter) / modo *m* dominante o fundamental ‖ ²**übergruppe** *f* (Fernm) / supergrupo *m* básico ‖ ²**überholung** *f* / revisión *f* general o total, repaso *m* a fondo ‖ ²**überholung** (Bahn) / gran reparación general *f*
Gründung *f*, Unterbau *m* (Bau) / fundación *f*, cimientos *m pl* ‖ ², Grundlegung *f*, Fundierung *f* (Bau) / funda[menta]ción *f*, cimentación *f* ‖ ² **auf Beton und Pfahlrost** / fundación *f* [sentada] sobre [placa de] hormigón y pilotes ‖ ² **auf Steinschüttung** / fundación *f* sobre escollera de piedras ‖ ² **mittels Kastenfangdamm od. Kofferdamm** / fundación *f* por ataguía de doble pared o de cajón ‖ ² **mittels Schachtabteufung** / fundación *f* por profundización de pozos
Gründünger *m* (Landw) / abono *m* verde o vegetal
Gründungs•pfahl *m* (Bau) / pilar *m* del cimiento ‖ ²**verfahren** *n* / procedimiento *m* de fundación
Gründüngung *f* (Landw) / abonado *m* verde o vegetal
Grund•vektor *m* (Phys) / vector *m* fundamental ‖ ²**ventil** *n* (Pumpe) / válvula *f* inferior o de fondo ‖ ²**verfahren** *n*, -operation *f* (Chem) / operación *f* básica, procedimiento *m* básico ‖ ²**verstärker** *m* (Eltronik) / amplificador *m* de entrada ‖ ²**viskosität** *f* (Anstrich) / viscosidad *f* intrínseca ‖ ²**vorspannung** *f* (Eltronik, Röhre) / polarización *f* fija
Grundwasser *n* / agua *f* subterránea, aguas *fpl* freáticas ‖ ², Tiefwasser *n* (Bergb) / agua *f* subterránea de infiltración ‖ ²**abdichtung** *f* / empaquetadura *f* contra [la penetración de] agua subterránea ‖ ²**absenkung** *f* / descenso *m* del nivel del agua subterránea, depresión *f* del agua subterránea ‖ ²**andrang** *m*, -zutritt *m* / entrada *f* o penetración de agua subterránea ‖ ²**fassung** *f* / captación *f* del agua subterránea ‖ ²**kunde** *f* / hidrología *f* de aguas subterráneas ‖ ²**schutz** *m* (Bau) / protección *f* contra agua subterránea ‖ ²**sohle** *f* / fondo *m* del agua subterránea ‖ ²**speicher** *m*, -träger *m*, -horizont *m* / capa *f* acuífera ‖ ²**speicherungskurve** *f* / curva *f* de almacenamiento del agua subterránea ‖ ²**spiegel** *m*, -oberfläche *f* / mesa *f* de las aguas subterráneas, arista *f* hidrográfica, nivel *m* freático, capa *f* freática ‖ **den** ²**spiegel senken** / bajar o descender la mesa del agua subterránea ‖ ²**stand** *m* / nivel *m* [de la mesa] del agua subterránea, nivel *m* freático ‖ ²**strom** *m* / corriente *f* de agua subterránea ‖ ²**verhältnisse** *n pl* / condiciones *f pl* del agua subterránea ‖ ²**zutritt** *m*, -andrang *m* / entrada *f* o penetración de agua subterránea

Grund•wehr *n* (Hydr) / dique *m* sumergible ‖ ²**welle** *f* (Phys) / onda *f* fundamental ‖ ²**welle**, Trägerwelle *f* (Eltronik) / onda *f* portadora ‖ ²**welle** *f*, Boden- o. direkte Welle (Eltronik) / onda *f* directa o superficial, onda *f* terrestre o de tierra o de suelo ‖ ²**wellenlänge** *f* (Phys) / longitud *f* de onda fundamental ‖ ²**wellenmodus** *m* / modo *m* fundamental de propagación ‖ ²**wellenquarz** s. Grundschwingungsquarz ‖ ²**werk** *n* **des Kollergangs** / placa-zócalo *f* del molino de muelas verticales ‖ ²**werkstoff** *m* / material *m* básico ‖ ²**werkstoff**, -metall *n* (Galv) / metal *m* básico, metal-soporte *m* ‖ ²**werkstoff** (Schw) / metal *m* [de] base, metal *m* que se suelda ‖ ²**wert** *m* / valor *m* fundamental ‖ ²**wert des Nebensprechens, der Nebensprechdämpfung** (Fernm) / relación *f* diafónica, relación *f* señal/diafonía ‖ ²**zahl** *f*, Kardinalzahl *f* (Math) / número *m* cardinal ‖ ²**zeichenvorrat** *m* (Druck) / juego *m* básico de caracteres ‖ ²**zeilenabstand** *m* (DV) / espaciado *m* básico de líneas ‖ ²**zeit** (Refa) (F.Org) / tiempo *m* fundamental ‖ ²**zustand**, Ausgangszustand *m* / estado *m* inicial ‖ ²**zustand** *m* (Nukl) / estado *m* fundamental ‖ ²**zyklus** *m* (DV) / ciclo *m* básico ‖ ²**zylinder** *m* / cilindro *m* [de] base ‖ ²**zylinder-Flankenlinie** *f*, -flankenlinie *f* / hélice *f* de base
Grün•eisenerz *n*, Dufrenit *m* (Min) / dufrenita *f* ‖ ²**erde** *f*, Seladonit *m* (Min) / seladonita *f*
Grünerit *m* (Min) / grunerita *f*
Grün•fäule *f* (Holz) / pudrición *f* verde ‖ ²**fäule** (z..B. der Citrusfrüchte) (Landw) / moho *m* verde ‖ ²**festigkeit** *f* (Pulv.Met) / resistencia *f* verde ‖ ²**feuer** *n* (Pyrotechn) / fuegos *m pl* [artificiales] verdes ‖ ²**filter** *n* (Foto) / filtro *m* [de color] verde ‖ ²**filterauszug** *m* (Druck) / separación *f* o selección por filtro verde ‖ ²**fläche** *f* (Bau) / zona *f* o área verde, zona *f* ajardinada, espacio *m* verde ‖ ²**futter** *n* (Landw) / forrajes *m pl* verdes, pienso *m* ‖ ²**futterkette** *f* / cadena *f* recogedora de forraje verde ‖ ²**futterschneider** *m*, Grünfutterzerkleinerer *m* / cortadora *f* o desmenuzadora de forrajes verdes ‖ ~**gelb** (Fernm) / verde-amarillo, amarillo verdoso ‖ ²**gewicht** *n* (Gerb) / peso *m* en verde ‖ ²**gürtel** *m* / cinturón *m* verde ‖ ²**guss** *m*, Nassguss *m* (Gieß) / fundición *f* verde ‖ ²**haut** *f* (Gerb) / piel *f* en verde ‖ ²**kern** *m* (Landw) / escanda *f* secada en verde ‖ ²**land** *n* (Landw) / prados *m pl* y pastos ‖ ²**lauge** *f* (Pap) / lejía *f* verde
grünlich / verdoso
Grünlicht-Lumineszenzdiode *f* (Eltronik) / diodo *m* de electroluminiscencia verde
Grünling *m* (Pulv.Met) / comprimido *m* no sinterizado, pieza *f* en verde ‖ ² (Nukl) / lingote *m* combustible ‖ ² (Ziegel) (Keram) / ladrillo *m* crudo
Grün•malz *n* (Brau) / malta *f* verde ‖ ²**öl**, Anthracenöl *n* (Chem) / aceite *m* verde o de antraceno ‖ ²**ordnung** *f* (Urbanistik) / reglamento *m* para zonas verdes ‖ ²**pellets** *n pl* / pellets *m pl* en verde ‖ ²**phase** *f*, -zeit *f* (Verkehr) / fase *f* [de] verde ‖ ²**sand** *m* (Geol, Gieß) / arena *f* verde ‖ ²**sande** *m pl* (Geol) / arenas *f pl* glauconitas ‖ ²**sandkern**, Kern *m* (Gieß) / macho *m* de arena de molde en verde ‖ ²**sandstein** *m* (Geol) / arenisca *f* verde ‖ ²**schiefer** *m*, Diabasschiefer *m* (Geol) / esquisto *m* de diabasa ‖ ~**schwarz** / negro verdoso ‖ ²**silage** *f* (Landw) / ensilado *m* fresco o húmedo ‖ ²**sirup**, Ablaufsirup I *m* (Zuck) / jarabe *m* verde
Grünspan *m* / verdete *m*, cardenillo *m*, verdín *m* ‖ ²**ansetzen** / criar verdín o cardenillo ‖ **kristallisierter o. destillierter** ², Grünspanblumen *f pl* / cardenillo *m* cristalizado ‖ **sich mit** ² **überziehen** / acardenillarse ‖ ~**[farb]ig, mit Grünspan beschlagen** / acardenillado
Grün•stärke *f* (Chem) / almidón *m* verde ‖ ²**stein** *m* (Geol) / piedra *f* verde ‖ ²**stein**, Diorit *m* (Min) / diorita *f*, diabasa *f* ‖ ²**steintuff**, Diabastuff *m* (Geol) / toba *f*

diabásica o verde || ~**stichig** / verdoso, que tira a verde || ~**streifen** *m* (Bau) / faja *f* o banda verde, banda *f* de césped || ~**streifen**, Mittelstreifen *m* (Straßb) / franja *f* mediana [verde] || ~**zone** *f* (Stadt) / zona *f* verde o ajardinada
Gruppe *f* (allg, Masch) / grupo *m* || ~ (F.Org) / equipo *m* [de trabajadores] || ~ (z.B. Alkohol...) (Chem) / grupo *m* || ~, Formation *f* (Geol) / formación *f* || ~ *f* (Stat) / clase *f*, categoría *f* || ~ (**o. Batterie**) **von Maschinen** / grupo *m* de máquinas || ~ **gleicher Dinge** (z.B. Hähne) / batería *f* || ~ **im period. System** (Chem) / grupo *m* en la tabla de Mendeleev || ~ **von 12 Bits** (Chem) / slab *m* || ~ **von 5 Elementen** (DV) / pentada *f*, grupo *m* de cinco elementos || ~ **von Werkstoffen** / serie *f* de materiales
Gruppen • ... (Akku) / en serie-paralelo, en serie-derivación || ~**abschaltung** *f* / desconexión *f* de grupos || ~**abstimmung** *f* (DV) / control *m* por lotes || ~**adressierung** *f* (DV) / direccionamiento *m* de grupos || ~**akkord** *m* (F.Org) / destajo *m* de equipo o de grupo || ~**anordnung** *f* / disposición *f* en grupos || ~**anruf** *m* (Fernm) / llamada *f* colectiva en grupos || ~**antrieb** *m* / accionamiento *m* por grupos || ~**anzeige** *f* (DV) / indicación *f* de grupo || ~**äquivalentdosis** *f* (Nukl) / equivalente *m* de dosis de un grupo || ~**arbeit** *f* (F.Org) / trabajo *m* en grupo[s] o en equipo || ~**bildung** *f* / formación *f* de grupos, agrupación *f*, agrupamiento *m* || ~**bindung** *f* / cohesión *f* de grupo || ~**blitzfeuer** *n*, Blitzgruppenfeuer *n* (Luftf, Schiff) / luz *f* a relámpagos en grupos || ~**charakteristik** *f*, -faktor *m* (Antenne) / característica *f* de una antena de haz dirigido || ~**code** *m* (DV) / código *m* de grupo || ~**dosis** *f* (Nukl) / dosis *f* recibida por grupo[s] de población || ~**-Drehwähler** *m* (Fernm) / selector *m* rotativo de grupo || ~**einteilung** *f* **der Werkstücke** (F.Org) / tecnología *f* de grupos || ~**feuer** *n* (Schiff) / luz *f* de (o en) grupos || ~**fräser** *m* (Wzm) / fresa *f* combinada o seccional || ~**frequenz** *f* (Eltronik) / frecuencia *f* de grupo || ~**führer** *m* (F.Org) / jefe *m* de equipo || ~**geschwindigkeit** *f* (Fernm) / velocidad *f* de grupo || ~**getriebe** *n* (DIN) (Kfz) / tren *m* de engranajes || ~**getriebe** (für Getriebeautomaten) (Kfz) / engranaje *m* en grupo || ~**impulstechnik** *f* (Eltronik) / técnica *f* de impulsos de grupo || ~**klausel** *f* (DV) / cláusula *f* de indicación de grupo || ~**kontrolle** *f* (DV) / control *m* automático || ~**kopf** *m* (DV) / encabezamiento *m* de grupo || ~**laufzeit** *f* (Fernm) / tiempo *m* de propagación de grupo, retardo *m* de grupo o de envolvente || ~**laufzeitverzerrung** *f* (Fernm) / distorsión *f* de grupo || ~**löschzeichen** *n* (OCR) / señal *f* de borrado de grupo || ~**marke** *f* / marca *f* de grupo || ~**modulationsgeräte** *n pl* (Trägerfrequenz) / equipo *m* de modulación de grupo || ~**modulator** *m* (Eltronik) / modulador *m* de grupo || ~**montage** *f* (F.Org) / montaje *m* por grupos o unidades || ~**ordnung** *f* (der Werkzeugmaschinen-Gruppierung) (F.Org) / disposición *f* de máquinas herramienta por grupos || ~**pilotwelle** *f* (Eltronik) / piloto *m* de referencia de grupo, onda *f* piloto de grupo primario || ~**rang** *m* (DV) / nivel *m* de control || ~**rangordnung** *f* (Programm) / jerarquía *f* de control || ~**reaktion** *f* / reacción *f* de grupo[s] || ~**schalter** *m* (Elektr) / interruptor *m* seccional o de grupo[s] || ~**schalter**, Umschalter *m* (Elektr) / inversor *m* o conmutador de grupo[s] || ~**schaltung** *f* (Elektr) / conexión *f* en serie-paralelo, acoplamiento *m* en cantidad y tensión (LA) || ~**schlüssel** *m* (Schloss) / llave *f* de grupo || ~**schmierung** *f* / engrase *m* de conjunto || ~**schritt**, Codegruppenschritt *m* (Fernm) / impulso *m* de grupo de clave || ~**schub** *m* (Luftf) / empuje *m* de grupo || ~**silikat** *n* (Chem) / sorosilicato *m* || ~**strahler** *m* (Antenne) / red *f* de antenas, antena *f* múltiple, sistema *m* o grupo de antenas || ~**tausch** *m*, Bandumsetzung *f* (Höchstfrequ) / cruzamiento *m* de frecuencias,

permutación *f* alternada de frecuencias || ~**theorie** *f* (DV, Math) / teoría *f* de [los] grupos || ~**träger** *m* (Fernm) / portadora *f* de grupo || ~**transformator** *m* (Elektr) / grupo *m* de transformadores || ~**transporttheorie** *f* / teoría *f* multigrupo || ~**übergangsquerschnitt** *m* (Nukl) / sección *f* eficaz de transferencia de grupo por dispersión || ~**umschalter** *m* (Fernm) / conmutador *m* semiautomático || ~**umschaltung** *f* / selección *f* de grupos || ~**umsetzer** *m* (Eltronik) / modulador *m* de grupo || ~**umsetzung** *f* (Fernm) / modulación *f* de grupo || ~**umsetzung** (einer Gruppe von Kanälen in eine andere Frequenz) (TV) / conversión *f* de grupo || ~**verbindung** *f* (Trägerfrequenz) / enlace *m* en grupo primario, conexión *f* en grupo || ~**verbindungsplan** *m* (Elektr) / esquema *m* de enlace de grupos || ~**verlustquerschnitt** *m* (Nukl) / sección *f* eficaz de extracción de grupo || ~**verstärker** *m* (Fernm) / repetidor *m* de grupo || ~**verteiler**, -verzweiger *m* (DV, Fernm) / repartidor *m* de grupos [primarios] || ~**verteilung** *f* **auf ein Koaxialkabel** (DV) / distribución *f* de grupos (en un cable coaxial) || ~**wahl** *f* (Fernm) / selección *f* de grupos || ~**wahl für Durchgangsverkehr** (Fernm) / selección *f* tándem || ~**wähler** *m* (Fernm) / selector *m* de grupo || ~**wasserversorgung** *f* / suministro *m* de agua para grupos [diversos] || ~**wechsel** *m* (COBOL, DV) / ruptura *f* de control || ~**weise** (DV) / por (o en) grupos, por lotes || ~**weiser Antrieb** / accionamiento *m* por grupos || ~**zeichnung** *f* / diseño *m* de grupos
gruppieren *vt* / agrupar || ~, in Gruppen teilen / disponer en grupos, dividir en grupos || **Systeme** ~ (o. zusammenstellen) / configurar
gruppiertes Paket (Fernm) / paquete *m* agrupado
Gruppierung *f* / agrupación *f* en grupos || ~, Gruppenbildung *f* / agrupación *f*, agrupamiento *m*, formación *f* de grupos || ~ *f* (Elektr) / agrupación *f* || ~ **im Rechteck** (Fernm) / armado *m* en rectángulo
Gruppoid *n* (Math) / grupoide *m*
Grus *m*, Abfall *m* von Steinen, Steinbrocken *m pl* / zafras *f pl*, escombros *m pl* || ~, Kohlengrus *m*, Gruskohle *f* / carbón *m* menudo, carbonilla *f*, cisco *m* || ~**ofen** (Hütt) / horno *m* calentado con carbón menudo
Gs = Gleichstrom *m* || ~ (Phys) = Gauß
GS geprüfte Sicherheit
GSB *m* (Nukl) = gasgekühlter schneller Brüter
G-Schirm *m* (Radar) / pantalla *f* G || ~**bild** *n* (Radar) / presentación *f* G
GSD, Glasschiebedach *n* (Kfz) / techo *m* corredizo de vidrio
G-Sicherungseinsatz *m* (Elektr) / cartucho *m* para cortacircuito en miniatura
GSM-Netz *n* (= Groupe Spéciale Mobile) / red *f* GSM
Gt, Gradtage *m pl* (Heizung) / grados-días *m pl*
GT *f* = Gasturbine
GTO-Thyristor *m* (Halbl) / tiristor *m* controlado por compuerta
GTZ, Gesellschaft *f* für Technische Zusammenarbeit / Sociedad *f* Alemana de Cooperación Técnica
Guache *f*, deckende Wasserfarbe / aguada *f*
Guajacol *n* (Chem) / guayacol *m*
Guajak•harz *n* / resina *f* de guayaco || ~**holz** *n*, Pockholz *n* (Bot) / madera *f* de guayaco, guayacán *m*
Guanakowolle *f* (Tex) / lana *f* de guanaco
Guanidin *n*, Iminoharnstoff *m* (Chem) / guanidina *f*
Guanin *n* (Biol) / guanina *f*
Guckloch *n* (Tür) / ventanillo *m*
GuD-Kraftwerk *n* (Elektr) / central *f* térmica combinada (turbinas de gas y vapor)
Guilleminit *m* (Min) / guilleminita *f*
Guilloche *f* (Bau, Masch) / guilloque *m*
Guillochierarbeit, Guilloche *f* (Masch) / trabajo *m* de guilloque
guillochieren, mit Wellen- o. Kreislinien versehen / guiloquear

Guillochiermaschine f / guilloqueadora f, máquina f de guilloquear
Guillotine•abschwächer m (Wellenleiter) / atenuador m de guillotina ‖ ⁓**schere** f (Pap) / tijeras f pl de guillotina, cizalla f de guillotina
Guldinsche Regel f (Math) / regla f de Guldin, regla f baricéntrica
Güldischsilber n, Dorémetall n / plata f aurífera
Gulfining n (ein Wasserstoff-Entschwefelungsprozess) (Öl) / procedimiento m Gulfining
Gülle f (Mistjauche mit Wasser) (Landw) / estiércol m licuado, licuame m ‖ ⁓**regner**, -werfer, Jaucheregner m (Landw) / aspersor m para estiércol licuado
Gully m, Sinkkasten m (Straß) / sumidero m, boca f de alcantarillas, resumidero m (LA) ‖ ⁓ (begehbar) (Bau, Straß) / boca f de servicio ‖ ⁓**deckel** m (Bau, Straß) / tapa f de sumidero ‖ ⁓**entleerer** m (Kfz) / camión m evacuador de sumideros ‖ ⁓**geruchsverschluss** m (Straß) / sifón m del sumidero
Gulstadrelais, Vibrationsrelais n (Elektr) / relé m vibratorio o de Gulstad
gültig [für] / válido, valedero [para] ‖ ⁓, in Kraft / en vigor, vigente ‖ ⁓ (DV) / significativo ‖ ⁓ **ab** ... / aplicable a partir de ..., vigente desde ... ‖ ⁓ **bis** ... / valedero hasta ... ‖ ⁓ **sein** / ser válido ‖ ⁓**es Signal** / señal f válida ‖ **ein Programm** ⁓ **machen** (DV) / validar o convalidar un programa
Gültigkeit f (Fahrausweis) / validez f
Gültigkeits•bereich m / zona f de validez ‖ ⁓**bereich** (ALGOL) (DV) / esfera f de aplicación ‖ ⁓**erklärung** f (Luftf) / declaración f de validez, validación f ‖ ⁓**fehler** m (DV) / error m de validez ‖ ⁓**grenze** f (von Zahlenwerten) / límite m de validez ‖ ⁓**kontrolle**, -prüfung f (IBM) (DV) / prueba f de validez ‖ ⁓**prüfung** f (Programm) / comprobación f de validez de caracteres ‖ ⁓**verlustmaske** f (DV) / máscara f de significación ‖ ⁓**zeit** f, -dauer f / plazo m de validez
Gum n (Öl) / goma f
Gummi m, Kautschuk m / caucho m ‖ ⁓, Vulkanisat n / caucho m vulcanizado, goma f ‖ ⁓ n (Baumharz) / goma f vegetal, gomorresina f ‖ ⁓... / de goma, de caucho, cauchífero m, gumífero m ‖ ⁓ **arabicum** (o. africanum), Arabisches Gummi, Sudangummi n / goma f arábiga ‖ ⁓ **ausscheiden** / secretar o segregar goma ‖ ⁓ **in Blättern** / caucho m en hojas ‖ **roter** ⁓ / caucho m rojo
Gummi•abfederung f / amortiguador m de goma ‖ ⁓**ader** f, -aderleiter m (Elektr) / alambre m aislado con caucho ‖ ⁓**aderleitung** f / conductor m aislado con caucho, conductor m con funda de caucho ‖ ⁓**aderschnur** f / cordón m aislado con caucho o goma ‖ ⁓**andruckrolle** f / rodillo m de presión de goma ‖ ⁓**andruckrolle** (Tonbandgerät) / contrarrodillo m de goma ‖ ⁓**arten** f pl / gomas f pl, especies f pl de goma ‖ ⁓**artig**, gummihaltig / gomoso ‖ ⁓**aufhängung**, -lagerung f (Masch) / suspensión f en goma ‖ ⁓**auflage** f / revestimiento m de goma ‖ ⁓**auflager** n (Masch) / soporte m de goma ‖ ⁓**balg** m / fuelle m de goma ‖ ⁓**balg-Kompensator** m (Gasleitung) / compensador m de expansión con fuelle de goma ‖ ⁓**ball** m / pelota f o bola de goma ‖ ⁓**ball für Spritzen** (Chem, Med) / pera f de goma ‖ ⁓**ballen** m / bala f de caucho ‖ ⁓**band** m / cinta f elástica o de goma [elástica] ‖ ⁓**band** (Tex) / tira f o banda de caucho, goma f, cinta f elástica o de goma ‖ ⁓**bandförderer** m (Förd) / transportador m de cinta de goma, cinta f transportadora de goma ‖ ⁓**baum** m, Kautschukbaum m (allg) / gomero m, árbol m del caucho o de la goma, cauchera f, hevea f, siringa f (LA) ‖ ⁓**behältnis** n / recipiente m o receptáculo de goma, depósito m flexible ‖ ⁓**belag** m (Bau) / recubrimiento m [de suelo] de goma ‖ ⁓**belag**, -überzug m / recubrimiento m o revestimiento de goma ‖ **mit** ⁓**belag**, gummibezogen (Walze) / revestido de goma ‖ ⁓**bereifung** f / bandaje m de caucho,

cubiertas f pl de caucho, neumáticos m pl, llanta f de caucho (LA) ‖ ⁓**beutel**, -sack m / saco m de goma, bolsa f de goma ‖ ⁓**bindung** f (Schleifscheibe) / composición f de goma ‖ ⁓**blase** f / vejiga f de goma ‖ ⁓**bleikabel** n / cable m de goma revestido de plomo, cable m bajo goma con en voltura de plomo, cable m con camisa de plomo y aislamiento de goma ‖ ⁓**block** m / taco m de goma ‖ ⁓**crêpe** m / caucho m crepé, goma f rizada ‖ ⁓**-Dichtscheibe** f / placa f de obturación de goma ‖ ⁓**dichtung** f / junta f de goma, empaquetadura f de goma ‖ ⁓**dichtungsring** m / aro m de guarnición de caucho, anillo m obturador de goma ‖ ⁓**dichtungsscheibe** f / arandela f de caucho ‖ ⁓**druck** m, Offsetdruck m (Druck) / impresión f offset ‖ ⁓**druck**, Anilin[gummi]druck m, Flexodruck m (Druck) / flexografía f ‖ ⁓**druckfarbe** f / tinta f offset ‖ ⁓**druckstock** m / clisé m de caucho ‖ ⁓**drucktuch** n s. Gummituch ‖ ⁓**durchführung** f (Elektr) / goma f pasachasis ‖ ⁓**-Durchgangstülle**, Gummitülle f (Elektr) / ojal m o pasahílos de caucho, arandela f aislante (o aisladora) de goma ‖ ⁓**düse** f (Flotation) / tobera f de goma ‖ ⁓**einlage** f / capa f intermedia de caucho ‖ ⁓**elastikum** n / goma f elástica ‖ ⁓**elastisch** / elástico m como el caucho ‖ ⁓**endverschluss** m (Kabel) / caja f terminal de caucho
gummieren vt, mit Leim bestreichen / encolar ‖ ⁓, mit Gummierung versehen (Pap) / engomar ‖ ⁓, kautschutieren (Tex) / impermeabilizar, recubrir de goma ‖ ⁓ n (Pap) / engomadura f, engomado m
Gummier•maschine f / engomadora f, máquina f de engomar ‖ ⁓**maschine für Überzüge** / máquina f recubridora de goma
Gummierstift m, Klebestift m (Büro) / tapón m engomador
gummiert (mit Leim) (Pap) / engomado, encolado ‖ ⁓, gummi-imprägniert / impregnado de caucho, revestido de goma ‖ ⁓**e Briefmarke** / sello engomado ‖ ⁓**e Faser** / fibra f engomada ‖ ⁓**es Gewebe** / tejido m impermeabilizado de goma ‖ ⁓**es Haar** / crin f cauchotada ‖ ⁓**e Leinwand** / tela f engomada
Gummierung f, Gummibelag m / engomado m, revestimiento m de goma, engomadura f
Gummi•erz n, Gummit m (Min) / gumita f ‖ ⁓**erzeugnisse** n pl, -waren f pl / productos m pl o artículos de goma o de caucho ‖ ⁓**extruder** m, -strangpresse f / extrusionadora f de caucho ‖ ⁓**faden** m / hilo m de goma o de caucho ‖ ⁓**faden** (Tex) / hilo m circular elástico ‖ ⁓**feder** f / resorte m de goma, muelle m de goma ‖ ⁓**feder mit Stahlhalterung** / resorte m goma-metal ‖ ⁓**federachse** f / eje m con resortes de goma ‖ ⁓**federlager** n (Kfz) / soporte m del resorte amortiguado con caucho ‖ ⁓**federung** f / suspensión f [elástica] en caucho ‖ ⁓**federung**, -dämpfung f / amortiguación f por caucho ‖ ⁓**federung** (mit Gummischnur) (Masch) / amortiguación f por cordón de caucho ‖ ⁓**fell** n, Sheet n / hoja f de caucho ‖ ⁓**fliese** f / baldosa f de cemento cauchotado ‖ ⁓**förderband** n (Förd) / cinta f trasportadora de goma ‖ ⁓**form für Zinn** (Gieß) / molde m de goma para fundición de estaño ‖ ⁓**formdichtung** f / junta f moldeada de goma ‖ ⁓**formteil** n / pieza f moldeada de goma ‖ ⁓**füllstoff** m / materia f de carga para caucho ‖ ⁓**fuß** m (Foto) / pie m de caucho ‖ ⁓ **[fußboden]belag** m (Bau) / recubrimiento m [de suelo] de goma ‖ ⁓**gefedert** / montado sobre resortes de goma, con suspensión de caucho ‖ ⁓**gefedertes Rad** (Bahn) / rueda f elástica ‖ ⁓**gelagert** (Mot) / montado sobre [tacos de] goma ‖ ⁓**gelenkscheibe** f / junta f de articulación de goma ‖ ⁓**[wucht]geschoss** n / bala f de goma ‖ ⁓**gewebe** n (Tex) / tejido m cauchotado o engomado, tela f elástica ‖ ⁓**glocke** f **für Rohrreinigung**, Saugglocke f (Sanitär) / ventosa f de goma ‖ ⁓**gurt** m (allg) / cordón m elástico ‖ ⁓**gurt** (Treibriemen) / correa f de goma o de caucho ‖

⁓**gurtförderband** n, -gurtförderer m (Förd) / cinta f transportadora de goma ‖ ⁓**gutt** n, Gutti n (Bot, Chem) / gutagamba f, gomaguta f ‖ ⁓**haar** n / crin f cauchotada ‖ ⁓**haftverfahren** n / procedimiento m de adherencia de goma ‖ ⁓**halle** f, Traglufthalle f / nave f o pabellón neumático hinchable ‖ ~**haltig**, gummiabsondernd / gomoso, gomífero ‖ ⁓**hammer** m / maza f de goma ‖ ⁓**handschuh** m / guante m de goma ‖ ⁓**harz**, Pflanzengummi n / gomorresina f, goma f vegetal ‖ ⁓**haut** f, -hülle f / envoltura f de goma o de caucho, funda f de goma ‖ ⁓**industrie** f / industria f [del] caucho ‖ ~**isoliert** (Elektr) / aislado con caucho o goma ‖ ⁓**isolierung**, -isolation f / aislamiento m de caucho ‖ ⁓**kabel** n, -leitung f, gummiisoliertes Kabel (Elektr, Fernm) / cable m aislado con goma, cable m bajo caucho, cable m cubierto (o revestido o forrado) con caucho ‖ ⁓**kappe** f / caperuza f de goma ‖ ⁓**keilriemen** m / correa f trapezoidal de goma ‖ ⁓**kissen** (Stanz) / almohadilla f de caucho ‖ ⁓**kissen-Ziehverfahren** n (Fa. Glenn & Martin, USA) / procedimiento m de embutición sobre almohadilla de caucho ‖ ⁓**kneter** m / amasadora f de goma ‖ ⁓**korn** n / gránulo m de goma ‖ ⁓**kragen** m (Dichtung) / bordón m de goma (obturación) ‖ ⁓**kreuzgelenk** n (Kfz) / junta f cardanica de caucho, cardán m de caucho ‖ ⁓**lack** m, Lackharz n / goma f laca ‖ ⁓**lack**, Lack m für Gummi / barniz m para artículos de caucho ‖ roter ⁓**lack**, roter Lack m, Lackharz n (der Lackschildlaus) / laca f ‖ ⁓**lager** n / soporte m de goma, cojinete m de caucho ‖ ⁓**lagerung**, -aufhängung f / suspensión f en goma ‖ ⁓**latex** m / látex m de caucho ‖ ⁓**leiste** f / burlete m de goma ‖ ⁓**leiste** (Rot.presse) / goma f contracorte ‖ ⁓**linse** f, Varioobjektiv n (Foto) / objetivo m de distancia focal variable, zoom m ‖ ⁓**linsenaufnahme** f (Film) / acercamiento m ‖ ⁓**lippe** f (Dichtung) / falda f de goma (obturación) ‖ ⁓**litze** f, -band n (Tex) / cordón m elástico, cinta f o tira elástica ‖ ⁓**lösung** f (z.B. für Fahrrad) / solución f de goma ‖ ⁓**lösung**, flüssiger Leim / goma f [arábiga] líquida ‖ ⁓**manschette** f (Dichtung) / retén m de goma ‖ ⁓**mantel** m (Kabel) / envoltura f de goma, forrado m de caucho ‖ ⁓**matte** f, -teppich m / estera f o alfombrilla de goma ‖ ⁓**mehl** n / caucho m en polvo ‖ ⁓**-Metall-Verbindung** f, unión f caucho-metal ‖ ⁓**mischer** m / mezcladora f de caucho[s] ‖ ⁓**mischung** f / mezcla f de caucho[s] ‖ ⁓**muschel** f (Fernm) / auricular m todo goma ‖ ⁓**pfropfen**, -stöpsel m, -stopfen m / tapón m de goma ‖ ⁓**plantage** f (Landw) / plantación f de caucho ‖ ⁓**platte** f / placa f o plancha de goma, platina f de goma ‖ ⁓**prägen** n / estampado m sobre materia elástica o sobre platina de goma ‖ ⁓**presskissen** n (Plast) / almohada f elástica ‖ ⁓**profil** n / perfil m de caucho ‖ ⁓**puffer** m / tope m de caucho ‖ ⁓**puffer** (Kfz) / tope m o amortiguador de goma ‖ ⁓**rad** n / rueda f con bandaje de goma ‖ ⁓**rahm** m, -klumpen m / coágulo m de caucho ‖ ⁓**rakel** f (Wz) / rasqueta f de goma ‖ ⁓**raschelmaschine** f / máquina f Raschel elástica ‖ ⁓**reifen** m, -mantel m, -decke f / neumático m, cubierta f, bandaje m (E), llanta f (LA) de goma ‖ **luftgefüllter** ⁓**reifen** / neumático m (inflado)(E), goma f, llanta f o rueda neumática (LA) ‖ ⁓**reifenvielfachwalze** f (Straßb) / apisonadora f sobre neumáticos múltiples ‖ ⁓**ring** m / aro m o anillo de goma ‖ ⁓**ring**, -scheibe f / arandela f de goma ‖ ⁓**ring** m, Kuponring m (Büro) / elástico m, goma f ‖ ⁓**rohr** n / tubo m de goma ‖ ⁓**sack** m, -beutel m (Plast) / saco m elástico o de caucho ‖ ⁓**sackverfahren** n (Plast) / moldeo m [de presión] con saco elástico ‖ ⁓**sauger**, Saugnapf m / ventosa f de goma ‖ ⁓**saugscheibe** f / disco m adhesivo de goma ‖ ⁓**scheibe**, -unterlegscheibe f / arandela f de goma o de caucho ‖ ⁓**scheibenwalze** f (Landw) / rodillo m de discos de caucho ‖ ⁓**schicht** f, -belag, -überzug m / capa f de caucho ‖ ⁓**schieber** m / rasqueta f de goma ‖ ⁓**schlappe** f / slab m ‖ ⁓**schlauch** m / tubo m flexible de goma, manguera de goma.f. ‖ ⁓**schlauch mit Gewebeeinlage** / tubo m de goma con telas interpuestas ‖ ⁓**schlauch mit Spiraldrahteinlage** / tubo m de goma armado de alambre en espiral ‖ ⁓**schlauch-Enteiser** m (Lufft) / descongelador m neumático ‖ ⁓**schlauchleitung** f (Elektr) / cable m protegido por goma ‖ ⁓**schneiden** n (Stanz) / estampado m sobre platina de goma ‖ ⁓**schneid- und Umformverfahren** n, Gummipressverfahren n / procedimiento m de corte y conformación por goma ‖ ⁓**schnur** f, -seil n / cuerda f elástica, cordón m de goma ‖ ⁓**schrubber** m / rasqueta f de goma ‖ ⁓**schwamm** m / esponja f de goma ‖ ⁓**seil** n / cable m [elástico] de goma ‖ ⁓**seil**, Katapultseil n (Lufft) / cable m de catapultaje ‖ ⁓**spritze** f, -ballon m / pera f de goma ‖ ⁓**stempel** m / sello m de goma o caucho, timbre m de goma o de caucho, estampilla f ‖ ⁓**stoff** m, -tuch n / tejido m cauchotado, tela f cauchotada ‖ ⁓**stopfen** n / tapón m de goma ‖ ⁓**stoßdämpfer** m (Kfz) / amortiguador m [de choques] de goma ‖ ⁓**strangpresse** f, -extruder m / extrusionadora f de caucho ‖ ⁓**streifen** m / tira f de goma

Gummit m, **Gummierz** n (uranhalt.Min) / gumita f
Gummi•teller m, Polierteller m / disco m de pulir ‖ ⁓**torsionsauflager** n / apoyo m de torsión en goma ‖ ⁓**transportband** n (Förd) / cinta f transportadora de goma ‖ ⁓**trockner** m (Foto) / rasqueta f de goma ‖ ⁓**tuch** n (Plast) / cinta f sinfín elástica ‖ ⁓**tuch** / delantal m de goma ‖ ⁓**tuch**, -drucktuch n (Druck) / mantilla f o franela de caucho o de respaldar o de calzas, mantilla f litográfica ‖ ⁓**tuchrakelstreichmaschine** f (Pap, Plast) / máquina f de recubrimiento con cuchilla sobre cinta sinfín elástica ‖ ⁓**tülle** s. Gummidurchführungstülle ‖ ⁓**überzug** m / revestimiento m de goma ‖ ⁓**[dickerer]** ⁓**überzug**, Gummierung / recubrimiento m de goma, engomadura f ‖ ~**ummantelt** (Kabel) / forrado o recubierto de caucho ‖ ⁓**unterlage** f, -tuch n / asiento m de goma ‖ ⁓**[unterleg]scheibe** f, Gummiring m / arandela f de goma ‖ ⁓**ventil** n (Reifen) / válvula f [con envoltura] de goma ‖ ⁓**vielrad[-Verdichtungs]walze** f (Straßb) / apisonadora f sobre neumáticos múltiples ‖ ⁓**walze** f / rodillo m o cilindro de goma ‖ ⁓**walze**, Quetscher m / rasqueta f de goma ‖ ⁓**walzwerk** n / laminador m de caucho ‖ ⁓**waren** f pl, -erzeugnisse n pl / productos m pl o artículos de caucho o de goma ‖ **technische** ⁓**waren** / artículos m pl goma o caucho para fines técnicos ‖ ⁓**warenfabrik** f / fábrica f de artículos de goma o caucho ‖ ⁓**wulst** m f (zwischen Wagen) (Bahn) / burlete m de goma ‖ ⁓**wulst[ab]dichtung** f (Bahn) / junta f con almohadilla de caucho ‖ ⁓**zug** m, -spanner m / tensor m de goma ‖ ⁓**zwischenlage** f / capa f o guarnición intermedia de goma ‖ ⁓**zylinder** m / cilindro m [revestido] de goma ‖ ⁓**zylinder** (Offset) / rodillo m de presión

Gunit n (Bau) / gunita f ‖ ⁓**ieren** / gunitado m ‖ ⁓**unterlage** f (Bau) / base f o capa de gunita
Gunn•diode f (Eltronik) / diodo m Gunn ‖ ⁓**-Effekt-Bauelement** n (Eltronik) / componente m de efecto [de] Gunn
günstige Linienführung (Bahn) / trazado m ventajoso
gu-Nuklid n (Nukl) / nucleido m par-impar
Gur f, Mader m (Geol) / guhr m
Gurken•erntemaschine f (Landw) / cosechadora f de pepinos ‖ ⁓**käfer** m (Zool) / coleóptero m o escarabajo del pepino ‖ ⁓**mosaikvirus** m / virus m [causante de la enfermedad] del mosaico del pepino
Gurley-Dichtigkeitsprüfer m (für Isolierpapier) (Pap) / densímetro m de Gurley
Gurt m, Riemen m / correa f ‖ ⁓, Band n / banda f, cinta f, Tragriemen m, Trag-, Schulterband n / tirante m ‖ ⁓ (breites Band) / faja f ‖ ⁓, Sicherheitsgurt m (Kfz,

Luftf) / cinturón *m* de seguridad, arneses *m pl* ‖ ⁓ (Förderer) / cinta *f*(des transportador) ‖ ⁓ (Fachwerk) / viga *f* testera ‖ ⁓ (des Dachdeckers) / calzón *m* ‖ ⁓, Gurtung *f* (Stahlbau) / cabeza *f*, cordón *m* ‖ ⁓ **des Blechträgers** / ala *f* ‖ ⁓ **mit Gurtstraffer** (Kfz) / cinturón *m* con pretensor ‖ **~angetriebene Rollenbahn** (Förd) / transportador *m* de rodillos accionado por correa ‖ ⁓**antrieb** *m* / accionamiento *m* por correa ‖ ⁓**ausleger** *m* (Bb) / salida *f* de la cinta (para pliego paralelo) ‖ ⁓**ausrichtung** *f* (Förderer) / alineador *m* de la cinta o correa ‖ ⁓**aussteifung**, -versteifung *f* (Stahlbau) / reforzamiento *m* del cordón ‖ ⁓**band** *n*, Gurt *m* / tela *f* sin fin, cinta *f* tejida o de lona, tapiz *m* sin fin ‖ ⁓**bandförderer** *m*, Förderband *n* (Förd) / transportador *m* de cinta ‖ ⁓**bandgehänge** *n* (Antennen-Isolator) / cadena *f* de suspensión ‖ ⁓**becherwerk** *n* (Förd) / cinta *f* elevadora de cangilones ‖ ⁓**blech** *n*, Gurtungsblech *n* (Bau) / platabanda *f* de cabeza ‖ ⁓**brett** *n* (Zuck) / listón *m* de metal

Gürtel *m* / cinturón *m* ‖ ⁓, Gebiet *n* (Astr, Geol) / zona *f* ‖ ⁓ (Reifen) / cinturón *m* ‖ ⁓, Ringstraße *f* (Verkehr) / carretera *f* de circunvalación ‖ ⁓ (Satellit) / parte *f* central ‖ ⁓**bahn** *f* (Bahn) / ferrocarril *m* de circunvalación o de cintura ‖ ⁓**kabel** *n* (Elektr) / cable *m* multipolar trenzado ‖ ⁓**linie** *f*, Teilungskreis *m* (Geo, Geom) / ecuador *m* ‖ ⁓**linse** *f*, Fresnellinse *f* (Opt) / lente *f* Fresnel cilíndrica ‖ ⁓**radwalze** *f* (Bau) / apisonadora *f* de placas articuladas ‖ ⁓**reifen** *m* (Kfz) / neumático *m* radial o de cinturón

Gurt•förderer *m* (Förd) / transportador *m* de cinta, cinta *f* transportadora ‖ ⁓**gewölbe** *n* (Bau) / bóveda *f* de arcos en resalto ‖ ⁓**holz** *n* an Spundwänden, Holm *m* / carrera *f*, larguera *f* ‖ ⁓**kraftbegrenzer** *m* / limitador *m* de la fuerza de tensado del cinturón ‖ ⁓**masse** *f* **plus Rollen in kg/m des Ober- u. Untertrums** (Förderband) / factor *m* Q del transportador de cinta ‖ ⁓**niet** *m* (Stahlbau) / remache *m* de cordón ‖ ⁓**platte** *f* (Stahlbau) / palastro *m* del cordón o de la cabeza, platabanda *f* ‖ ⁓**sims** *m n*, -gesims *n* (Bau) / moldura *f* de imposta ‖ ⁓**spannung** *f* (Stahlbau) / tensión *f* en la cabeza ‖ ⁓**spannvorrichtung** *f* (Förderer) / tensor *m* de la cinta ‖ ⁓**stab** *m*, Gurtungsstab *m* (Stahlbau) / barra *f* de cordón ‖ ⁓**stoß** *m* (Blechträger) / junta *f* de ala ‖ ⁓**straffer** *m*, -spanner *m* (Kfz) / pretensor *m* del cinturón, tensor *m* del cinturón ‖ ⁓**stropp** *m* (Schiff) / eslinga *f* de cinta ‖ ⁓**taschenförderer** *m* (Förd) / cinta *f* elevadora a bolsas ‖ ⁓**trommel** *f* / tambor *m* de cinta

Gurtung *f*, Gurt *m* (Stahlbau) / cabeza *f*, cordón *m*

Gurtungs•blech *n* / platabanda *f* de cabeza ‖ ⁓**winkel** *m*, Gurtwinkel *m* (Stahlbau) / acero *m* angular de cabeza

Gurt•versteifung, -aussteifung *f* (Stahlbau) / refuerzo *m* de cabeza, escuadra *f* del cordón ‖ ⁓**zeug** *n* (Fallschirm) / arnés *m*

Guss *m*, Gießen *n* (Gieß) / fundición *f*, colada *f* ‖ ⁓, Gusseisen *n* / fundición *f* de hierro, hierro *m* colado o fundido ‖ ⁓, Gussstück *n* / pieza *f* fundida ‖ ⁓ **aus einem Stück** (Gieß) / fundición *f* en (o de) una sola pieza ‖ ⁓ **in Formen** (Gieß) / fundición *f* en moldes ‖ ⁓ **in getrockneter Form** (Gießerei) / fundición *f* en molde seco ‖ ⁓ **in Kasten** / fundición *f* o colada en cajas ‖ ⁓ **mit Kernlöchern** / pieza *f* fundida con [agujeros producidos por] machos ‖ ⁓ **mit seitlichem Anschnitt** / colada *f* con mazarotaje lateral ‖ ⁓ **mit verlorener Form**, Formguss *m* (Gieß) / fundición *f* en molde perdido, fundición *f* molde perdido ‖ ⁓ **von Blöcken**, Gießen *n* (Hütt) / fundición *f* de lingotes ‖ ⁓ **Wasser**, **Schwall** *m* / chorro *m* de agua ‖ **aus einem** ⁓, **aus einem Stück** / fundido en una sola pieza, monobloc

Guss•abfälle *m pl*, -schrott *m* (Gieß) / chatarra *f* de fundición ‖ ⁓**aluminiumbronze** *f* / bronce *m* fundido de aluminio ‖ ⁓**asphalt** *m* (Bau, Straß) / asfalto *m* colado o fundido ‖ ⁓**ausschuss** *m* (Gieß) / pieza *f* defectuosa de fundición ‖ ⁓**beton** *m*, Schüttbeton *m* (Bau) / hormigón *m* colado ‖ ⁓**blase** *f* (Gieß) / burbuja *f* ‖ ⁓**blase** (an der Oberfläche) / sopladura *f*, resquebra[ja]dura *f* ‖ ⁓**bleibronze** *f* / bronce *m* fundido de plomo ‖ ⁓**block** *m*, Barren *m* (Gieß) / lingote *m*, lingotillo *m* ‖ ⁓**bronze** *f* / bronce *m* fundido ‖ ⁓**bruch**, -schrott *m* / chatarra *f* de fundición ‖ ⁓**dach** *n* (Bau) / cubierta *f* asfaltada

Gusseisen *n*, GE / fundición *f* [de hierro], hierro *m* fundido o colado ‖ ⁓ **mit eutektischem Grund** / hierro *m* fundido con matriz eutéctica ‖ ⁓ **mit Kugelgraphit**, GGG / hierro *m* fundido con grafito esferoidal, fundición *f* esferolítica o nodular ‖ ⁓ **mit Kugelgraphit in Kokille vergossen**, GGGK / hierro *m* fundido con grafito esferoidal colada o vaciada en coquilla ‖ ⁓ **mit Lamellengraphit**, GGL / fundición *f* con grafito lamelar ‖ ⁓ **mit Nadelgefüge** / fundición *f* con estructura acicular ‖ ⁓ **mit Stahlschrott-Zusatz** / semiacero *m*, fundición *f* acerada ‖ ⁓ **mit Stahlzusatz** / fundición *f* con adición de acero ‖ **graues** ⁓ / fundición *f* gris ‖ **weißes** ⁓ / fundición *f* blanca o dura

Guss-Eisen-Alu[minium]bronze *f* / bronce *m* de aluminio fundido con hierro

Gusseisen•element *n* (Elektr, Widerstand) / elemento *m* de resistencia de fundición ‖ ⁓**email** *n* / esmalte *m* para fundición ‖ ⁓**flansch** *m* / brida *f* de fundición ‖ ⁓**kaltschweißung** *f* / soldeo *m* en frío de fundición ‖ ⁓**-Kokillenguss** *m*, GGK (Gieß) / colada *f* de fundición de hierro en coquillas ‖ ⁓**platte** *f* / placa *f* o plancha de hierro fundido o de fundición ‖ ⁓**schrott** *m* / chatarra *f* de hierro fundido o de fundición ‖ ⁓**warmschweißung** *f* / soldeo *m* en caliente de fundición

gusseisern / de hierro fundido, de fundición [de hierro] ‖ **~e Formstücke** (Hütt) / piezas *f pl* especiales de fundición [para tubería]

Guss•erzeugnisse *n pl* / productos *m pl* de fundición ‖ ⁓**fehler** *m* / defecto *m* de fundición o de colada ‖ ⁓**form** *f* (Gieß) / molde *m* ‖ ⁓**fritte** *f* (Email) / frita *f* de esmalte para fundición ‖ ⁓**gattierung** *f* (Hütt) / dosificación *f* de la fundición ‖ ⁓**gefüge** *n* / estructura *f* de metal fundido ‖ ⁓**gehäuse** *n* / cárter *m* o caja *f* alojamiento de fundición ‖ **~gekapselt**, gekapselt (Elektr) / acorazado, con caja de fundición ‖ **~gekapselte Schaltanlage** (Elektr) / instalación *f* de distribución acorazada o en caja de fundición ‖ ⁓**gerinne** *n*, -rinne *f* / canal *m* para metal fundido o líquido ‖ ⁓**gestrichener Karton** / cartón *m* estucado a fundición ‖ ⁓**glas** *n* / vidrio *m* [plano] colado o de fundición ‖ ⁓**glaswalzmaschine** *f* / laminadora *f* para vidrio colado ‖ ⁓**-Glühtopf** *m* (Hütt) / pote *m* de recocer de fundición ‖ ⁓**grat** *m* (Gieß) / rebaba *f* ‖ ⁓**haut**, -rinde *f* (Gieß) / corteza *f* de colada, costra *f* de fundición ‖ ⁓**herstellung** *f* / fabricación *f* de fundición ‖ ⁓**kasten** *m* / caja *f* de fundición ‖ ⁓**kern** *m* / macho *m* de fundición ‖ ⁓**kopf** *m*, verlorener Kopf / mazarota *f* ‖ ⁓**kranz** *m* / corona *f* de fundición ‖ ⁓**legierung** *f* / aleación *f* de fundición ‖ ⁓**loch** *n*, -rinne *f* (allg, Gieß) / boca *f* del molde ‖ ⁓**loch**, Gießloch *n* (Gieß) / orificio *m* o agujero de colada ‖ ⁓**lochzapfen** *m* (Gieß) / muñequilla *f* ‖ ⁓**masse** *f*, Vergussmasse *f* / masa *f* de relleno ‖ ⁓**mauerwerk** *n* (Bau) / muro *m* colado in situ ‖ ⁓**-Mehrstoff-Alu[minium]bronze** *f* / bronce *m* multicompuesto fundido de aluminio ‖ ⁓**-Mehrstoffbronze** *f* / bronce *m* multicompuesto fundido ‖ ⁓**messing** *n* / latón *m* fundido o colado ‖ ⁓**modell** *n* (Gieß) / modelo *m* de fundición ‖ ⁓**muffe** *f* / manguito *m* de fundición ‖ ⁓**naht** *f*, Formfuge *f* (Gieß) / rebaba *f* ‖ ⁓**-Nickel-Alu[minium]bronze** *f* / bronce *m* de aluminio colado con níquel ‖ ⁓**pfanne** *f* (Gieß) / cuchara *f*, caldero *m* (de colada) ‖ ⁓**platte** *f* / taca *f* ‖ ⁓**platte** / placa *f* de fundición [de hierro], taca *f* ‖ **~putzen** / desbarbar, limpiar la fundición,

rebarbar ‖ ⁓**putzen** n, -putzerei f (Gieß) / desbarbado m, rebarbado m ‖ ⁓**putzer** m / desbarbador m, rebarbador m ‖ ⁓**putzerei** f (Werkstatt) (Gieß) / taller m de desbarbado o rebarbado ‖ ⁓**putzhammer** m / martillo m desbarbador o de rebarbado ‖ ⁓**putzmaschine** f / máquina f desbarbadora ‖ ⁓**putztrommel** f / tambor m para desbarbar piezas fundidas ‖ ⁓**rad** n (Masch) / rueda f de fundición ‖ ⁓**radiator** m (Heizung) / radiador m de fundición ‖ ⁓**rahmen** m / marco m de fundición ‖ ⁓**ring** m (Bergb, Schacht) / anillo m para pozo, tubbing m de fundición (E), entubado m (LA), entubación f (LA) ‖ ⁓**rinne**, Ablaufrinne f, -gerinne n / canal m de colada o de fundición ‖ ⁓**rippe** f / nervio m de fundición ‖ ⁓**roheisen** n / arrabio m para [la] fundición ‖ ⁓**rohr** n / tubo m de fundición o de hierro fundido ‖ ⁓**schlacke** f (Gieß) / escoria f de fundición ‖ ⁓**schrott** m / chatarra f de fundición ‖ ⁓**sondermessing** n / latón m especial fundido ‖ ⁓**späne** m pl / virutas f pl de fundición ‖ ⁓**spannung** f (Gieß) / tensión f de colada ‖ ⁓**stab** m / varilla f de fundición ‖ ⁓**stahl** m, Tiegel[guss]stahl m (Ggs: Stahlguss) (Hütt) / acero m al crisol ‖ ⁓**stahlblock** m / lingote m de acero al crisol ‖ ⁓**stahldraht** m / alambre m de acero al crisol ‖ ⁓**stahlfeile** f (Wz) / lima f de acero al crisol ‖ ⁓**stahltiegel** m (Hütt) / crisol m para fundición de acero ‖ ⁓**stahlwerk** n / acería f, acerería f, planta f de fundición de acero al crisol ‖ ⁓**streichverfahren** n (Pap) / procedimiento m de estucar a fundición ‖ ⁓**stück** n (Gieß) / pieza f fundida o de fundición ‖ stark **poröses** ⁓**stück**, "Schweizer Käse" m (Gieß) / pieza f de fundición muy porosa ‖ **sauberes** ⁓**stück** / pieza f de fundición de alta calidad ‖ ⁓**stück** n **aus Formen** / pieza f fundida en molde ‖ **aus einem** ⁓**stück bestehend** / monobloc, monobloque ‖ ⁓**stück in Grauguss** n, Grauguss m / pieza f de fundición gris ‖ ⁓**stückentkerner** m / expulsor m de machos ‖ ⁓**trichter** m, Einguss m (Gieß) / bebedero m ‖ ⁓**überlauf** m **beim Gießen** (Gieß) / rebosadero m ‖ ⁓**versatz** m / mala f colocación ‖ ⁓**verteilung[sanlage]** f (Elektr) s. gussgekapselte Schaltanlage ‖ ⁓**waren** m f pl / artículos m pl de fundición ‖ ⁓**warze** f / mamelón m de fundición ‖ ⁓**werkstoff** m / material m de fundición ‖ ⁓**zapfen**, Anguss m (Gieß) / mazarota f ‖ ⁓**-Zinn-Bleibronze** f / bronce m fundido al estaño y al plomo ‖ ⁓**zinnbronze** f, Rotguss m (88% Cu, 8% Sn, 4% Zn) / bronce m fundido al estaño ‖ **im** ⁓**zustand** / en estado de fundición
gut, tragfähig (Bau) / estable, sólido ‖ ⁓ **ausgeführt**, sauber / bien ejecutado ‖ ⁓ **deckend** (Farbe) / opaco ‖ ~ **funktionierend** / que funciona bien, eficiente ‖ ⁓ **gefedert** / bien suspendido o amortiguado ‖ **~e Industrieform** / diseño m industrial estético ‖ ⁓ **leitend** / de conductividad elevada, ser buen conductor [de] ‖ ⁓ **lesbar** / fácilmente legible ‖ ~ **lesbar** (Instr) / de lectura perfecta ‖ ~ **passen** / ajustar bien ‖ ~ **passend** / ajustado
Gut n, Ware f / bien m, producto m, mercancía f, mercadería f (LA) ‖ ⁓, Material m (Hütt) / material m
Gutachten n (von Sachverständigen) / dictamen m[pericial], peritaje m, informe m
Gutachter m / perito m, tasador m, experto m
Gut•befund m / certificado m de conformidad o de buena calidad ‖ ⁓**bereich** m (Lehre) / margen m del lado "pasa"
Güte f, Qualität f / calidad f ‖ ⁓ (Produkt aus Leistungsgewinn u. Bandbreite) (Eltronik) / factor m de calidad, factor m Q ‖ ⁓ **bei Belastung** (Eltronik) / factor m Q externo, Q externo m ‖ ⁓ **der Bearbeitung** / calidad f de acabado ‖ ⁓ **des Kondensators** (Elektr) / Q de capacitor m, calidad f del condensador ‖ ⁓ **des unbelasteten Kreises** (Eltronik) / Q m intrínseco, factor Q intrínseco ‖ ⁓ **eines Thermostats** (Heizung) /

factor m de reducción de un termostato ‖ **von hoher** ⁓ / de alta calidad
Güte•abfall m, Schlechterwerden n / pérdida f de calidad funcional, merma f ‖ ⁓**beiwert** m / índice m de calidad ‖ ⁓**bestätigung** f / seguridad f cualitativa, confirmación f de la calidad ‖ ⁓**bestätigungsstufe** f / nivel m de confirmación de la calidad ‖ ⁓**bestätigungssystem** n (DIN 45900 usw.) / sistema m armonizado de confirmación de la calidad ‖ ⁓**bestätigungsverfahren** n / procedimiento m de confirmación de la calidad ‖ ⁓**bezeichnung** f / denominación f de calidad ‖ ⁓**einteilung**, Klassifizierung f / clasificación f según la calidad ‖ ⁓**faktor**, Q-Faktor m (Eltronik) / factor m de calidad, factor m Q ‖ ⁓**faktor** m (Spiegelgalvanom) / factor m de mérito, factor m Q ‖ ⁓**faktor eines Schwingkreises**, Q-Faktor m (Eltronik) / Q m de un circuito resonante ‖ ⁓**faktormesser** m / Q-metro m, cumetro m, medidor m de Q, acuímetro m ‖ **~geschaltet** (Laser) / con conmutación de Q ‖ ⁓**grad** m, -verhältnis n (Mech) / eficacia f, rendimiento m [cuantitativo] ‖ ⁓**grad**, Wirkungsgrad m / factor m de eficacia, rendimiento m ‖ ⁓**grad** m, mechanischer Fortschrittsgrad (Luftschraube) / rendimiento m mecánico ‖ ⁓**grad einer Passung**, Qualität f / calidad f de un ajuste ‖ ⁓**grenzfrequenz** f (Halbl) / frecuencia f de corte del factor Q ‖ ⁓**kette** f / cadena f de calidad ‖ ⁓**klasse** f (allg) / categoría f o clase de calidad ‖ ⁓**klasse von Passungen** / clase f de calidad de ajustes ‖ ⁓**koeffizient** m / coeficiente m de calidad ‖ ⁓**kriterium** n (Regeln) / criterio m de calidad ‖ ⁓**maß** n / medida f de calidad ‖ **~mäßig** / respecto a calidad, relativo a la calidad ‖ ⁓**minderung** f / pérdida f de calidad ‖ ⁓**minderung der Übermittlung** (Fernm) / disminución f o reducción de la calidad de transmisión ‖ ⁓**minderung durch Frequenzbandbegrenzung** (Fernm) / reducción f de la calidad de transmisión por limitación de banda ‖ ⁓**minderung durch Leitungsgeräusche** (Fernm) / reducción f de la calidad de transmisión por ruidos de circuito ‖ ⁓**norm** f / stándar[d] m de calidad ‖ ⁓**prüfung** f, Qualitätskontrolle f / control m de la calidad, contastación o verificación o fiscalización f de la calidad
Güter n pl / bienes m pl, productos m pl, géneros m pl, mercancías f pl (E), mercaderías f pl (LA) ‖ ⁓**abfertigung**, -annahme f (Bahn) / oficina f de expedición de mercancías, servicio m de mercancías ‖ ⁓**abfertigung** (Vorgang) (Bahn) / despacho m de mercancías ‖ ⁓**bahnhof** m / estación f de mercancías (E) o de carga (LA) ‖ ⁓**beförderung** f, -abfertigung f / encaminamiento m de mercancías o de expediciones (E), encaminamiento m de mercaderías o de carga (LA) ‖ ⁓**einheit** f (Raumf) / módulo m de carga ‖ ⁓**einteilung**, -klassifikation f (Bahn) / clasificación f de mercancías o mercaderías ‖ ⁓**fernverkehr** m (Kfz) / transporte m de mercancías a gran o larga distancia ‖ ⁓**förderung** f (Bergb, Schacht) / transporte m de materiales ‖ ⁓**förderung auf der Sohle** (Bergb) / transporte m a nivel ‖ ⁓**halle** s. Güterboden ‖ ⁓**kraftverkehr** m (Kfz) / transporte m de mercancías por carretera ‖ ⁓**kraftverkehrsgesetz** n / ley f sobre el transporte de mercancías por vehículos motorizados ‖ ⁓**ladeplatz** m / cargadero m ‖ ⁓**nah- u. Fernverkehr** m (Kfz) / tráfico m o transporte m de mercancías (o mercaderías) a corta y larga distancia ‖ ⁓**rampe** f, Laderampe f / rampa f de carga, cargadero m ‖ ⁓**tarif** m, Frachtsatz m / tarifa f de transporte ‖ ⁓**-Triebwagen** m (Bahn) / furgón m automotor ‖ ⁓**umschlag** m / circulación f de mercancías ‖ ⁓**- und Personenzugbremse** f (Bahn) / freno m para trenes de mercancías y trenes de pasajeros ‖ ⁓**verkehr** m / tráfico m o servicio o movimiento de mercancías (E), tráfico m de carga (LA)

Güterwagen

Güterwagen *m* (Bahn) / vagón *m* de mercancías (E), vagón *m* de carga (LA) ‖ ≃ **in Regelbauart** (Bahn) / vagón *m* de tipo corriente ‖ **[gedeckter]** ≃ / vagón *m* cerrado (E), vagón *m* cubierto (LA), bodega *f* (CHIL, PER), carro *m* caja (MEJ) ‖ **hochbordiger** ≃ / vagón *m* de bordes altos ‖ **offener** ≃ (Bahn) / vagón *m* descubierto (E) o abierto, góndola *f* (LA), carro *m* góndola (MEJ), batea *f*, zorra *f* (LA) ‖ ≃**park** *m* / parque *m* comercial o de vagones
Güterwaggon, offener ≃ (Bahn) / truc *m* (LA)
Güterzug *m* / tren *m* de mercancías (E), tren *m* de carga (LA) ‖ ≃ **mit Personenbeförderung** (GMP) / tren *m* mixto ‖ ≃**bremse** *f* (Bahn) / freno *m* de (o para) trenes de mercancías ‖ ≃**maschine** *f*, -zuglokomotive *f* / locomotora *f* [para trenes] de mercancías
Güte•schalter *m* (Laser) / conmutador *m* de Q ‖ ≃**schaltung** *f* (Laser) / conmutación *f* de Q ‖ ≃**sicherung** *f* / seguridad *f* cualitativa ‖ ≃**siegel** *n* / sello *m* de calidad ‖ ≃**toleranz** *f* / tolerancia *f* de calidad ‖ ≃**verhältnis** *n*, -grad *m* (Mech) / rendimiento *m* ‖ ≃**vorschrift** *f* / especificaciones *f pl* o normas de calidad ‖ ≃**wert** *m* / característica *f* de calidad, valor *m* de calidad ‖ ≃**zahl** *f* / índice *m* de calidad ‖ ≃**zeichen** *n*, -marke *f* / marca *f* de calidad, marbete *m* de calidad, logotipo *m* de calidad ‖ ≃**zeichen** (amtlich) / sello *m* [oficial] de calidad ‖ ≃**ziffer** *f*, -zahl *f*, -koeffizient *m* / factor *m* o coeficiente de calidad, Q *m*, factor *m* Q ‖ ≃**ziffer** (Eltronik) / factor *m* de mérito, factor *m* Q ‖ ≃**zusatz** *m* / aditivo *m* de mejorar
Gut•grenze *f* / nivel *m* de calidad aceptable ‖ ≃**läufer** *m* (Bahn) / vagón *m* que rueda bien ‖ ≃**lehrdorn** *m* / calibre *m* macho PASA ‖ ≃**lehre** *f* / calibre *m* PASA ‖ ≃**lehrring** *m* / calibre *m* hembra PASA ‖ ≃**maß** *n* / medida *f* PASA ‖ ~**moderiert** (Nukl) / bien moderado ‖ ≃**punkt** *m* / punto *m* bueno ‖ ≃**rachenlehre** *f* / calibre *m* de boca PASA ‖ ≃**seite** *f* (Lehre) / lado *m* PASA o pasa ‖ ≃**stoff** *m* (Pap) / pasta *f* aceptada ‖ ≃**stoff**, büttenfertiger Stoff (Pap) / pasta *f* dispuesta para la tina
Guttapercha *f* / gutapercha *f*
Gutteil *n* (Qual.Pr) / pieza *f* aceptable
Gutti *n*, Gummigutt *n* / gomaguta *f*
Gut- und Schlecht-Lehre *f* / calibre *m* con lado PASA y lado NO PASA
Gut•zahl *f* (Qual.Pr.) / número *m* aceptable de piezas defectuosas ‖ ≃**zeitprobe** *f* (auf Arsen) (Chem) / prueba *f* Gutzeit
Guy-Maschine *f* (ein Mittelfrequenzgenerator) (Eltronik) / generador *m* [de frecuencia media] de Guy
GUZ, Gasultrazentrifuge *f* / ultracentrifugadora *f* de gas
GVE (Landw) = Großvieheinheit
GVO, gentechnisch veränderte (od. genmanipulierte) Organismen (Bot, Landw) / organismos *m pl* manipulados genéticamente
GVT = Forschungsgesellschaft Verfahrenstechnik
GVU = Gasversorgungsunternehmen
GVZ (Chem) = Grenzviskositätszahl
GW (Fernm) = Gruppenwähler ‖ ≃ (Elektr) = Allstrom (Gleich-Wechselstrom) ‖ ≃ (Fernm) = Gruppenwelle
G-Wagen *m* (Bahn) = gedeckter Wagen
G-Wert *m* (Nukl) / coeficient *m* G, valor *m* G
GW-Jahr *n*, Gigawatt-Jahr *n* (Elektr) / gigavatio-año *m*
Gy (= Gray; SI-Einheit der Energiedosis) (Phys) / gy, gray *m*
Gymnit *n* (Min) / gimnita *f*
Gyration *f* (Raumf) / giración *f*
Gyre *f*, Drehachse *f*, Symmetrieachse *f* (Krist) / eje *m* de simetría
gyrieren (Raumf) / girar
Gyro•antrieb *m* **für Busse** (Kfz) / accionamiento *m* por volante ‖ ≃**bus** *m* (Kfz) / girobús *m*, girobus *m* (LA) ‖ ≃**dyne** *f* (Hubschrauber mit Zugschraube) (Luftf) / girodino *m* ‖ ≃**frequenz**, Eigenfrequenz der Ionendrehung *f* (Phys) / girofrecuencia *f* ‖ ≃**kracken** *n* (Chem) / crácking *m* Gyro, descomposición *f* térmica Gyro ‖ ≃**lith** *m*, Gurolith *m* (Min) / girolito *m* ‖ ~**magnetisch**, Kreiselkompass... (Phys) / giromagnético ‖ ~**magnetischer Effekt** (Phys) / efecto *m* griomagnético ‖ ~**magnetische Frequenz** / frecuencia *f* giromagnética ‖ ~**magnetisches Verhältnis**, -magnetischer Faktor / factor *m* giromagnético ‖ ≃**meter** *n* (Phys) / girómetro *m* ‖ ≃**rector**, Kreiselgradflugweiser *m* (Luftf) / girorrector *m* ‖ ≃**resonanz** *f* (Nukl) / resonancia *f* ciclotrónica o giromagnético ‖ ≃**skop** *n*, Kreisel *m*, Kreiselgerät *n* (ein physikalisches Vorführgerät) (Phys, Raumf) / giroscopio *m*, giróscopo *m* ‖ ~**skopisch** (Phys) / giroscópico ‖ ~**statisch** / girostático ‖ ~**statische Wirkung**, Kreiselwirkung *f* / efecto *m* giroscópico ‖ ~**tropisch** / girotrópico
Gyttja *f* (pl: Gytten), Halbfaulschlamm *m* (Abwasser, Geol) / cieno *m* medio putrido
g-Zustand *m* (Nukl) / estado *m* g

H

h, H (= Hekto...) / hecto...
h (= Plancksches Wirkungsquantum) / constante *f* de Planck
h, Stunde *f* / h, hora
h *f* (= Höhe) (Geom) / h *f* (= altura)
H, Henry (Elektr) / H, henrio
H, Wasserstoff *m* (Chem) / H, hidrógeno *m*
ha, Hektar *m* (10 000 m²) / hectárea *f*, ha ‖ ⁓, Hahnium *n* (Chem) / hahnio *m*
Haar *n* / cabello *m*, pelo *m* ‖ ⁓ (Fell) / pelo *m*, pellejo *m* ‖ ⁓, Borste *f* / pelo *m* bronco ‖ ⁓ *n* **zum Ausstopfen**, Füllhaar *n* / pelo *m* de relleno ‖ **grobes** ⁓ (für techn. Zwecke) / pelo *m* grueso, crin *f* ‖ ⁓**draht** *m* / alambre *m* capilar o finísimo ‖ ⁓**draht**, Wollastondraht *m* / hilo *m* Wollaston (de oro o platino)
haaren *vi* / despellejar ‖ ⁓, Haarlassen *n* (Filz) / pérdida *f* del pelo
Haar•entfernungsmittel *n* / depilatorio *m* ‖ ⁓**filz** *m* (Tex) / fieltro *m* de pelo ‖ ⁓**garn** *n* (Spinn) / hilo *m* de pelo ‖ ⁓**garnspinnerei** *f* / hilatura *f* de pelo ‖ ⁓**garnteppich** *m* / alfombra *f* de hilo de pelo ‖ ⁓**gefäß** *n*, Kapillargefäß *n* / vaso *m* capilar ‖ ~**genau** / exactísimo, muy preciso ‖ ⁓**gewebe** *n* (Tex) / tejido *m* de crin ‖ ⁓**harfe** *f* (Phys) / hilos *m pl* del higrómetro ‖ ⁓**hygrometer** *n* (Mess) / higrómetro *m* de cabello
haarig, fusselig (Tex) / deshilachado
Haar•kies *m* (Min) / pirita *f* capilar, milerita *f* ‖ ⁓**kleid** *n*, Fell *n*, Balg *m* (Zool) / pelaje *m* ‖ ⁓**krempel** *f* (Tex) / carda *f* para pelos ‖ ⁓**kristall**, Whisker[kristall] *m* (Krist) / cristal *m* filiforme, whisker *m* ‖ ⁓**kristall-Wachstum** *n* / crecimiento *m* de cristal filiforme ‖ ⁓**kupfer** *n* / cobre *m* virgen capilar ‖ ⁓**lauf** *m* (Web) / lizos *m pl* ‖ ⁓**laufkamm** *m* (Drahtw) / telar *m* para tela metálica mediana ‖ ⁓**laufstuhl** *m* (Drahtw) / telar *m* para tela metálica fina ‖ ⁓**lineal** *n* (Zeichn) / regla *f* de filo o de canto agudo ‖ ⁓**linge** *m pl* (Schädlinge) (Zool) / malófagos *m pl* ‖ ⁓**messer**, Reißmesser *n* (Web) / cuchillo *m* de tundidora ‖ ⁓**nadel** *f* / horquilla *f* ‖ ⁓**nadelkurve** *f* (Straßb) / curva *f* en herradura ‖ ⁓**nadelstraße** *f*, Zickzackstraße *f* / carretera *f* en serpentinas o en zigzag ‖ ⁓**pinsel** *m*, Borstenpinsel *m* (Anstrich) / brocha *f* de cerdas ‖ ⁓**pinsel** (fein) / pincel *m* fino o de pelo[s] ‖ ⁓**riss** *m* (Glimmer) / grieta *f* capilar, fisura *f* filiforme ‖ ⁓**riss** (Schm) / grieta *f* interior de forja ‖ ⁓**riss** (Schiene) / fisura *f* transversal ‖ ⁓**riss** (Hütt) / fisura *f* o grieta capilar o fina, hendidura *f* capilar o muy fina ‖ ⁓**röhrchen**, -gefäß *n* (Med, Phys) / tubo *m* capilar, vaso *m* capilar ‖ ⁓**röhrchenanziehung** *f*, Kapillarkraft *f* (Phys) / atracción *f* capilar ‖ ~**röhrchenförmig** / capilar ‖ ⁓**salz** *n* (Min) / halotriquita *f* ‖ ~**scharf** / muy cortante, afiladísimo ‖ ~**scharf**, haargenau / muy preciso o exacto ‖ ~**scharfe Identifizierung** / identificación *f* exacta o muy precisa ‖ ⁓**schneidemaschine** *f* / maquinilla *f* [eléctrica] de (o para) cortar el pelo ‖ ⁓**seite**, Narbenseite *f* (Gerb) / flor *f* de[l] cuero, cara *f* de la flor o del pelo, lado *m* del pelo ‖ ⁓**sieb** *n* / tamiz *m* fino o tupido, tamiz *m* de crin ‖ ⁓**[sieb]boden** *m*, -geflecht *n* / fondo *m* de tamiz de crin ‖ ⁓**spatie** *f* (1 p. dick) (Druck) / espacio *m* entre fino o de pelo, espacio *m* de un punto ‖ ⁓**strich** *m* (Druck) / perfil *m* [fino], palo *m* o trazo fino ‖ ⁓**trockner** *m* / secador *m* eléctrico [de mano] para el pelo, secapelos *m* eléctrico ‖ ⁓**tuch** *n* (Tex) / tejido *m*

de crin ‖ ⁓**zirkel** *m* (Zeichn) / compás *m* de precisión o de puntas finas
haben *vt*, beinhalten, fassen / contener ‖ ⁓**zeichen** *n* (DV) / signo *m* de crédito
Haber-Bosch-Verfahren *n* (Chem) / procedimiento *m* de Haber y Bosch
Habitat *n* (Bot, Zool) / hábitat *m*
Habitus *m* (Krist) / hábito *m*, proporción *f* de las caras
Hackbau *m* (Landw) / cultivo *m* de escarda
Hackbrett *n*, Schneidbrett *n* (Küche) / tabla *f* de picar
Hacke *f* (allg) / azada *f*, azadón *m* ‖ ⁓, Haue *f*, Spitzhacke *f*, Pickel *m* (Bau) / pico *m* ‖ ⁓, Kreuzhacke *f* / zapapico *m* ‖ ⁓, [Erd]haue *f*, Karst *m* (Landw) / sacho *m*, legón *m*, ligón *m*, azadón *m* ‖ ⁓ [kleine] / picaza *f*
hacken, zerhacken / cortar en trozos, despedazar ‖ ~, auf-, umhacken / azadonar, cavar, escardar, binar ‖ ~ (Holz) / partir o cortar (leña) ‖ ~ (Pap) / desmenuzar la madera ‖ ~ *vi* (DV) / hackear, penetrar en un sistema informático ‖ ⁓ *n*, Behacken *n* (Landw) / binado *m*, escardado *m*, azadonado *m* ‖ ⁓, Hacking *n* (DV) / hacking *m* ‖ ⁓**stück** *n* (Schuh, Strumpf) / talón *m*
Hacker *m* (DV) / hacker *m* ‖ ⁓ **der Krempel** (Tex) / peine *m* [descargador] de la carda ‖ ⁓**blatt** *n*, -schiene *f* (Tex) / hoja *f* del peine descargador
Hack•fräse *f* (Landw) / motobinadora-fresadora *f*, azada *f* rotatoria ‖ ⁓**fruchtbau** *m* / cultivo *m* de escarda ‖ ⁓**früchte** *f pl* / raíces *m* y tubérculos, plantas *f pl* carpidas (LA) ‖ ⁓**fruchtschlepper** *m* / tractor *m* para cultivos en líneas ‖ ⁓**geschwindigkeit** *f* (Pap) / velocidad *f* de la desmenuzadora *m* ‖ ⁓**klotz** *m* (Holz) / tajón *m*, tajador *m* ‖ ⁓**maschine** *f* (Fleischerei) / carnicería *f*, picadora *f* de carne ‖ ⁓**maschine** (Pap) / astilladora *f*, troceadora *f*, máquina *f* cortadora ‖ ⁓**maschine** (Landw) / binadora *f*, máquina *f* carpidora (LA) ‖ ⁓**maschine für Holz** / máquina *f* de hacer astillas ‖ ⁓**messer** *n*, Wiegemesser *f* (Küche) / tajadera *f* ‖ ⁓**messer**, Fleischmesser *n* / cuchilla *f* escarificadora, tajadora *f* ‖ ⁓**messer**, Buschmesser *n* / machete *m* ‖ ⁓**pflug** *m* (Landw) / arado *m* binador ‖ ⁓**rotor** *m* (Pap) / cortadora *f* o desmenuzadora rotativa ‖ ⁓**schnitzel** *m pl* (Holz) / madera *f* troceada, recortes *mpl* de madera
Häcksel *pl* (Landw) / paja *f* cortada, pelaza *f*, pajaza *f*, picado *m* ‖ ⁓**-Ablader** (Landw) / descargador *m* de forraje picado ‖ ⁓**bank** *f*, Futter-, Strohschneidemaschine *f* / picadora *f* de forraje y paja ‖ ⁓**gebläse** *n* / soplante *m* picador ‖ ⁓**maschine** *f*, Häcksler *m* (Landw) / cortapajas *m*, máquina *f* picadora (LA) ‖ ⁓**messer** *n*, -klinge *f* (Landw) / cuchilla *f* de cortapajas
häckseln *vt* (Landw) / picar o cortar paja o forraje
Häckselwagen *m* **mit Fressgitter** (Landw) / remolque *m* para forraje con rastrillo de pesebre
Häcksler *m* **für Gartenabfall** / picadora *f* de desechos de huerta
Hackspan *m* (Spanplatten) / viruta *f* cortada
Hadern *m pl*, [Hader]lumpen *m pl*, Papierhadern *m pl* (Pap) / trapos *m pl* ‖ ⁓**abfälle** *m pl* / desperdicios *m pl* de trapos ‖ ⁓**druckpapier** / papel *m* de trapos para impresión ‖ ⁓**entstauber** *m* / desempolvador *m* de trapos ‖ ~**haltig** (Pap) / que contiene trapos ‖ ⁓**kocher** *m* / caldera *f* para trapos ‖ ⁓**papier** *n* / papel *m* de trapos ‖ **reines** ⁓**papier** / papel *m* puro de trapos ‖ ⁓**schneider** *m*, -zerreißwolf *m* / cortatrapos *m*, cortadora *f* de trapos ‖ ⁓**seidenpapier** *n* / papel *m* tisú (o seda) de trapos ‖ ⁓**sortierer** *m* / clasificador *m* de trapos ‖ ⁓**stoff** (Pap) / pasta *f* de trapos ‖ ⁓**wäsche** *f* / lavado *m* de trapos ‖ ⁓**wascher** *m* / lavador *m* de trapos
hadisch, im "Graben" (Ozean) / ultra-abisal
Hadron *n* (pl: Hadronen) (Phys) / hadrón *m*
hadronisches Atom *n*, Hadronatom *n* / átomo *m* hadrónico
Hafen *m*, Schmelzhafen *m* (Glas) / crisol *m*

Hafen

Hafen *m* (Schiff) / puerto *m* ‖ ≃, Seehafen *m* (Geo) / puerto *m* marítimo ‖ ≃... / portuario ‖ ≃**anlagen** *f pl* / instalaciones *f* portuarias ‖ ≃**arbeiter**, Schauermann *m* / obrero *m* portuario o del puerto, estibador *m*, descargador *m* de muelle ‖ ≃**ausrüstung** *f* / dotación *f* portuaria ‖ ≃**bahn** *f* / ferrocarril *m* portuario o de puerto ‖ ≃**bahnhof** *m* (Bahn) / estación *f* marítima o de puerto ‖ ≃**bau** *m* / construcción *f* portuaria ‖ ≃**becken** *n* / dársena *f* ‖ **offenes** ≃**becken** / dársena *f* abierta ‖ **abgeschlossenes** ≃**becken** (Schiff) / dársena *f* cerrada ‖ ≃**damm** *m*, Mole *f* (Hydr) / muelle *m* ‖ ≃**damm**, Wellenbrecher *m* / rompeolas *m*, espigón *m* ‖ ≃**dock** *n* / dique *m* ‖ ≃**einfahrt** *f* / entrada *f* del puerto ‖ **enge** ≃**einfahrt** / gola *f* ‖ ≃**funk** *m* / radio[difusión] *f* portuaria ‖ ≃**funkgerät** *n* / equipo *m* radioeléctrico de puerto ‖ ≃**gleis** *n* (Bahn) / vía *f* [férrea] de muelle ‖ ≃**-Hafen-Verkehr** *m* / tráfico *m* de puerto a puerto ‖ ≃**kai** *m* / muelle *m* ‖ ≃**kran** *m* (Förd) / grúa *f* de muelle ‖ ≃**mauer** *f* / muro *m* de muelle, malecón *m* (LA) ‖ ≃**ofen** *m* (Glas) / horno *m* de crisol ‖ ≃**poller** *m* / bita *f* de puerto ‖ ≃**radar** *m* / radar *m* para puerto ‖ ≃**schlepper** *m* / remolcador *m* de puerto ‖ ≃**schleuse** *f* / esclusa *f* de puerto ‖ ≃**schuppen** *m pl* / cobertizos *m pl* de puerto ‖ ≃**verkehr** *m* / tráfico *m* portuario ‖ ≃**zeit** *f* (Flut) / establecimiento *m* de puerto

Hafer *m* (Bot, Landw) / avena *f* ‖ ≃**flocken** *f pl* (Nahr) / copos *m pl* de avena (E), avena *f* arrollada (LA) ‖ ≃**flugbrand** *m*, -staubbrand *m* (Bot) / tizón *m* de la avena ‖ ≃**kleie** *f* / salvado *m* de avena ‖ ≃**quetsche** *f* (Landw) / machacadora *f* o trituradora de avena

Hafnium *n*, Hf (Chem) / hafnio *m*, Hf ‖ ~**frei** / sin hafnio, libre de hafnio

Haft • anreger *m*, Netzhaftmittel *n* (Chem) / dope *m* [de adhesividad] ‖ ≃**atom** *n* (Nukl) / átomo *m* de fijación ‖ ≃**band** *n* / cinta *f* adhesiva ‖ ≃**bombe** *f* (Mil) / bomba-lapa *f* ‖ ≃**ecken** *f pl*, Photoecken *f pl* [selbstklebend] (Foto) / fijafotos *m pl*[autoadhesivos] ‖ ≃**elektrode** *f* (Elektr) / electrodo *m* adherente ‖ ≃**elektron** *n* / electrón *m* cautivo o atrapado o retenido ‖ ≃**emulsion f für Mörtel** (Bau) / emulsión *f* adhesiva (para mortero)

haften *vi* [an] / pegarse, adherir[se], agarrar[se] [a o en o sobre] ‖ ~, kleben [bleiben] [an] / quedar adherido o fijado o pegado [a] ‖ ~ *n*, Anhaften *n* / adherencia *f* ‖ ≃, Aneinanderhängen *n* von Parallelenmaßen (Mess) / adherencia *f* de bloques calibradores ‖ ≃ **des Betons am Stahl** (Bau) / adherencia *f* del hormigón ‖ ≃ **des Putzes** (Bau) / adherencia *f* del enlucido

haftend / adhesivo, adherido

Haft • etikett *n* (Pap) / etiqueta *f* autoadhesiva ‖ ≃**fähigkeit** *f* / adhesividad *f*, adherencia *f*, capacidad *f* adhesiva o de adhesión o de adherencia ‖ ≃**festigkeit**, -kraft *f*, -vermögen *n*, Haftung *f* / fuerza *f* adhesiva o de adhesión o de adherencia, poder *m* adherente ‖ ≃**festigkeit** *f* (Druck, Pap) / adherencia *f*, cohesión *f* de fibras ‖ ≃**festigkeits-Prüfung** *f* **auf Gusseisen** (nach Manson) (Email) / ensayo *m* de adherencia sobre fundición, prueba *f* de Manson ‖ ≃**festigkeitsverbesserer** *m* (Beton) / aditivo *m* mejorante de adherencia ‖ ≃**fläche** *f* / superficie *f* de adhesión o de adherencia ‖ ≃**folie** *f* (Plast) / hoja *f* o lámina *f* [auto]adhesiva ‖ ≃**grund** *m*, -grundmittel *n* (Anstrich) / imprimación *f* fosfatante o de reacción, wasprimer *m* ‖ ≃**grundmittel** *n* **auf Zinkchromatbasis**, Zinkchromatprimer *m* (Anstrich) / capa *f* pasivante [a base] de cromato de zinc ‖ ≃**ion** *n* (Chem) / adión *m*, ion *m* adsorbido ‖ ≃**klebepapier** *n* / papel *m* autoadhesivo ‖ ≃**kleber** *m* (Bitumen) / material *m* aglutinante ‖ ≃**klebestoff**, Selbstkleber *m* / masa *f* [auto]adhesiva ‖ ≃**kraft** *f*, -vermögen *n*, Haftung *f* / poder *m* adherente, [fuerza *f*] adherencia *f* ‖ ≃**ladung** *f* (Mil) / carga *f* explosiva adhesiva ‖ ≃**magnet** *m* / imán *m* adherente ‖ ≃**mine** *f* (Mil) / mina *f* adhesiva ‖ ≃**mittel** *n*, -vermittler *m* (Bau, Chem) / agente *m* para la adhesión, adhesivo *m* ‖ ≃**öl** *n* (Chem) / aceite *m* adhesivo ‖ ≃**oxid** *n* (Chem) / óxido *m* adhesivo ‖ **magnetische** ≃**platte** (Wzm) / placa *f* magnética de sujeción ‖ ≃**reibbeiwert** *m* (Kfz) / coeficiente *m* de adherencia neumático/firme ‖ ≃**reibbeiwert** (Bahn) / coeficiente *m* de deslizamiento ‖ ≃**reibung** *f*, Reibung der Ruhe (Phys) / fricción *f* estática, rozamiento *m* en reposo o por adherencia ‖ ≃**reibungsunterbrechung** *f* (Bahn) / ruptura *f* de adherencia ‖ ≃**relais** *n* (Elektr) / relé *m* enclavador o enganchador ‖ ≃**schale** *f* (Opt) / lente *f* invisible o pupilar o de contacto, lentilla *f* [de contacto corneal] ‖ ≃**scheibe** *f* / disco *m* adhesivo ‖ ≃**scherfestigkeit** *f* / resistencia *f* adhesiva al esfuerzo cortante ‖ ≃**sitz** *m* (Passung) / ajuste *m* de apriete ‖ ≃**stelle** *f*, Fangstelle *f*, Trap *n* (Halbl) / trap *m*, centro *m* de captura, trampa *f* ‖ ≃**strich** *n* (Tex) / capa *f* adhesiva ‖ ≃**term** *m*, metastabiler Term / termo *m* metaestable ‖ ≃**term**, Haftniveau *n* (Halbl) / nivel *m* de captura ‖ ≃**- und Dehnversuch** *m* (Mat.Prüf) / prueba *f* de adherencia y dilatación

Haftung *f* (Reifen) / adherencia *f* al terreno o al firme, agarre *m* (neumático) ‖ **beschränkte** ≃ / responsabilidad *f* limitada

Haft • verbrauch *m* (Relais) / consumo *m* durante la adherencia de contacto ‖ ≃**vermittler** *m*, -mittel *n* (Anstrich, Chem) / agente *m* adherente o adhesivo, ligante *m* ‖ ≃**vermögen** s. Haftfestigkeit ‖ ≃**vermögen** *n* **von Isolier- o. Klebband** / pegajosidad *f* ‖ ≃**verschluss** *m* / cierre *m* adhesivo ‖ ≃**wahrscheinlichkeit** *f* (Nukl) / probabilidad *f* de adherencia ‖ ≃**wasser** *n* (Hydr) / humedad *f* de contacto ‖ ≃**wert** *m* (Bahn) / coeficiente *m* de adherencia ‖ ≃**wirkung** *f* **des Wischgummis** (Kfz) / adhesividad *f* de la raqueta del limpiaparabrisas ‖ ≃**zugfestigkeit** *f* / resistencia *f* adhesiva al tiro ‖ ≃**-Zugfestigkeitprüfung** *f* / ensayo *m* de la resistencia adhesiva al tiro

Hagel *m* (Meteo) / granizo *m*, pedrisco *m* ‖ ≃**abwehrrakete** *f* (Landw, Meteo) / cohete *m* granífugo o antigranizo ‖ ≃**schaden** *m* **bei Melonen etc.** (Landw) / melera *f* ‖ ≃**schlag** *m* (Meteo) / pedrisquero *m* ‖ ≃**schutz** *m* / protección *f* antigranizo o contra el granizo

Hahn *m* (pl. Hahnen, Hähne), Wasserhahn *m* / grifo *m* (E), canilla (ARG) *f*. ‖ ≃, Hammer *m* (Gewehr) / gatillo *m*, disparador *m* ‖ ≃ **für Schlauchanschluss** / grifo *m* para manguera ‖ ≃ **mit Stopfbuchse** / grifo *m* con caja de estopas o con prensaestopas ‖ **den** ≃ **aufdrehen o. öffnen** / abrir el grifo ‖ **einen** ≃ **abdrehen** (o. zudrehen o. schließen) / cerrar el grifo

Hahnen • balken *m* (Zimm) / tirante *m* ‖ ≃**tritt** *m* (Web) / pata *f* de gallo

Hahn • fassung *f* (Elektr) / portalámpara *f* con llave ‖ ≃**fett** *n*, -schmiere *f* / grasa *f* para grifos ‖ ≃**galerie** *f* (Gas) / rampa *f* de alimentación ‖ ≃**gehäuse** *n* / armazón *f* de grifo, cuerpo *m* de grifo

Hahnium *n* (OZ 105), Ha, Nielsborium *n* (Phys) / hahnio *m*, borio *m*

Hahn • kegel *m*, -küken *n* / macho *m* de grifo ‖ ≃**lochstopfen** *m* (Waschbecken) (Sanitär) / tapón *m* para paso de grifo ‖ ≃**öffnung** *f*, -durchgang *m* / paso *m* de grifo ‖ ≃**schlüssel** *m* / llave *f* del grifo o para grifos ‖ ≃**stopfen** *m* (Chem) / tapón *m* con llave

Haidingerit *m* (Min) / haidingerita *f*

Haifischnetz *n* / red *f* tiburonera

Hainbuche, Hage-, Weißbuche *f*, Carpinus betulus (Bot) / carpe *m*, ojaranzo *m* ‖ **amerikanische** ≃ / carpe *m* americano

Häkel • galonmaschine *f* (Tex) / máquina *f* de croché para galones ‖ ≃**garn** *n* / hilo *m* de ganchillo o de crochet ‖ ≃**maschine** *f* / máquina *f* de crochet

häkeln *vt* (Tex) / hacer crochet, hacer labor de ganchillo

Häkelnadel *f* / aguja *f* de ganchillo

haken *vt*, ein-, fest-, zu-, anhaken / enganchar ‖ ~ **beim Verladen** / usar ganchos
Haken *m* / gancho *m* ‖ ~, Schließhaken *m* / aldabilla *f* ‖ ~, Wandhaken *m* / escarpia *f*, garfio *m* ‖ ~, Klaue *f* / garra *f*, uña *f* ‖ ~, Nase *f* der Dachplatte (Bau) / nariz *f* de la teja ‖ ~ (Kran) / gancho *m* ‖ ~ (für den Hörer) (Fernm) / horquilla *f* ‖ ~ **der Dachrinne**, Rinnenbügel *m* (Bau) / soporte *m* del canalón [del tejado] ‖ ~ **für die Öse** (Tex) / corchete *m* ‖ ~ **mit Kausche** (Schiff) / gancho *m* con guardacabo ‖ ~ **und Öse** (Tex) / broche *m*
Haken•anschlag, Voranschlag *m* (DIN) (Stanz) / tope *m* rebatible ‖ ~**artig**, -förmig, Haken... / ganchudo, en forma de gancho ‖ ~**bahn** *f* **für Drahtringe** (Förd) / transportador *m* de ganchos ‖ ~**barre** *f* (Tex) / barra *f* de ganchos o retienemallas, barra *f* de punzones montamalles ‖ ~**blatt** *n*, -kamm *m* (Zimm) / ensambladura *f* a media madera con tacón ‖ **schräges** ~**blatt** / ensambladura *f* oblicua con resalte ‖ ~**flasche** *f* (Kran) / garrucha *f* de gancho ‖ ~**förmig** / ganchudo, ganchoso, en forma de gancho ‖ [**sich**] ~**förmig biegen** / doblar [se] en forma de gancho o de garfio ‖ ~**geschirr** *n* (Kran) / accesorios *m pl* de gancho ‖ ~**gliederkette** *f* / cadena *f* de eslabones de gancho ‖ ~**greifer** *m* (Bagger) / cuchara *f* de ganchos ‖ ~**gurt** *m* (F'wehr) / cinturón *m* a mosquetones ‖ ~**höhe** *f* (Kran) / altura *f* del gancho ‖ ~**kanter** *m* (Walzw) / volteador *m* de ganchos ‖ ~**keil** *m* / chaveta *f* con cabeza ‖ ~**kette** *f* / cadena *f* de ganchos, cadena *f* de mallas de alambre ‖ ~**klemme** *f* (DIN 81404) (für Türen) / gancho *m* inmovilizador para puerta ‖ ~**kopfanstauchmaschine** *f* / recalcadora *f* para los bulones de cabeza rectangular ‖ ~**leiter** *f* / escalera *f* de ganchos ‖ ~**meißel** *m* (Stoßmaschine) (Wzm) / cuchilla *f* acodada ‖ ~**meißel** (Dreh) / cuchilla *f* acodada [para interiores] ‖ ~**muffe** *f* **für Stative** / nuez *f* de conexión trípode ‖ ~**nadel** *f*, Spitzennadel *f* (Tex) / aguja *f* a corchete ‖ ~**nagel** *m*, [Wand]haken *m* / escarpia *f*, alcayata *f*, grampón *m* (LA) ‖ ~**nagel**, Schienennagel *m* (Bahn) / grapón *m*, escarpia *f* de carril, clavo *m* de vía (LA) ‖ ~**platte** *f* (zwischen Schiene u. Schwelle) (Bahn) / placa *f* de asiento con gancho, silleta *f* de riel con gancho ‖ ~**schalter** *m* (Fernm) / interruptor *m* de portarreceptor, gancho *m* conmutador ‖ ~**schloss** *n* / cerrojo *m* con gancho ‖ ~**schlüssel** *m* (für Nutmuttern) (DIN 1810) / llave *f* para tuercas ranuradas ‖ ~**schlüssel mit Nase** / llave *f* de gancho ‖ ~**schlüssel mit Zapfen** / llave *f* de tetones ‖ ~**schraube** *f* (j-förmig gebogen) / tornillo *m* de gancho ‖ ~**schraube** (DIN 25192) / tornillo *m* de cabeza en forma de martillo ‖ ~**schuh** *m* (Elektr) / terminal *m* de gancho ‖ ~**schütze** (Hydr) / compuerta *f* enganchada ‖ ~**seil** *n* / cable *m* [de elevación] con gancho ‖ ~**sicherung** *f* (Kran) / lengüeta *f* de seguridad ‖ ~**sprengring** *f* / anillo *m* de gancho elástico ‖ ~**stein** *m* (Bau) / piedra *f* de nariz ‖ ~**stütze** *f* (Fernm) / soporte *m* de aislador en forma de gancho ‖ ~**stützen-Isolator** *m* (Elektr) / aislador *m* cuello de cisne ‖ ~[**um**]**schalter** *m* (Elektr) / conmutador *m* de gancho, gancho conmutador.m. ‖ ~**webmaschine** *f* (Tex) / máquina *f* de agujas de gancho, máquina *f* de agujas de prensa ‖ ~**wirtel** *m* / poleíta *f* de gancho, polea *f* ranurada o con gargantas, nuez *f* ‖ ~**zahn** *m*, Wolfszahn *m* (Säge) / diente *m* de gancho, pico *m* de loro ‖ ~**zahnung** *f* (Säge) / dentadura *f* de ganchos ‖ ~**zange** *f* / tenazas *f pl* de gancho ‖ ~**zange** (Schm) / tenazas *f pl* de ganchos ‖ ~**zugkraft** *f* / esfuerzo *m* en el gancho de tracción
halb / medio, hemi..., semi... ‖ ~, halbiert / partido o dividido en dos partes [iguales], partido por la mitad ‖ ~**e Ausschwingzeit** (Akust) / período *m* de semiextinción ‖ ~ **dunkel** / semioscuro ‖ ~ **eingegraben** / semienterrado ‖ ~ **fertig** / a media obra, a hacer medio ‖ ~**er Kegelwinkel** *f* (Spinnhülse) / semiángulo *m* de la punta de cono ‖ ~**es Kleeblatt** (Autobahn) / cruce *m* de trébol de dos hojas ‖ ~**e Kraft** (Schiff) / media *f* máquina ‖ ~**es Kühlschrankgitter** / rejilla *f* del refrigerador en voladiza ‖ ~**er Maschinengang** / medio *m* ciclo ‖ ~**e Nietteilung** / medio *m* paso de remaches, media *f* distancia entre remaches ‖ ~**e Nietteilung** (versetzte Nietung) / medio paso de roblonado a tresbolillo ‖ ~**er Normalstein** (Hütt) / semiladrillo *m*, medioladrillo *m* ‖ ~ **offen**, -geschlossen (Elektr) / entreabierto, semiabierto, semicerrado, medio abierto ‖ ~ **offen** (Schiffsdeck) / semiabierto ‖ ~ **offen**, angelehnt (Tür) / entreabierto ‖ ~**er Parameter** (Kegelschnitt) / medio parámetro ‖ ~**e Periode** (Elektr) / alternación *f*, alternancia *f* ‖ ~**er Quartilabstand** (Stat) / semiamplitud intercuartil, semirrango o semirrecorrido intercuartil ‖ ~**er Schnitt** (Zeichn) / media sección ‖ ~**e Spannweite** (Luftf) / media envergadura (de las alas) ‖ ~ **voll** / semilleno ‖ **auf** ~**er Höhe** / a media altura
halb•abgekochte Seide (Tex) / seda *f* semicocida ‖ ~**acetal** *n* (Chem) / hemiacetal *m* ‖ ~**achse** *f* (Geom) / semieje *m* ‖ ~**achse**, Hinterachswelle *f* (DIN) / semieje *m* [trasero], palier *m* ‖ ~**addierer** *m* (DV) / sumador *m* parcial, semiadicionador *m* ‖ ~**amid** *n* (Chem) / semiamida *f* ‖ ~**amtsberechtigt** (Fernm) / con toma controlada de la red ‖ ~**amtsberechtigte Nebenstelle** (Fernm) / supletario con toma controlada de la red ‖ ~**atlas** *m* / medio satén, raso *m* de filoseda, rasero *m* [o rasete] ‖ ~**automat** *m* (Wzm) / semiautómata *m*, torno *m* semiautomático ‖ ~**automat** (Druck) / máquina *f* semiautomática, máquina *f* semiautomática
halbautomatisch / semiautomático ‖ ~ **gelenkt** (Projektil) / semiautopropulsado ‖ ~**e Landung** (Luftf) / aterrizaje *m* semiautomático ‖ ~**er Lenkstockschalter**, Rückstellschalter *m* (Kfz) / interruptor *m* de retroceso automático de la luz intermitente ‖ ~**e Lochstreifenvermittlung** (Fernm) / central *f* de conmutación semiautomática con retransmisión por cinta perforada ‖ ~**er Ruf** (Fernm) / llamada *f* semiautomática ‖ ~**er Rundofen** / horno *m* circular semiautomático de esmaltar ‖ ~**e Weitergabeeinrichtung** (Luftf) / instalación *f* de retransmisión semiautomática
halb•axial (Turbine) / semiaxial ‖ ~**axialer Läufer** (Pumpe) / rueda *f* semiaxial ‖ ~**axiale Turbine**, Dériaz-Turbine *f* (Hydr) / turbina *f* semiaxial o de [tipo] Dériaz ‖ ~**balanceruder** *n* (Schiff) / timón *m* compensado parcialmente ‖ ~**balken** *m* (Zimm) / viga *f* de media sección ‖ ~**ballistisch** / semibalístico ‖ ~**-ballistischer Wiedereintritt** (Raumf) / reentrada *f* semibalística ‖ ~**bedeckt** / semicubierto ‖ ~**beruhigt** (Stahl) / semicalmado ‖ ~**beschichtet** (Opt) / semiplateado ‖ ~**beweglich** / semimóvil ‖ ~**bewölkt** (Meteo) / seminublado ‖ ~**bild** *n* (Stereo) / cuadro *m* único ‖ ~**bild** (TV) / semicuadro *m*, semiimagen *m*, campo *m* ‖ ~**bilddauer** *f* / duración *f* de semicuadro ‖ ~**bildfrequenz** *f* / frecuencia *f* de semicuadro ‖ ~**blank** / semipulido ‖ ~**block-Hydrolenkung** *f* (Kfz) / dirección *f* hidráulica semibloque ‖ ~**bogen**, -kreis *m* (Math) / semicírculo *m* ‖ ~**bogenförmig** (Bau) / en forma de medio arco ‖ ~**brett** *n*, -diele *f* / tablero *m* de media madera ‖ ~**brücke** *f* (Elektr) / semipuente *m* ‖ ~**brücke** (Bau) / mitad *f* giratoria del puente ‖ ~**byte** *n* (DV) / semibyte *m* ‖ ~**chemisch** / semiquímico ‖ ~**chemische Papiermasse** / pasta *f* de papel semiquímica ‖ ~**Containerschiff** *n* / buque *m* contenedor mixto ‖ ~**continue...** (Tex) / semicontinuo ‖ ~**dach** *n* (Bau) / tejado *m* de (o a) simple vertiente o a un agua ‖ ~**damast** *m* (Tex) / medio damasco, damasquillo *m* ‖ ~**deckelkrempel** *f*, gemischte Karde (Tex) / carda *f* mixta ‖ ~**deckend** (Färb) / semiopaco ‖ ~**diesel** *m* (Bahn) / semi-Diesel *m*, semidiesel *m* ‖

≈**dieselmaschine** f / semi-Diesel m [motor] ‖ ≈**dipol** m (Antenne) / semidipolo m ‖ ≈**doppelscheibenrad** n / rueda f de disco semidoble ‖ ≈**drehergewebe** n (Tex) / gasa f de media vuelta ‖ ~**dunkel** / medio oscuro, semioscuro ‖ ≈**dunkel** n / semioscuridad f, penumbra f ‖ ~**duplex** (Fernm) / semidúplex ‖ ≈**duplexverfahren** n (bedingtes Gegensprechen) (Fernm) / sistema m semidúplex ‖ ~**durchlässig**, semipermeabel / semipermeable ‖ ≈**durchlässigkeit** f, Semipermeabilität f / semipermeabilidad f ‖ ≈**[durch]messer** m (Geom) / semidiámetro m ‖ ~**durchscheinend** (Spiegel) / semitransparente ‖ ≈**ebene** f (Math) / semiplano m ‖ ~**echtes Wasserzeichen** (Pap) / marca f de agua semiauténtica, filigrana f del papel semiauténtica ‖ ≈**edelstein** m (Min) / piedra f semipreciosa o entrefina ‖ ~**elektrisch** / semieléctrico ‖ ~**elliptisch** / semielíptico ‖ ~**empirisch** / semiempírico ‖ ~**erhaben** / en medio relieve ‖ ~**erhabene Arbeit** / obra f en medio relieve ‖ ≈**fabrikat**, -erzeugnis, -fertigprodukt n / producto m semiacabado o semielaborado o semimanufacturado, semiproducto m ‖ ≈**fabrikatbestand** m / existencias f pl semiacabadas ‖ ≈**feder** f (Kfz) / ballesta f semielíptica ‖ ~**fein**, mittelfein / entrefino, semifino ‖ ≈**feld** n (Opt) / semicampo m ‖ ~**fertig** / semimanufacturado, semiacabado, semielaborado, semiconfeccionado ‖ ≈**fertigteil** m n / pieza f semiacabada ‖ ~**fest** (Konsistenz) / semisólido ‖ ~**fest** (Befestigung) / semifijo ‖ ~**fett** (Nahr) / semigraso ‖ ~**fett** (Druck) / media negrilla, negrita (LA) ‖ ~**fette Kohle** (Bergb) / carbón m semigraso ‖ ~**fette Schrift** (Druck) / letra f seminegrita, letra f media negrita, seminegra f ‖ ~**flach** (Walzw) / semiplano, redondo aplanado (E), semichato (LA) ‖ ~**flach** (Bergb) / medio plano, semiplano ‖ ≈**-Flachbettfelge** f (Kfz) / llanta f de base semiplana ‖ ≈**flachdraht** m / alambre m semiplano, alambre m redondo aplanado (E), alambre m semichato (LA) ‖ ≈**flachfelge** f (Kfz) / llanta f de base excéntrica ‖ ≈**flächner** m, Hemieder n (Krist) / hemiedro m ‖ ~**flüssig** / semilíquido, semifluido ‖ ~**flüssige Reibung** (Mech) / fricción f mixta o semifluida ‖ ≈**format** n (Repro) / medio m formato ‖ ≈**franzband** n (Bb) / encuadernación f a la holandesa o con lomo de cuero, pasta f a la holandesa, media pasta, medio tafilete ‖ ≈**franzband** s. Halblederband ‖ ~**frei** (Eltronik) / cuasilibre ‖ ~**freitragend**, zusätzlich abgestützt / semicantilever, semivoladizo, semiménsula ‖ ~**frontal** / semifrontal ‖ ≈**gangssperre** f (Masch) / bloqueo m de semiaccionamiento ‖ ≈**garn** n s. Halbkammgarn ‖ ≈**gas** n (Chem) / semigás m ‖ ≈**gas** (Kfz) / medio gas, gas m estrangulado o reducido ‖ **mit** ≈**gas** / a medio gas ‖ ~**gebaut** (Kurbelwelle) / parcialmente compuesto ‖ ~**geblasen**, angeblasen (Bitumen) / semisoplado ‖ ~**gebleicht** (Pap) / semiblanqueado ‖ ~**gebleichter Zellstoff** (Pap) / pasta f o celulosa semiblanqueada ‖ ~**gebrannte Keramikfliese** / baldosa f cerámica semicocida ‖ ~**gebrannter Ziegel** / ladrillo m semicocido ‖ ~**gekreuzt**, halbgeschränkt (Riemen) / semicruzado ‖ ~**geleimt** (Pap) / medio colado, semicolado, semiencolado ‖ ~**gemuffelt** (Ofen) / semimuflado ‖ ~**geordnet** (Math) / semiordenado, parcialmente ordenado ‖ ≈**gerade** f, Strahl m (Geom) / semirrecta f ‖ ~**geriffelt** / semiestrado ‖ ~**geschlossen** (Elektr) / semicerrado ‖ ~**geschlossen** (Elektr, Nut) / entreabierto, semiabierto ‖ ~**geschlossen** (Seil) / semicerrado ‖ ~**geschlossene Nut** (Elektr) / ranura f semiabierta ‖ ≈**geschoss**, -stockwerk n (über dem Erdgeschoss) (Bau) / entresuelo m (E), entrepiso m (LA) ‖ ≈**[geschoss]fenster** n, flämisches Fenster (Bau) / ventana f bastarda o flamenca ‖ ~**gesteuert** (Eltronik) / semidirigido ‖ ~**getaucht** (Hütt, Plast) / semiinmergido, semisumergido ‖ ≈**geviert** n (Druck) /

medio m cuadratín, cuadratín m de ene ‖ ~**gewendelt** (Treppe) / con eje abierto ‖ ~**glänzend** (Pap) / semibrillante ‖ ~**glasiert** (Widerstand) / semivitrificado ‖ ≈**glied**, L-Glied n (Eltronik, Filter) / semicélula f ‖ ~**grob** / semigrueso ‖ ≈**gruppe** f, Monoid n (Math) / monoide m ‖ ~**hart** / semiduro ‖ ~**hermetischer Kompressor** (Kälte) / compresor m semihermético ‖ ≈**hochdecker** m (Luftf) / avión m de alas semialtas ‖ ≈**höhenspitzenbreite** f (Nukl) / ancho m total de media altura ‖ ≈**hohlniet** m / remache m semihueco o semitubular ‖ ≈**holz** n (Zimm) / madera f escuadrada o de media sección ‖ ≈**[holz]balken** m / viga f de media sección ‖ ≈**hydrat** n (Gips) / semihidrato m ‖ ≈**hydratgips** m, Halbhydrat n (Bau) / yeso m semihidratado
halbierbar / partible en dos
halbieren, in Hälften teilen / partir en dos [partes iquales], partir por la mitad ‖ ~ (Math) / bisectar
halbierend / bisector, bisectriz
Halbierende f (Math) / bisectriz f [de un ángulo] ‖ ≈, Mittellinie f des Dreiecks (Math) / mediana f del triángulo
halbiert, halb / partido en dos ‖ ~, meliert (Gusseisen) / entremezclado
Halbierungs•fläche f (Geom) / plano m bisector ‖ ≈**punkt** m / punto m bisector o de bisección
Halb•impuls m (Eltronik) / semiimpulso m ‖ ~**indirekt** (Licht) / semiindirecto ‖ ~**indirekt**, vorwiegend direkt / semidirecto ‖ ~**-industriell** / semiindustrial ‖ ≈**insel** f (Geo) / península f ‖ ≈**insel...** (Geo) / peninsular ‖ ~**jährlich** / semestral ‖ ≈**[kamm]garn** n (Tex) / medio estambre m, semiestambre m, hilo m de estambre cardado ‖ ≈**kettenfahrzeug** n / vehículo m semiorugas, semiorugas m ‖ ≈**kettgarn** n, Mediotwist m (Spinn) / medio-urdimbre f, urdimbre f de selfactina ‖ ≈**koks** m / semicoque m, semikok m ‖ ≈**konfektion** f (Tex) / semiconfección f ‖ ≈**konserve** f (Nahr) / semiconserva f ‖ ~**kontinuierlich** (Färb, Walzw) / semicontinuo ‖ ≈**körner-Auslesemaschine** f (Landw) / separador m de granos partidos
Halbkreis, -bogen m (Math) / semicírculo m, semicircunferencia f ‖ ≈ m (Bau) / arco m de medio punto ‖ ≈**bogen** m (Bau) / arco m de medio punto ‖ ≈**bogenfenster** n / ventana f de arco de medio punto ‖ ≈**bogensturz** m (Bau) / dintel m de arco de medio punto ‖ ≈**deviation** f (Kompass) / desviación f semicircular ‖ ≈**fehler** m (Radar) / error m semicircular ‖ ≈**-Fehlerkomponente** f (Radar) / componente m f de error semicircular ‖ ≈**fläche** f (Geom) / área f o superficie f semicircular o del semicírculo m ‖ ~**förmig** / semicircular, en forma semicircular o hemicíclica ‖ ≈**fräser** m, -formfräser m (Wzm) / fresa f semicircular ‖ **nach innen gewölbter** ≈**fräser** / fresa f semicircular cóncava ‖ **nach außen gewölbter** ≈**fräser** / fresa f semicircular convexa ‖ ≈**gewölbe** n (Bau) / bóveda f circular
Halb•kristallglas n / semicristal m ‖ ~**kritisch** (PERT) / casi crítico ‖ ≈**kugel** f / semiesfera f ‖ ≈**kugel** (Geo) / hemisferio m ‖ ≈**kugel...**, halbkugelförmig / semiesférico ‖ ~**kugelige Ölpfanne** [an einer Spindellagerung] (Instr, Uhr) / aceitero m ‖ ~**kugelig-zylindrisch** / semiesférico-cilíndrico ‖ ≈**kugellinse** f (Opt) / lente f semiesférica ‖ ≈**kuppel** f (Bau) / media cúpula ‖ ~**lang** / semilargo ‖ ~**langgliedrig** (Kette) / de eslabones semilargos ‖ ≈**last** f / media carga f ‖ ≈**lastanlauf** m (Mot) / arranque m a media carga ‖ ≈**lederband** m (nur Rücken) (Druck) / encuadernación f media pasta o media piel, encuadernación f a la francesa o a la holandesa ‖ ~**leinen** (Tex) / de semihilo, de medio hilo ‖ ≈**leinen** n (Web) / medio lino m, semihilo m ‖ ≈**leinen** (Bb) / tela f mixta ‖ ≈**leinen** (Leinenkette, Baumwollschuss) (Web) / tela f mixta, brin m (LA) ‖ ≈**leinenband** m (nur Rücken) (Druck) /

encuadernación f semitela o con lomo de tela, media tela ‖ **~leinen-halbwollen** (Tex) / semihilo semilana, medio hilo medio lana ‖ **~leitend** (Eltronik, Phys) / semiconductor ‖ **~leitende Verbindung**, Halbleiter m (Phys) / aleación f intermetálica ‖
Halbleiter m (Eltronik) / semiconductor m ‖ **⁓ mit direktem Bandabstand** / semiconductor m de transmisión directa ‖ **⁓-Bildaufnahmeröhre** f / tubo m tomavistas fotoconductivo ‖
⁓-Bildwandlerelement n / transformador m o convertidor semiconductor de imagen ‖ **⁓-Detektor** m (Nukl) / detector m semiconductor ‖ **⁓diode** f / diodo m semiconductor, diodo m de estado sólido ‖
⁓-Fangstelle f / trampa f de semiconductor ‖
⁓gleichrichter m / rectificador m [de] semiconductor ‖ **⁓gleichrichterdiode** f / diodo m rectificador semiconductor ‖ **⁓herstellung** f / fabricación f de semiconductores ‖ **⁓-Injektionslaser** m / láser m de inyección semiconductor ‖ **⁓kristall** m / cristal m semiconductor ‖ **⁓-Kühlelement** n / elemento m refrigerador para semiconductores ‖ **⁓laser** m / láser m semiconductorizado ‖ **⁓-Lichtquelle** f / fuente f de luz semiconductor ‖ **⁓oszillator** m / oscilador m con dispositivo semiconductor ‖ **⁓papier** n (Foto) / papel m tipo semiconductor ‖ **⁓photoelement** n / célula f fotoeléctrica o fotocélula semiconductora ‖
⁓photoschicht-Fernsehkameraröhre f (TV) / tubo m fotoconductor de la cámara de TV ‖ **⁓[photo]zelle** f / célula f fotoconductiva semiconductora ‖ **⁓platte** f / plata f semiconductora ‖ **⁓speicher** m (DV) / memoria f de semiconductores o de circuitos monolíticos integrados ‖ **⁓sperrschicht** f (Eltronik) / capa f infranqueable o de detención o de agotamiento del semiconductor ‖ **⁓stromrichter** m / rectificador m semiconductorizado ‖ **⁓verstärker** m / amplificador m semiconductorizado o con dispositivo semiconductor ‖ **⁓-Wechselrichter** m / ondulador m semiconductorizado ‖ **⁓zone**, Übergangszone f / región f de unión entre semiconductores
Halb⁓linse f (Opt) / lente f dividida ‖ **~logarithmische Darstellung** (o. (DIN): Schreibweise) (DV, Math) / representación f o notación con punto flotante ‖
~logarithmisches Papier / papel m semilogarítmico ‖
~loses Packeis / banquisa f semisuelta ‖ **⁓maske** f / semicareta f, media-máscara f ‖ **~massiv** ‖ semimacizo ‖ **~matt** (Pap) / semimate ‖ **~matt** (Lack) / semimate, semibrillante ‖ **⁓messer**, Radius m (Geom) / radio m, semidiámetro m ‖ **⁓messer m belastet** (Reifen) / radio m bajo carga ‖ **⁓messer unbelastet** (Reifen) / radio m libre ‖ **⁓messer unter ruhender Last** / radio m bajo carga estática ‖ **⁓messerlehre** f (Mess) / calibre m de radios ‖ **in Richtung des ⁓messers** / radial ‖ **⁓metall** (z.B. Arsen) / metaloide m, semimetal m ‖ **⁓metallwagen** m (Bahn) / coche m semimetálico ‖ **⁓mikroanalyse** f (Chem) / semimicroanálisis m ‖ **⁓mikromethode** f (Chem, Phys) / semimicrométodo m ‖ **~mineralisches Pigment** / pigmento m semimineral o metalo[o]rgánico ‖
⁓mond m (Masch) / media luna f ‖ **⁓mondförmig**, sichelförmig / semilunar, en forma de media luna ‖
~mondförmig Aussparung / rebajo m semilunar ‖
~mondförmig geschnittenes Brillenglas / lente f de gafas en forma semilunar ‖ **⁓mondmeißel** m (Wz) / gubia f ‖ **~mörtel** (Bau) / mortero m pobre ‖
⁓muschelglas m, Meniskenglas m (Opt) / menisco m ‖
⁓nassspinnmaschine f / continua f de hilar con agua fría ‖ **⁓nassverfahren** n (Hütt) / procedimiento m semihúmedo ‖ **~natürlich** / seminatural ‖ **~neu** / seminuevo ‖ **~normal** (Lösung) (Chem) / seminormal ‖ **⁓offenfach** m (Web) / calada f semiabierta, paso m semiabierto ‖ **⁓oktave** f (Akust) / semioctava f ‖ **~öl** n / semiaceite m ‖ **⁓ordnung** f (Math) / orden m parcial ‖
⁓parabelträger m (Bau) / viga f semiparabólica ‖
⁓periode f, Wechsel m (Elektr) / semiperíodo m,
alternancia f ‖ **⁓pfeiler**, Wandpfeiler m, Pilaster m (Bau) / pilastra f, pilar m entregado ‖ **⁓piqué** m, -pikee m (Tex) / falso m piqué ‖ **⁓pneumatik...** / semineumático ‖ **~polar** (Chem) / semipolar ‖
~polare Bindung (Chem) / enlace m semipolar o de coordinación ‖ **~polare Doppelbindung** (Chem) / enlace m doble de coordinación ‖ **⁓portalkran** m / grúa f de semipórtico ‖ **⁓porzellan** n (Keram) / media porcelana ‖ **⁓quadrat** n, Ausschließung f auf ein halbes Geviert (Druck) / semicuadrado m ‖ **⁓radius** m (Geom) / semirradio m ‖ **~raffiniert** (Chem, Öl) / semirrefinado ‖ **⁓raum** m (Mech) / semiespacio m ‖ **⁓raum** n (Phys) / espacio m sem[i]infinito ‖
⁓raupenfahrzeug n / vehículo m auto[o]ruga o semicarril ‖ **~regelmäßiger Veränderlicher** (Astr) / variable f semirregular ‖ **~reibung** f (Phys) / rozamiento m estático ‖ **~relief** n, halberhabene Arbeit / medio relieve ‖ **⁓ring** m / semiaro m ‖
⁓röhrenkessel m / caldera f semitubular ‖
⁓rotations-Druckmaschine f (Druck) / semi-rotativa f
halbrund / semirredondo, semicircular ‖ **~e Dachrinne** (Bau) / canalón m semirredondo, gotera f semirredonda ‖ **~er Setzstempel**, -hammer (Schm) / asentador m o destajador semirredondo ‖ **⁓ n** (Bau) / hemiciclo m ‖ **⁓blechschraube** f / tornillo m roscachapa semirredondo ‖ **⁓feile** f (Wz) / lima f [de] media caña ‖ **⁓-Formfräser** m (Wzm) / fresa f perfilada (o de perfil) semicircular ‖ **⁓holzschraube** f / tirafondo m de cabeza redonda ‖ **⁓kerbnagel** m (DIN 1476) / clavo m estriado de cabeza redonda ‖
⁓kopf m (Masch) / cabeza f [semir]redonda ‖ **mit ⁓kopf und Vierkantansatz** / de cabeza semirredonda y de cuello cuadrado ‖ **⁓kopfschraube** f / tornillo m de cabeza semirredonda ‖ **⁓niet** m n **für Kesselbau** / remache m semiesférico, remache m de cabeza redonda onormal ‖ **⁓raspel** f (Wz) / escofina f media caña ‖ **⁓-Ringfeile** f (Wz) / lima f media caña para sortija ‖ **⁓schraube** f **mit Nase** / tornillo m redondo con nariz ‖ **⁓stahl** m (Hütt) / acero m o perfil semirredondo
halb•salzig, brackig (Wasser) / salobre, salobreño ‖
⁓samt, ungerissener Samt (Tex) / terciopelo m sin cortar ‖ **⁓sattelpflug** m (Landw) / arado m semimontado ‖ **⁓säule** f (Bau) / semicolumna f ‖
⁓schalenbauweise f (Luftf) / estructura f semimonocoque ‖ **⁓schatten** m (Phys) / semisombra f ‖ **⁓schatten** (Astr, Phys) / penumbra f ‖
⁓schattenapparat m (Opt) / aparato m de penumbra (un polarímetro) ‖ **⁓scherenstromabnehmer** m (Bahn) / semipantógrafo m de brazo ‖
⁓scherentrenner m (Elektr) / seccionador m semipantógrafo ‖ **⁓schlag** m (Seil) / semitramado m ‖ **~schlicht** (Feile) / semifino ‖ **⁓schlichtfeile** f (Wz) / lima f semifina, lima de segundo corte.f. ‖ **~schmal** / semiestrecho ‖ **im ⁓schnitt** / en semicorte ‖ **⁓schott** n (Schiff) / mamparo m parcial ‖ **~schräger Abzweig** (Abwasser) / ramal m en Y ‖ **⁓schranke** f (Bahn) / semibarrera f ‖ **⁓schritt** m (DV) / medio ciclo m ‖
⁓schuh m / zapato m bajo ‖ **⁓schwingachse** f / semieje m oscilante ‖ **⁓schwingung** f (Elektr, Phys) / semioscilación f ‖ **⁓seide** f (Tex) / media seda, semiseda f, sedalina f ‖ **~seiden** / de media seda ‖
~seidener Damast / damasco m de media seda ‖
~seidener Samt / terciopelo m de media seda ‖
~seitig (Druck) / de media página ‖ **~selbständige Entladung** (Elektr) / descarga f semiautónoma o semidependiente ‖ **⁓selbstspinner** m, Halbselfaktor m (Tex) / selfactina f semiautomática ‖ **~selbsttätig**, semiautomático ‖ **⁓senkfenster** m (Bahn) / ventana f que se abre en la mitad superior ‖ **~sichtbar** (Astr) / dicótomo ‖ **⁓sicht[barkeit]** f (Astr) / dicotomía f ‖ **~sinusförmig** / semisinusoide, -sinusoidal ‖
⁓sinusimpuls m (Phys) / impulso m semisinusoide ‖
⁓sinusversus-Impuls f / choque m de la forma (1-cos

Halbsinuswelle

α) 1/2 || ≈**sinuswelle** f / semisinusoide f || ≈**souterrain** n (Bau) / semisótano m || ≈**sparren** m, Schiftsparren m (Zimm) / cuartón m, cabrio m de copete || ~**sphärisch** / semiesférico || ≈**spule** f (Elektr) / semibobina f || ≈**spur** f (Magn.Bd) / media pista || ~**stabil** / semiestable || ≈**stahl-Gusszylinder** m / cilindro m [compuesto] de acero y fundición || ≈**stamm** m (Landw) / árbol m medio viento || ~**starr** (Luftf) / de armadura semirrígida, semirrígido || ≈**steinmauer** f (Bau) / muro m de medioladrillos || ~**steinstark** (Bau) / de espesor de medioladrillo || ~**stetig** (Math) / semicontinuo || ≈**stoff** m, Halbzeug n (Pap) / semipasta f, pasta f en bruto || ≈**stoff aus Getreidestroh** / semipasta f de paja || ≈**stoff aus Hadern** / semipasta f de trapos || ≈**strahl** m (Phys) / semirrayo m || ≈**streuwinkel** m (Opt) / semiángulo m de dispersión || ≈**stufe** f (Raumf) / semietapa f || ≈**subtrahierer** m / sustractor m parcial || ≈**subtrahierer** (DV) / semisubstractor m, substractor m parcial || ≈**summe** f (Math) / semisuma f || ~**synthetisch** (Sprachsynthese) / semisintético || ≈**tagsarbeit** f (F.Org) / trabajo m de media jornada || ≈**taucher** m, schwimmende Bohrinsel / plataforma f de sondeo flotante, plataforma f de perforación semisumergible || ~**technisch** (Chem) / semiindustrial || ~**teigig** (Hütt) / semipastoso || ≈**terpen** n (Chem) / semiterpeno m || ≈**tidehafen** m (Schiff) / puerto m de media marea || ≈**tiefbettfelge** f, SDC-Felge f (Kfz) / llanta f de garganta semiprofunda || ≈**ton** f (Akust) / semitono m || ≈**ton** (Druck) / media tinta || **1/100** ≈**ton** (Musik) / intervalo m igual a 1/100 de un semitono || ≈**tonätzung** f, Autotypie f (Druck) / grabado m directo o de medias tintas, similigrabado m, autotipia f || ≈**tonätzung** (Kupferdruck) / heliograbado m || ≈**tonbild** n (Repro) / imagen f de media tinta o de medio tono || **in** ≈**tönen** / cromático || ≈**ton-Verfahren** n (Druck) / procedimiento de media tinta || ≈**torischer Querschnitt** (Linse) / sección f semitórica || ≈**torkran** m / grúa f de semipórtico || ≈**tourenkupplung** f / acoplamiento m de [una] media vuelta || ≈**tourschloss** n / cerradura f de media vuelta || ≈**tränkung** f (Straßb) / semipenetración f || ~**transparent** (Spiegel) / semitransparente, parcialmente transparente || ~**trocken** / semiseco || ~**trockenverfahren** n (Zement) / procedimiento m semiseco o mixto || ~**trocknend** (Öl) / semidesecante || ≈**tür** f (Bau) / puerta f media hoja || **[untere]** ≈**tür** (Bau) / media f hoja inferior || ≈**umfang** m (Geom) / semiperímetro m || ~**unabhängige Zungen** f pl (Bahn) / cambio m de agujas sem[i]independientes || ~**-und-halb**, zu gleichen Teilen / mitad y mitad, por mitades, por dos partes iguales || ≈**unterflur...** (Bau, Kfz) / con la mitad montada bajo el piso || ~**verschlossen** (Seil) / semicerrado || ~**verschlossenes Drahtseil** / cable m metálico semicerrado || ≈**versenkniet** m / roblón m de cabeza semiembutida || ~**versenkt** / semiembutido, semiavellanado || ≈**verweilzeit** f / mitad f de tiempo de estancia || ≈**-V-Naht** f (Schw) / chaflán m en media V || ≈**-Volltastatur** f (DV) / teclado m semicompleto || ≈**wählstrom** m (DV) / semicorriente f de selección || ≈**wählsystem** n (Fernm) / sistema m semiautomático || ≈**walm** m, Krüppelwalm m (Bau) / semicopete m, copete m de peto quebrantado || ≈**walmdach** n (Bau) / tejado m de semicopete || ≈**ware** f, Halbfertigprodukt n (Fabrik) / producto m semimanufacturado o semiconfeccionado o semiacabado || ~**warm** / semicaliente || ≈**warmschweißung** f / soldadura f [directa] semicaliente || ≈**warmumformen** n / conformación f semicaliente || ≈**wassergas** n / gas m mixto de gasógeno || ~**weich** / semiblando || ~**weicher Stahl** m (Hütt) / acero m semidulce
Halbwelle f (Phys) / media onda, semionda f

Halbwellen•..., Lambda-Halbe..., λ/2 (Eltronik) / de (o en) media onda || ≈**antenne** f / antena f de media onda || ≈**dipol** m / dipolo m de media onda || ≈**gleichrichter** m (Elektr) / rectificador m de media onda || ≈**länge** f (Phys) / semilongitud f de onda || ≈**-Rohrdipol** m (Eltronik) / dipolo m tubular de semionda || ≈**-Rohrdipolantenne** f / antena f de dipolo tubular de semiondas || ~**sinus** m / seno m de media onda || ≈**übertragung** f (Elektr) / transmisión f de media onda
Halb•wende f (Strumpf) / media vuelta del dobladillo, grado del dobladillo || ≈**wert** m (Math) / semivalor m || ≈**wert** (Schwingung) / semiamplitud f, media amplitud
Halbwerts•breite f (Spektralanalyse) / anchura f mitad [de una raya espectral], semianchura f || ≈**breite** (Antenne) / anchura f del lóbulo || ≈**breite** (Akust) / anchura f de banda de tres decibelios || ≈**dicke** f (Nukl) s. Halbwertsschicht || ≈**impulsbreite** f (Eltronik) / puntos m pl de potencia mitad || ≈**schicht** f, HWS,s (Nukl) / capa f de semiatenuación, semiespesor m || ≈**tiefe** f, HWT (Radiol) / profundidad f de semiexposición || ≈**zeit** f, Halbwertzeit f der Radioaktivität, HWZ (Nukl) / período m de semidesintegración, vida media f, tiempo m de reducción a la mitad || ≈**zeit** (Biol) / semiperíodo m de vida biológico, vida f media biológica || ≈**zeit** (Strahlung) / [semi]período m radi[o]activo || ≈**zeit des Atomaustausches** [bei Reaktionen] (Chem) / período m mitad de intercambio
Halb•wölber m (Bau) / ladrillo m refractario semibóveda || ≈**wollchromfarbstoff** m (Färb) / colorante m al cromo para semilana || ≈**wolle** f (Tex) / semilana f, media lana || ≈**wollgarn** n (Spinn) / hilo m de semilana || ≈**wollgewebe** n, -stoff m / tejido m de semilana || ≈**wollstoff** m, -ware f, Mischgewebe n (Web) / artículo m de semilana, tejido m mixto || ≈**wort** n (DV) / media palabra || ≈**zahlig** (Spin) / semientero || ≈**zeile** f (TV) / media línea || ≈**zeilenimpuls** m, Ausgleichsimpuls m (TV) / impulso m de igualación || ≈**zelle** f (Elektr) / semicelda f, semielemento m || ≈**zellstoff** m (Pap) / pasta f [de papel] semiquímica || ≈**zellstoff-Herstellung** f / reducción f a pasta semiquímica, cocción f de pasta semiquímica || ≈**zellstoffkocher** m / lixiviador m para pasta semiquímica || ≈**zeug** n (Handel) / semiproductos m pl, productos m pl semiacabados o semimanufacturados || ≈**zeug** (Alu) / productos m pl labrados o fraguados || ≈**zeug** (Pap) s. Halbstoff || ≈**zeugputzerei** f (Hütt) / taller m de escarpar semiproductos || ≈**zeugwalzwerk** n / laminador m para semiproductos || ~**zölliges Brett** / tabla f de 1/2 pulgada || ≈**zyklus** m / semiciclo m || ≈**zylinder** m / semicilindro m || ~**zylindrisch** / semicilíndrico
Halde f, Kohlenhalde f (Bergb) / vaciadero m, montón m de carbón || ≈, Gruben-, Berghalde f (Bergb) / vaciadero m de gangas || ≈ f, Schlackenhalde f (Hütt) / escombrera f || **auf** ≈ **bringen** (Bergb) / meter en vaciadero || **vorübergehend auf** ≈ **bringen** / meter en montón, meter en depósito
Halden•abfall m (Bergb) / desperdicios m pl || ≈**abzugsband** n (Förd) / cinta f de recogido del vaciadero || ≈**arbeiter** m (Bergb) / obrero m de vaciadero, rampero m || ≈**aufzug** m / montacargas m de vaciadero || ≈**belader** m / cargador m de vaciadero || ≈**berge** m pl (Bergb) / roca m estéril recogida, escombros m pl del vaciadero, zafras f pl || ≈**bestände** m pl (Bergb) / existencias f pl a bocamina o en vaciadero || ≈**brand** m (Bergb) / incendio m de vaciadero || ≈**erz** n / mineral m de vaciadero || ≈**gerät** n (Bergb) / máquina f para meter en vaciadero || ≈**kohle** f / carbón m en estoc o en depósito || ≈**koks** m / coque m o cok en depósito || ≈**rutsch** m (Bergb) / desprendimiento m del vaciadero || ≈**schlacke** f (Hütt) / escorial m, escoria f amontonada || ≈**seilbahn** f

(Bergb) / funicular *m* aéreo de vaciadero, teleférico *m* de vaciadero ‖ ⁓**sturz** *m* / metida *f* en vaciadero ‖ ⁓**verladung** *f* / recogida *f* del vaciadero
Halfa *f*, Stipa tenacissima, Halfagras *n*, Alfagras (Bot) / esparto *m*, atocha *f*
Half-Cheese-Antenne *f* / antena *f* en semiparábola achatada
Halfpipe *f* (Sport) / medio *m* cilindro ‖ ⁓**-Mulde** *f* (Kipper) / caja *f* halfpipe (volquete)
Hälfte *f* / mitad *f* ‖ ⁓ **eines Papierformats** (Druck) / folio *m* ‖ **die** ⁓ **weniger** / la mitad menos
Halid *n* (Chem) / halogenuro *m*, haluro *m*, sal *f* halógena
Haliplankton *n* (Ozean) / plancton *m* marino, haloplancton *m*
Halit *m*, Steinsalz *n* (Min) / halita *f*, sal *f* gema o de roca
Hall *m* (Akust) / reverberación *f* del sonido ‖ ⁓**abstand** *m* (Akust) / equidistancia *f* entre sonido directo y reverberación ‖ ⁓**anker** *m*, Patent- o. stockloser Anker (Schiff) / ancla *f* sin cepo ‖ ⁓**anteil** *m* (Akust) / factor *m* de reverberación ‖ ⁓**beweglichkeit** *f* (Eltronik) / movilidad *f* Hall
Halle *f*, Saal *m* (Bau) / sala *f*, hall *m* ‖ ⁓, Bahnhofshalle *f* / vestíbulo *m* de estación ‖ ⁓, Flugzeughalle *f* / hangar *m*, cobertizo *m* ‖ ⁓, Vorhalle *f* / vestíbulo *m*, atrio *m* ‖ ⁓, Schiff (Bau) / nave *f*, galpón *m* (LA) ‖ ⁓ (Fabrikgebäude) / nave *f* ‖ ⁓, Messehalle *f* / pabellón *m* ‖ **aufblasbare** ⁓, Traglufthalle *f* (Bau) / nave *f* inflable, pabellón *m* inflable, nave *f* neumática hinchable, carpa *f* hinchable
Hall•effekt *m* (Eltronik) / efecto *m* [de] Hall ‖ ⁓**effekt-Bauelement** *n* / componente *m* basado en el efecto Hall ‖ ⁓**element** *n* (Eltronik) / elemento *m* de efecto Hall
hallen *vi* (Akust) / reverberar, retumbar ‖ ⁓**bad** *n* / piscina *f* cubierta ‖ ⁓**bau** *m* (Luftf) / construcción *f* de hangares ‖ ⁓**binder** *m* (Bau) / cercha *f* de nave
hallend, schallhart (Akust) / reverberante, retombante
Hallenvorfeld *m* (Luftf) / explanada *f* de hangar, área *f* de estacionamiento
Hall•erde *f* (Salzton) (Geol) / arcilla *f* salífera ‖ ⁓**generator** *m* (Eltronik) / generador *m* por efecto Hall
hallig (o. schallhart) machen (Akust) / hacer reverberante
Halligkeit *f* (Akust) / reverberación *f* del sonido, propiedad *f* reverberante
Hall•ionentriebwerk *n* (Raumf) / acelerador *m* iónico por efecto Hall ‖ ⁓**-Koeffizient** *m* (Eltronik) / coeficiente *m* de Hall ‖ ⁓**messplatz** *m* / puesto *m* medidor *m* de la reverberación
Halloysit *m* (Min) / haloisita *f*
Hall•plättchen *n* (Phys) / plaquita *f* de Hall ‖ ⁓**platte** *f* (Akust) / placa *f* reverberante ‖ ⁓**raum** *m* (Akust) / sala *f* reverberante o ecoica, local *m* con reflexiones ‖ ⁓**raumverfahren** *n* **für Geräuschmessung** / medición *f* de ruidos en sala reverberante ‖ ⁓**sensor** *m* / sensor *m* de reverberación ‖ ⁓**sonde** *f* (Phys) / sonda *f* de Hall ‖ ⁓**strom-Plasmabeschleuniger**, -strombeschleuniger *m* (Raumf) / acelerador *m* de corriente por efecto Hall ‖ ⁓**Verfahren** *n* (Alu-Elektrolyse) / procedimiento *m* Hall
Hallwachs-Effekt *m* (Eltronik) / efecto *m* Hallwachs
Halm *m* (Bot) / tallo *m*, caña *f*, brizna *f*, paja *f* ‖ ⁓ **des Schlüssels**, Schaft *m* / tija *f* ‖ ⁓**bruchkrankheit** *f*, Cercosporella herpotrichoides (Landw) / encamado *m* parasitario de los cereales ‖ ⁓**früchte** *f pl*, Getreide *n* (Bot) / cereales *f pl* ‖ ⁓**teiler** *m* (Landw) / separador *m* de cañas
Halo *m* (Astr) / halo *m* ‖ ~**biotisch** (Biol) / halobiótico ‖ ⁓**chemie** *f* / haloquímica *f*, química *f* de las sales ‖ ⁓**chromie** *f* (Färb) / halocromía *f* ‖ ⁓**effekt** *m* (TV) / efecto *m* de halo, halo *m* ‖ ⁓**form** *n*, Trihalogenmethan *n* (Chem) / haloformo *m*
Halogen *n* (Chem) / halógeno *m* ‖ ⁓... / halógeno *adj* ‖ ⁓**alkyl** *n* (Chem) / halógeno *m* alcohilato ‖

⁓**carbonsäure** *f* / ácido *m* carbónico halogenado ‖ ⁓**fernscheinwerfer** *m* (Kfz) / faro *m* de luz larga de halógeno, faro *m* de halógeno para luz de carretera ‖ ⁓**fluter** *m*, Deckenfluter *m* (Licht) / pie *m* halógeno ‖ ~**frei** / exento de halógeno ‖ ⁓**-Glühlampe** *f*, -lampe *f* (Licht) / lámpara *f* de halógeno ‖ ~**haltig** (Chem) / halogenado ‖ ⁓**heizkörper** *m* / radiador *m* de halógeno ‖ ⁓**id** *n* (Metallverbindung des Halogens) / halogenuro *m*, haluro *m*, haloide *m* ‖ ⁓**id** s. auch Halogenkohlenwasserstoff ‖ ~**isieren** *vt* / halogenar ‖ ⁓**[is]ierung** *f* / halogenación *f* ‖ ⁓**kohlenwasserstoff** *m* / hidrocarburo *m* halogenado ‖ ⁓**lecksucher** *m* (Nukl, Vakuum) / detector *m* de fugas de halógeno ‖ ⁓**-Nebelscheinwerfer** *m* (Kfz) / faro *m* antiniebla de [tungsteno-]halógeno ‖ ⁓**scheinwerfer** *m* / faro *m* de [tungsteno-]halógeno ‖ ⁓**strahler** *m* / proyector *m* de halógeno ‖ ⁓**substituiert** (Chem) / haluro [de] ‖ ⁓**wasserstoffabspaltung** *f* / deshidrohalogenación *f* ‖ ⁓**wasserstoffsäure** *f* / hidrácido *m* halogenado ‖ ⁓**zählrohr** *n* (Phys) / tubo *m* contador con halógeno
Halo•id *n*, Halogenid *n* (Chem) / haloide *m*, halogenuro *m*, haluro *m* ‖ ⁓**meter** *n* (Chem) / halómetro *m* ‖ ⁓**metrie**, Salzgehaltsmessung *f* / halometría *f*
Halon *n* (Löschmittel) (Chem) / halón *m* ‖ ⁓**feuerlöscher** *m* / extintor *m* con hidrocarburo halogenado o con halón ‖ ⁓**-Raumschutzanlage** *f* / instalación *f* de protección por inundación con halón
halo•phil (Bot) / halófilo ‖ ~**phile Pflanze**, Halophyt *m* / halófito *m* ‖ ~**phob** (Bot) / halófobo ‖ ⁓**silan** *n* (Chem) / halosilano *m* ‖ ⁓**than** *n* / halotano *m* ‖ ⁓**trichit**, Keramohalit *m* (Min) / halotriquita *f*
Hals *m* (allg) / cuello *m*, collar *m* ‖ ⁓ (Flasche) / cuello *m*, gollete *m*, boca *f* ‖ ⁓, Kehle *f* (Masch) / garganta *f* ‖ ⁓ (Geige) / mango *m* ‖ ⁓, Einschnürung *f* / estricción *f* ‖ ⁓ **der Bessemerbirne** (Hütt) / cuello *m* del convertidor Bessemer ‖ ⁓ **der Fernsehröhre** / cuello *m* de la válvula de televisión ‖ ⁓ **einer Welle**, Wellenhals *m* (Mech) / gorrón *m* intermedio del árbol ‖ ⁓ **eines Isolators** (Elektr) / garganta *f* de aislador
Hals•bildung *f* (Sintern) / formación *f* de puentes ‖ ⁓**bindung** *f* (Elektr) / ligadura *f* lateral, ligadura *f* en la garganta del aislador ‖ ⁓**brett** *n* (Web) / tabla *f* de coletes ‖ ⁓**lager der Spindel** (Tex) / collarín *m* del huso ‖ ⁓**lager** *n* **der stehenden Welle** (Masch) / cojinete *m* de cuello o de collar ‖ ⁓**linse** *f* (ein Metalldichtung) (Bahn) / junta *f* metálica lentiforme ‖ ⁓**mikrophon** *n* / micrófono *m* tipo corbata o tipo de medallón, micrófono *m* para colgar del cuello ‖ ⁓**mutter** *f* / tuerca *f* de cuello ‖ ⁓**rille** *f* (Elektr, Isolator) / garganta *f* del aislador ‖ ⁓**ring** *m* / collar *m* ‖ ⁓**-Schneidrad** *n* (für Verzahnung) (Wzm) / fresa *f* cilíndrica con cuello ‖ ⁓**schraube** *f* / tornillo *m* de gollete ‖ ⁓**senker** (mit zylindr Schaft) (Wz) / contrataladro *m* o contramecha (con espiga de guía), avellanador *m* ‖ ⁓**stutzen** *m* (Behälter) / cuello *m* de un recipiente ‖ ⁓**wolle** *f* (Tex) / lana *f* de[l] cuello ‖ ⁓**zapfen** *m* (Masch, senkrechte Welle) / gorrón *m* o muñón de collar
Halt *m*, [Hand]griff *m* / asidero *m*, agarradero *m*, cogedero *m*, Unterstützung *f* / apoyo *m* ‖ ⁓ *m*, Anhalten *n* in einer Bewegung / parada *f* ‖ ⁓ ! / ¡alto! ‖ ⁓ **machen**, stoppen / parar, detenerse ‖ **das Signal auf** ⁓ **stellen** (Bahn) / cerrar la señal ‖ ⁓ **bieten** (Autositz) / [el asiento]sujeta bien el cuerpo ‖ ⁓**anzeige** *f* (DV) / indicador *m* de parada
haltbar, dauerhaft, abnutzungsfest / durable, duradero, sólido, consistente ‖ ⁓, fest / fijo, firme, fuerte, sólido, estable ‖ ⁓ (Konserven, Lebensmittel) / conservable, bueno de guardar ‖ ⁓ (Stoff, dauerhaft (Färb) / sólido ‖ ⁓ (Stoff) / resistente ‖ ⁓ **bis...** / a consumir antes de..., caduca el... ‖ ⁓ **gemacht** / conservado ‖ ⁓ **machen**, vor dem Verderb schützen / conservar ‖ ⁓ **machen**, sterilisieren (Lebensmittel) / esterilizar ‖ ⁓ **machen** (eine Farbe) / fijar (un color)

Haltbarkeit, Lebensdauer f / durabilidad f, vida f ‖ ≃ f, Dauerhaftigkeit f / estabilidad f, inalterabilid f ‖ ≃, Lagerfähigkeit f / estabilidad f de almacenaje ‖ ≃, Festigkeit f (Werkstoff) / solidez f, consistencia f, resistencia f de materiales [al desgaste], inalterabilidad f ‖ ≃ **im Betrieb** / duración f o vida en servicio ‖ ≃ **von Farben**, Farbbeständigkeit f / solidez f[de los colores] ‖ ≃ **von Fett oder Öl** / duración f o conservación f de grasa o de aceite ‖ ≃ **von Waren** / durabilidad f de mercancías (E) o mercaderías (LA)
Haltbarkeitsdauer f (Konserven, Lebensmittel) / conservabilidad f ‖ **[geforderte]** ≃ (Repro) / durabilidad f[requerida], durabilidad f continua
Haltbarkeitsprüfung f (Mat.Prüf) / ensayo m de durabilidad
Haltbarmachung f / conservación f ‖ ≃ **des Holzes** / preservación f de madera
Halt•bedingung f (DV) / condición f de parada ‖ ≃**-Befehl** m, Stopp-Befehl m / mando m de parada, orden f de parada ‖ ≃**befehl** m (DV) / instrucción f de parada
Halte•anode f (Gleichrichter) / ánodo m retenedor o de retención ‖ ≃**anode,** Erregeranode f (Quecksilberdampfgleichrichter) / ánodo m de excitación, ánodo m de mantenimiento o de entretenimiento ‖ ≃**arm** m / brazo m [de] soporte, saliente m portador ‖ ≃**band** n / collar m de soporte, abrazadera f ‖ ≃**bereich** m (TV) / margen m de sincronización ‖ ≃**bremsung** f (Bahn) / frenado m de parada ‖ ≃**bügel** m (Wzm) / estribo m de sujeción o fijación ‖ ≃**bügel an Kaimauern** / estribo m de amarre ‖ ≃**code** m (NC) / código m de parada ‖ ≃**dauer** f (Hütt) / tiempo m de espera, tiempo m de parada ‖ ≃**eingang** m (Eltronik) / entrada f de retención ‖ ≃**elemente** n pl / elementos m pl de sujeción o de retención ‖ ≃**-Ende** n **des Schmiedestücks** / cola f de la pieza a forjar ‖ ≃**feder** f / muelle m de sujeción ‖ ≃**form** f (Bolzen) / forma f de sujetar ‖ ≃**gestänge** n / varillaje m soporte, soporte m ‖ ≃**gitter** n / reja f de soporte ‖ ≃**glied** n / elemento m de retención ‖ ≃**griff** m (allg) / asidero m, agarrador m ‖ ≃**griff** (Kfz) / pasamano m ‖ ≃**kappe** f / caperuza f de sujeción ‖ ≃**keil** n **eines Bolzens, einer Feder** / chaveta f fijadora o de sujeción ‖ ≃**kette** f (als Stütze) / cadena f de apoyo ‖ ≃**kette für Vorstecker** / cadena f de pasador ‖ ≃**klammer** f, -bügel m / grapa f retén ‖ ≃**klinke** f / trinquete m de retenida o de retención ‖ ≃**kondensator** m (Elektr) / capacitor m o condensador de retención ‖ ≃**kontakt** m (Elektr) / contacto m atractor ‖ ≃**kraft** f (Steckverbinder) / esfuerzo m de retención ‖ ≃**kraft** / fuerza f de retención o de sujeción ‖ ≃**kreis** f, Fangkreis m (Fernm) / circuito m de intercepción, dispositivo m de bloqueo de una comunicación ‖ ≃**kreuz** n (Festmacher, Schiff) / cruce m de amarre ‖ ≃**lasche** f / brida f o platina f de sujeción ‖ ≃**leine** f / cable m de retención ‖ ≃**leine** (Schiff) / trapa f ‖ ≃**linie** f (Verkehr) / raya f de parada, línea f de parada
halten vt, festhalten / asegurar, sujetar, afianzar ‖ ~ / tener ‖ ~, ergreifen / coger ‖ ~, aufrecht erhalten / mantener ‖ ~, unterstützen, festhalten / soportar, apoyar, sostener ‖ ~, unterhalten / mantener, entretener ‖ ~, zurückhalten / retener, contener ‖ ~ vi, standhalten vi, aushalten vi / soportar ‖ ~, anhalten vi / parar ‖ ~ (Farbe) / ser sólido ‖ ~, sich halten o. erhalten / conservarse ‖ ~, nicht zerreißen / ser sólido, ser duradero, resistir ‖ ~, haften (Leim) / aglutinar, pegar ‖ **auf der Stelle** ~ / parar en seco ‖ **den Druck** ~ / mantener la presión ‖ **ein Relais [unter Spannung]** ~ (Elektr) / mantener excitado [un relé] ‖ **sich** ~ [an], einhalten / atenerse [a] ‖ ~ n, Festhalten n / sujeción f ‖ ≃ (z.B. Gleichgewicht) / mantenimiento m (p.ej. del equilibrio) ‖ ≃ (Hütt) / mantenimiento m de la temperatura ‖ ≃ (Bahn, Kfz) / parada f

haltend, tragend / de apoyo, portador
Halte•nut f / ranura f de anclaje ‖ ≃**öse** f / ojo m de soporte, luneta f de soporte ‖ ≃**pfahl** m (Schiff) / palo m de amarre ‖ ≃**platte,** Tragplatte f / placa f de soporte, platina f ‖ ≃**platte** f (für Metall-Einspritzteile) (Plast) / placa f de retención ‖ ≃**poller** m (Schiff) / bolardo m de amarre ‖ ≃**punkt** m (Geom) / punto m de parada ‖ ≃**punkt,** Stützpunkt m / punto m de apoyo ‖ ≃**punkt** (Destillation) / punto m de parada ‖ ≃**punkt,** Umwandlungspunkt m (Hütt) / punto m crítico o de transformación, punto m de detención ‖ ≃**punkt** (Bahn) / apeadero m, paradero m (LA) ‖ ≃**punkt,** Zielpunkt m (Mil) / punto m del blanco o de mira ‖ ≃**punkt auf der Erstarrungskurve** (Hütt) / punto m de detención en la curva de solidifación ‖ ≃**punktbestimmung** f (Hütt) / determinación f del punto de detención
Halter m, [Fest]haltevorrichtung f / detentor m ‖ ≃, Halteelement n, Befestigungselement n (z.B. Clip, Klammer) / sujetador m ‖ ≃, Handgriff m / asidero m, agarradero m, asa f ‖ ≃, Stütze f (Bau) / apoyo m, sostén m, soporte m ‖ ≃ (Wzm) / portaútil m, portaherramienta m ‖ ≃ (Schw) / portaelectrodo m ‖ ≃, Gestell n / soporte m, montera f ‖ ≃, Aufnahme f (Masch) / alojamiento m
Halte•rahmen m / bastidor m de sujeción o de sostén ‖ ≃**relais,** (jetzt:) Haftrelais n (Elektr) / relé m enclavador o enganchador ‖ ≃**riemen** m, -schlaufe f / lazo m agarradero, asidero m, correa f ‖ ≃**ring,** Tragring m / anillo m de soporte ‖ ≃**ring,** Rückhaltering m / anillo m retenedor o de retención o de retenida ‖ ≃**rohr** n / tubo m de sujeción
Halterrelais n (Elektr) / relé m de remanencia
Halterung f, Befestigung f / sujeción f, dispositivo m fijador, fijación f ‖ ≃, Träger m / soporte m ‖ ≃ (Wellenleiter) / montura f de conexión, soporte m acoplador
Halterungseffekt m (Magnetfeld) / efecto m de confinamiento [de un campo magnético]
Halte•schlaufe f / lazo m agarradero ‖ ≃**schraube** f / tornillo m de fijación ‖ ≃**schraube,** Sicherungsschraube f / tornillo m de seguridad ‖ ≃**seil** n / cable m de retención ‖ ≃**seil,** Verankerungsseil n / cable m de andaje ‖ ≃**seil** n (Greifer) / cable m de suspensión ‖ ≃**sicherheitsfaktor** m / factor m de seguridad para la retención ‖ ≃**spannung** f (Relais) / tensión f de mantenimiento o de cebado o de retención ‖ ≃**sperre** f / bloqueo m de retención ‖ ≃**spule** f (Elektr) / bobina f de retención ‖ ≃**stange** f, Verriegelungsstange f / barra f de retención ‖ ≃**stelle** f (Bus, Straßenbahn) / parada f, apeadero m, paradero m (LA) ‖ ≃**stellenansageautomat** m / anunciador m automático de apeaderos ‖ ≃**stellenmarkierung** f (Strangpressen) / marca f de parada ‖ ≃**stellung** f (Fernm) / posición f de parada ‖ ≃**stift** m (zum Positionieren) / posicionador m ‖ ≃**stift,** Arretierstift m / perno m de fijación, clavija f o espiga de fijación ‖ ≃**stift** m (Dia-Projektion) / clavija f escamotable ‖ ≃**stift,** Formerstift m (Form, Gieß) / alfiler m de moldeador ‖ ≃**stift,** Schnappstift m / clavija f de cierre ‖ ≃**strahl** m (Eltronik, Kath.Str) / haz m de sostenimiento ‖ ≃**strahlerzeuger** m (Eltronik, Röhre) / cañón m de sostenimiento ‖ ≃**strom** m (Fernm) / corriente f de retención o de mantenimiento ‖ ≃**strom** (Relais) / corriente f de retención ‖ ≃**strom** (Thyristor) / corriente f de mantenimiento ‖ ≃**strom** (Kabel) / corriente f admisible ‖ ≃**stromkreis** m / circuito m de retención ‖ ≃**tafel** f, -zeichen n (Bahn) / placa f de parada ‖ ≃**taste** f (Fernm) / llave f de retención ‖ ≃**taste** (Tonbandger) / tecla f de parada, botón m de parada ‖ ≃**tau** n (Schiff) / maroma f de amarre, cable m o cabo de amarre o de amarrar, amarra f ‖ ≃**taue lösen** / largar amarras ‖ ≃**trommel** f (Greifer) / tambor m de suspensión ‖ ≃**verbot** n

(Verkehr) / prohibición f de estacionamiento o de parar, estacionamiento m prohibido, estacionamiento m prohibido ‖ ~vorrichtung f, Tragvorrichtung f / dispositivo m portador ‖ ~vorrichtung (fixierend) / dispositivo m fijador o de fijación ‖ ~vorrichtung (einschnappend) / dispositivo m de trinquete ‖ ~vorrichtung für den Förderkorb (während des Be- und Entladens) (Bergb) / bloqueo m de la jaula ‖ ~vorrichtungen f pl, Halterungen f pl (allg) / soportería f ‖ ~vorvakuumpumpe f / bomba f para conservar el vacío ‖ ~weg m, Anhalteweg m (Kfz) / distancia f de parada ‖ ~wendel f (Kabel) / espiral f de fijación, hélice f de fijación o de refuerzo ‖ ~wicklung f (Elektr) / devanado m de retención ‖ ~zange f für Ventilfederteller / pinzas f pl de fijación [para platillo de resorte de válvula] ‖ ~zeit f (Elektr, Masch, Nukl) / tiempo m de detención o de parada ‖ ~zeit (Schaltung, Schw) / período m o tiempo de mantenimiento ‖ ~zeit, Stay-down-Zeit f (des Hochvakuums) / tiempo m de mantenimiento del vacío ultraalto, tiempo m de no-contaminación ‖ ~zeit, -dauer f (Sintern) / tiempo m de impregnación térmica ‖ ~zeit, Umwandlungsbereich m (Hütt) / tiempo m de espera
Halt•instruktion f (DV) / instrucción f de interrupción ‖ ~linie f (Straßb) / raya f de parada ‖ ~scheibe f für Rangierfahrten (Bahn) / disco m de parada (maniobras) ‖ ~signal n (Bahn) / señal f de alto o de parada ‖ permissives o. bedingtes ~signal (Bahn) / señal f permisiva de parada, señal f de alto rebasable ‖ ~stellung f, Haltebegriff m (Bahn) / posición f de parada o de alto [de la señal]
Haltung f, Stellung f / posición f ‖ ~ (Schleuse) / tramo m entre esclusas ‖ ~ (von Tieren) (Landw) / explotación f de ganado ‖ unnatürliche (o. verkrampfte) ~ (z.B. bei Montage) / posición f innatural, posición f poco natural
Haltungslänge f (Hydr) / longitud f del tramo
Haltzylinderpresse f, Stoppzylinderpresse f (Druck) / prensa f de parada de cilindro
Häm n (Biol) / hem m
Hämatimeter n, Hefezählvorrichtung f (Biol) / hematímetro m
Hämatin, [Hydr]oxyhämin n (Biol) / hematina f
Hämatit m (Min) / hematita f, hematites f ‖ brauner ~, Limonit m / hematita f parda, hematites f parda, limonita f ‖ [erdiger] ~ (Min) / piedra f sanguínea ‖ roter ~ / hematita f roja ‖ ~beton m (Bau) / hormigón m de hematita ‖ ~eisen n (Hütt) / hierro m hematites ‖ ~roheisen n / arrabio-hematites m
Hämatoxylin n (für Zellfärbungen) (Chem) / hematoxilina f
Hambergit m (Min) / hambergita f
Hamen m, Angel f (Landw, Sense) / extremo m del mango de la guadaña ‖ ~ (Feile) / espiga f
Hamilton-Operator m (Nukl) / operador m hamiltoniano o de Hamilton
Hamiltonsche Mechanik (Phys) / mecánica f hamiltoniana
Hämin n (Chem) / hemina f
Hammeltalg m / sebo m de carnero
Hammer m (Wz) / martillo m ‖ ~ mit gespaltener Finne, Klauenhammer m / martillo m con pie de cabra ‖ ~ m mit gewölbter Bahn / martillo m de boca abombada ‖ großer ~ / mazo m, macho m ‖ großer ~, Schmiedehammer m / martillo m a dos manos ‖ schwerer ~ [aus Holz] / mazo m[de madera] hammer•ähnlich, -förmig / que tiene forma de martillo, maleiforme ‖ ~auge, Stielloch n / ojo m de martillo ‖ ~auslösung f (Drucker, DV) / desenclavamiento m del martillo ‖ ~bahn f / peto m, cotillo m del martillo, boca f plana
hämmerbar, streckbar, geschmeidig (Metall) / maleable, dúctil ‖ ~es Gusseisen / hierro m colado maleable

Hammerbär, -klotz m (Fallhammer) / mazo m del martinete, maza f del martillo pilón
Hämmerbarkeit f / maleabilidad f, ductilidad f
Hammer•beschlag m / abrazadera f de martillo ‖ ~bohrer m (Wz) / perforadora f o taladradora de percusión ‖ ~bolzen m (Container) / conector m con movimiento de giro ‖ ~brecher m (Bergb) / quebrantadora f o trituradora de martillos ‖ ~finne f (Wz) / peña f del martillo ‖ ~förmig, -ähnlich / maleiforme, en forma de martillo ‖ ~förmige Spur, Li-8-Spur f (Nukl) / traza en forma de martillo, traza debida al núcleo de Li-8 ‖ ~führer, -schmied m / conductor m o martillo-pilón ‖ ~führung, Bärführung f / correderas f pl del mazo ‖ ~gerüst n, -gestell n (Schm) / bastidor m de martillo ‖ ~gesenk n (Schm) / estampa f para martillo ‖ ~glocke f, Schlagglocke f [ohne Klöppel] / timbre m ‖ ~hart / endurecido a martillo ‖ ~haue f, -beil n / zapapico m ‖ ~induktor m (Elektr) / inductor m de martillo ‖ ~klotz m s. Hammerbär ‖ ~kopf, Rammbär m / cabeza f del martillo-pilón, maza f ‖ ~kopf m (Schraube) / cabeza f en forma de martillo ‖ ~[kopf]schraube f / tornillo m con cabeza [en forma] de martillo ‖ ~kran m, Turmdrehkran m / grúa f en T, grúa f giratoria de torre ‖ ~loch, -auge n (Wz) / ojo m de martillo ‖ ~los, anschlaglos (Drucker, DV) / sin impacto ‖ ~lötkolben m / soldador m [en forma] de martillo
Hämmermaschine f (Pulv.Met) / máquina f martilladora, martilladora f
Hammer•mikrophon n / micrófono m tipo martillo ‖ ~mühle s. Hammerbrecher
hämmern vt / martill[e]ar, golpear a martillo ‖ ~, schmieden / forjar, malear ‖ ~ n, Bearbeitung f mit d. Hammer, Peening n / martilleo m ‖ ~ (Sintern) / martillado m ‖ ~ (Bahn, Räder) / martilleo m de las ruedas sobre los carriles
Hammer•nieten n / remachado m o roblonado por martillo ‖ ~prallbrecher m (Aufb) / quebrantador m de martillos de rebote ‖ ~probe f (Mat.Prüf) / prueba f con martillo ‖ ~richten vt / enderezar a martillo ‖ ~schlag m / golpe m de martillo, martillazo m, martillada f ‖ ~schlag, Zunder m (Schm) / cascarilla f, calamina f, batiduras f pl, paja f, escoria f ‖ ~schlaglack m (Anstrich) / esmalte m martelé, barniz m para acabado martillado ‖ grauer ~schlaglack / barniz m gris martillado o martelé ‖ ~schlaglackierung f / pintura f de martelé ‖ ~schlagmühle f (Aufb) / desintegrador m de martillos ‖ ~schmied m / herrero m, forjador m ‖ ~schmiede f / forja f de martillo pilón ‖ ~schmieden vt / forjar con martillo ‖ ~schraube f / tornillo m con cabeza de martillo ‖ ~schraube mit Nasen / tornillo m con cabeza de martillo y cuello nervado ‖ ~schraube mit Vierkant / tornillo m de cabeza de martillo y cuello cuadrado ‖ ~schweißung f, -schweißen n / soldeo m por forja ‖ ~spitzhaue, Pickhacke f (Bergb) / pico m ‖ ~ständer m (Schm) / montante m o armazón de martillo pilón ‖ ~stiel m (Wz) / mango m[del martillo] ‖ ~unterbrecher m, Neefscher Hammer (Elektr) / interruptor m de martillo
Hämmerverdichten n (Sintern) / compactación f por martilleo
Hammer•walke f (Wolle) / batán m de mazos ‖ ~werk n (z.B. für Wolframdrähte) / máquina f para martillar alambre ‖ ~zange f (Wz) / tenazas f pl con martillo
Hamming•abstand m (DV) / distancia f de Hamming ‖ ~-Code m (9 u. 10 Schritt) (Fernm) / código m de Hamming
Hämoglobin n, roter Blutfarbstoff, Hb (Med) / hemoglobina f
HAN, Home Area Network / Red f de Area Doméstica
Hand f / mano f ‖ ~ (Anker) / uña f ‖ ~..., manuell / manual, a mano ‖ ~..., handgehalten / sujetado con la mano, portátil ‖ ~..., handbetrieben / de

Hand

accionamiento manual ‖ ~ **voll** f / puñado m, manojo m ‖ **aus freier** ~ / a pulso, a mano alzada ‖ **die letzte** ~ **anlegen** / dar los últimos toques ‖ **die öffentliche** ~ / sector m público ‖ **von** ~ **ausgeführte Arbeit**, Handarbeit f / manualidad f ‖ **von** ~ **eingestellt** / ajustado a mano ‖ **von** ~ **trennen bzw. auslesen** / separar a mano
Hand • abblendschalter m (Kfz) / conmutador m a mano de luz corta o de cruce ‖ ~**abstimmung** f (Eltronik) / sintonización f manual ‖ ~**abweiser** m (Wzm) / guardamano m ‖ ~**abzug** m (Druck) / prueba f a mano ‖ ~**amboss** m (Schm) / yunque m portátil ‖ ~**amt** n (Fernm) / central f manual, oficina f central manual ‖ ~**andrehkurbel** f (Kfz) / manivela f de arranque, manubrio m ‖ ~**anlage** f (Druck) / marcado m a mano, alimentación f a mano ‖ ~**anlasser** m (Kfz) / arrancador m a mano ‖ ~**antrieb**, -betrieb m / accionamiento m manual o a mano ‖ **mit** ~**antrieb**, Hand... / accionado a mano ‖ ~**apparat**, Hörer m (Fernm) / microteléfono m[combinado], combinado m ‖ **dehnbare** ~**apparateschnur** / cordón m retráctil o extensible, cordón m enroscado en espiral ‖ ~**arbeit** f, (handgefertigtes) Werkstück / obra f de mano ‖ ~**arbeit** (Ggs.: Maschinenarbeit) / trabajo m manual ‖ ~**arbeiter** m / trabajador m manual o de mano, obrero m, bracero m ‖ ~**arbeits...**, handgemacht / hecho a mano ‖ ~**arbeitsgerät** n, Handgerät n (Landw) / útil m de labranza ‖ ~**aufbau** n, Kontaktverfahren n (Plast) / moldeo m a mano ‖ ~**auflage** f (Wzm) / apoyamano m ‖ ~**auflage** (Spinn) / alimentación f manual o a mano ‖ ~**aufzug** m (Uhr) / remontaje m a mano ‖ ~**aufzug** (Hebezeug) (Förd) / montacargas m a mano ‖ ~**ausheber** m (Mähmaschine) / mecanismo m elevador a mano ‖ ~**ausschnitt** m (bei der Zurichtung) (Druck) / alza f ‖ ~**auswurf** m (Plast) / eyección f manual ‖ ~-**Automatik-Umschaltung** f / conmutación f manual-automática ‖ ~-**Backengewindebohrer** m / macho m para roscar a mano cojinetes de terrajar ‖ ~**bandsägemaschine** f / sierra f de cinta portátil ‖ ~**bandschleifer** m (Tischl) / lijadora f manual de cinta ‖ ~**bedient** / maniobrado a mano, manual ‖ ~**bediente Privat-Fernsprechanlage** / central f manual privada ‖ ~**bedienter Schaufelbagger** / excavadora f de pala mecánica accionada a mano ‖ ~**bedienteil** n / órgano m de mando manual ‖ ~**bedienung** f / mando m manual ‖ ~-**Bedienungspaneel** n (Roboter) / puesto m de mando manual o de mano ‖ ~**beil** n (Wz) / hachuela f, hacheta f, destral m ‖ ~**bereich** m (Elektr, Sicherheit) / alcance m [seguro] de mano ‖ **im** ~**bereich** / al alcance de la mano ‖ ~**beschickung** f (z.B. des Ofens) / carga f manual ‖ ~**betätigt**, Hand... / accionado o maniobrado a mano, manual ‖ ~**betätigter Drahtzug**, Handzug m / mando m manual por hilo de maniobra ‖ ~**betätigter Federkontakt** / interruptor de contacto momentáneo accionado a mano ‖ ~**betätigung** f, -bedienung f, -betrieb m / manejo m a mano, maniobra f, mando m manual ‖ ~**betrieb** m / accionamiento m a mano ‖ ~**biegemaschine** f (Stahl) / curvadora f manual ‖ ~**bieger** m (Stahl) (Bau) / curvador m a mano ‖ ~**blechschere** f (Wz) / tijera f de hojalatero ‖ ~**block** m (Bahn) / bloqueo m manual ‖ ~**bohrer** m, Nagelbohrer m / barrena f [de mano] ‖ ~**bohrmaschine** f / taladradora f portátil o de mano ‖ ~**bremse** f, Feststellbremse f / freno m de mano, freno m de estacionamiento ‖ ~**bremse**, Hebelbremse f / freno m de palanca ‖ ~**bremshebel** m / palanca f del freno de mano ‖ ~**bremsverstärker** m / reforzador m del freno de mano ‖ ~**brenner** m (Schw) / soplete m manual ‖ ~**buch** n (allg, DV) / manual m [de consulta], prontuario m ‖ ~**buch für System- und Anwendungsdesign** (DV) / guía f para el diseño de sistema y aplicación ‖ ~**buch in Taschenbuchform** / vademécum m ‖ ~-**Bügelsäge** f (Wz) / segueta f, sierra

f de mecánico ‖ ~**bütten** n (Pap) / papel m de tina, papel m hecho a mano ‖ ~**drehbohrmaschine** f (Bergb) / perforadora f manual rotativa o giratoria ‖ ~**druck**, Tafeldruck m (Tex) / estampación f a mano ‖ ~**druckknopftafel** f (Wzm) / tablero m suspendido de mando por botones ‖ ~**druckpresse** f (Druck) / prensa f para impresión manual ‖ ~**düngerstreuer** m (Landw) / esparciadora f o distribuidora manual de abono ‖ ~**durchschläger** m (Wz) / punzón m ‖ ~**durchschreibpapier** n (Büro) / papel m carbón para copiar a mano ‖ ~**effekt** m, -kapazität f (Eltronik) / efecto m [capacitivo] de la mano ‖ ~**einfädler** m (Tex) / enhebrador m manual ‖ ~**eingabe** f (DV) / entrada f manual ‖ ~**eingabe** (Repro) / alimentación f manual ‖ ~**eingaberegister** n (DV) / registro m de entrada manual ‖ ~**eingabesteuerung** f / mando m o control de entrada manual ‖ ~**eingabezone** f (DV, Speicher) / zona f de entrada manual ‖ ~**einstellung** f / ajuste m manual
handeln vt, handhaben / manejar, manipular
handeln, sich ~ [um] / tratarse [de]
Handels • artikel, -gegenstände m pl, -güter n pl / géneros m pl, artículos m pl o productos comerciales, mercaderías f pl (LA) ‖ ~**benzol** n (Chem) / benzol m comercial ‖ ~**betrieb** m / empresa f comercial, casa f de comercio ‖ ~**bezeichnung** f / denominación f comercial ‖ ~**blech** n / chapa f comercial ‖ ~**blei** n (99,85%) / plomo m comercial ‖ ~**daten** pl (DIN ISO 737a) / datos m pl del comercio ‖ ~**dünger** m (Landw) / abono m comercial o industrial ‖ ~**feinblech** n / chapa f fina comercial ‖ ~**feinheit** f (Tex) / densidad f comercial ‖ ~**flotte** f, -marine f / flota f mercante ‖ ~**gewicht** n (Tex) / peso m comercial ‖ ~**guss** m (Gieß) / fundición f comercial ‖ ~**güte** f, -klasse f / calidad f comercial o del comercio ‖ ~**labor[atorium]** n / laboratorio m comercial ‖ ~**länge** f / longitud f comercial ‖ ~**marke** f / marca f de comercio ‖ ~**ministerium** n / Ministerio m de Comercio ‖ ~**name** m / nombre m comercial o mercantil, razón f de comercio, denominación f comercial ‖ ~**nummer** f (Tex) / número m comercial ‖ ~**produkt** n / producto m comercial ‖ ~**rein** / de pureza comercial ‖ ~**schiff** n / buque m mercante ‖ ~**schifffahrt** f (Schiff) / navegación f mercante ‖ ~**schliff** m (Pap) / pasta f mecánica comercial ‖ ~**stabstahl** m / barras f pl de acero comerciales ‖ ~**stahl** m / acero m comercial
handelsüblich (Qualität) / comercial, de uso en el comercio ‖ ~ (Vorgehen) / usual o corriente en el comercio, segun los usos del comercio ‖ ~**e Breite** / anchura f comercial ‖ ~**e Größe** / dimensiones f pl comerciales ‖ ~**e Qualität** / calidad f usual ‖ ~**e Reinheit** / pureza f comercial
Handels • vierkantstahl m / acero m comercial cuadrangular ‖ ~**waage** f / balanza f para usos comerciales (clase de precisión media) ‖ ~**ware** f (allg, Tex) / mercancía f, artículo m, género m ‖ ~**ware** s. Handelsartikel ‖ ~**weichblei** n / plomo m dulce comercial ‖ ~**zellstoff** m (Pap) / pasta f comercial ‖ ~**zink**, Raffinatzink m (98,75 % Zn) / zinc m refinado, zinc m comercial ‖ **reines** ~**zinn** / estaño m comercial refinado [en granos]
Händetrockner m (Sanitär) / secamanos m
Hand • fahrzeuge n pl / carros m pl de mano ‖ ~**fäustel** m (Bergb, Wz) / maceta f ‖ ~**feilkloben** m (Schloss) / tornillo m de mano (E), morsa f de mano (LA) ‖ ~**teilnehmereigene** ~-**Fernsprechzentrale** (ohne Amtsanschluss) (Fernm) / central f manual privada ‖ ~**fertigung** f / habilidad f manual ‖ ~**fest geschraubt** / atornillado a mano ‖ ~**feststellbremse** f (Kfz) / freno m [de mano] de estacionamiento ‖ ~**feuerlöscher** m / extintor m manual o de mano ‖ ~**feuerung** f (Hütt) / hogar m de carga a mano ‖ ~**feuerwaffe** f / arma f de fuego manual, arma f portátil ‖ ~**förderung** f (Bergb) / transporte m a mano ‖ ~**form** f (Plast) / molde m

manual ‖ ⁓**former** *m* / modelador *m* a mano ‖
⁓**formerei** *f*, -formen *n* (Gieß) / moldeo *m* a mano ‖
~**förmig** / que tiene forma de mano ‖
⁓**formmaschine** *f* (Gieß) / moldeadora *f* a mano ‖
⁓**formstein** *m* (Keram) / ladrillo *m* moldeado a mano ‖
⁓**fräsmaschine** *f* (Wzm) / fresadora *f* de mano ‖
⁓**funksprechgerät** *n* / radioteléfono *m* de mano, transmisor-receptor *m* portátil ‖ ⁓**-Fuß-Monitor** *m* (Nukl) / monitor *m* de pies y manos ‖
⁓**gabelhubwagen** *m* (Förd) / transpaleta *f*, carretilla *f* de alza ‖ ⁓**garn**, Spindelgarn *n* (Spinn) / hilo *m* hecho a mano ‖ ⁓**gashebel** *m* (Kfz) / acelerador *m* de mano ‖
~**gebunden** (Druck) / encuadernado a mano ‖
~**geformt** (Ziegl) / moldeado a mano ‖ ~**geführte Kraftschaufel** (Bau) / pala *f* semiautomática ‖
~**gehalten**, Hand... / manual, de mano ‖ ~**geknüpft** (Tex) / anudado a mano ‖ ⁓**geländer** *n*, -lauf *m*, -leiste *f* (Bau) / pasamano *m* ‖ ⁓**gelenk** *n* (Roboter) / muñeca *f* ‖ ~**gemacht**, Handarbeits... / hecho a mano ‖
⁓**gepäckaufbewahrung[sstelle]** *f* (Bahn) / consigna *f* (E) o conserva (LA) de equipajes ‖ ⁓**geräte** *n pl* (Landw) / útiles *m pl* de labranza ‖ ⁓**geräte** (Elektr) / equipos *m pl* manuales, aparatos *m pl* de mano ‖
~**geschaltetes Getriebe** (Kfz) / transmisión *f* o caja de cambios manual ‖ ~**geschliffen** (Glas) / tallado o esmerilado a mano ‖ ~**geschmiedet** / forjado a mano ‖ ~**geschöpft** (Pap) / de tina, hecho a mano ‖
~**geschöpftes Papier**, Büttenpapier *n* / papel *m* de tina, papel *m* hecho a mano ‖ ~**gesetzt** (Druck) / compuesto a mano ‖ ~**gewebt** (Tex) / tejido a mano ‖
⁓**gewindebohrer** *m* (Wz) / macho *m* de roscar a mano ‖ ⁓**gewindeschneider** *m*, Kluppe *f* / terraja *f* ‖ ⁓**griff** *m* (Masch) / empuñadura *f*, manija *f*, manubrio *m*, tomadero *m*, manipulador *m* ‖ ⁓**griff** (Fahrrad, Motorrad) / puño *m* ‖ ⁓**griff**, Festhaltegriff *m* (Bahn, Kfz) / asidero *m*, agarrador *m*, manecilla *f* ‖ ⁓**griff** *m*, Kunstgriff *m* / artificio *m*, artimaña *f*, artilugio *m*, truco *m* ‖ ⁓**griff der Kurbel**, Kurbelgriff *m* / manubrio *m* ‖ ⁓**habemasse** *f*, Objektmasse *f* (Roboter) / masa *f* de maniobra ‖ ~**haben** *vt* / manipular, maniobrar, manejar, accionar ‖ ~**haben** (z.B. eine Maschine) / operar (p.ej. una máquina) ‖ **bequem zu** ~**haben** / cómodamente manejable ‖ ⁓**habung**, Behandlung *f* / manipulación *f*, manejo *m*, tratamiento *m*, maniobra *f* ‖ ⁓**habung** *f* (Reaktor) / mantenimiento *m* ‖ **leichte** ⁓**habung** / manejo *m* fácil, operatividad *f* sencilla ‖ ⁓**habung** *f* **eines Geräts** / manejo *m* de un aparato, modo *m* operativo ‖
⁓**habungsautomat** *m* (Schm) / manipulador *m* de forja ‖ ⁓**habungsgerät** *n*, -automat *m* / aparato *m* de manipulación, manipulador *m* [automático] ‖
⁓**habungsvorrichtung** *f* / dispositivo *m* de manejo ‖
⁓**habungsvorschrift** *f* / instrucción *f* de manejo ‖
⁓**haken** *m* (Schiff) / gancho *m* de mano ‖ ⁓**hammer** *m* (Wz) / martillo *m* a (o de) mano ‖ ⁓**hammer** (Bau) / martillo *m* de albañil, piqueta *f* ‖ ⁓**harmonikafalzung** *f* / plegado *m* tipo acordeón ‖ ⁓**hebel** *m* / palanca *f* de mano, manecilla *f*, maneta *f* ‖ ⁓**hebelbohrmaschine** *f* (Wzm) / taladradora *f* sensitiva ‖ ⁓**hebelpresse** *f* / prensa *f* a (o de) palanca ‖ ~**hebelpresse** (Schmierpresse) / prensa *f* de palanca a mano de engrase ‖ ⁓**hebelschere** *f* / tijeras *f pl* de palanca ‖
⁓**hebelvorschub** *m* (Bohrmaschine) / avance *m* por palanca de mano, avance *m* sensitivo ‖ ⁓**hebezeug** *n* (Förd) / gatos *m pl*, aparato *m* de elevación a mano ‖
Handheld *m*, Palmtop *m* (DV) / hand-held *m*, ordenador *f* de mano o de palma
Hand•hobel *m* (Wz) / cepillo *m* [de carpintero] ‖
⁓**-Hochhubwagen** *m* (Förd) / carretilla *f* elevadora con accionamiento manual ‖ ⁓**hubwerk** *n* / mecanismo *m* elevador a mano ‖ ⁓**kamera** *f* (Foto) / cámara *f* portátil ‖ ⁓**kapazität** *f*, -effekt *m* (Eltronik) / efecto *m* [capacitivo] de la mano ‖ ⁓**karren** *m*, -karre *f* (einrädrig) / carretilla *f*, carro *m* de mano ‖ ⁓**karren**

(zweirädrig) (Bau, Landw) / carretón *m* [de dos ruedas] ‖ ⁓**kegelreibahle** *f* (Wz) / escariador *m* manual para agujeros cónicos ‖ ⁓**kelle** *f*, Gießlöffel *m* (Gieß) / cuchara *f* de colada ‖ ⁓**kettensäge** *f* **für Einmannbedienung** (Forstw) / sierra *f* de cadena tronzadora portátil ‖ ⁓**kippkarren** *f* / volquete *m* de mano, carrito *m* basculante ‖ ⁓**kloben** *m*, Feilkloben *m* / tornillo *m* de mano (E), entenallas *f pl* (E), morsa *f* de mano (LA) ‖ ⁓**knüpfapparat** *m* (Tex) / aparato *m* de anudar a mano ‖ ⁓**kran** *m* / grúa *f* a mano ‖
⁓**kreissäge** *f* / sierra *f* circular de mano ‖ ⁓**kreuz** *n* (Wzm) / palanca *f* cruciforme o en [forma de] cruz ‖
⁓**kultivator** *m*, Mischgrubber *m* (Landw) / cultivador *m* manual, arrancarraíces *m* manual ‖ ⁓**kurbel** *f*, Handgriff *m* / manubrio *m* ‖ ⁓**kurbel für Landrehen** (Wzm) / manivela *f* para cilindrar a mano ‖ ⁓**lager** *n* (F.Org) / stock *m* al alcance de la mano ‖ ⁓**lampe** *f*, -leuchte *f* (Licht) / lámpara *f* portátil o de mano ‖
⁓**lampe**, -scheinwerfer *m* / proyector *m* portátil
handlangen *vt*, hinaufreichen (Bau) / alzar
Hand•langer *m*, Hilfsarbeiter *m* / bracero *m*, peón *m*, peón *m* de albañil ‖ ⁓**läpper** *m* (Wz) / lapeador *m* manual ‖ ⁓**lauf** *m*, -leiste *f* (Bau) / pasamano *m*, barandal *m* ‖ ⁓**laufkran** *m*, Laufkran *m* mit Handbetrieb (Förd) / puente-grúa *m* [corredero] accionado a mano ‖ ⁓**laufstahl** *m* (Hütt) / perfil *m* [de acero] para pasamano ‖ ⁓**leder** *n*, -rückenschützer *m* (Bergb) / cuero *m* protector [del dorso] de la mano, salvamanos *m* ‖ ⁓**leiste** *f*, -lauf *m* (Schiff) / cairel *m* de regala
Handler *m* (DV) / programa *m* de tratamiento o de procesamiento
Händler *m* / comerciante *m*, vendedor *m* ‖ ⁓**netz** *n* / red *f* de comerciantes, red *f* de comercialización ‖ **hoher** ⁓**wagen** (so dass der Verkäufer stehen kann) (Kfz) / furgoneta *f* de venta
Hand•lesekopf *m* (DV) / cabeza *f* lectora, lectora *f* manual ‖ ⁓**leuchte** *f* (Film, Foto) / linterna *f* portátil
handlich, bequem / cómodo, manejable, de fácil manejo
Handlichkeit *f* / manejabilidad *f*
Handling *n* / handling *m* ‖ ⁓ (Container) / manipulación *f* ‖ ⁓ (Luftf) / movimiento *m* de maletas (en el aeropuerto)
Handlingsfestpunkt *m* (Container) / punto *m* fijo de manipulación
Hand•loch *n* / agujero *m* de mano, agujero *m* de revisión o de visita ‖ ⁓**lochverschluss** *m* / cierre *m* de agujero de mano ‖ ⁓**log** *n* (Schiff) / corredera *f* [de] barquilla ‖ ⁓**löschgerät** *n* (F'wehr) / extintor *m* de mano, matafuego *m* ‖ ⁓**löschung**, -rückstellung *f* / borrado *m* manual, retroceso *m* manual ‖ ⁓**lot** *n* (Schiff) / sonda *f* de mano ‖ ⁓**[luft]pumpe** *f* / bomba *f* [para inflar] de mano ‖ ⁓**luftschieber** *m* / registro *m* manual, llave *f* manual ‖ ⁓**lupe** (Opt) / lupa *f* de mano ‖ ⁓**markierung** *f* (DV) / marca *f* manuscrita ‖ ⁓**maschine** *f* (Tischl) / máquina *f* portátil ‖ ⁓**matrize** *f* (Druck) / matriz *f* de mano ‖ ⁓**meißel** *m* (Wz) / cortafrío *m* a mano, cincel *m* a mano ‖ ⁓**mikrophon** *n* / micrófono *m* manual o de mano ‖ ⁓**mischkopf** *m* / cabeza *f* de mezcla manual o portátil ‖ ⁓**motor** *m* / motor *m* a mano ‖ ⁓**muster** *n* / muestra *f* comercial ‖
⁓**nagler** *m* (pneumat.) / clavadora *f* neumática manual ‖ ⁓**nietmaschine** *f* / remachadora *f* manual ‖
⁓**nietung** *f* / remachado *m* a mano ‖ ⁓**papier** *n*, Büttenpapier *n* / papel *m* de tina o de mano ‖ ⁓**pappe** *f* / cartón *m* hecho a mano ‖ ⁓**pappenmaschine** *f* (Pap) / máquina *f* plana de cartón ‖ ⁓**pfanne** *f* (Gieß) / cuchara *f* de mano ‖ ⁓**prägung** *f* (Druck) / gofrado *m* manual ‖ ⁓**presse** *f* (Druck) / prensa *f* a (o de) mano, prensa *f* manual ‖ ⁓**pressformmaschine** *f* (Gieß) / prensa *f* moldeadora manual, moldeadora *f* manual a presión ‖ ⁓**pumpe** *f* / bomba *f* de mano ‖ ⁓**pumpe für**

591

Anlasskraftstoff (Luftf) / bomba f de cebado ‖ ⁓**putzkratze** f (Tex) / desborrador m a mano
Handrad n, Bedienungsrad n / rueda f de mano, volante m [de mano o de maniobra] ‖ ⁓ (Nähm) / volante m ‖ ⁓ **für Langsamlauf** (Wzm) / volante m de marcha lenta ‖ ⁓ **mit gebogenen Armen** / volante m con brazos curvos ‖ ⁓ **mit schrägen Armen** / volante m con brazos oblicuos ‖ ⁓ **mit vollem Kranz** / volante m con llanta maciza ‖ ⁓ **mit Wellenkranz** / volante m con llanta ondulada ‖ ⁓**schlüssel** m / llave f para volante
Hand•ramme f, Pflasterramme f (Straßb) / pisón m, aplanadera f ‖ ⁓**ramme**, -stampfer m (Gieß) / compactadora f manual ‖ ⁓**ramme mit Stielen** (Bau) / pisón m con mangos ‖ ⁓**refraktometer** n (Opt, Phys) / refractómetro m portátil o a mano ‖ ⁓**regel** f, Dreifingerregel f (Phys) / regla f de los tres dedos ‖ ⁓**regelung**, -steuerung f / regulación f manual o a mano, control m manual ‖ ⁓**regulator** m / regulador m manual ‖ ⁓**reibahle** f (Wz) / escariador m de mano ‖ ⁓**reinigung** f (Aufb) / purificación f manual, limpieza f a mano ‖ ⁓**riss** m (Verm) / croquis m ‖ ⁓**rollstempel** m (Post) / matasellos m de rodillo ‖ ⁓**rührer** m, -mixer m / batidora f[manual] ‖ ⁓**säge** f (Wz) / sierra f de mano, serrucho m ‖ **schwach geschränkte** ⁓**säge** / sierra f de mano poco triscada ‖ ⁓**satz** m (Druck) / composición f a mano ‖ ⁓**scanner** m, Lesestift m (DV) / lectora f manual, lápiz m de lectura, lápiz m electrónico ‖ ⁓**schalter** m **komplett** (Elektr) / juego m del conmutador manual ‖ ⁓**schaltgetriebe** n (Kfz) / cambio m de marchas (no automático) ‖ ⁓**schalthebel** m (Kfz) / palanca f de cambio [de velocidad] ‖ ⁓**schaltung** f (Kfz) / cambio m de velocidad a mano ‖ ⁓**schaufel** f (Bau) / pala f [de mano] ‖ ⁓**scheidung** f (Bergb) / separación f manual ‖ ⁓**scheinwerfer** m (Licht) / proyector m portátil ‖ ⁓**schere** f / cizalla f de mano, tijera f ‖ ⁓**schlaufe** f (Kfz) / asidero m [en forma de lazo] ‖ ⁓**schleifer** m, Schleifstift m (Wz) / barrita f de abrasivo ‖ ⁓**schleifmaschine** f (Wzm) / amoladora f portátil, lijadora f portátil ‖ ⁓**schleifstein** m / piedra f de afilar ‖ ⁓**schlüssel** m / llave f de mano ‖ ⁓**schmierpresse** f / prensa f o jeringa de engrase ‖ ⁓**schneidbrenner** m (Schw) / soplete m [de oxicorte] a mano ‖ ⁓**schraube** f / tornillo m a apretar con la mano ‖ ⁓**schrauber** m, Kraftschrauber m / atornillador m eléctrico ‖ ⁓**schriftschreiber** m (DV, Fernm) / teleautógrafo m ‖ ⁓**schuh** m / guante m ‖ ⁓**schuhkasten** m (Kfz) / guantera f ‖ ⁓**schuhkasten** (Nukl) / caja f de guantes, caja f o cámara de manipulación con guantes ‖ ⁓**schuhkastendeckel** m (Kfz) / tapa f de la guantera ‖ ⁓**schuhleder** n / cuero m para guantes ‖ ⁓**schuhnähmaschine** f (Tex) / máquina f para coser guantes ‖ ⁓**schutz** m, -schutzvorrichtung f / protector m de mano[s], protección f de [la] mano ‖ ⁓**schutz**, -abweiser m / deflector m guardamano, guardamanos m, salvamanos m ‖ ⁓**schweißbrenner** m / soplete m portátil para soldadura ‖ ⁓**schweißung** f / soldadura f a mano ‖ ⁓**schwingschleifer** (Holz) / lijadora f vibratoria portátil, lijadora f orbital ‖ ⁓**setzer** m, Metteur m (Druck) / compositor m, cajista m liniero o de líneas ‖ ⁓**shake-Signale** n pl (DV) / señales m pl de control ‖ ⁓**shake-Verfahren** n, Handshaking m (DV) / intercambio m de indicativos y señales de control ‖ ⁓**skizze** f / croquis m de pulso ‖ ⁓**spake** f (Schiff) / barra f de cabrestante, espeque m ‖ ⁓**spannfutter** n (Wzm) / mandril m de mano ‖ ⁓**spannsäge** f (Wz) / sierra f de bastidor ‖ ⁓**spektroskop** n (Opt, Phys) / espectroscopio m de mano o de bolsillo ‖ ⁓**spill** n, Spill n mit Handbetrieb (Schiff) / cabrestante m de mano ‖ ⁓**spindelbremse** f (Bahn) / freno m de husillo [manual] ‖ ⁓**spindelpresse** f / prensa f de husillo a mano ‖ ⁓**spritze** f (Landw) / pulverizador m de mano ‖ ⁓**stampfer** m (Gieß) / pisón m manual, atacador m de mano ‖ ⁓**stange** s. Handlauf ‖ ⁓**-Stapler** m, Handhochhubwagen m (Förd) / apilador m manual, carretilla f elevadora accionada a mano ‖ ⁓**starter** m / arrancador m manual ‖ ⁓**stäuber** m (Landw) / espolveadora f de mano ‖ ⁓**staubsauger** m / aspiradora f de mano ‖ ⁓**stellbock** m (Bahn) / mecanismo m de maniobra [para agujas] ‖ ⁓**steller** m / regulador m manual ‖ ⁓**stellglied** n / elemento m de ajuste manual ‖ ⁓**stellhebel** m / palanca f de accionamiento a mano ‖ ⁓**stemmung** f, -verstemmung f / retacado m a (o de) mano ‖ ⁓**[funk]steuergerät** n (mit Knöpfen) / botonera f portátil (por radio) ‖ ⁓**steuerung** f / control m o mando manual, manejo m a mano ‖ ⁓**stichsäge** f (Wz) / sierra f de calar a mano ‖ ⁓**stickerei** f, -gesticktes n (Tex) / bordado m a mano ‖ ⁓**stopfhacke** f / bate m, rama f carrilana (CHILE) ‖ ⁓**strickmaschine** f (Web) / tricotosa f rectilínea manual, máquina f manual de hacer punto ‖ ⁓**stück** n, Werkzeughalter m / portaútil m ‖ ⁓**stück**, Griff m / mango m, asidero m ‖ ⁓**stuhl** m (Web) / telar m de mano ‖ ⁓**stütze** f / apoyamano m ‖ ⁓**trageisen** n, Handtiegelschere f (Gieß) / portacuchara f a mano ‖ ~**trocken** / seco al toque ‖ ⁓**tuchdrell** m, -drillich m (Tex) / dril m para toallas ‖ ⁓**tuchhalter** m, -ständer m / toallero m ‖ ⁓**tuchstoff** m (Web) / tejido m para toallas ‖ **kombinierte** ⁓**- und Fußschaltung** (Motorrad) / mando m manual y de pedal combinado ‖ ~**vermittelter Anruf** (Fernm) / llamada f conmutada a manoo através de operador[a] ‖ ~**vermitteltes Netz** (Fernm) / red f de líneas conmutadas ‖ ⁓**vermittlung** f (Fernm) / conmutación f manual ‖ ⁓**vermittlung im Selbstwählamt** f (Fernm) / conmutación f automática-manual ‖ ⁓**vermittlung[samt]** n (Fernm) / central f manual ‖ ⁓**vermittlungs-Hauszentrale** f **mit Amtsanschluss** (Fernm) / central f privada manual ‖ ⁓**-Vermittlungsschrank** m (Fernm) / cuadro m de conmutación manual, conmutador m manual ‖ ⁓**versatz** m (Bergb) / relleno m a mano ‖ ⁓**verstellung** f (Zündung) (Kfz) / reglaje m manual [del encendido] ‖ ⁓**verstellung** (Diesel) (Kfz) / control m manual, regulación f manual ‖ ⁓**verstellung**, -vorschub m (Wzm) / avance m a mano, alimentación f a mano ‖ ⁓**verstemmung** f / calafateado m a mano ‖ ⁓**vorlage** f (Wzm) / portaútil m, soporte m para herramienta de mano ‖ ⁓**waage** f / balanza f portátil ‖ ⁓**waffe** f / arma f portátil ‖ ~**warm** / tibio, templado ‖ ⁓**wärme** f / tibieza f ‖ ⁓**waschbecken** n (Sanitär) / lavabo m, lavamanos m ‖ ⁓**weberei** f (Tex) / tejeduría f a mano ‖ ⁓**webstuhl** m / telar m manual ‖ ⁓**weckeinrichtung** f (Fernm) / señalización f manual o por llave, llamada f manual ‖ ⁓**weiche** f (Bahn) / cambio m con maniobra ‖ ⁓**werk** n, die Handwerker m pl / gremio m artesanal o de artesanos, menestrales m pl (poco us.) ‖ ⁓**werk**, Gewerbe n / artesanía f, artesanado m, menestralía f (poco us.) ‖ ⁓**werker** m / artesano m, menestral m (poco us.)
handwerklich / artesano, de artesanía, artesanal ‖ ~**er Beruf** / oficio m artesanal, profesión f
Handwerks•betrieb m / empresa f artesanal ‖ ⁓**kammer** f / cámara f de artesanía, sindicato m de artesanía (E) ‖ ~**mäßig**, kunstgerecht / según las reglas del oficio por artesanía, de artesanía ‖ ⁓**ordnung** f / reglamento m de las profesiones artesanales ‖ ⁓**zeug** n, Handwerksgeräte n pl / herramientas f pl, trastos m pl, útiles m pl, utillaje m, menesteres m pl (poco us.)
Hand•werkzeuge n pl **für Schrauben und Muttern** / juego m de atornilladores [para tornillos y tuercas] ‖ ⁓**wicklung** f (Elektr) / bobinado m o devanado manual ‖ ⁓**winde** f (Förd, Schiff) / cabrestante m (E) o guinche (LA) de mano ‖ ⁓**winde**, -wagenheber m (Kfz) / gato m de mano, cric m para coches

Handy n, Mobiltelefon n (Fernm) / móvil m, celular m (LA) ‖ **~fähiges Navigationssystem** / sistema m de navegación por teléfono móvil
Hand•zeichnung f / dibujo m a mano ‖ **~zeichnung**, **-riss** m / croquis m [a pulso] ‖ **~zeit** f (F.Org) / tiempo m manual ‖ **~zellenschalter** m (Elektr) / reductor m manual de batería ‖ **~zentrifuge** f / centrifugadora f [accionada] a mano ‖ **~zirkel** m (Zeichn) / compás m de medición ‖ **~zuckerrefraktometer** n / refractómetro m portátil de (o para) azúcar ‖ **~zug**, handbetätigter Drahtzug m / alambre m de maniobra manual ‖ **~zug** m (Wollkämmen) / peinado m a mano ‖ **~zugschieber** m (Hydr) / llave-compuerta f a mano
Hanf m / cáñamo m ‖ **~roher** / cáñamo m en bruto ‖ **~abfall** m, Werg n (Klempner, Spinn) / desperdicios m pl de cáñamo, estopa f, cañamiza f ‖ **~breche** f, **-brechmaschine** (Landw) / agramadera f, agramadora f, tascador m ‖ **~darre** f / secadero m de cáñamo ‖ **~dichtung**, **-liderung** f / empaquetadura f o guarnición de cáñamo ‖ **~fasern** f pl / cáñamos m pl, fibras f pl de cáñamo ‖ **~feld** n (Landw) / campo m o plantío de cáñamo, cañamar m, cañamal m ‖ **~garn** n (Spinn) / hilo m de cáñamo, cáñamo m hilado ‖ **~gurt** m / correa f de cáñamo ‖ **~hechelmaschine** f (Tex) / peinadora f o rastrilladora de cáñamo ‖ **~hechler** m (Landw, Tex) / rastrillador m de cáñamo ‖ **~hede** f, **-werg** n / estopa f de cáñamo, cañamazo m ‖ **~korn** n, **-samen** m (Bot) / cañamón m ‖ **~leine** f, **-schnur** f / cordel m de cáñamo, pita f (CHIL) ‖ **~leinwand** f, **-leinen** n (Tex) / tela f de cáñamo ‖ **~öl** n (Chem) / aceite m de cañamón ‖ **~papier** n / papel m de cáñamo, papel m manila ‖ **~reißmaschine**, Schnippmaschine f (Tex) / cortadora f de cáñamo ‖ **~schlauch** m / manga f de lona ‖ **~schnur** f / cuerda f de cáñamo ‖ **~seele** f (Drahtseil) / alma m de cáñamo ‖ **~seil** n, **-tau** n / cabo m de cáñamo, maroma f ‖ **~spinnerei** f / hilandería f de cáñamo ‖ **~umspinnung** f / revestimiento m de cáñamo ‖ **~werg** s. Hanfhede ‖ **~zwirn** m (Spinn) / hilo m [torcido] de cáñamo
Hang m, Neigung f / pendiente f, ladera f, lado m inclinado, declive m ‖ **~ einer Talsperre** / lado m inclinado del muro de una presa
Hangar m, Flugzeughalle f (Luftf) / hangar m, cobertizo m para aviones
Hänge•bahn f, Schienenhängebahn f / ferrocarril m o monorail suspendido ‖ **~bahnschiene** f / riel m del ferrocarril suspendido ‖ **~bahnwaage** f / balanza f colgante monocarril ‖ **~bahnwagen** n / vagoneta f de ferrocarril suspendido ‖ **~balken** (Stahlbau) / viga f maestra o suspendida ‖ **~band** (Stahlbau) / barra f plana de suspensión ‖ **~band** (für Rohre an der Decke) / abrazadera f de suspensión ‖ **~band**, hängende Zange (Zimm) / pinza f colgante ‖ **~bank**, Sturzbühne f (Bergb) / descargadero m, taquete m ‖ **~bank**, Rasenhängebank f (Bergb) / descargadero m a flor de tierra ‖ **~bank** f, Hochhängebank f / descargadero m elevado ‖ **~bankschalter** (Bergb) / interruptor m de descargadero ‖ **~banksohle** f, grüner Rasen / nivel m del descargadero a flor de tierra ‖ **~bock** m (Masch) / silleta f colgante ‖ **~bock**, einfaches Hängewerk (Zimm) / armadura f de pendolón ‖ **~boden** m (Bau) / techo m suspendido ‖ **~boden** (Färb) / cámara f secadora ‖ **~brücke** f (Bau) / puente m de suspensión, puente m colgante o colgadizo ‖ **~bühne** f (Bau) / plataforma f suspendida ‖ **~dach** n / cubierta f suspendida ‖ **~dachrinne** f / gotera f suspendida, canalón m suspendido ‖ **~dämpfer** m (Tex) / vaporizador m de suspensión ‖ **~decke** f (Ofen) / arco m suspendido ‖ **~decke** (Bau) / techo m suspendido ‖ **~draht**, Fahrdrahthänger m (Bahn) / péndola f de catenaria ‖ **~draht für Kabel** (Bahn) / alambre m de suspensión de cable ‖ **~druckknopftafel** f, -tableau n (Wzm) / puesto m colgante, botonera f colgante o suspendida ‖ **~eisen** n, Bügel m / brida f, estribo m ‖ **~eisen** (Hängewerk) / varilla f de suspensión ‖ **~fahrzeug** m (Förd) / vehículo m de suspensión colgante ‖ **~färbeapparat** m (Tex) / aparato m colgante de (o para) teñir géneros ‖ **~feder** f (Einlegekeil mit 2 Nasen) / chaveta f de dos talones ‖ **~gelenk** n (Elektr, Freileitung) / articulación f de suspensión ‖ **~gerüst** n, fliegendes Gerüst (Bau) / andamio m colgante o suspendido ‖ **~gleiter** m, Hanggleiter m (Luftf) / ala f delta ‖ **~gurtung** f (Stahlbau) / cabeza f de suspensión ‖ **~isolator** m (Elektr) / aislador m colgante o de cadena o de suspensión ‖ **~isolator**, Geradehalter m (Elektr) / aislador m de alineación ‖ **~mehrteiliger ~isolator** / cadena f de aisladores suspendidos ‖ **~kabel** n (Aufzug) / cable m colgante ‖ **~kabelverankerung** f (Stahlbau) / anclaje m del cable de suspensión ‖ **~klemme** f (Bahn, Fahrleitg) / pinza f de suspensión de la catenaria ‖ **~kompass** m, Kajütenkompass m (Schiff) / brújula f suspendida ‖ **~kompass** (Bergb) / brújula f suspendida, brújula f colgante o de minero ‖ **~kran** f, grúa f suspendida ‖ **~kran**, Deckenkran m / grúa f de techo ‖ **~kran**, Untergurtlaufkran m / grúa f suspendida de la cabeza inferior ‖ **~kühlschrank** m / frigorífico m mural ‖ **~lade** f (Web) / batán m suspendido o libre ‖ **~lager** n (Masch) / cojinete m de suspensión o de techo ‖ **~lampe** f, Pendel n (Elektr) / lámpara f colgante o de suspensión ‖ **~lampenschnur**, Pendelschnur f (Elektr) / cordón m de [lámpara de] suspensión ‖ **~laufkatze** f / carro m suspendido de grúa ‖ **~leuchte** f (Straßb) / farol m suspendido o colgante ‖ **~licht** n (eine Leuchte) / reverbero m suspendido ‖ **~mappe** f (Büro) / carpeta f suspendida ‖ **~matte** f / hamaca f ‖ **~meißel** m (Walzw) / guía f suspendida, guarda f suspendida ‖ **~melkeimer** m (Landw) / ordeñadero m suspendido ‖ **~mikrophon** n / micrófono m suspendido
hängen vi, aufgehängt sein / estar suspendido o colgado, colgar [de], pender ‖ **~**, haften vi [an] / estar adherido o pegado [a] ‖ **~**, schief stehen (Bau) / estar inclinado ‖ **~** vt, aufhängen vt / colgar, suspender ‖ **bleiben** [an] (z.B. Haken) / quedar enganchado [en] ‖ **~ bleiben**, [sich ver]klemmen / bloquearse ‖ **bleiben** (Masch) / encasquillarse, agarrotarse ‖ **~ bleiben** [an], haften / adherir [a], pegar [a], engancharse, quedar adherido o pegado [a] ‖ **~ bleiben**, sich verfangen / enredarse ‖ **~ bleibender Kontakt** / contacto m agarrotado ‖ **der Motor hängt bzw. gut spontan am Gas** / el motor aspira espontáneamentw gas ‖ **~ n der Gicht** (Hütt) / atascamiento m de la carga
Hängenbleiben n / bloqueo m, inmovilización f ‖ **~**, Festhaken n (Uhr) / enganche m ‖ **~ des Ankers** (Elektr) / agarrotamiento m del inducido ‖ **~ zwischen den Kontakten** (Relais) / agarrotado m entre los contactos, inmovilización f entre los contactos
hangende Schicht (Bergb) / capa f pendiente o de techo **hängend**, obengesteuert (Mot, Ventil) / en culata, en cabeza ‖ **~**, pendelartig / pendular ‖ **~e Heizkammer** (Zuck) / radiador m tubular suspendido ‖ **~e Schleifmaschine** (Wzm) / amoladora f suspendida ‖ **~er Schnurschalter**, Hängeschalter m (Elektr) / interruptor m de cuerda colgante ‖ **~es Ventil** (Mot) / válvula f suspendida ‖ **~e Wasserwaage** (Bau) / nivel m de burbuja suspendido
Hangend•beherrschung f (Bergb) / control m del techo, dominación f del techo ‖ **~beobachtung** f (Bergb) / vigilancia f del techo, observación f del pendiente ‖ **~bruch** m (Bergb) / hundimiento m de techo ‖ **~druck**, Hauptdruck m (Bergb) / presión f de techo, presión f de roca
Hangendes n, Decke f (Bergb) / techo m, pendiente m, techo m pendiente ‖ **zu Bruch gegangenes ~** / techo m hundido

Hangend•nachriss *m* (Bergb) / hundimiento *m* posterior al arranque || ²**riss** *m* (Bergb) / rotura *f* de techo || ²**schlag** *m* / hundimiento *m* de techo por presión [de roca]
Hangentnahme *f* (Bau) / toma *f* en pendiente
Hanger *m* (Schiff) / amantillo *m*
Hänger *m*, Hängedraht *m* (Oberleitung) / péndola *f* de catenaria || ² (Brücke) / suspensor *m*, colgante *m* || ², Anhänger *m* (Kfz) / remolque *m*
Hangerblock *m* (Schiff) / amantillo *m*
Hänge•registratur *f* (Büro) / archivo *m* colgante o de carpetas suspendidas || ²**registraturschrank** *m* / armario *m* archivador para carpetas suspendidas
Hänger•-Hilfsachse *f* (Kfz) / eje *m* auxiliar de remolque || ²**klemme** *f*, Fahrdrahthänger *m* (Bahn) / caballete *m*
Hängerutsche *f* (Bergb) / lanzadero *m* suspendido
Hangerwinde *f* (Schiff) / chigre *m* de amantillo
Hänge•säule *f*, -pfosten *m* (Stahlbau) / suspensor *m* || ²**säule** (Bogenbrücke) / columna *f* colgante || ²**säule im einsäuligen Hängewerk** (Zimm) / pendolón *m* || ²**säule im zweisäuligen Hängewerk** / doble pendolón *m* || ²**schalter** *m*, hängender Schnurschalter (Elektr) / interruptor *m* [de cuerda], inerruptor *m* suspendido o colgante pendiente || ²**schalter** (birnenförmig) (Elektr) / interruptor *m* de pera || ²**schleifmaschine** *f* (Wzm) / amoladora *f* suspendida pendular || ²**schloss** *n* / candado *m* || ²**schnelldämpfer** *m* (Tex) / vaporizador *m* rápido de suspensión || ²**schrank** *m* (Möbel) / armario *m* suspendido || ²**seil** *n* (Aufzug) / cable *m* colgante || ²**seil** (Freileitung) (Elektr) / cable *m* portador de un cable aéreo || ²**sprengwerk** *n* (Zimm) / estructura *f* con tirante y pendolón combinada con pendolones jabalconados || ²**spulenvorrichtung** *f* (Spinn) / dispositivo *m* para bobinas colgantes o suspendidos || ²**stange** *f* (Stahlbau) / varilla *f* de suspensión, pendolón *m* || ²**strebe** *f* (Bau) / jabalcón *m* de suspensión || ²**stützgewölbe** *n* (Bau, Hütt) / bóveda *f* semisuspendida || ²**tableau** *n* (Wzm) / puesto *m* colgante, botonera *f* colgante || ²**tal** *n* (Geol) / valle *m* suspendido o colgante || ²**tasche** *f*, -ordner *m* (Büro) / archivador *m* suspendido || ²**theodolit** *m* (Verm) / teodolito *m* colgante || ²**trägerbrücke** *f* (Bau) / puente *m* de vigas suspendidas || ²**trockner** *m* (Pap, Tex) / secadero *m* suspendido, secador *m* de tendido || ²**trogregistratur** *f* (Büro) / cajón *m* con archivadores suspendidos || ²**waage** *f* (Mess) / balanza *f* colgante || ²**wand**, Schattenwand *f* (Glasofen) / muro *m* de cortina || ²**wand** *f* (Bau) / tabique *m* suspendido, pared *f* colgante o suspendida || ²**werk** *n* (o. Sprengwerk) (Stahlbau, Zimm) / armadura *f*, armazón *m*, cercha *f* || ²**werk** / armadura *f* de pendolón || **doppeltes o. zweisäuliges** ²**werk** (Zimm) / armadura *f* o cercha de doble pendolón || ²**werk** *n* **mit gebrochenem Untergurt** / armadura *f* inglesa || **mit** ²**werk versehen** / armar || ²**werksbinder** *m*, Fachwerkbinder *m* / armadura *f* de celosía || ²**werksbrücke** *f* (o. Sprengwerksbrücke) / puente *m* de armadura o cercha || ²**werksdach** *n* / techo *m* con armadura de pendolón || ²**[werk]träger** *m* / viga *f* de suspensión || ²**zange** *f* (Bau) / pinza *f* colgante || ²**zeile** *f* (Druck) / línea *f* trunca o corta o quebrada, viuda *f* || ²**zeug** *n*, Markscheiderkompass *m* (Bergb) / brújula *f* colgante o de minero, brújula *f* del apeador de minas
Hang•gleiter *m* (Luftf) / ala *f* delta || ²**grundstück** *n* (Bau) / parcela *f* [muy] inclinada || ²**kanal**, Obergraben *m* (Hydr) / caz *m* de traída || ²**lage** *f* (Bau) / localización *f* oblicua || ²**rinne** *f* (Geo) / quebrada *f*, barranco *m* || ²**rutsch** *m* (Geol) / desprendimiento *m* de tierras || ²**sanierung** *f* (Straßb) / estabilización *f* de terrenos inclinados || ²**segeln** *n* (Luftf) / vuelo *m* por la ladera || ²**steuerung** *f* (Landw) / dirección *f* para trabajos en pendientes || ²**trasse** *f* (Straßb) / terrazo *m* en terreno inclinado || ²**verstellung** *f* (Landw) /

compensación *f* de inclinación || ²**wärts** / hacia la pendiente || ²**wind** *m*, mechanischer Aufwind (Luftf) / viento *m* ascendente dinámico u orográfico, corriente *f* ascendente dinámica u orográfica || ²**windsegler** *m*, Hangsegelflugzeug *n* (Luftf) / planeador *m* orográfico
Hansagelb *n* / amarillo *m* Hanse
hantel•förmig / en forma de haltera o halterio || ²**modell** *n* (Molekül) / modelo *m* de moléculas diatómicas, modelo *m* en forma de halterios || ²**nebel** *m* (Astr) / nebulosa *f* en [forma de] halterios
H-Antenne *f* / antena *f* en H
Hantierbarkeit *f* / maniobrabilidad *f*, manejabilidad *f*
hantieren [mit] / manejar, manipular
Hapkeit *m* (Min) / hapkeíta *f* (mineral extraterrestre)
Haptik *f* / háptica *f*
HAPUG-Regelung, -Modulation *f* (Fernm) / modulación *f* de portadora controlada o flotante
Harass, Hambar *m* (Verp) / jaula *f* o cesta [de madera] (para transporte)
HARCO *n* (Hyperbolic Area Coverage) (Funkortungssystem) / radogoniometría *f* de navegación sistema HARCO
Hard•copy, Ausgabe *f* auf Datenträger (DV) / copia *f* impresa || ²**-core** *n* (Nukl) / núcleo *m* duro || ²**cover** *n* / tapa *f* dura
Hardenit, [äußerst feiner] Martensit *m* (Hütt) / hardenita *f*
Harding[e]mühle *f* (Bergb) / molino *m* cónico tipo Hardinge
Hardtop *n* (Kfz) / capota *f* desmontable dura, techo *m* duro
Hardware *f* (alle physischen Bestandteile eines Rechners) (DV) / elementos *m pl* físicos, componentes *m pl* físicos, hardware *m*, equipo *m* o soporte físico || ²**-ansteuerbar** / seleccionable por hardware || ²**-Überwacher** *m* / monitor *m* del equipo físico || ²**-Verträglichkeit** *f*, -Kompatibilität *f* / compatibilidad *f* o conectvidad de los elementos físicos
Hardy (General Electric), Registrierspektralphotometer *n* (Zeiss) (Opt) / espectrofotómetro *m* registrador || ²**scheibe** *f* (Kfz) / disco *m*[de] Hardy
Harfen•antenne *f* / antena *f* de harpa || ²**sieb** *n* (Bergb) / tamiz *m* de alambrones
Harke *f*, Rechen *m* (Landw) / rastro *m*, rastra *f*, rastrillo *m*
Harken *n* / rastrillado *m*
Harmonie *f*, Zusammenklang *m* / armonía *f*
Harmonika *f*, Mundharmonika *f* (Musik) / armónica *f* [de boca] || ²**tor** *n*, -tür *f* (Bau) / puerta *f* de acordeón o de librillo
harmonisch / armónico || **~e Analyse**, Fourier-Analyse *f* (Math) / análisis armónico o de Fourier *m* || **~er Bereich** (Regeln) / régimen *m* armónico || **~e Bewegung** (Phys) / movimiento *m* armónico o sinusoidal || **~es Doppelverhältnis** (Math) / relación *f* armónica || **konjugierte Punkte** *m pl* (Math) / puntos *m pl* conjugados armónicos || **~es Mittel** (Math) / media *f* armónica || **~e Progression** (o. Reihe) (Math) / progresión *f* armónica || **~e Schwingung** (Phys) / oscilación *f* armónica || **~e Synthese**, Fourier-Synthese *f* (Math) / síntesis *f* armónica o de Fourier || **~e Teilschwingungen** *f pl* (Phys) / componentes *f pl* armónicas || **~e Welle** / onda *f* armónica
Harmonische *f* (Math) / armónica *f* || **erste** ² / primera armónica
harmonisiert (Güte) / armonizado || **~es Gütebestätigungssystem** (DIN 45900 usw) / sistema *m* armonizado de certificación de la calidad || **~e Norm** / norma *f* armonizada
Harmonisierung *f* / armonización *f*
Harmonium *n* (Musik) / armonio *m*

Harmotom *m* (Min) / harmótoma *f*
Harnisch *m* (Jacquard) / cuerpo *m* de arcadas, pabellón *f* (LA) ‖ ~**brett** *n* (Jacquard) / tabla *f* de arcadas ‖ ~**litzen** *f pl*, -kordel *f* (Web) / mallas *f pl* de cuerpo de arcadas ‖ ~**schnur** *f* / arcada *f* ‖ ~**stuhl** *m* / telar *m* [de] Jacquard
Harnsäure *f* (Chem) / ácido *m* úrico
Harnstoff *m* / urea *f* ‖ ~... / ureico *adj* ‖ ~**brücke** *f* (Chem) / puente *m* de urea ‖ ~**einspritzung** *f* (Mot) / inyección *f* de urea ‖ ~**-Entparaffinierung** *f* / desparafinado *m* de la urea ‖ ~**-Formaldehyd-Harz**, Karbamidharz *n* / resina *f* de formaldehído a base de urea, resina *f* de carbamida ‖ ~**harz** *n* / resina *f* úrica ‖ ~**-Katalysator** *m* (LKW) (Kfz) / catalizador *m* de urea (camión)
Harpunengeschütz *n* (Schiff) / lanza[a]rpones *m*
Harris-Verfahren *n* (Bleiraff) / procedimiento *m* [de] Harris
hart, nicht weich / duro ‖ ~ (Farbe, Foto, Wasser) / duro ‖ ~, rau / rudo, duro ‖ ~, grell, schreiend (Farbe) / llamativo, agrio ‖ ~, spröde / rígido ‖ ~, fest / firme ‖ ~ (Strahlung) / duro, penetrante ‖ **~er Anschlag** / tope *m* brusco ‖ **~ arbeiten** (Mot) / funcionar penosamente o pesadamente ‖ **~er Aufzug an Druckzylindern** (Druck) / empaquetadura *f* brusca ‖ **~es Bild** (Foto) / imagen *f* no contrastante ‖ **~es Bild** (TV) / imagen *f* dura ‖ **~e Bodenschicht** (Bau, Landw) / capa *f* de tierra impenetrable ‖ **~es Eisen** (Hütt) / hierro *m* duro ‖ ~ **geschmiedet** (o. gehämmert) / forjado duro ‖ **~es Glas** (ritzbeständig) / vidrio *m* resistente a rayas ‖ **~er Griff** (Tex) / tacto *m* duro ‖ **~er Gummi**, Hart Kautschuk / caucho *m* duro ‖ **~e Holzfaserplatte**, HFH / plancha *f* dura de fibra de madera ‖ **~er Kunststoff** / materia *f* plástica dura o extradura, plástico *m* duro o extraduro ‖ **~ landen** (Raumf) / desplomarse ‖ **~e Landung** (Raumf) / aterrizaje *m* forzoso ‖ **~e Landung** (Luftf) / aterrizaje *m* brusco o con desplome ‖ **~ machen**, härten / endurecer ‖ **~e Platte** / placa *f* rígida ‖ **~e Röntgenstrahlen** *m pl* / rayos *m pl* X duros o penetrantes ‖ **~er Schaumstoff** / plástico *m* celular duro ‖ **~e Stelle** / punto *m* duro ‖ **~e Strahlung** (Phys) / radiación *f* dura o penetrante ‖ **~es [kalkhaltiges] Wasser** / agua *f* cruda ‖ **~ werden** / endurecerse ‖ **~ werden**, fest werden / solidificarse ‖ **~er Zellstoff**, Kraftzellstoff *m* (Pap) / celulosa *f* dura o kraft ‖ **besonders ~** (Gestein) / extraduro ‖ **sehr ~**, diamantartig / extraduro, duro como un diamante, adiamantado ‖ **weniger ~** (Gestein) / poco duro
hart•anodisieren, -eloxieren (Hütt) / anodizar duro ‖ ~**asphalt** *m* (DIN 51557) (Bau, Straßb) / asfalto *m* duro ‖ ~**asphalt**, Normalbenzin-Unlösliches *n* (Chem) / insolubles *m pl* en gasolina normal ‖ ~**auftragsschweißung** *f* / recargue *m* duro
härtbar (allg) / endurecible ‖ ~ (Stahl) / templable
Härtbarkeit *f* (Stahl) / templabilidad *f* ‖ ~, Aufhärtbarkeit *f* / aptitud *f* de endurecerse ‖ ~, Einhärtbarkeit *f* / profundidad *f* de temple
Härtbarkeitskurve *f* / curva *f* de templabilidad
Hart•benzin *n* (Öl) / gasolina *f* sólida ‖ ~**beton** *m* (Bau) / hormigón *m* duro ‖ ~**blei** *n*, Antimonblei *n*, Pb Sb 12 / plomo *m* duro, aleación *f* de plomo y antimonio ‖ ~**blei**, Bleistein *m* / piedra *f* o mata de plomo ‖ ~**brand** *m*, gedeckter Brand, Ustilago hordei (Bot, Landw) / carbón *m* cubierto o vestido ‖ ~**brandstein** *m* (Bau) / ladrillo *m* recocho ‖ ~**braunkohle** *f* (Bergb) / lignito *m* duro ‖ ~**brennen** *n* (Keram) / cocción *f* o cochura fuerte ‖ ~**bronze** *f* (Hütt) / bronce *m* duro ‖ ~**chrom** *n* (Galv) / cromo *m* duro ‖ ~**dichtung** *f* (Klempner, Masch) / junta *f* de material duro ‖ ~**drahteinrichtung** *f* (Spinn) / mecanismo *m* de torsión fuerte
Härte *f* (Strahlen usw, Werkstoffe) / dureza *f* ‖ ~, Härtung *f* des Stahls / temple *m* ‖ ~ (Versuche) / severidad *f* ‖ ~ (Wasser) / dureza *f* (de magnesio), crudeza *f* (de cal) ‖

~, Härtegrad *m* / temple *m* ‖ ~ **Rockwell A** / HRA *f* (= dureza Rockwell A) ‖ ~ **von Röntgenstrahlen** / dureza *f* de rayos X ‖ **größte ~** (Gestein) / dureza *f* extrema ‖ ~**abfall** *m* / pérdida *f* o disminución de dureza ‖ ~**anlage** *f* (Stahl) / instalación *f* de temple ‖ ~**arbeit** *f* / operación *f* de temple ‖ ~**autoklav** *m* **für Kalksandstein** / autoclave *f* de endurecimiento para arenisca calcárea ‖ ~**bad** *n* (Stahl) / baño *m* de templado ‖ ~**beständigkeit** *f* / capacidad *f* de conservar la dureza, persistencia *f* del temple ‖ ~**bestimmung** *f* / determinación *f* de la dureza ‖ ~**brenner** *m* (Hütt, Schm) / soplete *m* para templar ‖ **~empfindlich** / sensible al temple ‖ ~**fachmann**, -ingenieur, -techniker *m* / especialista *m* o ingeniero o técnico de temple ‖ ~**faktor** *m* / coeficiente *m* o factor de dureza ‖ ~**farbe** *f* (Wzm) / color *m* originado por el temple ‖ ~**fixierbad** *n* (Foto) / baño *m* fijador duro ‖ ~**flammofen** *m* (Hütt) / horno *m* de reverbero para templar ‖ ~**flüssigkeit** *f* / líquido *m* para el temple ‖ ~**geschwindigkeit** *f* (Stahl) / velocidad *f* de temple ‖ ~**grad** *m* / grado *m* o índice de dureza ‖ ~**grad**, -stufe *f* des angelassenen Stahls / grado *m* de temple ‖ ~**grad** (Röntgenstr.) / grado *m* de dureza ‖ ~**grad**, Wasserhärte *f* (Wasser) / grado *m* hidrotimétrico ‖ ~**gut** *n* (Hütt) / material *m* a templar
Harteinsetzen, Aufkohlen *n* (Hütt) / carburación *f*, cementación *f* por el carbono
Härte•kasten *m* / caja *f* de cementación ‖ ~**kessel** *m* / caldera *f* de temple o para templar
hartelöxieren, -anodisieren (Hütt) / anodizar duro
Härte•maschine *f* (Hütt) / máquina *f* templadora o de templar ‖ ~**maschine** (Plast) / máquina *f* de endurecer ‖ ~**maß** *n* / medida *f* de dureza, grado *m* de dureza ‖ ~**messer** *m* / durómetro *m*, aparato *m* para controlar la dureza ‖ ~**messer für Röntgenstrahlen**, Qualimeter *n* (Radiol) / penetrómetro *m* ‖ ~**messung** *f* / medición *f* de la dureza ‖ ~**mittel** *n*, Härter *m* (Chem) / endurecedor *m* ‖ ~**mittel**, Abschreckmittel *n* (Hütt) / líquido *m* de temple
härten *vt* (Stahl) / templar ‖ ~, hart werden lassen / endurecer ‖ ~, hydrierhärten (Fett) / hidrogenar ‖ ~, vorspannen (Glas) / templar ‖ ~, aushärten (Plast) / curar ‖ **an der Luft ~** (Stahl) / templar al aire ‖ **an der Luft ~** (Stahl) / templar al aire ‖ **Fett ~ im Hydrierverfahren** / hidrogenar grasa ‖ **im Cyanbad ~** / templar por cianuración ‖ **in Wasser ~ od. abschrecken** / templar en agua ‖ ~ *n* (Hütt) / temple *m*, templado *m* ‖ ~, Hydrierhärten (Fett) / hidrogenación *f* ‖ ~, Abschreckhärtung *f* (Hütt) / temple *m* o templado por enfriamiento brusco ‖ ~, [Aus]härtung *f* / endurecimiento *m* ‖ ~ (Plast) / curado *m* ‖ ~ **aus dem Einsatz** (Hütt) / temple *m* con el calor de conformación ‖ ~ **aus der Warmformgebungshitze** / temple *m* directo después de la conformación en caliente ‖ ~ **durch Kühlen** (Glas) / temple *m* por enfriamiento ‖ ~ **im Salzwasser** (Hütt) / temple *m* en agua salada ‖ ~ **u. Anlassen** (Stahl) / temple *m* y revenido
härtend / endurecedor
Härten-Vergüten-Härten *n* (Hütt) / temple *m* por temple y revenido
Härte•ofen *m* / horno *m* para templar o de temple ‖ ~**ofen**, Vergüteofen *m* (Alu) / horno *m* de endurecimiento por precipitación ‖ ~**öl** *n* (Hütt) / aceite *m* de temple ‖ ~**paste** *f* / pasta *f* de cementación ‖ ~**probe** *f* (Mat.Prüf) / probeta *f* de dureza ‖ ~**prüfdiamant** *f* / diamante *m* para pruebas de dureza, durómetro *m* ‖ ~**prüfer** *m*, Sklerometer *n* / esclerómetro *m* ‖ ~**prüffeile** *f* / lima *f* de ensayos de dureza ‖ ~**prüfung** *f* / ensayo *m* de [la] dureza ‖ ~**pulver** *n* (Hütt) / polvo *m* de cementación o para cementar ‖ ~**querschnitt** *m* / sección *f* de temple o de zona templada

Härter *m*, Härtemittel *n* (Bau, Chem, Plast) / agente *m* endurecedor, fijador *m* (CUB) ‖ ≃, Härtebeschleuniger *m* (Chem) / acelerador *m* de endurecimiento ‖ ≃ (Arbeiter, Hütt) / obrero *m* templador, templador *m*
Härterei *f* (Stahl) / taller *m* de temple, sala *f* de templar
Härte•reihe, -skala *f* / escala *f* de dureza ‖ ≃**riss** *m* / grieta *f* o raja de temple o causada por el temple ‖ ≃**salz** *n* / sal *m* para templar ‖ ≃**schicht** *f* / capa *f* templada o de temple, capa *f* endurecida ‖ ≃**spannung** *f* (Stahl) / tensión *f* de temple ‖ ≃**streuung** *f* / dispersión *f* de dureza ‖ ≃**stufe** *f*, -grad *m* / grado *m* de dureza o de temple, grado *m* de carburación ‖ ≃**technik** *f* / tecnología *f* de temple ‖ ≃**techniker**, -ingenieur *m* (Hütt) / técnico *m* o ingeniero de temple ‖ ≃**temperatur** *f* / temperatura *f* de temple o de templado ‖ ≃**temperatur** (Plast) / temperatura *f* de curado ‖ ≃**tiefe** *f* (Stahl) / profundidad *f* o penetración de temple ‖ ≃**tiefe** (beim Einsatzhärten) / penetración *f* de la cementación, espesor *m* de la cementación ‖ ≃**tiegel** *m* (Hütt) / crisol *m* para templar ‖ ≃**toleranz** *f* (Hütt) / tolerancia *f* de dureza ‖ ≃**- und Vergüteanlage** *f* / instalación *f* de tratamientos térmicos, instalación *f* de bonificar ‖ ≃**vergleichstabelle** *f* / tabla *f* comparativa de dureza ‖ ≃**verlauf** *m* / variación *f* de la dureza ‖ ≃**verwerfung** *f*, -verzug *m* / deformación *f* por el temple ‖ ≃**zahl** *f* / índice *m* de dureza
Hart•fasergarn *n* (Spinn) / hilado *m* de fibras duras ‖ ≃**fasern** *f pl* / fibras *f* duras ‖ ≃**faserplatte**, Pressplatte *f* (Bau) / tablero *m* aglomerado prensado, plancha *f* de fibra dura ‖ ≃**feuerporzellan** *n* (Keram) / porcelana *f* [extra] dura ‖ ≃**folie** *f* (Plast) / hoja *f* o lámina dura o rígida ‖ ≃**gasschalter** *m* (Elektr) / disyuntor *m* de autoformación de gases ‖ ~**gedreht** (Garn) / torcido duro ‖ ≃**geld** *n* / dinero *m* metálico ‖ ~**gelötet** / soldado [indirectamente] duro o fuerte, cobresoldado ‖ ≃**gestein** *n* (Geol) / roca *f* dura ‖ ~**gewalkt** (Tex) / batanado duro, abatanado duro ‖ ~**gewalzt** (Walzw) / laminado duro ‖ ≃**gewebe** *n* (z.B. Novotext, Resitex) (Plast) / estratificado *m* a base de tejido ‖ ≃**gewebe**, -papier *n* / estratificado *m* a base de papel ‖ ≃**gewebt** / tejido duro ‖ ~**gewickelt** (Elektr) / bobinado o devanado fuertemente ‖ ~**gezogen** (Draht) / con trefilado duro ‖ ~**gießen** *vt* (Hütt) / colar en coquilla ‖ ≃**gipsdiele** *f* (Bau) / tablón *m* de yeso duro o endurecido ‖ ≃**glanz** *m* (Farbe) / brillo *m* duro ‖ ≃**glas** *n* (mit hoher Erweichungstemperatur) / vidrio *m* duro, vidrio *m* poco fusible (con alta temperatura de ablandamiento) ‖ ≃**glas**, Quarz *m* / vidrio *m* de sílice ‖ ≃**glas**, wärmebehandeltes Sicherheitsglas / vidrio *m* templado ‖ ≃**goldplattierungsbad** *n* (Galv) / baño *m* de plaqueado con oro duro ‖ ≃**grund** *m* (Lack) / fondo *m* duro ‖ ≃**gummi** *m*, Ebonit *n* / ebonita *f*, goma *f* dura, vulcanita *f*
Hartguss *m*, Kokillenguss *m* (Tätigkeit) / colada *f* en coquillas ‖ ≃, weißes Gusseisen / fundición *f* blanca o dura ‖ ≃, Kokillenguss *m* (Produkt) / fundición *f* en coquilla ‖ ≃**läufer** *m* / muela *f* de fundición en coquilla ‖ ≃**roststäbe** *m pl* / barras *f pl* de parrilla de fundición en coquilla ‖ ≃**walze** *f* / cilindro *m* de laminar fundición dura o blanca
Hart•harz *n* / resina *f* dura, colofonia *f* dura o neutralizada ‖ ≃**hobeln** *n* (Wzm) / copa *f* Marinelli ‖ ≃**holz** *n* / madera *f* dura ‖ ≃**holz**, Kernholz *n* / duramen *m*, corazón *m* de la madera ‖ ≃**klebewachs** *n* / cera *f* dura para pegar ‖ ≃**kobalterz** *f* (Min) / arseniuro *m* de cobalto ‖ ≃**kochen** *n* (geringes Kochen) (Pap) / cocción *f* dura ‖ ≃**koks** *m* / coque *m* duro ‖ ≃**kupfer** *n* / cobre *m* duro endurecido ‖ ≃**legierung** *f*, -metall *n* / aleación *f* dura, metal *m* duro
Hartley *n* (DV) / hartley *m* (unidad de contenido de información) ‖ ≃**-Schaltung** *f*, -Oszillator *m* (Eltronik) / circuito *m* u oscilador Hartley

Hart•lot *n* / soldadura *f* fuerte o dura, soldante *m* duro ‖ ~**löten** *vt* / soldar [indirectamente] fuerte o amarillo o con latón, latonar, cobresoldar ‖ ≃**löten** *n* / soldadura *f* [indirecta] fuerte o amarillo o con latón, latonado *m*, cobresoldadura *f* ‖ ≃**löten in der Schweißflamme** / soldar con latón a la llama ‖ ≃**lötofen** *m* / horno *m* para soldadura [indirecta] fuerte ‖ ≃**lötstelle**, -lötung *f* / punto *m* de soldadura fuerte ‖ ~**magnetisch** / magnéticamente duro ‖ ~**magnetischer Ferrit** / ferrita *f* dura ‖ ~**magnetischer Werkstoff** / material *m* magnético de gran remanencia ‖ **schwarzes** ≃**manganerz** (Min) / hematites *f* o hematita negra ‖ ≃**matte** *f* (Glas) / estera *f* de fibras duras ‖ ≃**meißel** *m* (Wz) / cortafrío *m* ‖ ≃**messing** *n* (Hütt) / latón *m* duro
Hartmetall *n*, -legierung *f* (Hütt) / metal *m* duro, aleación *f* [metálica] dura ‖ ≃, Wolframkarbid *n* / carburo *m* de tungsteno ‖ ≃, Sintercarbid *n* / carburo *m* sinterizado ‖ ≃ **aufschweißen od. auflöten** / soldar plaquitas de metal duro ‖ ≃**beschichtung** *f* / recubrimiento *m* con metal duro ‖ ~**bestückter Meißel** (Wzm) / cuchilla *f* de torno con plaquita de metal duro ‖ **mit** ≃**bestückung** / con plaquita de metal duro ‖ ≃**biegebruch-Prüfgerät** *n* (Mat.Prüf) / aparato *m* para ensayos de flexión ‖ ≃**bohrer** *m* (Wz) / broca *f* de carburo sinterizado ‖ ≃**-Legierung** *f* / aleación *f* de carburo sinterizado ‖ ≃**plättchen** *n* (Wzm) / plaquita *f* de metal duro o de carburo ‖ ≃**schleifmaschine** *f* (Wzm) / rectificadora *f* para carburo sinterizado ‖ ≃**schneide** *f* **für Scheibenfräser** (Wzm) / plaquita *f* de metal duro para fresas de disco ‖ ≃**werkzeug** *n* / herramienta *f* [con plaquita] de carburo sinterizado ‖ ≃**ziehstein** *m* (Draht) / hilera *f* de metal duro
hartnäckig / tenaz ‖ ~**er Fehler** / fallo *m* o error persistente ‖ ~**e Flecken** *m pl* / manchas *f pl* tenaces
Hartnäckigkeit, Ausdauer *f* / persistencia *f*, tenacidad *f*
Hart•nickel *n* / níquel *m* duro ‖ ≃**papier** *n* / papel *m* laminado ‖ ≃**papier**, Kunstharzhartpapier *n* / papel *m* duro ‖ **geschichtetes** ≃**papier** (z.B. Pertinax) (Plast) / papel *m* laminado, estratificado de papel ‖ ≃**pappe** *f*, Faserstoffplatte *f* / plancha *f* fibrosa, placa *f* de fibras prensadas, tablero *m* de fibras prensadas ‖ ≃**pappe**, Graupappe *f* / cartón *m* gris ‖ ≃**pappe**, Presspappe *f* / cartón *m* duro o comprimido ‖ **dünne** ~**pappe** / cartulina *f* dura ‖ ≃**pappe** *f* (Plast) / cartón *m* baquelitado ‖ ≃**paraffin** *n* (Chem) / parafina *f* dura, cera *f* de parafina ‖ ≃**perlit**, Troostit *m* (Hütt) / perlita *f* dura, tro[o]stita *f* ‖ ≃**platte** *f*, harte Holzfaserplatte (Bau, Tischl) / tablero *m* de fibras prensadas, tablero *m* de madera prensada ‖ ≃**polyethylen** *n*, HD-PE (Plast) / polietileno *m* duro ‖ ≃**porzellan** *n* (Keram) / porcelana *f* dura ‖ ≃**postpapier** *n* / papel *m* fuerte para cartas ‖ ≃**-PVC** *n* (Plast) / CPV *m* duro
Hartree-Gleichung *f* (Eltronik) / ecuación *f* de Hartree
hart•schalig / de cáscara dura ‖ ≃**schaum** *m* (Plast) / espuma *f* rígida ‖ ≃**schaumstoff** *m* / plástico *m* celular rígido ‖ ≃**schnittumschalter**, Videoumschalter *m* (TV) / conmutador *m* de vídeo ‖ ≃**schrot** *m* (Jagd) / perdigón *m* duro o de temple ‖ ≃**sektoriert** (Platte) / seccionado o sectorizado rígidamente ‖ ≃**spiritus** *m* (Chem) / alcohol *m* solidificado o sólido ‖ [**unlegierter**] ≃**stahl** (Hütt) / acero *m* alto en carbono [no aleado] ‖ ≃**stahlguss** *m* / acero *m* fundido en coquilla ‖ ≃**steingut** *n* (Keram) / gres *m* extraduro ‖ ≃**stoff** *m* (Keram) / materia *f* [extra] dura, material *m* [extra] duro
Härtung *f* s. auch Härten ‖ ≃ **am Umfang** / endurecimiento *m* periférico ‖ ≃ **des Neutronenspektrums** (Nukl) / endurecimiento *m* neutrónico o del espectro de los neutrones ‖ ≃ **im Einsatzverfahren** (Hütt) / cementación *f* ‖ ≃ **in Öl**, Ölhärtung *f* / temple *m* al aceite
Härtungs•rissempfindlichkeit *f* / sensibilidad *f* a las grietas de temple ‖ ≃**verfahren** *n* **für Fett**,

Hydrierung f / procedimiento m de hidrogenación [de grasas]
hart • verchromt (Galv) / cromado adj duro ‖ ⁓verchromung f / cromado m duro ‖ ⁓verzinkt / galvanizado duro ‖ ⁓wasser n, hartes Wasser / agua f cruda o dura ‖ ⁓weizen m (Ggs.: harter Weizen), Glasweizen m, Triticum durum (Bot, Landw) / trigo m duro o moruno o semolero o fanfarrón, candeal m (ARG) ‖ ⁓werden vi, erhärten / endurecerse ‖ ⁓werden n (Zement) / fraguado m ‖ ⁓zeichner m (Foto) / lente f de enfoque preciso ‖ ⁓zerkleinerung f (Aufb, Bergb) / trituración f de materiales duros ‖ ⁓zerkleinerungsmaschine f / trituradora f de materiales duros ‖ ⁓ziegel m, Klinker m (Bau) / clínker m, ladrillo m vitrificado u holandés ‖ ⁓zink n (mit 6% Fe) / zinc m duro, cinc m duro ‖ ⁓zinn n / estaño m duro
Harvard-Klassifikation f (Astr) / clasificación f Harvard
Harvestore[silo] m (für Grünfuttersilage) (Landw) / harvestore m
Harz n / resina f ‖ ⁓e n pl (allg) / materiales m pl resinosos ‖ ⁓ n, Baumharz n (Bot) / resina f, pez f amarilla o rubia ‖ ⁓, Kunstharz n (Plast) / resina f sintética ‖ ⁓... / resinero adj, resínico ‖ ⁓ im B-Zustand / resina f en estado B ‖ ⁓ zapfen / extraer la resina, resinar ‖ mit ⁓ bestreichen / recubrir de resina ‖ ⁓abzapfung, -gewinnung f / resinación f, extracción f de resina ‖ ⁓ader f (Holz) / vena f resinosa o de resina ‖ ⁓alkohol m, Resinol n (Chem) / alcohol m de resina ‖ ⁓anteil m (Holz) / tasa f de resina ‖ ⁓artig, -ähnlich / resinoso, resiniforme ‖ ⁓bildend (Bot) / que forma resina ‖ ⁓bildung f / formación f de resina ‖ zur ⁓bildung neigend / resinífero
harzen vt, mit Harz behandeln / tratar con resina
Harz • essenz f (Chem, Pharm) / pineolina f, esencia f de hojas de pino ‖ ⁓ester m / éster m de colofonia ‖ ⁓fichte f, -kiefer f (Bot) / pino m resinífero ‖ ⁓fluss m, Resinose f (Bot) / flujo m de resina ‖ ⁓frei (Holz) / exento o libre de resina ‖ ⁓galle f (Holz) / agalla f o protuberancia resinífera, saco m resinífero ‖ ⁓gehalt m (Schmierfett) / contenido m de resina natural ‖ ⁓geleimt (Pap) / encolado a la (o con) resina ‖ ⁓gerbstoff m (Leder) / curtiente m resínico o de resina ‖ ⁓getränktes Verstärkungsmaterial / material m de refuerzo impregnado con resina ‖ ⁓haltig / resinífero
harzig, harzreich / resinoso
Harz • industrie f / industria f resinera ‖ ⁓ionenaustauscher m, Ionenaustauscherharz n / resina f intercambiadora de iones ‖ ⁓kitt m / masilla f resinosa ‖ dunkler ⁓knorren (Holz) / nudo m o[b]scuro de resina ‖ ⁓kuchen m / torta f de resina ‖ ⁓lack m / laca f de resina ‖ ⁓leim m (Pap) / cola f resinosa o de resina ‖ ⁓masse f (zum Formen) (Plast) / material m de resina sintética (para moldear) ‖ ⁓masse, -mischung f / mezcla f o pasta de resina ‖ ⁓matte f / estera f impregnada de resina ‖ ⁓nest n (Plast) / bolso m de resina, aglomeración f de resina ‖ ⁓öl n (Chem) / aceite m de resina o de colofonia ‖ ⁓ölfirnis m / barniz m al aceite de resina ‖ ⁓pech, Baumharz n / resina f de los árboles ‖ ⁓reich / rico en resina, muy resinoso ‖ ⁓reiches Holz / madera f rica en resina ‖ ⁓reserv[ag]e f (Textildruck) / reserva f de resina ‖ ⁓säure f / ácido m resínico o abietínico ‖ ⁓seife f, Resinat n (Chem) / resinato m ‖ ⁓seifen f pl, Resinate n pl / jabones m pl resinosos, resinatos m pl ‖ ⁓sprühkopf m, Doppelkopf m (Plast) / pistola f de [proyección de] dos componentes ‖ ⁓tasche f (Holz) / bolsa f de resina ‖ ⁓träger m, Füllstoff m (Plast) / carga f ‖ ⁓verschmierung f (gedr.Schaltg) / embadurnación f con resina ‖ ⁓zapfer m (Arbeiter) (Forstw) / resinero m
HAS, Hauptabfuhrstrecke f (Bahn) / línea f principal (de tráfico directo)
Haschisch n (Bot) / hachís m

Haselerle f (Alnus serrulata), Grünerle (Alnus viridis) (Bot) / aliso m verde
Haspe f (Fenster) / pernio m ‖ ⁓, Klammer f, Krampe f (Bau) / grapa f, grapón f, grampa f (LA), grampón m (LA) ‖ ⁓, Angel f (Schloss) / gozne m
Haspel m f (Masch) / torno m, cabrestante m ‖ ⁓, Wickelmaschine f (Walzw) / bobinadora f ‖ ⁓, Schacht-, Förderhaspel m f (Bergb) / cabrestante m de extracción, torno m de pozo ‖ ⁓, Haspelmaschine f (Tex) / aspa f devanadera ‖ ⁓ (Mähdrescher) / tambor m ‖ ⁓ (ein Fass) (Gerb) / cubeta f o tina [molinete] con agitador, molino m revolvedor ‖ ⁓abfall m, Strazza f (Seide, Tex) / hilaza f de seda ‖ ⁓anlage f, -maschine f (Walzw) / máquina f bobinadora ‖ ⁓berg m (Bergb) / plano m inclinado automotor ‖ ⁓förderer m (Bergb) / transportador m arrastrador ‖ ⁓förderung f, Schlepperförderung f (Bergb) / transporte m por cabrestante ‖ ⁓kufe f (Färb) / barca f de torniquete, barca f de molinete ‖ ⁓maschine f (Tex) / máquina f aspeadora, devanadera f
haspeln vt, spulen (Garn) / aspear, devanar ‖ ⁓ (Gerb) / tratar en tinas con agitador ‖ ⁓ (Masch) / devanar, bobinar con motor
Haspel • [regel]trieb m (Mähdrescher) / regulador m del molinete ‖ ⁓spinnmaschine f (Tex) / hiladora f con devanaderas ‖ ⁓spinnverfahren n, Trichterspinnverfahren n (Tex) / hilado m húmedo con embudo ‖ ⁓wellenmischer m (Keram) / mezcladora f de árbol de aspa
Hasplerin f (Tex) / aspeadora f
Hassium n, Hs (OZ 18) / hassio m, hessenio m
Hastingit m (Min) / hastinguita f
Hatchback Karosserieform) n / carrocería f hatchback
Hatchettbraun n / precipitado m de cobre
Hatchettin m (Min) / hatchetita f
Haube f, Kappe f / caperuza f ‖ ⁓, Motorhaube f (Kfz) / capot m, cubierta f, capó m, capota f ‖ ⁓ (Chem) / campana f [de chimenea] ‖ ⁓, Blende f (Radar) / visera f ‖ ⁓ (Bau, Masch) / cubierta f ‖ ⁓, Dachaufsatz m (Bau) / linterna f ‖ ⁓, Kanzelhaube f (Luftf) / cubierta f, cúpula f ‖ ⁓, Trockenhaube f (zum Haartrocknen) / capuchón m [secador] ‖ ⁓, Kuppel f (Bau) / cúpula f ‖ ⁓, Abschirmung f / cubierta f, recubrimiento m ‖ ⁓ f, Schaum m (Brau) / sombrero m
Hauben • dach n (Bau) / tejado m de cofia ‖ ⁓glühofen m (Hütt) / horno m de campana para recocer ‖ ⁓lüfterkopf m (Schiff) / hongo m ventilador ‖ ⁓masse f (Hütt) / mezcla f exotérmica para mazarotas ‖ ⁓ofen m (Hütt) / horno m de campana ‖ ⁓riss m (Blockfehler, Hütt) / grieta f por suspensión ‖ ⁓scharnier n (Kfz) / charnela f de capot [a] ‖ ⁓stütze f (Kfz) / varilla f de capot [a] ‖ [durchknickende] ⁓stütze (Kfz) / soporte m de capot doblable ‖ ⁓ventilator m (Schiff) / ventilador m de hongo o de seta ‖ ⁓verschluss, -halter m (Kfz) / sujetador m del capot, sujeta-capot ‖ ⁓zug m (Kfz) / cable m de tracción para capot
Haubitze f (Mil) / obús m
hauchdünn, dünn / sutilísimo, finísimo, extremamente fino ‖ ⁓ (z.B. Schicht) / muy delgado (p.ej.: capa) ‖ ⁓ umhüllte Elektrode (Elektr) / electrodo m con revestimiento pelicular o muy fino
Hauchvergoldung f (Druck) / dorado m superficial, velo m de oro
Haue f, Hacke f / azada f, pico m
hauen vt, hacken / azadonar ‖ ⁓ (Bergb) / picar ‖ Feilen ⁓ / picar limas
Hauer m (Bergb) / picador m ‖ ⁓falz m (Druck) / doblez m de golpe a cuchilla
Hauerit m (Min) / hauerita f (bisulfuro de manganeso)
Hauer • marke f, Fahrmarke f (Bergb) / plaquita f de control ‖ ⁓schicht f (Bergb) / turno m del picador, jornada f del picador
Häufchensaat, Dibbelsaat f (Landw) / siembra f a golpes o a chorro

Häufelhacke

Häufel•hacke f, Häufler m (Landw) / azada f aporcadora, aporcador m, escardillo m ‖ ⁓**körper** m (Landw) / cuerpo m aporcador ‖ ⁓**kultivator** m / cultivador-aporcador m
häufeln, an-, behäufeln (Landw) / aporcar, hacinar, recalzar ‖ ⁓ n (Landw) / aporcadura f
Häufel•pflug m, Häufler m / arado m aporcador, aporcadora f, arado-hacinador m (E), aporcador m (LA) ‖ ⁓**sämaschine** f / sembradora-aporcadora f
häufen vt, massieren / aglomerar ‖ ~, anhäufen / amontonar, acumular ‖ **sich** ~ / acumularse, amontonarse
Haufen (angehäuft) / montón m, rimero m ‖ ⁓ m (aufgesetzter), Stapel m / pila f ‖ ⁓, Erdklumpen m / terrón m ‖ ⁓**führung** f (Brau) / conducción f de la germinación ‖ ⁓**sand** m, Füllsand m (Gieß) / arena f de relleno ‖ ⁓**sand**, gebrauchter Sand (Gieß) / arena f vieja ‖ ⁓**schichtwolke** f, Stratokumulus m (Meteo) / estratocúmulo m ‖ ⁓**wolke**, Kumuluswolke f / cúmulo m
häufig, zahlreich / numeroso ‖ ~, oft eintretend / frecuente ‖ ~**ster [Beobachtungs]wert** (Stat) / valor m observado modal o dominante ‖ ~**ster Leistungsgrad** (F.Org) / eficiencia f más frecuente
Häufigkeit f / frecuencia f
Häufigkeits•dichte f (Stat) / densidad f de frecuencia ‖ ⁓**funktion** f (Stat) / función f de frecuencia ‖ ⁓**klasse** f (Stat) / clase f modal ‖ ⁓**kurve** f (Aufb, DV) / curva f de frecuencia ‖ ⁓**periode** f **der Sonnenflecken** (11 1/4 Jahre) (Astr) / ciclo m de las manchas solares ‖ ⁓**polygon** n, Variationspolygon n (Stat) / polígono m de frecuencia ‖ ⁓**schaubild** n / diagrama m de frecuencia ‖ ⁓**summe** f (Stat) / suma f de frecuencia ‖ ⁓**tabelle** f (Stat) / tabla f de frecuencia ‖ ⁓**verteilung** f / distribución f de frecuencias ‖ ⁓**verteilung der Stichproben** / distribución f de frecuencia de las pruebas al azar ‖ ⁓**verteilungskurve** f (Stat) / curva f de Gauss, curva f de distribución de frecuencia ‖ ⁓**wert** m **einer Funktion** (Stat) / valor m límite de una función ‖ ⁓**zahl** f / frecuencia f ‖ ⁓**zähler** m (Stat) / contador m de frecuencia ‖ ⁓**zähler von Überschreitungen** / contador m de frecuencia de excesos
Häufler m (Landw) / reja f de aporcar, aporcador m
Häufung f, An-, Zusammenhäufung f / acumulación f
Häufungsstelle f (Math) / punto m de acumulación
Hauf•werk m (Geol) / broza f (conjunto de minerales) ‖ ⁓**werk**, Grubengefälle n, Schutter n (Bergb) / rocas f pl sueltas de voladura ‖ ⁓**werk** n (Roboter) / piezas f pl de orientación accidental ‖ ⁓**werk** (Erz) / mineral m en bruto ‖ ~**werksporiges Gefüge** (Beton) / textura f cavernosa ‖ ⁓**werksporigkeit** f (Bergb) / porosidad f de la broza
Hau•meister m (Forstw) / capataz m ‖ ⁓**messer** n (Landw) / machete m, podón m
Hauny-Injektor-Verfahren n (Plast) / procedimiento m Hauny (inyección de resina activada)
Haupt n / cabeza f ‖ ⁓, Stirn f eines Quaders (Bau) / frente m del sillar, cara f exterior del sillar ‖ ⁓, Pressenoberteil n (Masch) / cabezal m de la prensa ‖ ⁓ n, Stirn f eines Durchlasses (Bau) / frente m de una alcantarilla ‖ ⁓... / principal (abrev.: pral), básico, primario ‖ ⁓..., Zentral... / central ‖ ⁓..., Groß..., größer / mayor ‖ ⁓..., Ober..., Grund... / general (abrev.: gral), básico ‖ ⁓... (Eltronik, Kompass) / maestro adj ‖ ⁓**abmessungen** f pl / dimensiones f pl o medidas principales ‖ ⁓**abschnitt** m / sección f principal ‖ ⁓**absperrhahn** m / grifo m principal de cierre, llave f principal de bloqueo ‖ ⁓**absperrventil** n, HAV / válvula f principal de cierre ‖ ⁓**abteilung** f (Verwaltung) / departamento m, sección f ‖
⁓**abwasserrohr** n (Bau) / tubo m principal de aguas residuales ‖ ⁓**achse** f (Phys) / eje m principal ‖ ⁓**achse**, Umdrehungsachse f / eje m de rotación ‖ ⁓**achse**,

große Achse (der Ellipse) (Geom) / eje m mayor ‖ ⁓**achse** f (der Hyperbel) / eje m transversal ‖ ⁓**ader** f, -gang m (Bergb) / filón m principal, veta f principal ‖ ⁓**adressregister** n (DV) / registro m principal de direcciones de la memoria ‖ ⁓**amt** n (Fernm) / central f o estación principal ‖ ⁓**anker** m (Schiff) / ancla f principal ‖ ⁓**anschluss** m, Hauptstelle f (Fernm) / aparato m o puesto principal del abonado, estación f principal del abonado ‖ ⁓**anschluss** (Verm) / punto m de referencia principal ‖ ⁓**anschlüsse** m pl (Halbl) / terminales m pl principales ‖ ⁓**anschlussleitung** f (GB) (Fernm) / línea f no compartida ‖ ⁓**anschnitt** m (Gieß) / entrada f principal ‖ ⁓**ansicht** f (Bau) / elevación f frontal o principal ‖ ⁓**ansteuerungsfeuer** n (Nav) / luz f de recalada ‖ ⁓**antrieb** m / accionamiento m o mando o motor principal, propulsión f principal ‖ ⁓**antriebscheibe** f (Spinn) / polea f principal de accionamiento ‖ ⁓**antriebswelle** f / árbol m principal de impulsión ‖ ⁓**arten** f pl, wesentliche Typen / tipos m pl principales ‖ ⁓**auftragnehmer** m (Bau) / contratista m principal ‖ ⁓-**Ausfallstraße** f / arteria f principal de salida ‖ ⁓**ausschalter**, Notausschalter m (Bahn, Elektr) / interruptor m de emergencia o de urgencia ‖ ⁓**ausziehstrom** m (Bergb) / corriente f principal de salida [de aire] ‖ ⁓**bahn** f, Hauptstrecke f (Bahn) / línea f principal ‖ ⁓**bahnhof** m / estación f central ‖ ⁓**bake** f (Luftf) / localizador m, radiofaro m de alineación con relación a la pista ‖ ⁓**balken**, Stützbalken m (Bau) / viga f maestra ‖ ⁓**band** m (DV) / cinta f maestra ‖ ⁓**batterie** f (Fernm) / batería f principal ‖ ⁓**bau** m, -gebäude n (Bau) / edificio m principal ‖ ⁓**belastungsbereich** m / zona f principal de carga ‖ ⁓**beleuchtung** f (TV) / alumbrado m principal ‖ ⁓**bestandteil** n m / elemento m o constituyente principal o esencial ‖ ⁓**betriebszeit** f (allg, Fernm, Verkehr) / horas f pl de tráfico maximo, horas f pl [de] punta ‖ ⁓**bewegung** f, Schnittbewegung f (Wzm) / movimiento m principal o de corte ‖ ⁓**bewegungen** f pl (Luftf) / movimientos m pl principales del avión ‖ ⁓**biegungsachse** f / eje m principal de flexión ‖ ⁓**binder** m / tirante m maestro o principal ‖ ⁓**block** m (Fernm) / bloque m de la estación ‖ ⁓**bodenstelle** f (Loran, Radar) / estación f terrestre principal ‖ ⁓**bogen** m (Bau) / arco m torado ‖ ⁓**bogen**, Mittelbogen m (Brücke) / arco m central o maestro o principal ‖ ⁓**bremsleitung**, -luftleitung f (Bahn) / tubería f general del freno (LA) o cañería f general del freno (LA) o del breque (PERU) ‖
⁓**[brems]zylinder** m (Kfz) / cilindro m principal de freno ‖ ⁓**brennkammer** f (Düsenflugzeug) / cámara f principal de combustión ‖ ⁓**brennstoffbehälter** m / depósito m o tanque principal de combustible ‖ ⁓**büro** n (F.Org) / oficina f principal ‖ ⁓**dampfleitung** f / tubería f (E) o cañería (LA) principal de vapor ‖ ⁓**daten** pl, -angaben f pl / datos m pl principales ‖ ⁓**deck** n (Schiff) / puente m principal ‖ ⁓**dehnung** f (Mech) / alargamiento m principal ‖ ⁓**diagonale** f (Bau, Geom) / diagonal f principal ‖ **schlaffe** ⁓**diagonale** (Brücke) / diagonal f principal relajada ‖ ⁓**draht** m (Fernm) / hilo m principal ‖ ⁓**drän** m (Landw) / colector m de drenaje ‖ ⁓**drehachse** f / eje m principal de rotación o de giro ‖ ⁓**druck**, Hangenddruck m (Bergb) / presión f del techo ‖ ⁓**düse** f (Vergaser) / surtidor m principal o de potencia, chiclé m ‖ ⁓**ebene** f (Opt) / plano m principal ‖ ⁓-**E-(o. -H-)Fläche** f (Eltronik) / plano m E (o H) principal ‖ ⁓**einfahrt** f, Portal n (Bau) / puerta f cochera [principal], portal m ‖
⁓**einfallstraße** f (Stadt) / carretera f principal de acceso ‖ ⁓**einflugschneise** f (Luftf) / corredor m de acceso (o de vuelo libre) principal ‖ ⁓**einflugzeichen** n, HEZ (Luftf) / señal f de radiobaliza interior o intermedia ‖ ⁓**eingang** m (Bau) / entrada f principal ‖ ⁓**einspritzung** f (Mot) / inyección f principal ‖

Hauptsammelschiene

⁓**einziehstrom** *m* (Bergb) / corriente *f* principal de entrada [de aire] ‖ ⁓**empfangsgebiet** *n* (Eltronik, Radio, TV) / zona *f* de recepción principal o primaria ‖ ⁓**entwässerungskanal** *m* (Bau) / canal *m* de desagüe ‖ ⁓**entwässerungsrohr** *n*, -kanalisation *f* / colector *m*, alcantarillado *m* o desaguadero principal ‖ ⁓**erregermaschine** *f* (Elektr) / excitatriz *f* o excitadora principal ‖ ⁓**erzeugnis** (z.B. eines Landes), -produkt *n* / producto *m* principal ‖ ⁓**fahrstraße**, Vorzugsfahrstraße *f* (Bahn) / itinerario *m* preferente ‖ ⁓**fahrwasser** *n* (Schiff) / canal *m* [de navegación] principal ‖ ⁓**fallschirm** *m* / paracaídas *m* principal ‖ ⁓**farbe** *f* / color *m* [pre]dominante ‖ ⁓**feld** *n* (Elektr) / campo *m* principal ‖ ⁓**feld**, Serienfeld *n* (Elektr) / campo *m* debido al devanado en serie ‖ ⁓**feld** *n* (Spinn) / zona *f* principal de estirado ‖ ⁓**ferngasleitung** *f* / gasoducto *m* principal ‖ ⁓**[fernsprech]amt** *n* (Fernm) / estación *f* principal ‖ ⁓**fluss** *m* (Phys) / flujo *m* útil o principal ‖ ⁓**[förder]strecke** *f* (Bergb) / galería *m* principal de extracción ‖ ⁓**formänderungen** *f pl* / deformaciones *f pl* principales ‖ ⁓**frässpindel** *f* (Wzm) / husillo *m* portafresa principal ‖ ⁓**[frei]fläche** *f* (Wz) / superficie *f* de incidencia principal ‖ ⁓**frequenz** *f* (allg) / frecuencia *f* dominante ‖ ⁓**frequenz** (Fernm) / frecuencia *f* principal ‖ ⁓**funkstelle** *f* / central *f* emisora radiofónica, estación *f* maestra (o principal) radiofónica ‖ ⁓**gang** *m*, -ader *f* (Bergb) / veta *f* principal ‖ ⁓**gasleitung** *f* / tubería *f* (E) o cañería (LA) principal de gas ‖ ⁓**gasrohr** *n* / tubo *m* (E) o caño (LA) principal de gas ‖ ⁓**gebäude** *n*, -bau *m* (von mehreren Gebäuden) (Bau) / edificio *m* principal ‖ ⁓**generator** *m* (Elektr) / generador *m* principal ‖ ⁓**generator** (Radar) / oscilador *m* maestro o piloto ‖ ⁓**geschoss** *n* (Bau) / piso *m* principal ‖ ⁓**gesetz**, -prinzip *n*, -satz *m* (Math, Phys) / principio *m* fundamental, ley *f* fundamental o principal ‖ ⁓**gesichtsfeld** *n* (Opt) / campo *m* visual principal ‖ ⁓**gesims** *n*, Dachgesims *n* (Bau) / moldura *f* principal, cornisa *f* de tejado ‖ ⁓**gewölbe** *n* (Ofen) / bóveda *f* principal ‖ ⁓**gitter** *n* (Krist) / red *f* cristalina principal ‖ ⁓**gleis** *n* (Bahn) / vía *f* principal o general ‖ ⁓**graben** *m* (Bau, Landw) / foso *m* principal, zanja *f* principal ‖ ⁓**gruppe** *f* (z.B.: Hauptgruppe Motor) (Kfz) / grupo *m* principal ‖ ⁓**hahn** *m* / grifo *m* principal, grifo *m* maestro ‖ ⁓**hahn der Wohnung** / grifo *m* principal del piso ‖ ⁓**hahn des Gebäudes** (Gas) / llave *f* principal para gas del edificio ‖ ⁓**himmelsrichtung** *f* **des Kompasses** (Nav) / punto *m* cardinal ‖ ⁓**hubwerk** *n*, -windwerk *m* / dispositivo *m* elevador principal, mecanismo *m* principal de elevación ‖ ⁓**industrie** *f* / industria *f* principal ‖ ⁓**kabel** *n* (Elektr) / cable *m* principal, línea *f* principal ‖ ⁓**kabel im Triebwagenzug** (Bahn) / cable *m* ómnibus del tren automotor ‖ ⁓**kalkung** *f* (Zuck) / defecación *f* principal ‖ ⁓**kanal** *m*, -kanalisation *f*, -entwässerungsrohr *n* (Abwasser) / colector *m*, alcantarillado *m* principal, desaguadero *m* principal, conducto *m* principal ‖ ⁓**kanal** (Datenübertragung) / canal *m* principal, vía *f* de transmisión de ida ‖ ⁓**kanal**, (jetzt:) Angussverteiler *m* (Druckguss) / canal *m* principal, distribuidor *m* principal ‖ ⁓**kanal zu der Abwasserreinigung** / alcantarillado *m* principal hacia la estación depuradora de aguas residuales ‖ ⁓**kappe** *f*, Hauptfallschirm *m* / paracaídas *m* principal ‖ ⁓**katalog** *m* / catálogo *m* maestro o general ‖ ⁓**kette** *f*, -reihe *f* (Chem) / cadena *f* o serie fundamental ‖ ⁓**keule** *f*, -lappen, -zipfel *m* (Fernm) / lóbulo *m* principal ‖ ⁓**kipp** *m* (Eltronik) / barrido *m* principal ‖ ⁓**klärbecken** *m* (Abwasser) / estanque *m* clarificador principal ‖ ⁓**kreis** *m* (Geom) / círculo *n* máximo o mayor ‖ ⁓**kreis**, Großkreis *m*, Orthodrome *f* (Schiff) / ortodromia *f* ‖ ⁓**kreis-Navigation** *f*, Orthodrome *f* (Schiff) / navegación *f* por el arco de círculo mayor, navegación *f* por ortodromia ‖ ⁓**krümmung** *f* (Math) / curvatura *f* principal ‖ ⁓**krümmungshalbmesser** *m* / radio *m* de la curvatura principal ‖ ⁓**kuppel** *f* (Bau) / cúpula *f* central ‖ ⁓**kuppelbolzen** *m* (Bahn) / pasador *m* de gancho de tracción ‖ ⁓**lager** *n* (Masch) / cojinete *m* o rodamiento principal o maestro ‖ ⁓**lager** (Wzm) / rodamiento *m* de bancada ‖ ⁓**lager** (Magazin) / almacén *m* principal ‖ ⁓**lagerstelle** *f* (Masch) / punto *m* principal de apoyo, zona *f* principal de apoyo ‖ ⁓**leitung** *f*, Stammleitung *f* (Elektr) / línea *f* principal ‖ ⁓**leitung** (DV) / bus *m*, línea *f* común ‖ ⁓**leitung** (Fernm) / línea *f* telefónica principal ‖ ⁓**leitung für Wasser** / conducto *m* principal de agua, tubería *f* (E) o cañería (LA) principal de agua ‖ ⁓**[leitungs]rohr** *n* / conducto *m* principal ‖ ⁓**[leitungs]rohr** (in der Straße verlegt) / conducto *m* principal enterrado en la calle ‖ ⁓**[leitungs]rohr**, Hauptgasrohr *n* / conducto *m* de servicio público de gas ‖ ⁓**leitwerk** *n*, zentrales Leitwerk (DV) / unidad *f* principal de mando ‖ ⁓-**Lenzleitung** *f* (Schiff) / conducto *m* principal de achicamiento ‖ ⁓**linie** *f* (Spektrum) / raya *f* última ‖ ⁓**linie** (Bahn) / línea *f* principal (E), línea *f* troncal (LA) ‖ ⁓**linie** (Fernm) / ruta *f* principal ‖ ⁓**lotebene** *f* (Math) / plano *m* vertical principal ‖ ⁓**luft** *f* (Vergaser) / aire *m* principal ‖ ⁓**luftbehälter** *m* (Bahn) / depósito *m* principal de aire ‖ ⁓**maschine** *f* (DV) / máquina *f* principal ‖ ⁓**masse** *f*, -teil *m* (Pap) / masa *f* principal, mayor *f* pasta *f* ‖ ⁓**maße** *m pl* / medidas *f pl* principales o básicas ‖ ⁓**mast** *m* (Schiff) / palo *m* mayor ‖ ⁓**mauer** *f* (Bau) / muro *m* principal, pared *f* maestra ‖ ⁓**menü** *n* (DV) / menú *m* principal ‖ ⁓**merkmal** *n* / característica *f* principal, característico *m*, distintivo *m* ‖ ⁓**messzahl** *f*, -ziffer *f* (Stat) / índice *m* estadístico principal ‖ ⁓**mischpult** *n* (TV) / pupitre *m* de control maestro o central[izado] (Fernm) ‖ ⁓**nachteil** *m* / desventaja *f* principal, inconveniente *m* principal ‖ ⁓**nenner** *m*, gemeinsamer Nenner (Math) / denominador *m* común ‖ ⁓**netz** *n* **der Strömung**, Machsches Netz (Phys) / red *f* principal del flujo, red *f* de Mach ‖ ⁓**netz im Flugzeug** (Elektr) / red *f* principal de avión, circuito *m* principal ‖ ⁓**niederlassung** *f* (F.Org) / establecimiento *m* principal, casa *f* central ‖ ⁓**normale** *f* (Raumkurve) / normal *f* principal ‖ ⁓**öffnung** *f* (Brücke) / abertura *f* o luz de puente principal ‖ ⁓**patent** *n* / patente *m* principal ‖ ⁓**periode** *f* (DV) / ciclo *m* mayor o principal ‖ ⁓**phase** *f* (Elektr) / fase *f* principal ‖ ⁓**piste** *f* (Luftf) / pista *f* principal ‖ ⁓**platine** *f* (Web) / gancho *m* principal (E), platina *f* principal (E), garfio *m* principal (LA) ‖ ⁓**pleuel** *n*, -pleuelstange *f* (Mot) / biela *f* principal o maestra ‖ ⁓**pol** *m* (Elektr) / polo *m* principal ‖ ⁓**pole** *m pl* **zur Milderung der Feldverzerrung** (Elektr) / polos *m pl* principales para reducir la distorsión del campo ‖ ⁓**produkt** (z.B. eines Landes), -erzeugnis *n* / producto *m* principal ‖ ⁓**programm** *n* (DV, Fortran) / programa *m* principal ‖ ⁓**prüfabschnitt** *n* (Fernm) / sección *f* principal de prueba ‖ ⁓**punkt-Brechwert** *m* (Opt) / poder *m* convergente efectivo, refracción *f* axial ‖ ⁓**quantenzahl** *f* (Phys) / número *m* cuántico principal ‖ ⁓**radar** *m* / radar *m* maestro o magistral ‖ ⁓**reaktion** *f* (Chem) / reacción *f* principal ‖ ⁓**reihenstern** *m* (Astr) / estrella *f* de la serie principal ‖ ⁓**revision**, Vollaufarbeitung *f* (Bahn, Wagen) / revisión *f* general, reparación *f* general, R.G. ‖ ⁓**richtung** *f* (Math) / dirección *f* principal ‖ ⁓**rippe** *f* (Luftf) / costilla *f* principal ‖ ⁓**riss** *m* (Bergb) / plano *m* principal ‖ ⁓**rohr** *n* / conducto *m* o tubo principal ‖ ⁓**rohrleitung** *f* / tubería *f* (E) o cañería (LA) maestra ‖ ⁓**rotationsachse** *f* / eje *m* principal de rotación o de giro ‖ ⁓**rotor** *m* (Luftf) / rotor *m* [sustentador] principal ‖ ⁓**rückführung** *f* (Regeln) / reacción *f* principal ‖ ~**sächlich**, Haupt... / principal, cardinal básico, fundamental, mayor ‖ ⁓**sammelkanal** *m* (Abwasser) / colector *m* principal ‖ ⁓**sammelschiene** *f*

Hauptsammler

(Elektr) / barra f colectora (u omnibús) principal ‖ ~**sammler** m (Abwasser) / colector m principal ‖ ~**satz** m (Math, Phys) / ley f fundamental, principio m fundamental ‖ ~**satz** (DV) / registro m maestro o principal ‖ ~**schacht** m (Bergb) / pozo m maestro o principal ‖ ~**schalter** m, -schaltpult n (Elektr) / interruptor m maestro o principal, disyuntor m magistral, conmutador m de gobierno ‖ ~**schalter**, Fahrschalter m (Bahn) / combinador m de mando o de potencia ‖ ~**schaltpult** n (Elektr) / pupitre m central de control, pupitre m principal ‖ ~**schalttafel** f (Elektr) / panel m de mando principal, tablero m de control principal ‖ ~**scheinwerfer** m (Kfz) / faro m principal ‖ ~**schieber** m / compuerta f principal ‖ ~**[fall]schirm** m, Hauptkappe f (koll.) (Luftf) / paracaídas m principal ‖ ~**schlitten**, Schlitten m (Dreh) / carro m principal ‖ ~**schluss...** (Elektr) / conectado o montado en serie ‖ ~**schlüssel** m (Bau) / llave f maestra ‖ ~**schlussgenerator** m, Hauptstrommaschine f (Elektr) / generador m [excitado] en serie ‖ ~**schlussklemme** f / borne m para conexión en serie ‖ ~**schlussmotor**, -strommotor m (Elektr) / motor m [excitado] en serie ‖ ~**schlussmotor** m **mit angezapftem Feld** (Elektr) / motor m excitado en serie con toma de campo ‖ ~**schlussverhalten** n / característica f de la conexión en serie ‖ ~**[schmelz]sicherung** f (Elektr) / fusible m principal ‖ ~**schneide** f (Wz) / filo m cortante principal ‖ ~**schneidenanstellwinkel** m (Dreh) / ángulo m de ajuste del filo cortante principal ‖ ~**schnitt** m (Geom) / corte m principal ‖ ~**seite** f, Fassade f (Bau) / fachada f ‖ ~**seitenband** n (TV) / banda f lateral principal ‖ ~**sender** m (Eltronik, TV) / emisora f principal ‖ ~**sender** (Decca) / transmisor m principal ‖ ~**sender**, -schwinger m, -generator m (Radar) / oscilador m maestro o piloto ‖ ~**serie**, Prinzipalserie f (Spektrum) / serie f principal de rayas ‖ ~**sicherung**, Grobsicherung f (Elektr) / fusible m principal, seguro m principal ‖ ~**sicherungskasten** m / caja f de fusibles principales ‖ ~**signal** n (Bahn) / semáforo m de parada, cuadrada f (RENFE) ‖ ~**sitz** m (einer Firma) (F.Org) / sede f principal ‖ ~**-Skalenteilung** f (Mess) / graduación f o división de escala principal ‖ ~**spannung** f (Mech) / tensión f principal ‖ ~**spant** n (Schiff) / cuaderna f maestra ‖ ~**sparren** m (Bau) / cabrio m maestro o principal ‖ ~**speicher** m (DV) / memoria f principal, almacenamiento m general o principal ‖ **großer langsamer ~speicher** (DV) / memoria f auxiliar ‖ ~**speicheradressierung** f (DV) / direccionamiento m de la memoria principal ‖ ~**speicher-Datenbank** f / base f de datos en la memoria principal ‖ ~**speicherresident** adj (DV) / residente m en la memoria principal ‖ ~**speicherzuordnung** f (DV) / asignación f de la memoria principal ‖ ~**speiseleitung** f (Elektr) / línea f de alimentación principal ‖ ~**spiegel** m (Teleskop) / espejo m principal ‖ ~**spindel**, Arbeitsspindel f (Wzm) / husillo m principal o de trabajo ‖ ~**spitzenfläche** f (Krist) / cara f de ápice mayor ‖ ~**spülgang** m (Geschirrspüler) / lavado m principal de la vajilla ‖ ~**start- und Landebahn** f (Luftf) / pista f [de aterrizaje y despegue] principal ‖ ~**station** f (DV) / estación f maestra ‖ ~**stempel** m, Schließkolben m (der Presse) (Plast) / pistón m principal, émbolo m de cierre ‖ ~**steuerorgane** n pl (Luftf) / órganos m pl de mando principales ‖ ~**steuerschalter** m (Elektr) / conmutador m o interruptor de control principal ‖ ~**stollen** m (Bergb) / galería f principal ‖ ~**strahl** m (Opt) / rayo m principal ‖ ~**strahlrichtung** f (Radio) / dirección f de radiación principal ‖ ~**strahlunterdrückung** f / extinción f o supresión de radiación principal ‖ ~**strahlwinkel** m (Vertikalebene) (Antenne) / ángulo m de directividad ‖ ~**strang** m / ramal m principal ‖ ~**straße** f, Straße f erster 0rdnung,

Fernverkehrsstraße f / carretera f principal, carretera f de primer orden ‖ **städtische ~straße** / calle f principal o mayor, gran vía f, avenida f ‖ ~**strecke** f, -verbindung f (Bahn) / línea f principal ‖ ~**streckfeld**, -verzugsfeld n (Spinn) / zona f principal de estirado ‖ ~**streichen** n (Bergb) / dirección f general ‖ ~**strom** m (Elektr) / corriente f de la conexión en serie ‖ ~**strom**, Mittelstrom m (Hydr) / corriente f central ‖ ~**stromanlasser** m (Elektr) / reóstato m de arranque conectado en serie ‖ ~**stromauslösung** f (Schalter) / interruptor m directo ‖ ~**stromerregung** f (Elektr) / excitación f en serie ‖ ~**stromfilter** n (Kfz) / filtro m de paso total ‖ ~**stromkreis** m (Elektr) / circuito m principal ‖ ~**strom-Regelwiderstand** m (Elektr) / regulador m serie ‖ ~**stromrelais** n / relé m serie ‖ ~**-Strom/Spannungs-Kennlinie** f (Halbl) / característica f principal corriente-voltaje ‖ ~**struktur** f (DV) / estructura f principal ‖ ~**stück** n (Zimm) / pieza f maestra ‖ ~**stück**, Rumpf m (Mech) / cuerpo m ‖ ~**-Taktgenerator**, Taktgenerator m (DV) / reloj m maestro ‖ ~**task** f (DV) / tarea f mayor ‖ ~**teil** m, -masse f / parte f o masa principal ‖ ~**teil der Informationen** (DV) / masa f de informaciones ‖ ~**themen** n pl / temas m pl punteros ‖ ~**titelblatt** n (Druck) / portada f (E), carátula f (LA) ‖ ~**träger** m (Bau) / viga f maestra o principal ‖ ~**trägerentfernung** f / distancia f entre vigas maestras ‖ ~**tragfläche** f (Luftf) / plano m principal ‖ ~**trägheitsachse** f (Phys) / eje m principal de inercia ‖ ~**trägheitsmoment** n (Mech) / momento m principal de inercia ‖ ~**tragseil** n, Tragseil n (Fahrleitg) / cable m sustentador principal ‖ ~**trennschalter** m (Elektr) / seccionador m principal ‖ ~**treppe** f (Bau) / escalera f principal ‖ ~**triebwerk** n (Luftf) / motor m o propulsor principal ‖ ~**trocknung** f / secado m o principal, desecación primaria.f. ‖ ~**typ** m (Wellenleiter) / modo m dominante o fundamental ‖ ~**übertragungsleitung** f (Elektr) / línea f principal de transmisión ‖ ~**uhr** f / reloj m patrón o maestro o central o principal ‖ ~**untersuchung** f (HU) (Kfz) / examen m (o inspección) principal de vehículo[s] ‖ ~**untersuchung**, bahnamtliche Untersuchung mit Auffrischung (Bahn) / levante m de coches ‖ ~**unterwerk** n (Elektr) / subcentral f principal [de transformación o de conversión] ‖ ~**valenz** f (Chem) / valencia f principal ‖ ~**verbindungsart** f (Fernm) / medio m principal o primario de comunicación ‖ ~**verkehrsader** f / arteria f de tráfico intenso, arteria f principal de tráfico, gran arteria f ‖ ~**verkehrsstraße** s. Hauptstraße ‖ ~**verkehrszeit** f, -stunden f pl / horas f pl punta, horas f pl de mayor tráfico ‖ ~**verkehrszeit** (Fernm) / período m de mucho tráfico ‖ ~**vermittlungsstelle** f, HVSt (Fernm) / estación f o central principal ‖ ~**versorgungsleitung** f / línea f principal de alimentación o de abastecimiento ‖ ~**verstärkerstation** f, -strecke f (Fernm) / sección f principal de amplificación ‖ ~**verteiler** m, -verteilergestell n (Fernm) / repartidor m o distribuidor principal o general ‖ ~**verteilerleitung** f (Heizung) / conducto m distribuidor principal ‖ ~**verteilungskabel** n (Elektr) / cable m principal de distribución ‖ ~**verwaltung** f / administración f central, centro m [principal] ‖ ~**-Vielfachfeld** n (Fernm) / múltiple m total, seccionamiento m general ‖ ~**vorlage** f, H-Vorlage f (Chem) / recipiente m principal ‖ ~**warnleuchte** f (Luftf) / aclareo m bajo ‖ ~**wäsche** f (Waschmaschine) / lavado m principal ‖ ~**wasserleitung** f / conducto m de agua principal ‖ ~**welle** f (Masch) / árbol m principal o primario ‖ ~**welle** (Kfz) / árbol m de transmisión ‖ ~**welle** (einer Verzögerungsleitung) (Eltronik) / onda f principal ‖ ~**werk** n, Stammwerk n (F.Org) / planta f o fábrica principal o matriz ‖ ~**werkstatt** f / taller m principal o central ‖ ~**werkstätte** f (Bahn) / taller m de reparaciones general ‖ ~**werte** m pl **der**

Normzahlenreihe / números *m pl* de base ǁ ⁓**wetterschacht** *m* (Bergb) / pozo *m* de salida de aire principal ǁ ⁓**wetterstrecke** *f*, -**wetterpass** *m* (Bergb) / galería *f* de aeramiento (o ventilación) principal ǁ ⁓**wettertür** *f* (Bergb) / puerta *f* de aeramiento (o ventilación) principal ǁ ⁓**windleitung** *f* (Hütt) / tubería *f* principal del viento ǁ ⁓**windwerk** *n* (Förd) / mecanismo *m* elevador principal ǁ ⁓**wolkenuntergrenze** *f* (Meteo) / techo *m* de nubes ǁ ⁓**zähler** *m* (Elektr, Gas) / contador *m* principal ǁ ⁓**zähler**, Haushaltzähler *m* (Elektr) / contador *m* doméstico ǁ ⁓**zeichen** *n* (Luftf) / baliza *f* principal ǁ ⁓**[fertigungs]zeit** *f* (F.Org) / tiempo *m* principal de fabricación ǁ ⁓**zeit**, Stückzeit *f* (F.Org) / tiempo *m* tecnológico de producción ǁ ⁓**zipfel** *m*, -lappen *m* (Fernm) / lóbulo *m* principal o mayor ǁ ⁓**zug** *m*, -streichen *m* (Bergb) / dirección *f* general ǁ ⁓**zuleitung** *f* (Elektr) / línea *f* de alimentación principal ǁ ⁓**zylinder** *m* (Bremse) / cilindro *m* principal

Haus *n* / casa *f* ǁ ⁓, Gebäude *n* / edificio *m* ǁ ⁓... / domiciliario, doméstico, particular ǁ ⁓ **mit Grund und Boden** / inmueble *m*, bien *m* inmueble o raíz ǁ **ebenerdiges** ⁓ / casa *f* de planta baja, casa *f* de planta única

Haus•abwässer *n pl* / aguas *f pl* residuales domésticas ǁ ⁓**adresse** *f* (DV) / dirección *f* inicial o local o de pista ǁ ⁓**anschluss** *m* (Bau) / acometida *f* (de gas, agua, electricidad), conexión *f* particular, derivación *f* domiciliaria o particular, teléfono *m* interior, (localismos): empotramiento *m*, enlace *m*, pluma *f* ǁ ⁓**anschlusskasten** *m* (Elektr) / caja *f* de conexión particular ǁ ⁓**anschlussleitung** *f* (Bau) / acometida *f* ǁ ⁓**anschlussmuffe** *f* (Bau) / manguito *m* de conexión particular ǁ ⁓**anschlusstafel** *f* (Elektr) / cuadro *m* de acometida, cuadro *m* de conexión casera ǁ ⁓**apparat** *m* (Fernm) / aparato *m* de residencia o de domicilio ǁ ⁓**bahnsteig** *m* (direkt neben Gebäude) (Bahn) / andén *m* n° I ǁ ⁓**bau** *n* / construcción *f* de casas ǁ ⁓**bereichs...** / para uso doméstico ǁ ⁓**bockkäfer** *m*, Hylotrupes bajulus (Schädling) / capricornio *m* doméstico ǁ ⁓**boot** *n* / barco *m* vivienda ǁ ⁓**brandkohle** *f*, -brand *m* (Heizung) / carbón *m* para usos domésticos ǁ ⁓**brandkohle**, Deputatkohle *f* (Bergb) / carbón *m* cedido a los mineros ǁ ⁓**druckregler** *m* (Bau) / regulador *m* de presión de la acometida ǁ ⁓**ecke** *f* / esquina *f* (de la casa) ǁ ⁓**einführung** *f* (Elektr, Gas) / acometida *f*

Hausenblase *f*, Fischleim *n* / ictiocola *f*, colapez *f*, cola *f* de pescado

Häuserblock *m*, -gruppe *f* (Bau) / bloque *m* de casas, conunto *m* de edificios ǁ ⁓, Gebäudeblock *m* (Viereck) / macizo *m*, manzana *f* (E), cuadra *f* (LA)

Haus•fernsprecher *m* (Fernm) / teléfono *m* privado, aparato *m* telefónico de abonado ǁ ⁓**flur** *m*, Diele *f* (Bau) / vestíbulo *m*, zaguán *m* ǁ ⁓**gaszähler** *m* / contador *m* de gas doméstico o domiciliario ǁ ⁓**gerät** *n*, Möbel *n pl*, Hausrat *m* / mobiliario *m* y enseres de casa ǁ ⁓**gerätetechnik** *f* / domótica *f*

Haushalt•... / doméstico ǁ ⁓ *m* (z.B. Wasserhaushalt) / economía *f* (p.ej.: hídrica) ǁ ⁓**abnehmer** *m* (Elektr, Gas) / abonado *m* particular ǁ ⁓-**Bügelmaschine** *f* (Tex) / planchadora *f* doméstica ǁ ⁓-**Gefrierschrank** *m* / congelador *m* ǁ ⁓-**Gefriertruhe** *f* / enfriador *m* doméstico ǁ -**Heizöl** *n* / aceite *m* combustible para uso doméstico ǁ ⁓**kältemaschine** *f* / máquina *f* frigorífica para uso doméstico ǁ ⁓**kleingeräte** *n pl* (Elektr) / aparatos *m pl* [electro] domésticos ǁ ⁓**kühlschrank** *m* / frigorífico *m* doméstico ǁ ⁓**nähmaschine** *f* (Tex) / máquina *f* de coser doméstica

Haushalts•abfälle *m pl* (Umw) / basuras *f pl* ǁ ⁓**abwässer** *n pl* / aguas *f pl* residuales domésticas ǁ ⁓**gerät** *n* (Elektr) / enser *m* doméstico, aparato *m* doméstico ǁ **elektrische** ⁓**geräte** / electrodomésticos *m pl*, línea *f* blanca (LA) ǁ ⁓**geschirr** *n* (aus Steingut o. Porzellan) / vajilla *f* doméstica (de loza o porcelana) ǁ ⁓**leinen** *n* (Tex) / lienzo *m* doméstico ǁ ⁓**maschine** *f* / máquina *f* doméstica ǁ ⁓**tarif** *m* / tarifa *f* doméstica

Haushalt•strom *m* / corriente *f* doméstica ǁ ⁓-**Stromverbraucher** *m* / consumidor *m* particular de corriente

Haushaltswaage *f* / balanza *f* doméstica o de cocina

Haushalt•wäsche *f* (Tex) / ropa *f* de casa ǁ ⁓**zähler**, Hauptzähler *m* (Elektr) / contador *m* domiciliario

Haus•-Haus... (Bahn) / de puerta a puerta, de domicilio a domicilio ǁ ⁓**installation** *f* (Bau) / instalación *f* doméstica o interior ǁ ⁓**korrektur** *f* (Druck) / prueba *f* de imprenta o de primera, prueba *f* tipográfica ǁ ⁓**leitung** *f* (Fernm) / línea *f* doméstica

häusliche Abwässer *n pl* / aguas *f pl* residuales domésticas

Hausmacherleinen *n* (Tex) / lienzo *m* hecho en casa, lienzo *m* de fábricación casera

Hausmannit *m* (Schwarzmanganerz) (Min) / hausmanita *f*

Haus•meister *m* / conserje *m* ǁ ⁓**mitteilungen** *f pl*, -zeitschrift *f* (für Firmenangehörige) / boletín *m* para el personal de la empresa ǁ ⁓**müll** *m* (Umw) / basuras *f pl* [domésticas], desechos *m pl* caseros, residuos *m pl* sólidos urbanos ǁ ⁓**nummer** *f* (Bau) / número *m* de [la] casa ǁ ⁓**nummernleuchte** *f* (Licht) / lámpara *f* para el número de la casa ǁ ⁓**pumpe** *f*, Hofpumpe *f* / bomba *f* universal ǁ ⁓**rohrnetz** *n* (Gasinstall) / tubería *f* de gas de [la] casa ǁ ⁓**rohrpost** *f* / correo *m* neumático interior ǁ ⁓**satz** *m* (DV) / registro *m* inicial ǁ ⁓**schwamm** *m* (Bau) / hongo *m* destructor, hupe *m*, moho *m* (coll) ǁ ⁓**sprechstelle** *f* (Rufanlage) / interfono *m* ǁ ⁓**stütze** *f*, Abspanngestänge *n* (Elektr) / apoyo *m* sobre tejado ǁ ⁓**technik** *f* (Bau) / técnica *f* doméstica, domótica *f* ǁ ⁓**techniker** *m* / domótico *m*

Haustein *m*, Werkstein *m* / piedra *f* tallada, sillar *m* [labrado] ǁ ⁓**mauerwerk** *n* / mampostería *f* de sillares

Haus•telefon *n*, -fernsprecher *m* / teléfono *m* interior o privado ǁ ⁓**telefonanlage** *f* (Fernm) / instalación *f* telefónica de casa ǁ ⁓**telefonzentrale** *f* / centralita *f* telefónica [interior] ǁ ⁓**treppe** *f* (Bau) / escalera *f* interior ǁ ⁓**treppe**, Vor-, Freitreppe *f* / escalinata *f*, escala *f* exterior ǁ ⁓**tür** *f* / puerta *f* de entrada [de casa], puerta *f* de calle ǁ ⁓**türkontakt** *m* (Elektr) / contacto *m* de puerta de entrada [de casa] ǁ ⁓- **und Hofgeräte** (Landw) / enseres *m pl* de granja ǁ ⁓**vermittlung** *f* (Fernm) / central *f* particular ǁ ⁓**wand** *f* (Bau) / pared *f* de la casa ǁ ⁓-**Wasserversorgung** *f* / abastecimiento *m* de agua doméstica ǁ ⁓**wasserzähler** *m* / contador *m* de agua doméstico ǁ ⁓**wirtschaft** *f* / economía *f* doméstica, gobierno *m* de la casa ǁ ⁓**zeitschrift** *f* (für Firmenangehörige), -mitteilungen *f pl* / boletín *m* para el personal, revista *f* u órgano para el uso del personal ǁ ⁓**zentrale**, -vermittlung *f* mit Selbstwählbetrieb ohne Amtsanschluss (Fernm) / central *f* automática privada, centralita *f* automática ǁ ⁓**zentrale** *f* **mit Amtsanschluss** (Fernm) / tablero *m* conmutador de abonado, instalación *f* de abonado con extensiones ǁ ⁓-**zu-Haus...** (Transp) / de puerta a puerta ǁ ⁓-**zu-Haus Transport** *m* / transporte *m* de puerta a puerta

Haut *f*, Außenhaut *f* (allg) / piel *f* ǁ ⁓ (unter der Oberhaut) (Zool) / dermis *f* ǁ ⁓, Oberhaut *f* (Zool) / epidermis *f* ǁ ⁓ *f* (des Menschen) / cutis *m* ǁ ⁓, Fell *n* (Gerb) / piel *f* ǁ ⁓, Rinde *f* (Bot) / corteza *f* ǁ ⁓, Hülle *f* (Gieß) / piel *f* ǁ ⁓ *f* (Schaumstoff), Außenhaut *f* / piel *f* ǁ ⁓, Bootshaut *f* / forro *m* del barco ǁ ⁓... (Med, Zool) / epidérmico, dérmico, cutáneo ǁ ⁓..., membranartig / membranoso ǁ ⁓ *f* **auf Siebdruckfarbe** / película *f* sobre tinta serigráfica ǁ ⁓**blech**, Skinplate *n* (Hütt) / chapa *f* plastificada

Häutchen *n* / película *f*, membrana *f*
Häute und Felle (Gerb) / cueros *m pl* y pieles
Haut•effekt *m* (Elektr) / efecto *m* pelicular, efecto *m* Kelvin o Thomson ‖ ～**einheitsdosis** *f*, HED (Strahlung) / unidad *f* de dosis en la piel
Häutekonservierung *f* (Leder) / conservación *f* de pieles en bruto
haut•eng (Tex) / ajustadísimo a la piel ‖ ～**gefüge** *n* (Gerb) / textura *f* de la piel ‖ ～**gift** *n* (Chem, Med) / veneno *m* perjudicial a la piel
häutig, mit einem Häutchen bedeckt / cubierto de una película
Haut•kontaminierung *f* (Nukl) / contaminación *f* cutánea ‖ ～**leim** *m*, Lederleim *m* / cola *f* de piel ‖ ～**riss**, Oberflächenriss *m* / grieta *f* superficial ‖ ～**schädigung** *f*, -reizung *f* (Med) / irritación *f* de la piel ‖ ～**schutzsalbe** *f* / ungüento *m* protector de la piel, pomada *f* protectora de la piel ‖ ～**verpackung** *f*, Skinverpackung *f* / embalaje *m* skin ‖ ～**wirkung**, Stromverdrängung *f* (Elektr, Phys) / efecto *m* pelicular, efecto *m* Kelvin o Thomson ‖ ～**wolle** *f* (Tex) / lana *f* de piel
Hauungsbetrieb *m* (Forstw) / tala *f* y recogida de madera
Haüyn *m* (ein Sodalith) (Min) / hauina *f*, hauinita *f*
Haüysches Gesetz, Rationalitätsgesetz *n* (Krist) / ley *f* de Haüyo, ley *f* de racionalidad [de los índices]
HAV = Hauptabsperrventil / válvula *f* de cierre principal
Havarie *f*, Seeschaden *m* (Schiff) / avería *f* ‖ **große** ～ / avería *f* gruesa ‖ **kleine** ～ / avería *f* particular ‖ ～**laterne** *f* (Schiff) / farol *m* de avería
havarieren *vi* / averiar, sufrir una avería
Havarieschutz *m* (Nukl) / protección *f* contra averías
Havarist *m* (Schiff) / buque *m* naufragado o encallado
HAW-Kokille *f* (f. Zwischenlagerung) (Nukl) / coquilla *f* HAW
Hazen-Farbzahl *f* (Chem) / color *m* según Hazen
H-Bereich *m*, oberer Wertbereich (Halbl) / gama *f* alta o superior
H-Bogen *m* (Wellenleiter) / curvatura *f* según la cara estrecha
H-Bombe *f*, Wasserstoffbombe *f* (Mil) / bomba *f* H o de hidrógeno
HC-Emission *f* (Kfz) / emisión *f* de HC
HC-Wert *m* (Magnetismus) / valor *m* HC o de fuerza coercitiva intrínseca
HD *m*, Hochdruck *m* (Phys) / AP, alta presión *f* ‖ ～, High Definition / alta definición *f*
H-Darstellung *f* (Radar) / presentación *f* tipo H
HDB-Code / código *m* HDB
HDI, Hochdruckdirekteinspritzung *f* / inyección *f* directa AP
HDK-Material *n* (z.B. Barium- o. Strontiumtitanat)(= hohe Dielektrizitätskonstante) (Elektr) / materia *f* de constante dieléctrica elevada
HD-Öl *n*, Heavy-Duty-Öl *n* / aceite *m* para trabajos pesados
HD-PE (Plast) = Polyethlen hoher Dichte
HDR (Nukl) = heißdampfgekühlter Reaktor / reactor *m* de refrigeración por vapor sobrecalentado ‖ ～, Hot-Dry-Rock(-System (Geol) / sistema *m* o tecnología HDR
HD-Rückwärtsturbine *f* / turbina *f* de alta presión (AP) de marcha atrás
HDTV-System *n*, Hochauflösungssystem *n* (TV) / televisión *f* de alta definición, HDTV *f*
Headend-Verfahren *n*, Anfangsbehandlung *f* (Nukl) / tratamiento *m* inicial
Headset *n* (Fernm) / auriculares con micrófono *m pl*
Head-Up-Display *n* (projizierte Frontscheibenanzeige) (Kfz, Luftf) / pantalla *f* a la altura de la vista (del conductor)
Heating-and-planing-Verfahren *n* (zum Abschälen dünner defekter Schichten) (Straßb) / método *m* de calentamiento y nivelación

Heat-set Farbe (Druck) / tinta *f* de fraguado al color, tinta *f* de secado en caliente
Heaviside•-Funktion *f*, Einheits-Sprungfunktion *f* (Phys) / función *f* unidad de Heaviside, escalón *m* unidad de Heaviside ‖ ～**-Lorentz-Einheiten** *f pl* / unidades *f pl* de Heaviside-Lorentz ‖ ～**sche Regel** / regla *f* de Heaviside ‖ ～**schicht** *f* / capa *f* de Heaviside-Kennely
Hebdrehwähler *m* (Fernm) / selector *m* de dos movimientos, selector *m* Strowger
Hebe•..., Hub... (Förd, Masch) / elevador, de elevación ‖ ～**arm** *m*, Lastarm *m* / brazo *m* de carga ‖ ～**band** *n* (Transp) / eslinga *f* llana de suspensión ‖ ～**baum** *m* / alzaprima *f*, palanca *f* de uña, barrete *m* de pinchar ‖ ～**bock** *m* / gato *m*, cabria *f* ‖ ～**bock**, -zeug *n* / caballete *m* elevador ‖ ～**bühne** *f* (allg) / plataforma *f* elevadora o de elevación ‖ ～**bühne** (Kfz) / plataforma *f* alzacoches, alzacoches *m* ‖ ～**bühne**, Ladebordwand *f* (Kfz) / plataforma *f* de elevación hidráulica ‖ ～**daumen** *m* (Masch) / leva *f* ‖ ～**eisen** *n*, Brechstange *f* / palanca *f* de hierro, pangueta *f* ‖ ～**fenster** *n* (Kfz) / ventanilla *f* elevable ‖ ～**fläche** (Pendeluhr) / paleta *f* ‖ ～**gabel** *f* (Förd) / horquilla *f* elevadora ‖ ～**geschirr** *n* (Tex) / cuadro *m* elevador ‖ ～**geschirr**, Spreader *m* (Container) / cuadro *m* de elevación ‖ ～**haken** *m* (Kran) / gancho *m* de elevación ‖ ～**haken**, Platine *f* (Tex) / platina *f* de la máquina Cotton ‖ ～**kissen** *n* / cojín *m* elevador ‖ ～**klappbrücke** *f* (Bau) / puente *m* levadizo-basculante
Hebel *m* (Masch, Phys) / palanca *f* ‖ ～ **verstellen** / mover la palanca ‖ **mit** ～**n bewegen** / apalancar ‖ ～**anordnung** *f* / disposición *f* de palancas ‖ ～**arm** *m* (Phys) / brazo *m* de palanca ‖ ～**arm**, Dreharm *m* einer Kraft, Kraftarm *m* / brazo *m* de fuerza ‖ ～**arretierung**, -hemmung, -feststellung *f* / fijación *f* o inmovilización de la palanca ‖ ～**auflagepunkt** *m* / punto *m* de apoyo de la palanca ‖ ～**[aus]schalter** *m* (Elektr) / interruptor *m* de palanca ‖ ～**beißzange**, -kantenzange *f* (DIN) / tenazas *f pl* de palanca ‖ ～**betätigt** / accionado por palanca ‖ ～**betätigung** *f* / accionamiento *m* o mando por palanca ‖ ～**blechschere** *f* / cizalla *f* de palanca ‖ ～**bremse**, Handbremse *f* (Kfz) / freno *m* de palanca o de mano ‖ ～**druck** *m* / presión *f* de la palanca ‖ ～**durchschnitt** *m* (Leder, Pap) / corte *m* por palanca ‖ ～**endschalter** (Elektr) / interruptor *m* de fin de curso de palanca ‖ ～**fangvorrichtung** *f* (Bergw) / paracaídas *m* de palanca ‖ ～**feststellung**, -hemmung *f* / fijación *f* por palanca, bloqueo *m* por palanca ‖ ～**gesetz** *n*, -beziehung *f* (Phys) / ley *f* de la palanca ‖ ～**griff** *m* / empañadura *f* de la palanca ‖ ～**hammer** *m* / martinete *m* de palanca ‖ ～**kraft** *f*, -moment *n* (Phys) / efecto *m* o momento de palanca, fuerza *f* de palanca ‖ ～**lager** *n* / apoyo *m* de la palanca ‖ ～**mechanismen** *m pl* / mecanismos *m pl* de palancas ‖ ～**presse** *f* / prensa[dora] *f* de palanca ‖ ～**punkt** *m* (Mech) / punto *m* de apoyo de la pananca, fulcro *m* ‖ ～**roller** *m*, Hubroller *m* (Förd) / carretilla *f* elevadora [por palanca] ‖ ～**schalter** *m* (Elektr) / conmutador *m* de palanca ‖ ～**schalter**, -ausschalter *m* / interruptor *m* de palanca ‖ ～**schalter**, Kippschalter *m* (Elektr) / llave *m* de palanca, llave *m* de conmutación de báscula ‖ ～**schaltung** *f* (Wzm) / mando *m* por palanca[s] ‖ ～**schere** *f* / cizalla *f* de palanca ‖ ～**schneidzange** *f*, -vorschneider *m* / pinzas *f pl* cortantes de palanca, tenazas *f pl* articuladas de corte ‖ ～**schwinge**, Nortonschwinge *f* (Dreh) / palanca *f* oscilante Norton ‖ ～**sicherung** *f* / seguro *m* de palanca ‖ ～**spannfutter** *n* (Wzm) / mandril *m* de sujeción de palanca ‖ ～**stanze** *f* / punzonadora *f* de palanca ‖ ～**stein** *m* **der Ankerhemmung** (Uhr) / clavija *f* de platillo ‖ ～**steuerung** *f* / mando *m* por palanca ‖ ～**stütze** *f*, -stützpunkt *m*, -unterlage *f* / apoyo *m* de la palanca, punto *m* de apoyo de la palanca, fulcro *m* [de palanca] ‖ ～**träger** *m* / soporte *m* de palanca ‖

~übersetztes Gelenk (Zange) / articulación f multiplicada ‖ ~übersetzung f, Hebel[übersetzungs]verhältnis n / multiplicación f de una palanca ‖ ~übertragung f / transmisión f por palanca ‖ ~umschalter m (Elektr) / conmutador m de palanca ‖ ~verschluss m (allg, Flaschen) / cierre m por palanca ‖ ~verschluss (für Flaschen) / cierre m de palanca (para botellas) ‖ ~verschluss bis zum Eintreffen der Endlageüberwachung (Bahn) / enclavamiento m de control imperativo de mandos ‖ ~vornschneider m (DIN 5239) (Wz) / tenazas f pl articuladas de corte frontal ‖ ~waage f / romana f ‖ ~werk n / sistema m de palancas ‖ ~werk (Bahn) / mesa f de enclavamiento ‖ ~winde f / cric m o gato de palanca ‖ ~wirkung f (Phys) / acción f de palanca

Hebe•magnet m, Hubmagnet m (Kran) / electroimán m elevador o de elevación ‖ ~maschine f (Tex) / máquina f para espolinado ‖ ~maschinen f pl / maquinaria f elevadora ‖ ~mechanismus m, -vorrichtung f (Wzm) / mecanismo m elevador o de elevación

heben vt, hoch-, emporheben / levantar, solevantar, alzar, elevar ‖ ~, [auf]winden, hochwinden / elevar mediante gato ‖ ~, saugen (Pumpe) / elevar, aspirar ‖ ~, flottmachen (Schiff) / poner a flote ‖ ~, kürzen (Math) / reducir, simplificar ‖ die Gleise [auf richtige Höhe] ~ (Bahn) / elevar los raíles ‖ mit dem Heber ~ / elevar con [el] sifón ‖ sich ~ (durch Frost) (Straßb) / levantarse por congelación ‖ ~ n, Hoch-, Anheben n / elevación f, levantamiento m ‖ ~ u. Fördern / elevación f y transporte

Hebe•plattform f / plataforma f de elevación ‖ ~presse, Hubpresse f / prensa f elevadora ‖ ~pumpe f / bomba f elevadora

Heber m, Achsheber m, Achshebezeug n / escaleta f ‖ ~, Aufheber m (Web) / alzador m ‖ ~ m, Hebenocken m (Tex) / excéntrica f de ascenso de agujas ‖ ~, hydraulischer Widder / ariete m hidráulico ‖ ~, Pipette f / pipeta f ‖ ~, Stechheber m / catavino m, catalicores m, sifón m, pipeta f ‖ ~ (Wirkm) / arcada f ‖ ~, Vorreibwalzen f pl (Druck) / rodillos f pl intermediarios

Heberad, Schöpfrad n / rueda f elevadora [de cangilones]

Heber•barometer n (Phys) / barómetro m de sifón ‖ ~leitung f / tubería f de sifón (E), cañería f de sifón (LA), conducto m de aspiración

hebern vt / sifonar, extraer por sifón

Heber•pumpe f / bomba f elevadora ‖ ~rohr n im Winderhitzer (Hütt) / tubo m sifón, tubo m de elevación ‖ ~schreiber m, Farbröhrchenschreiber m (Fernm) / registrador m de sifón, sifón m registrador ‖ ~schuss m (Sprengung) / barreno m de pie ‖ ~überfall m (Staudamm) / vertedero m de sifón

Hebe•schaftgewebe n (Tex) / tejido m de lizos ‖ ~scharnier n (Tür) / charnela f elevadora ‖ ~schiebetür f (Bau) / puerta f levadiza y corrediza ‖ ~schiff n (Schiff) / buque m elevador, buque m de salvamento ‖ ~schiff (Schiff) / buque m de salvamento ‖ ~schlitten m (Wzm) / carro m elevador ‖ ~schraube f / tornillo m de elevación ‖ ~schraube, Schraubenwinde f / cric m o gato con rosca ‖ ~spindel f / husillo m elevador o de elevación ‖ ~stange f für Glocken (Hütt) / candela f para campanas ‖ ~stempel m (Bau) / gato m hidráulico de un excavador ‖ ~stutzen m (Kfz) / tubuladura f de elevación ‖ ~tisch m (Walzw) / mesa f de elevación, tablero m de elevación o de rollos ‖ ~tür f, -tor n (Bau) / puerta f levadiza ‖ ~- u. Förderzeuge n pl / aparatos m pl elevadores y transportadores ‖ ~vorrichtung f, Hubvorrichtung f / dispositivo m o mecanismo de elevación ‖ ~vorrichtung, Hebewinde f / calandria f ‖ ~walze f / cilindro m elevador o de elevación ‖ ~werk n (Öl) / malacate m, cuadro m de maniobras (LA) ‖ ~werk, Elevator m (Förderer) / mecanismo m

elevador, elevator m, montacargas m ‖ ~winde f (Masch, Schiff) / gato m, cric m, güinche m (LA) ‖ ~winde für schwere Lasten (Schiff) / torno m para cargas pesadas ‖ ~zeug n (Masch) / aparejo m, equipo m elevador o de elevación ‖ ~zeug, -bock m / cabria f ‖ ~zeuge n pl (allg) / aparatos m pl o equipos elevadores ‖ ~zeug n, Messerkorb m (Jacquard) / caja f de grifas ‖ ~zeugmotor m (Elektr) / motor m para equipos elevadores

Hebung f der Kette (Web) / elevación f de [los hilos de] urdimbre ‖ ~ von Land (Geol) / emersión f

Hebungs•fläche, Ruhefläche f (Uhr) / plano m de impulsión ‖ ~winkel m (Uhr) / ángulo m de impulsión

Hechel f, Hechelkamm m (Flachs) / rastrillo m ‖ ~apparat m, Kammwalze f (Tex) / rodillo m de peines, peinadora f, rastrilladora f ‖ ~flachs m, Kern-, Reinflachs m / lino m rastrillado o peinado

hecheln vt (Tex) / rastrillar, peinar ‖ ~ n / peinaje m, peinado m, rastrillado m, rastrillaje m

Hechel•nadel f, -zahn m / punta f rastrilladora, aguja f o púa del rastrillo ‖ ~stab m (Tex) / peine m, gill m ‖ ~werg n, -hede f / estopa f de rastrillado o de rastrillaje

Hecht m (Leder) / medio m crupón con una parte de cuello adherido

hechtgrau / gris azulado, agrisado, ceniciento

Heck n, Hinterschiff n (Schiff) / popa f ‖ ~ (Kfz) / parte f trasera, zaga f ‖ ~ (Flugzeug) (Luftf) / cola f de avión, parte f trasera ‖ ~... / trasero, posterior, de popa ‖ ~anbaugerät n (Landw) / apero m de labranza de montaje trasero ‖ ~antrieb m (Kfz) / accionamiento m trasero, tracción f o propulsión trasera ‖ ~aufprall m (Kfz) / choque m contra la parte trasera ‖ ~aufreißer m (Straßb) / escarificadora f montada en la parte trasera (de la máquina) ‖ ~aufschleppe f (Schiff) / rampa f de popa

Hecke f (Bot) / seto m vivo

Hecken•schere f / tijera f o cizalla para los setos, podadera f de setos ‖ ~schere (elektrisch) / cortasetos m, recortasetos m ‖ ~springen n (Luftf) / vuelo m ultrarrasante

Heck•fahrt f, Fahrt achteraus (Schiff) / marcha f por la (o a) popa ‖ ~fänger m (Schiff) / cazador m de popa ‖ ~fender m (Schiff) / defensa f de popa ‖ ~fenster n, -scheibe f (Kfz) / luna f o luneta trasera, medallón (MEX) ‖ ~flosse f (Kfz) / aleta f trasera ‖ ~klappe f, -tür f (Kfz) / portón m trasero ‖ ~konus m (Luftf) / cono m de cola ‖ ~ladeklappe f (Schiff) / puerta f de carga de popa ‖ ~ladeporte f (Luftf) / puerta f de carga de la cola ‖ ~lader m (Landw) / cargador m trasero ‖ ~lastig (Schiff) / apopado, cargado o pesante de popa ‖ ~laterne, -lampe f, -licht n / luz f trasera o de popa, ferol m de popa ‖ ~leuchteneinheit f (Kfz) / conjunto m de [las] luces traseras ‖ ~licht n (Luftf) / luz f de cola ‖ ~motor m (eines Bootes) / motor m popero ‖ ~motor (Kfz) / motor m trasero o posterior ‖ ~propeller m (Luftf) / hélice f de cola, propulsor m de cola ‖ ~raddampfer m (Schiff) / vapor m con rueda de popa ‖ ~rampe f (Schiff) / rampa f de popa ‖ ~reling f (Schiff) / barandilla f ‖ ~scheibe f (Kfz) / luna f posterior, luneta f trasera ‖ ~scheibenentfrostung f / desempañado m o deshelado de la luneta trasera ‖ ~scheibenheizung f (Kfz) / desempañador m trasero, luneta f térmica antivaho ‖ ~scheibenwaschanlage f / lava-limpialuneta m ‖ ~scheibenwischer m / limpiaparabrisas m o limpialuna trasero ‖ ~schild n / placa f trasera ‖ ~schlepper m (Schiff) / remolcador m de arrastre por popa ‖ ~schraube f, -rotor m (Hubschrauber) / rotor m antipar de cola ‖ ~schürze f (Kfz) / cavenado m inferior trasero ‖ ~spant n (Schiff) / cuaderna f de popa ‖ ~spiegel m (Schiff) / espejo m de popa ‖ ~spill n (Schiff) / cabrestante m de popa ‖ ~spoiler m (Kfz) / spoiler m o alerón trasero ‖ ~starter m (Luftf) / avión m de despegue vertical ‖

Hecktieflöffel

~**tieflöffel** m des **Baggerladers** (Bau) / retroexcavadora f, cuchara f trasera ‖ ~**tieflöffelbagger** m / excavadora f con cuchara trasera, retroexcavadora f ‖ ~**trawler** m (Schiff) / pesquero m de arrastre por popa, arrastrero m con rampa a popa ‖ ~**triebler** m (koll.) (Kfz) / coche m con propulsión trasera ‖ ~**tür** f (Kfz) / puerta f trasera o posterior, portón m trasero ‖ ~**versteifung** f (Schiff) / refuerzo m de la popa ‖ ~**-Warpanker** m / ancla f de popa ‖ ~**welle** f (Schiff) / ola f de popa
Hede f, Werg n (Tex) / estopa f ‖ ~**garn** n (Spinn) / hilo m de estopa ‖ ~**leinen** n (Tex) / tela f de [hilos de] estopa
Hedenbergit, Kalkeisenaugit m (Min) / hedenbergita f
Heeresbedarf m (Mil) / pertrechos m pl del ejército
Heer- und Marine-Spezifikationen f pl / especificaciones f pl del ejército y de la marina
Hefe f, Ferment, Treibmittel n (Biol) / levadura f, fermento m ‖ ~, Bodensatz m (Brau) / hez f ‖ ~, Bärme f (Brau) / levadura f ‖ ~**artig** (Biol) / similar a levadura ‖ ~**aufziehvorrichtung** f / aparato m cultivador de levadura, agitador m de levadura ‖ ~**extrakt** m (Nahr) / extracto m de levadura ‖ ~**nukleinsäure** f / ácido m nucleínico de levadura ‖ ~**pilz** m (Bot) / acomiceto m, sacaromiceto m, blastomiceto m ‖ ~**presse** f (Brau) / prensa f de levadura ‖ ~**presssaft** m / jugo m de prensa de levadura ‖ ~**prüfer** (Brau) / levurómetro m ‖ ~**reinzucht**, -kultur f / cultivo m de levadura [biológicamente] pura ‖ ~**saccharase** f (Chem, Pharm) / sacarasa f de levadura ‖ ~**teig** m (Bäck) / masa f con levadura ‖ ~**trieb** m, -gärung f (Biol) / fermentación f de levadura ‖ ~**zählvorrichtung** f (Brau) / contador m de células de levadura
Heft n, Broschüre f (Druck) / folleto m, fascículo m, cuaderno m ‖ ~, Lage f (Buch) (Druck) / pliego m ‖ ~, Lieferung f (Druck) / entrega f, número m, fascículo m número ‖ ~, Buch n (DV) / vademécum m ‖ ~ (Wz) / mango m, puño m, asta f ‖ ~ **des Meißels** / mango m del cincel ‖ ~ **mit Spiralheftung** (Druck) / cuaderno m microperforado ‖ **mit einem o. Griff versehen** (Wz) / enmangar
Heftapparat m (Büro) / cosedera f, cosepapeles m
Heft•apparat m, Tacker m (Bau, Druck) / grapadora f, engrapadora f ‖ ~**automat** m / grapadora f automática ‖ ~**bünde** m pl (Druck) / cordones m pl, cintas f pl ‖ ~**draht** m / alambre m para coser [folletos], alambre m para encuadernación, hilo m metálico para engrapar o encuadernar ‖ ~**düse** f (Plast) / boquilla f de presión ‖ ~**eisen** n, -nabel m (Glas) / pontil m
heften vt, mit langen Stichen nähen / hilvanar ‖ ~ (Schw) / puntear ‖ ~, broschieren (Druck) / coser, abrochar, encuadernar en rústica ‖ **mit Draht ~** (Bb) / abrochar o coser con alambre o con grapas ‖ **[mit Klammern] ~** / grapar ‖ **sich ~** [an] / pegarse [a], quedar fijado [a], quedar adherido [a] ‖ **spiralig ~** (Druck) / encuadernar por espirales, ligar con espirales ‖ ~ n / encuadernación f en rústica
Hefter m, Heftapparat m (Büro) / grapadora f, abrochador m (LA)
Heft•faden m, -garn n (Nähen) / hilo m bramante, bramante m, hilo m de encuadernación ‖ ~**gaze** f (Druck) / gasa f para encuadernar, gasilla f, tarlatana f ‖ ~**geschweißt**, geheftet / punteado
heftig, violento, vigoroso ‖ ~ (Chem) / intenso, violento, vivo ‖ ~, stoßartig / impetuoso ‖ ~**e Betätigung des Gaspedals** (Kfz) / pisotón m ‖ ~**er Schlag** (o. Stoß) / golpe m fuerte, impacto m ‖ ~ **schlagen** vt (o. stoßen) / batir, chocar (intensamente)
Heftigkeit f (Chem) / intensidad f, violencia f
Heft•klammer f / grapa f de alambre, corchete m de alambre, punto m metálico ‖ ~**klammer**, Büroklammer f / grapa f, sujetapapeles m, clip m (E), broche m (LA) ‖ ~**kopf** m (Bb) / cabeza f [de]

cosedora ‖ ~**lade** f (Bb) / bastidor m de coser, telar m ‖ ~**lage** f (Bb) / colocación f de encuadernar ‖ ~**lasche** f (Schalung) / pieza f de unión ‖ ~**maschine** f (Holz) / máquina f de engrapillar ‖ ~**maschine** (Nähm) / aparato m de hilvanar ‖ ~**maschine für Drahtbandkisten** / máquina f de engrapar cajas armadas ‖ ~**maschine für Drahtheftung** (Druck) / brochadora f con alambre o con corchetes engrapadora ‖ ~**maschine für Fadenheftung** (Druck) / máquina f de coser con hilo, cosedora f de hilo textil ‖ ~**nadel** (Bb) / aguja f de encuadernar ‖ ~**nadel** (Schw) / clavo m de fijación ‖ ~**naht** f (Tex) / pasada f ‖ ~**niet** m / remache m provisional ‖ ~**nietung** f / remachado m provisional de costura ‖ ~**rand** m, Füllfalz m (Druck) / cartivanas f pl, escartivana f ‖ ~**rand von Schriftstücken** (Büro) / margen m para perforar ‖ ~**sattel** m (Bb) / carro m portaagujas ‖ ~**schnur** f (Druck) / cuerda f de cosido, cordel m para coser ‖ ~**schraube** f / tornillo m provisional ‖ ~**schweiße** f / punteado m ‖ ~**schweißen** n (Plast) / soldadura f discontinua ‖ ~**schweißpunkt** m / punto m de soldeo ‖ ~**stich** m (Tex) / puntada f de cosido o de hilván
Heftung f (Bb) / cosido m ‖ ~ **mit Draht** (Bb) / engrapado m, abrochado m o cosido con alambre o con grapas
Heft•zwecke f / chincheta f, chineta f, chinche f (E), tacuela f (LA) ‖ ~**zwinge** f (Tischl) / virola f ‖ ~**zwirn** s. Heftfaden
Heideboden m (Geo, Landw) / terreno m de brezal
Heidenhein-Steuerung f (Wzm) / mando m Heidenhein
Heidschnuckenwolle f, Heid[eschaf]wolle f / lana f de oveja (o de brezal) de Lüneburg
heilen, kurieren / curar, sanar, remediar
Heilkräuter n pl (Pharm) / hierbas f pl medicinales
Heilmannsche Kämmmaschine f (Tex) / peinadora f rectilínea o de Heilmann
Heil•mittel n (Pharm) / medicamento m, remedio m ‖ ~**salbe** f / ungüento m curativo
Heilscher Generator m (Eltronik) / generador m de Heil
Heilserum n (Med) / suero m curativo [antitóxico]
Heim•... / domiciliario, a domicilio, hogareño ‖ ~**arbeit** f (F.Org) / trabajo m a domicilio ‖ ~**arbeiter** m / trabajador m a domicilio
Heimat•bahnhof m (Bahn) / estación f a la que se halla adscrito ‖ ~**hafen** m (Schiff) / puerto m de matrícula
Heim•beleuchtung f (Licht) / alumbrado m del hogar o de la vivienda ‖ ~**computer** m (DV) / ordenador m doméstico o casero, computadora f hogareña o de hogar ‖ ~**empfänger** m (Ggs: Autoempfänger) (Radio) / radiorreceptor m doméstico o casero ‖ ~**gebrauch** m / uso m doméstico ‖ ~**industrie** f / industria f doméstica
heimisch (allg) / nacional, indígena, del país, local
Heim•kino n / cine m familiar o de aficionado ‖ ~**kraftwerk** n, Mini-Blockheiz-KW n / central térmica casera;.f. ‖ ~**textilien** pl / textil-hogar m, tejidos m pl para la casa ‖ ~**webstuhl** m, Hauswebstuhl m (Tex) / telar m casero ‖ ~**werken** n / bricolaje m, chapuzas m (iron.) ‖ ~**werker**, Bastler m / bricolador m, aficionado m al bricolaje ‖ ~**werker-Ausstattung** f / equipo m de bricolaje, equipo m taller-hogar ‖ ~**werkerzentrum** n / centro m de bricolaje
Heisenberg•sche Unschärferelation f (Phys) / principio m de incertidumbre de Heisenberg ‖ ~**-Kraft** f / fuerza f de Heisenberg
Heiserkeit f (Frequenzschwankung über 200 Hz) (Eltronik) / fluctuaciones f pl de alta frecuencia
Heisingmodulation f (Eltronik) / modulación f [de] Heising
heiß, glühend / ardiente ‖ ~, erhitzt / calentado ‖ ~, warm / caliente ‖ ~, warm (Lager) / recalentado, sobrecalentado ‖ ~ (Klima) / tórrido, cálido ‖ ~, schwerradioaktiv (Nukl) / altamente o fuertemente radi[o]activo, de gran radi[o]actividad ‖ ~**es Atom**

(Nukl) / átomo activo o de alta energía ‖ ~e **Chemie** (Nukl) / química f de los átomos activos ‖ ~e **Diode** (Eltronik) / diodo m termoiónico ‖ ~**er Draht**, Hotline f (Fernm) / teléfono m rojo ‖ ~**es Gassystem** / sistema m [de control] de gas caliente ‖ ~e **Kerze**, Zündkerze f niederen Wärmewerts (Kfz) / bujía f caliente ‖ ~**es Labor** (Nukl) / laboratorio m [radi]activo ‖ ~**es Mischgut** (Straß) / mezcla f en caliente ‖ ~e **Prüfung** (Nukl) / ensayo m radiactivo ‖ ~e **Quelle** (Geol) / fuente f termal ‖ ~e **Quelle** (Nukl) / fuente f radiactiva ‖ ~e **Teilchen** n pl (Nukl) / partículas f pl radiactivas ‖ ~ **werden**, heißlaufen, sich erhitzen / calentarse (por fricción) ‖ ~e **Zelle** (Nukl) / recinto m radiactivo ‖ ~e **Zone** (Meteo) / zona f tórrida
Heiß•achsenschmiere f / grasa f para ejes [re]calentados ‖ ~**behandlung** f (Hütt) / tratamiento m en caliente ‖ ~**beschichtung** f (Pap) / recubrimiento m por fusión ‖ ~**blasen** (Hütt) / calentar soplando ‖ ~**bruch** m (Hütt) / rotura f en caliente ‖ ~**brüchig**, rot-, warmbrüchig / frágil en caliente ‖ ~**brüchigkeit** f / fragilidad f en caliente
Heißdampf m, überhitzter Dampf / vapor m recalentado o sobrecalentado, vapor m vivo ‖ ~**behandlung** f (Web) / tratamiento m con vapor recalentado ‖ ~**gekühlter Reaktor** (Nukl) / reactor m de refrigeración por vapor sobrecalentado ‖ ~**kühler** m / refrigerador m por vapor recalentado ‖ ~**regenerierung** f (Gummi) / regeneración f por vapor recalentado ‖ ~**turbine** f / turbina f de vapor recalentado ‖ ~**zylinderöl** n / aceite m para cilindros de vapor recalentado
Heiß•einbaudecke f (Straß) / firme m aplicado en caliente ‖ ~**einbauen** n (Asphalt) / aplicación f en caliente ‖ ~**eisenschere** f / cizalla f para hierro caliente, tijera f para cortar en caliente ‖ ~**emailplatte** f (Offset) / plancha f de esmalte caliente
heißen vt, hissen (Schiff) / izar
Heiß•entformen n (Gieß) / desmoldeo m en caliente ‖ ~**extraktionsanalyse** f (Vakuum) / análisis m de extracción en caliente por vacío ‖ ~**-Extraktor** m (Chem, Labor) / [tubo]extractor m de Bersch o de Soxhlet ‖ **die Bremse ~fahren** (Kfz) / sobrecalentar el freno ‖ ~**falle** f (Chem) / trampa f caliente ‖ ~**fest**, warmfest / resistente en caliente, termorresistente ‖ ~**fixiermaschine** f (Tex) / máquina f para fijado en caliente ‖ ~**fixierung** f (Tex) / fijado m en caliente ‖ ~**flämmen** n (Hütt) / escarpado m o descascarillado a la llama ‖ ~**flämm-Maschine** f (Hütt) / descascarilladora f a la llama ‖ ~**gasmotor** m / motor m Stirling ‖ ~**gasschieber** m / compuerta f para gas caliente ‖ ~**gasschweißen** n (Plast) / soldadura f con (o por) gas caliente ‖ ~**gut** n (Hütt) / material m caliente o calentado ‖ ~**haken** m (Schiff) / gancho m de izar ‖ ~**isostatisches Pressen**, HIP-Prozess m (Sintern) / prensado m isostático a temperatura elevada, procedimiento m HIP ‖ ~**kalandrieren** (Pap) / calandrar en caliente ‖ ~**kanalfaktor** m (Nukl) / coeficiente m de trabajo de canal caliente ‖ ~**kanalformen** n (Plast) / moldeo m con canal caliente ‖ ~**kanalspritzen** n (Plast) / inyección con canal caliente f ‖ ~**kanal-Werkzeug** n (Plast) / molde m con canal caliente ‖ ~**kathodenröhre** f (Eltronik) / tubo m de cátodo caliente, tubo m termoiónico ‖ ~**klebefolie** f (Plast) / hoja f termoadhesiva o termoadherente ‖ ~**klebemaschine** f / máquina f de termopegado ‖ ~**klebepapier** n / papel m termoadherente o termoadhesivo ‖ ~**klebepistole** f / pistola f encoladora ‖ ~**kontaktverfahren** n (für Trockenraffination von Saueröl) (Chem) / procedimiento m de hacer contacto con arcilla caliente (de aceite ácido) ‖ ~**kühlung** f (Hütt) / refrigeración f por vaporización ‖ ~**lagerfett** n / grasa f termorresistente ‖ ~**laufen** vi (Lager) / calentarse por fricción, sobrecalentarse por fricción ‖ ~**laufen** n, Warmlaufen n (Lager) / calentamiento m

[excesivo], recalentamiento m ‖ ~**läufer** m (Bahn) / caja f caliente ‖ ~**läufer** (Lager) / cojinete m sobrecalentado ‖ ~**läuferanzeigegerät** n (Bahn) / indicador m de cajas calientes ‖ ~**läuferortungsgerät** n / localizador m de cojinetes sobrecalentados ‖ ~**leim** m / cola f al caliente, aglutinante m caliente ‖ ~**leiter**, Thermistor m (Eltronik) / termistor m ‖ ~**leiterbrücke** f / puente m de termistor
Heißluft•apparat m (Hütt, Plast) / aparato m de aire caliente ‖ ~**appretur** f (Tex) / apresto m de (o por) aire caliente ‖ ~**ballon** m (Luftf) / globo m de aire caliente, montgolfiera f, montgolfier m ‖ ~**dusche** f, -trockner m / secador m de aire caliente, secador m eléctrico de cabello ‖ ~**düse** f (Hütt) / tobera f de aire caliente ‖ ~**enteiser** m / deshelador m de aire caliente, eliminador m de hielo por aire caliente ‖ ~**erzeuger** m / calentador m de aire caliente ‖ ~**fixiermaschine** f (Tex) / máquina f de fijar por aire caliente ‖ ~**getrocknetes, gepresstes Gas** / cob m ‖ ~**kanal** m / conducto m o canal de aire caliente ‖ ~**leitung** f / tubería f de aire caliente ‖ ~**löten** n (IC) / soldadura f por chorro de aire caliente ‖ ~**maschine** f / motor m de aire caliente, termomotor m ‖ ~**schlichten** n (Plast) / encolado m por aire caliente ‖ ~**sterilisator** m / esterilizador m de aire caliente ‖ ~**-Trocknung** f, Flue-Curing n (Landw) / secado m por aire caliente, desecación f [artificial] con aire caliente ‖ ~**turbine** f / turbina f de aire caliente ‖ ~**ventilator** m / ventilador m de aire caliente ‖ ~**vulkanisation** f (Gummi) / vulcanización f por aire caliente
Heiß•mangel f (Wäscherei) / calandria f [de aire] caliente, prensador m o planchador en caliente ‖ ~**mangeln** vt / calandrar en caliente ‖ ~**maschine** f, Hissmaschine (Schiff) / máquina f de izar ‖ ~**mastix, dampfdurchlässiger** (Bau) / mástic m caliente permeable al vapor ‖ ~**mischanlage**, Walzasphaltmischanlage f (Straß) / instalación f mezcladora de asfalto caliente ‖ ~**mistverfahren** n (Landw) / procedimiento m de estiércol caliente ‖ ~**-Nachpressen** n (Sintern) / reprensado m en caliente ‖ ~**ölgenerator** m, -ölerzeuger m / generador m de aceite caliente circulante ‖ ~**öl-Umlaufkessel** m / recipiente m de aceite caliente circulante ‖ ~**öse** f (Schiff) / argolla f de suspensión ‖ ~**plastik-Markierungsstreifen** m (Straß) / línea f de señalización de materia plástica extruida en caliente ‖ ~**prägen** n **von Folien**, Hotstamping n (Plast) / gofrado m en caliente ‖ ~**prägepresse** f (Bb) / prensa f de estampación en caliente, estampadora f al caliente ‖ ~**prägetechnik** f / técnica f de estampación en caliente ‖ ~**pressen** vt, dekatieren (Tuch) / decatizar o deslustrar en caliente ‖ ~**pressen** n (Plast) / prensado m con calor o en caliente, termoprensado m ‖ ~**presswasseranlage** f / instalación f de agua caliente bajo presión ‖ ~**richten** n (Schm) / enderezado m o enderezamiento en caliente ‖ ~**säge** f (Hütt) / sierra f para hierro caliente ‖ ~**schliff** m (Pap) / pasta f desfibrada en caliente ‖ ~**-Schmelzbeschichtung** f (Pap) / contracolado m por fusión ‖ ~**schmelzdüse** f (Plast) / boquilla f para masa fundida caliente ‖ ~**schmelzkopf** m (Plast) / cabezal m para masa fundida caliente ‖ ~**schneiden** n (Schw) / corte m a temperaturas muy elevadas ‖ ~**schornstein** m / chimenea f para gases calientes (de más de 300° C) ‖ ~**schrumpfschlauch** m (Plast) / tubo m flexible colocado [por contracción] en caliente ‖ ~**siegelfähig** / termosellable ‖ ~**siegelkaschieren, -beschichten** n (Pap) / recubrimiento m por termosellado ‖ ~**siegelmaschine** f (Plast) / máquina f de termosellado ‖ ~**siegeln** (Plast) / termosellar, pegar por calentamiento, sellar en caliente, termosellado m, termosoldadura f ‖ ~**siegeln** n / sellado m en caliente, termosellado m, termosoldadura f ‖ ~**siegelpapier** n / papel m colgante o pegante o adhesivo en caliente ‖

Heißsiegelwachs

~**siegelwachs** n / cera f termosellable ‖
~**-Strangpressen** n (Plast) / extrusión f en caliente ‖
~**trocknende Farbe** (Druck) / tinta f de fraguado al calor, tinta f de secado al caliente ‖ ~**trubausscheider** m (Brau) / separador-eliminador m de residuos calientes ‖ ~**vulkanisation** f (Gummi) / vulcanización f en caliente ‖ ~**walzenschmiere** f / grasa f para laminado en caliente

Heißwasser•behälter m / depósito m de agua caliente ‖
~**bereiter**, Boiler m / calentador m de agua, calientaaguas m ‖ ~**dekatur** f (Wolle) / decatización f por agua caliente ‖ ~**festigkeit** f / resistencia f a agua caliente ‖ ~**heizung** f (Bau) / calefacción f por agua de alta temperatura ‖ ~**kühlung**, Ebullientkühlung f (Mot) / refrigeración f por agua en ebullición ‖
~**rakete** f / cohete m de agua sobrecalentada ‖ ~**rotte** f (Flachs) / enriado m en agua caliente ‖ ~**speicher** m (Bau) / depósito m de agua caliente ‖ ~**spinnen** n (Tex) / hilatura f con agua caliente ‖ ~**umwälzpumpe** f (Heizung) / bomba f de circulación para agua caliente ‖ ~**versorgung** f / aprovisionamiento m de agua caliente

Heißwind m (Hütt) / aire m o viento caliente ‖
~**kupolofen** m / cubilote m para viento caliente ‖
~**-Ringleitung** f / conducto m circular de viento caliente ‖ ~**rohrleitung** f (Hütt) / tubería f (E) o cañería (LA) de viento caliente ‖ ~**schieber** m (Hütt) / válvula f para viento caliente

Heißzelle f (Nukl) / recinto m radiactivo
Heitler-Einheit f (Nukl) / unidad f de Heitler
Heiz•..., Wärm..., heizend / calentador, calefactor, termo... ‖ ~**anlage** f / instalación f de calefacción ‖
~**anschluss** m (Eltronik, Röhre) / borne m o terminal del filamento de caldeo ‖ ~**apparat** m / aparato m de calefacción, calentador m ‖ ~**balg** m (Reifenherst), Bombierschlauch m / cámara f moldeadora (fabricación de neumáticos) ‖ ~**band** n / cinta f calentadora

heizbar / calentable ‖ ~ (Kfz-Spiegel) / calefaccionable ‖ ~**e Heckscheibe** (Kfz) / luna f o luneta trasera calentable o térmica ‖ ~**er Sitz** (Kfz) / asiento m calentable o calefactable

Heiz•batterie f (Eltronik) / batería f A o de filamentos ‖
~**bekleidung** f (Luftf) / ropa f calentable ‖ ~**dampf** m / vapor m de caldeo ‖ ~**decke** f / manta f eléctrica, calientacamas m ‖ ~**draht** m / alambre m de calefacción ‖ ~**drahtträger** m / soporte m de filamento, soporte m de alambre de calefacción ‖
~**drossel** f (Eltronik) / bobina f desacopladora de filamento ‖ ~**effekt** m, kalorimetrische Heizkraft (Phys) / potencia f calorimétrica ‖ ~**einrichtung** f / instalación f de calefacción, dispositivo m de calefacción ‖ ~**einsatz** m / elemento m calefactor o de calefacción ‖ ~**elektrode**, -schleife f (Induktionsheizung) / aplicador m ‖ ~**element** n, -draht m (Elektr) / elemento m calentador o de calefacción ‖
~**elementschweißen** n (Plast) / soldadura f con elementos de calefacción

heizen / calentar, caldear
heizend / calentador, calefactor
Heizer m (Dampfm) / fogonero m (E), foguista m (LA) ‖
~, Heizofen m (Bau) / calefactor m ‖ ~**anheizzeit** f (Eltronik, Röhre) / tiempo m de precalentamiento del filamento

Heiz•faden, Glühdraht m (Eltronik, Röhre) / filamento m calefactor ‖ ~**fadenanschluss** m / terminal m o borne del filamento calefactor ‖ ~**fadenspannung** f / tensión f de calentamiento del filamento ‖ ~**fähigkeit** f / capacidad f de calefacción ‖ ~**fläche** f (ein flacher Wärmeübertrager) / bullidor m, radiador m plano ‖
~**fläche**, feuerberührte Fläche (Kessel) / superficie f calentada o de calefacción ‖ ~**flächenbeanspruchung** f (Masch) / evaporación f por m² de superficie de calefacción ‖ ~**flächenbelastung** f,

Wärmestromdichte f an der Heizfläche (Nukl) / carga f térmica por unidad de superficie, flujo m crítico ‖
~**fußboden** m (Bau) / suelo m calentado o con calefacción integrada ‖ ~**gas** n / gas m para calefacción ‖ ~**gas**, Heißgas n / gas m caliente ‖
~**gassammelkanal** m / colector m de gas de calentamiento ‖ ~**gebläse** n (Kfz) / soplador m calefactor ‖ ~**gerät** n, -apparat, -körper m / aparato m calefactor o de calefacción, calorífero m ‖ ~**gerät**, Vulkanisator m (Gummi) / vulcanizador m ‖ ~**gewebe** n (Labor) (Chem) / tejido m de caldeo ‖ ~**gewölbe** n (Glas) / bóveda f del horno ‖ ~**gitter** n / rejilla f calentadora o de caldeo ‖ ~**gradtage** m pl (Heizung) / grado-días m pl de calefacción ‖ ~**gürtel** m (z.B. für Fässer) / cinturón m calentador (v.g. para barriles) ‖
~**haube** f (Labor) / cofia f calentadora ‖ ~**herd** m (Herd mit Heizungsteil) / horno m de cocina combinado con caldera de calefacción ‖ ~**hüpfer** m (Schweiz) (Bahn) / contactor m de calefacción ‖
~**induktor** m (Elektr) / inductor m de equipo de caldeo ‖ ~**kabel** n / cable m de calefacción, cable m calefactor ‖ ~**kammer** f, -körper m (Zuck) / cámara f de vapor ‖ ~**kammer** (Plast) / cámara f de calefacción ‖ ~**kanal** m, Feuer[ungs]kanal m / conducto m de caldeo, canal m de calefacción ‖ ~**kasten** m (Bb) / caja f para la calefacción ‖ ~**keilschweißen** n (Plast) / soldadura f con cuña de calentamiento ‖ ~**keller** m (Bau) / sótano m para (o con) caldera de calefacción ‖
~**kennlinie** f (Vergleich Außen- zu Vorlauftemperatur) (Heizung) / característica f de calefacción ‖ ~**kerze** f (Kfz) / bujía f de calefacción ‖
~**kessel** m / caldera f [de calefacción] ‖ ~**kesselglied** n / elemento m de caldera de calefacción ‖ ~**kissen** n / almohada f o almohadilla eléctrica ‖ ~**koks** m / coque m de combustión ‖ ~**konvektor** m / convector m de calefacción ‖ ~**körper**, Radiator m (Bau) / radiador m, calorífero m ‖ **verdeckter** ~**körper** / radiador m invisible ‖ ~**körper** m, -element m (Elektr) / elemento m térmico ‖ ~**körper** (Zuck) / calandria f ‖
~**körperpinsel** m / pincel m para radiadores ‖
~**körperrippe** f (Heizung) / elemento m del radiador ‖
~**körperventil** n / válvula f del radiador ‖
~**körperverkleidung** f / cubrerradiador m ‖
~**kostenverteiler** m / distribuidor m de los gastos de calefacción ‖ ~**kraft** f / potencia f calorífica, efecto m calorífico ‖ ~**kraft von Brennstoff** / poder m calorífico ‖ ~**kraftwerk** n (Elektr) / central f combinada eléctrica y de calefacción ‖ ~**kreis** m (Eltronik, Röhre) / circuito m del cátodo incandescente ‖ ~**kupplung** f (Bahn) / acoplamiento m de calefacción ‖ ~**leistung** f / potencia f calorífica o de caldeo ‖
~**leistung** (abgegeben) / rendimiento m calorífico ‖
~**leistung** (aufgenommen) / potencia f de caldeo absorbida ‖ ~**leiter** m, -widerstand m (Elektr) / conductor m de caldeo ‖ ~**leiterdraht** m, Widerstandsdraht m / alambre m o hilo resistivo ‖
~**leiterwerkstoff** m / material m para resistencia de calefacción ‖ ~**leitung** f (Bahn) / tubería f de calefacción ‖ ~**lüfter** m (Hausgerät) / ventilador m calentador o calefactor, termoventilador m ‖
~**mantel** m (Mot) / camisa f o chaqueta calentadora o de calefacción ‖ ~**mantel am Auspuff** (Kfz) / manguito m del escape para recalentamiento de aire) ‖ ~**maß** n (Eltronik, Kath) / eficacia f del cátodo termoelectrónico ‖ ~**material** n / combustible m ‖
~**matte** f / estera f [de calefacción] eléctrica ‖
~**matte**, -decke f / manta f eléctrica ‖ ~**mobil** n (des Installateurs) / vehículo m con aparato calefactor de emergencia (gasista) ‖ ~**muffel** f / mufla f de calefacción ‖ ~**ofen** / estufa f

Heizöl n / aceite m combustible, fuel-oil m, gasóleo m ‖ **leichtes** ~ / fuel-oil m ligero ‖ **schweres** ~, Masut n / mazut m, masut m [pesado], fuel-oil m pesado ‖
~**abscheider** m, -sperre f / separador m de aceite ‖

⁓**tank** *m*, -**behälter** *m* / tanque *m* o depósito de aceite combustible
Heiz•patrone *f*, -**stab** *m* / cartucho *m* calentador ‖ ⁓**periode** *f* / duración *f* de calefacción, período *m* de calefacción ‖ ⁓**platte** *f* / placa *f* o plancha calentadora o para calentar, chapa *f* caliente, hornillo *m* portátil ‖ ⁓**platte** (Presse) / placa *f* calentada ‖ ⁓**plattenpresse** *f* / prensa *f* con placas calentadas ‖ ⁓**presse** *f* (Foto) / prensa *f* de secado ‖ ⁓**regelwiderstand** *m* (Elektr) / reóstato *m* de calefacción ‖ ⁓**register**, Zugregister *n* (Bau) / registro *m* de tiro ‖ ⁓**rohr** *n* / tubo *m* calentador o de calefacción o del radiador, caliducto *m* ‖ ⁓**rohr**, Rauchrohr *n* (Kessel) / tubo *m* de humo ‖ ⁓**rohr** (Nukl) / tubo *m* de calefacción o de calor ‖ ⁓**rohrkessel** *m* / caldera *f* ignitubular o igneotubular o pirotubular o con tubos hervidores ‖ ⁓**rohrwand** *f* (Kessel) / pared *f* de tubos de humo ‖ ⁓**schacht**, Brennschacht *m* (Ringofen) / cámara *f* de combustión ‖ ⁓**schalter** *m* (Eltronik) / interruptor *m* de calefacción ‖ ⁓**scheibe** *f* (Kfz) / luna *f* o luneta térmica ‖ ⁓**schlange** *f* / serpentín *m* de calefacción ‖ ⁓**schlauch** *m* (Vulkanisation) / cámara *f* de vulcanización, saco *m* de vulcanización, bolsa *f* de aire para vulcanización ‖ ⁓**schlauch** (Bahn) / tubo *m* flexible de calefacción ‖ ⁓**schrank** *m* (Chem) / cámara *f* calorífera, estufa *f* ‖ ⁓**sonne** *f* (Elektr) / radiador *m* parabólico, sol *m* eléctrico ‖ ⁓**spannung** *f* (Eltronik) / tensión *f* de filamento ‖ ⁓**spannungsbrennen**, Flashen *n* (Eltronik) / activación *f* del absorbedor de gases residuales ‖ ⁓**spiegel** *m* / espejo *m* de calentamiento, espejo *m* colector ‖ ⁓**spirale**, -schleife, -elektrode *f* (Induktionsheizung) / aplicador *m* ‖ **offene** ⁓**spirale** (Elektr) / espiral *f* de calefacción (p.e. del hornillo portátil) ‖ ⁓**spiralenträger** *m* (Elektr) / soporte *m* de la espiral de calefacción ‖ ⁓**spule**, -spirale *f* (Elektr) / bobina *f* térmica o de calentamiento ‖ ⁓**spule**, Hitzdrahtspule *f* (Fernm) / bobina *f* térmica ‖ ⁓**stab** *m*, -patrone *f* (Elektr) / calentador *m* de inmersión ‖ ⁓**stab** (elektrisch) / varilla *f* de calefacción [eléctrica] ‖ ⁓**strahler** *m* / radiador *m* eléctrico ‖ ⁓**strang** *m* / sección *f* de calentamiento ‖ ⁓**strom** *m* (Eltronik) / corriente *f* de filamento o de caldeo ‖ ⁓**stromkreis** *m* / circuito *m* de caldeo o de filamento ‖ ⁓**strommesser** *m* / amperímetro *m* de la calefacción ‖ ⁓**stunde** *f* / hora *f* de calefacción ‖ ⁓**symmetrierung** *f* (Eltronik) / neutralización *f* de zumbido ‖ ⁓**teppich** *m* / alfombra *f* eléctrica ‖ ⁓**tisch** *m* (Chem) / placa *f* calentable o calentadora ‖ ⁓**tisch** (Mikrosk) / platina *f* calentable ‖ ⁓**trafo** *m* (Eltronik) / transformador *m* de filamento
Heizung *f*, Heizen *n* / calefacción *f*, caldeo *m* ‖ ⁓, Heizungsanlage *f* / instalación *f* de calefacción ‖ ⁓ *f*, Heizkörper *m* / radiador *m* ‖ ⁓ **mit Sonnenwärme** / calefacción *f* [por calor o energía] solar ‖ ⁓, **Licht- und Kraft**[**strom**] / calor, luz y fuerza
Heizungs•futter *n* / tejido *m* de caldeo ‖ ⁓**mischer** *m* / válvula *f* mezcladora para [sistema de] calefacción ‖ ⁓**monteur** *m* / calefactor *m*, montador *m* de calefacción ‖ ⁓**raum**, -keller *m* (Bau) / sótano *m* de caldera de calefacción ‖ ⁓**rohr** *m* / tubería *f* de calefacción ‖ ⁓**schalter** *m* (Bahn) / contactor *m* de calefacción ‖ ⁓**technik** *f* / técnica *f* de calefacción ‖ ⁓**verkleidung** *f* / revestimiento *m* de radiador
Heiz•wärmepumpe *f* / bomba *f* calorífica para calefacción ‖ ⁓**wendel** *f* / hélice *f* calentadora ‖ ⁓**wendel** (Eltronik) / filamento *m* calentador ‖ ⁓**wendel-Schweißfitting** *n* (Plast, Rohr) / retén *m* o collar calentador ‖ ⁓**werk** *n* / central *f* térmica o de calefacción ‖ ⁓**wert** *m* (Phys) / potencia *f* calorífica, valor *m* calorífico ‖ **oberer** ⁓**wert**, spezifischer Brennwert (DIN) / valor *m* calorífico máximo ‖ **unterer** ⁓**wert**, spezifischer Heizwert (DIN) / valor *m* calorífico mínimo ‖ ⁓**wertbestimmung** *f* / determinación *f* de la potencia calorífica ‖ ⁓**wertmesser** *m*, Kalorimeter *n* (Phys) / calorímetro *m*

‖ ⁓**wicklung** *f* (Elektr) / arrollamiento *m* electrotérmico o de calefacción ‖ ⁓**widerstand**, -leiter *m* (Elektr) / resistencia *f* de calefacción, conductor *m* de caldeo ‖ ⁓**widerstand** *m* (Eltronik, Röhre) / reóstato *m* de filamento ‖ ⁓**zug**, -kanal *m* (Ofen) / conducto *m* de calefacción ‖ ⁓**zylinder** *m* (Plast) / cilindro *m* calentador
Hektar *m n*, ha (= 10000 m^2) (Verm) / hectárea *f* ‖ ⁓**ertrag** *m* (Landw) / rendimiento *m* por hectárea ‖ ⁓**zähler** *m* (Landw) / contador *m* de hectáreas
Hekto•... / hecto... ‖ ~**grafisches Karbonpapier** / papel *m* carbón hectográfico ‖ ⁓**graph** *m* (Druck) / hectógrafo *m* ‖ ⁓**graphenpapier**, -blatt *n* / papel *m* hectográfico ‖ ⁓**graphentinte** *f* / tinta *f* hectográfica ‖ ⁓**liter** *m n* / hectolitro *m* ‖ ⁓**meter** *n*, hm (= 100 m) / hectómetro *m* ‖ ⁓**meterwellen** *f pl* (100 m bis 1000 m) (Eltronik) / ondas *f pl* hectométricas ‖ ⁓**pascal** *n* (Phys) / hectopascal *m*
Helancaverfahren *n* (Tex) / procedimiento *m* [de] Helanca
Heleoplankton, Teichplankton *n* (Biol) / heleoplancton *m*
Helfe *f*, [Schaft]litze *f* (Web) / lizo *m*, malla *f*
Helfer, Gehilfe *m* / ayudante *m*
Helianthin, Orange III *n* (Färb) / heliantina *f*, anaranjado *m* de metilo o de dimetilamina
Heliarc-Schweißen *n* / soldadura *f* Heliarc, soldadura *f* por arco en atmósfera de helio
Heliatron *n* (Mikrowellenröhre) / heliatrón *m*
Helikoid *n*, Schraubenfläche *f* (Geom) / helicoide *m*, superficie *f* helicoidal
Helikopter, Hubschrauber *m* (Luftf) / helicóptero *m*
helio•grafisch (Astr) / heligráfico ‖ ⁓**graph** *m* (eine Sonnenkamera) (Astr) / heliógrafo *m* ‖ ⁓**gravüre**, Photogravüre *f* (Druck) / heliograbado *m*, fotograbado *m* ‖ ⁓**gravüredruck** *m* / impresión *f* por heliograbado ‖ ⁓**meter** *n* (Astr) / heliómetro *m* ‖ ⁓**photometer** *n* / heliofotómetro *m* ‖ ⁓**skop** *n* (Opt) / helioscopio *m* ‖ ⁓**sphäre** *f* (Astr) / helio[e]sfera *f* ‖ ⁓**stat** *m* (Lichtumlenksystem, a. Solartechnik) / helióstato *m* ‖ **handbetriebener** ⁓**stat** (Verm) / helióstato *m* accionado a mano ‖ ~**synchron** (Raumf) / heliosincrónico ‖ ⁓**technik** *f* / heliotécnica *f* ‖ ~**thermische Achse** (Astr) / eje *m* heliotérmico ‖ ⁓**trop** *n* (Min) / heliotropo ‖ ⁓**tropin** *n* (Chem) / heliotropina *f*, piperonal *m* ‖ ~**zentrisch** (Astr) / heliocéntrico
Heliport, Hubschrauberflughafen, -landeplatz *m* (Luftf) / helipuerto *m*
Helium, He *n* (Chem) / helio *m*, He *m* ‖ ⁓ (**II**), supraflüssiges Helium / helio II *m*, helio *m* suprafluido ‖ ⁓**alter** *n* (Nukl) / edad *f* determinada por helio ‖ ⁓**durchdringungsprüfung** *f* (Nukl) / ensayo *m* de penetración por helio ‖ ⁓**gas** *n* (Chem, Phys) / gas *m* de helio ‖ ⁓**gekühlt** / refrigerado por helio ‖ ⁓**kern** *n* / núcleo *m* de helio, helión *n* ‖ ⁓**leckprüfung** *f* (Nukl) / detección *f* de fugas por helio ‖ ⁓**magnetometer** *n* (Phys) / heliomagnetómetro *m* ‖ ⁓**Neon-Laser** *m* / láser *m* de helio-neón ‖ ⁓**röhre** *f* (Eltronik) / válvula *f* de helio, tubo *m* de helio ‖ ⁓**-Sauerstoffgemisch** *n* (Phys) / mezcla *f* de helio y oxígeno ‖ ⁓**-Schutzgas-Schweißen** *n* / soldadura *f* por arco en atmósfera de helio, soldadura *f* heliarc ‖ ⁓**spektrometer** *n* (Mess, Phys) / espectrómetro *m* de helio ‖ ⁓**sprache** *f* (Taucher) / lenguaje *m* "helio" ‖ ⁓**taucherglocke** *f* / campana *f* de buzo de helio
Helix *f* (Biochem) / hélice *f* ‖ ⁓**winkel** *m* (Spinn) / ángulo *m* de hélice
Helizität *f* (Nukl) / helicismo *m*
hell (allg, Farbe) / claro ‖ ~, **klar, licht, leuchtend** / claro, brillante ‖ ~, **hoch** (Ton) / agudo ‖ ~, **rein** (Firnis) / nítido, firme ‖ ~ **adaptiert** / adaptado a la luz ‖ ~**es Bier** (Brau) / cerveza *f* rubia, cerveza *f* blanca o clara ‖ ~**er Farbton** / matiz *m* claro, tono *m* de color claro ‖

~e **Gelbglut** (Hütt) / amarillo *m* claro (1430 K) ‖ ~er **Glimmer**, Kaliglimmer *m* (Min) / muscovita *f*, mica *f* potásica ‖ ~e **Kirschrotglut** (Hütt) / rojo *m* cereza claro, (1225 K), incandescencia *f* de rojo cereza claro ‖ ~e **Rotglut** (Hütt) / rojo *m* claro, (800 K), incandescencia *f* de rojo claro ‖ ~**ste Stelle** (TV) / zona *f* de fuerte iluminación o de luz parte [más] brillante
Hell • anpassung *f*, -adaptation *f* (Opt) / adaptación *f* a la luz ‖ ~**bezugswert** *m* / valor *m* de referencia de la claridad ‖ ~**blau**, lichtblau / azul claro, celeste ‖ ~**braun** / marrón claro ‖ ~**braun**, dunkelgelb / castaño claro, amarillo oscuro ‖ ~**braune Terrakotta** (Baukeramik) / terracota *f* marrón claro ‖ ~**-Dunkelflaschenmethode** *f* / método *m* de botellas claras y oscuras ‖ ~**-Dunkel-Intervall** *n* / intervalo *m* claro-oscuro ‖ ~**-Dunkel-Verhältnis** *n* (Blinklicht) / relación *f* trabajo-reposo ‖ ~**-Dunkel-Verhältnis** (Eltronik) / relación *f* claro-o[b]scuro ‖ **spektraler** ~**empfindlichkeitsgrad** (Opt) / eficiencia *f* luminosa espectral de una radiación monocromática ‖ ~**empfindungs-Kennlinie** *f* (TV) / característica *f* de luminancia y de observación ‖ ~**[farbig]es Mahagoniholz** *n* / caobillo *m* ‖ ~**feld** *n* (Opt) / campo *m* brillante o claro ‖ ~**feldbeleuchtung** *f* (Opt) / iluminación *f* de campo claro ‖ ~**feld-Kondensor** *m* / condensador *m* de campo claro ‖ ~**feld-Mikroskopie** *f* / microscopia *f* de campo brillante ‖ ~**gelb** (Färb) / amarillo claro ‖ ~**getönte Färbung** / tintura *f* de matices claros ‖ ~**grün** / verde claro ‖ ~**grund** *m* (Opt) / fondo *m* claro
Hellige Farbvergleicher *m* (Phys) / comparador *m* de Hellige
Helligkeit *f*, Helle *f* / claridad *f* ‖ ~, Glanz *m*, Leuchtkraft *f* (allg) / luminosidad *f*, brillo *m* ‖ ~, Lichtstärke *f* (Leuchtdichte x Fläche) (Opt) / luminancia *f*, brillo *m* fotométrico ‖ ~ (TGL-System), Dunkelstufe *f* (DIN) / graduación *f* oscura ‖ ~ *f* (Pap) / luminosidad *f*, claridad *f* ‖ ~ (Radar) / intensidad *f* [luminosa] ‖ ~, Lichtstärke *f* eines Instruments (Opt) / luminosidad *f* de un instrumento ‖ ~ **des Halbstoffes** (Pap) / blancura *f* de la pasta ‖ ~ **eines Farbtons** / claridad *f* de un color o de un matiz ‖ **spezifische** ~ (Opt) / brillo *m*
Helligkeits • änderung *f*, -veränderung *f* / cambio *m* de luminosidad, variación *f* de luminosidad ‖ ~**automatik** *f* (TV) / control *m* automático de luminancia o brillo ‖ ~**bereich** *m* / gama *f* de brillo ‖ ~**eindruck** *m* / luminosidad *f* subjetiva, brillo *m* subjetivo ‖ ~**-Einsteller** *m*, -Steller *m* (Eltronik) / variador *m* de brillo o de luminosidad ‖ ~**flimmern** *n* (TV) / parpadeo *m* de luminancia o brillo ‖ ~**funktion** *f* (Astr) / función *f* de luminosidad ‖ ~**grad** *m* (TV) / nivel *m* luminoso o de iluminación ‖ ~**-Gradation** *f* (TV) / gradación *f* de luminancia ‖ ~**impuls** *m* (Radar) / impulso *m* intensificador de brillo ‖ ~**kontrast** *m* / contraste *m* de brillo ‖ ~**modulation** *f* (TV) / modulación *f* de la intensidad luminosa o de luminosidad ‖ ~**regelung**, -verteilung *f* (TV) / control *m* de brillo ‖ ~**signal** *n*, Luminanzsignal *n* (TV) / señal *f* de luminancia ‖ ~**sprung** *m* (plötzlicher Kontrast) (TV) / salto *m* de brillo, contraste *m* brusco ‖ ~**-Steller** *m*, -Einsteller *m* (Eltronik) / reductor *m* de luz o de alumbrado ‖ ~**steuern** (TV) / regular el brillo, modular la intensidad del haz explorador ‖ ~**stufen** *f pl* / grados *m pl* de luminosidad, etapas *f pl* de luminosidad ‖ ~**überstrahlung** *f* (TV) / hiperluminosidad *f* del punto ‖ ~**umfang** (Foto) / gama *f* de contraste ‖ ~**umfang** (TV) / contraste *m* máximo, intervalo *m* de contraste ‖ ~**unterschied** *m* **auf einer angestrahlten Fläche** (Opt) / diferencia *f* de luminosidad en una superficie iluminada, razón *m* de diversidad ‖ ~**verhältnis** *n* (TV) / característica *f* total de transmisión de brillo ‖ ~**verteilung** *f* / distribución

f de la luminosidad ‖ ~**verteilung**, -regelung *f* (TV) / control *m* de brillo ‖ ~**wert** *m* / valor *m* de brillantez ‖ ~**wiedergabe** *f* / reproducción *f* de la intensidad luminosa
Helling *f*, Helgen *m* (Schiff) / grada *f* ‖ ~, Aufschlepphelling *f* / varadero *m* ‖ ~**aufschleppe**, Hellingswinde *f* / güinche *m* de varadero ‖ ~**drehkran** *m* / grúa *f* giratoria de grada ‖ ~**gerüst** *n* / andamiaje *m* de grada ‖ ~**portal** *n* / pórtico *m* de [la] grada
Hell • marke *f* (Kath.Str) / marca *f* de intensificación ‖ ~**marke für Entfernungsmessung** (Radar) / marca *f* estroboscópica de distancia ‖ ~**phase** *f* (Film) / período *m* de luz ‖ **in der** ~**phase** (Raumf) / durante la fase de luz solar ‖ ~**raumprojektion** *f* (Foto) / proyección *f* a luz del día ‖ ~**rot** / rojo claro ‖ ~**roter Klinker** (für Bodenbelag) / clinker *m* rojo claro (para revestimiento del suelo) ‖ ~**rotglühend** (Schm) / incandescente al rojo claro o vivo ‖ ~**rotglühhitze** *f* (nahe an Weißglut) (1550° F, 845° C) (Hütt) / calor *m* incandescente (1120 K) ‖ ~**rot-orange** / rojo claro anaranjado
Hellscher Oszillator, Doppelspalt-Oszillator *m* (Phys) / oscilador *m* de Hell
Hellschreiber *m* (Fernm) / tel[e]escritor *m* Hell
Hellsetzmaschine *f* (Druck) / máquina *f* componedora de Hell
Hell • steuerimpuls *m* (Radar, TV) / impulso *m* activador o de sensibilización ‖ ~**steuerung** *f* (Eltronik) / sensibilización *f* sincronizada con el barrido del tubo catódico ‖ ~**strahler** *m* (Phys) / radiador *m* luminoso ‖ ~**strahler** (Wärme) / radiador *m* de lámparas incandescentes ‖ ~**strahlerofen** *m* / estufa *f* de radiación visible ‖ ~**strom** *m* (Photodiode) / corriente *f* total ‖ ~**tastung** *f* (Kath.Str) / intensificación *f* de la traza ‖ ~**transparent** / transparente claro ‖ ~**widerstand** *m* (Photodiode) / fotorresistencia *f*
Helm *m* (allg) / casco *m* ‖ ~ (Chem) / tapa *f* de alambique ‖ ~, Helmstock *m* (Schiff) / caña *f* del timón, barra *f* ‖ ~, Stiel *m* / mango *m*, astil *m* ‖ ~**dach** *n*, Dom *m* (Bau) / cúpula *f*, cubierta *f* en forma de domo
Helmholtz • -Instabilität *f* / inestabilidad *f* de Helmholtz ‖ ~**-Maßzahlen** *f pl* / valores *m pl* numéricos de Helmholtz ‖ ~**-Resonator** *m* (Akust) / resonador *m* de Helmholtz ‖ ~**-Spule** *f* (Phys) / bobina *f* de Helmholtz
Helm • öler *m* / lubrificador *m* de copa o casco o caperuza ‖ ~**träger** *m*, -ablage *f* (Motorrad) / portacasco *m*
Hemd *n* **des Dampferzeugers** (Reaktor) / revestimiento *m* exterior del generador de vapor
Hemden • flanell *m* (Baumwolle) (Tex) / franela *f* para camisas ‖ ~**leinwand** *f* / lienzo *m* para camisas
Hemdsärmelatmosphäre *f* (im Raumschiff) / atmósfera *f* descamisada
Hemi • cellulose *f* (Pap) / hemicelulosa *f* ‖ ~**eder** *n*, Halbflächner *m* (Krist) / hemiedro *m*, cristal *m* hemiédrico ‖ ~**edrie** *f*, hemiedrische Formen *f pl* (Krist) / hemiedría *f*, formas *f pl* hemiédricas ‖ ~**kolloid** *n* (Chem) / hemicoloide *m* ‖ ~**morphie** *f* (Krist) / hemimorfismo *m* ‖ ~**morphit** *m* (Min) / hemimorfita *f*, silicato *m* de cinc natural ‖ ~**pelagisch** (Kontinentalabhang zw. 200-4000 m) (Meer) / hemipelágico ‖ ~**pyramide** *f* (Krist) / hemipirámide *f* ‖ ~**sphäre**, Erd-, Himmelshalbkugel *f* (Astr) / hemisferio *m*
Hemlocktanne *f*, Tsuga (Bot) / tsuga *f* del Pacífico ‖ **kanadische** ~, Tsuga Canadensis / abeto *m* canadiense o del Canada
hemmen *vt*, blockieren / bloquear, inmovilizar, enclavar ‖ ~, an-, aufhalten / detener, parar ‖ ~, hindern / impedir ‖ ~, niederhalten / reprimir ‖ ~, behindern / impedir ‖ ~, verlangsamen / retardar
hemmend / retardatario, retentivo, retardador ‖ ~, inhibierend (Chem) / inhibitorio ‖ ~, inhibitorisch /

inhibitorio, inhibidor, obstructor ‖ ~e **Kraft** / fuerza *f* retardatriz

Hemm•faktor *m* / factor *m* inhibitorio ‖ ⁓**klotz, -keil** *m*, Bremsklotz *m* / traba *f* ‖ ⁓**klotz** *m*, Unterlegekeil *m* / calce *m*, calza *f*, cuña *f* ‖ ⁓**potential** *n* (Chem) / potencial *m* inhibitorio ‖ ⁓**schuh** *m* (Bahn) / calce *m*, calza *f* ‖ ⁓**schuhauswerfer** *m* (Bahn) / carril *m* descarrilador de calces ‖ ⁓**schuhleger** *m* (Person) (Bahn) / calcero *m* ‖ ⁓**stoff**, Inhibitor *m*, Hemmer *m* (Chem) / inhibidor *m*, sustancia *f* inhibidora

Hemmung *f*, Sperre *f* / enganche *m*, gancho *m* ‖ ⁓, Sperre *f* (Uhr) / escape *m* ‖ ⁓, Ladehemmung *f* (Waffe) / encasquillamiento *m* ‖ ⁓ (Chem) / inhibición *f* ‖ ⁓ **mit konstanter Kraft** (Uhr) / escape *m* con fuerza constante ‖ ⁓ **mit reibender Ruhe**, reibende Hemmung (Uhr) / escape *m* con reposo frotante ‖ ⁓ **mit Steigrad** (Uhr) / escape *m* con rueda de encuentro, escape *m* de varilla ‖ ⁓ **mit verlorenem Schlag** (Uhr) / escape *m* con golpe perdido

Hemmungs•platte *f* (Uhr) / placa *f* de escape ‖ ⁓**rad**, Steigrad *n* (Uhr) / rueda *f* de encuentro (del escape de varilla) ‖ ⁓**regler** *m* (Uhr) / regulador *m* de escape ‖ ⁓**setzer** *m* (Uhr) / escape *m* de áncora

Hemm[ungs]vorrichtung *f* / galga *f*, dispositivo *m* de bloqueo o de detención

Hemmwirkung *f* (Beizerei u.a.) / acción *f* inhibidora, efecto *m* inhibidor

Hempel•bürette *f* (Chem) / bureta *f* Hempel ‖ ⁓**pipette** *f* (Chem) / pipeta *f* [de gas de] Hempel ‖ ⁓**pipette für Füllkörper** / pipeta *f* Hempel para cuerpo de relleno ‖ ⁓**sche Bombe** *f* (Wärmemessung) / bomba *f* calorimétrica [de] Hempel

Hem-Transistor *m*, HEMT *m* (= high electron mobility) (Halbl) / transistor *m* hem

Henequen *m*, Agave fourcroyedes (Bot) / henequén *m* ‖ ⁓**faser** *f*, Pitahanf *m* / fibra *f* de Henequén, fibra *f* de Tampico, fibra *f* de pita

Henkel *m*, Griff *m*, Traggriff *m* / asa *f*, agarradero *m* ‖ ⁓ (Tex) / red *f* ‖ ⁓**korb** *f* / cesta *f* de asas ‖ ⁓**locheisen** *n* (Wz) / sacabocados *m* de asa o de puente

henkeln *vt*, mit Henkel versehen / proveer o dotar de asa

Henkel•plüsch *m* (Tex) / felpa *f* de bucles ‖ ⁓**ware** *f* (Radio) / receptor *m* portátil

Henna *f*, Alhenna *f* (Färb) / alheña *f*

Hennebiquepfahl *m* (Bau) / pilar *m* de Hennebique, pilote *m*

Hennegatt *n* (Schiff) / limera *f* del timón

Henry *n* (Einheit der Induktivität, 1 H = 1 Voltsekunde/Ampere) (Elektr) / henrio *m* ‖ ⁓**sches Gesetz** *n* (Chem) / ley *f* de Henry

Henzedämpfer *m* (Zuck) / vaporizador *m* de Henze, estufador *m*

Heparin *n* (Biochem) / heparina *f*

Heparprobe *f*, Heparreaktion *f* (Chem) / prueba *f* del hepar

Hepatit *m*, Leberstein *m* (Min) / hepatita *f*

Hepatopyrit *m* (Min) / hepatopirita *f*, marcasita *f*

Heppe *f*, Gertel *m* (Wz) / podón *m*

Heptagon *n*, Siebeneck *n* (Geom) / heptágono *m*

Heptalin, Methylcyclohexanol, -hexalin *n* / heptalina *f*

Heptan *n* (Chem) / heptano *m*

Heptanal *n*, Önanthaldehyd *m*, Heptylaldehyd *m* / aldehído *m* enántico

Heptanitrozellulose *f* (Tex) / heptanitrocelulosa *f*

Heptanol *n*, Heptylalkohol *m* (Chem) / alcohol *m* heptílico, heptanol *m*

Heptanzahl *f* (Öl) / índice *m* de heptano

Heptode *f* (Eltronik) / [h]eptodo *m*

Heptose *f* (Chem) / heptosa *f*

Heptyl... / heptílico, heptil...

Heptylaldehyd *m* s. Heptanal ‖ ⁓ / aldehído *m* heptílico o anántico

herab / hacia abajo, para abajo ‖ ⁓... s. a. herunter... ‖ ⁓**fallen** *vi* / caer, bajar, descender ‖ ⁓**führung** *f* (Elektr) / línea *f* descendente ‖ ⁓**gespültes** *n* (allg, Min) / roca *f* arrastrada por la lluvia ‖ ⁓**gleiten** *vi* (Luftf) / resbalar o deslizarse, planear, descender ‖ ⁓**hängend**, erschlafft / relajado ‖ ⁓**hängend** (allg) / colgante ‖ ⁓**klappbar**, herunterklappbar / abatible ‖ ⁓**klappen** *vt*, herunterklappen / plegar hacia abajo, rebatir ‖ ⁓**lassen** *vt*, herunterlassen / [hacer] bajar o descender ‖ ⁓**lassen** *n*, Herunterlassen *n* / bajada *f*, descenso *m* ‖ ⁓**laufen** *vi* (Farbe, Glasur) / gotear ‖ ⁓**mindern** *vt*, -setzen / rebajar, disminuir, reducir ‖ ⁓**rinnen** *vi* / correr de, gotear (de) ‖ ⁓**setzen** *vt*, reduzieren, verringern / reducir, disminuir, rebajar ‖ ⁓**setzen**, degradieren / degradar ‖ **die Spannung** ⁓**setzen**, -regeln (Elektr) / reducir la tensión o el voltaje ‖ ⁓**setzung** *f* **der Betriebswerte**, Unterbelastung *f* (Eltronik) / reducción *f* de cargas admisibles ‖ ⁓**setzung der Zählfrequenz** (meist auf die Hälfte) (Eltronik) / demultiplicación *f* ‖ ⁓**sinken** *vi* / caer lentamente, ir cayendo ‖ ⁓**transformieren** *vt*, abspannen oder herunterspannen (Elektr) / transformar en baja, reducir la tensión ‖ ⁓**tropfen** *vi*, -tröpfeln / gotear

Heraeusmetall *n* (Hütt) / metal *m* [de] Heraeus

heran•führen *vt*, -bringen / aproximar, acercar, acarrear ‖ ⁓**holbefehl** *m* (Aufzug) / orden *f* de aproximación ‖ ⁓**holen** *vt*, holen (Foto) / aproximar ‖ ⁓**holen** (einen Sender), hereinbekommen (Radio) / captar (una emisora) ‖ ⁓**ziehen** (Fachmann) / consultar o encargar (un especialista)

herauf•... s. hinauf... ‖ ⁓**befördern** *vt* / subir, llevar o transportar [hacia o para] arriba ‖ ⁓**fahren** *vt* / aumentar la potencia (p.ej.: central térmica) ‖ ⁓**schalten** *vi* (Kfz) / poner una marcha superior ‖ ⁓**setzen** *vt* / aumentar ‖ ⁓**transformieren** *vt*, -spannen / transformar en alta, aumentar o elevar el voltaje o tensión

heraus•... s. a. aus... ‖ ⁓**arbeiten** *vt* / elaborar, cincelar, labrar ‖ **aus dem Vollen** ⁓**arbeiten** / trabajar o elaborar del material sólido, trabajar en relieve ‖ ⁓**baggern** *vt* [aus], ausbaggern (Bau) / excavar [de], dragar [de] ‖ ⁓**brechen** *vt* / arrancar, quitar rompiendo ‖ ⁓**bringen** *vt*, -bringen / llevar o conducir afuera ‖ ⁓**bringen**, auf den Markt bringen / lanzar al mercado, comercializar ‖ ⁓**bringen**, -geben (Druck) / publicar ‖ ⁓**destillieren** *vt* (Chem) / extraer por destilación ‖ ⁓**drehen** *vt*, andrehen (Dreh) / elaborar o modelar en el torno ‖ ⁓**drehen** (Schraube), -schrauben *vt* / desatornillar, desenroscar (un tornillo), sacar un tornillo ‖ **aus einer Ebene** ⁓**drehen** (Math) / sacar de un plano por rotación ‖ ⁓**dringen** *vi* (Flüssigkeit) / salir[se] ‖ ⁓**drücken** *vt* [aus], -pressen / exprimir [de] ‖ ⁓**drücken** (Metall) / repujar ‖ ⁓**finden** *vt* / identificar, hallar, localizar ‖ ⁓**fließen** *vi* / derramarse, desbordarse, salir ‖ ⁓**führen** *vt* (Leitung) (Elektr) / hacer salir (una línea) ‖ ⁓**führung** *f* (Leitung etc.) / salida *f* ‖ ⁓**geben**, -bringen, drucken lassen (Druck) / editar, publicar ‖ **eine neue Auflage** ⁓**geben**, neu auflegen (Druck) / reeditar, publicar una edición refundida ‖ ⁓**gedreht** (Elektr, Plattenkondensator) / separado ‖ ⁓**geführt** (Leitung) (Elektr) / libre al descubierto ‖ ⁓**geschlepptes** *n*, Austrag *m* (Galv) / materia *f* ‖ ⁓**geschleudert werden** [aus] / salir despedido [de] ‖ ⁓**hängen** / colgar fuera ‖ ⁓**heben**, freilegen / poner al desnudo, sacar, quitar de ‖ **die Form** ⁓**heben** (Gieß, Hütt) / desmoldear, sacar o quitar el molde ‖ ⁓**holen** *vt* (z.B. an Leistung) / lograr (p.e. rendimiento máximo), sacar ‖ **alles** ⁓**holen** (Kfz) / lograr el rendimiento máximo ‖ ⁓**klappen** *vt* / abrir [un elemento abatible] ‖ ⁓**kommen** *vi* / salir ‖ ⁓**kommen** [mit] / lanzar algo al mercado, presentar algo ‖ **gut** ⁓**kommen** (Foto) / salir bien (en la foto) ‖ ⁓**laufen** (Flüssigkeit) / derramarse ‖ ⁓**lösen** *vt*

herauslösen

(Paraffinentölung) / lixiviar ‖ ~lösen (Chem) / eliminar ‖ den Schwefel [mittels...] / ~lösen / extraer el azufre [mediante disolución de...] ‖ ⁓nahme f, -holen n, -ziehen n / saca f ‖ ⁓nahme, Demontage f / desmontaje m ‖ ~nehmbar, abnehmbar / desmontable, de quita y pon, no fijo, separable ‖ ~nehmbarer Einsatzkessel / caldera f interior desmontable ‖ ~nehmen vt / retirar, sacar, quitar, desmontar ‖ aus der Form ~nehmen / desmoldear ‖ ⁓nehmen n (aus der Form) (Gieß) / desmoldeo m, extracción f ‖ ⁓nehmen des Films (Foto) / descarga f de la cámara fotográfica ‖ ~pressen vt / exprimir, extruir ‖ ~quellen vi / brotar ‖ ~quetschen vt / expeler, estrujar ‖ ~ragen vi [aus] (Teil) / [sobre]salir ‖ ~ragen aus der Umgebung, überragen (Qualität) / descollar, destacar, sobresalir ‖ ~ragend (Teil) / [sobre]saliente, emergente ‖ ~ragend (Qualität) / sobresaliente, excelente ‖ ~reißen vt / arrancar, erradicar, extirpar, sacar, quitar, extraer ‖ ~reißen (z.B. Balken) / desempotrar ‖ ⁓reißen n, Ausreißen n / arranque m, extracción f ‖ ⁓reißen eines Nukleons (Nukl) / rapto m de un nucleón, extracción f (de partículas del núcleo) ‖ ~sägen aus dem Vollen / recortar con sierra del material ‖ ~schaffen vt / transportar hacia fuera, extraer, sacar ‖ ~schäumen vt (Flotation) / expulsar o sacar por espumado ‖ ⁓schießen n der Steuerstäbe (Reaktor) / eyección f de las barras de control ‖ ~schlagen vt / sacar por golpes [de martillo] ‖ Niete ~schlagen / sacar remaches ‖ Stücke aus dem Atomkern ~schlagen / eyectar partículas del núcleo ‖ ~schleudern vi, -spritzen (Flüssigkeit) / eyectar, proyectar ‖ ~schmelzen vt / extraer fundiendo o por fusión ‖ ~schmieden eines dünneren Mittelteils n (Schm) / forjado m de una parte central más delgada ‖ ~schrauben vt / desenroscar, des[a]tornillar ‖ ~schwenken vt / virar, ladear ‖ ~sickern vi / salir a gotitas ‖ ~springen vi / saltar hacia fuera ‖ ~springen, -springen (Sicherung) (Elektr) / saltar [hacia fuera], despedirse ‖ ~spritzen vi / salir a chorro ‖ Gase ~spülen / expulsar [gases] por lavado ‖ ~strömen vi / brotar, emanar ‖ ~treiben vt, austreiben / expulsar, expeler ‖ ~ziehbar, ausziehbar / desenchufable, telescópico, amovible ‖ ~ziehbare Lade (Eltronik, Möbel) / bandeja f corrediza ‖ ~ziehen vt, ausziehen / extraer, sacar ‖ ~ziehen, extrahieren / extraer, aislar ‖ ~ziehen, zurückziehen / retirar ‖ ~ziehen (Nagel) / arrancar, sacar ‖ den Stecker ~ziehen (Elektr) / desenchufar, desacoplar [la clavija] ‖
herb, scharf / acre ‖ ~, streng (Geschmack) / acerbo, áspero (al gusto) ‖ ~, bitter / amargo ‖ ~, rau / áspero, rudo, acre ‖ ~ (Wein) / seco
herbei•führen vt / causar, provocar, originar, ocasionar ‖ ~holen (Therblig) (F.Org) / transportar ‖ ⁓ruf m eines Teilnehmers (Fernm) / aviso m de un abonado ‖ ~rufen vt (Fernm) / hacer venir al aparato, avisar al abonado
Herbizid n, Unkrautmittel n (Chem, Landw) / herbicida m ‖ ⁓-Öl (Chem) / aceite m herbicida
Herbst•... / otoñal, de otoño ‖ ⁓bestellung f (Landw) / cultivo[s] m pl de otoño ‖ ⁓holz n (Forstw) / madera f otoñal o de otoñol ‖ ⁓milbe, Grasmilbe f (Larve der Samt- o. Erdmilbe) (Zool) / ácaro m de otoño ‖ ⁓rüben f pl (Zuck) / remolachas f pl de otoño
Hercynit m (ein Eisenspinell) (Min) / hercinita f, espinela f de hierro
Herd, Sitz m / foco m, centro m ‖ ⁓ m, Feuerraum m / hogar m, lecho m, fogonadura f (LA) ‖ ⁓ (Gieß) / crisol m ‖ ⁓ (Schmiedeofen) / solera f ‖ ⁓ (Hochofen) / crisol m ‖ ⁓, Küchenherd / cocina f (de gas o eléctrica) ‖ ⁓ (Med) / foco m ‖ ⁓ (Erdbeben) (Geol) / hipocentro m ‖ ⁓, Esse (Schm) / fogón m, fragua f ‖ ⁓ (Aufb) / mesa f de concentración ‖ ⁓, Hüttensohle f, Herdboden m (Hütt) / solera f ‖ ⁓ des Flammofens / solera f del horno de reverbero ‖ ⁓ des Röstofens /
parrilla f del horno tostador ‖ ⁓ des Schmelzofens (Gieß) / solera f del horno de fusión ‖ ⁓ des Tiegelofens (Glas) / solera f del horno de crisol
Herd•ansatz m (Hütt) / incrustación f de crisol ‖ ⁓arbeit f (Aufb) / preparación f de mesa ‖ ⁓belastung f (Hütt) / carga f específica de solera ‖ ⁓buch n (Landw) / libro m genealógico ‖ ⁓dosis f (Hütt) / carga f del hogar ‖ ⁓einsatz m / caja f del hogar
Herder m, Bast m (Spinn) / rafia f, líber m, hilatura
Herd•fläche f (Hütt) / superficie f de la solera ‖ ⁓flächenleistung f (Ofen) / rendimiento m por superficie de solera ‖ ~formen (Gieß) / moldear al descubierto o sobre el lecho ‖ ⁓formerei f, -formen n (Gieß) / moldeo m [al] descubierto ‖ ⁓frischen n (Blei) / reducción f del litargirio ‖ ⁓frischen (Hütt) / afino m en horno de solera, afinado m al descubierto ‖ ⁓frischstahl m / acero m afinado o refinado en solera abierta ‖ ⁓frisch-Verfahren, S.M.-Verfahren n (Hütt) / proceso m Siemens-Martin ‖ ⁓frischverfahren n mit Holzkohle (Hütt) / proceso m de solera abierta con carbón vegetal ‖ ⁓futter n (Hütt) / revestimiento m interior del hogar ‖ ⁓gewölbe n / bóveda f del hogar o del horno ‖ ⁓glas n / vidrio m ‖ ⁓guss m (Gieß) / fundición f al moldeo descubierto o en lecho ‖ ⁓konzentrat n (Aufb) / concentrado m ‖ ⁓mauer f, Sporn m (Talsperre) / murete m o muro de arriostramiento ‖ ⁓ofen m / horno m de hogar abierto, horno m de solera abierta ‖ ⁓ofen, Siemens-Martin-Ofen m / horno m Siemens-Martin ‖ ⁓platte f (unten am Feuer) (Hütt) / placa f de solera ‖ ⁓platte (Haushalt) / placa f [de cocina] ‖ ⁓probe f (Hütt) / ensayo m del título de la plata en fusión o licuación ‖ ⁓querschnitt m / sección f de la solera ‖ ⁓raum m im Flammofen / cámara f de calefacción del horno de reverbero ‖ ⁓schlacke f / escoria[s] f [pl] de solera ‖ ⁓schlange f / serpentín m calentador del hogar ‖ ⁓sohle f (Ofen) / solera f del horno, fondo m del crisol ‖ ⁓sortierung f (Aufb) / limpieza f por mesas de lavado ‖ ⁓tiefe f (Hütt) / profundidad f del hogar ‖ ⁓verfahren n, -frischen n (Hütt) / afino m en horno de solera ‖ ⁓wagenofen m (Keram) / horno m de solera móvil, horno m de alimentación o carga por carretilla ‖ ⁓wagenofen, Wagenherdofen m (Hütt) / horno m de carga por carretilla ‖ ⁓wäsche f (Aufb) / lavado m sobre mesas ‖ ⁓wäsche (Abteilung) / sección f de mesas [de lavado] o departamento ‖ ⁓zacken m (Hütt) / placa f del hogar
herein / adentro, hacia adentro, hacia el interior ‖ ~bekommen vt (Sender) / captar ‖ ~brechen vi, -kommen (Bergb) / derrumbarse, desmoronarse, venir[se] abajo ‖ ~gewinnen vt (Bergb) / extraer ‖ ~kommende (o. ankommende) Leitung (Elektr) / línea f o circuito entrante ‖ ~schießen vt (Bergb) / arrancar con explosivo ‖ ~strömen (Wasser etc.) / penetrar a chorros
hergeben, alles ~ (Kfz) / ir a toda marcha o a todo gas
hergestellt / fabricado, hecho, manufacturado ‖ ~, produziert / producido
herholbar, hertransportierbar / traedizo
Hering m, Zeltpflock m / piquete m, estaquilla f
Herings•fänger, Logger m (Schiff) / arenquero m, lugre m ‖ ⁓netz n / arenquera f ‖ ⁓öl n, -tran m (Nahr) / aceite m de arenque
herkömmlich / convencional, tradicional, usual, corriente
Herkonkontakt m, -relais n, Reedkontakt m (Elektr) / relé m o contacto de Reed
Herkulesgewebe n, Grobcretonne f (Tex) / cretona f gruesa
Herkunft, Quelle f, Ursprung m / origen m, procedencia f, fuente f
Herkunftsmerkmal n, Ursprungsmerkmal n / característica f de origen
Herkunftzeichen n, -stempel m / marca f de origen

610

her•leitbar, deduktiv (Math) / deductivo, deductible ‖ ~leiten vt [von], ableiten / derivar [de], deducir ‖ ²leitung f / derivación f, deducción f
HERMES (elektronisches Nachrichtensystem der europäischen Eisenbahnen) / HERMES (sistema electrónico de telecomuncaciones de los FF.CC. europeos)
Hermesit m (Min) / hermesita f
Hermetikkompressor m, hermetischer Verdichter (Kälte) / compresor m hermético [para refrigeración]
hermetisch / hermético ‖ ~e Kabine (Ggs.: Druckkabine) (Luftf) / cabina f estanca, cabina f cerrada herméticamente ‖ ~ schließend / hermetizante ‖ ~ verschließen / cerrar herméticamente ‖ ~ verschlossen / cerrado herméticamente
Hermitezität f (Nukl) / hermeticidad f
Hermit-Hypochlorid-Bleichverfahren n (Pap) / proceso m Hermite
hermitisch, hermitesch (Nukl) / hermítico, hermitiano ‖ ~e Matrix (Math) / matriz f hermitiana
Héroult[-Lichtbogen]ofen m (Elektr) / horno m de Héroult
Herren•armbanduhr f / reloj m de pulsera para caballero ‖ ²[fahr]rad n / bicicleta f de hombre o de caballero
Herreshoff-Ofen m / horno m [de] Herreshoff
herrichten vt / preparar, arreglar, aderezar ‖ ² n / preparación f
Herringbone m (Web) / espina f de pescado, espigado m
herrschen vi (Bedingungen) / reinar (condiciones)
herrschende Voraussetzungen o. Bedingungen / condiciones f pl reinantes
herrühren vi [von] / resultar [de]
herrührend [von] / procedente [de], causado [por]
Herschelit m (Min) / herschelita f
Herschel-Umkehreffekt m (Foto) / efecto m Herschel
Herstell..., produzierend o. de fabricación, de producción, manufacturero
herstellbar, produzierbar / producible, productible, que puede ser fabricado, elaborable
Herstellbarkeit f / elaborabilidad f, productibilidad f, fabricabilidad f
herstellen vt, erzeugen o. producir, fabricar, manufacturar, elaborar, confeccionar, preparar, hacer ‖ ~, aufbauen, erbauen / construir ‖ ~, schaffen / crear, realizar ‖ ~ (Gleichgewicht) / [re]establecer (equilibrio) ‖ ~ (Verbindung) (Fernm) / establecer (conexión) ‖ einen Tunnel ~ o. vortreiben o. auffahren o. bohren / avanzar o perforar un túnel ‖ ² n der Verbindung (Fernm) / establecimiento m de una comunicación
Hersteller m, Erzeuger m, Firma f / fabricante m, productor m ‖ ² (von Maschinen) / empresa f constructora, constructor m ‖ ² (COBOL) (DV) / implementor m ‖ ²anweisung f / instrucciones f pl del fabricante ‖ zu ²bedingungen / a condiciones del fabricante ‖ ²firma f, Herstellfirma f / casa f o empresa constructora ‖ ²gewicht n (Kfz) / peso m indicado por el fabricante ‖ ²haftung f / responsibilidad f del fabricante ‖ ²schild n, Typenschild n (Kfz) / placa f de características, placa f del fabricante ‖ ²-Zertifikat n / certificado m del fabricante
Herstellänge f / longitud f corriente de fabricación
Herstellung f, Herstellen n / producción f, fabricación f, manufactura[ción] f, confección f, construcción f, acabado m ‖ ², Bau m / edificación f ‖ ², Zubereitung f / preparación f ‖ ² f einer Verbindung (Fernm) / establecimiento m de una conexión [telefónica] ‖ ² von Halbprodukten / elaboración f o fabricación de semiproductos ‖ genaue ² / preparación f exacta o correcta ‖ zur ² dienen / servir para la fabricación

Herstellungs•... / de fabricación, manufacturero ‖ ²bedingungen f pl / condiciones f pl de fabricación ‖ ²dauer, -zeit f / duración f o tiempo de fabricación ‖ ²fehler m / defecto m o error de fabricación ‖ ²gang m, -weise f / modo m de fabricación ‖ ²genauigkeit f / precisión f de fabricación ‖ ²kosten pl, Herstellkosten pl / coste m o costos de fabricación o producción ‖ ²land n / país m productor, país m de origen ‖ ²länge f, Herstellänge f / longitud f de fabricación ‖ ²lizenz f / licencia f de fabricación ‖ ²maß n / medida f de fabricación ‖ ²nummer f / número m de fabricación ‖ ²programm n / programa m de fabricación ‖ ²prozess m / proceso m de fabricación ‖ ²technik f / técnica f de fabricación ‖ ~technisch, fabrikationstechnisch / desde el punto de vista de la fabricación ‖ ²toleranz f / tolerancia f de fabricación ‖ ²verfahren n, -prozess m, -methode, -weise f / procedimiento m de fabricación, modo m de fabricación, proceso m de fabricación, fabricación f ‖ ²wert m / coste m de fabricación, precio m de fabricación ‖ ²zeichen n / marca f de fabricación ‖ ²zeichnung f / diseño m de fabricación ‖ ²zeit, -dauer f / tiempo m [efectivo] de fabricación
Hertz n, Schwingungen f pl je Sekunde, Hz (Phys) / hertzio m, ciclos m pl por segundo, c/s ‖ ²scher Dipol (Eltronik) / dipolo m de Hertz ‖ ²sche Formeln f pl (Phys) / fórmulas f pl de Hertz o hertzianas ‖ ²sche Funktion / función f hertziana ‖ ²sche Pressung / presión f superficial hertziana o de Hertz ‖ ²scher Resonator / resonador m circular o de Hertz ‖ ²sche Schleife / bucle m hertziano ‖ ²sche Wellen f pl (Eltronik) / ondas f pl hertzianas
Hertzsprung-Russel-Diagramm n (Astr) / diagrama m de Hertzsprung y de Russel
herum•basteln / hacer chapuzas, tratar de arreglar algo ‖ ~drehen vt, schwenken / girar ‖ den Schlüssel einmal ~drehen / dar una vuelta a la llave, cerrar con una vuelta ‖ ~fließen vi [um] / correr alrededor [de] ‖ ~führen vt [um] / llevar o conducir alrededor [de] ‖ ~hantieren vi / manipular ‖ ²probieren / tanteo m ‖ sich ~schlingen [um] / enrollarse alrededor [de] ‖ sich um die Walze ~schlingen (Walzw) / enrollarse alrededor del cilindro ‖ ~wickeln vt [um] / envolver ‖ ~wirbeln vi / arremolinar
herunter s. auch hinunter, hinab, herab ‖ ~ / hacia abajo ‖ ~drücken vt, niedriger machen / rebajar, bajar, disminuir la altura, apretar hacia abajo ‖ ~drücken (Hebel, Taste) / apretar, mover hacia abajo ‖ ²fahren n der Leistung / reducción f de la potencia ‖ ~frischen vt (Hütt) / descarburar por afino ‖ ²frischen n (Hütt) / afino m descarburante ‖ ~gehen vi, fallen (Temperatur) / descender, caer, bajar ‖ im Gleitflug ~gehen (Luftf) / descender planeando ‖ ~hängen vi / pender, colgar ‖ ~klappbar / abatible, plegable hacia abajo ‖ ~klappen vt / abatir, plegar hacia abajo ‖ ~laden vt, downloaden (DV) / telecargar, descargar ‖ ²laden n, Downloading n (DV) / descarga f, telecarga f ‖ ~lassen vt / bajar ‖ das Fahrgestell ~lassen, das Fahrgestell ausfahren (Luftf) / salir o bajar el tren de aterrizaje ‖ ~regeln vt / reducir ‖ ~regeln (Licht) / reducir la intensidad de luz ‖ ~schalten vi (Kfz) / pasar a una velocidad inferior, poner una marcha inferior, reducir [marchas] ‖ ~sprechen vt (Luftf) / controlar o dirigir el aterrizaje por radiotelefonía ‖ ~steigen vi / descender ‖ ~transformieren vt / transformar en baja, reducir el voltaje [con transformador] ‖ ~walzen (Walzw) / reducir el espesor por laminación ‖ Farbe ~ziehen / pelar la [capa de] pintura
hervor•brechen, quellen / brotar, estallar, prorrumpir ‖ ~bringen vt / producir, engendrar, crear ‖ ²bringung f / generación f, producción f, engendramiento m, creación f ‖ ~gehen vi [aus] / resultar [de], salir [de] ‖ ~heben vt, unterstreichen, betonen (fig) / acentuar,

hervorheben

hacer resaltar, poner de relieve, subrayar, destacar ||
~**heben**, aufhellen (Färb) / aclarecer || ~**heben** (Druck)
/ subrayar || ~**heben** (Farbe) / destacar, realzar ||
~**heben**, voranheben (Eltronik) / [pre-]acentuar ||
≗**heben** *n* / acentuación *f* || ≗**hebung**, Auszeichnung *f*
(Druck) / acentuación *f* || ≗**hebungsschriften** *f pl*
(Druck) / caracteres *m pl* || ~**holen** *vt* (DV) / extraer ||
~**ragen** *vi*, überhängen, auskragen / [sobre]salir,
resaltar || ~**ragend** (räumlich), hersausragend /
saliente, sobresaliente, protuberante || ~**rufen** *vt*,
bewirken / provocar, causar, originar, engendrar ||
≗**rufung** *f*, [beabsichtigte] Auslösung / provocación *f*
|| ~**schießen** *vi*, ausströmen / salir a chorro[s] ||
~**springen** *vi*, hervorragen / resaltar, sobresalir ||
~**stechend**, -ragend / eminente, excelente,
importante || ~**stehen** *vi*, vorspringen / salir, resaltar ||
~**stehend** / saliente || ~**treten** *vi*, vorspringen / salir,
resaltar
Herz *n*, Drehherz *n* (Wzm) / perro *m* (para torno) ||
≗**bolzen** *m* (Blatt-Feder) (Kfz) / perno *m* capuchino ||
≗**brett** *n*, Kernbrett *n* (Holz) / tablón *m* del núcleo o
del corazón || ≗**draht** *m* (Drahtseil) / alambre *m*
central || ≗**fäule** *f* (Holz) / podredumbre *f* del corazón ||
≗**fäule der Rübe**, Mycosphaerella tabifica (Landw) /
enfermedad *f* del corazón (remolacha) || ~**förmig** / en
forma de corazón, cardiáceo, cordiforme,
acorazonado || ~**förmiges Strahlungsdiagramm**
(Antenne) / diagrama *m* de radiación cardiáceo ||
≗**frequenzmessgerät** *n* / medidor *m* de la frecuencia
cardiaca || ≗**kausche** *f* (Seil) / guardacabos *m* en
corazón || ≗**kurve** *f*, Kardioide *f* (Geom) / cardioide *m*
|| ≗**kurvengetriebe** *n* / mecanismo *m* [de] cardioide ||
≗**-Lungen-Maschine** *f* (Med) / corazón-pulmón *m*
artificial || ≗**riss** *m*, Kernriss *m* (Holz) / grieta *f* central
|| ≗**scheibe** *f*, Nevidenrad *n* (Masch) / excéntrica *f* de
corazón || ≗**schnitt** *m* (Fraktion mit engen
Siedegrenzen) (Öl) / fracción *f* de corazón ||
≗**schrittmacher** *m* (Med) / marcapasos *m* [cardiaco] ||
≗**stück** *n* (der Kreuzung) (Bahn) / corazón *m* (del
cruzamiento) || **einfaches** ≗**stück** (Kreuzung) (Bahn) /
corazón *m* monobloc || **bewegliches** ≗**stück** (Bahn) /
corazón *m* móvil || **theoretische** ≗**stückspitze** (Bahn) /
punta *f* teórica (del corazón) || **wirkliche**
≗**stückspitze** (Bahn) / punta *f* real del corazón ||
≗**winkel** *m*, -neigung *m* (Bahn) / relación *f* de cruce
herzynische Gebirgsbildung (Geol) / plegamiento *m*
herciniano
Hessianband *n* (ein Jutegewebe) (Elektr) / cinta *f*
hessiana
Hessit *m*, Tellursilber *n* (Min) / he[s]sita *f*, telururo *m* de
plata
Hessonit, Kaneelstein *m* (Min) / hessonita *f*, piedra *f*
canela
Heßsches Gesetz *n* (Phys) / ley *f* de Hess
HET (Chem) = Hexaethyltraphosphat || ≗ (Raumf) =
hochenergetischer Treibstoff
Heterit *m* (Min) / heterita *f*
Hetero•atom *n* (Chem) / heteroátomo *m* || ~**-azeotrop**
(Chem) / heteroazeotropo || ~**bastisch** / heterobástico
|| ≗**bipolar-Transistoren** *m pl* / transistores *m pl*
heterobipolares || ~**chrom** / heterocromo || ~**cyclisch**
(Chem) / heterocíclico || ~**cyclische**
Kohlenstoffverbindung / compuesto *m* heterocíclico
de carbono || ≗**diode** *f* (CdSe-Ge) (Halbl) / diodo *m* de
heterojunción || ~**dynamisch** / heterodinámico ||
≗**dynempfang** *m* (Funk) / recepción *f* heterodina ||
~**gen**, ungleich[artig], inhomogen / heterogéneo
heterogen•e Nukleation (Auskristallisieren des
Schmelzgutes) / nucleación *f* heterogénea || ~**er**
Reaktor (Nukl) / reactor *m* heterogéneo || ~**es**
Sperrholz / madera *f* contrachapeada heterogénea ||
~**e Strahlung** / radiación *f* heterogénea
Heterogenität *f* / heterogeneidad *f*

Hetero•metrie, nephelometrische Titration *f* (Chem) /
heterometría *f*, titulación *f* nefelométrico || ~**morph**
(Geol, Krist) / heteromorfo || ≗**morphie**,
Vielgestaltigkeit *f* / heteromorfia *f*, heteromorfismo
m || ≗**morphit** *m* (Min) / heteromorfito *m* || ~**nom** /
heterónomo || ≗**nuklear-Doppelresonanz, HNDR** *f*
(Nukl) / resonancia *f* heteronuclear doble || ~**pisch**
(Geol) / heterópico || ≗**plasma** *n* (Phys) / heteroplasma
m || ~**polar** (Chem, Elektr) / heteropolar ||
≗**polarmotor** *m* (Elektr) / motor *m* heteropolar || ≗**sid**
n (Chem) / heterósido *m* || ≗**sit** *m* (Min) / heterósita *f* ||
≗**sphäre** *f* (Meteo) / heterosfera *f* || ~**statisch** /
heterostático || ≗**struktur** *f* (Laser) /
héter[e]structura *f* || ~**top** (Chem) / heterotopo ||
~**troph**, nichtgrün (Bot) / heterótrofo, heterotrófico ||
≗**übergang** *m* (Laser) / heterojunción *f*
HET-Säure *f* (Chem) =
Hexchlorendomethylentetrahydrophtal-Säure / ácido *m*
HET
HEU (= Highly Enriched Uranium),
hochangereichertes Uran / uranio *m* altamente
enriquecido
Heu *n* (Landw) / heno *m*, hierba *f* seca || ≗**aufzug** *m* /
elevador *m* de heno || ≗**ballen** *m* / bala *f* de heno ||
≗**[ballen]presse** *f* / prensa *f* [enfardeladora] de heno
|| ≗**ballenroller**, Rotobaler *m* (Landw) / enfardadora *f*
de heno || ≗**belüftungsanlage** *f* / instalación *f*
ventiladora para heno || ≗**binder** *m* / agavilladora *f* de
heno || ≗**boden** *m* (Landw) / henil *m* || ≗**brikett** *n*
(Landw) / briqueta *f* de heno || ≗**[bündel]presse** *f* /
prensa *f* enfardadora de heno || **selbstaufnehmende**
≗**[bündel]presse** / recogedora-prensadora *f* de heno
automática
heuen *vt*, Heu machen (Landw) / henificar
Heu•ernte *f*, Heuen *n* / henificación *f*, henaje *m*, siega *f*
del heno || ≗**gabel** *f*, Heuforke *f*, Forke *f* (Landw) /
horca *f* de heno, horquilla *f* [de heno] || ≗**gebläse** *n* /
elevador *m* neumático para heno || ≗**häcksler** *m* /
máquina *f* cortaheno || ≗**harke** *f*, Heurechen *m*
(Landw) / rastrillo *m* o rastro para el heno ||
≗**haufenformer** *m* / máquina *f* para hacer montones
de heno || ≗**lademaschine und -presse** *f* /
cargadora-prensadora *f* de heno,
recogedora-prensadora *f* de heno || ≗**lader** *m*,
-elevator *m* (Bandförderer) / cargador[a] *m* [*f*] de heno ||
≗**lader** (als Anhänger), Förderrinne *f*, Ladewagen *m*
(Landw) / cargadora *f* [mecánica] de heno,
emparvadora *f* de heno (LA) || ≗**lage** *f*, Gärheu *n* /
heno *m* en fermentación
Heulandit *m* (ein Zeolith) (Min) / heulandita *f*
Heul•apparat *m* (der Boje) (Schiff) / silbato *m* || ≗**boje**,
-tonne *f* / boya *f* sonora o acústica, boya *f* de sirena,
sonoboya *f*
heulen (Mot, Sirene) / rugir, ulular, aullar || ≗ *n*, Singen *n*
(Zahnräder) / ronquido *m* de los engranajes || ≗ (Sirene)
/ aullido *m*, ulular *m*
Heul•frequenz *f* (Eltronik) / frecuencia *f* de wobulación ||
≗**ton** *m* (Sirene) / sonido *m* ululante
Heu•maschine , kombinierte (Landw) / henificadora *f*
combinada || ≗**motte** *f* (Landw) / polilla *f* del heno ||
~**raffer** *m* (Landw) / recogedor *m* de heno || ≗**raufe** *f*,
Futterraufe *f* (Landw) / comedero *m*, pesebre *m* ||
≗**rechen** *m* / rastrillo *m* para o de heno, rastrillo *m*
forrajero || ≗**rechen mit waagerechten Zähnen**,
Heuschleife *f* (Landw) / rastrillo *m* con dientes
horizontales || ≗**reuter** *m*, Schwedenreuter *m*, Heinze
f / caballete *m* sueco, secadero *m* de heno, colgadero
m de heno
Heuristik *f* (methodisches Probieren) / heurística *f*
heuristisch, intuitiv, experimentell / heurístico *m* || ~**e**
Methode / método *m* heurístico
Heu•schreckenbekämpfung *f* (Landw) / lucha *f*
antilangosto || ≗**silo** *m* / silo *m* para heno
Heusingersteuerung *f* (Bahn) / distribución *f* Heusinger

Heuslersche Legierung f / aleación f [de] Heusler
Heu•sonde f (Landw) / sonda f para medir la temperatura del heno ‖ ⁓**stapler** m / apiladora f de heno ‖ ⁓**turm** m (Landw) / torre f para heno ‖ ⁓**waffelpresse** f / empastilladora f de heno ‖ ⁓**wender** m, -wendemaschine f / tornadera f de heno, henificadora f ‖ ⁓**wender und Schwadenrechen**, Wenderrechen m, Schwadenwender m / rastrillo m trancador, rastrillo m vira-trancos o vira-tajos ‖ ⁓**werbungsmaschine** f, Heumaschine f / máquina f henificadora ‖ ⁓**wert** m / equivalente m de heno ‖ ⁓**würfel** m / cubo m de heno, pastilla f de heno ‖ ⁓**wurm** (1. Generation), Sauerwurm m (2. Generation) (Zool) / gusano m del heno ‖ ⁓**zange** f (Landw) / pinza f de heno
Heveakautschuk m / caucho m hevea
HEW (= Hydrogen Energy Webs - Wasserstoffenergienetze) / Redes f pl de Energía de Hidrógeno
Hexa•... (Chem) / hexa..., exa... ‖ ⁓**boran**, Borhexan n (Chem) / hexaborano m ‖ ⁓**chloraceton** n / hexaclor[o]acetona f ‖ ⁓**chlorbenzol** n / hexaclorobenceno m, hexacloruro m de benceno ‖ ⁓**chlorcyclohexan**, HCCH, 666-Präparat n / hexaclorociclohexano m ‖ ⁓**chlorethan** n / hexacloroetano m ‖ ⁓**chlornaphthalen** n / hexacloronaftaleno m ‖ ⁓**chlorophen** n / hexaclorofeno m ‖ ⁓**decylalkohol** m / hexadecanol m, alcohol m hexadecílico ‖ ⁓**dekan** n (Öl) / hexadecano m ‖ ~**dezimal**, sedezimal (Math) / hexadecimal ‖ ⁓**eder** n (Geom) / hexaedro m ‖ ~**edrisch**, sechsflächig / hexaédrico ‖ ⁓**fluorkieselsäure** H_2SiF_6 f (Chem) / ácido m fluosilícico ‖ ⁓**gon** n, Sechseck n (Geom) / hexágono m, exágono m ‖ ~**gonal**, sechseckig / [h]exagonal ‖ ~**gonales System** (Krist) / sistema m hexagonal ‖ ⁓**hydrophenol**, Hexalin n, Cyclohexanol n (Chem) / ciclohexanol m, hexalina f ‖ ⁓**kisoktader** n (Geom) / hexaquisoctaedro m ‖ ⁓**kistetraeder** n, 24-Flächner m / hexaquistetetraedro m ‖ ⁓**methylen**, -hydrobenzol, Naphthen n (Chem) / hexametileno m, ciclohexeno m, hexahidrobenceno m ‖ ⁓**methylentetramin**, Hexamin n / hexametilintetramina f
Hexan n / hexano m
Hexa•naphten n / hexanafteno m ‖ ⁓**nitrat** n (Tex) / hexanitrato m
Hexansäure f, Butylessigsäure f, Capronsäure f (Chem) / ácido m caproico
Hexa•tetraeder n, Vierundzwanzigflächner m (Geom) / hexatetraedro m ‖ ⁓**vanadinsäure** f (Chem) / ácido m hexavanádico
Hexenstich n (Näm) / punto m de escapulario o de arista
Hexode f (Eltronik) / hexodo m
Hexogen n, Trimethylentrinitramin n, RDX (Sprengstoff) / hexógeno m, trimetilentrinitramina f
Hexose f (Chem) / hexosa f
Hexyl... / hexil..., hexílico
Heylandkreis m, Kreisdiagramm n (Elektr) / diagrama m de Heyland
HEZ (Luftf) = Haupteinflugzeichen
hf (Eltronik) = Hochfrequenzbereich von 3 bis 30 MHz
HF (Tischl) = Holzfaserplatte ‖ ⁓ f, Hochfrequenz f (Eltronik) / AF, alta f frecuencia, radiofrecuencia f ‖ ⁓**-Alkylierung**, Flusssäure-Alkylierung f (Chem) / alquilación f HF por ácido fluorhídrico
H-FCKW, halogenierte Fluorchlorkohlenwasserstoffe (Chem, Umw) / clorofluorocarbonos m pl halogenados
HF•-dicht (Eltronik) / blindado contra AF ‖ ⁓**-Drossel** f / bobina f de AF
HFE, Hydrofluorether m (Chem) / HFE, hidrofluoroéter m

HF•-Eingangsstufe, -Vorstufe (Eltronik) / etapa f de entrada, etapa f de preselección AF ‖ ⁓**-Gespräch** n (Fernm) / conferencia f o comunicación AF
HFH (Tischl) = harte Holzfaserplatte
HF, [kapazitive] ⁓**-Heizung** / calefacción f [capacitativa] de AF ‖ ⁓**-Höhenmesser** m (Luftf) / altímetro m de AF
H-Filterglied n (Eltronik) / filtro m en H
HF•-Isoliertransformator m (Antenne) / transformador m aislador de AF ‖ ⁓**-Kabel** n (Eltronik) / cable m de AF ‖ ⁓**-Kern** n / núcleo m ‖ ⁓**-Last** f / carga f de AF ‖ ⁓**-Messung** f / medición f por AF ‖ ⁓**-Oszillator** m, HFO / oscilador m de AF
HFR (Nukl) = Hochflussreaktor
HF•-Schluckstoff m (Eltronik) / sustancia f absorbente ‖ ⁓**-Schweißen** n (Plast) / soldadura f [de] AF ‖ ⁓**-Steckverbindung** f (Eltronik) / conector m AF ‖ ⁓**-Störung** f (Funk, Wehrt) / interferencia f arbitraria de AF ‖ ⁓**-Telefonie** f / telefonía f [de] AF ‖ ⁓**-Tiegelstahl** m (Hütt) / acero m al crisol (producido por calentamiento inductivo) ‖ ⁓**-Vorstufe**, -Eingangsstufe f (Eltronik) / etapa f AF de entrada ‖ ⁓**-Vorwärmer** m (Plast) / precalentador m de o por alta frecuencia
HFX n (experimenteller Hybridbrennstoff) (Raumf) / HFX m (propergol híbrido experimental)
Hg (Chem) = Quecksilber
H-Gas n (Chem) / gas m H
H-Glied, Doppel-T-Glied n (Fernm) / sección f H ‖ ⁓ n, -Schaltung f / red f H
HGÜ (Elektr) = Hochspannungs-Gleichstromübertragung
HHF, Höchstfrequenz f (über 300 MHz), UHF (Eltronik) / frecuencia f ultr[a]alta
H-H-Reaktion f (Nukl) / reacción f protón-protón
HHS, heizbare Heckscheibe (Kfz) / luneta f trasera calentable
HHT, Hochtemperaturreaktor m mit Heliumturbine im direkten Kreislauf / reactor m de temperatura alta con turbina de helio en ciclo directo
Hiatus m, Schichtlücke f (Geol) / hiato m
HIB-Verfahren n (früher USS-Nu-Iron-Verfahren) (Hütt) / procedimiento m HIB
Hickoryholz n (Bot) / madera f de hickory, hicoris, nogal negro
HIC-Wert m (Kopfverletzungsrisiko) (Kfz) / valor m HIC
Hiddenit m, grüner Spodumen (Min) / hidenita f
Hidropit f (Min) / hidropita f
Hieb m, Schlag m / golpe m ‖ ⁓ (Forstw) / tajo m, corte m ‖ ⁓ (Feile) / picado m ‖ ⁓**marke** f (Forstw) / tajo m, rasguño m, corte m ‖ ~**reif**, hiebsreif, haubar (Holz) / maderable
Hiebszug m, Umtrieb m (Wald) / ciclo m de corte
Hiebzahl f (Feile), Hiebteilung f (Wz) / número m de picados por centímetro, grado m de corte (número de dientes por cm²)
Hierarchie f (DV) / jerarquía f
Hierazit m (Min) / hieracita f
hieven, einholen (Schiff) / izar, guindar
Hievleine f (Schiff) / cuerda f o maroma de izar
Hi-Fi n, hohe Wiedergabetreue f (Audio) / alta f fidelidad, Hi-Fi, hi-fi ‖ ⁓**-Anlage** f / equipo m de alta fidelidad, equipo m [de] Hi-Fi ‖ ⁓**-Baustein** n / componente m de alta fidelidad ‖ ⁓**-Breitband-Amplitudenmodulation** f / modulación f de amplitud de alta fidelidad ‖ ⁓**-Empfänger**, High-Fidelity-Empfänger m (DIN 45 500) (Eltronik) / receptor m Hi-Fi o de alta fidelidad ‖ ⁓**-System** n / sistema m Hi-Fi, equipo m [de] Hi-Fi ‖ ⁓**-Turm** m / rack m hi-fi
Higgsches Teilchen (Phys) / partícula f de Higg, bosón m de Higg
High Chem / alta f ingeniería química ‖ ⁓**-End-Bereich** m / región f "high-end o "rien ne va plus" ‖ ⁓**-End-PC**

m / ordenador *m* "high-end" || ⁓-**key-Technik** *f* (Foto) / técnica *f* o método "high-key" || ⁓-**Modulus Bindung** *f*, High-Modulus-Gewebe *n*, extrasteifes Gewebe (Glasfaser) / tejido *m* extrarrígido o de módulo alto
Hightech... / de alta tecnología
High Tech, Hochtechnologie *f*, Spitzentechnologie *f* / alta *f* tecnología, tecnología *f* punta
H.-I.-Lampe, Becklampe *f* (Elektr) / lámpara *f* Beck (de arco)
Hilbertraum *m* (Math) / espacio *m* de Hilbert
Hilfe *f*, Abhilfe *f* / remedio *m* || ⁓, Hilfsmittel *n* / ayuda *f*, auxilio *m*, socorro *m*, medio *m* auxiliar || **ärztliche** ⁓ / asistencia *f* médica || **erste** ⁓ / primeros auxilios || **technische** ⁓ / ayuda *f* técnica || ⁓**ruf** *m* (Mayday) (Schiff) / llamada *f* de socorro
Hilfs • ... / auxiliar, de socorro, de ayuda || ⁓... (Ersatz...) / de reserva, subsidiaria || ⁓..., zusätzlich, provisorisch / adicional, provisional || ⁓..., Servo... / servo..., asistido || ⁓..., Not... (Luftf, Schiff) / de emergencia || ⁓..., unproduktiv (F.Org) / indirecto || ⁓**achse** *f* **für Sattelanhänger** (Kfz) / eje *m* auxiliar para semirremolque || ⁓**ader** *f* (Kabel) / hilo *m* o conductor piloto || ⁓**aggregat** *n*, Hilfsdieselaggregat *m* (Elektr) / grupo *m* [electrógeno] auxiliar || ⁓**amt** *n* (Fernm) / oficina *f* satélite || ⁓**anlasser** *m* (Kfz) / arrancador *m* auxiliar || ⁓**anode** *f* (Elektr) / ánodo *m* auxiliar || ⁓**anode**, Zündanode *f* (Eltronik) / ánodo *m* de encendido || ⁓**ansatz** *m* (einer Schlauchleitung) (Luftf) / apéndice *m* || ⁓-**Ansteuerungsfunkfeuer** *n* (Luftf) / radiofaro *m* auxiliar || ⁓**antenne** *f*, künstliche Antenne, Notantenne (Eltronik) / antena *f* artificial, antena *f* de emergencia || ⁓**antrieb** *m* / accionamiento *m* auxiliar || ⁓**antrieb** (Rakete) / booster *m* o propulsor auxiliar || ⁓**apparat** *m*, -einrichtung *f* / aparato *m* o dispositivo auxiliar || ⁓**arbeit** *f* (F.Org) / tarea *f* indirecta, trabajo *m* indirecto || ⁓**arbeiter** *m*, Aushilfsarbeiter *m* / obrero *m* o trabajador auxiliar, peón *m*, trabajador *m* temporero || ⁓**arbeiter**, ungelernter Arbeiter / trabajador *m* no capacitado, trabajador *m* no calificado || ⁓**arbeiter**, Handlanger *m* (Bau) / peón *m*, bracero *m* (LA) ||
wissenschaftlicher ⁓**arbeiter** / ayudante *m* (de cátedra) || ⁓**bahn** *f* (Bahn) / ferrocarril *m* o vía auxiliar || ⁓**basis**, -standlinie *f* (Verm) / base *f* auxiliar || ⁓**beize** *f* (Färb) / mordiente *m* auxiliar || ⁓**betrieb** *m* (F.Org) / servicio *m* auxiliar || ⁓**betriebe** *m pl* / servicios *m pl* auxiliares || ⁓**betriebe** *m pl* (Lok) / motores *m pl* auxiliares || ⁓**bremse** *f* / freno *m* auxiliar || ⁓**brücke** *f* (Bau) / puente *m* provisional || ⁓**buch** *n*, Notizbuch *n* / agenda *f* || ⁓**büchse** *f*, -buchse *f* (Masch) / casquillo *m* auxiliar || ⁓**code** *m* (DV) / código *m* auxiliar ||
technischer ⁓**dienst** / servicio *m* de asistencia técnica || ⁓**diesel** *m*, -dieselmotor *m* / motor *m* Diesel auxiliar || ⁓**draht** *m*, Hilfsader *f* (Kabel) / hilo *m* auxiliar || ⁓**draht** (Straßenbahn) / cable *m* portador auxiliar || ⁓**druckluft** *f* (Luftf) / aire *m* [comprimido] de emergencia || ⁓**druckluftbremse** *f* (Bahn) / servofreno *m* de aire comprimido || ⁓**einrichtung** *f*, -apparat *m* / dispositivo *m* o aparato auxiliar || ⁓**elektrode** *f* (Galv) / electrodo *m* auxiliar o secundario || ⁓**elektrode** (Radar) / electrodo *m* trigatrón || ⁓**energie** *f* / energía *f* auxiliar || ⁓**erregermaschine** *f* (Elektr) / excitatriz *f* piloto, excitadora *f* piloto || ⁓**fahrwerk** *n* (Sattelschlepper) (Kfz) / patines *m pl* de ruedas || ⁓**faktor** *m* (Math) / factor *m* auxiliar || ⁓**fallschirm** *m*, Notfallschirm *m*, Ersatzfallschirm *m*, Reservefallschirm *m* (Luftf) / paracaídas *m* extractor, paracaídas *m* auxiliar o de emergencia || ⁓**feder** *f* / resorte *m* o muelle compensador || ⁓**flosse** *f* (Luftf) / aleta *f* auxiliar || ⁓**flughafen** *m*, Ersatzflughafen *m*, Ausweichflughafen *m* / aeródromo *m* o aeropuerto suplementario || ⁓**flugzeug** *n* / avión *m* de socorro || ⁓**frequenz** *f* (Eltronik) / frecuencia *f* auxiliar || ⁓**funkenstrecke** *f* / distancia *f* explosiva auxiliar (de

chispas) || ⁓**gasturbine** *f* (Kraftwerk) / turbina *f* de gas auxiliar || ⁓**gerät** *n* / aparato *m* auxiliar, instalación *f* complementaria || ⁓**geräteantrieb** *m* / mecanismo *m* propulsor para equipo auxiliar || ⁓**gitter** *n* (Eltronik, Röhre) / rejilla auxiliar || ⁓**hebelvorrichtung** *f*, -hebel *m* (Web) / palanca *m* auxiliar o suplementario || ⁓**heizung** *f* / calefacción *f* auxiliar || ⁓**hubmotor** *m* (Kran) / motor *m* elevador auxiliar || ⁓**hubwerk** *n* (Kran) / mecanismo *m* elevador auxiliar || ⁓**industrie** *f* / industria *f* subsidiaria || ⁓**joch** *n*, Montagejoch *n* (Bau) / falso cuadro || ⁓**kabel** *n* (Elektr) / cable *m* de emergencia || ⁓**kanal** *m* (DV) / canal *m* auxiliar || ⁓**kessel** *m* / caldera *f* auxiliar o suplementaria, caldera *f* de reserva || ⁓**kessel** (Schiff) / caldereta *f* || ⁓**kondensator** *m* (Elektr) / condensador *m* auxiliar || ⁓**konstrukteur** *m* / delineante *m* [auxiliar], proyectista *m* [auxiliar] || ⁓**kontakt** *m* (Elektr) / contacto *m* auxiliar || ⁓**korn** *n*, -zielpunkt *m* (Waffe) / punto *m* de mira auxiliar || ⁓**kräfte** *f pl* (F.Org) / personal *m* auxiliar || ⁓**kran** *m* (Bahn) / grúa *f* || ⁓**kran**, Rettungskran *m* (allg) / grúa *f* auxiliar o de socorro || ⁓**kranzug** *m* / cabria *f* auxiliar (de la grúa) || ⁓**kühler** *m* (Mot) / radiador *m* auxiliar || ⁓**kupplung** *f* (Bahn) / acoplamiento *m* auxiliar || ⁓**lager** *n* / rodamiento *m* auxiliar || ⁓**linie** *f* (Geom) / línea *f* artificial o auxiliar o subsidiaria || ⁓**lok[omotive]** *f* (Bahn) / locomotora *f* de emergencia, locomotora *f* de socorro || ⁓**luftbehälter** *m* (Lok) / depósito *m* de aire auxiliar || ⁓**mannschaft** *f*, Rettungsmannschaft *f* / equipo *m* de socorro || ⁓**maschine**, Zusatzmaschine *f* / máquina *f* adicional o auxiliar || ⁓**maschinen** *f pl* (im Kraftwerk) / maquinaria *f* o equipo auxiliar (para centrales) || ⁓**maschinen** (Bahn) / equipo *m* auxiliar || ⁓**maske** *f*, Hilfemaske *f* (DV) / máscara *f* de ayuda || ⁓**maßnahmen** *f pl* **beim Einsatzabbruch** (Raumf) / medidas *f pl* de socorro || ⁓**matrix** *f*, R-Matrix *f* (Nukl) / matriz *f* R || ⁓**metall** *n* (Sintern) / metal *m* secundario de aportación || ⁓**metallegierung** *f* (Sintern) / aleación *f* || ⁓**mittel** *n*, Behelf *m* / remedio *m* [auxiliar], adminículo *m*, expediente *m* || ⁓**mittel**, -quelle *f*, Ressourcen *f p* / recurso[s] *m[pl]* || ⁓**mittel** (Färb) / agente *m* auxiliar || ⁓**mittel für die Projektierung** (DV) / ayudas *f pl* para programación y diseño || ⁓**mittel zur Standortbestimmung** (Nav) / dispositivo *m* auxiliar para determinar la posición || ⁓**monteur** *m* / mecánico *m* auxiliar || ⁓**motor** *m* / motor *m* auxiliar || ⁓**motor**, Servomotor *m* / servomotor *m* || ⁓**netz** *n*, Nebennetz *n* (Elektr) / circuito *m* secundario || ⁓**nocken** *m* / leva *f* auxiliar || ⁓**öffnungskontakt** *m*, Öffner *m* (Elektr) / contacto *m* auxiliar || ⁓**ölseparator** *m* / separador *m* auxiliar de aceite || ⁓**organisation** *f* **für Katastrophenfälle** / organización *f* u organismo de socorro (para catástrofes) || ⁓**oszillator** *m* **für Überlagerungsempfang** (Radar) / oscilador *m* local, oscilador *m* auxiliar || ⁓**patrone** *f* (Luftf) / cartucho *m* de [pedir] socorro || ⁓**personal** *n* / personal *m* auxiliar || ⁓**pfosten** *m* / poste *m* adicional, montante *m* || ⁓**phase** *f*, -wicklung *f*, -strang *m* (für den Anlauf einphasiger Motoren) (Elektr) / fase *f* auxiliar, devanado *m* de arranque || ⁓**phasenwicklung** *f* (Elektr) / arrollamiento *m* de fase auxiliar || ⁓**pol** *m*, Kompensationspol *m*, Wendepol *m* (Elektr) / polo *m* auxiliar || ⁓**präparat** *n* (Chem, Pharm) / preparado *m* auxiliar || ⁓**produkt** *n* (Chem) / producto *m* [químico] auxiliar || ⁓**programm** *n* (DV) / subprograma *m*, rutina *f* de ayuda || ⁓**programm** (allg) / programa *m* de ayuda || ⁓**pumpe** *f*, Zusatzpumpe *f*, Reservepumpe *f* / bomba *f* auxiliar o adicional, bomba *f* de reserva || ⁓**pumpe** (Schiff) / bomba *f* auxiliar || ⁓**pumpe** (für Kraftstoffförderung) (Mot) / bomba *f* auxiliar o adicional (de gasolina) || ⁓**quelle** *f* / recurso[s] *m[pl]* || ⁓**radar** *m* / radar *m* auxiliar || ⁓**rahmen** *m* (Kfz) / falso chasis *m* || ⁓**rahmen** (Lokomotive) / chasis *m* auxiliar o secundario, bastidor *m* || ⁓**rakete** *f* (für den Start)

hinter

(Raumf) / cohete *m* auxiliar ‖ ⁓**register** *n* (DV) / registro *m* auxiliar ‖ ⁓**[reihenschluss)wicklung** *f* (Elektr) / arrollamiento *m* auxiliar [en serie] ‖ ⁓**relais** *n* / relé *m* auxiliar ‖ ⁓**rippe** *f* (Luftf) / costilla *f* auxiliar ‖ ⁓**ruder** *n* (Luftf) / compensador *m* automático de resorte ‖ ⁓**satz** *m* (Bergb) / bomba *f* de emergencia ‖ ⁓**satz**, Lemma *n* (DV) / lema *m* ‖ ⁓**schacht** *m* (Bergb) / pozo *m* auxiliar ‖ ⁓**schalter** *m* (Elektr) / interruptor *m* auxiliar ‖ ⁓**schaltung** *f* / circuito *m* o conexión auxiliar ‖ ⁓**schiene** *f* (Bahn) / barra *f* auxiliar ‖ ⁓**schiff** *n* / buque *m* o barco auxiliar ‖ ⁓**schiff**, Rettungsschiff *n* / buque *m* de socorro ‖ ⁓**schirm** *m* (zum Öffnen des Hauptschirms), Rettungsschirm *m* (Luftf) / paracaídas *m* extractor ‖ ⁓**schließkontakt**, Schließer *m* (Elektr) / contacto *m* auxiliar de trabajo ‖ ⁓**schritt** *m* (DV) / bit *m* de servicio ‖ ⁓**schubsystem** *n* (Raumf) / sistema *m* propulsivo auxiliar ‖ ⁓**schuss** *m*, -loch *n* (Bergb) / pega *f* o voladura auxiliar ‖ ⁓**schütz** *n* (Elektr) / contactor *m* auxiliar, relé *m* [contactor] auxiliar ‖ ⁓**schütz**, Hilfsstromschalter *m* (DIN 57660) / interruptor *m* de control ‖ ⁓**schwimmer** *m* (Luftf) / flotador *m* lateral ‖ ⁓**seil** *n* (Seilb) / cable *m* de seguridad o de socorro, cable *m* auxiliar ‖ ⁓**seilbahn** *f* / teleférico *m* o funicular aéreo auxiliar ‖ ⁓**seilbahn**, Bauseilbahn *f* / teleférico *m* o funicular aéreo para obras ‖ ⁓**sender** *m* (Eltronik) / emisora *f* auxiliar, transmisor *m* satélite ‖ ⁓**signal** *n*, Nebensignal *n* (Bahn) / señal *f* secundaria ‖ ⁓**speicher** *m* (DV) / memoria *f* auxiliar ‖ **nicht adressierbarer** ⁓**speicher** (DV) / memoria *f* anexa ‖ [**schneller**] ⁓**speicher** (DV) / memoria *f*, almacenamiento *m* borrador, almacenamiento *m* de núcleos adicional ‖ ⁓**spiegel** *m* (Fernrohr) / espejo *m* secundario ‖ ⁓**spindel** *f* (Fräsm) / husillo *m* secundario ‖ ⁓**spinner** *m* (Tex) / hiladora *f* suplementaria ‖ ⁓**sprache** *f* (zwischen Klartext und Maschinensprache) (DV) / lenguaje *m* de compaginación ‖ ⁓**spule** *f* (Tex) / bobina *f* auxiliar ‖ ⁓**stab** *m* (Stahlbau) / barra *f* auxiliar ‖ ⁓**standlinie** *f*, -basis *f* (Verm) / base *f* auxiliar ‖ ⁓**station** *f*, Rettungsstation *f* (Med) / puesto *m* de socorro ‖ ⁓**stativ** *n* (Verm) / trípode *m* auxiliar ‖ ⁓**stecktafel** *f* (Eltronik) / tablero *m* de fichas de conexión ‖ ⁓**steiger** *m* (Bergb) / capataz *m* minero auxiliar ‖ ⁓**stempel** *m* (Bergb) / estemple *m* provisional ‖ ⁓**steuerung** *f* / control *m* o mando auxiliar, servomando *m* ‖ ⁓**stoffbedarf** *m* (F.Org) / demanda *f* de materiales adicionales ‖ ⁓**stoffe** *m pl*, Hilfs- und Betriebsstoffe *m pl* (F.Org) / materiales *m pl* adicionales para la producción ‖ ⁓**stollen** *m* (Bergb) / galería *f* auxiliar ‖ ⁓**strang** *m* (für den Anlauf einphasiger Motoren), -wicklung *f*, -phase *f* (Elektr) / fase *f* auxiliar ‖ ⁓**strecke** *f* (Tex) / banco *m* de estiraje auxiliar o suplementario ‖ ⁓**strecke** (Bergb) / vía *f* auxiliar ‖ ⁓**stromauslösung** *f* (Elektr) / desenclavamiento *m* independiente ‖ ⁓**substanz** *f* (Biochem) / coadyuvante *m* ‖ ⁓**support** *m* (Wzm) / carro *m* auxiliar ‖ ⁓**synchronsignal** *n* (TV) / señal *f* de sincronización suplementaria ‖ ⁓**tonspur** *f* (Eltronik) / pista *f* auxiliar, pista *f* de señales de coordinación ‖ ⁓**träger**, Nebenträger *m* (TV) / subportadora *f*, portadora *f* intermedia ‖ ⁓**trägermodulation** *f* (TV) / modulación *f* de portadora auxiliar ‖ ⁓**triebwerk** *n* (Raumf) / grupo *m* motor auxiliar, propulsor *m* auxiliar ‖ ⁓**- und Verbindungswörter auslassend** (DV) / asindético ‖ ⁓**valenz**, -wertigkeit *f* (Chem) / valencia *f* auxiliar ‖ ⁓**vorrichtung** *f* / dispositivo *m* auxiliar o de reserva ‖ ⁓**wagen** *m* (Kfz) / automóvil *m* de ayuda técnica ‖ ⁓**wagen**, Rettungskabine *f* (Seilb) / cabina *f* de emergencia ‖ ⁓**wagen** (Sägewerk) / carrito *m* auxiliar ‖ ⁓**weg** *m* (Fernm) / ruta *f* [de encaminamiento] de emergencia ‖ ⁓**welle** (Masch) / árbol *m* intermedio ‖ ⁓**wicklung** *f* (Elektr) / devanado *m* auxiliar ‖ ⁓**winde** *f* (Schiff) / güinche *m* auxiliar, cabrestante *m* auxiliar ‖ ⁓**wissenschaft** *f* / ciencia *f* auxiliar ‖ ⁓**zahl** *f* (Math) /

constante *f* de valuación ‖ ⁓**ziel** *n*, Einschießziel *n* (Mil) / blanco *m* auxiliar ‖ ⁓**zug** *m* (Bahn) / tren *m* de socorro ‖ ⁓**zweig** *m* **eines Stromkreises** (Elektr) / ramo *m* auxiliar de un circuito

Hill-hold-Funktion *f* (Kfz) / función *f* hill-hold (evita el retroceso del vehículo en subidas)

Himalaya *m*, Zibeline *f* (Web) / cebellina *f* ‖ ⁓**zeder** *f* (Bot) / cedro *m* asiático o de Himalaya

Himmel *m* (Kfz) / cielo *m*, revestimiento *m* interior del techo ‖ **~blau** (RAL 5015) / azul celeste, celeste

Himmels•achse *f* (Astr) / eje *m* celeste o del universo ‖ ⁓**äquator** *m* / ecuador *m* celeste ‖ ⁓**blau** *n* (Opt) / azul *m* del cielo ‖ ⁓**breite** *f* (Astr) / latitud *f* celestial ‖ ⁓**karte** *f* (Astr) / mapa *m* astronómico ‖ ⁓**körper** *m* / cuerpo *m* celeste, astro *m* ‖ ⁓**kugel** *f* / esfera *f* celeste ‖ ⁓**kunde** *f* / astronomía *f* ‖ ⁓**laboratorium** *n*, Skylab *n* (Raumf) / laboratorio *m* espacial ‖ ⁓**länge** *f* (Astr) / longitud *f* celestial ‖ ⁓**licht** *n* (Geophys) / luz *f* celeste ‖ ⁓**lichtquotient** *m* (Licht) / factor *m* de cielo ‖ ⁓**mechanik** *f* (Astr) / mecánica *f* celeste ‖ ⁓**strahlung** *f* (Geophys) / luz *f* de la atmósfera ‖ ⁓**tiefe** *f* (Astr) / fondo *m* del cielo

H-Impuls *m*, Zeilen[synchronisier]impuls *m* (TV) / impulso *m* de sincronización de línea

hinablassen / bajar

hinauf / hacia arriba ‖ **~befördern** *vt* / ascender ‖ **sich ~entwickeln** / aumentar *vi*, crecer ‖ **~gehen** *vi*, -fahren, -steigen / subir ‖ **~transformieren**, hinaufspannen (Eltronik) / transformar hacia arriba

Hinaus•fahren *n* [über] / rebasar la posición límite o el fin de carrera ‖ **~laufen** *vi* [auf] / terminarse [en] ‖ **~ragen** *vi* / sobresalir ‖ **~schieben** *vt* (zeitlich) / aplazar ‖ **~schießen** *vi* [über], überfahren (Luftf, Wzm) / sobrepasar ‖ **~schießen** *n* [über], Überschwingen *n* (Phys) / sobreoscilación *f*

hindern *vt*, hemmen / impedir, obstruir ‖ ⁓, aufhalten / obstaculizar

Hindernis *n*, Hinderung *f* / obstáculo *m*, barrera *f* ‖ ⁓**befeuerung** *f* (Luftf) / balizamiento *m* de obstáculos ‖ ⁓**feuer** *n* (Luftf) / luz *f* o baliza de obstáculos ‖ ⁓**sichtkennzeichen** *n*, Hindernismarker *m* (Luftf) / baliza *f* de obstáculo, balizaje *m*

Hinderung *f*, Versperrung *f* (allg) / obstrucción *f*

hindurchführen *vt* / atravesar, [hacer] pasar

hindurchperlen *vi* / barbotear ‖ ⁓ *n* (Chem) / barboteo *m*

hinein•fahren *vi*, vom Auto aus handeln (o. teilnehmen) (Kfz) / entrar un coche ‖ ⁓**mischen** *n* / incorporación *f* ‖ **~stopfen** *vt* / embutir, meter apretando, rellenar ‖ **~zwängen** *vt*, klemmen / forzar [en]

Hinfahrt *f* (Ggs.: Rückfahrt) / viaje *m* de ida, ida *f*

hinführend / que lleva [a], encaminado [a]

Hinlangen *n* (F.Org) / llegada *f*

Hinlauf *m* (TV) / acercamiento *m*

hinlegen *vt* (F.Org) / poner

Hinnivellement *n* (Verm) / nivelación *f* de ida

Hinreaktion *f*, Vorwärtsreaktion *f* (Chem) / reacción *f* directa

hinreichend, angemessen / adecuado ‖ ⁓ (Math) / suficiente

hinten, achtern (Schiff) / atrás, a popa

hinter, nach, Nach... / detrás [de] ‖ **~er**, Hinter... / trasero ‖ **~er Abzug** (Gewehr) / gatillo *m* trasero ‖ **~e Bordwand** (Kfz) / trampilla *f* trasera ‖ **~es Ende** / cola *f* ‖ **~es Ende des Brennstoff-Kreislaufes** (Nukl) / término *m* del ciclo de combustible ‖ **~e Flanke** (Impuls) / flanco *m* o borde posterior ‖ **~e Kante**, Hinterkante *f* / canto *m* trasero ‖ **~er Kotflügel** (Kfz) / guardabarro[s] trasero *m*[*pl*] ‖ **~es Laufrad** (Bahn) / rueda *f* portadora trasera ‖ **~er Laufradsatz** (Bahn) / juego *m* trasero de ruedas portadoras ‖ **~es Nadelbett** (Wirkm) / fontura *f* de agujas trasera ‖ **~e Pol[schuh]kante** (Elektr) / extremidad *f* de salida ‖ **~e Schwarzschulter** (TV) / umbral *m* posterior ‖ **~er**

615

Sitz, Hintersitz *m* (Kfz) / silla *f* trasera, asiento *m* trasero ‖ **~er Stoßfänger** (DIN), hintere Stoßstange (Kfz) / parachoques *m* trasero ‖ **~er Teil**, rückwärtiger Teil / parte *f* trasera ‖ **~er Zugkasten**, Kuppelkasten *m* (Lok) / traviesa *f* posterior
Hinterachs•aggregat *n* (Kfz) / tren *m* trasero ‖ **²antrieb** *m* / accionamiento *m* por eje trasero, transmisión *f* final ‖ **²-Bremskraftanteil** *m* (Kfz) / fracción *f* de la fuerza de freno del eje trasero ‖ **²brücke** *f* / puente *m* o tren posterior o trasero
Hinterachse *f* / eje *m* posterior o trasero ‖ **² mit Doppelgelenk** / eje *m* trasero biarticulado
Hinterachs•feder *f* / resorte *m* [del eje] trasero ‖ **²gehäuse** *n* (Kfz) / caja *f* del puente trasero ‖ **²gehäusedeckel** *m* / tapa *f* de la caja del puente trasero ‖ **²gehäusehälfte** *f* / semicaja *f* del puente trasero ‖ **²körper** *m* / cuerpo *m* del eje trasero ‖ **²rohr** *n* / cuerpo *m* tubular del eje trasero ‖ **²schub** *m* / empuje *m* del eje trasero ‖ **²schubstange** *f* (Kfz) / biela *f* del eje trasero ‖ **²strebe** *f* / tirante *m* del eje trasero ‖ **²trichter** *m* (Kfz) / trompeta *f* del eje trasero ‖ **²triebe** *m pl* / engranajes *m pl* para ejes traseros ‖ **²welle** *f* (DIN), Halbachse *f* / árbol *m* del puente trasero ‖ **²wellenrad** *n* (Kfz) / planetario *m* del diferencial
Hinter•ansicht *f* (Bau) / vista *f* posterior, vista *f* de (o por) atrás ‖ **~arbeiten** *vt*, hinterdrehen (Wzm) / despullar, destalonar ‖ **²bau** *m* (Fahrrad) / parte *f* o estructura trasea ‖ **~bauen** *vt* (Bergb) / llenar [el espacio], rellenar atrás ‖ **~bauen** *n* (Bergb) / llenado *m* del espacio entre entibación y pendiente ‖ **²boden** *m*, -wand *f* (Kessel) / contrachapa *f* ‖ **²bohren** *n* / destalonado *m* por taladrado ‖ **²bühne** *f*, Backstage / escenario *m* posterior ‖ **²bündelecho** *n* (Radar) / eco *m* posterior o de atrás ‖ **²deck** *n*, Achterdeck *n* (Schiff) / cubierta *f* de popa ‖ **²dreharbeit** *f* (Wzm) / trabajo *m* de destalonar ‖ **²drehbank** *f* / torno *m* especial para destalonar ‖ **~drehen** *vt* (Dreh) / destalonar, despullar ‖ **²drehen** *n* / destalonado *m* ‖ **²drehkurve** *f* (Wzm) / curva *f* de destalonar ‖ **~drehter Fräser** (Wzm) / fresa *f* destalonada ‖ **²drehvorrichtung** *f* (Wzm) / dispositivo *m* para destalonar, aparato *m* destalonador
hintereinander / uno detrás de otro, uno tras otro ‖ **~**, in Serie (Elektr) / en serie ‖ **~ angeordnet**, in Tandemanordnung / dispuesto en tándem ‖ **~ anordnen** (Masch) / disponer en tándem ‖ **~ anordnen**, hintereinander schalten (Elektr) / disponer en serie, conectar en serie ‖ **dreimal ~** / tres veces consecutivas
Hintereinanderschaltung *f*, Hintereinanderschalten *n*, Serien-, Reihenschaltung *f* (Elektr) / conexión *f* en serie
Hinter•eingang *m* (Bau) / puerta *f* de servicio ‖ **²ende** *n* / extremo *m* trasero o posterior, cabo *m* ‖ **²end-Plandrehen** *n* (Wzm) / refrentado *m* del dorso o de la cara atrás ‖ **²fach** (Web) / calada *f* trasera ‖ **²flanke** *f* (des Impulses) (Eltronik) / borde *m* o flanco posterior ‖ **²flügel** *m* (Luftf) / ala *f* trasera o posterior ‖ **²flügel** (Bau) / ala *f* posterior de un edificio ‖ **~fräsen** *vt* (Wzm) / destalonar con fresa ‖ **²front** *f* (Bau) / fachada *f* trasera ‖ **~füllen** *vt* (Bau, Bergb) / llenar ‖ **²füllen** *n* / llenado *m* del espacio entre entibación y pendiente ‖ **²fülltechnik** *f* / técnica *f* de relleno trasero ‖ **²füllung** *f* / relleno *m* trasero ‖ **²füllung** (Hydr) / terraplén *m* ‖ **²gabelstrebe** *f* (zum Sattel) (Fahrrad) / horquilla *f* trasera ‖ **²gebäude** *n* (Bau) / edificio *m* trasero o de atrás ‖ **²gestell** *n* (Hochofen) / obra *f* interior ‖ **~gießen** *vt*, -mauern, -füllen, -stampfen (Bau) / rellenar
Hintergrund *m* / fondo *m* ‖ **²** (Färb) / fondo *m* ‖ **²**, -geräusch, -rauschen *n* (Eltronik) / ruido *m* de fondo ‖ **²arbeit** *f* (DV) / trabajo *m* subordinado ‖ **²auftrag** *m* (DV) / tarea *f* subordinada ‖ **²beleuchtung** *f* (TV) /
iluminación *f* de fondo ‖ **²bild** *n* (DV) / imagen *f* de fondo ‖ **²dichte** *f* (Druck) / densidad *f* de fondo ‖ **²druck** *m* (DV) / impresión *f* con prioridad subordinada ‖ **²helligkeit** *f* (DV, TV) / luminosidad *f* de fondo ‖ **²lautsprecher** *m* / altavoz *m* de fondo ‖ **²programm** *n* (DV) / programa *m* subordinado ‖ **²projektion** *f* (TV) / proyección *f* por transparencia ‖ **²rauschen** *n* (Eltronik) / ruido *m* de fondo
Hintergrundstrahlung *f* (Nukl) / radiación *f* de fondo
Hintergrund•titel *m* (Film, TV) / título *m* de fondo ‖ **²verarbeitung** *f* (DV) / procesamiento *m* secundario
Hinter•haus *n*, -gebäude *n*, Hofgebäude *n* (Bau) / edificio *m* trasero o de atrás ‖ **²hof** (Bau) / patio *m* posterior ‖ **²kante** (Kohlenbürste) / borde *m* de salida ‖ **²kante** (des Flügels) (Luftf) / borde *m* posterior del ala, borde *m* de salida ‖ **[angelenkte] ²kantenklappe** (Luftf) / flap *m* hipersustentador ‖ **²kappe** *f* (Schuh) / contrafuerte *m*, talón *m* ‖ **²keule** *f*, -zipfel *m* (Radar) / lóbulo *m* posterior ‖ **²kipper** *m* (Straßb) / volquete *m* de retrodescarga, volquete *m* de descarga trasera ‖ **²kipper[-Anhänger]** / remolque *m* basculante trasero ‖ **²klebepapier** *n* (Druck) / lomera *f*, papel *m* de forro o para contralomo ‖ **~klebt** (Film) / unido o reforzado con cinta adhesiva ‖ **²land** *n* (Geo) / hinterland *m*, zona *f* interior ‖ **²land** (eines Hafens), Einzugsgebiet *n* / área *f* de aprovechamiento ‖ **~lastig** (Schiff) / estibado de popa, apopado ‖ **~lastig** (Luftf) / pesado de cola ‖ **~legen** *vt*, den Rücken stärken (Tex) / reforzar, doblar, respaldar ‖ **²leuchteter Bildschirm** (DV) / pantalla *f* retroiluminada ‖ **²linse** *f* (Opt) / lente *f* posterior ‖ **~lüftete Außenwandbekleidung** (Bau) / revestimiento *m* exterior de pared ventilado por detrás ‖ **²lüftung** *f* / ventilación *f* por detrás ‖ **²luke** *f* (Schiff) / escotilla *f* de popa ‖ **²maschine** *f* (Elektr) / generador *m* tándem ‖ **~mauern** *vt* (Bau) / trasdosear, rellenar con ladrillos ‖ **²mauerung** *f* (Hütt) / mampostería *f* de relleno ‖ **²mauerungsstein** *m* / ladrillo *m* ordinario ‖ **~packen** *vt* (Bergb) / rellenar atrás ‖ **²packen** *n* / llenado *m* del espacio entre entibación y hastiales ‖ **²piek** *f* (Schiff) / pique *m* de popa
Hinterrad *n* (Fahrrad, Kfz) / rueda *f* trasera ‖ **²antrieb** *m*, Hinterachsantrieb *m* (Kfz) / tracción *f* trasera, propulsión *f* de (o por) las ruedas traseras, transmisión *f* final ‖ **²bremse** *f* / freno *m* trasero o sobre las ruedas traseras ‖ **²federung** *f*, -aufhängung *f* / suspensión *f* trasera, suspensión *f* de las ruedas traseras, ballesta *f* trasera ‖ **²gabel** *f* (Fahrrad) / horquilla *f* trasera ‖ **²gabel** (zum Tretkurbellager) (Fahrrad) / horquilla *f* inferior [de la rueda] trasera ‖ **²lenkung** *f* (Kfz) / dirección *f* por las ruedas traseras ‖ **²reifen** *m*, -decke *f*, -mantel *m* / neumático *m* trasero, cubierta *f* de la rueda trasera ‖ **²schwinge** *f* (Motorrad) / horquilla *f* oscilante trasera, brazo *m* oscilante de la rueda trasera
Hinter•rieter *mpl* (Tex) / peines *m pl* posteriores ‖ **²schiff** *n*, Heck *n* / parte *f* posterior de la nave, popa *f* ‖ **~schleifen** *vt* (Wzm) / destalonar con muela ‖ **²schleifvorrichtung** *f* / dispositivo *m* para la rectificación destalonada ‖ **²schleifwinkel**, Freiwinkel *m* (Wzm) / ángulo *m* del hombro, ángulo *m* de rebajo ‖ **²schliff** *m* / desahogo *m*, despulla *f* lateral ‖ **²schliff** (Gewindebohrer) / talón *m* ‖ **~schliffen** (Wzm) / destalonado por muela ‖ **²schlitten** *m* (Wzm) / carro *m* trasero ‖ **~schneiden** *vt* (Plast, Wz) / destalonar, socavar ‖ **²schneidung** *f*, Unterschneidung *f* (Plast, Wz) / muesca *f*, destalonamiento *m* ‖ **²schraube** *f*, hinter den Tragflügeln liegende Luftschraube (Luftf) / hélice *f* trasera ‖ **²seil** *n* (Bergb) / cable *m* de cola ‖ **²seite** *f* / superficie *f* o cara posterior ‖ **²seite**, -front *f* (Bau) / fachada *f* posterior, lado *m* posterior, zaga *f* ‖ **²seite**, Hofseite *f* (Bau) / lado *m* de patio, lado *m* que da al patio ‖ **²sitz** *m*, hinterer Sitz (Kfz) / asiento *m* trasero

‖ ~stampfen vt (Bau) / apisonar ‖
~starter-Luft-Erde-Rakete f (Mil) / cohete m aire-tierra de retrodespegue ‖ ~stechen (Wzm) / tronzar parcialmente, destalonar al buril ‖ ~steven m (Schiff) / codaste m [popel], contracodaste m ‖ ~stich m (Dreh) / tronzado m ‖ ~stich (Wirkm) / pespunte m, puntada f trasera ‖ ~stoßmaschine f (Wzm) / máquina f de destalonar por mortajado ‖ ~support m (Wzm) / carro m trasero ‖ ~teil n, -seite f / parte f posterior, parte f trasera ‖ ~tor n, -tür f (Bau) / puerta f trasera ‖ ~treppe f (Bau) / escalera f de servicio ‖ ~wagen m / parte f trasera del coche ‖ ~walzer m (Blechwalzw) / recibidor ‖ ~wand f / pared f posterior ‖ ~wand (Kessel) / pared f trasera ‖ ~wandzelle f (Photohalbl) / célula f fotovoltaica [de incidencia] posterior ‖ ~zange f (Hobelbank) / torno m trasero, pinza f trasera ‖ ~zipfel m s. Hinterkeule

hinüber•fahren vi, übersetzen / atravesar, cruzar ‖ ~schaffen n (Math) / transposición f

hin und her / ida y vuelta, vaivén

hin- und herbewegen / mover alternativamente ‖ ~ und herbewegen, schwenken / agitar, zangolotear ‖ sich ~ und herbewegen / moverse alternativamente, ir y venir, revolverse ‖ sich ~ und herbewegend, pendelnd / oscilante, pendular, oscilatorio ‖ ~ und Herbewegung, hin- und hergehende Bewegung f / movimiento m alternativo o de vaivén ‖ ~ und Herbewegung, Gestängebewegung f (Masch) / movimiento m de ida y vuelta ‖ ~ und Herbiegeversuch m (Mat.Prüf) / ensayo m de flexión por vaivén ‖ ~ und herdrehen / girar alternativamente ‖ schnell ~ und herfahren / moverse como una lanzadera ‖ ~ und herfahrend, -gehend / que tiene un movimiento alternativo ‖ ~ und hergehen vi, sich hin- und herbewegen / ir y venir ‖ senkrecht ~ und hergehen / subir y bajar ‖ ~ und hergehend / en vaivén ‖ ~ und hergehend, oszillierend / oscilante ‖ ~ und hergehende Bewegung, Hin- und Her-Bewegung f / movimiento m de vaivén ‖ ~ und hergehende Drehbewegung / rotación f alternativa, movimiento m alternativo-rotativo ‖ ~ und hergehender Tisch / mesa f de movimiento alternativo ‖ ~ und Herlaufen n, Gang m des Schiffchens in der Kette (Web) / pasada f de la lanzadera ‖ Speicherinhalte ~ und herschießen (DV) / trocar ‖ ~ und Herschnürung f (Jacquard, Tex) / orden m alternativo de pasada de la tabla ‖ ~ und herschwanken, -schwingen, pendeln / oscilar, tambalear, vacilar, balancear ‖ ~ und herschwingen, flattern / revolotear ‖ ~ und herschwingen, schaukeln / bascular ‖ ~ und herschwingend / pendular ‖ ~ und Herverdrehversuch m / ensayo m de torsión alternativo ‖ ~ und Herzyklus / ciclo m de vaivén, ciclo m de ida y vuelta ‖ ~ und Rückfahrt f (Bahn) / viaje m de ida y vuelta ‖ ~ und Rücklauf m (TV) / ida f y retorno ‖ ~ und Rückleitung f / línea f de ida y vuelta ‖ ~ und Rückleitung (auf und ab) / conducción f de ida y vuelta (ascendente y descendente) ‖ ~ und Rückmessung (Fernm) / medida f en anillo ‖ ~ und Rückrichtung / sentido de ir y venir

hinuntersprechen vt (Luftf) / guiar para el aterrizaje
hinweglaufen vi [über] (Relais) / pasar por encima [de] ‖ ~ [über], darüberlaufen (Flüssigkeit) / pasar [por], transcurrir por
hinwegstreichen, über etwas ~ / pasar por encima [de algo], moverse por encima [de algo]
Hinweis•adresse f, Zeiger m (DV) / indicador m ‖ ~adresse, -marke f (DV) / señalador m, identificador m ‖ ~pfeil m (Bau) / flecha f indicadora, saeta f indicadora ‖ ~schild n (allg) / letrero m o rótulo indicador ‖ ~schild (Pipeline) / placa f de indicación ‖ ~spur f (DV) / pista f de biblioteca ‖ ~symbol, Kennzeichen n (DV) / bandera f ‖ ~symbol n, Markierung f (DV) / centinela f, bandera f ‖ ~tafel f / cartel m de advertencia ‖ ~[ungs]zeichen n (Druck) / referencia f ‖ ~zeichen n, -schild n (Straßb) / señal f informativa o indicativa o de información

hinzu•fließen lassen / introducir, adicionar ‖ ~fügen vt / añadir, agregar, adicionar ‖ ~kommend, zusätzlich / accesorio

HIP-Prozess m, heißisostatisches Pressen, HIPen n, Hippen n (Sintern) / compresión f isostática a (o bajo) temperaturas elevadas, procedimiento m HIP
Hippursäure f, Benzoylglykokoll n (Chem) / ácido m hipúrico
Hirn•fläche f (von Holz) / superficie f transversal de madera ‖ ~holz n (Tischl) / madera f de testa o frontal ‖ ~holzfeder f (Tischl) / lengüeta f de madera de testa ‖ ~holzplatte f (Holz) / plancha f de madera cortada contra la fibra ‖ ~holzverleimung f (Tischl) / encolado m a tope ‖ ~leiste f (Tischl) / listón m transversal ‖ ~ring m, Zwinge f (Tischl) / sargento m, abrazadera f
Hirsch•hornsalz n, sekundäres Ammoniumcarbonat n (Chem) / sal f de asta de ciervo, carbonato m de amonio ‖ ~leder n / piel f de venado o de ciervo
Hirse f (Landw) / mijo m
Hirthverzahnung f (Masch) / dentado m frontal, dentado m de Hirth
hissen vt, heißen, hochziehen (Schiff) / izar, enarbolar
Histamin n (Biochem) / histamina f
Histidin n (Chem) / histidina f
Histo•chemie f, Gewebschemie f / histoquímica f ‖ ~chemisch / histoquímico ‖ ~gramm, Treppenpolygon n (Stat) / histograma m ‖ ~logisch (Biol) / histológico ‖ ~lyse f, Gewebsauflösung f / histólisis f
Histon n (Chem) / histona f
Hitchkupplung f (für Anhängegeräte) (Landw) / enganche m "hitch"
Hi Tech s. High Tech
Hittorfscher Dunkelraum (Eltronik) / espacio m oscuro catódico o de Hittorf
Hitzband n (Elektr) / cinta f de calefacción
Hitzdraht•amperemeter n (Elektr) / amperímetro m térmico o de hilo caliente ‖ ~anemometer n (Meteo) / anemómetro m de hilo caliente ‖ ~instrument, -messgerät n (Elektr) / instrumento m térmico o de hilo caliente ‖ ~spule f (Fernm) / bobina f térmica
Hitze f, Wärme f / calor m, calda f ‖ ~, Gluthitze f / ardor m ‖ ~, Schmelze f (Hütt) / fusión f ‖ ~..., Wärme... / termo... ‖ ~ geben (Schm) / dar una calda ‖ in einer ~ walzen (Walzw) / laminar en una calda ‖ ~beansprucht / sometido a acciones térmicas ‖ ~beständig (Hütt, Phys, Plast) / termoestable, a prueba de calor, termo[e]stábil, termorresistente, pirorresistente ‖ ~beständig (Keram, Stahl) / refractario ‖ ~beständig (bei Rotglut) (Stahl) / resistente al [calor] rojo ‖ ~beständiger Stahlguss / fundición f de acero termoestable ‖ ~beständigkeit f / resistencia f al calor, termorresistencia f, refractariedad f ‖ ~einwirkung f / acción f térmica o del calor ‖ ~empfindlich / sensible al calor, termosensible ‖ ~empfindlichkeit f / termosensibilidad f, sensibilidad f térmica ‖ ~fleck m auf verzinkter Fläche (Galv) / mancha f gris ‖ ~grad m (Phys) / grado m de [alta] temperatura, grado m de calor ‖ ~mauer, -barriere f (Luftf) / barrera f térmica ‖ ~resistent / termorresistente, resistente al calor ‖ ~schild m (Raumf) / blindaje m o escudo térmico, pantalla f térmica ‖ ~schutz m / protección f térmica ‖ ~schutzmantel m (Stahl) / manta f térmica ‖ ~schwelle f, -stufe s. Hitzebarriere ‖ ~stabilität f / estabilidad f al calor ‖ ~stau m / acumulación f de calor ‖ ~unbeständig, thermolabil / termolábil ‖ ~welle f (Meteo) / ola f de calor
Hitzhaube f (Holzbearb) / caperuza f de estufado o vaporización

H-Kabel *n*, Höchstädter-Kabel *n* / cable *m* tipo H
HK-Eisen *n* (Hütt) / fundición *f* al carbón vegetal
HKW, Halogenkohlenwasserstoffe (Chem) / hidrocarbones *m pl* halogenados ‖ ≙ = Heizkraftwerk
hl (= Hektoliter) / hectolitro *m*
H-Ladung, Hohlladung *f* (Mil) / carga *f* hueca
HM, Hartmetall *n* / metal *m* duro
HMD, Helmet- or Head-Mounted Display (DV) / Pantalla *f* Montada en el Casco (o en la Cabeza)
HMFA (Phys) = Hochmagnetfeldanlage
HM-Fräsen *n* (Wzm) / fresado *m* de metales duros
H-Milch *f* (Nahr) / leche *f* homogeneizada y ultrapasteurizada, leche *f* U.H.T., leche *f* uperizada
H-Motor *m* / motor *m* en H
HNDR (Nukl) = heteronukleare Doppelresonanz
HNO-Spiegel *m* (Stirnreflektor) (Med) / reflector *m* frontal
Hobbock *m* (Transportgefäß) / barril *m* [de transporte] con tapa fijada por bridas
Hobbywerker *m*, Heimwerker *m* / bricolador *m*
Hobel *m* (Wz) / cepillo *m* ‖ ≙**anschlag** *m* / tope *m* del cepillo ‖ ≙**arbeit** *f* / cepillado *m*, acepilladura *f* ‖ ≙**bahn** *f* (Unterfläche), Hobelsohle *f* / suela *f*, talón *m* ‖ ≙**bank** *f* / banco *m* de carpintero ‖ ≙**bankhaken** *m* / garra *f* de banco de carpintero ‖ ≙**bankzwinge** *f* / sargento *m* o gatillo de banco de carpintero ‖ ≙**eisen** *n*, -messer *n* / cuchilla *f* [dentada] del cepillo ‖ ≙**eisenklappe** *f* (Tischl) / contrahierro *m* ‖ ≙**griff** *m* **des eisernen Hobels** / mango *m* de cepillo ‖ ≙**kamm**, Kammstahl *m* (Wzm) / herramienta-cremallera *f* ‖ ≙**kasten** *m*, -gehäuse *n* (Tischl) / caja *f* del cepillo, zoquete *m* ‖ ≙**keil** *m* / cuña *f* del cepillo ‖ ≙**klinge** *f* s. Hobeleisen ‖ ≙**kopf** *m* (Wzm) / cabeza *f* de cepillo ‖ ≙**kopfschlitten** *m* (Wzm) / carro *m* cabezal de cuchillas ‖ ≙**maschine** *f* / máquina *f* cepilladora, acepilladora *f* ‖ ≙**maschine** (Druck) / cepilladora *f*, niveladora *f*, calibradora *f* ‖ ≙**maschine** (Metalle) / limadora *f* ‖ ≙**maschinentisch** *m* (Wzm) / mesa *f* de la cepilladora ‖ ≙**meißel** *m*, -stahl *m* (Wzm) / cuchilla *f* de cepillado ‖ ≙**meißel** (Bergb) / cortador *m* de carbón ‖ ≙**meißelhalter** *m* (Wzm) / sujetacuchillas *m* ‖ ≙**messer** *n* s. Hobeleisen
hobeln *vt*, ab-, aushobeln (Tischl) / acepillar, cepillar ‖ ~, waagerecht stoßen / mortajar ‖ ~ (dünne Späne) (Masch) / desprender virutas finas ‖ **Fußböden** ~ / acepillar entarimados ‖ **gegen den Strich** ~ (Tischl) / acepillar contra la fibra ‖ **Zähne nach dem Abwälzverfahren** ~ / acepillar dientes por el procedimiento generador ‖ ≙ ~ / acepillado *m*, cepillado *m*
Hobel•nase *f* (Tischl) / empuñadura *f* del cepillo ‖ ≙**raspel** *f* / escofina *f* de cepillo ‖ ≙**säge** *f* / sierra *f* acepilladora ‖ ≙**schar** (Straßb) / reja *f* niveladora ‖ ≙**schwert** *n* (Bergb) / placa *f* base de la máquina cepilladora ‖ ≙**sohle** *f* (Tischl) / superficie *f* inferior del cepillo ‖ ≙**span** *m* (Spanplatten) / viruta *f* de acepilladora o de madera, acepilladura *f* ‖ ≙**späne** *m pl* / acepilladura *f* ‖ ≙**späne** (Metall) / limalla *f* ‖ ≙**spanloch** *n*, -maul *n* (Tischl) / lumbrera *f* del cepillo ‖ ≙**stirn** *f* / frente *m* del cepillo ‖ ≙**stoß** *m* (Bewegung) / golpe *m* de cepillo ‖ ≙**streb** *m* (Bergb) / corte *m* [horizontal] a cepillo ‖ ≙**strich** *m*, gehobelte Fläche (Tischl) / superficie *f* acepillada ‖ ≙**tisch** *m* (Wzm) / mesa *f* de cepilladora o de cepillado ‖ ≙- **und Fräsmaschine** *f* / cepilladora-fresadora *f* ‖ ≙**- und Fügemaschine** *f* (Fass) / máquina *f* para acepillar y juntar ‖ ≙**ware** *f* / productos *m pl* acepillados
Hobler *m*, Schnellhobler *m* (Wzm) / limadora *f* rápida ‖ ≙ (Arbeiter) / acepillador *m*, oficial *m* cepillador ‖ ≙ **mit Kurbelantrieb** / limadora *f* a manivela
hoch *adj* / alto ‖ ~, groß / grande ‖ ~ (Temperatur, Widerstand usw) / fuerte, elevado, intenso ‖ ~, hell (Ton) / agudo ‖ ~ (z.B. 10 hoch 4) (Math) / elevado [a una potencia] (por ej. 10 a la 4ª) ‖ ~ s. höher, höchst ‖ ~

empfindlich / muy sensible, de alta sensibilidad, suprasensible ‖ ~ **empfindlich**, schnell (Foto) / de alta velocidad, ultrarrápido ‖ ~ **in der Luft** / en lo alto [del aire] ‖ ~ **qualifiziert** / altamente calificado ‖ ~ **radioaktiv**, hochaktiv / altamente o fuertemente radi[o]activo ‖ **5 m hohe Säule** / columna *f* de 5 metros de alto ‖ **x ~ 2** / x al cuadrado o a la segunda potencia ‖ **mit hohem Gamma** (Eltronik) / de gamma elevado ‖ **mit hoher Wattzahl** (Elektr) / de vatiaje elevado ‖ **Anhebung der hohen Frequenzen** (Eltronik) / reforzamiento *m* de los agudos ‖ **für hohe Ansprüche** / para clientes [muy] exigentes ‖ **hohe Belastbarkeit** (Widerstand) / disipación *f* elevada ‖ **hohe Drehzahl** / velocidad *f* elevada, número *m* de revoluciones elevado ‖ **hoher Flammpunkt** (Chem, Öl) / punto *m* de inflamación elevado ‖ **hohes Fließvermögen** / fluidez *f* elevada ‖ **hohe Frequenzen** (Lautsprecher) / frecuencias *f pl* elevadas ‖ **hoher Gehalt** / alto contenido [en o de] ‖ **hohe Geschwindigkeit**, Schnelligkeit *f* / alta velocidad ‖ **hohe Gradation** / gamma *m* elevado ‖ **hoher Integrationsgrad** / alto grado de integración ‖ **hohes Niveau** / nivel *m* elevado, alto nivel ‖ **hoher Pegel** / nivel *m* elevado ‖ **hohe Priorität** / alta prioridad ‖ **hoher Seegang** / marejada *f*, oleaje *m* ‖ **hohe Sperrspannung** (Elektr) / voltaje *m* elevado de bloqueo ‖ **hohe Störschwelle** (Halbl) / umbral *m* de ruido elevado ‖ **hohes Verhältnis** / razón *f* elevada, proporción *f* elevada ‖ **hohe Verstärkung** (Eltronik) / ganancia *f* elevada ‖ **hohe Wiedergabetreue**, Hi-Fi *n* / alta fidelidad
Hoch *n*, Hochdruckgebiet *n*, Antizyklone *f* (Meteo) / anticiclón *m*, área *f* de alta presión [barométrica]
Hochachse *f* (Luftf) / eje *m* vertical ‖ ≙ (Math) / eje *m* vertical de ordenada
hochaktiv (Nukl) / altamente radiactivo ‖ ~**e Abfälle** *m pl*, HAW (Nukl) / residuos *m pl* altamente radi[o]activos ‖ ~**e Spaltproduktlösung** / solución *f* de productos de fisión altamente radi[o]activos
hoch•angereichert / altamente enriquecido ‖ ≙**antenne** *f* / antena *f* elevada o alta o aérea ‖ ≙**antenne**, Freiantenne *f* / antena *f* exterior ‖ ≙**ätzung**, Reliefgravierung *f* (Druck) / grabado *m* en relieve ‖ ~**auflösend** (Opt) / de alta resolución ‖ ~**auflösender Bildschirm** (TV) / pantalla *f* de gran resolución ‖ ~**auflösendes Fernsehen** / televisión *f* de alta definición ‖ ~**auflösendes Radiometer**, VHRR (Raumf) / radiómetro *m* de gran resolución ‖ ~**auflösungsgoniometer** *n* (Verm) / goniómetro *m* de gran resolución ‖ ~**[auf]ragend** / elevado, alto ‖ ≙**auftriebssystem** *n* (Luftf) / sistema *m* de fuerte ascenso ‖ ≙**ausbeutezellstoff** *m* (Pap) / celulosa *f* o pasta de gran rendimiento ‖ ≙**bagger** *m* (Bau) / excavadora *f* en alto ‖ ≙**bahn** *f* / tren *m* elevado ‖ ≙**bahn** (Ggs.: U-Bahn) / ferrocarril *m* elevado, metro[politano] *m* elevado ‖ ≙**bahn** (Kran) / vía *f* de rodadura elevada ‖ ≙**bahnkran** *m* / grúa *f* sobre vía elevada ‖ ≙**bau** *m* (hoher Bau) / edificio *m* elevado ‖ ≙**bau** (Ggs.: Tiefbau) / construcción *f* de edificios, construcción *f* alta o sobre tierra ‖ ≙**bau**, Oberbau *m* (Bau) / superestructura *f* ‖ ≙**bauamt** *n* / dirección *f* de obras ‖ ≙**bauende Karosserie** (Kfz) / carrocería *f* de gran altura ‖ ≙**bauklinker** *m* (Keram) / clinker *m* para edificaciones ‖ ≙**baukran** *m* / grúa *f* para construcción de edificios ‖ ≙**bauteil** *m*, Geschosse *n pl* (Bau) / pisos *m pl* ‖ ≙**bauunternehmen** *n* / empresa *f* de construcción de edificios ‖ ~**beansprucht** / muy forzado, muy solicitado ‖ **auf Abnutzung** ~**beansprucht** / sometido a gran desgaste ‖ ≙**behälter** *m*, -reservoir, -speicherbecken *n* / depósito *m* o tanque elevado ‖ ~**belastbar** / altamente resistente, de alta capacidad de carga ‖ ~**belastbar** (Widerstand) / disipación elevada ‖ ~**belastet** / sometido a grandes cargas ‖ ~**belastete Leitradschaufel** (Kompressor) / ala *f* directriz sometida

a grandes cargas ‖ ~**bewegliche Schnur** (Elektr) / cordón *m* muy flexible ‖ ⁓**biegewerkzeug** *n* (Stanz) / útil *m* de doblar ‖ ~**bitratig** (z.B. Gbit/s) (DV) / de alta número de bitios ‖ ~**bituminös** (Kohle) / con alto contenido volátil ‖ ~**bordig** (Schiff) / de borda alta ‖ ~**bordiger Wagen** (Bahn) / vagón *m* de bordes altos ‖ ~**bordiger Güterwagen** / vagón *m* de bordes altos ‖ ⁓**bordstein** *m* (Straß) / bordillo *m* alto ‖ ⁓**böschung** *f*, Böschung *f* im Auftrag (Bau) / talud *m* terraplenado ‖ ~**brechen** *vt* (Bergb) / avanzar desde abajo o hacia arriba ‖ ~**brisant**, Brisanz... (Bergb, Mil) / altamente explosivo ‖ ⁓**brücke** *f* (auf Pfeilern) (Bau) / viaducto *m* ‖ ⁓**bügel** *m* / arco *m* alto ‖ ⁓**bunker** *m* (Hütt) / tolva *f* elevada ‖ ⁓**chlorungsverfahren** *n* (Chem) / método *m* o procedimiento de clor[ur]ación fuerte ‖ ⁓**dach** *n* (Kfz) / techo *m* alto ‖ ~**dauerfest** (Material) / de alta resistencia a la fatiga, altamente resistente a la fatiga ‖ ⁓**decker** *m* (Luftf) / monoplano *m* de ala alta, avión *m* de ala alta ‖ ~**dehnbares Kraftsackpapier** / papel *m* kraft extensible para sacos ‖ ~**dicht** (Uranbrennstoff) / de alta densidad ‖ ~**dichte Säure** (Chem, Rakete) / ácido *m* de alta densidad ‖ ~**dispers**, -dispergiert / de alta dispersión, altamente disperso ‖ ⁓**drahtgarn** *n* (Tex) / hilado *m* altamente retorcido ‖ ~**drehen** *vt*, hochschrauben / elevar atornillando o girando ‖ ~**drehen** (Motor) / acelerar, aumentar el número de revoluciones ‖ ~**drehen mit Kurbel** / levantar con ayuda de una manivela ‖ ~**drehen** *n* (Mot) / embalado *m* ‖ ⁓**drehzahlklopfen** *n* (Mot) / golpeado *m* en velocidad alta
Hochdruck *m*, HD / presión *f* alta, alta *f* presión, AP ‖ ⁓, -**gebiet** *n* (Meteo) s. Hoch ‖ ⁓, Buchdruck *m* (Verfahren) / impresión *f* en relieve ‖ ⁓ *m* (Schmierung) / presión *f* alta ‖ ⁓... / de o bajo alta presión ‖ ⁓**anzeiger** *m* / indicador *m* de alta presión ‖ ⁓**apparat** *m*, [Druck]bombe *f* (Chem) / vaso *m* de reducción a alta presión ‖ ⁓**armaturen** *f pl* / tubo-accesorios *m pl* para altas presiones ‖ ⁓**behälter** *m* / depósito *m* o tanque o recipiente para altas presiones ‖ ⁓**chemie**, Piezochemie *f* / piezoquímica *f* ‖ ⁓**dampfturbine** *f* (Kraftwerk) / turbina *f* de vapor de alta presión ‖ ⁓**entwickler** *m* (Schw) / generador *m* de alta presión ‖ ⁓**exhaustor** *m*, Gasgebläse *n* / exhaustor *m* o soplador de alta presión ‖ ⁓**fett** *n*, EP-Fett *n* / grasa *f* para altas presiones, grasa *f* para cojinetes y rodamientos solicitados a cargas elevadas ‖ ⁓**-Flüssigkeitschromatographie** *f* (Chem) / cromatografía *f* líquida bajo alta presión ‖ ⁓**form** *f* (Druck) / plancha *f* para impresión en relieve ‖ ⁓**gas** *n* (Phys) / gas *m* a alta presión ‖ ⁓**-Gasentladungslampe** *f* (Elektr) / lámpara *f* de descarga a alta presión ‖ ⁓**gasleitung** *f* / tubería *f* de gas a alta presión ‖ ⁓**gebiet** *n* (Meteo) s. Hoch ‖ ⁓**gebläse** *n* / ventilador *m* de alta presión ‖ ⁓**gehäuse** *n* (Turbine) / cárter *m* de alta presión ‖ ⁓**heizung** *f* / calefacción *f* de alta presión ‖ ⁓**hochofen** *m* (Hütt) / alto *m* horno presurizado o de presión alta ‖ ⁓**hydrierung** *f* (Chem) / hidrogenación *f* a alta presión ‖ ⁓**kapselgebläse** *n* / ventilador *m* Roots de alta presión ‖ ⁓**keil** *m* (Meteo) / dorsal *f* barométrica, cuña *f* anticiclónica, cuña *f* de altas presiones ‖ ⁓**kessel** *m* / caldera *f* de alta presión ‖ ⁓**kompressor**, -verdichter *m* / compresor *m* de alta presión, hipercompresor *m* ‖ ⁓**kraftwerk** *n* / central *f* térmica de alta presión ‖ ⁓**läufer** *m* (Turbine) / rodete *m* de alta presión ‖ ⁓**leitung** *f* / conducto *m* de alta presión, tubería *f* de alta presión ‖ ⁓**manometer** *n* / manómetro *m* de alta presión ‖ ⁓**maschine** *f*, Buchdruckpresse *f* (Druck) / máquina *f* de imprimir en relieve ‖ ⁓**ölkabel** *n* / cable *m* bajo alta presión de aceite ‖ ⁓**ölkabel im Stahlrohr** / cable *m* oleo[e]stático ‖ ⁓**papier** *n* (Druck) / papel *m* tipográfico ‖ ⁓**physik** *f* / física *f* de altas presiones ‖ ⁓**polyethylen** *n* (Plast) / polietileno *m* de alta presión ‖ ⁓**-Pressballen** *m* (Landw) / paca *f* de alta presión ‖ ⁓**-Pressschmierung** *f* / lubricación *f* con aceite a alta presión ‖ ⁓**pumpe** *f* / bomba *f* de alta presión ‖ ⁓**reiniger** *m* / limpiador *m* de alta presión ‖ ⁓**-Rotationsmaschine** *f* (Druck) / rotativa *f* tipográfica ‖ ⁓**schlauch** *m* / manguera *f* de alta presión, tubo *m* flexible AP ‖ ⁓**-Schmiermittel**, EP-Schmiermittel *n* / lubricante *m* de alta presión ‖ ⁓**-Schmierpresse**, Schmierpresse *f* / prensa *f* de lubri[fi]cación [a alta presión] ‖ ⁓**schmierung** *f* / engrase *m* a alta presión, lubricación *f* a alta presión ‖ ⁓**spülfahrzeug** *n* / vehículo *m* de limpieza [con agua] a alta presión ‖ ⁓**stoffauflauf** *m* (Pap) / caja *f* de flujo presurizada ‖ ⁓**stufe** *f* (Masch, Turbine) / etapa *f* de alta presión, etapa *f* AP ‖ ⁓**teil** *n* / parte *f* [de] alta presión ‖ ⁓**teilturbine** *f* / turbina *f* parcial de alta presión ‖ ⁓**tränken** *n* (Bergb) / humedecimiento *m* del frente con agua a presión, inyección *f* de agua a presión en el filón ‖ ⁓**turbine** *f* (Kraftwerk) / turbina *f* de alta presión ‖ ⁓**umformung** *f* / conformación *f* bajo alta presión ‖ ⁓**verdichter**, -kompressor *m* / compresor *m* de alta presión ‖ ⁓**verfahren** *n* (Hütt) / marcha *f* con presión en el tragante ‖ ⁓**walze** *f*, Reliefdruckwalze *f* (Tex) / máquina *f* [impresora] de relieve ‖ ⁓**-Wasserkanone** *f* / cañón *m* de agua bajo alta presión
Hoch•ebene *f*, -fläche *f*, -plateau *n* (Geo) / altiplanicie *f*, altillano *m*, altillanura *f*, meseta *f*, sábana *f* (LA), altiplano *m* (LA) ‖ ~**elastisch** (Gummi) / superelástico ‖ ~**elastisches Endlosgarn** (Spinn) / hilo *m* sinfín altamente elástico ‖ ~**elastische Kupplung** *f* / acoplamiento *m* superelástico ‖ ~**elastischer Reifen** (Kfz) / neumático *m* con rebote rápido o con "snap" ‖ ~**energetische Abtastung** (Eltronik) / exploración *f* con electrones rápidos ‖ ~**energetisches Propergol** (Raumf) / propergol *m* altamente energético ‖ ~**energetisches Neutron** (Phys) / neutrón *m* de alta energía ‖ ⁓**energiephysik** *f* / física *f* de alta energía ‖ ⁓**energie-Umformung**, Explosionsform[geb]ung *f* / conformación *f* explosiva o por explosión ‖ ⁓**energie-Umlaufbahn** *f* (Raumf) / órbita *f* de alta energía ‖ ⁓**energiezündung** *f* (Mot) / encendido *m* de alta energía ‖ ⁓**enthalpie-Lagerstätte** *f* (über 200 °C) (Geothermie) / yacimiento *m* de entalpia elevada ‖ ⁓**erhitzungs-Kurzzeit-Pasteurisieren** *n*, Hoch-Kurz-Verfahren *n* (Nahr) / pasteurización *f* rápida de temperatura en alta ‖ ~**evakuiert**, Hochvakuum... (Phys) / con vacío elevado, con alto grado de vacío ‖ ~**evakuiert** (Radiol) / duro ‖ ~**explosiv**, altamente explosivo ‖ ⁓**fach** *n* (Web) / calada *f* superior o de alza, calada *f* de ascenso ‖ ~**fahren** *vt* (DV) / arrancar (el ordenador) ‖ ~**fahren** (z.B. Produktion) / elevar, intensificar, aumentar ‖ ⁓**fahren** *n* **der Leistung** / aumento *m* de la potencia ‖ ~**fein** / superfino ‖ ⁓**feld-Supraleiter** *m* (Elektr) / supraconductor *m* de campo intenso ‖ ⁓**ferse** *f* (Strumpf) / talón *m* alto ‖ ⁓**fersenverstärkung** *f* (Strumpf) / refuerzo *m* del talón alto ‖ ~**fest**, Hochfestigkeits... / de alta resistencia, altamente sólido o rígido ‖ ~**fest**, -widerstandsfähig / altamente resistente ‖ ~**fester Stahl** (spez. Zugfestigkeit über 65 000 lbs/sq. in. = 450 N/mm²) (Hütt) / acero *m* de resistencia elevada, acero *m* de gran resistencia a la tracción ‖ ~**fester Stahl** (mit hoher Elastizitätsgrenze) / acero *m* de alto límite aparente de elasticidad ‖ ~**festes Gusseisen** / fundición *f* de gran o alta resistencia ‖ ~**feuerfest**, -feuerbeständig (Keram) / superrefractario, pirocerámico ‖ ~**feuerfestes Erzeugnis** / producto *m* [altamente] refractario ‖ ⁓**feuerfestmaterial** *n* / material *m* [altamente] refractario ‖ ⁓**florgewebe** *n* (Tex) / género *m* de pelo alto o largo ‖ ~**florig** (Tex) / de pelo alto o largo ‖ ⁓**florteppich** *f* / alfombra *f* de pelo alto o largo ‖ ~**flüchtig** (Chem) / altamente volátil, muy volátil ‖ ~**flüchtige Kohle** (Bergb) / carbón *m* de alto contenido gaseoso ‖ ⁓**flussisotopenreaktor** *m* (Nukl) /

Hochflussreaktor

reactor *m* isotópico de alto flujo, reactor *m* de hiperflujo isotópico ‖ ≈**flussreaktor** *m* / reactor *m* de alto flujo de neutrones, reactor *m* de hiperflujo neutrónico ‖ ≈**format** *n* (Foto) / formato *m* o tamaño alto, formato *m* al natural ‖ ≈**format** (Druck) / tamaño *m* alto o vertical ‖ ≈**formungsanlage** *f* (Walzw) / planta *f* de gran reducción ‖ ~**frequent**, Hochfrequenz... / de alta frecuencia, AF

Hochfrequenz *f*, HF (allg) / alta frecuencia, AF ‖ ≈, HF (30-300 MHz) (Elektr) / muy alta frecuencia, frecuencia *f* muy alta o muy elevada ‖ ≈ (Eltronik) / radiofrecuencia *f*, RF, frecuencia *f* radioeléctrica ‖ ≈**abschirmung** *f* / pantalla *f* antirradiofrecuencia ‖ ≈**angleich** *m*, -angleichung *f*, -ausgleich *m* (TV) / refuerzo *m* de las altas frecuencias, compensación *f* de alta frecuencia, corrección *f* de las altas frecuencias ‖ ≈**bandbreite** *f* (Eltronik) / anchura *f* de banda de alta frecuencia ‖ ≈**bild** *n* (TV) / señal *f* de televisión de frecuencia radioeléctrica ‖ ≈**drossel** *f* / choque *f* de alta frecuencia, bobina *f* ahogadora de RF ‖ ~**durchlässig** / transparente a la radiofrecuencia ‖ ≈**eisen** *n* / hierro *m* pulverizado o en polvo ‖ ≈**erwärmung** *f*, -heizung *f* (Elektr) / calentamiento *m* por alta frecuencia, caldeo *m* [industrial] por AF ‖ ≈**-Gasentladungsröhre** *f* (Eltronik) / tubo *m* de descarga gaseosa de alta frecuencia ‖ ≈**generator** *m* (Eltronik) / oscilador *m* de alta frecuencia, generador *m* de radiofrecuencia ‖ ≈**gerät** *n*, -apparat *m* / aparato *m* de alta frecuencia ‖ ≈**gleichrichter** *m* / rectificador *m* de alta frecuencia ‖ ≈**güteklasse** *f* / clase *f* o categoría de calidad AF ‖ ≈**-Handschleifer** *m* (Wzm) / rectificadora *f* de mano de alta frecuencia, amoladora *f* portátil de frecuencia elevada ‖ ≈**härtung** *f* (Stahl) / temple *m* por alta frecuencia ‖ ≈**heizung** *f* (Eltronik) / calefacción *f* electrónica o por AF ‖ ≈**hohlleiter** *m* (Wellenleiter) / guíaondas *m* de frecuencia alta ‖ ≈**impuls** *m* (Eltronik) / impulso *m* de alta frecuencia ‖ ≈**induktion** *f* (Elektr) / inducción *f* de alta frecuencia ‖ ≈ [**induktions**]**ofen** *m* (Hütt) / horno *m* de inducción de alta frecuencia ‖ ≈**-Ionentriebwerk** *n* (Raumf) / propulso *m* de iones a alta frecuencia ‖ ≈**kabel** *n*, HF-Kabel *n* (Elektr) / cable *m* para alta frecuencia ‖ ≈**kabel** (Eltronik) / cable *m* para radiofrecuencia ‖ ≈**keramik** *f* / cerámica *f* para alta frecuencia ‖ ≈**kern** *n*, HF-Kern *m* (Eltronik) / núcleo *m* de alta frecuencia ‖ ≈**kinematographie** *f* / cinematografía *f* ultrarrápida ‖ ≈**kompensation** *f*, -ausgleich *m* s. Hochfrequenzangleich ‖ ≈**-Leistung** *f* (Fernm) / potencia *f* de alta frecuencia ‖ ≈**litze** *f* (Eltronik) / alambre *m* o hilo litz ‖ ≈**löschung** *f* (Magn.Bd) / borrado *m* a alta frecuencia ‖ ≈**lötung** *f* / soldadura *f* [con estaño] por alta frecuencia ‖ ≈**maschine** *f*, -stromerzeuger *m* (Elektr) / generador *m* o alternador de alta frecuencia ‖ ≈**messgeräte** *n pl* / equipo *m* de medición de alta frecuencia ‖ ≈**-Messtechnik** *f* / técnica *f* de medición por alta frecuencia ‖ ≈**-Oszillator** *m* (Eltronik) / oscilador *m* de alta frecuencia ‖ ≈**absoluter** ≈**pegel** (Fernm) / nivel *m* absoluto de alta frecuencia ‖ ≈**pentode** *f* (Eltronik) / pentodo *m* de alta frequencia ‖ ≈**regelpentode** *f* / pentodo *m* de RF de muy variable o de pendiente variable ‖ ≈**-Resonanzkreis** *m* / circuito *m* amortiguado ‖ ≈**röhre** *f* / válvula *f* electrónica para RF, tubo *m* [electrónico] para radiofrecuencia ‖ ≈**schutzabstand** *m* / distancia *f* de protección para RF ‖ ≈**schweißung** *f* / soldadura *f* con corriente de alta frecuencia ‖ ≈**schweißung von Folien** (Plast) / costura *f* electrónica, cosido *m* electrónico de hojas ‖ ≈**schwingung** *f* (Phys) / oscilación *f* de alta frecuencia ‖ ≈**siebkette** *f* (Eltronik) / filtro *m* pasaalto, filtro *m* de alta frecuencia ‖ ≈**spektrometer** *n* (Phys) / espectrómetro *m* de microondas o de radiofrecuencia ‖ ≈**spektroskopie** *f* (1 - 500 MHz) / espectroscopia *f* de microondas o de RF ‖ ≈**stahl** *m* (Hütt) / acero *m* del horno de inducción de AF ‖ ≈**störabstand** *m* (Eltronik) / relación *f* señal ruido de alta frecuencia ‖ ≈**störung** *f* (Eltronik) / interferencia *f* radioeléctrica, interferencia *f* producida por radiofrecuencias ‖ ≈**strom** *m* (Elektr) / corriente *f* de alta frecuencia ‖ ≈**stromerzeuger** *m*, -maschine *f* / generador *m* o alternador de alta frecuencia ‖ ≈**technik** *f* (Eltronik) / técnica *f* de alta frecuencia o de radioelectricidad ‖ ≈**titration** *f* (Chem) / titulación *f* por alta frecuencia ‖ ≈**trägertelefonie** *f*, drahtgebundene Hochfrequenztelefonie / telefonía *f* por corrientes portadoras de alta frecuencia ‖ ≈**transformator** *m*, -übertrager *m*, -verstärker *m* (Elektr) / transformador *m* de alta frecuencia ‖ ≈**trockner** *m* (Tex) / secador *m* por microondas ‖ ≈**überlagerung** *f* (Eltronik) / heterodinación *f* de RF ‖ ≈**vakuumofen** *m* (Hütt) / horno *m* de vacío de alta frecuencia ‖ ≈**verstärker** *m* (Eltronik) / amplificador *m* de alta frecuencia ‖ ≈**vorstufe** *f* (Funk) / preamplificador *m* de alta frecuencia ‖ ≈**werkzeug** *n* (z.B. 200 o. 360 Hz), (besser:) Schnellfrequenzwerkzeug *n* (Elektr) / herramienta *f* de frecuencia elevada ‖ ≈**widerstand** *m* (Eltronik) / resistencia *f* a las altas frecuencias, resistencia *f* en radiofrecuencia

Hoch•führung *f* (Kabel) / instalación *f* vertical ‖ ≈**führungsschacht** *m* (für Kabel) / pozo *m* para el ascenso de los cables ‖ ≈**fußnadel** *f* (Tex) / aguja *f* de talón alto o largo ‖ ≈**gang** *m* (Wzm) / ascenso *m* ‖ ~**gebaut**, -gestellt / elevado ‖ ~**gedreht** (Garn) / altamente retorcido ‖ ~**geglüht**, über A_3 [hinaus]geglüht (Hütt) / altamente recocido ‖ ~**geklappt** / plegado hacia arriba ‖ ~**gekohlt** (Hütt) / altamente carbonizado ‖ ~**gekohlter unlegierter Werkzeugstahl** / acero *m* para herramientas no aleado y altamente carbonizado ‖ ~**geleimt** (Pap) / fuertemente encolado ‖ ~**genau** (Messinstr) / ultraexacto ‖ ≈**genauigkeits...** / de alta precisión ‖ ~**geöffnet** (Opt) / de gran apertura

Hochgeschwindigkeits•-Abscheren *n* / cizallamiento *m* ultrarrápido ‖ ≈**-Fotografie** *f* / fotografía *f* ultrarrápida ‖ ≈**hämmern** *n* / martillado *m* rápido ‖ ≈**-IC** *n* (Eltronik) / circuito *m* integrado rápido ‖ ≈**kamera** *f* (Foto) / cámara *f* ultrarrápida ‖ ≈**kanal** *m* (Unterschall) / túnel *m* aerodinámico para grandes velocidades ‖ ≈**physik** *f* / física *f* de altas velocidades ‖ ≈**reifen** *m* (Kfz) / neumático *m* para altas velocidades ‖ ≈**umformung** *f* (Sintern) / conformación *f* a gran velocidad ‖ ≈**zug** *m*, HGZ *m* (Bahn) / tren *m* de gran velocidad

hoch•gesetzt (z. B. x^2) (Buchstabe, Math, Zahl) / superior, elevado ‖ ~**gespannt**, Hochdruck... / de alta presión ‖ ~**gespannt**, Hochspannungs... (Elektr) / de alta tensión ‖ ≈**gewinn...** (Eltronik) / de alta ganancia ‖ ≈**gewinnantenne** *f* / antena *f* de alta ganancia

Hochglanz•... (Leder etc.) / acharolado ‖ ≈ *m*, Spiegelglanz *m* / brillo *m* intenso o especular ‖ ≈ (Anstrich) / brillo *m* intenso ‖ ≈ (Galv) / lustre *m* especular ‖ ≈**abzug** *m* (Foto) / copia *f* brillante ‖ ≈**blech** *n* (Hütt) / chapa *f* abrillantada, chapa *f* de espejo ‖ ≈**-Chromopapier** *n* / papel *m* cromo de alto brillo

hoch•glänzend, Hochglanz... (Anstrich) / de alto brillo ‖ ~**glänzend**, Hochglanz... (Galv) / de lustre especular, de brillo intenso

Hochglanz•folie *f* (Foto) / lámina *f* u hoja de brillo intenso ‖ ≈**karton** *m* / cartón *m* friccionado o de alto brillo ‖ ≈**kopie** *f* (Repro) / copia *f* de alto brillo ‖ ≈**-Kunstdruckpapier** *n* / papel *m* de alto brillo para impresión artística ‖ ≈**papier** *n* / papel *m* friccionado o de alto brillo, papel *m* charol ‖ ≈**papier** (gestrichen) / papel *m* estucado de alto brillo ‖ ~**polieren** *vt* / abrillantar, pulir al brillo intenso ‖ ≈**poliermittel** *n* (Galv) / agente *m* para pulir al brillo ‖ ~**poliert** / abrillantado, pulido al brillo ‖ ≈**politur** *f* /

pulido *m* abrillantado, abrillantamiento *m* ‖ ⁓**presse** *f*, Hochglanztrockner *m* (Foto) / esmaltadora *f*, abrillantadora *f* ‖ ⁓-**Schleifpaste** *f* (Galv) / pasta *f* para pulir al brillo [intenso]
Hoch•glühen *n* (Hütt) / recocido *m* de regeneración del grano ‖ ⁓**glühen** (Vakuum) / evaporación *f* por recocido ‖ ⁓**gradienten-Magnettrenntechnik** *f* / separación *f* magnética de gradiente elevado ‖ ~**gradig** / de o en alto grado ‖ ~**gradig**, stark alkoholisch (Getränke) / de alto contenido alcohólico, de alta graduación ‖ ~**gradiger Spaltstoff** (Nukl) / material *m* fisible altamente enriquecido, combustible *m* nuclear de buena calidad ‖ ⁓**halde** *f* (Bergb) / vaciadero *m* elevado ‖ ~**haltig** (Erz) / de ley alta, de alta ley ‖ ~**haus** *n* (Bau) / edificio *m* alto, casa *f* elevada ‖ ⁓**hauskran** *m* / grúa *f* para edificios altos ‖ ~**heben** *vt* / levantar, elevar, alzar ‖ ~**heben** *n* / levantamiento *m*, elevación *f* ‖ ~**hitzebeständig** (Hütt, Keram) / resistente a temperaturas elevadas ‖ ⁓**hubbrammenwalzwerk** *n* / laminador *m* de desbastes de elevación [alta] ‖ ~**hübig**, -hubig / de carrera larga, de larga carrera ‖ ⁓**hubwagen**, Stapler *m* (Förd) / carro *m* hipersustentador, carretilla *f* elevadora de gran alcance ‖ ~**integrierter Schaltkreis** (Eltronik) / circuito *m* integrado en gran escala ‖ **sehr ~integrierter Schaltkreis**, VLSI-Schaltkreis *m* (Eltronik) / circuito *m* VLSI, circuito *m* integrado en escala extrema ‖ ⁓**intensitätskohle** *f* (Elektr) / carbón *m* de alta intensidad ‖ ~**ionisiertes Atom** / átomo *m* despojado (o desprovisto) de electrones ‖ ~**kant[ig]** / de canto ‖ ~**kant gewickelt** (Elektr) / devanado de canto ‖ ~**kant[ig] legen** / poner de canto ‖ ~**kant stellen**, aufrichten / colocar de pie ‖ ⁓**kantförderer** *m* (Förd) / transportador *m* para artículos colocados de pie ‖ ~**kant-Stabwicklung** *f* (Elektr) / devanado *m* de barras de canto ‖ ~**kippbar** / basculante hacia arriba ‖ ~**kippbarer Abstreifer** (Wzm) / rascador *m* basculante hacia arriba ‖ ⁓**kippe** *f* (Bau) / área *f* para volcar [en alto los] escombros ‖ ~**kippender Anhängeraufbau** (Landw) / caja *f* basculante elevable ‖ ~**kipper** *m* (Bau) / basculador *m* en alto, volcador *m* en alto ‖ ~**klappbar** / plegable hacia arriba ‖ ~**klappbarer Flügel**, Hochklappflügel *m* (Luftf) / ala *m* plegable hacia arriba ‖ ~**komma** *n* (') / comilla *f* ‖ ~**kommen** *n* / subida *f* ‖ ~**komprimiert** (Gas) / altamente comprimido ‖ ~**komprimierter Motor** / motor *m* de alta compresión ‖ ~**konstant geregelt** (Spannung) (Elektr) / altamente constante (tensión) ‖ ~**konverter** *m* (Nukl) / reactor *m* altoconversor ‖ ~**konzentriert** / de alta concentración, muy concentrado ‖ ⁓**kraft...** / de gran fuerza ‖ ~**kriechen** *vi* (Chem) / subir lentamente a lo largo de la pared ‖ ~**kriechen** *n* (Chem) / subida *f* lenta [dc un líquido] a lo largo de la pared ‖ ~**kurbeln** *vt* / elevar girando la manivela ‖ ⁓-**Kurz-Verfahren** *n*, Hoch-Kurz-Pasteurisierung *f* (Nahr) / pasteurización *f* rápida muy baja temperatura elevada ‖ ⁓**lage** *f* / posición *f* elevada ‖ ⁓**lage eines Kurvenastes** (Math) / cresta *f* de un ramal de gráfica ‖ ⁓**lager** *n* / almacén *m* elevado ‖ ⁓**lager[bedienungs]gerät** *n* / equipo *m* de manejo de almacén elevado ‖ ⁓**lastwiderstand** *m* (Elektr) / resistencia *f* de carga elevada o de disipación elevada ‖ ⁓**lauf** *m* (Mot) / aceleración *f* a [velocidad del] plana marcha ‖ ⁓**lauf** (Hütt) / rampa *f* ‖ ~**laufen** *vi* (Mot) / acelerar hasta la velocidad de plena marcha ‖ ⁓**laufen** *n*, Durchgehen *n* (Mot) / embalamiento *m* ‖ ⁓**laufzeit** *f* (Turbine) / período *m* o tiempo de aceleración ‖ ~**legiert** / de alta aleación, alta o fuertemente aleado ‖ ~**legierter Schnellarbeitsstahl** *m* (Hütt) / acero *m* rápido altamente aleado ‖ ~**legiertes Gusseisen** / hierro *m* fundido altamente aleado
Hochleistung *f* / alto rendimiento, alta potencia

Hochleistungs•... (allg) / de elevado rendimiento ‖ ⁓**...** / de gran potencia, de altas prestaciones ‖ ⁓**...** / de altas prestaciones ‖ ⁓**...** (Wzm) / de gran rendimiento, de gran producción ‖ ⁓**...**, Schwer... (Masch) / para trabajo fuerte o muy duro, para servicio pesado ‖ ⁓**...** (DV) / de alta velocidad ‖ ⁓**batterie** *f* (Kfz) / acumulador *m* de gran capacidad ‖ ⁓**drehmaschine** *f* (Wzm) / torno *m* de gran rendimiento ‖ ⁓**einrichtung** *f* / instalación *f* de producción elevada ‖ ⁓-**Empfangsantenne** *f* / antena *f* de recepción de alta ganancia ‖ ⁓**extruder** *m* (Plast) / extrusor *m* de gran rendimiento ‖ ⁓-**Faser-Verbundwerkstoffe** *m pl* (Material) / materiales *m pl* de fibras compuestas de calidad elevada ‖ ⁓-**Festkörper-Schaltkreis** *m* (Elektr) / circuito *m* integrado de alta capacidad ‖ ⁓-**feuer** *n* (Luftf) / luz *f* de alta intensidad ‖ ⁓**flugzeug** *n* / avión *m* de altas prestaciones ‖ ⁓**fräsen** *n* (Wzm) / fresado *m* ultrarrápido ‖ ⁓**fräser** *m* / fresa *f* de alta velocidad ‖ ⁓**kanal** *m* (DV) / canal *m* rápido o de alta velocidad ‖ ⁓**keramik** *f* / cerámica *f* técnica perfeccionada ‖ ⁓**kessel** *m* / caldera *f* de gran potencia ‖ ⁓**kompressor** *m* / compresor *m* de gran potencia ‖ ⁓**kontakte** *m pl* (Elektr) / contactos *m pl* de gran capacidad ‖ ⁓**kraftstoff**, -treib-, -brennstoff *m* (Kfz) / combustible *m* de gran poder calorífico ‖ ⁓**lautsprecher** *m* / altavoz *m* de gran rendimiento acústico, altoparlante *m* (LA) de gran rendimiento acústico ‖ ⁓**maschine** *f* / máquina *f* de alto rendimiento, máquina *f* para servicio pesado ‖ ⁓**motor** *m* / motor *m* de gran potencia ‖ ⁓**objektiv** *n* (Opt) / objetivo *m* de precisión ‖ ⁓**reaktor** *m* (Nukl) / reactor *m* de alta potencia ‖ ⁓-**Richtlautsprecher** *m* / altavoz *m* direccional de gran rendimiento acústico ‖ ⁓**schalter** *m* (Elektr) / interruptor *m* de alto poder de ruptura ‖ ⁓**schmierstoff** *m* / superlubri[fi]cante *m* ‖ ⁓**schnellschnittstahl** *m* (Hütt) / acero *m* de corte ultrarrápido ‖ ⁓**sicherung** *f* (Elektr) / fusible *m* ultrarrápido ‖ ⁓**stetigschleifer** *m* (Pap) / desfibradora *f* continua de gran o alto rendimiento ‖ ⁓**waschmittel** *n* / detergente *m* de gran poder
Hoch•leitung *f* (Elektr) / línea *f* aérea ‖ ~**liegend**, Hoch... / alzado, elevado ‖ **mit seinem Wert ~liegend**, Hoch... / elevado, de alto valor ‖ ⁓**lochziegel** *m* (Bau) / ladrillo *m* con perforaciones verticales ‖ ⁓**löffel** *m* (Bagger) / pala *f* de empuje ‖ ⁓**löffelbagger** *m* (Bau) / excavadora *f* de cuchara abajo-arriba, excavadora *f* de cuchara de desmonte, excavadora *f* de pala alta ‖ ~**modern** / ultramoderno, sofisticado, último ‖ ⁓**modul-Filamentgarn** *n* (Spinn) / hilo *m* de filamentos a módulo alto ‖ ~**molekular** (Chem) / de alto peso molecular ‖ ⁓**momentmotor** *m* (Ölhydr) / motor *m* de gran par de giro
Hochofen *m* / alto horno, horno *m* alto ‖ ⁓**anlage** *f* / planta *f* o instalación de altos hornos ‖ ⁓**aufzug** *m*, Schrägaufzug *m* / montacargas *m* inclinado del alto horno ‖ ⁓**begichtung** *f* / carga *f* del tragante, carga *f* del alto horno ‖ ⁓**betrieb** *m* / explotación *f* del alto horno ‖ ⁓**boden** *m* (Hütt) / fondo *m* de alto horno ‖ ⁓**dämpfung** *f* / marcha *f* acortada, retiro *m* de fuego ‖ ⁓-**Ferromangan** *n* / ferromanganeso *m* de alto horno ‖ ⁓**gas** *m*, Gichtgas *n* / gas *m* de alto horno, gas *m* de tragante ‖ ⁓**gebläse** *n* / soplante *m* de alto horno, máquina *f* soplante para altos hornos ‖ ⁓**gerüst** *n* / andamio *m* o castillete de alto horno, estructura *f* de alto horno ‖ ⁓**gestell** *n* / obra *f* de alto horno ‖ ⁓**gicht** *f* / tragante *m* ‖ ⁓**gichtöffnung** *f* / boca *f* de carga o de tragante ‖ ⁓**koks** *m* / coque *m* o cok de alto horno ‖ ⁓**kranz** *m* / corona *f* de alto horno ‖ ⁓**mann**, -arbeiter *m* / obrero *m* de alto horno ‖ ⁓**mantel** *m* / envoltura *f* de alto horno ‖ ⁓-**Mauerwerk** *n* / mampostería *f* de alto horno ‖ ⁓**möller** *m* / carga *f* del alto horno, mezcla *f* de minerales y fundentes ‖ ⁓**panzer** *m* / blindaje *m* de alto horno ‖ ⁓-**Portlandzement** (Bau) / cemento *m* Portland de alto horno ‖ ⁓-**Portlandzement 85** *m* /

cemento *m* Portland 85 ‖ ⁓**rast** *f* (Hütt) / etalaje[s] *m[pl]* ‖ ⁓**reise** *f* / período *m* de trabajo de un alto horno, campaña *f* de un alto horno ‖ ⁓**schacht** *m* / cuba *f* del alto horno ‖ ⁓**schaumschlacke** *f* / escoria *f* espumosa de alto horno ‖ ⁓**schlacke** *f* / escoria *f* de alto horno ‖ ⁓**sonde** *f* / sonda *f* de lecho de fusión ‖ ⁓**stein** *m* / ladrillo *m* para altos hornos ‖ ⁓**ton** *m* (Zuschlag) / barro *m* para alto horno ‖ ⁓**wind** *m* (Hütt) / aire *m* de alto horno ‖ ⁓**zement** *m* (Bau) / cemento *m* de alto horno ‖ ⁓**zement mit bis 65 % Hochofenschlacke**, Hochofenschlackenzement *m* / cemento *m* de escoria de alto horno

Hoch•offsetdruck *m* (Druck) / tipo-offset *m*, tipoffset *m*, offset *m* tipográfico, tipografía *f* indirecta ‖ ⁓**öfner** *m* (Arbeiter), Hochofenmann *m* (Hütt) / obrero *m* de alto horno ‖ ⁓**ohmig** (Gleichstrom) / de alta resistencia ‖ ~**ohmig** (Wechselstr) / de alta impedancia, de impedancia elevada ‖ ⁓**ohmiger Ableitungswiderstand**, R-glied *n* (Eltronik) / resistencia *f* de fuga ‖ ⁓**ohmiger Erdschluss** / cortocircuito *m* a tierra de alta resistencia (c.c.) o impedancia (c.a.) ‖ ~**ohmig gespeiste Antenne** / antena *f* alimentada o excitada en tensión ‖ ⁓**ohmwiderstand** *m* / resistencia *f* de valor elevado ‖ ~**paariges Kabel** (Fernm) / cable *m* de gran capacidad ‖ ⁓**parterre** *n*, Halbgeschoss *n* (Bau) / entresuelo *m* ‖ ⁓**pass...** (Eltronik) / de paso alto, pasaalto *adj* ‖ ⁓**passfilter** *n* (Eltronik) / filtro *m* pasaalto o de paso alto ‖ ⁓**pegel...** (Fernm) / de alto nivel ‖ ~**polymer** *adj* / macropolímero *adj* ‖ ⁓**polymer**, Riesenmolekül *n* (Chem) / alto polímero, macropolímero *m*, superpolímero *m* ‖ ~**porös** (Material) / de alta porosidad, muy poroso ‖ ⁓**prozentig** / de alta concentración, de elevada porcentaje ‖ ~**prozentiges Eisenerz** (Hütt) / mineral *m* de hierro de alta ley ‖ ⁓**punkt** *m* (Verm) / punto *m* alto ‖ ⁓**quellenleitung** *f* (Hydr) / conducto *m* de agua procedente de un manantial [situado] en alta montaña ‖ ⁓**radioaktiv** (Nukl) / altamente radi[o]activo ‖ ~**radioaktiver Abfall** (Nukl, Umw) / HAW ‖ ~**rädrig** / de altas ruedas ‖ ⁓**radschlepper** *m* (Landw) / tractor *m* tipo caballero ‖ ~**rangige Kohle** (Bergb) / carbón *m* de calidad excelente ‖ ⁓**rechnung** *f* (Math) / cálculo *m* por extrapolación, extrapolación *f* ‖ ⁓**regallager** *n* / almacén *m* de estantes elevados, almacén *m* elevado ‖ ⁓**regalstapler** *m* **auf Schienen** / carretilla *f* elevadora de almacén sobre rieles ‖ ~**regeln** *vt* (Eltronik) / elevar el nivel, regular a un nivel elevado ‖ ~**rein** (Chem) / purísimo ‖ ~**relief-Walzendruckmaschine** *f* (Druck) / máquina *f* de imprimir en relieve ‖ ⁓**reservoir** / depósito *m* elevado ‖ ~**richten** *vt* / elevar ‖ ~**rot**, tiefrot / rojo subido, punzo ‖ ⁓**rüsten** *n* (DV) / ampliación *f* del sistema ‖ ⁓**satiniert** (Pap) / supercalandrado ‖ ~**schäftig** (Web) / de lizos altos ‖ ⁓**schalten** *n* (Kfz) / cambio *m* de una marcha a otra superior ‖ ~**schlagzäh** (Plast) / de alta resistencia a los golpes ‖ ~**schmelzend**, mit hohem Schmelzpunkt (Chem, Hütt) / de elevado punto de fusión ‖ ~**schmelzend** (Erz, Metall) / refractario, poco fusible (mineral, metal) ‖ ~**schmelzend** (Glas) / duro ‖ ~**schmelzende Legierung** (Hütt) / aleación *f* refractaria ‖ ~**schmelzendes Sintermetall** (Hütt) / metal *m* sinterizado refractario ‖ ~**schnellen** *vi* / saltar hacia arriba ‖ ~**schnitt** *m* (Bergb, Tagebau) / corte *m* alto ‖ **sich** ~**schrauben** (Luftf) / ascender o subir en espiral ‖ ⁓**schulabsolvent** *m* / graduado *m* de nivel superior, universitario *m*, licenciado *m* (E) ‖ ⁓**schul-Ingenieur** *m* / ingeniero *m* de (o con) diploma o con título universitario ‖ ⁓**schulterlager** *n* / rodamiento *m* de bolas radial rígido, rodamiento *m* semiabierto de bolas ‖ ⁓**schutzeinrichtung** *f* (Radiol) / envuelta *f* de protección total ‖ ~**schwenken** *vt* / girar o bascular hacia arriba

Hochsee•... / de altura, de [alta] mar ‖ ⁓**fauna** *f* (Zool) / fauna *f* pelágica ‖ ⁓**fischerei** *f* / pesca *f* de altura ‖ ⁓**fischereifahrzeug** *n* / pesquero *m* de altura ‖ ⁓**flotte** *f*, -handelsflotte *f* / flota *f* de alta mar ‖ ⁓**schiff** *n* / buque *m* de altura ‖ ⁓**schifffahrt** *f* / navegación *f* de altura ‖ ⁓**schlepper** *m* / remolcador *m* oceánico ‖ ⁓**trawler** *m* / arrastrero *m* de altura ‖ ⁓**tüchtigkeit**, -fähigkeit *f* / buen estado de navegabilidad por alta mar

Hoch•seil *n* (für Langholzrücken) (Forstw) / cable *m* portante aéreo ‖ ~**sicher** / superseguro ‖ ⁓**sicherheitslabor** *n* (Chem, Nukl) / laboratorio *m* de máxima seguridad ‖ ~**siedend** / de elevado punto de ebullición ‖ ~**siedend** (Fraktion) / pesado ‖ ⁓**siedendes** *n*, Rückstände *m pl* (Öl) / residuos *m pl* de destilación, colas *f pl*, relaves *m pl* (MEJ) ‖ ⁓**silo** *m* (Landw) / silo *m* [de] torre, silo *m* elevado o alto ‖ ⁓**sinterung** *f* (Hütt) / sinterización *f* final ‖ ~**spanend** (Wzm) / de *m* elevado desprendimiento de virutas **Hochspannung** *f* (Spanien: über 650 V, GB: über 630 V, Dtschld: über 1 kV, Schaltanlagen über 250 V) (Elektr) / alta tensión *f* (en EE.UU. millares de voltios), AT, alto voltaje *m* ‖ ⁓ **von 4000-50 000 V Gleichstrom** (TV) / muy alta tensión (c.c.)

Hochspannungs•... / de alta tensión, AT ‖ ⁓**angebot** *n* / alta tensión disponible ‖ ⁓**anode** *f* (Kath.Str) / acelerador *m* final, segundo *m* ánodo, electrodo *m* final de alta tensión ‖ ⁓**anschluss** *m* (Elektr) / acometida *f* en alta tensión ‖ ⁓**-[Elektro]blitz** *m* (Foto) / flash *m* o destello electrónico ‖ ⁓**geladen** (Elektr) / bajo alta tensión ‖ ⁓**gleichrichter** *m* / rectificador *m* de alta tensión o de alto voltaje ‖ ⁓**gleichstrom-Übertragung** *f*, HGÜ / transmisión *f* de corriente continua de alta tensión ‖ ⁓**gleichstrom-Übertragungsleitung** *f* / línea *f* [de transmisión] de corriente continua de alta tensión ‖ ⁓**-Hochleistungssicherung** *f*, HH-Sicherung *f* / fusible *m* ultrarrápido de alta tensión ‖ ⁓**isolator** *m*, aislador *m* de alta tensión ‖ ⁓**kabel** *n* / cable *m* de alta tensión ‖ ⁓**-Kondensatorzündung** *f* (Kfz) / encendido *m* de alta tensión por descarga de condensador ‖ ⁓**kriechstromfestigkeit** *f* (Elektr) / resistencia *f* a la descarga superficial de alta tensión ‖ ⁓**leitung** *f*, -fernleitung *f*, -freileitung *f* / línea *f* aérea [de transporte] de alta tensión ‖ ⁓**leitungsseil** *n* / cable *m* aéreo de alta tensión ‖ ⁓**mast**, Gittermast *m* / mástil *m* [de celosía] de alta tensión ‖ ⁓**mast auf einem gemeinsamen Fundament** / mástil *m* de cimentación única ‖ ⁓**mast auf Einzelfundamenten** / mástil *m* de cimentación por separado ‖ ⁓**netz** *n* / red *f* de alta tensión ‖ ⁓**-Netzgerät** *n* / equipo *m* de alimentación de alta tensión ‖ ⁓**prüfung** *f* / ensayo *m* a alta tensión ‖ ⁓**schalter** *m* / interruptor *m* de alta tensión, disyuntor *m* de alto voltaje ‖ ⁓**seite** *f* / lado *m* de alta tensión ‖ ~**sicher** / a prueba de alta tensión ‖ ⁓**sicherung** *f* (Elektr) / fusible *m* o seguro para alta tensión ‖ ⁓**stütze** *f* / soporte *m* aislador de alta tensión ‖ ⁓**tastung** *f* (Fernm) / manipulación *f* en la alta tensión ‖ ⁓**technik** *f* (Elektr) / técnica *f* de alta tensión ‖ ⁓**teiler** *m* (Widerstandskette) (Eltronik) / divisor *m* de tensión, resistor *m* de drenaje o de sangría ‖ ⁓**transformator** *m* (Elektr) / transformador *m* de alta tensión ‖ ⁓**turm** *m* **der Verteilerscheibe, des Verteilerdeckels** (Kfz) / terminal *m* o borne de la tapa del distribuidor ‖ ⁓**versorgung** *f*, -quelle *f* (Elektr) / fuente *f* de alimentación de alta tensión ‖ ⁓**verteil[ungs]anlage** *f* / instalación *f* distribuidora de AT ‖ ⁓**[warnungs]pfeil** *m* (Elektr) / flecha *f* de aviso o de peligro ‖ ⁓**zündkerze** *f* (Turboreaktor) / bujía *f* de alta tensión ‖ ⁓**-Zündleitung** *f* (DIN) (Kfz) / cable *m* de bujía ‖ ⁓**zündung** *f* (Kfz) / encendido *m* de alta tensión

Hoch•speicherbecken / depósito *m* elevado de agua acumulada ‖ ⁓**sprache** *f* (DV, Programmieren) / lenguaje

Höchstwert

m elevado, lenguaje *m* avanzado ‖ ~**springen** *n* (z.B. Ball) / rebote *m*
höchst•e Alarmstufe / alerta *f* roja ‖ ~**er Gang** (Kfz) / velocidad *f* máxima ‖ ~**e Genauigkeit** / precisión *f* óptima ‖ ~**e Gipfelhöhe** (Luftf) / techo *m* absoluto ‖ ~**er Grad** / clímax *m* ‖ ~**er Hochwasserstand**, HHW / nivel *m* máximo de crecida o avenida ‖ ~**e Priorität** (DV) / prioridad *f* absoluta ‖ ~**er Reibwert**, Reibungshöchstwert *m* / coeficiente *m* de rozamiento o de fricción máximo ‖ ~**er schiffbarer Wasserstand** / nivel *m* máximo navegable ‖ ~**...** / máximo, muy alto ‖ ~**..., Grenz...** / límite
Höchstachslast *f* (Kfz) / carga *f* máxima sobre el eje
Höchstädter•-Kabel, H-Kabel *n* (Elektr) / cable *m* tipo H (monoconductor), cable *m* tipo HSL (tres conductores) ‖ ~**papier** *n* (Elektr) / papel *m* Höchstädter
Hoch•stamm *m* (Landw) / árbol *m* de tronco alto ‖ ~**stämmiges Holz** / árbol *m* de tronco alto o de fuste alto ‖ ~**stau** *n* (Papiermaschine) / caja *f* de llegada
Höchst•ausschlag *m*, größter Ausschlag (Instr) / desviación *f* máxima ‖ ~**beansprucht**, -strapaziert / ultraforzado ‖ ~**beanspruchung** *f* / esfuerzo *m* máximo ‖ ~**belastung**, Höchstlast *f*, Maximum *n* (Elektr, Tarifberechnung) / potencia *f* máxima ofrecida ‖ **zulässige** ~**belastung** / límite *m* de carga, carga *f* máxima admisible ‖ ~**belegung** *f* (Bergb) / cantidad *f* máxima de mineros ‖ ~**besetzung** *f* (Nukl) / población *f* máxima ‖ ~**betrag**, -wert *m* / valor *m* máximo ‖ ~**dauer** *f* / duración *f* máxima ‖ ~**dosis** *f* (Strahlen) / dosis *f* máxima ‖ ~**drehzahl** *f* / número *m* de revoluciones máximo, velocidad *f* de giro máxima ‖ ~**drehzahl im Leerlauf** (Mot) / velocidad *f* [de giro] máxima en vacío o en ralentí ‖ ~**druck** *m*, E.P. (Phys) / presión *f* máxima o extrema, ultrapresión *f* ‖ ~**druck** (sehr hoher Druck) / presión *f* [muy] elevada ‖ ~**druck**, höchstzulässiger Druck / presión *f* máxima admisible ‖ ~**druckforschung** *f* / investigación *f* de presiones muy elevadas ‖ ~**drucklinie**, Maximaldrucklinie *f* (Phys) / línea *f* de presión máxima ‖ ~**drucköl** *n* / aceite *m* para presión extrema ‖ ~**druckplastifizierung** *f* / plastificación *f* bajo presión muy elevada ‖ ~**drucktechnik** *f* / técnica *f* de presiones extremas ‖ ~**druck-Teilturbine** *f* / turbina *f* parcial de superpresión ‖ ~**druckturbine** *f* / turbina *f* de superpresión
hoch•stegiger T-Stahl / acero *m* T de alma alta o alargada ‖ ~**stehend** (Bau) / elevado ‖ ~**stehend** (Druck) / superior ‖ ~**stellen** *vt* (Stanz) / plegar en U ‖ ~**stellen** *n* (Regeln) / desplazamiento *m* en altura
höchst•empfindlich / ultrasensible ‖ ~**erreichbarer Kontrast** (beim Entwickeln) (Foto) / gamma *m* máximo ‖ ~**feld...** (Magn., Phys) / de campo superintenso ‖ ~**flugdauer** *f* (ohne Nachtanken) (Luftf) / autonomía *f* ‖ ~**flussreaktor** *n* (Nukl) / reactor *m* de hiperflujo neutrónico ‖ ~**frequenz** *f*, höchste Frequenz / muy *f* alta frecuencia, hiperfrecuencia *f* ‖ ~**frequenz**, Ultrahochfrequenz *f*, UHF (Elektronik: 300-3000 MHz) (Dezimeterwellen) / frecuencia *f* ultra[a]lta o ultraelevada (300 - 3000 MHz) ‖ ~**frequenz** (3 bis 30 GHz) (Zentimeterwellen) / hiperfrecuencia *f* (3 - 30 GHz) ‖ ~**frequenz** (Dtschld: > $3 \cdot 10^2$ MHz, USA, Engl: $3 \cdot 10^4$ bis $3 \cdot 10^5$ MHz) (Millimeterwellen) / frecuencia *f* extremadamente alta (30 - 300 GHz) ‖ ~**frequenztechnik** *f* / técnica *f* de hiperfrecuencias ‖ ~**gehalt** *m* (Chem) / contenido *m* máximo ‖ ~**geschwindigkeit** *f* / velocidad *f* máxima ‖ **[zulässige]** ~**geschwindigkeit** (Kfz) / velocidad *f* máxima admisible ‖ ~**geschwindigkeit**, Grenzgeschwindigkeit, -drehzahl *f* / velocidad *f* límite ‖ ~**gewicht** *n* / peso *m* máximo ‖ ~**grenze** *f*, Limit *n*, obere Grenze / límite *m* máximo o superior ‖ ~**induktion** *f* bei reiner Wechselmagnetisierung

(Elektr) / inducción *f* normal o límite ‖ ~**integration** *f* (DV) / integración *f* en escala máxima ‖ ~**integrierter Chip** / chip *m* ultradenso ‖ ~**last** *f*, -belastung *f* / carga *f* máxima ‖ ~**last**, höchstzulässige Last / carga *f* máxima admisible, límite *m* de carga ‖ ~**last** (für Lokomotiven) / carga *f* que puede remolcar una locomotora ‖ ~**last** (Reifen) / carga *f* máxima ‖ ~**last**, -belastung *f*, Maximum *n* (Elektr, Tarifberechnung) / demanda *f* máxima, punto *m* de carga, consumo *m* máximo ‖ ~**lasttage** *m pl* (Elektr) / días *m pl* punta ‖ ~**leistung** *f* / potencia *f* máxima, rendimiento *m* máximo ‖ ~**leistung**, Grenzleistung *f* / potencia *f* límite ‖ ~**leistung mechanisch** / capacidad *f* mecánica máxima ‖ ~**leistungsanzeiger** *m* (Elektr) / contador *m* con indicador de máxima ‖ ~**leistungsmaschine** *f* / máquina *f* de rendimiento máximo ‖ ~**leistungsmaschine** (Wzm) / máquina *f* de capacidad máxima ‖ ~**magnetisierung** *f* bei reiner Wechselmagnetisierung / magnetización *f* normal ‖ ~**maß** *n* / medida *f* máxima ‖ **auf** ~**maß bringen** / maximizar, llevar al máximo ‖ ~**meterbelastung** *f* (Bau) / carga *f* máxima concentrada por metro ‖ ~**möglich** / máximo posible
Hochstollenreifen, Geländereifen *m* (Kfz) / neumático *m* para (o de) todo terreno
Höchst•produktionsdrehzahl *f* (Dreh) / velocidad *f* de máximo producción ‖ ~**prozentig** (Chem) / de máximo porcentaje
Hochstraße *f* (Straßb) / carretera *f* elevada, calle *f* elevada
Hochstrom•... (Elektr) / de gran amperaje ‖ ~**bahn** *f* (Elektr) / conductor *m* de corriente de alta intensidad ‖ ~**kohlebogen** *m* / arco *m* con electrodo de carbón de gran amperaje ‖ ~**lichtbogen** *m* / arco *m* voltaico de gran intensidad o de corriente fuerte ‖ ~**relais** *n* / relé *m* de (o para) corrientes fuertes ‖ ~**trenner**, -stromtrennschalter *m* (Elektr) / seccionador *m* de (o para) corrientes fuertes
Höchst•satz *m* / tasa *f* máxima ‖ ~**siedend** / de muy elevado punto de ebullición ‖ ~**spannung** *f* (Elektr) / tensión extremamente alta ‖ ~**spannung**, Spitzenspannung / tensión *f* punta o de cresta ‖ ~**spannung** (500 - 2000 kV) (Elektr) / supervoltaje *m*, hipervoltaje *m*, supertensión *f*, elevadísima tensión ‖ ~**spannung** (Engl. offiziell: über 3.3 kV, übliche Bedeutung: über 100 kV), (Frankreich über 220 kV), (USA: ab 750 kV) (Elektr) / muy alta tensión *f* ‖ ~**spannungsanlage** *f* / instalación *f* de muy alta tensión ‖ ~**spannungsblock** *m* (TV) / bloque *m* de muy alta tensión y de barrido de líneas ‖ ~**spannungs-Elektronenmikroskop** *n* / microscopio *m* electrónico de muy alta tensión ‖ ~**spannungsgleichrichter** *m* (TV) / rectificador *m* de muy alta tensión ‖ ~**spannungsimpulsgenerator** *m* (TV) / generador *m* de impulsos de muy alta tensión ‖ ~**spannungsnetz**, Freileitungsnetz *n* (Elektr) / red *f* de transmisión a elevadísima tensión, superred *f* ‖ ~**spannungsübertragung** *f* / transmisión *f* de muy alta tensión ‖ ~**spiel** *n* (Masch) / juego *m* máximo ‖ ~**strom** *m* (Elektr) / corriente *f* de cresta ‖ ~**strom**, höchstzulässiger Strom / corriente *f* máxima admisible ‖ ~**stromrelais** *n* / relé *m* de intensidad máxima ‖ ~**stromschalter** *m* / disyuntor *m* de sobrecorriente o de sobreintensidad, interruptor *m* de máxima ‖ ~**stromstärke** *f* / amperaje *m* máximo ‖ ~**tarif** *m* / tarifa *f* tope ‖ ~**temperatur** *f* / temperatura *f* máxima ‖ ~**vakuum** *n* / vacío *m*, vacío *m* ultra-alto o ultra-elevado ‖ ~**verbrauchszähler** *m* / contador *m* de máxima ‖ ~**verzugstrecke** *f* (Spinn) / zona *f* de muy alto estiraje ‖ ~**verzugstreckwerk** *n* (Spinn) / mecanismo *m* o tren de muy alto estiraje, manuar *m* estirador ‖ ~**wasserstand** *m* / nivel *m* máximo (o de cresta) del agua ‖ ~**wert** *m*, -betrag *m* / valor *m* máximo, valor *m* de cresta o de punta ‖ ~**wert**

623

Höchstwert

(Qual.Pr.) / valor *m* límite superior ‖ ~**wert**... / máximo *adj* ‖ **auf ~wert bringen** (o. einstellen) / maximizar, ajustar el valor máximo ‖ ~**wert** *m* **der momentanen Schallausstrahlung** (Akust) / cresta *f* de potencia vocal ‖ ~**wertanzeiger** *m* / indicador *m* de máximo o de cresta ‖ ~**wertige Ziffernstelle** (Math) / dígito *m* superior ‖ ~**wertiges Zeichen** (Maschinenwort) / carácter *m* más significativo ‖ ~**wertzeiger** *m* / aguja *f* indicadora del máximo ‖ ~**zahl** *f* / número *m* máximo ‖ ~**zugspannung** *f* (Mech) / tensión *f* [de tracción] máxima

höchstzulässig, höchst / máximo admisible o permisible ‖ ~**e Dosis**, HZD (Radiol) / dosis *f* máxima permisible, dosis *f* de tolerancia ‖ ~**e Drehzahl** (Mot) / velocidad *f* de giro máxima permisible, máximo permisible de rpm, número *m* máximo de revoluciones por minuto ‖ ~**e Geschwindigkeit** (Kfz) / velocidad *f* máxima permisible ‖ ~**e Konzentration**, HZK *f* (Chem, Pharm) / concentración *f* máxima admisible ‖ ~**e Last** / carga *f* máxima permisible ‖ ~**e Sperrspannung** (Eltronik) / tensión *f* inversa máxima permisible ‖ ~**es Startgewicht** (Luftf) / peso *m* máximo permisible de despegue

Hoch•tank *m* s. Hochbehälter ‖ ~**technologie** *f* / tecnología *f* avanzada o punta, tecnología *f* sofisticada
Hochtemperatur•... (Phys) / de temperatura elevada, de alta temperatura ‖ ~**beständig** / resistente a altas temperaturas ‖ ~**dichtung** *f* (Masch) / junta *f* resistente a temperaturas elevadas ‖ ~**eigenschaften** *f pl* / propiedades *f pl* a temperatura elevada ‖ ~**fett** *n* / grasa *f* para temperaturas elevadas ‖ ~**kathode** *f* (Eltronik) / cátodo *m* caliente brillante, cátodo *m* de filamento incandescente ‖ ~**reaktor** *m*, HTR (Nukl) / reactor *m* de alta temperatura ‖ ~**-Spannungsfreiglühen** *n* (Hütt) / recocido *m* fuerte de estabilización ‖ ~**strahlrohr** *n* / tubo *m* de chorro de alta temperatura ‖ ~**Strangpressen** *n* / extrusión *f* hidrostática bajo temperatura elevada ‖ ~**teer** *m* / alquitrán *m* producido bajo temperatura elevada ‖ ~**verbrennung** *f* / combustión *f* bajo alta temperatura ‖ ~**verkokung** *f* / coquefacción *f* bajo alta temperatura ‖ ~**-Versprödung** *f* (Stahl) / fragilización *f* a temperatura elevada

Hoch•ton *m* (Akustik) / tono *m* agudo ‖ ~**tonerdehaltiges Erzeugnis** / producto *m* refractario con alto contenido de aluminio ‖ ~**tonerde[schmelz]zement** *m* (Bau) / cemento *m* de alto contenido de aluminio fundido ‖ ~**tonkegel** *m* (Lautsprecher) / membrana *f* para notas agudas ‖ ~**tonlautsprecher** *m* (2,5 - 16 MHz), Hochtöner *m* / altavoz *m* de sonidos agudos ‖ ~**touren** *f pl* (Mot) / revoluciones *f pl* altas ‖ ~**tourig** (Masch) / altamente o muy revolucionado ‖ ~**transparent** (Pap) / de alta transparencia ‖ ~**überhitzt** / altamente sobrecalentado ‖ ~**umformungsmaschine** *f* / máquina *f* de reducción elevada ‖ ~**- *m* und Tiefbau-Ingenieur** / ingeniero *m* de construcciones elevadas y de caminos, canales y puertos, ingeniero *m* de obras en general

Hochvakuum *n* (10^{-1} bis 10^{-7} Pa) (Phys) / alto *m* vacío ‖ ~..., hochevakuiert / de alto vacío, de elevado vacío ‖ ~**aufdampfanlage** *f* (Beschicht) / instalación *f* de metalización en alto vacío ‖ ~**bitumen** *n*, HVB / betún *m* duro ‖ ~**dicht** / hermético al alto vacío ‖ ~**diffusionspumpe** *f* / bomba *f* de difusión bajo alto vacío ‖ ~**-Elektronenstrahlschweißen** *n* / soldadura *f* por haz de electrones en alto vacío ‖ ~**entladungsröhre** *f* (Eltronik) / tubo *m* de descarga de alto vacío ‖ ~**gesintert** / sinterizado en alto vacío ‖ ~**gleichrichter** *m*, Kenotron *n* (Eltronik) / válvula *f* rectificadora de alto vacío, kenotron *m* ‖ ~**-Lichtbogenofen** *m* (Hütt) / horno *m* de arco de alto vacío ‖ ~**ofen** *m* / horno *m* de alto vacío ‖ ~**öldiffusionspumpe** *f* / bomba *f* desdifusora de alto vacío ‖ ~**pumpe** *f* / bomba *f* de alto vacío ‖ ~**röhre** *f* (Eltronik) / tubo *m* de alto vacío ‖ ~**sublimierofen** *m* (Chem, Phys) / horno *m* de sublimación en alto vacío ‖ ~**technik** *f* / técnica *f* de alto vacío ‖ ~**zelle** *f* (TV) / célula *f* de alto vacío

hoch•verdichtender Motor / motor *m* de compresión elevada ‖ ~**veredelter Stahl** (Hütt) / acero *m* de elevad[issim]a calidad ‖ ~**veredlung** *f* (Tex) / acabado *m* de alta calidad, alto ennoblecimiento ‖ ~**verschleißfest** / altamente resistente al desgaste ‖ ~**verstärkt** (Eltronik) / de alta ganancia ‖ ~**verstellung** *f* (Foto) / ajuste *m* vertical ‖ ~**verzahnung** *f* / dentado *m* normal ‖ ~**verzugsflyer** *m* (Tex) / mechera *f* de alto estiraje ‖ ~**verzugs-Nitschelstrecke** *f* (Spinn) / manuar *m* de rotafrotación de tracción fuerte ‖ ~**verzugsstreckwerk** *n* (Tex) / manuar *m* o tren de alto estiraje ‖ ~**viskos** (Chem) / de alta viscosidad *f*, muy viscoso ‖ ~**volttransistor** *m* (Halbl) / transistor *m* de alto voltaje ‖ ~**wärmebeständig** (Pap) / altamente resistente al calor ‖ ~**warmfest** (Stahl) / refractario, de alta resistencia al calor, termoestable ‖ ~**warmfeste Legierung** (Hütt) / aleación *f* muy termorresistente, aleación *f* resistente a elevadas temperaturas, aleación *f* refractaria

Hochwasser *n*, HQ (Hydr) / crecida *f*, avenida *f* ‖ ~**abfuhr** *f* / evacuación *f* de crecidas ‖ ~**bett** *n* / cauce *m* de avenidas, lecho *m* de inundación ‖ ~**deich** *m* / dique *m* de (o contra la) inundación ‖ ~**durchfluss** *m*, Notauslass *m* / aliviadero *m* ‖ ~**entlastungsanlage** *f*, Überlauf *m* / vertedero *m*, rebosadero *m*, aliviadero *m* ‖ ~**frei** / a cubierto de inundaciones ‖ ~**häufigkeit** *f* / frecuencia *f* de avenidas ‖ ~**intervall** *n*, HWI / intervalo *m* entre el paso de la Luna y de la pleamar, intervalo *m* de marea lunar ‖ ~**marke** *f* / marca *f* de las avenidas, señal *f* de crecidas ‖ ~**marke**, Springflutmarke *f* / marca *f* de pleamar de marces vivas ‖ ~**menge** *f* / caudal *m* de crecida ‖ ~**öffnung** *f* (Brücke) / paso *m* de crecida ‖ ~**rückhaltebecken** *n* (Hydr) / tanque *m* de control de avenidas, depósito *m* de retención ‖ ~**schaden** *m* / daño *m* por avenidas o inundaciones ‖ ~**schutz** *m* / protección *f* contra la inundación, protección *f* de crecidas ‖ ~**spitze** *f* / cresta *f* de avenida ‖ **höchster ~stand**, HHW / nivel *m* máximo de crecidas ‖ **~stand HW** (DIN), -spiegel *m*, -linie *f* / nivel *m* de crecidas, marca *f* de la crecida ‖ ~**überlauf** *m*, Überlaufkanal *m* (Staubecken) / rebosadero *m*, aliviadero *m*

Hoch•wattlampe *f* / lámpara *f* de alto vat[i]aje ‖ ~**weiß** / blanco intenso
hochwertig (Qualität) / de alta o buena calidad, de calidad elevada ‖ ~, von hohem Wert / de alto valor ‖ ~ (Erz) / de alta ley, de ley alta ‖ ~**er Baustahl** / acero *m* de construcción de alta calidad ‖ ~**es Gusseisen** (über 275 N/mm²) / hierro *m* fundido de alta calidad ‖ ~**er Tonkanal** (Eltronik) / canal *m* sonoro de alta calidad ‖ **mit ~er Gradation** (Eltronik) / de alta gama, de gama elevada
Hochwert•logik *f* (DV) / lógica *f* evolucionada ‖ ~**zement** *m* (Z450F) (Portlandzement) (Bau) / cemento *m* Portland de gran resistencia inicial
hoch•winden *vt* (Schiff) / alzar, elevar con güinche ‖ ~**winden**, -ziehen (Masch) / izar ‖ ~**wirksam** / de eficacia elevada ‖ ~**zahl** *f*, Exponent *m* (Math) / exponente *m*, índice *m* ‖ ~**zeilenfernsehen** *n*, HD-TV *n* / televisión *f* de alta definición ‖ ~**-Zeit** *f*, Höhepunkt *m* / clímax *m* ‖ ~**zeit** *f* (Druck) / dublete *m* ‖ ~**ziehbar**, einziehbar / alzable, levadizo ‖ ~**ziehen** *vt* (allg, Luftf) / tirar hacia arriba, izar, elevar, alzar ‖ ~**ziehen**, aufziehen (Bergb) / subir ‖ ~**ziehen** *vi* (Luftf) / encabritar, subir la proa ‖ ~**zinkhaltig** / con (o de) alto contenido de (o en) zinc ‖ ~**zuchtsamen** *m* (Bot, Zuck) / semilla *f* certificada de primera calidad o de 1^{era} categoría ‖ ~**zugfest** / de alta resistencia a la tracción o a la tensión

Höhenlinie

Hocker, Schemel *m* (Möbel) / taburete *m*
Höcker *m*, Buckel *m* (Kurve) / abolladura *f*, abollamiento *m* ‖ ≈ (Wärmofen) / rótula *f*, charnela *f* ‖ ≈**platte** *f* (Walzw) / placa *f* abombada ‖ ≈**punkt** *m* (Tunneldiode) / punto *m* cresta ‖ ≈**spannung**, Gipfelspannung *f* (Tunneldiode) / tensión *f* de punto de cresta ‖ ≈**-Tal-Stromverhältnis** *n* (Tunneldiode) / relación *f* [de corriente] cresta-valle
Hodo•graph *m* (eine Kurve) (Phys) / hodógrafo *m*, odógrafo *m* ‖ ≈**meter** *n*, Schrittzähler *m* (Mess) / hodómetro *m*, odómetro *m* ‖ ≈**skop** *n* (Nachweisgerät energiereicher Teilchen) (Phys) / hodoscopio *m*
Hof *m*, Innenhof *m* (Bau) / patio *m* ‖ ≈, Aureole *f* (Meteo) / aureola *f* ‖ ≈ *m* (um Sonne o. Mond), Kranz *m* (Astr) / corona *f*, cerco *m*, halo *m* ‖ ≈, Lichthof *m* (Foto, Opt) / halo *m* ‖ ≈**ablauf** *m* (Bau) / sumidero *m* en el patio
Ho-Faktor *m*, -Koeffizient *m* (von Diffusionspumpen) (Phys) / coeficiente *m* Ho
höffig (Bergb) / esperanzador ‖ ~**es Gebiet** / cuenca *f* esperanzadora ‖ ≈**keit** *f* (Bergb) / posibilidad *f*
Hoffmannscher Stoß, Ionisationsstoß *m* (Höhenstrahlung) / ionización *f* instantánea
Hoffnungsreserve *f* (Bergb) / reserva *f* posible
Hof•front *f*, -seite *f*, Hinterseite *f* (Bau) / lado *m* de patio ‖ ≈**gebäude** *n* (Bau) / traspuesta *f*
Hofmannscher Abbau (Chem) / degradación *f* de Hofmann
Hofmeistersche (o. lyotrope) Reihe (Chem) / serie *f* de Hofmeister, serie *f* liotrópica
Hof•raum *m* (Bau) / cerco *m*, patio *m* ‖ ≈**seite** *f*, -front *f* (Bau) / lado *m* trasero ‖ ≈**wirtschaft** *f* (Landw) / economía *f* rural [de la granja]
Hoghorn *n*, Hornparabolstrahler *m* (Antenne) / bocina *f* curvada
hohe *adj*, hoher, hohes etc. s. hoch
Höhe *f* / altura *f* ‖ ≈, Größe *f* des Wuchses / talla *f*, estatura *f* ‖ ≈ (z..B. des Dreiecks) (Geom) / altura *f* (e.g. del triángulo), perpendículo *m* ‖ ≈, Bogenhöhe *f* (Geom) / montea *f* ‖ ≈, Erhebung *f*, Anhöhe *f* (Geo) / elevación *f*, alto *m* ‖ ≈ *f* (z.B. in ... m Höhe) (Geo) / altura *f* (p.e. en una altura de ... m) ‖ ≈, Elevation *f* (Astr) / elevación *f* ‖ ≈ *f*, geographische Breite / latitud *f*, paralelo *m* ‖ ≈ **720** (Kartographie) / colina *f* o cota 720 ‖ ≈ **der Abschleppvorrichtung** ‖ ≈ **der Durchfahrtsöffnung** (Bau) / altura *f* de paso ‖ ≈ **der Flüssigkeit** / profundidad *f* del líquido, nivel *m* del líquido ‖ ≈ **der Mutter** / altura *f* de la tuerca ‖ ≈ **der unteren Duktgrenze** (Eltronik) / altitud *f* del límite inferior [de un conducto atmosférico] ‖ ≈ **des Reifenkörpers** (Kfz) / altura *f* de sección del neumático ‖ ≈ **eines Himmelskörpers** (Astr) / altura *f* de un astro ‖ ≈ **eines Rüstbogens** (Bau) / elevación *f* de centro ‖ ≈ **eines Tons** (Akust) / altura *f* de un tono ‖ ≈ **gewinnen** (Luftf) / obtener o ganar altura, subir, ascender ‖ ≈ **im eingezogenen Zustand** (Kfz, Schiff) / altura *f* en estado plegado ‖ ≈ *f* **je theoretischer Stufe** (Chem) / altura *f* equivalente a etapa teórica ‖ ≈ **über alles** / altura *f* total o al suelo ‖ ≈ **über dem Meer[esspiegel] o. über NN** (Verm) / altitud *f*, altura *f* [sobre el nivel del mar] ‖ ≈ **über der Ausgangslinie** / altitud *f* sobre [línea de] base ‖ ≈ **über der Bezugsebene** (Verm) / altitud *f* sobre [el plano de] referencia ‖ **auf gleicher** ≈ **befindliche Fläche** / ras a ras ‖ **auf gleicher** ≈ **liegen** [mit] / estar a ras de, estar ras con ras ‖ **effektive o. tatsächliche** ≈ / altura *f* efectiva ‖ **in gleicher** ≈ [mit] / a flor de ‖ **lichte** ≈ (Bau) / altura *f* libre ‖ **metazentrische** ≈ (Schiff) / altura *f* metacéntrica ‖ **zu große** ≈ / altura *f* excesiva
Höhen•abschwächung *f* (Akust) / atenuación *f* de agudos o de altos ‖ ≈**absenkung** *f* (Akust) / bajada *f* de agudos ‖ ≈**angabe** *f*, -zahl *f*, -ziffer *f*, -kote *f*, -quote *f* / cota *f* ‖ ≈**anhebung** *f* (Akust) / refuerzo *m* de [los] agudos o de los altos ‖ ≈**anzeiger** *m* (Luftf) / indicador *m* de altitud ‖ ≈**arbeiter** s. Industriekletterer ‖ ≈**atmungsgerät** *n*, -atemgerät *n* (Luftf) / aparato *m* de respiración [de oxígeno] en elevadas alturas ‖ ≈**auflösungsvermögen** *n* (Radar) / resolución *f* vertical ‖ ≈**aufnahme** *f*, Nivellement *n* (Bau, Verm) / nivelación *f*, altimetría *f* ‖ ≈**ausgleichslasche** *f* (Bahn) / brida *f* de compensación de desgaste ‖ ≈**balligkeit** *f* (Zahnrad) / adelgazamiento *m* ‖ ≈**barometer** *n* (Phys) / altímetro *m* barométrico ‖ ≈**bedarf** *m* / altura *f* libre necesaria ‖ ≈**berichtigung** *f*, Ausrichtung der Höhenlage *f* (Bahn) / rectificación *f* del perfil de la vía ‖ ≈**beschränkung** *f* (eines Gebäudes) (Bau) / servidumbre *f* de luces
Höhenbestimmung *f*, -messung *f* (Verm) / determinación *f* de las alturas, altimetría *f* ‖ ≈ **durch Differenz** (Verm) / nivelación *f* recíproca ‖ ≈ **durch Höhenmessung** / altimetría *f* por medición ‖ ≈ **durch Nivellieren** / nivelación *f* ‖ **barometrische** ≈ (Verm) / nivelación *f* barométrica
Höhen•bewegung *f* (Luftf) / movimiento *m* en las altitudes ‖ ≈**bewegung** (Wzm) / desplazamiento *m* vertical ‖ ≈**bogen** *m*, -kreis, -sektor *m* (Verm) / semicircunferencia *f* vertical graduada ‖ ≈**differenz** *f* s. Höhenunterschied ‖ ≈**dipol** *m* (Eltronik) / dipolo *m* elevado ‖ ≈**drossel** *f* (Luftf) / válvula *f* de estrangulación para el mando de alturas ‖ ≈**ebnung** *f*, Entzerrung *f* (TV) / desacentuación *f*, nivelación *f* de agudos ‖ ≈**-Einordnung** *f* **im Warteraum** (Luftf) / acción de ponerse en su lugar en el espacio de espera ‖ ≈**einspeisung** *f* (Akust) / alimentación *f* de agudos ‖ ≈**einstellung** *f* (Akust) / regulación *f* de la altura ‖ ≈**einstellung** (Audio) / mando *m* de agudos ‖ ≈**entzerrung** *f* (Akust) / corrección *f* de agudos o de altos ‖ ≈**fehler** *m* (Verm) / desvío *m* de altura ‖ ≈**feinbewegung** *f* (Wzm) / movimiento *m* vertical fino ‖ ≈**feinstellschraube** *f* / tornillo *m* de graduación fina en altura ‖ ≈**festpunkt** *m*, HFP (Verm) / punto *m* de referencia de altitud ‖ ≈**flosse**, -fläche *f*, Stabilisator *m* (Luftf) / estabilizador *m* horizontal, plano *m* fijo horizontal ‖ ≈**flossen-Einstellwinkel** *m* (Luftf) / ángulo *m* de ajuste de cola ‖ ≈**flossen-Tiefe** *f* (Luftf) / cuerda *f* de la cola ‖ ≈**flossenverstellung** *f* / regulación *f* del estabilizador ‖ ≈**flug** *f* / vuelo *m* de altura ‖ ≈**flugzeug** *n* / avión *m* de gran altura ‖ ≈**förderer** *m* / elevador *m* ‖ ≈**förderer** (stapelnd) / elevador *m* apilador ‖ ≈**forschung** *f* (Phys) / investigación *f* de o en grandes alturas ‖ ≈**forschungsrakete** *f* / cohete *m* sonda para grandes alturas ‖ ≈**gewinn** *m* (Luftf) / ganancia *f* en altura ‖ ~**gleicher Bahnübergang** (Bahn) / paso *m* a nivel, P.N. ‖ ≈**index** *m* / índice *m* de lectura vertical ‖ ≈**indexlibelle** *f* (Goniometer) / nivel *m* de índice de lectura vertical ‖ ≈**isoplethe** *f* / isopleta *f* de altitud ‖ ≈**isothermenkarte** *f* (Meteo) / mapa *m* isotérmico de altitudes ‖ ≈**kammer** *f* (Raumf) / cámara *f* de descompresión ‖ ≈**kammer**, -raum, -prüfstand *m* (Luftf) / cámara *f* de depresión ‖ ≈**kammer**, Höhenwindkanal *m* / canal *m* aerodinámico de densidad variable ‖ ≈**kanal** *m*, obere Leitschicht der Troposphäre (Eltronik) / conducto *m* elevado, conducto *m* radioeléctrico de troposfera ‖ ≈**kote**, -quote *f* (Verm) / cota *f* de altura ‖ ≈**krankheit** *f* (Med) / mal *m* de las alturas, puna *f*, soroche *m* (LA) ‖ ≈**kreis** *m* (Astr) / paralelo *m*, círculo *m* cuyo plano pasa por el cenit y el nadir ‖ ≈**kreis** (Instr) / arco *m* graduado vertical ‖ ≈**kreis** (Geom) / limbo *m* vertical ‖ ≈**lage** *f* / altitud *f* ‖ ≈**[gebiets]landwirtschaft** *f* / agricultura *f* en regiones elevadas o/y montañosas ‖ ≈**leistungszahl** *f* (Luftf) / coeficiente *m* de potencia en altura ‖ ≈**leitwerk** *n* (Luftf) / empenaje *m* horizontal, timón *m* de profundidad, estabilizador *m* de elevación ‖ ≈**linie**, Schicht-, Niveaulinie *f* (Karte) / curva *f* de nivel ‖ ≈**linie** (Geol) / línea *f* equialta ‖ ≈**linie**, Isohypse *f* (Verm) / isohípsa *f* ‖ **der** ≈**linie folgen lassen** (Straßb) / hacer seguir la curva de nivel ‖

Höhenlinienabstand

⁓**linienabstand** *m* (in Metern) (Verm) / distancia *f* vertical entre planos de nivel (en metros) || ⁓**marke** *f*, -markierung *f* (Verm) / punto *m* de referencia, marca *f* geodésica || ⁓**marke** (Container) / marca *f* de referencia / perfil ⁓**markierung** *f* (Verm) / piqueteado *m* en altura || ⁓**maß**, Maß *n* der Erhebung, der Höhe (Bau) / altura *f* || ⁓**maß** *n* **des fertigen Fußbodens** (Bau) / altura *m* de piso || ⁓**maßstab** *m* (Zeichn) / escala *f* de alturas || ⁓**messer** *m* (Luftf) / altímetro *m* || ⁓**messradar** *m n* / radar *m* altimétrico || ⁓**messung** *f* s. Höhenbestimmung || ⁓**mikrometer** *n* (Mess) / micrómetro *m* o pálmer de altura || ⁓**motor** *m* (Luftf) / motor *m* de altura || ⁓**navigation**, -ortung *f* (Luftf) / navegación *f* en grandes alturas || ⁓**parallaxe** *f* (Mess) / paralaje *m* de altitud || ~**parallel** / paralelo en altitud || ⁓**passpunkt** *m* (Verm) / punto *m* de control de la altura de un punto de terreno || ⁓**plan** *n*, Profil *n* (Bahn) / perfil *f* de una línea || ⁓**plan**, Längsprofil *n* (Verm) / perfil *m* longitudinal || ⁓**prüfstand** *m*, -raum *m* s. Höhenkammer || ⁓**-Quote** *f* (Verm) / cota *f* || ⁓**rakete** *f* / cohete *m* sonda para grandes alturas || ⁓**regelung** *f* (Radio) / control *m* de los agudos || ⁓**regler** *m* / regulador *m* de altura || ⁓**reißer** *m*, Parallelreißer *m* / gramil *m* [de alturas] || ⁓**richteinrichtung** *f* (Mil) / mecanismo *m* de elevación || ⁓**richten** *n* (Mil) / puntería *f* en elevación || ⁓**ruder** *n* (Luftf) / timón *m* de altura o de profundidad || ⁓**rudertrimmklappe** *f* (Luftf) / tab *m* de compensación de altura || ⁓**schenkel** *m*, -stab *m* (Fenster) / larguero *m* || ⁓**schichtenkarte** *f* (Geo) / mapa *m* de curvas (o líneas) de niveles || **farbig ausgelegte** ⁓**schichtenkarte** / mapa *m* de colores hipsométricos || ⁓**schichtenlinie** *f* / curva *f* de nivel, curva *f* hipsométrica || ⁓**schichtfarben** *f pl*, -schichtfarbskala *f* (Geo) / colores *m pl* hipsométricos || ⁓**schieblehre** *f* (Mess) / pie *m* de rey de altura || ⁓**schirm**, B-Schirm *m* (Radar) / presentación *f* [visual tipo] B || ⁓**schnittpunkt** *m* (Dreieck) / ortocentro *m* || ⁓**schraffen** *f pl* (Verm) / rayado *m* para indicar el relieve || ⁓**schraffenplan** *m* / mapa *m* rayado para indicar el relieve || ⁓**schreiber** *m*, Barograph *m* (Luftf) / barógrafo *m* || ⁓**schritt** *m* (des Hebdrehwählers) (Fernm) / paso *m* de un nivel de selección || ⁓**schrittkontakt** *m* (Fernm) / contacto *m* de nivel || ⁓**schritt-Vielfach** *n* (Fernm) / multiplaje *m* a un nivel de selección || ⁓**schwund** *m*, -schwindung *f* / contracción *f* en altura || ⁓**sektor**, -kreis *m* (Verm) / limbo *m* vertical || ⁓**skala** *f* (Säge) / escala *f* de altura || ⁓**skala** (Exosphäre) / escala *f* de altitud || ⁓**sonne** *f* (Med) / sol *m* artificial || ⁓**sonne** (Meteo) / sol *m* de altura[s] || ⁓**sperre** *f* (Eltronik) / filtro *m* de desacentuación de agudos || ⁓**staffelung** *f* (Luftf) / separación *f* vertical || ⁓**steuer** *n* s. Höhenruder || ⁓**steuerung** *f* (Luftf) / mando *m* de altura || ⁓**strahlen** *m pl*, kosmische Strahlen (Phys) / rayos *m pl* de altura, rayos *m pl* cósmicos || ⁓**strahlensturm** *m* / efecto *m* Forbush, tormenta *f* de rayos cósmicos || ⁓**strahlung** *f* / radiación *f* cósmica || ⁓**stufe** *f* / piso *m* altitudinal o de altitud || **barometrische** ⁓**stufe** / diferencia *f* de altitud (nivelación barométrica) || ⁓**thermometer** *n* (Phys) / hipsotermómetro *m* || ⁓**turbulenz** *f*, -wirbel *m* (Luftf) / turbulencia *f* en aire claro || **kombiniertes** ⁓**-und Querruder**, Elevon *m* (Luftf) / elevón *m* || ⁓**- und Seitenleitwerk** *n* (Luftf) / empenaje *m* horizontal y vertical || ⁓**- und Tiefenabstimmung** *f* (Radio) / regulación *f* de [sonidos] agudos y graves || ⁓**unterschied** *m* / diferencia *f* de nivel || ⁓**unterschied**, Niveauunterschied *m* (Wzm) / desnivel *m*, diferencia *f* de nivel || ⁓**unterschied im Gelände** / desnivel *m* de terreno || ⁓**unterschiede messen** (Verm) / nivelar || ⁓**verfahren**, Interceptverfahren *n* (Nav) / método *m* intercep[ta]ción || ⁓**verstellbar** / graduable o ajustable en altura || ⁓**verstellbarer Sitz mit verstellbarer Rückenlehne** (Kfz) / asiento *m* con regulación en altura y zona lumbar || ~**verstellbares Lenkrad** (Kfz) / volante *m* regulable en altura || ⁓**verstellung**, -einstellung *f* / corrección *f* o regulación de altura, ajuste *m* de altura || ⁓**verstellung** *f* (Wzm) / desplazamiento *m* vertical || ⁓**verstellung** (Luftf) / tab *m* regulador de altura || ⁓**vollkreis** *m* (Verm) / limbo *m* vertical completo || ⁓**wiedergabe** *f* (Radio) / reproducción *f* de agudos o de altos || ⁓**wind** *m* (Meteo) / viento *m* en altura || ⁓**windkanal** *m* s. Höhenkammer || ⁓**winkel** *m* / ángulo *m* de altitud || ⁓**winkel** (Radar) / ángulo *m* de elevación || ⁓**winkel**, Erhebungswinkel *m* (Radar) / ángulo *m* de ascenso || ⁓**wirbel** *m*, -turbulenz *f* (Luftf) / turbulencia *f* en aire claro || ⁓**zahl** *f*, -ziffer *f* (Verm) / cota *f* || ⁓**zentrum** *n* (Wzm) / centro *m* ajustable en altura

Höhepunkt, Gipfelpunkt *m* (Geo) / cima *f*, cumbre *f* || ⁓, Maximum *n* / culminación *f*, punto *m* culminante, máximo *m* || **seinen** ⁓ **erreichen** / llegar a su punto culminante

höher / más alto, superior || ~, problemorientiert (DV, Sprache) / evolucionado || ~**er Alkohol** *m* / alcohol *m* elevado || ~**e Computersprache** (DV) / lenguaje *m* evolucionado || ~**e Geometrie** / geometría *f* superior || ~**e Gewalt** / fuerza *f* mayor || ~**e Harmonische** (Phys) / armónico *m* superior || ~**e harmonische Schwingung** (Phys) / vibración *f* armónica de múltiples frecuencias || ~ **machen**, erhöhen / elevar, aumentar || ~**e Mathematik** / matemáticas *f pl* superiores || **es Oxid** (Chem) / óxido *m* superior || ~**e Rechnungsarten** *f pl* (Math) / operaciones *f pl* de aritmética superior || ~**e Temperatur** / temperatura *f* elevada || ~**e Tonlage** (Phys) / sonidos *m pl* altos, agudos *m pl*

höher • bewertet (Schw) / mejor cualificado || ~**legierte Mischung** (Hütt) / mezcla *f* de aleación mayor || ~**molekular** (Chem) / de peso molecular más grande || ~**wertig** / superior || ~**wertige Stelle** (Math) / posición *f* superior

hohl / hueco || ~, konkav / cóncavo || ~ (z.B. Kernguss) / con macho || ~, ausgehöhlt / ahuecado || ~**er Auswerfer** (Gieß) / eyector *m* tubular || ~**es Dreheisen**, Drechslerröhre *f* / punzón *m* de tornero || ~**er Flaschenboden** / fondo *m* hueco o cóncavo de la botella || ~**e (o. offene) Fuge** (Maurer) / junta *f* abierta || ~ **klingen** / sonar a hueco || ~ **schleifen** (Klinge) / vaciar hueco || ~**e Stelle** (Plast) / cavidad *f* || ~**e Treppe** (Bau) / escalera *f* esquelética || ~**...**, Rohr... / tubular

Hohl • achse *f* (Bahn) / eje *m* hueco || ⁓**ader** *f* (Kabel) / conductor *m* hueco || ⁓**anode** *f* (Elektr) / ánodo hueco *m* || ⁓**balken**, -träger *m* (Bau) / viga *f* hueca || ⁓**beitel** *m* **DIN 5142**, Hohleisen *n* (Tischl) / trépano *m* acanalado, gubia *f*, cincel *m* para ranurar || ⁓**block** (Hütt) / lingote *m* hueco || ⁓**blockbauweise** *f* (Bau) / construcción *f* con ladrillos huecos || ⁓**blockstein** *m* (Bau) / ladrillo *m* hueco [de bloque], bloque *m* hueco de arcilla cocida || ⁓**blockstein** (Hütt) / ladrillo *m* hueco || ⁓**blockstein aus Beton** (Bau) / bloque *m* hueco de hormigón || ⁓**boden** *m* (Bau) / piso *m* hueco || ⁓**boden** (Flasche) / fondo *m* de botella hueco o cóncavo || ~**bohren** / taladrar de espiga || ⁓**bohrer** *m* (Wz) / broca *f* hueca, barrena *f* hueca || ⁓**bohrer**, Löffel-, Schälbohrer *m* (Bergb) / barrena *f* de espiga || ⁓**bohrstahl** *m* (Bergb) / acero *m* para barrenas huecas || ⁓**bolzen** *m* / bulón *m* hueco || ⁓**bruch** *m* (Gieß, Hütt) / fractura *f* en copa, fractura *f* en forma de embudo || ⁓**bruchprobe** *f* (Mat.Prüf) / prueba *f* de embutición o de acoplamiento || ⁓**decke** *f* (Bau) / techo *m* o plafón hueco || ⁓**dexel** *m* (Wz) / azuela *f* de hoja cóncava || ⁓**diele** *f* (Bau) / losa *f* hueca || ⁓**dorn** *m* (Wz) / mandril *m* hueco || ⁓**dornen** *n* (Hütt) / perforación *f* con punzón sacabocados || ⁓**draht** *m* / alambre *m* tubular || ⁓**draht mit mehreren Seelen** (Löten) / soldante *m* con alma de resina múltiple || ⁓**drähtig** (Zwirn) / con espiras de barrena

höhlen vt, hohl machen, aushöhlen / excavar, ahuecar ‖ ⁓**forschung** f, -kunde f / espeleología f ‖ ⁓**kalkstein** m (Geol) / caliza f cavernosa
Hohl•faden-Spinndüse f (Tex) / hilera f para hilos huecos ‖ ⁓**fase** f (Masch, Tischl) / achaflán m o chaflán hueco ‖ ⁓**feder** f / resorte m hueco ‖ ⁓**filamentgarn** n (Spinn) / hilo m de filamentos huecos ‖ ⁓**fläche** f / concavidad f ‖ ⁓**-Fließpressen** n / extrusión f de tubos ‖ ⁓**form** f (Gieß) / molde m hueco ‖ ⁓**formgießen** n (konventionell) / colada f de piezas huecas ‖ ⁓**fräser** m (Wz) / fresa f hueca ‖ ⁓**gefäß**, Gefäß n / recipiente m ‖ ~**geschliffen** / cóncavo, vaciado o rectificado hueco ‖ ⁓**geschoss** n (Mil) / proyectil m hueco ‖ ⁓**gewebe** n (Tex) / tejido m tubular ‖ ⁓**gipsdiele** f (Bau) / tablón m hueco de yeso ‖ ⁓**gitter** n (Opt) / rejilla f cóncava, rejilla f Rowland ‖ ⁓**glas** n / vidrio m hueco o soplado ‖ ⁓**glas**, Flaschenglas n / vidrio m para botellas ‖ ⁓**glasbaustein** m / ladrillo m hueco de vidrio ‖ ⁓**-Gleitziehen** n (Hütt) / estirado m de cuerpos tubulares sin mandrino ‖ ~**guss** m, Kernguss m, Hohlgießen n (Gieß) / colada f o fundición hueca o con macho ‖ ⁓**guss** (Erzeugnis) / pieza f fundida hueco ‖ ⁓**kabeltechnik** f (Elektr) / técnica f de cables huecos ‖ ⁓**kammerfelge** f (Fahrrad) / llanta f [de cámara] hueco ‖ ⁓**kammerreifen** m (Kfz) / semi-neumático m ‖ ~**kantiger Profildraht** / hilo m ranurado ‖ ⁓**kantprofil** n, -kantstab m (Hütt) / perfil m de lado[s] concavo[s] ‖ ⁓**kastenbrücke** f (Bau) / puente m de cajones huecos ‖ ⁓**kastengründung** f (Bau) / cimentación f en cajón submergible ‖ ⁓**kathode** f (Elektr) / cátodo m hueco ‖ ⁓**kehle** f, Trochilus m (Säule) / troquilo m, nacela f ‖ ⁓**kehle**, Wasserablaufnase f (Bau) / goterón m ‖ ⁓**kehle**, Ausrundung f (Bau) / mediacaña f, moldura f cóncava, garganta f ‖ ⁓**kehle am Nabensitz**, Notlaufhohlkehle f (Bahn) / curva f de acuerdo del cubo ‖ ⁓**kehle der Welle** / acuerdo m del árbol ‖ ⁓**kehle des Radreifens** (Bahn) / curva f de acuerdo de la pestaña ‖ ⁓**kehlenmeißel** m (Wz) / herramienta f de mediacaña ‖ ⁓**kehlenschliff** m / rectificado m de gargantas o de mediacañas ‖ ⁓**kehlhobel** m (Tischl) / cepillo m para hacer molduras ‖ ⁓**kehlnaht** f (Schw) / cordón m en ángulo concavo ‖ ⁓**kehlschweiße** f, Kehlnaht f / soldadura f cóncava de rincón ‖ ⁓**keil** m (Masch) / chaveta f hueca o mediacaña ‖ ⁓**kern** m (Gieß) / núcleo m hueco ‖ ⁓**kern**, Maskenkern m (Gieß) / macho m de máscara o de careta ‖ ⁓**kern**, -ferritkern m (Eltronik) / núcleo m [de ferrita] con abertura central ‖ ⁓**kernstahl** m (Bergb) / acero m para barrena hueca ‖ ⁓**klinge** f (Wz) / hoja f hueca, lámina f hueca ‖ ⁓**kolben** m (Masch) / émbolo m hueco ‖ ⁓**konus** m, -kegel m / cono m hueco ‖ **runde** ⁓**körper** (Walzw) / productos m pl tubulares ‖ ⁓**körper** m / cuerpo m hueco ‖ ⁓**körper**, Rohr-Rohling m, -luppe f (Hütt) / pieza f en bruto para tubos ‖ ⁓**körper** (Phys) s. Hohlraum ‖ ⁓**körperblasmaschine** f (Plast) / máquina f de soplado de artículos huecos ‖ ⁓**körpergießen** n (Plast) / colada f o fundición de artículos huecos o de piezas huecas ‖ ⁓**körperreflexion** f (Phys) / reflexión f de cuerpos huecos o de piezas huecas ‖ ⁓**kugel** f / bola f hueca, esfera f hueca ‖ ⁓**ladung**, H-Ladung f (Mil) / carga f hueca ‖ ⁓**leiste** f (Tischl) / listón m de mediacaña
Hohlleiter m, Wellenleiter m (Funk) / guiaondas m, guía f de ondas ‖ ⁓ **mit Leitblechen** (Wellenleiter) / guiaondas m con chapas radiantes ‖ ⁓**antenne** f s. Hohlleiterstrahler ‖ ⁓**-Differentialübertrager** m / T híbrida, T o te mágica ‖ ⁓**linse** f / lente f de guiaondas ‖ ⁓**richtkoppler** m / acoplador m directivo o direccional de guiaondas ‖ ⁓**sperre** f / obturador f guiaondas ‖ ⁓**strahler**, -antenne f / radiador m de guiaondas ‖ ⁓**teiler** m, -leiterabschwächer m / atenuador m de guiaondas ‖ ⁓**-Verbindungsstück** n / unión f de guiaondas, acoplador m de guiaondas ‖ ⁓**zug** m / tren m de guiaondas
Hohl•leitung f / equipo m guiaondas ‖ ⁓**linse** f (Opt) / lente f cóncava ‖ ⁓**maß** n (Mess) / medida f de capacidad ‖ ⁓**mast** m (Elektr) / poste m hueco ‖ ⁓**meißel** m, -beitel m (Tischl, Wz) / gubia f [hueca o vaciada], trépano m acanalado ‖ ⁓**meißelstemmaschine** f (Holz) / escopleadora f de bedano m (Gieß) ‖ ⁓**nadel**, Kanüle f / aguja f hueca, trocar m ‖ ⁓**naht** f (Schw) / junta f hueca ‖ ⁓**niet** (einteilig), Rohrniet m / embutidera f, remache m hueco ‖ ⁓**niet** m (zweiteilig) (DIN 7331) / remache m tubular en dos piezas ‖ ⁓**niet** (mit hohlem Schaft) / remache m de fuste hueco ‖ ⁓**pfahl** m (Bau) / poste m hueco ‖ ⁓**pfanne** f (unverfalzt) (Dach) / teja f acanalada ‖ ⁓**pfannendach** n, Mönch-und-Nonne-Dach m (jetzt: Klosterdach) / tejado m con tejas caballetes o de canalón, cubierta f de tejas árabes ‖ ⁓**pfeilerstaumauer** f (Hydr) / presa f aligerada con contrafuertes ‖ ⁓**platte** f (Stahlbau, Straß) / placa f hueca ‖ ~**prägen** vt, hämmern / abollonar, repujar ‖ ⁓**prägen** n, Tiefprägen n (Stanz) / acuñado m hueco, gofrado m ‖ ⁓**profil** n (Hütt) / perfil m hueco ‖ ⁓**profilgummidichtung** f / empaquetadura f de goma de perfil hueco ‖ ⁓**profilrahmen** m (Bahn) / bastidor m de cuerpo hueco, bastidor m en cajón ‖ ⁓**punze** f (Wz) / punzón m hueco ‖ ⁓**querfließpressen** n (Hütt, Plast) / extrusión f transversal tubular por impacto [en prensa] ‖ ⁓**querschnitt** m / sección f hueca, perfil m hueco ‖ ⁓**querstrangpressen** n (Hütt, Plast) / extrusión f transversal tubular de barras [en prensa] ‖ ⁓**rad**, Zahnrad m mit Innenverzahnung / rueda f con dentado interior ‖ ⁓**rad** n (des Planetengetriebes) (Kfz) / corona f [del tren planetario]
Hohlraum m / cavidad f, hueco m, espacio m vacío m ‖ ⁓, Lücke f / hueco m, laguna f ‖ ⁓, Pore f / poro m, ampolla f ‖ ⁓, Lunker m (Gieß) / rechupe m ‖ ⁓ (Akust, Mikrowellen) / cavidad f ‖ ⁓ **für biologisches Material** (Nukl) / cavidad f biológica ‖ **Hohlräume** (z.B. im Beton) (Bau) / vacíos m pl del hormigón ‖ ⁓**anteil** m (Schüttgüter) / fracción f de vacíos ‖ ⁓**bildung** f / formación f de [con]cavidades ‖ ⁓**bildung** (Gieß, Hütt) / formación f de rechupes ‖ ⁓**bildung**, Kavitation f / cavitación f ‖ ⁓**boden** m (Bau) / suelo m de elementos huecos ‖ ⁓**dübel** m (Bau) / tarugo m para huecos ‖ ~**gekoppelt** (Eltronik) / acoplado a cavidad ‖ ⁓**gitter** n (Elektr) / rejilla f con resonador ‖ ⁓**isolation** f / semiaislamiento m dieléctrico, aislamiento m por cavidad ‖ ⁓**isoliert** (Kabel) / aislado por cavidad ‖ ⁓**kabel** n (Elektr) / cable m con circulación (o espacio) de aire ‖ ⁓**konservierung** f (Kfz) s. Hohlraumversiegelung ‖ ⁓**kreis** m / cavidad f de resonancia ‖ ⁓**ladung** f (Bergb) / carga f de barreno ‖ ⁓**magnetron** m (Eltronik) / magnetrón m de cavidades ‖ ⁓**resonanz** f (Akust) / resonancia f de cavidad ‖ ⁓**resonanz** (Mikrofon) / efecto m de cavidad ‖ ⁓**resonator** f (Eltronik) / resonador m de cavidad, cavidad f resonante ‖ **abgeschnittener sphärischer** ⁓**resonator** (Eltronik, Phys) / cavidad f esférica seccionada ‖ **abgestimmter** ⁓**resonator** / cavidad f sintonizada o resonante, resonador m sintonizado de cavidad ‖ ⁓**resonator** m, Echobox f (Radar) / caja f ecoica o de ecos artificiales, cavidad f resonante de ecos artificiales ‖ ⁓**schutz** m (Atom, Nukl) / protección f biológica ‖ ⁓**schwingung** f (Eltronik) / modo m de cavidad ‖ ⁓**-Sperrholz** n / madera f [contrachapeada] celular o alveolar ‖ ⁓**strahlung** f, Strahlung f des schwarzen Körpers (Phys) / radiación f del cuerpo negro ‖ ⁓**versiegelung** f (Kfz) / sellado m de los huecos ‖ ⁓**volumen** n / volumen m de cavidad ‖ ⁓**volumen des Bodens**, Porenvolumen n (Bau) / porosidad f del suelo ‖ ⁓**-Wellenmesser** m / ondámetro m de cavidad

Hohl•-Räumwerkzeug n / brocha f hueca ‖ ⁓**reibahle** f (Wz) / escariador m hueco ‖ ⁓**ring** m / toro m hueco ‖ ⁓**rippe** f / nervio m hueco ‖ ⁓**rückwärts-Fließpressen** n [-Strangpressen] (Hütt, Plast) / extrusión f tubular indirecta por impacto [indirecta de barras] ‖ ~ **[rund]** / cóncavo ‖ ⁓**saum** m (Tex) / dobladillo m [de ojo calado], calado m, vainica f ‖ ⁓**saum zum Einziehen von Schnüren** / jareta f ‖ ⁓**saumarbeit** f (Nähm) / deshilado m ‖ ⁓**saumnähmaschine** f / máquina f de (o para) calado, máquina f de coser dobladillos huecos ‖ ⁓**saumnaht** f / junta f calada ‖ ⁓**schaber** m (Wz) / rasqueta f acanalada, rascador m acanalado[r] ‖ ⁓**schaft** m (Niet) / fuste m hueco ‖ ⁓**schale** f (Windmesser) / paletilla f semiesférica ‖ ⁓**scheibe** f, -scheibenelement n (Maische, Zuck) / disco m hueco ‖ ⁓**schiene** f / riel m hueco, riel m Brunel ‖ ~**schleifen** vt (Wzm) / vaciar o rectificar hueco ‖ ~**schleifen**, innenschleifen / rectificar internamente ‖ ⁓**schleifen** n, -schliff m / vaciado m hueco, rectificación f hueca o cóncava ‖ ⁓**schliff** m / rectificado m hueco ‖ ⁓**schliff**, konkave Bombierung / despulla f lateral, vaciado m ‖ ⁓**schliffobjektträger** m (Mikrosk) / portaobjetos m excavado ‖ ⁓**schlüssel** m / llave f hueca ‖ ~**schmieden** vt (Hütt) / forjar un cuerpo hueco ‖ ⁓**schmieden** n / forja f de un cuerpo hueco ‖ ⁓**schneckenwärmetauscher** m / cambiador m de calor de hélice hueca ‖ ⁓**schraube** f, Innengewindebolzen m / perno m hueco con rosca interior ‖ ⁓**seil** n / cable m hueco ‖ ⁓**sog** m, Kavitation f / cavitación f ‖ ⁓**sonde** f / sonda f acanalada ‖ ⁓**spiegel** m (Opt) / espejo m cóncavo ‖ ⁓**spiegel**, Brennspiegel m / espejo m cóncavo o ustorio ‖ ⁓**spiegelkathode** f (Elektr) / cátodo m con cúpula de concentración ‖ ⁓**spiegelkondensator** m / condensador m de espejo cóncavo ‖ ⁓**spindel** f / huso m o husillo hueco ‖ ⁓**stange** f / barra f hueca ‖ ⁓**[stau]mauer** f (Hydr) / presa f aligerada ‖ ⁓**steg** m, -rippe f (Wzm) / nervio m hueco ‖ ⁓**steg**, Formatquadrat n (Druck) / imposición f hueca ‖ ⁓**stein** m, -ziegel m (Bau) / ladrillo m hueco ‖ ⁓**stein im Rekuperator** (Hütt) / ladrillo m hueco o de colmena ‖ ⁓**steindecke** f (Bau) / techo m con ladrillos huecos ‖ ⁓**stelle** f (Krist) / vacío m ‖ ⁓**strangpressen** n (Masch, Plast) / extrusión f de productos huecos, extrusión f hueca [en prensa] ‖ ⁓**teil** m / pieza f hueca ‖ ⁓**träger** m (Bau) / viga f hueca ‖ ⁓**treppe** f / escalera f de caracol ‖ ⁓**trieb**, Triebstock m (Uhr) / piñón m de linterna ‖ ⁓**umschlag** m (Blech) / plegado m hueco **Höhlung** f / cavidad f, concavidad f, hueco m ‖ ⁓ **der Kausche** (Schiff) / garganta f de guardacabo
Hohl•-Vorwärts-Fließpressen n [-Strangpressen] (Masch, Plast) / extrusión f tubular directa por impacto, [directa de barras] ‖ ⁓**walze** f (Walzw) / cilindro m hueco ‖ ⁓**walzen** n (Hütt) / laminado m de cilindros huecos ‖ ⁓**walzwerk** n / tren m laminador para productos huecos ‖ ⁓**-Walzziehen** n (Hütt) / estirado m por laminación sin herramienta central ‖ ⁓**wand** f (Bau) / muro m hueco ‖ ⁓**ware** f (Silber) / artículos m pl huecos ‖ ⁓**welle** f / árbol m hueco, eje m hueco ‖ ⁓**wellenantrieb** m (Bahn) / transmisión f por motor de árbol hueco ‖ ⁓**zeug** n (Keram) / artículos m pl huecos ‖ ⁓**ziegel** m, -pfanne f / teja f hueca o vano o árabe o lomuda ‖ ⁓**ziegel**, -stein m (Hütt) / ladrillo m hueco ‖ ⁓**ziegel**, Lochziegel m (Bau) / ladrillo m perforado ‖ ⁓**ziegelmauerwerk** n / mampostería f de ladrillos huecos ‖ ~**ziehen** vt / embutir en hueco ‖ ⁓**ziehwerkzeug** n / matriz m o útil de embutir, hierramienta f de embutir ‖ ⁓**zirkel** m, Innentaster m / compás m de interiores ‖ ⁓**zug** m / embutido m en hueco ‖ ⁓**zug von Rohren** / estirado m sin mandrino interior de tubos ‖ ⁓**zylinder** m / cilindro m hueco

Hohmann•-Bahn f (Raumf) / órbita f de Hohmann ‖ ⁓**-Transfer** m, Hohmannscher Übergang (Raumf) / transferencia f de Hohmann
Ho-Koeffizient m (von Diffusionspumpen) (Phys) / coeficiente m Ho
Hol n, Ziehhol n (Drahtziehen) / hilera f
Holeintritt m (Drahtziehen) / entrada f en la hilera
holen vt (DV) / llevar ‖ **den Motor [mit Anlasskraftstoff]** ~ (Kfz) / cebar, introducir gasolina ‖ **den Zucker** ~ / sacar o extraer el azúcar [disuelto en forma cristalizada]
Holländer m (Pap) / holandesa f, pila f holandesa, machacadora f de pulpa ‖ ⁓**eintrag** m (Pap) / stock m, pasta f líquida
Holländern n (Bb) / costura f a diente [de] perro, cosido m a la francesa
Holländerwalze f, Messerwalze f (Pap) / cilindro m batidor, cilindro m portacuchillas
Höllenstein m, Silbernitrat n (Chem) / piedra f infernal, nitrato m de plata
Holm m, Langschwelle f (Bau) / larguero m ‖ ⁓ (Luftf) / larguero m ‖ ⁓, Leiterstange f / larguero m de escalera, banzo m ‖ ⁓ **am Brückenjoch** (Bau) / carrera f, viga f longitudinal ‖ ⁓**antenne** f / antena f en voladizo
Holmium n, Ho (Chem) / holmio m ‖ ⁓**oxid** n (Chem) / óxido m de holmio
holo•axial (Krist) / holoaxial ‖ ⁓**eder** m (Krist) / holoedro m ‖ ⁓**edrie**, Vollflächigkeit f (Krist) / holoedría f ‖ ~**edrisch**, vollflächig (Krist) / holoédrico
holografisch•e Interferometrie (Phys) / interferometría f holográfica ‖ ~**e Qualitätskontrolle** / control m holográfico de calidad
Hologramm n (Phys) / holograma m ‖ ⁓**-Aufnahme** f / registro m de holograma
Holo•graphie f (Phys) / holografía f ‖ ~**graphieren** / hacer un holograma ‖ ~**graphisch** / holográfico ‖ ⁓**kopie** f (Astr, Spektroskopie) / holocopia f ‖ ~**kristallin** (Geol) / holocristalino ‖ ~**morph** (Math) / holomorfo ‖ ⁓**phanglasglocke** f (für diffuses Licht) / globo m de cristal holofano ‖ ⁓**saprophyt** m (Abwasser) / holosaprofito m ‖ ⁓**sid** n (Biol, Chem) / holosido m ‖ ⁓**siderit** m (Meteorit) (Min) / holosiderito m ‖ ⁓**zän**, Alluvium n (Geol) / holoceno m, era f holocena ‖ ⁓**zellulose** f (Chem) / holocelulosa f
holpern vi, stoßen / dar sacudidas o golpes ‖ ⁓, Rütteln n / sacudidas f pl, traqueteo m
Holperstrecke f (Straßb) / calle f accidentada ‖ ⁓ (Teststrecke) (Kfz) / pista f de pruebas
holprig, zerfurcht (Straßb) / accidentado, áspero
Holundermarkelektroskop n / electroscopio m de bolitas [de médula] de saíco
H-Ölverfahren n / procedimiento m H-oil
Holz n / madera f, palo m, fuste m ‖ ⁓, Bau-, Nutzholz n / madera f para (o de) construcción ‖ ⁓ **...** / maderero adj, xilo... ‖ ⁓ **[auf der Maschine] zuschneiden** (o. hobeln) (Tischl) / cortar o acepillar madera mecánicamente ‖ ⁓ n **aus der Tube** / madera f líquida del tubo ‖ ⁓ **für Rahmenschenkel**, Rahmenholz n (Zimm) / madera f para bastidor o para marco ‖ ⁓ **für Zündholzherstellung** / madera f para cerillas (E) o para fósforos (LA) ‖ ⁓ **verarbeitende Industrie** / industria f maderera o de la madera ‖ **gut getrocknetes** ⁓ / madera f seca o curada ‖ **wertloses** ⁓ / madera f muerta o pasada
Holz•abfälle m pl / desperdicios m pl de madera ‖ ⁓**abfuhrstraße** f, -abfuhrweg m, Forstweg m (Forstw) / camino m forestal ‖ ⁓**abhieb**, -einschlag m, Hieb m / tala f ‖ ⁓**ablängsäge** f (Wz) / sierra f de cortar o tronzar rollos ‖ ⁓**abschleppwinde**, Zugwinde f (Forstw) / cabrestante m de arrastre de troncos ‖ ⁓**alkohol** m (Chem) / alcohol m de madera ‖ ⁓**ankohlung** f / carbonización f de madera ‖

≈**anstrichfarbe** f / pintura f para madera ‖ ≈**arbeit** f / escultura f en madera ‖ **durchbrochene** ≈**arbeit** (Tischl) / labor f de madera calada ‖ ≈**arbeit** f (Bau, Zimm) / obra f de carpintería ‖ ≈**arbeiter** m, Waldarbeiter m, (jetzt:) Forstwirt m / obrero m forestal, leñador m ‖ ≈**arten** f pl / clases f pl o especies de madera ‖ ~**[art]ig**, Holz... / leñoso ‖ ≈**asbest** m / amianto m leñoso, amianto m lignoforme ‖ ≈**asche** f / ceniza[s] f [pl] de madera ‖ ≈**aufbereitungsmaschine** f / máquina f para preparar la madera o el leño ‖ ≈**aufschluss** m, Kochung f (Pap) / preparación f de la madera, desintegración f de la madera ‖ ≈**ausbau** m (Bergb) / entibación f de (o con) madera, enmaderamiento m ‖ ≈**[aus]fütterung**, -auskleidung f (Bau) / revestimiento m de madera ‖ ≈**axt** f, Holzhaueraxt f (Wz) / hacha f en leñador ‖ ≈**balken** m (Bau) / viga f de madera, madero m ‖ ≈**balkendecke** f / techo m de vigas de madera ‖ ≈**bau** m / construcción f de (o en) madera ‖ ≈**bauarbeiten** f pl / construcciones f pl de (o en) madera, entramado m, maderaje m ‖ ≈**bearbeitung** f (Tischl) / trabajo m de la madera ‖ ≈**bearbeitungsmaschine** f / máquina f para labrar o trabajar la madera, maderera f ‖ ≈**bearbeitungswerkzeuge** n pl / herramientas f pl madereras o para trabajar la madera ‖ ≈**[be]deckung** f, -belag m (Bau, Zimm) / revestimiento m de madera ‖ ≈**behälter** m / envase m o recipiente de madera ‖ ≈**beize** f / nogalina f ‖ ≈**belag** m, -beschichtung f (Bau) / revestimiento m de madera ‖ ≈**beplankung** f (Schiff) / tablazón m, forro m de planchas de madera ‖ ≈**besäumer** m (Säge) / máquina f o sierra para cantear ‖ ≈**biegemaschine** f / máquina f curvadora ‖ ≈**bildhauer** m / tallista m o escultor en madera ‖ ≈**binder** m (Zimm) / tirante m de madera, armadura f de madera ‖ ≈**block** m / taco m de madera, bloque m de madera ‖ ≈**bock** m (Zimm) / caballete m, tijera f, burro m ‖ ≈**boden** m, -fußboden m, -diele f (Bau) / suelo m de madera ‖ ≈**bohle**, Diele f (Zimm) / madero m ‖ ~**bohrend**, -fressend (Insekt) / xilófago ‖ ≈**bohrer** m (Wz) / barrena f para madera ‖ **ungleicher** ≈**bohrer**, Xyleborus, Anisandras (Zool) / xilóboro m disparo ‖ ≈**bohrkäfer** m, kleiner Holzbohrer (Zool) / barrenillo m ‖ ≈**bohrmaschine** f (Tischl) / barrenadora f para madera ‖ ≈**bottich** m / cuba f de madera ‖ ≈**brandgerät** n / pirógrafo m ‖ ≈**brandtechnik** f / pirograbado m ‖ ≈**brett** n / tablilla f ‖ ≈**brett**, -stab m (Förderer) / listón m ‖ ≈**bringung** f, -abfuhr f (Forstw) / transporte m de leño, transporte m de árboles talados ‖ ≈**chemie** f / química f de las maderas ‖ ≈**damm** m, Keilverspundung f (Bergb) / muro m de madera ‖ ≈**dämpfmaschine** f / máquina f vaporizadora de madera ‖ ≈**decke** f (Bau) / techo m de madera ‖ ≈**deckung** f, -bedeckung f, -belag m (Bau, Zimm) / cobertura f de madera, revestimiento m o entarugado de madera ‖ ≈**destillation** f (Chem) / destilación f de la madera ‖ ≈**diele** f, -bohle f (Zimm) / tablón m ‖ ≈**draht** m (Zündholz) / madera f hilada ‖ ≈**drehmaschine** f (DIN), Drechselbank f / torno m de madera ‖ ≈**dübel** m, -nagel m (Tischl) / taco m de madera ‖ ≈**einlegearbeit**, Intarsie f / marquetería f, [labor f de] taracea ‖ ≈**einschlag** m (Forstw) / tala f ‖ ≈**entrindungsmaschine** f / descortezadora f ‖ **hölzern**, Holz... / en (o de) madera ‖ ~**er Ausbau** (Bergb) / entibación f, enmaderamiento m ‖ ~**er Stempel** (Bau) / peón m ‖ **Holz•erntemaschine** f (Landw) / cosechadora f de la madera ‖ ≈**essig** m (Chem) / vinagre m de madera ‖ ~**essigsaures Eisen**, Eisenbeize f / pirolignito m de hierro ‖ ≈**essigvorprodukt** n / ácido m piroleñoso ‖ ≈**fachwerk** n (Bau, Zimm) / entramado m de madera ‖ ≈**fachwerkwand** f / muro m entramado ‖ ≈**fahrbahn** f (Brücke) / calzada f de madera ‖ ≈**fällen** n, -einschlag m (Forstw) / tala f de árboles, obraje m (BOLIVIA) ‖ ≈**fäller** m / leñador m, talador m, leñatero m (LA) ‖

≈**färbung** f / coloración f de la madera ‖ ≈**faser** f / fibra f leñosa o de madera ‖ ≈**faserbeton** m (Bau) / hormigón m de fibras leñosas ‖ ≈**faserbruch** m (Hütt) / fractura f fibrosa ‖ ≈**faser-Dämmplatte** f (Bau) / placa f aislante de fibras de madera ‖ ≈**fasergefüge**, Schiefergefüge n (Hütt) / estructura f fibrosa ‖ ≈**faserhartplatte** f / tablero m duro de fibras de madera ‖ ≈**faserplatte** f, HF f / tablero m de fibra[s] de madera ‖ ≈**faserplatte** (geschichtet) / tablero m de fibras de madera estratificadas ‖ ≈**fass** n / barril m de madera ‖ ≈**fäule** f (Bot) / descomposición f de madera, caries f de madera ‖ ≈**fenster** n (Zimm) / ventana f de [perfiles de] madera ‖ ≈**-Feuchtmessgerät** n / higrómetro m para madera ‖ ≈**feuerung** f (Vorgang) / combustión f de leña ‖ ≈**feuerung** (Ofen) / hogar m para leña ‖ ≈**forschung** f / investigación f de las maderas ‖ ≈**fräser** m (Tischl, Wz) / fresa f para madera ‖ ~**frei** (Pap) / exento de madera ‖ ~**freies Papier** / papel m sin madera, papel m exento de madera ‖ ~**freie Pappe** / cartón m sin madera, cartón m exento de madera ‖ ~**fressend**, holzzerstörend, xylophag (Schädling) / xilófago, lignívoro ‖ ≈**füller** m, [Aus]füllmasse f (Plast) / carga f de serrín ‖ ≈**[fuß]boden** m, -diele f (Bau) / suelo m de madera ‖ ≈**gas** n (Chem) / gas m de madera ‖ ≈**gasgenerator** m, -gaserzeuger m, Holzgaser m / gasógeno m de leña ‖ ≈**gefäß** n, Trachee f (Bot) / tráquea f ‖ ≈**gehäuse** n (Radio) / caja f de madera ‖ ≈**geist** m, -spiritus m (Chem) / espíritu m de madera de la sacarificación, alcohol m etílico de madera ‖ ≈**geländer** n (Bau, Zimm) / balaustrada f de madera, barandilla f de madera ‖ ≈**gerüst** n (Bau) / andamiaje m de madera ‖ ≈**geviertausbau** m (Bergb) / entibación f rectangular de madera ‖ ≈**gewebe** n, Holzstabgewebe n / rejilla f de [varillas] de madera ‖ ≈**gewinnen** n, -gewinnung f (Forstw) / obtención f de madera [útil] ‖ ≈**greifer** m / tenazas f pl para rollizos ‖ ≈**grundierung** f, -grundiermittel n (Anstrich) / imprimación f de madera ‖ ≈**hacker** m, -hauer m s. Holzfäller ‖ ≈**hackmaschine** f (Pap) / troceadora f de madera ‖ ~**haltig** (Pap) / con madera, con pasta mecánica ‖ ≈**haltig** (Pap) / mecánico, de pasta mecánica ‖ ≈**hammer** m / mazo m de madera ‖ ≈**händler** m / comerciante m en (o de) madera, maderero m, leñero m ‖ ≈**harz** n (Rückstand der Balsam-Destillation) (Chem) / colofonia f ‖ ≈**haueraxt** f / hacha f de leñador ‖ ≈**haus** n (Bau) / casa f de madera ‖ ≈**hinterlegung**, -hinterlage f (Bau, Zimm) / refuerzo m de madera ‖ **holzig**, holzartig / leñoso ‖ ~ (Rübe) / leñoso (remolacha) ‖ **Holz•imitation** f (Plast) / imitación f de madera, madera f imitada ‖ ≈**imprägnieranlage** f / instalación f de impregnación de madera ‖ ≈**imprägnieranlage** (mit Kreosot) / instalación f de creosotaje ‖ ≈**imprägnierung** f, -tränkung f / impregnación f de la madera ‖ ≈**imprägnierung**, -tränkung mit Kreosot / creosotaje m ‖ ≈**imprägnierungssalze** f pl / sales f pl para la impregnación de la madera ‖ ≈**industrie** f / industria f maderera ‖ ≈**kantenbestoßmaschine** f / máquina f de cortar al sesgo la madera, máquina f de achaflanar la madera ‖ ≈**kasten** m, -kiste f / caja f de madera ‖ ≈**kernfäule** f (Bot) / cebolla f ‖ ≈**kitt** m (Tischl) / mástic[o] m para madera ‖ ≈**klotz** m / tarugo m o tajo de madera ‖ ≈**klotz**, Pflasterklotz m (Straß) / adoquín m de madera ‖ ≈**klotz**, Holzscheit n / astilla f, leño m, trozo m de leña ‖ ≈**-Klüpfel** m (Wz) / mazo m de madera ‖ **Holzkohle**, Pflanzenkohle f / carbón m vegetal, carbón m de leña ‖ ~ **brennen** / carbonizar madera ‖ **Holzkohlen•eisen**, HK-Eisen n (Hütt) / hierro m al carbón vegetal ‖ ≈**filter** m n (Chem) / filtro m de carbón vegetal ‖ ≈**frischverfahren** n (Hütt) / procedimiento m de afino con carbón vegetal ‖ ≈**grieß** m / cisco m de carbón vegetal ‖ ≈**hochofen** m /

Holzkohlenklein

alto horno de (o para) carbón vegetal ‖ ⁓**klein** *n*, -lösche *f* / cisco *m* de carbón vegetal, carbonilla *f* de leña (LA) ‖ ⁓**meiler** *m* / carbonera *f* ‖ ⁓**pulver** *n* / polvo *m* de carbón vegetal ‖ ⁓**roheisen** *n* (Hütt) / arrabio *m* al carbón vegetal ‖ ⁓**schwärze** *f* (Gieß) / negro *m* de carbón vegetal ‖ ⁓**teer** *m* / alquitrán *m* de carbón vegetal

Holz • konditionierung *f* / acondicionamiento *m* de madera ‖ ⁓**konservierung**, -imprägnierung *f* / conservación *f* de la madera ‖ ⁓**konstruktion** *f*, -verband, -bau *m* (Bau, Zimm) / armazón *f* de madera, construcción *f* de (o en) madera ‖ ⁓**krebs** *m* (Bot) / cáncer *m* de la madera ‖ ⁓**kropf** *m* (Bot) / excrecencia *f* del tronco ‖ ⁓**kugelsitzauflage** *f*, Perlensitzauflage *f* (Kfz) / respaldo *m* o asiento de masaje ‖ ⁓**kunde** *f* (Bot, Forstw) / ciencia *f* de las maderas ‖ ⁓**ladegabel** *f* (Traktor) / horquilla *f* para cargar troncos ‖ ⁓**lage** *f*, Dickte *f* / lámina *f* [delgada] de madera ‖ ⁓**lage im Furnier** / capa *f* de madera ‖ ⁓**lager** *n*, -[lager]platz, -hof *m* / parque *m* o almacén o depósito de madera, leñera *f*, corralón *m* para maderas (LA) ‖ ⁓**latte** *f* (f. Bettrost) (Möbel) / lama *f* de madera ‖ ⁓**laus** *f*, Papierlaus *f*, Psocus (Zool) / psocus *m* ‖ ⁓**leim** *m* (Tischl) / cola *f* para madera ‖ ⁓**leiste** *f* / listón *m* o moldura de madera ‖ ⁓**leiste**, Randleiste / listón *m* marginal ‖ ⁓**liste**, Stückliste *f* für Holz (Bau) / lista *f* de maderas ‖ ⁓**maser** *f* / veta *f* de madera ‖ ⁓**maserung** *f* / veteado *m* de la madera ‖ ⁓**maß** *n* (Instr) / calibre *m* para madera ‖ ⁓**maß für Schnittholz** / galga *f* para madera cortada ‖ ⁓**masse** *f* (Tischl) / compuesto *m* de madera ‖ ⁓**masse** (Pap) / pasta *f* de madera ‖ ⁓**maßstab** *m* (Mess) / metro *m* [plegable] de madera ‖ ⁓**mast** *m* (Fernm) / poste *m* de madera ‖ ⁓**mehl** *n* / harina *f* de madera ‖ ⁓**mehl**, -staub *m* / polvo *m* de madera, madera *m* en polvo ‖ ⁓**messanweisung**, Homa *f* / reglamento *m* de medidas madereras ‖ ⁓**metallausführung** *f* (Bau, Möbel) / construcción *f* en madera y metal ‖ ⁓**möbel** *n* / mueble *m* de madera ‖ ⁓**modell** *n* (Gieß) / modelo *m* de madera ‖ ⁓**mosaik** *n* / taracea *f* de madera ‖ ⁓**nagel** *m*, -stift *m* (Zimm) / sobina *f* ‖ ⁓**nagel** / clavo *m* para madera ‖ ⁓**öl** *n* (Chem) / aceite *m* de madera ‖ **chinesisches** ⁓**öl** / aceite *m* de tung ‖ ⁓**öl-Standöl** *n* / standoil *m* de aceite de tung ‖ ⁓**paneel** *n* (Tischl, Zimm) / panel *m* de madera ‖ ⁓**papier** *n* / papel *m* de pasta de madera ‖ ⁓**pappe** *f* / cartón *m* de madera, cartón *m* de pasta mecánica ‖ **weiße** ⁓**pappe** / cartón *m* de madera blanca ‖ ⁓**parenchym**, Xylemparenchym *m* (Bot) / parénquima *m* leñoso, xiloparénquima *m* ‖ ⁓**pech** *n* / pez *f* vegetal ‖ ⁓**pfahl** *m* / pilote *m* o poste de madera ‖ ⁓**pflanzen** *f pl* (Bot) / plantas *f pl* leñosas ‖ ⁓**pflaster** *n* / pavimento *m* o entarugado de madera ‖ ⁓**platte** *f* (Tischl) / tablero *m* de madera ‖ ⁓**polierscheibe** *f* (Galv) / disco *m* de madera [de boj] para pulir ‖ ⁓**pore** *f* (Bot) / poro *m* de madera ‖ ⁓**prägemaschine** *f* / máquina *f* para hacer impresiones en madera ‖ ⁓**putzerei** *f* (Pap) / preparación *f* de madera ‖ ⁓**[quer]schwelle** *f* (Bahn) / traviesa *f* de madera (E), durmiente *f* de madera (LA) ‖ ⁓**rahmen** *m* (Tischl) / marco *m* o bastidor de madera ‖ ⁓**raspel** *f* (Wz) / escofina *f* para madera ‖ ~**reich** / rico en madera ‖ ⁓**riese** *f*, Holzseilbahn *f* (Forstw) / cable *m* aéreo para el transporte de leños por gravedad ‖ ⁓**riss** *m*, -spalte *f*, -spalt *m* / hendidura *f* o raja de madera ‖ ⁓**roheisen** *n* (Hütt) / arrabio *m* al carbón vegetal, fundición *f* al carbón de madera ‖ ⁓**röllchen-Nähspule** *f* (Tex) / bobinilla *f* de madera ‖ ⁓**rost** *m* (Bau) / emparrillado *m* de madera ‖ ⁓**schädling** *m* (Zool) / animal *m* o elemento dañino de la madera ‖ ⁓**schalendach** *n* (Bau) / cubierta *f* de madera en cascarón ‖ ⁓**schälmaschine** *f* / descortezadora *f* ‖ ⁓**schalung** *f* (Bau) / encofrado *m* de madera ‖ ⁓**schalung von Gewölben** / cerchón *m* ‖ ⁓**schleifer** *m* (Pap) / desfibrador *m*, desfibradora *f*, deshilachadora *f* ‖

⁓**schleiferei**, -schliffabrik *f* (Pap) / desfibraduría *f* ‖ ⁓**schleifmaschine** *f*, Sandpapierschleifmaschine *f* (Tischl) / lijadora *f* de banda ‖ ⁓**schliff** *m*, mechanischer Holzstoff (Pap) / pasta *f* mecánica [de madera] ‖ ~**schlifffreies Papier** (Druck) / papel *m* exento de pasta mecánica ‖ ⁓**schliffpappe** *f* / cartón *m* de pasta mecánica ‖ ⁓**schliffpappe in Rollen** / cartón *m* de pasta de madera en rollos ‖ ~**schneidend** / que corta la madera ‖ ⁓**schnitt** *m* (Kunst) / grabado *m* en madera, estampa *f* en madera, xilografía *f* ‖ ⁓**schnitzel** *m pl*, -späne *m pl* / recortes *m pl* de madera ‖ ⁓**schnitzerei** *f* (Erzeugnis) / talla *f* o escultura en madera ‖ ⁓**schraube** *f* (Metallschraube zum Schrauben in Holz) / tornillo *m* para madera ‖ ⁓**schraube**, hölzerne Schraube / tornillo *m* de madera ‖ ⁓**schraube mit Schlitz und Halbrundkopf** / tornillo *m* para madera con cabeza semiesférica y ranurada ‖ ⁓**schraube mit Schlitz und Senkkopf**, Senkholzschraube mit Längsschlitz / tornillo *m* para madera con cabeza avellanada y ranurada ‖ ⁓**schraube mit Sechskantkopf** / tornillo *m* para madera con cabeza [h]exagonal ‖ ⁓**schraubengewinde** *n* / rosca *f* de tornillo de madera ‖ ⁓**schutz** *m* / conservación *f* de madera ‖ ⁓**schutz...** / xiloprotector *adj* ‖ ⁓**schutzmittel** *n* / impregnante *m* o conservante para madera ‖ ⁓**schwamm** *m*, echter Hausschwamm, Merulius lacrymans (Bau) / hongo *m* destructor, merulio *m*, (coll:) moho *m* ‖ ⁓**schwelle** *f* (Bahn) / traviesa *f* de madera (E), durmiente *f* de madera (LA) ‖ ⁓**schwelle als Anschlag** *f* / traviesa *f* tope de madera ‖ ⁓**schwellenoberbau** *m* / superestructura *f* sobre traviesas o durmientes (LA) de madera ‖ ⁓**sims** *m n* (Bau) / moldura *f* de madera ‖ ⁓**spaltkeil** *m* / cuña *f* de hender ‖ ⁓**spaltmaschine** *f* / máquina *f* para hender leña ‖ ⁓**span** *m* / viruta *f* de madera ‖ ⁓**spanplatte** *f* / tablero *m* de virutas de madera ‖ ⁓**spanschneidemaschine** *f* / máquina *f* de cortar virutas de madera ‖ ⁓**spanwerkstoff** *m* / material *m* compuesto a base de virutas de madera ‖ ⁓**spiralbohrer** *m* (Wz) / broca *f* helicoidal para madera ‖ ⁓**spiritus** *m*, -geist *m* (Chem) / alcohol *m* etílico de madera, espíritu *m* de madera de la sacarificación ‖ ⁓**splitter** *m* / astilla *f* [de madera] ‖ ⁓**splitter** *m pl* (Fehler, Pap) / astillas *f pl* ‖ ⁓**spundwand** *f* (Bau) / tablestacado de madera, hilera *f* de estacas de madera ‖ ⁓**stab** *m* (Förderer) / listón *m* de madera ‖ ⁓**stabgewebe** *n* (Bau) / rejilla *f* de varillas de madera ‖ ⁓**stamm** *m* (Forstw) / tronco *m* de madera, leño *m* ‖ **unbearbeiteter** ⁓**stamm** / tronco *m* de madera sin trabajar ‖ ⁓**stange** *f* / barra *f* de madera ‖ ⁓**stapel**, -stoß, -haufen *m* / pila *f* de madera ‖ ⁓**stapel**, -stoß, -haufen *m* (Schnittholz) / pila *f* de madera aserrada (E) o cortada (LA), montón *m* de madera ‖ ⁓**stapler** *m* / montatroncos *m* ‖ ⁓**stempel** *m* (Bergb) / peón *m* ‖ ⁓**stoff** *m* (Pap) / pasta *f* de madera ‖ ⁓**stoff aus Nadelholz** / pasta *f* de madera resinosa ‖ ⁓**stoff von Hartholz** / pulpa *f* de madera dura ‖ ⁓**streifen**, -stab *m* (Tischl) / lámina *f* de madera ‖ ⁓**stück** *n*, -scheit *m n* / leño *m*, trozo *m* de madera ‖ ⁓**sturz** *m* (Bau) / dintel *m* de madera ‖ ⁓**stützgelenk** *n* **für Schuhe** / cambrillón *m* de madera, plantilla *f* de zapatos ‖ ⁓**substanz**, -masse, -zellulose *f* (Pap) / celulosa *f* de madera ‖ ⁓**tafel** *f* (Tischl) / tabla *f* de madera ‖ ⁓**täfelung** *f* (Bau) / entarimado *m* [de madera], friso *m* de madera, tablón *m* colonial ‖ ⁓**technik** *f*, Holzbearbeitungstechnik *f* / técnica *f* de trabajar la madera ‖ ⁓**teer** *m* (Chem) / alquitrán *m* de madera, brea *f* de madera ‖ ⁓**teil** *n* **der Pflanze**, Xylem *n* (Bot) / xilema *m* ‖ ⁓**terpentinöl** *n* / esencia *f* de trementina de madera ‖ ⁓**träger** *m*, hölzerner Träger (Bau) / viga *f* de madera ‖ ⁓**-Tränkung** *f* (o. Imprägnierung) / impregnación *f* de madera ‖ ⁓**transportschiff** *n* / maderero *m*, carguero *m* para madera ‖ ⁓**treppe** *f* (Bau, Zimm) / escalera *f* de madera

|| **künstliche ⁓trocknung** / desecación f de la madera || **⁓tübbingausbau** m (Bergb) / entubación f, entubado m, entubamiento m || **⁓verarbeitung** f, -bearbeitung f / trabajo m de madera || **⁓verband** m, -verbindung f (Zimm) / unión f de madera || **⁓verband**, -konstruktion f (Bau) / construcción f de (o en) madera || **⁓verdämmung** f, -auszimmerung f (Bergb) / entibación f de madera || **⁓vergaserkessel** m (Kfz) / caldera f del gasógeno de leña || **⁓verkleidung** f (Bau) / revestimiento m de madera || **⁓verkohlung**, -destillation f (Chem) / carbonización f de la madera || **⁓verleimung** f (Tischl) / ensambladura f por pegamento || **⁓verschalung**, -verkleidung f (Bau) / revestimiento m de madera || **⁓verschlag**, Harass (Verp) / caja f de listones || **⁓verschlag** m (Bau) / tabique m de madera || **⁓verzimmerung**, -auszimmerung f (Bergb) / entibación f de madera || **⁓verzuckerung** f (Chem) / sacarificación f de la madera || **⁓wand** f, Verschlag m (Bau) / tabique m de madera || **⁓werk** n (Bau, Zimm) / maderamen m, maderaje m || **⁓werkstoff** m / materia f derivada de la madera || **⁓wespe** f (Zool) / sirex m || **⁓wolle** f / lana f de madera, virutas f pl || **⁓wolle-Leichtbauplatte** f (Bau) / placa f en construcción ligera de lana de madera || **⁓wollschneidmaschine** f / máquina f para elaborar lana de madera || **⁓wollespinnmaschine** f / máquina f para hilar lana de madera, máquina f de hacer las cuerdas de lana de madera || **⁓wurm** m (Möbel, Zool) / carcoma f, polilla f de la madera || **⁓wurm**, Bohrwurm m (Schiff) / broma f || **⁓wurm**, Bohrwurm m (Forstw, Zool) / taladro m || **⁓zellulose** f (Chem) / celulosa f de madera, lignocelulosa f || **⁓zement** m (Tischl) / mástic[o] m de madera || **⁓zementfußboden** m (Bau) / parquet m de magnesita || **⁓zerfasern** n (Pap) / desfibración f || **⁓zerkleinern** n (Pap) / trituración f de madera || **⁓zerstörend** (Schädling) / xilófago || **⁓zucker** m, Xylose f (Chem) / azúcar m de madera, xilosa f
Homa, Holzmessanweisung f / reglamento m de medidas madereras
Homebanking n (DV) / banca f telefónica
Home-Computer m (DV) / ordenador m doméstico o casero
Homepage f (DV) / homepage, página f principal
Homespun m (Web) / homespun m
Hometrainer m, Zimmerfahrrad n / bicicleta f estática
homo•chron / homócrono || **⁓cystin** n / homocistina f || **⁓dyn[e]empfänger** m (Eltronik) / receptor m homodino || **⁓dynempfang** m (Eltronik) / recepción f homodina || **~edrisch** (Krist) / homoédrico
homogen, gleichförmig, -artig / homogéneo || **~** (Röntgenstrahlen) / monocromático || **~es Feld** (Phys) / campo m uniforme || **~e Gleichung** (Math) / ecuación f homogénea || **~er Halbleiter** (Eltronik) / semiconductor m homogéneo || **~es Polynom**, homogene Form (Math) / polinomio m homogéneo || **~es Pulver** (Rakete) / propulsivo m [pulverulento] homogéneo || **~er Reaktor**, Homogenreaktor m (Nukl) / reactor m homogéneo || **~es Sperrholz** / madera f contrachapeada homogénea || **~e Wirbelschicht** (Chem) / lecho m fluidizado homogéneo
Homogenisierapparat m, Homogenisator m (Chem) / homogeneizador m
homogenisieren vt (Chem, Milch, Tabak) / homogeneizar
Homogenisiersilo m n (Zement) / silo m de homogeneización
Homogenisierung, Homogenisation f, Homogenisieren n / homogeneización f || **⁓ f des Rückstandes** (Isotopentrennung) / homogeneización f de los residuos
Homogenisierungs•-Ausbeute f (Nukl) / rendimiento m de homogeneización || **⁓zone** f (Plast) / zona f de homogeneización

Homo•genität f / homogeneidad f || **⁓genitätsbereich** n (Hütt) / región f de homogeneidad, intervalo m de homogeneidad || **⁓gramm** n / homógrafo m || **~graphisch** (Math) / homográfico || **~kinetisch**, Gleichgang... (Mech) / homocinético || **~log** (von gleicher Abstammung), gleichartig (Biol) / homólogo || **~log** (Chem, Math) / homólogo || **~loge Reihe** (Chem) / serie f homológica || **⁓log** n / homólogo m || **⁓logie** f (Biol, Chem, Math) / homología || **~logieren** vt (Kfz) / homologar, legalizar || **⁓logierung** f nach EU-Norm / homologación f según euronorma || **~losyn** (Projektion) / homolosino || **⁓lyse** f (Chem) / homólisis f || **~morphismus** m (Math) / homomorfismo m || **~nuclear** (Nukl) / homonuclear
homöo•morph (Krist) / homeomorfo, de forma cristalina semejante || **~morphie**, Isomorphie f (Krist) / homeomorfismo m, isomorfismo m
homöopolar, unpolar (Chem) / homopolar || **~e Bindung** (Chem) / enlace m covalente, enlace m de par de electrones
Homo•pause f (Atmosphäre) / homopausa f || **⁓phthalsäure** f (Chem) / ácido m homoftálico || **⁓sphäre** f (Tropo-, Strato- u. Mesosphäre) (Meteo) / homo[e]sfera f || **~therm** / homotermo || **⁓thetie** f, Ähnlichkeitstransformation f (Math) / transformación f homotética, homotecia f || **~thetisch**, ähnlich und ähnlich gelegen (Math) / homotético || **~top** (Math) / homotópico || **~tope Abbildung** / homotopía f || **⁓tronen** n pl (vagabund. Elektronen als Störfaktor) / homotrones m pl || **~übergang** m (Laser) / homojunta f || **~zentrisch** (Opt) / homocéntrico || **~zygot** (Gene) / homocigótico || **~zyklisch**, carbocyclisch (Chem) / homocíclico || **~zyklische Kohlenstoffverbindung** / compuesto m carbocíclico
Honahle f (Wz) / bruñidor m
honen, ziehschleifen (Wzm) / bruñir, asentar, rectificar con piedra pómez || **~** n (Wzm) / bruñido m, honing m
honiggelb (RAL 1005) / amarillo miel, de color de miel
Hönigsche Kreise m pl (Luftf) / círculos m pl de Hönig
Honig•schleuder, -zentrifuge f (Nahr) / meloextractor m, extractor m de la miel || **~stein**, Mellit m (Min) / piedra f miel, melita f || **~tau**, Meltau m (Landw) / meldera f, melazo m || **~wabe** f (Landw) / panal m || **~wabenkühler** m / radiador m de panal || **⁓wabenspule** f, Bienenkorbspule f (Elektr) / bobina f nido de abeja, carrete m de panal || **~wabenstruktur** f / estructura f de panal de abejas, estructura f [de] nido de abeja
Hon•maschine f (Wzm) / rectificadora f planetaria, máquina f de rectificar y bruñir || **~stein** m / piedra f de bruñir
Hookesches Gesetz n (Phys) / ley f de Hooke
Ho-Öl n, Shiu-Öl n (Chem) / aceite m shiu
hopfen vt, mit Hopfen anmachen (Brau) / añadir lúpulo, lupular || **vor dem Abfüllen** (Brau) / lupular en crudo
Hopfen, Humulus lupulus m (Bot) / lúpulo m || **~anbau** m (Landw) / cultivo m de[l] lúpulo || **⁓anbauer** m / cultivador m de[l] lúpulo || **⁓[an]pflanzung** f, -garten m / plantación f de lúpulo || **⁓bau-Schlepper** m / tractor m para [plantaciones de] lúpulo || **⁓bitter** n, -bittersäure f, -bitterstoff m, Lupulon n (Chem) / lupulona f || **⁓[blatt]laus** f (Zool) / pulgón m del lúpulo || **amerikanische ⁓buche**, Ostrya virginiana (Bot) / carpe m negro || **⁓darre** f (Landw) / secadero m de lúpulo, horno m para secar el lúpulo || **⁓dolde** f, -zapfen m / cono m de lúpulo || **reife ⁓dolden** / piñas f pl maduras de lúpulo || **⁓gabe** f, Hopfen n (Brau) / lupulado m || **⁓gerbstoff** m (Chem) / tanino m de lúpulo || **⁓harz** n / resina f de lúpulo || **⁓kessel** m / caldera f de lúpulo || **⁓mehl** n, Lupulin n / lupulina f || **⁓öl** n / esencia f de lúpulo || **⁓pflücker** m, -zupfer m / cosechador m de lúpulo || **⁓sack** m / saca f o bolsa de lúpulo || **⁓seiher** m / colador m de lúpulo || **⁓spindel** f (Bot) / raquis m de lúpulo || **⁓stamm** m, -rebe f (Bot) /

Hopfenstange

sarmiento *m* o pámpano de lúpulo ‖ ≈**stange** *f* (Landw) / rodrigón *m* de lúpulo, palo *m* o tutor de lúpulo ‖ ≈**treber** *pl* (Brau) / bagazo *m* de lúpulo, orujo *m* de lúpulo ‖ ≈**trieb** *m*, Kräusengärung *f* (Brau) / espuma *f* de fermentación ‖ ≈**zapfen** *m*, -spindel *f* (Bot) / estróbilo *m* de lúpulo ‖ ≈**zünsler** *m* (Schädling), Pirausta lubilatis (Zool) / piral *m* de lúpulo ‖ ≈**zupfmaschine** *f* (Landw) / recolectora *f* o cosechadora de lúpulo
Hopkalit *m* (Bergb) / hopcalita *f*
Hopkinson•-Effekt *m* (Elektr) / efecto *m* de Hopkinson ‖ ≈**-Prüfung** *f* (Gleichstrommaschinen) (Elektr) / ensayo *m* de Hopkinson
Hopperbagger *m* (Bau) / draga *f* de tolvas o de cantera (LA)
Höppler-[Kugelfall-]Viskosimeter *n* (DIN 53015) (Chem) / viscosímetro *m* de Höppler
Hör•..., Schall... / acústico ‖ ≈**...**, Audio... / audio... ‖ ≈**...**, Ohren... / auditivo, auricular ‖ ≈**apparat** *m*, -hilfe *f* (Med) / audífono *m*, aparato *m* auditivo, prótesis *f* acústica o auditiva, aparato *m* de corrección auditiva
hörbar / audible, oíble, perceptible al oído ‖ ~**e Frequenz** (ca. 30 bis 20 000 Hz) / frecuencia *f* audible, audiofrecuencia *f* ‖ ~ **machen** / hacer audible
Hörbarkeit *f*, akustische Wahrnehmbarkeit / audibilidad *f*, perceptibilidad *f* acústica
Hörbarkeits•..., akustisch / acústico ‖ ≈**faktor** *m* (Eltronik) / factor *m* de audibilidad ‖ ≈**grenze** *f*, Hörsamkeitsgrenze *f*, Hörbarkeitsschwelle *f* / límite *m* o umbral de audibilidad
Hör•bereich *m* / zona *f* de audibilidad ‖ ≈**bereich** (Frequenzen) / gama *f* audible, gama *f* de las frecuencias audibles ‖ ≈**bereich des Ohres**, Hörbereichsgrenzen *f pl* / región *f* o zona de audibilidad ‖ **über dem** ≈**bereich liegend** / supersónico
Hörbigerventil *n*, Ringklappenventil *n* / válvula *f* de Hörbiger
Hör•brille *f* (Med) / gafas *f pl* auditivas ‖ ≈**buch** *n* (Druck) / audio-libro *m*
Horchempfänger *m*, Aufklärungsempfänger *m* (Mil) / receptor *m* de intercepción
horchen / escuchar
Horch•gerät *n* (Mil) / fonolocalizador *m*, localizador *m* acústico o de fuente ‖ ≈**gerät**, Richtungshörer *m* / fonolocalizadores *m pl* sincronizados ‖ ≈**gerät**, Abhörgerät *n* (Fernm) / aparato *m* de escucha ‖ ≈**posten** *m*, Abhörposten *m* (Fernm, Mil) / escucha *m f* ‖ ≈**stelle** *f*, -posten *m* (Mil) / puesto *m* de escucha ‖ ≈**taste** *f*, -kontakt *m* (Fernm) / tecla *f* de escucha
Horde *f* (große Schale) / bandeja *f* ‖ ≈ (Landw) / rejilla *f* de secado ‖ ≈ (Brau) / piso *m*, plato *m* ‖ ≈ **aus Draht** / alambrera *f*
Hordein *n* (Gerstenprolamin) (Biochem) / hordeína *f*, glialdina *f*, prolamina *f*
Horden•blech *n* / batea *f* ‖ ≈**filter** *m n* (Chem) / filtro mecánico *m*
Hordenin *n*, Anhalin *m* (Biochem) / hordenina *f*, anhalina *f*
Horden•schütter *m* (Mähdrescher) / tamiz *m* de la paja ‖ ≈**trockner** *m* (Landw) / secadero *m* de rejilla ‖ ≈**trockner** (Plast, Tex) / secadero *m* de estantes ‖ ≈**trocknung** *f* (Plast, Tex) / secado *m* en estantes ‖ ≈**wäscher** *m* (Landw, Tex) / torre *f* de lavado con rejilla
Hörempfang *m*, Hören *m* (Akust) / recepción *f* auditiva o al oído
hören, horchen / percibir un sonido, oír, sentir (LA) ‖ ~ (Radio) / escuchar (la radio) ‖ ≈ *n* / escucha *f* ‖ ≈ (Akust) / audición *f*
Hörer *m*, Radiohörer *m*, Zuhörer *m* / oyente *m*, [radio]escucha *m f* ‖ ≈, Handapparat *m* (Fernm) / microteléfono *m* [combinado], combinado *m*, receptor *m* [telefónico] ‖ **den** ≈ **abnehmen** / descolgar el receptor o auricular ‖ **den** ≈ **einhängen** (o. anhängen o. auflegen) (Fernm) / colgar el receptor ‖ ≈**empfindlichkeit** *f* / respuesta *f* del receptor ‖ ≈**gabel** *f* (Fernm) / horquilla *f* del teléfono ‖ ≈**griff** *m* / mango *m* del receptor ‖ ≈**haken** *m* (Fernm) / gancho *m* del receptor ‖ ≈**kapsel** *f* (Fernm) / auricular *m* ‖ ≈**leitung** *f*, -schnur *f* (Fernm) / cable *m* del receptor
Hör•feld *n*, -fläche *f* (Med) / zona *f* o región de audibilidad ‖ ≈**folge** *f* (Funk) / programa *m* de audiciones, serial *m* radiofónico ‖ ≈**frequenz** *f* (Physiol) / frecuencia *f* audible o acústica, audiofrecuencia *f* ‖ ≈**funk** *m* (Radio) / radiodifusión *f*, radio *f* ‖ ≈**funkleitung** *f* (Radio) / circuito *m* de transmisión radiofónica ‖ ≈**gerät** *n*, -hilfe *f* s. Hörapparat ‖ ≈**geräteakustiker** *m* / especialista *m* acústico en aparatos auditivos ‖ ≈**grenze** *f* (Physiol) / límite *m* o umbral de audibilidad ‖ **oberhalb der** ≈**grenze liegend** / ultrasonoro, ultra[a]cústico, supra[a]cústico
Horizont *m*, sichtbarer Horizont, Gesichtskreis *m* (Opt) / horizonte *m* [visible] ‖ ≈, [waagerechte] Zone *f* (Geol) / horizonte *m* geológico ‖ ≈ (Verm) / nivel *m* ‖ **künstlicher** ≈ (Luftf) / horizonte *m* artificial ‖ **natürlicher** ≈ / horizonte *m* natural ‖ **scheinbarer** ≈ / horizonte *m* aparente o sensible ‖ **über den** ≈ (Eltronik) / transhorizonte, sobre el horizonte, mas allá del horizonte ‖ **wahrer o geozentrischer** ≈ / horizonte *m* racional o astronómico o matemático ‖ ≈**abtaster** *m* / explorador *m* de horizonte
horizontal, waagerecht / horizontal, horiz ‖ ~**e Bildlage-Einstellung** (Kath.Str) / control *m* de centrado horizontal, mando *m* de encuadre horizontal ‖ ~**er Druck** (allg) / empuje *m* horizontal ‖ ~ **einstellen** / horizontalizar ‖ ~**e Paritätsprüfung** *f* (DV) / comprobación *f* de paridad por filas transversales ‖ ~ **polarisierte Antenne** / antena *f* [de polarización] horizontal ‖ ~**e Projektionsebene** (Zeichn) / plano *m* horizontal de proyección ‖ ~**es Wasserrad**, Löffelrad *n* (Hydr) / rodezno *m* ‖ ~**es Ziehverfahren**, Pultrusionsverfahren *n* (Plast) / extrusión *f* horizontal [para varillas y perfiles]
Horizontal•ablenkplatte *f* (TV) / placa *f* de desviación horizontal ‖ ≈**-Ablenktransformator** *m* (TV) / transformador *m* de barrido horizontal ‖ ≈**ablenkung** *f* (TV) / desviación *f* horizontal, base *f* de tiempo de líneas ‖ ≈**abstand** *m* **schräg zur Vermessungsachse** (Verm) / desplazamiento *m* oblicuo ‖ ≈**abstand senkrecht zur Vermessungsachse** (Verm) / desplazamiento *m* rectangular ‖ ≈**achse** *f* / eje *m* horizontal ‖ ≈**anschnitt** *m* (Gieß) / ataque *m* horizontal ‖ ≈**antenne** *f* / antena *f* horizontal ‖ ≈**auflösung** *f* (TV) / definición *f* o resolución horizontal ‖ ≈**-Austastimpuls** *m* (TV) / impulso *m* de supresión (o de borrado) de línea ‖ ≈**austastung** *f*, -unterdrückung *f* (TV) / extinción *f* o supresión horizontal, borrado *m* de línea ‖ ≈**balken** *m* (TV) / barra *f* horizontal ‖ ≈**band** *n*, Waagerechtförderband *n* (Förd) / cinta *f* de transporte horizontal ‖ ≈**beladung** *f* (Schiff) / roll-on/roll-off (carga horizontal) ‖ ≈**bohrmaschine** *f* (Wzm) / taladradora *f* (E) o agujereadora (LA) horizontal ‖ ≈**brunnen** *m* / pozo *m* llano ‖ ≈**diagramm** *n* (Antenne) / diagrama *m* de directividad horizontal ‖ ≈**druck** *m*, Seitenschub *m* / empuje *m* lateral u horizontal
Horizontale *f* / horizontal *f*
Horizontal•ebene *f* (Geom) / plano *m* horizontal, horizontal *f* ‖ ≈**ebene** (Verm) / nivel *m* ‖ ≈**echolotanlage** *f* (Schiff) / ecosonda *f* horizontal ‖ ≈**-Endübertrager** *m* (TV) / transformador *m* de salida (o de barrido) horizontal ‖ ≈**feinbewegung** *f* (Wzm) / movimiento *m* horizontal de precisión ‖ ≈**flug** *m* (Luftf) / vuelo *m* horizontal ‖ **in den** ≈**flug übergehen**, abfangen (Luftf) / enderezar el avión ‖ ≈**fräsmaschine** *f*, Waagerechtfräsmaschine *f* (Wzm) / fresadora *f*

horizontal ‖ ⁓**frequenz** f (TV) / frecuencia f de líneas ‖ ⁓**gatter** n (Tischl) / sierra f alternativa horizontal ‖ ⁓**impuls** m (TV) / impulso m de sincronismo (o de sincronización) de línea ‖ ⁓**isolierung** f (Bau) / aislamiento m horizontal, capa f aislante horizontal ‖ ⁓**kammerofen** m (Hütt) / horno m de cámara[s] horizontal[es] ‖ ⁓**kippgerät** n (Kath.Str) / oscilador m de desviación horizontal ‖ ⁓**komponente** f, waagerechte Seitenkraft (Phys) / componente m horizontal ‖ ⁓**komponente**, -entfernung f (Radar) / distancia f terrestre ‖ ⁓**koordinaten** f pl (Math) / coordenadas f pl horizontales ‖ ⁓**kreis** m, Limbus m (Verm) / limbo m horizontal ‖ ⁓**öffner** m (Spinn) / abridora f horizontal ‖ ⁓**ortung** f (Verm) / orientación f horizontal ‖ ⁓**parallaxe** f (Astr, Verm) / paralaje m horizontal ‖ ⁓**pendel** n (Phys) / péndulo m horizontal ‖ ⁓**plattenfroster** m / congelador m de placas horizontales ‖ ⁓**polarisation** f (Phys) / polarización f horizontal ‖ ⁓**projektion** f (Kartographie) / proyección f horizontal ‖ ⁓**projektion**, Grundriss m (Zeichn) / plano m horizontal, planta f ‖ ⁓**regen** m (Meteor) / lluvia f horizontal ‖ ⁓**regler** m, Zeilenbreitenregler m (TV) / control m de anchura de imagen ‖ ⁓**reiniger** m, Stufenreiniger m (Tex) / limpiadora f horizontal o escalonada ‖ ⁓**-Rücklauf** m (TV) / retorno m o retroceso del haz electrónico o del haz explorador ‖ ⁓**schnitt** m (Zeichn) / sección f horizontal ‖ ⁓**schub** m (allg) / empuje m horizontal ‖ ⁓**schub**, waagerechter Seitenschub, Bogenschub m (Bau) / empuje m de bóveda o de arco ‖ ⁓**seismograph** m (Geol) / sismógrafo m horizontal ‖ ⁓**start u. -landung** f (Luftf) / despegue m y aterrizaje horizontales ‖ ⁓**sternantenne** f / antena f en forma de estrella horizontal ‖ ⁓**[strahlungs]diagramm** n (Antenne) / diagrama m de directividad en el plano horizontal ‖ ⁓**-Synchronimpuls** m (TV) / impulso m de sincronización horizontal ‖ ⁓**synchronmodul** m (TV) / módulo m de sincronización horizontal ‖ ⁓**turbine** f (Kraftwerk) / turbina f horizontal ‖ ⁓**unterdrückung** f, -austastung f (TV) / extinción f o supresión horizontal, borrado m de línea ‖ ⁓**verband** m (Stahlbau) / arriostrado m horizontal ‖ ⁓**verband**, waagerechter Windverband / contraventeamiento m horizontal, arriostramiento m contra vientos horizontal ‖ ⁓**verdampfer** m (Chem) / evaporador m horizontal ‖ ⁓**vergaser** m, Flachstromvergaser m (Kfz) / carburador m horizontal ‖ ⁓**verschiebung** f (Geol) / dislocación f horizontal ‖ ⁓**vorlauf** m (NC) / desplazamiento m horizontal positivo ‖ ⁓**winkel** m / ángulo m horizontal ‖ ⁓**winkel-Auflösung** f, -Auflösungsvermögen n (Radar) / poder m resolutivo acimutal
Horizont•balken m (Kreisel, Luftf) / barra f de horizonte [del giroscopio] ‖ ⁓**detektor**, -sensor, -taster, -sucher m (Raumf) / sensor m del horizonte ‖ ⁓**direktor** m (Luftf) / director m de horizonte ‖ ⁓**durchgang** m (Raumf) / pasaje m al horizonte ‖ ⁓**feuer** n (Luftf) / luz f de horizonte ‖ ⁓**fühler** m (Luftf) / sensor m del horizonte
horizontieren vt (Verm) / nivelar
Horizontierschraube f, Horizontungsschraube f (Verm) / tornillo m nivelador o nivelante
Horizont[ier]ung f (Verm) / nivelación f
Horizont•kreisel m (Luftf) / horizonte m giroscópico ‖ ⁓**liniendiagramm** n (Radar) / diagrama m de líneas de horizonte ‖ ⁓**ortungsfehler** m / error m de localización del horizonte
Hör•kapsel f (Fernm) s. Hörerkapsel ‖ ⁓**kapsel** f (Fernm) / auricular m ‖ ⁓**kopf** m (Eltronik) / cabeza f auditiva ‖ ⁓**kopf** (Magn.Bd) / cabeza f de reproducción o de lectura
Hormon n (Biol) / hormona f ‖ ⁓**-Unkrautmittel** n (Landw) / herbicida m hormonal
Hörmuschel f, Ohrstück n (Fernm) / pabellón m del auricular

Horn n (allg) / cuerno m, asta f ‖ ⁓, Hupe f (Kfz) / bocina f, claxon m ‖ ⁓, Stoßstangenhorn n (Kfz) / [contra]tope m del parachoques ‖ ⁓ (Amboss) / cuerno m, punta f ‖ ⁓ (Lautsprecher) / trompa f, bocina f ‖ ⁓..., horrtign / córneo ‖ ⁓**amboss** m, Zweispitzamboss m (Schm) / bigornia f, yunque m de dos puntas ‖ ⁓**ausgleich** m (Luftf) / cuerno m de compensación, compensación f por cuerno ‖ ⁓**blende** f (Min) / hornablenda f, anfíbol m, hornblenda f (LA) ‖ ⁓**blendeasbest** m / amianto m de hornablenda ‖ ⁓**blendefels** m (Geol) / hornablendita f, anfibolita m ‖ ⁓**blendegneis** m / gneis m de hornablenda ‖ ⁓**blendegranit** m / granito m de hornablenda ‖ ⁓**blendeschiefer** m, -fels m / esquisto-hornablenda f, esquisto m anfibólico, hornablenda f pizarrosa ‖ ⁓**druckknopf** m (Kfz) / pulsador m de bocina ‖ ⁓**druckring** m (Kfz) / anillo m pulsador de bocina
Hörner•[aus]schalter m (Elektr) / interruptor m de cuernos ‖ ⁓**[blitz]ableiter** / pararrayos m de cuernos ‖ ⁓**elektrode** / electrodo m de cuernos ‖ ⁓**funkenstrecke** f (Elektr) / distancia f [explosiva] entre cuernos ‖ ⁓**schalter** m (Bahn) / interruptor m o seccionador de cuernos
Horner-Schema n (Math) / método m de Horner
Hörnersicherung f (Elektr) / fusible m de cuernos, (especialm.:) m fusible de antena
Horn•erz n, Chlorsilber n (Min) / cerargirita f, cloruro m de plata ‖ ⁓**fels** m (Geol) / hornfels m ‖ ⁓**fels** s. auch Hornblendeschiefer ‖ ~**förmig** / corniforme ‖ ⁓**mehl** n (Dünger) / asta f pulverizada o en polvo ‖ ⁓**parabolantenne** f (Fernm) / antena f de bocina parabólica ‖ ⁓**parabolstrahler** m, Hoghorn n (Antenne) / bocina f curvada ‖ ⁓**reflektorantenne** f / antena f de trompa, antena f con reflector de cuerno o de bocina ‖ ⁓**schalter** m (Kfz) / interruptor m de bocina ‖ ⁓**schiefer** m (Geol) / esquisto m córneo ‖ ⁓**schiene** f, Flügelschiene f (Bahn) / pata f de liebre, riel m de ala (LA) ‖ ⁓**signal** n (Bahn) / señal f por trompa ‖ ⁓**silber** n, Chlorargyrit m (Min) / clorargirita f ‖ ⁓**späne** m pl / raspaduras f pl o recortaduras de cuerno ‖ ⁓**speiser** m (Antenne) / alimentador m de bocina, bocina f excitadora ‖ ⁓**speisung** f (Radio) / alimentación f por bocina ‖ ⁓**stein** m (dichtes Kieselgestein) (Geol) / sílex córneo m ‖ ⁓**strahler** m (Eltronik) / radiador m abocinado o de bocina o de embudo, antena f de embudo
Hörolive f (Eltronik, Med) / microauricular m
Horopter m (Physiol) / horópter[o] m
Hör•rundfunk... / radio... ‖ ⁓**saal** m, Vortragsraum m / aula f, anfiteatro m
Hörsamkeit f, Raumakustik f / acústica f [de salas o de locales]
Hör•schall m (Akust) / sonido m audible ‖ ⁓**schärfe** f (Physiol) / agudeza f o acuidad auditiva ‖ ⁓**schwelle** f / umbral m de audibilidad o de audición, nivel m de audibilidad, umbral m sonoro ‖ ⁓**schwellenmessgerät** n (Med) / audiómetro m
Horst m, Hochscholle f (Geol) / pilar m tectónico
Hör•stärke f / potencia f auditiva o de audición ‖ ⁓**strom** m (Fernm) / corriente f de audición ‖ ⁓**ton** m (Fernm) / sonido m de audición
Hortonsphäroid n (kugelförmiger Hochbehälter) / esfera f de Horton
Hör•vermögen n (Physiol) / capacidad f auditiva ‖ ⁓**verstärker** m (Med) / amplificador m audiométrico ‖ ⁓**verzerrung** f (Akust) / audiodistorsión f ‖ ⁓**weite** f (Physiol) / alcance m de oído ‖ **in** ⁓**weite** / al alcance del oído
Hosen•..., Gabel... / bifurcado ‖ ⁓**bein** n (Tex) / pierna f del pantalón ‖ ⁓**boje** f (Schiff) / pantalón m de salvamento, boya f pantalón ‖ ⁓**mischer** m (Chem) / mezclador m en V ‖ ⁓**muffe** f, doppelter Kabelendverschluss (Elektr) / caja f de empalme bifurcada ‖ ⁓**rinne** f (Hütt) / canal m pantalón o

bifurcado ‖ ≃**rohr** *n* / tubo *m* bifurcado o en Y, tubo *m* pantalón ‖ ≃**rollgang** *m* (Hütt) / tren *m* de rodillos en Y ‖ ≃**schurre** *f*, -rutsche *f* (Förd) / lanzadero *m* bifurcado ‖ ≃**stück** *n* (Rohr) / tubo *m* en Y ‖ ≃**träger-Sicherheitsgurte** *m pl* / cinturones *m pl* de seguridad tipo "tirantes"
Hospitalschiff *n* / buque-hospital *m*
Host • prozessor *m* (DV) / procesador *m* central ‖ ≃**rechner** *m* / ordenador *m* central o de procesamiento
H-Oszillatorstufe *f* (Eltronik) / paso *m* oscilador de barrido horizontal
Hot-Box *f* (geheizter Kernkasten) (Gieß) / caja *f* calentada ‖ ≃**-Formverfahren** *n* (Gieß) / moldeo *m* de caja calentada ‖ ≃**-Kern** *m* (Gieß) / macho *m* de la caja calentada ‖ ≃**-Verfahren** *n* / moldeo *m* de caja calentada
Hot-Carrier-Diode *f* (Halbl) / diodo *m* de portadores de alta energía
Hot-Dry-Rock • -System *n* (Gewinnung geotherm. Energie) / sistema HDR *m* ‖ ≃**-Verfahren** *n*, Erdwärme-Mining *n* / procedimiento *m* hot-dry-rock
Hotel • halle *f* (Bau) / vestíbulo *m* o hall de hotel ‖ ≃**-Meldesystem** *n* / sistema *m* de aviso para hoteles
Hotflue *f* (Tex) / hotflue *f*, secador *m* de aire caliente
Hotline-Service *m* (Kundenberatung usw.) / servicio hotline
Hotlist *f* (DV) / hotlist
Hot-Melt • -Einband *m* (Druck) / encuadernación *f* por adhesivo termosellable ‖ ≃**-Kleber** *m* / adhesivo *m* termosellable
Hot-Satamping-Teile *n pl* (Schm) / piezas *f pl* estampadas en caliente
Hot-Spot *m*, Stelle *f* maximaler Konzentration (Umw) / hotspot *m*, punto *m* caliente
Hotspot *m* (DV) / hiperenlace *m* ‖ ≃ (Internetzugang über WLAN) (DV) / hotspot *m*, hiperenlace *m*
Hotstaking-Verfahren *n* (Schw) / empalme *m* retorcido en caliente
Houdresid-Kracken *n* (im Fließbett) / cracking *m* o craqueo catalítico de Houdresid
Houdri • flow-Kracken *n* (im Fließbett) / cracking *m* o craqueo catalítico "Houdriflow" ‖ ≃**forming** *n* (Reformierung) / procedimiento *m* Houdriforming
Houdry-Hydrokracken *n* (kombinierter katalytischer Prozess) (Chem Verf) / hidrocraqueo *m* de Houdry
Hourdis • decke *f* (Bau) / techo *m* de ladrillos huecos ‖ ≃**stein** *m*, -ziegel *m*, -platte *f* (Bau) / ladrillo *m* hueco plano o para bóvedas
Hovercraft-Luftkissenboot *n*, Bodeneffekt-Fluggerät *n* (Schiff) / aerodeslizador *m*, vehículo *m* de efecto de suelo
Howe-Faktor *m* (Nukl) / factor *m* de Howe
Hp, HP (Pap) = Hartpapier
h-Parameter, Hybridparameter *m* (Transistor) / parámetro *m* híbrido o H
HPD-Öl *n* (Schmierung) / aceite *m* HPD
HPE (Plast) = Hochdruckpolyethylen
HPG-Verzahnung *f* (= high power gear) / engranaje *m* HPG
HPLC (= high-performance or high-pressure liquid chromatography - Hochdruckflüssigkeitschromatographie) / cromatografía *f* líquida de alta presión
HPN-Stahl *m* (Hörde, geringer P- u. N-Gehalt) (Hütt) / acero *m* HPN
HP-Schale *f*, Hypparschale *f* (Bau) / casco *m* hiperboloide, paraboloide *m* hiperbólico
HQ-Lampe *f* / lámpara *f* HQ
H-Qualität *f* (Gas) / calidad *f* H
HR, Rockwellhärte *f* (Masch) / dureza *f* Rockwell
HRA,[HRC], Härte *f* Rockwell A,[c] / dureza *f* Rockwell A,[c]

H-Radar *m n* (Luftf) / radar *m* con presentación visual tipo H
HRD = Hertzsprung-Russel-Diagramm
H-Regime *n* (ein Plasmazustand) (Phys) / régimen *m* en H
H-Reihenmotor *m* (Kfz) / motor *m* H en línea
H-Resonator *m* (Akust, Eltronik) / cavidad *f* [resonante] reentrante
Hs, Hassium (OZ 108) / hassio *m*
HS-A-Flüssigkeit *f*, Öl-in-Wasser-Emulsion *f* (Chem) / emulsión *f* de aceite en agua
H-Säure *f* (Chem) / ácido *m* H
H-Schaltung *f*, -glied *n* (Elektr) / red *f* en H ‖ ≃ (IC) / circuito *m* H
H-Schirm *m* (Radar) / pantalla *f* radar [para presentación visual] tipo H
HSLA-Stahl *m* (Hütt) / acero *m* HSLA
H2S-Radar *m n* / radar *m* H2S
HSS *m* (Hochleistungsschnell[schnitt]stahl) / acero *m* superrápido
HT (= hochtemperaturbeständig, Hochtemperatur...) / AT
HTGR-Reaktor *m*, hochtemperaturgasgekühlter Reaktor (Nukl) / reactor *m* tipo HTGR
HT-Haspelkufe *f* (Färb) / barca *f* de torniquete (o de molinete) de alta temperatura
HTML (DV) / HTML (= Hyper Text Markup Language), Lenguaje *m* de Marcado de Hipertexto
HTOL, HOTOL (Luftf) = Horizontalstart und -landung / despegue *m* y aterrizaje horizontales
HTP-Verfahren *n* (Hochtemperatur-Pyrolyse) (Acetylenfabr) / pirólisis *f* a temperaturas elevadas
HTR = Hochtemperaturreaktor
HTSL, Hochtemperatursupraleiter *m* / superconductor *m* de alta temperatura
HT-Thermoplaste *m pl* (Plast) / materials *f pl* termoplásticas de alta resistencia térmica
HTV-Kautschuk *m* / caucho *m* HTV
H-Typ *m* (Wellenleiter) / modo *m* H o TE, mode *m* eléctrico transversal
HU, Hauptuntersuchung *f* (Bahn) / inspección *f* general, levante *m* de coches
Hub *m*, Heben *n* / elevación *f*, alza *f*, izada *f*, levantamiento *m*, subida *f* ‖ ≃ (Fallhammer) / carrera *f* [del pilón] ‖ ≃, Hubhöhe *f*, -länge *f* des Kolbens (Mot) / carrera *f* del émbolo o pistón, recorrido *m* del émbolo o pistón, embolada *f*, pistonada *f* ‖ ≃ (Pumpe) / elevación *f*, altura *f* de elevación ‖ ≃ (des Wobblers) (Eltronik) / dispersión *f* (del vobulador) ‖ ≃ (Spulerei) / curso *m* del guía-hilo ‖ ≃, Drehkreuz *n* (Luftf) / aeropuerto internacional central *f* ‖ ≃..., Hebe... / elevador ‖ ≃ **Spitze-Spitze** (Eltronik) / amplitud *f* de cresta a cresta ‖ ≃**anzeiger** *m*, Hublängenskala *f* (Wzm) / indicador *m* de carrera ‖ ≃**arbeit** *f* (Masch) / trabajo *m* de elevación o de subida ‖ ≃**arbeit des Kolbens** (Mot) / trabajo *m* del émbolo ‖ ≃**arbeitsbühne** *f*, -bühne *f* / plataforma *f* elevadora de trabajo ‖ ≃**balken** *m* (Hütt) / viga *f* galopante ‖ ≃**balkenherd** *m* (Hütt) / solera *f* de viga galopante ‖ ≃**balken-Ofen** *m* / horno *m* de viga galopante ‖ ≃**begrenzer** *m* / limitador *m* de carrera ‖ ≃**begrenzung** *f* **am Hebezeug** / limitador *m* de elevación ‖ ≃**bewegung** *f* (Kran) / movimiento *m* ascencional
Hubble • -Effekt *m* (Astr) / efecto *m* [de] Hubble ‖ ≃**-Konstante** α *f* (Astr) / constante *f* de Hubble
Hub • bohrplattform *f* (Öl) / plataforma *f* elevadora de perforación ‖ ≃**-Bohrungs-Verhältnis** *n* (Mot) / relación *f* carrera-calibre ‖ ≃**brille** *f* (f. Vorderräder z. Abschleppen) (Kfz) / horquilla *f* de elevación ‖ ≃**brücke** *f* (Bau) / puente *m* elevador ‖ ≃**brückenwaage** *f* / báscula *f* con plataforma levadiza ‖ ≃**dach** *n* (Caravan) (Kfz) / techo *m* telescópico (caravana) ‖ ≃**deckenverfahren** *n* (Bau) / método *m*

de elevación de cobertura ‖ ⁓**drehschalter** *m* (Elektr) / interruptor *m* de doble movimiento
Hubel *m* (Porzellan) / masa *f* de arcilla ‖ ⁓**maschine** *f* (Keram) / prensa *f* de extrusión al vacío [para cerámica fina]
Hub•exzenter, -**nocken** *m* / excéntrica *f* o leva de elevación ‖ ⁓**feilmaschine** *f* (Wzm) / limadora *f* alternativa ‖ ⁓**gebläse** *n*, -**rotor** *m* (Luftf) / soplador *m* sustentador ‖ ⁓**gebläseflugzeug** *n* / avión *m* sustenido por chorro ‖ ⁓**geschwindigkeit** *f* / velocidad *f* de elevación ‖ ⁓**getriebe** *n* / engranaje *m* o mecanismo elevador ‖ ⁓**gewichtswaage** *f* (Mess) / báscula *f* clasificadora [con retirada o levantamiento de paquetes defectuosos] ‖ ⁓**grenze** *f* (Masch) / límite *m* de carrera ‖ ⁓**herdofen** *m* (Hütt) / horno *m* de solera elevadora ‖ ⁓**höhe** *f*, -**länge** *f*, **Hub** *m* / carrera *f*, recorrido *m* ‖ ⁓**höhe** (Flurförderer) / altura *f* de apilamiento ‖ ⁓**höhe** (Hebezeug) / altura *f* de elevación o de izada o de levantamiento ‖ ⁓**höhe**, -**länge** *f* (Kolben) / carrera *f* de émbolo o pistón, recorrido *m* del émbolo o pistón, embolada *f*, pistonada *f* ‖ ⁓**höhe**, Förderhöhe *f* (Pumpe) / altura *f* de impulsión ‖ ⁓**höhe**, Ansaughöhe *f* (Pumpe) / altura *f* de aspiración ‖ ⁓**hydraulik** *f* (Landw) / sistema *m* hidráulico de elevación ‖ ⁓**insel** *f* (Öl) / plataforma *f* elevadora de sondeo o de perforación ‖ ⁓**karren** *m* (Förd) / carro *m* elevador, carretilla *f* elevadora ‖ ⁓**kette** *f* (Masch) / cadena *f* de elevación ‖ ⁓**kippfahrzeug** *n* (Müll) / camión *m* elevador-volcador ‖ ⁓**kippvorrichtung** *f* (Masch) / dispositivo *m* elevador-volcador ‖ ⁓**kippwagen** *m* (Bahn) / vagón *m* volquete basculante ‖ ⁓**kolben** *m*, -**zyinder** *m*, Druckwasserkolben *m* (Hydr) / émbolo *m* o cilindro de levantamiento, émbolo *m* de presión hidráulica ‖ ⁓**kolbenmaschine** *f* / máquina *f* de pistón alternativo, máquina *f* de pistón con movimiento de vaivén ‖ ⁓**kolben-Membranverdichter** *m* / bomba *f* de vacío de diafragma ‖ ⁓**kolbenmotor** *m* / motor *m* alternativo, motor *m* de pistón de movimiento de vaivén ‖ ⁓**kolbenpumpe** *f* / bomba *f* alternativa u oscilante ‖ ⁓**kolben-Regler** *m* (Einspritzpumpe) / gobernador *m* de carrera ‖ ⁓**kolbenvakuumpumpe** *f* / bomba *f* oscilante de vacío ‖ ⁓**kolben-Verbrennungsmaschine** *f* / motor *m* alternativo de combustión interna ‖ ⁓**kolbenverdichter** *m* (DIN), Kolbenkompressor *m* / compresor *m* alternativo o de émbolo ‖ ⁓**kolbenverdichter** / compresor *m* alternativo ‖ ⁓**kraft** *f* / fuerza *f* elevadora o de elevación, capacidad *f* de levantamiento ‖ ⁓**kraft**, Tragkraft *f* (Magnet) / fuerza *f* portante o de sostén ‖ ⁓**kreissägemaschine** *f* (Tischl) / sierra *f* circular de herramienta móvil ‖ ⁓**lader** *m*, Schaufellader *m* (Bau) / pala *f* mecánica ‖ ⁓**länge** *f* / longitud *f* de la carrera o de recorrido ‖ ⁓**längenskala** *f* (Wzm) / indicador *m* de carrera ‖ ~**los** (Kreissäge) / sin carrera, con herramienta fija ‖ ⁓**magnet** *m*, [Last]hebemagnet *m* / electroimán *m* elevador o levantador o portador ‖ ⁓**marken** *f pl* (Strangguss) / marcas *f pl* de oscilación o de fluctuación ‖ ⁓**mast** *m* (Gabelstapler) / mástil *m* telescópico o de elevación ‖ ⁓**messer** *m* / medidor *m* de la carrera ‖ ⁓**motor** *m* (Kran) / motor *m* de elevación
Hübnerit *m* (Min) / hubnerita *f*
Hub•nocken *m*, -exzenter *m* (Masch) / excéntrica *f* o leva elevadora ‖ ⁓**plattform** *f* (Öl) / plataforma *f* elevadora ‖ ⁓**podium** *n* / estrado *m* elevador ‖ ⁓**presse** *f*, Hebepresse *f* / prensa *f* elevadora ‖ ⁓**pumpe** *f* / bomba *f* elevadora o impelente ‖ ⁓**rad** *n* / rueda *f* elevadora ‖ ⁓**raum** *m*, -volumen *n* eines Zylinders (Mot) / cilindrada *f*, cubicaje *f* ‖ **gesamter** ⁓**raum des Motors** (Mot) / cilindrada *f* total ‖ ⁓**raumleistung** *f* / potencia *f* referida a la cilindrada total ‖ ⁓**relais** *n*, Tauchkernrelais *n* (Elektr) / relé *m* de núcleo buzo ‖ ⁓**rettungsfahrzeug** *n* (F'wehr) / vehículo *m* con escalera de salvamento y plataforma elevadora ‖ ⁓**röhre** *f*, Reaktanzröhre *f* (Eltronik) / tubo *m* de reactancia, reactancia *f* electrónica ‖ ⁓**roller** *m* (Förd) / carretilla *f* elevadora de tres ruedas ‖ ⁓**rotor** *m*, -gebläse *n* (Luftf) / soplador *m* sustentador ‖ ⁓**säge** *f* (Wzm) / serradora *f* alternativa, sierra *f* alternativa ‖ ⁓**schaltwalze** *f*, Hubkontroller *m* (Kran) / combinador *m* de elevación ‖ ⁓**scheibe** *f* / disco *m* de excéntrica o de leva ‖ ⁓**schleifen** (Wzm) / honing *m* o bruñido por movimiento lineal ‖ ⁓**schnecke** *f*, Schneckenförderer *m* (Förd) / rosca *f* elevadora, tornillo *m* sin fin elevador ‖ ⁓**schranke** (Schweiz), Fallschranke *f* (Bahn) / barrera *f* levadiza ‖ ⁓**schraube** *f* (Luftf) / rotor *m* sustentador, hélice *f* sustentadora
Hubschrauber *m* (Luftf) / helicóptero *m* ‖ **durch** ⁓ **befördert**, hubschraubergetragen / helitransportado, transportado por helicóptero ‖ **mit** ⁓ **fliegen** / ir o viajar en helicóptero ‖ ⁓**flughafen** *m*, Heliport *m* (für Fluggast- u. Frachtabfertigung) / helipuerto *m* ‖ ⁓-**Landeplattform** *f* (Öl) / cubierta *f* de aterrizaje para helicópteros ‖ ⁓-**Landeplatz** *m* (Luftf) / estación *f* de helicópteros ‖ ⁓**landeplatz** *m* **auf Schiffen** / plataforma *f* de aterrizaje para helicópteros ‖ ⁓-**Rotor** *m*, -Hauptrotor *m* / rotor *m* principal ‖ ⁓**träger** *m* (Schiff) / portahelicópteros *m* ‖ ⁓**zustand** *m* (Luftf) / estado *m* normal del rotor de helicóptero
Hub•-Schubtriebwerk *n* (Luftf) / motor *m* de elevación y propulsión ‖ ⁓**seil** *n* (Kran) / cable *m* izador, cable *m* de elevación ‖ ⁓**seil für Kabelkrane zum Holzfällen** / cable *m* de arrastre para blondines ‖ ⁓**seiltragvorrichtung** *f* (Kabelkran) / dispositivo *m* portador para cable de elevación ‖ ⁓**sinn** *m* / sentido *m* de elevación o de alza ‖ ⁓**spindel** *f* / husillo *m* elevador o de elevación ‖ ⁓**stange** *f* **des Streckwerks** (Spinn) / biela *f* de la excéntrica ‖ ⁓**stapler** *m* (Förd) / carretilla *f* apiladora, apilador *m* de elevación ‖ ⁓**steiger** *m* (Bau) / dipositivo *m* escalador-elevador ‖ ⁓**stellung** *f* (Kontroller, Steuerwalze) (Masch) / posición *f* de levantamiento ‖ **erste** ⁓ **stellung** / primera posición [de levantamiento] del controler ‖ ⁓**strahler** *m*, Turboplan *m*, "fliegendes Bettgestell" (Luftf) / turboplano *m* ‖ ⁓**strebe** *f* (Traktor) (Landw) / varilla *f* de elevación, puntal *m* de elevación ‖ ⁓**tisch** *m*, Ladebühne *f* (Förd, Masch) / plataforma *f* elevadora o de carga ‖ ⁓**tisch** / mesa *f* elevadora o de carga ‖ ⁓**tor** (Garage) / puerta *f* levadiza de garaje ‖ ⁓**tor**, -schütz *n*, -schütze *f* (Hydr) / puerta *f* elevadora o levadiza ‖ ⁓**traverse für Container** (Förd) / marco *m* de elevación ‖ ⁓**triebwerk** *n* (Luftf) / motor *m* de sustentación por chorro ‖ ⁓**trommel** *f* (Förd) / tambor *m* de elevación ‖ ⁓**tür** *f* / puerta *f* levadiza ‖ ⁓**turm** (Brücke) / torre *f* elevadora ‖ ⁓- **und Senk...** / de elevación y bajada ‖ ⁓**untersatz** *m* (Hütt) / base *f* elevadora, sostén *m*, soporte *m* ‖ ⁓**verhältnis** *n*, Abstand *m* (Frequ.Mod) / relación *f* de desviación ‖ ⁓**verhältnis** (Mot) / relación *f* carrera-calibre ‖ ⁓**vermögen** *n* (allg) / fuerza *f* o capacidad elevadora o de levantamiento ‖ ⁓**volumen** *n* **eines Zylinders**, -raum *m* (Mot) / desplazamiento *m* del émbolo, cilindrada *f* ‖ ⁓**vorrichtung** *f* / mecanismo *m* elevador o de elevación, aparato *m* de levantamiento ‖ ⁓**wagen** *m* (Förd) / carro *m* elevador ‖ ⁓**wagen für schwere Betriebsmittel** / carro *m* elevador para utillaje pesado ‖ ⁓**wagen mit Plattform** / carro *m* elevador con plataforma ‖ ⁓**wagen zum Legen in Reihen** (Hütt) / truck *m* para colocar en fila ‖ ⁓**wagenstapler** *m*, Gabelstapler *m* (Förd) / estibadora *f* por horquilla ‖ ⁓**wechsel** *m* / cambio *m* de recorrido ‖ ⁓**werk** *n* / mecanismo *m* de elevación ‖ ⁓**winde** *f*, Schraubenwinde *f* / gato *m* ‖ ⁓**zahl** *f* **je min.** (Mot) / número *m* de carreras por minuto ‖ ⁓**zähler** *m* / contador *m* de alzas o izadas ‖ ⁓**zapfen** / gorrón *m*

Hubzylinder

elevador ‖ ⁓**zylinder** m (von Baggern) / cilindro m elevador hidráulico [de una excavadora]
Huckbindung f, Gerstenkornbindung f (Web) / ligamento m granité
Hückelaromaten pl (Chem) / sustancias f pl aromáticas [de] Hückel
huckepack befördern / transportar vía carretera y ferrocarril ‖ ⁓... (Bahn) / de (o por o con) transporte combinado, de ferrocamión ‖ ⁓**flugzeug** n / avión m transbordador, avión m compuesto ‖ ⁓**motoren** m pl / motores m pl de servicio o de transporte ‖ ⁓**-Reaktor** m (Nukl) / reactor m transportable, reactor m compacto y móvil ‖ ⁓**schiff** n / buque m portalanchones ‖ ⁓**verkehr** m (allg) / transporte m por ferrocarril de remolques carreteros (E), transporte m a caballito o a caballo o ferrocamión (LA) ‖ ⁓**verkehr mit Sondergüterwagen** (Bahn) / transporte m sobre vagones especiales ‖ ⁓**verkehr System Känguru** / transporte m canguro ‖ ⁓**wagen** m (Bahn) / vagón m de plataforma baja [para el transporte de camiones y remolques]
HUD (Abstandskontrolle) (Kfz) / HUD m (= Head-Up-Display) ‖ ⁓, Head-up Display (Luftf) / presentación f por colimador o a la altura de la vista
Hufbeschlag m (Landw) / herraje m
Hufeisen n (allg) / herradura f ‖ ⁓**bogen** m (Bau) / arco m de herradura, arco m árabe ‖ ⁓**magnet** m / imán m de herradura ‖ ⁓**montierung** f (Opt) / montura f de herradura ‖ ⁓**profil** n (Tunnel) / perfil m de herradura
Huff- und Puff-Verfahren n (Ölschiefer) / método m "huff-and-puff" (esquisto petrolífero)
Huf•messer n (Schm) / pujavante m ‖ ⁓**nagel** m / clavo m de herrar ‖ ⁓**stollen** m / callo m de herradura
Hüfthebelrevolverdrehmaschine f (Wzm) / torno m revólver con palanca de [mano y de] cadera
Hügel, runder ⁓ (Geo) / colina f
Hühnerdraht m (Maschendraht) (Landw) / enrejado m de alambre para corrales
Hula-Hoop-Antenne f / antena f tipo "hula-hoop"
Hulk m (Schiff) / pontón m
Hüllbahn f, -kurve f (Geom) / envolvente f, curva f envolvente
Hülle f, Umhüllung f, Umschlag m / envuelta f, camisa f, envoltura f, forro m ‖ ⁓, Schutzhülle f, Überzug m / funda f, estuche m ‖ ⁓, Umhüllung f (Papiermaschine) / envuelta f ‖ ⁓ (Floppy Disk) / camisa f ‖ ⁓ (Reaktorbrennstoff) / camisa f o vaina [del elemento combustible], encamisado m, recipiente m para cartuchos de combustible ‖ ⁓, Abdeckung f / cobertura f, cubierta f ‖ ⁓, Kapsel f / cápsula f ‖ ⁓, Verpackung f / envoltura f, embalaje m ‖ ⁓ (Eltronik) / capa f ‖ ⁓, Haut f (Genauguss) / piel f
Hüllelement n (Messen) / elemento m de envoltura
Hüllen•-Elektron n (Phys) / electrón m satélite o planetario ‖ ⁓**fehler** m (Nukl) / rotura f de la vaina ‖ **elektrischer** ⁓**fluss** / flujo m eléctrico periférico ‖ ⁓**kapazität** f (Elektr) / capacitancia f a tierra ‖ ⁓**physik** f / física f de capas
Hüller m, Baumwollsaatschälmaschine f (Landw) / descascadora f de semillas de algodón
Hüll•fläche f (Math) / superficie f envolvente ‖ ⁓**flächenverfahren** n (Geräuschmessung) / método m de la superficie envolvente ‖ ⁓**körper** m (Wälzfräsen) / cuerpo m envolvente ‖ ⁓**kreis** m (Verzahnung) / círculo m exterior o circunscrito o tangente a los cuerpos rodantes ‖ ⁓**kreisradius** m (Verzahnung) / radio m del círculo tangente ‖ ⁓**kurve** f, Einhüllende f (Math) / curva f envolvente, envolvente f ‖ ⁓**kurve gebrochener Strahlen** (Phys) / curva f diacáustica ‖ ⁓**kurvendemodulator** m (Eltronik) / demodulador m de envolvente ‖ ⁓**kurvengleichrichtung** f (TV) / detección f de envolvente ‖ ⁓**kurven-Umrichter** m (Eltronik) / cicloconvertidor m ‖ ⁓**linie** f (Geom) / línea f de altura máxima, cresta f ‖ ⁓**material** n (Reaktor) /

material m de vaina o camisa ‖ ⁓**profil** n (Rauheit) / perfil m de rugosidad, medida f de rugosidad ‖ ⁓**rohr** n (Reaktor) / tubo m de camisado ‖ ⁓**rohr** (Beton) / tubo m envolvente o de envoltura ‖ ⁓**schadenüberwachungsgerät** n (Nukl) / monitor m de rotura de vaina ‖ ⁓**temperaturrechner** m (Nukl) / calculador m de temperatura de la vaina ‖ ⁓**werkstoffabfall** m (Nukl) / desechos m pl de material de la vaina
Hull•-Zelle f (Galv) / celda f de Hull ‖ ⁓**-Zell-Test** m (Galv) / ensayo m por celda de Hull
Hüllzylinder m (Schneckenrad) / cilindro m exterior
Hülse f, Blechhülse f / manguito m, casquillo m, collarín m ‖ ⁓ (Spinn) / tubo m, bobina f ‖ ⁓ (Reaktor) s. Hülle ‖ ⁓ (Zirkel), Schoner m (für Spitzen) (Zeichn) / salvapuntas m ‖ ⁓, Legumen n (Bot) / vaina f, legumbre f ‖ ⁓, Tülle f (Elektr) / casquillo m ‖ ⁓, Muffe f / manguito m ‖ ⁓, Ring m / collar m ‖ ⁓, Futteral n / vaina f, estuche m ‖ ⁓, Kupplungsmuffe f / collar m o manguito de acoplamiento ‖ ⁓, Schieber m / manguito m corredizo ‖ ⁓, Patronenhülse f (Geschoss) / vaina f del cartucho ‖ ⁓ (Schlüssel) / cañón m ‖ ⁓ **am Steckerstift** (Elektr) / manguito m de la clavija [de enchufe] ‖ ⁓ **der Frässpindel** (Wzm) / manguito m, forro m ‖ ⁓ **für Rollen** (Pap) / mandril m, manguito m, casquillo m, tubo m para arrollar el papel ‖ **bewickelte** ⁓, Kötzer m, Kops m (Spinn) / canilla f ‖ **kegelige** ⁓ (Spinn) / tubo m cónico ‖ **zylindrische** ⁓ (Spinn) / tubo m cilíndrico
Hülsen•aufnehmer m (Web) / soporte m de canilla ‖ ⁓**aufsteckvorrichtung** f (Spinn) / dispositivo m para enfilar tubos ‖ ⁓**auszieher** m (Waffe) / sacavainas m ‖ ⁓**behälter** m, Schussspulenbehälter m (Web) / recipiente m de canillas ‖ ⁓**bestimmung** f (Brau) / determinación f de la cantidad de vainas ‖ ⁓**boden** m (Mil, Patrone) / culote m del cartucho ‖ ⁓**dipol** m (Antenne) / dipolo m con o sin tubo coaxial, dipolo m semicubierto ‖ ⁓**frucht** f (pl: Hülsenfrüchte), Leguminose f (Bot) / leguminosa f ‖ ⁓**früchte** f pl (Landw) / legumbres f pl [secas] ‖ ⁓**gewicht** m (Spinn) / peso m de canilla ‖ ⁓**hals** m (Patrone) / gollete m de cartucho ‖ ⁓**kasten** m (Spinn) / caja f de bobinas ‖ ⁓**keil** m, Spannhülse f / manguito m de sujeción ‖ ⁓**kette** f (Masch) / cadena f de casquillos fijos ‖ ⁓**kupplung** f / acoplamiento m de doble cono o de manguitos ‖ ⁓**papier** n (Pap) / papel m para tubos o mandriles ‖ ⁓**papier für Spinnhülsen** / papel m para bobinas de hilaturas ‖ ⁓**puffer** m (Bahn) / tope m con caja-guía, tope m con contratope ‖ ⁓**reinigungsmaschine** f (Tex) / máquina f para limpiar canillas ‖ ⁓**schieber** m / válvula f tipo camisa ‖ ⁓**schiebermotor** m, Schiebermotor m / motor m con válvula tipo camisa ‖ ⁓**schlüssel** m (Masch) / llave f tubular ‖ ⁓**verbinder** m, Seilverbinder m (Elektr) / manguito m de empalme o de unión ‖ ⁓**wickelmaschine** f / máquina f arrolladora de tubos de papel
Human Engineering / ingeniería f humana, técnica f de las relaciones humanas ‖ ⁓**faktoren** m pl (F.Org) / factores m pl humanos ‖ ⁓**genetik** f / genética f humana ‖ ⁓**kapital** n / capital m humano ‖ ⁓**vermögen** n (F.Org) / potencial f humana
humid, feucht (Klima) / húmedo
Humidistat m, Feuchtigkeitsregler m (Phys) / humidistator m, higrostato m
Humifizierung f, Umwandlung f in Humus, Humusbildung f (Landw) / humificación f, transformación f en humus, formación f del humus
Humin•säure f (Chem) / ácido m húmico ‖ ⁓**stoff** m, Dauerhumus m (Bot) / materia f o sustancia húmica
humisierbar (Bot, Landw) / humificable
Humistor m (feuchtigkeitsempfindlicher Widerstand) (Eltronik) / humistor m
Humit m (Min) / humita f

Humpfelge f, Sicherheitsfelge f (Kfz) / llanta f [de seguridad] "hump"
Humulon n, α-Bittersäure f (Chem) / humulona f
Humus m (Bot, Landw) / humus m, mantillo m, tierra f negra || ²... / húmico || **milder [saurer]** ² / mantillo m suave [ácido] || ²**[an]deckung** f (Straßb) / capa f o cubierta de mantillo o humus || ²**aufbereitung** f (Landw) / elaboración f de humus || ~**haltig** / humífero || ²**kohle** f (Bergb) / carbón m de humus || ²**säure** f (Chem) / ácido m húmico
HU-Naht f (Schw) / costura f en media U
Hund m, Abstreifmeißel m (Hütt) / guía f de desmoldeada
Hundegang m (Schlepper) / paso m de perro
Hunderterstelle f, Hunderter m (Math) / centena f
hundert•fach / céntuplo, cien veces tanto || ~**gradig**, -teilig (Skala) / centígrado || ~**jähriges Hochwasser** / crecida f secular || ~**prozentig** adj adv / ciento por ciento (también: cien por cien) || ~**prozentige Prüfung** (Qual.Pr.) / control m [de] ciento por ciento || ²**punkt** m (Messinstr) / punto m cien || ²**satz** m, Prozentsatz m (Math) / porcentaje m
Hundertstel, [ein] ² (Math) / [una] centésima [parte]
hundertstelnormal (Chem) / centinormal
hundert•teilig (Skala) / centesimal || ²**teilung** f **des Bogens** (Geom) / división f centesimal del cuadrante
Hundredweight n (= 50,8023 kg) (Mess) / hundredweight m (equivalente a 112 libras)
Hundsche Regel f (Nukl) / regla f de Hund
Hundsfott n, Seilöse f (Schiff) / guardacabo[s] m
Hungerwolle f (Tex) / lana f atrófica
Hunting n (Pendeln um die Kursrichtung) (Luftf) / oscilación f pendular
Huntingcalf n, Rauleder (Gerb) / hunting-calf m
Hupe f (Kfz) / bocina f, claxon m
hupen vi / tocar la bocina, dar señales acústicas || ²**ring** m (Kfz) / aro m de bocina
Hüpfbewegung f, hüpfende Bewegung / movimiento m saltatorio o saltante o de brincar
hüpfen / saltar, brincar
Hürde f, Gestell n (Hütt) / cañizo m, aparejo m || ², Umzäunung f / valla f || ², Viehhürde f (Landw) / corral m, aprisco m, redil m
Hürden... s. auch Horden...
Hurrelmühle f (für Emulsionen) (Chem) / molino m Hurrel
Hurrikandeck n (Schiff) / puente m de paseo, puente-paseo m
Hurwitz•kriterium n (Math) / criterio m de Hurwitz || ²**-Zerlegung** f (Math) / descomposición f de Hurwitz
Hüsing f (Schiff) / piola f [de tres cabos]
Husten n, Keuchen n (Rakete) / chuffing m
Hut m (Masch) / sombrero m, sombrerete m || ² (Drahtziehen) / bobina f || ² (Zuck) / pilón m de azúcar || ², Kappe f (Bau, Masch) / caperuza f || ², Hütchen n (Kompassnadel) / chapitel m || ² (LD-Verfahren) / agujero m de colada
Hütewirkung f (Elektrozaun) / efecto m de choque
Huth-Kühnsender m (Radio) / oscilador m de rejilla y placa sintonizadas o de rejilla y ánodo sintonizados
Hut•kappe f (für Radmutter) (Kfz) / caperuza f (para tuerca de la rueda) || ²**kühlung** f (Hütt) / sistema m de enfriamiento de sono || ²**manschette** f / guarnición m en forma de U || ²**mutter** f / tuerca f de sombrerete, tuerca f [de] caperuza || ² **mutter niedrige od. flache Form, [hohe Form]** / tuerca f de sombrerete forma rebajada, [forma alta] || ²**pressform** f, -stock m (Tex) / sombrerera f, molde m para sombreros || ²**profil** n (Walzw) / perfil m omega || ²**querschnitt** m, offener Rahmenquerschnitt (Stahlbau) / sección f en U invertido || ²**schiene** f (EN 10025) (Elektr) / riel m de perfil de sombrero || ²**schraube** f (DIN 25197) / tornillo m de sombrerete || **[Sechskant-]²schraube** / tornillo m de sombrerete con cabeza [h]exagonal || ²**stumpen** m (Tex) / casco m, copa f

Hütte f / cabaña f, rancho m (LA) || ², Baracke f, Bude f / barraca f, caseta f, cabaña f || ², Eisenhüttenwerk n / planta f o fábrica siderúrgica || ², Metallhüttenwerk n / planta f o fábrica metalúrgica

Hütten•aluminium n / aluminio m metalúrgico o de prímera fusión || ²**arbeiter** m / obrero m siderúrgico o metalúrgico || ²**bedarf** m / material m para plantas siderúrgicas || ²**bims** m / piedra f pómez siderúrgica o metalúrgica o artificial, pómez f siderúrgica || ²**blei** n, Pb 99.9 n / plomo m metalúrgico o de primera fusión || ²**chemiker** m / químico m siderúrgico || ²**erzeugnisse** n pl / productos m pl siderúrgicos || ²**flur** (Hütt) / nivel m cero || **unter** ²**flur** (Hütt) / bajo el nivel de la planta || ²**glas** n / vidrio m bruto || ²**glas** (Hohlglas) / vidrio m [hueco] soplado || ²**industrie** f (Metall) / industria f metalúrgica || ²**industrie** (Eisen) / industria f siderúrgica || ²**ingenieur**, -mann, Metallurg[e] m / metalurgista m, metalúrgico m || ²**kalk** m (Chem) / escoria f de hornos altos pulverizada, cal f de escoria || ²**koks** m / coque m metalúrgico || ²**kunde** f, Metallurgie f / metalurgia f || ²**kupfer** n / cobre m fino, cobre m refinado || ²**laboratorium** / laboratorio m siderúrgico || ²**magnesium** n / magnesio m metalúrgico o de primera fusión || ²**mann** (Hütt) / metalurgista m, metalúrgico m, siderurgista m || ²**mauerstein** n / ladrillo m de escorias siderúrgicas || ²**metall** n / metal m de primera fusión || ²**mischzement** m (Bau) / cemento m metalúrgico mixto || ²**nickel** n / níquel m metalúrgico o de primera fusión || ²**rauch** m, Giftmehl n, Arsen[tri]oxid n (Chem) / harina f venenosa || ²**rohzink** n (Hütt) / zinc m bruto [de primera fusión], zinc m crudo || ²**sand** m / escoria f granulada de horno alto || ²**schwemmstein** m, -bimsstein m (Hütt) / ladrillo m esponjoso de escoria || ²**sohle** f (Hütt) / nivel m cero || ²**sohle**, Herd m / solera f || ²**stein** n / ladrillo m siderúrgico [de escoria granulada] || ²**technik** f / técnica f siderúrgica, siderotécni[c]a f, metalurgia f || ²**werk** n, Metallhütte f / planta f o factoría metalúrgica || ²**werk**, Stahlwerk n / planta f o factoría siderúrgica || **gemischtes** ~**werk** / planta f [siderúrgica] integral || ²**werkskran** m / grúa f para plantas metalúrgicas || ²**wesen** n, Metallurgie f / metalurgia f || ²**wolle** f / lana f de escoria || ²**zement** m (Bau) / cemento m metalúrgico o siderúrgico || ²**zink** n, Hüttenrohzink n (Hütt) / zinc m o cinc m comercial

Hutze f, Lufthutze f (Kfz) / abertura f aspiradora (de aire) del capó
Hut•zucker m (Nahr) / azúcar m en pilones || ~**zuckerförmig** (Geol) / en forma de pilón de azúcar
Huygens-Fresnelsches Prinzip n (Opt) / principio m de Huygens-Fresnel
HV = Vickershärte || ² (Fernm) = Handvermittlung
HVB = Hochvakuumbitumen
H-Verzweiger m, Parallel-T-Glied n (Wellenleiter) / unión f [en] T paralelo, T m en paralelo
HV-Naht f, Halb-V-Naht f (Schw) / chaflán m en media V
HV-Schraube f (hochverschleißfest) (Stahlbau) / tornillo m altamente resistente
HVstK (Fernm) = Hauptvermittlungsstelle mit Wählbetrieb
HVt (Fernm) = Hauptverteiler
HV-Verbindung f, hochfeste Schraubenverbindung (Stahlbau) / unión f atornillada altamente resistente
HW, Heckscheibenwischer m (Kfz) / limpialuneta m trasero || ² = Hochwasser
Hw = Heizwert
HWD, Halbwertsdicke f / semiespesor m, capa de semiatenuación f, CSA
H-Welle f (Wellenleiter) / onda f H, onda f TE, onda f eléctrica transversal

HWK, Heiz-Wärme-Kraftwerk *n* / central *f* térmica de calefacción
HWS, Halbwertsschicht *f* (Nukl) s. HVS
HWT, Halbwertstiefe *f* (Radiol) / profundidad *f* de semiexposición
HWZ, Halbwertszeit *f* (Nukl) / período *m* de semidesintegración, período *m* radioactivo, vida *f* media
Hyacynthin *n* (Chem) / hiacintina *f*, bromoestireno *m*
hyalin (Geol) / hialino
Hyalit *m* (Min) / hialita *f*
Hyalo..., Glas... / hialo...
Hyalograph *m* (Zeichn) / hialógrafo *m*
Hyalographie *f* (Zeichn) / hialografía *f*
Hyalophan *m* (monokliner Bariumfeldspat) (Min) / hialofana *f*, feldespato *m* baritífero
Hyaluronidase *f*, Ausbreitungsfaktor *m* (Biol) / hialuronidasa *f*
Hyaluronsäure *f* (Chem) / ácido *m* hialurónico
Hyazinth *m* (Min) / jacinto *m*
hybrid *adj* / híbrido *adj* ‖ **~e Bahn**, Hybridorbital *n* (Nukl) / órbita *f* híbrida ‖ **~e Bildung** (Biol) / híbrido *m* ‖ **~er (o. lithergoler) Treibstoff** (Rakete) / litergol *m* ‖ ~ *m*, Bastard *m*, Mischling *m* (Biol) / híbrido *m*
Hybridantrieb *m*, Kombination zweier verschiedener Antriebsaggregate (z.B. Motor/Turbine) (Luftf) / motor *m* híbrido ‖ ~ (Elektro- plus Benzin- o. Dieselmotor) (Kfz) / accionamiento *m* híbrido ‖ ~, Mischantrieb *m* (Rakete) / propulsión *f* híbrida
Hybride *f* (Wellenleiter) / unión *f* diferencial o híbrida ‖ **ringförmige** ~ (Wellenleiter) / toro *m* de unión diferencial, acoplador *m* diferencial en anillo
Hybrideingabe *f* (DV) / entrada *f* híbrida
hybridisieren *vt* (Biol) / hibridizar
Hybridisierung *f*, Hybridisation *f* (Bot, DV, Kühlung) / hibridación *f*
Hybrid • mais *m* (Bot) / maíz *m* híbrido ‖ **~reaktor** *m* (Nukl) / reactor *m* de fisión-fusión ‖ **~rechner**, Analog-Digitalrechner *m* (DV) / computador *m* híbrido, calculadora *f* híbrida ‖ **untere ~resonanz** (Phys) / resonancia *f* híbrida baja ‖ **~richtungskoppler**, Drei-dB-Koppler *m* (Wellenleiter) / acoplador *m* híbrido, acoplador *m* de 3 dB ‖ **~-Schaltkreis** *m*, -schaltung *f* (Halbl) / circuito *m* híbrido o compuesto ‖ **~solarzellen** *f pl* / células *f pl* solares híbridas ‖ **~treibstoff** *m* (Raumf) / combustible *m* híbrido, litergol *m* ‖ **~treibstoff-Triebwerk** *n* / propulsor *m* híbrido ‖ **~-Übertragung** *f* (Telefax) / transmisión *f* híbrida ‖ **~werkstoff** *m* (z.B. Aramid/Glasfaser-Laminat) (Plast) / material *m* híbrido
Hydantoin *n*, Glykolharnstoff *m* (Chem) / hidantoína *f*, glicolurea *f*
hydraktives Fahrwerk (Kfz) / chasis *m* hidractivo
Hydralin *n*, unreines Zyklohexanol (Chem) / ciclohexanol *m* comercial, hidralina *f*
Hydrant *m*, Zapfstelle *f* / boca *f* o toma de agua, boca *f* de riego ‖ ~ (an der Wand), Wandhydrant *m* (F'wehr) / boca *f* de incendios mural ‖ ~ *m*, Feuerlöschwasserständer *m*, Standrohr *n* / boca *f* de incendio[s] o de riego, puesto *m* de incendios, (localismos:) hidrante *m*, grifo *m* ‖ **~schlüssel** *m* / llave *f* para boca de riego
Hydrargillit, Gibbsit *m* (Min) / hidrargilita *f*
Hydrat *n* (Chem) / hidrato *m* ‖ ~ **mit einem Mischungsgewicht Wasser** / monohidrato *m*
Hydratation *f* (Anlagerung von Wassermolekülen an Ionen) / hidratación *f*
Hydratationswärme *f*, Abbindewärme *f* (z.B. Beton) (Bau, Chem) / calor *m* de fraguado o de hidratación (p.e. hormigón)
hydratierbar (Chem) / hidratable
Hydration *f* (Wasseranlagerung an feinsten Tonteilchen) / hidratación *f*

Hydration *n* / ion *m* hidratado
hydratisieren *vt*, Wasser anlagern / hidratar
Hydratisierung *f* (Wasseranlagerung an organ. Verbindungen in Gegenwart von Katalysatoren) / hidratación *f*
Hydraton *m* (Bau) / arcilla *f* hidratada
Hydrat • silo *m n* (Kalkofen) / silo *m* de hidratación ‖ **~wasser** *n* (Chem) / agua *f* de hidratación ‖ **~wasser** (Krist) / agua *f* de cristalización ‖ **~zellulose** *f* (Pap) / celulosa *f* hidratada o hinchada
Hydraulik *f*, Hydromechanik *f*, Mechanik *f* der flüssigen Körper (Phys) / hidráulica *f*, hidromecánica *f* ‖ ~ (Einrichtung) / equipo *m* o sistema hidráulico ‖ ~, Pumpen- u. Rohrleitungsbau *m* / hidráulica *f*, ingeniería *f* hidráulica ‖ **~...** / hidráulico ‖ ~ **u. Pneumatik** *f* / técnica *f* de fluidos ‖ **~anlage** *f* (Luftf) / sistema *m* hidráulico ‖ **~arm** *m*, -ausleger *m* (Bagger) / gato *m* hidráulico ‖ **~bagger** *m* (Bau) / excavadora *f* hidráulica ‖ **~behälter** *m*, -speicher *m* / depósito *m* o tanque [del sistema] hidráulico ‖ **~bohrwagen** *m* / jumbo *m* hidráulico de perforación ‖ **~bremse** *f* (Kfz) / freno *m* hidráulico o de transmisión hidráulica
Hydrauliker *m*, Hydraulikfachmann *m* / ingeniero *m* [especialista] de hidráulica
Hydraulik • flüssigkeit *f* / líquido *m* para aparatos hidráulicos, fluido *m* hidráulico (poco us.) ‖ **~guss** *m* (Gieß) / fundición *f* para sistemas hidráulicos ‖ **~guss** (Erzeugnis) / piezas *f pl* moldeadas para maquinaria hidráulica ‖ **~heber** *m* (Masch) / actuador *m* hidráulico ‖ **~kran** *m* (Bau) / grúa *f* [de transmisión] hidráulica ‖ **~kreis** *m* (Luftf) / circuito *m* hidráulico ‖ **~motor** *m* / motor *m* hidráulico, hidromotor *m* ‖ **~öl** *n* / aceite *m* hidráulico, líquido *m* oleohidráulico ‖ **~presse** *f* / prensa *f* [de transmisión] hidráulica ‖ **~pumpe** *f*, Hydropumpe *f* / bomba *f* de hidráulica ‖ **~schaltung** *f* (Kfz) / cambio *m* hidráulico ‖ **~schaufel** *f*, -bagger *m* (Bau) / pala *f* hidráulica ‖ **~schere** *f* / cizallas *f pl* hidráulicas ‖ **~stempel** *m* (Bergb) / estemple *m* ajustable, estemple *m* hidráulico, mamposta *f* hidráulica ‖ **~ventil** *n* / válvula *f* para (o de) el sistema hidráulico ‖ **~-Wagenheber** *m* (Kfz) / levantacoches *m* o cric hidráulico ‖ **~-Zylinder** *m* / cilindro *m* [sistema] hidráulico, cilindro *m* de hidráulica
hydraulisch / del sistema hidráulico, hidráulico ‖ ~, unterwasserhärtend (Kalk, Mörtel) / hidráulico ‖ **~er Abbau** (Bergb) / arranque *m* hidráulico o hidromecánico ‖ **~er Akkumulator** / acumulador *m* hidráulico ‖ **~er Antrieb** / accionamiento *m* hidráulico o de sistema hidráulico ‖ **~er Aufzug** / ascensor *m* o montacargas hidráulico ‖ **~er Ausbau** (Bergb) / entibación *f* hidráulica, entibación *f* de presión de agua ‖ **~e Betätigung** (Bremse) / aplicación *f* hidráulica ‖ **~e Bremse** (Kfz) / freno *m* hidráulico ‖ **~er Brems[prüf]stand** / banco *m* hidráulico de ensayo de (o para) frenos ‖ **~er Drehmomentwandler** (Kfz) / convertidor *m* hidráulico de par ‖ **~er Druckverschluss** (Spritzform) / cierre *m* hidráulico a presión directa ‖ **~er Durchmesser** / diámetro *m* hidráulico ‖ **~e Entzunderung** (Hütt) / escarpado *m* hidráulico ‖ **~e Förderung** (Bergb) / transporte *m* [por sistema] hidráulico ‖ **~ gepresst** (Stanz) / embutido hidráulicamente ‖ **~es Getriebe** (Bahn, Kfz) / transmisión *f* hidráulica o fluida ‖ **~er Haubenofen** (Hütt) / horno *m* de campana con accionamiento hidráulico ‖ **~er Heber** (Kfz) / levantacoches *m* o cric hidráulico ‖ **~e Hubvorrichtung für Traktor**, Öldruckkraftheber *m* (Landw) / elevador *m* hidráulico, levantador *m* hidráulico [de aperos de labranza] ‖ **~er Kalk** (Bau, Chem) / cal *f* hidráulica ‖ **~e Klassierung** (Bergb) / clasificación *f* en líquido o por flotación ‖ **~er Kniehebelverschluss** / cierre *m* de palanca acodada bajo presión de agua, cierre hidráulico de palanca acodada ‖ **~e Kraft**,

Hydrokraft f (Phys) / fuerza f o potencia hidráulica ‖ ~e **Kräfte** f pl / fuerzas f pl hidráulicas ‖ ~er **Kraftheber** (Pflug) (Landw) / elevador m hidráulico ‖ ~e **Kraftübertragung** (Bremse) / transmisión f hidráulica o por sistema hidráulico ‖ ~er **Kraftverstärker** (Kfz, Masch) / servomecanismo m hidráulico ‖ ~e **Kupplung** (Kfz) / embrague m hidráulico ‖ ~e **Lagerung** / apoyo m o soporte hidráulico ‖ ~e **Maschine** / máquina f [de (o con) transmisión] hidráulica ‖ ~er **Modul** (Mörtel) / módulo m hidráulico ‖ ~er **Mörtel** (Bau) / mortero m hidráulico ‖ ~e **Presse** / prensa f hidráulica ‖ ~er **Radius** (Hydr) / radio m hidráulico ‖ ~e **Regelung** o. **Steuerung** / mando m hidráulico, control m por sistema hidráulico ‖ ~e **Rissbildung** / fisuración f hidráulica, fraccionamiento m hidráulico ‖ ~e **Schmiedepresse** / prensa f hidráulica de forja ‖ ~e **Setzmaschine** (Bergb) / criba f hidráulica ‖ ~er **Steinfänger** (Zuck) / colector m hidráulico de piedras ‖ ~er **Stoßdämpfer** (Kfz) / amortiguador m hidráulico ‖ ~e **Strangpresse** (Hütt, Plast) / extrusora f hidráulica ‖ ~es **Überdrucksystem** (Raumf) / sistema m hidráulico de sobrepresión ‖ ~er **Übersetzer** / intensificador m de presión hidráulica ‖ ~e **Verriegelung** (Luftf) / bloqueo m hidráulico ‖ ~er **Wandler** / variador m hidráulico ‖ ~er **Widder**, Stoßheber m / ariete m hidráulico ‖ ~e **Winde** / cabrestante m o torno hidráulico ‖ ~er **Zement** (Bau) / cemento m hidráulico ‖ ~er **Zusatz**, Hydraulit m (Bau) / aditivo m hidráulico, hidraulita f
Hydrazid n (Chem) / hidracida f, hidrazida f
Hydrazin n, Diamid n / hidrazina f, hidracina f, diamida f ‖ ~**hydrat** n / hidrato m de hidrazina o de diamida
Hydrazinium•dichlorid n / dicloruro m de hidrazina ‖ ~**salz** n (Rak.-Treibst) / sal de hidrazina f
Hydrazin monergolsystem n (Raumf) / sistema m monoergólico a base de hidrazina ‖ ~**sulfat** n (Chem) / sulfato m de hidrazina
Hydrazo•benzol n / hidrazobenceno m ‖ ~**körper** m, -verbindung f / hidrazoico m, hidrazocompuesto m
Hydrazon n (Chem) / hidrazona f
Hydrazoverbindung f / hidrazocompuesto m
Hydrid n / hidruro m ‖ ~**moderiert** (Nukl) / moderado por (o con) hidruro ‖ ~**pulver** n (Sintern) / polvo m de hidruro
hydrierbar (Chem) / hidratable
Hydrierbenzin n / gasolina f de hidrogenación
hydrieren vt, Wasserstoff anlagern / hidrogenar ‖ ~, mit Wasser verbinden, hydratisieren (Chem) / hidratar
hydrierend, Wasserstoff anlagernd / hidrogenador ‖ ~e **Entschwefelung** (Öl) / hidrodesulfuración f
Hydrier•gas n (Chem) / gas m de hidrogenación ‖ ~**kohle** f / carbón m para hidrogenación ‖ ~**stahl** m (Hütt) / acero m para instalaciones de hidrogenación
hydriert (Chem) / hidrogenado ‖ ~, hydratisiert, verflüssigt, wässerig / hidratado ‖ ~**er Ring** (Chem) / anillo m hidrogenado
Hydrierung f (Wasserstoffanlagerung) / hidrogenación f
Hydrierwerk n / fábrica f o instalación de hidrogenación
Hydrino n, verkleinertes H-Atom (Phys) / hidrino m
Hydro•... (Masch) / hidráulico ‖ ~**abbau** m (Bergb) / explotación f hidromecánica, arranque m hidromecánico ‖ ~**akustik** f (Phys) / hidroacústica f ‖ ~**akustisch** / hidroacústico ‖ ~**anlage** f / instalación f hidráulica ‖ ~**antrieb** n / accionamiento m hidráulico, propulsión f hidráulica ‖ ~**antriebsaggregat** n / grupo m de accionamiento hidráulico ‖ ~**aromatisch**, Hydroaromaten... (Chem) / hidroaromático ‖ ~**bakteriologie** f (Biol) / hidrobacteriología f ‖ ~**behälter** m / depósito m o tanque [del sistema] hidráulico ‖ ~**biologie** f / hidrobiología f ‖ ~**Blasenspeicher** m / acumulador m hidro-neumático ‖ ~**borazit** m (Chem) / hidroboracita f ‖ ~**borsäure** f / ácido m hidrobórico ‖ ~**chemisch** /

hidroquímico ‖ ~**chinon** n / hidroquinona f ‖ ~**chlor...** / hidroclórico, clorhídrico ‖ ~**chlorgas** n, Chlorwasserstoffgas n / gas m clorhídrico o hidroclórico ‖ ~**chlorid** n, Chlorhydrat n / hidrocloruro m, clorhidrato m ‖ ~**chlorierung** f / hidrocloración f, hidroclorización f ‖ ~**col-Verfahren** n (Bergb) / procedimiento m de hidratación [de carbón] hidrocol ‖ ~**cyanit** m (ein CuSO$_4$) (Min) / hidrocianita f ‖ ~**dealkylierung** f (Chem) / hidrodesalquilación f ‖ ~**dewaxing** n (Öl) / hidrodesparafinaje m ‖ ~**dynamik** f (Phys) /
hydrodynamisch / hidrodinámico m ‖ ~e **Abbremsung** (Bahn) / frenado m hidrodinámico ‖ ~es **Lager** / cojinete m hidrodinámico ‖ ~es **Paradoxon** (Phys) / paradoja f hidrodinámica ‖ ~e **Reibung** / fricción f hidrodinámica ‖ ~es **Schweißen** / soldadura f hidrodinámica ‖ ~e **Walztheorie** (Walzw) / teoría f de la laminación hidrodinámica ‖ ~es **Ziehwerkzeug** / herramienta f para el estirado hidrodinámico
Hydro•ejektor m, Wasserstrahlpumpe f / hidroeyector m, bomba f de chorro de agua, trompa f de agua ‖ ~**elastizität** f (Phys) / hidroelasticidad f ‖ ~**elektrisch** / hidroeléctrico ‖ ~**-Erdbau** m (Bau) / terracerías f pl para obras hidráulicas ‖ ~**feder** f / muelle m hidráulico ‖ ~**finieren** n, Wasserstoffraffination f (Öl) / refinación f por hidrógeno ‖ ~**förderung** f (Bergb) / transporte m en (o por) sistema hidráulico ‖ ~**forge-Verfahren** n (Schm) / hidroforja f ‖ ~**forming** n (Reformieren unter Wasserstoffdruck) (Öl) / hidroforming m, hidroformación f ‖ ~**forming-Prozess** m (Ziehen mit gesteuertem Druck gegen Gummimembran) (Wzm) / hidroconformación f, conformación f hidráulica ‖ ~**formylierung**, Oxosynthese f, -verfahren n (Chem) / hidroformilación f ‖ ~**fracverfahren** n (Bergb) / fraccionamiento m hidráulico ‖ ~**gel** n (Chem) / hidrogel m
Hydrogen n, Wasserstoff m / hidrógeno m, H ‖ ~**carbonat** n / hidrocarbonato m ‖ ~**-Feuer** n (Schadensfeuer, hohe Temperatur spaltet Wasser in Knallgas) / incendio m de hidrógeno
Hydrogenisation f / hidrogenización f
Hydrogen•sulfat n / bisulfato m ‖ ~**sulfid** n / sulfuro m de hidrógeno ‖ ~**sulfit** n / sulfito m de hidrógeno, hidrosulfito m
Hydro•geologie f / hidrogeología f ‖ ~**getriebe** n / transmisión f hidráulica, transmisión f hidráulica o fluida ‖ ~**glimmer** m (Min) / hidromica f ‖ ~**grafisch** (Geo) / hidrográfico ‖ ~**grafisches Amt** / servicio m hidrográfico, oficina f hidrográfica ‖ ~**grafische Karte** / carta f hidrográfica ‖ ~**grafische Serie** (Messgerät) / serie f hidrográfica ‖ ~**graphie** f, Gewässerkunde f (Geo) / hidrografía f ‖ ~**graphisches System**, Gewässer n pl (Geo) / sistema m hidrográfico ‖ ~**hämatit**, Turgit m (Eisenerz) / hidrohematites m ‖ hidrohematita f ‖ ~**honen** n (Wzm) / honing m hidráulico ‖ ~**kalkstein** m / hidrocaliza f ‖ ~**klassierung** f (Aufb) / clasificación f por flotación o en líquido ‖ ~**kolben**, -zylinder m / cilindro m o pistón elevador hidráulico ‖ ~**kolbenmotor** m / motor m hidráulico de pistones ‖ ~**kompaktgetriebe** n / variador m ‖ ~**kompressor** m / hidrocompresor m ‖ ~**konstantmotor** m / motor m hidráulico de cilindrada constante ‖ ~**kracken** n (Öl) / hidrocraqueo m, hidrocracking m ‖ ~**kracker** m, -krackanlage f / instalación f o planta de hidrocraqueo ‖ ~**kraft** f, hydraulische Kraft (Masch, Phys) / fuerza f hidráulica ‖ ~**kultur** f (Bot) / hidrocultivo m ‖ ~**lader** m (Bau) / cargadora f de pala con brazo hidráulico ‖ ~**läppen**, Strahlläppen n (Wzm) / lapeado m por chorro [de líquido] ‖ ~**lase** f (Chem) / hidrolasa f ‖ ~**lenkhilfe** f (Kfz) / servomecanismo m hidráulico para dirección ‖ ~**lenkung** f (Kfz) / dirección f [con transmisión] hidráulica ‖ ~**lith** m (Wasserstofferzeuger)

/ hidrolita f ‖ ᱣ**logie** f, Wasserkunde f / hidrología f ‖
~**logisch** / hidrológico ‖ ᱣ**lysat** n (Chem) / hidrolizado
m, producto m de hidrólisis ‖ ᱣ**lyse** f / hidrólisis f ‖
~**lysenfest** / resistente a la hidrólisis ‖ ~**lysierbar** /
hidrolizable ‖ ~**lysieren** vt / hidrolizar ‖
ᱣ**lysierungsfähigkeit** f / hidrolisibilidad f ‖ ~**lytisch** /
hidrolítico ‖ ᱣ**magnesit** m (Min) / hidromagnesita f ‖
~**magnetisch** (Phys) / hidromagnético ‖
~**magnetischer Antrieb**, Plasmaantrieb m (Rakete) /
propulsión f hidromagnética, motor m plasmático ‖
~**magnetisch geschmiert** / lubri[fi]cado
hidromagnéticamente, de lubri[fi]cación
hidromagnética ‖ ~**magnetische Instabilität** (Nukl) /
instabilidad f hidromagnética ‖ ~**magnetische Welle**
(Phys) / onda f hidromagnética ‖ ᱣ**magnokalzit**,
Hydrodolomit m (Min) / hidromagnocalcita f ‖
ᱣ**mechanik** f (Phys) / hidromecánica f, mecánica f de
los líquidos ‖ ~**mechanisch** / hidromecánico ‖
~**mechanischer Abbau** (Bergb) / explotación f
hidromecánica ‖ ~**mechanisches Getriebe** /
transmisión f hidromecánica ‖ ~**mechanisches SCS**
(Kfz) / SCS (= Stop-Control-System) ‖ ᱣ**metallurgie** f
(Hütt) / hidrometalurgia f ‖ ᱣ**meteor** m (Meteo) /
hidrometeor m ‖ ~**meteorologische Fernmessung** /
telemetría f hidrometeorológica ‖ ᱣ**meter** n (Mess) /
hidrómetro m ‖ ᱣ**metrie**, Wassermessung f /
hidrometría f ‖ ~**metrisch**, Wassermess... /
hidrométrico ‖ ~**metrischer Flügel**,
Flügelradanemometer n / anemómetro m de
molinete ‖ ~**metrisches Pendel**, Stromquadrant m /
péndulo m hidrométrico ‖ ᱣ**motor** m,
Wasserkraftmaschine f / hidromotor m, motor m
hidráulico ‖ ᱣ**mühle** f, Jordan m (Pap) / refino m
cónico Jordan ‖ ᱣ**nalium** n (Hütt) / hidronalio m
(aleación Al-Mg)
Hydronfarbstoffe m pl / colorantes m pl [de] hidrón
Hydronium[-Ion] n / ion m hidronio
Hydro•perforierung f (Öl) / hidroperforación f ‖ ~**phil**,
aquatisch, im Wasser gedeihend (Biol) / hidrófilo ‖
~**phil** (Chem) / hidrófilo ‖ ᱣ**philie** f / hidrofilia f ‖
~**phob** / hidrófobo ‖ ᱣ**phobie** f / hidrofobia f ‖
ᱣ**phobiermittel** n (Chem, Tex) / agente m hidrófobo,
hidrófugo m, material m impermeabilizante o
impermeabilizador ‖ ᱣ**phobierung** f (Tex) /
hidrofugación f, impermeabilisación f ‖ ᱣ**phon** n,
Unterwasserschallempfänger m, -horchgerät n
(Eltronik, Mil) / hidrófono m ‖ ᱣ**phor** m,
Druckwindkessel m (Pneum) / depósito m de aire de
presión, regulador m de aire comprimido ‖
ᱣ**plan[e]-Rennboot** (Schiff) / hidroplano m ‖
~**pneumatisch** / hidroneumático ‖ ~**pneumatische
Federung** / suspensión f hidroneumática,
amortiguador m hidroneumático ‖ ~**pneumatische
Pumpe** / bomba f hidroneumática ‖ ᱣ**polieren** n
(Wzm) / pulimento m en húmedo, hidropulido m ‖
ᱣ**ponik**, Wasserkultur f (Bot) / hidropónica f, cultivo
m hidropónico, hidrocultivo m ‖ ~**ponisch**, erdelos /
hidropónico ‖ ᱣ**presse** f / prensa f hidráulica ‖
ᱣ**pulsor** m / ariete m hidráulico ‖ ᱣ**pumpe** f / bomba f
hidráulica ‖ ᱣ**raum** m (der Wasserbereich der
Ozeane) / espacio m marino ‖ ᱣ**sandstein** m (Bau) /
gres m artificial ‖ ᱣ**separator** m (Bergb) / separador m
hidráulico ‖ ᱣ**sol** n (Chem) / cera f ‖ ᱣ**speicher** m
(Masch) / acumulador m hidráulico ‖ ᱣ**sphäre** m
(Wasserhülle der Erde) / hidrosfera f ‖ ᱣ**statik** f,
Statik f tropfbar flüssiger Körper (Phys) / hidrostática f
‖ ᱣ**statikpumpe** f / bomba f hidrostática
hydrostatisch (Phys) / hidrostático ‖ ~**er Antrieb** (Masch)
/ accionamiento m hidrostático ‖ ~**er Auftrieb** (Phys) /
sustentación f hidrostática, boyancia f ‖ ~**er Druck** /
carga f o presión hidrostática ‖ ~**es Drucklager**
(Masch) / cojinete m de empuje hidrostática,
muñonera f o quicionera (LA) hidráulica ‖ ~**es
Fließpressen** (Schm) / extrusión f hidrostática ‖ ~**e

Führung** (Wzm) / guía f hidrostática ‖ ~**er Hohl-**, n
[Voll]-**Vorwärts-Fließpressen** / extrusión f
hidrostática directa tubular, [de barras] por impacto ‖
~**e Kraftübertragung** (Masch) / transmisión f
hidrostática ‖ ~**es Lager** / cojinete m hidrostático ‖
~**e Lenkung** (Kfz) / dirección f hidrostática ‖ ~**er
Motor** / motor m hidrostático ‖ ~**es Paradoxon** (Phys)
/ paradoja f hidrostática ‖ ~**es Pressen** (Sintern) /
prensado m hidrostático ‖ ~**es Radial-Gleitlager** /
cojinete m radial hidrostático ‖ ~**es
Vorwärts-Fließpressen** / extrusión f hidrostática
directa por impacto [en prensa] ‖ ~**es
Vorwärts-Strangpressen** / extrusión f hidrostática
directa de barras ‖ ~**e Waage** (Phys) / balanza f
hidrostática ‖ ~**er Windmesser** / anemómetro m
hidrostático
Hydro•stoßdämpfer m (Kfz) / amortiguador m [de
choques] hidráulico ‖ ᱣ**stössel** m (Kfz) / taqué m
hidráulico ‖ ᱣ**sulfit** n, Hyposulfit n (veraltet) (Chem) /
hidrosulfito m, ditionito m ‖ ᱣ**technik** f, Wasserbau m
/ hidrotecnia f, obras f pl hidráulicas ‖ ᱣ**test** m (Öl) /
prueba f hidrostática ‖ ~**thermal** (Geol, Min) /
hidrotermal ‖ ~**thermale Umwandlung** (Geol) /
metamorfismo m hidrotermal ‖ ~**thermalsynthese** f /
síntesis f hidrotermal ‖ ~**thermisches Kraftwerk**
(Elektr) / central f hidrotérmica ‖ ~**tropisches Salz**
(Chem) / sal f hidrotrópica ‖ ᱣ**ventil** n / válvula f
hidráulica ‖ ᱣ**verbindung** f (Chem) / compuesto m por
adición de hidrógeno ‖ ᱣ**verstellmotor** / motor m
hidráulico de cilindrada variable
Hydroxid n (Chem) / hidróxido m ‖ ᱣ**-Form** f (Chem) /
forma f hidroxi, forma f OH
Hydroxy•anthrachinon n / hidroxiantraquinona f ‖
ᱣ**benzoat** n / hidroxibenzoato m ‖ ᱣ**bernsteinsäure** f
/ ácido m hidroxisuccínico
Hydroxyl•amin / hidroxilamina f ‖ ᱣ**gruppe** f,
Hydroxyl n / hidroxilo m, hidróxilo m (LA), oxhidrilo
m ‖ ᱣ**gruppenaddition**, Hydroxylierung f /
hidroxilación f
hydroxyliert / hidroxilado
Hydroxylierungstheorie f (Verbrennung) / teoría f de la
hidroxilación
Hydroxyl•ion n (Chem) / ion m hidroxilo ‖ ᱣ**zahl** f, OHZ
/ índice m de hidroxilo
Hydroxy•methylgruppe f, Methoxygruppe f / grupo m
hidroximetílico ‖ ᱣ**naphtalin** n / hidroxinaftalina f ‖
ᱣ**propionsäure** f / ácido m hidroxipropiónico o
láctico ‖ ᱣ**säure** f / oxiácido m
Hydro•zellulose f (Pap) / hidrocelulosa f ‖ ᱣ**zimtsäure** f
(Chem) / ácido m hidrocinámico ‖ ᱣ**zinkit** m,
Zinkblüte f (Min) / hidrocincita f ‖ ᱣ**zyklon**,
Zyklonwascher m (Bergb) / hidrociclón m ‖ ᱣ**zylinder**
m (Kfz, Masch) / cilindro m hidráulico
Hyetograph, Niederschlagsschreiber m (Meteo) /
hietógrafo m, pluviógrafo m, pluviómetro m
registrador
Hygiene f, Gesundheitslehre f / higiene f ‖ ᱣ,
Gesundheitspflege f, -wesen n / higiene f [pública],
sanidad f pública, regimen m sanitario ‖ ᱣ**-Insektizid**
n / insecticida m de higiene ‖ ᱣ**schädling** m / parásito
m antihigiénico
hygienisch / higiénico ‖ ~**e Zustände** m pl, Hygiene f /
condiciones f pl higiénicas
Hygro•graph m (Meteo) / higrógrafo m, higrómetro m
registrador ‖ ᱣ**meter** n, Feuchtigkeitsmesser m
(Meteo) / higrómetro m, medidor m de humedad ‖
~**phil** (Bot) / higrófilo ‖ ᱣ**skop** n (ungenaues
Luftfeuchtigkeits-Anzeigegerät) (Meteo) / higroscopio
m ‖ ~**skopisch**, Feuchtigkeit anziehend /
higroscópico ‖ ~**skopisches Verhalten**,
Hygroskopizität f / higroscopicidad f ‖ ᱣ**stat**,
Feuchtigkeitsregler m / higrostato m ‖ ᱣ**tester** m (Pap)
/ higrómetro m, higrotester m

Hyl-Verfahren *n* (zur direkten Stahlerzeugung) (Hütt) / procedimiento *m* Hyl (Hojalata y Lamina)
Hyper... / hiper...
Hyperband •... (TV) / para programa D2-Mac ‖ ⁓**kabelkanal** *m* / vía *f* en cable para programa D2-Mac
Hyperbel *f* (Geom) / hipérbola *f* ‖ ⁓**bahn** *f* (Raumf) / órbita *f* hiperbólica ‖ ⁓**funktion** *f*, hyperbolische Funktion (Math) / función *f* hiperbólica ‖ ⁓**gitternetz** *n* / cuatrícula *f* hiperbólica ‖ ⁓**kosinus** *m*, ch, cosh (Math) / coseno *m* hiperbólico ‖ ⁓**kotangens** *m*, coth / cotangente *f* hiperbólica ‖ ⁓**navigations-Netzkarte** *f* (Luftf) / carta *f* reticulada para la navegación hiperbólica ‖ ⁓**[navigations]verfahren** *n* / navegación *f* hiperbólica ‖ ⁓**-Peilung** *f*, -Ortung *f* (Nav) / marcación *f* hiperbólica ‖ ⁓**rad** *n* / rueda *f* hiperbólica ‖ ⁓**sinus** *m*, hyperbolischer Sinus, Sinus hyperbolicus, sh, sinh (Math) / seno *m* hiperbólico ‖ ⁓**standlinie** *f* (Nav) / hipérbola *f* de posición o de navegación ‖ ⁓**tangens** *m*, tanh (Math) / tangente *f* hiperbólica
hyperbolisch (Math) / hiperbólico ‖ ⁓**er Hilfsreflektor** (Eltronik) / reflector *m* auxiliar hiperbólico ‖ ⁓**er Logarithmus** (Math) / logaritmo *m* hiperbólico ‖ ⁓**es Paraboloid**, Hy[p]par *n* (Math) / paraboloide *m* hiperbólico ‖ ⁓**es Paraboloid**, hyperbolische Paraboloidschale (Bau) / cascarón *m* de paraboloide hiperbólico
Hyper•bolograph *m* (Zeichn) / hiperbológrafo *m* ‖ ⁓**boloid** *n* (Geom) / hiperboloide *m* ‖ ⁓**boloidenrad** *n* / rueda *f* hiperbólica ‖ ⁓**dicht** / hiperdenso ‖ ⁓**eutektoidisch** (Hütt) / hipereutectoide ‖ ⁓**feine Phase** (Nukl) / fase *f* hiperfina ‖ ⁓**feinstruktur** *f* (Nukl) / estructura *f* hiperfina o superfina ‖ ⁓**filtration** *f* (Chem) / hiperfiltración *f* ‖ ⁓**fokal** (Opt) / hiperfocal ‖ ⁓**fragment**, Hypernukleon *n* (Nukl) / hiperfragmento *m*, hipernucleón *m* ‖ ⁓**geometrisch** / hipergeométrico ‖ ⁓**goler Treibstoff** (Raumf) / hipergol *m* ‖ ⁓**gole Entflammung** / ignición *f* hipergólica ‖ ⁓**gol-Eigenschaft** *f* / hipergolicidad *f*, propiedad *f* hipergólica ‖ ⁓**gol[isch]** (Treibstoff) / hipergólico ‖ ⁓**gonar** *n* (für Cinemascope-Verfahren) / hipergonar *m* ‖ ⁓**halin** (über 40 Promille Salzgehalt) / hiperhalino ‖ ⁓**konjugation** *f*, Baker-Nathan-Effekt *m* (Chem) / hiperconjugación *f* ‖ ⁓**ladung** *f* (Nukl) / hipercarga *f*
Hyperlink *m* (DV) / hiperenlace *m*, hipervínculo *m*, hiperliga *f* (LA)
Hypermanganat *n* (Chem) / hipermanganato *m*
Hypermedia *pl* (DV) / hipermedia *m pl* (gráficos, sonidos, vídeo, texto etc.)
Hyper•molekül *n* (Chem) / hipermolécula *f* ‖ ⁓**nik** *n* (50 % Eisen-Nickellegierung) (Hütt) / hipernik *m* ‖ ⁓**nukleon** *n*, Hyperfragment *n* (Nukl) / hipernucleón *m*, hiperfragmento *m*
Hyperon *n* (Nukl) / hiperón *m*
Hyperschall *m* (über 10^9 Hz) (Phys) / hipersonido *m* ‖ ⁓**...** (Ultraschall über Mach 5), hypersonic / hipersónico ‖ ⁓**-Aerodynamik** *f* (Luftf) / aerodinámica *f* hipersónica ‖ ⁓**gleiter**, -raumgleiter *m* / planeador *m* hipersónico ‖ ⁓**windkanal** *m* / túnel *m* hipersónico ‖ ⁓**-Wirbelstrom** (Raumf) / estela *f* hipersónica
hyper•sensibilisieren *vt* (Foto) / hipersensibilizar ‖ ⁓**sensibilisierung**, Sensibilitätssteigerung *f* (Foto) / hipersensibilización *f* ‖ ⁓**sonisch** s. Hyperschall ‖ ⁓**sorption** *f* (Gas, Öl) / hipersorción *f* ‖ ⁓**stabil** / hiperestable ‖ ⁓**stabilität** *f* (Regeln) / hiperestabilidad *f* ‖ ⁓**stereoskopisch** (Opt) / hiperestereoscópico ‖ ⁓**sthen** *m*, Orthopyroxen *m* (Min) / hiperstena *f*
Hypertext *m* (DV) / hipertexto *m*
hyper•tonisch (Chem) / hipertónico ‖ ⁓**trophie** *f* (Biol) / hipertrofia *f* ‖ ⁓**trophieren** *vt* [*vi*], [sich] anormal groß entwickeln / hipertrofiar[se] ‖ ⁓**zykloide** *f* (Geom) / hipercicloide *f*

hypidiomorph (teilweise eigengestaltig) (Geol) / hipidiomorfo
Hypo•chlorit *n* (Chem) / hipoclorito *m* ‖ ⁓**chloritraffination** *f* (Öl) / desulfurización *f* hipoclorítica, deazufración *f* hipoclorítica ‖ ⁓**[di]phosphorsäure** *f* ($H_4P_2O_6$) (Chem) / ácido *m* hipofosfórico ‖ ⁓**gäasäure** *f* / ácido *m* hipogeico
hypoid (Math) / hipoide ‖ ⁓**getriebe**, Kegelschraubgetriebe *n* (Masch) / engranaje *m* hipoide [cónico] ‖ ⁓**kegelrad** *n* / rueda *f* cónica hipoide ‖ ⁓**öl** *n* / aceite *m* para engranajes hipoides ‖ ⁓**radpaar** *n* / par *m* de ruedas hipoides ‖ ⁓**verzahnung** *f* / dentado *m* hipoide
Hypo•ioditlösung *f* (Chem) / solución *f* de hipoyodito ‖ ⁓**kinesie** *f* (Raumf) / hipoquinesia *f*, hipocinesia *f* ‖ ⁓**nitrit** *n* (Chem) / hiponitrito *m* ‖ ⁓**phosphit** *n* / hipofosfito *m* ‖ ⁓**phosphorige Säure** (H_3PO_2) / ácido *m* hipofosforoso ‖ ⁓**sulfitprüfung** *f* (Foto) / control *m* [de residuos] de tiosulfato ‖ ⁓**tenuse** *f* (Geom) / hipotenusa *f* ‖ ⁓**thermal** (Phys) / hipotermal ‖ ⁓**these** *f* / hipótesis *f* ‖ ⁓**these der kontinuierlichen Schöpfung** (Phys) / teoría *f* de la creación continua ‖ ⁓**thetisch**, bedingt / hipotético, teórico ‖ ⁓**thetischer Störfall** *m* / accidente *m* hipotético ‖ ⁓**tonisch** (Chem) / hipotónico ‖ ⁓**trochoide** *f* (Math) / hipotrocoide *f*, hipocicloide *f* ‖ ⁓**xie** *f* (Sauerstoff-Mangel) (Luftf, Med) / hipoxia *f* ‖ ⁓**zentrum** *n*, Bodennullpunkt *m* (nukl.Bombe) / punto *m* cero ‖ ⁓**zentrum** (eines Erdbebens) (Geol) / hipocentro *m* ‖ ⁓**zykloidalbewegung** *f* / movimiento *m* hipocicloidal ‖ ⁓**zykloide** *f* (Math) / hipocicloide *f* ‖ **4-spitzige** ⁓**zykloide**, Sternkurve *f* (Math) / astroide *f*
Hy[p]par *n*, hyperbolisches Paraboloid (Math) / paraboloide *m* hiperbólico
Hypparschale *f*, HP-Schale *f* (Bau) / cascarón *m* de paraboloide hiperbólico
hypso•chrom, chromophor (Chem, Spektrosk) / hipsocromo, cromoforo ‖ ⁓**chrome Gruppe** (Färb) / grupo *m* hipsocromo ‖ ⁓**grafische (o. -metrische) Kurve** (Fernm) / hipsograma *m* ‖ ⁓**graph** *m*, Höhenschreiber *m* / altígrafo *m*, altímetro *m* registrador ‖ ⁓**graph** (ein Pegelschreiber) (Geo, Ozean) / hipsógrafo *m* ‖ ⁓**meter** *n*, Siedebarometer *n* (Phys) / hipsómetro *m* ‖ ⁓**metrie** *f* / hipsometría *f* ‖ ⁓**metrisch**, Höhen... (Landkarte) / hipsométrico
Hysterese, Hysteresis *f* (Elektr) / histéresis *f* ‖ ⁓**fehler** *m* (Instr) / error *m* de (o debido a la) histéresis ‖ ⁓**koeffizient**, Steinmetzkoeffizient *m* (Elektr) / coeficiente *m* de histéresis ‖ ⁓**prüfgerät** *n* **nach Ewing** / histeresímetro *m* de Ewing ‖ ⁓**schleife** *f* / ciclo *m* de histéresis, lazo *m* o bucle de histéresis ‖ ⁓**schreiber** *f* / registrador *m* de histéresis, histeresígrafo *m* ‖ ⁓**verlust** *m* / pérdidas *f pl* de (o por) histéresis ‖ ⁓**wärme** *f* (Elektr) / calor *m* por histéresis
Hysteresis•motor *m* (Elektr) / motor *m* de histéresis ‖ ⁓**strom** / corriente *f* de histéresis ‖ ⁓**winkel** *m* / ángulo *m* de histéresis
Hz, Hertz *n* / hertzio *m*
H-Zentrum *n* (Nukl) / centro *m* H
HZK, höchstzulässige Konzentration / concentración *f* máxima admisible

I

i (Math) = imaginäre Zahl
I, Iod n (Chem) / iodo m, I
I (Phys) = Isospinquantenzahl
IACS-Leitfähigkeit f (= Intern. Annealed Copper Standard) (Kupfer) / conductividad f IACS
IAE (Luftf) = Institute of Aeronautical Engineers / Instituto de Ingenieros de Aeronáutica ‖ ≃ (Kfz) = Institute of Automobile Engineers / Instituto de Ingenieros del Automóvil
IAEA f (= International Atomic Energy Agency = Internationale Atomenergie-Behörde) / AIEA (= Agencia Internacional de Energía Atómica)
IAE-Versuch m (Öl) / ensayo m IAE
IAHR = International Association for Hydraulic Research (Delft)
IAM (Eltronik) = Impuls-Amplitudenmodulation
IAM-Mode f (Luftf) / modo m de aproximación inicial
IAPS-Software f (DV) / software m de aplicación sectorial
IARU = Intern. Amateur Radio Union / Unión Internacional de la Radioafición
IATA (Luftf) = International Air Transport Association / Asociación Internacional de Transportes Aéreos
IAU = International Astronomical Union / Unión Internacional de Astronomía
IBC (Fernm) = integrierte Breitband-Kommunikation
Iberoamerikanische Kommission für Normung / Comisión Iberoamericana de Normalización, CIN
IBFN (Fernm) = integriertes breitbandiges Fernmeldenetz
IBK, Internationale Beleuchtungskommission f / CII, Comisión f Internacional de Iluminación ‖ ≃-**Kolorimeternormal** n / observador m de referencia colorimétrico CIE
IBMG (Mess) = Internationales Büro für Maße und Gewichte
IBM-Jargon m (DV) / locución f de los usuarios de IBM
IBTO = Intern. Broadcasting and Television Organization / Organización Internacional de Radio y Televisión
IC (Eltronik) = integrierter Schaltkreis / circuito m integrado o sólido, microestructura f integrada ‖ ≃ (Bahn) = Intercity[-Zug] / tren m rápido interurbano
ICAM n, integrated computer-aided manufacturing (DV) / fabricación f con ayuda integrada de computadoras
ICAO (Luftf) = International Civil Aviation Organization / Organización de la Aviación Civil Internacional, OACI ‖ ≃-**Normalatmosphäre** f (= International Civil Aviation Organization) / atmósfera f standard (o tipo) de ICAO
ICBM (Mil) = interkontinentale ballistische Rakete / proyectil m balístico intercontinental
ICE (Bau) = Institute of Civil Engineers / Instituto de Ingenieros de Estructuras
Ichthyol n (Chem, Pharm) / ictiol m
Ichthyophthalm, Apophyllit m (Min) / ictioftalma f, apofilita f
ICI, Internationale Beleuchtungskommission / CII, Comisión f Internacional de Iluminación
ICIREPAT = Committee for International Cooperation in Information Retrieval among Examining Patent Offices
ICONA (span. Naturschutzbehörde) / ICONA m (E) (= Instituto Nacional para la Conservación de la Naturaleza)
ICPR, Internationale Strahlenschutz-Kommission

ICRP = International Commission for Radiological Protection / Comisión Internacional de Protección contra la Radioactividad, CIPR
ID = Identifikation
IDA (DV) = Intelligent Disk Array
I-Darstellung f (Radar) / representación f I, visualización f I
Idast n (Datenübertragung in Sprechpausen) (Fernm) / IDAST m, transmisión f interpolada de datos y de la palabra
ideal, vollkommen (allg) / ideal, perfecto ‖ ~, uneigentlich (Math) / ideal, ficticio ‖ ~**e Artikulation** (Fernm) / nitidez f ideal ‖ ~**es Gas** (Phys) / gas m perfecto ‖ ~**er Kennzeitpunkt** (Fernm) / instante m ideal de identificación ‖ ~**e Konzentration** / concentración f ideal ‖ ~**er Leiter** (Elektr) / conductor m perfecto ‖ ~ **plastisch** (Werkstoff) / de plasticidad perfecta, perfectamente plástico ‖ ~ **plastisch** / plástico perfecto ‖ ~**e Schmierung** / lubri[fi]cación f fluida ‖ ~**er Stoßimpuls** / impulso m ideal de choque ‖ ~**e Strömung** (Chem App) / flujo m ideal ‖ ~**er Trennfaktor** (Nukl) / factor m ideal de separación [de un procedimiento de una sola etapa] ‖ ~**er Übertrager** (Fernm) / transformador m perfecto ‖ ~**e Zylinderspule** (Elektr) / bobina f cilíndrica ideal
ideal • gerader Stab (Mech) / barra f ideal ‖ ≃**kristall** m / cristal m ideal ‖ ≃**scheibe** f (Masch) / arandela f CIRCLIP ‖ ~**-starr-plastisch** / idealmente rígido-plástico ‖ ≃**weiß**, Gleichenergieweiß n (TV) / blanco m ideal o puro ‖ ≃**wert** m (allg) / valor m ideal, valor m teórico ‖ ≃**wert** (Regeln) / valor m ideal
Idee, Vorstellung f / idea f, noción f, concepto m
ideell, gedacht / imaginario, teórico, ideal, ficticio ‖ ~**e Umformung** / conformación f homogénea ‖ **mit** ~**em Drehzapfen** / con pivote ficticio
Ideenreservoir n, -quelle f, [auch:] Denkfabrik f / think tank m
idempotent (Math) / idempotente ‖ ≃ n (Math) / cantidad f idempotente
Identifikation f, Identifizierung f (allg) / identificación f, constatación f de la identidad
Identifikations • feld n (DV) / campo m de identificación ‖ ≃**karte**, ID-Karte f / tarjeta f de identificación
identifizierbar, ansprechbar (DV) / identificable, detectable
Identifizierer m (DV) / identificador m
Identifizierung f / identificación f
Identifizierungs • bit n / bit m de identificación, bit m de marcación ‖ ≃**marke** f / marca m de identificación ‖ **persönl.** ≃**nummer** / PIN (= personal identification number), número m de identificación personal ‖ ≃**schwelle** f / umbral m de reconocimiento ‖ ≃**-Sonderimpuls** m (Radar) / impulso m especial de identificación de la posición
identisch / idéntico ‖ ~ **gleich** (Math) / idéntico [a o con]
Identität, Gleichheit f (allg, Math) / identidad f, igualdad f ‖ ≃ f (Math) / igualdad f incondicional
Identitäts • abstand m, -periode f (Krist) / distancia f entre puntos idénticos ‖ ≃**glied** n, -Schaltung f (DV) / puerta f de identidad ‖ ≃**glied**, Ja-Glied n (Pneum) / célula f lógica "Sí" ‖ ≃-**Operation** f (Math) / operación f de identidad ‖ ≃**prüfung** f s. Identifikation ‖ ≃**vergleich** m (IC) / comparación f lógica ‖ ≃**zeichen** n (Math) / signo m de identidad
Identnummer f (F.Org) / número m de identificación
Ideogramm n (Schriftzeichen der Bilderschrift) / ideograma m
IDESTA, Identifizieren und statische Auswertung von Prozessdaten / identificación f y evaluación estadística de datos
IDFN = integriertes digitales Fernmeldenetz
idio • blastisch (Geol) / idioblástico ‖ ~**chromatisch** (Min) / idiocromático ‖ ~**morph** (Min) / idiomorfo
idiotensicher, narrensicher / a prueba de burros

IDL (= Interactive Data Language (eine Programmiersprache)) / IDL (= Interactive Data Language)
IDN, integriertes Digitalnetz (Fernm) / RDi (= red digital integrada) ‖ ≃ (Europa), integriertes Fernschreib- und Datennetz (Fernm) / red *f* integral de teletipos de datos
Idokras, Vesuvian *m* (Min) / idocrasa *f*, vesubianita *f*
Idose *f* (Chem) / idosa *f*
Idozuckersäure *f* / ácido *m* idosacárico
I-Draht, Taillen-Draht *m* (Kabel) / hilo *m* en I
ID-Regelung *f* (Regeln) / regulación *f* integral plus derivada, regulación *f* tipo ID
IDVF = integrierte Datenverarbeitung im Fernmeldebereich
I.E. (Pharm) = Internationale Einheit / unidad *f* internacional
I.E.C., IEC, Internationale Elektrotechnische Kommission / Comisión Electrotecnica Internacional, CEI ‖ ≃-**Bus** *m* (DV) / bus *m* IEC ‖ ≃-**Lampensockel** *m* / portalámpara *m* IEC
IEC-Lehren *f pl* / calibres *m pl* IEC
I.E.C.-Normmotor *m* (Elektr) / motor *m* normal IEC
I.E.E.E., IEEE = Institute of Electric and Electronic Engineers, USA / Instituto de Ingenieros Electricistas y de Electrónica
IEEE-Gestell *n* / bastidor *m* IEEE
Iep *n* (Nukl) / instrumento *m* para la evaluación de fotos
IEP, isoelektrischer Punkt / punto *m* isoeléctrico
IFAN = Internationale Föderation der Ausschüsse Normenpraxis / Federación Internacional de las Asociaciones de la Práctica de Normas
IFAPT-Programmiersprache *f* (Frankreich, Wzm) / lenguaje *m* de programación IFAPT
IFET (= Isolated Field Effect Transitor) / transistor *m* de efecto de campo aislado
IFF (Eltronik) = Impulsfolgefrequenz ‖ ≃-**Anlage** *f*, Freund-Feind-Kennung *f* (Radar) / identificación *f* amigo-enemigo
IFM (Eltronik) = Impulsfrequenzmodulation
IFMS *n*, integriertes Fertigungs- und Montagesystem / sistema *m* integrado de fabricación y montaje
IFRB = International Frequency Registration Board (= Intern. Ausschuss zur Registrierung von Frequenzen) / Junta Internacional de Registro de Frecuencias
IFR-Flug *m* / vuelo *m* IFR, vuelo *m* según las reglas de vuelo por instrumentos
Igel *m* (Kammwsp) / peine *m* circular ‖ ≃, Mischer *m* (Tex) / abridora *f* porcupina ‖ ≃ **zur Rohrreinigung** (Abwasser) / escobillón *m* para tubos, raspatubos *m* ‖ ≃-**spektrometer** *n* (Mess, Phys) / espectrómetro *m* tipo erizón ‖ ≃-**strecke** *f* (Spinn) / estiraje *m* de peines erizones (o porcupinas) ‖ ≃-**trommel** *f*, Zahntrommel *f* (Baumwolle, Spinn) / tambor *m* de puerco-espín, puerco-espín *m*, tambor *m* o cilindro porcupina ‖ ≃-**walze** *f*, Speisewalze *f* / cilindro *m* alimentador de púas, cilindro *m* porcupina de alimentación
IGFET *m* (Insulated Gate Field Effect Transistor) (Halbl) / IGFET *m*, transistor *m* de efecto de campo con compuerta aislada
Iglu-Container *m* (Luftf) / contenedor *m* tipo iglú
IG-Motor *m* (Prüfung) / motor *m* IG
Ignimbrit *m* (Min) / ignimbrita *f*
Ignitron *n* (Mot, Raumf) / ignitrón *m*
I.G.-Researchmethode *f* (Treibstoff) / método *m* de investigación I.G.
i-Halbleiter *m* / semiconductor *m* intrínseco o tipo I
IHT = Institut für Härtereitechnik
IIB = Internationales Patentamt (Institut International des Brevets)
IIS = Internationales Institut für Schweißtechnik
Ikone *f*, Icon *n*, Symbol *n* (DV) / icono *m*
Ikono•meter *n* (Foto, Opt) / iconómetro *m* ‖ ≃-**skop** *n* (TV) / iconoscopio *m*, iconotrón *m* (poco us.)
Ikosaeder *n*, Zwanzigflächner *m* (Geom) / icosaedro *m*
Ikositetraeder *n*, Vierundzwanzigflächner *m* / icositetraedro *m*
Ilang-Ilang *n*, Ylang-Ylang *n*, Cananga odorata (Bot) / ilang-ilang *m*
Ilgnerumformer *m*, -maschinensatz *m* (Elektr) / grupo *m* Ilgner
Illinium, (jetzt:) Promethium *n*, Pm (Chem) / prometeo *m*, (antiguos nombres:) ilinio *m*, florencio *m*
Illipeöl *n*, Bassiaöl *n* (Chem) / aceite *m* de illipé o de bassia
Illit *m* (Min) / ilita *f*
I²L-Logik (= integrated injection), I²L-Technik *f* (Halbl) / lógica *f* I²L
Illu-Kleinleuchte *f*, Illuminationslampe *f* (Licht) / lámpara *f* [miniatura] de iluminación
Illuminant, Weißpunkt *m* (TV) / iluminante *m*
Illumination *f* / iluminación *f*
Illuminations•-Flachleitung *f* (Elektr) / conductor *m* plano de iluminación ‖ ≃**kette** *f* / cadena *f* de iluminación
Illuminator *m* (Opt) / iluminador *m*, fuente *f* luminosa
illuminieren *vt*, beleuchten / iluminar
Illustrationsdruck *m* (Druck) / impresión *f* de ilustraciones ‖ ≃**papier** *n* / papel *m* para ilustraciones
Illustrierte *f*, Magazin *n* / revista *f* ilustrada
ILM (Eltronik) = Impulslängenmodulation; (s. Impulsbreitenmodulation)
Ilmenit *m*, Titaneisen[erz] *n* (Min) / ilmenita *f* ‖ ≃**beton** *m* (Bau) / hormigón *m* de ilmenita
ILS *n* (instrument landing system), Blindlandeverfahren (Luftf) / sistema *m* de aterrizaje por instrumentos, ILS *m* ‖ ≃-**Gleitwegsender** *m* / radiobaliza *f* para trayectoria de planeo ILS ‖ ≃-**Landekursantenne** *f* / antena *f* localizadora ILS ‖ ≃-**Landekurssender** *m* / localizador *m* ILS
I³L-Technik *f* (Halbl) / tecnología *f* I³L
Ilvait, Lievrit *m* (Min) / ilvaíta *f*, lievrita *f*
Image-Orthikon *n* (TV) / superorticón *m*
Image-Prozessor *m* (Bildverarbeitung, DV) / procesador *m* de imágenes
imaginär / imaginario ‖ ~**e Antenne** / antena *f* imaginaria ‖ ~**es Bild** (Opt) / imagen *f* virtual ‖ ~**e Zahl** / número *m* imaginario, imaginaria *f*, cantidad *f* imaginaria ‖ ~**e Zahl i** (Math) / i, unidad *f* imaginaria i ‖ ≃**teil** *m* (einer Zahl) (Math) / parte *f* imaginaria de un número complejo
Imago *f* (pl. Imagines), Vollinsekt *n*, -kerf *m* (Zool) / imago *m*
Imbibition *f* (Bot, Chem, Geol, Gerb, Zuck) / imbibición *f*
Imbibitionskasten *m* (Chem) / cuba *f* de imbibición
IMCO *f*, Zwischenstaatliche Beratende Schifffahrtsorganisation / IMCO, Organización Internacional Marítima de Consulta
Imhofftank, Emscherbrunnen *m* (Abwasser) / tanque *m* clarificador tipo Imhoff o Emscher
Imid *n* (Chem) / imida *f* ‖ ≃**azol**, Glyoxalin *n* / imidazol *m*, glioxalina *f*
Imidogruppe *f* (Chem) / grupo *m* imido
Imin *n* (Chem) / imino *m* ‖ ≃..., z.B. Iminbasen / imino *m*, p.ej. bases imino
Imino•gruppe *f* (Chem) / grupo *m* imino ‖ ≃**säure** *f* / iminoácido *m* ‖ ≃-**verbindung** *f* / compuesto *m* imínico
Imitatgarn *n* (Spinn) / hilo *m* de imitación
imitieren *vt* / imitar ‖ ~, fälschen / falsificar
Imitiernaht *f* (Strumpf) / costura *f* falsa
imitiert, nachgeahmt, unecht / imitado ‖ ~, gefälscht / falso, falsificado ‖ ~**es Büttenpapier** / papel *m* de tina imitado ‖ ~**es Wasserzeichen** / falsa *f* filigrana, filigrana *f* imitada
Imker *m* / apicultor *m*, colmenero *m*, abejero *m*
immanent, innewohnend / inmanente
immateriell, stofflos / inmaterial
Immedialreinblau *n* / azul *m* inmedial puro
Immediatanalyse *f* (Chem) / análisis *m* inmediato

immensurabel

immensurabel / inmensurable
immergiert, eingetaucht / inmergido
immergrün (Bot) / perenne
Immersions•kondensor *m* (Opt) / condensador *m* de inmersión ‖ ~**objektiv** *n* (Mikrosk) / objetivo *m* de inmersión ‖ ~**öl** *n* (Mikrosk) / aceite *m* de inmersión ‖ ~**strahlerzeuger** *m* (Eltronik, Röhre) / cañón *m* de inmersión
immerwährend / perpetuo, continuo, permanente
Immission *f* (Umw) / inmisión *f*, contaminación de la atmósfera de un edificio
Immissionsschutz *m* (allg, Umw) / protección *f* contra inmisiones
Immitanz *f* (Elektr) / inmitancia *f*
Immobilien *pl* / bienes *m pl* inmuebles, bienes *m pl* raíces
Immobilisierung *f* **von radioaktivem Abfall** / inmovilización *f* de residuos radiactivos
immun, fest [gegen] / inmune [contra] ‖ ~**baumwolle** *f* (Tex) / cotón *m* inmunizado ‖ ~**biologie** *f*, Immunologie *f* / inmunobiología *f*, inmunología *f* ‖ ~**chemie** *f* / inmunoquímica *f* ‖ ~**elektrophorese** *f* (Chem, Med) / inmunoelectroforesis *f* ‖ ~**fluoreszenz** *f* (Med) / inmunofluorescencia *f* ‖ ~**garn** *n* (Tex) / hilo *m* inmunizado
Immunisier..., immunologisch (Med) / inmunológico
immunisieren *vt* / inmunizar
Immunität *f* / inmunidad *f*
Immunologie *f*, Immunitätslehre *f* / inmunología *f*
Immunserum *n* / inmunosuero *m*, suero *m* inmune
IMPACT (DV) = Integrated Manufacturing Planning and Control Technology / tecnología *f* integrada de manufactura, planificación y control
Impakt *m*, Stoß *m* / impacto *m* ‖ ~**drucker** *m* (DV) / impresora *f* de impacto
Impalverfahren *n* (Alu-Imprägnierung) (Hütt) / procedimiento *m* "Impal" de impregnación de aluminio
Impastierung *f*, dicker Farbenauftrag / empaste *m*, empastadura *f* (CHIL)
Impatt-Diode, Lawinen-Laufzeit-Diode *f* (Eltronik) / diodo *m* IMPATT
Impedanz *f*, Scheinwiderstand *m* (Elektr) / impedancia *f* ‖ ~ **des gegenläufigen Feldes** / impedancia *f* de campo invertido ‖ ~ **gegen Erde** / impedancia *f* a tierra o a masa ‖ ~**anpassung** *f* / acoplamiento *m* o apareamiento *m* de impedancia, adaptación *f* de impedancia ‖ ~**dreieck** *n* / triángulo *m* de impedancia ‖ ~**fehlanpassung** *f* / desadaptación *f* o inadaptación de impedancia, desacopl[amiento]o*m* de impedancia ‖ ~**glied** *n*, Impedanz *f* / elemento *m* de impedancia, impedor *m* ‖ ~**höhe** *f* / nivel *m* de impedancia ‖ ~**kopplung** *f* (Elektr) / acoplamiento *m* por impedancia ‖ ~**kurve** *f* / característica *f* de impedancia ‖ ~**messbrücke** *f* / puente *m* [medidor] de impedancia ‖ ~**messgerät** *n* / impedancímetro *m*, medidor *m* de impedancia ‖ ~**plotter** *m* / trazador *m* de curvas de impedancia ‖ ~**relais** *n* / relé *m* de impedancia ‖ ~**schreiber** *m* / registrador *m* de impedancia ‖ ~**schutz**, Distanzschutz *m* (Elektr) / dispositivo *m* de protección de impedancia o de distancia ‖ ~**sonde** *f* (Raumf) / sonda *f* de impedancia ‖ ~**spule** *f* (Elektr) / bobina *f* de impedancia o de reactancia o de choque, inductor *m*, reactor *m* ‖ ~**-Ungleichgewicht** *n* / desequilibrio *m* de impedancia ‖ ~**ungleichgewichts-Messgerät** *n* / equilibrómetro *m*, medidor *m* de equilibrio ‖ ~**wandler** *m* (Regeln) / convertidor *m* o transformador de impedancia ‖ ~**-Wandlerstufe** *f* (Elektr) / etapa *f* o sección adaptadora de impedancia
Impeller *m*, Rührer *m* / agitador *m* de paletas
Imperfektion *f* / imperfección *f*, defecto *m*
Imperial *m* (Tex) / imperial *m*
impermeabel, undurchlässig / impermeable

Impermeabilität *f*, Undurchlässigkeit *f* / impermeabilidad *f*
Impf... (Med) / vacunador
impfen *vt*, einimpfen (Med) / inocular, inyectar, vacunar ‖ ~, dopen (Halbl) / impurificar, añadir impureza[s] ‖ ~ *n*, [Ein]impfung *f* (Med) / inoculación *f*, vacunación *f* ‖ ~, Dopen *n* (Halbl) / adición *f* o introducción [dosificada] de impurezas ‖ ~ (Gusseisen) / inoculación *f*
Impf•kristall, Kristallkeim *m* / cristal *m* germen o iniciador o seminal ‖ ~**legierung** *f* (Gieß) / aleación *f* de inoculación ‖ ~**mittel** *n*, -stoff *m* (allg, Gieß) / agente *m* de inoculación ‖ ~**pistole** *f* (Med) / pistola *f* de vacunar ‖ ~**schlamm** *m* (Krist) / lodo *m* de germinación ‖ ~**stoff** *m* (Med) / vacuna *f* ‖ ~**stoff** (Gusseisen) / inoculante *m*
Impfung *f*, Impfen *n* (Bot, Med) / inoculación *f* ‖ **durch** ~ **übertragbar**, einimpfbar / inoculable
Impinger *m* (ein Trenngerät) (Chem) / separador *m* por impacto
IMPL (DV) = Initial Microprogram Loading / carga *f* inicial de microprograma
Implantation *f*, Einpflanzung *f* / implantación *f*
Implantmethode *f* (Hütt) / método *m* de implantas
Implementationssystem *n* (DV) / sistema *m* implementado o de implementación
implementieren *vt* (DV, Fernm) / poner en efecto o en ejecución, implementar, llevar a efecto
Implementierung *f* (DV) / ejecución *f*, realización *f*
Implementierungsprinzip *n* (DV) / principio *m* de implementación
Implementreifen *m* (Landw) / neumático *m* para vehículos agrícolas
Implikation *f* (Math) / inclusión *f* ‖ ~ (DIN) (DV) / implicación *f*, inclusión *f*, contenido *m*
impliziert (DV) / implicado ‖ **mit ~er Schleife** (DV) / con ciclo implicado
implizit, unentwickelt (Math) / implícito
implodieren *vi* (Phys, TV) / expeimentar una implosión
Implosion *f* / implosión *f*
Importfilter *m* (DV) / filtro *m* de importación
importieren *vt* (DV, Wirtsch) / importar
Imprägnationslagerstätte *f* (Geol) / yacimiento *m* o depósito de impregnación
Imprägnier•anlage *f* (Holz) / planta *f* de impregnación ‖ ~**behälter**, -trog *m* / cuba *f* de impregnación
imprägnieren, tränken / impregnar, embeber ‖ **Holz ~** / impregnar o conservar la madera ‖ **mit Kreosot o. Teeröl ~** (Holz) / creosotar, impregnar de creosota ‖ **mit Metallsalzen ~** / mineralizar ‖ **Schwellen ~** (Bahn) / impregnar las traviesas ‖ ~, Wasserdichtmachen *n* (Tex) / impermeabilización *f*
Imprägnier•flotte *f* (Tex) / líquido *m* o baño de impregnación ‖ ~**foulard** *m* (Tex) / f[o]ulard *m* de impregnación ‖ ~**kessel** *m* (Holz, Tex) / autoclave *f* de impregnación ‖ ~**kessel** (für Kreosot) (Holz) / autoclave *m* de creosotaje ‖ ~**lack** *m* / barniz *m* de impregnación ‖ ~**maschine** *f* (Tex) / máquina *f* de impregnar o para la impregnación ‖ ~**maschine** (Pap) / máquina *f* de barnizar papel, barnizadora *f* de papel ‖ ~**maschine mit Verweileinrichtung** (Web) / máquina *f* [combinada] de impregnación y maduración ‖ ~**masse** *f*, -mittel *n*, -stoff *m* (Chem) / agente *m* o medio de impregnación, impregnante *m* ‖ **Wasser abstoßendes ~mittel** / agente *m* hidrófugo ‖ ~**papier** *n* / papel *m* para la impregnación ‖ ~**-Rohpapier** *n* (Elektr) / papel *m* en bruto para la impregnación ‖ ~**spray** *n* / aerosol *m* para impregnar
imprägniert, getränkt / impregnado
Imprägnierung *f* (Holz, Tex) / impregnación *f*
Imprägnierungskatalysator *m* (Chem) / catalizador *m* de impregnación
Impressionstonometer *n* (Phys) / tonómetro *m* de impresión

Impressum *n* (Druck) / colofón *m* ‖ ⁓ (Zeitung) / pie *m* de imprenta
Imprimatur *n* (Druck) / permiso *m* de imprimir, licencia *f* de imprimir
IMP-Satellit *m* (= interplanetary monitoring platform) (Raumf) / satélite *m* IMP, satélite *m* interplanetario con plataforma de control
Impuls *m*, Bewegungsgröße *f* (Phys) / impulso *m*, cantidad *f* de movimiento ‖ ⁓, Impulsstufe *f* (Fernm) / nivel *m* ‖ ⁓, Stoß *m* / choque *m* ‖ ⁓, Antrieb *m* / accionamiento *m*, propulsión *f* ‖ ⁓ *m* (Elektr, Eltronik, Mech) / impulso *m* ‖ ⁓ **mit langer Laufzeit** / impulso *m* ancho, impulso *m* de larga duración ‖ **einen** ⁓ [weiter]**geben** / transmitir un impulso
Impuls•abfall, Dachabfall *m* / pendiente *m* de la meseta, inclinación *f* del techo o de la meseta, caída *f* o pérdida de amplitud del techo ‖ ⁓**abfragung** *f* / interrogación *f* por impulso[s] ‖ ⁓**abstand** *m*, -intervall *n* / intervalo *m* de (o entre) impulsos ‖ ⁓**abtrennstufe** *f*, -begrenzer *m* (TV) / limitador *m* de impulsos ‖ ⁓**abtrennung** *f* / separación *f* de impulsos ‖ ⁓**alarm** *m* / ruido *m* impulsivo o de impacto ‖ ⁓**amplitude** *f* / amplitud *f* de[l] impulso ‖ ⁓**-Amplitudenmodulation** *f* (Eltronik) / modulación *f* de impulsos en amplitud, modulación *f* de amplitud de impulsos ‖ ⁓**anhäufung** *f* (Nukl) / apilamiento *m* de impulsos ‖ ⁓**anregung** *f*, -auslösung *f* (Eltronik) / gatillazo *m* de impulsos ‖ ⁓**anregung**, Stoßerregung *f* / excitación *f* por impulsos o por impulsión o por choque ‖ ⁓**anstieg** *m*, -vorderflanke *f* (Eltronik) / subida *f* de impulso, aumento *m* o crecimiento de impulso ‖ ⁓**-Anstiegzeit** *f* / tiempo *m* de subida de impulso ‖ ⁓**art** *f* / modo *m* de impulsión ‖ ~**artig**, Impuls-..., Stoß-... / a modo de impulso, por impulsión, impulsivo ‖ ~**artig vercodet** (DV, Fernm) / codificado por impulsos
Impulsator *m* / impulsador *m*
Impuls•auffrischung *f* (Eltronik) / regeneración *f* de impulso[s] ‖ ⁓**aufnahme** *f* / recepción *f* de los impulsos ‖ ⁓**ausgang** *m* / salida *f* de impulsos ‖ ⁓**aussendung** *f* / emisión *f* de impulsos ‖ ⁓**auswahl** *f* / selección *f* de impulsos ‖ ⁓**bandbreite** *f* (Eltronik) / ancho *m* de banda [del espectro] de impulsos ‖ ⁓**begrenzer** *m*, -abtrennstufe *f* (TV) / limitador *m* de impulsos ‖ ⁓**begrenzer-Zeitkonstante** *f* (Eltronik) / tiempo *m* limitador o descrestador de impulso ‖ ⁓**begrenzung** *f* / limitación *f* o de[s]crestación de impulsos ‖ ⁓**begrenzungsmaß** *n* (Radar) / relación *f* de limitación de impulsos ‖ ⁓**belastung** *f* (Mech) / carga *f* pulsante o pulsátil ‖ ⁓**bestrahlung** *f* (Med, Phys) / irradiación *f* pulsada ‖ ⁓**betrieb** *m*, -betriebsweise *f* / operación *f* por impulsos, régimen *m* pulsante o de impulsos ‖ ⁓**boden** *m* (Eltronik, Kath.Str) / línea *f* [de] base ‖ ⁓**bodenverzerrung** *f* (Eltronik) / distorsión *f* de la línea base ‖ ⁓**breite** *f*, -dauer *f*, -länge *f* / ancho *m* o largo de impulso, anchura *f* o duración *f* de impulso ‖ ⁓**breitenfilter** *m* / filtro *m* de duración de impulsos ‖ ⁓**breitenmodulation** *f* / modulación *f* en (o por) duración de impulsos, modulación *f* de impulsos en duración ‖ ⁓**breitenschrift** *f* (Fernm) / registro *m* por anchura de impulso ‖ ⁓**brenner** *m* (Öl) / quemador *m* por impulsión ‖ ⁓**code** *m* (Eltronik) / código *m* de impulsos ‖ ⁓**code-Modulation** *f*, PCM / modulación *f* por (o de) impulsos codificados o en código, modulación *f* por codificación de impulsos ‖ ⁓**codierung** *f* (Fernm) / cifrado *m* de los impulsos ‖ ⁓**codierung**, -verschlüsselung *f* / codificación *f* de impulsos ‖ ⁓**dach** *n* (Eltronik) / techo *m* de impulso ‖ ⁓**dachschräge** *f* s. Impulsabfall ‖ ⁓**darstellung** *f* (Nukl) / representación *f* del momento o de impulsión ‖ ⁓**dauer** *f* (Eltronik) s. Impulsbreite ‖ ⁓**dehner** *m* (TV) / alargador *m* o prolongador [de duración] de impulso ‖ ⁓**dehnung**, -verlängerung *f* (Eltronik) / alargamiento *m* de impulso, prolongación *f* de la duración de impulsos ‖ ⁓**dekodierer** *m* / de[s]codificador *m* de impulsos ‖ ⁓**desorption** *f* (Vakuum) / desorción *f* por impulsos ‖ ⁓**dichte** *f* (Nukl) / densidad *f* de impulsos ‖ ⁓**dichte** (Magn.Bd) / densidad *f* de registro [de impulsos] ‖ ⁓**-Differentialrelais** *n* (Eltronik) / relé *m* de diferencia de impulsos ‖ ⁓**diskriminator** *m* / discriminador *m* de impulsos ‖ ⁓**-Doppler-Radar** *n* / radar *m* Doppler de impulsos ‖ ⁓**-Drehfunkfeuer** *n* (Schiff) / radiofaro *m* giratorio de impulsos ‖ ⁓**echo** *n* / eco *m* del impulso ‖ ⁓**echomessgerät** *n* (Mat.Prüf) / ecómetro *m* de impulsos ‖ ⁓**-Echo-Verfahren** *n* (Mat.Prüf) / método *m* de reflexión de impulsos ‖ ⁓**eingang** *m* (DV) / entrada *f* de impulso ‖ ⁓**entschlüsselung** *f* (Radar) / de[s]codificación *f* de impulsos, de[s]cifrado de impulsos.m. ‖ ⁓**entzerrer** *m* (Eltronik) / regenerador *m* de impulsos ‖ ⁓**erneuerer** *m* (Fernm) / corrector *m* o regenerador de impulsos ‖ ⁓**erneuerung** *f* (Eltronik, Fernm) / regeneración *f* de impulso[s] ‖ ⁓**erregung** *f* (Eltronik) / excitación *f* por impulsos o por impulsión o por choque ‖ ⁓**erzeuger** *m*, -geber *m* (Eltronik) / generador *m* de impulsos ‖ ⁓**erzeugung** *f* / generación *f* o producción de impulsos ‖ ⁓**fahrplan** *m* (TV) / sistema *m* de señales ‖ ⁓**fernsteuerung** *f* (Eltronik) / control *m* remoto de impulsos ‖ ⁓**flanke** *f* / flanco *m* [anterior o posterior] de impulso ‖ ⁓**Flankensteilheit** *f* / pendiente *f* del flanco del impulso, inclinación *f* del flanco ‖ ⁓**folge** *f*, -zug *m* / tren *m* de impulsos ‖ ⁓**folge**, -wiederholung *f* / repetición *f* de impulsos ‖ ⁓**folge** (zeitlich) / intervalo *m* de (o entre) impulsos ‖ ⁓**folge**, Bitfolge *f* (DV) / velocidad *f* [de transferencia] de bit[io]s ‖ ⁓**folgefrequenz** *f* (Eltronik) / frecuencia *f* de repetición (o de recurrencia) de impulsos ‖ ⁓**form** *f* / forma *f* de onda de impulso ‖ ⁓**form** (Ultraschall) / curva *f* de impulsos ‖ ⁓**former** *m* (DV, TV) / formador *m* o conformador de impulsos ‖ ⁓**former von Sinuswellen** (Eltronik) / cercenador *m* de ondas sinusoidales ‖ ~**förmig** / pulsatorio, impulsado, pulsado, en forma de impulso ‖ ~**förmiger Gleichstrom** / corriente [continua] pulsatoria u ondulatoria ‖ ⁓**formung** *f* / formación *f* o conformación de impulsos, normalización *f* de impulsos ‖ ⁓**frequenz** *f* / frecuencia *f* de repetición de impulsos ‖ ⁓**frequenzfernmessung** *f* (Eltronik) / telemedición *f* mediante la frecuencia de impulsos ‖ ⁓**frequenzmesser**, Mittelwertmesser *m* (Strahlung) / integrador *m*, contador *m* integrador ‖ ⁓**frequenzmodulation**, IFM *f* (Fernm) / modulación *f* de impulsos en frecuencia, modulación *f* de frecuencia de impulsos ‖ ⁓**frequenzteiler** *m* (Eltronik) / de[s]multiplicador *m* [de frecuencia] de impulsos, escalímetro *m*, reductor *m* ‖ ⁓**funkhöhenmesser** *m* / radioaltímetro *m* por impulsos ‖ ⁓**funktion** *f* (Math) / función *f* de impulso ‖ ⁓**gabe** *f* (Eltronik) / emisión *f* de impulsos ‖ ~**gebend** / generador de impulsos ‖ ⁓**geber** *m*, -generator (Eltronik) / generador *m* de impulsos ‖ ⁓**geber**, Stoßgenerator *m* (Eltronik) / generador *m* de ondas de choque ‖ ⁓**geber** *m* **für Synchronimpulse** (TV) / generador *m* de señales de sincronización, generador *m* de impulsos de sincronismo ‖ ⁓**gebühr** *f* (Fernm) / tasa[ción] *f* por impulsos ‖ ⁓**generator** *m* (Eltronik) / generador *m* de impulsos ‖ ⁓**generator** (TV) / generador *m* de impulsos de conmutación de colores, generador *m* de impulsos de discriminación (o separación) cromática ‖ ⁓**geräusch** *n*, -rauschen *n* (Fernm) / ruido *m* impulsivo o de impulsos, perturbaciones *f pl* en forma de impulsos ‖ ⁓**geräusch**, impulsförmige Störung / impulso *m* de ruido, parásito *m* de corta duración ‖ ~**gesteuert** (Eltronik) / radioguiado por impulsos ‖ ⁓**gipfel** *m* (Eltronik) / cresta *f* de una impulsión ‖ ⁓**[gleich]strom** (Elektr) / corriente *f* [continua] pulsatoria u ondulatoria ‖ ⁓**-Gleisstromkreis** *m* (Bahn) / circuito *m* de vía de corriente codificada ‖

645

Impulsgruppe

⁓**gruppe**, -reihe f (Eltronik) / grupo m o tren de impulsos ‖ ⁓**härtung** f (Hütt) / temple m por impulsiones ‖ ⁓**haushalt** m, Impulsfahrplan m / sistema m de señales ‖ ⁓**-Hochspannungsgenerator** m (TV) / generador m de impulsiones de muy alta tensión ‖ ⁓**höhenanalysator** m (Eltronik) / analizador m de amplitud de impulsos ‖ ⁓**holographie** f / holografía f ultrarrápida ‖ ⁓**-Hyperbel-Navigationsverfahren** n (Luftf) / radionavegación f hiperbólica por impulsos ‖ ⁓**instabilität** f (Eltronik) / fluctuación f de espaciamiento de impulsos ‖ ⁓**integrator** m / integrador m de impulsos ‖ ⁓**intervall** n, -abstand m / intervalo m de (o entre) impulsos ‖ ⁓**kennzeichen** n (Fernm) / señal f de impulso, impulso m ‖ ⁓**kette** f / tren m de impulsiones ‖ ⁓**kodierung** f (Eltronik) / codificación f de impulsos ‖ ⁓**-Kohärenzverfahren** n (Radar) / método m de impulsos coherentes o sincronizados ‖ ⁓**kolonne** f (Chem) / torre f de pulverización pulsada ‖ ⁓**kondensator** m (Elektr) / capacitor m o condensador de (o para) impulsos ‖ ⁓**kontakt** m (Relais) / contacto m de impulsos ‖ ⁓**korrektor** m (TV) / corrector m de impulso[s] ‖ ⁓**korrektur** f (TV) / corrección f o regeneración de impulsos ‖ ⁓**kreis** m (Eltronik) / circuito m de impulsos ‖ ⁓**lage** f / posición f de impulso (en el tiempo) ‖ ⁓**lagemodulation** f / modulación f de (o por) posición de impulsos, modulación f de impulsos en posición ‖ ⁓**lärm** m / ruido m de impacto ‖ ⁓**laser** m, gepulster Laser / láser m de luz discontinua, láser m pulsado ‖ ⁓**leistung** f / potencia f pulsatoria o pulsante o pulsativa, potencia f de cresta de impulso ‖ ⁓**leistungsverhältnis** n (Radar) / relación f de potencia pulsada a un impulso ‖ ⁓**leitung** f (Fernm) / línea f transmisora de impulsiones ‖ ⁓**leitung** (Vorgang) (Eltronik) / conducción f del impulso ‖ ⁓**lichtbogen** m (Schw) / arco m voltaico pulsado ‖ ⁓**magnetron** m (Eltronik) / magnetrón m de impulsos, magnetrón m para trabajar en régimen pulsante ‖ ⁓**menge** f, -rate f (Strahlung) / cadencia f de impulsos ‖ ⁓**messer** m (Eltronik) / contador m de impulsos ‖ ⁓**mischung** f / mezcla f de los impulsos ‖ ⁓**modulation** f / modulación f de impulsos ‖ ~**moduliert** / de modulación de impulsos, modulado por impulsos, de impulsos modulados ‖ ⁓**moment** n, Drall m (Phys) / momento m angular ‖ ⁓**-Multiplex** n (Fernm) / múltiplex m por modos de impulsos ‖ ⁓**-Ölfeuerungssystem** n / sistema m de combustión a impulsos ‖ ⁓**pause** f (Eltronik) / intervalo m entre los impulsos [de un par] ‖ ⁓**-Pausenverhältnis** n (Fernm) / relación f impulsos/ausencia de corriente, relación f duración/período ‖ ⁓**peiler** m (Nav) / radiogoniómetro m de impulsos ‖ ⁓**phase** f (Eltronik) / fase f de[l] impulso ‖ ⁓**phasenmodulation** f / modulación f de impulsos en fase ‖ ⁓**prüfung** f (Elektr) / ensayo m de aislamiento por impulsos ‖ ⁓**quantenzahl** f (Phys) / número m cuantico acimutal o secundario ‖ ⁓**radar** m, -radargerät n / radar m de impulsos ‖ ⁓**rate** f, -menge f (Strahlung) / cadencia f de impulsos ‖ ⁓**rauschen** s. Impulsgeräusch ‖ ⁓**regelung**, Abtastregelung f (Eltronik) / control m de datos intermitentes [con señales discontinuas] ‖ ⁓**regenerierung** f / regeneración f de impulsos ‖ ⁓**reihe** f / tren m de impulsos ‖ ⁓**relais** n, Schrittrelais n / relé m de impulsión ‖ ⁓**satz** m (Phys) / principio m del momento lineal ‖ ⁓**schachtelung** f / entrelazamiento m de impulsos ‖ ⁓**schallgerät** n (Ultraschall) / probador m por reflexión de impulsos ultrasónicos ‖ ⁓**-Schallpegelmesser** m (Akust) / medidor m del nivel de sonido por impulsos ‖ ⁓**schalter** m (Radar) / conmutador m [de duración] de impulsos ‖ ⁓**schaltung** f (Eltronik) / circuito m de impulsos ‖ ⁓**schlucker** m / supresor m de impulsos ‖ ⁓**schnellzähler** m / contador m de impulsos a gran velocidad ‖ ⁓**schreiber** m / registrador m de impulsos ‖ ⁓**schwanz** m, Nachleuchtschleppe f (Oszilloskop) / cola f del impulso ‖ ⁓**schweißen** n / soldadura f por impulsaciones o por arco voltaico pulsado, soldeo m por almacenamiento de energía ‖ ⁓**sequenz** f, -folge f (Eltronik) / sucesión f de impulsos ‖ ⁓**serie** f / tren m de impulsos ‖ ⁓**sieb** n / separador m de impulsos ‖ ⁓**signal** n / impulso m, señal f de impulsos ‖ ⁓**spannung** f / tensión f de impulsos ‖ ⁓**speicher** m (DV) / circuito m retardador de impulsos ‖ ⁓**speicher-Unterdrückung** f (DV) / supresión f de la retardación de impulsos ‖ ⁓**spektroskopie** f (Chem, Phys) / espectroscopia f por impulsos ‖ ⁓**spektrum** n / espectro m de un impulso ‖ ⁓**-Spinantrieb** m (Raumf) / motor m impulsor de espín ‖ ⁓**spitze** f, -oberteil n (Eltronik) / punta f de impulso, tope m de impulso, parte f superior ‖ ⁓**spitze** (Oszilloskop) / pico m parásito, sobreimpulso m ‖ ⁓**spitzenfaktor** m / factor m de picos parásitos ‖ ⁓**-Sprung-Messsignal** n (TV) / señal f de prueba de impulso y barra ‖ ⁓**steuerung** f (Eltronik) / mando m por impulsos ‖ ⁓**störung** s. Impulsgeräusch ‖ ⁓**strecker** m (TV) / prolongador m de impulsos, alargador m de duración de impulsos ‖ ⁓**strom** m (Bahn) / corriente f codificada ‖ ⁓**strom** (Elektr) / corriente f pulsatoria u ondulatoria ‖ ⁓**stromblock** m (Bahn) / bloqueo m por impulsos codificados ‖ ⁓**stromgeber** m (Bahn) / emisor m de corrientes codificadas ‖ ⁓**stromgleisrelais** n (Bahn) / relé m de vía para sistemas de corrientes codificadas ‖ ⁓**stromkreis** m (Elektr) / circuito m de impulsos ‖ ⁓**stromsteuerung** f (Bahn) / mando m por corriente codificada ‖ ⁓**synthetisierer** m (Eltronik) / sintetizador m de impulsos ‖ ⁓**takt** m / ciclo m de emisión de impulsos ‖ ⁓**tal** n / valle m del impulso, parte f del impulso entre dos máximos ‖ ⁓**tastgerät** n, Hohlraumresonator m (Radar) / caja f ecoica o de ecos, cavidad f resonante de ecos artificiales, resonador m de ecos artificiales ‖ ⁓**-Tastverhältnis**, Tastverhältnis n (Breite/Abstand) (NC) / factor m de trabajo de [los] impulsos ‖ ⁓**tastverhältnis** n (Zeiche/Pause) (Fernm) / relación f duración/período ‖ ⁓**technik** f / técnica f de los impulsos o de las impulsiones ‖ ⁓**teiler** m, -untersetzer m (Eltronik) / circuito m divisor o desmultiplicador de impulsos ‖ ⁓**timer** m / cronoconmutador m por impulsos ‖ ⁓**trafo** m (Eltronik) / transformador m de impulsos ‖ ⁓**trenner** m, -trennstufe f (TV) / separador m de sincronismo o de señales sincronizadas, separador m de impulsos de sincronización ‖ ⁓**überlagerung** f (Eltronik) / superposición f de impulsos ‖ ⁓**übersetzer** m / traductor m de impulsos ‖ ⁓**übertrager** m, -trafo m (Eltronik) / transformador m de impulsos ‖ ⁓**übertragung** f / transmisión f de impulsos ‖ ⁓**übertragung** / regeneración f por impulsos ‖ ⁓**übertragung auf dem Basisband** (Eltronik) / transmisión f de impulsos en banda [de] base ‖ ⁓**umkehr-Transformator** m / transformador m inversor de impulsos ‖ ⁓**unterdrückung** f / supresión f de impulsos ‖ ⁓**untersetzer** s. Impulsteiler ‖ ⁓**vektor** m / vector m de impulsión ‖ ⁓**ventil** n / válvula f de impulsos ‖ ⁓**verbesserer** m (Eltronik) / regenerador m de impulsos ‖ ⁓**verbesserung** f / regeneración f del impulso o de los impulsos ‖ ⁓**verformung** f / deformación f de impulsos ‖ ⁓**verhältnis** n / relación f entre la duración del impulso y su período, relación f duración/período ‖ ⁓**verhältnis** (Fernm) / relación f de impulsos ‖ ⁓**-Verkehrsradar** m n / radar m de impulsos de tráfico ‖ ⁓**verlängerung** s. Impulsdehnung ‖ ⁓**verschachtelung** f (DV) / entrelazamiento m de impulsos ‖ ⁓**verschlüsselung** f, -codierung f (Fernm) / codificación f de impulsos ‖ ⁓**verstärker** m (Eltronik) / amplificador m de impulsos ‖ ⁓**verteiler** m (TV) / distribuidor m de impulsos ‖ ⁓**-Verteiler-Verstärker** m (TV) / amplificador m de distribución de impulsos ‖

≈**verzerrung** f (Eltronik) / distorsión f o deformación de impulsos ‖ ≈**-Verzögerer** m / retardador m de impulsos ‖ ≈**vorwahl** f (Eltronik) / preselección f de eventos por unidad de tiempo ‖ ≈**wahl** f (Fernm) / selección f por impulsos ‖ ≈**wähler**, -unterscheider m (Bahn) / selector m de impulsos ‖ ≈**wandler** m (Eltronik) / convertidor m de impulsos ‖
≈**-Wärmerausch-Thermometer** n / termómetro m de impulsos de ruido ‖ ≈**weiche** f / traslador m direccional por impulsos ‖ ~**weise** (z.B. Strom) / pulsatorio, pulsante, pulsátil, de o en impulsos, en régimen pulsante ‖ ≈**welle** f (Eltronik) / onda f pulsatoria ‖ ≈**widerstand** m, Linearisierungswiderstand m (TV) / resistencia f de linealización ‖ ≈**wiedergabe** f (Eltronik) / respuesta f de impulsos ‖ ≈**wiederherstellung** f / regeneración f de impulsos ‖ ≈**wiederholer** m (Fernm) / repetidor m de impulsos o de impulsiones ‖
≈**wiederholer-Richtbake** f (Luftf) / radiofaro m direccional ‖ ≈**zacke** f **im Radar** / impulso m parásito o sobreimpulso en la pantalla de radar ‖ ≈**zahl** f (Eltronik) / número m de impulsos ‖ ≈**zähler** m (Eltronik) / contador m de impulsos, cuenta-impulsos m, totalizador m de impulsiones ‖ ≈**zeitgeber** m / cronoconmutador m por impulsos ‖ ≈**zerhacker** m, -unterbrecher m / interruptor m de impulsos ‖
≈**-Zielerfassungsradar** n / radar m de adquisición a impulsos ‖ ≈**zug** m (Eltronik) / tren m de impulsos ‖ ≈**zwischenverstärker** m (Fernm) / repetidor m de impulsos o de impulsiones
imstande [zu] / en condiciones [de], capaz [de]
in statu nascendi / naciente ‖ ~ **vitro** / in vitro ‖ ≈, Indium n (Chem) / indio m
INA, Normatmosphäre f / atmósfera f normalizada internacional
inadäquat / inadecuado
I-Naht f (Schw) / costura f en I
inaktinisch / inactínico ‖ ~**e Beleuchtung** (Foto) / luz f inactínica
inaktiv, untätig / inactivo, pasivo ‖ ~, reaktionslos (Chem) / inerte ‖ ~, kalt (Nukl) / inactivo ‖ ~**er Füllstoff** / material m de relleno inerte ‖ ~**e Prüfung** (Nukl) / ensayo m en inactivo ‖ ~**er Ruß**, Inaktivruß m, thermischer Ruß (Gummi) / negro m inactivo
inaktivieren vt / desactivar, inactivar ‖ ~ (Chem) / racemizar ‖ ~ (DV) / desactivar
Inaktivierung f / desactivación f
Inangriffnahme f / iniciación f, comienzo m
Inbandsignalisierung f (Fernm) / señalización f en (o dentro de) banda
Inbegriff m **der Qualität** / el non-plus-ultra de la calidad
Inbetriebnahme f / puesta f en servicio, inauguración f ‖ ≈, erste Tätigkeit / puesta f inicial en marcha o en funcionamiento ‖ ≈ **einer Strecke** (Bahn) / puesta f en explotación, apertura f a la explotación ‖ **vor** ≈ / antes de la puesta en servicio
Inbetriebsetzen n / puesta f en marcha o en servicio ‖ ≈, Einrücken n / embrague m, engrane m
Inbetriebsetzungs•phase f / fase f de puesta en servicio ‖ ≈**prüfung** f / prueba f de puesta en servicio, entrega f
Inbetriebzeit f / tiempo m de funcionamiento normal
Inbord-Motor m (Schiff) / motor m interior
Inbus-Schraube f, Innensechskantschraube f / tornillo m (cilíndrico) con exágono interior
Inch m, in m (seit Nov. 1973, bisher: Zoll) / pulgada f (medida lineal)
inchromieren (Stahl) / pasivar con cromo, cromizar ‖ ≈ n (Stahl) / pasivación f con cromo
Inconel n (Ni-Legierung) (Hütt) / inconel m
Incore•Messung f (Nukl) / medición f en núcleo ‖ ≈**-Reaktor** m (Raumf) / reactor m en núcleo ‖ ≈**-Thermionik** f (Nukl) / termiónica f en núcleo

Incore-Thermionik-Reaktor m / reactor m termiónico en núcleo
Indach-Montage f (Solar) / montaje m integrado (en el tejado)
Indamin n (Chem, Färb) / indamina f
Indanthren n (Färb) / indantreno m ‖ ≈**gelb G** n (Färb) / amarillo m Indanthrén G, flavantreno m
Indazol n (Chem) / indazol m
Indefinite-Hartguss m / fundición f en coquilla indefinida
Indefinitgusswalze f (Walzw) / cilindro m de laminación (o de composición) indefinida
Inden n (Chem) / indeno m
Indenter m (Eindringkörper bei Härteprüfung) / penetrador m, cuerpo m de indentación
Independanz f (Math) / independancia f ‖ ≈**ebene** f (Math) / plano m de independancia
indeterminabel, unbestimmbar / indeterminable
Indeterminismus m, Unbestimmtheit f (Phys) / indeterminación f ‖ ≈**-Prinzip** n (Phys) / principio m de indeterminación o de incertidumbre
Index m, Anzeiger m (allg) / indicador m, índex ‖ ≈, Zeiger m, Handzeichen n (Druck) / índice m ‖ ≈ (tiefgesetzt) (Math) / subíndice m ‖ ≈, Exponent m (Math) / exponente m ‖ ≈ m, Inhaltsverzeichnis n / registro m ‖ ≈ **der Tragfähigkeit** (Reifen) / índice m de capacidad de carga ‖ **mit einem** ≈ **versehen**, indexieren / poner un índice, indizar
Index•analysator m (DV) / analizador m de índice ‖ ≈**befehl** m (DV) / instrucción f de índice ‖ ≈**fehler** m (Instr) / error m instrumental o de instrumento ‖ ≈**grenze**, Laufgrenze f (ALGOL, FORTRAN) (DV) / límite m de índice
Indexier... (Wzm) / indexador
indexieren vt (DV) / indizar, indexar
indexiertes Segment (DV) / segmento m indizado
Indexiertisch m (Wzm) / mesa f indexadora o de posicionamiento
Indexierung f (DV) / indización f, indexación f, indicación f
Indexierung-Adressregister n (DV) / registro m indicativo de direcciones
Indexierungsfolge f (DV) / secuencia f de indicativo
Index•karte f (Mikrofilm) / ficha f de indicación ‖ ≈**klausel** f (DV) / cláusula f de indicación ‖ ≈**libelle** f / nivel m cenital ‖ ≈**linie** f (Film) / línea f de código ‖ ≈**loch** n (DV) / agujero m de referencia, apertura f índice, agujero m de posicionamiento ‖ ≈**punkt** m (DV) / punto m índice o indicativo ‖ ≈**register** n (DV) / registro m indicativo o de índice ‖
≈**(ketten)schaltung** f (Fahrrad) / cambio de velocidades Index ‖ ≈**skala** f (Diktiergerät) / tabla f indicadora ‖ ≈**speicher** m (Regeln) / memoria f modificante ‖ ≈**stanzung**, -zunge f (Druck) / onglete m, cartivana f ‖ ≈**stift** m / espiga f divisora ‖ ≈**streifen** m / banda f indicadora ‖ ≈**[strich]**, Nullstrich m (Mess) / raya-índice f ‖ ≈**wort** n (DV) / palabra f índice ‖ ≈**zeiger** m (Mess) / indicador m de referencia ‖ ≈**ziffer** f / cifra f índice
Indianatest m (Schmieröl) / prueba f Indiana (de oxidación)
Indican, Indikan n (Chem) / indicán m
In-die-Luft-gehen n / explosión f, voladura f
Indienne f (Web) / indiana f, calicó m estampado
Indienststellung f **eines Schiffes** (Schiff) / puesta f en servicio de un barco
indifferent (Gleichgewicht) (Mech) / indiferente, neutral (equilibrio) ‖ ~, neutral, träge (Chem, Phys) / indiferente, inerte, neutral ‖ ~**es Gleichgewicht** (Phys) / equilibrio m indiferente
Indifferenz f [gegenüber] / indiferencia f [a] ‖ ≈ (Chem) / inercia f química, neutralidad f química ‖ ≈**linie** f (Phys) / línea f neutra ‖ ≈**punkt** m / punto m de

Indifferenzzone

indiferencia ‖ ⁻**zone** f (Nav) / ecuador m magnético ‖
⁻**zone** (Elektr) / zona f neutra o de indiferencia
Indigo m (Bot, Färb) / índigo m, añil m ‖ ⁻ n
(DIN-Farbton 14) / índigo m ‖ ~**artig**, indigoid /
indigoide ‖ ⁻**blau** n / azul m de índigo o de añil ‖
⁻**blauschwefelsäure** f (Chem) / ácido m
indigosulfúrico ‖ ⁻**druck** m (Tex) / estampado m de
índigo ‖ ⁻**druck in Wasserstoffgas** / estampado m de
índigo en (o: baja) atmósfera de hidrógeno ‖
⁻**färbeschlichtmaschine** f (Web) / máquina f de
encolado y de teñir con índigo ‖ ⁻**farbstoff** m,
Indigoid n / indigotina f, indigoide m ‖ ~**haltig**,
-farben, Indigo... / indigótico ‖ ~**ider Farbstoff**,
Indigoid n / indigoide m ‖ ⁻**karmin** n / indigotina f,
índigo m azul soluble, púrpura f de índigo ‖ ⁻**küpe** f
(Färb) / cuba f de índigo ‖ ⁻**lith** m (Min) / indigolita f ‖
⁻**lösung** f (Chem) / solución f de índigo ‖ ⁻**pflanze** f,
Indigofera (Bot) / índigo m, añil m, indigófera f
tinctoria ‖ ⁻**rot** n / rojo m de índigo, indirrubina f ‖
⁻**sol-Farbstoff** m / indigosol m ‖ ⁻**tin** n, Indigoblau n
/ indigotina f ‖ ⁻**tinktur** f / tintura f de añil ‖ ⁻**weiß** n,
Leukoindigo m / índigo m blanco
Indikativ n (Radio) / señal f de identificación
Indikator m, Anzeigevorrichtung f (Instr) / dispositivo m
indicador ‖ ⁻ (allg) / indicador m ‖ ⁻ (Chem) /
indicador m, testigo m ‖ ⁻, Test-Isotop, Tracer-Isotop
n (Nukl) / indicador m o trazador isotópico, isótopo m
trazador ‖ **in der Reaktionslösung befindlicher** ⁻
(Chem) / indicador m interno ‖ **radioaktiver** ⁻,
Radioindikator m (Nukl) / indicador m o trazador
radiactivo, radioindicador m ‖ ⁻**analyse** f,
Traceranalyse f / análisis m por (o mediante) trazador
‖ ⁻**atom** n (Phys) / átomo m marcado ‖ ⁻**chemie** f /
microquímica f, química f de los radioindicadores ‖
⁻**diagramm** n (Masch) / diagrama m del indicador ‖
⁻**diagramme aufnehmen**, indizieren (Masch) / indicar,
tomar diagramas del indicador ‖ ⁻**elektrode** f (Elektr)
/ electrodo m indicador ‖ ⁻**flüssigkeit** f (Chem) /
líquido m indicador ‖ ⁻**gas** n (Nukl) / gas m indicador
o trazador ‖ ⁻**glimmlampe** f / lámpara f de efluvio
indicadora ‖ ⁻**herd** m (Flotation) / tabla f piloto ‖ ⁻
⁻**isotop** n (Nukl) / isótopo m trazador, trazador m
isotópico ‖ ⁻**methode** f / método m [radio-]indicador
o para indicadores ‖ ⁻**papier** m (Dampfm) / papel m indicador
o para indicadores ‖ ⁻**papier** (Chem) / papel m
indicador ‖ ⁻**pflanze** f, Leitpflanze f (Bot, Umw) /
planta f indicadora del suelo, indicador m del suelo ‖
⁻**stärke** f (Chem) / almidón m indicador ‖
⁻**verbindung** f (Chem) / compuesto m trazador
Indikatrix f (Krist, Math, Opt, Verm) / indicatriz f
Indiol n (Chem) / indiol m
indirekt, mittelbar / indirecto ‖ ~ [prozessgekoppelt] /
no conectado, independiente ‖ ~**es Abtasten** (TV) /
palpado m indirecto, exploración f indirecta ‖ ~**e
Adresse** (DV) / dirección f indirecta ‖ ~**e
Adressierung** (DV) / direccionamiento m indirecto ‖
~**e Aufzeichnung** / registro m indirecto ‖ ~ **beheizt** /
calentado indirectamente ‖ ~**e Beleuchtung** /
iluminación f indirecta ‖ ~**es Blitzlicht** (Foto) / flash m
reflectado ‖ ~**e Einspritzung** (Mot) / inyección f
indirecta ‖ ~**e geheizt** / con calefacción indirecta ‖ ~
geheizte Potentialkathode, Äquipotentialkathode f /
cátodo m equipotencial ‖ ~ **gesteuertes System** /
sistema m de mando o de control indirecto ‖ ~**er
Hochdruck** (Druck) / impresión f de relieve indirecta ‖
~**es Licht** (Bau) / iluminación f mediante superficie
difusa ‖ ~**es Licht** (Licht) / luz f indirecta o reflectada ‖
~**e Lichtbogen-Erhitzung** (Elektr) / calefacción f
indirecta por arco voltaico, calentamiento m o caldeo
indirecto por arco [voltaico] ‖ ~ **er Lichtbogenofen**
(Hütt) / horno m de calefacción indirecta por arco ‖
~**e Methode der Kesselwirkungsgradprüfung** /
ensayo m por método indirecto del rendimiento de la
caldera ‖ ~**e Oberflächenkühlung** (Kabel) /

refrigeración f indirecta ‖ ~**es
Reproduktions-Verfahren** (Druck) / reproducción f
indirecta ‖ ~**e Steckverbinder** m pl (Elektr) / grupo m
de conectadores enchufables ‖ ~**er Steckverbinder**
(IC) / conectador m partido ‖ ~**es Strangpressen**
(Hütt) / extrusión f indirecta
Indirekt • kreisreaktor m (Nukl) / reactor m de ciclo
indirecto ‖ ⁻**strahler** m / reflector m indirecto
indisch • es Ebenholz / ébano m índico o de la India ‖
⁻**er Hanf** m (Cannabis sativa) (Bot, Pharm) / cáñamo
m índico, cáñamo m de bambo o de Bombay o de
Amari
Indisin n, Anilinviolett n (Chem) / violeta m de anilina
Indium n, In (Chem) / indio m, In ‖ ⁻**antimonid** n (Halbl)
/ antimoniuro m de indio ‖ ⁻**(III)-chlorid** n (Chem) /
tricloruro m de indio ‖ ⁻**(III)-oxid** / trióxido m de
indio ‖ ⁻**phosphid** n / fosfuro m de indio
Individual • anzeige f (Instr) / indicación f individual o
por separado ‖ ⁻**-Section-Maschine** f (Glas) /
máquina f IS (= sección individual) ‖ ⁻**verkehr** m
(Kfz) / circulación f individual
individuell, unabhängig / individual ‖ ~**e Überwachung**
(Nukl) / monitoraje m individual, inspección f
individual
indizieren vt (DV) / indizar, indexar ‖ ~,
Indikatordiagramme aufnehmen (Masch) / tomar
diagramas con el indicador ‖ ~ (COBOL, Math) / poner
subíndices ‖ ~, markieren (Nukl) / marcar con
trazadores ‖ ⁻ n (DV) / indización f, indexación f
indiziert / indicado ‖ ~ (COBOL, Math) / suscrito,
subindicado ‖ ~ (DV) / indizado, indexado ‖ ~**e
Leistung** (Masch) / potencia f indicada ‖ ~**e Machzahl**
(Luftf) / número m de Mach indicado ‖ ~**er mittlerer
Druck** / presión f media indicada ‖ ~**er Wert** (DV) /
valor m subindicado ‖ ~**er Wirkungsgrad**,
Innenwirkungsgrad m (Mot) / rendimiento m térmico
indicado
Indizierung f / indicación f
Indizierventil n (Masch) / válvula f para el indicador
Indol n (Chem) / indol m
Indoor... / en el interior
Indophenol n (Färb) / α-naftol m, indofenol m ‖ ⁻**blau** n,
α-Naphtolblau n / azul α-naftol
Indotaste, Doppelstromtaste f (Fernm) / tecla f para
doble corriente
Indoxyl, Oxindol n (Chem) / indoxilo m
Induktanz f, induktiver Blindwiderstand (Elektr) /
inductancia f, reactancia f inductiva ‖ ⁻**rolle** f,
Drosselwiderstand / bobina f de inductancia,
inductor m
Induktion f (Elektr) / inducción f ‖ ⁻ (Math) / inducción f,
deducción f
Induktions • apparat m (Elektr) / inductor m ‖ ~**arm**
(Elektr) / de baja inducción ‖ ~**elektromotorisch**,
induziert elektromotorisch / de fuerza electromotriz
inducida ‖ ⁻**erhitzer** m / calentador m por inducción
‖ ⁻**erwärmung** f / calentamiento m inductivo ‖ ⁻**feld**
n (Elektr) / campo m de inducción ‖ ⁻**fluss** m, -flux m /
flujo m de inducción ‖ ~**frei** / antiinductivo, no
inductivo ‖ ⁻**frequenzumformer** m (Elektr) /
convertidor m de frecuencia de inducción ‖ ⁻**funke** m
/ chispa f de inducción ‖ ⁻**geber** m / generador m de
impulsos por inducción ‖ ⁻**gehärtet** (Hütt) / templado
por inducción ‖ ~**geschützt** (Elektr) / con circuitos
antiinductivos, a prueba de inducción ‖ ⁻**glühen** n
(Hütt) / recocido m por inducción ‖ ~**härten** (Stahl) /
templar por inducción ‖ ⁻**härten** n (Stahl) / temple m
por inducción ‖ ⁻**heizung** f (Elektr) / calefacción f por
inducción ‖ ⁻**instrument** n / instrumento m de
medición a inducción ‖ ⁻**kochplatte** f (Küche) /
hornillo m de inducción ‖ ⁻**koeffizient** m / coeficiente
m de inducción ‖ ⁻**kompass** m (Nav) / brújula f de
inducción terrestre ‖ ⁻**konstante** f (Phys) /
permeabilidad f absoluta del vacío ‖ ⁻**kräfte** f pl (Phys)

/ fuerzas $f pl$ de inducción ‖ ~**kreis** m (Elektr) / circuito m inductivo ‖ ~**kupplung** f, Schlupfkupplung f (Elektr) / acoplamiento m inductivo ‖ ~**löten** n / soldadura f indirecta por inducción ‖ ~**maschine** f (Elektr) / máquina f de inducción ‖ ~**messbrücke** f / puente m [de medida] de inducción, balanza f de inducción ‖ ~**messinstrument** n / instrumento m de medición por inducción ‖ ~**messwaage** f / balanza f de comparación de dos inductancias mutuas ‖ ~**motor** m, Asynchronmotor m / motor m asincrónico o de inducción ‖ ~**motor mit gewickeltem Läufer** / motor m de inducción con rotor devanado ‖ ~**motor mit Repulsionsanlauf** / motor m de inducción de arranque por repulsión ‖ ~**ofen** m (Elektr, Hütt) / horno m de inducción ‖ ~**ofen mit Eisenkern** / horno m de inducción con núcleo de hierro ‖ ~**periode** f (Chem, Foto) / período m de inducción ‖ ~**plasmabrenner** m (Chem, Nukl) / quemador m de inducción a plasma ‖ ~**regler** m, Drehtransformator m (Elektr) / regulador m de inducción, transformador m giratorio m o de fases ‖ ~**relais** n / relé m inductivo o de inducción ‖ ~**rinne** f (Hütt, Ofen) / canal m sumergido del horno de inducción ‖ ~**-Rinnenofen** m / horno m de inducción de canal ‖ ~**rührwerk** n (Chem Verf) / agitador m o mezclador por inducción ‖ ~**schmelzofen** m (Hütt) / horno m de fusión de (o por) inducción ‖ ~**schmelzung** f / fusión f inductiva ‖ ~**schutz** m (Fernm) / antiinducción f ‖ ~**schweißen** n / soldadura f inductiva ‖ ~**spannung** f (Elektr) / tensión f de inducción ‖ ~**spule** f, Induktanzrolle f / bobina f de inducción, carrete m de inducción ‖ ~**störung** f (z. B. durch Überlagerung) (Fernm) / interferencia f inductiva ‖ ~**stoß** m (Elektr) / golpe m de inducción ‖ ~**strom** m / corriente f de inducción ‖ ~**tiegelofen** m (Hütt) / horno m de crisol por inducción ‖ ~**vakuumofen** m / horno m de inducción al vacío ‖ ~**vakuumschmelze** f / fusión f por inducción al vacío ‖ ~**waage** f (Elektr) / balanza f de inducción ‖ ~**wattmeter** n / vatiómetro m de inducción ‖ ~**zähler** m / contador m de inducción ‖ ~**zeit** f (Kraftstoff) / período m de inducción ‖ ~**zünder** m (Mil) / espoleta f de inducción

induktiv / inductivo ‖ ~**e Abstimmung** (Eltronik) / sintonía f inductiva ‖ ~**e Badbewegung** (Hütt) / agitación f electromagnética del baño ‖ ~**e belastet** (Elektr) / desfasado [por inducción] ‖ ~**er Blindwiderstand**, Induktanz f / inductancia f, L, reactancia f inductiva ‖ ~**e Dreipunktschaltung** / oscilador m Hartley ‖ ~**e Erwärmung** / calentamiento m inductivo ‖ ~**es Fenster** (Wellenleiter) / ventana f inductiva ‖ ~**geführt** (Flurförderer) / guiado por inducción ‖ ~**gekoppelt** (Elektr) / acoplado por inducción, de acoplamiento inductivo ‖ ~ **gespeist** / de alimentación inductivo ‖ ~ **gespeister Gleisstromkreis** (Bahn) / circuito m de vía en corriente alterna de reactancia ‖ ~**e Kopplung** (Elektr) / acoplamiento m inductivo o por inducción ‖ ~**e Last** (o. Belastung) / carga f inductiva ‖ ~**er Leistungsfaktor** / factor m de potencia en retardo ‖ ~**e Messsonde**, Magnetfeldmesser m / detector m de inducción magnética ‖ ~**es Potentiometer** / potenciómetro m inductivo ‖ ~**e Rückkopplung** (Eltronik) / reacción f electromagnética ‖ ~**es Rühren** (Hütt) / agitación f electromagnética o por inducción ‖ ~**es Schweißen** / soldadura f por inducción ‖ ~ **er Spannungsabfall** (Elektr) / caída f inductiva de tensión ‖ ~**er Wegmesser** / transductor m de desplazamientos inductivo ‖ ~**er Widerstand**, Induktivität f (Bauteil) / resistencia f inductiva, resistor m inductivo ‖ ~**e Zugbeeinflussung**, Indusi f (Bahn) / dispositivo m o mando automático de parada, parada f automática de los trenes

Induktivität L f, Selbstinduktionskoeffizient m (Elektr) / inductancia f, coeficiente m de autoinducción ‖ ~ (Bauteil) / inductancia f ‖ ~ **bei Gleichstrom-Vormagnetisierung** / inductancia f incremental ‖ **regelbare** ~ / inductancia f variable

Induktivitäts• belag m / inductancia f por unidad de longitud, inductancia f unitaria ‖ ~**brücke** f / puente f [para medidas] de inductancia ‖ ~**messgerät** n / inductancímetro m, henrímetro m ‖ ~**spule** f / inductor m, bobina f de inductancia ‖ ~**veränderung** f / variación f de inductancia propia ‖ ~**wahl** f (Fernm) / selección f inductiva

induktiv-kapazitive Kopplung (Elektr) / acoplamiento m de capacitancia e inductancia

Induktor m (Fernm) / inductor m ‖ ~, Ruhmkorffinduktor m (Elektr) / bobina f de Ruhmkorff o de inducción, carrete m de inducción ‖ ~**anruf** m (Fernm) / llamada f por magneto ‖ ~**-Frequenzumformer** m (Elektr) / convertidor m o cambiador de frecuencia de inducción ‖ ~**generator** m, -maschine f / alternador m síncrono, alternador m de hierro giratorio ‖ ~**kurbel** f (Fernm) / manivela f del magneto ‖ ~**meldesystem** n / sistema m avisador con llamada por magneto ‖ ~**-Synchronmaschine** f (Elektr) / alternador m síncrono (o sincrónico) del tipo de inductor ‖ ~**telefon** n / teléfono m con llamada por magneto

Indulin n (Färb) / indulina f

Indusi f s. induktive Zugbeeinflussung ‖ ~**-Fahrzeugmagnet** m (Bahn) / electroimán m inductivo del vehículo

industrialisieren vt / industrializar

Industrialisierung f / industrialización f

Industrial Relations pl / relaciones $f pl$ industriales, relaciones $f pl$ obrero-patronales

Industrie f / industria f ‖ ~**...**, industriell / industrial ‖ ~ f **der Steine u. Erden** / industria f de las piedras y tierras ‖ ~ **der Tone und Erden** / industria f de las tierras arcillosas ‖ ~ **und Handwerk** / industria f y artesanía

Industrie• abfälle $m pl$, -müll m / vertidos $m pl$ o residuos industriales ‖ ~**abwasser** n, -abwässer n pl / desagües $m pl$ industriales, aguas $f pl$ residuales industriales o de la industria ‖ ~**alkohol** m (Chem) / alcohol m industrial ‖ ~**ansiedlung** f / implantación f de industrias ‖ ~**arbeiter** m / obrero m o trabajador industrial ‖ ~**atmosphäre** f, -luft f (Umw) / atmósfera f industrial ‖ ~**in ausführung** (Gasturbine) / reforzado, de fuerte construcción ‖ ~**bahn** f / ferrocarril m industrial ‖ ~**bau** m / construcción f o arquitectura f industrial ‖ ~**bau**, -gebäude n / edificio m industrial ‖ ~**bauten** pl / edificaciones $f pl$ industriales ‖ ~**betrieb** m / empresa f industrial ‖ ~**betrieb** / operación f industrial ‖ ~**bezirk** m / región f industrial, zona f o cuenca industrial ‖ ~**brenner** m / quemador m industrial ‖ ~**designer** m / diseñador m industrial ‖ ~**diamant** m / diamante m industrial, bort m ‖ ~**diamant-Splitter** $m pl$ / cascos $m pl$ de bort ‖ ~**erzeugnis** n, -produkt n / producto m industrial ‖ ~**-Fernsehen** n s. industrielles Fernsehen ‖ ~**form** f, -design n / diseño m industrial ‖ ~**forschung** f / investigación f industrial ‖ ~**fußboden** m / pavimento m para la industria ‖ ~**gebiet** n / zona f industrial ‖ ~**gelände** n / suelo m o terreno industrial ‖ ~**gewebe** n (Tex) / tejido m industrial ‖ ~**gleis** n (Bahn) / línea f de conexión con establecimientos industriales ‖ ~**hafen** m (Schiff) / puerto m industrial ‖ ~**kleber** m / pegamento m para fines industriales ‖ ~**kletterer** m / trepador m industrial ‖ ~**kraftwerk** n (Elektr) / central f eléctrica industrial ‖ ~**lärm** m / ruido m industrial

industriell, Industrie... / industrial, para la industria, para fines industriales, para usos industriales ‖ ~**es Abwasser** s. Industrieabwasser ‖ ~**e Bauweise** (Bau) / construcción f industrial ‖ ~ **entwickelt** (Land) / industrialmente desarrollado ‖ ~**es Fernsehen**, Industrie-Fernsehen n / televisión f industrial o en circuito cerrado ‖ ~**es Gebiet** (Anwendungsgebiet), industrieller Sektor / sector m industrial ‖ ~**es**

industriell

Messwesen / metrología f industrial ‖ ~**er Sektor** / sector m industrial ‖ ~ **verwertbare Gase** n pl / gases m pl comerciales ‖ **in ~em Maßstab** / a nivel industrial
Industrie•mechaniker m / mecánico m industrial ‖ ~**meister** m / maestro m industrial ‖ ~**- u. Energieministerium** n / Ministerio m de Industria y Energía ‖ ~**müll** m / basura f industrial, desechos m pl industriales ‖ ~**müll-Sinteranlage** f / planta f de sinterización de residuos industriales ‖ ~**nähmaschine** f / máquina f de coser industrial ‖ ~**norm** f / norma f industrial ‖ ~**ofen** m (Hütt) / horno m industrial ‖ ~**park** m / parque m empresarial ‖ ~**pflanzen** f pl / plantas f pl industriales ‖ ~**planung** f / planificación f industrial ‖ ~**rauchgase** n pl (Umw) / humos m pl industriales ‖ ~**reaktor** m (Nukl) / reactor m industrial ‖ ~**reiniger** m / agente m limpiador industrial ‖ ~**roboter** m / robot m industrial ‖ ~**röllchen** n, -scharwenzelrolle f (Förd) / roldana f para usos industriales ‖ ~**schlauch** m / tubo m flexible con refuerzo textil (para fines industriales) ‖ ~**schlepper** m (Kfz) / tractor m industrial ‖ ~**schutzhelm** m / casco m de seguridad o de protección [para usos industriales] ‖ ~**staub** m (Umw) / polvo m industrial ‖ ~**staubsauger** m / aspirador m de polvo industrial ‖ ~**störungen** f pl (Eltronik) / interferencias f pl industriales ‖ ~**textilien** pl / productos m pl textiles para usos industriales ‖ ~**üblich** / usual en la industria ‖ ~**üblicher Grundlohn** (F.Org) / salario m normal o usual ‖ ~**uhren** f pl, Uhren für technische Zwecke / relojería f industrial ‖ ~**unternehmen** n / empresa f industrial ‖ ~**verlagerung** f / desplazamiento m de la industria ‖ ~**verpackung** f / embalaje m o envase industrial ‖ ~**waage** f / balanza f industrial ‖ ~**wasser** n (Umw) / agual f industrial ‖ ~**wasserzähler** m / contador m de agua para la industria ‖ ~**watte** f / algodón m para fines industriales ‖ ~**werk** n, -anlage f / industria f, establecimiento m fabril o industrial ‖ ~**zentrum** n / centro m industrial ‖ ~**zweig** m / ramo m de la industria, sector m industrial
induzieren vt (Phys) / inducir
induzierend, primär / inductor, primario ‖ ~**er Blitzschlag** / caída f de rayo indirecta
induziert, sekundär (Elektr) / inducido, secundario ‖ ~ **elektromotorisch** / electromotor inducido ‖ ~**e Emission** (Laser) / emisión f inducida ‖ ~**es Feld** (Magnetismus) / campo m inducido ‖ ~**er Leistungsverlust** (Luftf) / pérdida f inducida de potencia ‖ ~**er Magnetismus** / magnetismo m inducido ‖ ~**er Sekundärstrom** (Elektr) / corriente f secundaria inducida ‖ ~**e Spannung** / tensión f inducida ‖ ~**er Strom** / corriente f inducida
Indylinschwefelsäure f (Chem) / ácido m indigosulfónico, sulfato m de índigo
INEA (Eltronik) = Internationaler Elektronik-Arbeitskreis
Ineffizienz f, Unzulänglichkeit f / ineficacia f, ineficiencia f
ineinander fahren, zusammenstoßen (Kfz) / entrar en colisión, colisionar, chocar [contra] ‖ ~ **flechten** / entrelazar, entretejer ‖ ~ **fließen** / confluir, confundirse, unirse ‖ ~ **fügen** / juntar, unir ‖ ~ **fügen** (Masch) / encajar ‖ ~ **geschachtelt** / encajado ‖ ~ **geschachtelte Gitter** (Krist) / redes f pl o retículas interpenetradas ‖ ~ **greifen** / conjugarse ‖ ~ **greifen** (Zahnräder) / engranar vi, endentar, engargantar ‖ ~ **greifen** / enlazar [con] ‖ ~ **greifen lassen**, einrücken / embragar ‖ ~ **liegend** (Math) / incidente ‖ ~ **passen** vi vt / engarzar, encajar ‖ ~ **pressen** / encajar bajo presión ‖ ~ **schachteln**, -passen, -stecken / encajar formando juego ‖ ~ **schiebbar** / telescópico ‖ ~ **schieben** [lassen] / enchufar telescópicamente, enchufar, encajar (uno con otro) ‖ ~ **stecken** / enclavijar, enchufar ‖ ~ **verlaufen lassen** (Farbe,

Material) / dejar borrarse ‖ ~ **weben**, verweben / entretejer
inelastisch / inelástico ‖ ~**er Stoß** (Phys) / choque m inelástico
Inempfangnahme f / aceptación f
inert (Chem, Phys) / inerte
Inertanz, Trägheit f (Chem) / inercia f
Inert•-Füllstoff m (Chem) / relleno m inerte ‖ ~**gas** n, Schutzgas n (Schw) / gas m inerte, gas m de protección ‖ ~**gasschweißen** n / soldadura f por atmósfera inerte
Inertial•navigation f, -ortung f (Luftf) / navegación f inercial ‖ ~**raum** m (Luftf) / espacio m inercial
Inertinit m (Kohlebestandteil) / inertinita f
inertisieren (O_2-Reduzierung) / inertizar ‖ ~ (Phys) / inerciar
inertisierend / inertizante adj
inertisierter Müll / basura f inertizada
Inertisierung f (Brandschutz in KKWs) / inertización f ‖ ~ (Phys) / inerciación f
Inertlegierung f (Nukl) / aleación f inerte
Infektion f, Infizierung f (DV, Med) / infección f
Infektiosität f (Med) / infecciosidad f, capacidad f o potencia de infección
Infeldblendung f (Foto) / deslumbramiento m
Inferenz f (Stat) / inferencia f
Infiltration f / infiltración f
Infiltrations•-Cermet n (Material) / cermet m de infiltración ‖ ~**gebiet** n (Hydr) / región f de infiltración
infimal (Regeln) / infimal
Infimum n (Math) / ínfimo m, infimum m, límite m inferior
infinite Menge (Math) / cantidad f infinita
infinitesimal (Math) / infinitesimal ‖ ~**größe** f / cantidad f infinitesimal ‖ ~**rechnung** f / cálculo m infinitesimal
Infix-Schreibweise f (DV) / anotación f infija
infizieren vt (DV, Med) / infectar
Inflexionspunkt m (Geom) / punto m de inflexión
Influenz f (Elektr) / influencia f ‖ ~**elektrizität** f / electricidad f por influencia ‖ ~**konstante** f, ε_0 (Phys) / constante f de influencia, permitividad f absoluta del vacío ‖ ~**maschine** f (histor.) (Elektr) / generador m electrostático ‖ ~**rauschen** n (Eltronik) / ruido m inducido ‖ ~**schutzwirkung** f (Eltronik) / efecto m de pantalla de blindaje ‖ ~**strom** m (Elektr) / corriente f de influencia ‖ ~**vermögen** n, Induktionsvermögen n / capacidad f o potencia inductiva
Infobahn f s. Datenautobahn
Info-Fenster n (DV) / ventana f de información
Infographie f (DV) / infografía f
Infomobil n (Kfz) / infomóvil m
Informatik f (DV) / informática f ‖ ~... / informático
Informatiker m / informático m, técnico m de informática
Informatik•-Ingenieur m / ingeniero m de informática ‖ ~**system** n / sistema m informático ‖ ~**-Verbund** n / interconexión f informática
Information f, Nachricht f / información f ‖ ~ **eingeben** (DV) / alimentar información, insertar información ‖ ~ **speichern** / memorizar información, almacenar información, registrar información ‖ ~**en zerhacken**, verwürfeln (Fernm) / mezlar informaciones [al azar]
Informationalisierung f / informacionalización f
Information-Management-System n / sistema m integral de procesamiento
Informations•... / de informaciones, informativo ‖ ~**abruf** m / petición f de información ‖ ~**abtastsystem** n / sistema m de exploración de informaciones ‖ ~**abwicklung** f / procesamiento m de la información ‖ ~**-Anbieter** m / oferente m o suministrador de información ‖ ~**ausgabe** f / salida f de información ‖ ~**austausch** m / intercambio m de informaciones ‖ ~**bedarf** m / demanda f de información ‖ ~**beginn** m / comienzo m de información ‖ ~**beginn- u. -ende-Detektor** m

650

(Magn.Bd) / detector *m* de limitación ‖ ~**belag** *m* (DV) / contenido *m* [de información] en símbolo ‖ ~**bit** *n*, Datenbit *n* / bit *m* significativo o de información ‖ ~**block** *m* / bloque *m* de información ‖ ~**darstellung** *f* / presentación *f* de datos o de información ‖ ~**datenfluss** *m* / flujo *m* de información ‖ ~**dichte** *f*, Packungsdichte *f* (DV) / densidad *f* de información ‖ ~**eingabe** *f* / entrada *f* de información ‖ ~**einheit** *f* **in Speicher** (DV) / unidad *f* de información ‖ ~**ende** *n* / fin *m* de información ‖ ~**erfassung** *f* / adquisición *f* de informaciones ‖ ~**erschließung** *f* / recuperación *f* de información ‖ ~**fluss** *m* / rapidez *f* o velocidad de información, flujo *m* de información ‖ ~**gehalt** *m* / contenido *m* de información ‖ ~**gewinnung** *f* / recopilación *f* de información ‖ ~**kanal** *m* (DV) / canal *m* de información ‖ ~**kapazität** *f* / capacidad *f* de información ‖ ~**kennzeichnung** *f* / identificación *f* de información ‖ ~**loses Bit** (DV) / bit *m* suplementario ‖ ~**menge** *f* / cantidad *f* de información ‖ ~**messung** *f* / medición *f* de la información ‖ ~**netz** *n* / red *f* informativa ‖ ~**-Rückgewinnungssystem** (DV) / sistema *m* de recuperación de información ‖ ~**sammlung** *f* / colección *f* de informaciones ‖ ~**speicher** *m* / memoria *f* [de informaciones] ‖ ~**speicherung** *f* / registro *m* de información, memorización *f* de información ‖ ~**speicherung u.** **-wiedergewinnung** *f* / memorización *f* y recuperación de información ‖ ~**sprache** *f* / lenguaje *m* de información ‖ ~**spur** *f* (Magn.Bd) / pista *f* de información ‖ ~**system** *n* / sistema *m* de información ‖ ~**tafel** *f* / panel *m* de información ‖ ~**technik** *f* / técnica *f* informativa o de información ‖ ~**techniker** *m* (Lehrberuf) / técnico *m* de información ‖ ~**technologie** *f*, IT / tecnología *f* de la información ‖ ~**- und Kommunikationstechnologie** *f* / Tecnologías *f pl* de la Información y Comunicación, TIC ‖ ~**theorie** *f* / teoría *f* de información ‖ ~**tragende Welle** / onda *f* portadora de informaciones ‖ ~**träger** *m pl* (DV) / portador *m* o soporte de informaciones ‖ ~**trennzeichen** *n* / separador *m* de informaciones ‖ ~**übernahme** *f* / absorción *f* o interpretación de una información ‖ ~**übertragung** *f* (Fernm) / transmisión *f* de información ‖ ~**umsetzer** *m* (Datenübertragung) / convertidor *m* de información ‖ ~**umwandlung** *f* (DV) / conversión *f* de información ‖ ~**verarbeitung** *f* / tratamiento *m* de información, sistematización *f* de datos ‖ ~**verarbeitungseinrichtung** *f* / equipo *m* de elaboración o de sistematización de datos ‖ ~**verdichtung** *f* / reducción *f* de información ‖ ~**verlust** *m* / pérdida *f* de información ‖ ~**verstümmelung** *f* / mutilación *f* de información ‖ ~**verteiler** *m* (Fernm) / distribuidor *m* o repartidor de información ‖ ~**weg** *m* / línea *f* de información ‖ ~**welle** *f* (Eltronik) / onda *f* de información ‖ ~**-Wiedergewinnung** *f*, Information Retrieval *n* (DV) / recuperación *f* de información ‖ ~**wissenschaft** *f* / ciencia *f* de la información, informática *f* ‖ ~**wort** *n* / palabra *f* de información ‖ ~**zentrum** / centro *m* de informaciones ‖ **für** ~**zwecke** / a título de información
informatorisch, Informations... / informativo
informieren, benachrichtigen / informar, avisar
infovía (spanische Datenautobahn) / Infovía *f* (E)
infra • akustisch (Phys) / infr[a]acústico ‖ ~**brechung**, Unterstandsbrechung *f* (Radar) / subrefracción *f* ‖ ~**dynschaltung** *f* / conexión *f* infradina ‖ ~**modular** / inframodular ‖ ~**protein** *n* (Biochem) / infraproteína *f*
infrarot, IR (Opt, Phys) / infrarrojo *adj*, IR ‖ ~ *n*, Ultrarot *n* / infrarrojo *m* ‖ ~**absorptionsspektroskopie** *f* / espectroscopía *f* de absorción infrarroja ‖ ~**-Aero-Film** *m*, -fliegerfilm *m* (Foto) / película *f* infrarroja para aviones ‖ ~**analysator** *m* (Eltronik) / analizador *m* de infrarrojo ‖ ~**aufnahme** *f*, -photographie *f* / foto *f* infrarroja ‖ ~**-Autofokussierung** *f* (Opt) / autofocalización *f* infrarroja ‖ ~**-Beobachtungsgeräte** *n pl* (Mil) / equipo *m* de observación por rayos infrarrojos ‖ ~**bild-Digitalisierung** *f* / digitalización *f* de imagen infrarroja ‖ ~**-Bildwandler** *m* / convertidor *m* o conversor de imagen en infrarroja ‖ ~**blitzlampe** *f* / bombilla *f* relámpago infrarrojo ‖ ~**-Charakteristik** *f* (Flugkörper) / característica *f* infrarroja ‖ ~**detektor** *m*, -auge *n* (Phys) / detector *m* de radiación infrarrojo, detector *m* de infrarrojo ‖ ~**durchlässig** / permeable a los rayos infrarrojos ‖ ~**durchlauftrockenofen** *m* (Chem) / secadero *m* infrarrojo [de paso] continuo ‖ ~**empfänger** *m* (Phys) / receptor *m* de infrarrojo o de rayos infrarrojos ‖ ~**empfindliche Emulsion** (Foto) / emulsión *f* sensible al infrarrojo ‖ ~**entfernungsmesser** *m* / telémetro *m* de infrarrojo ‖ ~**-Erdstrahlungssensor** *m* (Phys) / sensor *m* de rayos infrarrojos terrestres ‖ ~**-Farbfilm** *m* (Foto) / película *f* en colores infrarrojo ‖ ~**fernbedienung** *f* (Eltronik) / telemando *m* o control remoto por infrarrojo ‖ ~**heizung** *f* / calefacción *f* por rayos infrarrojos ‖ ~**kopfhörer** *m* / auriculares de infrarrojo *m pl* ‖ ~**lampe** *f* / lámpara *f* infrarroja ‖ ~**laser** *m* / láser *m* infrarrojo ‖ ~**-Lenkung** *f* / guiaje *m* por infrarrojo, guiado *m* por infrarrojo ‖ ~**-Luftbildvermessung** *f* (Verm) / aerofotografía *f* por rayos infrarrojos ‖ ~**maser** *m*, Iraser *m* (Eltronik), iraser *m* / máser *m* de infrarrojo, iraser *m* ‖ ~**messgerät** *n* / radiómetro *m* infrarrojo [termográfico] ‖ ~**mikroskop** *n* / microscopio *m* de rayos infrarrojos ‖ ~**nachrichtentechnik** *f* / técnica *f* de comunicaciones de rayos infrarrojos, telecomunicación *f* infrarroja o a base de rayos infrarrojos ‖ ~**nachtsichtgerät** *n* / noctovisor *m* por rayos infrarrojos ‖ ~**ofen** *m* (Chem) / horno *m* de rayos infrarrojos ‖ ~**optik** *f* / óptica *f* de infrarrojo ‖ ~**[ortungs]radar** *m* / radar *m* infrarrojo de localización ‖ ~**photographie** *f* / fotografía *f* infrarroja ‖ ~**platte** *f* (Foto) / placa *f* infrarroja ‖ ~**-Quantendetektor** (Phys) / detector *m* cuántico infrarrojo ‖ ~**-Radar** *m* *n* **mit Entfernungs- u. Richtungsanzeige** / equipo *m* de termolocalización, equipo *m* de localización por rayos infrarrojos ‖ ~**-Raumheizung** *f* / calefacción *f* por rayos infrarrojos ‖ ~**schranke** *f*, -lichtschranke *f* / barrera *f* [de luz] infrarroja ‖ ~**sensor** *m* / sensor *m* o receptor de rayos infrarrojos ‖ ~**-Sichtgerät** *n* (Mil) / visor *m* de luz infrarroja ‖ ~**sichtröhre** *f* / tubo *m* telescópico infrarrojo ‖ ~**spektrometer** *f* (Phys) / espectrómetro *m* de infrarrojo o por rayos infrarrojos ‖ ~**-Spektroskopie** *f* / espectroscopia *f* en infrarrojo o por rayos infrarrojos ‖ ~**spektrum** *n* / espectro *m* infrarrojo ‖ ~**steuerung** *f* / mando *m* por rayos infrarrojos ‖ ~**strahler** *m* (Phys) / radiador *m* infrarrojo, emisor *m* de radiación infrarroja ‖ ~**strahlung** *f* (Phys) / radiación *f* infrarroja ‖ ~**strahlungsmessung** *f* / radiometría *f* infrarroja ‖ ~**strahlungsofen** *m* (Chem) / horno *m* de radiación infrarroja ‖ ~**-Strahlungstrockner** *m* / secador *m* de radiación infrarroja ‖ ~**-Suchkopf** *m* / cabeza *f* buscadora infrarroja ‖ ~**telefonie** *f* (Fernm) / telefonía *f* por infrarrojo ‖ ~**trocknung** *f* (Chem) / secado *m* infrarrojo ‖ ~**-Vidikon** *n* (TV) / vidicón *m* de infrarrojo ‖ ~**wandlerschirm** / pantalla *f* de convertidor infrarrojo ‖ ~**-Zielfernrohr** *n* (Mil) / anteojo *m* de puntería infrarroja ‖ ~**-Zielsuchkopf** *m* (Mil) / cabezal *m* de autodirección por rayos infrarrojos del blanco ‖ ~**-Zielsuchlenkung** *f* / autodirección *f* por rayos infrarrojos
Infra • schall *m* (< 16 Hz) (Akust) / infrasonido *m* ‖ ~**schall...** / infrasónico, infraacústico ‖ ~**struktur** *f* (allg, technisch) / infraestructura *f* ‖ ~**strukturaufwendungen** *f pl* / gastos *m pl* por la (o de) infraestructura, inversiones *f pl* de infraestructura ‖ ~**strukturelle Anlagen** *f pl*, Folgeeinrichtungen *f pl* / instalaciones *f pl* de infraestructura

Infusion

Infusion f, Aufguss m (Chem, Pharm) / infusión f
Infusorienerde f (Chem) / tierra f infusoria o de infusorios, kieselguhr f
Ingangsetzen n / puesta f en marcha
Ingenieur m (allg) / ingeniero m || ~ (grad), jetzt: Diplomingenieur m (FH) / ingeniero m graduado || ~, Diplomingenieur m, DI (Univ.) / ingeniero superior (E);.m. || ~ **der Regel[ungs]technik** / ingeniero m de la técnica de regulación || ~ **für Projektierungsarbeiten** / ingeniero m proyectista o de proyecto || ~**arbeit** f / ingeniería f, trabajo m de ingeniería || ~**bauten** m pl, Kunstbauten mpl (Bau) / obras f pl de ingeniería || ~**beratungsunternehmen** n / consultorio m de ingeniería, oficina f consultora de ingeniería || ~**biologie** f / bioingeniería f || ~**[planungs]büro** n / gabinete m de ingeniería || ~**büro** n / oficina f de ingeniero asesor (o consejero), oficina f de asesor técnico || ~**büro**, technisches Büro / oficina f de estudios técnicos || ~**büro**, Entwicklungsbüro n (F.Org) / departamento m de investigaciones || ~**chemiker** m / ingeniero-químico m || ~**geologe** m / ingeniero m geólogo || ~**geologie** f / geología f ingenieril, geotécni[c]a f || ~**modell** n / modelo m tecnológico [de ingeniero] || ~**stunden** f pl (F.Org) / horas-ingeniero f pl || ~**technik** f / técnica f de ingeniería, ingeniería f técnica || ~**technisches Instandsetzungspersonal** n / personal m técnico de entretenimiento (sector ingeniería) || ~**theodolit** m (Verm) / teodolito m para ingeniería || ~**verein** od. -**verband** m / asociación f de ingenieros (superiores) (E) || ~**wesen** n, -tätigkeit f / ingeniería f || ~**wissenschaften** f pl / ciencias f pl ingeniería
Ingrainpapier n (Zeichn) / papel m [pintado] ingraín
Ingrediens n, -dienz f (Chem, Pharm) / ingrediente m, componente f m
Ingres[bütten]papier n / papel m ingres [de tina]
Ingwer m, zingiber officinate (Bot, Pharm) / jengibre m
Inhaber m, Besitzer m / poseedor m, posesor m, titular m
Inhalt m / contenido m || ~, Umfang m, Weite f, Geräumigkeit f / capacidad f || ~, Inhaltsverzeichnis n (Druck) / índice m, sumario m, tabla f de materias || ~, Raumgehalt m / cabida f || ~ m, Flächeninhalt m / superficie f || ~, Weite f / área f || ~, Stoff m / sustancia f, materia f, masa f || ~ m **eines Körpers** / volumen m || ~ **von Karteien etc** / datos m pl registrados en ficheros etc.
inhalts•adressierbarer Speicher, CAM (DV) / memoria f asociativa || ~**adressiert** (DV, Speicher) / asociativo || ~**angabe** f (Druck) / índice m, resumen m, sumario m || ~**angabe einer Kiste** / especificación f del contenido de una caja || ~**bestimmung** f **von Flächen** (Geom) / determinación f de áreas || ~**bestimmung von Körpern** (Geom) / cubicación f || ~**bezogener Zugriff** (DV) / acceso m asociativo || ~**manometer** n (Gasflasche) / manómetro m de contenido || ~**treu**, flächentreu (Math) / conforme a la superficie real || ~**übersicht** f (Druck) / sumario m || ~**verzeichnis** n / sumario m, índice m de contenido, tabla f de materias || **mit einem** ~**verzeichnis versehen** / indexar
inhärent, Eigen..., innewohnend / inherente, intrínseco || ~**es Gleichstromverhältnis** (Halbl) / intensidad f inherente de la corriente directa o en sentido directo || ~**e Sicherheit** / seguridad f inherente o intrínseca || ~**e Viskosität** (Phys) / viscosidad f inherente
inhibierend / inhibitorio
Inhibit• ... (DV) / inhibidor || ~**betriebsart** f, Sperrmodus m (DV) / modo m inhibidor o de inhibición || ~-**Draht** m (Eltronik) / hilo m de bloqueo, hilo m inhibidor || ~-**Impuls** m / impulso m inhibidor
Inhibition f (DIN) (DV) / inhibición f
Inhibitionsphase f, Schutzkolloid n in einem lyophoben Sol (Chem) / fase f de inhibición

Inhibitor, Hemmstoff m (Chem) / inhibidor m, pasivador m || ~ m (Foto) / retardador m || ~, Stabilisator m (Öl) / estabilizador m || ~, Antikatalysator m (Chem) / anticatalizador m || ~ (DV) / inhibidor m
inhibitorisch, hemmend / inhibidor
Inhibit•-Schaltung f (Eltronik) / circuito m inhibidor || ~-**Signal** n / señal f inhibidora
inhomogen / inhomogéneo, no homogéneo, heterogéneo || ~**er Kernreaktor** (Nukl) / reactor m heterogéneo
Inhomogenität f / inhomogeneidad f
Inhour f (Reaktor) / inhour f (hora invertida) || ~-**Gleichung** f (Nukl) / ecuación f de reactividad
Inhouse-Netz n (Fernm) / Inhouse Network (red de área local)
Initiale f, Initial-, Anfangsbuchstabe m, Initial n (Druck) / letra f inicial, inicial f
Initial•effekt m / efecto m inicial || ~**elektrode** f (Elektr) / electrodo m de inicialización
initialisieren vt, benennen / designar por las iniciales || ~ (DV) / poner en los valores iniciales || ~ (PC) / arrancar (un ordenador)
Initialisierung f (DV) / iniciación f
Initialisierungswort n (DV) / palabra f de iniciación
Initial•ladung f (Sprengstoff) / carga f iniciadora || ~**sprengstoff** m (Chem) / detonador m || ~**wort** n, Akronym n / acrónimo m || ~**zünder** m, Detonator m (Bergb) / detonador m, detonante m iniciador || ~**zündung** f (Bergb, Mil) / ignición f inicial
Initiator m (Reaktion) (Chem) / disparador m || ~ (DV) / iniciador m || ~ m, Näherungsschalter m (Elektr) / conectador m de aproximación
initiieren vt / cebar, iniciar
Injektion f (Geol) / inyección f || ~, Zuführung f von Ladungsträgern (Halbl) / inyección f || ~, Injizieren n, Einspritzen n (Geol, Med) / inyección f
Injektions•bohrung f, Flutbohrung f (Öl) / sondeo m para inyección || ~**brenner** m (Ölbrenner) (Heizung) / pulverizador m, atomizador m || ~**folgespannung** f (Halbl) / tensión f postinyectora || ~**gerät** n, Einpressgerät n (Zement) / aparato m de inyección || ~**laser** m / láser m de inyección || ~**mischverfahren** n / procedimiento m de mezcla por inyección || ~**mittel** n / inyectable || ~**presse** f (für Zement) / prensa f inyectora || ~**quelle** f (Öl) / pozo m de inyección || ~**strom** m (Halbl) / corriente f de inyección || ~**wirkungsgrad** m (Halbl) / rendimiento m de inyección || ~-**Zone** f, i-Zone f (Halbl) / zona f I, zona f de inyección
Injektor m, Strahlpumpe f (Dampfm) / inyector m || ~ **saugender** ~ / inyector m aspirante || ~**brenner** m (Schw) / soplete m de baja presión || ~**düse** f (Heizung, Mot) / tobera f inyectora || ~**nadel** f, Düsennadel f (Brenner) / aguja f de inyector
injizieren vt / inyectar
Inkarnatklee m (Bot, Landw) / trébol m encarnado
inklinante Buhne (Hydr) / estacas f pl oblicuas
Inklination f (Astr, Magn.Nadel) / inclinación f
Inklinations•bussole f, -kompass m / brújula f de inclinación || ~**nadel** f, Inklinatorium n / aguja f de inclinación, inclinatorio m || ~**winkel** m (Kompass) / ángulo m de inclinación || ~**winkel**, Missweisung f / inclinación f magnética || ~**winkel** (Radar) / actitud f en cabeceo, ángulo m de inclinación longitudinal
Inklinometer n, Neigungsmesser m (Luftf) / clinómetro m
Inklusion f (Chem, Math) / inclusión f
Inklusionsverbindung f, Clathrat n (Chem) / clatrato m
inklusiv•es ODER, Disjunktion f (DV) / O m inclusivo || ~-**es-ODER-Schaltung** f (DV) / circuito m [de] O [inclusivo], O m, suma f lógica
inkohärent (Phys) / incoherente || ~**es Licht** (Opt) / luz f incoherente || ~**e Streuung** (Nukl) / difusión f incoherente

652

inkohlen *vt*, verkoken (Hütt) / carbonizar, coqueficar
Inkohlung *f* (Geol) / carbonización *f*
Inkohlungs•grad *m* / grado *m* de carbonización ‖ ⁓**gradient** *m* / gradiente *m* de carbonización
inkommensurabel (Math) / inconmensurable
inkompatibel / incompatible
Inkompatibilität *f* / incompatibilidad *f*
inkompressibel (Phys) / incompresible
inkongruent (Geom) / incongruente
Inkongruenz *f* (Math) / incongruencia *f*
inkonsistent (DV, Math) / inconsistente
Inkonsistenz *f* / inconsistencia *f*
Inkorporationen *f pl*, inkorporierte Radionuklide / radionúclidos *m pl* incorporados (al cuerpo humano)
inkorporieren *vt*, vereinigen / incorporar
Inkraft•setzung *f* / puesta *f* en vigor ‖ ⁓**treten** *n* / entrada *f* en vigor
Inkreis *m* (Math) / círculo *m* inscrito ‖ ⁓**mittelpunkt** *m* / centro *m* de círculo inscrito
Inkrement *n*, Schritt *m* (Math, Phys) / incremento *m* ‖ **um** ⁓**e vergrößern** / incrementar
inkremental•e Ausfallwahrscheinlichkeit / probabilidad *f* incremental de fallo ‖ ⁓**e Darstellung** (DV, Math) / representación *f* incremental o diferencial ‖ ⁓**e Permeabilität** (Phys) / permeabiidad *f* incremental ‖ ⁓**es Testen** (DV) / ensayo *m* incremental ‖ ⁓**...** (DV, Math) / incremental
Inkremental•bandgerät *n* (Eltronik) / registrador *m* incremental de cinta, grabadora *f* incremental de cinta ‖ ⁓**geber** *m* / transmisor *m* incremental ‖ ⁓**impuls** *m* / impulso *m* de incremento ‖ ⁓**-Integrator** *m* / integrador *m* incremental ‖ ⁓**-Messverfahren** *n* (NC) / procedimiento *m* de medición incremental ‖ ⁓**messwertdrucker** *m*, -Digitalrekorder *m* / registrador *m* incremental digitalizado, grabadora *f* incremental digitalizada ‖ ⁓**rechner** *m* (DV) / computadora *f* que trabaja con incrementos ‖ ⁓**steuerung** *f*, Wegänderungssteuerung *f* (Wzm) / mando *m* incremental
inkrementieren (DV, Math) / incrementar
Inkrement•-Probenahme *f* / incremento *m* de la toma de muestras ‖ ⁓**-Teilungsverfahren** *n* (Math) / incremento *m* del sistema de división
inkromieren *vt* (Hütt) s. inchromieren
Inkrom-Verfahren *n* (Hütt) / procedimiento *m* de cromización
Inkrustation *f*, Inkrustierung *f* / incrustación *f*
Inkrusten *f pl*, Inkrustationen *f pl* / incrustaciones *f pl*
inkrustieren *vt* / incrustar *vt* ‖ ⁓ *vi* / incrustarse *vi*
Inkubation *f* (Chem, Med) / incubación *f*
Inkubationszeit *f* / período *m* de incubación
Inkubator *m* (Med) / incubadora *f*
inkubieren *vt* / incubar
Inland•eis *n* (Geol) / inlandeis *m*, glaciar *m* continental ‖ ⁓**-Flugverkehr** *m* / tráfico *m* aéreo interior o nacional
inländisch (allg) / del país, interior, nativo ‖ ⁓**er Übergabebahnhof** (Bahn) / estación *f* interior de transferencia
Inlands•... (Zuck) / del país ‖ ⁓**erzeugnis** *n* / producto *m* nacional o del país (LA) ‖ ⁓**gespräch** *n* (Fernm) / conferencia *f* nacional ‖ ⁓**markt** *m* / mercado *m* interior o nacional ‖ ⁓**satellit** *m* (Raumf) / satélite *m* nacional ‖ ⁓**verkehr** *m* / tráfico *m* interior o nacional ‖ ⁓**verpackung** *f* / embalaje *m* para el interior
Inlay *n* (Zahnmedizin) / inlay *m*
Inlett *n*, Bettdrell *m* (Tex) / funda *f* o tela para edredones o para colchones ‖ ⁓**köper** *m* (Tex) / sarga *f* para fundas de colchones
In-line•-Anordnung *f* (z.B. Elektroden) (Eltronik) / disposición *f* en línea ‖ ⁓**-Farbbildröhre** *f* (TV) / tubo *m* de colores [con conexiones] en línea ‖ ⁓**-Mischer**

m / mezcladora *f* continua o en línea (para gases y líquidos) ‖ ⁓**-Pumpe** *f* / bomba *f* instalada en línea
inmitten [von] / en el centro [de], en medio [de]
innen / dentro, en el interior ‖ ⁓ **befestigt** (IC) / fijado dentro o por detrás ‖ ⁓ **glattes Rohr** / tubo *m* de superficie interior lisa ‖ ⁓ **räumen** (Masch) / brochar o escariar interiormente ‖ ⁓ **schwach verdrilltes Seil** / cable *m* de alma de baja torsión ‖ ⁓ **überstehend** / saliente en el interior ‖ ⁓ **und außen** / dentro y fuera ‖ **nach** ⁓ **gerichtet** / dirigido hacia dentro, adentro
Innen•... / interior, endo... ‖ ⁓**abfall** *m*, Putzen *m* (Plast) / pipa *f* ‖ ⁓**abmessung** *f* / dimensión *f* interior ‖ ⁓**absaugung** *f* / aspiración *f* interna ‖ ⁓**abspulung** *f* (Loch-, Magnetband) / desbobinado *m* del centro ‖ ⁓**achslager** *n* (Bahn) / cojinete *m* de eje interno ‖ ⁓**anlage** *f* / instalación *f* interna ‖ ⁓**ansicht** *f* / vista *f* del interior ‖ ⁓**anstrich** *m* (Bau) / pintura *f* interior ‖ ⁓**antenne** *f* / antena *f* interior ‖ ⁓**antrieb** *m* / accionamiento *m* o motor interno ‖ ⁓**architekt** *m* / arquitecto *m* de interiores ‖ ⁓**architektur** *f*, -ausgestaltung *f*, -baukunst *f* / arquitectura *f* de interiores, interiorismo *m* ‖ ⁓**armierter feuerfester Stein** (Bau) / ladrillo *m* refractario con armadura interna ‖ ⁓**aufnahme** *f* (Foto) / retrato *m* en interior ‖ ⁓**ausbau** *m* (Bau) / obras *f pl* interiores ‖ ⁓**ausdehnungsbremse** *f* (Kfz) / freno *m* de expansión interior ‖ ⁓ **[aus]drehen** *vt* (Wzm) / tornear el interior ‖ ⁓**ausdrehschieber** *m* (Wzm) / colisa *f* para barrenado, colisa *f* barrenadora (o alisadora) ‖ ⁓**auskleidung** *f* (Kfz) / tapicería *f* ‖ ⁓**auspolsterung** *f* / acolchado *m* interior ‖ ⁓**ausschnittsschere** *f* / tijera *f* de contornear interiormente ‖ ⁓**ausstattung** *f* (Bau) / instalaciones *f pl* internas, decoración *f* interior ‖ ⁓**ausstattung** (Material), -dekoration *f* / adornos *m pl* ‖ ⁓**ausstattung** (einschl. Sitzen) (Kfz) / equipamiento *m* de la cabina ‖ ⁓**ausstattung**, -einrichtung *f* (Terminal) / instalación *f* interior ‖ ⁓**backenbremse** *f* (Kfz) / freno *m* de zapatas interiores ‖ ⁓**ballistisch** (Phys) / de balística interior ‖ ⁓**bearbeitung** *f* / mecanizado *m* interior ‖ ⁓**bedüsung** *f* / dispositivo *m* interior de humedecimiento ‖ ⁓**beleuchtetes Messinstrument** / instrumento *m* de medición iluminado ‖ ⁓**beleuchtetes Schaltbild** (Elektr) / diagrama *m* iluminado ‖ ⁓**beleuchtung** *f* (Bau) / alumbrado *m* interior ‖ ⁓**belüftet** (Bremsscheiben) / de ventilación interior ‖ ⁓**belüftung** *f* (Masch) / ventilación *f* interna ‖ ⁓**beplankung** *f* (Schiff) / tablazón *m* ‖ ⁓**beschichtung** *f* / recubrimiento *m* interior ‖ ⁓**blatt** *n* (Schichtholz) / hoja *f* de coro, capa *f* central ‖ **einfache** ⁓**bogenkreuzungsweiche** (Bahn) / travesía *f* en curva interior ‖ ⁓**bogenweiche** *f* (Bahn) / desvío *m* curvo convergente ‖ ⁓**bord** *m* (Rollenlager) / reborde *m* interior (rodamiento de rodillos), borde *m* interior ‖ ⁓**bord** (Stanz) / collarín *m* ‖ ⁓**bord-Druckanzug** *m* (Raumf) / traje *m* espacial intravehicular ‖ ⁓**bordgeführt** (Wälzlager) / con aro interior cerrado ‖ ⁓**bordmotor** *m* (Schiff) / motor *m* interior ‖ ⁓**bremse** *f* / freno *m* interno ‖ ⁓**dekorateur** *m*, Raumausstatter *m* (Bau) / interiorista *m* ‖ ⁓**drehen** *vt* (Wzm) / tornear interiormente ‖ ⁓**drehmeißel** *m* (Dreh) / cuchilla *f* de torno para interiores ‖ ⁓**dreikant** *m* / triángulo *m* interior ‖ ⁓**dreikantschraube** *f* / tornillo *m* con triángulo interior ‖ ⁓**druck** *m* / presión *f* interior ‖ ⁓**druckkabel** *n* (Elektr) / cable *m* bajo presión interna ‖ ⁓**druckprobe** *f* / ensayo *m* de presión interior *m*, Abdrückversuch *m* / ensayo *m* de presión interna [de agua] ‖ ⁓**druckversuch mit Luft** / ensayo *m* de resistencia a la presión interna neumática ‖ ⁓**durchmesser** *m* / diámetro *m* interior ‖ ⁓**-Eckdrehmeißel** *m* (Dreh) / cuchilla *f* de torno de esquina para interiores, cuchilla *f* para ángulos interiores ‖ ⁓**ecke** *f* / esquina *f* interior ‖ ⁓**einlage** *f*, -packung *f* / empaquetadura *f* interior ‖ ⁓**einrichtung**

Inneneinrichtung

f s. Innenausstattung ‖ ≃**einrichtung** (Bau) / decoración *f* interior, muebles *m pl* ‖ ≃**einrichtung** (Kfz) / equipo *m* interior ‖ ≃**einstechen** *n* (Wzm) / ranurado *m* interior, acanalado *m* en interiores ‖ ≃**elektrode** *f* / electrodo *m* central ‖ ≃**expansionsdüse** *f* (Raumf) / tobera *f* interna de expansión ‖ ≃**falte** *f* (Reifen) / pliegue *m* interior ‖ ≃**feuerung** *f* / hogar *m* interior, hogar *m* cerrado ‖ ≃**feuerung durch einen Tauchbrenner** / combustión *f* sumergida ‖ ≃**filter** *m n* / filtro *m* interior ‖ ≃**fläche** *f* / superficie *f* interna o interior, cara *f* interior ‖ ≃**fläche** (Gewölbe) / intradós *m* ‖ ≃**fläche des Beitels** (Wz) / bisel *m* interior del formón o escoplo ‖ ≃**fläche von gesägtem Holz** / cara *f* interior de madera aserrada ‖ ≃**flanschlasche** *f* (Stahlbau) / cubrejunta *f* interior ‖ ≃**flügel** *m* (Fenster) / batiente *m* interior ‖ ≃**fokussierung** *f* (Verm) / focalización *f* interior, enfoque *m* interior ‖ ≃**fräsen** (Wzm) / fresado *m* interior ‖ ≃**fräser** *m* (Wz) / fresa *f* para interiores ‖ ≃**fühlhebel** *m* / palanca *f* sensitiva o de tacto para interiores ‖ ≃**futter** *n*, [Innen-]Auskleidung *f* / revestimiento *m* interior, forro *m* ‖ ~**gefärbt** (Lampe) / pintado por dentro ‖ ~**gekühlt** (Elektr, Mot) / refrigerado internamente ‖ ~**gelagerter Achsschenkel** (Kfz) / mangueta *f* interior ‖ ≃**[aus]gestaltung** *f* (Bau) / configuración *f* de interiores ‖ ~**gestufte Spannbacke** (Wz) / mordaza *f* de sujeción graduada hacia el interior ‖ ≃**getriebe** *n* / engranaje *m* interno ‖ ≃**gewinde** *n* / rosca *f* interior, rosca *f* hembra ‖ ≃**gewinde schneiden** / filetear o roscar interiormente ‖ ≃**gewindebohrmaschine** *f* (Wzm) / taladradora-roscadora *f* ‖ ≃**gewindeformer** *m* (Wz) / conformador *m* de roscas interiores ‖ ≃**gewindekupplung** *f* (Rohr) / acoplamiento *m* de extremos femeninos ‖ ≃**gewindemeißel** *m* (Wz) / cuchilla *f* para fileteado interior ‖ ≃**gewindeschneiden** *n* / roscado *m* interior, fileteado *m* interior ‖ ≃**gewindeschneidmaschine** *f* / roscadora *f* hembra ‖ ≃**gewinde-Schnellmessdorn** *m* / macho *m* calibrador rápido para roscas interiores ‖ ≃**gewindesträhler** *m* / peine *m* para roscas interiores ‖ ≃**grat** *m*, Spiegel *m* (Schm) / rebaba *f* [interna] ‖ ≃**hafen** *m* / dársena *f* interior, puerto *m* interior ‖ ≃**heiz...**, -feuerungs... / de calefacción interna ‖ ≃**hof** *m* (Bau) / patio *m* [interior] ‖ ≃**honmaschine** *f* (Wzm) / máquina *f* para honing interiores ‖ ≃**hülse** *f* (Masch) / manguito *m* interior ‖ ≃**hydrant** *m* / boca *f* interna de riego ‖ ≃**impedanz** *f* (Eltronik) / impedancia *f* interna ‖ ~**isoliert** (Elektr, Geräte) / de aislamiento interno ‖ ≃**jalousie** *f* (Bau, Kfz) / persiana *f* interior ‖ ≃**kabel** *n* (Elektr) / cable *m* interior o para interiores ‖ ≃**kaliber** *n* / calibre *m* interior ‖ ≃**kante** *f* / borde *m* interior ‖ ≃**kegel** *m*, -konus *m* / cono *m* hembra ‖ ≃**keilnut** *f* / chavetero *m* interior ‖ **mit** ≃**keilnut** / chaveteado interiormente ‖ ≃**kern...** (Reaktor) / en el núcleo ‖ ≃**kiel** *m* (Schiff) / sobrequilla *f* ‖ ≃**kontrolle** *f* (F.Org) / control *m* interno ‖ ≃**konus** *m* / cono *m* hembra ‖ ≃**konzentration** *f* **des Schutzmittels** (Holz) / concentración *f* en la médula ‖ ≃**kühlung** *f* (Kfz) / refrigeración *f* interior ‖ ≃**lager** *m* / cojinete *m* interior, rodamiento *m* interior ‖ ≃**langdrehen** *n* (Wzm) / torneado *m* cilíndrico interior ‖ ≃**läufermotor** *m* (Elektr) / motor *m* de rotor interior o central ‖ ≃**leistung** *f*, indiciente Leistung / potencia *f* indicada ‖ ≃**leiter** *m* (Kabel) / conductor *m* interior ‖ ≃**leitungen** *f pl* / conductos *m pl* internos ‖ ≃**leitwert** *m* (Eltronik, Röhre) / conductancia *f* ‖ ≃**leuchte** *f* (Kfz) / lámpara *f* de cabina ‖ ~**liegend** (Zündkerzenelektrode) / de punta retirada ‖ ~**liegend** (Dachrinne) / incorporado ‖ ~**[liegend]** *adv* / internamente, interior ‖ ≃**lunker** *m* (Gieß) / rechupe *m* interno, oclusión *f* ‖ ~**maß** *n*, Lichtweite *f* / anchura *f* interior ‖ ≃**maß** (Bau) / medida *f* interior ‖ ~**mattiert** (Lampe) / mateado interiormente ‖ ≃**mauer** *f*, Mittelmauer *f*, Trennmauer *f* (Bau) / muro *m* interior, tabique *m* ‖

≃**mauerwerk** *n* (Ofen) / mampostería *f* interior ‖ ≃**messfühler** *m pl*, -messspitzen *f pl* (Schiebelehre) / picos *m pl* de medida interior ‖ ≃**messgerät** *n* / aparato *m* para la medición de interiores ‖ ≃**messschnabel** *m* (der Schieblehre) / pico *m* de medición de interiores ‖ ≃**messung** *f* / medición *f* de interiores ‖ ≃**messung**, TTL (Foto) / medición *f* de la luminosidad a través del objetivo ‖ ≃**mikrometer** *n*, -messschraube *f* (Mess) / micrómetro *m* de interiores ‖ ≃**mischer** *m*, Kneter *m* (Plast) / mezclador *m* interno, mezcladora *f* interna ‖ ≃**möbel** *n* / muebles *m pl* para interiores ‖ ≃**packung** *f*, -einlage *f* (Masch) / guarnición *f* interior ‖ ≃**parasit** *m* (Zool) / parásito *m* interno ‖ ≃**plattenspannung** *f*, Zugspannungsverschluss *m* (Druck) / cierre *m* de planchas por tensión ‖ ≃**polgenerator** *m*, -polmaschine *f* (Elektr) / generador *m* o alternador de polos interiores ‖ ≃**programmierung** *f* (DV) / programación *f* en almacenamiento ‖ ≃**prüfung** *f* / verificación *f* [del] interior (Bau) / revoque *m* interior ‖ ≃**putz** *m* (Bau) / revoque *m* interior ‖ ≃**rad** *n* / rueda *f* interior ‖ ≃**radsatz** *m* / juego *m* de ruedas interiores ‖ ≃**rahmen** *m* **des Verbundfensters** (Bau) / marco *m* interior de la ventana de contravidriera ‖ ≃**raum** (Bau) / interior *m*, espacio *m* interior ‖ **für** ≃**raum** (Elektr) / para interiores ‖ ≃**raum...** (Elektr) / de interior, bajo techo ‖ ≃**raumbeleuchtung** *f* / alumbrado *m* de interiores ‖ ≃**raumdesign** *n* (Kfz) / deseño *m* del habitáculo ‖ ~**räumen** *vt* / brochar interiores ‖ ≃**räumen** *n* / brochado *m* interior ‖ ≃**räummaschine** *f* (Wzm) / brochadora *f* interior ‖ ≃**räumwerkzeug** *n* / brocha *f* para interiores ‖ ≃**reiniger** *m* (f. Tanks u. Ä.) / limpiador *m* de interiores ‖ **eine** ≃**rille drehen** (Dreh) / tornear una ranura interior ‖ ≃**rinde** *f*, Phloem *n* (Holz) / corteza *f* interior, floema *m* ‖ ≃**ring** *m* (Kugellager) / aro *m* o anillo interior ‖ ≃**ringstraße** *f*, -ring *m* (Verkehr) / cinturón *m* interior, ronda *f* interior ‖ ≃**riss** *m* / agrietamiento *m* interior, grieta *f* o fisura interior ‖ ≃**riss** (Schm) / fisura *f* de forjado ‖ ≃**riss** (Sperrholz) / fisura *f* o hendidura interior ‖ ≃**rohrmischer** *m*, Durchflussmischer *m* / mezcladora *f* tubular ‖ ≃**rückspiegel** *m* (Kfz) / espejo *m* retrovisor interior ‖ ≃**-Rundfräsmaschine** *f* (Wzm) / fresadora *f* circular para interiores ‖ ≃**rundläppen** *n* (Wzm) / lapeado *m* de interiores redondos o de una superficie cilíndrico interior ‖ ≃**rundschleifmaschine** *f* (Wzm) / rectificadora *f* cilíndrica de interiores ‖ ≃**rüttler**, -vibrator *m* (Bau) / vibrador *m* de inmersión ‖ ≃**schicht** *f* (Schlauch) / capa *f* interior ‖ ≃**schleifmaschine** *f* (für Buchsen) (Wzm) / rectificadora *f* planetaria de casquillos ‖ ≃**schleifmaschine mit umlaufender Spindel** / rectificadora *f* de interiores con husillo de movimiento planetario ‖ ≃**schleifvorrichtung** *f*, dispositivo *m* para rectificar interiores ‖ ≃**schweißen** *n* / soldadura *f* de interiores ‖ ≃**sechskant** *m* (Schraube) / [h]exágono *m* interior ‖ ≃**sechskantschlüssel** *m* (Wz) / llave *f* macho [h]exagonal o de [h]exágono interior, llave *f* [van] Allen ‖ ≃**sechskantschraube** *f* / tornillo *m* de cabeza con [h]exágono interior ‖ ≃**sechskantschraube mit Zylinderkopf** / tornillo *m* de cabeza cilíndrica con [h]exágono interior ‖ ≃**seite** *f* / cara *f* o superficie interior ‖ ≃**sohle** *f* (Schuh) / suela *f* interior ‖ ≃**spannfutter** *n* (Wzm) / mandril *m* de sujeción interior ‖ ≃**spannung** *f* (Mech) / tensión *f* interna ‖ ≃**spannung** (Wzm) / sujeción *f* interior ‖ ≃**speicher** *m* (DV) / procesador *m* central ‖ ≃**sperrholz** *n* (Bau, Tischl) / madera *f* contrachapeada para [usos] interiores ‖ ≃**spitzgewinde** *n* / rosca *f* triangular interior ‖ ≃**spreizanker** *m* (ein Dübel) / taco *m* expansible ‖ ≃**stadt** *f* / centro *m* o casco de la ciudad ‖ ≃**-Stechdrehmeißel** *m* (Dreh) / cuchilla *f* para tronzar interiormente ‖ ≃**taster** *m* (Mess) / compás *m* para interiores, compás *m* de huecos ‖ ~**temperatur** *f* / temperatura *f* interior ‖ ~**treppe** *f* (Bau) / escalera *f* interior ‖ ~**trommel** *f* / tambor *m* interior ‖ ~**trübung** *f* (Plast) / turbiedad *f* interna ‖ ~**tür** *f* (Bau) / puerta *f* interior ‖ ~- **und Außenbeleuchtung** *f* / luces *f pl* interiores y exteriores ‖ ~**verbleit** / con emplomado interior ‖ ~**versatz** *m* (Flurförderer) / descalaje *m* interior ‖ ~**verstellbar** (Kfz) / regulable desde el interior ‖ ~**verzahnt** / con (o de) dentado interior, dentado interior ‖ ~**verzahntes Getriebe** / engranaje *m* interior ‖ ~**verzahnte Planscheibe** (Wzm) / portamandril *m* o plato dentado interior, mandril *m* universal dentado interior ‖ ~**verzahntes Rad** / rueda *f* dentada interior ‖ ~**verzahnter Zähler** / contador *m* dentado interior ‖ ~**verzahnung** *f* / dentado *m* interior ‖ ~**vibrator** *m* (Bau) / vibrador *m* de inmersión ‖ ~**vielzahnschraube** *f* / tornillo *m* de cabeza con muescas interiores o con polígono interior ‖ ~**vierkant** *m* / hembra *f* cuadrada, cuadrado *m* interior ‖ **mit** ~**vierkant u. Außenvierkant** / con hembra y macho cuadrados ‖ ~**vierkantantrieb** *m* / accionamiento *m* por hembra cuadrada ‖ ~**vierkantschraube** *f* / tornillo *m* de cabeza con hembra cuadrada ‖ ~**wange** *f* **der Treppe**, Freiwange *f* der Treppe (Bau) / zanca interior o libre ‖ ~**weißer Kolben** (Lampe) / ampolla *f* blanqueada interiormente ‖ ~**weite** *f* / ancho *m* interior, abertura *f* ‖ ~**weite**, -durchmesser *m* / diámetro interior ‖ ~**welle** *f* (in einer Hohlwelle) / árbol *m* interno (de un árbol hueco) ‖ ~**widerstand** *m* (Elektr) / resistencia *f* interior ‖ **dynamischer** ~**widerstand** (Halbl) / resistencia *f* dren-fuente o dren-cátodo ‖ ~**widerstand des anstoßenden Oszillators**, Quellwiderstand *m* (Eltronik) / resistencia *f* de fuente ‖ ~**widerstand m einer Mischröhre** / impedancia *f* de conversión ‖ ~**widerstand einer Röhre** (Widerstandskomponente der Elektrodenimpedanz) / resistencia *f* diferencial, componente *f* resistiva de la impedancia ‖ ~**winkel** *m* (Math) / ángulo *m* interior o interno ‖ ~**wirkungsgrad** *m*, indizierter Wirkungsgrad / rendimiento *m* indicado ‖ ~**zahnkranz** *m* / corona *f* dentada interior ‖ ~**zahnrad**, Zahnrad mit Innenverzahnung *n* / engranaje *m* interior, rueda *f* con dentado interior ‖ ~**zentrierung** *f* / centrado *m* interior ‖ ~**zwölfkantschraube** *f* / tornillo *m* de cabeza con dodecaedro interior

inner•..., **Innen**..., innerer / interior, interno, endo... ‖ ~ (z.B. Überhitzung) / interno (por ej.: sobrecalentamiento) ‖ ~**e Asche**, Pflanzenasche *f* (Kohle) / ceniza *f* vegetal ‖ ~**er Aufbau** (o. Bau) / estructura *f* interna ‖ ~**er Basispunkt** (Halbl) / punto *m* interno de base ‖ ~**e bauliche Einrichtung**, Räumlichkeit *f* eines Hauses (Bau) / conveniencias *f pl* de una casa ‖ ~**e Beanspruchung** / esfuerzo *m* interno, solicitación *f* interna ‖ ~**e Brandgefährdung** (Bau) / riesgo *m* interior de incendio ‖ ~**e Bremsstrahlung** (Nukl) / bremsstrahlung *f* interior ‖ ~**e Dämpfung** (Mech) / atenuación *f* interna ‖ ~**er Durchmesser**, Innendurchmesser *m* / diámetro *m* interior ‖ ~**e Ecknaht**, Kehlnaht *f* (Schw) / soldadura *f* de rincón ‖ ~**er Eingangsleitwert** (Halbl) / conductancia *f* interna de entrada ‖ ~**es Elektron** (Phys) / electrón *m* interno ‖ ~**er Emitterpunkt** (Halbl) / punto *m* interno de emisor ‖ ~**e Energie** (Phys) / energía *f* interna o intrínseca ‖ ~**e Ersatztemperatur**, innere Sperrschichttemperatur (Halbl) / temperatura *f* virtual de la unión ‖ ~**er Firstträger** (Luftf) / viga *f* transversal interna ‖ ~**e Geometrie** / geometría *f* absoluta ‖ ~**er Gewindedurchmesser**, Kerndurchmesser *m* / diámetro interior ‖ ~**e Gewölbe- o. Bogenfläche** (Bau) / intradós *m* ‖ ~**e Gleichlaufscheibe** (Kfz) / disco *m* interior de sincronización ‖ ~**er Grenzwiderstand** (Eltronik,

Röhre) / impedancia *f* límite [de ánodo], resistencia *f* interna límite ‖ ~**e Hälfte der Zahnflanke** (Kegelrad) / mitad *f* interior del flanco de diente ‖ ~**e Kennlinie** (Elektr) / característica *f* interna ‖ ~**e Konversion** (Nukl) / conversión *f* interna ‖ ~**er Kreis** (Geom) / círculo *m* interior ‖ ~**er Makrobefehl** / macroinstrucción *f* interna ‖ ~**er Planet** (Astr) / planeta *m* inferior ‖ ~**es Potential** (Mech) / potencial *m* interno ‖ ~**es Produkt**, Skalarprodukt *n* (Math) / producto *m* interior o escalar ‖ ~**e Reibung** (Phys) / fricción *f* interna, rozamiento *m* interno ‖ ~**er Riss** / fisura *f* interna ‖ ~**er Riss** s. auch Innenriss ‖ ~**e Rückwirkung** (Halbl) / reacción *f* interna ‖ ~**e Salzbildung** (Chem) / formación *f* interior de sal ‖ ~**e Schieber[über]deckung** (Dampfm) / recubrimiento *m* interior del distribuidor ‖ ~**e Schwingungen** *f pl*, Nullpunktsenergie *f* (Chem) / vibraciones *f pl* internas ‖ ~**e Sicherheit** (Masch) / seguridad *f* interna ‖ ~**e Spannung** (Mech) / tensión *f* interna ‖ ~**es Spannungs- o. Teilverhältnis** (Eltronik) / relación *f* de separación intrínseca ‖ ~**er Spannungsabfall** (Elektr) / caída *f* de tensión debida a la impedancia ‖ ~**er Speicher** (DV) / memoria *f* interna ‖ ~**e Sperrschichttemperatur** (Tunneldiode) / temperatura *f* virtual de unión ‖ ~**e Steilheit** (Halbl) / factor *m* de transmisión interna, transmisión *f* interna ‖ ~**es Störsignal** (Röhre, TV) / señal *f* parásita o espuria ‖ ~**er Stromkreis** (Elektr) / circuito *m* interno ‖ ~**e Taktgabe** *f* (DV) / reloj *m* interno ‖ ~**es Teilverhältnis** (Math) / relación *f* interna ‖ ~**er Totpunkt**, unterer Totpunkt, UT (Mot) / punto *m* muerto inferior ‖ ~**e Treppenwange**, Freiwange *f* (Bau) / zanca *f* interior o libre de la escalera ‖ **mit** ~**em Überdruck** / con sobrepresión interna, presurizado ‖ ~**e Überhitzung** (Nukl) / sobrecalentamiento *m* interno ‖ ~**e Verschmelzung**, Durchschmelzung *f* (Glas) / fusión *f* interna ‖ ~**e Viskosität** (Phys) / viscosidad *f* inherente ‖ ~**es Vorgelege** / contramarcha *f* interior ‖ ~**e Welle** (Phys) / onda *f* interna ‖ ~**er Widerstand** (des freien Raums) (Elektr) / impedancia *f* intrínseca

innerbetrieblich, Werks... / interno, de la (o en) fábrica, de la empresa, interempresa[rial] ‖ ~**es Fernsehen** (TV) / televisión *f* por circuito cerrado, televisión *f* en circuito interior, televisión *f* por línea ‖ ~ **fördern** (F.Org) / transportar en la empresa ‖ ~**es Förderwesen** (F.Org) / transporte *m* interno o en la empresa ‖ ~**es System** / sistema *m* interno o interempresarial ‖ ~**er Verbrauch** / consumo *m* de la fábrica ‖ ~**es Vorschlagswesen** / sistema *m* de sugerencias en la fábrica

Inneres *n* / interior *m*, la parte interior, lo de dentro ‖ ~ **des Holzes** / núcleo *m* de la madera ‖ ~ **einer Menge** (Math) / interior *m* de un conjunto

innerhalb, im Innern, mitten [in] / en el seno [de], en el interior [de], dentro [de] ‖ ~ (zeitlich) / en el plazo [de], en el termino [de], dentro [de] ‖ ~ **der Maschine** (Pap) / dentro de la máquina ‖ ~ **der Mauer** (Bau) / intramural ‖ ~ **der Verwaltung** / en la administración, en trámite, local ‖ ~ **des Bandes** (Eltronik) / dentro de la banda, en banda ‖ ~ **des Systems** / en el sistema

innerlich, wirklich / intrínseco

inner•nuklear (Nukl) / intranuclear ‖ ~**orts** (verbrauch) (Kfz) / dentro de la población ‖ ~**städtischer Verkehr** / tráfico *m* urbano ‖ ~**therapeutisches Pflanzenschutzmittel** (Landw) / insecticida *m* sistémico ‖ ~**tropische Konvergenz** (Meteo) / convergencia *f* intertropical

innewohnend, immanent / imanente ‖ ~, inhärent, Eigen... / inherente

innig (Chem) / íntimo ‖ ~**es Gemisch** (Chem) / mezcla *f* íntima

Innovation *f* / innovación *f* ‖ ~**en bringen** / innovar
Innovationszeit *f* (Zeit zwischen Erfindung u. Fertigung) / período *m* de innovación

Innungs... / gremial *adj*
inokulieren *vt* (Bot, Med) / inocular
inoperabel, nicht praktizierbar / no practicable, impracticable
inorganisch, anorganisch (Chem) / inorgánico
Inosilicat *n* (Chem) / inosilicato *m*
Inosin *n* (Chem) / inosina *f*
Inosit *m* (Chem) / inositol *m*
Inoxidation *f* (Chem) / inoxidación *f*
INPAC-Formel *f* / fórmula *f* INPAC
Inphasekomponente *f* (TV) / componente *f* en fase
Input *m* (DV) / entrada *f* de datos, insertación *f* de datos
INR (Nukl) = Institut für Neutronenphysik und Reaktortechnik, Karlsruhe
Insasse *m* (Kfz) / ocupante *m*
Insekt *n* (Zool) / insecto *m* ‖ ≃, kleines harmloses Tier (allg) / bicho *m* ‖ ≃**en** *n pl*, Ungeziefer *n* (Landw) / bichos *m pl*, sabandijas *f pl* ‖ **~befallen** / infestado de insectos
insekten•abweisend / insectífugo ‖ ≃**befall** *m* (Landw) / infestación *f* por (o de) insectos ‖ **~fest** / resistente a la acción de los insectos ‖ ≃**fraß** *m* (Landw) / daños *m pl* [causados] por insectos ‖ ≃**gitter** *n* / rejilla *f* contra insectos ‖ ≃**kunde** *f*, Entomología *f* / entomología *f* ‖ ≃**leim** *m* / cola *f* atrapainsectos, insectilicio *m* ‖ ≃**[schutz]mittel** *n* / repelente *m* ‖ ≃**vertilgung** *f* / desinsectación *f* ‖ ≃**vertilgungspapier** *n* / papel *m* insecticida
insektgeschädigt / dañado por insectos
Insektizid *n*, Insektengift *n* / insecticida *m* ‖ **durch den Magen wirkendes** ≃, Fraßgift *n* / insecticida *m* por ingestión ‖ ≃**spray** *m n*, -spritze *f* / aerosol *m* de insecticida, atomizador *m* de insecticida
Insektophon *n* (zum Aufspüren von Insekten) / insectófono *m*
Insel *f* (Geo) / isla *f* ‖ ≃, Verkehrsinsel *f* (Straßb) / refugio *m* [de peatones], burladero *m* ‖ **kleine** ≃ (Geo) / islote *m*, isleta *f*, islea *f* ‖ ≃**anlage** *f* (Solartechnik) / instalación *f* aislada o separada ‖ ≃**bahnhof** *m* (Bahn) / estación *f* de isla o de islote ‖ ≃**bahnsteig** *m* / andén *m* incoherente o de entrevía ‖ ≃**berg** *m* (Geol) / inselberg *m* ‖ ≃**betrieb** *m* (Elektr) / servicio *m* independiente o aislado ‖ ≃**bildung** *f* (Röhren, Windschutzscheibe) / efecto *m* de islotes, efecto *m* de "inselbildung" ‖ ≃**bildungen** *f pl* (Galv) / formación *f* de islotes ‖ ≃**fertigung** *f* (F.Org) / fabricación *f* en islotes ‖ ≃**kopf** *m* (Straßb) / cabeza *f* de refugio ‖ ≃**netz** *n* (Elektr) / red *f* aislada ‖ ≃**silikat**, Nesosilikat *n* (Chem, Geol) / nesosilicato *m*
Insert *n*, Schriftbild *n* (TV) / inserto *m* ‖ ≃ (Plast) / inserto *m*, encastre *m*
Insertion *f* (Raumf) / inserción *f*
in-situ / in situ ‖ **~-Laugung** *f* **von Erzlagerstätten** (Bergb) / lixiviación *f* en el yacimiento ‖ **~-Pyrolyse** *f* (Chem) / pirólisis *f* in situ ‖ **~-Verbrennung** *f*, thermische Förderung (Öl) / empuje *m* termal ‖ **~-Vergasung** *f* (Bergb) / gasificación *f* subterránea
Insolation, Sonnenbestrahlung, -einstrahlung *f* / insolación *f*
Inspektion *f* (allg) / inspección *f* ‖ ≃, Abnahme *f* / entrega *f* ‖ ≃, Kontrolle *f* / inspección *f*, control *m* ‖ ≃ (Kfz) / revisión *f*
Inspektions•bereich *m* (Nukl) / zona *f* de inspección ‖ ≃**fenster** *n* / ventana *f* de inspección ‖ ≃**-Mannjahr** *n* (Nukl) / año-hombre *m* de inspección ‖ ≃**roboter** *m* / robot *m* de inspección, telemanipulador *m* de control
Inspektor, Kontrolleur *m* (F.Org) / inspector *m* ‖ ≃, Aufseher *m* / superintendente *m*, mayoral *m* [LA], vigilador *m* [MEJ]
instabil / inestable, lábil ‖ **~er Bereich** / margen *m* inestable, zona *f* inestable ‖ **~es Isotop** (Chem) / isótopo *m* inestable ‖ **~er Zustand** (Phys) / estado *m* inestable

Instabilität *f* / inestabilidad *f* ‖ ≃, Flattern *n* / abaniqueo *m*, bamboleo *m*, bailoteo *m* ‖ ≃, Zittern *n* (Kath.Str) / vibración *f*, inestabilidad *f*, sacudidas *f pl* ‖ ≃ **gegen Knickung** (Plasma) / inestabilidad *f* en codo
Instabilitätserscheinungen *f pl* / fenómenos *m pl* de inestabilidad
Instabilwerden *n* (Emulsion) / corte *m* de emulsión
Installateur *m*, Rohrleger *m* / instalador *m* ‖ ≃, Klempner *m* / fontanero *m* ‖ ≃ (für Gas) (Bau) / gasista *m*, gásfiter *m* (Chile) ‖ ≃ (für Dampfleitungen) / fumista *m* ‖ ≃ (Elektr) / montador *m* electricista ‖ ≃ (für Heizungen) / calefactor *m* ‖ ≃ **und Heizungsbauer** (Lehrberuf) / gasista-calefactor *m*
Installateurwerkstatt *f* / gasfitería *f*
Installation *f* (allg, DV) / instalación *f* ‖ ≃, Montage *f* (Masch) / montaje *m* ‖ ≃ *f* (Bau, Gas und Wasser) / instalación *f* de tuberías ‖ ≃, Verdrahtung *f*, Verdrahten *n* (Elektr, Eltronik) / cableado *m* ‖ ≃ *f* (Elektr) / instalación *f* eléctrica
Installations•arbeiten *f pl* (Bau) / trabajos *m pl* de instalación ‖ ≃**einheit** *f*, -block *m*, -zelle *f* (Fertigbau) / unidad *f* de instalación sanitaria ‖ ≃**gerät** *n*, -ausrüstung *f* / equipo *m* de instalación ‖ ≃**kabel** *n* (Fernm) / cable *m* interior ‖ ≃**-Kleinverteiler** *m* (Elektr) / tablero *m* de distribución ‖ ≃**material** *n* / material *m* de instalación ‖ ≃**rohr** *n* / tubo *m* para líneas eléctricas ‖ ≃**selbstschalter** *m* (Elektr) / cortacircuito *m* automático ‖ ≃**wand** *f* (Bau) / pared *f* de instalaciones
installieren *vt* (allg, DV) / instalar
installierte Leistung (Elektr) / potencia *f* instalada
instand gesetzte Teile *n pl* / piezas *f pl* reparadas ‖ **~ setzen** / reparar, recomponer, reacondicionar
instandhalten *vt*, unterhalten, warten / mantener, entretener, conservar
Instandhaltung *f*, Wartung, Pflege *f* / mantenimiento *m*, entretenimiento *m*, conservación *f* ‖ ≃ , **Ein- und Ausbau** (Nukl) / mantenimiento *m* y montaje y desmontaje
Instandhaltungs•arbeiten *f pl* / trabajos *m pl* de mantenimiento ‖ ≃**kosten** *pl* / gastos *m pl* de conservación ‖ ≃**trupp** *m* / equipo *m* de mantenimiento
instand•setzbar, reparierbar / reparable, reacondicionable ‖ ≃**setzbarkeit** *f* / reparabilidad *f*, facilidad *f* de reparación
Instandsetzung *f* / reparación *f*, recompuesta *f* ‖ ≃ **schwere** ≃ (Luftf) / reparación *f* en gran escala
Instandsetzungs•arbeiten *f pl* / trabajos *m pl* de reparación ‖ ≃**dauer** *f* / período *m* o tiempo de reparación ‖ ≃**freiheit** *f* / libertad *f* de reparación ‖ ≃**trupp** *m*, -mannschaft *f* / equipo *m* de reparación, cuadrilla *f* o brigada de reparaciones ‖ ≃**-Verzugszeit** *f* (DV) / retraso *m* por demora de reparación ‖ ≃**werkstatt** *f* / taller *m* de reparaciones ‖ ≃**zeit** *f* / tiempo *m* de reparación
instantane Rotationsachse (Astr) / eje *m* instantáneo de rotación
Instant•-Mehl *n*, agglomeriertes Mehl (Nahr) / harina *f* instantánea ‖ ≃**produkte** *n pl* / productos *m pl* instantáneos
Instanz *f* (DV) / instancia *f*
instationär (Strömung) / no estacionario, inestacionario
Instellungbringen (z.B. Pfähle zum Einrammen) / posicionamiento *m*
Institut für Sicherheit u. Hygiene am Arbeitsplatz / Instituto de Seguridad e Higiene en el Trabajo (E)
Instruktion *f* (allg, DV) / instrucción *f* ‖ ≃ "**Weitergehen**" (im Programm) (DV) / instrucción *f* no operación
Instruktions•abruf *m* (DV) / llamada *f* de instrucción ‖ ≃**adresse** *f* (DV) / dirección *f* de instrucción ‖ ≃**phase** *f*, -zyklus *m* (DV) / ciclo *m* de instrucción ‖

⌑-**Speicherbereich** *m* (DV) / zona *f* de instrucciones de la memoria
Instrument *n* / instrumento *m* ‖ ⌑, Gerät *n*, Werkzeug *n*, Vorrichtung *f* / artefacto *m* ‖ ⌑, Vorrichtung *f* / dispositivo *m* ‖ ⌑, Werkzeug *n* / herramienta *f*, útil *m* ‖ ⌑ *n* **mit abgeschirmten Polen**, Panzerinstrument *n* (Elektr) / instrumento *m* de polos apantallados ‖ ⌑ **mit Mitten-Nullpunkt** (Elektr, Mess) / instrumento *m* de cero central ‖ ⌑ **mit unterdrücktem Nullpunkt**, Nullinstrument *n* (Elektr, Mess) / instrumento *m* de cero suprimido, instrumento *m* sin cero en la escala ‖ ⌑ *n* **zum Schleifen od. Schärfen** (Wz) / vaciador *m*
instrumental / instrumental
Instrumentarium *n* / instrumental *m*
instrumentell, mit Instrumenten / con instrumentos ‖ ~e **Ausrüstung** *f* / instrumentación *f*
Instrumenten•anflug *m* (Luftf) / aproximación *f* por instrumentos, (poco usado:) arribada instrumental ‖ ⌑[**anflug**]**piste** *f* (Luftf) / pista *f* de aproximación por instrumentos ‖ ⌑**ausrüstung** *f* **von Satelliten** / instrumentario *m* de satélites ‖ ⌑**bauer**, -macher *m* / instrumentista *m* ‖ ⌑**beleuchtung** *f* / alumbrado *m* de los instrumentos, iluminación *f* de los instrumentos ‖ ⌑**bodenzeit** *f* (Luftf) / tiempo *m* en entretenador ‖ ⌑**brett** *n*, -tafel *f* (DIN) (Kfz) / cuadro *m* o tablero de instrumentos, salpicadero *m* ‖ ⌑**brett-Polster** *n* (Kfz) / acolchado *m* del tablero de instrumentos ‖ ⌑**fehler**, Instrumentalfehler *m* / error *m* instrumental ‖ ⌑**flug** *m* (Luftf) / vuelo *m* por instrumentos, vuelo *m* a ciegas ‖ ⌑**flugregeln** *f pl*, IFR / reglamentos *m pl* de vuelo por instrumentos, reglas *f pl* de vuelo por instrumentos ‖ ⌑[**flug**]-**Wetterbedingungen** *f pl* / condiciones *f pl* meteorológicas de vuelo por instrumentos ‖ ⌑**flugzeit** *f* (Luftf) / tiempo *m* de vuelo por instrumentos ‖ ⌑**höhe** *f* (Verm) / altura *f* de instrumentos ‖ ⌑**-Kalibrierung** *f* (Raumf) / calibrado *m* en vuelo ‖ ⌑**landesystem** *n*, ILS (Luftf) / sistema *m* de aterrizaje por instrumentos ‖ ⌑**landung** *f* (Luftf) / aterrizaje *m* instrumental o por instrumentos o a ciegas ‖ ⌑**leuchte** *f* (Kfz) / lámpara *f* de iluminación de instrumentos, lámpara *f* de tablero ‖ ⌑**macher**, -bauer *m* / instrumentista *m* ‖ ⌑**piste** *f* (Luftf) / pista *f* de vuelo por instrumentos ‖ ⌑**platte** *f* / placa *f* portainstrumentos ‖ ⌑**schalter** *m* (Elektr) / conmutador *m* de instrumentos ‖ ⌑**sicherung** *f* (Elektr) / fusible *m* de potencial ‖ ⌑**skala** *f* (Mess) / escala *f* graduada de un instrumento ‖ ⌑**tafel** *f* (DIN) (Kfz) s. Instrumentenbrett ‖ ⌑**träger** *m* (Kfz) s. Armaturenbrett ‖ ⌑**verluste** *m pl* (Elektr) / pérdidas *f pl* en el instrumento ‖ ⌑**zeiger** *m* (Mess) / indicador *m* del instrumento ‖ ⌑**zeit** *f* (Luftf) / tiempo *m* de (o según) instrumentos
instrumentieren *vt*, Instrumente vorsehen / instrumentar, dotar de instrumentos
Instrumentierung *f* / instrumentación *f*
Insulin *n* (Med) / insulina *f*
INTA = Instituto Nacional de Técnica Aeroespacial
Intarsie, [großflächige] Holz-Einlegearbeit *f* (Tischl) / marquetería *f*, taracea *f*
integral *adj*, integriert / integrado ‖ ~es **Brückenwiderlager** (Bau) / apoyo *m* integrado [en el puente] ‖ ~e **Dosis** (Nukl) / dosis *f* absorbida integral, dosis *f* integral absorbida ‖ ~ **geformter Sitz**, Schalensitz *m* (Kfz) / asiento *m* de cuba
Integral *n* (Math) / integral *f* ‖ ⌑... (Math) / integral *adj*, entero ‖ ⌑ *n* **nach der Zeit** / integral *f* respecto al tiempo ‖ ⌑ **nach der Zeit im Originalbereich** / integral *f* respecto al tiempo en el dominio temporal ‖ **bestimmtes** ⌑ (Math) / integral *f* definida ‖ **mehrfaches** ⌑ (Math) / integral *f* múltiple ‖ **unbestimmtes** ⌑ **nach der Zeit [dargestellt im Originalbereich]** / integral indefinida respecto al tiempo [en el dominio temporal]

Integral•bauweise *f* (Luftf) / construcción *f* integral ‖ ⌑-**Cockpit** *n* (Motorrad) / carenado *m* integral ‖ ⌑**gleichung** *f* (Math) / ecuación *f* integral ‖ ⌑**gleichungsmethode** *f*, Singularitätenmethode *f* (Mech) / método *m* de ecuaciones integrales ‖ ⌑**helm** *m* (Kfz) / casco *m* integral ‖ ⌑**körper** *m* (Raumf) / cuerpo *m* integral ‖ ⌑**-Monitor** *m* (Antenne) / monitor *m* integral ‖ ⌑**reaktor**, Reaktor *m* in integrierter Bauweise (Nukl) / reactor *m* integrado ‖ ⌑**rechnung** *f* (Math) / cálculo *m* integral ‖ ⌑**register** *n* / registro *m* integral ‖ ⌑**-Regler**, I-Regler *m* (Regeln) / regulador *m* de acción integral, regulador *m* I ‖ ⌑**schaumstoff** *m* (Plast) / plástico *m* celular con película integral ‖ ⌑**tank** *m* (Luftf) / depósito *m* integrado o estructural ‖ ⌑**wirkung** *f* (Regeln) / acción *f* integral, acción *f* I ‖ ⌑**zeichen** *n*, Integral *m* (Math) / signo *m* [de] integral
Integrand *m* (Math) / integrando *m*
Integrated Motor-Assist-System (Kfz) / IMA
Integration *f* / integración *f*
Integrations•beiwert *m* / coeficiente *m* de acción integral ‖ **hoher** ⌑**grad**, LSI... (IC) / integración *f* en gran escala ‖ ⌑**konstante** *f* (DV) / constante *f* de integración ‖ ⌑**kreis** *m* (DV) / circuito *m* de integración ‖ ⌑**weg** *m* (Math) / trayecto *m* de integración ‖ ⌑**zeit** *f* (Schalttransistor) / tiempo *m* de integración
Integrator *m* (Math) / integrador *m* ‖ ⌑, Integriergerät *n* / integrador *m* ‖ ⌑ (DV) / circuito *m* de integración
Integrieranlage *f*, Differentialanalysator *m* (DV) / analizador *m* diferencial
integrieren *vt* [in] / integrar [en]
integrierend / integrante, integrador, de integración ‖ ~, integriert / integral ‖ ~**er Bestandteil** / componente *m* integral ‖ ~**es Instrument** / integrador *m*, aparato *m* integrador ‖ ~**es Netzwerk** (Analogrechner) / circuito *m* integrador, red *f* integradora ‖ ~**er Pendelbeschleunigungsmesser** (Phys) / acelerómetro *m* pendular integrador ‖ ~**er Schrittrechner**, digitaler o. Digital-Differential-Analysator (DV) / analizador *m* diferencial digital ‖ ~**er Teil** / parte *f* integral ‖ ~**er Trägheitskreisel** (Luftf) / giroscopio *m* inercial integrador ‖ ~**er Wendekreisel** / giroscopio *m* integrador para la medida de velocidades angulares (o de viraje)
Integrier•gerät (Math) / integrador *m* ‖ ⌑**gerät** (zeichnend), Integraph / integráfo *m* ‖ ⌑**gerät** *n* (digital), digitaler Integrator / analizador *m* diferencial digital ‖ ⌑**glied** *n* (Regeln) / circuito *m* integrador, red *f* integradora
integriert, eingegliedert / integrado ‖ ~**e Analogschaltung** (Eltronik) / circuito *m* analógico integrado ‖ ~**es Bauteil**, IEC (DV) / componente *m* integrado ‖ ~**es Blockregelsystem** (Nukl) / sistema *m* integrado de control ‖ ~**es breitbandiges Fernmeldenetz**, IBFN / red *f* telecomunicativa integrada de banda ancha ‖ ~**e Breitband-Kommunikation** (Europa), IBC / telecomunicación *f* integrada de banda ancha ‖ ~**e Datenverarbeitung**, IDV *f* / procesamiento *m* o tratamiento integrado de datos, sistematización *f* de datos integral ‖ ~**es digitales Fernmeldenetz**, IDFN, ISDN / red *f* de servicios digital integrada ‖ ~**e Digitalschaltung** (Eltronik) / circuito *m* digital integrado ‖ ~**e Kopfstütze** (Kfz) / reposacabeza[s] *m* integrado ‖ ~**e linienförmige Zugbeeinflussung** (Bahn) / sistema *m* integrado de mando lineal o continuo de trenes, mando *m* automático de los trenes ‖ ~**e Mikroschaltung** (Eltronik) / microcircuito *m* integrado ‖ ~**er MOS-Schaltkreis** / circuito *m* MOS integrado ‖ ~**es Netz** (Fernm) / red *f* integrada ‖ ~**er Neutronenfluss** (Phys) / flujo *m* neutrónico integrado ‖ ~**e Optik**, IO / óptica *f* integrada, OI *f* ‖

~er Schaltkreis, IC *m* (Eltronik) / circuito *m* integrado, microestructura *f* integrada, (tambien:) *m* circuito sólido ‖ **~es Schaumstoff-Inneres** (Plast) / núcleo *m* integral del material esponjado ‖ **~e Schichtschaltung** (Eltronik) / circuito *m* de película integrado ‖ **~e Struktur**, Overlaytechnik *f* (Halbl) / estructura *f* integrada, técnica *f* de capa superpuesta ‖ **~es System** (DV) / sistema *m* integrado
Integrierwägevorrichtung *f* (Bergb) / balanza *f* integrante
Integrimeter *n* (Planimeter) (Mess) / integrómetro *m*, dispositivo *m* integrador
Integrität, Ganzzahligkeit *f* (Math) / integridad *f*, entericidad *f* ‖ ≈ *f* (DV) / integridad *f*
Integritätsbereich *m* (Math) / dominio *m* de entericidad
intelligent•er Bereich / área *f* inteligente ‖ **~e Datenstation** (DV) / terminal *m* inteligente ‖ **~es Gebäude** / edificio *m* inteligente ‖ **~es Scheinwerfersystem** (Kfz) / sistema *m* de luces inteligente
Intelligenz, künstliche ≈ / inteligencia *f* artificial ‖ **verteilte** ≈ / inteligencia *f* distribuida o de[s]centralizada o repartida
Intelligenzquotient *m* / cociente *m* intelectual o de inteligencia
Intensimeter *n*, Intensitometer *n* (Radiol) / intensímetro *m*, dosímetro *m*
Intensität *f*, Heftigkeit *f* / intensidad *f* ‖ ≈ (Strahlung) / intensidad *f* de radiación ‖ ≈, Umfang *m* (Ton) / volumen *m*
Intensitäts•begrenzer *m* (Radar) / limitador *m* de intensidad ‖ **≈gitter** *n* (Carcinotron) / rejilla *m* de control negativo ‖ **≈maximum** *n* (Elektr) / máximo *m* de intensidad ‖ **≈messer** *m* (Nukl) / intensitómetro *m*, dosímetro *m* ‖ **≈messung** *f* (Akust) / medición *f* de la intensidad acústica ‖ **≈modulation** *f* (TV) / modulación *f* de intensidad ‖ **≈schrift** *f* (Film) / registro *m* de densidad variable ‖ **≈-Stereophonie** *f* (Akust) / estereofonía *f* de intensidad ‖ **≈verteilung** *f* / repartición *f* de la intensidad
intensiv, kräftig / intensivo, intenso ‖ ~, stark (allg) / fuerte, enérgico ‖ ≈ (Licht) / hiperluminoso ‖ ~ (Mischen) / íntimo ‖ **~e Reinigung** / limpieza *f* o purificación fina
Intensiv•anbau *m* (Landw) / cultivo *m* intensivo ‖ **≈auflöser** *m* (Lack) / aparato *m* de desintegración intensiva ‖ **~gelb** / amarillo intenso
intensivieren *vt* / intensificar
Intensivierung *f* / intensificación *f*
Intensiv•kühler *m* (Chem) / refrigerador *m* de serpentín refrigerante ‖ **≈station** *f* (Med) / unidad *f* de cuidados intensivos, uci *f* ‖ **≈tierhaltung** *f* (Landw) / cría *f* industrial o intensiva ‖ **≈wirtschaft** *f* (Landw) / cultivo *m* intensivo
interagieren *vi* / interaccionar
Interaktionsdiagramm *n* (Bau) / diagrama *m* de interacciones
interaktiv (Video) / interactivo ‖ **~e grafische Datenverarbeitung** / procesamiento *m* gráfico interactivo ‖ **~es Programm** / programa *m* interactivo ‖ **≈es Graphiksystem** / IGS (= Sistema Gráfico Interactivo)
Interaktivität *f* (DV) / interactividad *f*
inter•amerikanisches Fernsprechnetz / red *f* telefónica interamericana ‖ **~atomar** (Phys) / interatómico ‖ **≈carrier** *m* (TV) / interportadora *f* ‖ **≈carrier-Überlagerung** *f* (TV) / perturbación *f* por batido de interportadora ‖ **≈carrierverfahren**, -carriersystem *n* (TV) / sistema *m* de [sonido por] interportadora ‖ **≈cept** *m* (Nav) / intercepción *f*, interceptación *f*, diferencia *f* entre la distancia cenital observada y la calculada ‖ **≈cept-Controller**, ICU / controlador *m* de intercepción
Interceptor *m* s. Interzeptor

Inter•ceptventil *n* (Turbine) / válvula *f* de intercepción ‖ **≈ceptverfahren**, Höhenverfahren *n* (Nav) / método *m* de intercepción
Interchange *n* (Schiff) / cambio *m* de medio de transporte
Inter•city-Zug *m* (Bahn) / tren *m* rápido interurbano ‖ **≈cooler** *m* (Kfz) / intercooler *m*, [inter]cambiador *m* de aire-aire de calor ‖ **≈digitation** *f* (Parallelschaltung) (Halbl) / interdigitación *f* ‖ **~disziplinär**, fachübergreifend / interdisciplinar[io], multidisciplinario, pluridisciplinario ‖ **≈face** *n*, Schnittstelle (DV) / interfaz *m*, interface *m*
Interfacekabel *n* (DV) / cable *m* de los accesorios
Interferenz *f* (Akust, Eltronik) / interferencia *f* ‖ **≈...** / interferencial ‖ **≈abstand** *m* / distancia *f* de interferencia ‖ **≈bild** *n* (Phys) / diagrama *m* de interferencia ‖ **≈erscheinung** *f* / fenómeno *m* de interferencia ‖ **≈farben** *f pl* / colores *m pl* de finas películas (p.e. de aceite), colores *m pl* de interferencia ‖ **≈farben**, -ringe *m pl*, Newtonsche Ringe *m pl* / anillos *m pl* de Newton ‖ **≈figur** *f* (Kristalloptik) / figura *f* de interferencia ‖ **≈filter** *m n* (Opt) / filtro *m* de interferencia ‖ **≈Frequenzmesser** *m* (Eltronik) / frecuencímetro *m* heterodino ‖ **≈komparator** *m* (Phys) / interferómetro *m* comparador [de galgas] ‖ **≈kontrast** *m* (Opt) / contraste *m* por interferencia ‖ **≈kontrastverfahren** / método *m* de contraste por interferencia ‖ **≈messgerät** *m* (Eltronik) / interferómetro *m*, medidor *m* de parásitos ‖ **≈messverfahren** *n* / interferometría *f* ‖ **≈mikroskop**, Mikrointerferometer *n* / microscopio *m* interferencial, microinterferómetro *m* ‖ **≈mikroskopie** *f* / microscopia *f* interferencial ‖ **≈motor** *m* (Elektr) / motor *m* subsíncrono de reluctancia ‖ **≈-Pfeifen** (Eltronik) / silbido *m* heterodino o heterodinaje ‖ **≈photometer** *n* (Phys) / fotómetro *m* de interferencia ‖ **≈schwund** *m*, -fading *n* (Radar) / desvanecimiento *m* por interferencia ‖ **≈spektroskop** *n* (Phys) / espectroscopio *m* interferencial ‖ **≈spektrum** *n* / espectro *m* de interferencia ‖ **≈störung** *f* (Elektr) / perturbación *f* por o de interferencia ‖ **≈streifen** *m* (Opt) / franja *f* de interferencia ‖ **≈ton** *m* (Akust) / tono *m* de batido o de batimiento ‖ **≈unterdrücker** *m* / supresor *m* de interferencia ‖ **≈-Wellenmesser** *m* (Eltronik) / ondámetro *m* heterodino ‖ **≈widerstand** *m* (Luftf) / resistencia *f* por interferencia
interferieren / interferir, producir interferencia
Interfero•gramm *n* (Opt) / interferograma *m* ‖ **~-holografisch** (Phys) / interfero-holográfico ‖ **≈-Hologramm** *n* / holograma *m* de interferencia óptica ‖ **≈-Holographie** *f* / holografía *f* de interferencia óptica ‖ **≈meter** *n* / interferómetro *m* ‖ **≈meter nach Fabry-Pérot** / interferómetro *m* de Fabry-Pérot ‖ **≈meter-Ausgleichsplatte** *f* (Opt) / placa *f* compensadora de interferómetro ‖ **≈meter-Ziellenkung** *f* (Mil) / autoguiaje *m* interferométrico ‖ **≈metrie** *f* **durch Aufspaltung der Lichtbündel** (Opt) / interferometría *f* por haces separados
Inter•feron *n* (Biol) / interferón *m* ‖ **≈fonanlage** *f* / interfono *m*, intercomunicador *m* teléfono interno, (espec.:) *m* teléfono de a bordo
Interfrigo, Internat. Gesellschaft der Eisenbahnen für Kühltransporte / INTERFRIGO, Sociedad Ferroviaria Internacional de Transportes Frigoríficos
inter•galaktisch (Astr) / intergaláctico ‖ **~glazial** (Geol) / interglacial ‖ **~granular** (Geol) / intergranular ‖ **≈halogenverbindung** *f* (Chem) / compuesto *m* interhalógeno ‖ **~imistisch** (F.Org) / provisional ‖ **≈kombination** *f* (Nukl) / intercombinación *f* ‖ **≈konnektor** *m* (der Brennstoffzelle) / interconector *m* ‖ **~kontinental** (Geo) / intercontinental ‖ **≈kontinentalrakete** *f* (Mil) / misil *m* intercontinental ‖

~**kostal**, nicht durchlaufend (Schiff) / intercostal ‖
~**kristallin** (Chem, Min) / intercristalino ‖
~**kristalliner Bruch** (Hütt) / fractura *f* intercristalina ‖
~**kristalline Brüchigkeit** (Hütt) / fragilidad *f* intercristalina o de despegue ‖ ~**kristalline Korrosion** / corrosión *f* intercristalina o intergranular ‖ ~**kristalline Sprödigkeit** (Min) / fragilidad *f* intercristalina ‖ ~**laminar**, Zwischenschichten... / intralaminar
Interleave-Faktor *m* (DV) / coeficiente *m* de entrelazamiento
Inter•lockmaschine *f* (Tex) / máquina *f* interlock, interlock *m* ‖ ~**lock-Rundstrickmaschine** *f* / telar *m* circular para tejidos indesmallables, telar *m* Interlock ‖ ~**lockware** *f*, Interlock *m*, Doppelrippware *f* / tejido *m* indesmallable, tejido *m* Interlock ‖ ~**mediär**, zwischenstuflich (Chem) / intermediario, intermedio ‖ ~**mediäres Boson** (Phys) / bosón *m* intermedio ‖ ~**mediäre Gesteine** (52-66 % SiO_2) (Geol) / rocas *f pl* intermedias ‖ ~**metallisch** / intermetálico ‖ ~**metallische Verbindung** (Chem) / compuesto *m* intermetálico ‖ ~**metallische Verbindung**, Halbleiter *m* / aleación *f* intermetálica, semiconductor *m*
intermittieren *vi* / intermitir
intermittierend / intermitente, discontinuo ‖ ~ **arbeitender Hyperschallwindkanal** (Luftf) / tunel *m* aerodinámico supersónico de acción intermitente ‖ ~**er Destillationsofen** *m* / horno *m* discontinuo de destilación ‖ ~**e Leistung für Hebezeugmotoren** (Elektr) / potencia *f* de régimen intermitente de motores de aparejos ‖ ~**e Schaltung**, Flackerschaltung *f* (Elektr) / conmutación *f* intermitente ‖ ~ **ziehen** (Strangguss) / practicar la colada intermitente
inter•modal / intermodal, combinado ‖ ~**modales System** / sistema *m* intermodal ‖ ~**modaltransport** *m* (Kombination Straße + Schiene) / transporte *m* combinado ‖ ~**modulation**, Kreuzmodulation *f* (Eltronik, Fehler) / intermodulación *f* ‖ ~**modulationsfaktor** *m* (nach SMPTE), Intermodulationsverzerrung *f* / distorsión *f* de (o por) intermodulación ‖ ~**modulationsprodukt** *n* (Eltronik) / producto *m* de intermodulación ‖ ~**molekular**, zwischenmolekular / intermolecular ‖ ~**molekulare Bindung** (o. Kraft) (Flüssigkeit) / enlace *m* intermolecular ‖ ~**molekulare Kräfte** (Phys) / fuerzas *f pl* interiores, fuerzas *f pl* intermoleculares o de enlace intermolecular
intern / interno ‖ ~, innerhalb der Verwaltung / local ‖ ~**e Darstellung**, RiD (DV) / representación *f* interna ‖ ~**er Speicher** (DV) / memoria *f* interna ‖ ~**e Standardfunktion** (DV) / función *f* intrínseca ‖ ~**er Wartestatus** (DV) / estado *m* de reposo
international / internacional ‖ ~**e Atmosphäre**, IT-Band *n* / cinta *f* magnetofónica internacional ‖ ~**e Atmosphäre**, INA / atmósfera *f* normalizada internacional ‖ ~**e Atomenergie-Agentur**, IAEA / Agencia *f* Internacional de Energía Atómica ‖ ~**e Atomenergie-Behörde o. -Organisation**, IAEO / Organización *f* Internacional de la Energía Atómica ‖ ~**er Ausschuss für** [Gebrauchs-]**Muster** / Comisión *f* Internacional de Modelos o Dibujos ‖ ~**er Ausschuss zur Frequenzregistrierung** (Eltronik) / Junta *f* Internacional de Registro de las Frecuencias ‖ ~**e automatische Durchgangsvermittlung** (Fernm) / central *f* de tránsito automático internacional ‖ ~**er Automobilherstellerverband** / OIAC (= Organización Internacional de Constructores Automóviles) ‖ ~**er Beratender Ausschuss** (Eltronik) / Comité Consultivo Internacional ‖ ~**es Bestätigungssystem** / Sistema Internacional de Certificación ‖ ~**er Beweglicher Seefunkdienst** / servicio *m* móvil marítimo radiotelefónico internacional ‖ ~**e Bewertungsskala f. Ereignisse in AKWs** (Störfallskala) / INES (= International Nuclear Events Scale) ‖ ~**er Buchstabiercode** / código *m* de deletreo internacional ‖ ~**es Container-Büro**, BIC (Bahn) / Oficina *f* Internacional de Containers ‖ ~**e Durchgangszentrale** (Fernm) / central *f* internacional de tránsito ‖ ~**e Einheit**, I.E. (Biol) / Unidad *f* Internacional, UI ‖ ~**es Einheitensystem**, SI-System *n* / sistema *m* internacional de unidades ‖ ~**es Eisen- und Stahlinstitut** / IISI (= Instituto Internacional del Hierro y del Acero) ‖ ~**es Eisenbahn-Transportkomitee**, CIT (Bahn) / Comité *m* Internacional de Transportes por Ferrocarril, C.I.T. ‖ ~**er Eisenbahnverband**, UIC / Unión *f* Internacional de Ferrocarriles, U.I.C. ‖ ~**e Energie-Agentur** / IEA (= International Energy Agency) ‖ ~**er Fernmeldedienst** / servicio *m* internacional de telecomunicaciones ‖ ~**es Fernmeldekonsortium**, Intelsat *n* / Consorcio *m* Internacional de Satélites de Telecomunicaciones, INTELSAT *m* ‖ ~**e Fernmelde-Union** (früher: Internationaler Fernmeldeverein; IFV), UIT / Unión *f* Internacional de Telecomunicaciones, U.I.T. ‖ ~**er Fernmeldevertrag** / Convención *f* Internacional de Telecomunicaciones ‖ ~**er Fernschreibcode** / alfabeto *m* telegráfico internacional ‖ ~**e Föderation der Ausschüsse Normenpraxis**, IFAN / Federación Internacional de Aplicación de Normas ‖ ~**er Gummihärtegrad**, IRHD *m* / grado *m* internacional [de dureza] del caucho ‖ ~**er Güterwagenverband**, RIV / Unión Internacional de Vagones, R.I.V. ‖ ~**es Hydrografisches Büro** / Oficina Hidrográfica Internacional ‖ ~**es Institut für Schweißtechnik** / Instituto *m* Internacional de Soldadura ‖ ~**es Kälteinstitut** / Instituto *m* Internacional del Frío ‖ ~**es Klassifikations-System** (für Kohle) / sistema *m* internacional de clasificación de carbones ‖ ~**e Kommission für Strahlenschutz**, IATA / Asociación *f* Internacional de Transportes Aéreos ‖ ~**e Kommission für Strahlenschutz** / Comisión *f* Internacional de Protección Radiológica ‖ ~**Norm** / norma *f* internacional ‖ ~**e Normenorganisation**, ISO / Organización *f* Internacional de Normalización, ISO ‖ ~**es Notsignal** / señal *f* internacional de socorro ‖ ~**e Nummer**, NM (Tex) / número *m* internacional ‖ ~**e Ordnung für die Beförderung von Behältern**, RICo (Bahn) / Reglamento *m* Internacional para el Transporte de Containers ‖ ~**es phonetisches Alphabet** / alfabeto *m* fonético internacional ‖ ~**er Q-Code** / código *m* Q internacional ‖ ~**e Rundfunk- und Fernsehorganisation** / Organización *f* Internacional de Radiodifusión y Televisión ‖ ~**e Seenotfrequenz** / frecuencia *f* internacional de socorro ‖ ~**e Spurweite** (Bahn) / ancho *m* [de vía] internacional (E), trocha *f* internacional (LA) ‖ ~**e Standard-Buchnummer**, ISBN / número *m* [internacional] de libro del depósito legal ‖ ~**e Standard-Ton- und Bildtonaufnahmeschlüssel**, ISRC / código *m* internacional de grabación ‖ ~**e Strahlenschutzkommission** / Comisión Internacional de Protección contra las Radiaciones ‖ ~**er Telex-Anruf** / comunicación *f* télex internacional ‖ ~**er Thermonuklearer Testreaktor** / ITER (= International Thermonuclear Experimental Reactor) ‖ ~**es Übereinkommen über den Eisenbahnfrachtverkehr**, IÜG (Bahn) / Convenio Internacional referente al Transporte de Mercancías por Ferrocarril ‖ ~**es Übereinkommen über den Eisenbahn-Personen- u. -Gepäckverkehr**, CIV (Bahn) / Convenio Internacional referente al Transporte de Pasajeros y Equipajes por Ferrocarril ‖ ~**e Union für Umweltschutz** / Unión Internacional para la Protección del Ambiente ‖ ~**er Verband für**

international

Schweißtechnik / Instituto *m* Internacional de Soldadura ‖ ~**er Verein für öffentliches Verkehrswesen** / UITP (= Unión Internacional de Transportes Públicos) ‖ ~**er Verein für Öffentliches Verkehrswesen**, UITP (Bahn) / Unión Internacional de Transportes Públicos ‖ ~**e Vereinigung für gewerblichen Rechtsschutz** / AIPPI (= Asociación Internacional para la Protección de la Propiedad Industrial) ‖ ~**es Wollsekretariat** / IWS (= International Wool Secretary) ‖ ~**e Zivilluftfahrt-Organisation** / Organización de la Aviación Civil Internacional, OACI
Internegativ *n* (Film) / internegativo *m*
Internet•adresse *f* (DV) / dirección *f* internet ‖ ~**browser** *m* (DV) / navegador *m* de internet ‖ ~**-Café** *n* (DV) / café *m* cibernético ‖ ~**provider** *m* (DV) / proveedor *m* de acceso a internet ‖ ~**sicherheit** *f* (DV) / seguridad *f* de internet ‖ ~**surfer** *m* (DV) / internauta *m/f*, navegante *m/f* (por la red) ‖ ~**telefonie** *f* (DV) / telefonía *f* internet ‖ ~**terminal** *n* (DV) / terminal *m* internet ‖ ~**zugang** *m* (DV) / acceso *m* a internet (o a la red)
inter•nukleare Abstoßung (Phys) / repulsión *f* nuclear ‖ ~**nukleonisch** (Nukl) / internucleónico
Intern•verbindungsschaltung *f* (DV, Konzentrator) / circuito *m* de comunicación interna ‖ ~**verkehr** *m* (DV) / comunicación *f* local, intercambio *m* local
inter•operabel (DV) / interoperable ‖ ~**operabilität** *f* (DV) / interoperabilidad *f* ‖ ~**phonanlage** s.
Interfonanlage ‖ ~**planetare Materie** (Astr) / materia *f* interplanetaria ‖ ~**planetare Raumfahrt** / navegación *f* interplanetaria ‖ ~**planetare Sonde** / sonda *f* interplanetaria ‖ ~**planetare Kommunikation** / comunicación *f* interplanetaria ‖ ~**planetare Überwachungsplattform** / plataforma *f* de observación interplanetaria
Interpolation *f* (Math) / interpolación *f* ‖ ~ **von Messpunkten** / interpolación *f* de puntos de medición
Interpolations•bereich *m* / ámbito *m* de interpolación ‖ ~**einheit** *f* (NC) / unidad *f* de interpolación ‖ ~**feinheit** *f* (NC) / mínimo *m* incremento interpolable ‖ ~**feld** *n* (Plotter) / campo *m* de trazado ‖ ~**widerstand**, Eingrenzungswiderstand *m* (Elektr) / resistencia *f* de interpolación
Inter•polator *m* (NC, Regeln) / interpolador *m*, dispositivo *m* de interpolación ‖ ~**polieren** *vt* (Math) / interpolar ‖ ~**positiv** *n* (Film) / interpositivo *m*
Interpretations•besteck *n* / estuche *m* de interpretación ‖ ~**skizze** *f* / dibujo *m* de interpretación
interpretierendes Programm, Interpretierer *m* (DIN) (DV) / programa *m* interpretativo, intérprete *m*
Inter•prozess-Kommunikation *f* (DV) / comunicación *f* interprocesual ‖ ~**prozessor** *m* / intersistematizador *m*, interelaborador *m*
Interpunktion *f*, Setzen *n* der Satzzeichen (Druck) / puntuación *f*
Interpunktions•symbol *n* (DV) / símbolo *m* de puntuación ‖ ~**zeichen** *n* (Druck) / signo *m* de puntuación
Interrogator-Responder *m*, Frage-Antwort-Gerät *n* (Radar) / interrogador-respondedor *m*, emisor-receptor *m pl* combinados
Interrupt•-Bus *m* (DV) / bus *m* de interrupción ‖ ~**gesteuert** (DV) / mandado o gatillado por interrupción ‖ ~**-Routine** *f* (DV) / rutina *f* de interrupción ‖ ~**-System** *n* (DV) / sistema *m* de interrupción
interstellar (Astr) / interestelar ‖ ~**e Kommunikation** / comunicación *f* interestelar ‖ ~**e Materie** / materia *f* interestelar ‖ ~**es Medium** / medio *m* interestelar ‖ ~**e Wolke** / nube *f* interestelar
inter•stitiell, die Zwischenräume füllend / intersticial ‖ ~**tropische Konvergenzzone** (Meteo) / zona *f* de convergencia intertropical, zona *f* intertropical de convergencia
Intertype•-Fotosetter *m* (Druck) / fotocompositora *f* tipo Intertipo o Intertipia (ARG) ‖ ~**-Setzmaschine** *f* / máquina *f* de composición Intertypo o Intertipia (ARG)
Intervall *n*, Zeitraum, Zwischenraum *m* / intervalo *m* ‖ ~**-Laden** *n* (Akku) / carga *f* periódica ‖ ~**-Länge** *f*, Bereich *m* (TV) / gamma *f* ‖ ~**regel** *f*, Landésche Regel (Nukl) / regla *f* de intervalo, regla *f* de Landé ‖ ~**schaltung** *f* (Math) / intervalos *m pl* encajados ‖ ~**-Scheibenwischer** *m* (Kfz) / limpiabrisas *m* intermitente
interzellulär, zwischenzellig (Biol) / intercelular
Interzeptor *m*, Abfangjäger *m* (Luftf, Mil) / interceptor *m*
Intoxikation *f* (Med) / intoxicación *f*
intra•atomar (Phys) / intraatómico, del interior del átomo ‖ ~**glazial** (Geol) / intraglaciar ‖ ~**kristallin** / intracristalino ‖ ~**molekular** (Chem) / intramolecular, del interior de la molécula ‖ ~**molekulare Atmung**, anaerobe Atmung (Biol) / respiración *f* intramolecular ‖ ~**molekular kompensiert** (Chem) / de compensación intramolecular ‖ ~**molekulare Strahlenchemie** (Nukl) / química *f* de los átomos calientes
Intranet *n* (DV) / intranet *m*, intrarred *f*
intra•nuklear (Phys) / intranuclear ‖ ~**skop** *n* (Phys) / intrascopio *m* ‖ ~**tellurisch** (Astr) / intratelúrico ‖ ~**vitalfärbung** *f* (Biol) / coloración *f* intravital ‖ ~**zellulär**, im Zellinnern / intracelular
Intrinsic•..., eigenleitend, Eigen[leitungs]... (Halbl) / intrínseco ‖ ~**-Barrier-Transistor** *m* / transistor *m* de barrera intrínseca ‖ ~**dichte** *f* an einer **pn-Übergangsstelle** (Halbl) / densidad *f* de inversión ‖ ~**-Halbleiter** *m* / semiconductor *m* intrínseco ‖ ~**schicht** *f*, i-Schicht *f* (Chem) / capa *f* intrínseca ‖ ~**-Viskosität** *f* / viscosidad *f* intrínseca
Intritt•fallmoment *n* (Elektr) / par *m* de arrastre en sincronismo ‖ ~**ziehen** *n*, -fallen *n* / sincronización *f*, arrastre *m* en sincronismo
Introfaktion *f* (Sol- in Gel-Überführung) (Chem) / introfacción *f* (transformación de sol en gel)
Intrusionsverfahren (Anker), Fließgussverfahren *n* (Plast) / método *m* o procedimiento de intrusión
intrusiv / intrusivo ‖ ~**gesteine** *n pl* (Geol) / rocas *f pl* de inyección
Intzebehälter *m* (Hydr) / depósito *m* de Intze
Inulin *n*, Kompositenstärke, Alantstärke *f* (Chem) / inulina *f*
Invar *n* (Legierung) / invar *m*
invariabel, unveränderlich / invariable
invariant, unveränderlich (Math) / invariante *adj* ‖ ~**e Ebene** (Astr) / plano *m* invariante ‖ ~**es Einbetten** (Regeln) / empotrado *m* invariante ‖ ~**er Pol** (Math) / polo *m* invariante
Invariante *f* (Math, Phys) / invariante *m*
Invarianz *f* (Math) / invariancia *f*
Invar•kolben *m* (Mot) / pistón *m* con placa de acero invar ‖ ~**pendel** *n* (Uhr) / péndulo *m* de invar ‖ ~**stahl** *m* (Hütt) / acero *m* [de] invar
Inventar *n*, Lagerbestand / objetos *m pl* inventariados, existencias *f pl* en almacén
Inventur *f* / establecimiento *m* del inventario ‖ ~ **machen** / inventariar, tomar el inventario ‖ ~**liste** *f*, -verzeichnis *n* / inventario *m* ‖ ~**prüfung** *f* / control *m* de inventario
Inverform-Kartonmaschine *f* / máquina *f* de cartón Inverform
invers / inverso ‖ ~**er Betrieb** (Halbl) / operación *f* inverso ‖ ~**e Fourier-Transformation** (Math) / transformación *f* inversa de Fourier ‖ ~**e Funktion** / función *f* inversa ‖ ~**es Mikroskop** / microscopio *m* inverso ‖ ~**er Schrägstrich** (OCR) / barra *f* oblicua inversa ‖ ~**e Simulation** (Regeln) / simulación *f* inversa

Ionenkäfig

‖ ~e Z-Transformation (Math) / transformación f inversa
Inversaszension f (Astr) / ascensión f inversa, ángulo m horario sidéreo
Inverse f **der charakteristischen Matrix** (Math) / resolvente m de la matriz
Invers-Impedanz f (Elektr) / impedancia f de inversión de fases
Inversion f, Umkehrung f / inversión f
Inversions•dichte f, Intrinsicdichte f (Halbl) / densidad f de inversión ‖ ~**dichte an einer pn-Übergangsstelle** (Halbl) / densidad f de inversión en la zona pn ‖ ~**frequenz** f / frecuencia f de inversión ‖ ~**potenz** f / invariante f de dualidad ‖ ~**schicht** f (Meteo) / capa f inversora
Inversor m (Opt) / inversor m
Invers•schaltung f (Elektr) / circuito m inverso ‖ ~**schaltung** (Analogrechner) / integrador m inversor ‖ ~**video** n, Umkehrvideo n (DV) / video m inverso ‖ ~**widerstand** m (Elektr) / resistencia f inversa
Invertase f, Invertin n (Chem) / invertasa f, invertina f
Inventfernungsmesser m, Inverttelemeter n (Opt) / telémetro m de inversión
Inverter, Negator m (DV) / circuito m NO, compuerta f NO
invertieren vt (Chem) / invertir
invertierend (Chem) / inversor
invertiert•e Datei (DV) / fichero m invertido, datoteca f invertida ‖ ~**e Sprache** (Sprachverschlüsselung) (Fernm) / radiotelefonía f con inversión de frecuencias
Invertzucker m (Chem) / azúcar m invertido
investieren / invertir, colocar
Investierung f / colocación f [de capitales]
Investition f / inversión f
Investitions•güter n pl / bienes m pl de equipo de producción, bienes m pl de capital, bienes m pl de invrsión ‖ ~**güterindustrie** f / industria f de bienes de equipo ‖ ~**plan** m / programa m de inversiones, plan m financiero ‖ ~**planung** f / planificación f de inversiones
Investmentguss m (Gieß) / fundición f de precisión
Involute, Abwicklungskurve f (Geom) / envolvente f
Involution f (Math) / involución f
involutorisch / involutorio
Inzidenz f, Ineinanderliegen n (Math) / incidencia f
Io, Ionium n (Chem) / ionio m, Io, torio m 230
IO = integrierte Optik
I/O, E/A (Eingabe/Ausgabe) (DV) / E/S (= Entrada/Salida)
Iod n, I n (früher:) Jod (Chem) / iodo m, yodo m, I ‖ ~(**II**)-... / iódico m, yódico m ‖ ~(**III**)-... / iodoso, yodoso ‖ ~**absorptionszahl** f (Rußschwarz) / índice m de absorción de iodo ‖ ~**affinität** f (Chem) / afinidad f yódica
Iodanlagerung f / yoduración f
Iodargyrit m, Iodit m (Min) / yodargirita f, yodirita f, yoduro m de plata
Iodat n, iodsaures Salz (Chem) / yodato m
Iodation f / yodación f
Iod•azid n / azida f de iodo ‖ ~**bromid** n / bromuro m de iodo ‖ ~**chlorid** n / cloruro m de iodo ‖ ~**eisen** n / yoduro m de hierro ‖ ~**ethyl** n / yoduro m de etilo ‖ ~**gas** n / gas m de iodo ‖ ~**haltig** / yodado ‖ ~**haltig**, mit Iod vermischt, Iod... / yódico ‖ ~**hydrat** n / yodhidrato m
Iodid n / yoduro m
iodidhaltig / yodurado
iodieren, Iod beimengen / yodar v ‖ ~, mit Iod bestreuen / iodar, cubrir de iodo ‖ ~ n (z.B. Salz) / yodación f
Iodinrot, Quecksilber(II)-Iodid n / yoduro m mercúrico, yoduro m rojo de mercurio
Iod-Iodkaliumlösung f / solución f de lugol
Iodismus m, Iodvergiftung f / yodismo m

Iod•kali[um], Kaliumiodid n / yoduro m potásico ‖ ~**kaliumstärkepapier** n / papel m iodo almidonado, papel m de almidón de yoduro potásico ‖ ~**lampe** f / lámpara f de iodo ‖ ~**-Laser** m / láser m de iodo ‖ ~**methan**, Methyliodid n / yodometano m, yoduro m de metilo ‖ ~**monochlorid** n / monocloruro m de iodo ‖ ~**normal** (Brau) / sacarificado m
Iodoform, Triiodmethan n (Med) / yodoformo m
Iodometrie f, Iodimetrie f / yodometría f
Iodonium n (Chem) / yodonio m
Iodophor n (Desinfektionsmittel) (Pharm) / yodoforo m
iodorganisch / yodo[o]rgánico
Iodosoverbindung f (Chem) / compuesto m yodoso
Iod•oxid n / óxido m de iodo ‖ ~**oxyverbindung** f / compuesto m yodoxi ‖ ~**pentoxid** / pentóxido m de iodo ‖ ~**phenol** n / yodofenol m ‖ ~**quecksilber** n / mercurio m de iodo ‖ ~**salz** n (Chem) / sal f yodado ‖ ~**säure** f / ácido m yódico ‖ ~**schwefel** n, Schwefeliodid n / yodosulfuro m ‖ ~**schwefelantimon** n / yodosulfuro m de antimonio ‖ ~**silber** n / yoduro m de plata ‖ ~**silberverbindung** f / yodo-argentato m ‖ ~**stärkepapier** n / papel m de yoduro de almidón ‖ ~**stickstoff** m / yoduro m de nitrógeno ‖ ~**tinktur** f / tintura f de iodo ‖ ~**toluol** n / yoduro m de tolueno ‖ ~**trichlorid** n / triclururo m de iodo ‖ ~**verbindung** f / compuesto m de iodo ‖ ~**vergiftung** f, Iodismus m / iodismo m, yodismo m ‖ ~**wasserstoff** m / yoduro m de hidrógeno ‖ ~**wasserstoffsäure** f, Hydriodsäure f / ácido m yodhídrico
Iodylion n / ion m de yodilo
Iod•zahl f, IZ / índice m o número de iodo ‖ ~**zinnober** m (Min) / yoduro m mercúrico
Ion n (Chem, Phys) / ion m
Ionen•... (Phys) / iónico, de iones ‖ ~**ableiter** m (Eltronik) / pararrayos m de peine ‖ ~**absorption** f (Chem) / absorción f iónica ‖ ~**adsorption** f / adsorción f de iones ‖ ~**aktivität** f / actividad f iónica ‖ ~**anhäufung** f / acumulación f de iones ‖ ~**antrieb** m, -triebwerk n (Raumf) / propulsor m iónico ‖ ~[**äquivalent**]**leitfähigkeit** f (Phys) / conductividad f iónica ‖ ~**ätzen** f (gedr.Schaltg) / grabado m iónico ‖ ~**ausbeute** f (Phys) / rendimiento m iónico ‖ ~**austausch** m (Chem) / intercambio m iónico o de iones ‖ ~**austauschchromatografie** f / cromatografía f de [inter]cambio iónico o de iones ‖ ~**austauscher** m / intercambiador m iónico o de iones, permutador m de iones ‖ ~**austauschharz** n / resina f intercambiadora o permutadora de iones ‖ ~**austauschmembran** f / membrana f de intercambio iónico ‖ ~**bahn** f (Phys) / trayectoria f iónica ‖ ~**beschleuniger** m / acelerador m de iones ‖ ~**beschuss** m, Ionenbombardement n / bombardeo m iónico ‖ ~**beweglichkeit** f (Chem) / movilidad f iónica ‖ ~**bindung**, [hetero]polare Bindung, Elektrovalenz f / enlace m iónico o polar ‖ ~**bündel** n / haz m iónico o de iones ‖ ~**dichte**, -konzentration f (Nukl) / densidad f iónica, concentración f iónica o de iones ‖ ~**dosisleistung** f, -dosisrate f / intensidad f de dosis iónica ‖ ~**Einpflanzung** f, Implantation f (Halbl) / implantación f iónica ‖ ~**einschuss** m (Eltronik) / inyección f de iones ‖ ~**emission** f (Eltronik, Nukl) / emisión f de iones ‖ ~**energie** f (Chem) / energía f de los iones ‖ ~**falle** f (Kath.Str) / trampa f iónica o de iones, atrapaiones m ‖ ~**fallenmagnet** m (TV) / imán m eliminador de iones, imán m atrapaiones o de trampa iónica ‖ ~**fleck** m (Kath.Str) / mancha f iónica u o[b]scura ‖ ~**flotation** f (Bergb) / flotación f iónica ‖ ~**fluss** m, -strom m (Eltronik) / flujo m iónico ‖ ~**friedhof** m s. Ionenfalle ‖ ~[**getter**]**pumpe** f (Vakuum) / bomba f iónica ‖ ~**hagel** m (Phys) / impacto m de iones ‖ ~**hülle** f / vaina f de iones ‖ ~**implantation** f / implantación f iónica ‖ ~**implanter** m / implantador m de iones ‖ ~**implantiertes MOS**, IMOS (Halbl) / MOS m implantado de iones ‖ ~**käfig** m / jaulaiónica

661

Ionenkanone

f ‖ ⁓**kanone** f, -strahler m (Eltronik) / cañón m iónico ‖
⁓**kollektor** m / colector m de iones ‖ ⁓**kristall**,
Polarkristall m (Chem, Phys) / cristal m polar o de
enlace iónico, cristal m iónico ‖ ⁓**ladung** f / carga f
iónica ‖ ⁓**laser** m / láser m iónico ‖ ⁓**lautsprecher** m /
ionófono m, altavoz m iónico ‖ ⁓**lawine** f (Phys) /
avalancha f iónica ‖ ⁓**leitung** f, Leitung f II. Ordnung
/ conducción f iónica ‖ ⁓**massenspektrometer** n (Phys)
/ espectrómetro m iónico de masas ‖ ⁓**mikroskop** n /
microscopio m iónico ‖ ⁓**modulation** f (Antenne) /
modulación f iónica ‖ ⁓**paar** n (Chem) / par m iónico o
de iones, pareja f de iones ‖ ⁓**paarausbeute** f,
M/N-Verhältnis n (Nukl) / rendimiento m de pares de
iones ‖ ⁓**pumpe** f (Vakuum) / bomba f iónica ‖ ⁓**quelle**
f (Nukl) / fuente f iónica o de iones ‖ ⁓**rakete** f (Raumf)
/ cohete m iónico ‖ ⁓**repeller** m (Phys) / rechazador m
de iones ‖ ⁓**röhre** f (Eltronik) / tubo m iónico, válvula f
iónica ‖ ⁓**rücktrieb** m (Raumf) / frenado m iónico ‖
⁓**rumpf** m (Chem) / tronco m de un ion ‖ ⁓**sättigung** f
/ saturación f iónica ‖ ⁓**-Schallwelle** f (Phys) / onda f
iono-acústica ‖ ⁓**schleuder** f, -zentrifuge f (Nukl) /
centrífuga f iónica ‖ ⁓**sensor** m (Raumf) / detector m
iónico ‖ ⁓**sonde** f (Eltronik, Phys) / ionosonda f ‖
⁓**spektrometer** n / espectómetro m de iones ‖
⁓**spreizung** f (Chem, Phys) / dispersión f iónica ‖
⁓**stärke** f (Chem) / fuerza f o intensidad iónica ‖
⁓**strahl** m (Eltronik, Phys) / haz m iónico ‖
⁓**strahlanalyse** f (Massenspektrum) / exploración f de
un haz de iones ‖ ⁓**strahler** m, -kanone f (Eltronik) /
cañón m iónico ‖ ⁓**strahl-Lithographie** f (Eltronik) /
litografía f de haz iónico ‖ ⁓**strahl-Mikrosonde** f /
microsonde f de haz iónico ‖ ⁓**strahltechnik** f /
técnica f de haz iónico ‖ ⁓**strahlung** f, -strahlen m pl,
-bündel n / haz m iónico o de iones ‖
⁓**strahlzerstäubung** f (Eltronik) / desintegración f o
pulverización por haz iónico ‖ ⁓**strom** m (Eltronik) /
corriente f iónica o de iones ‖ ⁓**-Synchrotron**,
Protonen-Synchrotron n (Phys) / sincrotrón m de
protones ‖ ⁓**tautomerie** f (Chem) / tautomerismo m
iónico ‖ ⁓**transport** m (Phys) / transporte m de iones ‖
⁓**triebwerk** n, -antrieb m (Raumf) / propulsor m iónico
‖ ⁓**verdampferpumpe** f (Vakuum) / bomba f iónica de
evaporación ‖ ⁓**wanderung** f, (fälschlich:)
Ionenbeweglichkeit f, -leitfähigkeit f / migración f o
transferencia iónica o de iones, movilidad f de iones ‖
⁓**wertigkeit** f (Chem) / valencia f iónica ‖ ⁓**wolke** f
(Phys) / nube f de iones ‖ ⁓**zahl** f (Phys) / número m de
iones ‖ ⁓**zähler** m / contador m de iones [por
centímetro cuadrado] ‖ ⁓**zerstäuberpumpe** f,
Penningpumpe f (Vakuum) / bomba f iónica
pulverizadora
Ionisation, Ionisierung f (Phys) / ionización f ‖
lawinenartige ⁓ / ionización f [a]cumulativa
Ionisations•dichte f / densidad f de ionización ‖
⁓**dosimetrie** f (Radiol) / dosimetría f de ionización ‖
⁓**-Dosismesser** m / ionómetro m ‖ ⁓**energie** f (Phys) /
energía f de ionización ‖ ⁓**kammer** f (Nukl) / cámara f
de ionización ‖ ⁓**konstante** f (Phys) / constante f de
ionización ‖ ⁓**manometer** n, -vakuummanometer n
(Nukl) / vacuómetro m de ionización ‖ ⁓**messgerät** n
(Raumf) / manómetro m de ionización ‖ ⁓**potential** n
(Phys) / potencial m de ionización ‖ ⁓**prüfung** f (Kabel)
/ ensayo m de ionización ‖ ⁓**rauchmelder** m /
avisador m de humos por aire ionizado ‖ ⁓**schicht** f
(Phys) / capa f ionizada o de ionización ‖ ⁓**spannung** f
(Nukl) / potencial m de ionización ‖ ⁓**spannung**,
Entladespannung f / potencial m disruptivo de
ionización ‖ ⁓**spannung** f (Ionisationskammer) / tensión
f de ionización ‖ ⁓**stoß** m (Phys) / colisión f ionizante ‖
⁓**stoß**, Hoffmannscher Stoß / ráfaga f de rayos
cósmicos ‖ ⁓**strom** m (Phys) / corriente f iónica o de
ionización ‖ ⁓**-Vakuum-Meter** n / vacuómetro m de
ionización ‖ ⁓**-Ventilelement** n (Eltronik) / elemento m
de válvula iónica ‖ ⁓**wahrscheinlichkeit** f durch Stoß

(Phys) / probabilidad f de ionización por colisión ‖
⁓**wärme** f (Phys) / calor m de ionización
Ionisator m (Phys) / ionizador m
ionisch, in Ionenform (Phys) / iónico ‖ ~ (Bau) / iónico
ionisierbar / ionizable
ionisieren vt / ionizar
ionisierend / ionizante ‖ ~**es Lösungsmittel** / solvente
m ionizante ‖ ~**e Strahlung** / radiación f ionizante ‖
~**e Teilchen** / partículas f pl ionizantes
ionisiert / ionizado ‖ ~**es Wasser** / agua f ionizada ‖ ~**e
Wolke** / nube f ionizada
Ionisierung f (Phys) / ionización f
Ionisierungs•... / de ionización ‖ ⁓**arbeit** f / trabajo m
de ionización ‖ ⁓**bank** f (in der Ionosphäre) / capa f
ionizada (en la ionosfera) ‖ ⁓**einrichtung** f /
instalación f de ionización ‖ ⁓**energie** f / energía f de
ionización ‖ ⁓**fähigkeit** f, -vermögen n / poder m
ionizante ‖ ⁓**feld** n / campo m de ionización ‖
⁓**-Getterpumpe** f (Eltronik) / bomba f iónica de
adsorción ‖ ⁓**kollision** f (Phys) / colisión f ionizante ‖
⁓**mittel** n (Chem) / ionizante m ‖ ⁓**querschnitt** m
(Phys) / sección f eficaz de ionización ‖ ⁓**verlust** m /
pérdida f [de energía] por ionización ‖ ⁓**zeit** m,
Aufbauzeit f / tiempo m de ionización ‖ ⁓**zustand** m
(Spektr. Anal.) / estado m ionizado
ionitrieren vt / ionitrurar ‖ ~ n (Masch) / ionitruración f
Ionium n, Io (OZ = 90) (Chem) / ionio m, Io ‖ ⁓**-Alter** n,
Io-Alter n / edad f de ionio
Ionizität f, Ionencharakter m (Chem) / ionicidad f
ionogen (Chem) / ionógeno ‖ ~ **gebundener Wasserstoff**
/ hidrógeno m re[e]mplazable ‖ ~**er Komplex** (Chem) /
complejo ionógeno ‖ ~**es Tensid** / tensioactivo m
iónico
Iono•gramm n (Raumf) / ionograma m ‖ ⁓**mer** n (Plast) /
ionómero m ‖ ⁓**meter** n (Chem, Nukl) / ionómetro m
Ionon n (Chem, Parfumindustr) / ionona f
Iono•pause f / ionopausa f ‖ ⁓**phon** n (Lautsprecher) /
ionófono m ‖ ⁓**phorese** f (Chem) / ionoforesis f,
electroforesis f ‖ ⁓**plastik** f (Beschicht) / ionoplastia f,
pulverización f catódica ‖ ⁓**sphäre** f (Geophys) /
ionosfera f ‖ ⁓**sphäre D**, [E, etc] / capa f D [E, etc] de
la ionosfera ‖ ⁓**sphärenschicht** / región f ionosférica
‖ ⁓**sphären-Streuung** f, -Scattering n / dispersión f
ionosférica ‖ ~**sphärisch** / ionosférico ‖
~**sphärischer Teilsturm** / subtormenta f ionosférica
Ionotron n, Ionenhydrat n (Chem) / ionotrón m
Ionplating n (Galv) / galvanoplastia f iónica
Iontophorese f (Med) / iontoforesis f
I.P. Lösungsmittel n (I.P. = Institute of Petroleum)
(Chem) / espíritu m de petróleo I.P.
IPE-Träger m (m. Parallelflansch) / viga f IPE (perfil
europeo)
IPL (einleitendes Programmladen) (DV) / carga f inicial
del programa
IPN-Träger m, I-Regelträger m (Normalflansch) / viga f
IPN
Ipot m (induktives o. Spulenpotentiometer) (Elektr) /
potenciómetro m inductivo, divisor m de tensión o de
potencial inductivo
I-Profil n, -Querschnitt m / sección f en I [o H], perfil m
en I [o H]
IPT-Thermometer n (IPT = Institute of Petroleum
Technologists) (Öl) / termómetro m IPT
I-Querschnitt m, -Profil n / sección f en I o H, perfil m
en I o H
IR (= Infrarot) (Phys) / infrarrojo
Iraser, Infrarotmaser m / iraser m, máser m de
infrarrojo
irden, tönern (Keram) / de loza ‖ ~**es Geschirr** (Töpf) /
loza f
I-Regler, Integral-Regler m (Regeln) / regulador m de
acción integral o tipo I
Iridium n, Ir (Chem) / iridio m, Ir ‖
⁓**chlorwasserstoffsäure** f (Chem) / ácido m

clorhídrico de iridio ‖ ~**haltig** / que contiene iridio ‖ ~**spitze** f / punta f de iridio ‖ ~**(III)-verbindung** f (Chem) / compuesto m iridoso ‖ ~**(IV)-verbindung** / compuesto m irídico
Iridosmium, Osmiridium n (Min) / iridosmina f, iridosmio m, osmiridio m
Iris•blende f (Foto) / diafragma m [de] iris ‖ ~**blende** (Wellenleiter) / iris f, diafragma m ‖ ~**druck** m, Regenbogendruck m (Tex) / estampación f irisada
irisieren vi / irisar ‖ ~ n / iridescencia f
irisierend / iridescente
Iris•momentverschluss m, Irisverschluss m (Foto) / obturador m [de] iris ‖ ~**öl** n (Pharm) / aceite m de [rizoma de] iris, esencia f de iris
Irländisches Moos, Irisches Moos (Bot, Web) / musgo m irlandés o de Irlanda, carraghen m
Iroko n, afrikanisches Teakholz / iroko m, kambala m, abang m
Iron n (Chem) / irona f
IRQ (= Interrupt Request - Unterbrechungsanforderung) / solicitud f de interrupción
Irradiation, Überstrahlung f (Opt) / irradiación f
irrational, nicht aufgehend (Math) / irracional ‖ ~**e Zahl** (o. Größe) (Math) / número m irracional, irracional f
irreduzibel (Math) / irreducible
irregeleitet, Irrläufer... / extraviado
irregulär / irregular
irrelevant, unerheblich / insignificante, irrelevante
Irrelevanz-Reduktion f (TV) / reducción f irrelevante
irren, sich ~ [in] / equivocarse [de, en]
irreparabel / irreparable
irreversibel, nicht umkehrbar / irreversible ‖ **irreversible Adsorption von Farbstoffen** (Färb) / adsorción f irreversible de colorantes ‖ **irreversibles Gel** (Chem) / gel m irreversible ‖ **irreversibles Kolloid** / coloide m irreversible ‖ **irreversible Reaktion** / reacción f irreversible
Irreversibilität f / irreversibilidad f
Irrfahrt f **eines Teilchens** (Nukl) / trayectoria f aleatoria o al azar de una partícula, recorrido m aleatorio o al azar
Irrigation f (Landw) / irrigación f, regadío m
Irr•läufer m / envío m extraviado ‖ ~**strom** m, vagabundierender Strom (Elektr) / corriente f vagabunda
IRR-Triebwerk n (Raumf) / motor m cohético, IRR
Irrtum, Fehler m / error m ‖ ~ **vorbehalten** / salvo error u omisión, s.e.u.o.
irrtümlich adj, gegen die Regeln verstoßend / irróneo ‖ ~**e Bezeichnung** / denominación f irrónea
Irrtumswahrscheinlichkeit, Signifikanzzahl f (Stat) / probabilidad f de error[es]
Irrungszeichen n (DV) / carácter m de borrado
IRS (Nukl) = Institut für Reaktorsicherheit / Instituto para la Seguridad de Reactores
IR-Schutzfilter n (Phys) / filtro protector IR
IR•-Spektraluntersuchungen f pl / estudios m pl espectroscópicos con rayos infrarrojos ‖ ~**-Spektroskopie** f / espectroscopia f infrarroja
IS (= integrierter Schaltkreis) (Eltronik) / circuito m integrado
Isallobare, Gleichdrucklinie f (Meteo) / isalobara f
Isallotherme f (Meteo) / isaloterma f
Isarithme, Isolinie f (Geo) / isopleta f, línea f isométrica
Isatin, Dioxyindol n (Chem) / isatina f
ISA-Toleranz f, IT / tolerancia f ISA
Isatropasäure f (Chem) / ácido m isatrópico
IS-Bauteile n pl (Eltronik) / componentes m pl [de] circuitos integrados
I-Schicht f (Halbl) / región f intrínseca ‖ ~**-Transistor** m / transistor m de barrera intrínseca
I-Schirm n (Radar) / presentación f visual tipo I

IS-Diagramm, Mollier-Diagramm n / diagrama m de Mollier
ISDN n (= Integrated Services Digital Network) (Fernm) / RDSI f (= Red Digital de Servicios Integrados) ‖ ~**-Adapter** m / adaptador m RDSI
isenthalpischer Effekt (Gas) / efecto m Joule-Kelvin o Joule-Thomson, efecto m isentálpico
isentropisch (Chem, Phys) / isentrópico, isoentrópico
Iserin m (Min) / iserina f
Isethionsäure f (Chem) / ácido m isetiónico
ISFET m, ionenselektiver Feldeffekt-Transistor (Halbl) / transistor m ionosensible de efecto de campo, isfet m
Islandspat m, isländischer Doppelspat (Min) / espato m de Islandia
IS-Maschine f, Individual-Section-Maschine f (Glas) / máquina f seccional o SI
ISM-Hochfrequenzgerät n (= industrial, scientific, medical) (Elektr) / aparato m I.S.M.
ISO f (Masch) / ISO f, Organización Internacional de Estandar[d]ización o Normalización, OIE, OIN ‖ ~, Infrarot-Observatorium n / observatorio m de infrarrojo ‖ ~**-Abmaße** n / diferencias f pl [de medida] ISO
Iso•amyl n (Radikal) (Chem) / isoamilo ‖ ~**amylalkohol** m, Fuselöl n (Chem) / alcohol m isoamílico, aceite m fusel ‖ ~**amylazetat** n / acetato m isoamílico ‖ ~**amylester** m / éster m isoamílico ‖ ~**amylhalogen** n / halógeno m isoamílico ‖ ~**anomale**, Isanomale f (Linie gleicher Anomalien) (Meteo) / isoanomal f
isobar (Phys) / isobárico, isobaro ‖ ~**e [isotherme] Thermogravimetrie** (Phys) / termogravimetría isobárica, [isotérmica] ‖ ~**er Spin**, Iso-Spin m / espín m isobárico
Isobare f (Meteo) / isobara f, línea f isobárica ‖ ~ n pl (Nukl) / isobaros m pl
Iso•barenausbeute f (Nukl) / rendimiento m de fisión de cadena ‖ ~**barisch** / isobárico ‖ ~**barische Verdampfungswärme** (Phys) / calor m latente de sublimación ‖ ~**barometrisch** / isobarométrico ‖ ~**base** f (Geol) / isobasa f ‖ ~**bathe**, Linie f gleicher Wassertiefe (Ozean) / isobata f
ISO-7-Bit-Code m, CCITT-Alphabet Nr. 5 n (DV) / código m ISO de siete bits
Iso•borneol n (Chem) / isoborneol m ‖ ~**butan** n (Chem) / isobutano m ‖ ~**buten** n / isobuteno m, isobutileno m ‖ ~**buttersäure** f / ácido m isobutírico ‖ ~**butyl...** / isobutílico adj ‖ ~**butylalkohol** m / alcohol m isobutílico, isobutilalcohol m, isobutanol m ‖ ~**butylbutyrat** n / isobutilbutirato m ‖ ~**butyr...** / isobutírico adj ‖ ~**chimen** f (Geo, Meteo) / isoquímena f ‖ ~**chinolin** n (Chem) / isoquinolina f ‖ ~**chor, bei konstantem Volumen** (Phys) / isocórico, isocoro ‖ ~**chore** f (Chem) / línea f isocora o isocórica ‖ ~**chromasie** f (Opt) / isocromasía f ‖ ~**chromatisch** (Opt) / isocromático ‖ ~**chron** / isócrono ‖ ~**chrone Tastung** (Fernm) / modulación f isócrona, manipulación f isócrona f ‖ ~**chronismus** m (Uhr) / isocronismo m, isocronía f ‖ ~**chronzyklotron** n (Nukl) / ciclotrón m o fasotrón isócrono
ISO•-Code m / código m ISO ‖ ~**-Container** m / contenedor m ISO ‖ ~**-Container der Reihe 1**, Stückgutcontainer m / contenedor m ISO de serie 1, contenedor m para mercancías de detalle
Iso•cyan... / isociánico adj ‖ ~**cyanat** (Plast) / isocianato m ‖ ~**cyanatharz** n (Chem) / resina f de isocianato ‖ ~**cyanid** / isocianuro m ‖ ~**cyanmethan** n / isocianuro m de etilo ‖ ~**cyansäure** f / ácido m isociánico ‖ ~**cyclisch** / isocíclico ‖ ~**dekane** n pl (Chem) / isodecanos m pl ‖ ~**desmich** (Krist) / isodésmico ‖ ~**diametrisch** / isodiamétrico ‖ ~**diapher** n (Nukl) / isodiáfero m ‖ ~**dimorph**, aus zwei isomorphen Zuständen bestehend (Krist) / isodimorfo ‖ ~**dispers** (Chem) / isodisperso f ‖ ~**dose** f (Nukl) / isodosis f ‖ ~**dose[nfläche, -nkurve]** (Nukl) /

Isodosenkarte

superficie, [curva] f de isodosis ‖ ~**dosenkarte** f (Nukl) / gráfica f de isodosis ‖ ~**dynam**, gleiche Wärmemengen liefernd (Nahrung) / isodinámico ‖ ~**dyname** f (Landkarte) / línea f o curva isodinámica, isodina f ‖ ~**dynamisch** (Magnetismus) / isodinámico ‖ ~**dynen**, Linien f pl gleicher Kraftwirkung (Phys) / líneas f pl isodinámicas ‖ ~**echo**... / isoecóico ‖ ~**elektrisch**, äquipotential / isoeléctrico ‖ ~**elektrischer Punkt** (pH-Messung) (Chem) / punto m isoeléctrico ‖ ~**elektronisch** / isoelectrónico
ISO-Empfehlungen f pl / directrices f pl o recomendaciones ISO
Isoeugenol n (Chem) / isoeugenol m
Isofluxlinien f pl / líneas f pl de isoflujo
ISO-Gabelträger m / horquilla m portadora ISO
Iso•gamma[kurve](Schwerkraft) f / isogamma f ‖ ~**gehäuse** n, Isolierstoffgehäuse f / caja f de materia aislante ‖ ~**gen** (Opt) / isógeno ‖ ~**geotherm**... (Geol) / isogeotermo adj
ISO-Gewinde, metrisches ~ / rosca f métrica ISO, filete m métrico ISO
iso•gonal, winkeltreu (Geom) / isogónico, isogono ‖ ~**gone**, Linie f gleicher magnetischer Deklination (Geophys) / isogona f, línea f isogónica
ISO-Grundabmaße n pl / diferencias f pl (de medida) fundamentales ISO
Iso•haline f (Ozean) / isohalina ‖ ~**helie**, Linie f gleichen Sonnenscheins (Meteo) / isohela f, isohelia f ‖ ~**hyete** f, Linie f gleichen Regenfalls (Meteo) / isohieta f, isoyeta f ‖ ~**hypse** f (Meteo) / isohipsa f ‖ ~**ionie** f (Chem) / isoionía f ‖ ~**kalorisch** (Chem) / isoenergético, isocalórico ‖ ~**kinetisch**, geschwindigkeitsgleich (Phys) / isocinético m ‖ ~**klasit** m (Min) / isoclasa f, isoclasita f ‖ ~**klin** (Magn) / isoclínico ‖ ~**klinal** / isoclinal adj ‖ ~**klinalfalte** f (Geol) / pliegue m isoclinal ‖ ~**kline**, Linie f gleicher Inklination (Magnet) / isoclina f ‖ ~**kolloid** n (Chem) / isocoloide m ‖ ~**konzentrate** f, Linie f gleicher Konzentration (Chem) / isoconcentrada f ‖ ~**kracken** n (Öl) / isocraqueo m, isocracking m
Isolation f, Isolierung f (Akust, Bau, Elektr) / aislamiento m, aislación f ‖ ~, Isolator m / aislador m, aislante m ‖ ~ **gegen Erde** (Elektr) / aislamiento m contra tierra ‖ ~ **gegen Schall** / aislamiento m acústico ‖ ~ **gegen Übertragung von Erschütterungen** (Bau, Phys) / aislamiento m antivibratorio ‖ ~ **zwischen den Windungen** (Elektr) / aislamiento m entre espiras ‖ ~ **zwischen Einkristall u. Schaltkreisen** / aislamiento m de microcircuito ‖ **hohle** ~, Isolierung f durch Luft / aislamiento m por aire
Isolations•abziehzange f, Abisolierzange f (Wz) / alicates m pl o tenazas pelahilos o pelacables, alicates m pl para desforrar ‖ ~**durchschlag** m (Elektr) / perforación f de aislamiento ‖ ~**fehler** m / defecto m de aislamiento ‖ ~**fehler-Schutzsystem** n / sistema m protectora contra defecto de aislamiento ‖ ~**glas** n / vidrio m aislante, vidrio m para aisladores ‖ ~**klasse** f (Elektr, Phys) / clase f de aislamiento ‖ ~**koordination** f (Elektr) / coordinación f de aislamiento ‖ ~**leitwert** m / perditancia f ‖ ~**material** n, -stoff m (Akust, Bau, Elektr) / material m aislante o de aislamiento, aislante m ‖ ~**messer** m (Elektr) / megaóhmetro m, megóhmetro m ‖ ~**prüfer**, -messer m (Elektr) / verificador m o comprobador del aislamiento ‖ ~**prüfer**, Erdschlussprüfer m (Elektr) / detector m de fugas a tierra ‖ ~**prüfung** f (Akust, Bau, Elektr) / ensayo m de aislamiento ‖ ~**- und Spannungsmesser** m (Elektr) / medidor m de aislamiento y tensión, ohmímetro m y voltímetro m ‖ ~**verluste** f (Bau, Elektr) / pérdidas f pl debidas al aislamiento ‖ ~**vermögen** n / poder m aislador o aislante ‖ ~**verstärker** m (Elektr) / amplificador m de aislamiento ‖ ~**wächter** m / controlador m de aislamiento ‖ ~**widerstand** m (Dielektrikum) / resistencia f del aislamiento ‖

~**widerstand je km** (Kabel) / resistencia f de aislamiento por kilómetro ‖ ~**widerstandsbelag** m (Elektr) / resistencia f por unidad de longitud
Isolator m (isolierende Befestigung) / aislador m ‖ ~, Nichtleiter m (Phys) / aislador m, aislante m, no-conductor m
Isolatoren•gerüst n, -brücke f (Elektr) / marco m porta[a]islador ‖ ~**hals** m / garganta f del aislador ‖ ~**kette** f / cadena f de aisladores
Isolator•glocke f / campana f de aislador ‖ ~**kappe** f, -kopf m / casquete m de aislador ‖ ~**rille** f, Drahtlager n / ranura f del aislador ‖ ~**rippe** f / nervio m de aislador ‖ ~**stütze** f / portaaislador m, soporte m del aislador ‖ ~**überschlag** m / arco m de contorneamiento de aislador
Isolier•anstrich m (Bau) / pintura f aislante ‖ ~**band** n (Elektr, Heizung) / cinta f [adhesiva] aislante ‖ ~**bereich** m (Gleis) (Bahn) / zona f aislada, zona f de circuitos de vía ‖ ~**beton** m (Bau) / hormigón m aislante ‖ ~**buchse** f (Elektr) / borne m aislador (Bahn) ‖ ~**-Container** m (Bahn) / contenedor m isotérmico ‖ ~**decke** f / alfombra f aislante ‖ ~**-Diffusion** f (Halbl) / difusión f de aislamiento ‖ ~**ei** n (Elektr) / aislador m oval
isolieren vt (Akust, Bau, Elektr) / aislar ‖ ~, separieren / separar ‖ **die Unbekannte** ~ (Math) / despejar la incógnita ‖ **eine Wurzel** ~ (Math) / aislar o separar una raíz ‖ ~ n (Tätigkeit) / aislamiento m
isolierend / aislador, aislante ‖ ~, nicht leitend (Elektr) / no conductor
Isolierer m (Bau) / impermeabilizador m (de terrazas)
Isolier•fachmann m, Isoliertechniker m (Wärme, Kälte, Schall) / especialista m aislador ‖ ~**faden** m (Elektr) / hilo m aislante ‖ ~**fähigkeit** f, -eigenschaft f (Elektr, Material) / propiedad f aislante ‖ ~**falle** f (Vakuum) / trampa f aislante ‖ ~**flasche** f (Chem) / botella f aislante ‖ ~**flasche** f, Thermosflasche f (Nahr) / termo m, botella f termos ‖ ~**flüssigkeit** f (Elektr) / líquido m dieléctrico ‖ ~**folie** f / hoja f aislante, lámina f electroaislante ‖ ~**formstück** n / aislador m moldeado ‖ ~**fuß** m (Elektr) / pie m o zócalo aislante ‖ ~**gewebe** n (Tex) / tejido m aislante ‖ ~**glas** n (Bau) / vidrio m de aislamiento ‖ ~**glocke** f (Elektr) / aislador m [en forma] de campana ‖ ~**griff** m / mango m aislante ‖ ~**harzmasse** f / resina f aislante ‖ ~**haut** f, -film m / película f aislante ‖ ~**hülle** f / forro m o revestimiento aislante ‖ ~**kanne** f, Thermokanne f (Nahr) / jarra f termo ‖ ~**klemme** f (Elektr) / prensahilo m aislante ‖ ~**körper** m (Elektr) / cuerpo m aislante ‖ ~**krepp** m / crepé m de aislamiento ‖ ~**kreuzrolle** f / polea f de porcelana para cruces de línea ‖ ~**lack** m / barniz m o esmalte aislante ‖ ~**lamelle** f / lámina f de aislamiento ‖ ~**lasche** f (Bahn) / brida f (E) o eclisa (LA) o plaqueta (LA) aislante ‖ ~**masse** f / masa f aislante ‖ ~**material** n, -stoff m (Bau, Elektr) / material m aislante o aislador, sustancia f aislante, aislante m ‖ ~**matte** f (Elektr) / alfombra f aisladora ‖ ~**matte gegen Wärme** / revestimiento m aislante térmico ‖ ~**öl** n (Elektr) / aceite m aislador o aislante ‖ ~**ölalterung** f / envejecimiento m del aceite aislador ‖ ~**papier** n / papel m aislante ‖ ~**pech** n / pez f aislante ‖ ~**perle** f (Elektr) / perla f aislante, cuenta f aisladora ‖ ~**podest** m n / plataforma f aislada ‖ ~**rohr** n (Elektr) / tubo m aislante ‖ ~**rohr**, Bougierohr n (Kfz) / tubo m de bujía, manguito m ‖ ~**rolle** f (Elektr) / roldana f aisladora ‖ ~**scheibe** f / arandela f aislante, disco m aislador ‖ ~**schemel**, -stuhl m / taburete m aislador ‖ ~**schicht** f / revestimiento m aislante, capa f aislante ‖ ~**schicht**, isolierende Einlage (Bau, Elektr) / capa f intermedia aislante ‖ ~**schicht gegen Feuchtigkeit** (Bau) / capa f antihúmeda o hidrófoba ‖ ~**schicht-Feldeffekt-Transistor** m (Halbl) / transistor m de efecto de campo del tipo de ensanchamiento ‖ ~**schlauch** m (Elektr) / macarrón m, manguera f aislante ‖ ~**stange** f / pértiga f aisladora ‖ ~**stoff** m,

Dämmstoff m (Wärme) / aislante m térmico, termoaislante m || ⁓**stoffgehäuse** n (Elektr) / caja f de materia aislante || ⁓**stoffklasse** f / clase f de aislante || ⁓**stöpsel**, Blindstecker m (Elektr) / clavija f falsa || ⁓**stütze** f / soporte m aislado
isoliert, abgesondert / separado, segregado, aislado || ⁓ (Elektr, Phys) / aislado || ⁓, wärmeisoliert / termoaislado, calorífugo || ⁓**er Abschnitt** (Gleis) / sección f aislada || ⁓**es Drahtende zwischen Lötöse und Kabelbaum** (Eltronik) / skinner m || ⁓ **gegen Feuchtigkeit** / aislado contra humedad || ⁓**es Metalldach** / cubierta f metálica aislada || ⁓**er Null- o. Mittelleiter** / conductor m neutro aislado || ⁓**er Punkt einer Kurve** (Math) / punto m aislado || ⁓**e Rückleitung** (Elektr) / retorno m aislado || ⁓ **vorkommend** (Biol) / discontinuo || **mit** ⁓**er Hin- und Rückleitung** (Elektr) / de sistema aislado || **schlecht** ⁓ (Elektr) / mal aislado
Isolier•technologie f / tecnología f de los aislantes eléctricos || ⁓**teile** n pl / piezas f pl de aislamiento || ⁓**transformator** m, Trenntrafo m (Elektr) / transformador m aislador o de aislamiento o separador o de separación
Isolierung f, Isolation f (Bau, Elektr) / aislamiento m, aislación f || ⁓, Trennung f / separación f, segregación f || ⁓ f, Dichtigkeit f (Bau) / estanqueidad f, impermeabilidad f || ⁓, Wärmedämmung f (Bau) / termoaislamiento m, aislamiento m térmico o calorífugo
Isolier•ventil n (Reaktor) / válvula f de separación || ⁓**vermögen** n / propiedad f aisladora, poder m aislador || ⁓**wand** f (Bau) / tabique m aislador || ⁓**wandler** m (Elektr) / transformador m de medida aislador || ⁓**wert** m / resistencia f del aislamiento || ⁓**wickel** m / bandaje m aislante || ⁓**widerstand** m (Elektr) / resistencia f de aislamiento || ⁓**wolle** f / fibras f pl aislantes, lana f aislante || ⁓**zange** f (Wz) / alicates m pl con mangos aislantes || ⁓**zwischenlage** f (Bau, Elektr) / capa f aislante intermedia
Iso•linie, Isarithme f (Geo) / isolínea f || ⁓**log** adj / isologo adj || ⁓**log** n (Chem) / cuerpo m [orgánico], isologo m || ⁓**luxkurve** f (Foto) / isofotométrica f, línea f isolux o isofoto || ⁓**magnetisch** / isomagnético || ⁓**magnetische Kurve** (Geol) / isodina f, línea f isomagnética || ⁓**matte** f / colchoneta f || ⁓**maxverfahren** n (Öl) / proceso m Isomax
isomer (Chem, Nukl) / isómero, isomérico adj || ⁓ (bei Zuckern) / anomérico || ⁓**e Kohlenwasserstoffe** (Chem) / hidrocarbonos m pl isoméricos || ⁓**er Übergang** (Nukl) / transición f isomérica || ⁓**er Zustand** (Nukl) / estado m isomérico
Iso•mer (Chem) / isómero m || ⁓**mere** n pl (Nukl) / isómeros m pl, nucleidos m pl isómeros || ⁓**merase** f / isomerasa f || ⁓**merentrennung** f / separación f de isómeros || ⁓**merie** f, Isomerismus m / isomería f, isomerismo m || ⁓**merieinsel** f / isla f de isomería f || ⁓**merisieren** vt / isomerizar || ⁓**merisierungsverfahren** n / isomerización f
ISO-Methode f (Zeichn) / proyección f según ISO || **A** / proyección f americana || **E** / proyección f europea
Iso•metrie f, Längengleichheit f (Math) / isometría f || ⁓**metrie** (dreidimensionale Zeichnung) / dibujo m isométrico, proyección f isométrica || ⁓**metrisch**, maßgleich (Krist) / isométrico || ⁓**metrische Darstellung** (Math) / representación f isométrica || ⁓**metrisches System** (Krist) / sistema m isométrico || ⁓**morph**, gleichgestaltet, von gleicher Kristallform (Krist) / isomorfo, isomórfico || ⁓**morphie**, Homöomorphie f (Krist) / isomorfismo m, homeomorfía f || ⁓**morphismus** m (Math) / isomorfismo m
Isonen n pl (Phys) / isones m pl
Iso•nephe f (Meteo) / línea f de isonefa f || ⁓**nitril** n (Chem) / isonitrilo m || ⁓**nitrosoverbindung** f, Oxim n /

compuesto m isonitroso, oxima f, monoxima f || ⁓**nom** (Krist) / isónomo || ⁓**nomie** f / isonomía f || ⁓**oktan** n (Chem) / iso[o]ctano m || ⁓**osmotisch**, isosmotisch (Chem) / is[o]osmótico || ⁓**pache** f (Geol) / línea f isopaca || ⁓**paraffin** n (Chem) / isoparafina f || ⁓**parametrisch** (Kurven) / isoparamétrico
ISO-Passungen f pl / ajustes m pl ISO
Iso•pentan n (Chem) / isopentano m || ⁓**perimetrisch** (Geom) / isoperimétrico || ⁓**phon** (Akust) / isofónico || ⁓**phone**, Linie f gleicher Lautstärke / línea f isofónica || ⁓**phonie** f / isofonía f || ⁓**phote**, -luxe, Linie f gleicher Beleuchtungsstärke (Astr, Foto) / isofotométrica f, línea f isolux o isofoto || ⁓**phthalsäure** f (Chem) / ácido m isoftálico || ⁓**plethe** f, Linie f gleicher Zahlenwerte (Math) / línea f isopleta, isopleta f || ⁓**ploid** (Nukl) / isoploide || ⁓**pluvial** (Geo, Meteo) / isopluvial || ⁓**polymer** n (Chem) / isopolímero m || ⁓**polymerisation** f / isopolimerización f || ⁓**polymorphie** f (Krist) / isopolimorfismo f || ⁓**potential** / equipotencial || ⁓**pren** (Chem) / isopreno m || ⁓**propanol** n, Isopropylalkohol m / isopropanol m, alcohol m isopropílico, isopropilalcohol m || ⁓**propenyl** (Radikale) / isopropenilo m || ⁓**propyl...** / isopropílico adj || ⁓**propylacetat** n / isopropilacetato m || ⁓**propylbenzol**, Cumol n / isopropilbenceno m, cumeno m || ⁓**propyliodid** n / isopropiloduro m
ISO-Prüfobjekt n eins / probeta f ISO número uno
iso•seismische Linie, Isoseiste f (Geo, Geol) / línea f isosísmica, isosísmica f || ⁓**spin** m (Nukl) / isospín m, espín m isobárico o isotópico || ⁓**stasie** f (Geol) / isostasia f || ⁓**statisch** (Geol, Mech) / isostático || ⁓**statisches Heißpressen** (Sintern) / moldeo m por compresión isostática en caliente || ⁓**statisches Pressen**, Sackverfahren n (Sintern) / moldeo m por compresión isostática, prensado m isostático || ⁓**sterie** f (Chem) / isostería f, isotipia f || ⁓**sterisch** (Chem) / isóstero || ⁓**tache** f (Meteo) / isotaca f || ⁓**taktisch** (Chem) / isotáctico || ⁓**taktische Polymerisation** / polimerización f isotáctica || ⁓**there** f (Geo, Meteo) / isótera f || ⁓**therme**, Linie f gleicher Temperatur (Meteo) / isoterma f, línea f isoterma, curva f isotérmica || ⁓**thermie** f (Meteo) / isotermia f || ⁓**therm[isch]** / isotermo, isotérmico || ⁓**thermischer Wirkungsgrad** / rendimiento m isotérmico || ⁓**thermschmieden** n (Hütt) / forjado m isotérmico en matriz caliente || ⁓**thiocyanat** n (Chem) / isotiocianato m
ISO-Toleranzen f pl / tolerancias f pl ISO
Iso•ton n, isotoner Kern (Nukl) / isótono m || ⁓**tonie** f / isotonía f, isotonicidad f || ⁓**tonisch**, mit gleichem osmotischen Druck, isosmotisch (Chem) / is[o]osmótico, isotónico
isotop (Chem, Phys) / isotópico || ⁓**er Indikator** / indicador m isotópico || ⁓ n / isotopo m
Isotopen•analyse f / análisis m isotópico || ⁓**austausch** m / intercambio m isotópico || ⁓**batterie** f, -generator m (Raumf) / pila f o batería atómica o nuclear || ⁓**chemie** f / química f de isótopos || ⁓**generator** m (Nukl) / generador m isotópico || ⁓**gewicht** m (Chem) / masa f isotópica || ⁓**häufigkeit** f / abundancia f isotópica || ⁓**indikator** m (Nukl) / indicador m o trazador isotópico, isótopo m trazador || ⁓**labor**, Radionuklidlaboratorium (Chem) / laboratorio m de radionucleidos || ⁓**markierung** f / marcado m isotópico o con isótopos || ⁓**-Massenspektroskopie** f / espectroscopia f isotópica de masa || ⁓**nummer** f / número m isotópico || ⁓**spin** f (Nukl) / espín m isotópico, isospín m || ⁓**symbole** n pl, Symbole n pl der Isotope / símbolos m pl isotópicos || ⁓**träger** m (Nukl) / portador m isotópico || ⁓**trenner** m / separador m isotópico || ⁓**trennung** f / separación f isotópica o de isótopos || ⁓**triebwerk** n (Raumf) / propulsor m isotópico || ⁓**verbindung** f (Chem) / compuesto m isotópico ||

≈**verdünnungsanalyse** f (Nukl) / análisis m por dilución isotópica ‖ ≈**verhältnis** n (Chem) / relación f isotópica, porcentaje m isotópico ‖ ≈**verschiebung** f, Isotopieverschiebung f (Nukl) / desplazamiento m o corrimiento isotópico ‖ ≈**verteilung** f (Chem) / distribución f de isótopos
Isotopie f (Nukl) / isotopia f
Iso•tron n (elektromagnetischer Isotopentrenner) (Phys) / isotrón m ‖ ≈**tronik** f / isotrónica f ‖ ~**trop**, gleich brechend o. dehnbar, ungerichtet (Phys) / isotrópico, isótropo ‖ ~**troper Strahler** / radiador m isotrópico ‖ ≈**tropie** f / isotropia f ‖ ≈**tropie des Werkstoffes** / isotropia f del material ‖ ≈**valenz** f (Math) / isovalencia f ‖ ≈**valeriansäure** f (Chem) / ácido m isovaleriánico ‖ ≈**xylol** n / isoxileno m
ISO-Zeichen n / signo m ISO
isozyklisch / isocíclico
ISP (= Instruction Set Processor) / Set de Instrucciones de Procesador ‖ ≈ (= Internet Service Provider) / Proveedor m de Sericios Internet o de acceso a Internet
ISS (= Iternational Space Station - Internationale Raumstation) / Estación f Espacial Internacional
ISSN = Internationale Standardnummer für fortlaufende Sammelwerke
Ist•abmaß n / diferencia f efectiva o real ‖ ≈**bestand** m (F.Org) / stock m efectivo
IS-Technik f (= integrated screen) (Eltronik) / tecnología f de pantalla integrada
Istfahrplan, grafischer (Bahn) / gráfico m real ‖ ≈**form** f **eines Körpers** (Geom) / forma f efectiva (o real) de un cuerpo ‖ ≈**frequenz** f (Eltronik, Fernm) / frecuencia f verdadera ‖ ≈**-Geschwindigkeit** f / velocidad f efectiva o verdadera ‖ ≈**gewicht** n / peso m real, peso m efectivo ‖ ≈**-Gleich-Taste** f (Rechner) / tecla f de resultado o de totalización ‖ ≈**-Leistung** f (Elektr, Masch) / potencia f verdadera ‖ ≈**maß** n (Toleranzen), Fertigmaß n / medida f práctica o efectiva ‖ ≈**maß**, Effektivmaß n / cota f real, medida f real ‖ ≈**maß** (Regeln) / valor m verdadero ‖ ≈**maßverteilung** f **im Toleranzfeld** / distribución f de la medida real en la zona de tolerancia ‖ ≈**-Messung** f, Istmaßbestimmung f / determinación f de la medida real ‖ ≈**-Oberfläche** f / superficie f real o efectiva
I-Stoß m (Schw) / soldadura f en I
Ist•-Produktion f (F.Org) / producción f verdadera ‖ ≈**spiel** n / juego m real, juego m efectivo ‖ ≈**wert** m / valor m verdadero, valor m real ‖ ≈**wert** (Regeln) / cota f efectiva, valor m efectivo, cota f real, valor m real o actual, valor m medido ‖ ≈**wert der Ausfallrate** / tasa f efectiva de fallos ‖ ≈**wert-Fernerfassung** f / teledetección f ‖ ≈**-Zeit** f (F.Org) / tiempo m registrado, tiempo m empleado o real, tiempo m transcurrido
ISZM (= indexsequentielle Zugriffsmethode) (DV) / método m de acceso secuencial indexado
IT (= Informationstechnologie) / TI (= tecnología de la información) ‖ ≈, ISO-Toleranz f / tolerancia f ISO
Itabirit m (Min) / itabirita f ‖ ~**isch** (Hütt) / itabirítico
Itakolumit, Gelenkquarz m (Min) / itacolumita f
Itakonsäure f (Chem) / ácido m itacónico
ITER = International Thermonuclear Experimental Reactor
Iteration f (Math) / iteración f
Iterations•befehl m (DV) / instrucción f de iteración ‖ ≈**index**, Schleifenindex m (DV) / índice m de iteración ‖ ≈**schleife** f, Wiederholprogramm n (DV) / bucle m iterativo ‖ ≈**verfahren** n / método m de iteración
iterativ, wiederholend / iterativo ‖ ~**e Routine** / rutina f iterativa
Iterativ-Lenkung f (Raumf) / mando m por iteración
iterieren vt vi (DV) / iterar
It-Platte f (i: Gummi, t: Asbest) (Gasarmatur) / placa f It
I-Träger m (Hütt) / viga f en I ‖ **leichter** ≈ (Bau, Stahlbau) / vigueta f laminada

ITU (= International Telecommunications Union) / Unión f Internacional de Telecomunicaciones
ITX, Isopropylthioxanton n / isopropiltioxantona f
I-U-Kennlinie f (Elektr) / característica f corriente-voltaje
IUPAC m (= International Union of Pure and Applied Chemistry) (Chem) / Unión Internacional de Química Pura y Aplicada
Ixtle- o. Isle-Faser f, Tampico-Hanf m (Bot) / cáñamo m de Tampico
Izod•-Kerbschlagprüfung f (Mat.Prüf) / ensayo m de impacto Izod, ensayo m de resiliencia Izod ‖ ≈**-Methode** f, Einspannmethode f / método m Izod, método m con probeta encastrada ‖ ≈**-Prüfung** f / ensayo m de resiliencia Izod, ensayo m de impacto Izod
i-Zone, Injektions-Zone f (Halbl) / zona f i, zona f de conducción intrínseca

J

J *n* (= Joule) (Phys) / J = julio
J (= Jod) (Chem) / yodo *m*, iodo *m*
Jabo *m*, Jagdbomber *m* (Luftf, Mil) / cazabombardero *m*
Jacaranda *n* (Holz) / jacarandá *f*
Jacht *f*, Yacht *f* (Schiff) / yate *m*, balandro *m*
Jacket *n* (der Bohrinsel) (Öl) / puente *m*
Jacobideterminante *f* (Math) / determinante *f* funcional o de Jacobi
Jaconet, Jaconnet, Jakonett *m* (Web) / chaconada *f*
Jacquard *m*, Jacquardgewebe *n* (Tex) / tejido *m* Jacquard ‖ ⁓**einrichtung** *f* (Web) / dispositivo *m* Jacquard ‖ ⁓**-Flachstrickmaschine** *f* / máquina *f* tricotosa rectilínea Jacquard ‖ ⁓**handstrickmaschine** *f* / máquina *f* tricotosa manual ‖ ⁓**karte** *f* / lámina *f* Jacquard ‖ ⁓**kartenschläger** *m* / perforador *m* de cartones Jacquard ‖ ⁓**kettenstuhl** *m*, -kettenwirkmaschine *f* / telar *m* Jacquard de urdimbre ‖ ⁓**maschine** *f* / máquina *f* Jacquard ‖ ⁓**[muster]** *n* / dibujo *m* Jacquard ‖ ⁓**papier** *n* / papel *m* Jacquard ‖ ⁓**pappe** *f* / cartón *m* Jacquard ‖ ⁓**rundstrickmaschine** *f* / telar *m* Jacquard circular para género de punto ‖ ⁓**weberei** *f* / tejeduría *f* Jacquard ‖ ⁓**werk** *n* / dispositivo *m* Jacquard
Jade *f* (Min) / jade *m*
Jadeit *m* (Min) / jadeíta *f*
Jagd • flugzeug *n* (Luftf, Mil) / caza *m*, avión *m* de caza ‖ ⁓**gewehr** *n*, -flinte *f* / escopeta *f* de caza, rifle *m* de montería ‖ ⁓**lenkung** *f* (Radar) / indicación *f* de derrota de seguimiento ‖ ⁓**panzer** *m* (Mil) / carro *m* de cmbate de caza ‖ ⁓**patrone** *f* / cartucho *m* de caza ‖ ⁓**schrot** *m* *n* / perdigón *m* de caza
Jägerzaun *m* (Bau) / valla *f* de estacadas cruzadas
Ja-Glied *n*, Identitätsglied *n* (Pneum) / celda *f* lógica "SI" de regeneración
Jahr *n* (Abkürzung: a) / año *m* ‖ ⁓**buch** *n* / anuario *m*
Jahres • ... / anual, anuo ‖ ⁓**abfluss-Mittelwert** *m* (Hydr) / valor *m* medio anual de desagüe, módulo *m* específico (en m³/s) ‖ ⁓**bahn** *f* (Raumf) / órbita *f* Crocco ‖ ⁓**durchsatz** *m* / caudal *m* anual ‖ ⁓**durchschnittstemperatur** *f* (Meteo) / temperatura *f* anual media ‖ ⁓**einschlag** *m*, -hiebsatz *m* (Forstw) / corta *f* anual, apeo *m* anual, cupo *m* de volteo anual ‖ ⁓**erzeugung**, -leistung *f* / producción *f* anual ‖ ⁓**gebühr** *f* / tasa *f* anual ‖ ⁓**gewinn** *m* / ganancia *f* anual ‖ ⁓**grenzwert** *m* **für Ingestion** (Nukl) / límite *m* anual de ingestión ‖ ⁓**mittelwasserführung** *f* (Hydr) / caudal *m* medio anual de desagüe ‖ ⁓**nagel** *m* (Bahn) / clavo *m* milésimo o fechador ‖ ⁓**ring** *m* (Bot) / anillo *m* anual o de crecimiento, cerco *m* ‖ ⁓**speicher** *m* (Hydr) / acumulación *f* anual ‖ ⁓**uhr** *f* / reloj *m* de 400 días de cuerda, reloj *m* de cuerda anual ‖ ⁓**umsatz** *m* / ventas *f pl* anuales, cifra *f* anual ‖ ⁓**urlaub** *m* / vacaciones *f pl* anuales ‖ ⁓**verbrauch** *m*, jährlicher Verbrauch / consumo *m* anual ‖ ⁓**wagen** *m* (Kfz) / coche [usado] de un año ‖ ⁓**zeit**, Saison *f* (Meteo) / estación *f*, temporada *f* ‖ ⁓**zeitlich** / estacional
jährlich / anual ‖ **⁓e Aberration** (Astr) / aberración *f* anual ‖ **⁓er Einschlag** (Forstw) s. Jahreseinschlag
Jährlingswolle *f* (Tex) / lana *f* borrega
Jahrzehnt *n* (Zeit) / década *f*, decenio *m*
Jakobsleiter, Lotsentreppe *f* (Schiff) / escala *f* de viento, escala *f* del práctico

Jalousette *f* (mit Plastikprofilen) (Bau) / persiana *f* de tablillas plásticas ‖ ⁓ **mit senkrechten Stäben** / persiana *f* de barritas verticales
Jalousie *f* / persiana *f*, celosía *f* ‖ ⁓ (mit Holzstäben) / persiana *f* (de tablillas de madera) ‖ ⁓ **mit verstellbaren Lamellen** / persiana *f* de tablillas móviles ‖ ⁓**apparat** *m* (Brau) / aparato *m* de gradería ‖ **~artig** / de tipo persiana, de celosía ‖ ⁓**blende** *f* (Opt) / obturador *m* de persiana ‖ ⁓**effekt** *m* (Elektr) / efecto *m* de persiana ‖ ⁓**gurt** *m* (Bau) / cinta *f* para persianas ‖ ⁓**kasten** *m* (Bau) s. Rollladenkasten ‖ ⁓**-Nutenfräsmaschine** *f* (Holz) / fresadora *f* de ranuras para tablillas de persiana ‖ ⁓**stab** *m* (Bau) / lámina *f* o tablilla de persiana ‖ ⁓**-System** *n* (Raumf) / sistema *m* de persiana ‖ ⁓**trockner** *m*, Roto-Louvre-Trockner *m* / secadero *m* Roto-Louvre, secadero *m* Pehrson ‖ ⁓**tür** *f* (Bau) / puerta *f* de persiana ‖ ⁓**verschluss** *m* / cierre *m* de persiana ‖ ⁓**wellblech** *n* / chapa *f* ondulada para persiana
Jamesonit *m* (Min) / jamesonita *f*
Jamin-Interferometer *n*, -Interferenzrefraktometer *n* (Opt) / interferómetro *m* de Jamin
Jammer *m* (Störsender) / [emisor] perturbador *m*
Jamming *n* (Radio) (Eltronik) / perturbación *f* o interferencia intencionada
Ja-Nein • ... (Messinstr) / pasa-no pasa ‖ ⁓**-Arbeitsweise** *f* (Funk) / método *m* de sí o no ‖ ⁓**-Aussage** *f* (DV) / información *f* sí o no ‖ ⁓**-Regelung** *f* / regulación *f* de todo o nada ‖ ⁓**-Test** *m* / ensayo *m* de sí o no
J-Antenne *f* / antena *f* en J
Janus • antenne *f* / antena *f* Jano ‖ ⁓**schalter** *m* (Fernm) / llave *f* de Jano
japanieren *vt* (Keram) / japonizar
Japan • lack *m* / laca *f* japonesa ‖ ⁓**papier** *n* / papel *m* japonés o Japón ‖ ⁓**qualität** *f* (Pharma) / calidad *f* Japón ‖ ⁓**seide** *f*, Japon, Habutais *m* (Tex) / seda *f* del Japón ‖ ⁓**-Seidenpapier** *n* / papel *m* seda japonés o de Japón, papel *m* Japón para copias ‖ ⁓**-Velinpapier** *n* / papel *m* vitela Japón ‖ ⁓**wachs** *n*, -talg *m* / cera *f* del Japón
Jaques-Effekt *m* (Hütt) / efecto *m* Jaques
Jargon *m* (Min) / jerga *f*, jargón *m*, ergón *m*
Jarosit *m* (Min) / jarosita *f*
jarowisieren *vt*, vernalisieren (Landw) / jarovizar, vernalizar ‖ ⁓ *n*, Vernalisieren *n* (Landw) / jarovización *f*, vernalización *f*
Jarrahholz *n*, australisches Mahagoni (Bot) / jarrah *m*, eucalipto *m* caoba
Jasmin[blüten]öl *n* (Pharm) / esencia *f* [de flores] de jazmín
Jaspé *m* *n* (Tex) / jaspé *m* ‖ ⁓**garn** *n*, Zugzwirn *m* (Spinn) / hilo *m* jaspeado
jaspiert, feinflammig meliert (Tex) / jaspeado
Jaspis *m* (Min) / jaspe *m* ‖ **grüner ⁓ mit roten Flecken**, Blutjaspis *m*, Blutstein *m* / jaspe *m* sanguíneo ‖ ⁓**marmor** *m* / mármol jaspe ‖ ⁓**porzellan** *n* (Keram) / porcelana *f* jaspeada o de jaspe
Jaspopal *m* (Min) / opal *m* de jaspe
Jäte • gabel *f* (Landw) / horca *f* para escardar ‖ ⁓**hacke** *f* / escardillo *m*, escarda *f*, zarcillo *m* ‖ ⁓**kralle** *f* / cultivador *m* de dientes ‖ ⁓**maschine** *f*, Jäter *m* (Landw) / escardadera *f*, carpidor *m* de varilla
jäten *vt* (Gartenbau) / sachar ‖ ⁓ (Landw) / escardar ‖ ⁓ *n* / escardadura *f*
Jäthacke *f* / zarcillo *m*
Jato *m* (= jet assisted take-off") (Luftf) / JATO *m* (despegue asistido por reactor)
Jato, Jahrestonnen *f pl* (veraltet) / toneladas *f pl* anuales o por año
Jato-Rakete *f* / cohete *m* acelerador JATO
Jauche *f* (Landw) / deyecciones *f pl* líquidas, estiércol *m* líquido, purín *m*, licuame *m* ‖ ⁓**fass** *n* / tanque *m* redondo para licuame ‖ ⁓**grube** *f* / fosa *f* de deyecciones líquidas, pozo *m* de estiércol [líquido] ‖

Jauchepumpe

≈pumpe f / bomba f de licuame || ≈spritze f, -verteiler m / distribuidor m o esparcidor de licuame || ≈wagen m / carro-cuba m
Jaulen n (Schwebung bis 6 Hz) (Eltronik) / aullido m, aúllo m
Java n (eine Programmiersprache) (DV) / Java m || ~fähig (DV) / apto para Java, compatible con Java
Javellauge f (Chem) / lejía f de Javel
J-Band f (12,4-18,0 MHz) (Eltronik) / banda f J
J-Box f (Web) / J-box m, cámara f en forma de J
JCL (DV) = job control language (Betriebssprache) / lenguaje m de control de tarea
Jeans pl o f (geköperter Baumwollstoff) (Tex) / tejido m de (o para) jeans, jean m || ≈köper m, Denim m / azul m de trabajo en sarga || ≈stoff m / tejano m
Jedermann-Band n, CB (= Citizen Band) (Radio) / banda f ciudadana, banda f de uso público general
jederzeit verwendbares Programm (DV) / programa m de uso en común
JEDOCH-NICHT-Tor n (Eltronik) / puerta f lógica Y y NO
Jeep m (USA-Kübelwagen) (Kfz, Mil) / yip m, jip m
Jenaer Glas n (Geräteglas) / cristal m de Jena
jenseits der Sonne (Astr) / transsolar
J-Entwickler m, Werkstatt-Entwickler m (Schw) / generador m de taller
Jentzscher Zündwertprüfer (Chem) / comprobador m del punto de ignición
Jersey m (Tex) / jersey m, tricot m liso || ≈ware f, einflächige Ware (Tex) / género m jersey
Jet, Gagat m (Bergb) / azabache m
Jet m, Düsenflugzeug n (Luftf) / avión m a reacción o de chorro, il m reactor
JET m (= Joint European Torus) (Kernforschung) / JET m
JETEC m (Joint Electron Tubes Engineering Council) / Consejo Mixto de Ingeniería de Tubos Electrónicos
Jet • -Mühle f, Strahlenmühle f (Aufb) / molino m de chorro || ≈-Ski n m (Sport) / moto f acuática o de agua || ≈[stream], Strahlstrom m (Luftf, Meteo) / corriente f de (o en) chorro || ≈stream-Stop-Start-Verfahren n (Trocknung) / método m de parada y arranque en chorro || ≈-Verfahren n, Kolbenspritzgießverfahren n für Duroplaste (Plast) / procedimiento m de inyección con émbolo para duroplásticos, moldeo m a chorro
Jeweils • -Änderung f (DV) / modificación f específica || ≈-Parameter m (DV) / parámetro m de programa
Jhdt. / s (= siglo)
Jigger m, Siebsetzmaschine f (Bergb) / criba f oscilante o de vaivén || ≈, Breitfärbemaschine f (Färb) / jigger m, máquina f de teñir al ancho || ≈, Handtalje f (Schiff) / aparejo m de rabiza || ≈ (Eltronik) / transformador m de oscilación || ≈färbung f (Tex) / tintura f en jigger
J-Integral n (Mat.Prüf) / integral f J
Jipi-Palme f (Carludovica Palmata) / jipi m
Jitter m, Zittern n (Kath.Str) / inestabilidad f a corto plazo
j-j-Kupplung f (Nukl) / acoplamiento m j-j
Job m, Aufgabe f (DV) / trabajo m, tarea f || ≈durchsatz m (DV) / cantidad f de tareas ejecutadas || ≈-Eingabe f (DV) / entrada f de tarea || ≈-Eingabefluss m (DV) / corriente f de tareas de entrada || ≈-Fernein- u. -ausgabegerät n / terminal m de entrada y de salida de tareas || ≈-Fernverarbeitung f (eine Art Teilnehmerbetrieb) (DV) / teleproceso m de tareas || ≈scheduler m, Joborganisationsprogramm n (DV) / programa m organizador de tareas || ≈step n, Teilaufgabe f (DV) / etapa f de tarea || ≈verarbeitung f (DV) / proceso m de trabajos o tareas || ≈verarbeitung im Rechnernetz (DV) / proceso m de trabajos en la red || ≈warteschlange f (DV) / cola f de tareas
Joch n (allg, Elektr, Landw) / yugo m || ≈, Jochfeld n (Bau, Hydr) / arco m de puente || ≈, Magnet-, Poljoch n (Elektr) / culata f magnética || ≈, Schienen-, Gleisjoch

n (Bahn) / tramo m de vía || ≈, Geviert n (Bergb) / escuadría f || ≈aufhängung f / suspensión f de yugo || ≈blech n (Elektr) / capa f de culata || ≈brücke f (Bau) / puente m de pilotaje || ≈gestell n (Elektr) / armazón m de culata || ≈methode f (Magnet) / método m de barra y yugo || ≈ring m, Feldgestell n (Elektr) / anillo m de culata || ≈weite f (Brücke) / distancia f entre los pilares de un puente || ≈ [wellentyp]wandler m (Wellenleiter) / transformador m o conversor de modo de barras cruzadas
Jod n s. Iod
jodhaltig / yodífero
Joffe-Flasche f (Phys) / botella f [magnética] de Joffe
joggeln vt, stauchverschränken, kröpfen (Draht) / aboquillar, respaldar
Jogglemaschine, Stauchverschränkmaschine f / máquina f aplastadora-ensambladora
Jogglingmaschine, Kröpfmaschine f (Draht) / máquina f onduladora
Johannisbrot n (Bot, Landw) / algarroba f
Johannisbrotkernmehl n (Färb) / harina f de [semillas de] algarroba || ≈ether m (Färb) / éter m de harina de [semillas de] algarroba
Johannit m (Min) / joannita f
Joint Venture m / joint m venture, empresa f conjunta
Jojobaöl n (Bot) / aceite m de Simmondsia chinensis
Joker m (DV) / [carácter] comodín m
Jolle f (Schiff) / yola f
Jollenkreuzer m / crucero m de orza
Jollysche Federwaage (Phys) / balanza f de Jolly
Jominy-Versuch, Stirnabschreckversuch von Stahl (Hütt) / ensayo m [de] Jominy
Jordan m, Hydromühle f (Pap) / refino m [cónico] Jordan
Josephson • -Effekt m (Phys) / efecto m de Josephson || ≈-Tunnelkontakt m (Halbl) / contacto m de túnel de Josephson || ≈-Übergang m (Supraleiter) / transición f Josephson
Joukowski-Profil n (Luftf) / perfil m de Joukowski
Joule n, Wattsekunde f (= 10^7 erg = 1 Nm) (Elektr) / julio m, joule m || ≈-Effekt m, Gestaltmagnetostriktion f (Phys) / efecto m Joule de magnetostricción || ≈meter m, -zähler m / j[o]uliómetro m || ≈sches Gesetz (Elektr) / ley f de Joule || ≈sche Heizung / calefacción f por resistencia || ≈sche Wärme (Elektr) / calor m Joule || ≈scher [Wärme]verlust (Elektr) / pérdida f [por efecto] de Joule || ≈-Thomson-Effekt m, isenthalpischer Effekt m (Gas) / efecto m de Joule-Thomson o Joule-Kelvin
Journaldrucker m (DV) / impresora f de diario
Joystick m (DV) / joystick m, palanca f de mando
J-Schirmbild n (Radar) / presentación f [visual tipo] J
J-Stück n, Muffenkniestück n (Rohr) / racor m acodado (en 30°)
J-Stütze f (Elektr) / soporte m doble en J
Juchten[leder] n / cuero m o piel de Rusia
Jugfet, Sperrschicht-Feldeffekt-Transistor m (= junction gate field effect transistor) (Eltronik) / jugfet m
Jukebox f (Eltronik) / sinfonola f
Julianisches Datum (Astr) / dato m juliano
Julinscher Chlorkohlenstoff (Chem) / hexaclorobenceno m
Jumbo m (Roheisenpfanne auf Transportwagen) (Hütt) / jumbo m || ≈-Computer m (DV) / ordenador m gigante || ≈-Jet m (z.B. Boeing 747) (Luftf) / jumbo-jet m
Jumper m (DV, Elektr) / jumper m, conector m pequeño
Jungbier n (Brau) / cerveza f nueva
Jungfer f, Rammknecht m (Bau) / macaco m || ≈ (Bau) / falso m pilote
Jungfern • fahrt f (Schiff) / viaje m inaugural || ≈flug m (Luftf) / primer m vuelo, vuelo m inaugural || ≈rinde f, männlicher Kork (Bot) / corcho m macho

jungfräulich (Bergb) / virgen || ~ (Reaktor) / inactivo, limpio || **~es Neutron** (Nukl) / neutrón *m* virgen o primario

Junkers-Kalorimeter *n* (Phys) / calorímetro *m* de Junkers

Junktor *m* (Math) / conectivo *m*

Jupiterlampe *f*, Starklicht *n* (Film) / sunlight *m*

Jura•... (Geol) / jurásico || **⁻formation** *f*, Jura *m* (Geol) / formación *f* jurásica || **⁻kalk** *m* / caliza *f* jurásica || **⁻sandstein** *m* / gres *m* jurásico

just in time, (Lieferung) zur rechten Zeit, JIT / justo a tiempo

Justier•... (Masch) / de ajuste, ajustador || **⁻achse** *f* (Antenne) / eje *m* de ajuste || **⁻einrichtung** *f* / dispositivo *m* de ajuste

justieren *vt*, adjustieren / ajustar || ~, abgleichen / igualar, justificar || ~, abrichten / aderezar || ~, zurichten (Druck) / arreglar, calzar, nivelar, hacer el arreglo || ⁻ *n*, Justierung *f* / arreglo, ajuste *m*, reglaje *m*

Justier•knopf *m* (Instr) / botón *m* de ajuste || **⁻leiste** *f* / barra *f* de regulación || **⁻schraube** *f* / tornillo *m* de ajuste o de reglaje

Justierung *f* s.a. Justieren || ⁻ (Druck) / justificación *f*

Justier•waage *f* / balanza *f* de verificación || **⁻walzwerk** *n* / tren *m* laminador de ajuste || **⁻widerstand** *m* (Elektr) / resistencia *f* variable de ajuste || **⁻zange** *f* (Wz) / alicates *m pl* de ajuste

Jute *f*, Corchorus spp. (Bot, Tex) / yute *m*, cáñamo *m* de Bombay o de Calcuta || **gebrochene** ⁻ / yute *m* espadillado || **⁻-Beilauf** *m* (Kabel) / yute *m* de relleno || **⁻drell**, -köper *m* (Tex) / sarga *f* de yute || **⁻faser** *f* / fibra *f* de yute || **⁻filz** *m* / fieltro *m* de yute || **⁻gewebeabfälle** *m pl* **für Papierfabrikation** / desperdicios *m pl* de tejidos de yute || **⁻kabel** *n* (Elektr) / cable *m* de yute y plomo || **⁻leinwand** *f* (Tex) / tela *f* de yute || **⁻öffner** *m* (Spinn) / abridora *f* de yute || **⁻packleinen** *n* (Verp) / arpillera *f*, harpillera *f* || **⁻polster** *n* (Kabel) / envoltura *f* de yute, forro *m* o revestimiento de yute || **⁻quetschmaschine** *f* (Tex) / suavizadora *f* de yute || **⁻reißmaschine** *f* / diablo *m* para yute || **⁻riste** *f* / manojo *m* de yute || **⁻sackleinwand** *f* (Tex) / tela *f* gruesa de yute || **mit ⁻schutz** (Kabel) / bajo yute || **⁻stängelbohrer** *m* (Zool) / barrenador *m* de yute || **⁻stoff** *m* (Tex) / tejido *m* de yute || **~verstärkt** (Pap) / reforzado de (o con) yute || **⁻vorgarn**, -vorgespinst *n* (Spinn) / mecha *f* de yute || **⁻zwirnmaschine** *f* (Spinn) / retorcedora *f* de yute

juvenil (Geol) / juvenil

Juwelier•arbeit *f*, -kunst *f* / obra *f* de joyería, obra *f* de bisutería || **⁻diamant** *m* / diamante *m* de bisutería || **⁻refraktometer** *n* (Mess) / refractómetro *m* de bisutería

Juxta•position *f* (Krist) / yuxtaposición *f* || **⁻positionszwilling** *m* (Krist) / macla *f* por yuxtaposición || **⁻strom** *m* (Elektr) / yuxtacorriente *f*

K

k (=Kilo) / k (= kilo)
k (Einheit von 1024 Kernspeicherstellen o. -bytes o. -wörtern) (DV) / k
k, Karat n / quilate m
K (= Kelvin)(Grad d. absoluten Temperatur) / K (= Kelvin)
K n (=Kalium) (Chem) / K m (= potasio)
kA (=Kiloampere) (Elektr) / kA (= kiloamperio)
Ka (Schraube) = Kernansatz
kabbelig (See) / picado
Kabbelung f, Kabbelsee f (Ozean) / mar f rizada || ≈ / mar m picado
Kabel n (Elektr) / cable m || ≈, Seil n / cable m [metálico], cuerda f || ≈, überseeisches Telegramm / cablegrama m, cable m || ≈ mit Bleimantel / cable m bajo plano || ≈ mit drei verdrillten Leitern / cable m triplex, cable m de tres conductores trenzados entre sí || ≈ mit Formleitern / cable m con (o de) conductores perfilados || ≈ mit geringer Aderzahl o. Paarzahl / cable m agrupado || ≈ mit großer Aderzahl (Fernm) / cable m de conductores múltiples || ≈ mit Hohlraumisolierung / cable m con aislamiento de aire || ≈ mit PET-isolierten Leitern / cable m de conductores con aislamiento polietilénico || ≈ mit 2 PET-Mänteln u. zwischenliegendem Alu-Band / cable m pap || ≈ mit symmetrischen Paarleitern / cable m de pares simétricos || ≈ mit Viererverseilung / cable m en cuadretes || ein ≈ abwickeln (o. aus- o. verlegen) / tender o trazar un cable || in Kanälen verlegtes u. vergossenes ≈ (Elektr) / cable m tendido o trazado en canaletas
Kabel•abbrennofen m / horno m para quemar aislamientos de cables || ≈abfangung f (Elektr) / grampa f para cables, aprietacable f || ≈abgang m / salida f de cable || ≈-Abmantelungszange f (Wz) / alicates m pl pelacables, desforrador m de cables || ≈abschnitt m / sección f de cable || ≈abweiser m / deflector m de cables || ≈abwickelmaschine f / máquina f para desenrollar cables || ≈abzweigkasten m (Elektr) / caja f de empalme de cables || ≈ader f / conductor m de cable || ≈aderausgleich m / equilibrado m de cable || ≈ähnlich / de tipo cable || ≈anhänger m, -wagen m / remolque m para cable, remolque m para acarreo de tambores (o de bobinas) de cable || ≈anschluss m (Elektr) / conexión f de cable || ≈anschlussbuchse f / borne m para conexión de cable || ≈anschlussdose f (Antenne) / caja f de conexión de cable || ≈anschlusstafel f / panel m de conexión para cables || ≈armierung f, -bewehrung f / armadura f de cables || ≈ast, -zweig m / ramal m de un cable || ≈aufbau m / construcción f del cable || ≈aufführung f / subida f de cable || ≈aufhängung f / suspensión f del cable || ≈auflage f, -träger m / soporte m de cable || ≈aufrollmaschine f, Kabelaufroller m / enrollacable[s] m ||
≈aufteilungskeller m (Fernm) / caja f de empalme de cables || ≈ausgang m / salida f de cable ||
≈ausgussmasse f, -isoliermasse f / compuesto m aislante de relleno || ≈auslegemaschine f / tendedora f o trazadora f de cables || ≈bagger f (Bau) / draga f de cable || einfacher ≈bagger, Kleinkabel-, Schürfkübelbagger m / dragalina f || ≈bahn f (Straßenbahn) / funicular m, vagón m de tracción por cable || ≈band n (Walzw) / cinta f de (o para) cable ||
≈bandstahl m (Hütt) / acero m [en banda] para armaduras de cables || ≈baum m (Eltronik, Kfz) / haz m o arnés de cables o conductores, cables m pl preformados, (localismo:) momia f || ≈baumbinden n (Eltronik) / ligado m del arnés de cables || ≈beilauf m (Elektr) / relleno m de cable || ≈bewehrung f, -armierung f / armadura f de cable ||
≈bewehrungsmaschine f, -armierungsmaschine f / máquina f para armar cables || ≈bezeichnung f / designación f de cable, borne f indicadora de cable ||
≈bild n / imagen f de cable || ≈binder m (Kfz) / sujetacable[s] m || ≈boden m (Kraftwerk) / lecho m de cables || ≈boje f (Schiff) / boya f para cable submarino ||
≈brett n (Elektr) / anaquel m de cables || ≈bruch m / rotura f del cable || ≈brücke f, Seilhängebrücke f (Bau) / puente m colgante de cables || ≈brücke, -verbindung f (Elektr) / enlace m por (o de) cable || ≈brunnen m, Einsteigschacht m (Fernm) / pozo m de cables ||
≈bündel n (Elektr) / haz m de cables || ≈dämpfung f (Fernm) / atenuación f del cable || ≈draht m (Hütt) / alambre m para cables || ≈durchführung f (Elektr) / boquilla f de paso, aislador m pasapanel, pasamuro m || ≈durchgang m / conducto m de (o para) cables || ≈einführstutzen m / tubuladura f de entrada para cable || ≈einführung f / entrada f de cables ||
≈einziehgerät n / dispositivo m para tracción de cables || ≈[einzieh]kasten m, -schrank m (Elektr) / caja f para tirar cables || ≈einziehstrumpf m / manga f de malla para tracción de cables || ≈einziehtülle f (Fernm) / boquilla f de protección para tirar cables [a través de la canalización] || ≈einziehwinde f / torno m para tirar cables || ≈endgestell n (Fernm) / bastidor m terminal de cables || ≈endstück n (Elektr) / cabeza f terminal del cable || ≈endverschluss m / cabeza f de cable || ≈endverschluss (für Verzweigung) / cabeza f de ramificación || ≈endverstärker m (Radio) / amplificador m final de línea || ≈faden m, Doppelzwirn m (Tex) / hilo m cableado || ≈fehler m / defecto m del cable, avería f en el cable || ≈fernsehen n / televisión f por cable, cablevisión f ||
≈fernseh-Teilnehmer m / abonado m de cable[visión] || ≈führung f (Schiff) / guiacables m || ≈führung f (Elektr) / ruta f del cable || ≈führungsplan m (Elektr) / plano m de colocación de cables || ≈führungsrohr n, -schlauch m / tubo m guía del cable || ≈galgen m / horca f portacables || ≈garn n (Tex) / cabo m de cordelera, hilo m de cuerda o de cable || ≈garn (Schiff) / filástica f || ≈gatt f (Schiff) / pañol m de cables, groera f || ≈geführt (Flugkörper) / guiado por hilo ||
≈gestell n, -ständer m / rastrillo m portacables, estantería f para cables || ≈gleitfett n / grasa f para cables || ≈graben m, -grube f / zanja f para cables ||
≈halter m / portacables m || ≈halter, -haken m / gancho m portacables, grapa f de suspensión de cable || ≈halterung f / fijación f del cable ||
≈hausanschlusskasten m (Elektr) / caja f de empalme en casa f || ≈hersteller m / fabricante m o productor de cables || ≈hochführungsschacht m, -schacht m (Bau) / chimenea f de subida de cables || ≈isoliermaschine f, -umhüllmaschine f (Elektr) / máquina f para aislar o envolver cables || ≈isoliermasse f / compuesto m aislante de cables || ≈isolieröl n / aceite m aislante para cables
Kabeljau•fänger m, Dorschfänger m (Schiff) / bacaladero m || ≈-Test m (Radioaktivität im Meer) / prueba f de bacalao
Kabel•kanal m, -graben m, -grube f, -rinne f (allg) / canalización f o canaleta para cables, canal m para cable, atarjea f (LA) || mehrfacher o. mehrzügiger ≈kanal (Elektr) / canaleta f múltiple para cables || befahrbarer ≈kanal / canal m accesible de cables || ≈kanal m im Kraftwerk / lecho m de cables ||
≈[kanal]formstein m (Bau) / ladrillo m de asentamiento para cables subterráneos || ≈karte f

(gedr.Schaltg) / tarjeta f de cables ‖ ˜**kasten** m, -abschlussgerät n, -verzweigergerät n (Elektr, Fernm) / caja f de empalme ‖ ˜**kasten** (in der Straße) / caja f distribuidora subterránea ‖ ˜**keller** m (Elektr) / cueva f de cables, sótano m de cables ‖ ˜**kern** m, -seele f / alma f de [un] cable ‖ ˜**keule** f (Elektr, Kabel) / cono m de entesado (E), cono m de entiesar (LA) ‖ ˜**klemme** f, -schelle f, -krampe f / sujetacables m, mordaza f o grapa para cables, grapa f de sujetar cables ‖ ˜**klemme**, -klemmschraube f / tornillo m sujetacables ‖ ˜**klemmlasche** f / brida m aprietacable[s] ‖ ˜**knotenpunkt** m (Fernm) / nudo m de cables ‖ ˜**kompensation** f / compensación f para la transmisión por cable ‖ ˜**konstruktion** f / construcción f de cable ‖ ˜**kran** m / grúa f de cable ‖ ˜**kran zum Holzfällen** / grúa f de cable para el transporte de troncos [cortados] ‖ ˜**kranreiter** m / caballete m ‖ ˜**kranschaufler** m, Schrapper m (Bau) / dragalina f excavadora ‖ ˜**kriechen** n (Elektr) / corrimiento m longitudinal del cable ‖ ˜**kupplung** f (Elektr) / acoplamiento m de cables ‖ ˜**länge** f, Kabel n (Schiff) / cable m (= 185,2 m) ‖ ˜**längenentzerrer** m (Eltronik) / compensador m del efecto de la longitud del cable ‖ ˜**laufzeitausgleich** m (Fernm) / compensación f de retardo por cable ‖ ˜**leger** m (Fernm) / cablero m, cablista m ‖ ˜**leger**, -legeschiff n / buque m cablero ‖ ˜**legung zu Lande** / tendido m de cables, colocación f de cables, asiento m de cables ‖ ˜**legung zur See** / tendido m naval de cables ‖ **unterirdische** ˜, Verkabelung f / tendido m subterráneo de cables ‖ ˜**liste** f, -verzeichnis n / lista f de cables ‖ ˜**lose** f (Fernm) / flojedad f de cable ‖ ˜**löterzelt** n / caseta f de cablista ‖ ˜**lötstelle** f / junta f [de cables soldados] ‖ ˜**mantel** m / cubierta f del cable ‖ ˜**mantellötung** f / soldadura f de cubiertas de cables ‖ ˜**mantelpresse** f / prensa f para forrado de cables ‖ ˜**marke** f, -pressring m / talón m de cable ‖ ˜**[fertigungs]maschine** f / reunidora f ‖ ˜**maschine** f / cableadora f ‖ ˜**maschinen** f pl / maquinaria f para la fabricación de cables ‖ ˜**masse**, -mantelmischung f / compuesto m aislante para forrado de cables ‖ ˜**merkstein** m / borna f indicadora ‖ ˜**messbrücke** f / puente m de medición de cables ‖ ˜**messer** n (Wz) / cuchillo m desforrador o pelacables ‖ ˜**messkoffer** m / cofre m para mediciones en cables ‖ ˜**messwagen** m s. Kabelprüfwagen ‖ ˜**monteur** m / empalmador m ‖ ˜**muffe** f / manguito m para cables ‖ ˜**netz** n **für Energieversorgung** / red f eléctrica subterránea ‖ ˜**öse** f / argolla f para cable ‖ ˜**paar** n / pareja f de cables, par m en cable ‖ ˜**papier** n / papel m para cables ‖ ˜**plan** f / especificación f de colocación de cables ‖ ˜**presse** f (Elektr) / prensa f [hidráulica] para cables ‖ ˜**pressring** m / talón m de cable ‖ ˜**prüfdraht** m (Elektr) / hilo m testigo ‖ ˜**prüfgerät** n / comprobador m de cable ‖ ˜**prüfwagen** m, -messwagen m / coche m para la comprobación de cables ‖ ˜**ring** m / bobina f de cable ‖ ˜**rohr** n (Elektr) / conducto m [subterráneo] para cables ‖ ˜**rohr** (Luftt) / túnel m o tubo para cables ‖ ˜**rolle** f, Seilrolle f (Kran) (Förd) / polea f para cable[s] ‖ ˜**rolle** (zum Verlegen) (Elektr) / roldana f para cables ‖ ˜**rost** n (DV) / bastidor m de cables ‖ ˜**salat** m (Elektr) / cables m pl espagueti ‖ ˜**samt** m, Genuakord m (Tex) / pana f de Génova ‖ ˜**sattel** m (Brücke) / silla f para cable ‖ ˜**satz** m, -bündel n (Elektr) / mazo m o haz de cables ‖ ˜**schacht** m, -brunnen m (Elektr) / pozo m de cables, caja f para entrada de cables ‖ ˜**schacht**, -führung f (Luftt) / canalización f de cables ‖ ˜**schacht**, -hochführungsschacht m (Elektr, Fernm) / chimenea f de subida de cables ‖ ˜**schelle** f / grapa f de cable ‖ ˜**schere** f (Wz) / cizallas f pl cortacables ‖ ˜**schirmgeflecht** n (Elektr) / malla f de blindaje de cables ‖ ˜**schlag** m (Seil) / jarcia f acalabrotada ‖ ˜**schlagseil** n / cabo m acolobrotado ‖ ˜**schlauch** m,

Kabelverzweiger

-führungsrohr n (Elektr) / tubo m guía del cable ‖ ˜**schleife** f / lazo m o bucle del cable ‖ ˜**schlepp** m (Kran) / cable m flexible alimentador ‖ ˜**schrank** m (Elektr) / armario m de cables ‖ ˜**schrank**, Schaltsäule f zwischen Netzabschnitten (Elektr) / columna f de empalme ‖ ˜**schuh** m, Anschlusshülse f für Kabel (Elektr) / terminal m de cable, ojo m de cable ‖ ˜**schuh[klemm]zange** f / alicates m pl de apriete para terminales de cable ‖ ˜**schutz** m, -bewehrung f (Elektr) / protección f de cable, envoltura f protectora para cable ‖ ˜**schützer** m, -schoner m / salvacable[s] m ‖ ˜**schutzhaube** f [aus Beton] (Elektr) / ladrillo m protector para cable[s], ladrillo m triangular con mediacaña ‖ ˜**schutzrohr** n (aus Ton, Beton o. Stahl) / conducto m para cable[s] ‖ ˜**seele** f / alma f de un cable ‖ ˜**spleißstelle** f / punto m de empalme, unión f de cables ‖ ˜**spleißung** f / junta f de unión de cables ‖ ˜**sprosse** f (DV) / travesaño m portacables ‖ ˜**ständer** m, -gestell n / bastidor m de cables ‖ ˜**steckschuh** m / tapón m de receptáculo ‖ ˜**stopfbuchse** f / prensaestopas m de cable ‖ ˜**strang** m, -bündel n / haz m o tramo de cables ‖ ˜**stumpf** m / muñón m del cable, extremidad f de cable ‖ ˜**suchgerät** m, -sucher, -spürer m / localizador m de cables ‖ ˜**tau** n, Trosse f (Schiff) / cabo m [grueso] ‖ ˜**text** m (Fernm) / cabletex m ‖ ˜**träger** m (Elektr) / bandeja para conductores ‖ ˜**trägerkette** f / cadena f portacables[s] ‖ ˜**tränkmasse** f / compuesto m para impregnar cables ‖ ˜**trenner** m / cortador m o separador de cable ‖ ˜**trog** m / canalón m para cables ‖ ˜**trommel** f (m. Steckdosen) / enrollacable[s] m (con tomas de corriente) ‖ ˜**trommel**, -haspel m f / tambor m de (o para) cable, tambor m de arrollamiento de cable, bobina f de cable ‖ ˜**trommelwinde** f / gato m [de cremallera] para tambor de cable ‖ ˜**tülle** f (Kfz) (Elektr) / túnel m de goma] para cable ‖ ˜**tunnel** m (Elektr) / túnel m o tubo para cables ‖ ˜**tunnel** (ein Gummiprofil) / boquilla f de paso [de goma] ‖ ˜**überführungskasten** m, -überführungsendverschluss m, -verteiler m, -verzweiger m (Elektr) / caja f de empalme de cables ‖ ˜**übergangsstecker** m / clavija f de interconexión ‖ ˜**übertragung** f (Fernm) / transmisión f por cable ‖ ˜**überwachungsgerät** n / monitor m para cable[s] ‖ ˜**überzugsmaschine** f (Plast) / máquina f para revestir cables ‖ ˜**umflechtmaschine** f / trenzadora f para revestir cables ‖ ˜**umhüllmaschine**, -isoliermaschine f / máquina f para forrar cables ‖ ˜**umklöppelung** f / trenzado m de cable ‖ ˜**ummantelungspresse** f / prensa f para recubrimiento de cables ‖ ˜**umspritzmaschine** f / extrusionadora f para recubrimiento de cables ‖ ˜**- und Leitungssystem** n / sistema m de cableado ‖ ˜**verankerung** f (Hängebrücke) / anclaje m de cables ‖ ˜**verbindung** f (Elektr) / unión f de cables ‖ ˜**verbindungskasten** m / caja f de empalmes de cables ‖ ˜**verbindungsstelle**, -lötstelle f / empalme m de cables ‖ ˜**vergussmasse**, -ausgussmasse, -isoliermasse f / compuesto m aislante para cables ‖ ˜**verlegemaschine** f, -auslegemaschine f / máquina f para el tendido de cables ‖ ˜**verleger** m, -leger m (Schiff) / cablero m, buque m cablero ‖ ˜**verlegung** f, -legen n / tendido m de cables ‖ ˜**verlegung in Kanälen** / tendido m de cables en conductos ‖ ˜**verlegung ohne Schutzrohr** / tendido m directo de cables ‖ ˜**verlegungsplan** m / especificación f del montaje del cable ‖ ˜**verschraubung** f / racor m atornillado para cables ‖ ˜**verseilmaschine** f / cableadora f, trenzadora f ‖ ˜**verstärker** m (Fernm) / repetidor m instalado en el cable ‖ ˜**verteilerschrank** m (Elektr) / caja f de conexiones para cables ‖ ˜**verteilung** f / distribución f de cables ‖ ˜**verteilungskasten** m / caja f de distribución de cables ‖ ˜**verzeichnis** n, -liste f / lista f de cables ‖ ˜**verzweiger** m / caja f de bifurcación o de ramificación ‖ ⁓videotext m, Kabel-Btx (TV) / videotext[to] m por cable ‖ ⁓wachs n / cera f para cables ‖ ⁓wagen m, -anhänger m (Elektr, Kfz) / carro m para transporte de bobinas de cable, remolque m para cables ‖ ⁓weise geschlagen (Seil) / acalobrotado ‖ ⁓werk n (Elektr) / casa f constructora de cables ‖ ⁓winde f / torno m de cable ‖ ⁓ziehklemme f (Elektr) / grapa f tiradora de cable ‖ ⁓zopf m / peine m de cable ‖ ⁓zubehör n, -garnitur f (Elektr) / guarnición f de cable ‖ ⁓zubringerlinie f (TV) / línea f de alimentación por cable ‖ ⁓zweig m (Elektr, Fernm) / rama f, ramificación f de cable

Kabine f, Kajüte f (Schiff) / camarote m, cámara f ‖ ⁓, Zelle f (Fernm) / cabina f, locutorio m ‖ ⁓ f (Luftf) / cabina f, carlinga f ‖ ⁓ (Aufzug) / cabina f de ascensor, coche m (ARG) ‖ ⁓ (Seilb) / cabina f ‖ ⁓ **von Traktoren** / cabina f de tractorista

Kabinen•dach [transparentes] / cúpula f de la cabina cerrada transparente ‖ ⁓**drucksystem** n (an Ackerschleppern) (Landw) / sistema m de presurización ‖ ⁓**fenster** n **der Vorführkabine** (Film) / ventanilla f de proyección ‖ ⁓**höhe** f (Luftf) / altura f de presión en la cabina ‖ ⁓**laufwerk** n (Seilb) / tren m de poleas de rodadura [de la cabina] ‖ ⁓**luftverdichter** m (Luftf) / compresor m de cabina ‖ ⁓**roller** m / coche-cabina m, scooter m [de tres o cuatro ruedas] con carenado ‖ ⁓**seilbahn** f (Zweiseilbahn) / funicular m aéreo de cabinas

Kabrio n (Kfz) / cabriolé m, cabriolet m ‖ ⁓**limousine** f (Kfz) / descapotable m (E), convertible m (LA)

Kachel, Ofenkachel f (Keram) / azulejo m, baldosa f ‖ ⁓ f, Wandkachel f, -fliese f / azulejo m ‖ ⁓ **[fuß]boden** m, Fliesen[fuß]boden m / pavimento m cerámico o de losetas

kacheln vt, fliesen (Bau) / alicatar, revestir de azulejos
Kachelofen m / estufa f cerámica
Kadaverin n (Chem) / cadaverina f
Kadaververbrennung f / cremación f de cadáveres
Kadenz f / cadencia f
Kadeöl n (Chem, Pharm) / aceite m de cada o de enebro
kadmieren vt, verkadmen (Hütt) / cadmiar ‖ ⁓ n / cadmiado m
Kadmium, Cadmium n, Cd (Chem) / cadmio m, Cd ‖ ⁓... / de cadmio, cádmico ‖ ⁓**chlorid** n / cloruro m de cadmio ‖ ⁓**elektrode** f (Elektr) / electrodo m de cadmio ‖ ⁓**gelb** n / amarillo m de cadmio ‖ ⁓**linie** f (Phys) / línea f [roja] del cadmio ‖ ⁓**messung** f (Akku) / medición f de cadmio ‖ ⁓**normalelement** n (Elektr) / pila f Weston ‖ ⁓**orange** n / naranjo m de cadmio ‖ ⁓**steuerstab** m, -regelstab m (Nukl) / barra f de control de cadmio ‖ ⁓**sulfid** n, Cds (Chem) / sulfuro m de cadmio ‖ ⁓**sulfid-Belichtungsmesser** m (Foto) / exposímetro m con célula [fotoconductiva] de sulfuro de cadmio ‖ ⁓**-Verhältnis** n (Nukl) / razón f cádmica ‖ ⁓**wolframat** n (Chem) / tungstato m de cadmio
Käfer m (Volkswagen) / escarabajo m
Käferholz n (Forstw) / madera f infestada por el tipógrafo
Kaffee•bohne f (Bot) / grano m de café ‖ ⁓**-Ersatz** m, -surrogat n (Nahr) / sucedáneo m de[l] café ‖ ⁓**-Extrakt** m, Pulverkaffee m / café m instantáneo ‖ ⁓**maschine** f / cafetera f (eléctrica) ‖ ⁓**maschine**, Perkolator m / percolador m ‖ ⁓**mühle** f / molinillo m de café ‖ ⁓**plantage** f, -pflanzung f / plantación f de café ‖ ⁓**rost** m (durch Hemileia vastatrix) (Bot) / roya f del cafeto ‖ ⁓**röster** m (Person) / torrefactor m ‖ ⁓**röster**, -röstmaschine f / tostadora f de café, tostador m de café, tambor m de tostar ‖ ⁓**säure** f (Chem) / ácido m cafeico ‖ ⁓**strauch** m (Bot) / cafeto m, árbol m de café, café m
Kaffein n, Coffein n (Chem, Pharm) / cafeína f
Käfig m / jaula f ‖ ⁓, Aufnahme f (Masch) / corona f, asiento m ‖ ⁓ (Kugellager) / portabolas m, jaula f ‖ ⁓ (IC) (Eltronik) / parrilla f ‖ ⁓**ankermotor** m,

-läufermotor m / motor m [de inducido] de jaula de ardilla, motor m de inducido de barras ‖ ⁓**antenne** f / antena f de jaula ‖ ⁓**läufer**, -anker m (Elektr) / rotor m de jaula de ardilla, inducido m de barras ‖ ⁓**mühle** f / molino-pulverizador m de jaula ‖ ⁓**mutter** f (Kfz, Masch) / tuerca f enjaulada ‖ ⁓**spalt** m (Wälzlager) / intersticio m entre jaula y aro ‖ ⁓**verbindung** f, Einschlussverbindung f (Chem) / clatrato m ‖ ⁓**wicklung** f (Elektr) / arrollamiento m de jaula de ardilla
kahl, haarlos / roso ‖ ~ **fressen** (Landw) / devastar ‖ ~ **geschnitten** (o. geschoren) (Tex) / pelado, rasurado ‖ ~ **schlagen**, abholzen (Forstw) / cortar a talarrasa ‖ ~**e Stelle** (Tex) / lugar m pelado
Kahl•ausrüstung, Kahlappretur f (Tex) / acabado m liso o rasurado ‖ ⁓**fläche** f (Geo) / terrera f ‖ ⁓**fraß** m (Landw) / devastación f, destrucción f total por insectos, pelado m por comeduras ‖ ⁓**schlag** m (Forstw) / corte m a talarrasa o a matarrasa, corta f total o a matarrasca, deforestación f, desmonte m completo, tumba f (CUBA, P.RICO)
Kahm, Schimmel m (Biol) / moho m ‖ ⁓ m **auf Flüssigkeiten** / tela f, lapa f, borra f ‖ ⁓ **auf Wein, [Essig]** / flor f del vino, [de vinagre]
kahmen v / cubrirse de moho
Kahmhefe f, -pilz m / micoderma f
Kahn m (Schiff) / bote m, barco m
Kai m, Pier m f / muelle m, malecón m ‖ ⁓, Hafendamm m, Kaje f / muelle m, embarcadero m ‖ ⁓ m **für Hafenfahrzeuge** / atracadero m ‖ ⁓**arbeiter**, Hafenarbeiter m / estibador m, cargador m de muelle ‖ ⁓**band** n, -bandförderer m / cinta f de muelle ‖ ⁓**gebühren** f pl / muellaje m ‖ ⁓**-Kai-Verkehr** m / tráfico m de muelle a muelle ‖ ⁓**kran** m / grúa f de muelle ‖ ⁓**lader** m (Schiff) / grúa f de pórtico para contenedores ‖ ⁓**mauer** f / muro m de muelle
Kainit n (Min) / cainita f, kainita f
Kaizunge f / muelle m prolongado
Kajeputöl n (Med, Pharm) / aceite m de cayepute
Kajütboot n (Schiff) / bote m con camarote, lancha f con camarote
Kajüte f, Kabine f / camarote m
Kajütenaufbau m / superestructura f de la caseta
Kajütkompass m / brújula f colgante o de cabina
Kajüts•kappe, -luke f (Schiff) / tambucho m ‖ ⁓**treppe** f (Schiff) / escalera f de camarote
Kakao, Kakaopulver, -getränk n (Nahr) / cacao m ‖ ⁓ **[in Bohnen]** (Bot) / granos m pl de cacao, almendras f pl de cacao ‖ ⁓**baum** m (Bot) / cacao m, teobroma m ‖ ⁓**butter** f, -fett, -öl n (Pharm) / manteca f de cacao ‖ ⁓**frucht** f (Bot) / fruto m de cacao ‖ ⁓**pflanzung** f, -plantage f (Landw) / cacaotal m, plantación f de cacao ‖ ⁓**pulver** n (Nahr) / polvo m de cacao, cacao m en polvo ‖ ⁓**schale**, -hülse f (Bot) / cáscara f de cacao
kaki s. khaki
Kakodyl n (Chem) / cacodilo m ‖ ⁓**oxid** n, Cadets rauchende Flüssigkeit / cacodilo m óxido ‖ ⁓**säure** f / ácido m cacodílico
Kalamit m (eine Lehmart) / calamita f
Kalander m (Pap, Plast, Tex) / calandria f, satinador m ‖ ⁓ **in F,I,L-Form** / calandria f en F,I,L ‖ ⁓**beschichten** (Gummiindustrie) / engomar a calandria ‖ ⁓**effekt** m (Gummi) / efecto m de calandrado ‖ ⁓**färbung** f / coloración f de calandria ‖ ⁓**folie** f (Plast) / hoja f calandrada ‖ ⁓**geleimt** (Pap) / encolado en satinador ‖ ⁓**marke** f (Pap) / marca f de calandrado
kalandern vt (Pap, Plast, Tex) / calandrar, cilindrar ‖ ~ (Pap) / satinar
Kalander•pappe f / cartón m satinado ‖ ⁓**straße** f / ruta f o línea f de calandrado ‖ ⁓**verdrückt** (Pap) / aplastado por satinado ‖ ⁓**walze** f (Pap, Tex) / cilindro m o rodillo o tambor de calandria ‖ ⁓**walze** f (Plast) / rodillo m de calandrar ‖ ⁓**walzenpapier** n / papel m para rodillos

de calandria ‖ ⁓**walzenpresse** f (Pap) / prensa f de rodillos de calandria
Kalandria•gefäß n (Nukl) / calandria f ‖ ⁓**pfanne** f, -**kochapparat** m (Zuck) / digestor m de calandrado
Kalandrierausrüstung f (Pap, Tex) / equipo m de calandrar
kalandrieren (Plast, Tex) / calandrar, cilindrar ‖ ⁓, Satinieren n (Pap) / satinado m ‖ ⁓ n (Plast) / laminado de calandrar, calandrado m
kalandriert (Pap) / satinado
Kalandrierwerk n (Pap) / mecanismo m de calandrar
Kalbleder n (Gerb) / cuero m de becerro, vitela f
Kalbspergament n (Druck) / vitela f
Kaldaunenreinigungsmaschine f (Nahr) / limpiadora f de tripas
Kaldo-Konverter m (Kalling-Domnavet) (Hütt) / convertidor m Kaldo
Kaleidoskop n (Opt) / cal[e]idoscopio m
Kalender m, **Tageskalender** m (Büro) / separador m
Kalfateisen n (Schiff) / hierro m de calafateo
kalfatern, dichten / calafatear ‖ ⁓ n / calafateo m
Kalfater•teer m / brea f para calafatear, galipote m ‖ ⁓**werg** n / estopa f alquitranada
Kali n (Bergk, Chem) / potasa f ‖ ⁓... / potásico ‖ ⁓**alaun** m (Handelsbezeichnung) (Chem) / alumbre m de potasio ‖ ⁓**alaun** (Min) / alumbre m potásico
Kaliber n (Masch, Mil) / calibre m ‖ ⁓, **Kaliberdorn** m, -**bolzen** m / calibre m macho ‖ ⁓, Walzspalt m (Walzw) / canal m, acanaladura f, calibre m, paso m ‖ ⁓, Kalibermaß n / calibraje m ‖ ⁓, Lehre f (Masch, Mess) / galga f, calibre m ‖ ⁓ (Größenmaß für Taschenuhren) (Uhr) / calibre m (sinónimo de dimensión) ‖ **geschlossenes** ⁓ (Walzw) / canal m cerrado ‖ **im** ⁓ **gewalzt** (Rohrstreifen) / acanalado ‖ **rundes** ⁓ (Uhr) / calibre m redondo ‖ **unteres** ⁓ (Walzw) / canal m inferior
Kaliber•anstellung f (Walzw) / ajuste m del paso ‖ ⁓**anzug** m (Walzw) / conicidad f del calibre ‖ ⁓**bahn** f (Walzw) / tren m calibrador ‖ ⁓**bauart** f (Walzw) / tipo m de acanaladura, diseño m del paso ‖ ⁓**bearbeitungsmaschine** f (Walzw) / máquina f para tornear calibres ‖ ⁓**breite** f (Walzw) / anchura f del canal ‖ ⁓**druck** m (Walzw) / presión f en el calibre ‖ ⁓**düse** f / boquilla f calibrada ‖ ⁓**fehler** m (Thermometer) / error m de calibración ‖ ⁓**folge** f (Walzw) / secuencia f de calibres ‖ ⁓**fräsmaschine** f (Walzw) / fresadora-calibradora f
Kalibergwerk n, -**grube** f / mina f de potasio
kaliber•haltig / según calibre, de dimensiones exactas ‖ ⁓**lehre** f (Mess) / galga f ‖ ⁓**linie** f (Walzw) / línea f de calibrar ‖ ⁓**öffnung** f (Walzw) / abertura f de (o en el) canal ‖ ⁓**presse** f (Walzw) / prensa f calibradora ‖ ⁓**rand** m (Walzw) / cordón m del calibre, cordón m de la acanaladura ‖ ⁓**reibungsbeiwert** m (Walzw) / coeficiente m de fricción efectivo en el canal ‖ ⁓**ring** m, Lehrring m / aro m o anillo de calibre f ‖ ⁓**ringe** n pl, Patrizen f pl (Walzw) / punzones m pl ‖ ⁓**verschleiß** m (Walzw) / desgaste m de los canales ‖ ⁓**walze** f (Walzw) / cilindro m calibrado o acanalado
Kaliborit m (Chem) / caliborita f
Kalibrier•bleche n pl / chapas f pl de ajuste ‖ ⁓**düse** f / boquilla f de calibrado ‖ ⁓**einrichtung** f (Röhrenwalzw) / dispositivo m calibrador de extremos
kalibrieren, auf genaues Maß bringen / calibrar ‖ ⁓, eichen (Masch) / calibrar ‖ ⁓, nachschlagen (Stanz) / repasar ‖ ⁓, graduieren (Chem) / graduar ‖ ⁓, das Kaliber berechnen (Walzw) / calcular el calibre ‖ **eine Walze** ⁓ (Walzw) / acanalar, calibrar ‖ ⁓ n, Aufmaßbringen n (z.B. Rohrenden) / calibrado m (p.e. los extremos de tubos), calibraje m (gal.) ‖ ⁓ (Walzw) / trazado m de calibres ‖ ⁓ (Stanz) / calibrado m en dimensiones exactas ‖ ⁓ (Sintern) / calibrado m posterior

Kalibrier•kette f / sucesión f de operaciones de calibrado ‖ ⁓**kugel** f (Mess) / bola f o esfera para calibrar ‖ ⁓**muffe** f (Extruder) / manguito m de calibrar ‖ ⁓**presse** f (Stanz) / prensa f para calibrar ‖ ⁓**schema** n (Walzw) / esquema m de canales ‖ ⁓**schnitt** m (Stanz) / matriz f de calibrar
kalibriert / calibrado ‖ ⁓, Kaliber... (Walzw) / acanalado, calibrado ‖ ⁓ (Pap) / calibrado ‖ ⁓**e Lösung** (Chem) / solución f escalonada ‖ ⁓**es Saatgut** (Landw) / semillas f pl calibradas ‖ ⁓**e Walze**, Kaliberwalze f (Walzw) / cilindro m calibrado o acanalado
Kalibrierung f, Kalibrieren n / calibración f, calibrado m ‖ ⁓ (Dreh, Walzw) / trazado m de los canales en los cilindros ‖ ⁓ (Blende) / calibrado m de orificio ‖ ⁓ **einer Seilrolle** / impresiones f pl del cable en la polea ‖ ⁓**[sschema]** (Walzw) / esquema m de canales
Kalibrier•walze f (Walzw) / rodillo m calibrador ‖ ⁓**walzwerk** n / laminador m calibrador ‖ ⁓**werkzeug** n, Kaltformwerkzeug n / herramienta f calibradora ‖ ⁓**zahn** m **der Räumnadel** / diente m de calibrado del alisador
Kali•dünger m, Kalidüngesalz n (Landw) / abono m potásico ‖ ⁓**feldspat**, Orthoklas m (Min) / feldespato m potásico, ortoclasa f ‖ **transparenter farbloser** ⁓**feldspat** / feldespato m potásico transparente
kalifornische Riesentanne, Khaya ivorensis (Bot) / abeto m blanco americano
Kalifornium n, Californium n, Cf (Chem) / californio m
Kali•glas n / vidrio m potásico ‖ ⁓**glimmer**, Muskovit m (Min) / muscovita f ‖ ⁓**gnost**, Natriumtetraphenyloborat n (Zement) / tetrafeniloborato m de sodio ‖ ⁓**grube** f, -**bergwerk** n (Bergb) / mina f de potasio ‖ ⁓**haltig**, Kali[um]... (Chem) / potásico
Kali[um]haltige Mineralien / potásidos m pl
Kaliko[t] m (Tex) / calicó m
Kali•kraut n (Bot) / salsola f ‖ ⁓**lauge** f (Chem) / potasa f cáustica, lejía f de potasa ‖ ⁓**magnesia** f / magnesia f potásica ‖ ⁓-**Montanwachs** n / cera f saponificada de lignito
Kalinit m (Min) / kalinita f
Kaliophilit, Beudantit m (Min) / kaliofilita f
Kali•salpeter m, Kaliumnitrat n (Chem) / nitrato m potásico o de potasa ‖ ⁓**salz**, (früher:) Abramsalz n / sal f potásica o de potasa ‖ ⁓**seife** f, weiche Seife o. Schmierseife / jabón m potásico ‖ ⁓-**Syenit** m (Geol) / sienita f potásica
Kalium n, K (Chem) / potasio m, K ‖ ⁓**acetat** n / acetato m potásico ‖ ⁓-**Aluminium-Sulfat** n / sulfato m alumínico potásico ‖ ⁓**antimonyltartrat** n, Brechweinstein m / tartrato m de antimonio y de potasio, tártaro m emético ‖ ⁓-**Argon-Methode** f / método m de potasio-argón ‖ ⁓**arsenit** n / arsenito m de potasio ‖ ⁓**bicarbonat** n, -hydrogencarbonat n / bicarbonato m de potasio ‖ ⁓**bichromat** n / dicromato m potásico ‖ ⁓**bisulfat**, -hydrogensulfat n / bisulfato m potásico ‖ ⁓**bitartrat** n, Cremor m Tartari / bitartrato m potásico ‖ ⁓**bromid** n, Bromkalium n / bromuro m potásico ‖ ⁓**carbonat** n, Pottasche f / carbonato m potásico ‖ ⁓**chlorat** n / clorato m de potasio ‖ ⁓**chlorid**, Chlorkalium n / cloruro m potásico ‖ ⁓**chromalaun** n / alumbre m crómico potásico ‖ ⁓**chromat** n / cromato m potásico ‖ ⁓**cyanat** n / cianato m potásico ‖ ⁓**cyanid**, Cyankali[um] n / cianuro m de potasio ‖ ⁓**dichromat**, -pyrochromat n / dicromato m potásico ‖ ⁓**dihydrogenphosphat** n / fosfato m de potasio y dihidrógeno ‖ ⁓**ethylxanthat** n / etiloxantato m de potasio ‖ ⁓**ferricyanid** n, rotes Blutlaugensalz / ferricianuro m de potasio ‖ ⁓**ferrocyanid** n, gelbes Blutlaugensalz / ferrocianuro m potásico ‖ ⁓-**Fluorotantalat**, -Tantalfluorid n / fluotantalato m de potasio ‖ ⁓**hexafluorosilikat** n / hexafluosilicato m de potasio ‖ ⁓**hydrid** n / hidruro m potásico ‖

Kaliumhydrogencarbonat

≈**hydrogencarbonat** n s. Kaliumbicarbonat ‖
≈**hydroxid**, Kalihydrat n, Ätzkali n / potasio m hidróxido, hidróxido m potásico, potasa f cáustica, álcali m cáustico ‖ ≈**hypochlorit** n, Eau n de Javel / hipoclorito m potásico, lejía f de Javel ‖ ≈**iodat** n / yodato m potásico ‖ ≈**iodid** n, Iodkalium n / yoduro m de potasio ‖ ≈**-Magnesiumsalz** n / sal f de potasio-manganeso ‖ ≈**metabisulfit** n, Kaliumpyrosulfit n (Foto) / metabisulfito m potásico ‖ ≈**natriumtartrat**, Rochelle-, Seignettesalz n / sal f de Rochelle, sal f de Seignette, tartrato m sodicopotásico ‖ ≈**nitrat** n / nitrato m de potasio ‖ ≈**nitrit** n / nitrito m potásico ‖ ≈**oxalat** n / oxalato m potásico ‖
≈**perchlorat** n / perclorato m de potasio ‖
≈**permanganat** n / permanganato m potásico ‖
≈**phosphat** n / fosfato m de potasio ‖ ≈**silicat** n, Wasserglas n / silicato m potásico o de potasa ‖
≈**sorbat** n / sorbato m potásico ‖ ≈**sulfat** / sulfato m potásico o de potasio ‖ ≈**sulfid**, Schwefelkalium n / sulfuro m potásico ‖ ≈**tartrat** n / tartrato m potásico ‖
≈**tetrachloroaurat** n / potasio m tetracloroaurato ‖
≈**tetraoxalat**, Kleesalz n (Handelsbezeichnung) / tetraoxalato m potásico ‖ ≈**titanat** n / titanato m de potasio ‖ ≈**xanthogenat** n / potasio m xantogenato
Kaliwasserglas n / silicato m potásico
Kalk m / cal f ‖ ≈..., Kalzium... / cálcico ‖ ≈... / calero adj ‖ ≈, Ätzkalk m, gebrannter Kalk (Bau) / óxido m de cal o de calcio, cal f viva o calcinada ‖ ≈ **anmachen** / preparar cal ‖ ≈ m **aus Kalkstein mit 12 - 22 % Lehm** / cal f hidráulica de contenido arcilloso entre el 12 y 22% ‖ ≈ **aus Kalkstein mit mehr als 22% Ton** / cal f hidráulica de contenido arcilloso sobre el 22% ‖ ≈ **aus Kalkstein mit 5-12% Tongehalt** / cal f hidráulica de contenido arcilloso entre el 5 y 12% ‖
abgestandener (o. verwitterter) ≈ / cal f muerta ‖ **gebrannter** ≈ / cal f viva o calcinada ‖ **gelöschter** ≈, Löschkalk m / cal f apagada ‖ **hochhydraulischer** ≈ / cal f altamente hidráulica ‖ **in** ≈ **verwandeln** / calcificar ‖ **rückgebrannter** ≈ (Pap) / cal f cocida ‖
ungelöschter ≈ / cal f viva ‖ **weißer** ≈ **zum Ausfällen** (Zuck) / cal f de alcalización para el azúcar ‖ **wirksamer** ≈ / cal f activa
Kalk•ablagerung f, Verkrustung f (in Wasserrohren) / incrustación f calcárea, depósitos m pl calcáreos ‖
≈**ablagerung** (Färb) / depósito m de cal ‖ ≈**abscheider** m / descalcificador m ‖ ≈**abscheidung** f (Hütt) / precipitación f de calcio, segregación f de cal ‖
≈**ammoniak** n (Landw) / amoníaco m cálcico ‖
≈**ammonsalpeter** m (Landw) / nitrato m de amoníaco cálcico ‖ ≈**anlage** f (Zuck) / instalación f de alcalización ‖ ≈**anstrich** m, Tünche f / pintura f a la cal ‖ ≈**[anstrich]farbe**, Tünche f (Bau) / pintura f de cal, blanqueo m con cal ‖ ~**artig** / calcáreo, calizo ‖
~**basisch umhüllt** (Schw) / con revestimiento básico, básico ‖ ~**basische Umhüllung** (Schw) / recubrimiento m básico de electrodos ‖ ≈**bestimmer**, -messer m (Chem, Landw) / calcímetro m ‖ ≈**beton** m (Bau) / hormigón m de cal ‖ ≈**bewurf** m / revoque m ‖
≈**bildung** f / calcificación f ‖ ≈**blasanlage** f (Hütt) / instalación f para inyección de cal ‖ ≈**boden** m (Geol) / suelo m calcáreo ‖ ≈**boden** (Landw) / terreno m calcáreo o calizo ‖ **auf** ≈**boden gedeihend** (Bot) / calcícola ‖ ≈**boden liebend**, kalkliebend (Bot) / calcófilo ‖ **auf** ≈**boden nicht gedeihend**, kalkfliehend (Bot) / calcífugo, calcífobo ‖ ≈**breccie** f, -brekzie f (Geol) / brecha f calcárea ‖ ≈**brei** m, -paste f (Bau) / pasta f de cal, cal f en pasta ‖ ≈**brennen** n, -brennerei f / calcinación f de cal ‖ ≈**brenner** m / calero m ‖
≈**brennerei** f / calcería f ‖ ≈**brennofen** m / horno m de cal ‖ ≈**brühe**, -milch f (Bau) / lechada f de cal ‖
≈**bunker** m (Bau) / ladrillo m de ganister, ladrillo de sílice cálcico ‖ ≈**dinasstein** m / ladrillo m de ganister, ladrillo de sílice cálcico ‖
≈**dünger** m, Düngekalk m (Landw) / abono[s] m[pl]

cálcico[s] ‖ ≈**düngung** f / fertilización f o bonificación con cal ‖ ≈**elend** n (Hütt) / exceso m de cal
kalken vt, weiße[l]n (Bau) / blanquear, enjalbegar ‖ ~ (Zuck) / alcalizar ‖ ~ (Landw) / encalar, abonar con cal ‖ ≈ n, Kalkung f (Landw) / encalado m
kälken (Drahtziehen) / tratar con baño de cal ‖ ~ (Leder) / pelar, encalar, tratar con [la] cal
Kalk•entzuckerungsverfahren n / proceso m de extraer el azúcar de la cal ‖ ≈**erde** f (Geol) / tierra f caliza ‖
≈**estrich** m (Bau) / solado m de mortero de cal ‖
≈**farbe** f, -anstrichfarbe f / pintura f cálcica ‖ ≈**farbe**, -pigment n / pigmento m a la cal ‖ ≈**feldspat** m (Geol) / feldespato m de calcio, anortita f ‖ ≈**fett** n (Chem) / grasa f o base de cal ‖ ≈**flecken** m pl (Leder) / manchas f pl de cal ‖ ~**gebunden** / ligado a la cal ‖
~**gebundenes Silikaerzeugnis** / ladrillo m de sílice aglomerado con cal ‖ ≈**gestein** n (Geol) / roca f caliza ‖
≈**glimmerschiefer** m, Cipolino m / cipolino m ‖
≈**grube** f, -kasten m (Bau) / balsa f para apagar la cal ‖
≈**guss** m / mortero m líquido
kalkhaltig, -artig, kalkig, Kalk... / calcáreo, calero ‖ ~ (Wasser) / calizo ‖ ~ s. auch Kalk... ‖ ~**er Eisenoolith** (Min) / hierro m oolítico calcáreo ‖ ~**es Sedimentärgestein** (Geol) / roca f sedimentaria calcárea ‖ ~**er Ton** / arcilla f o greda calcárea
Kalk•harnstoff m (Landw) / urea f cálcica ‖ ≈**härte** f (Wasser) / dureza f calcárea
kalkig•es Erz / mineral m calcáreo ‖ ~**e Minette** (Min) / mineta f calcárea ‖ **einen ~en Belag bilden** (Farbe) / pulverizarse
Kalk•kitt m (Bau) / masilla m de cal ‖ ≈**krücke**, -schaufel f (Bau) / paleta f (para mover la argamasa) ‖ ~**liebend** (Bot) / calcófilo, calcícola ‖ ≈**löschanlage** f / instalación f para apagar la cal ‖ ≈**mehl** n, Kalkstaub m (Bau) / cal f en polvo ‖ ≈**mergel** m (Geol) / marga f calcárea ‖ ≈**messer**, -bestimmer m (Landw) / calcímetro m
Kalkmilch, -brühe f (Bau) / lechada f de cal, aguacal m ‖ ≈, Nasskalk m (Zuck) / lechada f de cal ‖ ≈**mess- und -mischgefäß**, Kalkmischgefäß n (Zuck) / recipiente m mezclador y dosificador de lechada de cal ‖
≈**scheidung**, Nassscheidung f (Zuck) / alcalización f mediante lechada de cal
Kalk•mörtel m (Bau) / mortero m de cal ‖ **kohlensaurer** ≈**mörtel** / mortero m a base de carbonato de cal ‖
≈**mühle** f / molino m para cal ‖ ≈**natronglas** n / vidrio m a base de sodio y de cal, vidrio m al sodio y a la cal ‖
≈**niederschlag** m / depósito m de cal ‖ ≈**ofen** m / calera f, horno m de cal ‖ ≈**ofenbühne** f / plataforma f de calera ‖ ≈**oolith**, Oolith, Rogenstein m (Min) / oolita f, oolito m ‖ ≈**paste** f s. Kalkbrei ‖ ≈**pigment** n, -farbe f / pigmento m de cal ‖ ≈**putz** m (Bau) / enlucido m con cal, revoque m de cal ‖ ≈**salpeter** m (Chem) / nitrato m cálcico o de cal ‖
≈**salpetersprengstoffe** m pl / explosivos m pl de nitrato cálcico ‖ ≈**salze** n pl (Chem, Zuck) / sales f pl cálcicas ‖ ≈**sand** m (Bau) / arena f calcárea ‖
≈**sandmörtel** m / mortero m de cal y arena ‖
≈**sandstampfbau** m / apisonado m de cal y arena ‖
≈**sandstein** m (Geol) / arenisca f calcárea ‖
≈**sandstein**, -ziegel m (Bau) / ladrillo m silicocalcáreo ‖ ≈**sandsteinblock** m (Bau) / cantería f caliza ‖
≈**schachtofen** m / horno m de cuba para calcinar ‖
≈**scheidepfanne**, Scheidepfanne f (Zuck) / alcalizador m ‖ ≈**scheidung** f, (jetzt:) Kalkung f (Zuck) / alcalización f ‖ ≈**schiefer** m (Geol) / esquisto m calcáreo ‖ ≈**schieferton** m / arcilla f esquistosa calcárea ‖ ≈**schlamm** m (Pap) / lodo m calizo o de cal ‖ ≈**seife** f (Chem) / depósito m debido al agua caliza, jabón m de cal ‖ ≈**seifenfett** n / grasa f saponificada de base cálcica o a base de calcio ‖ ≈**seifenschaden** m (Tex) / manchas f pl debidas al agua caliza o al jabón de cal ‖ ≈**silikat** n / silicato m de cal ‖ ≈**sinter** m, -tuff, Travertin m (Geol) / toba f calcárea, travertina f ‖

˜-Soda-Prozess m (Wasserenthärtung) (Chem) / procedimiento m de cal-sosa ‖ ˜spat m, Calcit m (Min) / espato m calizo, calcita f, espato m de Islandia ‖ ˜spatsteingut n (Keram) / loza f blanda ‖ ˜splitt m (Hütt) / gravilla f de cal ‖ ˜spritze f (Landw) / pulverizador m para encalar ‖ ˜station f (Zuck) / estación f de defecación ‖ ˜staub m, Kalkmehl n (Bau) / polvo m de cal ‖ ˜stein m (Geol) / caliza f, piedra f caliza, castina f ‖ ˜stein [spröder] / chiscarra f ‖ ˜steinbruch m / cantera f de piedra caliza, calar m, calera f ‖ ˜steingebirge n / montaña f cretácica ‖ ˜steinmergel m / marga f arcillosa ‖ ˜steinniere f / concreción f esferoidal de marga ‖ ˜steinzuschlag m (Gieß) / fundente m calizo o calcáreo, castina f ‖ ˜stickstoff m (Chem) / cal f nitrogenada, nitrocal m, cianamida f cálcica o de calcio ‖ ˜stickstoff[dünger] (Landw) / abono m de cianamida cálcica ‖ ˜streumaschine f, -streuer m (Landw) / esparcidora f de cal, distribuidor m de cal ‖ ˜-Tonerde-Gemisch n / mezcla f de cal-alúmina ‖ ˜tünche, -weiße, Schlämme f (Bau) / blanqueo m, encaladura f

Kalkül m (Math) / cálculo m
Kalkulation f / cálculo, cómputo m
Kalkulations•büro n / oficina f de cálculo ‖ ˜fehler m / error m de cálculo ‖ ˜programm n (DV) / programa m de contabilidad de costes ‖ ˜tabelle f (DV) / tabla f de contabilidad de costes
Kalkulator m (F.Org) / calculador m
kalkulatorisch / calculatorio
kalkulieren, rechnen / calcular
kalkuliert / evaluado, calculado
Kalkung f (Zuck) / alcalización f
Kalkungscarbonatation f (Zuck) / alcalización f y carbonatación
Kalk•uranglimmer, Autunit m (Min) / mica f de uranio calcárea, autunita f, uranita f calcárea ‖ ˜vergilben n (Bot) / clorosis f o amarillez por exceso de cal ‖ ˜verseifung f (Chem) / saponificación f calcárea ‖ ˜wandler m (Wasserbehandlungsgerät) / cambiador m de cal (aparato para el tratamiento del agua) ‖ ˜wasser n (Chem) / agua f de cal, lechada f de cal ‖ **in ˜wasser bleichen** (Tex) / blanquear en agua de cal ‖ ˜werk n / fábrica f de cal ‖ ˜zementmörtel m (nach Vorschrift gemischt) (Bau) / mortero m dosificado de cal y cemento ‖ ˜zuschlag m (Hütt) / castina f, fundente m calizo

Kalling-Verfahren n (Hütt) / procedimiento m de desulfuración según Kalling
Kalmanfilter n (Radar) / filtro m de Kalman
Kalmen f pl (Meteo) / calmas f pl
Kalmu[c]k, Fries m (Tex) / calmuco m
Kalomel n, Calomel n, Quecksilber(I)chlorid n (Chem) / calomel m, calomelano m, cloruro m mercurioso ‖ ˜elektrode f (Spannungsnormal) / electrodo m de calomelanos
Kaloreszenz f (Phys) / calorescencia f
Kalorie f, cal (1 cal = 4,1868 J) (veraltet) / caloría f, pequeña caloría ‖ ˜ (Nahr) / caloría f
Kalorifer m (Bau) / calorífero m
Kalorimeter n (Phys) / calorímetro m ‖ ˜bombe f (Phys) / bomba f calorimétrica ‖ ˜kammer f / cámara f de calorímetro ‖ ˜thermometer n / termómetro m calorimétrico
Kalorimetrie f / calorimetría f
kalorimetrisch / calorimétrico ‖ ˜e Heizkraft / potencia f calorífica ‖ ˜e Verlustmessung (Elektr) / ensayo m calorimétrico
Kalorisator m (Zuck) / calorizador m
kalorisch (kalorienbezogen) (Nahr) / calórico ‖ ˜, Wärme... (Phys) / calorífico ‖ ˜es Kraftwerk (Österreich) / central f térmica ‖ ˜e Maschine / máquina f calorífica
kalorisieren vt, alitieren (Hütt) / calorizar, alitar ‖ ˜ n, Erhitzen n in Alu-Pulver / calorización f, alitación f

Kalotte f, Kugelkappe f (Geom) / casquete m [esférico], calota f ‖ ˜ (Stollenbau) / calota f
Kalotten•hochtöner m, Hochtöner m (Lautsprecher) / altavoz m de sonidos agudos ‖ ˜stein m (Uhr) / cojineta f de casquete ‖ ˜untersicht f (Tunnel) / intradós m de la bóveda
kalt, Kalt... (allg, Radioaktivität) / frío ‖ ˜, an Masse (Funk) / muerto, puesto a tierra, al potencial de tierra o masa ‖ ˜, sehr kalt, eisig / helado ‖ ˜ abgetrennt (Walzw) / separado o cortado en frío ‖ ˜e Anschlussstellen (Elektr) / conexiones f pl muertas ‖ ˜e Antenne / antena f fría ‖ ˜ bearbeiten / trabajar en frío ‖ ˜ biegen / doblar en frío ‖ ˜er Einsatz (Gieß) / metal m frío ‖ ˜es Ende des Thermoelements / extremo m frío o libre del termopar ‖ ˜ erblasen (Hütt) / producido en aire frío, soplado en frío ‖ ˜er Fluss (Gummi) / fluencia m en frío ‖ ˜er Fluss, Kriechen n (Plast) / flujo m en frío ‖ ˜ gefüttert (Extruder) / alimentado en frío ‖ ˜ gezogen (Hütt) / estirado en frío ‖ ˜e Kerze, Zündkerze hohen Wärmewerts (Kfz) / bujía f fría ‖ ˜es Licht / luz f fría ‖ ˜e Lötstelle / conexión f soldada en frío, soldadura f seca o en seco ‖ ˜e Phasengeschwindigkeit (Wanderwellenröhre) / velocidad f de fase en circuito de reacción ‖ ˜ pressen (Tuch) / estampar en frío ‖ ˜e Prüfung (Nukl) / ensayo m en frío ‖ ˜e Quelle (Nukl) / fuente f fría ‖ ˜es Rohrziehen (Hütt) / estirado en frío de tubos ‖ ˜er Schlag (Schm) / choque m de retorno ‖ ˜er Stopfen (Plast) / relleno m en frío ‖ ˜e Verbrennung / combustión f en frío ‖ ˜e Versilberung / plateadura f en frío ‖ ˜ verwunden (Hütt) / torsionado o torcido en frío ‖ ˜er Wiederanlauf (Masch) / rearranque m en frío ‖ ˜e Zone / zona f glacial o fría ‖ ˜e Zone, Sicherheitszone f (Nukl) / zona f de seguridad, región f de baja radiactividad ‖ ˜ auf ˜em Wege (Chem) / en frío
Kalt•... (Bearbeitung o.Ä.) / en frío ‖ ˜abbindend (Klebstoff) / aglutinante en frío ‖ ˜abbindender Klebstoff / pegante m o pegamento de aglutinación en frío ‖ ˜abkanten n / recanteado m en frío ‖ ˜anstauchen n von Köpfen (Niet) / recalc[ad]o m [de cabezas] en frío ‖ ˜arbeitsstahl m / acero m para trabajar en frío ‖ ˜asphalt m, (veraltet für:) Bitumenemulsion f (Straßb) / emulsión f bituminosa ‖ ˜aufpressen vt / montar a prensa en frío ‖ ˜aushärtend (Plast) / de endurecimiento en frío ‖ ˜aushärtung f (Alu) / endurecimiento m o envejecimiento por precipitación en frío, autotemple m en frío ‖ ˜auslagern n, natürliches Altern (Aushärten von Alu) (Alu) / envejecimiento m natural ‖ ˜band n (Walzw) / banda f laminada en frío ‖ ˜band, Schmalband n / fleje m laminado en frío ‖ ˜bandprofilwalzwerk n / tren m para conformar perfiles en frío ‖ ˜bandreversierwalzwerk n / laminador m reversible para (o de) banda fría ‖ ˜bandstraße f / tren m laminador de banda fría ‖ ˜beanspruchung f / esfuerzo m en frío, solicitación f en frío ‖ ˜beanspruchung, -recken n / estirado m en frío ‖ ˜bearbeitung f (Schm) / trabajo m en frío ‖ ˜bearbeitung, -verarbeitung, -beanspruchung, -formgebung f (Hütt, Masch) / conformación f en frío ‖ ˜bearbeitung f, -verformung f, -hämmern n (Schm) / martillado m o forjado en frío ‖ ˜biegemaschine f (Wzm) / dobladora f en frío ‖ ˜biegeprobe f (Mat.Prüf) / ensayo m de doblado en frío ‖ ˜bitumen n (Straßb) / betún m emulsionado ‖ ˜blasen vt (Hütt) / soplar en frío ‖ ˜blechwalzwerk n / laminador m de chapa en frío ‖ ˜blüter m, wechselwarmes Tier (Zool) / animal m poiquilotermo o de sangre fría ‖ ˜bördeln n / rebordeado m en frío ‖ ˜brüchig (Hütt) / quebradizo en frío, frágil a baja temperatura, agrio ‖ ˜brüchigkeit, -sprödigkeit f (Hütt) / fragilidad f en frío o a baja temperatura ‖ ˜dach f (Bau) / tejado m doble ‖ ˜dampf m (Phys) / vapor m frío ‖ ˜druckfestigkeit f (feuerfest) / resistencia f a la

Kaltdruckschweißung

compresión en frío ‖ ~**druckschweißung** f / soldadura f por presión en frío
Kälte f / frío m ‖ ~... / frigorífico ‖ ~...,
Tieftemperatur... / de temperaturas bajas ‖ **scharfe** ~,
Frost m / helada f [fuerte], frío m intenso ‖
~**abbindende Farbe**, Cold-Set-Farbe f (Druck) / tinta f de fraguado (o de secado) al frío ‖ ~**aggregat** n / grupo m de refrigeración ‖ ~**anlage** f, Kühlanlage f / instalación f frigorífica o de refrigeración ‖
~**anlagenbauer** m / constructor m de instalaciones frigoríficas ‖ ~**ausfällung** f (Chem) / purificación f [por trampa] fría ‖ ~**automat** m / máquina f frigorífica automática ‖ ~**behandlung** f / tratamiento m al (o por el) frío ‖ ~**beständig** / resistente al frío ‖ ~**beständig**, gefrierfest / incongelable ‖ ~**beständigkeit** f / resistencia f al frío ‖ ~**brücke** f (Bau) / fuga f térmica f
~**dämmmittel** n (Bau, Phys) / aislante m contra el frío ‖
~**dämmung** f / aislamiento m contra el frío ‖
~**einbruch** m, -welle f (Meteo) / ola f de frío ‖
~**einleitung** f / admisión f de frío ‖ ~**empfindlich** / sensible al frío ‖ ~**erzeugend**, -erregend / frigorífico ‖
~**erzeugung** f / generación f o producción f de frío, refrigeración f ‖ ~**fachmann** m, -techniker m, -ingenieur m / ingeniero m especializado en refrigeración ‖ ~**feind** m (Bau) / barrera f contra el frío ‖ ~**festigkeit**, -beständigkeit f / resistencia f al frío ‖ ~**fett** n / grasa f para bajas temperaturas ‖
~**forschung** f / investigación f del frío ‖ ~**grad** m (Phys) / grado m bajo cero ‖ **bei 10** ~**graden** / a 10° bajo cero ‖ ~**industrie** f / industria f frigorífica o del frío
Kalt • einsenken n (Hütt, Masch) / troquelado m en frío ‖
~**einsenken** (Formen, Formenbau) / hundimiento m en frío ‖ ~**einsenkpresse** f / prensa f para hundir en frío
Kälte • isolierung f s. Kältedämmung ‖ ~**kompressor** m / compresor m frigorífico ‖ ~**kreislauf** m / circuito m de refrigeración ‖ ~**leistung** f / potencia f o capacidad frigorífica ‖ ~**maschine**, -anlage f / máquina f frigorífica o refrigeradora, refrigerador m eléctrico ‖ **magnetische** ~**maschine** / máquina f frigorífica de desimantación adiabática ‖
~**maschinen-Kompressor** m / compresor m frigorífico ‖ ~**maschinenöl** n / aceite m para refrigeradores ‖ ~**mischung** f, Gefriermischung f (Phys) / mezcla f frigorífica, compuesto m de enfriamiento
Kaltemission f (Elektronen) / emisión f autoelectrónica o en frío
Kälte • mittel n, -träger m (Chem) / refrigerante m, medio m refrigerante o de refrigeración, agente m frigorífico ‖ ~**mittel** (für Kältemaschinen) / medio m o agente m para refrigeradores ‖ ~**mittelbeständigkeit** f / resistencia f a agentes refrigerantes
Kaltentfetter m (Chem) / desengrasador m en frío
Kälte • prüfung, -probe f / ensayo m por frío o en frío ‖
~**punkt** m (Phys) / punto m [del] frío ‖ ~**quelle** f / manantial m del frío ‖ ~**raum** m / cámara f fría o frigorífica ‖ ~**resistent** adj (Bot) / resistente al frío ‖
~**resistenz** f (Bot) / resistencia f al frío ‖ ~**schaden** m (Landw) / daño m causado por el frío ‖ ~**schrank** m (Labor) / armario m frigorífico ‖ ~**schutz**, Wärmeisolation f (Bau, Phys) / aislamiento m frigorífico, protección f contra el frío ‖ ~**schutzanzug** m / traje m protector o aislante contra el frío ‖
~**schutzmittel** n, -isoliermittel n, -schutzisolierung f / aislante m contra el frío, agente m antifrigorífico ‖
~**speicher** m (Phys) / acumulador m de frío ‖
~**sprödigkeitstemperatur** f (Plast) / punto m de fragilidad a temperaturas bajas ‖ ~**technik** f, -erzeugung f, -anwendung f / técnica f frigorífica, ingeniería f de refrigeración ‖ ~**technik für Handel** (u. Gewerbe) / frío m comercial ‖ ~**technik für Industrie** (u. Gewerbe) / frío m industrial ‖
~**techniker** m, -ingenieur m / técnico m frigorista,

frigorista m, ingeniero m especializado en refrigeración ‖ ~**tod** m (Phys) / muerte f térmica ‖
~**träger** m, Kühlmittel n (Chem) / refrigerante m, medio m de enfriamiento ‖ ~**turbine** f, Expansionsturbine f / turbina f de expansión ‖
~**verdichter** m / compresor m frigorífico, compresor m para máquinas frigoríficas ‖ ~**verhalten** n / comportamiento m al frío ‖ ~**welle** f (Meteo) / ola f de frío
Kalt • färben n, -färberei f (Tex) / teñido m en frío ‖
~**fester Stahl** / acero m criogénico o resistente al frío ‖ ~**flämmen** n (Hütt) / descascarillado m en frío ‖
~**flanschen** n / abridado m en frío, unión f por bridas en frío ‖ ~**fließen** n (Plast) / flujo m en frío ‖
~**fließpressen** n / extrusión f en frío ‖
~**fließpressstahl** m (Hütt) / acero m de (o para) extrusión en frío ‖ ~**fließpresstechnik** f / técnica f de extrusión en frío ‖ ~**fließstelle** f (Plast) / líneas f pl de flujo, punto m de flujo en frío ‖ ~**fluss** m, -fließen n (Mat.Prüf) / flujo m en frío ‖ ~**formen** vt (Masch, Schm) / conformar en frío ‖ ~**formen**, -schlagen, -prägen (Stanz) / estampar o matrizar o troquelar en frío ‖
~**formen** n **von Profilen** / perfilado m en frío ‖
~**former** n / conformador m en frío ‖ ~**formung** f, -formgebung f (Schm, Stanz) / conformación f en frío ‖
~**formung** (Plast) / moldeado m en frío ‖ ~**front** f (Meteo) / frente m frío ‖ ~**füllung** f (Aerosol) / llenado m frío ‖ ~**galvanisierung** f / galvanización f en frío ‖
~**gärverfahren** n (Biochem) / método m de fermentación fría ‖ ~**gas** n, Reingas n (Chem) / gas m [de gasógeno] purificado ‖ ~**gas-Düsensystem** n (Raumf) / sistema m de estabilización por gas frío ‖
~**gasrotor** m (Hubschrauber) / rotor m a chorro de aire ‖ ~**geformt** / conformado en frío ‖ ~**geformt** (Feder) / formado o moldeado en frío ‖ ~**gehen** n (Hütt) / marcha f en frío ‖ ~**gepilgert** (Walzw) / laminado en frío a paso de peregrino ‖ ~**gepresst** (Masch) / matrizado o prensado en frío ‖ ~**gepresst** (Sintern) / aglomerado en frío ‖ ~**gepresst** (Speiseöl) (Nahr) / prensado en frío ‖ ~**gereckt** (Rohr) / trabajado en frío ‖ ~**gesättigt** (Chem) / saturado en frío ‖
~**gesenkdrücken** n / matrizado en frío ‖
~**gestaucht** (Draht) / recalcado en frío ‖ ~**gewalzt** (Hütt) / laminado en frío ‖ ~**gewalztes Bandeisen**, Kaltband n / fleje m laminado en frío ‖ ~**gewalzter Spundwandstahl** / acero m para (o de) tablestacados laminado en frío ‖ ~**gewalzt u. weichgeglüht** / laminado en frío con recocido blanco ‖ ~**gewalzt und kaltgereckt** / laminado y enderezado en frío ‖
~**gewindewalzmaschine** f / laminadora f de roscas en frío ‖ ~**gezogen** (Draht) / estirado en frío, trefilado en frío ‖ ~**glätten** (Tex) / satinar en frío ‖ ~**guss** m (Gieß) / fundición f o colada en frío ‖ ~**hämmern**, hammerhärten (Schm) / martillar en frío, endurecer por martillo ‖ ~**härten** vt, -verfestigen (Plast, Stahl) / endurecer por deformación o por trabajo ‖ ~**härten** vi, [sich] kaltverfestigen / endurecerse por deformación o por trabajo ‖ ~**härten** n (Plast) / endurecimiento m en frío ‖ ~**härten** (Lack) / secado m en frío ‖ ~**härten** (Leim) / fraguado m en frío ‖
~**härtender Hartschaum** (Plast) / espuma f de endurecimiento en frío ‖ ~**härtung** f (Stahl) / endurecimiento m por deformación o por trabajo en frío ‖
~**haus** n (ein Gewächshaus) / invernadero m frío ‖
~**kammer-Druckgussmaschine** f, Kaltkammermaschine f (Gieß) / máquina f de fundido a presión de cámara fría ‖ ~**kammerversuch** m (Mat.Prüf) / ensayo m en cámara frigorífica ‖
~**kapazität** f / capacidad f en frío ‖ ~**kathode** f (Eltronik) / cátodo m frío ‖ ~**kathodengleichrichter** m / rectificador m de cátodo frío ‖ ~**kathodenröhre** f / tubo m de cátodo frío ‖ ~**kathodenthyratron** n / tiratrón m de cátodo frío ‖ ~**kathoden-Vakuummeter** n / manómetro m de cátodo frío ‖ ~**kautschuk** m /

caucho *m* frío ‖ **~klebend** / encolante en frío ‖
⁓kleber *m* / pegamento *m* en frío ‖ **⁓klimaversuch** *m*
/ ensayo *m* de clima frío, ensayo *m* en ambiente frío ‖
⁓kreissäge *f* (Hütt, Masch) / sierra *f* circular en frío ‖
~-kritisch (Nukl) / inactivo-crítico ‖ **⁓lack** *m* / barniz
m preparado en frío ‖ **⁓lagerung** *f* / almacenaje *m* en
frío ‖ **⁓lauf** *m* (Mot) / marcha *f* en frío ‖ **⁓läufer** *m*
(Druckguss) / inyección *f* en frío ‖ **⁓läufer** (Schw) /
costura *f* o unión fría ‖ **⁓leim** *m* / cola *f* fría, cola *f*
endurecible en frío ‖ **⁓leim** (Tischl) / cola *f* blanca o de
caseína ‖ **⁓leiter, Posistor** *m* (Eltronik) / posistor *m* ‖
⁓leiter, PTC-Widerstand *m* (= positive temperature
coefficient) / resistencia *f* PTC (Opt, Phys) /
luz *f* fría ‖ **⁓lichtlampe** *f* / lámpara *f* de luz fría ‖
⁓lichtspiegel *m* / espejo *m* de luz fría ‖
⁓lok[omotive] *f* / locomotora *f* apagada o remolcada
‖ **⁓lötstelle** s. kalte Lötstelle ‖ **⁓lötstelle** *f*
(Thermoelement) / unión *f* fría ‖ **⁓luft** *f* (Meteo) / aire *m*
frío ‖ **⁓lufteinströmung** *f* / incursión *f* de aire frío ‖
⁓luftfront *f* (Meteo) / frente *m* [de aire] frío ‖ **⁓luftgas**
n / mezcla *f* de aire y gas fríos ‖ **lufttrocknung** *f* /
secado *m* en (o con) aire frío ‖ **⁓luftvorhang** *m*
(Klimaanlage) / cortina *f* de aire frío, telón *m* de aire
frío ‖ **⁓mangel** *m* (Tex) / calandria *f* en frío ‖
⁓massivumformung *f* (Masch) / conformación *f*
masiva en frío ‖ **⁓matrize** *f* (Schm) / matriz *f* para
troquelar en frío ‖ **⁓meißel, Schrotmeißel** *m* (Wz) /
cortafrío *m*, cortahierro *m* ‖ **⁓metall** *m* (mit geringer
Wärmeleitfähigkeit) / metal *m* termoaislante ‖
⁓mistverfahren *n* (Landw) / procedimiento *m* de
estiércol frío o de fermentación en frío ‖
~nachgewalzt (Hütt) / relaminado en frío ‖
⁓nachpressen *n* (Stanz) / acabado *m* en frío ‖
⁓nachpressen (Pulv.Met) / prensado *m* posterior en
frío ‖ **⁓nachwalzen** (Hütt) / relaminado en frío ‖
⁓nachwalzwerk *n* / tren *m* relaminador (o de
relaminar) en frío ‖ **~nieten** *vt*, kalt schlagen (Niete) /
remachar en frío, roblonar en frío ‖ **⁓nieten** *n*,
-nietung *f* / roblonado *m* o remachado en frío ‖
⁓pilgern *n* (Walzw) / laminado *m* en frío de paso de
peregrino, laminación *m* en frío en tren Pilger ‖
⁓pilgerwalzwerk *n* / laminador en frío a paso de
peregrino ‖ **⁓polymerisation** *f* (Chem) /
polimerización *f* en frío ‖ **⁓prägen** *n* von Folien (Plast)
/ estampado *m* de hojas en frío ‖ **⁓prägewerkzeug** *n* /
útil *m* para matrizado en frío ‖ **⁓prägung** *f* (Druck) /
estampación *f* en frío ‖ **⁓presse** *f* / prensa *f* en frío ‖
~pressen *vt* / prensar o recalcar en frío ‖ **~pressen**,
strangpressen (Hütt) / prensar por extrusión ‖
~pressen, fließpressen / extrusionar ‖ **~pressen**
(Plast) / moldear en frío ‖ **~pressen** (Sintern) /
comprimir finalmente en frío ‖ **~pressen** (Tuch) /
estampar en frío ‖ **⁓pressen** (Sintern) / prensado *m*
en frío, compactación *f* en frío ‖ **⁓pressen** (Plast) /
moldeo *m* en frío, prensa *m* (Schm) / pieza *f*
estampada en frío ‖ **⁓pressmatrize** *f* / matriz *f* para
trabajar en frío ‖ **⁓pressschweißen** *n* / soldadura *f* por
presión en frío ‖ **⁓profil** *n* (Walzw) / perfil *m* laminado
en frío ‖ **~recken** *vt* (Hütt) / estirar en frío ‖ **⁓recken**
n, -reckung, -verformung *f* / autozunchado *m*,
estirado *m* o alargamiento en frío ‖ **⁓reckmaschine** *f* /
máquina *f* para estirar o alargar en frío ‖ **~reckung**,
Autofrettage *f* (Geschütz) / deformación *f* en frío,
autozunchado *m* ‖ **⁓reduzierwalzwerk** *n* (Hütt) /
laminador *m* reductor en frío ‖ **~richten** *vt* (Schm) /
enderezar en frío ‖ **⁓richtmaschine** *f* / enderezadora
f en frío ‖ **⁓säge** *f* / serradora *f* en frío ‖ **⁓satz** *m*
(Druck) / composición *f* en frío ‖ **⁓scherbarkeit** *f* (Hütt)
/ capacidad *f* de ser cizallado en frío ‖ **⁓schere** *f*,
-eisenschere *f* (Wz) / tijeras *f pl* o cizallas [para cortar]
en frío ‖ **⁓schlagdraht** *m* / alambre *m* martillado en
frío ‖ **~schlagen**, prägen (Stanz) / troquelar ‖
~schlagen (Niet) / roblonar en frío, remachar en frío
‖ **⁓schlagmatrize** *f* (Stanz) / matriz *f* para trabajo en
frío, estampa *f* para trabajar en frío ‖
⁓schlagschmieden *n* / forjado *m* en frío ‖
⁓schlagstahl *m* / acero *m* para forjado en frío ‖
~schmieden *vt*, -hämmern / forjar o martillar en frío ‖
⁓schmieden *n* / forja *f* en frío ‖ **⁓schmiegemaschine** *f*
(Schiff) / curvadora *f* de cuadernas (o de perfiles en
bordón) en frío ‖ **⁓schornstein** *m* / chimenea *f* para
gas frío ‖ **~schwefeln** (Tex) / vulcanizar en frío ‖
⁓schweiße, -schweißung, -schweißstelle *f* (Fehler,
Gieß) / unión *f* o costura fría ‖ **~schweißen** *vt* / soldar
en frío, soldar sin precalentamiento ‖ **⁓schweißstelle**
f (Plast) / punto *m* de unión fría ‖ **~siegeln** *vt*,
haftkleben / pegar por adhesión [en frío] ‖ **⁓spiel** *n*
(Masch) / juego *m* en frío ‖ **⁓spritzen** *n* (Walzw) / lavado
m en frío ‖ **⁓spritzen** (Alu) / extrusión *f* por impacto ‖
⁓sprödigkeit, -brüchigkeit *f* (Hütt, Plast) / fragilidad *f*
en frío ‖ **⁓sprödigkeitstemperatur** *f* (Plast) /
temperatura *f* de fragilidad en frío ‖ **~start** *m* (Kfz) /
arranque *m* en frío ‖ **~start** (Lampe) / cebado *m* en
frío ‖ **⁓startventil** *n* (Kfz) / válvula *f* de arranque en
frío ‖ **⁓startverhalten** *n* (Mot) / comportamiento *m* de
arranque en frío ‖ **⁓stauchen** *n* (Masch) / recalcado *m*
en frío, aplastamiento *m* en frío ‖ **⁓stauchen von
Köpfen** / recalcado *m* [de cabezas] en frío ‖
⁓stauchpresse *f* / prensa *f* de recalcar en frío ‖
⁓stauchstahl, -schlagstahl *m* / acero *m* para recalcar
en frío ‖ **⁓stereotypie** *f* (Druck) / estereotipia *f* en frío ‖
⁓stich *m* (Walzw) / pasada *f* en frío ‖ **⁓strang** *m*,
Anfahrstück *m* (Strangguss) / falso *m* lingote, maniquí
m, barra *f* de arranque ‖ **biegsamer ⁓strang**
(Strangguss) / maniquí *m* flexible ‖ **den ⁓strang wieder
einfahren** (Strangguss) / reintroducir el lingote falso ‖
⁓strangfuß *m* (Strangguss) / pie *m* del lingote falso ‖
⁓stranggrube *f* (Strangguss) / fosa *f* para lingotes falsos
‖ **⁓strangkopf** *m* (Strangguss) / cabeza *f* del lingote
falso ‖ **⁓strecken** *n* / estirado *m* en frío ‖
⁓streckgrenze *f* / límite *m* de estricción en frío ‖
~teer *m* (Bau) / alquitrán *m* [para trabajos] frío[s] ‖
~umformbar (Hütt, Plast) / conformable en frío ‖
~umformen *vt* / conformar en frío ‖ **⁓umformen** *n*
(Walzw) / conformación *f* en frío ‖ **⁓umformer** *m* /
moldeadora *f* en frío ‖ **⁓verarbeitbarkeit**,
-verformbarkeit *f* / trabajabilidad *f* en frío, facilidad *f*
de trabajo en frío ‖ **⁓verarbeitung** *f* (Hütt, Plast) /
trabajo *m* en frío, transformación *f* en frío ‖
~verfestigen s. kalthärten ‖ **⁓verformbarkeit** *f* (Hütt,
Stanz) / conformabilidad *f* en frío ‖ **~verformen** *vt*,
-bearbeiten / conformar o trabajar en frío ‖
⁓verformung *f*, Kaltmassivumformung *f* (Stanz) /
conformación *f* en frío, matrizado *m* en frío ‖
⁓vergärung des Futters *f* (18 - 30 ° C) (Landw) /
fermentación *f* fría ‖ **~vergossen** (Plast) / moldeado en
frío ‖ **~vergossen** (Metall) / colado en frío ‖
⁓verruß-Festigkeit *f* (Zündkerze) / resistencia *f* al
recubrimiento de hollín ‖ **~verschweißung** *f* /
ensamblamiento *m* en frío de las rugosidades ‖
⁓versprödung *f* s. Tiefkühldebonding ‖ **~verstrecken** *vt*
(Fasern) / estirar en frío ‖ **~versuch** *m* (Mat.Prüf) /
ensayo *m* en frío ‖ **⁓verweilverfahren** *n* (Färb) /
procedimiento *m* de permanencia en frío ‖
~verwunden (Hütt) / retorcido en frío ‖
⁓verwundener Bewehrungsstahl / acero *m* para
armaduras retorcido (o torsionado) en frío ‖
~verzinken *vt* / galvanizar en frío o por vía eléctrica ‖
⁓vulkanisation *f* (Chem) / vulcanización *f* en frío ‖
⁓walzanlage *f* / planta *f* de laminación en frío ‖
⁓walze *f* (Walzw) / cilindro *m* laminador o para
laminar en frío ‖ **~walzen** / laminar en frío ‖ **⁓walzen**
n / laminado *m* en frío ‖ **⁓walzwerk** *n*, -walzstraße *f* /
tren *m* de laminación en frío ‖ **⁓wand-Vakuumofen** *m*
(Chem, Hütt) / horno *m* de vacío de pared fría ‖
⁓wasserrotte, -wasserröste *f* (Hanf) / enriamento *m* de
agua fría ‖ **⁓wasserspinnmaschine** *f* (Tex) / hiladora *f*
de agua fría ‖ **⁓wasserzentrale** *f* / central *f* para agua

fría ‖ ~werden / enfriarse, perder temperatura ‖
~widerstand m (Elektr) / resistencia f al frío ‖ ~wind m (Hütt) / aire m frío ‖ ~windofen m / horno m con viento frío ‖ ~windschieber m / válvula f de viento frío ‖ ~wind-Zusatzleitung f (Hütt) / línea f de revenido con viento frío ‖ ~zäh (Hütt) / tenaz a baja temperatura ‖ ~zäher Stahl (Tieftemperatur) / acero m para usos criogénicos ‖ ~zähigkeit f / ductilidad f en frío ‖ ~ziehen vt (Hütt) / estirar en frío ‖ ~ziehmatrize f / hilera f para estirar en frío
Kalzination f (im Flammenofen) (Hütt) / reverberación f
Kalzinationstemperatur f / temperatura f de calcinación
kalzinieren (Chem) / calcinar ‖ ~ n (Chem, Hütt) / calcinación f
Kalzinier•ofen m, Brennofen m (Chem, Hütt) / calcinador m, horno m de cocción o de calcinación ‖ ~ofen, -tiegel m (Chem) / calcinatorio m
kalziniert (Magnesia) / calcinado ‖ ~er Dolomit (Chem) / dolomía f o dolomita calcinada ‖ ~e Soda / sosa f calcinada
Kalzinierzone, Entsäuerungszone f (Keram) / zona f de calcinación, zona f de descarbonización
Kalziothermie f, Calciothermie f (Chem) / calciotermia f
Kalzit m, Kalkspat m (Min) / calcita f, espato m calizo
Kalzium, Calcium n, Ca (Chem) / calcio m ‖ ~acetat n, Calciumacetat n / acetato m de calcio ‖ ~alter n (Nukl) / edad f de calcio ‖ ~arseniat n, Calciumarseniat n (Chem) / arseniato m de calcio ‖ ~bicarbonat, -hydro[gen]carbonat n / bicarbonato m de calcio ‖ ~bisulfit, -hydrogensulfit n (Pap) / bisulfato m de calcio ‖ ~carbonat n (Chem) / carbonato m de calcio ‖ gefälltes ~carbonat / blanco m de París ‖ ~chlorid n / cloruro m de calcio ‖ ~chromat n, Steinbühler Gelb n (nicht: gelbes Ultramarin) / cromato m de calcio ‖ ~cyanamid f, cianamida f de cal ‖ ~cyanid n (Aufb) / cianuro m de calcio ‖ ~ferrit n, Calciumferrit n (Chem) / ferrita f de calcio ‖ ~fluorid n (Chem) / fluoruro m cálcico ‖ ~haltig, Kalzium... / cálcico, de calcio ‖ ~härte f (Wasser) / dureza f cálcica [del agua] ‖ ~hydrid n (Chem) / hidruro m de calcio ‖ ~hydroxid n / hidróxido m de calcio ‖ ~hypochlorit n / hipoclorito m de calcio ‖ ~iodid n / yoduro m de calcio ‖ ~karbid n, Karbid n / carburo m de calcio ‖ körniges ~karbid / carburo m de calcio granulado ‖ ~leuchtstoff m / sulfuro m luminoso de calcio ‖ ~natriumelektrolyse f / electrólisis f [por fusión] de calcio y sodio ‖ ~nitrat n / nitrato m de calcio ‖ ~orthoplumbat n / ortoplumbato m de calcio ‖ ~oxalat n / oxalato m de calcio ‖ ~oxid n / cal f calcinada, óxido m de cal ‖ ~phosphat n (Chem) / fosfato m de calcio ‖ dreibasisches ~phosphat / fosfato m tricálcico ‖ ~saccharat n / sacarato m de calcio ‖ ~silikat n / silicato m de calcio ‖ ~silizid n / siliciuro m de calcio ‖ ~-Silizium n (Vorlegierung) (Hütt) / calcio-silicio m ‖ ~sulfat n (Chem) / sulfato m de cal ‖ ~sulfat (Pap) / blanco m fijo ‖ ~sulfid n, Schwefelcalcium n (Chem) / sulfuro m o polisulfuro de calcio ‖ leuchtendes ~sulfid / sulfuro m luminoso de calcio ‖ ~superphosphat n / superfosfato m de calcio ‖ ~wolframat[leucht]schirm m (TV) / pantalla f de volframato de calcio
Kamala[farbe] f / kamala f
Kamazit m (Min) / camacita f
Kambala m, Chlorophora excelsa (Bot) / iroko m, kambala m, abang m
Kambrik, Kambrai m (Tex) / cambrai m, cambray m ‖ ~papier n / papel m cambrayado
Kambrische Formation, Kambrium n (Geol) / formación f cambriana, cambriano m
Kambrium n / era f cambriana, cámbrico m

Kamel n (Schwimmkörper zum Heben von Schiffen) / flotador m de salvamento, camellos m pl ‖ ~haargarn n (Tex) / hilo m de pelo de camello
Kamera f, Photoapparat m / cámara f fotográfica ‖ ~, Laufbild-, Filmkamera f / cámara f cinematográfica, tomavistas m ‖ ~abtastung f / exploración f en cámara ‖ ~assistent m (Film) / ayudante m del operador ‖ ~baustein m (Mikrosk) / módulo m fotográfico ‖ ~bereich m / campo m de la cámara ‖ ~film m / film m o película para cámara ‖ ~gehäuse n / caja f de la cámara ‖ ~kassette f, Filmspule f / rollo m de película para cargar de día ‖ ~-Kontrollgerät n, -monitor m (TV) / monitor m de control de cámara, receptor m de comprobación de cámara ‖ ~kran f, Dolly (Film) / grúa f de cámara, plataforma f levadiza o elevadora ‖ ~mann m (Film) / operador m [de cámara], cámara m (E), camerógrafo m (LA) ‖ ~mann, -frau f / tomavistas m f ‖ ~mikroskop n (Opt) / microscopio m fotográfico ‖ ~röhre f / tubo m tomavistas, tubo m analizador de TV ‖ ~röhre mit Photoeffekt / tubo m de cámara fotoemisor ‖ ~rückholung f (TV) / alejamiento m o retroceso de la cámara, rodaje m de la cámara retirándola de la escena ‖ ~schwenk m (Film) / toma f panorámica ‖ ~schwenkkopf m / cabeza f panorámica ‖ ~stativ n / trípode m de (o para la) cámara, portacámara m ‖ ~verschluss m / obturador m ‖ ~vorsatz m (Foto) / adaptador m de cámara ‖ ~vorschub m (TV) / acercamiento o avance de la cámara, rodaje m de la cámara hacia la escena ‖ ~wagen m (Film) / carro m portacámara, pedestal m o pie rodante, carretilla f de cámara
Kamin m, offene Feuerstelle (Bau) / chimenea f ‖ ~, Schornstein m / chimenea f ‖ ~aufsatz m / caperuza f de la chimenea ‖ ~bau m / construcción f de chimeneas ‖ ~bauformstein m / ladrillo m perfilado para chimeneas ‖ ~effekt m (Tunnel) / efecto m de chimenea ‖ ~einfassung f, -mantel, -sims m (Bau) / chambrana f de chimenea ‖ ~-Einsatzrohr n / tubo m de chimenea ‖ ~gitter n / guardafuego m, parachispas m ‖ ~hut, Essenkopf m / caperuza f de chimenea ‖ ~kühler m (Hütt) / refrigerador m de chimenea ‖ selbstlüftender ~kühler / torre f de refrigeración con tiro automático o con autoventilación ‖ ~platte f (Bau) / placa f de chimenea ‖ ~putztür f (Schornstein) / puerta f de chimenea ‖ ~schacht m / conducto m de humos, humero m, cañón m ‖ ~schieber m / registro m de la chimenea ‖ ~schieber (Hütt) / válvula f de chimenea ‖ ~sims n m / repisa f [de la chimenea] ‖ ~trockner m (Zuck) / torre f de desecación ‖ ~wirkung f / efecto m de chimenea ‖ ~zug m / tiro m de la chimenea
Kamm m (allg, Web) / peine m ‖ ~, Gebirgskamm m (Geol) / cresta f, cuchilla f (LA) ‖ ~ (Walzw) / diente m ‖ ~, Wellen-, Wogenkamm m (Ozean) / cresta f (de ola) ‖ ~, Kabelzopf m (Fernm) / peine m de cable, forma f del cableado ‖ ~ m, Verkämmung f (Zimm) / escopladura f ‖ ~, Webgeschirr n (Web) / cuerpo m de lizos, remesa f ‖ ~, [Aus]hacker m (Spinn) / peine m ‖ ~ des Deichs, Krone f (Hydr) / corona f ‖ Kämme einer Labyrinthdichtung / dientes m pl de una obturación, ranuras f pl de de una obturación
Kamm•abfall m (Spinn) / cardaduras f pl, borras f pl ‖ ~bart m (Spinn) / cabeza f (o cola) de la mecha ‖ ~bau m (Zuckerrübe) / cultivo m en caballones ‖ ~breite f (Web) / anchura f de peine
kämmen vt (Web) / peinar ‖ ~ n (Web) / peinado m
kämmende Schnecken, Dichtprofilschnecken f pl / husillos m pl engranados
Kammer f (allg, Geschütz, Hydr, Masch) / cámara f ‖ ~ (Gewehr) / recámara f ‖ ~ des Schaufelrades (Bagger) / célula f de la rueda de paletas, cuchara f de la rueda ‖ ~ der Schleuse (Hydr) / cámara f de esclusa
Kämmer m, Kämmmaschine (Tex) / peinadora f

Kammer•bau *m* (Bergb, Salz) / explotación *f* por cámaras ‖ ~**bau**, Pfeilerbau *m* (Bergb, Erz) / explotación *f* por pilares ‖ ~**breite** *f* **einer Labyrinthdichtung** / anchura *f* de la cámara de una obturación laberíntica ‖ ~**bruchbau** *m* (Bergb) / explotación *m* por cámaras de hundimiento ‖ ~**dämpfer** *m* (Tex) / vaporizador *m* de cámaras ‖ ~**decke** *f* (Koksofen) / techo *m* de cámara ‖ ~**deich** *m* (Hydr) / dique *m* de cámaras ‖ ~**durchlaufofen** *m* (Keram) / horno continuo de cámaras
Kämmerei *f* (Tex) / planta *f* o cuadra de peinado
Kammer•feuerung *f* (Hütt) / hogar *m* con cámara de combustión ‖ ~**[filter]presse** *f* (Chem) / filtro-prensa *m* de varias cámaras ‖ ~**gewölbe** *m* (Hütt) / bóveda *f* de una cámara ‖ ~**halter** *m* (Opt) / portacámara *m* ‖ ~**mauer**, -**wand** *f* (Hydr) / pared *f* de esclusa ‖ ~**ofen** *m* (Ggs: Durchlaufofen) (Hütt) / horno *m* de cámaras ‖ ~**ofen**, Muffelofen *m* (Pulv.Met) / horno *m* de mufla ‖ ~**pfeilerbau** *m* (Bergb) / explotación *f* por cámaras y pilares ‖ ~**pfeilerbruchbau** *m*, -ofen (Bergb) / explotación *f* por cámaras de hundimiento y pilares ‖ ~**ring für Dichtungen** / cámaras *f pl* anulares hermetizantes para obturaciones ‖ ~**ringofen** *m* (Hütt) / horno *m* anular de cámaras ‖ ~**säure** *f* (53° Bé) (Chem) / ácido *m* de cámaras ‖ ~**schießen** *n* (Bergb) / voladura *f* de cámaras ‖ ~**schleuse** *f* (Hydr) / esclusa *f* de cámara ‖ ~**schleuse** (Aufb) / alimentador *f* de cuencos ‖ ~**schweißen** *n* / soldadura *f* de resistencia en cámara ‖ ~**sieb** *n* (Aufb) / caja *f* de criba ‖ ~**silo** *n m* (Landw) / silo *m* de cámaras ‖ ~**sohle** *f* (Hydr) / fondo *m* de esclusa ‖ ~**sohle** (Koksofen) / solera *f* de horno ‖ ~**sohlstein** *m* (Keram) / bloque de fondo *m* ‖ ~**sprengverfahren** *n* (Bergb) / voladura *f* de cámara ‖ ~**stutzen** *m* (Photometrie) / cono *m* de cámara ‖ ~**tiefe** *f* **einer Labyrinthdichtung** / profundidad *f* de la cámara de una obturación laberíntica ‖ ~**ton**, Stimmton *m* (auf 440 Hz festgelegter Stimmton a[1] zum Einstimmen von Musikinstrumenten) (Akust) / la *m* o diapasón normal ‖ ~**trocknen** *vt* / secar en cámara ‖ ~**trockner** *m* / secadero *m* o secador de cámara ‖ ~**trockner** (Keram) / cámara *f* de secado ‖ ~**tuch** *n* (Tex) / cambrai *m* ‖ ~- **und Schutzschleuse** *f* (Hydr) / esclusa *f* de cámara y protección ‖ ~**warze** *f* (Gewehr) / tetón *m* del cilindro ‖ ~**wechselsystem** *n* (Photometrie) / sistema *m* intercambiable de cono de cámara ‖ ~**zerfaserer** *m* (Pap) / desmenuzador *m* de rosca
Kamm•fett *n* (Tex) / grasa *f* del pescuezo ‖ ~**filter** *m* (Fernm) / filtro *m* de característica en peine ‖ ~**flug** *m* (Spinn) / borrilla *f* o evaporación peinadora ‖ ~**fräser** *m* (Wzm) / fresa *f* de corte múltiple
Kammgarn *n* (Tex) / hilo *m* de estambre, lana *f* peinada ‖ ~..., / estambrero ‖ **gedoppeltes** ~, gezwirntes Kammgarn / hilo *m* torcido de estambre ‖ **hartes** ~ / hilo *m* duro de estambre ‖ **mehrfarbiges** ~ / hilo *m* polícromo de estambre ‖ **weiches** ~ / hilo *m* blando de estambre ‖ ~**ausrüstung**, -appretur *f* / apresto *m* o aderezo de estambre ‖ ~**fleier** *m*, -flyer *m* / mechera *f* para lana peinada ‖ ~**gewebe** *n* / tejido *m* o género de estambre ‖ ~**kette** *f* / urdimbre *f* de estambre ‖ ~**krempelsatz** *m* / carda *f* de estambre ‖ ~-**Melange** *f* / hilo *m* de estambre mezclado o mixto ‖ ~**nummerierung** *f* / titulado *m* de la lana peinada ‖ ~**pergament** *n* / pergamino *m* para lana peinada ‖ ~**schuss** *m* / trama *f* de estambre ‖ ~-**Serge** *f* / sarga *f* de lana peinada ‖ ~**spinnerei** *f*, -spinnen *n* (Tätigkeit) / hilatura *f* de lana peinada, tejido *m* de estambre ‖ ~**stoff** *m*, -[gewebe] *n* / tejido *m* de lana peinada, tejido *m* de estambre ‖ ~**wolle** *f* / lana *f* peinada o estambrera, lana *f* de peine
Kämmgut *n* (Spinn) / material *m* a peinar, lana *f* a peinar
Kamm•hobelmeißel *m* (Wzm) / cuchilla *f* cremallera ‖ ~**käfig** *m* / jaula-peine *f*, jaula *f* abierta ‖ ~**lager** *n* (Masch) / cojinete *m* de empuje de discos múltiples

Kämmlinge *m pl* (Web) / desperdicio *m* [del peinado], entrepeine *m*, borra *f* [de la peinadora]
Kämmlingswolle *f* (Tex) / lana *f* de fibras cortas
Kämmmaschine *f* (Spinn) / peinadora *f*
Kamm•ofen *m* s. Kammtopf ‖ ~**pflügen** *n* (Landw) / labor *m* en caballones ‖ ~**profiliert** (Dichtung) / ranurado *f* ‖ ~**putz** *m* (Bau) / enlucido *m* a peine ‖ ~**rad** *n* (Walzw) / rueda *f* de dientes planos, rueda *f* dentada ‖ ~**rad mit versetzten Zähnen** / rueda *f* con dientes desplazados ‖ ~**stab** *m*, Nadelleiste *f* (Baumwolle) / barra *f* con puntas ‖ ~**stab**, Nadelstab *m* (Wolle) / barreta *f*, gill *m*, barra *f* de serreta (LA) ‖ ~**stahl**, Hobelkamm *m* (Wzm) / cuchilla *f* de cepillo en forma de peine ‖ ~**stapelverfahren** *n* (Prüfen, Tex) / método *m* de apilado a peine ‖ ~**stärke** *f* **einer Labyrinthdichtung** / espesor *m* del diente de una obturación laberíntica ‖ ~**stromabnehmer** *m* (Elektr) / peine *m* colector ‖ ~**stuhl** *m* (Baumwolle, Kammgarn) / peinadora *f* ‖ ~**stuhlarbeiter** *m*, -techniker *m* / peinador *m* ‖ ~**topf** *m*, -ofen *m* (Spinn) / horno *m* para peines (E), bote *m* de serreta (LA)
Kämmungskonstante *f* (Tex) / constante *m* de peinado
Kammwalze *f* (Walzw) / piñón *m* [de dientes en flecha] ‖ ~ **der Kämmmaschine** (Spinn) / cilindro *m* peinador, peine *m* circular o cilíndrico
Kämmwalze *f*, Streichtrommel *f* (Tex) / rodillo *m* de carda
Kamm•walzgerüst *n* (Walzw) / bastidor *m* de [los] piñones ‖ ~**wolle** *f*, Zettel *m* (Tex) / lana *f* de peine, lana *f* larga ‖ ~**wollkrempel** *f* / carda *f* para lana larga ‖ ~**zapfen** *m* (Wzm) / gorrón *m* de (o con) anillos ‖ ~**zug** *m*, Zug *m* (Spinn) / peinado *m*, lana *f* peinada, fibras *f pl* peinadas ‖ **bedruckter** ~**zug** / peinado *m* estampado ‖ ~**zugablage** *f* (Tex) / dispositivo *m* de plegado de la cinta ‖ ~**zugband** *n* / cinta *f* de estambre ‖ ~**zugdämpfmaschine** *f* / vaporizadora *f* para lana peinada ‖ ~**zugdruck** *m*, Vigoureuxdruck *m* (Tex) / estampado *m* de peinado ‖ ~**zugfärben** *n* (Tex) / teñido *m* de estambre, teñidura *f* de estambre ‖ ~**zugspule** *f* / bobina *f* de peinado ‖ ~**zugstandard** *m* / estándar *m* de peinado o de estambre ‖ ~**zugtechnik** *f* / peinado *m* ‖ ~**zug-Wasch- und Plättmaschine** *f*, Lisseuse *f* (Tex) / lisadora *f* de peinados ‖ ~**zwecke** *f*, Tapeziernagel *m*, Wanze *f* (colloq.) / tachuela *f* [de tapicería] ‖ ~**zwirn** *m*, Litzenzwirn *m* (Spinn) / torzal *m* para lizos o peines ‖ ~**zylinder** *m* (Tex) / peine *m* circular
Kamp *m* (Forstw) / almáciga *f*
Kampagne *f* (Landw, Zuck) / campaña *f*
Kampescheholz *n* (Bot) / palo *m* de campeche, madera *m* de campeche
Kampf *m* **gegen Umweltverschmutzung** / lucha *f* contra la contaminación del medio ambiente
Kampfer *m* (Bot, Pharm) / alcanfor *m*
Kämpfer *m* (oberster Stein eines Widerlagers) (Bau) / arranque *m* ‖ ~, [Bogen]-Anfänger *m*, almohadón *m*, salmer *m*, imposta *f* ‖ ~, Fensterkämpfer *m*, -weitstab *m* / travesaño *m* fijo de ventana
Kampferbaum *m*, Cinnamomum camphora (Bot) / alcanforero *m*
Kämpfer•druck *m* (Bau) / empuje *m* de bóveda, presión *f* sobre los arranques ‖ ~**gelenk** *n* (Brücke) / articulación *f* en los arranques
kampferhaltig (Pharm) / alcanforado, canforado
Kämpfer•höhe *f* (Bau) / altura *f* de arranque o de imposta ‖ ~**linie** *f* / línea *f* de arranque
Kampferöl *n* (Pharm) / aceite *m* alcanforado
Kämpferol *n* / kampferol *m*, kaempferol *m*
Kampfer•säure *f* (Chem) / ácido *m* canfórico ‖ ~**spiritus** *m* (Pharm) / alcohol *m* alcanforado
Kämpferstein *m* (Bau) / ladrillo *m* de arranque
Kampf•flugzeug *n* (Mil) / avión *m* de combate ‖ ~**gas** *n* (Chem) / gas *m* tóxico o de combate ‖ ~**satellit** *m* s.

Angriffssatellit || ⁓stoff *m* / agente *m* [químico] de combate || ⁓wert *m* (Mil) / valor *m* combativo
Kamptonit *m* (Geol) / camptonita *f*
Kampylit *m* (Min) / campilita *f*
kanadisch•er Balsam oder Terpentin, Kanadabalsam *m* (Chem) / bálsamo *m* del Canadá || **~e Fichte** [Rotfichte, Weißfichte], Picea [rubra, glauca] canadensis (Bot) / pino *m* [rojo, blanco] del Canadá || **~e Hemlocktanne**, Tsuga Canadensis / tsuga *m* || **~e Pappel**, Populus deltoides monilifera, Populus grandidentata / álamo canadiense *m*
Kanal *m* (allg, DV, Eltronik, Fernm, Hydr) / canal *m* || ⁓, künstlicher Wasserlauf / canal *m* || ⁓, Abzug *m* / alcantarilla *f* || ⁓, Rauchkanal *m* (Feuerung) / conducto *m* de humos || ⁓, Rinne *f* (Masch) / conducto *m*, acanaladura *f* || ⁓, Bewässerungskanal *m* (Landw) / acequia *f* || ⁓, Schlitz *m* (Masch) / lumbrera *f*, hendidura *f* || ⁓ *m*, Gerinne *n* (Hydr) / canal *m*, caz *m* (pl. caces), saetín *m* || ⁓, [Übertragungs]weg *m* (Fernm) / línea *f* [de unión], enlace *m* común || ⁓ *m*, Band *n* (Eltronik) / banda *f* || ⁓ **mit stationärer Strömung** (Hydr) / canal *m* estable || **einen ⁓ anlegen** / trazar un canal || **Kanäle**, Schlitze *m pl* (Mot) / alesajes *m pl*, lumbreras *f pl* || **radioaktiver** ⁓, heißer Kanal / canal *m* caliente
Kanal•abschnitt *m* / tramo *m* del canal || ⁓**abstand** *m* (Eltronik) / separación *f* de (o entre) bandas || ⁓**abstand** (Reaktor) / paso *m* || ⁓**abstimmung** *f* (Stereo) / equilibrado *m* de canales || ⁓**adressierung** *f* (DV) / direccionamiento *m* del canal || ⁓**adresswort** *n*, CAW (DV) / palabra *f* de dirección de canal || ⁓**anschluss** *m* (DV) / interfase *f* de canal || ⁓**anschluss** (Grundstück) / conexiones *f pl* a la alcantarilla || ⁓**arbeiter** *m* (unter der Erde) / obrero *m* limpiador de canales subterráneos, pocero *m* de alcantarillas || ⁓**aufteiler** *m* (DV) / repartidor *m* de líneas || ⁓**bagger** *m* / draga *m* de canal || ⁓**baumaschine** *f* / máquina *f* para la construcción de canales || ⁓**befehl** *m* (DV) / palabra *f* de mando de canal || ⁓**belegung** *f* (DV) / carga *f* de canal[es] || ⁓**bewässerung** *f* (Landw) / riego *m* por acequia[s] || ⁓**bildung** *f* (Chem) / formación *f* de canales, acanaladura *f* || ⁓**bildung** (Halbl) / efecto *m* de canal || ⁓**blech** *f* (Hütt) / chapa *f* en U || ⁓**böschung** *f* (Hydr) / talud *m* de canal || ⁓**brücke** *f* / puente-canal *m* || ⁓**damm** *m* / dique *m* de canal || ⁓**deckel** *m* (Bau, Straßb) / tapa *f* de agujero de hombre, boca *f* del alcantarillado || ⁓**dielen** *f pl* (Walzw) / tablestacas *f pl* para canales || ⁓**düker**, Düker *m* (Hydr) / sifón *m* de canal || ⁓**effekt** *m*, -wirkung *f* (Nukl) / efecto *m* de canalización || ⁓**einfahrt** *f* (Wasserstraße) / entrada *f* del canal || ⁓**entlüftung** *f* (Abwasser) / ventilación *f* de alcantarillas || ⁓**fernauge** *n* / teleojo *m* para alcantarillado || ⁓**fernsehgerät** *n* / unidad *f* de TV para alcantarillas || ⁓**form** *f*, U-Form *f* / molde *m* en U || ⁓**frequenz** *f* (Eltronik) / frecuencia *f* de canal || ⁓**frequenz** (Fernm) / frecuencia *f* de trabajo, frecuencia *f* de canal de tráfico || ⁓**gas** *n* (Sanitär) / metano *m*, gas *m* de los alcantarillas || ⁓**gitter** *n*, -rost *m* (Straßb) / rejilla *f*, enrejado *m* || ⁓**gruppe** *f* (Eltronik) / grupo *m* de canales || ⁓**guss** *m* (Hütt) / colada *f* en canal || ⁓**haltung** *f* (Hydr) / tramo *m* del canal
Kanalisation *f*, Abwasserleitung *f* / alcantarillado *m*, red *f* de cloacas || ⁓, Kanalisierung *f* von Flüssen / canalización *f* [de ríos]
Kanalisations•anlage *f*, -netz *n* (Abwasser) / sistema *m* de alcantarillado, cloacas *f pl*, red *f* de alcantarillas || ⁓**röhre** *f* / tubo *m* de gres para alcantarillado
kanalisierbar / canalizable
kanalisieren, einen Kanal anlegen / canalizar, construir un canal || ~, Abwasserleitungen legen / alcantarillar
Kanalisierung *f*, Kanalbau *m* / canalización *f*, construcción *f* de canales
Kanal•klinker *m* (Keram) / clínker *m* para alcantarillas || ⁓**lücke** *f* (Eltronik) / hueco *m* entre vías adyacentes ||
⁓**maschine** *f* (Spinn) / reunidora *f* || ⁓**mittelstein** *m* (Feuerfest) / ladrillo *m* central del canal de colada || ⁓**mittelstein**, Verteilerstein *m* / ladrillo *m* distribuidor || ⁓**-Modulator-Demodulator** *m* (Eltronik) / equipo *m* de traslación de canal, equipo *m* trasladador || ⁓**nebensprechen** *n* (Fernm) / diafonía *f* entre canales || ⁓**netz** *n* (eines Landes) (Hydr) / red *f* de canales || ⁓**netz** (Abwasser), Kanalisation *f* / alcantarillado *m*, red *f* de alcantarillas || ⁓**ofen** *m* (Keram) / horno *m* túnel || ⁓**oszillator** *m* (TV) / oscilador *m* de radiofrecuencia || ⁓**radpumpe** *f* / bomba *f* de canal || ⁓**register** *n* (DV) / registro *m* de canal || ⁓**reiniger** *m*, -arbeiter *m* (Abwasser) / manobrero *m* || ⁓**reinigungsfahrzeug** *n* / vehículo *m* limpiador de alcantarillas || ⁓**rost** *m*, -gitter *n* (Straßb) / rejilla *f* del sumidero || ⁓**ruß** *m* (Chem) / negro *m* de canal o de túnel || ⁓**sanierer** *m* (Fachkraft für Rohr-, Kanal- u. Industrieservice) / inspector-renovador *m* de alcantarillas || ⁓**schacht** *m* (Straßb) / pozo *m* de entrada, pozo *m* de control, sumidero *m* || ⁓**schachtdeckel** *m* / tapa *f* de sumidero || ⁓**schalter** *m* (DV) / inversor *m* || ⁓**schalter**, -wähler *m* (TV) / selector *m* de canales || ⁓**schiff** *n* / barco *m* fluvial || ⁓**schiff** (Ärmelkanal) / buque *m* transmánico || ⁓**schifffahrt** *f* / navegación *f* fluvial || ⁓**schlammsauger** *m* (Schiff) / aspirador *m* de lodo || ⁓**schlepper** *m* / remolque *m* fluvial || ⁓**schleuse** *f* (Hydr) / esclusa *f* de un canal || ⁓**sohle** *f* (künstlicher Kanal) / fondo *m* de canal || ⁓**sperrkreis** *m* (TV) / circuito *m* antirresonante de canal, circuito *m* supresor o rechazador o tapón de canal || ⁓**spülapparat** *m* (Abwasser) / aparato *m* para lavar alcantarillas || ⁓**statuswort** *n* (DV) / palabra *f* de estado de canal || ⁓**stein** (Hütt) / ladrillo *m* para canal de colado || ⁓**stein** s. auch Kanalklinker || ⁓**stein** (Kabel) / ducto *m* de (o para) cable || ⁓**steuereinheit** *f* (DV) / controlador *m* de canal || ⁓**strahl** *m* (Phys) / rayo *m* canal || ⁓**strahlung** *f*, -strahlen *m pl* / rayos *m pl* canales || ⁓**strecke** *f* (zwischen Schleusen) (Hydr) / tramo *m* [inferior o superior] de un canal || ⁓**strecke auf der Wasserscheide** (Hydr) / tramo *m* de canal en la divisoria de aguas || ⁓**stufe** *f* / escalón *m* de canal || ⁓**träger** *m* (Eltronik) / portadora *f* de canal || ⁓**trennung** *f* / separación *f* de canales || ⁓**trockner** *m* (Keram) / secadero *m* de canal o de túnel, secador *m* con canales || ⁓**trockner** (Spinn) / cámara *f* de secado para hilos de lino || ⁓**ufer** *n* (Hydr) / orilla *f* del canal || ⁓**umschaltung** *f* (Eltronik) / conmutación *f* de canales || ⁓**umsetzer** *m* / modulador *m* de canal || ⁓**umsetzer** (Trägerfrequenz) / conversor *m* || ⁓**verfahren** *n* **der Geräuschmessung** (Akust) / medición *f* in-ducto || ⁓**verlust** *m* (Nukl) / efecto *m* de canalización || ⁓**verlustfaktor** *m* (Nukl) / factor *m* de canalización || ⁓**verstärker** *m*, KV (Eltronik) / amplificador *m* de canal || ⁓**waage** *f* (Verm) / nivel *m* de agua || ⁓**wahl** *f* (Eltronik) / selección *f* de canal[es] || ⁓**wähler** *m*, -schalter *m* (TV) / selector *m* de canal[es] || ⁓**weiche** *f* (Eltronik) / filtro *m* ramificador de los canales || ⁓**weiche** (Hydr) / apartadero *m* || ⁓**widerstand** *m* (Halbl) / resistencia *f* de canales || ⁓**wirkung** *f*, -effekt *m* (Nukl) / efecto *m* de canalización || ⁓**zelle** *f* (DV) / ubicación *f* del canal || ⁓**ziegel** *m* (Keram) / ladrillo *m* abordado para alcantarilla || ⁓**ziegel**, Stallklinker *m* (Bau) / ladrillo *m* flamenco || ⁓**zug** *m* (Kabel) / ducto *m* || ⁓**zustand** *m* (DV) / estado *m* de canal
Kandelaberlampe *f*, Wandarmlampe *f* / lámpara *f* [de] candelabro
kandiert, umzuckert (Nahr) / escarchado || ~**er Samen** (Zuck) / grano *m* escarchado
Kandierung *f* (Zuck) / cristalización *f*
Kandiszucker *m* / azúcar *m* cande o candil
Kanette *f*, Hülse *f* (Spinn) / canilla *f*, canuta *f*
Kanevas *m* (Tex) / cañamazo *m* (E), canevá *m* (LA)
Känguru-Technik *f* (Kassettenrekorder) / técnica *f* canguro

Kängurutransport *m* (französische Huckepacktechnik) (Bahn) / transporte *m* canguro
Kanister *m* / bidón *m* ‖ ~, Blech[versand]gefäß *n* / bidón *m*, lata *f* ‖ ~ (Kfz) / bidón *f* [de combustible], lata *f* [de combustible]
Kännchen *n* / jarrita *f*
Kanne *f*, Krug *m* / cántara *f* ‖ ~ / jarra *f*, jarro *m* ‖ ~, Blechkanne *f* / bidón *m*, lata *f* ‖ ~, Laterne *f*, Flasche *f* (Spinn) / bote *m*
kannelieren *vt* / acanalar, estriar
Kannelierung *f* (Bau) / acanalado *m*, acanaladura *f*, estriado *m* ‖ ~ (Säule) / estrías *f pl*, [a]canaladuras *f pl*
Kännelkohle *f* (langflammige Kohle) (Bergb) / carbón *m* graso bituminoso
Kannen • füllgestell *n* (Spinn) / marco *m* para llenar botes ‖ ~**maschine** *f* (Spinn) / máquina *f* llenabotes ‖ ~**milchkühler** *m* / refrigerador *m* de leche enlatada ‖ ~**spinnverfahren** *n* / hilatura *f* o filatura en botes ‖ ~**spulmaschine** *f* / bobinadora *f* de botes ‖ ~**stock** *m* (Spinn) / soporte *m* [giratorio] del bote ‖ ~**teller** *m* / placa *f* soporte para bote ‖ ~**träger** *m* (Tex) / portabotes *m*
Kannette *f*, Kanette *f* (Tex) / canuta *f*, canilla *f*
Kannettenklemmfeder *f* (Web) / pinza-canilla *f*
kannibalisieren *vt* / canibalizar
Kannvorschrift *f* / disposición *f* o especificación facultativa
Kanonenbohrer, Spindelbohrer *m* (DIN) / broca *f* de cañones
kanonisch (Math) / canónico
Känozoikum, Neozoikum *n* (Geol) / cenozoico *m*
Kantbeitel *m* (Wz) / escoplo *m* en bisel
Kante *f* (Math) / arista *f* ‖ ~, Rand *m* / borde *m* ‖ ~, Seite *f* / lado *m* ‖ ~ (Blech, Feile) / borde *m*, arista *f* ‖ ~ (Web) / orillo *m*, orilla *f* ‖ ~ (an einem Steilabsturz) (Geol) / borde *m* de un precipicio ‖ ~, Einfassung, Stoßkante *f* (Tex) / orla *f* ‖ ~ *f*, Saum *m*, Borte *f* (Tex) / borde *m* ‖ ~**n brechen** / matar, achaflanar o redondear cantos o aristas ‖ ~ **f einer Mauer** (Bau) / arista *f* de muro ‖ **auf die** ~ **legen** / poner de canto ‖ **hintere** ~ (Luftf) / borde *m* posterior o de salida ‖ **hintere** ~ (Polschuh) (Elektr) / extremidad *f* de salida ‖ **mit beschnittenen** ~**n** (Hütt) / de bordes recortados ‖ **scharfe** ~ / canto *m* agudo ‖ **stumpfe** ~ / canto *m* romo, arista *f* roma ‖ **vordere** ~ (Luftf) / borde *m* de ataque ‖ **vordere** ~ (Polschuh) (Elektr) / extremidad *f* de entrada de zapata polar
kanten *vt*, umkanten / poner de canto ‖ **Blech** ~ / plegar chapa ‖ **das Walzgut** ~ (Walzw) / cantear, poner de canto ‖ **nicht** ~ / ¡no volcar !
Kanten • abrundung *f* / redondeamiento *m* de los cantos, achaflanado *m* ‖ ~**abschneideeinrichtung** *f* (Tex) / dispositivo *m* recanteador ‖ ~**abschrägmaschine** *f* (Druck) / achaflanadora *f*, biseladora *f*, abiseladora *f*, cepillo *m* biselador ‖ ~**abschrägung** *f* / achaflanado *m* de los bordes o cantos ‖ ~**abstand** *m* / radio *m* del bisel ‖ ~**anleimmaschine** *f* (Holz) / máquina *f* de encolar cantos ‖ ~**ausroller** *m* (Tex) / desarrollador *m* de orillas ‖ ~**band** *n*, Umleimer *m* (Tischl) / cinta *f* cubrecantos ‖ ~**bearbeitung** *f* (Holz) / finish *m* de cantos, achaflanado *m* de cantos ‖ ~**bearbeitungsmaschine** *f* (Holz) / achaflanadora *f* ‖ ~**bedruckmaschine** *f* (Web) / estampadora *f* de orillos ‖ ~**beflammung** *f* (Mat.Prüf, Tex) / ignición *f* del borde inferior ‖ ~**belastung** *f* / carga *f* en los cantos ‖ ~**beschädigung** *f* (beim Transport) (Walzw) / deterioro *m* de cantos ‖ ~**beschneiden** *n* / corte *m* o cizallamiento de cantos ‖ ~**beständigkeit** *f* (Holz, Hütt) / resistencia *f* o solidez de cantos ‖ ~**beständigkeit** *f* (Sintern) / estabilidad *f* o resistencia de cantos en verde ‖ ~**biegevorrichtung** *f* (f. Offsetplatten) / dispositivo *m* rebordeador ‖ ~**bindung** *f* (Tischl) / unión *f* o junta de cantos ‖ ~**brechung** *f* (Wzm) / redondeado *m* de cantos ‖ ~**brechung** (Opt) / difracción *f* por [efecto de] cantos ‖ ~**druck** *m* (Tex) / estampado *m* de orillas ‖ ~**druck von Rollen** / carga *f* en los cantos de rodillos ‖ ~**effekt**, Eberhardeffekt *m* (Foto) / efecto *m* de Eberhard ‖ ~**eingriff** *m* (Zahnrad) / engrane *m* de la arista del diente ‖ ~**einriss** *m* (Walzw) / fisura *f* o rotura de canto ‖ ~**-, Falz- u. Profilschleifmaschine** *f* (Holzbearb) / lijadora *f* para cantos, molduras y rebajos ‖ ~**festigkeit** *f* (gegen Einreißen) (Holz, Hütt) / resistencia *f* de los bordes o cantos ‖ ~**fläche** *f* (Holz) / canto *m* ‖ ~**fräsmaschine** *f* (Druck) / máquina *f* de biselar ‖ ~**führer** *m* (Web) / regla-guía *f* ‖ ~**führer** (Nähm) / guía *m* de cantos ‖ ~**führung** *f* (Web) / guiado *m* de cantos ‖ ~**führungslineal** *n* (Nähm) / guía *f* lineal de borde ‖ ~**furniermaschine** *f* (Tischl) / máquina *f* enchapadora de cantos ‖ ~**gestell** *n* (Tex) / plata *f* para bobinas de orillos ‖ ~**hobel** *m* (Tischl) / canteadora *f* ‖ ~**hobelmaschine** *f* (Wzm) / acepilladora *f* de cantear ‖ ~**krümmung** *f* / curvatura *f* de los chaflanes, curvatura *f* de los cantos o biseles ‖ ~**längsriss** *m* (Walzw) / grieta *f* o fisura longitudinal del canto ‖ ~**lauf** *m* (Rollenlager) / marcha *f* de los rodillos cilíndricos sobre los rebordes ‖ ~**leim** *m* (Tischl) / cola *f* para pegar cantos ‖ ~**leimmaschine** *f* (Web) / máquina *f* encoladora de cantos ‖ ~**meißel** *m* (Wz) / cincel *m* bordeador
K-Antenne *f* (TV) / antena *f* en K
Kanten • pressung *f* (Rollenlager) / carga *f* en los cantos de los rodillos ‖ ~**querriss** *m* (Walzw) / grieta *f* o fisura transversal de cantos ‖ ~**riss** *m* (Holz) / fisura *f* o rotura de canto ‖ ~**riss** (Walzw) / rotura *f* de canto o de borde ‖ ~**rissigkeit** *f* (Walzw) / sensibilidad *f* a la rotura de cantos ‖ ~**schärfe** *f* (Opt) / nitidez *f* de contornos ‖ ~**schneider** *m* (für Rasen) / cortabordes *m* ‖ ~**schneidmaschine** *f* (Tex) / cortadora *f* de cantos, dispositivo *m* recanteador ‖ ~**schuss** *m* (Bergb) / detonación *f* del explosivo depositado en canto ‖ ~**schutz** *m* (Gurtförd) / protección *f* de los bordes, chapa *f* protectora del borde ‖ ~**schutz** (allg, Pap) / cantonera *f*, protección *f* de los bordes ‖ ~**schutz** (Treppe) / moldura *f* de protección de escalones ‖ ~**spannung** *f* / tensión *f* de los cantos ‖ ~**stauchwiderstand** *m* / resistencia *f* a la compresión de cantos ‖ ~**verbinder**, AMP-Verbinder *m* (Elektr) / conectador *m* de cantos ‖ ~**verdichter** (Straßb) / compactadora *f* de bordes ‖ ~**verleimmaschine** *f* (Holz) / máquina *f* encoladora de las chapas u otras piezas por los cantos ‖ ~**wächter** *m* (Walzw) / guardacantos *m* ‖ ~**welle** *f* (Bandstahl) / ondulación *f* de los bordes ‖ ~**wirbel** *m* (Luftf) / torbellino *m* marginal ‖ ~**wirkung** *f* (elektr. Feld) / efecto *m* de cantos ‖ ~**zange** *f* (DIN), Beißzange *f* (Wz) / tenazas *f pl* de corte, corta[a]lambres *m*
Kanter *m* (Walzw) s. Kantvorrichtung
Kant • haken *m* (Forstw) / garfio *m*, gancho *m* ‖ ~**holz** *n* / madera *f* escuadrada ‖ ~**holz**, Rahmenschenkel *m* (Abmessung 2 x 2 bis 4 x 4 1/2") / alfarjía *f* ‖ ~**holz-Balken** *m* (Bau) / viga *f* de sección escuadrada
kantig / de canto vivo, escuadrado ‖ ~, eckig / anguloso ‖ ~ (z.B. Säule), polygonal / poligonal ‖ ~ (Nagel) / de sección cuadrada ‖ ~ **machen** (Holz) / escuadrar
Kantine *f* (Industriewerk) / cantina *f*
Kantonbatist *m*, Ardée *m* / batista *f* de Cantón
Kant • profil *n* (Walzw) / perfil *m* angular ‖ ~**rinne** *f* (Walzw) / canal *m* volvedor ‖ ~**- und Verschiebelineal** *n* (Walzw) / regla *f* manipuladora de lingotes ‖ ~**- und Verschiebevorrichtung** *f* (Walzw) / mecanismo *m* de reglas guías y volteadores ‖ ~**vorrichtung** *f*, Kanter *m* (Walzw) / manipulador *m* para volteo, volteador *m*
Kanüle, Hohlnadel *f* (Med) / cánula *f*
Kanvasgewebe *n* (Tex) / caneva *m*, cañamazo *m*
Kanzel *f*, Cockpit (Luftf) / carlinga *f*, cabina *f* de pilotaje, cockpit *m* (LA)
kanzerogene Substanz (Med) / sustancia cancerígena

Kanzleipapier

Kanzleipapier *n* / papel *m* de (o para) documentos, papel *m* registro o de cancillería, papel *m* de correspondencia oficial
Kaolin *n m* (Keram, Pap) / caolín *m* ‖ ˈ**auflöser** *m* (Pap) / disolvente *m* de caolín ‖ ˈ**-Chamosin**, (jetzt): Berthierin *m* (Min) / bertierina *f*
kaolinisieren *vt* / caolinizar
Kaolinisierung *f* / caolinización *f*
Kaolin • it *m* (Min) / caolinita *f* ‖ ˈ**knoten** *m* (Pap) / nudo *m* de caolín ‖ ˈ**sand** *m* (Geol) / arena *f* de caolín ‖ ˈ**sandstein** *m* (Min) / arcosa *f* ‖ ˈ**-Ton-Schamotte** *f* (Keram) / valle *m*
Kaon, K-Meson *n* (Nukl) / mesón *m* K, mesón *m* pesado
Kap *n*, Landspitze *f* (Geo) / repunta *f*
Kapazitanz *f*, kapazitive Reaktanz (Elektr) / capacitancia *f*
Kapazität *f* (Batterie, F.Org, Kondensator) / capacidad *f* ‖ ˈ, Kondensator *m* (Bauteil) / capacitor *m*, condensador *m* ‖ ˈ **eines Kondensators** / capacitancia *f* ‖ ˈ **gegen Erde** / capacitancia *f* a tierra ‖ ˈ **in Ah** (Akku) / capacidad *f* en Ah ‖ **die** ˈ **voll belegen** (o. ausschöpfen) (DV) / agotar la capacidad ‖ **n-stündige** ˈ (Akku) / capacidad *f* de n horas
Kapazitäts • abgleich *m* (allg) / ajuste *m* de capacidad ‖ **~arm** (Elektr) / de poca capacitancia, anticapacitivo ‖ ˈ**ausgleich** *m*, -symmetrie *f* (Fernm) / equilibrio *m* de capacitancia ‖ ˈ**auslastung** *f* (F.Org) / aprovechamiento *m* de la capacidad, utilización *f* de la capacidad ‖ ˈ**differenz** *f* (Elektr) / desequilibrio *m* de capacitancia, asimetría *f* o desigualdad de capacitancia ‖ ˈ**diode** *f* / diodo *m* de capacidad variable, diodo-capacitor *m* ‖ ˈ**diode für Abstimmzwecke** / diodo *m* de sintonía ‖ ˈ**koeffizient** *m* (Elektr) / coeficiente *m* de capacidad o de capacitancia ‖ **~los**, -**frei** / libre de o sin capacidad ‖ ˈ**messbrücke** *f* / puente *m* medidor o de medida de capacidades o capacitancias, puente *m* capacimétrico ‖ ˈ**messer** *m* / capacímetro *m* ‖ ˈ**normal** *n* / capacitor *m* de precisión ‖ ˈ**planung** *f* (F.Org) / programación *f* de ocupación o de capacidad ‖ **~proportionaler Kondensator** (Radio) / capacitor *m* de variación lineal de capacidad ‖ **~reserve** *f* (F.Org) / reserva *f* de capacidad ‖ ˈ**schwund** *m* (Akku) / pérdida *f* o disminución de capacidad ‖ ˈ**symmetrie** *f*, -ausgleich *m* (Fernm) / equilibrio *m* de capacidad o de capacitancias ‖ ˈ**unsymmetrie** *f* (Fernm) / desequilibrio *m* de capacidad o de capacitancias, asimetría *f* o desigualdad de capacitancia ‖ ˈ**-[Variations-]Diode** *f* / diodo *m* de capacidad variable ‖ ˈ**-[Variations-]Kondensator** *m* (Eltronik) / condensador *m* variable con la tensión ‖ ˈ**wert** *m* (Elektr) / capacitancia *f*
kapazitiv / capacitivo ‖ **~** (Bereich) / de régimen capacitivo ‖ **~e (o. voreilende) Belastung** (Elektr) / carga *f* capacitiva ‖ **~er Blindwiderstand** / reactancia *f* capacitiva ‖ **~er Dehnmessstreifen** / extensómetro *m* capacitivo ‖ **~e Dreipunktschaltung** / oscilador *m* [de] Colpitts ‖ **~e Erwärmung** / calentamiento *m* por pérdidas dieléctricas ‖ **~ gespeist** / de alimentación capacitiva ‖ **~e Hochfrequenzerwärmung** / calentamiento *m* dieléctrico ‖ **~e Kopplung** / acoplamiento *m* capacitivo o por capacidad ‖ **~er Leistungsfaktor** / factor *m* de potencia capacitivo ‖ **~e Reaktanz** / reactancia *f* de capacidad ‖ **~er Schalter** / conmutador *m* de proximidad ‖ **~er Spannungswandler** / transformador *m* de potencial capacitivo ‖ **~er Speicher** (DV) / memoria *m* capacitiva ‖ **~er Übertrager** (Audio) / capacitor *m* modulador ‖ **~beschwert** (Antenne) / de carga capacitiva
Kapazitron *n*, Kaskadengenerator *m* (Elektr) / capacitrón *m*, generador *m* en cascada
Kapelle *f*, Probiertiegel *m* (Chem) / copela *f* ‖ ˈ, Abzug *m* (Chem) / campana *f* de chimenea

Kapellen • ofen *m* (Dokimasie) / horno *m* de copelación ‖ ˈ**probe** *f* / ensayo *m* de copela
kapillar, haarröhrenförmig / capilar ‖ **~es Bodenwasser** / agua *f* capilar de suelo
kapillar • aktiv (Chem) / de actividad capilar ‖ ˈ**aktivität** *f* / actividad *f* capilar ‖ ˈ**analyse** *f* / análisis *m* capilar ‖ ˈ**aszension** *f*, -attraktion *f* (Phys) / ascensión *f* capilar ‖ ˈ**bogen** *m* (Ionenquelle) / arco *m* capilar ‖ ˈ**chemie** *f* / química *f* capilar ‖ ˈ**depression** *f* (Chem) / depresión *f* capilar ‖ ˈ**druck** *m* (Phys) / presión *f* capilar
Kapillare *f*, Haarröhrchen *n* / tubo *m* capilar ‖ ˈ, Kapillar-, Haargefäß *n* (Med) / vaso *m* capilar, capilar *m*
Kapillar • effekt *m* (Phys) / capilaridad *f*, efecto *m* de capilaridad ‖ **~[förmig]** / capilar ‖ ˈ**hahn** *m* / grifo *m* capilar
Kapillarimeter *n* / capilarímetro *m*, capilaridímetro *m*, medidor *m* de capilaridad
Kapillarität, Kapillarwirkung, -kraft *f* (Phys) / capilaridad *f*
Kapillaritätswasser *n*, Kapillarwasser *n* / agua *f* capilar o de capilaridad
Kapillar • kondensation *f* (Chem) / condensación *f* capilar ‖ ˈ**lötverbindung** *f* / unión *f* de soldadura capilar ‖ ˈ**ölung** *f* / engrase *m* capilar ‖ ˈ**rohr** *n*, -röhre *f* / tubo *m* capilar ‖ ˈ**rohrbrücke** *f* **für Pipetten** (Chem) / rampa *f* para petas ‖ ˈ**röhrchen-Schmelzpunktsapparat** *m* (Phys) / aparato *m* tipo tubo capilar para medir el punto de fusión ‖ ˈ**tränkung** *f* / impregnación *f* por efecto capilar ‖ ˈ**viskosimeter** *n* (Phys) / viscosímetro *m* capilar ‖ ˈ**viskosimetrie** *f* / viscosimetría *m* capilar ‖ ˈ**viskosität** *f* / viscosidad *f* capilar ‖ ˈ**wand** *f* (Med, Raumf) / pared *f* capilar ‖ ˈ**wasser** *n* / agua *f* capilar o de capilaridad ‖ ˈ**welle** *f*, Kräuselwelle *f* (Ozeanol) / encrespadura *f* ‖ ˈ**wirkung**, -kraft *f* (Phys) / efecto *m* capilar, acción *f* capilar ‖ ˈ**wirkung** *f* **des Schmiermittels** / capilaridad *f* del lubricante
Kapitalaufwand *m*, Investitionskosten *pl* (F.Org) / costo *m* de capital, capital *m* necesario, capital *m* de inversión
Kapitalband *n* (Bb) / cabezada *f*
Kapitälchen *n pl* (Druck) / versalitas *f pl*, letras *f pl* versalitas
Kapitel *n* (Druck) / capítulo *m* ‖ ˈ (COBOL) (DV) / sección *f* (COBOL) ‖ ˈ**-3-Flugzeug** *n* (lärmarm) / avión *m* silencioso
Kapitell *n* (Bau) / capitel *m* ‖ ˈ**platte** *f*, Abakus *m* (Bau) / ábaco *m*
Kapitelname *m* (COBOL) / nombre *m* de sección (C0B0L)
Kapitonnierung *f* (Plast, Tex) / almohadillado *m* guateado
Kaplanturbine *f* (Kraftwerk) / turbina *f* Kaplan
Kapo, Polier *m* (Bau) / capataz *m*
Kapok *m*, Pflanzendaune *f* (Bot) / kapoc *m*, kapok *m*, lana *f* de ceiba, miraguano *m* ‖ ˈ**baum**, Wollbaum *m*, Ceiba pentranda / árbol *m* kapoc, fuma *f*, ceiba *f*
Kappa-Zahl *f* (Pap) / índice *m* kappa
Kappe *f* (Bau, Masch) / caperuzón *m*, cantonera *f*, capuchón *m*, cofia *f*, caperuza *f* ‖ ˈ, Verkleidung *f* / cubierta *f* ‖ ˈ, Dammkrone *f*, Deichkappe *f* (Hydr) / coronamiento *m* del dique ‖ ˈ (Deckel) / tapa *f*, tapadera *f* ‖ ˈ (Schuh vorne) / puntera *f*, tope *m* ‖ ˈ (Schuh hinten) / contrafuerte *m* ‖ ˈ, Unterzug *m* (Bergb) / tirante *m* ‖ ˈ, Krone *f* (Bau) / corona *f* ‖ ˈ *f* (für Ausbau, Bergb) / montera *f* ‖ ˈ (Aerosoldose) / capuchón *m* ‖ ˈ **der Elektronenröhre** (Eltronik) / casquillo *m* del tubo ‖ ˈ **des Gasofens** / corona *f* del horno de gas ‖ ˈ **des Grubenarbeiters** (Bergb) / casco *m* [protector] de minero ‖ ˈ **des Grubenstempels** (Bergb) / cabezal *m* del estemple ‖ **die** ˈ **aufziehen** (Bergb) / fijar la montera ‖ **einteilige** ˈ (Bergb) /

montera f rígida ‖ **mit einer ⁓ versehen** / dotar de una tapa, tapar
kappen vt, beschneiden / cortar ‖ ~, stutzen / recortar ‖ ~, schopfen (Bäume) / desmochar, descabezar ‖ ~ (Naht) / rebatir ‖ ~ (Taue) / cortar ‖ ~ (Strumpf) / talonar ‖ ~ (Geschwindigkeit) (Kfz) / limitar (la velocidad máxima) ‖ ~ n (von Bäumen) / desmoche m ‖ ⁓ **von Impulsspitzen** (Eltronik) / recortamiento m o truncamiento de crestas, descrestamiento m
Kappen•abfangschuh m (Bergb) / zapata f de sustención de la montera, zapata f para dinteles de galería ‖ ⁓**ausbau** m (Bergb) / entibación f con monteras ‖ ⁓**-Endplatte** f (Elektr) / placa f fondo (o base) del rotor ‖ ⁓**fallschirm** m (Luftf) / paracaídas m de bolsa [de base circular] ‖ ~**förmig** / en forma de cubeta ‖ ⁓**gehäuse** n / caja f de caperuzón, alojamiento m de caperuzón ‖ ⁓**isolator** m (Elektr) / aislador m tipo casquete ‖ ⁓**leder** n, Vacheleder n (Gerb) / vaca f, cuero m de vaca ‖ ⁓**stahl** m (Hütt) / acero m par bastidores de mina ‖ ⁓**ständer** m (Walzw) / soporte m de caperuza ‖ ⁓**steife f für Ferse** (Schuh) / cola f para contrafuertes ‖ ⁓**verstärkung** f (Schuh) / talonera f ‖ ⁓**zug** m (Bergb) / serie f de monteras
Kapp•faktor m (Elektr) / factor m o coeficiente de Kapp ‖ ⁓**kreissägemaschine, kippend** f (Tischl) / sierra f circular de péndulo con eje de articulación abajo ‖ ⁓**kreissägemaschine, wippend** / sierra f circular basculante con brazo horizontal ‖ ⁓**lage** f (Schw) / cordón m de raíz en inverso ‖ ⁓**naht** f (fügt 2 Gewebebahnen zusammen), Doppelkappnaht f (Nähm) / costura f de cadena doble, costura f francesa ‖ ⁓**naht**, überdeckter o. Umschlagsaum m, Saumnaht f (Nähm) / costura f doblada o plegada ‖ ⁓**-Phasenschieber** m (Elektr) / vibrador m Kapp ‖ ⁓**sches [Transformator-]Diagramm** (Elektr) / diagrama m de Kapp ‖ ⁓**schaltung** f, Kapper m (Fernm) / circuito m eliminador de crestas ‖ ⁓**schiene** f (Bergb) / viga f en T ‖ ⁓**schienenausbau** m / entibación f con vigas en T ‖ ⁓**schuh** m (Bergb) / zapata f para dinteles de galería
Kappung f, Schwelleneinschnitt m (Bahn) / entalladura f de las traviesas
Kappvorrichtung, Abschlagvorrichtung f (Druck) / cuchilla f de toma rápida
Kaprubin m / rubí m de Cabo
Kapsel f, Hülle f / cápsula f, envoltura f ‖ ⁓ (Baumwolle) / cápsula f ‖ ⁓, Brennkapsel f, -kasten m, Koker m (Keram) / caceta f ‖ ⁓, Etui n / estuche m ‖ ⁓ **für Werkstoffbestrahlung** (Nukl) / cápsula f de irradiación ‖ ⁓**anrollmaschine** f (Verp) / máquina f de apretar lateralmente las cápsulas ‖ ⁓**aufziehmaschine** f / capsuladora f ‖ ⁓**-Bandmaß** n (Mess) / cinta f métrica arrollable ‖ ⁓**barometer** n (Phys) / barómetro m aneroide ‖ ⁓**blitz** m (Foto) / cápsula-relámpago f ‖ ⁓**düse** f (Diesel) / inyector m de cápsula ‖ ⁓**fäule** f (Baumwolle) / podredumbre f de las cápsulas ‖ ⁓**feder** f (Manometer) (Phys) / muelle m de membrana elástica ‖ ⁓**federmanometer** n / manómetro m de muelle de membrana elástica ‖ ⁓**förmig** / capsular ‖ ⁓**gebläse** n / máquina f soplante con émbolo giratorio ‖ ⁓**gebläse**, Roots-Gebläse n / soplador m Roots ‖ ⁓**gehörschützer** m / auriculares m pl antirruido ‖ ⁓**kompressor** m / compresor m encapsulado ‖ ⁓**kompressor**, Rotationskompressor m / compresor m con émbolo rotatorio ‖ ⁓**lader** m (Mot) / soplador m Roots de sobrealimentación ‖ ⁓**maschine** f (Brau) / capsuladora f ‖ ⁓**mikrophon** n / micrófono m de cápsula o de botón ‖ ⁓**motor** m (Elektr) / motor m blindado o cerrado
kapseln, einkapseln / capsular, cerrar ‖ ~, gusskapseln / blindar ‖ ⁓ n (Raumf) / empaquetado m
Kapsel•papier n / papel m de microcápsulas ‖ ⁓**pumpe** f / bomba f rotativa ‖ ⁓**spinnmaschine** f (Tex) /

continua f de hilar de botes giratorios ‖ ⁓**ton** m (Keram) / arcilla f para cacetas
Kapselung f (Elektr) / blindaje m
Kapselwassermesser m, Ringkolbenwassermesser m / contador m volumétrico de agua
Kapspur f (1067 mm) (Bahn) / ancho m de [la] vía de 1067 m
Kapteynsches Eichfeld n, Selected Area f (Astr) / área m de Kapteyn
kaputt (coll) / estropeado, roto, destrozado ‖ ~**gehen** / romperse, estropearse, cascarse, vencerse (LA) ‖ ~**machen** vt / estropear, romper, destrozar
Karabiner m (Mil) / carabina f ‖ ⁓**haken** m / mosquetón m ‖ ⁓**haken mit Blattfeder** / mosquetón m con resorte plano ‖ ⁓**strupfe** f (Jacquard) / nudo m corredizo con mosquetón
Karamell m, Gerstenzucker m (Nahr) / caramelo m
karamellisieren (Zuck) / caramelizar
Karapaöl n (Seifenherst) / esencia f de carapa
Karat n (Edelsteinmasse: = 1/5 g, als Angabe für Goldlegierungen: 24 Karat = reines Gold), k / quilate m ‖ ⁓**gold** / oro aleado m ‖ ⁓**waage** f / balanza f quilatera
Karavelle f (hist.) (Schiff) / carabela f
Karayagummi, Sterculiagummi n (Bot) / goma f de Karaya
Karbamat n (Chem) / carbamato m
Karbamid n / carbamido m ‖ ⁓**harz** n / resina f carbamídica
Karbid, Kalziumkarbid n / carburo m [de calcio] ‖ ⁓ n, Metallkohlenstoffverbindung f / carburo m metálico ‖ ⁓**einfallentwickler**, -einwurfentwickler m (Schw) / generador m de caída de carburo sobre agua ‖ ⁓**füllung** f pl, -ladung f, -einsatz m (Schw) / carga f de carburo [cálcico] ‖ ⁓**hartmetall** m (Hütt) / metal m duro al carburo ‖ ⁓**kohle** f / carbón m de carbono ‖ ⁓**lampe** f / lámpara f de carburo o de acetileno ‖ ⁓**schlacke** f (Hütt) / escoria f de carburo ‖ ⁓**seigerung** f / segregación f de carburo ‖ ⁓**vergasung** f / gasificación f del carburo ‖ ⁓**vergröberung** f (Hütt) / engrosamiento m de carburos ‖ ⁓**zeile** (Hütt) / banda f de carburo
Karbinol n, Methylalkohol m (Chem) / alcohol m metílico, carbinol m
Karbo•fuchsin n / carbofucsina f ‖ ⁓**kation** n (Chem) / carbocation m
Karbol n (veraltet für Phenol), -säure f / carbol m, fenol m ‖ ⁓..., karbolisch / carbólico
Karbolineum n / carbolíneo m, aceite m carbólico
Karbolismus m, Phenolvergiftung f (Med) / carbolismo m
Karbol•kalk m (Chem) / cal f carbólica ‖ ⁓**öl** n / aceite m carbólico o fenicado ‖ ⁓**säure**, Phenol n / ácido m carbólico o fénico, fenol m ‖ **mit ⁓säure tränken** / carbolizar ‖ ⁓**schwefelsäure**, -sulfosäure f / ácido m sulfocarbólico ‖ ⁓**spiritus** m / alcohol m fenicado ‖ ⁓**wasser** n / agua f fenicada
Karbon m, schwarzer Diamant (Min) / carbonado m
Karbonat n (Chem) / carbonatar ‖ **Umwandlung in ⁓** (Chem) / carbonatar ‖ **Umwandlung f en carbonato** ‖ ⁓**härte** f, temporäre Härte, KH / dureza f de carbonatos
Karbonation f (Zuck) / carbonatación f
Karbonatit m (Min) / carbonatita f
Karbonat•puffer m (Chem) / tampón m de carbonato ‖ ⁓**schmelze-Brennstoffzelle** f / pila f de combustible con carbonato fundido
Karbon•datierung f, Radiokarbondatierung f / datación f radiocarbónica o por radiocarbono, radiocronometría f ‖ ⁓**druck** m (Druck) / impresión f de tinta carbono ‖ ⁓**druckformular** n / formulario m al carbón o con dorso de carbón copiativo ‖ ⁓**druckmaschine** f / máquina f de carbonaje ‖

Karbonfarbband

⁓**farbband** n / cinta f carbón ‖ ⁓**farbe** f (Druck) / tinta f de carbonizar o para calcar ‖ ⁓**formation** f, Karbon n (Geol, Zeitalter) / período m carbonífero
Karbonisation, Karbonisieren n (Holz, Tex, Wasser) / carbonización f
karbonisch, Karbon... (Geol) / carbonífero
Karbonisier • anstalt f (Tex) / taller m de carbonización ‖ ⁓**echtheit** f (Tex) / solidez f a la carbonización
karbonisieren vt (Holz, Tex, Wasser) / carbonizar ‖ ~, mit CO_2 sättigen (Chem) / carbonatar ‖ ~ (Spinn, Tuch) / carbonizar ‖ ~, ankohlen (Holz) / carbonizar
Karbonisier • maschine f (Tex) / carbonizadora f ‖ ⁓**maschinen** f pl (Tex) / equipo m para la carbonización de la lana ‖ ⁓**ofen** m (Tex) / horno m de carbonización
karbonisierte Wolle / lana f carbonizada
Karbonisierung f (Hütt, Tex) / carbonización f
Karbonisierverfahren n (Druck) / carbonaje m
Karbonit m (Zünddynamit) (Bergb) / carbonita f
Karbonitrieren n (Hütt) / carbonitruración f
Karbon • papier n / papel m carbón ‖ ⁓**rohpapier** n / papel m base de carbón ‖ ⁓**sandstein** m (Bergb) / gres m carbonífero ‖ ⁓**säure** f (Chem) / ácido m carboxílico
Karbonylpulver n (Pulv.Met) / polvo m de carbonilo
Karborund n / carborundo m ‖ ⁓**schleifscheibe** f / muela f de carborundo
Karboxylgruppe f (Chem) / grupo m carboxílico
Karburan n (Chem) / carburano m
Karburator m (Gasf) / carburador m
karburieren vt, einsatzhärten (Hütt) / cementar ‖ ~ (Heizwert o. Leuchtkraft von Gasen durch Zusätze erhöhen o. Kohlendioxid zu -monoxid regenerieren) / carburar ‖ **im SM-Ofen** ~ (Hütt) / carburar en el horno SM
karburiertes Wassergas / gas m de agua carburado
Karburierung f, Heizwerterhöhung f (Gas) / carburación f ‖ ⁓, Einsatzhärtung f (Hütt) / cementación f
kärchern vt / limpiar a chorro fuerte (AP)
Kardan • achse f (Kfz) / eje m cardán o Cardán o Cardan ‖ ⁓**antrieb** m (Masch) / accionamiento m cardán, transmisión f cardán ‖ ⁓**bogen** m (Landw) / codo m de cardán (riego) ‖ ⁓**fehler** m (Schiff) / error m de cardán ‖ ⁓**gelenk,** Kreuzgelenk n / junta f cardán, articulación f cardán ‖ ⁓**gelenk** n **mit Innen- und Außenvierkant** (für Schraubwerkzeuge) (DIN 3126) / junta f cardán con cuadrado exterior e interior (para herramientas atornilladoras)
kardanisch / cardánico, a la cardán, en cardán ‖ ~ **aufhängen** / suspender en cardán ‖ ~**e Aufhängung,** Kardanaufhängung f / suspensión f cardán ‖ ~**er Bügel,** kardanischer Rahmen / balancín m ‖ ~**er Ring** / anillo m o aro cardán, los dos balancines ‖ **in** ~**er Aufhängung schwenken** / orientar o girar en suspensión cardánica
Kardan • -Kreuzstück n / cruz f o cruceta cardán ‖ ⁓**kupplung** f, -gelenkkupplung f / junta f de articulación cardán ‖ ⁓**-Lage** f (Gelenkgetriebe) / estado m cardán del movimiento ‖ ⁓**rahmenausschlag** m / deflexión f del balancín ‖ ⁓**rahmen-Stellmotor** m / servomotor m suspendido en balancines ‖ ⁓**rohr** n, -stützrohr, Gelenkwellenrohr n / tubo m de soporte del cardán ‖ ⁓**scheibe** f / disco m de junta cardán ‖ ⁓**tunnel** m (Kfz) / túnel m del [arbol] Cardán, túnel m de la carrocería ‖ ⁓**verbindung** f / unión f cardán ‖ ⁓**welle** f, [Kreuz]gelenkwelle f (Kfz) / árbol m cardán
Karde f (Tex) / carda f, máquina f de cardar
Kardeel n (Strang einer Trosse) (Schiff) / cordón m
karden vt (Spinn) / cardar
Karden • ... s. auch Kratzen... und Krempel... ‖ ⁓**abfall** m / desechos m pl o detritos de carda ‖ ⁓**arbeiter** m / cardero m ‖ ⁓**aufzieher** m / montador m de guarniciones ‖ ⁓**band** n / cinta f de carda ‖ ⁓**band-Druckmaschine** f,

Vigoureux-Druckmaschine f / máquina f para estampar mechas de lana peinada, máquina f Vigoureux ‖ ⁓**bandwickelmaschine** f / bobinadora f de cintas de cardas ‖ ⁓**be[sch]lag** m, -garnitur f / guarnición f de cardas ‖ ⁓**blatt** n / placa f de carda ‖ ⁓**brettchen** n / duela f de carda ‖ ⁓**deckel** m / tapa f de carda ‖ ⁓**draht** m / hilo m o alambre de carda ‖ ⁓**flor** m, -vlies n / velo m de la carda ‖ ⁓**flug** m / pelusilla f de carda ‖ ⁓**kanne** f (Baumwolle) / bote m de [la] carda ‖ ⁓**maschine** f s. Karde ‖ ⁓**nadel** f (Spinn) / aguja f de carda ‖ ⁓**nagel** m / púa f de carda ‖ ⁓**raum** m, Karderie f (Spinn) / cardería f, sala f de cardado ‖ ⁓**raummaschine** f / emborrizadora f de cardenchas ‖ ⁓**reiniger,** -putzer, -wender m / desborrador m o descargador de carda ‖ ⁓**schleifmaschine** f, -schleifer, -nadelrichter m / esmeriladora f de cardas ‖ ⁓**setzer** m, -einsteller m / ajustador m de cardas ‖ ⁓**setzmaschine** f / máquina f ajustadora de cardas ‖ ⁓**stab** m / bastón m de carda ‖ ⁓**topf** m, -kanne f / bote m de [la] carda ‖ ⁓**trommel** f / tambor m de carda ‖ ⁓**tuch** n / tablero m sin fin de cardado ‖ ⁓**vlies** n, -flor m / velo m de la carda ‖ ⁓**zahn** m / diente f de carda ‖ ⁓**zylinder** m / cilindro m de carda
Karderie f / sala f de cardado, cardería f
kardieren vt (Tex) / cardar ‖ ~ n / cardadura f, cardado m
Kardier • konstante f / constante f de cardado ‖ ⁓**maschine** f s. Karde
kardiert / cardado adj ‖ ~**es Garn** / hilo m cardado
Kardinal • ebene, -fläche f (Opt) / superficie f cardinal ‖ ⁓**punkt** m (Opt) / punto m cardinal ‖ ~**rot** / cardinal adj ‖ ⁓**system** n (Nav) / sistema m cardinal ‖ ⁓**zahl** f, Mächtigkeit f (Mengenlehre) / número m cardinal
Kardiograph m (Med) / cardiógrafo m
kardioid (Geom) / cardioide adj, en forma de corazón
Kardioide f, Herzkurve f / cardioide f
Kardioid • kondensor m (Opt) / condensador m cardioide ‖ ⁓**mikrophon** n / micrófono m de característica cardioide
Kargo m (Schiff) / carga f, cargamento m
karieren vt (Tex) / cuadricular
Karierfehler m (Fehler, Tex) / error m de cuadros
kariert (Tex) / a (o de) cuadros ‖ ~, gewürfelt / cuadriculado ‖ ~**es Muster,** Karopapier n / papel m cuadriculado ‖ ~**es Papier,** Karopapier n / papel m cuadriculado ‖ ~**es [Schreib-]Papier** / papel m milimétrico
Karies f, Fäule f (Biol) / caries f
Karité • baum n (Bot) / karité m ‖ ⁓**butter** f (Chem) / manteca f de karité o de Galam ‖ ⁓**kern** m (Ölsaat) / grano m de karité ‖ ⁓**-Öl** n / aceite m de karité
Karkasse f (Reifen) / carcasa f ‖ ⁓ **für Diagonalreifen** (Kfz) / carcasa f diagonal ‖ ⁓ **für Gürtelreifen** / carcasa f radial
Karlikscheibe f, Greiferscheibe f / polea f de garras, polea f tipo Karlik
Karman • sche Wirbelstraße f / calle f de vórtices, calle f de torbellinos de Kármán ‖ ⁓**wirbel** m / torbellino m de Kármán
Karmesin n, Karmoisin n, Dunkelrot n / carmesí m ‖ ⁓**lack** m / barniz m carmesí ‖ ~**rot färben** / teñir de carmesí
Karmesit m (Min) / carmesita f
Karmin n m, Karminrot n / carmín m ‖ ⁓**lack** m, Coccusrot n / laca f de cochinilla ‖ ~**rot** / carmín adj ‖ ~**rot färben** vt / teñir con cochinilla
Karnallit m, Kalium-Magnesiumchlorid n, Carnallit f (Min) / carnalita f
Karnaubawachs, Carnaubawachs n (Bot) / cera f carnauba, carnauba f
Karnaugh-Tafel f (Eltronik) / tabla f de Karnaugh
Karneol m (Min) / carniola f, carnalina f
Karnies n, Hohlkehle f (Bau) / cornisa f ‖ ⁓**blei** n / plomo m de cornisa ‖ ⁓**bogen,** Eselrückenbogen m, Kielbogen m (Bau) / arco m aquillado o conopial ‖

Kartoffelfeld

⁓**hobel** *m*, Leistenhobel *m* (Wz) / guillame *m*, acanalador *m*
Karnotit *m*, Carnotit *m* (Min) / carnotita *f*
Karo, Feld *n* (allg) / cuadro *m* ‖ ⁓ *n* (Tex) / cuadrado *m*
Karobenhülsen *f pl*, -schalen *f pl* (Bot) / vainas *f* de algarroba
Karoluszelle *f*, photoelektrische Zelle *f* / celda *f* de Karolus
Karo[muster] *n* (Tex) / dibujo *m* de cuadrados
Karosserie *f*, Aufbau *m* (Kfz) / carrocería *f* ‖ ⁓ **mit Knautschzonen** / carrocería *f* de deformación programada ‖ ⁓**bauer** *m*, jetzt: Karosserie- u. Fahrzeugbaumechaniker *m* (Kfz) / carrocero *m* ‖ ⁓**blech**, Tiefziehblech *n* / chapa *f* para carrocería ‖ ⁓**boden** *m* / fondo *m* de carrocería, bajos *m pl* ‖ ~**bündig** (z.B. Scheiben) / a nivel de carrocería ‖ ⁓**fabrik** *f*, -bauer *m*, -hersteller *m* / fábrica *f* de carrocería ‖ ⁓**-Feilenhalter** *m* (Kfz) / manga *f* flexible de lima ‖ ⁓**gehäuse** *n*, Fahrgastzelle *f* (Kfz) / habitáculo *m* ‖ ⁓**grippe** *n* / esqueleto *m* de carrocería ‖ ⁓**kleber** *m* / mastic *m* para carrocería ‖ ⁓**oberteil** *m* / pabellón *m*, superestructura *f* ‖ ⁓**pappe** *f* / cartón *m* para carrocería ‖ ⁓**presse** *f* (Kfz, Wzm) / prensa *f* para carrocerías ‖ ⁓**quetscher** *m* / compactadora *f* de carrocerías (chatarra) ‖ ⁓**spenglerei** *f*, Autospenglerei *f* / planchistería *f* ‖ ⁓**spengler/in** *m/f*, Blechspengler/in *m/f* / planchista *m f* ‖ ⁓**überhang** *m* (Kfz) / parte *f* sobresaliente o en voladizo ‖ ⁓**variante** *f* (Kfz) / modelo *m* secundario ‖ ⁓**werkstätte** *f* / chapistería *f*, taller *m* planchista
Karotin *n* (Biochem) / carotina *f* ‖ ⁓**oide** *n pl* / carotinoides *m pl*, carotenoides *m pl*
Karrageen *n*, Carrageen *n* (Bot) / carragaen *m* ‖ ⁓**schleim** *m*, Carrgeenan *n* / mucílago *m* de carragaen ‖ ⁓**schlichte** *f* (Web) / cola *f* de carragaen, cola *f* de musgo de Irlanda
Karre *f*, Karren *m* (drei- o. mehrrädrig) / carro *m*, carretón *m*
karren *vt*, mit Karren befördern / acarrear
Karren *m*, zweirädrige Karre / carreta *f*, carrito *m* ‖ ⁓, einrädrige Karre *f* / carretilla *f* ‖ ⁓, Laufwerk *n*, Fahrgestell *n* / tren *m* de rodadura ‖ ⁓, Schlitten *m* (coll) (Kfz) / cacharro *m*, carro *m*, buga *f*, haiga *m* ‖ ⁓, Elektrokarren *m* / carretilla *f* [de tracción] eléctrica ‖ ⁓ **der Säge** / carro *m* portasierra ‖ ⁓ **der Schnellpresse** (Druck) / carro *m* de la prensa de parada de cilindro ‖ ⁓**förderung** *f* / transporte *m* por carros ‖ ⁓**ladung** *f* / carretada *f* ‖ ⁓**pflug** *m* (Landw) / arado *m* con avantrén, arado *m* sin orejeras ‖ ⁓**spritze** *f* (Landw) / carro *m* pulverizador ‖ ⁓**walze** *f* (Gerb) / carretilla *f*
Karriholz *n* (Bot) / karri *m*
Karst *m* (Geol) / karst *m* ‖ ⁓, Breit-, Erdhacke (Bergb) / bidente *m* ‖ ⁓ (Landw) / laya *f*, azada *f* ‖ ⁓... (Geol) / kárstico, cársico
Karstenit *m* (Min) / carstenita *f*
Kart *m*, Go-Kart *m* (Kfz) / kart *m*
Kärtchenwickelmaschine *f* (Spinn) / bobinadora *f* para enrollar sobre cartón
Karte *f* (allg) / tarjeta *f* ‖ ⁓, Landkarte *f* / mapa *m* ‖ ⁓, Seekarte *f* / carta *f* náutica o marina ‖ ⁓ *f*, Baugruppe *f* (DV) / placa *f*, plaqueta *f* (LA) ‖ ⁓ *f*, gedruckte Schaltung (Eltronik) / placa *f* de circuitos impresos, tablero *m* de circuitos impresos ‖ ⁓ (Jacquard) / cartón *m* [de] Jacquard ‖ ⁓**-Band-Umsetzer**, -Streifen-Umsetzer *m* / conversor *m* tarjeta-cinta
Kartei *f*, Kartothek *f* / fichero *m* ‖ ⁓**karte** *f* / ficha *f* ‖ ⁓**karton** *m* / cartulina *f* para fichas o ficheros ‖ ⁓**kasten** *m* / fichero *m*, mueble *m* archivador de fichas ‖ ⁓**papier** *n* / papel *m* para fichas ‖ ⁓**schrank** *m* / tarjetero *m* [de acero], armario *m* fichero
Kartell *n* / cártel *m* (pl: cártels)
Karten•bildanzeiger *m* (Radar) / indicador *m* panorámico (o en el plano) de posición ‖ ⁓**bindemaschine** *f* (Jacquard) / máquina *f* para atar cartones Jacquard ‖ ⁓**binden** *n*, -verbinden *n* (Jacquard) / cosido *m* de los cartones, enlazado *m* ‖ ⁓**druckwerk** *n* (Waage) / impresor *m* numérico ‖ ⁓**einblendegerät** *n* (Panoramaanzeige) / reflectoscopio *m* ‖ ⁓**einblendung** *f* / representación *f* en el reflectoscopio ‖ ⁓**entfernung**, Horizontalentfernung *f* (Radar) / distancia *f* topográfica o terrestre, componente *f* horizontal de la distancia ‖ ⁓**geber**, -automat *m* / distribuidor *m* o contador o billetes, expendedor *m* automático de billetes ‖ ⁓**haus** *n* (Schiff) / caseta *f* de derrota ‖ ⁓**kette** *f* (Jacquard) / cadena *f* de cartones ‖ ⁓**kopieren** *n* (Jacquard) / duplicado *m* o replicado de cartones ‖ ⁓**kopiermaschine** *f* (Jacquard) / máquina *f* para copiar cartones Jacquard ‖ ⁓**kurs** *m* (Schiff) / ruta *f* de navegación cartográfica ‖ ⁓**lesegerät** *n* (DV) / lectora *f* de tarjetas ‖ ⁓**locher** *m* (Bahn) / punzón *m* ‖ ⁓**locher** (Jacquard, Person) / perforista *m* ‖ ⁓**locherin** *f* / perforista *f* ‖ ⁓**lochmaschine**, Musterzeichenmaschine *f* (Tex) / lectora *f* perforadora de cartones ‖ ⁓**muster** *n* (Tex) / dibujo *m* Jacquard ‖ ⁓**netz** *n* (Geo) / red *f* cartográfica ‖ ⁓**netz einzeichnen** / reticular *f* ‖ ⁓**prisma** *n* (Jacquard) / prisma *m* de Jacquard ‖ ⁓**projektor** *m* (Radar) / proyector *m* cartográfico o de mapas ‖ ⁓**quadrat** *n* (Tercom-Verfahren) / cuadrado *m* del mapa o de carta ‖ ⁓**rapport** *m* (Jacquard) / número *m* de cartones Jacquard por dibujo ‖ ⁓**raum** *m* (Schiff) / cuarto *m* de cartas hidrográficas ‖ ⁓**schläger**, -locher *m* (Jacquard) / picador *m* o perforador de cartones Jacquard ‖ ⁓**schlagmaschine** *f* (Jacquard) / máquina *f* para picar cartones Jacquard ‖ ⁓**schloss** *n* (Magnetkarte) / cerradura *f* de tarjeta magnética ‖ ⁓**schnüre** *f pl* (Jacquard) / cordones *m pl* para cartones Jacquard ‖ ⁓**sockel** *m* (gedr.Schaltg) / base *f* de fijación ‖ ⁓**stecher** *m* (Geo) / grabador *m* de mapas ‖ ⁓**tisch** *m* (Schiff) / mesa *f* para cartas ‖ ⁓**vergleichsgerät** *n* (Radar) / comparador *m* cartográfico ‖ ⁓**Videogerät** *n* (Eltronik) / generador *m* de superposición de vídeo ‖ ~**werk** *n* (Geo) / conjunto *m* de mapas, atlas *m*, obra *f* cartográfica ‖ ~**zeichnen**, kartographieren / cartografiar ‖ ⁓**zeichnen** *n*, Kartenaufnahme *f*, Kartierung *f*, Kartographie *f* / cartografía *f* ‖ ⁓**zeichner** *m* **für Reinzeichnungen** / cartógrafo *m*, delineante *m* cartográfico
kartesisch•es Blatt (Math) / folio *m* cartesiano, hoja *f* cartesiana ‖ ~**e Koordinaten** *f pl* (Math) / coordenadas *f pl* cartesianas ‖ ~**es Produkt** (Math) / producto *m* cartesiano
Karthamin *n*, -säure *f* (Chem) / cartamina *f*
Kartiergerät *n* (Photogrammetrie) / aparato *m* de restitución
Kartierung *f* / trazado *m* de mapas, relevamiento *m* cartográfico
Kartodiagramm *n* (graph. Darstellung auf Landkartenbasis) / cartograma *m*
Kartoffel *f*, Solanum tuberosum (Bot) / patata *f* (E), papa *f* (LA) ‖ ⁓... / patatero *adj* ‖ ⁓**-Abtüten**, -Absacken *n* / ensacado *m* de patatas ‖ ⁓**alkohol**, -spiritus *m* (Chem) / alcohol *m* de patatas ‖ ⁓**anbau** *m* (Landw) / cultivo *m* de patatas o de la patata ‖ ⁓**anhäufler** *m* / aporcador *m* para patatas ‖ ⁓**auslesemaschine** *f* / tambor *m* seleccionador o clasificador de patatas ‖ ⁓**ausmachen** / cosecha *f* de patatas, arranque *m* de patatas ‖ ⁓**beizgerät** *n* / desinfectador *f* por inmersión ‖ ⁓**brennerei** *f* / destilería *f* de patatas ‖ ⁓**bunkerroder** *m*, -sammelroder *m* / arrancadora-recogedora *f* de patatas ‖ ⁓**bürstenreiniger** *m* / limpiadora *f* de cepillas para patatas ‖ ⁓**dämpfer** *m* / estufadora *f* de patatas ‖ ⁓**durchwuchs** *m* / rebrotes *m pl* de patatas ‖ ⁓**fäule** *f*, Phylophora infectans (Bot) / mildiú *m* de la patata, gangrena *f* de la patata ‖ ⁓**feld** *n*, -acker *m* /

patatal *m*, papal *m* (LA) ‖ ⁓**fuselöl** *n* (Chem) / aceite *m* empireumático ‖ ⁓**hacke** *f* (Landw) / azada *f*, azadón *m* ‖ ⁓**häufler** *m* / aporcadora *f* de patatas ‖ ⁓**käfer**, Coloradokäfer *m* (Zool) / escarabajo *m* de la patata, dorífera *f* ‖ ⁓**kombine** *f* (Ex-DDR) (Landw) / arrancadora-cargadora *f* de patatas ‖ ⁓**kraut** *n* / fallos *m pl* de patatas, follaje *m* de patatas ‖ ⁓**krautschläger** *m* / destrozadora *f* de follaje de patatas ‖ ⁓**krautzieher**, -krautrupfer *m* / arrancadora *f* de hojas de patatas ‖ ⁓**krebs** *m* (Bot) / sarna *f* verrugosa o negra ‖ ⁓**legeautomat** *m* (Landw) / sembradora *f* o plantadora automática de patatas ‖ ⁓**mehl** *n* (Nahr) / fécula *f* o harina de patata ‖ ⁓**miete** *f* (Landw) / silo *m* de patatas ‖ ⁓**-Pflanzlochsterne** *f* (Landw) / abridora *f* de los hoyos de patatas ‖ ⁓**pflegegerät** *n* / binadora-desterronadora *f* para patatas ‖ ⁓**quetsche** *f* (Landw) / machacadora *f* de patatas ‖ ⁓**quetsche**, -presse *f* (Küchengerät) / pasapurés *m*, prensa *f* de patatas ‖ ⁓**reibe** *f* (Küche) / ralladora *f*, rallador *m* (de patatas o papas) ‖ ⁓**reiben** *n* / rallado *m* de patatas ‖ ⁓**reibsel** *n* (Stärkefabrikation) / papilla *f* ‖ ⁓**rodepflug** *m* (Landw) / arado *m* patatero ‖ ⁓**roder** *m* / arrancadora *f* de patatas ‖ ⁓**-Rüttelroder** *m* / cosechadora-clasificadora *f* oscilante de patatas ‖ ⁓**sack** *m* / saco *m* para patatas ‖ ⁓**schale** *f* / piel *f* de patata, mondaduras *f pl* ‖ ⁓**schälmaschine** *f* / máquina *f* de pelar patatas, mondadora *f* de patatas, pelapatatas *m* ‖ ⁓**schorf** *m* (Pilzkrankheit) (Bot) / sarna *f* o roña de la patata, actinomicosis *f* ‖ ⁓**-Schwingsiebroder** *m* (Landw) / arrancadora *f* de criba oscilante ‖ ⁓**sortiermaschine** *f* / clasificadora *f* de patatas ‖ ⁓**spiritus** *m* (Chem) / alcohol *m* de patatas ‖ ⁓**stärke** *f*, -stärkemehl *n* (Nahr) / almidón *m* de patata, fécula *f* de patata ‖ ⁓**-S-Virus** *m* (Bot) / virus *m* S de la patata ‖ ⁓**verladeband** *n* (Landw) / elevador *m* de patatas ‖ ⁓**verlesemaschine** *f* / seleccionadora *f* de patatas ‖ ⁓**-Vollernter**, Sammelroder *m* / arrancadora-cargadora *f* de patatas, cosechadora *f* de patatas ‖ ⁓**wagenroder** *m* / arrancadora-cargadora-transportadora *f* de patatas ‖ ⁓**waschmaschine** *f* / lavadora *f* de patatas
karto•grafisch, Karten... (Geo) / cartográfico ‖ ~**grafische Abbildung** / representación *f* cartográfica ‖ ~**grafisches Institut** / instituto *m* cartográfico ‖ ⁓**gramm** *n* (Stat) / cartograma *m* ‖ ⁓**graph** *m* / cartógrafo *m* ‖ ⁓**graphie**, Kartenwissenschaft *f* / cartografía *f* ‖ ~**graphieren** *vt*, kartenzeichnen / cartografiar ‖ ⁓**graphieren**, Kartenzeichnen *n* / cartografiado *m* ‖ ⁓**lithograph** *m* / cartolitógrafo *m*
Karton *m*, Kartonpapier *n*, Pappe *f* (150 bis 500 p/m²) / cartón *m* ‖ ⁓**...**, Feinkarton *m*, -pappe *f* / cartulina *f* ‖ ⁓, Pappschachtel *f*, Schachtel *f* / caj[it]a *f* de cartón ‖ ⁓, Passepartout *n* (Foto) / passepartout *m* ‖ ⁓**s** *m pl* / cajas *f pl* de cartón ‖ ⁓**...**, Kartonagen... / cartonero *adj* ‖ ⁓ **für Kartonagen** / cartón *m* para cartonaje
Kartonagen *f pl* / cartonajes *m pl* ‖ ⁓**fabrik** *f* / fábrica *f* de cartonajes, cartonería *f* ‖ ⁓**macher** *m* / cartonero *m* (ARG) ‖ ⁓**maschine** *f* / máquina *f* para fabricar cartonajes ‖ ⁓**pappe** *f* / cartón *m* para cartonaje ‖ ⁓**- und Papierverarbeitungindustrie** *f* / industria *f* de cartonajes y transformación papelera
Kartonbahn *f* (Pap) / banda *f* u hoja de cartón
kartonieren *vt* (Druck) / encartonar
Kartoniermaschine *f*, Einschachtelmaschine *f* / máquina *f* empaquetadora en cajas de cartón
kartoniert (Druck) / en cartoné, empastado, encartonado en tapas, cortado con tapas
Karton•maschine *f* / máquina *f* cartonera o de cartón ‖ ⁓**rolle** *f* (Pap) / bobina *f* de cartón ‖ ⁓**schere** *f* / cizalla *f* para cartón
Kartothek *f* / fichero *m*
Kartuschbeutel *m* (Mil) / saquito *m* de cartucho

Kartusche *f* (DV, Foto, Masch, Mil) / cartucho *m* ‖ ⁓ (Bau) / voluta *f* ‖ ⁓ (Druck) / cartucho *m* ‖ ⁓, Filterpatrone *f* (Wasser) / cartucho *m*
Kartuschen•hülse *f* / vaina *f* de cartucho ‖ ⁓**papier** *n* / papel *m* para cartuchos ‖ ⁓**pappe** *f* / cartón *m* para cartuchos ‖ ⁓**presse** *f* / prensa *f* de cartuchos
Kartusch•ladung *f* (Mil) / carga *f* propulsiva de cartucho ‖ ⁓**munition** / munición *f* con cartucho separado
Karussell•bad *n* (Galv) / baño *m* de revolución ‖ ⁓**dreher** (Wzm) / tornero *m* para torno de plato horizontal ‖ ⁓**drehmaschine** *f* (DIN), Senkrecht-Bohr[-und Dreh]werk *n* (Wzm) / torno *m* vertical, torno *m* de plato horizontal ‖ ⁓**druckwerk** *n* (DV) / impresora *f* carrusel ‖ ⁓**gießmaschine** *f* (Hütt) / máquina *f* vaciadora tipo carrusel ‖ ⁓**ofen** *m* (Hütt) / horno *m* giratorio ‖ ⁓**presse** *f* (Wzm) / prensa *f* rotativa ‖ ⁓**tisch** *m* / mesa *f* giratoria ‖ ⁓**wagen** *m* (Feuerfest) / vagoneta *f* de carrusel
Karyatide *f* (Bau) / cariátide *f*
karzinogen, krebserzeugend, kanzerogen (Med) / carcinógeno, cancerógeno, cancerígeno
Karzinotron *n* (Med) / carcinotrón *m*
Kasch *m* (Foto) / ocultador *m* ‖ ⁓**bühne** *f*, -halter *m* (Foto) / portaocultador *m*
kaschieren *vt* (Pap, Plast) / forrar, contracolar, laminar, doblar ‖ ~ (Plast) / laminar ‖ ~ (Gewebe) / pegar por capas, pegar capas de tejido, pegar sobrepuestas ‖ ⁓ *n*, Kaschierung *f*, Laminieren *n* / forrado *m*, laminación *f*, recubrimiento *m* [de una lámina con otra] ‖ ~ **auf der Walze** (Pap) / forrado *m* sobre tambor o cilindro ‖ ~ **oder Laminieren zwischen heißen Walzen** / forrado *m* entre cilindros calientes
Kaschier•folie *f* (Plast) / hoja *f* para doblar o forrar ‖ ⁓**karton** *m* (Pap) / cartón *m* contracolado o forrado ‖ ⁓**kleber** *m* (Pap) / adhesivo *m* de recubrimiento ‖ ⁓**lage** *f* (Pappe) / capa *f* contracolada o de contracolado ‖ ⁓**maschine** *f* (Pap) / máquina *f* de contracolado ‖ ⁓**papier** *n* / papel *m* para contracolado
kaschiert•e Graupappe / cartón *m* gris contracolado ‖ ~**er Karton** / cartón *m* contracolado o forrado
Kaschierung *f* (Brille) / recubrimiento *m* por pegado
Kaschmir *m* (Tex) / cachemira *f*, casimir *m*, casimira *f*, cachemir *m* ‖ **baumwollener** ⁓ / casimir *m* de algodón ‖ ⁓**bindung** *f* (Tex) / ligamento *m* de cachemira
Kaschmiret *m* (Web) / cachemireta *f*
Kaschugummi *n* (Bot) / goma *f* de cato o de cachú o de catecú
kaschutieren *vt* (Färb) / teñir con cato
Kaschverfahren *n* (Film) / seudoprocedimiento *m* de pantalla ancha
Käse erzeugen, käsen / quesar, hacer queso
Kasein *n*, [tierischer] Käse[eiweiß]stoff / caseína *f* [animal] ‖ **pflanzliches** ⁓, Legumin *n* / caseína *f* vegetal ‖ ~**artig**, käsig / caseoso ‖ ⁓**beize** *f* / mordiente *m* de caseína ‖ ⁓**bildung** *f* / caseificación *f*
Käseindustrie *f* / industria *f* quesera
Kasein•fabrik *f* / fábrica *f* de caseína, caseinería *f* ‖ ⁓**farbe** *f* / colorante *m* de caseína ‖ ⁓**faser für Filze** *f* / fibra *f* de caseína para fieltro ‖ ⁓**kunststoff** *m* / materia *f* plástica a base de caseína, plástico *m* de caseína ‖ ⁓**leim**, wasserfester [Kalt]leim / cola *f* de caseína
Käsen *n*, Käsebildung *f* (Nahr) / caseación *f* ‖ ⁓, Gerinnen *n* / coagulación *f*
Käserei *f* / fábrica *f* de queso, quesería *f*
Kaserne *f* (Mil) / cuartel *m*
Käsewasser *n*, Molke *f* (Landw) / suero *m* [de leche]
käsig, käseartig / caseoso ‖ ~ **ausscheiden** *vt*, zum Gerinnen bringen / cuajar ‖ ~ **ausscheiden** *vi*, sich käsig ausscheiden / coagularse ‖ ~**er Niederschlag** (Chem) / precipitación *f* caseosa
Kaskade *f* (allg, Chem, Elektr) / cascada *f* ‖ ⁓, Sturztreppe *f* (Wassb) / cascada *f* ‖ **in** ⁓ **schalten** (Elektr) / conectar en cascada[s]

Kaskaden•beschleuniger *m* / acelerador *m* en cascada ‖ ~**betrieb** *m* (Kraftwerk) / explotación *f* en cascada ‖ ~**-Bildverstärker** *m* (Eltronik) / intensificador *m* en cascada ‖ ~**boden** *m* (Chem) / fondo *m* de cascada ‖ ~**durchlass** *m* (Hydr) / atarjea *f* en cascada ‖ ~**einheit** (Einheit in der Theorie kosmischer Strahlen) (Phys) / recorrido *m* medio de chaparrón, trayectoria *f* media de chaparrón ‖ ~**extruder** *m* (Plast) / extrusionador *m* en cascada ‖ ~**generator** *m* (für hohe Gleichspannungen) (Elektr) / generador *m* en cascada ‖ ~**-Kernreaktion** *f* / reacción *f* nuclear en cascada ‖ ~**kreislauf** *m* **mit Kältemittelgemisch** (Erdgas) / ciclo *m* en cascada de flujo único, procedimiento *m* OFC (gas natural) ‖ ~**kühler** *m* / refrigerador *m* en cascada ‖ ~**ofen** *m* (Kalk) / horno *m* en cascada ‖ ~**-Phasenschieber**, Scherbius-Phasenschieber *m* (Elektr) / adelantador *m* de fase en cascada ‖ ~**regelung** *f* (Regeln) / regulación *f* en cascada ‖ ~**röhre** *f* / tubo *m* de rayos X en cascada ‖ ~**rührwerk** *n* (Chem Verf) / agitador[es] *m [pl]* en cascada ‖ ~**schaltung** *f* (Elektr) / montaje *m* o acoplamiento en cascada ‖ ~**schaltung eines zweitourigen Motors** (Elektr) / control *m* en cascada de un motor de dos velocidades ‖ ~**schauer** *m* (Astr) / avalancha *f* ‖ ~**sichter** *m* (Aufb) / separador *m* en cascada ‖ ~**sieb** *m* / criba *f* escalonada ‖ ~**steuerung** *f* (DV) / control *m* en cascada ‖ ~**strahlung** *f* (Nukl) / radiación *f* en cascada ‖ ~**teilchen**, Xi-Hyperon *n* (Nukl) / partícula *f* en cascada, hiperón *m* Xi ‖ ~**überschlag** *m* (Isolator) / descarga *f* en un aislador de rosario ‖ ~**übertrag** *m* (DV) / suma *f* y sigue en cascada ‖ ~**umformer** *m* (Elektr) / convertidor *m* en cascada ‖ ~**verstärker** *m* / amplificador *m* [con etapas] en cascada ‖ ~**verstärkung** *f* (Eltronik) / amplificación *f* en cascada ‖ ~**wandler** *m* (Elektr) / transformador *m* en cascada

Kaskode *f* (Eltronik) / cascodo *m*, cascode *m*, amplificador *m* cascodo o cascode

Kasolit *m* (Min) / casolita *f*

Kasse *f* (am Ausgang des Supermarkts) / caja *f* de salida

Kasseler Braun *n*, Van-Dyck-Braun *n* / pardo *m* de Cassel o de van Dyck

Kassen•automat *m* / cajero *m* permanente o de 24 horas ‖ ~**schrank** *m*, Safe *m* / caja *f* fuerte o de caudales ‖ ~**streifen** *m* / cinta *f* de control ‖ ~**terminal** *m* / terminal *m* de (o en) punto de venta ‖ ~**zettel** *m*, -beleg *m* / ticket *m* de venta, comprobante *m* de caja

Kasserolle *f* (Chem, Labor) / cacerola *f*, cazuela *f*

Kassette *f* (Foto, Radiol) / chasis *m*, cargador *m* ‖ ~ (z.B. 8 mm) (Film) / cartucho *m*, chasis *m* ‖ ~, Cassette *f* (DV, Eltronik, TV) / cassette *m*, [musi]cassette *f* ‖ ~, Kästchen *n* / cajita *f* ‖ ~ **als Deckenschmuck**, Deckenfach *n* (Bau) / cuadrícula *f* de artesonado (de ornamento de techo), lagunar *m*, casetón *m* ‖ **Decke in** ~ **teilen**, kassettieren (Bau) / artesonar, subdividir el techo en cuadrículas de artesonado

Kassetten•Aufnahmegerät *n*, Aufzeichnungsgerät *n* (TV) / vídeo-cassette *m*, vídeo *m*, grabadora *f* vídeo ‖ ~**band** *n* / cinta *f* [de la] cassette (o casete) ‖ ~**bibliothek** *f*, Videothek *f* / videoteca *f* ‖ ~**box** *f*, -behälter *m* / caja *f* de la cassette ‖ ~**deck** *n*, Tapedeck *n* (Eltronik) / platina *f* a cassette ‖ ~**decke** *f* (Bau) / [techo en cuadrículas de] artesonado *m*, artesón *m* ‖ ~**fach** *n* (Rekorder, Schreibmasch) / casetón *m*, compartimiento *m* de la cassette ‖ ~**fenster** *n* (Film) / ventana *f* del cartucho ‖ ~**fernsehen** *n* (TV) / televisión *f* de cas[s]etes ‖ ~**film** *m* / película *f* en cartucho ‖ ~**[abspiel]gerät** *n* / pasacintas *m* ‖ ~**gerät** *n* (Kfz) / radiocassette *m*, auto-cassette *m* ‖ ~**halter** *m* / porta-chasis *m* ‖ ~**kamera** *f* (Foto) / cámara *f* [cinematográfica] de cartucho ‖ ~**leser** *m* (Eltronik) / lectora *f* de cassettes ‖ ~**lift** *m* (Videorecorder) / compartimento *m* de la cassette ‖ ~**maul** *n* / ranura *f* del cartucho ‖ ~**recorder** *m* (Video) / grabadora *f*

vídeo, video *m* ‖ ~**rekorder** *m* (Gerät) / casete *f m*, radiocasete *m*, loro *m* (col.), tocacintas *m* (LA), grabadora *f* de cassette[s], [magnetófono a] cassette *m* ‖ **kleiner** ~**rekorder** / minicassette *f m* ‖ ~**schlitz** *m* (Filmpatrone, Projektor) / ranura *f* del cartucho ‖ ~**ständer** *m* / portacassettes *m*, portacasetes *m* ‖ ~**-Tape-Deck** *n* (Audio) / platina *f* a cassette ‖ ~**teil** *m* / sección *f* cassette ‖ ~**wechsler** *m* / cambiador *m* de chasis

Kassia•öl *n* (Pharm) / aceite *m* de casia ‖ ~**rinde** *f* (Bot) / corteza *f* de casia ‖ ~**schote** *f* / vaina *f* de casia

Kassierrelais *n* (Eltronik) / relé *m* de caja de monedas

kastanien•braun / castaño ‖ ~**holz** *n*, Castanea vesca / madera *f* de castaño ‖ ~**holz** (Edelkastanie) / madera *f* fina de castaño ‖ ~**holz** (Rosskastanie) / madera *f* de castaño índico, madera *f* de castaño de Indias ‖ ~**miniermotte** *f* (Zool) / polilla *f* de los castaños

Kästchen *n*, Kasten *m*, Rahmen *m* (mit Text) / recuadro *m* ‖ ~ **in einem Vordruck** / casilla *f*, cuadrícula *f*

Kästelmauerwerk *n* (Bau) / mampostería *f* con espacios huecos

Kasten *m* / caja *f* ‖ ~, kastenartiger Behälter / cajón *m*, cofre *m* ‖ ~, Kiste *f* / caja *f* ‖ ~, Gehäuse *n* / caja *f*, carcasa *f* ‖ ~ (Setzerei) (Druck) / estantería *f* (taller de composición) ‖ ~ (Zuck) / cisterna *f*, tanque *m* ‖ ~ (Gieß) / caja *f* de moldeo ‖ ~ **am Hobel**, Hobelkasten *m* (Tischl) / caja *f* de cepillo, zoquete *m* ‖ ~ **für angereichertes Gut** (Aufb) / caja *f* de alimentación ‖ ~ *m* **für Ersatzteile** (Kfz) / caja *f* de recambios, caja *f* de repuestos ‖ **in einem** ~ / en (una) caja ‖ **Kästen** *m pl* **zur Aufnahme von Geräten** / cofrets *m pl*

Kasten•antenne *f* / antena *f* ‖ ~**arbeit** *f* (Zuck) / cristalización *f* en tanques ‖ ~**aufbau** *m*, Wagenkasten *m* (Kfz) / caja *f* (abierta) ‖ ~**aufbauwagen** *m* (Kfz) / furgoneta *f* ‖ ~**aufkohlen** (Hütt) / carburación *f* en caja ‖ ~**[aufspann]tisch** *m* (Wzm) / mesa *f* cúbica ‖ ~**auslage** *f* (Bb) / salida *f* [de libros] ‖ ~**ballenbrecher** *m*, -öffner *m* (Spinn) / abridora *f* de tolva ‖ ~**band** *m* (Förd) / cinta *f* de cajón, cinta *f* de caisón ‖ ~**bandförderer** *m* s. Kastenförderband ‖ ~**bandförderer** / cadena *f* transportadora de cajas, transportador *m* de cinta con cajas portantes ‖ ~**bauweise** *f* / construcción *f* en forma de caja ‖ ~**beschicker** *m* (Hütt) / cargador *m* o alimentador de cajón, cajón *m* de alimentación ‖ ~**bett** *n* (Wzm) / bancada *f* o bastidor en forma de caja ‖ ~**blau**, Schilderblau *n* (Textildruck) / azul *m* índigo, azul *m* de aplicación ‖ ~**brücke** *f* / puente *m* (en forma de) caja ‖ ~**dachrinne** *f* / canalón *m* rectangular ‖ ~**dämpfer** *m* (Tex) / vaporizador *m* a caja ‖ ~**drachen** (Luftf) / cometa *f* celular ‖ ~**-Düngerstreuer** *m* (Landw) / distribuidor *m* de abono [con caja] ‖ ~**einsatzverfahren** *n*, -einsatz *m*, Zementieren *n* (Hütt) / cementación *f* en caja ‖ ~**eisen** *n* (N) / gubia *f* en forma de U ‖ ~**[fang]damm** *m*, Kofferdamm *m* (Hydr) / ataguía *f* de doble pared, ataguía *f* de cajón ‖ ~**fenster** *n* / ventana *f* de caja, doble ventana de marcos independientes ‖ ~**fenster** *n* / ventana *f* de caja, doble ventana de marcos unidos ‖ ~**förderband** *n*, -förderer *m* / cinta *f* transportadora de cajas ‖ ~**form** *f* (allg, Masch) / forma *f* de caja, forma *f* de cajón ‖ ~**form** (Gieß) / molde *m* de caja ‖ ~**form**, Formkasten *m* (Gieß) / molde *m* de caja, caja *f* de moldeo ‖ ~**formerei** *f* / moldeo *m* en caja, moldeado *m* en caja ‖ ~**formguss** *m* / colada *f* en caja

kastenförmig, Kasten... / en forma de caja ‖ ~**er Kabelendverschluss** (Elektr) / caja *f* terminal para cables ‖ ~**es Schwimmdock** / dique *m* flotante en forma de caja ‖ ~**er Teil des Bürstenhalters** (Elektr) / portaescobillas *m*

Kasten•fuß *m* (Wzm) / pedestal *m* en forma de cajón, pata *f* en forma de cajón ‖ ~**geglüht** (Hütt) / recocido *m* en caja, normalizado *m* en caja ‖ ~**gehäuse** *n*

Kastengerät

(Elektr, Masch) / carcasa f en forma de caja ‖ ~**gerät** n (Elektr) / aparato m en cajón ‖ ~**gerätesystem** n / sistema m modular ‖ ~**gerippe** n (Bahn) / armazón m de caja ‖ ~**glühen** n (Hütt) / recocido m en caja, normalización f en caja ‖ ~**glühofen** m / horno m para recocer en cajas, caja-estufa f para normalizar ‖ ~**griff** m / aldabón m ‖ ~**guss** m, -formerei f (Gieß) / fundición f en caja, colada f en caja ‖ [**obere**] ~**hälfte** (Gieß) / caja f superior ‖ **untere** ~**hälfte** (Gieß) / caja f inferior ‖ ~**-Hohlleiter** m (Wellenleiter) / guía f de ondas rectangular, guíaondas m rectangular ‖ ~**holm** m (Luftf) / larguero m cajón ‖ ~**holz** n (für Ausbau, Bergb) / madera f de sección rectangular (para entibación) ‖ ~**käfig** m (Lager) / jaula f de células ‖ ~**kaliber** n, Flachbahnkaliber n, geschlossenes Kaliber (Walzw) / calibre m cerrado ‖ ~**keimapparat** m / caja f de germinación ‖ ~**kipper**, -kippwagen m (Bahn, Bau, Bergb) / vagón m o carro volcador, vagón m basculante, vagón m basculador, vagoneta f con caja basculante ‖ ~**lautsprecher** m, Lautsprecherbox f / altavoz m en forma de caja, baffle m ‖ ~**lieferwagen** m / furgoneta f ‖ ~**los** (Gieß) / sin caja ‖ ~**loses Formen** / moldeo m sin caja ‖ ~**lose Formmaschine** (Gieß) / máquina f de moldear sin caja, máquina f de moldeo sin caja ‖ ~**mälzerei** f (Brau) / malteado m en cajas ‖ ~**mangel** f (Tex) / calandria f ‖ ~**[ober]licht** n (Bühne) / caja f de alumbrado [superior] ‖ ~**ofen** m (Hütt) / horno m armario ‖ ~**öffner** m (Spinn) / abridora f de tolva ‖ ~**profil** n (Hütt) / perfil m hueco rectangular ‖ ~**querschnitt** m (Stahlbau) / sección f (en forma) de cajón, sección f de cajón ‖ ~**querschnitt eines Trägers** / sección f (en forma) de cajón ‖ ~**rahmen** m (Bau) / bastidor m en forma de caja ‖ ~**rahmen** m (Kfz) / bastidor m en forma de caja ‖ ~**reibe** f (Küchengerät) / rallador m de perfil hueco cuadrado ‖ ~**rinne** f (eine Dachrinne) (Bau) / canalón m rectangular ‖ ~**rinne**, Rinnenförderer m / canal m transportador en forma de cajón ‖ ~**schleuse** f (Hydr) / esclusa f cuadrada ‖ ~**schloss**, Schatullenschloss n / cerradura f de caja, cerradura f de cofrecillo, cerradura f con palastro ‖ ~**speiser** m [mit Waage] (Spinn) / cargadora-pesadora f automática, caja f alimentadora, caja f de alimentación ‖ ~**ständer** m (Wzm) / montante m con sección de cajón ‖ ~**system**, Boxingsystem n, Probiergläserkasten m / sistema m de caja de cristales de prueba ‖ ~**tisch** m, -aufspanntisch m (Wzm) / mesa f cúbica de sujeción ‖ ~**träger** m (Bau) / viga f entabicada ‖ ~**trägerbrücke** f / puente m de vigas en cajón ‖ ~**trockner** m (Landw) / secador m de caja ‖ ~**wagen** m (Kfz) / furgoneta f, camioneta f [de caja] cerrada ‖ ~**zange** f (Wz) / tenazas f pl de boca

Kastor, Petalit, Castor m (Min) / petalita f, castor m, castorita f ‖ ~**zucker** m (Nahr) / azúcar m granulado
Kasuarine f (Bot) / casuarina f
Kat (Kfz) = Katalysator / catalizador m
kata•batischer Wind (Meteo) / viento m catabático ‖ ~**dioptrik** f (Opt) / catadióptrica f ‖ ~**dioptrisch** / catadióptrico ‖ ~**dynverfahren** n (Chem) / procedimiento m "Katadyn" (para la esterilización del agua) ‖ ~**kaustik** f (Hüllkurve gespiegelter Strahlen) / catacáustica f ‖ ~**klase** f (Geol) / cataclasis f o cataclasia ‖ ~**klastisch** (Geol) / cataclástico
Katakustik f (Akust) / catacústica f
Katalase f (eisenhaltiges Ferment) / catalasa f
Katalog m / catálogo m
katalogisieren vt / catalogar
Katalog•karte f / tarjeta-catálogo f ‖ ~**speicher** m (DV) / memoria f de catálogo
Katalysator m (Chem, Kfz) / catalizador m ‖ ~ **auf Amin-Basis** / catalizador m aminado ‖ ~ **auf Zinn-Basis** / catalizador m a base de estaño ‖ **mit** ~ **ausgerüstet** / catalizado ‖ ~**auto** n / coche m con catalizador

Katalysatorengift n s. Katalytgift
Katalysator•regeneration f / regeneración f del catalizador ‖ ~**träger** m / soporte m de catalizador ‖ ~**vergiftung** f / envenenamiento m de catalizador ‖ ~**wirkzeit** f / duración f [de efectividad] del catalizador
Katalyse f (Chem) / catálisis f ‖ ~**raum** m (Raumf) / cámara f de catálisis
katalysieren vt (Chem) / catalizar
katalysiert, durch Licht ~, lichtinduziert (Chem) / catalizado por la luz, fotocatalizado, inducido por la luz
Katalyt•benzin n / gasolina f obtenida por catálisis ‖ ~**gift** n / veneno m catalítico
katalytisch / catalítico ‖ ~**e Kohlenoxid-Konvertierung** (Chem) / conversión f catalítica de óxido de carbono ‖ ~**es Kracken** (Öl) / craqueo m catalítico, cracking m catalítico ‖ ~**es Krackmittel** / medio m de craqueo analítico ‖ ~**e Nachverbrennung** (Kfz) / pos[t]combustión f catalítica ‖ ~**es Reduktionsverfahren** (Galv) / procedimiento m de reducción catalítica ‖ ~**e Reformieranlage** (Öl) / reformador m catalítico ‖ ~**es Reformieren**, Rexforming n, Thermofor-Prozess m (Öl) / reformación f catalítica, procedimiento m termofor ‖ ~**e Vergasung** / gasificación f catalítica
Katalytofen m (Chem) / horno m catalítico
Katamaran m (Schiff) / catamarán m, catamarón m, catimarón m
Kataphorese f (Beschicht) / cataforesis f
kataphoretisch / cataforético ‖ ~**e Wirkung** / efecto m cataforético
Katapult n (Luftf) / catapulta f ‖ ~**einrichtung** f / equipo m de catapultaje, dispositivo m de catapultaje ‖ ~**flugzeug** n / avión m de catapulta
katapultieren vt, mit dem Katapult starten / catapultar, lanzar con catapulta ‖ ~ vi, katapultiert werden / catapultarse
Katapult•sitz m, Schleudersitz / asiento m catapulta o eyectable, sillón m catapulta ‖ ~**start** m, Schleuderstart m, Katapulieren n (Luftf) / lanzamiento m por catapulta, lanzamiento m con catapulta
Katarakt, Wasserfall m / catarata f, salto m de agua [natural] ‖ ~**-Gegenstrom-Kondensator** m (Dampfm) / condensador m [de] catarata de contracorriente
Katarin, Tetrachlorkohlenstoff m (Chem) / tetracloruro m de carbono
Katarolprozess m (Chem) / procedimiento m Catarol
Kataster m (Bau, Verm) / catastro m ‖ ~**...** / catastral ‖ ~**-Fallnullenzirkel** m (Verm) / bigotera f, compás m de círculos para geómetros ‖ ~**plan** m / mapa m catastral ‖ ~**-Reißfeder** f / tiralíneas m para geómetros
katastrophal / catastrófico
Katathermometer n (Med) / catatermómetro m
Katavothre f, Ponor m (Geol) / ponor m
Katechin, Kachugummi n (Färb) / catequina f, cato m
Katechu, Catechu n (Bot, Färb, Gerb) / catecú m, cachú m ‖ ~**beize** f (Chem) / mordiente m de catecú ‖ ~**gerbsäure** f / ácido m tánico de catecú, ácido m catecutánico ‖ ~**rot** n / rojo m de catecú ‖ ~**säure** f (Chem) / ácido m catecútico o de catecú ‖ ~**schwarz** n / negro m de catecú
Kategorie f / categoría f
Katenoid n (Umdrehungskörper der parabolischen Kettenlinie) (Math) / catenoide f
Katergol n (Raumf) / catergol m
Katgut n (Med) / catgut m
Kathedralglas n / vidrio m catedral
Kathete f (Math) / cateto m ‖ ~ **c** (Geom.) / c (= catotec)
Kathetometer n (zum Messen kleiner Höhenunterschiede) (Phys) / catetómetro m
Kathetron n (Eltronik) / catetrón m

kaustizieren

Kathode, (in Analogie zur "Anode" a.:) Katode *f* / catodo *m*, electrodo *m* negativo ‖ ⁻*f* (Elektrolyt, Röhre) / cátodo *m*, polo *m* negativo ‖ ⁻, Senke *f* (MOS-FET) / fuente *f*
Kathoden•anheizzeit *f* / tiempo *m* de calentamiento del cátodo ‖ ⁻**-Anoden-Kapazität** *f* / capacidad *f* cátodo/ánodo ‖ ⁻**anschluss** *m* / conexión *f* de cátodo ‖ ⁻**ausgang** *m* / potencia *f* de salida del cátodo ‖ ⁻**basisschaltung** *f* / circuito *m* de cátodo común ‖ ⁻**basisverstärker** *m* / amplificador *m* de cátodo a masa, circuito *m* amplificador de carga anódica ‖ ⁻**becher** *m* (Radiol) / cápsula *f* de concentración ‖ ⁻**blech** *n* (Galv) / chapa *f* catódica ‖ ⁻**dichte** *f* / densidad *f* de cátodo ‖ ⁻**dunkelraum** *m* (Eltronik) / espacio *m* oscuro catódico ‖ ⁻**dunkelstrom** *m* / corriente *f* oscura del cátodo ‖ ⁻**elektrolytkupfer** *n* / cobre *m* electrolítico [electrolítico] ‖ ⁻**emission** *f* / emisión *f* catódica ‖ ⁻**empfindlichkeit** *f* / sensibilidad *f* de cátodo ‖ ⁻**fall** *m* / caída *f* (de tensión) catódica ‖ ⁻**fallableiter** *m* / descargador *m* por caída catódica ‖ ⁻**fleck** *m* (Kath.Str) / mancha *f* catódica ‖ ⁻**folgeschaltung** *f*, -folger *m* s. Kathodenverstärker ‖ ⁻**glimmlicht** *n* / luz *f* de efluvio(s) catódica, luminiscencia *f* catódica, luz *f* catódica ‖ ⁻**hals** *m* / cuello *m* o vaina del cátodo ‖ ⁻**hellstrom** *m* / corriente *f* total del cátodo ‖ ⁻**kupfer** *n*, Elektrolytkupfer *n* / cobre *m* catódico, cobre *m* electrolítico ‖ ⁻**niederschlag** *m* (Galv) / depósito *m* catódico ‖ ⁻**photostrom** (Eltronik) / fotocorriente *f* catódica, corriente *f* fotoeléctrica del cátodo ‖ ⁻**platte** *f* / placa *f* catódica o negativa ‖ ⁻**raum** *m* (Eltronik) / espacio *m* [alrededor] del cátodo ‖ ⁻**rauschen** *n* / ruido *m* catódico ‖ ⁻**röhre** *f*, -strahlröhre *f* / tubo *m* catódico, tubo *m* de rayos catódicos ‖ ⁻**saum** *m* / límite *m* catódico ‖ ⁻**schwamm** *m* (Galv) / esponja *f* catódica ‖ ~**seitig steuerbarer Thyristor** (Halbl) / tiristor *m* P ‖ ⁻**-Spitzenstrom** *m* / corriente *f* catódica de punta
Kathodenstrahl *m* / rayo *m* catódico, rayo *m* electrónico ‖ ⁻**bündel** *n* / haz *m* de rayos catódicos, haz *m* electrónico, haz *m* de electrones ‖ ⁻**oszillograph** *m* / oscilógrafo *m* de rayos catódicos ‖ ⁻**oszilloskop** *n* / osciloscopio *m* de rayos catódicos ‖ ⁻**röhre** *f* / tubo *m* catódico, tubo *m* de rayos catódicos ‖ ⁻**röhre mit magnetischer innerer Fokussierung** (Kath.Str) / tubo *m* catódico con enfoque magnético interior ‖ ⁻**röhre mit Monobeschleunigungsanode** / tubo *m* catódico con monoánodo acelerador, tubo *m* de rayos catódicos con mono-acelerador ‖ ⁻**röhre** *f* **mit Nachbeschleunigungsanode** (o. Elektrode) / tubo *m* catódico con ánodo postacelerador ‖ ⁻**speicherröhre** *f*, -röhrenspeicher *m* / tubo *m* de almacenamiento de rayos catódicos
Kathoden•strom *m* / corriente *f* catódica ‖ ⁻**verstärker**, Anodenbasisverstärker *m* (Eltronik) / amplificador *m* catódico ‖ ⁻**widerstand** *m* / resistencia *f* catódica, resistencia *f* de cátodo ‖ ⁻**zerstäubung** *f* (Eltronik, Galv) / pulverización *f* catódica o del cátodo, evaporación *f* catódica o del cátodo, atomización *f* catódica o del cátodo
kathodisch, Kathoden... / catódico ‖ ~**es Ätzen**, Abglimmen *n* / cauterización *f* catódica ‖ ~**er Kalkniederschlag** (bei Korrosionsschutz) / creta *f* catódica ‖ ~**er Schutz** (Korrosion) / protección *f* catódica ‖ ~**er Schutzüberzug** / revestimiento *m* de protección catódico ‖ ~**e Zerstäubung** (Eltronik, Galv) / pulverización *f* catódica
Kathodo•luminiszenz *f* (Eltronik) / catodoluminiscencia *f* ‖ ⁻**phon** *n* / catodofón *m*
Kathodyn-Schaltung *f* / conexión *f* catodina (por inversión de fase)
Katholyt *n* / católito *m*
Kathoskop *n* (TV) / catoscopio *m*
Kation *n* (Phys) / catión *m*

kationenaktiv (Chem) / cationactivo
Kationen•austauscher *m* / (inter)cambiador *m* de cationes ‖ ⁻**umtausch** *m*, Basenumtausch *m*, Basenaustausch *m* / [inter]cambio *m* de bases o de cationes
Kationtensid *n*, kationische grenzflächenaktive Verbindung / tensioactivo *m* catiónico
Katkracken *n* s. katalytisches Kracken
Katode *f* s. Kathode
Katoptrik *f* (Lehre von der Spiegelreflexion) / catóptrica *f* (teoría de la luz reflejada)
Kattun *m* (Tex) / tela *f* de algodón, cotón *m* ‖ ⁻ (feiner) / zaraza *f* ‖ **bedruckter** ⁻, buntes Baumwollzeug / cotón *m* estampado, tela *f* de algodón estampada, cotonada *f*, indiana *f* ‖ **französischer** ⁻ / calicó *m* ‖ **gaufrierter, gepresster** ⁻ / cotón *m* gofrado, tea *f* de algodón gofrada ‖ ⁻**bindung** *f* / ligamento *m* de tela de algodón ‖ ⁻**druck** *m*, -druckerei *f* / estampado *m* sobre algodón ‖ ⁻**druckerei** *f* / fábrica *f* o manufactura *f* de estampados [cotoneros] o de telas estampadas ‖ ⁻**papier** *n* / papel *m* chintz, papel *m* de tela de algodón ‖ ⁻**rohware** *f* / calicó *m* crudo
Katzauslegerkran *m* / grúa *f* de aguilón horizontal con carrito
Katze *f* (Kran) / carro *m* portacargas (de grúa), carrillo *m*, carrito *m*
Katzen•auge *n*, grünlichgrauer Faserquarz (Min) / ojo *m* de gato oriental ‖ ⁻**auge**, Rückstrahler (Kfz) / ojo *m* de gato, catafoto *m*, catafaro *m*, reflectante *m* ‖ ⁻**augenblende** *f* (Opt) / diafragma *m* de ojo de gato ‖ ⁻**gang** *m* (Schiff) / pasarela *f* ‖ ⁻**gold** *n*, Goldglimmer *m* (Min) / mica *f* amarilla, pirita *f* amarilla
Katz•fahrbahn *f* / vía *f* de traslación del carro, recorrido *m* del carro ‖ ~**fahren** / trasladar el carro ‖ ⁻**fahren** *n* / traslación *f* del carro ‖ ⁻**fahrwerk** *n*, -fahrwinde *f* / cabrestante *m* para la traslación del carro
Kaue *f*, Waschkanne *f*, Schwarz-Weiß-Bad *n* (Bergb) / baño-ducha *m*
Käufer•markt *m* / mercado *m* [de signo] favorable al comprador ‖ ~**seits, vom Käufer** (z.B. montierbar) / [a realizar] por el comprador
Kauf•fahrteischiff *n*, Kauffahrer *m* / barco *m* mercante ‖ ⁻**garn** *n*, Langgarn *n* (Spinn) / hilo *m* ordinario
Kaufman-Ionentriebwerk *n* (Raumf) / propulsor *m* iónico electrostático de Kaufman
kaufmännische Datenverarbeitung / procesamiento *m* de datos comerciales
Kauf•option *f* / opción *f* a compra ‖ ⁻**rübe** *f* (Zuck) / remolacha *f* comprada
Kauri *n* (Holz) / kaurí *m*, madera *f* de damara ‖ ⁻**-Butanolwert** *m* (Farbe) / índice *m* [de] kauributanol ‖ ⁻**fichte** *f* (Bot) / kaurí *m* de Nueva Zelanda, abeto *m* australiano, damara *f* ‖ ⁻**harz** *n* (Linoleumherst) / resina *f* de kaurí, damar *m* ‖ ⁻**kopal** *m* (von der Kopalfichte) / copal *m* de kaurí ‖ ⁻**leim** *m* / kaurita *f*
Kaurit *m* (synth. Leim) / caurita *f*
kausal•es System *n* / sistema *m* causal ‖ ⁻**[itäts]gesetz** *n* / principio *m* de causalidad ‖ ⁻**zusammenhang**, Kausalnexus *m* (Phys) / nexo *m* causal
Kausche (Schiff) / guardacabos *m*
Kauschenlasche *f* (Bergb) / malla *f* de guardacabos
kausti[fi]zieren, in Laugenform überführen (Chem) / caustificar
kaustifizieren (Pap) / caustificar ‖ ⁻, Aussüßen *n* (Pap) / caustificación *f*
Kaustifizier-Rührwerk *n* (Pap) / agitadores *m pl* caustificadores
Kaustifizierung *f* (Pap) / caustificación *f*
Kaustik *f*, Brennfläche *f* (Opt) / plano *m* cáustico
kaustisch, ätzend (Chem) / cáustico ‖ ⁻**er Kalk** (Bau) / cal *f* cáustica ‖ ~**e Magnesia** (Chem) / magnesia *f* cáustica ‖ ~**e Soda**, Natronlauge *f*, Natriumhydroxid *n* / sosa *f* cáustica
kaustizieren (Chem) / cautificar

Kaustizität

Kaustizität f, Ätz-, Beizkraft f / causticidad f
Kauter m, Thermokauter m (Med) / cauterio m, termocauterio m
Kautex-Verfahren n (Plast) / procedimiento m Kautex (moldeo por soplado)
Kautschin n (Chem) / cauchina f
Kautschuk m, Gummi m / caucho m, goma f elástica ‖ ≃, Rohgummi m / caucho m virgen, caucho m bruto ‖ ≃... / de caucho, cauchero ‖ ≃ m **in Handelsqualität** / caucho m comercial ‖ **flüssiger** ≃, Kautschuköl n / caucho m líquido ‖ **mit** ≃ **tränken** / cauchutar, cauchotar ‖ **~artig, -elastisch** / elástico como el caucho ‖ ≃**baum** m, Parakautschukbaum m, Hevea brasiliensis / árbol m del caucho, hevea m ‖ **abgehobenes** ≃**blatt** / hoja f de caucho desprendido ‖ ≃**farbe** f / pintura f [de] caucho ‖ ≃**gewebe** n (Tex) / tejido m cauchutado o cauchotado ‖ ≃**hilfsmittel** n pl (Chem) / producto m auxiliar para caucho ‖ ≃**kitt**, Gummikitt m / masilla f de caucho ‖ ≃**klumpen** m / grumo m de caucho ‖ ≃**kneter** m / amasadora f para caucho ‖ ≃**liane** f (Färb) / liana f cauchera, bejuco m cauchero ‖ ≃**masse** f, Gummimasse f / masa f de caucho ‖ ≃**milch** f, Latex m (pl. Latizes) / leche f de caucho, jugo m de caucho, látex m ‖ ≃**öl** n (Chem) / aceite m de caucho ‖ ≃**pflanze** f (Bot) / planta f de caucho ‖ ≃**plantage** f / plantación f de caucho ‖ ≃**regenerat** n / caucho m regenerado, goma f regenerada ‖ ≃**-Trockensubstanz** f / su(b)stancia f seca de caucho ‖ ≃**überzug** m, Gummiüberzug m / revestimiento m o recubrimiento de caucho, revestimiento m o recubrimiento de goma, forro m de caucho ‖ ≃**zement** m / cemento m de caucho
kautsch[ut]ieren vt / cauchutar, cauchotar
Kavalierperspektive f (mit 45° geneigter Projektionsrichtung und um 50 % verkürzten Schrägachsen) (Zeichn) / perspectiva f caballera
Kaverne f (Geol) / caverna f
Kavernen•kraftwerk n (Elektr) / central f hidráulica o hidroeléctrica subterránea, central f en caverna ‖ ≃**pumpe** f / bomba f de caverna
Kavitation f, Hohlsog m / cavitación f
Kavitations•erosion f (Geol) / erosión f por cavitación ‖ ≃**tunnel** m (Schiff) / túnel m de cavitación
kavitierend / cavitante, que produce cavitación
Kb (= Kilobit) / kilobit m (1024 bits)
KB (DV) = Kilobyte (= 1024 Bytes) / kilobyte m ‖ ≃ = Kurzzeitbetrieb
K-Band n (11000 - 33000 MHZ) (Eltronik) / banda f K
kbar (Phys) = kilobar (= 1020 kg/m²) / kilobar m
KC-Kondensator m (K = Kunststoff, C = Polycarbonat) (Elektr) / condensador m de película de policarbonato
KD, Kundendienst m / servicio m post venta
KD-Diagramm n (Phys) / diagrama m de fuerza y de dilatación
KDF, Druckfestigkeit bei Raumtemperatur (Keram) / resistencia f a la compresión a [la] temperatura ambiente
KE, kinetische Energie / energía f cinética
Keder m, Köder m (Kfz) / burlete m ‖ ≃ **am Absatz** (Schuh), Kederstreifen m / cerquillo m, vira f
Keenescher Marmorzement (Bau) / cemento m de mármol de Keene
Keep n, Einkerbung f der Kausche (Schiff) / ranura f
Keeper m, Hilfselektrode f (Raumf) / electrodo m auxiliar
K-Effekt m (Astr) / efecto m K
Kefirpilz m (Biol) / hongo m de kéfir
Kegel m (Math) / cono m ‖ ≃, Konus m (Masch) / cono m [de sujeción] ‖ ≃, Spielkegel m / bolo m ‖ ≃, Schriftkegel m, Kegelstärke f (Schriftg) / fuerza f del cuerpo, tamaño m o grado o calibre del cuerpo ‖ ≃, konischer Messdorn m / calibre m macho cónico ‖ ≃ **der Jordanmühle**, Kegelstoffmühle f (Pap) / cono m del molino Jordan ‖ **schlanker** ≃ / cono m esbelto (que termina en ángulo agudo) ‖ **steiler** ≃ / cono m pronunciado ‖ **toter** ≃ (Radar) / cono m de inoperancia
Kegel•achsschnitt m (Geom) / sección f axial del cono ‖ ≃**anguss** m (Plast) / mazarota f ‖ ≃**ansatz** m (Schraube) / punta f troncocónica ‖ ≃**antenne** f / antena f en cono, antena f cónica ‖ ≃**aufschläger** m (Pap) / desintegrador m cónico ‖ ≃**band**, Hakenband n (Schloss) / cremallera f ‖ ≃**bedampfung** f, -beschattung f (Vakuum) / metalización f cónica ‖ ≃**bedampfung** (Elektronenmikroskop) / vaporización f sobre cono ‖ ≃**bildung** f / formación f de cono ‖ **~bohren** / taladrar agujeros cónicos ‖ ≃**boje** f, -tonne f (Schiff) / boya f cónica ‖ ≃**brecher** m, Taumelbrecher m, Symonsbrecher m / quebrantador m de cono, trituradora f o machacadora cónica o de cono[s] ‖ ≃**bremse** f / freno m cónico, freno m por cono de fricción ‖ ≃**buchse** f / casquillo m cónico ‖ ≃**dach** n (Bau) / tejado m cónico ‖ ≃**dichtung** f / junta f cónica ‖ ≃**dorn** m / calibre m macho cónico ‖ **~drehen** (Wzm) / tornear cónico, tornear cónicamente o conos ‖ ≃**drehvorrichtung** f, Kegelleitapparat m / dispositivo m para torneado cónico o para tornear conos ‖ ≃**druckversuch** m / ensayo m de compresión por cono, ensayo m con cono método Ludwik ‖ ≃**düse** f (Rakete) / inyector m cónico, tobera f cónica central ‖ ≃**eindruck** m (Rockwell) / penetración f del cono, impresión f o huella que deja el cono ‖ ≃**-Erzeugungswinkel** m / ángulo m generador del cono ‖ ≃**fallpunkt** m, KFP (Keram) / punto m [en la escala] de Seeger ‖ ≃**fallpunkt-Prüfung** f (Email) / ensayo m de fusión del cono pirométrico, ensayo m de Seeger ‖ ≃**feder** f, konische Schraubenfeder (aus Draht) / resorte m cónico, resorte m helicoidal cónico (de alambre) ‖ ≃**feder** (aus Band), Pufferfeder f (Bahn) / resorte m cónico (de cinta), muelle m cónico (de cinta), resorte m de tope, muelle m de tope ‖ ≃**fläche** f (Geom) / superficie f cónica o conoidal ‖ ≃**flächen-Außenziehschleifmaschine** f (Wzm) / rectificadora f honing para superficies cónicas exteriores ‖ ≃**flanschhahn** m (Chem) / llave f de brida cónica ‖ ≃**form**, Konizität f / conicidad f, forma f cónica ‖ **~ [förm]ig** / cónico, conforme, conoidal, conoide ‖ **~förmige Aufsatzleuchte** (Straßb) / farol m cónico ‖ **~förmige Strahlenbrechung** (Opt) / refracción f cónica ‖ **~förmige Abtastung** (Eltronik) / exploración f cónica ‖ **~fräsen** (Wzm) / fresar conos ‖ ≃**fräser** m / fresa f cónica ‖ ≃**getriebe** n / engranaje m cónico o angular ‖ ≃**gewinde** n / rosca f cónica ‖ ≃**gewölbe** n (Bau) / bóveda f cónica ‖ ≃**griff** m, konischer Griff oder Handgriff m (Wz) / asa f cónica, mango m cónico, empuñadura f cónica ‖ ≃**griff** (DIN) (Wzm) / palanca f de bloqueo ‖ ≃**griffschraube** f / tornillo m de mango cónico ‖ ≃**größe** f / tamaño m del cono ‖ ≃**hahn** m, -ventil n (Install) / llave f de cierre cónica, grifo m cónico ‖ ≃**hahn in Eckform** / llave f de cierre cónica en forma angular ‖ ≃**hahn mit Winkelbohrung 120°** / llave f de cierre en V (120°) ‖ ≃**[hand]reibahle** f (Wz) / escariador m cónico [de mano] ‖ ≃**härteprüfung** f (Mat.Prüf) / ensayo m de dureza por cono ‖ ≃**herd** m (Aufb) / mesa f cónica ‖ **~hobeln** (Wzm) / acepillar conos ‖ ≃**höhe** f (Math) / altura f del cono ‖ ≃**hülse** f / manguito m o casquillo cónico ‖ ≃**hülse** (Chem) / manguito m cónico ‖ ≃**hülse** (Wzm) / cono m de reducción ‖ ≃**hülse der Spannzange** f (Wzm) / manguito m cónico de la pinza
kegelig s. auch kegelförmig / ~, kegelförmig, konisch / cónico ‖ ~, kegelförmig / cónico ‖ **~ bohren** / taladrar cónicamente ‖ **~ drehen** / tornear cónico, tornear cónicamente ‖ **~e Kreuzspule** (Spinn) / bobina f cruzada cónica, bobina f de arrollado cruzado cónica, bobina f de capas cruzadas cónica ‖ **~e Kreuzspule mit gleich bleibendem Kegelwinkel** /

bobina *f* cruzada cónica con ángulo de cono de paso constante ‖ ~**e Kreuzspule mit zunehmendem Kegelwinkel** / bobina *f* cruzada cónica con ángulo de cono de paso progresivo ‖ ~ **machen** / conificar ‖ ~**es Plandrehen** (Wzm) / refrentado *m* cónico (E), frenteado *m* cónico (LA) ‖ ~**es Rohrgewinde** / rosca *f* cónica para tubos ‖ ~**es Rohrgewinde für druckdichte Verbindungen ohne Schmiermittel und Dichtungsmasse** / rosca *f* cónica para tubos para enlaces a prueba de presión sin lubricantes ni masa obturante ‖ ~**er Schleiftopf** *m*, kegelige Topfscheibe / muela *f* de vaso cónica, muela *f* de copa cónica ‖ ~ **zuspitzen** / sacar a punta, aguzar cónicamente
Kegeligkeit *f* / conicidad *f* ‖ ~ (Fehler) / error *m* o defecto de conicidad
Kegel•innenring, Innenring mit kegeliger Bohrung *m* (Kugellager) / anillo *m* o aro interior con agujero u orificio cónico [rodamiento de bolas], anillo *m* interior con taladro cónico ‖ ~**keil** *m* / chaveta *f* cónica, cuña *f* cónica ‖ ~**kerbstift** *m* (DIN 1471) / pasador *m* cónico estriado ‖ ~**klauenkupplung** *f* / embrague *m* de uñas y de conos de fricción ‖ ~**kopf** *m* / vértice *m* del cono ‖ ~**kopfniet** *m* / remache *m* de cabeza troncocónica ‖ ~**kreiselmischer** *m* (Aufb) / mezcladora *f* giratoria de [doble] cono ‖ ~**kuppe** *f* (allg) / extremo *m* achaflanado ‖ ~**kuppe** (Schraube, DIN 78) / extremo *m* achaflanado ‖ ~**kupplung** *f*, Konuskupplung *f* / embrague *m* cónico, acoplamiento *m* cónico o por cono de fricción ‖ ~**lager** *n* (Masch, Wzm) / rodamiento *m* o cojinete cónico, rodamiento *m* de rodillos cónicos ‖ ~**lehrdorn** *m* (Mess) / calibre *m* macho cónico, mandril *m* cónico ‖ ~**lehre** *f* / calibre *m* cónico, calibre *m* para conos, galga *f* cónica ‖ ~**lehrhülse** *f* / manguito *m* del calibre cónico ‖ ~**lehring** *m* / anillo *m* calibre cónico ‖ ~**leitapparat** *m* (Wzm) / dispositivo *m* de torneado cónico ‖ ~**lineal** *n* / regleta *f* cónica ‖ ~**loch** *n* / agujero *m* cónico, perforación *f* cónica ‖ ~**mantel** *m* (Geom) / superficie *f* cónica o del cono, superficie *f* envolvente cónica ‖ ~**mühle** *f* (Pap) / molino *m* cónico ‖ ~**mühle**, Glockenmühle *f* (Plast) / molino *m* cónico o de cono[s] ‖ ~**nabe** *f* (Kfz) / cubo *m* cónico ‖ ~**neigung**, Kegeligkeit *f* / conicidad *f* ‖ ~**nennmaß** *n* / dimensiones *f pl* nominales del cono ‖ ~**öffner** *m*, Crightonöffner *m* (Spinn) / abridora *f* Crighton ‖ ~**passsystem** *n* / sistema *m* de ajuste cónico ‖ ~**passung** *f* / ajuste *m* cónico ‖ ~**pendel** *m* (Phys) / péndulo *m* cónico ‖ ~**pfanne** *f* (Masch) / cojinete *m* cónico ‖ ~**presspassung** *f* / ajuste *m* cónico a presión fuerte ‖ ~**projektion** *f* (Karte) / proyección *f* cónica ‖ ~**prüfverfahren** *n*, Slumptest *m* (Beton) / ensayo *m* de expansión del hormigón por unidad de tiempo ‖ ~**querschnitt** *m* (Geom) / sección *f* perpendicular al eje del cono
Kegelrad *n* / rueda *f* [dentada] cónica, rueda *f* de engranaje cónica, engranaje *m* cónico, piñón *m* ‖ ~ **mit Geradverzahnung** [Spiralverzahnung] / engranaje *m* cónico con dentado recto, [en espiral] ‖ ~ **mit Oktoidenverzahnung** / rueda *f* cónica con dentado octoide ‖ **das größere** ~ **eines Paares** (Masch) / corona *f* dentada ‖ ~**antrieb** *m* / mecanismo *m* o accionamiento de engranaje cónico ‖ ~**antrieb** (Vorgang) / accionamiento *m* por engranaje cónico ‖ ~**differential**, -ausgleichgetriebe *n* / [engranaje] *m pl* diferencial de ruedas cónicas
Kegelräderpaar *n* / par *m* de ruedas cónicas
Kegelrad•fräsmaschine *f* (Wzm) / fresadora *f* de engranajes cónicos ‖ ~**-Getriebe** *n*, -übersetzung *f*, Winkelgetriebe *n* / engranaje *m* cónico o de ruedas cónicas ‖ ~**hobelmaschine** *f* (Wzm) / acepilladora *f* de engranajes cónicos ‖ ~**hobelmaschine nach dem Abwälzverfahren** / acepilladora *f* de engranajes cónicos por el procedimiento de rodadura ‖ ~**läppmaschine** *f* / lapeadora *f* de ruedas cónicas ‖

~**schleifmaschine** *f* / rectificadora *f* de engranajes cónicos ‖ ~**stoßmaschine** *f* / mortajadora *f* de ruedas cónicas ‖ ~**umlaufgetriebe** *n* / engranaje *m* planetario de ruedas cónicas ‖ ~**vorgelege**, -getriebe *n* / contramarcha *f* de engranaje cónico ‖ ~**wendegetriebe** *n* / inversor *m* [de marcha] de engranajes cónicos
Kegel•refiner *m* (Pap) / refinador *m* cónico ‖ ~**reibahle** *f* (Wz) / escariador *m* cónico, escariadora *f* cónica ‖ ~**riegelkupplung** *f* (Masch) / acoplamiento *m* de fricción cónico ‖ ~**ringdichtung** *f* / obturación *f* por anillos cónicos ‖ ~**rollenbohrer** *m* (Bergb, Öl) / barrena *m* de rodillos cónicos ‖ ~**rollenlager** *n* (Masch) / rodamiento *m* de rodillos cónicos ‖ ~**schaft** *m* / vástago *m* cónico, vástago *m* del cono, caña *f* del cono ‖ ~**scheibe** *f* (Schleifm) / muela *f* cónica ‖ ~**scheibengetriebe** *n*, -scheiben[an]trieb *m* (Masch) / engranaje *m* de discos cónicos ‖ ~**schieber** *m* (Masch) / distribuidor *m* cónico ‖ ~**schleuder** *f* (Pap) / centrifugadora *f* cónica ‖ ~**schliff** *m* (Glas) / racor *m* cónico [de vidrio] esmerilado, boca *f* esmerilada (de un tubo) ‖ ~**schliffhülse** *f* (Labor) / racor *m* cónico hembra ‖ ~**schliffkern** *m* (Labor) / racor *m* cónico macho ‖ ~**schliff-Verbindung** *f* / unión *f* por racor cónico esmerilado ‖ ~**schmiernippel** *m* (bisher: Kegelwulstschmierkopf) / racor *m* cónico de engrase, engrasador *m* de cuello cónico ‖ ~**schneckenmischer** *m* / mezcladora *f* de husillo epicíclica ‖ ~**schnitt** *m* (Math) / sección *f* cónica ‖ ~**schnitt zweiter Ordnung** (Geom) / sección *f* cónica de segundo orden ‖ ~**schnittbüschel** *n* (Math) / haz *m* de cónicas ‖ ~**schnur** *f* (Web) / cuerda *f* ‖ **rohe** ~**schraube**, Kegelsenkschraube *f* / tornillo *m* cónico perdido ‖ ~**schraubgetriebe**, Hypoidgetriebe *n* / engranaje *m* [cónico] hipoide ‖ ~**schraubgetriebe** *n* / engranaje *m* [cónico] hipoide ‖ ~**schraubrad** *n* / rueda *f* hipoide ‖ ~**senker** *m* / avellanador *m* cónico ‖ ~**senker 60°** / avellanador *m* cónico 60° ‖ ~**senk-Frässtift 60°** *m* (Wz) / fresa *f* de avellanar cónica de 60° ‖ ~**senkkopf** *m* (Schraube) / cabeza *f* cónica perdida ‖ ~**senkschraube** *f* / tornillo *m* cónico perdido ‖ ~**sieb** *n* / criba *f* clasificadora cónica ‖ ~**sieb-Prüfung** *f* (Email) / ensayo *m* de tamiz cónico ‖ ~**sitz** *m*, kegeliger Sitz / asiento *m* cónico ‖ ~**sitz** (Ventil) / asiento *m* cónico ‖ ~**sitz** (Schmierung) / ranura *f* cónica ‖ ~**spielpassung** *f* (Masch) / ajuste *m* cónico con juego ‖ ~**spitze** *f* (Geom) / vértice *m* del cono ‖ ~**spitze** (Schraube) / punta *f* cónica ‖ ~**spule** *f* (Spinn) / bobina *f* cónica, carrete *m* cónico ‖ ~**spule**, Flaschenspule *f* (Spinn) / bobina *f* [en forma de] botella ‖ ~**stärke** *f* (Druck) / medida *f* del tipo, tamaño *m* del carácter, cuerpo *m* del tipo ‖ ~**stauchversuch** *m* (Mat.Prüf) / ensayo *m* de compresión cónica ‖ ~**steigung**, Kegeligkeit *f* / inclinación *f* cónica o del cono, conicidad *f* ‖ ~**stift** *m*, konischer Stift / pasador *m* cónico, clavija *f* cónica ‖ ~**stiftbohrung**, -loch *n* / agujero *m* para pasador cónico ‖ ~**stirnradgetriebe** *n* / engranaje *m* de ruedas cónicas rectas, engranaje *m* cónico de rueda frontal ‖ ~**stoffmühle** *f* (Pap) / pila *f* de cilindro cónico, refinador *m* cónico ‖ ~**stumpf** *m* (Geom) / tronco *m* cónico, tronco *m* de cono, cono *m* truncado ‖ ~**stumpfartig** / troncocónico, en forma de cono truncado ‖ ~**stumpffeder** *f* s. Kegelfeder ‖ ~**stumpfgeschoss** *n* (Mil) / proyectil *m* truncado ‖ ~**stumpfhülse** *f* (Spinn) / canilla *f* troncocónica ‖ ~**stumpf-Schale** *f* (Bau) / conoide *m* circular ‖ ~**toleranz** *f* / tolerancia *f* del cono ‖ ~**toleranzsystem** *n* / sistema *m* de tolerancias de cono ‖ ~**trieb** *m* / engranaje *m* cónico ‖ ~**trommel** *f* (Tex) / tambor *m* cónico ‖ ~**tülle** *f* / boquilla *f* cónica, manguito *m* cónico ‖ ~**ventil** *n*, Ventil *n* mit konischem Sitz / válvula *f* cónica, válvula *f* de asiento cónico ‖ ~**verband** *m* / unión *f* de elementos cónicos o troncocónicos ‖ ~**walm** *m* (Bau) / copete *m* cónico ‖

Kegelwinkel

⁓**winkel** *m* (Geom) / ángulo *m* de conicidad o del cono ‖ ⁓**winkel** (Schraubenende, Wzm) / ángulo *m* de conicidad ‖ ⁓**wulstschmierkopf** *m* s. Kegelschmiernippel ‖ ⁓**wulstspitze** *f* (Rakete) / punta *f* de cabeza de martillo ‖ ⁓**zapfen** *m* / gorrón *m* cónico ‖ ⁓**zentrifuge** *f* / centrifugadora *f* cónica ‖ ⁓**zylindrisch** (Geom) / cónico-cilíndrico ‖ ⁓**zylindrischer Kopf** / cabeza *f* conicocilíndrico

KE-Geschoss *n*, Wuchtgeschoss *m* (Mil) / proyectil *m* de gran energía cinética

Kehl•balken *m* (Zimm) / viga *f* de lima, puente *m*, falso tirante *m* ‖ ⁓**balkendach** *n* / tejado *m* con viga de lima y cabrios ‖ ⁓**balkendachstuhl** *m* / cubierta *f* de puentes con doble apoyo vertical ‖ ⁓**dach** *n* / tejado *m* con viga de lima ‖ ⁓**decke** *f* (Bau) / plafón *m* abovedado

Kehle, Hohlkehle *f* (Masch, Tischl) / garganta *f*, mediacaña *f*, acanaladura *f* ‖ ⁓ *f* (Bau) / limahoya *f*

kehlen, auskehlen / acanalar, ranurar, agargantar ‖ ⁓ (Holz) / moldurar

Kehl•gebälk *n* (Zimm) / viga *f* de lima, falso tirante ‖ ⁓**halbmesser** *m* / radio *m* de la garganta ‖ ⁓**hammer** *m* (Schm) / martillo *m* de calderero ‖ ⁓**hobel** *m* (Tischl) / cepillo *m* de moldurar o para molduras, bocel *m*, acanalador *m* ‖ ⁓**hobel**, Hohlkehlenhobel *m* / cepillo *m* de moldurar o para molduras, cepillo *m* moldurador ‖ ⁓**hobel für einen Rundstab und ein Plättchen** (Tischl) / cepillo *m* para toro ‖ ⁓**hobel für einen Rundstab und ein Plättchen an jeder Seite** / cepillo *m* para astrágalo ‖ ⁓**hobelmaschine** *f* de cepillo moldurador ‖ ⁓**hobelmaschine** *f* (Holzbearb) / acepilladora *f* de molduras ‖ ⁓**kern** *m* (Gieß) / noyo *m* ‖ ⁓**kopfmikrophon** *n* / laringófono *m* ‖ ⁓**leiste** *f* (Tischl) / moldura *f*, talón *m*, listón *m* moldurado o acanalado ‖ ⁓**maschine** *f* (Holz) / moldurador *f* ‖ ⁓**naht** *f* (Schw) / costura *f* de garganta, costura *f* en ángulo, cordón *m* angular o de garganta ‖ ⁓**naht am Überlappstoß** / junta *f* moldurada o acanalada ‖ ⁓**naht schweißen** / soldar en rincón ‖ ⁓**nahtmesslehre** *f* (Schw) / calibre *m* de costura en ángulo ‖ ⁓**volle** ⁓**nahtschweiße** / cordón *m* convexo de ángulo ‖ ⁓**rinne** *f* (Bau) / canal *m* de garganta ‖ ⁓**schifter**, Kehlgratstichbalken *m* (Zimm) / cuartón *m* de limahoya, viga *f* embrochalada a la carrera diagonal ‖ ⁓**seil** *n* / valley *m* cable ‖ ⁓**sparren**, -gratbalken *m* (Zimm) / cabrio *m* de limahoya ‖ ⁓**stoß** *m*, Kehlung *f* (Bau) / [a]canaladura *f* ‖ ⁓**ziegel** *m* (Bau) / teja *f* de limahoya, canal *f*

Kehr•bank *f* (Spinn) / banco *m* de inversión ‖ ⁓**bild** *n* (Opt) / imagen *f* invertida ‖ ⁓**bild**, seitenverkehrtes Bild (Fot, TV) / imagen *f* de lados invertidos ‖ ⁓**bildtelemeter** *n* (Opt) / telémetro *m* de imagen invertida ‖ ⁓**blasgerät** *n* / aparato *m* barredor-soplador ‖ ⁓**breite** *f* / ancho *m* de la escoba

Kehre *f* (Straßb) / curva *f*, viraje *m*, curva *f* [cerrada], recodo *m* ‖ ⁓ (Luftf) / tonel *m*, media vuelta *f* ‖ ⁓ **einer Zickzackstraße** / viraje *m* de una carretera en zigzag

kehren *vt*, fegen / barrer ‖ **den Schornstein** ⁓ **(o. fegen)** / deshollinar ‖ ⁓, Fegen *n* / barrido *m* ‖ ⁓, Umkehren *n* / inversión *f*, reversión *f* ‖ ⁓ (Aufb) / barrido *m* ‖ ⁓ (Kamin) / deshollinado *m*

Kehrfahrzeug *n* / vehículo *m* barredor

Kehricht, Müll *m* / basuras *f pl*, barreduras *f pl* ‖ ⁓, Schmutz *m* / barreduras *f pl*, inmundicia[s] *f [pl]* ‖ ⁓, Hausmüll *m* / basuras *f pl* domésticas ‖ ⁓**behälter**, -eimer *m* / recipiente *m* de la basura, cubo *m* de la basura ‖ ⁓**behälter**, -kasten *m* / recipiente *m* de la basura, caja *f* de la basura, cajón *m* de la basura

Kehr•lage *f* **der Frequenzen** (Eltronik) / frecuencias *f pl* invertidas ‖ ⁓**maschine** *f* / barredera *f* (mecánica), escoba mecánica.f. ‖ ⁓**maschine mit Aufnehmer** / barredera-recogedora *f* de basuras ‖ ⁓**matrix** *f* (Math) / matriz *f* inversa ‖ ⁓**pflug** *m* (Landw) / arado *m* de vertedera movible, arado *m* doble ‖ ⁓**pflügen** *n* /

labor *f* plana, labor *f* llana ‖ ⁓**punkt** *m* (Astr) / ápside *m* ‖ ⁓**rollpflug** *m* (Landw) / arado *m* reversible ‖ ⁓**schaufel**, Kehrichtschaufel *f*, -blech *n* / recogedor *m* de basuras, pala *f* ‖ ⁓**schleife** *f*, Wendeschleife *f* (Bahn) / lazo *m* ‖ ⁓**schleife einer Bergstrecke** / lazo *m* helicoidal ‖ ⁓**seite** *f*, Rückseite *f* / reverso *m*, revés *m* ‖ ⁓**seite** (Web) / revés *m* ‖ ⁓**seite einer Münze** / reverso *m* ‖ ⁓**station**, Umkehrstation *f* / estación *f* de vuelta ‖ ⁓**strecke** *f* (Spinn) / manuar *m* de cintas cardadas ‖ ⁓**streckenwickel** *m* (Spinn) / napa *f* ‖ ⁓**tunnel** *m* (Bahn) / túnel *m* espiral, túnel *m* en lazo ‖ ⁓**walze** *f* / cilindro-escoba *m*, escoba *f* cilíndrica ‖ ⁓**wert** *m*, umgekehrter o. reziproker Wert (Math) / valor *m* recíproco, valor *m* inverso ‖ ⁓**wert der Impedanz** (Elektr) / admitancia *f* ‖ ⁓**wert der Reluktanz** / permeancia *f* ‖ ⁓**zeug** *n* (Masch, Tex) / mecanismo *m* de cambio [de dirección]

Keil *m*, Unterlageklotz *m* / calza *f*, calce *m* ‖ ⁓, Längskeil *m* (Masch) / chaveta *f* longitudinal ‖ ⁓ *m*, Befestigungskeil *m* / chaveta *f* o cuña de fijación ‖ ⁓, Sicherungskeil *m*, Haltekeil *m* / chaveta *f*, chaveta *f* de seguridad ‖ ⁓, Querkeil *m* (Masch) / chaveta *f* transversal ‖ ⁓ (Hobel) / cuña *f* ‖ ⁓, Hemmkeil *m* / calza *f* ‖ ⁓, Zwickel *m* / cuchillo *m*, cuchilla *f* ‖ ⁓, Fimmel *m* (Bergb) / cono *m* ‖ ⁓ *m*, Spitzkeil *m* (Bergb, Schachtausbau) / piquete *m* ‖ ⁓ (Opt) / cuña *f* óptica ‖ ⁓ **DIN 6886 [mit Anzug]**, Treibkeil *m* / chaveta *f* embutida ‖ ⁓ **für Hammerstiele** / cuña *f* ‖ ⁓ **mit Nase**, Nasenkeil *m* / chaveta *f* con cabeza o talón ‖ ⁓ **und Lösekeil** (Masch) / chaveta *f* y contrachaveta ‖ ⁓ *e m* / *pl* **zur Unterkeilung einer Schalung** (Bau) / cuñas *f pl* para apuntalar un encofrado

Keil•absatz *m* (Schuh) / tacón *m* en cuña ‖ ⁓**abschluss** *m*, -absorber *m* (Wellenleiter) / cuña *f* de absorción ‖ ⁓**anstellung**, Regulierung *f* mittels Keil / regulación *f* por cuña, regulación *f* por chaveta ‖ ⁓**anzug** *m*, -neigung *f*, -steigung *f* / inclinación *f* de la chaveta ‖ ⁓**bahn** *f* / carrera *f* de la chaveta ‖ ⁓**bahnhof** *m* / estación *f* islote con explotación de cuña ‖ ⁓**bauch- und -rückenflächen** *f pl* / superficies *f pl* radiales de chavetas ‖ ⁓**biegen** *n* (Stanz) / curvado *m* por herramienta cuneiforme, doblado *m* en forma de V ‖ ⁓**bolzen** *m* / tornillo *m* con sujeción por chaveta, perno *m* de cuña ‖ ⁓**damm** *m* (Bergb) / muro *m* de cuñas troncocónicas ‖ ⁓**dichtungsring** *m* / anillo *m* de obturación cuneiforme, anillo *m* obturador en forma de cuña ‖ ⁓**draht** (Sieb) / hilo *m* metálico de sección troncocónica, alambre para cribas y cedazos

keilen, fest-, auf-, verkeilen, mit Keilen befestigen (Masch) / chavetear, acuñar, calzar

Keil•endklemme *f* / borne *m* ‖ ⁓**fehler** *m* (Opt) / error *m* de cuña óptica ‖ ⁓**ferse** *f* (Strumpf) / talón *m* en forma de cuña ‖ ⁓**-Flachovalschieber** *m* / compuerta *f* oval plana de cuña ‖ ⁓**flachschieber** *m* / compuerta *f* plana de cuña ‖ ⁓**flügel**, Flügel *m* mit Keilprofil (Luftf) / ala *f* de perfil cuneiforme, ala *f* en flecha ‖ ⁓**förmig** / cuneiforme, en forma de cuña ‖ ⁓**förmig aus- o. zuschneiden** / cortar al sesgo ‖ ⁓**förmiger Lufteinlauf** (Turbo) / entrada *f* de aire cuneiforme ‖ ⁓**förmige Vierkantscheibe** / arandela *f* cuadrada cuneiforme ‖ ⁓**gezinktes Sperrholz** / madera *f* contrachapeada ‖ ⁓**hammer**, Fimmelfäustel *m* (Bergb) / mazo *m*, almádena *f*, martillo *m* de cuña ‖ ⁓**hammer** *m* (Bahn) / martillo *m* embutidor [de cuñas] ‖ ⁓**haue** *f*, -hacke *f* (Bergb) / pico *m* recto de minero, piqueta *f* ‖ ⁓**kette** *f* (Kinematik) / cadena *f* cinemática ‖ ⁓**klemme** *f* (Bahn) / grapa-cuña *f* (E), grampa-cuña *f* (LA) ‖ ⁓**klemme für Seile** / grapa *f* de gargantilla (autoblocante) ‖ ⁓**kompensator** *m* (Opt) / compensador *m* cuneiforme ‖ ⁓**kupplung** *f* (Kabel) / acoplamiento *m* de chaveta ‖ ⁓**leiste** *f* (Wzm) / regleta *f* de cuña ‖ ⁓**loch** *n* (Masch) / agujero *m* cuneiforme, agujero *m* de cuña ‖ ⁓**loch**, Klammer-, Kropfloch *n* (Steinmetz) / agujero *m* cuneiforme ‖ ⁓**loch** *n* (Hobel) / agujero *m* cuneiforme, agujero *m* de cuña ‖ ~**lochfräsmaschine** *f* (Wzm) / fresadora *f* de agujeros cuneiformes ‖ ~**lochhammer** *m* (Bergb) / martillo *m* para agujeros de cuñas ‖ ~**loch- und Keilnutenfräsmaschine** *f* (Wzm) / fresadora *f* para agujeros cuneiformes y ranuras de chavetas ‖ ~**messebene** *f* (Bohrer) / plano *m* de referencia de la arista cortante ‖ ~**nabe** *f* / cubo *m* nervado, cubo *m* acanalado, cubo *m* ranurado ‖ ~**nabenmitnehmer** *m*, -naben-Gelenk *n* / articulación *f* universal de chaveta múltiple ‖ ~**nabenräumwerkzeug** *n* / herramienta *f* brochadora para acanaladuras interiores ‖ ~**nase** *f* (Masch) / talón *m* o cabeza de chaveta ‖ ~**neigung** *f*, -anzug *m* / inclinación *f* de la cuña ‖ ~**nut** *f*, -bahn *f* (Masch) / chavetero *m*, ranura *f* o caja de chaveta, encaje *m* de cuña ‖ ~**nut der Keilwelle** / ranura *f* de chaveta del árbol estriado o nervado, acanaladura *f* del árbol estriado ‖ ~**nuten fräsen** / fresar chaveteros o ranuras de chaveta, fresar encajes de cuña ‖ ~**nuten hobeln** / acepillar chaveteros ‖ ~**nuten stoßen** / mortajar chaveteros ‖ ~**nuten ziehen** / ranurar chaveteros ‖ ~**nutenfräsmaschine** *f* (Wzm) / fresadora *f* de chaveteros o ranuras de chavetas ‖ ~**nutenhobelmaschine** *f* / acepilladora *f* para chaveteros o ranuras de chavetas, mortajadora *f* de chaveteros o ranuras de chavetas ‖ ~**nutenziehmaschine** *f*, -nutenräummaschine *f* / brochadora *f* o ranuradora de chaveteros o ranuras de chavetas ‖ ~**nutfräsen** *n* / fresado *m* de chaveteros o ranuras de chavetas ‖ ~**nutfräsen** (Keilwelle) / fresado *m* de ranuras en árboles estriados ‖ ~**nutfräsmaschine** *f*, -nutmaschine *f* / fresadora *f* para chaveteros o ranuras de chavetas ‖ ~**nutstoßmaschine** *f* (Wzm) / mortajadora *f* de chaveteros o ranuras de chavetas, acepilladora *f* para chaveteros o ranuras de chavetas ‖ ~**platte** *f* (Opt) / chaveta *f* para el montaje de cámaras ‖ ~**plattenschieber** *m* s. Keil-Flachschieber ‖ ~**presse** *f* / prensa *f* de cuña ‖ ~**probe** *f* (Schw) / prueba *f* de chaveta ‖ ~**probe** (Gieß) / prueba *f* de chaveta ‖ ~**profil** *n* (Welle) / perfil *m* estriado o acanalado ‖ ~**profilschlüssel** *m* (Wz) / llave *f* para tornillos de cabeza de perfil estriado ‖ ~**prüfung** *f* (Schw) / ensayo *m* de cuñas ‖ ~**prüfung von Stumpfnähten** (Schw) / ensayo *m* de rotura de cordones a tope ‖ ~**rädergetriebe** *n* / mecanismo *m* de ruedas de fricción

Keilriemen *m* / correa *f* trapezoidal o trapecial, correa *f* en V, correa *f* en cuña ‖ ~ **mit Auflage** (ein Transportmittel) (Förd) / correa *f* trapezoidal con superficie perfilada (una cinta transportadora) ‖ ~**-Innenlänge** *f* / longitud *f* interior de una correa trapezoidal ‖ ~**scheibe** *f* / polea *f* de correa (trapezoidal) o polea acanalada ‖ ~**trieb** *m*, -antrieb *m* / transmisión *f* por correa trapezoidal ‖ ~**-Verstellgetriebe** *n* / transmisión *f* [de velocidad] variable de correa trapezoidal ‖ ~**-Verstellscheibe** *f* / polea *f* ajustable para correa trapezoidal ‖ ~**vorgelege** *n* / contramarcha *f* de la correa trapezoidal

Keil•**ring** *m* / anillo *m* cónico, arandela *f* de cuña ‖ ~**ring** (Schachtkeilring) / corona *f* de asiento ‖ ~**rippenriemen** *m*, innenverzahnter Keilriemen / correa *f* trapezoidal con dentado interior ‖ ~**rücken** *m* / cabeza *f* de la cuña ‖ ~**-Rundschieber** *m* / válvula *f* distribuidora de cuñas de cuerpo redondo ‖ ~**schieber** *m* / válvula-compuerta *f* con conos ‖ ~**schloss** *n*, Stangenschloss *n* mit Keilen / cierre *m* en chaveta ‖ ~**schneiden** *n* (Stanz) / corte *m* con cuchilla ‖ ~**schneidenprofil** *n* (Luftf) / perfil *m* de ala en forma de cuña ‖ ~**schrägung** *f* / chaflán *m* de chaveta ‖ ~**schraube** *f* / tornillo *m* con cuña ‖ ~**schraubenzwinge** *f* (Tischl) / prensa *f* de tornillo con conos ‖ ~**schweißen** *n* / soldadura *f* a presión con cuña calentada ‖ ~**spannfutter** *n* (Wzm) / mandril *m* con mordazas cónicas ‖ ~**spatien** *f pl* (Druck) / espacios *m pl* cuneiformes, espacios *m pl* de cuña ‖ ~**spitze** *f* (Strumpf) / punta *f* ‖ ~**spreizbremse** *f* / freno *m* de cuña ‖ ~**spundung** *f* (Zimm) / ensambladura *f* en cuña ‖ ~**stab** *m* (Masch) / barra *f* trapezoidal ‖ ~**staffelung** *f* (Räumwz) / escalonamiento *m* en cuña ‖ ~**stahl** *m* (Walzw) / acero *m* para chavetas, acero *m* para cuñas ‖ ~**stahl**, keilförmiger Stahl / acero *m* cuneiforme ‖ ~**stein**, -ziegel *m* (Keram) / ladrillo *m* cuneiforme, cuña *f* ‖ ~**stein** *m* (für Bögen), Anfänger *m* (Bau) / ladrillo *m* cuneiforme (para arcos), sálmer *m*, dovela *f* ‖ ~**stein**, Schlussstein *m* (Bau) / ladrillo *m* cuneiforme, clave *f* de la bóveda ‖ ~**stopschraube** *f* / tornillo *m* autobloqueante con elemento plástico ‖ ~**stück** *n* / coda *f* ‖ ~**stufe** *f* (Bau) / escalón *m* de cuña ‖ ~**treiber** *m* (Wzm) / botador *m* de cuñas, enchavetador *m* ‖ ~**-Trennversuch** *m* / ensayo *m* de penetración de cuña

Keilung *f*, Verkeilung *f* / enchavetado *m*

Keil•**verband** *m* (Masch) / unión *f* por chaveta, unión *f* chavetada, unión *f* cuñada, ensamble de chaveta ‖ ~**verbindung** *f*, -verband *m* (allg) / unión *f* por chaveta, unión *f* chavetada, unión *f* cuñada, ensamble *m* de chaveta ‖ ~**verschluss** *m* (Mil) / cierre *m* de cuña ‖ ~**verschluss** (Druck) / cierre *m* de cuña, cierre *m* a cuña ‖ ~**verspundung** *f*, Holzdamm *m* (Bergb) / [muro de] maderaje *m* ‖ ~**verzinken** *n* (Holz) / ensamble *m* a diente, encastre *m* ‖ ~**vorlage** *f* (Opt) / cuña *f* sensitométrica ‖ ~**welle** *f* / árbol *m* o eje estriado o nervado, árbol *m* con chavetero, árbol *m* de chaveta múltiple, árbol *m* acanalado, árbol *m* ranurado ‖ ~**wellen fräsen** / fresar árboles estriados o nervados, fresar árboles de chaveta múltiple ‖ ~**wellenfräsmaschine** *f* / fresadora *f* de árboles estriados o nervados ‖ ~**wellenhobelmaschine** *f* / acepilladora *f* de árboles nervados o estriados ‖ ~**wellennute** *f* (eigentlich: der beim Fräsen der Keilwellennute stehen bleibende Rücken) / acanaladura *f* del árbol de chaveta múltiple, chavetero *m* de un árbol ‖ ~**wellen-(o. -naben)profil mit Evolventenflanken** (Masch) / perfil *m* de árboles nervados (o de cubos nervados) con flancos de evolvente ‖ ~**wellenräumwerkzeug** *n* / brochadora *f* de árboles de chaveta múltiple ‖ ~**wellenschleifmaschine** *f* / rectificadora *f* de ranuras, rectificadora *f* de árboles estriados, rectificadora *f* de chavetas múltiples ‖ ~**winkel** *m* (Luftf) / ángulo *m* del borde de ataque ‖ ~**winkel** (Kfz) / ángulo *m* del parabrisas en V ‖ ~**winkel** / ángulo *m* de la cuña ‖ ~**winkel** *β m*, (jetzt:) Seitenkeilwinkel *m* (Dreh) / ángulo *m* ortogonal de la herramienta ‖ ~**winkel** *m* **der Hauptschneide**, Schneiden-, Meißelwinkel *m* (Dreh) / ángulo *m* de ataque de la cortante principal ‖ ~**winkel der Nebenschneide** (Dreh) / ángulo *m* de ataque de la cortante auxiliar ‖ ~**winkel der Schneide** / ángulo *m* de ataque de la cortante (o de la cuchilla) ‖ ~**winkel des Bohrers** / ángulo *m* de ataque de la broca (o del taladro) ‖ ~**zahnschlüssel** *m* / llave *f* ‖ ~**zeiger** *m* (Instr) / aguja *f* de sección troncocónica ‖ ~**ziegel**, -stein *m* (Bau) / ladrillo *m* de cuña, ladrillo *m* de bóvedas ‖ ~**zieher** *m* (Wz) / sacacuñas *m*, extractor *m* de chavetas ‖ ~**zinkensäge** *f* (Wz) / sierra *f* para espigas cuneiformes ‖ ~**zinkenverbindung** *f* (eine Schäftverbindung) (Tischl) / unión *f* por espigas acuñadas ‖ ~**zugprobe** *f* (Mat.Prüf) / ensayo *m* de estirado en caña ‖ ~**zwinge** *f* (Tischl) / prensa *f* de

Keim *m* (Biol) / germen *m* ‖ ~, Kristallkeim *m* / germen *m* cristalino ‖ ~..., im Keim befindlich / germinal ‖ ~..., keimfähig / germinativo ‖ ~**apparat** *m* / aparato *m* para la germinación, germinadora *f* ‖ ~**belastung** *f* **des Abwassers** (Umw) / infestación *f* de las aguas residuales por gérmenes ‖ ~**bildung**, Keimung *f*,

Keimbildung

Keimen *n* (Bot, Krist) / germinación *f* ‖ ˜**bildung** *f* **für Kristallisation** / formación *f* de gérmenes cristalinos
keimen, sprießen (Same) / germinar, retoñar, brotar
keimende Gerste / cebada *f* germinante
keim•frei (Biol) / estéril, esterilizado, sin gérmenes ‖ ˜**frei machen** / esterilizar ‖ ˜**freimachung** *f* **durch Bestrahlung** (Abwasser, Lebensmittel) / esterilización *f* por rayos, radioesterilización *f* ‖ ˜**haltig** / infestado o invadido por gérmenes ‖ ˜**kasten** *m* (für Samen) (Bot) / propagador *m* ‖ ˜**kasten** (Brau) / caja *f* germinadora, caja *f* de germinación ‖ ˜**kraft** *f*, -fähigkeit *f* (Bot) / poder *m* germinativo, germinabilidad *f*, facultad *f* o capacidad germinativa ‖ ˜**kristall** *m* (Chem) / germen *m* cristalino ‖ ˜**ling** *m* (Bot) / plántula *f*, embrión *m*, yema *f* ‖ ˜**platte** *f* **für Quarzzüchtung** (Chem) / semilla *f* de crecimiento de cristales ‖ ˜**probe** *f*, -versuch *m* (Bot) / ensayo *m* de germinación ‖ ~**tötend** (Med) / germicida, antiséptico
Keimung *f* (Biol) / germinación *f*
Keim•verfahren *n* (Saatenprüf) / procedimiento *m* de siembra ‖ ˜**zahl** *f* (Bot) / índice *m* de germinación, número *m* de gérmenes ‖ ˜**zahlager** *m* / agar *m* para la numeración de gérmenes ‖ ˜**zeit** *f*, -dauer *f* / época *f* de germinación, duración *f* de germinación
keine gemeinsame Benutzung (DV) / individual
"Kein Trinkwasser!" / "agua no potable", impotable
Keinadress..., Nulladress... (DV) / sin dirección
"Keine Einfahrt!", Einfahrt verboten / "prohibida la entrada"
K-Einfang *m* (Nukl) / captura *f* K
Keith-Gruppenvorwähler *m* (Fernm) / preselector *m* Keith de grupo
KE-Kupfer *n* (Kathoden-Elektrolyt-Kupfer) / cobre *m* catódico electrolítico
Kelch *m*, Kelchglas *n* / cáliz *m*, copa *f*, copa *f* en forma de cáliz ‖ ~**förmig** / caliciforme ‖ ˜**mensur** *f* (Chem) / probeta *f* graduada en forma de cáliz
K-Elektroneneinfang *m* (Nukl) / captura *f* de electrones K
Kel-F *n* (Plast) / Kel-F *m*
Kelle *f*, Löffel *m* (allg, Gieß) / cucharón *m*, cuchara *f* de fundición, cuchara *f* de colada, cazo *m* [de colar] ‖ ˜, Maurerkelle *f*, Glätt[e]kelle *f* / llana *f*, badilejo *m*, paleta *f* de albañil (E), cuchara *f* (LA) ‖ ˜ *f*, Putzkelle *f* (Bau) / palustrillo *m*, palustre *m*, paletín *m* ‖ ˜, Signalkelle *f* / disco *m*
Kellenputz *m* (Bau) / revoque *m* rústico
Keller *m* (Bau) / sótano *m*, bodega *f*, cueva *f* ‖ ˜**ablauf** *m* (Bau) / desaguadero *m* de la cueva, desaguadero *m* del sótano ‖ ˜**außentreppe** *f* / escalera *f* [exterior] de acceso al sótano ‖ ˜**befehl** *m* (DV) / instrucción *m* de retención temporal ‖ ˜**decke** *f* (Bau) / techo *m* del sótano
Kellerei *f* / bodegas *f pl*, cavas *f pl* ‖ ˜ (Brau) / bodegas *f pl* (de cerveza)
Keller•fenster *n* / tragaluz *m* de sótano, ventana *f* de sótano, respiradero *m* del sótano ‖ **liegendes** ˜**fenster** / tragaluz *m* [de sótano] a flor de tierra ‖ ~**feucht** / humectado naturalmente ‖ ˜**feuchtung** *f*, -befeuchtung *f* / humectación *f* en la cueva ‖ ˜**gang** *m* (Bau) / pasillo *m* sótano ‖ ˜**geschoss**, Souterrain *n* / sótano *m*, subsuelo *m* ‖ ˜**geschoss**, -wohnung *f* / sótano *m*, sótano *m* habitable, vivienda *f* en subsuelo ‖ ~**gewölbe** *n* / cueva *f*, bóveda *f* del sótano ‖ ˜**hals**, -eingang *m* (Bau) / recuadro *m* de la puerta de sótano
Keller-Ofen *m* (Gieß) / horno *m* Keller
Keller•rahmen *m* (Bau) / cuadro *m* del sótano ‖ ~**räume** *m pl*, -geschoss *n* / [habitaciones en el] subsuelo *m* ‖ ˜**speicher**, Stapelspeicher *m* (DV) / pila *f* ‖ ˜**treppe** *f* (Bau) / escalera *f* de sótano ‖ ˜**tür** *f* / puerta *f* de sótano
Kellerung *f* (DV) / apilamiento *m*
Kellevoll *f* (Mörtel) / pellada *f*
Kellfaktor *m* (TV) / factor *m* Kell

Kellog•-Orthoflow-Verfahren *n* (Öl) / procedimiento *m* Kellog-Orthoflow ‖ ˜**-Schwefelsäure-Alkylierung** *f* (Chem) / alquilación *f* de Kellog por ácido sulfúrico
Kelp, Varek *n* (Tangasche) (Chem) / Kelp *m*
Kelter *f*, -presse *f* / lagar *m*, prensa *f*, faraíz *m*
Kelterei *f* / lagar *m*
Keltergeräte *n pl*, Kellereimaschinen / máquinas *f pl* de bodega
keltern / pisar o prensar la uva ‖ ˜ *n* / prensado *m* de la uva
Kelvin *n*, K (Phys) / Kelvin ‖ ˜**brücke**, Doppelbrücke *f* / puente *m* Kelvin ‖ **absolutes** ˜**elektrometer** / electrómetro *m* absoluto de Kelvin ‖ ˜**temperatur** *f* (gemessen in K) / temperatura *f* [de] Kelvin, temperatura *f* absoluta
KEM, Kardioid-Ebenen-Mikrofon *n* / micrófono *m* KEM
Kenaf *m* (Gambofaser) (Tex) / fibra *f* de gambo
Kendyofaser *f* / fibra *f* de kender
Kenn•... / característico, de identificación ‖ ˜**bake** *f*, -feuer *m* (Schiff) / faro *m* de identificación, radiofaro *m* de identificación ‖ ˜**begriff** *m* (DV) / clave *f* ‖ ˜**bit** *n* (DV) / bit *m* indicador ‖ ˜**buchstabe** *m* (Fernm) / letra *f* marcadora, letra *f* característica, indicativo *m*, letra *f* indicadora ‖ ˜**buchstabe** (Luftf) / letra *f* de reconocimiento ‖ ˜**code** *m* (DV) / código *m* de identificación ‖ ˜**code** (Schiff) / código *m* de identificación ‖ ˜**daten** *pl* / características *f pl*, datos *m pl* característicos, datos *m pl* de referencia ‖ ˜**draht** *m* (Elektr) / hilo *m* metálico de identificación
Kennelly-Heavisideschicht *f* / capa *f* de Kennelly-Heaviside
Kenn•faden *m* (Kabel) / hilo *m* de identificación, hilo *m* piloto ‖ ˜**farbe** *f* (allg) / color *m* distintivo, color *m* de identificación ‖ ˜**farbe**, Codefarbe *f* / color *m* distintivo ‖ ˜**farben** *f pl* / colores *m pl* distintivos ‖ ˜**farben für Leuchtmelder** / colores *m pl* de luces indicadoras ‖ ˜**feld**, -linienfeld *n* / diagrama *m* característico ‖ ˜**feld** *n* (Math) / campo *m* característico ‖ ˜**feldsteuerung** *f* (Mot) / definición *f* de redes de características ‖ ˜**feuer** *n* (Luftf, Schiff) / faro *m* de identificación ‖ ˜**größe** (Math) / parámetro *m* ‖ ˜**größe**, dimensionslose Zahl / número *m* sin dimensión ‖ ˜**größe**, Parameter *m* (Elektr, Masch) / parámetro o valor característico ‖ ˜**größen** *f pl* / parámetros *m pl* característicos ‖ ˜**impuls** *m* (Film) / impulso *m* de identificación, impulso *m* de sincronización ‖ ˜**intervall** *n* (DV) / intervalo *m* significativo ‖ ˜**kräuselung** *f* (Garn) / crespado *m* característico ‖ ˜**kurve** *f* (Eltronik) / curva *f* característica ‖ ˜**lampe**, -leuchte *f* / lámpara-testigo *f* ‖ ˜**leitwert** *m* (Fernm) / admitancia *f* indicativa ‖ ˜**leitwert** (nach Feldkeller) / admitancia *f* de transfer ‖ **reziproker** ˜**leitwert** (nach Feldkeller) (Fernm) / impedancia *f* de transfer recíproca ‖ ˜**leuchte** *f* **für außergewöhnliche Abmessungen** (Kfz) / lámpara *f* o luz *m* de contornos ‖ ˜**licht** *n*, Positionslicht *n* (Bahn) / luz *f* de posición ‖ ˜**licht**, Signallicht *n* (Bahn) / señal *f* luminosa ‖ ˜**linie** *f* (Math) / curva *f* característica, característica *f* ‖ ˜**linie** (Regeln) / característica *f* estática ‖ ˜**linie** (Schliffbild) / curva *f* característica ‖ ˜**linie** (Kfz-Reifen) / nervio *m* concéntrico ‖ ˜**linie bei konstantem Strom** (Elektr) / característica *f* de corriente constante ‖ ˜**linie der Magnetfeldröhre** (Eltronik) / parábola *f* crítica ‖ ˜**linie des differentiellen Widerstands** (Diode) / característica *f* de [la] resistencia diferencial ‖ ˜**linie eines Verstärkers** / curva *f* de respuesta de un amplificador ‖ ˜**linie für cos** $\varphi = 0$ (Elektr) / característica *f* de defasaje zero ‖ ˜**linienbild** *n* / gráfica *f* ‖ ˜**linienfeld** *n* (Eltronik, Röhre) / diagrama *m* característico, campo *m* de líneas características ‖ ˜**liniengebirge** (Math) / superficie *f* de [líneas] características ‖ ˜**linienknick** *m* (Math) / codo *m* de una curva característica ‖

˜linienschar f (Math) / familia f de características ‖
˜linienschreiber m / inscriptor m de características ‖
˜marke f, Identifizierungsmarke f / chapa f de identidad o de identificación, sello m característico ‖
˜marke, Montagezeichen n / marca f de montaje ‖
˜melder m (Elektr) / indicador m de color ‖ ˜melodie f / indicativo m musical ‖ ˜-Nummer f / número m indicador o de identificación ‖ ˜satz m (DV) / rótulo m ‖ ˜satz, Etikett n (DV) / rótulo m, etiqueta f ‖
˜satzfolge f (Magn.Bd) / grupo m de rótulos ‖
˜satzname m (DV) / indicativo m o denominación de rótulo ‖ ˜satz-Sektor m (DV) / sector m de rótulos ‖
˜satz-Spur f (DV) / pista f de rótulos
kenntlich / reconocible, identificable ‖ ~ machen / marcar, señalar, hacer distinguible ‖ ~ machen, beschriften (DV) / poner un rótulo
Kenntnis f, Wissen n / conocimiento m, saber m
Kennung f (Luftf, Schiff) / identificación f, señal f de identificación, característica f, marca f ‖ ˜, Kennbegriff m (DV) / carácter m de identificación, indicativo m ‖ ˜ (Fernschreiber) / código m de indicativo
Kennungs•geber m (Fernm) / emisor m de características, generador m de señales de identificación ‖ ˜marke, Landmarke f (Luftf) / marca f terrestre para aviones ‖ ˜marke f (Flugsicherheit) (Luftf) / marca f de identificación ‖ ˜wechsel m (DV) / cambio m de indicativo ‖ ˜zeichenschalter m (Radar) / conmutador m
Kenn•wert m (Math) / valor m característico, parámetro m ‖ ˜wert f (Mech) / coeficiente m ‖ ˜wert (Mech) / factor m ‖ ˜wertermittlung f (Regeln) / identificación f ‖ ˜widerstand m (Fernm, Kabel) / impedancia f característica ‖ ˜widerstand eines Vierpols (Fernm) / impedancia f propia de un cuadripolo ‖
˜wort-Dateischutz m (DV) / protección f [del archivo de datos] por consigna ‖ ˜zahl (DV), Vorwahlnummer f (Fernm) / prefijo m [interurbano] ‖ ˜zahl (Fernm) / número m característico ‖ ˜zahl, Chiffre f / cifra f, referencia f ‖ ˜zahl f nach Terra (Aufbertg, Bergb) / desviación f ‖ ˜zahlenmäßige Bezeichnung / indexing m ‖ ˜zahlenplan m (Fernm) / plan m de numeración nacional, esquema m
Kennzeichen n, Merkmal n (allg) / marca f, señal f ‖ ˜, Zeichen n / marca f distintiva ‖ ˜, Wesensmerkmal n, Merkmal n, Eigenschaft f / característica f, carácter m ‖ ˜ n, Markierung f / signo m distintivo, distintivo m, marca f ‖ ˜, Kriterium n / criterio m ‖ ˜ n, Anhaltspunkt m / indicio m, punto m de referencia ‖
˜ (Druck) / designación f ‖ ˜, Markierung f (Luftf) / baliza f ‖ ˜, Hinweissymbol n (DV) / indicador m ‖ ˜, Insert n (TV) / inserto m ‖ ˜ n der Befehlslänge (DV) / código m de la longitud de las instrucciones ‖ ˜ der Datenkettung (DV) / indicador m de cadena de datos ‖ polizeiliches ˜, Nummernschild n, amtliches Kennzeichen (Kfz) / matrícula f, placa f de matrícula (C), chapa f de matrícula (LA) ‖ polizeiliches ˜ (Fahrrad) / matrícula f de bicicleta ‖ ˜bit n (DV) / bit m indicador, bit m de identificación ‖ ˜leuchte f (Kfz) / luz f de matrícula ‖ ˜schild n (Kfz) / placa f de matrícula (E), chapa f de matrícula (LA)
kennzeichnen vt / marcar, caracterizar ‖ ~, kenntlich machen / marcar, señalar ‖ ~ (DV) / identificar ‖ ~ (Fahrrinne) (Schiff) / balizar (marcar) ‖ ~, Merker setzen (DV) / identificar, rotular ‖ mit Buchstaben ~ (Zeichn) / indicar con letras
kennzeichnend / característico ‖ ~er Bestandteil (Geol) / mineral m característico ‖ ~es Intervall (DV) / intervalo m significativo ‖ ~e Zeitpunkte / instantes m pl significativos
Kennzeichnung f (allg) / caracterización f, marcación f, marcado m, marcaje m ‖ ˜, Markierung f / caracterización f, señalización f ‖ ˜ (Norm) / certificación f ‖ ˜, Markierung f / marca f de identificación ‖ ˜ (Elektr) / identificación f ‖ ˜ od. Auszeichnen von Waren / etiquetado m de mercancías
Kennzeichnungs•-Aufnahme f (Repro) / cuadro m de identificación, marco m de identificación ‖ ˜farbe f (Färb) / color m detector ‖ ˜fläche (Masch) / placa f de marcado ‖ ˜linie f / línea f de orientación ‖ ˜papier n für Kabelisolation / papel m de colores de identificación ‖ ˜tülle f (Elektr, Eltronik, Kabel) / manguito m indicador de cable[s]
Kenn•zeitpunkt m (DV) / instante m o momento significativo ‖ ˜ziffer f (Stat) / clave f ‖ ˜ziffer, Kennzahl f / número m indicativo ‖ ˜ziffer, -zahl f, Exponent m, Hochzahl f (Math) / índice m, exponente m, [cifra] característica f ‖ ˜ziffer, Vorwahl f (Fernm) / código m, prefijo m [interurbano] ‖ ˜ziffer eines Logarithmus (Math) / característica f de [un] logaritmo ‖ ˜ziffer für Materialangaben (F.Org) / cifra f característica o simbólica para indicar materiales ‖ ˜ziffernausscheidung f (Fernm) / separación f de dígitos ‖ erster ˜ziffernwähler (Fernm) / selector m de dígitos A ‖ zweiter ˜ziffernwähler (Fernm) / selector m de dígitos B ‖
˜zustand m (Fernm) / estado m distintivo
Kenotron n (Glühkatoden-Diode) (Eltronik) / kenotrón m
kentern vi (Schiff) / zozobrarse ‖ ~ (Gezeiten) / invertirse [las mareas] ‖ ˜ n (Schiff) / zozobra f ‖ ˜ der Flut / inversión f de la pleamar ‖ zum ˜ bringen (Schiff) / [hacer] zozobrar
Kenterschloss n / eslabón m [de cierre] Kenter ‖ ˜ für Ketten (DIN 22 258) / grillete m tipo Kenter
kentersicher (Schiff) / a prueba de zozobra
Kephalin n (Chem) / cefalina f
Kephalopodenfänger m / cefalopodero m
Keplersche Umlaufbahn (Satellit) / órbita f de Kepler
Keramik f / cerámica f ‖ ˜brennofen m, -ofen m / horno m de cerámica
Keramiker m / ceramista m
Keramik•faser f / fibra f cerámica ‖ ˜filterelement n / elemento m de filtro cerámico ‖ ˜fliese f / baldosa f cerámica, losa f cerámica ‖ hart gebrannte ˜fliese / baldosa f o losa cerámica de cocción dura ‖ glasierte ˜fliese / baldosa f cerámica esmaltada, losa f cerámica esmaltada ‖ ˜-Formverfahren n (in zweiteiligen Formen) (Gieß) / método m de colada con molde cerámico [de dos piezas] ‖ ~gebundener Abfall (Nukl) / bloques m pl vitrificados de residuos radiactivos ‖ ˜gehäuse n (Eltronik) / carcasa f cerámica, caja cerámica.f., armario m cerámico ‖
˜kochfeld n (Küche) / encimera f vitrocerámica ‖
˜kondensator m / condensador m cerámico ‖
˜maschinen f pl / maquinaria f para la cerámica ‖ [gut] zu verarbeitende ˜masse / pasta f vieja ‖
˜-Metall-Verbundwerkstoff m / cermet m, sello m cerámica-metal ‖ ˜ofen m, -Brennofen m / horno m de cerámica ‖ ˜platte f / losa f cerámica ‖ ˜rohr n / tubo m cerámico ‖ ˜scheibe f / disco m cerámico (del grifo monopalanca) ‖ ˜-Schnittwerkzeug n (Wzm) / útil m de corte de cerámica, herramienta f cerámica ‖
˜steine m pl / piezas f pl cerámicas ‖ ˜träger m für Chips (IC) / soporte m cerámico para pastillas ‖
˜trimmer m (Eltronik) / trim[m]er m cerámico ‖
˜wafer f (Eltronik) / plaquita f de cerámica ‖ ˜waren f pl, Töpferwaren f pl / artículos m pl cerámicos, alfarería f
keramisch, Keramik... / cerámico ‖ ~er Abstandshalter, Isolierperle f (Elektr) / perla f de cerámica ‖ ~e Bindung (Schleifsch) / composición f cerámica ‖ ~er Brennstoff (Nukl) / combustible m cerámico ‖ ~er Druck / impresión f sobre cerámica ‖
~e Fabrik / fábrica f de cerámica ‖ ~e Farbe / color m cerámico ‖ ~e Fußbodenplatte / losa f o loseta cerámica ‖ ~ gebunden (Schleifscheibe) / de

695

keramisch

composición cerámica, ligado cerámicamente ‖ ~e
Metallurgie / metalocerámica f ‖ ~**er Reaktor** (Nukl) / reactor m [de combustible] cerámico ‖ ~**er Rechteckkondensator** (Eltronik) / capacitador m de placas cerámicas, condensador m cerámico rectangular ‖ ~**er Verbundkörper** (Keram) / material m cerámico compuesto ‖ ~**er Werkstoff** / material m cerámico
Keramographie f / ceramografía f
Keramohalit, Alunogen m (Min) / alunógeno m
Kerargyrit m (Min) / cerargirita f, plata f córnea
Keratin n (Biochem) / queratina f, keratina f
keratinisieren / queratinizar
keratolytisch / queratolítico
Keratoskop n, Placido-Scheibe f (Opt) / keratoscopio m, disco m de Plácido
Keraunit m, Strahlstein m (Min) / ceraunita f, piedra f de rayo
Kerb m, Kerbe f (Bergb) / roza f ‖ ~**arm** m, -ausleger m (Bergb) / brazo m socavador ‖ ~**barren** m (Kupfer, Zink) / lingote m subdividido ‖ ~**biegeversuch** m (Mat.Prüf) / ensayo m de flexión con probeta entallada, ensayo m de doblado con entalla ‖ ~**brucharbeit** f (Versuch) / resiliencia f ‖ ~**dauerstandversuch** m / ensayo m de fluencia sobre probeta entallada ‖ ~**durchmesser** m / diámetro m de la entalla
Kerbe f, Kerbschnitt m / entalla[dura] f, entallamiento m, muesca f ‖ ~, Einschnitt m / incisión f ‖ ~, Scharte f / mella f ‖ ~, Sägeschnitt m / ranura f de sierra ‖ ~, Marke f (Zimm) / marca f, cospe m
Kerb•effekt m / efecto m de melladura o de entalladura ‖ ~**einflusszahl** f (Mat.Prüf) s. Kerbfaktor
Kerbel m (Bot) / perifollo m
Kerbempfindlichkeit f / sensibilidad f al entalle, sensibilidad f al entallado
kerben vt, Kerben machen / entallar, hacer muescas ‖ ~, schlitzen, schrämen (Bergb) / rozar ‖ ~**fügung** f (Holz) / machihembrado m
Kerb•faktor m, -einflusszahl f / índice m de concentración de los esfuerzos ‖ ~**faltprobe** f / ensayo m de plegado con barras entalladas, ensayo m de doblado sobre probeta entallada ‖ ~**filter** m (Eltronik) / filtro m de muesca ‖ ~**form** f / forma f de entalladura ‖ ~**grund** m / fondo m de la entalla[dura] ‖ ~**kabelschuh** m (Elektr) / terminal m de entalladura ‖ ~**messer** m (Holz) / cuchillo m de entallar ‖ ~**muffe** f (Elektr) / manguito m con muesca[s] ‖ ~**nagel** m (DIN 1476/77) / remache m estriado ‖ ~**rand** m (Münzw) / canto m acordonado ‖ ~**riemen** m / correa f dentada o de dientes ‖ ~**rille** f (Projektil) / ranura f de engarce ‖ ~**säge** f (Wz) / sierra f de entallar ‖ ~**schärfe** f (Mat.Prüf) / acuidad f de muesca ‖ ~**schlagarbeit** f / energía f absorbida durante el choque ‖ ~**schlagarbeit an Spitzkerbproben nach ISO-V** / resiliencia f V según norma ISO-V ‖ ~**schlagbiegeprobe** f / ensayo m de flexión por choque en la probeta entallada ‖ ~**schlagbiegeversuch** m nach Charpy / ensayo m de resiliencia según Charpy ‖ ~**schlagempfindlichkeit** f s. Kerbempfindlichkeit ‖ ~**schlagprobe** f / ensayo m de choque en la (o con) probeta entallada ‖ ~**[schlag]zähigkeit** f / resiliencia f, resistencia f al choque en la probeta entallada ‖ ~**schlagzähigkeit** f (Wert) / valor m de resiliencia ‖ ~**schlagzähigkeit nach Izod** / resistencia f al choque según Izod ‖ ~**schnitt** m, Kerbmarkierung f / entalladura f, muesca f ‖ ~**schnittarbeit** f, -schnitzarbeit f (Tischl) / trabajo m de entalladura de madera ‖ ~**sprödigkeit** f (Hütt) / fragilidad f de muescas o a la entalla ‖ ~**stab** m, -probe f (Mat.Prüf) / probeta f entallada ‖ ~**stelle** f / punto m de entallado ‖ ~**stift** m (DIN 1470 etc) / pasador m estriado ‖ ~**stift mit Hals** / pasador m estriado con garganta ‖ ~**tiefe** f (Mat.Prüf) / profundidad f de entalladura ‖ ~**verbinder** m,
-verbindungshülse f (Elektr) / manguito m de conexión por entallado, casquillo de unión de entalladura.m. ‖ ~**verbindung** f (Elektr) / unión f de entalladura ‖ ~**verdrehversuch** m (Mat.Prüf) / ensayo m de torsión sobre probeta entallada ‖ ~**verzahnung** f (Masch) / dentado m de entalladura ‖ ~**wirkung** f / efecto m de entalle o entallado o de muesca ‖ ~**wirkungszahl** f / coeficiente m de [efecto de] entalladura ‖ ~**wulstrahmen** m, genähter Rahmen (Schuh) / cerco m cosido ‖ ~**zäh** / resiliente ‖ ~**zähigkeit** f s. Kerbschlagzähigkeit ‖ ~**zahn-Lehrdorn** m / calibre m macho para cubos estriados ‖ ~**zahnnabe** f / cubo m estriado ‖ ~**zahnnabenprofil** n / perfil m de cubo estriado ‖ ~**zahnnaben-Räumwerkzeug** n / herramienta f de brochar cubos acanalados o estriados en el interior ‖ ~**zahnprofil** n / perfil m estriado o acanalado ‖ ~**zahn-Räumwerkzeug** n / herramienta f de brochar para perfiles estriados ‖ ~**zahnsteckschlüssel** m / llave f de pipa estriada ‖ ~**zahnwelle** f / árbol m estriado ‖ ~**zahnwellenprofil** n / perfil m entallado del árbol estriado ‖ ~**zange** f (Wz) / pinzas f pl o tenazas de marcar o entallar ‖ ~**zugfestigkeit** f (Mat.Prüf) / resistencia f a la tracción de probetas entalladas ‖ ~**zugversuch** m / ensayo m de tracción con entalladura
Kerma n (Nukl) = kinetic energy released in matter / kerma m
Kermes m, Kermeskörner npl (Färb) / quermes m, kermes m ‖ ~**eiche** f, Quercus coccifera f / coscoja f
Kermesit m, Rotspießglanz m (Min) / kermesita f, quermesita f, quermes m mineral
Kermet-Brennstoff m (Nukl) / combustible m metalocerámico o cermet
Kern m (Astr, Biol, Masch, Phys) / núcleo m ‖ ~ (Holz) / corazón m ‖ ~, Innerstes n (Masch) / núcleo m, corazón m ‖ ~, Samenkern m von Äpfeln etc. / pepita f, pepa f (LA), pipa f ‖ ~, Stein m von Steinobst / hueso m, carozo m (LA) ‖ ~, Kernstange f der Röhrenpresse / mandril m ‖ ~ (Brennstoffelement, Reaktor) / núcleo m ‖ ~ (Glasrohrschliff) / cono m ‖ ~ (Galv) / mandril m ‖ ~ (Faser, Opt) / alma f ‖ ~, Bohrkern m / testigo m ‖ ~, Mark n / médula f ‖ ~, Magnetkern m (DV) / núcleo m magnético ‖ ~ (z.B. eines Anwendungssystems) (DV) / fundamentos m pl ‖ ~ (Gieß) / macho m ‖ ~, Grünsandkern m (Gieß) / macho m de arena verde ‖ ~ m (Mech) / núcleo m central ‖ ~..., nuklear (Phys) / nuclear ‖ ~... s. auch Kernstück ‖ ~ m **der Integralgleichung** (Math) / núcleo m de la ecuación integral ‖ ~ **der Schraube** / cuerpo m o núcleo del tornillo ‖ ~ **des Spiralbohrers** / alma f de la broca [espiral] ‖ ~ **des Ziehsteins** / núcleo m de la hilera ‖ ~ **(Kunststoffspritzform)** / centro m, corazón m ‖ **den** ~ **entfernen**, entkernen (Bot) / desgranar, deshuesar, despepitar ‖ **dunkler** ~ **von Sonnenflecken**, Umbra f / umbra f ‖ **mit** ~ **versehen** (Gieß) / dotar de machos ‖ **mit einem** ~ (Biol) / mononuclear ‖ **weicher** ~ (Hütt) / núcleo m blando ‖ **zu einem** ~ **vereint** (Phys) / nucleado
Kern•absättigung f (Nukl) / saturación f nuclear ‖ ~**abstand** m / distancia f internuclear o entre núcleos ‖ ~**achse** f (Bahn) / eje m macizo ‖ ~**ader** f (Elektr) / hilo m de alma ‖ ~**anregung** f / excitación f nuclear ‖ ~**-Anrichtplatte** f, Fliese (Schleifmaschine) / plato m con granos de diamante ‖ ~**ansatz** m, Ka (Schraube) / extremo m con tetón corto ‖ ~**ansatz-Höhe** f (Schraube) / longitud f del tetón corto ‖ ~**anschnitt** m (Gieß) / entrada f por macho ‖ ~**anspitzen** f (Bohrer) / afilado m de la punta (de la broca) ‖ ~**anspritzmittel** m (Gieß) / agente m para rociar el macho ‖ ~**antrieb** m (Raumf) / propulsión f [con energía] nuclear ‖ ~**art** f / especie f de núcleo ‖ ~**artig** / nucleario ‖ ~**atom** n, Atomkern m ohne Elektronen / átomo m nuclear (sin electrones) ‖ ~**aufbau** m / estructura f o configuración del núcleo ‖ ~**auge** n, -lager n (Gieß) / portada f del macho ‖

⁓**ausdrückmaschine** f (Gieß) / máquina f para expulsar los machos ‖ ⁓**ausdrückstempel** m / expulsor m de machos ‖ ⁓**ausrichtung** f (Phys) / alineamiento m nuclear ‖ ⁓**ausstoßen** n (Gieß) / expulsión f del macho ‖ ⁓**auswahlregeln** f pl (Nukl) / reglas f pl de selección nuclear ‖ ⁓**baustein** m, Nukleon n / nucleón m ‖ ⁓**bauweise**, Wabenbauweise f / construcción f en panal ‖ ⁓**behälter** m (Reaktor) / barrilete m ‖ ⁓**beschießung** f, -beschuss m (Phys) / bombardeo m nuclear ‖ ⁓**bestandteile** m pl (Nukl) / componentes m pl del núcleo ‖ ⁓**beton** m (Bau) / hormigón m granulado ‖ ⁓**bildung** f (Phys) / nucleación f ‖ **natürliche** ⁓**bildung** / nucleogénesis f ‖ ⁓**binder** m (Gieß) / aglutinante m o fijador para machos ‖ ⁓**bindungsenergie** f (Nukl) / energía f de enlace nuclear ‖ ⁓**blasmaschine** f (Gieß) / máquina f sopladora de machos ‖ ⁓**blech** n (Trafo) / chapa f del núcleo ‖ ⁓**bock** m, -stütze f (Gieß) / soporte m para macho[s] ‖ ⁓**bogen** m, Füllbogen m (Plast) / capa f interior ‖ ⁓**bohren** (Bergb) / perforar con sacatestigos o sacanúcleos ‖ ⁓**bohren** (Bergb) / perforación f con barrena sacanúcleos ‖ ⁓**bohrer** m, Kerner m (Bergb) / barrena sacanúcleos o sacatestigos ‖ ⁓**bohrkrone** f / corona f de [la] barrena sacanúcleos o sacatestigos ‖ ⁓**bohrmaschine** f / perforadora f sacanúcleos o sacatestigos ‖ ⁓**bohrung** f (Öl) / perforación f con barrena sacanúcleos o sacatestigos ‖ ⁓**brecher** m (Bergb) / quebrantanúcleos m ‖ ⁓**brennstoff** m (Reaktor) / combustible m nuclear, material m fisible ‖ ⁓**brennstoff-Kreislaufpark** m / parque m de ciclo de combustible nuclear ‖ ⁓**brennstofftablette** f (Reaktor) / pastilla f de combustible nuclear ‖ ⁓**brett** n, -schablone f (Gieß) / tabla f de modelación de machos ‖ ⁓**brett** (Holz) / tablón m del duramen o corazón ‖ ⁓**bruchstück** n, -splitter m / fragmento m nuclear ‖ ⁓**büchse** f, -form f (Gieß) / caja f de macho ‖ ⁓**chemie** f / química f nuclear ‖ ⁓**chemisch** / quimiconuclear ‖ ~**chemischer Reaktor** / reactor m quimiconuclear ‖ ⁓**dicke** f (Schleifscheibe) / espesor m central ‖ ⁓**dicke** (Bohrer) / espesor m del alma ‖ ⁓**draht** m (Schw) / alma f del electrodo ‖ ⁓**draht** (Gieß) / alambre m de macho ‖ ⁓**drehimpuls**, Kernspin m (Nukl) / espín m nuclear ‖ ⁓**durchmesser** m (Gewinde) / diámetro m menor ‖ ⁓**durchmesser** (Phys) / diámetro m del núcleo ‖ ⁓**eigenschaften** f pl (Phys) / propiedades f pl o características nucleares ‖ ⁓**einfang** m (Nukl) / captura f de núcleos ‖ ⁓**einlegelehre** f (Gieß) / calibre m para la colocación de machos ‖ ⁓**emission** f (Nukl) / emisión f nuclear ‖ ⁓**energetik** f / energética f nuclear ‖ ⁓**energie** f / energía f nuclear ‖ **durch** ⁓**energie antreiben** / accionar o propulsar por energía nuclear ‖ ⁓**energiebehörde** f (in Spanien) / JEN f (= Junta de Energía Nuclear (E)) ‖ ⁓**energie-Entsorgungspark** m, Endlager n / almacén m definitivo o final ‖ ⁓**energieprogramm** n / programa m de energía nuclear ‖ ⁓**energie-Rakete** f / cohete m de propulsión nuclear ‖ ⁓**energie-Raketenantrieb** m / propulsión f nuclear del cohete ‖ ⁓**energieschiff** n / barco m o buque con propulsión nuclear ‖ **mit** ⁓**energie-Triebwerk** (Raumf) / con propulsión nuclear, con motor cohético nuclear ‖ ⁓**entartung** f (Phys) / degeneración f nuclear ‖ ⁓**explosion** f (Nukl) / explosión f nuclear ‖ ⁓**faden** m (Tex) / hilo m ánima o de fondo ‖ ⁓**fänger** m (Öl) / atrapanúcleos m, recogemuestras m ‖ ⁓**fangring** m (Öl) / campana f sacatestigos ‖ ⁓**fäule** f (Holz) / putrefacción f del corazón, descomposición f medular, acebolladura f ‖ ⁓**feld** n (Nukl) / campo m nuclear ‖ ⁓**feld**, Mesonenfeld n (Nukl) / campo m de mesones ‖ ~**fernes Elektron** / electrón m periférico o externo ‖ ⁓**flecken** m pl **u. Streifen durch Pilzbefall**, -holzflecken m pl (Holz) / manchas f pl [de duramen] debidas a la ataque por hongos ‖ ⁓**flüssigkeit** f (Nukl) / fluido m nuclear ‖ ⁓**flutsystem** n (Nukl) / sistema m de inundación del núcleo [del reactor] ‖ ⁓**form** f (Gieß) / molde m para machos ‖ ⁓**form**, Atomkernform f / forma f del núcleo atómico ‖ ⁓**form** f (Beton) / forma f granulométrica o del grano ‖ ⁓**formerei** f (Vorgang) (Gieß) / moldeo m de machos ‖ ⁓**formerei** f (Abteilung) / taller m [para el moldeo] de machos ‖ ⁓**formmaschine** f (Gieß) / moldeadora f de machos ‖ ⁓**forschung** f (Nukl) / investigación f nuclear ‖ ⁓**forschunganlage** f / instalación f o planta de investigaciones nucleares ‖ ⁓**forschungszentrum** n / centro m de investigaciones nucleares, centro m nuclear ‖ ⁓**fusion** f / fusión f nuclear ‖ ⁓**fusionsreaktion** f / reacción f de fusión nuclear ‖ ⁓**gefüge** n (Gieß) / estructura f del núcleo ‖ ⁓**gehäuse** n (Obst) (Bot) / corazón m (fruta) ‖ ⁓**grat** f (Gieß) / rebaba f de juntura (macho) ‖ ⁓**guss** m, Hohlguss m (Gieß) / fundición f hueca ‖ ⁓**halbmesser** f (Mech) / radio m del núcleo [central] ‖ ⁓**halbmesser**, -radius m (Gewinde) / radio m menor ‖ ⁓**haltestift** m (Gieß) / clavo m de machos, punta f de machos ‖ ~**haltig** (Biol) / nucleado ‖ ⁓**härtbarkeit** f, Durchhärtbarkeit f (Gieß) / templabilidad f del núcleo ‖ ⁓**härte** f / dureza f del núcleo ‖ ⁓**härten** f (Gieß) / temple m del núcleo ‖ ⁓**härteplatte** f, -trockenplatte f (Gieß) / placa f para secado de machos ‖ ⁓**haus** n (ohne Anbau) (Bau) / casa f principal ‖ ⁓**heber**, Fangring m (Bergb, Öl) / campana f atrapanúcleos ‖ ⁓**holz** n (Holz) / duramen m, cerne m, madera f de corazón, núcleo m (LA) ‖ **ast- u. rissefreies** ⁓**holz** / duramen m perfecto

kernig (Motor) / robusto y fuerte ‖ ~**er Griff** (Tex) / tacto m firme o sólido o lleno

Kern•induktion f, [magnetische] Kernresonanz (Med, Phys) / resonancia f magnética nuclear, resonancia f nucleomagnética ‖ ⁓**inneres** n (Nukl) / corazón m del núcleo ‖ ⁓**isomere** n pl / isómeros m pl nucleares ‖ ⁓**isomerie** f / isomería f nuclear, isomerismo m nuclear

Kernit m, Rasorit m (Min) / kernita f, quernita f

Kern•kabel n / cuadrete m central de un cable ‖ ⁓**kasten** m (Gieß) / caja f de macho[s] ‖ ⁓**kettenreaktion** f / reacción f nuclear en cadena ‖ ⁓**kleben** n (Gieß) / adherencia f del macho ‖ ⁓**kleber** m (Gieß) / aglutinante m para machos ‖ ⁓**komponente** f, -bauteil n (Nukl) / componente m del núcleo ‖ ⁓**körper**, Nukleolus m (Biol) / nucléolo m ‖ ⁓**korrosion** f (Reaktor) / corrosión f por núcleos ‖ ⁓**kraft** f, -energie f (Phys) / energía f nuclear, fuerza f nuclear ‖ **mit** ⁓**kraft betrieben** / accionado por energía nuclear ‖ ⁓**kraftwerk** n, KKW / central f nucleoeléctrica o nuclear ‖ ⁓**kreisel**, Partikelkreisel m (Phys) / giroscopio m de partículas ‖ ⁓**kristall** m (Min) / cristal m de núcleo ‖ ⁓**kristall**, Perimorphose f (Min) / perimorfosis f ‖ ⁓**ladung** f / carga f nuclear ‖ ⁓**ladungszahl** f Z, Ordnungszahl f Z / número m atómico, Z m ‖ ⁓**lager** m (Gieß) / portada f del macho ‖ ⁓**leder** n / cuero m espaldar o de lomo, cuero m de crupón ‖ ⁓**leitwert** (Vierpolkonstante) (Fernm) / transadmitancia f en cortocircuito ‖ ⁓**linie** f, -umfang m (Mech) / contorno m o perímetro del núcleo [central] ‖ ⁓**linse** f (Opt) / lente f nuclear ‖ ⁓**litze** f (Seil) / cordón-alma m del cable ‖ ⁓**loch** n (Gieß) / agujero m para sacar el macho ‖ ⁓**loch** (Gewinde) / agujero m o taladro para roscar ‖ ⁓**lochstift** m (Gieß) / espiga f para agujeros (en el macho) ‖ ⁓**lochstopfen** m (Gieß) / tapón m del agujero para sacar el macho ‖ ~**los** / sin núcleo ‖ ~**los** (Obst) / sin pepita, sin grano ‖ ~**loser Induktionsofen** (Hütt) / horno m de inducción sin núcleo ‖ ⁓**lunker** m (Hütt) / rechupe m ‖ ⁓**macher** m (Gieß) / machero m, noyero m ‖ ⁓**macherei** f, -fertigung f / machería f ‖ ~**magnetisches Logging** o. **Bohrlochmessen** (Öl) / perfilaje m por resonancia magnética nuclear ‖ ~**magnetische Resonanz** (Med, Phys) / resonancia f magnética nuclear, resonancia f magnetonuclear ‖ ⁓**magneton** n (Nukl) / magnetón m

Kernmantel

nuclear, nucleomagnetón m ‖ ~**mantel** m (Reaktor) / envolvente f del núcleo ‖ ~**-Mantel-Faser** f (Opt) / fibra f con núcleo encamisado ‖ ~**mantelseil** n / cable m con núcleo encamisado ‖ ~**marke** f (Gieß) / portada f o marca de macho ‖ ~**masse** f (Phys) / masa f del núcleo ‖ ~**masse** (Gieß) / pasta f para machos ‖ ~**material** n (Nukl) / material m nuclear o fisible ‖ ~**materialüberwachung** f (für friedliche Zwecke), Sicherungsmaßnahmen f pl / control m del material fisible (para fines pacíficos), salvaguardia[s] $f[pl]$ tecnológica[s] ‖ ~**materie** f / materia f nuclear ‖ ~**matrixelement** n (DV) / elemento m de matriz nuclear ‖ ~**mauer** f, Kern eines Sperrdammes m / muro m interior de impermeabilización ‖ ~**mehl** n (Landw) / flor f de harina ‖ ~**modell** n (Phys) / modelo m del núcleo ‖ ~**modell mit unabhängigen Teilchen** / modelo m [del núcleo] de partículas independientes ‖ ~**molekül** n / molécula f nuclear ‖ ~**moment** n (Bau, Mech) / momento m de fuerzas transversales ‖ ~**moment** (Nukl) / momento m nuclear ‖ ~**nagel** m (Gieß) / clavo m de macho o noyo ‖ ~**nagel**, -bock m, -stütze f (Gieß) / soporte m de macho ‖ ~**nahes Elektron** / electrón m próximo al núcleo ‖ ~**nährstoffe** m pl (Biol) / materias f pl esenciales o nutritivas ‖ ~**-Niveau** n / nivel m [de energía] nuclear ‖ ~**obst** n / fruta f de pepitas o de granos ‖ ~**ofen** m (Gieß) / horno m para machos ‖ ~**öl** n (Landw, Nahr) / aceite m de pepitas ‖ ~**öl** (Gieß) / aceite m para machos ‖ ~**-Overhauser-Effekt** m (Spektr.) / efecto de Overhauser ‖ ~**paket** n (Trafo) / apilamiento m de chapas del núcleo ‖ ~**paramagnetische Resonanz** (Phys) / resonancia f paramagnética nuclear ‖ ~**partikel** f / partícula f nuclear, nucleón m ‖ ~**partikelantrieb** m (Raumf) / propulsión f corpuscular o por partículas nucleares ‖ ~**photoeffekt** m / efecto m fotonuclear ‖ ~**-Photozerfall** (Nukl) / fotodesintegración f nuclear ‖ ~**physik** f / física f nuclear ‖ angewandte ~**physik**, Nukleonik f / física f nuclear aplicada, nucleónica f ‖ ~**physiker** m / físico m nuclear ‖ ~**-Plasma-Relation** f / relación f núcleo-plasma ‖ ~**polarisierung** f / polarización f nuclear ‖ ~**potential** n (Nukl) / potencial m nuclear ‖ ~**pressmaschine** f (Gieß) / prensadora f de machos ‖ ~**prozess** m, -reaktion f / reacción f nuclear ‖ ~**punkt** m (Mech) / punto m [del perímetro] del núcleo central ‖ ~**querschnitt** m (Gewinde) / sección f del núcleo ‖ ~**radius** m (Mech) / radio m del núcleo ‖ ~**reaktion** f / reacción f nuclear ‖ ~**reaktor**, Reaktor m / reactor m nuclear o atómico, pila f atómica ‖ ~**regel** f / fórmula f nuclear ‖ ~**reisezeit** f (Nukl) / ciclo m de núcleo ‖ ~**resonanzfluoreszenz** f (Nukl) / fluorescencia f de resonancia nuclear ‖ ~**resonanzspektrometer** n / espectrómetro m de resonancia nuclear ‖ ~**resonanzspektroskopie** f / espectroscopia f de resonancia magnética nuclear ‖ ~**riss** m (Holz) / grieta f o hendidura central ‖ ~**riss** (Gieß) / hendidura f del macho ‖ ~**rissig** / que tiene grietas centrales o internas ‖ ~**rissig** (Holz) / con duramen agrietable ‖ ~**rissigkeit** f (Holz) / tendencia f a agrietarse ‖ ~**rohr** n, Seelenrohr n (Mil) / tubo m ánima ‖ ~**rohr** (Öl) / sacatestigos m, sacanúcleos m, estuche m para núcleos ‖ ~**rohr** (Reaktor) / tubo m central, columna f central ‖ ~**rollenkrone** f (Bergb) / corona f de rodillos [del trépano] ‖ ~**rückfeinen** n (Stahl) / afino m posterior del núcleo, regeneración f del núcleo, refinado m del núcleo ‖ ~**rüttler** f (Gieß) / vibrador m de machos, sacudidora f de machos ‖ ~**sand** m (Gieß) / arena f para machos ‖ ~**sandaufbereitung** f (Gieß) / preparación f de arena para machos ‖ ~**sandbindemittel** n (Gieß) / aglutinante m para arena de fundición ‖ ~**schablone** f, -brett n (Gieß) / tabla f de modelación of machos ‖ ~**schale** f (Nukl) / capa f nuclear ‖ ~**schäle**, Ringschäle f (Holz) / desarrollo m del corazón, partidura f anular, acebolladura f ‖

~**schatten** m (Astr, Opt) / umbra f, sombra f absoluta ‖ ~**schießmaschine** f (Gieß) / moldeadora f neumática de machos, disparadora f de machos ‖ ~**schlichte** f (Gieß) / encimado m para machos ‖ ~**schliff** m (Glas) / esmerilado m macho ‖ ~**schmelzen** n (Nukl) / fusión f del núcleo o de la zona activa ‖ ~**schmelzrückhalteeinrichtung** f (Reaktor) / instalación f de retención en caso de fusión del núcleo ‖ ~**schrott** m (Hütt) / chatarra f sólida o buena ‖ ~**seife** f / jabón m duro o de piedra ‖ ~**seigerung** f / segregación f de núcleo ‖ ~**seigerung**, Blockseigerung f (Hütt) / segregación f normal ‖ ~**sicherung** f (Gieß) / seguro m para machos ‖ ~**spaltend einwirken** [auf] / someter a fisión nuclear ‖ ~**spaltendes Teilchen** / partícula f que desintegra el núcleo ‖ ~**spalttriebwerk** n (Raumf) / propulsor m nuclear ‖ ~**spaltung** f / fisión f o escisión nuclear ‖ ~**spaltung in 3 Stücke** / fisión f ternaria ‖ ~**spaltungsenergie** f / energía f nuclear o de fisión ‖ ~**speicher** m (DV) / memoria f de núcleos magnéticos ‖ ~**spektrometrie** f / espectrometría f nuclear ‖ ~**spektroskopie**, -spektrometrie f / espectroscopia f nuclear ‖ ~**spin**, Kerndrehimpuls m / espín m nuclear ‖ ~**spinausrichtung** f / orientaciones f pl del espín nuclear ‖ ~**spingyroskop** n / giroscopio m nuclear, giróscopo m nuclear ‖ ~**spin-Quantenzahl** f / número m cuántico del espín isotópico ‖ ~**spinresonanz** f / resonancia f magnética nuclear ‖ ~**spinresonanztomograph** m (Med, Phys) / tomógrafo m de resonancia magnética nuclear ‖ ~**spintomographie** f, NMR-Tomographie f / tomografía f de resonancia magnética nuclear ‖ ~**splitter** m, -bruchstück n / fragmento m nuclear o del núcleo ‖ ~**sprengkopf** m (Mil) / cabeza f de guerra o de combate nuclear ‖ ~**spur** f / traza f nuclear ‖ ~**spurenregistrierung** f / registro m de trazas nucleares ‖ ~**spur-Mikrofilm** m / micropelícula f de trazas nucleares ‖ ~**stab** m, Dorn m (Schw) / electrodo m con alma ‖ ~**stange** f **der Röhrenpresse** (Hütt) / mandril m de la prensa para tubos ‖ ~**stift** m (Gieß) / clavija f para macho ‖ ~**stopfen** m (Gieß) / tapón m de macho ‖ ~**strahlung** f (Phys) / radiación f nuclear ‖ ~**stück** n (allg) / parte f esencial, punto m esencial, quintesencia f ‖ ~**stück** (Masch) / pieza f central o principal ‖ ~**stück**, Croupon m (Leder) / crupón m, lomo m ‖ ~**stütze** f (Gieß) / soporte m o apoyo de macho ‖ ~**system** n (DV) / sistema m de núcleo ‖ ~**technik** f, -technologie f / ingeniería f o técnica nuclear ‖ ~**technische Anlage** / planta f o instalación nuclear ‖ ~**technische Unterlagen** f pl / datos m pl de tecnología nuclear ‖ ~**teilchen** n (Nukl) / nucleón m, partícula f nuclear ‖ ~**teilung** f, Karyokinese f (Biol) / cariocinesis f ‖ ~**transformator** m (Elektr) / transformador m de núcleo ‖ ~**trockenofen** m (Gieß) / estufa f [secadora] de machos o para secar machos ‖ ~**trockenschale** f (Gieß) / bandeja f para secar machos ‖ ~**übergang** m (Nukl) / transición f nuclear ‖ ~**umfang** m (Mech) s. Kernlinie ‖ ~**umgruppierung** f (Nukl) / reagrupación f nuclear ‖ ~**umwandlung** f (Nukl) / transformación f nuclear ‖ ~**- und Hülsenschliff** m (Glas) / macho m y hembra esmerilados (de una unión tubular de vidrio) ‖ ~**verbund** m (pl:-verbunde) (DIN 53290) (Holz) / construcción f sandwich ‖ ~**verfahrenstechnik** f / técnica f de los procedimientos nucleares ‖ ~**vergiftungssystem** n / sistema m de envenenamiento del núcleo ‖ ~**verknüpfung** f (Chem) / enlace m de núcleo ‖ ~**verluste** m pl (Hütt) / pérdidas f pl en el núcleo ‖ ~**versatz** m (Gieß) / defecto m por macho desasentado ‖ ~**verschmelzung** f (Phys) / fusión f nuclear ‖ ~**waffe** f (Mil) / arma f nuclear ‖ ~**weite** f, -radius m (Mech) / radio m del núcleo central ‖ ~**wendemaschine** f (Gieß) / máquina f inversora de machos ‖ ~**widerstand** m (Vierpoltheorie) (Fernm) /

impedancia f mutua o de transferencia ‖ ~**wolle** f (Tex) / lana f de lomo ‖ ~**zähigkeit** f / resistencia f del granulado del material ‖ ~**zähler** m / contador m nuclear ‖ ~**zapfen** m (Gieß) / espiga f del macho ‖ ~**zeit** f (F.Org) / horas f pl de presencia obligatoria ‖ ~**zelle** f (Biol) / célula f nuclear ‖ ~**zerfall** m (Nukl) / desintegración f nuclear ‖ ~**zerfallsakte** m pl **je Sekunde** / transmutaciones f pl por segundo ‖ ~**zerfalls-Energie** f, Q-Wert m / energía f de la desintegración nuclear, valor m Q ‖ ~**zerschmiedung** f (Hütt) / resquebrajadura f interior por forjado, reventado m de forja ‖ ~**zertrümmerung**, Spallation f (Nukl) / espalación f ‖ ~**zieher** m (Plast) / sacamacho m ‖ ~**zieher** (Gieß) / dispositivo m para retirar el macho ‖ ~**zieher** (Bergb) / sacatestigos m, sacanúcleos m ‖ ~**zonen-Umschmelzverfahren** n, MHKW-Verfahren n (= Midvale-Heppenstall-Klöckner-Werke, ein ESU-Verfahren) (Hütt) / procedimiento m MHKW (refundición de zona nuclear) ‖ ~**zug** m (Druckguss) / sacamacho m
Kerosin, Petroleum n (Chem Verf) / kerosina f, keroseno m, kerosén m (E), kerosene m (LA), petróleo m de alumbrado o de arder ‖ ~ n **für Flugzeuge** / aerogasolina f, aeronafta f (LA) ‖ ~**stripper** m / rectificador m de keroseno
Kerr•effekt m, Kerrsches Phänomen n (Eltronik) / efecto m Kerr ‖ ~**zelle** f (Eltronik) / célula f de Kerr
Kersantit m (Min) / kersantita f
Kerylbenzol n (Chem) / kerilbenceno m
Kerze f, Licht n / vela f, candela f, cirio m ‖ ~ (als intern. Einheit) / candela ‖ ~, Zündkerze f (Kfz, Mot) / bujía f [de encendido] ‖ ~ **hohen Wärmewerts** / bujía f fría ‖ ~ **niederen Wärmewerts** / bujía f caliente
Kerzen•filter n, Filterkerze f / filtro m en forma de vela, filtro m multitubo, bujía f filtrante ‖ ~**gehäuse** n (Mot) / cuerpo m [metálico] de bujía ‖ ~**gewinde** n (Kfz) / rosca f de bujía ‖ ~**gießmaschine** f / máquina f para fundir velas ‖ ~**-Großlampe** f (DIN Form D) (Elektr) / lámpara f grande de llama de vela ‖ ~**gummi[schutz]kappe** f (Kfz) / capuchón m protector de goma [para bujía], capuchón m de bujía ‖ ~**kleinlampe** f (Elektr) / lámpara f pequeña de llama de vela ‖ ~**lampe**, Kerze f (Elektr) / lámpara f [de llama] de vela, vela f eléctrica ‖ ~**reiniger** m (Bürste) (Kfz, Mot) / limpiabujías m (cepillo), limpiador m de bujías ‖ ~**schlüssel** m (für Zündkerzen) / llave f para bujías, llave f sacabujías ‖ ~**stecker**, Zündleitungs-[Entstör]stecker m (DIN) (Kfz) / capuchón m [antiparasitario] de bujía ‖ ~**stein** m (Kfz) / aislador m cerámico de la bujía ‖ ~**stift** m, Mittelelektrode f (Kfz) / perno m de bujía, electrodo m central de la bujía ‖ ~**ziehmaschine** f / máquina f para confeccionar velas o candelas
Kessel m, Behälter m / recipiente m ‖ ~, Koch-, Wasserkessel m / marmita f ‖ ~, Dampfkessel m / caldera f [de vapor] ‖ ~ (klein) / calderín m ‖ ~ (groß) / calderón m ‖ ~ (Geol) / caldera f, valle m cerrado o encajonado ‖ ~ **für ortsfesten Betrieb** / caldera f estacionaria ‖ ~ **für Zentralheizung** / caldera f para calefacción central ‖ **kombinierter Heizungs- und Warmwasser-**~ / caldera f combinada para calefacción y agua caliente ‖ ~**abgas** n / gas m de escape, gas m de humo o de combustión ‖ ~**abnahmeprüfung** f / ensayo m de entrega de una caldera ‖ ~**anlage** f / planta f de calderas ‖ ~**anzug** m / revestimiento m [textil] de caldera ‖ ~**armaturen** f pl / robinetería f y accesorios para calderas ‖ **grobe** ~**armaturen** / accesorios m pl de caldera ‖ **feine** ~**armaturen** / válvulas f pl y accesorios (de precisión) para calderas ‖ ~**auskleidung** f / revestimiento m interior de la caldera ‖ ~**ausmauerung** f / mampostería f de la caldera ‖ ~**batterie**, -gruppe f / batería f de calderas ‖ ~**bau** m / construcción f de calderas ‖ ~**bau**, -baufirma f, -bauanstalt f / caldererría f

Kesselsteinverhütungsmittel

f ‖ ~**bekohlungsanlage** f / instalación f alimentadora de calderas con carbón ‖ ~**betrieb** m / servicio m con caldera[s] ‖ ~**blech** n / plancha f de caldera, chapa f para calderas ‖ ~**boden** m / fondo m de [la] caldera ‖ **flacher** ~**boden** / fondo m plano de caldera ‖ **eingehalster** ~**boden** / fondo m de caldera con enchufe tubular hacia dentro ‖ **gekümpelter** ~**boden** / fondo m embutido ‖ ~**brunnen** m, Schachtbrunnen m / pozo m cilíndrico ‖ ~**decke** f / cielo m de caldera ‖ ~**dekatiermaschine** f (Tex) / autoclave f decatizadora ‖ ~**dom** m / domo m de la caldera, domo m [para la toma] de vapor ‖ ~**druck** m / presión f de (o en) la caldera ‖ **zulässiger** ~**druck** / presión f máxima admisible de la caldera ‖ ~**druckimprägnierung** f, -tränkung f (Holz) / impregnación f en caldera de presión ‖ ~**[druck]prüfung** f / ensayo m de presión de calderas ‖ ~**explosion** f / explosión f de [la] caldera ‖ ~**fabrik** f / caldererría f ‖ ~**färbung** f (Tex) / teñido m en autoclave ‖ ~**feuerung** f / hogar m de la caldera ‖ ~**feuerung mit wassergekühlten Rippen** / hogar m [de caldera] con aletas refrigeradas por agua ‖ ~**fuchs** f / canal m de salida de humos ‖ ~**führung** f / mando m de la caldera ‖ ~**füllung** f (Inhalt) / caldera f ‖ ~**gerüst** n / entramado m de la caldera ‖ ~**glied** n / elemento m o componente de caldera ‖ ~**gruppe** f s. Kesselbatterie ‖ ~**haus** n / edificio m de calderas, nave f de calderas ‖ ~**hilfsmaschinen** f pl / maquinaria f auxiliar para calderas ‖ ~**hopfen** m (Brau) / lúpulo m destinado a la cocción ‖ ~**kochung** f (Tex) / cocción f bajo presión ‖ ~**kohle** f / carbón m de caldera ‖ ~**leistung** f / capacidad f de la caldera ‖ ~**leitstand** m / puesto m de mando de la[s] caldera[s] ‖ ~**maische** f (Brau) / mezcla f en caldera ‖ ~**mantel** m / camisa f o envoltura de la caldera ‖ ~**mantel**, zylindrischer Teil des Kessels / porción f cilíndrica de la caldera ‖ ~**mauerung** f, -mauerwerk f / mampostería f u obra de fábrica de la caldera ‖ ~**naht** f / costura f de caldera ‖ ~**ofen**, Pfannenofen m (Glas) / horno m en forma de calota ‖ ~**ölschalter** m (Elektr) / disyuntor m de baño de aceite ‖ ~**passage** f **der Seide** (Tex) / tratamiento m de la seda en solución de sal férrica ‖ ~**raum** m (Schiff) / cámara f de calderas ‖ ~**raum** (ortsfest) / sala f de caldera[s] ‖ ~**raum unter Überdruck** (Schiff) / cámara f de calderas bajo sobrepresión ‖ ~**regelung**, -regulierung f / regulación f de caldera ‖ ~**revision** f, -prüfung f, -untersuchung f / inspección f de caldera[s] ‖ ~**rohr** n / tubo m de caldera o de vapor (E), caño m de caldera (LA) ‖ ~**rost** m / parrilla f de la caldera ‖ ~**sattel** m (Tank) / apoyo m para cisterna ‖ ~**schlacke**, -asche f / escoria f de caldera ‖ ~**schlamm** m / lodo m o fango de caldera ‖ ~**schmied** m / calderero m ‖ ~**schuss** m, Mantelschuss m / virola f de caldera ‖ ~**sicherheitsventil** n / válvula f de seguridad de la caldera ‖ ~**speisepumpe** f / bomba f de alimentación de [la] caldera ‖ ~**speiserückschlagventil** n (Dampfm) / válvula f de retención [para alimentación] de la caldera ‖ ~**speiseventil** n / válvula f de alimentación de caldera ‖ ~**speisewasser** n / agua f de alimentación de caldera ‖ ~**speisewasser-Aufbereitung** f / acondicionamiento m del agua de alimentación de caldera
Kesselstein m / incrustación f de caldera ‖ ~ **ansetzen** / incrustarse ‖ ~ **den** ~ **entfernen** (o. abklopfen) / desincrustar, picar las incrustaciones ‖ **mit** ~ **bedecken** / recubrir con incrustaciones ‖ ~**ansatz** m, -ablagerung f / depósito m de incrustaciones ‖ ~**entfernung** f / desincrustación f ‖ ~**förderer** m, -bildner m / incrustante m ‖ ~**hammer** m (Wz) / martillo m desincrustador ‖ ~**lösemittel** n, -entferner m (Chem) / desincrustante m o desincrustador [de calderas] ‖ ~**verhütend** / anti-incrustante ‖ ~**verhütungsmittel** n / anti-incrustante m

Kesselstirnwand

Kessel•stirnwand f, vorderer Kesselboden / fondo m anterior de caldera ‖ ⁓**trommel** f / virola f de caldera, calderín m ‖ ⁓**überwachung**, -revision f / inspección f o revisión de calderas ‖ ⁓**- und Rohrprüfpumpe** f / bomba f de ensayo para calderas y tubos ‖ ⁓**verkleidung**, -ummantelung f / revestimiento m exterior, envoltura f de caldera, camisa f ‖ ⁓**verkrustung** f / incrustación f de caldera ‖ ⁓**[vorlauf]sammler** m / colector m de[l] agua de condensación ‖ ⁓**wagen** m (Bahn) / vagón-cisterna m (E), vagón m tanque (LA), carro m cisterna o tanque (CHIL, MEJ), vagón m aljibe ‖ ⁓**wärmeschutz** m, -isolierung f / aislamiento m de caldera ‖ ⁓**warte** f / puesto m de control o de vigilancia de caldera[s] ‖ ⁓**wartung**, -bedienung f / entretenimiento m de caldera[s] ‖ ⁓**wasseraufbereitungsmittel** n / agente m para el tratamiento de agua de caldera, antiincrustante m ‖ ⁓**wirkungsgrad** m / rendimiento m de la caldera ‖ ⁓**züge** m pl / tubos m pl de humo

Kesternich-Gerät n (zur Prüfung in Kondenswasser-Wechselklima mit schwefeldioxidhaltiger Atmosphäre) (Mat.Prüf) / aparato m [de ensayo] Kesternich

Keten n (Chem) / ceteno m

Keto•alkohol m / alcohol m cetónico ‖ β-⁓**buttersäureethylester** / éster m acetoacético ‖ ⁓**-Enoltautomerie** f / tautomería f ceto-enólica ‖ ⁓**form** f (Chem) / forma f ceto o cetónica ‖ ⁓**hexose** f / cetohexosa f

Keton n (Chem) / cetona f, quetona f ‖ ⁓**bildner** m / cetógeno m ‖ ⁓**harz** m (Plast) / resina f cetónica ‖ ⁓**körper** m (Chem) / cuerpo m cetónico ‖ ⁓**peroxid** n / peróxido m cetónico ‖ ⁓**spaltung** f / desintegración f cetónica, desdoblamiento m cetónico

Keto•säure f, Ketocarbonsäure f / cetoácido m ‖ ⁓**se** f / cetosa f, quetosa f ‖ ⁓**se**, Ketozucker m / azúcar m cetónico ‖ ⁓**xim** n / cetoxima f

Ketsch f (Schiff) / queche m

Kett•ablass m (Tex) / desarrollo m de urdimbre ‖ ⁓**ablassvorrichtung** f, Kettbaumregler m / dispositivo m para desarrollar la urdimbre, regulador m de urdimbre ‖ ⁓**atlas** m (aus Seide) / raso m por urdimbre ‖ ⁓**band** n / cinta f de urdimbre ‖ ⁓**baum** m (Web) / plegador m de urdimbre ‖ ⁓**baumantrieb** m / accionamiento m del plegador de urdimbre ‖ ⁓**baumbleichung** f / blanqueo m en el plegador de urdimbre ‖ ⁓**baumbremse** f / freno m del plegador de urdimbre ‖ ⁓**baumfärbeapparat** m / aparato m teñidor en el plegador de urdimbre ‖ ⁓**baumfärben** n / tintura f de hilo en el plegador ‖ ⁓**baumlagerständer** m / bastidor m de soporte para plegadores de urdimbre ‖ ⁓**baumscheibe** f (Tex) / disco m del plegador de urdimbre ‖ ⁓**baumträger** m (Web) / soporte m del plegador de urdimbre

Kettchen n / cadenilla f, cadenita f

Kettdruckmaschine f (Tex) / máquina f para estampado de urdimbre

Kette f (allg, Chem) / cadena f ‖ ⁓, Kohlenstoffkette f (Chem) / cadena f de carbonos ‖ ⁓, Getriebekette f (Mech) / cadena f de engranaje ‖ ⁓ f (Web) / urdimbre f ‖ ⁓, Raupenkette f / oruga f ‖ ⁓ f (Befehlskette) (DV) / cadena f o secuencia de instrucciones ‖ ⁓ **für Kettenräder** / cadena f para ruedas erizadas o para catalinas ‖ ⁓ **mit Stockgliedern**, Stegkette f / cadena f de eslabones a contretes ‖ ⁓ **ohne Stege** (Masch) / cadena f de eslabones sin contretes ‖ ⁓ **und Schuss** (Web) / urdimbre f y trama ‖ **mit dichter** ⁓ (Tex) / de urdimbre densa

Kettel m (Wirkm) / urdimbre f remallada ‖ ⁓**haken** m (Wirkm) / ganchillo m de remallar ‖ ⁓**langreihe** f (Wirkm) / hilera f de remallado largo ‖ ~**los** (Strumpf) / sin remallar ‖ ⁓**maschine** f **für Trikotagen** / remalladora f

ketteln vt (Wirkm) / remallar

Kettel•nadel f / aguja f de remalladura ‖ ⁓**naht** f / sutura f de remallar ‖ ⁓**stich** m (Tex) / puntada f de remallado

ketten vt (Chem) / ligar, enlazar, formar cadena[s] ‖ ~ (DV) / concadenar

Ketten•abbruch m (Chem) / interrupción f de cadena ‖ ⁓**abbruch** (DV) / ruptura f de secuencia ‖ ⁓**ablängsäge** f (Holz) / tronzadora f de cadena ‖ ⁓**achse** f / eje m de cadena ‖ ~**angetriebene Rollenbahn** (Förd) / transportador m de rodillos accionado por cadena ‖ ⁓**anknoten** n (Web) / anudado m de urdimbre ‖ ⁓**anknüpfmaschine** f / anudadora f de urdimbre ‖ ⁓**anschärer** (Web) / urdidor m, urdidora f ‖ ⁓**anschläger** m (Bergb) / enganchador m, pocero m ‖ ⁓**[an]trieb** m / accionamiento m por cadena ‖ ⁓**antrieb** m (Schlepper) / propulsión f de orugas ‖ ⁓**antriebsscheibe** f (Raupenschlepper) / barbotín m ‖ ⁓**aufbau** m (DV) / formación f de secuencia ‖ ⁓**aufhängung** f, Aufhängung f an Ketten / suspensión f en (o de o por) cadena[s] ‖ ⁓**aufhängung des Fahrdrahtes** (Bahn) / suspensión f catenaria del cable conductor ‖ ⁓**auflager** n (Brücke) / apoyo m de cadena ‖ ⁓**auslage** f (Offset) / salida f de cadena[s] ‖ ⁓**bagger** m (Bau) / draga f de cadena ‖ ⁓**bahn** f (Förd) / transportador m de cadena sinfín ‖ ⁓**band** n / correa f de eslabones ‖ ⁓**baum** m s. Kettbaum ‖ ⁓**becherwerk** n, -elevator m (Förd) / elevador m de cadena con cangilones ‖ ⁓**bildung** f (Chem) / formación f de cadena[s], catenación f ‖ ⁓**bindung** f (Tex) / ligamento m de cadena ‖ ⁓**blatt** n (Fahrrad) / plato m ‖ ⁓**bogen** m (Bau) / arco m catenario ‖ ⁓**bolzen** m / pasador m o perno de cadena ‖ ⁓**bolzen** (Raupe) / bulón m de la oruga ‖ ⁓**bruch** m (Math) / fracción f continua ‖ ⁓**bruch** (Mech) / rotura f de [la] cadena ‖ ⁓**bruchsicherung** f, -rücklaufsicherung f (Becherwerk) / mecanismo m de seguro contra retroceso de la cadena ‖ ⁓**brücke** f (Bau) / puente m colgante de cadenas ‖ ⁓**code** m (DV) / código m de encadenamiento ‖ ⁓**dämpfung** f (Fernm) / componente m f de atenuación iterativa ‖ ⁓**datei** f (DV) / fichero m de encadenamiento ‖ ⁓**daten** n pl (DV) / datos m pl en secuencia ‖ ⁓**determinante** f / determinante f en cascada ‖ ⁓**dichte** f (Web) / densidad f de urdimbre ‖ ⁓**druck** m (Tex) / impresión f de urdimbre ‖ ⁓**drucker** m (DV) / impresora f de cadena o con cadena de tipos ‖ ⁓**druckmaschine**, Schiniermaschine f (Färb) / máquina f de chinar ‖ ⁓**egge** f (Landw) / rastrillo m de cadena ‖ ⁓**einbauten** f pl (Zementofen) / guirnaldas f pl de cadenas ‖ ⁓**einziehmaschine** f (Web) / máquina f para introducir hilos de urdimbre ‖ **ein** ⁓**ende** / un tramo de cadena ‖ ⁓**fahrleitung** f (Bahn) / línea f de suspensión catenaria, catenaria f ‖ **polygonale o. senkrechte** ⁓**fahrleitung** (Bahn) / catenaria f poligonal ‖ **windschiefe** ⁓**fahrleitung** (Bahn) / catenaria f inclinada o alabeada ‖ ⁓**fahrzeug** n (Kfz) / vehículo m oruga o sobre (o de) orugas ‖ ⁓**[flaschen]zug** m (Förd) / aparejo m o polipasto de cadena[s] ‖ ⁓**förderband** n / cinta f transportadora accionada por cadena[s] ‖ ⁓**förderer** m (Plattenbänder, Becherwerke usw.) / transportador m de cadena [sinfín] ‖ ⁓**förderung**, -bahn f (Bergb) / transporte m por cadena ‖ ~**förmig**, Ketten... / en forma de cadena, cateniforme ‖ ⁓**fortpflanzungsreaktion** f (Chem) / reacción f de propagación en cadena ‖ ⁓**fräse** f (Holz) / cadena f fresadora, fresa f de cadena ‖ ⁓**fräsmaschine** f / fresadora f de cadena ‖ ⁓**führungsrolle** f / cilindro m o rodillo guía de cadena[s] ‖ ⁓**gang** m **am Spill**, Kettentrommel f (Schiff) / barbotín m del cabrestante ‖ ⁓**gespräch** n (Fernm) / comunicación f en cadena ‖ ⁓**getriebe** n / accionamiento m por cadena ‖ ⁓**gewebe** n (Tex) / tejido m por urdimbre ‖ ⁓**gewirke** f / género m de punto de urdimbre ‖ ⁓**gewölbe** n (Bau) / cadeneta f ‖

~gitter *n* (Krist) / red *f* cristalina en cadena ‖
~[gleit]bahn *f* (Förd) / pista *f* [guía] del transportador de o por cadena ‖ ~glied *n* / eslabón *m* [de cadena], espernada *f* ‖ ~glied (Elektr) / sección *f* de una red ‖
~glied, -platte *f* (Schlepper) / patín *m* ‖ ~glied *m* mit Klemmen, [mit Stiften] / eslabón *m* de cadena con pinzas, [con clavijas] ‖ ~glied *n* mit Steg, Stegglied *n* / eslabón *m* a contrete ‖ ~[glied]biegemaschine *f* / máquina *f* de curvar eslabones de cadena ‖ ~greifer *m* (Druck) / uña *f* o pinza de cadena ‖ ~greiferausleger *m* (Druck) / sacador *m* de (o por) cadena, sacapliegos *m* de (o a) cadena, salida *f* a cadena ‖ ~haken *m* (Bahn) / gancho *m* de cadena ‖ ~hängebahn *f* (Förd) / monorraíl *m* de transporte suspendido por cadena ‖
~häuser *n pl* / casas *f pl* adosadas en cadena ‖ ~heber *m* (Web) / elevador *m* de los hilos de urdimbre ‖
~hülse *f* (Tex) / canilla *f* [para hilo] de urdimbre ‖
~isolator *m*, Hängeisolator *m* (Elektr) / aislador *m* de cadena ‖ ~isomerie *f* (Chem) / isomería *f* en cadena ‖
~kalibriermaschine *f* / calibradora *f* de [eslabones de] cadenas ‖ ~kaltstrang *m* (Strangguss) / barra *f* falsa (o de arranque) tipo cadena, maniquí *m* tipo cadena ‖
~kammgarn *n* (Web) / urdimbre *f* de estambre ‖
~kasten *m* (Schiff) / caja *f* de cadena ‖ ~kasten *f* (Kfz, Masch) / caja *f* o cárter de cadena[s] ‖ ~kasten *m* (Motorrad) / guardacadena *m* ‖ ~knüpfmaschine *f* (Web) / anudadora *f* de urdimbre ‖ ~kraftrad *n* / motocicleta *f* de cadena ‖ ~kranz *m*, Kranz *m* des Kettenrades / corona *f* de la rueda de cadena, corona *f* dentada ‖ ~kranz *m* (Schiff) / barbotín *m* ‖ ~kranz *m* (Fahrrad) / rueda *f* catalina, plato *m* ‖ ~kratzförderer *m* (Bergb) / transportador *m* rascador de cadena ‖
~kupplung *f* (Masch) / acoplamiento *m* de cadenas ‖
~kupplung *f* (Bahn) / enganche *m* de cadenas ‖ ~lader *m* (Bau) / cargadora *f* sobre orugas ‖ ~lasche *f* / brida *f* de cadena ‖ ~lauffläche *f* (Raupenschlepper) / superficie *f* de rodadura o de contacto del patín ‖
~leiter *m*, -schaltung *f* (Fernm) / circuito *m* iterativo, red *f* recurrente ‖ ~linie *f* (Geom) / catenaria *f* ‖ in ~linie / en catenaria ‖ ~magazin *n* (Wzm) / cargador *m* de cadena ‖ ~maschine *f* (Spinn) / máquina *f* de urdir ‖ ~maß *n* (Zeichn) / dimensión *f* incremental, cota *f* incremental, serie *f* lineal de cotas ‖
~maßfehler *m* (Zeichn) / error *m* cumulativo ‖
~maßverarbeitung *f* (NC) / procesamiento *m* incremental ‖ ~matrix *f* (NC) / matriz *f* híbrida ‖
~matte *f* / estera *f* de eslabones ‖ ~molekül *n* (Chem) / molécula *f* catenoiforme o en cadena ‖ ~naht *f* (Nähm) / costura *f* de puntos de cadena ‖ ~netzwerk *n* (Fernm) / red *f* celular o de cuadrípolos ‖ ~nuss *f*, -wirbel *m* (Masch) / piñón *m* o barbotín de cadena, nuez *f* de cadena ‖ ~pegel *m* (Hydr) / sonda *f* [limnimétrica] de cadena ‖ ~phasenmaß *n* (Fernm) / factor *m* de fase iterativo ‖ ~platte *f*, -glied *m* (Schlepper) / patín *m* de oruga ‖ ~pumpe *f* / bomba *f* de cadena o de rosario ‖
~rad *m* (Masch, Uhr) / rueda *f* eriza de cadena, rueda *f* dentada para cadena ‖ ~rad (Fahrrad) / rueda *f* catalina, catalina *f* ‖ ~rad als Antriebsrad für Gliederketten o. Raupenketten / barbotín *m* ‖
~radgetriebe *n* / engranaje *m* de cadena ‖
~räummaschine *f* (Wzm) / escariadora *f* de cadena ‖
~rauschzahl *f* (Fernm) / factor *m* de ruido de cadena de cuatripolos ‖ ~reaktion *f* (Chem, Nukl) / reacción *f* en cadena ‖ ~rechnung *f* (Math) / cálculo *m* continuo o de cadena ‖ ~rechwender *m* (Landw) / rastrillo *m* de cadenas ‖ ~regel *f*, -satz *m* (Math) / regla *f* conjunta o de [la] cadena ‖ ~ringspinnmaschine *f* (Tex) / hiladora *f* anular para hilo de urdimbre, continua *f* de anillos para hilo de urdimbre ‖ ~rohrschneider *m* (Wz) / cortatubos *m* de cadena ‖ ~rohrspanner *m* / tornillo *m* de ajuste a cadena ‖ ~rohrzange *f* (Wz) / llave *f* de cadena para tubos ‖ ~rolle *f* / polea *f* de cadena ‖ ~rost *m*, Wanderrost *m* / parrilla *f* de eslabones o de cadena [tipo sinfín], parrilla *f* móvil ‖

~rostfeuerung *f* / hogar *m* con parrilla móvil ‖
~roststoker *m* / cargador *m* mecánico para hogar con parrilla móvil ‖ ~säge *f* / sierra *f* de cadena [cortante] ‖ ‖ ~sägefeile *f* / lima *f* para sierra de cadena ‖
~schaltung *f* (Fahrrad) / cambio *m* de piñón o por cadena ‖ ~schaltung, -leiter *m* (Fernm) / circuito *m* iterativo, red *f* recurrente ‖ ~schären *n* (Web) / urdido *m* ‖ ~schärmaschine *f* (Web) / máquina *f* urdidora ‖
~schattenbindungen *f pl* (Tex) / ligamentos *m pl* sombreados ‖ ~schleier *m* (Ofen) / pantalla *f* o cortina de cadenas ‖ ~schleppe *f* (Landw) / rastrillo *m* de cadenas ‖ ~schlepper *m*, Raupenschlepper *m* (Bau) / tractor *m* de (o sobre) orugas, tractor *m* oruga, caterpillar *m* (LA) ‖ ~schlichtmaschine *f* (Web) / encoladora *f* de urdimbre ‖ ~schlinge *f* / eslinga *f* de cadena ‖ ~schloss *n*, Schäkel *m* / grillete *m* de unión ‖ ~schluss *m* (Kinematik) / arrastre *m* de cadena ‖
~schlüssig (Kinematik) / en arrastre de cadena ‖
~schnippmaschine *f* (Spinn) / cortadora *f* mecánica de hilos de urdimbre ‖ ~[schräg]aufzug *m* (Hütt) / montacargas *m* de cadenas inclinado ‖
~schrämmaschine *f* (Bergb) / rozadora *f* de cadena [sin fin] ‖ ~schuppenband *n* (Förd) / cadena *f* de arrastre por ganchos ‖ ~schutz *m* / guardacadena *m* ‖
~schutz (Fahrrad) / cubrecadena *m* ‖ ~spanner *m* / tensor *m* de [la] cadena ‖ ~spannungsregler *m* (Tex) / regulador *m* de la tensión de urdimbre ‖ ~spill *n* (Schiff) / cabrestante *m* de cadena ‖ ~spulmaschine, Wickelmaschine *f* (Web) / canillera *f* de urdimbre ‖
~stab *m* (Brücke) / pletina *f* de cadena ‖ ~stahl *m* / acero *m* para cadenas ‖ ~steg *m* / travesaño *m* del eslabón, contrete *m* ‖ ~steg (Brücke) / pasarela *f* suspendida por cadenas ‖ ~stemm-Maschine *f* (Holz) / escopleadora *f* de cadena [cortante] ‖ ~stern *m*, -treibscheibe *f* / estrella *f* de cadena ‖ ~stern (Raupenschlepper) / tambor *m* de oruga ‖ ~stern (für Antrieb von Eimerketten o. Plattenbändern), Turas *m* (Bagger) / barbotín *m* ‖ ~stich *m* (Nähm) / punto *m* de cadena o de cadeneta ‖ ~stich, Zopfmuster *n* / trenzado *m* ‖ ~stich-Einfachnaht *f* / costura *f* de punto de cadeneta de hilo único ‖ ~stichgravur *f* / grabado *m* de (o en) puntos de cadeneta ‖
~stichsohlendurchnähmaschine *f* (Schuh) / máquina *f* para coser suelas a punto de cadeneta ‖ ~stopper *m* (Schiff) / estopor *m* de cable de cadena ‖ ~strang *m* / tramo *m* o ramal de cadena ‖ ~stropp *m* (Schiff) / eslinga *f* de cadena ‖ ~stuhl *m* (Tex) / urdidor *m* (E), máquina *f* de urdimbre [para tejidos de punto] (LA) ‖
~teilung *f*, Gliedlänge *f* / paso *m* de la cadena ‖
~träger *m* (Chem) / propagador *m* de cadena ‖
~treibscheibe *f* (Bagger) / barbotín *m* de la draga de cangilones ‖ ~trieb *m*, -getriebe *n* / transmisión *f* o propulsión por cadena, mando *m* por cadena ‖
~trommel *f* (Hebezeug) / tambor *m* de cadena ‖ ~trum *n m* / ramal *m* de cadena ‖ ~überschlag *m* (Isolator) / salto *m* [de chispas] en cascada ‖ ~übertragung *f* (Bau) / transfer *m* sucesivo o iterativo de medidas ‖
~übertragungsmaß *n* (Fernm) / exponente *m* iterativo de propagación ‖ ~umlenkrolle *f* / polea *f* de reenvío o de inversión de la cadena ‖
~verarbeitungsprogramm *n* (DV) / programa *m* de tratamiento en secuencia ‖ ~verbindung *f* (Chem) / compuesto *m* en cadena ‖ ~verstärker *m* (Eltronik) / amplificador *m* [con etapas] en cascada ‖
~verstärker (Fernm) / amplificador *m* distribuido ‖
~verzweigung *f* (Chem) / ramificación *f* de la cadena ‖
~vorhang (Hütt) / cortina *f* o pantalla de cadenas ‖
~wicklung *f* / arrollamiento *m* en cadena ‖
~widerstand *m* (Vierpol) (Fernm) / impedancia *f* iterativa del cuadripolo ‖ ~winde *f* / torno *m* o cabrestante de cadena ‖ ~winkelmaß *n* (Fernm) / componente *m f* de desfases iterativas ‖ ~wirbel *m*, -nuss *f* / piñón *m* o barbotín de cadena, nuez *f* de cadena, piñón *m*, barbotín *m* ‖ ~wirken (Tex) /

Kettenwirkmaschine

tejedura f de géneros de punto de urdimbre ‖ ~**wirkmaschine** f / máquina f de géneros de punto de urdimbre ‖ ~**wirktechnik** f / técnica f de géneros de punto de urdimbre ‖ ~**wirkungsgrad** m (Isolator) / rendimiento m de cadena ‖ ~**[wirk]ware** f (DIN 62049) (Tex) / géneros m pl de punto por urdimbre ‖ ~**zahnkranz** m, kleines Kettenrad (Fahrrad) / piñón m ‖ ~**zahnkranz**, großes Kettenrad (Fahrrad) / rueda f dentada [grande], plato m ‖ ~**zahnrad** n / rueda f dentada para cadenas ‖ ~**zange** f (Wz) / tenazas f pl o pinzas de cadena ‖ ~**zerfall** m (Nukl) / desintegración f en cadena ‖ ~**zug** m (Zug in der Kette) / tensión f o tracción de cadena ‖ ~**zug** (Hebezeug) / aparejo m o poli[s]pasto de cadena
Kett • faden m (Tex) / hilo m de urdimbre ‖ ~**fäden** m pl (Web) / urdimbre f ‖ **beim Weben gerissene** ~**fäden** (Tex) / hilos m pl de urdimbre rotos ‖ ~**fadenabfall** m / desechos m pl de hilos de urdimbre ‖ ~**fadenbruch** m / rotura f del hilo de urdimbre ‖ ~**fädenheber** m (Web) / elevador m de los hilos de urdimbre ‖ ~**fadenmuster** n / efecto m de urdimbre ‖ ~**fadenwächter** m (Web) / paraurdimbre m ‖ ~**färberei** f / teñidura f de [hilos de] urdimbre ‖ ~**florgewebe** n / tejido m de pelo de urdimbre ‖ ~**garn** n, Kette f, Kettfäden m pl (Web) / hilado m de urdimbre ‖ ~**garnspinner** m (Spinn) / continua f de hilos de urdimbre ‖ ~**garnspule** f / bobina f de urdimbre ‖ ~**gewebe** n (Web) / tejido m de [hilos de] urdimbre ‖ ~**hülse** f / huso m de urdimbre ‖ ~**kammgarn** n (Web) / urdimbre f de estambre ‖ ~**köper** m (Web) / sarga f por urdimbre ‖ ~**kötzer** m / canilla f de [hilo de] urdimbre
Kettler m (Tex) / remallador m (obrero)
Kettle-Type-Verdampfer m / vaporizador m tipo caldera
Kett • rippe f (Web) / cordoncillo m de urdimbre ‖ ~**rips** m (Web) / reps m de o por urdimbre ‖ [echter] ~**samt**, Velours m / terciopelo m de (o por) urdimbre ‖ ~**schar** f, Kettfäden m pl (Web) / hilado f de urdimbre ‖ ~**schären** n, Zetteln n (Web) / urdido m, urdidura f ‖ ~**schärmaschine** f (Web) / urdidora f ‖ ~**schiniermaschine** f / máquina f de chinar el urdimbre ‖ ~**schlichtmaschine** f / encoladora f de urdimbre ‖ ~**schonend** (Web) / conservator [y protector] de urdimbre ‖ ~**seide** f, Organsin[seide f] m n / organcín m, terzal m de seda ‖ ~**spulmaschine** f / bobinador m de urdimbre, encarretadora f ‖ ~**streifige Ware** (Tex) / tejido m estriado o barrado en urdimbre ‖ ~**streifigkeit** f (Tex) / barrado m de la urdimbre ‖ ~**stuhl** m (Web) / telar m por urdimbre de cadena ‖ ~**stuhlgewebe** n / género m de punto por urdimbre
Kettung f, Verkettung f (DV) / concatenación f, encadenamiento f
Kettungsbild n (DV) / imagen f de encadenamiento
kett • verstärkt, mit verstärkter Kette (Web) / de urdimbre reforzada ‖ ~**wächter** m (Web) / paraurdimbre m ‖ ~**[wirk]ware**, Kettstuhlware f / géneros m pl de punto de urdimbre
Keuchen n, Panting n (des Rumpfes) (Schiff) / jadeado m
Keule f (Antenne) / lóbulo m, pétalo m ‖ ~ (allg) / maza f
Keulen • abtastung f (Radar) / exploración f por haz en pincel ‖ ~**achse** f (Antenne) / eje m de lóbulo ‖ ~**-Auffiederung** f / división f en lóbulos ‖ ~**breite** f (Funk) / anchura f del lóbulo ‖ ~**förmig** (allg) / en forma de maza, maciforme ‖ ~**förmig** (Antenne) / en forma de lóbulo ‖ ~**griff** m (Wzm) / empuñadura f o palanca maciforme ‖ ~**umtastfrequenz** f (Antenne) / frecuencia f de conmutación de lóbulos ‖ ~**umtastung** f (Radar) / conmutación f de lóbulos ‖ ~**wandler** m (Wellenleiter) / transformador m de varilla
Keuper m (Formation) (Geol) / Keuper m, trias m o triásico [inferior] ‖ ~**[mergel]**, Regenbogenmergel m / Keuper m irisado, marga f o marna abigarrada
keV, Kiloelektronvolt n / kiloelectronvoltio m

Kevatron n (Teilchenbeschleunigung) (Nukl) / kevatrón m
Kew-Zertifikat n **des National Physical Laboratory** (GB) (Uhr) / certificado m de Kew (GB)
Keyboard n (Eltronik) / keyboard m, teclado m
Keyless-Access m (Kfz) / acceso m sin llave, sistema m electrónico de cierre
KFA = Kernforschungsanlage
k-Faktor m, Neutronenmultiplikationsfaktor m (Phys) / factor m k, factor m de multiplicación de neutrones ‖ ~, Dehnungsfaktor m (Dehnungsmesser) / coeficiente m de tracción K ‖ ~ m, radiale Bruchfestigkeit f (Sintern) / factor m K, resistencia f radial a la rotura
KFK (Plast) = kohlenstoffaserverstärkter Kunststoff ‖ ~ = Kernforschungszentrum Karlsruhe
KFP = Kegel-Fallpunkt
kfz (Krist) = kubisch-flächenzentriert
Kfz... (z.B. Kraftfahrzeugindustrie) / automotor adj, automotriz f (p.ej. industria automotriz) (LA)
Kfz = Kraftfahrzeug ‖ **ohne Schadstoffausstoß** (Solar-, Elektroauto) / ZEV (= zero emission vehicle) ‖ ~**-Schlosser** m / mecánico m de automóviles ‖ ~**-Statistik** f / estadística[s] f[pl] automovilística[s] ‖ ~**-Teile** n pl, -Zubehör n / autopartes f pl (LA) ‖ ~**-Werkstätte** f / taller m de [reparación de] automóviles
kg, Kilogramm n / kilogramo m
Khaki n (Farb, Tex) / caqui m, kaki m ‖ ~**grau** (RAL 7008) / gris m caqui
Khaya n (Holz) / caoba f africana, mangona f
K-Hülle f (Phys) / capa f K
kHz (= Kilohertz) (Phys) / kc m (= kilociclo), kHz
KI, künstliche Intelligenz / inteligencia f artificial
Kick • -Down-Stellung f **des Gaspedals** (Kfz) / posición f kick-down del acelerador ‖ ~**magnet** m (Elektr) / magneto f de arranque [rápido] ‖ ~**starten** vt, antreten (Motorrad) / arrancar por pedal ‖ ~**starter**, Tretanlasser m (Motorrad) / pedal m arrancador o de arranque, arranque m de pie ‖ ~**stufe** f (Raumf) / etapa f "kick"
Kid n (Leder) / cabritilla f
Kiefer f (Bot) / pino m ‖ **Gemeine** ~, Sandkiefer f, Forche f, Föhre f, Forle f, Pinus Sylvester (Bot) / pino m albar o común o silvestre ‖ **zentralamerikanische** ~ (Bot) / pino m de América central, pino m de las Antillas o del Caribe
Kiefern • baumschwamm m, Trametes Pini / hongo m poliporáceo del pino ‖ ~**eule**, Forleule f (Schädling) (Zool) / esfinge f del pino ‖ ~**harz** n, -balsam m (Bot) / resina f de pino ‖ ~**holz** n / madera f de pino ‖ ~**knospentriebwickler** m, Rhyacionia buoliana Schiff (Zool) / torcedora f de botones del pino ‖ ~**nadelöl** n (Pharm) / esencia f de las hojas de pino, esencia f de pinocha
Kiefernpfahl, mit Kreosot imprägnierter ~ / poste m de pino creosotado o impregnado con creosota
Kiefern • rindenblasenrost m, Kienzopf m (Bot) / peridermo m de pino ‖ ~**spanner** m, Fidonia pinaria (Zool) / geómetra m del pino ‖ ~**spinner** m, Gastropacha pinaria / mariposa f del pino, mariposa f blanca orlada ‖ ~**[sulfat]zellstoff** m (Pap) / pasta f al sulfato de pino
Kiel, Schiffskiel m / quilla f ‖ **auf** ~ **legen** / poner en grada o en quilla, poner la quilla (a un barco) ‖ **falscher o. loser** ~, Afterkiel m (Schiff) / quilla f falsa o postiza ‖ ~**auflage** f (Schiff) / pantoquera f ‖ ~**boden** m (Schiff) / sentina f, pozo m ‖ ~**bogen** m, persischer Bogen (Bau) / arco m aquillado o conopial ‖ ~**flosse** f (Luftf) / estabilizador m [de dirección] ‖ ~**gang** m (Schiff) / tracas f pl de caparadura ‖ ~**gangsplatte** f (Schiff) / tablón m de aparadura, plancha f de aparadura ‖ ~**hacke** f / talón m de quilla ‖ ~**legung** f (Schiff) / colocación f de la quilla ‖ ~**linie** f (Schiff) / línea f de fila ‖ ~**luftschiff** n (Luftf) / dirigible m con

quilla ‖ ⁓**pallen** m, -stapel m (Schiff) / picaderos m pl de la quilla ‖ ⁓**platte** f (Schiff) / plancha f de quilla ‖ ⁓**pumpe** f / bomba f de sentina ‖ ⁓**raum** m, Bilge f (Schiff) / cala f, sentina f ‖ ⁓**schwein** n / yate m de quilla y orza central ‖ ⁓**wasser** n / estela f
Kien•**harz** n (Bot) / resina f de pino ‖ ⁓**öl** n / aceite m de pino ‖ ⁓**ruß** m / negro m de humo, hollín m de tea, tizne m
Kies m, Geröll n / grava f, casquijo m, cascajo m, guijo m, guija f ‖ ⁓, grober Sand / arena f gruesa ‖ ⁓ (Chem, Hütt) / pirita f ‖ ⁓ **von 2 bis 64 mm** (0,08" bis 2,5") **mit bis zu 15% Abrieb** (Bau) / grava f ‖ feiner ⁓ **5-25 mm Durchm.** (E!) / gravilla f ‖ grober ⁓, Flusskies m (Geol) / cantos m pl rodados, guijo m de río, grava f de río ‖ ⁓**abbrand** m (Hütt) / pirita f tostada, residuos n pl de tostación de piritas ‖ ⁓**absitzbecken** n, Sandfang m (Hydr) / desarenador m ‖ ⁓**auffüllung**, -packlage f (Straßb) / capa f de grava ‖ ⁓**bagger** m (nass) / draga f de grava ‖ ⁓**baggern** n / dragado m de grava ‖ ⁓**bank** f (Geol) / banco m de grava ‖ ⁓**beton** m (Bau) / hormigón m de grava o de gravilla ‖ ⁓**bett** n, -bettung f (Bahn) / lecho m de grava o de balasto ‖ ⁓**boden** m / terreno m guijarroso o guijarreño, guijarral m, cascajal m ‖ ⁓**brechsand** m (Bau) / arena f de gravilla triturada ‖ ⁓**[flach]dach** n / cubierta f con gravilla ‖ ⁓**decke**, -decklage f (Straßb) / capa f de gravilla
Kiesel m, Kieselstein m / canto m rodado o pelado, guijarro m, guija f, china f, peladilla f ‖ ⁓ (veraltet), elementares Silizium (Min) / sílice m, sílex m ‖ ⁓**...**, siliziumhaltig (Chem) / silícico ‖ ⁓**alge**, Diatomee f (Bot) / diatomea f, bacilariofícea f ‖ ⁓**fluorkalium** n (Chem) / fluosilicato m potásico, silicofluoruro m potásico ‖ ⁓**fluormagnesium** n / silicofluoruro m de magnesia ‖ ⁓**fluorwasserstoffsäure** f, Kieselflusssäure f / ácido m fluosilícico, ácido m hidrofluosilícico ‖ ⁓**fluss**, -zuschlag m (Hütt) / flujo m silícico ‖ ⁓**galmei** m, Hemimorphit m (Min) / hemimorfita f ‖ ⁓**gestein** n (für Mühlsteine) / sílex m molar ‖ ⁓**gestein** (mit Holzstruktur) / sílex m xiloideo ‖ ⁓**glas**, Quarzglas n / sílica f amorfa ‖ ⁓**glasmehl** n / polvo m de sílica ‖ ⁓**grau** (RAL 7032) / gris m guijarro ‖ ⁓**gur**, Infusorienerde f, Diatomeenerde f (Chem) / kieselgur m, harina f fósil, tierra f de diatomeas o de infusorios ‖ ⁓**gurfilter** m n / filtro m de kieselgur ‖ gebrannte ⁓**gurplatte** / placa f de kieselgur calcinado o cocido ‖ ⁓**gurstein** m (Bau) / ladrillo m de kieselgur ‖ ⁓**gut** n (Glas) / cuarzo m fundido traslúcido ‖ ⁓**haltig**, mit Kieseln durchsetzt / guijarroso, guijárreño ‖ ⁓**haltiger Boden** / tierra f silícea o sílica
kieseliges Erz / mineral m silicioso
Kiesel•**kalkstein**, Granitmarmor m (Geol) / caliza f silícea ‖ ⁓**kreide** f / creta f silícea ‖ ⁓**kupfer** n, Chrysokoll n (Min) / crisocola f ‖ ⁓**pflaster** n (Bau) / pavimento m de guijarros ‖ ⁓**putz** m (Bau) / revoque m de guijarros ‖ ⁓**sand** m / arena f silícea ‖ ⁓**sandstein** m (Geol) / gres m oolítico, arenisca f ‖ ⁓**säure**, -erde f (Chem) / ácido m silícico ‖ ⁓**säureanhydrid** n, Kieselerde f / anhídrido m silícico o de sílice ‖ ⁓**[säure]gel** n / gel m de sílice ‖ ⁓**säurehaltig** / silíceo, silícico ‖ ⁓**säuresalz** n, Silikat n / silicato m ‖ ⁓**schicht** f (Bau) / capa f de guijarros ‖ ⁓**schiefer** m (Geol) / esquisto m silíceo, pizarra f silícea ‖ ⁓**schiefer**, schwarzer Jaspis (Min) / jaspe m negro, calcedonia f negra ‖ ⁓**sinter** m, Geyserit m (Geol) / geiserita m, geyserita f ‖ ⁓**sol** n (Chem) / sol m de sílice ‖ ⁓**[stein]** / guijarro m, guija f ‖ ⁓**[stein]bettung** f (Bahn) / balasto m de cantos rodados ‖ ⁓**steindränung**, -steindrain m / dren m de guijarros ‖ ⁓**wismut** n, Eulytin m (Min) / eulitina f, silicato m de bismuto ‖ ⁓**zinkerz** n, Hemimorphit m (Min) / hemimorfita f, silicato m de cinc ‖ ⁓**zuschlag**, -fluss m (Hütt) / flujo m o fundente silíceo

kiesen vt, mit grobem Sand (o. mit Kies) bedecken (Dach) / cubrir de arena gruesa o de grava
Kieserit m (Kalisalz) (Min) / kieserita f
Kies•**fang** m, Sandfang m (Wassb) / desarenador m ‖ ⁓**filter** n (Abwasser) / filtro m de gravilla ‖ ⁓**filterschicht** f / capa f filtrante de grava ‖ ⁓**gewinnungsanlage** f / instalación f para la extracción de la gravilla ‖ ⁓**grube** f / gravera f, cascajar m ‖ ⁓**grund** m, kiesiger Boden (Bau) / terreno m guijarroso
kiesig (Erze) / piritoso ‖ ⁓, kieshaltig (Geol) / guijarroso, cascajoso, guijarreño ‖ ⁓**e Erze** n pl / minerales m pl piritíferos
Kies•**lager** n (Geol) / guijarral m ‖ ⁓**leiste** f (Dach) / reborde m para gravilla ‖ ⁓**nickelglanz** m, Ullmanit n (Min) / níquel m antimonio brillante, ulmanita f ‖ ⁓**ofen** m (Hütt) / horno m de pirita ‖ ⁓**packlage**, -auffüllung f (Straßb) / capa f de grava ‖ ⁓**[press]dach** n (Bau) / cubierta f de gravilla [prensada] ‖ ⁓**pumpe** f / bomba f de grava ‖ ⁓**sand** m (Bau) / arena f gruesa ‖ ⁓**schaufel**, Erdschaufel f / pala f para grava ‖ ⁓**schmelzen** n (Hütt) / fusión f de pirita ‖ ⁓**schotterdecke** f (Straßb) / firme m de grava ‖ ⁓**schüttung** f (Straßb) / enguijarrado m, engravillado m, terraplenado m con (o de) grava ‖ ⁓**schüttung** (Wassb) / amontonamiento m de grava ‖ ⁓**splitt** m (Bau) / arena f gruesa de gravilla triturada ‖ ⁓**straße** f / camino m ripiado
killen (Job) / matar
Killer•**satellit** m (Mil) / satélite m destructor ‖ ⁓**wellen** f pl (Ozeanol) / ondas f pl destructoras
Kiln m (Hütt) / horno m de cuba (tipo kiln)
Kilo•**...**, k (= 10^3) / K, k (= kilo...) ‖ ⁓**ampere** n (Elektr) / kiloamperio m, kA ‖ ⁓**bit** n, kb (DV) / kilobit m ‖ ⁓**byte** n, KB (= 1024 Byte) n (DV) / kilobyte m, KB ‖ ⁓**curie** n, kCi (veraltet) (Nukl) / kilocurio m (obsol.) ‖ ⁓**curiezelle** f / laboratorio m radi[o]activo de alta potencia ‖ ⁓**dyn** n, 1000 Dyn n pl (veraltet) (Phys) / kilodina f (obsol.) ‖ ⁓**elektronvolt** n, keV (Nukl) / kilo-electronvoltio m ‖ ⁓**gramm**, kg n / kilo[gramo] m ‖ ⁓**gramm** n (Masse) / kilogramo m [masa] ‖ ⁓**grammolarität**, Molalität (Zahl der gelösten Grammmole (Chem) / molalidad f ‖ ⁓**hertz**, kHz (Eltronik) / kilohertzio m, kilociclo m (= mil ciclos) ‖ ⁓**joule** n (Phys) / kilojulio m ‖ ⁓**kalorie** f (= 4186,8 J), kcal (veraltet) / kilocaloría f, gran f caloría, caloría f grande ‖ **1000** ⁓**kalorien** (Kältetechnik) / termia f ‖ ⁓**liter** n / kilolitro m
Kilometer m, km m / kilómetro m ‖ ⁓**...** / kilométrico ‖ **je** ⁓ / por kilómetro ‖ **geringe** ⁓**leistung** / kilometraje m bajo ‖ ⁓**messung** f (Kfz) ‖ ⁓**photographie** f / procedimiento m al bromuro ‖ ⁓**punkt** m (Bahn) / punto m kilométrico, P.K. ‖ ⁓**skala** f / escala f kilométrica ‖ ⁓**stand** m, abgelesene km / kilometraje m, kilómetros m pl recorridos (indicados en el cuentakilómetros) ‖ ⁓**standanzeige** f (Kfz) / marcador m kilométrico ‖ ⁓**stein** m (Straßb) / poste m kilométrico, mojón m kilométrico ‖ **mit** ⁓**steinen versehen** / kilometrar ‖ ⁓**tafel** f (Hydr) / tablero m kilométrico ‖ ⁓**welle** (über 1000 m), Langwelle f, LW (Elektr) / onda f kilométrica o de la banda 5 ‖ **zurückgelegte** ⁓**zahl**, Laufleistung f / kilómetros m pl recorridos, prestación f kilométrica ‖ ⁓**zähler** f (Kfz) / cuentakilómetros m
Kilo•**newton** m, kN (Phys) / kilonewton m ‖ ⁓**ohm** n (Elektr) / kilo-ohmio m ‖ ⁓**oktett** n (DV) / kilooecteto m ‖ ⁓**pond** n (obsol.) / kilopondio m (obsol.), kp ‖ ⁓**tex** n, ktex (= 1 kp/1000 m) (veraltet) / kilotex m (obsol.) ‖ ⁓**tonne** f (Sprengkraft) / kilotón m ‖ ⁓**var** n (Einheit der Blindleistung), Kvar (Elektr) / kilovar m, Kvar ‖ ⁓**volt** n, kV (Elektr) / kilovoltio m ‖ ⁓**voltampere** n, kVA n / kilovoltamperio m, kVA ‖ ⁓**watt** n, kW / kilowatio m (E), kilovatio m (LA), kilowatt m (nomenclatura internacional) ‖ ⁓**wattstunde** f, kWh (= 3,6 MJ) /

kilowatio-hora f (pl: kilowatio-horas) ‖
~wattstundenzähler m / vatihorímetro m
Kimberlit m (Geol) / kimberlita f
Kimm f (Schiffsboden) (Schiff) / pantoque m ‖ ~,
sichtbarer Horizont (Nav) / horizonte m visible ‖
scheinbare ~ / horizonte m sensible ‖ **wahre** ~ /
horizonte m astronómico
Kimme f, Visiereinschnitt m (Mil) / muesca f del alza,
ranura f del alza ‖ ~ (Wasserflugzeug) / mira f ‖ ~,
Zarge f (Fass) / jable m, gárgol m ‖ **ringförmige** ~ (Mil)
/ alza f anular
Kimmen•blatt n (Gewehr) / lámina f del alza ‖
~**schieber** m (Mil) / corredera f
Kimm•gang m (Schiff) / traca f de pantoque ‖ ~**hobel**,
Gargelkamm m (Fass) / doladera f ‖ ~**kiel** m,
Schlingerkiel m (Schiff) / quilla f de pantoque o de
balanceo ‖ ~**kielschwein** n (Schiff) / sobrequilla f lateral o de
pantoque ‖ **in der** ~**linie** (Schiff) / horizontal ‖
~**schlitten** m, -pallen m, -stapel m / picaderos m pl de
pantoque ‖ ~**spiegel m am Sextant** / espejo m fijo del
sextante ‖ ~**tiefenmesser** m / medidor m de la
depresión del horizonte
Kimmung f, Bodenwrangen-Außenende n (Schiff) /
cabeza f de varenga exterior ‖ ~, Luftspiegelung f /
espejismo m [superior]
Kinase f (Chem) / kinasa f
Kinder•fahrrad n / bicicleta f de niño o para niños,
behache m (E) ‖ ~**krankheiten** f pl / fallas f pl
precoces ‖ **Zeit der** ~**krankheiten** (DV) / período m
de fallas precoces ‖ ~**krankheiten durchmachen** /
sufrir fallas precoces ‖ **[noch] in den** ~**schuhen
stecken** / estar en su infancia, estar en pañales ‖ **in den**
~**schuhen steckend**, im Anfangsstadium, noch m.
Kinderkrankheiten behaftet / embrionario adj, en
estado embrionario o embriónico ‖ ~**sicher** /
inutilizable por niños ‖ ~**sicherung** f (Kfz) / seguro m
contra apertura por niños, seguro m puertas traseras
‖ ~**sitz** m (Kfz) / portabebé m, silla f de niño
Kinefilm m (Normal- und Schmalfilm) / película f
cinematográfica
Kinegramm n (bei Banknoten) / cinegrama m
Kinemathek f / cinemateca f, filmoteca f
Kinematik, Phoronomie f (Phys) / cinemática f
kinematisch / cinemático ‖ ~**e Begrenzungslinie** (Bahn)
/ gálibo m cinemático ‖ ~**es Getriebe** / mecanismo m
cinemático ‖ ~**e Kette** / cadena f cinemática ‖ ~**e
Theorie** / teoría f cinemática ‖ ~**e Umkehrung** /
inversión f cinemática ‖ ~**e Zähigkeit o. Viskosität**
(gemessen in Stokes) (Phys) / viscosidad f cinemática
kinematografisch / cinematográfico
Kinematographie f / cinematografía f
Kinemoabdrängungsmesser m, Kinemoderivometer n
(Luftf) / cinemoderivómetro m
Kinemometer n / cinemómetro m
Kine•rohfilm m / película f cinematográfica virgen ‖
~**schmalfilm** m / película f cinematográfica estrecha
‖ ~**theodolit** m (Raumf) / cineteodolito m
Kinetik f (Chem, Phys) / cinética f
kinetisch / cinético ‖ ~**er Druck** (Luftf) / presión f
cinética ‖ ~**e Druckhöhe**, Staudruck m / presión f
dinámica o de velocidad ‖ ~**e Energie** (Phys) / energía
f cinética ‖ ~**e Gastheorie** / teoría f cinética de gases ‖
~**e Vakuumpumpe** / bomba f de vacío cinética ‖ ~**e
Waffen** / armas f pl cinéticas
kineto•barischer Effekt (Elektr) / efecto m cinetobárico
‖ ~**-Elastodynamik** f (Mech) / cineto-elastodinámica f
Kingstonventil, Bodenventil n (Schiff) / válvula f de
fondo
Kinke f, Knick m im Draht o. Seil, Kink n / coca f ‖ ~**n
bekommen** / formarse cocas ‖ **voller** ~**n** (Seil) /
presentando muchas cocas
Kinn•halter m **für das Mikrophon** (Fernm) / mentonera
m para micrófono ‖ ~**riemen** m, -band m / barboquejo
m, carrillera f

Kino, Kinotheater n / cine m, cinema m ‖ ~... /
cinematográfico ‖ ~**film** m s. Kinefilm ‖ ~**gummi** n,
Malabarkino m n (Pharm) / goma f quino, quino m ‖
~**kamera** f / cámara f cinematográfica, tomavistas m,
cinecámara f ‖ ~**reklame** f (im Kino) / publicidad f de
pantalla ‖ ~**rot** n / rojo m [de] quino ‖ ~**technik** f /
cinematecnia f ‖ ~**[theater]** n / cine m, cinema m, sala
f de proyección ‖ ~**theodolit** m / cineteodolito m ‖
~**vorführapparat** m / proyector m cinematográfico o
de cine, proyector m de películas ‖ ~**vorführung**,
-vorstellung f / sesión f cinematográfica o de cine ‖
~**zentrum** n / sala f multicine
Kiosk m / kiosko m, kiosco m, quiosco m
Kipp m (Kath.Str) / barrido m ‖ ~..., Schütt... /
basculante, volcador ‖ ~**ablenkung** f (TV) / base f de
tiempo ‖ ~**achse**, Drehachse f / eje m basculante o de
vuelco, eje m de inclinación ‖ ~**achse** f (Theodolit) / eje
m de muñón ‖ ~**amplitude**, Ablenkweite f (TV) /
amplitud f de barrido ‖ ~**anhänger** m (Kfz) / remolque
m [de puente] basculante o volquete, volquete m
remolcado ‖ ~**anker** m (Relais) / armadura f
basculante ‖ ~**anlage** f / instalación f basculante o de
volquete ‖ ~**anschlag** m (Seilb) / palanca f para
descargar el volquete
kippbar / basculante, basculable, volcador, volcable,
volteable, inclinable, reversible ‖ ~, herabklappbar /
rebatible, abatible ‖ ~**es Fahrerhaus** (Kfz, Lkw) /
cabina f [de conductor] rebatible o basculante ‖ ~**er
Trog** / artesa f basculante ‖ ~**er Vorherd** (Hütt) /
antecrisol m basculante
Kipp•becherwerk n (Förd) / elevador m de cangilones
basculantes ‖ ~**bewegung** f / movimiento m
basculante o de abatimiento ‖ ~**bewegung**,
Schaukelbewegung f / movimiento m oscilante ‖
~**bratpfanne** f / sartén f basculante ‖ ~**brücke** f (Lkw)
/ plataforma f basculante (camión) ‖ ~**bühne**,
Sturzbühne f / plataforma f basculante de descarga ‖
~**dämpfer** m (Landw) / estufadora f basculante ‖
~**dämpfer** (Raumf) / amortiguador m de la nutación
Kippe f (allg) / dispositivo m basculante, volquete m ‖ ~,
[Berge]halde f (Bergb) / escombrera f, escorial m,
terrero m ‖ ~ f (Baggern) / área f de verter tierras ‖ ~,
Müllkippe f / vertedero m [de basuras], basurero m
Kippeinrichtung f, Wagenkipper m (Bahn) / volteador m
de vagones
kippen vt / volcar, bascular, descargar, verter ‖ ~,
neigen / inclinar ‖ ~, auskippen / descargar, verter,
vaciar ‖ ~, umkippen / invertir, tornar (alrededor de
su eje) ‖ ~, **kippen lassen** (Eltronik) / hacer bascular ‖
~, verkanten / ladear ‖ ~, wippen (Bergb) / bascular,
oscilar ‖ ~ vt vi, umkippen / volcar, perder el
equilibrio ‖ ~ vi (Eltronik) / bascular ‖ ~, wobbeln
(Eltronik) / barrer ‖ ~, außer Tritt fallen (Elektr) /
perder el sincronismo ‖ ~ vi, schaukeln / bambolear,
oscilar ‖ ~ (Waage) / tropezar ‖ **[auf Halde]** ~, stürzen
/ verter, descargar, echar (tierras, escombros etc.) ‖
nach der Seite ~ (Luftf) / entrar en carena o en
tirabuzón ‖ **nach vorn** ~, überziehen (Luftf) /
encabritar ‖ ~ n / basculamiento m, volteo m, vuelco
m, volqueo m, inversión f ‖ ~, Neigen n, Neigung f /
inclinación f ‖ ~, Verkantung f / ladeo m ‖ ~,
Verstürzen n (Bergb) / vaciado m volcando o por
volqueo ‖ ~ n (Luftf) / cabeceo m ‖ ~ **der Gichten**
(Hütt) / descenso m irregular de las cargas ‖ ~ **des
Schildes** (Planierraupe) / inclinación f de la pala
(niveladora) ‖ ~ n **des Wechselrichters** (Elektr) / fallo
m de conmutación de un inversor ‖ ~ **um 180°** /
vuelco m en 180°
Kippen•band n (Bergb) / nastro m de escombros ‖
~**pflug** m (Landw) / arado m de escombros ‖ ~**strosse**
f (Tagebau) / banco m de escombros
Kippentladung f, Auskippen f / descarga f por
basculamiento

Kippwagen

Kipper m (Bau, Bergb) / volcador m, basculador m ‖ ~, Autoschütter m (Straß) / volquete m ‖ ~, Kippwagen m / camión m o vagón basculante ‖ ~, Lastkraftwagen m mit Kippvorrichtung / volquete m, camión m volquete o basculante, volteo m (LA) ‖ ~, Wipper m (Bergb) / basculador m, vuelcavagonetas m ‖ ~ m **mit Muldenaufbau** (Bahn) / vagón m con caja basculante ‖ ~**aufbau** m (Kfz) / caja f basculante ‖ ~**bühne** f / plataforma f volcadora ‖ ~**fahrer** m / volquetero m ‖ ~**kasten** m, -mulde f / caja f del volquete ‖ ~**[katzen]brücke** f / puente m transbordador de carros volcadores
kipp•fähiger Wagen (Bahn) / vagón m basculador ‖ ~**fallprüfung** f (Verp) / ensayo m de volqueo y de caída ‖ ~**fenster** n, -flügelfenster n, Kippflügel m / ventana f basculante o de fuelle ‖ **nach außen, [innen] öffnendes ~fenster** / ventana f basculante hacia fuera, [hacia dentro] ‖ ~**flügel** m (Fenster) / hoja f de ventana basculante ‖ ~**flügel im Oberlicht** / tragaluz m basculante ‖ ~**flügeldrehpunkt** m (Fenster) / charnela f inferior ‖ ~**flügelflugzeug** n / avión m de alas pivotantes ‖ ~**freiheit** f / libertad f de bascular ‖ ~**frequenz** f (Eltronik) / frecuencia f de barrido o de exploración ‖ ~**frequenzgenerator**, Wobbler, Wobbelgenerator m / generador m de frecuencia de barrido ‖ ~**gefäßwaage** f / báscula f de tolva basculante ‖ ~**generator** m (TV) / generador m de dientes de sierra ‖ ~**generator für Bildfrequenz** (TV) / oscilador m de frecuencia de cuadro ‖ ~**gerüst** n (Hebezeug) / armazón f para volcar ‖ ~**gestell** n / bastidor m volcante ‖ ~**glied** n, -schaltung, -stufe f (DV, Elektr) / circuito m disparador o gatillo, basculador m ‖ ~**halde** f (Bergb) / escombrera f, vertedero m ‖ ~**hebel** m / palanca f basculante u oscilante ‖ ~**hebel**, Schwinghebel m (Kfz) / balancín m ‖ ~**hebelbock** m (Kfz) / soporte m de balancín ‖ ~**[hebel]schalter** m (Elektr) / interruptor m basculante ‖ ~**herd** m (Hütt) / solera f basculante ‖ ~**hordendarre** f (Brau) / tostador m de bandejas basculantes ‖ ~**japaner** m (Bau) / carretilla f volcable para obras ‖ ~**kante** f (Walzw) / arista f de volqueo ‖ ~**karren** m (Bau) / vagoneta basculante (E), volquete m, vagoneta f volcadora (LA) ‖ ~**kathode** f (Eltronik) / cátodo m oscilante ‖ ~**kessel[-Vakuum]-Schmelzofen** m (Hütt) / horno m basculante de fusión [bajo vacío] ‖ ~**kreis** m (Eltronik, TV) / circuito m de barrido, circuito m generador de eje de tiempo, circuito m generador de dientes de sierra ‖ ~**kreisel** m / girómetro m, giroscopio m de cabeceo ‖ ~**kübel** m (Gieß) / cubeta-volquete f, cubeta f basculante o basculadora ‖ ~**kübel** / cubo m volcador o basculador ‖ ~**kübel**, Kübelwagen m (Hütt) / carretilla f con cubo o caja basculante, carro m basculante ‖ ~**kübel** (Gefäßförderung) / skip m basculante, cuchara f basculante ‖ ~**kübelaufzug** m / montacargas m de volqueo, montacargas m de cubos volcadores ‖ ~**kübel-Begichtung** f (Hütt) / carga f [con carro] skip ‖ ~**lader** m (Kfz) / cargadora volcadora f ‖ ~**lager** m, Gelenklager n / articulación f de (o a) rótula, soporte m basculante ‖ ~**lager** (Brücke) / apoyo m oscilante ‖ ~**lampe** f / lámpara f reversible ‖ ~**lauf** m (Gewehr) (Mil) / cañón m rebatible o abatible o articulado ‖ ~**laufflinte** f / escopeta f con cañón de caída ‖ ~**laufpistole** f / pistola f de cañón basculante ‖ ~**laufrevolver** m / revólver m de cañón basculante ‖ ~**laufverschluss** m (Mil) / cerrojo m de cañón rebatible ‖ ~**libelle** f (Verm) / nivel m basculante ‖ ~**lore** f (Bau) / vagoneta f o carro basculante ‖ ~**lupe** f, Zeitdehner m (Kath.Str) / dilatador m o ampliador de barrido ‖ ~**mechanismus** m / mecanismo m volcador o de basculamiento ‖ ~**moment** n / momento m o par o de inversión o de vuelco ‖ ~**moment**, Stampfmoment n (Luftf) / momento m de cabeceo ‖ ~**moment** (Kfz) / momento m de vuelco ‖ ~**moment**

beim Außertrittfallen (Elektr) / par m de desenganche ‖ ~**mulde** f, Mulde f des Kippers / caja f basculante, caja f de[l] volquete ‖ ~**muldenwaage** f / báscula f de tolva basculante ‖ ~**ofen** m / horno m basculante u oscilante o inclinable ‖ ~**oszillator** m (Eltronik) / oscilador m de dientes de sierra ‖ ~**pfanne** f (Hütt) / caldero m basculante ‖ ~**pflug** m (Landw) / arado m basculante u oscilante, arado m de balanza ‖ ~**presse** f / prensa f inclinable ‖ ~**pritsche** f (Kfz) / plataforma f basculante ‖ ~**-Punkt** m (Thyristor) / punto m de transición conductiva ‖ ~**-Punkt einer Kurve** (Geom) / punto m de inversión de una curva ‖ ~**regel** f (Verm) / anteojo m basculante con puntería y regla, anteojo m con limbo vertical ‖ ~**regler** m (Luftf) / gobernador m de cabeceo ‖ ~**relais** n / relé m basculante [de mercurio] ‖ ~**rinne** f (Hütt) / canal m basculante de colada ‖ ~**rost** m (Kessel) / parrilla f basculante ‖ ~**rotor** m (Luftf) / rotor m convertible o pivotante ‖ ~**sattel** m (Luftf) / inclinómetro m longitudinal ‖ ~**sattelanhänger** m, -auflieger m (Kfz) / semirremolque m volcable ‖ ~**schalter** m (Elektr) / interruptor m o conmutador basculante u oscilante ‖ ~**schalter** (Fernm, Funk) / jack m, conyuntor m ‖ ~**schaltung**, -glied n (Eltronik) / montaje m en báscula, basculador m ‖ ~**schaltung**, Ablenkgenerator m / generador m [de señales] de barrido ‖ ~**schaltung**, Flip-Flop m n (bistabil) / basculador m
Kippscher Gasentwickler m (Chem) / generador m de Kipp (para gas), aparato m [de] Kipp
Kipp•schiebestabilität f (Luftf) / estabilidad f contra cabeceo y guiñada ‖ ~**schlupf** m (Elektr) / deslizamiento m de desenganche ‖ ~**schwimmer** m (Mot) / flotador m basculante o pivotante ‖ ~**schwingung** f (TV) / oscilación f de relajación o de relajamiento ‖ ~**schwingungskreis** m (Kath.Str) / circuito m de deflexión o de desviación ‖ ~**segmentdrucklager** n / cojinete m axial con segmentos inclinados ‖ ~**sicher** / seguro contra vuelcos, estable ‖ ~**sicherheit** f (allg) / seguridad f contra vuelcos ‖ ~**sicherheit** (Luftf) / estabilidad f contra inclinación ‖ ~**sicherung** f (Luftf) / estabilizador m, dispositivo m de estabilización ‖ ~**spannung** f (Halbl, TV) / tensión f en diente de sierra ‖ ~**spannung**, -spannungsgerät n / generador m de base de tiempo lineal ‖ ~**spiegel** m, Abblendspiegel m (Kfz) / espejo m retrovisor orientable ‖ ~**spiel** n / juego m de inversión, ladeo m ‖ ~**ständer** m (Fahr-, Motorrad) / soporte m basculante ‖ ~**stelle** f (Bergb) / estación f de volqueo o de descarga ‖ **in ~stellung** / en posición inclinada o volcadora ‖ ~**strom** m (Halbl) / corriente f en diente de sierra ‖ ~**strosse** f (Tagebau) / banco m de volqueo ‖ ~**stufe** s. Kippschaltung ‖ ~**stuhl** m (Hütt) / silla f basculante ‖ ~**tank** m / depósito m o tanque basculante ‖ ~**taste** f / tecla f basculante ‖ ~**tisch** m (Bergb, Walzw) / mesa f basculante ‖ ~**tisch** (Wzm) / mesa f inclinable ‖ ~**tor** n, -schwingtor n (Garage) / puerta f basculante ‖ ~**trafo** m (TV) / transformador m de barrido ‖ ~**triode** f / triodo m de barrido ‖ ~**trog** m, -mulde f (Bau) / artesa f basculante ‖ ~**trommelmischer** m (Bau) / hormigonera f volteable ‖ ~**tür** f / puerta f basculante ‖ ~**versatz** m (Bergb) / relleno m por vagonetas basculantes ‖ ~**vorrichtung** f / dispositivo m de basculamiento, dispositivo m volteador o de vuelco ‖ ~**vorrichtung**, -gerät n (Bergb) / volcador m ‖ ~**vorrichtung**, Scharnier m / charnela f ‖ ~**vorrichtung für Konverter** f (Hütt) / dispositivo m basculante para convertidor ‖ ~**vorrichtung** f **für Wagen** (Bahn) / dispositivo m basculante para vagones ‖ ~**vorrichtung mit Motor** / motovolquete m ‖ ~**wagen**, -handkarren m / carretilla f basculante, carro m o carretón basculante ‖ ~**wagen**, Kipper m (Kfz) / camión m volquete,

705

volquete m || ⁓**wagen** m, Kipper m, Selbstentlader m (Bahn) / vagón m basculante, volquete m || ⁓**wagen für allseitiges Kippen**, Rundkipper m / vagón m basculante de descarga omnilateral || ⁓**wagen für beiderseitiges Kippen**, zweiseitiger Kippwagen / vagón m basculante de descarga bilateral o hacia dos lados || ⁓**wiege** f, -sattel m (Masch) / soporte m sobre pivote || ⁓**wiege**, -sattel m (des Kippers) / balancín m, cuna f oscilante || ⁓**wiege**, Kippwinkelmesser m (Luftf) / aparato m medidor de la inclinación longitudinal || ⁓**winkel** m / ángulo m de inclinación o de basculamiento || ⁓**zapfen**, Wendezapfen m / perno m de báscula, gorrón m giratorio, muñón m de vertedera || ⁓**zeiger** m (Luftf) / indicador m de cabeceo
Kips[leder] m / cebú m
Kirchenfenster n / vidriera f, vitral m
Kirchhoff•-Lorenzsche Lösung f (Phys) / solución f de Kirchhoff-Lorenz de la ecuación de onda || ⁓**sche Regeln** f pl (Elektr) / leyes f pl de Kirchhoff || ⁓**sches Strahlungsgesetz** (Phys) / ley f de la radiación de Kirchhoff || zweite ⁓**sche Regel**, Maschenregel f / segunda ley de Kirchhoff || erster ⁓**scher Satz**, Verzweigungssatz m / primera ley de Kirchhoff, ley f de corrientes derivadas
Kirkwood-Näherung f / aproximación f de Kirkwood
Kirlianphotographie f / electrofotografía f
Kirne f, Kirnmaschine f (Margarine) / emulsionadora f
kirnen vt (Margarine) / emulsionar || ⁓ n / emulsionado m
Kirsch• [baum]harz n, Kirschgummi m n (Bot) / goma f de cerezo || **schwarze** ⁓**blattlaus**, Myzus cerasi (Parasit) / pulgón m negro del cerezo || ⁓**blattwespe** f, Eriocampoides limacina (Parasit) / tendredina f del cerezo
Kirschenkohle, Stückkohle f (Bergb) / hulla f granulada, galleta f menuda
Kirsch•fliege, -fruchtfliege f, Rhagoletis cingulata Loew (Parasit) / mosca f del cerezo, mosca f de las cerezas || ~**rot** / rojo cereza || ~**rotglühend** (Schm) / candente al rojo cereza || **helle** ⁓**rotglut** (1225 K) (Schm) / rojo m cereza || **dunkle** ⁓**rotglut** (950 K) / rojo m cereza oscuro || **auf** ⁓**rotglut bringen** / llevar al rojo cereza
Kirsey m, Kersey m (Web) / kersey m
Kiss-Coating n (Tex) / recubrimiento m o revestimiento por transferencia
Kissen n / almohada f, almohadilla f, almohadón m, cojín m || ⁓**form**, Sanduhrform f (Pulv.Met) / forma f de reloj de arena || ⁓**form** f (Verzerrung) (Opt) / distorsión f en cojín || ⁓**förmig** / de o en forma de cojín || ⁓**gewebe** n / amortiguador m, doble tira de tejido amortiguador f || ⁓**lava**, Pillowlava f (Geol) / lava f en almohadillas || ⁓**schmierung** f (Lager) / lubricación f por almohadillas || ⁓**tank**, -behälter m (Öl) / depósito m plegadizo tipo almohada || ⁓**verzeichnung**, kissenförmige Aberration f (TV) / distorsión f en cojín
Kiste f, Kasten m / caja f || ⁓, Truhe f / arca f, arcón m || ⁓ f, Kasten m (Hütt) / caja f || ⁓ (coll) (Luftf) / cafetera f || **alte** ⁓, Schlitten m (coll), alte Mühle (Kfz) / cacharro m, carricoche m || **große** ⁓ / cajón m || **in** ⁓**n packen** / meter o embalajar en cajas, encajonar || **kleine** ⁓, Kasten m / cajita f
Kisten•[be]druckmaschine f / máquina f para marcar cajas || ⁓**beitel** m (Wz) / formón m para abrir cajas, pie m de cabra || ⁓**förderer**, Lattenförderer m / transportador m de cajas [sobre rodillos] || ~**geglüht** (Hütt) / recocido o normalizado en caja || ⁓**glühofen** m / horno m de recocer en caja || ⁓**griff** m / asa f de caja || ⁓**heber** m / montacajas m, elevacajas m || ⁓**karre**, Steckkarre f / diablo m para cajas || ⁓**maß** n **für Versand** / dimensiones f pl de la caja para expedición || ⁓**nagelmaschine** f / clavadora f de cajas || ⁓**öffner** m / abrecajas m, sacaclavos m, abridor m de cajas || ⁓**pappe** f, -vollpappe f / cartón m para cajas o cajones

|| ⁓**rollbahn** f / transportador m de cajas por rodillos || ⁓**stapler** m / apilador m de cajas || ⁓**umreifungsgerät** n (Verp) / flejador m de cajas
Kit m n, Bausatz m, Baukasten m / kit m, juego m de piezas, equipo m
Kitchenette f, Einbauküche f / cocineta f, cocina f funcional [pequeña]
Kitt m, Kleber m / pegamento m, aglutinante m || ⁓, Dichtungs-, Glaserkitt m / masilla f || ⁓ m, Spachtelmasse f / pasta f para emplastecer || ⁓ (als Dichtungsmasse) / mástic m, mastique m || **säurefester** ⁓ / aglutinante m ácidorresistente
Kittel m, Arbeitsbluse f / blusa f [de trabajo], bata f, chamarreta f
kitten, ein-, auf-, an-, ver-, zu-, zusammenkitten / pegar, aplicar mástic, enmasillar, enmasticar || ~, mit Kitt verglasen o. befestigen / enmasillar || ⁓ n, Verkitten n / enmasillado m
Kitt•falz m (Fenster) / ranura f de masilla (ventana) || ~**freies Fenster** / cristal m [de ventana] sin enmasillar || ~**los** (Fenster) / sin masilla (ventana) || ~**lose Verglasung** / acristalamiento m sin masilla || ⁓**messer** n / espátula f para enmasillar || ⁓**messer** (Anstrich) / cuchillo m de pintor || ⁓**verglasung** f / acristalamiento m con masilla
kj, Kilojoule n / kilojulio m
Kjeldahlkolben m (Chem) / matraz m [de] Kjeldahl
Kjeldahlsche Stickstoffbestimmung f / método m de Kjeldahl para la determinación del nitrógeno
Kjellmangerät n (ein Bohrgerät) / aparato m de Kjellman para testigos largos
K-Jetronic-Einspritzung f (Kfz) / sistema m de inyección continua
KKK, Kraft-Kälte-Kopplung f / acoplamiento m fuerza-frío
KKW, Kernkraftwerk n / central f nuclear
KL, künstliches Leben / vida f artificial
klaffen, offen stehen / estar abierto o hendido || ~, halb offen stehen / estar entreabierto || ~, schlecht passen / no encajar [bien], no ajustar, estar mal unido, encajar mal
klaffend / que no encaja bien || ~**er Querriss** / grieta f transversal hendida || ~**e Weiche** (Bahn) / aguja f entreabierta
klaffenfrei / sin dislocamiento
klamm / frío y húmedo, tieso [de frío], rígido
Klamm, Schlucht f (Geo) / garganta f, barranco m, quebrada f
Klammer f / grapa f, garra f (E), gafa f, laña f, grampa f (LA) || ⁓, Schelle f, Zwinge f / abrazadera f, zuncho m, brida f || ⁓, Haken m / ágrafe f, barrilete m || ⁓, Bauklammer f / grapón m (E), grampa f o grampón (LA) || ⁓, Klemmvorrichtung f / dispositivo m de apriete || ⁓, Wäscheklammer f / pinza f [para ropa] || ⁓, u-förmige Klammer / laña f || ⁓, (spez.:) Brief-, Büroklammer f / clip m, sujetapapeles m || ⁓ f, Heftklammer f (Druck) / grapa f de alambre, corchete m de alambre, punto m metálico, broche m, grampa f (ARG) || ⁓ **auf**, [zu] (Math) / paréntesis m izq.,[der.], abrir[cerrar] paréntesis || **eckige** ⁓ (Druck) / corchete m || **geschweifte** ⁓ (Druck) / abrazadera f, llave[s] f [pl], corchete f || **in eckigen** ⁓**n** / entre claudátor || **in** ⁓**n setzen** (Druck, Math) / poner entre paréntesis || **runde** ⁓ (Druck) / paréntesis m
Klammer•affe m (@) (DV) / signo m @ o at, arroba f, símbolo m de arroba || ⁓**ausdruck** m (Math) / expresión f entre paréntesis || ⁓**drehbank** f (Uhrmacher) / buril m fijo || ⁓**flansch** m / brida f con grapas || ~**freier Ausdruck** (DV) / notación f polaca || ⁓**haken** m, Bankhaken m (Tischl) / escarpia f de tacón || ⁓**heftmaschine** f / grapadora f || ~**loch**, Kropf-, Keilloch n (Steinmetz) / agujero m de cuña || ~**loser Hefter** (Druck) / cosedora f sin grapillas

klammern vt, mit Klammern verbinden / unir o asegurar o sujetar con grapas o grampas o gafas, grapar, engrapar, añar, gafar || **sich ~ [an]** / agarrarse [a o en] || **~ n**, Klammerung f / grapado m, zunchado m
Klammer•ring m / anillo m de retención, aro m de retención || **~schraube** f (DIN 25193) / bulón m de anclaje con cabeza redonda || **~sicherung f der Zugstange** (Bahn) / abrazadera f de seguridad de la barra de tracción || **~verbindung** f (Elektr) / conexión f por abrazadera || **~zuführung** f (Druck) / alimentación f de grapas
Klammheit, Feuchtigkeit f / humedad f fría
Klampbock m (Nav) / vigota f
Klampe f (Schiff) / galápago m || **~** (zum Festlegen) (Schiff) / tojino m, cornamusa f
Klampenrolle f (Schiff) / rodillo m de la cornamusa
Klamplage f, Lage f von Klampziegeln (Bau) / capa f de ladrillos para evitar fisuras
Klang, Ton m (Akust) / sonido m, tono m || **~ m**, Wohlklang m / son m, sonido m armónico, armonía f || **~analyse** f / análisis m del sonido || **~bild** n, -figuren f pl / figuras f pl de Chladni || **~blende** f, -filter n, Klangfarberegler m (Funk) / regulador m de tonalidad || **~boden** m, -brett n / tablero m sonoro || **~charakter** m / tonalidad f || **~farbe** f / timbre m || **~fülle** f, -volumen n / volumen m sonoro o de sonido || **~fülle**, -reichtum m / riqueza f sonora || **~gemisch** n, Schall m / sonido m || **~hart** / de sonido duro || **~holz** n / madera f para instrumentos || **~leistung[en]** f[pl] / prestaciones f pl sonoras || **~los** / insonoro, sin sonido || **~probe** f (Bahn) / prueba f de sonido con martillo || **~regelung** f / control m de sonido || **~regler** m / conmutador m para control de sonido || **~rein** / de sonido puro o nítido, ortofónico || **~reinheit** f (Radio) / nitidez f o pureza f de sonido || **~spektrum** n / espectro m de sonido || **3-D-~system** / sistema m de tonalidad 3-D, sistema m estereofónico || **~verzerrung** f / distorsión f de sonido[s] || **~weiche** f (Radio) / filtro m [de] pasa-banda de sonido || **~wiedergabe** f / reproducción f acústica o de sonido[s] || **~[wiedergabe]treue** f / fidelidad f de sonido || **~zinn**, Feinzinn n (Hütt) / estaño m sonoro
Klanke f, Kinke f (Seil) / coca f
Klapotständer m, Strangwaschmaschine f (Tex) / lavadora f de madejas, clapón m de lavar [y blanquear]
Klapp•... / de tijera || **~anhänger** m, Faltwohnwagen m (Kfz) / remolque m plegable, caravana f plegable || **~ankerrelais** n / relé m de armadura basculante || **~[arm]lehne** f (Kfz) / apoyabrazos m abatible || **~ausleger** m (Bagger) / pluma f plegable (de excavadora) || **~ausleger** (Baukran) / brazo m levadizo
klappbar, Klapp... / plegable, plegadizo, replegable, abatible, rebatible || **~**, herunter~, herab-, heraufklappbar / abatible o rebatible || **~e Seitenwand** (Lkw) / lateral m abatible || **~er Werkzeughalter** / portaútil m o portaherramientas abatible
Klapp•bock m / caballete m plegable || **~boden** m (Bahn) / fondo m rebatible || **~brücke** f / puente m basculante o levadizo || **~brücke** f[mit Gegengewicht] / puente m basculante con contrapesos || **~davit** m (Schiff) / pescante m plegable || **~deckel** m / tapa f o tapadera rebatible o con charnela o con bisagra || **~deckel** (federnd) / tapa f con resorte || **~deckel** (Foto) / chapa f de base de la corredera || **~deckel des Tanks** (Kfz) / tapa f con charnela del depósito de gasolina || **~deckelwagen** m (mit Schwenkdach) (Bahn) / vagón m de techo móvil lateralmente || **~dorn** m (Walzw) / mandril m rebatible
Klappe f (allg) / elemento m rebatible || **~** (Blasinstrument) / pistón m || **~** tapa f, tapadera f || **~**, Verschlussklappe f / chapaleta f [de obturación] || **~** (Fernm) / anunciador m mecánico || **~** (ein Absperrorgan) (Masch) / válvula f de mariposa || **~**, Schieber m / registro m || **~**, Fallklappe f / trampa f, trampilla f || **~** (Ventil) / válvula f || **~** (Lkw-Aufbau), Seitenwand f / lateral m || **~** (Film) / claqueta f || **~** (Luftf) / flap m (pl: flaps) || **~ am Schlüsselloch** / escudo m de cerradura || **~ aus Stoff**, Patte f / solapa f, pata f || **~ des Klapptisches** / hoja f plegadiza de la mesa || **~ angelenkte ~** / tablilla f articulada o con charnela || **mit ~n versehen** / solapar
klappen, herunter~ / abatir, bajar || **zurück~**, hochklappen / rebatir, alzar, levantar
Klappen•ausschlag m (Luftf) / ángulo m de los flaps || **~betätigung** f (Luftf) / mando m de los flaps || **~falzapparat** m (Druck) / plegadora f de quijada || **~förmig** / valvular || **~gelenk** n, Ventilscharnier n / charnela f de válvula || **~gelenk** (Luftf) / bisagra f o articulación de flap || **~klosett** n (Bahn) / wáter m de cierre mecánico || **~relais** n (Fernm) / relé m de trampilla || **~ruder** n, -querruder n (Luftf) / alerón m de curvatura, flap m || **~schrank** m (Fernm) / central f con anunciadores mecánicos || **~stutzen** m (Kfz) / tubuladura f de válvula de mariposa, tubo m de admisión con mariposa || **~system** n (Luftf) / sistema m de flaps || **~ventil** n, [Ventil]klappe f / válvula f de bisagra o de chapaleta o de charnela o de gozne || **~verschluss** m / cierre m de bisagra, cierre m de válvula || **~visier** n (Gewehr) (Mil) / mira f abatible || **~wehr** m (Hydr) / presa f de alza
Klapperkasten m (coll), -kiste f (Kfz) / cacharro m, carricoche m, chocolatera f (coloq.)
klappern vi / tabletear, golpetear, chacolotear, traquetear, matraquear, hacer ruido (p.e. de hierros) || **~**, klicken / hacer clic || **~ n** / tableteo m, chacoloteo m, matraqueo m, ruido m de hierros
klappernd, klirrend / tintineante
Klapp•[fahr]rad n / bicicleta f plegable || **~fenster** n (oberes) / claraboya f basculante o rebatible || **~flügel** m (Fenster) / hoja f rebatible || **~form** f (Gieß) / molde m basculante o de bisagra || **~form**, Flaschenzange f (Glas) / tenazas f pl de botellas || **~-Fußrast[e]** f (Motorrad) / reposapies m rebatible || **~gabel** f (Flurförderer) / horquilla f rebatible || **~gerüst** n (Bau) / andamio m plegable || **~greifer** m pl (Traktor) (Landw) / garras f pl abatibles || **~kamera** f / cámara f de fuelle o plegable || **~koje** f (Schiff) / litera f plegable || **~-Kokille** f (Gieß) / coquilla f articulada || **~kondensator** m (Elektr) / condensador m variable tipo libro, condensador m variable de armaduras articuladas, condensador m de placas articuladas || **~kopf** m (Fräsmaschine) / cabezal m abatible || **~kübel** m (Hütt) / cuba f o cubeta de fondo abatible || **~kübel-Schrägaufzug** m (Hütt) / montacargas m inclinado de cubetas de fondo abatible || **~kübelwagen** m / vagón m de fondo abatible || **~laden** m (Bau) / postigo m plegable, contraventana f plegable || **~leiter** f / escalera f plegable o de tijera, escalera f plegadiza || **~leitwerk** n (Flugkörper) / estabilizadores m pl plegables || **~luke** f (Schiff) / escotilla f de bisagra || **~luke** (Bau) / lumbrera f con bisagra || **~maßstab** m / metro m plegable || **~mast** m / poste m o mástil rebatible || **~messer** n / navaja f plegable o de muelle || **~öler** m / engrasador m con tapa de charnela
klapprig (Kfz) / destartalado
Klapp•rost m (Dampfm) / parrilla f basculante || **~runge** f / telero m articulado, estaca f articulada (MEJ) || **~schraube** f / tornillo m articulado || **~schurre** f / tolva f abatible || **~schute** f (Schiff) / gánguil m con descarga por el fondo || **~schütz** n (Hydr) / compuerta f basculante || **~sessel** m **im Theater** / butaca f con asiento plegable || **~sitz** m / asiento m rebatible || **~sitz** (Bahn, Kfz) / traspontín m, asiento m plegable || **~splint** m / pasador m abatible || **~stahl** m (Wzm) / útil m rebatible || **~stecker** m (Landw) / pasador m

Klappstiel

clavija ‖ ≈stiel m, -säule f (Bau) / pie m derecho o culto ‖ ≈stuhl m / silla f plegable o de tijera[s] ‖ ≈symmetrie f, Deckungssymmetrie f (Geom) / simetría f bilateral ‖ ≈tisch m / mesa f plegable o abatible, mesa f de charnela[s] ‖ ≈tor n (Bau) / trampa f, trampilla f ‖ ≈tor einer Schleuse / compuerta f basculante o caediza ‖ ≈trenner, -trennschalter m (Elektr) / seccionador m basculante ‖ ≈tür f, Falttür f / puerta f plegable ‖ ≈tür, Falltür f / trampa f, trampilla f ‖ ≈tür f (Kfz) / puerta f [lateral] pivotante ‖ ≈ventil n / válvula f de charnela ‖ ≈verdeck n (Kfz) / capota f plegable ‖ ≈verdeckkarosserie f / carrocería f descapotable, techo m plegable ‖ ≈verschluss m, -deckel m / tapa f con charnela ‖ ≈visier n (Gewehr) (Mil) / alza f plegable o de charnela ‖ ≈wehr n (Hydr) / presa f basculante ‖ ≈weiche f (Bahn) / aguja f basculante ‖ ≈werkzeug n (Plast) / molde m abatible o de bisagras

Klaprothin m, Lazulit m (Min) / lazulita f
Klaprothit m (Min) / klaprotita f
klar, scharf, deutlich / claro, nítido, distinto ‖ ~, rein / claro, puro, limpio ‖ ~, sichtig (Meteo) / claro, límpido ‖ ~, durchsichtig / transparente, diáfano, traslúcido ‖ ~, rein (Ton) / limpio ‖ ~, scharf (Opt) / nítido ‖ ~ (Bergb) / menudo ‖ ~ (Email) / transparente ‖ ~ (z.B. zum Auslaufen) (Schiff) / pronto, listo (para zarpar) ‖ ~e Farbe / color m claro
Klär•anlage f (Abwasser) / instalación f clarificadora o de depuración, estación f depuradora de aguas residuales ‖ ≈apparat m (Zuck) / aparato m depurador o de depuración ‖ ≈becken n, -teich, -sumpf, -behälter m (Abwasser) / depósito m o tanque de decantación o clarificación, pileta f de clarificación (LA), tanque m decantador o asentador ‖ ≈becken (Chem) / depósito m sedimentador o de sedimentación ‖ ≈behälter, Reinigungsbehälter m (Wasserversorgung) / depósito m filtrante
Kläre f, Klärmittel n / agente m clarificador ‖ ≈ (Gewebe) / baño m clarificador ‖ ≈, Klärlösung f / solución f clarificadora ‖ ≈, Kochkläre f (Zuck) / jugo m claro
Kläreffekt m / efecto m clarificador o de decantación
Klareis n / hielo m transparente
klären vt (Flüssigkeit, Zuck) / clarificar, defecar ‖ ~, dekantieren (Chem) / decantar ‖ ~ (Wein etc.) / colar (vino etc.) ‖ ~, schleudern (Zuck) / centrifugar ‖ ~, läutern (Bergb) / limpiar, clarificar ‖ ~, schönen (Brau) / clarificar, depurar, encolar ‖ ~ (sich), klar werden / aclarar[se] ‖ ~ durch Filtern, filtern (Zuck) / filtrar ‖ sich ~ (durch Absitzen) / clarificarse (por sedimentación) ‖ Wasser ~, reinigen / clarificar o depurar agua ‖ Wasser mechanisch ~ / depurar agua[s] mecánicamente ‖ ≈ n, Klärung f (Bier) / clarificación f, depuración f, encolado m ‖ ≈ von Weißlauge (Pap) / clarificación f de lejía blanca
Klärer•überlauf m (Aufb) / rebosadero m clarificado ‖ ≈unterlauf m, Klärschlamm m (Aufb) / fango m espeso o de clarificación
Klärevorlauf m (Zuck) / jugo m pobre
Klarfilm m / base f o película transparente
Klärfilter, -becken n (Abwasser) / filtro m clarificador o de clarificación
Klarfolie f / hoja f transparente
Klär•gas n, Faulgas n, Biogas n / gas m de [la instalación de] clarificación, gas m pútrido, biogás m ‖ ≈gefäß n, -apparat m (Chem) / depósito m de clarificar, aparato m clarificador
Klarglas n / vidrio m claro ‖ ≈glocke f / globo m de vidrio claro ‖ ≈lampe f (Elektr) / lámpara f o bombilla de vidrio claro ‖ ≈scheibe f (Opt) / vidrio m claro, vidriera f o luna clara
Klärgrube f, -becken n (Abwasser) / fosa f de clarificación, pozo m clarificador ‖ biologische ≈ / fosa f séptica

Klarheit, Eindeutigkeit f / claridad f, inequivocación f ‖ ≈, Tonschärfe f / nitidez f de sonido, claridad f ‖ ≈, Durchsichtigkeit f / transparencia f, diafanidad f
Klär•kessel m, Läuterkessel m (Zuck) / caldera f de clarificación o de defecación ‖ ≈kessel-Sedimente n pl (Zuck) / sedimentos m pl de decantación ‖ ≈kessel-Überlauf m (Zuck) / rebosadero m de decantación
Klar•kolbenblitz m (Foto) / bombilla f de flash incolora ‖ ≈lack m (allg) / laca f incolora o transparente ‖ ≈lack [auf Basis von Zellulosederivaten] (z.B. Zaponlack) / barniz m zapón ‖ ≈lack [mit ölhaltigem Bindemittel] / barniz m claro ‖ ≈laküberzug m / capa f de laca transparente ‖ ≈luftturbulenz f (Meteo) / turbulencia f en (o por) aire claro ‖ ~machen (Schiff) / preparar un buque para zarpar ‖ ≈machen n, Klarschiff n (Schiff) / zafarrancho m ‖ ≈meldung f / aviso m de todo claro
Klärmittel n (allg, Brau) / clarificante m, clarificador m, agente m clarificador
Klar•punkt m (Tensid) / temperatura f de clarificación ‖ ≈-rot / rutilante ‖ ≈scheinwerfer m (Kfz) / faro m de vidrio claro o de cristal transparente
Klär•schlamm m (Abwasser) / fangos m pl o lodos de clarificación [de fosas sépticas] ‖ belebter ≈schlamm / lodo m activado [de aguas residuales] ‖ ≈schlamm, Kalkungsschlamm m (Zuck) / cal f de deshecho, fango de cal m ‖ ≈schlamm m von Entstaubung (Hütt) / lodos m pl de decantación ‖ ≈schlammentwässerung f / deshidratación f de lodos de clarificación ‖ ≈[schlamm]gas n / gas m de fosa séptica ‖ ≈schlammkompostierung f / compostaje m de lodos activados ‖ ≈schlammtrocknung f / desecación f de lodos activados
klar•schleifen vt (Glas) / dulcir ‖ ≈schrift f (DV) / caracteres m pl legibles o comprensibles ‖ in ≈schrift / en caracteres legibles ‖ ≈schriftaufzeichnung f (DV) / registro m visual ‖ ≈schriftbeleg m / comprobante m legible o inteligible ‖ ≈schriftcodierer m / codificador m de caracteres legibles ‖ ≈schriftleser m (DV) / lectora f de caracteres [ópticos] ‖ ≈sichtbeutel m (Verp) / bolsa f transparente ‖ ≈sichtfenster n (Kuvert) / ventana f transparente ‖ ≈sichtfolie f, Zellglas n (Plast) / hoja f o lámina o película transparente ‖ ≈sichthülle f / funda f [de material] transparente, bolsa f transparente ‖ ≈sichtmittel n, Antibeschlagmittel n (Kfz) / agente m antiempañante ‖ ≈sichtpackung f / envase m o embalaje transparente ‖ ≈sichtscheibe f (Gasmaske) / cristal m antiempañante ‖ ≈sichtscheibe, Frostschutzscheibe f (Kfz) / calienta-parabrisas m ‖ ≈sichtscheibe (Schiff) / vistaclara f, parabrisas m giratorio ‖ ≈sichtscheibe (Bahn, Kfz) / cristal m anticondensación, mirilla f de vista clara ‖ ≈sichtscheibe für Rückfenster (Kfz) / cristal m antiempañante para luna trasera ‖ ≈sichttuch n (Kfz) / paño m antiempañante
Klärspitze f (Aufb) / cono m de decantación o purificación
Klar•spülen n (Geschirrspülm.) / abrillantado m (último lavado) ‖ ≈spüler m (Geschirrspülm.) / abrillantador m
Klarstellung f, Berichtigung f / puntualización f
Klarstern m, -zeichen n (Buchungsmaschine) / estrella f de [control a] cero
Klärteich m, -sumpf m s. Klärbecken
Klar•text (nicht chiffriert) / texto m abierto ‖ ≈text m (DV) / texto m legible o commpresible o en lenguaje claro ‖ ≈-ton-Verfahren n (Audio) / sonido m de elevada fidelidad
Klärung f, Reinigung f (Chem) / clarificación f, purificación f ‖ ≈, Reinigung f [durch Absitzen o. Abgießen] / decantación f ‖ ≈ f, Abwasserklärung f / clarificación f de aguas residuales o de desagües
Klarwasser n (Aufb) / agua f clarificada

Klärwerk n (Abwasser) / estación f de depuración [de aguas residuales], planta f de limpieza
Klar•wetterturbulenz f **in großer Höhe** (Meteo) / turbulencia f en (o por) tiempo claro a grandes alturas ‖ ⁓**zeichner** m (TV) / acentuador m de contornos
Klär•zentrifuge f (Öl) / centrifugadora f de clarificación ‖ ⁓**zyklon** m / ciclón m clarificador
Klasse f / clase f, categoría f ‖ ⁓, Sorte f, Größe f / clase f, tipo m, tamaño m ‖ ⁓ (Bot, Zool) / clase f ‖ ⁓, Gattung f, Sorte f / género m, clase f ‖ ⁓, Marke f / marca f ‖ ⁓ f, Rang m / categoría f, grado m, calidad f, orden m ‖ **von großer** ⁓ / de elevada categoría
Klassen•abstand m (Wolle) / diferencia f de clase ‖ ⁓**breite** f (Stat) / variación f total de clase ‖ ⁓**grenzen** f pl (Stat) / límites m pl de clase ‖ ⁓**häufigkeit** f (Stat) / frecuencia f de clase ‖ ⁓**intervall** n (Klasse gleicher Breite) (Stat) / intervalo m de clase ‖ ⁓**klausel** f (DV) / cláusula f de clase ‖ ⁓**mitte** f (Qual.Pr.) / valor m medio del intervalo de clase ‖ ⁓**mitte** (Stat) / punto m medio de clase ‖ ⁓**summe** f (Math) / suma f de clases ‖ ⁓**üblich** (Kfz) / correspondiente a su clase o tipo ‖ ⁓**verzeichnis** n (Patent) / lista f de clases ‖ ⁓**zeichen** n (Instr) / índice m de clase ‖ ⁓**ziffer** f / cifra f de clase
Klassier•anlage f (Aufb) / planta f de clasificación ‖ ⁓**aufbringen** n (Aufb) / rendimiento m de clasificación
klassieren vt / clasificar, triar ‖ ⁓ n, Klassierung f / clasificación f ‖ ⁓, Sieben n (Aufb) / cribado m ‖ ⁓ **im waagerechten Wasserstrom** (Bergb) / clasificación f por corriente horizontal
Klassierer m (Bergb) / clasificadora f ‖ ⁓ (Pap) / clasificador m
Klassier•fachmann m (Bergb) / especialista m clasificador ‖ ⁓**gerät** n (Erfassung von Ausfällen) (Fernm) / clasificador m, aparato m de clasificación ‖ ⁓**[rüttel]sieb** n / criba f [vibradora] clasificadora ‖ ⁓**spitze** f, -konus, -trichter m / cono m clasificador
klassier•e Kohle / carbón m clasificado o calibrado ‖ ⁓**er Koks** / coque m clasificado o calibrado
Klassiertrommel f / tambor m clasificador
Klassierung f, Korngrößentrennung f (Bergb) / separación f granulométrica, calibraje m (gal.) ‖ ⁓ **[der Erze]** / clasificación f [de los minerales]
Klassifikation f, **Klassifizierung** f / clasificación f ‖ ⁓ **von Begriffen**, Klassifizierung f / sistema m clasificado de conceptos
Klassifikations•gesellschaft f (Schiff) / sociedad f de clasificación ‖ ⁓**länge** f (Schiff) / eslora f de clasificación
klassifizieren vt, in Klassen ordnen / clasificar ‖ ⁓ (Schiff) / clasificar
klassifizierend / clasificador
Klassifizierung, Güteeinteilung f / clasificación f (según calidad) ‖ ⁓ f **der Arbeitselemente nach BTE** (= Bureau des Temps Elémentaires) / clasificación f de los elementos de trabajo según B.T.E. (Bureau des Temps Elémentaires)
klassisch, nicht quantisiert (Phys) / clásico, no cuantificado ‖ ⁓**e Walzung** / laminación f clásica
klastisch, aus Zertrümmerung entstanden (Geol) / clástico ‖ ⁓, katogen, sedimentär (Geol) / sedimentario ‖ ⁓**es Gestein** / rocas f pl clásticas
Klatschdruck m (Druck) / decalco m
Klatschmaschine f (Textildruck) / fular m
Klaub•anlage f (Aufb) / instalación f de escogido (clasificación manual) ‖ ⁓**arbeit** f (Aufb) / trabajo m de escogido a mano ‖ ⁓**band** n, Klaubeband m (Bergb) / cinta f de escogido
Klaubeberge m pl (Bergb) / roca f estéril o zafras escogida[s] a mano
klauben vt, sortieren (Bergb) / escoger a mano, pepenar (MEJ) ‖ ⁓ n (Bergb) / escogido m a mano
Klauberz n / mineral m escogido a mano

Klaubezwischengut n (Bergb) / mixtos m pl escogidos a mano
Klaue f, **Kralle** f / garra f, uña f, gancho m ‖ ⁓ (zum Biegen von Bewehrungseisen) (Bau) / grifa f ‖ ⁓, Nase f (Masch) / diente m, talón m, saliente m ‖ ⁓, Auf-, Einklauung f (Zimm) / embarbillado m, empalme m de pico de pájaro ‖ ⁓ f **des Hammers**, gespaltene Finne (Wz) / peña f partida [del martillo] ‖ ⁓ **einer Kuppelmuffe** (Masch) / diente m de un manguito de acoplamiento
Klauen•fett n, -öl n, Rinderklauenfett n / grasa f de pata o pezuña de buey, aceite m de pata o pezuña ‖ ⁓**förmig**, -artig / en forma de garra o uña ‖ ⁓**futter** n (Wzm) / mandril m, plato m de mordazas ‖ ⁓**hammer** m, Schreinerhammer m (Wz) / martillo m sacaclavos o de uña o de carpintero ‖ ⁓**kranz** m / corona f de garras ‖ ⁓**kupplung** f / acoplamiento m de garras o de dientes, embrague m de garras o de dientes, acoplamiento m de engrane ‖ ⁓**muffe** f / manguito m de dientes o de garras o de uñas ‖ ⁓**ring** m (Felge, Kfz) / anillo m de garras ‖ ⁓**schiftung** f (Zimm) / empalme m de pico de pajero ‖ ⁓**schraube**, Steinschraube f (Bau) / tornillo m cabezorro ‖ ⁓**späne** m pl (Feuerlösch, Härterei) / raspaduras f pl de pezuña de buey ‖ ⁓**winde** f / cric m o gato de dos garras
Klausel f (DV) / cláusula f
Klaviatur f / teclado m
Klavier n, **Piano** n / piano m ‖ **elektrisches** ⁓, Pianola n / pianola m ‖ ⁓**band** n, Stangenscharnier m (Tischl) / bisagra f de piano o de varilla ‖ ⁓**[saiten]draht** m / alambre m [para cuerdas] de piano ‖ ⁓**stimmschlüssel** m / llave f de afinar (pianos) ‖ ⁓**stuhl** n / taburete m de piano
Kleb... s.a. Klebe... ‖ ⁓**anker** m (Bergb) / bulón m de anclaje de fijación por pegado ‖ ⁓**bar** / pegable ‖ ⁓**dispersion** f (Chem) / dispersión f de materias aglutinantes o de adhesivos
Klebe... s. auch Kleb... ‖ ⁓**band** n / cinta f [auto]adhesiva ‖ ⁓**band auf Spinnstoffbasis** / cinta f adhesiva de tejido ‖ ⁓**bindemaschine** f, -binder m (Druck) / encuadernadora f rústica o sin costura o a la americana ‖ ⁓**bindung** f (Druck) / encuadernación f encolada o pegada o sin costura ‖ ⁓**blech** f (Relais) / placa f antiadherente ‖ ⁓**bondieren** n, -kaschieren n / forrado m por encolado ‖ ⁓**dach** n (Bau) / tejado m de cartón impermeabilizado pegado en caliente ‖ ⁓**emulsion** f (Plast) / emulsión f adhesiva ‖ ⁓**etikett** n / etiqueta f engomada o [auto]adhesiva ‖ ⁓**fähig** / adhesivo, pegadizo ‖ ⁓**falz** m / pliegue m engomado ‖ ⁓**folie** f / lámina f adhesiva, hoja f plástica adhesiva ‖ ⁓**gummi** m / goma f adhesiva, caucho m pegadizo ‖ ⁓**haken** m (selbstklebend) / colgador m autopegante ‖ ⁓**kitt** m / masilla f adhesiva ‖ ⁓**kraft** f, -fähigkeit f / fuerza f adhesiva o de unión, poder m aglutinante o adhesivo ‖ ⁓**kraft von Leim** / fuerza f adhesiva de cola ‖ ⁓**lack** m / laca f adhesiva ‖ ⁓**löser** m (Chem) / disolvente m encolante ‖ ⁓**lösung** f (o adhesivo) / adhesivo, pegamento m líquido ‖ ⁓**marke** f (z.B. Herstellerzeichen, Briefmarke usw.) / viñeta f engomada, timbre m ‖ ⁓**maschine** f / máquina f encoladora, pegadora f ‖ ⁓**masse** f (Bau) / masa f adhesiva o pegadiza ‖ ⁓**mittel** n, Klebstoff m / pegamento m, adhesivo m, agente m adhesivo, aglutinante m
Klebemulsion f / emulsión f [de] aglutinante
kleben vt, an-, auf-, festkleben / pegar [en o sobre], encolar, apegostar (MEJ) ‖ ⁓, kleistern (Bb) / engrudar ‖ ⁓ vi [an] / adherirse, pegarse [a] ‖ ⁓, klebrig sein / ser pegajoso o adhesivo ‖ ⁓ **bleiben** / adherirse, quedar pegado ‖ ⁓ **bleiben** (Elektrode, Schw) / quedar adherido o pegado ‖ ⁓ **an der Walze** (Walzw) / adherirse al cilindro ‖ ⁓ **einen Film** / empalmar, unir cintas ‖ ⁓ n / pegamiento m, pegado m ‖ ⁓, Fügen n **durch Kleben** / encolado m, unión f con un adhesivo ‖

Kleben

≈ **an der Walze** (Walzw) / adhesión *f* del material al cilindro de laminación ‖ ≈ **des Kerns** (Elektr) / adherencia *f* del núcleo ‖ ≈ **des Wischgummis** (Kfz) / adherencia *f* o adhesividad de la escobilla del limpiaparabrisas
Klebenaht *f* / costura *f* encolada o pegada
Kleben • [bleiben] *n* (Relaisanker) / adherencia *f* de la armadura del relé ‖ ≈**bleiben der Elektroden**, Anschweißen *n* / inmovilización *f* de los electrodos
klebend, klebrig / viscoso, pegajoso ‖ ~, haftend / adhesivo, aglutinante, pegadizo
Klebe • paste *f* / pasta *f* pegajosa ‖ ≈**pflaster** *n* (Med) / emparche *m*, emplasto *m* adhesivo ‖ ≈**pistole** *f* / pistola *f* de pegar ‖ ≈**presse** *f* (Film) / prensa *f* de pegar, pegacintas *m*, empalmadora *f* ‖ ≈**punkt** *m* (Schw) / punto *m* pegado
Kleber *m*, Klebemittel *n* / cola *f*, pegamento *m*, pegante *m*, aglutinante *m*, adhesivo *m* ‖ ≈, Klebereiweiß, Gluten, Tritizin *n* / gluten *m* ‖ **flüssiger** ≈, Gummilösung *f* / goma *f* líquida ‖ **mit** ≈ **befestigen** / fijar con cola o pegamento ‖ **mit** ≈ **versehen** / aplicar pegamento ‖ **mit** ≈ **versehen** (o. beschichten) / revestir o recubrir de cola o pegamento ‖ ≈**leim** *m* / cola *f* del gluten
Klebe • rolle *f*, Klebestreifen *m* [in Rollen] / rollo *m* de cinta adhesiva, cinta *f* adhesiva en rollo [a] ‖ ≈**satz** *m* **für Filme** / juego *m* de cola y aplicador ‖ ≈**stelle** *f* / punto *m* de pegado o de engomado ‖ ≈**stelle** (Film) / junta *f* ‖ ≈**stelle** (Fehler, Walzw) / marca *f* de adhesión, mancha *f* de contacto ‖ ≈**stift** *m* / lápiz *m* de pegar, barra *f* adhesiva o de pegamento ‖ ≈**streifen** *m* / cinta *f* adhesiva o engomada, tira *f* de papel engomada ‖ ≈**streifen** (für Papieranschluss) (Rot.Presse) / cinta *f* engomada para cambio de bobina ‖ ≈**streifen**, Tesa-Film *m* / papel *m* cello ‖ ≈**streifen in Rollen** s.
Kleberolle ‖ ≈**symbol** *n*, selbstklebende Vignette oder Marke / viñeta *f* o marca autopegante ‖ ≈**technik** *f* / técnica *f* de pegamiento ‖ ≈**verbindung** *f* / ensambladura *f* o unión pegada ‖ ≈**verbindung** (Videoband) / junta *f* pegada ‖ ≈**verhalten** *n* / comportamiento *m* de pegado ‖ ≈**verschluss** *m* (Kuvert, Sack) / cierre *m* autoadhesivo o autopegante o autopegable ‖ ≈**zettel** *m*, -etiketт *n* / etiqueta *f* engomada, etiqueta *f* pegable o [auto]adhesiva ‖ ≈**zinkung** *f*, -zinkenverbindung *f* (Holz) / ensambladura *f* a dientes pegados
Kleb • fachingenieur *m*, European Adhesive Engineer / ingeniero *m* (europeo) de tecnología adhesiva ‖ ≈**film** *m*, -band *n* / cinta *f* adhesiva transparente ‖ ≈**film**, Klebstoffschicht *f* / capa *f* de pegamento ‖ ≈**film**, Tegofilm *m* / película *f* Tego ‖ ≈**folie** *f* / hoja *f* [plástica] adhesiva, cinta *f* adhesiva ‖ ≈**fuge** *f* / junta *f* de pegado ‖ ≈**kitt** *f* / masilla *f* adhesiva ‖ ≈**kraft** *f* s. Klebekraft ‖ ≈**muffe** *f* / manguito *m* de unión encolado ‖ ≈**naht** *f* (Tex) / costura *f* pegada ‖ ≈**pfosten** *m*, Wandsäule *f* (Zimm) / pie *m* derecho oculto, montante *m* de pared ‖ ≈**pfosten** (Elektr) / montante *m* de pared ‖ ≈**polteppich** *m* (Tex) / alfombra *f* de polo pegado
klebrig, klebend, Klebe... / adhesivo, pegajoso, peguntoso ‖ ~, leimartig / glutinoso ‖ ~, schleimig / mucilaginoso, viscoso ‖ ~ (Farbe) / pegajoso, viscoso ‖ ~**er Gichtstaub** (Hütt) / polvo *m* de tragante pegajoso ‖ ~**e Schlacke** (Hütt) / escoria *f* pegajosa ‖ ~ **werden**, verharzen / engomarse
Klebrigkeit *f* / glutinosidad *f*, pegajosidad *f*, adherencia *f* ‖ ≈, Dickflüssigkeit *f* / viscosidad *f* ‖ ≈ **von Lack** / adhesividad *f* (de lacas y barnices), pegajosidad *f*
klebrigkeitsverhindernd / antiadhesiva, antiadherente
Kleb • sand *m* (Gieß) / arena *f* arcillosa, tierra *f* fuerte ‖ ≈**sand** (Keram) / arena *f* de embarrar ‖ ≈**schiefer** *m*, Tripel *m* (Geol) / pizarra *f* para pulir, tripolí *m* ‖ ≈**stift** *m* (Relais) / clavo *m* antiadherente
Klebstoff, Kleber *m*, Klebemittel *n* / pegamento *m*, adhesivo *m*, pegante *m*, sustancia *f* pegante ‖ ≈, Leim *m* / cola *f* ‖ ~**abweisend** / antiadhesivo ‖ ≈**ansatz** *m* / preparación *f* de cola ‖ ≈**lage** *f*, aufgetragene Klebstoffmenge / capa *f* de pegamento [aplicado] o de cola ‖ ≈**lücke** *f* **zwischen Laminaten** (Plast) / vacío *m* de adhesivo entre láminas ‖ ≈**pulver** *n* / adhesivo *m* en polvo
Klebung *f*, Kleben *n* / acción *f* de pegar, pegadura *f*, pegado *m*, pegamiento *m*
Klecks, Flecken *m* / mancha *f*, borrón *m*
klecksig (Druck) / emborronado, manchado
Klee *m*, Trifolium *n* (Bot) / trébol;m.
Kleeblatt *n*, -blattkreuzung *f* (Straßb) / cruce *m* en (o de) trébol ‖ ≈..., kleeblattartig / trebolado, en trébol, trilobulado, trilobular ‖ **runder** ≈**bogen**, Nasenbogen mit drei, fünf oder mehr Pässen (Bau) / arco *m* trebolado o trilobulado o pentalobulado o polilobulado ‖ ~**förmig** / en forma de trébol ‖ ≈**muffe** *f* (Walzw) / manguito *m* de trébol ‖ ≈**silo** *m* für **Zuschläge** (Bau) / silo *m* en trébol ‖ ≈**zapfen**, Kuppelzapfen *m* (Walzw) / trefle *m*
Klee • feld *n*, -acker *m* (Landw) / trebolar *m* ‖ ≈**reiber**, -drescher *m* (Landw) / desgranadora *f* de trébol ‖ ≈**salz** *n*, Kaliumtetraoxalat, -bioxalat *n* (Chem) / tetraoxalato *m* potásico, sal *f* de acederas ‖ ≈**samenöl** *n* (Pharm) / aceite *m* de semillas de trébol ‖ ≈**säure** *f* (Chem) / ácido *m* oxálico
Klei, Tonboden *f* (Geol) / tierra *f* arcillosa grasa, arcilla *f*
Kleid *n* (Wassb) / revestimiento *m*
Kleider • bad *n* (Tex) / lavado *m* en seco, baño *m* químico para vestidos ‖ ≈**cloqué** *m* (Tex) / cloqué *m* para vestidos ‖ ≈**haken** *m* / colgadero *m* ‖ ≈**motte**, Tineola biselliella *f* (Zool) / polilla *f* ‖ ≈**schutz** *m*, -netz *n* (Fahrrad) / guardatela *m* ‖ ≈**stoff** *m* / tela *f* para vestidos
Kleidung *f*, Bekleidung *f* / ropa *f*, vestidos *m pl*, vestuario *m*, indumentaria *f indumento m*
Kleie *f* (Müllerei) / salvado *m*, afrecho *m*, afrechillo *m*, jache o jachi *m* (BOL) ‖ ≈**bürstmaschine** *f* (Müllerei) / cepilladora *f* de afrecho
Kleienmehl *n* (Nahr) / harina *f* de salvado, moyuelo *m*
Kleieputzmaschine *f* **für Weißblech** (Hütt) / limpiadora *f* con salvado
Klei • melasse *f* / melaza *f* de salvado ‖ ≈**mühle** *f* (Keram) / molino *m* de arcilla
klein / pequeño ‖ ~, schwach, dünn / menudo, diminuto, tenue, delgado ‖ ~, unbedeutend / pequeño, insignificante ‖ ~ (Buchstabe) / minúsculo ‖ ~ (von geringer Höhe) / bajo ‖ ~, gering / reducido ‖ ~, wenig, schwach / poco ‖ ~ **[er]** / menor ‖ ~**er** [als], < (Math) / menor [que] ‖ ~**e Achse** (Math) / eje *m* menor ‖ ~**e Fahrt** (Geschwindigkeit) (Schiff) / pequeña *f* velocidad ‖ ~**er** [oder] **gleich**, ≤ (Math) / menor que o igual [a] ‖ ~ **kariert** (Tex) / a cuadritos, a cuadros pequeños ‖ ~**es Kettenrad** (Fahrrad) / piñón *m* ‖ ~**er machen** *vt*, verkleinern / disminuir o reducir (el tamaño) ‖ ~ **machen**, -hacken / picar, triturar, desmenuzar ‖ ~**er Ring** (Sonne) / halo *m* principal o de 22° ‖ ~ **schneiden** / cortar en trozos pequeños ‖ ~**er werden**, abnehmen, geringer werden / disminuir ‖ ~**e Fahrt** (Schiff) / para [fines de] cabotaje ‖ **sehr** ~, ungenügend / insuficiente, exiguo ‖ ~ *n* (Bergb) / menudos *m pl* ‖ **im** ~**en**, lokal (Math) / localmente
Klein ~ ... (in Zusammensetzungen) / mini..., micro..., minúsculo, en miniatura, pequeño, barato ‖ ≈**antrieb** *m* (Elektr) / accionamiento *m* por motor pequeño o fraccional ‖ ≈**anzeige** *f* (Druck) / anuncio *f* económico o por palabra, pequeño aviso (ARG) ‖ ≈**arbeit** *f* / trabajo *m* minucioso o de filigrana ‖ ≈**auflage** *f* (Druck) / tiraje *m* bajo, tirada *f* baja ‖ **in** ≈**ausführung** / en tamaño reducido, en miniatura, en escala reducida ‖ ≈**auto** *n* / coche *m* [en] miniatura, cochecito *m* ‖ ≈**automat** *m*, Sicherungsautomat *m* (Elektr) / cortacircuito *m* automático ‖ ≈**bagger** *m* / excavadora *f* pequeña ‖ ≈**bahn** *f* (historisch), Nebenbahn *f* /

Kleinserienfertigung

ferrocarril *m* vecinal ‖ ⁓**bahn**, Privatbahn *f* / ferrocarril *m* privado, línea *f* privada ‖ ⁓**[bau]teile** *n pl* / componentes *m pl* [en] miniatura ‖ ⁓**behälter** *m* (Bahn) / contenedor *m* pequeño (1-3m³) ‖ ⁓**beleuchtungslampe** *f* / lámpara *f* o bombilla pequeña o para alumbrado menor ‖ ⁓**bessemerbirne** (Hütt) / convertidor *m* Bessemer pequeño ‖ ⁓**bessemerei** *f* / acer[er]ía *f* de pequeños convertidores Bessemer ‖ ⁓**betrieb** *m* (Landw) / pequeña explotación agrícola ‖ ⁓**bildfilm** *m* / película *f* [de] pequeño formato ‖ ⁓**bildfilm** (unter 35 mm) / película *f* estrecha ‖ ⁓**bildkamera** *f* / cámara *f* fotográfica de pequeño formato o de paso universal ‖ ⁓**bildpatrone 135** *f* / carrete *m* de pequeño formato 135 ‖ ⁓**bodenrad** *n* (Uhr) / pequeña *f* intermedia ‖ ⁓**brenner** *m* (Gas) / micromechero *m* ‖ ⁓**brenner**, Sparflamme (Gas) / llama *f* pequeña ‖ ⁓**buchstabe** *m*, Minuskel *f* / minúscula *f* ‖ **auf** ⁓**buchstaben umschalten** / cambiar a letras minúsculas ‖ ⁓**buchstabendruck** *m*, Kleindruck *m*, -gedrucktes *n* (Druck) / tipo *m* chico, la letra menuda ‖ ⁓**bus** *m* (Kfz) / microbús *m* (E) ‖ ⁓**computer** *m* (DV) / miniordenador *m* ‖ ⁓**darstellung** *f* (DIN 30) / pequeño dibujo ‖ ⁓**dimensioniert** / de dimension[es] reducidas ‖ ⁓**drucken** *vt* (Druck) / componer con minúsculas ‖ ⁓**eisen** *n*, Eisenkurzwaren *f pl* / quincalla *f*, quincallería *f*, pequeños artículos de hierro *m pl*, herrajes *m pl*, ferretería *f* menuda ‖ ⁓**eisen**, Feineisen *n* (Walzw) / perfiles *m pl* ligeros ‖ ⁓**eisenindustrie** *f* / industria *f* quincallera ‖ ⁓**eisenzeug** *n* (Bahn) / pequeño material de vía, accesorios *m pl* de fijación

Kleinerwerden *n* (Opt) / disminución *f*, reducción *f* [progresiva] ‖

Klein•flansch *m* / brida *f* pequeña ‖ ⁓**flanschverbindung** *f* (Vakuum) / conexión *f* o unión por bridas pequeñas ‖ ⁓**flugzeug** *n* / avioneta *f* ‖ ⁓**fonturig** (Strumpf) / de funtura pequeña ‖ ⁓**format** *n* / pequeño formato ‖ ⁓**gedrucktes** *n*, Kleindruck *m* (Druck) / letra *f* menuda ‖ ⁓**gefüge** *n*, Kornstruktur *f* (Hütt) / estructura *f* granular ‖ ⁓**gefüge**, Mikrostruktur *f* / microestructura *f* ‖ ⁓**gefügebild**, Mikrobild *n* (Hütt) / micrografía *f* ‖ ⁓**gegliedert** (allg) / de elementos o componentes pequeños ‖ ⁓**gegliedert**, kleingliederig (Kette) / de eslabones pequeños ‖ ⁓**gepäckablage** *f* (Bahn) / rejilla *f* para equipaje pequeño ‖ ⁓**gerät** *n* (allg) / maquinaria *f* pequeña ‖ ⁓**gerät** (Elektr) / aparato *m* [eléctrico] pequeño, electrodoméstico *m* ‖ ⁓**gewerbe** *n* / pequeña industria *f* ‖ ⁓**gewerbetreibender** *m* / pequeño *m* industrial ‖ ⁓**gezahnt** (Masch) / de dientes pequeños o finos, de dentadura pequeña, de dentado fino ‖ ⁓**güteraufzug** *m* / montacargas *m* de servicio ‖ ⁓**haus** *n* (Bau) / casita *f*, casa *f* pequeña ‖ ⁓**heit** *f* / pequeñez *f* ‖ ⁓**holz** *n* / leña *f* menuda, astillas *f pl* ‖ ⁓**industrie** *f* / pequeña industria ‖ ⁓**integriert** / integrado en pequeña escala ‖ ⁓**kabelbagger** *m* (Bau) / draga *f* o excavadora pequeña de cable ‖ ⁓**kabinenseilbahn** *f* / telecabina[s] *m* ‖ ⁓**kaliber** *n* (Mil) / pequeño calibre ‖ ⁓**kalibergewehr** *n*, KK / carabina del calibre 22, rifle *m* de pequeño calibre ‖ ⁓**kältemaschine** *f* / máquina *f* frigorífica pequeña ‖ ⁓**kapazitätsmesser** *m* (Elektr) / medidor *m* de capacidades pequeñas ‖ ⁓**klima**, Meseklima *n*, Lokalklima *n* (Meteo) / mesoclima *m* ‖ ⁓**kohle** *f* / carbón *m* menudo o granulado, carboncillo *m* ‖ ⁓**koks** *m* / coque *m* menudo ‖ ⁓**kompressor** *m* / compresor *m* pequeño o de poca potencia ‖ ⁓**kontakt** *m* / microcontacto *m* ‖ ⁓**[kopf]pflaster** *n* (Straß) / pavimento *m* de adoquines pequeños ‖ ⁓**kornmischung** *f* (Beton) / mezcla *f* de grano fino o menudo ‖ ⁓**kornweizen** *m* (Landw) / trigo *m* de grano pequeño ‖ ⁓**kraftrad** *n* (unter 50 cm³ Hubraum) / velomotor *m*, motocicleta *f* ‖ ⁓**kraftschlepper** *m* (Landw) / mototractor *m* ‖ ⁓**kraftwagen** *m*, -wagen *m* / coche *m* pequeño ‖ ⁓**kraftwerk** *n* / minicentral *f* hidroeléctrica ‖ ⁓**kreis** *m* (Kugel) / círculo *m* pequeño ‖ ⁓**kristallin** / de o en pequeños cristales ‖ ⁓**kugellager** *n* / rodamiento *m* de bolas pequeño ‖ ⁓**lader** *m* (Bau) / cargador *m* pequeño ‖ ⁓**ladungs-Trägersystem** *n* (Eltronik) / sistema *m* portador de carga pequeña ‖ ⁓**lampe** *f* (Elektr) / bombilla *f* pequeña ‖ ⁓**last** *f* (Masch) / carga *f* pequeña o baja, pequeña carga ‖ ⁓**lastabgleich** *m* (Zähler) (Elektr) / compensación *f* de pequeña carga ‖ ⁓**lastbereich** *m* / gama *f* de pequeñas cargas ‖ ⁓**lastenaufzug** *m* (Förd) / montacargas *m* pequeño ‖ ⁓**laster**, -lastwagen *m* (Kfz) / camioneta *f*, pick-up *m* (Am.Central), cazadora *f* (Am.Central) ‖ ⁓**lasthärteprüfung** *f* (Mat.Prüf) / ensayo *m* de medida de microdureza ‖ ⁓**lebewesen** *n* (Biol) / microorganismo *m* ‖ ⁓**leuchte** *f* / lámpara *f* pequeña *f* ‖ ⁓**lok[omotive]**, Köf, Rangier-Motorlokomotive *f* (Bahn) / locotractor *m* ‖ ⁓**lüfter** *m* / ventilador *m* pequeño, microventilador *m* ‖ ⁓**luftschiff** *n* (unstarr) / dirigible *m* pequeño ‖ ⁓**mahlen** *vt*, fein mahlen / moler fino ‖ ⁓**maschig** (Tex) / de mallas pequeñas ‖ ⁓**maße** *n pl* (DIN 323) / medidas *f pl* desde 6,3 hasta 1 mm ‖ ⁓**material** *n* (Elektr) / material *m* pequeño de instalación, pequeño material eléctrico *m* ‖ ⁓**material** (Kfz) / material *m* pequeño o auxiliar ‖ ⁓**möbel** *n* / mueble *m* pequeño o auxiliar ‖ ⁓**mosaik** *n* (Fliesen) / pavimento *m* de mosaico [pequeño] 20x20mm ‖ ⁓**motor** *m* (Elektr) / motor *m* eléctrico pequeño, motorcito *m*, motor *m* de poca potencia ‖ ⁓**motor** (bis 746 W bei n = 1500) (Elektr) / motor *m* de potencia fraccionaria ‖ ⁓**motorig** / con motor de poca o baja o pequeña potencia ‖ ⁓**narbig** (Leder) / de grano fino

Klein-Nishina-Streuung *f* (Phys) / dispersión *f* de Klein-Nishina

Klein•nockenschalter *m* (Elektr) / pequeño combinador de levas *m* ‖ ⁓**offset-Maschine** *f* / prensa *f* o máquina pequeña offset, copiadora *f* offset ‖ ⁓**organismen** *m pl* **am Wassergrund** (Biol) / bentos *m* nectónico ‖ ⁓**parkett** *n* (Bau) / parqué *m* pequeño ‖ ⁓**parkett** (auf Platten) (Bau) / parqué *m* pegado sobre placa de base ‖ ⁓**periode**, Nebenperiode *f* (DV) / ciclo *m* menor ‖ ⁓**pflaster** *n* (DIN 481) (Bau) / pavimento *m* o empedrado de adoquines 10x10cm ‖ ⁓**planierfahrzeug** *n*, -planierraupe *f* / niveladora *f* pequeña sobre orugas ‖ ⁓**rad**, Ritzel *n* / piñón *m* ‖ ⁓**räumig** (Meteo) / en escala micrometeorológica ‖ ⁓**rechner** *m* (Analog- oder Prozessrechner kompakter Bauart) (DV) / miniordenador *m*, microordenador *m* ‖ ⁓**reparaturen** *f pl* / pequeñas *f pl* reparaciones ‖ ⁓**rundsteckverbindung** *f* (Elektr) / conector *m* circular pequeño ‖ ⁓**rüttler** *m* (Gieß) / vibrador *m* pequeño ‖ ⁓**schalter** *m* / micro[inte]rruptor *m*, minirruptor *m* ‖ ⁓**schalter**, Installationsschalter *m* / interruptor *m* pequeño [de la casa] ‖ ⁓**schaltrelais** *n* / relé *m* miniatura de conmutación ‖ ⁓**schaltuhr** *f* / reloj *m* conmutador [en] miniatura

Kleinsche Vierergruppe (Math) / grupo *m* cuadrático de Klein

Klein•scheinwerfer *m* **mit Stufenlinsen** (Film) / lámpara *f* proyector miniatura ‖ ⁓**schlag**, Splitt *m* (Straß) / cascajo *m* menudo, gravilla *f* ‖ ⁓**schlepper** *m* / tractor *m* pequeño ‖ ⁓**schmiedeteile** *n pl* / piezas *f pl* de pequeña forja ‖ ⁓**schotter** *m* (Bahn) / gravilla *f* de balasto ‖ ⁓**schrauben** *f pl* / tornillería *f* pequeña ‖ ⁓**schraubstock** *m* / tornillo *m* [de banco] pequeño (E), taquilla *f* (LA) ‖ ⁓**schreibmaschine** *f* / máquina *f* de escribir portátil ‖ ⁓**schrott** *m* / chatarra *f* menuda o ligera, granalla *f* ‖ ⁓**sender** *m* (Eltronik) / emisor *m* de poca potencia, minitransmisor *m* ‖ ⁓**serie** *f* (F.Org) / serie *f* pequeña ‖ ⁓**serienfertigung** *f* / fabricación *f*

711

Kleinsignal

en series pequeñas ‖ ⁓**signal** *n* (Fernm) / señal *f* débil ‖ ⁓**signalkapazität** *f* (Halbl) / capacitancia *f* diferencial o de señales débiles ‖ ⁓**signalparameter** *m* (Transistor) / parámetro *m* de señal débil ‖ ⁓**signalverstärker** *m* (DV) / amplificador *m* de señales débiles ‖ ⁓**signalverstärkung** *f* / ganancia *f* de potencia para señal débil ‖ ⁓**signalwiderstand** *m* (Halbl) / resistencia *f* de señal débil ‖ ⁓**spannung** *f* s. Kleinstspannung
kleinst, geringst / mínimo ‖ ~, niedrigst, geringst / mínimo, ínfimo ‖ ~**e Fehlerquadrate** *n pl* (Math) / cuadrados *m pl* mínimos ‖ ~**er gemeinsamer Nenner** (Math) / denominador *m* común mínimo ‖ ~**es gemeinsames Vielfaches** (Math) / múltiple común mínimo, menor *m* múltiple común ‖ ~**er Höchstwert** / minimax *m* ‖ ~**es Quadrat** (Math) / cuadrado *m* mínimo ‖ ~**e Teilchen** *n pl* (Phys) / partículas *f pl* más pequeñas ‖ ~**e Teilung** (Nonius) / división *f* más pequeña ‖ ~**er zulässiger Halbmesser** (Bahn) / radio *m* mínimo de inscripción en curva ‖ ⁓... / micro..., muy pequeño, mínimo, [en] miniatura, enano
Kleinst•antrieb, Mikroantrieb *m* (Raumf) / micromotor *m*, micropulsor *m* ‖ ⁓**auto** *n* / microcoche *m*, coche *m* miniatura ‖ ⁓**bauelement** *n* (Eltronik) / microcomponente *m* ‖ ⁓**bohrer** *m* (Wz) / broca *f* [espiral] miniatura ‖ ⁓**bohrer** (DIN) / taladro *m* pequeño ‖ ⁓**drehmelder** *m* (Elektr) / microsin[cro] *m*
kleinstellen (Flamme) / bajar la llama
Kleinsterdbeben *n* (Geol) / microseísmo *m*, microsismo *m*
Klein•steuerschalter *m* / micromanipulador *m* ‖ ⁓**steuerung** *f* / minipuesto *m* de mando
Kleinst•gefüge, Feingefüge *n* / microestructura *f* ‖ ⁓**gefüge**..., Mikrogefüge... / microestructural ‖ ⁓**getriebe** *n* / engranaje *m* miniatura ‖ ⁓**-Ionisationskammer** *f* (Nukl) / cámara *f* dedal ‖ ⁓**kamera** *f* / cámara *f* miniatura ‖ ⁓**kraftwerk** *n* / minimicrocentral *f* ‖ ⁓**kugellager** *n* / microrrodamiento *m* de bolas ‖ ⁓**luft** *f* (Lager) / juego *m* mínimo ‖ ⁓**maß** *n* (Passung) / medida *f* mínima ‖ ⁓**mikrophon** / micrófono *m* miniatura ‖ ~**mögliche Geschwindigkeit** (Luftf) / velocidad *f* mínima de vuelo ‖ ⁓**motor** *m* (Elektr) / micromotor *m*, motor *m* subfraccional ‖ ⁓**pflaster** *n* (Straßb) / pavimento *m*, adoquinado *m* ‖ ⁓**rakete**, Mikrorakete *f*, -triebwerk *n* (Raumf) / microcohete *m*, micropropulsor *m* ‖ ⁓**reaktor** *m* (Nukl) / reactor *m* en pequeña escala, minirreactor *m* ‖ ⁓**röhre** *f* (Eltronik) / microválvula *f*
Kleinstruktur *f* / estructura *f* de dimensiones reducidas
Kleinst•sicherung *f* (Elektr) / fusible *m* miniatura ‖ ⁓**spannung** *f* (kleiner od. gleich 42 V) / tensión *f* baja ‖ ⁓**spiel** *n* (Passung) / juego *m* mínimo ‖ ⁓**-Stromversorgung** *f* (Eltronik) / bloque *m* de alimentación en miniatura ‖ ⁓**teile** *n pl* / elementos *m pl* de construcción en miniatura ‖ ⁓**übermaß**, Mindestspiel *n* (Passung) / aprieto *m* o exceso mínimo, juego *m* mínimo ‖ ⁓**-U-Boot** *n* (Schiff) / microsubmarino *m*, submarino *m* de bolsillo
kleinstückig / en trocitos
Kleinst•verschmutzer *m* (Umw) / microcontaminador *m* ‖ ⁓**wagen** *m*, -auto *n* / coche *m* pequeño, pequeño utilitario ‖ ⁓**wert**, Mindestwert *m* (Math) / valor *m* mínimo ‖ ⁓**wert** *m*, kleinster Augenblicks- o. Momentanwert, Talwert *m* / valor *m* mínimo instantáneo ‖ ⁓**zeitverfahren** *n*, -studie *f* (F.Org) / método *m* de tiempos de movimiento predeterminados
Klein•teile *n pl* / piezas *f pl* pequeñas, herrajes *m pl*, ferrería *f* (LA) ‖ ⁓**teilverzinkung** *f* / galvanización *f* de piezas pequeñas o de ferrería (LA) ‖ ⁓**trafo** *m*, Klingeltrafo *m* (Elektr) / transformador *m* pequeño ‖ ⁓**transporter** *m* (Kfz) / furgoneta *f*, camioneta *f* ‖ ⁓**triebwerk** *n* (Raumf) / micropropulsor *m*, unidad *f* de micropropulsión *f* ‖ ⁓**uhr** *f* / reloj *m* pequeño (espesor < 25mm) ‖ ⁓**- und Mittelunternehmen** *n pl* / pymes *f pl* ‖ ⁓**verbraucher** *m* / pequeño consumidor *m* ‖ ⁓**verkehrsflugzeug** *n*, Lufttaxi *n* / avioneta *f* comercial, taxi *m* aéreo ‖ ⁓**versuch** *m*, Laborversuch *m* / ensayo *m* de laboratorio o en pequeña escala ‖ ⁓**vieh** *n* (Landw) / ganado *m* menor ‖ ⁓**wagen** *m*, Kleinauto *n* / coche *m* o vehículo pequeño, pequeño utilitario ‖ ⁓**wasser** *n* s. Niedrigwasser ‖ ⁓**werkzeug** *n* / herramienta[s] *f[pl]* pequeña[s] ‖ ⁓**wetterlage** *f* (Meteo) / situación *f* microsinóptica ‖ ⁓**winkelbeugung** *f* (Opt) / difracción *f* en ángulo[s] pequeño[s] ‖ ⁓**winkelkorngrenze** *f* / límite *m* o borde de grano de ángulo pequeño ‖ ⁓**winkelstreuung** *f* (Nukl) / dispersión *f* en ángulo pequeño ‖ ⁓**zentrale** *f* (Elektr) / central *f* eléctrica pequeña, microcentral *f* ‖ ⁓**zentrale mit automatischer Vermittlung** (Fernm) / central *f* automática unitaria ‖ ⁓**zyklus** *m* (DV) / ciclo *m* menor
Kleister *m*, Stärke-, Buchbinderkleister *m* / engrudo *m*, cola *f* vegetal o de almidón
kleistern, Kleister geben / engrudar
Klemm•... / de apriete o aprieto, por (o de) presión, de sujeción ‖ ⁓**anschluss** *m* (Elektr) / conexión *f* a presión ‖ ⁓**anschluss** (Masch) / fijación *f* por apriete o abrazadera ‖ ⁓**anschlussstück** *n* (Akku) / pinza *f* ‖ ⁓**armatur** *f* (Schlauch) / abrazadera *f* para mangueras ‖ ⁓**backe** *f* / mordaza *f* o mandíbula prensora o de sujeción ‖ ⁓**band** *n*, -befestigung *f* / abrazadera *f* de sujeción ‖ ⁓**beschlag** *m* / herraje *m* de apriete ‖ ⁓**blech** *n* / chapa *f* de apriete ‖ ⁓**bolzen** *m* (Elektr) / borne *m* de fijación ‖ ⁓**bolzen** (Masch) / perno *m* de sujeción ‖ ⁓**brett** *n* s. Klemmenbrett ‖ ⁓**bügel** *m* / estribo *m* de sujeción o de apriete, abrazadera *f* ‖ ⁓**bügel für Drahtseile** / estribo *m* en U (para cables de alambre) ‖ ⁓**diode** *f* (Eltronik) / diodo *m* fijador de nivel o de tensión ‖ ⁓**druck** *m* / presión *f* de apriete o de sujeción
Klemme *f* (allg) / elemento *m* de apriete ‖ ~ (Elektr) / borne *m* [de conexión], borna *f*, terminal *m* ‖ ~, Klemmvorrichtung *f* / pinza *f*, dispositivo *m* apretador o de apriete ‖ ~ *f*, Bürettenklemme *f* (Chem) / pinza *f* de buretas ‖ ~, Schlauchklemme *f* / pinza *f* para tubo flexible
klemmen *vt*, ein-, ver-, festklemmen / apretar, sujetar, enclavar, enchavetar ‖ ~, quetschen / comprimir, apretar con pinza ‖ ~ *vi*, fressen *vi*, festsitzen / agarrotarse, clavarse, atascarse ‖ ~, zu wenig Spiel haben / no tener bastante juego ‖ ~ (Tür) / encajar mal, no cerrar bien ‖ ~ (Säge) / agarrotarse (sierra) ‖ ~ *n* / agarrotamiento *m*, atasque *m*, atascamiento *m*
Klemmen•abdeckung *f*, -abdeckhaube *f*, -deckel *m* (Elektr) / tapabornes *m* ‖ ⁓**anschluss** *m* / conexión *f* de borne[s], embornado *m* ‖ ⁓**belegungsplan** *m* / esquema *m* de conexión de bornes o terminales ‖ ⁓**bezeichnung** *f* / denominación *f* de bornes ‖ ⁓**bolzen** *m*, Klemmbolzen *m* (Elektr) / prisionero *m* de conexión ‖ ⁓**brett** *n*, -leiste *f* / tablero *m* de bornes, tablilla *f* de prisioneros de conexión ‖ ⁓**kasten** *m* (Elektr) / caja *f* de bornes o terminales o de empalme ‖ ⁓**kasten mit Strangisolation** / caja *f* de bornes con aislamiento de fases o de fases aisladas o separadas ‖ ⁓**kastendeckel** *m* (Elektr) / tapabornes *m*, tapa *f* de la caja de bornes ‖ ⁓**leiste** *f* (Elektr) / regleta *f* de bornes ‖ ⁓**leistung** *f* (Elektr) / potencia *f* [medida] de bornes ‖ ⁓**platte** *f* (Elektr) / placa *f* de bornes ‖ ⁓**reihe** *f* / hilera *f* de bornes, regleta *f* de bornes ‖ ⁓**scheinwiderstand** *m* (Elektr) / impedancia *f* terminal o en los bornes ‖ ⁓**schiene** *f* (Elektr) / barra *f* de terminales ‖ ⁓**schrank** *m* / caja *f* de bornes ‖ ⁓**schutzkasten** *m* / caja *f* de protección de bornes ‖ ⁓**spannung** *f* / tensión *f* en los bornes ‖ ⁓**träger** *m* (Akku) / portabornes *m*, portarregleta *f* ‖ ⁓**zelle** *f* (Elektr) / compartimiento *m* de conexiones o terminales

Klemm•feder f (Uhr) / resorte m de fricción ‖ ⁓**feder** (Masch) / muelle m o presor de apriete, muelle m o resorte de sujeción ‖ ⁓**festigkeit** f / resistencia f al apriete ‖ ⁓**feststellung**, -festsetzung f / apriete m ‖ ~**frei** / sin apriete ‖ ⁓**futter** n (Dreh) / mandril m de garras, plato m universal de garras ‖ ⁓**gabel** f (Flurförderer) / horquilla f de apriete (transportador de superficie) ‖ ⁓**gesperre** n (Masch) / mecanismo m detentor por apriete o por fricción ‖ ⁓**haken** m (Tischl) / pie m de cabra ‖ ⁓**halter** m **für Wendeschneidplatten** (Wzm) / portaplacas m de corte ‖ ⁓**hebel** m / palanca f de apriete o de sujeción o de enclavamiento, palanca f afianzadora ‖ ⁓**hülse** f (Wz) / boquilla f de sujeción o de apriete ‖ ⁓**hülse** (Wälzlager) / manguito m o casquillo de apriete o de retención ‖ ⁓**hülsenkupplung** f / acoplamiento m de anillo partido ‖ ⁓**impuls** m (TV) / impulso m de fijación de nivel ‖ ⁓**isolator** m / aislador m de botón partido ‖ ⁓**kabelschuh**, -schuh m / terminal m de apriete ‖ ⁓**kausche** f (Bergb) / ojal m [de cable] de retención por fricción ‖ ⁓**klappe** f (ein Ventil) / válvula f de mariposa sin bridas ‖ ⁓**knebel** m / manilla f de apriete ‖ ⁓**kraft** f / fuerza f de apriete o bloqueo o de apretadura o de retención ‖ ⁓**kupplung** f, -verbindung f (Masch) / acoplamiento m de presión o de apriete ‖ ⁓**lager** n / apoyo m de apriete ‖ ⁓**länge** f (Niet) / distancia f entre las cabezas, agarre m ‖ ⁓**länge** (Schraube) / longitud f de apriete ‖ ⁓**leuchte** f (Elektr) / foco m pinza ‖ ⁓**-Meißelhalter** m (Wzm) / portaherramienta m de apriete ‖ ⁓**-Mitnehmer** m / cerrojo m ‖ ⁓**-Mutter** f / tuerca f de apriete o de fijación o de enclavamiento ‖ ⁓**-Mutter** (DIN) (selbstklemmend) / tuerca f autobloqueante ‖ ⁓**nippel** m, Schnurklemme f / sujetahilos m, prensa-cordón m ‖ ⁓**öse** f (Elektr) / ojal m de apriete o de sujeción ‖ ⁓**platte** f (Bahn) / grapa f de sujeción ‖ ⁓**platte** (allg) / placa f de sujeción ‖ ⁓**plattenschraube** f (Bahn) / tornillo m de cabeza redonda y cuello de retención ‖ ⁓**profil** n (Gummi) / perfil m de apriete ‖ ⁓**ring** m / anillo m opresor o afianzador ‖ ⁓**rolle** f / polea f de apriete, rodillo m de apriete ‖ ⁓**rolle** (Walzw) / cilindro m guía ‖ ⁓**rolle** (Hebezeug) / roldana f de paro ‖ ⁓**rolle** (Elektr) / borne m prensahilo ‖ ⁓**rollenkupplung** f / embrague m de rueda libre ‖ ⁓**schaltung**, Klemmung f (Eltronik) / circuito m de fijación de nivel ‖ ⁓**schaltung** f, Gleichstrom-Wiederherstellungsschaltung f / fijador m de nivel ‖ ⁓**schaltung für Bezugspegel** (Eltronik) / fijador m de referencia ‖ ⁓**scheibe** f / conexión m de borne[s] ‖ ⁓**schelle** f / abrazadera f de sujeción ‖ ⁓**schnalle** f (DIN 5292) / hebilla f de apriete por fricción ‖ ⁓**schraube** f, Stellschraube f / tornillo m [aprisionador] de ajuste, tornillo m prisionero ‖ ⁓**schraube** (zum Befestigen) / tornillo m de apriete, tornillo m con espiga roscada ‖ ⁓**schraube** (Elektr) / terminal m de tornillo ‖ ⁓**schraube** (Masch) / tornillo m inmovilizador o de apriete ‖ ⁓**schuh**, -kabelschuh m / terminal m de apriete para cable ‖ ⁓**schuss** m (Fehler, Tex) / trama f apretada, marca f de caja ‖ ⁓**span** m (Hobel) / viruta f adherida ‖ ⁓**stelle** f, -punkt m / punto m de apriete o de presión

Klemmung f, Klemmen n / apriete m, apriete m ‖ ⁓, Klemmbefestigung f / sujeción f o conexión por apriete ‖ ⁓, Verklemmung f / atascamiento m, bloqueo m ‖ ⁓ f, Feststellung f / apretadura f, apretamiento m, agarrotamiento m, bloqueo m ‖ ⁓, Klemmstift f (Rakete) / klemmung m, espiga f de apriete

Klemm•verschraubung f / atornilladura f de apriete ‖ ⁓**vorrichtung**, Klemme f / dispositivo m de apriete o de sujeción o fijación ‖ ⁓**vorrichtung** f **der Bügelmessschraube** / dispositivo m de apriete del pálmer ‖ ⁓**walze**, -rolle f (Walzw) / cilindro m o rodillo de apriete ‖ ⁓**walzenvorschub** m (Stanz) / dispositivo m de avance por rodillos dobles ‖ ⁓**zange** f (Wz) / pinzas f pl de apriete

Klempner, (Südd.:) Flaschner, Spengler m / hojalatero m, chapista m, fontanero m, lampista m (E), plomero m (LA), chapero m, latonero m (COL), latero m (LA) ‖ ⁓**arbeiten** f pl / trabajos m pl de fontanería o de hojalatería (E), trabajos m pl de chapistería (LA)

Klempnerei f / hojalatería f, fontanería f, lampistería f

Klette f (Bot) / bardana f ‖ ⁓ (Spinn) / mota f

kletten (Wolle) / desmotar la lana ‖ ~**frei** (Wolle) / sin motas ‖ ⁓**verschluss** m / cierre m VELCRO (ahora: cierre TEXACRO) ‖ ⁓**walze** f (Tex) / cilindro m desmotador ‖ ⁓**wolf** m (Tex) / desmotadora f [mecánica] ‖ ⁓**wolle** f / lana f [cargada] de motas (E), lana f semilluda (LA) ‖ ⁓**wurzelöl** n (Pharm) / esencia f de [raíces de] bardana, aceite m de bardana

Kletter•..., kletternd / trepador adj ‖ ⁓**bremse** f (Kfz) / freno m de montaña ‖ ⁓**eisen** n pl (Fernm) / trepadores m pl, garfios m pl de trepar, espuelas f pl de celador (coll) ‖ ⁓**eisen** n (Forstw) / espuelas f pl trepadoras ‖ ⁓**fähigkeit** f / capacidad f de trepar ‖ ⁓**gerüst** n (Bau) / andamio m autotrepante o deslizante ‖ ⁓**-Gerüstschalung** f / encofrado m y andamio deslizante ‖ ⁓**kran** (Bau) / grúa f trepadora ‖ ⁓**kran**, Teleskopkran m / grúa f telescópica

klettern vi (allg, Riemen) / trepar ‖ ⁓ n **von Versetzungen** (Hütt) / desplazamiento m de las dislocaciones

kletternd / trepador, trepante

Kletter•schalung f (Bau) / encofrado m deslizante ‖ ⁓**verdampfer** m (Zuck) / evaporador m Kestner ‖ ⁓**walze** f (Sägewerk) / cilindro m o rodillo guía ‖ ⁓**weiche** f (Bergb) / cambio m de vía[s] con desnivel, cambio m de vía[s] de planos inclinados

klicken vi, knacken (Radio) / hacer chasquido ‖ ~ [auf] / clicar [en]

Klima n / clima m ‖ ⁓ **am Arbeitsplatz** / estado m de la atmósfera en el lugar de trabajo ‖ ⁓**anlage** f / instalación f de climatización o de aire acondicionado ‖ ⁓**anlage zum Einbau unter dem Fenster**, -gerät n / climatizador m debajo de la ventana, acondicionador m de aire ‖ ⁓**automatik** f (Kfz) / climatizador m automático ‖ ~**fest** / a prueba de todos los climas, climarresistente ‖ ~**fest machen** / climatizar, aclimatar ‖ ~**gerecht** / adaptado al clima ‖ ⁓**kammer** f / cámara f climatizada o climática o de clima artificial ‖ ⁓**kollaps** m / colapso m climático ‖ ⁓**kunde** f, Klimatologie f / climatología f ‖ ⁓**leuchte** f (Elektr) / combinación f de lámpara y climatizador ‖ ⁓**raum** m / local m climatizado o de aire acondicionado ‖ ⁓**schädlich** / nocivo para el clima ‖ ⁓**schrank** m / armario m climático o de ensayos climáticos ‖ ⁓**schrank für Raumklimatisierung** / armario m para el acondicionamiento de aire en locales ‖ ⁓**schutz** m / protección f del clima ‖ ⁓**schwankung** f / oscilación f climática ‖ ⁓**-Spiralzentrifuge** f (Holz) / secador m rotatorio con calefacción ‖ ⁓**stufe** f (Versuch) / escalón m de clima constante ‖ ⁓**technik** f / técnica f de climatización

Klimatisator m / climatizador m, acondicionador m de aire

klimatisch [bedingt], Klima... / climático

klimatisieren vt / climatizar, acondicionar el aire

klimatisiert (Raum) / climatizado, con acondicionamiento de aire

Klimatisierung f / climatización f, climatación f, acondicionamiento m de aire ‖ ⁓ **im Freien** / climatización f al aire libre

Klimatisierungsraum m / cámara f de climatización

Klima•tornister m, -koffer m (Raumf) / mochila f biológica para actividades extravehiculares ‖ ⁓**turm** m (Obstlager) / torre f climatizada ‖ ⁓**versuch** m / ensayo m climático o climatológico ‖ ⁓**wechsel** m / cambio m climático o de clima

Klimax f (Biol) / clímax m

Klima•zelle f / célula f climática, [micro]cámara f climática ‖ ≃**zentrale** f / central f de acondicionamiento de aire ‖ ≃**zone** f / zona f climática
Klinge f / hoja f, cuchilla f, lámina f cortante ‖ ≃ **mit Absatz** / cuchilla f u hoja con escalón
Klingel f / timbre m, campanilla f ‖ ≃**anlage** f / instalación f de timbre[s] o de llamada ‖ ≃**effekt** m (Eltronik) / oscilaciones f pl transitorias
Klingelfuß-Härtemesser m (Strahlung) / esclerómetro m de Klingelfusz
Klingel•knopf m / botón m o pulsador del timbre [o de llamada] ‖ ≃**knopf in Birnenform**, Kontaktbirne f / pulsador m [de timbre] en forma de pera, pera f de contacto ‖ ≃**leitung** f / hilo m o línea [eléctrica] de timbre
klingeln vi (Mot) / picar por autoencendido ‖ ~, läuten / tocar el timbre ‖ ~ (Fernm) / sonar ‖ ≃ n (Mot) / autoencendido m, detonación f
Klingelnberg-Verzahnung, Palloid-, Bogenverzahnung f / dentado m paloide [en espiral]
Klingel•prüfung f (Fernm) / prueba f de señaladores ‖ ≃**prüfung** (TV) / prueba f por excitación de oscilaciones transitorias ‖ ≃**schale** f / campanilla f del timbre ‖ ≃**schnur**, -litze f / cordón m del timbre [eléctrico] ‖ ≃**schnur**, -zug m / tirador m ‖ ≃**taster** m (Elektro) / pulsador m del timbre ‖ ≃**trafo** m / transformador m para timbre[s] ‖ ≃**zeichen**, Klingeln n (Fernm) / señal f de timbre
klingen vi (allg) / sonar ‖ ~, nachhallen / resonar ‖ ≃ n (allg) / sonido m ‖ ≃, Mikrophonie f / microfonía f ‖ ≃**schärfer** m (Wz) / afilador m de hojas
Kling•festigkeit f (Eltronik) / insensibilidad f al efecto microfónico ‖ ~**frei**, -arm (Eltronik) / no microfónico ‖ ≃**koeffizient** m (Eltronik) / coeficiente m microfónico ‖ ≃**neigung**, Mikrophonie f / microfonía f, efecto m microfónico ‖ ≃**spannung** f / tensión f microfónica ‖ ≃**stein**, Phonolith m (Geol) / fonolita f, piedra f sonora o de campana
K-Linie f (Radiol) / línea f K
klinische Dosimetrie / dosimetría f clínica
Klinke f, Taste f / tecla f ‖ ≃ (Masch) / gatillo m, trinquete m, uña f, uñeta f ‖ ≃, Türklinke f / picaporte m ‖ ≃ (Fernm) / jack m, conyuntor m ‖ ≃, Falle f, Schnapper m (Schloss) / gatillo m
klinken, verklinken (Zimm) / machihembrar ‖ ~, fortschalten (Masch) / mover por trinquete ‖ ~, ausklinken (Masch) / desencajar o disparar el gatillo ‖ ≃**anschlag** n / tope m de trinquete ‖ ≃**bett** n (Walze) / cama f de gatillos o de trinquetes o de uñas ‖ ≃**buchse** f (Fernm) / enchufe m hembra ‖ ≃**feld** n (Fernm) / campo m de jacks, clavijero m ‖ ≃**gehäuse** n (Fernm) / caja f de jacks ‖ ≃**gesperre** n / trinquete m, mecanismo m [detentor] de trinquete ‖ ≃**kupplung** f / acoplamiento m o embrague de trinquete ‖ ≃**rad** n, Schaltrad n / rueda f de trinquete o de carraca ‖ ≃**schaltwerk** n / mecanismo m de trinquete ‖ ≃**schlepper** m (Walzw) / ripador m de trinquetes ‖ ≃**schlepperbett** n (Walzw) / lecho m del ripador de trinquetes ‖ ≃**schloss**, Fallenschloss n (Schloss) / cerradura f de gatillo ‖ ≃**stange** f / barra f [dentada] de trinquete ‖ ≃**streifen** m, -schiene f (Fernm) / regleta f de jacks o de conyuntores ‖ ≃**umschalter** m (Fernm) / mesa f de pruebas interurbanas ‖ ≃**umschalter**, Besetztklinke f (Fernm) / jack m o conyuntor de ocupado ‖ ≃**verschluss** m (Schloss) / cierre m de pestillo
Klinker m (Zementfabr) / clinker m, clinca f ‖ ≃, Hartbrandstein m (Bau) / ladrillo m recocido o recocho ‖ ≃**schwarzer** ≃ (Bau) / ladrillo m cocido negro ‖ **in** ≃**bauart** (Schiff) / construido en tingladillo ‖ ≃**beton** m / hormigón m de clinker ‖ ≃**bildung** f / clinkerización f ‖ ≃**boot** n / embarcación f construida en tingladillo ‖ ≃**brennen** n (Zement) / calcinación f de clinker ‖ ≃**brennen** (Ziegelei) / cochura f de clinker ‖

≃**kühler** m (Zement) / refrigerador m del clinker ‖ ≃**pflaster** n / adoquinado m de clinker o de ladrillos recocidos ‖ ≃**platte** f / losa f vitrificada
Klink•haken m, Wand-, Schließhaken m / gatillo m de trinquete ‖ ≃**schaltung** f (Wzm) / embrague m por trinquete ‖ ≃**werk** n, Schaltwerk n / mecanismo m de trinquete
Klino•chlor m (Min) / clinocloro m ‖ ≃**enstatit** m (Magnesiumsilikat) (Min) / clinoenstatita f ‖ ≃**gramm** n / clinograma m ‖ ≃**graph** m (zur Messung zeitlicher Neigungsvorgänge des Erdbodens) (Verm) / clinógrafo m ‖ ≃**klas** m (Min) / clinoclasa f, arseniato m de cobre natural ‖ ≃**meter** n, Böschungswaage f (Verm) / clinómetro m ‖ ≃**pinakoïd** m (Krist) / clinopinacoide m ‖ ≃**prisma** n (Krist) / clinoprisma m ‖ ≃**pyramide** f / clinopirámide f ‖ ≃**skop** n / clinoscopio m ‖ ≃**stat** m / clinóstato m
Klipper m (Luftf, Schiff) / clíper m ‖ ≃, Furnierschere f (Wz) / cizalla f para chapas de madera (con corte progresivo) ‖ ≃**bug** m (Schiff) / roda f saliente
Klirr•analysator m (Eltronik) / analizador m de distorsión ‖ **[gesamte]** ≃**dämpfung** / atenuación f de distorsión armónica [total] ‖ ≃**dämpfung** f **in dB** (Eltronik) / relación f de distorsión armónica (en decibelios)
klirren vi, rasseln (Ketten) / chacolotear, crepitar ‖ ~, klingen (Geschirr) / tintin[e]ar ‖ ~ (Fenster) / temblar, vibrar ‖ ≃, Klimpern n / tintineo m, tintín m, retintín m
Klirr•faktor m (Eltronik) / coeficiente m de distorsión no lineal ‖ ≃**faktor-Messbrücke** f (Eltronik) / puente m de distorsión ‖ ≃**geräusch** n **in Vielbandsystemen** (Fernm) / ruido m de intermodulación ‖ ≃**koeffizient** m (Fernm) / coeficiente m de distorsión armónica ‖ ≃**verzerrung** f / distorción f no lineal
Klischee n, Druckstock m (Druck) / clisé m, cliché m ‖ ≃**s ätzen** / grabar clisés (al aguafuerte) ‖ ≃**abzug** m / prueba f de clisé ‖ ≃**anstalt** f / clisería f, taller m de estereotipia, taller m de clisés o de clisaje ‖ ≃**fuß** m, -holz n (Druck) / taco m o pie de clisé ‖ ≃**prüfer** m / calibrador m de tipos, aparato m para medir la altura de tipos, puente m nivelador ‖ ≃**vorlage** f (für den Druck) (Druck) / maqueta f de ejecución ‖ ≃**zink** n (Druck) / zinc m de clisado
klischieren vt / clisar, preparar un clisé ‖ ≃ n (Druck) / clisado m, clichado m, clisaje m
Klischierer m / clisador m
Klischiermaschine f, -gerät n / clisadora f, aparato m de clisar
klischiertes Wort (Druck) / logotipo m
Klischierung f, Klischieren n (Druck) / clisado m
Klitzing•effekt m, quantisierter Halleffekt m (Phys) / efecto m Hall cuantificado ‖ ≃**-Konstante** f / constante f de Klitzing
Kloake f, Abwasserkanal m / cloaca f, alcantarilla f
Kloben m, Haspe, Angel f (Schloss) / gozne m ‖ ≃ (Rundholz über 14cm Durchm.) (Holz) / leño m ‖ ≃, Feilkloben (Schloss) / tornillo m de mano (E), morsa f de mano (LA) ‖ ≃, Brücke f (Uhr) / asiento m, plano m de apoyo ‖ ≃, Block m (Flaschenzug) / carrucha f, motón m ‖ ≃**gehäuse** n / cuerpo m de garrucha ‖ ≃**holz** n / madera f en leños ‖ ≃**werk** n (Uhr) / movimiento m [de] Lépine
Klobsäge, Handfurniersäge f / sierra f a mano para chapas de madera
Klockmannit m (Min) / Klockmannita f
Klon n (Gentechnologie) / clon m, clono m
klon[ier]en vt (Biol) / clonar
Klonierung f, Klonung f, Klonen n / clonación f, clonificación f, formación f de clones
Klop, Chloropikrin m (Mil) / cloropicrina f
Klopf•apparat m (Sintern) / compactador m ‖ ≃**bremse** f, Antiklopfmittel n (Kfz) / antidetonante m ‖ ≃**bürste**

f (Druck) / cepillo *m* para picar ‖ ⁓**dichte** *f* (Sintern) / densidad *f* batida
Klöpfel *m*, Holzhammer *m* (Tischl) / mazo *m* (de madera) ‖ ⁓ (Steinmetz) / mazo del picapedrero *m*
klöpfeln / batir con mazo
klopfen *vt* / golpear, percutir, batir ‖ ~ (Baumwolle) / batir (algodón) ‖ ~ *vi*, schlagen / pulsar, dar golpes, golpear, chocar ‖ ~, rütteln / sacudir ‖ ~ (Mot) / picar, golpear, palpear ‖ **die Form** ~ (Druck) / planear, asentar ‖ **die Form** ~ (Druck) / planear, asentar ‖ ⁓ *n* (Mot) / golpeteo *m*, golpeo *m*, picado *m*, pistoneo *m*, martilleo *m* ‖ ⁓, Schlagen *n* (allg, Tex) / batido *m* ‖ ⁓, Schlagen *n* (z.B. Rohrleitung) / golpeo *m*, golpeteo *m* (p.e. de tubería) ‖ ⁓ (Teppich) / sacudimiento *m*
klopfend / batiente ‖ ~, pulsierend / pulsatorio, pulsante, pulsador, pulsátil
Klopfer *m*, Klopfgerät *n*, -maschine *f* / sacudidor *m* ‖ ⁓, Klöpfel *m* / batidor *m* ‖ ⁓ *m* (Sintern) / aparato *m* sacudidor ‖ ⁓, Türklopfer *m* / aldaba *f*, aldabón *m* ‖ ⁓, Schläger *m* (Wz) / batidor *m*
Klopf•fang *m* (Insektizid) / trampa *f* de insectas ‖ ~**fest** (Kraftstoff) / antidetonante, antigolpe[ante] ‖ ⁓**festigkeit** *f* (Kraftstoff) / poder *m* antidetonante, resistencia *f* al picado o a la detonación, antidetonancia *f* ‖ ⁓**festigkeit gegen armes Gemisch** / índice *m* antidetonante a una mezcla pobre ‖ ⁓**festigkeitswert** *m* / número *m* de octanos ‖ ⁓**grenze** *f* (Mot) / límite *m* de resistencia a la detonación ‖ ⁓**holz** *n* / aplanador *m*, mazo *m*, tamborilete *m* ‖ ⁓**käfer** *m*, Totenuhr *f* (Schädling) / anobio *m*, carcoma *f*, reloj *m* de la muerte ‖ ⁓**kristall**, Tapkristall *m* (Phys) / cristal *m* tapado ‖ ⁓**maschine** *f* (Tex) / batidora *f*, batán *m*, máquina *f* sacudidora ‖ ⁓**peitsche** *f* (Mot) / acelerador *m* de ignición ‖ ⁓**sauger** *m* / aspiradora-sacudidora *f* ‖ ⁓**- und Brechmaschine** *f* (Tex) / máquina *f* batidora ‖ ⁓**volumen** *n* (Sintern) / volumen *m* batido ‖ ⁓**werk** *n* (Walzw) / batidor *m* para rollos de alambre ‖ ⁓**wolf** *m* (Tex) / batuar *m*, batidora *f* ‖ ⁓**wolf o. Droussierkrempel für Spinnstoffaufbereitung** / carda *f* ‖ ⁓**zustand** *m* (Sintern) / estado *m* sacudido
Klöppel *m*, [Glocken]schwengel *m* / badajo *m* ‖ ⁓, Spitzenklöppel *m*, Klöppelholz *m* (Tex) / bolillo *m* ‖ ⁓ **für Isolatoren** (Elektr) / portaaislador *m*, perno *m* ‖ ⁓**gabel** *f* (DIN 48207) (Freileitung) / estribo *m* de aislador *f* ‖ ⁓**kante**, -spitze *f* (Tex) / puntilla *f* de bolillo, encaje *m* de bolillo[s] ‖ ⁓**maschine** *f*, -spitzenmaschine *f* / máquina *f* de encajes de bolillo[s]
klöppeln / trabajar al bolillo, hacer encaje de bolillo
Klöppel•öse *f* (Elektr) / ojete *m* del aislador ‖ ⁓**pfannenverbindung** *f* (Isolator) / articulación *f* de rótula ‖ ⁓**spitzenmaschine** *f* (Tex) / máquina *f* de encajes de bolillos ‖ ⁓**verbindung** *f* (Isolator) / unión *f* de rótula
Klöpperboden *m* (Wölbungstiefe ca. 0,2 des Durchm.) (Kessel) / fondo *m* abovedado o toro[e]sférico
Klosett *n* (Raum) / retrete, excusado *m*, wáter[-closet] *m* (W.C.), watercloset *m* (W.C.), servicio *m* ‖ ⁓, Klosettschüssel *f* / taza *f* inodora o del inodoro, taza *f* de retrete ‖ **[das eigentliche]** ⁓ / aparato *m* de W.C. ‖ ⁓**abflussrohr** *n* / tubo *m* de descarga del W.C. ‖ ⁓**becken n [für Wasserspülung]** / taza *f* de inodoro para irrigación con agua ‖ ⁓**deckel** *m* / tapa *f* del retrete ‖ ⁓**papier** *n* / papel *m* higiénico ‖ ⁓**sitz** *m*, Brille *f* / asiento *m* de retrete ‖ ⁓**sitz mit Deckel** / asiento *m* de retrete con tapa ‖ ⁓**spülung** *f*, -spülapparat *m* / irrigación *f* del inodoro, aparato *m* de irrigación del inodoro
Klothoide *f*, Eulersche Spirale (Geom) / clotoide *f*, espiral *f* de Euler
Klothoidentafel *f* / tabla *f* de las clotoides
Klotz *m*, Block *m* / bloque *m* ‖ ⁓, großer Brocken / trozo *m* grande ‖ ⁓, Block *m*, Stock *m* (Holz) / bloque *m*, tocón *m* ‖ ⁓, Hackklotz *m* / tajo *m* ‖ ⁓, Unterlage *f*

/ cepo *m*, tronco *m*, calza *f*, tarugo *m* ‖ ⁓, Träger *m* (Palette) / taco *m* (de paleta) ‖ ⁓**-Aufdockverfahren** *n* (Tex) / procedimiento *m* de f[o]ulardado y enrollado ‖ ⁓**bremse** *f*, Backenbremse *f* / freno *m* de zapata[s] o de calzo o de traba ‖ ⁓**dämpfverfahren** *n* (Färb, Tex) / procedimiento *m* de f[o]ulardado y vaporización ‖ ⁓**druck** *m* (Tex) / impresión *f* con molde a mano
klotzen *vt*, aufklotzen, pflatschen (Färb) / f[o]ulardar, fulardar, impregnar en fulard
Klotz•färben *n* (Tex) / teñido *m* en fulard, teñido *m* por foulardado ‖ ⁓**kontakt** (Elektr) / contacto *m* en taco ‖ ⁓**kontakt** (als Schleifkontakt) / contacto *m* deslizante ‖ ⁓**-Kurzverweilverfahren** *n* (Tex) / f[o]ulardado *m* y breve permanencia en frío ‖ ⁓**lager**, Michell-Drucklager *n* (Masch) / cojinete *m* de Michell o Mitchell ‖ ⁓**maschine** *f* (Tex) / foulard *m*, fulard *m* ‖ ⁓**säge**, Blocksäge *f* / sierra *f* alternativa para troncos ‖ ⁓**schlacke** *f* (Hütt) / escoria *f* en bloques ‖ ⁓**stufe** *f* (Bau) / peldaño *m* macizo ‖ ⁓**wagen**, -schlitten *m* (Säge) / carro *m* de sierra
KLT-System *n* s. Kleinladungs-Trägersystem
Kluft *f*, Spalte *f* (Geol) / diaclasa *f*, grieta *f*, fisura *f* ‖ ⁓, tiefe Spalte (Geol) / litoclasa *f* ‖ ⁓, Abgrund *m* / abismo *m* ‖ ⁓, Gangspalte *f* (Bergb) / grieta *f* ‖ ⁓ *f* (Magn.Bd) / separación *f*, espacio *m* intermedio, intervalo *m* ‖ ⁓, Tiegelzange *f* (Hütt) / tenazas *f pl* de ensayo o de crisol ‖ ⁓**ebene** *f* (Geol) / plano *m* de fisura ‖ ⁓**füllung** *f*, Zwischenmittel *n* (Bergb) / banco *m* intercalado
klüftig, zerklüftet (Geol) / agrietado, fisurado ‖ ~ (Holz) / agrietado, hendido
Klüftigkeit *f* (Geol) / fisuración *f*
Kluftwasser *n* (Geol) / agua *f* acumulada en grietas
klumpen *vi*, klumpig werden / hacerse o formarse grumos, coagularse ‖ **sich** ~ (o. zusammenballen) / aglomerarse
Klumpen *m* / pedazo *m*, trozo *m* ‖ ⁓, Haufen *m* / montón *m*, porción *f* ‖ ⁓, Stoffbatzen *m* (Pap) / grumo *m* ‖ ⁓, Zusammenballung *f* / conglomerado *m* ‖ ⁓, Scholle *f* (Landw) / terrón *m*, gleba *f* ‖ ⁓ (Metall, bes.: Gold) / pella *f*, pepita *f* (de oro) ‖ ⁓ (z.B. Mehl) / grumo *m* ‖ ⁓, Brocken *m* (Keram) / terrón *m* ‖ ⁓ **bilden**, klumpig werden *vi* / formar[se] grumos, engrumecerse ‖ ⁓ *m* **in Flüssigkeiten** / grumo *m* ‖ **in** ⁓ **formen** / formar grumos ‖ **runder** ⁓ / pella *f*, bola *f*, grumo *m* redondo
Klumpen•auswahlverfahren *n* (Hütt) / muestreo *m* por porciones ‖ ⁓**bildung** *f* (Schlacke) / apelotonamiento *m*, aterronamiento *m*, formación *f* de grumos ‖ ⁓**graphit** *m* (Min) / grafito *m* en nódulos ‖ ⁓**stichprobe** *f* (Hütt) / muestreo *m* aleatorio por porciones ‖ ⁓**verhindernd** (Chem) / anticoagulante, anticonglomerante
klumpig, in Klumpen / grumoso, en grumos ‖ ~ (Zuck) / grumoso ‖ ~ **werden** / agrumarse ‖ ~ **werden lassen** / hacer aglutinar
Klunkerwolle, Abfallwolle *f* (Tex) / lana *f* de cascarria, garras *f pl*
Klüpfel *m*, Klöpfel *m*, Vierkantholzhammer *m* (Wz) / mazo *m* de madera [cuadrado]
Kluppe *f*, Gabelmaß *n* (Forstw) / calibrador *m*, medidor de diámetros, calibre *m* para troncos, gran *m* pie de rey ‖ ⁓, Schneidkluppe *f* (Gewinde) / terraja *f* de roscar, cojinete *m* de roscar ‖ ⁓ (Tex) / prensil *m*, mordaza *f*, mordacilla *f* ‖ ⁓, Spannhaken *m* (Tex) / pinza *f*
Kluppen•backe *f* (Gewinde) / peine *m* (de la terraja) ‖ ⁓**kette** *f* (Web) / cadena *f* de pinzas ‖ ⁓**kettenglied** *n* (Web) / eslabón *m* o malla de la cadena de pinzas ‖ ⁓**spannrahmen** *m* (Tex) / rama *f* tensora de pinzas ‖ ⁓**stange** *f* (Tex) / barra *f* de pinzado
Kluppmessstock *m* (Holz) / calibrador *m* para madera o leña
Klüse *f* (Schiff) / escobén *m*

Klüsendeckel *m* (Schiff) / tapa *f* de escobén
Klutentrenner *m* (Landw) / separador *m* de terrones o glebas
Klüverbaum *m* (Schiff) / botalón *m*
K/L-Verhältnis *n* (Nukl) / relación *f* K/L
Klydonograph *m* (ein Messgerät) (Elektr) / clidonógrafo *m* (para registrar sobretensiones)
Klystron *n* (Laufzeitröhre) (TV) / clistrón *m* (tubo de ondas progresivas), klistrón *m*
km, Kilometer *m* / kilómetro *m*, km
k-Meson *n* (Phys) / kaón = mesón ka
KML (Eltronik) = Kurz-, Mittel- und Langwellenbereich / gama *f* de ondas cortas, medias y largas
K-Modul *n* (Mech) / módulo *m* de elasticidad cúbica
kmol (Chem) / kmol
KMS (Schiff) = Küstenmotorschiff / motonave *f* de cabotaje
KMUs, kleine und mittlere Unternehmen / pymes *f pl*
kn (Schiff) = Knoten / nudo *m*
KN = Kilonewton
Knabbelkoks *m*, Brechkoks *m* (Bergb) / coque *m* machacado, coque *m*
Knabber•schere, -maschine *f* / entalladora *f*, cizalla *f* roedora ‖ ≃**schneiden** *n*, Knabbern *n* / roedura *f*, corte *m* con punzonbado rápido
Knack *m* / crac *m*
knacken *vi* / crujir, crepitar, chascar ‖ ≃ *n* (Fernm) / crepitación *f*, chasquido *m*, crujido *m*
Knacker *m*, Kniehebelhandpresse *f* / prensa *f* a mano de palanca acodada
Knack•filter *n* (Eltronik) / filtro *m* de chasquidos, filtro *m* de manipulación ‖ **frei von** ≃**geräuschen** / exento de chasquidos ‖ ≃**kontrolle** *f* (Fernm) / control *m* auditivo
Knagge *f*, Stütze *f*, Auflage *f* (Bau) / ristrel *m* ‖ ≃ (unter den Kopfbändern einer Jochsäule) (Zimm) / taco *m*, tope *m* ‖ ≃ (Masch) / mordaza *f* de sujeción ‖ ≃, Mitnehmer *m* (Masch) / leva *f*
Knaggenschlepper *m* (Walzw) / ripador *m* de levas
Knall *m* / estallido *m*, detonación *f*, traquido *m* ‖ ≃, Explosion *f* / explosión *f*, detonación *f*, estampido *m*, fulminación *f* ‖ ≃, Schuss *m* / traquido *m*, detonación *f* ‖ ≃ *m* (Durchbrechen der Schallmauer) / detonación *f* supersónica ‖ ≃..., Schlag... / explosivo, fulminante
knallen *vi* / estallar, detonar, explosionar, reventar ‖ ~, Fehlzündungen haben (Mot) / petardear por igniciones falsas ‖ ≃, Krachen *n* / estallido *m* ‖ ≃ *n* **bei Fehlzündung** (Mot) / petardeo *m* por ignición falsa, explosión *f* por ignición falsa ‖ ≃ **im Auspufftopf**, Auspuffknaller *m* (Kfz) / petardeo *m* en el silenciador ‖ ≃ **im Vergaser** (Kfz) / petardeo *m* en el carburador
knallend, explodierend, Knall..., Schieß... / detonante, explosivo, fulminante ‖ ~**er Auspuff** / escape *m* que petardea
Knall•funke *m* / chispa *f* detonante o fulminante ‖ ≃**gas** *n* (Chem) / gas *m* detonante o fulminante u oxhídrico, oxihidrógeno *m* ‖ ≃**gasgebläse** *n* / soplete *m* oxhídrico o de gas detonante ‖ ≃**geräusch** *n* (Fernm) / choque *m* acústico ‖ ≃**gold**, Goldfulminat *n* (Chem) / oro *m* fulminante ‖ ≃**kapsel** *f*, -signal *n* (Bahn) / petardo *m* ‖ ≃**platin** *n* (Chem) / platino *m* fulminante ‖ ≃**pulver** *n*, Knallsatz *m* / pólvora *f* fulminante ‖ ≃**quecksilber**, Quecksilberfulminat *n* / fulminato *m* de mercurio, mercurio *m* fulminante ‖ ≃**säure** *f* / ácido *m* fulmínico o detonante, carbiloxina *f* ‖ ≃**silber**, Silberfulminat *n* / plata *f* fulminante ‖ ≃**zündschnur** *f* / mecha *f* detonante, cordón *m* detonante
knapp, mangelnd / escaso ‖ ~, eng / estrecho ‖ ~, konzis / conciso ‖ ≃ *adv* / justamente, escasamente, apenas ‖ ~ **vorbeifliegen**, beinahe treffen / por poco no dar en el objeto o blanco
Knapp *f* (Bergb) / espacio *m* a arrancar (por minero)

Knäpper *m* (Bergb) / bloque *m* de roca ‖ ~**bohren**, knäppern (Felssprengung) / barrenar para trocear rocas ‖ ≃**bohrer** *m* (Bergb) / barrena *f* para trocear rocas ‖ ≃**bohrloch** *m* / taladro *m* para trocear ‖ ≃**schuss** *m* (Bergb) / tiro *m* para trocear
Knappheit *f*, Mangel *m*, Fehlen *n* / escasez *f*, falta *f*, penuria *f*, defecto *m*
Knappschaft *f* (Bergb) / seguridad *f* social minera, caja de enfermdedad y de pensión mineras *Mf*
Knarre, Ratsche *f* (Masch) / carraca *f*, chicharra *f* ‖ **umschaltbare** ≃ (Wz) / chicharra *f* reversible
knarren, quietschen (Masch) / crujir, chirriar ‖ ~ (Tür) / rechinar ‖ ≃ *n* (Masch) / chirrido *m* ‖ ≃**bohrer** *m* (Bergb) / perforadora *f* de trinquete ‖ ≃**schlüssel** *m* / llave *f* de carraca ‖ ≃**schraubendreher** *m* / destornillador *m* de carraca
knattern, prasseln / crepitar, chirriar ‖ ~ (Kfz) / petardear, traquetear ‖ ~, knistern (Funk) / crepitar, chisporrotear ‖ ≃ *n*, Krachen *n* / petardeo *m*, chirrido *m* ‖ ≃ (Fernm) / ruido *m* de fritura ‖ ≃ (Kfz) / petardeo *m*, chirrido *m*, traqueteo *m*
Knäuel *m n* / pegullón *m*, pegujón *m* ‖ ≃ (Garn) / ovillo *m*, madeja *f* ‖ ≃ **von Pflanzen** (Zuck) / glomérulo *m* ‖ **zu** ~**n wickeln** (Tex) / ovillar, hacer ovillos ‖ ≃**maschine** *f* (Tex) / ovilladora *f*, máquina *f* de ovillar ‖ ≃**wicklung** *f* (Elektr) / arrollamiento *m* irregular o a pulso
Knauf *m* (des Schaltknüppels) / pomo *m*
knautschen *vt*, kniffen / arrebujar
Knautsch•lackleder *n* / cuero *m* charolado con efecto de arrugado ‖ ≃**leder** *n* (Gerb) / cuero *m* arrugado, ciré *m* ‖ ≃**zone** *f* (Kfz) / zona *f* deformable, zona *f* de deformación programada, zona *f* de absorción de impactos (o de energía)
Knebel *m* / muletilla *f*, manilla *f* ‖ ≃ (Schiff) / cazonete *m* ‖ ≃, Spannholz *n* (Säge) / tarabilla *f*, puño *m* ‖ ≃ (zum Straffen) / tortor *m* ‖ ≃, Knopf *m* / botón *m* fusiforme ‖ ≃**gelenk** *n*, Kniegelenk *n* / rótula *f*, articulación *f* rodillera ‖ ≃**[griff]** *m* (Wzm) / mando *m* con (o de) muletilla ‖ ≃**hutmutter** *f*, -überwurfmutter *f* / tuerca *f* de sombrerete con muletilla ‖ ≃**kerbstift** *m* (DIN 1475) / pasador *m* cilíndrico con estriado central ‖ ≃**mutter** *f* (DIN 6305) / tuerca *f* de muletilla ‖ ≃**mutter** (DIN 80701) / tuerca *f* de mango ‖ ≃**schalter** *m* (Kippschalter) / interruptor *m* basculante ‖ ≃**schalter** (Drehschalter) / interruptor *m*, conmutador *m* o giratorio ‖ ≃**schraube** *f* / tornillo *m* de muletilla ‖ ≃**stropp** *m* (Schiff) / estrobo *m* ‖ ≃**überwurfmutter** *f*, -hutmutter *f* / tuerca *f* de sombrerete con muletilla
Kneif *m*, Buchbindermesser *n* / cuchillo *m* de encuadernador
Kneifen *n*, Ab-, Durchzwicken (Draht) / cortado *m* ‖ ≃ (Walzw) / chupado *m*
Kneifstich *m* **für Schienenwalzen** / pasado *m* de cantos en laminación de carriles
Kneiß *m*, Kohlenschiefer *m* (Geol) / esquisto *m* carbonoso
Knetarm *m* / brazo *m* amasador o de amasar
knetbar, plastisch / amasable, plástico, plastiforme ‖ ~, plastisch (Keram) / modelable, plástico
Knetdübel *m* (Bau) / tarugo *m* plastiforme
kneten *vt* / amasar ‖ ~ (Lehm) / amasar, modelar ‖ ≃ **Gummi** ~ / amasar o mezclar caucho ‖ ≃ *n*, Anfeuchten *n*, Tempern *n* / amasadura *f*
Kneter *m* / amasadora *f*
Knet•gabel *f* / tenedor *m* de amasar ‖ ≃**gestein** *n*, Mylonit *m* (Geol) / milonita *f* ‖ ≃**karusell** *n* (Bäckerei) / carrusel *m* de amasar ‖ ≃**legierung** *f* (Hütt) / aleación *f* forjable o de forja ‖ ≃**maschine** *f*, -werk *n* / amasadora *f* [mecánica], mecanismo *m* amasador ‖ ≃**masse** *f* / masa *f* o pasta de modelar ‖ ≃**satz** *m* / equipo *m* de amasado ‖ ≃**schaufel** *f* (Plast) / paleta *f* amasadora ‖ ≃**scheibe** *f* / disco *m* de amusado

Knick m / pandeo m ‖ ≃ (Fehler, Walzw) / dobladura f ‖ ≃, Ausbuchtung f, Biegung f / codo m, acodamiento m ‖ ≃, Winkel m (Bau) / ángulo m ‖ ≃, Kinke f (Kabel) / coca f ‖ ≃ (Pap) / dobladura f, pliegue m, codo m ‖ ≃ (Stoff) / pliegue m ‖ ≃ **einer Kurve** (Math) / codo m o acodamiento de una curva ‖ ≃ **einer Wand** / ángulo m de una pared ‖ **oberer** ≃ (der Röhrenkennlinie) (Eltronik) / codo m superior de la característica de tubo ‖ ≃**arbeit** f / trabajo m de pandeo ‖ ≃**ausleger** m (Baukran) / aguilón m articulado, pluma f articulada ‖ ~**bauchen** vt / abombar o pandear con ángulo agudo ‖ ≃**bauchen** n (DIN 8584) (Wzm) / deformación f por pandeo ‖ ≃**beanspruchung** f / solicitación f a pandeo, esfuerzo m de (o por) pandeo ‖ ≃**belastung** f / carga f de pandeo ‖ ≃**bereich** m / zona f de pandeo ‖ ≃**biegen** n (Stanz) / doblado m por pandeo ‖ ≃**bürste** f / cepillo m acodado ‖ ≃**dauerstandsversuch** m (Mat.Prüf) / ensayo m de fluencia lenta en doblados a 180°
knicken vt, zer-, aus-, einknicken / pandear, doblar ‖ ~ vi, aus-, einknicken / pandearse, doblarse ‖ ≃ n, Knickung f / pandeo m, pandeamiento m, doblado m, flambeo m (LA)
knick•fest (Mech) / resistente al pandeo ‖ ~**fester Stab**, -feste Säule (Mech) / barra f o columna resistente al pandeo ‖ ≃**festigkeit** f (Mech) / resistencia f al pandeo o a la rotura por pandeo ‖ ≃**festigkeits-Prüfmaschine** f / máquina f de ensayos de resistencia al pandeo ‖ ≃**finger** m (Roboter) / brazo m plegable del robot ‖ ≃**flügel-Flugzeug** n / avión m con ala de pliegue ‖ ~**frei** / resistente al plegamiento ‖ ~**gelenkt** (Dumper) / con dirección pivotante o de acodamiento ‖ ≃**instabilität** f (Mech) / instabilidad f de pandeo ‖ ≃**instabilität** (Plasma) / instabilidad f en codo ‖ ≃**kennlinie** f (Kfz, Spannungsregler) / característica f quebrada ‖ ≃**kraft**, -last f (Mech) / carga f o fuerza de pandeo ‖ ≃**länge** f (Mech) / longitud f de pandeo ‖ ≃**lenkung** f (Kfz) / dirección f pivotante o de acodamiento ‖ ≃**moment** n / par m o momento de pandeo ‖ ≃**punkt** m, Bruchstelle f (Fehler) / punto m o sitio de rotura ‖ ≃**punkt** (Kurve) / punto m de inflexión ‖ ≃**punkt**, -**stelle** f (gewollt, Masch) / punto m de rotura controlada ‖ ≃**punkt der Chlorung** (Wasser) / punto m crítico de clorización ‖ ≃**punkt-Chlorung** f (Wasser) / clorización f al punto crítico ‖ ≃**säule** f (Teleskop) / columna f de acodamiento ‖ ≃**säulenmontierung** f (Teleskop) / montura f con columna de articulación ‖ ≃**schwingungen** fpl (Nukl) / vibraciones fpl de deformación ‖ ≃**sicherheit** f / seguridad f contra el pandeo, factor m de pandeo ‖ ≃**spannung** f / tensión f de pandeo ‖ ≃**spant** n (Schiff) / chine m ‖ ≃**spantboot** n / bote m de fondo angular ‖ ≃**stab** m (Mech) / barra f expuesta o sometida al pandeo ‖ ~**steif** / resistente al pandeo ‖ ≃**stelle** f, Knick-Ausbauchung f / coca f ‖ ≃**stelle** (Kunstleder) / pliegue m ‖ ≃**stelle im Band o. Blech** (Hütt) / doblez f ‖ ≃**stück** n (Hütt) / codo m
Knickung f s. Knicken
Knick•versuch m (Hütt) / ensayo m de pandeo ‖ ≃**versuch** (Kunstleder) / ensayo m de pliegue ‖ ≃**vorgang** m (Mech) / proceso m de pandeo ‖ ≃**zahl** f (Mech) / coeficiente m de pandeo ‖ ≃**zetter**, Grasknicker m (Landw) / quebrantaforrajes m
Knie n, Kniestück n / codo m ‖ ≃, Knierohr n, Kniestück n / tubo m acodado ‖ ≃ n, Wasserverschluss m / sifón m ‖ **kleines** ≃ (Schiff) / curvatón m ‖ ≃**airbag** m (Kfz) / airbag m de rodilla ‖ ≃**anlasser** m (Näh) / palanca f de arranque ‖ ≃**bau** m (Bergb) / entibación f poligónal ‖ ≃**falte**, Flexur f (Geol) / flexura f ‖ ~**förmig** / acodado, acodillado ‖ ≃**gelenk** n / articulación f de rótula, rótula f ‖ ≃**gelenkbolzen** m, Drehachse am Kniegelenk f / perno m de articulación de rótula, perno m de fulcro ‖ ≃**[gelenk]stütze** f (z.B. für Motorhaube) / compás m de cubierta del motor

Kniehebel m (Gelenkmechanismus) / palanca f articulada ‖ ≃, Winkelhebel m (starr) / palanca f acodada ‖ ≃-**Backenbrecher** m, Pendelschwingenbrecher m / trituradora f o machacadora con doble palanca articulada ‖ ≃**bewegung** f (Steinbrecher) / movimiento m de palanca articulada ‖ ≃**brecher** m / trituradora o machacadora de palanca acodada ‖ ≃**[breit]ziehpresse** f / prensa f de embutir de palanca articulada ‖ ≃**bremse** f / freno m de palanca articulada ‖ ≃**gelenk** n / articulación f de palancas articuladas ‖ ≃**getriebe** n (Mech) / mecanismo m de palanca articulada ‖ ≃**handpresse** f, Knacker m / prensa f a mano de palanca articulada ‖ ≃**klemme**, Froschklemme f (Elektr, Fernm) / mordaza f y tensor combinados, rana f tensora, entenalla f rana, ranas fpl ‖ ≃**matrizenpresse** f, -prägepresse f / prensa f de matrizar (o acuñar) de palanca articulada ‖ ≃**nietpresse** f / prensa f de remachar de palanca articuladas ‖ ≃**presse** f / prensa f de palanca articulada ‖ ≃**verschluss** m / cierre m de palanca articulada ‖ ≃**ziehpresse** f / prensa f de embutir de palanca articulada
Knie•hocker m / taburete m ergonómico ‖ ≃**holz** n, Latsche f, Krummholzkiefer f (Bot) / pino m enano [de montaña] ‖ ≃**leder** n, -**schützer** m / rodillera f ‖ ≃**punkt** m (Foto, Röhre) / codo m de la curva ‖ ≃**rohr** n, Knie n / tubo m acodado, codo m ‖ ≃**rohr aus Blech** / codo m rugoso ‖ ≃**rohrbiegemaschine** f / máquina f para acodar tubos ‖ ≃**rohrwalze** f (Sickenmaschine) / moleta f para codos ‖ ≃**stock** m, Drempel m (Dach) / jabalcón m, jamba f ‖ ≃**stück** n, Winkel m (Masch) / pieza f acodada, codo m ‖ ≃**stück** m (Anschluss) / codo m ‖ ≃**stück** n, Bogenrohr n / tubo m acodado, codo m ‖ ≃**stück** (des Düsenstocks) (Hütt) / codo m del portaviento ‖ [**unteres**] ≃**stück des Dachrohrs** (Bau) / codo m inferior del tubo de bajada ‖ ≃**ventil** n / válvula f angular ‖ ≃**welle** f, gekröpfte Welle / árbol m acodado
Kniff m, Kunstgriff m / manipulación f, artificio m ‖ ≃, Falte f / pliegue m
kniffen vt, falten / plegar, doblar
knifflig (Problem) / complicado, espinoso
Knightsche Verschiebung f (Nukl) / desplazamiento m de Knight
knipsen vt, lochen (Bahn) / picar, perforar ‖ ~ (coll) (Foto) / fotografiar, disparar, hacer o sacar una foto
Knipszange, Lochzange f (Bahn) / pinza f picadora
knirschen vi (allg, Masch) / crujir, crepitar ‖ ≃ n / crujido m ‖ ≃, Seidenschrei m (Seide) / crujido m de seda, cracán m ‖ ≃ **des Schnees** / crujido m de la nieve ‖ ≃ **des Zinns**, Zinngeschrei n / crujillo m o crujido m o grito del estaño
Knirschgriff m (Seide) / tacto m crujiente
knistern vi, knattern / crujir, crepitar ‖ ~ (Eltronik) / chamascar, chisporrotear ‖ ~, verpuffen (Chem) / decrepitar ‖ ~ n (Pap) / crujido m ‖ ~ (Funken) / chisporroteo m
Knitter m, Falte f (Stoff) / arruga f ‖ ~**arm** (Tex) / poco arrugable ‖ ~**arme Ausrüstung**, Knitterfest-, -freiausrüstung f (Tex) / apresto m o acaleado inarrugable ‖ ≃**armut** f, -**widerstand** m (Tex) / resistencia f al arrugamiento ‖ ≃**erholung** f (Tex) / desarrugado m, recuperación del arrugado f ‖ ≃**erholungswinkel** m (Tex) / ángulo m de recuperación del arrugado ‖ ~**fest machen** / hacer inarrugable ‖ ~**frei**, -**fest**, -**arm** / inarrugable
knittern vt, kräuseln / arrugar, rizar ‖ ~ vi (Tex) / chafar, ajar, arrugarse ‖ ≃, Falten, Knautschen n / arrugamiento m
Knitterwinkel m (Tex) / ángulo m de arrugamiento
Knochen m, Bein n / hueso m ‖ ≃ (Gieß) / caña f de colada, hueso m de colada ‖ ≃**asche** f (Chem) / ceniza f de huesos [animales] ‖ ≃**brecher** m / quebrantahuesos m ‖ ~**hart**, -**trocken** / muy duro,

durísimo, muy seco, reseco ‖ ⁓**hörer** *m* (Hörapp.) / osófono *m* ‖ ⁓**kohle** *f* (Chem) / negro *m* animal o de huesos, carbón *m* de huesos ‖ ⁓**leim** *m* / cola *f* de huesos, cola *f* animal, osteocola *f* ‖ ⁓**leitung** *f* (Physiol) / conducción *f* ósea ‖ ⁓**leitungshörer** *m* / orófono *m* ‖ ⁓**mehl** *n*, -dünger *m* / huesos *m pl* en polvo, harina *f* de huesos, polvo *m* de huesos ‖ ⁓**mühle** *f* / molino *m* para huesos ‖ ⁓**öl** *n* / aceite *m* animal o de huesos ‖ ⁓**schallübertragung** *f* (Akust) / conducción *f* ósea [del sonido], conducción *f* osteotimpánica [del sonido] ‖ ⁓**schwarz** *n* (Chem) / negro *m* animal o de huesos ‖ ⁓**suchend** (Nukl) / osteótropo, osteotrópico ‖ ⁓**sucher** *m* (Nukl) / sustancia *f* osteótropa o osteotrópica

Knöllchen *n* (oberhalb des Bodens) (Bot, Landw) / bulbo *m* ‖ ⁓ (an der Wurzel) / tubérculo *m*, (bei Leguminosen:) nódulo *m* ‖ ⁓**bakterien** *n pl* / bacterias *f pl* nodulares o de las nudosidades
Knolle *f*, Rübe *f* (Bot) / tubérculo *m*, raíz *f* tuberosa, nabo *m* ‖ ⁓, Faserklumpen, -klotz *m* (Baumwolle) / mota *f*
Knollen *m* (Geol) / nódulo *m*, riñón *m* ‖ ⁓ (Hütt) / nudo *m* de arena ‖ ⁓ **im Papier** / grumo *m*
knollenförmig (Bot) / bulbiforme, tuberoso ‖ ⁓ (Geol) / nodular, nudoso
Knollen • opal *m* (Min) / menilita *f* ‖ ⁓**pflanze** *f* / planta *f* tuberosa, tubérculo *m* ‖ ⁓**stromerzeuger** *m* (Elektr) / generador *m* [de corriente] en forma de bulbo ‖ ⁓**zerkleinerer** *m* (Gieß) / trituradora *f* de nudos de arena
knollig / nudoso, tuberoso ‖ ⁓, knotig / nodular, noduloso ‖ ⁓**es Holz** / madera *f* nudosa
Knolligkeit, [Bakterien] ⁓ / nudosidad *f*
Knopf *m* (allg, Klingel-, Schalt-, Druck- usw) / botón *m* ‖ ⁓, Knebel *m* / botón *m* fusiforme ‖ ⁓ *m*, Griff *m* / pomo *m*, puño *m*, empuñadura *f* ‖ ⁓ **mit Öse** / botón *m* con pata ‖ **einen** ⁓ **drücken** / pulsar o apretar o oprimir un botón ‖ ⁓**annähmaschine** *f* (Tex) / máquina *f* de pegar botones ‖ ⁓**auslösung** *f* (Foto) / disparo por botón ‖ ⁓**brechmaschine** *f* (Tex) / rompedora *f* de aprestos ‖ ⁓**fräser** *m* (Wz) / fresa *f* de botón ‖ ⁓**fuß** *m* (Nähm) / pie *m* para pegar botones ‖ ⁓**garn** *n* (Tex) / hilo *m* para coser botones ‖ ⁓**loch** *n* (Tex) / ojal *m* ‖ ⁓**lochband** *n* / cinta *f* o ribete de ojales ‖ ⁓**löcher machen** / ojalar
Knopfloch • faden *m*, -seide *f* / torcidillo *m* ‖ ⁓**fuß** *m* (Nähm) / pie *m* para ojales ‖ ⁓**mikrophon** *n* / micrófono *m* de ojal o de solapa ‖ ⁓**[näh]maschine** *f* / máquina *f* para coser o para hacer ojales, ojaladora *f* ‖ ⁓**riegelmaschine** *f* / máquina *f* para terminar ojales, máquina *f* para extremos de ojales ‖ ⁓**schere** *f* / ojalactor *m*, tijeras *fpl* para ojales
Knopf • magnet *m* / imán *m* de botón ‖ ⁓**ornament** *n* (Bau) / ornamento *m* en forma de botones ‖ ⁓**öse** *f*, Knopföhr *m*, -stiel *m* (Tex) / pata *f* de botón ‖ ⁓**röhre** *f* (Eltronik) / tubo *m* tipo pomo de puerta, válvula *f* pera ‖ ⁓**steuerung** *f* / mando *m* por pulsador o por botón, maniobra *f* por botón de presión ‖ ⁓**zelle**, Rundzelle R9 *f* (Elektr) / pila *f* redonda [en forma de botón] R9 DIN 40864, pila *f* de botón, pila *f* lenteja
Knorpel *m*, Cartilago *f* / cartílago *m* ‖ ⁓**leim** *m*, Chondrin *n* / condrina *f*
Knorren *m* (Fehler im Holz) / nudo *m* ‖ ⁓ **am Stamm** (Holz) / excrecencia *f* ‖ **heller** ⁓ / nudo *m* claro ‖ **winziger** ⁓ / nudo *m* diminuto o minúsculo ‖ ⁓**holz** *n*, Maserholz *n* / madera *f* nudosa o veteada ‖ ⁓**los** / sin nudos, exento de nudos
knorrig, knotig (Holz) / nudoso
knospen *vi* (Bot) / brotar, echar brotes, abotonar
Knospenwickler, grauer ⁓, Spilonota ocellana (Landw) / torcedora *f* del capullo
Knötchen • bildung *f* (Gummi, Plast) / formación *f* de grumos ‖ ⁓**korrosion** *f* (Nukl) / corrosión *f* nodular
knoten *vt*, knüpfen / anudar, hacer un nudo

Knoten *m* / nudo *m* ‖ ⁓, Endpunkt *m* eines Zweiges (Elektr) / nodo *m* ‖ ⁓, Schwingungsknoten *m* (Phys) / nodo *m* de vibraciones, punto *m* nodal de vibraciones ‖ ⁓ (Bambus) (Bot) / nudo *m* de bambú ‖ ⁓ (im Gewebe) (Tex) / nudo *m*, botón *m* ‖ ⁓, Flocke *f* (Tex) / vedija *f* ‖ ⁓ (Fehler, Web) / nudo *m* ‖ ⁓, Noppe *f* (Tex) / mota *f*, nudo *m*, botón *m* ‖ ⁓, Höcker *m* / protuberancia *f* ‖ ⁓, Schleife *f* / nudo *m* ‖ ⁓, Knäuel *m n* / ovillo *m*, pelota *f* ‖ ⁓ (international = 1852 m/h, Engl. = 1853,181 m/h), Seemeile je Stunde *f* (Schiff) / nudo *m* ‖ ⁓ *n*, Knüpfen *n* / anudado *m*, atado *m* ‖ **ausputzen** (o. auszupfen o. abzwicken) (Tex) / limpiar, desborrar ‖ **20** ⁓ **laufen** (Schiff) / navegar a razón de 20 nudos ‖ **über 15** ⁓ (Schiff) / más de 15 nudos
Knoten • amt *n* (Fernm) / central *f* nodal ‖ ⁓**amts...** (Fernm) / de central nodal ‖ ⁓**amtsbetrieb** *m* (Fernm) / servicio *m* automático de tránsito, servicio *m* por doble oficina automática escalonada ‖ ⁓**bahnhof** *m* / centro *m* o nudo ferroviario, estación *f* de empalme ‖ ⁓**bildung** *f* (Tex) / formación *f* de nudos ‖ ⁓**bildung** (Chem) / formación *f* de nódulos ‖ ⁓**blech** *n*, Eckversteifung *f* (Stahlbau) / chapa *f* o placa de nudo, cartela *f* de nudos, cartabón *m* ‖ ⁓**ebene**, -fläche *f* (Eltronik) / superficie *f* nodal ‖ ⁓**eisenerz** *n* / mineral *m* de hierro en nódulos ‖ ⁓**fänger** *m* (Web) / desmotador *m*, purgador *m* de nudos ‖ ⁓**fänger**, Zeugsichter *m* (Pap) / depurador *m* de nudos, recoge-nudos *m* ‖ ⁓**festigkeit** *f* (Pap) / estabilidad *f* de los nudos (estructura en panal de abeja) ‖ ⁓**frei** (Papier) / libre de nudos, exento de nudos ‖ ⁓**garn** *n* (Tex) / hilado *m* con botones ‖ ⁓**garnzwirnmaschine** *f* / retorcedora *f* para hilos con botones ‖ ⁓**gelenk** *n* (Bau) / articulación *f* múltiple, junta *f* múltiple ‖ ⁓**gewebe** *n pl* (Tex) / tejido *m* nudoso o con nudos ‖ ⁓**glimmerschiefer** *m* (Geol) / esquisto *m* micáceo noduloso o en nódulos ‖ ⁓**graphit** *m* / grafito *m* grueso ‖ ⁓**kette** *f* / cadena *f* anudada o de nudos ‖ ⁓**lack** (für Holz), Versiegelungslack *m* / barniz *m* cubrenodos ‖ ⁓**linie** *f* **in einer stehenden Welle** (Eltronik) / línea *f* nodal ‖ ⁓**los**, glatt (Garn) / sin nudos, liso ‖ ⁓**maschine** *f* (Tex) / máquina *f* moteadora ‖ ⁓**punkt** *m* (Math) / nudo *m* ‖ ⁓**punkt** (Elektr, Phys) / punto *m* nodal ‖ ⁓**punkt** (Straßb) / cruce *m* de carreteras o de calles ‖ ⁓**punkt**, Systempunkt *m* (Mech) / punto *m* de unión ‖ ⁓**punkt** (Stahlbau) / punto *m* de unión, unión *f* estructural ‖ ⁓**punkt**, Schnittpunkt *m* der Stabachsen (Stahlbau) / punto *m* de intersección de los ejes de barras ‖ ⁓**punkt** *m* (Bahn) / nudo *m* o centro ferroviario ‖ ⁓**punktleiter** *m* (Elektr) / conductor *m* del punto nodal ‖ ⁓**[punkt]regel** *f* (Elektr) / primera ley de Kirchhoff, regla *f* nodal ‖ ⁓**[punkts]...** / nodal ‖ ⁓**punktsgleichung** *f* (Math) / ecuación *f* nodal ‖ ⁓**rechner** *m* (DV) / ordenador *m* nodal o de nodo de red ‖ ⁓**schweißen** *n* / soldadura *f* de nudos ‖ ⁓**seil** *n* (Kabelbran) / cable *m* de nudos ‖ ⁓**seil** (Schiff) / cuerda *f* de nudos ‖ ⁓**stich** *n* / punto *m* de nudos ‖ ⁓**streifer** *m* (Spinn) / aparato *m* desmotador ‖ ⁓**verbindung** *f* (Stahlbau) / unión *f* de nudos ‖ ⁓**verbindung** (Fernm) / puente *m* provisional ‖ ⁓**vermittlungsstelle** *f*, KVSt, Knotenamt *n* (Fernm) / central *f* nodal o tándem o de tránsito, centro *m* terciario (ARG) ‖ ⁓**verschiebungstechnik** *f* (Mess) / técnica *f* de traslación de nudos ‖ ⁓**-Zugversuch** *m* (Garn) / ensayo *m* de tracción de nudos ‖ ⁓**-Zugversuch** (Draht) / ensayo *m* de tracción de alambres anudados ‖ ⁓**zwirn** *m* (Spinn) / hilo *m* retorcido con botones
knotig, knorrig (Holz) / nudoso ‖ ⁓, faserig (Pap) / nudoso, fibroso ‖ ⁓, flockig (Seide) / nudoso ‖ ⁓, knollig / nudoso, nodoso ‖ ⁓**es Garn** (Tex) / hilo *m* botonoso o con botones
Knotmaschine *f* (Web) / anudadora *f*
Knottensandstein *m* (Geol) / gres *m* en nódulos

Knowhow n / experiencia f [práctica], conocimientos m pl [prácticos o tecnológicos], "saber cómo" m ǁ **technisches u. wissenschaftliches** ~ / "materia f gris"
Knowledge-Engineering n, Ingenieurwesen n, -wissenschaft f / ingeniería f de conocimientos
Knudsen•-Strömung f (Phys) / flujo m de Knudsen ǁ **~-Vakuummeter** n / vacuómetro m o manómetro de Knudsen
knüllen vt, knäueln, zusammenrollen / ovillar, enrollar ǁ ~ (Tex) / arrugar
knüpfen vt / anudar, atar, ligar ǁ ~ (Web) / anudar ǁ **gebrochenes Garn wieder** ~ (Tex) / unir los hilos rotos por nudos
Knüpfenden n pl (Web) / hilos m pl a [re]anudar
Knüpfer m (Bindemäher) / atadora f ǁ **~-haken** m (Bindemäher) (Landw) / gancho m de la atadora
Knüpfmaschine f **für Netze** / anudadora f para redes
Knüppel m (quadratischer Barren) (Hütt) / tocho m (lingote cuadrado) ǁ ~, vorgewalzter Eisenblock m (Hütt) / llantón m, palanquilla f, paquete m ǁ **[Steuer]** ~ (Luftf) / palanca f [de mando] ǁ **mit ~n befestigt** (Straßb) / afirmado por troncos de árboles ǁ **~anode** f (Galv) / ánodo m elíptico ǁ **~bohrmaschine** f / taladradora f de tochos o de palanquillas ǁ **~damm** m (Bau) / camino m o pasadizo de troncos ǁ **~drehkühlbett** n, -wendekühlbett n (Hütt) / enfriadero m de rotación de palanquillas ǁ **unteres o. abgeschopftes ~ende** (Hütt) / extremo m inferior de la palanquilla ǁ **~folge** f (Walzw) / secuencia f de la palanquilla ǁ **~holz** n / madera f de palo ǁ **~ordner** m (Walzw) / clasificador m de palanquillas ǁ **~putzerei** f (Walzw) / taller m de escarpar palanquillas, taller m de escarpe de palanquillas ǁ **~schaltung** f (Kfz) / cambio m [de marchas] por palanca [corta] ǁ **~schere** f (Hütt) / cizalla f o tijera de palanquillas ǁ **~steuerung** f (Luftf) / mando m por palanca ǁ **~stoßofen** m / horno m empujador de palanquillas ǁ **~-Stranggießbandage** f / planta f de colada continua de palanquillas ǁ **~walze** f (Walzw) / cilindro m de palanquillas ǁ **~walzwerk** n / tren m [laminador] de palanquillas ǁ **~wendekühlbett** n, -drehkühlbett n (Hütt) / lecho m rotativo de enfriamiento de palanquillas
Koagel n (Chem) / coágulo m
Koagulase f (Chem) / coagulasa f ǁ **~-positiv** (Chem) / de coagulasa positiva
Koagulation f, Koagulierung f / coagulación f
Koagulations•-frequenz f (Mischen) / frecuencia f de coagulación ǁ **~hemmendes Mittel** (Chem, Pharm) • anticoagulante m
koagulierbar / coagulable
koagulieren vt, zum Koagulieren bringen / coagular ǁ ~ (Latex) / cuajar ǁ ~ vi, gerinnen vi / coagularse, cuajarse
koaguliertes Sol (Chem) / sol m coagulado
Koagulierungs•-flüssigkeit f / líquido m coagulador o de coagulación ǁ **~mittel** n, Gerinnungsmittel n / coagulante m, agente m floculante
Koaleszenz f, Zusammenwachsen n (Chem) / coalescencia f
koaxial / coaxial, coaxil ǁ **~es Abschwächungsglied** (Eltronik) / atenuador m coax[ial] ǁ **~e Antennenzuführung** (Antenne) / alimentador m de antena coaxi[a]l ǁ **~e Leitung** (z.B. für Mikrophon) (Eltronik) / alimentador m concéntrico ǁ **~e Stichleitung** / tetón m coaxi[a]l, sección f coaxi[a]l ǁ **~e Verbindungsleitung** / enlace m por línea de pares coaxiles
Koaxial•-antenne f / antena f coaxil ǁ **~antenne mit Sperrtopf** / dípolo m semicubierto con tubo coaxil ǁ **~filter** n (Fernm) / filtro m coaxi[a]l ǁ **~kabel**, Koax[kabel] n (Eltronik) / cable m coaxi[a]l ǁ **~leitungsresonator** m (Eltronik) / resonador m de línea coaxi[a]l ǁ **~stecker** m / enchufe m coaxial, conector m macho coaxil ǁ **~-Topfkreisverstärker** m / amplificador m coaxi[a]l en una cavidad resonante
Koaxverbinder m / conector m coaxi[a]l
Koazervat n (Chem) / coacervato m
Koazervation (Trennung lyophiler Kolloide), Koazervierung f / coacervación f
Kobalamin n / cobalamina f
Kobalt n, Co (Chem) / cobalto m ǁ ~ **60**, Radiokobalt n / cobalto 60 m, cobalto m radiactivo ǁ **~...**, kobalthaltig, -führend / cobaltífero ǁ **~(II)-...** / cobaltoso ǁ **~(III)-...** / cobáltico ǁ **~acetat** n, Kobalt(II)-acetat n / acetato m cobaltoso o de cobalto ǁ **~(III)-amminkomplexsalze** n pl / sales f pl complejas de cobaltaminas, cobaltaminas f pl ǁ **~(II)-arsenat** n (Min) / arseniato m cobaltoso, eritrina f ǁ **~arsenikkies** m (Min) / piritas f pl de cobalto arsénico, arsenopirita f ǁ **~beschlag** m (Chem) / eflorescencia f de cobalto ǁ **~bestrahlungsquelle** f / fuente f de irradiación de cobalto ǁ **~blau** n, Thenards o. Leithners Blau n / azul m [de] cobalto, azul m de Thénard o de Leithner ǁ **~blau** (Beschicht) / esmaltín m ǁ **~blüte** f, Erythrin m (Min) / eritrina f ǁ **~bombe** f (Mil, Nukl) / bomba f de cobalto ǁ **~(II)-chlorid** n / cloruro m cobaltoso o de cobalto ǁ **~-Detektor** m, -Stromelement n (Nukl) / detector m de cobalto
kobalten vt / cobaltar cobaltizar
Kobalt•-farbe f / color m de cobalto ǁ **~glanz**, Kobaltin m (Min) / cobaltina f, cobaltita f ǁ **~glas** n / vidrio m [con óxido] de cobalto ǁ **~grün** n, Rinmannsgrün n / verde m [de] cobalto ǁ **~haltig**, -führend, Kobalt-... / cobaltífero, cobáltico, de cobalto ǁ **~katalysator** m / catalizador m de cobalto ǁ **~kies** m (Min) / linneíta f ǁ **~manganerz** n (Min) / asbolana f, asbolita f ǁ **~nitrat** n / nitrato m de cobalto
Kobalto-Kobalti-Oxid, Porzellanblau n / óxido m cobaltoso cobáltico, azul m de porcelana
Kobalt•-oxid n / óxido m de cobalto ǁ **~pigmente** n pl / pigmentos m pl de cobalto ǁ **~schnellstahl** m (Hütt) / acero m rápido al cobalto ǁ **~speise** f / arseniuro m de cobalto ǁ **~-Stromelement** n, -Detektor m (Nukl) / detector m de cobalto ǁ **~sulfid** n / sulfuro m de cobalto
Koch•-apparat m, -gerät n / aparato m de cocción ǁ **~apparat** (Zuck) / caldera f de cocción ǁ **~automatik** f (Haushalt) / programación f de cocción ǁ **~becher** m, Becherglas n (Chem) / vaso m de precipitación o de precipitados ǁ **~beständig**, -fest (Chem, Färb) / resistente a la ebullición ǁ **~dauer** f / duración f de la cocción ǁ **~echt**, -fest (Tex) / resistente o sólido a la cocción ǁ **~echt** (Wäsche) / lavable en agua hirviendo
kochen vt / hacer cocer, hervir ǁ ~ (Stahl) / fundir acero ǁ ~, raffinieren (Zuck) / cocer, refinar ǁ ~ (Pap) / lejiar, hervir ǁ ~ vi, sieden / hervir, cocer, estar hirviendo, en ebullición ǁ ~, wallen (Hütt, Metall) / trabajar, hervir a borbotones, borbotear ǁ ~ vi, gasen (Akku) / cocer ǁ ~ (Kühler) (Kfz) / hervir ǁ **bei langsamem Feuer** ~, digerieren (Chem) / digerir ǁ **langsam** ~ / hervir a fuego lento, hervir a calor bajo ǁ **Teer** ~ / fundir alquitrán ǁ **Wasser o. Milch** ~ / [hacer] hervir agua o leche ǁ ~ n, Aufwallen n (Chem) / ebullición f, borboteo m ǁ ~ (Kokille) / efervescencia f ǁ ~ (Zuck) / cocción f ǁ ~ (Pap) / proceso m de lejiar, digestión f, cocción f ǁ ~ (Hütt) / fundición f ǁ **zum ~ bringen** / hacer hervir, hacer entrar en ebullición
kochend / hirviente, hirviendo, en ebullición ǁ **~e Gärung** (Brau, Chem) / fermentación f tumultuosa ǁ **~e Schmelze** (Hütt) / baño m efervescente ǁ **in der Kokille heftig ~er Stahl** (Hütt) / acero m efervescente en la coquilla ǁ **~wasserbereiter** m (Elektr) / calentador m para agua hirviente ǁ **~wasser-Reaktor** m (Nukl) / reactor m hervidor de agua, reactor m de ebullición
Kocher m / hornillo m [eléctrico], cocinilla f, hervidor m ǁ ~, Spirituskocher m / infiernillo m, reverbero m

Kocher

(LA) ‖ ≃ (Chem, Pharm) / decoctor *m*, digestor *m* ‖ ≃ (Arbeiter) (Zuck) / cocedor *m* ‖ ≃ (Pap) / digestor *m*, lejiador *m*, lejiadora *f* ‖ ≃ (Brau) / caldera *f* de ebullición o de cocción ‖ ≃, Kugelkocher *m* (Pap) / lejiador *m* o digestor esférico
Köcher *m* (Schw) / carcaj *m* ‖ ≃**-Bürstenhalter** *m* (Elektr) / porta-escobillas *m* tubular, portaescobillas *m* tubular
Kocher•entgasung *f* (Pap) / desgasificación *f* del lejiador ‖ ≃**füllapparat** *m* (Pap) / cargador *m* del lejiador ‖ ≃**raum** *m*, Kocherei *f* (Pap) / sala *f* de los lejiadores ‖ ≃**stoff** *m* (Pap) / pasta *f* de lejiador
Koch•feld *n*, Glaskeramikmulde *f* (Küchenherd) / placa *f* vitrocerámica, zona *f* de calentamiento ‖ ≃**fertig** / preparado para cocer, listo para cocinar ‖ ≃**flasche** *f* (Chem) / matraz *m* [de cocción], redoma *f* ‖ ≃**geräte** *n pl* (Elektr) / aparatos eléctricos para cocinar ‖ ≃**geschirr** *n* / batería *o* vajilla de cocinar ‖ ≃**geschirr** (Mil) / gamella *f* (E), marmita de campaña *lfl* (LA) ‖ ≃**grad** *m* (Pap) / grado *m* de lejiado ‖ ≃**gut** *n* (Pap) / material *m* destinado a la cocción ‖ ≃**herd** *m* (Bau) / cocina *f* [eléctrica o de gas] ‖ **gemischter** ≃**herd für Gas u. Elektrizität** / cocina *f* mixta gas-electricidad ‖ ≃**kessel** *m* / caldera *f* de cocción, marmita *f*, olla *f* ‖ ≃**kessel** (Pap) / lejiador *m*, digestor *m* ‖ ≃**kölbchen** *n* (Labor) / redoma *f* de destilación ‖ ≃**kolben** *m*, -flasche *f* (Chem) / matraz *m* para hervir o de cocción ‖ ≃**lauge** *f* (Pap) / lejía *f* de cocción
Kochleoide, Schraubenkurve *f* (Geom) / cocleoide *f*
Koch•maische *f* (Zuck) / cristalizador *m* ‖ ≃**nische** *f* (Bau) / cocina *f* miniatura, cocinita *f*, rincón *m* cocina, nicho *m* de cocina ‖ ≃**periode** (Hütt) / período *m* de trabajo ‖ ≃**platte** *f* (Elektr) / placa *m* calentadora, placa *f* eléctrica, placa *f* de hornillo [eléctrica], hornillo *m* eléctrico ‖ **offene** ≃**platte** / hornillo *m* eléctrico abierto ‖ ≃**presse** *f* (Zelluloid) / prensa *f* para bloques ‖ ≃**prozess** *m* (Pap) / proceso *m* de lejiar ‖ ≃**punkt** *m*, Kp (Phys) / punto *m* de ebullición ‖ ≃**salz** *n* / sal *f* común o de cocina ‖ ≃**salzbad** *n* / baño *m* de sal común, baño *m* de salmuera ‖ ≃**salzgewinnungsanlage** *f* / instalación *f* para la obtención de sal de cocina ‖ ≃**salzgitter** *n* / rejilla *f* o red de la sal común ‖ ≃**salzlösung** *f* / solución *f* de sal común o de cloruro sódico, salmuera *f*, solución *f* salina ‖ ≃**station** *f* (Zuck) / sala *f* de cristalización ‖ ≃**thermometer** *n* / termobarómetro *m* ‖ ≃**topf** *m* / olla *f*, marmita *f*, puchero *m*, cacerola *f*, cazuela *f*, cazo *m* [eléctrico] ‖ ≃- **und essfertige Nahrungs- o. Lebensmittel** *n pl* / alimentos *m pl* preparados para cocer y comer
Kochung *f* (Zuck) / cocción *f* ‖ ≃ (Brau) / cocido *m* de lúpulo
Koch•versuch *m* (Korrosion) / ensayo *m* de ebullición ‖ ≃**versuch** (Kunststoff) / ensayo *m* de decocción ‖ ≃**wäsche** *f* (Vorgang) (Tex) / lavado *m* de ropa con agua hirviente ‖ ≃**wäsche** (Gegenstand) / ropa *f* lavable en agua hirviente ‖ ≃**zone** *f* **des Kochfeldes** / zona *f* de calentamiento de la placa vitrocerámica
Kodachrome-Verfahren *n* (Foto) / procedimiento *m* Kodachrome
Kode s. Code
Kodein *n*, Codein *n* (Pharm) / codeína *f*
Köder *m*, Keder *m* (Kfz) / burlete *m* de goma
Köder *m* (Lockmittel) / cebo *m* ‖ ≃**gift** *n* (Landw) / insecticida *m* cebo, cebo *m* insecticida ‖ ≃**glas** *n* (Landw) / recipiente *m* de cebos
Koeffizient *m* (= Einfluss einer Stoffeigenschaft auf einen physikalischen Zusammenhang) / coeficiente *m* ‖ ≃ **der Annäherungsgeschwindigkeit** (Flüssigkeit) / coeficiente *m* de la velocidad de aproximación ‖ ≃ **der inneren Konversion** / coeficiente *m* de conversión interna ‖ ≃ **der reflektierten Ströme** (Fernm) / coeficiente *m* de adaptación ‖ ≃ **des Gier-,[Roll-,**

Stampf]moments (Luftf, Schiff) / coeficiente *m* del momento de guiñada [cabeceo, tambaleo]
Koeffizienten-Einstellwert *m* (DV) / valor *m* de ajuste de coeficientes
Koepe•betrieb *m*, -system *n*, -förderung *f* (Bergb) / extracción *f* por polea Koepe, sistema *m* Koepe ‖ ≃**fördermaschine** *f* (Bergb) / máquina *f* de extracción por polea de Koepe ‖ ≃**scheibe** *f* (Bergb) / polea *f* Koepe
koerzitiv•e Blockierung (Blasenspeicher, DV) / bloqueo *m* por campo coercitivo ‖ ≃... (Elektr) / coercitivo ‖ ≃**feld** *n* (Phys) / campo *m* coercitivo ‖ ≃**kraft** *f* / fuerza *f* coercitiva
Koextrusion *f* (Plast) / coextrusión *f*
Koferment *n*, Koenzym *n* (Biochem) / cofermento *m*, coenzima *m* ‖ ≃ **(o. Koenzym) A** / cofermento *m* A, coenzima *f* A
Koffein, Coffein *n* (Pharm) / cafeína *f* ‖ ~**armer Kaffee** / café *m* pobre en cafeína ‖ ~**frei** / descafeinado, sin cafeína
Koffer *m*, Bruchsteinlage *f* (Hydr) / capa *f* de piedras de cantera ‖ ≃ (Straßb) / capa *f* de gravilla compactador ‖ ≃**damm** *m* (Hydr) / ataguía *f* de cajón o de doble pared ‖ ≃**deck** *n* (Schiff) / cubierta *f* truncada ‖ ≃**deckel**, -raumdeckel *m* (Kfz) / tapa *f* de[l] maletero o del baúl (LA) ‖ ≃**empfänger** *m* (Radio, TV) / receptor *m* portátil ‖ ≃**griff** *m* / asa *f* [de maleta] ‖ ≃**leuchte** *f* (Straßenbeleucht) / linterna *f* rectangular ‖ ≃**pappe** *f* (Pap) / cartón *m* para maletas ‖ ≃**radio** *n* / radio *f* portátil ‖ ≃**raum** *m* (Kfz) / maletero *m* (E), baúl *m* (LA) ‖ ≃**raumabdeckung** *f* / bandeja *f* de maletero ‖ ≃**raumbeleuchtung** *f* / iluminación *f* del maletero ‖ ≃**raumboden** *m* (Kfz) / fondo *m* del maletero ‖ ≃**raumdeckel** *m* (Kfz) / tapa *f* del maletero, capota *f*, tapa *f* del baúl (LA) ‖ ≃**raum-Deckelstütze** *f* / soporte *m* de tapa de maletero ‖ ≃**raumwanne** *f* (Kfz) / artesa *f* del maletero ‖ ≃**schreibmaschine** *f* / máquina *f* de escribir portátil ‖ ≃**träger** *m*, -brücke *f* (Kfz) / portamaletas *m* [trasero]
Kogasin *n* (Chem) / kogasín *m*, cogasina *f* ‖ ≃**synthese**, Fischer-Tropsch-Synthese *f* / síntesis *f* Fischer-Tropsch
Kognaköl, Traubenöl *n* / esencia *f* de coñac
kohärent•es Licht (Phys) / luz *f* coherente ‖ ~**e Störung** / interferencia *f* coherente ‖ ~**e Streuung** (Nukl) / difusión *f* coherente
Kohärent•impulsradar *m n* / radar *m* de impulsos coherentes o sincronizados ‖ ~**-unterbrochen** (Eltronik) / coherente-interrumpido
Kohärenz•messung *f* (Akust) / medición *f* de coherencia ‖ ≃**optik** *f* / óptica *f* coherente ‖ ≃**oszillator** *m* (Radar) / oscilador *m* coherente ‖ ≃**-Spannung** *f* (Masch) / solicitación *f* de coherencia
Kohärer, Fritter *m* (Eltronik) / cohesor *m*
Kohäsion *f* (Phys) / cohesión *f*, coherencia *f*
Kohäsions•... / cohesivo, de cohesión ‖ ≃**energiedichte** *f* (Nukl) / densidad *f* de energía cohesiva ‖ ≃**festigkeit** *f*, theoretische o. ideale Zerreißfestigkeit / resistencia *f* teórica a la ruptura
Kohäsion[skraft] *f* / fuerza *f* cohesiva o de cohesión, poder *m* de cohesión
Kohäsionszerrüttung *f* / destrucción *f* cohesiva
kohäsive Zone (Hochofen) / zona *f* cohesiva
Kohl•blattlaus *f*, Brevicoryne brassicae (Zool) / pulgón *m* de la col ‖ ≃**drehherzmücke** *f*, Kohlherzgallmücke *f*, Contarinia torquens (Zool) / cecidomia *f* de la col
Kohle *f* / carbón *m* ‖ ≃... s. auch Kohlen... ‖ ≃ *f*, Steinkohle *f* / carbón *m*, hulla *f*, carbón *m* de piedra, carbón *m* mineral ‖ ≃, Glanzkohle *f* / antracita *f* ‖ ≃, Braunkohle *f* / lignito *m* ‖ ≃, Holzkohle *f* / carbón *m* vegetal o de leña o de madera ‖ ≃ *f*, Kohlenstoff *m* / carbono *m* ‖ ≃ **einnehmen**, kohlen (Schiff) / carbonear, hacer o tomar carbón ‖ ≃ **führend**, -haltig, -artig (Geol) / carbonífero, carbonoso ‖ ≃ **führende Schichten** *f pl* (Geol) / capas *f pl* carboníferas ‖ ≃ *f* **mit**

hohem Wasserstoffgehalt / carbón m bastante rico en hidrógeno ‖ ~ mit niedrigem Gehalt an Flüchtigem / carbón m magro ‖ in ~ umwandeln / carbonizar ‖ reine ~ / carbón m puro ‖ zu ~ werden / carbonizarse
Kohle•abbau m / extracción f del carbón, minería f del carbón ‖ ~ablagerung, Kohleschicht f (Geol) / yacimiento m de carbón, capa f de carbón ‖
~ablagerung f (Mot) / depósito m de hollín (E) o de carbón (LA) ‖ ~aufbereitung f / preparación f del carbón ‖ ~aufdampfverfahren n / método m de vaporización del carbón ‖ ~bandführung f (DV) / guía m de la cinta carbónica ‖ ~brei m (Bergb) / lodo m de carbón ‖ ~brennen n / fabricación f de carbón de madera ‖ ~bürste f (Elektr) / escobilla f de carbón ‖ ~dichtung, -packung f (Turbine) / obturación f de carbón, caja f de estopa con guarnición de carbón ‖ ~druck m, Pigmentdruck m (Druck) / copia f en papel pigmentado ‖ ~druckregler m (Elektr) / resistencia f reguladora de tensión de placas de carbón ‖
~elektrode f (Schw) / electrodo m de carbón ‖ ~faser f, C-Faser f (Chem) / fibra f de carbono ‖
~faserlaminat n, CFK-Laminat n / laminado m de fibras de carbono, producto m estratificado de fibras de carbono ‖ ~filter n (Chem) / filtro m de carbón ‖
~förderung f / extracción f de carbón ‖ ~freies Durchschlagsformular / formulario m autocopiador ‖ ~führung f (Bergb) / presencia f de carbón ‖
~geheizter Kessel / caldera f caldeada por o con carbón ‖ ~gemischschicht f (Elektr) / capa f compuesta de carbón ‖ ~-Großabbaugerät n / equipos m pl grandes para explotar carbón ‖ ~haltig / carbonáceo ‖ ~hydrat n, Kohlenhydrat n (Biochem) / hidrato n de carbono, carbohidrato m ‖
~hydrathaltiges Abwasser / aguas f pl residuales con hidrato de carbono ‖ ~hydrierung f, -verflüssigung f (Chem Verf) / hidrogenación f o licuación del carbón ‖
~kontakt m (Elektr) / contacto m de carbón ‖ ~korn n / gránulo m de carbón, Kohle / carbón m granulado ‖ ~[körner]mikrophon n / micrófono m de carbón ‖ ~körnerschalldose f, -Tonabnehmer m / cabeza f fonocaptora con granos de carbón ‖ ~kraftwerk n / central f térmica de carbón, central f carboeléctrica ‖ ~lager n / almacén m o parque m de carbón ‖ ~-Lichtbogenschweißen n / soldadura f por arco con electrodo de carbón ‖
~massewiderstand m / resistencia f compuesta de carbón
kohlen vt, verkohlen / carbonizar ‖ ~, aufkohlen (Hütt) / carburar ‖ ~, Kohle abbauen (Bergb) / explotar o extraer carbón
Kohlen•..., kohlenstoffhaltig / carbónico ‖ ~..., die Steinkohle betreffend / hullero ‖ ~abbau m / explotación f hullera o del carbón ‖ ~abbrand, -verbrauch m (Elektroden) / desgaste m de los electrodos ‖ ~abdruck m / huella f de carbón ‖
~abfuhrstrecke f (Bergb) / galería f de extracción, galería f de transporte ‖ ~abzugsband n (Wärmekraftwerk) / cinta f de evacuación del carbón ‖ ~ader f / vena f carbonífera ‖ ~anfuhr, -zufuhr, -anlieferung f / acarreo m o suministro de carbón ‖
~art, -rang m / clase f de carbón ‖ ~aufbereitung f / preparación f del carbón ‖ ~aufgabeeinrichtung f / dispositivo m de carga para carbón ‖ ~[aus]klauber m / clasificador m de carbón ‖ ~banse f (Bahn) / foso m de combustible ‖ ~becken (Geol) / cuenca f hullera o carbonífera, yacimientos m pl carboníferos ‖
~bein n (Bergb) / columna f de carbón ‖ ~belieferung f / abastecimiento m con carbón ‖ ~bergbau m / explotación f de [minas de] carbones, industria f carbonera ‖ ~bergmann, -gruben-, -bergarbeiter m / minero m de carbón ‖ ~bergwerk n, -grube f / mina f de carbón o de hulla, hullera f ‖
~beschickungsanlage f / instalación f de alimentación de carbón ‖ ~bezirk m, -revier n /

distrito m hullero, cuenca f hullera o carbonífera ‖
~bilanz f / balance m del carbón ‖ ~bildung f / formación f de carbón o de hulla ‖ ~bogenlampe f / lámpara f de arco con electrodos de carbón ‖
~bohrer m, -bohrmaschine f / broca f para carbón, taladro m para carbón ‖ ~brechanlage f / trituradora f o quebrantadora o machacadora de carbón ‖
~brenner m, Köhler m / carbonero m ‖ ~brikett, Brikett n / aglomerado m de carbón, briqueta f ‖
~bunker m, -vorratsbehälter m, -vorratsbunker m / tolva f de carbón, silo m para carbones, carbonera f, pañol m de carbón ‖ ~bürste f (Elektr) / escobilla f de carbón ‖ ~chemie f / carboquímica f ‖ ~dioxid n, CO2 / dióxido m de carbono ‖ mit ~dioxid gesättigt (Flüssigkeit) / carbonatado ‖ ~dioxid-Laser m / láser m de dióxido de carbono ‖ ~dunst m (Bergb) / exhalación f de carbón, Kohlen m (Schiff) / carboneo m ‖ ~eisenstein n, Blackband n (Min) / hierro m carbonatado litoideo (E), hierro m carbonáceo, blackband m (LA) ‖ ~element n (Elektr) / pila f de carbón ‖ ~entgasung f / coquefacción f o destilación de hulla o de carbón ‖ ~fadenlampe f / lámpara f o bombilla de filamento de carbón ‖ ~fall m (Bergb) / caída f de carbón ‖ ~feld n (Bergb) / yacimiento m o terreno carbonífero ‖ ~feuerung f / calentamiento m por carbón, calefacción f por o de carbón ‖ ~feuerung (Feuerraum) / hogar m de carbón ‖ ~flöz m, -lager m / yacimiento m o estrato de carbón, capa f carbonífera o de carbón ‖ gegen die Oberfläche aufsteigendes ~flöz (Bergb) / afloramiento m de un estrato de carbón ‖ stark pyrithaltiges ~flöz / capa f de carbón altamente piritífero ‖ ~förderband n / cinta f transportadora de carbón ‖ ~fördermaschine f / máquina f para la extracción de carbón ‖ ~förderung f / extracción f de carbón ‖ ~förderung (Steinkohle) / producción f hullera ‖ ~förderwagen n / vagoneta f carbonera ‖ ~formation f, Karbon n (Zeitalter) / período m carbonífero ‖ ~formation (Geol) / formación f carbonífera o hullera ‖ ~führende Schichten f pl (Geol) / capas f pl carboníferas ‖ ~gebirge n (Geol) / terreno m hullero ‖ ~gestübbe n (Hütt) / mezcla f de coque menudo y de esquisto y de arcilla ‖
~gewinnung f, -abbau m / explotación f de hulla o del carbón ‖ ~gicht f (Hütt) / carga f de carbón ‖
~gleichwert m (Phys) / equivalente m de hulla ‖ ~glut f / brasa f, ascuas f pl ‖ ~grieß m, Grieß-, Erbs-, Perlkohle f / carbón m menudo ‖ ~größe f / tamaño m del gránulo m de carbón ‖ ~grus m, -klein m, -lösche f / carbonilla f, finos m pl de carbón, cisco m ‖ ~hacke f (Wz) / pico m doble para carbón ‖ ~hafen m / puerto m carbonero, puerto m de transbordo de carbón ‖
~halde f / carbón m amontonado, amontonamiento m de carbón, montón m de carbón ‖ ~halter m (Elektr) / portaescobillas m, portacarbón m ‖ ~haltig / carbonífero, carbonoso ‖ ~hauer m (Bergb) / picador m de carbón ‖ ~herd m / cocina f al carbón, fogón m ‖ ~hobel m / máquina f cepilladora de carbón, rebanador m de carbón ‖ ~hydrat m (Biochem) / hidrato m de carbono, carbohidrato m ‖ ~insel f (Bergb) / pilar m remanente [de carbón] ‖
~kalk[stein] m / caliza f carbonífera ‖ ~kapsel f (Fernm) / cápsula f micrófonica de carbón, botón m relleno de granulos de carbón ‖ ~kippe, -stürze f / vertedero m de carbón, plano m inclinado para verter carbón ‖ ~kipper m, -kippbühne f / volcador m de carbón, volcador m de vagonetas carboneras, plataforma f para volcar vagonetas carboneras ‖
~klasse f, -rang m / clase f de carbón ‖ ~klauber m / clasificador m de carbón ‖ ~klein (Bergb) / menudos m pl de carbón, carbón m triturado o menudo, carbonilla f ‖ ~kraftwerk n / central f térmica de carbón ‖ ~lader m / cargadora f de carbón ‖ ~lager n, -vorkommen n / yacimiento m carbonífero o de

721

Kohlenlager

carbón ‖ ⁓**lager**, -**lagerplatz** *m* / depósito *m* o almacén de carbón, parque *m* de carbón amontonado, carbonera *f* ‖ ⁓**lager** s. auch Kohlenflöz ‖ **stark fallendes** ⁓**lager** (Bergb) / yacimiento *m* de carbón escarpado ‖ ⁓**leichter** *m* (Schiff) / lancha *f* o gabarra carbonera ‖ ⁓**lösche** s. Kohlenklein ‖ ⁓**luke** *f* (Schiff) / escotilla *f* para echar carbón ‖ ⁓**maceral** *n* / maceral *m* de carbón ‖ ⁓**meiler** *m* / carbonera *f*, pila *f* de carbón ‖ ⁓**mischanlage** *f* / instalación *f* de mezcla para carbones ‖ ⁓**monoxid** *n* / monóxido *m* carbónico o de carbono ‖ ⁓**[mon]oxid** *n*, böse *n pl* (o. giftige) Wetter (Bergb) / aire *m* nocivo o tóxico ‖ ⁓**[mon]oxidvergiftung** *f* (Med) / intoxicación *f* por monóxido de carbón ‖ ⁓**mühle** *f* / trituradora *f* del carbón ‖ ⁓**oxidanzeiger** *m* / detector *m* de óxido de carbono ‖ ⁓**oxiderzeugung** *f* **im Motor** / generación *f* o formación de óxido de carbono en el motor ‖ ⁓**oxidfilter-Selbstretter** *m* (Bergb) / filtro *m* CO-autosalvador ‖ **mit geringem** ⁓**oxidgehalt** / no rico en óxido de carbono ‖ ⁓**oxidnachverbrenner** *m* (Kfz) / dispositivo *m* de postcombustión de CO ‖ ⁓**oxidnickel**, Nickel[tetra]carbonyl *n* (Chem) / carbonilo *m* de níquel ‖ ⁓**oxychlorid** *n* / oxicloruro *m* de carbono ‖ ⁓**oxysulfid** *n* / oxisulfuro *m* de carbono ‖ ⁓**pfeiler** *m* / columna *f* de carbón ‖ ⁓**pflug** *m* / arado *m* de carbón ‖ ⁓**pier** *n* / muelle *m* de [carga de] carbón ‖ ⁓**revier** *n* (Geo) / cuenca *f* hullera o carbonera ‖ ⁓**rutsche** *f* / canaleta *f* para carbón ‖ ⁓**sack** *m* (Hütt) / vientre *m* ‖ ⁓**sack** / saco *m* de o para carbón, bolsa *f* de o para carbón ‖ ⁓**sack** (Hochofen) / vientre *m* del alto horno ‖ ⁓**sack** (Astr) / saco *m* de carbón ‖ ⁓**sandstein** *m* (Bergb) / arenisca *f* hullera o carbonífera ‖ **kohlensauer • er Kalk** (Chem) / carbonato *m* cálcico o de cal ‖ ⁓**es Natrium** (mit 10% H₂O) / carbonato *m* sódico o de sodio ‖ ⁓**es Wasser** / agua *f* carbonatada o carbónica o gaseosa ‖ **Kohlensäure** *f*, -gas *n* / ácido *m* carbónico, dióxido *m* de carbono ‖ ⁓ **entziehen** / descarbonatar ‖ **feste** ⁓ / ácido *m* carbónico sólido ‖ **mit** ⁓ **sättigen** (o. versetzen) / carbonatar ‖ ⁓**abscheider** *m* / separador *m* de ácido carbónico ‖ ⁓**anhydra[ta]se** *f* / anhidratasa *f* de ácido carbónico ‖ ⁓**anhydrid** *n* / anhídrido *m* carbónico ‖ ⁓**assimilation** *f* / asimilación *f* del ácido carbónico ‖ ⁓**erzeuger** *m* / generador *m* de ácido carbónico ‖ ~**haltiges Wasser** / agua *f* carbonatada o con gas ‖ ⁓**kompressor** *m* / compresor *m* de ácido carbónico ‖ ⁓**löscher** *m* (F'wehr) / extintor *m* o extinguidor de gas carbónico [licuado] ‖ ⁓**patrone** *f* / cápsula *f* de ácido carbónico ‖ ⁓**salz** *n* (Chem) / carbonato *m* ‖ ⁓**schnee** *m*, Trockeneis *n* / nieve *f* carbónica, hielo *m* seco ‖ ⁓**zufuhr** *f* / añadidura *f* de ácido carbónico, carbonización *f* ‖ **Kohlen • schacht** *m* (Bergb) / pozo *m* de [mina de] carbón ‖ ⁓**schaufel** *f* / paleta *f* o pala para carbón, badila *f*, badil *m* ‖ ⁓**scheider** *m*, Sichtungsanlage *f* / separador *m* de carbón ‖ ⁓**scheidung** *f*, -separation *f* / separación *f* de carbón ‖ ⁓**schicht**, -ader *f* (Geol) / capa *f* de carbón, yacimiento *m* carbonífero o de carbón ‖ ⁓**schicht** *f*, -ablagerung *f* / capa *f* de carbón ‖ ⁓**schicht** (Arbeit) / turno *m* de extracción de carbón ‖ ⁓**schiefer** *m*, Brandschiefer *m* (Geol) / esquisto *m* carbonoso o bituminoso ‖ ⁓**schiff** *n* / carbonero *m*, buque *m* carbonero ‖ ⁓**schlacke** *f* / escoria *f* de carbón ‖ ⁓**schlamm** *m* / fango *m* de carbón, lodos *m pl* ‖ ⁓**schrämmmaschine** *f* / rozadera *f* de carbón ‖ ⁓**schubvorrichtung** *f* (Bahn) / cargador *m* mecánico del hogar ‖ ⁓**schuppen** *m* / cobertizo *m* de (o para) carbón ‖ ⁓**schurre**, -rutsche *f* / tinglado *m* de o para carbón ‖ ⁓**schwefel** *m* (Chem) / carbosulfuro *m* ‖ ⁓**siebere**i *f* / separación *f* del carbón ‖ ⁓**silo** *m* (Bergb) / silo *m* para carbones ‖ ⁓**sortiermaschine** *f* / clasificadora *f* del carbón ‖ ⁓**sprengstoff** *m* / dinamita *f* para carbón, dinamita *f* de seguridad ‖ ⁓ **stab**, -stift *m*, -elektrode *f* (Elektr) / electrodo *m* de carbón ‖ ⁓**standanzeiger** *m* / indicador *m* del nivel de carbón [en el silo] ‖ ⁓**station** *f* (Bahn, Schiff) / depósito *m* de carbón ‖ **Kohlenstaub** *m* / polvo *m* de carbón, carbón *m* en polvo o pulverizado, cisco *m*, carbonilla *f* ‖ ⁓, Holzkohlenpulver *n* / lignito *m* en polvo ‖ ⁓ **für Feuerung** / carbón *m* en polvo para hogar ‖ **die Form mit** ⁓ **bestreuen** (Gieß) / cubrir el molde con carbón en polvo ‖ ⁓**absaugung** *f* / aspiración *f* de polvo de carbón ‖ ⁓**aufwirbelung** *f* / remolino *m* de polvo de carbón ‖ ⁓**bekämpfung** *f* / protección *f* contra polvo de carbón ‖ ⁓**brenner** *m* / quemador *m* para carbón pulverizado ‖ ⁓**explosion** *f* / explosión *f* de polvo de carbón, explosión *f* de cisco ‖ ⁓**feuerung** *f* / calefacción *f* por carbón en polvo ‖ ⁓**feuerung** (Anlage) / hogar *m* para carbón pulverizado o en polvo ‖ ⁓**-Gasbrenner** *m* / mechero *m* combinado para gas y carbón pulverizado ‖ ⁓**lunge**, Anthrakose *f* (Med) / antracosis *f* ‖ ⁓**motor** *m* / motor *m* de carbón pulverizado ‖ ⁓**mühle** *f* (Bergb) / molino *m* para pulverizar carbón, molino *m* pulverizador de carbón, pulverizador *m* ‖ ⁓**ziegel** *m* / briqueta *f* de polvo de carbón ‖ **Kohlenstift** *m*, Bogenlampenkohle *f* (Elektr) / carbón *m* para lámparas de arco ‖ **Kohlenstoff** *m*, C (Chem) / carbono *m* ‖ ⁓ **zugeben** / añadir carbono, carburar ‖ **aromatischer** ⁓ / carbono *m* aromático ‖ **mit** ⁓ **verbunden**, gekohlt / carburado ‖ **mit** ⁓ **versetzen bzw. verbinden** (Chem) / carbonizar ‖ **mit der höchsten Menge** ⁓ **verbunden** / percarburado ‖ ⁓**abfall** *m* (Hütt) / disminución *f* del contenido de carbono ‖ ~**abgabe** / cedente [de] carbono, que desprende carbono ‖ ⁓**anode** *f* / ánodo *m* de carbono ‖ ⁓**arm** (Hütt) / pobre en carbono ‖ ~**arm gemacht** (Stahl) / reducido en carbono ‖ ~**armer [weicher] Stahl** / acero *m* suave bajo en carbono ‖ ~**armer Thomasstahl** / acero *m* dulce Thomas ‖ ⁓**assimilation** *f* / asimilación *f* de carbono ‖ ⁓**aufnahme** *f* / adsorción *f* de carbono ‖ ⁓**bestimmungsgerät** *n* / aparato *m* de determinación de contenido de carbono, aparato *m* para análisis de carbono ‖ ⁓**-Brennstoffzelle** *f* / célula *f* de combustión al carbono ‖ ⁓**carboquímica** *f* ‖ ⁓**datierung** *f*, -methode *f*, Karbondatierung *f* (Nukl) / datación *f* radiocarbónica o por radiocarbono, método C14 ‖ ⁓**disulfid** *n*, Schwefelkohlenstoff *m* / disulfuro *m* de carbono ‖ ⁓**doppelbindung** *f* / enlace *m* doble de carbono, enlace *m* etilénico ‖ ⁓**eisen** *n*, gekohltes Eisen (Hütt) / hierro *m* al carbono ‖ ⁓**entziehung** *f* / descarburación *f* ‖ ⁓**-Faser** *f*, C-Faser *f* / fibra *f* de carbono ‖ ⁓**-Faserlaminat** *n*, CFK-Laminat *n* / laminado *m* o estratificado de fibras de carbono ‖ ~**-faserverstärkter Kunststoff**, KFK / plástico *m* por fibras de carbono ‖ ⁓**-Feuerfeststein** *m* / ladrillo *m* refractario de carbono ‖ ⁓**-Filamentgarn** *n* / hilo *m* continuo de carbono ‖ ⁓**-Fixierung** *f* (Photosynthese) / fijación *f* de carbono ‖ ~**-frei** / exento de carbono ‖ ⁓**gehalt** *m* / contenido *m* en carbono ‖ **mit niedrigem** ⁓**gehalt** / con contenido de carbono reducido ‖ **den** ⁓**gehalt erhöhen** (Hütt) / aumentar el contenido de carbono ‖ ⁓**gerüst** *n*, -skelett *n* / red *f* de carbono ‖ ~**gesättigt** / saturado en carbono ‖ ~**haltig** / que contiene carbono ‖ ~**haltiger Wasserstoff** / hidrógeno *m* carbonado ‖ ⁓**kette** *f* / cadena *f* de carbono ‖ ⁓**-Kohlenstoff-Doppelbindung** *f* / enlace doble carbono-carbono ‖ ⁓**kreislauf** *m*, -zyklus *m* / ciclo *m* de carbono ‖ ⁓**-Massentransport** *m* (Nukl) / transferencia *f* de masa de carbono ‖ ⁓**methode** s. Kohlenstoffdatierung ‖ ~**reich** / alto en carbono ‖ ~**reiches Ferromangan** / ferromanganeso *m* alto en carbono ‖ ~**reicher Stahl** / acero *m* alto en carbono ‖ ⁓**stahl** *m*, gekohlter Stahl / acero *m* al carbono, acero *m* no aleado ‖ ⁓**stein** *m* (Hütt) / ladrillo *m* de carbono

‖ ~**stern**, C-Stern *m* (Astr) / estrella *f* de carbono ‖
~**-Stickstoff-Kreislauf** *m* (Bot) / ciclo *m* carbono-nitrógeno, ciclo *m* de Bethe ‖ ~**tetrachlorid** *n*, Tetrachlorkohlenstoff *m* / tetracloruro *m* de carbono ‖ ~**umhüllte Teilchen** *n pl* (Reaktor) / partículas *f pl* envueltas en carbono ‖ ~**verbindung** *f* / compuesto *m* de carbono ‖ ~**verbindung**, Karbid *n* / carburo *m* ‖ ~**verstärkter Kunststoff**, KFK / plástico *m* reforzado por carbono ‖
~**-Wasserstoff-Bestimmung** *f* / determinación *f* del carbono y del hidrógeno ‖ ~**-Zustellung** *f* (Hütt) / revestimento *m* con carbono

Kohlen•stoß *m*, Abbaufront *f* (Bergb) / tajo *m* de carbón, fuente *m* de carbón de arranque ‖ ~**stoßtränken** *n* / humedecimiento *m* del fuente de carbón ‖ ~**strecke** *f* (Bergb) / galería *f* de carbón ‖ ~**sturzanlage** *f*, -**stürze** *f* / plano *m* inclinado para puesta en escombrera de carbón ‖ ~**stürze**, -**kippe** *f* / instalación *f* descargadora de carbón, estación *f* de volteo ‖ ~**teer** *m* / alquitrán *m* mineral o de hulla, brea *f* mineral ‖ ~**teerfarben** *f pl* / colorantes *m pl* derivados de alquitrán de hulla ‖ ~**teerpräparat** *n* / producto *m* de alquitrán de hulla ‖ ~**teerschweler** *m* / destilador *m* de alquitrán de hulla ‖ ~**tränkungsrohr** *n* (Bergb) / tubo *m* de inyección de agua para carbón ‖ ~**trichter** *m* / tolva *f* para carbón ‖ ~**turm** *m* / torre *f* para almacenar carbón, torre *f* de carbón ‖ ~**überladewagen** *m* / vagón *m* cargador de carbón ‖ ~**übernahme** *f* (Schiff) / toma *f* de carbón ‖ ~**- und Steingemisch** *n* (Bergb) / mezcla *f* de carbón y piedras ‖ ~**verbrauch**, -**abbrand** *m* (Elektroden) / desgaste *m* de electrodo[s] de carbón ‖ ~**verbrauch** *m* **je kWh** / consumo *m* de carbón por kWh ‖ ~**verladeanlage** *f* / instalación *f* cargadora o de carga de carbón ‖ ~**verladeanlage** (von der Halde) / instalación *f* de recogida de carbón ‖ ~**verladebühne** *f* / plataforma *f* de carga de carbón ‖ ~**[ver]ladekran** *m* / grúa *f* de carga de carbón ‖ ~**[verlade]pier** *m f* / muelle *m* de carga de carbón ‖ ~**versorgung** *f* / abastecimiento *m* de carbón ‖ ~**vorkommen**, -**lager** *n* / yacimiento *m* de carbón ‖ ~**vorrat** *m* / existencias *f pl* de carbón ‖ ~**vorschub** *m* (Bogenlampe) / avance *m* de carbones ‖ ~**wagen** *m* (über Tage) (Bergb) / vagón *m* carbonero ‖ ~**wagen**, Förderwagen *m* (Bergb) / vagoneta *f* de carbón ‖ ~**wagen** *m* **der Lok** / ténder *m* ‖ ~**waschanlage**, -**wäsche**[**rei**] *f* / instalación *f* de lavado del carbón, lavadero *m* para carbón, lavadora *f* de carbón ‖ ~**wassergas** *n* / gas *m* de agua carbonado ‖ ~**Wasserstoff** *m*, KW-Stoff *m*, -wasserstoffverbindung *f* (Chem) / hidrocarburo *m*, hidrógeno *m* carburado ‖ **absoluter** ~**wasserstoff-Dampfdruck** (Kraftstoff) / presión *f* de vapor según Reid ‖ ~**wasserstoffemission** *f* (Kfz) / emisión *f* de hidrocarburo ‖ ~**wasserstoffentziehung** *f* / desgasolinado *m* ‖ ~**wasserstoffgas** *n* / gas *m* de hidrocarburo ‖ ~**ungesättigtes** ~**wasserstoffgas**, Ethylen *n* / gas *m* de hidrocarburo no saturado, etileno *m* ‖ ~**wasserstoffkette** *f* / cadena *f* de hidrocarburos ‖ ~**wertstoffe** *m pl* / material *m* derivado del carbón, subproductos *m pl* de carbón ‖ ~**wipper**, Kreiselkipper *m* / volcador *m* o basculador giratorio de carbón ‖ ~**wirtschaft** *f* / economía *f* carbonera ‖ ~**zeche**, -**grube** *f*, -**bergwerk** *n* / mina *f* de hulla o de carbón ‖ ~**zentrifuge** *f* / centrífuga *f* o centrifugadora de carbón ‖ ~**zufuhr** *f*, -**anfuhr** *f*, -**anlieferung** *f* / suministro *m* o acarreo de carbón ‖ ~**zug** *m* / tren *m* de carbón

Kohle•packung, -**dichtung** *f* (Turbine) / prensaestopas *m*, guarnición *f* de carbón ‖ ~**papier** *n* (Büro) / papel *m* [al] carbón ‖ ~**papierfrei** / autocopiador ‖ ~**plattenwiderstand** *m* / resistencia *f* de placas de carbón ‖ ~**präparat** *n* / preparado *m* de carbón ‖ ~**pulver** *n* / carbón *m* pulverizado, granalla *f* de carbón ‖ ~**pulverwiderstand** *m* (Elektr) / resistor *m* de granalla de carbón ‖ ~**pünktchen** *n pl* (Pap) / puntos *m pl* de carbón ‖ ~**rohr-Kurzschlussofen** *m* (Sintern) / horno *m* de tubo de carbón en cortocircuito ‖ ~**schicht**, -**ablagerung** *f* (Geol) / capa *f* de carbón ‖ ~**schicht-Festwiderstand** *m* / resistencia *f* fija de capa (o de película) de carbón ‖ ~**schichtpotentiometer** *n* / potenciómetro *m* con capa de carbón ‖ ~**schichtwiderstand** *m* / resistencia *f* de película de carbón, resistor *m* de carbón depositado ‖ ~**schleifbügel** *m* (Bahn) / frotador *m* de carbón, estribo *m* de carbón ‖ ~**schleifkontakt** *m* (Elektr) / contacto *m* frotador de carbón ‖ ~**schleifstück** *n* (Bahn) / cursor *m* de carbón, escobilla *f* de carbón ‖ ~**schweißung** *f* / soldadura *f* con electrodo de carbón ‖ ~**schwelung** *f* (Chem) / carbonización *f* lenta ‖ ~**selbstentzündung** *f* **in Bunkern** (Bergb) / inflamación *f* espontánea en carboneras, autoinflamación *f* en carboneras ‖ ~**Silowagen** *m* (Bahn) / vagón-silo *m* para carbón ‖ ~**stab** *m* (Lampe) / electrodo *m* de carbón ‖ ~**stab-Ofen** *m* / horno *m* de barras de carbón ‖ ~**staub-Erdungswiderstand** *m* / resistencia *f* de puesta a tierra de granalla de carbón ‖ ~**stift** *m*, Zeichenkohle *f* / carboncillo *m*, carbón *m* [de dibujo] ‖ ~**stopfbuchse** *f* / prensaestopas *m* de carbón ‖ ~**tiegel** *m* (Labor), Graphittiegel *m* / crisol *m* de carbono ‖ ~**veredelung** *f* / mejora *f* del carbón ‖ ~**verflüssigung** *f* / hidrogenación *f* o licuación del carbón ‖ ~**vergasung** *f* / gasificación *f* del carbón ‖ ~**verkokung**, -**vergasung** *f* / coquefacción *f* del carbón, gasificación *f* del carbón ‖ ~**vorerhitzung** *f* / precalentamiento *m* del carbón ‖ ~**wertstoffchemie** *f* / química *f* de alquitrán de hulla ‖ ~**wertstoffe** *m pl* / derivados *m pl* o subproductos de carbón, productos *m pl* carboquímicos ‖ ~**widerstand** *m* / resistencia *f* de carbón ‖ ~**zinkelement** *n* (Elektr) / pila *f* de carbón y cinc, pila *f* carbón-cinc

Kohl•fliege *f*, Chortophila trassicai (Zool) / mosca *f* de la berza o del col ‖ ~**gallenrüßler** *m* (Zool) / gorgojo *m* de la col ‖ ~**hernie** *f*, Plasmodiophora brassicae (Landw) / hernia *f* o potra de la col

Kohlrauschsches Gesetz (Chem) / ley *f* de Kohlrausch

Kohl•rübe, Steckrübe *f*, Wruke *f* (Südd.) (Bot) / colinabo *m* grande, nabo *m* de Suecia, rutabaga *f*, naba *f* ‖ ~**rübenköpfroder** *m* (Landw) / cosechadora *f* de colinabo ‖ ~**schicht** *f* (Bergb) / turno *m* de extracción de carbón

Kohlung *f* (allg) / carbonización *f* ‖ ~ (Stahl) / carburación *f*

Kohlungs•granulat *n* / granulado *m* de carburación ‖ ~**mittel** *n* / carburante *m*, agente *m* de carburación ‖ ~**salze** *n pl* (Hütt) / sales *f pl* de carburación ‖ ~**stahl** *m* / acero *m* carburado ‖ ~**zone** *f* / zona *f* de carburación

Kohlweißling *m*, Pierris brassicae (Zool) / mariposita blanca de las coles ‖ **Großer** ~ / gran [pequeña] mariposa blanca de la col

Koinzidenz *f* / coincidencia *f* ‖ ~... / coincidente, coincidencia ‖ ~**einstellung** *f* (Eltronik, Phys) / ajuste *m* de coincidencia ‖ ~**entfernungsmesser** *m*, -telemeter *n* / telémetro *m* de coincidencia ‖ ~**glied** *n* (Eltronik) / compuerta *f* de coincidencia ‖ ~**-Impuls** *m* / impulso *m* gatillador o de compuerta o de mando ‖ ~**schaltung**, UND-Schaltung *f* (Eltronik) / circuito *m* de coincidencia ‖ ~**speicherung** *f* (DV) / almacenamiento *m* coincidente ‖ ~**strom** *m* (Eltronik) / corriente *f* coincidente ‖ ~**-Zeitangabe** *f*, -signal, -zeitzeichen *n* (Luftf, Schiff) / señal *f* horario coincidente ‖ ~**-Zeitzeichengeber** *m* (Luftf, Schiff) / transmisor *m* de coincidencia de señales horarias

koinzidieren / coincidir

Koje, Schlafkoje *f* (Schiff) / litera *f*

Koka, Erythroxylon coca *f* (Bot) / coca *f*, hays *m*

Kokain *n* (Pharm) / cocaína *f*

kokbar, verkokbar (Hütt) / coquefiable

Kokbarkeit *f* / coquefiabilidad *f*

koken

koken, verkoken *vi* / coquizarse, carbonizarse ‖ ⁓ *n*, Verkoken *n* / coquefacción *f*, carbonización *f*
kokend / coqueficante
Koker *m* (Öffnung für Ruderschaft im Heck) (Schiff) / limera *f* ‖ ⁓, Brennkapsel *f*, -kasten *m* (Keram) / vasija *f* de arcilla refractaria
Kokerei *f*, -anlage, -einrichtung *f* (Gas, Hütt) / fábrica *f* de coque, coquería *f*, instalación *f* de coquefacción ‖ ⁓**arbeiter** *m* / obrero *m* de fábrica de coque ‖ ⁓**einsatzkohle** *f* / carbón *m* para o de coque[facción], carbón *m* de coquería ‖ ⁓**gas** *n* / gas *m* de [horno de] coque ‖ ⁓**gas**, Koksofengas *n* / gas *m* de coquería ‖ ⁓**-Nebenerzeugnis** *n* / subproducto *m* de coquería ‖ ⁓**praxis** *f* (Tätigkeit) / práctica *f* de coquefacción ‖ ⁓**technik** *f*, -betrieb *m* / técnica *f* de coquería ‖ ⁓**teer** *m* / alquitrán *m* de coque
Kokille *f*, Kühlkokille *f* (Hütt) / coquilla *f*, lingotera *f* ‖ ⁓, Dauerform *f* (Gieß) / coquilla *f* [para fundir], molde *m* durable, concha *f* de molde ‖ ⁓ *f* **mit dünnem Ende oben** / coquilla *f* con extremo delgado arriba, coquilla *f* normal ‖ ⁓ **mit weitem Ende oben** / coquilla *f* con extremo ancho arriba, coquilla *f* invertida ‖ **auf** ⁓**n gehärtet** / templado en coquillas ‖ **auf** ⁓**n gießen** / fundir en coquilla
Kokillen•anstrichmittel *n* (Hütt) / pintura *f* para coquillas ‖ ⁓**austritt** *m* / salida *f* de coquillas ‖ ⁓**band** *n* / series *f pl* de moldes o lingoteras ‖ ⁓**bearbeitungsmaschine** *f* / máquina *f* para mecanizar coquillas y lingoteras ‖ ⁓**bruch**, -schrott *m* (Hütt) / chatarra *f* de coquillas, chatarra *f* de lingoteras ‖ ⁓**drehtisch** *m* (Gieß) / mesa *f* giratoria para coquillas ‖ ⁓**-Elektronenstrahlschmelzen** *n* / derretido con haz electrónico en molde frío ‖ ⁓**form** *f* / molde *m* de coquilla ‖ ⁓**glasur** *f* / esmalte *m* para coquillas ‖ ⁓**guss** *m* (in Dauerform) (Tätigkeit) / fundición *f* en coquilla, fundición *f* en molde permanente ‖ ⁓**guss** (Verfahren und Erzeugnis) (in Kühlkokille) (Hütt) / fundición *f* de coquilla ‖ ⁓**haube** *f* (Hütt) / mazacota *f* de lingotera ‖ ⁓**hubtisch** *m* / mesa *f* elevadora de lingoteras ‖ ⁓**-Kippstuhl** *m* / silla *f* basculante de coquillas ‖ ⁓**lack** *m* (Hütt) / barniz *m* para coquillas ‖ ⁓**lackierung** *f* / barnizado *m* de coquillas ‖ ⁓**-Lichtbogenschmelzen** *n* / pasión *f* por arco voltaíco en molde frío ‖ ⁓**riss** *m* (Gieß) / grieta *f* de coquilla ‖ ⁓**-Schleifmaschine** *f* / amoladora *f* de coquillas ‖ ⁓**schleuderguss** *m* / fundición *f* centrifugada en coquillas ‖ ⁓**schlichte** *f* (Gieß) / plombagina *f* de lingoteras ‖ ⁓**schluckvermögen** *n* / capacidad *f* de las lingoteras ‖ ⁓**spritzeinrichtung** *f* / dispositivo *m* de lavado para lingoteras ‖ ⁓**spritzen** *n* / lavado *m* de lingoteras ‖ ⁓**transportwagen** *m* (Bahn) / vagón *m* para el transporte de coquillas ‖ ⁓**untersatz** *m* (Hütt) / placa *f* de lingotera ‖ ⁓**-Vorlauf**, Vorlauf *m* (Hütt) / peso *m* de aplicación ‖ ⁓**wand** *f* / pared *f* de coquilla o del molde ‖ ⁓**zugabe** *f* / añadidura *f* a la coquilla
Kokkus *m* (pl: Kokken) (Kugelbakterien) / coco *m*, bacteria *f* esférica
Kokon *m* (Zool) / capullo *m* ‖ ⁓**s töten** / asfixiar o secar capullos ‖ **grüner (o. frischer)** ⁓ (Seide) / capullo *m* verde ‖ ⁓**faden** *m* / hilo *m* de capullo ‖ ⁓**fadengreifer** *m* / anudador *m* o tomador de cabos ‖ ⁓**haspel** *m f* / devanadera *f* de seda ‖ ⁓**haut** *f* / revestimiento *m* interior
Kokonisierung *f*, gespritzte Umhüllung (Verp) / coconización *f*
Kokon•öffner *m*, -wattenmaschine *f* (Seide) / abridora *f* de capullos, batuar *m* napador ‖ ⁓**spinner** *m* / hilandero *m* de capullo ‖ ⁓**watte** *f* / borra *f* de capullos
Kokos•... (Chem) / de coco ‖ ⁓**bastabfall** *m* (Bot) / desperdicios *m pl* de estopa de coco ‖ ⁓**butter** *f*, -fett *n* (Chem) / manteca *f* de coco ‖ **technisch verarbeitbare** ⁓**faser**, Coir *n*, Kokosbast *m* (Tex) / fibra *f* de coco, líber *m* de coco ‖ ⁓**garn** *n* / hilo *m* [de fibra] de coco ‖ ⁓**milch** *f* / agua *f* de coco ‖ ⁓**nuss** *f* /

coco *m*, nuez *f* de coco ‖ ⁓**palme**, Cocos *f* [nucifera] / cocotero *m* ‖ ⁓**rinde** *f*, -schale *f* / cáscara *f* o carapacho (CUBA) de coco ‖ ⁓**rindenfasern** *f pl* / barbas *f pl* de coco ‖ ⁓**schalenmehl** *n* (Plast) / polvo *m* de cáscara del coco
Koks *m* (Gas, Hütt) / coque *m*, cok *m* (E), coke *m* (LA) ‖ **fester, stückiger** ⁓ / coque *m* sólido ‖ ⁓**abfall** *m* / coque *m* residual, desperdicios *m pl* de coque ‖ ⁓**ablagerung** *f* (Chem) / formación *f* de coque ‖ ⁓**abrieb** *m* / polvo *m* [de abrasión] del coque ‖ ⁓**ansatz** *m* / depósito *m* o residuo de coque ‖ ⁓**asche** *f* / ceniza[s] *f [pl]* de coque ‖ ⁓**aufbereitung** *f* / preparación *f* de coque ‖ ⁓**ausbeute** *f*, -ausbringen *n* / rendimiento *m* en coque ‖ ⁓**ausdrückmaschine**, -ausstoßmaschine *f* / deshornadora *f* de coque, máquina *f* empujadora de coque ‖ ⁓**behälter** *m*, -kasten *m* / coquera *f* ‖ ⁓**bildend** / coqueficante, coquefaciente ‖ ⁓**brechanlage** *f* / instalación *f* para quebrantar coque, instalación *f* trituradora de coque ‖ ⁓**bruch**, Bruchkoks *m* / coque *m* quebrantado o machacado ‖ ⁓**bunker** *m* / tolva *f* de coque ‖ ⁓**bunkerbahn** *f* / tren *m* de coquería ‖ ⁓**drücken** *n* / deshornada *f* de coque ‖ ⁓**einsatz** *m* **je t Roheisen** / carga *f* de coque por tonelada de hierro bruto ‖ ⁓**einsetzer** *m*, -einsetzmaschine *f* (Hütt) / cargadora *f* de coque, enhornadora *f* de coque ‖ ⁓**fallwerk** *n* / rampa *f* de caída para trituración de coque ‖ ⁓**feines** *n*, -grus, -abrieb *m* / polvo *m* [de abrasión] del coque, coque *m* menudo, menudos *m pl* de coque ‖ ⁓**feinkohle** *f* / finos *m pl* de carbón para coque ‖ ⁓**festigkeit** *f* / cohesión *f* del coque ‖ ⁓**füllwagen**, -begichtungswagen *m* / carro *m* o vehículo *m* de carga para hornos de coque ‖ ⁓**gas-Sauerstoffbrenner** *m* / quemador *m* de gas de coque-oxígeno ‖ ⁓**-Gas-Schere** *f* / desproporción *f* entre la salida de coque y de gas ‖ ⁓**gerüst** *n* / esqueleto *m* de coque, cenizas *f pl* de coque ‖ ⁓**gicht** *f* / carga *f* de coque ‖ ⁓**grus** *m*, -klein *n* / coque *m* menudo, menudos *m pl* de coque ‖ ⁓**kammer** *f* / cámara *f* de coquizar o de carbonización ‖ ⁓**klassieranlage**, -sortieranlage *f* / instalación *f* para la clasificación de coque ‖ ⁓**kohle**, Kokerkohle *f* / hulla *f* coquizable o para coque, carbón *m* de coquería ‖ ⁓**kohlenkomponentenbunker** *m* / silo *m* de los componentes de carbón de coque ‖ ⁓**kohlenturm** *m* / torre *f* de carbón de coque ‖ ⁓**korb** *m* (Bau) / cesta *f* secadora de coque ‖ ⁓**kuchen** (Hütt) / torta[da] de coque;.f. ‖ ⁓**kuchen-Führungswagen** *m* (Hütt) / carro *m* guía de la torta de coque ‖ ⁓**kühlanlage** *f* / instalación *f* de refrigeración de coque ‖ ⁓**lager** *m* / depósito *m* o parque de coque ‖ ⁓**löschanlage** *f* / instalación *f* para apagar coque ‖ ⁓**lösche** *f*, -abrieb *m* / coque *m* en polvo, polvo *m* de coque, escargillos *m pl* de coque, gandinga *f* de coque ‖ ⁓**löschen** *n* / apagado *m* de coque ‖ ⁓**löschturm** *m* / torre *f* para apagar coque ‖ ⁓**löschwagen** *m* / vehículo *m* para apagar coque ‖ ⁓**maschinenseite** *f* **des Koksofens** / lado *m* de carga [del horno de coque] ‖ ⁓**mischen** *n* / mezclamiento *m* de coque ‖ ⁓**mühle** *f* (Gieß) / molino *m* de coque
Koksofen *m* (Hütt) / horno *m* de coque ‖ ⁓, koksgefeuerter Ofen / horno *m* alimentado por coque, horno *m* con hogar para coque ‖ ⁓ **mit Beiproduktgewinnung**, Destillationsofen *m* / horno *m* de coque con recuperación, horno *m* de destilación ‖ ⁓ *m* **mit senkrechten Zügen** / horno *m* de coque con canales verticales ‖ ⁓**arbeiter** *m* / obrero *m* de horno de coque ‖ ⁓**batterie**, -gruppe *f* / batería *f* de retortas de coque, grupo *m* de retortas de coque ‖ ⁓**durchsatz** *m* / hornada *f* de coque ‖ ⁓**füllwagen** *m* (Hütt) / carro *m* de carga para hornos de coque ‖ ⁓**gas**, Kokereigas *n* / gas *m* de hornos de coque, gas *m* de coque o de coquería ‖ ⁓**kammer** *f* / cámara *f* de

724

carbonización, retorta f ‖ ⁓**stein** m / ladrillo m para hornos de coque
Koks•-Ölverbrauch m / consumo m de coque-aceite ‖ ⁓**perle** f / grano m de coque ‖ ⁓**probe** f / ensayo m o test de coquefacción ‖ ⁓**rampe** f / rampa f de coque ‖ ⁓**rampenband** n / cinta f de la rampa de coque, lateral m del muelle de coque ‖ ⁓**rieseler** m / lavadero m de coque ‖ ⁓**roheisen** n / fundición f de coque ‖ ⁓**rückstand** m (Öl) / coque m residual, residuos m pl de coque ‖ ⁓**rückstand nach Conradson** (Öl) / residuo m de coque según Conradson ‖ ⁓**satz** m / carga f de coque ‖ ⁓**schicht** f, -bett n / capa f de coque ‖ ⁓**seite** f **des Koksofens** / rampa f de coque ‖ ⁓**sieberei**, -siebanlage f / instalación f cribadora de coque, planta f da clasificación de coque ‖ ⁓**staub** m / polvo m de coque ‖ ⁓**teer** m, Kokerei-, Zechenteer m / alquitrán m de coque ‖ ⁓**turm** m **der Sulfatfabrik** / torre f de coque de la fábrica de sulfato ‖ ⁓**verbrauch** m / consumo m de coque ‖ ⁓**verbrauch je Tonne Roheisen**, spezifischer Koksverbrauch / consumo m de coque por tonelada de hierro bruto, consumo m específico de coque ‖ ⁓**verladung** f / carga f de coque ‖ ⁓**wagen** m / carro m para (o de) coque ‖ ⁓**zahl** f (Schmieröl) / índice m Conradson ‖ ⁓**zerkleinerung** f (Hütt) / trituración f de coque
Kokungsvermögen n / aptitud f de coquefacción, poder m coquefaciente
Kokusholz n (Bot) / madera f de ébano de Santo Domingo
Kola•baum m, Stereulis acuminata (Bot) / árbol m de la cola ‖ ⁓**nuss**, Colanuss f / nuez f de cola
Kolat, Durchgeseihtes n (Chem, Pharm) / colado m, filtrado m, colatura f
Kolben m, Glaskolben m (Chem) / matraz m, balón m, frasco m ‖ ⁓ (Mot, Pumpe) / pistón m, émbolo m ‖ ⁓, Stempel m, Druckkolben / pistón m o émbolo de presión ‖ ⁓, Plungerkolben m, Tauchkolben m (Masch) / émbolo m buzo ‖ ⁓, Gewehrkolben m / culata f ‖ ⁓ (Glühlampe) (Elektr) / ampolla f ‖ ⁓ m **der Hydropresse** / émbolo m puro de la prensa hidráulica ‖ ⁓ **für Elektronenstrahlröhren** / ampolla f para válvulas electrónicas ‖ ⁓ **mit Ablenknase** (Mot) / émbolo m con pestaña deflectora ‖ ⁓ **mit Ansatzrohr** (Chem) / matraz m o balón con tubuladura lateral ‖ ⁓ **mit geschlitztem Körper** (Mot) / émbolo m de cuerpo hendido ‖ ⁓ **mit gewölbtem Boden** / émbolo m de fondo convexo o abombado ‖ ⁓ **mit Ringträger** / émbolo m con soporte de segmentos
Kolben•abschwächer m, -[blind]teiler m (Radar) / atenuador m de pistón, pistón m atenuador ‖ ⁓**aufgabevorrichtung** f / alimentador m de émbolo ‖ ⁓**aufladegebläse** n, -auflader m (Mot) / compresor m de sobrealimentación de émbolos ‖ ⁓**auge** n / ojo m o mamelón de pistón ‖ ⁓**belastung** f, -beaufschlagung f / carga f del émbolo, fuerza f ejercida sobre el pistón ‖ ⁓**bewegung** f / embolada f, pistonada f ‖ ⁓**blasmaschine** f (Glas) / máquina f para soplar ampollas ‖ ⁓**blitz** m (einmal verwendbar; histor.) (Foto) / bombilla f flash ‖ ⁓**boden** m (Masch) / fondo m del émbolo o del pistón ‖ ⁓**boden**, -blech m, -kappe f (Gewehr) / cantonera f de la culata ‖ ⁓**bolzen** m (Mot) / perno m o bulón del émbolo o pistón ‖ ⁓**bolzenauge** n **im Kolben** / cojinete m del perno del émbolo ‖ ⁓**bolzenbuchse** f (des Pleuels) / casquillo m del cojinete de biela ‖ ⁓**bolzenhaltering** m / anillo m de sujeción del perno de émbolo ‖ ⁓**bolzenlager** n **der Pleuelstange** (Mot) / cojinete m del pie de la biela ‖ ⁓**bolzensicherung** f / clavija f de sujeción del perno de émbolo ‖ ⁓**buchse** f (DIN) / casquillo m de émbolo ‖ ⁓**bürette** f / bureta f de pistón [aspirante] ‖ ⁓**dampfmaschine** f / máquina f de vapor de émbolo ‖ ⁓**deckel** m / platillo m de émbolo, tapa f de émbolo ‖ ⁓**dichtung** f (Luftpumpe) / empaquetadura f o

guarnición del émbolo ‖ ⁓**dosierfüller** m / dosificadora-llenadora f de pistón ‖ ⁓**drehmaschine** f (Wzm) / torno m para mecanizar pistones ‖ **seitlicher** ⁓**druck** / presión f lateral del pistón ‖ ⁓**ende** m / extremo m del émbolo ‖ ⁓**fassung** f (Elektr) / portaampolla f ‖ ⁓**feder** f (Einspritzpumpe) / muelle m o resorte de émbolo ‖ ⁓**federteller** m (Einspritzpumpe) / platillo m de resorte de émbolo ‖ ⁓**fläche** f / superficie f del émbolo ‖ ~**förmig** (Bot) / espadiciforme ‖ ⁓**fresser** m (Mot) / pistón m gripado ‖ ⁓**gebläse** n / soplante m de émbolo ‖ ⁓**geschwindigkeit** f / velocidad f de émbolo ‖ ⁓**gesteuert** / mandado por émbolo ‖ ⁓**gießmaschine** f (Druckguss) / máquina f de colar a presión con émbolo ‖ ⁓**hals** m (Gewehr) / garganta f de culata ‖ ⁓**hals** (Chem) / golleto m, cuello m del matraz ‖ ⁓**hub** m / curso m o recorrido del émbolo, carrera f del émbolo, embolada f, pistonada f ‖ **abwärts gehender** ⁓**hub** / movimiento m descendente del émbolo ‖ **aufwärts gehender** ⁓**hub** / movimiento m ascendente del émbolo ‖ ⁓**hubpipette** f (Labor) / pipeta f de pistón [aspirante] ‖ ⁓**[innen]schwärzung** (Lampe) / ennegrecimiento m interior de la ampolla ‖ ⁓**kammer** f (Mot) / cámara f del émbolo ‖ ⁓**kippen** n (Mot) / inclinación f [defectuosa] del pistón ‖ ⁓**klappern**, -klopfen n / tableteo m del émbolo ‖ ⁓**kompressor** m / compresor m alternativo o de émbolo ‖ ⁓**kompressor** (Boxerbauart) / compresor alternativo de tipo horizontal con cilindros opuestos ‖ ⁓**kopf** m, Kolbenboden m (Mot) / cabeza f de émbolo ‖ ⁓**körper** m, -mantel m (Mot) / cuerpo m de émbolo ‖ ⁓**[kraft]maschine** f / motor m alternativo o de émbolos ‖ ⁓**laufbild** n / gráfico m o diagrama de funcionamiento del émbolo ‖ ⁓**lauffläche** f / superficie f de fricción del émbolo ‖ ⁓**lehre**, manometrische Waage / balanza f manométrica ‖ ⁓**luft** f, -spiel n / juego m [del anillo de segmento] del émbolo ‖ ⁓**luftpumpe** f / bomba f de aire de émbolo ‖ ⁓**manometer** m / manómetro m de émbolo ‖ **lederne** ⁓**manschette** / guarnición f de cuero, retén m de cuero para émbolo, obturadora f de émbolo ‖ ⁓**mantel** m, Zylinderfläche f des Kolbens (Mot) / camisa f de émbolo, superficie f cilíndrica del émbolo ‖ ⁓**mantel**, -körper m / cuerpo m del émbolo ‖ ⁓**maschine** f / motor m de émbolos, máquina f de movimiento alternativo ‖ ⁓**motor** m / motor m de émbolo o de pistón ‖ ⁓**pulsator** m (Landw) / pulsador m de émbolo ‖ ⁓**pumpe** f / bomba f de émbolo o de pistón
Kolbenring m (Mot) / aro m o segmento de émbolo ‖ ⁓ **mit Hakenverschluss** / aro m o segmento de émbolo con ganchito de cierre ‖ ⁓ **mit schräger Stoßfuge** / aro m o segmento de pistón con junta diagonal ‖ ⁓ **mit überlapptem Stoß** / aro m o segmento de pistón con junta solapada ‖ ⁓**dichtung** f / prensaestopas m de segmento para aros de émbolo ‖ ⁓**längsspiel** n / juego m axial del aro o segmento del émbolo ‖ **[unzulässiges]** ⁓**längsspiel** / juego m axial del aro inadmisible ‖ ⁓**läppmaschine** f (Wzm) / máquina f para bruñir aros o segmentos de émbolo ‖ ⁓**nut** f / ranura f anular del aro o segmento del émbolo ‖ ⁓**schleifmaschine** f (Wzm) / rectificadora f de aros o segmentos de pistón ‖ ⁓**-Sicherungsstift** m / perno m de bloqueo del aro o segmento de émbolo ‖ ⁓**spalt** m, Kolbenringschlitz m / hendidura f del segmento del émbolo ‖ ⁓**-Spannband** n, -Spanner m / banda f sujetadora de segmentos ‖ ⁓**spanner** m / tensor m de segmento de émbolo ‖ ⁓**spiel**, Radialspiel n / juego m [radial] de segmento del émbolo ‖ ⁓**stoß** m / junta f de segmento del émbolo ‖ ⁓**zange** f / tenazas f pl de colocar segmentos, pinzas f pl para aros de pistón
Kolben•rückenspritze f (Landw) / pulverizador m portátil de pistón ‖ ⁓**rückgang** m, Kolbenrückzug m / retroceso m del émbolo ‖ ⁓**rückholfeder** f / resorte m

Kolbenschieber

o muelle recuperador o de retroceso del émbolo ‖
~**schieber** m (Dampfm) / válvula f tubular, corredera f de émbolo, distribuidor m [axial] cilíndrico ‖
~**schieberbüchse** f / camisa f de la válvula tubular ‖
~**schimmel** m, Aspergillus m (Bot) / aspergilo m ‖
~**schlitz**, Steuerschlitz m (Mot) / lumbrera f de distribución ‖ ~**schwärzung** f (Elektr) / ennegrecimiento m de la ampolla ‖ ~**seitiges Kurbelstangenlager** (Dampfm) / cojinete m del pie de biela ‖ ~**seitiges Pleuel[stangen]auge** (Mot) / ojo m del pie de biela ‖ ~**setzmaschine** f (Aufb) / caja f de émbolo mecánico ‖ ~**spiel** n (Auf- und Abbewegung des Kolbens) / movimiento m alternativo del émbolo, carrera f alternativa, embolada f, pistonada f ‖ ~**spiel**, -luft f / juego m o holgura [radial] del émbolo ‖
~**spiellehre** f / calibre m para juego radial del émbolo ‖ ~**spritzgießverfahren** n (Plast) / procedimiento m de inyección con émbolo ‖ ~**spritzmaschine** f (Plast) / máquina f de inyección con émbolo, máquina f de inyectar [fundición] a pistón ‖ ~**stange** f / vástago m de[l] émbolo o de[l] pistón ‖ ~**stange** (des Stoßdämpfers) (Kfz) / caña f o eje del amortiguador ‖
~**stange der Pumpe**, Pumpenstange f / vástago m del émbolo ‖ ~**stange** f **für Tauchkolben**, Kurbelstange f (Kfz) / biela f (para émbolo buzo) ‖ ~**stange mit Marinekopf** / biela f tipo marina ‖ ~**stangendeckel** m / tapa f de la cabeza de biela ‖ ~**stangendichtung**, -stangenpackung f / empaquetadura f del vástago de émbolo ‖ ~**stangenkopf** m (Dampfm) / extremo m o cabeza del vástago de émbolo ‖ ~**stangenkopf** (Mot) / cabeza f de biela ‖ ~**steg** m [zwischen den Ringen] / del émbolo [entre segmentos] ‖ ~**stoffpumpe** f (Pap) / bomba f de émbolo para pasta (de papel) ‖ ~**stoß** m (Pumpe) / bombazo m, embolada ‖ ~**strahler** m (Akust) / manantial m en forma de pistón ‖
~**strangpresse** f (Plast) / extrusionadora f o prensa de extrusión con émbolo ‖ ~**thermometer** m / termómetro m de balón ‖ ~**ventil** n / válvula f de émbolo ‖ ~**verdichter** m s. Kolbenkompressor ‖
~**verdrängung** f / desplazamiento m del émbolo ‖
~**wasserzähler** m / contador m [volumétrico] de émbolo, contador m de agua con émbolo[s] ‖ ~**weg** m, Hub m (Mot) / carrera f o recorrido del émbolo ‖
~**zellengetriebe** n / cambio m celular de émbolos ‖
~**zirkel** m / compás m de émbolo
kolbig (Form), kolbenförmig / cónico-redondo, en forma de clava o de émbolo
Kolchizin n, Colchizin n (Chem) / colquicina f, colchicina f
Kolemantit m (Min) / colemantita f
Kolene m pl / colenos m pl
Koleopter m (Luftf) / coleóptero m
Kolibakterium n, Kolibazillus m (Med) / bacilo m coli
kolieren vt, durchseihen (Pharm) / colar
Kolier•rahmen m (Filter) / cuadro m colador ‖ ~**tuch** n / filtro m de tela, filtro m colador de materia textil
Kolititer m (Med) / prueba f de colibacilos
Kolk m, Kuhle f (Hydr) / hoyo m ‖ ~, Auskolkung f (Geol) / hoyo m, socavón m, carcavón m ‖ ~ (Drehmeißel) / cráter m [f] [ización] ‖ ~, Kolkverschleiß m (Wz) / desgaste m o abrasión en forma de o por cráter ‖ ~ m, Kolkung f (Hütt) / huella f de erosión ‖ ~**breite** f (Hütt) / anchura f de la huella de erosión ‖ ~**festigkeit** f (Wzm) / resistencia f al desgaste erosivo ‖ ~**lippe** f (Hütt) / borde m de la huella de erosión ‖ ~**lippe** f (Wz) / borde m del cráter ‖ ~**tiefe** f / profundidad f de cráter
Kolkung f (Hütt) / erosión f
Kolk•verschleiß m (Hütt) / desgaste m por erosión ‖
~**verschleiß**, Kolkung f (Wzm) / desgaste m por cráteres
Kollabierschaden m (Reaktor) / daño m por colapso de vaina/barra de combustible

kollagen adj, leimgebend / colágeno ‖ ~ n, Bindegewebsleim m, Leimbildner m, Leimstoff m (Biochem) / colágeno m
Kollaps m, Zusammenfallen n (Material, Schaumstoff) / colapso m ‖ ~**ring** m (Filtersack) / anillo m interior de un filtro de mangas
kollateral, seitlich-parallel / colateral adj
kollationieren (Druck) / colacionar ‖ ~ n (Druck) / colación f
kollektiver Bus (DV) / bus m colectivo
Kollektiv n (Stat) / conjunto m ‖ ~ (Math) / colectivo m ‖
~ (Großzahlforschung) / lote m grupo ‖ ~, Team n / equipo m ‖ ~**linse**, Feldlinse f (Opt) / lente f de campo o de condensación ‖ ~**linse** f, Sammellinse f / lente f colectora o convergente ‖ ~**modell** n (Nukl) / modelo m unificado
Kollektor, (DIN:) Kommutator m (Elektr) / colector m ‖
~ m (Halbl) / [electrodo de] colector m ‖ **zweiteiliger** ~ / colector m de dos piezas ‖ ~**anschluss** m (Halbl) / borne m o contacto de colector ‖ ~**bahnwiderstand** m (Halbl) / resistencia f serie del colector ‖
~**/Basis-Kapazität** f / capacidad f colector-base ‖
~**-Basis-Reststrom** f / corriente f residual colector-base ‖ ~**/Basis-Wirkleitwert** m / conductancia f colector-base ‖ ~**blende**, Leuchtfeldblende f (Opt) / diafragma m de campo visual ‖ ~**Diffusionsisolation** f (Halbl) / aislamiento m del colector por difusión ‖ ~**diffusionsleitwert** m / conductancia f de difusión de colector ‖ ~**elektrode** f, -anschluss m (Halbl) / electrodo m colector ‖
~**-Emitter-Reststrom** m / corriente f residual colector-emisor ‖ ~**-Emitter-Spannung** f / tensión f colector-emisor ‖ ~**fahne** f / talón m de la lámina de conmutador ‖ ~**grundschaltung** f / circuito m o montaje de colector común ‖ ~**klemme** f / borne m o terminal de colector ‖ ~**lamelle** f, -streifen m, -segment n / delga f o lámina de colector ‖ ~**los** (Elektromotor) / sin colector ‖ ~**motor** m / [electro-]motor m con o de colector ‖ ~**restspannung** f (Halbl) / tensión f residual colector-base ‖
~**-Reststrom** m (Halbl) / corriente f residual [o de fuga] colector-base ‖ ~**ring** m, Stromleitungsring m / anillo m colector ‖ ~**ring** / aro m de colector ‖
~**schaltung** f, Kollektorgrundschaltung f (Transistor) / montaje m o circuito de colector común ‖ ~**schaltung rückwärts** / montaje m o circuito en sentido inverso de colector común ‖ ~**schritt** m / paso m de colector ‖
~**sperrschicht**, -grenzschicht f (Halbl) / capa f de bloqueo del colector, estrato m de bloqueo del colector ‖ ~**sperrschicht** f (Halbl) / capa f dieléctrica de colector ‖ ~**sperrschicht-Kapazität** f (Halbl) / capacidad f de transición del colector ‖
~**spitzenstrom** m / corriente f máxima del colector ‖
~**strom** m (Halbl) / corriente f de colector ‖
~**strom-Instabilität** f (Halbl) / inestabilidad f de [la] corriente de colector ‖ ~**träger** m / portacolector m ‖
~**-Verlustleistung** f / potencia f disipada en el colector ‖ ~**zone** f (Halbl) / zona f del colector
Kollektron n, Betastrom-Neutronendetektor m (Nukl) / colectrón m
Kollenchym n, Pflanzengewebe n (Bot) / colénquima m
Koller m, Mahl- od. Mühlstein m / rulo m, muela f ‖
~**bütte** (Pap) / cuba f de la pila desfibradora ‖ ~**farbe** f / color m molido ‖ ~**gang** m, -mühle f, Mahlgang m / molino m de rulos o de muelas verticales ‖ ~**gang** (Ziegelei) / triturador m de muelas [verticales] / mezcladora f Simpson ‖ ~**kopf** m (Zuck) / cabeza f, cabezal m de rodillos
kollern vt, mahlen / moler con rulos ‖ [im Mischkollergang] ~ / moler y mezclar
Koller•stein, Läufer m (Kollergang) / muela f ‖ ~**stoff** (Pap) / pasta f ‖ ~**stoff**, Ausschuss m (Pap) / desechos m pl ‖ ~**walze** f / muela f

Kolle-Schale f (Chem) / frasco m [de] Kolle
kollidieren [mit] / chocar [con o contra], entrar en colisión [con], colisionar ‖ ~ [mit], anfahren [gegen, an] (Schiff) / hacer colisión [con o contra]
Kollidin n (Chem) / colidina f
kolligativ adj / coligativo
Kollimation f, genaue Einstellung (Opt) / colimación f
Kollimations•fehler m / error m de colimación ‖ ²-**linie**, Ziellinie f / línea f de colimación
Kollimator, Kollineator m (Opt) / colimador m ‖ ²-**linse** f / lente f colimadora
kollinear (Math) / colineal
Kollineation f / colineación f
Kollision f (Kfz) / colisión f, choque m ‖ ²- (Schiff) / abordaje m ‖ ²- **mit Energieaustausch** (Nukl) / colisión f de intercambio
Kollisions•ausweitung f (Nukl) / extensión f de colisión ‖ ²-**bremsung** f (Nukl) / desaceleración f, perdida f o absorción de energía ‖ ²-**erkennung** f (DV) / detección f de colisión ‖ ~**freies Zugriffverfahren** (DV) / método m de acceso directo ‖ ²-**kurs** m (Radar) / rumbo m de colisión ‖ ²-**kurslenkung** f (Lenkwaffe) / guiaje m por trayectoria de colisión, guiado m por trayectoria de colisión ‖ ²-**kurs-Markierung** f (Radar) / indicación f de trayectoria (o derrota) de colisión ‖ ²-**matte** f, Schamfielmatte f (Schiff) / pallette m de colisión ‖ ²-**schott** n (Schiff) / mamparo m de abordaje ‖ ²-**schutz** m / protección f anticolisión ‖ ²-**schutzradar** m n / radar m [de] anticolisión, radar m detector de obstáculos ‖ ²-**verhütungssystem** n, C.A.S. (Luftf) / sistema m [de] anticolisión ‖ ²-**warngerät** n (Luftf, Schiff) / avisador m antichoques
Kollo n (Pl.: Kolli) / bulto m, fardo m [suelto]
Kollodium n (Chem) / colodión m ‖ **mit** ~ **bestreichen** / colodionizar ‖ ²-**emulsion** f (Foto) / emulsión f de colodión ‖ ²-**seide** f, Nitratseide f (Tex) / seda f de colodión, seda f nitro o Chardonnet ‖ ²-**wolle** f, -baumwolle f, Schießbaumwolle f / lana f [de] colodión, algodón m colodión o pólvora
Kolloid n (Chem) / coloide m
kolloidal, Kolloid... / coloidal, coloide ‖ ~**es Gold** / oro m coloidal ‖ ~**er Graphit**, Kolloidgraphit m (Min) / grafito m coloidal ‖ ~**e Lösung**, Kolloidlösung f / solución f coloidal ‖ ~**es Palladium**, / solución f coloidal sólido/líquido ‖ ~**es Palladium** / negro m de paladio ‖ ~**er Schwefel** / azufre m coloidal ‖ ~**es Silbernitrat** / nitrato m de plata coloidal ‖ ~**verteiltes Metall** (Elektr) / negro m coloidal de un metal
Kolloid•antrieb m (Raumf) / propulsión f coloidal ‖ ²-**antrieb** (Gerät), Kolloidtriebwerk n (Raumf) / micropropulsor m de coloide ‖ ²-**charakter** m / carácter m coloidal ‖ ²-**chemie** f / química f coloidal o de los coloides, coloidoquímica f ‖ ~**dispers** / en dispersión coloidal ‖ ²-**elektrolyt** m / electrólito m coloidal ‖ ²-**gerbung** f / curtición f por coloides ‖ ²-**gleichrichter** m (Elektr) / rectificador m coloidal ‖ ²-**graphit** m (Min) / grafito m coloidal ‖ ²-**ionentriebwerk** n (Raumf) / micropropulsor m iónico-coloidal ‖ ²-**kohle** f, Fließkohle f / carbón m coloidal ‖ ²-**mühle** f / molino m coloidal o de coloides ‖ ²-**partikelantrieb** m, kolloidaler Teilchenbeschleuniger (Raumf) / propulsor m electrostático de partículas ionizadas ‖ ²-**pulver** n / pólvora f coloidal ‖ ²-**silber** n / plata f coloidal ‖ ²-**treibstoff** m (Raumf) / propulsivo m coloidal ‖ ²-**zustand** m / estado m coloidal
Kolloquium n / coloquio m
Kollotypie, Phototypie f (Druck) / fototipia f
Kolmation f, Kolmatierung f, Auflandung f (Wassb) / colmataje m
Kolon n, Doppelpunkt m / dos puntos m
Kolonnade f (Bau) / corredor m de columnas cubierto ‖ ²-**n** f pl (Bau) / soportales m pl

Kolonne f (in Tabellen) (Druck) / columna f ‖ ²- (Chem) / tubo m vertical de purificación, columna f de destilación, torre fraccionadora f ‖ ²- (Fahrzeuge) / convoy m, fila f, caravana f ‖ ²-, Mannschaft f / brigada f (E), cuadrilla f (LA) ‖ ²-, Tour f (Öl) / sarta f de tubería de revestimiento
Kolonnen•apparat m (Chem) / aparato m de columna ‖ ²-**boden** m (Chem) / plato m de columna ‖ ²-**boden** (Öl) / plataforma f de columna ‖ ²-**draht** m (DV) / alambre m de columna ‖ ²-**elevator** m (Chem) / elevador m de columna ‖ ²-**führer** m (Montage) / capataz m de brigada (E), capataz m de cuadrilla (LA) ‖ ²-**ionisation** f (Chem) / ionización f columnar ‖ ²-**packung** f (Chem) / guarnición f de columna ‖ ²-**satz** m (Druck) / composición f en columnas ‖ ²-**spundapparat** m (Brau) / regulador m de presión en columna ‖ ²-**steller** m, -wähler m (Fernm) / selector m de grupos o de series ‖ ²-**steller**, Tabulatorsetztaste f (Schreibm) / tecla f de tabulador
Kolophonium n (Chem) / colofonia f, pezgriega f ‖ **gehärtetes** ~ / colofonia f en calada ‖ ²-**Lötdraht** m / soldadura f con alma o con núcleo de colofonia o resina
Koloradotanne f, Abies concolor (Bot) / abeto m del Colorado
kolorieren vt / color[e]ar ‖ ²-, Färben n / coloración f
Kolori•meter m / colorímetro m ‖ ²-**metrie** f / colorimetría f ‖ ~**metrisch** / colorimétrico ‖ ~**metrischer Milchfettmesser** / lacto m [densí]metro colorimétrico
koloristisch / colorístico
Kolter n, Pflugeisen n (Landw) / reja f, cuchilla f de arado
Kolumbinrot n / rojo m paloma
Kolumbit m (Eisen-Mangan-Tantalerz) (Min) / columbita f
Kolumne f, Spalte f (Druck) / columna f
Kolumnen•breite f / ancho m de columna, anchura f de columna ‖ ²-**schnur** f (Druck) / cordel m para la columna, bramante m, prolín m ‖ ²-**titel** m / título m de columna, titulillo m ‖ **lebender** ²-**titel** (Druck) / folio m explicativo, título m de cabecera o corrido, cabeza f de página ‖ ²-**zahl** f, -ziffer f / folio m
Koluren f pl (zwei durch die Himmelspole gehende Großkreise) (Astr) / coluros m pl, ortodromias f pl de la esfera celeste
Kolza, Raps m (Bot) / colza f ‖ ²-**öl**, Kohlsaatöl n, (von Brassica campestris) / aceite m de colza ‖ ²-**same**, Rapssame m / semilla f de colza
Koma n (Astr) / caballera f ‖ ²- (Fehler, Opt) / coma f
Kombi m, Kombiwagen m (Kfz) / rubia f, break m ‖ ²-..., Mehrzweck... / multiuso ‖ ²-**dose** f (aus 2 Metallen) (Verp) / lata f compuesta, bote m compuesto ‖ ²-**düse** f (Staubsauger) / boquilla f multiuso ‖ ²-**film** m, -band n / película f de imagen y sonido combinados ‖ ²-**grubber** m (Landw) / cultivador-grada m combinado ‖ ²-**hacke** f (Landw) / escardillo m de mano, combinado f de azada y horquilla, carpidor m (LA) ‖ ²-**heizkraftwerk** n (Gas und Kohle) / central f eléctrica de calefacción combinada ‖ ²-**kopf** m (Magn.Bd) / cabeza f combinada (para grabación y borrado) ‖ ²-**kraftwerk** n (Gas und Kohle) / central f eléctrica combinada ‖ ²-**Krümler** m (Landw) / grada f desterronadora
Kombination f (allg, Math) / combinación f
Kombinations•... s. Kombi... ‖ ²-... / combinado, de combinación ‖ ²-**brenner** f / quemador m para combustibles diferentes ‖ ²-**brenner** (Schw) / soplete m combinado de soldadura y corte ‖ ²-**druck** m (Färb) / impresión f combinado ‖ ²-**farbstoff** m (Tex) / colorante m combinado ‖ ²-**fehlerprüfung** f (DV) / comprobación f de combinación prohibida ‖ ²-**filter** m n (Kfz) / filtro m compuesto ‖ ²-**flugschrauber** m (Luftf) / girodino m ‖ ²-**frequenzen** f pl (Fernm) / frecuencias f pl sobrepuestas o de superposición ‖ ²-**gerät** n (Eltronik) / aparato m combinado ‖ ²-**leuchte**

Kombinationsmodell

f (Kfz) / lámpara *f* o luz multifuncional ‖ ~**modell** *n* (Nukl) / modelo *m* unificado [del núcleo] ‖ ~**röhre** *f* (Eltronik) / triodo-hexodo *m* [conversor de frecuencia[s]] ‖ ~**schalter** *m* / conmutador *m* de combinación, interruptor *m* de combinación ‖ ~**schloss** *n*, Buchstabenschloss *n* / cerradura *f* de combinación o de letras ‖ ~**schloss als Vorhängeschloss** / candado *m* de clave ‖ ~**töne** *m pl* (Akust) / tonos *m pl* compuestos ‖ ~**triebwerk** *n* (Rakete) / motor *m* cohético combinado, motor *m* híbrido a reacción ‖ ~**widerstand** *m* (Elektr) / resistencia *f* combinada o de combinación ‖ ~**zange** *f* s. Kombizange

Kombinator, Übersetzer *m* (Fernm) / combinador *m*

Kombinatorik, Kombinationslehre *f* (Math) / análisis *m* combinatorio, [teoría] combinatoria *f*

kombinatorisch (Math) / combinatorio ‖ ~**e Logik** (DV) / lógica *f* combinatoria ‖ ~**e Schaltung** (DV) / circuito *m* combinatorio

Kombine *f* (Ex-DDR), Mähdrescher *m* / segadora-trilladora *f* (E) o -trituradora (LA), cosechadora *f*

kombinierbar / combinable

kombinieren *vt*, vereinigen (Eigenschaften) / combinar, reunir ‖ **sich ~ lassen** (DV) / entrelazarse

kombiniert, vereinigt / combinado ‖ ~ s. auch Kombinations... ‖ ~**e Ätzung** (Druck) / grabado *m* de combinación, clisé *m* de línea y tramo ‖ ~**e Biegung u. Torsion** / flexión *f* y torsión combinadas ‖ ~**er Bohrer und Senker** (Holz) / barrena *f* combinada con avellanador ‖ ~**es Buntsignal** (TV) / señal *f* de crominancia combinada ‖ ~**e Drill- und Reihendüngemaschine** (Landw) / sembradora-localizadora *f* de abonos ‖ ~**e Gleichdruck-Überdruckturbine** / turbina *f* de acción y de reacción combinada ‖ ~**e Hypothese** / hipótesis *f* compuesta ‖ ~**e Imbibition** (Phys) / imbibición *f* combinada ‖ ~**e Kanalwähler** (TV) / sintonizador *m* combinado de bandas 7 y 8 ‖ ~**e Kreissäge-Fräs- und Langlochfräsmaschine** (Tischl) / sierra *f* circular-tupí-escopleadora (o -mortajadora) ‖ ~**er Lichtton** / sonido *m* óptico combinado ‖ ~**es Luft- und Raumfahrzeug** / vehículo *m* combinado avión-espacial ‖ ~**er Magnetton** / sonido *m* magnético combinado ‖ ~**es Modell**, Kollektivmodell *n* (Nukl) / modelo *m* nuclear unificado ‖ ~**er Nebenwiderstand** (Fernm) / shunt *m* o derivador universal o Ayrton ‖ ~**e Phasen- u. Frequenzregelung** (TV) / cuadricorrelador de C.C. ‖ ~**e Pumpe** (Mot) / bomba *f* de inyección combinada con inyector ‖ ~**e Scher-, Loch- und Aushaumaschine** *f* / cizalla combinada de contornear y punzar ‖ ~**es Schmiermittel** / lubricante *m* compuesto ‖ ~**es Sende- und Empfangsgerät** / transceptor *m* ‖ ~**e Spannvorrichtung** (Seilb) / estación *f* combinada de tensión y anclaje ‖ ~**e Stahl-Beton-Decke** (Bau) / techo entramado con relleno de hormigón ‖ ~**e Strangpress-Blasformung** (Plast) / soplado *m* de mangas extruídas ‖ ~**e Teilturbine** / turbina *f* parcial combinada ‖ ~**e Ton-Bild-Aufzeichnung** / grabación *f* combinada de la imagen y del sonido ‖ ~**er Verkehr o. Transport** / transporte *m* combinado ‖ ~**er Verteiler** (Fernm) / repartidor *m* combinado [principal e intermedio] ‖ ~**e Zug- und Stoßvorrichtung** (Bahn) / aparato *m* combinado de choque y tracción

Kombi•schiff *n*, kombiniertes Fracht-Fahrgastschiff / buque *m* [mixto] de pasajeros y carga ‖ ~**schraube** *f* (DIN 6900) / tornillo *m* con arandela incorporada ‖ ~**seil** *n* (Abschleppseil u. Startkabel) (Kfz) / cable *m* multiuso (para remolcar y arrancar) ‖ ~**ventilator** *m* (Bergh) / ventilador *m* con accionamiento eléctrico y neumático ‖ ~**wagen**, Kombi *m* (Kfz) / rubia *f*, coche *m* familiar, break *m* ‖ ~**zange** *f* (Wz) / alicates *m pl* universales, pinzas *f pl* de combinación (LA)

Kombüse *f* (Schiff) / cocina *f* [de a bordo]

Komet, Haar-, Schweifstern *m* (Astr) / cometa *m*

Kometen•bahn *f* / órbita *f* o trayectoria de cometa ‖ ~**schweif** *m* / cola *f* o cabellera del cometa

Komfort *m* / confort *m*, comodidad *f* ‖ ~ (d. Innenraums) / habitabilidad *f*

komfortabel *adj* / cómodo, confortable

Komforttelefon *n*, -fernsprecher *m* / teléfono *m* confort

Komma *n* (Druck, Musik) / coma *f* ‖ ~, Dezimalpunkt *m* (Math) / coma *f* de decimales, punto *m* de decimales ‖ **bis zur 3. Stelle hinter dem ~ berechnet** / calculado hasta la 3[era] decimal ‖ **eine Stelle hinter dem ~** / una decimal detrás de la coma ‖ **mit ~ [s] trennen** (DV) / separar por punto ‖ **vier ~ fünf** / cuatro coma cinco ‖ ~**ausrichtung** *f* / centrado *m* alrededor de punto decimal ‖ ~**bazillus** (Med) / bacilo *m* coma, bacilo *m* vírgula ‖ ~**einstellung** *f* / posicionamiento *m* de la coma

Kommandant *m* (Luftf) / comandante *m*

Kommando *n*, Befehl *m* / mando *m*, comando *m* ‖ ~**anlage** *f* (Funk) / instalación *f* de órdenes ‖ ~**apparat** *m*, -gerät *n* (Mil) / equipo *m* director de tiro ‖ ~**brücke** *f* (Schiff) / puente *m* de mando, pasarela *f* de navegación ‖ ~**geber** *m* (Elektr) / transmisor *m* de mandos ‖ ~**gerät** *n* **für Flugkörperabwehr** (Mil) / complejo *m* electrónico antiaéreo ‖ ~**kanal** *m* (Satellit) / canal *m* de telemando ‖ ~**kapsel** *f* (Raumf) / módulo *m* de mando ‖ ~**kapsel-Versorgungsstufe** *f* (Raumf) / módulo *m* de mando y de servicio ‖ ~**lautsprecher** *m* (Studio) / altavoz *m* de órdenes ‖ ~**lenkung** *f* (Mil, Raumf) / teleguiaje *m* ‖ ~**mikrophon** *n* (Studio) / micrófono *m* de órdenes ‖ ~**programm** *n* (DV) / programa *m* de utilización ‖ ~**pult** *n* / pupitre *m* de mando ‖ ~**raum** *m*, -zentrale *f* (Schiff) / centro *m* de control ‖ ~**signalrichtfilter** *n* (Satellit) / filtro *m* de selección de órdenes ‖ ~**sprache** *f*, Jobbetriebssprache *f* (DV) / lenguaje *m* de utilización ‖ ~**sprache**, Befehlssprache *f* (DV) / lenguaje *m* de mando ‖ ~**stand** *m* (Schiff) / torre *f* de mando ‖ ~**stand**, Leitstand *m*, Schaltwarte *f* (Elektr) / puesto *m* de control ‖ ~**turm** *m* (Schiff) / torreta *f* de mando ‖ ~**turm von Tauchbooten** / torre *f* de mando ‖ ~**übermittlung** *f*, Befehlsübermittlung *f* / transmisión *f* de órdenes o de mandos ‖ ~**zelle** *f* / célula *f* de mando

Komma•setzung *f* (DV) / colocación *f* de coma ‖ ~**stelle** *f*, Dezimalkomma *n* (Math) / coma *f* decimal ‖ ~**stellung** *f* (DV) / posición *f* de la coma ‖ ~**taste** *f* (DV) / tecla *f* de coma ‖ ~**überlaufkontrolle** *f* (DV) / trampa *f* de punto flotante ‖ ~**verschiebung** *f* (DV) / desplazamiento *m* de la coma

kommen *vi* / venir, llegar, ir

kommensurabel, vergleichbar (Math) / conmensurable

Kommensurabilität *f* (Astr) / conmensurabilidad *f*

Kommentarzeile *f* (DV) / línea *f* de comentario

kommerziell (DV) / comercial ‖ ~**es à** (Druck) / a comercial ‖ ~**e Daten** *pl* (DV) / datos *m pl* comerciales ‖ ~**es Fernsehen** / televisión *f* comercial ‖ ~**e Logistik** / logística *f* comercial ‖ ~**er Rechner** (DV) / ordenador *m* comercial ‖ ~**e Röhre** (Eltronik) / tubo *m* para aplicaciones industriales

Kommision, in ~ / en comisión

kommissionieren *vt* (im Lager) / reunir y preparar para la expedición

Kommissionierer *m* (Lagerstapler) / carretilla *f* elevadora para reunir y preparar las mercancías

Kommissionierungslager *n* / almacén *m* de expedición

Kommode *f* (Möbel) / cajonera *f*

kommunal•es Fernsehen / televisión *f* comunal ‖ ~**abwässer** *n pl* / desagües *m pl* comunales, aguas *f pl* residuales comunales ‖ ~**fahrzeug** *n* / vehículos *m pl* comunales o municipales

Kommunikation *f* **offener Systeme**, OSI (DV) / interconexión *f* de sistemas abiertos, OSI

Kommunikations•..., **Verbindungs...** / comunicacional adj ‖ ⁓**-Elektroniker** m, (früher:) Feingeräte-Elektroniker m / técnico m de telecomunicación ‖ ⁓**mittel** n / medio m de comunicación ‖ ⁓**netz** n / red f de comunicación o transmisión, vías f pl de comunicación ‖ ⁓**rechner** m (DV) / ordenador m de comunicaciones ‖ ⁓**routine** f / rutina f de comunicaciones ‖ ⁓**-Software** f / software m de comunicaciones ‖ ⁓**-Steuerschicht** f, Schicht 5 (OSI) / capa f 5 de OSI ‖ ⁓**system** n, KS / sistema m de telecomunicación ‖ ⁓**technik** f / telecomunicaciones f pl ‖ ⁓**wissenschaft** f / comunicología f
kommunizieren, miteinander in Verbindung sein / comunicar, estar en comunicación ‖ ⁓ [mit](interaktiv) / interactuar [con]
kommuniziert (z.B. Röhren) (Phys) / comunicante ‖ ⁓**e Behälter o. Tanks** m pl / tanques m pl o depósitos comunicantes ‖ ⁓**e Röhren** (Phys) / vasos m pl comunicantes
Kommutation f, Umstellbarkeit f, Vertauschbarkeit f (Math) / conmutación f ‖ ⁓, Stromwendung f (Elektr) / conmutación f
kommutativ•e Gruppe (Math) / grupo m abeliuno ‖ ⁓**gesetz** n (Math) / ley f conmutativa
Kommutativität f (Math) / conmutatividad f
Kommutator (DIN), Kollektor m (Elektr) / conmutador m, colector m de delgas ‖ ⁓**abdrehvorrichtung** f / aparato m para tornear el conmutador ‖ ⁓**abnutzung** f / desgaste m del conmutador ‖ ⁓**büchse**, -buchse, -nabe f / manguito m o soporte del conmutador ‖ ⁓**-Drehstrommotor** m / motor m de corriente trifásica con conmutador ‖ ⁓**fahne** f (Elektr) / talón m de la delga de conmutador, unión f en el conmutador ‖ ⁓**feuer** n / chisporreo m de conmutador ‖ ⁓**-Frequenzwandler** m / convertidor m de frecuencia con conmutador ‖ ⁓**geräusch** n (Elektr) / ruido m de conmutador ‖ ⁓**glimmer** m / mica f para conmutador ‖ ⁓**lamelle** f (Elektr) / delga f del conmutador ‖ **abgenutzte, vertieft stehende** ⁓**lamelle** / delga desgastada y rebajada de un conmutador ‖ ⁓**laufflache** f (Elektr) / superficie f activa del conmutador ‖ ⁓**maschine** f / máquina f de conmutador ‖ ⁓**motor** m, Kollektormotor m / motor m de colector, motor m eléctrico de conmutador ‖ ⁓**ring** m (Spann- o. Isolierring) / anillo m del conmutador ‖ ⁓**säge** f (Elektr) / sierra f para conmutadores ‖ ⁓**schleifmaschine** f / rectificadora f para conmutadores ‖ ⁓**schritt** m (Teilschritt vorn o. kollektorseitig) (Elektr) / paso m en el conmutador ‖ ⁓**seitiger Lagerschild** / placa terminal lado colector, escudo lado colector ‖ ⁓**steg** m, delga f de colector ‖ ⁓**steg-Isolation** f / aislamiento m entre las delgas ‖ ⁓**verluste** m pl / pérdidas f pl en el conmutador
kommutieren vt vi (Elektr) / conmutar
Kommutierung f / conmutación f
Kommutierungs•feld n (Elektr) / campo m de conmutación ‖ ⁓**frequenz** f / frecuencia f [del armónico] de conmutación ‖ ⁓**koeffizient** m, -zahl f (Röhre) / factor m de conmutación ‖ ⁓**kurve** f / curva f de magnetización normal ‖ ⁓**schwankungen** f pl / ondulaciones f pl de conmutación ‖ ⁓**spannung** f / voltaje m al conmutador ‖ ⁓**strom** m / corriente f de conmutación ‖ ⁓**vorgang** m / proceso m de conmutación
kompakt, fest / compacto ‖ ⁓, gedrängt (Bauweise) / compacto, cerrado ‖ ⁓, dicht / denso, espeso ‖ ⁓**es Antriebsaggregat** (Kfz) / unidad f motriz de construcción unitaria ‖ ⁓**e Auslegung** (Autokühler) / construcción f compacta, diseño m compacto ‖ ⁓**e Masse bilden** / concretarse, formar una masa compacta ‖ **zu einer** ⁓**en Masse formen**, kompaktieren / compactar
Kompakt•ader f (LWL) / conductor m compacto ‖ ⁓**aufbau** m (Schiff) / superestructura f compacta ‖ ⁓**auto** n, -wagen m / auto[móvil] m compacto ‖ ⁓**batterie** f, Blockbatterie f, Plattenzellenbatterie f / pila f compacta (6 F22) ‖ ⁓**bauart** f (Kompressor) / tipo m monobloc ‖ ⁓**bauweise** f / construcción f compacta, construcción f de tamaño reducido ‖ ⁓**dichte** f, theoretische f o. Reindichte (Phys) / densidad f teórica ‖ ⁓**diskette** f (DV) / disqueta f compacta ‖ ⁓**-Durchlaufglühen** n (Hütt) / recocido m continuo compacto ‖ ⁓**getriebe-Turbokompressor** m / turbocompresor m monobloc con multiplicador incorporado ‖ ⁓**heit**, Massivität f / compacidad f, compactibilidad f
Kompaktiermaschine f / máquina f de compactar
Kompaktierung f **von Daten** / compactación f de datos
Kompaktierungsdruck m (Sintern) / presión f de compactación
Kompakt•kamera f / cámara f [fotográfica] compacta ‖ ⁓**karosserie** f (Ggs. Cabrio, Coupé) (Kfz) / carrocería f de coche compacta ‖ ⁓**kassette** f / cassette f m, casete f m ‖ ⁓**-Klimagerät** n / climatizador m compacto ‖ ⁓**lager** n (Nukl) / almacén m compacto ‖ ⁓**motor** m / motor m compacto ‖ ⁓**-Programmiersprache** f (DV) / lenguaje m compacto de programación ‖ ⁓**reaktor** m, Reaktor in Kompaktbauweise / reactor m compacto ‖ ⁓**spiegel** m (Kfz) / espejo m retrovisor compacto ‖ ⁓**werden** n / consolidación f ‖ ⁓**zugprobe** f (Mat.Prüf) / probeta f de tracción compacta ‖ ⁓**zündkerze** f (Kfz) / bujía f [de encendido] compacta
Kompander m (Fernm) / compandor m, comprextensor m, compresor-expansor m, -extensor m
kompandieren vt (Eltronik, Fernm) / hacer la compresión-expansión
Kompandierung f (Eltronik) / compresión-expansión f o -extensión
Komparator m (Längenmessgerät) (Opt) / ampliador m óptico para comparación ‖ ⁓, Vergleicher m (DV, NC) / comparador m ‖ ⁓, Differenzierglied n (Regeln) / diferenciador m, circuito m diferenciador
Kompass m (Schiff) / compás m [magnético], brújula f, aguja f de marear ‖ ⁓, Landkompass m / brújula f, compás m ‖ ⁓ **der Selbststeueranlage** (Luftf) / brújula f de pilotaje automático ‖ ⁓ **mit drehbarem Kursring** (Schiff) / brújula f con anillo de rumbo rotativo ‖ ⁓ m **mit sich drehender Kompassrose** / brújula f con rosa rotativa
Kompass•abweichung f / desviación f de compás ‖ ⁓**-Ansteuerungsfunkfeuer** n (Luftf) / radiofaro m de compás, radiobaliza f de compás ‖ ⁓**ausgleichung**, -berichtigung f / compensación f de los errores de la brújula ‖ ⁓**beschickung** f (Schiff) / calibración f del compás ‖ ⁓**bügel** m, -gabel f / estribo m de suspensión de la brújula ‖ ⁓**fehler** m, Fehlweisung f / error m de brújula ‖ ⁓**gehäuse** n, -kessel m, -kapsel f / cubeta f de brújula, cubeta f de bitácora ‖ ⁓**haus** n (Schiff) / bitácora f, habitaculo m ‖ ⁓**hütchen** n, Hut m der Kompassnadel / chapitel m (E) o sombrerito (LA) de la aguja ‖ ⁓**kurs** m, gesteuerter Kurs (Nav) / rumbo m de la aguja ‖ ⁓**nadel** f / aguja f imantada de [la] brújula, aguja f náutica ‖ ⁓**-Nord** n / norte m magnético ‖ ⁓**peiler** m / goniómetro m de compás ‖ ⁓**peilung** f / localización f o marcación con brújula ‖ **missweisende** ⁓**richtung** / rumbo m magnético ‖ ⁓**ring** m, Kardanring m / anillo m de la brújula ‖ ⁓**rose** f / rosa f de los vientos, rosa f de la brújula ‖ ⁓**strich**, Windstrich m / línea f de fe, cuarta f de la brújula, rumbo m
kompatibel [mit] / compatible [con] ‖ **kompatibler Schaltkreis** (Schaltkreis mit integrierten aktiven u. aufgedampften passiven Bauteilen) (Halbl) / circuito m compatible
Kompatibilität f (DV, Eltronik, TV) / compatibilidad f ‖ ⁓ **für 7-Spur-Band** / compatibilidad f de 7 pistas

Kompendium

Kompendium n (Fassung, Halterung v. Filtern etc.) (Foto) / compendio m (portafiltro, parasol etc.) ‖ ~**schiene** f (Foto) / riel m del parasol
Kompensation f, Kompensierung f / compensación f ‖ ~, Nullabgleich m (Mess) / compensación f a cero ‖ ~ **und Einregeln** (Kompass) / compensación f y reglaje de la brújula
Kompensations•... / compensador, compensatorio, de compensación ‖ ~**amperewindung** f / amperio-vuelta f [de los polos] de compensación ‖ ~**auswuchtmaschine** f / equilibradora f de compensación ‖ ~**durchbiegung** f, Roll-Bending / flexión f o flecha de compensación ‖ ~**farbe** f / color m de compensación ‖ ~**feld** n (Elektr) / campo m compensador ‖ ~**filter** m n (Eltronik) / filtro m compensador ‖ ~**halbleiter** m (bei dem sich Akzeptoren und Donatoren gerade kompensieren) / semiconductor m equilibrado ‖ ~**kapazität** f (zum Ausgleich der Gitter-Anodenkapazität) (Eltronik) / capacitancia f equilibradora o de compensación ‖ ~**kraftfluss** m / flujo m [de fuerza] de compensación ‖ ~**kreis** m (Elektr) / circuito m compensador ‖ ~**leitfähigkeit** f (Halbl) / conductividad f de compensación ‖ ~**leitung** f, Abgleichleitung f / línea f de compensación ‖ ~**linsen** f pl (Opt) / lentes f pl compensadoras ‖ ~**magnet** m / imán m compensador ‖ ~**methode** f, -verfahren m (Eltronik) / método m potenciométrico ‖ ~**pendel** n (Uhr) / péndulo m compensado[r] ‖ ~**pol** m (Elektr) / polo m de compensación ‖ ~**pyrheliometer** n (Phys) / pirheliómetro m de compensación ‖ ~**regler** m / regulador m o control potenciométrico ‖ ~**schaltung** f (Regeln) / circuito m compensador ‖ ~**schreiber** m / registrador m potenciométrico ‖ ~**signal** n / señal f de compensación ‖ ~**spannung** f / tensión f de compensación ‖ ~**spule** f (Elektr) / bobina f compensadora o de oposición ‖ ~**voltmeter** n / voltímetro m de oposición ‖ ~**vorrichtung** f / dispositivo m compensador ‖ ~**walze** f (Schärmaschine) / rodillo m compensador ‖ ~**wicklung** f (Elektr) / devanado m compensador ‖ ~**zone** f (Halbl) / zona f de compensación
Kompensation-Unruh f (Uhr) / volante m compensado
kompensativ•e Farbe / color m de compensación ‖ ~**maske** f (Druck) / máscara f compensadora
Kompensator m, Ausgleicher m / compensador m ‖ ~, Ausdehnungsstück n / compensador m de dilatación ‖ ~ (Kompass) / dispositivo m de compensación ‖ ~ (Rohrleitung) / compensador m de fuelle, elemento m de dilatación, unión f expansiva o compensadora
kompensatorisch / compensador, compensatorio
Kompensatornivellier m (Opt) / nivelador m compensador
kompensieren vt, ausgleichen / compensar ‖ ~ (durch Gegengewicht) / contrabalancear ‖ ~ n, Wirken in entgegengesetzter Richtung / oposición f
kompensierend, ausgleichend / compensador adj
Kompensierscheibe f (Flugplatz) / plataforma f de compensación de las brújulas
kompensiert, ausgleichen / compensado, equilibrado ‖ ~**er Drehstrommotor** / motor m trifásico compensado ‖ ~**er Empfänger** (Eltronik) / receptor m compensado ‖ ~**e Lautstärkeregelung** (Eltronik) / control m compensado del volumen ‖ ~**er Motor** / motor m compensado ‖ ~**es Netz** (Elektr) / red f compensada ‖ ~**es Wattmeter** / vatímetro m compensado ‖ ~**er [Wechselstrom-] Reihenschlussmotor** / motor m en serie compensado [de corriente alterna]
Kompensograph m (Thermoelektr) / compensógrafo m
kompetent, qualifiziert / competente, calificado
kompetitiv / competitivo
Kompilation f (DV) / compilación f

kompilieren / compilar, producir automáticamente un programa ‖ ~ n (DV) / compilación f
Kompilierer m, Kompiler m (DV) / compilador m, autoprogramador m, rutina f de compilación
Kompilierzeit f (DV) / tiempo m de compilación
komplan (Geom) / coplanar
Komplement n (DV, Geom) / complemento m ‖ ~, Komplementärmenge f (Math) / conjunto m complementario ‖ ~..., komplementär / complementario ‖ ~ **des Logarithmus einer Zahl**, Mitlogarithmus m (Math) / cologaritmo m ‖ 90°-~ **der Breite eines Gestirns** (Astr) / colatitud f
komplementär•e Addition (DV) / adición f complementaria ‖ ~**e Darstellung** (Math) / representación f complementaria ‖ ~**e Operation** / operación f complementaria
Komplementär•farbe f (liefert Weiß) / color m complementario ‖ ~**farbig** (Foto) / en o de colores complementarios
Komplementarität f (Phys) / complementaridad f
Komplementär•-Transistor-Logik f, CTL / lógica f de transistores complementarios ‖ ~**wert** m (DV) / valor m complementario ‖ ~**wert** (Math) / valor m inverso [de un número], valor m recíproco ‖ ~**winkel** m, Ergänzungswinkel m (Geom) / ángulo m complementario
Komplementbindungsreaktion f (Chem) / reacción f de fijación del complemento
Komplementierung f, Komplementbildung f (boolesche Algebra) / complementación f
Komplementierwerk n, -einrichtung f (DV) / complementador m
Komplementregister n (DV) / registro m de complementos
komplett adj / completo ‖ ~ adv / completamente ‖ **Handschalter ~ [montiert]** / conjunto de interruptor de mano ‖ ~**gießmaschine** f (Druck) / fundidora f universal de tipos
komplettieren, vervollständigen / completar
Komplettierung f, Vervollständigung f / completamiento m ‖ ~, Verrohrung f (Öl) / entubación f
Komplett•lötung f (IC) / soldadura f [indirecta] simultánea ‖ ~**schaltbild** n / diagrama m de conexiones completo ‖ ~**schnitt** m (Stanz) / útil m compuesto
komplex adj (allg, Math) / complejo ‖ ~**er Ausdruck**, Wortkombination f / combinación f de morfemas ‖ ~**er Eingangswiderstand**, Eingangsimpedanz f / impedancia f de entrada ‖ ~**er Feldwiderstand** (Wellenleiter) / impedancia f de onda ‖ ~**er Koeffizient** / coeficiente m complejo ‖ ~**er Kreisfrequenz** (Elektr, Math) / frecuencia f angular compleja ‖ ~**er Leitungswiderstand** (o. Widerstand) (Wellenleiter) / impedancia f ‖ ~**er Leitwert** / admitancia f ‖ ~**er Modus** (DV) / modo m complejo ‖ ~**er Scheinwiderstand** / impedancia f de entrada ‖ ~**e Zahl o. Größe** (Math) / número m complejo, cantidad f compleja
Komplex m, Gesamtumfang m / complejo m ‖ ~, Gemengsel n, Anhäufung f / conjunto m, mezcla f, agregado m ‖ ~, Häuser-, m Gebäudekomplex / conjunto m de edificios, grupo m, agrupación f, aglomeración f ‖ ~ (Chem) / complejo m
komplex•bildend (Chem) / que forma compuestos complejos ‖ ~**bildner** n (Chem) / agente m secuestrante, formador m de complejos ‖ ~**bildung** f (Chem) / formación f de complejos ‖ ~**chemie** f / química f compleja, teoría f de la coordinación ‖ ~**farbstoff** m / colorante m complejo ‖ ~**fett** n / grasa f compleja ‖ ~**ion** n (Chem) / ion m complejo
Komplexität f (Grad der Beständigkeit) (Chem) / complejidad f
Komplexitätsfaktor m / índice m de complejidad

Komplexmolekül n / molécula f compleja
Komplexo•metrie f / complexometría f || ~**metrisch** (Chem, Zement) / complexométrico
Komplex•salz n / sal f compleja || ~**stahl** m / acero m [a]ligado complejo || ~**verbindung** f (Verbindung höherer Ordnung) (Chem) / compuesto m de coordinación, complejo m compuesto
Komplikation f / complicación f || ~**en** f pl (Funktionen einer Uhr/Zusatzwerk) / complicaciones f pl
kompliziert / complicado
Kompliziertheit f / complejidad f, complicación f
Komponente f / componente m f || ~, Bestandteil m (Chem) / constituyente m, componente m f || ~, Teilkraft f (Phys) / componente m f de una fuerza || ~ **des Vektors "Lastvielfaches"** (Masch) / componente m f del vector "factor de carga"
Komponenten-Mischverstärker m / amplificador m mezclador
Kompositbau m / construcción f compuesta o combinada
Kompositenstärke f (Chem) / inulina f
Komposition f (allg, Hütt) / composición f
Kompositionswalzen f pl (Färb) / cilindros m pl de composición
Komposit•pulver n (Chem) / pólvo m compuesto || ~**schiff** n (Schiff) / buque m de construcción mixta || ~**treibstoff** m (Rakete) / combustible m compuesto
Kompost m, Komposterde f (Landw) / compost m, mantillo m
kompostieren vt / elaborar compost
Kompostierung f (Bau, Landw) / compostaje m, elaboración f de compost
Kompound•..., Verbund... (Elektr) / compound, mixto || ~**betrieb** m / operación f compound || ~**erregung** f (Elektr) / excitación f compound o compuesta
kompoundieren, in Verbund schalten (Elektr) / componer, conectar en compound || ~ n, Aufbereiten n (Plast) / preparación f de una mezcla
kompoundiert (Elektr) / en compound
Kompoundierung f / bobinado m o devanado en compound
Kompoundierungs-Kennlinien f pl (Elektr) / características f pl de devanado en compound
Kompound•juteumhüllung f (Elektr) / revestimiento m de yute impregnado || ~**kabel** n (Elektr) / cable m compound || ~**kern** m (Nukl) / núcleo m compuesto || ~**lack** m / barniz m sólido || ~**[dampf]maschine** f / máquina f [de vapor] compound || ~**masse** f (Plast) / mezcla f preparada, compound m || ~**motor** m (Elektr) / motor m compound || ~**schnitt** m (Stanz) / útil f compuesto || ~**wicklung** f (Elektr) / devanado m compound o mixto
kompress, ohne Durchschuss (Druck) / compacto, metido, sin interlíneas (o -línear o -lineado) || ~ **setzen** (Druck) / componer sin interlínea
kompressibel (Phys) / compresible, comprimible
Kompressibilität f, Zusammendrückbarkeit f / compresibilidad f
Kompressibilitätswiderstand m / resistencia f debida a la compresibilidad
Kompression f, Pressung f (Masch) / compresión f || ~, Verdichtung f (Mot) / compresión f || ~, Verdichtungsverhältnis n (Mot) / relación f volumétrica o de compresión, índice m o grado de compresión || ~, Datenverdichten n (DV) / compresión f [de datos]
Kompressions•[druck]prüfer m / compresímetro m, indicador m de la compresión || ~**druckschreiber** m (Mot) / compresímetro m registrador, compresógrafo m || ~**-Flexometer** n (Mat.Prüf) / flexómetro m de compresión || ~**haken** m, Pressionshaken m (Spinn) / guía f de compresión, corchete m compresor || ~**hub** m, -periode f, -takt m (Mot) / carrera f de compresión || ~**kältemaschine** f / máquina f frigorífica de

compresión, máquina f de refrigeración por compresión || ~**modul** m (Mech) / módulo m de compresibilidad o de compresión, módulo m K || ~**nocken** m (Mot) / leva f de decompresión || ~**öler** m / engrasador m de compresión || ~**raum** m, -volumen n / volumen m de la cámara de compresión || ~**raum**, Verdichtungsraum m / cámara f de compresión || ~**schnecke** f **für Pressen** / tornillo m sinfín de compresión [para prensas] || ~**-Set** m (Mess) / deformación f permanente por compresión bajo temperatura elevada en tiempo determinado || ~**totpunkt** m (Kfz, Mot) / punto m muerto superior || ~**verminderung**, Dekompression f / reducción f de compresión, decompresión f || ~**versuch** m / ensayo m de compresión || ~**walze** f **des Krempelwolfs** (Tex) / cilindro m compresor o calandrador del batán cardador || ~**zündung** f (Mot) / encendido m por compresión
Kompressivkrumpfmaschine f (Tex) / máquina f encogedora por compresión
Kompressometer n m / compresímetro m, indicador m de la compresión
Kompressor m / compresor m, compresora f || ~, Vorverdichter m (Mot) / sobrealimentador m, compresor m de sobrealimentación || ~**-Fanfare** f (Kfz) / bocina f de aire comprimido || ~**kaskade** f (Masch) / cascada f de compresión || ~**kühlschrank** m / refrigerador m por compresión || ~**los** (Mot) / sin compresor || ~**lose Dieselmaschine**, Einspritzmaschine f / motor m Diesel de inyección mecánica o sólida || ~**motor** m / motor m sobrealimentado o de sobrealimentación || ~**pumpen** n / choques m pl acústicos [en la tubería] || ~**satz** m / grupo m motocompresor
komprimierbar / compresible, comprimible
komprimieren vt, verdichten / comprimir || ~ (Daten) (DV) / compactar (datos) || ~ **und imprägnieren** (Holz) / comprimir e impregnar
Komprimiermaschine f (z.B. für Tabletten) / máquina f para hacer comprimidos
komprimiert (Gase) / comprimido || ~**es Bild** (TV) / imagen f comprimida || ~**es Naturgas** / gas m natural comprimido
Komprimierung f, Druck m (Masch) / compresión f
Kompromisslösung f / solución f de compromiso
Konche f (Schokolade) / concha f
konchieren vt, conchieren / conchar, triturar el cacao
Konchoide f, Schneckenlinie f (Geom) / concoide f, línea f concoidal || ~ **des Nikomedes** / concoide f de Nicodemo
konchoidenförmig (Math) / concoidal
Kondensanz f (Elektr) / reactancia f capacitiva
Kondensat, Kondensationsprodukt n (Chem) / condensado m, producto m de condensación || ~ n, Kondenswasser n (Bau) / agua f condensada o de condensación || s. auch Kondenswasser || ~**ableiter** m, -falle f (Masch) / purgador m del agua de vapor, trampa f de vapor || ~**fang** m / colector m de condensado
Kondensation, Kondensierung f (allg, Chem) / condensación f || ~ f **um einen Kern** (Phys) / condensación f nuclear
Kondensations•anlage f / instalación f o planta de condensación || ~**dampfmaschine** f / máquina f [de vapor] de condensación || ~**harz** n (Chem) / resina f de polimerización || ~**harz**, (jetzt:) Ionenaustauscher m / resina f de condensación, intercambiador m de iones || ~**hygrometer** n (Meteo) / higrómetro m de condensación || ~**kalorimeter** n / calorímetro m de condensación || ~**kammer** f (Nukl) / cámara f o piscina de relajación || ~**kern** m (Meteo) / núcleo m de condensación || ~**koeffizient** m (Vakuum) / coeficiente m de condensación || ~**kolonne**, -säule f (Chem) / columna f de condensación || ~**maschine** f (Tex) /

Kondensationsofen

polimerizador m ‖ ⁓**ofen** m (Tex) / horno m
polimerizador ‖ ⁓**polymerisation** f (Chem) /
polimerización f de condensación ‖ ⁓**produkt** n (Plast)
/ producto m de condensación ‖ ⁓**streifen** m (Luftf) /
estela f de condensación ‖ ⁓**verlust** m / pérdida f por
condensación ‖ ⁓**wärme** f / calor m de condensación
Kondensator m (Elektr) / capacitor m, condensador m ‖
⁓ (Dampf) / condensador m ‖ ⁓ (Hütt) / torre f para
apagar coque ‖ ⁓... (Lautsprecher, Mikrofon) /
electrostático, de condensador ‖ ⁓ m im
Zwischenkreis (Eltronik) / capacitor m de circuito
secundario ‖ ⁓ **in Tropfenform** / capacitor m en
forma de gota ‖ ⁓ **mit Glimmerisolation**,
Glimmerkondensator m / capacitor m de mica ‖ ⁓
mit Ölpapierisolation / capacitor m de papel
parafinado
Kondensator•abgleich m / equilibrado m por
capacitores ‖ ⁓**anlassmotor** m / motor m de arranque
con capacitor ‖ ⁓**antenne** f, geerdete Antenne /
antena f puesta a tierra ‖ ⁓**antenne** / antena f de
capacitancia, antena f electrostática ‖ ⁓**batterie** f,
Kondensatorenblock m / batería f de capacitores
(capacitores conectados entre sí) ‖ ⁓**belag** m,
-belegung f / armadura f de[l] capacitor, capa f
dieléctrica [delgada] ‖ ⁓**block** m / bloque m de
capacitores (bajo una misma cubierta) ‖ ⁓**bremsung** f
(Elektr) / frenado m por capacitor ‖ ⁓**Dosimeter** n /
dosímetro m de capacitor ‖ ⁓**durchführung** f (Elektr) /
boquilla f de paso para el capacitor ‖ ⁓**elektroskop** n /
electroscopio m de condensador
Kondensatorenöl n (Elektr) / aceite m para capacitores
Kondensator•entladungslampe f (Elektr) / lámpara f
por descarga del capacitor ‖ ⁓**fahne** f / placa f móvil
del capacitor ‖ ⁓**kapazität** f (Dampf) / capacidad f del
condensador ‖ ⁓**kapazität** (Elektr) / capacidad f del
capacitor ‖ ⁓**kühler** m / refrigerador m por (o de)
condensación ‖ ⁓**kühlwasserpumpe** f / bomba f de
agua para la refrigeración del condensador ‖
⁓**ladung** f / carga f del capacitor ‖ ⁓**lautsprecher** m /
altavoz m electrostático (E) o de condensador,
altoparlante m electrostático (LA) ‖ ⁓**leiter** f,
Hochpassfilter m (Eltronik) / filtro m de paso alto ‖
⁓**messing**, Admiralitätsmetall n / latón m para
condensadores ‖ ⁓**mikrophon** n / micrófono m
electrostático o de condensador ‖ ⁓**motor** m / motor
m de capacitor ‖ ⁓**motor mit Anlauf- u.
Betriebskondensator** / motor m de capacitor de dos
valores ‖ ⁓**papier** n / papel m parafinado para
condensadores ‖ ⁓**platte** f / placa f de capacitor ‖
⁓**reaktanz** f (Elektr) / reactancia f capacitiva ‖
⁓**reinigungsanlage** f / instalación f limpiadora de
tubos de condensador ‖ ⁓**rohr** n, -röhre f (Dampf) /
tubo m de condensador ‖ ⁓ **[schweiß]maschine** f /
soldador m eléctrico con batería de capacitores en
serie ‖ ⁓**-Sprechkapsel** f / micrófono m electrostático
‖ ⁓**wickelmaschine** f / bobinadora f para capacitores ‖
⁓**-Widerstandskopplung** f / acoplamiento m por
capacidad y resistencia ‖ ⁓**zündung** f (Mot) /
encendido m por condensador
Kondensat•pumpe f / bomba f de agua condensada o de
condensación ‖ ⁓**rückleiter** m / tubo m
retroalimentador de agua de condensación ‖
⁓**sammler** m (Gas) / colector m de condensación ‖
⁓**sammler** s. Kondensatableiter ‖ ⁓**schöpfer** m (Pap) /
evacuador m del condensado ‖ ⁓**speicher** m /
depósito m de condensado ‖ ⁓**vakuumpumpe** f /
bomba f de vacío para condensado
Kondenser m, Abscheider m (Spinn) /
separador-condensador m
Kondensieranlage f / instalación f condensadora
kondensierbar, verdichtbar / condensable ‖ ⁓**e
flüchtige Stoffe** m pl (Chem) / productos m pl volátiles
condensables

Kondensierbarkeit f / condensabilidad f, condición f de
ser condensable
kondensieren, niederschlagen (Dampf, Gas) / condensar
‖ ⁓, verdicken / evaporar, espesar ‖ ⁓ vi, sich
verdichten (Chem) / condensarse
kondensiert (Kern, Ring) (Chem) / condensado ‖ ⁓**e
Milch**, Kondensmilch (gezuckert) / leche f
condensada ‖ ⁓**e Milch**, Büchsenmilch f
(ungezuckert) / leche f concentrada ‖ ⁓**es
Ringsystem** (Chem) / núcleos m pl condensados ‖ ⁓**es
System** (Chem) / sistema m [de núcleos]
condensado[s]
Kondensor m (Opt) / condensador m ‖ ⁓**halter** m (Opt) /
soporte m del condensador, portacondensador m ‖
⁓**halter mit Zahn u. Trieb** (Opt) / portacondensador
m con cremallera ‖ ⁓**linse** f / lente f condensadora o
colectora
Kondens•prüfer m (Zuck) / aparato m de control de la
concentración del jarabe ‖ ⁓**streifen** m, -fahne f
(Luftf) / estela f de gases condensados ‖ ⁓**topf** m,
[Kondens]wasserabscheider m / recipiente m de
condensación ‖ ⁓**wasser**, Kondensat[ionswasser] n /
agua f condensada o de condensación ‖ ⁓**wasser**,
Schwitzwasser n (Bau) / agua f de condensación, agua f
de vapor condensado ‖ ⁓**wasserableitung** f (Bau) /
conducto m de agua de condensación ‖
⁓**wasserabscheider** m / separador m de agua de
condensación ‖ ⁓**wasserbehälter** m / recipiente m
para agua de condensación ‖ ⁓**wasserbildung** f /
formación f de agua condensada ‖ ⁓**wasserrückleiter**
m / tubería f de retorno para agua condensada ‖
⁓**wassersammelleitung** f / tubo m colector para agua
de condensación ‖ ⁓**wolke** f (nach einer
Atomexplosion) (Nukl) / nube f de condensación
Kondition, Verfassung f / condición f
Konditionieranlage f (Papier) / instalación f de
acondicionamiento [del papel]
konditionieren vt / condicionar, acondicionar ‖ ⁓ (Tex) /
acondicionar, determinar la humedad ‖ ⁓ n,
Behandlung f (Tex) / acondicionamiento m ‖ ⁓
maschinell (Tex) / acondicionamiento m mecánico
Konditionierer m **für LD-Gas** / condicionador m de gas
LD
Konditionierprobe f (Tex) / ensayo m higroscópico de los
hilados
Konditionierung f, Aufbereitung f / condicionamiento
m
Konditionierverlust m (Tex) / pérdida f [de humedad]
por el acondicionamiento
Konditioniervorrichtung f (Tex) / horno m de
acondicionamiento
Konditionsgewicht n (Tex) / peso m acondicionado
Kondori n, Korallenholz n (Bot) / palo mimosáceo m,
condorí m
Konduktanz f, Wirkleitwert m (Elektr) / conductancia f
Konduktivität f (spez. el. Leitfähigkeit) / conductividad
f
Konduktometrie, Leitfähigkeitsmessung f /
conductometría f
konduktometrisch (Maßanalyse) / conductométrico ‖ ⁓
(Titrierung) / amperométrico ‖ ⁓**e Maßanalyse**
(Chem) / análisis m conductométrico
Konein n / coneína f
Konfektion f (Tex) / confección f ‖ ⁓ (Ware) / confección f,
ropa f hecha, confecciones f pl, géneros m
confeccionados
Konfektionär m (Tex) / fabricante m de confecciones
konfektionieren vt / confeccionar, completar
Konfektioniermaschine f (Lebensm) / máquina f
confeccionadora
konfektioniert / confeccionado ‖ ⁓**e Leitungsschnur** f
(mit anvulkanisierten Anschlussteilen) (Elektr) /
cordón m completo

Konfektionierung f (Druck) / embalaje m ‖ ≈ (Reifen) / confección f
Konfektions... (Tex) / confeccionado, de confección
Konferenz•gespräch n (Fernm) / comunicación f [telefónica] colectiva o en conferencia ‖ ≈**schaltung** f (Fernm) / comunicación f colectiva o para conferencia
Konfetti pl (Papierstanzung) / confeti m, recortes m pl [de cinta], retacitos m pl (LA)
Konfidenzintervall n, Vertrauensintervall n (Qual.Pr.) / intervalo m de certeza
Konfiguration f, Konfigurierung f (Astr, DV) / configuración f ‖ ≈ **des Rechners** (DV) / configuración f del ordenador
konfigurations•abhängig (DV) / en función de la configuración ‖ ≈**faktor** m (Strahlung) / factor m de configuración ‖ ≈**steuerung** f (Nukl) / control m de la configuración
konfigurativ, strukturell (Chem) / estructural
konfigurieren vt (DV) / configurar
konflikt•frei / exento de conflictos ‖ ≈**situation** f (Luftf) / situación f conflictiva
konfluent (Math) / confluente
Konfluenz f / confluencia f
konfokal (Opt) / confocal, homofocal
konform [mit] / conforme [a] ‖ ≈**e Abbildung** (Math, Verm) / representación f conforme, cartografía f conforme ‖ ≈**e Lagerung**, Konkordanz f (Geol) / concordancia f, sucesión f regular de capas geológicas
Konformationsanalyse f (Chem) / análisis m conforme
Konformität f (Norm) / conformidad f ‖ ≈ (Potentiometer) / índice m de concordancia funcional
Konformitäts•bestätigung f (DIN 45901) / atestado m de conformidad ‖ ≈**zeichen** n (Norm) / marca f de conformidad
kongenital, angeboren (Biol) / congenital
Konglomerat n (Geol) / conglomerado m
konglomerisieren vt / conglomerar
Kongo•farbstoffe, (jetzt:) Benzo-Diaminfarbstoffe m pl / colorante m Congo, colorante m benzodiamina ‖ ≈**gummi** n, -kopal m / goma f Congo, copal m Congo ‖ ≈**rot** n / rojo m Congo ‖ ≈**rotpapier** n / papel m al rojo Congo
kongruent (Math) / congruente
Kongruenz f (Math) / congruencia f, coincidencia f
kongruieren / ser congruente
Koniferen f pl, Nadelholzbäume m pl (Bot) / coníferas f pl, árboles m pl de hoja perenne ‖ ≈**öl** n / esencia f de coníferas
Koniferin n, Coniferin n (Chem) / coniferina f
Königs•blau n, Kobaltblau n / azul m real o de cobalto ‖ ≈**feldmesser** n (Zuck) / cuchilla f Koenigsfeld ‖ ≈**gelb** n / masicote m ‖ ≈**palme** f (Bot) / tacarigua f (LA) ‖ ≈**säule**, -welle f, -zapfen, -stock m (Kran) / pivote m central ‖ ≈**stuhl** m (Drehbrücke) / pivote m central
Königstein n (Gieß) / reina f
Königswasser n (Chem) / agua f regia, ácido m nitrohidroclórico
Koniin n (Pharm) / coniína f
Konimeter m n, Luftstaubgehaltsmesser m (Umw) / conímetro m
konisch / cónico, coniforme ‖ ~, sich verschmälernd, verjüngt / adelgazado ‖ ~**e Abtastung** (Radar) / exploración f cónica, barrido m cónico ‖ ~**e Angussbuchse** (Plast) / boquilla f de inyección cónica ‖ ~**e Ankernute** (Elektr) / ranura f cónica del inducido ‖ ~ **aufgeweitet** / abocinado ‖ ~ **biegen** / curvar cónico ‖ ~ **bohren** / taladrar cónico ‖ ~**e Bohrung** / taladro m cónico, agujero m cónico, perforación f cónica ‖ ~ **drehen** / tornear cónico ‖ ~ **erweitert** / abocinado, abocardado, ensanchado ‖ ~**es Gewinde** / rosca f cónica ‖ ~**es Hinterachsrohr** / tubo m ensanchado del eje trasero ‖ ~**er Keil**, Treibkeil m / chaveta f cónica ‖ ~**e Kreuzspule** (Tex) / bobina f cruzada cónica ‖ ~**er Lagerstein** (Uhr) / piedra f [de cojinete] cónica ‖ ~**e Leinenscheibe**, Sandpapierkonus m (Galv) / cono m de papel de lija ‖ ~ **machen od. formen** / conificar, hacer cónico ‖ ~**er Messdorn**, Kegellehrdorn m / calibre m macho cónico ‖ ~**e Mischtonne**, Doppelkonusmischer m (Plast) / mezcladora f de tambor de doble cono ‖ ~**es Pendel** / péndulo m cónico ‖ ~**er Radreifen** (Bahn) / aro m cónico ‖ ~**er Rohrschuss** / elemento m cónico, virola f cónica ‖ ~ **schleifen** / rectificar cónico ‖ ~**e Schleifhülse** / casquillo m abrasivo troncocónico ‖ ~**e Schraubenfeder** / resorte m helicoidal cónico ‖ ~**er Stift mit Innengewinde** / espiga f cónica con rosca interior ‖ ~**e Topfschleifscheibe** / muela f de vaso (o copa) cónica ‖ ~**er Transformator o. Wandler** (Ultraschall) / transductor m cónico de ultrasonidos ‖ ~**e Trommel** / tambor m cónico ‖ ~**es Übergangsrohr** / tubo m de paso cónico ‖ ~ **zulaufen lassen** (Masch) / hacer cónico ‖ ~ **zulaufend**, verjüngt / estrechado, reducido [en forma cónica]
Konischdrehen n / torneado m cónico
Konizität f, Kegelform f / conicidad f, forma f cónica ‖ ≈, Spitzzulaufen n / disminución f progresiva, decrecimiento m de diámetro ‖ ≈ f, Schlankheitsverhältnis n / conicidad f ‖ ≈ (der Betrag) / grado m de conicidad ‖ ≈**s...** / cónico, de conicidad
Konjugant m (Biol) / conjugante m
Konjugat n / conjugado m
Konjugation f (Chem) / conjugación f, compuesto m conjugado
konjugiert (Chem, Math, Opt) / conjugado ‖ ~**e Achse** (Math) / eje m conjugado ‖ ~**e Brennpunkte** m pl (Opt) / focos m pl conjugados ‖ ~**e Doppelbindung** (Chem) / enlace m doble conjugado ‖ ~**e Doppelbindungen enthaltend** (Chem) / conjugado ‖ ~**er Durchmesser** / diámetro m conjugado ‖ ~**e Geraden** f pl / rectas f pl conjugadas ‖ ~ **imaginäre Zahl** (Math) / número m conjugado imaginario ‖ ~**e Verbindung** (Chem) / compuesto m conjugado
konjugiert-komplex (Math) / conjugado-complejo ‖ ~**e Dämpfung** (Fernm) / componente m f de atenuación conjugada ‖ ~**es Dämpfungsmaß** / atenuación f sobre impedancias conjugadas ‖ ~**es Übertragungsmaß** (Fernm) / exponente m conjugado de transferencia ‖ ~**er Widerstand eines Vierpols** (Fernm) / impedancia f conjugada ‖ ~**es Winkelmaß** (Fernm) / componente m de desfase conjugado
Konjunktion f, UND-Funktion o. -Verknüpfung f (Eltronik) / operación f lógica Y o AND ‖ ≈ (Astr) / conjunción f ‖ ≈ [zweier Signale] (Regeln) / conjunción f [de dos señales]
Konjunktor m, UND-Glied n (DV) / operador m Y o AND
konkav / cóncavo ‖ ~ **gewölbt** / de superficie arqueada o deprimida ‖ ≈**fräser** m / fresa f cóncava ‖ ≈**gitter** n (Opt) / rejilla f cóncava
Konkavität f (Math) / concavidad f
konkav-konvex / cóncavo-convexo, concavoconvexo ‖ ~**-konvexe Linse** / menisco m ‖ ≈**rändel** n / garfila f cóncava ‖ ≈**säge** f / sierra f [circular] cóncava ‖ ≈**spiegel** m / espejo m cóncavo
Konkordanz f, konforme Lagerung (Geol) / concordancia f estratográfica, sucesión f regular de capas geológicas ‖ ≈ (= 4 Cicero) (Druck) / concordancia f
konkret / concreto ‖ ~**e Darstellung** (DV) / representación f por elementos físicos
Konkretion f, Zusammenballung f / concrecionamiento m ‖ ≈ (Geol) / concreción f
Konkurrent m / competidor m
Konkurrenz f (Handel) / competencia f ‖ ≈**fabrikat** n / producto m competidor o de la competencia ‖ ≈**fähig** / capaz de competir, competitivo ‖ ≈**fähigkeit** f / capacidad f de competencia, competitividad f ‖ ~**los** /

sin o fuera de competencia, sin competidor ‖
~**reaktion** *f* (Chem) / reacción *f* concurrente
konkurrieren [mit] (Handel) / competir [con], hacer la competencia [a]
Konnektor *m* **im Ablaufplan** (ein Symbol) / conector *m* (un símbolo en el diagrama de operaciones)
Konnex *n* / conexión *f*
Konnossement *n*, Seefrachtbrief *m* / conocimiento *m* [de embarque] ‖ **ein** ~ **ausstellen** / extender un conocimiento
Konode *f*, Isotherme *f* im Zustandsschaubild (Krist) / línea *f* de conexión o de conjunción, línea *f* de enlace isotérmica
Konoid *n* (Geom) / conoide *m*
Konoskop *n* (Krist) / conoscopio *m*
Konoskopie *f* / conoscopia *f*
konoskopisch (Opt) / conoscópico
Konsekutivmodulation *f* (TV) / modulación *f* en delta
konsequent / consecuente
Konsequenz, Folge[erscheinung] *f* / consecuencia *f*, fenómeno *m* secundario
konservatives System (Phys) / sistema *m* conservador
Konserve • **n** *f pl* / conservas *f pl*, productos *m pl* en lata o enlatados ‖ ~ *f*, Tonkonserve *f* (Radio) / programa *m* grabado [en cinta], música *f* grabada o enlatada ‖ ~ **für On-Line-Übertragungen** (DV) / registro *m* de protección, grabación *f* duplicada
Konserven • ..., Dosen... / en o de conserva o lata ‖ ~... (Eltronik) / en conserva (coll) ‖ ~**büchse**, -dose *f* / caja *f* o lata de conserva[s] ‖ ~**dosenschließmaschine** *f* / máquina *f* cerradora de latas de conserva ‖ ~**dosenschlüssel** *m* / llave *f* abrelatas, abrelatas *m* ‖ ~**fabrik** *f* / fábrica *f* conservera o de conservas ‖ ~**glas** *n* / tarro *m* o frasco para conservas ‖ ~**industrie** *f* / industria *f* conservera
konservierbar / conservable
Konservierbarkeit *f* / conservabilidad *f*
konservieren *vt*, erhalten / conservar ‖ ~, eindosen / enlatar, hacer conservas, envasar en latas
konservierend / conservador
konserviert (z.B. Latex) / preservado (por ej. látex)
Konservierung *f* (Lebensmittel) / conservación *f*
Konservierungs • **mittel** *n* (für metall. Flächen) / antioxidante *m* ‖ ~**mittel** *n pl* (für Nahrungsmittel) / agente *m* o medio de conservación, sustancia *f* conservadora, conservante *m*
konsistent, fest (Chem) / consistente ‖ ~, nicht weich / firme, estable ‖ ~**es Fett**, Stauferfett *n*, Konsistenzfett *n* / grasa *f* consistente
Konsistenz *f* / consistencia *f* ‖ ~**messer** *m* (Phys) / consistómetro *m* ‖ ~**prüfung**, Ausbreitmaßprüfung *f* (Beton) / ensayo *m* de aplastamiento ‖ ~**zunahme** *f* **von Lack in der Kanne**, Dickwerden *n*, Eindickung *f* (Lack) / espesamiento *m*
Konsol • **armierung** *f* (Beton) / armadura *f* de consola o de voladizo ‖ ~**drehkran** *m* / grúa *f* giratoria de cartela ‖ ~**drucker** *m* (DV) / impresora *f* de consola
Konsole *f*, Kragträger *m* (Bau) / consola *f*, viga *f* en voladizo ‖ ~, Kragstein *m* für den Türsturz (Bau) / repisa *f*, ménsula *f*, cartela *f*, consola *f* con más vuelo ‖ ~ (DV) / consola *f*, pupitre *m* de mando
Konsol • **einheit** *f* (Wzm) / unidad *f* de consola ‖ ~**fräsmaschine** *f* (Wzm) / fresadora *f* de consola
Konsolidierung, Festigung *f* / consolidación *f*
Konsol • **lager** *n*, Wandkonsole *f* / ménsula *f* o consola mural ‖ ~**operator** *m* (DV) / operador *m* de consola ‖ ~**tisch** *m* (Wzm) / mesa *f* de consola, ménsula *f* ‖ ~**träger** *m* (Bau) / viga *f* cantiléver o voladiza, viga *f* suspendida al vuelo o en falso
Konsonanten-Verständlichkeit *f* (Fernm) / articulación *f* o inteligibilidad de consonantes
Konsonanz *f* (Akust) / consonancia *f*
konstant / constante ‖ ~, mit konstanter Spannung (Elektr) / de tensión o voltaje constante ‖ ~**er Beiwert** (Math) / coeficiente *m* constante ‖ ~**e Beschleunigung** (Phys) / aceleración *f* constante ‖ ~**es Element** (Elektr) / pila *f* constante, elemento *m* constante o invariable ‖ ~**er Fehlalarmanteil** / tasa *f* constante de alarma errónea ‖ ~ **halten** / mantener constante ‖ ~ **halten** (Elektr) / estabilizar ‖ ~**e Leuchtdichte** (TV) / luminancia *f* constante ‖ ~**e Proportionen** *f pl* / proporciones constantes ‖ ~**e Sonneneinstrahlung** (Meteo) / insolación *f* constante ‖ ~**e Spannung** / tensión *f* o voltaje constante o invariable ‖ ~**e Steigung** (Masch) / paso *m* constante ‖ ~**e Wärmesummen** *f pl* (Phys) / sumas *f pl* constantes de calor ‖ **mit** ~**em Widerstand** / de resistencia constante ‖ **mit** ~**er Drehzahl o. Geschwindigkeit** / de (o a) velocidad constante
Konstantan *n* (Widerstandslegierung) / constantán *m* ‖ ~**-Heizdraht** *m* (Elektr) / alambre *m* de calefacción de constantán
Konstante *f* (Math, Phys) / constante *f* ‖ ~ **der Expositionsstärke** (Nukl) / constante *f* por unidad de tiempo de exposición
Konstantenabruf *m* (DV) / busca *f* de constantes
Konstant • **halter**, Konstanter *m* (coll) (Eltronik) / estabilizador *m* [de potencial] ‖ ~**haltung** *f*, Stabilisierung *f* (Elektr) / estabilización *f* ‖ ~**-Kennlinie** *f* (Eltronik) / curva *f* característica de tensión estabilizada ‖ ~**klima** *n* (Prüfen) / atmósfera *f* constante ‖ ~**motor** *m* (Hydr) / motor *m* hidráulico de cilindrada o volumen constante ‖ ~**pumpe** *f* / bomba *f* de cilindrada constante ‖ ~**spannungsgenerator** *m* (Elektr) / generador *m* de tensión o voltaje constante ‖ ~**spannungsladung** *f* (Akku) / carga *f* a tensión constante ‖ ~**spannungsnetz** *n* (Kraftverteilung) / red *f* de tensión constante, sistema *m* de distribución en derivación o en paralelo ‖ ~**stromerzeuger** *m* (Eltronik) / generador *m* de amperaje constante ‖ ~**stromladung** *f* (Akku) / carga *f* a intensidad constante ‖ ~**stromregler** *m* / regulador *m* de intensidad constante ‖ ~**stromversorgung** *f* / fuente *f* de alimentación estabilizada ‖ ~**transformator** *m*, transformador *m* de tensión [secundaria] constante ‖ ~**winkel-Wicklung** *f* (Elektr) / arrollamiento *m* de ángulo constante ‖ ~**zug-Winde** *f* (Schiff) / güinche *m* de tracción constante, molinete *m* automático
Konstanz *f*, Unveränderlichkeit *f* / constancia *f* ‖ ~, Aufrechterhaltung *f* / mantenimiento *m* a un valor constante, constancia *f*
Konstellation *f* (Astr) / constelación *f*
Konstituent *m* (Math) / constituyente
Konstitution *f* / constitución *f* ‖ ~, chemische Struktur (Chem) / configuración *f*, estructura *f* química
konstitutionell / constitucional ‖ ~**e Unterkühlung** (Hütt) / subenfriamiento *m* constitucional
Konstitutions • **formel** *f*, Strukturformel *f* (Chem) / fórmula *f* estructural ‖ ~**wasser** *n* / agua *f* de constitución
konstitutiv (Phys) / constitutivo
konstruieren *vt* / construir, diseñar ‖ ~, entwerfen / diseñar, proyectar ‖ ~, Entwickeln *n* / ingeniería *f* de proyectos, actividades *f pl* constructivas
Konstrukt *n* (DV) / estructura *f*
Konstrukteur *m* (Ggsatz Zeichner) / proyectista *m*, diseñador *m*, ingeniero *m* de proyecto o de estudios ‖ ~, Erbauer *m* / constructor *m*
Konstruktion *f* / construcción *f*, diseño *m*, dibujo *m* técnico ‖ ~, Entwurf *m* / proyecto *m*, plan *m* ‖ ~, trazado *m* geométrico (Geom) / construcción *f* ‖ ~, Bauweise *f*, Bauen *n* / construcción *f*, método *m* constructivo ‖ ~, Bauwerk *n* / construcción *f*, obra *f*, edificio *m* ‖ ~ **mit Lineal u. Zirkel** (Math) / dibujo *m* geométrico ‖ **luftgestützte oder pneumatische** ~ (Plast) / estructura *f* neumática
Konstruktions • ..., konstruktiv / constructivo ‖ ~**abgrenzung** *f* / límites *m pl* de construcción ‖

##änderung f / modificación f de la construcción ‖ ##anstrichfarbe f / pintura f para construcciones metálicas ‖ ##blatt n / hoja f de construcción ‖ ##blech n / chapa f para la construcción, chapa f estructural ‖ ##breite f (Schiff) / manga f proyectada ‖ ##büro n / oficina f de construcción o de proyectos, servicio m de estudios ‖ ##daten n pl, -voraussetzung f / datos m pl constructivos o de construcción ‖ ##durchsicht, Durchsicht f (Zeichn) / vista f transparente, vista f detallada de las piezas internas ‖ ##einzelheiten f pl / detalles m pl constructivos o de construcción ‖ ##element n / elemento m de construcción, elemento m estructural ‖ ##entwurf m, -skizze f, -blatt n / croquis m o bosquejo de construcción, hoja f de construcción ‖ ##fehler m / defecto m o error de construcción, construcción f defectuosa, falla f de construcción ‖ ##form, -art f (allg) / forma f de construcción ‖ ##fuge f / junta f de construcción ‖ ##gedanke m, -prinzip n / principio m de construcción ‖ ##gewicht n (Luftf) / peso m de [la] construcción ‖ ##höhe, Bauhöhe f / altura f de construcción ‖ ##ingenieur m / ingeniero m de proyectos, ingeniero m de diseño, jefe m de la oficina técnica, ingeniero-jefe m de construcción ‖ ##länge f, Baulänge f (Schiff) / eslora f de construcción proyectada ‖ ##leichtbeton m (Bau) / hormigón f ligero para construcciones ‖ ##linie, Mittellinie f (Zeichn) / mediana f de construcción ‖ ##linie f, Konstruktionswasserlinie f, KWL (Schiff) / línea f de flotación proyectada ‖ ##masse f (Rakete) / masa f [neta] de construcción ‖ ##mechaniker m / mecánico m de construcción ‖ ##merkmal n / característica f constructiva o de [la] construcción ‖ ##prüfung f / comprobación f de construcción ‖ ##rohr n (Walzw) / tubo m para construcciones, tubo m estructural ‖ ##stahl m / acero m estructural ‖ ##technik f / técnica f constructiva o de construcción ‖ ~technisch / constructivo ‖ ##teil m n, -element n / pieza f o elemento de construcción ‖ ##tiefgang m (Schiff) / calado m proyectado ‖ ##- u. Baunorm f / norma f de construcción ‖ ##- und Entwicklungsbüro n / oficina f de proyectos, servicio m de estudios ‖ ##unterkante f (Stahlbau) / línea f de [la] construcción ‖ ##unterlagen f pl [in Blattform] / hoja f de construcción ‖ ##voraussetzung f, -daten n pl / datos de construcción m pl ‖ ##wasserlinie f, KWL f (Schiff) / línea f de flotación proyectada ‖ ##zeichner m / delineante m proyectista o industrial, dibujante m o diseñador [de construcción] ‖ ##zeichnung f (Masch) / dibujo m o plano de construcción
konstruktiv, Konstruktions... / constructivo ‖ ~e **Interferenz** / interferencia f estructural ‖ ~ **nicht vorgesehen** / no previsto en la construcción ‖ **aus ~en Gründen** / por razones o motivos de construcción
Konsum•artikel m / artículo m de consumo ‖ ##elektronik f / electrónica f de consumo ‖ ##güter n pl / bienes m pl de consumo, productos m pl o artículos de consumo ‖ ##güterindustrie f / industria f de bienes o artículos de consumo ‖ ##-Software f / software m de consumo
Kontakt m (allg, Elektr) / contacto m ‖ ## "letzte Zeile" (DV) / contacto m "último línea" ‖ ##e **zwischen Halbleiterschichten** / contacto m entre las capas de semiconductor ‖ **fester** ## (Relais) / contacto m fijo ‖ **[im Schaltbild getrennt dargestellte] nummerierte** ##e (Zeichn) / contactos m pl dispersos [representados en el diagrama] ‖ **schlechter** ## / contacto m defectuoso ‖ **sehr guter** ## / contacto m excelente
Kontakt•abbrand m / desgaste m por quemadura de los contactos ‖ ##abstand m / distancia f entre contactos ‖ ##abstand offen / distancia f entre los contactos en estado abierto ‖ ##abzug m (Druck, Foto) / copia f por contacto, contacto m ‖ ##arm m (Fernm) / brazo m conector o de contacto ‖ ##backen f pl / mordazas f pl de contacto ‖ ##bahn f / vía f de contacto ‖ ##bahn für Stecken von gedruckten Schaltungen / esmerilado m por cinta de contacto ‖ ##bank, -reihe f, -satz m, Lamellenbank f (Fernm) / campo m o banco de contactos ‖ ##belag m / armadura f de contacto ‖ ##belastung f / carga f de contacto ‖ ##birne f, Klingelknopf in Birnenform m / pera f [interruptor] ‖ ##blech n / chapa f de contacto ‖ ##boden m (Chem) / platillo m de contacto ‖ ##bügel m (Elektr) / estribo de contacto[s] ‖ ##bürste f / escobilla f de contacto ‖ ##dose f (Fernschreiber) / caja f de contactos ‖ ##druck m (Elektr) / presión f [en el punto] de contacto ‖ ##druck (Foto) / copia f o prueba por contacto ‖ **waagerechte** ##ebene (Fernm) / plano m [de movimiento] horizontal del selector Strowger ‖ ##elektrizität f / electricidad f de (o por) contacto ‖ ##elektrode f (Elektrolyse) / electrodo m de contacto ‖ ##-EMK f (Elektr) / FEM f de contacto, fuerza f electromotriz de contacto ‖ ##enge f (Halbl) / zona f de captura ‖ ##fahne f (Elektr) / laminilla f de contacto ‖ ##feder f / resorte m o muelle de contacto, lámina f de contacto, lámina f portacontacto ‖ ##feder des Relais / resorte m de relé ‖ ##federleiste f / regleta f de contactos de resorte[s] ‖ ##federring m (Elektr) / anillo m resorte para contactos ‖ ##federsatz, Federsatz m (Relais) / juego m de muelles de contacto ‖ ##federwaage f / balanza f de resorte de contacto ‖ ##fehler m / falla f de contacto ‖ ##feile f (Wz) / lima f para contactos ‖ ##feld n (Eltronik, Fernm) / banco m o campo de contactos ‖ ##feuern n / formación f de chispas, producción f de arcos entre contactos ‖ ##film m / película f de contacto ‖ ##filterbett n (Chem) / lecho m filtrante de contacto ‖ ##finger m, Prüffinger m (Elektr) / dedo m de contacto ‖ ##finger (der Steuerwalze) / dedo m del combinador ‖ ##fläche f (Elektr) / superficie f de contacto ‖ ~frei / sin contacto[s] ‖ ##froster m / congelador m de (o por) contacto ‖ ##funke m / chispa f de contacto ‖ ##gabe f / establecimiento m de contacto ‖ ##gabekanal m (DV) / canal m de abertura o cierre de contactos ‖ ##gang m (Bergb) / filón m de contacto ‖ ##gebend / contactante ‖ ##geber m, Relaisschalter m / contactor m, conyuntor m ‖ ##geberzähler m / relé m contador ‖ ##gefrieren n / congelación f por contacto ‖ ##gestänge n / varillaje m de contacto protegido ‖ ##gestein n (Geol) / roca f metamórfica de contacto ‖ ##getterung f (Eltronik) / rarefacción f por contacto ‖ ##gift, Katalytgift n / veneno m catalítico ‖ ##gift, -insektizid n / insecticida f de (o por) contacto ‖ ##gleichrichter m (Elektr) / rectificador m de contacto ‖ ##glied n (Fernm) / elemento m de contacto ‖ ##goniometer n (Krist) / goniómetro m de contacto ‖ ##halter m, -träger m / portacontactos m ‖ ##hammer m, Wagnerscher Hammer (Elektr) / ruptor m, vibrador m ‖ ##harz n (Plast) / resina f de contacto ‖ ##hebel m / palanca f de contacto ‖ ~herstellend / contactante ‖ ##höhenmesser m (Luftf) / altímetro m de contacto ‖ ##hülse f / hembrilla f de contacto, conector m hembra
kontaktieren vt (IC) / efectuar la ligazón o el empalme ‖ ~ (Elektr) / contactar, establecer contacto
Kontaktierung f, Bonden f (Halbl) / empalme m, ligazón f
Kontakt•instrument n, Schaltinstrument n / instrumento m contactante ‖ ##ionen-Mikroantrieb m (Raumf) / micropropulsor m iónico ‖ ##kessel m (Chem) / horno m catalítico ‖ ##kleben n (Elektr) / agarrotado m del contacto ‖ ##kleber m / pegamento m o adhesivo de contacto ‖ ##klemme f / borna f o pinza de contacto ‖ ##klotz m / bloque m de contacto, plot m ‖ ##knopf m / botón m de contacto ‖ ##kolben m (Wellenleiter) / pistón m contactante o de contacto ‖ ##kopie f, Kontaktabzug m (Foto) / prueba f o copia de (o por) contacto ‖ ##kopiergerät n / copiadora f por

Kontaktkorrosion

contacto ‖ ≃**korrosion** f / corrosión f de (o por) contacto ‖ ≃**kranz** m (Wähler) / arco m de contactos ‖ ≃**-Kunststoff** m / resina f de contacto ‖ ≃**lagerstätte** f (Geol) / yacimiento m de contacto ‖ ≃**lamelle** f (Selbstwähler) (Fernm) / lámin[ill]a f de contacto ‖ ≃**laufwerk** n (Uhr) / mecanismo m contactor de relojería ‖ ≃**leiste** f, Verteilerleiste f (Eltronik, Fernm) / regleta f de contactos ‖ ≃**leiste** (steckbar) / regleta f de múltiples contactos enchufable ‖ ≃**linse** f, -glas n (Opt) / lente f de contacto o invisible o pupilar, lentilla f de contacto corneal ‖ ~**los** / sin contacto[s] ‖ ~**loses Nachformsystem** / sistema m copiador sin contacto ‖ ≃**manometer** n / manómetro m de contacto ‖ ≃**maske** f (Druck) / máscar[ill]a f de (o por) contacto ‖ ≃**matte** f, -fußboden m (z.B. zum Türöffnen) / estera f de contacto ‖ ≃**messer** n / lengüeta f de contacto ‖ ≃**metall** n / metal m de contacto ‖ ≃**metamorphose** f (Geol) / metamorfosis f o alteración por contacto ‖ ≃**mitgang** m (Relais) / acompañamiento m de contacto ‖ ≃**niederschlag** m (Galv) / depósito m por contacto ‖ ≃**niet** m, plattierter Niet / remache m chapeado para contactos ‖ ≃**niet mit Platinauflage** / remache m platinado ‖ ≃**nippel** m / espiga f de contacto ‖ ≃**ofen** m (Chem) / horno m de contacto ‖ ≃**öffnung** f (Relais) / intervalo m de abertura de contactos ‖ ≃**öl** n / aceite m de contacto (transmisión térmica) ‖ ≃**paar** n / par m de contactos ‖ ≃**papier** n (Foto) / papel m de contacto ‖ ≃**photographie** f / prueba f [fotográfica] por contacto ‖ ≃**plan** m (IC) / esquema de contactos m ‖ ≃**plättchen** n / plaquita f de contacto ‖ ≃**platte** f / placa f portacontacto[s] ‖ ≃**plattieren** n (Galv) / depósito m por contacto ‖ ~**pneumatolytische Verdrängungsstätte** (Geol) / depósito m de contacto ‖ ≃**poliergerät** n / pulidor m o bruñidor de contactos ‖ ≃**potentialwall** m (Eltronik) / barrera f de potencial de contacto ‖ ≃**prellen** n (Elektr) / rebote m de contacto[s], vibración f del contacto ‖ ≃**prozess** m, -verfahren n (Chem) / procedimiento m de contacto ‖ ≃**punkt** m / punto m de contacto ‖ ≃**pyrometer** n / pirómetro m de contacto ‖ ≃**raster** m (Druck) / trama f de contacto, pantalla f o retícula de contacto ‖ ≃**rauschen** n (Fernm) / ruido m de fritura, crepitación f ‖ ≃**reaktionsofen** m (Chem) / horno m de reacción por contacto ‖ ≃**reihe** f, -satz m (Eltronik, Fernm) / banco m o campo de contactos ‖ ≃**reihe** / fila f de contactos ‖ ≃**ring** m (Fernm) / arco m de contacto[s] ‖ ≃**rolle** f (Elektr) / polea f de trole o de contacto ‖ ≃**rolle**, Rollenelektrode f (Schw) / rodillo m para el soldeo ‖ ≃**satz** m (Eltronik, Fernm) / banco m o campo de contactos ‖ ≃**satz** (Eltronik) / juego m de contactos ‖ ≃**säure** f, -schwefelsäure f (Chem) / ácido m sulfúrico de contacto ‖ ≃**schieber** m (Elektr) / cursor m de contacto ‖ ≃**schiene** f / riel m de contacto ‖ ≃**schleifen** n, Bandschleifen n / esmerilado m por cinta de contacto ‖ ≃**schleifscheibe** f / muela f [para esmerilado] de contacto ‖ ≃**schließwinkel** m / ángulo m de cierre de contactos ‖ ≃**schlitten** m (Bahn) / cursor m de toma de corriente, zapata f de toma de corriente ‖ ≃**schraube** f / tornillo m de contacto ‖ ≃**schuh** m / zapata f de contacto ‖ ≃**schutzrelais** n / relé m protector de contacto ‖ ≃**schweißung** f / soldadura f [homogénea] por contacto ‖ ≃**sengmaschine** f (Tex) / chamuscadora f de contacto ‖ ≃**spannung** f (Phys) / potencial m de contacto ‖ ≃**spitze** f / punta f de contacto ‖ ≃**stange** f (Bahn) / barra f de contacto, pértiga f de trole ‖ ≃**stelle** f / punto m o lugar de contacto ‖ ≃**stellung** (am Kontroller), Schaltstellung f (Elektr) / punto m de combinador (cualquier posición de trabajo) ‖ ≃**stift** m / espiga f o clavija f de contacto ‖ ≃**stift**, -spitze f (Fernm) / punta f de contacto ‖ ≃**stöpsel** m / clavija f de contacto ‖ ≃**streifen** m / regleta f de contactos ‖ ≃**stück** n (Elektr, Schalter) / pieza f de contacto, plot m

‖ ≃**tannenbaum** m (Fernm) / árbol m de circuitos derivados, red f no mallada ‖ ≃**taste** f / tecla f pulsadora ‖ ≃**-Tellertrockner** m, Turbotrockner m, Ringetagentrockner m / turbosecador m, secador m de turbina ‖ ≃**thermometer** n / termómetro m de contacto ‖ ≃**trockner** m / secador m de (o por) contacto ‖ ≃**trocknung** f / secado m por contacto ‖ **[elektrochemischer]** ≃**überzug** (Galv) / metalización f por contacto ‖ ≃**uhr**, Schaltuhr f / interruptor m de relojería ‖ ≃**verfahren** n (Chem, Galv) / procedimiento m de contacto ‖ ≃**verfahren**, Handaufbauverfahren n (Plast) / molde[ad]o m por contacto o a mano ‖ ≃**verschmutzung** f / contaminación f de contactos, ensuciamiento m de contactos ‖ ≃**versilberung**, -vergoldung f (usw) / metalización f por contacto, plateado m dorado ‖ ≃**voltmeter** n / voltímetro m de contacto ‖ ≃**walze** f / cilindro m o tambor de contacto ‖ ≃**werk** n (Uhr) / movimiento m de contacto ‖ ≃**werkstoff** m (Elektr) / material m para contactos ‖ ≃**widerstand** m / resistencia f de contacto ‖ ≃**wirkung** f (Chem) / acción f de contacto ‖ ≃**zeiger** m (Instr) / aguja f portacontactos o de contacto ‖ ≃**zone** f / zona f o área de contacto ‖ ≃**zunge** f / lámina f o lengüeta de contacto ‖ ≃**zwillinge** m pl (Krist) / maclas f pl de contacto o por yuxtaposición ‖ ≃**zwinge** f (Schw) / pinza f de contacto

Kontamination, Verseuchung f (Nukl, Umw) / contaminación f

Kontaminations•ursache f, -quelle f / foco m contaminador ‖ ≃**verhinderung** f, Verschmutzungsverhinderung f (Nukl) / medidas f pl anticontaminantes o contra la contaminación

kontaminieren vt, verunreinigen (Nukl, Umw) / contaminar

kontaminierend / contaminante

kontaminierende Wirkung, Verschmutzung f / efecto m contaminante

kontaminiert, verseucht (Nukl, Umw) / contaminado

Konten•... s. auch Kontokarten... ‖ ≃**plan** m / plan m de cuentas ‖ ≃**rahmen** m / base f del plan de cuentas, esquema m para los capítulos de gastos, cuadro m contable

Konterlattung f (Dach) / contraenlistonado m

kontern vt (Masch) / bloquear o fijar por contratuerca ‖ ~ (Druck) / invertir lateralmente ‖ ≃ n (Repro) / inversión lateral

Konter-Umdruck m (Druck) / contraprueba f

Kontext m / contexto m

kontextualisieren vt / contextualizar

kontinental / continental ‖ ~**e Wasserscheide** / divisoria f de aguas continental, parteaguas m continental ‖ ≃... (das europäische Festland betreffend) / continental, del Continente [Europeo] ‖ ≃**abhang** m (200-2400 m) / talud m continental, vertiente f continental ‖ ≃**böschung** f, Schelf n (0-200 m u. M) (Geo) / plataforma f epicontinental ‖ ≃**drift** f, -verschiebung f (Geol) / traslación f o deriva de los continentes ‖ ≃**klima** n / clima m continental ‖ ≃**rand** m (Geol) / borde m de la plataforma epicontinental, borde m continental, orla f continental ‖ ≃**schelf** n m, -sockel m / plataforma f epicontinental, plataforma f submarina superior ‖ ≃**sockel** m / terraza f [o plataforma] continental ‖ ≃**verschiebung** f, -drift f / deriva f de los continentes, desplazamientos m pl continentales

Kontingent n / contingente m, cupo m, cuota f

kontingentieren vt / contingentar, fijar cupos

Kontingentierung f / contingentación f

Kontingenz f (Stat) / contingencia f

Kontinue•-Bleichanlage f, -Bleiche f (Tex) / instalación f de blanqueo continuo ‖ ≃**-Düsenspinn-Streckzwirnmaschine** f, -Streck-Aufspulmaschine f / hiladora f extrusionadora-estiradora-enrolladora ‖ ≃**färberei** f /

Kontrollgerät

teñido m continuo ‖ ~**verfahren** n (Tex) / procedimiento m continuo ‖ ~**walke** f (Wolle) / máquina f batanadora continua
kontinuierlich, fortlaufend / continuo, sin interrupción, continuado, ininterrumpido ‖ ~, ohne Ende / sin fin ‖ ~, stetig, analog / análogo ‖ ~ (Träger) / continuo (viga) ‖ ~, durchgehend, -laufend (Masch) / continuo, pasante ‖ ~**er Abbau** (Bergb) / explotación f o extracción continua ‖ ~ **[arbeitend]** / trabajando sin interrupción[es] ‖ ~ **arbeitender Bagger** / excavadora f continua ‖ ~ **arbeitende Setzmaschine** (Bergb) / caja f de lavado continuo ‖ ~**e Balkenbrücke** / puente m de vigas continuas ‖ ~**e Destillation** (Chem) / destilación f continua ‖ ~**e Diffusion** (Zuck) / difusión f continua ‖ ~**e Drahtstraße** (Walzw) / tren m laminador continuo de alambre ‖ ~**e Drahtverzinnung** / electro-estañadura f continua de alambre ‖ ~**er Ein-Aus-Betrieb** (Chem) / modalidad f continua por todo o nada ‖ ~**es Erzeugnis** / producto m continuo o sin fin ‖ ~**e Extraktion** / extracción f continua ‖ ~**er Filmdurchlauf** / desfile m continuo de la película ‖ ~**e Gruppe** (Math) / grupo m de Lie ‖ ~**es Kühlungs-Umwandlungsschaubild** o.
ZTU-Diagramm / diagrama m de transformación en enfriamiento continuo ‖ ~**er Laser** / láser m de onda continua ‖ ~**e Proportion** (Math) / proporción f continua ‖ ~**e Raffination** (Öl) / tratamiento m continuo ‖ ~ **regelbar**, stufenlos / de regulación continua, sin escalones ‖ ~**er Regelkreis** / circuito m regulador continuo ‖ ~**e Regelung** / regulación f continua, control m continuo ‖ ~**es Rohrwalzwerk** / laminador m continuo de tubos ‖ ~**es Sauerstoff-Frischverfahren** (Hütt) / procedimiento m de afino por oxígeno en continuo ‖ ~**es Spektrum**, Kontinuum n (Phys) / espectro m continuo ‖ ~ **veränderliches Getriebe** / engrenaje m de variación continua ‖ ~**er Verlauf** (Mat.Prüf) / característica f continua ‖ ~**e Walzstraße** (Walzw) / tren m laminador continuo ‖ ~**es Walzwerk** / laminador m continuo ‖ ~**e Welle** / onda f continua, OC
Kontinuierlichkeit f, **Kontinuität** f / continuidad f
Kontinuitäts • bedingung f / condición f de continuidad ‖ ~**gleichung** f (Math) / ecuación f de continuidad ‖ ~**moment** n (Mech) / momento m de continuidad ‖ ~**pilot** m n (Fernm) / piloto m de continuidad
Kontinuradar n / radar m continuo, sistema m continuo de radar
Kontinuum n (Math, Phys) / continuo ‖ ~, kontinuierliches Spektrum / espectro m continuo
Kontinuumsmechanik f (Mech) / mecánica f de continuo
Kontinuum • strahler m (Spektroskopie) / emisor m continuo ‖ ~**strömung** f / corriente f continua, flujo m continuo ‖ ~**-Triebwerk** n, Konti-Triebwerk n / motopropulsor m en régimen continuo
Kontinu-Verfolgung f (Radar) / seguimiento m continuo u omnidireccional
Konti-Stahlbandbeize f / decapado m continuo de flejes de acero
Konto • kartenleser m / lectora f [automática] de fichas ‖ ~**kartenzuführgerät** n / dispositivo m de alimentación de fichas ‖ ~**phot** n, Kontophotkopie, -vervielfältigung f / copia f o reproducción fotostática
kontrahieren vt, zusammenziehen / contraer
Kontrakt m, Dienstleistungs-. Werkvertrag m / contrata f
Kontraktion f, Zusammenziehung f / contracción f ‖ ~ (Einschnürung) / estricción f, constricción f
Kontraktions • riss m (Hütt) / grieta f de contracción ‖ ~**zahl** f / coeficiente m de contracción, índice m de Poisson
Kontrast, Gegensatz m (Foto, Opt) / contraste m ‖ ~ **bilden** [zu] / contrastar [con], estar en contraste [con] ‖ ~**arm**, flach (Foto) / pobre en contrastes ‖ ~**automatik** f / control m automático de contraste ‖ ~**blende** f / diafragma m de contraste ‖ ~**empfindlichkeit** f (Opt) / sensibilidad f a los contrastes ‖ ~**expander** m (TV) / regulador m de expansión de contraste ‖ ~**farben** f pl / colores m pl de contraste ‖ ~**filter** m (Foto) / filtro m de contraste ‖ ~**fluoreszenz-Mikroskopie** f / microscopia f de fluorescencia por contraste ‖ ~**gradient** m (TV) / gradiente m de contraste ‖ ~**hebung** f / aumento m de contraste
Kontrastiereinrichtung f / dispositivo m para mejorar el contraste
kontrastieren vt vi / contrastar
kontrast • los (Foto, TV) / sin contraste ‖ ~**mangel** m, Flachheit f (Foto) / falta f de contraste[s] ‖ ~**photometer** n / fotómetro m de contraste ‖ ~**potentiometer** n / potenciómetro m de contraste ‖ ~**regler** m (TV) / control m de contraste, regulador m del contraste ‖ ~**reich** (Foto, TV) / con contrastes fuertes, contrastado ‖ ~**schwelle** f (TV) / umbral m de contraste ‖ ~**stärke** f, Gamma n (Film, TV) / gamma m, grado m de contraste ‖ ~**steigerung** f / aumento m de contraste ‖ ~**übertragung** f (Opt) / transmisión f de contraste[s] ‖ ~**übertragungsfaktor** m / coeficiente m de transmisión de contraste[s] ‖ ~**übertragungsfunktion** f (Opt) / función f de transmisión de contraste[s] ‖ ~**umfang** m, -verhältnis n (TV) / gama f de contrastes ‖ ~**verbesserung** f, -expansion f (TV) / expansión f de contraste ‖ ~**verhältnis** n **für Einzelheiten** (TV) / relación f de contraste de detalles ‖ ~**verlust** m (Foto) / merma f de contraste ‖ ~**wiedergabe** f (Foto) / restitución f de contraste[s] ‖ ~**wirkung** f / efecto m de contraste
kontravariant (Math) / contravariante
Kontroll • ... s. auch Prüf... ‖ ~**ablesung** f / lectura f de control ‖ ~**abschnitt** m / talón m de control o de comprobación, comprobante m ‖ ~**analyse** f / análisis m de comprobación ‖ ~**anlage** f / instalación f de control ‖ ~**band** n (DV) / cinta f de control ‖ ~**beamter** m, Untersuchungsbeamter m / visitador m ‖ ~**bereich** m (Nukl) / zona f o área controlada ‖ ~**bildapparatur** f, -bildschirm m (TV) / monitor m [de imagen], cinescopio m de control ‖ ~**bohrloch** n (Öl) / barreno m de comprobación ‖ ~**brücke** f (LKW-Maut) / puente m de control o registro ‖ ~**buch** n (Kfz) / libro m de control ‖ ~**bunker** m (Raumf) / puesto m protegido de lanzamiento ‖ ~**drucker** m (DV) / impresora f de control
Kontrolle f, Überwachung f / control m, supervisión f, comprobación f, vigilancia f, chequeo m ‖ ~, Inspektion f / inspección f ‖ ~, Untersuchung f / verificación f ‖ ~ f, Prüfung f / control m, examen m ‖ ~, Revision f / revisión f ‖ ~, Überprüfung f / chequeo m, control m visual ‖ ~ **des Verbundes** (Seil) / control m de la adhesión ‖ ~ **nach Zahl der Fehler** / control m según el número de faltas ‖ **[nachgeschaltete]** ~ (F.Org) / control m a posteriori
Kontrollempfänger, Monitor m / receptor m de control, receptor m monitor[io]
Kontroller m, Schaltwalze f (Elektr) / contróler m, combinador m ‖ ~, Fahrschalter m (Bahn) / contróler m, combinador m, contactor m de mando, manipulador m regulador ‖ ~**finger** m / dedo m del combinador ‖ ~**stellung** f / punto m del combinador
Kontrolleur m, Inspektor m (F.Org) / inspector m revisor ‖ ~, Aufseher m / inspector m ‖ ~ (Bahn) / interventor m, revisor m ‖ ~, Abnahmebeamter m / agente m de control, verificador m
Kontroll • feld n (DV) / campo m de control ‖ ~**fenster** n / ventanilla f o mirilla de inspección ‖ ~**fenster** / indicador m óptico, visor m repetidor ‖ ~**fühler** m / palpador m de control ‖ ~**funktion** f, Steuerfunktion f / función f de mando ‖ ~**gang** m / ronda f, paseo m de control ‖ ~**gerät** n, -vorrichtung f, -apparat m / aparato m de control o de verificación o de

737

comprobación ‖ ˜**herd** *m* (Flotation) / mesa *f* de control
kontrollierbar / controlable ‖ ~, nachweisbar / comprobable, verificable
kontrollieren *vt*, nachprüfen / controlar, verificar, comprobar, revisar ‖ ~, prüfen / examinar, chequear (LA), checar (MEJ) ‖ ~, unter Kontrolle haben / dominar ‖ ~ (vergleichend) / contrastar ‖ **100%ig** ~ / verificar a fondo
kontrolliert•er Abstieg (Flugkörper) / descenso *m* controlado ‖ ˜**e Atmosphäre**, CA / atmosfera *f* artificial o de composición regulada ‖ ˜**e ausgeglichene Stichprobe** / prueba *f* aleatoria controlada y compensada ‖ ˜**e Kernfusion** *f* / fusión *f* nuclear controlada ‖ ˜**er Luftraum** / espacio *m* aéreo controlado
Kontroll•-Information *f* / información *f* de control ‖ ˜**-Instrument** *n* (allg) / monitor *m*, dispositivo *m* de comprobación, instrumento *m* de control ‖ ˜**karte** *f* / tarjeta *f* de control, ficha *f* ‖ ˜**kasse** *f*, Registerkasse *f* / caja *f* registradora ‖ ˜**kolben** *m* (Chem) / matraz *m* testigo ‖ ˜**-Kopfhörer** *m* / auricular *m* monitor o de comprobación ‖ ˜**körnen** *n* / granetazo *m* de control ‖ ˜**kreis** *m* (Fernm) / circuito *m* de mando ‖ ˜**kreis** (allg, DV, Elektr) / círculo *m* testigo o piloto o de control ‖ ˜**lampe** *f*, Kontrolleuchte *f* / lámpara *f* testigo o piloto, indicador *m* luminoso, lámpara *f* o luz de control ‖ ˜**lampenfeld** *n* / tablero *m* de lámparas ‖ ˜**lautsprecher** *m* (Film) / altavoz *m* de control (E), altoparlante *m* de control (LA) ‖ ˜**lesen** *n* / lectura *f* de control [después del grabado] ‖ ˜**leuchte** *f*, -licht *n* a. auch Kontrolllampe (nS) ‖ ˜**liste** *f* (Luftf) / lista *f* de verificación o de comprobación o de repaso ‖ ˜**manometer** *n* / manómetro *m* patrón ‖ ˜**marke** *f*, -abriss *m*, -abschnitt *m* / marca *f* de control, talón *m* de control, ficha *f* o contraseña *f* de control ‖ **mit ˜marke versehen** / contramarcar ‖ ˜**messung** *f* / medición *f* de comprobación ‖ ˜**mischung** *f* (Chem) / mezcla *f* testigo ‖ ˜**öffnung** *f* / puerta *f* de visita, trampilla *f* de inspección ‖ ˜**peilung** *f* (Luftf) / marcación *f* de control ‖ ˜**platz**, -tisch *m*, -pult *n*, -konsole *f* (TV) / mesa *f* de control o de observación ‖ ˜**programm** *n* (DV, IBM) / rutina *f* comprobatoria o ejecutiva o maestra, programa *m* de control ‖ ˜**prüfgerät** *n*, -prüflehre *f* / patrón *m* secundario ‖ ˜**quarz** *m* / cuarzo *m* de control ‖ ˜**raum** *m* (Raumf) / sala *f* de seguimiento ‖ ˜**raum** (TV) / sala *f* de control o de mando ‖ ˜**rechner** *m* (DV) / computadora *f* de comprobación ‖ ˜**relais** *n* / relé *m* de supervisión o de vigilancia ‖ ˜**relais**, Steuerrelais *n* / relé *m* de control o de mando ‖ ˜**schacht**, Revisionsschacht *m* (Abwasser) / cámara *f* de visita ‖ ˜**schalter** *m* / interruptor *m* de control ‖ ˜**schalter**, Wählschalter *m* (Eltronik) / conmutador *m* selector ‖ ˜**schaubild** *n* / gráfico *m* de control ‖ ˜**schein** / nota *f* de control ‖ ˜**schrank** *m*, Steuerschrank *m* (Elektr) / armario *m* de control o de mando ‖ ˜**sperre** *f* (z.B. Infrarot) / barrera *f* de control (por ej.: de infrarrojo) ‖ ˜**stab** *m* (Nukl) / barra *f* de control (por ej.: de infrarrojo) ‖ ˜**stabwägung** *f* (Nukl) / pesada *f* de una barra de control ‖ ˜**stelle** *f* (allg) / puesto *m* de control ‖ ˜**stempel** *m* / sello *m* de control o de validez, timbre *m* o marca de revisión ‖ ˜**stempel** (Wz) / punzón *m* de marcar ‖ ˜**streifen** / tira *f* o cinta [registradora] de control ‖ ˜**summe** *f* (DV) / total *m* parcializado o de prueba ‖ **eine ˜summe bilden**, kontrollsummieren (DV) / calcular el total de prueba ‖ ˜**system** *n* / sistema *m* de control o de verificación o de comprobación ‖ ˜**tableau** *n*, -tafel *f* / panel *m* o tablero de control o de mando ‖ ˜**test** *m* (Chem) / reacción *f* testigo ‖ ˜**turm** *m*, Tower *m* (Luftf) / torre *f* de control ‖ ˜**uhr** *f*, Stechuhr *f* (F.Org) / reloj *m* marcador o registrador de tiempos ‖ ˜**uhr**, Wächter[kontroll]uhr *f* / reloj *m* de ronda o de vigilante, controlador *m* de ronda ‖ ˜**umschalter** *m* (Fernm) / conmutador *m* de control o de mando, conmutador *m* de comprobación, llave *f* de mando ‖ ˜**verstärker** *m* (Fernm) / amplificador *m* de control o de supervisión, amplificador *m* monitor[io] ‖ ˜**versuch** *m* / ensayo *m* de comprobación o de control, experimento *m* de control ‖ ˜**vorrichtung** *f* / dispositivo *m* de comprobación o de control ‖ ˜**vorrichtung** (TV) / monitor *m* ‖ ˜**waage** *f* / balanza *f* de control ‖ ˜**warte** *f*, Schaltwerk *n* (Elektr) / puesto *m* de control o de mando, central *f* de mando ‖ ˜**wecker** *m* (Fernm) / timbre *m* piloto ‖ ˜**zahl**, -summe *f* (DV) / número *m* de control o de comprobación, suma *f* de verificación ‖ ˜**zeichen** *n* / signo *m* de control, marca *f* de control ‖ ˜**zentrum** *n* (Raumf) / centro *m* de control o de seguimiento ‖ ˜**ziffer** *f* (DV) / dígito *m* de comprobación ‖ ˜**zifferprüfer** *m* / verificadora *f* de dígitos de comprobación
Kontur *f*, Umriss *m* / contorno *m* ‖ ~ (NC) / perfil *m* ‖ ˜ **eines Berges** / perfil *m* de un monte ‖ ˜**ätzen** *n* / mordido *m* de contornos
Konturen•betonung *f* (TV) / acentuación *f* de contornos ‖ ˜**fräsen** *n* (Wzm) / fresado *m* de contornos ‖ ˜**hervorhebung** *f* (Video) / acentuación *f* de bordes ‖ ˜**packung** *f* / envase *m* o embalaje adaptado al contorno ‖ ˜**schärfe** *f* (Foto) / acutancia *f* ‖ ˜**schärfe**, -treue *f* (TV) / definición *f* ‖ ˜**schärfe** (Druck) / nitidez *f* de contornos ‖ ˜**schnitt** *m* (Schw) / corte *m* curvilíneo ‖ ˜**schwarz** *n* (Färb) / negro *m* de contornos ‖ ˜**stecker** *m* (Elektr) / clavija *f* perfilada ‖ ˜**unschärfe** *f* **schnell bewegter Objekte** (Foto) / borrosidad *f* de objetos en movimiento rápido
konturieren *vt* / contornear o trazar los contornos ‖ ~ *n* / trazado *m* de contornos
Konturierung *f* / contorneo *m*
Kontur•schrift *f* (Druck) / caracteres *m pl* fileteadores, letras *f pl* fileteadas o caladas ‖ ˜**verfolgung** *f* (Zeichenerkennung) / barrido *m* de contorno ‖ ˜**verstärkung** *f* (TV) / acentuación *f* de contornos o de contrastes
Konus, Kegel *m* (Geom, Masch) / cono *m* ‖ ˜... / cónico ‖ **schlanker** ˜ / cono *m* esbelto ‖ **steiler** ˜ / cono *m* empinado, cono *m* de ángulo muy agudo ‖ ˜**antenne** *f* / antena *f* cónica ‖ ˜**[aus]treiber** *m* (Wz) / cuña *f* extractora ‖ ˜**bohrung** *f* / agujero *m* cónico ‖ ˜**büchse**, -hülse *f* / casquillo *m* cónico, manguito *m* cónico ‖ ˜**drehvorrichtung** *f* / dispositivo *m* o aparato para el torneado cónico ‖ ˜**einsatz** *m* / suplemento *m* cónico ‖ ˜**fangbüchse** *f* (Öl) / pescaherramientas *f* abocinada, campana *f* de pesca con garfios o tipo cuerno o con fricción ‖ ˜**getriebe** *n* / engranaje *m* cónico ‖ ˜**hahn** *m* / llave *f* cónica, grifo *m* ‖ ˜**halterung** *f* / soporte *m* cónico ‖ ˜**horn** *n* (Antenne) / bocina *f* cónica ‖ ˜**hülse** *f*, Konusaufsteckhülse *f* / boquilla *f* cónica ‖ ˜**kupplung** *f* / embrague *m* de cono ‖ ˜**lautsprecher** *m* / altavoz *m* cónico o de membrana cónica (E), altoparlante *m* cónico (LA) ‖ ˜**lehre** *f* / calibre *m* de conicidad o para conos ‖ ˜**lineal** *n* (Wzm) / escuadra-guía *f* para el torneado cónico ‖ ˜**meißel** *m*, Rollenbohrer *m* (Bergb) / trépano *m* de rodillos cónicos, barrena *f* de moletas cónicas ‖ ˜**membran** / membrana *f* cónica ‖ ˜**mischer** *m*, [Doppel-]Konusmischer *m*, [Doppel]-Kegelmischer *m* / mezclador *m* de cono doble ‖ ˜**penetration** *f* (Fett, Wachs) / penetración *f* del cono ‖ ˜**rollenlager** *n* / rodamiento *m* de rodillos cónicos ‖ ˜**schärmaschine** *f* (Web) / urdidor *m* seccional ‖ ˜**senker** *m* (Wz) / avellanador *m* cónico ‖ ˜**sitz** *m* / asiento *m* cónico ‖ ˜**spitze** *f* / vértice *f* del cono ‖ ˜**winkel** *m* **der Ziehdüse** (Drahtziehen) / ángulo *m* de entrada de la hilera
Konvektion *f* (Phys) / convección *f*
Konvektions•..., Übertragungs... / convectivo ‖ ~**gekühlt** / enfriado o refrigerado por convección ‖

≈**glühen** *n* (Hütt) / recocido *m* de o por convección ‖
≈**heizung** *f* / calefacción *f* por convección ‖ ≈**kühlung**
f (Hütt) / refrigeración *f* por convección, enfriamiento
m por convección ‖ ≈**losigkeit** *f* (Raumf) / ausencia *f*
de convección ‖ ≈**ofen** *m* (Chem, Heizung) / horno *m* de
convección, horno *m* de aire caliente ‖ ≈**raum** *m* /
recinto *m* de convección ‖ ≈**strom** *m* (Elektr) /
corriente *f* de convección ‖ ≈**trocknung** *f* / secado *m*
por convección ‖ ≈**überhitzer** *m* / recalentador *m* o
sobrecalentador de convección ‖ ≈**zone** *f* (Chem) /
zona *f* de convección
konvektiv•e Entladung / descarga *f* convectiva o de
convección ‖ **~e Turbulenz** (Phys) / turbulencia *f* por
convección
Konvektor *m* (Heizung) / radiador *m* de o por
convección, convector *m*
Konventionalstrafe *f* / multa *f* o pena contractual o
convencional, sanción *f* contractual
konventionell (allg) / convencional ‖ **~es Dach**,
Warmdach *n* (Flachdach) (Bau) / cubierta *f* plana no
aislada ‖ **~er Reifen** (Kfz) / neumático *m* convencional
‖ **~e Staffelung** (Luftf) / separación *f* no radárica ‖ **~er
Teil** (Kernkraftwerk) / parte *f* inactiva o no nuclear ‖ **~e
Vergrößerung** (Opt) / aumento *m* convencional
Konvergenz *f* / convergencia *f* ‖ ≈**elektrode** *f* (TV) /
electrodo *m* de convergencia ‖ ≈**fläche** *f* (Kath.Str) /
superficie *f* de convergencia ‖ ≈**kreis** *m* / círculo *m* de
convergencia ‖ ≈**magnet** *m* (TV) / conjunta *f* de
imanes de convergencia ‖ ≈**radius** *m* (Math) / radio *m*
de convergencia ‖ ≈**stern** *m* (TV) / estrella *f* de
convergencia ‖ ≈**-Ursprungsebene** *f* (TV) / plano *m* de
origen de convergencia ‖ ≈**winkel** *m* / ángulo *m* de
convergencia ‖ ≈**zone** *f* (Meteo) / zona *f* de
convergencia
konvergieren / converger, convergir
konvergierende Folge (Math) / secuencia *f* convergente
Konversion *f* (Chem) / conversión *f*
Konversions•anteil *m* (Nukl) / planta *f* de conversión ‖
≈**anteil** (Atom, Nukl) / fracción *f* de conversión ‖
≈**effekt** *m* (Tex) / efecto *m* de conversión ‖ ≈**elektron**
n / electrón *m* de conversión ‖ ≈**faktor** *m* (Atom, Nukl)
/ factor *m* de conversión ‖ ≈**farbe** *f* (Färb) / color *m* de
conversión ‖ ≈**grad** *m* (eines Brüters), -verhältnis *n*
(Nukl) / relación *f* de conversión ‖ ≈**programm** *n* (DV)
/ programa *m* de conversión ‖ ≈**salpeter** *m* (Chem) /
nitrato *m* de potasio ‖ ≈**verfahren** *n* (Druck) /
procedimiento *m* de conversión
Konvertaplan *m*, Schwenkflügler *m* (Luftf) /
convertíplano *m*, avión *m* convertible
Konverter *m* (Hütt) / convertidor *m* ‖ ≈, Wandler *m*
(Rakete) / convertidor *m* ‖ ≈ (Brüter, bei dem weniger
Spaltmaterial entsteht als verbraucht wird) (Nukl) /
reactor *m* convertidor ‖ ≈, Spinnbandreißmaschine
(Tex) / convertidor *m* de cable ‖ **seitlich blasender** ≈
(Hütt) / convertidor *m* de soplado lateral ‖ ≈**auswurf**
m / pérdidas *f pl* y salpicaduras del convertidor ‖
≈**betrieb** *m* / funcionamiento del convertidor,
marcha *f* del convertidor ‖ ≈**boden** *m* (Hütt) / fondo *m*
del convertidor ‖ ≈**boden-Einsetzwagen** *m* / carro *m*
para el montaje de los fondos ‖
≈**boden-Stampfmaschine** *f* / apisonadora *f* de fondos
‖ ≈**bühne** *f* / plataforma *f* del convertidor ‖
≈**einhausung** *f* / pared *f* protectora de cerramiento
del convertidor ‖ ≈**futter** *n* (Hütt) / forro *m* o
revestimiento [interior] del convertidor ‖ ≈**gefäß** *n* /
cuba *f* o vasija del convertidor ‖ ≈**hut** *m* / tapa *f* o
cubierta del convertidor ‖ ≈**kupfer** *n* (98,5 - 99,5%
Cu) / cobre *m* crudo ‖ ≈**lager** *n* / soporte *m* del
convertidor ‖ ≈**mantel** *m* / carcasa *f* del convertidor ‖
≈**mittelstück** *n* / vientre *m* del convertidor ‖
≈**mündung** *f* / boca *f* de[l] convertidor ‖ ≈**platten** *f pl*
(Nukl) / placas *f pl* del reactor convertidor ‖ ≈**rauch** *m*
/ humo *m* pardo [del convertidor] ‖ ≈**ring** *m* / anillo *m*

[de sujeción] de convertidor ‖ ≈**stahl** *m* / acero *m*
Bessemer o al convertidor
konvertibel / convertible
Konvertibilität *f* / convertibilidad *f*
konvertieren *vt* (DV) / convertir
Konvertierung, Umsetzung, -wandlung *f* (DV) /
conversión *f* ‖ ≈ *f* (Chem) / transformación *f*
Konvertierungsgas *n* / gas *m* de conversión
konvex / convexo ‖ **~e Fehlanordnung** (Nukl) /
configuración *f* cúspide ‖ **~e Form**, Bauch *m* /
convexidad *f* ‖ **~ gewölbt**, polsterförmig / en forma de
cojín ‖ **~e Krümmung** (Opt) / curvatura *f* convexa ‖
~e Linse / lente *f* convexa o convergente ‖ **~ machen**
/ hacer convexo ‖ **~e Optimierung** (DV) /
programación *f* convexa ‖ **~e Schweißnaht** /
soldadura *f* de cordón convexo
Konvex•bogen *m* (Bau) / arco *m* convexo ‖ **~-konkav**
(Opt) / convexo-cóncavo ‖ ≈**spiegel** *m* / espejo *m*
convexo
Konveyor *m*, Förderer *m* / transportador *m*
Konvoi, Geleitzug *m* (Schiffe) / convoy *m*
Konzentrat *n* (Chem, Pharm) / concentrado *m* ‖ ≈ (Bergb,
Nahr) / producto *m* concentrado
Konzentration *f*, Anreicherung *f* (Bergb) / concentración
f, enriquecimiento *m* ‖ ≈, Konzentrierung *f* (Chem) /
concentración *f* ‖ ≈ *f* [in ppm] / concentración *f* [en
ppm] ‖ ≈, Entwässerung *f* (Chem) / desflemación *f* ‖ ≈
auf Bodenhöhe (Luftverunreinigung) / concentración
f a nivel del suelo ‖ ≈ **durch einstufiges Eindicken
unter Atmosphärendruck** / desaladura *f* de fase única
a presión atmosférica ‖ ≈ **von Rohabwasser** /
concentración *f* de aguas residuales brutas
konzentrations•bedingt, -abhängig (Chem) /
dependiente de la concentración ‖ ≈**elektrode** *f* (TV) /
electrodo *m* de concentración del haz ‖ ≈**element** *n*
(Chem) / pila *f* de dos líquidos ‖ ≈**gefälle** *n*, -gradient
m / gradiente *m* de concentración ‖ ≈**grad** *m* (Chem) /
grado *m* de concentración ‖ ≈**polarisation** *f*,
Überspannung *f* (Chem) / sobrepotencial *m*, sobre
tensión *f* ‖ ≈**stein** *m* (Hütt) / mata *f* concentrada ‖
≈**überschuss** *m* **in der Oberfläche[nschicht]** (Chem) /
excedente *m* en concentración en la capa superficial ‖
≈**verhältnis** *n* / relación *f* de concentración ‖
wachsender ≈**verlust** / pérdida *f* creciente de la
concentración ‖ ≈**verringerung** *f* / dilución *f*,
disminución *f* de la concentración
Konzentrator *m* (allg, DV) / concentrador *m*
konzentrieren *vi* / concentrar ‖ ~, aufbereiten (Erze) /
tratar minerales, elaborar ‖ ~, verdicken (Chem,
Pharm) / espesar ‖ ~, einkochen (Chem) / concentrar ‖
~, rektifizieren (Alkohol) / rectificar ‖ **Strahlen** ≈ /
reunir en haz (rayos)
konzentriert, verdickt / concentrado, espesado ‖ ~
(Elektr) / concentrado ‖ **~er Entstörwiderstand** /
resistencia *f* antiparasitaria concentrada o localizada
‖ **~er Kollektor** (nach dem SRTA-Prinzip)
(Sonnenwärme) / colector *m* de espejo fijo y absorbedor
móvil ‖ **~e Last** (o. Einzellast) / carga *f* concentrada ‖
~e Lauge (Chem) / lejía *f* concentrada ‖ **~e Lösung** /
solución *f* concentrada ‖ **~er Parameter** / parámetro
m localizado ‖ **~e Säure** / ácido *m* concentrado
konzentrisch, koaxial / concéntrico, coaxial, coaxil (LA)
‖ **~es Bleidoppelkabel** / cable *m* [con envoltura] de
plomo con dos conductores concéntricos ‖ **~er
Doppelknopf** (Eltronik) / botón *m* doble concéntrico,
perilla *f* de mando concéntrica ‖ **~es
Doppelleiterkabel** / cable *m* coaxial bifilar, cable *m*
con dos conductores concéntricos ‖ **~e
Dreifachleitung**, konzentrisches Dreiaderkabel
(Elektr) / cable *m* de tres conductores concéntricos ‖
~e Leitung (z.B. für Mikrophon) (Eltronik) /
alimentador *m* de concéntricos ‖ **~e Leitung** (für
Installation) (Elektr) / línea *f* coaxial

Konzentrizität f / concentricidad f
Konzept n, Entwurf m / concepto m, borrador m esbozo m ‖ ~**halter** m (Druck) / portaborrador m, atril m
Konzeption f / concepción f
konzeptionell / conceptual(mente)
Konzeptpapier n / papel m para borrador[es] o esbozos, papel m de minuto
Konzern m / grupo m [industrial], consorcio m, konzern m
Konzession f (amtlich) / concesión f ‖ ~, Schürfbefugnis f (Bergb) / permiso m de exploración ‖ ~ f, Lizenz f / licencia f ‖ ~ (Öl) / concesión f, otorgamiento m para la explotación de petróleo
konzis, knapp / conciso
Kooperation f / cooperación f
kooperativ, genossenschaftlich / cooperativo
Koordinate f (Math) / coordenada f ‖ **durch** ~**n festlegen** / determinar por coordenadas
Koordinaten•abschnitt m / sección f de una coordenada, segmento m interceptado ‖ ~**achse** f (Math) / eje m coordinado o de coordenadas ‖ ~**bohrmaschine** f (Wzm) / taladradora f posicionadora, taladradora f de alta precisión ‖ ~**-Code** m / código m de coordenadas cartográficas ‖ ~**darstellung** f / representación f en coordenadas ‖ ~**-Einführgerät** n (NC) / dispositivo m de introducción de coordenadas ‖ ~**kreuz** n (Math) / sistema m de ejes de [dos o tres] coordenadas ‖ ~**-Manipulator** m (Nukl) / manipulador m rectilíneo o en coordenadas ‖ ~**-Mess- u. Spanntisch** m / mesa f de medición y de sujeción a coordenadas ‖ ~**netz** n / red f de coordenadas ‖ ~**netz**, Kartennetz n / red f cartográfica ‖ ~**nullpunkt**, -anfang[spunkt] m / origen m de coordenadas ‖ ~**papier** n (Bau, Math) / papel m cuadriculado ‖ ~**parallachse** f / paralaje m de coordenadas ‖ ~**schalter** m / conmutador-selector m en coordenadas ‖ ~**schleifen** n (Wzm) / rectificado m en coordenadas ‖ ~**schleifmaschine** f / rectificadora f posicionadora ‖ ~**schreiber** m (DV) / registrador m gráfico en coordenadas cartesianas ‖ ~**system** n, Achsenkreuz n / sistema m de coordenadas ‖ ~**transformation** f, -umwandlung f (NC) / transformación f de coordenadas ‖ ~[um]**schalter** m (Eltronik) / conmutador m de barras cruzadas, selector m de coordenadas ‖ **[Aufnahme nach dem]** ~**verfahren** / trazado por coordenadas rectangulares ‖ ~**vermaßung** f (Zeichn) / acotación f en coordenadas ‖ ~**wähler** m (Fernm) / selector m de barras cruzadas ‖ ~**wandler**, Resolver m (NC) / transformador m de coordenadas
Koordination, Gleichstellung f / coordinación f
Koordinations•chemie f / química f de [la] coordinación ‖ ~**ebene** f (Bau) / plano m de coordinación ‖ ~**netz** n / retículo m de coordinación ‖ ~**-Spielraum** f / margen f de coordinación ‖ ~**verbindung** f (Verbindung höherer Ordnung) (Chem) / compuesto m o complejo de coordinación ‖ ~**wasser** n (Krist) / agua f de coordinación ‖ ~**zahl** f (Chem) / número m de coordinación
koordinative Bindung (Chem) / enlace m coordinado o de coordinación
Koordinatograph m (Geod) / coordinatógrafo m
koordinieren vt / coordinar ‖ ~, zusammenfassen / reunir, poner en común
Koordinierung f / coordinación f ‖ **mangelnde** ~ / descoordinación f
Koordinierungs•ausschuss m / comité m de coordinación, junta f o comisión coordinadora ‖ ~**entfernung** f (Raumf) / distancia f de coordinación ‖ ~**maß** n, [-ebene f -raum m] (Bau) / dimensión f de coordinación, plano m [espacio] de coordinación
Kopaiva•balsam, Kopaibabalsam m (Pharm) / bálsamo m de copaiba ‖ ~**balsamharz** m / resina f [de bálsamo] de copaiba ‖ ~**baum**, Kopaibabaum m, Copaïfera f

(Bot) / árbol m de copaiba, copayero m, copaiba f, cupatoto m (ChIL) ‖ ~**masse** f (Chem) / copaiba f solidificada
Kopal m, Kopalharz n (Bot) / copal m, resina f [de] copa, goma-copal f ‖ ~**fichte**, Kaurifichte f, Agathis f / pino m Kauri ‖ ~**firnis**, -lack[firnis] m / barniz m copal
koparametrische Umlaufbahn (Raumf) / órbita f coparamétrica
Kopenhagener Wellenplan m (Radio) / plan m de Copenhague
Kopenstuhl, Rollenstuhl m (Strumpf) / tricotosa f de rodillos para hacer medias
Köper 8 m, achtbindiger Köper m, Köper 1/7 (Tex) / sarga f de 8, sarga f de 1 a 7 ‖ **beidrechter** ~ / sarga f de doble aspecto ‖ **[normaler]** ~ (Tex) / sarga f normal ‖ **Rechts-Links-Perlfang-**~ / cruzado m izquierda-derecha ‖ ~**barchent** m / fustán m de sarga ‖ ~**bindung** f / ligamento m de sarga, armadura f diagonal ‖ ~**manchester** m / terciopelo m de algodón con fondo de sarga, pana f de Génova
köpern vt (Web) / cruzar
kopernikanisches System (Astr) / sistema m copernicano
Köpersatz m (Web) / juego m de sargas
Kopf m / cabeza f ‖ ~, Oberteil n, Kopfteil m (Masch) / cabeza f, cabezal m ‖ ~ (Schriftg) / encabezamiento m ‖ ~ (Rakete) / ojiva f ‖ ~ (des Hutstumpens) / copa f (del casco) ‖ ~ m, verlorener Speiser (Gieß) / mazarota f (del ~ (Ofen) / cabeza f ‖ ~ **des Brenners** / punta f del quemador ‖ ~ **des Brückenpfeilers**, Pfeilerkopf m / rompiente m del pilar ‖ ~ **des Buchstabens** / cabeza f de la letra o del tipo ‖ ~ **des Keils** / cabeza f de la cuña ‖ ~ **der Schiene** (Bahn) / cabeza f del riel ‖ ~ **einer Tabelle** / encabezamiento m ‖ ~ **der Masche** / cabeza f de la malla ‖ ~ **stehen**, Kopfstand machen (Kfz, Luftf) / capotar ‖ **auf dem** ~ **stehend** / invertido, al revés ‖ **auf den** ~ **stellen** / invertir, poner al revés ‖ **Köpfe anstauchen** / recalcar cabezas ‖ **mit** ~ / provisto de cabeza ‖ **über** ~ (Arbeit) / [por] encima de la cabeza ‖ **verlorener** ~ (Plast) / cabezal m de soplado [perdido] ‖ **vor** ~ **angreifend** (Bergb) / de ataque frontal
Kopf•abbau m (Maschinenarbeit) (Bergb) / explotación f en frente, ataque m en frente ‖ ~**abstandsverlust** m (DV) / pérdida f por espaciado cabeza-cinta ‖ ~**airbag** m (Kfz) / airbag m de cabeza (tipo cortinilla) ‖ ~**anfangszeichen** n (DV) / carácter m inicial de encabezamiento ‖ ~**anker** m, Schlauder f (Bau) / ancla f de cabeza ‖ ~**anstauchwerkzeug** n / herramienta f para recalcar cabezas, estampa f para encabezar ‖ ~**arbeit** f / trabajo m intelectual o mental ‖ ~**arbeiter** m / trabajador m intelectual ‖ ~**backe** f, Seitenlehne f (Bahn) / oreja f del respaldo ‖ ~**bahn** f (Zahnrad) / recorrido m de la cabeza del diente ‖ ~**bahnhof** m, Sackbahnhof m / estación f de cabeza de línea, estación f en fondo de saco ‖ ~**band** n (Zimm) / cuadral m ‖ ~**band** (Schutzhelm) / cinta f de apriete ‖ ~**bart** m (Block) / rebaba f en la cabeza ‖ ~**bau** m (Bau) / edificio m testero ‖ ~**berührung haben** (Zahnrad) / engranar a fondo ‖ ~**bindung** f (Tex) / ligamento m de cabeza ‖ ~**bolzen** m / perno m con cabeza, bulón m de cabeza ‖ ~**bügel m des Kopfhörers** (Fernm) / cabezal m, diadema m, resorte m del casco telefónico ‖ ~**dateneingabe** f (DV) / entrada f de encabezamiento ‖ ~**drehbank**, -drehmaschine f (Wzm) / torno m al aire ‖ ~**dünger** (Landw) / abono m de cobertura o cobertera ‖ ~**einguss** m (Gieß) / canal m de colada en caída directa
köpfen vt (Zuckerrüben) / descoronar, desmochar, descabezar, desrabizar ‖ ~, entwipfeln (Forstw) / descopar ‖ ~ (Drahtenden) / igualar
Kopfende n (Ziegl) / frente f
Köpfer m (Zuck) / descoronadora f
Kopf•etikett n der Mikrofiche / rótulo m inicial de una microficha ‖ ~**fläche** f (allg) / cara f superior ‖ ~**fläche**

(Schiene) / superficie *f* de rodadura del carril ‖ ⁓**fläche eines Zahns** / superficie *f* de la cabeza del diente ‖ ⁓**flanke** *f* (Zahnrad) / flanco *m* activo de cabeza ‖ ⁓**fraktion** *f*, Kopfproduct *n* (Öl) / fracción *f* de cabeza, producto *m* de cabeza ‖ **~gesteuertes Flugzeug** / avión *m* tipo pato ‖ ⁓**goldschnitt** *m* (Druck) / corte *m* dorado de cabecera ‖ ⁓**haube** *f* **des Becherwerks** (Förd) / sombrerete *m* del elevador ‖ ⁓**höhe** *f* (Zahnrad) / altura *f* de cabeza, addendum *m* ‖ ⁓**höhe** (Schraube) / altura *f* de cabeza ‖ ⁓**höhe** (Ofen) / altura *f* interior ‖ ⁓**höhe** (Zange) / anchura *f* de cabeza ‖ ⁓**höhe des Kfz** (Gesamthöhe vom Erdboden) / altura *f* total del vehículo ‖ ⁓**höhe des Steigers** (Gieß) / altura *f* de mazarota ‖ ⁓**höhe über einer Treppe** / altura *f* libre encima de una escalera ‖ ⁓**höhenabweichung** *f* (Zahnrad) / error de altura de la cabeza de diente.m. ‖ ⁓**holz** *n*, Quetschholz *n* (Bergb) / calzo *m*, tablón *m* ‖ ⁓**holz** (Forstw) / madera *f* testera ‖
Kopfhörer *m* (einfach) / auricular *m*, casco *m* telefónico [de cabeza], casco *m* audífono (LA) *m* auricular ‖ ⁓ (doppelt) / auriculares *m pl* [de casco], juego *m* de auriculares, audífono *m* de diadema (LA) ‖ ⁓ **mit Mikrophon**, Kopfsprechhörer *m* / auriculares *m pl* con micrófono ‖ ⁓**ausgang** *m*, -anschluss *m* (Radio, TV) / conector *m* para auriculares ‖ ⁓**buchse** *f* / adaptador *m* para auriculares ‖ ⁓**bügel** *m* / fleje *m* de los auriculares, muelle *m* del casco ‖ ⁓**-Gummimuschel** *f* (Eltronik, Fernm) / almohadilla *f* de caucho para auriculares ‖ ⁓**schalter** *m* / interruptor *m* de escucha ‖ ⁓**schnur** *f* / cordón *m* para auriculares ‖ ⁓**-Stecker** *m* / clavija *f* [de enchufe] del casco auricular
Kopf•kegel *m* (Zahnrad) / cono *m* de cabeza ‖ ⁓**kegelwinkel** *m* (Kegelrad) / ángulo *m* de cabeza, ángulo *m* del cono en la cabeza ‖ ⁓**kehlfläche** *f* (Schneckengetriebe) / garganta *f* ‖ ⁓**kehlhalbmesser** *m* / radio *m* de garganta ‖ ⁓**kipper** *m* (Straß) / basculador *m* de cabeza ‖ ⁓**kissenhörer** *m* (Fernm) / auricular *m* de almohada ‖ ⁓**klappe** *f* (Bahn) / testero *m* móvil ‖ ⁓**kontakt** *m* (Selbstwähler) / contacto *m* superior ‖ ⁓**kreis** *m* (Zahnrad) / circunferencia *f* exterior ‖ ⁓**kreis** (Schneckengetriebe) / circunferencia *f* de fondo de la garganta ‖ ⁓**kreisabstand** *m* / distancia *f* de circunferencia exterior ‖ ⁓**kreisdurchmesser** *m* / diámetro *m* de la circunferencia exterior ‖ ⁓**kühlung** *f* **des SM-Kippofens** (Hütt) / enfriamiento *m* de cabeza del horno SM ‖ ⁓**lager** *n* / tejuelo *m* superior, quicionera *f* ‖ ⁓**lampe**, -**leuchte** *f* / lámpara *f* de casco ‖ ⁓**lastig** (Schiff) / cargado o pesado de proa, aproado ‖ ⁓**lastig** (Luftf) / pesado de nariz o de proa o (localismo:) de morro ‖ ⁓**lastigkeit** *f* (Luftf) / pesadez *f* de nariz o de proa o (localismo:) de morro, aproamiento *m* ‖ ⁓**lehne** *f*, -**stütze** *f* (Kfz) / apoyacabeza *m* ‖ ⁓**leiste**, Vignette *f* (Druck) / cabecera *f*, regla *f* de cabecera, viñeta *f* ‖ ⁓**leitwerk** *n* (Luftf) / estabilizadores *m pl* delanteros, empenaje *m* delantero ‖ ⁓**leitwerk** (Hydr) / regulación *f* del aflujo ‖ ⁓**lupe**, Stirnlupe *f* / lupa *f* frontal o de cabeza ‖ ⁓**mantelfläche** *f* (Zahnrad) / superficie *f* [lateral] de cabeza ‖ ⁓**messer** *n* **für Rüben** (Landw) / cuchilla *f* descabezadora de remolachas ‖ ⁓**montiert** (Ölbohrung) / montado en (o de) cabeza ‖ ⁓**platte** *f* (Stahlbau) / tabla *f* de cordón, platabanda *f* ‖ ⁓**platte** (Drehofen) / placa *f* testera *f* ‖ ⁓**platte des Säulenführungsgestells** (Stanz) / placa *f* de cabeza del bastidor de columnas ‖ ⁓**platte einer Schwelle** (Bahn) / placa *f* superior de una traviesa ‖ ⁓**polster** *n* / reposacabezas *m* acolchado ‖ ⁓**produkte** *n pl* (Alkohol, Öl) / fracciones *f pl* de cabeza, productos *m pl* de cabeza ‖ ⁓**rad** *n* (Video) / rueda *f* de cabezas magnéticas, bloque *m* de cabezas giratorias ‖ ⁓**rampe** *f* (Bahn) / andén *m* o muelle de cabeza ‖ ⁓**rechnen** *n* / cálculo *m* mental ‖ ⁓**rille** *f* / ranura *f* superior ‖ ⁓**salat** *m* (Rübenkrankheit) / encrespamiento *m* de la hojas
Köpf•sammler *m* (Rüben) / descoronadora-cargadora *f* ‖ ⁓**schere** *f* (Hütt) / tijera *f* transversal para escuadrar
Kopf•schicht *f*, Scheinbinderschicht *f* (Bau) / hilada *f* de testa (E), capada *f* (LA) ‖ ⁓**schiene** *f*, Breitfußschiene *f* (Bahn) / carril *m* Vignol o de base plana ‖ ⁓**schild** *n* (Masch) / careta *f* ‖ ⁓**schimmel**, Mucor *m* (Bot) / mucor *m* ‖ ⁓**schlüssel**, Mutternschlüssel *m* (Wz) / llave *f* para tuercas ‖ ⁓**schraube** *f* (Masch) / tornillo *m* de cabeza cuadrada, tornillo *m* de ajuste ‖ ⁓**schraube mit Sechskantkopf** / tornillo *m* de cabeza [h]exagonal ‖ ⁓**schraube mit Vierkantkopf**, Würfelschraube *f* / tornillo *m* de cabeza cuadrada o cúbica ‖ ⁓**schrott** (Hütt) / despunte *m* de cabeza, chatarra *f* de cabeza ‖ ⁓**schuss** *m* (Bergb) / tiro *m* desde arriba ‖ ⁓**schutz** *m*, Schutzhelm *m* (Bau, Schw) / protección *f* de la cabeza, casco *m* protector ‖ ⁓**schutzmaske** *f* / máscara *f* protectora de la cabeza ‖ ⁓**schwelle** *f* (Zimm) / travesaño *m* frontal ‖ ⁓**seite** *f* (Münze) / cara *f* (de la moneda) ‖ ⁓**seite**, Stirnseite *f* / frente *f*, lado *m* frontal ‖ ⁓**seite**, Stirnfläche *f* (Steinmetz) / paramento *m* frontal [de un sillar] ‖ ⁓**seite** (Gerb) / lado *m* de cabeza ‖ ⁓**senker** (mit zylindr Schaft) / avellanador *m* cilíndrico con espiga de guía ‖ ⁓**setzer** *m* (Niet) / buterola *f* ‖ **radiales** ⁓**spiel** (Getriebe) / juego *m* en el fondo ‖ ⁓**sprechgarnitur** *f* (Fernm) / auriculares *m pl* con micrófono ‖ ⁓**spur** *f* (Magn.Bd) / pista *f* de cabeza ‖ ⁓**stand** *m* (Luftf) / capotaje *m* ‖ ⁓**station** s. Kopfbahnhof ‖ ⁓**stauchen** (Masch) / encabezar ‖ ⁓**steg** *m* (Druck) / blanco *m* de cabeza o de cabecera, testera *f* ‖ ⁓**stehend** (z.B. Bild) / invertido, puesto al revés ‖ ⁓**steinpflaster** *n* / adoquinado *m* de piedras combadas, empedrado *m* de guijarros ‖ ⁓**stempel** *m*, Pressbacke *f* für Kopfanstauchen / punzón *m* para encabezar ‖ ⁓**strecke** *f* (Bergb) / trayecto *m* de extracción ‖ ⁓**stück** *n* (Cottonm, Tex) / asiento *m*, bastidor *m*, barra *f*, bancada *f* ‖ ⁓**stück**, Endstück *n* / extremo *m* ‖ ⁓**stück** (Masch, Mech) / cabeza *f*, cabecera *f*, cabezal *m* ‖ ⁓**stück** (Zimm) / traviesa *f* superior, travesaño *m* superior ‖ ⁓**stück**, Pufferträger *m* (Bahn) / traviesa *f* anterior o de cabeza, cabezal *m* (LA), viga *f* frontal (LA) ‖ ⁓**stück des Rahmens** (Bahn) / extremo *m* del bastidor ‖ ⁓**stütze** *f* (Kfz) / reposacabeza[s] *m*, apoyacabeza[s] *m*, cabecero *m* ‖ ⁓**stütze** (Bau) / puntal *m* de encabezamiento ‖ ⁓**tanklager**, Kopf-TL *n* (Pipeline) / patio *m* de tanques de cabeza ‖ ⁓**träger** (Stahlbau) / viga *f* testera ‖ ⁓**träger** (Magnetton) / portacabezas *m* ‖ ⁓**träger** (Kran) / viga *f* testera ‖ ⁓**Übergangsradius** *m* (Schraube) / radio *m* de redondamiento debajo de la cabeza ‖ ⁓**überstand** *m* (Videokopf) / saliente *m* por encima de la cabeza vídeo ‖ ⁓**umschalter** *m* (TV) / conmutador *m* de la cabeza vídeo
Köpf- und Rodemaschine *f* (Zuckerrüben) / descoronadora-arrancadora *f*
Kopf•verbrauch *m* / consumo *m* per cápita o por cabeza ‖ ⁓**verladung** *f* (Bahn) / cargamento *m* por el testero ‖ ⁓**verletzungsmerkmal** *n* (Kfz, Med) / criterio *m* de traumatismo craneal ‖ ⁓**wand** *f* / pared *f* frontal ‖ ⁓**welle**, Stoßwelle *f* (Phys) / onda *f* de choque ‖ ⁓**welle** (Geschoss) / onda *f* de ojiva ‖ ⁓**winkel** *m* (Kegelrad) / ángulo *m* de addendum ‖ ⁓**wipper** *m*, Hochwipper *m* (Bergb) / basculador *m* de cabeza ‖ ⁓**wolle** *f* (Tex) / lana *f* de cabeza ‖ ⁓**zeile** *f*, Kolumnentitel *m* (Druck) / encabezamiento *m*, cabecera *f* ‖ ⁓**ziegel** *m*, Binder *m* / tizón *m* ‖ ⁓**zugversuch** *m* (Schw) / ensayo *m* de tracción en U ‖ ⁓**zylinder** *m* (Zahnrad) / cilindro *m* de cabeza ‖ ⁓**zylinder** (Schnecke) / cilindro *m* exterior
Kopie *f*, Duplikat *n* / copia *f*, duplicado *m*, trasunto *m*, transcripción *f* ‖ ⁓, Pause *f*, Lichtpause *f* (Zeichn) / calco *m* ‖ ⁓ (Magn.Bd) / duplicado *m* ‖ ⁓, Abzug *m* (Foto) / prueba *f* ‖ ⁓, Umschnitt *m* (Audio) /

Kopie

regrabación f, rerregistro m ‖ ~ **der n^{ten} Generation** (TV) / copia f de la enésima generación ‖ ~ **für Doubeln** (Film) / copia f para doblaje ‖ ~ **für Tonmontage** (Film) / copia f de montaje sonoro
Kopier•anstalt f / taller m de copias o de reproducción, copistería f ‖ ~**apparat** m (Foto) / tiradora f ‖ ~**apparat** (für Schriftstücke) / aparato m copiador o de copias, copiadora f ‖ ~**apparat** (für Fotokopien), -gerät n / fotocopiadora f, multicopista f ‖ ~**arbeit** f (Wzm) / trabajo m de copia[do] ‖ ~**automat** m / multicopista f automática ‖ ~**dämpfung** f (Magn.Bd) / atenuación f por efecto de eco, atenuación f por calco magnético ‖ ~**dichte** f / densidad f efectiva ‖ ~**drehen** vt / copiar en torno ‖ ~**drehen** n (Wzm) / torneado m copiador ‖ ~**drehmaschine** / torno m copiador o de copiar ‖ ~**drehmeißel** m (Wzm) / útil m de copiar, cuchilla f de copiar ‖ ~**druck** m (Wzm) / presión f de copia[do] ‖ ~**druck**, -verfahren n (Druck) / impresión f copiadora ‖ ~**effekt** m (Magn.Bd) / efecto m de eco, calco m magnético ‖ ~**einheit** f (Wzm) / unidad f de reproducción ‖ ~**einrichtung** f, -vorrichtung f / dispositivo m reproductor o copiador o de copiar, copiador m ‖ ~**einrichtung für Filme** / copiadora f [de películas]
kopieren vt (Büro) / copiar, sacar copias ‖ ~, nachmachen, -formen / copiar, reproducir ‖ ~, nachmachen, -ahmen, -bilden / imitar ‖ ~ (Foto) / tirar pruebas ‖ ~ (Wzm) / copiar ‖ ~, umschreiben (allg, DV, Magn.Bd) / transcribir, trasuntar ‖ **aus einer Zeichnung ~ o. nehmen** / copiar de un dibujo ‖ **sich ~ lassen** / dejarse copiar ‖ ~ n (allg) / transcripción f ‖ ~, Abziehen n (Foto) / tirada f de una prueba ‖ ~ n (Wzm) / copiado m
Kopierer m, Kopiergerät n / copiadora f, aparato m de copiar
kopier•fähig (Pause) / copiable, transparente ‖ ~**fähige Pause** / calco m transparente ‖ ~**fähigkeit** f / copiabilidad f ‖ ~**farbe**, -tinte f / tinta f para copiar ‖ ~**filter** m n (Foto) / filtro m compensador para copiar ‖ ~**finger** m (Wzm) / espiga f de guía, palpador m para copiar ‖ ~**fräsen** n, Nachformfräsen n (Wzm) / fresado m copiador ‖ ~**fräsen nach Umriss** n (Wzm) / fresado f copiador según contorno ‖ ~**fräser** m (Person) / fresador m [en una máquina copiadora], operario m de una fresadora copiadora ‖ ~**fräsmaschine** f / fresadora f copiadora ‖ ~**gerät** n (Büro) / sacacopias m, equipo m de copiar, copiadora f ‖ ~**lampe** f, Pauslampe f / lámpara f para fotocalcos ‖ ~**lineal** n, -schablone f (Wzm) / plantilla f de copiar, escuadra-guía f para copiar, regla-guía f ‖ ~**maschine**, -presse f / prensa f copiadora o de copiar ‖ ~**maschine** f (Foto) / positivadora f ‖ ~**modell** n (Wzm) / forma f patrón ‖ ~**nibbeln** n (Wzm) / roedura copiadora;.f. ‖ ~**oberfräse** f (Holz) / cajeadora f copiadora ‖ ~**papier** n (Foto) / papel m fotográfico o sensible ‖ ~**rädchen** n / rodaja f dentada ‖ ~**rahmen** m (Foto) / marco m de (o para) copiar ‖ ~**rolle** f (Wzm) / rodillo m de copiar ‖ ~**schablone** s. Kopierlineal ‖ ~**schlitten** m, -support m (Dreh) / carro m copiador, carro m portaútil para copiar ‖ ~**schutz** m (Audio, DV) / protección f anticopia ‖ ~**ständer** m, Reproständer m / soporte m de repro[ducción] ‖ ~**steuerung** f (NC) / mando m de copiado ‖ ~**stift** m, Tintenstift m / lápiz-tinta m, lápiz m para copiar ‖ ~**tinte** f / tinta f para (o de) copiar, tinta f comunicativa ‖ ~**tisch** m / mesa f para copiar ‖ ~**- und Repetiermaschine** f (IC) / máquina f copiadora y reproductora ‖ ~**-Unterfräse** f (Holz) / tupí m copiador ‖ ~**verfahren** n, -druck m (Druck) / impresión f copiadora, procedimiento m de reproducción ‖ **anastatisches ~verfahren** / reproducción f anastática ‖ ~**verlust** s. Kopierdämpfung ‖ ~**vorlage** f / original m ‖ ~**vorlage** (Wzm) / pieza f patrón, modelo m ‖ ~**vorrichtung** f, Leitapparat m (Wzm) / dispositivo m copiador, aparato m de guía ‖ ~**vorrichtung** (allg) s. Kopiereinrichtung ‖ ~**werk** n (Film) / laboratorio m de copia[r] o de copiado ‖ ~**werkzeugmaschine** f / máquina-herramienta f de copiar

Kopilot m (Luftf) / copiloto m, segundo piloto m
koplanar, in derselben Ebene liegend (Geom) / coplanar
Kopolymer n, Copolymer n (Chem) / copolímero m
Koppel f (Kinematik) / biela f ‖ ~, Weidekoppel f (Landw) / dehesa f, cercado m, parcela f cercada o de pastos ‖ ~ f **des Parallelogramm-Scheibenwischers** (Kfz) / pieza f de acoplamiento m ‖ ~**bar** (Container, Masch) / acoplable ‖ ~**besteck** n (Schiff) / punto m estimado ‖ ~**dämpfung** f (in dB) (Wellenleiter) / atenuación f de acoplamiento o de unión (en decibelios) ‖ ~**filter** n (Fernm) / filtro m acoplador ‖ ~**getriebe** n (Kfz) / engranaje m acoplado ‖ ~**getriebe** (Kinematik) / mecanismo m de biela[s] acopladora[s] ‖ ~**glied** (Elektr) / elemento m de acoplamiento ‖ ~**glied** (Eltronik) / acoplamiento m por resistencia y capacidad, acoplamiento m resistivo-capacitivo o RC ‖ ~**kapazität** f / capacitancia f de acoplamiento ‖ ~**kondensator** m / condensador m de acoplamiento ‖ ~**kurs** m (Schiff) / ruta f por estima ‖ ~**kurve** f (Mech) / trayectoria f de un punto de la biela, centroide f, curva f producida por cuadrilátero articulado ‖ ~**kurve eines räumlichen Getriebes** / trayectoria f de un punto de un mecanismo espacial ‖ ~**leitung** f, Drahtbügelkopplung f (Magnetron) / pareado m, apareado m, apareamiento m, acoplamiento m ‖ ~**loch** n (Laser) / ventanilla f central
koppeln vt / unir, ligar, acoplar ‖ ~ (Elektr, Fernm) / conectar ‖ ~ (Chem, Färb) / copular ‖ ~, gissen (Nav) / llevar la estima ‖ ~ vi, andocken (Raumf) / acoplar, atracar, hacer la atracada ‖ ~ n (allg, Eltronik) / acoplamiento m ‖ ~, Gissung f (Nav) / estima f
Koppel•navigation f / navegación f por estima ‖ ~**produktion** f / producción f acoplada ‖ ~**punkt** m (Kinematik) / punto m de la biela ‖ ~**raum** m (Eltronik, Röhre) / espacio m de interacción ‖ ~**schleife** f, -stift m (Wellenleiter) / bucle m de acoplamiento ‖ ~**schleuse** f (Hydr) / escalera f de esclusas ‖ ~**schlitz**, Schlitz m (Wellenleiter) / ventanilla f de acoplamiento ‖ ~**schwingungen** f pl / oscilaciones f pl acopladas ‖ ~**sonde** f (Wellenleiter) / sonda f de acoplamiento ‖ ~**spalt** m (Wellenleiter) / espacio m de interacción [entre los electrodos] ‖ ~**spinne** f (Nav) / diagrama m de coordenadas polares ‖ ~**spule** f (Eltronik) / bobina f de acoplamiento ‖ ~**standortanzeiger** m (Luftf, Radar) / indicador m de posición sobre el suelo ‖ ~**tafel** f (Schiff) / tabla f para la navegación estimada ‖ ~**trafo** m, -spule f / transformador m de acoplamiento ‖ ~**vielfach** n (Fernm) / matriz f de conmutación ‖ ~**widerstand** m (Eltronik) / resistencia f de acoplamiento
Koppler m (Elektr, Eltronik) / acoplador m, conect[ad]or m ‖ ~, Akustikkoppler m / acoplador m acústico
Kopplung f, Koppelung f (Färb) / copulación f ‖ ~ (Masch) / acoplamiento m ‖ ~ **durch gemeinsame Kapazität** (Eltronik) / acoplamiento m autocapacitivo o por autocapacidad ‖ ~ **über RC-Glieder** (Eltronik) / acoplamiento m RC o resisto-capacitivo ‖ ~ **von Raumfahrzeugen** / atracada f ‖ **feste (o. starre) ~** (Elektr) / acoplamiento m rígido o cerrado o estrecho o fuerte ‖ **gleichzeitige induktive u. kapazitive ~** (Eltronik) / acoplamiento m inductivo y capacitivo ‖ **lose, schlaffe ~** (Eltronik) / acoplamiento m flojo o débil
Kopplungs•anschlüsse m pl (Raumf) / adaptador m múltiple de atracada ‖ ~**effekt** m (Nukl) / efecto m de acoplamiento ‖ ~**element** n, -glied n (Eltronik) / elemento m acoplador o de acoplamiento ‖ ~**faktor** m ‖ ~**fenster** n (Wellenleiter) / abertura f o ventanilla de acoplamiento ‖ ~**kondensator** m, Kopplungskreis m /

capacitor *m* de acoplamiento ‖ ~**konstante** *f* (Nukl) / constante *f* de acoplamiento ‖ ~**manöver** *n* (Raumf) / maniobra *f* de atracada ‖ ~**messer** *m* (Elektr) / aparato *m* para medir el desequilibrio de capacitancia ‖ ~**öffnung** *f* (Raumf) / puerta *f* para la atracada ‖ ~**schleife** *f* (Magnetron) / sonda *f* de acoplamiento ‖ ~**schwingung** *f* (Elektr) / oscilación *f* en circuitos acoplados ‖ ~**spule** *f* (Eltronik) / bobina *f* de acoplamiento ‖ ~**stufe** *f* (Elektr) / etapa *f* intermedia ‖ ~**symmetrisches o. reziprokes Zweitor** / red *f* recíproca de dos puertas, cuadripolo *m* recíproco ‖ ~**teil** *m* (Raumf) / pieza *f* de atracada ‖ ~**trafo** *m* (Fernm) / transformador *m* de acoplamiento ‖ ~**transformator** *m* (Elektr) / transformador *m* de derivación ‖ ~**welle** *f* (Nukl) / onda *f* parcial ‖ ~**widerstand** *m* (Verbinder) / impedancia *f* de transferencia superficial ‖ ~**zahl** *f* (Elektr) / cifra *f* de acoplamiento
Kopra *f* (Nahr) / copra *f* ‖ ~**öl** *n* / aceite *m* de copra o de coco
Kopräzipitation *f* (Chem) / coprecipitación *f*
kopräzipitieren *vt* (Chem) / coprecipitar
Koprolith *m*, Stinkkalk *m* (Geol) / coprolito *m*, cal *f* carbonatada fétida
Kops *m*, Kötzer *m* (Spinn) / canilla *f*, husada *f* ‖ ~**aufbau** *m* / formación *f* de la canilla ‖ ~**behälter** *m* / depósito *m* de husadas ‖ ~**dämpfer** *m* / caldera *f* para vaporizar las canillas ‖ ~**hülse** *f* / tubo *m* de papel ‖ ~**leiste** *f*, -ständer *m* (Tex) / regla *f* porta-canillas ‖ ~**spindel** *f* / púa *f* de la canilla ‖ ~**spulmaschine** *f* / bobinadora *f* de canillas, canillera *f* ‖ ~**wechselautomat** *m*, Kopswechsler *m* (Tex) / combinador *m* [automático] de canillas ‖ ~**wicklung** *f*, -windung *f* / bobinado *m* cruzado sobre tubos cónicos
Koralle *f* (Zool) / coral *m*
Korallen•baum *m*, Kondon *n* (Holz) / palo *m* mimosáceo, condorí *m* ‖ ~**kalk** *m* (Material) / caliza *f* coralina ‖ ~**riff** *n* (Geol) / arrecife *m* coralino o de coral ‖ ~**rot** (RAL 3016) / rojo coral
Korb, Behälter *m* / cesto *m*, cesta *f*, balay *m* (LA) ‖ ~ *m* (Ballon) / barquilla *f* ‖ ~, Förderkorb (Bergb) / jaula *f* de extracción ‖ ~ (Zentrifuge) / tambor *m* perforado, cesto *m* metálico ‖ ~ **der Wetterlampe** (Bergb) / gasa *f* metálica de la lámpara de seguridad ‖ **großer** ~ / banasta *f*, sera *f*
Korb•arbeit *f*, -waren *f pl* / cestería *f* ‖ ~**beschickung** *f* / carga *f* en cestos ‖ ~**[boden]spule** *f* (Elektr) / bobina *f* [con fondo] de cesta ‖ ~**bogen** *m* (Geom) / curva *f* apainelada ‖ ~**bogen**, gedrückter Bogen (Bau) / arco *m* apainelado, arco *m* carpanel, arco *m* medio redondo ‖ ~**bogenform** *f* (Kesselboden) / forma *m* bombeada elíptica ‖ ~**bogenförmig** / carpanel ‖ ~**bogengewölbe** *n* (Bau) / bóveda *f* de arco carpanel ‖ ~**flasche** *f* / damajuana *f*, garrafón *m* ‖ ~**flasche**, Glasballon *m* / bombona *f*, garrafa *f* forrada de paja o mimbre ‖ ~**flasche für Säuretransport** / damajuana *f*, damasana *f* (COL) ‖ ~**flechter** *m*, Korbmacher *m* / cestero *m*, canastero *m* ‖ ~**markise** *f* / marquesina *f* de mimbre ‖ ~**möbel** *n* / muebles *m pl* de mimbre ‖ ~**mutter** *f* / tuerca *f* de asa baja ‖ ~**sperre** *f*, Schachtsperre (Bergb) / cierre *f* de pozo ‖ ~**spule** *f* (Elektr) / bobina *f* [con fondo] de cesta ‖ ~**verpackung** *f*, in Körben / embalaje *m* en cestas ‖ ~**verseilmaschine** *f* / máquina *f* cableadora de cajas ‖ ~**waren** *f pl* / cestería *f* ‖ ~**weide**, Flechtweide *f* / mimbre *m*, sauce *m* mimbrero, mimbrera *f*, bardaguera *f*
Kord, -stoff, -samt *m* (Tex) / pana *f*, tejido *m* cord ‖ ~ *m*, Cord *m* (Reifen) / armadura *f* de tejido [de algodón], telas *f pl* [de refuerzo cauchutadas] ‖ ~**ablösung** *f* (Reifen) / separación *f* de la carcasa ‖ ~**einlage** *f* **in Reifen** (Kfz) / núcleo *m* de tejido monocapa [armado transversal de refuerzo], caja *f* de carcasa

Kordel *f*, starke Schnur / cordón *m*, cordel *m*, piola *f* o piolín (ARG) ‖ ~, Schnur *f*, [grober] Bindfaden / guita *f*, bramante *m* ‖ ~, Rundschnur *f* / cordel *m* de sección circular ‖ ~ *f* (Wz) / útil *m* para moletear en diagonal o en sesgo ‖ ~**fuß**, Kordeleinleger *m* (Nähm) / pie *m* para poner cordones ‖ ~**gewinde** *n* / rosca *f* semicurva ‖ ~**heftung** *f* (Druck) / encuadernación *f* por cuerdas ‖ ~**knopf** *m* (Wz) / botón *m* moleteado
kordeln *vt* (Ggs: rändeln) (Wz) / moletear en sesgo o en diagonal
Kordel•schraube *f*, gerändelte Schraube / tornillo *m* moleteado en sesgo ‖ ~**teilung** *f* / paso *m* para moleteados en diagonal o en sesgo
Kordelung *f* (Masch) / moleteado *m* en sesgo o en diagonal
Korden, Einleseschnüre *f pl* (Tex) / cordones *m pl* de encruzamiento
Kordlage *f* (Kfz, Reifen) / caja *f* de carcasa
Kordonnet *m*, Kordonnetseide *f* (Tex) / gurbión *m*, cordoncillo *m* de seda (E), cordoné *m* de seda (LA) ‖ ~**garn** *n* / hilo *m* cordonnet
Kord•reifen *m* (Kfz) / neumático *m* con armadura de tejido de algodón ‖ ~**samt**, -stoff *m*, Korduroy *m* (Tex) / tejido *m*, terciopelo *m* de pana
Korduan[leder], Kordovan *n* / cordobán *m*, tafilete *m*
Kordzwirn *m* (Tex) / torzal *m* de cordón
Korianderöl *n* (Pharm) / aceite *m* de cilantro, esencia *f* de cilantro
korinthische Säulenordnung (Bau) / orden *m* corintio
Korium *n*, Lederhaut *f*, Chorion, Zottenhaut (Med) / dermis *f*, corion *m*
Kork *m* (Rohstoff u. Erzeugnis) (Bot) / corcho *m* ‖ ~, Korken *m*, Propfen *m* / tapón *m* [de corcho] ‖ ~..., Pfropfen... / taponero *adj* ‖ ~... (Chem) / subérico ‖ ~ *m* **erster Schälung**, männlicher Kork, Jungfernrinde *f* / corcho *m* virgen o bornizo ‖ ~ **zweiter Schälung**, weiblicher Kork / corcho *m* segundero ‖ ~ **gepresster o. agglomerierter** ~ / corcho *m* aglomerado, aglomerado *m* de corcho
Kork•abfälle *m pl* / desechos *m pl* de corcho ‖ ~**artig**, -ähnlich, korkig / corchoso, suberoso ‖ ~**bildung** *f* / suberificación *f*, suberización *f* ‖ ~**bohrer** *m* (Chem) / taladradora *f* de tapones ‖ ~**brecher** *m* / trituradora *f* de corcho ‖ ~**dichtung** *f* / junta *f* de corcho, obturación *f* de corcho ‖ ~**eiche** *f* (Bot) / alcornoque *m*
korken *vt*, pfropfen / taponar, encorchar
Korkenzieher *m* / sacacorchos *m*
Kork•fabrik *f* / taponería *f* ‖ ~**fabrikant** *m* / taponero *m* ‖ ~**fender** *m* (Schiff) / defensa *f* de corcho ‖ ~**granit** *m* / granito *m* de corcho ‖ ~**holz** *n*, Balsaholz *n* / madera *f* de balsa ‖ ~**industrie** *f* / industria *f* corchera ‖ ~**maschine** *f* **für Flaschen** / máquina *f* para taponar botellas, encorchadora *f* ‖ ~**masse** *f*, Korkpressmasse *f* / corcho *m* aglomerado o prensado, aglomerado *m* de corcho, harina *f* de corcho ‖ ~**mehl** *n* / serrín *m* de corcho, corcho *m* en polvo ‖ ~**papier** *n* / papel *m* de corcho ‖ ~**platte** *f*, -tafel *f* / plancha *f* de corcho ‖ ~**rinde** *f* / corteza *f* de corcho, felodermo *m* ‖ ~**säure** *f*, Suberinsäure (Chem) / ácido *m* subérico ‖ ~**schrot** *m* / corcho *m* granulado o desmenuzado ‖ ~**stein** *m* / ladrillo *m* de corcho, corcho *m* endurecido, piedra *f* de corcho aglomerado ‖ ~**wachs** (Chem) / cerina *f* ‖ ~**weste** (Schiff) / chaleco *m* salvavidas [de corcho] ‖ ~**zieher** *m* (Garnfehler) / retorcido *m* con espiras de barrena ‖ ~**zieherregel** *f* (Elektr) / regla *f* de sacacorchos o de tirabuzón o de Maxwell
Korn *n* (allg, Chem, Krist, Leder) / grano *m* ‖ ~, Samenkorn *n* / semilla *f*, simiente *f* ‖ ~, Getreide *n* / cereales *m pl*, Roggen *m* / centeno *m* ‖ ~, Gummikorn *n* (Gummi) / gránulo *m* de goma ‖ ~, Körnung *f* (Foto, Schleifsch) / grano *m* ‖ ~, Schrotkorn *n* / perdigón *m*, grano *m* [de metal] ‖ ~, Richtkorn *n* (Gewehr) / guión *m*, punto *m* de mira ‖ ~, Feingehalt *m* (Münzw) / ley *f*, quilate *m* ‖ ~ **80** (Bergb) / grano 80 *m*

Korn

‖ **feines** ≃ / grano *m* fino ‖ **Körner ansetzen** (Landw) / echar granos, granar
Korn • -Abrichtplatte *f* (Schleifen) / placa *f* rectificadora adiamantada ‖ ≃**abscheidung** *f* (Landw) / separación *f* del grano de la paja ‖ ≃**ähre** *f* (Bot) / espiga *f* ‖ ≃**alkohol**, Korn *m* / alcohol *m* de granos ‖ ≃**aufbau** *m* (Hütt) / estructura *f* de grano ‖ ≃**band** *n* (Hütt) / distribución *f* de tamaños de grano ‖ ≃**bildung** *f* (Bot) / ciclo *m* de granazón ‖ ≃**bildung**, Körnung *f* (Zuck) / cristalización *f* ‖ ≃**bildung** (Hütt) / formación *f* de granos ‖ ≃**blatt** *n* (Gewehr) / hoja *f* del guión ‖ ≃**blei** *n* (Hütt) / plomo *m* en grano ‖ ≃**brand** *m* (Bot, Krankheit) / añublo *m*, niebla *f* ‖ ≃**branntwein** *m* / aguardiente *m* de trigo
Körnchen *n* / gránulo *m*, granito *m* ‖ ~**förmig** / granuliforme
körnen *vt*, granulieren, körnig machen / granular, granear ‖ ~, gränieren (Leder) / agranujar, granelar ‖ ~, ankörnen (Masch) / granetear, marcar con granete o punzón, punzonar ‖ ≃ *n* (Gummi) / granulación *f* ‖ ≃ s. auch Körnung
Körner *m*, Mittelpunktkörner *m* (Wzm) / granete *m*, punzón *m* para marcar, puntero *m*, centrador *m* (LA), alegrador *m* ‖ ≃, Spitzkörner *m* / punto *m* ‖ ≃**bildung** *f*, Seeding *n* (Farbe) / granulación *f* ‖ ≃**bohrung** *f* / taladro *m* central o de centrar o de centraje ‖ ≃**einschläge** *m* *pl* (Masch) / marcas *f* *pl* de puntos ‖ ≃**förderer** *m* (Landw) / transportador *m* o elevador de granos ‖ ≃**früchte** *f* *pl* / cereales *m* *pl*, granos *m* *pl* ‖ ≃**futter** *n* / pienso *m* granulado ‖ ≃**gebläse** *n* / transportador *m* neumático de granos, amontonadora *f* neumáctica de granos ‖ ≃**lack** *m* / laca *f* en granos ‖ ≃**lagerung** *f* (Uhr) / chumacera *f* arriba ‖ ≃**mais** *m* / maíz *m* en grano ‖ ≃**marke** *f*, -punkt, Körner *m* / marca *f* del granete o punzón (E), marca *f* del centrador (LA) ‖ ≃**schlag** *m* / granetazo *m* ‖ ≃**schleuse** *f* / esclusa *f* de grano ‖ ≃**schnecke** *f* (Landw) / rosca *f* transportadora de granos ‖ ≃**schraube** *f* (Uhr) / tornillo *m* de chumacera o de cucurucho ‖ ≃**spitze** *f*, feststehende *f* Reitstockspitze / punta *f* fija del cabezal móvil, contrapunto *m* ‖ mitlaufende ≃**spitze** / contrapunta *f* giratoria, punta *f* loca [del cabezal móvil] ‖ ≃**sumpf** *m* (Bergb) / depósito *m* de carbonilla ‖ ≃**zinn** *n* (Hütt) / estaño *m* en granos
Kornett *n*, Richthorn *n* (Radar) / cornete *m*
Korn • feinen *n* (Hütt) / finamiento *m* del grano, afinación *f* del grano ‖ ~**feinender Zusatz** / inhibidor *m* del crecimiento de grano ‖ ≃**feinheit**, [kleine] Korngröße *f* / finura *f* de grano (E), finura *f* granular (LA) ‖ ≃**festigkeit** *f* (Rußschwarz) / cohesión *f* global de gránulo ‖ ≃**fläche** *f* (Hütt, Opt) / superficie *f* de grano, superficie *f* granulométrica ‖ ≃**fliese** *f*, -abrichtplatte *f* / placa *f* rectificadora adiamantada ‖ ≃**fließbett** *n* (Chem) / lecho *m* fluidificado de granos ‖ ≃**form** *f*, -struktur *f* (Plast) / estructura *f* granular ‖ ~**förmig** / graniforme ‖ ≃**fraktion** *f* (Hütt) / fracción *f* granulométrica ‖ ≃**frucht** *f* (Bot) / cariópside *f* ‖ ≃**fuß** *m* (Zuck) / semilla *f* de cristalización ‖ ≃**fuß** (Gewehr) / rampa *f* ‖ ≃**gefüge** *n*, -aufbau *m* / estructura *f* o textura granular o del grano, grano *m* ‖ ≃**gerechtheit** *f* (Bergb) / conformidad *f* al calibre normal ‖ ≃**gestalt** *f* (Hütt) / forma *f* del grano ‖ ≃**gleitgeschwindigkeit** *f* / velocidad *f* de deslizamiento de granos ‖ ≃**gleitverschleiß** *m* / desgaste *m* por deslizamiento de granos
Korngrenze *f* (Metall) / superficie *f* límite de los granos, límite *m* intergranular
Korngrenzen • angriff *m* / ataque *m* intergranular ‖ ≃**bruch** *m* (Hütt) / falla *f* intergranular ‖ ≃**-Diffusion** *f* (Hütt) / difusión *f* intergranular o interfacial ‖ ≃**härtung** *f* / endurecimiento *m* de los límites (o bordes) de grano ‖ ≃**korrosion** *f* / corrosión *f* intergranular o intercristalina ‖ ≃**-Netzwerk** *n* / rejilla *f* de límites de los granos, ‖ ≃**riss** *m* / fisura *f* intercristalina ‖ ≃**wanderung** *f* / migración *f* de los límites de grano
Korngröße, Körnung *f* / tamaño *m* del grano o de los granos o grumos (E), tamaño *m* granular (LA) ‖ ≃ *f* (Kohle) / calibre *m* ‖ ≃ (Aufb) / dimensión *f* de una partícula determinada por tamizado, tamaño *m* de grano
Korngrößen • abstufung *f* / granularidad *f*, escalonamiento *m* del tamaño de los granos ‖ ≃**analyse** *f* (Aufb) / análisis *m* granulométrico ‖ ≃**anteil** *m* (Aufb) / fracción *f* granulométrica ‖ ≃**bereich** *m* / banda *f* del tamaño de grano ‖ ≃**bestimmung** *f* / granulometría *f*, determinación *f* granulométrica ‖ ≃**-Bestimmungsgerät** *n* / granulómetro *m* ‖ ≃**einteilung** *f* / clasificación *f* granulométrica ‖ ≃**klasse** *f* / clase *f* granulométrica ‖ ≃**nummer** *f* / número *m* del tamaño de grano, numéro *m* granulométrico ‖ ≃**platte** *f* (Opt) / placa *f* granulométrica ‖ ≃**steuerung** *f* (Hütt) / distribución *f* granulométrica ‖ ≃**trennung**, Klassierung *f* (Bergb) / clasificación *f* granulométrica, cribado *m* ‖ ≃**verteilung** *f* / repartición *f* granulométrica ‖ ≃**verteilung**, Kornaufbau *m*, Körnung *f* (Feuerfest) / distribución *f* del tamaño de grano
Korn • gruppe *f* (Beton) / grupo *m* granulométrico ‖ ≃**halm** *m* (Bot) / tallo *m* ‖ ≃**hammer** *m* (Wz) / martillo *m* de orlar ‖ ≃**härte** *f* (Org. Pigment) / dureza *f* del grano ‖ ≃**hohlkugel** *f* (Schleifmittel) / bola *f* hueca de grano abrasivo ‖ ≃**holen**, -machen *n* (Zuck) / cocción *f* al grano
körnig / granulado, granuloso, granoso, granujiento ‖ ~ (Oberfläche) / granular ‖ ~**e Beschaffenheit** / naturaleza *f* granulada, granularidad *f*, granulosidad *f* ‖ ~**er Bruch** (Hütt) / fractura *f* cristalina ‖ ~**es Eisen** / hierro *m* granulado ‖ ~**es Gefüge** / estructura *f* granular ‖ ~ **machen** (z.B. Salz) / granear ‖ ~**es Material** (Plast) / material *m* granulado o granular ‖ ~**e Oberfläche** / superficie *f* granular ‖ ~**er Perlit** (Hütt) / perlita *f* esferoidal ‖ ~**es Pulver** / polvo *m* granulado ‖ ~**e Wärmeübertrager** *m* *pl* (Chem) / intercambiadores *m* *pl* de calor granulados, caloportadores *mpl* granulosos
Körnigkeit *f* (Foto) / gran[ul]osidad *f*, granulación *f*, grano *m* ‖ ≃, Griesigkeit *f* (Farbe) / aspecto *m* granuloso
Korn • käfer, -krebs *m*, Schwarzer Kornwurm, Calandra *f* granaria (Parasit) / gorgojo *m* del trigo o de los cereales ‖ ≃**klasse** *f*, Teilchen[größen]klasse *f* (Bergb) / intervalo *m* granulométrico ‖ ≃**klassierung**, -größentrennung *f* (Bergb) / clasificación *f* granulométrica o de los granos, granulación *f* ‖ ≃**kupfer** *n* (Hütt) / cobre *m* granulado ‖ ≃**machen**, -holen *n* (Zuck) / cocción *f* al grano ‖ ≃**marke** *f* (Galv) / marca *f* de grano
Körn • maschine *f* (Hütt) / máquina *f* granuladora ‖ ≃**maschine** (Druck) / graneadora *f*
Korn • motte *f*, -wurm *m*, Tinea granella (Zool) / falsa *f* polilla de los granos ‖ ≃**orientiert** (Hütt, Krist) / del (o con) grano orientado, de estructura orientada ‖ ≃**papier** *n* (Pap) / papel *m* granulado ‖ ≃**polymerisation** *f* (Chem) / polimerización *f* en perlas ‖ ≃**raster** *m* (Druck) / trama *f* graneada o de resina, grisado *m* de resina
Körnrost, Granulierrost *m* (Bergb) / parrilla *f* de granular
Korn • schrotmaschine *f* (Landw) / trituradora *f* de granos ‖ ≃**seigerung** *f* / licuación *f* o segregación de los granos ‖ ≃**sieb** *n* (Landw) / segunda criba, criba *f* inferior ‖ ≃**speicher** *m* / granero *m*, silo *m* de cereales, alhóndiga *f* ‖ ≃**/Strohverhältnis** *n* / relación *f* grano/paja ‖ ≃**struktur** *f*, Kleingefüge *n* (Hütt) / estructura *f* granular ‖ ≃**struktur**, -gefüge *n* (Aufb) / textura *f* granulométrica ‖ ≃**tank des Mähdreschers** (Landw) / tanque *m* de granos, depósito

m de granos ‖ ~- u. **Mehlspezialwaage** *f* / condrómetro *m*
Körnung *f*, Kornbildung *f* / granulación *f* ‖ ~, **Korn** *n* (allg) / granularidad *f*, gran[ul]osidad *f*, granulación *f* ‖ ~ (Chem, Hütt) / granulación *f* ‖ ~ (Druck) / graneado *m* ‖ ~ (Pap) / granulado *m*, granulación *f* ‖ ~, **Korntrennung** *f* / granulometría *f* ‖ ~ **von Metall**, **Körnen** *n* / graneado *m* ‖ **mit grober** ~ (Schleifscheibe) / de grano grueso
Körnungs•aufbau *m* (Bergb) / composición *f* granulométrica ‖ ~**kennlinie** *f* / curva *f* granulométrica característica ‖ ~**maschine** *f* (Gummi) / granuladora *f* ‖ ~**netz** *n* (Sintern) / diagrama *m* de distribución granulométrica, red *f* granulométrica ‖ ~**punkt** *m* (Zuck) / punto *m* de cristalización
korn•verfeinert (Hütt) / de grano afinado ‖ ~**verfeinerung** *f*, Umkörnen *n* (Hütt) / recocido *m* transformador del grano, afino *m* del grano, refinación *f* granulométrica ‖ ~**vergröberung** *f* / engrosamiento *m* del grano ‖ ~**verteilung** *f* / repartición *f* granulométrica ‖ ~**wachstum** *m* (Hütt) / crecimiento *m* de granos
Körnwalze *f* / cilindro *m* granulador
Kornwurm, schwarzer ~ s. Kornkäfer
Korn•zerfall *m*, -zertrümmerung *f* / desintegración *f* del grano ‖ ~**zusammensetzung** *f* / composición *f* granulométrica
Korona *f* (der Sonne) (Astr) / corona [solar] ‖ ~, -[effekt] *m* (Elektr) / efecto *m* corona, descarga *f* luminosa ‖ ~**einsatzprüfung** *f* (Elektr) / ensayo *m* de umbral de ionización ‖ ~**Einsatzpunkt** *m* / punto *m* de umbral de ionización ‖ ~**entladung** *f* (an Hochspann. Leitungen) (Elektr) / descarga *f* de efecto corona, efluvio *m* eléctrico, descarga *f* luminosa ‖ ~**verlust** *m* (Elektr) / pérdida *f* por efecto ‖ ~**voltmeter** *n* / voltímetro *m* por efecto corona
Koronograph *m* (Astr) / coronógrafo *m*
Körper *m* (allg, Chem, Geom, Konservendose, Luftf, Phys, Schiff) / cuerpo *m* ‖ ~ (Geom) / sólido *m*, cuerpo *m* geométrico ‖ ~ (in Bewegung) (Phys) / móvil *m* ‖ ~, **Masse** *f* (Elektr) / masa *f* ‖ ~, Rationalitätsbereich *m* (Math) / dominio *m* de racionalidad ‖ ~ *m* **des kleinsten Widerstandes** (Mech) / cuerpo *m* de ínfima resistencia ‖ ~ **von gleichem Widerstand** / cuerpo *m* de resistencia máxima ‖ ~ **von Zahlen** (Math) / campo *m* o cuerpo de números ‖ **dem** ~ **angepasst** (Sitz) / adaptado al cuerpo, ergonómico, anatómico ‖ **fester** ~ (Phys) / sólido *m*, cuerpo *m* sólido
Körper•behinderter *m* / minusválido *m* físico, impedido *m*, persona *f* impedida ‖ ~**belastung** *f* (Nukl) / carga *f* corporal ‖ ~**bewegung** *f* / movimiento *m* del cuerpo
Körperchen *n* / corpúsculo *m*
Körper•farbe *f*, Eigenfarbe *f* / color *m* propio [no luminiscente] ‖ ~**feste Achse** (Luftf) / eje *m* de la aeronave ‖ ~**form** *f* / forma *f* de[l] cuerpo ‖ **scheinbarer** ~**gehalt** (Plast) / cuerpo *m* aparente ‖ **scheinbarer** ~**gehalt** (Farbe) / consistencia *f* del gel ‖ ~**glied**, Glied *n* (allg, Bau) / miembro *m* ‖ ~**inhalt** *m* (Geom) / volumen *m* ‖ ~**kapazität** *f* (Elektr) / capacidad *f* o capacitancia del cuerpo, efecto *m* de mano ‖ ~**lehre** *f*, Stereometrie *f* / teoría *f* de los cuerpos, estereometría *f*
körperlich, physisch (allg) / corporal, corpóreo, físico ‖ ~, räumlich (Geom) / sólido ‖ ~, dreidimensional / tridimensional ‖ ~, stofflich / material ‖ ~ (**o. in der Konstitution) bedingt** / constitucional ‖ ~**e Arbeit** / trabajo *m* físico
Körperlichkeit *f* / corporalidad *f*, materialidad *f*
Körper•maß *n*, Raummaß *n* / medida *f* de sólidos, medida *f* cúbica ‖ ~**maße** *m pl* / dimensiones *f pl* ergonómicas o físicas ‖ ~**schall** *m* (Akust) / ruido *m* o sonido propagado por estructuras sólidas, sonido *m* conducido a través de cuerpos sólidos ‖ ~**schall**-

Knochenschallübertragung *f* (Akust) / conducción *f* ósea del sonido ‖ ~**schallmelder** *m* / detector *m* de ruido por estructuras sólidas ‖ ~**schluss** *m* (Elektr) / contacto *m* a masa ‖ ~**schlussklemme** *f* (Kfz) / borne *m* o terminal para conexión a masa ‖ ~**schutzmittel** *n* (Elektr) / medio *m* protector del cuerpo humano, medio *m* para protección de personas ‖ ~**stabilisiert** (Raumf) / estabilizado sobre los tres ejes ‖ **berufsbedingte** ~**verbildung** / deformación *f* profesional [del cuerpo humano] ‖ ~**widerstand** *m* / resistencia *f* [eléctrica] del cuerpo humano ‖ ~**winkel** *m* (Geom) / ángulo *m* poliedro, ángulo *m* sólido
Korpus *m*, Korpus Earmond *m*, Korpus 10 Punkt[e] *m* (Druck) / garamón *m*, Petra *f* de diez puntos, entredós *m* ‖ ~ (Möbel) / cuerpo *m*
Korpuskel, Partikel *f* (Phys) / corpúsculo *m*, partícula *f*
korpuskular / corpuscular ‖ ~**e Verunreinigung** / contaminación *f* corpuscular ‖ ~**optik** *f* / óptica *f* corpuscular ‖ ~**strahlung** *f* / radiación *f* corpuscular ‖ ~**theorie** *f* / teoría *f* corpuscular
Korpuspresse *f*, Korpuszwinge *f* (Tischl) / prensatornillo *m* de carcasa
Korrasion *f* (Geol) / corrasión *f*
korrekt, richtig / correcto, preciso ‖ ~, genau / correcto, exacto
Korrektion *f*, Verbesserung *f* / corrección *f*
Korrektions•element *n*, -glied *n* / elemento *m* corrector ‖ ~**strom** *m* (Fernm) / corriente *f* de corrección ‖ ~**winkel** *m* / ángulo *m* de corrección
korrektive Wartung (DV) / mantenimiento *m* correctivo
Korrektor *m* (Druck) / corrector *m* de pruebas ‖ ~ (Elektr) / red *f* cocrrectora ‖ ~ (TV) / corrector *m*
Korrektur *f*, Druckberichtigung *f* (Druck) / corrección *f* [de erratas] ‖ ~ (z.B. Zahn) / modificación *f* ‖ ~ (Opt) / rectificación *f* ‖ ~**...** / corrector, de corrección ‖ ~ *f* **bezüglich Werkzeugdurchmesser** (NC) / corrección *f* respecto al diámetro del útil ‖ ~ **bezüglich Werkzeugradius** (NC) / corrección *f* respecto al radio del útil ‖ **lesen** (Druck) / corregir las pruebas ‖ ~ **vornehmen** (im Satz) (Druck) / recorrer la composición ‖ **behelfsmäßige** (DV) / remiendo *m* ‖ **die 2.** ~ **lesen** (Druck) / corregir la contraprueba ‖ **letzte** ~ / última prueba *f*
Korrektur•abzug *m*, -bogen *m*, -fahne *f* / prueba *f* de imprenta, galerada *f* ‖ **einen** ~**abzug machen** (Druck) / tirar una prueba ‖ ~**band** *n* (Schreibm) / cinta *f* de corrección ‖ ~**befehl** *m* (DV) / orden *m* de corrección ‖ ~**code** *m* / código *m* de corrección ‖ ~**faktor** *m* / factor *m* de corrección ‖ ~**faktor für versenktes Kabel** (Elektr, Kabel) / factor *m* de corrección de cable submarina ‖ ~**flüssigkeit** *f* / líquido *m* corrector ‖ ~**glas** *n*, -linse *f* (Opt) / lente *f* correctora ‖ ~**glied** *n* (Math, NC) / término *m* de corrección ‖ ~**knopf** *m* / botón *m* o mando corrector ‖ ~**kurve** *f* / curva *f* de errores corregidos ‖ ~**leiste** *f* (Tiefdruck) / pupitre *m* de corrección ‖ ~**lesen** *n* / corrección *f* de pruebas ‖ ~**luft**, Bremsluft *f* (Vergaser) / aire *m* de compensación ‖ ~[**maßnahme**], Verbesserung *f* / medidas *f pl* de corrección ‖ ~**presse** *f* (Druck) / prensa *f* para tirar pruebas ‖ ~**programm** *n* (DV) / rutina *f* de enmienda ‖ ~**routine** *f* / rutina *f* de corrección ‖ ~**schalter** *m* (NC) / conmutador *m* de corrección ‖ ~**signal** *n* (Fernm) / señal *f* de corrección ‖ ~**stoff** *m* **für Zement** (Bau) / materia *f* para correcciones ‖ ~**verstärker** *m* (TV) / amplificador *m* de corrección ‖ ~**vorschriften** *f pl* (Druck) / instrucciones *f pl* de corrección ‖ ~**wert** *m* / valor *m* de corrección ‖ ~**zeichen** *n* (Druck) / signo *m* o símbolo de corrección
Korrelat *n*, Ergänzung *f* / correlación *f*, [término] *m* correlativo
Korrelate *f* / función *f* correlativa
Korrelateur, -lator *m* (Eltronik, Regeln) / correlacionador *m*
Korrelation *f*, Wechselbeziehung *f* / correlación *f*

Korrelationsanalyse

Korrelations•analyse f / análisis m de correlación ‖ ⁓**funktion** f zweier Signale / función f de correlación entre 2 señales ‖ ⁓**koeffizient** m (Math) / coeficiente m de correlación ‖ ⁓**leitwert** m (Elektr) / conductancia f de correlación ‖ ⁓**rechner** m (DV) / correlador m analógico, calculadora f de correlaciones ‖ ⁓**verhältnis** n (Stat) / proporción f de correlación
korrelativ / correlativo
Korrespondenz•prinzip n (Nukl) / principio m de correspondencia ‖ ⁓**qualität** f (Drucker, DV) / calidad f correspondencia ‖ ⁓**winkel** m, korrespondierender Winkel (Geom) / ángulo correspondiente m
korrespondieren / corresponder
korrespondierend, zugeordnet (Math) / correspondiente
Korridor m, Gang m (Bau) / corredor m, pasillo m ‖ ⁓, Arbeitsgang m / pasillo m de trabajo, corredor m ‖ ⁓ m, Vorraum m (Bau) / vestíbulo m, recibidor m ‖ ⁓**tür** f, Wohnungstür f / puerta f de piso o de apartamento
Korrigenzien n pl (Chem, Pharma) / correctivos m pl
korrigieren vt, verbessern / corregir, enmendar, rectificar ‖ ~ (Druck) / corregir las pruebas o galeradas ‖ **ein Programm** ~ / corregir un programa, remendar ‖ ⁓ n / corrección f, enmienda f, rectificación f
korrigierend / corrector ‖ **~e Änderung der Stellgröße** (Regeln) / acción f correctora
korrigiert, verbessert / corregido, correcto, enmendado ‖ ~, berichtigt / rectificado ‖ **~e Hauptschneide** (Bohrer) / labio m corregido ‖ **~e Peilung** / marcación f giroscópica
korrodierbar (Chem, Hütt) / corrodible, susceptible de o sensible a la corrosión
Korrodierbarkeit f / corrodibilidad f
korrodieren vt, angreifen / corroer, atacar ‖ ~ vi / estar expuesto a [la] corrosión
korrodierend / en estado de corrosión ‖ ~ (Wirkung) / corrosivo
Korrosion f (allg, Geol) / corrosión f ‖ ⁓ **durch "heiße Flecken"** / corrosión f por puntos calientes ‖ ⁓ **durch Wasserstoff** / corrosión f [inducida] por [el] hidrógeno ‖ ⁓ **unter mechanischer Beanspruchung** / corrosión f bajo carga (o solicitación) mecánica ‖ ⁓ **unter Sauerstoffverbrauch** / corrosión f con consumo de oxígeno
korrosions•anfällig (Chem, Hütt) / propenso a la corrosión, corrosible ‖ ⁓**anfälligkeit** f, -neigung f / sensibilidad f a la corrosión, corrosibilidad f, corrosividad f ‖ ⁓**beständig**, -fest, -frei, -sicher / resistente a la corrosión, anticorrosivo, incorrosivo ‖ **~beständiger Chrom-Nickel-Stahl** / acero m al cromoníquel resistente a la corrosión ‖ ⁓**beständigkeit** f, -sicherheit f / resistencia f a la corrosión ‖ ⁓**element** n / elemento m corrosivo ‖ **~empfindlich** / sensible a la corrosión ‖ ⁓**ermüdung** f / fatiga f por corrosión ‖ ⁓**erscheinung** f / fenómeno m de corrosion ‖ **~fördernd** / que favorece la corrosión, forma f de corrosión ‖ ⁓**form** f / aspecto m o tipo de corrosión, forma f de corrosión ‖ ⁓**fraß** m / manobras f pl de corrosión (E), ataque m por [la] corrosión (LA) ‖ **~frei** / no corrosivo, resistente a la corrosión ‖ ⁓**gefahr** f / peligro m de corrosión ‖ **~hemmend** / inhibidor de la corrosión, anticorrosivo ‖ ⁓**hemmstoff**, -inhibitor m / inhibidor m de [la] corrosión, agente m anticorrosivo, antioxidante m ‖ ⁓**hemmung** f / inhibición f de la corrosión ‖ ⁓**lack** m / barniz m anticorrosivo ‖ ⁓**mittel** n, -stoff m / agente m corrosivo ‖ ⁓**narbe** f / picadura f de corrosión ‖ ⁓**schaden** m / daño m o deterioro por corrosión ‖ ⁓**schutz** m / protección f anticorrosiva o contra la corrosión ‖ ⁓**schutz...** / anticorrosivo ‖ ⁓**schutzfarbe** f, -schutzanstrich m / pintura f anticorrosiva ‖ ⁓**schutz[grund]farbe** f / pintura f [de imprimación] anticorrosiva ‖ ⁓**schutzmasse** f / masa m o pasta anticorrosiva ‖ ⁓**schutzmittel** n, -verhinderer m / anticorrosivo m, agente m anticorrosivo ‖ ⁓**schutzöl**, n [-fett] / aceite m anticorrosivo ‖ ⁓**schutzpapier** n / papel m anticorrosivo ‖ ⁓**schutzteer** m (Hütt) / brea f para [la] protección anticorrosiva, solución f Angus-Smith ‖ ⁓**unterwanderung** f (Beschicht) / fluencia f de corrosión ‖ ⁓**verhalten** n / comportamiento m a la corrosión ‖ **~verhindernd** adj / que evita la corrosión ‖ **~verhütend** / anticorrosivo, inhibidor de la corrosión ‖ ⁓**versuch** m, -prüfung f / ensayo m de corrosión ‖ ⁓**voltmeter** n / voltímetro m de corrosión ‖ ⁓**vorgang** m / proceso m de corrosión ‖ ⁓**wechselfestigkeit** f / resistencia f a la fatiga de corrosión ‖ ⁓**[ein]wirkung** f / efecto m corrosivo o de corrosión, acción f corrosiva ‖ ⁓**zeitfestigkeit** f / resistencia f a la corrosión para tiempo limitado
korrosiv / corrosivo
Korrosivität gegen Metall f (Öl) / corrosividad f frente a metales
Korrosivsublimat n, ätzendes Quecksilbersublimat (Chem) / sublimado m corrosivo
Kortdüse f (Schiff) / tobera f Kort o de la hélice
Körtingsche Anwärmvorrichtung (Zuck) / inyector m de vapor (según Koerting)
Korund m (Min) / corindón m ‖ **kleinkörniger** ⁓, Schmirgel m / esmeril m ‖ ⁓**feile** f (Wz) / lima f de corindón ‖ ⁓**keramik** f, Aluminiumoxid n / óxido m de aluminio ‖ ⁓**schleifmaterial** n / abrasivo m de corindón ‖ ⁓**stein** m / piedra f de corindón ‖ ⁓**stein** (Schleifen) / muela f de corindón
Koschenille, Cochenille f (Färb) / cochinilla f, grana f ‖ ⁓**fettsäure** f, Coccinsäure f (Chem) / ácido m coccínico
Kosekans m, cosec (Geom) / cosecante f
Ko-Sekunde f (Phys) / segundo m de coincidencia
Kosinus m, cos (Math) / coseno m ‖ ⁓ φ (Elektr) / factor m de potencia ‖ ⁓ **hyperbolicus**, ch (Math) / coseno m hiperbólico, cosh ‖ ⁓**ausgleicher** m (Videoband) / igualador m en coseno ‖ **~förmig** / cosenoidal, cosinusoidal ‖ ⁓**kurve** f, -linie f / cosinusoide f ‖ ⁓**satz** m (Math) / teorema m del coseno, ley f de coseno ‖ ⁓**-Transformation** f / transformación f de coseno ‖ **~- und/oder sinusförmig** / en cisoide, cisoidal
Kosmetik f / cosmética f
Kosmetika n pl / cosméticos m pl, producto m pl cosméticos o de belleza
kosmetisch / cosmético
kosmisch / cósmico ‖ **~es Funkfernverbindungsnetz** (Raumf) / red f de radiocomunicación cósmica ‖ **~e Geschwindigkeit** (Raumf) / velocidad f cósmica ‖ **~e Primärstrahlung** (Astr) / radiación f cósmica primaria ‖ **~e Radio-Hintergrundstrahlung** f / radiación f radioeléctrica de fondo de origen cósmico ‖ **~er Schauer** (Astr) / chaparrón m cósmico, lluvia f de rayos cósmicos ‖ **~e Sekundärstrahlung** / radiación f cósmica secundaria ‖ **~e Solarstrahlung** / radiación f cósmica solar ‖ **~er Staub** / polvo m cósmico o interestelar ‖ **~e Strahlen** m pl / rayos m pl cósmicos, rayos m pl Millikan ‖ **~e Strahlung** / radiación f cósmica ‖ **~es Teilchen** / partícula f cósmica ‖ **~e Ultrastrahlen** / rayos m pl ultragamma ‖ **aus ~er Strahlung entstanden** / cosmogénico ‖ **dritte ~e Geschwindigkeit** (Raumf) / tercera velocidad cósmica ‖ **erste ~e Geschwindigkeit** / primera velocidad cósmica ‖ **zweite ~e Geschwindigkeit** / segunda velocidad cósmica
Kosmo•chemie f / cosmoquímica f ‖ ⁓**gonie** f (Phys) / cosmogonía f ‖ ⁓**graphie** f / cosmografía f ‖ ⁓**logie** f / cosmología f ‖ ⁓**naut** m, -nautin f (Raumf) / cosmonauta m f ‖ ⁓**nautik** f / cosmonáutica f, astronáutica f
Kosmos m / cosmo m, universo m ‖ ⁓**simulator** m / simulador m de ambiente cósmico
Kosmotron, Cosmotron n (Teilchenbeschl) / cosmotrón m
Kossel-Effekt m (Radiol) / efecto m [de] Kossel

Kosten *plt*, Nebenkosten *plt* / gastos *m pl* ‖ ~ *pl*, -aufwand *m* / gastos *m pl* ‖ ~, Gestehungskosten *pl* / costes *m pl*, costos *m pl* ‖ ~ **sparend**, kostensenkend / reduciendo los gastos o costes, que reduce los gastos o costes, que ahorra gastos ‖ **keine** ~ **scheuen** / no reparar en gastos ‖ **[un]produktive** ~ / costes *m pl* [in]directos

Kosten•analyse *f* / análisis *m* de costos ‖ ~**anschlag** *m* / presupuesto *m* ‖ ~**anteil** *m* **des Arbeitslohns** / gastos *m pl* de mano de obra ‖ **noch o. knapp** ~**deckend** / que cubre apenas los gastos ‖ ~**denken** *n*, -bewusstheit / conciencia *f* respecto a los costes, conciencia *f* económica ‖ ~**effektivität** *f*, Kosten-Nutzen-Verhältnis *n* / efectividad *f* respecto a los costes, relación *f* entre costes y utilidad[es] ‖ ~**einsparung** *f*, -ersparnis *f* / ahorro *m* de gastos, economías *f pl* ‖ ~**ermittlung** *f*, -erfassung *f* / determinación *f* de los costes ‖ ~**faktor** *m* / factor *m* de coste[s] ‖ ~**freie Tätigkeit** (PERT) / actividad *f* sin gastos ‖ ~**/Gebrauchswertanalyse** *f* / análisis *m* de la relación entre costes y valor de uso ‖ ~**günstigste Drehzahl** (Wzm) / velocidad *f* de mínimo coste ‖ ~**index** *m* / índice *m* de coste[e] ‖ ~**-Leistungsverhältnis** *n* (DV, F.Org) / relación *f* entre costes y rendimiento ‖ ~**los**, umsonst, gratis / libre de gastos, gratuito, gratis ‖ ~**loses Muster** / muestra *f* gratuita ‖ ~**maßstabverfahren** *n* (F.Org) / sistema *m* o procedimiento de escala variable ‖ ~**-Nutzen-Verhältnis** *n* / relación *f* entre costes y utilidades, valor *m* coste-beneficio ‖ ~**senkung** *f* / reducción *f* o disminución de costes o gastos ‖ ~**steigerung** *f* / aumento *m* de los costes ‖ ~**struktur** *f* / estructura *f* de costes ‖ ~**träger** *m* (F.Org) / portador *m* de costes ‖ ~**überschreitungen** *f pl* / exceso *m* de costes o gastos ‖ ~**voranschlag** *m* / presupuesto *m* de costes

Kotangens *m*, cot (Math) / cotangente *f*, cot
Kote, Quote *f*, Höhenzahl *f* (Verm) / cota *f*
Kotentafel *f* (Verm) / tabla *f* hipsométrica
Kotflügel *m* (Kfz) / guardabarros *m*, guardafangos *m*, guardalodos *m* (LA), aleta *f*, salpicadera *f* (MEX) ‖ ~**leuchte** *f* (Kfz) / lámpara *f* o luz de guardabarros ‖ ~**stütze** *f* / soporte *m* del guardabarros ‖ ~**verbreiterung** *f* (Kfz) / ensanchamiento *m* de los guardabarros
kotonisieren *vt* (Flachs) / algodonizar, cotonizar ‖ ~ *n* / algodonización *f*, cotonización *f*
Kotschürze *f* (Kfz) / faldilla *f* [guardabarros], faldón *m*
Kötzer, Kops *m* (Tex) / canilla *f*, canuto *m* ‖ ~**aufsteckdorn** *m* / broca *f* de canillas ‖ ~**bildung** *f*, -aufbau *m* / formación *f* de la canilla ‖ ~**dämpfer** *m* / tambor *m* para vaporizar las canillas ‖ ~**fuß** *m* / pie *m* de la canilla ‖ ~**garn** *n* / hilo *m* de canilla ‖ ~**hülse** *f*, -tüte *f* / tubo *m* de canilla ‖ ~**hülsen-Papier** *n* / papel *m* para canillas (o bobinas) [de hilatura] ‖ ~**leiste** *f*, -ständer *m* (Tex) / soporte *m* de canillas ‖ ~**schicht** *f* / capa *f* de hilo en la canilla ‖ ~**spitze** *f* / punta *f* de la canilla o del huso ‖ **zu lange** ~**spitze** (Tex) / punta *f* demasiado larga de la canilla ‖ ~**spulmaschine** *f* / canillera *f*, canilladora *f*, encanilladora *f* (LA) ‖ ~**stock** *m* / cuadro *m* ‖ ~**zahl** *f* / número *m* de púas
kovalent (Chem) / covalente, homopolar ‖ ~**e Bindung** (Chem) / enlace *m* covalente atómico
Kovalenz *f* / covalencia *f*
kovariant (Math) / covariante
Kovarianz *f* (Math) / covariancia *f*
Kovolumen *n* (Phys) / covolumen *m*
Kozymase *f* (Chem) / cozimasa *f*
Kp (Chem) = Kochpunkt *f* ‖ ~ (Phys) = Kondensationspunkt
kplt., komplett / completo
Kr, Krypton *n* (Chem) / criptón *m*
krabben *vt*, einbrennen (Tex) / fijar en húmedo
Krabbmaschine *f* (Zeugdr) / máquina *f* fijadora en húmedo

Krach *m* / estallido *m*, crujido *m*, chasquido *m* ‖ ~**appretur** *f*, Krachgriffausrüstung *f* (Tex) / apresto *m* o acabado de tacto crujiente
krachen *vi* / hacer ruido, estallar, chascar ‖ ~, Knattern *n* / chasquido *m*, crepitación *f* ‖ ~, Zusammenstoß *m* / colisión *f*
krachend, donnernd / tronante ‖ **Seide** ~ **machen** (Tex) / dar un tacto crujiente a la seda
Krach•griff *m* (Seide) / tacto *m* crujiente ‖ ~**sperre** *f* (Radio) / supresor *m* de chasquido
Krack•... (Chem) / de craqueo, de cracking ‖ ~**anlage** *f* / instalación *f* o planta de cracking o craqueo ‖ ~**benzin** *n* / gasolina *f* (E) o nafta (ARG) cracking o de craqueo ‖ ~**bitumen** *n* / betún *m* de craqueo
kracken, spalten (Chem) / craquear, descomponer, hacer cracking ‖ ~ *n*, Krackung *f* / cracking *m*, craqueo *m*
Krack•gas *n* / gas *m* de craqueo ‖ ~**turm** *m* / torre *f* de craqueo ‖ ~**verfahren** *n* (Chem) / proceso *m* o procedimiento cracking o de craqueo
Krad *n* (= Kraftrad) / moto[cicleta] *f*
Kraemer•-Sarnow Erweichungspunkt *m* (Bitumen) / punto *m* de reblandecimiento según Kraemer-Sarnow ‖ ~**-Spilker-Destillation** *f* (DIN 51761) (Chem) / destilación *f* [de] Kraemer-Spilker
Krafft-Punkt *m* (Tensid) / punto *m* [de] Krafft
Kraft *f*, Stärke *f* (Masch, Phys) / fuerza *f*, potencia *f* ‖ ~, Wirksamkeit *f* (Chem) / acción *f*, fuerza *f* activa, poder *m* ‖ ~ *f*, Energie *f* (Elektr) / fuerza *f*, energía *f* ‖ ~, Intensität *f* / intensidad *f* ‖ ~, Anstrengung *f* / esfuerzo *m* ‖ ~**...** (z.B. Arbeit), Schwer... / de carga elevada, para trabajos pesados, muy duro ‖ ~ *f* **an der Streckgrenze** (Mat.Prüf) / solicitación *f* en el límite [aparente] de elasticidad ‖ ~ **im Raum** (Phys) / fuerza *f* en el espacio ‖ ~ **in Längsrichtung** / fuerza *f* longitudinal ‖ ~ **mal Weg = Arbeit** / fuerza por distancia = trabajo ‖ **in** ~ **außer** ~ **setzen** / anular, abolir, abrogar ‖ **in** ~ **treten** (Gesetz) / entrar en vigor ‖ **[mechanische]** ~, Stärke *f* (Mech) / potencia *f*
Kraft•abgabe *f* / suministro *m* de energía, energía *f* suministrada, fuerza *f* disponible ‖ ~**altpapier** *n* / papel *m* viejo Kraft ‖ ~**angriff** *m* (Phys) / aplicación *f* o acción de la fuerza ‖ ~**angriffspunkt** *m*, Krafteintragungspunkt *m* (Mech) / punto *m* de aplicación de una fuerza ‖ ~**anlage** *f* (Elektr) / central *f* eléctrica (E), central *f* de energía eléctrica, usina *f* o planta de energía (LA) ‖ ~**anschluss** *m* (Elektr) / acometida *f* de fuerza ‖ ~**antrieb** *m* / accionamiento *m* mecánico o por motor, propulsión mecánica *f* ‖ ~**antrieb** (Regeln) / actuador *m* ‖ ~**arm** *m* (des Hebels) (Phys) / brazo *m* de [la] potencia (de la palanca) ‖ ~**aufnehmer** *m* / transductor *m* de fuerza ‖ ~**aufnehmer für Scherkräfte** / transductor *m* para fuerzas de cizallamiento ‖ ~**aufwand** *m* / energía *f* o potencia necesaria, energía *f* empleada, fuerza *f* absorbida, gasto *m* de energía ‖ ~**ausbeute** *f* **beim Drahtziehen** / longitud *f* de alambre por unidad de energía consumida ‖ ~**ausgleich** *m* / equilibración *f* de fuerzas, equilibraje *m* de fuerzas ‖ ~**bedarf**, -verbrauch *m*, -aufnahme *f* / fuerza *m* consumida o absorbida, consumo *m* de fuerza, consumo *m* de energía ‖ ~**betätigt** / accionado por fuerza ‖ ~**betätigter Mitnehmer** (Wzm) / elemento *m* de arrastre accionado por fuerza ‖ ~**betätigung** *f* / accionamiento *m* por fuerza ‖ ~**betrieb** *m* / explotación *f* mecánica o por fuerza [motriz] ‖ **mit** ~**betrieb** / accionado por fuerza, mecánico ‖ ~**betriebener Schraubendreher**, Kraftschrauber *m* (Wz) / destornillador *m* accionado por motor ‖ ~**bremse** *f* / servofreno *m* ‖ ~**-Dehnungs-Diagramm** *n* / diagrama *m* fuerza-extensión ‖ ~**-Durchbiegungskurve** *f* (Plast) / curva *f* de la carga de flexión

Kräfte•ausgleich *m* / compensación *f* de fuerzas, equilibrio *m* de fuerzas ‖ ⁓**bestimmung** *f* / determinación *f* de fuerzas
Krafteck *n* (Mech) / polígono *m* de fuerzas
Kräfte•diagramm *n* (Mech) / diagrama *m* de fuerzas ‖ ⁓**dreieck** *n* / triángulo *m* de fuerzas ‖ ⁓**ermittlung** *f* / determinación *f* de fuerzas o esfuerzos ‖ **~freier Kreisel** (Luftf) / giroscopio *m* libre ‖ ⁓**gleichgewicht** *n* / equilibrio *m* de fuerzas
Krafteinheit *f* / unidad *f* de fuerza
Kräfte•maßstab *m* / escala *f* de fuerzas ‖ ⁓**paar**, **Moment** *n* (Mech) / par *m* de fuerzas, momento *m* [de fuerzas] ‖ ⁓**parallelogramm** *n* (Mech) / paralelograma *m* de fuerzas ‖ ⁓**plan** *m*, -polygon *n*, Kräftezug *m* / polígono *m* de fuerzas ‖ ⁓**polygon** *n* s. Kräftezug
Kraft•ersparnis *f* / ahorro *m* de potencia, economía *f* o ganancia de fuerzas ‖ ⁓**erzeugung** *f* / generación *f* de energía
Kräfte•vergleich *m* (Regeln) / comparación *f* de fuerzas ‖ ⁓**zerlegung**, -auflösung *f* (Phys) / descomposición *f* de fuerzas ‖ ⁓**zusammensetzung** *f* / composición *f* de fuerzas
Kraftfahrdrehleiter *f* (Feuerwehr) / escalera *f* giratoria a motor, escal[er]a *f* giratoria sobre vehículo motorizado
Kraftfahrer *m* / automovilista *m* *f*, chófer *m*, conductor *m* del vehículo, manejador *m* (MEX) ‖ ⁓**schutzhelm** *m* (DIN) / casco *m* [protector]
Kraftfahr•leiter *f* (F'wehr) / escalera *f* mecánica, autoescalera *f*, motoescalera *f*, escala *f* de moto ‖ ⁓**linie** *f* / línea *f* de antobús[es] ‖ ⁓**sport** *m* / automovilismo *m*, deporte *m* automovilístico ‖ ⁓**spritze** *f*, (amtlich:) Löschfahrzeug motorisiert *n* (Feuerwehr) / bomba *f* de incendios sobre vehículo motorizado, vehículo *m* extintor de fuego ‖ ⁓**straße** *f* / carretera *f* para automóviles, autovía *f* ‖ ⁓**wesen** *n* / sector *m* del automóvil, automovilismo *m*
Kraftfahrzeug *n*, Kfz *n* / vehículo *m* motorizado, automóvil *m*, autovehículo *m*, vehículo *m* de motor, automotor *m* (LA) ‖ ⁓**antenne** *f*, Autoantenne *f* / antena *f* de vehículo, autoantena *f* ‖ ⁓**ausbesserungswerkstatt** *f*, -reparaturwerkstatt *f* / taller *m* de (o para) reparación de automóviles ‖ ⁓**beleuchtung** *f* / alumbrado *m* del automóvil, luces *f pl* delanteras y traseras ‖ ⁓**bestand** *m* / parque *m* automovilístico o móvil ‖ ⁓**blech** *n* / chapa *f* para carrocerías ‖ ⁓**brief** *m*, jetzt: Zulassungsbescheinigung, Teil II / carta *f* de vehículo, título *m* de vehículo (LA) ‖ ⁓**dichte** *f* / densidad *f* de vehículos motorizados ‖ ⁓**elektrik** *f* / autoelectricidad *f*, electricidad *f* del automóvil ‖ ⁓**elektriker** *m* / electricista *m* de automóviles ‖ ⁓**fabrik** *f* / fábrica *f* de automóviles ‖ ⁓**fähre** *f* / transbordador *m* de automóviles, ferry[boat] *m* ‖ ⁓**führer** *m*, -lenker *m* / conductor *m* del vehículo ‖ ⁓**halter** *m*, -eigentümer *m* / titular *m* (de un coche), propietario *m* (asegurado) de un automóvil ‖ ⁓**handwerker**, (früher:) -mechaniker *m*, (jetzt:) Kraftfahrzeugmechatroniker *m* (Kfz) / mecánico *m* de coches ‖ ⁓**industrie** *f* / industria *f* automovilística o del automóvil ‖ ⁓**ingenieur** *m* / ingeniero *m* automovilístico ‖ ⁓**-Karosserie** *f* / carrocería *f* de automóvil ‖ ⁓**motor** *m* / motor *m* de[l] automóvil ‖ ⁓**park** *m*, Fuhrpark *m* (einer Firma, Behörde etc.) / parque *m* móvil ‖ ⁓**schein** *m*, jetzt: Zulassungsbescheinigung, Teil I / permiso *m* de circulación ‖ ⁓**statistik** *f* / estadística *f* de vehículos motorizados ‖ ⁓**straße** *f* / carretera *f* para vehículos motorizados, autovía *f* ‖ ⁓**technik** *f* / técnica *f* automovilística o del automóvil ‖ ⁓**teile** *n pl* / autopartes *f pl*, componentes *m pl* de automóvil ‖ ⁓**telefon** *n* / autoteléfono *m* ‖ ⁓**verkehr** *m* / tráfico *m* de vehículos motorizados, circulación *f* de automóviles, tráfico *m* rodado ‖ ⁓**wesen** *n* / sector *m* del automóvil ‖ ⁓**zubehör** *n*, -zubehörteile *n pl* / accesorios *m pl* para automóviles, autopartes *f pl* ‖ ⁓**[zwischen]deck** *n* (Schiff) / entrepuente *m* para automóviles o para vehículos
Kraft•feld *n*, elektrisches Feld (Elektr) / campo *m* de fuerza[s], campo *m* eléctrico ‖ ⁓**fluss** *m* / flujo *m* de potencia o de fuerza ‖ ⁓**flussdichte** *f* / densidad *f* del flujo de fuerza ‖ ⁓**former** *m* (Wzm) / generador *m* portátil ‖ **~frei einzuführender Verbinder** (Eltronik) / conector *m* libre de fuerza de inyección ‖ ⁓**futter** *n* (Landw) / pienso *m* o forraje concentrado ‖ ⁓**gas** *n* / gas *m* muy energético, gas *m* motor ‖ ⁓**haus** *n* (Turbine) / sala *f* de turbinas ‖ ⁓**hebel** *m* (Phys) / palanca *f* de fuerza ‖ ⁓**heber** *m* / gato *m* hidráulico o neumático ‖ ⁓**heber** (Traktor) / elevador *m* hidráulico, sistema *m* hidráulico de elevación
kräftig, solide / sólido, fuerte ‖ **~**, wirksam / eficaz, vigoroso ‖ **~**, robust / robusto ‖ **~**, energisch / enérgico ‖ **~**, intensiv / intenso, intensivo ‖ **~**, mächtig / potente ‖ **~**, satt (Farbe) / subido, intenso ‖ **~ gelb** / amarillo intenso
Kraft•installation *f* (Elektro) / instalación *f* de fuerza eléctrica ‖ ⁓**kabel** *n* / cable *m* para corriente fuerte, cable *m* [para transporte] de energía ‖ ⁓**kalibierung** *f* (Mess) / calibrado *m* forzado ‖ ⁓**-Kälte-Kopplung** *f*, KKK / acoplamiento *m* fueza frío ‖ ⁓**karren**, Kraka / carro *m* motorizado
Kraft-Krepppapier *n* / papel *m* Kraft crepé
Kraft•leistung *f* / rendimiento *m* dinámico, esfuerzo *m* ‖ ⁓**leitung**, -übertragung *f* (allg) / transmisión *f* de fuerza o potencia ‖ ⁓**leitung** *f*, Starkstromleitung *f* (Elektr) / línea de corriente de alta intensidad *f*, línea *f* de fuerza (o energía) eléctrica ‖ ⁓**liner** *m* (Pap) / papel *m* kraft para recubrir, kraftliner *m* ‖ ⁓**linie** *f* (Phys) / línea *f* del fuerza ‖ ⁓**linien schneiden** (Elektr, Magnetismus) / cortar líneas de fuerza ‖ ⁓**linienbild** *n* / espectro *m* de líneas de fuerza ‖ ⁓**liniendichte** *f* / densidad *f* de las líneas de fuerza ‖ ⁓**linienfluss** *m* (gemessen in Weber) / flujo *m* magnético o inductor ‖ ⁓**linienumkehr** *f* (Phys) / inversión *f* del flujo magnético ‖ ⁓**linienverlauf** *m* (Mech) / marcha *f* de las líneas de fuerza ‖ ⁓**manipulator** *m* (Wz) / manipulador *m* de fuerza ‖ ⁓**maschine** *f* (allg) / máquina *f* motriz ‖ ⁓**maschine mit äußerer Verbrennung** (o. mit Wärmezufuhr von außen) / máquina *f* motriz de combustión externa *f* ‖ ⁓**messdose** *f* (Phys) / indicador *m* de carga, caja *f* dinamométrica ‖ ⁓**messer** *m*, Dynamometer *n* (Masch) / dinamómetro *m* ‖ ⁓**Messgeber** *m* (Raumf) / transmisor *m* de fuerza ‖ ⁓**messgerät** *n*, -maßvorrichtung *f* / aparato *m* o dispositivo dinamométrico ‖ ⁓**messschlüssel** *m*, Drehmomentschlüssel *m* (Wz) / llave *f* dinamométrica ‖ ⁓**messung** *f* / dinamometría *f* ‖ ⁓**mikroskop** *n* (APM = Atomic Force Microscope) / microscopio *m* de furza atómica ‖ ⁓**moment** *n* / momento *m* de [una] fuerza ‖ ⁓**netz** *n* (Elektr) / red *f* de energía eléctrica ‖ ⁓**niet** *n* / remache *m* de fuerza ‖ ⁓**nietung** *f* / remachado *m* para transmisión de fuerza ‖ ⁓**omnibus** *m*, Auto[omni]bus *m* (Stadtverkehr) / autobús *m* ‖ ⁓**omnibus**, Reiseomnibus *m* / autocar *m* ‖ ⁓**papier** *n* / papel *m* Kraft o kraft ‖ ⁓**pumpe** *f* / bomba *f* impelente ‖ ⁓**quelle** *f* (Phys) / fuente *f* de energía o de fuerza ‖ ⁓**rad** *n* (50 bis 125 ccm) / ciclomotor *m* ‖ ⁓**rad** (über 125 ccm), Motorrad *n* / moto[cicleta] *f* ‖ ⁓**rad...** / motero *adj* ‖ ⁓**radfahrer** *m* / ciclista *m f*, motorista *m f* ‖ ⁓**reserve** *f* / reserva *f* de potencia o de energía, potencia *f* de reserva ‖ ⁓**richtung** *f* / dirección *f* de la fuerza ‖ ⁓**röhre**, Feldröhre *f* (Eltronik) / tubo *m* de fuerza o de campo ‖ ⁓**sackpapier** *n* / papel *m* kraft para sacos ‖ ⁓**scharnier** *n* (Schiff) / charnela *f* de fuerza ‖ ⁓**schaufel** *f*, Handschrapper *m* / pala *f* mecánica accionada a mano ‖ ⁓**schere** *f* / cizalla *f* accionada por motor ‖ ⁓**schiene** *f*, Sammelschiene *f* für Kraftstrom

Kraftvektor

(Elektr) / barra f omnibús (o colectora) para fuerza ‖ ⁓**schlepper** m (Landw) / tractor m ‖ ⁓**schluss** m, kraftschlüssige Verbindung (Masch) / cierre f de fuerza, arrastre m de fuerza, unión f no positiva ‖ **direkter** ⁓**schluss** / transmisión f directa ‖ ⁓**schlussbeiwert** m (Traktor) / coeficiente m de adherencia o de adhesión ‖ ~**schlüssig** (Mech) / no positivo, en arrastre de fuerza ‖ ~**schlüssig** (durch Reibung) / accionado por adherencia ‖ ~**schlüssig** (durch Gewicht) / accionado por gravedad o peso ‖ ~**schlüssig** (durch Feder) / accionado por resorte ‖ ~**schlüssige Sicherung** / seguro m en arrastre de fuerza ‖ ⁓**schlusskreis** m (Kfz, Reifen) / círculo m de adherencia entre neumático y firme ‖ ⁓**schmierpumpe** f (Kfz) / bomba f lubrificante a presión ‖ ⁓**schrauber** m (Wz) / destornillador m accionado por motor ‖ ⁓**spannung** f (Wzm) / sujeción f de fuerza ‖ ~**sparend** / que ahorra energía o potencia ‖ ⁓**speicher** m (Elektr, Masch) / acumulador m de energía ‖ ⁓**speicherbetätigung** f / maniobra f por energía acumulada ‖ ⁓**spritze** f, Motorspritze f (Feuerwehr) / motobomba f ‖ ⁓**steckdose** f / tomacorriente m para fuerza, caja f de enchufe para corriente industrial ‖ ⁓**stecker** m / clavija f de enchufe para corriente industrial ‖ ⁓**steckvorrichtung** f (Elektr) / tomacorriente m para fuerza ‖ ⁓**stellhebel** m (Bahn) / palanca f de combinador ‖ ⁓**stellwerk** n **mit frei beweglichen, [mit Einzel]hebeln** (Bahn) / puesto m de enclavamiento de palancas libres, [de palancas individuales] ‖ ⁓**steuerung** f (Luftf) / mando m con servomotor

Kraftstoff m / combustible m, carburante m ‖ ⁓ **auf Alkoholbasis** / carburante m alcohólico ‖ ⁓ **auf Ölbasis** / oleocarburante m ‖ ⁓**ablassventil** n (Luftf) / válvula f de purga de queroseno ‖ ⁓**anzeiger** m, -anzeige f, Benzinuhr f (coll.) (Kfz) / indicador m del nivel de combustible, indicador m de gasolina ‖ ⁓**behälter** m / depósito m de combustible ‖ ⁓**behälter der Beschleunigungspumpe** (Kfz) / depósito m de gasolina de la bomba aceleradora ‖ ⁓**dichte** f / densidad f de combustible o carburante ‖ ⁓**-Druckleitung** f / tubería f forzada para combustible líquido ‖ ⁓**druckmesser** m (Luftf) / manómetro m de carburante ‖ ⁓**druckpumpe** f / bomba f de carburante a presión ‖ ⁓**druckregler** m / regulador m de la presión del combustible ‖ ⁓**druck-Schalter** m / interruptor m de carburante a presión ‖ ⁓**düse** f (Vergaser) / tobera f de carburante ‖ ⁓**-Einfüllstutzen** m (Kfz) / boca f de llenado de combustible, tubuladura f para llenar combustible o carburante ‖ ⁓**einspritzung** f (Mot) / inyección f de combustible o de carburante ‖ ⁓**empfindlichkeit** f / sensibilidad f de un carburante ‖ ⁓**ersparnis** f / ahorro m de o en combustible o carburante ‖ ⁓**filter** n / filtro m para combustible o carburante ‖ ⁓**förderanlage** f / instalación f para el bombeo de gasolina ‖ ⁓**[förder]pumpe** f / bomba f [mecánica o eléctrica] [de aspiración] para carburante ‖ ⁓**Förderung** f (Kfz) / alimentación f en carburante, suministro m de carburante ‖ ⁓**gemisch** n / mezcla f de carburante[s] ‖ ⁓**gewinnung** f **aus Kohle** / obtención f de carburante de la hulla ‖ ⁓**hahn** m, (coll:) Benzinhahn m (Kfz) / llave f de gasolina ‖ ⁓**[haupt]behälter** m (Kfz) / depósito m [principal] de combustible ‖ ⁓**hilfsbehälter** m / depósito m de reserva ‖ ⁓**hilfspumpe** f (für Druckhaltung) (Raumf) / bomba f auxiliar de combustible (para mantener la presión) ‖ ⁓**hilfsschiff** n (Schiff) / buque m nodriza auxiliar ‖ ⁓**kontrollampe** f (Kfz) / luz f piloto del nivel del combustible ‖ ⁓**leckleitung** f (Diesel) / tubería f para fugas de gasoil ‖ ⁓**leitung** f (Kfz) / tubería f de combustible o carburante (E), cañería f de carburante (LA) ‖ ⁓**-Luftgemisch** n / mezcla f de carburante y aire, mezcla f de combustible-aire ‖ ⁓**mangel** m / falta f de combustible ‖ ⁓**nadelventil** n (Kfz) / válvula f de aguja para el carburante ‖ ⁓**nebel** m / combustible m o carburante pulverizado ‖ ⁓**nocken** m / leva f de la bomba de combustible ‖ ⁓**normverbrauch** m / consumo m [normal] de combustible bajo condiciones de prueba ‖ ⁓**-Notablass** m (Luftf) / lanzamiento m de combustible ‖ ⁓**pumpe** f (Kfz) / bomba f de [alimentación de] combustible ‖ ⁓**regler** m (Turbine) / regulador m de la alimentación en carburante o combustible ‖ ⁓**reservebehälter** m (fest eingebaut) (Kfz) / depósito m de reserva para combustible, nodriza f ‖ ⁓**-Schnellablass** m (Luftf) / descarga f de emergencia ‖ ⁓**sieb** n (Kfz) / tamiz m para combustible o carburante ‖ ⁓**sorte** f **nach Oktanzahl** / clase f de carburante según número de octano ‖ ⁓**speicher** m (Gasturbine) / acumulador m de combustible ‖ ⁓**stand** m / nivel m de combustible ‖ ⁓**tank** m (Kfz) / depósito m (E) o tanque (LA) de combustible o de carburante o de gasolina ‖ ⁓**-Umschalthahn** m / llave f de conmutación para combustible [de 3 vías] ‖ ⁓**verbrauch** m / consumo m de combustible ‖ **spezifischer** ⁓**verbrauch** (l/100 km, m/gal usw) / consumo m específico de combustible en litros por 100 kms o en millas por galón ‖ ⁓**verbrauch** m **je Sitz u. Meile in Imp. Gallons** (Luftf) / consumo m de carburante por asiento y milla en galones ingleses ‖ ⁓**versorgung** f / alimentación f en combustible, avituallamiento m ‖ ⁓**vorratszeiger** m (DIN), Benzinuhr f (coll) / indicador m del nivel de combustible ‖ ⁓**-Wasserabscheider** m (Dresch) / purgador m o separador de agua para gasoil o gasóleo ‖ ⁓**zufuhr** f (Kfz) / suministro m de o alimentación en combustible ‖ ⁓**zuführung** f **unter Druck** / alimentación f de (o en) combustible bajo presión ‖ ⁓**zusatz** m, Additiv n (Kfz) / aditivo m ‖ ⁓**zusatzpumpe** f (zur Unterstützung der Hauptpumpe) (Raumf) / bomba f adicional de combustible

Kraft•stopfer m, Gleisstopfmaschine f (Bahn) / compactadora f del balasto, máquina f bateadora (E), bateadora f apisonadora (LA), rameadora f (CHIL, PER) ‖ ⁓**stoß** m (bei kurzem Schlag) (Phys) / impulso m, impulsión f ‖ ⁓**strom** m (Elektr) / corriente f fuerte o de gran amperaje ‖ ⁓**[strom]anschluss** m / conexión f para corriente fuerte ‖ ⁓**strom[guss]verteilung** f (Elektr) / cuadro m de distribución para corriente fuerte ‖ ⁓**stromkabel** n / cable m de energía eléctrica o de fuerza motriz, cable m para transporte de energía ‖ ⁓**stromkreis** m (Elektr) / circuito m de potencia ‖ ⁓**[strom]leitung** f (Elektr) / línea f de energía o de fuerza ‖ ⁓**stromnetz** n / red f de corriente fuerte ‖ ⁓**[strom]relais** n / relé m de corriente fuerte o de potencia ‖ ⁓**[strom]steckdose** f / caja f de enchufe de corriente fuerte, tomacorriente m de fuerza ‖ ⁓**[strom]zähler** m (Elektr) / contador m de corriente fuerte ‖ ⁓**stromzerhacker** m / vibrador m de corriente fuerte ‖ ⁓**stufe** f (Elektr) / presión f hidrostática utilizada para generación de electricidad ‖ ⁓**transformator** m (Elektr) / transformador m de fuerza o de potencia ‖ ⁓**überschuss** m / excedente m o exceso de fuerza o de energía ‖ ~**übertragende Flanke** (Zahnrad) / flanco m activo ‖ ⁓**übertragung**, -leitung f (allg) / transmisión f de fuerza o de energía ‖ **Organe der** ⁓**übertragung**, Kraftübertragungselemente n pl (Kfz) / elementos m pl u órganos de transmisión ‖ ⁓**übertragung** (allg) / transmisión f de potencia ‖ ⁓**übertragung** (Mech) / mecanismo m de transmisión [de energía], transferencia f de carga ‖ ⁓**übertragung** (Anlage) / planta f transmisora de fuerza ‖ ⁓**übertragungskette**, Treibkette f / cadena f motriz o de transmisión ‖ ⁓**übertragungswelle** f / árbol m de transmisión, árbol transmisor [de potencia].m. ‖ ⁓**- und Schmierstoffe** m pl / combustibles m pl y lubri[fi]cantes f ‖ ⁓**vektor** m

749

Kraftverbrauch

(Phys) / vector m de fuerza ‖ ~verbrauch m / consumo m de fuerza o de energía ‖ ~verkehr m / tráfico m motorizado, circulación f motorizada o de vehículos ‖ ~verkehrsachse f / eje m de tráfico rodado ‖ [niveaukreuzungsfreie] ~verkehrsstraße / autovía f [de circulación rápida] ‖ ~verlauf m (Phys) / trayectoria f de la fuerza ‖ ~verlust m / pérdida f de energía de fuerza ‖ ~versorgung f / suministro m de fuerza, abastecimiento m de fuerza ‖ ~versorgungsunternehmen n, Elektrizitätswerk n / empresa f eléctrica, compañía f distribuidora de corriente eléctrica ‖ ~verstärker m (Masch) / amplificador m de fuerza o de potencia ‖ ~verstärker (Eltronik) / amplificador m ‖ ~verstärkung f (Eltronik) / amplificación f de potencia ‖ ~[ver]stellung f (Wzm) / desplazamiento m mecánico ‖ ~verteilung f / distribución f de energía o de fuerza ‖ ~vervielfältigungsschlüssel m / llave f multiplicadora de fuerza ‖ ~vorschub m, maschineller Vorschub / avance m mecánico ‖ ~wagen m, Auto n (Kfz) / vehículo m motorizado, automóvil m, coche m, auto m ‖ ~wagen, Nutzfahrzeug n / vehículo m industrial ‖ ~wagen, Personenwagen m / coche m de turismo, turismo m ‖ offener zweisitziger ~wagen, offener Zweisitzer / biplaza m sin capota ‖ ~wagenanhänger m / remolque m de automóvil (E), acoplado m de automóvil (LA) ‖ ~wagenbau m / construcción f de automóviles ‖ ~wagenführer m, Fahrer m / conductor m, chófer m ‖ ~wagengetriebe n, Automobilgetriebe n / cambio m de velocidades o de marchas de automóvil, caja f de cambios ‖ ~wagenkupplung f, Anhängerkupplung f / acoplamiento m para remolque ‖ ~wagenpark m, Fuhrpark m / parque m móvil ‖ ~wandler m (Eltronik, Fernm) / transductor m ‖ ~-Wärme-Kopplung f, KWK / acoplamiento m fuerza-calor ‖ ~wasser n / agua f para la producción de energía ‖ ~wasserbilanz f / balanza f de hidráulica ‖ ~werk n, Elektrizitätswerk n / central f eléctrica (E), usina f eléctrica (LA) ‖ ~werker m / trabajador m en una central ‖ ~werksbetreiber m / explotador m de una central ‖ ~werksbetrieb m (Elektr) / operación f de una central eléctrica ‖ ~werkschemie f / química f de centrales ‖ ~werksleistung f (Elektr) / capacidad f de la central ‖ ~werkspark m / parque m de centrales ‖ ~werksreaktor m / reactor m generador de energía ‖ ~werks-Talsperre f / presa f (E), represa f (LA) (para central hidroeléctrica) ‖ ~winde f (Bau) / torno m o chigre de motor ‖ ~wirklinie f (Schm) / eje m de deformación, línea f de actuación de las fuerzas ‖ ~wirkung f (Phys) / efecto m dinámico o de [la] fuerza, acción f dinámica o de la fuerza ‖ ~wirkungsfiguren f pl / líneass f pl de Piobert-Luders, líneas f pl de actuación de fuerza ‖ ~zähler m, Kraftstromzähler m (Elektr) / contador m de corriente fuerte ‖ ~-Zeit-Diagramm n / diagrama m [en función] de la fuerza y del tiempo ‖ ~[zell]stoff m (Pap) / pasta f [de celulosa] Kraft, celulosa f Kraft ‖ ~zellstoff m, harter Zellstoff / pasta f [de celulosa] dura ‖ ~zentrale f, -anlage f / central f [generadora] de energía, central f eléctrica ‖ ~zentrum n / centro m de fuerza ‖ ~zug m / tracción f mecánica ‖ ~zurichtung f (Druck) / calazo m, calza f, alza f, recorte m por debajo, arreglo m de plancha

Krag•arm m / brazo m [en] voladizo ‖ ~arm, Gerberette f (Bau) / pescante m en voladizo ‖ ~balken m, -träger m / viga f voladiza ‖ ~dach n / cubierta f voladiza ‖ ~decke f / techo m voladizo

Kragen m (Tex) / cuello m, collarín m, collo m ‖ ~, Rand m (Masch) / collar m, reborde m ‖ ~ m des Lüfters / collarín m del ventilador ‖ ~ einer Fassung (Elektr) / collarín m de portalámpara ‖ ~ formen (Stanz) / formar valonas ‖ ~bildung f, Aufwallen m (Hütt) / ebullición f, efervescencia f

Kragende n (Bau) / extremo m en voladizo

Kragen•dichtung f (Masch) / collarín m obturador ‖ ~dicke f (Bohrbüchse) / espesor m de collarín ‖ ~kristallisator m (Hütt) / molde m de cuello ‖ ~steckdose f (Elektr) / caja f de enchufe con collarín protector ‖ ~stecker m (Elektr) / clavija f con collarín ‖ ~steckvorrichtung f / dispositivo m de enchufe de cuello ‖ ~ziehen n (Stanz) / formación f de valonas ‖ ~ziehwerkzeug n (Stanz) / útil m para formar valonas

Krag•platte f (Bau) / placa f o losa en voladizo ‖ ~stein m, Konsole f (Bau) / ménsula f, repisa f ‖ ~stein / ladrillo m en forma de consola ‖ ~träger m / viga f voladiza o en valadizo, viga f suspendida al vuelo o en falso

Krähenfüße m pl (Eisenstücke) / tomasitos m pl

Krählarm, Rührarm m (Röstofen) / espetón m

krählen vt (Bergb) / rastrillar ‖ ~ n, Krählarbeit f (Bergb) / rastrillado m, rastrillaje m

Krähl•maschine f, -werk n (Bergb) / mecanismo m rastrillador ‖ ~werk n (Röstofen) / mecanismo m rastrillador-agitador o de remoción

Krakenprojekt n (Ozeanol) / proyecto m Pulpo

Krakoisit m (Min) / cracoisita f

Kralle, Klaue f (Masch) / garra f, uña f

Krallen•dübel m (Einpress-Industriedübel) (Zimm) / placa f de garras ‖ ~futter m (Wzm) / mandril m de mordazas ‖ ~klemme f (Elektr) / borne m con garras ‖ ~leitungsschutz m (Elektr) / terminal m con garras

Krämer-Kaskade f (Elektr) / cascada f de Krämer

Krammstock m (Hütt) / varilla f de desespumar

Krampe f (Bau) / grapa f (E), grampa f (LA), grampillón m ‖ ~, Klammer f (Schloss) / abrazadera f ‖ ~ f für Vorhängeschlösser / grapa f para candados

krampen vt (Schweiz), Schwellen stopfen (Bahn) / batear las traviesas ‖ ~nagel m / alcayata f, grapa f

Krampziegel m, Krempziegel m / teja f de reborde

Kran m / grúa f ‖ ~, Hebekran m / árgana f ‖ ~ auf Schienenfahrzeug, Schienenkran m / grúa f sobre rieles ‖ ~ mit Fahrwerk / grúa f automotriz o autopropulsada ‖ ~ mit feststehender Säule / grúa f de columna fija ‖ ~ mit Klappausleger / grúa f con pescante (o aguilón) abatible ‖ schwenkbarer ~, Drehkran m / grúa f giratoria

Kran•anlage f mit Parallelauslegern / sistema m de grúa con pescantes paralelos ‖ ~arbeit f, -kosten pl (Bau) / trabajo m con grúa, costes m pl de trabajo de grúa ‖ ~arbeiten f pl (Bau) / operaciones f pl de (o con) grúa ‖ ~arm m (Gabelstapler) / grúa f con pescante ‖ ~ausleger, -arm m / pescante m o aguilón o brazo de grúa, pluma f ‖ heb- und senkbarer ~ausleger / pescante m elevable ‖ ~bahn f / camino m de rodadura de la grúa, vía f de la grúa ‖ ~bahnschiene f / carril m de la vía de grúa ‖ ~bahnstütze f / apoyo m para camino o vía de rodadura de la grúa ‖ ~bahnträger m / viga f de la vía de grúa ‖ ~balken m / larguero m de [la] grúa, viga f de la grúa ‖ ~bein n, -fuß m / pata f de grúa ‖ ~betrieb m / servicio m por grúa[s], operaciones f pl de grúa ‖ ~boot m / lancha f con grúa, bote m de grúa ‖ ~brücke f / puente m de grúa, puente-grúa m ‖ ~bühne f / tablero m de grúa ‖ ~dolly m, Kamerakran m (Film) / grúa f de [la] cámara ‖ ~fahren n / traslación f de la grúa ‖ ~fahrgeschwindigkeit f / velocidad f de marcha o de traslación de la grúa ‖ ~fahrwerk f / mecanismo m de traslación de la grúa ‖ ~führer m / gruísta m f, maquinista m, operador m de grúa ‖ ~führerhaus n, Führerstand m (Kran) / cabina f de gruísta

krängen vi, überliegen (Schiff) / recalcar, escorar, dar la banda ‖ ~ n / recalcada f

Kran•gerüst n / bastidor m de [la] grúa, estructura f o armazón de grúa ‖ ~getriebe n / reductor m de grúa ‖ ~[gieß]pfanne f (Hütt) / caldero m de grúa para colar, cuchara f de grúa

Krängung f, Überliegen n, Schlagseite f (Schiff) / escora f, escoraje m banda f, tambaleo m, bandazo m
Krängungs•ausgleich m / compensación f [de banda] ‖ ~**ballast** (Schiff) / lastre m de escora ‖ ~**fehler** m (Nav) / error m de escora o de banda ‖ ~**fehler-Koeffizient** m (Kompass) / coeficiente m del error de escora ‖ ~**magnet** m (Schiff) / imán m vertical ‖ ~**moment** n / momento escorante.m. ‖ ~**pendel** n / péndulo m de escora ‖ ~**versuch** m (Schiff) / prueba f de estabilidad ‖ ~**winkel** m (Schiff) / ángulo m de escora ‖ ~**winkel** (Kran) / ángulo m de inclinación
Kran•haken m / gancho m de grúa ‖ ~**helling** f (Schiff) / grada f de [construcción de] grúas ‖ ~**hochbahn** f / vía f elevada de grúa ‖ ~**hubschrauber** m / helicóptero m grúa ‖ ~**kanzel** f / cabina f de grúa ‖ ~**karren** m / carretilla-grúa f ‖ ~**katze** f s. Kranlaufkatze
Kranken•aufzug m / montacamas m para clínicas ‖ ~**hauseinrichtung** f / instalación f de hospitales, equipo m de hospitales ‖ ~**kasse** f (DV, Med) / caja f de enfermedad ‖ ~**stand** m, Krankheitsziffer f (Stat) / morbilidad f, morbididad f ‖ ~**wagen** m, -auto n (Kfz) / coche m de ambulancia
Krankette f (Schm) / cadena f [de] grúa
krankheitserregend / patógeno, morbífico
Kran•kübel m (Bau) / cubeta f de grúa, cangilón m de grúa ‖ ~**[lauf]bahn** f / camino m de rodadura de [la] grúa, vía f de grúa ‖ ~**[lauf]katze** / carretillo m de la grúa ‖ ~**notabstieg** m / escalera f de emergencia de la grúa ‖ ~**öse** f, Augbolzen m (Masch) / hembrilla f, armella f ‖ ~**pfanne** f / caldero m de grúa, cuchara f manejada con grúa ‖ ~**ponton** m / pontón m de grúa ‖ ~**säule** f, Ständer m / columna f de grúa ‖ ~**schaden** m / daño m [causado por transporte] de grúa ‖ ~**schaufler** m / pala f mecánica ‖ ~**schiene** f / riel m para grúa, carril m de grúa ‖ ~**schiff** n / buque-grúa m ‖ ~**schlammwagen** m / vehículo m con grúa para transporte de lodos ‖ ~**steueranlage** f / equipo m de mando o de control de la grúa ‖ ~**strebe** f / puntal m de grúa ‖ ~**träger** m / viga f de la grúa ‖ ~**traverse** f / travesaño m de grúa ‖ ~**trommel** f (Gieß) / cuchara f de la grúa ‖ ~**turm** m / torre f de la grúa ‖ ~**unterwagen** m / bogie m de grúa ‖ ~**verladung** f / embarque m mediante grúa ‖ ~**waage** f / pesadora f de gancho de grúa ‖ ~**wagen** m (Bahn) / vagón-grúa m ‖ ~**wagen** (Kfz) / vehículo-grúa m, coche[-]grúa m, camión-grúa m ‖ ~**wagen**, Fahrzeugkran m / grúa f sobre camión ‖ ~**winde** f / cabrestante m o güinche m de grúa ‖ ~**windwerk** n, -hubwerk n / mecanismo m de elevación de grúa ‖ ~**wippe** f / báscula f de grúa
Kranz m, Einfassung f / corona f ‖ ~ (Radkranz) / llanta f, Spurkranz m (Bahn) / pestaña f de rueda ‖ ~, Brunnenkranz m / brocal m de pozo ‖ ~, Zahnkranz m / corona f dentada ‖ ~, Hof m (Astr) / corona f, halo m ‖ ~ **des Kettenrades** / corona f de la catalina ‖ ~ m **des Konverters** (Hütt) / corona f del convertidor
Kranz•brenner m / quemador m de corona ‖ ~**gesims** n (Bau) / cornisa f ‖ ~**gewölbe** n (Bau) / bóveda f en corona ‖ ~**kette** f / anillo[s] m [pl] de suspensión ‖ ~**schüsse** m pl (Bergb) / tiros m pl en corona ‖ ~**spannfutter** n (Wzm) / mandril m de corona
Krapp m, Färberröte, Rubia tinctorum f (Bot) / granza f, rubia(E) f, mádder m (LA), raíz f de rubia ‖ ~**gelb**, Xanthin n / xantina f, amarillo m de rubia ‖ ~**lack** m / laca f de rubia ‖ ~**rot**, Alizarin n / alizarina f
krarupisieren vt (Fernm) / krarupizar, cargar continuamente
Krarupisierung f / krarupización f
Krarup•kabel m (Fernm) / cable m krarupizado ‖ ~**leitung** f (Fernm) / línea f krarupizada
Krater m (Email, Geol, Schw) / cráter m ‖ ~ (Email, Fehler) / picadura f ‖ ~**bildung** f (Lager) / formación f de cráteres, craterización f ‖ ~**förmig** / crateriforme
Kraton m (Kern eines Kontinents) / cratón m

Kratz•bagger m, Schrämbagger m (Bau) / excavadora-rascadora f ‖ ~**band** n, -bandförderer m / transportador m rascador, rascadora f, scraper m ‖ ~**bandlader** m / cargadora f de cinta rascadora
Krätzblei n (Hütt) / plomo m de escorias
Kratz•boden m (Landw) / fondo m rascador ‖ ~**bürste** f / cepillo m rascador, carda f
Kratze, Karde f (Tex) / carda f ‖ ~, Kratzeisen n (Maurer) / raspador m, rascador m, rascadera f, rasqueta f ‖ ~ f **mit Sägezahndrahtbeschlag** (Spinn) / carda f con guarnición en diente de sierra ‖ ~, Raukratze f / escobilla f
Krätze, Metallschlacke f (Hütt) / escorias f pl, desperdicios m pl
Kratzeisen n, Kratzer m / rasqueta f, raspador m, rascador m, grator m, escarbador m
kratzen vt, krempeln (Tex) / cardar ‖ ~, abkratzen / rascar ‖ ~, herauskratzen / sacar rascando ‖ ~ (Förd) / rascar ‖ ~, schrammen / rascar, rayar, rasguñar ‖ ~, schaben / rasquetear, raspar ‖ ~, Schaben n / rascado m ‖ ~ n **des Kopfes** (Plattenspeicher) / rascado m de la cabeza
Kratzen•aufziehvorrichtung f (Spinn) / dispositivo m para montar cardas ‖ ~**band** n (Förd) / cinta f de rasquetas ‖ ~**band** (Spinn) / cinta f de carda[s] ‖ ~**beschlag**, -belag m, -garnitur f / guarnición f de carda ‖ ~**blatt** n (Spinn) / hoja f de cardas ‖ ~**deckel** m / tapa f de la carda ‖ ~**draht** m / alambre m de cardas ‖ ~**drahtstraße** f / tren m de cardas ‖ ~**garnitur** f, -belag m / guarnición f de carda ‖ ~**haken** m, -spitze f / diente m de carda ‖ ~**hobel** m / nivelador m de guarnición de carda ‖ ~**industrie** f / industria f de cardas ‖ ~**raumaschine** f / máquina f perchadora ‖ ~**reiniger** m / desbarradora f de carda ‖ ~**schleifmaschine** f / máquina f para afilar [guarniciones de] cardas ‖ ~**setzmaschine** f / máquina f de insertar las púas de las guarniciones de carda ‖ ~**spitzen** f pl (Spinn) / puntas f pl de la púa de carda ‖ ~**stoff** m / tejido m para cardas ‖ ~**tuch** m / paño m [para guarniciones] de cardas ‖ ~**- und Sägezahndraht-Aufziehmaschine** f / máquina f para montar cardas y guarniciones en diente de sierra ‖ ~**walze** f, Vorreißer m (Spinn) / cilindro m tomador, diablo m previo ‖ ~**zahn** (Tex) / diente m de la carda ‖ ~**zug** m (Drahtziehen) / tren m de cardas ‖ ~**zylinder** m (Spinn) / cilindro m de carda
Kratzer m, Baggerschaufel f / cuchara f excavadora o de arrastre, pala f de arrastre, traílla f (LA) ‖ ~, Schürfkübel m / cubeta f excavadora ‖ ~, Kratzkübel m, Schrapper m / excavadora-rascadora f, escrapeador m, rascador m ‖ ~ (Gieß) / rasqueta f ‖ ~, Schramme f / rasguño m, arañazo m, rasgadura f, rascadura f (LA), rozadura f ‖ ~ **des Förderers** / rascador m ‖ ~ (in Möbel, Lack) / rascada f ‖ ~ **auf dem Bildstreifen** (o. im Objektiv) (Film) / rayadura f [óptica]
Krätzer m (Hütt) / pala f de rable
Kratzer•entascher m (Hütt) / extractor m de cenizas con rascadores ‖ ~**förderer** m / transportador m rascador ‖ ~**kette** f / cadena f para transportador rascador ‖ ~**seil** n / cable m de rascado
kratz•fest / resistente al rayado, inrayable, a prueba de rascado ‖ ~**festigkeit** f / resistencia f al rayado o a arañazos ‖ ~**förderband** n / cinta f [transportadora] rascadora ‖ ~**geräusch**, Kratzen n / ruido m de rascadura ‖ ~**geräusch** n (Audio) / ruido m de la aguja ‖ ~**geräusch**, Kratzen (durch schlechte Kontakte) (Fernm) / ruido m de fritura ‖ ~**geräuschfilter** m n (Audio) / filtro m de ruido de aguja, filtro m para discos ruidosos ‖ ~**kelle** f, Fugenkratzer m (Bau) / rasqueta f (para llagas y juntas) ‖ ~**kettenklassierer** m (Bergb) / clasificador m de cadena rascadora ‖ ~**kühler** m (Margarine) / enfriador m rascador ‖ ~**probe** f / ensayo m de rascado ‖ ~**putz** m (Bau) /

revoque *m* rascado ‖ ⁓**schaufellader** *m* (Bergb) / rascadora-cargadora *f* ‖ ⁓**spuren** *f pl* (Lager) / huellas *f pl* de rascado ‖ ⁓**stelle** *f* (Fehler, Tex) / sitio *m* raspado ‖ ⁓**wolle** *f* / lana *f* de carda

k-Raum *m* (Nukl) / espacio k *m*

Kraurit, Dufrenit *m* (Eisenerz) / kraurita *f*, dufrenita *f*

kraus, wollig (Tex) / rizado, rizoso, crespo

Kräusel•apparat, Kräusler *m* (Nähm) / aparato *m* rizador ‖ ⁓**beständigkeit** *f* (Garn) / resistencia *f* del torcido ‖ ⁓**effekt** *m* / efecto *m* rizador ‖ ⁓**fuß** *m* (Nähm) / fruncidor *m*, pie *m* rizador o para fruncidos ‖ ⁓**garn** *n* / hilo *m* rizado ‖ ⁓**garnmaschine** *f* / rizadora *f* ‖ ⁓**krankheit** *f* **der Pfirsiche** (Bot) / abolladura *f* del melocotonero ‖ ⁓**krankheit der Zuckerrübe** (Bot) / encrespadura *f*, encrespamiento *m* ‖ ⁓**krepp** *m* (geätzt) (Baumwolle, Tex) / crepé *m* rizado, canalé *m* rizo ‖ ⁓**lack** *m*, Runzellack *m* / barniz *m* arrugado o arrugante, pintura *f* rugosa [a estufa] ‖ ⁓**maschendraht** *m* / tela *f* metálica de alambre rizado u ondulado ‖ ⁓**maschine** *f* (Tex) / rizadora *f*

kräuseln *vt* (Tex) / rizar, enrizar ‖ ~ (mit Gummifäden) (Nähm) / fruncir ‖ ~ (kreppartig) (Tex) / cresponar, rizar ‖ ~, fälteln / fruncir, rizar ‖ ~, plissieren / plegar, plisar ‖ ~ (sich) (Pap) / encrespar(se) ‖ ~ *vi*, knittern / arrugarse ‖ [**Haar**] ~ / encrespar ‖ **sich** ~ / rizarse ‖ **sich** ~, kleine Wellen schlagen (Wasser) / encresparse ‖ ~ *n* (Tex) / crespado *m*, rizado *m*, encrespadura *f* ‖ ~ (Fehler, Web) / enrizamiento *m* ‖ ⁓ **der Schicht** (Foto) / desprendimiento *m* [de la gelatina]

Kräusel•papier *n* / papel *m* rizado ‖ ⁓**spannung** *f* (Elektr) / tensión *f* de ondulación [residual], tensión *f* de la componente alterna ‖ ⁓**stoff** *m* (Tex) / tela *f* enrizada, crespón *m*

Kräuselung *f* (Wasser) / encrespadura *f* ‖ ⁓ (Farbe) / arrugación *f*, arrugamiento *m* ‖ ⁓ (Nähm) / fruncido *m* ‖ ⁓ (Galv) / ondas *f pl* residuales ‖ ⁓ (Chemiefaser) / ondulación *f* del hilo

Kräuselungselastizität *f* (Wolle) / elasticidad *f* de cresponado de la lana

Krauseminzöl *n* (Pharm) / esencia *f* de menta rizada

Kräusegärung *f* (Brau) / fermentación *f* sedimentaria de los krausen

Kraus•hammer *m* (Wz) / bujarda *f* ‖ ⁓**kopf** *m* (Holzbearb) / avellanador *m* [cónico], fresa *f* o barrena cónica, fresa *f* avellanadora ‖ ⁓**machen des Flors**, Kreppen *n* (Tex) / cresponado *m* del velo

Kraut *n*, Gewächspflanze *f* (Bot) / hierba *f* [buena] (E), yerba *f* (LA) ‖ ⁓**abscheider** *m* (Zuck) / separador *m* de hierba ‖ ⁓**abstreifer** *m* (Zuck) / arrancador *m* de hierbas

Kräuteressig *n* (Nahr) / vinagre *m* aromático o de hierbas

Kraut•fänger *m* (Landw) / colector *m* de hojas e hierbas ‖ ⁓**fänger** (Zuck) / separador *m* de hierbas ‖ ⁓**fäule** *f*, Braunfleckigkeit *f* der Tomate (Bot) / cladosporiosis *f* del tomate, mildiú *m* del tomate ‖ ⁓**fäule**, Knollen- *f* u. Krautfäule (Kartoffel) / mildiú *m* de la patata (E), fitófora *f* de la papa (LA), hiclo *m* de la papa (PER) ‖ ⁓**schläger** *m* (Landw) / destrozadora *f* de follaje

Krawattenseide *f* (Tex) / seda *f* para corbatas

Kraweel•bau *m* (Schiff) / construcción *f* lisa o a tope ‖ ~**gebaut** / con forro liso o a tope, de construcción lisa

KRD = Kraftrad

Kreasleinen *n* (Tex) / crea *f*

Kreatin *n* (Chem) / creatina *f* ‖ ⁓**in** *n* (Biochem) / creatinina *f*

Krebs *m* **des Holzes**, Kropf *m* / cáncer *m*, excrecencia *f* de la madera

Krebsen *n* (Kohle) / canto *m* del grisú, crujido *m* del carbón

Kredenz *f* (Möbel) / aparador *m*

Kreditkartenterminal *n* / terminal *m* para tarjetas de crédito

Krehl *m* (Landw) / azada *f* de desherbar, arabuche *m*

Kreide *f*, [feiner] weißer Ton / greda *f* ‖ **mit** ⁓ **anzeichnen** / marcar con tiza ‖ **rote** ⁓, Rötel *m* / almagre *m*, ocre *m* rojo **spanische** ⁓ / talco *m* ‖ **weiße** ⁓, weißer Kreidestift / tiza *f* ‖ ~**artig**, -haltig / cretáceo, gredoso ‖ ⁓**boden** *m*, kreidehaltiger Boden (Geol) / suelo *m* cretáceo o gredoso, tierra *f* cretácea o gredosa ‖ ⁓**bruch** *m* / cantero *m* de greda ‖ ⁓[**formation**] *f* (Geol) / formación *f* cretácea ‖ **untere** ⁓**formation** / cretáceo *m* inferior ‖ ⁓**gebiet** *n* / terreno *m* cretáceo ‖ ⁓**grube** *f* / gredal *m* ‖ ⁓**mergel**, Kalkmergel *m* (Geol) / marga *f* calcárea, molino *m* de greda ‖ ⁓**mühle** *f* / molino *m* de greda

kreiden *vt* / marcar con tiza ‖ ⁓ *n* (Plast) / calcinado *m* superficial ‖ ⁓ (Farbe) / enyesamiento *m* de pinturas, entizado *m*

Kreide•papier, Kunstdruckpapier *n* / papel *m* greda o porcelana ‖ ⁓**schicht** *f* (Geol) / capa *f* cretácea ‖ ⁓**sichter** *m* / cribadora *f* de greda ‖ ⁓**stelle** *f* (Plast) / marca *f* de creta o de enyesamiento ‖ ⁓**weiß** *n*, Schmink-, *n* Perl-, Wismutweiß / blanco *m* de España ‖ ⁓**zeichen** *n* / marca *f* de (o con) tiza

kreidig, kreideartig, -haltig, -weiß / cretáceo, gredoso

Kreidungsbeständigkeits-Index *m* (Farbe) / índice *m* de resistencia al entizado o enyesamiento

Kreis *m* (Math) / círculo *m* ‖ ⁓, Bereich *m* / esfera *f*, ámbito *m* ‖ ⁓, Kreislauf *m* / circuito *m*, circulación *f* ‖ ⁓... / circular ‖ ⁓ *m* **um einen Buchstaben** (Druck) / círculo *m* de identificación ‖ **einen** ⁓ **schlagen**, einen Kreisbogen beschreiben (Geom) / describir un círculo ‖ **sich im** ⁓ **bewegen** / hacer un movimiento circular

Kreisabschnitt *m*, -segment *n* / segmento *m* circular o de círculo

Kreis•abtastung *f* (Radar) / exploración *f* circular, barrido *m* circular ‖ ⁓**abtastung** (Ultraschall) / exploración *f* circular (alrededor del defecto) ‖ ~**ähnlich** / casi circular ‖ ~**ähnliche Umlaufbahn** / órbita *f* casi circular ‖ ⁓**antenne** *f* / antena *f* circular ‖ ⁓**ausschnitt** *m*, -sektor *m* / sector *m* circular o de círculo ‖ ⁓**bahn** *f*, Kreislauf *m* / órbita *f* o trayectoria circular ‖ **aus einer** ⁓**bahn bringen** / desorbitar ‖ ⁓**bahnbewegung** *f* / movimiento *m* orbital ‖ ⁓**bahngeschwindigkeit** *f* (Raumf) / velocidad *f* orbital ‖ ⁓**beschleuniger** *m* / acelerador *m* circular, sincrotrón *m* electrónico ‖ ⁓**bewegung** *f* / circulación *f*, movimiento *m* circular ‖ ⁓**bewegung**, -drehung *f*, drehende Bewegung / movimiento *m* giratorio o rotatorio, giración *f*, movimiento *m* de rotación ‖ ⁓**blattschreiber** *m* (Elektr) / registrador *m* de diagrama circular ‖ ⁓**blechschere** *f* (Wz) / cizalla *f* circular ‖ ⁓**blende** *f* (Opt) / diafragma *m* circular ‖ ⁓**bogen** *m* (Geom) / arco *m* circular o de círculo ‖ ⁓**bogenfunktion** *f* / función *f* ciclométrica ‖ ⁓**bogengrad** *m* / grado *m* de arco ‖ ⁓**bogenprofil** *n* / perfil *m* del arco de círculo ‖ ⁓**bogenschaufel** *f* / paleta *f* circular ‖ ⁓**bogen-Strangpressen** *n* / colada *f* continua en arco de círculo ‖ ⁓**bogenverzahnung** *f* / dentado *m* en arco circular o de dientes arqueados ‖ ⁓**bogenweg** *m* (Kinematik) / recorrido *m* en arco de círculo ‖ ⁓**bogenzahn** *m* / diente *m* en arco circular *m* de círculo ‖ ⁓**bohrer** *m* / broca *f* para taladros circulares

kreischen *vi*, quietschen / chirriar, rechinar, gemir ‖ ⁓, Screaming *n* (Luftf, Raketen) / aullido *m*, aúllo *m* ‖ ⁓ *n* **der Bremsen** / chirrido *m* de los frenos ‖ ⁓ **der Säge** / chirrido *m* de la sierra

kreischend (Akust) / estridente, chirriante

Kreis•diagramm *n* / diagrama *m* circular ‖ ⁓**diagramm**, Heylandkreis *m* (Elektr) / diagrama *m* de Heyland ‖ ⁓**diagramm** (graph. Darst.) / gráfico *m* circular o de sectores ‖ ⁓**diagrammschreiber** *m*, Kreisblattschreiber *m* / registrador *m* de diagramas circulares ‖ ⁓[**ein**]**teilung** *f* / división *f* del círculo

Kreisel *m*, Spielkreisel *m* / peonza *f*, trompo *m*, peón *m* ‖ ⁓, Kreiselgerät, Gyroskop *n* (ein physikalisches Vorführgerät) / giroscopio *m* ‖ ⁓, Kreiselkompass *m*

(Schiff) / compás *m* giroscópico ‖ ~,
Stabilisierungskreisel *m* / giro[e]stabilizador *m* ‖ ~...
(Masch) / rotativo, rotatorio ‖ ~ **mit drei
Freiheitsgraden,** kräftefreier Kreisel / giroscopio *m*
de tres grados de libertad ‖ ~ **mit Flüssigkeitsrotor** /
girocompás *m* de rotor líquido ‖ ~ **mit rotierendem
Gehäuse** / giroscopio *m* de caja giratoria ‖ ~ *m* **mit
schwingenden Blättern** / giroscopio *m* de hojas
vibratorias ‖ **[stabilisierter]** ~ (Phys) / girostato *m*
Kreisel•abgriff *m* (Schiff) / toma *f* de girocompás ‖
~**achse** *f* / eje *m* del giroscopio ‖ ~**aggregat** *n* /
giroagregado ‖ ~**antrieb,** Elektrogyroantrieb *m*
(Bahn, Kfz) / propulsión *f* electrogiro ‖ ~**auflader** *m*
(Mot) / sobrealimentador *m* centrífugo ‖ ~**belüfter** *m* /
ventilador *m* centrífugo ‖ ~**bewegung** *f* / movimiento
m giroscópico ‖ ~**brecher** (Aufb) / quebrantador *m*
cónico, machacador *m* cónico, triturador *m* rotatorio,
machacador *m* rotatorio Bradford ‖ ~**brecher,**
Diskusbrecher / quebrantador *m* o machacador de
disco ‖ ~**dämpfung** *f* (Bahn) / giro-amortiguamiento
m ‖ ~**egge** *f* (Landw) / grada *f* rotatoria o giratoria ‖
~**gebläse** *n* / ventilador *m* centrífugo, máquina *f*
soplante centrífuga, turbosoplador *m* ‖ ~**gerät** *n*
(Phys) / instrumento *m* giroscópico ‖ ~**gradflugweiser,**
Gyrorector *m* (Luftf) / indicador *m* giroscópico de la
dirección de vuelo, girorrector *m* ‖ ~**granulator** *m*
(Bergb) / granulador *m* centrífugo ‖ ~**heuer** *m*,
Kreiselzetter *m* (Landw) / henificadora *f* rotativa o en
círculos ‖ ~**horizont,** künstlicher Horizont,
Horizontkreisel *m* (Luftf) / horizonte *m* artificial,
girohorizonte *m*, horizonte *m* giroscópico ‖ ~**impuls**
m, Impulsmoment *n* / momento *m* cinético del
giroscopio ‖ ~**kipper,** -wipper *m* (Bergb) / volcador *m*,
volquete *m* o basculador giratorio ‖ ~**kompass** *m*
(Schiff) / brújula *f* giroscópica, girocompás *m*, compás
m giroscópico ‖ ~**kompass...,** gyromagnetisch /
giromagnético ‖ ~**kompass** *m* **mit drei Kreiseln,**
Dreikreiselkompass *m* / compás *m* trigiroscópico ‖
~**kräfte** *f pl* / fuerzas *f pl* giroscópicas o centrífugas ‖
~**lader,** -verdichter *m* (Mot) / sobrealimentador *m*
centrífugo ‖ ~**magnetkompass** *m* / brújula *f*
giromagnética ‖ ~**mäher** *m* (Landw) / segadora *f*
rotatoria o rotativa de tambor ‖ ~**mischer** *m* (Aufb) /
mezcladora *f* centrífuga o rotatoria, mezclador *m*
rotatorio ‖ ~**moment** *n*, Kreiselkraft *f* (Phys) /
momento *m* girostático o giroscópico ‖
~**mutterkompass** *m* / brújula *f* magistral giroscópica
kreiseln / girar [en torno a], dar vueltas [a]
Kreisel•neigungsmesser *m* (Luftf) / nivel *m* girostático,
inclinómetro *m* giroscópico, clinómetro *m*
giroscópico ‖ ~**pendel** *n* (Phys) / péndulo *m*
giroscópico ‖ ~**pflug** *m* (Landw) / arado *m* rotativo,
arado *m* con discos rotatorios centrífugos ‖ ~**pumpe** *f*
/ bomba *f* centrífuga ‖ ~**pumpe** (Vakuum) /
turbobomba *f* ‖ ~**pumpe mit Gehäusepanzer** (DIN
24253) / bomba *f* centrífuga blindada ‖ ~**rad** *n* **im
Kreiselgerät** / volante *m* del giroscopio ‖
~**radgebläse** *n* / ventilador *m* centrífugo ‖ ~**rätter** *m*
(Kohle) / cribadora *f* de movimiento giratorio ‖
~**rührer** *m*, Schnellrührer *m* / agitador *m* rápido ‖
~**schlinger- und Stampfanzeiger** *m* (Schiff) / aparato
m giroscópico indicador de los movimientos de
cabeceo y balanceo ‖ ~**schwader** *m* (Landw) /
hileradora *f* giratoria o rotativa ‖ ~**schwerpunkt** *m* /
centro *m* de gravedad del giroscopio ‖ ~**sextant** *m* /
sextante *m* giroscópico ‖ ~**signal-Verstärkung** *f* /
amplificación *f* de la señal de giroscopio ‖
~**stabilisator** *m* / giro[e]stabilizador *m*, estabilizador
m giroscópico ‖ ~**stabilisierte Plattform,**
Trägheitsplattform *f* / plataforma *f* giro[e]stabilizada ‖
~**steuergerät** *n* (Schiff) / timonel *m* automático ‖
~**steuergerät** *n* (Luftf) / piloto *m* giroscópico o
automático, giroscopio *m* de autopiloto, giropiloto *m*
‖ ~**system** *n*, -verfahren *n* (Radar) / sistema *m*

giroscópico ‖ ~**theodolit** *m* (Verm) / teodolito *m*
giroscópico ‖ ~**theorie** *f* (Phys) / teoría *f* del giroscopio
‖ ~**tochterkompass** *m* / compás *m* giroscópico
repetidor, repetidor *m* giroscópico, brújula *f*
repetidora ‖ ~**turbopumpe** *f* (Schiff) / bomba *f* de
turbina centrífuga ‖ ~**verdichter,** -lader *m* (Mot) /
sobrealimentador *m* centrífugo ‖ ~**verteiler** *m* /
distribuidor *m* giroscópico ‖ ~**waage** *f* / balanza *f*
giroscópica ‖ ~**wendeanzeiger** *m* / indicador *m*
giroscópico de virajes ‖ ~**wipper,** -kipper *m* (Bergb) /
basculador *m* o volcador, rotatorio [de vagonetas] ‖
~**wirkung** *f*, gyrostatische Wirkung / efecto *m*
giroscópico ‖ ~**zetter** s. Kreiselheuer
kreisen *vi*, sich im Kreis bewegen / girar, dar vueltas ‖ ~,
umlaufen / circular ‖ ~ (auch elliptisch) (Raumf) /
estar en órbita ‖ ~ (Luftf) / volar en círculo, orbitar ‖
~ **in Warteschleifen** (Luftf) / esperar autorización de
aterrizar ‖ ~ *n*, Kreisbewegung *f* / movimiento
circular ‖ ~, Umlauf *m* (Astr) / revolución *f* ‖ ~ (z.B.
über dem Flugplatz) (Luftf) / vuelo en circuitos de
espera (p.ej. de instrucciones)
kreisend, Umlauf... / rotatorio, rotativo ‖ ~, drehend /
giratorio ‖ ~, umlaufend (Raumf) / en órbita
Kreis•evolvente *f* (Geom) / evolvente *f* de[l] círculo ‖
~**feinteilmaschine** *f* / máquina *f* divisora de precisión
‖ ~**fläche** *f*, -inhalt *m* (Geom) / área *f* de[l] círculo ‖
~**fläche,** kreisförmige Oberfläche / superficie *f*
circular ‖ ~**förderer** *m* / transportador *m* circular o
[de cadena] sin fin ‖ ~**förderer an Deckenschienen** /
transportador *m* aéreo monorriel o mono-carril (de
cargas suspendidas) ‖ ~**form,** -förmigkeit *f* / forma *f*
circular, circularidad
kreisförmig, -rund / circular, redondo ‖ ~ (Astr) /
orbicular ‖ ~ **machen** / dar forma circular [a] ‖ ~**er
Rechenschieber** (Math) / regla *f* circular de cálculo ‖
~**es Rohr** / tubo *m* circular ‖ ~ **[sich bewegend]** /
circulante ‖ ~**e Umlaufbahn** (Raumf) / órbita *f* circular
‖ ~**e Zeitbasis** (Oszilloskop) / base *f* de tiempo circular
Kreis•frequenz, Winkelfrequenz *f* ($\omega = 2\pi T$) (Elektr) /
frecuencia *f* angular, pulsación *f* o velocidad angular ‖
~**führung** *f* (Schw) / plantilla *f* circular ‖ ~**-Funkfeuer**
n, NDB *n* (Luftf) / radiofaro *m* omnidireccional ‖
~**funktion** *f* (Math) / función *f* circular o
trigonométrica ‖ ~**gleichung** *f* / ecuación *f* de un
círculo ‖ ~**gruppe** *f* (Antenne) / red *f*, circular de
antenas ‖ ~**gruppenantenne** *f* / antenas *f pl* agrupadas
con mástil central ‖ ~**güte** *f* (Eltronik) / Q, factor *m* de
Q o de mérito, cifra *f* de mérito ‖ ~**gütemesser** *m* /
Q-metro *m*, Qmetro *m*, cumetro *m*, medidor de
[factor] Q ‖ ~**hohlleiter** *m* (Eltronik) / guíaondas *m* de
sección circular ‖ ~**inhalt,** Kreisfläche *f* (Geom) /
área *f* del círculo ‖ ~**integral** *n* / integral *f* circular ‖
~**interpolation** *f* (NC) / interpolación *f* circular ‖
~**kamm** *m* (Baumwolle) / peine *m* circular ‖ ~**kegel** *m*
(Math) / cono *m* circular o de revolución ‖
~**kettenförderer** *m* / transportador *m* de cadena sin
fin ‖ ~**kolben** *m* (Mot) / émbolo *m* o pistón rotativo o
rotatorio o giratorio ‖ ~**kolbengebläse** *n*,
Kreiskolbenverdichter *m* / soplador *m* o compresor
de émbolo rotativo ‖ ~**kolbengebläse** (zum
Aufladen) (Luftf) / sobrecompresor *m* o
sobrealimentador de émbolo rotativo ‖
~**kolbenmaschine** *f*, KKM (nicht: Rotationskolben) /
máquina *f* con émbolo de rotación planetaria ‖
~**kolbenmotor** *m* / motor *m* de émbolo o pistón o
rotativo o rotatorio ‖ ~**kolbenpumpe** *f* / bomba *f* de
émbolo rotativo ‖ ~**kolbenvakuumpumpe** *f* / bomba *f*
de vacío de émbolo rotativo ‖ ~**kolbenverdichter,**
-kolbenkompressor *m*, -gebläse *n* / compresor *m* de
émbolo rotatorio ‖ ~**konchoide** *f*, Pascalsche
Schnecke *f* / hélice *f* de Pascal, concode *f* del círculo,
caracol *m* ‖ ~**konstante** *f* (Fernm) / constante *f* de
circuito ‖ ~**korn** *n* (Waffe) (Mil) / mira *f* o mirilla

Kreis-Kriterium

circular o anular ‖ ≈-**Kriterium** n (Regeln) / criterio m de círculo ‖ ≈**kuppel** f (Bau) / cúpula f circular
Kreislauf m (Masch.) / circuito m ‖ ≈ (Biol, Bot) / circulación f ‖ ≈, Zyklus m / ciclo m ‖ ≈ m, -strömung f / circulación f, corriente f circular ‖ ≈ (Astr) / revolución f ‖ ≈... / circulatorio ‖ ≈ m **innerhalb des Reaktors** (Nukl) / circuito m en el reactor ‖ ≈ **nach Hertz**, Einstufenrückführung f (Nukl) / reciclaje m de etapa única ‖ **geschlossener** ≈ / circuito m cerrado ‖ **im** ≈ **umpumpen** (o. zurückführen) / reciclar ‖ **im geschlossenen** ≈ / en circuito cerrado ‖ ≈**anlage** f (Wassb) / instalación f de ciclaje ‖ ≈**anlage** (Schädlingsbekämpfung) / dispositivo de circulación del gas ‖ ≈**bewegung** f / movimiento m circulatorio, reciclaje m ‖ ≈**gas** n / gas m de reciclaje ‖ ≈**kühlung** f / refrigeración f en circuito cerrado ‖ ≈**öl** n / aceite reciclado;.m. ‖ ≈**schrott** m (Hütt) / chatarra f de producción propia ‖ ≈**system** n (Fernm) / sistema m con liberación de los órganos selectores, sistema m de vías auxiliares ‖ ≈**system**, Umlaufsystem n (Nukl) / sistema m de circulación ‖ ≈**zähler** m / contador m de ciclos
Kreis•linie f (Geom) / línea f circular o de circunferencia, circunferencia f ‖ ≈**messer** n (Wz) / cuchilla f circular ‖ ≈**messerschere** f / cizalla f con cuchillas circulares ‖ ≈**mittelpunkt** m / centro m de[l] círculo ‖ ≈**polarimeter** n (Phys) / polarímetro m con escala circular, polarímetro m de limbo ‖ ≈**polarisierung**, -polarisation f / polarización f circular ‖ ≈**polarisierung** f **im Teilnehmerbetrieb** / polarización f circular con división de tiempo ‖ ≈**prozess** m / proceso m cíclico, ciclo m ‖ [**Carnotscher**] ≈**prozess** / ciclo m de [de motor] de Carnot ‖ **umkehrbarer** ≈**prozess** / ciclo m reversible ‖ ≈**punkt einer Fläche** m (Math) / punto m circular ‖ ≈**punktkurve** f / curva f de puntos circulares ‖ ≈**quadrant** m / cuadrante de círculo ‖ ≈**querschnitt** m / sección f circular ‖ ≈**raster** m / retículo m circular ‖ ≈**rauschen** n (Eltronik, TV) / ruido m de circuito ‖ ≈**regner** m (Landw) / aspersor m circular ‖ ≈**ring** m (Math) / corona f [circular] ‖ ≈**ringquerschnitt** m / sección f de corona circular ‖ ≈**ringsegment** n (Math) / segmento m de un anillo círcular ‖ ≈**ringstück** n / sector m de anillo de círculo ‖ ≈**rund** / circular, redondo ‖ ~**rund** (Astr) / orbicular ‖ ≈**säge** f (Tischl, Wzm) / sierra f circular ‖ **höhenverstellbare** ≈**säge** f / sierra f circular graduable en altura ‖ ≈**säge** f **mit mehreren Sägeblättern** / sierra f circular de hojas múltiples, sierra f circular múltiple ‖ ≈**sägeblatt** n / hoja f de sierra circular ‖ ≈**sägenvorsatz** m / circular f de mano adaptable ‖ ≈**schablone** f / plantilla f de círculos, trazacírculos m ‖ ≈**schere** f / cizalla f circular ‖ ≈**schere**, Schere f mit Kreismessern (Wz) / cizalla f circular con (o de) cuchillas circulares ‖ ≈**schiebung** f (Kinematik) / tra[n]slación f [en trayectoria] circular ‖ ≈**schneider** m / cortadora f circular ‖ ≈**schwingsieb** n (Aufb) / cedazo m vibratorio circular ‖ ≈**schwingung** f (Phys) / vibración circular ‖ ≈**segment** n, Kreisabschnitt m (Geom) / segmento m de círculo ‖ ≈**sehne** f (Math) / cuerda f del círculo ‖ ≈**sektor** m, Kreisausschnitt m (Math) / sector m de círculo ‖ ≈**skala** f (Radio) / cuadrante m tipo avión ‖ ≈**skala** (Verm) / limbo m ‖ ≈**spurverfahren** n (Videoband) / grabación f en traza circular ‖ ≈**strahlrohrkanone** f (Eltronik) / cañón m electrónico de haz circular ‖ ≈**strom** m (Elektr) / corriente f circular ‖ ≈**strömung**, Zirkulation f / corriente f circulante, circulación f ‖ ≈**teilmaschine** f / máquina f divisora, máquina f para dividir círculos primitivos ‖ ≈**teiltisch** m / mesa f para dividir círculos ‖ ≈**teilung** f (Skala) / graduacón f circular ‖ ≈**teilung** (in gleiche Teile) (Math) / equipartición f del círculo ‖ ≈**teilung** f (Zahnrad) / paso m perimetral o periférico ‖ ≈**umfang** m, Peripherie f (Geom) / circunferencia f, periferia f de un círculo,

perímetro m ‖ ≈**verkehr** m (Straßb) / tráfico m [en sentido] circular, circulación f giratoria, giro m o sentido obligatorio ‖ **in den** ≈**verkehr einbiegen** / incorporarse al tráfico giratorio ‖ ≈**verkehrsplatz** m, (jetzt:) Verkehrskreisel m / plaza f con giro obligatorio ‖ ≈**verstellung** f (Verm) / ajuste m o desplazamiento circular ‖ ≈**viereck** n, einbeschriebenes Viereck (Math) / cuadrilátero m inscrito ‖ ≈**vierer** m (Fernm) / circuito m combinado o fantasma ‖ ≈**visier** n (Waffe) (Mil) / alza f circular ‖ ≈**vorschub** m (Wzm) / avance m circular o en carrusel ‖ ≈**wellenzahl** f, -wellenziffer f (Phys) / constante f de longitud de onda ‖ ≈**wirkungsgrad** m (Eltronik) / rendimiénto m de circuito ‖ ≈**wuchtschwingsieb** n / criba f de vibración circular ‖ ≈**wulst** m f, Torus m (Math) / toro m ‖ ≈**zeigerwaage** f / balanza f con escala circular ‖ ≈**zylinderfläche** f / superficie f cilíndrica circular ‖ ≈**zylinderschale** f (Bau) / cáscara f cilíndrica circular
Krem f, Creme f / crema f
Krematoriumsofen m / horno m de cremación o de crematorio
kremig adj / cremoso
Krempe f, nach außen umgebogener Rand, Umschlag m / reborde m, borde m ‖ ≈, Sapine f (Forstw) / gancho m portatrozas, garfio m para desplazar troncos ‖ ≈, Klammer f (Bau) / grampón m
Krempel f, Kratze f (Tex) / carda f ‖ ≈... s. auch Karden... und Kratzen... ‖ ≈**abfall** m, Kardenabfall m / desechos m pl de carda ‖ ≈**arbeit** f, Krempeln n / cardado m ‖ ≈**band** n, Faserband n / cinta f de carda ‖ ≈**einsteller** m / ajustador m de cardas ‖ ≈**flor** m, Faserflor m / velo m cardado ‖ ≈**flug** m / borilla f, evaporación f de carda ‖ ≈**maschine** f / máquina f de cardar
krempeln, wolfen (Tex) / batir ‖ ~ (Wolle), kratzen (Tex) / cardar ‖ ≈ n / cardadura f
Krempel•putzer m / desborrador m o descargador de cardas ‖ ≈**satz** m / surtido m o juego de cardas ‖ ≈**vlies** n / velo m de carda ‖ ≈**walze** f / cilindro m de carda ‖ ≈**wolf** m / batuar m cardador, carda f abridora, carda f emborradora
krempen vt, kümpeln / rebordear
Krempenplatte, Schienenhakenplatte f (Bahn) / placa f de asiento (E), silleta f con uña (LA)
Krempenradius m / radio m de reborde
Krempler m, Krempelarbeiter m (Tex) / cardador m
Krempziegel m (Bau) / teja f de reborde
Krennerit f (Min) / krennerita f
Kreosol n (Chem) / creosol m (fenol de creosota)
Kreosot n / creosota f ‖ **mit** ≈ **imprägnieren** (o. tränken) / creosotar ‖ ≈ **imprägnierung** f **nach Bethell** (Holz) / creosotado m [según Bethell] ‖ ≈**öl** n / aceite m de creosota ‖ ≈**säure** f (Kresotinsäurengemisch) (Chem) / ácido m creosótico ‖ ≈**tränkanlage** f / instalación f de creosotado
krep (= kiloroentgen equivalent physical) (Nukl) / krep m
krepieren vi (Geschoss) / estallar, detonar, explosionar, hacer explosión
Krepon m (Tex) / crespón m
kreponieren (Tex) / cresponar
Krepp m / crepé m (E), crep m (LA) ‖ ~**artig** / cresponado
kreppen, krausen, kresponieren (Web) / cresponar ‖ ≈, Krausmachen n des Flors / cresponado m
Krepp•flor m / crespón m irregular ‖ ≈**garn** n, Kreppfaden m / hilo m de crespón ‖ ≈**gewebe** n / tejido m cresponado ‖ ≈**gummi** m / goma f rizada, cancho m crepé ‖ ≈-**Papier** f / papel m crepé o cresponado (E), papel m crep (LA) ‖ ≈-**Papier zum Abdecken** / papel m crepé adhesivo ‖ ≈**rohgewebe** n / tejido m de crespón en crudo ‖ ≈**seide** f / seda f crespón, crespón m de China ‖ ≈**sohle** f / suela f de crepé

Kresol *n*, **-säure** *f* (Chem) / cresol *m*, ácido *m* cresílico ‖ ≃**formaldehyd** *m* / cresol-formaldehído *m* ‖ ≃**formaldehydharz** *n* / resina *f* de cresol-formaldehido ‖ ≃**harz** *n* / resina *f* cresólica o de cresol ‖ ≃**harz-Grundstoff** *m*, Kresolin *n* / cresolina *f* ‖ ≃**harzpressmischung** *f* / compuesto *m* de moldeo de resina cresólica ‖ ≃**pressharzmischung** *f* / polvo *m* de moldeo de cresol ‖ ≃**purpur** *m* (Chem) / púrpura *f* de cresol ‖ ≃**rot** *n* (Chem) / rojo *m* de cresol ‖ ≃**säure** *f* / ácido *m* cresólico ‖ ≃**wasser** *n* / agua *f* cresólica

Kresotinsäure *f* / ácido *m* cresótico

Kresyl *n* / cresilo *m*

Kreuz *n* (allg) / cruz *f* ‖ ≃, Signal *n* (Verm) / marca *f* en cruz ‖ ≃ *n*, Kreuzsenkung *f*, -schlitz *m* / ranura *f* en cruz ‖ ≃, Fensterkreuz *n* / crucero *m* de ventana ‖ ≃, Faden-, Spannkreuz *n* (Web) / cruz *f*, encruzamiento *m* ‖ ≃ *n* (Fitting nach DIN 2950) / cruz *f* ‖ ≃ (Druck) / obelisco *m*, obelo *m*, cruz *f*, daga *f* ‖ **doppeltes** ≃ (Druck) / diesis *m pl*, cruz *f* doble, doble cruz *f* ‖ **über** ≃ / en cruz ‖ **über** ≃ **anziehen** (Schrauben) / apretar en diagonal ‖ **über** ≃ **wechselnd**, kreuzweise / en diagonal

Kreuz•antenne *f* / antena *f* en losange ‖ ≃**assembler** *m* (DV) / compaginador *m* cruzado ‖ ≃**balken** *m*, Querbalken *m* (Bau) / travesaño *m*, crucero *m* ‖ ≃**balkenrührer** *m* (Chem) / agitador *m* de paletas cruzadas ‖ ≃**band** *n*, **-strebe** *f* (Zimm) / tornapuntas *f pl* cruzadas, cruz *f* de san Andrés ‖ ≃**beschuss** *m* (Nukl) / bombardeo *m* cruzado ‖ ≃**bett-Bohr- und -Fräswerk** *n* / mandrinadora *f* y fresadora sobre bancada en cruz ‖ ≃**bewegung** *f* / movimiento *m* en cruz ‖ ≃**bewehrung** *f* (Bau) / armadura *f* cruzada o en cruz ‖ ≃**bodenbeutel** *m* (Verp) / bolsa *f* de fondo cruzado ‖ ≃**bogen** *m* (Bau) / arco cruzado o crucero, crucero *m* ‖ ≃**bohrer** *m*, Kronenbohrer *m* (Wz) / broca *f* de corte en cruz ‖ ≃**brennerofen** *m* / horno *m* de quemadores cruzados ‖ ≃**bruch** *m* (Druck) / pliego *m* de angulo recto ‖ ≃**bruchfalzmesser** *n* / cuchilla dobladora *f* [del segundo pliego] ‖ ≃**bruchfalzung** *f* (Druck) / plegado *m* de ángulo recto ‖ ≃**dipol** *m* (Eltronik) / dipolos *m pl* cruzados

kreuzen *vt*, queren / cruzar ‖ ≃, überschreiten / atravesar ‖ ≃ (Bot, Landw, Zool) / cruzar ‖ ≃ *vi* (gegen den Wind) (Schiff) / barloventar, navegar de bolina ‖ ≃, eine Kreuzfahrt machen (Schiff) / cruzar ‖ **Leitungen** ≃, transponieren (Eltr) / tra[n]sponer ‖ **sich** ≃, sich verschlingen / entrelazarse ‖ **sich** ≃ / cruzarse ‖ ≃ *n*, Überschneiden *n* von Linien (Bahn) / intersección *f* de itinerarios ‖ ≃ / cruce *m*, cruzamiento *m*

kreuzend, sich ≃ (Geom) / intersecante, intersecado, que se cortan ‖ **sich** ≃ (Achsen, Getriebe) / entrecruzado

Kreuzerheck *n* (Schiff) / popa *f* de crucero

Kreuz•fach *n* (Web) / paso *m* cruzado (E), calada *f* cruzada (LA) ‖ ≃**fachmaschine** *f* (Tex) / reunidora *f* de cruzado rápido ‖ ≃**fallmischer** *m* / mezcladora *f* entrecruzada ‖ ≃**feder** *f* / resorte *m* cruciforme ‖ ≃**federgelenk** *f* / articulación *f* de cruceta elástica ‖ ≃**feld...** (Eltronik) / de campo cruzado ‖ ≃**feld** *n* / campo *m* cruzado ‖ ≃**feld-Elektronenschleuder** *f* (Eltronik) / cañón *m* electrónico de campo cruzado ‖ ≃**feldverstärker** *m* / amplificador *m* de campos cruzados ‖ ≃**feldvervielfacher** *m* / multiplicador *m* de [electrones de] campos cruzados ‖ ≃**flügel** *m* / ala *f* cruciforme ‖ ≃**flügel** (Ventilator) / aspa *f* [en cruz] ‖ ≃**flügelanemograph** *m* (Meteo) / anemógrafo *m* de molinete ‖ ≃**flügelsteuerung** *f* (Luftf) / mando *m* cartesiano ‖ ≃**förmig**, Kreuz... / cruciforme, en [forma de] cruz ‖ ≃**förmiger Querschnitt** / sección *f* en cruz ‖ ≃**futter** *n* (Wzm) / plato *m* en cruz ‖ **gatter** *n* (Säge) / bastidor *m* en cruz ‖ ≃**gehaspelt** (Tex) / en madejas de enrollamiento cruzado ‖ ≃**gelenk** *n* (Kfz) /

junta *f* o articulación cardán o universal ‖ ≃**gelenk** (Bahn) / cruceta *f* de articulación ‖ ≃**gelenkgabel** *f* (Kfz) / horquilla *f* de junta Cardan, horquilla *f* articulada en cruz ‖ ≃**gelenkkette** *f* / cadena *f* biplanar ‖ ≃**gelenkkupplung** *f* / acoplamiento *m* [de junta] universal ‖ ≃**gelenkwelle** *f* (Kfz) / árbol *m* de transmisión con junta Cardan ‖ ≃**gerändelt**, gekordelt / moleteado en cruz recta o en X ‖ ≃**getriebe** *n* (zur Übertragung von Drehbewegungen sich kreuzender Wellen) / engranaje *m* de transmisión en cruz ‖ ~**gewickelt**, Kreuzwickel... (Elektr) / bobinado en cruz ‖ ≃**gewölbe**, Muldengewölbe *n* (Bau) / bóveda *f* de crucería, bóveda *f* ojival o de nervios ‖ ≃**gitter** *n* (Schm) / rejilla *f* cruzada ‖ ≃**glied**, Brückenfilter *n* (Fernm) / filtro *m* de (o en) celosía ‖ ≃**glied** *n* **des Phasenentzerrers** (Elektr) / red mallada (o en celosía) de un compensador de fase ‖ ≃**glied des Vierpols** (Fernm) / red *f* en puente ‖ ≃**gratgewölbe** / bóveda *f* de arista ‖ ≃**griff** *m* (DIN), Griffkreuz *n* (Wzm) / empuñadura *f* o manilla en cruz (E), manija *f* en cruz (LA) ‖ ≃**hacke** *f* (Wz) / zapapico *m*, pico *m* de dos puntas ‖ ≃**hahn**, Vierweghahn *m* / llave *f* de cuatro vías o de paso cuádruple ‖ ≃**hebelsteuerung** *f* (Kran) / mando *m* por palanca en cruz ‖ ≃**hieb** *m* (Feile, Stein) / picado *m* en cruz ‖ ≃**holz** *n* (Zimm) / madero *m* cortado en cruz, madera *f* cortada en cruz ‖ ≃**isolator** *m* / aislador *m* en cruz ‖ ≃**kamm**, -zapfen *m* (Zimm) / mortaja *f* en cruz ‖ ≃**kern** *m* (Elektr) / núcleo *m* de sección en cruz ‖ ≃**klammer** *f* (Zimm) / grapa *f* o grampa doble ‖ ≃**klampe** *f* (Schiff) / cornamusa *f* ‖ ≃**klemme** *f*, kreuzförmige Verbindungsklemme für vier Drähte (Elektr) / borne *m* conector en diagonal [para cuatro hilos] ‖ ≃**knoten** *m*, Weberknoten *m* / nudo *m* de cruz o a escuadra ‖ ≃**knoten**, Weberknoten *m* / nudo *m* recto o al derecho ‖ ≃**köper** *m* (Tex) / sarga *f* cruzada o interrumpida ‖ ≃**kopf** *m* (Dampfm) / cruceta *f* ‖ ≃**kopf der Pleuelstange** / cruceta *f* de la biela ‖ ≃**kopfgleitschiene** *n* / riel *m* de deslizamiento de la cruceta ‖ ≃**kopfgleitschuh** *m* / patín *m* de la cruceta ‖ ≃**kopplung** *f* (Eltronik) / interacoplamiento *m* ‖ ≃**kopplung** (Fernm) / acoplo *m* por diafonía ‖ ≃**korrelation** *f* (Math) / correlación *f* cruzada o mutua, intercorrelación *f* ‖ ≃**korrelations-Funktion** *f* / función *f* de intercorrelación ‖ ≃**kötzer** *m* (Spinn) / husada *f* de arrollado cruzado ‖ ≃**kötzerspulmaschine** *f* / canillera *f* de plegado cruzado (E), encanilladora *f* de plegado cruzado ‖ ≃**kupplung** *f* (Foto) / copulación *f* cruzada ‖ ≃**leger** *m* (Tex) / plegador *m* en cruz ‖ ≃**leitwerk** *n* / alasguía *f pl* cruciformes ‖ ≃**libelle**, **-wasserwaage** *f* / nivel *m* de burbuja en cruz ‖ ≃**linienraster** *m* / trama *f* de líneas cruzadas, retículo *m* de líneas cruzadas ‖ ≃**loch** *n* (Bau) / abertura *f* en cruz ‖ ≃**loch** (Schraube) / agujeros *m pl* cruzados ‖ ≃**lochmutter** *f* / tuerca *f* [cilíndrica] de agujeros anzados ‖ ≃**lochschraube** *f* / tornillo *m* [de cabeza] de agujeros cruzados ‖ ≃**marke** *f* (Opt) / marca *f* en cruz ‖ ≃**mast** *m* (Fernm) / poste *m* de transposición o de rotación ‖ ≃**mast** (Schiff) / palo *m* mayor popel, palo *m* de mesano ‖ ≃**meißel** *m* (DIN 6451) (Wz) / cincel *m* puntiagudo o cruciforme ‖ ≃**meißel** (Öl) / barrena *f* de cruz ‖ ≃**menge** *f* (Mengenlehre) (Math) / producto *m* cartesiano ‖ ≃**mittel** *n* (Bau) / intersección *f* ‖ ~**modulation**, Intermodulation *f* (Eltronik, Fehler) / intermodulación *f*, transmodulación *f* ‖ ≃**modulationsschwingung** *f* / oscilación *f* de transmodulación ‖ ≃**muffe** *f* / manguito *m* en cruz ‖ **[Schlag-]** ≃**mühle** / trituradora *f* a martillos ‖ ≃**nagel** *m* (Web) / clavija *f* de encruzamiento ‖ ≃**netz** *n* / red *f* en cruz ‖ ≃**nut** *f* / ranura *f* en cruz ‖ ≃**peilung** *f* (Radar) / marcación *f* cruzada ‖ ≃**pfahl** *m*, Dückdalbe *f* (Wassb) / duque *m* de Alba, caballete *m* o palo de amarre ‖ **in** ≃**pflanzung** (o. Quincunxpflanzung) (Landw) / plantación *f* o

Kreuzpflanzung

kreuzpolarisiert agrupación en pentágono ‖ **~polarisiert** (Opt) / polarizado por prismas cruzados ‖ **~poller** m (Hydr) / bita f en cruz ‖ **~probestück** n / probeta f en cruz ‖ **~produkt** n (Math) / producto m vectorial ‖ **~profil** n (Walzw) / perfil m en cruz ‖ **~propeller** m (Luftf) / hélice f de cuatro palas ‖ **~punkt** m / punto m de cruzamiento ‖ **~querträger** m (Kfz) / travesaño m en cruz ‖ **~rahmenantenne** f / antena f de cuadro en cruz, antena f Bellini-Tosi ‖ **~rahmenpeiler** m / radiogoniómetro m de Bellini ‖ **~rändeln** vt / moletear en cruz recta o en X ‖ **~rändelrad** n / rueda f moleteadora en cruz ‖ **~rändelung** f / moleteado m en cruz ‖ **~ring** m / anillo m de dos ejes en cruz ‖ **~rippe** f / nervio m en cruz, nervadura f en cruz ‖ **~rippen...** / vaído ‖ **~rippengewölbe** f / bóveda f de crucería o nervada, bóveda f vaída ‖ **~rollgang** m (Walzw) / mesa f de los rodillos transversales ‖ **~rute**, -schiene f (Web) / varilla f o barra de cruzamiento (E), varilla f de cruz (LA) ‖ **~schalter**, Zwischenschalter m (Elektr) / interruptor m de cruce ‖ **~schaltung** f, Vierphasenschaltung (Elektr) / conexión f en estrella tetrafásica ‖ **~scharnier** n / bisagra f en (o de) cruz ‖ **~scheibe** f (Verm) / groma f ‖ **~scheibenkupplung** f (Masch) / junta f [de] Oldham ‖ **~scherprobe** f (Holz) / ensayo m de cizallamiento en el sentido de las fibras ‖ **~schicht** f / capa f de cruzamiento ‖ **~schichtung** f (Geol) / estratificación f entrecruzada ‖ **~schiene** f, Kreuzrute f (Web) / varilla f de cruz[amiento] ‖ **~schienen-Matrix** f / matriz f de barras cruzadas ‖ **~schienensystem** n (Fernm) / sistema m de barras cruzadas, sistema m de coordenadas ‖ **~schienenverteiler** m (Fernm) / distribuidor m de barras cruzadas o de coordenadas ‖ **~schienenverteiler** (NC) / conmutador m de clavijas, cuadro m de contactos enchufables ‖ **~schienen-Verteilschiene** f / barra f colectora de coordenadas ‖ **~schienenwähler** m (Fernm) / selector m de barras cruzadas ‖ **~schlag** m (Seil) / colchadura f cruzada ‖ **~schlagen** n, Fadenkreuzeinlesen n (Web) / formación f o lectura de la cruz ‖ **~schlaghammer** m (Wz) / martillo m de peña recta ‖ **~schlagseil** n / cable m de colchadura cruzada ‖ **~schleifautomat** m (Holz) / lijadora f automática con sistema en cruz ‖ **~schliff** m (Wzm) / rectificado m con estrías cruzadas ‖ **~schliff** (Holz) / esmerilado m cruzado ‖ **~schliff** (Edelstein) / cara f cruzada ‖ **~schlitten** m (Wzm) / carro m cruzado o de movimiento en cruz ‖ **~schlitz** m / ranura f en cruz, mortaja f cruzada o en cruz ‖ **~schlitzkopf** m / cabeza f con ranura en cruz, cabeza f con dos mortajas en cruz ‖ **~schlitzschraube** f / tornillo m [de cabeza] con ranura cruzada o en cruz ‖ **~schlitzschraube mit Senkkopf** / tornillo m avellanado con cabeza ranurada en cruz ‖ **~schlitzschraube mit Zylinderkopf** / tornillo m de cabeza cilíndrica ranurada en cruz ‖ **~schlitzschraubendreher** m / destornillador m para tornillos de cabeza ranurada en cruz ‖ **~schlitztiefe** f (Schraube) / profundidad f de la ranura en cruz ‖ **~schlüssel** m (für Radmuttern) (Kfz) / llave f cruciforme [para tuercas de rueda], cruceta f (LA) ‖ **~schneide-Bohrkrone** f / corona f perforadora con filo en cruz ‖ **~schraffur**, -schraffierung f / rayado m cruzado ‖ **~[schlitz]schraubendreher** m / destornillador m de estrella ‖ **~see** f (Ozean) / mar m picado ‖ **~spule** f (Web) / bobina f cruzada [cónica], ovillo m cruzado ‖ **~spule** (Fernm) / cuadro m cruzado ‖ **~spuleinrichtung** f (Spinn) / dispositivo m de bobinado cruzado ‖ **~spulerei** f (Spinn) / bobinado m cruzado ‖ **~spulmaschine** f (Spinn) / bobinadora f de hilo cruzado, bobinadora f para bobinas cruzadas, encarretadora f de cruzado rápido ‖ **~spulrahmenantenne** f / antena f de cuadros cruzados ‖ **~stabmikrometer** n / micrómetro m de barra en cruz ‖ **~[stab]stahl** m (Hütt) / barra f de

acero o con perfil cruciforme ‖ **~stake** f (Zimm) / codal m en cruz ‖ **~stapelung** f (Holz) / apilado m por hiladas cruzadas, apilado m en cruz ‖ **~-Steckschlüssel** m / llave f de cruz ‖ **~stich** m (Tex) / punto m cruzado o de cruz, crucera f, cruceta f ‖ **~stock** m, -sprosse f (Fenster) / travesaño m en cruz ‖ **~stoß** m (Stahlbau) / ensambladura f en cruz ‖ **~stoß** (Schw) / unión f en cruz ‖ **im ~stoß geschweißt** / soldado directamente cruzado sobre otro ‖ **~strebe** f (Bau) / tirante m diagonal, crucillón m ‖ **~strom** m / corriente f cruzada ‖ **~strombrenner** m / quemador m de mezcla en la tobera ‖ **~strom-Wärmeaustauscher** m / cambiador m de calor de corrientes cruzadas ‖ **~stück** n, -stutzen m (Rohrleitung) / tubuladura f en cruz, cruz f ‖ **~support** m (Wzm) / carro m cruzado o en cruz ‖ **~tisch** m (allg) / mesa f para movimientos cruzados o en cruz ‖ **~tisch**, -supporttisch m (Wzm) / mesa f de cruz ‖ **~tisch** m (Opt) / platina f en cruz ‖ **~tischeinrichtung** f (Foto) / dispositivo para las coordenadas ‖ **~tür**, Vierfüllungstür f (Bau) / puerta f de cuatro entrepaños o paneles ‖
Kreuzung f (Straße) / cruce m, cruzamiento m, (ciudades): bocacalle f ‖ **~** (Bahn) / travesía f ‖ **~** (von Stollen) (Bergb) / cerrojo m (de galerías) ‖ **~** (Biol) / cruzamiento m, cruce m, hibridación f ‖ **~** (Elektr) / cruce m de líneas ‖ **~** (Weichenteil) (Bahn) / cruzamiento m ‖ **~ der Seidenfäden** (Tex) / cruzado m de los hilos de seda ‖ **~ elektrischer Leitungen** / transposición f de hilos ‖ **~ in Kleeblattform** (Straßb) / cruce m [en hoja] de trébol ‖ **~ mit einer Fernleitung** (Bahn) / travesía f de línea de alta tensión ‖ **~ mit Vorfahrt von rechts** (Straßb) / cruce m con prioridad (o preferencia) desde la derecha ‖ **~ o. Weiche** (Bahn) / aparato m de vía ‖ **~ von Eisenbahn und Straße** / transvía f de ferrocarril y carretera ‖ **~ zweier verschieden gekrümmter Gleise** (Bahn) / travesía f combinada en curva ‖ **~ zweier Züge** / cruce m o cruzamiento de dos trenes, encuentro de dos trenes (MEJ) ‖ **bahngleiche ~**, schienengleicher Übergang; / paso m a nivel
Kreuzungs•abstand m (Elektr, Fernm) / paso m de transposición ‖ **~abstand** (Kinematik) / distancia f entre ejes cruzados ‖ **~bahnhof** m / estación f de cruce ‖ **~bauwerk** n, Gleisüberführung f (Bahn) / salto m de carnero ‖ **~bauwerk** (Straßb) / paso m a desnivel ‖ **~ebene** f (Schneckengetriebe) / plano m mediano ‖ **~fehler** m (Verm) / error m de cruce ‖ **~frei** (Straßb) / sin cruces ‖ **~herzstück** n (Bahn) / corazón m de cruzamiento ‖ **~isolator**, Doppelisolator m (Fernm) / aislador m de transposición ‖ **~mast** m (Elektr) / torreta f de transposición o de rotación ‖ **~muffe** f (Elektr) / manguito m de cruzamiento ‖ **~punkt** m (Phys) / punto m de intersección, cruce m ‖ **~punkt**, Knotenpunkt m (Bahn) / nudo m ferroviario ‖ **~stange** f (Fernm) / poste m de transposición ‖ **~stelle** f / punto m de intersección ‖ **~stück** n (Bahn, Weichenteil) / traviesa f propiamente dicha (conjunto de dos corazones obtusos) ‖ **~-Überführungsmast**, -ständer m, -stange m (elektr. Leitung) / poste m de transvía ‖ **~verhältnis** n (Bahn) / relación f de cruzamiento ‖ **~weiche** f, einfache Kreuzungsweiche / travesía f (E) o cruzada (LA) de unión sencilla ‖ **[doppelte] ~weiche** (Bahn) / travesía f de unión doble ‖ **~winkel** m, -verhältnis n (Bahn) / ángulo m de cruzamiento ‖ **~winkel** n (Kybernetik) / ángulo m entre ejes ‖ **~winkel** m, Scherenwinkel m (Wzm) / inclinación f de hojas ‖
Kreuz•verband m (Mauer) / trabazón m cruzado ‖ **~verband** (Stahlbau) / celosía f con diagonales en cruz ‖ **~verbindung** f (Zimm) / ensambladura f en cruz ‖ **~verstrebung** f (Bau) / arriostramiento m en cruz, cruceta f ‖ **~verzahnt** / de o con dentado cruzado ‖ **~verzapfung** f (Zimm) / ensambladura f en cruz ‖ **~wasserwaage**, -libelle f / nivel m de burbujas en cruz

‖ ⁓weben, Weben n mit gekreuzter Kette / tejeduría f con urdimbre cruzada
kreuzweise / en [forma de] cruz, cruzado ‖ ~ adv, querdurch / oblicuamente, a través ‖ ~ **Anordnung** (o. Schichtung) (Laminat) / estratificación f en capas cruzadas ‖ ⁓**geschichtet** (Schichtstoffe) / estratificado en cruz ‖ ~ **schraffieren** (Zeichn) / sombrear con líneas cruzadas, rayar ‖ ~ **Überprüfung** (Informatik) / verificación f cruzada ‖ ~ **Versperrung** (Sperrholz) / capas f pl cruzadas
Kreuz•werk n, Trägerrost m (Stahlbau) / emparrillado m de vigas ‖ ⁓**wickel** m pl (Tex) / bobinas f pl cruzadas, ovillos m pl cruzados ‖ ⁓**wickelmaschine** f (Tex) / encarretadora f de cruzado ‖ ⁓**wicklung** f, -wickel m / bobinado m cruzado, arrollado m o arrollamiento cruzado ‖ ⁓**wolle** f (Tex) / lana f cruzada ‖ ⁓**zapfen** m (Masch) / cruceta f ‖ ⁓**zapfen** (Tischl) / espiga f en cruz ‖ ⁓**zeichen**, Kreuz n (Druck) / cruz f ‖ ⁓**zeigerinstrument** n (Mess) / indicador m de agujas cruzadas
Kribbe f, Buhne f (Wassb) / maleón m (E), tajamar m (LA)
Kriech•bewegung f / movimiento m ultralento o lentísimo ‖ ⁓**dehnung** f / expansión f por fluencia
kriechen vi / reptar ‖ ~ (Strom) (Elektr) / dispersarse, fugarse ‖ ~, schleichen / deslizarse ‖ ~, allmählich sich verformen (Werkstoff) / escurrirse ‖ ~ n (allg) / reptación f ‖ ~ (Elektr) / fuga f, dispersión f ‖ ~ (Metall) / fluencia f, escurrimiento m ‖ ⁓ (Beton) / escurrimiento m plástico ‖ ⁓, plastisches Fließen f / fluencia f, deformación f plástica ‖ ~ **des Reifens auf der Felge**, Wandern n (Kfz) / rotación f del neumático sobre la llanta
kriechender Zehnerübertrag / traspaso m (E) o acarreo (LA) decimal deslizante
Kriech•erholung f / restablecimiento m dimensional ‖ ~**fest** adj (Mech) / resistente a la fluencia ‖ ⁓**festigkeit** f / resistencia f a la fluencia ‖ ⁓**gang** m, Geländegang m (Kfz) / marcha f ultralenta, marcha f [al paso de] tortuga, velocidad f superlenta o lentísima ‖ ⁓**gang** (Wzm) / avance m lentísimo ‖ ⁓**ganguntersetzer** m (Kfz) / reductor m para marchas ultralentas ‖ ⁓**geschwindigkeit** f (Mech) / velocidad f de fluencia ‖ ⁓**geschwindigkeitsgrenze** f / límite m de velocidad de fluencia ‖ ⁓**grenze** f (Werkstoff) / límite m de fluencia ‖ ⁓**grenze** f (Elektr) / límite m de aparición de corriente de fuga ‖ ⁓**hohlraum** f (Sintern) / cavidad f producida por fluencia ‖ ⁓**knicken** n (Mech) / pandeo m por fluencia ‖ ⁓**leck** n (Vakuum) / fuga f capilar ‖ ⁓**öl** n (Kfz, Masch) / aceite m penetrante ‖ ⁓**spur** f (Elektr) / traza f de la corriente de fuga ‖ ⁓**spur** (Straßb) / carril m de subida lenta, pista f de subida lenta, vía f para vehículos lentos ‖ ⁓**stabilität** f (Mech) / estabilidad f de fluencia ‖ ⁓**strecke** f (Elektr) / camino m de fuga, línea f de fuga ‖ ⁓**strom** f (Elektr) / corriente f de fuga o de escape ‖ ⁓**stromfest** (Elektr) / resistente a la (o a prueba de) corriente de fuga ‖ ⁓**stromfestigkeit** f (Elektr) / resistencia f a las corrientes de fuga ‖ ⁓**stromschutz** m / protección f contra los defectos de aislación ‖ ⁓**strom-Sicherheitsausschalter** m (Elektr) / disyuntor m de seguridad contra corrientes de fuga ‖ ⁓**stromverlust** m (Elektr) / pérdida f por corriente de fuga ‖ ⁓**verhalten** n (Hütt) / comportamiento m plástico ‖ ⁓**verlust**, Streuverlust m (Elektr) / pérdida f por corriente de fuga ‖ ⁓**verluste haben** (Elektr) / tener fugas ‖ ⁓**versuch** m (Mat.Prüf) / ensayo m de fluencia ‖ ⁓**wegbildung** f **durch Funkenüberschlag** / aparición f de corriente de fuga por salto de chispas ‖ ⁓**wellen** f pl (Elektr) / ondas f pl parásitas ‖ ⁓**widerstand** m (Mech) / resistencia f a la fluencia ‖ ⁓**wirkung** f (Mat.Prüf) / fluencia f
Kriegs•ausführung f / ejecución f [de utilidad] militar o para usos bélicos ‖ ⁓**fahrzeuge** n pl / vehículos m pl militares o de guerra ‖ ⁓**hafen** m / puerto m militar o

de la marina de guerra ‖ ⁓**industrie** f / industria f bélica o de guerra ‖ ⁓**marine** f, Seestreitkräfte f pl / marina f de guerra, FN (= Fuerzas Navales) (E) ‖ ⁓**material** n, -gerät n / material m bélico o de guerra ‖ ⁓**schiff** n / buque m o navío de guerra
Krilium n (Bodenverbesser, Landw) / krilio m
Krill n (Zool) / krill m
Krimmer[stoff] m (Tex) / imitación f de astracán, peluche m de rizo
Krimp... s. auch Krumpf...
krimpen vt, einlaufen lassen (Tex) / encrespar ‖ ~, netzen (Tuch) / mojar ‖ ~, krumpfen vi / encresparse, encogerse ‖ ~ s. auch krumpfen
Krippe f (Landw) / pesebre m, comedero m
Krippmaschine f (Drahtgeflecht) / máquina f para ondular alambres
Krispel•holz n (Gerb) / pomela f, margarita f ‖ ⁓**maschine** f, Pantoffelmaschine f (Gerb) / máquina f para levantar el grano
krispeln (auf der Narbenseite), narben (Leder) / granelar ‖ ~ **[nach 4 Quartieren]** ~ (Gerb) / pasar la margarita en el sentido diagonal del cuero o en cuatro direcciones
Kristall m (Eltronik, Min) / cristal m ‖ ⁓, Quarzkristall m (Min) / cristal m de cuarzo ‖ ⁓..., piezoelektrisch (Lautsprecher, Mikrofon) / de cristal piezoeléctrico ‖ ⁓ **für Frequenzen unter 500 kHz** / cristal m de corte CT (que vibra por debajo de los 500 kHz) ‖ ⁓ **e holen** / introducir el germen inicial ‖ **[fertig bearbeiteter]** ⁓ / cristal m tallado ‖ **fester** ⁓ (Min) / cristal m sólido
Kristall•abscheidung f (Chem) / depósito m cristalino ‖ ⁓**achse** f / eje m cristalino o de cristal ‖ ⁓**anisotropie** f (Phys) / anisotropía f de cristales ‖ ⁓**anordnung** f, estructura f cristalina ‖ **regellose** ⁓**anordnung** / estructura f cristalina desordenada ‖ ⁓**anschuss** m, -bildung f (Chem) / cristalización f ‖ ~**artig** / cristalino ‖ ⁓**bau** m, Kristallstruktur f / estructura f cristalina, (a m veces:) edificio cristalino ‖ ⁓**baufehler** m / defecto m de la red cristalina ‖ ⁓**berechnung** f / notación f cristalográfico ‖ ⁓**bild**, Kristallogramm n / cristalograma m ‖ ⁓**bildung** f / cristalización f ‖ ⁓**bildung**, Körnung f (Zuck) / granulación f ‖ ⁓**bildungskunde** f / cristalogenia f ‖ ⁓**bildungspunkt** m (Zuck) / punto m de granulación ‖ ⁓**chemie** f / cristaloquímica f, química f de los cristales
Kriställchen, Glitzerchen n (Email, Fehler) / puntito m brillante
Kristall•detektor m (Eltronik) / detector m de cristal ‖ ⁓**diode** f / díodo m de cristal ‖ ⁓**diodenschutz** m / protector m de díodo de cristal ‖ ⁓**-Dislokation** f / dislocación f cristalina ‖ ⁓**druse** f (Geol) / drusa f de cristal ‖ ⁓**ebene** f / plano m cristalográfico ‖ ⁓**eis** n / hielo m cristalino ‖ ⁓**elektrisch** / cristaloeléctrico ‖ ⁓**erholung** f (Chem) / recristalización f ‖ ⁓**erholung** (Hütt) / recuperación f o regeneración cristalina ‖ ⁓**erholungstemperatur** f (Hütt) / temperatura f de recuperación o regeneración cristalina ‖ ⁓**feuchtigkeit** f (Krist) / humedad f cristalina ‖ ⁓**filter**, Quarzfilter n (Eltronik) / filtro m piezoeléctrico o de cristal ‖ ⁓**fläche** f / faceta f o cara f de cristal ‖ ⁓**form** f (Krist) / forma f cristalina ‖ ⁓**förmig** / cristalino ‖ ~**förmiger Zustand** / estado m cristalino ‖ ⁓**fuß** m (Zuck) / semilla f de cristalización ‖ ⁓**gefüge** n / estructura f cristalina ‖ ⁓**geometrie** f / geometría f de cristales ‖ ~**gesteuert** (Uhr) / estabilizado por cristal [de cuarzo], controlado o regulado por cristal ‖ ⁓**gitter** n (Chem, Phys) / red f cristalina, retículo m cristalino ‖ ⁓**gitterbeeinflussung** (Atom, Nukl) / influencia f sobre la red cristalina ‖ ⁓**glas** n / vidrio m de cristal, cristal m, cristal m de Bohemia ‖ ⁓ **[glas]**, Bleikristall n / cristal m de plomo ‖ ⁓**glas**, geschliffenes Glas / cristal m tallado ‖ ⁓**grenzlinie** f / línea f unión ‖ ⁓**grundformen** f pl / formas f pl

Kristallhabitus

fundamentales de los cristales ‖ ~**habitus** *m* / hábito *m* de cristal
kristallin, kristallinisch / cristalino ‖ ~**e Flüssigkeit**, Flüssigkristall *m* / líquido *m* anisotrópico, cristal *m* líquido ‖ **[kubisch]** ~**es Bornitrid**, CBN *f* / nitruro *m* de boro cristalino ‖ ~**-blättrig** (Geol) / cristalofilino ‖ **~[isch]er Bruch** / rotura *f* cristalina ‖ ~**[isch]es Eisen** (Hütt) / hierro *m* cristalino ‖ **~[isch]er Schiefer** (Geol) / esquisto *m* cristal[ofil]ino ‖ ~**ischer Schwefel** / azufre *m* cristalino
Kristallisation *f*, Kristallisierung *f* / cristalización *f* ‖ ~ **bei der Dialyse** / cristalización *f* por membrana semipermeable
Kristallisations•differentiation *f*, fraktionierte Kristallisation / cristalización *f* fraccionada ‖ ~**fähig** / cristalizable ‖ ~**fähigkeit** *f* / cristalizabilidad *f* ‖ ~**flüssigkeit** *f* (Rohrzucker) / magma *f* ‖ ~**freudig** (Chem) / propenso a cristalizarse ‖ ~**gefäß** *n*, -schale *f*, Kristallisator *m* / cristalizador *m* ‖ ~**geschwindigkeit** *f* / velocidad *f* de cristalización ‖ ~**grad** *m* / cristalinidad *f* ‖ ~**kern** *m* (allg) / centro *m* de cristalización ‖ ~**kern** (Chem) / núcleo *m* de cristalización ‖ ~**kernbildung** *f* / germinación *f* ‖ ~**punkt** *m* (allg) / punto *m* de cristalización ‖ ~**punkt** (Paraffin) / temperatura *f* crítica de disolución ‖ ~**schale** *f* (Chem) / cristalizador *m* ‖ ~**verzögerer** *m* / anticristalizante *m* ‖ ~**wärme** *f* / calor *m* latente de cristalización
Kristallisator *m* (Zuck) / cristalizador *m* ‖ ~, Kokille *f* (Strangguss) / lingotera *f*, cristalizador *m*
kristallisierbar / cristalizable
kristallisieren *vt* / cristalizar ‖ ~ *vi*, in Kristall anschießen / cristalizarse ‖ ~ *n* / cristalización *f*
Kristallisierschale *f* / cristalizador *m*, cápsula *f* de cristalización
kristallisiert / cristalizado ‖ ~**er Diamant** / diamante *m* cristalino o cristalizado ‖ ~**es Kupfersulfat** (Chem) / sulfato *m* de cobre cristalizado
Kristallisierung *f*, -isation *f* / cristalización *f* ‖ ~, Kristallbildung *f* / formación *f* de cristales
Kristallisierungswasser s. Kristallwasser
Kristallit *m* (Chem) / cristalita *f*
Kristall•kante *f* / arista *f* del cristal ‖ ~**kegel** *m* / cono *m* cristalino ‖ ~**keim** *m*, Kristalkern *m* / germen *m* cristalino ‖ ~**keim**, Impfkristall *m* / cristal *m* germen o seminal o inicial ‖ ~**klar**, -**hell** (allg) / cristalino ‖ ~**klasse** *f* / clase de cristal[es] ‖ ~**kochen** *n* (Zuck) / cocción *f* para granulación o al grano ‖ ~**kocher** *m* (Zuck) / tacho *m* para azúcar ‖ ~**korn** *n* / grano *m* cristalino o de cristal ‖ ~**korund** *m* / corindón *m* cristalino ‖ ~**kunde** *f*, Kristallografía *f* ‖ ~**laser** *m* / láser *m* cristalino ‖ ~**mikrophon** *m* / micrófono *m* piezoeléctrico ‖ ~**mischer** *m* (Mikrowellen) / mezclador *m* de cristal ‖ ~**modulator** *m* (Eltronik) / cristal *m* cambiador o conversor de frecuencia ‖ ~**morphologie** *f* / morfología *f* cristalina o de cristales ‖ ~**nadel** *f* / aguja *f* cristalina ‖ ~**oberfläche** *f* / superficie *f* cristalina
kristallo•blastisch (Geol) / cristaloblástico ‖ ~**chemisch** / cristaloquímico
Kristallode *f* (Eltronik) / cristalodo *m*
Kristallofen *m* / cámara *f* termostática o isostática para cristales
Kristallografie *f*, Kristallkunde *f* / cristalografía *f*
kristallografisch / cristalográfico ‖ ~**e Analyse** / análisis *m* cristalográfico ‖ ~**e Zone** / zona *f* cristalográfica
Kristallo•gramm, Kristallbild *n* / cristalograma *m* ‖ ~**id** *n* / cristaloide *m* ‖ ~**lumineszenz** *f* / cristaloluminiscencia *f* ‖ ~**metrie** *f*, Kristallmessung *f* / cristalometría *f*
Kristall•optik *f* / óptica *f* de los cristales ‖ ~**optiksäule** *f* / columna *f* de elementos cristalinos ‖ ~**orientiert** / de cristales orientados ‖ ~**orientierung** *f* / orientación *f* de [mono]cristales ‖ ~**ose** (Chem) / cristalosa *f* ‖

~**oszillator**, -schwinger *m* (Eltronik) / oscilador *m* estabilizado o de cristal ‖ ~**perlwand**, Perlwand *f* (Foto) / pantalla *f* de cristales reflectoras ‖ ~**physik** *f* / cristalofísica *f* ‖ ~**-Pickup** *m* (Audio) / fonocaptor *m* de cristal, capsula fonocaptora de cristal ‖ ~**plättchen** *n* / plaquita *f* cristalina, lámina *f* piezoeléctrica ‖ ~**raster** *m* / retículo *m* cristalino ‖ ~**resonator** *m* (Eltronik) / resonador *m* piezoeléctrico ‖ ~**salz** *n* / sal *f* cristalizada ‖ ~**säure** *f* (Chem) / ácido *m* sulfúrico fumante de alta concentración ‖ ~**schleifer** *m* (Arbeiter) / cristalero *m*, biselador *m* ‖ ~**schwinger** *m* (Eltronik) / oscilador *m* de cristal ‖ ~**seigerung**, Mikroseigerung *f* (Hütt) / segregación *f* cristalina ‖ ~**soda** *f* (Chem) / sosa *f* cristalizada, carbonato *m* sódico cristalizado ‖ ~**spektrometer** *n* (Phys) / espectrómetro *m* de cristal ‖ ~**spektroskopie** *f* / cristaloespectroscopia *f* ‖ ~**spektrum** *n* / espectro *m* de cristal ‖ ~**spiegelglas** *n* / luna *f* para espejos ‖ ~**stärke** *f*, native Stärke (Chem) / almidón *m* en agujas ‖ ~**steuerstufe** *f* (Eltronik) / etapa *f* de cuarzo ‖ ~**steuerung**, Quarzsteuerung *f* (Eltronik) / control *m* piezoeléctrico o por cristal, regulación por cristal o cuarzo ‖ ~**struktur** *f* / estructura *f* cristalina ‖ ~**struktur-Analyse** *f* / análisis *m* de la estructura cristalina, análisis *m* estructural cristalino ‖ ~**strukturkunde** *f* / ciencia f o toría de la estructura cristalina ‖ ~**symmetrieebene** *f* / plano *m* cristalográfico ‖ ~**system** *n* / sistema *m* cristalino ‖ ~**system** (Tonabnehmer) / cápsula *f* [de lectura] piezoeléctrica o de cristal ‖ ~**Tonabnehmer** *m* / fonocaptor *m* de cristal ‖ ~**tuff** *m* (Geol) / tofa *f* cristalina ‖ ~**wachstum** *n* / crecimiento *m* de cristales ‖ **das** ~**wachstum hemmen** (Hütt) / inhibir el crecimiento de cristales ‖ ~**waren** *f pl* / cristalería *f* ‖ ~**wasser** *n* (Chem) / agua *f* de cristalización ‖ **chemisch gebundenes** ~**wasser**, Konstitutionswasser *n* / agua *f* de constitución ‖ **das** ~**wasser austreiben** / calcinar ‖ ~**winkelmessung** *f* / goniometría *f* de cristales ‖ ~**würfel** *m pl* (Zuck) / azúcar *m* en terrones ‖ ~**zähler** *m* (für γ-Strahlen) (Nukl) / contador *m* de cristal ‖ ~**ziehanlage** *f* / instalación *f* cristalogénica ‖ ~**ziehapparat** *m* / horno *m* de cristalización progresiva ‖ ~**ziehen** *n*, Kristallzüchten *n* / cristalización *f* progresiva, crecimiento *m* controlado de monocristales ‖ ~**zucker** *m*, -raffinade *f* / azúcar *m* cristalizado o en cristales
Kristobalit *m* (Min) / cristobalita *f*
Kriterium, Kennzeichen *n* / criterio *m*
Krith *n* / crita *f*
Kritikalität *f* (Nukl) / criticidad *f* estado crítico
Kritikalitäts•daten *f* / datos *m pl* de criticidad ‖ ~**grenze** *f* / límite de criticidad ‖ ~**sicherheit** *f* / seguridad *f* de criticidad
kritisch (allg, Nukl) / crítico ‖ ~, entscheidend / crucial ‖ ~**er** (**o. kritisch gewordener) Reaktor** / reactor *m* crítico ‖ ~**e Abkühlungsgeschwindigkeit** (Hütt) / velocidad *f* crítica de enfriamiento o refrigeración ‖ ~**e Abmessung** (Wellenleiter) / dimensión *f* [del lado] mayor, lado *m* ancho ‖ ~**e Anodenspannung** (Magnetron) / tensión *f* de corte (en función de la tensión anódica decreciente) ‖ ~**e Anordnung** (Nukl) / mezcla *f* crítica, conjunto *m* crítico ‖ ~**er Anstellwinkel** (Luftf) / ángulo *m* crítico de ataque ‖ ~**er Ausfall** (Nukl) / fallo *m* crítico ‖ ~**er Bereich** (Math) / regón *f* crítica ‖ ~**er Bereich** (Hütt) / intervalo *m* crítico ‖ ~**e Beurteilung** / enjuiciamiento crítico ‖ ~**e Drehzahl** (Mot) / velocidad *f* de giro crítica, número *m* de revoluciones crítico ‖ ~**es Element** / elemento *m* crítico ‖ ~**er Entmischungspunkt** (Chem) / punto *m* de plegado ‖ ~**es Experiment** (Nukl) / experimento *m* crítico, experiencia *f* crítica ‖ ~ **fehlerhaft** (Qual.Pr.) / defectuoso crítico ‖ ~**es Feld** (Hütt) / campo *m* crítico ‖ ~**e Frequenz**, Grenzfrequenz *f* (Eltronik) / frecuencia *f* crítica de

Krümeligkeit

corte ‖ **~e Geschwindigkeit** (zwischen laminarer u. turbulenter Strömung) (Hydr) / velocidad *f* crítica ‖ **~e Geschwindigkeit** (Wasserflugz) / velocidad *f* de cresta ‖ **~e Geschwindigkeit** (Luftf) / velocidad crítica ‖ **~e Geschwindigkeit** (Nukl) / velocidad *f* crítica ‖ **~e Gitterspannung** (Eltronik) / tensión *f* crítica de rejilla ‖ **~e Gleichung** (Nukl) / ecuación *f* crítica ‖ **~e Größe** (Reaktor) / tamaño *m* crítico, dimensiones *f pl* críticas ‖ **~e Härtegeschwindigkeit** (Hütt) / velocidad *f* crítica de temple ‖ **~e Heizflächenbelastung** / flujo *m* crítico ‖ **~e Höhe**, Volldruckhöhe *f* (Luftf) / altitud *f* crítica ‖ **~e Induktion** (Magnetron) / inducción *f* crítica ‖ **~e Konzentration** (Nukl) / concentración *f* crítica ‖ **~es Kornwachstum** (Hütt) / crecimiento *m* crítico del grano ‖ **~er Lastpunkt**, Spitzenlastpunkt *m* (Reaktor) / zona *f* hiperaliente ‖ **~e Lösungstemperatur** (Chem) / temperatura *f* crítica de solución ‖ **~e Machzahl**, MNE, M$_{ne}$ (Luftf, Phys) / número *m* de Mach máximo permisible ‖ **~es Magnetfeld** (Supraleitung) / campo [magnético] crítico ‖ **~er Mangel** (Qual.Pr.) / defecto *m* crítico ‖ **~e Masse**, kritische Menge (Nukl) / masa *f* crítica ‖ **~e Massenordnung** (Nukl) / conjunto *m* crítico, mezcla *f* crítica ‖ **~e Mizellenbildungskonzentration** (Tenside) / concentración *f* crítica para la formación de micelas ‖ **~e Parabel** (Magnetron) / parábola *f* de corte ‖ **~er Punkt** (Phys) / punto *m* crítico ‖ **~er Punkt**, Umwandlungspunkt *m* (Hütt) / punto *m* crítico o de transformación ‖ **~e Reaktion** (Nukl) / reacción *f* en cadena automantenida ‖ **~e Schichthöhe** (Nukl) / espesor *m* crítico de la capa ‖ **~e Schubspannung** (Mech) / tensión *f* crítica de cizallamiento ‖ **~e Schwingungszahl**, Grenzfrequenz *f* (Bau, Masch) / frecuencia *f* crítica ‖ **~e Sprungfrequenz** (Wellenfortpflanzung) / frecuencia *f* crítica de salto ‖ **~es Stadium** (Nukl) / estado *m* crítico, divergencia ‖ **~e Stellungnahme** / observaciones *f pl* críticas ‖ **~e Steuerungs-Umkehrgeschwindigkeit** (Luftf) / velocidad *f* [crítica] de inversión ‖ **~e Stromdichte** (Galv) / densidad *f* crítica de corriente ‖ **~e Temperatur**, Umwandlungstemperatur *f* (Hütt) / temperatura *f* crítica ‖ **~e Temperatur** (Plasma) / temperatura *f* de ignición ‖ **~e Überhitzung o. Wärmestromdichte**, DNB (= departure from nucleate boiling) (Nukl) / sobrecalentamiento *m* crítico ‖ **~er Überhitzungsgrad** (Raumf) / valor *m* crítico de sobrecalentamiento ‖ **~e Verformung** (Stanz) / deformación *f* crítica ‖ **~e Wärmestromdichte** (Nukl) / flujo de abrasamiento ‖ **~er Weg** (Netzplan) / camino *m* crítico ‖ **~e Wellenlänge**, Grenzwellenlänge *f* (Eltronik) / longitud *f* de onda crítica ‖ **~ werden** (Nukl) / entrar en criticidad o en estado crítico, entrar en divergencia, hacerse crítico, divergir ‖ **~er Widerstand für die Selbsterregung** (Elektr) / resistencia *f* crítica de celado o de celadura ‖ **~er Zustand** / estado *m* crítico ‖ **~er Zylinderdurchmesser** (Nukl) / díametro *m* crítico del cilindro

Kritische-Pfad-Methode, CPM-Methode *f* (F.Org) / método *m* CPM, método *m* de camino crítico

Kritischwerden *n* (Reaktor) / divergencia *f*, entrada *f* en criticidad

Kritizität *f* (Nukl) / criticidad *f*

Kritizitäts • -Näherung *f* / acercamiento *m* subcrítico ‖ **~sicherheit** *f* / seguridad *f* de criticidad nuclear

Krokodilklemme *f*, Krokoklemme *f* (Elektr) / pinza[s] *f* [*pl*] de cocodrilo, presida *f* cocodrilo

Krokoit *m*, Rotbleierz *n* (Min) / crocoita *f*

Krokusrot *n*, Polierrot *n* / rojo *m* para pulir

Krokydolith *n*, Kap-Asbest *n* (Min) / croquidolita *f*

Krollhaar *n* (Tex) / pelo *m* ondulado o rizado

Kroll-Verfahren *n* (Met) / procedimiento *m* de Kroll

Kromekoteverfahren *n* (Pap) / procedimiento *m* Kromekote

Krone *f* (allg) / corona *f* ‖ **~**, Kamm *m* (Damm) / cresta *f*, coronación *f* ‖ **~**, Kappe *f*, Mauerkrone *f* (Bau) / corona *f* [de muro], coronamiento *m*, remate *m* ‖ **~** *f* (Forstw) / copa *f* ‖ **~**, Kronenaufzug (Uhr) / corona *f* de la cuarda ‖ **~ des Messers**, Messerkrone *f* / cabeza *m* del cuchillo, tope *m*

Kröneleisen, Gradiereisen *n* (Steinmetz) / escoda *f*, bujarda *f*, martellina *f*

kröneln *vt* (Steine) / escodar

Krönel • schlag *m* (Steinmetz) / escodazo *m* ‖ **~walze** *f* (Zement) / rodillo de (o para) escodar

Kronen • anschlag *m* (Uhr) / clic *m* ‖ **~block** *m* (Öl) / caballete *m* o travesero portapolea[s], bloque *m* de corona (VEN), corona *f* (ARG) ‖ **~bohren** *n* / sondeo *m* con corona (de diamantes) ‖ **~bohrer** *m* / sonda *f* o broca de corona ‖ **~brenner**, Ringbrenner *m* (Chem) / quemador *m* de corona, mechero *m* anular ‖ **~bruch** *m*, Kappsturz *m* (Deich) / ruptura *f* de la corona ‖ **~dach** *n* (Bau) / tejado *m* de corona ‖ **~gestell** *n* (Drahtziehen) / bobinadora *f* de corona ‖ **~grund** *m* (Lack) / fondo *m* corona ‖ **~kapsel** *f*, Kron[en]kork *m* (Brau) / tapón *m* corona ‖ **~mutter** *f* / tuerca *f* [de cabeza] almenada, tuerca *f* [de] corona, encastillada *f* (MEJ) ‖ **flache ~mutter** / tuerca *f* almenada rebajada ‖ **~rad** *n* (Uhr) / corona *f*, rueda *f* con dentado de canto ‖ **~rad**, Kammrad *n* / corona *f* dentada ‖ **~rost** *m*, Puccinia coronata (Bot) / roya *f* de la avena ‖ **~schalter** / conmutador *m* múltiple ‖ **~schütz** *n* (Hydr) / compuerta *f* de corona ‖ **~ventil** (Dampfm) / válvula *f* hemisférica o de copa ‖ **~verschluss** *m* (Flasche) / cápsula *f* de la botella ‖ **~winkel**, Scheitelwinkel *m* (Kfz, Reifen) / ángulo *m* de corona ‖ **~zahnkupplung** *f* / acoplamiento *m* de discos con dentado frontal

kron • förmige Bohrerschneide / corona [cortante] del trépano ‖ **~glas** *n* (Opt) / crown[-glass] *m*, crownglass *m*, vidrio *m* sin plomo ‖ **~leuchter** *m* / araña *f* [de cristal] ‖ **~rad** *n* (Uhr) / rueda *f* de corona, corona *f* ‖ **~säge** (Wz) / sierra *f* cilíndrica o en corona

Kropf *m* (Holz) (Bot) / excrecencia *f* cancerosa (madera) ‖ **~achswelle** *f* (Bahn) / eje *m* acodado

kröpfen *vt* / acodar, formar cigüeña ‖ **~** (Draht) / ondular

Kröpf • gitter *n* (Draht) / enrejado *m* de alambre ondulado ‖ **~maschine** *f* (Draht), Kröppmaschine *f* (Draht) / máquina *f* para ondular el alambre ‖ **~rad** *n*, Kröpprad *n* (Draht) / moleta *f* de ondular

Kropfstück *n*, Krümmling *m* (Treppengeländer) / cubillo *m*, curvadura *f* de la barandilla

Kröpfung *f* (Masch) / codo *m*, codillo *m*, acodado *m* ‖ **~** (Dreh) / escote *m*

Kröpfungsbogen *m* (Elektr) / codo *m* doble en S

Kröpfwalze *f* (Draht) / cilindro *m* para ondular

Kröse *f* (der Fassdaube) / muesca *f*

Krösel *m* (Glas) / cortavidrio *m*

kröseln *vt* (Fass) / cortar las muescas

Kröselzange *f*, Glaserzange (Glas) / tenazas *f pl* de vidriero

Kroton • öl *n* (Pharm) / aceite *m* de crotón ‖ **~säure** *f* / ácido *m* crotónico

Kroupon *m* (Gerb) / crupón *m*

Krozin *n* (gelber Safranfarbstoff) / crocina *f*

Krücke *f*, Rohrstütze *f* (Bau) / horquilla *f* ‖ **~** (Brau) / espetón *m*, paleta *f* ‖ **~** (Gieß) / hurgón *m*

Krückel *m* (Bergb) / cabeza *f* de la sonda

Krückenisolator *m*, Nasenisolator *m* (Elektr) / aislador *m* acodado

Krügerklappe *f* (Luftf) / alerón *m* [de] Krüger

Krullwolle, Filzwolle *f* (Tex) / lana *f* fieltro

Krume *f*, Ackerkrume (Landw) / capa *f* arable humosa

Krümel *m pl* (Bergb) / granzas *f pl* ‖ **~egge** *f* (Landw) / grada *f* rodante

krümelig / granulado

Krümeligkeit *f*, Krümelstruktur *f*, Krümelgefüge *n* (Boden) / estructura *f*, grumosa *f*

krümeln *vt* / desmigajar ‖ ~ (Landw) / desterronar, desmenuzar
Krümelwalze *f* (Landw) / rodillo *m* desterronador, cilindro *m* desmienzador
krumm, gebogen / curvado, curvo, curvilínea ‖ ~, fehlerhaft / torsionado ‖ ~, verworfen / alabeado ‖ ~, gewölbt / arqueado ‖ ~, verbogen, gekrümmt / torcido, doblado ‖ ~**e Fläche** / superficie *f* curva[da] ‖ ~**e Linie**, Kurve *f* / línea *f* curva[da], curva *f* ‖ ~ **stehen**, nicht Linie halten (Druck) / estar torcido o encaballado (E), estar chueco (LA) ‖ ~**er Strang** (Bahn) / vía *f* desviada ‖ ~ **werden**, sich krümmen (Holz, Metall) / alabearse, abaquillarse, combarse
krümmen, biegen / curvar, doblar, arquear, torcer ‖ ~ (sich) / curvarse, torcerse ‖ ~ (sich), Holz / torcerse, alabearse, combarse, abarquillarse ‖ ~, Verziehen *n* / deformación *f*, distorsión *f* ‖ ~, Werfen *n* (Holz) / alabeo *m*
Krümmer *m* (Rohr) / codo *m*, manguito *m* acodado ‖ ~, Grubber *m* (Landw) / cultivador *m* con dientes rígidos, cultivador *m* de inversión ‖ ~ (Kfz) / colector *m* de admisión o de escape ‖ **90°** ~ (Rohr) / codo *m* en 90°
krumm•faserig (Holz) / de fibra ondulada o torcida ‖ ~**haue** *f* (Wz) / azuela *f* ‖ ~**holz** *n*, krummgewachsenes Holz / madera *f* curva o curvada ‖ ~**holz** (Schiff) / curva *f* ‖ ~**holzkiefer**, Latsche *f* (Bot) / pino *m* enano o de montaña ‖ ~**holzöl** *n*, Latschenkiefernöl *n* (Pharm) / esencia *f* de pino o de montaña
Krümmling *m*, Kropfstück *n* (Treppengeländer) / curvadura *f* de la barandilla, cubillo *m*
krumm•[linig], gekrümmt / curvo, curvado ‖ ~**linig [begrenzt]** / curvilíneo ‖ ~**linige Bewegung** / movimiento *m* curvilíneo ‖ ~**linige Koordinaten** *f pl* (Math) / coordenadas *f pl* curvilíneas ‖ ~**schlagen** *vt* (Nagel) / rebotar *vt*
Krümmung, Bogen *m* / arco *m* ‖ ~ *f*, Verbiegung *f* / alabeo *m*, comba *f* ‖ ~, Biegung *f*, Kurve *f* / curva *f* ‖ ~, Biegung *f* (Straßb) / curva *f* ‖ ~ (Bau) / moldura *f* cóncava ‖ ~ (Geom) / curvatura *f* ‖ ~ (Fluss) / meandro *m*, recodo *m* ‖ ~ **der Platten** (Akku) / alabeo *m* de las placas ‖ ~ **des Raumes** (Phys) / curvatura *f* del espacio ‖ ~ **längs u. quer** (Fehler, Holz) / alabeo *m* longitudinal y transversal ‖ **ebene** ~ (unter Last) / flecha *f* ‖ **scharfe** ~ (Straßb) / curva *f* muy cerrada ‖ **scharfe** ~**en**, Haarnadelkurven *m pl* (Straßb) / curvas *f pl* en herradura ‖ **untere** ~ **der Anodenstromkennlinie** / curvadura *f* de la característica anódica, codo *m* de la característica de ánodo
Krümmungs•abweichung *f* (Bau) / desviación *f* de la curvatura ‖ ~**bewegliche Lokomotive** (Bahn) / locomotora *f* de ejes articulados ‖ ~**bild** *n* (Bergb) / diagrama *m* de curvatura ‖ ~**halbmesser** *m*, -radius *m* / radio *m* de curvatura ‖ ~**kreis**, Schmiegkreis *m* (Geom) / círculo *m* osculador ‖ ~**mittelpunkt** *m* / centro *m* de curvatura ‖ ~**radius**, -halbmesser *m* / radio *m* de curvatura ‖ ~**reichtum** *f* (Straße) / tortuosidad *f* ‖ ~**verlust** *m* / pérdida *f* por curvatura ‖ ~**widerstand** *m* / resistencia *f* de curva ‖ ~**winkel** *m* / ángulo *m* de cimbreo
krumpeln *vt vi* (Tex) / arrugar[se]
krumpf•echt, -frei, -fest (Tex) / inencogible, resistente al encogimiento, exento de encogimientos ‖ ~**echt-Ausrüstung** *f* / apresto *m* inencogible ‖ ~**echtheit** *f* (Tex) / solidez *f* al encogimiento ‖ ~**einrichtung** *f* (Tex) / dispositivo *m* de encogimiento
krumpfen *vi*, eingehen, einlaufen (Tex) / encoger[se] ‖ ~, Eingehen *n*, Krumpfung *f*, Einlaufen *n* (Tex) / encogimiento *m*
Krumpf•fähigkeit *f* (Wolle) / capacidad *f* de encresparse ‖ ~**frei** / resistente al encrespar ‖ ~**frei** (Tex) / libre de encogimiento, inencogible ‖ ~**kraft** *f* (Tex) / fuerza *f* encogedora o de encogimiento ‖ ~**maß** *n*, Speicherverlust *m* (Tex) / pérdida *f* por desecación

Krumpfungsmessgerät *n* / dispositivo *m* para medir el encogimiento
Krumpfversuch *m* (Tex) / ensayo *m* de encogimiento
Krüppel•walm *m*, Halbwalm *m* (Dach) / chaflán *m*, faldoncillo *m* ‖ ~**walmdach** *n*, Halbwalmdach *n* (Zimm) / tejado *m* de faldoncillo
Krupp-Rennverfahren *n* (Hütt) / reducción *f* directa sistema Krupp
Kruskalgrenze *f* (Nukl) / límite *m* de Kruskal
Kruste, Rinde *f* / corteza *f* ‖ ~ *f*, Ansatz *m* / costra *f* ‖ ~ (Gieß) / costra *f* ‖ **die** ~ **entfernen** / descostrar, desincrustar ‖ **eine** ~ **bilden** / formar una costra, incostrarse
Krustenbildung *f* / formación *f* de costra, incrustación *f*
Kryo•behälter *m* (Labor) / recipiente *m* criostático ‖ ~**dessikation** *f*, Gefriertrocknung *f* / criodesecación *f*, liofilización *f* ‖ ~**elektrizität** *f* / crioelectricidad *f* ‖ ~**-Elektronenlinse** *f* / lente *f* electrónica supraconductora
kryogen, kälteerzeugend / criógeno, criogénico ‖ ~ **n gekühltes Infrarot-Interferometersystem** / sistema *m* interferométrico infrarrojo criogénico ‖ ~**er Kreisel** / giroscopio *m* criogénico ‖ ~**er Treibstoff** (Raumf) / propergol *m* criogénico
Kryogenik *f* (Phys) / criogenia *f*
Kryogen-Oberstifentriebwerk *n* (Raumf) / motor *m* cohético criogénico (de la etapa superior)
Kryo•hydrat *n* (eine Kältemischung) / criohidrato *m* ‖ ~**hydratischer Punkt** / punto *m* criohidrático ‖ ~**kabel** *n* / cable *m* criogénico ‖ ~**lith** *m* (Min) / criolita *f* ‖ ~**meter** *n* (Phys) / criómetro *m* ‖ ~**metrie** *f* / criometría *f* ‖ ~**phil** / criófilo ‖ ~**phyllit** *m* / criofilita *f* ‖ ~**physik** *f* / criofísica *f* ‖ ~**plankton** *n* (auf Schnee gedeihendes Plankton) (Biol) / crioplancton *m* ‖ ~**pumpe** *f* / bomba *f* criostática o crogénica o criógena ‖ ~**pumpen** *n* / criobombeo *m* ‖ ~**punkt** *m* / punto *m* criohidrático ‖ ~**sar** *m* (schnelles Germaniumschaltelement) (Halbl) / criosar *m* ‖ ~**skop** *n* (Chem, Phys) / crioscopio *m*, criómetro *m* ‖ ~**skopie** (Methode der Molekulargewichtsbestimmung) / crioscopia *f*, método *m* crioscopia ‖ ~**skopisch** (Chem) / crioscópico ‖ ~**speicher** *m*, Supraleitungsspeicher *m* (Eltronik) / memoria *f* criogénica ‖ ~**stat** *m* / criostato *m* ‖ ~**technik** *f* / criotecnia *f*, técnica *f* criogénica ‖ ~**tron** *n* (Tieftemperatur-Schaltelement) (DV) / criotrón *m*
Kryptanalysis *f* (Entziffern von Codes) (DV) / criptanálisis *m* ‖ ~**-Spezialist** *m* (Geheimcode) / criptanalista *m*
Krypto•gramm *n* / criptograma *m* ‖ ~**graphie** *f* (DV) / criptografía *f* ‖ ~**halit** *m* (Min) / criptohalita *f* ‖ ~**kristallin** / criptocristalino ‖ ~**lith** *m* (Min) / criptolita *f* ‖ ~**logie** *f* (Geheimschriftlehre) / criptología *f* ‖ ~**logisch** / criptológico ‖ ~**melan** (Chem) / criptomelano *m* ‖ ~**morphit** *n* (Min) / criptomorfita *f*
Krypton *n*, Kr (Chem) / criptón *m*
Kryptonat *n* (Chem) / criptonato *m*
Krypton•laser *m* / láser *m* de criptón ‖ ~**linie** *f* (Spektrum) / raya del criptón
Krypto•skop *n* (Fluoroskopie) / crioscopio *m* ‖ ~**xanthin** *n* (Provitamin A) (Pharm) / criptoxantina *f*
KS = Küstenschnellboot
K-Säure *f* (Färb) / ácido *m* K
K-Schale *f* (Nukl) / capa *f* K, k (= 1^{era} capa de electrones)
K-Schirm *m* (Radar) / pantalla *f* [tipo] K
K-Schirmbild *n* (Radar) / presentación *f* [visual] tipo K
K-Serie *f* (Nukl) / serie *f* K
KS-Kondensator *m* (K = Kunststoff, S = Polystyrol) (Eltronik) / condensador *m* o capacitor de polistireno
KS-Öl *n*, Korrosionsschutzöl *n* / aceite *m* anticorrosivo
KSP (Keram) = Kegelschmelzpunkt ~ (DV) = Kernspeicher

K-Stiel *m*, doppelt gabelte Strebe (Fernm) / poste de horquilla doble
K-Stück *n*, Muffenbogen *m* / codo *m* con enchufe
KS-Verfahren *n* (Hütt) / procedimiento *m* KS
kT, spezifische Rauschleistung / potencia *f* de ruido específica
kt, 1 Kilotonne / kilotonelada *f* corta
KTB (Geol) = Kontinentale Tiefbohrung
KT-Kondensator *m* (K = Kunststoff, T = Polyterephthalsäureester) (Eltronik) / condensador *m* o capacitor de polietileno-tereftalato
kton-Sprengkraft *f* (entspr. 1000 tons TNT) (Nukl) / potencia *f* o fuerza explosiva expresada en kilotones (1 kton = 1.000 toneladas de T.N.T)
Ku-Band *n* (15,4-15,7 GHz) (Radar) / banda *f* Ku
Kubanit, Chalmersit *m* (Min) / cubanita *f*
Kubatur, Raumausmittelung *f* (Math) / cubatura *f*
Kübel *m* / cubo *m*, cuba *f*, tina *f* ‖ ~, Trog *m* / cubeta *f* ‖ ~ (Kabelkran) / cuchara *f* ‖ ~ (Kfz) / kubel *m* ‖ ~ **für Berge** (Bergb) / skip *m* para zafra y ganga, skip *m* para estéril ‖ **abnehmbarer** ~ (Bahn) / cuchara *f* o cesta amovible ‖ **kleiner** ~ / cubeto *m*
Kübel • aufzug *m* (Hütt) / elevador *m* o montacargas de cubetas ‖ ~**begichtung** *f* (Hütt) / carga *f* con cubetas ‖ ~**förderung** *f*, Gefäßförderung *f* (Bergb) / extracción *f* en skips ‖ ~**füller**, Anschläger *m* (Bergb) / piquete *m* ‖ ~**rad** *n* (Bahn) / rueda de álabes, rodete *m* ‖ ~**sitz** *m* (Kfz) / baquet *m* ‖ ~**wagen** *m* (Bahn) / vagón *m* cuba
kubieren *vt*, in die dritte Potenz erheben (Math) / cubicar, elevar a la tercera potencia o al cubo ‖ ~ *n*, Kubikberechnung *f* / cubicación *f*
Kubik • ..., kubisch / cúbico ‖ ~**fuß** *m* (= 0,028317 m³) / pie *m* cúbico ‖ ~**fuß** *m pl* **je Sekunde** (Hydr) / pie *m* cúbico por segundo ‖ ~**inhalt** *m* (Math) / contenido *m* cúbico, capacidad *f* cúbica ‖ ~**inhaltsberechnung** *f* / cubicación *f*, cubicaje *m* ‖ ~**maß** *n* / medida *f* cúbica ‖ ~**meter** *m* (= 35,31 cu.ft.) / metro *m* cúbico ‖ ~**meter umbauten Raumes** (Bau) / metro *m* cúbico de volumen construido ‖ ~**wurzel** *f* / raíz *f* cúbica, tercera raíz ‖ ~**yard** *m* / yarda *f* cúbica ‖ ~**zahl** *f* / cubo *m*, número *m* cúbico ‖ ~**zentimeter** *m* / centímetro *m* cúbico, c.c. ‖ ~**zoll** *m* (= 16,3872 cm³), Kubikinch *m* / pulgada *f* cúbica
kubisch, Würfel... / cúbico ‖ ~, isometrisch (veraltet) (Krist) / cúbico isométrico ‖ ~**er Ausdehnungskoeffizient** (Phys) / coeficiente *m* de expansión ‖ ~**es Bornitrid**, CBN (Chem) / nitruro *m* cúbico de boro ‖ ~**er Differenzfaktor** (Eltronik) / factor *m* de distorsión cúbico ‖ ~ **flächenzentriert** (Krist) / cúbico de caras centradas ‖ ~ **flächenzentriertes Gitter** (Krist) / malla *f* o red cúbica de caras centradas ‖ ~**e Gleichung**, Gleichung dritten Grades (Math) / ecuación *f* cúbica o de tercer grado ‖ ~**e Parabel** / parábola *f* cúbica ‖ ~ **raumzentriert** (Krist) / cúbico centrado [en el espacio] ‖ ~ **raumzentriertes Gitter** (Krist) / red cúbica centrada en el espacio, red *f* cúbica de mallas centradas ‖ ~**er Salpeter** (Chem) / salitre *m* cúbico ‖ ~**es System**, reguläres System, (früher:) Tesseralsystem (Krist) / sistema *m* cúbico o isométrico ‖ ~**e Verzerrung** (Eltronik) / distorsión *f* cúbica ‖ ~ **zentriert** (Krist) / cúbicamente centrado
Kubizierapparat *m* (Brau) / aparato *m* cubicador
Kubus *m*, Würfel *m* (Geom) / cubo *m* ‖ ~ **des Kreuzgelenks** (Kfz) / cubo *m* de la junta Cardan
Küche *f* / cocina *f*
Kuchen *m*, Masse *f* / torta *f*, masa *f* ‖ ~, Tonklumpen *m* (Keram) / pella *f* de barro ‖ ~ *m* (Pulv.Met) / masa *f* coalescida [de polvo] sin prensar ‖ ~, Masse *f* (Kupfer) / lingote *m* de sección rectangular
Küchen • abfälle *m pl* / desperdicios *m pl* de cocina ‖ ~**abwasser** *n* / aguas *f pl* residuales de cocina ‖ ~**beil** *n* / hachuela *f* de cocina ‖ ~**block** *m*, -zelle *f* (Bau) / bloque-cocina *m* ‖ ~**gerät** *n*, -geschirr *n* / utensilios *m pl* o enseres de cocina, batería *f* de cocina, menaje *m* de cocina ‖ ~**herd** *m* / horno *m* doméstico ‖ ~**maschine** *f* / máquina *f* de cocina, robot *m* de cocina ‖ ~**papier** *n*, -tuch *n* / papel *m* [de] cocina ‖ ~**waage** *f* / balanza *f* de cocina ‖ ~**zelle** *f* (Möbel) / cocina *f* incorporada o integrada ‖ ~**zelle**, -block *m* (Bau) / bloque-cocina *m*
Kuckucksuhr *f* / reloj *m* de cuc[lill]o
Kufe *f*, Gleitkufe *f* / patín *m* [deslizador] ‖ ~, Küpe *f* (Färb) / tina *f*, tino *m*, cuba *f*
Kufenfahrgestell *n* (Luftf) / tren *m* de aterrizaje de patines
Kugel *f* / bola *f* (E), bolilla *f* (LA) ‖ ~, Sphäre *f* (Math) / esfera *f* ‖ ~ (Gusseisen) / bola *f* aglomerada, pellet *m* ‖ ~ (Thermometer) / bola *f*, depósito *m* ‖ ~, Geschoss *n* / bala *f*, proyectil *m* ‖ ~ *f* (Lampenschirm) / pantalla *f* esférica, globo *m* de lámpara ‖ ~ ... (Fräser, Geom) / esférico ‖ ~ **des Kugellagers** *f* / bola *f* o bolilla de rodamiento ‖ **kleine** ~ / bola *f* pequeña, bolilla *f*, bolita *f* ‖ **sich zu** ~**n formen** / cobrar o darse forma de bola ‖ **zu** ~**n formen** / dar forma de bola
Kugel • abschnitt *m*, -segment *n* (Geom) / segmento *m* esférico ‖ ~**abstand** *m* (Lager) / distancia entre bolas ‖ ~**achslager** (Bahn) / caja *f* de grasa [con rodamiento] de bolas ‖ ~**antenne** *f* / antena *f* isotrópica o isotropa ‖ ~**äquivalenter Durchmesser** (Geom) / diámetro *m* de la esfera equivalente ‖ ~**arretierung** *f* / bloqueo *m* por bolas ‖ ~**aufhängung** *f* / suspensión *f* de rótula ‖ ~**auflager** *n* (Brücke) / apoyo *m* esférico ‖ ~**aufsatz** *m* (Chem) / columna *f* de bolas ‖ ~**ausschnitt** *m*, -sektor *m* (Geom) / sector *m* esférico ‖ ~**bahn** *f* (Masch) / corona *f* de orientación ‖ ~**ballon** *m* (Luftf) / globo *m* esférico ‖ ~**behälter** *m* (Gas) / depósito *m* esférico ‖ ~**bettreaktor** *m* (Nukl) / reactor *m* de lecho de bolas ‖ ~**blitz** *m* (Phys) / relámpago *m* esférico, rayo *m* globular o de bola ‖ ~**bolzen** *m*, -zapfen *m* / bulón *m* de cabeza esférica, perno *m* esférico, perno *m* de bola ‖ ~**bolzenpfanne** *f* / cojinete *m* esférico del bulón ‖ ~**büchse** *f* (Rohrverschraubung) / casquillo *m* de bolas, manguito *m* esférico ‖ ~**bundmutter** *f* (DIN) (Kfz) / tuerca *f* de collar esférico ‖ ~**charakteristik** *f* (Mikrofon) / característica *f* omnidireccional
Kügelchen *n* / bolita *f*, bolilla *f*, glóbulo *m* ‖ ~, Perle *f* / glóbulo *m*, perla *f*, partícula *f* ‖ **sich in** ~ **auflösen** (Quecksilber) / disolverse en glóbulos
Kugel • diorit *m* (Geol) / diorita *f* orbicular ‖ ~**dreheinrichtung** *f* (Wzm) / dispositivo *m* para o de tornear esféricamente o esferas ‖ ~**drehkranz** *m* / corona *f* de rodadura con bolas ‖ ~**drehkranz** (Lager) / rodamiento *m* de bolas (de gran diámetro) ‖ ~**[dreh]support** *m* (Wzm) / carro *m* para tornear esferas ‖ ~**drehverbindung** *f* / unión *f* giratoria o de rotación sobre bolas ‖ ~**dreieck** *n* (Geom) / triángulo *m* esférico ‖ ~**druckhärte** *f*, -eindruckhärte *f* (Mat.Prüf) / dureza *f* a la indentación de bola, dureza *f* Brinell ‖ ~**drucklager** *n* / rodamiento *m* axial de bolas ‖ ~**druckköler** *m* / engrasador *m* a presión de bola ‖ ~**druckprüfapparat** *m*, Brinellapparat *m* (Mat.Prüf) / durómetro *m* [de dureza] Brinell, aparato *m* Brinell ‖ ~**druckprüfung** *f*, Brinellprobe *f* / ensayo *m* de la dureza por bolas, ensayo *m* de [dureza] Brinell ‖ ~**durchdrückversuch** *m* (Pap) / ensayo *m* de perforación por bola ‖ ~**durchgang** *m* (Pumpe) / pasaje *m* enteramente libre ‖ ~**eindruck** *m* / indentación *f* de bola, impresión *f* o marca de la bola ‖ ~**endmaß** *n* / medida *f* de límite esférica, calibre *m* de varilla con topes esféricos ‖ ~**evolvente** *f* / evolvente *f* esférica ‖ ~**fallhammer** *m* / martinete *m* esférico o de maza esférica ‖ ~**fallhärte** *f* (Mat.Prüf) / dureza *f* esclerométrica ‖ ~**fallversuch** *m* (Glas) / ensayo *m* de caída de bola ‖ ~**fallviskosimeter** *n* (Chem, Phys) / viscosímetro *m* a caída de bola ‖ ~**fang** *m* (Mil) / parabalas *m*, espaldón *m* ‖ ~**federring** *m*, Spannscheibe *f* / arandela *f* elástica esférica ‖ ~**fläche**

Kugelflächen-Messgerät

f (Geom) / superficie f esférica o de la bola ‖ ⁓**flächen-Messgerät** n / esferímetro m ‖ ⁓**flansch** m / brida f esférica ‖ ⁓**flechtwerk** n (Kuppel) (Bau) / estructura f de rejilla esférica ‖ ⁓**form** f / esfericidad f, forma f esférica
kugelförmig, kug[e]lig, sphärisch / esférico, esferal, globular, glóbico ‖ ⁓, knollenförmig / bulbiforme ‖ ⁓, kugelig (Zementit) / globular ‖ ⁓**e Druckhülle** (Siedewasserreaktor) / confinamiento m esférica ‖ ⁓**er Lagerbehälter** / depósito m [almacenador] esférico ‖ ⁓**e Schnecke** (Masch) / tornillo m sin fin globular
Kugel•fräser m (Wzm) / fresa f esférica ‖ ⁓**frässtift** m / barrita fresadora esférica ‖ ⁓**führung** f (Lager) / guiado m de las bolas ‖ ⁓**funkenstrecke** f (Elektr) / explosor m de esferas ‖ ⁓**funktion** f (Math) / función f de esférica ‖ ⁓**funktionsmethode** f (Nukl) / método m de las armónicas esféricas ‖ ⁓**fuß** m (Scheinwerfer) / zócalo m de rótula, cazoleta f ‖ ⁓**gefüge** n (Hütt) / textura f esferoidal ‖ ⁓**geführter Käfig** (Wälzlager) / jaula f guiada sobre [las] bolas ‖ ⁓**gelagert** / apoyado en (o sobre) rodamiento de bolas ‖ ⁓**gelenk** n / articulación f esférica, junta f de rótula o de articulación esférica ‖ ⁓**gelenk** (Kinematik) / par m esférico ‖ ⁓**gelenkarm** m / brazo m con articulación esférica ‖ ⁓**gelenkkopf** m / junta f cardán a rótula ‖ ⁓**gelenkkopf** (Stativ) / cabeza f de articulación esférica ‖ ⁓**gelenkwelle** f / árbol m con articulación esférica ‖ ⁓**gestalt**, -form f / forma f esférica ‖ ⁓**gestrahlt** / sometido a chorro de bolas [de acero], granallado por bolas ‖ ⁓**gewindetrieb** m / husillo m de rosca de bolas ‖ ⁓**gewölbe** n (Bau) / bóveda f esférica ‖ ⁓**glühen** n (Gieß) / recocido m globular, recocido de esferoidización m ‖ ⁓**-Granulat** n / granulado m esférico ‖ ⁓**graphit** m (Hütt) / grafito m esférico, grafito m esferoidal ‖ ⁓**graphitgusseisen** n / fundición f [de grafito] nodular o esferolítica ‖ ⁓**griff** m / empuñadura f esférica o de bola, manilla f de bola ‖ ⁓**griff-Handkurbel** f / manivela f de empuñadura esférica ‖ ⁓**hahn** m (pl: -hahnen) / llave f esférica, grifo m esférico ‖ ⁓**halter** m (Lager) / portabolas m ‖ ⁓**halterring** m / anillo m portabolas ‖ ⁓**haufen** m (Nukl) / cama f granular ‖ ⁓**haufenreaktor** m, KHR / reactor m de cama granular, reactor m de lecho de bolas
kugelig, zusammengeballt / esférico, aglomerado, conglobado ‖ ⁓, nodular (Gieß) / nodular ‖ ⁓ (Zementit) / globular ‖ ⁓ s. auch kugelförmig ‖ ⁓**er Kristall** / cristal m equiaxial o redondeado ‖ ⁓**es Pulver** (Sintern) / polvo m de forma esférica ‖ ⁓**er Sitz** m (Masch) / asiento m esférico
Kugeligglühen, Weichglühen n (Hütt) / recocido m globular
Kugeligkeit f / esfericidad f
Kugel•inhalt m (Geom) / volumen m de esfera ‖ ⁓**integrator** m (Eltronik) / aparato m integrante de bola, integrador m de bola y disco ‖ ⁓**isolator** m (Elektr) / aislador m esférico ‖ ⁓**käfig** m, -korb m des Kugellagers / jaula f de bolas, portabolas m ‖ ⁓**kalotte**, -schale f (Bau) / casquete m esférico ‖ ⁓**kalotte** f (Masch) / calota f esférica ‖ ⁓**kappe**, -haube, -kalotte, -schale f (Masch) / calota f [esférica] ‖ ⁓**kappenfallschirm** f / paracaídas m de base circular ‖ ⁓**kardankopf** m / cardán m de rótula ‖ ⁓**keil** m (Math) / cuña f esférica ‖ ⁓**kette** f / cadena f de bolas o de rosario ‖ ⁓**kipplager** n (Brücke) / apoyo m esférico oscilante ‖ ⁓**knopf** m (Wzm) / mando m esférico ‖ ⁓**kocher** m (Pap) / digestor m esférico ‖ ⁓**kolben** m (Pumpe) / pistón m esférico ‖ ⁓**kompass** m (Schiff) / compás m giroscópico en caja esférica ‖ ⁓**koordinaten** f pl (Geom) / coordenadas f pl esféricas ‖ ⁓**kopf** m (Schreibm) / bola f portatipos ‖ ⁓**kopf-Abspannisolator** m (Elektr) / aislador m tensor o de amarre con cabeza esférica ‖ ⁓**kraftlinien** f pl (Lager) / líneas de contacto o de presión de las bolas ‖

⁓**kranz** f (Lager) / corona f de bolas ‖ ⁓**kühler** m (Chem) / refrigerador m esférico ‖ ⁓**kuppe** f (Schraube) / extremo m redondeado ‖ ⁓**kupplung** f (Anhänger, Kfz) / enganche m esférico ‖ ⁓**kurbel** f (DIN 959) / manivela f equilibrada [por bola]
Kugellager n / rodamiento m de bolas (E), cojinete m a bolillas (LA), rulemán m de bolas (LA), timquen m (VE) ‖ ⁓**abzieher** m / extractor m de rodamientos de bolas ‖ ⁓**fett** n / grasa f para rodamientos de bolas ‖ ⁓**freilauf** m / mecanismo m de rueda libre con rodamiento de bolas ‖ ⁓**gehäuse** n / caja f del rodamiento de bolas ‖ ⁓**öl** n / aceite m para rodamientos de bolas ‖ ⁓**ring** m, Laufring m / aro m de rodamiento de bolas (E) ‖ ⁓**sitz** m / asiento m de rodamiento de bolas (E) ‖ ⁓**spindel** f, kugelgelagerte Spindel / husillo m de rodamiento de bolas (E)
Kugel•lagerung f / aplicación f de rodamientos de bolas, alojamiento m sobre bolas, apoyo m sobre bolas ‖ ⁓**längsführung** f (Stanzgestell) / guía f por bolas ‖ ⁓**laufrille** f s. Kugelrille ‖ ⁓**laufschiene** f / riel m o carril con rodamiento de bolas ‖ ⁓**lehre** f / calibre m para bolas ‖ ⁓**lenkrolle** f / rodillo m esférico de dirección ‖ ⁓**leuchte** f, -lampe f / lámpara f esférica ‖ ⁓**libelle** f / nivel m de bola ‖ ⁓**manipulator** m (Nukl) / manipulador m de bolas ‖ ⁓**messsystem** n (Nukl) / sistema m Aeroball ‖ ⁓**micell** n, -micelle f (Chem) / micela f esférica ‖ ⁓**mikrophon** m / micrófono m omnidireccional ‖ ⁓**mikroskop** n / microscopio m con platina hemisférica ‖ ⁓**molekül** n / molécula f esférica ‖ ⁓**muffe** f / manguito m esférico ‖ ⁓**mühle** f (Aufb) / molino m de bolas, desintegrador m de bolas ‖ ⁓**mühle** (zum Pulverisieren) / triturador m de bolas ‖ ⁓**mühle mit Schwerkraftentladung** / molino m de bolas con descarga por gravedad ‖ ⁓**mutter** f / tuerca f esférica ‖ ⁓**mutter-Hydrolenkung** f, -Lenkgetriebe n (Kfz) / dirección f hidráulica con tuerca a bolas, engranaje m de dirección con tuerca esférica
kugeln, rollen vi vt / rodar
Kugel•[ober]fläche f (Geom) / superficie f esférica o de esfera ‖ ⁓**packung** f (Krist) / empaquetamiento m esférico ‖ ⁓**pfanne**, -bolzenpfanne, -muffe, -schale f / cojinete m esférico, rótula f ‖ ⁓**photometer** n, Ulbrichtphotometer n / fotómetro m esférico, esféra f de Ulbricht ‖ ⁓**polieren** vt, trommeln / pulimentar por bolas ‖ ⁓**pressling** m / bola f prensada en bruto ‖ ⁓**protein** n (Biochem) / proteína f globular ‖ ⁓**rastung** f (Tischl) / vaivén m de bola, cogebolas m ‖ ⁓**reihe** f / hilera f o fila de bolas (E) o de bolillas (LA) ‖ ⁓**resolver** m (DV) / resolvedor m esférico ‖ ⁓**rille**, -spur, -laufrille f / garganta f o pista de rodadura de las bolas, ranura f de carrera de bola ‖ ⁓**ring** m s. Kugellagerring ‖ ⁓**rohling** m / bola f en bruto ‖ ⁓**rohr** n, -röhre f (Chem) / tubo m de bolas ‖ ⁓**rohrmühle** f / molino m tubular de bolas ‖ ⁓**rolle** f (für Möbel) / ruedecilla f esférica ‖ ⁓**rollspindel** f / husillo m roscado a bolas rodantes ‖ ⁓**rückschlagventil** n / válvula f esférica de retención ‖ ⁓**schale** f (Atom) / órbita f esférica ‖ ⁓**schale** (Math) / casquete m de dos esferas concéntricas ‖ ⁓**schale**, kugelförmige Schale / cubeta f esférica ‖ ⁓**schale**, -kalotte f (Bau) / casquete m [esférica] ‖ ⁓**schale** f s. Kugelpfanne ‖ ⁓**schalenlager** n, -zapfenlager n / apoyo m de pivote esférico ‖ ⁓**schaltung** f (Kfz) / cambio m de marcha de rótula ‖ ⁓**scheibe** f (eine Unterlegscheibe) / arandela f esférica ‖ ⁓**schicht**, -zone f (Math) / segmento m esférico ‖ ⁓**schieber** m / válvula f esférica o de bola ‖ ⁓**schlaghammer** m (Mat.Prüf) / martillo m para pruebas esclerométricas ‖ ⁓**schlaghärteprüfer** m (Mat.Prüf) / esclerómetro m de bolas, durómetro m de bola de caída f ‖ ⁓**schleifen** / rectificado m esférico ‖ ⁓**schliffverbindung** f / articulación f de rótula rectificada ‖ ⁓**schmiernippel** (DIN), -schmierkopf m / engrasador m de cabeza esférica ‖ ⁓**schnäpper** m (Tischl) / vaivén m de bola, cogebolas m ‖ ⁓**schreiber**

Kühlmantel

m / bolígrafo m (E), lapicera f de bolilla (LA), esferográfico m, birome m (ARG) ‖ ≈**schreibermine** f / mina f de bolígrafo (E) ‖ ≈**schwimmer** m / flotador m esférico ‖ ≈**segment** n (Geom) / segmento m esférico ‖ ≈**sektor** m / sector m esférico ‖ ≈**senker**, -fräser m (Wzm) / avellanador m esférico, fresa f esférica ‖ ~**sicher** (Glas etc.) / antibala[s], a prueba de balas ‖ ~**sicher machen** / proteger contra balas ‖ ~**sicheres Glas** / vidrio m antibalas ‖ ≈**sinter** m, Pellets n pl (Hütt, Sintern) / pellets m pl, sinter m nodalizado ‖ ≈**solarzelle** f / célula f solar esférica ‖ ≈**sperrbolzen** m / sujetador esférico de desenganche rápido ‖ ≈**sperre** f (Tastatur) / cierre m con bolas ‖ ≈**spiegel** m (Opt) / espejo m esférico ‖ ≈**spur** f, -rille f / garganta f o pista de rodadura de la bola, ranura f de carrera de bolas ‖ ≈**spurlager** n, -drucklager n / quicionera f de bolas ‖ ≈**stahl** m (Hütt) / acero m para bolas ‖ ≈**[stern]haufen** m pl (Astr) / grupo m glóbular de estrellas ‖ ≈**strahl** m / chorro m de bolas de acero, chorro m de perdigones ‖ ~**strahlen** / granallar [con perdigones] ‖ ≈**strahlen** n / perdigonado m con bolas (de acero) ‖ ≈**strahler** m (Eltronik) / radiador m isótropo ‖ ≈**strahlversuch** m / ensayo m de chorrear con bolas de acero o con perdigones ‖ ≈**stützlager** n / rodamiento m axial de bolas ‖ ≈**symmetrie** f (Nukl) / simetría f esférica ‖ ~**symmetrisch** / de simetría esférica ‖ ≈**tank-Flüssiggastransporter** m (Schiff) / metanero m con tanques esféricos ‖ ≈**tasche** f (Lager) / alojamiento m de la bola, alvéolo m para bola ‖ ≈**tisch** m (Opt) / sobreplatina f hemisférica ‖ ~**[trommel]polieren** vt / pulir en tambor con bolas de acero ‖ ≈**umlaufführung** f / guía f de bolas circulantes ‖ ≈**umlauflenkung** f (Kfz) / dirección f de bolas circulantes ‖ ≈**umlaufspindel** f / husillo m de bolas circulantes ‖ ≈**umlaufspindel** (Wzm) / tornillo m [sin fin] con bolas circulantes ‖ ≈**ventil** n, -verschluss m / válvula f esférica o de bola ‖ ≈**verschluss** m (z.B. für Rohre) / cierre m por bola ‖ ≈**walm** m (Bau) / copete m esférico ‖ ≈**welle** f (Phys) / onda f esférica ‖ ≈**winkel** m (Math) / ángulo m esférico ‖ ≈**zapfen** m / gorrón m o perno esférico ‖ ≈**zapfenkipplager** n (Brücke) / apoyo m oscilante de pivote esférico ‖ ≈**zapfenlager** n, -schalenlager n / cojinete m de rótula para muñón esférico ‖ ≈**zementit** m (Hütt) / cementita f globular ‖ ≈**zone** f (Math) s. Kugelschicht ‖ ≈**zweieck** n (Math) / huso m esférico

Kuh•fuß m, Nagelzieher m / desclavador m ‖ ≈**haar** n / pelo m de vaca ‖ ≈**haargewebe** n (Tex) / tejido m de pelo de vaca

kühl / fresco, frío ‖ ~ **aufbewahren!** / ¡consérvese en sitio o lugar fresco! ‖ ≈**...** / frigorífico, refrigerante, de enfriamiento ‖ ≈**aggregat** n / grupo m frigorífico, refrigerador m frigorífico ‖ ≈**anlage** f / instalación f frigorífica o refrigerante o de refrigeración ‖ ≈**apparat**, Kühler m / refrigerador m, refrigerante m, aparato m refrigerador ‖ ≈**band** n (Hütt) / transportador m de enfriamiento controlado ‖ ≈**becken** n / pil[et]a f de enfriamiento, estanque m de refrigeración ‖ ≈**behälter** m / depósito m refrigerante ‖ ≈**bett** n (Walzw) / enfriadero m ‖ ≈**blech** n / chapa f de enfriamiento ‖ ≈**box** f (Haushalt) / nevera f portátil ‖ ≈**brutschrank** m / incubador-refrigerador m ‖ ≈**container** m / contenedor m o container frigorífico

Kuhle f, Kolk m (Hydr) / carcavón m
Kuhleder, Kalpin n / cuero m de vaca
kühlen vt, abkühlen / refrescar, refrigerar ‖ ~, herunterkühlen / enfriar ‖ ~ (Glas) / recocer ‖ Lebensmittel ~ / refrigerar, congelar, poner en hielo ‖ **mit Wasser** ~ / refrescar con agua ‖ ≈ n / enfriamiento m, refrigeración f

kühl[end], Kühl... / frigorífico, refrigerante, de enfriamiento

Kühler m, Kühlapparat m / refrigerador m, refrigerante m ‖ ≈ (Kfz) / radiador m ‖ ≈ m (Chem) / refrigerante m o condensador ‖ ≈**abdeckung** (DIN), (früher:) -jalousie (zw. Kühlerverkleidung u. Kühler) (Kfz) / tapa f del radiador, (antes:) persiana del radiador (entre el revestimiento des radiador y éste mismo) ‖ ≈**ablasshahn** m (Kfz) / grifo m de purga del radiador, grifo m de desagüe del radiador ‖ ≈**auslaufstutzen** m (Kfz) / tubuladura f de purga del radiador ‖ ≈**batterie** f / batería f de refrigerantes ‖ ≈**block** m (Kfz) / bloque m de radiador ‖ ≈**dichtungsmittel** n (Kfz) / tapafugas m del radiador ‖ ≈**einlaufstutzen** m (Kfz) / tubuladura f de relleno del radiador ‖ ≈**element** n (Masch) / elemento m del radiador ‖ ≈**figur** f (Kfz) / mascota f de radiador ‖ ≈**fuß** m (Kfz) / soporte m del radiador ‖ ≈**gehäuse** n, -rahmen m (Kfz) / carcasa f del radiador, cuerpo m del radiador ‖ ≈**grill** m (Kfz) / rejilla f o parrilla del radiador, calandra f ‖ ≈**gruppe** f (Diesellok) / grupo m frigorífico ‖ ≈**haube** f (Kfz) / capó m, capota f, cubierta f del radiador ‖ ≈**kern** m / núcleo m de radiador ‖ ≈**kopf** m (Kfz) / cabeza f del radiador ‖ ≈**maske** f (Kfz) / cara f [frontal] del radiador ‖ ≈**rahmen** m, -gehäuse n (Kfz) / bastidor m del radiador ‖ ≈**röhrchen** n / tubito m de radiador ‖ ≈**schraube** f / tornillo m de cierre del radiador ‖ ≈**schutzbügel** m (Kfz) / guardarradiador m ‖ ≈**schutzgitter** n / rejilla f [protectora] de radiador ‖ ≈**strebe** f (Kfz) / tirante m de radiador ‖ ≈**stutzen** m (Kfz) / tubuladura f de relleno del radiador ‖ ≈**teilblock** m (Kfz) / elemento m de radiador ‖ ≈**verkleidung** f (Kfz) / revestimiento m del radiador ‖ ≈**verschlussdeckel** m (Kfz) / tapón m de radiador

Kühl•fach n / entrepaño m del frigorífico, compartimiento m refrigerador ‖ ≈**falle** f (Vakuum) / trampa f de enfriamiento o de congelación, trap m de congelación ‖ ≈**feld** n / zona f de refrigeración ‖ ≈**fläche** f / superficie f de refrigeración o de enfriamiento ‖ ≈**fläche**, Abstrahlfläche f / superficie f de radiación de calor ‖ ≈**fleisch** n / carne f enfriada ‖ ≈**flügel** m (Elektrode) / aleta f de refrigeración ‖ ≈**flüssigkeit** f, -mittel n / líquido m refrigerante, refrigerante m, líquido m frigorífico ‖ ≈**flüssigkeit**, Schneidöl n (Wzm) / aceite m de corte o para cuchilla ‖ ≈**fracht** (Schiff) / cargamento m refrigerado ‖ ≈**gasdrosselung** f / diafragmado m ‖ ≈**gefäß** n / recipiente m de refrigeración ‖ ≈**gefäß** (Brau) s. Kühlapparat ‖ ≈**-Gefriergerät** n / aparato m refrigerador-congelador ‖ ≈**geläger** n (Brau) / depósito m debido al frío o producido por el frío ‖ ≈**gut** n / material m o materia f para carga f refrigerada ‖ ≈**haube** f / campana f para enfriar ‖ ≈**haus** n, -halle f / almacén m o edificio frigorífico, cámara f o sala frigorífica, frigorífico m (LA) ‖ ≈**kammer** f (Glasfabrik) / templadero m ‖ ≈**kammer** (Hütt) / cámara f de enfriamiento ‖ ≈**kanal** m / canal m de refrigeración o del frío ‖ ≈**kanal**, -schlitz m (Kfz) / ranura f de ventilación ‖ ≈**kanalfaktor** m (Nukl) / coeficiente m [de trabajo] de canal caliente ‖ ≈**kasten** m, Wasserkasten m / depósito m de agua de refrigeración ‖ ≈**kasten**, -ring m (Hochofen) / caja f de agua, caja f de refrigeración ‖ ≈**kette** f (Lebensmittel) / cadena f o red frigorífica o del frío ‖ ≈**körper**, -block m, -blech n (Eltronik) / disipador m de calor ‖ ≈**kreislauf** m (Nukl) / circuito m de refrigeración ‖ ≈**küvette** f (Opt) / trampa f de calor refrigerada por agua ‖ ≈**lagerung** f / almacenaje m en un lugar refrigerado ‖ ≈**leistung** f / potencia f o capacidad frigorífica ‖ ≈**leitung** f / conducto m de refrigeración ‖ ≈**luft** f / aire m refrigerante o de refrigeración o de ventilación ‖ ≈**luftdurchsatz** m (Kfz) / cantidad f de aire refrigerante por unidad de tiempo ‖ ≈**luftgebläse** n / ventilador m o soplador de aire refrigerante ‖ ≈**luftschlitz** m (Mot) / ranura f de aire refrigerante ‖ ≈**maische** f (Zuck) / mezclador m refrigerante para agua ‖ ≈**mantel** m / camisa f refrigeradora o refrigerante o de refrigeración o de enfriamiento ‖

≈mantelmotor m (Elektr) / motor m con camisa refrigeradora ‖ ≈maschine f / máquina frigorífica o refrigeradora ‖ ≈[maschinen]-Container m (Bahn, Kfz) / contenedor m o container frigorífico ‖ ≈mittel n (allg) / agente m frigorífico o refrigerador ‖ ≈mittel (Reaktor) / agente m de enfriamiento, enfriador, fluido m caloportador ‖ ≈[mittel]kreislauf m / circulación f del refrigerante ‖ ≈[mittel]pumpe f / bomba f de refrigerante ‖ ≈mittelreinigung f (Wzm) / purificación f del líquido refrigerante ‖ ≈mittelrinne f (Wzm) / canal m para refrigerante ‖ ≈mittelverlust-Unfall m / avería f por pérdida de refrigerante ‖ ≈mittelzuführung f (Wzm) / alimentación f de refrigerante ‖ ≈möbel n pl / muebles m pl o armarios frigoríficos ‖ ≈nagel m (Gieß) / clavo m refrigerante ‖ ≈ofen m (Glas) / horno m de recocido ‖ ≈ofen, Kühlbahn f (Glas) / galería f de recocido ‖ im ≈ofen abkühlen, abkühlen (Glas) / recocer ‖ ≈öl n, Schneidöl n (Wzm) / aceite m refrigerante o de refrigeración, aceite m para cortar o de cuchilla ‖ ≈platte f (Ofen) / placa f de refrigeración ‖ ≈pumpe f / bomba f de refrigeración ‖ ≈raum m (ein Lagerraum) / cámara f frigorífica ‖ ≈raum (Schiff) / cámara f refrigerada ‖ ≈raum (zum Abkühlen) / cámara f de enfriamiento ‖ ≈raum (für schnelles Kühlen) / cámara f de congelación [rápida] ‖ ≈raumladung f (Schiff) / carga f refrigerada ‖ ≈rinne f / canal m de enfriamiento ‖ ≈rippe f (ringförmig), Kühlring m / anillo m de enfriamiento ‖ ≈rippe (längs verlaufend) / aleta f refrigeradora ‖ ≈rippe (Kfz) / aleta f del radiador ‖ ≈riss m (Hütt) / grieta f de contracción ‖ ≈rohr n / tubo m refrigerante o refrigerador o de refrigeración ‖ ≈rohr (des Kühlers) (Kfz) / tubo m del radiador, tubo m de agua ‖ ≈rohr, -röhre f (Dampf) / tubo m del condensador ‖ ≈rohr-Walzenlager n / cojinete m de cilindros de laminación con tubo refrigerante ‖ ≈salz n (Chem) / sal f de transferencia térmica o calórica ‖ ≈schale f (Strangguss) / camisa f de agua de la lingotera, camisa f de arrastre o de enfriamiento ‖ ≈schatten m (Hütt) / marca f de arrastre o de enfriamiento ‖ ≈schelle f (Eltronik) / collar m de refrigeración, abrazadera f refrigeradora ‖ ≈schiff n / buque m frigorífico o refrigerador, congelador m ‖ ≈schiff (Brau) / bandeja f de enfriamiento ‖ ≈schirm (Zuck) / camisa f de agua ‖ ≈schlange f (allg) / serpentín m refrigerante o refrigerador ‖ ≈schlange (Dampf) / serpentín m de condensación ‖ ≈schlangensystem m (Brau) / sistema m de serpentín refrigerador ‖ ≈schlitz m, -kanal m (Kfz) / ranura f, canal f de ventilación ‖ mit ≈schlitzen / con canales de ventilación ‖ ≈schmierstoff m / lubricante m o lubricante refrigerador ‖ ≈schrank m / refrigerador m, refrigeradora f [eléctrica], nevera f [eléctrica], [armario] frigorífico m, heladera f (LA) ‖ ≈schrank mit obenliegendem Verdampfer / refrigeradora f con evaporador superior ‖ ≈schrankfach n / entrepaño m del frigorífico ‖ ≈schrankgehäuse n / carcasa f del frigorífico ‖ ≈schrankinnengehäuse n / forro m del frigorífico ‖ ≈schrott m (Hütt) / chatarra f de enfriamiento ‖ ≈spannungsriss m (Hütt) / grieta f de enfriamiento ‖ ≈straße f (Walzw) / tren m de enfriamiento ‖ ≈strecke f / trayecto m de enfriamiento ‖ ≈system n (Mot) / sistema m de enfriamiento o de refrigeración ‖ ≈tasche f / nevera f portátil, bolsa f nevera ‖ ≈technik f / técnica f frigorífica o de la refrigeración ‖ ≈- und Kältetechnik f / técnica f frigorífica y criogénica ‖ ≈teich m, Abklingbecken (Nukl) / piscina f o pileta de desactivación para combustibles agotados ‖ ≈theke f / vitrina f frigorífica ‖ ≈tisch m / mesa f de enfriamiento ‖ ≈transport m [auf der Straße] / transporte m frigorífico [por carretera] ‖ ≈trog m, -wanne f / artesa f de refrigeración ‖ ≈trommelmargarine f / margarina f fabricada en tambor de refrigeración ‖ ≈turm m (Hütt, Nukl) / torre f refrigeradora o refrigerante o de refrigeración

Kühlung f, Abkühlung f / refrigeración f, enfriamiento m ‖ ≈ durch die Umwandlungstemperatur (Hütt) / refrigeración f por la temperatura de transformación ‖ ≈ durch hohle Leiter (Elektr) / refrigeración f por conductores huecos

Kühl•vitrine f (Nahr) / vitrina f frigorífica o de refrigeración ‖ ≈wächter m / monitor m frigorífico ‖ ≈wagen m (Kfz) / camión m frigorífico ‖ ≈wagen, I-Wagen m (Bahn) / vagón m refrigerador, vagón m frigorífico ‖ ≈walze f / cilindro m o tambor de enfriamiento ‖ ≈walze (Tex) / cilindro m refrigerador ‖ ≈walze (Druck) / rodillo m refrigerador o refrigerante ‖ ≈wanne f / cuba f o artesa frigorífica

Kühlwasser n / agua f refrigeradora o de refrigeración o de enfriamiento ‖ ≈, Sprüh- oder Spülwasser n / agua f de rociado ‖ ≈ (Kfz) / agua f del radiador ‖ ≈ (Dampfm) / agua f de condensación ‖ ≈auslaufstutzen m (Kfz) / tubuladura f de salida de agua de refrigeración ‖ ≈batterie f / batería f distribuidora de agua de refrigeración ‖ ≈becken n / estanque m de agua de refrigeración ‖ ≈durchsatz m / caudal m de agua de refrigeración por unidad de tiempo ‖ ≈einlaufstutzen m (Kfz) / tubuladura f de entrada de agua de refrigeración ‖ ≈einleitung f (z.B. in Flüsse) / descarga f o devolución de agua de refrigeración (p.e. a un río) ‖ ≈-Fernthermometer n (Kfz) / teletermómetro m para agua de refrigeración ‖ ≈leitung f / conducto m de agua de refrigeración ‖ ≈pumpe f / bomba f de agua de refrigeración ‖ ≈regler m, Thermostat m / termostato m, termóstato m ‖ ≈schlauch m (Kfz) / tubo m flexible para agua de refrigeración, manguera f para agua de refrigeración ‖ ≈stutzen m (Mot) / tubuladura f del radiador [para rellenar agua] ‖ ≈umwälzpumpe f / bomba f de circulación de agua de refrigeración ‖ ≈wächter m / monitor m [del nivel] de agua de refrigeración

Kühl•wirkung f / efecto m refrigerante, acción f refrigerante ‖ ≈zeit f (Schw) / tiempo m de enfriamiento ‖ ≈zelle f / compartimiento m frigorífico, célula f frigorífica ‖ ≈zentrifuge f / centrifugadora f refrigeradora ‖ ≈zylinder m (Pap) / cilindro m refrigerador o de enfriamiento

Küken, Hahnküken n / macho m de grifo ‖ ≈hahn m / llave f de macho

Külbel, vorgeformtes ≈ (Glas) / masa f soplada de vidrio

kulieren (Wirkm) / recoger el hilo

Kulier•platine f (Wirkm) / platina f de descenso ‖ ≈plüsch m (Tex) / felpa f de punto, peluche m de punto ‖ ≈ware f (Tex) / género m de punto [de trama] ‖ ≈wirkmaschine f / telar m de género de punto de recogido ‖ ≈zeug n, -einrichtung f (Strumpf) / dispositivo m de recogido

Kulisse f (Film, TV) / plató m ‖ ≈ (Masch, Wzm) / corredera f, colisa f ‖ ≈ des Getriebes, Schaltkulisse f (Kfz) / corredera f de embrague

Kulissen•antrieb m (Hobler) / accionamiento m por o de corredera o colisa ‖ ≈führung f / guía f de corredera ‖ ≈hebel m (Wzm) / palanca f de colisa ‖ ≈lager n (Dampfm) / apoyo m de la corredera o del sector ‖ ≈schaltung f (Kfz) / cambio m de marcha por corredera ‖ ≈schaltungs-Getriebe n (Kfz) / cambio m de velocidades por corredera ‖ ≈stein m (Wzm) / taco m de corredera o de colisa ‖ ≈stein, Schwingen-, Gleitstein m (Dampfm) / taco m de sector ‖ ≈steuerung, Schwingensteuerung f (Dampfm) / distribución f por corredera ‖ ≈wähler m (Fernm) / selector m Ericsson

Kulmination f (Astr) / culminación f

Kulminations•punkt m (Geom) / punto m culminante ‖ ≈punkt (Astr) / punto m culminante, meridiano m

Kultivator, Behäufelungspflug m (Landw) / cultivador m ‖ ≈, Grubber m / cultivadora f canadiense, grubber m

‖ ⁓ *m* mit beweglichen Zinken (Landw) / cultivador *m* con dientes móviles ‖ **mit dem** ⁓ **bearbeiten** (Landw) / trabajar o labrar la tierra con el cultivador ‖ ⁓**schar** *f* / reja *f* de cultivador ‖ ⁓**zinke** *f* / diente *m* de cultivador
kultivierbar (Landw) / cultivable, laborable, comercial
kultivieren *vt*, anbauen, bebauen / cultivar, culturar
kultiviert, unter Kultur genommen / cultivado
Kultivierung *f* (Landw) / cultivación *f*
Kultur *f* (von Bienen usw.), Zucht *f* / cría *f* (de abejas etc.) ‖ **bakteriologischer** ⁓**apparat** / aparato *m* para cultivos bacterianos ‖ ⁓**[bau]technik** *f*, Agrartechnik *f* (Landw) / técnica *f* del cultivo ‖ ⁓**boden** *m* / suelo *m* o terreno cultivable o cultivado ‖ ⁓**egge** *f* (Landw) / grada *f* cultivadora ‖ ⁓**egge**, Messeregge *f* / grada *f* cultivadora de cuchillas ‖ ⁓**fähig** (Landw) / cultivable ‖ ⁓**film** *m*, Dokumentarfilm *m* / documental *m*, película *f* educativa ‖ ⁓**fläche**, Anbaufläche *f* (Landw) / terreno *m* cultivado o de cultivo ‖ ⁓**geräte** *n pl* (Landw) / aperos *m pl* de cultivo o de labranza ‖ ⁓**landschaft** *f* / paisaje *m* formado por la mano del hombre, paisaje *m* transformado por el hombre ‖ ⁓**pflanze** *f* (Landw) / planta *f* cultivada o de cultivo ‖ ⁓**steppe** *f* (Geo) / estepa *f* causada por cultivación ‖ ⁓**steuerung** *f* (Landw) / gestión *f* de cultivos ‖ ⁓**techniker** *m* (Landw) / técnico *m* de drenaje
Kumarin *n*, Tonkabohnenkampfer *m* (Chem) / cumarina *f* ‖ ⁓**säure** *f* / ácido *m* cumárico
Kumaron•harz *n* / resina *f* de cumarona ‖ ⁓**-Indenharz** *n* / resina *f* de cumarona-indeno
Kuminöl *n* (Pharm) / esencia *f* de cumina
Kümmelöl *n* / esencia *f* de comino o de alcaravea
Kümo *n*, Küstenmotorschiff *n* / buque *m* de cabotaje
Kumpel *m* (ugs.) (Bergb) / minero *m*
Kümpel•arbeit *f* / trabajo *m* de rebordeado ‖ ⁓**blech** *n* / chapa *f* rebordeada ‖ ⁓**erzeugnis** *n* / producto *m* rebordeado o embutido ‖ ⁓**halbmesser** *m* / radio *m* a rebordear
kümpeln *vt*, rebordear, embutir
Kümpelpresse *f* / prensa *f* de rebordear o de embutir
kumulativ•e Anregung (Eltronik) / excitación *f* [a]cumulativa ‖ ⁓**e Spaltungsausbeute** (Nukl) / rendimiento *m* de fisión [a]cumulativo ‖ ⁓**e Verteilungskurve** / curva *f* de distribución [a]cumulativa
kumulieren *vt* / acumular
kumuliert / acumulado
Kumulonimbus *m* (Meteo) / cumulonimbo *m*
Kumuluswolke, Haufenwolke *f* / nube *f* de cúmulo, cúmulo *m*
Kunde, Abnehmer *m* / cliente *m*
Kundenberatung *f* / asesoramiento *m* de los clientes o de la clientela
Kundendienst *m*, Service *m* / servicio *m* pos[t]venta o pos[t]compra, servicio *m* de clientela o al cliente o de asistencia ‖ **den** ⁓ **durchführen** / efectuar el servicio pos[t]venta ‖ **durch** ⁓ **austauschbar** / recambiable por el servicio pos[t]venta ‖ ⁓**abteilung** *f*, Kundendienstabteilung *m* / sección *f* servicio técnico o pos[t]venta ‖ ⁓**anleitung** *f* / instrucciones *f pl* para el servicio pos[t]venta ‖ ⁓**arbeiten** *f pl* / trabajos *m pl* de servicio pos[t]venta ‖ ⁓**-Besuch** *m* (DV) / visita *f* en el marco del servicio pos[t]venta ‖ ⁓**freundlich** / de entretenimiento fácil ‖ ⁓**-Handbuch** *n* / manual *m* del servicio pos[t]venta ‖ ⁓**mechaniker** *m* / mecánico *m* del servicio pos[t]venta ‖ ⁓**-Prüfprogramm** *n* (DV) / programa *m* de verificación por el servicio pos[t]venta ‖ ⁓**techniker**, -mechaniker *m* / técnico *m* o mecánico del servicio pos[t]venta ‖ ⁓**techniker** *m* **im Außendienst** (TV) / técnico *m* para servicio pos[t]venta fuera de la empresa o a domicilio ‖ ⁓**techniker im Innendienst** (TV) / técnico *m* para servicio pos[t]venta dentro de la empresa ‖ ⁓**-Unterlagen** *f pl* / documentación *f* de servicio pos[t]venta ‖ ⁓**werkstatt** *f* (Kfz) / taller *m* de servicio [autorizado]
kunden•gebunden, Kunden... / especificado por el cliente ‖ ⁓**guss** *m* (Gieß) / fundición *f* sobre encargo o demanda ‖ ⁓**-ID** / identificación *f* de cliente ‖ ⁓**-IS** *f* (Eltronik) / circuito *m* integrado para cliente ‖ ⁓**-IS auf Standardmoduln** / circuito *m* integrado sobre módulos estándar para cliente ‖ ⁓**kartei** *f* / fichero *m* de clientes ‖ ~**löschbar** / borrable por el usuario ‖ ⁓**nummer** *f* / número *m* de cliente ‖ ~**orientiert** / orientado al cliente ‖ ~**programmierbar** (DV) / programable por el usario ‖ ~**seitig** / por parte del cliente ‖ ⁓**-Service-Center** *n* / centro *m* de apoyo al cliente ‖ ⁓**spezifikation** *f* / especificación *f* de[l] cliente ‖ ~**spezifisch** / especificado por el cliente, fabricado o construido a la orden o de encargo ‖ ⁓**wunsch** *m* / exigencia *f* o petición del cliente o de la clientela, deseo *m* del cliente ‖ **den** ⁓**wünschen anpassen** / adaptar a los deseos del cliente o de la clientela
Kundtsches Rohr (Akust) / tubo *m* de Kundt
künftige Konstruktion / futura *f* construcción
Kunst *f*, Geschicklichkeit *f*, Fertigkeit *f* / arte *m*, destreza *f*, habilidad *f* ‖ ⁓**...**, künstlerisch / artístico ‖ ⁓**...**, künstlich / artificial ‖ ⁓**...**, synthetisch / sintético ‖ ⁓**bauten** *pl* (Bahn, Straß) / obras *f pl* de arte ‖ ⁓**borste** *f* / cerda *f* artificial ‖ ⁓**darm** *m* / tripa *f* artificial ‖ ⁓**darm** (aus Papier) / tripa *f* de papel ‖ ⁓**diabas** *m*, Betondiabas *m* (Bau) / diabasa *f* artificial, hormigón *m* de diabasa ‖ ⁓**druck** *m* (Druck) / impresión *f* artística ‖ ⁓**druck** (Blatt) / impresión *f* artística ‖ ⁓**druck-Illustrationskarton** *m* (Pap) / cartulina para ilustraciones artísticas ‖ ⁓**druckpapier** *n* / papel *m* cromo o estucado, papel *m* para impresión artística ‖ ⁓**druckpapier** (satiniert), Lithographenpapier *n* / papel *m* cromo satinado, papel *m* litográfico, papel *m* lito ‖ ⁓**druckpapier**, Kreidepapier *n* / papel *m* cromo estucado o de yeso ‖ **mattes** ⁓**druckpapier** / papel *m* cromo en superficie mate ‖ **[in der Masse gemischtes]** ⁓**druckpapier** / papel *m* cuché ‖ ⁓**druckpapier für Chromolithographie** / papel *m* para cromolitografía ‖ ⁓**dünger** *m*, künstlicher Dünger / abono *m* químico o artificial, fertilizante *m* artificial ‖ ⁓**eis** *n* / hielo *m* artificial ‖ ⁓**eisbahn** *f* (Kältetechnik) / pista *f* de hielo artificial ‖ ⁓**faser** *f* (allg) / fibra *f* [textil] artificial ‖ ⁓**faser**, Chemiefaser *f* / fibra *f* sintética ‖ **Zellulose-**⁓**faser** / fibra *f* celulósica o de viscosilla ‖ ⁓**faserindustrie** *f* / industria *f* de fibras textiles artificiales y sintéticas, industria *f* textil de fibras sintéticas ‖ ⁓**faserzellstoff** *m*, Chemiefaser-Zellstoff *m* / celulosa *f* de fibras artificiales, celulosa *f* química ‖ ⁓**fertigkeit**, Geschicklichkeit *f* / habilidad *f*, destreza *f*, dexteridad *f* ‖ ⁓**fliegen** *n*, -flug *m* / vuelo *m* acrobático o de acrobacia ‖ ⁓**gerecht**, nach allen Regeln der Kunst / conforme o según las reglas del oficio ‖ ~**gerechte Handhabung** / dexteridad *f*, manipulación *f* hábil ‖ ⁓**gewerbe** *n* / artes aplicadas o industriales o decorativas *f pl* ‖ ~**gewerblich** / de artes aplicadas, artesanal ‖ ~**gewerbliche Keramik** / cerámica *f* de artes aplicadas ‖ ⁓**gießerei** *f* / fundición *f* de arte ‖ ⁓**glas** *n* / vidrio *m* artístico ‖ ⁓**glaser** *m* / vidriero *m* artístico ‖ ⁓**graphit** *m* / grafito *m* sintético ‖ ⁓**griff**, Kniff, Trick *m* / truco *m*, artificio *m* ‖ ⁓**gummi** *m* / goma *f* sintética ‖ ⁓**guss** *m* / fundición *f* artística ‖ ⁓**handwerk** *n* / artesanía *f* [artística] ‖ ⁓**handwerker** *m* / artesano *m*, artífice *m*
Kunstharz *n* / resina *f* sintética o artificial, plástico *m* ‖ ⁓**e** *n pl* / plásticos *m pl*, materias *f pl* sintéticas o plásticas ‖ ⁓**...**, Plast[ik]... / plástico ‖ ⁓ *n* **auf Phenol-Kresolbasis**, Bakelit *n* / baquelita *f* ‖ ⁓**aushärten** / endurecer resina sintética artificial ‖ **in Wärme aushärtendes o. duroplastisches** ⁓ / resina *f* sintética termoendurecible o duroplástica ‖ **in**

Wärme bildsam bleibendes, thermoplastisches ≈ / resina *f* sintética termoplástica ‖ **≈ausrüstung,** -appretur *f* (Tex) / apresto *m* de resina sintética ‖ **≈beton** *m* (Bau) / hormigón *m* compuesto de polímeros ‖ **≈bindung** *f* (Schleifscheibe) / aglomeración *f* con resina sintética ‖ **[öl- o. wasserlösliche]** **≈farbe** / pintura *f* sintética [soluble en aceite o agua] ‖ **≈form** *f* / molde *m* para materiales plásticos ‖ **≈-Fußbodenplatte** *f* (Bau) / baldosa *f* plástica ‖ **~gebunden** (Schleifscheibe) / aglomerado con resina sintética ‖ **~gebundenes Sperrholz** / madera *f* contrachapeada aglomerada con resina sintética ‖ **~hartpapier,** Hartpapier *n* (z.B. Pertinax) (Plast) / papel *m* laminado, estratificado de papel (p.e. pertinax) ‖ **≈horn** *n*, Caseinkunststoff *m* (Plast) / cuerno *m* artificial, galalita *f* ‖ **≈imprägnierung** *f* / impregnación *f* con resina sintética ‖ **≈kitt** *m* / mástic *m* a base de plásticos ‖ **≈lack** *m* / barniz *m* de resina sintética, laca *f* de resina sintética ‖ **[luft- o. ofentrocknender]** **≈lack** / laca *f* sintética [de secado al aire o al horno] ‖ **≈lager** *n* (Walzw) / cojinete *m* de resina sintética, cojinete *m* plástico ‖ **≈leim** *m*, -kleber *m* / cola *f* de resina sintética ‖ **≈mörtel** *m* (Bau) / mortero *m* de cemento látex ‖ **≈pressholz** *n* / madera *f* estratificada encolada por resina sintética ‖ **≈pressmasse** *f* (vor der Verarbeitung), -pressmischung *f* / compuesto *m* de moldeo a base de resina sintética ‖ **≈pressstoff** (nach der Verarbeitung), Plast *m* / resina *f* sintética moldeada ‖ **≈schaum** *m* / espuma *f* plástica ‖ **≈verarbeiter** *m* s. Kunststoffverarbeiter ‖ **~verleimt** / encolado con cola sintética

Kunst • holz *n* / harina *f* de madera moldeada con resinas ‖ **≈holz,** verdichtetes Holz, Pressholz *n* / madera *f* estratificada y prensada ‖ **≈kalkstein** *m*, Hydrokalkstein *m* (Bau) / piedra *f* calcárea artificial o hidráulica ‖ **≈kautschuk** *m* (Chem) / caucho *m* sintético ‖ **≈kohle** / carbón *m* artificial ‖ **≈kork** *m* / corcho *m* artificial ‖ **≈korund** *m* (Schleifmittel) / corindón *m* sintético (abrasivo) ‖ **≈latex** *m* / látex *m* sintético ‖ **≈leder** *n* / cuero *m* artificial, símilcuero *m*, similicuero *m*, imitación *f* de cuero ‖ **≈leder aus Abfällen** / cuero *m* artificial a base de recortes ‖ **≈leder aus Lederfasern** / cuero *m* artificial a base de fibras de cuero ‖ **≈lederpappe** *f* / cartón *m* de cuero artificial ‖ **≈leitung** *f*, künstliche Leitung (Fernm) / línea *f* artificial o ficticia

künstlich, unnatürlich / artificial, sintético ‖ **~,** nachgemacht / imitado ‖ **~,** unecht / falso, postizo ‖ **~,** Ersatz... (Elektr) / ficticio ‖ **≈e Alterung** / envejecimiento *m* artificial ‖ **~er Anhydrit** (Bau) / anhidrita *f* artificial ‖ **~e Antenne** / antena *f* ficticia o artificial ‖ **~e Antennenerde** / contraantena *f*, contrapeso *m* ‖ **~e Beleuchtung** / alumbrado *m* artificial, iluminación *f* artificial, luces *f pl* artificiales ‖ **~e Belüftung** / ventilación *f* artificial ‖ **[be]wässern,** berieseln / irrigar, regar ‖ **~e Bewetterung,** künstlicher Wetterwechsel *m* (Bergn) / ventilación *f* artificial o forzada ‖ **~er Bruchstein** (Bau) / mampuesto *m* artificial ‖ **~er Dünger,** Kunstdünger *m* / abono *m* artificial o químico, fertilizante *m* artificial ‖ **~es Echo** (Radar) / eco *m* artificial, pluma *f* ‖ **~er Edelstein** / piedra *f* preciosa sintética ‖ **~e Erde** (Elektr) / punto *m* neutro artificial, toma *f* de tierra (o puesta a tierra) ficticia ‖ **~** **getrocknet** / secado al horno ‖ **~er Hafen** / puerto *m* artificial ‖ **~er Horizont,** Kreiselhorizont, Horizontkreisel *m* (Luftf) / horizonte *m* artificial o giroscópico ‖ **~e Insel** / islote *m* artificial, islote *m* hecho por el hombre ‖ **~e Intelligenz,** KI *f* / inteligencia artificial *f*, IA *f* ‖ **~e Leitung** (Fernm) / línea *f* artificial o ficticia ‖ **~es Licht** / luz *f* artificial ‖ **~e Narbe** (Leder) / grano *m* artificial ‖ **~er Nebel** / niebla *f* artificial, cortina *f* de humo ‖ **~er Nullpunkt** s. künstliche Erde ‖ **~es Ohr** (Fernm) / oído *m* artificial ‖ **~es Öl** (Chem) / aceite *m* sintético ‖ **~e Puzzolanerde** (Bau) / puzolana *f* artificial ‖ **~ radioaktiv** / de radi[o]actividad artificial ‖ **~e Radioaktivität** / radi[o]actividad *f* artificial ‖ **~es Schleifkorn** / abrasivo *m* artificial ‖ **~e Steinmasse** (Bau) / piedra *f* artificial ‖ **~es Tageslicht** / luz *f* diurna artificial ‖ **~e Trocknung** / secado *m* al horno ‖ **~e Verknüpfung** (Netzplan) / seudointerfaz *f* ‖ **~e Verschmutzung** (Mat.Prüf) / polución *f* artificial ‖ **~er Zinnober** (Chem) / cinabrio *m* artificial ‖ **~er Zug** (Kessel) / tiro *m* artificial o forzado

Kunst • licht *n* / luz *f* artificial ‖ **≈licht-Belichtung** *f* (Foto) / exposición *f* con luz artificial ‖ **≈lichtfilm** *m* / película *f* para luz artificial ‖ **≈marmor** *m* (Bau) / mármol *m* artificial, similimármol *m* ‖ **≈öl** *n* (Chem) / crudo *m* recondicionado ‖ **≈produkt** *n* / producto *m* sintético o artificial ‖ **≈rasen** / césped *m* artificial ‖ **≈sandstein** *m* (Bau) / piedra *f* arenisca artificial o hidráulico, gres *m* artificial ‖ **≈schmied,** -schlosser *m* / forjador *m* o cerrajero artístico ‖ **≈schmiedearbeit** *f* / trabajo *m* de forja artística ‖ **≈schnee** *m*, Maschinenschnee *m* / nieve *f* artificial ‖ **≈seide** *f*, Reyon *m* (Tex) / seda *f* artificial, rayón *m* ‖ **≈seideindustrie** *f* / industria *f* de la seda artificial o del rayón ‖ **≈seidespinnbad** *n* / baño *m* de hilatura de seda artificial ‖ **≈speisefett** *n* / grasa *f* comestible artificial ‖ **≈stein** *m* (Bau) / piedra *f* artificial, piedra *f* sintética ‖ **≈stein aus Bitumen u. Glaswolle** / piedra *f* artificial a base de betunes y lana de vidrio ‖ **≈stein-Bauteil** *m* / elemento *m* de construcción de piedra artificial ‖ **≈steinplatte** *f* (Bau) / baldosa *f* artifical, placa *f* de piedra artificial ‖ **≈steinplatte,** Gehwegplatte *f* (viereckige Zementplatte, über 19 mm dick) / baldosa *f* de piedra artificial ‖ **≈steinstufenplatte** *f* / baldosa *f* o placa de peldaño de piedra artificial

Kunststoff *m* / materia *f* sintética o plástica, plástico *m* ‖ **~beschichten,** mit Kunstharz -stoff od. Plast[ik] überziehen / revestir de plástico, plastificar, estucar con materia plástica ‖ **~beschichtetes Blech** / chapa *f* plaqueada con plástico ‖ **~beschichtete dekorative Holzfaserplatte,** KH / placa *f* de fibra de madera decorativa estratificada con plástico ‖ **~beschichtetes Papier** / papel *m* recubierto con plástico ‖ **≈bodenbelag** *m* / pavimento *m* de plástico, revestimiento *m* de suelo plástico ‖ **≈chemie** *f* / plastoquímica *f* ‖ **≈-Dispersion** *f* / materia *f* sintética en dispersión ‖ **≈erzeugnis** *n* / producto *m* sintético ‖ **≈-Faserfilter** *m* (Entstaubung) / filtro *m* tejido de fibras sintéticas ‖ **≈flammspritzen** *n* / proyección *f* de plástico a la llama ‖ **≈fliese** *f*, -fußbodenplatte *f* (Bau) / baldosa *f* o losa de plástico ‖ **≈folie** *f*, -film *m* / hoja *f* película plástica o de plástico ‖ **≈folie auf Maß geschnitten** / hoja *f* de plástico cortada o medida ‖ **[fugenloser] ≈-Fußboden** / piso *m* o suelo plástico [sin juntas] ‖ **≈hammer** *m* / martillo *m* de cabeza plástica ‖ **≈imprägniert** / impregnado con material plástico ‖ **≈industrie** *f* / industria *f* de plásticos ‖ **~isoliert** / aislado de plástico ‖ **≈kachel** *f* (Bau) / azulejo *m* plástico, baldosa *f* plástica ‖ **≈kaschiert** / forrado o revestido de plástico ‖ **≈kleber,** -klebstoff, -leim / cola *f* sintética, adhesivo *m* sintético o plástico, pegante *m* de materia artificial ‖ **≈latex** *m* / látex *m* sintético ‖ **≈legierung** *f* / aleación *f* plástica ‖ **≈-Lichtwellenleiter** *m* / conductor *m* de fibra óptica de plástico ‖ **≈lot** *n* (leitender Kleber) / soldadura *f* plástica ‖ **≈[mantel]kabel** *n* / cable *m* con envoltura plástica ‖ **~moderierter Reaktor** / reactor *m* moderado por material plástico ‖ **≈papier** *n* / papel *m* sintético ‖ **≈presse** *f* / prensa *f* para materias plásticas o sintéticas ‖ **≈rohr** *n* / tubo *m* [de] plástico ‖ **≈schlauch** *m* / tubo *m* flexible de plástico, manga *f* o manguera de plástico ‖ **≈schnur** *f* (Elektr) / cordón *m*

conductor aislado de plástico ‖ ~[schutz]schlauch *m* / manguera *f* protectora de plástico ‖ ~schweißen *n* / soldeo *m* de [materiales] plásticos ‖ ~seele *f* (Seil) / alma *f* de material plástico ‖ ~tablette *f* / comprimido *m* de resina artificial ‖ ~technik *f* / técnica *f* de los materiales sintéticos, técnica *f* o tecnología de plásticos ‖ angeschraubtes ~teil / pieza *f* plástica atornillada ‖ ~-Trägerplatte *f* (gedr.Schaltg) / tablilla *f* de plástico ‖ ~überzogen / revestido de plástico, plastificado ‖ ~überzug *m* / envoltura *f* plástica ‖ ~-Verarbeiter *m* / fábrica *f* transformadora de plásticos ‖ ~verarbeitung *f* / transformación *f* de plásticos ‖ ~verarbeitungsmaschine *f* / máquina *f* transformadora de plásticos ‖ ~walze *f*, -zylinder *m* / cilindro *m* de materia sintética o plástica
kunst • stopfen *vt* (Web) / zurcir invisiblemente ‖ ~stopfen *n* (Tex) / zurcido *m* invisible ‖ ~stopfer *m* / zurcidor *m* profesional ‖ ~tischler *m*, -schreiner *m* / ebanista *m* [de arte] ‖ ~tischler für eingelegte Arbeit / ebanista *m* para labores de taracea, ebanista *m* para incrustaciones ‖ ~weber *m* / tejedor *m* artístico ‖ ~wiese *f* / prado *m* artificial ‖ ~wolle *f* (Tex) / lana *f* artificial o regenerado ‖ ~wolle, Reißwolle *f* / lana *f* deshilachada
Kuoxam *n* (= Kupferoxidammoniak) (Chem) / cuoxam *m* (= óxido de cobre amoniacal)
Küpe *f* (Färb) / tina *f*, cupa *f*
Kupelle *f* (Glühschale aus Knochenasche) (Chem) / copela *f*
kupellieren *vt* (Chem, Hütt) / copelar ‖ ~, Kupellation *f*, Treibverfahren *n* (Hütt) / copelación
Küpen • farbstoff *m* (Tex) / colorante *m* de tina o de cuba ‖ ~färbung *f* / teñido *m* en cuba o tina ‖ ~kontinueverfahren *n* (Tex) / procedimiento *m* continuo con colorantes de tina ‖ ~rahmen *m* (Färb) / marco *m* de tina ‖ ~reserve *f* / capa *f* protectora de teñido en tina ‖ ~satz *m* / posos *m pl* de tina o cuba, sedimento *m* de la tina ‖ ~säure *f* (Chem) / leucoácido *m* ‖ ~säureklotzverfahren *n* (Tex) / fulardado *m* con leucoácido
Kupfer *n*, Cu (Chem, Hütt) / cobre *m* ‖ ~(I)-..., Cupro... / cuproso ‖ ~(II)-..., Cupri... / cúprico ‖ ~ in Platten (o. Tafeln) / cobre *m* en placas o planchas ‖ ~ von Lake-Superior-Erzen / cobre *m* de los minerales del Lago Superior ‖ ~ von 99,75 % Reinheit / cobre *m* al 99,75% ‖ mit ~ bedecken (o. beschlagen) / cobrear
Kupfer • acetat *n* (Chem) / acetato *m* de cobre ‖ ~(II)-acetat *n* / acetato *m* cúprico ‖ ~ader *f* (Elektr) / alma *f* de cobre ‖ ~-Aluminium-Legierung *f* / aleación *f* de cobre y aluminio ‖ ~ammin-Ion *n* / ion *m* de cobre amoniacal ‖ ~ammonium *n*, -oxidammoniak *m* / óxido *m* de cobre amoniacal ‖ ~anteil *m* am Wicklungsquerschnitt (Elektr) / porcentaje *m* de cobre en la sección de los devanados ‖ ~arsenat *n* (Insektizid) / arseniato *m* cúprico ‖ ~arsenit *n* (Chem) / arsenito *m* de cobre ‖ ~(II)-arsenit *n* / arsenito *m* cúprico ‖ ~artig, -ähnlich, -farbig / cuproso, acobrado, cuprezo ‖ ~asche *f* / cenizas *f pl* de cobre ‖ ~ätzung *f* (Druck) / grabado *m* al aguafuerte en cobre ‖ ~auflage *f*, -niederschlag *m* / cobre *m* precipitado ‖ ~aufwand, -verbrauch *m* / consumo *m* de cobre ‖ ~bad *n* / baño *m* de cobre o de encobrar o de encobreamiento ‖ ~band *n* / cinta *f* o banda de cobre ‖ ~bedachung, -bedeckung *f* (Bau) / tejado *m* de cobre ‖ ~bergwerk *n* / mina *f* de cobre ‖ ~bessemern (Hütt) / tratar cobre en el convertidor Bessemer, afinar o refinar cobre por el método Bessemer ‖ ~blau *n*, -lasur *f* / azurita *f*, carbonato *m* de cobre ‖ ~blech *n* / chapa *f* de cobre ‖ [dünnes] ~blech / chapa *f* de cobre [delgada fina] ‖ ~blüte *f*, Chalkotrichit *m* (Min) / flor *f* de cobre, calcotriquita *f* ‖ ~braun *n* / color *m* de cobre ‖ ~bronze *f* (Farbe) / bronce *m* de cobre ‖ ~(II)-carbonat *n* (Chem) / carbonato *m* cúprico ‖

Kupferoxydulgleichrichter

~chlorid *n* / cloruro *m* de cobre ‖ ~(I)-chlorid *n* / cloruro *m* cuproso ‖ ~(II)-chlorid / cloruro *m* cúprico ‖ ~-Chromoxid-Katalysator *m* / catalizador *m* de cobre y óxido de cromo ‖ ~cyanid *n* / cianuro *m* de cobre ‖ ~dotiert (Halbl) / con impureza de cobre ‖ ~draht *n* / alambre *m* o hilo de cobre ‖ ~-Drahtgeflecht *n* / tela *f* de alambre de cobre ‖ ~druck *m*, -tiefdruck *m* (Druck) / impresión *f* en talladulce con plancha de cobre ‖ ~druckfarbe *f* / tinta *f* de imprenta en talladulce ‖ ~druckpapier *n* / papel *m r* [para impresión] en talladulce, papel para grabador ‖ ~eisen(II)-cyanid *n* (Chem) / ferrocianuro *m* cúprico ‖ ~erz *n* / mineral *m* de cobre, mena *f*- cuprífera ‖ ~fahlerz *n* / cobre *m* gris ‖ ~farbig, -farben / cobrizo, encobrado ‖ ~(II)-ferrocyanid *n* (Chem) / ferrocianuro *m* cúprico ‖ ~fett *n* (f. Auspuffschrauben) / grasa *f* cúprica ‖ ~folie *f* / hojuela *f* de cobre, hoja *f* de cobre ‖ ~führend (Bergb) / cuprífero ‖ ~füllfaktor *s*. Kupferfaktor ‖ ~gehalt *m* / contenido *m* en cobre ‖ ~geschirr, -gerät *n* / utensilios *m pl* de cobre, vajilla *f* de cobre ‖ ~gewinnung *f* / extracción *f* de cobre ‖ ~glanz, Chalkosin *m* (Min) / calcosina *f* ‖ ~glimmer *m* (Min) / calcofilita *f* ‖ ~grün *n* (Lebensmittelfarbe) / verde *m* de cobre ‖ natürliches ~grün, Chrysokoll *m* (Min) / crisocola *f* ‖ ~guss *m* / fundición *f* de cobre ‖ ~-Gussformate *n pl* / formatos *m pl* de fundición de cobre ‖ ~gusslegierung *f* / aleación *f* de cobre de fundición ‖ ~-Halbzeug *n* / semiproductos *m pl* de cobre ‖ ~haltig, Kupfer... / cuprífero, cobrizo ‖ ~hammerschlag *m* / batiduras *f pl* (E) o cascarillas (LA) de cobre ‖ ~haut *f* (Druck) / cascarilla *f* galvánica ‖ ~hütte *f* / fábrica *f* metalúrgica de cobre ‖ ~hüttenschlacke *f* / escoria *f* metalúrgica de cobre ‖ ~hydration *n* (Chem) / ion *m* hidratado de cobre ‖ ~(II)-hydroxid *n*, Cuprihydroxid *n* / hidróxido *m* cúprico ‖ ~indig, Covellin *m* (Min) / covelina *f*, covelita *f* ‖ ~(I)-iodid *n* (Chem) / ioduro *m* cuproso ‖ ~kalkbrühe *f* (Landw) / caldo *m* bordelés o borgoñés ‖ ~karbonat *n* (Chem) / carbonato *m* de cobre ‖ ~karbonat (natürl.) / azul *m* de montaña ‖ ~kessel *m*, Blase *f* / caldera *f* de cobre ‖ ~kies *m*, Chalkopyrit *m* (Min) / pirita *f* de cobre, calcopirita *f* ‖ ~knetlegierung *f* / aleación *f* maleable de cobre ‖ ~kohle *f* (Elektr) / carbón *m* cobreado ‖ ~[kunst]seide *f s*. Kupferseide ‖ ~lackdraht *n* / hilo *m* de cobre esmaltado ‖ ~lasur *f*, Azurit *m* (Min) / azurita *f* ‖ ~legierung *f* / aleación *f* de cobre ‖ ~leiter *m* / conductor *m* de cobre ‖ ~litze *f* (Elektr) / cordón *m* flexible de cobre ‖ ~lot *n* (Hartlöten) / cobre *m* de aportación, soldadura *f* de cobre ‖ ~manganerz *n*, Kupfer[mangan]schwärze *f* (Min) / manganeso *m* cuprífero ‖ ~manganlegierung *f* / aleación *f* de cobre y manganeso o de cobre-manganeso ‖ ~mantel *m* (Relais) / anillo *m* de retardo ‖ ~manteldraht *m* / hilo *m* o alambre cobreado o encobrado ‖ ~mantelkabel *n* / cable *m* revestido de cobre ‖ ~mantel[-Verzögerungs]relais *n* / relé *m* con anillo de retardo ‖ ~mine *f* / mina *f* de cobre
kupfern *adj* / cobreño, cúpreo, de cobre
Kupfer • naphthenat *n* (Chem) / naftenato *m* de cobre ‖ ~natronzellulose *f* / celulosa *f* de cobre sódico ‖ ~nickel *n* (Min) / niquelina *f*, arseniuro *m* de níquel ‖ ~nickel (Legierung) / cuproníquel *m* ‖ ~-Nickel-Zink-Legierung *f* / aleación *f* de cobre, níquel y cinc ‖ ~niederschlag *m*, -auflage *f* / precipitación *f* de cobre, depósito *m* de cobre ‖ ~nitrat *n* (Chem) / nitrato *m* de cobre ‖ ~oxid *n* / óxido *m* de cobre ‖ ~(I)-oxid *n* / óxido *m* cuproso ‖ ~(II)-oxid / óxido *m* cúprico ‖ ~oxidammoniak, Schweitzers Reagens *n* / óxido *m* de cobre amoniacal ‖ ~oxidammoniakbase *f* / base *f* cuproamoniacal ‖ ~oxidammoniakseide *f s*. Kupferseide ‖ ~oxidhydrat *n* / hidrato *m* cúprico ‖ ~oxydulgleichrichter *m* (Elektr) /

Kupferplatte

rectificador *m* de óxido de cobre ‖ ⁓**platte** *f*, -blech *n* / plancha *f* de cobre ‖ ⁓**plattieren** *vt* / chap[e]ar de cobre, plaquear de cobre, blindar con hoja de cobre ‖ ⁓**plattiert** / blindado o cubierto con hoja de cobre, chap[e]ado en cobre, cobreado, con cubrimiento de cobre ‖ ⁓**plattiertes Aluminium**, Cupal *n* / aluminio *m* cobreado, aluminio *m* chap[e]ado de cobre ‖ ⁓**plattierter Stahldraht** s. Kupferstahldraht ‖ ⁓**querschnitt** *m* (Elektr) / sección *f* de cobre ‖ ⁓**raffination** *f*, -raffinieren *n* / refinación *f* de cobre ‖ ⁓**raffinerie** *f* / afinería *f* de cobre ‖ ⁓**(II)-rhodanid**, Kupfer(II)-sulfocyanid *n* (Chem) / sulfocianuro *m* cúprico ‖ ⁓**rohr** *n* / tubo *m* (E) o caño (LA) de cobre ‖ ⁓**rohr-Abschneider** *m* / cortatubos *m* para tubos de cobre, cortadora *f* de tubos de cobre, aparato *m* de cortador de tubos de cobre ‖ ⁓**rohstein** *m* (Hütt) / mata *f* o piedra de cobre
Kupferron *n*, Cupferron *n* / cupferrón *m*
kupfer•rot, -braun / cobrizo, de color de cobre ‖ ⁓**(I)-salz** *n* (Chem) / sal *f* cuprosa ‖ ⁓**(II)-salz** / sal *f* cúprica ‖ ⁓**scheibe** *f*, Kupfer *n* in Platten / placa *f* de cobre fundido ‖ ⁓**schiefer** *m* (Geol) / esquisto *m* cuprífero o cúprico ‖ ⁓**schirmgeflecht** *n* (Elektr) / blindaje *m* de trenza de cobre ‖ ⁓**schmied** *m* / forjador *m* de cobre, cobrero *m* ‖ ⁓**schwamm** *m* / esponja *f* de cobre ‖ ⁓**schwärze** *f* s. Kupfermanganerz ‖ ⁓**seide**, -oxidammoniakseide *f* (Tex) / seda *f* al cobre o de oxiamoniuro de cobre, rayón *m* al cobre ‖ ⁓**(I)-Selenid** *n* (Chem) / seleniuro *m* cuproso ‖ ⁓**silikat** *n* / silicato *m* de cobre ‖ ⁓**sinter** *m* s. Kupferhammerschlag ‖ ⁓**spinnfaser** *f* (Tex) / fibra *f* cúprica de hilatura, filamento *m* de rayón cuproamoniacal ‖ ⁓**stahl** *m* (Hütt) / acero *m* al cobre ‖ ⁓**stahldraht** *m* / hilo *m* de acero encobrado, conductor *m* bimetálico cobre-acero ‖ ⁓**-Stahlkabel** *n* / cable *m* de cobre con alma de acero ‖ ⁓**stein**, Rohlech *m* (20-45 % Cu) / mata *f* o piedra de cobre ‖ **konzentrierter** ⁓**stein** / mata *f* de cobre concentrada o enriquecida ‖ ⁓**stich** *m* / grabado *m* en (o al) cobre, calcografía *f*, grabado *m* en talladulce, talla *f* dulce ‖ ⁓**streifen** *m* / cinta *f* o tira de cobre, lámina *f* de cobre ‖ ⁓**streifentest** *m* (Öl) / prueba *f* con tira de cobre ‖ ⁓**sulfat** *n* (Min) / sulfato *m* de cobre, caparrosa *f* azul, lipes *m* (LA) ‖ ⁓**(II)-sulfat** *n* (Chem) / sulfato *m* cúprico ‖ ⁓**sulfid** *n*, Kupfer-I-Sulfid *n* / sulfuro *m* cuproso ‖ ⁓**sulfid**, Kupfer-II-Sulfid *n* / sulfuro *m* cúprico ‖ ⁓**sulfit** *n* / sulfito *m* de cobre ‖ ⁓**(I)-sulfocyanid** *n* / sulfocianuro *m* cuproso ‖ ⁓**(II)-sulfocyanid** / sulfocianuro *m* cúprico ‖ ⁓**süßung** *f* (Öl) / desulfuración *f* con cloruro de cobre ‖ ⁓**tiefdruck** *m*, Tiefdruckverfahren *n* (Druck) / huecograbado *m* en cobre ‖ ⁓**überzug** *m* / capa *f* de cobre, revestimiento *m* de cobre ‖ ⁓**überzug**, -schicht *f* / cobreado *m* ‖ ⁓**uranit**, Torbernit *m* (Min) / torbernita *f* ‖ ⁓**(II)-verbindung** *f* (Chem) / compuesto *m* cúprico ‖ ⁓**vergiftung** *f*, Kuprismus *m* (Med) / cuprismo *m* ‖ ⁓**verhüttung** *f* / metalurgia *f* del cobre ‖ ⁓**verlust** *m* (Elektr) / pérdida *f* en cobre ‖ ⁓**vitriol** *n* (Min) / calcantita *f* ‖ ⁓**vitriol**, blaues Vitriol (veraltet) (Chem) / vitriolo *m* azul, caparrosa *f* azul ‖ **mit** ⁓**vitriol spritzen** / sulfatar ‖ ⁓**voltameter** *n* (Elektr) / voltámetro *m* [con bloque] de cobre ‖ ⁓**-Vordecken** *n* (Hütt) / precobreado *m* ‖ ⁓**vorlegierung** *f* / aleación *f* preliminar de cobre ‖ ⁓**walze** *f* / cilindro *m* o rodillo de cobre ‖ ⁓**walzwerk** *n* / tren *m* laminador o de laminación de cobre ‖ ⁓**wellmantel** *m* / envoltura *f* ondulada de cobre ‖ ⁓**wismutglanz**, Emplektit *m* (Min) / emplectita *f* ‖ ⁓**(II)-xanthogenat** *n* (Chem) / xant[ogen]ato *m* cúprico ‖ ⁓**zahl** *f* (Chem) / coeficiente *m* o índice *m* de cobre ‖ ⁓**zement** *f*, Zementkupfer *n* / cemento *m* de cobre, cobre *m* precipitado o de cementación ‖ ⁓**-zinklegiertes Hartlot** / soldadura *f* de cobre y cinc ‖ ⁓**-Zink-Legierung** *f* / aleación *f* cobre-cinc o de cobre y cinc ‖ ⁓**-Zinn-Legierung** *f* / aleación *f* de cobre y estaño ‖ ⁓**zuschlag** *m*, geschmolzener Kupferstein (Hütt) / fundente *m* de piedra de cobre
Küpfmüller-Kriterium *n* / criterio *m* [de estabilidad] de Küpfmüller
Kupol•ofen *m* / horno *m* de cúpula, cubilote *m* ‖ ⁓**ofenarbeiter** *m* / cubilotero *m* ‖ ⁓**ofendüse** *f* / tobera *f* de cubilote ‖ ⁓**ofenfutter** *n* / revestimiento *m* interno del cubilote ‖ ⁓**ofengichtgas** *n* (Gieß) / gas *m* del cubilote ‖ ⁓**ofenguss** *m* / fundición *f* de[l] cubilote, colada *f* de[l] cubilote ‖ ⁓**ofenvorherd** *m* / antecrisol *m* del cubilote
Kupon *m*, Abschnitt *m* / cupón *m* ‖ ⁓**heft** *n*, Quittungsheft *n* / talonario *m* ‖ ⁓**ring** *m* (Büro) / anillo *m* de goma o de caucho
Kuppe *f* (Geol) / cumbre *f*, cima *f* ‖ ⁓, Kugelkappe *f* (Geom) / calota *f* [esférica], segmento *m* esférico ‖ ⁓ (z.B. Indiumkuppe im Transistor) / cápsula *f* ‖ ⁓**n** *f pl* (Lager) / estrías pectiniformes redondas ‖ ⁓ *f* (Straße) / cambio *m* de rasante ‖ ⁓ (Quecksilber) / menisco *m* ‖ **mit** ⁓ (Schraube) / con extremo abombeado ‖ **ohne** ⁓ (Schraube) / de extremo plano
Kuppel *f* (Bau) / cúpula *f* ‖ ⁓, Kuppelgewölbe *n* / cimborrio *m* ‖ ⁓**achse** *f* (Bahn) / eje *m* acoplado ‖ ⁓**achswelle** *f* / cuerpo *m* de eje del eje acoplado ‖ ⁓**bolzen** *m* (Bahn) / bulón *m* de enganche ‖ ⁓**dach** *n* (Bau) / tejado *m* de cúpula, cúpula *f*, cubierta *f* de domo ‖ ⁓**frei sein** (Bahn) / estar hecho al enganche ‖ ⁓**gewölbe** *n* (Bau) / bóveda *f* esférica, bóveda *f* de cúpula ‖ ⁓**haken** *m* (Bahn) / gancho *m* de acoplamiento ‖ ⁓**kasten** *m* (Lok) / traviesa *f* posterior ‖ ⁓**kette**, Sicherheitskette *f* (Bahn) / cadena *f* de enganche ‖ ⁓**klaue** *f* (Bahn) / garra *f* de enganche ‖ ⁓**kopf** *m* (autom.Kupplung, Bahn) / cabeza *f* de acoplamiento automático ‖ ⁓**kranz** *m* (Sternwarte) / corona *f* de la cúpula ‖ ⁓**länge** *f* (Bahn) / longitud *f* entre enganches ‖ ⁓**leitung**, Vermaschungsleitung *f* (Elektr) / línea *f* de interconexión ‖ ⁓**los** (Fernrohr) / sin cúpula ‖ ⁓**muffe** *f* / manguito *m* de acoplamiento
kuppeln *vt* (allg) / acoplar, unir ‖ ⁓, anhängen (Bahn) / enganchar ‖ ⁓, einrücken / embragar ‖ **für Gleichlauf** ⁓ / montar sobre un eje de mando en común ‖ ⁓ *n* / acoplamiento *m*, acopladura *f* ‖ ⁓ (Bahn) / enganche *m*
Kuppel•ofen *m*, Kupolofen *m* (Hütt) / cubilote *m*, horno *m* de cúpula ‖ ⁓**produktion** *f*, verbundene Produktion (F.Org) / producción *f* interdependiente ‖ ⁓**rad** *n* (Bahn) / rueda *f* acoplada ‖ ⁓**schalter** *m* (Elektr) / interruptor *m* seccionador ‖ ⁓**schlauch** *m* (Bahn) / manga *f* de acoplamiento ‖ ⁓**schleusen** *f pl* (Wassb) / esclusas *f pl* acopladas ‖ ⁓**schraube** *f* (Bahn) / tensor *m* del enganche ‖ ⁓**schwelle** *f* (Bahn) / traviesa *f* de junta acoplada ‖ ⁓**spindel** *f* / huso *m* acoplado ‖ ⁓**stange** *f* (von Lokomotiven) (Bahn) / biela *f* de acoplamiento, brazo *m* auxiliar (PER) ‖ ⁓**stange**, Zugstange *f* (Bahn) / barra *f* o biela de tracción ‖ ⁓**stangen** *f pl* (Bahn) / conjunto *m* de bielas ‖ ⁓**stange** *f* **von Leitungsmasten** (Elektr) / tirante *m* de postes gemelos ‖ ⁓**staumauer** *f* (Hydr) / presa *f* de bóvedas múltiples ‖ ⁓**stelle** *f* (auf der Strecke) (Fahrleitung) / caseta *f* de puesta en paralelo ‖ ⁓**stelle**, Einkuppelstelle *f* (Seilb) / punto *m* de acoplamiento ‖ ⁓**stelle**, Auskuppelstelle *f* (Seilb) / punto *m* de acoplamiento ‖ ⁓**stück** *n* / pieza *f* de acoplamiento ‖ ⁓**temperatur** *f* (Gieß) / temperatura *f* de cúpula ‖ ⁓**zapfen**, Kleeblattzapfen *m* (Walzw) / vástago *m* de embrague, trefle *m*
Kuppenkontakt *m* (Elektr) / contacto *m* convexo
Kuppler *m*, Kupplung *f* / dispositivo *m* de acoplamiento, acoplamiento *m* ‖ ⁓ (Chem, Foto) / copulante *m*, agente *m* de copulación ‖ ⁓ (Seilb) / dispositivo *m* de acoplamiento ‖ ⁓, Rangierer *m* (Bahn) / enganchador *m* ‖ **freier Raum für den** ⁓ (Wagenkupplung) (Bahn) / rectángulo *m* de Berna

Kupplung f (Bahn) / enganche m, acoplamiento m ‖ ⁓, **Kuppler** m / dispositivo m de acoplamiento ‖ ⁓, **Kuppelvorrichtung** f (Bahn) / enganche m, dispositivo m de enganche ‖ ⁓ (zum Aus- und Einrücken), schaltbare Kupplung (Kfz, Masch) / embrague m, clutch m (LA) ‖ ⁓, Reibungskupplung f / embrague m de fricción ‖ ⁓, Verbindung f (Elektro) / conexión f, unión f, empalme m ‖ ⁓, Gerätesteckvorrichtung f (Elektr) / acoplador m (para la transferencia de energía) ‖ ⁓ f (von Leitungsschnüren), Kuppeln n / conexión f de cordones conductores ‖ ⁓, Verlängerungsschnur f (Elektr) / cordón m de prolongación, flexible m adicional, prolongador m ‖ ⁓, Kuppelstück n (Rohre) / pieza f de acoplamiento, enlace m, racor m ‖ ⁓ **von Diazoverbindungen** (Chem) / copulación f de compuestos diazoicos ‖ ⁓ **von Motoren** (Elektr) / acoplamiento m de motores ‖ **eine** ⁓ **schalten** (o. einrücken) / embragar ‖ **[nicht schaltbare]** ⁓ (für Wellenverbindung) / acoplamiento m fijo

Kupplungs•ausrücklager n / cojinete m de desembrague ‖ ⁓**ausrückwelle** f / árbol m de desembrague ‖ ⁓**belag** m / guarnición f de embrague, forro m del embrague ‖ ⁓**bremse** f / freno m de (o por el) embrague ‖ ⁓**büchse** f / casquillo m de acoplamiento ‖ ⁓**bügel** m (Bahn) / brida f del tensor de enganche ‖ ⁓**deckel** m (Kfz) / tapa f del embrague ‖ ⁓**dorn** m / perno m del embrague, espiga f del embrague ‖ ⁓**dose** f (Elektr) / caja f de acoplamiento ‖ ⁓**druckfeder** f / resorte m de presión del embrague, muelle m compresor del embrague ‖ ⁓**drucklager** n (Kfz) / soporte m de presión del embrague ‖ ⁓**druckplatte** f / plato m de apriete del embrague ‖ ⁓**feder** f / muelle m de embrague ‖ ⁓**flansch** m / brida f de acoplamiento ‖ ⁓**führungslager** n / cojinete m de guía del embrague ‖ ⁓**fußhebel** m, -pedal m (Kfz) / pedal m de embrague ‖ ⁓**gabel** f (Kfz) / horquilla f de embrague ‖ ⁓**gehäuse** n (Kfz) / caja f del embrague, cárter m del embrague ‖ ⁓**gehäuse**, Kabelkasten m (Bahn) / caja f de acoplamiento o de empalme ‖ ⁓**gelenk** n (Kfz) / articulación f de embrague ‖ ⁓**gestänge** n (Kfz) / varillaje m del embrague ‖ ⁓**haken** m (Bahn) / gancho m de tracción ‖ ⁓**hälfte** f / semi-acoplamiento m ‖ ⁓**hebel** m / palanca f de embrague ‖ ⁓**hülse** f / manguito m de acoplamiento ‖ ⁓**kabel** n (Bahn) / cable m de acoplamiento eléctrico de vagones ‖ ⁓**klaue** f / garra o uña de acoplamiento ‖ ⁓**kopf** m (Bremse, Kfz) / cabeza f de acoplamiento ‖ ⁓**kopf** (Bahn) / cabeza f de enganche ‖ ⁓**kurbel** f (Bahn) / manivela f de acoplamiento ‖ ⁓**lamelle** f / lámina f de embrague ‖ ⁓**leitung** f, Verbindungsleitung f (Elektr) / línea f de interconexión ‖ ⁓**magnet** m / electroimán m de embrague ‖ ⁓**muffe** f, Hülse f (allg, Bahn) / manguito m de acoplamiento, niple m (MEJ), cople m (MEJ) ‖ ⁓**muffe** (Walzw) / chocolatera f ‖ ⁓**muffe zum Ausrücken** / manguito m de desembrague ‖ ⁓**mutter** f (Bahn) / tuerca f de ajuste o de regulación ‖ ⁓**pedal** n (Kfz) / pedal m de embrague ‖ ⁓**rupfen** n / tirón m de embrague ‖ ⁓**schalter** m / interruptores m pl enlazados o solidarios ‖ ⁓**scheibe** f / plato m o disco de embrague ‖ ⁓**schlauch** m (Bahn) / manga f (o tubo flexible) de acoplamiento ‖ ⁓**schraube** f (Bahn) / tensor m de enganche ‖ ⁓**schwengel** m (Bahn) / palanca f o manija del tensor ‖ ⁓**seite** f (Mot) / lado m de embrague ‖ ⁓**sonde** f (Elektr) / sonda f de acoplamiento ‖ ⁓**[steck]dose** f (Elektr) / caja f de enchufe de acoplamiento, enchufe m de acoplamiento ‖ ⁓**stecker** m (Bahn, Elektr) / ficha f de acoplamiento, clavija f macho ‖ ⁓**stück** n (Gerüst) / abrazadera f [de unión] ‖ ⁓**teil** n, -hälfte f / semi-acoplamiento m ‖ ⁓**welle** f (Kfz) / árbol m de embrague ‖ ⁓**zapfen** m (Sattelschlepper) / muñón m de acoplamiento

Kupraminbase f (Chem) / compuesto m de óxido de cobre amoniacal
Kuprammon[ium]sulfat, Ammonium-Kupfersulfat n / sulfato m de cobre amoniacal
Kuprismus m, Kupfervergiftung f (Med) / cuprismo m
Kupronelement n (Elektr) / elemento m de óxido cúprico
Kurbel f / manivela f, cigüeña m ‖ ⁓, Bohrkurbel f / berbiquí m ‖ ⁓, Handkurbel f / manivela f a mano ‖ ⁓ **am Handrad** / manubrio m, manilla f ‖ ⁓**achse** f (eine Achsenbauart) (Kfz) / eje m de manivela ‖ ⁓**achse**, Triebradachse f (Lok) / árbol m manivela, cigüeñal m ‖ ⁓**antrieb** m / accionamiento m por manivela, mando m por [biela y] manivela ‖ ⁓**arm** m / brazo m de manivela, plato m [circular] de manivela ‖ ⁓**belastung** f / carga f sobre la manivela ‖ ⁓**blatt** n, -scheibe f / plato m [circular] de manivela ‖ ⁓**bolzen** m / perno m de manivela ‖ ⁓**drehung** f / vuelta f de manivela ‖ ⁓**fenster** n (Kfz) / ventana f de guillotina

Kurbelgehäuse n, -kasten m (Kfz) / cárter m [del cigüeñal], caja f del cigüeñal ‖ ⁓**explosion** f (Kfz) / explosión f en el cárter ‖ ⁓**gebläse** n, -vorverdichter m / sobrecargador m de cárter ‖ ⁓**lüftung** f / ventilación f del cárter ‖ ⁓**oberteil** m n / cárter m superior, parte f superior del cárter ‖ ⁓**spülung** f / barrido m del cárter del cigüeñal ‖ ⁓**unterteil** m n / cárter m inferior

Kurbel•getriebe n (Masch) / mecanismo m de manivela ‖ ⁓**griff** m, -griffhülse f / mango m de manivela ‖ ⁓**hammer** m / martillo m pilón de manubrio ‖ ⁓**handrad** n / volante m con manivela ‖ ⁓**handy** n (Mobiltelefon) (Fernm) / móvil m o celular con manivela ‖ ⁓**induktivität** f (Fernm) / caja f de inductancia con manivela ‖ ⁓**induktor** m, Anrufinduktor m (Fernm) / inductor m de llamada ‖ ⁓**induktor** m (Fernm) / inductor m de manivela ‖ ⁓**induktor-Zentrale** f (Fernm) / central f de llamada magnética ‖ ⁓**kasten** m s. Kurbelgehäuse ‖ ⁓**kondensator** m (Elektr) / caja f de capacitores con manivela ‖ ⁓**kröpfung** f / codo m o acodado del cigüeñal ‖ ⁓**lager** n / cojinete m de manivela ‖ ⁓**lager**, Tretlager n (Fahrrad) / cojinete m de pedal ‖ ⁓**mast** m, Teleskopmast m (Fernm) / mástil m telescópico ‖ ⁓**messbrücke** f (Elektr) / puente m de manivelas [de Wheatstone]
kurbeln vt (Masch) / girar la manivela, dar a la manivela
Kurbel•nähmaschine f (Tex) / máquina f de coser con manivela ‖ ⁓**presse** f / prensa f de manubrio o de manivela ‖ ⁓**rad** n / rueda f de manivela ‖ ⁓**radius** m / radio m de manivela ‖ ⁓**schalter** m (Elektr) / interruptor m de manivela ‖ ⁓**scheibe** f, -blatt n (Masch) / plato m [circular] de manivela ‖ ⁓**schwinge** f (Wzm) / corredera f [de manubrio] oscilante ‖ ⁓**schwingenantrieb** m / accionamiento m de manubrio oscilante ‖ ⁓**schwingen-Backenbrecher** m / quebrantadora f (E) o machacadora (LA) con una mandíbula oscilante ‖ ⁓**schwingsieb** n (Aufb) / criba f oscilante por manivela ‖ ⁓**stange** f (Masch) / biela f motriz ‖ ⁓**stellung** f / posición f de la manivela ‖ ⁓**tafelschere** f / cizallas f pl de guillotina con biela motriz ‖ ⁓**trieb** m / mecanismo m de [biela y] manivela ‖ ⁓**versetzung** f / ángulo m de calaje de las manivelas, decalado m de la manivela ‖ ⁓**vorrichtung** f **für Fenster** (Kfz) / elevalunas m o alzacristales de manivela ‖ ⁓**walkmaschine** f (Tex) / batanadora f de manivela ‖ ⁓**wange** f / gualdera f de cigüeñal, brazo m de manivela ‖ ⁓**wanne** f (Kfz, Mot) / cárter m inferior ‖ ⁓**wanne** s. auch Kurbelgehäuse ‖ ⁓**wannenentlüftung** f (Kfz) / ventilación f de la parte inferior del cárter ‖ ⁓**wannensumpf** m, Ölsumpf m / fondo m del cárter ‖ ⁓**welle** f (Mot) / cigüeñal m ‖ **dreifach gelagerte** ⁓**welle** / cigüeñal m de tres apoyos ‖ ⁓**welle mit schrägem Mittelstück** (Masch) / árbol m de manivela de cuerpo central oblicuo

Kurbelwellen•auge n (Mot) / ojo m de cigüeñal ‖ ⁓**drehmaschine** (Wzm) / torno m para cigüeñales ‖

Kurbelwellenkegel

≈**kegel** *m* (Luftf) / muñón *m* cónico del cigüeñal ‖ ≈**kröpfung** *f* (Mot) / codo *m* de cigüeñal ‖ ≈**lager** *n* / cojinete *m* o apoyo de cigüeñal ‖ ≈**lager der Pleuelstangen** (Kfz) / cojinete *m* de pie de biela ‖ ≈**lagerdeckel** *m* / tapa *f* del cojinete del cigüeñal ‖ ≈**lagerschale** *f* / casquillo *m* del cojinete del cigüeñal ‖ ≈**schwungrad** *n* / volante *m* del cigüeñal ‖ ≈**stumpf** *m* (Kfz) / muñón *m* del cigüeñal
Kurbel•widerstand *m* (Elektr) / caja *f* de resistencias con manivela ‖ ≈**winkel** *m* / ángulo *m* de calaje de manivela ‖ ≈**zapfen** (Mot) / gorrón *m* del cigüeñal, muñequilla *f*, botón *m* de manivela ‖ ≈**zapfen des angelenkten Pleuels**, Anlenkbolzen *m* (Mot) / pasador de la biela maestra ‖ ≈**zapfenlager** *n* / cojinete *m* del muñón de cigüeñal ‖ ≈**ziehpresse** *f* / prensa *f* para embutir con manivela, prensa *f* de manivela para embutir
Kürbiskernöl *n* (Nahr) / aceite *m* de pepitas de calabaza
Kurkuma *f*, Gelbwurzel *f* (Pharm) / cúrcuma *f*, yuquilla *f*, raíz *f* de cúrcuma ‖ ≈**papier** *n* (Chem) / papel *m* de cúrcuma
Kurkumin, Gelb 6 *n* (für Lebensmittel) / curcumina *f*
Kurre *f* (ein Netz) (Schiff) / rastra *f* [pequeña] (una red)
kurren *vt* (Schiff) / arrastrar
Kurrentschrift *f*, Laufschrift *f* (Druck) / letra *f* corriente
Kurs *m* (Luftf, Schiff) / rumbo *m*, derrotero *m*, ruta *f* ‖ ≈, Chemin *m* (Web) / curso *m* ‖ ≈ **absetzen** (Schiff) / trazar la derrota ‖ ≈ **bestimmen o. geben** / determinar o dar el rumbo ‖ **halten** / mantener el rumbo ‖ ≈ **nehmen** [auf] / tomar o hacer rumbo [a] ‖ ≈ *m* **über Grund** (Luftf) / ruta *f* ‖ **aus dem** ≈ **scheren** / desviarse del rumbo ‖ **vom** ≈ **abkommen** / perder el rumbo
Kurs•abweichung *f* / desviación *f* del rumbo ‖ ≈**abweichungssignal** *n* (Luftf) / señal *f* de desviación del rumbo ‖ ≈**änderung** *f* / cambio *m* de rumbo ‖ ≈**[anzeige]kreisel** *m* / indicador *m* giroscópico del rumbo, giroscopio *m* direccional o de dirección, brújula *f* giroscópica, (menos usado:) girorrector *m* ‖ ≈**anzeiger** *m*, Ablageinstrument *n* (Schiff) / indicador *m* de rumbo ‖ ≈**buch** *n*, Fahrplan *m* / guía *f* de ferrocarriles, horario *m* de trenes
Kürschner *m* / peletero *m*
Kürschnerei *f* / peletería *f* ‖ ≈**maschine** *f* / máquina *f* de peletería
kürschnern *vt* / adobar y componer pieles (finas)
Kurs•dreieck *n* (Schiff) / triángulo *m* de rumbo ‖ ≈**feuer** *n* (Luftf) / faro *m* de aerovía, faro *m* de línea aérea ‖ ≈**führungsanlage** *f* (Luftf) / guía *f* de trayectoria ‖ ≈**funkfeuer** *n* / radiobaliza *f* emisora de señales de guía, radiofaro *m* de alineación ‖ ≈**geben** *n* / establecimiento *m* del rumbo ‖ ≈**genauigkeit** *f* / precisión *f* de rumbo ‖ ≈**gleiche** *f*, Loxodrome *f* / línea *f* loxodrómica o de rumbo, loxodromia *f* ‖ ≈**halten** *n* / mantenimiento *m* del rumbo
Kursiv•schrift, Schrägschrift *f* / escritura *f* cursiva, letra *f* cursiva, cursiva *f*, itálica *f* ‖ ≈**seide** *f* (gezwirnte Seide) (Tex) / seda *f* retorcida
Kurs•karte *f* (Schiff) / carta *f* de derrotas ‖ ≈**koppler** *m* (Schiff) / navegador *m* automático, sistema *m* automático de navegación ‖ ≈**korrektur** *f* (im Flug) (Raumf) / corrección *f* del rumbo en media trayectoria ‖ ≈**kreisel** s. Kurs[anzeige]kreisel ‖ **linie** *f* / línea *f* del rumbo ‖ ≈**mikroskop** *n* (Opt) / microscopio *m* para fines didácticos ‖ ≈**radargerät** *n* / radar *m* indicador de movimiento verdadero ‖ ≈**rechengerät** *n* (Luftf) / ordenador *m* o computador de rumbo y de velocidad ‖ ≈**ring** *m* (Schiff) / anillo *m* de ruta ‖ ≈**schreiber** *m* (Schiff) / navígrafo *m*, trazador de ruta ‖ ≈**stabilität** *f* / estabilidad *f* del rumbo ‖ ≈**steueranlage** *f* (Luftf) / piloto *m* automático ‖ ≈**steuerungswähler** *m* / selector *m* de rumbo ‖ ≈**strich** *m* (Kompass) / línea *f* de fe, (a veces:) línea de referencia o de base ‖ ≈**strichfehler** *m* (Kompass) / error *m* de línea de fe ‖ ≈**teilnehmer/in** *m/f* / cursi[lli]sta *m f*

Kursus, Lehrgang *m* / curso *m*, cursillo *m*
Kurs•verbesserung *f* (Luftf) / corrección *f* del rumbo ‖ ≈**wagen** *m* (Bahn) / coche *m* directo, vagón *m* directo ‖ ≈**wähler** *m* (Luftf) / selector *m* de rumbo ‖ ≈**wechsel** *m* / cambio *m* de rumbo ‖ ≈**winkel** *m* (Luftf) / ángulo *m* acimutal de la trayectoria ‖ ≈**winkel** (geografisch) / ángulo *m* de derrota ‖ ≈**winkel** (magnetisch) / acimut *m* magnético ‖ ≈**zahl** *f* (Luftf, Schiff) / número *m* de rumbo o ruta ‖ ≈**zeiger** *m* / indicador *m* direccional o de rumbo
Kurtschatovium *n* (OZ = 104) (Nukl) / kurtschatovio *m* (Rusia), rutherfordio *m* (USA)
Kurve *f* (allg, Math) / curva *f* ‖ ≈ (Abweichung von der Geraden) / curva *f* (declinación de la [línea] recta) ‖ ≈ *f*, Schaubild *n* / grafo *m* ‖ ≈ (Bahn) / curva *f* ‖ ≈ (Luftf, Straßb) / viraje *m* ‖ ≈ (Wzm) / leva *f* ‖ ≈**n auftragen** (o. zeichnen) / trazar curvas ‖ ≈ *f* **der Abkühlungsgeschwindigkeit** (Thermoanalyse) / curva *f* de la velocidad de enfriamiento ‖ ≈ **gleichen Wirkungsgrades** (Masch) / curva *f* de rendimiento constante ‖ ≈ **gleicher Lautstärkepegel** (Akust) / curva *f* de igual sensación ‖ **3. Grades** (Math) / curva *f* de tercer grado ‖ **4. Grades** / curva *f* de cuarto grado ‖ **eine** ≈ **fahren oder nehmen** / tomar una curva ‖ **flache** ≈ / curva *f* de gran radio, curva *f* abierta o llana ‖ **in die** ≈ **gehen** (Luftf) / hacer un viraje, virar ‖ **scharfe** ≈ (Straßb) / curva *f* cerrada ‖ ≈**n abstecken** (Verm) / marcar o jalonar curvas
kurven•abhängig (Wagenkasten) (Bahn) / con suspensión compensada, con caja inclinable ‖ ≈**abtaster** *m* / seguidor *m* de curvas ‖ ≈**abzug** *m*, Spurhalter *m* (Fahrleitung) / atirantado *m* ‖ ≈**analysator** *m* / analizador *m* de curvas ‖ ≈**anfangspunkt** *m* (Math) / punto *m* inicial de la curva ‖ ≈**anpassung** *f* (Fahrzeug) / ajuste *m* a una curva ‖ ≈**ast** *m* (Math) / ramal *m* de curva ‖ ≈**ausrüstung** *f* (Wzm) / equipo *m* de levas ‖ ≈**bahn** *f* / recorrido *m* curv[ad]o, camino *m* de curva ‖ ≈**band** *n*, Kurvenbandförderer *m* / cinta *f* transportadora curvilínea ‖ ≈**beweglichkeit** *f* (Bahn) / agilidad *f* en las curvas ‖ ≈**beweglichkeit**, Seitenverschieblichkeit *f* (Bahn) / movimiento *m* axial de ejes ‖ ≈**biegemaschine** *f* / curvadora *f* [hidráulica], máquina *f* de curvar [perfiles etc.] ‖ ≈**bild** *n*, Diagramm *n* / diagrama *m* ‖ ≈**bild**, grafische Darstellung / gráfica *f*, gráfico *m*, representación gráfica ‖ ≈**blatt** *n* / hoja *f* de diagramas ‖ ≈**blechschere** *f* (Wz) / cizallas *f pl* [de chapa] para cortar curvas ‖ ≈**brücke** *f* / puente *m* en curva ‖ ≈**diagramm** *n* (Wzm) / diagrama *m* de levas ‖ ≈**einstellung** *f* (Bahn) / inscripción *f* en curvas ‖ ≈**form** *f*, -verlauf *m* / forma *f* o marcha de la curva ‖ ≈**form** (Masch) / contorno *m* de leva ‖ ≈**förmig** / en forma de curva, curvilíneo, curvo ‖ ≈**fräsmaschine** *f* (Wzm) / fresadora *f* de levas ‖ ~**gängig** / adaptable a curva[s], con estabilidad [en las curvas] ‖ ≈**generator** *m* (DV) / generador *m* de curvas ‖ ~**gesteuert** (Masch) / mandado por leva[s] ‖ ≈**getriebe** *n*, -[an]trieb *m* / mando *m* o accionamiento por levas ‖ ≈**knick** *m* / codo *m* en la curva ‖ ≈**lage** *f* (Luftf) / inclinación *f* lateral ‖ ≈**lage**, Verhalten *n* in der Kurve (Kfz) / comportamiento *m* en las curvas, maniobrabilidad *f* en las curvas ‖ ≈**leser** *m* (DV) / seguidor *m* de curvas ‖ ≈**licht** *n* (Kfz) / luz *f* adaptiva (a curvas) ‖ ≈**lineal** *n* (Zeichn) / plantilla *f* de curvas, regla *f* curva, acordada *f* ‖ **[biegsames]** ≈**lineal** (Zeichn) / acordada *f* flexible ‖ ≈**lineal** *n* **mit großen Kreisbögen** (Zeichn) / plantilla *f* de curvas con grandes arcos circulares ‖ ~**los** / sin curvas ‖ ≈**maximum** *n* (Math) / máximo *m* de la curva ‖ ≈**maximum**, Gipfelpunkt *m* (Feuerfest, Versuch) / cúspide *f* ‖ ≈**messer** *m* (Geom) / curvímetro *m* ‖ ≈**minimum** *n* / mínimo *m* de la curva ‖ ≈**-Neigungseinrichtung** *f* (Bahn) / dispositivo *m* de caja inclinable, suspensión *f* compensada ‖ ≈**netz** *n* (Math) / red *f* de curvas ‖ **kleinstzulässiger** ≈**radius**

(Bahn) / radio *m* mínimo de inscripción en curva ‖ ⁓**radius** *m* / radio de curvatura o de la curva ‖ ⁓**radius** (Luftf) / radio *m* de viraje ‖ ~**reich, gewunden** (Straß) / sinuoso, tortuoso, con muchas curvas ‖ ~**reiche Gebiete bzw. Strecken** / zonas muy viradas ‖ ⁓**reißfeder** *f*, -**ziehfeder** *f* (Zeichn) / tiralíneas *m* de curvas ‖ ⁓**rolle** *f* (Seilb) / rodillo *m* de cambio de dirección ‖ ⁓**rolle** (Wzm) / rodillo *m* de leva[s] ‖ ⁓**rolle** (Förderanl) / rodilloguía *m* ‖ ⁓**rollgang** *m* / camino *m* de rodillos curvado ‖ ⁓**schar** *f* (Math) / grupo *f* o haz de curvas ‖ ⁓**scheibe** *f* / disco *m* de leva[s] ‖ ⁓**scheibengetriebe** *n* (Kinematik) / mecanismo *m* de discos de levas ‖ ⁓**schere** *f* (Wz) / cizalla *f* para cortar curvas o para cortes curvilíneos ‖ ⁓**schreiber**, -**zeichner** *m* / registrador *m* de curvas, curvígrafo *m* ‖ ⁓**schreiber**, -**zeichner**, **Plotter** *m* (DV) / trazador *m* X-Y o de curvas ‖ ⁓**tal** *n* (Math) / fondo *m* de valle, mínimo *m* ‖ ⁓**technik** *f* (Kfz) / técnica *f* de viraje ‖ ⁓**trieb** *m* (Masch) / mecanismo *m* de movimiento plano con levas ‖ ⁓**trommel** *f* / leva *f* en forma de tambor, leva *f* cilíndrica ‖ ⁓**überhöhung** *f* (Bahn, Straß) / peralte *m* de curva ‖ ⁓**verbreiterung** *f* (Straß) / ensanche *m* de curva ‖ ⁓**verhalten** *n* (Kfz) / comportamiento *m* en curvas ‖ ⁓**verlauf** *m* / curso *m* de una curva ‖ ⁓**vorschub** *m* (Wzm) / avance *m* por leva[s] ‖ ⁓**widerstand** *m* (Bahn) / resistencia *f* debida a la curva ‖ ⁓**Wischen** *n*, **Power-Slide** *m* (Kfz) / resbalamiento *m* [intencionado] en curva ‖ ⁓**zeichner**, -**schreiber** *m* / curvígrafo *m* ‖ ⁓**ziehfeder** *f*, -**reißfeder** *f* (Zeichn) / tiralíneas *m* de curvas

kurvilinear / curvilíneo

kurz (Länge) / corto, de poca extensión ‖ ~ (Zeit) / breve, corto, de corta duración, a corto plazo ‖ ~, verkürzt / acortado, abreviado, reducido ‖ ~, vorübergehend / transitorio ‖ ~, spröde (Metall) / frágil ‖ **darstellen**, **zusammenfassen** / resumir, condensar ‖ **er Dipol** (Antenne) / dipolo *m* infinitesimal ‖ ~**e Faser** (Holz, Tex) / fibra *f* corta ‖ ~**er Lack** / barniz *m* magro ‖ ~**es Nachrichten** / enderezado *m* rectificador, repaso *m* ‖ ~**er Pfeiler**, knickfester Pfeiler / pilar *m* corto, pilar *m* resistente al pandeo ‖ ~**er Stromstoß** (Elektr) / impulso *m* corto de corriente ‖ ~**es Überschwingen ins Negative** (Oszilloskop) / sobreoscilación *f* transitoria de anticipación ‖ ~**er Werbefilm** / cortometraje *m* de publicidad ‖ **zu ~ kommen** (Luftf) / aterrizar corto

Kurz·arbeit *f* (F.Org) / jornada *f* reducida ‖ ⁓**bandförderer** *m* (Bergb) / transportador *m* [de cinta] corto ‖ ⁓**berichte** *m pl*, Auszüge *mpl* (Masch) / revista *f* de abstractos técnicos ‖ ~**bestrahlt** / radiado o irradiado a corto plazo ‖ ⁓**bezeichnung** *f* / denominación *f* o notación abreviada ‖ ~**brennweitiges Objektiv** (Opt) / objetivo *m* de corta distancia focal ‖ ⁓**dämpfer** *m* (Tex) / aparato *m* de vaporización rápida ‖ ⁓**darstellung** *f* / resumen *m* ‖ ⁓**dipol** *m*, Hertzscher Dipol / dipolo *m* [de] Hertz ‖ ⁓**distanzbestrahlung** *f* (Radiol) / irradiación *f* a corta distancia

Kürze *f* (Zeit) / corta *f* duración ‖ ⁓ (Länge) / brevedad *f*, corta *f* extensión

kürzen *vt* (Math) / reducir, simplificar ‖ ~, ab-, verkürzen / acortar, hacer más corto, recortar ‖ ~, zusammenziehen / abreviar, reducir ‖ ~, abbrechen / truncar ‖ ~, reduzieren (z.B. Lohn) / reducir, bajar ‖ **ein Verfahren** ~ / abreviar un procedimiento ‖ ⁓ *n* (Math) / reducción *f* ‖ ⁓, Verkürzen *n* / acortamiento *m*

kürzer werden, sich verkürzen / acortarse, reducirse, volver más corto

Kurzer (coll) s. Kurzschluss

kürzest (Weg) / el más corto (camino), la más corta (distancia)

kurz·faserig / de fibra corta ‖ ⁓**faserspinnen** *n* (Tex) / hilatura *f* de fibras cortas ‖ ⁓**fassung** *f* / versión *f* corta o resumida ‖ ⁓**film** *m* / película *f* de corto metraje, cortometraje *m*, corto *m* ‖ ~**flammig** (Kohle) / de llama corta ‖ ~**fristig** / a corto o a breve plazo, a plazo corto ‖ ~**fristige Bestrahlung** (o. Strahlenexponierung) (Nukl) / irradiación *f* aguda, exposición *f* corta a la irradiación ‖ ~**gefasst** / conciso, sinóptico, resumido ‖ ~**gehaspelt** (Spinn) / aspeado en el aspa corta ‖ ~**geschlossen** (Elektr) / cortocircuitado ‖ ~**geschoren** (Tuch) / tundido corto, esquilado corto ‖ ⁓**gewinde** *n* / rosca *f* corta ‖ ⁓**gewindefräsmaschine** *f* (Wzm) / fresadora *f* de roscas cortas ‖ ~**glasfaserverstärkt** (Plast) / reforzado por fibras de vidrio cortas ‖ ⁓**gleitlager** *n* / cojinete *m* corto ‖ ~**gliedrig [ohne Steg]** (Kette) / de eslabones cortos ‖ ⁓**häckseln** *n* (Landw) / picado *m* corto o exacto ‖ ⁓**halsig** (Flasche) / de cuello corto ‖ ⁓**halskolben** *m* (Chem) / frasco *m* de cuello corto ‖ ⁓**heck** *m* (Kfz) / fastback *m*, zaga *f* corta, parte *f* trasera corta ‖ ~**hobler** *m*, Shapingmaschine (Wzm) / cepillo-limador *m* ‖ ⁓**hobler**, **Schnellhobler** *m* / acepilladora *f* de recorrido corto ‖ ⁓**huber** *m* (Kfz) / motor *m* con recorrido de émbolo corto, motor *m* de cilindrada corta ‖ ⁓**hubgesenkhammer** *m* / martillo *m* estampador de carrera corta ‖ ⁓**hubhonen** *n* (Wzm) / honing *m* "superfinish" ‖ ~**hubig**, Kurzhub... / de carrera corta, de recorrido corto ‖ ~**hubig**, überquadratisch (Mot) / de carrera corta, supercuadrático ‖ ⁓**hubmotor** *m*, Kurzhuber *m* / motor *m* de carrera corta ‖ ⁓**impuls** *m* (Phys) / impulso *m* corto ‖ ⁓**kegelsitz** *m* (Wzm) / alojamiento *m* cónicocorto ‖ ⁓**kerbzähigkeit** *f* / resistencia *f* a los choques instantáneos ‖ ~**kettig** (Chem) / de cadena corta ‖ ⁓**klemmhalter** *m* / cartucho *m* para placa de corte reversible ‖ ⁓**kupplung** *f* (Bahn) / enganche *m* apretado ‖ ~**lebig**, vergänglich / de vida corta, de corta duración, efímero ‖ ⁓**lebigkeit** *f* / brevedad *f* de la vida, vida *f* efímera ‖ ⁓**lichtbogen** *m* (Schw) / arco *m* [voltaico] corto ‖ ⁓**lichtbogen-Schutzgasschweißen** *n* / soldadura *f* de arco corto bajo atmósfera protectora ‖ ⁓**nippel** *m* (Masch) / boquilla *f* corta (E), niple *m* corto (LA) ‖ ⁓**parken** *n* / aparcamiento *m* de corta duración ‖ ⁓**parkzone** *f*, blaue Zone (Verkehr) / zona *f* azul ‖ ⁓**prüfung** *f*, Kurzprüfverfahren *n* / ensayo *m* corto, prueba *f* abreviada o acelerada ‖ ⁓-**Raubank** *f* (Tischl) / garlopín *m* ‖ ⁓**referat** *n* / sumario *m*, resumen *m* ‖ ~**reichweitig** / de poco alcance ‖ ⁓**rufnummer** *f* (Fernm) / número *m* [telefónico] abreviado ‖ ⁓**schleifentrockner** *m* (Tex) / secador *m* de pasaje corto ‖ ⁓**schließen** *vt* (Elektr) / cortocircuitar, poner en cortocircuito ‖ ⁓**schließen** (Kfz) / puentar ‖ ⁓**schließen** *n* (Elektr) / puesta *f* en cortocircuito ‖ ⁓**schließen eines Poles mit Kupferring** (Spaltpolmotor) / devanado *m* en cortocircuito, sombreado *m* del polo ‖ ⁓**schließer** *m* (Fernm) / puente *m* de cortocircuito ‖ ⁓**schlitten...** (Wzm) / de carro corto ‖ ⁓**schlitzrichtkoppler** *m* (Satellit) / acoplador *m* híbrido de ranura corta

Kurzschluss *m* (Elektr) / cortocircuito *m* ‖ **im ~**, in geschlossenem Kreislauf / en circuito cerrado ‖ **satter ⁓** / cortocircuito *m* total ‖ ⁓**abschaltleistung** *f* / potencia *f* de ruptura en cortocircuito ‖ ⁓**admittanz rückwärts**, Remittanz *f* / admitancia *f* de transferencia de realimentación en cortocircuito ‖ ⁓**admittanz vorwärts**, Transmittanz *f* / admitancia *f* de transferencia directa en cortocircuito ‖ ⁓**anker** s. Kurzschlussläufer ‖ ⁓-**Ausgangs-Admittanz** *f* (Halbl) / admitancia *f* de salida en cortocircuito ‖ ⁓**begrenzung** *f* / limitación *f* de [corriente de] cortocircuito ‖ ⁓**betrieb** *m* (Eltronik) / operación *f* en oposición ‖ ⁓**blindschwanz** *m* (Antenne) / tetón *m* [adaptador] en cortocircuito ‖ ⁓**bremse** *f* (Bahn) / freno *m* por cortocircuito ‖ ⁓**bremsung** *f* / frenado *m* por cortocircuito ‖ ⁓**brücke** *f*, -bügel *m* (Eltronik) / barra *f* de cortocircuito o de cortocircuitar, barra *f* cortocircuitadora o de puesta en cortocircuito ‖ **mit ⁓brücke** (Eltronik) / shuntado, derivado ‖ **⁓charakteristik** *f* s. Kurzschlusskennlinie ‖ **⁓-Eingangs-Admittanz** *f* (Halbl) / admitancia *f* de entrada en cortocircuito ‖ **⁓-Eingangs-Impedanz** *f* (Halbl) / impedancia *f* de entrada en cortocircuito ‖ **⁓-Eingangskapazität** *f* / capacidad *f* de entrada-salida en cortocircuito ‖ **⁓fernsehen** *n* (TV) / televisión *f* en circuito cerrado ‖ **⁓fest** / resistente al cortocircuito ‖ **⁓festigkeit** *f* / resistencia *f* al cortocircuito ‖ **⁓fortschaltung** *f* / reconexión *f* después de cortocircuito pasajero ‖ **⁓impedanz** *f* / impedancia *f* en (o de) corto circuito ‖ **⁓kennlinie** *f* (Asynchronmotor) / característica *f* de rotor enclavado ‖ **⁓kolben**, -schieber, Drosselkolben *m* (Wellenleiter) / pistón *m* de choque ‖ **⁓kontakt** *m* (Elektr) / parachispas *m* ‖ **⁓kreis** *m* / circuito *m* cortocircuitado ‖ **⁓läufer** *m* / rotor *m* o inducido en cortocircuito ‖ **⁓läufermotor** *m* / motor *m* [con inducido] en cortocircuito ‖ **⁓leistung** *f* (el. Maschine) / potencia *f* en (o de) cortocircuito ‖ **gegenseitiger ⁓leitwert** (nach Piloty) / admitancia *f* de transferencia (según Piloty) ‖ **⁓lichtbogen** *m* / arco *m* [voltaico] de cortocircuito ‖ **⁓löschung** *f* / extinción *f* de cortocircuito ‖ **⁓messung** *f* (Bauteile) / medición *f* en cortocircuito ‖ **⁓nachbildung** *f* (Elektr) / simulador *m* de cortocircuito ‖ **⁓ofen** *m* (Halbl) / horno *m* de cortocircuito ‖ **⁓prüfer** *m*, Kurzschlussprüfgerät *n* / comprobador *m* de cortocircuito ‖ **⁓ring** *f* / anillo *m* de cortocircuito ‖ **⁓-Rücksteilheit** *f* (Eltronik) / admitancia *f* de transferencia inversa ‖ **⁓schalter**, Magnetschalter *m* (Kfz, Magnetzünd) / interruptor *m* de magneto ‖ **⁓schleifringläufer** *m* / rotor *m* o inducido en cortocircuito con anillos colectores ‖ **⁓senkbremsung** *f* / frenado *m* de descenso en cortocircuito ‖ **⁓sicher** / a prueba de cortocircuito[s] ‖ **⁓spannung** *f* / tensión *f* de cortocircuito ‖ **⁓stecker** *m*, -stöpsel *m* / clavija *f* de [enchufe de] cortocircuito ‖ **⁓-Stichleitung** *f* (Antenne) / tetón *m* [adaptador] en cortocircuito ‖ **⁓stöpsel** *m* / clavija *f* de [puesta en] cortocircuito ‖ **⁓strom** *m* / corriente *f* de cortocircuito ‖ **⁓strom** (Elektr, Mot) / corriente *f* de rotor enclavado ‖ **⁓strombremse** *f* (Bahn) / freno *m* de [corriente de] cortocircuito ‖ **⁓-Stromempfindlichkeit** *f* (Halbl) / sensibilidad *f* a la corriente en cortocircuito ‖ **⁓stromverstärkung** *f* (Halbl) / razón *f* m de transferencia directa de corriente en cortocircuito ‖ **⁓sucher** *m* / detector *m* de cortocircuito ‖ **⁓taste** *f* / tecla *f* de cortocircuito ‖ **⁓tastung** *f* (Eltronik) / manipulación *f* en cortocircuito ‖ **⁓-Übertragungs-Admittanz** *f* **rückwärts**, Remittanz *f* (Rückwärtssteilheit) (Halbl) / admitancia *f* de transferencia inversa en cortocircuito ‖ **⁓-Übertragungs-Admittanz vorwärts**, Transmittanz *f* (Vorwärtssteilheit) (Halbl) / admitancia *f* de transferencia directa con salida en cortocircuito, transmitancia *f* ‖ **⁓verhalten** *n* / comportamiento *m* en (o de) cortocircuito ‖ **⁓verluste** *m pl* (Elektr) / pérdidas *f pl* por cortocircuito ‖ **⁓versuch** *m*, -probe *f* / ensayo *m* en cortocircuito, prueba *f* en cortocircuito ‖ **⁓vorrichtung** *f* (Elektr) / dispositivo *m* de cortocircuito ‖ **⁓vorrichtung und Bürstenabhebevorrichtung** (Elektr) / dispositivo *m* de cortocircuito y de levantaescobillas ‖ **⁓-Vorwärtssteilheit** *f* (Halbl) / admitancia *f* de transferencia directa ‖ **⁓wächter** *m* / monitor *m* de cortocircuito ‖ **⁓wicklung** *f* / arrollamiento *m* o devanado en cortocircuito ‖ **⁓widerstand** *m* / resistencia *f* de cortocircuito ‖ **⁓widerstand** (Eltronik) / impedancia *f* libre o en cortocircuito ‖ **gegenseitiger ⁓widerstand** (nach Piloty) (Fernm) / impedancia *f* mutua o de transferencia (según Piloty) ‖ **⁓windung** *f* / espira *f* de cortocircuito

kurz•schürige Wolle (Tex) / lana *f* de fibra corta ‖ **~sichtig** (Opt) / miope, corto de vista ‖ **⁓sichtigkeit**, Myopie *f* (Med) / miopía *f* ‖ **~spanend** (Wzm) / de viruta[s] corta[s] ‖ **⁓speicher** *m* (Elektr) / acumulador *m* de poca capacidad ‖ **⁓splissung** *f* (Spinn) / empalme *m* corto ‖ **~stämmig** (Baum) / de tronco bajo o corto ‖ **⁓stand** *m* (Stall) / compartimiento *m* pequeño ‖ **~staplig**, -faserig, kurz (Tex) / de fibra corta ‖ **⁓start-Flughafen** *m* / aeropuerto *m* STOL o de despegue corto ‖ **⁓startflugzeug**, Stolflugzeug *n* / avión *m* STOL ‖ **⁓-Start- und Landesystem** *n*, STOL-System *n* / sistema *m* de despegue y aterrizaje cortos, sistema *m* STOL ‖ **~stielig** (Bot) / de tallo corto ‖ **⁓stoppdruckknopf** *m* / botón *m* de parada instantánea ‖ **⁓stopptaste** *f* (Tonband) / tecla *f* de parada momentánea ‖ **⁓strecken...** / de corta distancia ‖ **⁓strecken...** (Rakete) / de corto alcance ‖ **⁓streckenflugzeug** *n* / avión *m* de corto alcance ‖ **⁓streckenverkehr** *m* / tráfico *m* de corta distancia ‖ **⁓text** *m* / texto *m* abreviado ‖ **⁓tisch** *m* (Wzm) / mesa *f* corta ‖ **~-träg[e]** (Sicherung) / de retardo independiente ‖ **geräuscharmer ⁓-und Senkrecht-Starter**, QSTOL (Luftf) / avión *m* silencioso de despegue y aterrizaje verticales, avión *m* QSTOL

Kürzung *f*, Abkürzung *f* / abreviación *f* ‖ **⁓**, Reduzierung / reducción *f* ‖ **⁓** (Math) / reducción *f* (a un común denominador) ‖ **⁓** (Stat) / acortamiento *m*

Kurz•unterbrecher *m* (Elektr) / [inter]ruptor *m* restablecidor o de recierre ‖ **⁓unterbrechung** *f* (Elektr) / interrupción *f* con recierre o reconexión ‖ **⁓verfahren** *n* / procedimiento *m* o proceso abreviado ‖ **⁓versuch** *m* / ensayo *m* abreviado o corto ‖ **⁓vorhersage** *f* (Wetter) / previsión [meteorológica] para mañana o a corto plazo ‖ **⁓wahl** *f* (Fernm) / selección *f* abreviada ‖ **⁓wangendrehmaschine** *f* (Wzm) / torno *m* de bancada corta ‖ **⁓waren** *f pl* (Tex) / artículos *m pl* de mercería, mercería *f* ‖ **⁓wegdestillation** *f* (Destillation mit diskontinuierlichem Druckabfall) (Chem) / destilación *f* de vía corta ‖ **⁓wegdestillation**, Molekulardestillation *f* / destilación *f* molecular ‖ **⁓welle** *f* (GB: 15 bis 100 m, US: unter 60 m, Dtschld: 10 bis 100 m o. Frequenzbereich 7) (Eltronik) / onda *f* corta o decamétrica (banda 7) ‖ **⁓wellen...** (Radio) / de onda corta ‖ **⁓wellenamateur** *m* / radioaficionado *m* de ondas cortas ‖ **⁓wellenbereich** *m* / gama *f* de ondas cortas o decamétricas ‖ **⁓wellenempfänger** *m* / receptor *m* de onda corta ‖ **⁓wellenradar** *n* (Zentimeterwellen) / radar *m* de ondas centimétricas ‖ **⁓wellensender** *m* / emisora *f* de onda corta ‖ **⁓wellenspreizung** *f* / ensanche *m* de [banda de] onda corta ‖ **⁓wellentelefonie** *f* / radiotelefonía *f* de onda corta ‖ **⁓wellentelegrafie** *f* / radiotelegrafía *f* de (o por) onda corta ‖ **⁓wellenvorsatz** *m* (Radio) / adaptador *m* o convertidor de onda corta ‖ **~wellig**, Kurzwellen... / de onda corta ‖ **~wollig** (Tex) / de fibras cortas ‖ **⁓zeichen** *n* / abreviatura *f*, símbolo *m*, referencia *f* ‖ **⁓zeichen** (in Buchstaben) / sigla *f*, signo *m*, logotipo *m*, anagrama *m* ‖ **⁓zeichen** (Chem, Eltronik) / símbolo *m*

Kurzzeit•-Anregung *f* (Elektr) / excitación *f* instantánea ‖ **⁓belastbarkeit** *f* / capacidad *f* de carga breve ‖ **⁓belichtung** *f* (Foto) / exposición *f* de corta duración ‖ **⁓bestrahlung** *f* (Radiol) / irradiación *f* de corta duración ‖ **⁓betrieb** *m* / servicio *m* u operación de corta duración, trabajo *m* de tiempo corto ‖ **⁓betrieb mit wechselnder Belastung** / servicio *m* temporario variable ‖ **⁓holographie** *f* / holografía *f* ultrarrápida

kurzzeitig, Kurzzeit... / de corta duración, de tiempo corto ‖ **~** (Elektr) / temporal, temporario, pasajero

Kurzzeit•kurzschlussstrom *m* / corriente *f* de cortocircuito temporal ‖ **⁓leistung** *f* / potencia *f* instantánea o momentánea, potencia *f* de corta

duración ‖ ⁓**leistung** (30- o. 60 Minuten-Leistung) (Elektr, Mot) / capacidad *f* de carga breve ‖ ⁓**messer** *m* / microcronómetro *m*, cuentaminutos *m* [con avisador] ‖ ⁓**photographie** *f* / fotografía *f* ultrarrápida ‖ ⁓**relais** *n* / relé *m* de reacción rápida ‖ ⁓**schaltuhr** *f* / microcronómetro *m* contactor ‖ ⁓**speicher** *m* (DV) / memoria *f* de poca duración ‖ ⁓**stabilität** *f* / estabilidad *f* de corta duración ‖ ⁓**test** *m*, Kurzzeitprüfung *f* / ensayo *m* de breve o corta duración ‖ ⁓**verhalten** *n* / comportamiento *m* de corta o breve duración ‖ ⁓**verschluss** *m* (Foto) / obturador *m* ultrarrápido ‖ ⁓**wecker** *m* / cronómetro *m* de [60] minutos ‖ ⁓**wert** *m* / valor *m* momentáneo o instantáneo
Kurzzug *m* (S-Bahn) / tren *m* corto
Kussdruck *m* (Druck) / presión *f* mínima o de [leve] contacto, impresión *f* con grueso mínimo
Küste *f*, Strand *m* (Geo) / costa *f*, orilla *f* del mar, litoral *m* ‖ ⁓, Flachküste *f* / playa *f* ‖ ⁓ *f*, Steilküste *f* / acantilado *m*, costa *f* brava o escarpada
Küsten•... / costero, litoral, costanero ‖ ⁓**befeuerung** *f* (Schiff) / balizamiento *m* luminoso de la costa ‖ ⁓**bohrturm** *m* / castillete *m* de sondeo costafuera o submarino u offshore ‖ ⁓**boot** *n* / barco *m* costero ‖ ⁓**brechung** *f* (Radar) / refracción *f* costera ‖ ⁓**fahrer** *m*, -schiff *n* / buque *m* o barco de cabotaje, costero *m* ‖ ⁓**fahrt**, -schifffahrt / cabotaje *m* ‖ ~**fern** / distante de la costa ‖ ⁓**fischerei** *f* / pesca *f* menor o costera o de bajura ‖ ⁓**funkstelle** *f* / estación *f* emisora costera ‖ ⁓**gebiet** *n*, -streifen *m* / litoral *m*, franja *f* o región costera ‖ ⁓**gewässer** *n pl* / aguas *f pl* costeras o litorales ‖ flache ⁓**gewässer** / aguas *f pl* costeras de poca profundidad ‖ ⁓**kabel** *n* / cable *m* costero ‖ ⁓**licht** *n* / alumbrado *m* de costa[s] ‖ ⁓**linie** *f* (Hydr) / línea *f* costera ‖ ⁓**motorschiff**, Kümo *n* / barco *m* costero, motonave *f* costera ‖ ~**nah**, Off-shore... / costafuera, offshore ‖ ~**nahes Gewässer** / aguas *f pl* litorales ‖ ~**nahe Ölbohrung** / pozo *m* de petróleo costafuera o submarino u offshore ‖ ⁓**navigation** *f* / navegación *f* costera ‖ ⁓**peilstation** *f* / estación *f* radiogoniométrica costera ‖ ⁓**radar** *n* / radar *m* costero ‖ ⁓**reflex** *m* (Radar) / reflexión *f* costera ‖ ⁓**schiff** *n*, -fahrer *m* / buque *m* o barco costero o de cabotaje, costero *m* ‖ ⁓**schifffahrt**, -fahrt *f* / cabotaje *m*, navegación *f* de cabotaje, navegación *f* costera ‖ ⁓**schifffahrt betreiben** (Schiff) / practicar el cabotaje ‖ ⁓**schlick**, -schlamm *m* / fango *m* costero ‖ ⁓**schnellboot**, KS / lancha *f* patrullera, patrullera *f* ‖ ⁓**schutz** *m* / defensa *f* costera o de las costas ‖ ⁓**standort** *m* / sitio *m* o lugar costero ‖ ⁓**station** *f* (Eltronik) / estación *f* marítima o costera ‖ ⁓**strand** *m* / playa *f* ‖ ⁓**strich** *m* / litoral *m*, costa *f* ‖ ⁓**strömung** *f* / corriente *f* litoral ‖ ⁓**tankschiff** *n* / petrolero *m* de cabotaje ‖ ⁓**überwachungsradar** *m n* / radar *m* [de control] costero ‖ ⁓**vermessung** *f* / levantamiento *m* [hidrográfico] de la costa ‖ ⁓**zone** *f* (Geo) / zona *f* costera, litoral *m*
Kustos *m*, Kustode *f* (Druck) / guión *m*
Kutter *m* (Schiff) / balandra *f*, cúter *m* ‖ ⁓ (Fleischereimaschine) / máquina *f* para picar carne [para salchichas], cutter *m* para carne
Kuttern *n* / picadura *f* (de carne etc.)
Kuverdeich *m*, Schlossdeich *m* (Hydr) / dique *m* de aislamiento o de cobertura
kuvertieren *vt* / meter en un sobre, ensobrar
Kuvertiermaschine *f* / máquina *f* para meter cartas en sobres
Kuverwasser *n* / agua *f* de infiltración (dique)
Küvette *f* (Chem, Opt) / cubeta *f* ‖ ⁓ (Foto) / cubeta *f* de revelar
Küvetten•automatik *f* (Zuck) / dispositivo *m* de deplazamiento automático de cubetas ‖ ⁓**verschluss** *m* (Opt) / tapa *f* de [la] cubeta

kV, Kilovolt *n* / kilovoltio *m* ‖ ⁓ (Eltronik) = Kanalverstärker
kVA, Kilovoltampere *n* / kilovoltamperio *m*
K-Verband *m*, Pfeilverband *m* (Stahlbau) / contravientamiento *m* en triángulo
KVSt (Fernm) = Knotenvermittlungsstelle
kW (= Kilowatt) / kilovatio *m* ‖ ⁓ (Chem) = Kohlenwasserstoff
K-Wagen, Flachwagen *m* (Bahn) / vagón *m* plataforma
K-Wert *m* (Plast) / valor *m* K, índice *m* K
kWh (= Kilowattstunde) / kilovatio hora
KWIC-Index *m*, Register nach signifikanten Titel-Worten geordnet (DV) / índice *m* KWIC (= KeyWord In Context)
KWI-Versuch *m* (Hütt) / ensayo *m* KWI
KWK, Kraft-Wärme-Kopplung *f* / acoplamiento *m* fuerza-calor
KWL (Schiff) = Konstruktionswasserlinie
K.W.-Stoff = Kohlenwasserstoff
Kyanamit *m* (Min) / cianamita *f*
Kyanisation *f* (Chem, Holz) / cianización *f*
kyanisieren *vt*, mit einer Sublimatlösung tränken (Holz) / cianizar, impregnar con sublimado corrosivo
Kyanisierung *f* (Chem, Holz) / cianización *f*
Kyanit *m*, Disthen *m* (Min) / cianita *f*, disteno *m*
Kybernetik *f* / cibernética *f*
Kybernetiker *m* / cibernético *m*
kybernetisch / cibernético
Kylindrit, Cylindrit *m* (Min) / cilindrita *m*
Kymograph, Schwingungsschreiber *m* (Elektr) / quimógrafo *m*
kyrillisch (Schrift) / cirílico
Kys-Verfahren *n* **zur Stahlherstellung** (Klöckner u. Youngstown Sheet & Tubes) (Hütt) / procedimiento *m* Kys
K-Zahn *m* (Säge) / diente *m* en K
K-Zahnung *f* (Säge) / dentadura *f* en K
K-Zustand *m* (Phys) / estado *m* K

L

l m (= Liter) / l (= litro, litros)
l (= lävogyr), linksdrehend (Chem, Phys) / l (= levógiro)
L (= 2. Elektronenschale) (Nukl) / L (= 2ª capa de electrones)
L = Lohschmidtsche Zahl
La, Lanthan n (Chem) / lantano m
Lab n (Biochem) / cuajo m
Label n, Kennsatz m (DV) / rótulo m, símbolo m, etiqueta f
Lab[ferment] n, Rennin n, Chymosin n (Biochem) / renina f, fermento m lab o coagulante, quimosina f
labil, unbeständig / lábil, inestable ‖ ~es Gleichgewicht / equilibrio m lábil
Labilität f / labilidad f, inestabilidad f
Labor n, Laboratorium n (Chem) / laboratorio m ‖ ⁓anhänger m (Kfz) / remolque-laboratorio m
Laborant m, Laborantin f / ayudante m f o practicante de laboratorio, laboratista m f, laborante m f
Labor•arbeit f / trabajo m de laboratorio ‖ ⁓[atorium] n (Dokimasie) / laboratorio m de ensayos o de aquilatamiento ‖ ⁓[atoriums]techniker m / técnico m de laboratorio ‖ ⁓aufbau m (Eltronik) / modelo m experimental, montaje m experimental en base plana, banco de laboratorio m ‖ Entwicklungsstand de ⁓aufbaus / estado m experimental ‖ ⁓ausbeute f / rendimiento m de laboratorio ‖ ⁓einrichtung f / equipo m de laboratorio ‖ ⁓entwicklungen f pl / estudios m pl de laboratorio ‖ ⁓geräte n pl / utensilios m pl y aparatos de laboratorio, equipo m de laboratorio ‖ ⁓geräte aus Glas / cristalería f para laboratorio ‖ ⁓kapelle f / copela f de laboratorio ‖ ⁓mühle f, Labormahlwerk n / trituradora f de laboratorio ‖ ⁓muster n (für das Labor) / prueba f para (o de) laboratorio ‖ ⁓muster (aus dem Labor) / muestra f de laboratorio, prototipo m de laboratorio ‖ ⁓prüfung f / examen m o control de laboratorio ‖ ⁓schaltbrett n (Eltronik) / circuito m experimental, circuito m montado en base de madera o en base plana ‖ ⁓stadium n / estado m de laboratorio ‖ ⁓system n (Nukl) / sistema m de laboratorio ‖ ⁓tischfliese f / baldosa f para mesa de laboratorio ‖ ⁓versuch, Kleinversuch m / ensayo m de laboratorio, prueba f en banco ‖ ⁓waage f / balanza f de laboratorio
Labradorit m (Plagioklas) (Min) / labradorita f, piedra f de la luna
Labyrinth n / laberinto m ‖ ⁓abdichtung f / obturación f de laberinto, cierre m por laberinto ‖ ⁓blech n / chapa f laberíntica ‖ ⁓büchse f / casquillo m laberíntico ‖ ⁓deckel m / tapa f de laberinto ‖ ⁓dichtung f / empaquetadura f o junta laberíntica, guarnición f con ranuras ‖ ⁓dichtungsring m / anillo m o aro laberíntico o de[l] laberinto ‖ ⁓-Durchgang m / paso m de laberinto ‖ ⁓-Faktor m / factor m de tortuosidad f ‖ ⁓nut f / ranura f laberíntica ‖ ⁓spalt m / intersticio m entre eje/árbol y laberinto ‖ ⁓steg m, -stufe f / escalonamiento m del laberinto
Laccase f (Chem) / laccasa f
Lace-Antrieb m (Raumf) / propulsor m con ciclo de aire líquido
Lache f / rezumadero m
Lachgas, Distickstoff-Monoxid n (Chem, Med) / gas m hilarante, óxido m nitroso
Lachsnetz n / salmonera f

Lack m (allg) / laca f ‖ ⁓, Firnis m / barniz m ‖ ⁓ (Kfz) / pintura f ‖ ⁓ auf Nitrobasis, Nitrolack m / laca f nitrocelulósica, nitrolaca f ‖ ⁓ entfernen, entlacken / desbarnizar ‖ [ofentrocknender] ⁓, Einbrennlack m (Farbe) / esmalte m [de secado al horno] ‖ schwarzer oder roter, japanischer oder chinesischer ⁓ / laca f [negra o roja], goma f laca, maque m ‖ synthetischer ⁓, Kunstharzlack m / barniz m de resina sintética
Lack•abdruckverfahren n (Opt) / impresión f de laca ‖ ⁓abziehzange f (Elektr) / tenazas f pl para pelar alambre recubierto ‖ ⁓abzugdruck m, Lackabdruck m / réplica f en laca ‖ ⁓anstrich m / pintura f de barniz ‖ ⁓arbeit f / barnizado m o ⁓arbeit (Gegenstand) (japanisch) / laca f, laqueado m, labor f en laca ‖ ⁓band n (Elektr) / cinta f de cambray ‖ ⁓bandkabel n / cable m aislado (o encintado) con calicó (o cambray) barnizado ‖ ⁓benzin n / bencina f para laca ‖ verdampfender ⁓bestandteil (Anstrich) / vehículo m [de laca] ‖ ⁓dose f, -eimer m / bote m para pintura f ‖ ⁓draht m (Elektr) / alambre m o hilo esmaltado o barnizado o recubierto ‖ ⁓druck m (Tex) / estampación f en lacas ‖ ⁓dye, Färberlack m / laca f de teñir ‖ ⁓entferner m / quitapinturas m, quitabarnices m, quitalacas m ‖ ⁓fabrik f / fábrica f de lacas y barnices ‖ ⁓farbe f, Lack m / esmalte m, pintura f de laca ‖ ⁓farbenanstrich m / pintura f al barniz ‖ ⁓film m / película f de barniz ‖ ⁓firnis m / barniz m [de] laca ‖ ⁓gewebe n (Tex) / cambray m, cambray m [barnizado] ‖ ⁓glanz m (Farbe) / brillo m de barniz ‖ ⁓glasgewebe n (Elektr) / tejido m barnizado de fibra de vidrio ‖ ⁓glasseidenband n / cinta f de fibra de vidrio barnizada ‖ ⁓hantel f (Foto, Opt) / rodillo m para barnizar ‖ ⁓harz n (Chem) / resina f para lacas y barnices ‖ ⁓harz (der Lackschildlaus), roter [Gummi]lack / laca f, goma f laca ‖ ⁓haut f / película f de barniz ‖ ⁓hersteller m / fabricante m de barnices y lacas
Lackier•anlage f (Fließband) / tren m de esmaltado ‖ ⁓arbeit f (Kfz) / esmaltado m
lackieren vt / lacar, barnizar, laquear ‖ ~ (einbrennlackieren) / barnizar al horno, esmaltar ‖ mit Japanlack / enlacar ‖ mit metallischem Pigment ~ / barnizar o laquear con pigmento metálico ‖ zu ~der o. lackierter Gegenstand / substrato m [de barnizado] material de base ‖ ⁓ ~ (Plast) / barnizado m ‖ ⁓ mit metallischem Pigment (o. mit Metalleffektlack) / barnizado m con pigmento metálico
Lackierer m / barnizador m ‖ ⁓ (für Einbrennlack) / esmaltador m
Lackiererei f / taller m de barnizado o esmaltado
Lackier•maschine f (Druck) / barnizadora f ‖ ⁓maschine (Schichtstoffe) / máquina f para extender la cola ‖ ⁓ofen m, Einbrennofen m / estufa f secadora, horno m secador o de esmaltar
lackiert / barnizado, laqueado, pintado ‖ ~ (einbrennlackiert) / esmaltado ‖ ~es Isolierrohr (Elektr) / tubo m aislante esmaltado ‖ ~es Rohr / tubo m barnizado
Lackiertrommel f / tambor m de barnizado
Lackierung f (der Überzug) / película f o capa de barniz, mano m de barniz ‖ ⁓ (Tätigkeit) / barnizado m ‖ ⁓ f (Kfz) / pintura f, esmaltado m ‖ ⁓ mit gelbem Klarlack / barnizado f con laca transparente amarilla
Lackierwalze f / rodillo m de barnizado
Lack•isolierschlauch m / tubo m aislante flexible barnizado ‖ ⁓isoliert (Draht) / esmaltado adj ‖ ⁓kabel n (Elektr) / cable m barnizado ‖ ⁓leder n / cuero m charolado, charol m ‖ ⁓leinöl n (Chem) / aceite m de linaza refinada para barniz o laca ‖ ⁓lösemittel n, Verdünner m / diluyente m, diluente m, diluidor m
Lackmus m n, Azolitmin n (Bot) / tornasol m ‖ ⁓papier n (Chem) / papel m [de] tornasol Reagenzpapier n

Lack•papier n / papel m barnizado ‖ **˜papierdraht** m / alambre m esmaltado con aislamiento de papel, alambre m esmaltado con forro de papel ‖ **˜papierkabel** n / cable m barnizado con aislamiento de papel ‖ **˜pflanze** f (Bot) / planta f de barniz / **˜pigment** n / pigmento m de laca ‖ **˜platte** f (Spanplatte) / tablero m [de virutas] barnizado ‖ **˜safloröl** n (Pharm) / aceite m de azafrán bastardo, aceite m de alazor ‖ **˜samen** m / laca f en granos ‖ **˜säure**, Arabinsäure f / arabina f, ácido m arábigo ‖ **˜schaden** m / defecto m en el barnizado o esmaltado ‖ **˜schaden** (Kfz) / daño m de pintura ‖ **˜schicht** f, -überzug m / capa f de barniz o de esmalte o de laca ‖ **˜schildlaus** f, Coccus cacti (Zool) / cochinilla f [del nopal] ‖ **˜seide** f (Elektr) / seda f barnizada ‖ **˜sojaöl** n / aceite m de soja refinado [para barniz] ‖ **˜sprühdose** f / laca f en envase aerosol ‖ **˜stift** m (Kfz) / lápiz m de retoque [de pintura]
Lacmoid, Resorcinblau n (Färb) / lacmoide m, azul m de resorcina
Lactam n, Laktam n / lactama f ‖ **˜öl** n (Chemiefaser) / aceite m de lactama
Lactase f (Biochem) / lactasa f
Lactat n (Chem) / lactato m
Lactation f / lactación f, lactancia f
Lacto•[bio]se f, Milchzucker m / lacto[bio]sa f, azúcar m de leche ‖ **˜[densi]meter** n, Milchspindel f (Landw) / lactómetro m, galactómetro m, lactodensímetro m ‖ **˜flavin** n / lactoflavina f
Lacton n (Chem) / lactona f ‖ **˜bildung** f / lactonización f
Lactose f, Laktose f (Biochem) / lactosa f, azúcar m de leche
Ladar m n (Eltronik) / ladar m, radar m lasérico
Lade f (Tex) / batán m ‖ **˜adresse** f (DV) / dirección f de carga del almacenamiento ‖ **˜aggregat** n, -gerät n, -satz m (Elektr) / grupo m electrógeno de carga ‖ **˜anlage**, Verladeanlage f (Bahn, Kfz) / instalación f de carga ‖ **˜anweisung** f, -instruktion f (DV) / instrucción f de carga ‖ **˜arbeit** f, [Be-, Um]laden n / trabajo m de cargar ‖ **˜automat** m (Elektr) / cargador m automático de acumuladores ‖ **˜band** n / cinta f cargadora ‖ **˜baum** m (Schiff) / flecha o pluma f de carga, botavara f, botalón m, percha f de carga ‖ **˜baum**, Schwenkkran m (Bahn) / serviola f, pescante m ‖ **˜baumpfosten** m (Schiff) / mástil m de carga ‖ **˜behälter** m / depósito m de carga ‖ **˜block** m (Schiff) / polea f, motón m ‖ **˜boden** m (Kfz) / plataforma f de carga ‖ **˜bordwand** f (Kfz) / trampilla f elevadora o montacargas ‖ **˜breite** f (Bahn) / ancho m de cargamento ‖ **˜brücke** f, Überfahrbrücke f (Bahn) / pasarela f de carga ‖ **˜bucht** f (Raumf) / compartimento m de carga ‖ **˜bühne** f, Hubtisch m / plataforma [elevadora] de carga ‖ **˜dauer** f (Elektr) / duración f de carga ‖ **˜deck** n (Schiff) / puente m de carga o de maniobra[s] ‖ **˜dichte** f (Akku, Elektr) / densidad f de carga ‖ **˜druck** m (Mot) / presión f de sobrecarga, presión f de admisión ‖ **˜druckmesser** m / manómetro m de sobrecarga ‖ **˜druckmesser** (Luftf) / manómetro m de [presión de] admisión ‖ **˜druckregler** m (Mot) / limitador m de admisión ‖ **˜einheit** f (Luftf) / unidad f de carga ‖ **˜einrichtung** f, -gerät n / instalación f de carga ‖ **˜einrichtung** (Akku) / equipo m de carga ‖ **˜einrichtung**, Mehrladeeinrichtung f (Waffe) (Mil) / repetición f [automática] ‖ **˜-Endspannung** f (Akku) / tensión f de corte ‖ **˜-Entladebetrieb** m, Batteriebetrieb m (Akku) / alimentación f por batería o acumuladores ‖ **˜/Entladezyklen** m pl (Raumf) / ciclos m pl de carga/descarga ‖ **˜fähig** (DV) / capaz de ser cargado ‖ **˜fähigkeit**, Tragfähigkeit f / capacidad f de carga ‖ **˜fähigkeit** f, Tonnage f (Schiff) / tonelaje m de arqueo ‖ **größte ˜fähigkeit** (Fahrzeug) (Bahn) / límite f de capacidad de un vehículo ‖ **˜faktor** m (Akku) / factor m de carga ‖ **˜fehler** m (DV) / error m de carga ‖

˜fläche f (Kfz) / superficie f de carga[mento] ‖ **˜gebläse** n (Mot) / compresor m o soplador de sobrealimentación o de sobrecarga, sobrealimentador m ‖ **˜generator** m (Elektr) / generador m de carga ‖ **˜gerät** n, -maschine f / máquina f de carga[mento], cargadora f ‖ **˜gerät** (Akku) / cargador m [de acumuladores], aparato m de carga ‖ **˜gerät**, -satz m (Elektr) / grupo m electrógeno de carga ‖ **˜gerät für Abbaustrecken** (Bergb) / cargador m para trayectos de extracción, cargadora f de mina ‖ **˜gerät für Eisenbahnwagen** / dispositivo m cargador para vagones, envagonadora f ‖ **˜gerüst** n, -bühne, -brücke f / plataforma f de carga ‖ **˜geschirr** n (Schiff) / aparejo m de carga ‖ **˜geschirr für gekuppelte Bäume**, Union-Purchase f (Schiff) / puntal m doble de carga ‖ **˜gestell** n / armazón m o bastidor de carga ‖ **˜gewicht** n (Fahrzeug) / carga f neta o útil ‖ **˜gewicht** (Bahn) / capacidad f de carga ‖ **˜gewicht** (Schiff) / tonelaje m ‖ **˜gleichrichter** m (Elektr) / rectificador m de carga ‖ **˜gleis** n / vía f de carga (E) o de partida (LA) ‖ **˜grad** m, Fanggrad m (Mot) / factor m de sobrecarga ‖ **˜grenzlinie** f (Akku) / característica f de límite de carga ‖ **˜haken** m (Schiff) / gancho m de carga ‖ **˜hakenwirbel** m / rótula f del gancho de carga ‖ **˜hemmung** f (Schusswaffe) / encasquillamiento m ‖ **˜kante** f (Kfz) / faldón m trasero ‖ **˜kante** f (DV) / tarjeta f de cargamento ‖ **hintere ˜klappe** (Kfz) / portón m trasero ‖ **˜kondensator** m (Elektr) / condensador m de carga, capacitor m cargador ‖ **˜kontrolle** f (Luftf) / control m de carga ‖ **˜kontrolleuchte** f (Kfz) / lámpara f indicadora de la carga, lámpara f testigo o de control de carga ‖ **˜kran** m / grúa f de carga ‖ **˜kran**, Schwerlastkran m (Schiff) / grúa f [de carga] de gran capacidad ‖ **˜kratzband** n / cinta f rascadora de cargamento ‖ **˜kübel**, Kübellader m (Straßb) / cuchara f de carga ‖ **˜kurve** f, -kennlinie f (Akku) / característica f de carga ‖ **˜länge** f (Bahn) / longitud f del cargamento ‖ **˜läufer** m (Schiff) / cable m de elevación ‖ **˜leistung** f (Elektr) / capacidad f de carga ‖ **˜linie** f, -marke f (Schiff) / línea f de carga, línea f de flotación en carga ‖ **˜loch** n (Nukl) / hueco m de carga ‖ **˜luftkühler** m (Mot) / radiador m [del aire] de sobrealimentación ‖ **˜luftkühlung** f (Mot) / enfriamiento m del aire de admisión o de sobrealimentación ‖ **˜luke**, Luke f (Schiff) / escotilla f de carga, orificio m de carga ‖ **˜maschine**, -generator m (Elektr) / generador m de carga ‖ **˜maschine** (Nukl) / máquina f de carga ‖ **˜maschine** (Bergb) / cargadora f de mina ‖ **˜maß** n, Messrahmen m (Bahn) / gálibo m límite de material móvil, gálibo m de carga[mento], espacio m libre límite (MEJ) ‖ **das ˜maß überschreitend** (Bahn) / que rebasa el gálibo ‖ **˜maßüberschreitung** f (Bahn) / rebase m de la carga ‖ **˜mast** m (Schiff) / mástil m de carga ‖ **˜meister** m (Bahn) / capataz m de carga y descarga ‖ **˜modul** m (DV) / módulo m de carga ‖ **˜modus** m (DV) / modo m de carga ‖ **˜mulde** f (Bahn) / cuna f de vagón
laden vt (allg) / cargar ‖ **~** (Programm) / cargar el programa ‖ **~** / cargar ‖ **~** n, Ladung f / cargamento m, carga f ‖ **~** (DV) / carga f del programa ‖ **~**, Ladung f (Akku) / carga f ‖ **~ bei konstantem Strom** (Akku) / carga f a intensidad (o corriente) constante ‖ **~ mit konstanter Spannung** (Akku) / carga f a tensión constante ‖ **~ des Programms von der Zentraleinheit** (DV) / telecarga f hacia equipo periférico ‖ **~ des Programms von der Peripherie aus** (DV) / telecarga f hacia unidad central ‖ **~ (erneutes)** (DV) / carga f repetida ‖ **~ u. Löschen** (Schiff) / carga f y descarga
Laden m, Geschäftslokal n / tienda f, local m comercial ‖ **~**, Fensterladen m / contraventana f, postigo m ‖ **~** (Web) / batán m
Laden•[an]schlag m (Web) / golpe m del batán, batida f del batán ‖ **˜arm**, -stock m (Web) / brazo m del batán,

Ladenbau

biela *f* del batán ‖ ~**bau** *m* / construcción *f* de almacenes ‖ ~**baum**, -klotz *m* (Web) / travesaño *m* del batán ‖ ~**deckel** *m* (Web) / tapa *f* del batán ‖ ~**diebstahlsicherung** *f* / protección *f* antirrobo en tiendas, protección *f* contra hurtos en tiendas ‖ ~**feststeller** *m* (Bau) / pestillo *m* de contraventana ‖ ~**flügel** *m* (Fenster) / batiente *m* de contraventana ‖ ~**hüter** *m* / artículo *m* invendible ‖ ~**klotz**, -baum *m* (Web) / tablas *f pl* del batán, zócalo *m* del batán ‖ ~**schlag** *m* (Web) / golpe *m* del batán, batida *f* del batán ‖ ~**schubstange** *f* (Web) / biela *f* ajustable ‖ ~**stelze** *f* (Web) / soporte *m* del batán ‖ ~**stillstand** *m* (Web) / paro *m* del batán ‖ ~**stock**, -arm *m* (Web) / biela *f* del batán ‖ ~**straße** *f* / calle *f* comercial o de comercio ‖ ~**tisch** *m* / mostrador *m* ‖ ~**tischwaage** *f* / balanza *f* de mostrador, balanza *f* sobremostrador ‖ ~**wechsel** *m* (Tex) / cambio *m*

Lade•palette *f* / paleta *f* de carga[mento] ‖ ~**pforte** *f* (Schiff) / porta *f* de recibo ‖ ~**pfosten** *m* (Schiff) / árbol *m* real ‖ ~**pfosten** (Schiff) / árbol *m* real, botavara *f* ‖ ~**plattform** *f* / plataforma *f* de carga[mento] ‖ ~**platz** *m* (allg) / cargadero *m* ‖ ~**platz** (Schiff) / embarcadero *m*, muelle *m* de carga ‖ ~**potential** *n* / potencial *m* de carga ‖ ~**pritsche**, Palette *f* (Förd) / plataforma *f* de carga ‖ ~**pritsche** *f* (Kfz) / plataforma *f* de carga, caja *f* ‖ ~**profil** *n* (Bahn) s. Lademaß ‖ ~**programm** *n*, Programmlader *m* (DV) / cargador *m*, bootstrap *m*, rutina *f* de carga ‖ ~**programm für verschiebliche Programme** (DV) / cargador *m* para programa[s] reubicable[s], cargador *m* de programa reubicable ‖ ~**programm-Hauptband** *n* (DV) / cinta *f* maestra del sistema ‖ ~**pumpe** *f* (Mot) / bomba *f* de sobrealimentación o [sobre]carga ‖ ~**punkt** *m*, -adresse *f* (DV) / punto *m* inicial del registro

Lader *m*, Beschicker *m* / cargador *m* ‖ ~, Pflugbagger *m* (Straßb) / cargadora *f* ‖ ~, Ladegebläse *n* (Mot) / compresor *m* o soplador de sobrealimentación o sobrecarga ‖ ~, Loader *m* (Öl) / cargador *m*

Laderampe, -plattform, -bühne *f* / rampa *f* de carga ‖ ~ *f*, Loading Rack *n*, Verladerampe *f* (Raffinerie) / llenadora *f*, cargadero *m* (URUGUAY) ‖ ~ (Bahn) / muelle *m* de carga, rampa *f* de carga

Laderaum *m* (Schiff) / bodega *f* ‖ ~ (Luftf) / compartimiento *m* de carga ‖ ~, Heckabteil *n* (Kfz) / portaequipajes *m*, maleta *m*, maletero *m*, baúl *m* (LA) ‖ ~ (LKW) / plataforma *f*, espacio *m* de carga ‖ **hinterer** ~ (Schiff) / bodega *f* de popa ‖ **vorderer** ~ (Schiff) / bodega *f* de proa ‖ **vorhandener** ~ (Schiff) / capacidad *f* de carga, tonelaje *m* [disponible] ‖ ~**abdeckung** *f* (Lkw) / tapa *f* para plataforme (de carga) ‖ ~**bagger** *m* / draga *f* de bodega ‖ ~**saugbagger** *m* / draga *f* de succión con bodega

Laderaupe *f* / cargadora *f* de orugas

Lader•laufrad *n* (Luftf) / corona *f* o rueda móvil, rotor *m* del soplador o compresor ‖ ~**leistung** *f* (Mot) / capacidad *f* del soplador de sobrecarga o sobrealimentación ‖ ~**motor** *m* / motor *m* sobrealimentado o sobrecargado

Lade•rutsche, -schurre *f* / plano *m* inclinado de carga, canaleta *f* de carga ‖ ~**satz** *m*, -gerät *n* (Elektr) / grupo *m* electrógeno de carga ‖ ~**schäkel** *m* (Schiff) / grillete *m* de carga ‖ ~**schalter** *m* (Akku) / interruptor *m* de carga ‖ ~**schalttafel** *f* (Elektr) / tablero *m* de carga ‖ ~**schaltung** *f* (Elektr) / conexiones *f pl* para la carga ‖ ~**schaufel** *f*, Frontlader *m* (Bau) / pala *f* cargadora ‖ ~**schein** *m* (Binnenschiff) / conocimiento *m* de embarque o de carga, certificado *m* de carga ‖ ~**schlussspannung** *f* (Akku) / tensión *f* al final de la carga ‖ ~**sonde** *f* (Elektr) / sonda *f* de carga ‖ ~**spannung** *f* / tensión *f* de carga ‖ ~**stärke** *f* (Akku) / régimen *m* de carga ‖ ~**station** *f* (Akku) / centro *m* de [re]carga, estación *f* de carga ‖ ~**stelle** *f* (Bahn) / instalaciones *f pl* de carga ‖ ~**stelle**, -platz *m* (Schiff) / embarcadero *m* ‖ ~**stelle** (Akku) / puesto *m* de carga ‖ ~**stock** *m* (Bergb) / atacadera *f* ‖ ~**straße** *f* (Bahn) / muelle *m* o patio de carga y descarga, calle *f* de carga ‖ ~**streifen** *m* (Waffe) (Mil) / peine *m*, cargador *m* de [carga de] fusil o pistola, lámina *f* cargadora ‖ ~**strom** *m* (Elektr) / corriente *f* de carga ‖ ~**stromkontrolleuchte** *f* s. Ladekontrolleuchte ‖ ~**stromstärke** *f* (Elektr) / intensidad *f* de la corriente de carga ‖ ~**stütze** *f* **des Langholzwagens** / apoyo *m* hidráulico ‖ ~**tafel** *f* (Akku) / tablero *m* de carga ‖ ~**tafel** (Bahn) / cuadro *m* de cargas ‖ ~**takt** *m* (DV) / ritmo *m* de carga ‖ ~**tank** *m* / tanque *m* de carga ‖ ~**taste** *f* (DV) / tecla *f* de carga ‖ ~**tiefgang** *m* (Schiff) / calado *m* en carga ‖ ~**trommel** *f* (Waffe) / tambor *m* cargador ‖ ~**tür** *f* (Bahn) / puerta *f* de carga ‖ ~**tür** (Kfz) / puerta *f* [lateral] corredera de carga ‖ ~**-und Lüfterpfosten** *m* (Schiff) / árbol *m* real tipo ventilador ‖ ~**- und Messgerät** *n* (Nukl) / cargador-indicador *m*, cargador-lector *m*, lector *m* de cargas ‖ ~**verdrängung** *f* (Schiff) / desplazamiento *m* en carga ‖ ~**verlauf** *m* (Akku) / marcha *f* de carga, evolución *f* de la curva de carga ‖ ~**vorrichtung** *f* **von Automaten** (Wzm) / dispositivo *m* cargador de barras ‖ ~**wagen** *m* (Landw) / recogedora-cargadora *f*, remolque *m* autocargador ‖ ~**wagen** (Bergb) / carro *m* cargador ‖ ~**wasserlinie** s. Ladelinie ‖ ~**widerstand** *m* (Elektr) / resistencia *f* de carga ‖ ~**winde**, Winsch *f* (Schiff) / güinche *m* [de levantamiento] ‖ ~**zyklus** *m* (DV) / ciclo *m* de carga ‖ ~**zyklus**, Beschickungszyklus *m* (Nukl) / ciclo *m* de carga[mento]

Ladung *f*, Last *f* / carga *f* ‖ ~, Fracht *f* (Bahn, Schiff) / carga *f*, cargamento *m* ‖ ~ (Elektr, Phys) / carga *f* ‖ ~ (Kondensator) / carga *f* electro[e]stática ‖ ~ (Sprengen) / carga *f* explosiva ‖ ~ **eines Lkw** / carga *f* de un camión, carretada *f* ‖ ~ **je Querschnittseinheit** (Kabel) / densidad *f* de flujo eléctrico ‖ ~ **übernehmen** / cargar [la] mercancía, admitir carga

ladungs•adaptiv (Kfz) / adaptivo a la carga ‖ ~**aufbauzeit** *f* (Atom, Nukl) / tiempo *m* de establecimiento de carga ‖ ~**austausch** *m* / cambio *m* de carga ‖ ~**bild** *n* (TV) / imagen *f* de (o formada por) cargas ‖ ~**dosis** *f* / dosificación *f* de carga ‖ ~**dreieck**, Diffusionsdreieck *n* (Halbl) / triángulo *m* de difusión ‖ ~**durchsatz** *m* (je Zeiteinheit) (Mot) / cantidad *f* de mezcla por unidad de tiempo ‖ ~**einheit**, Elementarladung *f* (Chem, Phys) / unidad *f* de carga ‖ ~**einsatz** *m* (je Arbeitsspiel) (Mot) / cantidad *f* de carga por [un] ciclo ‖ ~**fähigkeit**, Tragfähigkeit *f* (Schiff) / capacidad *f* de carga ‖ ~**faktor** *m* (TV) / factor *m* de carga ‖ ~**gekoppelt** (Eltronik) / acoplado por carga ‖ ~**gekoppeltes Bildelement**, CCID (Video) / dispositivo *m* de formación de imagen acoplado por carga ‖ ~**gekoppelter Bildwandler** (Laser) / transformador *m* de imagen acoplado por carga ‖ ~**gekoppeltes Element**, CCD (Halbl) / dispositivo *m* acoplado por carga, dispositivo *m* CCD ‖ ~**injektions-Bauelemente** *n pl* (Laser) / componentes *m pl* de inyección de carga ‖ ~**konjugation** *f* (Nukl) / conjugación *f* de carga ‖ ~**konzentration** *f* (IC) / concentración *f* de portadores ‖ ~**messgerät** *n* / instrumento *m* de medición de carga ‖ ~**multiplett** *n* (Atom, Nukl) / carga *f* multiplete ‖ ~**quantenzahl** *f* (Phys) / número *m* cuántico de la carga nuclear ‖ ~**rückstand** *m* (Elektr) / carga *f* residual o remanente ‖ ~**schichtung** *f*, Schichtladung *f* (Mot) / carga *f* estratificada ‖ ~**sicherungen** *f pl* (Transp) / seguros *m pl* del cargamento ‖ ~**speicherelement** *n* (Eltronik) / dispositivo *m* acoplado por carga ‖ ~**spule** *f*, Pupinspule *f* (Fernm) / bobina *f* de carga, bobina *f* pupinizada o de Pupin ‖ ~**teilchen** *n* (Phys) / partícula *f* de carga

Ladungsträger *m* (Halbl) / portador *m* electrizado o de carga ‖ ~**beweglichkeit** *f* / movilidad *f* de portadores de carga ‖ ~**dichte** *f* / densidad *f* de portadores de carga ‖ ~**dichte an einer pn-Übergangsstelle** (Halbl) /

Lagerdeckel

densidad f de inversión ‖ ~**diffusion** f / difusión f de portadores de carga ‖ ~**injektion** f (Halbl) / inyección f de portadores de carga ‖ ~**-Speicherzeit** f (Halbl) / tiempo m de almacenamiento de portadores [de carga]
Ladungs • transport m (Halbl) / transferencia f de carga ‖ ~**transportspeicher** m (Halbl) / dispositivo m acoplado por carga ‖ ~**umkehr** f (Phys) / inversión f de carga ‖ ~**verschiebe-Bauelement** n, -verschiebungsschaltung f (Halbl) / dispositivo m de transferencia de carga ‖ ~**verteilung** f im Atomkern / distribución f de carga en el núcleo ‖ ~**wechsel** m (Mot) / cambio m de carga ‖ ~**wert** m (Chem) / valor m de carga ‖ ~**zahl** f / número m [de covalencias] de cargas ‖ ~**zahl**, Ordnungszahl f (Phys) / número m atómico ‖ ~**zuordnung** f (Nukl) / conjugación f de carga
Lady-Zelle, Rundzelle R1, f. (Elektr) / célula f redonda R1 DIN 40861
Lafette f (Mil) / afuste m, cureña f
Lage f, Zustand m / estado m, condición f ‖ ~, Stellung f, Position f / situación f, colocación f ‖ ~, Stand m / condición f ‖ ~, örtliche Lage, Platz m / sitio m, asiento m, emplazamiento m, ubicación f (LA), posición f ‖ ~, Schicht f / capa f ‖ ~ f, Zwischenlage f (Reifen) / capa f de tejido, tela f de refuerzo ‖ ~, [Aus]richtung f (Gebäude) / orientación f ‖ ~, Reihe, Schicht f (z.B. Ziegel) / hilada f ‖ ~, Schichtung, Lagerung f (Geol) / estrato m, lecho m ‖ ~ f (Anzahl Bogen) (Druck) / mano f de papel (= 25 pliegos) ‖ ~ (Kondensator) / tira f ‖ ~... / posicional ‖ ~ f **der Schichtseite** (Foto) / posición f de la emulsión ‖ ~ **der Schneide** (Wzm) / orientación f o posición del filo cortante ‖ ~ **der Spanfläche**, [Freifläche] / posición f de la superficie de desprendimiento, [de incidencia] ‖ ~ **des Schwerpunkts** (Phys) / posición f del centro de gravedad ‖ ~ **eines Geländes** / orientación f de un terreno ‖ ~ **im Raum** / posición f en el espacio ‖ ~ **Sand**, Sandbettung f (Straß) / lecho m de arena ‖ ~ **von Faserstoff** (Pap) / capa f de fibras ‖ ~ **Ziegel** (als Unterlage) / lecho m de ladrillos ‖ ~ **zweier Schiffe zueinander** (Schiff) / posición f de un buque respecto a otro ‖ **aus dünnen ~n bestehend** (Min) / de capas delgadas ‖ **dünne ~**, Schicht f / lámina f, capa delgada f ‖ **dünne ~**, Überzug m / película f ‖ **[einzelne]** ~, [Um]wicklung f (Elektr) / capa f [de arrollamiento] ‖ **in ~ bringen** (F.Org) / posicionar ‖ **untere ~** (Straß) / asiento m
Lage • abweichung f / desviación f o variación f de [la] posición, defecto m de posición ‖ ~**bestimmung** f / determinación f de la posición ‖ ~**bestimmungsgerät** n (Luftf) / indicador m de posición aérea ‖ ~**bezugsmaß eines Bauteils** (Bau) / medida f de referencia ‖ ~**energie** f (Phys) / energía f potencial ‖ ~**fehler** m / error m posicional o de posición ‖ ~**fest machen**, stetigen / estabilizar ‖ ~**festpunkt** m, LFP (Verm) / punto m fijo o de referencia de una posición ‖ ~**genauigkeit** f (gedr.Schaltg) / precisión f de posición ‖ ~**genauigkeit** (Roboter) / exactitud f de posicionamiento ‖ ~**kreisel** m (Luftf) / giroscopio m de control de posición de vuelo ‖ ~**kugel** f (Radiol) / esfera f de proyección ‖ ~**-Lage-Kopplung** f (Kabel) / acoplamiento m entre capas ‖ ~**maß** n (Bau) / medida f de emplazamiento ‖ ~**messeinrichtung** f / transductor m de posición o para indicación posicional ‖ ~**messsystem** n (NC) / sistema m de medición de posición ‖ ~**messung** f (durch Messen) / medición f de posición ‖ ~**messung von Satelliten** / medición f de la actitud
Lagen • ..., in Lagen o. Schichten angeordnet / estratificado ‖ ~**ablösung** f (Sperrholz) / despegadura f de láminas ‖ ~**ablösung** (Reifen) / desprendimiento m o despegado de las telas, separación f de los pliegues ‖ ~**bindung** f (Pappe) / enlace m de capas ‖ ~**bruch** m

(Reifen) / rotura f de telas ‖ ~**haftung** f (Gummi) / adherencia f de las telas ‖ ~**holz**, Schichtholz n / madera f estratificada ‖ ~**kabel** n / cable m estratificado concéntrico ‖ ~**lösung** f (Kfz, Reifen) s. Lagenablösung ‖ ~**riss**, Schichtenriss m (Reifen) / separación f de capas ‖ ~**umschläge** m pl (Reifen) / tela f de fijación, escalón m (ARG) ‖ ~**verbindung** f / conexión f entre capas ‖ **~weise** / por capas ‖ **~weise**, schichten-, flözweise (Bergb) / por estratos ‖ **~weise Anordnung**, Schichtung f / disposición f en capas ‖ **~weise wickeln** (Elektr) / arrollar en capas ‖ ~**winkelzuordnung** f / coordinación f de posiciones y ángulos
Lage • plan m (Bau) / trazado m [general] del emplazamiento, plano de situación m ‖ ~**plan**, Geländeplan m (Bau) / mapa f del terreno ‖ ~**prüfung** f (Uhr) / prueba f de posiciones
Lager n, Abstützung f / apoyo m, soporte m, asiento m ‖ ~, Gleitlager m (Masch) / cojinete m [de deslizamiento] ‖ ~, Wälzlager n / rodamiento m, rulemán m (LA) ‖ ~, Stehlager n / soporte m ‖ ~, Wellenlager m (Masch) / cojinete m de árbol ‖ ~, Pfanne f (Instr) / quicionera f ‖ ~, Speicher m / almacén m ‖ ~, Lagerraum m / depósito m ‖ ~, Vorrat m / existencias f pl en almacén o en depósito, stock m, surtido m ‖ ~, Bock m / caballete m de soporte ‖ ~ n (Bergb, Geol) / yacimiento m, criadero m ‖ ~ (im Bauwesen) / apoyo m estructural ‖ ~, Bettung f (Bau) / lecho m ‖ ~ **mit Druckölentlastung** / cojinete m a presión de aceite ‖ ~ **mit Druckölschmierung** / cojinete m con engrase por aceite a presión ‖ **ab** ~ [lieferbar] / ex almacén, entregado en almacén, disponible en almacén ‖ **auf** ~ / en almacén ‖ ~, **die sich ausdehnen od. schrumpfen** (je nach Warenmenge) (Handel) / almacenes pulmón m pl
Lager • abdichtung f (Masch) / sellado m, obturación f o cierre de un rodamiento ‖ ~**achse** f (Masch) / eje m del cojinete o del rodamiento ‖ ~**anordnung** f (Masch) / disposición f u ordenación de cojinetes ‖ ~**anstellung** f / reglaje m o ajuste de los rodamientos ‖ ~**arbeiter** m, Lagerist m / almacenero m, empleado m de almacén ‖ ~**artikel** m / artículo m de existencia corriente ‖ ~**auge** m / ojal m u ojo del soporte ‖ ~**ausgang** m / salida f de mercancías ‖ ~**auguss** m, -ausgießen n / guarnición f con metal antifricción, revestimiento m de un cojinete ‖ ~**ausrüstung** f, -ausstattung f / equipo m de depósito ‖ ~**becken** n (Nukl) / depósito m para los elementos combustibles ‖ ~**behälter**, Sammelbehälter m / depósito m almacenador o de almacenaje o de almacenamiento ‖ ~**belastung** f (Masch) / carga f sobre el cojinete o rodamiento, solicitación f a carga del cojinete o rodamiento ‖ ~**bestand** m / existencias f pl en [el] almacén, stock m ‖ ~**bestand**, Inventar m / inventario m ‖ **den** ~**bestand aufnehmen** / inventariar, formar o efectuar o levantar el inventario ‖ ~**beständigkeit** f / duración f en almacén o en almacenaje ‖ ~**bestandsaufnahme** f / inventario m ‖ ~**bestandsaufstellung** f (DV) / informe m de stock ‖ ~**bestandskartei** f / fichero m de inventario ‖ ~**bestandsprüfung** f / verificación f del inventario ‖ ~**bier** n / cerveza f reposada, lager m ‖ ~**bildung** f / formación f de stock ‖ ~**bock** m, -stütze f (Masch) / soporte m del cojinete, caballete m ‖ ~**bock für die Lichtmaschine** (Kfz) / soporte m del generador ‖ ~**bohrung** f / taladro m de cojinete, agujero m del rodamiento ‖ ~**bord** n / [re]borde m del cojinete o del rodamiento ‖ ~**bronze** f / bronce m para cojinetes ‖ ~**buchse** m, -büchse f / casquillo m (E) o manguito (E) o buje (LA) del cojinete o rodamiento ‖ ~**bund** m / collar m del rodamiento ‖ ~**deckel** m (Masch) / tapa f del cojinete o rodamiento ‖ ~**deckel**, Deckplatte f (Masch) / sombrerete m del cojinete ‖

777

Lagerdimensionsliste

≈**dimensionsliste** f (F.Org) / lista f de dimensiones en stock ‖ ≈**disposition** f / manejo m del stock ‖ ≈**druck** m (Masch) / carga f [específica] sobre el cojinete o rodamiento, presión f sobre el cojinete ‖ ≈**durchfederung** f / autoelasticidad f del rodamiento
Lage • regelkreis m (Regeln) / bucle m cerrado para regulación de posición ‖ ≈**regelung** f (Regeln) / regulación f de la posición ‖ ≈**regelung** (Raumf) / control m de actitud, control m de posición de vuelo ‖ ≈**regelung**, -stabilisierung f / estabilización f de posición axial ‖ ≈**regelungseinheit** f (Raumf) / unidad f de control de actitud ‖ ≈**regelungsrakete** f (Raumf) / cohete m para regular la posición de vuelo ‖ ≈**regler** m (Kath.Str) / dispositivo m de posicionamiento
Lager • endluft f (Masch) / juego m final del rodamiento ‖ ≈**entlastung** f (Masch) / descarga f de un cojinete ‖ ~**fähig** / propio para almacenaje, almacenable ‖ ≈**fähigkeit** f / vida f de almacenamiento ‖ ≈**fähigkeit**, Haltbarkeit f / propiedad f para el almacenamiento, conservabilidad f, estabilidad f en almacén ‖ ≈**fass** n / barril m para almacenar o (esp.:) de bodega ‖ ≈**fehler** m / error m o defecto del rodamiento o cojinete ‖ ≈**festigkeit** s. Lagerbeständigkeit ‖ ≈**filz** m / fieltro m de engrase / ≈**fläche** f, Auflagefläche f (Wälzlager) / superficie f de apoyo [del rodamiento] ‖ ≈**fläche** (Bau) / área f de almacenamiento, superficie f del depósito ‖ ≈**fläche**, Unterseite f, unteres Lager n (Bruchstein) / cara f inferior del sillar ‖ ≈**flansch** m / brida f de soporte o de apoyo ‖ ~**förmiges Vorkommen** (Geol) / yacimiento m en estratos ‖ ~**freier Kreisel** / giroscopio m de rotor libre ‖ ≈**fuge** f (zwischen Ziegelreihen) (Bau) / llaga f horizontal ‖ ≈**fuge** (im Mauerwerk) (Bau) / junta f de asiento ‖ ≈**fugenfläche** f (Bau) / superficie f de juntas ‖ ≈**fuß** m / pie m del soporte ‖ ≈**futter** n / capa f [de] antifricción de cojinete ‖ ≈**gang** m, Intrusivlager n (Geol) / capa f intrusiva ‖ ≈**gang** (Erz) / yacimiento m de mena, filón m capa ‖ ≈**gasse** f, -gang m / pasadizo m o corredor del depósito ‖ ≈**gebäude** n, Lagerbau m / edificio m del depósito ‖ ≈**gehäuse** n / caja f del cojinete, alojamiento m de cojinete ‖ ≈**gestein** n (Bergb) / roca f in situ ‖ ≈**gestell** n / estantería f para almacenar ‖ ≈**getreide** n, -frucht f (Landw) / cereales m pl encamados ‖ ≈**gleitfläche** f / superficie f de deslizamiento [del cojinete] ‖ ~**haft**, -förmig (Bergb) / en estratos ‖ ≈**halle** f / almacén m, depósito m, nave f [de almacenamiento] ‖ ≈**halle mit wechselnder Aufnahmekapazität** / almacén-pulmón m ‖ ≈**hals**, -zapfen m (Welle) s. Lagerzapfen ‖ ≈**halter** m, Grossist m / almacenista m ‖ ≈**haltung** f, Aufbewahrung f / almacenaje m, almacenamiento m ‖ ≈**haltungstechnik** f / técnica f de manutención ‖ ≈**haus** n / almacén m, depósito m ‖ ≈**haus**, Möbelspeicher m / guardamuebles m ‖ ≈**hauseinrichtung** f (Förd) / equipo m de transporte para depósitos ‖ ≈**haus-Stapler** m / amontonadora f o apiladora de depósito, carretilla f elevadora para almacenes ‖ ~**holz**, Dielenlager n (Bau) / viga f de apoyo
Lagerist m s. Lagerarbeiter
Lager • kartei f / fichero m de inventario o de almacén ‖ ≈**kasten** m / caja f de almacenar ‖ ≈**kontrolleinheit** f (DV) / unidad f de control de almacenamiento ‖ ≈**körper** m (Stehlager) / cuerpo m del soporte recto ‖ ≈**kosten** pl / gastos m pl de almacenaje ‖ ≈**kühlmöbel** n / armario m frigorífico para almacenaje ‖ ≈**länge** f (Walzw) / longitud f de almacén [de barras] ‖ ≈**längsband** n (Transp) / cinta f transportadora a lo largo del almacén ‖ ≈**luft** f (Masch) / juego m [interno] del cojinete o rodamiento ‖ ≈**manipuliergerät** n / carretilla f trilateral ‖ ≈**mantel** m / superficie f [exterior lateral] del cojinete ‖ ≈**metall** n / metal m antifricción

lagern vt, einlagern / almacenar, depositar en almacén ‖ ~, gelagert sein (Masch) / estar colocado o alojado ‖ ~, sich umlegen (Getreide) / encamarse ‖ **[Holz] auf Balken** ~ / sallar ‖ **auf fester Bettung, auf festem Fundament** ~ / alojar sobre fundación sólida, montar sobre una base fija ‖ **auf Steinen** ~ (Uhr) / colocar en [cojinetes de] rubíes ‖ **eine Welle** ~ / montar sobre cojinetes o en rodamientos, apoyar un árbol ‖ **Holz** ~, lufttrocknen / desecar madera al aire ‖ **in Regale** ~ / almacenar en estanterías ‖ **lose** ~ / almacenar a granel ‖ **unter Zollverschluss** ~ / almacenar bajo precinto de aduana ‖ ~ **an Luft** / exposición f al aire ‖ ~ **von Getreide durch Regen** (Landw) / encamado m de cereales, acción f de encamarse las mieses
Lager • paar n (Masch) / pareja f de rodamientos ‖ ≈**pfanne** f / quicionera f ‖ ≈**platte** f, Sohlplatte f (Masch) / placa f de apoyo o de asiento ‖ ≈**platz** m / patio m o parque de almacenamiento ‖ **der einzelne** ≈**platz** / celda f de estantería ‖ ≈**platz** m **für Atommüll** (Nukl) / cementerio m para desechos radiactivos, depósito m subterráneo ‖ ≈**[platz]kran** m / grúa f de patio o de parque de almacén [amiento] ‖ ≈**platzstamm** m / localización f del almacén principal ‖ ≈**pressung** f (Masch) / presión f en el rodamiento ‖ ≈**raum** m, Lager n / depósito m ‖ **abgeschirmter** ≈**raum** (Nukl) / depósito m blindado ‖ ≈**reibung** f (Masch) / fricción f en el (o del) cojinete o rodamiento ‖ ≈**reibungsverlust** m / pérdida f por fricción en el cojinete ‖ ≈**reibungswert** m (Elektr, Instr) / índice m de fricción de los pivotes ‖ ≈**reihe** f (Wälzlager) / serie f de rodamientos ‖ ≈**reihe**, -gang m / corredor m del depósito ‖ ≈**ring** m / aro m o anillo [de un rodamiento] ‖ ≈**schale** f / semicojinete m, cojinete m ‖ **nicht ausgegossene** ≈**schale** / cojinete m fundido (sin metal antifricción) ‖ ≈**schalen** f pl / mitades f pl superior e inferior del cojinete ‖ ≈**[schalen]ausguss** m / guarnición f [de cojinete] con metal antifricción ‖ ≈**scheibe** f / arandela f del rodamiento ‖ ≈**schein** m / resguardo m o bono o talón de almacén o de depósito ‖ ≈**schild** m n (Elektr) / placa f de cojinete ‖ ≈**schmieröl** n / aceite m de lubri[fi]cación para cojinetes o rodamientos ‖ ≈**schrank** m / armario m de almacén ‖ ≈**schraube** f (Uhr) / tornillo m de cojinete de rubí ‖ ≈**schulter** f / borde m de rodamiento[s] ‖ ≈**schuppen** m / cobertizo m o tinglado [de almacén] ‖ ≈**schwelle** f **des Fußbodens**, Lagerholz n (Bau) / viga f de apoyo ‖ ≈**sitz** m (auf der Welle) (Wälzlager) / asiento m del rodamiento ‖ ≈**spiel** n (Masch) / juego m interno del cojinete o rodamiento ‖ **das** ≈**spiel nachstellen** / compensar o reajustar el juego del cojinete ‖ ≈**spitze** f, Drehpunkt m / punta f del eje, pivote m
Lagerstätte f, Vorkommen (Bergb) / yacimiento m ‖ ≈, Erzgang m (Bergb) / criadero m, capa f ‖ ≈ **n abfahren** (Bergb) / examinar el yacimiento o las capas por zanjas ‖ ≈**n anfahren** (o. anbrechen) / cortar el filón ‖ **stark fallende** ≈ / capa f muy inclinada
Lagerstätten • forschung f / exploración f de yacimientos ‖ ≈**forschung durch Schweremessung** / exploración f o prospección de yacimientos por gravedad ‖ ≈**heizung** f (Öl) / calentamiento m del yacimiento ‖ ≈**-Ingenieur** m / ingeniero m de yacimiento ‖ ≈**physik** f / física f de yacimientos ‖ ≈**seismik** f / prospección f sísmica ‖ ≈**-Suchgerät** n **mit akustischer Anzeige** / localizador m de yacimientos con indicación acústica ‖ ≈**-Technik** f / ingeniería f de yacimientos ‖ ≈**vergasung** f / gasificación f subterránea
Lager • stein m, Steinloch n (Instr, Uhr) / piedra f de cojinete, rubí m ‖ ≈**steine einsetzen** (Uhr) / empiedrar ‖ ≈**stelle** f (Masch) / punto m de apoyo ‖ ≈**streustrom** m (Elektr) / corriente f parásita de cojinete ‖ ≈**stuhl** m (Brücke, Masch) / asiento m ‖ ≈**stuhl** (Schiff) / cojinete m axial o de empuje ‖ ≈**stütze** f, -bock m (Masch) /

Lamellendichtung

soporte *m*, descanso *m*, cajera *f* de eje ‖ ⁓**system** *n* "**first in - first out**" (F.Org) / sistema *m* de almacenamiento "first in - first out" (primero en entrar - primero en salir) ‖ ⁓**system** "**last in - first out**" / sistema *m* de almacenamiento "last in - first out" (último en entrar - primero en salir) ‖ ⁓**tank** *m* (Öl) / tanque *m* o depósito de almacenamiento ‖ ⁓**technik** *f*, Wälzlagertechnik *f* / técnica *f* de los rodamientos ‖ ⁓**temperatur** *f* (Lagerhaus) / temperatura *f* del almacén
Lagerückführung *f* (Regeln) / retorno *m* de posición
Lagerung *f*, Einlagerung *f* / almacenaje *m*, almacenamiento *m* ‖ ⁓, Lagerhaltung *f* / estocaje *m* ‖ ⁓ (allg) / alojamiento *m*, apoyo *m* ‖ ⁓, Lageranordnung *f* (Masch) / disposición *f* de cojinetes ‖ ⁓ (senkrecht) / pivotamiento *m* ‖ ⁓ (Kfz) / suspensión *f* ‖ ⁓ (Geol) / estratificación *f* ‖ ⁓, Orientierung *f* (Krist) / orientación *f* ‖ ⁓ *f* **der Platten** (DV) / almacenamiento *m* de discos ‖ ⁓ **des Motors in Gummikissen** (Kfz) / suspensión *f* del motor mediante tacos de goma ‖ ⁓ **eines Steines**, Gefüge *n* (Bau) / estructura *f* ‖ ⁓ **in Steinen** (Uhr) / cojinete *m* de piedra [dura o preciosa], cojinete *m* de rubí ‖ **unterirdische** ⁓ (von Gas) / almacenamiento *m* subterráneo (de gas)
Lagerungs•beständigkeit *f* (Öl) / estabilidad *f* de almacenamiento ‖ ⁓**dichte** *f* **des Untergrundes** (Bau) / compacidad *f* del terreno ‖ ⁓**störung**, Dislokation *f* (Geol) / dislocación *f* ‖ ⁓**temperatur** *f* / temperatura *f* de almacenaje *m* ‖ ⁓**temperaturbereich** *m* (Halbl) / límites *m pl* de temperatura en almacén
Lager•verluste *m pl* / pérdidas *f pl* por almacenamiento ‖ ⁓**verwalter**, -aufseher *m* / jefe *m* de almacén, almacenero *m* ‖ ⁓**verwaltung** *f* / gestión *f* de stocks ‖ ⁓**verzeichnis** *n* / libro *m* de existencias ‖ ⁓**vorrat**, -bestand *m* / stock *m*, existencias *f pl* ‖ ⁓**werkstoff** *m* / material *m* antifricción ‖ ⁓**wesen** *n* / control *m* del almacén ‖ ⁓**zapfen** (Welle) / muñón *m*, gorrón *m* ‖ ⁓**zapfen**, Achsschenkel *m* (Bahn) / mangueta *f*, mañequilla *f*, cuello *m* del eje ‖ ⁓**zelle** *f* (DV, Nukl) / célula *f* del almacenamiento ‖ ⁓**zelt** *n* / tienda *f* de almacenaje ‖ ⁓**zugang**, Wareneingang *m* (F.Org) / entrada *f* de mercancías
Lage•schalter *m* / conmutador *m* o interruptor de posición ‖ ⁓**schwankung** *f* / oscilación *f* ‖ ⁓**sensor** *m* (Raumf) / sensor *m* de actitud o de posición ‖ ⁓**sensor** (Regeln) / indicador *m* de posición en el aire ‖ ⁓**sortiereinrichtung** *f* (DV, OCR) / instalación *f* de clasificación según marca y posición ‖ ⁓**-Spezifikation** *f* / especificación *f* de posición ‖ ∼**stabilisiert** (Raumf) / estabilizado en actitud o en posición ‖ ⁓**stabilität** *f* (Raumf) / estabilidad *f* de posición ‖ ⁓**toleranz** *f* / tolerancia *f* de posición ‖ ⁓**wechsel** *m* **von Leitungen**, Drahtkreuzung *f* (Fernm) / transposición *f*, neutralización *f* o cruzamiento de hilos ‖ ⁓**winkel** *m* (Wz) / ángulo *m* de posición
Lagrange•-Multiplikator *m* (Math) / multiplicador *m* de Lagrange ‖ ⁓**sche Funktion** *f* / función *f* lagrangiana ‖ ⁓**sche Koordinaten** *f pl* / coordenadas *f pl* de Lagrange ‖ ⁓**sche Punkte** *m pl* / puntos *m pl* [cónicos] de Lagrange ‖ ⁓**-Stabilität** *f* (Regeln) / estabilidad *f* de Lagrange
Lagune *f* (Geo) / laguna *f* (E), albufera (E), aguaje *m* (LA)
lahm (Feder) / flojo ‖ ∼ **legen**, blockieren / entorpecer, bloquear
lähmen, paralysieren / paralizar
Lahmlegung *f* / paralización *f*
Lahn *m* (Edel- u. Buntmetall) / tinsel *m* ‖ ⁓**gold** *n* / oropel *m*, bricho *m* ‖ ⁓**litzenleiter** *m* / conductor *m* tinsel (de hilos trenzados)
Lahnung *f* (Landgewinnung) / dique *m* para el retenido del fango

Laibung, Leibung *f* (innere o. hohle Gewölbe- o. Bogenfläche) (Bau) / intradós *m* ‖ **äußere** ⁓ (Bau) / extradós *m*
Laibungs[sseite] *f* (Wölbung) / superficie *f* interior
Laie, Nichtfachmann *m* / profano *m*, no iniciado *m*
laienhaft *adj* / de chapucero, profano ‖ ∼ *adv* / sin arte, chapuceramente
Lake *f*, Salzlake *f* (Nahr) / salmuera *f*
Lakkolith *m* (Geol) / lacolita *f*
Laktamöl *n* (Chem) / lactama *f*
Laktat s. Lactat
Lakto... s. Lacto...
LAMA (Fernm) / LAMA (= contabilidad automática de unidades de conversación urbana)
Lamawolle *f* (Tex) / lana *f* de llama
Lambda•..., λ (Phys) / lambda, λ, Λ ‖ ⁓ **= 1** *n* (Mot) / razón *f* aire-combustible 14.7:1 ‖ ⁓**-Begrenzung** *f* (Nukl) / limitación *f* lambda ‖ ⁓**fenster** *n* (Mot) / ventana *f* lambda ‖ ⁓**-Halbe...**, $\lambda/2$, Halbwellen... (Phys) / de media onda, de semionda ‖ ⁓**-Halbe-Blättchen** *n* (Opt) / placa *f* de media onda ‖ ⁓**-Halbe-Drosselspule** *f* (Elektr) / bobina *f* de inductancia de media onda ‖ ⁓**-Halbe-Phasenplatten** *f pl* (Opt) / placas *f pl* de retardo de media onda ‖ ⁓**-Halbe-Resonanzgebilde** *n* / sección *f* resonante de media onda ‖ ⁓**-Hyperon** *n*, Λ-Hyperon *n* (Nukl) / partícula *f* lambda (un hiperón), hiperón *m* lambda ‖ ⁓**-Leck** *n* (Phys) / fuga *f* lambda ‖ ⁓**punkt** *m* (2,17 K) (Phys) / punto *m* lambda ‖ ⁓**-Regelung** *f* (Mot) / control *m* lambda ‖ ⁓**-Sonde** *f* (Mot) / sonda *f* lambda ‖ ⁓**-Übergang** *m*, Λ-Übergang *m* / transición *f* [de punto] lambda ‖ ⁓**-Viertel...**, $\lambda/4$ (Phys) / cuarto *f* de onda ‖ ⁓**-Viertel-Anpassungsglied**, $\lambda/4$-Anpassungsglied *n* (Wellenleiter) / transformador *m* [en] cuarto de onda ‖ ⁓**-Viertel-Kontaktkolben** *m* (Wellenleiter) / pistón *m* de láminas de contacto ‖ ⁓**-Viertel-Koppler** *m* (Koax Ltg) / balún *m* en cuarto de onda ‖ ⁓**-Viertel-Leitung**, $\lambda/4$-Leitung *f* (Eltronik) / línea *f* de transmisión en cuarto de onda ‖ ⁓**-Viertel-Platte** *f* (Opt) / placa *f* de cuarto de onda ‖ ⁓**-Viertel-Schwingung**, $\lambda/4$-Schwingung *f* / modo *m* de cuarto de onda
Lambert *n* (= $1/\pi$ sb) (Einheit der Leuchtdichte, US) / lambert[io] *m*
Lambertit *m* (uranhaltig) (Min) / lambertita *f*
Lambert•'s winkeltreuer Kegelentwurf (Karte) / proyección *f* cónica conforme de Lambert ‖ ⁓**sches Gesetz** (Strahlung) / ley *f* de Lambert [de iluminación] ‖ ⁓**sches Kosinusgesetz** (Elektr) / teorema *m* de coseno de Lambert
Lamb-Niveau-Verschiebung *f* (Phys) / desplazamiento *m* de Lamb
Lambwelle *f*, Plattenwelle *f* / onda *f* de Lamb
Lamé *m* (Web) / lamé *m*
Lamé-Gleichung *f* (Math) / ecuación *f* de Lamé
lamellar, blättrig (Geol) / laminar, hojoso ‖ ∼, lamelliert, lamellenförmig, in Lamellenform, Lamellen... / lamelar, laminar, laminoso
Lamelle *f*, Blättchen *n* / laminilla *f*, lámina *f*, laminata *f*, hoja *f* ‖ ⁓, Kopfplatte *f* (Stahlbau) / palastro *m* del cordón, platabanda *f* de cabeza ‖ ⁓ (Reifen) / laminilla *f* ‖ ⁓ (Irisblende) (Foto) / lámina *f* de diafragma ‖ ⁓ **des Kommutators** (Elektr) / lámina *f*, delga *f* ‖ ⁓ **für Kettfadenwächter** (Tex) / laminilla *f* [del caballero para el hilo de urdimbre], laminilla *f* de paraurdimbre
lamellen•artiger Füllstoff (Gummi) / carga *f* laminar ‖ ⁓**-Aufstecken** *n* (Web) / puesta *f* de laminillas ‖ ⁓**band** *n* / cinta *f* de lámina ‖ ⁓**bank**, Kontaktbank, -reihe *f*, -satz *m* (Fernm) / regleta *f* de contactos de líneas ‖ ⁓**bau** *m* / construcción *f* lamelar o en láminas ‖ ⁓**blende** *f* (Foto) / diafragma *m* laminar o de laminillas ‖ ⁓**bremse** *f* / freno *m* de discos múltiples ‖ ⁓**dach**, Segmentbogendach *n* (Bau) / tejado *m* de arco bombeado ‖ ⁓**dichtung** *f* (Masch) / obturación *f* por

779

platinas ‖ ⁓-**Einziehen** n (Web) / entrada f en las laminillas ‖ ⁓**förmig**, lamelliert / laminar, en forma de laminilla ‖ ⁓**förmig**, in Lamellen[form], Lamellen... / lamelar ‖ ⁓**graphit** m (Hütt) / grafito m laminar o lamelar ‖ ⁓**haken** m / gancho m laminar ‖ ⁓**hinreichmaschine** f (Tex) / máquina f alcanzalaminillas ‖ ⁓**keilriemen** m / correa f laminar en V ‖ ⁓**kettfadenwächter** m (Tex) / mecanismo m de para-urdimbres laminar ‖ ⁓**kollektor**, -kommutator m (Elektr) / colector m de delgas ‖ ⁓**krümmer** m (Bergb) / codo m con láminas de acero intercambiables ‖ ⁓**kühler** m (DIN) (Kfz) / radiador m de aletas ‖ ⁓**kupplung** f, Mehrscheibenkupplung f / embrague m de discos múltiples ‖ ⁓**magnet** m / imán m lamelar o en láminas ‖ ⁓**motor** m / motor m de émbolo rotativo con paletas ‖ ⁓**pumpe** f / bomba f laminar o de láminas ‖ ⁓**register** n (Klimaanlage) / registro m de láminas múltiples ‖ ⁓**reibungskupplung** f (Wzm) / embrague m de fricción de láminas ‖ ⁓**rollo** n / persiana f de láminas (metálicas y plásticas) ‖ ⁓**satz** m (Selbstwähler) / regleta f de contactos de líneas, campo m de contactos ‖ ⁓**sicherung** f, Streifensicherung f (Elektr) / fusible m de cinta, tira f fusible ‖ ⁓**sieb** n (Landw) / criba f de la paja corta ‖ ⁓**spaltung** f (Walzfehler) / exfoliación f ‖ ⁓**spannung** f (Elektr) / tensión f entre las delgas ‖ ⁓**stempel** m (Bergb) / puntal m laminar ‖ ⁓**struktur**, lamellare o. Lamellarstruktur f / estructura f laminar ‖ ⁓**teilung** f (Elektr) / espaciado m de delgas ‖ ⁓**verschluss** m (Foto) / obturador m de laminillas
lamellieren vt, laminieren / laminar
lamelliert (Reifen) / con laminillas ‖ ~e Beilegescheibe / espaciador m laminar ‖ ~e **Bürste**, Blätterbürste f (Elektr) / escobilla f foliada o de láminas ‖ ~**er Bus** (DV) / barra f omnibús laminada ‖ ~**es Holz**, Schichtholz n / madera f en capas, madera f laminar o laminada ‖ ~**e Stromschiene** / conductor m formado por tiras
Lamellierung f / laminación f, separación f en capas ‖ ⁓ (Geol) / laminación f, estructura f lamelar
laminar / laminar, laminoso, laminado ‖ ⁓ (Strömung) / laminar ‖ ~**e Grenzschicht** / capa f límite laminar ‖ ~**e Strömung** / flujo m laminar, corriente f laminar ‖ ~**er Strömungsbereich** / régimen m laminar
Laminar•**kühlung** f / refrigeración f laminar ‖ ⁓**profil** m (Lufft) / perfil m laminar ‖ ⁓**-turbulenter Umschlag** (Hydr) / transición f del flujo laminar al turbulento
Laminat n (Plast) / estratificado m, laminado m ‖ ⁓**rohpapier** n / papel m laminado en bruto ‖ ⁓**winkel** m (Plast) / perfil m angular laminado
laminieren vt, lamellieren / laminar ‖ ⁓, Schichtstoff herstellen (Plast) / laminar, estratificar ‖ ⁓ n / laminado m
Laminier•**harz** n / resina f para estratificados o laminados ‖ ⁓**maschine**, Verbundschichtmaschine f (Plast) / máquina f de estratificar
laminiert, lamelliert / laminado, en forma de lámina
Lamm•**fell** n / piel m de cordero ‖ ⁓**wolle**, Schafwolle f (Tex) / lana f de cordero o de borreguillo
La-Mont-Kessel m / caldera f La-Mont
Lämpchen n **in Erbsengröße** / lamparita f o lamparilla tamaño guisante
Lampe f, Leuchte f / lámpara f ‖ ⁓, Tischlampe f, -leuchte f / lámpara f de [sobre-]mesa ‖ ⁓, Bodenleuchte f / lámpara f de piso o de suelo ‖ ⁓, Stehlampe f / lámpara f vertical o de pie ‖ ⁓, Wandleuchte f / aplique m, lámpara f de pared ‖ ⁓, Hängeleuchte f / lámpara f colgante o de suspensión ‖ ⁓, Glühlampe f / lámpara f incandescente, bombilla f, ampoll[et]a f [eléctrica] (LA) ‖ ⁓, Röhre f (Eltronik) / tubo m, válvula f
Lampen•**abdeckscheibe** f / cristal m de protección ‖ ⁓**arbeit**, -bläserei f (Glas) / trabajo m por (o con) caña ‖ ⁓**arm** m / brazo m de lámpara ‖ ⁓**armatur** f /

accesorios m pl de lámpara ‖ ⁓**fassung** f, B = Bajonett, BA = Bajonett für Autos, BM = Bajonett für Bergbau, E = Schraubgewinde / portalámparas m (B = de bayoneta, BA = de bayoneta para automóviles, BM = de bayoneta para la minería, E = de rosca [Edison]), boquilla f de lámpara ‖ ⁓**feld** n / batería f de lámparas, banco m o panel de lámparas ‖ ⁓**feld** [für Nummernanzeige] / cuadro m de lámparas indicadoras [de números] ‖ ⁓**fuß**, -ständer m / pie m de lámpara ‖ ⁓**gebläse** n (Druck) / soplante m de la lámpara ‖ ⁓**gehäuse** n (Straßenleuchte) / caja f o envoltura de farol ‖ ⁓**glocke** f / globo m para lámpara ‖ ⁓**halter** m / portalámparas m ‖ ⁓**haus** n (Projektor) / linterna f (parte del proyector), cámara f de lámpara ‖ ⁓**kolben** m / ampolla f de la lámpara incandescente ‖ ⁓**kopf** m (Foto) / cabeza f o caja de lámpara ‖ ⁓**ofen** m (Chem) / estufa f de lámparas ‖ ⁓**raum** m (Foto) / compartimiento m de la lámpara ‖ ⁓**reihe** f / batería f de lámparas, banco m de lámparas ‖ ⁓**ruß** m, Rußschwarz n (Chem) / negro m de humo ‖ ⁓**schiene** f **für Leuchtstofflampen** / regleta f para lámparas fluorescentes ‖ ⁓**schirm** m / pantalla f de lámpara ‖ ⁓**schirmkarton** m / cartón m para pantallas o lámparas ‖ ⁓**schutzkorb** m / rejilla f o cesta de protección ‖ ⁓**signal** n (Fernm) / señal f luminosa ‖ ⁓**sockel** m (Elektr) / casquillo m de lámpara ‖ ⁓**sockel E 40/45 DIN 49625**, Goliathsockel m (Elektr) / casquillo m goliat ‖ ⁓**sockel** m **mit Elektrogewinde** (DIN) / casquillo m de rosca [Edison] ‖ ⁓**sockel W** (für Blitzlampen) / casquillo m W para lámparas de destello, casquillo m W para fotoflash ‖ ⁓**stab** m (Blitzgerät) / antorcha f ‖ ⁓**streifen** m (Fernm) / panel m de lámparas, batería f ‖ ⁓**stube** f (Bergb) / lamparería f, lampistería f ‖ ⁓**sucher** m, Suchlampe f (Elektr) / detector m luminoso o de lámpara ‖ ⁓**wärter** m **für Sicherheitslampen** (Bergb) / lampista m [de lámparas de seguridad] ‖ ⁓**widerstand** m (ein Gerät) / resistor m de lámparas ‖ ⁓**zylinder** m / tubo m de la lámpara
Lamprophyr m (Geol) / lampropórfido m (E), lampropórfiro m (LA)
LAN (= local area network), lokales Netzwerk (DV) / red f de área local
Lanac•**bake** f (Lufft) / radiofaro m Lanac ‖ ⁓**-Richtantenne** f / antena f directiva Lanac
Lanac-Verfahren n (laminar air navigation anticollision) (Lufft, Radar) / Lanac m, sistema m Lanac
Lanameter n (Opt, Tex) / lanámetro m
Lanarkit m (Min) / lanarquita f
Lancé n, lancierte Gewebe n pl (Web) / tejido m espolinado
Lancier•**rohr** n, Torpedorohr n (Schiff) / tubo m lanzatorpedos o de lanzamiento ‖ ⁓**schuss** m (Web) / pasada f de espolinado ‖ ⁓**stuhl** m (Web) / telar m para espolinados
lancierter Stoff / tejido m espolinado
Land n (Ggs: Wasser) / tierra f [firme] ‖ ⁓, Boden m, Gebiet / territorio m, país m ‖ ⁓, Erdboden m / suelo m ‖ ⁓ (Ggs: Stadt) / campo m ‖ ⁓ n **unter Kultur** (Landw) / terreno m o suelo de cultivo ‖ **am** ⁓ / a tierra ‖ **an** ⁓ (Schiff) / en tierra ‖ **dem Meer** ⁓ **abgewinnen** / recuperar tierra **zu** ⁓**e** / por tierra
Land•**arbeit** f (Landw) / faenas f pl agrícolas o del campo, trabajo m rural o del campo ‖ ⁓**arbeiter** m / trabajador m del campo, bracero m, obrero m agrícola, peón m (LA) ‖ ⁓**auffüllung** f / relleno m de tierra ‖ ⁓**bau** m / agricultura f, labranza f, cultivo m de la tierra ‖ ⁓**bau für Energieerzeugung** / agricultura f para generación de energía ‖ ⁓**bauingenieur** m / ingeniero m de agricultura, ingeniero m agrónomo ‖ ⁓**baumaschine** f / máquina f agrícola ‖ ⁓**bautechnik** f / ingeniería f agrícola o rural o agrónoma ‖ ⁓**bildung** f **durch Anschwemmung** / terreno m formado por

aluvión ‖ ~**brücke** f, Vorlandbogen m (Bau) / puente m de tierra, imposta f del arco
Lande•... s. auch Landungs... ‖ ~**bahn,** -piste f, -streifen, -bereich m (Luftf) / pista f de aterrizaje ‖ ~**bahnanflug** m / aproximación f a la pista de aterrizaje ‖ ~**bahnbefeuerung** f / balizaje m de la pista de aterrizaje ‖ ~**bahnbeleuchtung** f (Luftf) / proyectores m pl [de la zona] de aterrizaje ‖ ~**bahnfeuer** n / luz f de pista ‖ ~**bahnmitte** f (der Länge nach) / eje m de pista de aterrizaje ‖ ~**bahnschwelle** f (Luftf) / umbral m de pista ‖ ~**bahnsicht** f / alcance m visual en la pista ‖ ~**bake** f, Gleitwegbake f (Funk) / radiobaliza f de trayectoria de planeo, radiobaliza f de aterrizaje, radiobaliza f indicadora de la línea de planeo ‖ ~**bereich** m (Luftf) / zona f de aterrizaje ‖ ~**bereichs-Randkennzeichen** n (Luftf) / radiobaliza f de límite, marcador m limítrofe o de límite ‖ ~**bremse** f, -klappe f (Luftf) / flap m o alerón de aterrizaje ‖ ~**bremsvorrichtung** f, -fangseil n (Flugzeugträger, Luftf) / cable m de retención o de freno ‖ ~**brücke** f (Schiff) / desembarcadero m
Landecho n (Radar) / eco m del terreno
Lande•deck, Landungs-, Flugdeck n (Schiff) / cubierta f de aterrizaje ‖ ~**einrichtungen** f pl (Luftf) / instalaciones f pl de aterrizaje ‖ ~**erlaubnis,** -freigabe f (Luftf) / autorización f de aterrizaje, permiso m de aterrizaje ‖ ~**fallschirm** m (Raumf) / paracaídas m [de aterrizaje o amerizaje] ‖ ~**folge** f, -reihenfolge f (Luftf) / orden m de aterrizaje, secuencia f de aterrizaje ‖ ~**führungsgerät** n (Luftf) / localizador m, radioalineador m de pista ‖ ~**funkfeuer** n, LFF / radiofaro m de aterrizaje ‖ ~**geschwindigkeit** f / velocidad f de aterrizaje
Landé-g-Faktor m (Nukl) / factor m g de Landé
Lande•gleitstrecke f (Raumf) / recorrido m de aterrizaje o de amerizaje ‖ ~**hilfe** f (Luftf) / ayuda f para el aterrizaje ‖ ~**kapsel** f (Raumf) / módulo m de descenso ‖ ~**klappe** f (Luftf) / alerón m o flop de aterrizaje ‖ ~**kreuz** n / T m de aterrizaje ‖ ~**kufe** f / patín m de aterrizaje ‖ ~**kurs** m / rumbo m de localizador, radioalineamiento m de pista ‖ ~**kursebene** f / eje m de rumbo de localizador ‖ ~**kurs-Leitstrahl** m (Luftf) / haz m [del] localizador ‖ ~**kurssender** f (Luftf) / transmisor m de localizador ‖ ~**licht** n (am Boden) / luz f de aproximación o de aterrizaje ‖ ~**meldung** f / mensaje m de llegada
landen vi (Schiff) / tomar puerto o tierra, arribar ‖ ~ (Luftf) / aterrizar ‖ ~ vi vt (Passagiere) (Schiff) / desembarcar ‖ ~ **an Deck** (Luftf) / apontizar ‖ ~ **auf dem Boden** / aterrizar, tomar tierra ‖ ~ **auf dem Mond** ~ / alunizar ‖ **auf dem Wasser** ~ (Luftf) / amarar, amerizar ‖ ~ n (Luftf) / aterrizaje m ‖ ~ (Schiff) / desembarque m ‖ ~ **auf dem Wasser** (Luftf) / amaraje m, amerizaje m ‖ **zum** ~ **ansetzen** (Luftf) / iniciar el aterrizaje
Land•ende n **eines Kabels** / amarre m de un cable, punto m de amarre ‖ ~**enge** f, Isthmus m (Geo) / istmo m
Lande•pfad m (Luftf) / trayectoria f de aterrizaje ‖ ~**pfad-Befeuerung** f (Luftf) / bengalas f pl de aterrizaje ‖ ~**piste** f, -streifen, -bereich m (Luftf) / pista f de aterrizaje ‖ ~**platz,** Landungsplatz m (Schiff) / embarcadero m, lugar m de atraque ‖ ~**platz** m (Luftf) / zona f o área de aterrizaje, campo m de aterrizaje ‖ ~**richtungsanzeiger, beleuchtet** m / luz f indicadora de dirección (o luz de sentido) de aterrizaje
Ländervorwahlnummer f (Fernm) / indicativo m (de um país)
Landesaufnahme f (Verm) / levantamiento m topográfico de un país
Lande•scheinwerfer m (Luftf) / faro m o aerofaro de aterrizaje ‖ ~**schneise,** Anflugschneise f (Luftf) / corredor m de vuelo libre, corredor m de

aproximación ‖ ~**segel** n (Luftf) / lona f remolcadora o de aterrizaje
Landesfernwahl f (Fernm) / selección f automática a distancia [del abonado llamado], explotación f automática interurbana
Landesichtweite f (Luftf) / alcance m visual de aterrizaje
Landes•kennzahl f (Fernm) / código m del país o que designa el país ‖ ~**kennzahl** (Fernschreiber) / código m de destino ‖ ~**koordinaten** f pl (Verm) / coordenadas f pl de un país ‖ ~**kultur** f (Landw) / cultivo m del suelo ‖ ~**planung** f / planificación f nacional
Landespoiler m (Luftf) / aerofreno[s] m [pl] interno[s]
Landesstraße f (früher: Landstraße) / carretera f nacional
Lande•steg m, Landestelle f (Schiff) / embarcadero m, desembarcadero m ‖ ~**stelle** f **von Seekabeln** / punto m de amarre de un cable submarino ‖ ~**stoß** m (Luftf) / choque m de aterrizaje ‖ ~**stoß-Beschleunigungsmesser** m (Luftf) / acelerómetro m de impactos ‖ ~**strahl** m / haz[-guía] m de aterrizaje ‖ ~**strecke** f / recorrido m de aterrizaje ‖ ~**streifen** f / pista f aérea, pista f de aterrizaje y despegue ‖ ~**stufe** f (Raumf) / módulo m de descenso
Landes•vermessung f / levantamiento m topográfico [de un país] ‖ ~**vermessungsnetz** n, Triangulationsnetz n / red f de triangulación ‖ ~**wasserkartei** f / fichero m nacional de la polución de aguas
Lande•verbot n (Luftf) / prohibición f de aterrizaje ‖ ~**weiser** m / indicador m de dirección de aterrizaje ‖ ~**wettervorhersage** f, Entwicklungsvorhersage f / previsión f o predicción del tiempo para el aterrizaje, pronóstico m meteorológico para el aterrizaje ‖ ~**winkel,** Ausrollwinkel m / ángulo m de aterrizaje ‖ ~**zeichen** f, -funkfeuer n / radiobaliza f de aterrizaje, radiofaro m de aterrizaje ‖ ~**zustand** m **eines Flugzeugs** / configuración f de aterrizaje
Land•fahrzeug n / vehículo m terrestre ‖ ~**fall** m (Punkt, an dem die Küste erreicht wird) (Flugkörper) / recalada f ‖ ~**fernsprechnetz** n **für Selbstwählbetrieb** / central f automática rural ‖ ~**festes Seezeichen** (Schiff) / punto m característico del terreno, punto m de referencia, marca f en tierra ‖ ~**flugzeug** n / avión m terrestre ‖ ~**gang** m, Gangway f (Schiff) / pasarela f ‖ ~**gestützt** (Flugkörper) / con base terrestre o en tierra firme, basado en tierra ‖ ~**gewinnung** f (Hydr) / recuperación f de tierras
Landing Gear n (Container) / soporte m ahorquillado
Land•kabel n / cable m subterráneo ‖ ~**karte** f / mapa m ‖ ~**karte,** Panoramakarte f / mapa m panorámico ‖ ~**karteneinblendung** f (Radar) / superposición f de vídeo de un mapa ‖ ~**kartenpapier** n / papel m para mapas ‖ ~**kennung** f (Schiff) / recalada f ‖ ~**kompass** m / brújula f topográfica
ländlich, Land... / rural, rústico, campesino, campestre, del campo
Land•marke, Kennungsmarke f (Luftf) / referencia f de servicio aeronáutico ‖ ~**marke** (Schiff) s. landfestes Seezeichen ‖ ~**maschine** f / máquina f agrícola ‖ ~**maschinenbau** m / construcción f de máquinas agrícolas ‖ ~**maschinenmechaniker** m / mecánico m de máquinas agrícolas ‖ ~**maschinentechniker** m / técnico m de máquinas agrícolas ‖ ~**messer,** Feldmesser m / agrimensor m, geómetra m, geodesta m ‖ ~**mine** f (Mil) / mina f terrestre ‖ ~**peilstation** f / estación f radiogoniométrica terrestre ‖ ~**peilung** f (Schiff) / marcación f de la tierra ‖ ~**pfeiler** m (Brücke) / pilar m de orilla ‖ ~**rad** m (Pflug) (Landw) / rueda f de caballón ‖ ~**roboter** m (Mil) / robot m terrestre
Landschaft f / paisaje m, comarca f
Landschafts•architekt m / arquitecto m paisajista, paisajista m ‖ ~**bauarbeiten** f pl / trabajos m pl de jardinero paisajista ‖ ~**gärtner** m / jardinero m

Landschaftsgestaltung

paisajista ‖ ⁓**gestaltung** f / arquitectura f de paisaje ‖ ⁓**pflege** f / conservación f del paisaje, preservación f del paisaje, ordenación f paisajística ‖ ⁓**schutz** m / protección f o defensa del paisaje ‖ ⁓**schützer** m / protector m de paisajes ‖ ⁓**schutzgebiet** n / área protegida f ‖ ⁓**-Verbesserungsmaßnahmen** f pl / medidas f pl paisajísticas ‖ ⁓**verunstaltung** f / degradación f de paisaje
Land • sorte f (Landw) / variedad f local ‖ ⁓**spitze** f (Geo) / punta f de tierra, cabo m ‖ ⁓**steg** m (Binnenschiff) / pasarela f ‖ ⁓**straße** f s. Landesstraße ‖ ⁓**technik** f, Landbau m (allg) / técnica f agrícola, agricultura f ‖ ⁓**technik**, Landbautechnik f / ingeniería f agrícola o rural o agrónoma ‖ ⁓**transport** m / transporte m [por vía] terrestre o por tierra
Landung f (Luftf, Schiff) s. Landen ‖ ⁓ **mit eingezogenem Fahrwerk** / aterrizaje m con el tren replegado
Landungs • ... s. auch Lande... ‖ ⁓**boot**, -fahrzeug n (Schiff) / barcaza f o lancha de desembarco, buque m de desembarco ‖ ⁓**boot** n **an Bord** / esquife m ‖ ⁓**brücke** f / puente m de desembarco, desembarcadero m, embarcadero m, puente m de atraque ‖ ⁓**brücke** (schwimmend) / muelle m flotante ‖ ⁓**kufe**, Schneekufe f (Luftf) / patín m de aterrizaje ‖ ⁓**ponton** m / pontón m de desembarco ‖ ⁓**stoß** m (Schiff) / choque m de atracada
Land • verkehr m / tráfico m terrestre, transportes m pl terrestres ‖ ⁓**vermessung** f / agrimensura f, geodesia f ‖ ⁓**weg** m / vía f terrestre ‖ **auf dem** ⁓**weg** / por vía terrestre, por tierra ‖ ⁓**wind** m, ablandiger Wind / viento m de tierra
Landwirt m / agricultor m, granjero m, ingeniero m agrónomo
Landwirtschaft f / agricultura f ‖ ⁓ (Wissenschaft) / ciencia f agronómica, agronomía f
landwirtschaftlich, Landwirtschafts..., [Bauern]hof... / de granja ‖ ⁓, Agrar... / agrícola, agrario ‖ ⁓**e Abfälle bzw. Rückstände** / residuos m pl agroganaderos ‖ ⁓**er Betrieb**, Hof m / granja f agrícola, explotación f agrícola ‖ ⁓**es Erzeugnis** (Ggs. Getreide) / producto m agrícola ‖ ⁓**e Erzeugung** f / producción f agrícola ‖ ⁓**e Fahrzeuge** n pl / vehículos m pl agrícolas ‖ ⁓**e Genossenschaft** / cooperativa f agrícola ‖ ⁓**e Hoftechnik** / técnica f agropecuaria ‖ ⁓**e Maschine** / máquina f agrícola ‖ ⁓**er Pachtbetrieb** / finca f arrendada ‖ ⁓**er Schlepper** / tractor m agrícola ‖ ⁓**es Unkraut** / plantas f pl adventicias ‖ ⁓**e Verschmutzung** / polución f debida a la agricultura ‖ ⁓**es Wohnhaus**, Bauernhaus n (Landw) / casa f de campo
Landwirtschafts • ..., Ackerbau..., Viehzucht... / agropecuario adj ‖ ⁓**chemie** f / química f agrícola ‖ ⁓**kunde** f, -lehre f / agronomía f ‖ ⁓**ministerium** n / Ministerio m de Agricultura ‖ ⁓**physik** f / física f agrícola ‖ ⁓**technik** f / ingeniería f agrícola o rural
Land • zeichen n, Bake f (Schiff) / baliza f [fija], punto m de referencia ‖ ⁓**zentrale** f, -amt n (Fernm) / central f automática rural ‖ ⁓**zunge** f (Geo) / punta f, lengua f de tierra ‖ ⁓**zuwachs** m (durch Zurücktreten des Wassers) / terreno m ganado
lang, langdauernd / por o durante largo tiempo ‖ ⁓ (a. zeitlich, allg) / largo ‖ ⁓**er Buchstabe** (z.B. g) / letra f con trazo bajo, letra f larga con rasgo descendente ‖ ⁓**er Fließweg** (Plast) / largo camino de flujo [en el molde] ‖ ⁓ **gestreckt** / extendido, estirado ‖ ⁓ **gestreckte Moleküle** n pl (Chem) / moléculas f pl de cadena larga o en cadenas largas ‖ ⁓ **gezogener Faden** (Flüssigkeit) / filamento m largo (de un líquido viscoso) ‖ ⁓**e Lebensdauer** f, Langlebigkeit f / longevidad f ‖ ⁓**er vertikaler Strich** (OCR) / trazo m largo vertical ‖ **... m** ⁓ / [tener o medir] ...metros de largo ‖ **sich** ⁓ **hinziehend**, lang gestreckt (Entfernung) / de gran extensión, muy extendido ‖ **zu** ⁓ (Werkstück) / sobrante al largo

Lang • beckzange f / alicates m pl de boca larga ‖ ⁓**behälterwaage** f / báscula f con depósito largo
Langbeinit m (Min) / langbeinita f
Lang • bogenlampe f / lámpara f de arco [largo] ‖ ⁓**bohren** n (Wzm) / taladrado m largo ‖ ⁓**brenner** m (Gas) / quemador m rectilíneo ‖ ⁓**brennweitig** (Opt) / de gran distancia focal ‖ ⁓**buckel** m (Schw) / proyección f larga ‖ ⁓**drahtantenne** f / antena f larga o de alambre largo ‖ ⁓**drehautomat** m (Wzm) / torno m automático para cilindrar ‖ ⁓**dreheinrichtung** f (Wzm) / dispositivo m para cilindrar ‖ ⁓**drehen** n (Wzm) / cilindrado m ‖ ⁓**drehschlitten**, -support m / carro m de cilindrado, carro m para tornear cilíndrico
Länge f (Raum) / largo m, largor m, largura f ‖ ⁓ (Geo, Mot, Phys) / longitud f ‖ ⁓, Dauer f (Zeit) / duración f ‖ ⁓ (bei Schiffsabmessungen) / eslora f ‖ ⁓ (eines Schiffes) / longitud f de un buque, largo m de un buque ‖ ⁓ **der Einführungsfase** (z.B. einer Buchse) / largo m de acometimiento (p.ej. de un casquillo) ‖ ⁓ **der Kette** (Schiff) / largo m de la cadena f ‖ ⁓ **im Lichten** (Bau) / largo m interior ‖ ⁓ **in der Wasserlinie** (Schiff) / eslora f en la flotación ‖ ⁓ **in Fuß** / longitud f en pies ‖ ⁓ f **in Yard** / longitud f en yardas, yardaje m ‖ ⁓ **über alles** / longitud f total, longitud f entre puntos extremos ‖ ⁓ f **über alles**, Lüa (Schiff) / eslora f total ‖ ⁓ **über Flanschen** / longitud f entre bridas ‖ ⁓ **über Puffer**, L. ü. P. (Bahn) / longitud f entre topes ‖ ⁓ f **von 12 m**, Stück n von 12 m Länge / pieza f de 12 metros de largo ‖ ⁓ **zwischen den Loten** (Schiff) / eslora f entre perpendiculares ‖ **der** ⁓ **nach** / longitudinalmente ‖ **in die** ⁓ **ziehen** (fig) / dar largas [a] ‖ **wirkliche** ⁓, Baulänge f eines Kabels / longitud f devanada o desenrollada
längen vt, auseinander ziehen / extender, alargar, prolongar ‖ ⁓ n (DIN 8585) (Wzm) / extensión f, extendido m, alargamiento m, prolongación f
Längen • abmessung f (Phys) / dimensión f lineal ‖ ⁓**abmessung**, -ausdehnung f, Längenmaß n / extensión f longitudinal ‖ ⁓**änderung** f / alteración f de la longitud, variación f longitudinal ‖ ⁓**änderung**, -verformung f / deformación f longitudinal ‖ ⁓**anschlag** m (Wzm) / tope m longitudinal ‖ ⁓**attribut** n (DV) / atributo m de longitud ‖ ⁓**ausdehnung** f, Wärmedehnung f (Phys) / dilatación f o expansión térmica f ‖ ⁓**ausdehnung**, -maß n / extensión f lineal o longitudinal ‖ ⁓**ausdehnungskoeffizient** m / coeficiente m de dilatación térmica ‖ ⁓**ausgleich** m / compensación f longitudinal ‖ ⁓**beständig** / de longitud constante ‖ ⁓**bezogen** / lineal, relativo a la longitud ‖ ⁓**bezogene Masse** / masa f lineal ‖ ⁓**differenz** f / diferencia f de longitud ‖ ⁓**eingang** m (Web) / encogimiento m de longitud ‖ ⁓**einheit** f (Phys) / unidad f de longitud ‖ ⁓**fehler** m / error m de longitud ‖ ⁓**gewicht** n, Metergewicht m / peso m por metro ‖ ⁓**grad** m (Geo) / grado m de longitud ‖ ⁓**halbkreis** m (Geo) s. Meridian ‖ ⁓**klausel** f (DV) / cláusula f de longitud ‖ ⁓**kontraktion** f (Phys) / contracción f longitudinal ‖ ⁓**kreis** m (Geo) / meridiano m ‖ ⁓**kreis** (Astr) / círculo m de longitud ‖ ⁓**maß** n / medida f lineal o de longitud ‖ ⁓**maßstab** m / escala f de longitudes ‖ ⁓**messgerät** n, Dehnungsmessgerät n / extensómetro m, extensímetro m ‖ ⁓**messung** f / medición m de longitudes ‖ ⁓**methode** f (Nukl) / método m de longitudes ‖ ⁓**nivellierung** f, -nivellement n, Trassennivellierung f (Bau) / nivelación f longitudinal ‖ ⁓**profil** n, Längsprofil n (Verm) / perfil m longitudinal ‖ ⁓**regelung** f (NC, Wzm) / control m de dimensiones en circuito cerrado ‖ ⁓**schärfegrad**, Zylindervölligkeitsgrad m (Schiffsform) / coeficiente m de finura cilíndrica ‖ ⁓**schlüssel** m (DV) / código m de longitud ‖ ⁓**schnitt**, Längsschnitt m (Holz) / corte m en sentido de la fibra ‖ ⁓**schnittriss** m (Bergb) /

sección f longitudinal ‖ ⁓standard m / estándar m de longitud ‖ ⁓teilmaschine f / divisora f de longitudes ‖ ⁓unterschied m / diferencia f longitudinal o de longitudes ‖ ⁓unterschied (Geo) / diferencia f de longitud ‖ ⁓verformung, -änderung f / deformación f longitudinal ‖ ⁓verhältnis, Schlankheitsverhältnis n (Mech) / razón f de esbeltez ‖ ⁓verstellbarkeit f / ajustabilidad f longitudinal ‖ [prozentuale] ⁓zunahme des Blechs (Kaltwalzen) / crecimiento lineal de la chapa en porcientos ‖ ⁓zuschlag m / recargo m por largo excesivo
Langette f (Nähm) / festón m
Langettenstich m / punto m de festón, festón m de uña
langettieren / festonar
Längezeichen n (Druck) / acento m largo
Lang•fahrstellung f (Landw) / posición f de transporte viario ‖ ⁓fahrvorrichtung f (Landw) / carretilla f de transporte para tránsito viario ‖ ⁓faserig / de fibra larga ‖ ⁓flächenmaschine f, Doppelständer- o. Portalmaschine f (Wzm) / máquina f herramienta de pórtico ‖ ⁓flächenschleifmaschine f (Wzm) / rectificadora f para superficies planas ‖ ⁓flachzwirn m / hilo m de hilaza ‖ ⁓flammig (Kohle) / de llama larga ‖ ⁓form f / forma f alargada ‖ ⁓format n (Druck) / formato m oblongo ‖ ⁓fräsmaschine f, -tischfräsmaschine f (Wzm) / fresadora f longitudinal ‖ ⁓fristig / a largo plazo, a plazo largo ‖ ⁓fristige Voraussage f / pronóstico m a largo plazo ‖ ⁓gebaut (Bau) / de forma alargada ‖ ⁓gestielt, -stielig (Bot) / de tallo largo ‖ ⁓gewinde n / rosca f larga ‖ ⁓gewindefräsmaschine f (Wzm) / fresadora f de roscas largas ‖ ⁓gliedrig (Kette) / de eslabones largas ‖ ⁓gutnachläufer m (Kfz) / remolque m trasero, base f trasera
Länghaken m (Dach) (Bau) / gancho m de conexión
lang•halsig (Chem) / de cuello largo ‖ ⁓halskolben m (Chem) / matraz m de cuello largo ‖ ⁓hanfseil n / cable m de cáñamo de fibra larga ‖ ⁓hanfzwirn m (Schiff) / retorcido m de cáñamo ‖ ⁓haus, -schiff n (Bau) / nave f principal ‖ ⁓hobel 27" lang m (Wz) / garlopa f ‖ ⁓hobelmaschine f / acepilladora f tangencial ‖ ⁓holz n / madera f de (o al) hilo, troncos m pl o maderos largos ‖ ⁓holz m, langer Balken m / madero m ‖ ⁓holzanhänger m (Kfz) / remolque m para maderos [largos] ‖ ⁓holzwagen m (Bahn) / vagón m para troncos ‖ ⁓holzwagen (Kfz) / camión m para troncos, transportador m de maderos [largos] ‖ ⁓hubig (Mot) / de carrera larga de pistón o émbolo ‖ ⁓jährige Erfahrung / larga experiencia f, experiencia f de muchos o largos años ‖ ⁓kabine f (Pickup) (Kfz) / cabina f larga o doble ‖ ⁓kessel m (Lok) / caldera f larga horizontal ‖ ⁓kettig (Chem) / de cadena larga ‖ ⁓knäuel m (Garn) / ovillo m alargado ‖ ⁓kompensator m (Opt) / condensador m con oscilación lenta ‖ ⁓lebensdauer... / de larga vida ‖ ⁓lebensdauerröhre f (Eltronik) / tubo m reforzado ‖ ⁓lebig (allg, Atom) / longevo, de larga vida, de vida larga, de mucha vida, de larga duración, duradero, persistente ‖ ⁓lebige Abfälle m pl / desechos m pl de vida larga ‖ ⁓lebiger Satellit / satélite m de vida larga ‖ ⁓lebigkeit, lange Lebensdauer f / longevidad f ‖ ⁓leine f (Fischfang) / palangre m
länglich, mehr lang als breit / oblongo, alargado ‖ ⁓e Form / forma f oblonga ‖ ⁓ rund, oval / ovalado
Lang•lichtbogen m (Schw) / arco m largo ‖ ⁓lichtbogenschweißen n / soldeo m con arco largo ‖ ⁓loch / n / agujero m oblongo u ovalado, agujero m alargado ‖ ⁓lochbohrmaschine f (Wzm) / barrenadora f para agujeros oblongos ‖ ⁓löcher herstellen (Holzbearb) / cajear, mortajar ‖ ⁓lochfräsbohrer m (DIN 6442) (Holz) / taladro m fresador para mortajas ‖ ⁓lochfräser m (Wzm) / fresa f para agujeros oblongos o para ranuras ‖ ⁓lochfräsmaschine f (Wzm) / fresadora f para ranurar ‖ ⁓lochmaschine f,

Schlitzmaschine f (Holz) / máquina f mortajadora, mortajadora f ‖ ⁓lochziegel m / ladrillo m hueco con canales horizontales ‖ ⁓materialwaage f / balanza f para material oblongo
Langmuir•-Dunkelraum m / espacio m o[b]scuro (o de sombra) de Langmuir ‖ ⁓-Mulde f (Chem, Phys) / artesa f de Langmuir ‖ ⁓-Sonde f (Phys) / sonda f de Langmuir ‖ ⁓-Verfahren n (Schw) / soldadura f por hidrógeno atómico
lang•nachleuchtend (Fluoreszenz) / de persistencia de tiempo largo ‖ ⁓produkt n (Hütt) / producto m oblongo ‖ ⁓reichweitig (Partikel) (Phys) / de gran alcance, de larga trayectoria ‖ ⁓reihe f (Strumpf) / hilera f floja ‖ ⁓reiheneinrichtung f (Wirkm) / dispositivo m para hilera floja ‖ ⁓riemenboden m, -parkett n (Bau) / entarimado m de tabletas largas ‖ ⁓rissig / de grietas o rajas largas o longitudinales ‖ ⁓rohr-Einspritzung f (Mot) / inyección f en el múltiple de admisión ‖ ⁓rollenlager n (Masch) / rodamiento m de rodillos largos ‖ ⁓rücken n (Forstw) / arrastre m a lo largo ‖ ⁓rund, (früher:) langoval / ovalado redondeado
längs / a lo largo [de] ‖ ⁓ gestreift (Web) / a rayas longitudinales, listado a lo largo, con listas longitudinales ‖ ⁓..., longitudinal / longitudinal ‖ ⁓... s. auch Längen... ‖ ⁓ableitung f (Elektr) / impedancia f en serie ‖ ⁓achse f (allg) / eje m longitudinal ‖ ⁓achse (Luftf) / eje m X, eje m longitudinal ‖ ⁓achse der Zeitkonstanten (Elektr) / eje m longitudinal de la constante de tiempo
langsam (allg, Foto) / lento ‖ ⁓er als gewöhnlich / decelerado ‖ ⁓ anlaufend / de arranque lento ‖ ⁓ anwachsende Spannung (Mech) / tensión f lentamente creciente ‖ ⁓ bindend / de fraguado lento ‖ ⁓es Blinkfeuer / luz f intermitente ‖ ⁓ brennend (Plast) / de combustión lenta ‖ ⁓es Elektron / electrón m lento ‖ ⁓er fahren / llevar poca marcha ‖ ⁓ fahren, kriechen (Kfz) / ir o andar en marcha lentísima o ultralenta ‖ ⁓ fahren! (Kfz) / ¡reducir la velocidad!, ¡moderar la marcha!, ¡aminorar la marcha! ‖ ⁓e Fahrt (Schiff) / ronceria f ‖ ⁓ fortschreitender Riss (o. Bruch) / grieta f progresiva ‖ ⁓ gehen! (Schiff) / ¡lo más despacio posible! ‖ ⁓e Geschwindigkeitsänderung / cambio m lento de velocidad ‖ ⁓ laufend / de baja velocidad ‖ ⁓ luftgekühlt / refrigerado lentamente por aire ‖ ⁓es Neutron / neutrón m lento ‖ ⁓es Peripheriegerät (DV) / aparato m periférico lento ‖ ⁓er Speicher (DV) / almacenamiento m de acción lenta o de acceso lento ‖ ⁓ übergehen [in], sich langsam verwandeln [in] / graduar [en], ir transformándose [en] ‖ ⁓er werden / ralentizar[se], retrasarse, reducir la velocidad, moderar o aminorar la marcha ‖ ⁓ werden / perder velocidad ‖ ⁓ wirkend / de acción lenta, de efecto lento ‖ sehr ⁓, "im Schritt", im Schritttempo / al paso, lentísimo ‖ sich ⁓ bewegen / moverse muy despacio, avanzar pequeño a pequeño
Langsam•anlasser m, -startvorrichtung f (Elektr) / arrancador m de acción lenta ‖ ⁓ausschalter m (Elektr) / ruptor m diferido o de retardo o de tiempo ‖ ⁓binder m (Bau) / cemento m de fraguado lento ‖ ⁓brennendes Pulver / polvo m de combustión lenta ‖ ⁓einschaltung f / arranque m diferido
Langsamerwerden n (Rotation) / disminución f de velocidad ‖ ⁓, Geschwindigkeitsabfall m (Raumf) / pérdida f de velocidad
Langsam•fahrscheibe f (Bahn) / disco m de limitación de velocidad ‖ ⁓fahrsignal n (Bahn) / señal f de reducción de velocidad ‖ ⁓fahrspur f, Kriechspur f (Straß) / pista f o vía para vehículos lentos, carril m lento ‖ ⁓fahrstelle f (Bahn) / sección f con limitación de velocidad ‖ ⁓fahrt f (Bahn) / disminución f o reducción f de velocidad ‖ ⁓filter m n / filtro m de acción lenta ‖ ⁓gang m / marcha f o velocidad lenta

Langsamkeit

Langsamkeit f / lentitud f
langsam•laufend, Langsamläufer... / de marcha lenta ‖ ≃**läufer** m (Mot) / motor m de baja velocidad ‖ ≃**regner** m (Landw) / aspersor m lento ‖ ≃**schaltvorrichtung** f / dispositivo m de conexión lenta ‖ ≃**zündung** f / encendido m lento
Längs•ansicht f / vista f longitudinal ‖ ≃**anteil** m der Polradspannung (Elektr) / componente f longitudinal de la fuerza electromotriz sincrónica ‖ ≃**aufschleppe** f (Schiff) / varadero m longitudinal ‖ ≃**ausgleich** m (Fernm) / compensación f de la capacitancia mutua ‖ ≃**balken** m (Unterzug) / larguero m ‖ ≃**balligkeit** f (Zahn) / dentado m esferoide ‖ ≃**begrenzung** f / límite m longitudinal ‖ ≃**begrenzung** f (Wzm) / tope m longitudinal ‖ ≃**belastung** f / carga f axial ‖ ≃**belastung**, -schub m / empuje m axial ‖ ≃**besäummaschine** f (Säge) / canteadora f ‖ ≃**besäummaschine** (Schere) / cizallas f pl de orillar ‖ **sich ~bewegend** / con movimiento longitudinal ‖ ≃**bewegung** f (allg) / movimiento m longitudinal ‖ ≃**bewegung** f (Brücke) / desplazamiento m longitudinal ‖ ≃**brenner** m (Gas) / quemador m rectilíneo
Lang•schaft m / vástago m largo ‖ ≃**schermaschine** f (Web) / tundidora f longitudinal ‖ ≃**schienen**, durchgehend geschweißte Schienen f pl (Bahn) / carriles m pl soldados en grandes longitudes, barras f pl soldadas, barra f larga ‖ ≃**schiff**, -haus n (Bau) / nave f principal ‖ ≃**schiff[chen]** m (Nähm) / lanzadera f longitudinal ‖ ≃**schlitten** m (Wzm) / carro m longitudinal ‖ ≃**schlitz** m / ranura f larga ‖ ≃**schlitzbrenner**, Bandbrenner m (Gas) / quemador m de cinta ‖ ≃**schlitz-Richtkoppler** m (Eltronik) / acoplador m direccional de ranuara larga ‖ **~schürige o. -staplige Wolle** (Tex) / lana f de fibra larga ‖ ≃**schwelle** f (Bahn) / larguero m ‖ ≃**schwelle zu einem Fundamentrost** (Hydr) / longrina f ‖ ≃**schwellenoberbau** m (Bahn) / superestructura f con largueros
Längs•dehnung, lineare Ausdehnung f (Phys) / dilatación f longitudinal, alargamiento m longitudinal o axial ‖ ≃**drehen** (Wzm) / cilindrar ‖ ≃**drehen** n (Wzm) / cilindrado m ‖ ≃**drift** f (Schiff) / deriva f en longitud ‖ ≃**druck**, Axialdruck m / empuje m axial ‖ ≃**durchflutung** f, Längs-EMK (Elektr) / componente f m longitudinal de una fuerza electromotriz ‖ ≃**entzerrer** m (Fernm) / igualador m o compensador m corrector en serie ‖ ≃**entzerrung** f (Fernm) / igualación f o compensación o corrección en serie ‖ ≃**falte** f (allg, Tex) / pliegue m longitudinal ‖ ≃**falz** m (Druck, Pap) / pliegue m longitudinal ‖ ≃**falzmaschine** f (Pap) / plegadora f longitudinal ‖ ≃**faser** f / fibra f longitudinal ‖ ≃**fuge** f / junta f longitudinal ‖ ≃**führung** f / guía f longitudinal ‖ ≃**gang** m (Wzm) s. Längshub ‖ ≃**gefälle** n (Straß) / declive m longitudinal ‖ ~**gefaltetes Blechrohr** / tubo m de chapa plegada longitudinalmente ‖ ≃**gerippt** / acostillado longitudinalmente, con nervios longitudinales ‖ ~**gestrichelt** / rayado longitudinalmente, en rayitas longitudinales ‖ ~**geteilt** (allg) / dividido longitudinalmente ‖ ~**geteilt** (Warmband) / cortado en tiras ‖ ~**geteilte Abstichrinne** (Gieß) / canal m de sangría en forma de Y ‖ ≃**gewölbeofen** m (Hütt) / horno m de bóvedas longitudinales ‖ ≃**heften** n (Blech) / engrapado m longitudinal ‖ ≃**heftung** f (Druck) / cosido m longitudinal ‖ ≃**holzverleimung** f / encolado m longitudinal ‖ ≃**hub** m, Längsvorschub m, Längshub m (Wzm) / avance m o curso longitudinal
Lang•sieb n (Pap) / mesa f plana, tela f de la mesa plana ‖ ≃**siebmaschine** f (Pap) / máquina f de mesa plana, máquina f Fourdrinier, máquina f de criba longitudinal ‖ ≃**siebpartie** f (Pap) / mesa f de fabricación
Längs•impedanz f (Elektr) / impedancia f en serie ‖ ≃**induktion** f / inducción f longitudinal ‖

≃**induktivität** f / inductancia f longitudinal ‖ ≃**instabilität** f (Luftf) / inestabilidad f longitudinal ‖ ≃**kante** f / borde m, canto m, arista f longitudinal ‖ ≃**keil** m, Feder f (Masch) / chaveta f paralela ‖ ≃**kraft** f (Phys) / fuerza f longitudinal, empuje m axial ‖ ≃**krümmung** f (Holz) / curvatura f longitudinal ‖ ≃**kugellager** n / rodamiento m axial de bolas (E), cojinete m axial de bolillas (LA) ‖ ≃**lager** n, Axiallager n / cojinete m axial ‖ ≃**lenker** m (Kfz) / brazo m oscilante longitudinal ‖ ≃**liegend**, Längs... / a lo largo [de], longitudinal ‖ ≃**luft** f des Drucklagers, -spiel n / juego m axial ‖ ≃**magnetfeld** n / campo m magnético longitudinal ‖ ≃**magnetisierung** f / magnetización f o iman[t]ación longitudinal ‖ ≃**magnetostriktion** f (Elektr) / magneto[e]stricción f longitudinal ‖ ≃**moment** n (Luftf) / par m de cabecco ‖ ≃**naht** f (Nieten) / costura f longitudinal ‖ ≃**naht** (Schw) / cordón m longitudinal, soldadura f longitudinal ‖ ≃**naht** (Gewebe) / costura f longitudinal ‖ ~**nahtgeschweißtes Großrohr** / tubo m de gran diámetro soldado longitudinal ‖ ≃**nahtüberlappung** f / recubrimiento m longitudinal ‖ ≃**neigung** n (Foto) / inclinación f longitudinal ‖ ≃**neigungsmesser** m (Luftf) / inclinómetro m longitudinal ‖ ≃**neigungspendel** n / indicador m de nivel longitudinal ‖ ≃**nut**[**e**] f / ranura f longitudinal
langspanend (Wzm) / de viruta[s] larga[s]
Längs•-Paritätsprüfung f (DV) / prueba f o comprobación de paridad longitudinal ‖ ~**parken** (Kfz) / aparcar en línea ‖ ≃**parken** n / estacionamiento m en fila
Lang•speicher m, Langzeitspeicher m (Wassb) / embalse m de acumulación a largo plazo ‖ ≃**speicherung** f (Wassb) / acumulación f a largo plazo
Längsperforation f (Druck) / perforación f longitudinal
Lang•spielband n / cinta f de larga duración ‖ ≃**spielplatte** f (33 Umdr/min), **L.P.** / disco m de larga duración, disco m LP o elepé, microsurco m ‖ ≃**spleiß** m / costura f española o larga
Längs•probe f (Mat.Prüf) / prueba f a lo largo de fibras, muestra f longitudinal ‖ ≃**profil**, Längenprofil n (Verm) / perfil m longitudinal ‖ ≃**prüfzeichen** n (DV) / bit[io] m de paridad longitudinal u horizontal ‖ ≃**quartier**, Riemenstück, Riemchen n (Maurer) / medio largo ‖ ≃**redundanz** f (DV) / redundancia f longitudinal o vertical ‖ ≃**richtung** f / sentido m longitudinal ‖ ≃**riegel** m (Gerüst) / crucero m ‖ ≃**rillen** f pl (Kfz, Reifen) / ranuras f pl longitudinales ‖ ≃**rippe** f (Reifen) / nervio m longitudinal ‖ ≃**rips** m (Tex) s. Schussrips ‖ ≃**riss** m (Schiff) / plano m vertical y longitudinal ‖ ≃**riss im Werkstoff** / grieta f longitudinal ‖ ≃**säge** f (Wz) / sierra f de cortar al hilo o a lo largo ‖ ~**sägen** vt / aserrar al hilo o a lo largo, aserrar en la dirección de la fibra ‖ ≃**scherkraft** f / esfuerzo m de cizallamiento longitudinal ‖ ~**schiff**, längsseits / al costado del buque ‖ ≃**schiffkraft** f (Schiff) / fuerza f de proa a popa ‖ ~**schiffs...** / de la proa a la popa ‖ ≃**schiffskrümmung** f / curvatura f longitudinal de la cubierta de barco, arrufo m, arrufadura f ‖ ≃**schlag**, Gleich-, Albertschlag m (Seil) / torsión f directa o longitudinal ‖ ≃**schleifen** n / rectificado m al largo ‖ ≃**schleifer** m (Pap) / desfibradora f longitudinal ‖ ≃**schliff** m (Pap) / pasta f mecánica desfibrada en sentido longitudinal ‖ ≃**schlitten**, -support m (Dreh) / carro m longitudinal o superior ‖ ≃**schlitz** m / ranura f o rendija longitudinal ‖ ≃**schlupf** m / resbalamiento m longitudinal ‖ ≃**schneideeinrichtung** f (Druck) / cortadora f longitudinal de hojas ‖ ≃**schneiden** n (Hütt) / corte m en tiras ‖ ≃**schneiden** (Pap) / corte m en sentido de la máquina ‖ ≃**schnitt** m (Zeichn) / sección f longitudinal ‖ ≃**schnitt**, -schneiden n (Holz, Metall) / corte m al hilo ‖ ≃**schnitt mit der Schere** (im Stoff) (Tex) / corte m longitudinal con tijeras ‖ ≃**schnittriss** m (Bergb) /

sección f longitudinal || ⁓**schott** n (Schiff) / mamparo m longitudinal || ⁓**schub** m, -belastung f / carga f axial, empuje m axial || ⁓**schwad** m (Landw) / cordón m longitudinal || ⁓**schwadroder** m (Rüben) / arrancadora-alineadora f de remolachas || ⁓**schweißnaht** f / cordón m [de soldadura] longitudinal, soldadura f longitudinal, longuero m, longrina f (CHILE) || ⁓**schwingung** f (Phys) / oscilación f longitudinal || ⁓**schwund** m, -schwindung f (Tex) / encogimiento m longitudinal || ⁓**schwund** (Hütt) / contracción f longitudinal || ~**seit festmachen** (Schiff) / abarloar || ~**seit schleppen** (Schiff) / remolcar abarloado || ⁓**seite** f / lado m lateral, costado m || ~**seits** (Schiff) / al costado [de] || ~**seits kommen** / venir al costado || ⁓**spannung** f (Mech) / tensión f longitudinal || ⁓**spannung** (Elektr) / componente f m longitudinal de una tensión || ⁓**spant** f (Schiff) / cuaderna f longitudinal || ⁓**spiel**, Axialspiel n (Welle) / juego m axial || ⁓**spülung** f, Gleichstromspülung f (Mot) / barrido m de flujo continuo || ⁓**spurverfahren** n (Videoband) / registro m en pista longitudinal || ⁓**stabilität** f (Luftf) / estabilidad f longitudinal || ⁓**staffelung** f (Luftf) / separación f longitudinal de aeronaves [a lo largo de la ruta] || ⁓**steghohlleiter** m / guíaondas m con resaltes internos longitudinales || ⁓**steife** f (Stahlbau) / refuerzo m longitudinal || ⁓**stich** m (Walzw) / pasada f longitudinal || ⁓**strahler** m (Antennenbau) / red f de antenas de radiación longitudinal || ⁓**streckung** f / elongación f, alargamiento m || **Buchstabe mit** ⁓**strich** / letra f con trazo bajo || ⁓**strom** (Elektr) / componente f m longitudinal de una corriente || ⁓**ströme** m pl (auf beiden Leitungen in gleicher Richtung) (Fernm) / corrientes f pl longitudinales || ⁓**support** m (Dreh) / carro m superior || ⁓**symmetrieebene** f (Geom) / plano m longitudinal de simetría

Langstab m (Mat.Prüf) / probeta f larga || ⁓**isolator** m / aislador m con soporte largo

Längstakt-Transfermaschine f (Wzm) / transferidora f rectilínea

lang•staplige (o. lange) Baumwolle (Tex) / algodón m de fibra larga || ⁓**stator** m (Transrapid) / estator m longitudinal o lineal

Längs•teilschere f / cizallas f pl para división longitudinal || ⁓**teilung** f [von Ketten usw] / paso m longitudinal

langstieliger Löffel (Keram) / cuchara m de tallo largo

Längsträger m (Bau, Kfz) / cercha f longitudinal || ⁓ (Brücke) / larguero m, viga f longitudinal, longrina f (CHILE) || ⁓ (Bahn) / larguero m de bastidor (o de caja) || **erster Ordnung** (Brücke) / viga m maestra o principal || **zweiter Ordnung** (Brücke) / viga f longitudinal secundario || ⁓**brücke** f / puente m de vigas longitudinales

Längstragseil n (Bahn) / cable m longitudinal de línea de contacto

Langstrecken•..., weitreichend, -tragend / de gran o largo alcance, de gran radio de acción, de gran autonomía || ⁓..., Fern... / a gran o larga distancia || ⁓**flug** m / vuelo m de largo recorrido || ⁓**-Marschflugkörper** m (Mil) / misil m de largo alcance || ⁓**navigation** f, Loransystem n / sistema m de radionavegación de largo alcance, lorán m || ⁓**radar** m n / radar m de gran alcance

Längstrenner m (Elektr) / seccionador m, interruptor m seccionalizador

Längstwelle, LstW (über 10 km) (Eltronik) / onda f miriamétrica

Längs•überdeckung f (Verm) / recubrimiento m longitudinal || ⁓**überwalzungs-Fehler** m, Welle f (Walzw) / defecto m por pliegue longitudinal || ⁓**verband** m (Stahlbau) / arriostramiento m longitudinal || ⁓**verband** (Schiff) / estructura f longitudinal || ⁓**vergleichschutz** m (Elektr)

protección f diferencial longitudinal || ⁓**vergrößerung**, Achsenvergrößerung f (Opt) / aumento m longitudinal || ⁓**verleimung** f / encolado m longitudinal || ⁓**verschiebung** f / desplazamiento m longitudinal || ⁓**versteifung** f / refuerzo m longitudinal || ⁓**versteifungsträger** m (Luftf) / larguero m, miembro m longitudinal || ⁓**verstrebung** f / arriostramiento m longitudinal || ⁓**vorschub**, -zug m (Wzm) / avance m longitudinal || ⁓**walzen** vt (Walzw) / laminar longitudinalmente || ⁓**welle** f (Masch) / árbol m longitudinal || ⁓**welle**, Longitudinalwelle f (Phys) / onda f longitudinal || ⁓**widerstand** m (Vierpoltheorie) (Fernm) / impedancia f de transferencia || ⁓**widerstand** (z.B. eines Leiters) / resistencia f en serie || ⁓**wind** m (Luftf) / viento m de cola || ⁓**zweig** m (Eltronik, Filter) / rama f en serie

Lang•[tisch]fräsmaschine f (Wzm) / fresadora f longitudinal || ⁓**- und Senkrechtfräsmaschine** f / fresadora f longitudinal y vertical combinada

Längung, Dehnung f / alargamiento m, elongación f, extensión f

Längungsmessgerät n / medidor m o transductor de deformación, deformímetro m

Lang•welle (über 1000 m), Kilometerwelle f, LW (Elektr) / onda f larga o kilométrica || ⁓**wellenbereich** m / gama f de ondas largas || ⁓**wellenpeilung** f / radiogoniometría f de ondas largas || ⁓**wellensender** m / emisor m de onda larga || ⁓**wellig** / de ondas largas || ~**welliges Rot** (TV) / rojo m extremo || ~**wellige Himmelsstrahlung** / radiación f celeste || ~**wierig** / largo, duradero

Langzeit•... / de larga duración || ⁓**-Alterung** f / curado m de larga duración (efecto deseable), envejecimiento m de larga duración (efecto indeseable) || ⁓**bad** n (Chem, Hütt) / baño m de acción lenta || ⁓**drift** f (Halbl) / deriva f a largo plazo || ⁓**echo** n / eco m de larga duración || ⁓**fading** m (Eltronik) / desvanecimientos m pl en períodos largos || ⁓**festigkeit** f / resistencia f a largo plazo o para períodos largos || ⁓**geber** m / contador m de tiempo a largo plazo || ⁓**gefährdung** f / riesgo m a (o de) largo plazo || ⁓**lagerung** f / almacenaje m a largo plazo || ⁓**parkplatz** m / aparcamiento m o parking de larga duración || ⁓**relais** n / relé m de acción lenta o diferida o retardada || ⁓**schwund** m (TV) / efecto m de o[b]scurecimiento, ensordecimiento f largo || ⁓**speicher** m (Hydr) / embalse m de acumulación a largo plazo || ⁓**speicher** (DV) / memoria f de acceso lento || ⁓**stabilität** f / estabilidad f a largo plazo o de larga duración || ⁓**verhalten** n (Mech) / comportamiento m a largo plazo || ⁓**versuch**, Dauerversuch m / ensayo m de larga duración || ⁓**-Warmfestigkeit** f (Plast) / resistencia f en caliente durante un período prolongado || ⁓**wirkung** f, Depotwirkung (Pharm) / efecto m prolongado, acción f prolongada

Lang•ziehbank f / banco m de estirar || ⁓**zug** m (S-Bahn) / tren m largo

Lanolin, Wollfett n (Chem) / lanolina f, lanoleína f || **wasserfreies** ⁓ / lanolina f deshidratada

Lanolinseife f / jabón m de lanolina

L-Antenne f / antena f en L

Lanthan n, La (Chem) / lantano m, lantan[i]o m || ⁓**chlorid** n / cloruro m de lantano || ⁓**it** m (Min) / lantanita f || ⁓**kronglas** n / vidrio m al lantano

Lanthanoide n pl (OZ 57 - 71), Lanthanide n pl (Chem) / lantánidos m pl

Lanthanoiden-Kontraktion f (Nukl) / contracción f de lantánidos

Lanthanoxid n / óxido m de lantano

Lanze f / lanza f

Lanzen•fangvorrichtung f (Hütt) / dispositivo m de sujeción de la lanza || ⁓**frischen** n (Hütt) / afino m [de acero] con lanza || ⁓**holz** n, Oxandra lanceolata

Lanzenschlitten

(Westindien) (Bot) / madera *f* de lanza ‖ ≃**schlitten** *m*, Lanzenwagen *m* (Hütt) / carro *m* [portador] de lanza
Lanzettbogen *m*, [überhöhter] Spitzbogen (Bau) / arco *m* lanceolado
Lanzette *f* / lanceta *f* ‖ ≃ (Gieß) / espátula *f*
lanzettenförmig / lanceolado
Lanzettfenster *n* (Bau) / ventana *f* lanceolada
Lanzierrohr *n*, Torpedoausstoßrohr *n* (Schiff) / tubo *m* de lanzamiento, tubo *m* lanzatorpedos
Lanzierschuss *m* (Web) / pasada *f* o trama de espolinado
lanzierter Stoff, lanziertes Gewebe (Tex) / tejido *m* espolinado
Lapilli *pl* (Geol) / lapilli *m pl*
Lapislazuli *m* (Min) / lapislázuli *m* ‖ ≃**blau** *n* / ultramarino *m* natural
Laplace•-Operator *m* (Math) / laplaciano *m*, operador *m* laplaciano ‖ ≃**sche Gleichung** (Elektr) / ecuación *f* de Laplace ‖ ≃**-Transformation** *f* [von] (Math) / transformada *f* de Laplace
Läppdorn *m* (Wz) / macho *m* de lapear
lappen *vt* (Stanz) / formar solapas ‖ ≃ *m*, Lumpen *m* / trapo *m*, harapo *m* ‖ ≃, Anhängsel *n* (Masch) / orejuela *f* ‖ ≃, Zipfel *m* (Antenne) / lóbulo *m* ‖ ≃ (als Verbindungselement) (Stanz) / solapa *f* ‖ ≃ **am Fräserschaft** (Wzm) / cola *f*, espiga *f*, rabo *m* ‖ ≃ **der Sicherungsscheibe** / lengüeta *f* o solapa de la arandela de seguridad
läppen (Wzm) / lapear, tribopulimentar, lapidar (LA) ‖ ≃ *n* (Wzm) / lapeado *m*
Lappen• käfig *m* (Lager) / jaula *f* de aleta o de lóbulo ‖ ≃**mutter** *f* / tuerca *f* con orejetas ‖ ≃**schraube** *f* / tornillo *m* con orejetas ‖ ≃**verbindung**, -befestigung (Blechwaren) / fijación *f* por solapas
Läppfilm *m* (Wzm) / capa *f* delgada de polvo para lapear (E) o lapidar (LA)
lappig, schlaff (Tex) / flojo ‖ ∼ (Pap) / flojo, blando, en jirones
Lapping *m* (Tex) / lapping *m*, paño *m* de forro ‖ ≃**maschine** *f*, Bandvereinigungsmaschine *f* (Tex) / dobladora *f* "lapping"
Läpp• kluppe *f* / mordaza *f* lapeadora ‖ ≃**maschine** *f* (Wzm) / lapeadora *f* (E), máquina *f* para lapidar (LA) ‖ ≃**mittel**, -pulver, -korn *n* / polvo *m* o abrasivo para lapear (E) o lapidar (LA) ‖ ≃ **ring** *m* / corona *f* lapeadora ‖ ≃**scheibe** *f* / disco *m* lapeador
Laptop *m* / laptop *m*, ordenador *m* portátil plegable ‖ ≃**-Computer** *m* / ordenador *m* laptop
Laram-Speicher *m* (= line addressable random access memory) (DV) / memoria *f* laram
Lärche *f*, Larix *f* (Bot) / alerce *m*, pino *m* alerce, lárice *m* ‖ **nordamerikanische** ≃ / alerce *m* americano
Lärchen• holz *n* / madera *f* de alerce o lárice ‖ ≃**terpentin** *n m* / trementina *f* de alerce
Large Electron Positron [Store Ring] (Nukl) / L.E.P. *m*, acelerador *m*
Lärm *m*, starkes Geräusch / ruido *m* [ensordecedor], estrépito *m*, estruendo *m* ‖ ≃, Lärmbelästigung *f* / polución *f* o contaminación sonora o por ruido ‖ ∼**arm** / silencioso ‖ ≃**bekämpfung**, -minderung, -abwehr *f* / lucha *f* contra el ruido, lucha *f* antirruido ‖ ∼**belastete Fläche**, Lärmzigarre *f* (Luftf) / curvas *f pl* isofónicas o isopsóficas ‖ ≃**beurteilung** *f* / clasificación *f* por intensidades de ruido, ponderación *f* de ruido ‖ ≃**dämpfung** *f* / amortiguación *f* del ruido, atenuación *f* o reducción del ruido ‖ ≃**dämpfung**, -unterdrückung *f* / supresión *f* de ruido[s], insonorización *f* (de locales) ‖ ∼**frei** / sin ruido, libre o exento de ruido, silencioso, insonoro ‖ ∼**frei machen** / hacer silencioso ‖ ≃**freiheit** *f* / ausencia *f* de ruido, silencio *m* ‖ ∼**gedämpft**, lärmmindernd / reductor *adj* de ruidos, antirruido ‖ ∼**intensiv** / ruidoso, estrepitoso ‖ ≃**minderung** *f* / reducción *f* de ruidos

Larmor•-Kreismittelpunkt *m*, Leitpunkt der Larmor-Präzession *m* (Nukl, Phys) / centro *m* de guía ‖ ≃**präzession** *f* (Nukl) / precesión *f* de Larmor
Lärm• pegel *m* / nivel *m* del ruido ‖ ≃**schleppe** *f*, Schallschleppe *f* (Luftf) / alfombra *f* de ruido ‖ ∼**schluckend** / fonoabsorbente, antirruido, antiacústico ‖ ≃**schutt** *m* / basura *f* acústica ‖ ≃**schutz** *m*, Schallschutz *m* / protección *f* contra el ruido, protección *f* acústica ‖ ≃**schützer** *m pl* (Bau, Luftf) / protectores *m pl* de ruido, orejeras *f pl* ‖ ≃**schutzwall** *m* (Straßb) / terraplén *m* antirruido ‖ ≃**schutzwand** *f* (Straßb) / pared *f* antirruido ‖ ≃**schwerhörigkeit** *f* (Med) / sordera *f* debida al ruido, sordera *f* causada por el ruido ‖ ≃**stärke** *f* / nivel *m* de ruido ‖ ≃**teppich** *m* (Luftf) / alfombra *f* de ruido ‖ ∼**verseucht** / contaminado de ruido ‖ ≃**wert** *m* (Luftf) / EPNdB (= Equivalent Perceived Noise Decibel) ‖ ≃**zone** *f* / zona *f* ruidosa
Larssen• pfahl *m* (Bau, Hydr) / tablestaca *f* de Larssen ‖ ≃**wand**, Spundwand *f* / ataguía *f* sistema Larssen
Larve *f* (Zool) / larva *f* ‖ ≃ **des Apfelbaum- o. Birnen-Prachtkäfers** / larva *f* del agrito del peral
Larvenbekämpfung *f* (Landw) / lucha *f* antilarvaria o larvicida
Larvikit (Geol) / larvikita *f*
larvizid / larvicida *adj* ‖ ≃ *n* (Landw) / larvicida *m* ‖ ∼**-ovizid** / larvicida-ovicida *adj*
Lasche *f* (zum Ziehen) / tira *f*, oreja *f* ‖ ≃ (Stahlbau, Zimm) / cubrejunta *f* ‖ ≃, Schienenlasche *f* (Bahn) / brida *f* (E), eclisa *f* (LA), planchuela *f* (MEJ) ‖ ≃, Verbindungsschiene *f* (Elektr) / conectador *m* acoplador, puente *m* de conexión, barra *f* de conexión ‖ ≃ *f* (Kette) / malla *f* de cadena ‖ ≃, Dichtungskappe *f* (Bahn) / cubrejuntas *f* ‖ ≃, Befestigungslasche *f* / oreja *f* de fijación ‖ ≃, Zunge *f* (Schuh) / lengüeta *f* ‖ ≃**n und Platten** *f pl* (Bahn) / eclisas *f pl* y placas de asiento
laschen *vt* (Schiff) / ligar, atar
Laschen• bolzen *m*, -schraube *f* (Bahn) / bulón *m* de tornillo de brida (E), bulón *m* de vía (LA), perno *m* o tornillo de vía (MEJ) ‖ ≃**kammer**, -anschlussfläche *f* (Bahn) / zona *f* de apoyo de la brida, superficie *f* de embridado ‖ ≃**kette** *f* / cadena *f* articulada de mallas ‖ ≃**kupplung** *f* **für Förderwagen** (Bergb) / enganche *m* de grilletes ‖ ≃**nietung** *f* [Einfach/Doppel-] / remachado *m* por [simple/doble] cubrejunta ‖ ≃**punktschweißung** *f* / soldadura *f* por puntos con cubrejunta ‖ ≃**randentfernung** *f* / distancia *f* entre los bordes de las cubrejuntas ‖ ≃**schiene** *f* (Bahn) / carril *m* [compensador] con bridas ‖ ≃**stoß** *m* (Schw) / junta *f* de cubrejunta ‖ ≃**teilung** *f* **der Kette** / paso *m* de malla ‖ ≃**verband** *m*, -verbindung *f* / embridado *m* ‖ ≃**verband an stumpfen Stößen** *m* / embridado de junta recta *m* ‖ ≃**zwickel** (Schuh) / cuadradillo *m* de lengüeta
Laschung *f*, Lasch *m n* (Schiff) / escarpe *m*, ligada *f*
Laser *m* / láser *m* (E), laser (LA) (pl: láseres, laseres) ‖ ≃**...** / lasérico, de láser ‖ ≃ *m* **mit Güteschaltung**, Q-Switch-Laser *m* / láser *m* con conmutación de Q ‖ **harter**, [weicher] ≃ / láser *m* duro [blando] ‖ **mit** ≃ **bearbeiten**, lasern / mecanizar por láser ‖ **weicher** ≃ (Med) / Soft-Laser *m*
laser• aktives Material / material *m* laseractivo, medio *m* activo de láser ‖ ∼**aktive Zone** / zona *f* laseractiva ‖ ≃**-APR** *m* (Verm) / láser *m* APR ‖ ≃**ausgang** *m* / salida *f* de láser ‖ ≃**-Bearbeitung** *f* (Wzm) / mecanizado *m* lasérico o por láser (E), maquinado *m* lasérico o por láser (LA) ‖ ≃**bildplatte** *f* / videodisco *m* de láser ‖ ≃**blitz** *m* / destello *m* lasérico ‖ ≃**blitzröhre** *f* / tubo *m* de destellos para bombeo lasérico ‖ ≃**bohrer** *f* / perforador *m* lasérico ‖ ≃**brennschneiden** *n* / oxicorte *m* por láser ‖ ≃ **carving** *n* / hundimiento *m* por láser
Lasercav-Verfahren *n* (Wzm) / procedimiento *m* lasercav
Laser•-Ceilometer *n*, Laser-Wolkenhöhenmesser *m* / telémetro *m* lasérico de nubes ‖ ≃**diagnostik** *f* /

diagnóstico *m* por láser ‖ ˜**diode** *f* / diodo *m* láser, láser *m* diódico ‖ ˜**-Doppler** *m* (Phys) / láser *m* Doppler ‖ ˜**drucker** *m* (DV) / impresora *f* láser ‖ ˜**dünnschichtschneider** *m* / inscriptora *f* láser [de capa delgada] ‖ ˜**-Endniveau** *n* / nivel *m* final de láser ‖ ˜**-Entfernungsmessung** *f* / telmetría *f* laserica ‖ ~**-erzeugtes Plasma** / plasma *m* producido por láser ‖ ˜**-Fusion** *f* / fusión *f* laserica ‖ ~**geführt** (Mil) / guiado por láser ‖ ~**geschweißt** / soldado con láser o por haz laserico ‖ ~**-gesteuert** / mandado por láser, dirigido o teledirigido por láser ‖ ˜**graphie** *f* / lasergrafía *f* ‖ ˜**gravur** *f* / lasergrabado *m* ‖ ˜**höhenmesser** *m* / altímetro *m* lasérico ‖ ~**induziert** / producido por un haz lasérico ‖ ~**induzierte Fluoreszenz**, LIF / fluorescencia *f* producida por láser ‖ ~**induzierte Stoßwelle** / onda *f* de choque inducida por láser ‖ ˜**-Interferometer** *n* / interferómetro *m* lasérico ‖ ˜**-Interferometrie** *f* / interferometría *f* lasérica ‖ ˜**justierbrille** *f* / gafas *f pl* protectoras para ajustar el láser ‖ ˜**kamera** *f* / cámara *f* lasérica ‖ ˜**klasse** *f* / categoría *f* de láseres ‖ ˜**kopierer** *m* / fotocopiadora *f* lasérica ‖ ˜**kreisel** *m* / giroscopio *m* lasérico ‖ ˜**-Kristall-Ofen** *m* / horno *m* de cristales lasericos ‖ ˜**lichtstreuung** *f* / dispersión *f* de la luz de láser ‖ ˜**-Lithotripter** *m* (Med) / litotritor *m* ‖ ˜**material** *n* / material *m* lasérico o para láser ‖ ˜**material**, **laseraktives Material** / medio *m* activo de láser ‖ ˜**mikroschweißgerät** *n* / aparato *m* microsoldador de láser

lasern *vt* (Wzm) / mecanizar por láser (E), maquinar por laser (LA) ‖ ˜ *n* / acción *f* laserica, funcionamiento *m* del láser

Laser • niveau *n* / nivel *m* del tránsito lasérico ‖ ˜**peiler** *m* / localizador *m* lasérico ‖ ˜**phonie** *f* / laserfonía *f* ‖ ˜**pumpen** *n* / bombeo *m* lasérico ‖ ˜**-Radar** *m n*, Ladar *m n* / ladar *m*, radar *m* lasérico ‖ ˜**-Radar-Messung** *f* / medición *f* por radar lasérico ‖ ˜**rauschen** *n* / ruido *m* de láser ‖ ˜**recorder** *m* / registrador *m* lasérico ‖ ˜**resonator** *m* / resonador *m* lasérico ‖ ˜**[ring]kreisel** *m* / giroscopio *m* lasérico ‖ ˜**satz** *m* (Druck) / composición *f* por láser ‖ ˜**-Scan-Mikroskop** *n* / microscopio *m* de barrido por láser ‖ ˜**schmelzschneiden** *n* / corte *m* por fusión lasérica [protegido por gas] ‖ ˜**schneidgerät** *n*, **-schneider** *m* / aparato *m* de corte lasérico ‖ ˜**schnelldrucker** *m* (DV) / impresora *f* rápida laserica ‖ ˜**schreiber** *m* / lápiz *m* lasérico ‖ ˜**schutzbrille** *f* / gafas *f* de protección contra radiación laserica ‖ ˜**schweißgerät** *n* / aparato *m* de soldadura por láser ‖ ˜**schwelle** *f* / umbral *m* del efecto lasérico ‖ ˜**spektrografie** *f* / espectrografía *f* laserica ‖ ˜**spiegel** *m* / espejo *m* lasérico ‖ ˜**störung** *f* (Mil) / perturbación *f* [intencional] de (o por) láser ‖ ˜**strahl** *m* / rayo *m* láser, haz *m* lasérico ‖ ˜**strahlabtragung** *f*, LBM (Wzm) / mecanizado *m* (E) o maquinado (LA) por haz lasérico ‖ ˜**strahlbrennschneiden** *n* / oxicorte *m* por haz lasérico ‖ ˜**strahlen aussenden**, lasern / emitir haces de láser ‖ ˜**strahlmaschine** *f* (Wzm) / máquina *f* para mecanizar por láser (E), máquina *f* para maquinar por laser (LA) ‖ ˜**strahlschmelzschneiden** *n* / corte *m* por fusión laserica [protegido por gas] ‖ ˜**strahlschweißen**, LBW / soldadura *f* con láser, soldeo *m* lasérico ‖ ˜**strahlung** *f* / radiación *f* laserica ‖ ˜**sublimierschneiden** *n* / corte *m* por sublimación lasérica ‖ ˜**technik** *f* / técnica *f* laserica ‖ ˜**-Transmissionshologramm** *n*, Flächenhologramm *n* (Eltronik) / holograma *m* de transmisión laserica ‖ ˜**vision** *f*, LV (Video) / laservisión *f* ‖ ˜**-Werkzeugmaschine** *f* / máquina-herramienta *f* laserica ‖ ˜**xerographie** *f* / xerografía *f* laserica ‖ ˜**-Zielmarkierer** *m* (Mil) / marcador *m* de puntería lasérico

LASH • -Leichter *m* (Schiff) / gabarra *f* de porta-gabarras ‖ ˜**-Schiff** *n* (= lighter aboard ship), Schutenträger *m* / buque *m* porta-gabarras

lasieren *vt* / barnizar [con laca incolora]

Lass, lichtbetätigter Siliziumschalter *m* (Eltronik) / interruptor *m* de silicio accionado por la luz, interruptor *m* de silicio fotoaccionado

Last *f*, Belastung *f* / carga *f*, peso *m* ‖ ˜, Ladung *f* (Schiff) / cargamento *m* ‖ ˜, Bürde *f* (Elektr) / resistencia *f* de carga o de trabajo ‖ ˜ *f*, Belastung *f* (Dauerversuch) / solicitación *f* a carga ‖ ˜, Vorratsraum *m* (Schiff) / pañol *m* ‖ ˜..., unter Last (Elektr) / en carga ‖ ˜ *f* **am Stropp** (Schiff) / carga *f* de eslinga ‖ ˜ **auf der Spannweite** / carga *f* sobre la abertura ‖ **zu ~en der** [Qualität] / en detrimento de [la calidad] ‖ **zu große ~** / sobrecarga *f*

last • abhängig / en función de la carga, dependiente o en dependencia de la carga ‖ ~**abhängige Bremse** / freno *m* automático en función de la carga ‖ ~**abhängige Bremskraftregelung** (Kfz) / regulación *f* del frenado en función de la carga ‖ ˜**achse** *f* / eje *m* cargado ‖ ˜**amplitude** *f* / amplitud *f* de [fluctuación de] carga ‖ ˜**angriffspunkt** *m* / punto *m* de aplicación o acción de la carga ‖ ˜**anhänger** *m* / remolque *m* de carga[s] ‖ ˜**annahme** *f* (Mech) / carga *f* de cálculo ‖ ˜**anzeigegerät** *n*, Wägeeinrichtung *f* / indicador *m* de carga ‖ ˜**arm** *m* (Hebel) / brazo *m* de la carga ‖ ˜**arm-Manipulator** *m* (Roboter) / equilibrador *m* de carga ‖ ˜**aufnahme** *f* / absorción *f* de la carga ‖ ˜**aufnahmeeinrichtung** *f* / mecanismo *m* prensor de carga, instalación *f* de suspensión de la carga ‖ ~**aufnehmend** / que absorbe o soporta la carga ‖ ˜**ausgleich**, Belastungsausgleich *m* / compensación *f* de carga ‖ ˜**ausgleich** *m*, -verteilung *f* / distribución *f* de carga ‖ ˜**ausgleichsgruppe** *f* (DV) / grupo *m* de repartición de carga ‖ ˜**begrenzer** *m* / limitador *m* de fuerza ‖ ˜**bereich** *m* / alcance *m* o margen de carga ‖ ˜**bügel** *m*, -öse *f* / grillete *m* ‖ ˜**-Dehnungskurve** *f* / curva *f* carga/dilatación ‖ ˜**drehzahl** *f* / velocidad *f* bajo carga ‖ ˜**dreieck**, Belastungsdreieck *n* / triángulo *m* de carga ‖ ˜**druckbremse** *f* (Kran) / freno *m* accionado por [el peso de] la carga ‖ ˜**einheit** *f* (DV) / unidad *f* de carga

Lasten • abwurf-Fallschirm *m* / paracaídas *m* de carga ‖ ˜**abwurf-Fallschirm über dem Meer** / paracaídas *m* de echazón ‖ ˜**aufzug** *m* / montacargas *m* ‖ ˜**fahrzeug** *n* / vehículo *m* de carga ‖ ˜**heber** *m* / levantacargas *m* ‖ ˜**heft** *n* / pliego *m* de condiciones o especificaciones ‖ ˜**heft für ein System** / cuaderno *m* de requerimientos de un sistema ‖ ˜**hubschrauber** *m* / helicóptero *m* [para el transporte] de cargas [pesadas] ‖ ˜**hub-Trägerfahrzeug** *n* (Raumf) / vehículo *m* de lanzamiento de cargas [pesadas] ‖ ˜**rechnung** *f* / cálculo *m* de cargas ‖ ˜**sammler** *m* (z.B. Gepäck) / colector *m* de cargas (p.ej. de equipajes) ‖ ˜**segelflugzeug** *n*, -segler *m*, -gleiter *m* / planeador *m* de carga o transporte, planeador *m* remolcado ‖ ˜**seilbahn** *f* (Förd) / funicular *m* aéreo o teleférico para cargas ‖ ˜**transportanlage** *f* / transportador *m* de cargas ‖ ˜**trenner** *m* (z.B. Gepäck) / separador *m* de cargas (p.ej. equipajes)

Laster *m*, LKW / camión *m*

Lastex *n* (Web) / lastex *m* ‖ ˜**gewebe** / tejido *m* lastex

Last • faktor *m*, -vielfaches *n* (Luftf) / coeficiente *m* de carga ‖ ˜**faktor**, Belastungsfaktor *m* (Elektr) / factor *m* de carga o de utilización ‖ ˜**faktor-Vektor** *m* / vector *m* del factor de carga ‖ ˜**fall** *m* (Mech) / caso *m* de carga ‖ ˜**-Federweg-Kurve** *f* / curva *f* de carga y elasticidad ‖ ˜**feld** *n* (Mech) / campo *m* de carga[s] ‖ ˜**folge** *f*, -folgeverhalten *n* / comportamiento *m* bajo carga ‖ ˜**führung** *f* **der Kommutierung** (Elektr) / conmutación *f* por la carga ‖ ˜**fuhrwerk** *n*, Karren *m* / carro *m*, carruaje *m* ‖ ~**geführter Stromrichter** / convertidor *m* de conmutación por la carga ‖ ˜**güte** *f*

Lasthaken

(Eltronik) / Q externo *m* ‖ ⁓**haken** *m* (Kran) / gancho *m* de carga o de grúa ‖ ⁓**haken mit Schaft** / gancho *m* con fuste o vástago ‖ ⁓**halter** *m* / fijador *m* de nivel máximo ‖ ⁓**hebemagnet** *m* / electroimán *m* elevador o levantador o portador
Lastigkeit *f*, Trimm *m* (Schiff) / asiento *m* ‖ ⁓ (früher für Tragfahigkeit) (Schiff) / capacidad *f* der cargamento
Lästigkeit *f* / molestia *f*, incomodidad *f*
Lästigkeitspegel *m* (Akust) / nivel *m* de polución sonora
Lastimpedanz *f* (Elektr) / impedancia *f* con carga normal
Last-in - first-out, LIFO / último en llegar-primero en salir
Lasting, Wollsatin, Prunell *m* (Web) / lasting *m* ‖ ⁓**garn** *n* / hilo *m* de lasting
Last•kahn *m* (Binnenschifffahrt) / lancha *f* o gabarra de carga ‖ ⁓**kante**, Stirnkante *f* (des Luftschraubenblattes) / borde *m* de ataque [de la pala de hélice] ‖ ~**kompensiert** / con compensación de carga ‖ ⁓**-Kraft-Verhältnis** *n* / rendimiento *m* mecánico
Lastkraftwagen *m*, Lkw, LKW *m* / camión *m* ‖ ⁓ (als Gattung) / vehículo *m* industrial, utilitario *m* ‖ ⁓ s. auch Lkw und Lastwagen ‖ ⁓ **für Ferntransporte**, Brummi *m* (Slang) / camión *m* para transporte a larga distancia ‖ ⁓ **mit Kippvorrichtung**, Kipper *m* / camión *m* con [dispositivo] basculante, volquete *m*, volcador *m*, volteo *m* (LA) ‖ **kleiner (o. leichter)** ⁓ / camioneta *f*, camión *m* ligero, furgoneta *f* ‖ **schwerer** ⁓ / camión *m* pesado o para carga pesada ‖ ⁓**fahrer** *m*, Lkw-Fahrer *m* / camionero *m*, conductor *m* de camión ‖ ⁓**reifen** *m* / neumático *m* de camión ‖ ⁓**zug** *m* / camión-remolque *m*
Last•kreis *m* (Fernm) / circuito *m* de carga o de utilización ‖ ⁓**laufbahn** *f* (Power and Free) / vía *f* de carga ‖ ⁓**-Leer-Verhältnis** *n* (Kfz) / razón *f* entre vehículo cargado/no cargado ‖ ⁓**linie** *f* (Halbl) / recta *f* o línea de carga ‖ ~**los** (Elektr) / sin carga ‖ ⁓**los schaltend** (Relais) / en estado de circuito seco ‖ ⁓**methode** *f* (Phys) / análisis *m* estático ‖ ⁓**moment** *n* / momento *m* o par de la carga ‖ ⁓**öse** *f*, -bügel *m* / grillete *m* ‖ ⁓**ösenbolzen** *m* / perno *m* de grillete ‖ ⁓**plattenversuch** *m* (zur Bestimmung der Bodenfestigkeit) (Straßb) / ensayo *m* de carga sobre placas ‖ ⁓**raum** *m* (Raumf) / área *f* de carga ‖ ⁓**raum** (Schiff) / bodega *f* ‖ ⁓**/Reifendruck-Tabelle** *f* (Kfz) / tabla *f* de cargas y presiones [de inflado] ‖ ⁓**sattelanhänger** *m* / semirremolque *m* de uso general ‖ ⁓**schalter** *m*, unter Last schaltender Schalter (Elektr) / interruptor *m* para circuito de potencia, conmutador *m* bajo carga ‖ ⁓**schalter** (Lichtbogenofen) / cambiador *m* de toma [bajo carga] ‖ ⁓**schalt- und Wendegetriebe**, Power-Shift-Getriebe *n* (Mot) / cambio *m* de marcha y de inversión ‖ ⁓**schema** *n*, Lastverteilung *f* (Stahlbau) / diagrama *m* de cargas ‖ ⁓**schwankung**, Belastungsschwankung *f* / fluctuación *f* de carga ‖ **Ausmaß der** ⁓**schwankung** / amplitud *f* de fluctuación de carga ‖ ⁓**schwerpunkt** *m* (Phys) / centro *m* de carga ‖ ⁓**seil** *n*, Tragseil *n* (Seilb) / cable *m* portador o portacarga ‖ ⁓**seite** *f* (Förderband) / lado *m* cargado ‖ ⁓**spannung** *f* (Elektr) / tensión *f* de trabajo o de funcionamiento o de servicio ‖ ⁓**spiel** *n* / alternación *f* de carga, ciclo *m* ‖ ⁓**spielzahl** *f* (Dauerversuch) / frecuencia *f* de ciclos de carga ‖ ⁓**spitze** *f* (Elektr) / punta *f* de carga, pico *m* de carga ‖ ⁓**station** *f* (Elektr) / centro *m* de carga ‖ ⁓**strom-Regelfaktor** *m* (IC) / coeficiente *m* de estabilización de la corriente bajo carga ‖ ⁓**teilbaugruppe** *f* / módulo *m* de carga ‖ ⁓**tier** *n* (Landw) / bestia *f* de carga, acémila *f* ‖ ⁓**träger** *m* / dispositivo *m* portador de carga ‖ **automatische** ⁓**traverse** (Kran) / travesaño *m* automático de carga automática de carga ‖ ⁓**trenner** *m*, -trennschalter *m* (Elektr) / seccionador *m* de potencia, seccionador *m* para ruptura de carga ‖ ⁓**übernahme** *f* / toma *f* de carga ‖ ⁓**übertragung** *f* / transmisión *f* de carga ‖ ⁓**umschalter** *m* (Elektr) / combinador *m* de regulación en carga, combinador *m* de toma en carga ‖ ~**unabhängiger (o. eingeprägter) Strom** (Elektr) / corriente *f* independiente de la carga ‖ ⁓**verformungs-Verhalten** *n* / comportamiento *m* de la deformación bajo carga ‖ ⁓**verstimmung** *f* (Eltronik) / arrastre *m* de la frecuencia en carga ‖ ⁓**verstimmungsmaß** *n* (Eltronik) / índice *m* o factor de arrastre ‖ ⁓**verteiler** *m* (Elektr) / repartidor *m* o despachador o distribuidor de carga ‖ ⁓**verteilerwarte** *f* (Elektr) / centro *m* de repartición o de distribución de carga ‖ ⁓**verteilung** *f*, -ausgleich *m*, Belastungsverteilung *f* / repartición *f* o distribución *f* de la carga ‖ ⁓**verteilung**, Lastschema *n* (Stahlbau) / diagrama *m* de carga ‖ ⁓**vielfaches** *n* (Luftf) / coeficiente *m* de carga ‖ ⁓**wagen** *m*, Lkw *m* / camión *m* ‖ ⁓**wagen-Anhänger** *m* / remolque *m* de camión ‖ ⁓**wagen-Fahrer**, Lkw-Fahrer *m* / conductor *m* de camión, camionero *m* ‖ ⁓**wagenmotor** *m* / motor *m* de camión ‖ ⁓**wagentransport** *m* / transporte *m* por camión ‖ ⁓**wagenverkehr** *m*, LKW-Verkehr *m* / tráfico *m* de camiones ‖ ⁓**wechsel** *m* / alternación *f* de carga, cambio *m* de carga ‖ ⁓**wechsel leer-beladen** (Bahn) / dispositivo *m* de freno vacío-cargado ‖ ⁓**wechselfrequenz** *f* / frecuencia *f* de alteración de carga ‖ ⁓**wechselzahl** *f*, Zahl der ertragenen Lastwechsel *f* (Dauerprüfung) / frecuencia *f* de alteración de carga ‖ ⁓**widerstand** *m* (Elektr) / resistencia *f* de carga, resistor *m* de carga ‖ ⁓**widerstand**, Ballastwiderstand *m* (Elektr) / resistencia *f* [autor]reguladora ‖ ⁓**wirkungsgrad** *m* (Fernm) / rendimiento *m* en carga ‖ ⁓**wirkungslinie** *f* (Phys) / línea *f* de acción de la carga ‖ ⁓**zug** *m*, Radlastzug *m* (Brücke) / esquema *m* de carga ‖ ⁓**zug** (Kfz) / camión *m* con remolque, tren *m* de camiones ‖ ⁓**zug-Bremsventil** *n* (Kfz) / válvula *f* de freno para camión y remolque ‖ ⁓**zuschlag**, Belastungs-, Gewichtszuschlag *m* / sobrecarga *f* ‖ ⁓**zyklen** *m pl* (Elektr) / ciclos *m pl* de carga
Lasur•braun *m* / pardo *m* diáfano ‖ ⁓**farbe** *f*, Lasur *f* / color *m* diáfano o transparente, laca *f* incolora, veladura *f* ‖ ⁓**stein** *m*, Lasurit *m* / lapislázuli *m*
LAT = Leistungsanpassungsteil
Latensifikation *f* (Foto) / latensificación *f*, intensificación *f* de la imagen latente
latent, gebunden / latente ‖ ~**es (o. gespeichertes) Bild** / imagen *f* latente ‖ ~**e Elektrizität** / electricidad *f* latente ‖ ~**e Magnetisierungsfähigkeit** (z.B. Mn, Cr) (Phys) / capacidad *f* de iman[t]ación latente (p.ej. Mn, Cr) ‖ ~**e (o. gebundene) Wärme** (Phys) / calor *m* latente
Latenz *f*, Latenzzustand *m* / estado *m* latente, latencia *f* ‖ ⁓**zeit**, Reaktionszeit *f* / tiempo *m* de respuesta ‖ ⁓**zeit** *f*, Wartezeit *f* / tiempo *m* de espera o de demora ‖ ⁓**zeit** (Biol) / período *m* latente ‖ ⁓**zeit** (Nukl) / tiempo *m* o período *m* de latencia ‖ ⁓**[zeit]** *f* (= Wartezeit, bis die Information einen dem auf der richtigen Spur lesebereiten Kopf erscheint) (DV) / tiempo *m* recorrido en espera, latencia *f*, demora *f*
lateral / lateral ‖ ~**e Hemmung** (DV) / inhibición *f* lateral
Lateral•plan *m* (Schiff) / plano *m* lateral ‖ ⁓**sekretion** *f* (Druck) / secreción *f* lateral, filetes *m pl* ‖ ⁓**system** *n* (Nav) / sistema *m* de señales laterales (de los canales navegables) ‖ ⁓**vergrößerung** *f* (veraltet), (jetzt:) Abbildungsmaßstab *m* (Opt) / amplificación *f* lateral
Laterisierung *f* (Geol) / laterización *f*
Laterit *m* (Geol) / laterita *f* ‖ ~**isch** (Bodenmechanik) / laterítico
Laterne *f* / linterna *f* ‖ ⁓, Dachlaterne *f* (Bau) / linterna *f* ‖ ⁓, Straßenlaterne *f* / farol *m* público ‖ ⁓, Lampe *f* / lámpara *f* ‖ ⁓, Windlicht *n* (Bahn) / farol *m*, farola *f* (MEJ) ‖ ⁓, Oberlicht *n* (Stahlbau) / claraboya *f*, tragaluz *f*, lumbrera *f*

Laternen•dach n / tejado m de linterna ‖ ⁓**getriebe** n / engranaje m de linterna ‖ ⁓**macher** m, Lampenmacher m / linternero m ‖ ⁓**minutenrohr** n (Uhr) / cañón m de minutos con muesca de presión ‖ ⁓**öl** n, Leuchtpetroleum für Signallampen (Bahn) / petróleo m para lámparas ‖ ⁓**pfahl** m / poste m de farol
Laterolog[mess]verfahren n (Ölbohrung) / método m de electrodo de guarda, diagrafía f lateral
Latex m (pl: Latizes), Kautschukmilch f (Bot) / látex m (pl: látex), ‖ **entrahmter** ⁓ / látex m pobre ‖ **saurer** ⁓ / látex m ácido ‖ ⁓**-Bitumen-Emulsion** f / emulsión f látex-betún ‖ ⁓**faden** m / hilo m de látex ‖ ⁓**farbe**, Dispersionsfarbe f / pintura f de látex ‖ ⁓**gelierung** f / gelificación f de látex ‖ ⁓**kleber** m / pegamento m o adhesivo de látex ‖ ⁓**schaum** m / espuma f de látex ‖ ⁓**zelle** f (Bot) / vaso m laticífero
Latit m (Geol) / latita f
Latrine f (Bau) / letrina f
Latsch m (Reifen) / área m de contacto
Latschenkiefer f, Latsche f, Bergkiefer f, P. mugo/pumilio (Bot) / pino m mugo o carrasco
Latschen[kiefer]öl n (Pharm) / esencia f de pino mugo o carrasco
Lattbeil n (Zimm) / hacha m de enlistonar
Latte f / lata f, estaca f ‖ ⁓, Dachlatte f / ripia f o lata de tejado (E), terciado m, listón m de techo (LA) ‖ ⁓, Leiste f (Bau, Tischl) / listón m ‖ ⁓ f, Zaunlatte f / ripia f ‖ ⁓, Messlatte f / mira f
latten vt, belatten (Bau) / enlistonar
Latten•förderer m, -förderband n / cinta f transportadora con listones ‖ ⁓**gestell**, -werk n, -verschlag m / enrejado m ‖ ⁓**gitter** n, -werk n / rejilla f ‖ ⁓**kiste** f, Harass / cajón m enrejado (E), jaula f, huacal m (LA) ‖ ⁓**lehre** (Dach) (Bau) / medidor m de distancia entre listones ‖ ⁓**profil** n **eines Dammes** (Bahn, Straß) / gálibo m de latas (p.ej. para un terraplén) ‖ ⁓**rost**, Rostfußboden m / enjaretados m [pl], emparrillado m de listones ‖ ⁓**schalung**, Lattung f, Lattenwerk n / enrejado m ‖ ⁓**tuch** n (Tex) / telera f sin fin de listones ‖ ⁓**tuchwalze**, -trommel f (der Krempel) (Spinn) / tambor m de listones ‖ ⁓**tür** f / puerta f de listones ‖ ⁓**verschlag** m, -kiste f, Harass / caja f esqueleto, cajón m enrejado, jaula f ‖ ⁓**verschlag**, Gitterverschlag m (Bau) / separación f hecha con rejilla ‖ ⁓**wand** f / pared f de listones ‖ ⁓**werk**, -gitter n / rejilla f de listones ‖ ⁓**werk**, -gestell n / enrejado m ‖ ⁓**zaun** n / estacada f, empalizada f, cerca f, valla f
Latthammer, Spitzhammer m (Zimm) / martillo m de punta
Lattung f, Belattung f, Lattenwerk n / listones m pl, enlatado m (LA)
Latzhose f / pantalón m con peto
lau, lauwarm / tibio (agua), templado (aire)
Laub n (Bot) / follaje m, hojas f pl ‖ **grünes** ⁓ / hojas f pl verdes ‖ **trockenes** ⁓, dürres Laub / hojas f pl secas ‖ ⁓**baum** m / árbol m frondoso o de fronda, árbol m de hoja caduca, árbol m caducifolio ‖ ⁓**besen** / escoba f de césped ‖ ⁓**bläser** m, Laubblasgerät n, Elektrobläser m / soplador m de hojas muertas ‖ ⁓**blatt** n / hoja f caduca
Laube f, Gartenlaube f / cenador m ‖ ⁓**n** f pl, Laubenbogengang m (Bau) / arcada f
laub•grün (RAL 6002) / verde hoja ‖ ⁓**holz** n (Kurzzeichen: LH) (Forstw) / madera f de árboles frondosos o de hoja caduca, madera f de especie latifolia ‖ ⁓**holzhalbzellstoff** m (Pap) / pasta f semiquímica de frondosas ‖ ⁓**holzschliff** m / pasta f mecánica de frondosas ‖ ⁓**holzstoff** m / pasta f de frondosas ‖ ⁓**holzzellstoff** m / celulosa f [de madera] de frondosas ‖ ⁓**nutzholz** n / madera f de sierra de frondosas ‖ ⁓**säge** f / sierra f de marquetería, segueta f, arco m segueta ‖ ⁓**säge** (Blatt bis 2 mm) / sierra f de contornear ‖ ⁓**sägearbeiten machen** / seguetear ‖ ⁓**sägebogen** m / arco m de sierra de marquetería ‖ ⁓**sauger** m / aspiradora f de hojas ‖ ⁓**schnittholz** n (Forstw) / madera m aserrada de frondosas ‖ ⁓**wald** m / bosque m frondoso o de árboles caducifolios ‖ ⁓**wechselnd**, abfallend (Bot) / caduco ‖ ⁓**werk**, Blattwerk n (Bau) / follaje m
Laue•diagramm n (Phys) / diagrama m de Laue ‖ ⁓**-Rückstrahlverfahren** n / método m de retrodispersión de Laue
Lauf m, Fluss m / curso m (de un río) ‖ ⁓, Fahrt f / carrera f ‖ ⁓, Gang m (Masch) / marcha f, funcionamiento m, rodadura f, giro m ‖ ⁓, Fließen n / corriente f, circulación f, circuito m ‖ ⁓, Ablauf m / desarrollo m, transcurso m ‖ ⁓, Treppenlauf m (Bau) / tramo m de escalera, volada f de escalera ‖ ⁓, Bahn f (Astr) / curso m ‖ ⁓ (Gewehr) / cañón m ‖ ⁓, Abstichrinne f (Gieß) / canal m de colada ‖ ⁓, Datendurchlauf m (DV) / rendimiento m de datos, rendimiento m total de procesamiento ‖ ⁓**achse** (Gewehr) / eje m de cañón ‖ ⁓**achse** (Lok) / eje m portador o portante ‖ ~**achslose Lokomotive** (Bahn) / locomotora f de adherencia total ‖ ⁓**achswelle** f / eje m de figura del eje portador, cuerpo m de eje del eje portador ‖ ⁓**anweisung** f (DV) / instrucción f "ejecutar" ‖ ⁓**anweisung** (ALGOL) (DV) / instrucción f "for" (ALGOL) ‖ ⁓**bahn** f (Lager) / camino m de rodadura, pista f de rodadura ‖ ⁓**bahn**, Gleitbahn f / vía f de deslizamiento ‖ ⁓**bahn**, -fläche f des Reifens (Kfz) / banda f o superficie de rodadura ‖ ⁓**bahnkreis** m (Drehkran) / camino m de rodadura ‖ ⁓**band** n (Sport) / cinta f de correr ‖ ⁓, rollender Gehsteig / andén m rodante ‖ ⁓**bereich** m (DV) / partición f ‖ ~**bereit** / dispuesto a funcionar, listo para funcionar ‖ ⁓**bild** n (hist.), Film m / película f cinematográfica ‖ ⁓**bildaufnahme** f / fotografía f cinematográfica ‖ ⁓**bildaufnahmekamera** f s. Laufbildkamera ‖ ⁓**bildbetrachter** m / visor m de película[s] ‖ ⁓**bildkamera** f / cámara f cinematográfica ‖ ⁓**bildwerfer** m (DIN) / proyector m cinematográfico ‖ ⁓**boden** (Foto) / corredera f ‖ ⁓**bord**, -gang m (Schiff) / pasamano m ‖ ⁓**breite** f (Treppe) / anchura f útil ‖ ⁓**brett** n, -bohle, -planke f (Bau) / plancha f pasarela ‖ ⁓**brett** (Bahn) / estribo m corrido ‖ ⁓**brett mit Querleisten** / paso m de listones ‖ ⁓**brücke** f, -steg m, Fußgängerüberführung f (Bahn, Hydr) / pasarela f para peatones, pasadizo m ‖ ⁓**brücke** (Bau) / puente m de andamio ‖ ⁓**brücke**, Gangway f (Schiff) / pasarela f ‖ ⁓**buchse**, -büchse f / casquillo m, buje m, caja f cilíndrica ‖ ⁓**bühne** f, Bedienungsgang, -stand m / plataforma f de servicio, pasillo m de servicio ‖ ⁓**dauer** f / duración f de marcha o de giro ‖ ⁓**decke** f, Mantel m (Kfz) / cubierta f ‖ ⁓**deckenschulter** f (Reifen) / resalte m de neumático ‖ ⁓**deckenwulst** m f / talón m de neumático ‖ ⁓**dielen** f pl (Bau, Zimm) / entablado m, entarimado m ‖ ⁓**drehgestell** n (Bahn) / bogie m portador ‖ ⁓**drehkran** m / grúa f rodante y giratoria ‖ ⁓**eigenschaft** f (Masch) / característica f de funcionamiento ‖ ⁓**eigenschaften** f pl / cualidades f pl de rodadura, propiedades f pl o características f pl de giro o de marcha ‖ ⁓**eigenschaften** (eines Lagers) / cualidades f pl de deslizamiento (de un cojinete)
laufen / correr ‖ ⁓, funktionieren / marchar, funcionar, rular (coloq.) ‖ ⁓, drehen (Räder) / girar, rodar ‖ ⁓ (Wasser) / correr, fluir ‖ ⁓, gehen (Uhr) / andar, funcionar ‖ ⁓, fahren (Fahrzeug) / rodar, marchar, ir ‖ ⁓ (Bahn) / circular, rodar ‖ ⁓, fahren (Schiff) / navegar, circular ‖ ⁓ (ein Programm) (unter/auf...) / correr [un programa] (en...) ‖ **lassen** (Masch) / accionar, poner en marcha, no parar (el motor) ‖ **mit voller Geschwindigkeit** ⁓ / girar a toda velocidad o marcha ‖ ⁓ n, Gang m / marcha f ‖ ⁓, Funktionieren n / funcionamiento m ‖ ⁓ **des Wassers** / flujo m del agua

laufend (allg, Monat) / corriente, en curso ‖ ~ *adj*, ohne Unterbrechung / ininterrumpido ‖ ~, durchgehend / continuo ‖ ~ (Band) / continuo (cinta transportadora), sin fin ‖ ~ (Tauwerk) / corriente ‖ ~, routinemäßig / corriente, de rutina ‖ ~ *adj*, augenblicklich / actual ‖ ~**e Änderung** (DV) / modificación *f* corriente ‖ ~**es Band**, Fließband *n* (F.Org) / línea *f* de armado, cinta o línea de montaje,.f., tren *m* de montaje, cadena *f* de montaje, cinta *f* continua o sin fin ‖ ~**er Bedarf** / necesidades *f pl* corrientes ‖ ~**e Bestandskartei** (DV) / fichero *m* perpetuo de existencias ‖ ~**er Block** (Schiff) / motón *m* móvil ‖ ~**er Fuß** (Längenmaß) / pie *m* lineal ‖ ~**es Gleichgewicht** (Nukl) / equilibrio *m* momentáneo ‖ ~**es Gut** (o. Tauwerk) (Schiff) / jarcia *f* corriente ‖ ~**er Inch** (Längenmaß) / pulgada *f* lineal ‖ ~**e Instandsetzungsarbeiten** *f pl* / reparación *f* de conservación corriente ‖ ~**er Kundendienst** / mantenimiento *m* de rutina, servicio *m* posventa de rutina ‖ ~**er Meter**, (DIN:) Folgemeter *m*, Laufmeter *m* / metro *m* lineal ‖ ~**es Modell** (Kfz) / modelo *m* corriente ‖ ~**e Nummer** / número *m* correlativo o de orden ‖ ~**es Programm** (DV) / programa *m* en curso ‖ ~**es radioaktives Gleichgewicht** / equilibrio *m* radiactivo momentáneo ‖ ~**e Satznummer** (NC) / número *m* de orden de secuencia ‖ ~**e Schlange** / lazo *m* corredizo ‖ ~**e Schnecke** (Hütt) / hélice *f* transportadora continuo, visinfín *m* continuo ‖ ~**e Summe** (DV) / suma *f* acumulada ‖ ~**er Titel** (Druck) / folio *m* explicativo, título *m* carrera o de cabecera ‖ ~ **überwachen** / supervisar continuamente, someter a inspección permanente ‖ ~**e Überwachung** / inspección *f* permanente ‖ ~**e Unkosten** / gastos *m pl* corrientes ‖ ~**e Unterhaltung** / mantenimiento *m* corriente ‖ **am ~en Band** / en serie
Läufer *m*, Rotor *m*, Anker *m* (Elektr) / rotor *m*, inducido *m* ‖ ~ (Dampfturbine) / rotor *m* de turbina de vapor ‖ ~, Schieber *m* (Masch) / cursor *m*, corredera *f* ‖ ~ (im Kollergang) (Aufb) / muela *f*, piedra *f* voladora ‖ ~, Strecker *m* (Bau) / ladrillo *m* a soga ‖ ~ (Baumwollspinn) / cursor *m*, corredor *m* ‖ ~, Lacknase *f* / lágrima *f* de barniz ‖ ~, Treppenläufer *m* (Teppich) / alfombra *f* de escalera ‖ ~, schmaler Teppich / alfombra *f* continua ‖ ~ (Grubenausbau) / viga *f* longitudinal del apuntalado en arcos articulados ‖ ~ **an einer Skala** (Instr) / cursor *m*, índice *m* móvil ‖ ~**anlasser**, -anlasswiderstand *m* (Elektr) / arrancador *m* de rotor ‖ ~**bandage** *f* (Elektr) / bandaje *m* o zuncho del inducido ‖ ~**blech** *n* (Elektr) / chapa *f* de inducido ‖ ~**bleche** *n pl* (Elektr) / láminas *f pl* de inducido, discos *m pl* de inducido ‖ ~**eisen** *n* (Elektr) / hierro *m* de inducido ‖ ~**fuge** *f* (Maurer) / junta *f* de ladrillos colocados a soga ‖ ~**kappe** *f*, -kappenring *m* (Elektr) / tapa *f* del rotor ‖ ~**kreis** *m* (Elektr) / circuito *m* de rotor ‖ ~**kupferverlust** *m* / pérdida *f* en el cobre del rotor ‖ ~**mühle** *f*, Kollergang *m* (Aufb) / molino *m* de muelas verticales ‖ ~**ring** *m* (Brecher) / corona *f* trituradora ‖ ~**schicht** *f* (Bau) / hilada *f* a soga ‖ ~**schwungmasse** *f* (Elektr) / inercia *f* del rotor, masa *f* inerte del rotor ‖ ~**spannung** *f* (Elektr) / tensión *f* de inducido ‖ ~**stange** *f*, [Treppen]läuferstange *f* / barra *f* para [la fijación de] la alfombra *f* de escalera ‖ ~**stein** *m* (Mühle) / voladora *f* ‖ ~**stein** (Koksofen) / ladrillo *m* separador ‖ ~**stern** *m* (Elektr) / estrella *f* del inducido ‖ ~**strom** *m* (Elektr) / corriente *f* rotórica o del inducido ‖ ~**strom** (Wert) (Elektr) / intensidad o de la corriente rotórica ‖ ~**stromkreis** *m* / circuito *m* rotórico ‖ ~**verband** *m* (Bau) / tabicón *m* a soga, traba *f* a soga, hiladas *f pl* ‖ ~**walze** *f* **einer Garnettmaschine** (Spinn) / volante *m* de la máquina garnett ‖ ~**wicklung** *f* (Elektr) / devanado *m* rotórico o del inducido ‖ ~**zeitkonstante** *f* / constante *f* de tiempo del inducido
lauf•fähig (Bahn) / en estado de circular o de rodar ‖ ~**fehler** *m* / error *m* de giro o de marcha

Lauffeldröhre *f* (Eltronik) / tubo *m* de ondas progresivas ‖ ~ **mit gekreuzten Feldern** / magnetrón *m* de ondas progresivas ‖ ~ **mit statischem Querfeld** (Eltronik) / tubo *m* de ondas progresivas de campo transversal ‖ ~ **mit Widerstandsschicht** (Eltronik) / tubo *m* amplificador de pared resistiva
Lauffeuer *n* (F'wehr) / fuego *m* rastrero
Laufffläche *f* (Masch) / superficie *f* de rodadura o de deslizamiento ‖ ~, -kranz, -kreis *m* (Bahn, Räder) / círculo *m* de rodadura (E), banda *f* o superficie de rodadura (LA), pisado *m* de rueda (MEJ) ‖ ~, Bahn *f* der Schiene (Bahn) / cara *f* superior de carril ‖ ~ *f* (Reifen) / banda *f* de rodadura o de rodamiento ‖ ~ (Ski) / superficie *f* de deslizamiento
Lauffflächen•abnutzung *f* (Kfz) / desgaste *m* de la banda de rodadura ‖ ~**gummi** *m* / caucho *m* de la banda de rodadura ‖ ~**platte** *f* (Reifen) / tira *f* para banda de rodadura ‖ ~**polster** *m*, -kissen *n* (Kfz, Reifen) / capa *f* baja de la banda de rodadura ‖ ~**profil** *n* (Reifen) / perfil *m* de la banda de rodadura ‖ ~**-Verstärkung** *f* (Reifen) / refuerzo *m* de la banda de rodadura ‖ ~**walze** *f* / cilindro *m* para laminar superficies de rodadura
Lauf•gang *m* (Masch) / pasarela *f* ‖ ~**gang**, Passage *f* (Bau) / paso *m* ‖ ~**geräusch** *n* / ruido *m* de giro o de rodadura ‖ ~**geschwindigkeit** *f* / velocidad *f* de giro, de marcha o de rodadura ‖ ~**geschwindigkeit** (Kath.Str) / velocidad *f* de barrido o de exploración ‖ ~**gestell**, Fahrgestell *n* (allg, Bahn) / bogie *m*, carretón *m* ‖ ~**gestell** *n* (Lok) / tren *m* de rodadura ‖ ~**gewicht** *n*, Läufer *m*, Schiebegewicht *n* (Waage) / pesa *f* corredera, cursor *m*, pilón *m*, peso *m* corredizo o móvil ‖ ~**gewichtshebel** *m* (Waage) / palanca *f* de la pesa corredera ‖ ~**gewichtswaage** *f* / balanza *f* con pesa corredera, balanza *f* romana ‖ **selbsteinspielende ~gewichtswaage** / balanza *f* con pesa corredera de equilibrio automático ‖ ~**gewichtswaage** *f* **mit Neigungsgewichtseinstellung** / balanza *f* con pesa corredera con dispositivo de peso de inclinación ‖ ~**kante** *f* (Schiene) / arista *f* interior del riel ‖ ~**karte** *f* (F.Org) / ficha *f* de ruta ‖ ~**katze** (Förd) / carro *m* de grúa ‖ ~**katze mit Führerstand** / carro *m* con cabina de gruísta ‖ ~**kegel** *m* (Bahn, Reifen) / cono *m* de rodadura ‖ ~**kette** *f* (Traktor) / oruga *f* ‖ ~**klausel** *f* (ALGOL) / instrucción *f* "for" ‖ ~**knoten** *m* / nudo *m* corredizo ‖ ~**kraftwerk** *n* (Elektr) / central *f* eléctrica fluvial o de agua flu[y]ente, estación *f* de fuerza sin acumulación, usina *f* hidroeléctrica de río (LA) ‖ ~**kran** *m* / puente *m* grúa, grúa *f* corredera ‖ ~**kran**, Wandlaufkran *m* (DIN) / grúa *f* corredera de pared ‖ ~**kranz** *m* (Drehofen) / corona *f* de rodadura ‖ ~**kranz**, Laufkreis *m* (Bahn) / circunferencia *f* de rodadura ‖ ~**kultur** *f* (Mot) / propiedades *f pl* de marcha suave ‖ ~**lager** *n* / rodamiento *m* de giro [completo] ‖ ~**länge** *f* (Web) / largo *m* de hilo o tejido ‖ ~**länge** (Film) / longitud *f* de proyección ‖ ~**längencodierung** *f* (DV) / codificación *f* de la longitud ‖ ~**leder** *n* (Spinn) / correa *f* de cuero, guasca *f* (LA) ‖ ~**leisten** *f pl* (Kfz-Sitz) s. Laufschiene ‖ ~**leistung** *f* (Lebensdauer) (Masch) / tiempo *m* máximo de funcionamiento, duración *f* ‖ ~**leistung**, distancia *f* recorrida ‖ ~**leiter** *f* / escalera *f* de pintor ‖ ~**liste** *f* (ALGOL) (DV) / lista *f* "for" ‖ ~**masche** *f* (Strumpf) / carrera *f*, punto *m* corrido ‖ ~**maschen aufnehmen** / coger puntos [de medias] (E), subir puntos corridos ‖ ~**maschenfest**, maschenfest (Strumpf) / indesmallable ‖ ~**maschensichere Ausrüstung** (Tex) / acabado *m* indesmallable ‖ ~**milbe** *f* (Landw) / ácaro *m* ‖ ~**mittel** *n*, Elutionsmittel *n* (Chromatographie) / eluyente *m* ‖ ~**modul** *m* (Zahnrad) / módulo *m* de rodadura ‖ ~**nummer** *f* (Fernm) / número *m* de orden ‖ ~**nummer** (DV) / número *m* de colocación en una fila ‖ ~**nummer** *f* (F.Org) / número *m* de serie [corriente] ‖ ~**nummernsender** *m* (Fernm) /

transmisor *m* de numeración ‖ **⁓nummernspeicher** *m* (DV) / almacenamiento *m* de números de serie ‖ **⁓planke** *f* (Schiff) / pasarela *f*, pasadizo *m*, corredor *m*, plancha *f*

Laufrad *n* / rueda *f* de rodadura ‖ ⁓ (Luftf) / rueda *f* de aterrizaje ‖ ⁓ (Bahn) / rueda *f* portadora o portante ‖ ⁓ (Wasserturb) / rodete *m* [de Pelton etc.], rueda *f* de álabes, rotor *m* ‖ ⁓ (Gebläse) / rodete *m* de soplador ‖ ⁓ (Pumpe) / rodete *m* o rotor empaletado ‖ ⁓ (Turbokompressor) / rodete *m* con álabes ‖ ⁓ (Seilb) / polea *f* de rodadura

Laufrädchen *n* (Dynamo) / ruedicita *f* de transmisión

Laufrad · -Eintrittslaufschaufel *f* (Luftf) / álabe *m* de rodete de admisión ‖ **⁓satz** *m* (Lok) / eje *m* portador montado, par *m* de ruedas portadoras ‖ **⁓servomotor** *m* (Turbine) / servomotor *m* del rodete ‖ **⁓welle** *f* (Luftf) / árbol *m* de rodete ‖ **⁓zuströmung** *f* (Luftf) / aflujo *m* al rotor o rodete

Lauf·raum *m* (Eltronik, Laufzeitröhre) / espacio *m* de corrimiento, espacio *m* de tránsito libre de campo ‖ **⁓raumelektrode** *f* (Eltronik) / túnel *m* de corrimiento ‖ **⁓richtung** *f* / sentido *m* de marcha ‖ **⁓richtung**, Drehrichtung *f* / sentido *m* de giro o de rotación ‖ **⁓richtung** (Pap) / sentido *m* de la marcha de la hoja, sentido *m* de fabricación o en la máquina ‖ **⁓richtung** (Druck) / dirección *f* de la máquina ‖ **⁓richtung der Fasern** (Spinn) / dirección *f* de las fibras (p.ej. al avanzar) ‖ **⁓rille** *f* **im Kugellager** / garganta *f*, camino *m* de rodadura para bolas, ranura *f* de carrera de bolas ‖ **⁓ring** *m* (Kugellager) / aro *m* o anillo de rodadura ‖ **⁓ringegoutteur** *m* (Pap) / desgotador *m* de anillos de rodamiento ‖ **⁓rinne** *f* (Bau) / reguero *m* ‖ **⁓rolle** *f* (Raupe) / roldana *f* de oruga ‖ **⁓rolle**, Stromabnehmerrolle *f* (Elektr) / trolé *m* ‖ **⁓rolle** (Kran) / rodillo *m* portante o de rodadura ‖ **⁓rolle**, Leitrolle *f* (Seilb) / roldana *f*, polea-guía *f* ‖ **⁓rolle für Möbel** / ruedecilla *f* orientable [para muebles] ‖ **⁓rolle mit Gummieinlage** (Seilb) / polea *f* de rodadura con forro de caucho ‖ **⁓ruhe** *f* (Mot) / suavidad *f* o estabilidad de marcha o de giro ‖ **⁓ruhe** (Bahn) / estabilidad *f* de (o en) marcha ‖ **⁓ruheprüfung** *f* (Elektr) / ensayo *m* de equilibrio ‖ **⁓schaufel** *f* (Dampfturbine) / álabe *m* de rodete ‖ **⁓schaufel** (Peltonturbine) / álabe *f* o paleta Pelton ‖ **⁓schaufelkranz** *m* / corona *f* de paletas o álabes ‖ **⁓scheibe** *f* / disco *m* o plato de rodadura ‖ **⁓schiene** *f* (der Schiebetür) / riel-guía *m*, rail *m* de corredera, corredera *f* ‖ **⁓schiene**, Gleitschiene *f* / riel *m* de desplazamiento ‖ **⁓schiene** (für Rollen) / carril *m* o riel de rodadura ‖ **⁓schiene der Spinnmaschine** / regla *f* de formación de la husada ‖ **⁓schild** *n* **am Wagen** (Bahn) / rótulo *m* indicador de destino ‖ **⁓schlacke** (Hütt) / escoria *f* de piquera ‖ **⁓schrift** *f* / letras *f pl* luminosas móviles, escritura *f* luminosa móvil ‖ **⁓schrift-Nachrichtendienst** *m* / noticiario *m* luminoso ‖ **⁓schwingung** *f* (Waffe) / vibración *f* del cañón ‖ **⁓seite** *f* (des Riemens) / lado *m* de polea ‖ **⁓seite** (Förderband) / lado *m* inferior ‖ **⁓sitz** *m* (Masch) / ajuste *m* corredizo o deslizante ‖ **⁓sohle** *f* (Leder) / suela *f* ‖ **⁓sohle** (Reifen) / banda *f* de rodadura o de rodamiento ‖ **⁓spiegel** *m* (Lager) / superficie *m* de contacto ‖ **⁓spindel** *f* (Wzm) / husillo *m* de trabajo ‖ **⁓sprengung** *f* (Waffe) / estallido *m* del cañón ‖ **⁓spule** *f*, Garnwickel *m*, Abrollspule *f* (Web) / bobina *f* para devanado tangencial, bobina *f* giratoria ‖ **⁓spuren** *f pl* (Lager) / huellas *f pl* de giro en el camino de rodadura ‖ **⁓stange** *f*, Geländerstange *f*, Handlauf *m* (Treppe) / pasamano *m*, barandal *m* ‖ **⁓stange**, Handlauf *m* (Schiff) / pasamano *m*, andarivel *m* ‖ **⁓status** *m* (DV) / estado *m* de desarrollo ‖ **⁓steg** *m* (allg, Schiff) / pasarela *f* ‖ **⁓steg**, -brücke / Fußgängerüberführung *f* (Bahn, Hydr) / pasarela *f* para peatones ‖ **⁓steg** (f. Models) / pasarela *f* para modelos ‖ **⁓steg zum Schornstein** / pasarela *f* de chimenea ‖ **⁓strecke** *f* (Chromatographie) / distancia *f* recorrida ‖ **⁓streifen** *m* (Pap) / marca *f* de fieltro ‖ **⁓streifen** (Reifen) / protector *m* (banda de rodadura y costado del neumático) ‖ **⁓tisch** *m* / mesa *f* móvil o corrediza ‖ **⁓toleranzen** *f pl* (Schleifscheibe) / tolerancias *f pl* de redondez ‖ **⁓unruhe** *f* (Lager) / giro *m* inestable o inquieto ‖ **⁓unruhe** *f* (Bahn) / inestabilidad *f* de marcha ‖ **⁓variable** *f* (DV) / variable *f* de control ‖ **⁓wagen** (Kran) / carro *m* de grúa ‖ **⁓wasserkraftwerk** *n* s. Laufkraftwerk ‖ **⁓weg** *m* / camino *m*, trayecto *m* ‖ **⁓weg, Distanz** *f* / longitud *f* del camino ‖ **⁓weg auf der Schiene** *m* (Verkehr) / trayecto *m* ferroviario

Laufwerk *n* (Seilb) / tren *m* de poleas de rodadura ‖ ⁓ (Masch) / mecanismo *m* de traslación, órganos *m pl* de rodadura, rodaje *m* ‖ ⁓, Fahrwerk *n* (Masch) / mecanismo *m* de rodadura ‖ ⁓ *n* (Kran) / tren *m* corredero ‖ ⁓ (Magn.Bd) / eje *m* motor o impulsor, mecanismo *m* de arrastre ‖ ⁓ (DV) / unidad *f* de disco [magnético], drive *m* de disco ‖ ⁓ (Filmprojektor) / mecanismo *m* de arrastre, desenrollador *m* ‖ ⁓, Uhrwerk *n*, Federantrieb *m* / mecanismo *m* de reloj ‖ **⁓hauptträger** (Seilb) / travesaño *m* del tren de poleas ‖ **⁓platte** *f* (Magn.Bd) / chasis *m* o bloque magnetofónico ‖ **⁓rolle** *f* / polea *f* de rodadura ‖ **⁓winde** *f* / cabrestante *m* (E) o güinche (LA) de traslación

Lauf·widerstand *m* (Bahn, Kfz) / resistencia *f* propia del vehículo (al rodaje) ‖ **⁓winde** *f* / cabrestante *m* móvil o sobre ruedas ‖ **⁓zapfen** *m* / gorrón *m*, muñón *m*

Laufzeit *f*, Verfallszeit *f* / plazo *m* de vencimiento ‖ ⁓ / tiempo *m* de recorrido, duración *f* de recorrido o de funcionamiento ‖ ⁓, Durchgangszeit *f* / duración *f* de ejecución o de pasada o de tránsito ‖ ⁓, Programmzeit *f* (DV) / tiempo *m* de ejecución o de utilización ‖ ⁓, Maschinenzeit *f* (Wzm) / tiempo *m* de mecanización (E) o de maquinado (LA) ‖ ⁓, Einschaltdauer *f* (Masch) / tiempo *m* de trabajo ‖ ⁓ *f* (Partikel, Nukl) / tiempo *m* de tránsito o de propagación (partículas) ‖ ⁓ [maximale] (AKW) (Nukl) / tiempo *m* [máximo] de explotación ‖ ⁓ *f* (Eltronik) / tiempo *m* de tránsito (de un portador electrizado), duración *f* de recorrido ‖ ⁓ (TV) / tiempo *m* de subida (impulso de señal) ‖ ⁓ (Chromatographie) / tiempo *m* de propagación ‖ ⁓ (Fernm, Radar) / tiempo *m* de propagación ‖ ⁓ (Instr) / tiempo *m* de funcionamiento ‖ ⁓ (F.Org) / tiempo *m* de marcha ‖ ⁓ **in der Laufzeitkette** / tiempo *m* de retardo en la línea de retardo **mit langer** ⁓ / de larga duración ‖ **⁓ausgleich** *m* (Radar) / compensación *f* de tiempo de propagación ‖ **⁓entzerrer** *m* (Eltronik) / igualador *m* de retardo ‖ **⁓entzerrung** *f* (TV) / corrección *f* del tiempo de subida ‖ **⁓entzerrung** (Fernm) / igualación *f* de retardo ‖ **⁓fehler** *m* (Eltronik) / retardo *m* relativo ‖ **⁓glied** *n* / dispositivo *m* o temporizador de retardo ‖ **⁓kette** *f* (Eltronik) / línea *f* de retardo ‖ **⁓messung** *f* (Radar) / medición *f* del tiempo de propagación ‖ **⁓modus** *m* (Eltronik) / modo *m* de tiempo de transición, tiempo *m* de tránsito ‖ **⁓röhre** *f* (Eltronik) / tubo *m* de (o con) modulación de velocidad ‖ **⁓speicher** *m* (Fernm) / registro *m* de tiempo de retardo ‖ **⁓triftröhre** *f* (Eltronik) / klistrón *m*, clistrón *m* ‖ **⁓verzerrung** *f* (Fernm) / distorsión *f* de retardo ‖ **⁓winkel** *m* (Nukl) / ángulo *m* de tránsito, ángulo *m* de [fase de] recorrido ‖ **⁓zähler** *m* (Masch) / contador *m* de horas de servicio

Laufzettel *m* (F.Org) s. Laufkarte

Lauge, Laugflüssigkeit *f* (Chem) / lejía *f* ‖ ⁓ *f*, Waschlauge *f* / lejía *f* de lavado ‖ ⁓, Färberlauge *f* / lejío *m* ‖ ⁓ [starke] / recuelo *m* ‖ **⁓behandlung** *f* (Öl) s. Laugen

laugen *vt* / lejiar, elijar, poner en lejía ‖ ⁓, alkalisieren (Tex) / lixiviar, tratar con sosa cáustica ‖ ⁓ (Seide) / descrudar ‖ ⁓ *n*, Auslaugen *n*, Laugerei *f* / lixiviación *f* ‖ ⁓, Alkalisieren *n* (Spinn) / tratamiento *m* con sosa

cáustica ‖ ≃ (zur Neutralisierung saurer Öle), Laugebehandlung f, Laugewäsche f (Chem) / lavado m cáustico de petróleo ‖ ≃, Beuchen n (Tex) / descrudado m
Laugen•bad n / baño m de lejía ‖ **~beständig**, -fest / resistente a las soluciones alcalinas, resistente al ataque alcalino ‖ ≃**eindampfanlage** f / instalación f de concentración de lejías ‖ **in** ≃**form überführen** / caustificar ‖ ≃**krepp** m (Tex) / crespón m por lejiado en sosa cáustica ‖ **~merzerisiert** (Tex) / mercerizado por lejía ‖ ≃**pumpe** f / bomba f de (o para) lejía ‖ ≃**rissbeständigkeit** f (Hütt) / resistencia f al agrietamiento cáustico ‖ ≃**rückgewinnung** f / recuperación f de lejía ‖ ≃**salz** n (Chem) / sal f alcalina ‖ ≃**sprödigkeit**, -brüchigkeit f (Stahl) / acritud f cáustica ‖ ≃**turm** m (Pap) / torre f de lejiado
Laugerei f, -betrieb m (zum Extrahieren) / instalación f de lixiviación ‖ ≃, Laugung f, Laugeverfahren n (Bergb) / tratamiento m alcalino
Lauge•turm m (Öl) / columna f de lavado cáustico, columna f inyectora de solución cáustica ‖ ≃**wäsche** f (Öl) s. Laugen
laugieren vt (Tex) / lejiar, tratar con sosa cáustica
Laumontit m (Min) / laumontita f (ceolita calicífera)
Launcher m (Rakete) / plataforma f de lanzamiento
Laurat n (Chem) / laurato m
Laurin•..., Lauryl... / láurico ‖ ≃**aldehyd** m, Dodecanal n / aldehído m láurico ‖ ≃**säure**, Dodecansäure f / ácido m láurico
Lauryl•..., Laurin... / láurico ‖ ≃**-Alkohol**, Laurin-, Dodecyl-Alkohol m / alcohol m láurico ‖ ≃**-Pyridinium-Chlorid** n (Tex) / cloruro m de piridina láurica
Lausch•angriff m (Fernm) / escucha f ilegal ‖ ≃**gerät** n (Mil) / dispositivo m de escucha
laut (Geräusch) / intenso ‖ ~, geräuschvoll / ruidoso ‖ ~, voll (Stimme) / alto, sonoro ‖ ~**er stellen** (Radio) / amplificar el volumen ‖ ≃ m (als Grundeinheit der Sprache), Phonem n (Fernm) / fonema m
Lautamasse f (Chem) / masa f Lauta o Lux
Lautarchiv n (Film) / sonoteca f
Läute•apparat m, -werk n, Läutwerk n / timbre m eléctrico ‖ ≃**induktor** m (Elektr) / inductor m de timbre
lauten vi (Text) / rezar
läuten, klingeln / tocar el timbre, sonar ‖ ≃ n, Anruf m (Fernm) / llamada f
Läuter•apparat m (Bergb) / lavadora f ‖ ≃**batterie** f (Brau) / batería f de clarificación ‖ ≃**boden** m (Brau) / falso m fondo ‖ ≃**bottich** (Brau) / tina f de clarificación, cuba f de filtración
Läuterelais n (Elektr) / relé m de llamada
Läutermaische f (Brau) / maisch f clara
läutern vt (Flüssigkeit), klären / clarificar, purificar ‖ ~, raffinieren (Hütt) / refinar ‖ ~, rektifizieren (Chem) / rectificar ‖ ~ (Glas) / afinar ‖ ~, abtreiben (Chem, Hütt) / copelar ‖ ~ (Chem, Zuck) / refinar ‖ ~, klären (Bergb) / lavar ‖ ~ (Erze) / beneficiar
Läuter•ofen m (Dokimasie) / horno m de copelar ‖ ≃**rinne** f, -grand m (Brau) / recipiente m colector ‖ ≃**tiegel** m, Kupelle f (Dokimasie) / copela f ‖ ≃**trommel** f (Bergb) / tambor m clasificador ‖ ≃**wanne** f (Brau) / cubeta f de clarificación ‖ ≃**würze** f (Brau) / mosto m claro o filtrado
Läute•schaltung, -stellung f (Fernm) / posición f de llamada ‖ ≃**taste** f / tecla f de campanilla, tecla f de llamada ‖ ≃**werk** n / alarma f, campanilla f de alarma, sonería f ‖ ≃**werk** (Bahn) / timbre m [eléctrico] ‖ ≃**werksglocke** f / campana f de timbre
Lautfernsprecher m / teléfono m altoparlante o con altavoz
Lautheit f / sonoridad f, intensidad f sonora [subjetiva] ‖ ≃ (in son gemessen) (Akust) / intensidad f sonora ‖ ≃ **der Sprache** / intensidad f sonora de palabra

Laut•hörtelefon n / teléfono m altoparlante ‖ ≃**lehre** f / fonética f, fonología f ‖ **~los** / silencioso, sin ruido ‖ ≃**schrift** f / transcripción f o escritura fonética ‖ **~sprechend** (Empfänger, Fernm) / altoparlante, con altavoz
Lautsprecher m (Eltronik) / altavoz m, bocina f (localismo), parlante m (LA), altoparlante m (LA) ‖ ≃**anlage** f (allg) / sistema m altoparlante o de altavoces ‖ ≃**anlage**, Rufanlage f / sistema m de audiodifusión, sistema m de difusión (o de llamada) por altavoces ‖ ≃**anschluss** m, -buchse f / conexión f de (o para) altavoz, jack m de altavoz ‖ ≃**box** f / caja f o pantalla acústica o de altavoz, mueble m acústico, (a m veces:) recinto acústico, baf[f]le m ‖ ≃**-Frequenzweiche** f / red f divisora de frecuencias, filtro m divisor de frecuencias ‖ ≃**gehäuse** n / caja f de altavoz ‖ ≃**gitter** n / rejilla f de altavoz ‖ ≃**kombination** f (Eltronik) / conjunto m de varios altavoces, altavoces m pl o altoparlantes combinados ‖ ≃**korb** m, -konus m / chasis m cónico de altavoz, cono m de altavoz ‖ ≃**mikrophon** n / parlante-micrófono m ‖ ≃**mitteilung** f / mensaje m sonoro o por altavoz ‖ ≃**schallwand** f / pantalla acústica, difusor m de altavoz ‖ ≃**telefon** n / teléfono m altoparlante o por altavoz ‖ ≃**trichter** m / cono m o embudo de altavoz ‖ ≃**übertragung** f, öffentliche Lautsprecherübertragung / radiodifusión f por altavoz ‖ ≃**verstärker** m / amplificador m de audiodifusión ‖ ≃**wagen** m (Kfz) / vehículo m de audiodifusión, automóvil m con altavoz ‖ ≃**wahlschalter** m / pulsador m selector de altavoces
Lautstärke f (Phys) / sonoridad f, intensidad f sonora subjetiva, intensidad f de sonido ‖ ≃ (in phon gemessen) (Akust) / nivel m de sonoridad o de intensidad sonora (en fones), nivel m de sensación auditiva ‖ ≃, Klangvolumen n / volumen m acústico o sonoro ‖ ≃ **bezogen auf 1000 Hz-Ton** / nivel m sonoro referido a un tono puro con frecuencia de 1000 Hz ‖ ≃ **linker Kanal o. links** (Stereo) / volumen m del canal a la izquierda ‖ ≃ **rechter Kanal o. rechts** (Stereo) / volumen m del canal a la derecha ‖ ≃**änderung**, -schwankung f (Eltronik) / variación f del volumen [sonoro] ‖ ≃**-Automatik** f / AVC m (= automatic volume control) ‖ ≃**einheit** f, Phon n / fonio m, fon m ‖ ≃**grenzen** f pl (für das Ohr) / límites m pl de audición ‖ ≃**-Index** m / índice m de la intensidad sonora ‖ ≃**messer** m / medidor m de la intensidad de sonido ‖ ≃**messer**, Phonmessgerät n / fonómetro m ‖ ≃**messer** (Fernm) / medidor m del nivel acústico, sonómetro m ‖ ≃**pegel** m / nivel m de sonoridad, nivel m de intensidad sonora ‖ ≃**regelung** f (Eltronik) / regulación f del volumen acústico, mando m de volumen ‖ **automatische** ≃**regelung** / regulación f automatica del volumen, mando m automático de ganancia ‖ ≃**regler** m, -regelung f (Akust) / control m de volumen ‖ ≃**regler**, -regelung f / regulador m o selector de volumen ‖ ≃**schwankung**, -änderung f (Eltronik) / variación f del volumen acústico ‖ ≃**skala** f (in Phon) / escala f en fones ‖ ≃**umfang** m, Dynamik f (Eltronik) / dinámica f, margen m dinámico o de volumen, margen m de potencias sonoras
Laut•symbol n, -zeichen n / signo m fonético ‖ ≃**verständlichkeit** f (Fernm) / inteligibilidad f de sonidos ‖ ≃**verstärker** m (Fernm) / amplificador m de[l] sonido
lau[warm] / tibio, templado
Lava f (Geol) / lava f
Lavadecke f / meseta f de lava
Lavagestein n, Vulkanit m / rocas f pl volcánicas o de extrusión, vulcanita f
Lavaldüse f (Luftf) / tobera f [de] Laval
Lavaliermikrophon n (zum Umhängen) / micrófono m de Lavalier, micrófono m tipo corbata o del tipo de medallón

Lavandin *m* (Bot) / lavandina *f*
Lavastrom *m* (Geol) / corriente *f* de lava
Lavendel *m* (Bot) / espliego *m*, alhucema *f*, lavanda *f*, lavándula *f* ‖ ⁓**kopie** *f* (Film) / copia *f* intermedia o lavanda ‖ ⁓**öl** *n* (Phys) / esencia *f* de espliego o de lavanda ‖ ⁓**öl**, Spiköl *n*, Nardenöl *n* / bálsamo *m* de nardo
Laveur *m*, Wäscher *m* (Chem) / lavadora *f*
lavieren *vt* (Schiff) / bordear, barloventear
lävogyr, L (Opt) / levógiro
Lävulinsäure *f* (Chem) / ácido *m* levúlico o levulínico
Lävulose, Fruktose *f*, Fruchtzucker *m* / levulosa *f*
Lawine *f* / alud *m*, avalancha *f*, lurte *m*
lawinen•artig (Ionisation) / cumulativo ‖ ⁓**brecher** *m*, -keil *m* / rompealudes *m* ‖ ⁓**diode** *f* (Eltronik) / díodo *m* de avalancha ‖ ⁓**diode mit eingegrenztem Durchbruchsbereich** / dispositivo *m* de avalancha controlada ‖ ⁓**durchbruch**, -effekt *m* (Eltronik) / disrupción *f* en avalancha ‖ ⁓**durchbruchspannung** *f* / tensión *f* de disrupción en avalancha ‖ ⁓**galerie** *f*, -dach *n* (Straß) / galería *f* para avalanchas ‖ ⁓**-Gleichrichterdiode** *f* (Eltronik) / díodo *m* rectificador de avalancha ‖ ⁓**laufzeitdiode** *f* / díodo *m* de avalancha de tiempo de propagación ‖ ⁓**schutzmauer** *f* / muro *m* protector contra aludes ‖ ⁓**transistor** *m* / transistor *m* de avalancha, transistor *m* de multiplicación de portadores ‖ ⁓**verbauung** *f* / obras *f pl* de protección contra avalanchas o aludes ‖ ⁓**wehr**, Galerie *f* (Straß) / protección *f* contra avalanchas
Lawrence-Farbfernsehröhre *f* (TV) / tubo *m* de Lawrence
Lawrencium *n*, -tium *n*, Lr (OZ) = 103) (Chem) / lawrencio *m*
Lawson-Gebiet *n* (Nukl) / región *f* de Lawson
Lawsonit, farbloser Lievrit *m* (Min) / lawsonita *f*
Layer *m* (Datenschicht auf DVD) / capa *f* de datos
Layout *m* (Druck) / boceto *m*, maqueta *f*, diseño *m*, esbozo *m*, bosquejo *m*, Layout *m* ‖ ⁓**-Diagramm** *n* (Formular) / diagrama *m* layout
Layouter *m* (Druck) / abocetador *m*, maquetista *m f*, bocetista *m*, proyectista *m* gráfico, confeccionador *m*, diagramador *m*
Layout•-Erstellung *f* / maquetación *f* ‖ ⁓**-Kontrolle** *f* (DV) / pre-ver *m* (vista previa) ‖ ⁓**raster** *m* (Bau) / plano *m* de distribución de planta
Lazarettschiff *n* / buque *m* hospital
Lazulith *n* (Geol) / lazulita *f*
LB = Linearbeschleuniger
LBA = Luftfahrt-Bundesamt
L-Band (390 - 1550 MHz) (Radar) / banda *f* L
L-Bank, Lastbank *f* (Reaktor) / banco *m* L o de carga
L-Bereich *m*, unterer Wertbereich (Halbl) / gama *f* baja
LBM = Laserstrahlabtragung
LCD (= Liquid crystal display), Flüssigkristallanzeige *f* / visualización *f* por crístal líquido ‖ ⁓**-Display** *n* / pantalla *f* de cristal líquido
LC-Dipol *m* / dipolo *m* LC
LCF-Bereich *m* (= low cycle fatigue) / gama *f* LCF
LC-Glied *n* (Eltronik) / circuito *m* LC
LC•-Glieder *n pl* (L = Induktion, C = Kapazität) (Eltronik) / componentes *f pl* LC ‖ ⁓**-Kopplung** *f* (Eltronik) / acoplamiento *m* inductancia-capacitancia
LC-Reinnickel *n* / níquel *m* puro de bajo contenido en carbono
LD (= low density) (DV) / de baja densidad
LD50 (Nukl) / período *m* letal medio
LD = Laserdiode, Laserdrucker
LD-AC-Verfahren *n* (= Linz-Donawitz-Arbed-CNRM) (Hütt) / procesamiento *m* LD-AC
L-Dock *n* (Schiff) / dock *m* o dique marino
LDP-Verfahren *n* (= Linz-Donawitz-Pulver) (Hütt) / procesamiento *m* LDP

LDS-Chip (= low dimensional structures) / pastilla *f* LDS, chip *m* LDS
LD-Verfahren (LD = Linz-Donawitz), Sauerstoff-Blasstahlverfahren *n* (Hütt) / procesamiento *m* LD
Lea *n* (Garnmaß: Baumwolle = 120 yds, Kammgarn = 80 yds, Leinen u. Hanf = 300 yds) (Tex) / troquillón *m*
leasen *vt* / adquirir por leasing
Leasing *n* / leasing *m*
leben, verleben / vivir ‖ ⁓ *n* (Biol) / vida *f*
lebend, lebendig / viviente, vivo ‖ ⁓**er Kolumnentitel** (Druck) / folio *m* explicativo, título *m* carrera o de cabecera ‖ ⁓**gewicht** *n* (Landw) / peso *m* [en] vivo
lebendig, lebhaft / vivo ‖ ⁓, lebhaft, rege / vivaz, activo ‖ ⁓**e Kraft**, Wucht *f* / fuerza *f* viva, energía *f* cinética
Lebend•masse *f* (Abwasser) / biomasa *f* ‖ ⁓**speicher** *m* (DV) / memoria *f* activa o viva ‖ ⁓**verbauung** *f* (Hydr) / estabilización *f* de diques por plantas
Lebens•... / vital ‖ ⁓..., biotisch / biótico ‖ **an eine einzige** ⁓**bedingung gebunden** (Biol) / esencial ‖ ⁓**bedrohlich** (Strahlung) / amenazador de la vida, letal
Lebensdauer *f* / vida *f*, tiempo *f* de la vida ‖ ⁓, Lagerfähigkeit *f* / estabilidad *f* del almacenaje ‖ ⁓, Haltbarkeit *f* / duración *f* útil, vida *f* [útil] ‖ ⁓, Dauerhaftigkeit *f* / durabilidad *f*, estabilidad *f* ‖ ⁓ *f* (Zeit bis zur Verminderung der Minoritätsträger auf den l/e-ten Teil) (Transistor) / tiempo *m* de vida ‖ ⁓ **bis zum Bruch** / duración *f* hasta la ruptura ‖ ⁓ **der Radioaktivität** *f* (= 1.443 Halbwertszeit) (Nukl) / vida *f* media ‖ [**nutzbare**] ⁓ / duración *f* útil ‖ **lange** ⁓ / vida *f* larga ‖ **von großer** ⁓ / duradero, de mucha duración
Lebensdauerkennlinie *f* / característica *f* de vida
Lebensdauer•-Schmierung *f* / lubricación *f* permanente o de por vida ‖ ⁓**versuch**, -dauertest *m* / ensayo *m* de duración, prueba *f* de duración
lebens•erhaltendes System (Raumf) / sistema *m* de supervivencia ‖ ⁓**erhaltungsgerät** *n*, -erhaltungsronister *m* (Raumf) / equipamiento *m* [portátil] autónomo de supervivencia ‖ ⁓**erwartung** *f* / duración *f* [útil] probable o esperable ‖ ⁓**fähig** / viable ‖ ⁓**fähigkeit** *f* / viabilidad *f* ‖ ⁓**gefahr!** / ¡peligro de muerte! ‖ ⁓**gefährlich** / peligroso, que amenaza la vida ‖ ⁓**größe** *f* / tamaño *m* natural ‖ ⁓**kreislauf** *m* (Biol) / ciclo *m* de vida
Lebensmittel *n pl* (Ggs: Nahrungsmittel) / víveres *m pl* ‖ ⁓**bestrahlung** *f* / irradiación *f* de víveres ‖ ⁓**chemie** *f* / química *f* alimentaria ‖ ⁓**chemiker** *m* / químico *m* alimentario ‖ ⁓**echt** / inalterable por comestibles ‖ ⁓**farbe** *f* / colorante *m* de víveres ‖ ⁓**fette** *n pl* / grasas *f pl* comestibles ‖ ⁓**industrie** *f* / industria *f* de víveres ‖ ⁓**konservierung** *f* **durch Bestrahlung** / conservación *f* de alimentos mediante irradiación ‖ ⁓**packung** *f* / embalaje *m* de alimentos ‖ ⁓**verarbeitung** *f* / procesamiento *m* de víveres ‖ ⁓**vergiftung** *f* / intoxicación *f* alimentaria ‖ ⁓**wissenschaft** *f* / ciencia *f* de víveres ‖ ⁓**zusätze** *m pl* / aditivos *m pl* para víveres
lebens•notwendig, -wichtig / de importancia vital, de interés vital ‖ ⁓**prozess** *m* / proceso *m* vital ‖ ⁓**raum** *m*, Biotop (Biol) / biótopo *m* ‖ ⁓**sphäre** *f* (bis 13000 ft) (Luftf) / exosfera *f* ‖ ⁓**standard** / nivel *m* de vida ‖ ⁓**wichtig**, wichtig / esencial ‖ ⁓**wichtig**, -notwendig / de importancia vital, de interés vital, de primera necesidad ‖ ⁓**wichtige Aminosäure** (Biochem) / aminoácido *m* esencial ‖ ⁓**wichtiger Betrieb** / empresa *f* de interés vital ‖ ⁓**wichtiges Teil** (Masch, Mot) / pieza *f* de responsabilidad ‖ **auf** ⁓**zeit** / de por vida, permanente, duradero
Leberkies *m*, Markasit *m* (Min) / leberquisa *f*, marcasita *f* compacta
Lebesguesches Integral (Math) / integral *f* de Lebesgue
lebhaft, schnell, heftig (allg, Chem) / vivaz ‖ ⁓ (Farbe) / subido, vivo ‖ ⁓**er Verkehr** / tráfico *m* fuerte o intenso

Leblanc•-Erregermaschine f (Elektr) / excitatriz f Leblanc-Gratzmuller ‖ ~**-Schaltung** f (Elektr) / conexión f Leblanc
Leblanc-Soda f (Chem) / sosa f o soda Leblanc
leblos, tot / sin vida, muerto
Lech n, Stein m (Hütt) / mata f
Le-Chatelier-Prinzip n, Prinzip des kleinsten Zwanges (Phys) / principio m de Le Chatelier y Braun
Lecher•-Leitung f, Paralleldrahtleitung f (Elektr) / hilos m pl de Lecher ‖ ~**-Leitungsoszillator** m / oscilador m de hilos de Lecher ‖ ~**-Oszillator** m / oscilador m de Lecher
leck, undicht / permeable, no estanco, no hermético, con fugas ‖ ~ **sein**, lecken (Flüssigkeit) / derramarse, tener fuga, perder agua ‖ ~ **sein** (Schiff) / hacer agua ‖ ~ **werden** (Schiff) / comenzar a hacer [una] vía de agua ‖ ~ n, undichte o. lecke Stelle / fuga f, escape m, saliderom ‖ ~, **Leckage** f (Schiff) / vía f [de agua]
Leckage f (Vorgang) / derrame m, salida f ‖ ~ (Nukl) / fuga f [de neutrones], escape m ‖ ~, Verlust m durch Auslaufen / pérdida f por derrame
Leck•anzeiger m / indicador m de fuga ‖ ~**anzeiger für Unterdruck** / detector m de fugas (o pérdidas) de vacío ‖ ~**dampf** m / vapor m de fuga
lecken vi / derramarse, tener fuga, perder agua ‖ ~ (Behältnis), leck sein / pasarse
leckende Form (Hochofen) / tobera f perforada o quemada o con fuga
Leck•faktor m (Nukl) / probabilidad f de fuga ‖ ~**leistung** f (Eltronik, Röhre) / energía f de fuga ‖ ~**leitung** f (Hydr) / conducto m de derrame ‖ ~**leitwert** m (Halbl) / conductancia f transversal o de fuga, disperdancia f ‖ ~**loch**, Entwässerungsrohr n (Bau) / orificio m de drenaje ‖ ~**matte** f, -segel, -tuch m (Schiff) / pallete f de vía de agua ‖ ~**ölleitung** f (Mot) / tubería f de aceite de fuga ‖ ~**ortung** f (Pipeline) / localización f de fugas ‖ ~**pfad** f / hilo m de escape ‖ ~**rate** f (Hydr, Vakuum) / cantidad f de líquido (o gas) derramado (o escapado) ‖ ~**sicher**, dicht / a prueba de fugas ‖ ~**stelle** f / salidero m ‖ ~**strahlung** f (Nukl) / radiación f de fuga o debida a los escapes, fugas f pl de radiación ‖ ~**ströme** m pl (Elektr) / corrientes f pl de fuga ‖ ~**sucher** m / detector m de fugas o de escapes ‖ ~**suchgerät** n, Aquaphon n (Schiff) / acuáfono m ‖ ~**walze** f (Druck) / tomador m, rodillo m tomador ‖ ~**warngerät** n / avisador m de fugas ‖ ~**wasser** n / agua f de fuga
Leclanché-Element n (Elektr) / pila f de Leclanché
Leda (= Lebensdauer) / duración f, vida f
LED-Diode f / diodo m [electro] luminiscente, diodo m emisor de luz
Ledeburit m (Hütt) / ledeburita f
ledeburitisch (Stahl) / ledeburítico
Leder n / cuero ‖ ~ ..., ledern / de cuero ‖ ~**abfälle** m pl / desperdicios m pl de cuero ‖ ~**artig**, zäh / coriáceo ‖ ~**auskleidung** f (Kfz) / tapicería f de cuero ‖ ~**ballen** m / cojín m de cuero ‖ ~**braunton** m (Tex) / tono m pardo de cuero, color m de cuero ‖ ~**dichtung**, Manschette f / junta f o empaquetadura de cuero ‖ ~**einband** m (Druck) / encuadernación f en piel (E) o de cuero (LA), pasta f española ‖ ~**ersatz** m / sustitutivo m de cuero ‖ ~**etui** n / estuche m de cuero ‖ ~**farben** / en color de cuero ‖ ~**faserplatte** f / placa f de fibra de cuero ‖ ~**fett [öl]** m / grasa f para cuero ‖ ~**fettungsmittel** n pl / productos m pl para el engrasado de cuero ‖ ~**futteral** n, -tasche f / funda f de cuero ‖ ~**hart** / duro como cuero ‖ ~**härte** f / dureza f de cuero ‖ ~**haut** f (Med) / dermis m ‖ ~**hilfsmittel** n / producto m auxiliar para la industria de cuero ‖ ~**imitat** n (Baumwollstoff) / suedina f ‖ ~**imitation** f / imitación f de cuero, similicuero m, cuero m artificial ‖ ~**industrie** f / industria f del cuero o de la piel ‖ ~**industrie-Abwässer** n pl / aguas f pl residuales de la industria del cuero, aguas f pl residuales de la curtiduría ‖ ~**lack** m / laca f para cuero ‖ ~**leim** m / cola f de piel ‖ ~**manschette**, Stulpdichtung f / empaquetadura f de cuero
ledern adj / de cuero ‖ ~ vt, beledern / guarnecer de cuero
Leder•narbe f / grano m de cuero ‖ ~**öl** n / aceite m para cuero, grasa f para cuero ‖ ~**papier** n / papel m cuero ‖ ~**pappe** f / cartón m cuero ‖ ~**pappenimitation** f / cartón m imitación cuero, cartón m similicuero ‖ ~**polierscheibe** f / rueda f de cuero para pulido ‖ ~**riemen** m / correa f de cuero ‖ ~**ring** m (Nageluntersatz) / corete m ‖ ~**rücken** m (Druck) / loma f en cuero ‖ ~**samt**, Duvetine m (Web) / veludillo m, velvetón m, duvetina f ‖ ~**schärfmaschine** f / máquina f para chiflar cuero ‖ ~**scheibe**, lederne Dichtungsscheibe / arandela f de cuero ‖ ~**schmiere** f, Gerberfett n (Gerb) / degrás m, moellón m ‖ ~**schutzhülle** f, -futteral n, -etui n / estuche m de cuero ‖ ~**spaltmaschine** f / máquina f para dividir cuero ‖ ~**stanzen** n / estampado m de cuero ‖ ~**streifen**, [-]riemen f / tira f de cuero ‖ ~**tuch** n / paño-gamuza m, gamuza f ‖ ~**verarbeitung** f / trabajo m de cuero ‖ ~**walze** f (Kupferstich) / rodillo m (entintador) de cuero ‖ ~**waren** f pl / artículos m pl de cuero ‖ ~**waren** (feine) / marroquinería f ‖ ~**zurichtung** f / acabado m de cueros
Ledge f, Leere f (Spinn) / canuta f
Lee f (Schiff) / sotavento m
Lee-Algorithmus m (DV) / algoritmo m de Lee
LEED-Spektrometer n (= low energy electron diffraction) / espectrómetro m LEED
leer / vacío ‖ ~, unbeschrieben (Pap) / en blanco ‖ ~, entladen (Batterie) / descargado ‖ ~ **anlaufen** / arrancar sin carga o en vacío ‖ ~**es Bild** / imagen f de orden cero ‖ ~**er Datenträger** (DV) / soporte m de datos blanco o vacío ‖ ~**es Energieband** (Halbl) / banda f vacía ‖ ~**e Färbung** / teñido m mate ‖ ~**es Gehäuse** (Rakete) / caja f vacía ‖ ~**e Kopie** / copia f blanca o vacía ‖ ~ **lassen** (Formular) / dejar en blanco ‖ ~ (o. im Leerlauf) **laufen** / girar loco o en vacio, marchar en vacío o sin carga ‖ ~ **laufen** (Luftschraube) / girar por la acción del viento ‖ ~ **laufen**, auslaufen / vaciarse ‖ ~ **laufen lassen** (Pumpe) / vaciar ‖ ~ **machen**, leeren / vaciar ‖ ~**e Menge**, Nullmenge f (Math) / conjunto m vacío o nulo ‖ ~**er Raum**, Vakuum m (Phys) / vacío m ‖ ~**er Raum** (z.B. in Schüttgütern) / vacios m pl, huecos m pl, intersticios m pl, oquedades f pl (en materiales granulados) ‖ ~**e sortierte Folge** (DV) / secuencia f no operacional ‖ ~ **werden**, sich leeren / vaciarse
Leer•adresse f (DV) / dirección f vacía ‖ ~**anweisung** f (DV) / instrucción f no operacional ‖ ~**anweisung** (DV, Fortran, PL/1) / instrucción f de cero ‖ ~**aufnahme** f (Foto) / exposición f en blanco ‖ ~**ausgabe-Nachricht** f (DV) / mensaje m de cero ‖ ~**band** n (Magn.Bd) / cinta f virgen ‖ ~**befehl** m (DV) / instrucción f no operacional ‖ ~**behälter** m, -container m (Bahn) / contenedor m [vacío] en retorno, container m [vacío] ‖ ~**bereich**, Totbereich m (Phys) / región f muerta, zona f muerta ‖ ~**boden**, Aufstampfboden m (Hütt) / suelo m de apisonar
Leere f / vacío m
leeren vt, leermachen / vaciar, evacuar ‖ ~ n / vaciado m, vaciamiento m, evacuación f
Leer•fahrt f, -lauf m (Bahn, Lok) / recorrido m de loccomotora circulando aislada, marcha f de máquina aislada ‖ ~**fahrt**, Rückfahrt f (Wagen) / viaje m sin pasajeros o sin carga ‖ ~**fahrt** (Personal) (Bahn) / viaje m sin servicio ‖ ~**gang** m (Wzm) / ciclo m sin carga ‖ ~**gang** (DV) / ciclo m blanco ‖ ~**gebinde**, Zwischengebinde, -gespärre n (Zimm) / cabio m intermedio ‖ ~**gehend** (Schraube) / con juego longitudinal o axial ‖ ~**gewicht** n / peso m sin carga,

tara f ‖ ⁓gewicht, Konstruktionsgewicht n / peso m estructural ‖ ⁓gicht f (Hütt) / carga f sin coque o sin mineral ‖ ⁓gut n (Verp) / envases m pl y embalajes vacíos ‖ ⁓gut (Verp) / embalaje m o envase retornable o de vuelta ‖ ⁓hub m der Hobelmaschine (Wzm) / carrera f en retorno de la acepilladora ‖ ⁓induktion f (Elektr) / permeabilidad f del vacío ‖ ⁓kassette f (Audio) / cas[s]et[t]e f virgen ‖ ⁓kette f (DV) / cadena f vacía ‖ ⁓kilometer m / kilómetro m sin carga ‖ ⁓kupplung f (Bahn) / falso acoplamiento m
Leerlauf m (Masch) / marcha f sin carga o en vacío o en ralentí ‖ ⁓, toter Gang (Gewinde) / juego m longitudinal o axial ‖ ⁓... (Eltronik) / de o en circuito abierto ‖ ⁓ m eines Wehres (Hydr) / compuerta f de evacuación ‖ im ⁓ (o. leer) laufen lassen / hacer marchar en vacío ‖ im ⁓ fahren (Kfz) / marchar en ralentí o en vacío ‖ ⁓abschaltung f (Kfz) / cierre m de marcha en vacío ‖ ⁓anzeige f / lamparilla f indicadora de marcha en vacío ‖ ⁓arbeit, -energie f / trabajo m sin carga ‖ ⁓-Ausgangs-Admittanz f (Halbl) / admitancia f de salida en circuito abierto ‖ ⁓-Ausgangs-Impedanz f (Halbl) / impedancia f de salida en circuito abierto ‖ ⁓begrenzungsschraube f (Vergaser) / tornillo m de ajuste de marcha en vacío ‖ ⁓büchse f / casquillo m para marcha en vacío ‖ ⁓charakteristik f / característica f de marcha en vacío ‖ ⁓charakteristik (Generator) / característica f en circuito abierto ‖ ⁓diagramm n / diagrama m sin carga o en vacío ‖ ⁓drehsteller m (Mot) / estabilizador m del régimen de marcha en vacío ‖ ⁓drehzahl f / número m de revoluciones en régimen de marcha en vacío ‖ ⁓düse f (Kfz) / chiclé m del ralentí ‖ ⁓-Eingangs-Impedanz f (Halbl) / impedancia f de entrada en circuito abierto ‖ ⁓einstellung f (Mot) / ajuste m del aire de ralentí ‖ ⁓energie, -arbeit f / energía f desperdiciada ‖ ⁓gemisch-Regulierschraube f (Vergaser) / tornillo m de reglaje de la velocidad del ralentí ‖ ⁓gleichspannung, Schwebspannung f (Halbl) / tensión f flotante ‖ ⁓-Gleichspannung f (Elektr) / tensión f continua sin carga o en vacío ‖ ⁓güte f, -gütefaktor m (Eltronik) / factor m de mérito en vacío, Q m sin carga ‖ ⁓impedanz f / impedancia f de bloqueo, impedancia f de un transductor frenado ‖ ⁓[kühler] pumpe f (Reaktor) / bomba f de eliminar el calor residual ‖ ⁓-Kurzschlussverhältnis n (Elektr, Synchronmaschine) / razón f de cortocircuito ‖ ⁓luftdüse f (Vergaser) / chiclé m del aire de ralentí ‖ ⁓luftschraube f (Vergaser) / tornillo m de reglaje del aire de ralentí ‖ ⁓schaltung f (Elektr) / circuito m abierto ‖ ⁓spannung f / tensión m de (o en) circuito abierto, tensión f sin carga o en vacío ‖ ⁓-stabil (Halbl) / estable en circuito abierto ‖ ⁓steller m (Jetronic) (Mot) / elemento m auxiliar de ajuste de aire ‖ ⁓stellung f (Getriebe) / posición f neutra ‖ ⁓strom m / corriente f en vacío o sin carga ‖ ⁓ventil n (Luftf) / válvula f de ralentí ‖ ⁓ventil (Düsenantrieb) (Luftf) / válvula f de mínima presión ‖ ⁓verlust m (Elektr) / pérdida f en vacío o sin carga ‖ ⁓verstärkung f (Operationsverstärker) / ganancia f de tensión en bucle abierto, ganancia f en tensión sin reacción ‖ ⁓verstellung f (Mot) / ajuste m del ralentí ‖ ⁓versuch m / ensayo m sin carga o en vacío ‖ ⁓versuch als Generator (Elektr) / ensayo m en circuito abierto ‖ ⁓versuch als Motor (Elektr) / ensayo m sin carga ‖ ⁓vorgang m (DV) / ciclo m en vacío ‖ ⁓wert m / valor m en vacío ‖ ⁓wert, Ruhewert m (Eltronik) / valor m de reposo ‖ ⁓widerstand m / resistencia f sin carga o en vacío
Leer•lokomotive f, Lok-Zug m (Bahn) / locomotora f o máquina aislada ‖ ⁓machen n / vaciado m ‖ ⁓material n, -wagen m pl (Bahn) / material m vacío ‖ ⁓meldung f / aviso m de vacío ‖ ⁓-Null, Füll- o. führende Null f (DV) / cero m a la izquierda ‖ ⁓packung f, Atrappe f (Verp) / embalaje m o envase vacío ‖ ⁓raum, Schwund m (Lagertank) / pérdida f por fuga, merma f ‖ ⁓raum-Koeffizient m (Nukl) / coeficiente m cavitante o de cavitación o de burbujas o de huecos ‖ ⁓raum-Koeffizient der Reaktivität (Nukl) / coeficiente m de cavitación (o de burbujas) de reactividad ‖ ⁓recheneinrichtung f (Tex) / dispositivo m para pasada en vacío ‖ ⁓rolle, Losrolle, -scheibe f / polea f loca ‖ ⁓rückfahrt f (Autoschütter) / retorno m en vacío ‖ ⁓schritt m (Fernm) / blanco m de letras ‖ ⁓schuss m (Web) / trama f falsa, pasada f equivocada ‖ ⁓schuss (Web) / tramo m falso ‖ ⁓schusssperre f (bei leerem Magazin) / bloqueo m en caso de almacén vacío ‖ ⁓seite f (Druck) / página f en blanco ‖ ⁓spalte f (DV) / columna f en blanco ‖ ⁓spaltenprüfung f (DV) / verificación f de columnas en blanco ‖ ⁓spule f / bobina f vacía ‖ ⁓stelle f (Drucker) / blanco m, espacio m en blanco ‖ ⁓stelle, Lücke f (Halbl) / laguna f, vacante f, hueco m ‖ ⁓stelle f (Krist) / laguna f, vacante f, hueco m, agujero m ‖ ⁓stellenwanderung f, Fehlstellenwanderung f (Halbl) / migración f de lagunas ‖ ⁓stellenzeichen n (DV) / espacio m ‖ ⁓stelle-Zwischengitteratom-Paar n (Halbl) / par m laguna-intersticional ‖ ⁓taste f, Zwischenraumtaste f (DV, Schreibm) / tecla f de espacio, barra f espaciadora, espaciador m ‖ ⁓taste (Repro) / tecla f de espacio en blanco ‖ ⁓trum[m] m, ungespanntes Trumm / ramal m arrastrado ‖ ⁓trumrollen f pl (Förderband) / poleas f pl muertas o inferiores ‖ ⁓übertragung f (DV) / transferencia f en blanco
Leerung f des Briefkastens / recogida f de la correspondencia
Leer•versuch m / ensayo m en blanco ‖ ⁓versuch (Reaktor) / ensayo m en vacío ‖ ⁓wagen m pl, -material n (Bahn) / material m vacío ‖ ⁓wagensammelgleis n / vía f de concentración de vacíos ‖ ⁓weg m (Kfz) / recorrido m en vacío ‖ ⁓wertermittlung f (Labor) / ensayo m en blanco ‖ ⁓wertlösung f / solución f del (o para el) ensayo en blanco ‖ ⁓zeichen n (DV) / carácter m de omisión ‖ ⁓zeichen (Drucker) / carácter m blanco ‖ ⁓zeicheneintragung f (DV) / inserción f del carácter nulo ‖ ⁓zeile f (Fernschreiber) / avance m o cambio de línea o de renglón ‖ ⁓zeit f, Leerlaufzeit f / tiempo m de reposo ‖ ⁓zeit, Verlustzeit f / tiempo m perdido ‖ ⁓zeit (Fernm) / tiempo m vacío ‖ ⁓zeit (F.Org) / tiempo m improductivo ‖ ⁓zug m (Bahn) / tren m de material vacío (coches y vagones)
Lee[seite], Unterwindseite f (Schiff) / costado m de sotavento
Lefa (= Lederfaserstoff) / tejido m de fibra de cuero
legal, gesetzmäßig / legal, prescrito por la ley ‖ ⁓er **Titer**, Td (= titre denier) (Tex) / título m legal
Lege•barre f (Web) / barra f plegadora ‖ ⁓baumträger m (Web) / soporte m de barra plegadora ‖ ⁓liste f für Kabelbäume / lista f de ensemblaje del haz de cables ‖ ⁓maschine f (Web) / máquina f plegadora
legen vt, platzieren / poner, colocar, emplazar, meter ‖ ⁓, hinstrecken / extender, tender ‖ ⁓ (Tuch) / plegar, doblar ‖ ⁓ (Kabel, Fundament) / asentar ‖ ⁓ (Gas, Licht, Wasser) / instalar ‖ ⁓ [an] (Elektr) / conectar [a, con] ‖ **an Masse** ⁓ / conectar a masa ‖ **den Grundstein** ⁓ / colocar o poner la primera piedra ‖ **einen Teppich** ⁓ / poner o extender una alfombra ‖ **sich** ⁓ (Wind) / calmarse ‖ ⁓ n / colocación f
Legende f (Druck) / leyenda f
Legendresches Polynom (Math) / polinomio m de Legendre
Lege•schiene f der Raschelmaschine (Web) / barra f de pasadores de la máquina Raschel ‖ ⁓schiene **1,[2]** f (Wirkw) / barra f de pasadores prima, [segunda] ‖ ⁓tisch m (Web) / mesa f de plegado ‖ ⁓vorrichtung f (Karde, Tex) / dispositivo m plegador o de plegado
Legföhre f, Knieholz n, Pinus pumilio (Bot) / pino m de montaña

795

legierbar / aleable
legieren *vt* / alear ‖ **Metalle** ~ / ligar metales
legiert / aleado ‖ ~ (Schmierstoff) / con aditivo ‖ **~es Band** (Hütt) / fleje *m* de acero aleado ‖ **~er Baustahl** / acero *m* de construcción aleado ‖ **~es Gusseisen** / fundición *f* aleada ‖ **~er Stahl** / acero *m* aleado ‖ **~er Übergang** (Halbl) / unión *f* aleada o [formada] de (o por) aleación
Legierung *f* / aleación *f*, liga *f* ‖ ~, Legieren *n* / operación *f* de alear, ligación *f* ‖ ~ **auf ...Basis** / aleación a base de ... ‖ ~ *f* **aus zwei Bestandteilen** / aleación *f* binaria ‖ ~ **hoher Festigkeit** / aleación *f* de alta resistencia ‖ **hochwertige** ~ (z.B. Me 67/33) / aleación *f* de alta calidad ‖ **mittelwertige** ~ (z.B. Me 63/37) / aleación *f* de mediana calidad
Legierungs•abscheidung *f* (Galv) / depósito *m* de aleación ‖ **~bestandteil** *m* / constituyente *m* de aleación, aleante *m* ‖ **~bunker** *m* (Hütt) / depósito *m* de aleantes ‖ **~element** *n* (Stahl) / elemento *m* aleador ‖ **~erz** *n* (Hütt) / mineral *m* de aleación ‖ **~hartguss** *m* / fundición *f* aleada dura ‖ **~pulver** *n* / polvo *m* aleado ‖ **~pyrometer** *n* / pirómetro *m* de copela ‖ **~schicht** *f* / capa *f* de aleación ‖ **~schicht** (Eltronik) / unión *f* aleada o de (o por) aleación ‖ **~stahl** *m*, legierter Stahl / acero *m* aleado ‖ **~system** *n* / sistema *m* de aleación ‖ **~transistor** *m* / transistor *m* aleado o de aleación, transistor *m* por fusión ‖ **Herstellung von galvanischen ~überzügen** / formación *f* de depósitos de aleación ‖ **~zusatz** *m*, -zugabe *f* / añadidura *f* aleadora ‖ **~zwischenschicht** *f* (Blech) / capa *f* de aleación
Legumen *n*, Hülsenfrucht *f* (Landw) / legumbre *m*
Legumin *n*, pflanzliches Kasein / legumina *f* ‖ **~ose** *f*, Hülsenfrucht *f* / leguminosa *f*
Lehm, Ziegelton *m* (Geol, Keram) / barro *m*, arcilla *f* roja ‖ ~ *m* (Gieß) / arcilla *f* ‖ ~, Auelehm *m* / légamo *m* ‖ ~ **stampfen o. kneten** / pisonar o amasar el barro o la arcilla ‖ **harter** ~ (o. Letten) (Bergb) / barro *m* duro ‖ **mit** ~ **ausgekleidet** (Hütt) / revestido de arcilla
Lehm•bau *m* (Bau) / construcción *f* en barro ‖ **~boden** *m* (Landw) / terreno *m* barroso, tierra *f* arcillosa ‖ **~braun** (RAL 8003) / pardo arcilla ‖ **~einschluss** *m*, -salband *n* (Bergb) / salbanda *f* de barro ‖ **~estrich** (Bau) / piso *m* de légamo ‖ **~form** *f* (Gieß) / molde *m* de arcilla o de barro ‖ **~formen** *n*, -formerei *f* / moldeo *m* al barro ‖ **~formen schwärzen** (o. schlichten) (Gieß) / aplicar plombagina ‖ **~formguss** *m* / colado *m* en molde de arcilla ‖ **~grube** *f* / barrera *f*, pozo *m* de barro ‖ **~gusswalze** *f* (Walzw) / cilindro *m* de laminación en arena
lehmig, lettig (Geol) / arcilloso, barroso ‖ ~, lehmhaltig / barroso
Lehm•kern *m* (Staumauer) / núcleo *m* de barro ‖ **~kneten** *n* / amasadura *f* de barro, amasamiento *m* de barro ‖ **~kneter** *m* / amasadora *f* de barro ‖ **~mörtel** *m* / mortero *m* de barro ‖ **~pfropf**, Stichpfropf *m* (Hütt) / tapón *m* de barro ‖ **~salband** *n*, -einschluss *m* (Bergb) / salbanda *f* de barro ‖ **~stampfen**, -kneten *n* (Ziegelei) / apisonado *m* y amasamiento de arcilla, apisonado *m* de barro ‖ **~- und sandhaltig** / arcilloso-arenoso ‖ **~wand** *f* (Bau) / tapia *f*, tapia[l] *m* ‖ **~ziegel** *m*, Luftziegel *m* / adobe *m*
Lehne *f*, Rückenlehne *f* / respaldo *m*
lehnen *vt*, stützen [auf] / apoyar [en] ‖ **~versteller** *m* (Kfz) / ajustador *m* de respaldo
Lehr•..., Übungs... / instructivo, didáctico ‖ **~beruf** *m* / profesión *f* docente ‖ **~beruf**, "gelernter Beruf" (F.Org) / profesión *f* que requiere (o exige) aprendizaje ‖ **~bogen** *m*, -gerüst *n* (Bau) / baivel *m* ‖ **~brett** *n*, Bogenschablone *f* (Bau) / cimbra *f* ‖ **~buch** *n*, Handbuch *n*, Leitfaden *m* / tratado *m*, manual *m* ‖ **~dorn** *m* / calibre *m* macho
Lehre *f* (Masch) / calibre *m*, calibrador *m* ‖ ~, Schablone *f* / plantilla *f* ‖ ~ *f*, Bohrvorrichtung *f*, -lehre *f* / portapiezas *m*, plantilla *f* posicionadora ‖ ~, Schablone *f* (Gieß) / patrón *m* ‖ ~, Wissenschaft *f* / ciencia *f* ‖ ~, Ausbildungszeit *f* / aprendizaje *m* ‖ ~ *f* **der Maße u. Gewichte**, Metrologie *f* / metrología *f*
Lehren•bohrwerk *n*, -bohrmaschine *f* (Wzm) / taladradora *f* a calibre, perforadora *f* de plantillas ‖ **~formerei** *f* (Gieß) / moldeado *m* con plantilla ‖ **~haltig** / a calibre ‖ **~haltiges Gewinde** / rosca *f* calibrada ‖ **~haltige Kette** / cadena *f* calibrada ‖ **~maß** *n* / dimensión *f* de calibre
Lehr•fach *n* / disciplina *f*, materia *f* ‖ **~film** *m* / película *f* de enseñanza, película *f* didáctica ‖ **~gang**, Kursus *m* / cursillo *m*, curso *m* ‖ **~gangsteilnehmer/in** / cursi[lli]sta *f* ‖ **~gerüst** *n* (Bau) / cimbra *f*, cerchón *m* (LA) ‖ **~gesparre** *n* / maderaje *m* guía
Lehrling, (jetzt:) Auszubildender *m*, Azubi *m* / aprendiz *m*, aprendiza *f*
Lehrlings•ausbildungswesen *n* / formación *f* de aprendices ‖ **~werkstatt** *f* / taller *m* de aprendizaje, taller-escuela *m*
Lehr•maschine *f* **für programmierten Unterricht** (DV) / máquina *f* de enseñanza ‖ **~material** *n*, -geräte *n pl* / material *m* didáctico ‖ **~mittel** *n* / medio *m* de enseñanza ‖ **~modell** *n* / modelo *m* didáctico ‖ **~plan** *m* / plan *m* de enseñanza o de estudios ‖ **~ring** *m* / anillo *m* calibrador o de calibre, calibre *m* anular ‖ **~satz** *m*, Theorem *n* (Math) / proposición *f*, teorema *m* ‖ **~tafel** *f* / cuadro *m* didáctico
Lehrung *f* (Masch) / calibraje *m*
Lehr•werkstatt *f* / taller-escuela *m*, taller *m* de aprendizaje ‖ **~werkstätte** *f*, Werk(statt)schule *f* / escuela *f* taller (E) ‖ **~zahnrad** *n* / rueda *f* dentada calibre
Leibung, Laibung *f* (innere o. hohle Gewölbe- o. Bogenfläche) (Bau) / intradós *m* ‖ ~ *f* **eines Loches** / pared *f* del agujero
Leiche *f* (Druck) / bordón *m*, salto *m*, omisión *f*, olvidado *m*, mandiego *m* (coll), mochuelo *m* (coll)
leicht (Gewicht) / ligero (E), liviano (LA) ‖ ~, nicht schwierig / fácil, sencillo, poco complicado ‖ ~, bequem / cómodo ‖ ~, gering[fügig] / insignificante, de poca importancia ‖ ~ (Steigung) / poco inclinado ‖ ~ (Boden) / ligero ‖ ~, locker (Landw) / mullido, delgado ‖ ~ *adv*, schwach / ligeramente ‖ ~, mühelos / fácilmente ‖ ~ **anvulkanisierend** (Fehler) / con tendencia a quemar ‖ **~e Ausführung** / modelo *m* ligero, ejecución *f* ligera ‖ ~ **bearbeitbar** (Masch) / dócil ‖ ~ **beweglich sein** / estar de fácil movimiento ‖ **~e Brise** (Windstärke 2) (Schiff) / brisa *f* ligera (fuerza 2 de viento) ‖ **~e Destillation** (Öl) / destilación *f* primaria [profunda], destilación *f* inicial ‖ ~ **drehbar** / libremente giratorio ‖ ~ **entzündbarer Brennstoff** / combustible *m* fácilmente inflamable ‖ ~ **entzündlich o. brennbar** / fácilmente inflamable ‖ ~ **erreichbar** / de acceso fácil ‖ ~ **flüchtig** / volátil ‖ ~ **flüchtiger** (o. leicht siedender) **Kraftstoff** / gasolina *f* de bajo punto de ebullición ‖ ~ **flüchtiges Öl** / aceite *m* volátil ‖ ~ **flüssiges Spindelöl** (Spinn) / aceite *m* para husos muy fluido ‖ **~er Formstahl** (Walzw) / perfiles *m pl* ligeros ‖ **~er Gang** (o. Lauf) / marcha *f* suave ‖ ~ **gezwirnt** / de torsión floja ‖ **~e Handhabung** / fácil *m* manejo ‖ **~es Heizöl** / aceite *m* o combustóleo ligero, fuel(-oil) *m* ligero ‖ **~e Kehlnaht** (Schw) / soldadura *f* cóncava de rincón ‖ ~ **kenntlich** / fácil de reconocer ‖ **~e Kette** (Biochem) / cadena *f* ligera ‖ ~ **Krümmung**, Durchbiegung *f* / curvado *m* pequeño ‖ ~ **laufen** / marchar o correr fácilmente o flúidamente ‖ ~ **lenkbar** (Kfz) / suave (dirección) ‖ ~ **lesbar** / fácilmente legible ‖ ~ **löslich** / fácilmente soluble, de fácil disolución ‖ **~er machen** (Bau) / descargar, hacer más ligero ‖ **~er Nebel** (Sichtweite = 1 km, Teilchengröße = 2 μm) (Meteo) / calina *f* ‖ **~e Pupinisierung** (Fernm) / pupinización *f* ligera ‖ **~es Sandstrahlen** / soplado *m* ligero con chorro de arena

‖ ~ **schmelzbar** / fácilmente fusible ‖ ~ **siedend** / de bajo punto de ebullición ‖ ~ **spaltbar** / fácilmente hendible ‖ ~ **trenn- od. zerschneidbar** / cortadero *m* ‖ ~ **umzusetzen sein** (Projekt) / ser de fácil realización ‖ ~ **verderblich** / perecedero *m* ‖ ~**e Ware** (Tex) / tejidos *m pl* ligeros ‖ ~**er werden** / perder peso ‖ ~ **zerreibbar** / pulverizable, polverizable ‖ ~ **zersetzlich** / fácilmente desgregable ‖ ~ **zu bearbeiten** (Masch) / dócil, de fácil mecanización ‖ ~ **zu handhaben o. zu bedienen** / de fácil manejo ‖ ~**er Zug** (Windstärke 1) (Meteo) / brisilla *f* (viento fuerza 1) ‖ ~**e Zugänglichkeit** / fácil *m* acceso ‖ **sehr** ~ **löslich** / muy fácilmente soluble ‖ **zu** ~ (Web) / demasiado ligero ‖ ~**...**, leichtgebaut / de construcción ligera
Leichtbau *m* (Stahlbau) / construcción *f* ligera ‖ ~ (Straßb) / firme *m* ligero ‖ ~**fertigplatte** *f* (Beton) / placa *f* de construcción prefabricada ligera ‖ ~**platte** *f* / placa *f* de construcción aligerada o ligera ‖ ~**platte** (Plast) / placa *f* de fibras ‖ ~**platte**, Verbundplatte *f* / panel *m* sandwich ‖ ~**stoff** *m* / material *m* ligero ‖ ~**wand** *f* (Innenausbau) / tabique *m* ligero ‖ ~**weise** *f* / construcción *f* económica o de poco peso ‖ **in** ~**weise** (Gasturbine) / tipo avión
Leicht•benzin *n* / gasolina *f* (E) o nafta (LA) ligera ‖ ~**benzin** (DIN 51630), Waschbenzin *n* (Chem) / éter *m* de petróleo ‖ ~**beton** *m* (Bau) / hormigón *m* ligero ‖ ~**beton** (mit leichten Zuschlagstoffen) / hormigón *m* con áridos (o aditivos) ligeros ‖ ~**betonvollstein** *m* / ladrillo *m* pleno (E) o entero (LA) de hormigón ligero
Leichter, Prahm *m*, Schute *f* (Schiff) / lanchón *m* alijador, alijador *m*, gabarra *f*, chalana *f*
leichtern *vt*, ableichtern / alij[er]ar
Leichter-Träger *m* (Schiff) / buque *m* porta-gabarras
Leicht•fahrbahn *f*, orthotrope Fahrbahn (Brücke) / placa *f* ortotrópica ‖ ~**faserplatte** *f* (Bau) / placa *f* de fibras ligera ‖ ~**fass** *n* / barril *m* ligero ‖ ~**flugzeug** *n* / avión *m* ligero ‖ ~**flüssig** / muy líquido o fluido ‖ ~**flüssig** (Chem) / fácilmente licuable ‖ ~**flüssig**, -schmelzbar / muy fusible ‖ ~**flüssiges Öl**, dünnflüssiges Öl / aceite *m* muy fluido ‖ ~**gängig** / de marcha suave, suave ‖ ~**gängigkeit** *f* / suavidad *f* ‖ ~**gebaut**, Leicht... / de poco peso, ligero, liviano (LA) ‖ ~**gedrehtes Fachen** (Tex) / ensamblaje *m* de poca torsión ‖ ~**gewichts...** / ligero, de peso reducido
Leichtheit *f*, Leichtigkeit *f* / poco peso, levedad *f*, ligereza *f*, liviandad *f* (LA)
Leichtigkeit *f*, Unschwierigkeit *f* / facilidad *f*
Leicht•industrie *f* / industria *f* ligera ‖ ~**kolben** *m* (ausgesparter Leichtmetallkolben) (Mot) / pistón *m* ligero ‖ ~**kraftrad** *n* / moto[cicleta] *f* ligera, motociclo *m*, motoneta *f* ‖ ~**ladelinie** *f* (Schiff) / línea *f* de flotación en carga ligera o en lastre ‖ ~**lauföl** *n* (Getriebe) / aceite *m* de baja viscosidad ‖ ~**laufreifen** *m* (Kfz) / neumático *m* de rodadura fácil ‖ ~**-LKW-Reifen**, Transportreifen *m* / neumático *m* para camioneta ‖ ~**löslich** / fácilmente soluble, de fácil disolución
Leichtmetall *n* / metal *m* ligero o liviano (LA) ‖ ~**bau** *m* / carpintería *f* metálica ‖ ~**blech** *n* / chapa *f* de metal ligero ‖ ~**erzeugnisse** *n pl* / productos *m pl* de metal ligero ‖ ~**feile** *f* / lima *f* para metales ligeros ‖ ~**felge** *f*, Alu-Felge *f* (Kfz) / llanta *f* de aleación, llanta *f* de metal ligero ‖ ~**-Gussrad** *n* (Kfz) / rueda *f* de aleación ligera (o liviana (LA)) fundida ‖ ~**kolben** *m* / émbolo *m* de metal ligero o liviano (LA) ‖ ~**-Legierung** *f* / aleación *f* de metal ligero o liviano (LA) ‖ ~**schmelzofen** *m* / horno *m* para la fusión de metal ligero o liviano (LA) ‖ ~**-Speichenrad** *n* (Kfz) / rueda *m* de rayas de metal ligero
Leicht•öl *n* (Rohöl) / crudo *m* reducido ‖ ~**öl**, Leichtsiedendes *n* (Öl) / fracción *f* de baja ebullición ‖ ~**öl**, Vorprodukt *n* / cabeza *f* de destilación ‖ ~**papier** *n* / papel *m* ligero ‖ ~**papier**, Federleichtpapier *n* /

papel *m* pluma ‖ ~**profil** *n* (Walzw) / perfil *m* ligero ‖ ~**schaum** *m* (F'wehr) / espuma *f* ligera ‖ ~**schmelzend**, -flüssig / fácilmente *m* fusible ‖ ~**-Schwer-Waage** *f* / balanza *f* de más-menos ‖ ~**siedend** / de bajo punto de ebullición ‖ ~**siedendes** *n* (Öl) / fracción *f* de bajo punto de ebullición ‖ ~**stein**, Feuerleichtstein *m* / ladrillo *m* refractario ligero ‖ ~**stein** (Bau) / ladrillo *m* ligero ‖ ~**steinerzeugnis**, Feuerfest-Erzeugnis mit niedriger Rohdichte *n* / producto *m* refractario ligero ‖ ~**stoff** *m* / materia *f* ligera o liviana (LA) ‖ ~**versilberung** *f* / velo *m* de plata ‖ ~**wasser** *n* (Nukl) / agua *f* ligera u ordinaria ‖ ~**wassergekühlt** (Nukl) / enfriado por agua ligera u ordinaria ‖ ~**wasser-Leistungsreaktor** *m* / reactor *m* de potencia enfriado por agua ordinaria ‖ ~**wassermoderiert** (Nukl) / moderado por agua ordinaria ‖ ~**wasserreaktor** *m*, LWR / reactor *m* enfriado por agua ordinaria ‖ **gasgekühlter** ~**wasserreaktor** / reactor *m* moderado por agua ordinaria y enfriado por gas ‖ ~**ziegel**, -stein *m* (Bau) / ladrillo *m* ligero o liviano (LA) ‖ ~**zug** *m* (Bahn) / tren *m* de vagones en metal ligero (E), tren *m* de coches en metal liviano (LA) ‖ ~**zuschlagstoffe** *m pl* / áridos *m pl* ligeros
Leidener Flasche *f* / botella *f* de Leyden
leih•gebührenpflichtige Verpackung *f* / embalaje *m* de retorno ‖ ~**kauf** *m*, Leasing *n* / leasing *m* ‖ ~**maschinen** *f pl* (Bau) / máquinas *f pl* prestadas o alquiladas ‖ ~**wagen** *m* (Selbstfahr-Vermietfahrzeug) / coche *m* alquilado (E), carro *m* rentado (LA)
Leim *m*, Kleber *m* / cola *f* ‖ ~, Kitt *m* / aglutinante *m*, pegamento *m* ‖ ~ *m*, Tischlerleim *m* / cola *f* fuerte, cola *f* de carpintero ‖ ~, Kleister *m* / engrudo *m* ‖ **aus dem** ~ **gehen** / desencolarse, romperse ‖ ~**auftragen** *n* / encolado *m* ‖ ~**auftragmaschine** *f* / máquina *f* encoladora ‖ ~**austritt** *m*, Durchschlagen *n* des Leims (Sperrholz) / penetración *f* de cola ‖ ~**bau** *m*, [Holz-]Leimbau *m* / construcción *f* encolada o pegada con cola ‖ ~**druck** (Tapeten) / impresión *f* a la cola ‖ ~**drucktapete** *f* / papel *m* pintado impreso o para impresión [en color] a la cola
leimen *vt* / encolar, colar ‖ ~, anleimen, ankleben / fijar por encolamiento ‖ ~ (Pap) / encolar ‖ **Tapeten** ~ / encolar papeles pintados ‖ ~ *n* / encolamiento *m*, encoladura *f*
Leim•faden *m* (Holz) / hilo *m* de cola ‖ ~**fähigkeit** *f* / encolabilidad *f* ‖ ~**falle** *f* (Pflanzenschutz) / trampa *f* enviscada ‖ ~**farbe** *f* / color *m* al temple, pintura *f* al temple ‖ ~**festigkeit** *f* **von Papier** / resistencia *f* del encolaje o encolado ‖ ~**film** *m* / hoja *f* de cola ‖ ~**fläche** (Sperrholz) / superficie *f* encolada o de encolamiento ‖ ~**folie** *f* / cola *f* en forma de hoja ‖ ~**fuge** *f* / unión *f* colada, junta *f* colada
leimig / pegajoso, glutinoso
Leim•kitt *m* **zum Ausbessern** (Tischl) / masilla *f* de cola ‖ ~**leder** *n* / desperdicios *m pl* de cuero para cola ‖ ~**maschine** *f* (Bb) / encoladora *f* ‖ ~**maschine** (Web) / encoladora *f* ‖ ~**nebel** *m* / neblina *f* de cola ‖ ~**papier** *n* / papel *m* encolado ‖ ~**pistole** *f* (Holzbearb) / pistola *f* de cola ‖ ~**pressenstreichverfahren** *n* (Pap) / estucado *m* por prensa encoladora ‖ ~**pulver** *n* / cola *f* en forma de polvo ‖ ~**ring** *m* (Landw) / anillo *m* de cola ‖ ~**station** *f* (Spanplatten) / puesto *m* de encoladura ‖ ~**tiegel**, -topf *m* / cazo *m* o pote para cola (E), tacho *m* para cola (LA) ‖ ~**topf** *m* (im Einsatz) / bote *m* con cola ‖ ~**tränken** *n* (Färb) / impregnación *f* con cola
Leimung *f* (Pap, Tex) / encolado *m*, encolaje *m* ‖ ~ *s.* Leimen ‖ ~ **f in der Masse**, Stoffleimung *f* (Pap) / encolado *m* en la masa
Leim•verbindung *f*, -verband *m* / unión *f* colada ‖ ~**vergoldung** *f*, Wasservergoldung *f* / dorado *m* sobre fondo de cola ‖ ~**walze** *f* (Bb) / rodillo *m* engomador ‖ ~**werk** *n* (Bb) / mecanismo *m* de encolado ‖ ~**zwinge** *f* / prensatornillo *m*

Lein

Lein *m*, Leinpflanze *f* (Bot) / lino *m*, planta *f* linácea ‖ ≈**dotter** *m n* (Tex) / camelina *f* ‖ ≈**dotteröl** *n* / aceite *m* de camelina
Leine, Schnur *f* / cordel *m* ‖ ≈, starke Schnur / cuerda *f* ‖ ≈ *f* (Schiff) / cabo *m* ‖ ≈ **im Kabelschlag** / cuerda *f* en jarcia acalabrotada ‖ ≈**n los!** (Schiff) / ¡largar amarras!
leinen, von Leinwand, Leinen... (Tex) / de lino, de lienzo
Leinen, Leinzeug *n*, Linnen *n* / lienzo *m*, tela *f* de lino ‖ **grobes** ≈ / lienzo *m* grueso ‖ ≈**band** *m*, Leineneinband *m* (Druck) / libro *m* en tela, encuadernación *f* en tela ‖ ≈**band** *n* (Tex) / cinta *f* de lino ‖ ≈**batist** *m* / batista *f* de lino ‖ ≈**damast** *m* / adamascado *m* de lino ‖ ≈**einband** *m* (Bb) / encuadernación *f* en tela ‖ ≈**einlage** *f* / capa *f* [interior] de lienzo ‖ ≈**garn** *n* / hilo *m* de lino ‖ ≈**gewebe** *n* / tejido *m* de lino ‖ ≈**hadern** *pl* (Pap) / trapos *m pl* de lino ‖ ≈**industrie** *f* (Tex) / industria *f* linera ‖ ≈**kambrik** *m* / cambray *m* de lino ‖ ≈**karton** *m* / cartón *m* de lino ‖ ≈**nähzwirn** *m* / hilo *m* torcido de lino ‖ ≈**papier** *n* / papel *m* tela o de hilo ‖ **geprägtes** ≈**papier** / papel *m* grabado de tela ‖ ≈**postpapier** *n* / papel *m* tela (o de hilo) para escribir ‖ ≈**prägung** *f* (Pap) / gofrado *m* arpillera o tela ‖ ≈**rücken** *m* (Bb) / lomo *m* de tela ‖ ≈**scheibe** *f* (Galv) / rueda *f* de lienzo para pulimento ‖ ≈**stopper** *m* (Schiff) / estopor *m* de cabo ‖ ≈**tuch** *n* (Tex) / tela *f* de lino ‖ ≈**umschlag** *m*, -kuvert *n* / sobre *m* de papel tela ‖ ≈**werk** *n* (Schiff) / jarcia *f*, cordaje *m* ‖ ≈**wurfapparat** *m* (Schiff) / lanzacabos *m* ‖ ≈**zwirn** *m* (Tex) / torcido *m* de lino
L-Einfang *m* (Nukl) / captura *f* de electrón L
Leinkuchen, Ölkuchen *m* / pan *m* de lino, torta *f* de linaza
Leinöl *n* / aceite *f* de linaza ‖ ≈**-Fettsäure** *f* / ácido *m* graso de aceite de linaza ‖ ≈**firnis** *m* / barniz *m* al aceite de linaza ‖ ≈**firnis mit Terpentin** / barniz *m* al aceite de linaza con trementina ‖ ≈**kitt** *m* / masilla *f* de aceite de linaza ‖ ≈**lackleder** *n* / cuero *m* charolado con laca a base de aceite de linaza ‖ ≈**säure**, Linolsäure *f* (Chem) / ácido *m* linólico ‖ ≈**-Standöl** *n* / aceite *m* de linaza fijo
Lein•pfad, Treidelpfad *m* (Schiff) / camino *m* de sirga ‖ ≈**samen** *m*, -saat *f* / linaza *f*, semilla *f* de lino ‖ ≈**tuch [für Bettwäsche]**, Betttuchleinwand (Web) / lienzo *m* de sábana
Leinwand *f*, Flachsleinwand *f* (Tex) / lienzo *m*, tela *f* de lino ‖ ≈ (dünne) / clarín *m* ‖ ≈, Projektionsschirm *m* (Foto) / pantalla *f* de proyección ‖ **einfarbige** ≈ / tela *f* de lino unicolor ‖ **grobe** ≈ / lienzo *m* grueso ‖ **ungebleichte** ≈ / tela *f* simple lisa en ligamento tafetán sin blanquear, tejido *m* de lino sin blanquear ‖ ~**bindig** (Tex) / de tafetán ‖ ≈**bindung** *f* (früher: Kattun- o. Musselinbindung bei Baumwolle, Tuchbindung bei Wolle, Taftbindung bei Seide) (Tex) / ligamento *m* de tafetán o de lino ‖ ≈**papier** *n* / papel *m* tela o de hilo ‖ ≈**prober** *m* (Web) / cuentahilos *m* ‖ ≈**schicht** *f* **des Laufbandes** (Kfz, Reifen) / capa *f* de lienzo de la banda de rodamiento
Leinweberei *f* / tejeduría *f* de lienzos
Leiocom, Röstgummi *n* (Chem) / leiocomo *m*
leise, geräuschlos / sin ruido, silencio ‖ ≈ (Stimme) / bajo ‖ ~, schwach / ligero ‖ ~, sanft / suave ‖ ~**r stellen** (Radio) / bajar el volumen ‖ ~**r Zug**, Windstärke *f* 1 (Meteo) / brisilla *f*
Leiste *f*, Zier-, Deck-, Fugenleiste *f* (Tischl) / listón *m*, taco *m* de madera ‖ ≈, Spalier-Latte, Latte *f* / listón *m* de espaldera ‖ ≈, Verstärkungsrippe *f* / nervio *m*, nervadura *f* ‖ ≈ *f*, Führungsleiste *f* (Masch) / regleta *f* guía ‖ ≈, Passleiste *f* (Masch) / listón *m* de ajuste ‖ ≈ *f* (Web) / orillo *m*, orilla *f* ‖ ≈, Vignette *f* (Druck) / viñeta *f* ‖ ≈, Rahmenleiste *f* / moldura *f* ‖ ≈ **aus Holz** (Bau, Tischl) / listón *m* de madera ‖ ≈ **der Kette** (Web) / borde *m* de urdimbre ‖ ≈ **zum Verstärken o. Fixieren** / listón *m* de refuerzo ‖ **dünne** ≈ (Tischl) / varilla *f* ‖ **nachstellbare** ≈ (Masch) / regleta *f* de ajuste
leisten *vt*, verrichten / ejecutar, hacer ‖ ~, arbeiten / trabajar, funcionar ‖ ~, erfüllen / cumplir ‖ **eine Arbeit** ~ / rendir un trabajo
Leisten *m* (Schuh) / horma *f*
Leisten•ausroller, Kantenausroller *m* (Web) / desenrollador *m* de orillo ‖ ≈**dach** *n* (Bau) / tejado *m* de cartón de listones ‖ ≈**garn** *n* (Tex) / hilo *m* de orillos ‖ ≈**hobel** *m* (Tischl) / cepillo *m* para listones ‖ ≈**hobelmaschine** *f* (Holzbearb) / acepilladora *f* para listones ‖ ≈**rollenapparat** *m* (Web) / aparato *m* para desenrollar los hilos del orillo ‖ ≈**rundstrickmaschine** *f* / máquina *f* [tricotosa] circular de orillos ‖ ≈**schaft** *m* (Web) / licete *m*, lizo *m* de orillo ‖ ≈**tür**, Brettertür *f* [mit aufgenagelten Leisten] (Bau) / puerta *f* de tablas de madera con listones cubrejuntas ‖ ≈**- und Kantenverleimmaschine** *f* (Holz) / máquina *f* para encolar los listones para formar el alma de tableros ‖ ≈**verleimmaschine** *f* (Holz) / máquina *f* para encolar los listones
Leistung *f*, Arbeit in der Zeiteinheit (Mech, Phys) / potencia *f* ‖ ≈, Leistungsvermögen *n* / poder *m*, capacidad *f* ‖ ≈, Ertrag *m* / rendimiento *m* ‖ ≈, Energie *f* / energía *f* ‖ ≈ (Pumpe) / caudal *m*, potencia *f* ‖ ≈ (Kfz) / prestaciones *f pl* ‖ ≈ **am Radumfang** (Bahn) / potencia *f* en llanta ‖ ≈ **am Zughaken** (Bahn) / potencia *f* en el gancho ‖ ≈ **außerhalb der Spitzenbelastung** (o. in der Schwachlastzeit) (Elektr) / potencia *f* en período fuera de punta ‖ ≈ **bei intermittierendem Betrieb** / potencia *f* intermitente ‖ ≈ **eines Schneidstahls** (Wzm) / rendimiento *m* de un útil cortante ‖ ≈ **in Bodennähe** / potencia *f* al suelo ‖ ≈ **in der Spitzenzeit** / potencia *f* en período de punta ‖ ≈ **in der Zeiteinheit** / potencia *f* por unidad de tiempo ‖ ≈ **je Flächeneinheit** / rendimiento *f* por unidad de superficie ‖ ≈ **laut Leistungsschild** / capacidad *f* [útil] de servicio ‖ ≈ **pro Mann u. Schicht** (Hütt) / rendimiento *m* por hombre y turno ‖ **abgegebene** ≈ / potencia *f* dada o generada ‖ **auf** ≈ **laufen** / marchar a potencia plena ‖ **aufgenommene** ≈ / potencia *f* absorbida ‖ **der Antenne zugeführte** ≈ / potencia *f* absorbida por la antena ‖ **zu erbringende** ≈ / prestación *f*
Leistungs•abgabe *f* / potencia *f* suministrada ‖ ≈**abgabe**, -verlust *m* / potencia *f* absorbida ‖ ≈**abnahme** *f* / disminución *f* de potencia ‖ ≈**abstufung** *f* / escalonamiento *m* de potencia ‖ ≈**abweichung** *f* / diferencia *f* de rendimiento ‖ ≈**addierer** *m* / adicionador *m* de potencia ‖ ≈**angabe** *f* **auf dem Typenschild** / potencia *f* nominal o de servicio ‖ ≈**anpassungsteil** *n*, LAT (Fernm) / adaptador *m* de línea ‖ ≈**anreiz** *m* (F.Org) / incentivo *m* ‖ ≈**antrieb** *m* (Prozessrechn) / actuador *m* ‖ ~**arm** (Eltronik) / casi dewatado, de poca potencia ‖ ≈**aufnahme** *f*, -bedarf, -verbrauch *m* / consumo *m* de potencia ‖ ≈**aufnahme**, -bedarf *m* (Kompressor) / demanda *f* de energía en el árbol ‖ ≈**aufnahme in kVA** / consumo *m* de energía en kVA ‖ ≈**austauschfeld** *n* (Phys) / sección *f* de cambio de energía ‖ ≈**automat** *m* (Elektr) / interruptor *m* o cortacircuito automático ‖ ≈**bedarf** *m* (allg) / demanda *f* o exigencia de potencia o energía ‖ ≈**bedarf am Leitungsende** (Elektr) / carga *f* en el extremo de línea ‖ ≈**bedarf-Bilanz** *f* / balance *m* de las demandas de energía ‖ ≈**belastung** *f* (Luftf) / carga *f* por unidad de potencia, carga *f* por kW ‖ ≈**bereich** *m* / gama *f* de potencia ‖ ≈**bereich** (Arbeit) / límite *m* de trabajo ‖ **bester** ≈**bereich** / régimen *m* óptimo ‖ ≈**bereich** *m* (Reaktor) / régimen *m* con producción apreciable de potencia, margen *m f* de potencia ‖ ≈**bereitschaft** *f*, Motivation *f* (F.Org) / motivación *f* ‖ ≈**beschrieb** *m* / pliego *m* de condiciones ‖

798

⁓**bewertung** f / calificación f de los méritos ‖
~**bezogen** / referido a la energía necesaria ‖
~**bezogene Masse** / razón f potencia/masa ‖ ⁓**bremse** f / freno m dinamométrico ‖ ⁓**brüter**, -brutreaktor m (Nukl) / reactor m productor, productor m de potencia ‖ ⁓**charakteristik**, -kurve f, -diagramm n / curva f de potencia ‖ ⁓**daten** pl (Masch) / datos m pl de rendimiento ‖ ⁓**demodulator** m (Eltronik) / de[s]modulador m de potencia ‖ ⁓**diagramm** n / diagrama m de potencia ‖ ⁓**dichte** f **in W/m²** (Antenne, Nukl) / densidad f de potencia ‖
⁓**dichte-Überwachung** f (Nukl) / control m de la densidad de potencia ‖ ⁓**diode** f / diodo m de potencia ‖ ⁓**durchgang** m (Akku) / régimen m de carga o de descarga ‖ ⁓**einbruch** m (Reactor) / salto m de potencia, cambio brusco de potencia ‖ ⁓**einheit** f (Watt) / unidad f de potencia (vatio o watt) ‖
⁓**einstufung** f (F.Org) / clasificación f de (o por) méritos ‖ ⁓**elektrik** f / electrónica f de potencia ‖ ~**elektronisches Schalten** / interrupción f electrónica de alimentación ‖ ⁓**element** n (Eltronik) / compuerta f de potencia ‖ ⁓**entnahme** f (Elektr) / toma f de energía ‖ ⁓**exkursion** f (Nukl) / salto m (o cambio brusco) de potencia, variación f brusca del nivel energético ‖ **prompt-kritische** ⁓**exkursion** (Kettenreaktion außer Kontrolle) / excursión f de potencia ‖ ~**fähig** / potente, eficaz, eficiente ‖ ~**fähig**, stark (Masch) / de gran rendimiento ‖ ~**fähig**, produktiv / productivo ‖
⁓**fähigkeit** f, -vermögen n / capacidad f, poder m ‖
⁓**fähigkeit**, -vermögen n, Produktivität f / productividad f ‖ **betriebliche** ⁓**fähigkeit** / eficacia f de explotación, capacidad f de servicio ‖ **menschliche** ⁓**fähigkeit** / capacidad f humana ‖ ⁓**fähigkeit**, Wirksamkeit f / eficacia f ‖ ⁓**fähigkeit** f, -vermögen n (Fertigung) / capacidad f productiva, potencia f productora ‖ ⁓**fähigkeit einer Strecke** f (Bahn) / capacidad f de una línea ‖ ⁓**fähigkeit eines Kabels** / capacidad f de conducción
Leistungsfaktor m, cos φ o. Kosinus φ (Elektr) / factor m de potencia, cos φ ‖ ⁓ f (F.Org) / factor m de productividad ‖ ⁓**en** m pl, Hilfsquellen f pl (DV) / recursos m pl ‖ ⁓ m **Eins** (Elektr) / factor m de potencia unitario o unidad (= igual a 1,00) ‖
⁓**anzeiger**, -faktormesser m / indicador m de factor de potencia, fasímetro m ‖ ⁓**ausgleich** m, -kompensation f / corrección f del factor de potencia ‖
⁓**-Eins-Versuch** m / ensayo m de factor de potencia unitario ‖ ⁓**kehrwert** m / factor m de potencia inverso ‖ ⁓**messer** m / medidor m de factor de potencia, fasímetro m ‖ ⁓**schreiber** m / fasímetro m registrador ‖ ⁓**verbesserung** f / mejoramiento m del factor de potencia
Leistungs•fernmessgerät n / televatímetro m ‖ ⁓**fluss** m / flujo m de potencia ‖ ⁓**fluss**, Energiekreis m / circuito m de energía ‖ ⁓**flussdichte** f / densidad f del flujo de potencia ‖ ⁓**gebühr** f (Elektr) / tarifa f de consumo de corriente ‖ ⁓**gerecht** / correspondiente m al consumo ‖ ⁓**gesellschaft** / sociedad f competitiva o de competencia ‖ ⁓**gewicht** n / potencia f másica, relación f de potencia/peso ‖ ⁓**gewicht** (in N/kW) (Elektr) / coeficiente m ponderal ‖ ⁓**gewicht** (z.B. eines Kessels) (Masch) / peso m unitario o por unidad ‖ ⁓**gewinn** m (in dB) (Eltronik) / ganancia f de potencia ‖ ⁓**gewinn**, Antennengewinn m / ganancia f de antena ‖ ⁓**gitterröhre** f / tubo m de potencia de rejillas ‖ ⁓**gleichrichter**, Stromrichter m (Elektr) / rectificador m [para aplicaciones] de potencia (o de corrientes fuertes) ‖ ⁓**grad** m (F.Org) / grado m de productividad, eficiencia f ‖ ⁓**grad des Kraftwerks** (Elektr) / coeficiente m de utilización ‖ ⁓**grad einer Energieumsetzung** (Phys) / rendimiento m de una conversión de energía ‖ ⁓**gradschätzen** n (F.Org) / apreciación f de la eficiencia ‖ ⁓**gradüberschreitung** f / exceso m del nivel apreciado ‖ ⁓**grenzwerte** m pl /

límites m pl de potencia ‖ ⁓**halbleiter** m / semiconductor m de potencia ‖ ⁓**hebel** m (Luftf) / palanca f de potencia ‖ ⁓**herabsetzung** f (zur Schonung), Drosseln n (Mot) / disminución f de la potencia ‖ ⁓**impuls** m / impulso m de potencia, impulso m de gran intensidad ‖ ⁓**kabel** n / cable m para [transporte de] energía eléctrica ‖ ⁓**kennwerte** m pl / características f pl funcionales ‖ ⁓**kennzeichen** n pl, -daten pl / características f pl de una instalación ‖
⁓**klystron** n / klistrón m de alta potencia ‖
⁓**koeffizient** m **der Reaktivität** (Nukl) / coeficiente m de potencia de reactividad ‖ ⁓**kondensator** m (Elektr) / condensador m o capacitor m de potencia ‖
⁓**konstante** f, spezifische Leistung (z.B. kW/N) / potencia f másica ‖ ⁓**kontrollabteilung** f / departamento m de control de eficacia ‖ ⁓**kontrolle** f / control m de eficacia ‖ ⁓**kontroll-Sachverständiger** m / perito m de eficacia ‖ ⁓**kurve** f / curva f de potencia ‖ ⁓**kurve**, Produktionskurve f / curva f de producción ‖ ⁓**lohn** m / remuneración f por rendimiento ‖ ⁓**lohn**, Akkordlohn m / pago m a destajo (E) o a estajo (LA) ‖ ⁓**lohn**, Prämienlohn m / pago m incentivo, prima f de rendimiento ‖ ⁓**lose Speicherung** (durch Stromausfall unbeeinflusst) (DV) / almacenamiento m no volátil ‖ ⁓**mangel** m (Masch) / insuficiencia f energética ‖ ⁓**merkmal** n / característica f de potencia ‖ ⁓**messer** m, Wattmeter n (Elektr) / vatímetro m, vatímetro m, wat[t]imetro m, wattmetro m ‖ ⁓**messkopf** m / cabeza f medidora de potencia ‖ ⁓**messsender** m / generador m de señales de medición de gran potencia ‖ ⁓**messung** f / medición f de potencia ‖ ⁓**minderung** f / disminución f de potencia ‖ ⁓**nachweis** m / comprobante m de rendimiento ‖ **[relativer]** ⁓**pegel** (Fernm) / nivel m de potencia transmitida ‖ ⁓**pegelschaubild** n (Fernm) / diagrama m de nivel de potencia ‖
⁓**-Polradwinkel-Quotient** (Elektr) / coeficiente m de sincronización ‖ ⁓**prämie** f / pago incentivo m, incentivo m, prima f de rendimiento ‖ ⁓**prüfung** f (DV) / análisis m de rendimiento ‖ ⁓**reaktor** m (Nukl) / reactor m de potencia ‖ **transportabler** ⁓**reaktor** / reactor m de potencia compacto y móvil, reactor m de potencia transportable ‖ ⁓**regelstab** m (Reaktor) / barra f de control de potencia ‖ ⁓**regler** m / regulador m de potencia [suministrada] ‖ ⁓**regulierventil** n / válvula f de reducción de potencia ‖ ⁓**relais** n / relé m de potencia ‖ ⁓ f / reserva f de potencia ‖
⁓**-Richtungsrelais** n (Elektr) / relé m direccional de potencia, relé m para sentido de fuerza ‖ ⁓**röhre** f / válvula f de potencia ‖ ⁓**röhre**, -stufe f (Eltronik) / tubo m [de etapa] de salida ‖ ⁓**rückgang** m / decrecimiento m de potencia ‖ ⁓**schalten** n / conexión f y desconexión de un circuito de potencia ‖
⁓**schalter** m (Elektr) / desconectador m para corte en carga, disyuntor m ‖ ⁓**schild** n (Elektr) / placa f indicadora de potencia ‖ ⁓**schreiber** m / registrador m de potencia ‖ ⁓**schutz** m / dispositivo m protector de potencia ‖ ⁓**schutzschalter** m / interruptor m automático ‖ ⁓**spektrum** n (Elektr) / espectro m energético o de energía ‖ ⁓**spitze** f / cresta f de potencia, pico m de potencia ‖ ⁓**spitzen-Begrenzung** f / limitación f del pico (o máximo) de potencia ‖
⁓**-Stabwandler** m / transformador m de intensidad de barra ‖ ~**stark** / de alta potencia, de potencia elevada ‖ ⁓**steigerung** f / aumento m de potencia ‖
⁓**steigerung**, Steigerung f des Ausbringens / aumento m del rendimiento ‖ ⁓**steigerung**, Belastungssteigerung f / aumento m de carga ‖
⁓**stellglied** n / órgano m de ajuste de potencia ‖
⁓**steuerung** f / mando m de potencia ‖ ⁓**stromrichter** m / convertidor m electrónico de potencia ‖ ⁓**stufe** f / etapa f de potencia ‖ ⁓**stufe**, -röhre f (Eltronik) / tubo m de salida ‖ ⁓**summenkurve** f / curva f de potencia acumulativa ‖ ⁓**tarif** m (Elektr) / tarifa f de energía

Leistungstonnenkilometer

demandada ‖ ~**tonnenkilometer** *m* (einschl Lok) (Bahn) / tonelada-kilómetro *f* bruta remolcada ‖ ~**transformator** *m* (Eltronik) / transformador *m* de potencia ‖ ~**transistor** *m* / transistor *m* de potencia ‖ ~**trenner** *m*, -trennschalter *m* / seccionador *m* de potencia ‖ ~**übertragung** *f* / transferencia *f* de fuerza ‖ ~**vektor** *m* / potencia *f* vectorial ‖ ~**verbrauch** *m* / consumo *m* de energía ‖ ~**verbraucher**, Verbraucher *m* (Eltronik) / dispositivo *m* consumidor de energía, absorbedor *m* o sumidero de energía ‖ ~**verhältnis** *n* (DV) / razón *f* de eficacia ‖ ~**verhältnis** Träger/thermisches Rauschen / razón *f* relación portadora/ruido térmico ‖ ~**verlust** *m* / pérdida *f* de potencia ‖ ~**verlust** (in dB) (Eltronik) / razón *f* de potencia ‖ ~**verlust**, -verschwendung *f* / disipación *f* de potencia o de energía ‖ ~**verlust durch Dämpfung** / atenuación *f* o pérdida de potencia ‖ ~**verminderung** *f* / disminución *f* o reducción de potencia ‖ ~**vermögen** *n* s. Leistungsfähigkeit ‖ ~**vernichter** *m* / disipador *m* de potencia ‖ ~**verstärker** *m* (Eltronik) / amplificador *m* de potencia ‖ ~**verstärker**, Ausgangsverstärker *m* (Eltronik) / amplificador *m* de salida ‖ ~**verstärker** *m* **des Steuersenders** / oscilador *m* maestro con amplificador de potencia ‖ ~**verstärkung** *f* (Eltronik) / amplificación *f* de potencia ‖ ~**verzehrendes Gerät** (Kfz) / aparato *m* consumidor de potencia o de energía ‖ ~**verzeichnis** *n* **beim Angebot** / resumen *m* de prestaciones, presupuesto *m* [aproximado] ‖ ~**verzweigung**, Drehmomentverzweigung *f* / división *f* de par ‖ ~**vorschriften** *f pl*, -beschrieb *m* (Bau) / pliego *m* de condiciones ‖ ~**waage** *f* (Phys) / dinamómetro *m*, balanza *f* potencial electrodinámica ‖ ~**wandler** *m* / convertidor *m* de alimentación de potencia, transformador *m* de intensidad de energía ‖ ~**wirkungsgrad** *m* / rendimiento *m* ‖ ~**zahl**, Performance-Number *f* (Benzin) / índice *m* de eficacia ‖ ~**zähler**, Gesprächszähler *m* (Fernm) / contador *m* de llamadas ‖ ~**zähler** *m*, Wattstundenzähler *m* (Elektr) / vatihorímetro *m*, watthorímetro *m*, vatihorámetro *m*, contador *m* de vatihoras o vatio-horas o watt-horas ‖ ~**zahl-Messgerät** *n* (Flugbenzin) / medidor *m* de cifra de mérito ‖ ~**zulage** *f* (F.Org) / prima *f* por rendimiento, plus *m* de productividad

Leit•achse, Vorder-, Lenkachse *f* (Bahn) / eje *m* guía o guiador ‖ ~**amt** *n* (Fernm) / central *f* directriz ‖ ~**apparat** *m*, Kopiervorrichtung *f* (Wzm) / aparato *m* de guía ‖ ~**apparat** (Hydroantrieb) / dispositivo *m* director ‖ ~**apparat** (Dampfturbine) / álabes *m pl* directores o de guía ‖ ~**apparat**, Leitschaufelapparat *m* (Wasserturbine) / distribuidor *m*, corona *f* directriz ‖ ~**backe** *f*, Gewindebacke *f* (Wzm) / cabezal *m* seguidor para roscar ‖ ~**befehl** *m* (DV) / instrucción *f* de encaminamiento ‖ ~**blatt** *n* (DV) / hoja *f* matriz ‖ ~**blech** *n*, Umlenkplatte *f* / chapa *f* deflectora ‖ ~**blech**, Führungsblech *n* / chapa *f* directriz ‖ ~**blech** (Raumf) / estabilizador *m* ‖ ~**block** *m* (Schiff) / polea-guía *f* ‖ ~**damm** *m* (Hydr) / dique *m* de guía ‖ ~**dipol** *m* / dípolo *m* director ‖ ~**ebene** *f* (Luftf) / plano *m* de referencia ‖ ~**element** *n*, Indikator *m* (Nukl) / trazador *m*, marcador *m*, elemento *m* indicador

leiten *vt* (z.B. Betrieb) / llevar ‖ ~, wahlweise leiten (Fernm) / encaminar ‖ ~ (als oberster Leiter) / dirigir ‖ ~, führen / conducir, guiar ‖ ~, lenken / controlar, mandar ‖ ~, fort-, weiterleiten (Phys) / conducir ‖ ~ **durch Rohre** ~ / canalizar, transportar por canalización

leitend, betriebsführend / director *adj*, dirigente (LA) ‖ ~, lenkend / guiador, guiante ‖ ~ (Phys) / conductor, conductivo ‖ ~, entscheidungsbefugt (F.Org) / competente ‖ ~, Leitungs... / transmisor ‖ ~**e Folie** (Elektr) / película *f* u hoja conductora ‖ ~**er Ingenieur** / ingeniero *m* jefe ‖ **~ machen** / hacer conductor ‖ ~**e**

Oberfläche, Leitfläche *f* (Elektr) / superficie *f* conductora ‖ ~**es Personal** (F.Org) / personal *m* dirigente ‖ ~**e Schicht** (Elektr) / capa *f* conductora ‖ ~ **verbunden** / con conexión conductora ‖ **[galvanisch]** ~**e Verbindung** / conexión *f* conductora

Leiter[1] *m* (Phys) / conductor *m* ‖ ~ **1. Klasse** / conductor *m* de primera clase ‖ ~ *m* **3. Klasse** / conductor *m* de tercera clase ‖ ~, Manager *m* / gerente *m*, director *m* ‖ ~ **der Bahnmeisterei** / sobrestante *m*

Leiter[2] *f*, Trittleiter *f* / escalón *m*, escala *f* ‖ ~, Sprossenleiter *f* / escalera *f* de peldaños o escalones, escalera *f* de mano ‖ **kleine** ~ / escalerilla *f*

Leiter•abstand *m* (Freileitung) / distancia *f* entre conductores ‖ ~**ausladung** *f* (F'wehr) / portada *f* de escalera ‖ ~**bahn** *f* (gedr.Schaltg) / circuito *m* o conductor impreso ‖ ~**bahn** (Eltronik) / pista *f* ‖ ~**bahnen** *f pl*, -bahnenmuster *n* (IC) / red *f* de circuitos impresos, cableado *m* plano ‖ ~**bahnseite** *f* (gedr.Schaltg) / lado *m* conductor ‖ ~**bahnverlauf** *m* / trazado *m* o curso de circuito ‖ ~**band** *n* (Elektr) / cinta *f* conductora ‖ ~**beanspruchung** *f* (Freileitung) / carga *f* de los conductores ‖ ~**bild** *n* (gedr.Schaltg) / red *f* conductora ‖ ~**bild-Galvanisieren** *n* / chapeado *m* galvánico de la red conductora ‖ ~**bruchschutz** *m* (Elektr) / protección *f* contra los cortes de fase ‖ ~**bündel** *n* / haz *m* de conductores ‖ ~**durchhang** *m* (Freileitung) / flecha *f* del conductor ‖ ~**-Erd-Spannung** *f*, Leiter-Sternpunkt-Spannung *f* / tensión *f* entre fase y neutro ‖ ~**gebilde** *n* / sistema *m* conductor ‖ ~**gerüst** *n* (Bau) / andamio *m* de escaleras ‖ ~**haken** *m* (Dach) / gaucho *m* para escalera ‖ ~**lift** *m* (Leiter + Aufzug) (Dachdecker) / escalera *f* combinada con montacargas ‖ ~**paste** *f* (Eltronik) / pasta *f* conductora ‖ ~**platte** *f* (Eltronik) / tablero *m* de circuitos impresos, placa *f* de circuitos impresos o de conexionado impreso ‖ ~**platte in 482,6 mm Bauweise** / tablero *m* de circuitos impresos de 19" o 482,6 mm ‖ ~**platten-Bestückungsmaschine** *f* (Eltronik) / máquina *f* para inserción de componentes ‖ ~**polymer** *n* (Chem) / polímero *m* en escalera ‖ ~**querschnitt** *m* / sección *f* del conductor ‖ ~**rahmen** *m* (Kfz) / bastidor *m* de travesaños múltiples ‖ ~**schleife** *f*, Windung *f* (Elektr) / espira *f* ‖ ~**spannung** *f* (Elektr) / tensión *f* compuesta (o entre conductores) de un sistema polifásico ‖ ~**spannung**, halbe Windungsspannung (Elektromasch) / mitad *f* de tensión entre espiras ‖ ~**spannung**, verkettete Spannung *f* (Elektr) / tensión *f* de (o por) fase ‖ ~**sprosse**, Sprosse *f* / peldaño *m*, escalón *m* ‖ ~**stufe** *f* (der Steigeleiter) / escalón *m* de escalerilla ‖ ~**tafel** *f*, Nomogramm *n* (Math) / nomograma *m*, ábaco *m* ‖ ~**treppe** *f*, eingehobene o. Speichertreppe (Bau) / escalera *f* plegable ‖ ~**verseilmaschine** *f* / máquina *f* para cablear, cableadora *f* ‖ ~**wagen** *m* / carro *m* de adrales ‖ ~**wellenlänge** *f* / longitud *f* de onda en el guía-ondas ‖ ~**zahnstange** *f* (System Riggenbach) (Bahn) / cremallera *f* sistema Riggenbach

Leitfaden *m*, Handbuch *n* / manual *m*, tratado *m*, guía *f*

leitfähig, leitend (Phys) / conductivo, conductible ‖ ~**er Kleber** / adhesivo *m* conductivo ‖ ~**er Satz** (Zündmittel) / composición *f* conductiva ‖ ~**e Tinte** (DV) / tinta *f* electrográfica

Leitfähigkeit *f* (Phys) / conductibilidad *f* de calor o de electricidad (E), conductividad *f* de electricidad (LA), conductibilidad *f* de calor (LA)

Leitfähigkeits•änderung, -beeinflussung *f* / modulación *f* de conductividad ‖ ~**band** *n* (Halbl) / banda *f* de conducción ‖ ~**gefäß** *n* (Chem) / cuba *f* conductimétrica, célula *f* para medir la conductancia ‖ ~**kupfer** *n* / cobre *m* de alta conductividad ‖ ~**messung**, Konduktometrie *f* / conductimetría *f*, medición *f* de conductividad ‖ ~**sonde** *f* / sonda *f* de conductividad ‖ ~**verlust**, Gleichspannungsverlust *m*

(Eltronik) / pérdida f de conductividad ‖ ~wasser n / agua f de conductividad
Leit•fahrzeug n (Luftf) / vehículo m de guía ‖ ~fernrohr n (Opt) / telescopio m de guía ‖ ~feuer n (für Leitsektor im Fahrwasser) (Schiff) / luz f de dirección ‖ ~fläche f, leitende Oberfläche (Elektr) / superficie f conductora ‖ ~fläche (Lautsprecher) / pantalla f del altavoz ‖ ~fläche (Luftf) / superficie f estabilizadora ‖ ~flügel m (Masch) / aleta f guiadora ‖ ~flügelkranz m / corona f de aletas guiadoras ‖ ~fossilien n pl (Geol) / fósiles m pl característicos ‖ ~führungskranz m (Ventilator) / corona f de álabes-guía de entrada ‖ ~funkstelle f (Radio) / estación f directora o directriz o de control ‖ ~gedanke m / idea f directriz o dominante ‖ ~gerade s. Leitlinie ‖ ~gerät n / aparato m director o de guía ‖ ~geschirr n, -rolle f (an Windentrommeln) / dispositivo m de guía del cable ‖ ~größe f (Regeln) / magnitud f directriz o piloto ‖ ~horizont m (Geol) / horizonte m guía ‖ ~horizont (Luftf) / indicador m director del horizonte ‖ ~impuls m (Eltronik) / impulso m piloto ‖ ~isotop n (Phys) / trazador m radiactivo ‖ ~isotopentechnik, Tracertechnik f / técnica f de trazadores ‖ ~kabel n (Elektr) / cable m guía ‖ ~kanal m / canal m de dirección o de guía ‖ ~kante f der Luftschraube / borde m de ataque de la hélice ‖ ~karte f (Kartei) / ficha f o tarjeta de guía ‖ ~kartenkarton m / cartulina f para tarjetas de guía ‖ ~kranz, Düsenring m (Turbine) / corona f directriz ‖ ~kupfer n / cobre m de alta conductividad ‖ ~kursanzeiger m (Luftf) / indicador m pictórico o gráfico de desviación ‖ ~kurve f (Wzm) / curva-guía f ‖ ~lack m (Elektr) / barniz m conductor ‖ ~lineal n (Wzm) / regla-guía f, regleta f de guía, escuadra-guía f ‖ ~linie f, -kurve f, Direktrix f (Math) / directriz f ‖ ~linie, Mittellinie f (Straßb) / línea-guía f ‖ durchgehende ~linie (Straßb) / línea-guía f continua ‖ unterbrochene ~linie (Straßb) / línea-guía f interrumpida ‖ ~linien n pl für Raumordnung / DOT (= Directrices de Ordenación del Territorio) ‖ ~liniengeführt (Roboter) / controlado por línea inductiva electrónica ‖ ~liniengesteuerter Schlepper / tractor controlado electrónicamente ‖ ~netz n (PERT) / grafo m red-guía ‖ ~netz (Elektr) / red f piloto ‖ ~pflanze f, bodenzeigende Pflanze (Bot, Landw) / planta f indicadora ‖ ~planke f (Autobahn) / guardarraíl m, quitamiedos (coloq.), baranda f guardavías (LA) ‖ ~planke (Straßb) / carril m protector (E), banda f de guía, llanta f metálica, bordillo m guía, valla f de contención (ARG) ‖ ~plastik f (Elektr) / plástico m conductor ‖ ~platin n / platino m de alta conductividad ‖ ~profil n (Bodenkunde) / perfil m estratigráfico ‖ ~programm n (DV) / programa m principal ‖ ~punkt m der Larmor-Präzession, Larmor-Kreismittelpunkt m (Phys) / centro m de órbita de Larmor ‖ ~rad n, Leitschaufeln f pl (Turbine) / corona f de paletas directrices, álabes m pl del distribuidor ‖ ~rad (horizontales Führungsrad) (Bahn) / rueda-guía f ‖ ~rad, Vorderrad n (Fahrzeug) / rueda f delantera o conductora ‖ ~rad (Schiffschraube) / corona f directriz [de Grim] ‖ ~rad, Leitradschaufel f (Kreiselpumpe) / difusor m ‖ ~rad n, Spannrolle f (Traktor) / polea f tensora ‖ ~rad des Aufladegebläses (Mot) / difusor m ‖ ~rechner m (DV) / ordenador m piloto ‖ ~rohr n (Opt) / tubo m conductor ‖ ~rolle f / polea-guía f ‖ ~rolle (an Windentrommeln), -geschirr n / dispositivo m de guía del cable ‖ ~salz n (Galv) / sal f conductora ‖ ~schaufel f (Turbine) / álabe m director o fijo, álabe m del distribuidor ‖ ~schaufel (Gussputzapparat) / aleta f guiadora ‖ ~[schaufel]apparat m / distribuidor m de una turbina ‖ ~schaufelkranz m (Gasturbine) / corona f de álabes ‖ ~schaufelkranz (Turboreaktor) / distribuidor m del turborreactor ‖ ~schaufelträger m (Turbine) /

soporte m de los álabes ‖ ~scheibe f / polea f guía ‖ ~schicht f, -horizont m (Geol) / horizonte m guía ‖ obere ~schicht der Troposphäre, Höhenkanal m (Eltronik) / conducto m elevado, conducto m radioeléctrico troposférico ‖ äquivalente ~schichtdicke / capa f conductora equivalente ‖ ~schiene f (Bahn) / contracarril m (E), contrarriel m (LA), guardarriel m (LA) ‖ ~schiene (Wzm) / barra f de guía ‖ ~sender m (Decca) / transmisor m principal o maestro ‖ ~spindel f (Dreh) / husillo m de guía o de roscar, árbol m de roscar ‖ ~spindeldrehmaschine f / torno m de (o con) husillo de roscar ‖ ~spindelmutter f, -spindelschloss n (Dreh) / tuerca f [partida] del husillo de roscar ‖ ~spindelmutterbacke f / media f tuerca del husillo de roscar ‖ ~stab m, Führungsstange f (Färb) / varilla-guía f ‖ ~stand m, Führerstand m / puesto m de mando, puente m ‖ ~stand (F.Org) / estación f de control, monitor m de control ‖ ~standfahrer m (Kraftwerk) / operador m de la sala de control ‖ ~stange, Führungsstange f (Masch) / barra f de guía, vástago m de guía ‖ ~stange, Parallelogrammseitenstange f (Dampfm) / varilla f paralelogramétrica ‖ ~station, -funkstelle f (Radio) / puesto m de control ‖ ~station (Elektr) / puesto m de mando de la red ‖ ~station (DV) / puesto m principal o de mando ‖ ~stelle f, Fertigungsdisposition f (F.Org) / puesto m de disposición ‖ ~steven m, Ruderstevem m (Schiff) / codaste m del timón
Leitstrahl m / rayo-guía m, rayo m conductor, haz m electrónico o de guía ‖ ~, Fahrstrahl m (Math) / radio m vector ‖ ~, Radius in Polarkoordinaten m / radio m vector en coordenadas polares ‖ auf ~ fliegen (Luftf) / volar siguiendo exactamente el rumbo indicado por un radiofaro ‖ ~anflug m (Luftf) / aproximación f siguiendo la línea de equiseñales ‖ ~anflug-Funkfeuersystem n / sistema m de aterrizaje sin visibilidad ‖ ~anlage f / instalaciíon f de guía por rayo conductor ‖ ~aufschaltung f (Luftf) / seguimiento m automático ‖ ~bake f / radiofaro direccional ‖ ~drehung f (Luftf) / conmutación f de haz o de lóbulo ‖ ~empfänger m, -bordgerät n / receptor m para un proyectil radiodirigido ‖ ~frequenz f (Schiff) / frecuencia f de radiofaro ‖ ~lenkung f (Luftf) / guiaje m por haz o por rayo conductor, guiado m por haz o rayo [conductor] ‖ ~linie f (Radar) / línea f de equiseñales ‖ ~peiler m (Radar) / radiogoniómetro m de haz conmutado ‖ ~reiter m (Lenkwaffen) / cohete m guiado por haz ‖ ~sektor, Dauertonsektor m, -zone f / sector m de equiseñales ‖ ~sender m / radiofaro m direccional ‖ akustischer ~sender / radiofaro direccional acústico ‖ ~steuern n (Luftf) / guiado m o guiaje por haz ‖ ~verfolgung f (Luftf) / seguimiento m por haz ‖ ~wanderung f (Luftf) / desviación f del haz [del] localizador
Leit•stück n, Schallgeber m (Ultraschall) / transductor m ‖ ~system n / sistema m director o de guía ‖ ~technik f (F.Org) / técnica f de mando de operaciones industriales ‖ ~- und Zugspindel-Drehmaschine f / torno m con husillo de roscar y de cilindrar, torno m paralelo
Leitung, Fortleitung f (Phys) / conducción f ‖ ~ f, Leitungssystem n (Rohre) / tubería f (E), cañería f (LA) ‖ ~, Übertragung f / transmisión f ‖ ~ (DV, Fernm) / línea f ‖ ~, Leitungsrohr f / conducto m, tubo m, tubería f ‖ ~, Ader f (Elektr) / conductor m ‖ ~, Führung f / dirección f, conducción f ‖ ~, Führung f, Management n / dirección f, gerencia f, manejo m ‖ ~, Aufsicht f / supervisión f, inspección f ‖ ~ besetzt (Fernm) / línea f ocupada ‖ ~ frei (Fernm) / hay línea ‖ ~ f nach oben führend / conducto m ascendente ‖ ~ nach unten führend / conducto m descendente ‖ ~en verlegen, mit Leitungen verbinden (Elektr) / alambrar, cablear, conectar ‖ 0-~, Goubau-Leitung f,

Oberflächenleitung f (Fernm, TV) / línea f de Goubeau ‖ ⁓abzweigende ⁓ / ramal m ‖ ankommende ⁓ / línea f de entrada o de alimentación ‖ ausgehende ⁓ / línea f de salida ‖ freie ⁓ (Fernm) / línea f libre
Leitungs•abgang m / salida f de línea ‖ ⁓abgleich m / balanceo m o equilibrado de circuitos ‖ ⁓absatz m (z. B. vor einem Hindernis) (Elektr) / codo m doble de conducto ‖ ⁓abschluss m / terminación f de una línea ‖ ⁓anlage f, Röhrensystem n / tubería f, canalización f, cañería f (LA) ‖ ⁓anlage, -system n (Elektr, Fernm) / sistema m de líneas ‖ ⁓anpassung f / adaptación f [de impedancia] de línea ‖ ⁓anschluss m / conexión f de un ramal ‖ ⁓anschluss (Fernm) / adaptador m de líneas ‖ ⁓anschlusseinheit f, LE (Fernm) / unidad f terminal de línea ‖ ⁓anschlussgruppe f / grupo m adaptador de líneas ‖ ⁓-Anwortmodus m (DV) / modo m de respuesta de línea ‖ ⁓armaturen f pl (Fernm) / piezas f pl de montaje de línea ‖ ⁓ausgang m / salida f de línea ‖ ⁓ausnutzung f (Fernm) / rendimiento m horario ‖ ⁓band n, Bandleiter m / cinta f conductora ‖ ⁓band (Halbl) / banda f de conducción ‖ ⁓bau m (Elektr, Fernm) / construcción f de líneas ‖ ⁓belag m, Ausbreitungsmaß n (Fernm) / constante f de propagación ‖ ⁓belastung f (Elektr) / carga f de línea ‖ ⁓belegung f (Fernm) / ocupación f de la línea ‖ ⁓berührung f / contacto m entre fases o líneas ‖ ⁓bezeichnung f / denominación f de líneas ‖ ⁓blockierung f (Fernm) / bloqueo m de línea ‖ ⁓brücke f (IC) / contacto m ponteado ‖ ⁓bündel n (Fernm) / agrupamiento m de líneas ‖ ⁓code m (DV) / código m de línea ‖ ⁓-Distanzschutzrelais n (Elektr) / relé m de protección a distancia ‖ ⁓draht m / alambre m conductor ‖ ⁓draht (Fernm) / hilo m de línea ‖ ⁓durchhang m (Elektr, Fernm) / flecha f de línea ‖ ⁓durchschalter m (Fernm) / concentrador m de líneas ‖ ⁓einführung f / entrada f de línea ‖ ⁓einführungskasten m (Elektr) / caja f de acometida de línea ‖ ⁓einführungskasten (Fernm) / caja f para protectores de línea ‖ ⁓elektron n (im Leitungsband frei bewegliches Elektron) (Halbl) / electrón m de conducción ‖ ⁓ende n (Fernm) / terminal m de línea, terminación f de línea ‖ ⁓entzerrer m (Fernm) / corrector m o compensador de distorsión de línea ‖ ⁓entzerrung f (Fernm) / corrección f de distorsión de línea ‖ ⁓ergänzung f (Fernm) / complemento m de línea ‖ ⁓erweiterung f (DV) / extensión f de línea ‖ ⁓feld n (der Schalttafel) (Elektr) / panel m de entrada ‖ ⁓festpunkt m (Elektr) / apoyo m consolidado ‖ ⁓freigabe f (Fernm) / disparo m de línea ‖ ⁓führung f (Elektr) / disposición f de la línea ‖ ⁓führung, Linienführung f der Leitung (Fernm) / dirección f de la línea ‖ ~gebundene Welle / onda f guiada ‖ ⁓geräusch n, -rauschen n (Fernm) / ruido m de línea o de circuito ‖ ⁓gruppenwähler m (Fernm) / selector m de grupos de línea ‖ ⁓-Interface n (DV) / interfaz f de líneas ‖ ⁓kabel n (Kfz) / cable m conductor ‖ ⁓kanal m (Bau) s. Kabelkanal ‖ ⁓kanal (Fernm) / ducto m ‖ ⁓kanal (in die Mauer geschlagen) / canaleta f fresada en un muro ‖ ⁓kanal (im Fußboden) / canalización f en el suelo ‖ ⁓konstante f (Fernm) / constante f lineal o lineíca ‖ ⁓kontakt m / contacto m entre líneas ‖ ⁓konzentrator m, -knoten, / concentrador m de líneas ‖ ⁓kreuzung f (Elektr) / cruce m de líneas ‖ ⁓kühlung f (Fernm) / enfriamiento m por conducción ‖ ⁓kupplung f (Elektr) / acoplamiento m de líneas ‖ ⁓leger, Telegrafenarbeiter m (Fernm) / instalador m, electricista m ‖ ⁓leger-Werkzeug n (Elektr) / herramienta f de instalador f ‖ ⁓loch n (Halbl) / laguna f, hueco m ‖ ⁓mast m (Elektr, Fernm) / poste m de líneas aéreas ‖ ⁓mast, Telefonmast m / poste m telefónico o de línea telefónica ‖ ⁓mast, Hochspannungsmast m / poste m de línea de alta tensión, torreta f ‖ ⁓mast, Fahrleitungsmast m (Bahn)

/ soporte m de catenaria ‖ ⁓mastenbild, Stangenbild n, -plan m (Elektr) / cuaderno m o registro de postes de línea, hojas f pl de replanteo ‖ ⁓material m / material m de línea ‖ ⁓material (Installation) (Elektr) / piezas f pl de montaje de líneas ‖ ⁓mischer m (Öl) / mezclador m de productos en línea ‖ ⁓monteur m / instalador m de líneas ‖ ⁓nachbildung, Ersatzschaltung f (Elektr) / red f equivalente ‖ ⁓nachbildung f (Fernm) / red f equilibradora, equilibrador m ‖ ⁓netz n (Elektr) / red f de líneas, red f de distribución ‖ ⁓netz (Rohre) / canalización f ‖ ⁓[netz]plan m (Elektr) / mapa m de una red ‖ ~orientiert (DV) / orientado a línea ‖ ⁓pegel m / nivel m de línea ‖ ⁓plan m / dibujo m de líneas, plano m de cableado ‖ ⁓prüfer m, Isolationsprüfer m / verificador m de aislamiento, megaohmímetro m, megóhmetro m ‖ ⁓querschnitt m, metallischer Querschnitt / sección f metálica ‖ ⁓rohr n, -röhre f / conducto m, tubo m para tuberías f ‖ ⁓rohr (Öl) / tubo m (E) o caño m (LA) de oleoducto ‖ ⁓rohr (Elektr) / tubo m para cables ‖ ⁓rohr, Isolierrohr n (Kfz) / manguito m ‖ ⁓roller m, (früher:) Kabeltrommel f (Haushalt) / dispositivo m arrollador del cable, dispositivo m de rebobinado ‖ ⁓sack m (Unterführung unter einem Hindernis) (Elektr) / doble m codo de conducto ‖ ⁓schacht m (Bau) s. Kabelkanal ‖ ⁓schacht (Raumf) / entramado m de tubos ‖ ⁓schleife, Doppelleitung f (Fernm) / bucle m, lazo m ‖ ⁓schnur f (Fernm) / cordón m conductor, flexible m ‖ ⁓schutzdrossel f / bobina f de choque, inductancia f de protección contra las sobretensiones ‖ ⁓schutzschalter m (Elektr) / interruptor m o cortacircuito automático ‖ ⁓schutzschalter mit Differenzstromauslöser / interruptor m automático con desconectador por corriente diferencial ‖ ⁓seil n, Leiterseil n / cable m aéreo conductor ‖ ⁓seil aus Stahl / cable m aéreo conductor de acero ‖ ⁓spanner m (Elektr) / tensor m a mano para alambre, perrillo m ‖ ⁓stabilisierung f (Fernm) / estabilización f de línea ‖ ⁓störung f (Elektr) / perturbación f de línea, avería f en la línea ‖ ⁓strom m (Halbl) / corriente f de conducción ‖ ⁓stütze f (Blitzableiter) / soporte m mural ‖ ⁓sucher m (Fernm) / buscador m de línea ‖ ⁓tafel f, Zugleitungstafel f (Bahn) / cuadro m de encaminamiento ‖ ⁓telefonie, Drahttelefonie f / telefonía f por hilo ‖ ⁓träger m (Isolator) / ranura f para el conductor ‖ ⁓träger, -stütze f / soporte m de línea ‖ ⁓transistor m (Halbl) / transistor m aleado ‖ ⁓trommel f (Elektr) / tambor m de (o para) cable ‖ ⁓trosse f (Kran) / cable m móvil ‖ ⁓trupp m (Fernm) / cuadrilla f de línea ‖ ⁓typ m (Halbl) / modo m de conductividad ‖ ⁓übertrager m (Fernm) / transformador m de línea ‖ ⁓überwachungsgerät n / monitor m de línea ‖ ⁓unterbrechung f / interrupción f de línea ‖ ⁓unterbrechung (Fernm) / caída f de la línea ‖ ⁓verbinder m / conectador m de líneas ‖ ⁓verbindung f (Hydr) / conexión f de conductos ‖ ⁓verlängerung f (Fernm) / prolongación f de línea ‖ ⁓verlegung f (Elektr, Eltronik) / colocación f de línea o de conductores ‖ ⁓verlust m / pérdida f de línea ‖ ⁓verlust, Versickerung f / pérdida f por fuga ‖ ⁓vermögen n s. Leitfähigkeit ‖ ⁓verstärker m (Fernm, TV) / amplificador m de línea ‖ ⁓verzerrung f (Fernm) / distorsión f de línea ‖ ⁓verzögerung f / retardo m de línea ‖ ⁓wagen m (Bahn) / vehículo m con tubo de intercomunicación de freno ‖ ⁓wählen n (Fernm) / conmutación f de líneas ‖ ⁓wähler m (Fernm) / conectador m en cascada o en tándem ‖ ⁓wahlschalter m (Fernm) / conmutador m para selección de línea, selector m o buscador de línea ‖ ⁓wasser n (allg) / agua f del grifo ‖ ⁓wasser (nach der Herkunft) / agua f de ciudad ‖ ⁓wechselcode m (DV) / código m de cambio de línea ‖ ⁓weiche f (Fernm) / filtro m de separación de líneas ‖ ⁓Weichenstellung f (Fernm) / repartición f de líneas ‖ ⁓welle f, L-Welle f

(Wellenleiter) / modo *m* TEM ‖ ⁓**wellenlänge** *f* / longitud *f* de onda en el guía ondas ‖ ⁓**-Wellenwiderstand** *m* (Wellenleiter) / impedancia *f* característica ‖ ⁓**widerstand** *m*, spezifischer [elektrischer] Widerstand (Elektr) / resistividad *f*, resistancia *f* específica ‖ ⁓**zeichen** *n* (Fernm) / señal *f* de línea ‖ ⁓**zug** *m* (Kabel) / sección *f* de una línea ‖ ⁓**zug**, Drahtzug *m* (Bahn) / transmisión *f* funicular ‖ ⁓**zweig** *m* / ramal *m* de una línea
Leit•verkehr *m* (Fernm) / comunicación *f* controlada ‖ ⁓**vermerk** *m* (DV) / carácter *m* de encaminamiento de datos ‖ ⁓**vermerkzeichen** *n* (Fernm) / carácter *m* de encaminamiento ‖ ⁓**vermitteln** *n* (DV) / conmutación *f* de circuitos ‖ ⁓**vermittlungsstelle** *f* (DV) / centro *m* de conmutación ‖ ⁓**vermögen**, Leitungsvermögen *n* s. Leitfähigkeit ‖ ⁓**vorrichtung**, Führung *f* / dispositivo *m* de guía o de conducción ‖ ⁓**vorrichtung** *f* **des Gewindeschneidkopfs** (Wzm) / brazo *m* giratorio del portapeine de roscar ‖ ⁓**walze** *f* (Tex) / rodillo-guía *m* ‖ ⁓**walzentrockner** *m* (Tex) / secadero *m* con rodillo-guía ‖ ⁓**wand** *f* (Lautsprecher) / pantalla *f* acústica [plana] del altavoz ‖ ⁓**warte** *f* (Elektr, Masch) / sala *f* de control o de mando ‖ ⁓**wartenbediener** *m* / operario *m* de la sala de control
Leitweg *m* (Fernm) / ruta *f*, vía *f* ‖ ⁓**angabe** *f* (Fernm) / indicación *f* de vía ‖ ⁓**anzeiger** *m* (DV, Luftf) / indicador *m* de enrutado o de encaminamiento ‖ ⁓**bestimmung** *f*, -ermittlung *f* (Fernm) / selección *f* de rutas ‖ ⁓**blatt** *n* (Fernm) / carta *f* itineraria o de ruta ‖ ⁓**kenngruppe** *f* (Luftf) / indicador *m* de ruta ‖ ⁓**lenkung** *f* (Tätigkeit) (Fernm) / encaminamiento *m* [automático] ‖ ⁓**pfad** *m* / vía *f* de encaminamiento
Leitwerk *n* (DIN) (DV) / mecanismo *m* de control ‖ ⁓ (Luftf) / alas *f pl* guía, timones *m pl*, estabilizadores *m pl* ‖ ⁓, Höhenleitwerk *n* (Luftf) / estabilizador *m* de elevación ‖ ⁓, Seitenleitwerk *n* (Luftf) / timón *m* de dirección ‖ ⁓ (Hydr) / malecón *m*
Leit•werksaufbau *m* (Luftf) / plano *m* fijo de deriva ‖ ⁓**werksignal** *n* (Luftf) / luz *f* trasera o de cola, fanal *m* trasero o de cola ‖ ⁓**werksträger** *m* (Luftf) / larguero *m* de cola, vigueta *f* de soporte de la cola
Leitwert *m* (Gleichstrom) / conductancia *f* ‖ ⁓ (Wechselstrom) / susceptancia *f* ‖ ⁓**messer** *m* / medidor *m* de resistividad ‖ ⁓**messer in Mho** / mhometro *m* o mho-metro ‖ ⁓**verhältnis** *n* (Elektr) / razón *f* de conductancia
Leit•wissenschaft *f* / ciencia *f* guía ‖ ⁓**zahl** *f* **einer Lichtquelle** (Foto) / número-guía *f* ‖ ⁓**zelle** *f* (DV) / palabra *f* de mando ‖ ⁓**zunge** *f* **der Weiche** (Bahn) / lengüeta *f* conductriz ‖ ⁓**zylinder** *m* (Regeln) / cilindro-guía *m*
L-Elektron *n* (Phys) / electrón *m* L
Lemma *n*, Hilfssatz *m* (DV, Math) / lema *m*
Lemniskate *f* (Math) / lemniscata *f*
Lemniskatenlenker *m* (Kran) / balancín *m* de lemniscata
Lemongrasöl, Citronellöl *n* / esencia *f* de citronela
Lenardfenster *n* / ventana *f* delgada para el paso del haz de electrones
Lenard-Fensterröhre *f* (Kath.Str) / tubo *m* Lenard
Lendenstütze *f* (Kfz) / soporte *m* lumbar
Lenicet *n*, basisches Aluminiumacetat (Chem) / acetato *m* de aluminio básico
Lenk•achsbereifung *f* (Mähdrescher) / neumático *m* de la rueda direccional ‖ ⁓**achse**, Leit-, Vorderachse *f* (Bahn) / eje *m* orientable o radial ‖ ⁓**achse** *f* (Kfz) / eje *m* de dirección ‖ ⁓**achswelle** *f* (Bahn) / cuerpo *m* de eje orientable, eje *m* de figura del eje orientable ‖ ⁓**anlage** *f* (Flugkörper) / equipo *m* de guiaje ‖ ⁓**anschlag** *m* / tope *m* de dirección ‖ ⁓**assistent** *m* (Kfz) / dirección *f* asistida
lenkbar, steuerbar / dirigible ‖ ⁓ (Opt) / orientable, controlable
Lenkbarkeit *f*, Einschlag *m* (Kfz) / dirigibilidad *f*, direccionabilidad *f* ‖ ⁓, Wendigkeit *f* / maniobrabilidad *f*, manejabilidad *f* ‖ ⁓ *f*, Wenderadius *m* (Kfz) / radio *m* de viraje ‖ **leichte** ⁓ / facilidad *f* de dirección
Lenk•begrenzung *f* / limitación *f* de dirección ‖ ⁓**blech** *n*, -wand *f*, -platte *f* / deflector *m* (E), desviador *m* (LA) ‖ ⁓**bremse** *f* (Traktor) / freno *m* de dirección ‖ ⁓**doppelrolle** *f* (Tischl) / roldana *f* doble pivotante ‖ ⁓**eigenschaften** *f pl*, Fahreigenschaften *f pl* (Kfz) / propiedades *f pl* de conducción ‖ ⁓**einrichtung** *f* / mecanismo *m* de dirección ‖ ⁓**empfänger** *m* (Flugkörper) / receptor *m* de mando
lenken / dirigir ‖ ⁓, leiten / controlar, guiar, conducir ‖ ⁓, fahren (Kfz) / conducir ‖ ⁓, steuern (Luftf, Schiff) / gobernar, pilotear ‖ **auf eine Seite** ⁓ / desviar ‖ ⁓ *n*, Steuern *n* / manejo *m* (LA) ‖ ⁓, Steuern *n* / gobierno *m*, gobernación *f*, manejo *m* (LA)
Lenker *m* (Masch) / biela *f* ‖ ⁓, Fahrer *m* (Kfz) / conductor *m*, chófer *m* ‖ ⁓, Lenkhebel *m* (Dampf) / resbaladera *f* ‖ ⁓ *m*, Lenkstange *f* (Fahrrad, Mot) / manillar *m* (E), manubrio *m* (LA) ‖ ⁓ s. auch Leitstange ‖ ⁓ **am Traktor** / barra *f* conductora ‖ ⁓ **des Enddrehgestells** (z.B. Langholzwagen) (Kfz) / conductor *m* del remolque trasero ‖ ⁓**arm** *m*, Querlenker *m* (Kfz) / brazo *m* oscilante transversal ‖ ⁓**armaturen** *f pl* (Kfz) / accesorios *m pl* del manillar ‖ ⁓**griff** *m* / puño *m* de manillar ‖ ⁓**hörnchen** *n pl* (Fahrrad) / bar-ends *m pl*
Lenk•finger *m* (Kfz) / dedo *m* de dirección ‖ ⁓**flugkörper** *m* (Mil) / misil *m* guiado ‖ ⁓**gehäuse** *n* (Kfz) / cárter *m* de dirección ‖ ⁓**geometrie** *f* / geometría *f* de dirección ‖ ⁓**gestänge** *n* / varillaje *f* de dirección ‖ ⁓**gestell** *n* (Lok) (Bahn) / bisel *m* (E), pony *m* (LA) ‖ ⁓**getriebe** *n* (Kfz) / mecanismo *m* de dirección ‖ ⁓**hebel** *m* (Kfz) / palanca *f* de dirección ‖ ⁓**[hebel]welle** *f* (Kfz) / árbol *m* de palanca de dirección ‖ ⁓**hilfe** *f*, Servolenkgerät *n* (Kfz) / servodirección *f*, dirección *f* de asistencia modulada ‖ ⁓**kette** *f* (Straßenwalze) / cadena *f* de dirección ‖ ⁓**kommando** *n*, Lenksignal *n* (Flugkörper) / señal *f* de dirección ‖ ⁓**kontrollradar** *m*, Lenkradar *m* n / radar *m* [de control] de guiaje ‖ ⁓**kranz** *m* (Flurförderer) / corona *f* de dirección ‖ ⁓**kupplung** *f* (Traktor) / embrague *m* de dirección ‖ ⁓**mutter** *f* (Kfz) / tuerca *f* de dirección
Lenkrad *n*, Steuerrad *n* (Kfz, Luftf) / volante *m*, rueda *f* directriz, manejadera *f* (MEX) ‖ ⁓, Ablenkrad *n* (Seilb) / polea *f* o rueda de desviación ‖ **mit Lenkrädern** (Anhänger) / con rodajas giratorias de dirección ‖ ⁓**ausschläge** *m pl* (Kfz) / vibraciones *f pl* del volante ‖ ⁓**bezug** *m* / cubrevolante *m* ‖ ⁓**einschlag** *m* (Kfz) / ángulo *m* de giro del volante ‖ ⁓**nabe** *f* (Kfz) / centro *m* del volante ‖ ⁓**nabe als Pralltopf ausgebildet** (Kfz) / centro *m* del volante con protector antichoque ‖ ⁓**-Schalthebel** *m* (Kfz) / palanca *f* de cambio en el volante ‖ ⁓**schaltung** *f* (Kfz) / cambio *m* de marcha en o desde el volante ‖ ⁓**schloss** s. Lenkschloss ‖ ⁓**seite** *f* (links bei Rechtsverkehr u. umgekehrt) (Kfz) / lado *m* del volante ‖ ⁓**speiche** *f* / radio *m* del volante ‖ ⁓**steuerung** *f* / control *m* por volante, dirección *f* por volante ‖ ⁓**wippe** *f* (Kfz) / tecla *f* basculante (en el volante)
Lenk•regelkreis *m* (Raumf) / bucle *m* de telemando ‖ ⁓**rohr** *n*, Mantelrohr *n* / tubo *m* envolvente del árbol de dirección ‖ ⁓**rohr** (Ggs: Mantelrohr) (Kfz) / tubo *m* del árbol de dirección ‖ ⁓**rohrstummel** *m* / extremidad *f* del tubo de dirección ‖ ⁓**röllchen** *n* (Haushalt) / ruedecilla *f* ‖ ⁓**rolle** *f* (Masch) / rodillo-guía *m* ‖ ⁓**rolle** *f* / rodillo *m* de dirección ‖ ⁓**rollenwelle** *f* / árbol *m* con rodillo de dirección ‖ ⁓**rollradius** *m* (Kfz) / radio *m* de pivotamiento, desviación *f* transversal del eje del pivote ‖ ⁓**säule** *f* (Kfz) / árbol *m* de dirección, columna *f* de dirección ‖ ⁓**säulenhalter** *m* (Kfz) / soporte *m* de la columna de

dirección || ~**säulenrohr** s. Lenkrohr || ~**scheit** n (Pflug) (Landw) / telera f || ~**schemel** m (Fahrzeug) / travesaño m balancín || ~**schenkel** m **an den die Schubstange angreift** / biela f de dirección, brazo m de dirección || ~**schloss** n / cerradura f antirrobo o de volante || ~**schnecke** f (Kfz) / tornillo m sin fin de dirección || ~**schneckenrad** n / tornillo m de dirección || ~**schneckensegment** n, -schneckensektor m / segmento m o sector del tornillo sin fin de dirección || ~**schraube** f (Kfz) / tornillo m de dirección || ~**segmentwelle** f / árbol m del tornillo de dirección || ~**seil** n **beim Aufziehen von Lasten** (Bau) / cuerda f de dirección || ~**signal** n (Flugkörper) / señal f de guía || ~**spindel** f (Kfz) / husillo m de dirección || ~**spindelstock** m (bei ungeteilter Lenkung) / columna f interna de dirección || ~**spurhebel** m (Kfz) / palanca f de mando o de pivote o de gorrón, contrabrazo m || ~**stabilität** f / estabilidad f de dirección || ~**stange** f (Fahrrad, Mot) / manillar m (E), manubrio m (LA) || ~**stange**, Leitstange f / varilla f de conducción || ~**stange** (Kfz) / biela f de guía || ~**stange** (nicht: Lenkspurstange) (Kfz) / barra f de dirección || ~**stange**, (früher:) Lenkschubstange f (Kfz) / biela f de acoplamiento || ~**stangenschaft** m (Fahrrad) / tija f de la horquilla || ~**stock** m (Kfz) / columna f de dirección || ~**stockhebel** m (Kfz) / palanca f de dirección, brazo m de mando || ~**stockschalter** m (Kfz) / conmutador m colocado en la columna de dirección || [halb]**automatischer** ~**stockschalter** / conmutador m semiautomático en la columna de dirección || ~**stockschaltung** f / cambio m de marcha en la columna de dirección || ~**stoßdämpfer** m (Kfz) / amortiguador m de choques de dirección || ~**stützrohr** n, -[säulen]rohr n, Mantelrohr n / tubo m envolvente del árbol de dirección || ~**system** n (Mil) / sistema m de dirección || ~**übersetzung** f (Kfz) / demultiplicación f de dirección
Lenkung f (allg, Masch) / dirección f, mando m || ~ (Kfz) / mecanismo m de dirección, dirección f || ~ (Satellit) / guía m, guiado m || ~, Regelung f / control m || ~ **mit Schnecke und Segment** (Kfz) / dirección m con tornillo sin fin y segmento || ~ **mit Schraube und Mutter** (Kfz) / dirección f con tornillo y tuerca || ~ **von Flugkörpern**, Fernlenkung von Flugkörpern (Mil) / guiaje m de misiles
Lenkungs•anschlag m (Kfz) / tope m de la dirección || ~**ausschlag** m (Kfz) / ángulo m de viraje || ~**computer** m (Raumf) / ordenador m de guiaje || ~**rückschlag** m (Kfz) / choque m de dirección || ~**- u. Navigationssystem** n (Raumf) / sistema m de guiaje y de navegación
Lenk•verbindungsstange f, Spurstange f (Kfz) / barra f de acoplamiento || ~**verhalten** n (Kfz) / postura f de conducción || ~**waffe** f, Fernlenkgeschoss n (Mil) / misil m || ~**waffen-Bordrechner** m / ordenador m de a bordo de misil || ~**walze** f (Straßenwalze) / rodillo m o cilindro m de dirección || ~**welle** f (Kfz) / árbol m de dirección || ~**willig** (Kfz) / dirigible, de fácil dirigibilidad, suave || ~**willigkeit**, Steuerbarkeit f (Kfz) / fácil dirigibilidad, suavidad f || ~**winkelsensor** m (Kfz) / sensor m del ángulo de dirección || ~**zapfen** m (Kfz) / pivote m de dirección || ~**zeit** f (Kfz) / período m de conducción || ~**zwischenhebel** m (Kfz) / palanca f intermedia de dirección || ~**zwischenstange** f (Kfz) / varilla f intermedia de dirección
Lentikulariswolke f (Meteo) / nube f lenticular
lentisch, stehend (Gewässer) / estancado
lenzen vt, lenzpumpen (Schiff) / achicar
Lenz•leitung f (Schiff) / dala f || ~**pumpe** f (Schiff) / bomba f de achique o de sentina || ~**pumpe der Bergungsschiffe** / bomba f para extraer el agua
Lenzsche Regel f, Lenzsches Gesetz n (Elektr) / ley f de Lenz

Leonard-Umformer, -Satz m (Elektr) / sistema m de Ward-Leonard
leonisch•er Draht (Tex) / hilo m brisado o de bricho || ~**es Gespinst** (Tex) / tejido m de hilos de bricho, briscado m
LEO(-Satelliten)-System / LEO (= Low Earth Orbit)
LEP-Beschleuniger m (Nukl) / acelerador LEP m
Lepido•krokit, Rubinglimmer m (Min) / lepidocroquita f || ~**lith** m (Min) / lepidolita f, mica f litinífera || ~**melan** m (Min) / lepidomelano m (variedad de mica negra)
Lepolofen m (Zement) / horno m Lepol
Leporello•formular n (DV) / formulario m de hojas múltiples, formulario m continuo desplegable || ~**gefalzt** (Pap) / plegado o doblado de acordeón, plegado en abanico o en zigzag, doblado en fuelle || ~**papier** n / papel m doblado en abanico, papel m continuo con dobleces en abanico || ~**schaltung** f (Drucker) / cambio m de formularios continuos [sistema Leporello]
Leptin n (Eiweißstoff) / leptina f
Lepton n (Nukl) / leptón m
Leptonenzahl f (Phys) / número m leptónico
Leptoquark n (Phys) / leptoquark m
lernend, adaptiv (DV) / adaptivo || ~**er Automat** / autómata m que aprende || ~**er Rechner** (DV) / ordenador m que aprende, ordenador m autodidáctico || ~**e Regelung** / sistema m autodidáctico de control || ~**es System** (DV) / sistema m autodidáctico, sistema m de reconocimiento de configuraciones
lern•fähig (DV) / adaptivo || ~**fähigkeit** f (Roboter) / docilidad f || ~**maschine**, Lehrmaschine f / máquina f para enseñanza programada || ~**methode** f (Regeln) / método de aprender || ~**programm** n (DV) / programa tutorial || ~**-Software** f / soporte m didáctico
lesbar (allg, DV) / legible, leíble || ~**er Text** (DV) / copia f impresa || **von vorn** ~ / legible de frente o por enfrente
Lesbarkeit f / legibilidad f || ~ **für Menschen** / legibilidad f para el hombre
Lesbarkeits•abstand m / distancia f de la legibilidad o de la visibilidad || ~**test** m (Druck, Repro) / ensayo m de legibilidad
Lese f (Wein) (Landw) / vendimia f || ~**abfragebefehl** m (DV) / instrucción f de petición de lectura || ~**anfang** m (Band, DV) / comienzo m lógico || ~**anweisung** f (DV) / instrucción f de lectura || ~**band** / cinta f de escogida || ~**band** (Aufb) / cinta f clasificadora || ~**beleuchtung** f (DV) / alumbrado m de lectura || ~**bereit** / listo para leer || ~**berge** m pl (Bergb) / escombros m pl de clasificación || ~**brille** f / gafas f pl de lectura, gafas f pl para leer || ~**draht** m (DV) / hilo m sensor o de lectura || ~**fehler** m (DV) / error m de lectura, falta f de lectura || ~**gerät** n (Bibliothek) / lector m || ~**gerät** / máquina f lectora, lectora f || ~**gerät** (TV) / teleprompter m || ~**gerät für Mikrofilme** / aparato m lector para micropelícula o microfilm[e] || ~**gerät für Wagenmarkierungen** (Bahn) / captador m de vía || ~**geschwindigkeit** f (DV) / velocidad f de lectura || ~**impuls** m (DV) / impulso m de lectura || ~**kopf** m (Magn.Bd) / cabeza f de lectura || ~**-Kopier-Gerät** n / lectora-copiadora f || ~**lampe** f (Bahn) / lámpara f [individual] de lectura || ~**leuchte** f (Kfz) / lámpara f de lectura || ~**lupe** f / lupa f de lectura || ~**lupe** (Repro) / lupa f visora manual
lesen vt vi / leer || ~, auflesen / recoger || ~, aussuchen, sortieren / clasificar || ~, pflücken (Landw) / coger (E) || ~, kutten (Bergb) / escoger || **Trauben** ~ / vendimiar || ~ n (DV) / lectura f || ~ (Korrektur) / corrección f de pruebas || ~, Klauben n (Bergb) / escogido m || ~ n **der Reinschrift** (Druck) / corrección f de la copia en limpio || ~ **mit Löschen** (DV) / lectura f destructiva

Lese•pistole f (für Strichcode) / pistola f lectora (de códigos de barras) ‖ ⁓**probe** f (DV) / comprobación f por lectura
Leser m (für maschinenlesbare Schrift) (DV) / lectora f [óptica] de caracteres
leserlich, lesbar / legible, leíble
Lese•rost m (Bergb) / rejilla f de escogido ‖ ⁓**signal** n (Eltronik) / señal f de lectura ‖ ⁓**spannung** f (DV) / tensión f de lectura ‖ ⁓**speicher** m, ROM (DV) / memoria f de lectura solamente, memoria f de datos fijos ‖ ⁓**strahlerzeuger** m (Röhre) / cañón m de lectura ‖ ⁓**tisch** m (Aufb) / mesa f de escoger ‖ ⁓**vorimpuls** m / impulso m parásito antes de lectura
Lessingringe m pl (Chem) / anillos m pl de Lessing
letal, tödlich / letal, mortal ‖ ⁓**dosis** f, L.D. (Pharm) / dosis f letal o mortal ‖ **50 %** ⁓**dosis**, LD 50 (Nukl) / período m letal medio ‖ ⁓**faktor** m / factor m letal
Lethargie f (Nukl) / letargo m
Letten, Töpferton m (Geol) / barro m plástico, greda f, tierra f arcillosa ‖ ⁓**... s. auch Lehm**... ‖ ⁓**besatz** m (Bergb) / atacadera f de greda ‖ ⁓**bohrer** m (Bergb) / cuchilla f para greda ‖ ⁓**haltig** (Bergb) / arcilloso ‖ ⁓**haue** f (Bergb) / azada f para arcillas [de las capas de carbón] ‖ ⁓**kluft** f, -besteg m (tonige schmierige Steinart) (Bergb) / arcilla f de rozamiento
Letter, [Druck]type f (Druck) / letra f [de imprenta]
Letternmetall, Schriftmetall n / metal m para letras
Letterqualität f (Drucker) / calidad f de carta
Letterset m (indirekter Hochdruck) (Druck) / tipoffset m, tipo-offset m, offset m tipográfico, tipografía f indirecta
lettig, lehmig (Geol) / arcilloso, barroso
letzt / último ‖ ⁓, endgültig / definitivo ‖ ⁓, neuest (Modell) / último, novísimo ‖ ⁓**er Anstrich** / capa f final de pintura ‖ ⁓**e Korrektur**, Pressrevision f (Druck) / última f corrección, corrección f de las pruebas finales ‖ ⁓**er Rückstand** / residuos m pl finales ‖ ⁓**er Termin** / último plazo m, última fecha [posible]
Letzt•verbraucher m / consumidor m [final] ‖ ⁓**weg** m (Fernm) / ruta f de última escogencia (LA)
Leucht•... / luminoso ‖ ⁓**... s. auch Licht...** ‖ ⁓**anregung** f (Phys) / luminiscencia ‖ ⁓**anzeige** f / aviso m o indicador luminoso, lámpara f indicadora ‖ ⁓**artikel** m pl, -mittel n pl (Lampen usw.) / luminarias f pl ‖ ⁓**bake** f (Schiff) / baliza f iluminada ‖ ⁓**bakterien** f pl (Biol) / bacterias f pl luminosas ‖ ⁓**band** n (Elektr) / banda f luminosa ‖ ⁓**bild**, Transparent[bild] n / imagen f luminosa ‖ ⁓**bild** n / transparente m ‖ ⁓**bildkondensator** m (Opt) / condensador m de imagen luminosa ‖ ⁓**bildwaage** f / balanza f con indicación luminosa para la lectura ‖ ⁓**bildwarte** f / tablero m de mando luminoso ‖ ⁓**blende** f / globo m transparente de lámpara ‖ ⁓**boje**, -tonne f (Schiff) / boya-farol f, boya f luminosa ‖ ⁓**bombe** f (Luftf, Mil) / bomba f luminosa ‖ ⁓**decke**, Lichtdecke f (Bau) / techo m luminoso ‖ ⁓**dichte** f (Opt) / densidad f lumínica ‖ ⁓**dichte**, Dunkelstufe f im DIN-Farbsystem / graduación f oscura ‖ ⁓**dichteabfall** m / pérdida f de luminancia ‖ ⁓**dichte-Indikatrix** f / indicatriz f de luminancia ‖ ⁓**dichtesignal** n (TV) / señal f de luminancia ‖ ⁓**dichteumfang** m / gama f de luminancia ‖ ⁓**dichteverteilung** f / distribución f de luminancia ‖ ⁓**diode** f, lichtemittierende Diode (Eltronik) / LED m, diodo m de luminiscencia ‖ ⁓**draht** m (Elektr) / filamento m radiante o incandescente ‖ ⁓**druckknopftaster** m / pulsador m luminoso
Leuchte f, Lampe f / lámpara f ‖ ⁓, Wohnraumlampe f / lámpara f de vivienda ‖ ⁓, Kleinleuchte f (Kfz) / lamparilla f ‖ ⁓ s. auch Lampe ‖ ⁓ f (Straβ) / farol m [con luz] ‖ ⁓ **für Illumination** / luminaria f

Leucht•elektron n (Nukl) / electrón m luminoso ‖ ⁓**element** n (eine Leuchte) / lámpara f [individual] ‖ ⁓**email** n / esmalte m luminiscente
leuchten, [stark] glänzen, blenden vi / relumbrar ‖ ⁓, strahlen / radiar, emitir luz ‖ ⁓, scheinen / lucir, dar luz ‖ ⁓, brennen / estar encendido ‖ ⁓, phosphoreszieren / fosforescer, fosforecer ‖ ⁓ n / luz f ‖ ⁓, Helligkeit f (Farbe) / brillo m, brillantez f
leuchtend / luminoso ‖ ⁓, hell / brillante, claro ‖ ⁓, selbstleuchtend / luminiscente ‖ ⁓, glänzend, blank, strahlend / luciente, brillante, resplandeciente, radiante ‖ ⁓, glühend / incandescente ‖ ⁓, phosphoreszierend / fosforescente ‖ ⁓**e Flamme** / llama f luminosa ‖ ⁓**er Körper** / lumbrera f ‖ ⁓**es Landezeichen** (Luftf) / señal f luminosa de aterrizaje ‖ ⁓ **rot** / rojo subido
Leuchten•feld n / tablero m luminoso ‖ ⁓**fenster** n (Kfz) / cubierta f transparente de lamparilla ‖ ⁓**klemme** f, Lüsterklemme f / clema f, regleta f ‖ ⁓**raster** (Elektr) / pantalla f antideslumbrante ‖ ⁓**schale** f / difusor m cóncavo ‖ ⁓**wirkungsgrad** m / rendimiento m de un aparato de luz
Leucht•erscheinung f / fenómeno f luminoso ‖ ⁓**fackel** f / antorcha f luminosa ‖ ⁓**faden** m / filamento m incandescente ‖ ⁓**fallschirm** m / paracaídas m iluminante ‖ ⁓**farbe** f / color m fluorescente, pintura f fluorescente, pintura f luminosa ‖ ⁓**farbe**, Fluoreszenzfarbe f (Druck) / tinta f fluorescente ‖ ⁓**farbendruck** m / impresión f con tinta fluorescente ‖ ⁓**feld** n, leuchtendes Feld / tablero m luminoso ‖ ⁓**feld** (Opt) / campo m luminoso ‖ ⁓**feldblende**, -feldschirm m (Opt) / diafragma m que limita el campo luminoso ‖ ⁓**feldlinse** f / condensor m ‖ ⁓**feuer** n (Nav) / luz f de señalamiento marítimo, fanal m, faro m ‖ ⁓**feuerverzeichnis** n / libro m de faros ‖ ⁓**fläche** f / superficie f luminosa ‖ ⁓**flammen-Brenner** m / quemador m con llama luminosa ‖ ⁓**fleck** m (Eltronik) / mancha f luminosa o fluorescente, punto m luminoso ‖ ⁓**fleck** (TV) / punto m de imagen, punto m explorador ‖ ⁓**fleckaufweitung**, -flecküberhellung f (TV) / agrandamiento m del punto explorador, expansión f del punto, hiperluminosidad f ‖ ⁓**gas** n / gas m de alumbrado ‖ ⁓**geschoss** n / proyectil m luminoso ‖ ⁓**glockentonne** f (Schiff) / boya f luminosa de campana ‖ ⁓**kasten** m (Repro) / caja f de luz ‖ ⁓**kompass** m / brújula f luminosa ‖ ⁓**kondensator** m, Flächenleuchte f / capacitor m luminoso ‖ ⁓**körper** m, -gerät n / lámpara f ‖ ⁓**körper der Glühlampe** / elemento m luminoso de la bombilla ‖ ⁓**kraft**, Helligkeit f, Glanz m (allg) / luminosidad f, brillo m, brillantez f ‖ ⁓**kraft** f, Beleuchtungsstärke f (Opt) / intensidad f luminosa ‖ ⁓**kraft** (Astr) / intensidad f lumínica ‖ ⁓**kraft einer Lichtquelle** / fuerza f lumínica ‖ ⁓**kraftbestimmung** f, -kraftmessung f, Photometrie f / fotometría f ‖ ⁓**kraftklasse** f, LC (Astr) / clase f de luminosidad ‖ ⁓**krater** m / cráter m incandescente ‖ ⁓**kugel**, Signalrakete f / cohete m de señales ‖ ⁓**lupe** f / lupa f luminosa ‖ ⁓**manometer** n / manómetro m luminoso ‖ ⁓**markierung** f / punto m luminoso ‖ ⁓**masse** s. Leuchtstoff ‖ ⁓**melder** m (Elektr) / avisador m luminoso ‖ ⁓**melder** m pl (Auto) / luces f pl de señalización y de aviso ‖ ⁓**mittel** n pl / alumbrantes f pl ‖ ⁓**öl** n / petróleo m lampante o de lámparas, keroseno m ‖ ⁓**organismen** m pl (Biol) / organismos m pl luminosos ‖ ⁓**pedal** m (Fahrrad) / pedal m con cristal reflectante ‖ ⁓**-Photoleiter** f / fotoconductor m electroluminiscente ‖ ⁓**pigment** n (Anstrich) / pigmento m luminoso ‖ ⁓**pistole** f / pistola f lanzacohetes, pistola f de señalización ‖ ⁓**platte** f (für Kopierzwecke) / mesa f luminosa ‖ ⁓**platte** (Bau) / baldosa f luminosa, lámpara f de cuadrante ‖ ⁓**platte**, Elektromineszenzplatte f / panel m [mural] electroluminiscente ‖ ⁓**platte** f, Leuchtkondensator m / capacitor m luminoso ‖ ⁓**pulver** m (für Lampen) /

Leuchtpunkt

polvo *m* luminiscente || ~**punkt**, -fleck *m* (TV) / punto *m* o haz luminoso || ~**quarz**, -resonator *m* (Phys) / cristal *m* luminoso || ~**rakete** *f* / cohete *m* luminoso || ~**reklame**, Lichtreklame, -werbung *f* / anuncio *m* luminoso || ~**röhre** *f* / lámpara *f* de filamento rectilíneo, lámpara *f* tubular || ~**röhren-Kanal** o. -Reflektor o. -Träger *m* / canaleta *f* portatubo, luminaria *f* encastrada || ~**satz** *m* / composición *f* luminosa, compuesto *m* luminoso || ~**schaltbild** *n* / sinóptico *m* luminoso, cuadro *m* de mando luminoso || ~**schaltwarte** *f* / puesto *m* de mando luminoso || ~**scheibe** *f*, -zeichen *n* / mirilla *f* luminosa || ~**schiff** *n* / faro *m* flotante || ~**schild** *n* / letrero *m* luminoso, rótulo *m* luminoso || ~**schirm** *m* / pantalla *f* luminiscente || ~**schirm**, Fluoreszenzschirm *m* / pantalla *f* fluorescente || ~**schirm** *m* (Ultraschall) / osciloscopio *m* || ~**schirm der Bildröhre** (TV) / pantalla *f* de visualización || ~**schirmbild**, Reflektogramm *n* (Ultraschall) / imagen *f* osciloscópica || ~**schirmröhre** *f* (Eltronik) / tubo *m* de rayos catódicos || ~**schrift** *f* / letras *f pl* luminosas || ~**signal** *n* / señal *f* luminosa || ~**signal am Rettungsring** (Schiff) / foscar *m* || ~**spur** *f* (Mil) / traza *f* || ~**spur...** (Mil) / trazador *adj* || ~**spurgeschoss** *n* / bala *f* trazadora, proyectil *m* trazador || ~**spurgranate** *f* / granada *f* trazadora || ~**spursatz** *m* / composición *f* trazadora || ~**stab** *m* / varilla *f* luminosa || ~**stärke** *f* / luminosidad *f* || ~**stärken-[Verteilungs]kurve** *f* (Lichttechnik) / curva *f* de luminosidad || ~**stift** *m* (DV) / lápiz *m* luminoso || ~**stoff** *m*, -masse *f* (selbstleuchtend) / sustancia *f* luminiscente, sustancia *f* luminosa || ~**stoff**, Luminophor *m* / luminóforo *m*, sustancia *f* fluorescente || ~**stoff** [für Kathodenstrahlröhren] / sustancia *f* luminiscente, pigmento *m* luminiscente, fósforo *m* || ~**stofflampe**, -stoffröhre *f* / lámpara *f* fluorescente || ~**stofflampe** *f* für Starterbetrieb / lámpara *f* fluorescente con arrancador o con cebador || ~**stoffpunkt** *m* (TV) / punto *m* de fósforo || ~**stoffpunkt-Dreier**, "Trüffel"-Dreier *m* (TV) / trío *m* de puntos de fósforo || ~**stoffzähler** *m* / contador *m* de escintilación || ~**streifen** *m pl* (Meteo) / nubes *f pl* luminosas || ~**system** *n* (Eltronik) / sección *f* de ojo mágico || ~**taste** *f* / tecla *f* o llave luminosa || ~**technik** *f* / luminotecnia *f* || ~**tisch** *m* (Opt) / mesa *f* luminosa || ~**tonne**, -boje *f* (Schiff) / boya *f* luminosa || **grüne** ~**tonne** / boya *f* de naufragio || ~**turm** *m* / faro *m* || ~**turm mit Festfeuer**, [Drehfeuer, Blinkfeuer] / faro *m* con luz fija, [luz giratoria, luz de destellos] || ~**turmröhre** *f* (Radar) / válvula *f* faro, tubo *m* tipo faro || ~**vermögen** *n* / potencia *f* luminosa || ~**visier** *n*, -zielvorrichtung *f* (Mil) / alza *f* luminosa || ~**weite** *f* (Scheinwerfer) / alcance *m* del faro || ~**werbung** *f* s. Leuchtreklame || ~**weste** *f* / chaleco *m* reflector || ~**zeichen** *n* / señal *f* luminosa || ~**zeichen**, -scheibe *f* / mirilla *f* luminosa || ~**zeiger** *m* / indicador *m* luminoso || ~**zeigerwaage** *f* / balanza *f* con indicador luminoso || ~**zeit** *f* / período *m* de luminosidad || ~**zifferblatt** *n* (Uhr) / cuadrante *m* luminoso, esfera *f* luminosa

Leucin *n*, Aminocapronsäure *f* (Chem) / leucina *f*
Leucit *m* (Geol) / leucita *f* || ~**it**, -basalt *m* (Geol) / leucitita *f* || ~**porphyr**, Leucitophyr *m* (Geol) / leucitófido *m*
Leuko•base, Leucobase *f*, -verbindung *f* (Chem) / leucobase *f* || ~**farbstoff** *m* (Tex) / leucocolorante *m* || ~**indigo** *m*, Indigoweiß *n* (Färb) / índigo *m* blanco, blanco *m* de índigo || ~**küpenfarbstoff** *m* / colorante *m* de tina leuco
Leukol, Chinolin *n* (Chem) / quinolina *f*
Leuko•schwefelsäureester *m* / éster *m* sulfúrico de leucoderivados || ~**skop** *n* (Opt) / leucoscopio *m* || ~**til** *m* (Min) / leucotilo *m* (silicato natural de magnesia) || ~**verbindung** *f* s. Leukobase
Leviathan-Wollwaschmaschine *f* (Tex) / tren *m* de lavadoras, leviatán *m*

levieren, Muster einlesen (Tex) / introducir el dibujo
Levitation *f* (Hütt, Phys) / levitación *f*
Levitationskraft *f* / fuerza *f* de levitación
Lewisit, Chlorvinyldichlorarsin *n* (Chem, Mil) / lewisita *f*, clorovinilarsindicloruro *m*
Lewis-Säuren *f pl* (Chem) / ácidos *m pl* [de] Lewis
Lexem *n* / lexema *m*
lexikografische Daten *pl* (DV) / datos *m pl* lexicográficos
Lezithin *n* (Biochem) / lecitina *f*
LFF (Luftf) = Landefunkfeuer
LFF-Methode *f* (=level feature focus) (Roboter) / método *m* LFF
LFK = Lenkflugkörper
L-förmige Handauflage (Wzm) / apoyo *m* de manos en L
L-Gas *n* / gas *m* de pequeño poder
L-Glied *n*, induktives Glied (Eltronik) / componente *f* L
LH (DIN 4076) = Laubhölzer
LHC-Beschleuniger *m* (= Large Hadron Collider) (Phys) / acelerador *m* LHC
LHD-Technik (Laden/Fördern/Abladen) / LHD (= load/haul/dump)
Lias •... (Geol) / liásico *adj* || ~**bildung** *f*, Lias *m f*, untere Juraformation / lias *m* || ~**kalk** *m* / caliza *f* liásica
Libelle *f* (Instr) / nivel *m* de burbuja || **längliche** ~, Röhrenlibelle *f* / nivel *m* tubular de burbuja || **runde** ~, Dosenlibelle *f* / nivel *m* esférico de burbuja
Libellen•prüfer *m* (Instr) / comprobador *m* de burbujas || ~**sextant** *m* (Schiff) / sextante *m* de burbuja
Libration *f* (Astr) / libración *f* || **tägliche o. parallaktische** ~ / libración *f* diurna
Librationspunkt *m* (Raumf) / punto *m* de libración
Lichenverdickung *f*, Alginatverdickung *f* (Chem) / espesamiento *m* de alginato
licht, hell / claro, luminoso || ~**er Abstand** [zwischen] / separación *f* [entre] (E), trocha *f* [entre] (LA), escantillón *m* [entre] (MEJ) || ~**er Abstand der Gleisbremsenbacken** (Bahn) / abertura *f* de las mordazas de freno || ~**e Breite** / anchura *f* interior || ~**e Höhe** (Brücke) / altura *f* libre || ~**e Höhe** (Bau) / altura *f* interior, luz *f*, franqueo *m* vertical || ~**e Öffnung** (Tür) / abertura *f* libre || ~**e Öffnung eines Bogens** (Bau) / abertura *f* de un arco || ~**er Raum**, Lichtraum *m* / vano *m* || ~**e Weite**, Durchgang *m* (Bohrung) / diámetro *m* interior, calibre *m* || ~**e Weite**, Innenweite *f* (Bau) / claro *m*, vano *m* || ~**e Weite**, Lichtraum *m* / luz *f* [libre o franca] || ~**e Weite zwischen Spurkränzen** (Bahn) / medida *f* (E) interior de las ruedas, escantillón *m* (MEJ) interior de las ruedas
Licht *n*, -schein *m* / luz *f* || ~, Fensteröffnung *f* (Bau) / vano *m* de ventana || ~**er** *n pl* (Luftf, Schiff) / luces *f pl* || ~ *n*, Helligkeit *f* / claridad *f* || ~, Kerze *f* / bujía *f*, candela *f* || ~..., Photo... / foto... || ~... s. auch Leucht... || ~ **?** (nach Tunnel) (Verkehr) / iatención a su luz! || ~ **ausstrahlen** (o. -senden o. verbreiten) / emitir luz, radiar luz || ~ **richten** (o. werfen) / proyectar luz || ~**er setzen** [führen] / poner [llevar] luces || **das** ~ **ausschalten** / apagar la luz || **das** ~ **einschalten** / encender o poner la luz || **durch** ~ **verursacht** / fotogénico
Licht•abdeckschirm *m* (für die Aufnahmelinse) (TV) / visera *f* de cámara || ~**abgabe** *f*, -menge *f* / cantidad *f* lumínica o de luz || ~**ablenkvorrichtung** *f* (für Lichtleiter) / deflector *m* de luz guiada || ~**abschluss** *m* / protección *f* contra la luz || **unter** ~**abschluss** / protegido contra la luz || ~**absorbierend** / absorbente de la luz || ~**absorption** *f* / absorción *f* de la luz || ~**aggregat** *n*, Lichtmaschinensatz *m* (Elektr) / grupo *m* electrógeno || ~**anlage** *f* / instalación *f* de alumbrado o de luz eléctrica || ~**anlasser** *m*, Lichtanlassmaschine *f* (Kfz) / dinastart *m* || ~**äquivalent** *n* / equivalente *m* lumínico || ~**arbeit** *f* (in lmh) (Phys) / cantidad *f* de luz || ~**art** *f* (DIN 5031) (Elektr) / iluminante *m* || ~**artwechsel** *m* / cambio *m* de

iluminante ‖ ⁓ausbeute f / equivalente m luminoso ‖ ⁓ausbeute in cd/W (Lampe) / rendimiento m luminoso ‖ ~aussendend (Biol) / fotogénico adj ‖ ~aussendendes Organ (Biol) / órgano m fotogénico ‖ ⁓ausstrahlung f (Tätigkeit) / radiación f de luz ‖ ⁓band n (Bau) / hilera f de ventanas ‖ ⁓band (Tunnel) / hilera f luminosa ‖ ⁓bandbreitenverfahren n (Audio) / método m de patrón óptico ‖ ~beständig s. lichtecht ‖ ⁓bestimmung f (Foto) / medición f de la luz ‖ ⁓bild, Bild n / fotografía f ‖ ⁓bildauswertung f, Photogrammetrie f / fotogrametría f ‖ ⁓bildervortrag m / conferencia f con diapositivas o proyector[es] ‖ ⁓bildkunst, Photographie f / arte m fotográfico, fotografía f ‖ ⁓bildvermessung f / levantamiento m fotográfico, fototopografía f ‖ ~blau, hellblau / azul celeste ‖ ~blau, blassblau / azul pálido ‖ ⁓blitz m, Photoblitz m / flash m, destello m, relámpago m ‖ ⁓blitzentladungslampe f / lámpara f sobrevoltada ‖ ⁓blitzstroboskop n (Eltronik) / estroboscopio m instantáneo ‖ ⁓blitz-Warnleuchte f (Luftf) / luz f anticolisión ‖
Lichtbogen, Überschlag m (Elektr) / salto m de chispas ‖ ⁓ m (Elektr) / arco m voltaico ‖ ⁓ zwischen mehr als zwei Elektroden / arco m compuesto ‖ ⁓ m zwischen zwei Elektroden / arco m sencillo ‖ ⁓abfall m / caída f de tensión en el arco ‖ ⁓antriebseinheit f (Rakete) / motor m plasmático ‖ ⁓bearbeitung f, -brennen n / mecanizado m por arco voltaico ‖ ⁓beheizung f / calentamiento m por arco voltaico ‖ ⁓dauer f / duración f del arco [voltaico] ‖ ⁓entladung f / descarga f en arco [voltaico] ‖ ⁓erdschluss m / cortocircuito m a tierra por arco ‖ ⁓erosion f / erosión f por arco eléctrico ‖ ⁓festigkeit f / resistencia f al arco voltaico ‖ ⁓flamme f (Schw) / llama f de arco ‖ ⁓generator m / generador m de arco ‖ ⁓gleichrichter m / rectificador m de descarga en arco ‖ ⁓-Handschweißen n / soldadura m manual por arco ‖ ⁓ionenquelle f / fuente f iónica de descarga en arco ‖ ⁓kammer f / caja f de extinción de arco ‖ ⁓kohle f, Kohlenstift m / carbón m para arcos voltaicos ‖ ⁓kontakt m (ein Bauteil) / parachispas m ‖ ⁓kopf m / cabeza f del arco ‖ ⁓krater m / cráter m del arco ‖ ⁓löscher m / extintor m del arco ‖ ⁓löschspule f / bobina f apagachispas ‖ ⁓löschung f / extinción f del arco ‖ ⁓ofen m / horno m [de fusión] de arco ‖ **unmittelbarer o. direkter ⁓ofen** (Stromdurchgang durch den Einsatz) / horno m de arco directo ‖ ⁓**ofen** m **mit Schwenkdeckel** / horno m eléctrico (o: de arco voltaico) con tapa giratoria ‖ ⁓**pressschweißen** n, Bolzenschweißen n / soldadura f a presión con arco [voltaico], soldadura f de arco voltaico a presión ‖ ⁓saum m (Schw) / borde m del arco ‖ ⁓schaukelofen m (Hütt) / horno m oscilante de arco voltaico ‖ ⁓[sauerstoff]schneiden n / oxicorte m por arco [voltaico] ‖ ⁓schritt m / paso m del arco ‖ ⁓schutz m (Elektr) / pantalla f antiarco o cortaarcos ‖ ⁓schweißautomat m / máquina f soldadora por arco automática ‖ ⁓schweißelektrode f / electrodo m para soldadura por arco ‖ ~schweißen / soldar por arco [voltaico], soldar eléctricamente ‖ **atomares ⁓schweißen** / soldadura f por hidrógeno atómico ‖ ⁓**schweißen** n **mit Mantelelektrode** / soldadura f por arco con electrodo revestido ‖ ⁓schweißer m / soldador m por arco ‖ ⁓schweißmaschine f, -schweißapparat m / máquina f soldadora por arco ‖ ⁓schweißung f, -schweißen n / soldadura f por arco, soldeo m por arco ‖ ⁓schweißung unter Schutzgas / soldadura f por arco en atmósfera gaseosa (o protectora) ‖ ⁓spaltverfahren n (Chem) / producción f de acetileno por arco eléctrico ‖ ⁓spannungsabfall m / caída f de tensión en el arco ‖ ⁓spektrum n / espectro m del arco eléctrico y ⁓widerstandsofen m / horno m eléctrico con arco y resistencia, horno m con calentamiento por resistencia y arco voltaico ‖ ⁓zündung f / cebado m o encendido del arco
licht•brechend (Opt) / refringente ‖ ⁓**brechung** f / refracción f ‖ ⁓**brechungsvermögen** n / poder m refringente o de refracción ‖ ⁓**bündel**, Strahlenbündel n / haz m o pincel luminoso ‖ ⁓**büschel** n (Elektr) / penacho m o haz eléctrico, descarga f en penacho ‖ ~**chemisch**, photochemisch / fotoquímico ‖ ⁓**dämpfung** f / amortiguación f de la luz ‖ ⁓**decke** f (Bau) / falso techo ‖ ⁓**decke** (Elektr) / techo m luminoso ‖ ⁓**deckenleuchte** f / lámpara f para techo luminoso ‖ ~**dicht** / impermeable a la luz ‖ ⁓**druck** m, Strahlungsdruck m (Phys) / presión f lumínica ‖ ⁓**druck** (Druck) / fotocolotipia f, heliotipia f, colotipia f, fotogelatinografía f, albertipia f, artotipia f ‖ ⁓**drucker** m, Photograveur m / fotograbador m ‖ ⁓**durchflutet** / lleno de luz, luminoso ‖ ⁓**durchlassgrad**, Transmissionsfaktor m (Opt) / transmitancia f de luz ‖ ⁓**durchlassgrad** m **im sichtbaren Bereich** / transmitancia f luminosa ‖ ~**durchlässig**, transparent / transparente, permeable a la luz, diáfano ‖ ~**durchlässiger Beton** / hormigón m diáfano ‖ ⁓**durchlässigkeit**, Transparenz f / transparencia f, diafanidad f ‖ ⁓**durchlässigkeit** f, Durchlassgrad m (Phys) / coeficiente m de transparencia ‖ ⁓**durchlässigkeitszahl** f / índice m de transparencia
Lichte n, lichte Öffnung (Bau) / abertura f libre ‖ **im ⁓n [gemessen]** / medido en lo interior, medido interiormente o internamente
Licht•echo n (Astr) / eco m de luz ‖ ~**echt**, nicht verblassend / sólido a la luz, resistente a la luz ‖ ⁓**echtheit** f / solidez f a la luz ‖ ⁓**echtheitsprüfer** m, Fadeometer n / fadeómetro m ‖ ⁓**effekt** m / efecto m luminoso ‖ ⁓**einfall[s]winkel** m / ángulo m de incidencia de luz ‖ ⁓**einheit** f / unidad f de intensidad luminosa, unidad f lumínica ‖ ⁓**einstrahlung** f / radiación f incidente de luz ‖ ⁓**einwirkung** f / acción f de la luz
lichtelektrisch / fotoeléctrico ‖ ~**e Austrittsarbeit** / función f de trabajo fotoeléctrico ‖ ~**er Effekt**, efecto m fotoeléctrico ‖ ~**e Elektronen-Emission** / efecto m fotoeléctrico externo, emisión f fotoeléctrica ‖ ~**es Kreispolarimeter** / polarímetro m fotoeléctrico circular ‖ ~**es Mikroskop** / microscopio m fotoeléctrico ‖ ~**e Photometrie** (Astr) / fotometría f fotoeléctrica ‖ ~**e Zelle** / fotocélula f, celula f fotoeléctrica
Licht•elektron n / fotoelectrón m ‖ ~**elektronisch** / fotoelectrónico ‖ ⁓**emission** f / fotoemisión f, emisión f de luz ‖ ⁓**emissionsgrad** m / factor m de luminancia ‖ ~**emittierende Diode**, LED / diodo m [electro]luminiscente, diodo m emisor de luz ‖ ~**empfindlich** / sensible a la luz, fotosensible, fotoactivo ‖ ~**empfindlich gemachter Film** / película f sensibilizada ‖ ~**empfindlich machen**, sensibilisieren (Foto) / sensibilizar ‖ ~**empfindliches Papier** / papel m fotográfico, papel m [revestido] con emulsión fotográfica ‖ ~**empfindliche Seite**, Schichtseite f (Foto) / superficie f sensibilizada ‖ ~**empfindliche Stoffe** m pl (Phys) / sustancias f pl fotosensibles ‖ ~**empfindliche Zelle** / fotodetector m ‖ ⁓**empfindlichkeit** f / fotosensibilidad f, sensibilidad f a la luz ‖ ⁓**empfindlichkeit des Films** (Foto) / sensibilidad f de la película, película f
lichten (Wald) / clarificar, aclarar, entresacar ‖ ~ (Bäume) / podar árboles ‖ **den Anker ~** (Schiff) / zarpar, levantar el ancla
Lichtenberg•-Figuren-Kamera f (Phys) / cámara f de figura de Lichtenberg, clidonógrafo m ‖ ⁓**sche Figuren** f pl / figuras f pl de Lichtenberg
Lichtentladung f (Phys) / descarga f luminosa
Lichter•führung f (Luftf, Schiff) / llevada f de luces, régimen m de luces ‖ ⁓**kette** f / cadena f de luces de

Lichterscheinung

Licht•erscheinung f, optisches Phänomen / fenómeno m óptico ‖ **~erzeugend**, -fortpflanzend, -spendend / fotógeno ‖ **~farbe** f (Phys) / color m de la luz ‖ **~farbe** (Kfz) / color m de luz ‖ **~farbmessgerät** n (nach Farbvalenzen) / colorímetro m según valencias cromáticas ‖ **~farbmessgerät** (mittels Farbtemperatur) / termocolorímetro m, kelvinómetro m ‖ **~fest** s. lichtecht ‖ **~filter** m n, Farbenfilter m n / filtro m de luz ‖ **~fleck**, -punkt m (TV) / punto m luminoso ‖ **plötzlicher intensiver ~fleck** (TV) / mancha f hiperluminosa, zona f deslumbrante o superluminosa ‖ **~fluss** m / flujo m luminoso o de luz ‖ **~fortpflanzung** f / propagación f de la luz ‖ **~gang** m (Phys) / trayectoria f de luz ‖ **~gatter** n (Eltronik) / compuerta f de luz ‖ **~geschwindigkeit** f (Phys) / velocidad f de la luz ‖ **~gesteuert** / activado por la luz, fotoactivado ‖ **~giraffe** f / jirafa f de alumbrado ‖ **~gitter** n / rejilla f de difracción óptica ‖ **~gitter für Leuchten** / rejilla f reticular para iluminación ‖ **~gitterrost** m, -gitterbelag m (Bau) / reja f para pozos de luz ‖ **~gitterschranke** f (Presse) / barrera f de luz ‖ **~grau** (RAL 7035) / gris luminoso ‖ **~griffel** m, Lichtstift m / lápiz m óptico o luminoso ‖ **~grün**, Säuregrün n / verde m luz ‖ **~hof** m, Hof m (Opt) / halo m ‖ **~hof** (Bau) / patio m interior, patio m de luz ‖ **~hofbildung** f (Foto) / formación f de halo, halación f ‖ **~hoffrei** (Foto) / antihalo ‖ **~hofschutzschicht** f (Druck) / capa f antihalo ‖ **~hülle** f, Aureole f (Meteo) / envolvente f de luz, aureola f ‖ **~hupe** f (Kfz) / avisador m luminoso ‖ **~hydraulisch** (Laser) / fotohidráulico ‖ **~impuls** m / impulso m de luz ‖ **~impulsgerät** n / aparato m de impulsos luminosos ‖ **~induziert**, durch Licht katalysiert (Chem) / inducido por la luz ‖ **~integrierend** / integrador de luz ‖ **~intensität** f / intensidad f luminosa o de la luz ‖ **~jahr** n (= 0,94605 · 10¹⁸ cm) (Astr) / año-luz m ‖ **~kabel** n / cable m de alumbrado ‖ **~kanal** m (für Scheinwerfertests) / canal m o túnel (para pruebas luminosas) ‖ **~kegel** m / cono m luminoso o de luz ‖ **~klima** n (Beleuchtung der Erde) / fotoclima m ‖ **~kreuz** n (Meteo) / cruz f luminosa ‖ **~kreuzsteuerung** f (Schw) / guiado m o guiaje por retículo luminoso ‖ **~kuppel** f (Bau) / cúpula f transparente ‖ **~kupplung** f (Eltronik) / conexión f de conductores de alumbrado ‖ **~labor** m / laboratorio m de pruebas luminosas ‖ **~lampe** f, Pumplampe f (Laser) / luz f de relámpago por bombeo ‖ **~lehre**, Optik f / óptica f ‖ **~leiste** f (Elektr) / moldura f luminosa ‖ **~leistung** f / potencia f luminosa ‖ **~leiter** m / conductor m de luz ‖ **~leiter-Nachrichtenübertragung** f / transmisión f por fibras ópticas ‖ **mit negativem ~leitfähigkeitskoeffizienten** / fotonegativo ‖ **mit positivem ~leitfähigkeits-Koeffizienten** / fotopositivo ‖ **~leitfaser** f / guiaondas m fibroóptico, fibra f guiaondas ‖ **~leitkabel** n / cable m de fibras guiaondas ‖ **~leitung** f (Elektr) / línea f de alumbrado ‖ **~leitung** (Kfz) / cable m de alumbrado ‖ **~leitwert** m / coeficiente m de transmisión lumínica ‖ **~loch** n, Sehloch m (Bau) / luneta f, mirilla f ‖ **~magnetzünder** m (Kfz) / dinamomagneto m ‖ **~marke** f, Lichtpunkt m (Opt) / punto m luminoso ‖ **~maschine** f (Gleichstrom) (Kfz) / dínamo f ‖ **~maschine**, Generator m (Wechselstrom) (Kfz) / dínamo f de corriente alterna ‖ **~maschine**, Dynamo m (Fahrrad) / dínamo f de bicicleta ‖ **~maschine** (Bahn) / dínamo f de alumbrado ‖ **~maschinengehäuse** f (Kfz) / carcasa f cilíndrica de la dínamo ‖ **~maschinensatz** m, Lichtaggregat n (Elektr) / grupo m dínamo ‖ **~maß** n, Lichtprofil n (Bahn) s. Lichtraumprofil ‖ **~mast** m (Straßb) / poste m de alumbrado, farola f m ‖ **~mast** (Bahn) / mastil m de iluminación, torre f de iluminación ‖ **~menge** f (in der Zeiteinheit) / flujo m luminoso por unidad de tiempo ‖ **~menge** (in lmh) /

Lichtarbeit f / cantidad f de luz ‖ **~messgerät** n (allg) / fotómetro m ‖ **~messung** f, Photometrie f / fotometría f ‖ **~messungs...**, photometrisch / fotométrico ‖ **~mikroskop** n / microscopio m óptico ‖ **~mikroskopie** f / microscopía f óptica ‖ **~modulator** m (Eltronik) / modulador m de luz ‖ **~mühle** f, Crookes Radiometer (Phys) / radiómetro m de Crookes ‖ **~netz** n, -leitungen f pl (Elektr) / red f de alumbrado ‖ **~öffnung** f, Fensteröffnung f (Bau) / vano m de ventana ‖ **~öffnung**, -loch n / luneta f, mirilla f ‖ **~öffnung im Straßenpflaster** / claraboya f, tragaluz m del pavimento ‖ **~optik** f / óptica f de luz ‖ **~optisch** / óptico ‖ **~orgel** f / órgano m de luz (proyectores acoplados) ‖ **~pausapparat** m, -maschine f / aparato m heliográfico o de heliocalco, cianógrafo m ‖ **~pause** f, Blaupause f / heliografía f, copia f heliográfica o azul, calco m heliográfico o azul ‖ **~pause auf Diazomaterial** / diazocopia f ‖ **~pauserei** f / taller m heliográfico ‖ **~pausgerät** n **für Diazo** / diazocopiador m ‖ **~pausmaschine** f (Blaupausen) / cianógrafo m, máquina f para impresión heliográfica ‖ **~pausmaterialien** n pl (Diazo) / material m para diazocopias ‖ **~pauspapier** n, Blaupauspapier n / papel m heliográfico ‖ **~pauspapier**, Diazopapier n / papel m diazo ‖ **~pistole** f (ein Lichtstift) (Eltronik) / fotocaptor m tipo pistola ‖ **~profil** n (Bahn) s. Lichtraumprofil ‖ **~punkt** m, Lichtmarke f / marca f luminosa ‖ **~punkt** (TV) / punto m explorador ‖ **~punktabtaster** m (Abtastung mit Lichtpunkt) (TV) / explorador m de punto móvil, analizador m de punto luminoso móvil ‖ **~punktgalvanometer** n / galvanómetro m con punto móvil ‖ **~quant**, Photon n / cuanto m de luz, fotón m ‖ **~quelle** f / foco m de luz, fuente f luminosa o de luz, manantial m luminoso o de luz ‖ **selbstleuchtende ~quelle** / fuente f autoluminosa ‖ **~quellen** f pl / focos m pl luminosos ‖ **~rampe** f (Theater) / candilejas f pl ‖ **~raum** m (Bau) / vano m ‖ **~raumprofil** m, Umgrenzungslinie f des lichten Raumes (Bahn) / gálibo m de paso libre ‖ **~raumprofil für die Fahrleitung** (Bahn) / gálibo m de línea de contacto ‖ **~raumprofil** n **für Stromabnehmer** (Bahn) / gálibo m de aislamiento de los pantógrafos ‖ **~raumverengung** f (Bahn) / rebasamiento m de gálibo ‖ **~reflex** m / reflejo m de luz ‖ **~reflexion**, -rückstrahlung f / reflectancia f luminosa ‖ **~regler** m / reductor m de luz, dimmer m ‖ **~reiz** m / excitación f luminosa ‖ **~reklame**, -werbung, Leuchtreklame f / publicidad f luminosa ‖ **~relais** n / relé m fotoeléctrico u óptico, válvula f de luz ‖ **~relais**, photoelektrisches Relais, Lichtschranke f, Lichtgitter n / barrera f de luz ‖ **~remissionsgrad** m (DIN) / factor m de reflectancia luminosa ‖ **~riss** m (Bauholz) / herida f de insolación ‖ **~rissschutzmittel** n / producto m antisolar ‖ **~rohr** n / tubo m luminoso ‖ **~ruf** m (Rufanlage) / llamada f luminosa, luz f de aviso ‖ **~rufanlage** f / instalación f de señales (o llamadas) luminosas ‖ **~rufsprechanlage** f / instalación f de intercomunicación con luz de aviso del teléfono ‖ **~[sammel]schiene** f / barra f colectora de alumbrado ‖ **~satz** m (Druck) s. Fotosatz ‖ **~satz**, Fotosatz m / fotocomposición f ‖ **~säule** f / columna f luminosa ‖ **~schacht** m (Bau) / pozo m de luz ‖ **~schalter** m / interruptor m de luz, llave f de alumbrado (col) ‖ **~schalter** (Kfz) / conmutador m o conectador de faros ‖ **~schaltkasten** m / caja f de distribución de alumbrado ‖ **~schein** m / resplandor m ‖ **~schirm** m, Reflektor m / reflector m ‖ **~schlauch** m / tubo m luminoso flexible ‖ **~schleier** m (Foto) / velo m de luz ‖ **~schleuse** f (Foto) / esclusa f de luz ‖ **~schluckend**, -absorbierend / absorbente de luz ‖ **~schnitt** m (Opt) / sección f luminosa, corte m óptico ‖ **~schnittmikroskop** n / microscopio m de sección luminosa ‖ **~schnitt-Tubus** m / tubo m de sección

luminosa, tubo *m* de cortes ópticos ‖
⁓**schnittverfahren** *n* (Opt) / procedimiento *m* de sección luminosa ‖ ⁓**schranke** *f* / barrera *f* de luz ‖
⁓**schreiber** *m* / fotocaptor *m* tipo estilográfica ‖
⁓**schubschalter** *m* / conmutador *m* deslizante de alumbrado ‖ ⁓**schutzmittel** *n* / producto *m* antisolar ‖
~**schwach** (TV) / poco luminoso ‖ ~**schwach** (Erscheinung) / de poca intensidad luminosa ‖
~**schwaches Objektiv** / objetivo *m* poco luminoso ‖
⁓**schwankung** *f* / fluctuación *f* luminosa o de luz ‖
⁓**schwerpunkt** *m* (Leuchte) / centro *m* de luz de una lámpara ‖ ⁓**schwerpunktsabstand** *m* (Leuchte) / largo *m* de centro de luz ‖ ⁓**sensor** *m* / sensor *m* de luz ‖
⁓**setzmaschine** *f* (Druck) / máquina *f* fotocomponedora ‖ ⁓**setzverfahren** *n* / fotocomposición *f* ‖ ⁓**sicherung** *f* (Elektr) / fusible *m* [del circuito] de alumbrado ‖ ⁓**signal** *n*, (früher:) Lichttagessignal *n* (Bahn) / señal *f* luminosa ‖ ⁓**signal**, Leuchtkugel *f* / bala luminosa *f* ‖ ⁓**signal** (Straßb) / luz *f* de tránsito, semáforo *m* ‖ ⁓**signal mit beweglicher Farbblende** (Bahn) / señal *f* luminosa de colores con cristales de colores móviles ‖ ⁓**spalt** *m* / rendija *f* de luz, intersticio *m* luminoso ‖ ⁓**spur** *f* s. Leuchtspur ‖
⁓**spurverfahren** *n* (F.Org) / cronociclografía *f* ‖
~**stark**, -durchlässig (Linse) / muy luminoso ‖
~**starkes Objektiv** / objetivo *m* muy luminoso ‖
⁓**stärke** *f*, Helligkeit *f* (Leuchtdichte x Fläche) / intensidad *f* luminosa ‖ ⁓**stärke** (einer Linse) / abertura *f* relativa de lente, luminosidad *f* (de una lente) ‖ ⁓**[stärke]messer** *m*, Photometer *n* / fotómetro *m* ‖ ⁓**stärkennormal** *n*, Lichtstandard *m* / patrón *m* primario de intensidad luminosa ‖
⁓**steckdose** *f* / caja *f* de enchufe para alumbrado ‖
⁓**stecker** *m* / clavija *f* de enchufe para alumbrado ‖
⁓**stellanlage** *f* (Theater) / pupitre *m* de control para los efectos luminosos ‖ ⁓**steuergerät** *n* / reductor *m* de intensidad de luz o de alumbrado, regulador *m* de la intensidad luminosa ‖ ⁓**steuerröhre** (TV) / tubo *m* modulador de luz ‖ ⁓**steuerschirm** *m* (TV) / pantalla *f* de control de intensidad lumínica ‖ ⁓**stift** *m* (DV) / fotocaptor *m* tipo estilográfica ‖ ⁓**stiftanzeige** *f* / indicación *f* del fotocaptor ‖ ⁓**stifteingabe** *f* / entrada *f* por fotocaptor ‖ ⁓**strahl** *m* (Opt) / rayo *m* de luz ‖
⁓**strahlenwirkung** *f*, Aktinität *f* (Chem, Phys) / actinismo *m* ‖ ⁓**strahlinstrument** *n* / instrumento *m* de haz luminoso ‖ ⁓**strahloszillograph** *m* / oscilógrafo *m* de haz luminoso ‖ ⁓**strahlschreiber** *m* / estilógrafo *m* luminoso, lápiz *m* o haz luminoso ‖
⁓**strahlschweißen** *n* / soldadura *f* lasérica o con laser ‖ ⁓**strahlung** *f* / radiación *f* luminosa o de luz ‖
~**streifen** *m* / faja *f* luminosa o de luz ‖ ⁓**streifen**, -spur / estela *f* de luz ‖ ⁓**streifen** *m pl*, Schichten *f pl* (Phys) / estriación *f* luminosa ‖ ~**streuend** / difusivo o dispersivo de luz ‖ ⁓**streugerät** *n* / difusor *m* de la luz ‖
⁓**streuung** *f*, Streulicht *n* / difusión *f* o dispersión *f* luminosa o de la luz ‖ ⁓**strom** *m* (Elektr) / corriente *f* de alumbrado ‖ ⁓**strom** (Phys) / flujo *m* luminoso o de luz ‖ ⁓**strom**, Photostrom *m* (Eltronik) / corriente *f* fotoeléctrica ‖ ⁓**strombedarf** *m* (TV) / consumo *m* de flujo luminoso ‖ ⁓**strommesser** *m* / flujómetro *m* o fluxómetro o fluxímetro de flujo luminoso ‖ ⁓**taster** *m* (Regeln) / explorador *m* de punto luminoso ‖
⁓**technik** *f*, Beleuchtungstechnik *f* / técnica *f* de alumbrado, luminotecnia *f* ‖ ⁓**techniker** *m*, Beleuchtungsingenieur *m* / técnico *m* del alumbrado, luminotécnico *m* ‖ ~**technische Bewertung** / evaluación *f* luminotécnica ‖ ~**technische Einheit** / unidad *f* de alumbrado ‖ ⁓**teilchen** *n*, Lichtquant *n*, Photon *n* (Phys) / cuánto *m* de luz, fotón *m* ‖
⁓**therapie** *f* (Med) / actinoterapia *f*
Lichtton *m* (Film) / sonido *m* óptico, fotosonido *m* ‖
⁓**-Abtastgerät** *n* / lector *m* óptico de sonido ‖
⁓**-Aufzeichnung** *f* / registro *m* óptico de sonido, registro *m* de fotosonido ‖ ⁓**band** *n* / banda *f* sonora óptica ‖ ⁓**film** *m* / película *f* sonora de grabación luminosa ‖ ⁓**gerät** *n* / registrador *m* óptico de sonido ‖ ⁓**-Gleichlaufmessfilm** *m* / película *f* de medición de gimoteo y centelleo, película *f* de medición de lloro y tremulación ‖ ⁓**-Kamera** *f* / cámara *f* de registro de sonido óptico, cámara *f* sonora o de fotosonido ‖
⁓**lampe** *f* / lámpara *f* para película sonora óptica ‖
⁓**negativ** *n*, SN (Film) / negativo *m* sonoro ‖ ⁓**optik** *f* / óptica *f* de lectura del sonido ‖ ⁓**positiv** *n*, SP (Film) / positivo *m* sonoro ‖ ⁓**schreiber** *m* / registrador *m* de sonido óptico ‖ ⁓**spalt** *m* (Film) / rendija *f* de sonido óptico ‖ ⁓**spur** *f* / banda *f* o pista sonora óptica ‖
⁓**verfahren** *n* (Film) / sistema *m* de registro de sonido óptico ‖ ⁓**-Wiedergabegerät** *n* / reproductor *m* fotoacústico, reproductor *m* óptico del sonido ‖
⁓**-Wobbelfilm** *m* / película *f* de prueba con pista de ruido
Licht•transformator *m* / transformador *m* para alumbrado ‖ ~**undurchlässig**, undurchsichtig / impermeable a la luz, opaco ‖ ~**unempfindlich**, insensible a la luz ‖ ~**unempfindliche Deckmasse**, Photoresist *n*, -resistlack *m* / su[b]stancia *f* fotoendurecible ‖ ~**unempfindlich machen** (Film) / insensibilizar ‖ ⁓**unempfindlichkeit** *f* / estabilidad *f* a la luz
Lichtung *f* (Forstw) / claro *m*
Licht•vektor *m* (Krist) / vector *m* luminoso o de luz ‖
⁓**ventil** *n* (Film) / válvula *f* de luz, relé *m* óptico ‖
⁓**verschmutzung** *f* (Umw) / polución *f* luminosa ‖
⁓**verteilungskurve** *f* / curva *f* de distribución polar ‖
⁓**verteilungsschirm** *m* / difusor *m* concéntrico de luz ‖ ⁓**visier** *n* (Radiol) / visor *m* luminoso ‖ ⁓**wange** *f* (Treppe) / zanca *f* visible ‖ ⁓**weg** *m*, Weglänge *f* / largo *m* de camino óptico ‖ ⁓**weite** *f* (Bau) / claro *m*, vano *m* ‖ ⁓**weite** (Brücke) / luz *f* de puente ‖ ⁓**welle** *f* (Phys) / onda *f* luminosa o de luz ‖ ⁓**wellen-Dopplerradar** *m n* / radar *m* Doppler de ondas luminosas ‖
⁓**wellenlehre**, Wellenoptik *f* / teoría *f* ondulatoria de la luz ‖ ⁓**wellenleiter** *m*, LWL / guía *f* de ondas [fibróptica], guíaondas *m* de luz ‖
⁓**wellenleiter-Endgerät** *n* / equipo *m* terminal fibroóptico ‖ ⁓**wellenleiterkabel** *n*, LWL / cable *m* guíaondas [fibroóptico] ‖ ⁓**wellenleiter-Schalter** *m* / interruptor *m* de guía de ondas fibroóptico ‖
⁓**wellenleiter-Sender** *m* / emisor *m* para guía de ondas ‖ ⁓**wellenzug** *m* / tren *m* de ondas luminosas ‖
⁓**wert** *m* (Foto) / índice *m* de exposición, valor *m* luminoso ‖ ⁓**wertautomatik** *f* (Foto) / regulador *m* automático de la intensidad luminosa ‖
⁓**wert-Einstellring** *m* (Foto) / anillo *m* de regulación del valor luminoso ‖ ⁓**wertkupplung** *f* (Foto) / copulación *f* cruzada ‖ ⁓**wiederholer** *m*, Signalmeldelämpchen *n* (Bahn) / repetidor *m* de control de luz de señales ‖ ⁓**wirkung**, Aktinität *f* (Chem, Phys) / actinismo *m* ‖ ⁓**wurflampe** *f* / lámpara *f* de proyección ‖ ⁓**zähler** *m* (Elektr) / contador *m* de la corriente de alumbrado ‖ ⁓**zeichen**, -signal *m* / señal *f* luminosa ‖ ⁓**zeichenanlagen** *f pl*, Verkehrsampeln *f pl* / señales *f pl* de tráfico ‖ ⁓**zeiger**, Leuchtzeiger *m* / indicador *m* luminoso ‖ ⁓**zeigerwaage** *f* / balanza *f* con indicador luminoso ‖ ⁓**zeile** *f* / hilera *f* de lámparas ‖ ⁓**zeit** *f*, Aberrationszeit *f* (Astr) / tiempo *m* de luz ‖ ⁓**zündschalter** *m* (Kfz) / interruptor *m* combinado de luz y de encendido
LiCl-Hygrometer *n* / higrómetro *m* de LiCl
LID *f* (Zener-Diode) (Eltronik) / LID *m*
LIDAR *m n* (= laser infrared radar) (lichtmaserbetriebenes Radar) / radar *m* por infrarrojo
Liderung *f* (Masch) / empaquetadura *f* ‖ ⁓ (Waffe) / obturación *f*
Lidodeck *n* (Schiff) / cubierta *f* de sol
Liebigit *m* (Min) / liebigita *f* (hidrocarbonato de urano)

809

Liebigkühler

Liebigkühler m (Chem) / refrigerador m [de] Liebig ‖ ≈ (nach West) / refrigerante m de West
Liefer•... / suministrador adj ‖ ≈**abruf** m / pedido m de entrega
Lieferant m / proveedor m, suministrador m ‖ ≈, Lieferfirma f / casa f proveedora
lieferbar / entregable ‖ ~ (Druck) / ya en venta, abastecido ‖ **sofort** ~ / pronto para entregar o para la entrega
Liefer•bedingungen f pl / condiciones f pl de entrega o de suministro ‖ ≈**beton** m, Transportbeton m (Bau) / hormigón m mezclado en camión ‖ ≈**frist** f / plazo m de entrega o de suministro ‖ ≈**grad** (Kompressor, Mot, Pumpe) / rendimiento m volumétrico ‖ ≈**länge** f / largo m de abastecimiento ‖ ≈**los** n / lote m de entrega ‖ ≈**menge** f / cantidad f entregada (o a entregar) ‖ ≈**menge**, Förder-, Pumpenleistung f, Leistung f (Pumpe) / gasto m o caudal en l/min ‖ ≈**mischer** m (Bau) / camión-hormigonera m, camión m mezclador
liefern vt, ausliefern / entregar, suministrar ‖ ~, ergeben / rendir, producir ‖ **Strom** ~ (Elektr) / alimentar o suministrar corriente
Liefer•norm f / estándar[d] m de entrega ‖ ≈**programm** n / gama f de productos ‖ ≈**schein** m / talón m o boletín de entrega, nota f de entrega, albarán m ‖ ≈**spule** f (Draht) / bobina f de entrega ‖ ≈**termin** m / plazo m de entrega [comprometido] ‖ ≈**umfang** m / volumen m de suministro, alcance m
Lieferung f, Zustellung f [von Waren], Auslieferung f / reparto m de mercancías ‖ ≈ (Tätigkeit) / entrega f, suministro m ‖ ≈, Beschaffung f / aprovisionamiento m ‖ ≈, Sendung f / envío m ‖ ≈, Heft n (Druck) / entrega f ‖ ≈ f **als Unterlieferant** / entrega f de subcontratista ‖ ≈ **frei Haus** / entrega f a domicilio
Liefer•wagen m (Kfz) / camioneta f de reparto, coche m de reparto ‖ ≈**walze** f (Kämmmaschine) / cilindro m de salida, cilindro m absorbedor de la cinta ‖ ≈**walze** (Spulmaschine) / cilindro m de entrega ‖ ≈**walze** (Zwirnmaschine) / cilindro m alimentador ‖ ≈**walze** (Karde) / cilindro m compresor ‖ ≈**walze** (Kammwolle) / cilindro m de delante ‖ ≈**werk** n / fábrica f proveedora ‖ ≈**werk** (Beton) / fábrica f de hormigón ‖ ≈**werk** (Ringzwirnm) / dispositivo m alimentador ‖ ≈**zeit**, -frist f, -termin m / plazo m de entrega o de suministro ‖ ≈**zustand** m (Walzw) / estado m de suministro, estado m tal cual
Liege f (Möbel) / tumbona f ‖ ≈**dauer**, -zeit f, (des Oberbaus) (Bahn) / duración f [de los carriles] en la vía ‖ ≈**geld** n (Schiff) / estadías f pl ‖ ≈**gleiter** m (Luftf) / planeador m con piloto postrado ‖ ≈**hafen** m (Schiff) / puerto m de invierno o de protección
liegen vi / estar situado o puesto ‖ ~ (Gebäude) / estar emplazado o ubicado ‖ ~ [auf] / basarse [en], apoyar [sobre] ‖ ~ **bleiben** (Kfz) / quedar parado ‖ ~ **bleiben** (Bahn) / precisar máquina de socorro ‖ **nach dem Hof** ~ / dar al patio
liegend / puesto o colocado horizontal ‖ ~, horizontal / horizontal ‖ ~ **aufbewahren** / imanténgase horizontal! ‖ ~**e Falte**, Deckfalte f, Überfaltung f (Geol) / recubrimiento m ‖ ~**es Fenster** / ventana f horizontal ‖ ~**er Kessel** / caldera f horizontal ‖ ~**e Maschine** / máquina f horizontal ‖ ~**er Motor** / motor m horizontal
Liegendes n (Bergb) / yacente m, muro m, lecho m
Liege•platz m (Schiff) / emplazamiento m al muelle ‖ ≈**platz** (Bahn) / plaza f de litera ‖ ≈**platz auf der Reede** (Schiff) / fondeadero m ‖ ≈**presse** f (Pap) / prensa f yacente o durmiente ‖ ≈**rinne** f (Dach) / gotera f colocada sobre el muro ‖ ≈**sitz** m (Kfz) / asiento m reclinable ‖ ≈**tage** m pl (Schiff) / estadías f pl ‖ ≈**wagen** m (Bahn) / coche m de literas ‖ ≈**zeit** f [im Betrieb], Lagerungszeit f [im Lager] (F.Org) / plazo m en el almacén
Liek f (Schiff) / relinga f

Liesche Algebra f / álgebra f de Lie
lieschen vt (Mais) / desgranar ‖ ≈ f pl (Bot) / espatas f pl, perfollas f pl, chalas f pl (LA) ‖ ≈ n (Mais) / acción f de desgranar
Liesegangsche Ringe m pl, periodische Niederschlag (Kolloid) (Chem) / anillos m pl de Liesegang
Lievrit, Ilvait m (Min) / lievrita f, ilvaita f ‖ **farbloser** ≈, Lawsonit m (Min) / lawsonita f
LIF, laserinduzierte Fluoreszenz / fluorescencia f inducida por láser
Lifetime-Schmierung f (Masch) / lubrificación f por vida
Lift, Fahrstuhl, Aufzug m / ascensor m, elevador m (MEJ) ‖ ≈**back** m, Fließheck n (Kfz) / parte f trasera aerodinámica ‖ ≈**-dumper** m (Luftf) / aerofrenos m pl internos
Lifter m (Fördergerät für Behinderte) (DIN 32 979) / aparato m para el transporte de impedidos físicos
Lift-Fan m (Luftf) / ventilador m de sustentación
Lifting Body [keilförmiger] (Raumf) / cuerpo m portador
Lift•-off m (Rakete) / despegue m ‖ ≈**-on/lift-off**, Vertikalbeladung f (Schiff) / carga f vertical ‖ ≈**-on/Lift-off-Containerschiff** n / buque m container de carga vertical ‖ ≈**-Slab-Bauweise** f (Bau) / método m Lift-Slab ‖ ≈**van** m / lift van m
Ligand m (ein Ion) / ligando m, grupo m coordinador
Ligase f, Synthetase f (Chem) / ligasa f
Ligatur f, Doppelbuchstabe m (Druck) / ligadura f
LIGA-Verfahren n (Lithographie, Galvanoformung, Abformung) (Druck) / procedimiento m LIGA
Light-Ends-Anlage f (Öl) / instalación f de fracciones ligeras (E) o livianas (LA)
Ligierung f (Gentechnik) / ligación f
Lignin n (Bot, Chem) / lignina f ‖ **natives** ≈, Protolignin n / protolignina f ‖ ≈**aufnahme** f, -einlagerung f / recibimiento m de lignina ‖ ≈**harz** n / resina f de lignina ‖ ≈**kunststoff** m / plástico m a base de lignina ‖ ≈**sulfonat**, Lignosulfonat n (Chem) / sulfonato m de lignina ‖ ≈**zerstörung** f (Pap) / delignificación f
Lignit n (Holzbestandteile der Braunkohle), Xylit m (Bergb, Geol) / xilita f ‖ ≈ m, holzige Braunkohle / lignito m ‖ ≈**ton** m (Geol) / arcilla f lignitosa
Lignocellulose f / lignocelulosa f
Lignofolhartholz n / lignofol f, madera f densificada
Lignum vitae n, Pockholz n (Bot) / guayacán m, madera f de guayaco
Ligroin n (Leichtöl) / ligroína f
Liguster m (Bot) / ligustro m
Likör m / licor m
Liliazeen f pl (Bot) / liliáceas f pl
Li-Li-Methode f (Container) / carga f vertical
Liliputsockel m / casquillo m de rosca 11 mm
LIM (Elektr) = Linearinduktionsmotor
Limburgit m (Geol) / limburgita f
Limbus, Gradbogen m (Verm) / limbo m, arco m o cuadrante graduado
limes, Grenzwert m (Math) / límite m ‖ ≈**federring** m **für Scheibenräder**, Limesring m / arandela f de muelle cónica tipo Limes
Limettenbaum m (Bot) / limero m
Limit n, obere o. Höchstgrenze f / límite m superior
Limiter m (Plasma) / limitador m
limitieren vt / limitar
limitiert, beschränkt, begrenzt / limitado
Limnimeter n (f. Pegelaufzeichnungen), Limnograph m / limnógrafo m
limnisch (im Süßwasserbereich vorkommend) / límnico
Limnograph m, Limnometer m / limnógrafo m, limnímetro m
Limnologe m / limnólogo m
Limnologie f / limnología f
Limone f (Bot) / limón m ‖ **süße** ≈, Citrus limonia / lima f
Limonen n (Chem) / limonén m
Limonit m (Min) / limonita f ‖ ≈**beton** (Bau) / hormigón m de limonita

Limousine f (Kfz) / limusina f, sedán m, turismo m ‖ ≃ **mit abgeteiltem Fahrersitz** (Kfz) / sedán m con separación ‖ **vier-, [zwei]türige** ≃ (Kfz) / sedán m de cuatro, [dos] puertas
Linac s. Linearbeschleuniger
Linaloeöl, Rosenholzöl n (Handelsbez) (Pharm) / esencia f de lináloe
Linalool n (Chem) / linalol m
Linar m (Astr) / linar m
Linarit m, Bleilasur f (Min) / linarite f
lind • [e], gelind[e] / suave ‖ ~, lindgrün (Farbton) / verde tilo
Linde f, Tilia cordata (Bot) / tilo m ‖ **amerikanische** ≃, Tilia americana / tilo m americano
Linde•-Kälteverfahren n / proceso m Linde ‖ ≃**-Kupfersüßung** f (Chem) / desulfuración f con cloruro de cobre [sistema Linde]
Lindemann-Fenster n (Radiol) / ventana f de Lindemann
lindgrün / verde tilo
Lindlar-Kontakt [katalysator] m / catalizador m heterógeno o de contacto [según Lindlar]
Lineage f, Kleinwinkelkorngrenze f (Krist) / formación f de líneas
Lineal n, Linienzieher m (Zeichn) / regla f ‖ ≃, Führer m (Nähm) / guión m ‖ ≃ **der Kopiervorrichtung** (Wzm) / plantilla f ‖ **großes** ≃ (aus Metall) / reglón m ‖ ≃**einrichtung** f (Offset) / dispositivo m deslizable de trazado
linealisch (Bot) / lineal, linear
Lineal • schlepper m (Walzw) / ripador m de barra ‖ ≃**winkel** m (Tischl) / guía f de ingletes
linear, geradlinig, Linear... / lineal ‖ ~ **abhängig** (Math) / linealmente dependiente ‖ **~e Abhängigkeit** (Math) / dependencia f lineal ‖ **~e Ablenkung** (TV) / barrido m lineal ‖ **~er Akkord** (F.Org) / destajo m lineal ‖ **~e Aktivität** (Nukl) / actividad f lineal ‖ **~e Algebra** / álgebra f lineal ‖ **~ ansteigende Spannung** (Eltronik) / tensión f ascendente lineal [mente] ‖ **~e Ausdehnung, Längsdehnung** f / dilatación f longitudinal o lineal ‖ **~es Bremsvermögen** (Nukl) / capacidad f de frenado lineal ‖ **~es CCD** (Halbl) / red f colineal fotosensible ‖ **~e Deformation** / deformación f lineal ‖ **~er Differential-Transformator** m / transductor m linear variable diferencial ‖ **~e Dispersion** (Atom, Nukl) / dispersión f lineal ‖ **~es Energieübertragungsvermögen**, beschränktes lineares Bremsvermögen (Nukl) / transferencia f lineal de energía ‖ **~er Frequenzgang** / respuesta f de frecuencia plana ‖ **~er Fuß** / pie m lineal ‖ **~e Gleichrichtung** (Fernm) / rectificación f lineal ‖ **~e Gleichung** (Math) / ecuación f lineal o de primer grado ‖ **~er integrierter Schaltkreis** / circuito m integrado lineal ‖ **~e Interpolation** (Math) / interpolación f lineal ‖ **~e Ionisation** (Math) / ionización f lineal ‖ **~es Kollisions-Bremsvermögen** (Atom, Nukl) / capacidad f de frenado lineal por colisión ‖ **~es Makromolekül** / macromolécula f lineal ‖ **~e Modulation** (Fernm) / modulación f lineal ‖ **~es Molekül** / molécula f lineal ‖ **~es Moment**, Impuls m, Bewegungsgröße f / cantidad f de movimiento lineal, momentum m lineal ‖ **~es Niederdruck-Polyethylen**, LLDPE (Plast) / polietileno m de baja presión lineal ‖ **~e Optimalisierung** / optimización f lineal ‖ **~e PCM** (Eltronik) / modulación f por codificación de impulsos lineal ‖ **~er Pinch** (Plasma) / estricción f lineal ‖ **~es Polyethylen**, LGDPE (Plast) / polietileno m lineal ‖ **~e Programmierung o. Planrechnung** (DV) / programación f lineal ‖ **~e proportionale Dämpfung** (Phys) / amortiguación f viscosa lineal ‖ **~er Raum**, Vektorraum / espacio m lineal, espacio m vectorial ‖ **~es Regelsystem** / sistema m de regulación lineal ‖ **~e Regelung** / regulación f lineal, control m lineal ‖ **~e Regression** / regresión f lineal ‖ **~er Schwund** (Gieß) / contracción f lineal ‖ **~e Stableistung** (Nukl) /

potencia f lineal ‖ **~es Superpolymer** (Plast) / superpolímero m lineal ‖ **~e Transformation** (Math) / transformación f lineal ‖ **~e Verstärkung** (Eltronik) / amplificación f [de ganancia plana] lineal ‖ **~ verzerrt** / de distorsión lineal ‖ **~e Verzerrung, Linearverzerrung** f (Opt) / distorsión f lineal ‖ **~er Wandler** (Schwingungen) / transductor m lineal ‖ **~er Wärmeausdehnungskoeffizient** (Phys) / coeficiente m de la dilatación térmica lineal ‖ **~e Zugbeeinflussung** (Bahn) s. Linienzugbeeinflussung
Linear • antenne f, Käfigantenne f / antena f lineal ‖ ≃**antennengruppe** f / red f colineal, sistema m de antenas colineales ‖ ≃**arm** m (Roboter) / brazo m horizontal ‖ ≃**beschleuniger** m, Linac / acelerador m lineal ‖ ≃**feuer** n (Luftf) / luz f lineal ‖ ≃**gleichungslöser**, Polynomrechner m (Math) / resolvedor m de ecuaciones de primer grado ‖ ≃**induktionsmotor** m, LIM / motor m [eléctrico] de inducción lineal
linearisieren vt / linealizar
Linearisierungswiderstand m (TV) / resistencia f compensadora de crestas
Linearität f / linealidad f, proporcionalidad f
Linearitäts • abweichung f / desviación f de linealidad ‖ ≃**fehler** m / error m de proporcionalidad ‖ ≃**fehler** (TV) / distorsión f de linealidad ‖ ≃**maß** n (TV) / factor m de linealidad ‖ ≃**testbild** n (TV) / mira f electrónica para prueba de linealidad
Linear • kolloide n pl (Chem) / coloides m pl lineales ‖ ≃**koordinaten** f pl (Math) / coordenadas f pl lineales ‖ ≃**lager** n / apoyo m lineal (sobre rodillos) ‖ **~-logarithmisch** / lineal-logarítmico ‖ ≃**maßstab** m (Regeln) / sistema m de medida lineal ‖ ≃**motor** m (linearer Drehstrom-Induktionsmotor) / motor m [eléctrico] de inducción lineal, motor m lineal ‖ ≃**perspektive** f / perspectiva f lineal ‖ ≃**planimeter** n (Geom) / planímetro m lineal ‖ ≃**polarisation** f (Wellen) / polarización f lineal ‖ ≃**polarisiert** (Wellen) / de polarización lineal o plana ‖ ≃**programmierung** f (DV) / programación f lineal ‖ ≃**-Revolver** m (Wzm) / torno m revolver lineal ‖ ≃**strahler** m (Antenne) / radiador m lineal ‖ ≃**strahlröhre** f, O-Typ-Röhre f (Eltronik) / tubo m de haz lineal ‖ ≃**verstärker** m / amplificador m lineal
Lineatur f, Liniatur f, Linierung f (Druck) / rayado m
Liner m (Pap) / liner m, papel m de cubierta del cartón ondulado ‖ ≃ (Akust) / forro m de amortiguamiento acústico
Lingenerverfahren n (Gasprüf) / método m Lingen
Linguist m (DV) / lingüista m
Linie f / línea f ‖ ≃, Strich m / raya f, trazo m ‖ ≃, Montagelinie f / cadena f, cinta f continua ‖ ≃ (Opt) / línea f, raya f ‖ ≃, Setzlinie f (Druck) / regleta f, filete m, pleca f (= filete pequeño) ‖ ≃ (= 0.88" = 2.2558 mm) (Uhr) / línea f ‖ ≃ **der elastischen Dehnung** (Phys) / línea f del módulo de elasticidad ‖ ≃**n** f pl **der magnetischen Induktion B** (gemessen in Weber/m² o. Vsm⁻², früher: in Gauß) / curva f de densidad de flujo magnético ‖ ≃ f **des Einfallens** (Bergb) / línea f de buzamiento ‖ ≃ **gleichen Potentials**, ≃ f **gleicher equipotencial** ‖ ≃ **gleicher Beleuchtungsstärke** / línea f isolux o isofoto ‖ ≃ **gleicher Bodenstrahlung** / curva f de isorradioactividad del suelo ‖ ≃ **gleicher Gitternetzabweichung** / isogriva f ‖ ≃ **gleicher Lautstärke**, Isophone f / curva f isofónica ‖ ≃ **gleicher Undurchsichtigkeit** (Foto) / curva f isopaca ‖ ≃ f **im Spektrum** (Opt) / línea f del espectro ‖ ≃ **in Richtung von der Hauptstadt weg** (Bahn) / vía f descendente ‖ ≃ **in Richtung zur Hauptstadt** (Bahn) / vía f ascendente ‖ ≃**n ziehen** / trazar líneas ‖ **in direkter** ≃, direkt, geradlinig / rectilíneo ‖ **mit parallelen** ≃**n** con líneas paralelas ‖ **nicht** ≃ **halten** (Druck) / no estar alineado ‖ **~haltende Ziffern** f pl (Druck) / cifras f pl alineadas

Linienanalyse

Linien•analyse f (Radiol) / exploración f de líneas, análisis m por líneas ‖ **~anker** m (Fernm) / riostra f en el sentido de línea ‖ **~aufdruck** m (Instr) / graduación f del diagrama ‖ **~betrieb** m (Bahn) / circulación f de una y otra dirección ‖ **~bild** n, Liniendicke f (Druck) / espesor f de la regleta ‖ **~blitz** m (Meteo) / rayo m lineal ‖ **~bö** f (Meteo) / ráfaga f lineal ‖ **~bus** m (über Land) (Kfz) / autocar m, guagua m (LA) ‖ **~bus** (innerstädtisch) / autobús m [en versión urbana], bus m intermunicipal (COL) ‖ **~büschel** n (Math) / haz m de líneas ‖ **~dienst** m (Verkehr) / servicio m regular ‖ **~fahrt** f (Schiff) / servicio m regular ‖ **~fehler** n (Luftf) / error m lineal ‖ **~festpunkt** m, Leitungsfestpunkt m (Elektr) / apoyo m consolidado ‖ **~flugzeug** n (Luftf) / avión m de línea ‖ **~förmige Abwälzberührung** / contacto m rodante en forma de línea ‖ **~förmige Berührung** / contacto m lineal ‖ **~förmige Verkehrsbedienung** / servicio m entre puntos fijos, servicio m punto a punto, servicio m en línea ‖ **~förmige Zugbeeinflussung** s. Linienzugbeeinflussung ‖ **~frachter** m (Schiff) / buque m de carga de servicio regular ‖ **~frequenz** f / frecuencia f de la red industrial o de línea ‖ **~führung**, -auswahl f / determinación f de la línea, dirección o selección de línea ‖ **~führung**, Trasse f (Bahn, Fernm) / trazado m de la línea ‖ **~führung** f **der Leitung** (Fernm) / dirección f de línea ‖ **~guss** m (Druck) / fundición f de regletas ‖ **~härtung** f (Schm) / temple m en línea [recta] ‖ **~integral** n, Kurvenintegral n (Math) / integral m lineal ‖ **~kasten** m (Druck) / caja f para regletas o filetes o plecas ‖ **~komplex** m, Multiplett n (Spektrum) / multiplete m ‖ **~-Konfiguration** f (Fernwirk) / configuración f de varios puntos en circuito compartido ‖ **~koordinaten** f pl (Math, NC) / coordenadas f pl lineares ‖ **~kreuzung** f (Fernm) / transposición f o neutralización de líneas, cruzamiento m de líneas ‖ **~lampe** f / lámpara f lineal ‖ **~last** f (Mech) / carga f lineal ‖ **~leiter** m (Bahn) / línea f piloto, cable m de vía ‖ **~netz** n (Math) / sistema m de coordenadas ‖ **quadratisches ~netz** / cuadrícula f ‖ **~netz**, Bahnnetz n / red f de líneas ‖ **einfaches ~nivellement** (Verm) / levantamiento lineal de una traza m ‖ **~paare** n pl (Spektroskopie) / líneas f pl o rayas gemelas ‖ **~papier** f (Pap) / papel m rayado ‖ **~plan** m (Fernm) / plano m de líneas ‖ **~raster** m n (Druck) / trama f lineal o rayada ‖ **~raster** n (Radar) / retícula o retículo f, red f de líneas de posición ‖ **~reich** (Spektrum) / rico en líneas o rayas ‖ **~reißer** m (Masch) / trazador m de líneas, regla f ‖ **~relais**, Anrufrelais n (Fernm) / relé m de línea o de llamada, relé m de anunciador ‖ **~riss** m (Schiff) / plano m de las líneas ‖ **~schalter** m (Fernm) / jack m de línea, jack m correspondiente a la línea ‖ **~schild** n (Bahn) / placa f indicadora de la línea ‖ **~schnittverfahren** n (Krist) / método m de interceptación ‖ **~schreiber** m / registrador m de trazos continuos ‖ **~serie** f (Spektrum) / serie f de líneas ‖ **~spektrum** n, diskontinuierliches Spektrum / espectro m de líneas o de rayas ‖ **~stärke** f (Druck) / espesor m de regleta o de filete ‖ **~stichel** m, Konturenstichel m (Graph.) / buril m de contornear ‖ **~störung**, Leitungsstörung f, -fehler m (Fernm) / avería f de línea ‖ **~strahler** m (Phys) / fuente f lineal ‖ **~sucher**, -wähler m (Fernm) / buscador m o selector de línea ‖ **~symbol** m (Regeln) / símbolo m de línea ‖ **~treiber** m (Eltronik) / excitador m de línea ‖ **~umschalter** m (Elektr) / conmutador m de línea ‖ **~verbreiterung** f (Spektrum) / ensanche m de rayos ‖ **~verschiebung** f (Spektrum) / desplazamiento m de líneas ‖ **~verzweiger** m (für max. 2000 Doppeladern) (Fernm) / caja f de distribución o de divisor, distribuidor m de los hilos de un cable ‖ **~wähler** m (Fernm) / buscador m o selector de líneas ‖ **~wähleranlage** f (Fernm) / sistema m de interconexión o de intercomunicación ‖ **~wählerleitung** f (Fernm) / circuito m de intercomunicación ‖ **~wasserzeichen** n (Pap) / filigrana f lineal ‖ **~wirbel** m (Meteo) / vórtice m lineal ‖ **~zahl** f (Trägerfrequenz-Photographie) / número m de líneas ‖ **~zieher** m (Notenpapier) / pautador m ‖ **~ziehvorrichtung**, -zieher m / tiralíneas m ‖ **~zug** m / trazos m pl continuos ‖ **~-Zugbeeinflussung** f, LZB (Bahn) / mando m automático continuo de la marcha de los trenes

linieren (Österreich) s. lin[i]ieren
liniert / rayado
Lini[i]erung f / renglonadura f
lin[i]ieren / rayar, renglonar
lin[i]ieren (Notenpapier) / pautar ‖ **mit Lineal ~** / reglar
Lin[i]iermaschine f / máquina f de rayar, renglonadora f
lini[i]ertes Papier, Linienpapier n / papel m rayado
Lini[i]erung f / rayado m
Lin[i]ierung f (Notenpapier) / pauta f
link, linksseitig / izquierdo ‖ **~e [Druck]seite** (mit gerader Nummer) (Druck) / verso m, página f par, página f de la izquierda ‖ **~e Fahrbahn** (Straß) / calzada f izquierda ‖ **~e Masche** (Tex) / malla f inversa ‖ **~e Seite** / lado m izquierdo ‖ **~e Seite** (Gleichung) / primer miembro m ‖ **~e Seite** (Web) / revés m ‖ **~er Seitenmeißel** (Wzm) / cuchilla f izquierda
Link m (DV) / enlace m [punto a punto], vínculo m
Linkage n (DV) / encaminamiento m
Linkehandregel f (Elektr) / regla f de la mano izquierda
Linkkopplung, Gliedkopplung f (Eltronik) / acoplamiento m de eslabón o en cadena
links adv / a la o por la izquierda, de mano izquierda ‖ **~** (Tür o. Geländer nach DIN 107), links angeschlagen / a la izquierda según DIN (p.ej.: puerta de una hoja cuyas bisagras están a la izquierda cuando se abre) ‖ **~ abbiegen** (Verkehr) / doblar a la izquierda ‖ **~ stricken** (Tex) / hacer genero de punto Links-Links ‖ **~- und rechtsbündig** (Druck) / rectificado por la derecha y por la izquierda
Links•... (Chem, Opt) / levó ‖ **~abbiegen** n / viraje m a la izquierda, vuelta f a la izquierda ‖ **~abbiegender Verkehr** / tráfico m doblador a la izquierda ‖ **~abbieger** m / vehículo m doblador a la izquierda ‖ **~abbiegerspur** f / pista f para doblar a la izquierda ‖ **~ablenkend** (Opt) / levógiro ‖ **~ablenkung** f (Phys) / derivación f hacia la izquierda ‖ **~anschlag** m (Tür) / montaje m de las bisagras a la izquierda ‖ **~appretur** f (Tex) / finish m inverso ‖ **~ausführung** f / ejecución f izquierda ‖ **~bewegung** f / movimiento m a la izquierda ‖ **~bündig** (Druck) / rectificado a la izquierda ‖ **~draht** m (Garn) / torsión f [a la] izquierda, torsión Z f ‖ **~drall** (Masch) / torsión f a la izquierda ‖ **~drehend**, entgegen dem Uhrzeiger / contra el sentido de las agujas del reloj ‖ **~drehend** (Chem) / levógiro, sinistrógiro ‖ **~drehend** (Propeller) / sinistrórsum (invar) (E), sinistrorso adj (LA) ‖ **~drehend** (Mech) / girando a la izquierda, sinistrórsum (adj. invar) ‖ **~drehend polarisiert** / de polarización sinistrórsum ‖ **~drehende Kampfersäure** (Chem) / ácido m levocanfórico ‖ **~drehender Zucker** / azucar m levógiro ‖ **~drehung** f, -lauf m / rotación f a la izquierda ‖ **~drehung** f (Chem) / levógiro m
Link-Segment n (DV) / segmento m de acoplamiento
Links•gang m, -bewegung f / movimiento m a la izquierda, marcha f a la izquierda ‖ **~gang** (Gewinde) / paso m a la izquierda
linksgängig / de paso a la izquierda ‖ **~** (bei Seil: S, bei Litze: s) / torcido a la izquierda ‖ **~es Gleichschlagseil** (Kurzzeichen sS) / cable m de torsión directa a la izquierda, cable sS m ‖ **~es Kreuzschlagseil** (Kurzzeichen zS) / cable m de colchadura cruzado a la izquierda, cable zS m ‖ **~e Schraube** / tornillo m de paso a la izquierda

Links•gewinde n (Masch) / rosca f [a la] izquíerda ‖ **~händig** / zurdo ‖ **~komparativität** f (Math) / comparatividad f sinistrorsa ‖ **~kurve** f / viraje m a la izquierda ‖ **~lauf** m, -drehung f / rotación f a la izquierda ‖ **~läufige Schrift** / escritura f sinistrógira
Links-Links•-Bindung f (Wirkm) / ligamento m Links-Links ‖ **~-Flachstrickmaschine** f, Flach-Links-Links-Maschine f / tricotosa f rectilínea Links-Links ‖ **~muster** n / dibujo m Links-Links, muestra f Links-Links ‖ **~-Nadel** f (Tex) / aguja f Links-Links [con doble cabeza] ‖ **~platine** f (Tex) / platina f Links-Links ‖ **~-Strickmaschine** f / máquina f de género de punto Links-Links, tricotosa f Links-Links ‖ **~-Strumpfautomat** m / máquina f automática de medias Links-Links ‖ **~ware** f (Wirkm) / género m Links-Links
Links•masche f (Wirkm) / malla f inversa ‖ **~maschine** f / máquina f de rotación a la izquierda ‖ **~polarisiert** / de polarización sinistrórsum (E) o sinistrorsa (LA) ‖ **~-Rechts...** / izquierdo-derecho ‖
~-Rechtsrändelrad, (früher:) Kordelrad n / rueda f moleteada en sergo ‖ **~schneidend** (Wz) / de corte a la izquierda ‖ **~schraube** f / tornillo m con rosca a la izquierda ‖ **~schweißung** f / soldadura f a la izquierda ‖ **~seitig** (Web) / del lado izquierda, del revés ‖ **~seitige Komponenten** f pl, Teilprodukte n pl in Zehnern (DV) / componentes f pl de la izquierda ‖ **~steigende Verzahnung** / dentado m ascendente a la izquierda ‖ **~steuerung** f (Kfz) / conducción f al lado izquierdo ‖ **~stricken** (Tex) / hacer género de punto Links-Links ‖ **~strumpf** m (Tex) / media f Links-Links ‖ **~verkehr** m / circulación f por la izquierda ‖ **~weiche** f (Bahn) / cambio m [sencillo] desviado a la izquierda ‖ **~weiche im Innenbogen** / cambio m en curva desviado interiormente a la izquierda ‖ **~weinsäure** f (Chem) / ácido m levotartárico ‖ **~zirkular** (Polarisierung) / circular en el sentido a la izquierda ‖ **~zwirn**, Zwirn mit linker Schussdrehung m (Tex) / hilo m torcido a la izquierda
Lin-Log•-Empfänger m (Eltronik) / receptor m de respuesta lineal-logarítmica ‖ **~-Papier** n / papel m lineal-logarítmico
Linneit m, Kobaltkies m (Min) / lineita f
Linoleat n (Chem) / linoleato m
Linolensäure f / ácido m linolénico
Linoleum n / linóleo m
Linol•säure, Leinölsäure f (Chem) / ácido m linólico ‖ **~schnitt** m / grabado m en linóleo
Linometall n (Druck) / metal m para Linotipo
Linon, Batist m (Tex) / linón m
Linotype•maschine f (Druck) / linotipia f, linotipo m, máquina f linotípica ‖ **~satz** m / composición f linotípica
Linoxyn n, oxidiertes Leinöl (Linoleumherst) / aceite m de linaza oxidado
Linse f (Bot) / lenteja f ‖ **~** (Geol, Opt) / lente f ‖ **~** (flaches Pendelgewicht) (Uhr) / lenteja f de péndulo ‖ **~ für mikroskopische Aufnahmen** / microobjetivo m ‖ **~ mit Antireflexbelag** / lente f tratada, lente f con recubrimiento o revestimiento antireflejante, lente f con capa o película antireflexiva ‖ **unkorrigierte ~** (Foto) / objetivo m no corregido
Linsen•anode (Galv) / ánodo m lenticular ‖ **~antenne** f / antena f lenticular o de lente ‖ **~blechschraube** f / tornillo m roscachapa con cabeza gota de sebo, tornillo m alomado roscachapa ‖ **~dichtung** f / empaquetadura f lenticular ‖ **~elektrode** f, Bündelungselektrode f / electrodo m de enfoque o de concentración ‖ **~erz** n, Lirokonit m (Min) / liroconita f ‖ **~fassung** f (Foto) / montura f de lente ‖ **~fehler** m (Foto) / aberración f de lente, defecto m de la lente ‖ **~fernrohr** n, Refraktor m / refractor m, telescopio m de lentes ‖ **~flachkopf** m (Schraube) / cabeza f redonda-plana ‖ **~förmig**, Linsen... / lenticular ‖

~förmige Einlagerung (Geol) / inclusión f lenticular ‖ **~glas** n / lente f ‖ **~gleichung** f (Opt) / ecuación f de lentes ‖ **~granulat** n (Plast) / granulado m lenticular ‖ **~halter** m / porta-lente m ‖ **~kopfschraube** f / tornillo m alomado o con cabeza de gota de seba ‖ **~kranzabtaster** m (flach) (TV) / disco m explorador o de lentes ‖ **~kranzabtaster** (in Trommelform) / analizador m a tambor de lentes ‖ **~krümmung** f (Opt, Teleskop) / curvatura f de superficie ‖ **~kuppe** f (Schraube, DIN 78) / extremo m abombado ‖ **~lampe** f (Elektr) / bombilla f con lente ‖ **~mikrophon** n / micrófono m lineal o alineado ‖ **~niet**, Blechniet m / remache o roblón [de cabeza] alomado, remache m de cabeza de gota de sebo ‖ **~rasterfilm** / película f gofrada ‖ **~rasterung** f (des Schichtträgers) (Foto) / gofrado m ‖ **~rundkopf** m / cabeza f gota de sebo ‖ **~schirm** m, Schutzschirm m für die Linse (Foto) / visera f de cámara, parasol m ‖ **~schraube** f (DIN 85) / tornillo m alomado o con cabeza de gota de sebo ‖ **~senkblechschraube** f (mit kleinen Kopf) / tornillo m avellanado, roscachapa gota de sebo con ranura longitudinal ‖ **~senkkopf** m (Schraube) / cabeza f avellanada gota de sebo ‖ **~senkschraube** f (DIN 88, 91) / tornillo m con cabeza avellanada gota de sebo ‖ **~sitz** m (Rohrdichtg) / asiento m lenticular ‖ **~system** n (Opt) / sistema m de lentes ‖ **~träger** m (Stahlbau) / viga f lenticular ‖ **~zylinderkopf** m / cabeza f alomada cilíndrica
Lintbaumwolle f, Lint m (Tex) / lint m, algodón m despepitado
Linters pl (Tex) / línteres m pl
Linterstoff m (Pap) / pasta f de línteres
Linz-Donawitz-Verfahren n, LD-Verfahren n (Hütt) / procedimiento m Linz-Donawitz o LD
Liparit, Rhyolith m (Geol) / liparita f
Lipase f (Biochem) / lipasa f
Lipid n (Biochem) / lípido m
Lipo•chromfarbstoff m, Lipochrom n (Chem) / lipocromo m ‖ **~fuszin** n, Abnutzungspigment n (Biol) / lipofíscina f ‖ **~id** n (Biochem) / lipoide m ‖ **~lyse**, Fettspaltung f / lipólisis f ‖ **~phil** (Chem) / lipófilo f ‖ **~philie** f / lipofilia f ‖ **~phobie** f / lipofobia f ‖ **~proteid**, -protein m / lipoproteína f
Lippen•bohrer m (Holz) / barrena f de filo ‖ **~dichtung** f / retén m labial ‖ **~mikrophon** n / micrófono m labial o de labio ‖ **~pfeife** f (Orgel) / tubo m labial ‖ **~synchron** (Film) / con voz sincronizada, sincronizado con la voz o palabra ‖ **~synchronisierband** n (Film) / cinta f para sincronización de la voz ‖ **~synchronisierung** f (Film) / sincronización f de la voz o de la articulación ‖ **~ventil** n / válvula f de labios
Lippeschiene f / riel m de bordes o de labios o de guía
LIPS pl, logische Entscheidungen je s (DV) / lips m pl, interferencias f pl o decisiones lógicas por s, ILPS
Liquidität f, flüssiger Zustand / estado m líquido, liquidez f
Liquidus m (Hütt) / líquidus m ‖ **~fläche** f / área f o zona líquidus ‖ **~linie** f, -kurve f / línea f líquidus
Lirokonit m (Aluminiumkupfer-II--trihydroxidorthoarsenat) (Min) / liroconita f
Lisene f (Bau) / refuerzo m de pilastra
LISP (eine Programmiersprache) / LISP m
Lissajoussche Figuren f pl / figuras f pl de Lissajous
Lisseuse f (Spinn) / alisadora f
Liste f, Verzeichnis n / lista f, especificación f ‖ **~**, Aufzählung f / enumeración f ‖ **~** (DV) / lista f impresa ‖ **in eine ~ auf setzen** / poner en una lista ‖ **eine ~ aufstellen o. anlegen** / hacer una lista, alistar ‖ **in eine ~ eintragen** / incluir en una lista ‖ **in eine ~ eintragen** / apuntar en una lista
Listen n, Listgang m (DV) / listado m, ciclo m de listado ‖ **~anfangsbefehl** m (DV) / instrucción f de comienzo de listas ‖ **~art** f (DV) / tipo m de lista ‖ **~datei** f (DV) /

Listendatenwort

fichero m de listas [para imprimir] ‖ ~[daten]wort n (DV) / palabra f de lista ‖ ~endbefehl m, -abschlussanweisung f (DV) / instrucción f de terminación de listas
Listener m (DV) / receptor m de escucha
Listen•generator m s. Listenprogrammgenerator ‖ ~kopf m (DV) / cabeza f de lista ‖ ~name m (DV) / nombre m de lista ‖ ~preis m / precio m de catálogo
List[en]programm n (DV) / programa m para informes ‖ ~generator m, LPG / generador m de programas para informes
Listen•schreibung f (DV) / listado m, listaje m, compilación f de listas ‖ ~verarbeitung f (DV) / tratamiento m de listas ‖ ~ware f, Dimensionshölzer n pl (Tischl, Zimm) / maderas f pl dimensionadas
List•gang (DV) / ciclo m de listado ‖ ~gerät n (DV) / listador m
Listing n, Druckerausgabe f, [Computer]ausdruck m / listado m impreso
Liston n (Phys) / listón m
listrisch (Geol) / lístrico ‖ ~e Fläche, Schaufelfläche f (Geol) / llanura f lístrica
List-Server m (DV) / mail exploder m, lista f de correo
Liter m n / litro m
Literal n, selbstdeutendes Symbol (DV, Programm) / literal m
Literaturrecherche f / averiguación f bibliográfica
Liter•kolben m (Chem) / matraz m de un litro ‖ ~leistung f (Mot) / potencia f unitaria [respecto a un litro] ‖ ~Molarität, Molarität (Zahl der gelösten Grammmol (Chem) / molaridad f
LITG = Lichttechnische Gesellschaft
lithergol, hybrid / litergol adj ‖ ~er (o. hybrider) Treibstoff (Rakete) / litergol m
Lithionglimmer, Lepidolith m (Min) / lepidolita f
Lithiophilit m (Min) / litiofilita f
Lithium m, Li (Chem) / litio m ‖ ~... (Chem) / lítico ‖ ~aluminiumhydrid n / litógrafo m ‖ ~borhydrid n / hidroborato m de litio ‖ ~chlorid-Hygrometer n, LiCl-Hygrometer n (Phys) / higrómetro m LiCl ‖ ~feldspat m, Lithonfeldspat m (Min) / feldespato m de litio ‖ ~fett n (Chem) / grasa f de litio ‖ ~fluorid n / fluoruro m de litio ‖ ~gradientendiode f (Eltronik) / diodo m de gradiente de litio ‖ ~haltig / litífero f ‖ ~hydrid n / hidruro m de litio ‖ ~hydroxid n (Raumf) / hidróxido m de litio ‖ ~hydroxidtablette f / comprimido m de hidróxido de litio ‖ ~-Ionen-Batterie f / batería f ión-litio, batería f iónica de litio ‖ ~karbonat n / carbonato m de litio ‖ ~kupfer n / cobre m litiado ‖ ~niobat n, LiNbO₃ / niobato m de litio ‖ ~oxid n / óxido m de litio ‖ ~phenolat n / fenolato m de litio ‖ ~verseift / saponificado a base de litio ‖ ~verseifung f / saponificación f a base de litio ‖ ~zelle f (Elektr) / pila f de litio
Litho•firnis m (Druck) / barniz m lito[gráfico] ‖ ~graph m (Druck) / litógrafo m ‖ ~graphenfarbe f / tinta f litográfica ‖ ~graphenpapier n / papel m para litografías ‖ ~graphenschiefer n / piedra f litográfica ‖ ~graphie f, Steindruck m / litografía f ‖ ~graphie mit fokussiertem Ionenstrahl / litografía f por haz iónico enfocado ‖ ~graphieren vt / litografiar m ‖ ~graphisch / litográfico ‖ ~graphische Anstalt / taller n de litografía, litografía f (el taller) ‖ ~pone f, Zink[sulfid]weiß n (Anstrich) / litopón m ‖ ~sphäre f, Erdkruste f (Geol) / litosfera f ‖ ~stein m (Druck) / piedra f litográfica ‖ ~tripter m (Med) / litotritor m
litoral adj, Ufer..., Küsten... / litoral adj ‖ ~er Lebensbezirk (Biol) / zona f litoral ‖ ~n, Ufergelände, -land n, Küstenstrich, -streifen (Geo) / litoral m ‖ ~ablagerungen f pl / depósitos m pl litorales
Litze (Seil) / torón m ‖ ~, Litzenschnur f (Fernm) / cordón m ‖ ~, Leitungsschnur f (Elektr) / cordón m conductor, flexible m ‖ ~, Helfe f (Web) / lizo m ‖ ~,

Tresse f (Tex) / trenza f, galón m ‖ ~f für HF-Leitungen / alambre m litz, hilo m dividido, litzendraht m
Litzen•aufnäher m (Nähm) / trencillador m ‖ ~auge n (Web) / ojal m de malla, mallón m ‖ ~bruch m / rotura f de malla ‖ ~draht m (Elektr) / hilo m múltiple o cableado, conductor m de hilos retorcidos ‖ ~draht (Web) / alambre m para mallas de lizo ‖ ~eintragschiene f, Schaftstab m / barra f portamallas ‖ ~garn n / cordón m ‖ ~heber m (Web) / arcada f ‖ ~huf m (Drahtseil) / zapata f de cable ‖ ~maschine f, Litzenschlagmaschine f (Tex) / máquina m de fabricar cordones ‖ ~maschine, Flechtmaschine f für Weblitzen / máquina f trenzadora de mallas ‖ ~maschine für Posamenten / trenzadora f para pasamanería ‖ ~muster n (Web) / muestra f ‖ ~schiene f (Tex) / varilla f portamallas ‖ ~schlagmaschine f für Drahtseile / máquina f para fabricar cordones metálicos ‖ ~schnur f (Fernm) / cordón m ‖ ~schnur (Tex) / terzal m para lizos ‖ ~seil n / cable m de cordones ‖ ~spiralseil n / cable m helicoidal de múltiples capas de cordones ‖ ~spule f / bobina f de cordón ‖ ~steigungswinkel m, -verseilwinkel m / ángulo m de cableado de cordones ‖ ~stellung / posición f de las mallas ‖ ~tragschiene f / varilla f portamallas ‖ ~verdrahtung f / cableado m con cordones ‖ ~zwirn m (Tex) / torzal m para lizos o peines, torcido m para lizos o peines
Live•-Sendung f / reportaje m desde el lugar de los acontecimientos, emisión f en directo o en vivo, transmisión f directa ‖ ~-Ton m / sonido m en directo ‖ ~übertragung f, Direktübertragung f / retransmisión f en directo
Liveware, Computer-Mannschaft f (DV) / equipo m de informáticos
Lizenz f / licencia f ‖ eine ~ erteilen [an o. jemandem] / licenciar ‖ ~abkommen n / convenio m de licencia ‖ ~entzug m / revocación f de licencia ‖ ~geber m / concesionista m, licenciatorio m, licenciador m ‖ ~gebühr f / derechos m pl de licencia, royalty m, tasa f de licencia ‖ ~gebühr (Patent) / pago m o royalty de una patente, derechos m pl de una patente ‖ ~nehmer m, -inhaber m / concesionario m de licencia, empresa f licenciada, permisionario m (LA) ‖ ~vergabe f / otorgamiento m de licencia ‖ ~vertrag m / contrato m de licencia, convenio m de explotación de una patente
Ljapunov-Stabilität f (Regeln) / estabilidad f de Liapunov
Ljungström-Turbine f, Gegenlauf-Dampfturbine f / turbina f de Ljungström
LKF = Luftkissenfahrzeug
Lkw m, LKW, Lastkraftwagen m / camión m ‖ ~ s. auch Lastkraftwagen ‖ ~ für Kabeltrommeln / camión m para transporte de bobinas de cable ‖ ~ mit offener Ladefläche / camión m con plataforma f ‖ ~-Anhänger m / remolque m ‖ ~-Aufbaulader m (Kfz, Landw) / cargador m montado sobre camión ‖ ~-Belader f / cargadora f para camiones ‖ ~-Fahrer m, Lastwagen-Fahrer m / conductor m o chófer de camión, camionero m ‖ ~-Halter m / camionista m ‖ ~-Kombi m / camioneta f, pickup m [LA] ‖ ~-Ladekran m / grúa f cargadora montada sobre camión ‖ ~-Transport m / transporte m por camión ‖ ~-Zug m, Lkw m mit Anhänger / camión-remolque m
Lloyd•'s Register n (Schiff) / registro m de los buques de Lloyd ‖ ~scher Spiegel (Phys) / espejo m de Lloyd ‖ ~vorschriften f (Schiff) / reglamentos m pl de Lloyd
LM (Lunar Module), Mondlandeeinheit (Raumf) / módulo m [de excursión] lunar
L-Messgerät n (Elektr) / inductancímetro m
lmh = Lumenstunde
LMP f (= liquid membrane permeation) (Chem) / permeación f de la membrana líquida

L/M-Verhältnis n (Nukl) / razón f L/M
ln (Math) = Logarithmus naturalis
LNC-Antennenkopf m (Schüssel), Feedhorn n / LNC m
LNG, Flüssig-Erdgas n / gas m natural líquido, GNL ‖ ˜**-Tanker** m (Schiff) / metanero m, buque m metanero
Loading Rack n, [Ver]laderampe f (Raffinerie) / llenadera f, cargadero m (Uruguay)
Load-on-Top (Öltanker) / carga f de productos ligeros sobre residuos
Lobelin n (Chem) / lobelina f
local area network (lokales Anwender-Netzwerk) (DV) / LAN (= red de área local)
Loch n (allg) / agujero m ‖ ˜, Öffnung f / orificio m ‖ ˜, Perforation f / perforación f ‖ ˜, Bohrloch n (Masch) / taladro m ‖ ˜, Pore f (Fehler, Plast) / poro m, hoyuelo m ‖ ˜ (Pressfehler) (Plast) / picadura f ‖ ˜, Löcher-, Lochelektron n (Halbl) / hueco m, laguna f ‖ ˜ n **zum Abstellen des Bohrgestänges**, Vorbohr-, Ratten-, Mäuseloch n (Öl) / hueco m de descanso, ratonera f (VEN) ‖ **ein** ˜ **bohren** / practicar un agujero ‖ **ein** ˜ **machen** / hacer un hueco o agujero, agujerear ‖ **Löcher** (Oberfläche) s. Lochfraß ‖ **mit Löchern** (o. Öffnungen) / agujereado, con agujeros, con orificios
Loch•abstand m / distancia f entre agujeros ‖
˜**absteller** m (Tex) / detector m de huecos ‖ ˜**abzug** m (Stahlbau) / deducción f para taladros ‖ ˜**anker** m (Elektr) / rotor m con ranuras cerrados ‖ ˜**anordnung** f / disposición f de agujeros ‖ ˜**apparat** m / punzonadora f ‖ ˜**aufweitungsversuch** m, Lochleibungsversuch m / ensayo m de alargamiento de agujeros ‖ ˜**band** n, Lochstreifen m / cinta f perforada ‖ ˜**bandschleife** f / bucle m de cinta perforada ‖ ˜**beitel**, -eisen n (Tischl) / escoplo m ‖ **[kräftiger]** ˜**beitel**, Stemmeisen n (Wz) / formón m ‖ ˜**bild** n (z.B. für Flansche) (DIN 24340) / calibre m patrón o calibre maestro de agujeros ‖ ˜**bild** (gedr.Schaltg) / configuración f de agujeros ‖ ˜**blech** n / chapa f perforada ‖ ˜**blende** f (Foto) / diafragma m perforado ‖ ˜**blende** (Kath.Str) / abertura f ‖
˜**codierung** f / cifrado m de perforación, perforación f de código ‖ ˜**diopter** n (Sextant) / pínula f ‖ ˜**dorn** m (Schm) / mandril m punzonador ‖ ˜**durchmesser** m (Blende) (Opt) / diámetro m de abertura ‖ ˜**düse** f (Diesel) / inyector m de orificio ‖ ˜**eisen** n, Lochbeitel m (Tischl) / escoplo m ‖ ˜**elektrode** f (Elektronenmikroskop) / electrodo m agujereado
lochen vt / agujerear ‖ ~, perforieren / perforar ‖ ~, durchlochen, stanzen / punzonar ‖ ~ (Fahrkarten) / picar (billetes) ‖ **[durch]** ~ (Schm) / taladrar ‖ ˜ n / perforación f
Locher m, Locheisen n / puntero m ‖ ˜ (Pap) / taladradora f de papel, perforador m ‖ ˜, Lochstempel m (Stanz) / punzonador m
löcher•artige Erosion, löcherartige Ausfressung / erosión f tipo panal ‖ ˜**beweglichkeit** f (Halbl) / movilidad f de los huecos o de las lagunas ‖ ˜**dichte** f (Halbl) / densidad f de huecos o lagunas
löcherig / perforado, agujereado ‖ ~ (Oberfläche) / picado, con picaduras ‖ ~, porös / poroso
Löcher•leitung f (Halbl) / conducción f por los huecos o por las lagunas ‖ ˜**strom** m (Halbl) / corriente f de huecos o lagunas ‖ ˜**theorie** f (Halbl) / teoría f de huecos o lagunas
Locher-Zahnstange f (Bahn) / cremallera f de Locher
Loch•fang m (Halbl) / captura f de huecos ‖ ˜**feile** f (Wz) / lima f redonda o para agujeros ‖ ˜**filter[einsatz]** m / cebolla f ‖ ˜**flansch** m (Rohr) / brida f con taladros ‖
˜**fräser** m (Wz) / fresa f escariadora ‖ ˜**fraß** m (Korrosion) / picadura f, formación f de picaduras, corrosión f selectiva ‖ ˜**fraßpotential** n (Hütt) / potencial m de corrosión por picaduras ‖ ˜**kamera** f (ohne Linse) / cámara f con diafragma perforado ‖
˜**kante** f / borde m de agujero ‖ ˜**karte** f (DV) / tarjeta f o ficha perforada ‖ ˜**kasten** m (F.Org) / bandeja f perforada para piezas ‖ ˜**kodierung** f / perforación f de código ‖ ˜**korrosion** f / corrosión f por picaduras ‖
˜**kranz** m (Zylinder) / corona f de lumbreras ‖
˜**kreis** m / círculo m de agujeros ‖
˜**kreis-Koordinaten** f pl / coordenadas f pl del círculo de agujeros ‖ ˜**kupplung**, Bethekupplung f (Wellenleiter) / acoplador m direccional multiagujero ‖
˜**lehre** f / calibre m para agujeros o de interiores, galga f para agujeros ‖ ˜**leibung** f / pared f del agujero, borde m interno del agujero ‖
˜**leibungsdruck** m / presión f sobre la pared del agujero ‖ ˜**leibungsfläche** f (Stahlbau) / superficie f efectiva de apoyo ‖ ˜**maske** f (TV) / máscara f perforada o de sombra ‖ ˜**maskenröhre** f (TV) / cinescopio m [tricolor] de máscara de sombra, tubo m de imagen [polícroma] de placa perforada ‖ ˜**messer**, Stanzmesser n (Wz) / troquel m de punzonado, sacabocados m ‖ ˜**mittenabstand** m / distancia f entre los centros de agujeros ‖ ˜**mutter** f, -rundmutter (Masch) / tuerca f redonda con agujeros en una superficie plana ‖ ˜**naht** f (Schw) / cordón m de tapón ‖ ˜**nippel** m (Glas) / boquilla f agujereada ‖
˜**platte** f (Schm) / estampa f, placa f matriz de agujeros ‖ ˜**presse** f, -stanze f / prensa f punzonadora ‖
˜**rasterplatte** f (Eltronik) / placa f de madera para circuito experimental ‖ ˜**reihe** f (Lochband) / pista f de perforaciones ‖ ˜**rotor** m (Forst) / rotor m de cuchillas ‖ ˜**rundmutter** f / tuerca f redonda con agujero ‖
˜**säge** f (mit kreisförmigen Sägeblättern) / sierra f con hojas circulares amovibles ‖ ˜**säge**, Stichsäge f / sierra f de punta, serrucho m de calar ‖ ˜**schaft** m (Gewehr) / culata f con orificio para el pulgar ‖
˜**scheibe** f / disco m agujereado o perforado ‖
˜**scheibe** (Opt) / diafragma m ‖ ˜**scheibe**, Abtastscheibe f (TV) / disco m explorador o de exploración ‖ ˜**scheibenanode** f (Kath.Str) / ánodo m discoidal ‖ ˜**schere** f (Wz) / tijeras f pl curvadas para chapa ‖ ˜**[schnitt]maschine** f / punzonadora f ‖
˜**schreiber** m / registrador m punzonador ‖ ˜**schrift** f / caracteres m pl perforados, código m de perforación ‖ ˜**schriftübersetzer** m (Telegr) / traductor m ‖
˜**schweißung** f / soldadura f de tapón o de empalme ‖
˜**sieb** n / criba f de chapa perforada ‖ ˜**spaten** m (Landw) / azada f perforada ‖ ˜**stanze**, Stanzmaschine f / punzonadora f ‖ ˜**stanzer** m (Wz) / sacabocados m ‖
˜**stecher** m / punzón m ‖ ˜**stein** m, -ziegel m (Bau) / ladrillo m perforado [con perforaciones verticales o canales horizontales] ‖ ˜**stein**, Brennerstein m (Hütt) / ladrillo m del quemador ‖ ˜**stein** m (Instr) / piedra f ‖
˜**stein, bombiert** (Uhr) / piedra f abombada o de contrapivote ‖ ˜**stein, flach** (Uhr) / piedra f espejo o plana ‖ ˜**stempel**, Locher m (Stanz) / punzón m ‖
˜**sternsämaschine** f (Landw) / sembradora f a golpes ‖
˜**stickerei** f (Tex) / bordado m inglés ‖ ˜**stift** m (Plast, Wz) / espiga f o clavija de núcleo
Lochstreifen m (DV) / cinta f perforada, tira f perforada ‖ ˜**kanal** m / canal m de cinta perforada
Loch•stück n (Walzw) / pieza f en bruto perforada ‖
˜**suchgerät** n (Hütt) / detector m de picaduras
Löchtemaschine f (Landw) / máquina f desgranadora
Loch•transport m **für Formulare** / alimentación f de pernos ‖ ˜**trommeltrockner** m (Tex) / secadora f con tambor perforado ‖ ˜**- und Ausklinkmaschine** f / agujereadora-cizalladora f ‖ ˜**- und Schermaschine** f / punzonadora-mortajadora f ‖ ˜**- und Ziehpresse** f / prensa f para agujerear y embutir
Lochung f / perforación f ‖ ˜ (Stanz) / punzonado m ‖ ˜, Perforation f (Film) / perforación f, taladro m, orificio m para rodillo dentado
Loch•versuch m (Hütt) / ensayo m de punzonado o de perforación ‖ ˜**versuch** (Pap) / ensayo m de perforación ‖ ˜**vorgang** m, Lochen n / perforación f ‖
˜**vorrichtung** f / perforador m, perforadora f, herramienta f para punzonar ‖ ˜**walzwerk** n (Walzw) /

tren *m* perforador ‖ ⁓**weite** *f* / anchura *f* de agujero ‖ ⁓**werkzeug** *n* (Schm) / rompedera *f* ‖ ⁓**werkzeug** (Stanz) / punzón *m* ‖ ⁓**zahlprüfung** *f* (DV) / verificación *f* por cuenta de perforaciones ‖ ⁓**zange** *f* (für Leder) (Wz) / sacabocados *m* ‖ ⁓**zange** / tenazas *f pl* perforadoras (E), pinza *f* sacabocados (LA) ‖ ⁓**zange**, Knipszange *f* (Bahn) / pinza *f* picadora ‖ ⁓**zange mit Revolverkopf** / sacabocados *m* revólver ‖ ⁓**ziegel** s. Lochstein ‖ ⁓**zirkel** *m* / calibrador *m* interior
locken *vt* (Oszillator) / enganchar, sincronizar ‖ ⁓**wolle**, Stückwolle *f* (Tex) / vendijas *f pl*
locker, lose / flojo ‖ ⁓, weich / blando ‖ ⁓, durchbrochen / calado ‖ ⁓, poröss / poroso ‖ ⁓ (Schraube) / aflojado ‖ ⁓, aufgelockert (Boden) / mullido ‖ ⁓, wenig kompakt / poco compacto ‖ ⁓**er Boden** (Landw) / tierra *f* floja o fofa ‖ ⁓**er (o. rutschiger) Boden** / suelo *m* movedizo ‖ ⁓**es Gefüge** (Hütt) / estructura *f* suelta ‖ ⁓ **[geworden]** / aflojado ‖ ⁓**e Schaumschicht** (Galv) / capa *f* de espuma poco compacta ‖ ⁓**e Schwelle** (Bahn) / traviesa *f* floja (E), durmiente *m* flojo (LA), ballarina *f* (MEJ) ‖ ⁓**e Wolle** (Tex) / lana *f* blanca ‖ ⁓ **zwirnen** (Tex) / torcer flojo
Lockergestein *n* (Geol) / roca *f* suelta o menuda
Lockerheit *f* / flojedad *f* ‖ ⁓ **von Geweben** (Tex) / consistencia *f* deficitoria
lockern *vt*, locker machen / aflojar ‖ ⁓, entlasten / descargar ‖ ⁓, nachlassen / relajar ‖ ⁓, lösen / desatar ‖ **den Boden** ⁓ (Landw) / esponjar, mullir el suelo ‖ **Nägel o. Schrauben** ⁓ / aflojar clavos o tornillos ‖ **sich** ⁓, lose o. locker werden / aflojarse
Lockerstelle, Störungsstelle *f* / discontinuidad *f* ‖ ⁓ *f* (Krist) / laguna *f* de Smekal
Lockerung *f*, Lösung *f* / aflojamiento *m* ‖ ⁓ (Seil) / aflojamiento *m*, relajación *f*, relajamiento *m* ‖ ⁓ **des Bodens** (Landw) / esponjamiento *m*, mullimiento *m* ‖ ⁓ **des Bodens**, Hacken *n*, Behacken *n* / azadonada *f*, azadonaje *m* ‖ ⁓ **des Gleises** (Bahn) / descomposición *f* de la vía ‖ ⁓ **einer Verbindung** (Chem) / debilitación *f* de un enlace
Lockerungskeil *m* **für Schalungen** (Bau) / cuña *f* de encofrado
Lockflamme *f*, Zündflamme *f* / llama *f* de encendido, llama *f* piloto
Lock-in-Verstärker, Blockierverstärker *m* (Laser) / amplificador *m* síncrono
Loctite *n* (anaerober Kleber) / Loctite *m*
Loden *m*, ungewalkter Wollstoff / paño *m* no abatonado ‖ ⁓, Lodentuch *n* / paño *m* tirolés, loden *m*
Löffel *m* / cuchara *f* ‖ ⁓, Schöpflöffel *m* (Zuck) / cazo *m*, cucharón *m* ‖ ⁓ **des Löffelbaggers** / cuchara *f*, vertedor *m* ‖ ⁓**arm** *m*, -stiel *m* (Bagger) / pluma *f* de cuchara, mango *m* de cuchara ‖ ⁓**bagger** *m* / excavadora *f* de cuchara ‖ ⁓**bagger auf Raupenketten** / excavadora *f* de cuchara de orugas ‖ ⁓**bagger mit Schleppschaufel** / excavadora *f* de cuchara arrastradora, excavadora *f* de cangilón ‖ ⁓**bohrer** *m* (Bergb) / barrena *f* de cuchara ‖ ⁓**bohrer** (Holz) / broca *f* de cuchara ‖ ⁓**egge** *f* (Landw) / grada *f* de dientes de cuchara ‖ ⁓**entleerung** *f* / vaciado *m* de cuchara, descarga *f* de cuchara ‖ ⁓**förmig** / acucharado ‖ ⁓**hochbagger** *m* / excavadora *f* de cuchara en alto ‖ ⁓**inhalt** *m* (Bagger) / cabida *f* o capacidad de cuchara ‖ ⁓**probe** *f* (Hütt) / muestra *f* sacada con cucharilla ‖ ⁓**rad** *n*, horizontales Wasserrad (Hydr) / rueda *f* hidráulica horizontal ‖ ⁓**rückholwinde** *f* (Bagger) / torno *m* de retracción de la cuchara ‖ ⁓**schaber** *m* (Wz) / rascador *m* hueco ‖ ⁓**schwimmbagger** *m* / draga *f* de cuchara ‖ ⁓**tiefbagger** *m* / excavadora *f* de cuchara de desfonde ‖ **pendelnde** ⁓**walzwerk**, pendelnde Löffelwalze, -walzmaschine / tren *m* de laminación de cucharas ‖ ⁓**zange** *f* (Wz) / alicates *m pl* de pico de pato, pinzas *f pl* de puntas anchas o planas
Löfferkessel *m* / caldera *f* de Löffler
Lo-Fi *n*, geringe Wiedergabegüte (Audio) / baja fidelidad

LOFT *n*, Niederfrequenz-Radioteleskop *n* (Astr) / radiotelescopio *m* de baja frecuencia
log$_{10}$, lg (Math) / log$_{10}$ *m*, logaritmo *m* de base 10
Log *n*, Fahrtmesser *m* (Schiff) / corredera *f* ‖ ⁓, Handlog *n* / corredera *f* de mano ‖ ⁓, Patentlog *n* / corredera *f* de patente
Logarithmen•papier *n* / papel *m* logarítmico ‖ ⁓**rechnung** *f* / cálculo *m* logarítmico ‖ ⁓**tafel** *f* / tabla *f* logarítmica
logarithmieren *vt* / tomar el logaritmo ‖ ⁓ *n*, Logarithmenrechnung *f* / cálculo *m* logarítmico
logarithmiertes Formänderungs- (o. Umform-)Verhältnis / razón *f* logarítmica de deformación
logarithmisch / logarítmico ‖ ⁓ **abstufen** / graduar logarítmicamente ‖ ⁓**es Dekrement** (Konstante eines elektr. Schwingungskreises) / decremento *m* logarítmico ‖ ⁓**e Eichung** / calibración *f* logarítmica ‖ ⁓**es Energiedekrement** (Nukl) / decremento *m* logarítmico de la energía ‖ ⁓**e Normalverteilung**, distribución *f* log-normal o logaritmiconormal ‖ ⁓**e Reihe** / serie *f* logarítmica ‖ ⁓**e Spirale** / espiral *f* logarítmica ‖ ⁓**e Viskositätszahl** / índice *m* logarítmico de viscosidad ‖ **im** ⁓**en Maßstab auftragen** / llevar a escala logarítmica
logarithmisch-periodisch (Antenne) / de periodicidad logarítmica, periódico-logarítmico, logaritmoperiódico
Logarithmus *m* (Math) / logaritmo *m* ‖ ⁓ **naturalis**, natürlicher Logarithmus *m*, ln / logaritmo *m* natural o neperiano ‖ ⁓ **zur Basis 2** (Math) / logaritmo *m* de base 2 ‖ **gemeiner [o. gewöhnlicher o. dekadischer o. Briggsscher]** ⁓ / logaritmo *m* vulgar o decimal
Log•atom *n* (Fernm) / logátomo *m*, fonema *f* ‖ ⁓**atomverständlichkeit** *f* (Fernm) / nitidez *f* o (o para los) logátomos ‖ ⁓**buch** *n* (Luftf, Schiff) / cuaderno *m* de bitácora ‖ ⁓**buch führen**, im Logbuch eintragen / anotar en el cuaderno de bitácora
Loge *f* (Theater) / palco *m*
LogEtronic-Verfahren *n* (Kontraststeuerung) (Foto) / método *m* LogEtronic
Loggeort *m* (Nav) / posición *f* a la estima
Logger *m* (zur Erzeugung logarithmischer Ausgangssignale) (Eltronik) / generador *m* de señales de salida logarítmicas ‖ ⁓, Heringsfänger *m* (Schiff) / pesquero *m* con red flotante
Loggia *f* (Bau) / loggia *f*, pérgola *f*
Logging *n*, Bohrlochmessverfahren *n* / anotación *f* cronológica de la perforación
Logik *f* **mit gesättigten Transistoren** (DV) / lógica *f* de transistores saturados ‖ **symbolische (o. mathematische)** ⁓, Logistik *f* (Math) / lógica *f* matemática ‖ ⁓**analysator** *m* (DV) / analizador *m* lógico ‖ ⁓**-Baustein** *m* (DV) / unidad *f* lógica, módulo *m* lógico ‖ ⁓**-block** *m* (Pneum) / bloque *m* lógico ‖ ⁓**diagramm** *n* (DV) / diagrama *m* lógico o de principio ‖ ⁓**kalkül** *m* (Logistik, Math) / cálculo *m* lógico ‖ ⁓**schaltglied** *n* (Pneum) / relé *m* neumático ‖ ⁓**-Schaltkreis** *m* / circuito *m* lógico
Login *n*, Einloggen *n* (DV) / entrada *f* (en el sistema)
Logis *n*, Mannschaftsraum *m* (Schiff) / alojamiento *m* de la tripulación
logisch / lógico ‖ ⁓, boolesch (Math) / de Boole ‖ ⁓**er Ablauf** (DV) / marcha *f* lógica ‖ ⁓**e Adresse** / dirección *f* lógica ‖ ⁓**er Befehl** (DV) / instrucción *f* lógica ‖ ⁓**e Beziehung** / relación *f* lógica ‖ ⁓**e Datenstation** / terminal *m* programable ‖ ⁓**es Diagramm** / diagrama *m* lógico o de principio ‖ ⁓**es Element** (o. Schaltelement) (DV, NC) / elemento *m* lógico ‖ ⁓**e Entscheidung** (DV) / decisión *f* lógica ‖ ⁓**er Entwurf** (DV) / proyecto *m* lógico o de principio ‖ ⁓**es Flussdiagramm** *n* / organigrama *m* lógico ‖ ⁓ **fortlaufend** / secuencial indexado ‖ ⁓ **fortlaufende Verarbeitung** (DV) / procesamiento *m* en secuencia

lógica ‖ ~e Kette, Operationspfad m / cadena f lógica o funcional ‖ ~e Konzeption o. Struktur / proyecto m lógico o de principio ‖ ~e Multiplikation, UND-Verknüpfung f / producto m lógico ‖ ~es ODER / suma f lógica ‖ ~e Operation / operación f lógica ‖ ~er Operator, boolescher Operator (DV) / operador m lógico ‖ ~e Ordnung / secuencia f lógica ‖ ~er Pegel (DV) / nivel m lógico ‖ ~e Schaltung / circuito m lógico ‖ ~es Schema, logische Struktur (NC) / proyecto m lógico ‖ ~e Schlussfolgerung / conclusión f lógica ‖ ~er Stellenwert / valoración f lógica ‖ ~e Struktur (DV) / proyecto m lógico o de principio ‖ ~es Symbol (DV) / símbolo m lógico ‖ ~es UND (Eltronik) / producto m lógico ‖ ~es Verbindungselement zwischen Variablen, logische Funktion (DV) / functor m ‖ ~-duale Operation / operación f binaria de una operación de Boole
Logistik f, Beschaffung und Bereitstellung von Material (F.Org, Mil) / logística f ‖ ~, symbolische o. mathematische Logik (Math) / lógica f matemática ‖ ~geräte n pl / aparatos m pl o dispositivos logísticos ‖ ~park m / parque m logístico
logistisch / logístico ‖ ~es Modul der Raumstation (Raumf) / módulo m logístico ‖ ~es Schiff (Transporter) (Mil) / buque m logístico ‖ ~e Unterstützung / ayuda f logística ‖ ~es Vergleichswerk (DV) / comparador m logístico
Log•leine, Knotenleine f (Schiff) / cordel m de la corredera ‖ ~normalverteilung f (Math) / distribución f log-normal o logaritmiconormal
Logo n / logotipo m, logo m, identidad f gráfica (de una empresa)
Logoff n (DV) / procedimiento m de fin de tratamiento de datos
Logogramm n, Logikplan m / logograma m
Logon n (Fernm) / logonio m ‖ ~ (DV) / entrada f en comunicación
Logotype f (Druck) / logotipo m
Logout n (Ende eines nach Benutzeridentifikation abgelaufenen Prozesses) (DV) / fin m de comunicación
Logscheit n (Schiff) / barquilla f
Loh•ballen, -kuchen m (Gerb) / tortada f (E) o torta (LA) de tanino ‖ ~brühe f / jugo m de tanino
Lohe f, Gerberlohe f / tanino m, casca f
lohen vt, mit Lohe beizen, lohgar machen (Gerb) / curtir
loh•gar, lohgegerbt (Gerb) / de curtición vegetal, curtido con casca ‖ ~gerberei f / tenería f, curtiduría f vegetal o al tanino ‖ ~grube f / noque m
LOH/LOX-Triebwerk n (Raumf) / propulsor m de oxígeno e hidrógeno líquidos
Lohmesser, -prüfer, -prober m (Gerb) / barcómetro m
Lohn m / salario m, remuneración f, retribución f, paga f ‖ **Löhne und Sozialleistungen** / coste m humano
Lohn•anreiz m (F.Org) / incentivo m sobre salarios ‖ ~anteil m / coste m de salario ‖ ~arbeit f (allg) / trabajo m por cuenta ajena o por cuenta de terceros (E), trabajo m a pacia (LA) ‖ ~arbeit (F.Org) / trabajo m asalariado o remunerado ‖ ~arbeiter m / asalariado m, obrero m asalariado, jornalero ‖ ~ausgleich m (für Akkordarbeiter bei Zeitlohnarbeit) / prima f de compensación ‖ ~betrieb m **für Reparaturen** / taller m de reparaciones por encargo ‖ ~empfänger m, Arbeiter m (Ggs.: Angestellter) / trabajador m asalariado, perceptor m de salario ‖ ~erhöhung f / aumento m salarial o del salario ‖ ~gefüge n, -struktur f / estructura f de salarios ‖ ~gruppe f (F.Org) / categoría f de salarios ‖ ~herabsetzung f, -kürzung f / reducción f de salario ‖ ~intensiv / de alto coste humanoa salarial ‖ ~kosten pl, Lohn m / coste m de mano de obra, costes m pl salariales ‖ ~nebenkosten f pl (F.Org) / gastos m pl salariales adicionales ‖ ~periode f / período m de paga ‖ ~tarifvertrag m / convenio m colectivo salarial

‖ ~- **u. Gehaltsabrechnung** f / cuenta f de sueldos y salarios, contabilidad f de salarios ‖ ~verzinkerei f / taller m de galvanización por encargo ‖ ~walzen n / laminación f por encargo ‖ ~wesen n / sector m de sueldos y salarios ‖ ~zuschlag m, Lohnzulage f (F.Org) / prima f salarial, plus m, pago m suplementario, complemento m salarial
Loh•prüfer m (Gerb) / barcómetro m ‖ ~rinde f / corteza f curtiente, casca f
LOI m, Absichtserklärung f / declaración f de intenciones
LOI-Wert m (= limiting oxygen index) (Brand) / índice m de límite de oxígeno
Lok f (Bahn) / locomotora f
lokal, Lokal... / local adj ‖ ~e Anziehung (Bergb, Verm) / atracción f local o anormal ‖ ~e Buserweiterung, LBX (DV) / extensión f local de línea colectiva ‖ ~es Datennetz / red f local de teleinformática ‖ ~e Gruppe (näher as 1 Mpc) (Astr) / grupo m local ‖ ~es Netzwerk, LAN n (DV) / red f local ‖ ~e Stapelverarbeitung / procesamiento m local de datos en lotes
Lokal•bahn f / ferrocarril m de interés local ‖ ~bus m (DV) / línea f colectiva local, colector m ómnibus local ‖ ~daten pl / datos m pl principales ‖ ~datenregister n (DV) / registro m de datos principales ‖ ~element n (Korrosion) / elemento m local, célula f local
lokalisieren vt, eingrenzen, beschränken / localizar (E), ubicar (LA) ‖ ~, positionieren (Masch) / posicionar
Lokalisierer m, Positionsgeber m (DV) / posicionador m
lokalisiertes Elektron, Haftelektron n (Phys) / electrón m cautivo o atrapado o retenido
Lokalisierung, Festlegung f / localización f (E), ubicación f (LA)
Lokalisierungsprogramm n (DV) / programa m de localización
Lokalität f eines Code (DV) / localidad f de un código
Lokal•korrosion f (o. örtliche Korrosion) / corrosión f local ‖ ~oszillator m, Stalo m (Radar) / oscilador m local ‖ ~verarbeitung f (DV) / tratamiento m autónomo ‖ ~verkehr m, Nahverkehr m / tránsito m local, tráfico m a corta distancia
Lokbuch n (Bahn) / libreta f de la locomotora
Lokomotiv•antrieb m (Elektr) / accionamiento m de locomotora ‖ ~antrieb mit Doppelmotor, Hohlachse und Zwischenfedern, Westinghouseantrieb m (Bahn) / accionamiento m tipo Westinghouse ‖ ~antrieb mit elastischem Gelenkmechanismus, Büchliantrieb m (Bahn) / accionamiento m tipo Büchli ‖ ~antrieb mit Pratz[en]- o. Tatz[en]lagermotor (Elektr) / accionamiento m por motor suspendido por la nariz ‖ ~aufbau m (Bahn) / superestructura f de una locomotora ‖ ~bau m / construcción f de locomotoras ‖ ~besetzungsplan m (Bahn) / turno m de personal de conducción ‖ ~betriebswerk n, -schuppen m (Bahn) / depósito m de máquinas, galpón m de locomotoras (LA)
Lokomotive f, Maschine, Lok f / locomotora f ‖ ~ **für gemischten Dienst** / locomotora f de servicio mixto ‖ ~ **mit Einphasenkommutatormotor** / locomotora f con motor monofásico de colector ‖ ~ **mit Reibungs- und Zahnradantrieb** / locomotora f mixta adherencia cremallera ‖ ~ **mit Schlepptender** / locomotora f con ténder enganchado ‖ ~ **mit Stromumformung** / locomotora f de convertidores ‖ ~ **mit unmittelbarem Antrieb** / locomotora f de transmisión directa ‖ ~ **ohne Laufachsen** / locomotora f de adherencia total
Lokomotiv•fabrik f / fábrica f de locomotoras ‖ ~[fahr]betrieb m, -bespannung f / tracción f por locomotora ‖ ~führer m (Bahn) / maquinista m de locomotora ‖ ~hebebock m, -winde f (Bahn) / gato m para levantar locomotoras ‖ ~kessel m / caldera f de locomotora ‖ ~kilometer m / kilómetro-locomotora

Lokomotivleerfahrt

m, -máquina *m*, -unidad *m* ‖ ⁓**leerfahrt** *f* (Bahn) / circulación *f* de máquina aislada ‖ ⁓**personal**, Triebfahrzeugpersonal *n* / equipo *m* o pareja de la locomotora o de conducción, personal *m* de conducción ‖ ⁓**pfeife** *f* / silbato *m* de locomotora ‖ ⁓**radsatz** *m* / tren *m* de ruedas de locomotora ‖ ⁓**rahmen** *m* (Bahn) / bastidor *m* de locomotora ‖ ⁓**[rund]schuppen** *m* / rotonda *f* (E) o casa redonda (LA) de locomotoras ‖ ⁓**schiebebühne** *f* / transportador *m* a nivel para locomotoras ‖ ⁓**schuppen** *m*, -depot *n* (CH) (Bahn) / depósito *m* de máquinas (E), galpón *m* de locomotoras (LA) ‖ ⁓**wartegleise** *n pl* / haz *m* de espera de locomotoras ‖ ⁓**wechsel** *m* (Bahn) / cambio *m* de locomotora

Loktalsockel *m*, quetschfußfreier Sockel (Eltronik) / base *f* loktal

Löllingit, Arsenikalkies *m* (Min) / lolingita *f* (arseniuro de hierro)

Lo-Lo-Methode *f* (Container) / carga *f* y descarga vertical

Lomax-Prozess *m*, -verfahren *n* (Öl) / proceso *m* Lomax

Long-Boom-Satellit *m* / satélite *m* con mástil largo

Longfront-Bagger *m* (Abbruchgerät mit 42 m-Ausleger) / excavadora *f* de desmonte (con pescante de gran alcance)

longitudinal, Längs... / longitudinal ‖ ⁓**-Fluss-Linearmotor** *m* (Elektr) / motor *m* lineal con flujo longitudinal ‖ ⁓**komparator** *m* (Opt) / comparador *m* de medidas lineales ‖ ⁓**welle**, Längswelle *f* (Phys) / onda *f* longitudinal

Long-life-Tonkopf *m* / cabeza *f* magnética de larga duración

Longton *f* (Masseeinheit) (Schiff) / tonelada *f* de 1016,05 kg, longton *m*

"**Looking Glass**" *n* / avión *m* espejo

Loop *m* (Nukl) / bucle *m*

Looping *m* (Luftf) / vuelta *f* de campana, rizo *m*, caballito *m* ‖ ⁓ *n* **ausführen** / hacer un rizo o caballito

Lorac-System *n* (= long-range accuracy radar) / sistema *m* lorac

Loran *n* C / lorán *m* C, lorán *m* de baja frecuencia

Lorandit *m* (Min) / lorandita *f*

Loran•empfänger *m* / receptor *m* lorán ‖ ⁓**-Signalregistriergerät** *n* / lodar *m* ‖ ⁓**system** *n*, Weitstreckenradar *m n* (1750-1950 Megahertz) / lorán *m*, sistema *m* lorán

Lorbeerbaum *m* (Bot) / laurel *m*

Lordosen-Stütze *f* (Autositz) / respaldo *m* antilordosis

Lore *f*, Spurwagen *m* (Bahn) / vagoneta *f*, carrillo *m* de vía, diplory *m*, zorra *f* (LA)

Lorentz•-Lorenzsche Refraktionsgleichung *f* (Chem) / ecuación *f* de Lorentz y Lorenz ‖ ⁓**-Transformation** *f* (Math) / transformación *f* de Lorentz

Lorenzgenerator *m* (Elektr) / generador *m* de Lorenz

Lorettoit *m* (Min) / loretoita *f*

Lorin-Triebwerk, Staustrahl-Triebwerk *n* (Luftf) / estatorreactor *m*, athodyd *m*

Los, ungeteilte Menge / lote *m* ‖ ⁓ *n*, Einzelarbeit *f*, -auftrag *m* (F.Org) / tarea *f* ‖ ⁓**achse** *f* / eje *m* libre

lösbar / separable, desconectable, removible ‖ ⁓ (Math) / resoluble ‖ ⁓, löslich, auflösbar (Chem) / soluble ‖ ⁓ (Kupplung) / desconectable ‖ ⁓**e** **Flachsteckverbindung** (Elektr) / conexión *f* plana de acción rápida ‖ ⁓**e Kupplung** / embrague *m* ‖ ⁓**e Verbindung** (Masch) / unión *f* desmontable

Lösbarkeit *f*, Löslichkeit *f* (Chem) / disolubilidad *f*, solubilidad *f*

los•bekommen *vt* (Schiff) / desvarar, esvarar ‖ ⁓**binden** *vt*, aufbinden, [ab-, los]trennen, ab-, losmachen / desatar ‖ ⁓**blatt** *n*, -kamm *m* (Tex) / peine *m* móvil o libre ‖ ⁓**boden** *m* **des Tiegels** (Hütt) / fondo *m* separable ‖ ⁓**brechen** *vt* / romper, separar, desprender ‖ **die Gussform ⁓brechen** (Gieß) / desmoldear, romper el molde ‖ ⁓**brechen** *n* / desprendimiento *m*, arranque *m* ‖ ⁓**brechmoment** *n* (Elektr) / par *m* inicial de arranque, momento *m* debido al rozamiento de arranque ‖ ⁓**brechversuch** *m* (Leim) / ensayo *m* de desencolado ‖ ⁓**brechwiderstand**, Losreißwiderstand *m* (Bahn) / resistencia *f* inicial de arranque

Lösch•anlage *f* (Schiff) / instalación *f* de descarga ‖ ⁓**anlage für Kalk** (Bau) / instalación *f* de apagado de cal ‖ ⁓**anlage für Koks** / instalación *f* de apagado de coque ‖ ⁓**arbeiten** *f pl* (Feuerwehr) / tarea *f* de extinción

löschbar / apagable ‖ ⁓**e Bildplatte** / disco *m* óptico de láser borrable ‖ ⁓**e CD** / CD-E *m* (compact disc erasable) ‖ ⁓**er Speicher** (DV) / memoria *f* borrable ‖ **nicht ⁓er Speicher** (DV) / memoria *f* indestructible ‖ **nicht ⁓es** (DV) / retención *f*

Lösch•befehl *m* (DV) / instrucción *f* de borrado ‖ ⁓**bit** *n* (DV) / bit[io] *m* de borrado ‖ ⁓**blatt** *n* / papel *m* secante o chupante ‖ ⁓**bord** *m*, Ladebord *m* (Schiff) / defensa *f* del costado ‖ ⁓**dampf** *m* (Hütt) / vapor *m* de apagado ‖ ⁓**dämpfung** *f* (Magn.Bd) / razón *f* señal/residuo de borrado ‖ ⁓**drossel**, -drosselspule *f* / bobina *f* de extinción por reactancia ‖ ⁓**eimer** *m* / cubo *m* (E) o balde (LA) de incendio ‖ ⁓**-Eingangssignal** *n* (Pneum) / señal *f* de entrada

löschen *vt*, ausstreichen / borrar, tachar ‖ ⁓ (Feuer) / extinguir ‖ ⁓, leichtern, entladen (Schiff) / alijar, descargar ‖ ⁓ (Magn.Bd) / desmagnetizar, desimantar, borrar, desgausar ‖ ⁓ (Lichtbogen) / apagar ‖ ⁓ (Koks) / apagar ‖ ⁓ (Kalk) / apagar, matar ‖ ⁓ *n* (Magn.Bd) / desmagnetización *f*, desimantación *f*, desgausaje *m*, desgausamiento *m*, borrado *m* ‖ ⁓ (Schiff) / descarga *f* ‖ ⁓ (Sichtanzeige) / reposición *f* a su estado inicial ‖ ⁓ (Feuer) / extinción *f* ‖ ⁓ **mit fliegendem Kopf** (Videoband) / borrado *m* por cabeza volante ‖ ⁓ **mittels Gleichstromsättigung** (Magn.Bd) / borrado *m* por corriente continuo

löschend•es Lesen (DV) / lectura *f* destructiva ‖ ⁓**überschreiben** (Magn.Bd) / borrar por sobreinscripción ‖ ⁓ **unter Vernichtung des Inhaltes** (DV) / destructivo, destructor

Löscher *m* (Lumineszenz) / extintor *m* de luminiscencia ‖ ⁓**pumpe** *f*, Mammutpumpe *f* (Zuck) / elevador *m* de emulsión

Lösch•fahrzeug *n* (Feuerwehr) / vehículo-bomba *m* para incendios ‖ ⁓**fahrzeug motorisiert** *n* (amtlich), Kraftfahrspritze *f* / bomba *f* de incendios automotriz ‖ ⁓**feld** *n* / campo *m* magnético destructivo ‖ ⁓**flasche** *f* (Luftf) / botella *f* extintora ‖ ⁓**funke** *f* / chispa *f* interrumpida ‖ ⁓**gas** *n* (Geiger-Müller-Zähler) / gas *m* de extinción ‖ ⁓**gerät** *n*, Entmagnetisierungsspule *f* (Magn.Bd) / desmagnetizador *m* ‖ ⁓**geräte** *n pl* (Feuer) / extintores *m pl* de incendios ‖ ⁓**impuls** *m* (Magn.Bd) / impulso *m* de borrado ‖ ⁓**kalk** *m*, [ab]gelöschter Kalk (Bau) / cal *f* muerta o apagada, hidróxido *m* de calcio ‖ ⁓**kammer** *f* (Ölschalter) / cámara *f* de explosión ‖ ⁓**klausel** *f* (COBOL) / indicación *f* de reposición a su estado inicial ‖ ⁓**kondensator** *m* (Elektr) / capacitor *m* de extinción de chispas ‖ ⁓**kopf** *m* (Magn.Bd) / cabeza *f* borradora o de borrado ‖ ⁓**kreis** *m* (DV) / circuito *m* de reposición a su estado inicial ‖ ⁓**kreis** (Geigerzähler) / circuito *m* de extinción ‖ ⁓**magnet** *m* / imán *m* borrador

Loschmidtsche Zahl (Phys) / constante *f* de Loschmidt o de Avogadro, número *m* de Loschmidt

Lösch•papier *n* / papel *m* secante o chupante ‖ ⁓**patrone** *f* (Feuerwehr) / cartucho *m* extintor ‖ ⁓**platte** *f* (Elektr) / placa *f* apagachispas ‖ ⁓**rampe** *f* (Koks) / rampa *f* de apagado ‖ ⁓**rohrleitung** *f* (Elektr) / cortacircuito *m* de expulsión [dirigida] ‖ ⁓**satz** *n* (DV) / registro *m* de anulación ‖ ⁓**schalter** *m* (DV, Terminal) / interruptor *m* de acuse de recibo ‖ ⁓**silo** *n* (Kalkofen) / silo *m* de apagado ‖ ⁓**spannung** *f* (Magn.Bd) / tensión *f* de extinción ‖ ⁓**sperre** *f* (Magn.Bd) / bloqueo *m* de borrado ‖ ⁓**spule** *f* (Elektr) bobina f de soplado ‖ ⁓spule für das aufgewickelte Band (DV) / borrador m instantáneo de rollos, borrador m de conjunto o en volumen ‖ ⁓strom m (Magn.Bd) / corriente f de borrado o de desimanación ‖ ⁓taste f / tecla f de borrado ‖ ⁓tool n (DV) / herramienta f de borrado ‖ ⁓trog m (Hütt) / artesa f o cuba o tina de lavado ‖ ⁓trommelverfahren n / procedimiento m de tambor extintor ‖ ⁓turm m (Koks) / torre f de apagado

Löschung f, Löschen n (allg, Nukl) / extinción f ‖ ⁓, Nullstellung f (Instr) / puesta f a cero ‖ ⁓ (Schiff) / descarga f ‖ ⁓ (DV) / borrado m ‖ ⁓ (Patent) / anulación f, caducación f

Lösch•wagen m (Koks) / carro m de apagado ‖ ⁓wasser n (F'wehr) / agua f para extinguir ‖ ⁓wasser (Härterei) / agua f para templado ‖ ⁓wasserbrunnen m / pozo m de agua para extinguir ‖ ⁓wedel m (Schm) / escobillón m para la extinción ‖ ⁓winkel m (Eltronik) / ángulo m de extinción ‖ ⁓wirkung f (Elektr) / efecto m extintor ‖ ⁓zeichen n (DV) / carácter m de anulación ‖ ⁓zeit, Entionisierungszeit f (Eltronik) / tiempo m de desionización ‖ ⁓zeit f (Geigerzähler) / tiempo m de extinción ‖ ⁓zeit (Thyristor) / tiempo m de corte controlado por compuerta ‖ ⁓zug m (F'wehr) / equipo m de bomberos

lose, locker / flojo ‖ ⁓, abnehmbar / móvil, desmontable, separable, amovible ‖ ⁓, ohne Zusammenhang / incoherente ‖ ⁓, beweglich (Masch) / suelto, loco ‖ ⁓, durchsichtig gewebt (Web) / tejido flojo ‖ ⁓ (Sperrholzlage) / no adherente ‖ ⁓, locker (Boden) / mullido ‖ ⁓, schwimmend (Masch) / flotante, en voladizo ‖ ⁓, unverpackt / sin embalaje ‖ ⁓ (z.B. Schüttgut) / a granel ‖ ⁓, abgesondert / separado ‖ ⁓ (Bahn, Schwelle) / flojo ‖ ⁓ ankuppeln (Bahn) / acoplar con tensores flojos ‖ ⁓ aufgesetzt / montado loco o suelto ‖ ⁓ Backe (Plast, Wz) / mordaza f suelta ‖ ⁓ eingestelltes Gewebe, (Fehler:) schütteres Gewebe (Tex) / género m flojo ‖ ⁓s Fasergut (Tex) / materia fibrosa en rama ‖ ⁓r Flansch (DIN 2641), Losflansch m / brida f suelta ‖ ⁓ gedrehtes Garn (Tex) / hilado m flojo, hilado m poco torcido ‖ ⁓s Gefüge / estructura f floja ‖ ⁓es Gerät / aparejos m pl móviles, accesorios m amovible ‖ ⁓ gewordene Klemme (Elektr) / borne m flojo ‖ ⁓ gezwirnt (Spinn) / retorcido flojo ‖ ⁓s Gut (Bahn) / mercancía f a granel ‖ ⁓r Knorren o. Ast (Bau) / nudo m no adherente ‖ ⁓ Kopplung (Radio) / acoplamiento m flojo o débil ‖ ⁓ (o. lösbare) Kupplung (Masch) / embrague m, acoplamiento m separable o desmontable de embrague ‖ ⁓ Kupplung (Bahn) / enganche m flojo ‖ ⁓ Ladung (Schiff) / carga f a granel ‖ ⁓s Material (Fasern) / fibras f pl sin embalar, materia f fibrosa floja ‖ ⁓ Passung / ajuste m flojo ‖ ⁓ Riemenscheibe / polea f loca ‖ ⁓ Rolle, Losrolle f / rodillo loco m, polea f loca ‖ ⁓ (o. wackelig) sein / tambalear, bambolear ‖ ⁓r Stempel (Plast) / punzón m móvil ‖ ⁓s Teil / pieza f suelta o desmontable ‖ ⁓s Trumm (Seil) / ramal m flojo ‖ ⁓ Verbindung / conexión f floja ‖ ⁓ verlegt / trazado libremente ‖ ⁓ verseilt (Seil) / poco torsionado ‖ ⁓s Wechselrad (o. Aufsteckwechselrad) (Dreh) / rueda f loca de cambio ‖ ⁓ Wegerung (Schiff) / forro m interior móvil ‖ ⁓ werden (Schraube) / aflojarse

Lose f, Spiel n / juego m, huelgo m, holgura f ‖ ⁓ (Seil) / flojedad f, seno m ‖ ⁓ geben, nachlassen (Seil) / filar el seno ‖ ⁓ n haben (Masch) / hacer juego ‖ die ⁓ durchholen (Seil) / cobrar el seno

Löseanlage f, Laugerei f (Bergb) / instalación f o planta de lixiviación

Loseblatt •... / de hojas sueltas o intercambiables ‖ ⁓-Ausgabe f / edición f de hojas sueltas ‖ ⁓katalog m / catálogo m de hojas sueltas

Löse•hebel m / palanca f de desbloqueo ‖ ⁓keil m (Masch) / contrachaveta f, clavija f de tope ‖ ⁓keil

(Bau) / cuña f de andamio ‖ ⁓kessel m (Chem) / tanque m de disolución ‖ ⁓kraft f (Schraube) / fuerza f para destornillar

Lösemittel n, Lösungsmittel n (Chem) / solvente m, disolvente m ‖ ⁓ für Lacke / vehículo m ‖ ⁓festigkeit f / resistencia f a los solventes ‖ ⁓rest m / residuo m de solvente ‖ ⁓spritzentfetten n / desengrasado m por proyección de solvente ‖ ⁓trocknung f (für Nahrungsmittel) (Landw) / secado m por solvente ‖ ⁓vergiftung f (Med) / intoxicación f por solvente

lösen, abnehmen / desmontar ‖ ⁓, losbinden / desatar ‖ ⁓, losmachen, ablösen / deshacer ‖ ⁓, losschrauben / des[a]tornillar ‖ ⁓, auflösen (Chem) / disolver ‖ ⁓, losweben, -machen (Tex) / destejer ‖ ⁓, lockern / soltar ‖ ⁓ (Keile) / descuñar ‖ ⁓, auflösen (Math) / resolver ‖ die Bremse ⁓ / desfrenar, soltar el freno ‖ die Wasser ⁓ (Bergb) / drenar ‖ Fahrkarte ⁓ / tomar o sacar un billete, comprar un billete ‖ sich ⁓, losgehen, sich losarbeiten / desprenderse, soltarse ‖ sich ⁓ (Bremse) / soltarse ‖ sich ⁓ (Schraube) / aflojarse ‖ stufenweise ⁓ (Bahn) / aflojar progresivamente ‖ ⁓ ⁓ n, Abheben n / levantamiento m ‖ ⁓ von Presssitzen / desmontaje m de ajustes prensados

lösend (Chem) / disolvente

Löser m (Chem) / solvente m

Losesein n (Räder) / decalado m

Löse•stellung f (Bremse) / posición f de aflojamiento ‖ ⁓ventil n, -vorrichtung f der Bremse (Bahn, Kfz) / válvula f de desfrenado ‖ ⁓ventil, Bremsentwässerungsventil n (Bahn) / válvula f de purga de freno ‖ ⁓walzwerk n / tren m de laminación para desprender los tubos del mandril ‖ ⁓zeit f (Bahn, Bremse) / tiempo m de aflojamiento

Losflansch m / brida f suelta

losgehen / desprenderse, soltarse ‖ ⁓, aus dem Leim gehen / desencolarse ‖ ⁓, aus der Lötung gehen / desoldarse ‖ ⁓, locker werden / aflojarse ‖ ⁓ (Schuss) / dispararse, descargarse

losgerissener Wagen (Bahn) / vagón m escapado

Los•größe f (allg) / tamaño m de un lote ‖ wirtschaftliche ⁓größe / cantidad f rentable de un lote ‖ ⁓hacken vt, -hauen / atacar con pico ‖ ⁓haken vt / desenganchar, descolgar ‖ ⁓kamm m, -blatt n (Tex) / peine m movil o libre ‖ ⁓keilen vt, den Keil losschlagen / desacuñar ‖ ⁓kiel m, falscher Kiel (Schiff) / falsa f quilla ‖ ⁓kitten vt / desenmasillar ‖ ⁓klopfen vt, -schlagen / separar a martillazos o a golpes ‖ ⁓kommen vi, abheben (Luftf) / despegar ‖ ⁓kommen, sich freimachen / deshacerse ‖ ⁓kommen, Abheben n (Luftf) / despegue m ‖ ⁓koppeln n, Abkopplung f (Raumf) / desacoplamiento m ‖ ⁓kuppeln vt / desacoplar ‖ ⁓lager n / rodamiento m libre, cojinete m con apoyo libre ‖ ⁓lassen vt / soltar, desasir ‖ ⁓lassen (Therblig) (F.Org) / dar suelta

löslich, [sich] auflösend / soluble, disoluble ‖ ⁓er Gärungserreger (Chem) / fermento m soluble ‖ gut (o. voll) ⁓ / fácilmente soluble ‖ kaum ⁓ (Chem) / difícilmente soluble

Lösliches n / materia f soluble

Löslichkeit f / solubilidad f ‖ ⁓ im festen [flüssigen] Zustand / solubilidad f en estado sólido, [líquido]

Löslichkeits•koeffizient m (Chem) / coeficiente m de solubilidad ‖ ⁓kurve f / curva f de solubilidad ‖ ⁓kurve für den Zustand im Zustandsschaubild (Hütt) / curva f de solubilidad sólida ‖ ⁓produkt n / producto m de solubilidad ‖ ⁓unterschied m / diferencia f de solubilidades

los•löten vt / desoldar ‖ ⁓machen vt, abnehmen / desmontar ‖ ⁓machen, lösen / soltar, aflojar ‖ ⁓machen, sich auch lösen ‖ ⁓machen (Schiff) / largar amarras, desamarrar, levar anclas ‖ ⁓nageln vt / desclavar ‖ ⁓nehmbares Geländer (Schiff) / cairel m de regala con cadena ‖ ⁓nieten vt / desremachar, desroblonar, sacar los remaches o roblones ‖ ⁓platzen vi / desconcharse ‖ ⁓rad n / rueda f loca de

losreißen

~**reißen** vt / arrancar ‖ ~**reißwiderstand** m (Bahn) / esfuerzo m de arranque ‖ ~**rolle** f / rodillo m loco ‖ ~**rütteln** vt / separar por vibraciones
Löß m (Geol) / loess m
Los•scheibe f (Riemenscheibe) / polea f loca ‖ ~**schlagen** vt, -klopfen / separar a martillazos o a golpes ‖ ~**schmelzen** vt / separar por fusión ‖ ~**schrauben** vt / des[a]tornillar ‖ ~**sitz** m (Masch) / asiento m móvil
Lößlehm m (Geol) / loess m arcilloso
lossprengen vt / volar, hacer soltar
Lost (Lo = Lommer, St = Steinkopf), Senfgas n (Mil) / lost m, gas m mostaza
Lostoleranz f (F.Org) / tolerance f de (o en) un lote
lostrennen / desprender, separar ‖ ~ (Näh) / descoser
Losumfang m / tamaño m de lote
Lösung f (allg, Chem, Math) / solución f ‖ ~, Auflösung f, Zersetzung f (Chem) / disolución f ‖ ~, Trennung f, Losmachen n / separación f ‖ ~ (Bergb) / desintegración f, disgregación f ‖ ~ **im Gleichgewicht** (Chem) / solución f en equilibrio ‖ ~ **von Verträgen** / rescisión f, anulación f, revocación f ‖ **dissoziierte** ~ (Chem) / solución f diluida ‖ **einfache** ~ (Chem) / solución f simple ‖ **feste** ~ (Chem, Hütt) / solución f sólida ‖ **in** ~ **befindlich** / en solución ‖ **rasch wirkende** ~ / solución f de efecto rápido
Lösungs•..., analytisch / resolutivo ‖ ~**anode** f (Elektr) / ánodo m soluble ‖ ~**behandlung** f, Ausscheidungshärtung f (Leichtmetall) / tratamiento m térmico de solubilización ‖ ~**benzin** n (Chem) / nafta f ligera ‖ ~**benzol** n (Chem) / benceno m para solventes ‖ ~**druck** m (Chem) / presión f de solución, presión f [electrolítica] de disolución ‖ ~**elektrode** f (Galv) / electrodo m soluble ‖ ~**entropie** f (Phys) / entropía f de disolución ‖ ~**entwicklung** f, Säureentwicklung f (Druck) / revelado m al ácido ‖ ~**extraktion** f (Chem) / extracción f líquido-líquido ‖ ~**fähigkeit**, -kraft f, -vermögen n / capacidad f o fuerza disolvente ‖ ~**glühen** n (Stahl) / recocido m de disolución ‖ ~**hilfsmittel** n / agente m de solubilización ‖ ~**mischer** m / mezclador m de soluciones
Lösungsmittel, Lösemittel, Solvent n (Chem) / disolvente m ‖ ~ n (zur Verteilung fester Stoffe) (Chem) / vehículo m ‖ ~ (zum Ablösen) / despegador m ‖ ~ **auf Erdölbasis** / disolvente m a base de petróleo ‖ **mit** ~**n gestrichenes Papier** / papel m estucado con mezcla a base de disolventes ‖ ~**dämpfe** m pl / vapores m pl de disolventes ‖ ~**echt** / resistente a los disolventes ‖ ~**echtheit** f, -festigkeit f, -beständigkeit f / solidez f o resistencia a los disolventes ‖ ~**extraktion** f (Nukl) / extracción f por disolventes ‖ ~**farbstoff** m / colorante m de [di]solvente ‖ ~**frei** / sin [o exento de] solvente o disolvente ‖ ~**quellung** f (Ionenaustauscher) / hinchamiento m por disolvente ‖ ~**raffinat**, Solventraffinat n (Schmieröl) / refinado m de disolvente ‖ ~**raffination**, Solventraffination f / refinación f de (o por) disolvente ‖ ~-**Rückgewinnung** f / recuperación f de disolventes
Lösungs•nitrieren n (Hütt) / nitruración f en disolución ‖ ~**petroleum** n / petróleo m disolvente ‖ ~**polymer** n / polímero m en solución ‖ ~**polymerisation** f / polimerización f en solución ‖ ~**produkt** n (Chem) / soluto m, cuerpo m disuelto, substancia f disuelta ‖ ~**spannung** f / tensión f de solución electrolítica ‖ ~**strecke** f, -stollen m (Bergb) / galería f de perforación ‖ ~**tendenz** f / tendencia f a disolución ‖ ~**tension** f, -druck m (Elektrolyse) / tensión f de disolución ‖ ~**vermittler** m (Chem) / solubilizador m, intermedio m disolvente ‖ ~**vermögen** n / fuerza f disolvente ‖ ~**wärme** f / calor m de disolución ‖ ~**weg** m (Versuch) / manera f de solución ‖ ~**wirkung** f / efecto m de un disolvente

Los•walze f / cilindro m loco ‖ ~**weben** vt / destejer ‖ ~**weise** adj / por lotes ‖ ~**weise Arbeit** / procesamiento m por lotes ‖ ~**weise Prüfung** / prueba f de recepción por lotes, muestreo m de lote por lote ‖ ~**wickeln** vt, aufwickeln / desenrollar
Lot n (Math) / perpendicular f, línea f vertical ‖ ~ (am Theodolit) / plomada f ‖ ~, Loteinrichtung f / sonda f ‖ ~, Senkblei n (Schiff) / escandallo m, cala f, bolina f ‖ ~, Lötmittel n / soldadura f ‖ ~ n, Weichlot n (mit 50 % Blei) / soldadura f de estaño (con 50 % de plomo) ‖ ~ (Hartlot) / soldadura f fuerte o amarilla o de latón ‖ **aus dem** ~, aus der Senkrechten / desplomado ‖ **aus dem** ~ **weichen** / desplomarse ‖ **ein** ~ **fällen** / trazar la perpendicular ‖ **im** ~, senkrecht / vertical ‖ **vom** ~ **abweichend** / fuera de la vertical ‖ **zwischen den** ~**en** (Schiff) / entre las perpendiculares
Lötabdecklack m (gedr.Schaltg) / barniz m protector de soldadura
Lötabweichung f (Bau) / desviación f de la plomada o de la perpendicular
Löt•anschluss m, -verbindung f / conexión f soldada ‖ ~**anschluss**, -fahne f / oreja f o pestaña para soldar ‖ ~**apparat** m, -einrichtung f / dispositivo para soldar
Lotapparat m, Tiefenlotapparat m (Schiff) / aparato m para sondar, sonda f
Löt•auge n (IC) / zona f terminal o para soldar ‖ ~**bad** n / baño m de soldar ‖ ~**bar** / soldable ‖ ~**barkeit** f / soldabilidad f
Lot•baum m, Lottbaum m (Forstw) / aparato m para el arranque de tocones ‖ ~**blei**, Lot n (Bau) / plomada f, plomo m ‖ ~**blei** n (das Gewichtsstück) (Schiff) / escandallo m ‖ ~**block** n (Löten) / lingote m de soldadura blanda
Löt•brenner m, -rohr m / soplete m ‖ ~**bruch** m (Feuerverzinken) / rotura f bajo tensión ‖ ~**brüchigkeit** f / fragilización f por soldeo ‖ ~**brunnen** m, Kabelbrunnen m / cámara f de empalme ‖ ~**draht** m / alambre m de aportación ‖ ~**draht** (Kerndraht) / alambre m con núcleo [fundente], alambre m con alma desoxidante, alambre m de aportación tubular ‖ ~**durchführung** f / boquilla f de paso para soldadura
Lotebene f (Photogrammetrie) / plano m vertical
loten vt (Bau) / echar la plomada ‖ ~, die Tiefe ausloten o. sondieren (Schiff) / sond[e]ar ‖ ~ n, Lotung f (Schiff) / sondeo m
löten vt, ver-, zusammenlöten / soldar, unir por soldadura indirecta ‖ **mit Messing** ~ / soldar con latón ‖ ~ n (mittels Ausbreitenlassen von Lot) / soldadura f por efecto capilar (calentar un soldante hasta que se derrita y corra entre superficies que se quieren unir) ‖ ~, Lötung f / soldadura f (indirecta), soldeo m, acción f de soldar ‖ ~, Weichlöten / soldadura f blanda o con estaño ‖ ~, Hartlöten / soldadura f fuerte o con latón ‖ ~ **mit Schweißbrenner** / soldadura f con soplete
Löt•fahne / pestaña f para soldar, orejeta f de soldar ‖ ~**fett** n / grasa f de soldar ‖ ~**fläche** f / superficie f de soldadura ‖ ~**flansch** f / brida f soldada ‖ ~**flussmittel** n / fundente m para soldar o para soldadura, desoxidante m, decapante m ‖ ~**folie** f / hoja f de material de aportación
Lot•form f / forma f del metal de aportación ‖ ~**formteil** n / metal m de aportación preformado o con doblado previo
löt•freie Wickelverbindung / conexión f arrollada sin soldadura ‖ ~**fuge**, -naht, -stelle f (Hartlöten) / unión f soldada con latón, junta f de soldadura por latón
Lotgeber m, Lotinformation f (Flugkörper) / información f vertical
Lötgerät n / equipo m para soldadura, útiles m pl para soldadura
Lötigkeit f (Silber) / finura f de la plata
Lotion f, Wasser n (Med, Pharm) / loción f
lotisch, rasch fließend (Gewässer) / veloz

Löt•karussell *n* / mesa *f* giratoria para soldadura ‖ **⁓kolben** *m* / soldador *m* [de cobre], cautín *m*, hierro *m* de soldar ‖ **⁓kolben mit Schneide** / soldador *m* afilado ‖ **⁓kolbenspitze** *f* / cabeza *f* del soldador de cobre ‖ **⁓kolophonium** *n* / colofonia *f* para soldar ‖ **⁓kontakt** *m* / contacto *m* para soldar
Lot•korn *n* / metal *m* de aportación granular o en granos ‖ **⁓kreisel** *m* (Luftf) / giroscopio *m* para la vertical ‖ **⁓kugelprüfung** *f* / ensayo *m* de soldabilidad por glóbulo
Löt•lack *m* / barniz *m* soldable ‖ **⁓lampe** *f* (für Weichlöter) / soplete *m* de soldadura blanda ‖ **⁓lampe** (für Hartlöten) / soplete *m* de soldadura por latón
Lot•leine, -schnur *f* (Bau) / hilo *m* de plomada ‖ **⁓leine** (Schiff) / sondaleza *f*
Löt•leiste *f* (Eltronik) / regleta *f* de bornes para soldar ‖ **~los** / sin soldadura, no soldado ‖ **~lose Verbindung**, Wickel-Verbindung *f* (Eltronik, Fernm) / conexión *f* arrollada
Lotlücke *f* (Fehler) / junta *f* sin soldadura
Lötmanschette *f* / manguito *m* de soldar
Lotmaschine *f* (Schiff) / aparato *m* para sondar
Löt•maske *f* / máscara *f* de soldar (CI) ‖ **⁓masse, aufstreichbare** / pintura *f* para soldar ‖ **⁓messing** *n* / latón *m* para soldar ‖ **⁓mittel** *n* / soldante *m*, soldadura *f* ‖ **⁓naht, -stelle**, Lötung *f* / punto *m* o cordón de soldadura, junta *f* soldada ‖ **⁓ofen** *m* / horno *m* para soldeo fuerte ‖ **⁓öse, -fahne** *f* / anillo *m* u ojal para soldar
Lotoseffekt *m* (Bionik) / efecto *m* "loto"
Löt•ösenstreifen *m* / regleta *f* de bornes para soldar ‖ **⁓paste** *f* / pasta *f* de soldadura fuerte o blanda, compuesto *m* para soldar ‖ **⁓perle** *f* / perla *f* de soldadura blanda ‖ **⁓pin** *m* (Eltronik) / espiga *f* de soldadura ‖ **⁓pistole** *f* / pistola *f* de soldar
Lotpunkt *m* (Bau) / punto *f* de plomada
lotrecht / pependicular, vertical *adj*, normal ‖ **~e o. senkrechte o. vertikale Linie**, Lotrechte *f* / línea *f* perpendicular o vertical, perpendicular *f*, vertical *f* ‖ **~e Richtung o. Stellung o. Haltung** / dirección *f* perpendicular, perpendicularidad *f*
Lotrechte, eine ⁓ fällen (o. ziehen o. errichten) (Geom) / trazar una perpendicular
Lötrohr *n* / soplete *m*
Lot•röhre *f* (Ozean) / recogemuestras *m* ‖ **⁓röhre** (Schiff) / tubo *m* de sondar
Löt•rohrprobe, -analyse *f*, **-test, -versuch** *m* / ensayo *m* con el soplete ‖ **⁓[rohr]spitze** *f* / tobera *f* de soplete
Lotschweißen *n* (CH), Schweißlöten *n* / cobresoldeo *m*
Lotse *m* (Schiff) / piloto *m*, práctico *m*
Lötseite *f* (gedr.Schaltg) / lado *f* de soldadura
lotsen (Schiff) / pilotear, pilotar ‖ **⁓** *n* / pilotaje *m* ‖ **⁓betrieb** *m* (Bahn) / explotación *f* por piloto, acompañamiento *m* por piloto ‖ **⁓funk** *m* / radiocomunicación *f* de pilotaje ‖ **⁓kunde** *f* (Luftf) / pilotaje *m* ‖ **⁓schiff**, -[versetz]boot *n* (Schiff) / buque-piloto *m*, lancha *f* del práctico ‖ **⁓treppe**, Jakobsleiter *f* (Schiff) / escala *f* del práctico
Löt•spalt *m* / distancia *f* entre bordes ‖ **⁓spitze** *f* / cabeza *f* del soldador de cobre ‖ **⁓spritzer** *m* / gota *f* de soldante
Lot•stange *f* / varilla *f* para soldadura blanda ‖ **⁓stange**, -stab *m* (Hartlot) / varilla *f* para soldeo fuerte ‖ **⁓stange** (Hydr) / varilla *f* de sondar
Löt•stein *m* / piedra *f* para soldar ‖ **⁓stelle** *f* / punto *m* de soldadura, junta soldada ‖ **⁓stelle** (Thermoelement) / junta *f* soldada de un termopar ‖ **⁓stift** *m* / espiga *f* de soldadura
Lotstörung *f* / desviación *f* de la plomada o de la perpendicular
Löt•stutzen *m* (DIN 7633) / boquilla *f* hexagonal soldada ‖ **⁓stützpunkt** *m* (Eltronik) / clavija *f* en U ‖ **⁓-Trenn-Löt-Technik** *f* / técnica *f* soldadura-corte-soldadura
Lötung *f* / soldadura *f* (indirecta), soldeo *m*
Lotusan *n* (Fassadenfarbe mit Lotus-Effekt) (Bau) / pintura *f* Lotusán
Lotus-Effekt *m* (Selbstreinigung der Oberfläche) / efecto lotus
Löt•verbindung *f* / conexión *f* o unión soldada, soldadura *f* ‖ **[ineinander verspitzte] ⁓verbindung**, eingesteckte Verbindung (Bleirohre) / unión *f* encasquillada a enchufe ‖ **⁓verbindungsmuffe** *f* / manguito *m* para unión por soldadura ‖ **⁓wasser** *n* / agua *f* para soldar ‖ **⁓wulst** *m* (Kabel) / junta *f* soldada por frotamiento ‖ **⁓zange** *f* / pinzas *f pl* de soldar ‖ **⁓zelt** *n* / tienda *f* del soldador ‖ **⁓zinn** *n* / estaño *m* para soldar ‖ **⁓zinn** s. auch Lot ‖ **⁓zinnauftragung** *f* (Galv) / depósito *m* o revestimiento de soldadura ‖ **⁓zinnstaub** *m* / metal *m* de aportación en polvo
Loudness-Schalter *m* / pulsador *m* de sonoridad
Love-Welle *f* (Eltronik) / onda *f* de Love
Lovibond-Colorimeter *n* (Chem) / colorímetro *m* de Lovibond
lower warning limit (Qual.Pr.) / límite *m* inferior de vigilancia
Low•-key-Technik *f* (Foto) / técnica *f* de imágenes con graduaciones de tono o[b]scuro ‖ **⁓-Level-Messtechnik** *f* (Nukl) / técnica *f* de medición de poca radiactividad ‖ **⁓-Noise-Band** *n* (Eltronik) / cinta *f* de bajo ruido ‖ **⁓-Rider-Gabel** *f* (Fahrrad) / horquilla Low-Rider ‖ **⁓-Section-Gürtelreifen**, Niederquerschnittsreifen *m* (Kfz) / neumático *m* de sección baja ‖ **-Speed-Aileron** *n*, äußeres Querruder (Luftf) / alerón *m* exterior ‖ **⁓-Stretch-Ware** *f* (Tex) / tejido *m* poco extensible
LOX *n* (Rakete) / oxígeno *m* líquido ‖ **⁓-Entleerung** *f* / vaciado *m* del oxígeno líquido
Loxo•drome *f* (Math) / loxodromia *f*, curva *f* o línea loxodrómica ‖ **~dromer Kurs**, Loxodromkurs *m* (Schiff) / rumbo *m* loxodrómico ‖ **~dromisch**, schräg laufend (Nav) / loxodrómico
LP (Bau) = Luftporenzusatzstoff ‖ **⁓**, lineare Programmierung (DV) / programación *f* lineal
LPF-Verfahren *n* (= leaching, precipitation, flotation) (Hütt) / proceso *m* LPF (lixiviación, precipitación, flotación)
LPG, Flüssiggas *n* / gas *m* licuado de petróleo, G.L.P. *m*, supergás *m* (ARG, URUGUAY) ‖ **⁓** (DV) = Listenprogrammgenerator
LP-Stoff, Luftporenzusatzstoff *m* (Bau) / agente *m* aireante o aireador, aireante *m* para hormigón
LPV-Stoff *m*, luftporenbildender Verflüssiger (Bau) / plastificador *m* aireador, aireante *m* plastificante
LQ-Druck *m* (DV) / imprenta *f* LQ (= letter quality)
L-Qualität *f* (Gas) / calidad *f* baja o L
LRC-Glied *n* (Eltronik) / elemento *m* LRC (L = inductancia, R = reactancia, C = capacitancia)
L-Ringdichtung *f* / junta *f* anular en forma de L
LSA•-Bauelement *n* (= limited space charge accumulation) (Eltronik) / componente *m* o elemento LSA ‖ **⁓-Diode** *f* / diodo *m* LSA
L-Schale *f* (Nukl) / capa *f* L, nivel *m* L
L-Schaltung *f*, **-Glied** *n* (Fernm) / red *f* en L
L-Schirm *m* (Radar) / presentación *f* [visual] tipo L
LSD *m*, Lysergsäurediethylamid (Chem, Pharm) / LSD *m*, dietilamida *m* de ácido lisérgico
LSI, hochintegrierter Schaltkreis = Large Scale Integration (Eltronik) / integración *f* en gran escala ‖ **für ⁓ vorbereiten** / preparar *f* para integración en gran escala ‖ **⁓-Schaltkreise** *m pl* (Large Scale Integration) / circuitos LSI *m pl*
LS-Kopplung *f*, Russel-Saunders-Kopplung (Nukl) / acoplamiento *m* Russel-Saunders, acoplamiento *m* espín-orbital

LSL, langsame störsichere Logik (DV) / lógica f LSL
LS-Sicherung f (Elektr) / cortacircuito m protector de línea
LS-Stahl m, gleichschenkliger scharfkantiger Winkelstahl (Hütt) / angular m de lados iguales y cantos vivos
L-Stahl m (Walzw) / angular m
L-Störabstand m (Eltronik) / relación f de protección en estado L
L-Stück n, Winkel m (Rohr) / tubo m acodado ‖ ≃ **mit einem Außengewinde** / tubo m acodado con un extremo fileteado
LTR, Leistungstransistor m / transistor m de potencia
Lübecker Hut m, Sicherheitsleitkegel m (Straßb) / cono m de caucho de seguridad
Lubrizität f / lubricidad f
Lucalox-Lampe f / lámpara f Lucalox
Lucite n (Methacrylharz) (Plast) / Lucita f
Lückbetrieb m (Eltronik) / circulación f discontinua de c.c.
Lucke f, Blase f (Hütt) / ampolla f, burbuja f
Lücke, offene Stelle / espacio m, hueco m, apertura f ‖ ≃ f, Hohlraum m / cavidad f, espacio m hueco ‖ ≃, Öffnung f (Bau) / abertura f ‖ ≃ f, Riss m, Bresche f (Bau) / brecha f ‖ ≃, Unterbrechung f / vacío m, intersticio m ‖ ≃ f, Langzeitschwund m (TV) / silenciamiento m de las emisiones, extinción f ‖ ≃, Gitterlücke f (Krist) / vacante f, laguna f, hueco m, agujero m ‖ ≃**n** f pl (Luftverm) / mala f colocación, defecto m de continuidad ‖ ≃ f **im Deich** / brecha f en el dique ‖ ≃ **im Gewebe** (Tex) / intersticio m ‖ ≃**n zustopfen** (Bau) / tapar
Lücken•atom n (Phys) / átomo m intersticial ‖ ≃**bogenzentrum** n (Zahnrad) / centro m del arco de los rebajos ‖ ≃**fräser**, Winkelfräser m / fresa f para huecos o ángulos ‖ ≃**grad** m (Hütt) / grado m de vacío o de hueco ‖ ~**haft** / incompleto, defectuoso ‖ ~**karbid** n (Hütt) / carburo m intersticial ‖ ~**los** / ininterrumpido, completo, continuo ‖ ~**lose Abtastung** / exploración f continua ‖ ~**lose Gleise**, langverschweißte Gleise (Österreich) (Bahn) / vía f soldada o de carriles soldados, vía f sin junta ‖ ~**lose Mischkristallreihe** / serie f completa de cristales mixtos ‖ ≃**steuerung** f / sistema m de mando de laguna[s] ‖ ≃**weite** f (Getriebe) / amplitud f de hueco ‖ ≃**weite im Normalschnitt** (Getriebe) / amplitud f de hueco normal ‖ ≃**weite im Stirnschnitt** (Getriebe) / amplitud f de hueco transversal ‖ ≃**zeichen** n (DV) / carácter m de relleno ‖ ≃**zeit** f (Magn.Bd) / tiempo m de extinción
luckig, blasig (Hütt) / cavernoso
lückig, gezahnt / dentado
Lüderssche Linie, Fließlinie f (Hütt) / línea f de Lüders, línea f de fluencia
Ludolfsche Zahl, π (Math) / número m π
Ludolphsches Auswertegerät (Meteo) / transportador m de Ludolph
LUF (= lowest useful frequency) / frecuencia f más baja utilizable
Luft f (Meteo, Phys) / aire m ‖ ≃, Spiel n (Masch) / juego m, holgura f ‖ ≃, Abstand m (Masch) / separación f, distancia f ‖ ≃ f (Lager) / juego m [interior] en el cojinete o rodamiento ‖ ≃**...**, in der Luft, zur Luft gehörig / aéreo ‖ ≃**...**, eisen[kern]los (Elektr) / con núcleo de aire ‖ ≃**...**, Druckluft... / por aire comprimido, neumático ‖ ≃ **ablassen** (Reifen) / desinflar ‖ ≃ **auffüllen** (Kfz) / inflar neumáticos ‖ ≃ f **durch flüssiges Eisen pressen** (Hütt) / hacer pasar el aire por la masa líquido de hierro ‖ ≃ **im Getriebe** / juego m en el engranaje ‖ ≃ **mit Atmosphärendruck** (Melkmaschine) / aire m expandido ‖ ≃ **stechen** (Gieß) / ventear ‖ ≃ **zuführen** / ventilar, suministrar aire ‖ ≃ f **zum Auslassen** / aire m para salir ‖ ≃ **zum Öffnen** / aire m para abrir ‖ ≃ **zum Zurückziehen** / aire m para retraer o retirar ‖ **atmosphärische** ≃ / atmósfera f, aire m atmosférico ‖ **der freien** ≃ **aussetzen** / exponer al aire libre o a la intemperie ‖ **in der** ≃ **gemessen** (Luftf) / medido en el avión ‖ **in freier** ≃ / al aire libre

Luft•abführung f (Gieß) / respiradero m ‖ ≃**abhebevorrichtung** f (Stanz) / dispositivo m aspirador neumático ‖ ≃**abhebung** f (Gieß) / desmolde m o desmoldeado neumático ‖ ≃**abkühlung** f (Hütt) / enfriamiento m al aire o no controlado ‖ ≃**ablassen** n (Reifen) / desinflado m ‖ ≃**ablassloch** n (Rohrleitung) / atabe m ‖ ≃**ablassventil** n (Druckkabine) / válvula f de descarga ‖ ≃**ableitung** f, -loch / agujero m de aire ‖ ≃**absauger** m / ventilador m aspirador ‖ ≃**absaugung** f / aspiración f de aire ‖ ≃**abscheider** m / separador m de aire ‖ ≃**abscheidevermögen** n (Öl) / propiedad f separadora de aire ‖ ≃**abscheidung** f / separación f de aire ‖ ≃**abschluss** m / cierre m hermético al aire, exclusión f del aire ‖ **unter** ≃**abschluss**, luftdicht verschlossen / cerrado herméticamente, herméticamente cerrado, con cierre hermético, bajo cubierta hermética ‖ ≃**abschrecken** n (Hütt) / templado m al aire ‖ ≃**absorption** f (Akust) / absorción f atmosférica ‖ ≃**abwehr** f (Mil) / defensa f antiaérea ‖ ≃**abzug** m (allg) / escape m de aire, salida f o evacuación de aire ‖ ≃**abzug**, -loch m (Bergb) / salida f de aire ‖ ≃**anfeuchtung**, -befeuchtung f / humectación f o humidificación del aire ‖ ≃**angriff** m (Mil) / ataque m aéreo, incursión f aérea ‖ ≃**ansaugdüse** f / tobera f de aspiración de aire ‖ ≃**ansaugrohr** n, -leitung f / tubo m de aspiración de aire ‖ ≃**ansaugschacht** m (Schiff) / boca f de aspiración de aire ‖ ≃**ansaugtemperatur** f, -eintrittstemperatur f / temperatura f de admisión (o de aspiración) de aire ‖ ≃**ansaugung** f / aspiración f de aire ‖ ≃**ansaugwirbel** m / torbellino m de aspiración de aire ‖ ≃**anschluss**, Druckluftanschluss m, -lieferung, -versorgung f / acometida f de aire comprimido ‖ ~**äquivalente Ionisationskammer** (Phys) / cámara f de ionización de pared de aire o de pared equivalente al aire ‖ **äquivalente Substanz** / su[b]stancia f equivalente en aire ‖ ~**äquivalent** n (Nukl) / equivalente m en aire ‖ ~**atmend** (Antrieb) / exógeno, aerobio, de alimentación a aire ‖ ~**atmender [Zusatz]antrieb** (Luftf) / propulsor m auxiliar exógeno o aerobio ‖ ≃**aufbereitung** f (Bergb) / preparación f neumática o en corriente de aire ‖ ≃**aufbereitung für pulverisiertes Material** / elutriación f neumática ‖ ≃**aufklärung** f (Mil) / reconocimiento m aéreo ‖ ≃**aufnahme** f, Luftbild n / aerofoto[grafía] f, vista f aérea ‖ ≃**auftanksystem** n (Mil) / reabastecimiento m de combustible en [pleno] vuelo o por avión nodriza, abastecimiento m aéreo ‖ ≃**auftrieb** m (Phys) / empuje m ascensional del aire, empuje m aerostático ‖ ≃**auslass**, -austritt m / salida f de aire ‖ ≃**auslass** m, -austrittsseite f (Ventilator) / lado m de salida de aire ‖ ≃**auslassdämpfer** m (Kfz) / silenciador m de salida de aire ‖ ≃**auslassgitter** n **für verbrauchte Luft** / rejilla f de salida de aire viciado ‖ ≃**austausch** m / intercambio m del aire ‖ ≃**austrittsklappe** f / chapaleta f de salida de aire ‖ ≃**austrittsschacht** m (Bergb) / pozo m de salida de aire ‖ ≃**auswerfer** m (Plast) / eyector m o expulsor por aire ‖ ≃**bad** n (Chem) / baño m de aire ‖ ≃**ballon** m (Meteo) / globo m aerostático, aeróstato m ‖ ≃**befeuchter** m / humectador m o humidificador de aire ‖ ≃**befeuchtung** f s. Luftanfeuchtung ‖ ≃**behälter** m, -kasten m, -kessel m / depósito m de aire, cámara f de aire ‖ ≃**bereift** (Kfz) / con o sobre neumáticos, neumatizado ‖ ≃**bereifung** f (Kfz) / neumáticos m pl, bandaje m neumático ‖ ≃**beschaffenheit** f / calidad f de aire ‖ ≃**beständig** / inalterable al aire ‖ ≃**betankung** f s. Luftauftanksystem ‖ ≃**bewegung** f, -strom m / corriente f de aire, movimiento m de[l] aire

822

Luftbild *n*, Luftaufnahme *f* / aerofoto[grafía] *f*, fotografía *f* o vista aérea ‖ ⁓ (in der Luft erzeugt) (Opt) / imagen *f* aérea o en al aire ‖ ⁓, -messbild, -vermessungsbild *n* / fotografía *f* de levantamiento aéreo ‖ ⁓ *n* **eines Geländestreifens** / banda *f* aerofotográfica ‖ ⁓**aufnahmegerät** *n* s.
Luftbildmesskammer ‖ ⁓**auswertung** *f* / explotación *f* de aerofotografías ‖ ⁓**ebene** *f* (Opt) / plano *m* de la imagen aérea ‖ ⁓**film** *m* / película *f* de aerofotografías ‖ ⁓**interpretation** *f* / interpretación *f* o explicación de aerofotografías ‖ ⁓**kamera** *f* / cámara *f* de fotogrametría aérea, máquina *f* de fotografía aérea ‖ ⁓**karte** *f* / fotomapa *m*, mapa *m* fotográfico, carta *f* fotográfica ‖ ⁓**messflugzeug** *n* / avión *m* de levantamiento aéreo ‖ ⁓**messkammer** *f* / cámara *f* para levantamiento aéreo, cámara *f* de fotometría ‖ ⁓**messung**, Photogrammetrie *f* (Luftf, Verm) / aerofotogrametría *f* ‖ ⁓**plan** *m* (Verm) / fotoplano *m* ‖ ⁓**umzeichner** *m* / aparato *m* para el redibujado de aerofotos ‖ ⁓**vermessung** *f* / levantamiento *m* aéreo
Luftbläschenbildung *f* (Gieß) / formación *f* de picaduras
Luftblase *f* / burbuja *f* de aire ‖ ⁓ (Gieß) / sopladura *f* ‖ ⁓ **in einer Saugleitung** / bolsa *f* de aire en la tubería
Luft•blasenbildung *f* (Vakuum) / formación *f* de burbujas de aire ‖ ⁓**blasen-Viskosimeter** *n* / viscosímetro *m* de burbuja ‖ ⁓**blasenvorhang** *m* (zur Eingrenzung von Ölteppichen) / cortina *f* de aire ‖ ⁓**-Boden...** (Luftf, Mil) / aire-tierra ‖ ⁓**-Boden-Rakete** *f* / misil *m* o cohete aire-tierra ‖ ⁓**-Bodenverkehrs-Container** *m* / container *m* o contenedor *m* aire-tierra ‖ ⁓**brechungsvermögen** *n* (Opt) / refrangibilidad *f* del aire ‖ ⁓**bremse**, Landeklappe *f* (Luftf) / freno *m* aerodinámico, aerofreno *m* externo ‖ ⁓**bremse** (Seilb) / freno *m* de aire, aerofreno *m* ‖ ⁓**bremse**, Druckluftbremse *f* / freno *m* neumático o de aire comprimido ‖ ⁓**-Brennstoff-Verhältnis** *n* / razón *f* aire/combustible ‖ ⁓**brücke** *f* / puente *m* aéreo ‖ ⁓**brunnen** *m* (Klimaanlage) / pozo *m* de aire ‖ ⁓**bürste** *f*, -pinsel *m* (Plast) / chorro *m* de aire dosificador ‖ ⁓**bürsten-Streichverfahren** *n* (Pap) / estucado *m* por labio soplante, estucado *m* por cepillo (o cuchilla) de aire ‖ ⁓**bürstenverfahren** *n* (Plast) / recubrimiento *m* con cuchilla de aire dosificadora ‖ ⁓**dämpfung** *f*, -federung *f* / amortiguación *f* neumática o por aire ‖ ⁓**darre** *f* (Brau) / tostadero *m* al aire
luftdicht / impermeable al aire, hermético, a prueba de aire ‖ ~**er Abschluss** / cierre *m* hermético al aire ‖ ~ **machen o. verschließen**, hermetisch verschließen / impermeabilizar al aire, hermetizar
Luft•dichte *f* (Phys) / densidad *f* atmosférica ‖ ⁓**dichtemesser** *m* / densímetro *m* de aire, aerodensímetro *m* ‖ ⁓**dichtenhöhe** *f* (Luftf) / altura *f* de densidad ‖ ⁓**dichtigkeitsmessung** *f* / medición *f* de la hermeticidad [al aire] ‖ ⁓**dielektrikum** *f* / dieléctrico *m* de aire ‖ ⁓**diffusor**, -verteiler *m* / difusor *m* de aire ‖ ⁓**dosis** *f* (Nukl) / dosis *f* en el aire [libre] ‖ ⁓**draht** *m* (Fernm) / hilo *m* suspendido en el aire ‖ ⁓**drehkondensator** *m* (Eltronik) / capacitor *m* variable de aire, condensador *m* variable con dieléctrico de aire ‖ ⁓**drossel** *f* (Elektr) / bobina *f* de reactancia con núcleo (o alma) de aire, bobina *f* de reactancia sin núcleo
Luftdruck *m* (Phys) / presión *f* de[l] aire, presión *f* neumática ‖ ⁓, atmosphärischer Druck (Meteo) / presión *f* atmosférica o barométrica ‖ ⁓, Reifendruck *m* / presión *f* de inflado o de neumático ‖ ⁓**...**, Druckluft... (Masch) / neumático, de aire comprimido ‖ ⁓ *m* **durch Explosion** / chorro *m* de aire, onda *f* de choque o de explosión ‖ **auf normalen** ⁓ **umstellen** (Luftf) / depresurizar ‖ ⁓**ausgleich** *m* / compensación *f* de la presión atmosférica ‖ ⁓**fühler** *m* / sonda *f* de presión atmosférica ‖ ⁓**gradient** *m* (Meteo) / gradiente *m* de presión barométrica ‖ ⁓**-Höhenlinie** *f*

/ línea *f* isobara, isobara *f* ‖ ⁓**messer** *m*, Barometer *n* / barómetro *m* ‖ ⁓**messer**, Manometer *m* *n* / manómetro *m* ‖ ⁓**prüfer** (DIN), Reifenprüfer *m* (Kfz) / comprobador *m* de la presión [de los neumáticos], verificador *m* de [la] presión de aire ‖ ⁓**schalter** *m* / interruptor *m* de presión de aire ‖ ⁓**schalter** (durch atmosph. Druck schaltend) / conmutador *m* barométrico ‖ ⁓**welle** *f* (Explosion) / onda *f* de choque o de explosión ‖ ⁓**wirkung** *f* (Explosion) / efecto *m* de onda de choque o de explosión
Luft•durchflusszähler *m* / contador *m* de aire ‖ ⁓**durchlässigkeit** *f* / permeabilidad *f* al aire ‖ ⁓**durchlässigkeit** (von Formsand) (Gieß) / capacidad *f* de salida de gases (arena de moldeo) ‖ ⁓**durchlässigkeitsprüfer** *m* (Pap) / porosímetro *m* ‖ ~**durchsetzt** / aireado ‖ ⁓**düse** *f* / tobera *f* de aire o de ventilación, embocadura *f* de boquilla para la entrada de aire ‖ ⁓**düsentexturgarn** *n* (Tex) / hilo *m* texturado por chorro de aire ‖ ~**echt** / sólido o inalterable al aire ‖ ⁓**einbohren** *n* (Hütt) / tubo *m* para inyectar aire ‖ ⁓**einblasung** *f* (Mot) / inyección *f* neumática o de aire comprimido ‖ ⁓**einlass** *m* / admisión *f* o entrada de aire ‖ ⁓**einlass**, Spülschlitz *m* (Masch, Mot) / lumbrera *f* de barrido ‖ ⁓**einlassgitter** *n* / rejilla *f* de entrada de aire ‖ ⁓**einlassklappe** *f* / regulador *m* o registro *m* de aire ‖ ⁓**einlassrohr** *n* / tubo *m* de entrada de aire ‖ ⁓**einlauf** *m* (Triebwerk) / entrada *f* de aire ‖ ⁓**einpressen** *n*, Airlift *m* (Öl) / extracción *f* por aire ‖ ⁓**einschluss** *m* / inclusión *f* de aire ‖ ⁓**einschluss in einer Saugleitung** / bolsa *f* de aire ‖ ⁓**einspritzung** *f* (Diesel) / inyección *f* por aire comprimido ‖ ⁓**eintritt**, -einlass *m* / entrada *f* de aire ‖ ⁓**eintrittsöffnung** *f* / orificio *m* de entrada de aire ‖ ⁓**eintrittsöffnung** (Klimaanlage) / orificio *m* de alimentación de aire ‖ ⁓**eintrittstemperatur** *f*, -ansaugtemperatur *f* / temperatura *f* de aire aspirado ‖ ⁓**elektrizität** *f* / electricidad *f* atmosférica ‖ ~**empfindlich** / sensible al aire
lüften *vt*, frische Luft zulassen, Luft erneuern / airear, ventilar ‖ ~ / ventar, ventear ‖ ~, liften, anheben / levantar, alzar ‖ ~ (Bohrspäne entfernen) / desahogar (la broca) ‖ **die Bremse** ~ **o. lockern o. loslassen o. lösen** (Kfz) / levantar o alzar el freno, soltar el freno ‖ ⁓ *n*, Durchlüften *n* / aireación *f*, ventilación *f* ‖ ⁓ **des Werkzeugs** (Plast) / desgasificación *f*
Luft•entfeuchter *m* **für Räume**, Raumluftentfeuchter *m* / deshumectador *m* de aire para locales ‖ ~**entzündlich**, pyrophor (Chem) / pirofórico
Lüfter *m*, Ventilator *m*, Fächer *m* / ventilador *m* ‖ ⁓, Lüftungsschieber *m* (Bahn) / aspirador *m*, ventilador *m* de coches ‖ ⁓, Ventilator *m* (Kfz) / ventilador *m* de refrigeración ‖ ⁓ *m*, Gebläse *n* (Kompressionsverhältnis kleiner als 3) / soplador *m* ‖ ⁓, Exhauster *m* / exhaustor *m* ‖ ⁓**achse** (Kfz) / árbol *m* de ventilador ‖ ⁓**bauwerk** *n* (Tunnel) / instalación *f* de ventilación ‖ ⁓**flügel** *m* / paleta *f* de ventilador ‖ ⁓**gehäuse** *n* / caja *f* de ventilador ‖ ⁓**haube** *f* (Kfz) / caperuza *f* o capota de ventilador
Lufterhitzer *m* / recalentador *m* de aire
Lüfter•kopf *m* (Schiff) / hongo *m* ventilador, cabeza *f* de ventilador ‖ ⁓**kragen** *m* (Elektr) / collar *m* del ventilador ‖ ⁓**motor**, -antrieb *m* / motor *m* de ventilador ‖ ⁓**motor** *m* (Bauart) (Elektr) / motor *m* ventilado
Luft•erneuerung *f* / renovación *f* del aire ‖ ⁓**erneuerungsrate** *f* / tasa *f* de renovación de aire
Lüftersatz *m* / grupo *m* motor/ventilador
Lufterschütterung *f* **durch den Schall** / percusión *f* del aire por ruido
Lüfter•schutzring *m* / anillo *m* de protección (E) o de guarda (LA) del ventilador ‖ ⁓**welle** *f* (Kfz) / árbol *m* del ventilador

Luft•explosion f (Lagerstättenforschung) (Geol) / deflagración f aérea (investigación de los yacimientos) ‖ ⁓**fahrerschein** m / permiso m de aviador
Luftfahrt f, Luftfahrtwesen n / aviación f, aeronáutica f, navegación f aérea ‖ ⁓... / aeronáutico ‖ ⁓**behörde** f (USA) / Organismo m Federal de la Aviación (EE.UU.) ‖ ⁓**elektronik**, Avionik f / electrónica f aeronáutica, aeroelectrónica f, aviónica f ‖ ⁓**elektronik** f, -fernmeldewesen n / telecomunicaciones f pl aeronáuticas ‖ ⁓**feuer** n / luz f de tráfico aéreo ‖ ⁓**handbuch** n / manual m aeronáutico ‖ ⁓**industrie** f / industria f aeronáutica ‖ ⁓**ingenieur**, -techniker m / ingeniero m aeronáutico ‖ ⁓**-Kartenwerk** n / mapas m pl aeronáuticos ‖ ⁓**navigation** f / navegación f aeronáutica ‖ ⁓**sextant** m / sextante m aéreo ‖ ⁓**technik** f, -ingenieurwesen n / ingeniería f o técnica aeronáutica, aviotécnica f ‖ ~**technisch** / aviotécnico ‖ ⁓**unternehmen** n, Carrier m / empresa f de transporte aéreo, compañía f de aeronavegación ‖ ⁓**werkstoff** m / material m para la industria de aviación
Luftfahrzeug n / aeronave f, máquina f voladora ‖ ⁓ **leichter als Luft** / aeróstato m, aeronave f más ligera que el aire ‖ ⁓ **schwerer als Luft** / aerodino m, aeronave f más pesada que el aire ‖ ⁓**-Aufrufzeichen** n / indicativo m de llamada de aeronave ‖ ⁓**führer** m / piloto m, aviador m, aeronauta m ‖ **verantwortlicher** ⁓**führer** / piloto-jefe m ‖ ⁓**muster** n / tipo m de aeronave ‖ ⁓**prüfingenieur** m / ingeniero m aeronáutico de recepción
Luft•fang m, Hutze f (Bergb) / ventilador m aspirador ‖ ⁓**fänger** m / toma f de aire ‖ ⁓**feder** f, Gasfeder f / resorte m neumático ‖ ⁓**federhammer** f / martinete m de resorte neumático ‖ ⁓**federung** f / suspensión f neumática ‖ ⁓**federungsventil** n (Kfz) / válvula f de nivelación ‖ ⁓**fest**, -beständig, -echt / sólido o inalterable al aire ‖ ⁓**feuchtigkeit**, -feuchte f / humedad f atmosférica o del aire ‖ ⁓**feuchtigkeit** f, Dunst m / vapor m ‖ **bei 65% relativer** ⁓**feuchtigkeit** / a una humedad relativa del aire del 65 por 100 ‖ ⁓**feuchtigkeitsmenge** f **im Sättigungszustand** / humedad f del aire en estado de saturación ‖ ⁓**feuchtigkeitsmesser** m / higrómetro m ‖ ⁓**feuchtigkeitsmessung** f / higrometría f ‖ ⁓**feuerwehr** f (Forstw) / bomberos m pl aéreos ‖ ⁓**filter** m n, -reiniger m / filtro m de aire, depurador m de aire ‖ ⁓**flasche** f / recipiente m de aire, botella f de aire [comprimido] ‖ ⁓**förderrinne** f / canal m aerodeslizador de transporte ‖ ~**förmig** / aeriforme ‖ ⁓**fracht** f / flete m aéreo ‖ ⁓**frachtverkehr** m / transporte m aéreo de mercancías ‖ ⁓**frei** / exento de aire ‖ ~**frei** (Lager) / sin juego, exento de juego ‖ ~**freie Masse** (Keram) / pasta f desaer[e]ada ‖ ⁓**führung** f / conducción f o guía de aire ‖ **mit** ⁓**führung versehen** / provisto de conducción de aire, equipado con conducción de aire ‖ ⁓**führungskasten** m (Mot) / cámara f de desviación de aire ‖ ⁓**gang** (Web) / cámara f de aire ‖ ⁓**gas** n, Generatorgas n / gas m de gasógeno ‖ ~**gefedert** (Kfz) / con suspensión neumática o de aire ‖ ⁓**gefrierapparat** m (Kältetechnik) / congelador m por [chorro de] aire ‖ ~**gefüllt** / inflado, hinchado ‖ ~**gefüllter**
Gummireifen (Kfz) / neumático m (inflado)(E), goma f, llanta f o rueda neumática (LA) ‖ ~**gehärtet** (Stahl) / templado al aire ‖ ~**gekühlt** / refrigerado por aire ‖ ~**gekühlt** (Elektr) / ventilado ‖ ~**gekühlte Triode** (Eltronik) / triodo m enfriado por aire ‖ ⁓**gelagerter Kreisel** (Schiff) / giroscopio m con cojinetes de aire ‖ ~**gepulst**, -gesteuert (Aufb) / con pulsación de aire ‖ ~**geschützt** / al abrigo del aire ‖ ⁓**geschwindigkeit** f / velocidad f del aire ‖ ⁓**geschwindigkeitsmesser** m, Windmesser m, Anemometer m / anemómetro m ‖ ~**gesteuertes Anhängerbremsventil** / válvula f

neumática del freno de remolque ‖ ⁓**gesteuerte (o. luftgepulste) Setzmaschine** (Bergb) / criba f de aire comprimido ‖ ~**getragen**, luftverfrachtet / aerotransportado ‖ ~**getrocknet** / secado al aire ‖ ⁓**gewehr** n / escopeta f o carabina de aire comprimido, escopetilla f ‖ **verdrängtes** ⁓**gewicht** / peso m de aire desplazado ‖ ~**haltig** / aireado, que contiene aire ‖ ⁓**hammer** m (Schm) / martinete m neumático ‖ ⁓**hammer** (Bau, Straßb) / martillo m de aire comprimido ‖ ⁓**härter** m (Stahl) / acero m para temple al aire ‖ ⁓**härtung** f (Stahl) / temple m al aire ‖ ⁓**hauch** m / soplo m de aire ‖ ⁓**hauptleitung** f / aeroducto m ‖ ⁓**hebebohrverfahren** m (Bergb) / perforación f tipo bomba mamut ‖ ⁓**heber** m (ein Kissen) / cojín m neumático elevador ‖ ⁓**heber**, Mammutpumpe f (Bergb) / bomba f Mammut o mamut ‖ ⁓**heizgerät** n (mit Ventilator u. Wärmeerzeuger) / calefactor m o calentador unitario, aerotermo m, calorífero m ‖ ⁓**heizgerät** (ohne Ventilator) / calentador m de aire (sin ventilador) ‖ ⁓**heizkammer** f / cámara f regeneradora de aire ‖ ⁓**heizung** f (Heizanlage) / instalación f de calentamiento por aire, unidad f de calefacción, aerotermo m, calorífero m ‖ ⁓**heizung** (System) / calefacción f por aire ‖ ⁓**heizung mit Gebläse** / calefacción f por aire forzado ‖ ⁓**heizungsanlage** f (ohne Ventilator) / calorífero m (sin ventilador), calentador m de aire ‖ ⁓**herd** m (Aufb) / mesa f de lavado neumático ‖ ⁓**hülle**, Atmosphäre f (Geophys, Meteo) / atmósfera f, atmosfera f ‖ ⁓**hutze** f, -fänger m / tubuladura f aspiradora del ventilador, toma f de aire ‖ ⁓**hygiene** f (Umw) / control m de polución de aire ‖ ⁓**induktion** f / inducción f en el aire ‖ ⁓**isolation** f / aislamiento m por aire ‖ ~**isoliert** (Elektr) / aislado por aire ‖ ⁓**isolierung**, -isolierschicht f, -polster n / aislamiento m por aire, capa f aislante de o por aire ‖ ⁓**kabel** n (Fernm) / cable m aéreo ‖ ⁓**kabeltragseil** n (Fernm) / alambre m de suspensión para cable aéreo ‖ ⁓**kalk** m (Bau) / cal f aérea, cal f que fragua al aire, óxido m cálcico ‖ ⁓**kammer** f, -kessel m / cámara f de aire ‖ ⁓**kammer**, -behälter m (Chem) / recipiente m de aire ‖ ⁓**kammer**, -speicher m (Mot) / depósito m de aire ‖ ⁓**kammerdämpfung** f (Instr) / amortiguación f por cámara de aire ‖ ⁓**kanal** m (Bau, Elektr, Hütt) / conducto m de aire ‖ ⁓**kanal**, -abzug m (Bau) / escape m de aire ‖ ⁓**kanal der Klimaanlage** / conducto m de acondicionamiento de aire ‖ ⁓**kanal im Kern** (Gieß) / agujero m de aire en el núcleo ‖ ⁓**kanal** m **im Motor** (Elektr) / canal m de ventilación ‖ ⁓**kasten** (Pneum) / caja f de aire ‖ ⁓**kern** m (Elektr) / núcleo m de aire, alma f de aire ‖ ⁓**kern**, -stift m, Washburn-Kern m (Gieß) / núcleo m Washburn ‖ ⁓**kessel** m / depósito m de aire
Luftkissen n, -puffer m / cojín m neumático, colchón m neumático o de aire ‖ ⁓**boot** m (Schiff) / aerodeslizador m marítimo, vehículo m de efecto de la superficie del agua ‖ ⁓**fahrzeug**, Bodeneffektfluggerät n, LKF / aerodeslizador m, vehículo m aerosuspendido o de efecto del suelo, anfibio m de sustentación neumática ‖ ⁓**plattform** f, -palette f / plataforma f de efecto del suelo ‖ ⁓**schutz** m, Airbag m (Kfz) / airbag m ‖ ⁓**transportrinne** f / canal m aerodeslizador de transporte ‖ ⁓**zug** m (Bahn) / aerotrén m
Luft•klappe f (Masch) / válvula f de aire ‖ ⁓**klappe**, Choke m (Kfz) / estrangulador m de aire, cebador m, difusor m (LA) ‖ ⁓**klappe**, Heizluftklappe f / válvula f de aire de calefacción ‖ ⁓**klappe**, Drosselklappe f / válvula f de mariposa para aire ‖ ⁓**klappe**, Lüftungsöffnung f / válvula f de ventilación ‖ ⁓**klappe** f (in der Wand) (Bau) / registro m de ventilación (en una pared), ventanillo m de aireación ‖ ⁓**kollektor** m (Sonnenwärme) / colector m de aire ‖ ⁓**kompressor**, -verdichter m / compresor m de aire ‖ ⁓**kondensator** m (Elektr) / capacitor m de aire, condensador m con

dieléctrico de aire ‖ ⁓**konditionierer** m (Pap) / aparato m acondicionador del aire ‖ ⁓**konditioniergerät** n (für Einzelräume) / climatizador m para una sola habitación ‖ ⁓**-Kontaminationsmesser** m (Nukl) / monitor m de contaminación de aire ‖ ⁓**kontroller** m, Fluglotse m / controlador m de vuelo, inspector m o controlador de tráfico aéreo, encargado m del control de tránsito aéreo ‖ ⁓**korrekturdüse** f, Ausgleichluftdüse f (Vergaser) / chiclé m de corrección de aire, tobera f reguladora de aire ‖ ⁓**korridor** m (Luftf) / corredor m o pasillo aéreo ‖ ⁓**kraft** f (Flugmechanik) / fuerza f aerodinámica ‖ ⁓**kraftfluss** m (Elektr) / flujo m [magnético] de entrehierro ‖ ⁓**kraftmühle**, Strahlmühle f (Hütt) / molino m de chorro de aire ‖ ⁓**/Kraftstoff-Verhältnis** (Kfz, Mot) / lambda λ ‖ ⁓**kreislauf** m (Aufb) / ciclo m de aire en la criba ‖ ⁓**kreuzung** f (Bahn, Fahrleitung) / cruce m aéreo ‖ ⁓**kühler**, -kühlapparat m (Elektr) / refrigerador m por aire, radiador m de aire ‖ ⁓**kühlung** f / refrigeración f por aire, enfriamiento m por aire ‖ ⁓**kühlung in geschlossenem Kreislauf** (Elektr) / enfriamiento m por aire en circuito cerrado ‖ ⁓**kühlung** f, rayón m hueco ‖ ⁓**lack** m, lufttrocknender Lack / barniz m para secado al aire ‖ ⁓**lage** f (Mil) / situación f aérea ‖ ⁓**lager** n (Masch) / cojinete m neumático o de aire ‖ ⁓**lage-Radar** m n / radar m indicador de posición [en el aire] ‖ ⁓**lande...** (Mil) / aerotransportado ‖ ~**leer** (Phys) / vacío ‖ ~**leer**, platt (Reifen) / desinflado, que tiene un reventón o un pinchazo ‖ ~**leer machen** / evacuar ‖ ~**leer machen**, Vakuum herstellen / hacer el vacío ‖ ⁓**leere** f, luftleerer Raum / vacío m ‖ ⁓**leeremesser** m, Vakuummeter n / vacuómetro m ‖ ⁓**leermachen** n, Vakuum-Herstellen n / evacuación f [del aire] ‖ ⁓**leitblech** n, Spoiler m (Kfz) / spoiler m ‖ ⁓**leiter** m (Fernm) / conductor m aéreo ‖ ⁓**leitung** f, -leitungsrohr n / tubería f (E) o cañería (LA) de aire ‖ ⁓**leitung** (Fernm) / línea f aérea ‖ ⁓**leitung des Schalls** / conducción f de sonido en aire ‖ ⁓**leitung für Belüftung** (Bergb) / tubería f de ventilación ‖ ⁓**leuchten** n **der Atmosphäre** / fulgor m de cielo nocturno, resplandor m celeste durante la noche ‖ ⁓**licht** n (Foto) / bruma f atmosférica ‖ ⁓**linie** f (allg) / línea f directa ‖ ⁓**linie**, -verkehrslinie f / línea f aérea o de aviación, aerolínea f (LA) ‖ ⁓**linie** (Spektrum) / línea f espectral de aire ‖ ⁓**linie** s. auch Luftfahrtunternehmung ‖ ⁓**linienentfernung** f / distancia f en línea directa ‖ ⁓**loch** n, Entlüftungsöffnung f / respiradero m, ventanillo m ‖ ⁓**loch** (Bau) / ventosa f ‖ ⁓**loch**, Rauchabzug m / salida f de humo ‖ ⁓**loch**, -abzug m, -öffnung f (Bergb) / salida f de aire ‖ ⁓**loch** n, Fallbö f (Meteo) / bolsa f de aire, ráfaga f descendente ‖ ⁓**loch** (Luftf) / bache m, bolsa f de aire ‖ ⁓**log** n (Luftf) / sonda f remolcada ‖ ~**los** (z.B. Einspritzung) / con inyección directa ‖ ~**lose Einspritzung** (Mot) / inyección f directa ‖ ⁓**-Luft-Betankung** f / reabastecimiento m de combustible en vuelo ‖ ⁓**-Luft-Rakete** f (Mil) / misil m o cohete aire-aire ‖ ⁓**-Luft-Rückkühler** m / torre f de refrigeración por aire ‖ ⁓**-Luft-Wärmepumpe** f / termobomba f aire-aire ‖ ⁓**mangel** m / falta f de aire ‖ ⁓**mangel** (im Gemisch) (Mot) / mezcla f rica ‖ ⁓**mantel** m / envoltura f de aire ‖ ⁓**mantel**, Schornsteinmantel m / envolvente m (E) de aire [de la chimenea], camisa f de aire de la chimenea (LA) ‖ ⁓**maschine** f, pneumatische Maschine / máquina f neumática ‖ ⁓**masse** f (Meteor) / masa f de aire ‖ ⁓**matratzenkollektor** m (Sonnenenergie) / colector m de colchón neumático ‖ ⁓**menge** f / cantidad f de aire, volumen m de aire ‖ ~**mengegesteuerte Einspritzung** (Mot) / inyección f con control volumétrico de aire ‖ ⁓**mengenmesser** m (Mot) / sonda f de caudal de aire, contador m volumétrico de aire ‖ ⁓**messbild**, -vermessungsbild n / fotografía f de levantamiento aéreo ‖ ⁓**messer** n, -schaber m, -bürste f, -rakel f (Pap) / cuchilla f de aire, rasqueta f de aire ‖ ⁓**messer-Streichmaschine** f (Pap) / máquina f de estucado con cuchilla de aire ‖ ⁓**moment** n (Flugmechanik) / par m aerodinámico ‖ ⁓**monitor** m (Nukl) / monitor m de aire ‖ ⁓**mörtel** m (Bau) / mortero m al aire ‖ ⁓**navigation** f / aeronavegación f, navegación f aérea ‖ ⁓**nebelschallsender** m (Schiff) / señal f de bruma ‖ ⁓**not**, Flugnot f / situación f peligrosa en el aire, caso m de emergencia [del avión] ‖ ⁓**-Öl-Federung** f / amortiguación f óleo-neumática ‖ ⁓**-Öl-Gemisch-Verbrennungen** f pl (im Zylinder) (Verdichter) / golpeo m como un motor diesel ‖ ⁓**ortung** f / determinación f de la posición aérea ‖ ⁓**patentieren** n (Hütt) / patentización f al aire ‖ ⁓**perspektive** f, Vogelschau f, Vogelperspektive f (Foto) / vista f de pájaro, perspectiva f de aire ‖ ⁓**pfeife** f / silbato m de aire ‖ ⁓**pfeifen** f pl (Gieß) / sistema m de ventilación ‖ ⁓**pinsel** m, -bürste f (Plast) / chorro m de aire dosificador ‖ ⁓**pinsel** (Druck) / aerógrafo m, pincel m neumático, pistola f neumática ‖ ⁓**[druck]pistole** f / pistola f de aire comprimido ‖ ⁓**plan** m / diagrama m de conexiones neumáticas, esquema m neumático ‖ ⁓**plasma-Schmelzschneiden** n / corte m con chorro de plasma de aire ‖ ⁓**polster** n / colchón m neumático ‖ ⁓**pore** f / poro m de aire ‖ ⁓**porenbeton** m / hormigón m aireado o con oclusión de aire ‖ ⁓**porenzusatzstoff** m, LP-Stoff m (Bau) / agente m aireante o aireador, aireante m para hormigón ‖ ⁓**postpapier** n / papel m para correo aéreo ‖ ⁓**postpapier** / papel m aéreo ‖ ⁓**presser** m (DIN) (f.Bremse) / compresor m de freno ‖ ⁓**pressung** f / presión f por aire ‖ ⁓**puffer** m, -kissen n / amortiguador m neumático o de aire ‖ ⁓**pufferung** f / amortiguación f neumática ‖ ⁓**pumpe** f / bomba f neumática o de aire ‖ ⁓**pumpe** (Kfz) / bomba f para [inflar] neumáticos, bomba f de inflar ‖ ⁓**pumpe** (Fahrrad) / bomba f de bicicleta, inflador m (LA) ‖ ⁓**pumpe für Einspritzung** (Mot) / bomba f para inyección por aire ‖ ⁓**pumpe mit Motorantrieb** (Kfz) / bomba f motorizada para inflar ‖ ⁓**rakel** f, -messer n (Pap) / rasqueta f de aire, cuchilla f dosificadora neumática ‖ ⁓**rakelstreichverfahren** n (Pap) / estucado m por cuchilla de aire ‖ ⁓**rate** f **der Lufterneuerung** / tasa f de renovación de aire ‖ **Luftraum** m / espacio m aéreo o de aire ‖ ⁓, -kammer f (Phys) / cámara f de aire ‖ ⁓ (Luftf) / espacio m atmosférico, aeroespacio m ‖ ⁓ (zur Dämmung) (Bau) / espacio m de aire para aislamiento ‖ ⁓ **im Flüssigkeitsbehälter** / espacio m libre en un depósito de líquidos ‖ ⁓ **über Grundstücken** / espacio m aéreo encima de un terreno ‖ ⁓**-Überwachung** f (Mil) / vigilancia f aérea ‖ ⁓**-Überwachungsradar** m n / radar m de vigilancia aérea ‖ ⁓**überwachungssystem** n (Luftf) / sistema m de vigilancia aérea ‖ **Luft•regelung** f / regulación f de aire ‖ ⁓**regulierschraube** f / tornillo m regulador del aire ‖ ⁓**reibung** f (Phys) / rozamiento m de aire, fricción f de aire ‖ ⁓**reibungsverlust** m (Elektr) / pérdida f por [rozamiento por el] aire ‖ ⁓**reibungswiderstand** m / resistencia f por el rozamiento de aire ‖ ⁓**reifen**, Reifen m (Kfz) / neumático m, llanta f neumática, goma f (LA) ‖ ⁓**reifenwalze** f (Straßb) / apisonadora f sobre neumáticos ‖ ⁓**reinheitsbedingungen** f pl / condiciones f pl de aire limpio ‖ ⁓**reiniger** m / purificador m o depurador m de aire ‖ ⁓**reiniger**, -verbesserer m / aparato m de desinfección del aire ‖ ⁓**riss** m (Holz) / grieta f natural ‖ ⁓**röhre**, Wetterlutte f (Bergb) / conducto m de aire, tubo m de ventilación ‖ ⁓**rückstand** m, Restluft f / aire m residual ‖ ⁓**rückstand** (Chem) / residuo m atmosférico ‖ ⁓**ruder**

Luftsack

n (Raumf) / timón *m* aerodinámico ‖ ~**sack** *m*, Ballonett *n* (Luftf, Meteo) / bolso *m* de aire ‖ ~**sack** (eine Sicherheitsvorrichtung), Airbag *m* (Kfz) / airbag *m* ‖ ~**sack** (Gieß) / bolsa *f* de aire ‖ ~**sack** (Luftf) / globo *m* compensador ‖ ~**salpeter** *m* (Chem) / nitro *m* sintético o de aire ‖ ~**sättigung** *f* / saturación *f* del aire ‖ ~**sauerstoff** *m* / oxígeno *m* atmosférico ‖ ~**sauerstoff-Element** *n*, -Batterie *f* / pila *f* [con despolarizante] de aire ‖ ~**sauger** *m*, -absauger *m* / aspirador *m* de aire ‖ ~**saugrohr** *n* / tubo *m* de aspiración de aire ‖ ~**saugschlauch** *m* (Kfz) / manga *f* de aspiración de aire ‖ ~**säule** *f* / columna *f* de aire ‖ ~**schaberstreichmaschine** *f* (Pap) / máquina *f* de estucado con cuchilla de aire ‖ ~**schacht**, -abzug *m* (Bergb) / pozo *m* de aire o de ventilación ‖ ~**schacht** (Bau) / pozo *m* o conducto [vertical] de aire, caja *f* o chimenea *f* de aire ‖ ~**schadstoffe** *m pl* (Umw) / contaminantes *m pl* de la atmósfera ‖ ~**schall** *m* (Akust) / ruido *m* o sonido aéreo, ruido *m* o sonido propagado por el aire ‖ ~**schalldämmung** *f* / amortiguación *f* de ruido aéreo ‖ ~**schallemission** *f* [von] / ruido *m* aéreo emitido [por] ‖ ~**schallschutzmaß** *n* / margen *m* de aislamiento, contra *m* sonido aéreo ‖ ~**schallübertragung** *f* / transmisión *f* de sonido por el aire ‖ ~**schallwandler** *m* / transductor *m* de aire ‖ ~**schalter** *m* (Elektr) / interruptor *m* al (o en) aire ‖ **großer** ~**schauer** (Meteo) / chaparrón *m* atmosférico ‖ ~**schaum** *m* (Feuerwehr) / espuma *f* de aire ‖ ~**schicht** *f* / capa *f* atmosférica o de aire ‖ ~**schicht** (einer Schalenwand) (Bau) / espacio *m* de aire en un muro hueco ‖ ~**schiff** *n* / aeronave *f*, dirigible *m*, aeróstato *m* dirigible ‖ **starres** ~**schiff** / aeronave *f* rígida ‖ **unstarres** ~**schiff**, Prallluftschiff *n* / aeronave *f* no rígida ‖ ~**schifffahrt** *f* / navegación *f* aérea, aeronáutica *f*, aerostación *f* ‖ ~**-Schiff-Flugkörper** *m* / misil *m* aire-barco ‖ ~**schlauch** *m* / manga *f* de aire, tubo *m* flexible de aire ‖ ~**schlauch** (Kfz, Reifen) / cámara *f* de aire ‖ ~**schlauchextruder** *m* (Gummi) / budinadora *f* para cámaras de aire ‖ ~**schleier** *m*, -vorhang *m* (Heizung) / cortina *f* de aire caliente ‖ ~**schleuse** *f* / esclusa *f* de aire ‖ ~**schleuse** (Skylab) / módulo *m* esclusa ‖ ~**schliere** *f* (Glas) / estría *f* ‖ ~**schliere in der Luft** / remolino *m* de aire ‖ ~**schlitz** *m* **der Motorhaube** / rendija *f* de ventilación ‖ ~**schlitz im Blechpaket** (Elektr) / canal *m* en el paquete de chapas ‖ ~**schneise** *f* (Luftf) / pasillo *m* aéreo ‖ ~**schnittstelle** *f*, CAI (Common Air Interface) (Fernm) / interfaz *f* aérea o de aire ‖ ~**schraube** *f*, Propeller *m* / hélice *f*, propulsor *m*

Luftschrauben • blatt *n*, -flügel *m* / pala *f* de hélice ‖ ~**seite** *f* **des Motors** / lado *m* de hélice del motor ‖ ~**steigung** *f* / paso *m* de hélice ‖ ~**strahl**, -wind *m* (Luftf) / estela *f* de hélice ‖ ~**turbine** *f* / turbopropulsor *m* ‖ ~**verstellung** *f* (Luftf) / regulación *f* del paso de hélice

Luft • schutz *m*, (jetzt:) Zivilschutz *m* / defensa *f* antiaérea [civil], defensa *f* civil ‖ ~**schütz** *n* (Elektr) / contactor *m* al aire ‖ ~**schutzraum** *m*, Luftschutzbunker *m* / abrigo *m* o refugio antiaéreo ‖ ~**schutzsirene** *f* / sirena *f* de alarma ‖ ~**schwindung** *f* (Hütt, Tex) / encogimiento *m* al aire ‖ ~**-Seenotdienst** *m* / servicio *m* aéreo de salvamento de náufragos ‖ ~**seilbahn**, Seilbahn *f* für Lasten / teleférico *m* para cargas, cablecarril *m* (LA) ‖ ~**seite** *f* (Wassb) / lado *m* aguas abajo ‖ ~**separation** *f* / separación *f* por aire ‖ ~**[setz]maschine** *f* (Bergb) / criba [dora] *f* neumática ‖ ~**sichtung** *f*, -klassierung *f* / clasificación *f* neumática ‖ ~**sieb** *n* (Tex) / tamiz *m* de aire ‖ ~**sog** *m* / estela *f* de aire

Luftspalt *m* (allg) / intervalo *m* o espacio de aire, distancia *f* ‖ ~ / hendidura *f* de ventilación ‖ ~ (zwischen Pol und Anker), Luftspalt *m* im Eisenkreis (Elektr) / entrehierro *m* ‖ ~ (Zündkerzen) / distancia *f* entre electrodos ‖ ~ **der Tür** / junta *f* de puerta ‖ ~ *m* **zwischen Fügeteilen**, toter Gang / holgura *f* ‖ ~**drossel** *f* (Elektr) / bobina *f* de reactancia con núcleo de aire ‖ ~**induktion** *f* / inducción *f* magnética ‖ ~**loser Magnetkreis** / circuito *m* magnético cerrado ‖ ~**loser Trafo** / transformador *m* con núcleo cerrado ‖ ~**magnetometer** *n* / magnetómetro *m* de saturación, magnetómetro *m* de flujo mandado ‖ ~**-Torsionsmessgerät** *n* / torsiómetro *m* con entrehierro

Luft • speicher *m* (Mot) / cámara *f* de aire ‖ ~**speicher-Bremszylinder** *m* (Kfz) / cilindro *m* de freno con depósito de aire ‖ ~**speicher[-Gasturbinen]-Kraftwerk** *n* / central *f* movida por aire comprimido almacenado ‖ ~**spiegelung** *f* (Meteo) / espejismo *m* ‖ ~**spieß** *m* (Gieß) / baqueta *f* para respiraderos ‖ ~**sport** *m*, Flugsport *m* / deportes *m pl* aéreos ‖ ~**spule** *f* (Elektr) / bobina *f* con núcleo (o alma) de aire, bobina *f* sin núcleo ‖ ~**standort-Anzeiger** *m* / indicador *m* de posición en el aire ‖ ~**staub** *m* / polvo *m* atmosférico ‖ ~**staudüse**, Lorindüse *f* (Luftf) / estatorreactor *m*, athodyd *m* ‖ ~**stechen** *n* (Gieß) / formación *f* de respiraderos ‖ ~**stickstoff** *m* (Chem) / nitrógeno *m* atmosférico ‖ ~**stoß** *m* / golpe *m* de aire o de viento ‖ ~**strahl** *m* / chorro *m* de aire ‖ ~**strahlpumpe** *f* / bomba *f* de chorro de aire ‖ ~**strahlsieb-Verfahren** *n* / método *m* de cribado por chorro de aire ‖ ~**strahltriebwerk** *n* (Luftf) / turborreactor *m*, estatorreactor *m* ‖ ~**straße** *f* (Luftf) / ruta *f* aérea ‖ ~**strecke** *f*, -spalt *m* (Elektr) / intervalo *m* o espacio de aire ‖ ~**strecke** (Funkenüberschlag) / distancia *f* disruptiva o explosiva [máxima], distancia *f* de salto de chispa

Luftstrom *m*, -strömung *f* / corriente *f* de aire ‖ **im** ~ **aufgebracht** / aplicado por chorro de aire ‖ ~**geschwindigkeit** *f* / velocidad *f* de la corriente de aire ‖ ~**-Kugelmühle** *f* / molino *m* de bolas con separación por corriente de aire ‖ ~**mahlanlage** *f*, -mühle *f* / instalación *f* de molienda con separación por corriente de aire ‖ ~**mahlen** *n* / molienda *f* por corriente de aire ‖ ~**sichtung** *f* / clasificación *f* o separación por corriente de aire

Luft • strömung *f*, -zug *m* / corriente *f* de aire ‖ ~**stutzen** *m* (Mot) / tubuladura *f* de aire (E), empalme *m* de aire (LA) ‖ ~**stützpunkt** *m* (Mil) / base *f* aérea ‖ ~**tanken** *n* / reabastecimiento *m* de combustible en [pleno] vuelo ‖ ~**tanker** *m*, -tankflugzeug *n* / avión-cisterna *m*, avión *m* nodriza ‖ ~**taxi** *n* / aerotaxi *m*, taxi *m* aéreo ‖ ~**technisch** / aerotécnico ‖ ~**technische Anlage** *f* / instalación *f* aerotécnica o de ventilación ‖ ~**texturiermaschine** *f* / máquina *f* de texturizar por aire ‖ ~**toleranz** *f* (Lager) / tolerancia *f* del juego interno ‖ ~**torpedo** *m* (Mil) / torpedo *m* aéreo ‖ ~**transformator** *m* (luftgekühlt) / transformador *m* enfriado por aire ‖ ~**transformator** (eisenkernlos) / transformador *m* con núcleo de aire ‖ ~**transport** *m* (Luftf) / transporte *m* aéreo ‖ ~**transportfähig** / transportable *m* por avión ‖ ~**trennung** *f* (Fahrleitg) (Bahn) / seccionamiento *m* de lámina de aire ‖ ~**trichter** *m* (Masch) / embudo *m* de corriente de aire ‖ ~**trichter** (Vergaser) / difusor *m*, venturi *m*, cono *m* de difusión, tubo *m* de venturi (LA) ‖ ~**trichter** (Ansaugleitung) / embudo *m* para aire, conducto *m* cónico para aire ‖ ~**trimmer** *m* (Eltronik) / trim[m]er *m* con dieléctrico de aire ‖ ~**trocken** / secado al aire ‖ ~**trocknen**, lagern (Holz) / secar, desecar, curar ‖ ~**trocknend** / de secado al aire ‖ ~**trübung** *f* / enturbamiento *m* del aire ‖ ~**trübung**, Dunstigkeit *f* (Meteo) / humo *m* vaporoso ‖ ~**tüchtigkeit** *f* / navegabilidad *f* aérea, aeronavegabilidad *f* ‖ ~**tüchtigkeitszeugnis** *n* / certificado *m* de navegabilidad aérea ‖ ~**turbulenz** *f* (Luftf) /

turbulencia f atmosférica || ~**überschuss** m / exceso m de aire || ~**überschuss** (im Gemisch), mageres Gemisch (Mot) / mezcla f pobre f
~**überwachungsgerät** n (Nukl) / monitor m de contaminación del aire || ~**umlauf** m, -umwälzung, -zirkulation f / circulación f de aire ||
~**umwälzungs-Heizung** f / calefacción f por circulación de aire caliente || ~**- und Raumfahrt...** / aeronáutico y astronáutico, aerospacial || ~**- und Raumfahrt-Elektronik** f / electrónica f aeronáutica y astronáutica || ~**- und Raumfahrtindustrie** f / industria f aeronáutica y astronáutica || ~**- und Raumfahrtmedizin** f / medicina f aerospacial || ~**- und Regenecho** n (Radar) / ecos m pl de aire y de lluvia || ~**undurchlässigkeit** f / hermeticidad f, impermeabilidad f al aire

Lüftung, Be-, Aus-, Entlüftung f / ventilación f, aireación f
Lüftungs•anlage f / instalación f de ventilación || ~**aufsatz** m, -haube, Saughutze f (Bau, Schornstein) / caperuza f de ventilación || ~**flügel** m (Bahn) / trampilla f o ventanillo de vagón || ~**haube** f, Dunsthaube f (Bau) / conducto m de salida de vahos || ~**kanal** m / conducto m de aire || ~**klappe** f, -fenster n (Bau) / ventana f de ventilación, tragaluz m || ~**klappe** (Kfz) / válvula f de ventilación || ~**klappe** (Bahn) / ventanillo m de ventilación || ~**leitung** f / conducto m vertical de aire || ~**loch** n / salida f de aire || ~**ein loch machen** (z.B. in Behälter) / ventear, ventilar, abrir respiraderos || ~**öffnung** f, Luftloch n / respiradero m, sopladero m || ~**rohr** n, -röhre f / tubo m (E) o caño (LA) de ventilación || ~**rohr** (für Klosettleitungen) (Bau) / tubo m de alivio (para inodoro) || ~**schieber**, Lüfter m (in Eisenb.wagen) (Bahn) / aspirador m o ventilador en vagones || ~**schlitz** m, -gitter n / rejilla f de ventilación || ~**technik** f / técnica f de aireación || ~**ziegel** m, Dachziegel m mit Lüftungsöffnung / teja f gatera o de ventilación
Luft•-Unterwasserrakete f (Mil) / cohete m aire-submarino || ~**ventil** n / válvula f de aire || ~**verbesserer** m / desodorante m, acondicionador m de aire, renovador m de aire, ambientador m || ~**verbrauch** m / consumo m de aire || ~**verdichter**, -kompressor m / compresor m de aire || ~**verdrängung** f / desplazamiento m de aire || ~**verdrängung** (im Tunnel) / desplazamiento m de aire (en un túnel) || ~**verdünnt** (Raum) (Phys) / de aire rarefacto o enrarecido || ~**verdünnter Raum** / espacio m con aire enrarecido || ~**verdünnung** f / rarefacción f del aire || ~**verflüssigung** f / licuefacción f del aire || ~**verfrachtet** / aerotransportado || ~**vergüten** n (Hütt) / bonificado m al aire || ~**verhältnis** m (Mot) / razón f de aire || ~**verkehr** m / tránsito m o tráfico aéreo || ~**verkehrscontainer** m / contenedor m o container para transporte aéreo || ~**verkehrsgesellschaft** f, -unternehmen n (Luftf) / compañía f aérea o de aeronavegación || ~**verkehrslinie** f, Luftstrecke f / línea f aérea o de aviación, aerolínea f (LA), aerovía f || ~**verkehrsnetz** n / red f de rutas aéreas || ~**verkehrsregelung** f, -verkehrsüberwachung f / control m del tránsito aéreo || ~**verkehrsteilnehmer** m, Fluggast m / pasajero m [aéreo] || ~**verkehrs- u. FS-Regeln** f pl / reglas f pl para el tráfico aéreo y la seguridad de vuelo || ~**verkehrszentrale** f / centro m de control del tránsito aéreo || ~**verlust** m / pérdida f de aire || ~**vermessung** f / levantamiento m aéreo, fotogrametría f aérea, fototopografía f aérea || ~**vermessungsbild**, -messbild n / fotografía f de levantamiento aéreo || ~**vermessungskamera** f / cámara f de fotogrametría o fototopografía aérea, máquina f de fotografía aérea || ~**verschmutzung** f, -verunreinigung f (Umw) / polución f atmosférica o del aire, contaminación f atmosférica o del atmósfera o del aire || ~**verteiler**, -diffusor m (Kfz) / difusor m de aire || ~**verteilerschieber** m / válvula f de difusión o de distribución de aire || ~**verteilungsnetz** n / red f de distribución de aire || ~**verunreiniger** m / fuente f de polución de aire, contaminador m del aire, contaminante m || ~**verunreinigung**, Emission f (in g je m³) / emisión f (en gramos por m³) || ~**verunreinigung durch Inversionsglocke bei Windstille** / polución f del aire por capa de inversión en una calma || ~**volumen** n, -menge f / volumen m de aire, cantidad f de aire || ~**vorhang** m (Ofen) / cortina f de aire || ~**vorhang**, Warmluftvorhang m (Heizung) / cortina f de aire caliente || ~**vorreiniger** m / purificador m preliminar de aire || ~**vorwärmer** m, precalentador m de aire || ~**vorwärmer**, Wärmeaustauscher m / intercambiador m de calor, precalentador m para aire || ~**vorwärmer** (um die Abgasleitung) (Mot) / camisa f de precalentamiento de aire || ~**waffe** f, Militärfliegerei f / aviación f militar || ~**wärmer** m (Kfz) / precalentador m de aire || ~**warteraum** m, Warteschleife f (Luftf) / circuito m de espera || ~**waschanlage** f / lavadero m de aire || ~**wassergas** n (Chem) / gas m pobre de aire y de vapor de agua || ~**Wasser-Kühler** m / refrigerador m de aire enfriado por agua || ~**wechsel** m (Bau, Bergb) / cambio m de aire || ~**wechselkanal** m (Glasofen) / conducto m intercambiador de calor para aire || ~**wechselrate** f (Räume) (Bau) / frecuencia f de cambio de aire || ~**weg** m (Luftf) / ruta f aérea, aerovía f || ~**weg** (Transp) / transporte m aéreo || ~**weg** (Hütt) / conducto m de aire || ~**auf dem weg [transportiert]** / por vía aérea, por avión || ~**weiche** f (Bahn) / aguja f aérea || ~**werterechner** m / ordenador m para datos aéreos || ~**widerstand** m (Kfz, Luftf) / resistencia f del aire || ~**widerstandsbeiwert**, Widerstandsbeiwert m, -zahl f, c_w / coeficiente m de resistencia aerodinámica o al avance || ~**widerstandsfläche** f / superficie f de resistencia al avance || ~**widerstandsverluste** m pl (El.Maschine, Turbine) / pérdida f por rozamiento por el aire || ~**widerstandswaage** f / balanza f de arrastre || ~**wirbel** m / torbellino m de aire, remolino m de viento || ~**wirbelspinnen** n (Tex) / hilatura f por torbellino de aire || ~**zahl** f (Mot) / razón f de aire || ~**zerlegung** f (Chem) / separación f del aire, descomposición f del aire || ~**fraktionierte zerlegung** / fraccionamiento m de aire || ~**ziegel** m (Bau) / ladrillo m secado al aire, ladrillo m crudo, adobe m || ~**ziele** n pl (Mil) / objetivos m pl aéreos || ~**zirkulation**, -umwälzung, -umlauf m / circulación f de aire || ~**zufuhr**, -versorgung f / admisión f o alimentación f de aire, suministro m de aire || ~**zuführungsrohr** n / tubo m de admisión de aire || ~**zug** (Bau) / corriente f de aire || ~**zug**, Durchzug m / ventilación f || ~**zug des SM-Ofens** (Hütt) / conducto m vertical para el aire || ~**zuggewölbe** m (Hütt) / bóveda f de conducto de aire || ~**zuleitung** f (Hütt) / soplador m principal || ~**zutritt** m / admisión f de aire, acceso m de aire || ~**zwischenraum** m / intervalo m o espacio de aire || ~**zylinder** m de aire
Lügendetektor m / detector m de mentiras
Luke f, Ladeluke f (Schiff) / escotilla f [de carga] || ~, Laderaumluke f / escotilla f de bodega || ~ (Bau) / buhardilla f, lumbrera f, tragaluz f, claraboya f || ~, Fenster n (Luftf) / ventanilla f, ventana f
Luken•deckel m (Schiff) / cuartel m de la escotilla, tapa de la escotilla || ~**deckelwinde** f / güinche m del cuartel de escotilla || ~**süll** n (Schiff) / brazola f de la escotilla
lumbecken vt (Druck) / encuadernar sin costura Lumbeck
Lumen n, lm (photometr. Einheit des Lichtstroms) / lumen m || ~**messer** m / lumenómetro m || ~**meter** m / lumen-metro m || ~**stunde** f, lmh / lumen-hora f
Luminanz f (TV) / luminancia f, brillo m fotométrico || ~**kanal** m (TV) / canal m de luminancia || ~**signal**,

Luminanztemperatur

Helligkeitssignal *n* (TV) / señal *f* de luminancia ‖ ⁓**temperatur** *f* / temperatura *f* de brillo o de luminancia
Lumineszenz *f* (Phys) / luminiscencia *f* ‖ ⁓**analyse** *f* / análisis *m* de luminiscencia ‖ ⁓**diode** *f* / diodo *m* luminiscente o de luminiscencia ‖ ⁓**erreger** *m* / excitante *m* de luminiscencia ‖ ⁓**gift** *n*, -killer *m* / impureza *f* en un cuerpo luminiscente ‖ ⁓**-Mikroskop** *n* / microscopio *m* de luminiscencia ‖ ⁓**-Zentrum** *n* / centro *m* de luminiscencia
lumineszierend / luminiscente
Lumino•meter *n* (Öl) / luminómetro *m* ‖ ⁓**phor**, Leuchtstoff *m* (Chem) / luminóforo *m*
Lümmel *m* (DIN 82042) (Schiff) / perno *m* giratorio ‖ ⁓**lager** *n* (Schiff) / cojinete *m* de perno giratorio
Lummer• [-Brodhun]-Photometer *n*, -Photometerwürfel *m* / fotómetro *m* de Lummer y Brodhun ‖ ⁓**-Gehrckeplatte** *f* (Phys) / interferómetro *m* de Lummer y Gehrcke
Lumpen *m pl*, Abfall *m* (Tex) / estraza *f* ‖ ⁓ *m*, Hader *f* (pl: Hadern) (Pap) / trapo *m* ‖ ⁓ **zerreißen** (o. zu Halbzeug zerkleinern) (Pap) / deshilachar trapos, desfibrar o desgarrar trapos ‖ ⁓**abfälle aus der Konfektion** (Tex) / retales *m pl*, trapos *m pl* nuevos o sin usar ‖ ⁓**auflösungsmaschine** *f* / batuar *m* o diablo para trapos ‖ ⁓**auskohlung**, -karbonisation *f* (Pap) / carbonización *f* de trapos ‖ ⁓**drescher** *m*, -klopfer *m* / batidora *f* de trapos ‖ ⁓**entstaubungstrommel** *f*, Shakertrommel *f* (Tex) / batuar *m* de trapos ‖ ⁓**kocher** *m* (Pap) / lejiador *m* o lixiviador de trapos ‖ ⁓**maschine** *f* / máquina *f* preparadora de trapos ‖ ⁓**packpapier** *n* / papel *m* de trapos para envolver ‖ ⁓**papier** *n* / papel *m* tela o de hilos o de trapos ‖ ⁓**reinigungsmaschine** *f* (Pap) / máquina *f* para limpiar trapos ‖ ⁓**reißer**, -wolf *m* (Pap) / deshilachadora *f* de trapos ‖ ⁓**stoff** *m* (Pap) / pasta *f* de trapos ‖ ⁓**- und fasergefüllt** (Plast) / con carga de trapos y fibras ‖ ⁓**-Verpackpapier** *n* / papel *m* para embalaje de trapos ‖ ⁓**wolle** *f* (Tex) / lana *f* regenerada o recuperada ‖ ⁓**zeug** *n*, zerfaserte Lumpen (Pap) / trapos desfibrados *m*
Lumps *m pl* (Gummi) / lumps *m pl* (grumos de látex coagulado espontáneamente) ‖ **getrocknete** ⁓ (Gummi) / "lump scrap" *m*, lumps *m pl* secados
lunar, Mond... (Astr) / lunar ‖ ⁓**e Massenkonzentration**, lunares Mascon / concentración *f* de masa lunar ‖ ⁓**Module** *n*, LM, Mondlandefähre *f* (Raumf) / módulo *m* lunar
Luneberg-Linse *f* (Radar, Schiff) / lente *f* de Luneberg
Lünette *f* (Dreh) / luneta *f* ‖ ⁓, fester Setzstock (Dreh) / luneta *f* fija ‖ ⁓, Sehloch, Lichtloch *n* (Bau) / luneta *f* ‖ ⁓ (ein Rundbogen) (Bau) / luneto *m* ‖ **mitgehende** ⁓ (Dreh) / luneta *f* móvil
Lunge *f* (Med) / pulmón *m* ‖ **eiserne** ⁓ (Med) / pulmón *m* de acero
lungen•automatische Sauerstoffanlage (Luftf) / sistema *m* de oxígeno a base de demanda ‖ ⁓**gängig** (Bergb) / respirable ‖ ⁓**gift** *n* (Med) / tóxico *m* respiratorio ‖ ⁓**reizend** / irritante de los pulmones, asfixiante
Lunge-Stickstoffmesser *m* (Chem) / nitrómetro *m* de Lunge
lunisolar / lunisolar
Lunker *m*, Schwindungshohlraum *m* (Gieß) / rechupe *m*, bolsa *f* de contracción ‖ ⁓ (Schaumstoff) / cavidad *f* ‖ **nadelförmiger** ⁓ (Plast) / picadura *f* ‖ **offener** ⁓ (Plast) / ampolla *f* ‖ ⁓**abdeckmasse auf dem Steiger** *f*, -pulver, -verhütungsmittel *n* (Hütt) / mezcla *f* exotérmica contra rechupes ‖ ⁓**bildung** *f*, Lunkern (Hütt) / formación *f* de rechupes ‖ ⁓**frei** *vt* / sin rechupes
lunkern / formar rechupes
Lunker•neigung *f* / tendencia *f* a formar rechupes, propensión *f* a contraerse ‖ ⁓**stelle** *f* (Hütt) / lugar *m* de rechupe ‖ ⁓**verhütungsmittel** *n* (Hütt) / polvo *m* antirrechupes

lunkrig (Hütt) / con rechupes
Lunnit *m* (Min) / lunita *f*
Lünse *f* (der Radachse) / pezón *m*
Lunte *f*, Zündschnur *f* / mecha *f* ‖ ⁓, Vorgarn, Vorgespinst *n* (Tex) / mecha *f*
Luntenführer *m* (Spinn) / arañero *m*, guía-mechas *f*
Lunter *m* (Spinn) / mechera *f*
LüP (Bahn) = Länge über Puffer
Lupanin *n* (Chem) / lupanina *f*
Lupe *f*, Vergrößerungsglas *n* (Opt) / lupa *f*, lente *f* de aumento ‖ **zusammenlegbare** ⁓, Taschenlupe *f* / lupa *f* de bolsillo
Lupen•aufnahmegerät *n* (Opt) / aparato *m* macrofotográfico ‖ ⁓**brille** *f* / gafas-lupa *f pl* ‖ ⁓**photographie** *f* / macrofotografía *f* ‖ ⁓**pinzette** *f* / pinceta *f* con lupa ‖ ⁓**vergrößerung** *f* / aumento *m* de (o por) lupa
Lupine, Feig-, Wolfsbohne *f* (Landw) / altramuz *m*, lupino *m*
Lupinenentbitterung *f* / desamargamiento *m* de lupino
Lupinidin, Spartein *n* (Chem) / lupinidina *f*, esparteína *f*
Lupinin *n* / lupinina *f*
Luppe *f* (Hütt) / nódulo *m*, lupia *f*, zamarra *f* ‖ ⁓ (Walzw) / anilla *f*, abrazadera *f*
Lupulin, Hopfenmehl *n* (Brau) / lupulina *f* ‖ ⁓**säure** *f* / ácido *m* lupul[ín]ico
Lupulon *n* (Brau) / lupulona *f* (ácido amargo β)
Lusec (= 10^{-3} Torr · l/s) (Vakuum) / lusec *m* (= $1.33322 \cdot 10^{-4}$ W)
Lüster, Kronleuchter *m* / araña *f*, lámpara *f* de techo, lustro *m* ‖ ⁓**garn** *n* (Spinn) / hilo *m* de lustre ‖ ⁓**glasur** *f*, Scharffeuerlüster *m* (Keram) / vidriado *m* para fuego vivo ‖ ⁓**klemme** *f* (Elektr) / regleta *f* o clema [divisible]
lüstern *vt*, lustrieren (Tex) / lustrar, alustrar, abrillantar, lustrear (LA) ‖ ⁓ *n*, Lüstrieren *n* (Tex) / lustratura *f*, lucidatura *f*
Lüster[stoff] *m* (Gewebe, Tex) / lustre *m*, lustrina *f*
Lustrin, Glanz-Taft o. -Taffet *m* (Tex) / lustrina *f*, tafetán *m* de lustre, lustrín *m* (PERÚ)
Lutein *n*, Xanthophyll *n* (Chem) / luteína *f*, xantofila *f*
Luteol *n* (Chem) / luteol *m*
Luteolin *n* (Färb) / luteolina *f*
Luteotropin *n*, LTH *n* (Chem, Med) / luteotropina *f*
Lutetium, Lu (OZ = 71) (Chem) / lutecio *m*
Lutidin, Dimethylpyridin *n* (Chem) / lutidina *f*
lutro, lufttrocken / secado al aire
Lutte *f* (Bergb) / tubo *m* o conducto de ventilación
Lutten•lüfter *m* / ventilador *m* de minas ‖ ⁓**tour** *f*, -netz *n*, -strang *m* (Bergb) / línea *f* o red de conductos de ventilación
Lutter, Vorlauf *m* (Destillation) / flemas *f pl* pobres
Luvläufer *m* (Elektr) / turbina *f* de aire ascendente (aerogenerador)
Luvo = Luftvorwärmer
Luv• [seite] *f*, Windseite *f* (Schiff) / barlovento *m*, banda *f* de barlovento ‖ ⁓**seitig** / al costado de barlovento, a o hacia barlovento ‖ ⁓**winkel** *m* (Nav) / ángulo *m* de corrección de deriva
Lux *n*, lx (Einheit der Beleuchtungsstärke, lm/m²) / lux *m*
Luxferprismen, Glasprismen *n pl* (Bau) / prismas *f pl* luxfer
Lux•masse *f* (Chem) / masa *f* Lux o Lauta ‖ ⁓**meter** *n*, Beleuchtungs[stärke]messer *m* / luxómetro *m*
luxuriös, Luxus... / de lujo
Luxus•ausführung *f* / modelo *m* de lujo, acabado *m* de lujo ‖ ⁓**papier**, Maserpapier *n* / papel *m* de lujo ‖ ⁓**wagen** *m* (Europa) (Bahn) / coche *m* de lujo ‖ ⁓**wellkarton** *m* / cartón *m* ondulado de lujo
Luzerne, Medicago sativa, Alfalfa *f* (Landw) / alfalfa *f*, mielga *f*
LV, Laservision *f* (Video) / laservisión *f*
LVA = Landesvermessungsamt ‖ ⁓ = Landesversuchsanstalt
LW = lichte Weite ‖ ⁓ = Langwelle

L-Wandler *m* (Wellenleiter) / transformador *m* de modo en cruz o de modo tipo L
LWC-Papier *n* (= light weight coated) (Druck) / papel *m* ligero estucado
L-Welle *f*, Leitungswelle *f* (Wellenleiter) / modo *m* TEM
LWL = Lichtwellenleiter ‖ ~**-Dämpfungsglied** *n* / atenuador *m* óptico ‖ ~**-Kabel** *n* / cable *m* de fibras ópticas ‖ ~**-Steckverbinder** *m*, Lichtwellenleiter-Steckverbinder *m* / conectador *m* de fibras ópticas
LWR = Leichtwasserreaktor
ly (Astr) = Langley
Lyapunow-Stabilität *f* (Regeln) / estabilidad *f* asintótica
Lydall-Maschine *f* (Elektr) / grupo *m* Scherbius, máquina *f* Scherbius
Lydit, Probierstein *m* (Min) / lidita *f*, piedra *f* de toque, jaspenegro *m*
Lykopodium *n*, Bärlappsamen *m* (Bot) / licopodio *m*
Lyman-Serie *f* (Phys) / serie *f* de Lyman
Lyndochit *m* (Min) / lindochita *f*
Lyo•gel *n* (Chem) / liogel *m* ‖ ~**lysis**, Solvolyse *f* (Chem) / liólisis *f* ‖ ~**phil** (Kolloid) / liófilo ‖ ~**philes Kolloid**, Emulsoid *n* / coloide *m* liófilo ‖ ~**philisation** *f*, Lyophilisierung *f*, Gefriertrocknung *f* (Nahr) / liofilización *f*, desecación *f* por congelación, criodesecación *f* ‖ ~**philisiert** / liofilizado, desecado por congelación ‖ ~**phob** (Kolloid) / liófobo ‖ ~**sorption** *f* (Benetzung durch Lösungsmittel) / liosorción *f* ‖ ~**trop** / liotrópico ‖ ~**trope Reihe** (Chem) / serie *f* liotrópica
Lyra•bogen *m* (Rohrleitung) / codo *m* de compensación [en forma de lira], lira *f* de dilatación ‖ ~**maische** *f* (Zuck) / cristalizador *m* en forma de lira
Lyridin *n* / liridina *f*
Lysat *n* / lisado *m*
Lyse *f* (Chem) / lisis *f*
Lysergsäure *f* / ácido *m* lisérgico
Lysergsäurediethylamid *n*, LSD (Pharm) / dietilamida *f* de ácido lisérgico, LSD *m*
Lysholm-Smith-Drehmomentwandler *m* (Kfz) / convertidor *m* de par tipo Lysholm-Smith
lysieren *vt* / lisar
Lysimeter *n* (Sickerwasser-Bestimmung) (Landw) / lisímetro *m*
Lysin *n* (Biochem) / lisina *f*
Lysine *f* (Wildlederimitation) (Tex) / lisina *f*
Lysoform *n* / lisoformo *m*
Lysokline *f* (chemikalienlösende Schicht in 4000 m Tiefe) (Ozeanol) / lisoclina *f*
Lysol *n* (Chem) / lisol *m*
LZB (Bahn) = Linienzugbeeinflussung

M

m² (Quadratmeter) / metro m cuadrado
m³ (Kubikmeter) / metro m cúbico
M (= Mega...)(10^6) / M (= mega...)
M (= 1000)(röm. Zahl) / M (= 1000)
M, Ma = Machzahl
M f (Zahnrad) / relación f de contacto de los dientes, cabalgamiento m de los dientes
M (= 3. Schale des Atoms) / capa f M del átomo
mA (= Milliampere) / miliamperio m ‖ ≃ (= Megaampere) / megaamperio m
Mäander m (Hydr) / meandro m, recoveco m ‖ ≃ (Bau) / meandro m ‖ ≃**durchbruch** m (Hydr) / ruptura f de meandro
mäandern / formar meandros
Mäanderspannung f, Rechteckspannung f (Funk) / tensión f [de onda] rectangular
MAC m (= maximal acceptable concentration) / concentración f máxima admisible
Maceral n (Kohle) / macerado m
Mach n, Machzahl f (Luftf, Phys) / número m de Mach
Machart f, Arbeit f / hechura f ‖ ≃ (Kleidung) / hechura f, confección f ‖ ≃, Konstruktion f / tipo m de construcción
machbar / realizable, factible, hacedero
Machbarkeitsstudie f, Durchführbarkeitsstudie f, Projektstudie f / estudio m de viabilidad, estudio m de posibilidad de solución
Mache-Einheit f, ME (veraltet) (Nukl) / unidad f Mache, U.M. f
Machie-Linien f pl (Foto) / líneas f pl de Machie
Mach•**-Kriterium** n / criterio m de Mach ‖ ≃**meter** n (Luftf) / machmetro m ‖ ≃**sche Grenzdruckzahl** / número m de presión crítica de Mach ‖ ≃**scher Kegel** / cono m de Mach ‖ ≃**scher Winkel** / ángulo m de Mach
Macht f **eines Testes** / poder m de un ensayo
mächtig, reich (Bergb) / rico ‖ ~, dick (Bergb) / grueso
Mächtigkeit f (Bergb, Geol) / espesor m, grueso m ‖ ≃, Kardinalzahl f (Mengenlehre) / número m cardinal
Machzahl f, Machsche Zahl, M, Ma (veraltet) / número m de Mach ‖ **kritische** ≃ / número m crítico de Mach
Macisöl (aus der Schale der Muskatnuss) (Pharm) / aceite m de macis, aceite m de la nuez moscada
Maclaurinsche Reihe f (Sonderfall der Taylorschen Reihe) (Math) / serie f de Maclaurin
Maclurin n, Moringerbsäure f (Chem) / maclurina f
Made f, Wurm m (Zool) / gusano m ‖ ≃ (Fliege) / cresa f
Maden•**schloss** (Südd), Vorhängeschloss n / candado m ‖ ≃**schraube** f (Südd.), Gewindestift m / tornillo m prisionero o sin cabeza
Madras m (Tex) / madras m ‖ ≃**hanf** m (Bot) / cáñamo m de Madras
MADT-Transistor m (= micro alloy diffused) / transistor m de micro-aleación difusa
Maerz-Boelens-Ofen m (Hütt) / horno m Maerz-Boelens
Maerz-Gitter n (Hütt) / colmena f Maerz
mafisch (Geol) / máfico
Magazin n (Wzm) / almacén m ‖ ≃, Lagerhaus n / almacén m, depósito m ‖ ≃ n, Warenlager n / stock m ‖ ≃ (Mehrladewaffe) / cargador m ‖ ≃, Zeitschrift f / revista f ‖ ≃**ausstattung** f / equipo m para almacenes ‖ ≃**automat** m (Wzm) / torno m automático de almacén ‖ ≃**bau** m (Bergb) / explotación f por labores a cielo con almacenamiento del mineral ‖ ≃**boden** m (Waffe) / fondo m del cargador ‖ ≃**halter** m, Rahmenhalter m / retenida f [del cargador]
Magazinieren n (Roboter) / almacenamiento m
Magazin•**lader** m (Wzm) / alimentador m de almacén ‖ ≃**schleifer** m (Pap) / desfibrador m de almacén ‖ ≃**schleuse** f (Wzm) / esclusa f de almacén ‖ ≃**verlängerungsrohr** n (Waffe) / prolongador m del cargador ‖ ≃**verwalter** m / almacenero m, almacenista m, jefe m de almacén ‖ ≃**webstuhl** m (Tex) / telar m [automático] con cargador ‖ ≃**zuführung** f (Wzm) / alimentación f del almacén
Magdalarot, Naphthalinrot n / rojo m de magdala o de naftaleno
Magdeburger Halbkugeln f pl (Phys) / semiesferas f pl de Magdeburgo o de Guericke
Magenta•**druckwerk** n (Offset) (Druck) / mecanismo m de retiración del magenta ‖ ≃**[rot]** n / magenta f
Magentventil n (Dieselmotor) / válvula f Magent
mager (allg, Boden) / árido ‖ ~ (allg, Formsand) / pobre ‖ ~, gasarm (Gemisch) (Mot) / pobre ‖ ~, taub (Bergb) / estéril ‖ ~ (Beton, Kohle) / magro, pobre ‖ ~ (Buchstabe) / fino, delgado ‖ ~**er Boden** / suelo m árido, tierra f magra ‖ ~**er Druck** (Druck) / imprenta f en tipos finos ‖ ~**er Farbton** (Färb) / matiz m delgado ‖ ~**es Gemisch** (Mot) / mezcla f pobre ‖ ~**er Grund**, Schleifgrund m (Anstrich) / fondo m para pulir ‖ ~**e Lauge** (Chem) / lejía f débil ‖ ~**er Sand** (Gieß) / arena f árida ‖ ~**e Schrift** (Druck) / letra f fina
Mager•**beton** m (Bau) / hormigón m magro ‖ ≃**erz** n / mineral m pobre ‖ ≃**kalk** m / cal f magra o pobre ‖ ≃**kohle** f / carbón m magro ‖ ≃**kohle** (mit 5-18% Flüchtigem) / hulla f seca de llama corta, hulla f tipo F ‖ ≃**koks** m / coque m magro ‖ ≃**milch** f (Nahr) / leche f descremada o desnatada ‖ ≃**motor** m (Kfz) / motor m para mezcla pobre
magern vt (Keram) / empobrecer ‖ **mit gemahlener Schamotte** ~ (Hütt) / empobrecer con chamota
Mager•**rasen** ~ / césped m oligotrófico ‖ ≃**ton** m / arcilla f árida o magra
Magerungsmittel n (Keram) / materia f para empobrecer
magisch•**es Auge** (Funk) / ojo m mágico ‖ ~**es Quadrat** / cuadrado m mágico ‖ ~**e Säure** (Chem) / ácido m mágico ‖ ~**es T** (Wellenleiter) / te f o T diferencial o mágica ‖ ~**e Zahl** (Nukl) / número m mágico
Maglev (= magnetic levitation) / levitación f magnética
Magma n (Phys, Schw) / magma m ‖ ≃ (Geol) / magma m ‖ ~**tisch** / magmático
magmatisch Flüchtig•**es** / materia f volátil de origen magmático ‖ ~**e Segregationsablagerung** / criadero m de segregación magmática
Magma•**tite** m pl / magmatitas f pl ‖ ~**togen** / magmatógeno
Magnafluxprüfung, Magnetpulverprüfung f / ensayo m magnaflux
Magnalium n (Hütt) / magnalio m
Magnefit, Magnesiumbisulfit n (Pap) / bisulfito m magnésico
Magnequench-Verfahren n (zur Herstellung von Magneten) / procedimiento Magnequench
Magnesia f, Magnesiumoxid n (Chem) / magnesia f, óxido m magnésico o de magnesio ‖ ≃ **alba**, Magnesiumcarbonat n / carbonato m de magnesia ‖ ≃ f **usta**, gebrannte Magnesia / magnesia f calcinada ‖ ≃**binder** (Bau) / cemento m de magnesia ‖ ≃**-Chromerz-Erzeugnis** n / refractario m de magnesia-cromita ‖ ≃**-Estrich** m / solado m de magnesia ‖ ≃**glas** n / vidrio m de magnesia ‖ ≃**glimmer** m, Biotit m / biotita f, mica f magnesiana ‖ ≃**glimmer**, Phlogopit m (Min) / flogopita f ‖ ~**haltig**, magnesiumhaltig / magnesiano ‖ ≃**härte** f (Wasser) / dureza f de magnesia ‖ ≃**-Karbonathärte** f, Magnesia-KH f (Wasser) / dureza f de magnesia y de carbonato ‖ ≃**mörtel** m (Bau) / mortero m de magnesia ‖ ≃**stampfgemisch** n / mezcla f de magnesia

de apisonar ‖ ⁓**weiß** n (Farbe) / blanco m de magnesia ‖ ⁓**zement** m, Sorelzement m / cemento m de magnesia
Magnesidon Spezialstein m (Bau) / ladrillo m especial Magnesidon
Magnesio•ferrit m (Min) / magnesioferrita f ‖ ⁓**wüstit** m / magnesiowustita f
Magnesit m (Min) / magnesita f ‖ ⁓**binder** m / cemento m de magnesita ‖ ⁓**-Chromerzstein** m / ladrillo m de cromomagnesita ‖ ⁓**-FF-Erzeugnis** n / refractorio m de magnesita ‖ ⁓**fußboden** m / solado m de magnesita ‖ ⁓**mehl** n / magnesita f de grano fino ‖ ⁓**-Stampfmasse** f / masa f apisonada de magnesita ‖ ⁓**stein** m, **-ziegel** m / ladrillo m de magnesita
Magnesium n, Mg (Chem) / magnesio m, Mg ‖ ⁓**-Ammoniumphosphat** n / fosfato m magnésico amónico ‖ ⁓**bikarbonat**, -hydro[gen]karbonat n / bicarbonato m de magnesio ‖ ⁓**bisulfit** n / bisulfito m de magnesio ‖ ⁓**[blitz]licht** n / luz f relámpago de magnesio ‖ ⁓**chlorid** n, Chlormagnesium n / cloruro m de magnesio ‖ ⁓**chromit** m (Hütt) / picrocromita f ‖ ⁓**druckguss** m / colada f a presión de magnesio ‖ ⁓**fluat**, -fluorsilicat, -silicofluorid n / fluorosilicato m de magnesio ‖ ⁓**fluorid** n / fluoruro m de magnesio ‖ ⁓**guss** m / fundición f de magnesio ‖ ~**haltig** / magnésico, magnesífero ‖ ⁓**hydrat** n / hidrato m de magnesio ‖ ⁓**hydroxid** n / hidróxido m de magnesio ‖ ⁓**iodid** n / ioduro m de magnesio ‖ ⁓**knetlegierung** f / aleación f de magnesio de forja ‖ ⁓**-Kupferchloridzelle** f (Elektr) / pila f de magnesio y cloruro cuproso ‖ ⁓**legierung** f / aleación f de magnesio ‖ ⁓**licht** n / luz f de magnesio ‖ ⁓**nitrid** n / nitruro m de magnesio ‖ ⁓**oxid** n, Magnesia f / óxido m magnésico o de magnesio, magnesia f ‖ ⁓**oxid für Isolierzwecke** n / electromagnesia f ‖ ⁓**salz** n / sal f de magnesio ‖ ⁓**-Silberchloridzelle** f (Elektr) / pila f de magnesio y cloruro de plata ‖ ⁓**silikat** n / silicato m de magnesio ‖ ⁓**silikathydrat** n / silicato m de magnesio hidratado ‖ ⁓**sulfat**, Bitter-, Epsomsalz n / sulfato m de magnesio, sal f amagra o de Epsom ‖ ⁓**tonerde** f (Min) / launa f
Magneson n (Chem) / magnesón m
Magnet m (Phys) / imán m, calamita f ‖ ⁓, magnetelektrische Maschine / imán m magnético f ‖ ⁓ **mit konzentrischen Polen** / imán m con polos concéntricos ‖ **mit dem ⁓ bestreichen** / magnetizar, iman[t]ar ‖ **natürlicher ⁓** / piedra f imán, imán m natural
Magnet•[ab]scheider m / separador m magnético ‖ ⁓**anker** m (Relais) / armadura f de electroimán ‖ ⁓**anker** (der magnetelektrischen Maschine) / inductor m del magneto ‖ ⁓**antrieb** m / accionamiento m por magneto ‖ ⁓**aufnahme** f, -aufzeichnung f (Eltronik) / registro m magnético ‖ ⁓**ausschalter** m / interruptor m de campo magnético
Magnetband n / cinta f o banda magnética ‖ ⁓ **für Sprachausgabe** / cinta f magnetofónica para grabación vocal ‖ ⁓**antrieb** m / arrastre m o transportador de cinta ‖ ⁓**aufzeichnungsgerät** n (TV) / equipo m telerregistrador en cinta magnética ‖ ⁓**-Digitalspeicher** m / memoria f digital en cinta magnética ‖ ⁓**-Drucker-Umsetzer** m / convertidor m cinta magnética a impresora ‖ ⁓**fernsehen** n / televisión f por cinta magnética de video ‖ ⁓**gerät** n / registrador m en cinta magnética ‖ ⁓**gesteuert** / mandado o gobernado por cinta magnética ‖ ⁓**kassette** f / casete m magnetofónico, portacinta f tipo cartucho, cápsula f de cinta magnética ‖ ⁓**-Kennsätze** m pl / marcado m por cinta magnética, rótulos m pl por cinta magnética ‖ ⁓**laufwerk** n / mecanismo m de arrastre de cinta magnética ‖ ⁓**lese- und Schreibgerät** n / mecanismo de lectura y registro por cinta magnética ‖ ⁓**-Reiniger** m / limpiador m de cinta magnética ‖ ⁓**steuerung** f / control m por cinta magnética ‖ ⁓**transport** m / arrastre m o transporte de cinta magnética ‖ ⁓**verformung** f / deformación f de cinta magnética
Magnet•bezugsband n / cinta f tipo ‖ ⁓**bildaufzeichnung** f, MAZ / registro m en cinta magnética de video ‖ ⁓**bildband** n / cinta f magnética de video ‖ ⁓**bildwiedergabe** f / lectura f de cinta magnética de video ‖ ⁓**bläschen** n (sehr kleiner magnetisierter Bereich in Festkörpern) / burbuja f magnética ‖ ⁓**blasenspeicher** m, Domänentransportspeicher m (DV) / memoria f de burbujas magnéticas ‖ ⁓**bläser** m / apagachispas m magnético ‖ ⁓**blech** n / chapa f para imanes ‖ ⁓**bremse** f / freno m electromagnético ‖ ⁓**bremsen** n (mechanisch) / frenado m electromagnético ‖ ⁓**brumm** m (Eltronik) / zumbido m magnético ‖ ⁓**bündel** n, Lamellenmagnet m / imán m lamelar o en láminas ‖ ⁓**dämpfung** f / amortiguación f magnética ‖ ⁓**detektor**, -gleichrichter m (Eltronik) / detector m magnético ‖ ⁓**draht** n / hilo m o alambre magnético ‖ ⁓**draht** (für Magnete) / alambre m para electroimanes, hilo m para devanados ‖ ⁓**eisenstein** m, Magnetit m (Min) / magnetita f ‖ ⁓**elektrisch** / magnetoeléctrico ‖ ~**elektrische Maschine**, Magnet m / magneto m ‖ ⁓**elektrizität** f / magnetoelectricidad f ‖ ⁓**farbe** f / tinta f magnética ‖ ⁓**farbendruck** m / impresión f magnética, calco m magnético ‖ ⁓**feld** n (Phys) / campo m magnético ‖ ⁓**feld innerhalb einer Spirale** [einer Schleife] / campo m magnético en una espira, [en una bobina] ‖ ⁓**feldantenne** f / antena f de campo magnético ‖ ⁓**feldausschalter** m (Elektr) / disyuntor m de campo magnético ‖ ⁓**feldgenerator** m / generador m de campo magnético ‖ ⁓**feldglühen** n (Hütt) / recocido m en campo magnético ‖ ⁓**feld-Lichtbogen-Pressschweißen** n / soldeo m eléctrico bajo presión en campo magnético, soldadura f de espárragos en campo magnético ‖ ⁓**feldlinie** f / línea f de fuerza magnética ‖ ⁓**feldmesser** m, induktive Messsonde (Nav) / detector m de inducción magnética ‖ ⁓**[feld]regler** m (Elektr) / reóstato m de campo o de excitación ‖ ⁓**feldröhre**, Laufzeitröhre f mit gekreuzten Feldern / magnetrón m de ondas progresivas ‖ ⁓**feldröhrenkennlinie** f (Magnetron) / parábola f de corte ‖ ⁓**feldstärke** f, magnetischer Spannungsbelag / intensidad f de campo magnético por longitud unitaria ‖ ⁓**feldverschiebung** f / desplazamiento m [del campo] magnético ‖ ⁓**film** m (DV) / película f magnética ‖ ⁓**filmspeicher** m (DV) / memoria f de película [ferromagnética] delgada ‖ ⁓**filter** m (für Wasser) / filtro m magnético (para agua) ‖ ⁓**filter** (Kfz) / tapón m colector magnético ‖ ⁓**fluss** m (Phys) / flujo m magnético ‖ ⁓**folie** f / hoja f delgada magnética ‖ ⁓**förderband** n / cinta f magnética de transporte ‖ ⁓**formverfahren** n (Gieß) / moldeado m magnético ‖ ⁓**futter** n, -spannfutter n (Wzm) / mandril m electromagnético ‖ ⁓**gestell** n, -rahmen m / armadura f del imán ‖ ⁓**gleichrichter**, -detector m (Eltronik) / detector m magnético ‖ ⁓**glocke** f (allg) / timbre m electromagnético ‖ ⁓**glocke** (Fernm) / timbre m polarizado ‖ ⁓**hammer** m (Elektr) / martillo m magnético ‖ ~**hydrodynamische Welle** / onda f hidromagnética
magnetic levitation (= magnetisches Schweben) / levitación f magnética, Maglev f
Magnet•impulsgeber, -schienenkontakt m (Bahn) / pedal m electromagnético de vía ‖ ⁓**impulsschweißen** n / soldadura f por impulsos magnéticos ‖ ⁓**induktion** f / inducción f magnética ‖ ⁓**induktor** m (Fernm) / electroimán m de llamada
magnetisch, Magnet... / magnético ‖ ~**e Abschirmung** / pantalla f magnética ‖ ~**e Abstimmung** (Eltronik) / sintonía f o sintonización por [variación de] permeabilidad ‖ ~**e Achse** (Elektr) / eje m magnético ‖

magnetisch

~es Altern (Hütt) / envejecimiento *m* magnético, maduración *f* magnética ‖ ~e Anisotropie (Hütt) / anisotropía *f* magnética ‖ ~er Äquator / ecuador *m* magnético, línea *f* aclínica ‖ ~e Aufbereitung (o. Scheidung) (Bergb) / separación *f* electromagnética ‖ ~e Aufnahmefähigkeit, Suszeptibilität *f* / susceptibilidad *f* magnética ‖ ~e Aufzeichnung / registro *m* magnético, grabación *f* magnética ‖ ~es Bahnmoment / impulso *m* orbital magnético ‖ ~e Bai (Magnetogramm) / bahía *f* magnética ‖ ~e Bandumlenkwalze (Walzw) / cilindro *m* magnético para la reversión de la banda ‖ ~ beeinflussbar / sensitivo al magnetismo ‖ ~es Bildaufzeichnungsgerät / registrador *m* de video, grabadora *f* de video ‖ ~e Blasung (Elektr) / soplado *m* magnético ‖ ~es Blatt / capa *f* magnética ‖ ~e Breite / latitud *f* magnética ‖ ~e Bremsstrahlung / radiación *f* sincrotrónica ‖ ~e Dichte / densidad *f* magnética ‖ ~er Dipol / dipolo *m* magnético ‖ ~e Domäne / dominio *m* magnético ‖ ~e Doppelbrechung / doble refracción magnética *f* ‖ ~e Doppelschicht / capa *f* magnética ‖ ~es Drehfeld / campo *m* magnético rotatorio ‖ ~es Drehvermögen / potencia *f* magnética de rotación ‖ ~e Durchflutung / corriente *f* de diferencia de potencial magnético ‖ ~er Eigenschutz, magnetische Eigensicherung, MES (Mil, Schiff) / desmagnetización *f* ‖ ~e Einschließung von Plasma (Nukl) / confinamiento *m* magnético ‖ ~es Elektronenspektrometer / espectrómetro *m* magnético de electrones ‖ ~e Entsättigung / desaturación *f* magnética ‖ ~e Erregung von Kernen in Amperewindungen, Treiben *n* (DV) / excitación *f* magnética de núcleos ‖ ~es Feld der Erde / campo *m* geomagnético ‖ ~es Feld von Spulen / campo *m* magnético de bobinas ‖ ~e Felddichte in AW je Quadratzoll / amperio-vueltas *f pl* por pulgado cuadrado ‖ ~e Feldkonstante, Induktionskonstante *f* / permeabilidad *f* relativa ‖ ~e Feldlinie / línea *f* de flujo magnético ‖ ~e Feldstärke o. Erregung (gemessen in Ampere/Meter, früher in Oerstedt) / intensidad *f* de campo magnético ‖ ~e Fernbetätigung / telemando *m* electromagnético ‖ ~e Flasche (o. Hülle) (Nukl) / botella *f* magnética ‖ ~er Flussdichtemesser / densitómetro *m* del flujo magnético ‖ ~e Flüssigkeit / líquido *m* ferrohidrodinámico ‖ ~e Fokussierung (Kath.Str) / enfoque *m* [electro]magnético, concentración *f* magnética ‖ ~er Funkenlöscher, Funkenbläser *m* / soplador *m* magnético ‖ ~er Gegenstand / cuerpo *m* magnético ‖ ~ gelagerter Kreisel / giroscopio *m* suspendido magnéticamente ‖ ~es Gewitter / perturbaciones *f pl* atmosféricas magnéticas ‖ ~e Grobabstimmung (Eltronik) / sintonización *f* gruesa por imán ‖ ~e Hülle s. magnetische Flasche ‖ ~e Hysterese / histéresis *f* magnética ‖ ~e Hysteresisschleife / ciclo *m* o bucle de histéresis magnética ‖ ~er Impulsgeber / impulsor *m* magnético ‖ ~e Induktion (o. Flussdichte) / inducción *f* magnetoeléctrica ‖ ~er [Induktions- o. Kraft]fluss, Magnetfluss *m* / flujo *m* magnético o inductor ‖ ~es Joch / yugo *m* magnético ‖ ~es Kernmoment / momento *m* magnético nuclear ‖ ~e Kletterrinne (Hütt) / canalón *m* ascendente magnético ‖ ~er Kopplungsschutz / protección *f* por bobina de choque ‖ ~es [Kraft]feld (Phys) / campo *m* magnético ‖ ~e Kraftlinie / línea *f* de fuerza magnética ‖ ~e Kraftliniendichte (o. Flussdichte o. Induktion B) (Phys) / densidad *f* de flujo magnético ‖ ~er Kreis, Eisenkreis *m* (Elektr) / circuito *m* magnético ‖ ~e Kreiswelle / onda *f* magnética circular ‖ ~er Kurs, missweisender Kurs (Schiff) / rumbo *m* magnético ‖ ~e Länge / longitud *f* magnética ‖ ~e Lavaldüse (Raumf) / boquilla *f* magnética de Laval ‖ ~er Leitwert, Permeanz *f* / permeancia *f* magnética ‖ ~e Levitation,

Magnetschwebetechnik *f* (Bahn) / levitación *f* magnética ‖ ~e Löschung / extinción *f* magnética ‖ ~er Meridian (Geophys) / meridiano *m* magnético ‖ ~es Mikrophon / fonocaptor *m* de reluctancia variable ‖ ~es Moment / momento *m* magnético ‖ ~e Nachwirkung / viscosidad *f* magnética, histéresis *f* viscosa, arrastre *m* magnético ‖ ~es Nadelpaar / equipo *m* astático ‖ ~ neutraler Zustand / estado *m* magnético neutro ‖ ~e Permeabilität, μ (=B/H) / permeabilidad *f* magnética ‖ ~e Polarisierung (Chem) / polarización *f* magnetoóptica ‖ ~e Pressformmaschine (Gieß) / moldeadora *f* a presión magnética ‖ ~es Pumpen (Phys) / bombeo *m* magnético ‖ ~e Punktgruppe / grupo *m* puntual magnético ‖ ~e Quantenzahl, Achsenquantenzahl *f* / número *m* cuántico magnético ‖ gesamte ~e Quantenzahl / número *m* cuántico interno ‖ ~es Querfeld / campo *m* magnético transversal ‖ ~e Reibungskupplung / embrague *m* magnético de fricción ‖ ~e Relaxation (Elektr) / relajación *f* magnética ‖ ~e Remanenz von der Sättigung ausgehend / remanencia *f* magnética de saturación ‖ ~e Resonanz, Spinresonanz *f* (Nukl) / resonancia *f* magnética o de espín ‖ ~e Rissprüfung (Mat.Prüf) / detección *f* magnética de grietas o fisuras ‖ ~ sättigen / magnetizar o iman[t]ar hasta saturación ‖ ~e Sättigung / saturación *f* magnética ‖ ~e Schale (Magnetosphäre) / capa *f* magnética ‖ ~e Schleppe der Erde (Astr) / cola *f* magnética de la Tierra ‖ ~er Schutzring / pantalla *f* antimagnética ‖ ~es Schweben (Bahn) / levitación *f* magnética, Maglev *f* ‖ ~ sein / ser magnético o estar magnetizado ‖ ~e Spannung, Durchflutung *f* / diferencia *f* de potencial magnético ‖ ~e Spannung, Magneto-EMK / fuerza *f* magnetomotriz, FMM *f* ‖ ~er Spannungsbelag, Magnetfeldstärke *f* / intensidad *f* de campo magnético por longitud unitaria ‖ ~es Speicherelement (DV) / célula *f* magnética en una memoria ‖ ~er Spiegel, magnetischer Pfropfen (Plasma) / espejo *m* o reflector magnético ‖ ~e Steifigkeit (Nukl) / rigidez *f* magnética ‖ ~es Steuerorgan / elemento *m* de control magnético ‖ ~e Störung / perturbación *f* magnética ‖ ~er Streufluss / flujo *m* de dispersión magnética (incorrecto: "de fuga magnética") ‖ ~er Sturm, erdmagnetischer Sturm (Geophys) / tempestad *f* o tormenta magnética ‖ ~e Suszeptibilität / susceptibilidad *f* magnética ‖ ~er Taster (Eltronik) / pulsador *m* magnético ‖ ~es Teilniveau (Phys) / subnivel *m* magnético ‖ ~e Umformmaschine / máquina *f* de conformar por impulsos magnéticos ‖ ~e Umlenkwalze (Walzw) / cilindro *m* magnético para la reversión de la banda ‖ ~e Unregelmäßigkeit (o. Anomalie) / anomalía *f* magnética ‖ ~er Vektor / vector *m* magnético ‖ ~es Vektorpotential, Vektorpotential *n* der magnetischen Flussdichte / potencial *m* vectorial magnético ‖ ~er Verlust / pérdida *f* magnética ‖ ~ verriegelt / cerrado por solenoide ‖ ~e Verriegelung / enganche *m* o cierre magnético ‖ ~e Videosignalaufzeichnung / registro *m* magnético de vídeo, grabación *f* magnética de vídeo ‖ ~e Viskosität / viscosidad *f* magnética ‖ ~e Vorzugsrichtung / dirección *f* de iman[t]ación preferida ‖ ~e Waage (Instr) / balanza *f* magnética ‖ ~e Wand (Blasenspeicher) / pared *f* magnética ‖ ~es Wechselfeld / campo *m* altern[ativ]o magnético ‖ ~ weich, weichmagnetisch / de baja retentividad ‖ ~er Widerstand, Reluktanz *f* / resistencia *f* magnética, reluctancia *f*, ‖ ~e Zeichenerkennung / lectura *f* de caracteres en tinta magnética ‖ spezifischer ~er Widerstand eines Kubikzolles Stoff / reluctividad *f*, reluctancia *f*, resistencia *f* magnética específica **magnetisierbar** / magnetizable, imantable, susceptible de ser iman[t]ado

Magnetisierbarkeit, -fähigkeit *f* / magnetizabilidad *f*

magnetisieren *vt*, magnetisch machen / magnetizar, iman[t]ar
magnetisierend / magnetizante ‖ ~**e Röstung** (Hütt) / tostación *f* magnetizante
magnetisierter Gummi / caucho *m* magnetizado
Magnetisierung *f* / magnetización *f*, iman[t]ación *f* ‖ ~ **an den Enden** [eines Stabes] / iman[t]ación *f* solenoidal ‖ ~ *f* **bis zur Sättigung** / iman[t]ación *f* hasta la saturación ‖ ~ **durch den Ankerstrom** (Elektr) / magnetización *f* por inducción ‖ ~ **M, Magnetisierungskraft** *f*, -**stärke** *f* / intensidad *f* de magnetización o de iman[t]ación ‖ ~ **quer zur Hauptausdehnung** / iman[t]ación *f* a através de la dirección principal ‖ **langsame Zunahme der** ~ / arrastre *m* magnético
Magnetisierungs•kurve *f* / curva *f* de magnetización ‖ ~**spule** *f* / bobina *f* imanante ‖ ~**stärke** *f* s.
Magnetisierung ‖ ~**strom** *m* / corriente *f* magnetizante
Magnetismus *m* / magnetismo *m*
Magnetit, Magneteisenstein *m* (Min) / magnetita *f* ‖ ~**beton** *m* (Bau) / hormigón *m* de magnetita
Magnet•joch *n* / yugo *m* del imán, culata *f* del electroimán ‖ ~**karte** *f* (DV) / tarjeta *f* magnética ‖ ~**kern** *m* (Elektr) / núcleo *m* magnético o del electroimán ‖ ~**kern** (DV) / núcleo *m* de ferrita ‖ ~**kernantenne** *f*, -stabantenne *f* / antena *f* de (o con) núcleo magnético ‖ ~**kernspeicher** *m* (DV) / memoria *f* de núcleos magnéticos ‖ ~**kernwickelmaschine** *f* / máquina *f* para devanado toroidal ‖ ~**kies** *m* (Min) / pirita *f* magnética, magnetopirita *f* ‖ ~**kissen** *n* / colchón *m* magnético ‖ ~**kissenbahn** *f* (Bahn) / ferrocarril *m* con levitación magnética ‖ ~**kompass** *m* / brújula *f* magnética, compás *m* magnético, calamita *f* ‖ ~**konstanter** *m* (Eltronik) / estabilizador *m* magnético de tensión ‖ ~**kontokarte** *f* / ficha *f* cuenta [de banda] magnética ‖ ~**kopf** *m* (Magn.Bd) / cabeza *f* magnética ‖ ~**kopf-Aufsitzen, -Kratzen** *n* (Plattenspeicher) / rascado *m* de la cabeza ‖ ~**kraft** *f* (Phys) / fuerza *f* magnética ‖ ~**kran** *f* / grúa *f* electromagnética ‖ ~**kugellager** *n* / rodamiento *m* tipo magneto ‖ ~**kupplung** *f* (Masch) / acoplamiento *m* magnético ‖ ~**kupplung** (Kfz) / embrague *m* electromagnético ‖ ~**lager** *n* (aktiv magnetisch geführt) / cojinete *m* magnético ‖ ~**lautsprecher** *m* / altavoz *m* (E) o altoparlante (LA) magnético ‖ ~**legierung** *f*, -werkstoff *m* / aleación *f* magnética ‖ ~**linse** *f* (Opt) / lente *f* magnética ‖ ~ **[lüfter]bremse** *f* / freno *m* electromagnético o de solenoide ‖ ~**mikrophon** *n* / micrófono *m* magnético ‖ ~**modulation** *f* / modulación *f* magnética ‖ ~**motor** *m* / motor *m* [sincrónico] de reluctancia ‖ ~**motorzähler** *m* / contador *m* electromagnético de colector ‖ ~**nadel** *f* (Kompass) / aguja *f* iman[t]ada o magnética, saeta *f*
magneto•akustisch / magnetoacústico ‖ ~**chemie** *f* / magnetoquímica *f*
Magnetoflex-Prüfung auf Risse (ICE-Räder) / ensayo *m* Magnetoflex
Magneto•-Fluidodynamik, MFD, Magneto-Hydrodynamik, MHD *f* / magnetofluidodinámica *f*, magnetohidrodinámica *f* ‖ ~**fluid[o]dynamisch, MFD...** / magnetofluidodinámico, magnetohidrodinámico ‖ ~**gasdynamik, MGD** *f* / magnetogasdinámica *f*, magnetodinámica *f* de los gases ‖ ~**gramm** *n* (Geol) / magnetograma *m* ‖ ~**graph** *m* (Geol) / magnetógrafo *m* ‖ ~**hydrodynamik** *f*, MHD / magnetohidrodinámica *f*, M.H.D., magnetoplasmadinámica *f*
magnetohydrodynamisch, MHD... (besser:) magnetoplasmadynamisch, MPD... / magnetohidrodinámico, magnetoplasmadinámico ‖ ~**er Generator o. Wandler** / generador *m* magnetoplasmadinámico ‖ ~**es Triebwerk** (Raumf) / propulsor *m* magnetoplasmadinámico ‖ ~**e Welle** / onda *f* magnetohidrodinámica
magneto•ionisch / magnetoiónico ‖ ~**-kalorisch** / magnetocalórico
magnetomechanisch / magnetomecánico ‖ ~**er Effekt** / efecto *m* magnetomecánico ‖ ~**er Parallelismus** / paralelismo *m* magnetomecánico
Magneto•meter *n*, erdmagnetisches Instrument / magnetómetro *m* ‖ ~**motorisch** / magnetomotor, (-triz) ‖ ~**motorische Kraft** / fuerza *f* magnetomotriz
Magneton *n* (Phys) / magnetón *m*
Magneto•optik *f* / magnetoóptica *f* ‖ ~**optisch** / magnetoóptico, mo, MO ‖ ~**optischer Kerreffekt** / efecto *m* magnetoóptico Kerr ‖ ~**-optische Kopie** / copia *f* magnetoóptica ‖ ~**pause** *f* (Meteo) / magnetopausa *f*, magnetopausia *f* ‖ ~**phon** *n* / magnetófono *m* ‖ ~**plasma** s. magnetisch aktives Plasma ‖ ~**plasmadynamik** *f*, MPD / magnetoplasmadinámica *f*, MPD ‖ ~**plasmadynamischer Antrieb**, MPD-Antrieb *m* (Raumf) / propulsor *m* magnetoplasmadinámico ‖ ~**plumbit** *m* (Min) / magnetoplumbita *f* ‖ ~**pyrit** *m*, Magnetkies *m* / magnetopirita *f*, pirita *f* magnética ‖ ~**resistenz** *f*, magnetische Widerstandsänderung / magnetorresistencia *f* ‖ ~**rotation**, Faraday-Effekt *m* / magnetorrotación *f*, rotación *f* de Faraday ‖ ~**schicht** *f* **der Magnetosphäre** / capa *f* magnética de la magnetosfera ‖ ~**-Seebeck-Effekt** (Phys) / efecto *m* magnético Seebeck ‖ ~**skop** *n* / magnetoscopio *m* ‖ ~**skopisch** / magnetoscópico ‖ ~**sphäre** *f* (3000 km über der Erdoberfläche) (Geophys, Meteo) / magnetosfera *f* ‖ ~**stabil** / magnetoestable ‖ ~**statik** *f* / magnetostática *f* ‖ ~**statisch** / magnetostático ‖ ~**statisches Elektronenmikroskop** / microscopio *m* electrónico con lentes magnéticas ‖ ~**striktion** *f*, Joule-Effekt *m* / magneto[e]stricción *f*, efecto *m* Joule
magnetostriktiv / magneto[e]strictivo ‖ ~**er Schwinger** (Eltronik) / oscilador *m* de magneto[e]stricción ‖ ~**er Sender/Empfänger** (Ultraschall) / transceptor *m* magneto[e]strictivo ‖ ~**er Speicher** / memoria *f* magneto[e]strictiva ‖ ~**e Verzögerungsleitung** / línea *f* de retardo magneto[e]strictiva
magneto•tellurisch, das Magnetfeld der Erde betreffend (Geophys) / magnetotelúrico ‖ ~**themisch** / magnetotérmico ‖ ~**thermionisch** / magnetotermiónico ‖ ~**-Widerstandskopf** *m*, MRH (DV) / cabeza *f* magnetorresistiva
Magnet•pendel *n* / péndulo *m* magnético ‖ ~**platte** *f* (DV) / disco *m* magnético **flexible** ~**platte**, Diskette *f*, Floppy-Disk *n* / disco *m* magnético flexible, floppy disk *m* ‖ ~**platte** *f* **des Magnetsystems** (Lautsprecher) / armadura *f* magnética ‖ ~**plattenspeicher** *m* (DV) / memoria *f* de disco[s] magnético[s] ‖ ~**pol** *m*, -prüfer *m* / polo *m* magnético ‖ ~**pulverkern** (Eltronik) / núcleo *m* de hierro pulverizado, núcleo *m* de polvo de hierro [comprimido], núcleo *m* de partículas de hierro, núcleo *m* de pulvimetal ‖ ~**pulverkupplung** *f* / embrague *m* magnético de partículas ‖ ~**pulverprüfung** *f* (Masch) / inspección *f* por partículas magnéticas, prueba *f* Magnaflux ‖ ~**pulverprüfung nach Magnaglo-Technik** / prueba *f* Magnaglo ‖ ~**rahmen** *m*, -gestell *n* / armadura *f* del imán ‖ ~**randspur** *f* (Film) / banda *f* lateral magnética ‖ ~**räumgerät** *n* (Schiff) / instalación *f* para barrido magnético ‖ ~**resonanztomographie** *f* s. Kernspintomographie
Magnetron *n* **mit angebautem Magneten** / magnetrón *m* con su imán permanente integrado ‖ ~**-Betriebsart** *f* / modo *m* del magnetrón ‖ ~**effekt** *m* / efecto *m* magnetrón ‖ ~**-Frequenzziehen** *n*, -Lastverstimmung *f* / corrimiento *m* adelantado del magnetrón ‖ ~**generator** *m* / oscilador *m* de magnetrón ‖

≈-Stromverstimmung f / corrimiento m atrasado del magnetrón
Magnet•rührer m (Labor) / agitador m magnético ‖ ≈rüttler m (Bau) / vibrador m magnético ‖ ≈schalter m (Elektr) / conmutador m magnético ‖ ≈schalter, Kurzschlussschalter m (Kfz, Magnetzünd) / interruptor m de encendido ‖ ≈schalter m mit Tauchmagnet / interruptor m accionado (o mandado) por solenoide ‖ ≈scheideanlage f (Bergb) / instalación f de separación electromagnética ‖ ≈scheider m / separador m electromagnético ‖ ≈scheidung f (Bergb) / separación f electromagnética ‖ ≈schicht f / capa f delgada magnética ‖ ≈schienenbahn f (z.B. Transrapid) / tren m levitante (magnético) ‖ ≈schienenbremse f (Bahn) / freno m electromagnético sobre el carril o por patines ‖ ≈schienenkontakt, Magnetimpulsgeber m (Bahn) / pedal m electromagnético de vía ‖ ≈schild n / placa f o chapa [de adhesión] magnética
Magnetschrift f (DV) / escritura f en tinta magnética ‖ Beschriftung mit ≈ / impresión f posterior [con caracteres] en tinta magnética ‖ ≈drucker m / impresora f de caracteres en tinta magnética ‖ ≈leser m / lectora f de caracteres magnéticos
Magnet•schütz n / contactor m electromagnético ‖ ≈schutzschalter m / disyuntor m de accionamiento por bobina electromagnética ‖ ≈schwebebahn f / tren m levitante, tren m de suspensión magnética ‖ ≈schwebetechnik f / levitación f magnética ‖ ≈senkrechtförderer m / elevador m magnético ‖ ≈spannfutter n (Wzm) / mandril m electromagnético ‖ ≈spannplatte f (Wzm) / plato m de sujeción magnética ‖ ≈spannplatte mit Dauermagneten / plato m magnético de imán permanente ‖ ≈speicher m (DV) / memoria f magnética, almacenamiento m magnético ‖ ≈speicherplatte f (DV) / disco m de memoria magnética ‖ ≈speicherschicht f / película f magnética de memoria ‖ ≈speisung f / fuente f de energía de excitación del electroimán ‖ ≈spiegel m, magnetischer Pfropfen (Plasma) / espejo m magnético ‖ ≈spule f / bobina f imanante o de excitación ‖ ≈spule, Feldmagnetspule f (Elektr) / bobina f inductora o de campo o de excitación ‖ ≈spule f (Relais, Schalter) / bobina f de disparo o de interrupción ‖ ≈spur f (DV) / pista f magnética ‖ ≈stab m / barra f imantada ‖ ≈stabantenne f, -kernantenne f / antena f de (o con) núcleo magnético ‖ ≈stahl m (Hütt) / acero m magnético o para imanes ‖ ≈stein m / calamita f, magnetita f ‖ ≈stopfen m (Kfz) / tapón m colector magnético ‖ ≈streifen m (Kontokarte) / banda f magnética ‖ ≈streufeld n / campo m de dispersión magnética ‖ ≈system m (Kompass) / sistema m de imanes ‖ ≈tinte f / tinta f magnética
Magnetton m / sonido m magnético ‖ ≈abtaster m / lector m de sonido magnético ‖ ≈aufzeichnung f / registro m magnético del sonido ‖ ≈band n / cinta f magnetofónica ‖ ≈folie f / película f de registro magnético ‖ ≈gerät n / registrador m magnético, magnetófono m ‖ ≈-Gleichlaufmessfilm m / película f magnetofónica para medir el gimoteo y centello o para medir las variaciones de velocidad ‖ ≈-Kompaktanlage n / bloque m compacto de sonido magnético ‖ ≈-Laufwerk n / plato m de sonido magnético ‖ ≈-Pegelfilm m / película f magnética de referencia ‖ ≈platte f / disco m magnético de sonido ‖ ≈spur f (Film) / pista f sonora magnética ‖ ≈technik f / técnica f magnetofónica, técnica f de registro magnético de sonido ‖ ≈träger m / soporte m ferromagnético, soporte m de registro magnético ‖ ≈wiedergabe f / reproducción f de sonido magnético
Magnet•variometer n / magnetómetro m ‖ ≈ventil n (Ballon) / válvula f magnética ‖ ≈verschluss m / bloqueo m electromagnético ‖ ≈verstärker, Transduktor-Verstärker m / amplificador m

magnético ‖ ≈verstärker m mit Ferritkernen / ferractor m ‖ ≈werkstoff m / material m magnético ‖ ≈wicklung f / devanado m magnético ‖ ≈zünder, -apparat m (Kfz) / magneto f ‖ ≈zündung f (Kfz) / encendido m por magneto
Magnistor m (Plasmatechnik) / magnistor m
Magnitude f, Erdbebenstärke f (Geol) / magnitud f
Magnitudo f (pl: -tudines), mag (Astr) / magnitud f
Magnoferrit m (Min) / magnoferrita f
Magnolia[-Bleilager]metall n / metal m antifricción tipo magnolia
Magnon n (ein Energiequant) (Phys) / magnón m
Magnox-Reaktor m (GB) / reactor m Magnox
Magnuseffekt m (Phys) / efecto m Magnus
MAG-Schweißen n, Metall-Aktivgas-Schweißen n / soldadura f [por arco voltaico] en atmósfera protectora de gas con electrodo consumible
Mahagoni•baum m, Swistania mahagoni (Bot) / caobo m, acajú m ‖ ~braun (RAL 8016) / pardo caoba ‖ ≈holz n / caoba f ‖ ≈säure f (Türkischrotöl-Ersatz) (Chem) / ácido m de caoba
Mähbalken m (Landw, Mähmaschine) / barra f segadora o de corte (E), portacuchilla m
mähbar, schnittbar (Getreide, Gras) / segable
Mäh•binder m (Landw) / segadora-agavilladora f (E), segadora f atadora (LA) ‖ ≈dreschbinder m / segadora -atadora-trilladora f ‖ ≈dreschen n, -drusch m (Landw) / recolección f con segadora-trilladora ‖ ≈drescher m, Combine f / segadora-trilladora f (E), cosechadora f
mähen (Rasen), schneiden / cortar (el césped), tundir (LA) ‖ ~ (mit Sichelmäher, besonders Gras) / cortar (con cuchillas rotativas) ‖ ~ (Getreide) / segar ‖ ≈ n, Schnitt m, Mahd f / segada f, segazón f
Mäh•feldhäcksler m (Landw) / cosechadora f de forrajes tipo chopper ‖ ≈gang m (Landw) / velocidad f de cortar ‖ ≈häcksler m / segadora -recogedora f ‖ ≈kreisel m / guadañadora f rotativa de látigos
Mahlabgänge m pl (Uranium) / residuos f pl de la transformación de uranio
Mählader m (Landw) / guadañadora-cargadora f
Mahl•anlage f, Grobmahlanlage f (Aufb) / instalación f para triturar o quebrantar ‖ ≈anlage, Feinmahlanlage f / instalación f para molienda [fina] ‖ ≈anlage für Braunkohle / pulverizador m de lignito ‖ ≈art f, Mahlen n (Mühle) / molienda f ‖ ≈bahn f des Kollergangs / solera f de molino de rulos ‖ ≈barkeit f (grob) / triturabilidad f
mahlen vt (Mühle) / moler, molturar ‖ ~, pulverisieren (Aufb) / pulverizar ‖ ~, zerquetschen (Chem) / triturar ‖ ~ (Pap) / refinar, moler, picar ‖ fein ~ / moler ‖ grob ~, brechen / triturar ‖ Lumpen ~ (Pap) / desfibrar o deshilachar trapos ‖ zu feinem Mehl ~ / pulverizar ‖ ≈ n (Zerkleinern) / trituración f ‖ ≈ (Mühle) / molienda f, moledura f, moltura f ‖ ≈ im geschlossenen Kreislauf / molienda f en circuito cerrado ‖ ≈ in einem Durchgang / molienda f en un solo paso ‖ autogenes ≈ / molienda f autógena
Mahl•erzeugnis n / producto m molido ‖ ≈feinheit f / finura f de molienda ‖ ~frisch / recién molido ‖ ≈furche f (Mühlstein) / estría f de molienda ‖ ≈gang m / juego m de muelas de molino ‖ ≈gang, Quetschmühle f (für Getreide) / molino m machacador o triturador ‖ ≈gerät n, -apparat m, -anlage f / aparato m de molienda ‖ ≈gestein n, Mylonit m / milonita f ‖ ≈grad m / grado m de molienda ‖ ≈grad (Pap) / grado m de refino ‖ ≈gradprüfer m (Pap) / aparato m para definir el ensayo del grado de refino ‖ ≈gut n, gemahlenes Gut / material m molido ‖ ≈gut (Mühle) / a mahlendes Gut / material m a moler ‖ ≈gut (Mühle) / producto m molido ‖ ≈gut (Pap) / pasta f refinada ‖ ≈gut, Eintrag m (Pap) / pasta f a refinar ‖ ≈holländer m (Pap) / pila f holandesa desfibradora, pila f refinadora ‖ geriffelter

⁓kegel, -konus *m* / cono *m* moledor estriado ‖
⁓kollergang, Kollergang *m* / molino *m* de rulos, molino *m* de muelas verticales ‖ ⁓körper *m* / cuerpo *m* moledor, elemento *m* de molienda ‖ ⁓kreislauf *m* (Aufb) / ciclo *m* de trituración ‖ ⁓kreislauf (Bergb) / circuito *m* de molienda ‖ ⁓kugel *f pl* / bolas *f pl* para moler ‖ ⁓läufer *m* / muela *f* vertical, rotor *m* de molino ‖ ⁓mühle, Getreidemühle *f* / molino *m* triguero o harinero, molino *m* molturador ‖ ⁓mühle *f* für Aufbereitungsanlagen / instalación *f* de trituración ‖ ⁓pulver *n* (Pulv.Met) / polvo *m* quebrantado ‖ ⁓ring *m* / anillo *m* moledor ‖ ⁓rückstand *m* / residuo *m* de molienda ‖ ⁓span *m* (Spanplatten) / partícula *f* molida ‖ ⁓stein *m*, Mühlstein *m* / muela *f* ‖ ⁓trommel *f* / tambor *m* molturador

Mahlung *f* (Pap) / refinado *m*, refino *m*, refinación *f*, picado *m*

Mahlungsgrad (Pap) s. Mahlgrad

Mahl•vorrichtung *f* s. Mahlgerät ‖ ⁓walze *f* (Mühle) / cilindro *m* molturador ‖ ⁓werk *n* / molino *m* ‖ ⁓werk / mecanismo *m* molturador

Mäh•maschine *f*, Getreidemäher *m* (Landw) / segadora *f* ‖ ⁓maschine für Rasen / cortacésped *m* (E), cortadora *f* de césped (LA) ‖ ⁓quetschzetter *m* / guadañadora-acondicionadora-hileradora *f* ‖ ⁓schlägel *m* / cuchilla *f* segadora ‖ ⁓selbstlader *m* / guadañadora-cargadora *f* ‖ ⁓werk *n* (Landw) / barra *f* segadora

maigrün (RAL 6017) / verde mayo

Mail•bot *n* (DV) / mailbot *m* ‖ ⁓box *f* (DV, Fernm) / mail-box *m*, buzón *m* [de voz] ‖ ⁓bridge *f* (DV, Fernm) / pasarela *f* de correo

mailen *vt* (DV) / transmitir por correo electrónico

Mainboard *n* (PC) / mainboard *m*

Mainframe *m*, Großrechner *m* (DV) / gran ordenador *m* (multiusuario)

Mainframer *m* (Hersteller von Mainframes) / fabricante *m* de grandes ordenadores

Mais *m* (Bot) / maíz *m* ‖ ⁓[an]bauer (Landw) / maicero *m* (COL) ‖ ⁓brand *m* / tizón *m* del maíz

Maisch•apparat (Brau) / mezclador *m* ‖ ⁓bottich *m*, -kessel *m* (Brau) / cuba *f* de macerar (E) o para caldo (LA)

Maische *f* (Kohle) / mezcla *f* de partículas de carbón y pizarra soluble ‖ ⁓, Maischmasse *f* (Brau) / templa *f* [espesa] (E), caldo *m* (LA), cebada *f* macerada ‖ ⁓ (Rohrzucker) / magma *m* ‖ ⁓, Maischtrog *m*, -rührwerk *n* (Zuck) / mezclador *m* ‖ ⁓, Aufmaische *f* (Rohrzuck) / mezclador *m* de magma

maischen *vt*, einmaischen (Brau) / macerar, bracear, mostear ‖ ⁓ *n* (Zuck) / mezcladura *f*, mezclamiento *m* ‖ ⁓ (Brau) / maceración *f*, braceado *m* ‖ ⁓station *f* (Zuck) / casa *f* de mezcladura

Maische•rührer *m* (Brau) / agitador de cebada macerada (E) o de caldo (LA) ‖ ⁓tankwagen *m* (Weinbau) / camión *m* cisterna para uvas aplastadas

Maisch•programm *n* (Brau) / programa *m* de maceración ‖ ⁓pumpe *f* (Brau) / bomba *f* para cebada macerada (E) o para caldo (LA) ‖ ⁓temperatur *f* / temperatura *f* de maceración ‖ ⁓trog *m* (Zuck) / mezclador *m* ‖ ⁓- und Transportrührwerk *m* (Zuck) / transportador *m* mezclador y agitador ‖ ⁓wasser *n* (Brau) / agua *f* de braceado

Mais•drillmaschine *f* (Landw) / sembradora *f* de maíz ‖ ⁓eiweiß *n* (Chem) / zeína *f*, ceína *f* ‖ ⁓entkerner, -rebbler *m* (Landw) / desgranadora *f* de maíz ‖ ⁓-Entliescher *m* / deshojadora *f* de maíz ‖ ⁓flockenstuhl *m* / molino *m* de (o para) copos de maíz ‖ ~gelb (RAL 1006) / amarillo maíz ‖ ⁓häcksler *m* / recogedora-picadora *f* de maíz forrajero ‖ ⁓keimöl *n* (Nahr) / aceite *m* de germen de maíz ‖ ⁓kleber *m* / gluten *m* de maíz ‖ ⁓kolben (Bot) / mazorca *f*, panoja *f*, panocha *f* ‖ ⁓kolbenfaser *f* / fibra *f* de mazorca ‖ ⁓kolbenoberfläche *f* / superficie *f* de mazorca ‖ ⁓kolben-Pflück-Schroter *m* (Landw) / recogedora-picadora *f* de mazorcas ‖ ⁓kolben-Schrotergebläse *n* / soplante *m* triturador de mazorcas ‖ ⁓mehl *n* / harina *f* de maíz ‖ ⁓öl *n* / aceite *m* de maíz ‖ ⁓pflück-Drescher *m* (Landw) / cosechadora-trilladora *f* de maíz ‖ ⁓pflücker *m* / arrancadora *f* de maíz ‖ ⁓protein *n* (Biochem) / ceína *f*, zeína *f* ‖ ⁓rebbler *m* (Landw) / desgranadora *f* de maíz ‖ ⁓spindel *f* (ohne Körner) / zuro *m*, carozo *m*, lusa *f* (LA), coronta *f* (LA central), marlo *m* (ARG) ‖ ⁓stängel *m* / caña *f* de maíz ‖ ⁓stängelschneidemaschine *f* / cortadora *f* de caña de maíz ‖ ⁓stärke *f* / almidón *m* de maíz ‖ ⁓zucker *m* / azúcar *m* de maíz ‖ ⁓zünsler *m* (Schädling), Pyrausta nubilalis, Ostrinia (Zool) / piral *m* o taladro del maíz, oruga *f* taladradora del maíz

Majolika *f* (Keram) / mayólica *f*

Majoran *m* (Bot) / mejorana *f*, sarilla *f*, almoraduj *m*

Majorana•-Kraft *f* (Nukl) / fuerza *f* de Majorana ‖ ⁓-Neutrino o. -Teilchen *n* / neutrino *m* de Majorana

Majoritäts•emitter *m* (Halbl) / emisor *m* mayoritario ‖ ⁓glied *n* (DV) / compuerta *f* mayoritaria ‖ ⁓logik *f* (DV) / lógica *f* mayoritaria ‖ ⁓träger *m* (Halbl) / portador *m* mayoritario

Majuskel, Versalie *f* (Druck) / mayúscula *f*

MAK (Chem, Nukl) = maximale Arbeitsplatz-Konzentration

Makadamdecke *f*, Makadam *m n* (Straß) / pavimento *m* de macadam o de macadán (pl: macadams, macadanes)

makadamisieren *vt* / macadamizar

Makadamisierung *f* / macadamización *f*

Makel, Defekt *m* / mácula *f*, defecto *m*, falta *f*

makellos / sin defecto, sin tacha

Make-up *n*, Umbruch *m* (Druck) / compaginación *f*, ajuste *m* tipográfico, armado *m*, armazón *m*

Mako *f n* (Tex) / algodón *m* jumel o egipcio o de Egipto, jumel ‖ ⁓garn *n* / hilo *m* jumel

Makoré *n*, afrikanischer Birnbaum (Bot) / macoré *m*, acana *f*

Makramee *n* (eine Knüpfarbeit) / macramé *m*

Makro *n* (DV) / macro *m/f*, macrollamada *f* ‖ ⁓... ‖ ⁓analyse *f* (Chem) / macroanálisis *m* ‖ ⁓-Assembler *m* (DV) / macroensamblador *m* ‖ ⁓aufnahme *f*, Großaufnahme *f* (Foto) / primer plano *m*, macroplano *m* ‖ ⁓aufnahme kleiner Objekte (Foto) / macrofotografía *f* ‖ ⁓befehl *m* (DV) / macroinstrucción *f*, macro *m* ‖ ⁓chemie *f* / macroquímica *f* ‖ ⁓code *m* (DV) / macrocódigo *m* ‖ ⁓definition *f*, Makroerklärung *f*, Makrokörper *m*, -rumpf *m* (DV) / macrodefinición *f* ‖ ⁓deklaration *f* (DV) / macrodeclaración *f* ‖ ⁓ersetzung *f*, ⁓expansion *f* (DV) / macroexpansión *f* ‖ ⁓filmaufnahme *f* / macrovista *f* cinematográfica ‖ ⁓funkzelle *f* (Fernm) / macrocélula *f* ‖ ⁓generator *m* (DV) / macrogenerador *m*, generador *m* de macros ‖ ⁓geräte *n pl* (Foto) / accesorios *m pl* de macrofotografía ‖ ⁓graphie *f*, Grobgefügebild *n* / macrografía *f* ‖ ⁓härteprüfung *f* (Hütt) / ensayo *m* de macrodureza ‖ ⁓instruktion *f* (DV) / macroinstrucción *f* ‖ ⁓klima *n* / macroclima *m* ‖ ~kristallin / macrocristalino ‖ ~Ion *m* (Plast) / Makrolon *n* ‖ ⁓molekül *n*, -molekel *f* / macromolécula *f* ‖ ~molekular / macromolecular ‖ ~molekulare Dispersion (Plast) / dispersión *f* macromolecular

Makron, Metron, Astron *n*, Sternweite *f* (= 10^6 AE = 1,495 · 10^{14} km) (Astr) / macrón *m*

Makro•objektiv *n* (DV, Foto) / macroobjetivo *m* ‖ ⁓paket *n* (DV) / macropaquete *m* ‖ ⁓photographie *f* / macrofotografía *f* ‖ ⁓physik *f* / macrofísica *f* ‖ ⁓pore *f* (Hütt) / macroporo *m* ‖ ⁓porös / macroporoso ‖ ⁓programm, Anwenderprogramm *n* (DV) / macroprograma *m* ‖ ⁓programmierung *f* (DV) /

macroprogramación f ‖ ⁓prozessor m (DV) /
macroproces[ad]or m ‖ ⁓ring m / macroanillo m ‖
⁓schall m / macroacústica f ‖ ⁓schalter m (DV) /
macrointerruptor m [temporal] ‖ ⁓skopie f
(schwache Vergrößerung bis 50) (Opt) / macroscopia f
‖ ~skopisch, mit bloßem Auge sichtbar /
macroscópico ‖ ~skopischer Querschnitt / sección f
eficaz macroscópica ‖ ~skopischer Reinheitsgrad /
grado m de pureza macroscópica ‖ ⁓spore f (Biol) /
macroespora f ‖ ⁓sprache f (DV) / macrolenguaje m,
lenguaje m de macros ‖ ⁓ständer m / pie m de
macrofotografía ‖ ⁓struktur f, Grobgefüge n (Hütt) /
macroestructura f ‖ ⁓strukturprüfung f / examen m
macrográfico, macroexamen m ‖ ⁓system n (DV) /
sistema m de macros
makrotisch / macrótico
Makro•übersetzer m (DV) / macroprocesor m ‖
⁓**verzeichnis** n (DV) / repertorio m de los macros ‖
⁓**virus** m (DV) / macrovirus m ‖ ⁓**waage** f /
macrobalanza f ‖ ⁓**zelle** f (Fernm) / macrocélula m,
macrocelda f
Makulatur f (Druck) / maculatura f ‖ ⁓**bogen** m (Druck) /
descarga f, maculatura f
MAK-Wert m, maximale Arbeitsplatzkonzentration
(Chem, Nukl) / concentración f máxima admisible en el
puesto de trabajo
mal (Math) / por, multiplado por ‖ 3 ~ 4 / tres por cuatro
Mal, Zeichen n / marca f, señal f
Malachit m (Min) / malaquita f ‖ ⁓**grün** n / verde m
malaquita
Malakkazinn n (Hütt) / estaño m de Malaca
Malakon m (Min) / malacón m
Malamid n (Chem) / malamida f
Malat n (Chem) / malato m
Maleat n (Chem) / maleato m
Malein•at n (Chem) / maleinato m ‖ ⁓**harz** n / resina f
maleica ‖ ⁓**säure** f / ácido m maleico ‖
⁓**säureanhydrid** n / anhídrido m de ácido maleico
malen vt, aus-, an-, bemalen / pintar ‖ ⁓, Anmalen n /
pintura f
Maler m / pintor m ‖ ⁓**arbeiten** f pl (Bau) / trabajos m pl
de pintura
Malerei f / pintura f
Maler•farbe f, Anstrichfarbe f / pintura f a brocha ‖
⁓**leiter** f / escalera f de pintor ‖ ⁓**pinsel** m / brocha f
(gruesa), pincel m (delgado) ‖ ⁓**schablone**,
Schablone f / plantilla f ‖ ⁓**werkstatt** f / taller m de
pintor
Mali-Erzeugnis n (Tex) / tejido m mali
Malimo•verfahren n (Tex) / técnica f malimo ‖ ⁓**-Ware** f
(Tex) / tejido m malimo
Malipol-Verfahren n (Tex) / técnica f malipol
Maliwattverfahren n (Tex) / técnica f maliwatt
Mallboden m, Schnürboden m (Schiff) / sala f de gálibos
mallen vt, auf Form bringen (Schiff) / galibar
Mallkante f (Schiff) / línea f de gálibo
Malm m, weißer Jura (Geol) / malm m
Malnehmen n (Math) / multiplicación f
malolaktisch (Chem) / maloláctico
Malon•at n (Chem) / malonato m ‖ ⁓**ester** m,
Malonsäurediathylester m / éster m malónico ‖
⁓**säure** f / ácido m malónico
Malpighia spigata (trop. Baum) / peralejo m (LA)
Maltase f (Biochem) / maltasa f
Malteserkreuz n (Film) / cruz f de Malta ‖ ⁓**getriebe** n /
mecanismo m de cruz de Malta ‖ ⁓**stellung** f (Uhr) /
cruz f de Malta del graduador de cuerda
Malthene n pl (Chem) / maltenos m pl
Maltin n / maltino m
Malto•dextrin n, Maltose-Dextrin n / maltodextrina f ‖
⁓**-Oligosaccharid** n, Maltooligosid n /
malto-oligosaccarido m ‖ ⁓**saccharid** n /
malto-saccarido m

Maltose f, Malzzucker m / maltosa f ‖ ⁓**einheit** f /
equivalente m de maltosa
Malto•-Tetrose f / maltotetrosa f ‖ ⁓**-Triose** f /
maltotriosa f
malvenfarbig / malva
Malz n (Brau) / malta f ‖ **überlöstes** ⁓ / malta f
demasiado desagregada ‖ ⁓**abreibeapparat** n /
pulidora f de malta ‖ ⁓**bier** n / cerveza f de malta ‖
reich an ⁓**bildnern** / rico en diastasa ‖ ⁓**darre** f,
-haus n (Brau) / secador m de malta ‖ ⁓**diastase** f /
diastasa f de malta
Malzeichen n (Math) / signo m de multiplicación
Malzeiweiß n / proteína f de malta
malzen vt, mälzen (Brau) / maltear
Mälzen n / maltaje m, malteo m
Malz•entkeimung f / degerminación f de la malta ‖
⁓**enzym** n / enzima f de malta
Mälzer m, Brauer m / maltero m
Mälzerei f (Fabrik) / maltería f ‖ ⁓ (Tätigkeit) (Brau) /
malteado m ‖ ⁓**gerste** f / cebada f de malteado
Malz•extrakt m / extracto m de malta ‖ ⁓**fabrik** f,
Mälzerei f / maltería f ‖ ⁓**haufen** m (Brau) / montón m
o pila de malta ‖ ⁓**keime** die f / raicillas f pl de malta ‖
⁓**mühle** f (Brau) / triturador m de malta ‖
⁓**poliermaschine** f (Brau) / pulidora f de malta ‖
⁓**schrot** m n (Brau) / molienda f de malta, malta f
triturada ‖ ⁓**silo** m / silo m de malta ‖ ⁓**staub** m,
trockene Malzkeime m pl (Brau) / harina f de malta ‖
⁓**treber** pl (Brau) / orujo m o bagazo de malta
Malzturm m / torre f de maltaje
Mälzung f, Mälzen n / malteo m, maltaje m
Malz•wender m / removidor m de malta ‖ ⁓**zucker** m /
maltosa f
Mammatuswolke f (Meteo) / nube m mamato
Mammut•baum m, Sequoia gigantea f (Bot) / secoya f o
secuoya gigantesca ‖ ⁓**pumpe** f / bomba f mamut ‖
⁓**tanker** m / petrolero m gigante
Management n / administración f, dirección f, gestión f,
gobierno m, manejo m ‖ ⁓**-Informatik** f / informática
f para dirección de empresa ‖ ⁓**-Information-System**
n / sistema m de información para la dirección de
empresa
Manager m / ejecutivo m, administrador m de empresa
Manchester m (Web) / tercipelo m de algodón,
manchester m, pana f inglesa
Manchon, Papiermaschinenfilz m (Pap) / manchón m
Mandause f, Auszugschnecke f (Spinn) / conduita f de
subida del carro
mandel•artig, -förmig (Geol) / amigdaloide ‖ ⁓**kleie** f
(Nahr) / salvado m de almendra ‖ ⁓**öl** n / aceite m de
almendras [dulces] ‖ ⁓**säure** f (Chem) / ácido m
amigdálico
Mangan n, Mn (Chem) / manganeso m ‖ ⁓**(II)-**...,
Mangano... / manganoso ‖ ⁓**(III)-**..., Mangani... /
mangánico ‖ ⁓**at** n / manganato m ‖ ⁓**bister** m,
-braun n / bistre m o pardo de manganeso, sepia f de
manganeso ‖ ⁓**blende** f (Min) / blenda f
manganesífera, alabandina f ‖ ⁓**bronze** f / bronce m
manganésico o manganeso ‖ ⁓**(II)-carbonat**,
Manganocarbonat n / carbonato m manganoso ‖
⁓**carbonyl** n / carbonilo m de manganeso ‖
⁓**(II)-chlorid**, -dichlorid, Manganochlorid n / cloruro
m manganoso ‖ ⁓**eisen** n, Ferromangan n /
ferromanganeso m ‖ ⁓**eisenerz** n / mineral m de
hierro manganesífero ‖ ⁓**erz** n / manganesa f,
pirolusita f ‖ ~**haltig**, Mangan... / manganesífero ‖
⁓**hartstahl** m / acero m duro o austenítico al
manganeso
Manganin n / manganina f ‖ ⁓**widerstand** m (Elektr) /
resistencia f de manganina
Mangan•it m (Min) / manganita f ‖ ⁓**karbid** n / carburo
m de manganeso ‖ ⁓**knollen** f pl / nódulo m o terrón de
manganeso ‖ ⁓**kupfer** n / cupromanganeso m ‖
⁓**legierungen** f pl / aleaciones f pl de manganeso ‖

~metall n, metallisches Mangan n / manganeso m metálico
Mangano•melan m (Min) / psilomelana f, silomelana f ‖ ~metrie f / manganometría f
Manganosit m (Min) / manganosita f
Mangan•(II)-oxid, Manganooxid n, Manganmonooxid n, MnO (Chem) / óxido m manganoso, manganeso m (II)-óxido ‖ ~(II, III)-oxid n, Mn₃O₄ / óxido m manganomangánico, manganeso m (II, III)-óxido ‖ ~(III)-oxid, Manganioxid n, Dimangantrioxid n, Mn₂O₃ (Chem) / trióxido m de manganeso, óxido m mangánico, manganeso m (III)-óxido ‖ ~(IV)oxid, Manganperoxid, -dioxid n, MnO₂ / dióxido m de manganeso, manganeso m (IV)-óxido ‖ ~(VII)-oxid n, -heptoxid n, Mn₂O₇ / heptóxido m de manganeso, manganeso m (VII)-óxido ‖ ~phosphat n / fosfáto m de manganeso ‖ ~säure f / ácido m mangánico ‖ ~schlamm m / fango m de manganeso ‖ ~schwarz n / negro m manganeso ‖ ~seife f (Glas) / dióxido m de manganeso, pilolusita f, jabón m de vidrieros ‖ ~-Silizium n / silicomanganeso m ‖ ~siliziumstahl m / acero m al manganeso-silicio, acero m MnSi ‖ ~spat m (Min) / espato m manganeso ‖ ~stahl m / acero m al manganeso ‖ [austenitischer] ~stahl (11-14% Mn) / acero m austenítico al manganeso ‖ ~-Stahlguss m (Erzeugnis) / acero m fundido al manganeso ‖ ~(II)-sulfid n (Chem) / sulfuro m manganoso ‖ ~-Trockenstoff m / secante m o secativo al manganeso
Mangel¹, Schaden m / defecto m ‖ ~, Fehlen n / falta f [de] ‖ ~ m, Knappheit f / escasez f [de] ‖ **Mängel** / deficiencias f pl, imperfecciones f pl ‖ **mit Mängeln behaftet** / defectuoso
Mangel² f, [Block]kalander m (Tex) / calandria f
Mangelelektron n (Halbl) / hueco-electrón m
mangelhaft, ungenügend / deficiente ‖ ~, unvollkommen / imperfecto ‖ ~, fehlerhaft / defectuoso, viciado ‖ ~ **nachvulkanisiert** / postvulcanizado incompletamente ‖ ~e **Verpackung** / embalaje m defectuoso ‖ ~e **Verständigung** (Fernm) / dificultad f de audición
Mängelhaftung f / responsabilidad f por defectos
Mangel•halbleiter m / semiconductor m por defecto o tipo P ‖ ~leitung, p-Leitung f / conducción f por defecto o tipo P
mangeln vt, rollen / calandrar, prensar ‖ ~ (Wäsche) / planchar
mangelnd, knapp / escaso, apenas suficiente ‖ ~e **Koordinierung** / descoordinación f ‖ ~e **Trennschärfe** (o. Selektivität) / selectividad f insuficiente
Mängelrüge f / reclamación f por vicios de la mercancía
Mangel•schmierung f / lubricación f insuficiente ‖ ~ware f / bienes m pl escasos
Mango m, Mangobaum m (Bot) / mango m
Mangold m (Landw) / acelga f
Mangrove f (Bot) / mangle m
Manifest n (Schiff) / manifiesto m, declaración f
Manihot m (Bot) / mandioca f, yuca f
Manikin, dreidimensionales ~ (Kfz) / maniquí m
Manila•faser f (aus Musa lextilis), Abaca f (Bot, Tex) / abacá m, cáñamo m de Manila ‖ ~karton m, cartulina f manila ‖ ~mischseil n / cable m de abacá y de sisal ‖ ~-Packpapier n / papel m manila para embalaje ‖ ~papier n / papel m manila ‖ ~-Seidenpapier n / papel m seda manila ‖ ~seil n / cable m de abacá
Maniok m, Manioka f, Mandioka f, Kassave f (Bot) / mandioca f, yuca f
Maniokastärke f / almidón m de mandioca
Maniok•mehl n / harina f de mandioca o yuca ‖ ~pflanze f (Manihot utilissima), Kassave f (Bot) / mandioca f ‖ ~wurzel f / raíz f de mandioca
Manipulation f / manipulación f
Manipulator m (Nukl) / manipulador m ‖ ~, Schmiedezange f (Wz) / manipulador m de forja ‖ ~ (Roboter) / manipulador m manual
manipulieren vt (handhaben o. behandeln) / manipular
Manko an Gewicht n / merma f de peso ‖ ~ **an Maß**, Fehlen an Maß n / déficit m de dimensión
Mann m der Praxis / hombre m práctico, práctico m ‖ ~ **hinter der Walze** (Walzw) / recibidor m
Mannan n (Chem) / manama f
Mannesmann-Verfahren n / procedimiento m Mannesmann
Mannich-Reaktion f (Chem) / reacción f Mannich (aminometilización)
mannigfaltig / variado, vario, diverso, múltiple, polifacético
Mannigfaltigkeit f / variedad f, diversidad f, polifacetismo m ‖ ~, Diversifikation f / diversificación f ‖ **dreidimensionale algebraische** ~ (Math) / triada f algebraica
Mannit, Mannazucker m (Chem) / manita f
Mann-Jahr n / año-hombre m
männlich (Gewinde) / macho ‖ **~er Kork**, Jungfernrinde f (Bot) / corcho m virgen o bornizo
Mannloch, Fahrloch n / agujero m de hombre ‖ ~ n (Raumf) / orificio m de acceso ‖ ~bügel m / cruceta f de agujero de hombre ‖ ~deckel, -verschluss m (Kessel) / tapa f de agujero de hombre ‖ ~ring m, -versteifung f / refuerzo m de agujero de hombre
mann•loser Streb (Bergb) / frente m de carbón inocupado ‖ ~-Minute f / minuto-hombre m ‖ ~monat m / mes-hombre m
Mannose, d-~ (Chem) / de-manosa f
Mannosidase f / manosidasa f
Mann-Rem-Dosis f (Gruppenäquivalentdosis) (Nukl) / dosis f hombre-rem
Mannschaft f / equipo m ‖ ~, Arbeitsgruppe f, Team n / equipo m de trabajadores ‖ ~ f (Schiff) / tripulación f, dotación f
Mannschafts•fahrung, Seilfahrt f (Bergb) / cordada f ‖ ~kaue f / baño-ducha m ‖ ~raum m, Logis m (Schiff) / alojamiento m de la gente
Mann•-Stunde f / hora-hombre f ‖ ~tau (Schiff) / guardamancebo m
Mano•..., Druck... (Phys) / mano... ‖ ~kontaktgeber m (= Manometer + Kontakt) / conmutador m de contacto a presión ‖ ~kryometer n (= Manometer + Kryoskop) / manocriómetro m
Manometer n, Druckmesser m / manómetro m ‖ ~anschluss m / conexión f de manómetro, empalme m de manómetro ‖ ~druck m / presión f manométrica ‖ ~skala f / escala f de manómetro
manometrisch / manométrico ‖ ~e **Förderhöhe**, Druckhöhe f / altura f de presión manométrica ‖ ~e **Waage**, Kolbenmanometer n / manómetro m de émbolo
Mano•stat m (zum Konstanthalten von Druck) / manostato m ‖ ~vakuummeter n / manovacuómetro m
Manöver n / maniobra f
Manövrierbarkeit, Wendigkeit f / maniobrabilidad f, manejabilidad f
manövrieren vt / maniobrar
manövrier•fähiges Anti-Radar-Fahrzeug (Mil) / vehículo m maniobrable antirradar ‖ ~ventil n / válvula f de maniobra
Mansarde f (Bau) / buhardilla f, guardilla f (E), mansarda f (LA) ‖ ~ (Tex) s. Mansardentrockner
Mansarden•dach n / tejado m (E), cubierta f de mansarda ‖ ~trocknen n, Trocknen im Trockenstuhl (Tex) / secado m en mansarda ‖ ~trockner m (Tex) / mansarda f secadora
Manschette f (Tex) / puño m [de camisa] ‖ ~ (Dichtung) / manguito m ‖ ~ **am Schalthebel** (Kfz) / guarnición f, manguito m ‖ ~ **der Bremse** (Bahn) / diafragma m de

Manschette

freno ‖ ⁓ **für Schalthebel** (Kfz) / cubierta *f* para la palanca de cambio
Manschetten•dichtring *m* / anillo *m* de retención ‖ ⁓**dichtung** *f* / retén *m* [para fluidos] ‖ ⁓**dipol** *m* / dipolo *m* semicubierto [con tubo axial] ‖ ⁓**hals** *m* / gollete *m* o cuello del retén ‖ ⁓**ring** *m* (für Kolbendichtung) / aro *m* de obturación
Mansell-Stromleitungsscheibe *f* (zwischen Radreifen und feststehender Achse) (Bahn) / disco *m* conductor de Mansell
Mansfeldverfahren *n* (zum Prüfen von Cu-Erzen) (Bergb) / procesamiento *m* Mansfeld
Mantel *m*, Ummantelung *f* / camisa *f*, envoltura *f* ‖ ⁓, Schale *f* (krumme Fläche) (Math) / capa *f* ‖ ⁓ *m*, Umhüllung *f* / revestimiento *m* ‖ ⁓ (Form) / revestimiento *m* de molde ‖ ⁓, Mantelfläche *f* (Geom) / superficie *f* lateral [exterior] ‖ ⁓ (Kessel) / camisa *f* o envoltura de caldera ‖ ⁓ (Geschoss) / camisa *f* o envoltura de proyectil ‖ ⁓, Reifen *m*, Decke *f* (Fahrrad, Kfz) / cubierta *f* ‖ ⁓ (opt.Faser) / revestimiento *m* exterior ‖ ⁓, Ausfütterung *f* / forro *m*, guarnición *f* ‖ ⁓, Gerippe *n* (Bau) / estructura *f* ‖ ⁓ *m* **der Erde** (Geol) / manto *m* (la capa inferior) ‖ ⁓ **des Fusionsreaktors** / capa *f* del reactor de fusión ‖ ⁓ **des Kabels**, Kabelmantel *m* / envuelta *f* o envoltura de cable, vaina *f* o funda de cable ‖ ⁓ **eines Drahtseils** / camisa *f* de cable
Mantel•abstreifmaschine *f* (Kabel) / desaisladora *f* ‖ ⁓**blech** *n* / chapa *f* de envoltura ‖ ⁓**draht** *m* / alambre *m* revestido ‖ ⁓**elektrode** *f* (Schw) / electrodo *m* revestido, electrodo *m* de vaina fundente ‖ ⁓**fläche** *f* (Math) / superficie *f* lateral ‖ ⁓**fläche einer Kuppel**, Flechtwerkmantel *m* (Bau) / bóveda *f* delgada ‖ ⁓**formbrett** *n* (Gieß) / calibre *m* para la superficie ‖ ⁓**gebläse** *n* (Lufft) / ventilador *m* de canal, ventilador *m* de tubo ‖ ⁓**geschoss** *n* (Mil) / proyectil *m* blindado ‖ ⁓**gründung** *f* (Bau) / fundación *f* por encajamiento ‖ ⁓**härtung** *f* (Masch) / temple *m* de recubrimiento ‖ ⁓**heizung** *f* / recalentamiento *m* de camisa ‖ ⁓**index** *m* / índice *m* de envoltura ‖ ⁓**klemme** *f* (Elektr) / borne *m* de envoltura ‖ ⁓**kühler** *m*, Wasserkühlmantel *m* / camisa *f* de agua refrigerante ‖ ⁓**kühlung** *f* (Elektr, Masch) / enfriamiento *m* de la camisa ‖ ⁓**kühlung** (Turbine) / cilindro *m* doble ‖ ⁓**kurve** *f* (Wzm) / leva *f* periférica ‖ ⁓**kurve** (Stat) / curva *f* envolvente ‖ ⁓**leitung** *f* (Elektr) / cable *m* con envoltura plástica ligera ‖ ⁓**linie** *f* (Geom) / línea *f* generatriz, generatriz *f* ‖ ⁓**magnet** *m* / imán *m* blindado ‖ ⁓**mischung** *f* (Kabel) / mezcla *f* para envoltura ‖ ⁓**ofen** *m* / horno *m* blindado ‖ ⁓**ring** *m* (Gieß) / aro *m* de molde ‖ ⁓**ring** (Geschütz) / anillo *m* forzado en caliente, anillo *m* de concentración ‖ **aufgezogener** ⁓**ring** (als Verstärker) / zuncho *m*, suncho *m*, fleje *m* ‖ ⁓**ringrohr** *n* (Mil) / cañón *m* forzado en caliente ‖ ⁓**riss** *m* / grieta *f* en la camisa ‖ ⁓**rohr** *n* / tubo *m* envolvente ‖ ⁓**rohr** (der Steuersäule, feststehend) (Kfz) / tubo *m* protector de la columna de dirección ‖ ⁓**rohrwasser** *n* (Öl) / agua *f* de camisa ‖ ⁓**stab** *m* (Schw) / electrodo *m* revestido ‖ ⁓**strahler** *m* (Antenne) / dipolo *m* semicubierto, dipolo *m* con tubo coaxial ‖ ⁓**strom** *m* (Kabel) / corriente *f* de vaina ‖ ⁓**strom** (Turboreaktor) / flujo *m* frío ‖ ⁓**stromtriebwerk** *n* (Lufft) / turborreactor *m* de doble flujo ‖ ⁓**stromverhältnis** *n* / razón *f* de derivación ‖ ⁓**stützwalze** *f* (Walzw) / cilindro *m* de apoyo con camisa ‖ ⁓**toleranz** *f* / tolerancia *f* del diámetro exterior ‖ ⁓**transformator** *m* (Elektr) / transformador *m* acorazado ‖ ⁓**tuch** *n* (Web) / tela *f* para abrigos o paletos ‖ ⁓**verluste** *m pl* (Kabel) / pérdidas *f pl* por la envoltura ‖ ⁓**walze** *f* / cilindro *m* colado (o fundido) en coquilla ‖ ⁓**walzen** *n* (Walzw) / laminación *f* de envoltura ‖ ⁓**wicklung** *f* (Elektr) / devanado *m* en envoltura ‖ ⁓**wirbelstrom** *m* (Kabel) / corriente *f* parásita de envoltura
Mantisse *f* (Math) / mantisa *f*

Mantissenlänge, mit erweiterter ⁓ / de precisión larga de mantisa ‖ **mit geringer** ⁓ (Logarithmus) / de precisión reducida
Manual *n* (Orgel) / teclado *m* de órgano
manuell, Hand..., von Hand / manual, a mano ‖ ⁓ **bedienen o. verfahren** / operar a mano ‖ ⁓**e Betriebsart** (ohne Benutzung der NC-Einrichtung) (NC) / accionamiento *m* manual o mandado manualmente ‖ ⁓**e Dateneingabe** (DV) / entrada *f* manual de datos ‖ ⁓ **eingegebener Takt** (NC) / ritmo *m* manual ‖ ⁓**es Schütteln** / sacudimiento *m* manual o a mano ‖ ⁓**e Tätigkeit** / trabajo *m* manual o a mano, mano *f* de obra ‖ ⁓**e Übersteuerung** / sobrecontrol *m* manual
Manufaktur *f* / manufactura *f* ‖ ⁓**ware** *f* / artículos *m pl* manufacturados
Manuldruck *m* (Druck) / procedimiento *m* Manul
Manuskript *n* / manuscrito *m*
MAO, Monoamin-Oxydase *f* (Chem) / monoaminooxidasa *f*
MAOI, Monoamin-Oxydaseinhibitor *m* / inhibidor *m* de monoaminooxidasa
MAP (DV) / MAP *m* (= manufacturing automation protocol)
MAP-Netzplanmethode *f* / plan *m* de la red MAP (= multiple allocation procedure)
mappen *vt* (DV) / mapear
Mappenwerk *n* (Bau) / obra en fascículo
Mapper *m* (DV) / mapeador *m*
Mapping *n* (DV) / mapeo *m*
Maquequench-Verfahren *n* (Herst. von Magneten) / procedimiento *m* Maquequench (fabricación de imanes)
Maquila *f* (Prod.-Zentrum f. Textilien) / maquila *f* (LA)
Maraging-Stahl, Martensit-aushärtender Stahl *m* (Hütt) / acero *m* maraging
Marantastärke *f* (Bot) / arruruz *f*
Maratti-Wirkmaschine *f* (Tex) / máquina *f* para géneros de punto tipo Maratti
Marbel *m* (Glas, Keram) / molde *m* de madera para vidrios soplados
Marbeln, Wälzen *n* (Glas) / amolado *m*
Marbelplatte, Wälzplatte *f* (Glas) / mármol *m*
Marconiantenne *f* / antena *f* Marconi
Marconi-Richtantenne *f* / antena *f* direccional Marconi
Mare *n* (pl: Maria) (Mond) / mare *m* (pl: maria)
Marengofarbe *f* (Tex) / color *m* marengo
Marengogarn *n* / hilo *m* marengo
Margarine *f* / margarina *f* ‖ ⁓**fabrik** *f* / margarinería *f*
Margarinsäure, Datursäure *f* / ácido *m* margárico
Margarit *m* (Kalk-, Perlglimmer) (Min) / margarita *f*
Margaron *n* (Chem) / margarona *f*
Marginalien *pl* (Druck) / notas *f pl* marginales, anotaciones *f pl* en el margen, ladrillos *m pl*, arracadas *f pl*, acotaciones *f pl*, apostellas *f pl*
Marginalverteilung *f* (Stat) / distribución *f* marginal
Marianihahn, Dosierhahn *m* (Bahn) / grifo *m* de gasto limitado
marin, Meeres... / marino, marítimo ‖ ⁓**er Abbau** / explotación *f* submarina ‖ ⁓**e Aquakultur** / aguacultura *f* marina ‖ ⁓ **lagernd** (Bergb) / en depósito submarino
Marina *f*, Jachthafen *m* / marina *f*
Marine *f* (Mil) / marina *f* de guerra ‖ ⁓**...** / naval ‖ ⁓**...**, nautisch / náutico ‖ ⁓**blau** / azul marino ‖ ⁓**-Dieselöl** *n* / aceite *m* pesado para motores Diesel ‖ ⁓**flugwesen** *n*, -fliegerei *f* / aviación *f* naval o de marina ‖ ⁓**glas** *n* (Opt) / anteojo *m* de larga vista para marina ‖ ⁓**industrie** *f* / industria *f* naval ‖ ⁓**ingenieur** *m* / ingeniero *m* naval ‖ ⁓**radar** *m n* / radar *m* naval ‖ ⁓**satelliten-Navigationssystem** *n* / sistema *m* de navegación marítima por satélites
Mariottesches Gesetz *n* (Phys) / ley *f* de Mariotte
maritimer Satellit / satélite *m* para servicios marítimos

Mark *n*, Kern *m* (Biol) / médula *f* ‖ ≃ (Holz) / corazón *m* ‖ ≃ (Frucht) / pulpa *f*
Markasit, Wasserkies *m* / marcasita *f*, marcajita *f* (LA)
Marke *f*, Sorte *f* / clase *f*, especie *f* ‖ ≃, Qualität *f* / calidad *f* ‖ ≃, Klebe-, Briefmarke *f*, Postwertzeichen *n* / sello *m*, estampilla *f* (LA) ‖ ≃ *f*, Fabrikmarke *f*, Schutzmarke *f* / marca *f* [registrada], logotipo *m* ‖ ≃, Landmarke *f* (Schiff) / marca *f* ‖ ≃, Zeichen *n* (Verm) / signo *m* ‖ ≃ (an einem Gerüst) / índice *m* ‖ ≃, Kerbe *f* (Zimm) / muesca *f* ‖ ≃ *f*, Markierungspunkt *m* / marca *f*, punto *m* marcado ‖ ≃, Markierung *f*, Kennsatz *m* (DV) / rótulo *m*
Marken•amt *n* (EU) / HABM ‖ ≃**artikel** *m* / artículo *m* o producto de marca ‖ ≃**artikelhersteller** *m* / productor *m* de artículos de marca ‖ ≃**bezeichnung** *f*, -name *m* / marca *f* de fábrica ‖ ≃**erzeugnisse** *n pl*, -ware *f* / mercancías *f pl* de marca ‖ ≃**öl** *n* / aceite *m* de calidad superior, aceite *m* de marca ‖ ≃**recht** *n* (früher: Warenzeichenrecht) / derecho *m* de marca[s] ‖ ≃**register**, spez.: *f* [Waren]zeichenrolle / Registro *m* de Marcas ‖ ≃**schutz** *m* / protección *f* de marcas de fábrica ‖ ≃**zeichen** *n* / marca *f* de fábrica, logotipo *m*, emblema *m*
Marker *m* (Luftf) / radiofaro *m*
Marketeriesäge *f* (Blatt 2-4 mm) (Tischl) / sierra *f* de marquetería
Marketing *n*, Marktgewinnung *f* / mercadotécni[c]a *f*, marketing *m*, mercadismo *m* (MEZ)
Mark•faser *f* (Bot) / fibra *f* medulada ‖ ≃**fortsatz** *m*, -strahl *m* (Holz) / rayo *m* medular
Markierapparat *m* / marcador *m*
markieren *vt*, anzeichnen / marcar ‖ ~, abstecken (Verm) / jalonar ‖ ~ (Atom) / marcar ‖ ~ (Fahrbahn) / delimitar por rayas blancas o amarillas ‖ ~ (DV) / resaltar *vt* ‖ ~ (Goldbarren) / marcar con el punzón de garantía, marcar con el contraste ‖ ~ (Wollvieh) / peguntar ‖ ≃ *n* / marcado *m*, marcaje *m*
Markierer *m* (Fernm) / marcador *m* ‖ ≃**system** *n* (Fernm) / sistema *m* con marcador
Markier•filz *m* (Pap) / fieltro *m* marcador ‖ ≃**hammer** *m*, Waldhammer *m* (Forstw) / martillo *m* marcador ‖ ≃**impuls** *m* (Radar) / impulso *m* estroboscópico ‖ ≃**kreis** *m* (Radar) / marca *f* de distancia ‖ ≃**nassfilz** *m* / fieltro *m* marcador húmedo ‖ ≃**pflock** *m* / taco *m* marcador ‖ ≃**[press]filz** *m* (Pap) / fieltro *m* marcador ‖ ≃**stab** *m* (Verm) / jalón *m*, piquete *m* ‖ ≃**stift** *m* / lápiz *m* marcador
markiert, indiziert (Nukl) / marcado ‖ ~**es Atom**, Indikatoratom *n* / átomo *m* marcado ‖ ~**es Isotop** (Phys) / isótopo *m* radiactivo, radioisótopo *m* ‖ ~**er Kurs** (Nav) / trayectoria *f* balizada
Markierung *f*, Kennzeichen *n* / marca *f* ‖ ≃, Kennzeichnung *f* / marcación *f*, marcaje *m* ‖ ≃ *f*, Zeichen *n* / signo *m* ‖ ≃ (Radar) / marcación *f* ‖ ≃ (DV) / bandera *f* ‖ ≃ (Straße) / señalización *f* ‖ **bestimmte** ≃ **anbringen**, stempeln / marcar, sellar
Markierungs•boje *f* (Schiff) / radiobaliza *f* marcadora ‖ ≃**differenz** *f* (Radar) / rapidez *f* de variación ‖ ≃**farbe** *f* (Kabelader) / color *m* del hilo marcador o de referencia ‖ ≃**funkfeuer** *n* (Luftf) / radiobaliza *f* marcadora ‖ ≃**gerät** *n* (Sportplatz) / marcador *m* de líneas ‖ ≃**impuls** *m* (DV, Fernm) / impulso *m* marcador ‖ ≃**lesen** *n*, Marksensing *n* (DV) / lectura *f* de marcas ‖ ≃**leser** *m* (DV) / lector *m* óptico de marcas, lector *m* de marcaciones ‖ ≃**leuchte** *f* (Luftf) / luz *f* de delimitación ‖ ≃**loch** *n* **für Reifenabnutzung** (Kfz) / agujero *m* indicador de desgaste ‖ ≃**punkt** *m*, Marke *f* / marca *f*, punto *m* marcado ‖ ≃**schild** *n* / etiqueta *f* de marcación ‖ ≃**sender** *m* (Luftf) / radioemisora *f* de marcación ‖ ≃**streifen** *m pl*, Leitlinien *f pl* (Straße) / rayas *m pl* blancas o amarillas ‖ ≃**tafel** *f* (Bahn) / placa *f* de referencia
Markier•vorrichtung *f*, Zeichenvorrichtung *f* / dispositivo *m* marcador ‖ ≃**werkzeug** *n*, Gravierwerkzeug *n* (Stanz) / útil *m* de grabar ‖ ≃**zeiger** *m* / aguja *f* de referencia
Markise *f* (Bau) / marquesina *f*, toldo *m*
Markisenstoff *m* / lona *f*, loneta *f*, vitré *m*
Markow•-Generator *m* (Math) / generador *m* de Markov ‖ ≃**-Prozess** *m* (Math) / proceso *m* markoviano ‖ ≃**sche Kette** / cadena *f* de Markov
Mark•scheide *f* (Bergb) / límite *f* de dos minas adyacentes, linde *f* ‖ ≃**scheidekunst**, -scheidekunde *f* (Bergb) / medición *f* del plano de mina ‖ ~**scheiden**, einen Grubenplan aufnehmen (Bergb) / trazar el plano de una mina ‖ ≃**scheider** *m* (Bergb) / apeador *m* (E) o agrimensor (LA) de minas ‖ ≃**scheiderarbeit**, Grubenvermessung *f* / levantamiento *m* subterráneo o de minas ‖ ≃**scheiderei** *f* / servicio *m* de planos de minas ‖ ≃**scheideriss** *m*, Grubenriss *m* / plano *m* de mina ‖ ≃**scheiderwaage** *f* (Bergb) / Gradbogen *m* (Bergb) / nivel *m* de apeador (E) o de agrimensor (LA) ‖ ≃**scheide-Sicherheitspfeiler** *m* (Bergb) / puntal *m* de seguridad al límite de dos minas adyacentes
Marksensing, Markierungsdrucken, -lesen *n* (DV) / impresión *f* o detección de marcas, marcado *f* para lectura automática
Mark•strahl *m*, -fortsatz *m* (Holz) / rayo *m* medular ‖ ≃**strang** *m* (Biol) / médula *f*
Markt *m* / mercado *m* ‖ **auf dem** ≃, lieferbar (Neuentwicklung) / entregable ‖ ≃**beherrschung** *f* / dominación *f* del mercado ‖ ≃**forschung** *f* / estudio *m* del mercado, mercadotecnia *f* ‖ ≃**führer** *m* / líder *m* en un mercado ‖ ~**gängig**, gangbar, gängig / comercial ‖ ≃**gewinnung** *f*, Marketing *n* / marketing *m* ‖ ≃**halle** *f* (Bau) / mercado *m* cubierto ‖ ≃**lücke** *f* / hueco *m* de la demanda, oportunidad *f* comercial ‖ **eine** ≃**lücke schließen** / aprovecharse de una oportunidad comercial ‖ ≃**nische** *f* / nicho *m* de mercado ‖ ≃**reife** *f* / competitividad *f* (de un producto)
Markush-Formel *f* (Chem) / fórmula *f* de Markush
Markzeichen, Versetzzeichen *n* (Zimm) / marca *f* de referencia
Marleisen *n*, Marlpfriem *m*, -spieker *m* (Schiff) / pasador *m* [de cabo]
Marmatit *m* (Min) / marmatita *f*
Marmor *m* (Geol) / mármol *m*, mabre *m* (gal.) ‖ **roter** ≃ (mit weißen Flecken) / sangre *f* y leche ‖ **schwarzer** ≃ / mármol *m* negro brillante ‖ ≃**ader** *f* / veta *f* de mármol ‖ ≃**arbeit** *f* / marmolería *f* ‖ ≃**block** *m* / bloque *m* de mármol ‖ ≃**bruch** *m*, -steinbruch *m* / cantera *f* de mármol
marmorieren, adern / vetear, jaspear, crispir ‖ ~ (Email) / marmorear
marmoriert (Tex) / jaspeado ‖ ~, geadert, Ader... / marmoreado, veteado ‖ ~**es Papier**, Buntpapier *n* / papel *m* jaspe[ado] o peinado ‖ ~**er Schnitt** (Druck) / corte *m* jaspeado o veteado
Marmorierung *f* (Plast) / jaspeadura *f*
Marmorkalk *m* (Bau) / cal *f* de mármol
marmorn, Marmor... / marmóreo, marmoleño, marmoroso
Marmor•platte *f* / placa *f* de mármol ‖ ≃**säge** *f* / sierra *f* para mármol ‖ ≃**schalttafel** *f* / panel *m* o tablero [de distribución] de mármol
Marocain *m* (Web) / marocain *m*
Maroquin, Saffian *m* (Leder) / marroquí *m*, tafilete *m* ‖ ≃**papier** *n*, Saffianpapier *n* / papel *m* marroquinado
Marquisette *f* (Web) / marquiseta *f*
Marronkopie *f* (Film) / copia *f* de grano fino
Marsch[1] *m* (allg) / marcha *f* ‖ ≃ (Web) / repetición *f*
Marsch[2] *f*, Marschgebiet *n* (Geo) / terreno *m* bajo y pantanoso, marisma *f*
Marsch•... (Luftf, Raumf) / de marcha, de crucero ‖ ≃**fahrt**, -geschwindigkeit *f* (Schiff) / régimen *m* de marcha o en crucero ‖ ≃**flug** *m* (Flugkörper) / vuelo *m* de crucero ‖ ≃**flugbahn** *f* (Flugkörper) / trayectoria *f*

de crucero ‖ ≈**flughöhe** f (Flugkörper) / altitud f de crucero ‖ ≈**flugkörper** m / misil m de crucero ‖ ≈**geschwindigkeit**, -fahrt f (Schiff) / velocidad f de crucero ‖ ≈**phase** f (Flugkörper) / fase f de crucero ‖ ≈**phasenantrieb** m (Flugkörper) / propulsión f de fase de crucero ‖ ≈**stufe** f (Raumf) / etapa f principal ‖ ≈**triebwerk** n (Flugkörper) / propulsor m de crucero ‖ ≈**turbine** f (Schiff) / turbina f de crucero
Marseiller Seife, Kernseife f / jabón m de Marsella
Marshaller m, Einweiser m (Luftf) / arreglador m
Marshall-Fließwert m, [-Stabilität f] (Bitumen) / flujo m Marshall, [estabilidad] Marshall f
Martens[form]beständigkeit f / estabililidad f dimensional al calor segun Martens
Martensit m (Hütt) / martensita f ‖ ≈**-Anlassen** n / revenido m de la martensita ‖ ~**aushärtbar**, -aushärtend (Stahl) / maraging adj ‖ ≈**-aushärtender Stahl**, Maraging-Stahl m (Hütt) / acero m maraging ‖ ≈**aushärtung** f / maraging m, endurecimiento m debido a la martensita ‖ ≈**gefüge** n / estructura f martensítica
martensitisch / martensítico
Martensitpunkt m (Hütt) / punto m de transformación de la martensita, temperatura f Ms
Martensit•stahl m / acero m martensítico ‖ ≈**zerfall** m / descomposición f de la martensita
Martensscher Spiegelapparat / espejo m de ensayo Martens, extensómetro m de espejo
Martin•ofen m / horno m Martin ‖ ≈**schlacke** f / escoria f de horno Martin
Martinshorn n / sirena f [tipo Martin] (de la policía alemana)
Martinstahl m / acero m Martin
Marx•-Effekt m (Eltronik) / efecto m Marx ‖ ≈**generator** m (Radiol) / generador m de Marx
Masche f / malla f ‖ ≈ (Netzplan) / malla f de grafo ‖ ≈ (Strumpf, Trikot) / punto m ‖ ≈**n abnehmen** (o. fallen lassen) (Tex) / menguar, disminuir ‖ ≈**n aufnehmen** (o. aufheben) / remallar ‖ ≈ f **eines Netzes** (Elektr) / malla f de una red ‖ **glatte** ≈ (Tex) / malla f sencilla
Maschen•anode f / ánodo m entrelazado ‖ ~**artig** / en forma de mallas ‖ ≈**bild** n (Tex) / aspecto m de malla ‖ ≈**bildung** f / formación f de mallas, descargado m o desprendido de mallas ‖ ≈**dichte** f (Tex) / densidad f de mallas ‖ ≈**drahtgewebe** n / tela f metálica, enrejado m de alambre ‖ ≈**drahtreflektor** m (Antenne) / reflector m de cortina ‖ ≈**drahtverstärkung** f / refuerzo m por tela metálica ‖ ≈**drahtzaun** f / cerca f de mallas, cerca f peerles (CUB) ‖ ≈**fangreihe** f / hilera f de mallas labradas ‖ ≈**feinheit** f (Tex) / finura f de malla ‖ ~**fest**, laufmaschenfest (Strumpf) / indesmallable ‖ ≈**größe** f, -weite f / abertura f de malla ‖ ≈**kulieren** n / recogida f de malla ‖ ≈**netz** n (Fernm) / red f para varios puntos ‖ ≈**netz** (Elektr) / red f de mallas ‖ ≈**rad** n (Tex) / rueda f mallosa ‖ ≈**raffer** m / juntador m o unidor de mallas ‖ ≈**regel** f (Elektr) / regla f de las mallas ‖ ≈**regulierung** f (Strumpf) / regulación f del punto ‖ ≈**reihe** f (Tex) / hilera f o pasada de mallas, vuelta f ‖ ≈**scheinwiderstand** m (Elektr) / impedancia f de malla ‖ ≈**sieb**, Drahtsieb n / criba f de mallas, tamiz m de mallas ‖ ≈**stäbchen** n, Langreihe f (Wirkware) / columna f de mallas ‖ ≈**umhängen** n / transferencia f de mallas ‖ ≈**verteilen** n / distribución f de mallas ‖ ≈**ware** f (Tex) / género m de punto ‖ ~**weise** / malla por malla ‖ 2"-≈**weite** / malla f de 2 pulgadas cuadradas ‖ ≈**weite** f (Pulv.Met) / número m de malla ‖ ≈**weite** (Sieb) / abertura f de malla ‖ ≈**weite** / ancho m de mallas, abertura f de mallas ‖ ≈**weite**, -zahl f (Sieb), Maschenzahl f je Quadratzoll / número m de mallas por pulgada cuadrada ‖ ≈**weite 300** / de 300 mallas ‖ ≈**weite** f **des Harzgrundgerüsts** (Ionenaustauscher) / porosidad f de la resina ‖ ≈**werk** f / red f de mallas ‖ ≈**zahl** f (Tex) / número m de mallas ‖ ≈**zähler** m (Tex) / contador m de mallas ‖ ≈**zieher** m / formación f del enganchón

maschig / entrelazado

Maschine f, Arbeitsmaschine f / máquina f [operadora] ‖ ≈, Kraftmaschine f / máquina f [motriz], motor m ‖ ≈**n** f pl (Sammelbegriff) / maquinaria f ‖ ≈ f, Hebe-, Transportmaschine f / máquina f elevadora ‖ ≈, Lok f / locomotora f ‖ ≈ f (coll.), Motorrad n / moto m ‖ ≈ (coll.), Rechner m (DV) / ordenador m, computadora f ‖ ≈ **für die Aufmachung** (Tex) / máquina f para presentar tejidos ‖ ≈ **für die Bearbeitung** [von] / máquina f de mecanización ‖ ≈ **für Umdruckverfahren** (Tex) / máquina f de reimpresión ‖ ≈ **für zweiseitigen Druck** (Druck) / máquina f para imprimir en dos caras ‖ ≈ f **mit Eigenschaften lebender Wesen** (DV) / autómata m ‖ ≈ **mit hin- und hergehender Bewegung**, Kolbenmaschine f / máquina f de vaivén ‖ ≈ **schreiben**, tippen / mecanografiar, tipografiar, escribir a (o con) máquina ‖ ≈ f **zum Mindern und Zunehmen** (Tex) / máquina f para menguar y aumentar ‖ ≈ **zum Verkröpfen** (Draht) / máquina f para acodar ‖ ≈ **zur spanlosen Bearbeitung** / máquina f de deformación ‖ ≈ **zur spanlosen Schraubenherstellung** / máquina f para forjar tornillos ‖ **einfache** ≈ (Hebel, Rolle usw) (Phys) / máquina f sencilla

maschinell, Motor..., Maschinen... / mecánico ‖ ~, mechanisiert / mecanizado ‖ ≈ (z.B. Arbeit) (F.Org) / a máquina, maquinal ‖ ≈**er Abbau** (Bergb) / explotación f mecánica ‖ ≈**e Ausrüstung**, Maschinenanlage f / instalación f de maquinaria ‖ ≈**e Ausrüstung**, am gleichen Werkstück arbeitende Maschinen / tren m ‖ ~ **bearbeitbar** / maquinable ‖ ≈ **bearbeiten** / maquinar, mecanizar ‖ ≈ (o. spanabhebend) **bearbeiten** / trabajar con arranque de virutas, trabajar con desprendimiento de material ‖ ≈ **bearbeitetes Teil** / pieza f mecanizada ‖ ≈**e Beladevorrichtung** / cargador m mecánico ‖ ≈ **betätigen** / accionar a máquina ‖ ≈**e Bewegung** / movimiento m mecánico ‖ ≈**e Einrichtung** (o. Ausrüstung) / instalación f mecánica ‖ ≈**e Entwicklung** (Foto) / revelado m mecánico ‖ ≈ **festgeschraubt** / atornillado mecánicamente ‖ ≈**e Förderstrecke** (Bergb) / galería f mecanizada ‖ ≈ **geschäumt** (Plast) / espumado mecánicamente ‖ ≈ **hergestellt**, Maschinen... / fabricado mecánicamente ‖ ≈ **hochwinden** / alzar por máquina ‖ ≈ **lesbar** s. maschinenlesbar ‖ ≈**e Sprachübersetzung** (DV) / traducción f mecánica o mediante máquina ‖ ≈ **verpackt** / embalado o envuelto a máquina ‖ ≈**e Verstellung** (Wzm) / desplazamiento m mecánico ‖ ≈**er Vorschub** / avance m mecánico

Maschinen•... / maquinal ‖ ≈**...**, maschinell hergestellt / fabricado mecánicamente ‖ ≈**abzug** m (Druck) / prueba f o tirada mecánica ‖ ≈**adresse** f (DV) / dirección f de máquina ‖ ≈**adressregister** n (DV) / registro m pl de direcciones de máquina ‖ ≈**aggregat** n / grupo m de máquinas ‖ ≈**anlage** f / instalación f de maquinaria ‖ ≈**anlage**, -satz m (Luftf, Schiff) / grupo m motopropulsor ‖ ≈**antrieb** m, -betrieb m / accionamiento m mecánico o a máquina ‖ ≈**anwendung** f, -einsatz m / maquinización f ‖ ≈**arbeit** f / trabajo m a (o de) máquina ‖ ≈**arbeiter**, Bedienungsmann m / operario m, maquinista m ‖ ≈**ausfall** m / fallo m de máquina ‖ ≈**ausfallzeit** f (allg) / tiempo m de fallo de máquina ‖ **erforderliche** ≈**ausrüstung** / necesidades f pl para máquinas ‖ ≈**ausstattung** f / equipo m o equipamiento de máquinas ‖ ≈**bandsäge** f / sierra f mecánica de cinta ‖ ≈**batschen** (Jute) / engrase m mecánico del yute ‖ ≈**bau** m / maquinaria f [mecánica], construcción f mecánica o de máquinas ‖ ≈**bau**, -wesen n, -kunde f / ingeniería f mecánica ‖ ≈**bauanstalt** f / empresa f de maquinaria ‖ ≈**bauer** m (Hersteller) / constructor m de máquinas ‖ ~**bauer**, Maschinenbauingenieur *m* / ingeniero *m* mecánico ‖ ~**bauindustrie** *f* / industria *f* de construcción de máquinas, industria *f* mecánica ‖ ~**bäumer** *m* (Web) / máquina *f* enrolladora de urdimbres, plegadora *f* de urdimbres ‖ ~**baustahl** *m* / acero *m* para maquinaria, acero *m* para construcciones mecánicas o de máquinas ‖ ~**bauwerkstätte**, -bauanstalt *f* / taller *m* de construcción de máquinas ‖ ~**bedienung** *f* / manejo *m* de máquinas ‖ ~**bedingte Ausfallzeit** / tiempo *m* de fallo de máquina ‖ ~**befehl** *m*, -instruktion *f* (DV) / instrucción *f* de máquina ‖ ~**belastung** *f* / carga *f* de máquina ‖ ~**belegung** *f* / utilización *f* de máquinas ‖ ~**betätigt** / accionado por máquina ‖ ~**betätigte Werkzeuge** / herramientas *f pl* mecánicas ‖ ~**betrieb** *m* / operación *f* de máquinas ‖ ~**betrieb** / taller *m* o departamento mecánico ‖ ~**bett** *m*, -gründung *f* (Wzm) / bancada *f* de máquina, banco *m* de máquina ‖ ~**bezeichnung** *f* (DV) / identificación *f* de máquina ‖ ~**-Braunschliffpappe** *f* (Pap) / cartón *m* de madera parda hecho en la máquina ‖ ~**breite** *f*, a.: Standardbreite *f* (Pap, Tex) / ancho *m* de la máquina ‖ ~**[bügel]säge** *f* (Wzm) / sierra *f* de bastidor mecánica ‖ ~**bütte** *f*, Stoffkasten *m* (Pap) / cuba *f* de máquina ‖ ~**code** *m* (DV) / código *m* [de] máquina ‖ ~**[code]programm** *n* (DV) / programa *m* objeto o absoluto ‖ ~**deck** *n* (Leuchtturm) / plataforma *f* de máquinas ‖ ~**defekt** *m* / fallo *m* o defecto de máquina ‖ ~**druck** *m* (Tex) / estampación *f* mecánica ‖ ~**druck** (Druck) / impresión *f* mecánica ‖ ~**einheit** *f* (DV) / unidad *f* de máquina ‖ ~**einsatz** *m*, -anwendung *f* / maquinización *f* ‖ ~**element** *n* / elemento *m* de máquina ‖ ~**endschild** *m*, -abdeckplatte *f* (Spinn) / bancada *f* extrema de la máquina ‖ ~**fabrik**, -bauanstalt *f* / fábrica *f* de máquinas o de maquinaria ‖ ~**fahrstand** *m* (Schiff) / estación *f* de control o de mando ‖ ~**fehler** *m* (DV) / error *m* de máquina ‖ ~**feile** *f* (Wzm) / lima *f* mecánica ‖ ~**feld** *n* (Ringzwirn) / sección *f* de máquina ‖ ~**fett** *n* / grasa *f* para máquinas ‖ ~**formerei** *f*, -formen *n* (Gieß) / moldeo *m* mecánico ‖ ~**führer** *m* / operador *m* de máquina, maquinista *m* ‖ ~**fundament** *n*, -bett *n*, -gründung *f* / bancada *f* o cimentación de máquina ‖ ~**gang** *m* / ciclo *m* de máquina ‖ ~**nicht im** ~**gang** (Masch) / independiente ‖ ~**garn** *n* (Tex) / hilado *m* de máquina ‖ ~**gattung** *f* / categoría *f* de máquina ‖ ~**gebunden** (DV) / dependiente del ordenador ‖ ~**gemeinschaft** *f*, Maschinenring *m* (Landw) / cooperativa *f* de máquinas ‖ ~**genäht** (Tex) / cosido a máquina ‖ ~**geräusch** *n* (Elektr) / zumbido *m* de máquinas ‖ ~**geräusch** (Masch) / ruido *m* de máquinas ‖ ~**geschliffen** / afilado a máquina ‖ ~**gestell** *n*, -rahmen *m* / armazón *m* de máquina ‖ ~**gestrichen** (Pap) / estucado por máquina *adj* ‖ ~**gestrickt** (Tex) / tricotado mecánicamente ‖ ~**gestützt** (DV) / con ayuda de computadora, asistido por ordenador ‖ ~**getrocknet** (Pap) / secado en máquina ‖ ~**gewehr**, MG *n* / ametralladora *f* ‖ ~**gewindebohrer** *m* (Wz) / macho *m* para roscar a máquina ‖ ~**gewindebohrer**, Überlaufbohrer *m* (Wzm) / macho *m* pasante para roscar a máquina ‖ ~**glas** *n* / vidrio *m* [hecho] a máquina ‖ ~**-Glasthermometer** *m* / termómetro *m* de cristal para uso industrial ‖ ~**glatt** (geleimt u. einmal kalandert) (Pap) / alisado en la máquina ‖ ~**glättwerk** *n* (Pap) / satinador *f* de (o en la) máquina ‖ ~**graupappe** *f* / cartón *m* [mecánico] gris hecho a máquina ‖ ~**grundplatte** *f*, -grundrahmen *f* / placa *f* [de] base para máquina, bastidor *m* base de la máquina ‖ ~**gründung** *f*, -bett *n* / cimentación *f* de máquina ‖ ~**guss** *m* / fundición *f* para máquinas ‖ ~**halle** *f* s. Maschinenraum ‖ ~**hammer** *m* / martinete *m* mecánico ‖ ~**hauer** *m* (Bergb) / operario *f* de máquina minera ‖ ~**haus** *n* / sala *f* o casa *f* de máquinas ‖ ~**haus**, Lokschuppen *m* (Bahn) / depósito *m* de máquinas ‖ ~**haus** (Bagger) / caja *f* de la maquinaria ‖ ~**haus** (Kraftwerk) / sala *f* de [las] turbinas, casa *f* de fuerza [electromotriz] ‖ ~**hobler** *m* / acepillador *m* mecánico ‖ ~**holzpappe** *f* / cartón *m* de pasta mecánica, cartón *m* de madera ‖ ~**industrie** *f* / industria *f* mecánica o de maquinaria ‖ ~**ingenieur** *m* / ingeniero *m* mecánico ‖ ~**kartei** *f* (NC) / fichero *m* de máquinas ‖ ~**konstante N:(D²Ln)** *f* (Elektr) / coeficiente *m* específico del par de torsión ‖ ~**koordinatensystem** *n* (NC) / sistema *m* de coordenadas de máquina ‖ ~**kopf** *m* (Nähm) / cabeza *f* de máquina ‖ ~**körper** *m* / cuerpo *m* de máquina ‖ ~**kraft**, -leistung *f* / fuerza *f* mecánica, potencia *f* del motor ‖ ~**kunde** *f* / ingeniería *f* mecánica ‖ ~**labor** *n* / laboratorio *m* mecánico ‖ ~**laufzeit** *f* (F.Org) / tiempo *m* máquina ‖ ~**leistung** *f* / potencia *f* de un motor o de una máquina ‖ ~**leistung** (Wzm) / rendimiento *m* de la máquina-herramienta ‖ ~**lesbar** (DV) / legible o asequible a la máquina ‖ **in** ~**lesbare Schrift umwandeln** (DV) / traducir en escritura legible a la máquina ‖ ~**luke** / escotilla *f* de maquinaria ‖ ~**mäßig** / mecánico, maquinal ‖ ~**meister** *m*, Maschinist *m* / jefe *m* de máquinas, maquinista *m* ‖ ~**melken** (Landw) / ordeño *m* mecánico ‖ ~**messer** *n* / cuchilla *f* de máquina ‖ ~**messer** (Schere) / hoja *f* o lámina de guillotina ‖ ~**messerfeile** *f* / lima *f* para máquina ‖ ~**nadel** *f* / aguja *f* de máquina ‖ **[symbolischer]** ~**name** (DV) / indicativo *m* nemotécnico ‖ ~**nietung** *f* / roblonado *m* o remachado mecánico ‖ ~**nullpunkt** *m* (NC) / punto *m* cero de máquina ‖ ~**nummer** *f* (Nummernschild) / número *m* de serie o de fabricación ‖ ~**nutzeffekt** *m* / rendimiento *m* de máquina ‖ ~**öl** *n* / aceite *m* de (o para) máquinas o maquinaria ‖ ~**orientiert** (DV) / orientado a la máquina ‖ ~**papier** *n*, Rollenpapier *n* / papel *m* continuo, papel *m* hecho a máquina ‖ ~**pappe** *f* / cartón *m* continuo, cartón *m* hecho a máquina, cartulina *f* hecha a máquina ‖ ~**park** *m*, maschinelle Einrichtung / parque *m* de máquinas ‖ ~**periode** *f*, -zyklus *m*, Rechnerperiode *f* (DV) / ciclo *m* de máquina ‖ ~**personal** *n* (Schiff) / personal *m* de máquinas ‖ ~**pistole** *f* / metralleta *f*, pistola *f* ametralladora, cetme *m*, subfusil *m* ‖ ~**presser** *m* (Tuch) / prensador *m* mecánico ‖ ~**programm** *n* (DV) / programa *m* objeto o absoluto ‖ ~**putzen** (F.Org) / limpieza *f* de máquinas ‖ ~**putzerei** *f* (Spinn) / purga *f* mecánica ‖ ~**rahmen** *f* (Masch) / armazón *m* f ‖ ~**rand** *m* (Pap) / borde *m* sin recortar ‖ ~**raum** *m*, -halle *f*, -saal *m* / sala *f* de máquinas ‖ ~**raum** (Schiff) / cámara *f* de máquinas ‖ ~**raumlüfter** *m* (Bahn) / ventilador *m* del recinto de la máquina ‖ ~**reibahle** *f* (Wzm) / escariador *m* (E) o calisuar (LA) mecánico ‖ ~**reinigungsgerät** *n* / aparato *m* para limpieza de máquinas ‖ ~**richtung**, Faserrichtung *f* (Pap) / dirección *f* de la máquina o de la fibra, sentido *m* de fibra o de fabricación ‖ ~**ring** (Landw) / cooperativa *f* de máquinas ‖ ~**rolle** (Pap) / bobina *f* de fábrica ‖ ~**saal** (Fabrik) s. Maschinenraum ‖ ~**säge** *f* (Wzm) / sierra *f* mecánica ‖ ~**-Sägefeile** *f* / lima *f* mecánica para sierras ‖ ~**satz** *m*, -aggregat *n* / grupo *m* de máquinas ‖ ~**satz** (Luftf) / grupo *m* motopropulsor ‖ ~**satz** (im Wasserkraftwerk) (Elektr) / grupo *m* hidráulico ‖ ~**satz** (Druck) / composición *f* mecánica ‖ ~**schacht** (Bergb) / pozo *m* de maquinaria ‖ ~**schere** *f* (Wzm) / cizalla *f* mecánica ‖ ~**schild** *n* / chapa *f* o placa *f* de identificación ‖ ~**schild**, Leistungsschild *n* / placa *f* indicadora ‖ ~**schlangenbohrer** *m* / barrena *f* espiral para máquina ‖ ~**schlichter** *m* (Web) / encolador *m* a máquina ‖ ~**schliff** *m* (Pap) / afilado m mecánico o a máquina ‖ ~**schlosser**, Monteur *m* / cerrajero *m* mecánico, ajustador *f* de máquinas, mecánico *m* ‖ ~**schnee** *m*, Kunstschnee *m* (Sport) / nieve *f* artificial ‖ ~**schraube** *f* / perno *m* o bulón roscado común u ordinario ‖ ~**schrauber** *m* / des[a]tornillador *m*

mecánico ‖ ~**schraubstock** *m* / tornillo *m* [de banco] paralelo, tornillo *m* portapieza ‖ ~**schrift** *f* / escritura *f* a máquina ‖ **in** ~**schrift ausgefüllt** / escrito a (o con) máquina, mecanografiado ‖ ~**schriftsatz** *m*, -geschriebenes *n* (Druck) / escrito *m* mecanográfico ‖ ~**schuppen** *m* (Landw) / cobertizo *m* de máquinas ‖ ~**schweißung** *f* / soldadura *f* a máquina ‖ ~**seide** *f* (Tex) / seda *f* para máquina de coser ‖ ~**setzer** *m* (Druck) / compositor *m* a máquina ‖
~**sicherheitszertifikat** (Art Betriebserlaubnis) / certificado de seguridad de la máquina ‖ ~**sockel** *m* / zócalo *m* de máquina ‖ ~**spinnerei** *f* (Tex) / hilado *m* mecánico ‖ ~**sprache** *f* (DV) / lenguaje *m* [de] máquina ‖ **in** ~**sprache** / asequible a la máquina ‖ ~**stand** *m* / puesto *m* de máquina ‖ ~**stand** (Schiff) / plataforma *f* de maniobra ‖ ~**ständer** *m* / montante *m* de máquina ‖ ~**stärke** *f* / potencia *f* del motor ‖ ~**steiger** *m* (Bergb) / capataz *m* mecánico, capataz *m* del servicio de mantenimiento ‖ ~**stickerei** *f* (Tex) / bordado *m* a máquina ‖ ~**stift** *m* / clavo *m* para clavadores ‖ ~**stillstandszeit** *f* (DV) / tiempo *m* de paro de máquina ‖ ~**stopp** *m* / parada *f* instantánea ‖ ~**störung** *f* / falla *f* de funcionamiento de máquina ‖ ~**strecke** *f* (Bergb) / galería *f* para circulación de máquinas ‖ ~**stunde** *f* / hora-máquina *f* ‖ ~**tachograph** *m* / tacógrafo *m* para máquinas ‖ ~**teil** *n* / pieza *f* de máquina ‖ ~**telegraf** *m* (Schiff) / telégrafo *m* de máquina ‖ ~**tisch** *m* (Cottonm) / bancada *f* o mesa de la máquina Cotton ‖ ~**tisch** *f* (Wzm) / mesa *f* ‖ ~**turm** *m* (Kabelkran) / torre *f* de máquina ‖ ~**unabhängig**, anlagenunabhängig / independiente de la máquina ‖ ~**unabhängig** (DV) / independiente de la computadora ‖ ~**- und Elektroindustrie** *f* / industrias *f pl* mecánicas y eléctricas ‖ ~**unterstützt** (DV) / con la ayuda de computadoras[s], asistido un ordenador ‖ ~**unterstützung** *f* (DV) / ayuda *f* o asistencia de computadoras[s] ‖ ~**variable** *f* (Analogrechner) / variable *f* de máquina ‖ ~**wache** *f* (Schiff) / guardia *f* de máquina ‖ ~**waffe** *f* / arma *f* automática ‖ ~**wähler** *m* (Fernm) / selector *m* mecánico ‖ ~**wärter**, Maschinist *m* (Arbeitsmasch) / maquinista *m* ‖ ~**wärter** *m* (Tex) / operador *m* de máquinas ‖ ~**webstuhl** *m* / telar *m* mecánico ‖ ~**wechsel** *m* (Bahn) / cambio *m* de locomotora ‖ ~**werkstatt**, -abteilung *f* / taller *m* mecánico ‖ ~**wesen** *n* / ingeniería *f* mecánica ‖ ~**wicklung** *f*, maschinelle Wicklung (Elektr) / bobinado *m* o devanado mecánico ‖ ~**wort** *n* (DV) / palabra *f* de máquina ‖
~**zahlengeber** *m* (Fernm) / generador *m* de impulsiones ‖ ~**zeichnung** *f* / dibujo *m* técnico ‖ ~**zeit**, Laufzeit *f* (Wzm) / tiempo-máquina *m*, tiempo *m* de servicio ‖ ~**zeitalter** *n* / era *f* de la máquina, maquinismo *m* ‖ ~**ziegel** *m* (Bau) / ladrillo *m* fabricado a máquina ‖ ~**zyklus**, -periode *f*, Rechnerperiode *f* (DV) / ciclo *m* de máquina
Maschinerie *f* / maquinaria *f* ‖ ~, Mechanismus *m* / mecanismo *m*
Maschinist *m*, Maschinenführer *m* / operador *m* de máquinas
Maschin[ist]enstand *m* / puesto *m* de maquinista
Mascon *n*, abweichende Dichtekonzentration auf dem Mond (Raumf) / concentración *f* de masa
Maser *m*, Maserverstärker *m* (Eltronik) / máser *m*
Maser *f*, Flader *f* (Holz) / veta *f* ‖ ~**holz** *n* / madera *f* veteada o con vetas ‖ ~**holz** (längsgemasert) / madera *f* cañiza
maseriges Mahagoniholz / caoba *f* veteada
masern *vt* / vetear ‖ ~ (Anstrich) / peinar
Maserung *f* (Holz) / aguas *f pl*, vetas *f pl*, trepa *f* ‖ ~, Zeichnung *f* (Holz) / textura *f*
Maser-Verstärker *m* (Eltronik) / máser *m* amplificador
Maskaligner *m* (Eltronik) / alineador *m* de máscaras
Maske *f* (allg) / máscara *f* ‖ ~, Gesichtsschutz *m* (Schw) / careta *f*, pantalla *f* de soldador ‖ ~ (TV) / máscara *f* perforada ‖ ~ (Halbl) / estarcido *m*, protección *f* ‖ ~, Kopf *f*, Kennung *f* (Textverarbeitung) / máscara *f*, ventana *f* de identificación ‖ ~, feste Bitgruppe (DV) / máscara *f*, mascarilla *f* ‖ ~ *f* (Gieß) / matriz *f*, cáscara *f*
Maskelynit *m* (Min) / masquelinita *f*
Masken•abtastkopf *m* (Druck, Foto) / cabeza *f* de exploración de máscara ‖ ~**aufnahme** *f* (Film) / toma *f* con máscara o con enmascaramiento ‖ ~**bit** *n* (DV) / bit *m* de enmascaramiento ‖ ~**farbe** *f*, -paste *f* (Dickfilm) / pasta *f* de enmascaramiento ‖ ~**form** *f* (Gieß) / molde *m* en cáscara ‖ ~**formen** *n* (Gieß) / moldeo *m* en cáscara ‖ ~**generator** *m* (DV) / generador *m* de máscaras ‖ ~**kern** *m* (Gieß) / macho *m* en cáscara ‖ ~**klebepresse** *f* (Gieß) / prensa *f* para cerrar cáscaras ‖ ~**mikrophon** *n* / micrófono *m* de careta ‖ ~**orientiert** / orientado a la máscara ‖ ~**programmierter Festwertspeicher** (DV) / memoria *f* permanente programada por máscara ‖ ~**programmierung** *f* / programación *f* por máscara ‖ ~**röhre** *f* (obsol.) (TV) / cinescopio *m* [tricolor] de máscara de sombra, tubo *m* de imagen [policroma] de placa perforada ‖ ~**tastatur** *f* (Fernm) / teclado *m* matricial ‖ ~**tastatur** (DV) / teclado *m* programado ‖ ~**technik** *f* (Eltronik) / técnica *f* de máscara ‖ ~**vergleich** *m* (DV) / comparación *f* de máscaras ‖ ~**walze** *f* (Druck, Foto) / cilindro *m* de máscara ‖ ~**zustand** *m* / estado *m* enmascarado
maskieren (Chem) / enmascarar
maskierte Lautstärke (Fernm) / intensidad *f* de sonido enmascarado
Maskierung *f* / enmascaramiento *m*
Maskierungsmittel *n* (Chem) / agente *m* secuestrador o secuestrante
Maß *n* (allg) / medida *f* ‖ ~, Ausmaß *n* / dimensión *f* ‖ ~, Abmessung *f* / dimensión *f* ‖ ~, Größe *f* / tamaño *m* ‖ ~, Verhältnis *n* (Math) / proporción *f* ‖ ~ *n*, Maßzahl *f* (Zeichn) / cota *f* ‖ ~, Maßstab *m* / escala *f* ‖ ~, Messwerkzeug *n* / herramienta *f* de medir ‖ ~**e abnehmen** / tomar medidas ‖ ~ *n* **für Schüttgüter**, Trockenmaß *n* / medida *f* para áridos ‖ ~ **ohne Toleranzangabe**, offenes Maß / medida/dimensión *f* sin indicación de tolerancia ‖ ~**e und Gewichte** *n pl* / medidas *f pl* y pesos ‖ **auf** ~ / a o sobre medida ‖ **auf genaues** ~ **bringen**, kalibrieren / calibrar ‖ **die** ~**e einschreiben**, die Maße einzeichnen / acotar, inscribir cotas ‖ **ein** ~ [**nach**]**prüfen** / verificar una dimensión ‖ **in dem** ~ [**wie**] / en la medida [que] ‖ **nach** ~ / a o sobre medida
Maßabweichung *f*, Abmaß *n* (Zeichn) / diferencia *f* de medida, desviación *f* de la medida [correcta] ‖ ~ (Fehler) / imperfección *f* de medida, error *m* de medida ‖ ~ **der Bohrung**, Bohrungsabmaß *n* / diferencia *f* de medida de taladro ‖ ~ **nach oben**, [unten] / diferencia *f* superior, [inferior] ‖ **vorhandene** ~ / diferencia *f* existente ‖ **zulässige** ~ / diferencia *f* admisible
Massagegerät *n* / masajeador *m*
Maß•analyse *f*, Volumetrie *f*, Titrimetrie *f* (Chem) / análisis *m* volumétrico ‖ ~**analytisch** / volumétrico ‖ ~**änderung** *f* (Zeichn) / corrección *f* de cota ‖ ~**änderung**, Abmessungsänderung *f* / modificación *f* de dimensión o de medidas, cambio *m* en dimensión, variación *f* dimensional ‖ ~**angabe** *f*, Zeichnungsmaß *n*, Maßbezeichnung *f* / cota *f*, indicación *f* de cotas ‖ **ohne** ~**angabe** (Zeichn) / sin medida ‖ ~**angaben** *f pl* (NC) / programa *m* ‖ ~**anzeige** *f* / indicador *m* de medida ‖ ~**band** *n* (Verm) / cinta *f* de (o para) medir, cinta *f* métrica ‖ ~**beständig** / de estabilidad dimensional ‖ ~**beständigkeit** *f* / estabilidad *f* dimensional ‖ ~**bezeichnung** *f* / dimensión *f* acotada ‖ ~**beziehungen** *f pl* / relaciones *f pl* dimensionales ‖ ~**bezugsebene** *f* / plano *m* de referencia, base *f* de medidas ‖ ~**blatt** *n* / hoja *f* de cotas ‖ ~**blatt** (DIN) / hoja *f* normalizada

Masse f (Phys) / masa f ‖ ≃, [große] Menge (allg, Math) / [gran] cantidad f ‖ ≃, (auch:) Scherben m (Keram) / pasta f ‖ ≃ (Elektr, Kfz) / tierra f, masa f ‖ ≃, Paste f, Gemisch n / pasta f ‖ ≃ [weiche], Teig m / plasta f ‖ ≃, Substanz f / su[b]stancia f ‖ ≃ f (DIN), Gewicht n / peso m ‖ ≃, Gemisch n / mezcla f ‖ ≃, Formmasse f (Gieß) / arena f sintética para moldes ‖ ≃ f, fetter [Form]sand (Gieß) / arena f grasa ‖ ≃, Glasfluss m, -paste f (Glas) / pasta f ‖ ≃ **des Elektrons** m / masa f del electrón ‖ ≃ f **des Musters** / masa f de la muestra ‖ ≃ **gemäß Rechnung** / masa f cargada en cuenta ‖ ≃ **je Meter** / peso m por metro ‖ ≃ **ohne Treibstoffe** (Raumf) / peso m en seco ‖ **aktive** ≃ (Akku) / pasta f activa ‖ **effektive (o. reduzierte)** ≃ (Phys) / masa f efectiva ‖ **in** ≃ / a granel ‖ **in der** ≃ **gefärbt** (Pap) / colorado en la masa ‖ **in der** ≃ **geleimt** (Pap) / encolado en la masa ‖ **in** ≃**n produzieren** / fabricar en grandes series o en gran escala

Masse • anschluss m (Elektr) / conexión f a masa o a tierra ‖ ~**arm** (Isolierung) (Elektr) / agotado después de la impregnación con masa aislante ‖ ≃**aufbereitung** f (Gieß) / preparación f de arena para moldes ‖ ≃**aufteilung** f (Luftf) / reparto m de masa ‖ ≃**band** n (Elektr, Kfz) / cinta f de conexión al chasis ‖ ≃**band** (Magn.Bd) / cinta f magnética homogénea ‖ ~**beeinflussend** (Raumf) / que influye en la masa ‖ ≃**einheit** f (Phys) / unidad f de masa ‖ ≃**elektrode** f (Zündkerze) / electrodo m de masa ‖ ≃**-Energie-Äquivalenz** f (Phys) / equivalencia f masa-energía ‖ ≃**-Energie-Beziehung** f / relación f masa-energía ‖ ≃**form** f (Gieß) / molde m de arena secada en estufa ‖ ≃**formerei** f / moldeado m de arena secada en estufa ‖ ~**getränkt** (Elektr) / impregnado con masa aislante

Maß • einheit f / unidad f de medida ‖ **die** ≃**einheiten betreffend**, Einheits... (Phys) / unitario ‖ ≃**[ein]teilung** f / graduación f ‖ ≃**eintragung** f (Zeichn) / acotación f, acotamiento m

Masse • kabel n / cable m de puesta a tierra, cable m de toma de tierra ‖ ≃**kern** m (DV) / núcleo m de ferrita ‖ ≃**klemme**, Erdungsklemme f (am Gerät) (Elektr) / borne m o terminal de [puesta a] tierra ‖ ≃**kopfkokille** f (Hütt) / coquilla f para la mazarota ‖ ≃**kreis** m (Elektr) / circuito m de masa ‖ ≃**kuchen** m (Keram) / torta f de masa o del filtro-prensa

Massel, Roheisenmassel f (Hütt) / lingote m ‖ ≃**bett**, Gießbett n (Hütt) / lecho m de colada, era f de colada ‖ ≃**brecher** m, Fallwerk n (Hütt) / rompedora f de lingotes

Masseleimung f (Pap) / encolado m en la masa
Masseleisen, Roheisen n / arrabio m, hierro m bruto
Masse-Leuchtkraft-Beziehung f (Astr) / relación f masa-potencia lumínica
Massel • form f (Hütt) / molde m para lingotes ‖ ≃**gießmaschine** f / máquina f de colar lingotes ‖ ≃**graben** m (Hütt) / era f de colada ‖ ≃**kran** m (Hütt) / grúa f para la distribución de los lingotes
masselos / sin masa
Massel • schläger m, -brecher m / troceadora f de lingotes ‖ ≃**schlagwerkskran** m / grúa f troceadora de lingotes
Massemühle f (Keram) / molino m de tambor
Massen • ... (Schiff) / a granel ‖ ≃**...** (Atom, Phys) / de masa, másico ‖ ≃**absorption** f (Atom) / coeficiente m de absorción másica ‖ ≃**analysator** m (Nukl) / espectrómetro m de masa ‖ ≃**anteil** m **des Propergols** (Raumf) / tasa f de masa de propergol ‖ ≃**anteil in %** m / porcentaje m de masa ‖ ≃**anziehung**, Gravitation f (Phys) / gravitación f, gegenseitige Anziehung / atracción f mutua ‖ ≃**äquivalenz** f **der Energie** (Phys) / equivalencia f energía-masa o entre masa y energía ‖ ≃**artikel** m / artículo m producido en masa ‖ ≃**auflage** f (Druck) / tirada f en masa ‖ ≃**ausgleich** m / equilibrio m estático o de la masa ‖

≃**ausgleich**, Ausgleichmasse f (Luftf) / masa f de equilibrio estático ‖ ≃**ausgleich in der Längsrichtung** (Bahn) / equilibrio m longitudinal ‖ ≃**ausstoß** m / eyección f de la masa ‖ ≃**beförderung** f, -transport m / transporte m de masas, movimiento m de masas ‖ ≃**berechnung** f (Phys) / cálculo m de capacidad o de volumen ‖ ≃**berechnung**, -ermittlung f (Bau) / cálculo m de cantidades, cubicación f ‖ ≃**beschleunigung** f (Phys) / aceleración f de masa ‖ ≃**bestimmung** f / determinación f de masa ‖ ≃**bestimmung**, -wertbestimmung f (Nukl) / determinación f del número de masa ‖ ≃**beton** m / hormigón m en masa (E), concreto m macizo (LA) ‖ ≃**bewegung** f (Bau) / movimiento m de masas ‖ ≃**bilanz** f / balance m de masas ‖ ≃**bremsvermögen** n (Nukl) / capacidad f de frenado másica ‖ ≃**bruch** m (Math) / fracción f en masa ‖ ≃**daten** n pl (DV) / datos m pl masivos ‖ ≃**defekt** m (Phys) / defecto m de masa ‖ ≃**dekrement** n (Nukl) / decremento m de masa ‖ ≃**dichte** f, Dichte f (Quotient aus Masse und Volumen) (Phys) / densidad f ‖ ≃**dichte im Atomkern** / densidad f nuclear ‖ ≃**diskriminierung** f (Isotopen) / discriminación f de masa ‖ ≃**durchfluss** m / caudal m, desplazamiento m volumétrico ‖ ≃**durchsatz** m (Raumf) / medida f del caudal de propergol ‖ ≃**durchsatzmesser** m / contador m de fluido en masa ‖ ≃**effekt** m (Hütt, Phys) / efecto m de masa ‖ ≃**einheit** f / unidad f de masa ‖ ≃**energie-Absorptionskoeffizient** m / coeficiente m de absorción masa-energía ‖ ≃**-Energieumwandlungskoeffizient** m, -Energie-Übertragungskoeffizient m / coeficiente m de conversión de la energía y de la masa ‖ ≃**erhaltung** f / conservación f de masa ‖ ≃**erhaltungsgesetz** n / ley f de conservación de masa ‖ ≃**erhaltungsprinzip** n / principio m de [la] conservación de la masa ‖ ≃**ermittlung** f, -berechnung f (Bau) / cálculo m de cantidades, cubicación f ‖ ≃**erzeugnis** n / pieza f fabricada en masa ‖ ≃**erzeugung**, -fabrikation, -fertigung f / producción f o fabricación en gran escala o en masa, producción f masiva ‖ ≃**exzentrizität** f (Phys) / excentricidad f de masa ‖ ≃**exzess** m, Masseexzess m / exceso m de masa ‖ ≃**faktor**, Zuschlag für rotierende Massen m / coeficiente m de masas en rotación ‖ ≃**faktor**, Zuschlag für rotierende Massen m (Bahn) / coeficiente m de aumento de la masa del tren ‖ ~**fertigen** vt / producir o fabricar en masa ‖ ≃**fertigung** s. Massenerzeugung ‖ ≃**filter**, Quadrupol-Massenspektrometer n / espectrómetro m de masa cuadripolar ‖ ≃**flussmesser** m / candalómetro m ‖ ≃**flussregler** m / regulador m del candal ‖ ≃**förderer** m / transportador m continuo ‖ ≃**gehalt** m / fracción f de masa, contenido m de masa ‖ ≃**gestein** n / rocas f pl macizas o sólidas ‖ ≃**guss** m / piezas f pl coladas en grandes cantidades

Massengut n (Schiff) / mercancías f pl secas o a granel, carga f a granel ‖ ≃**-Entlader** f / descargador m de mercancías a granel ‖ ≃**fahrt** f (Schiff) / viaje m con carga a granel ‖ **trockene** ≃**fahrt** (Schiff) / viaje m con mercancías secas ‖ ≃**förderer** m / transportador m de mercancías a granel ‖ ≃**frachter** m, UBC-Schiff n / buque m [universal] para carga a granel ‖ ≃**umschlag** m / movimiento m de transbordo de mercancías a granel ‖ ≃**-Umschlaganlage** f / instalación f para el movimiento de cargas a granel

Massen • herstellung s. Massenerzeugung ‖ ≃**informatik** f / telemática f ‖ ≃**karambolage** f (Verkehr) / choque m múltiple ‖ ≃**koeffizient** m **der Reaktivität** (Nukl) / coeficiente m másico de reactividad ‖ ≃**kommunikation** f / comunicación f colectiva o multitudinaria ‖ ≃**kontraktion**, -schrumpfung f (Phys) / reducción f de masa ‖ ≃**konzentration** f / concentración f de masa ‖ ≃**kraft** f (Phys) / fuerza f de inercia, fuerza f másica o de masa ‖ ≃**kräfte** f pl (Mech, Phys) / fuerzas f de gravitación, fuerzas f pl de

atracción mutua o recíproca ‖ ~**mäßig** (Verschleiß) / respecto a la masa ‖ ⁓**medien** *n pl* / medios *m pl* de comunicación de masas, medios *m pl* informativos ‖ ⁓**moment** *n* (Mech) / momento *m* de inercia ‖ ⁓**normal** *n* (Phys) / estándar *m* de masa ‖ ⁓**plan** *m*, Baumassenplan *m* / plan *m* de masas ‖ ⁓**produktion** *f* s. Massenerzeugung ‖ ⁓**punkt** *m* (Phys) / punto *m* material ‖ ⁓**reaktanz**, -trägheit *f* (Akust) / reactancia *f* de masa o debida a la inercia ‖ ⁓**reichweite** *f* (Nukl) / alcance *m* másico ‖ ⁓**rückstoßsystem** *n* (Raumf) / sistema *m* de expulsión de masa ‖ ⁓**schrumpfung**, -kontraktion *f* (Phys) / reducción *f* de masa ‖ ⁓**schwächungskoeffizient** *m* / coeficiente *m* de atenuación másico o de masa ‖ ⁓**separator** *m* (Phys) / separador *m* de masas ‖ ⁓**speicher** *m* (DV) / memoria *f* de masa ‖ ⁓**speicher-Spezifikator** *m* (DV) / especificador *m* de memoria de masas ‖ ⁓**spektrograph** *m* (Phys) / espectrógrafo *m* de masas ‖ ⁓**spektrometer** *n* / espectrómetro *m* de masa ‖ ⁓**spektrometer zur Anzeige der Abwesenheit von Bosonen** (Nukl) / espectrómetro *m* para indicar la ausencia de bosones ‖ ⁓**spektrometrie** *f* / espectrometría *f* de masa ‖ ⁓**spektrum** *n* / espectro *m* de masa ‖ ⁓**stahl** *m*, (jetzt:) Grundstahl *m* (Hütt) / acero *m* de producción en gran escala, acero *m* de gran producción, acero *m* de base ‖ ⁓**strahler** *m* / radiador *m* másico ‖ ⁓**strom** *m*, Mengendurchfluss *m* / caudal *m* másico ‖ ⁓-**Synchrometer** *n* (zur Bestimmung der Atommassen) (Atom, Nukl) / sincrómetro *m* de masa ‖ ⁓**teil** *n*, Massenerzeugnis *n* / pieza *f* fabricada en masa ‖ ⁓**tierhaltung** *f* (Landw) / cría *f* industrial ‖ ⁓**trägheit**, -reaktanz *f* (Akust) / reactancia *f* de masa o debida a la inercia ‖ ⁓**trägheit** *f* [bewegter Massen] (Phys) / inercia *f* de masa ‖ ⁓**trägheitsmoment** *n* (J = 1/8 md²) / momento *m* de inercia de masa ‖ ⁓**trägheitsmoment**, Drehimpulsmoment *n* (Phys) / momento *m* angular ‖ ⁓**transport** *m* / transporte *m* en masa ‖ ⁓**trenner**, -separator *m* (Phys) / separador *m* de masas ‖ ⁓- **und Qualitätsstähle** *m pl* (Hütt) / aceros *m pl* de uso general ‖ ⁓**unfall** *m*, Massenkarambolage *f* (Verkehr) / accidente *m* en cadena, choque *m* multiple ‖ ⁓**vergrößerung** *f* (Astr) / aumento *m* de masas ‖ ⁓**verhältnis** *n* (Rakete) / razón *f* de masa ‖ ⁓**verkehrsmittel** *n* / medio *m* de transportes masivos ‖ ⁓**verlust** *m* (Korrosion) / consumo *m* de material ‖ ⁓**vermehrung** *f* (Schädling) / multiplicación *f* en masa, pululación *f* ‖ ⁓**wert** *m* (Nukl) / masa *f* atómica ‖ ⁓**wertbestimmung** *f*, -zahlbestimmung *f* (Nukl) / determinación *f* del número de masa ‖ ⁓**widerstand** *m* (Elektr) / impedancia *f* de masa ‖ **spezifischer** ⁓**widerstand** / resistividad *f* de masa ‖ ⁓**wirkung** *f* / acción *f* de masa ‖ ⁓**wirkungsgesetz** *n* (Chem) / ley *f* de la acción de masas, LAM *f* ‖ ⁓**zahl** *f* (Isotopen) / número *m* de masa ‖ ⁓**zufluss** *m* (Phys) / afluencia *f* de masa ‖ ⁓**zunahme** *f* (Korrosion) / aumento *m* de material ‖ ⁓**zusammenbruch** *m* / derribo *m* de masa
Masse•pendel *n* / péndulo *m* físico o con masa ‖ ⁓**platte** *f* (Akku) / placa *f* empastada ‖ ⁓**polymer** *n* (Plast) / polímero *m* en masa ‖ ⁓**punkt** *m* / punto *m* material ‖ ⁓**reaktion** *f* / reacción *f* al peso ‖ ⁓**rückleitung** *f* (Elektr) / circuito *m* con retorno (o vuelta) por tierra ‖ ⁓**schluss** *f* (Elektr) / contacto *m* a masa ‖ ⁓**schlussklemme** *f* (Elektr) / borne *m* de puesta a la masa o a la tierra ‖ ⁓**schwund** *m* / merma *f* de masa ‖ ⁓**strang** *m* (Keram) / barra *f* de masa o de material ‖ ⁓**teilchen** *n* / partícula *f* elemental o de masa ‖ ⁓**überschuss** *m* / exceso *m* de masa ‖ ⁓**verbinder** *m*, -verbindung *f* / unión *f* eléctrica a la masa ‖ ⁓**widerstand** *m*, Kohlemassewiderstand *m* (Eltronik) / resistor *m* compuesto
Masseypapier *n* / papel *m* Massey
Massezylinder, Spritzzylinder *m* (Plast) / cilindro *m* del émbolo de inyección

Maß•fehler *m* / error *m* dimensional o de medida, error *m* de las cotas ‖ ⁓**flüssigkeit**, Titrierlösung *f* (Chem) / solución *f* de titraje ‖ ~**gebend**, entscheidend, bestimmend / decisivo, determinante ‖ ⁓**gebend**, entscheidend, zuständig / competente ‖ ⁓**gebend**, höchstzulässig (Gefälle, Steigung, Straß) / característico, límite, determinante, dominante, máximo admitido o admisible ‖ ~**gebende Abmessung** / dimensión *f* directriz ‖ ~**gebende Wellenlänge** (Opt) / longitud *f* de onda dominante ‖ ~**geblich**, vorherrschend / predominante ‖ ~**gebliche o. -gebende Steigung** (Bahn) / pendiente *f* límite de adherencia, rampa *f* característica ‖ ~**genau** / con medida justa ‖ ⁓**genauigkeit** *f* / exactitud *f* dimensional o de medidas, precisión *f* dimensional ‖ **mit besonderer** ⁓**genauigkeit** / con toleranciass estrechas o rigurosas ‖ ~**gerecht** / de dimensiones exactas, de medidas o cotas justas ‖ ~**gerecht verkleinern** / reducir a escala ‖ ~**geschneidert** / hecho a medida ‖ ~**getreue Darstellung** (Math) / representación *f* a escala exacta ‖ ~**gleich**, isometrisch (Krist) / isométrico ‖ ⁓**grenze** *f* / tolerancia *f* dimensional ‖ ⁓**gruppe** *f* / serie *f* o clase de dimensiones ‖ ~**haltig** / de dimensiones exactas, con medida justa ‖ ~**haltigkeit** *f* / exactitud *f* o precisión dimensional o de dimensiones o de medidas ‖ ~**haltigkeit** (Spritzform) / inalterabilidad *f* o estabilidad de dimensiones o de medidas ‖ ⁓**haltigkeitsprüfung** *f* / verificación *f* de dimensiones
Massicot *n*, Blei(II)-Oxid *n* (Min) / masicote *m*
Massicotit *m* (Min) / masicotita *f*
massieren, häufen / amasar, amontonar, reunir en masa ‖ [**sich**] ~ / amontonarse, juntarse en masa
Massierung, Anhäufung *f* / aglomeración *f*
massig, massiv / macizo, masivo, errativo, de bloque
mäßig / moderado ‖ ~ (Wärme) / templado ‖ ~, vorsichtig (Dimensionierung) / prudente, conservador ‖ ~, mittelmäßig / mediano, mediocre ‖ ~ **angereichert** (Nukl) / de enriquecimiento mediano ‖ ~ **anziehen** (Kabel, Schraube) / templar ‖ ~**e Brise** (Windstärke 4) (Schiff) / viento *m* bonancible, brisa *f* moderada, viento *m* fuerza 4, grado *m* Beaufort 4
mäßigen *vt*, mildern / moderar, templar ‖ [**sich**] ~ / moderarse
Mäßigung *f* / moderación *f*
massiv, Massiv... / macizo *adj* ‖ ~, dicht (Geol) / compacto, sólido ‖ ~**er Ferrit** (Elektr) / ferrita *f* maciza ‖ ~**es Formteil** (Schm) / pieza *f* estampada ‖ ~**e Spanplatte** (Holz) / tablero *m* de virutas de extrusión maciza ‖ ~ *n* (Geol) / macizo *m*
Massiv•bau *m* / construcción *f* maciza ‖ ⁓**decke** *f* (Bau) / techo *m* o suelo macizo ‖ ⁓**getterpumpe** *f* (Eltronik, Vakuum) / bomba *f* de getter compacto ‖ ⁓**haus** *n* / casa *f* maciza
Massivität, Kompaktheit *f* / compacidad *f*, compactividad *f*
Massiv•käfig *m* (Wälzlager) / jaula *f* maciza ‖ ⁓**leiter** *m* / conductor *m* sencillo ‖ ⁓**lochen** (Hütt) / agujereado *m* masivo ‖ ⁓**mauer** *f* / muro *m* masivo ‖ ⁓**mauerwerk** *n* / mampostería *f* masiva ‖ ⁓**niet** *m* / remache *m* mazico ‖ ⁓**pol** *m* (Elektr) / polo *m* sólido ‖ ⁓**prägen** *n* / troquelado *m* al macizo ‖ ⁓**pressen** *n* / acuñado *m* ‖ ⁓**säule** *f* / columna *f* sólida ‖ ⁓**treppe** *f* / escala *f* maciza ‖ ⁓**umformmaschine** *f* / máquina *f* para conformación maciza ‖ ⁓**umformung** *f* / conformación *f* maciza
Maß•kaliber *n* / calibre *m* de medidas ‖ ⁓**konfektion** *f* / trajes *m pl* [semi]confeccionados ‖ ⁓**kontrolle** *f* / comprobación *f* de dimensiones, verificación *f* de medidas, control *m* de medidas o de cotas ‖ ⁓**koordinierung** *f* (Bau) / coordinación *f* dimensional ‖ ⁓**lehre** *f* / calibre *m*, calibrador *m* ‖ ⁓**linie** *f* (Zeichn) / línea *f* de cota
Maßnahme *f* / medida *f* ‖ ~, Schritt *m* / acción *f*, paso *m* ‖ ~ **n gegen passive elektronische Gegenmaßnahmen**

Materialaufzug

/ contramedidas *f pl* electrónicas antipasivas ‖ ⁓**n** *f pl* **gegen Störung** (Mil) / contramedidas *f pl* antiparásitas ‖ ⁓**n treffen o. ergreifen** / tomar medidas
maßnehmen, abmessen / tomar medida ‖ ⁓ *n*, Abmessen *n* / medición *f*
Maßnorm *f*, Abmessungsnorm *f* / norma *f* de dimensiones
MaßO = Maß- und Gewichtsordnung
Maß • ordnung *f* (Bau) / coordinación *f* dimensional ‖ ⁓**ordnung**, Modulordnung *f* (Bau) / coordinación *f* modular ‖ ⁓**ordnungsbreite** *f* / anchura *f* de coordinación ‖ ⁓**ordnungshöhe** *f* / altura *f* de coordinación ‖ ⁓**pfeil** *m* (Zeichn) / punta *f* de flecha ‖ ⁓**plan** *m* / cuadro *m* de dimensiones o de medidas ‖ ⁓**prägen** *n* (Schm) / troquelado *m* dimensional ‖ ⁓**ring** *m* / anillo *m* de medida o de medición ‖ ⁓**schaufel**, Dosierschaufel *f* (Bahn) / pala *f* dosificadora ‖ ~**schleifen** *vt* / rectificar a medida ‖ ~**schneidern** / hacer o fabricar a medida ‖ ⁓**skala** *f* / escala *f* graduada ‖ ⁓**skizze** *f* / croquis *m* acotado o de dimensiones ‖ ⁓**sprung** *m* (zwischen Einzelstufen einer Baureihe) (Bau, Masch) / incremento *m*
Maßstab *m*, Zollstock *m* / metro *m* [plegable] ‖ ⁓, Messskala *f* / regla *f* graduada ‖ ⁓ (Zeichn) / escala *f* ‖ ⁓ **1 : 1** / tamaño *m* natural ‖ ⁓ **der Darstellung** / escala *f* de representación ‖ ⁓ **der Klebekraft** / pegajosidad *f* ‖ **den** ⁓ **festlegen** (o. ändern o. herauf- o. heruntersetzen) / escalar ‖ **gleicher** ⁓ **für Längen u. Höhen** (Verm) / escala *f* igual para alturas y distancias ‖ **im** ⁓ **1 : 200 000** (Geo) / en *f* escala 1 : 200000 ‖ **Maßstäbe setzen** / poner normas nuevas ‖ ⁓**faktor** *m* / factor *m* de escala ‖ ⁓**fehler** *m* (Zeichn) / error *m* de escala ‖ ~**gerecht gemacht** / hecho en escala ‖ ⁓**höhe** *f*, Äquivalenthöhe *f* (Raumf) / altura *f* equivalente o virtual
maßstabilisieren *vt* / estabilizar las medidas o dimensiones
maßstäblich, maßstabgerecht / a escala, en escala exacta ‖ ~ **ändern** / modificar a escala ‖ ~**e Darstellung** / representación *f* a escala ‖ ~**es Modell** / modelo *m* a escala [reducida] ‖ ~**e Vergrößerung** / aumento *m* a escala ‖ ~**e Verkleinerung** / reducción *f* a escala ‖ ~ **zeichnen** / delinear o dibujar a escala
maßstab • loses Verfahren (NC) / método *m* sin escala ‖ ⁓**papier** *n* / papel *m* con escala
Maßstabs • -Ablese-Mikroskop *n* (Opt) / microscopio *m* de lectura de escalas ‖ ⁓**einfluss** *m* (Luftf) / efecto *m* de escala ‖ ⁓**höhe** *f* (Satell. Techn) / escala *f* de altura ‖ ⁓**zahl** *f* **eines Objektivs** (Opt) / aumento *m* [inicial] de un objetivo
Maßstab • verfahren *n* (NC) / método *m* a escala ‖ ⁓**verkleinerung** *f* (Zeichn) / reducción *f* a escala
Maß • synthese *f* / síntesis *f* dimensional ‖ ⁓**system** *n* / sistema *m* de medidas ‖ ⁓**tabelle** *f*, -tafel *f* (Bau) / tabla *f* de dimensiones o de medidas, cuadro *m* de dimensiones ‖ ⁓**tensor** *m* (Math) / tensor *m* métrico ‖ ⁓**theorie** *f* (Math) / teoría *f* de medidas ‖ ⁓**toleranz** *f* / tolerancia *f* de cotas o de dimensiones o de medida, tolerancia *f* dimensional ‖ ⁓**- und Gewichtsordnung** *f*, MaßO / orden *m* de medidas y pesos ‖ ⁓**- und Lauftoleranzen** *f pl* (Schleifscheibe) / tolerancias *f pl* de dimensiones y de descentramiento ‖ ⁓**- und Toleranznorm** *f* / norma *f* de dimensiones y de tolerancias dimensionales ‖ ⁓**verchromen** *n* / cromado *m* a medida ‖ ⁓**verkörperung** *f* / medida *f* materializada ‖ ⁓**vorgabe** *f* (Konstruktion) / medida *f* prefijada o exigida ‖ ⁓**walzwerk** *n* / tren *m* de laminación calibrado ‖ ⁓**werk** *n* (Bau) / tracería *f* ‖ ⁓**zahl** *f* (Zeichn) / cota *f* ‖ ⁓**zeichnung** *f* / dibujo *m* acotado
Mast *f*, Mästen *n* (Landw) / cebo *m*, engorde *m*
Mast *m* (pl.: Maste, Masten) (Schiff) / mástil *m*, palo *m* ‖ ⁓, Leitungsmast *m* / poste *m* ‖ ⁓ (TV) / mástil *m* ‖ ⁓, Hochspannungsmast *m* (Elektr) / torre *f* ‖ ⁓**...**, am

Mast angebracht (Fernm) / montado en poste ‖ ⁓ *m* **mit Spannisolator** (Elektr) / poste *m* con aislador tensor ‖ **durch Abstrebungen gehaltener** ⁓ / poste *m* de retención ‖ ⁓**abstand** *m*, -entfernung *f* (Fernm) / distancia *f* entre postes ‖ ⁓**antenne** *f* / antena *f* [de] mástil ‖ ⁓**aufsatzleuchte** *f* / farol *m* montado sobre poste ‖ ⁓**ausleger** *m* (Elektr) / cruceta *f* de poste ‖ ⁓**befeuerung** *f* (Luftf) / iluminación *f* de orientación sobre postes
mästen *vt* (Vieh) / cebar, engordar
Mast-Endverschluss *m* (Elektr) / cabeza *f* terminal de cable montado sobre poste
Masten-Scheduler *m* (DV) / planificador *m* maestro
Master *m* (Video) / patrón *m* ‖ ⁓**batch** *n* (Gummi) / mezcla *f* básica
Master-CD-ROM *f* / máster *m* ‖ **eine** ⁓ **herstellen** / masterizar
Masterdung *f* (Bahn) / hilo *m* parrarayos
Masterplan *m* (F.Org) / plan[o] *m* sinóptico o general o de conjunto
Master • -Slave-Anordnung *f* (Eltronik) / disposición *f* master-slave ‖ ⁓**-Slave-Manipulator** *m* / brazo *m* de sujeción de un manipulador gemelo o de un manipulador master-slave ‖ ⁓**-Slave-System** *n* (DV) / sistema master-slave (maestro-esclavo)
Mast • feld *n*, Spannweite *f* / distancia *f* entre postes ‖ ⁓**fuß** *m* (Schiff) / pie *m* de palo ‖ ⁓**fuß**, -sockel *m*, -fundament *n* (Elektr, Fernm) / zócalo *m* de postes ‖ ⁓**höhe** *f* (Schiff) / guinda *f*
Mastikation *f* (Gummi) / masticación *f*
Mastikator *m* / masticador *m*
Mastix *m*, Mastixharz *n* (Bot) / mástique *m*, mástic *m*, almáciga *f* ‖ ⁓ (Straßb) / mástique *m* asfáltico ‖ ⁓**baum** *m* (Bot) / almácigo *m* ‖ ⁓**-Deckschicht** *f* (Straßb) / capa *f* de rodadura de mástique asfáltico ‖ ⁓**strauch** *m* (Bot) / lentisco *m*
mastizieren *vt* (Chem) / masticar
Mast • kopfbild *n* (Freileitung) / disposición *f* de los conductores ‖ ⁓**kran** *m* / grúa *f* derrick, derrick *m* ‖ ⁓**loch** *n* (Schiff) / fogonadura *f*
MAS-Transistor *m* / transistor *m* MAS (metal, aluminio, semiconductor)
Mast • schaft *m* (Elektr) / caña *f* de poste, fuste *m* de poste ‖ ⁓**schalter** *m* (Elektr) / interruptor *m* de poste ‖ ⁓**sonde** *f*, Zuwachsbohrer *m* (Fernm) / sonda *f* para la madera o para probar postes ‖ ⁓**transformator**, -trafo *m* / transformador *m* para [montaje en] poste ‖ ⁓**traverse** *f* (für Isolatoren) (Fernm) / cruceta *f* de poste ‖ ⁓**verstärker** *m* (Eltronik) / amplificador *m* montado sobre poste ‖ ⁓**zopf** *m* (Straßenlaterne) / extremo *m* de poste
Masurium *n* (jetzt: Technetium, Tc) (OZ=43) / tecnecio *m*, masurio *m*
Masut *n* (Öl) / mazut *m*
MAT *m* (= micro-alloy transistor) (Eltronik) / transistor MAT *m* (= microaleación)
Matelassé *m* (Tex) / acolchado *m*, matelassé *m*
Mater, Matrize (Druck) / matriz *f*, flan *m*
Material *n*, Stoff *m* / material *m* ‖ ⁓, Ausgangsmaterial *n* / material *m* original o prima de partida ‖ ⁓, Zutaten *f pl* / accesorios *m pl* ‖ ⁓ **für Phasenumwandlung** (Phys) / material *m* para cambio de fase ‖ ⁓ **für Regalbau** / material *m* para anaquelería ‖ ⁓ **mit großem Einfangquerschnitt** (Nukl) / material *m* de sección eficaz de captura ‖ ⁓ **vom (o. im) Lager** / material *m* en almacén
Material • abnahme *f* (Wzm) / toma *f* de material ‖ ⁓**abnahme**, Abnahmeprüfung *f* / aceptación *f* o recepción de material ‖ ⁓**abnutzung** *f* / desgaste *m* de material ‖ ⁓**abrechnung** *f* / contabilidad *f* de material ‖ ⁓**anforderung** *f* / demanda *f* o exigencia *f* de material ‖ ⁓**anhäufung** *f* / acumulación *f* de material ‖ ⁓**aufzug** *m*, Waren-, Lastenaufzug *m* / montacargas *m* ‖ ⁓**aufzug** (Bau) / montacargas *m* para obras ‖

Materialausbröckelung

⁓ausbröckelung f / descascarillado m del material, desconchamiento m del material (E) ‖ ⁓ausgabe f (Masch) / distribución f de material ‖ ⁓ausnutzung f / utilización f de material ‖ ⁓bahn f, Stoffbahn f (Web) / ancho m de tejido, vía de tejido ‖ ⁓beanspruchung f / esfuerzo m del material, solicitación f del material ‖ ⁓bearbeitung f im Weltraum / trabajo m de material en el espacio ‖ ⁓bedarf m / necesidad f de material, material m necesario ‖ ⁓bedarf, -verbrauch m / consumo m de material ‖ ⁓behälter m / depósito m de material ‖ ⁓behandlungsreaktor m / reactor m de trabajo de material ‖ ⁓beschaffenheit f / calidad f de material, estado m de material ‖ ⁓bezogene optische Rauchdichte (Brand) / densidad f óptica específica ‖ ⁓bilanzbericht m (Nukl) / relación f de balance o de saldo de material ‖ ⁓bilanzierung f (Nukl) / balance m de material ‖ ⁓bilanzzone f (Nukl) / área f de balance de material ‖ ⁓buchhaltung f (Abteilung) (F.Org) / departamento m de contabilidad de material ‖ ⁓disposition f (F.Org) / aprovisionamiento m, control m de inventario ‖ ⁓durchlass m (Wzm) / capacidad f para barras ‖ ⁓eingang m (F.Org) / entrada f de material ‖ ⁓einhängen m (Bergb) / introducción f de materiales ‖ ⁓einsatz m (Reaktor) / inventario m ‖ ⁓einsparung f / economía f de material ‖ ⁓entnahme f / toma f de material, material m retirado del almacén ‖ ⁓ermüdung f / fatiga f del material ‖ ⁓faktor m / factor m de material ‖ ⁓faktor (Zahnrad) / factor m material ‖ ⁓fehler m / defecto m o vicio de (o en el) material ‖ ⁓fehler (Tex) / defecto m de material ‖ ⁓festigkeit f / resistencia f de material ‖ ⁓fluss m (F.Org) / flujo m de material ‖ ⁓flusstechnik f / técnica f de movimiento de materiales ‖ ⁓führung f (Dreh) / guía f de barras ‖ ⁓gerecht f / justo al material ‖ ⁓grube f (Bau, Straßb) / fosa f de material
Materialisation f (Phys) / materialización f
Material•kennzeichnungsdaten pl (Nukl) / datos m pl de identificación de material ‖ ⁓knappheit f / escasez f de material ‖ ⁓konstante f / constante f de material ‖ ⁓kosten pl, -preis m / coste m de material ‖ ⁓lager n, -depot n / almacén m de materiales ‖ ⁓lagerplatz m / parque m de almacenaje, depósito m de material ‖ ⁓mangel m / escasez f de materiales ‖ ⁓prüfer m (Gerät) / aparato m de ensayo de materiales ‖ ⁓prüfreaktor m, MTR m / reactor m de ensayo de materiales ‖ ⁓prüfung, -untersuchung f (allg) / ensayo m de material[es] ‖ ⁓prüfung nach Spezifikation / ensayo m específico de material ‖ ⁓prüf[ungs]anstalt f / instituto m de ensayo de materiales ‖ ⁓schaden m / deterioro m de material ‖ ⁓schein m / ficha f de material ‖ ⁓schleuse f (Bau) / esclusa f de material ‖ ⁓schlüssel m (DV) / código m de material ‖ ⁓seilbahn f / teleférico m para material, funicular m aéreo para material ‖ ⁓spannungen f pl / tensiones f pl del material ‖ ⁓stamm m / archivo m maestro de material, catálogo m principal de materiales ‖ ⁓stärke f an Löchern / espesor m de pared ‖ ⁓test m / prueba f de material ‖ ⁓transport m / transporte m de material ‖ ⁓verdrängung f (Stanz) / movimiento m de metal ‖ ⁓verformung f, -umformung m / conformación f del material ‖ ⁓verformung, -deformation f / deformación f del material ‖ ⁓verhalten n / comportamiento m del material ‖ ⁓vorschub m (Wzm) / avance m de material ‖ ⁓wirtschaft f / economía f de material ‖ ⁓zufuhrung f (Tätigkeit) / alimentación f de material ‖ ⁓zuführung (Einrichtung, Stanz) / dispositivo m alimentador ‖ ⁓zuführungstrommel f / tambor m alimentador vibratorio ‖ ⁓zugabe f (Wzm) / sobremedida f, exceso m de material, demasía f de material
Materie, Substanz f (Phys) / materia f ‖ ⁓dichte f im Atomkern / densidad f nuclear

materiell, stofflich / material adj ‖ ⁓e Flussdichtewölbung (Nukl) / laplaciano m material, laplaciana f material ‖ ⁓es Pendel / péndulo m físico ‖ ⁓er Punkt / punto m material ‖ ⁓er Schwächungskoeffizient (Nukl) / coeficiente m de atenuación ‖ ⁓es Teilchen / partícula f material
Materie•tensor m (Phys) / tensor m material ‖ ⁓welle f (Phys) / onda f material, onda f de Broglie
matern vt (Druck) / estereotipar, clisar ‖ ⁓pappe f / cartón m matriz o para matrizar, cartón m de estereotipia ‖ ⁓presse f, -prägepresse f (Druck) / prensa f para acuñar matrices
Mathematik f / matemática[s] f[pl] ‖ höhere ⁓ / matemática[s] f[pl] superior[es] o sublime[s] ‖ reine ⁓ / matemática[s] f pl pura[s]
Mathematiker m / matemático m
mathematisch / matemático ‖ ⁓e Entscheidungsvorbereitung, Operations-Research n / investigación f operacional u operativa ‖ ⁓e Grundlagen f pl (o. Berechnungen) / fundamentos m pl o elementos matemáticos ‖ ⁓e Induktion / inducción f matemática ‖ ⁓e Logik / lógica f matemática ‖ ⁓e Zeichen / símbolo m matemático
Matratze f / colchón m
Matratzen•draht m / alambre m para colchonetas o somieres, alambre m para colchones de muelles ‖ ⁓schoner m / protector m para colchones, protege-colchón m
Matrix f (pl: Matrizen Matrices) (DV, Math, TV) / matriz f ‖ ⁓ f, Anordnung f / arreglo m ‖ ⁓drucker m (DV) / impresora f de matriz de puntos, impresora f matricial ‖ ⁓inversion f (Math) / inversión f de una matriz ‖ ⁓röhre f (TV) / tubo m matriz ‖ ⁓speicher m (DV) / memoria f matricial ‖ ⁓-Vorratskathode f / cátodo m impregnado
Matrize f, Untergesenk n (Schm) / estampa f, matriz f inferior, hembra f ‖ ⁓, Schnittplatte f (Schm) / placa f de corte ‖ ⁓ (Masch) / matriz f ‖ ⁓, Mater (Druck) / matriz f, flan m ‖ ⁓ f (Kunstharz) / matriz f, hembra f de molde ‖ ⁓, Matrix f (Math) / matriz f ‖ ⁓ f aus einem Stück (Plast) / matriz f monobloque ‖ ⁓ f der Abquetschform (Plast) / matriz f del molde de rebaba
Matrizen•armierung f (Fließpressen) / anillo m de la estampa ‖ ⁓bau m / matricería f ‖ ⁓bauer m / matricero m ‖ ⁓block m / bloque m de matriz ‖ ⁓boden m (Plast) / placa f de asiento ‖ ⁓bohrmaschine f (Druck) / taladradora f de matrices ‖ ⁓formulierung, -rechnung f (Math) / cálculo m matricial o de matrices ‖ ⁓gleitmittel n / lubri[fi]cante m de matrices ‖ ⁓hohlraum m, Matrize f / cavidad f de matriz ‖ ⁓inversion f (Math) / inversión f de una matriz ‖ ⁓körper m / matriz f, hembra f de molde ‖ ⁓mantel m, -platte f (Sintern) / soporte m de matriz ‖ ⁓mechanik f / mecánica f de las matrices ‖ ⁓ohr n (Druck) / oreja f de la matriz ‖ ⁓pappe f (Druck) / cartón m matriz o para matrizar, cartón m de estereotipia ‖ ⁓prägepresse f (Druck) / prensa f para acuñar matrices ‖ ⁓rahmen m (Druck) / bastidor m portamatrices ‖ ⁓rechnung f (Math) / cálculo m matricial o de matrices ‖ ⁓satz m (Druck) / juego m de matrices ‖ ⁓schaltung f (TV) / circuito m matriz, circuito m de transformación de coordenadas cromáticas ‖ ⁓schreibweise f (DV) / notación f matricial ‖ ⁓spalte f (Math) / columna f de matriz ‖ ⁓spannvorrichtung f (Druck) / dispositivo m de sujeción de matriz, portamatriz m ‖ ⁓speicher m (DV) / memoria f matricial ‖ ⁓stahl m / acero m para matrices ‖ ⁓träger n (Druck) / rejilla f de caracteres, cuadriculado m ‖ ⁓walze f (Walzw) / cilindro m para laminar con estampa ‖ ⁓zeile f (Math) / renglón m de matriz
Matrizieren n (TV) / combinación f o conjunción f matricial
Matsch m (auf der Straße) / cieno m, lodo m

matt, trüb[e] / opaco, mate ‖ ~, glanzlos / mate, apagado ‖ ~, mattgeschliffen (Glas) / esmerilado ‖ ~, pressmatt / acabado mate ‖ ~ (Farbe, Foto, Pap) / mate ‖ ~, unpoliert (Metall) / no pulido, sin pulir ‖ ~, kraftlos / débil ‖ **~er Anstrich** / pintura f mate ‖ **~ ätzen** (Glas) / matear por cáustico o por agua fuerte o por mordiente ‖ **~ gestrichen** (Pap) / estucado mate ‖ **~ machen** (Farbe) / matear ‖ **~e Oberfläche** / superficie f mate ‖ **~e Schmelze** / colada f fría ‖ **~e Wetter** n pl (Bergb) / aire m pesado
Matt • appretur f (Tex) / apresto m mate u opaco ‖ **~ätze** f (Glas) / cáustico m o mordiente para matear ‖ **~beizen** vt, -brennen (Messing) / decapar mate ‖ **~blech** n (Hütt) / chapa f mate o emplomada ‖ **~brenne** f (Galv) / decapado m mate ‖ **~dekatur** f (Tex) / decatizado m o delustrado mate ‖ **~druckpapier** n / papel m mate de imprenta
Matte f / estera f, petate m (LA) ‖ **mit ~n bedecken** / esterar, tender esteras [en]
Matteis n / hielo m opaco
Matten • bewehrung f (Bau, Straß) / armadura f por enrejado ‖ **~binder** m (Glasmatten) / ligante m para esteras de fibras de vidrio
Matt • farbe f (Druck) / tinta f mate o apagada ‖ **~finish** n (Tex) / acabado m mate ‖ **~garn** n / hilado m mate ‖ **~geätzt** (Glas) / mateado por cáustico o por mordiente ‖ **~ [geschliffen]** (Glas) / esmerilado ‖ **~glanz** m / brillo m mate, matidez f ‖ **~glanz** (Tex) / brillo m semiopaco ‖ **~glanz** (Pap) / satinado m o brillo m mate ‖ **~glänzend** / de brillo mate ‖ **~glänzend** (Leder) / acabado pavonado ‖ **~glas** n, matt geschliffenes Glas / vidrio m opaco o mate ‖ **~glaslampe** f (Elektr) / lámpara f de vidrio mate ‖ **~grün** / verde mate
Mattheit f (Glas) / opacidad f, matidez f, deslustre m
mattieren vt, entglänzen / matar ‖ ~, matt machen / matear, opacar, deslustrar ‖ ~, matt schleifen (Glas) / esmerilar ‖ **~ n** (allg) / mateado m, deslustre m
mattiert (Tex) / deslustrado adj ‖ **~e Oberfläche** (gedr.Schaltg) / acabado m mate
Mattierungspigment n / pigmento m para mateado o deslustrado
Matt • kalander m (Tex) / calandra f de deslustrado ‖ **~kohle** (langflammige Kohle), Kännelkohle f / hulla f mate ‖ **~kohle** f, Durit m / durita f ‖ **~kunstdruckpapier** n / papel m couché mate, papel m cromo mate ‖ **~lack** m / laca f mate, barniz m mate ‖ **~lackierung** f, Mattlack[überzug] m / barnizado m mate ‖ **~papier** n (Foto) / papel m mate ‖ **~reyon** m (Tex) / rayón m deslustrado ‖ **~satinage** f (Pap) / satinado m mate ‖ **~satiniert** (Pap) / satinado adj mate ‖ **~scheibe** f (Foto, Opt) / cristal m mate o esmerilado u opaco, vidrio m esmerilado, placa f deslustrada ‖ **~schleifen** vt / esmerilar ‖ **~schweiße** f (Blockfehler) (Hütt) / costura f fría ‖ **~verchromt** / cromado adj mate ‖ **~vergoldung** f / dorado m mate ‖ **~versilberung** f / plateado m mate ‖ **~weiß** n / blanco m mate ‖ **~zinn** n / estaño m mate ‖ **~zwirn** m (Tex) / retorcido m mate
Mauer f / muro m ‖ **~n** f pl / muros m pl, muraje m, conjunto m de muros o paredes ‖ **~ f aus lauter Binderschichten** / muro m en tizón, pared f de asta a tizón ‖ **ein Stein starke ~** / muro m del espesor de un ladrillo ‖ **eine ~ abdecken** (o. bekappen o. bedachen) / cubrir un muro ‖ **eine ~ ziehen** (o. bauen) / construir un muro ‖ **fliegende** (o. **auf Bogen ruhende**) **~** / muro m en voladizo ‖ **trockene ~**, Trockenmauer f / muro m de mampostería en seco ‖ **wasser- und luftdichte ~** (Bergb) / muro m hermético
Mauer • abdeckung f / corona f de muro, chaperón m (gal.) ‖ **~absatz** m, -vorsprung m / retallo m o resalto de muro ‖ **~absatz**, Rücksprung m (Bau) / rebote m de muro ‖ **~absatz m schrägem Gelände folgend** / escalones m pl de muro ‖ **~anker** m / tirante m para muro ‖ **~anstrich** m, Tünche f / blanqueo m o jalbegue de muro ‖ **~arbeit** f, Maurerarbeit f / albañilería f ‖ **~arbeit**, -werk n, Gemäuer n / mampostería f ‖ **~auskleidung** f, gemauerte Auskleidung / revestimiento m de mampostería ‖ **~bau** m / construcción f de muros ‖ **~binder** m, -anker m / tirante m de muro ‖ **~binder**, -putz m / cemento m o concreto de mampostería ‖ **~blende** f, Vertiefung f / nicho m ‖ **~bogen** m (Bau) / arco m mural ‖ **~bohrer** m (Wz) / taladradora f del albañil ‖ **~brüstung** f / antepecho m, parapeto m ‖ **~bügel** m (Fernm) / apoyo m empotrado, ménsula f o consola mural, brazo m de pared ‖ **~dach** n (Bau) / corona[ción] f de muro, tejadillo m de[l] muro ‖ **~damm** (Bergb) / muro m, dique m de mampostería ‖ **~dübel** m / tarugo m, espiga f ‖ **~durchbruchbohrer** m / broca f perforadora de muros ‖ **~durchführung** f (Elektr) / pasamuro m ‖ **~ecke** f / esquina f de muro ‖ **~feld** n, -strecke f / parte f plana de muro ‖ **~fläche** f (als Bezugsfläche für Maße) / superficie f de muro ‖ **~fläche** [fertige] / superficie f acabada de muro ‖ **innere ~fläche** / superficie f interior de muro ‖ **~flucht** f / alineación f de muro ‖ **~fuge** f / junta f de muro ‖ **~fuß** m / base f de muro ‖ **~gleiche**, Abgleichung f (Bau) / hombro m de muro ‖ **~grund** m, -masse f (Bau) / masa f de muro ‖ **~haken** m / gancho m para pared ‖ **~kelle** f, Maurerkelle f / llana f (E), cuchara f de albañil (LA) ‖ **~klammer** f / grapón m de muro ‖ **~klinker** m, Fassadenklinker m / clinker m de fachada ‖ **~konsole** f (Fernm) / consola f mural ‖ **~körper** m / cuerpo m del muro ‖ **~krone** f / corona[ción] f de muro ‖ **~lager** n / asiento m sobre muro ‖ **~mantel** m (Bau) / revestimiento m de muro ‖ **~masse** f (Bau) / masa f de muro
mauern vt / hacer trabajos de albañil, forjar ‖ **im Verband ~** / levantar un muro en trabazón
Mauer • nische f / nicho m de muro, hornacina f ‖ **~nut** f / canaleta f en un muro ‖ **~öffnung** f / hueco en un muro ‖ **~pfeiler**, Stütz-, Strebepfeiler m / pilar m de muro ‖ **~putz** m / revoque m, enlucido m ‖ **~riss** m, -spalte f, -ritze f (Bau) / rendija f o rendidura de un muro ‖ **~rosette** f / rosetón m de muro ‖ **~säge** f, Steinsäge f / sierra f para piedras ‖ **~schale** f / cofre m o encofrado de muro ‖ **~schall** m / transmisión f de ruido por muros, ruido m transmitido por muros ‖ **~schwelle**, -sohle f (Bau) / durmiente m de muro ‖ **~sims** m, Gesims n / imposta f ‖ **~sockel** m / zócalo m de muro ‖ **~speise** f (Bau) / mortero m ‖ **~stärke**, -dicke f / espesor m de muro ‖ **~stein**, Haustein m / piedra f tallada, sillar m labrado f ‖ **~stein**, Kunststein m / ladrillo m ‖ **~hochwertiger ~stein** / ladrillo m para usos técnicos ‖ **~steine zurichten** / tallar ladrillos ‖ **~steingewölbe** n / bóveda f de ladrillos ‖ **~strebe** f, Mauerstütze f / contrafuerte m ‖ **~verband** m / aparejo m de ladrillos ‖ **~verblendung** f / paramento m de ladrillos ‖ **~vertiefung**, -nische f (Bau) / nicho m ‖ **~verzahnung** f / dentado m de muro ‖ **~vorsprung** m, -absatz m / resalto m o retallo de muro ‖ **~werk**, Gemäuer m / mampostería f ‖ **~werk**, Ausmauerung f / fábrica f ‖ **~werk** [festes] / macizo m ‖ **rohes, unverputztes ~werk** / mampostería f bruta ‖ **in ~werk herstellen** / ejecutar como mampostería ‖ **~werksbogen** f / arco m a (o de) ladrillos ‖ **~werkskörper** m / cuerpo m de mampostería ‖ **~werksprodukte** n pl (Bau) / productos m pl de mampostería ‖ **~ziegel** m / ladrillo m ‖ **~zinne** f / almena f
mauken vt, sumpfen (Keram) / almacenar en húmedo, sazonar, envejecer ‖ **~ n** / acción f de sazonar
Maukhaus n (Ziegelei) / pudridero m del barro
Maukmischer m (Keram) / mezclador-sazonador m
Maul n (Zange) / boca f ‖ ~ (Brecher) / boca f ‖ ~ (Schraubstock) / mordazas f pl ‖ ~, Spanloch n (Hobel)

/ abertura *f* del cepillo ‖ **weißer ⁓beerbaum** (Bot) / morera *f* ‖ **schwarzer ⁓beerbaum** / moral *m* ‖ **⁓beerbaumpapier** *n*, chinesisches Papier / papel *m* de morera ‖ **⁓beerseide** *f* (Tex) / seda *f* de morera ‖ **⁓beerspinner** *m*, Seidenspinner *m* (Zool) / bómbice *m*, gusano *m* de seda ‖ **⁓klemme** *f* (Elektr) / borne *m* de mordaza ‖ **⁓öffnung** *f*, -weite *f* (Brecher) / abertura *f* de boca ‖ **⁓ringschlüssel** *m* (Masch) / llave *f* combinada anular y de boca ‖ **⁓schlüssel** *m* / llave *f* de boca ‖ **⁓schlüssel, ein- o. zweiseitig** / llave *f* de una o dos bocas ‖ **⁓sicherung** *f* (Kranhaken) / trinquete *m* de seguridad del gancho ‖ **⁓tiefe** *f* **der Nietmschine** / profundidad *f* de la boca de remachadora ‖ **⁓weite** *f* (Schraubenschlüssel) / abertura *f* de llave ‖ **⁓weite** (Messinstr) / abertura *f* ‖ **⁓wurf** *f* (Tunnelbau, Zool) / topo *m* ‖ **⁓wurfdrainage** *f* (Landw) / drenaje *m* [por] topo *m* de zapa ‖ **⁓wurfdränpflug** *m* (Landw) / arado *m* de drenaje topo ‖ **⁓wurfsgrille** *f*, Werre *f*, Gryllotalpa gryllotalpa (Schädling) / grillo *m* topo o real, grillotalpa *f*, cortón *m*, alacrán *m* cebollero

Maurer *m* / albañil *m*, chapuzas *m* (col.), pala *m* (col.) ‖ **⁓ für Feuerfeststeine** / refractarista *m* ‖ **⁓arbeit** *f* / obra *f* de albañilería ‖ **⁓gerüst** *n* (in Rüstlöchern abgestützt) / andamio *m* de albañil ‖ **⁓geselle** *m* / oficial *m* de albañil ‖ **⁓hammer** *m*, Ziegelhammer *m* (Wz) / martillo *m* de albañil, piqueta *f* de albañil, alcotana *f* ‖ **⁓kelle** *f* / paleta *f* de albañil, plana *f* de albañil, palustre *m* (LA), babilejo *m* (LA) ‖ **⁓meister** *m* / maestro *m* de albañil o de obra ‖ **⁓pinsel**, -quast *m* / brocha *f* de albañil ‖ **⁓polier** *m* / capataz *m* de obras ‖ **⁓waage** *f* / nivel *m* de albañil

Mauritius • hanf *m* (Bot, Tex) / cáñamo *m* de Mauricio ‖ **⁓palme** *f* (Bot) / moriche *m*

Maus *f* (ein Handeingabegerät) (DV) / ratón *m*

Mäusezähnchen *n pl* (coll), Zittern *n* (Radar, TV) / líneas *f pl* perturbadoras en forma de dientes de sierra, dientes *m pl* de sierra

Maus • farbe *f*, -grau *n* / gris *m* ratón, ceniciento *m* ‖ **⁓klick** *m* (DV) / click *m*, clic *m*

M-aus-N-Code *m* (DV) / código *m* M de N

Mauspad *n* (DV) / alfombrilla *f*

Maut • portal *n* (Verkehr) / portal *m* [registrador] de peaje ‖ **⁓station** *f* (Verkehr) / puesto *m* de peaje ‖ **⁓straße** *f* / carretera *f* de peaje

Mauvein, Anilinpurpur *m* (Färb) / mauveína *f*

Maxeconmühle, Ringwalzenmühle *f* (Bergb) / molino *m* de anillo rotatorio

Maxidiskette *f* **8 Zoll** / disco *m* flexible de 8"

maximal *adv* / máximamente, máximalmente ‖ **⁓** *adj*, Maximal..., größt, höchst, Höchst..., Größt... / máximo *adj* ‖ **⁓e Abtastfähigkeit** (Vergleichsmaßstab für Gesamtleistung) (Tonabnehmer) / capacidad *f* máxima de seguir la pista ‖ **⁓e Anzugkraft** (Bahn) / esfuerzo *m* máximo de tracción al arranque ‖ **⁓er Arbeitsplatz-Konzentrationswert**, MAK-Wert *m* (Nukl) / concentración *f* máxima admisible (en contaminantes] del puesto de trabajo ‖ **⁓e Emissions-Konzentration**, MEK *f* / concentración *f* máxima de emisión ‖ **⁓ geebnet** (Eltronik) / máximamente plano ‖ **⁓e Geschwindigkeit** / velocidad *f* máxima ‖ **⁓e Immissions-Konzentration**, MIK / concentración *f* máxima de inmisión ‖ **⁓e nachträgliche Schätzung** / evaluación *f* máxima posterior ‖ **⁓e Reichweite** / alcance *m* máximo ‖ **⁓es Schussgewicht** (Plast) / capacidad *f* de embolada ‖ **⁓ verfügbare Leistungsverstärkung** (Eltronik) / ganancia *f* (o amplificación) de potencia máxima disponible ‖ **⁓e Verminderung der Übertragungsgüte** (Fernm) / pérdida *f* (o disminución o reducción) máxima de la calidad de transmisión ‖ **⁓ zulässige Konzentration**, MZK (Chem) / concentración *f* máxima admisible

Maximal • [aus]schalter *m* / disyuntor *m* de máximo ‖ **⁓belastung** *f* / carga *f* máxima ‖ **⁓brennerleistung** *f* / capacidad *f* máxima del quemador ‖ **⁓druckliniе**,

Höchstdrucklinie *f* (Mech) / línea *f* de presión máxima ‖ **⁓impedanzfrequenz** *f* / frecuencia *f* a impedancia máxima ‖ **⁓konfiguration** *f* (DV) / configuración *f* máxima ‖ **⁓nullspannungsschalter** *m* / interruptor *m* de corriente máxima y de tensión nula ‖ **⁓nutzengeschwindigkeit** *f*, -drehzahl *f* (Wzm) / velocidad *f* de máximo beneficio ‖ **⁓relais** *n* / relé *m* de máxima ‖ **⁓signalpegel** *m* (TV) / máximo nivel de la señal *m* ‖ **⁓spannung** *f* / tensión *f* máxima ‖ **⁓steigung** *f* (Bahn) / rampa *f* máxima ‖ **⁓stromauslöser** *m* / relé *m* de sobrecorriente o de máximo ‖ **⁓stromzeitauslösung** *f* / relé *m* retardado de sobrecorriente ‖ **⁓tarif** *m* (Elektr) / tarifa *f* de demanda máxima ‖ **⁓- und Minimalwert** *m* (Eltronik) / valor *m* de cresta a cresta o entre crestas

Maxime *f*, Grundsatz *m* (Math) / principio *m*

maximieren *vt* (allg, DV) / maximizar

Maximum *n* / máximo *m* ‖ **⁓**, Höchstlast, -belastung *f* (Elektr, Tarifberechnung) / demanda *f* máxima ‖ **⁓ der Sonnentätigkeit** / máximo *m* de actividad solar ‖ **auf das ⁓ einstellen** / maximizar, llevar al (o hasta el) máximo

Maximum • anzeiger *m* (Elektr) / contador *m* con inducador de máximo ‖ **⁓-Material-Prinzip** *n* (z.B. größter Bolzen u. kleinste Bohrung) / principio *m* del máximo de material ‖ **⁓-Minimum...** / máximos y mínimos de ... ‖ **⁓-Minimum-Stromverhältnis** *n* (Eltronik) / relación *f* de cresta a valle, relación *f* de máximo a mínimo ‖ **⁓-Minimum-Thermometer** *n* / termómetro *m* de máxima y mínima ‖ **⁓prinzip** *n* (Math, Regeln) / principio *m* de máximo[s] ‖ **⁓stromanzeiger** *m* / amperímetro *m* del máximo ‖ **⁓tarif** *m* (Elektr) / tarifa *f* de demanda máxima ‖ **⁓thermometer** *n* / termómetro *m* de máxima ‖ **⁓anzeigendes ⁓werk**, Maximumzählwerk *n* (Elektr) / contador *m* con indicador de máximo ‖ **⁓zähler** *m* / contador *m* de máximo ‖ **⁓zeiger** *m* / aguja *f* de máxima

Maxivan *m* (Kfz) / granvolumen *m*

Max-Planck-Institut *n* / MPI ‖ **⁓ für Plasma-Physik** / IPP

Maxwell *n* (= 10^{-8}Vs) (veraltet), Mx / maxwell *m* ‖ **⁓-Boltzmann-Statistik** *f* / estadística *f* [clásica] de Maxwell-Boltzmann ‖ **⁓erde** *f* (Elektr) / tierra *f* de Maxwell ‖ **⁓sche Korpuskel** *f* (Phys) / corpúscula *f* maxveliana ‖ **⁓sche Verteilung** / distribución *f* maxveliana

Mayday-Meldung *f*, SOS-Ruf *m* (Luftf, Schiff) / señal *f* de socorro MAYDAY

Mayer-Kurve *f*, M-Kurve *f* (Flotation) / curva *f* M o de Mayer

MAZ, Magnetbildaufzeichnung *f* (TV) / registro *m* en cinta magnética de video, registro *m* de señales de televisión en cinta magnética

Mazak-Steuerung *f* (Wzm) / mando *m* Mazak

Mazametwolle *f*, Blut-, Rauf-, Hautwolle *f* (Tex) / lana *f* de piel o de curtidor, lana *f* Mazamet

Mazedonische Kiefer, P. peuce (Bot) / pino *m* de Macedonia

Mazerationsstrohstoff *m* (Pap) / pasta *f* de paja macerada

mazerieren *vt*, auslaugen (Brau, Chem) / macerar

Mazerierung *f*, Mazeration *f* / maceración *f*

Mb (DV) = Megabit

MB (DV) = Megabyte

mbar, Millibar *n* / mbar, milibario *m*

MBAS = methylenblauaktive Substanz

MBE-Komponente *f* / componente *m* MBE

MB-Kupplung *f* (Tankwagen) / acoplamiento *m* hembra al abrigo de polvo, camión cisterna

MBL-Schweißverfahren *n* (magnetisch bewegter Lichtbogen) / soldadura *f* por arco voltaico agitado por campo magnético

MBRV (maneuverable ballistic reentry vehicle) (Raumf) / vehículo *m* balístico maniobrable maniobrable reentrante
MBT = Merkaptobenzothiazol
MC = minicomputergesteuert
McLeod [-Apparat, -Vakuummesser] *m* / vacuómetro *m* de McLeod
M-Commerce *m* (Mobile Commerce) / comercio *m* móvil
MCP, Methylcyclopropen *n* (Konservierungsmittel) / ciclopropeno *m* metílico
McPherson-Federbein *n* (Kfz) / pata *f* telescópica (LA), suspensión *f* McPherson
MD *m*, Mitteldruck *m* / media presión *f*, presión media o mediana *m*
M-Dach *n* (o. Doppel-Sattel-Dach) / cubierta *f* en M a cuatro aguas
MD-Gehäuse *n* (Turbine) / cárter *m* media presión, carcasa *f* de media presión
ME = Masseneinheit
Mechanik *f* (Phys) / mecánica *f* ‖ ⁓, Ein-, Vorrichtung *f* / mecanismo *m* ‖ ⁓ *f* (Klavier) / mecanismo *m*, mecánica *f* ‖ ⁓ **deformierbarer Körper** (o. der Kontinua) / mecánica *f* de fluidos elásticos ‖ ⁓ **der luftförmigen Stoffe** / neumática *f* ‖ ⁓ **des Bruchvorgangs** / mecánica *f* de rotura ‖ ⁓ **fester Körper** / mecánica *f* de los cuerpos sólidos ‖ ⁓ **flüssiger Körper**, Hydromechanik *f* / hidromecánica *f* ‖ **den Gesetzen der** ⁓ **zuwider** / contrario a las leyes de la mecánica ‖ ⁓**backe** *f* (Klavier) / soporte *m* del mecanismo ‖ ⁓**balken** *m* (Klavier) / barra *f* del mecanismo
Mechaniker *m* / mecánico *m* ‖ ⁓, Maschinist *m* (Masch) / maquinista *m* ‖ ⁓ *m* (koll.), Kfz-Mechaniker *m* / tuercas *m* ‖ ⁓**drehbank** *f* / torno *m* de mecánico
mechanisch / mecánico *adj* ‖ ⁓, mit Kraftantrieb / mecanizado ‖ ⁓, automatisch / automático ‖ ⁓**er Abgleich** / compensación *f* mecánica ‖ ⁓**es Abtasten** / exploración *f* mecánica ‖ ⁓**es Äquivalent** / equivalente *m* mecánico ‖ ⁓**e Arbeit** / trabajo *m* mecánico ‖ ⁓**er Arm** (Nukl) / brazo *m* telemandado ‖ ⁓**er Aufbau** / construcción *f* mecánica ‖ ⁓**e Aufbereitung** / preparación *f* mecánica ‖ ⁓**e Aufladung** (Mot) / sobrecarga o sobrealimentación mecánica ‖ ⁓**e Aufstiegshilfe**, Skilift *m* / remonte *m* (E) ‖ ⁓**er Aufwind**, Hangwind *m* (Luftf) / viento *m* orográfico o mecánico ‖ ⁓**e Beanspruchung** / esfuerzo *m* mecánico ‖ ⁓**e Bearbeitung** / mecanizado *m*, maquinado *m* ‖ ⁓**e Beförderung** / transporte *m* mecánico ‖ ⁓**e Belastung** / carga *f* mecánica ‖ ⁓ **beschädigen** / dañar o deteriorar mecánicamente ‖ ⁓**e Bodenausrüstung** (Raumf) / equipo *m* mecánico de apoyo terrestre ‖ ⁓**e Drosselkette** (Filmprojektor) / filtro *m* [electro]mecánico ‖ ⁓**e Dynamometer** / dinamómetro *m* de absorción [por muelles] ‖ ⁓**e Eigenschaften** *f pl* / propiedades *f pl* mecánicas ‖ ⁓**e Einspritzung** (Mot) / inyección *f* mecánica ‖ ⁓**e Einspritzung** (kontinuierlich) / sistema *m* de inyección continua ‖ ⁓**e Einstellung** / ajuste *m* mecánico ‖ ⁓ **einwirken** / actuar mecánicamente ‖ ⁓**e Einwirkung** / acción *f* mecánica ‖ ⁓**e Entdrallung** (Antenne) / rotación *f* contraria mecánica ‖ ⁓**es Enthüllen** (Atom, Nukl) / descamisadura *f* o desvainadura mecánica ‖ ⁓**e Entwässerung** / desagüe *m* mecánico ‖ ⁓**e Fernsteuerung** / telemando *m* o telecontrol mecánico, telemecánica *f*, teleaccionamiento *m* ‖ ⁓**e Festigkeit** / resistencia *f* o estabilidad mecánica ‖ ⁓**e Festigkeit von Wagen** (Bahn) / robustez *f* del material rodante o móvil ‖ ⁓**e Förderer** *m pl* / transportador *m* mecanizado ‖ ⁓**er Formverschluss** (Plast) / cierre *m* mecánico del molde, pinza *f* del molde ‖ ⁓**er Fortschrittsgrad**, Gütegrad *m* (Luftschraube) / rendimiento *m* mecánico de la hélice ‖ ⁓**er Funkbeschicker** (Ortung) / compensador *m* mecánico ‖ ⁓ **gekuppelt** / acoplado mecánicamente, montados en conjunto ‖ ⁓**er Gleisumbau** (Bahn) /

renovación *f* mecanizada de la vía ‖ ⁓**e Haftung** (o. Verankerung) [gegen Gleiten] (Bau) / anclaje *m* mecánico ‖ ⁓**er Holzstoff**, Holzschliff *m* (Pap) / pasta *f* [de madera] mecánica ‖ ⁓**e Impedanz**, mechanischer Widerstand (Akust) / impedancia *f* mecánica ‖ ⁓**er Kesselrost** / parrilla *f* mecánica de la caldera ‖ ⁓**e Kippsteuerung** (Raumf) / telemando *m* mecánico de inclinación ‖ ⁓**er Knüppelordner** (Walzw) / clasificador *m* de palanquilla ‖ ⁓**es Konditionieren** (Elastomer) / acondicionamiento *m* mecánico ‖ ⁓**er Kontaktschutz** (Elektr) / protección *f* mecánica contra contactos involuntarios ‖ ⁓**e Kopplung** (z.B. von Kondensatoren) (Eltronik) / acoplamiento *m* mecánico (p.ej. de capacitores) ‖ ⁓**e Kraftübertragung** (Bremse) / transmisión *f* mecánica de fuerza ‖ ⁓**er Kraftverstärker** (Regeln) / servomecanismo *m* ‖ ⁓**e Kraftverstärkung** / amplificador *m* mecánico de fuerza, rendimiento *m* mecánico ‖ ⁓**e Kraftverstärkung** *f*, Hebelübersetzung *f* / transmisión *f* por [brazo de] palanca ‖ ⁓ **kuppeln** (Schalter) / acoplar mecánicamente, montar en conjunto ‖ ⁓**es Legieren** / aleación *f* mecánica ‖ ⁓**es Lichtäquivalent** (= 0,00147 W/lm) (Phys) / equivalente *m* mecánico de la luz (= 680 lúmenes por vatio) ‖ ⁓**er Nullpunkt** (Instr) / cero *m* mecánico ‖ ⁓**e Oberflächenbeschädigung** (Walzw) / deterioro *m* mecánico de la superficie ‖ ⁓**er Papierbrei** o. **-zellstoff** / pasta *f* mecánica ‖ ⁓**es Plattieren mit Zinn** / estañado *m* mecánico ‖ ⁓**e Presse** (Wzm) / prensa *f* mecánica ‖ ⁓**e Rostbeschickung** (o. Feuerung) / carga *f* mecánica del hogar ‖ ⁓**e Schreibmaschine** / máquina *f* de escribir mecánica ‖ ⁓**e Sicherheit** / seguridad *f* mecánica o contra riesgos mecánicos ‖ ⁓**es Spielzeug** / juguetes *m pl* mecánicos ‖ ⁓**e Spinnerei** (Tex) / hilandería *f* mecánica ‖ ⁓**es Stellwerk** (Bahn) / puesto *m* mecánico ‖ ⁓**e Stickerei** (Tex) / bordadura *f* mecánica ‖ ⁓**er Stoker** / cargador *m* mecánico del hogar, stoker *m* ‖ ⁓**er Teil** / parte *f* mecánica ‖ ⁓**e Umformung** (Sperrholz) / transformación *f* mecánica ‖ ⁓**er Unterbrecher** (Strahlungen) / interruptor *m* periódico o pulsatorio, pulsador *m* ‖ ⁓**e Verbindung** / juntura *f* mecánica ‖ ⁓**e Verbindungselemente** *n pl* / elementos de unión mecánicos *m pl*, sujetadores *m pl*, afianzadores *m pl*, fijadores *m pl* mecánicos ‖ ⁓**er Verschluss** (Bahn) / enclavamiento *m* mecánico ‖ ⁓ **vorgereinigtes Abwasser** / aguas *f pl* de desecho purificadas previamente por proceso mecánico ‖ ⁓**e Vorspannung** / pretensión *f* [mecánica] ‖ ⁓**es Wärmeäquivalent** (1 cal$_{15}$ = 4.1855 J) (Phys) / equivalente *m* mecánico del calor (una caloría = 4.1855 julios) ‖ ⁓**e Weberei** / tejeduría *f* mecánica ‖ ⁓**er Webstuhl** / telar *m* automático ‖ ⁓**e Werkstatt** / taller *m* mecánico ‖ ⁓**er Widerstand**, mechanische Impedanz / impedancia *f* mecánica ‖ ⁓**er Wirkungsgrad** / rendimiento *m* mecánico ‖ ⁓**es Zählwerk** / contador *m* mecánico ‖ ⁓**er Zug** (Mech, Phys) / tracción *f* [mecánica] ‖ ⁓**e Zugeinwirkung** (Bahn) / pedal *m* de cierre automático de la señal ‖ ⁓**-akustisch** / mecanoacústico ‖ ⁓**-elektrisch** / mecanoeléctrico ‖ ⁓**-hydraulisch** / mecanohidráulico
mechanisieren *vt* / mecanizar
mechanisiert, mit industriellen Methoden / industrializado ‖ ⁓, maschinell / mecanizado, mecánico ‖ ⁓**er Abbau** (Bergb) / explotación *f* mecanizada ‖ ⁓**e Gleisunterhaltung** (Bahn) / conservación *f* mecánica de la vía
Mechanisierung *f* / mecanización *f*
Mechanismus *m*, Werk *m*, Apparat *m* / mecanismo *f*, aparato *m*, maquinaria *f* ‖ ⁓, Anordnung *f*, Vorrichtung *f* / artificio *m*, dispositivo *m* ‖ ⁓, Triebwerk *n* (Instr) / mecanismo *m* ‖ ⁓, Vorgang *m* / proceso *m*
mechanochemisch / mecanoquímico

849

Mechatronik

Mechatronik *f* / mecánica *f* electrónica
Mechatroniker *m* (Beruf) / mecatrónico *m*
Mechernichit *m* (Min) / bravoite *f*
Medialobjektiv *n* (Opt) / lente *f* mediana
Mediane, Seitenhalbierende *f* (Dreieck) (Geom) / mediana *f*
Median•karte, Zentralwertkarte *f* (Stat) / gráfico *m* de valores medianos ‖ ⁓**wert**, Zentralwert *m* (Qual.Pr.) / valor *m* mediano o de la mediana
Mediastinoskop *n* (Med) / mediastinoscopio *m*
Mediävalziffern *f pl* (Druck) / cifras *f pl* bajas, números *m pl* elzevirianos
Medien *n pl* / medios *m pl* ‖ ⁓... / mediático *adj* ‖ ⁓**technik** *f* / técnica *f* de [los] medios ‖ ⁓**untersuchung** *f* / estudio *m* de medios ‖ ⁓**verbund** *m* / sistema *m* multimedios
Medikament *n* (Pharma) / medicamento *m*, fármaco *m*
Medio•garn *n* (Spinn) / urdimbre *f* de selfactina, medio-urdimbre *m* ‖ ⁓**kette** *f* (Spinn) / hilo *m* medio-urdimbre
Medium, Mittel *n* (Phys) / medio *m* ‖ ~**beständig** / resistente a los medios ‖ ⁓**verstärkung** *f* (Eltronik) / mediana ganancia *f*
medizinal, Medizin..., arzneilich / medicinal
Medizinflasche *f* / frasquito *m* o frasco de medicina
medizinisch, Medizinal..., ärztlich / médico, medicinal ‖ ~**e Seife** / jabón *m* medicinal ‖ ⁓**-biologisch** / medicobiológico
medizin•mechanisch (Geräte) / medicomecánico ‖ ~**technisch** / medicotécnico
Meehaniteguss *m* / fundición *f* Meehanite
Meer *n*, Ozean *m* / mar *m f*, océano *m* ‖ ⁓ **der Ruhe** (Mond) / Mar *m* de la Tranquilidad ‖ ⁓ **der Stürme** (Mond) / Océano *m* de las Tempestades
Meerbusen *m* (Geo) / seno *m*
Meeres•..., marin / marino ‖ ⁓**arm** *m* / brazo *m* de mar ‖ ⁓**bauwerke** *n pl* / obras *f pl* en el mar ‖ ⁓**bergbau** *m* / explotación *f* minera en el [fondo del] mar ‖ ⁓**boden**, -grund *m* / fondo *m* [sub]marino o del mar ‖ **mit mehr als 40 m Wasser bedeckter** ⁓**boden** / zona *f* elitoral ‖ **auf den** ⁓**boden sinkend** / demersal (recursos) ‖ ⁓**bucht** *f* (fast abgeschlossen), Haff *n* / bahía *f*, golfo *m*, ensenada *f* ‖ ⁓**höhe** *f* / nivel *m* del mar ‖ ⁓**höhe**, Höhe über dem Meer[esspiegel] (Verm) / altitud *f* sobre el nivel del mar ‖ ⁓**horizont** *m*, Kimm *f*, natürlicher o. scheinbarer o. sichtbarer Horizont, Sichthorizont *m* / horizonte *m* sensible ‖ ⁓**kunde** *f*, Ozeanographie *f* / oceanografía *f*, talasografía *f* ‖ ⁓**küste** *f* / costa *f* [del mar], litoral *m* ‖ ⁓**plankton** *n* / haloplancton *m*, plancton *m* marino ‖ ⁓**spiegel** *m*, -oberfläche *f* / superficie *f* del mar ‖ ⁓**strömung** *f* / corriente *f* marítima ‖ ⁓**strömungskraftwerk** *n* / central *f* de corriente marítima (seaflow) ‖ ⁓**technik** *f* / ingeniería *f* marina ‖ ⁓**verschmutzung** *f* / polución *f* del mar ‖ ⁓**wärme-Energie** *f* / energía *f* térmica del mar
meer•grün / verde [de] mar, verde oceánico ‖ ⁓**salz** *n* / sal *f* marina o del mar ‖ ⁓**schaum** *m* (Min) / sepiolita *f*, espuma *f* de mar ‖ ⁓**schleuse** *f*, See-, Hafenschleuse *f* / esclusa *f* marítima ‖ ⁓**wasser** *n* / agua *f* marina o de mar ‖ ⁓**wasserechtheit** *f* (Färb) / resistencia *f* al agua de mar ‖ ⁓**wasserentsalzung** *f* / desalación *f* o desalinización del agua de mar ‖ ⁓**wasserentsalzungsanlage** *f* / planta *f* desalinizadora o potabilizadora ‖ ⁓**wasserpumpe** *f* / bomba *f* de toma de agua de mar
Meeting *n* / mitin *m*
Mega•..., 10^6 / mega... ‖ ⁓**ampere** *n* (Elektr) / megamperio *m*, megampere *m*, m.a ‖ ⁓**bar** *n* (Phys) / megabar *m* ‖ ⁓**barn** *n* (Nukl) / megabarnio *m* ‖ ⁓**bit** *n* (DV) / megabit[io] *m* ‖ ⁓**-Byte** *n* (1MB = 2^{20} Bytes) (DV) / megabyte *m*, MByte *m*, MB ‖ ⁓**byte** *n* (DV) / megabyte *m* ‖ ⁓**chip** *n* / megachip *m*, megalasquilla *f* (LA) ‖ ⁓**dyn** *n* / megadina *f* ‖ ⁓**elektronenvolt** *m*,

MeV / megaelectrón-voltio *m* ‖ ⁓**farad** *n* / megafarad *m* ‖ ⁓**flop** (10^6 Gleitkommaoperationen je s) (DV) / megaflop *m* ‖ ⁓**hertz** *n*, MHz / megahertzio *m*, megaciclo *m* [por segundo] ‖ ⁓**lith** *m* (Geol) / megalito *m*
Megalotanker *m* (Schiff) / petrolero *m* gigante
Mega•newton *n* (Phys) / estenio *m* o esteno ‖ ⁓**octet**, Moctet *n* (Nukl) / megaocteto *m* ‖ ⁓**ohm** *n*, Megohm *n*, MΩ / megaohmio *m*, megohm[io] *m* ‖ ⁓**phon**, Trichtersprachrohr *n* / megáfono *m*, portavoz *m*, bocina *f* ‖ ⁓**phonie-Netz** *n* (Museum) / red *f* de megafonía ‖ ⁓**tanesystem** *n* (Brennstoff) / sistema *m* megatane ‖ ⁓**technologie** *f* (DV) / megatecnología *f* ‖ ⁓**tonne** *f* (Sprengwirkung) (Nukl) / megatonelada *f* (poder explosivo) ‖ ⁓**tron** *n* (Phys) / megatrón *m*, válvula *f* faro o de electrodos planos ‖ ⁓**urban** (auf Großstädte ab 500 000 Einwohner bezogen) / megaurbano ‖ ⁓**volt** *n* / megavoltio *m* ‖ ⁓**voltampere** *n* / megavoltamperio *m*, megavoltampére *m* ‖ ⁓**watt** *n*, MW / megavatio *m*, megawat *m* ‖ ⁓**watt elektrische Leistung**, MWe *n* (Reaktor) / megavatio *m* eléctrico ‖ ⁓**wattstunde** *f* / megavatiohora *f*, megawathora *f* ‖ ⁓**watt-Tage** *m pl* **je Tonne** (Nukl) / megavatio-días *m pl* por tonelada ‖ ⁓**wort** *n* (DV) / megapalabra *f*
Megger *m*, Magnet-Megohmmeter *n* / meg[a]óhmetro *m*
Megohm *n* / meg[a]ohmio *m*, megohm *m*
Mehl... / harinero
Mehl *n* / harina *f* ‖ ⁓ (Bergb) / polvo *m* de mineral ‖ **feinstes** ⁓ / flor *m* de harina, harina *f* de flor o de primer molido ‖ **grobes** ⁓ / harina *f* de segundo molido ‖ ⁓**bleichmittel**, -blaumittel *n* (Chem) / blanqueante *m* de harina ‖ ⁓**gang** *m* / juego *m* de muelas de molino
mehlig, mehlhaltig, -artig / harinoso, farináceo
Mehl•käfer *m*, Tenebrio molitor (Zool) / tenebrio *m* o escarabajo molinero ‖ ⁓**körper** *m* (im Getreide) (Bot) / endospermo *m*, cuerpo *m* harinoso o farináceo ‖ ⁓**milbe** *f*, Acarus siro o. Tyroglyphus farinea, Aleurobius farinae (Zool) / piral *m* de la harina ‖ ⁓**motte** *f*, Ephestia lunella (Zool) / polilla *f* gris de la harina ‖ ⁓**-Plansichter** *m* / planchíster *m* ‖ ⁓**sack** *m* / saco *m* de (o para) harina (E), bolsa *f* de (o para) harina (LA) ‖ ⁓**sichter** *m*, -sieb *m* / cedazo *m* harinero, criba *f* de harina ‖ ⁓**staub**, Mühlenstaub *m* / polvo *m* de harina ‖ ⁓**tau** *m* (Bot) / mildiú *m*, mildeu *m* ‖ **echter** ⁓**tau** (Oidium Tuckeri) / oídio *m*, mal *m* blanco ‖ **falscher** ⁓**tau** (von Peronospora) (Bot, Landw) / mildiú *m* [de la remolacha] ‖ ⁓**type** *f* / tipo *m* de harina, clase *f* de harina ‖ ⁓**wurm** *m* (Larve von Tenebrio molitor) (Zool) / gusano *m* de la harina
mehr als (Genauigkeit usw.) / más, superior [a] ‖ ~ **als 100** / más de 100
Mehr•..., mehrfach / multi..., múltiple ‖ ⁓..., zusätzlich / adicional ‖ ⁓**abschnitt-Signal** *n* (Bahn) / señal *f* de bloque múltiple ‖ ⁓**achsantrieb** *m* (Bahn) / transmisión *f* múltiple ‖ ⁓**achsenplattform** *f* (Raumf) / plataforma *f* de ejes múltiples ‖ ⁓**achsensteuerung** *f* (NC) / mando *m* de ejes múltiples ‖ ⁓**achsig** multiaxial ‖ ⁓**achsige Spannung** *f* (Mech) / esfuerzo *m* multiaxial ‖ ⁓**aderkabel** *n* / cable *m* multiconductor, cable *m* de almas múltiples ‖ ⁓**adress...** (DV) / de direcciones múltiples ‖ ⁓**adrig** (Elektr) / multifilar, de múltiples hilos o alambres o conductores ‖ ⁓**ämtergebiet** *n* (Fernm) / red *f* o zona con varias centrales ‖ ⁓**anoden...** / multiánodo, polianódico, de múltiples ánodos ‖ ⁓**arbeit** *f* (F.Org) / trabajo *m* suplementario o adicional ‖ ⁓**arbeit**, Überstunden *f pl* / horas *f pl* extraordinarias (E) o extra (LA) ‖ ~**atomig** / poliatómico ‖ ⁓**atomigkeit** *f* / poliatomicidad *f* ‖ ⁓**aufwand** *m*, -ausgaben *f pl* / gastos *m pl* suplementarios ‖ ⁓**ausbeute** *f* / rendimiento *m* suplementario ‖ ⁓**badfärbung** *f* /

mehrfachgegliedert

teñidura *f* en baños múltiples ‖ ⁓**bahntrockner** *m* (Web) / secador *m* de varios planos ‖ ⁓**band...**, Universal... (Eltronik) / multibanda *adj*, de todas ondas ‖ ⁓**band...** (Trägerfrequenz) / de múltiples [bandas] portadoras ‖ ⁓**band...**, Allwellen... (Funk) / de toda onda ‖ ⁓**bandanlage** *f* (Walzw) / instalación *f* multibandas ‖ ⁓**basisch** (Chem) / polibásico ‖ ⁓**bedarf** *m* / demanda *f* suplementaria ‖ ⁓**begriffiges Farblichtsignal** (Bahn) / señal *f* luminosa de colores con indicaciones múltiples ‖ ⁓**behandlung** *f* / multitratamiento *m* ‖ ⁓**belastung** *f*, Überlast *f* / sobrecarga *f* ‖ ⁓**belastung**, zusätzliche Last / carga *f* adicional ‖ ⁓**benutzersystem** *n* (DV) / sistema *m* de repartición de tiempo ‖ ⁓**bereichs...** (Instr) / de varios alcances, multirrango ‖ ⁓**bereichsöl** *n* (Mot) / aceite *m* multigrado ‖ ⁓**beton** *m* (Bau) / hormigón *m* restante ‖ ⁓**betrag**, Überschuss *m* / excedente *m*, exceso *m* ‖ ⁓**bitfehler** *m* (DV) / error *m* de múltiples bits ‖ ⁓**blattkreissäge** *f* / sierra *f* circular de hojas múltiples ‖ ⁓**chip-Schaltkreis** *m* / circuito *m* multichip (E) o multilasquita (LA) ‖ ~**chorig** (Web) / de varios cuerpos ‖ ⁓**dateiangabe** *f* (DV) / opción *f* de ficheros múltiples ‖ ⁓**datei-Verarbeitung** *f* (DV) / procesamiento *m* de ficheros múltiples ‖ ⁓**decker** *m* (Luftf) / multiplano *m* ‖ ⁓**decker** (Sieb) / criba *f* de varios pisos ‖ ~**deutig** (Math) / equívoco, ambiguo ‖ ⁓**deutigkeit** *f* / ambigüedad *f* ‖ ⁓**dienst...** / multiservicio *adj* ‖ ~**dimensional** / multidimensional, pluridimensional ‖ ~**dimensionale Verteilung** (Stat) / distribución *f* multivariante ‖ ⁓**draht...**, mehrdrähtig / multifilar, de múltiples alambres ‖ ⁓**druck[dampf]turbine** *f* / turbina *f* de presiones múltiples ‖ ⁓**düsenlanze** *f* (Hütt) / lanza *f* de múltiples orificios o toberas ‖ ⁓**düsenvergaser** *m* (Mot) / carburador *m* de múltiples surtidores ‖ ⁓**ebenen...** (DV) / a múltiples niveles ‖ ~**eckig** / poligonal ‖ ⁓**einflussversuch** *m* / ensayo *m* sobre factores múltiples ‖ ⁓**-Einheiten...** / multiunidad *adj*, multiunitario, de múltiples unidades ‖ ⁓**einheiten-Nachricht** *f* (Fernm) / mensaje *m* de múltiples elementos ‖ ⁓**elektrodenröhre** *f* / tubo *m* multielectrodo o multielectródico

mehrere, Mehrfach... / múltiple, repetido, reiterado

Mehr•ertrag *m* / exceso *m* de rendimiento ‖ ⁓**etagen-Entwicklungsdose** *f* (Foto) / caja *f* de revelado de varias unidades ‖ ⁓**etagenpresse** *f* / prensa *f* de múltiples planos ‖ ⁓**etagen-Röstofen** *m* (Hütt) / horno *m* multiplaza de tostación

mehrfach, multiple / múltiplice, multiplex ‖ ~ **abgestimmte Antenne** / antena *f* de (o con) sintonía (o sintonización) múltiple ‖ ~**e Auflage** (Galv) / depósito *m* de múltiples o varias capas ‖ ~ **aufrufbare Routine** (DV) / rutina *f* reutilizable ‖ ~ **aufrufbares Programm** / programa *m* reutilizable ‖ ~ **behandeln** / tratar repetidas veces ‖ ~ **bespielen**, überspielen (Magn.Bd) / sobregrabar, registrar sobre registro ‖ ~**er Flor** (Spinn) / velo *m* múltiple ‖ ~ **geerdet** (Elektr) / con múltiples puestas a tierra ‖ ~ **geriffelte Wellpappe** / cartón *m* multiondulado ‖ ~**es Integral** (Math) / integral *f* múltiple ‖ ~ **isoliert** / con múltiples capas aislantes ‖ ~**e Probenahme** / múltiples tomas de prueba *f pl* ‖ ~ **programmierbarer Festwertspeicher** (DV) / memoria *f* de lectura reprogramable ‖ ~**e Radpaarung**, Getriebezug *m* / tren *m* de engranajes ‖ ~**e Rückkopplung** / reacción *f* o retroacción múltiple ‖ ~**e Sternsysteme** *n pl* (Astr) / estrellas *f pl* múltiples, sistemas *m pl* estelares múltiples ‖ ~**e Streuung** (Nukl) / dispersión *f* múltiple ‖ ~**e Verstärkung** (Eltronik) / amplificación *f* de varias etapas o de varios pasos ‖ ~ **verzweigt** (z.B. Lichtleiter) / de ramificación múltiple ‖ ~**es Warten** / espera *f* múltiple ‖ ~ **wiederholbarer Programmabschnitt**, Routine *f* (DV) / rutina *f* ‖ ~**er Zeilenvorschub** (DV) / espaciado *m* vertical múltiple ‖ ~ **zusammenhängender Bereich** (Math) / región *f* múltiplemente conexa ‖ ~**er Zwischenraum** (DV) / espaciado *m* múltiple

Mehrfach•..., mehrfältig / repetido, reiterado, múltiple, varias veces ‖ ⁓**...**, fest verbunden (Landw, Masch) / acoplado ‖ ⁓**abbiegen** *n* (Walzw) / doblado *m* múltiple ‖ ⁓**abschneiden** *n* (Walzw) / despunte *m* múltiple ‖ ⁓**abstimmkondensator** *m* / condensador *m* múltiple, capacitor *m* múltiple ‖ ⁓**abstimmung** *f* (Antenne) / sintonización *f* múltiple ‖ ⁓**abtastung** *f* (TV) / exploración *f* múltiple o entrelazada, múltiple muestreo *m* ‖ ⁓**adressierung** *f* (Fernm) / dirección *f* múltiple, múltiples direcciones *f pl* ‖ ⁓**anguss** *m* (die Einspritzöffnungen) (Plast) / bebeduras *f pl* múltiples ‖ ⁓**anguss** (die Teile) / mazarotas *f pl* múltiples ‖ ⁓**-Ankopplungsadapter** *m* (Raumf) / adaptador *m* de atracadas múltiples ‖ ⁓**anlage** *f* (Druck) / marginera *f* múltiple ‖ ⁓**anordnung** *f* / disposición *f* múltiple ‖ ⁓**anordnung** (Widerstände) / acoplado *m* mecánico ‖ ⁓**anpassungstransformator** *m* / transformador *m* de adaptación múltiple ‖ ⁓**anruf** *m* / llamada *f* múltiple ‖ ⁓**anschlag** *m* (Masch) / tope *m* múltiple ‖ ⁓**anschluss** *m* (DV) / conexión *f* para varias unidades periféricas ‖ ⁓**anschluss** (Fernm) / acceso múltiple *m* ‖ ⁓**anschlussapparat** *m* (Fernm) / aparato *m* de acceso múltiple ‖ ⁓**anstrich** *m* / varias *f pl* capas de pintura, pintura *f* de varias capas ‖ ⁓**antenne** *f* / antena *f* múltiple o de elementos múltiples ‖ ⁓**aufspannung** *f* (Wzm) / sujeción *f* múltiple ‖ ⁓**aufteilung** *f* / subdivisión *f* múltiple ‖ ⁓**aufteilung** (Qual.Pr.) / clasificación *f* múltiple ‖ ⁓**ausbreitung** *f* / propagación *f* por trayectoria[s] múltiple[s] ‖ ⁓**ausnutzung** *f* (DV) / multiplexión *f*, multipl[ex]aje *m* ‖ ⁓**ausnutzung durch Zeitaufteilung** (Fernm) / división *f* de tiempo, distribución *f* en el tiempo ‖ ⁓**auswahl** *f* (DV) / selección *f* extendida ‖ ⁓**automatik** *f* (Foto) / control *m* automático múltiple de exposición ‖ ⁓**behälter** *m* (Nukl) / contención *f* múltiple ‖ ⁓**beschäftigung** *f* (gleichzeit. Ausübung mehrerer Berufe) / pluriempleo *m* ‖ ⁓**bespielung** *f*, Überspielen *n* (Tonband) / sobregrabación *f*, registro *m* sobre registro ‖ ⁓**-Betonform** *f* (Bau) / moldes *m pl* acoplados para hormigón ‖ ⁓**betrieb** *m* (Fernm) / transmisión *f* múltiple ‖ ⁓**betrieb** *m* (DV) / explotación *f* múltiple ‖ ⁓**bild** *n* (gedr.Schaltg) / conformación *f* múltiple ‖ ⁓**bindung** *f* (Chem) / enlace *m* múltiple ‖ ⁓**brenner** *m* / soplete *m* multillama ‖ ⁓**buchsenkette** *f* / cadena *f* de múltiples rodillos ‖ ⁓**diode** *f* / diodo *m* múltiple ‖ ⁓**dorn** *m* **für Fässer** (Flurförderer) / horquilla *f* doble ‖ ⁓**echo** *m* (Radar) / eco *m* múltiple, múltiples *m pl* ecos ‖ ⁓**einfang** *m* (Nukl) / captura *f* múltiple ‖ ⁓**elektrode** *f* (Chem) / electrodo *m* múltiple, polielectrodo *m* ‖ ⁓**empfang** *m* (Eltronik, Fernm) / recepción *f* múltiple ‖ ⁓**empfang**, Diversityempfang *m* / recepción *f* en diversidad ‖ ⁓**-End-End-Konfiguration** *f* (Fernwirk) / configuración *f* múltiple entre puntos, red *f* de telemando en estrella ‖ ⁓**erdschluss** *m* / puesta *f* a tierra múltiple ‖ ⁓**fallschirm** *m* / grupo *m* de paracaídas, paracaídas *m pl* agrupados ‖ ⁓**falzung** *f* / plegado *m* múltiple ‖ ⁓**faser** *f* / material *m* de varias fibras ‖ ⁓**filter** *m* *n* (Radiol) / filtro *m* compuesto ‖ ⁓**form** *f* (für verschiedene Teile) (Plast) / molde *m* compuesto ‖ ⁓**form** (für gleiche Teile) (Druckguss, Plast) / molde *m* múltiple, molde *m* de varias posiciones ‖ ⁓**form mit besonderer Füllplatte** / molde *f* múltiple con placa independiente de carga ‖ ⁓**form mit geteilter Matrize** / molde *m* de matriz partida ‖ ⁓**-Formularsatz** *m* / juego *m* múltiple de formularios ‖ ⁓**freistrahlschalter** *m* (Elektr) / interruptor *m* a chorro libre de corte múltiple ‖ ⁓**funkenstrecke** *f* / explosor *m* múltiple ‖ ⁓**funktions...** / de funciones múltiples ‖ ⁓**gaslaser** *m* / láser *m* de gas múltiple ‖ ⁓**gebühren** *f pl* / tasas *f pl* múltiples, tasación *f* múltiple ‖ ~**gegliederte Tabelle** *f* /

Mehrfachgesenk

tabla f de subdivisión múltiple ‖ ~**gesenk** n (Schm) / estampa f o matriz múltiple ‖ ~**gewebe** n pl (Tex) / tejidos m pl múltiples ‖ ~**halter** m (Dreh) / portaherramientas m múltiple ‖ ~**integral** n / integral f múltiple ‖ ~**ionisation** f / ionización f múltiple ‖ ~**isolation** f / aislamiento m de múltiples capas ‖ ~**kabel** n / cable m múltiple ‖ ~**-Kabelkanal** m (Kabel) / ducto m de cable múltiple, conducto m portacable múltiple ‖ ~**kammer** f (Verm) / cámara f fotogramétrica múltiple ‖ ~**kanal** m (Fernm) / canal m múltiple, vía f múltiple ‖ ~**kapillaren** f pl / tubo m multicapilar ‖ ~**karbon-Schreibband** n / cinta f multicarbón ‖ ~**keilbiegen** m (Stanz) / doblado m múltiple en forma de cuña o de V ‖ ~**keilwelle** f / árbol m de chavetas múltiples (E), eje m o árbol estriado (E), árbol m de varias ranuras (LA) ‖ ~**kochwäsche** f (Tex) / colada f repetidada de la ropa ‖ ~**kondensator** m / condensadores m pl o capacitores acoplados ‖ ~**kontakt** m (Fernm) / contactos m auxiliares para abonados a varias líneas ‖ ~**kopie** f (Druck) / copias f pl múltiples ‖ ~**lagerung** f / aplicación f de apoyos múltiples ‖ ~**langsiebmaschine** f (Pap) / máquina f de varias mesas planas ‖ ~**leiterkabel** n / cable m multiconductor o de múltiples conductores ‖ ~**leitersystem** n / sistema m multifilar ‖ ~**leitung** f / línea f múltiple ‖ ~**meißelhalter** m (Dreh) / portacuchillas m múltiple ‖ ~**modulation** f / modulación f múltiple ‖ ~**nutzen** m (gedr.Schaltg) / flanimpreso m múltiple ‖ ~**nutzung** f (Fernm) / múltiple acceso m ‖ ~**-Oszilloskop** n / osciloscopio m multitrazo ‖ ~**parallelwicklung** f (Elektr) / devanado m paralelo múltiple ‖ ~**passung** f / ajuste m múltiple ‖ ~**periodisch** (Math) / con períodos múltiples ‖ ~**presstechnik** f (Sintern) / técnica f de prensado múltiple ‖ ~**presswerkzeug** n (Sintern) / herramientas f pl para prensado múltiple ‖ ~**prüfgerät** s / comprobador m con puestos múltiples, multímetro m ‖ ~**rahmen** m (Fernm) / cuadro m, panel m del sistema Ericsson ‖ ~**rakete** f, MIRV-Flugkörper m (= multiple independent reentry vehicle) (Mil) / misil m MIRV ‖ [**gewollte**] ~**redundanz** (DV) / redundancia f [intencionada] múltiple ‖ ~**reflexion** f (Eltronik, Wellenausbreitung) / reflexión f múltiple [entre la Tierra y la ionosfera] ‖ ~**reflexion**, Interflexion f (Licht) / reflexión f múltiple ‖ ~**reflexion** f (Radar) s. Mehrfachecho ‖ ~**regelsystem** n, -regelstrecke f / sistema m de reglaje multivariado ‖ ~**regelung** f / reglaje m multivariado o de varias variables ‖ ~**-Richtstrahler** m / antena f multihaz ‖ ~**röhre** f (Eltronik) / tubo m múltiple ‖ ~**rollenkette** f / cadena f múltiple de rodillos ‖ ~**schalter** m (Elektr) / interruptor m de corte múltiple ‖ ~**schlagversuch** m (Mat.Prüf) / ensayo m de impactos múltiples ‖ ~**schleifenpolantenne** f / antena f múltiple de dipolos de lazo ‖ ~**-Schmetterlingsantenne** f / antena f múltiple de mariposa o de molinete o de torniquete ‖ ~**schneidegerät** n (Tex) / cortadora f múltiple ‖ ~**schreiber** m (Instr) / registrador m duplicador ‖ ~**schütz** n (Elektr) / contactor m múltiple ‖ ~**-Schutzerdung** f / protección f por puesta a tierra múltiple ‖ ~**schwingquarz** m / cristal m múltiple ‖ ~**speiser** m (Elektr) / alimentador m múltiple ‖ ~**spleiß** m (LWL) / empalme m de múltiples fibras ‖ ~**sprung** (DV) / salto m múltiple ‖ ~**spule** f / bobina f multiseccional ‖ ~**spur...** (DV) / multipista, de pista múltiple ‖ ~**steckdose** f / caja f de enchufe múltiple, multitomas m ‖ ~**stecker** m (Elektr) / ficha f múltiple ‖ ~**steckverbinder** m (Eltronik) / conector m de enchufe múltiple ‖ ~**steuerung** f (Bahn) / mando m en unidades múltiples, mando m o control múltiple ‖ ~**stichprobenplan** m (Qual.Pr.) / prueba f al alzar múltiple ‖ ~**streuung** f (Nukl) / dispersión f múltiple ‖ ~**stromkreis** m / circuito m múltiple ‖ ~**sucher**,

Universalsucher m (Foto) / visor m de distancia focal variable ‖ ~**support** m (Wzm) / carros m pl acoplados [en tándem] ‖ ~**systeme** n pl (Astr) / galaxias f pl múltiples ‖ ~**systemumfeld** n / ambiente m de sistemas múltiples ‖ ~**tarifzähler** m (Elektr) / contador m de tarifa[s] múltiple[s] ‖ ~**teilung** f (Web) / distribución f múltiple ‖ ~**telefonie** f, Multiplextelefonie f / telefonía f múltiple o multiplex ‖ ~**telegrafie** f, -betrieb m / telegrafía f multiplex ‖ ~**übersetzungsgetriebe** n (Masch) / tren m de engranajes ‖ ~**übertragung** f (DV) / transmisión f por trayectorias múltiples ‖ ~**verdampfer** m, Mehrkörperverdampfer m (Zuck) / evaporador m de efecto múltiple ‖ ~**vereinbarung** f (DV) / declaración f múltiple ‖ ~**verkehr** m, -übertragung f / transmisión f por vías múltiples ‖ ~**verseilung** f / cableado m múltiple ‖ ~**verstärker** m (Elektr) / amplificador m de varias etapas o de varios pasos ‖ ~**verteiler** m (Fernm) / distribuidor m multiplex ‖ ~**verteilung** f / distribución f múltiple ‖ ~**verwendung** f / uso m múltiple ‖ ~**wellentyp...** / multimodal ‖ **Betrieb mit** ~**wellentyp** (Wellenleiter) / funcionamiento m multimodal ‖ ~**wellentyp-Strahler** m / radiador m multimodal o de múltiples modos ‖ ~**-Wellenwicklung** f / devanado m ondulado en serie-paralelo ‖ ~**werkzeug** n s. Mehrfachform ‖ ~**wicklung** f / devanado m múltiple o de varios circuitos ‖ ~**zackenschrift** f (Film) / pista f multilateral de amplitud variable ‖ ~**zählung** f (Fernm) / medición f repetida ‖ ~**-Zeigerumlaufwaage** f / balanza f de giro múltiple ‖ ~**zeilensprung** m (TV) / entrelazado m múltiple ‖ ~**-Zeitmessung** f / cómputo m múltiple de la duración, cronometría f múltiple ‖ ~**ziehmaschine** f (für gleichzeitiges Ziehen mehrerer Stränge) (Draht) / trefiladora f múltiple, máquina de trefilar barras múltiples ‖ ~**ziehstein** m / hilera f múltiple ‖ ~**zugriff** m (DV) / múltiple acceso por detección de portadora m ‖ ~**zugriff im Frequenzmultiplex** (Fernm) / múltiple acceso por división de frecuencias m ‖ ~**zugriff im Zeitmultiplex** (Fernm) / múltiple acceso por división de tiempo m ‖ ~**zugriffs...** (DV) / multiacceso adj ‖ ~**zwirn** m (Tex) / hilo m cableado, hilo m torcido múltiple

Mehr ~**fadenlampe** f (Elektr) / bombilla f multifilamento ‖ ~**fädig** (Tex) / de varios hilos ‖ ~**fahrtenkarte** f, Streifenkarte f (Bahn) / tarjeta f multiviaje, multiticket m ‖ ~**familienhaus** n (Bau) / casa f plurifamiliar, casa f de vecindad, casa f de inquilinos

Mehrfarben•..., mehrfarbig / de o con varios colores, policromo ‖ ~**automat** m, Buntautomat m (Tex) / telar m automático para dibujo multicolor ‖ ~**druck** m / impresión f policroma o a varias tintas, policromía f ‖ ~**offset** m / offset m policromo ‖ ~**punktschreiber** m / registrador m de puntos en varios colores ‖ ~**-Rollen-Offsetdruckmaschine** f / rotativa f offset de varias tintas ‖ ~**schreiber** m / registrador m policromo ‖ ~**tiefdruck** m / huecograbado m policromo ‖ ~**tiefdruckrollenmaschine** f / rotativa f para huecograbado policromo ‖ ~**verfahren** m (TV) / sistema m policromo

mehr•farbig / policromo, de o en varios colores ‖ ~**farbig**, bunt / variopinto ‖ ~**farbiges Licht** / luz f heterocromática ‖ ~**farbiger Prospekt** / folleto m o prospecto policromo ‖ ~**farbigkeit** f, Polychromie f (Färb) / policromía f ‖ ~**farbigkeit** (Druck) / impresión f en varias tintas ‖ ~**farbigkeit** (Min, Phys) / pleocroísmo m, policroísmo m ‖ ~**fasen-Stufenbohrer** m (Wzm) / broca f [espiral] escalonada ‖ ~**feldrig** (Brücke) / de varias aberturas f ‖ ~**flächengleitlager** n (Masch) / cojinete m de superficies múltiples ‖ ~**flächig** (Krist) / de facies múltiples, de caras múltiples ‖ ~**flammig** / con varias llamas, multillama ‖ ~**flutig** (Turbine) / de flujos múltiples ‖ ~**formatprojektor** m / proyector m cinematográfico para varios formatos ‖

ᵉformatsucher *m* (Foto) / visor *m* de cuadro múltiple ‖ ᵉfracht *f* (Gewicht) / sobrecarga *f* ‖ ᵉfracht (Kosten) / sobreflete *m* ‖ ᵉfrequenz... / multifrecuencia[1] ‖ ᵉfrequenzen-Tastenwahl *f* / emisión *f* por teclado de señales de frecuencia vocal ‖ ᵉfrequenzsignal *n* (Fernm) / señal *f* compuesta ‖ ᵉfrequenzsystem *n* / sistema *m* multifrecuencial ‖ ᵉfunkenzündung *f* / encendido *m* de varios puntos ‖ ᵉfunktions... (Landw) / multifuncional, plurifuncional, de función múltiple, de múltiples funciones ‖ ᵉfurchenpflug *m* / arado *m* polisurco ‖ ᵉgang... (Wzm) / de velocidades múltiples ‖ ᵉganggetriebe *n* (Kfz) / engranaje *m* de velocidades múltiples, caja *f* de [varios] cambios

mehrgängig (Gewinde) / de filete múltiple, de varias entradas ‖ ~**er Abwälzfräser** (Wzm) / fresa *f* madre de varios pasos ‖ ~**es Gewinde** / rosca *f* de varias entradas, filete *m* múltiple (E), rosca *f* múltiple (LA) ‖ ~**er Gewindefräser** / fresa *f* de filetes múltiples ‖ ~**e Parallelwicklung** (Elektr) / devanado *m* paralelo múltiple ‖ ~**e Schleifenwicklung** (Elektr) / devanado *m* imbricado múltiple ‖ ~**e Wellenwicklung** (Elektr, Mot) / devanado *m* ondulado múltiple

mehr•gehäusig (Turbine) / de varias cajas, de cajas múltiples ‖ ᵉ**gelenkkran** *m* / grúa *f* poliarticulada ‖ ᵉ**geräteanschluss** *m* / conexión *f* de aparatos múltiples ‖ ~**gerüstig** (Walzw) / de cajas múltiples ‖ ~**geschossig** (Bau) / de varios pisos ‖ ᵉ**gewicht** *n*, Überlast *f* / sobrecarga *f* ‖ ᵉ**gewicht**, Übergewicht *n* / sobrepeso *m*, excedente *m* o exceso de peso ‖ ~**gipflige Verteilung** *f* (Stat) / distribución *f* multimodal ‖ ᵉ**gitterröhre** *f* (Eltronik) / tubo *m* multirejilla, tubo *m* de rejillas múltiples ‖ ~**gleisig** (Bahn) / de vía múltiple

mehrgliedrig•er Fernschnelltriebwagen / automotor *m* articulado de largo recorrido (E), rama *f* automotriz de largo recorrido *m* ‖ ~**es Filter** (Eltronik) / filtro *m* multisección ‖ ~**er Kettenleiter** / red *f* recurrente multiseccional ‖ ~**e Zugeinheit** (Bahn) / rama *f* de elementos (o unidades) múltiples

Mehr•gratköper *m* (Tex) / sarga *f* multiespiga ‖ ᵉ**größenregelung** *f* / reglaje *m* multivariado o plurivariado ‖ ᵉ**größensystem** *n* (Regeln) / sistema *m* multivariante ‖ ᵉ**gruppenmodell** *n* (Nukl) / modelo *m* de grupos múltiples ‖ ᵉ**gruppenzug** *m* (Bahn) / tren *m* de varias composiciones, tren *m* de lotificación

Mehrheits•auswahl *f* (DV) / redundancia *f* mayoritaria ‖ ᵉ**glied** *n* (DV) / circuito *m* mayoritario

Mehr•impuls-Punktschweißung *f* / soldadura *f* por pulsaciones ‖ ᵉ**kammer...** (Masch) / multicámara, de múltiples cámaras ‖ ᵉ**kammerbehälter** *m* / depósito *m* multicámara ‖ ᵉ**kammer-Klystron** *n* (Eltronik) / klistrón *m* multicavidad o de múltiples cavidades ‖ ᵉ**kammerkrümmer** *m* (Kfz) / codo *m* multicámara o multitubo ‖ ᵉ**kammerrohrmühle** *f* / molino *m* tubular de varios compartimentos ‖ ᵉ**kammerschlagkreuzmühle** *f* / molino *m* de crucetas de percusión multicámara ‖ ᵉ**kammerverbundrohrmühle** *f* / triturador *m* compuesto de múltiples cámaras

Mehrkanal•... (Eltronik) / multicanal, policanal ‖ ᵉ**anschluss** *m* (DV) / adaptador *m* multicanal ‖ ᵉ**antenne** *f* / antena *f* multicanal, antena *f* para todos los canales ‖ ᵉ**-Datenübertragungsprogramm** *n* (DV) / programa *m* de transmisión [de datos] de vías o canales múltiples ‖ ᵉ**decodierer** *m* / decodificador *m* multicanal ‖ ᵉ**-Frequenzumtastung** *f* (Fernm) / método *m* poliplex, modulación *f* por desplazamiento de frecuencia de canales múltiples

Mehrkanaligkeit *f* (Fernm) / operación *f* multicanal

Mehrkanal•-Leitweg *m* (Fernm) / vía *f* de comunicación multicanal ‖ ᵉ**-Rundfunksender** *m* / radiotransmisor *m* multicanal, emisora *f* multicanal

Mehrkanalschreiber *m*, Polygraph *m* / inscriptor *m* multicanal, polígrafo *m*

Mehrkanal•spektrometer *n* / espectrómetro *m* multicanal ‖ ᵉ**telegrafie** *f* / telegrafía *f* multicanal o multivía ‖ ᵉ**ton-Empfänger** *m* (TV) / receptor *m* de sonido multicanal ‖ ᵉ**-Trägerfrequenztelefonie** *f* / telefonía *f* multicanal por corriente portadora ‖ ᵉ**verfahren** *n* (TV) / sistema *m* multicanal o multivía

Mehr•kantblock *m* (Hütt) / lingote *m* de aristas múltiples ‖ **hohlflächiger** ᵉ**kantblock** / lingote *m* ondulado ‖ ~**kant[ig]** / de aristas múltiples, de lados múltiples ‖ ~**kernig** (Chem) / polinuclear ‖ ᵉ**klanghorn** *n* (Kfz) / bocina *f* de sonido múltiple o acorde ‖ **abgestimmtes** ᵉ**klanghorn** / bocina *m* de sonido musical ‖ ᵉ**kolbenmotor** *m* / motor *m* de múltiples émbolos ‖ ᵉ**kolbenpumpe** *f* / bomba *f* de múltiples émbolos [buzos (E) o buceadores (LA)] ‖ ᵉ**komponenten...** / de múltiples componentes, de varios elementos ‖ ᵉ**komponenten-Breitbandstrahlung** *f* (Raumf) / silbidos *m pl* de múltiples componentes ‖ ᵉ**komponentenkleber** *m* / adhesivo *m* mixto o de dos [o múltiples] componentes ‖ ᵉ**komponententreibstoff** *m* (Raumf) / poliergol *m* ‖ ᵉ**komponentenwaage** *f* / balanza *f* de varios componentes ‖ ᵉ**kontaktstecker** *m* / clavija *f* o ficha multicontacto, conector *m* macho de múltiples espigas o contactos ‖ ᵉ**kopfstickmaschine** *f* (Tex) / máquina *f* de bordar de cabezas múltiples ‖ ᵉ**kopfstrecke** *f* (Spinn) / manuar *m* de varios pasajes o de varias cabezas ‖ ᵉ**körpermodell**, -teilchenmodell *n* (Nukl) / modelo *m* de partículas múltiples ‖ ᵉ**körperproblem** *n* (Astr) / problema *m* de fuerza intercorpuscular o entre múltiples cuerpos ‖ ᵉ**körpersystem** *n* / sistema *m* de varios cuerpos, multibody system *m* ‖ ᵉ**körper-Verdampfer**, -verdampfapparat *m* (Zuck) / evaporador *m* de efecto múltiple ‖ ᵉ**kosten** *pl* / gastos *m* o costes accesorios o excesivos, sobrecosto *m*, exceso *m* de gastos ‖ ᵉ**kreisbremssystem** *n* (Kfz) / sistema *m* de frenado [con mando] de circuitos múltiples ‖ ᵉ**kreiser** *m*, -kreisempfänger *m* (Funk) / receptor *m* armónico multicircuito ‖ ᵉ**kreisfilter** *n* (Eltronik) / filtro *m* multisección ‖ ᵉ**kreis-Triftröhre** *f* / tubo *m* de modulación de la velocidad multicavidad ‖ ᵉ**ladegewehr**, Repetiergewehr *n* / fusil *m* de repetición

Mehrlagen•... / de múltiples o varias capas, multicapa *adj* ‖ ᵉ**behälter** *m* (Masch) / tubo *m* cilíndrico multicapa ‖ ᵉ**gewebe** *n* (Tex) / tejido *m* multicapa ‖ ᵉ**karton** / cartón *m* multiplex o de varias capas, cartón *m* multicapa ‖ ᵉ**papier** *n* / papel *m* multiplex o de varias capas ‖ ᵉ**-Papiersack** *m* (Feuerfest) / saco *m* de papel de paredes múltiple ‖ ᵉ**platte** *f*, Multilayerplatte *f* (gedr.Schaltg) / circuito *m* de múltiples capas ‖ ᵉ**raupe** *f* (Schw) / cordón *m* múltiple ‖ ᵉ**schweißung** *f* / soldadura *f* de varias pasadas ‖ ᵉ**sperrholz** *n* / madera *f* contrachapeada de múltiples capas ‖ ᵉ**wicklung** *f* / devanado *m* multicapa o en capas superpuestas

mehr•lagige Unterlegeplatte / chapa *f* de relleno multicapa ‖ ᵉ**leistung** *f* / mayor rendimiento *m*, rendimiento *m* suplementario ‖ ᵉ**leiter** *m* (Eltronik) / conductor *m* multifilar ‖ ᵉ**leiter...**, mehrdrähtig / multifilar, de múltiples hilos o conductores o alambres ‖ ᵉ**leiterantenne** *f* / antena *f* multifilar ‖ ᵉ**leiter-Endverschluss** *m* (Elektr) / caja *f* de distribución o de división, distribuidor *m* de los hilos de un cable ‖ ᵉ**leiterkabel** *n* / cable *m* de múltiples conductores ‖ ᵉ**leitersystem** *n* / sistema *m* multifilar de múltiples conductores ‖ ᵉ**leitungs-Bremssystem** *n* (Kfz) / sistema *m* de frenado de tubería múltiple ‖ ᵉ**lenkerachse** *f* (Kfz) / eje *m* de brazos múltiples ‖ ᵉ**linien...**, Mehrzeilen... (Druck, DV) / multilineal ‖ ᵉ**linienschreiber** *m* (Instr) / registrador *m* multistilete ‖ ~**linsig** (Opt) / de varias lentes ‖ ~**linsiges Objektiv** /

Mehrloch...

objetivo *m* de varias lentes ‖ ⁓**loch...** / multiagujero *adj*, poliagujero *adj* ‖ ⁓**lochbohrmaschine** *f* / taladradora *f* para agujeros múltiples ‖ ⁓**lochdüse** *f* (Einspritzpumpe) / tobera *f* de orificios múltiples ‖ ⁓**loch-Formstück** *n* / conducto *m* de pasaje múltiple, canaleta *f* de pasaje múltiple ‖ ⁓**lochkern** *m* (Eltronik) / dispositivo *m* multiabertura (un núcleo magnético) ‖ ⁓**lochkern** / núcleo *m* de orificios múltiples ‖ ~**lösige Bremse** (Bahn) / freno *m* moderable (o graduable) al aflojar ‖ ⁓**magazin...** / de almacén múltiple ‖ ~**malig**, wiederholt / repetido, reiterado

mehrmals gebeizt (Blech) / decapado varias veces

Mehr•**mantelkabel** *n* / cable *m* de conductores emplomados ‖ ⁓**maschinenbedienung** *f* (F.Org) / manejo *m* de múltiples máquinas ‖ ⁓**meißelarbeit** *f* (Wzm) / mecanizado *m* por múltiples útiles ‖ ⁓**meißelhalter** *m* / portacuchillas *m* o portapunteros múltiple ‖ ⁓**meißelsupport** *m* (Dreh) / carro *m* de múltiples útiles ‖ ⁓**metall-Druckplatte** *f* (Druck, Offset) / plancha *f* para la impresión polimetálica, clisé *m* o galvano polimetálico ‖ ⁓**moden...** (Eltronik) / multimodal, de múltiple[s] modo[s] ‖ ⁓**moden-Lichtwellenleiter** *m* / fibra *f* óptica multimodal, conductor *m* de ondas luminosas multimodal ‖ ~**motorig** / multimotor, plurimotor ‖ ⁓**nachrichtenverarbeitung** *f* (DV) / modo *m* de mensajes múltiples ‖ ⁓**nadel-Nähmaschine** *f* / máquina *f* de coser de agujas múltiples ‖ ⁓**normen...** (TV) / multinorma *adj* ‖ ~**paariges Koaxkabel** / cable *m* coaxi[a]l de múltiples pares ‖ ⁓**phasenlegierung** *f* / aleación *f* multifásica ‖ ⁓**phasenmaschine** *f* (Elektr) / alternador *m* polifásico ‖ ⁓**phasenreihenschlussmotor** *m* / motor *m* polifásico devanado en serie ‖ ⁓**phasenstrom** *m* / corriente *f* polifásica ‖ ⁓**phasenwechselstrom** *m* / corriente *f* alterna (E) o alternada (LA) polifásica ‖ ~**phasig**, Mehrphasen... (Elektr) / polifásico ‖ ~**phasig** (Stat) / polietápico ‖ ~**phasiges Hohlraumfilter** (Eltronik) / filtro *m* multicavidad ‖ ~**phasiges Medium** (Pneum) / medio *m* [de] polifásico ‖ ⁓**photonen-Prozess** *m* / proceso *m* [de] multifotones

Mehrplatz•**...** (DV) / de múltiples puestos ‖ ⁓**anlage** *f* / instalación *f* multipuesto ‖ ⁓**computer** *m* / ordenador *m* midrange ‖ ⁓**system** *n*, System *n* mit mehreren Bedienungsplätzen (DV) / sistema *m* de pupitres [de mando] múltiples ‖ ⁓**vermittlung** *f* (Fernm) / centralilla *f* multiposicional

mehrpolig (Elektr, Stecker usw) / multipolar, de múltiples espigas ‖ ~**er Ausschalter** / interruptor *m* o disyuntor multipolar ‖ ~**er Messerschalter** / interruptor *m* de cuchilla (o de palanca) multipolar ‖ ~**es Relais** / relé *m* multipolo

Mehr•**polröhre** *f* (Funk) / tubo *m* multipolar ‖ ⁓**profil-Schleifscheibe** *f* / muela *f* de varios perfiles ‖ ⁓**programmbetrieb** *m* (DIN) (DV) / multiprogramación, sistema *m* de multiprogramación ‖ ⁓**prozessbetrieb** *m* (DV) / modo *m* de tareas múltiples ‖ ⁓**prozessorsteuersystem** *n*, MPST / sistema *m* de control por [computadora] multiprocesadora ‖ ⁓**prozessorsystem** *n* (DIN), MPS (DV) / sistema *m* de computadora multiprocesadora ‖ ⁓**punktbetrieb** *m* / funcionamiento *m* de múltiples puntos ‖ ⁓**punkt-Sicherheitsgurt** *m* (Kfz) / cinturón *m* de seguridad multipunto ‖ ⁓**punktverbindung** *f* (DV) / conexión *f* de múltiples puntos ‖ ⁓**punktverhalten** *n* (Regeln) / acción *f* a niveles múltiples ‖ ⁓**quadrantenbetrieb** *m* (NC) / mando *m* de cuadrantes múltiples ‖ ~**rädrig** / de múltiples ruedas ‖ ⁓**rechnersprache** *f* (DV) / lenguaje *m* de sistemas distribuidos ‖ ⁓**rechnersystem** *n* / sistema *m* de computadoras múltiples, sistema *m* de multiprocesamiento ‖ ~**reihig** / de varias hileras ‖ ~**reihige Nietung** / remachado *m* múltiple ‖ ~**rillige Scheibe** / polea *f* múltiple ‖ ~**ringig**, -kernig,

polyzyklisch (Chem) / policíclico ‖ ⁓**röhren...** (Eltronik) / de varios tubos ‖ ⁓**rollenbandwaage** *f* / báscula *f* de cinta de rodillos múltiples ‖ ⁓**rollen-Flaschenzug** *m* (Bau) / aparejo *m* múltiple ‖ ⁓**rollen-Kaltwalzwerk** *n* / tren *m* de laminación en frío con múltiples cilindros de soporte ‖ ⁓**rumpfboot** *n* (Schiff) / bote *m* de varios cascos ‖ ⁓**säulen...** (Wzm) / de múltiples columnas ‖ ~**schalig** (Turbine) / de varias carcasas ‖ ~**scharig** (Pflug) / polisurco ‖ ⁓**scharfpflug** *m* / arado *m* polisurco ‖ ⁓**scheiben-Isolierglas** *n* / unidad *f* de vidrios térmicos, unidad *f* de cristales aislantes ‖ ⁓**scheibenkupplung** *f* (Kfz) / embrague *m* de discos múltiples ‖ ⁓**schichtenglas** *n* / cristal *m* de varias capas ‖ ⁓**schichtenkarton** *f* / cartón *m* multiplex o de varias capas, cartón *m* multicapa ‖ ⁓**schichten-Phosphor-Schirm** *m* (Kath.Str) / pantalla *f* de fósforo (o de luminóforo) multicapa ‖ ⁓**schichten-Presstechnik** *f* (Sintern) / técnica *f* de compresión de varias capas ‖ ⁓**schichtfolie** *f* / película *f* multicapa ‖ ~**schichtig**, Mehrschichten... / multicapa *adj*, de múltiples o varias capas ‖ ⁓**schicht-Leichtbauplatte** *f* / placa *f* de construcción ligera o aligerada de varias capas ‖ ⁓**schichtmetall** *n* / metal *m* [laminado] de varias capas ‖ ⁓**schicht-Multichip-Modul** *n* (Eltronik) / módulo *m* multicapa-multichip ‖ ⁓**schichtplatte** *f* (gedr.Schaltg) / tablero *m* multicapa ‖ ⁓**schichtpressling** *m* (Sintern) / comprimido *m* estratificado ‖ ⁓**schicht-Solarzelle** *f* / célula *f* solar multicapa ‖ ⁓**schichtsperrholz** *n* / madera *f* contrachapeada multicapa ‖ ⁓**schiffig** (Bau) / de varias naves ‖ ⁓**schleifen-Regelkreis** *m* / sistema *m* de reglaje de varios bucles ‖ ⁓**schnecken-Extruder** *m* (Plast) / extrusora *f* de varios husos ‖ ~**schneidig** / de múltiples filos cortantes ‖ ~**schnittig** (Nietung) / de múltiples cortes ‖ ⁓**schriftenleser** *m* (DV) / lector *m* de múltiples tipos de imprenta ‖ ⁓**schrittverfahren** *n* (Math) / método *m* de múltiples pasos ‖ ⁓**seelenlötdraht** *m* / alambre *m* de soldadura con varias almas ‖ ⁓**seilförderung** *f* (Bergb) / extracción *f* con cuatro cables ‖ ⁓**seilgreifer** *m* / cuchara *f* de múltiples cables ‖ ⁓**sektionsverbindung** *f* / conexión *f* de múltiples secciones ‖ ⁓**siebmaschine** *f* (Pap) / máquina *f* de papel de varias formas

mehrsitzig (Kfz) / multiplaza *adj* ‖ ~**es Ventil** / válvula *f* de varios asientos

Mehrsparten... / de varias secciones, de múltiples sectores

Mehrspindel•**...** (Wzm) / de múltiples husillos ‖ ⁓**automat** *m* (Wzm) / torno *m* automático de varios husillos ‖ ⁓**bohrkopf** *m* / cabezal *m* portabrocas múltiple ‖ ⁓**bohrmaschine** *f* (mit verstellbaren Bohrspindeln für gleichzeitige Durchführung verschiedener Arbeiten, Ggs.: Reihenbohrmaschine) / taladradora *f* de husillos múltiples [ajustables] ‖ ⁓**bohrwerk** *n* / mandrinadora *f* de husillos múltiples ‖ ⁓**fräswerk** *n* / fresadora *f* de husillos múltiples ‖ ⁓**futterautomat** *m* (Wzm) / torno *m* automático de plato con husillos múltiples

Mehr•**sprachen...** (DV) / multilingüe, plurilingüe, de varios lenguajes ‖ ⁓**spulenangabe** *f* (DV) / opción *f* de bobinas múltiples ‖ ⁓**spulendatei** *f* / fichero *m* de bobinas múltiples ‖ ⁓**spurband** *n* (Eltronik) / cinta *f* multipista ‖ ~**spurig** (Straß) / de varios carriles (E), de vías múltiples ‖ ~**spurig** (Magn.Bd) / multipista ‖ ⁓**spurkopf** *m* (Magn.Bd) / cabeza *f* multipista ‖ ⁓**stärkengläser** *n pl* / lentes *f pl* multifocales o polifocales ‖ ⁓**stationen-Verbindung** *f* / conexión *f* de varios puntos, enlace *m* de derivación múltiple ‖ ⁓**stellen...** / de estaciones múltiples ‖ ⁓**stellenarbeit**, -**bedienung** *f* / trabajo *m* a máquinas múltiples ‖ ⁓**stellenregelung** *f* / reglaje *m* de puestos múltiples ‖ ⁓**stellenschweißumformer** *m* / convertidor *m* de soldadura de puestos múltiples ‖ ⁓**stellenverfahren** *n* (Math) / método *m* [de] "mehrstellen" ‖ ~**stellig** (Math

/ de varias cifras, de varios dígitos ‖ ²**stempelpresse** f, Stufenpresse f / prensa f de varios punzones, prensa f escalonada ‖ ²**stift**... / de varios pasadores o clavijas ‖ ~**stöckig** (Bau) / de varios pisos ‖ ²**stoff**..., Vielstoff... (Mot) / multicombustible, para varios combustibles, de carburantes múltiples ‖ ²**stoffbronze** f / bronce m multialeado ‖ ²**stoffeutektikum** n (Hütt) / eutéctico m polinario ‖ ²**stoffgemisch** n / mezcla f compleja ‖ ²**stoffkatalysator** m (Chem) / catalizador m complejo o de mezcla ‖ ²**stofflager** n (Masch) / cojinete m compuesto ‖ ²**stofflegierung** f / aleación f de varios componentes ‖ ²**stoffmotor** m, Vielstoffmotor m / motor m de carburantes múltiples, motor m para varios combustibles ‖ ²**stoffpressling** m (Sintern) / comprimido m compuesto ‖ ²**stoffsystem** n (Hütt) / sistema m de multicomponentes ‖ ²**strahlenoszilloskop** n / osciloscopio m catódico multihaz ‖ ²**strahlflugzeug** n / avión m multirreactor (E) o multijet (LA) ‖ ~**stränggiges Extrudieren** (Plast) / extrusión f de varias líneas ‖ ²**strangmaschine** f (Strangguss) / máquina f de varias líneas ‖ ²**strom...** (Elektr) / policorriente adj

Mehrstufen•..., mehrstufig / multietapa, multietápico, de varias etapas, de varios pasos, de etapas múltiples ‖ ²**-Dauerschwingversuch** m / ensayo m de fatiga a cargas escalonadas ‖ ²**form** f (für Folgestufen) / molde m de múltiples cavidades ‖ ²**gebläse** n / soplante m multietapa ‖ ²**gesenk** n (Schm) / matriz f progresiva ‖ ²**getriebe** n / engranaje m reductor (o desmultiplicador) de varias etapas ‖ ²**getriebe** (Kfz) / caja f de cambio ‖ ²**-Impuls-Gegenstrom-Rührer**, MIG-Rührer m / agitador m multietapa por impulsos de contracorriente ‖ ²**kompressor** m / compresor m multietapa ‖ ²**profil** m (LWL) / perfil m escalonado ‖ ²**rakete** f / cohete m de varias etapas ‖ ²**regelung** f / reglaje m multietápico ‖ ²**-Stichprobenverfahren** n (Qual.Pr.) / prueba f al azar de varias etapas

mehrstufig, mit mehreren Geschwindigkeiten / de velocidades múltiples ‖ ~**e Entspannungsverdampfung** (Entsalzung) / destilación f multietapa (desalinización) ‖ ~**e Kreiselpumpe** / bomba f centrífuga multietapa o polietapa ‖ ~**e Kühlung**, Mehrstufenkühlung f / enfriamiento m escalonado ‖ ~**es Profil** (LWL) / perfil m múltiple ‖ ~**e Programmunterbrechung** (DV) / interrupción f a niveles múltiples ‖ ~**er Textilbetrieb** / empresa f textil de varias etapas ‖ ~**e Turbine** / turbina f de varios escalones [con una etapa de velocidad] ‖ ~**e Vakuumpumpe** / bomba f de vacío multietapa o polietapa ‖ ~**er Verstärker** (Eltronik) / amplificador m de varios pasos o de varias etapas ‖ ~**er Wähler** (Fernm) / selector m de varios puntos ‖ ~**er Zwirn** / hilo m cableado

Mehr•stufigkeit f / carácter m escalonado ‖ ²**stunden-Werkstückmagazin** n (Wzm) / depósito m de piezas [a trabajar] para varias horas ‖ ~**stündig** / de múltiples horas ‖ ²**system** n (DV) / sistema m múltiple ‖ ²**system...** (Bahn, Lok) / multicorriente adj ‖ ²**systemröhre** f (Eltronik) / tubo m múltiple ‖ ²**system-Unterstützung** f (DV) / ayuda f por sistema múltiple ‖ ²**tarifzähler** m (Elektr) / contador m de tarifas múltiples ‖ ²**tarifzähler** (Fernm) / contador m de conversación a múltiples tarifas ‖ ²**teilchenmodell**, -körpermodell n (Nukl) / modelo m de partículas múltiples

mehrteilig / de varias partes, múltiple ‖ ~, zusammengesetzt (allg, Pressform) / en dos o más partes, compuesto ‖ ~**er Fernschnelltriebwagen** (Bahn) / automotor m de largo recorrido, rama f [automotriz] de largo recorrido ‖ ~**e Form** (Plast) / molde m de matriz partida ‖ ~**er Isolator** / aislador m compuesto ‖ ~**er Langholzwagen** (Kfz) / camión m compuesto para maderas largas ‖ ~**er Wälzfräser** / fresa f madre compuesta

Mehr•teil-Presstechnik f (Sintern) / técnica f de compresión simultánea de múltiples piezas ‖ ²**tonfärbung** f / teñido m de múltiples tonos o tintas ‖ ²**tore** n pl (Elektr) / multipuertas f pl ‖ ²**trägerkanalsystem** n (Fernm) / sistema m de múltiples portadoras y canales ‖ ~**trümmig** (Bergb) / de varios ramales ‖ ²**ventilmotor** m (Mot) / motor m de varias válvulas ‖ ²**verbrauch** m / exceso m de consumo ‖ ²**walzen-Streichmaschine** f (Pap) / estucadora f de varios rodillos ‖ ²**weg...** / de trayectoria múltiple ‖ ²**weg-Ausbreitung** f / propagación f por trayectoria[s] múltiple[s] ‖ ²**wegehahn** m, Wahlventil n / válvula f selectora ‖ ²**wegeschalter** m (Elektr) / conmutador m multidireccional, interruptor m de contacto múltiple ‖ ~**wegig** (Eltronik) / multicanal adj, policanal adj, multicanálico, policanálico, de canal múltiple, de múltiples canales ‖ ~**wegige Arbeitszyklen** m pl / ciclos m pl de múltiples líneas paralelas ‖ ²**weg-Kugelventil** n / válvula f de bola (E) (o de globo (LA)) de varios pasos ‖ ²**wegpalette** f / paleta f de entradas múltiples, paleta f de uso repetido ‖ ²**wegsteuerung** f / mando m multicanal, mando m por recorridos múltiples ‖ ²**wegverpackung** f / embalaje m de retorno o de uso repetido ‖ ²**wellen-Interferometrie** f (Laser) / interferometría f de ondas múltiples ‖ ²**wellenturbine** f / turbina f de varios árboles ‖ ²**welligkeit** f (Phys) / multiplicidad f de ondas ‖ ²**wert** m / valor m añadido (E), valor m agregado, plusvalor m, plusvalía f, mayor valor m ‖ ~**wertig**, vielwertig (Math) / multivaluado, multivalente, polivalente ‖ ~**wertig** (Chem) / polivalente, multivalente, de valencia múltiple ‖ ~**wertig** (Logik) / polivalente ‖ ~**wertiger Alkohol** / alcohol m polivalente, polialcohol m, poliol m ‖ ~**wertige Menge** (Math) / conjunto m borroso ‖ ~**wertige Wurzel** (Math) / raíz f múltiple ‖ ²**wertigkeit** f (einer Wurzel) (Math) / multiplicidad f (de una raíz) ‖ ²**wertigkeit** (Chem) / valencia f múltiple, carácter m polivalente, polivalencia f ‖ ²**wertsteuer** f / impuesto m sobre el valor añadido, IVA m, impuesto m sobre el valor agregado (MEJ) ‖ ²**windungswandler** m (Elektr) / transformador m multivuelta ‖ ²**wortspeicher** m (DV) / memoria f de palabras múltiples ‖ ²**zackenschrift** f (Film) / pista f sonora multilateral ‖ ²**zeicheneingabe** f (DV) / entrada f de caracteres múltiples ‖ ²**zeilendruck** m / impresión f multilineal ‖ ²**zeilenformat** m (DV) / formato m multilineal ‖ ²**zellenaufbau** m (Lufft) / estructura f multicelular ‖ ~**zellig** (Biol) / pluricelular ‖ ²**zonen...** / multizonal, plurizonal, de múltiples zonas ‖ ²**zonenklimagerät** n / climatizador m para múltiples zonas ‖ ²**zonenofen** m / horno m de caldeo multizonal, horno m de múltiples zonas ‖ ~**zügiges Formstück** / conducto m múltiple o multitubular, canalización f de múltiples ramas

Mehrzweck•... / de uso múltiple, de múltiples usos o aplicaciones, de aplicación general, universal, multiuso[s] ‖ ²**drehbank**, -drehmaschine f / torno m multiusos, torno m para varias aplicaciones ‖ ²**fahrzeug** n / vehículo m de múltiples usos ‖ ²**fett** m / grasa f de aplicación múltiple ‖ ²**[kampf]flugzeug** n / avión m polivalente [de combat] ‖ ²**-Forschungsreaktor** m / reactor m experimental de varias aplicaciones ‖ ²**-Frachter** m (Schiff) / carguero m o buque de cargas múltiples ‖ ²**-Hubschrauber** m / helicóptero m universal o de múltiples usos ‖ ²**leuchte** f, -lampe f / lámpara f de varios usos ‖ ²**lokomotive** f (Bahn) / locomotora f de servicio mixto, locomotora f para todo servicio ‖ ²**maschine** f (Wzm) / máquina[-herramienta] f de múltiples usos ‖ ²**ofen** m / máquina f universal, horno m de aplicación múltiple ‖ ²**reifen** m, MPT (Kfz) / neumático m de aplicación general ‖ ²**-Reisezugwagen** m (Bahn) / coche m para

todo servicio ‖ ≃**versorger** *m* (Schiff) / nave *f* de abastecimiento universal
Mehrzylindermotor *m* (Kfz) / motor *m* de varios cilindros
Meierei *f*, milchwirtschaftl. Betrieb (Landw) / granja *f* de producción lechera
Meile *f* (USA, Canada, 5280 ft = 1609,3472 m), gesetzliche englische Meile (= 1760 yds = 1609,3426 m) / milla *f* [terrestre norteamericana], milla *f* [terrestre inglesa] ‖ ≃**n je Gallone** (= 2,35 (US) o. 2.82 (GB) km/l; 20 m/gal = 11,8 (US) o. 14,1 (GB) l/100 km), m/gal (Kfz) / millas *f pl* por galón ‖ ≃**n je Stunde je Sekunde** (1 mphs = 1/2,24 msec⁻²) (Beschleunigung) / millas *f pl* por hora por segundo ‖ ≃**Normalkabel** (Fernm) / milla *f* de cable patrón ‖ **englische nautische** ≃ (1853,1824 m) / milla *f* náutica inglesa ‖ **offizielle nautische** ≃ (= 1,852 km), sm / milla *f* marina internacional ‖ **spanische** ≃ (= 5,5727 km)(hist.) / legua *f* ‖ **US-nautische** ≃ (= 1,85325 km) / milla *f* marina de EE.UU
Meilen•fahrt *f* (Schiff) / ensayo *m* de velocidad ‖ ≃**stein** *m* (Netzplan) / etapa *f* ‖ ≃**stein** / piedra miliar *f*, mojón *m* ‖ **zurückgelegte** ≃**zahl** / millas *f pl* recorridas, milaje *m* (LA) ‖ ≃**zählwerk** *n* (Luftf) / contador *m* de millas
Meiler *m* (Holzkohle) / carbonera *f*, pila *f* [de leña] ‖ ≃**verkohlung** *f*, -verfahren *n* / carbonización *f* de madera en carbonera o pila
Meißel *m* (Wz) / cincel *m* ‖ ≃, Drehmeißel *m* (Wzm) / cuchilla *f* de torno ‖ ≃, Flachmeißel *m* / formón *f*, escoplo *m* ‖ ≃, Stichel *m* / buril *m* ‖ ≃, Kaltmeißel *m* / cortafrío *m* ‖ ≃**abhebung** *f* (Wzm) / elevación *f* de útil ‖ ≃**bohrer** *m* (Bergb) / barrena *f* [para roca] ‖ ≃**bohrer**, Bohrmeißel *m* (Tiefbohren) / trépano *m* de sondeo o de perforar ‖ ≃**halter** *m*, Stichelhaus *n* (Dreh) / portacuchillas *f*, portaútil *m*, portaherramientas *m*, torreta *f* ‖ ≃**halter der Revolverbank**, Revolverkopf *m* / cabezal *m* revólver ‖ ≃**halter** *m* **mit Abhebung** (Wzm) / portaútil *m* con dispositivo elevador ‖ ≃**hammer** *m* (Wz) / martillo *m* cincelador ‖ ≃**hammer zum Stemmen** / martillo *m* para retacar o calafatear ‖ ≃**haus** *n*, -halter *m* (Wzm) / portacuchillas *m*
meißeln *vt*, ab-, ausmeißeln / cincelar, escoplear ‖ **in Stein** ~ / tallar en piedras ‖ ≃ *n* / cincelado *m*
Meißel•rückzug *m* (Wzm) / retroceso *m* de cuchilla ‖ ≃**schaft** *m*, Schwerstange *f* (Öl) / vástago *m* pesado ‖ ≃**schaft** (Wzm) / mango *m* de cuchilla ‖ ≃**schar** *f* (Pflug) / reja *f* con formón ‖ ≃**schieber** *m* **der Senkrechtdrehmaschine** / chariot *m* [del útil cortante] del torno vertical ‖ ≃**schiebersupport** *m* (Dreh) / carro *m* orientable para torreta ‖ ≃**schneide** *f* / filo *m* cortante de cuchilla ‖ ≃**verschleiß** *m* (Wzm) / desgaste *m* de cuchilla ‖ ≃**winkel**, Keilwinkel *β m* (Dreh) / ángulo *m* de ataque o de colocación de la cuchilla ‖ ≃**zahnkette** *f* (Holz) / cadena *f* tronzadora
Meißner Porzellan / porcelana *f* de Sajonia
Meißner-Schaltung *f* (Eltronik) / oscilador *m* Meissner
Meister *m* / maestro *m* ‖ ≃**brief** *m* / diploma *m* de maestría ‖ ≃**kurve** *f* (Prüf) / curva-patrón *f* ‖ ≃**ring** *m* / aro-patrón *m* ‖ ≃**schalter** *m* / contactor *m* [electromagnético] ‖ ≃**[schalt]walze** *f* / tambor *m* de contactor ‖ ≃**stück** *n* (für die Prüfung) / pieza *f* de maestría, obra *f* maestra
Meitnerium *n* (OZ 109) (Chem) / meitnerio *m*
Mejonit, Mionit *m* (Min) / meionita *f*
MEK = maximale Emissions-Konzentration ‖ ≃ = Methyl-Ethyl-Keton
Mékerbrenner *m* (Gas) / mechero *m* [de] Meker
Mekkabalsam *m* (Pharm) / bálsamo *m* de la Meca, opobálsamo *m*
Mel (Kurzzeichen für Tonhöhenempfindung, mel *n* / melio *m*, mel *m*
Melakonit *m* (Cu-Erz) (Min) / melaconita *f*

Melamin *n* (Chem) / melamina *f* ‖ ≃**-Formaldehydharz** *n* / resina *f* melamina-formaldehído ‖ ≃**harz** *n* / resina *f* [de] melamina ‖ ≃**plast** *m* / plástico *m* melamínico o de melamina
Melampyrit *n*, Dulcit *m* (Chem) / melampirita *f*, dulcita *f*
Melange *f* (Färb, Web) / mezcla *f* [de colores] ‖ ≃**garn** *n* / hilado *m* de mezcla
melangieren *vt*, melieren (Tex) / mezclar
Melanglanz *m*, Stephanit *m* (Min) / estefanita *f*
Melanin *n* (Biochem) / melanina *f*
Melanit *m* (Min) / melanita *f*
Melanterit *m* (Min) / melanterita *f*
Melaphyr *m* (Geol) / meláfido *m*
Melasse *f* ([letzter] Ablauf o. Rückstand von Zuckerschleudern) / melaza *f* ‖ ≃**bildung** *f*, -vermögen *n* / formación *f* de melaza ‖ ≃**entzuckerung** *f* / extracción *f* del azúcar de la melaza ‖ ≃**maische**, -decke *f* / producto *m* de lavado de melaza ‖ ≃**schlempe** *f* / vinazas *f pl* de melaza ‖ ≃**schnitzel** *m pl*, melassierte Schnitzel *m pl* / pulpa *f* [seca] con melazas ‖ ≃**sprit** *m*, Rübenalkohol *m* / alcohol *m* de remolacha ‖ ≃**zucker** *m*, Zucker *m* aus Melasse / azúcar *m* de melaza[s]
melassieren *vt* (Zuck) / transformar en melaza
Melde•amt *m* (Fernm) / servicio *m* de registro ‖ ≃**amtsbetrieb** *m* (Fernm) / servicio *m* sin anotadora ‖ ≃**anreiz** *m* (Fernwirkung) / anunciación *f* de cambio de estado ‖ ≃**beamtin** *f* (Fernm) / anotadora *f*, operadora *f* de registro ‖ ≃**einheit** *f* / unidad *f* de señalización ‖ ≃**fernverkehr** *m*, Sofortverkehr *m* (Fernm) / servicio *m* interurbano inmediato o rápido ‖ ≃**gerät** *n* / aparato *m* o dispositivo avisador ‖ ≃**lampe** *f*, Anzeigelampe *f* / lámpara *f* avisadora o testigo ‖ ≃**leitung** *f* (Fernm) / línea *f* de anotadora ‖ ≃**leitung im Fernverkehr** (Fernm) / línea *f* de servicio rápido
melden *vt*, anzeigen / avisar ‖ ~ (sich) (Luftf) / dar aviso a la torre de control ‖ **sich** ~ (Fernm) / anunciarse, contestar [a la llamada]
melde•pflichtig / de declaración obligatoria ‖ ≃**platz** *m* (Fernm) / posición *f* de anotadora ‖ ≃**punkt** *m* (Luftf) / punto *m* de notificación
Melder-Einzelanzeige *f* / identificación *f* individual de detectores
Melde•relais *n* / relé *m* de señalización ‖ ≃**relais für unsymmetrische Last**, Relais *n* para la lámpara indicadora de carga asimétrica ‖ ≃**schalter** *m* / interruptor *m* de señalización ‖ ≃**schluss** *m* / tiempo *m* límite de aceptación ‖ ≃**schrank** *m* (Fernm) / grupo *m* de anotadoras ‖ ≃**sicherung** *f* (Elektr) / cortacircuito *m* de alarma ‖ ≃**signal** *n* / señal *f* de aviso ‖ ≃**signal**, Meldung *f* (Regeln) / señal *f* de estado ‖ ≃**stöpsel** *m* (Fernm) / clavija *f* de respuesta o de escucha ‖ ≃**verzug** *m* (Fernm) / retardo *m* en la contestación
Meldung *f*, Nachricht *f* / mensaje *m* ‖ ≃, Ankündigung *f* / anuncio *m* ‖ ≃, Bericht *m* / información *f* ‖ ≃ (Eltronik) / señalización *f* ‖ ≃, Fehlermeldung *f* (DV) / señalamiento *m* ‖ ≃ **beim Fernwirken** / información *f* de monitorado en teleacción
Meldungs•feld *n* (DV) / cuadro *m* de mensajes ‖ ≃**kennung** *f*, -ID *f* (Fernm) / identificación *f* de mensaje
Melf *n* (= metal electrode face bond) (Halbl) / melf *m* ‖ ≃**-Widerstand** *m* / resistencia *f* melf
melieren *vt* (Bergb) / mezclar ‖ ~ (Tuch, Web) / entremezclar
Melier•papier *n* / papel *m* jaspeado o chinado o mezclado ‖ ≃**schützen** (Web) / lanzadera *f* con varios carretes
meliert (Gusseisen) / atruchado ‖ ~ (Pap) / jaspeado, chinado, mezclado ‖ ~**es (o. plattiertes) Garn** (Spinn) / hilo *m* mezclado
Melierwolf, Mischwolf *m* (Tex) / batuar *m* mezclador

Meli•lith *m* (Min) / melilita *f* ‖ ⁓**nit**, Lyddit *n* (Sprengstoff) / melinita *f*
Melioration *f*, Bodenverbesserung *f* (Landw) / mejora *f* agrícola o del suelo, bonificación *f* del terreno, saneamiento *m*
meliorisieren (Landw) / mejorar obonificar [el suelo]
Melissen•alkohol, Melissyl-, Myricylalkohol *m* (Chem) / alcohol *m* melísico o miricílico ‖ ⁓**geist** *m* (Pharm) / agua *f* de melisa
Melitose, Melitriose, Raffinose *f* / melitosa *f*, rafinosa *f*, melitriosa *f*
Melk•becher *m* (Landw) / cubilete *m* del ordeñador ‖ ⁓**eimer** *m* / ordeñadero *m*, cubo *m* de ordeñar
melken *vt* / ordeñar ‖ ⁓ *n* / ordeño *m*
Melker *m* (Person) / ordeñador *m*
Melk•karussell *n* / ordeñadora *f* circular ‖ ⁓**maschine** *f* / máquina *f* ordeñadora o de ordeñar, ordeñadora *f* ‖ ⁓**stand** (Landw) / puesto *m* de ordeño ‖ ⁓**zeug** *n*, -geschirr *n* / racimo *m* de ventosas de goma de la ordeñadora
Mellit, Honigstein *m* (Min) / melita *f*, piedra *f* de miel
Mellithsäure, Benzolhexacarbonsäure *f* / ácido *m* melítico
Melodie *f* / melodía *f*
melodisch•es Pausenzeichen (Eltronik) / indicativo *m* melodioso, característica *f* melodiosa de la emisora ‖ ⁓**es Zeichen** (Fernm) / señal *f* musical
Meltau, Honigtau *m* (Landw) / melera *f*, melazo *m*
Melton (Tex) / meltón *m* ‖ ⁓**ausrüstung** *f* (Tex) / acabado *m* meltón
Membran•[e] *f* (allg) / membrana *f*, diafragma *m* ‖ ⁓, Zellwand *f* (Biol, Holz) / membrana *f* celular ‖ ⁓**armatur** *f* (ein Ventil) / válvula *f* con membrana ‖ ⁓**balg** *m* / fuelle *m* de membrana ‖ ⁓**berstdruck** *m* / presión *f* de reventón de membrana ‖ ⁓**deckel** *m* (Telefon) / tapa *f* de diafragma ‖ ⁓**dichtung** *f* / junta *f* de membrana ‖ ⁓**element** *n* (Fluidik) / elemento *m* de membrana ‖ ⁓**filter** *n* / filtro *m* de membrana[s] ‖ ⁓**gleichgewicht**, Donnangleichgewicht *n* (Biol) / equilibrio *m* de membrana o de Donnan ‖ ⁓**lautsprecher** *m* / altavoz *m* ortofónico o con pantalla ‖ ~**loses Mikrophon** / micrófono *m* sin diafragma ‖ ⁓**potential**, Donnanpotential *n* / potencial *m* de membrana o de Donnan ‖ ⁓**pumpe** *f* / bomba *f* de diafragma o de membrana ‖ ⁓**ring** *m* / anillo-membrana *m* ‖ ⁓**schalter** *m*, Folienschalter *m* / conmutador *m* manométrico a membrana ‖ ⁓**[schweiß]dichtung** *f* / junta *f* [de membrana] soldada ‖ ⁓**[-Spannungs]zustand** *m* (Mech) / estado *m* membrana ‖ ⁓**spritze** *f* (Landw) / pulverizador *m* con bomba de membrana ‖ ⁓**tank** (Schiff) / depósito *m* con membrana integrada ‖ ⁓**teller** *m* / disco *m* de membrana ‖ ⁓**vakuumpumpe** *f* / bomba *f* de vacío de membrana ‖ ⁓**ventil** *n* / válvula *f* de membrana ‖ ⁓**verdichter** *m*, -kompressor *m* / compresor *m* de diafragma
Memory•-Effekt *m* / efecto *m* de memoria ‖ ⁓**-Legierung** *f* / aleación *f* con memoria ‖ ⁓**-Röhre** *f* (Eltronik) / tubo *m* de memoria, tubo *m* acumulador de señales o de datos o de informaciones ‖ ⁓ **Swapping** *n*, Speicheraustausch *m* (zwischen Haupt- u. Plattenspeicher) (DV) / intercambio *m* de memorias
MEMS (= MicroElectroMechanical Systems) / sistemas *m pl* microelectromecánicas
Menaccanit *m* (Min) / menac[c]anita *f*
Mendelejew-Tabelle *f*, Periodisches System der Elemente (Chem) / tabla *f* o clasificación de Mendeleyeff o Mendeleiev, sistema *m* periódico de los elementos
Mendelevium *n* (OZ 101) / mendelevio *m*
Mendelismus *m*, Mendeln *n* (Biol) / mendelismo *m*
mendeln / mendelizar, experimentar modificaciones según las leyes de Mendel
mengbar, mischbar / mezclable, miscible

Menge *f*, Masse *f* / masa *f* ‖ ⁓, Inhalt *m* / volumen *m*, cantidad *f* ‖ ⁓, Anzahl *f* / número *m* ‖ ⁓, große Zahl *f* / multitud *f* ‖ ⁓, Quantität *f* / cantidad *f* ‖ ⁓, Portion *f* / dosis *f* ‖ ⁓, Liefermenge *f* / cantidad *f* entregada o a entregar ‖ ⁓ (DV, Math) / conjunto *m* ‖ ⁓, Aggregat *n* (Math) / agregado *m* ‖ **der** ⁓ **nach** / cuantitativo
mengen, [sich] ~ (o. mischen) / mezclarse
mengen•abhängig (DV) / dependiente del volumen, sensible al volumen ‖ ⁓**ausbringen** *n* / rendimiento *m* cuantitativo ‖ ⁓**begrenzungsblende** *f* / orificio *m* o diafragma limitador del caudal ‖ ⁓**bestimmung** *f* / determinación *f* cuantitativa ‖ ⁓**charakter** *m* / característica *f* cuantitativa ‖ ⁓**durchsatz** *m* / caudal *m*, cantidad *f* de flujo ‖ ⁓**einheit** *f* / unidad *f* cuantitativa ‖ ⁓**fluss** *m* / flujo *m* de masa ‖ ⁓**geber** *m* / transmisor *m* de cantidad o de volumen ‖ ⁓**herstellung** *f* / producción *f* en cantidades, producción *f* a escala industrial ‖ ⁓**konstante** *f* (Eltronik) / constante *f* A_0 de la ecuación de Richardson-Dushmann ‖ ⁓**kontrolle** *f* / control *m* del volumen ‖ ⁓**lehre** *f* (Math) / teoría *f* de conjuntos ‖ ⁓**leistung** *f* / capacidad *f* productiva, rendimiento *m* cuantitativo ‖ ⁓**mäßig**, quantitativ / cuantitativo ‖ ~**mäßig bestimmen** / determinar la cantidad, determinar cuantitativamente ‖ ~**mäßiger Nachweis** (Chem) / comprobación *f* cuantitativa o de cantidad ‖ ~**mäßige Zusammensetzung**, Mengenverhältnis *n* / composición *f* cuantitativa ‖ ~**mäßige Angaben** *f pl* / información *f* cuantitativa ‖ ⁓**messer** *m* / cuantímetro *m*, volúmetro *m* ‖ ⁓**messer**, Durchflussmesser *m* / flujómetro *m*, fluidímetro *m*, caudalímetro *m* ‖ ⁓**produkt** *n* (Math) / producto *m* cartesiano ‖ ⁓**regelung** *f* / reglaje *m* del caudal ‖ ⁓**regelventil** *n* / válvula *f* de reglaje del volumen o caudal ‖ ⁓**regler** *m* / regulador *m* de volumen ‖ ⁓**regler**, Durchflussregler *m* / regulador *m* del caudal ‖ ⁓**regler** (z.B. für Gas) / regulador *m* de cantidad ‖ ⁓**schliff** *m* / amoladura *f* de gran cantidad de piezas ‖ ⁓**schreiber** *m* / registrador *m* de cantidades ‖ ⁓**strom** *m*, Massenstrom *m* / flujo *m* de masas ‖ ⁓**teiler** *m* / divisor *m* de flujo ‖ ⁓**teiler** (Kraftstoff) / distribuidor *m* de combustible ‖ ~**theoretisch** (Math) / relativo a la teoría de conjuntos ‖ ⁓**umwerter** *m* / conversor *m* de cantidades ‖ ⁓**ventil**, (jetzt:) Stromventil *n* / válvula *f* reguladora de flujo ‖ ⁓**verhältnis** *n*, mengenmäßige Zusammensetzung / composición *f* o relación cuantitativa ‖ ⁓**verhältnis** (Chem) / proporción *f* de ingredientes ‖ ⁓**verlust** *m* / pérdida *f* de volumen ‖ ⁓**welle**, Volumenwelle *f* (Wellenleiter) / onda *f* de volumen ‖ ⁓**wert** *m* / valor *m* cuantitativo ‖ ⁓**wert**, Quantil *n* / cuantila *f* ‖ ⁓**wirkungsgrad** *m* / rendimiento *m* en cantidad ‖ ⁓**wirkungsgrad**, organisches Ausbringen (Aufb) / rendimiento *m* orgánico ‖ ⁓**zähler** *m* / volucontador *m* ‖ ⁓**zähler** (Zapfsäule) / volúmetro *m*
Meng•futter *n*, Mengfrucht *f* (Landw) / verde *m*, herrén *m* ‖ ⁓**gestein** *n* (Geol) / conglomerado *m* ‖ ⁓**sieb** *n* (Hütt) / criba *f* para mezclar
Mengung *f* / acción *f* de mezclar
Menilit *m* (Min) / menilita *f* (variedad de ópalo)
meniskenförmig, sichelförmig / meniscal
Meniskus *m*, Meniskenglas *n* (Opt) / menisco *m* ‖ ⁓ (Phys) / menisco *m* cóncavo [de agua] ‖ ⁓**fernrohr** *n* / telescopio *m* de meniscos ‖ ⁓**linse** *f* (Opt) / lente *f* meniscal
Mennige *f*, Bleirot *n* (Anstrich) / minio *m*, rojo de plomo.m. ‖ ⁓ **mit Bleichromatzusatz** / minio *m* al cromato de plomo ‖ **ein- o. zweimal erhitzte** ⁓ / minio *m* oxidado una o dos veces, dotación *f* ‖ **gelbe** ⁓ / minio *m* anaranjado ‖ ⁓**kitt** *m* / masilla *f* de minio
Mensch *m* / hombre *m*, individuo *m* ‖ **vom** ⁓**en abhängige Zeit** (F.Org) / tiempo *m* dependiente del hombre ‖ **vom** ⁓**en verursacht** / causado por el hombre o por acción humana

menschen•ähnlicher Roboter / androide m ‖ ⁓**flug** m, bemannter Flug (Raumf) / vuelo m tripulado ‖ ⁓**führung** f / conducta f de hombres ‖ **Belastung durch** ⁓**gedränge**, Menschenlast f (Bau) / carga f por aglomeración de personas ‖ ⁓**kraft** f / fuerza f humana ‖ ⁓**kraft**, Arbeitskraft f / mano f de obra ‖ ⁓**last** f, -gedränge n (Bau, Brücke) / carga f por aglomeración de personas
menschlich / humano ‖ ⁓**e Arbeit** / trabajo m humano ‖ ⁓**e Beziehungen** f pl, Human Relations pl / relaciones f pl humanas ‖ ⁓**e Informationsverarbeitung** / procesamiento de informaciones por el cerebro humano ‖ ⁓**e Kraft** / fuerza f humana ‖ ⁓**er Kraftaufwand** / esfuerzo m físico ‖ ⁓**es Versagen** / error m humano
Mensch•-Maschine... (DV) / hombre-máquina m ‖ ⁓**-Maschine-Dialog** m / diálogo m hombre-máquina ‖ ⁓**-Maschine-Schnittstelle** f, MMS / interfaz m hombre-máquina ‖ ⁓**-Technik-Verbundsystem** n, MTV-System n (DV) / sistema m conjunto hombre-técnica
Mensur f, Messglas (Chem) / probeta f graduada ‖ ⁓ (Akust) / diapasón m, registro m principal
Menthol, Stearopten n (Chem) / mentol m
Menthylacetat n / acetato m de mentilo, acetilmentol m
Menü n (DV) / menú m ‖ ⁓**eintrag** m (DV) / elemento m de menú ‖ ⁓**-Generator** m (DV) / generador m de menús ‖ ⁓**gesteuert** / mandado por menú ‖ ⁓**leiste** f / barra f de menús ‖ ⁓**tabelle** f (DV) / menú m de operaciones ‖ ⁓**technik** f / técnica f de menú
Mercalli-Skala (I-XII)(Seismik) / escala f de Mercalli
Mercaptal n / mercaptal m
Mercaptan n, Thioalkohol m (Chem) / mercaptán m, mercaptano m, tioalcohol m ‖ ⁓**befreiung** f (Öl) / eliminación f del mercaptano ‖ ⁓**freies Benzin** / gasolina f tratada
Mercaptid n (Salz des Merkaptans) / mercaptido m, mercáptido m
Mercaptoessigsäure, Thioglykolsäure f / ácido m tioglicólico
Mercaptol n / mercaptol m
Mercator•karte f (Geo) / mapa m Mercator ‖ ⁓**projektion** f / proyección f [de] Mercator
Mergel m (Geol) / marga f ‖ **mit** ⁓ **anreichern** (Geol, Landw) / margar ‖ ⁓**boden** m / terreno m margoso, tierra f margosa ‖ ⁓**grube** f / marguera f ‖ ⁓**haltig** (Geol) / margoso ‖ ⁓**sandstein** m / arenisca f margosa ‖ ⁓**schiefer** m / esquisto m margoso ‖ ⁓**ton**, Tonmergel m / arcilla f margosa, arcilla f fangosa ‖ ⁓**vorkommen** n / margal m, yacimiento m de marga
mergen, mischen (DV) / intercalar
Meridian m (Geo) / meridiano m ‖ ⁓**...**, meridional (Astr) / meridiano adj ‖ **magnetischer** ⁓ (Geophys) / meridiano m magnético ‖ ⁓**durchgang** m (Astr) / paso m por el meridiano ‖ ⁓**ebene** f (Math) / plano m [del] meridiano ‖ ⁓**instrument** n (Nav) / instrumento m meridiano ‖ ⁓**kreisel** m / giroscopio m meridiano
meridional, Meridian... / meridiano, meridional ‖ ⁓**e Brennlinie** (Opt) / línea f focal meridiana ‖ ⁓**quadrat** n / cuadrante m de un meridiano ‖ ⁓**schnitt** m (Zeichn) / sección f meridiana o tangencial
Merino m (Web) / merino m ‖ ⁓**garn** n (Spinn) / hilado m merino ‖ ⁓**wolle** f / lana f merina
Meristem n (Bot) / meristemo m
Merkanweisung f (DV) / instrucción f de notación
Merkaptan n s. Mercaptan
Merk•bit n (DV) / bit m de notación ‖ ⁓**blatt** n (Bau) / hoja f de instrucciones, hoja f informativa
Merker m, Merkzeichen n (DV) / marca f, bandera f ‖ ⁓ **setzen**, kennzeichnen (DV) / marcar [por bandera]
Merk•farbe f / color m indicador ‖ ⁓**kopf** m (Videoband) / cabeza f de pista auxiliar, cabeza f de pista de señales de coordinación
merklich / sensible

Merkmal, Kennzeichen n (allg) / característica f, distintivo m ‖ ⁓, Attribut n / atributo m ‖ ⁓ n **einer Erfindung** / característica f de una invención ‖ ⁓**analyse** f (DV) / análisis m de las características
Merkmals•grenzwert g m / valor m límite g de la característica ‖ ⁓**klasse** f / categoría f ‖ ⁓**modifikation** f / modificación f de características ‖ **mit mehreren** ⁓**variablen** (Stat) / multivariado, plurivariado, de varias variables
Merk•name m / nombre m nemotécnico ‖ ⁓**spur** f (Videoband) / pista f auxiliar, pista f de señales de coordinación ‖ ⁓**ton** m (Videoband) / sonido m de control
Merkurblende f (Min) / cinabarita f
Merkuri..., Quecksilber(II)-... (Chem) / mercúrico
Merkurirhodanid, Quecksilber(II)-rhodanid n / tiocianato m (o sulfocianato o sulfocianuro) mercúrico
Merkuro..., Quecksilber(I)-... (Chem) / mercurioso
Merkurochlorid n / cloruro m mercurioso
Merk•zeichen n (Druck) / guión m ‖ ⁓**zeichen**, Merker m (DV) / marca f, bandera f ‖ ⁓**zeiger** m / indicador m de memoria
Mero•gonie f (Biol) / merogonía f ‖ ⁓**morph** (Math) / meromorfo, meromórfico ‖ ⁓**trop** (Chem) / merotrópico ‖ ⁓**tropie** f / merotropía f ‖ ⁓**xen** m (Min) / meroxeno m
Mersennesche Zahl, M_n (Math) / número m de Mersenne
Mersol n (Chem) / mersol m ‖ ⁓**ate** n pl (oberflächenaktive Stoffe) / mersolatos m pl
Mersolierung f / mersolación f
Merzerisierechtheit f (Tex) / resistencia f a la mercerización
merzerisieren, mercerisieren (Pap, Tex) / mercerizar ‖ ⁓ n, -ierung f / mercerización f
Merzerisier•foulard m / foulard m o fular de mercerización ‖ ⁓**hilfsmittel** n / producto m auxiliar de mercerización ‖ ⁓**lauge** f (Tex) / lejía f de mercerización ‖ ⁓**maschine** f (Tex) / máquina f de mercerización
merzerisierte Baumwolle f / algodón m mercerizado
MES (Schiff) = magnetischer Eigenschutz
Mesa-Diode f (Eltronik) / mesadiodo m
Mesatransistor m / mesatransistor m, transistor m de meseta
Mesh n (Sieb) / abertura f de malla
Mesiallinie f / línea f mesial
mesisch (Nukl) / mésico
Mesi•tinspat m (Min) / mesitina f ‖ ⁓**tylen** n / mesitileno m ‖ ⁓**tyloxid** n (Chem, Lösungsmittel) / óxido m mesitílico
Mesnager-Probe f (Mat.Prüf) / probeta f Mesnager
Mesnyschaltung f (Eltronik, Höchstfrequ.) / circuito m Mesny
Meso•benthos n (Meeresboden-Benthos zwischen 400 u. 1000 m Tiefe) / mesobentos m ‖ ⁓**dynamik** f (Nukl) / dinámica f mesónica ‖ ⁓**kolloid** n (Chem) / mesocoloide m ‖ ⁓**lith** m (Min) / mesolito m ‖ ⁓**mer** (Chem) / mesomérico f ‖ ⁓**merie**, Resonanz f (Nukl) / mesomería f ‖ ⁓**morph** (Krist) / mesomorfo ‖ ⁓**morphe Phase**, kristalline Flüssigkeit / fase f mesomorfa, estado m mesomorfo
Meson n (Nukl) / mesón m, mesotrón m, electrón m_ pesado ‖ μ-⁓, Myon n (Phys) / μ-mesón m, mión m ‖ **neutrales** o. ν-⁓, Neutretto n / mesón m neutro ‖ π-⁓, Pion n / pión m, mesón pi o π m ‖ ⁓**atom** n / átomo m mesónico
Mesonen•... / mesónico ‖ ⁓**bahn** f / órbita f mesónica ‖ ⁓**schwarm** m / chaparrón m mesónico
Mesonium n (Nukl) / mesonio m
Meson-Molekül n / molécula f mesónica
Meso•pause f (80-85 km Höhe) (Astr) / mesopausa f ‖ ⁓**phil** (bei 10-40 °C gedeihend) (Bakterien) / mesófilo,

mesofílico ‖ ⁓**saprobien** *f pl* (Biol) / organismos *m pl* mesosapróbicos, mesosaprobios *m pl* ‖ ⁓**säure** *f* / mesoácido *m* ‖ ⁓**-Scale-Zirkulation** (Luft) (10-500 km) / circulación *f* a escala intermediaria ‖ ⁓**siderit**, Steinmeteorit *m* (Astr, Min) / mesosiderita *f* ‖ ⁓**silikat** *n* / mesosilicato *m* ‖ ⁓**sphäre** *f* (35-80 km Höhe) (Astr) / mesosfera *f* ‖ ⁓**thermal**, mittelthermal (Geol) / mesotermal ‖ ⁓**thor[ium]** *n* (Nukl) / mesotorio *m* ‖ ⁓**thorium I** (OZ = 88) / mesotorio I *m*, MsTh₁ *m* ‖ ⁓**thorium II** (OZ = 89) / mesotorio II *m*, MsTh₂ *m* ‖ ⁓**troph** (Gewässer) / mesotrópico, mesótrofo ‖ ⁓**weinsäure** *f* (Chem) / ácido *m* mesotartárico

Mesoxalsäure, Ketomalonsäure *f* / ácido *m* mesoxálico

Meso•zoikum *n* (Geol) / mesozoico *m*, era *f* mesozoica ‖ ⁓**zoische Kohle** / carbón *m* mesozoico

Mesquitegummi, Sonoragummi *n* / goma *f* de Sonora

Mess•ablaufsteuerung *f* / mando *m* de desarrollo de medición ‖ ⁓**abweichung** *f*, -fehler *m* / error *m* de medición ‖ ⁓**ader** *f*, -leitung *f*, -draht *m* (Fernm) / hilo *m* auxiliar o testigo, hilo *m* piloto ‖ ⁓**ader des Kabels** / hilo *m* de prueba del cable ‖ ⁓**anordnung** *f* / disposición *f* de medida ‖ ⁓**apparat** *m* / aparato *m* de medición o de medida ‖ ⁓**apparat**, Dosierapparat *m* / aparato *m* dosificador ‖ ⁓**apparatur** *f* / instrumental *m* o equipo *m* de medida ‖ ⁓**arm** *m*, Alhidada *f* (Sextant) / alidada *f* ‖ ⁓**automat** *m* / equipo *m* automático de medida ‖ ⁓**bake** *f* (Funk) / radiobaliza *f* de posición ‖ ⁓**ballon** *m* / globo *m* sonda ‖ ⁓**band** *n* (Verm) / cinta *f* métrica o de (o para) medir ‖ ⁓**bank** *f*, -schiene *f* / banco *m* de mediciones

messbar, ausmessbar / mensurable, medible ‖ ⁓**e Größe** / cantidad *f* mensurable ‖ ⁓**er Zeitabschnitt** / fracción *f* de tiempo mensurable

Mess•batterie *f* / batería *f* de medición ‖ ⁓**becher** *m* / jarra *f* graduada ‖ ⁓**becher** (Labor) / copa *f* graduada ‖ ⁓**bedingungen** *f pl* / condiciones *f pl* de medición ‖ ⁓**behälter** *m* / recipiente *m* graduado ‖ ⁓**behälter**, -tank *m* / depósito *m* de aforo o de calibración ‖ ⁓**belastung** *f* / carga *f* de medición ‖ ⁓**bereich** *m* (Instr) / alcance *m* de medición, gama *f* de medida ‖ ⁓**bereich**, Skalenbereich *m* / alcance *m* de escala, rango *m* ‖ **gut ablesbarer** ⁓**bereich** / gama *f* de medida de lectura fácil ‖ ⁓**bereichregelung** *f* / reglaje *m* de la gama de medida ‖ ⁓**bereichs-Endwert** *m* (Instr) / valor *m* límite del campo de medida ‖ **einsteckbare** ⁓**bereichspule** / bobina *f* enchufable para variar el campo de media ‖ ⁓**bereichsschalter** *m*, -umschalter *m* (Elektr) / conmutador *m* de gamas o de márgenes de medida ‖ **den** ⁓**bereichsschalter umschalten** / cambiar el campo de medida, conmutar la gama de medida ‖ ⁓**bereichsumfang** *m* (Instr) / alcance *m* de medida ‖ ⁓**bereichs-Vorschaltwiderstand** *m* (Instr) / multiplicador *m* de alcance o de sensibilidad ‖ ⁓**bildkamera** *f* / cámara *f* fotoamétrica ‖ ⁓**bildverfahren** *n* (Luftf, Verm) / fotogrametría *f* ‖ ⁓**blatt** *n* / hoja *f* o chapita de medición ‖ ⁓**blende** *f* (Opt) / diafragma *m* de medición ‖ ⁓**blende** (Hydr) / orificio *m* de medición ‖ ⁓**block** *m* (mit V-Einschnitt) / ve *m* ‖ ⁓**block** / bloque *m* de referencia o de medida ‖ ⁓**bolzen** *m* (Mikrometer) / tope *m* del micrómetro ‖ ⁓**brief** *m* (Schiff) / certificado *m* de arqueo ‖ ⁓**brille** *f* (Opt) / gafas *f pl* de prueba ‖ ⁓**brücke** *f* (Elektr) / puente *m* de medida o de medición o (esp.:) de Wheatstone ‖ ⁓**buchse**, Prüfklinke *f* (Fernm) / jack *m* o enchufe de prueba ‖ ⁓**bügel** *m* (Mess) / arco *m* del micrómetro ‖ ⁓**bunker** *m* (Bergb) / tolva *f* de medida ‖ ⁓**bürette** *f* (Chem) / bureta *f* graduada ‖ ⁓**bürste** *f* (Elektr) / escobilla *f* de prueba ‖ ⁓**daten-Empfangsanlage** *f* (Raumf) / puesto *m* receptor de datos de medición ‖ ⁓**dienst** *m* / servicio *m* de medición (calefacción etc.) ‖ ⁓**dorn** *m* / calibre *m* cilíndrico o macho o de tapón, tapón *m* o vástago calibrador ‖ ⁓**dose**, Kraftmessdose *f* / indicador *m* de presiones, cápsula *f* de medición, caja *f* dinamométrica ‖ ⁓**draht** *m* / hilo *m* potenciométrico ‖ ⁓**draht**, -leitung *f*, -ader *f* (Fernm) / hilo *m* auxiliar o testigo, hilo *m* piloto ‖ ⁓**draht** (in der Teilnehmerleitung) (Fernm) / hilo *m* C o de prueba o de punta ‖ ⁓**[draht]brücke** *f* (Elektr) / puente *m* de hilo [y cursor] ‖ ⁓**dreieckverfahren** *n* (Verm) / método *m* de triángulos ‖ ⁓**druck**, Messkraft *f* / presión *f* de medición o de medida ‖ ⁓**durchführung** *f* (Vakuum) / pasaje *m* o atravesador para instrumentos ‖ ⁓**düse** *f* / boquilla *f* de medición ‖ ⁓**düse für Flüssigkeiten** / boquilla *f* aforadora ‖ ⁓**düse in Parabelform** / boquilla *f* parabólica [de medición]

Messe *f*, Ausstellung *f* / feria *f*, salón *m*, certamen *m*, exposición *f* ‖ ⁓ (Schiff) / comedor o casino de oficiales

Messebene *f* / plano *m* de medición o de medida

Messe•besucher *m* / visitante *m* ferial ‖ ⁓**gelände** *n* / recinto *m* ferial o de la feria

Mess•einheit *f* / unidad *f* de medida ‖ ⁓**einrichtung** *f* (als System) / sistema *m* de medida ‖ ⁓**einsatz** *m* **für Thermoelemente** / suplemento *m* de calibrado, cuadro *m* de medición ‖ ⁓**[ein]teilung** *f* / graduación *f* ‖ ⁓**elektrode** *f* / electrodo *m* de medida ‖ ⁓**element** *n* / elemento *m* medidor ‖ ⁓**empfindlichkeit** *f* / sensibilidad *f* de medición

messen *vt* / medir ‖ ⁓ *vi*, Abmessungen haben / tener dimensiones, medir ‖ ⁓ (Flüssigkeiten) / aforar ‖ ⁓, eichen (Instr) / graduar, calibrar, aforar ‖ ⁓, vermessen (Verm) / apear ‖ **die Wassertiefe** ⁓, loten / sond[e]ar, fondear, echar el sondeo o escandallo ‖ ⁓ *n*, Messung *f* / medición *f* (acción y resultado), medida *f* (acción) ‖ ⁓ **im Walzspalt** (Walzw) / medida *f* en la luz entre cilindros ‖ ⁓ **mit Kaliber** / medida *f* en calibre ‖ ⁓ **und Regeln** / medida *f* y regulación ‖ **amtliches** ⁓ (von Kohlen, Getreide) / medida *f* oficial

messend, Mess... / de medida, de medición

Messenger-RNS *f*, Boten-RNS *f*, Matrizen-RNS *f* (Biol, Chem) / ácido *m* ribonucleico mensajero, ARN-mensajero *m*, ARN-matriz *m*

Messer[1] *m* / cuchillo *m* ‖ ⁓, Klinge *f* (Wz) / hoja *f*, lámina *f* ‖ ⁓, Schneide *f* (Wzm) / cuchilla *f* ‖ ⁓ *n*, Zeidelmesser *n* (Bienenzucht) / tempanador *m* ‖ ⁓ (Elektr) / cuchilla *f* del interruptor ‖ ⁓, Hebmesser *n* (Jacquard) / cuchilla *f* ‖ **großes** ⁓ / bardeo *m* (coll.)

Messer[2], Messapparat *m*, -gerät *n* / medidor *m*, instrumento *m* de medición ‖ ⁓, Zähler *m* / contador *m* ‖ ⁓, Vermesser *m* (Geod) / topógrafo *m*

Messer•bahn *f* / cara *f* del cuchillo ‖ ⁓**balken** *m* (Tafelschere) / barra *f* portacuchilla ‖ **[feststehender]** ⁓**balken** (Landw, Mähmaschine) / barra *f* de corte ‖ ⁓**bestoßmaschine** *f* / máquina *f* para igualar los cuchillos

Messerdungsleiter *m* (Elektr) / conductor *m* de medida de puesta a tierra

Messer•egge *f* (Landw) / grada *f* cultivadora o Acime, escarificador *m* ‖ ⁓**-Entrindungsmaschine** *f* (Forstw) / descortezadora *f* de cuchillas ‖ ⁓**falz** *m* (Druck) / plegador *m* de cuchillas ‖ ⁓**falzmaschine** *f* / máquina *f* de plegar con cuchillas ‖ ⁓**feile** *f* (DIN 8339) (Wz) / lima *f* de navaja o de cuchillo ‖ ⁓**führungsplatte** *f* (Landw, Mähmaschine) / placa *f* de desgaste de la barra de corte ‖ ⁓**furnier** *n* / chapa *f* [de madera] cortada a cuchilla

Messergebnis *n*, Ablesung *f* / lectura *f* del resultado de medición

Messer•grat *m* / filo *m* o corte de cuchillo ‖ ⁓**griff** *m* / cabo *m* o mango de cuchillo ‖ ⁓**halter** *m* (Landw, Mähmaschine) / soporte *m* de la cuchilla ‖ ⁓**haus** *n* (Dreh) s. Meißelhalter ‖ ⁓**kasten** *m*, Messerkorb *m* (Jacquard) / grifa *f* ‖ ⁓**kegel** *m* (Pap) / cono *m* de las cuchillas ‖ ⁓**klinge** *f* / hoja *f* de cuchillo ‖ ⁓**klinge** (Mähmaschine) / sección *f* u hoja de cuchilla ‖ ⁓**kontakt** *m* (Elektr) / contacto *m* de cuchilla ‖ ⁓**kopf**, Bohrkopf

Messerkopf

m (Wzm) / cabezal *m* portacuchillas, portacuchillas *m* (E), cabezal *m* de taladrar (LA) ‖ ~**kopf** *m* (Mähmaschine) / cabeza *f* de la cuchilla ‖ ~**kopfplatte** *f* (Mähmaschine) / placa *f* de la cabeza de la cuchilla, cabeza *f* de sierra ‖ ~**korb** *m* (Jacquard) s. Messerkasten ‖ ~**leiste** *f* (Elektr, Stecker) / regleta *f* de contactos de cuchilla ‖ ~**rollegge** *f* (Landw) / grada *f* rotativa de paletas ‖ ~**rücken** / canto *m* o lomo del cuchillo ‖ ~**rücken** (Mähmaschine) / dorso *m* de la cuchilla ‖ ~**schale** *f* / portacuchillas *m* ‖ ~**schälmaschine** *f* (Pap) / descortezadora *f* de discos ‖ ~**schälmaschine** (Forstw) / descortezadora *f* de cuchillas ‖ ~**schalter** *m* (mit gefederten Messern) (Elektr) / conmutador *m* o interruptor de cuchilla o de palanca ‖ **einfacher** ~**schalter** (Elektr) / conmutador *m* de interrupción lenta ‖ ~**scharf** / tajante ‖ ~**schärfer** *m*, Wetzstahl *m* / afilacuchillos *m* ‖ ~**scheibe** *f* / disco *m* o plato portacuchillas ‖ ~**schmied** *m* / cuchillero *m* ‖ ~**schmiedarbeit**, -ware *f* / cuchillería *f* ‖ ~**schneide** *f*, Schneidkante *f* / filo *m* o corte del cuchillo, arísta *f* cortante ‖ ~**schneiden** *n* (Stanz) / corte *m* con cuchilla [única] ‖ ~**schnitt** *m* (Zange) / corte *m* a tope ‖ ~**schnittkorrosion** *f* / corrosión *f* interfacial, corrosión *f* del filo de cuchillo ‖ ~**sech** *n* (Landw) / cuchilla *f* recta, brida *f* ‖ ~**spitze** *f* / punta *f* del cuchillo ‖ ~**stahl** *m* (Hütt) / acero *m* para cuchillería ‖ ~**umschalter** *m* / conmutador *m* de cuchilla de dos direcciones o vías de dos posiciones de contacto ‖ ~**walze** *f*, -welle *f* (Wzm) / cilindro *m* o árbol portacuchillas ‖ ~**werk** *m* (Rasenmäher) / mecanismo *m* de corte ‖ ~**zeiger** *m* (Instr) / aguja *f* en forma de cuchillo ‖ ~**zylinder** *m* (Druck) / cilindro *m* de corte
Mess•faden *m* **für Entfernungen** / hilo *m* estadimétrico ‖ ~**fehler** *m* / error *m* de (o en la) medición ‖ ~**feinheit** *f* (NC) / resolución *f* de medida ‖ ~**feldblende** *f* (Opt) / diafragma *m* de campo de medición ‖ ~**felge** *f* (Reifen) / llanta *f* de medición ‖ ~**film** *m* (Tonband) / película *f* de (o para) prueba ‖ ~**fläche** *f* / superficie *f* [de referencia] de medición ‖ ~**flansch** *m* / brida *f* de orificio ‖ ~**flasche** *f* (Labor) / frasco *m* graduado ‖ ~**fluchtstab** *m*, Absteckstab *m* (Verm) / jalón *m* ‖ ~**flügel** *m*, Woltmannscher Flügel *m* / molinete *m* de Woltmann, molinete *m* hidrométrico ‖ ~**folge** *f* (von AD-Wandlern) (Eltronik) / frecuencia *f* de conversión ‖ ~**fühler**, Fühler *m* / palpador *m* [de medición], sonda *f*, detector *m* ‖ ~**fühlerimpuls** *m* / señal *f* de sonda ‖ ~**funkenstrecke** *f* (Elektr) / explosor *m* de medida, espinterómetro *m*, chispómetro *m* ‖ ~**geber** *m* / transductor *m* ‖ ~**gefäß** *n* / vaso -medida *m* ‖ ~**gefäß** (geeicht) / vasija *f* aforada ‖ ~**gefäß**, -glas *n* (Labor) / vaso *m* o matraz graduado ‖ ~**gegenstand** *m*, Messling *m*, Messobjekt *n* / objeto *m* de medida ‖ ~**gelände** *m* (Eltronik) / sitio *m* o emplazamiento de prueba ‖ ~**genauigkeit** *f* / exactitud *m* o precisión de medida o de medición ‖ ~**generator** *m* / generador *m* de señales, fuente *f* de señales ‖ ~**generator** s. auch Messsender ‖ ~**geometrie** *f* (Opt) / geometría *f* de mediciones ‖ ~**gerät** *n* / instrumento *m* de medición, aparato *m* de medida ‖ ~**gerät**, -stab *m* (für Körpergröße) / talla *f* ‖ ~**gerät für Erdströme** / electrotelurógrafo *m* ‖ ~**gerät für Induktivität, Kapazität und Impedanz** (Elektr) / instrumento *m* de medición para inductividad, capacidad e impedancia ‖ ~**geräte** *n pl* / instrumentos *m pl* de metrología ‖ ~**geräteausrüstung** *f*, Instrumentarium *n* / instrumentos *m pl* de medida, instrumental *m*, instrumentación *f* ‖ ~**gerinne** *f*, -kanal *m* / canal *m* para aforar ‖ ~**gestell** *n* / armazón *m* de medida ‖ ~**gesteuert** (Wzm) / mandado por medida ‖ ~**glas**, Mensur *f* (Labor) / probeta *f* graduada ‖ ~**gleichrichter** *m* / rectificador *m* del instrumento de medida, rectificador *m* para instrumentos de medida ‖ ~**glied** / órgano *m* medidor ‖ ~**glied**, -relais *n* / relé *m* discriminador o diferenciador, relé

m discriminante ‖ ~**glied**, Vergleichsorgan *n* (Regeln) / órgano *m* detector de errores ‖ ~**glocke** *f* (Gas) / gasómetro *m* de medición ‖ ~**größe** *f* (Phys) / magnitud *f* medida, magnitud *f* a medir, mensurando *m* ‖ ~**größe** (Röhrenlibelle) / inclinación *f* en mm por metro ‖ ~**größenumformer** (DIN), Transducer *m* (Eltronik, Fernm) / transductor *m* ‖ ~**halt** *m*, -stop *m* (Wzm) / parada *f* para la medición ‖ ~**harke** *f* (Luftf) / peine *m*, rastrillo *m* de medición
Messing *n*, Ms (Hütt) / latón *m* ‖ ~..., von Messing / de latón ‖ ~ **für Schiffbauzwecke** (ca. 60% Cu, 1% Sn) / latón *m* naval ‖ ~ *n* **mit 15% Zinkanteil** / similibronce *m* ‖ ~ **Ms 65** / latón *m* con 65% de Cu, latón *m* a 65% de cobre ‖ ~ **Ms 70** (70% Cu, 30% Zn) / latón *m* con 70% de Cu ‖ ~ **Ms 90** (90% Cu, 10% Zn), Ms 90 / latón *m* con 90% de Cu ‖ ~**rotes** ~, Rotguss *m* / latón *m* rojo (E) o cobrizo (LA) ‖ ~**sprödes** ~ / latón *m* agrio ‖ ~**blech** *n* / chapa *f* de latón ‖ ~**bruch** *m* / latón *m* viejo ‖ ~**buchse** *f* / casquillo *m* de latón ‖ ~**draht** *m* / alambre *m* de latón ‖ ~**druckguss** *m* / colada *f* de latón a presión, fundición *f* inyectada de latón ‖ ~**gießer** *m* / fundidor *m* de latón, latonero *m* ‖ ~**gießerei** *f* / fundición *f* de latón, latonería *f* ‖ ~**guss** *m* / latón *m* fundido ‖ ~**linie** *f* (Druck) / filete *m* de latón o bronce, placa *f* o raya de latón o bronce ‖ ~**lot** *n* / soldadura *f* fuerte o de latón ‖ ~**lötung** *f* / soldadura *f* amarilla o de latón ‖ ~**platte** *f* / plancha *f* o placa de latón ‖ ~**plattiert** / plaqueado *m* o chapeado de latón ‖ ~**pressteil** *n* / pieza *f* prensada de latón ‖ ~**rohr** *n* / tubo *m* (E) o caño (LA) de latón ‖ ~**[schlag]lot** *n*, Hartlot *m* / soldadura *f* amarilla o fuerte o de latón ‖ ~**schlosser** *m*, jetzt: Metallbildner *m* / latonero *m* ‖ ~**schrott** *m* / chatarra *f* de latón ‖ ~**spatien** *n pl* (Druck) / espacio *m pl* de latón o bronce ‖ ~**ware** *f*, -geschirr *n* / latonería *f*
Messinstrument *n* / instrumento *m* medidor o de medida o de medición, aparato *m* de medida ‖ ~ **für Bohrungen** / instrumento *m* para medir agujeros ‖ ~ **für Neutronenfluss** / instrumento *m* de medición del flujo neutrónico ‖ ~ **mit Dauermagnet** / instrumento *m* de medición con imán permanente ‖ ~ **mit Nullpunkt in der Skalenmitte** / instrumento *m* medidor con cero al centro ‖ ~ *n* **mit projizierter Skala** / aparato *m* de escala proyectada ‖ ~ **mit unterdrücktem Nullpunkt** / instrumento *m* medidor con cero suprimido
Mess•kabel *n*, Prüfkabel *n* / cable *m* de medida ‖ ~**kammer** *f* / cámara *f* fotogramétrica ‖ ~**kanal** *m*, -gerinne *f* / canal *m* para aforar ‖ ~**kanne** *f* **für Benzin** / bidón *m* de medida para gasolina ‖ ~**-Kapazitätskasten** *m* (Elektr) / caja *f* capacimétrica de capacitancias o de capacidades ‖ ~**kasten** *m* / caja *f* de medición ‖ ~**keil** *m* / cuña *f* de medición ‖ ~**keil** (Foto) / prisma *m* de medida ‖ ~**kette** *f* (Länge 66 ft = 20,12 m) (Verm) / cadena *f* de agrimensor ‖ ~**kettenstab** *m* (Verm) / piquete *m* para cadena de agrimensor ‖ ~**klammer** *f* (Elektr) / amperímetro *m* de pinza, pinza *f* amperimétrica ‖ ~**klemme** *f* / borne *m* de medición ‖ ~**kluppe** *f* (Forstw) / forcípula *f* de medir, calibre *M* ‖ ~**koffer** *m* / maletín *m* con instrumentos de medida ‖ ~**kolben** *m* (Chem) / matraz *m* aforado ‖ ~**kollimator** *m* (Opt) / colimador *m* focal ‖ ~**kondensator** *m* / capacitor *m* de precisión [para medida] ‖ ~**kopf** *m* / cabeza *f* medidora o de medida ‖ ~**kopf** (Vakuum) / cabeza *f* medidora del vacuómetro ‖ ~**kopf für spezifische Ausstrahlung** (Opt) / cabezal *m* medidor de emitancia ‖ ~**kraft** *f*, Messdruck *m* / presión *f* de medición, presión *f* o fuerza aplicada en la medición ‖ ~**kreis** *m* (Elektr) / circuito *m* de medición ‖ ~**kreis**, Spannungskreis *m* (Elektr) / circuito *m* derivado o en derivación o de tensión ‖ ~**kreis** *m*, Teilkreis *m* / círculo *m* graduado ‖ ~**kugel** *f* / esfera *f* de medición ‖ ~**kunde**, -technik *f*, -wesen *n* / metrología *f* ‖ ~**länge**, -strecke *f* / longitud *f* de

medición ‖ ~**länge** f (Prüfstab) / longitud g calibrada o de referencia ‖ ~**last** f / carga f de medición ‖ ~**latte** f (allg, Verm) / mira f, pértiga f de medición, vara m de agrimensor, estadal m (MEJ) ‖ ~**latte**, Nivellierlatte f (Bau) / regla f de nivelación ‖ ~**latte**, -stab m (Bahn) / regla f graduada ‖ ~**latte für Fernablesung** (vom Vermessenden aus) (Verm) / mira f para lectura a distancia ‖ ~**-Lege-Maschine** f (Tex) / máquina f medidora y plegadora (o dobladora) ‖ ~**leitung** f (Elektr) / cordón m de conexión ‖ ~**leitung** (Wellenleiter) / guía f o línea o sección ranurada ‖ ~**leitung** (Fernm, Siemens) / hilo C m, tercer hilo m, hilo m de cantutillo o de manguito o de punta ‖ ~**linie** f (Radar) / base f de tiempo ‖ ~**lupe** f (Opt) / lupa f de medida ‖ ~**marke** f (Mat.Prüf) / marca f de referencia ‖ ~**maschine** f (allg) / máquina f para medir ‖ ~**maschine** (für Abmessung o. Inhalt) / máquina f calibradora ‖ ~**methode** f, -verfahren n / método m o procedimiento de medida o de medición ‖ ~**mikrophon** n / micrófono m calibrado ‖ ~**mikroskop** n, -lupe f / microscopio m medidor, metromicroscopio m ‖ ~**mikroskop**, -lupe f (zum Messen kleiner Höhenunterschiede) / catetómetro m ‖ ~**moment** n (Messinstr) / par m motor, momento m de torsión ‖ ~**motor** m (Regeln) / motor m integrador ‖ ~**nabe** f (Motorprüfung) / cubo m registrador ‖ ~**nadel** f / aguja f de medición ‖ ~**objekt** n / objeto m de medida ‖ ~**okular**, Okularmikrometer n / ocular m micrométrico ‖ ~**ort** m, -punkt m, -stelle f / punto m o lugar de medida ‖ ~**oszilloskop** n (Eltronik) / osciloscopio m de precisión ‖ ~**pause** f, Zeichenintervall m (Radar) / intervalo m de señales de trazados ‖ ~**pegel** m (Elektr) / nivel m de medición ‖ ~**pegel**, absoluter Spannungspegel (Fernm) / nivel m de paso ‖ ~**pipette** f (Labor) / pipeta f graduada ‖ ~**platte** f / placa f de medición ‖ ~**platz** m / puesto m de medida ‖ ~**prinzip** n / principio m de medida ‖ ~**prisma** n / prisma m de medición, V m de medida ‖ ~**probe** f / muestra f para ensayos o para medida ‖ ~**protokoll** n / certificado m de medida ‖ ~**pult** n / pupitre m de medida ‖ ~**punkt** m / punto m de medición ‖ ~**punkt** (mit anzeigenden oder schreibenden Instrumenten), Messstelle f, -stelle f / puesto m de medición ‖ ~**punkt**, Kontrollpunkt m / punto m de verificación o de control ‖ ~**rad** m (Verm) / rueda f de medición ‖ ~**rad für Landkarten** / medidor m para mapas, curvímetro m, opisómetro m ‖ ~**rahmen** m, Lademaß m (Bahn) / gálibo m de carga ‖ ~**rahmen** (Lufft) / bastidor m de medida ‖ ~**raum** m, Feinmessraum m / sala f de medición ‖ ~**reaktor** m (Nukl) / reactor m fuente o de medición ‖ ~**rechen** m (Lufft) / peine m, rastrillo m de medición ‖ ~**reihe** f / serie f de mediciones ‖ ~**relais** n, -glied n (Elektr) / relé m discriminador o diferenciador, contador-relé m, relé m de medida ‖ ~**ring** m (Radar) / anillo m medidor ‖ ~**rohr** n / tubo m de medida ‖ ~**schacht** m (Öl) / pozo m de medida ‖ ~**schalter** m / conmutador m de prueba ‖ ~**schaltung** f (Elektr) / conexiones f pl para medición ‖ ~**scheibe** f / plantilla f de registro de pruebas, disco m de medida ‖ ~**schieber** m, Schieblehre f / pie m de rey, vernier m ‖ ~**schiene** f / regla f graduada ‖ ~**schiene**, -bank f / banco m de medida ‖ ~**schleife** f (Elektr) / bucle m [del circuito] de medición ‖ ~**schlitten** m / carro m de medida ‖ ~**schnabel** m / pico m de medida ‖ ~**schneide** f / cuchilla f de medida ‖ ~**schnur** f (Fernm) / cordón m de prueba ‖ ~**schrank** m (Fernm) / pupitre m de pruebas, mesa f de pruebas ‖ ~**schranke** f / barrera f de medición para fotocélulas ‖ ~**schraube** (DIN), Bügelmessschraube f / micrómetro m, pálmer m ‖ ~**schreiber** m / registrador m de medida ‖ ~**schwert** m (Hütt) / sonda f de medición ‖ ~**sender** m (Funk) / generador m de señal patrón ‖ ~**sender**, Wellengenerator m (Eltronik) / generador m de forma de onda ‖ ~**signal** n (TV) / señal f de prueba ‖ ~**signalgenerator** m / generador m de señales de prueba ‖ ~**sonde** f, -kopf m / cabeza f de medida ‖ ~**spannung** f (Elektr) / tensión f de medida ‖ ~**spitze** f / punta f de prueba, punta f de un comparador ‖ ~**spitze** (Schieblehre) / pico m de medida interior ‖ ~**spule** f (Goniometer) / bobina f exploradora ‖ ~**stab** m (für Kraftstoff) / sonda f de nivel (de combustible), varilla f de medición ‖ ~**stab**, -stange f (Verm) / jalón m de agrimensor ‖ ~**stand** m / puesto m de medida ‖ ~**stelle** s. auch Messpunkt ‖ ~**stelle** (Wassb) / punto m de medición ‖ ~**stelle** (Thermoelement) / contacto m caliente ‖ ~**stellenabtaster** m / explorador m de puntos de medición ‖ ~**stellenumschalter** m / conmutador m de los puntos de medición ‖ ~**stempel** m (Bergb) / puntal m dinamométrico ‖ ~**steuerung** f (NC) / mando m por medición ‖ ~**stickstoff** m (Reaktor) / nitrógeno m de medida ‖ ~**stift** m / espiga f de medición, punta f del comparador ‖ ~**strahl** m (Interferometer) / haz m de trabajo ‖ ~**strahlengang** m (Foto) / trayectoria f luminosa de medida ‖ ~**strecke**, gemessene Strecke / distancia f medida ‖ ~**strecke** (Lufft) / base f de control de velocidad ‖ ~**streifen** m (Messtechnik) / banda f o tira de medición ‖ ~**strich** m / trazo m de graduación ‖ ~**strom** m (Fernm) / corriente f de hilo C ‖ ~**stromkreis** m (Instr) / circuito de medición ‖ ~**sucher** m (Foto) / visor m iconométrico, visor m telémetro ‖ ~**system** n, -werk n (Instr) / instrumental m de medición, elemento m medidor ‖ ~**systeme** n pl / sistemas m pl de medida ‖ ~**systemnullpunkt** m (NC) / punto m cero del elemento medidor ‖ ~**tank**, -behälter m / depósito m de medición ‖ ~**tasche** f (Hütt) / tolva f de medida ‖ ~**taste** f, Prüftaste f (Fernm) / llave f de prueba ‖ ~**technik** f, -kunde f / metrología f, metrotecnia f ‖ ~**technik**, -methode f / técnica f de medida, método m de medición ‖ ~**techniker** m / técnico m de medida ‖ ~**tisch** m / mesa f de medida ‖ ~**tisch** (Verm) / plancheta f ‖ ~**tischaufnahme** f / levantamiento m por plancheta ‖ ~**tischblatt** n, (jetzt:) topografische Karte / plano m de plancheta, mapa m topográfico ‖ ~**tischphotogrammetrie** f / fotogrametría f de plancheta ‖ ~**ton** m / sonido m de referencia ‖ ~**transduktor** m / transductor m de medida ‖ ~**transformator** m, -trafo m / transformador m de medida ‖ ~**transformator** s. auch Messwandler ‖ ~**trog** m / cuba f de medición ‖ ~**trommel** f / tambor m graduado o de medición ‖ ~**trommel** (Sextant) / tambor m micrométrico ‖ ~**trupp** m / equipo m de agrimensores, cuadrilla f de agrimensores ‖ ~**truppkennziffer** f (Fernm) / coeficiente m de práctica experimental ‖ ~**uhr** f, Feinzeiger m (DIN) / comparador m [mecánico] de reloj, reloj m de medir o de comparación ‖ ~**uhr**, Zähluhr f / reloj m contador ‖ ~**umformer** m / convertidor m de medición ‖ ~**umschalter** m / conmutador m de prueba ‖ ~**- und Dosiergerät** n (Chem) / aparato m de medición y de dosificación ‖ ~**- und Regeltechnik** f / técnica f de medida y [de] regulación, técnica f de medición y regulación

Messung f, Messen n (Tätigkeit) / medición f, medida f ‖ ~ (Ergebnis) / medición f ‖ ~ (mit anzeigenden o. schreibenden Instrumenten) / medición f por instrumentos [indicadores y registradores] ‖ ~ **der Eigenschwingung** / medición f de la vibración propia ‖ ~ **der Radialgeschwindigkeit** / medición f de la velocidad radial ‖ ~ **der spektralen Ebenheit** (Fernm) / medición f de la uniformidad del espectro ‖ ~ **der Strahlendosis** / medición f de la dosis de radiación ‖ ~ **im Beharrungszustand** / medida f en régimen permanente ‖ ~ **in Metern** / medición f lineal o de longitud en metros ‖ ~ **mechanischer Schwingungen** / medición f de vibraciones ‖ ~ **mit Staurand** / medición f con diafragma ‖ ~ **mittels Tyndallkegel**

Messung (Phys) / medición f por el cono de Tyndall ‖ ≃ **über [den elektrischen] Widerstand** / medición f mediante la resistencia eléctrica ‖ ≃ **verschiedenartiger Farben** / fotometría f heterocromática ‖ ≃ **von Glätte**, Glättemessung f (Masch) / verificación f de lisura ‖ ≃ **während der Bearbeitung** / medición f en el transcurso de mecanizado ‖ **eine** ≃ **machen** / efectuar una medición, medir
Mess•ungenauigkeit f / inexactitud f de (o en la) medición ‖ ≃ **unsicherheit** f / inseguridad f de medición ‖ ≃ **urkunde** f (Schiff) / certificado m de arqueo ‖ ≃ **verfahren** n / sistema m o método de medida, procedimiento m de medición ‖ ≃ **verstärker** m / amplificador m de medición ‖ ≃ **vorrichtung** f / aparato m o dispositivo de medida o de medición, mecanismo m o medida o de calibrado ‖ ≃ **wagen** m / vehículo m para medida ‖ ≃ **wagen**, Dynamometerwagen m (Bahn) / coche m o vagón dinamométrico o dinamómetro m ‖ ≃ **walze** f / cilindro m medidor ‖ ≃ **wandler** m (Elektr) / transformador m de medida ‖ ≃ **wandler** (Eltronik, Fernm) / transductor m ‖ ≃ **wandler in Sparschaltung** / autotransformador m de medida ‖ ≃ **warte** f (Hütt) / sala f de medidas ‖ ≃ **weg** m / trayectoria f de medición ‖ ≃ **wehr** n, Absturzwehr n (Hydr) / vertedero m de aforo ‖ ≃ **werk** m, -gerät n, -uhr f, Zählwerk n / mecanismo m de medida ‖ ≃ **werk** n (als Ganzes) (Messinstr) / mecanismo m del instrumento de medición ‖ ≃ **werkzeug**, Maß n / herramienta f de medición o de medida
Messwert m, abgelesener Wert / valor m comprobado, valor m de lectura ‖ ≃, gemessener Wert / valor m medido o de la medición ‖ ≃, zu messender Wert / valor m a medir ‖ ≃ **e drahtlos übertragen** / transmitir medidas a distancia [sin hilo] ‖ ≃ **abfragesystem** n / sistema m de exploración de valores medidos ‖ ≃ **abnahme** f / toma f de valores medidos ‖ ≃ **abtaster** m (DV, Funk) / explorador m de datos ‖ ≃ **anzeiger** m (Funk) / registro m de datos ‖ ≃ **aufbereitung** f (Regeln) / acondicionamiento m de los valores medidos ‖ ≃ **aufnehmer** m / sensor m de valores medidos ‖ ≃ **drucker** m / impresora f de valores medidos ‖ ≃ **erfasser** m (Eltronik) / registrador m de datos ‖ ≃ **erfassung** f (NC) / medición f, medida f, registro m de datos medidos ‖ ≃ **fernablesung** f / lectura f distante de valores medidos ‖ ≃ **fernübertragung** f (Regeln) / telemedida f, telemedición f ‖ ≃ **geber**, sensor m / sensor m de valores medidos ‖ ≃ **geber**, Transmitter m / transmisor m ‖ ≃ **geber** m (für Kräfte) / sensor m de fuerzas ‖ ≃ **plotter** m (DV) / trazador m de curvas de valores medidos, trazadora f de gráficos ‖ ≃ **protokollierung** f / protocolos m pl de las mediciones ‖ ≃ **schreiber**, -drucker m / registrador m de valores medidos ‖ ≃ **übertragung** f / transmisión f de valores medidos ‖ ≃ **umformer** m / convertidor m o transductor de valores medidos ‖ ≃ **-Umkehrspanne** f / error m de histéresis ‖ ≃ **umsetzer** m / transductor m ‖ ≃ **-Verarbeitungssystem** n / sistema m de tratamiento de valores medidos o de datos ‖ ≃ **verschiebung** f (Messinstr) / desplazamiento m de valores registrados
Mess•wesen n, Messen n / metrología f ‖ ≃ **-Wickel-Maschine** f (Tex) / máquina f de enrollar (o bobinar) y de medir ‖ ≃ **widerstand** m / resistor m de precisión ‖ ≃ **widerstand** (Instr) / resistor m multiplicador ‖ ≃ **winkel** m / escuadra f de medida ‖ ≃ **zahlen** f pl (Forstw) / números m pl índices para venta de madera ‖ ≃ **zählrohr** n / tubo m contador de medida ‖ ≃ **zange** f / pinza f de medida ‖ ≃ **zeiger** m / indicador m ‖ ≃ **zeit** f / tiempo m de medición ‖ ≃ **zeit** (Zähler) / tiempo m de contado ‖ ≃ **zelle** f, -kopf m (Vakuum) / cabeza f medidora del vacuómetro ‖ ≃ **zelle**, -röhre f (Vakuum) / tubo m medidor del vacuómetro ‖ ≃ **zentrale** f, -zentrum n / centro m de medición ‖ ≃ **zerhacker** m (Eltronik) / vibrador m para mediciones ‖ ≃ **zeuge** n pl / herramientas f pl de medición, instrumentos m pl de medición ‖ ≃ **ziffer** f / número m índice ‖ ≃ **zirkel** m / compás m de medición ‖ ≃ **zweck** m / propósito m de medición ‖ ≃ **zyklus** m / ciclo m de medición ‖ ≃ **zylinder** m, -glas n / probeta f graduada, tubo m graduado
Meta•-Anthrazit m (Bergb) / metaantracita f ‖ ≃ **anweisung** f (DV) / declaración f meta ‖ ~**bolisieren** vt, verstoffwechseln (Biol) / metabolizar ‖ ≃ **bolismus** m, Stoffwechsel m / metabolismo m ‖ ≃ **bolit** m (Biol) / metabolito m ‖ ≃ **borsäure** f (Chem) / ácido m metabórico ‖ ≃ **chromatin** n (Biol) / metacromatina f ‖ ~**chromatisch** (Mikrosk) / metacromático ‖ ≃ **chromfärben** n / teñidura f con colorante metacrómico ‖ ≃ **compiler** m (DV) / metacompilador m ‖ ≃ **datei** f (DV) / metafichero m, metaarchivo m ‖ ≃ **daten** pl / metadatos m pl ‖ ≃ **dyne** f (eine Querfeldmaschine) (Elektr) / metadino m, metadínamo m ‖ ≃ **dyne-Generator** m (Elektr) / generador m metadino ‖ ≃ **flüssigkeit** f / metalíquido m ‖ ≃ **galaxis** f (Raumf) / metagalaxia f ‖ ≃ **info** f (DV) / metainformación f ‖ ≃ **isomerie** f / metaisomerismo m
Metall n / metal m ‖ ≃ ..., metallen / metálico, metalero (LA) ‖ ≃ **n der Wolle** (Tex) / nervio m de lana ‖ ≃ **im Brechgut** / fragmentos m pl metálicos extraños ‖ ≃ **e legieren** / ligar metales ‖ ≃ **n mit Formerinnerungsvermögen** / aleación f con memoria ‖ ≃ **verarbeitende Industrie** / industria f de elaboración de metales, industria f de transformados metálicos ‖ **edles** ≃, Edelmetall n / metal m precioso ‖ **Nichteisen-**≃ / metal m no férreo (E, LA) o no ferroso (LA) ‖ **unedles** ≃ / metal m no precioso, metal m electronegativo
Metall•abfall, Schrott m / desperdicios m pl metálicos, chatarra f ‖ ~**ähnlich**, -artig / metálico ‖ ≃ **-Aktivgas-Schweißen**, MAG-Schweißen n / soldadura f por arco con electrodo continuo en atmósfera activa, soldadura f con arco bajo gas activo ‖ ≃ **ammin** n, -ammoniakat n (Hütt) / metal m amoniacal ‖ ≃ **analysiergerät** n / analizador m de metal ‖ ≃ **antennenlinse** f / lente f metálica de antena ‖ ≃ **arbeiter** m / obrero m metalúrgico, trabajador m del metal, metalista m ‖ ~**artig**, -ähnlich / metálico, parecido a un metal ‖ ≃ **ätzung** f / grabado m en metal con agua fuerte ‖ ≃ **auflage** f / plaqueado m (E) o enchapado (LA) de metal ‖ ≃ **aufspritzen** n (mit Pistole) / metalización f [por pistola] ‖ ≃ **auftrag** m (Galv) / depósito m o revestimiento metálico ‖ ≃ **ausbringen** n (Bergb) / rendimiento m de metal ‖ ≃ **ausführung** f / ejecución f metálica ‖ ≃ **backenbremse** f / freno m de mordazas metálicas ‖ ≃ **bad** n / baño m metálico ‖ ≃ **badfärbemaschine** f (Tex) / máquina f de tintura en baño de metal fundido ‖ ≃ **badfixierung** f, Fixierung f im Metallbad (Tex) / fijación f en baño de metal fundido ‖ ≃ **bandsäge** f / sierra f de cinta para metales ‖ ≃ **barometer** n, Aneroid m / barómetro m aneroide ‖ ≃ **basistransistor** m / transistor m de base metálica ‖ ≃ **bau** m / construcciones f pl metálicas ‖ ≃ **bauer** m (früher: Schlosser o. Schmied) / cerrajero m, herrero m, elaborador m de metales [férreos], carpintero m metálico ‖ ≃ **baukasten** m (Spielzeug) / mecano m ‖ ≃ **bearbeitungsmaschine** f / máquina f para trabajar metales ‖ ≃ **bearbeitungsöl** n, Schneidöl n (Wzm) / aceite m de corte o para el mecanizado de metales ‖ ~**bedampfter Papierkondensator**, MP-Kondensator m / capacitor m de papel metalizdo ‖ ≃ **bedampfung** f / metalización f en vacío ‖ ≃ **bedampfungsanlage**, Bedampfungsanlage f / instalación f de metalización en vacío ‖ ≃ **bedampfungsschicht** f / capa f de metal vaporizado ‖ ≃ **beize** f (Tex) / mordiente m metálico ‖ ≃ **belag** m / revestimiento m metálico ‖ ≃ **bergwerk** n, -mine f / mina f de metal ‖ ≃ **beruf** m, Metall

verarbeitender / profesión f de elaboración de metales ‖ ~**beschichtetes Papier** / papel m metalizado ‖ ~**beschlag** m, -**beschläge** m pl / herraje[s] m [pl] ‖ ~**beschlag**, -**haut** f (Bau) / chapado m metálico ‖ ~**beschlagen**, -verkleidet / en caja metálica, con revestimiento metálico ‖ ~**bildner** m (Lehrberuf) / latonero m ‖ ~**bindung** f (Chem) / enlace m metálico ‖ ~**blattbürste** f (Elektr) / escobilla f de hojas metálicas ‖ ~**blech** n (Hütt) / chapa f metálica o de metal ‖ ~**blecheinlage** f / inserción f de chapa de metal ‖ ~**block-Thermostat** m / termostato m en bloque metálico ‖ ~**bohrer** m (Wz) / broca f [salomónica] para metal ‖ ~**[bohr]späne** m pl / virutas f pl metálicas de perforado ‖ ~**buchse**, -**büchse** f, -**futter** n / casquillo m o buje metálico ‖ ~**bürste** m (Elektro) / escobilla f metálica ‖ ~**chemie** f / química f de metales, metaloquímica f ‖ ~**dämpfe** m pl / vapores m pl metálicos ‖ ~**dampflampe** f / lámpara f de vapor metálico ‖ ~**detektor**, -**sucher** m / detector m de metales ‖ ~**dichtung** f (Dampfm) / junta f o guarnición metálica ‖ ~**draht** m / alambre m o hilo metálico ‖ ~**draht** (Lampe) / filamento m metálico ‖ ~**drahtgewebe** n / tela f metálica ‖ ~**drahtlampe**, -**fadenlampe** f (Licht) / lámpara f de filamento metálico ‖ ~**drehbank** f, -**drehmaschine** f / torno m para trabajar metales ‖ ~**dreher** m / tornero m de metales ‖ ~**drücken** (Wzm) / embutido m [de chapas] al torno ‖ ~-**Druckfarbe** f (Druck) / tinta f para la impresión metalográfica ‖ ~**druckverfahren** n / impresión f metalográfica ‖ ~**effekt** m / efecto m metálico ‖ **mit** ~**effekt lackieren** / laquear o pintar con efecto metálico ‖ ~**effektfaden** m (Tex) / hilo m cargado de sales metálicas ‖ ~**effektfarbe** f, -**lack** m / laca f con efecto metálico ‖ ~-**Einkristall** m / monocristal m metálico ‖ ~**einlage** f / capa f intermedia metálica, forro m metálico ‖ ~**einsatz** m (Hütt) / carga f de metal ‖ ~**einschluss** m / inclusión f metálica ‖ ~**elektrode** f (Schw) / electrodo m metálico
Metaller m pl (koll.), Metallwerker m / metalista m
Metall•erz n / mineral m metalífero ‖ ~**faden** m (Lampe) / filamento m metálico ‖ ~**fadenlampe** f / lámpara f de filamento metálico ‖ ~**farbe** f / color m de metal ‖ **anodische** ~**färbung** / anodización f, anodizado m ‖ **chemische** ~**färbung** / metalocromía f química ‖ ~**faserverstärkter Kunststoff**, MFK / plástico m reforzado por fibras metálicas ‖ ~**fenster** n / ventana f metálica ‖ ~**filmkathode** f / cátodo m de película metálica ‖ ~**filmsonde** f (Regeln) / sonda f de película metálica ‖ ~**folie** f / hoja f metálica ‖ ~**form** f, Kokille f (Gieß) / coquilla f, lingotera f ‖ ~**frei** / exento de metal ‖ ~**fußventil** n (Pneu) / válvula f con pie metálico ‖ ~**garn** n / hilado m metalizado ‖ ~**gatter** n / reja f metálica, enrejado m metálico ‖ ~**gaze** f / gasa f metálica ‖ ~**[gefäß]-Gleichrichter** m (veraltet) (Elektr) / rectificador m de cuba metálica ‖ ~**gefasste Dichtung** / junta f metaloplástica ‖ ~**gehalt** m **von Erzen** / rendimiento m de minerales metalíferos, contenido m metálico de minerales ‖ ~**gehäuse** n / caja f metálica ‖ ~**gelenk** n (Brille) / articulación f metálica ‖ ~**gerüst** n / armazón m metálico ‖ ~**geschützt** / chapado de metal adj, protegido por [chapa de] metal ‖ ~**gespinst** n / filamentos m pl metálicos ‖ ~**gewebe** n / tela f metálica ‖ ~**gewebeeinlage** f (Förderband) / capa f de tela metálica ‖ ~**gewinnung** f / obtención f del metal ‖ ~**gießer** m (Beruf) / fundidor m de metal ‖ ~**gießerei** f / fundería f de metales ‖ ~**gießerei**, Gelbgießerei f / fundería f de latón ‖ ~**glanz** m / brillo m metálico ‖ ~**glasurschicht** f (Widerstand) / capa f de vidriado metálico ‖ ~**glasurschicht-Widerstand** m / resistor f de vidriado metálico ‖ ~-**Glasverschmelzung** f / unión f vidrio-metal ‖ ~**gleichrichter** m (veraltet), Quecksilberdampfgleichrichter m / rectificador m de vapor de mercurio en cuba metálica ‖ ~**gleichrichter**,

Trockengleichrichter m / rectificador m metálico o seco ‖ ~-**Gummi-Verbindung** f / unión f caucho-metal ‖ ~**guss** m (Erzeugnis) / pieza f metálica fundida ‖ ~**guss**, -**gießen** n / colada f o fundición de metal ‖ ~-**Halogen-[Kurzbogen]lampe** f (Opt) / lámpara f de halógeno-metal ‖ ~**haltig**, -führend, -reich, -trächtig (Bergb) / metalífero ‖ ~**holz** n, Panzerholz n / madera f metalizada, madera f laminada impregnada de metal ‖ ~**hütte** f / fábrica f o planta metalúrgica ‖ ~**hüttenkunde** f / ciencia f metalúrgica ‖ ~**hüttenmann** m / metalurgista m ‖ ~**hüttenschlacke** f / escorias f pl metalúrgicas ‖ ~**hüttenverfahren** n **auf nassem Wege** / hidrometalurgia f ‖ ~**hüttenverfahren auf trockenem Wege** / pirometalurgia f ‖ ~**hydridspeicher** m / acumulador m de hidruro metálico
Metallic•-Druckwalze f (Tex) / cilindro m acanalado engranando hasta el fondo ‖ ~-**Farbe** f / color m metalizado ‖ ~-**Lackierung** f (Kfz) / pintura f metalizada
Metallidieren n, Oberflächenlegieren n / aleación f de la superficie
Metall•industrie f / industria f metalúrgica y de los artículos metálicos ‖ ~-**Inertgas-Schweißen** n, MIG-Schweißen n / soldadura f por arco en atmósfera inerta con electrodo fusible, soldadura f con arco bajo gas inerte ‖ ~**iodid** n, metallisches Iod / yoduro m metálico
Metallisator m / pistola f metalizadora
metallisch, metallähnlich, -artig / metálico ‖ ~, **rein** (Chem) / puro ‖ ~ (Reflex, Klang etc.) / ametalado ‖ ~**e Abschirmung** (Eltronik) / blindaje m, apantallamiento m metálico ‖ ~**er Behälter** / recipiente m o depósito metálico [cerrado] ‖ ~**e Bindung** (Chem) / enlace m metálico ‖ ~**er Brennstoff** (Nukl) / combustible m metálico ‖ ~**e Dichtung** / junta f o guarnición metálica ‖ ~**er Fremdkörper** / partícula f metálica extraña, cuerpo m extraño metálico ‖ ~**es gebunden** (Schleifscherbe) / unido por metal ‖ ~**es Gitter** (Krist) / red f cristalina metálica ‖ ~ **glänzend** / con o de brillo metálico ‖ ~**es Glas** / vidrio m metálico ‖ ~**er Klang** / sonido m metálico ‖ ~**er Kratzenbeschlag** (Tex) / guarnición f metálica de cardas ‖ ~**e Kupplung** (Kfz) / embrague m metálico ‖ ~**e Leitung** (Phys) / conducción f metálica ‖ ~**es Natrium** / sodio m metálico ‖ ~**es Pigment** (Farbe) / pigmento m metálico ‖ ~**er Querschnitt** (Elektr) / sección f metálica ‖ ~**er Satz** (Druck) / composición f mecánica ‖ ~**er Überzug** / revestimiento m metálico ‖ ~ **verbinden** / efectuar una conexión metálica ‖ ~**e Verbindung** (Elektr) / conexión f metálica ‖ ~**e Verstärken** (IC) / electrodeposición f de refuerzo ‖ ~**e Verzögerungslinse** (Antenne) / lente f de placa dieléctrica ‖ **mit** ~**em Treibstoff** (Reaktor) / de combustible metálico ‖ ~-**nichtmetallisch** / metal-metaloide
metallisier... / metalizante
metallisieren vt (Stoff) / metalizar ‖ ~, **mit Metall bespritzen o. bedampfen** / metalizar por pistola o en vacío ‖ ~ (Eltronik, Röhren) / metalizar tubos o válvulas ‖ ~, **Bedampfen** n / metalización f en vacío, metalizado m en vacío ‖ ~ n (gedr.Schaltg) / electrodeposición f
metallisiert, mit Metall bedeckt o. bespritzt o. bedampft / metalizado ‖ ~**es Papier** / papel m metalizado
Metall•-Isolator-Halbleiter m / semiconductor f con aislador metálico ‖ ~**kapselung** f / encapsulación f metálica ‖ ~**karbid** n / carburo m metálico ‖ ~**karde** f (Spinn) / carda f metálica o de alambre ‖ ~**kaschiert** (gedr.Schaltg) / con revestimiento metálico ‖ ~**kaschiertes Papier** / papel m revestido o contracolado de metal ‖ ~**kassette** f, -kästchen n / caja f o cajita metálica ‖ ~**kassette** (Foto) / chasis m

Metallkathode

metálico ‖ ⁓**kathode** f / cátodo m metálico ‖
⁓**keramik** f, keramische Metallurgie / metalurgia f o técnica metalocerámica ‖ ⁓**keramik**,
Pulvermetallurgie f / pulvimetalurgia f ‖ ⁓**keramik**
(Material) / ceramet[al] m, cermet m, material m ceramometálico ‖ ~**keramisch** / metalocerámico ‖
⁓**kitt** m / cemento m para metales ‖ ⁓**kleben** n /
pegamiento m de metales ‖ ⁓**kleber** m / adhesivo m o pegamento para metales ‖ ⁓**klötzchen** n,
Kontaktklotz m / bloque m de contacto ‖ ⁓**klumpen** m, -stück n / pedazo m de metal, pella f o pieza de metal, mogote m metálico ‖ ⁓**kohle** f / carbón m metalífero ‖ ⁓**kohle[bürste]** (Elektr) / escobilla f compuesta de carbón y metal ‖ ⁓**komplexfarbstoff** m (Tex) / colorante m de complejo metálico ‖
⁓**komplexfärbung** f / teñidura f por complejos metálicos ‖ ⁓-**Komplexion** n / ion m complejo de metal ‖ ⁓**krampen**, -steppen n / pespunte m de chapas ‖ ⁓**kreissäge** f / sierra f circular para metales ‖
⁓**kristalle** m pl / cristales m pl metálicos ‖
⁓**kugelkopf** m (Drucker) / bola f metálica, cabeza f impresora esférica de metal ‖ ⁓**kunde** f,
Metallographie f / metalografía f ‖ ~**kundlich**,
metallografisch / metalográfico ‖ ⁓**kurzwaren** f pl / quincalla f, quincallería f ‖ ⁓-**Lagerstättenkunde** f / ciencia f de exploración de yacimientos metálicos ‖
⁓-**Lattung** f / enlatado m metálico ‖ ⁓**legierung** f / aleación f de metales ‖ ⁓-**Lichtbogenschweißen** n / soldadura f por (o al) arco [voltaico] ‖ ⁓**linienstern** m (Astr) / estrella f con líneas metálicas ‖ ⁓**mantel** m, -ummantelung f / revestimiento m metálico ‖
⁓**mantelkabel** n / cable m blindado ‖ ⁓**maßstab** m / regla f metálica o de metal ‖ ⁓**mehl** n (als Düngerzusatz) (Landw) / polvo m metálico ‖
⁓-**Metall-Klebung** f / encolamiento m de metales, unión f de metales [mediante pegamento] ‖
⁓-**Metalloid-Sinterwerkstoff** m,
Metall-Nichtmetall-Werkstoff m / material m metal-metaloide sinterizado ‖
⁓-**Metalloxid-Werkstoff** m / material m metalóxido de metal ‖ ⁓**mischung**, Speise f (Met) / mezcla f metálica ‖ ⁓**möbel** n / mueble m de metal ‖
~**modifiziertes Oxid** (Chem) / óxido m modificado por metal ‖ ⁓**nebel** m (Gieß) / neblina f o niebla metálica ‖
⁓-**Nitrid-Oxid-Silizium-Feldeffekttransistor** m,
MNOS-FET m / MNOS-FET m ‖
⁓**oberflächenbehandlung**, -oberflächenbearbeitung (o. -veredlung) (Landw) / tratamiento m de la superficie de metales

Metallocene n pl (Hochleistungskatalysatoren) / metalocenos m pl

Metallo • chromfärbung f / metalocromía f ‖ ⁓**genese** f / génesis f de los metales, metalogénesis f ‖ ~**grafisch** / metalográfico ‖ ~**grafische Prüfung** / examen m metalográfico ‖ ~**grafischer Schliff** / sección f [pulimentada] metalográfica ‖ ⁓**graph** m / metalografista m ‖ ⁓**graphie**, [theoretische] Metallkunde f / metalografía f

Metalloid, (unrichtig für:) Nichtmetall n / metaloide m

Metall • organica pl, Organometalle n pl / compuestos m pl organometálicos ‖ ~**organisch** / organometálico

Metallo • skop n / metaloscopio m ‖ ⁓**skopie** f / metaloscopia f

Metall • oxid n / óxido m metálico o de metal ‖
⁓[**oxid**]**farbe** f / pintura f de óxido metálico ‖
⁓**oxidschicht** f / película f de óxido metálico ‖
⁓**oxid-Transistor**, MOS-Transistor m / transistor m de metal-óxido-semiconductor, transistor m MOS ‖
⁓**packung** f, -dichtung f / junta f o guarnición metálica, empaquetadura f metálica ‖ ⁓**papier** n / papel m metalizado ‖ ⁓**papierkondensator** m,
MP-Kondensator m / capacitor m de papel metalizado ‖ ⁓**physik** f / física f de los metales ‖
⁓**pigment** n / pigmento m metálico ‖ ⁓**pigmentfarbe** f, -lack m / barniz m de pigmento metálico ‖ ⁓**platte** f, -tafel f / placa f metálica o de metal ‖ ⁓**prägeanstalt** f, -prägerei f / taller m de troquelado ‖ ⁓**pressen** n / prensado m de metales ‖ ⁓**profil** n / perfil m metálico ‖ ⁓**profildichtung** f / guarnición f metálica acuñada ‖
⁓**prüfung** f / examen m metalográfico ‖ ⁓**pulver** n / polvo m de metal, metal m en polvo ‖
⁓**pulverkupplung** f / acoplamiento m de polvo ‖
⁓**pulver-Spritzpressen** n / moldeo m por transferencia de polvo de metal ‖ ⁓**putzmittel** n / limpiametales m, producto m pulimentador para metal ‖ ⁓**putzsand** m / abrasivo m metálico ‖
⁓**raffination** f / refinación f de metales ‖ ⁓**rahmen m für Fenster und Türen** (Bau) / marco m metálico ‖
⁓**reflektor**, -spiegel m (Licht) / reflector m metálico ‖
⁓**rest** m (Gieß) / excedente m de metal ‖ ⁓**ring** m (Masch) / manguito m metálico ‖ ⁓**röhrenpresse** f, -rohrpresse f / prensa f de extrusión para tubos metálicos ‖ ⁓**rückstände** m pl / residuos m pl de metal ‖ ⁓**rumpf** m (Schiff) / casco m metálico o de metal ‖
⁓**säge** f / sierra f para metales ‖ ⁓**salz** n,
anorganisches Salz (Chem) / sal f metálica ‖ mit
⁓**salzen imprägnieren** (Chem) / impregnar de sales metálicas ‖ ⁓**sand** m / granalla f metálica ‖ mit einer
⁓**schicht bedecken** / metalizar, aplicar una capa metálica ‖ ⁓**schicht-Festwiderstand** m / resistor m fijo de película metálica ‖ ⁓**schichtholz** n s. Metallholz ‖ ⁓**schild** n / placa f metálica ‖ ⁓**schirmisolator** m / aislador m de pantalla metálica ‖ ⁓**schlacke**, Krätze f (Hütt) / escoria f metálica ‖ ⁓**schlauch** m / manguera f metálica, tubo m metálico flexible ‖ ⁓**schlauch** (Elektr, Kfz) / conducto m flexible ‖ ⁓**schleifer** m (Arbeiter) / rectificador m o afilador o amolador de metal ‖ ⁓**schleifmaschine** f / rectificadora f de metal, amoladora f ‖ ⁓**schließzeug** n (Druck) / cuña f metálica ‖ ⁓**schmelze** f / baño m de metal fundido ‖
⁓**schraube** f / tornillo m mecánico o para metales ‖
⁓**schutz** m / protección f de metal ‖ ⁓**schutz**, -schutzmittel n. / agente m anticorrosivo ‖
⁓-**Schutzgas-Schweißen** n / soldadura f al (o por) arco m en atmósfera gaseosa con electrodo continuo ‖
⁓**seele** (Seil) / alma f metálica ‖ ⁓**seelenkohle** f / electrodo m de carbón con alma metálica ‖ ⁓**seife** f (Chem, Tex) / jabón m metálico, metal m saponificado ‖
⁓**seife**, Seifenerz n (Hütt) / mineral m aluvial [metalífero] ‖ ⁓**seifen-Stabilisator** m / estabilizador m por metal saponificado ‖ ⁓-**Spaltstoff-Element** n (Nukl) / elemento m combustible metálico ‖ ⁓**späne** pl / virutas f pl metálicas ‖ ⁓**späne**, Bohrspäne m pl / virutas f pl de perforado o de barrenado ‖ ⁓**späne**,
Drehspäne m pl / virutas f pl de torneado ‖ ⁓**späne**,
Feilspäne m pl / limaduras f pl ‖ ⁓**sperrholz** n / madera f contrachap[e]ada reforzada por metal ‖
⁓**spiegel** m / espejo m metálico ‖ ⁓**spiegel**, -reflektor m (Licht) / reflector m metálico ‖ ⁓**spiegel** m,
Spekulum n (Med, Opt) / espéculo m ‖ ⁓**spitze** f, Dorn m / punta f metálica ‖ ⁓**spritzen** n / metalización f por proyección o a pistola, proyección f de metal ‖
⁓**spritzer** m (Gieß) / salpicadura f de metal ‖
⁓**spritzpistole** f / pistola f metalizadora o para metalizar ‖ [Schoopsches] ⁓**spritzverfahren** / pulverización f con metal líquido según Schoop ‖
⁓**stange** f, -stab m / barra f metálica ‖
⁓**stangenpresse** f, -strangpresse f / extrusionadora f para barras metálicas ‖ ⁓**staub** m / polvo m metálico ‖
⁓**staubabsaugvorrichtung** f / aspirador m de polvo metálico ‖ ⁓**steg** m / nervio m metálico ‖ ⁓**steppen**, -krampen m / pespunte m de chapas ‖ ⁓**stoff** m / tejido m metálico ‖ ⁓**strangpresse**, -stangenpresse f / extrusionadora f para barras de metal ‖ ⁓**streifen**, -stab m / tira f de metal ‖ ⁓**suchgerät** n / detector m de metales ‖ ⁓**tafel** f / placa f de metal ‖
⁓**thermometer** n / termómetro m metálico ‖ ⁓**tinte** f / tinta f metálica ‖ ⁓**tröpfchen** n in der Schlacke (Hütt) /

pepita *f*, gotita *f* de metal ‖ ²tropfen *m* / gota *f* de metal ‖ ²tuch *n* / tela *f* metálica ‖ ²überzug *m* / revestimiento *m* metálico ‖ ²überzug *m*, Kontaktüberzug *m* / depósito *m* por contacto ‖ ²überzug durch das Metallspritzverfahren / metalización *f* por pistola ‖ ~umklöppelt (Kabel) / con cubierta (o coraza) de trenzado metálico ‖ ²ummantelung *f*, -mantel *m* / envoltura *f* metálica
Metallurg[e] *m* / metalurgista *m*, metalúrgico *m*
Metallurgie, [praktische] Metallkunde *f* / metalurgia *f* ‖ ²-Chemiker *m* / químico *m* metalurgista
metallurgisch / metalúrgico
metall • verarbeitende Industrie / industria *f* metalúrgica o de elaboración de metales ‖ ²verarbeitung *f* / elaboración *f* de metales, metalistería *f* ‖ dichtungslose ²verbindung / unión *f* metal-metal sin junta ‖ ²veredelung *f* / afino *m* o mejoramiento de metales ‖ ²vergiftung *f* (Med) / intoxicación *f* por metal ‖ ~verkleidet, -beschlagen / revestido de una capa metálica, metalizado, en caja metálica, acorazado ‖ ²waren *f pl* / artículos *mpl* metálicos ‖ ²waren, Blechwaren *f pl* / hojalatería *f* ‖ ²warenfabrik *f* / fábrica *f* de artículos metálicos ‖ ²-Wasserstoff-Zelle *f* (Elektr) / célula *f* metal-hidrógeno *m* ‖ ²weichstoff-Dichtung *f* / junta *f* de metal y material blando ‖ ²werker *m*, Metallarbeiter *m* (Beruf) / metalista *m* ‖ ~whisker-verstärkter Kunststoff, MWK / plástico *m* reforzado por triquitas metálicas o bigotes metálicos ‖ ²-Zellulose-Klebband *n* / cinta *f* adhesiva de celulosa metalizada *f* ‖ ²zerstäubung *f* durch Ionenbeschuss / pulverización *f* de metal por bombardeo iónico ‖ ²zuführung *f* (Hütt) / alimentación *f* de metal
Meta • magnetismus *m* / metamagnetismo *m* ‖ ²materialien *n pl* (Stoffe mit negativem Brechungsindex) / metamateriales *m pl* ‖ ²mathematik *f* / metamatemáticas *f* ‖ ²mer *n* (Chem) / metámero *m* ‖ ²merie *f* (eine Isomerie) (Chem) / metamería *f* ‖ ²merieindex *m* (Farbe) / índice *m* de metamería ‖ ~mikt (Krist) / metamicto ‖ ~morph (Geol) / metamórfico ‖ ~morphes Gestein, Metamorphit *m* (Geol) / metamorfita *f*, roca *f* metamórfica ‖ ²morphismus *m* (Geol) / metamorfismo *m* ‖ ²morphose *f* / metamorfosis *f*
Metanilsäure *f* (Chem) / ácido *m* metanílico
Metantimonsäure *f* / ácido *m* metantimónico
Meta • papier *n* / papel *m* meta ‖ ²phosphorsäure *f* / ácido *m* metafosfórico ‖ ²plasma / metaplasma *m* ‖ ²säure *f* / metaácido *m* ‖ ²silikat *n* (Chem) / metasilicato *m* ‖ ²skop *n* (Infrarotleser) / metascopio *m* ‖ ~somatische Lagerstätte, Verdrängungslagerstätte *f* (Geol) / yacimiento *m* metasomático ‖ ²somatose, Verdrängung *f* (Geol) / metasomatosis *f* ‖ ²-Sprache *f* (Math) / metalenguaje *m*
metastabil (Phys) / meta[e]stable ‖ ~es Gleichgewicht / equilibrio *m* meta[e]stable ‖ ~er Term, Haftterm *m* (Math) / termo meta[e]stable *m* ‖ ~er Zustand (Chem) / estado *m* meta[e]stable
meta • statisch (Nukl) / metastático ‖ ²these *f* (Chem) / metátesis *f* ‖ ²vanadinsäure *f* / ácido *m* metavanádico ‖ ²variszit *m* (Min) / metavariscita *f* ‖ ²verbindung *f* / derivado *m* de meta ‖ ²xylol *n* / metaxilol *m*, metaxileno *m*, 1.3-dimetilbenceno *m* ‖ ²zeichen *n*, Stellvertreterzeichen *n* (DV) / metacarácter *m* ‖ ~zentrisch / metacéntrico ‖ ~zentrische Höhe (Schiff) / altura *f* metacéntrica ‖ ²zentrum *n* (Schiff) / metacentro *m* ‖ ²zinnabarit *f* (Min) / metacinabarita *f* ‖ ²zinnsäure *f* / ácido *m* metaestánnico ‖ ²zuckersäure *f* / ácido *m* metasacárico ‖ ²-Zustand *m* / metaestado *m*
Meteor *m n*, Feuerkugel *f* (Astr) / meteoro *m* ‖ ²... / meteórico ‖ ²echo *n* (Radar) / eco *m* de meteoritos ‖ ²eisen *n* (Min) / hierro *m* meteórico

Meteorit *m* / meteorito *m* ‖ ² s. auch Meteorstein
Meteoriten • einschlag *m* / impacto *m* de un meteorito ‖ ²krater *m* / cráter *m* de meteorito ‖ ²schutzwand *f* (Raumf) / escudo *m* parachoque de meteoritos, pantalla *f* contra meteoritos ‖ ²zufluss *m* (Raumf) / afluencia *f* de meteoritos
meteoritischer Staub / polvo *m* meteorítico
Meteorograph *m* / meteorógrafo *m*
Meteorologe *m* / meteorólogo *m*, meteorologista *m*
Meteorologie *f* / meteorología *f* ‖ ² des Nahbereichs / mesometeorología *m*
meteorologisch / meteorológico ‖ ~er Ballon / sonda *f* meteorológica, globo *m* sonda ‖ ~es Briefing (Luftf) / resumen *m* verbal meteorológico, exposición *f* verbal meteorológica ‖ ~es Debriefing (Luftf) / resumen *m* verbal meteorológico posterior al vuelo ‖ ~e Erscheinung (z.B. Blitz, Regenbogen, Schneefall) / fenómeno *m* meteorológico, meteoro *m* (cualquier fenómeno atmosférico) ‖ ~e Navigation (Luftf) / vuelo *m* isobárico, navegación *f* isobárica ‖ ~es Observatorium / observatorio *m* meteorológico, estación *f* meteorológica de observación ‖ ~e Station, Wetterwarte *f* / estación *f* meteorológica ‖ ~e Zustandsgrößen *f pl* / elementos *m pl* o parámetros meteorológicos ‖ ~e Weltorganisation / Organizacion *f* Meteororológica Mundial, OMM *f*
Meteor • schauer *m* (Astr) / avalancha *f* de meteoros ‖ ²schwanz *m*, -schweif *m* / estela *f* meteórica ‖ ²stein *m* / piedra *f* meteórica, meteorito *m*, uranolito *m*, aerolito *m* (incor.: aereolito)
Meteoskop *n* / meteoscopio *m*
Meter *n* (Schweiz: m) (1 m = 39,370") / metro *m* ‖ ² *m* je Sekunde, ms⁻₁, Sekundenmeter *m* (coll), ms⁻¹, Sekundenmeter *m* / metro *m* por segundo ‖ ² Wassersäule *m pl* (veraltet), m WS (Phys) / metro *m* de columna de agua
Meter • gewicht *n* / peso *m* por metro ‖ ²gewicht über Puffer (Bahn) / peso *m* por metro lineal entre topes ‖ ²kilogramm *n*, Kilogrammeter *n* / metro-kilogramo *m*, kilográmetro *m* ‖ ²-Kilogramm-Sekundensystem *n*, MKS-System *n* (veraltet) / sistema *m* metro-kilogramo-segundo, sistema MKS *m* ‖ ²komparator *m* / comparador *m* del Metro ‖ ²konvention *f* / Convención *f* del Metro ‖ ²küvette *f* (Opt) / cubeta *f* graduada ‖ ²länge *f*, -zahl *f*, Länge *f* in Metern / longitud *f* en metros ‖ ²leistung *f* / rendimiento *m* en metros ‖ ²maß, zusammenlegbares ²maß, Gliedermaßstab *m* / metro plegable;.m. ‖ ²pendel *n* / péndulo de un metro ‖ ²prototyp *m*, -urmaß *n* / metro *m* internacional de platino ‖ ²spur *f* (Bahn) / vía *f* métrica ‖ ²spurnetz *n* (CH) / red *f* de ancho de vía métrico ‖ ²tonne *f* (veraltet) / tonelada *f* métrica ‖ ²ware, Schnittware *f* (Tex) / género *m* al metro, material *m* por metros ‖ ²wellen, VHF-Wellen (Eltronik) / ondas *f pl* métricas, banda 8 *f* ‖ ²zahl *f*, -anzahl *f* / número *m* de metros ‖ ²zähler *m* (Web) / contador *m* de metros o de yardaje ‖ ²zähler (Film) / contador *m* de pies o de metros, cuentapies *m*, cuentametros *m*
Methacrolein *n*, Methacrylaldehyd *m* (Chem) / aldehído *m* metacrílico
Methacryl... / metacrílico
Methacrylat *n*, Methacrylsäureester *m* / metacrilato *m* ‖ ²harz-Beton *m* (Bau) / hormigón *m* con resina metacrílica
Methacryl • harz *n* / resina *f* metacrílica ‖ ²säure *f* / ácido *m* metacrílico ‖ ²säuremethylester *m*, MMA / metacrilato *m* de metilo
Methan, leichtes Kohlenwasserstoffgas / metano *m*, gas *m* de los pantanos ‖ ²al *n*, Formaldehyd *m* / metanal, formaldehído *m* ‖ ²anzeiger *m* (Bergb) / indicador de grisú *m*, grisuscopio *m* ‖ ²erzeugender Organismus (Biol) / metanógeno *m* ‖ ²erzeugung *f* (durch Gärung) / metanogénesis *f* ‖ ²erzeugung aus

Kohle / hidrogasificación f ‖ ˜-**Hafen** m / puerto m metanero ‖ ˜**hydrat** n / hidrato m
methanisieren / metanizar
Methanisierung f / metanización f
Methan•kohlenwasserstoff, Grenzkohlenwasserstoff m / hidrocarburo m saturado ‖ ˜**ol** n / metanol m, alcohol m metílico ‖ ˜**reihe** f / serie f de metano ‖ ˜**tanker** m, -schiff n / [buque] metanero
Methen n s. Methylen
Methin•farbstoffe m pl / colorantes m pl metínicos ‖ ˜**gruppe** f / grupo m metino
Methionin n / metionina f
Methode f, Art und Weise f / método m ‖ ˜, System n / sistema f ‖ ˜ **der Einflusssphären** (Raumf) / método m de las esferas de influencia ‖ ˜ **der kleinsten Quadrate** (Stat) / método m de cuadrados mínimos ‖ ˜ **des kritischen Weges** (Netzplan) / método m del camino crítico
Methoden•bank f (DV) / banco m de métodos, base f de métodos ‖ ˜**lehre** f, Methodologie f / metodología f
Methodik, Systementwicklung f (Masch) / ingeniería f de sistemas ‖ ˜ f, Systematik f / sistemática f, sistematización f ‖ ˜, Bestgestaltung f (F.Org) / optimización f ‖ ˜**abteilung** f (F.Org) / departamento m de optimización
Methodiker m (F.Org) / ingeniero m de sistemas
methodisch / metódico
Methose f / fructosa DL f
Methoxy•butanol n, -butenin n (Chem) / metoxibutanol m ‖ ˜**gruppe** f (Chem) / grupo m metoxi
methoxylieren / metoxilar
Methoxylierung f / metoxilación f
Methyl n (Chem) / metilo m ‖ ˜... / metílico ‖ ˜**acetat** n, Essigsäuremethylester m / acetato m metílico ‖ ˜**acetophenon** n / metilacetofenona f ‖ ˜**acrylat** n / metilacrilato m ‖ ˜**al**, Formal n / metilal m, formal m ‖ ˜**alkohol** m / alcohol m metílico ‖ ˜**amin** n / metilamina f ‖ ˜**aminophenol** n / metilaminofenol m ‖ ˜**anilin** n / metilanilina f ‖ ˜**arsin** n / metilarsina f ‖ ˜**ase** f / metilasa f ‖ ˜**at** n / metilato m ‖ ˜**benzol**, Toluol n / metilbenceno m, tolueno m ‖ ˜**benzylester** m / metilbenciléster m ‖ ˜**blau** n / azul [de] metilo ‖ ˜**bromid**, Brommethyl n / bromuro m de metilo ‖ ˜**butadien** n / metilbutadieno m, isopreno m ‖ ˜**cellosolve** n, Ethylenglukolmonomethylether m / metilcelosolve m, metilglicol m ‖ ˜**cellulose**, Tylose f / celulosa f metílica, metilcelulosa f ‖ ˜**chlorid**, Monochlormethan n / cloruro m metílico o de metilo ‖ ˜**ciclohexan** n, MCH / metilciclohexano m ‖ ˜**cyclohexanol**, -cyclohexalin, Heptalin n / metilciclohexanol m
Methylen, Methen n / metileno m, meteno m ‖ ˜**blau** n / azul m de metileno ‖ ˜**blauaktive Substanz**, MBAS / su[b]stancia f activa de azul de metileno ‖ ˜**chlorid**, Dichlormethan n / cloruro m de metileno, diclorometano m ‖ ˜**gruppe** f / grupo m metileno
Methyl•ester m / éster m metílico ‖ ˜**ether** f, Dimethylether m / éter m metílico ‖ ˜**ethylketon**, Butanon m, MEK / metiletilcetona f, butanona f ‖ ˜**grün**, Parisgrün n / verde m de metilo ‖ ˜**gruppe** f / grupo m metilo ‖ ˜**harnstoff** m / metilurea f
methylierbar / metilizable
methylieren vt / metilar
Methylierung f / metilación f
Methyliodid, Monoiodmethan n / yoduro m de metilo
methylisieren vt / metilizar
Methylisierung f / metilización f
Methyl•isobutylketon n, MIBK / metilisobutilcetona f ‖ ˜**isocyanid** n, MIC / metilisocianuro m ‖ ˜**kautschuk** m / caucho m metílico ‖ ˜**-Maleinsäure** f, Citraconsäure f / ácido m metilmaleico o citracónico ‖ ˜**-Methacrylharz** n / resina f de metacrilato metílico ‖ ˜**naphthylketon** n / metilnaftilcetona f ‖ ˜**ol**... / metilol... ‖ ˜**orange**, Goldorange n / anaranjado m de metilo ‖ ˜**orangealkalität** f, Gesamtalkalität f (Wasser) / alcalinidad f total ‖ ˜**phenylether** m, Anisol n / anisol m ‖ ˜**propionsäure** f / ácido m metilpropiónico ‖ ˜**pyridin**, Picolin n / metilpiridina f, picolina f ‖ ˜**radikal** n / radical m metilo ‖ ˜**salicylat** n / metilsalicilato m ‖ ˜**silikonharz** n / resina f de metilsilicona ‖ ˜**-Tertiärbutyl-Ether** m, MTBE (Kraftstoffzusatz) / metilbutiléter m ‖ ˜**violett**, Pyoktanin n / violeta f de metilo, pioctanino m ‖ ˜**zinnsäure** f / ácido m metilestánnico

Metol n (Foto) / Metol m, metol m ‖ ˜**hydrochinon** n (Foto) / metolhidroquinona f
Metrage f (Pap, Tex) / metraje m, yardaje m
metrisch / métrico ‖ ~**es Feingewinde** / rosca f fina métrica ‖ ~**es Gewinde** / rosca f métrica ‖ ~**es ISO-Gewinde** / rosca f métrica ISO ‖ ~**es Karat** (= 200 mg) / quilate m métrico ‖ ~**es Maß** / medida f métrica ‖ ~**es Maßsystem** / sistema m internacional de las unidades métricas ‖ ~**e Nummer** (Tex) / número m métrico ‖ ~**er Raum** (Math) / espacio m métrico ‖ ~**es System** / sistema m métrico ‖ ~**e Tonne** / tonelada f métrica o metrizable ‖ **auf ~es System umstellen** / cambiar al sistema métrico
Metrologie, Lehre der Maße u. Gewichte f / metrología f
Metron n, Sternweite f (= 10^6 AE = $1,495 \cdot 10^{14}$ km) (Astr) / parsec m ‖ ˜ (Fernm) / metronio m
Metronom m n, Taktmesser m / metrónomo m
Metteur m (Druck) / compaginador m ‖ ˜**tisch** m, -regal n, Mettagetisch m (Druck) / tablero m portamoldes
Meusnier-Theorem n / teorema m de Meusnier
MeV = Megaelektronenvolt
MeV-Bereich m / gama f de megaelectronvoltios
Mexitbefehl m (= macro definition exit) (DV) / instrucción f mexit
µF (= Mikrofarad) / µF (= microfaradio)
MF = Mittelfrequenz ‖ ˜ (Chem) = Melaminformaldehyd / formaldehído m de melamina
MFB (= motional feedback), Bewegungsrückkopplung f (bei Lautsprechern) / reacción f dinámica
MFD, magnetofluiddynamisch, magneto-hydrodynamisch, MHD / magnetofluidodinámico, magnetohidrodinámico
MFD-Wandler m (Raumf) / convertidor m magnetohidrodinámico, convertidor m MHD
MFK = metallfaserverstärkter Kunststoff
M-Funktion f (NC) / función M f
mg n (= Milligramm) / mg m (= miligramo, miligramos)
MG, Maschinengewehr n / ametralladora f
MGD = Magnetogasdynamik
MHD = Magnetohydrodynamik
MHI, Montage- und Handhabungstechnik und Industrieroboter / técnica f de montaje y de manejo y de róbots industriales ‖ ˜**-Bereich** m, Montage, Handhabung, Lagerung und Transport / montaje, manejo, m almacenamiento y transporte[s] ‖ ˜**-Forschung** f, Montage-Handhabung-Industrieroboter-Forschung f / investigación f de montaje y manejo y róbots industriales
MHKW-Verfahren n (= Midvale-Heppenstall-Klöckner-Werke, ein ESU-Verfahren) (Hütt) / procedimiento MHKW f
Mhrfachkammerreifen m (Kfz) / neumático m multicámara
MHS (= Message Handling System) / Sistema m de Gestión de Mensajes
MHz n (= Megahertz) / Mhz (= megahertzio)
Miargyrit m, Silberantimonglanz m (Min) / miargirita f
miarolitisch (Min) / miarolítico ‖ ~**e Druse**, Miarole f / drusa f miarolítica
MIBK (Chem) = Methylisobutylketon

MIBL (= masked ion beam lithography) / litografía *f* por haz iónico enmascarado
MIC = Methylisocyanid
Micarta *n* (Glimmer-Pressstoff) / micarta *f*
Micell *n* (pl.: Micellen) (Chem) / micela *f*
micellar (Chem) / micelar
Micellenbildung *f* (Nukl) / formación *f* de micelas
Michaelistopf *m* (Zuck) / extractor *m* de agua de Michaelis
Michelson•-Interferometer *n* / interferómetro *m* de Michelson || ⁓-**Versuch** *m* (Phys) / experimento *m* de Michelson-Morley
Michie-Schlammprobe *f*, -Test *m* (Öl) / ensayo *m* de cieno según Michie
Micro•... s. auch Mikro... || ⁓**burst-Ereignis** *n* (Raumf) / microrráfaga *f* || ⁓**centric-Schleifverfahren** *n* / procedimiento *m* de rectificado microcéntrico || ⁓**fiche** *f*, Mikroplanfilm für Dokumentation *m* (Foto) / microficha *f*, microcopia *f*
Microjet *m* (Luftf) / jet *m* (de 4-10 plazas)
Micro•naire-Wert *m* (Baumwolle) / valor *m* Micronaire || ⁓**pad-Gehäuse** *n* (Halbl) / caja *f* micropad
Micropayment-System *n* (DV, Wirtsch) / sistema *m* micropagos
Microvan *m* s. Minivan
Micum-Zahl *f* (Aufb) / índice *m* Micum
Middleware *f* (DV) / software *m* estándar personalizado
Midraxverfahren *n* (zur direkten Stahlerzeugung) (Hütt) / proceso *m* Midrax
Mieder *n* (Tex) / faja *f*, corsé *m*, justillo *m*, corpiño *m* || ⁓**stoff** *m* / tejido *m* para corsés
Miederwaren *f pl* (Tex) / corsetería *f*
Mie•-Effekt *m*, -Streuung *f* (Phys) / dispersión *f* de Mie || ⁓**scher Oszillator** / oscilador *m* de Mie
Miete (strohgedeckt), Dieme *f*, Schober *m* (Landw) / almiar *m* || **in** ⁓ **lagern**, einmieten (Landw) / apilar en almiar || **zur** ⁓ **wohnen** / vivir en una casa (o en uno piso) de alquiler, ser inquilino
Miet•gebühr *f* (DV) / alquiler *m* (E), renta *f* (LA) || ⁓**gebühr** (Fernm) / tasa *f* de alquiler (E), renta de alquiler *f* (LA) || ⁓**kauf** *m*, Leasing *n* / alquiler-venta *m*, leasing *m* || ⁓**leitung** *f* (Fernm) / circuito *m* alquilado, línea *f* arrendada
Mietshaus *n* / casa *f* de alquiler o de vecindad || **großes** ⁓, "Mietskaserne" *f* / gran casa de vecindad, bloque *m* de viviendas
Mietwert *m* / valor *m* de la renta
MiFf, musterinduzierte Flickerfarben *f pl* (Phys) / colores *m pl* de Benham
MIG (=Metallelektrode Inert-Gas) (Schw) / electrodo *m* metálico gas inerte || ⁓**-Impulslichtbogenschweißen** *n* / soldadura *f* MIG al arco voltaico pulsado
Mignon•fassung *f* (Elektr) / portalámparas *m* [Edison] miniatura o E 10 DIN || ⁓**schrift** *f* (Druck) / miñona *f* (7 puntos) || ⁓**sockel**, Zwergsockel *m* (Lampensockel E 10 DIN) (Elektr) / casquillo *m* [Edison] miniatura o E 10 DIN
Mignonzelle, Rundzelle R6 *f* (Elektr) / pila *f* redonda tamaño AA, célula *f* redonda R 6 DIN 40863 || **halbe** ⁓, Rundzelle R3 *f* (Elektr) / pila *f* o célula redonda R 3 DIN 40862
Migration, Wanderung *f* / migración *f*
Migrations•inhibitor *m* (Färb) / inhibidor *m* de migración || ⁓**pfad** *m* (DV) / camino *m* de migración
migrieren (DV) / migrar || ⁓ *n* (Färb) / migración *f*
migrierend, wandernd / migratorio
MIG•-Rührer, Mehrstufen-Impuls-Gegenstrom-Rührer *m* / agitador *m* multietapa de impulsos de contracorriente || ⁓**-Schweißen** *n* (= Metall-Inert-Gas) / soldadura *f* por arco en atmósfera inerte con electrodo fusible
MIK = maximale Immissionskonzentration

Mika *f*, Mica *f*, Glimmer *m* (Min) / mica *f*
Mikado-Bauart *f* (Bau) / tipo *m* de construcción "Mikado"
Mikafilverfahren *n* (Kriechstromfestigkeitsprüfung) / proceso *m* Micafil
Mikanit *n* (Kunstglimmer) / micanita *m* || ⁓**leinwand** *f* / tela *f* de micanita
Mikrat *n* (Foto) / fotomicrografía *f*
Mikro•... (bei Maßbezeichnungen = ein Millionstel) / micro || ⁓... s. auch Micro... || ⁓**ampère** *n* / microamperio *m*, microampere *m* || ⁓**amperemeter** *n* / microamperímetro *m* || ⁓**analysator** *m* mit elektronischer Sonde / microanalizador *m* con sonda electrónica || ⁓**analyse** *f* / microanálisis *m* || ⁓**analysenwaage** *f* / microbalanza *f* [para análisis] || ⁓**analytisches Reagens** (Chem) / reactivo *m* microanalítico || ⁓**antrieb**, Kleinstantrieb *m* (Raumf) / micropropulsor *m*, microdrive *m* || ⁓**atmosphäre** *f* im Satellit / microatmósfera *f* || ⁓**ätzen** *n* / microataque *m* || ⁓**ballon** (Öl, Plast) / microglobo *m* || ⁓**bandleiter**, Mikrostrip *m* (Wellenleiter) / microcinta *f*, microbanda *f*, línea *f* microbanda || ⁓**bar** *n* (Phys) / microbar *m*, microbara *f*, baria *f* || ⁓**baustein** *m* (Halbl) / microcomponente *m*
Mikrobe *f* (Biol) / microbio *m* || ⁓**n tötend**, antibiotisch, microbizid / microbicida *adj* || **von** ⁓**n lebend** / micrófago
Mikro•befehl *m* (DV) / microinstrucción *f* || ⁓**befehlsspeicher** *m* / memoria *f* de microinstrucciones
Mikroben... / micróbico, microbiano
Mikro•betatron *n* (Phys) / microbetatrón *m* || ⁓**bewegung** *f* / micromovimiento *m* || ⁓**bicid** *n* / microbicida *m* || ⁓**biegung** *f* (LWL) / microflexión *f*
mikrobieller Gärungserreger / fermento *m* micróbico || ⁓**e Laugung** (Erz) / lixiviación *f* micróbica
Mikro•bild *n* (Foto) / microimagen *f* || ⁓**bild**, Kleingefügebild *n* (Hütt) / micrografía *f* || ⁓**biologie** *f* / microbiología *f* || **~biolog[isch]** / microbiológico || ⁓**blitz** *m* (Foto) / microdestello *m* || ⁓**blitzlampe** *f* (Foto) / lámpara *f* de microdestellos, microflash *m* || ⁓**blockbauweise** *f* (Eltronik) / microempaquetado *m* || ⁓**board** *n* (gedr.Schaltg) / microplaca *f* || ⁓**bohren** *n* / microtaladrado *m* || ⁓**bürette** (Chem) / microbureta *f* || ⁓**bus** *n* (Kfz) / micro *m* || ⁓**chemie** *f* / microquímica *f* || **~chemisch** / microquímico || ⁓**chip** *m*, *μC* (Eltronik) / microchip *m*, micropastilla *f*, microlasquilla *f* (LA) || ⁓**code** *m* (DV) / microcódigo *m* || ⁓**computer** *m* / microcomputadora *f*, MIC *m*, Mc *f*, microordenador *m* || ⁓**curie** *n* (Phys) / microcurio *m* || ⁓**diorit** *m* (Geol) / microdiorita *f* || ⁓**diskette** *f* (3,5'') / microdisquete *m* || ⁓**dokumentation** *f* / microdocumentación *f* || ⁓**drahtbonder** *m* (Halbl) / aparato *m* para conexión de hilos muy delgados || ⁓**dünger** *m* (Landw) / abono *m* catalítico || ⁓**düse** *f* / microtobera *f* || ⁓**elektronik** *f* / microelectrónica *f* || ⁓**element** *n* (Eltronik) / microelemento *m* || ⁓**elementwafer** *f* / rodaja *f* de microelementos || ⁓**farad** *n*, *μF* *n* / microfarad[io] *m* || ⁓**farbaufnahme** *f* / microfotografía *f* en colores || ⁓**fehlstelle** *f* (Isolierung) / microhueco *m* || **~felsitisch**, felsitisch (Geol) / microfelsítico || ⁓**fernsehkamera** *f* / microcámara *f* de televisión || ⁓**fiche** / microficha *f*, microcopia *f*
Mikrofilm *m* / microfilm *m*, micropelícula *f*, microcopia *f* [sobre película] || **auf** ⁓ **aufnehmen** / microfilmar || ⁓**archiv** / filmoteca *f* de micropelículas || ⁓**aufnahme** *f*, Mikrofilmen *n* / acción *f* de microfilmar || ⁓**-Aufnahmegerät** *n*, -Kamera *f* / cámara *f* de micropelículas || ⁓**streifen** *m* (Foto) / microcinta *f*, banda *f* de micropelícula
Mikrofilter *n* / microfiltro *m*
Mikrofon *n* / micrófono *m*, micro *m* (coll.) || ⁓... || ⁓ *n* mit microfónico, de[l] micrófono || ⁓ *n* **mit Parabolreflektor** / micrófono *m* con reflector

parabólico ‖ **kabelloses** ~ / radiomicrófono m, micrófono m inalámbrico ‖ **verstecktes** ~, Wanze f (coll) / micro-espía m ‖ ~**ankopplung** f / acoplamiento m de micrófono ‖ ~**anschluss** m / conexión f de micrófono ‖ ~**effekt** m / efecto m microfónico, microfonía f ‖ ~**eingang** m / entrada f de micrófono ‖ ~**geräusch** n, Prasseln, Schmoren n (Eltronik) / ruido m de micrófono ‖ ~**hörer** m (Fernm) / microteléfono m
Mikrofonie f, Rückheulen n (Radio) / efecto m microfónico, microfonía f, microfonismo m, cebado m acústico ‖ ~, Klingneigung f / microfonía f, efecto m microfónico ‖ ~, Pfeifen n (Eltronik, Fernm) / silbido m
Mikrofon•kapsel f / cápsula f microfónica ‖ ~**lanze** f / jirafa f ‖ ~**speisung** f / alimentación f microfónica o del micrófono ‖ ~**spule** f / bobina f móvil del micro ‖ ~**stange** f, Galgen m, Mikrophongalgen m / jirafa f o pértiga del micrófono ‖ ~**strom** m / corriente f microfónica ‖ ~**summer** m (Fernm) / zumbador m microfónico ‖ ~**übertrager**, Ausgangsübertrager m / transformador m del micrófono ‖ ~**verstärker** m / amplificador m microfónico o del micrófono
Mikro•form f / microforma f ‖ ~**funkzelle** f (Mobilfunk) / microcelda f ‖ ~**gefüge** n / microestructura f ‖ ~**gekörnt** (Druck) / microgranulado ‖ ~**gekörnt** / con micrograno, de grano finísimo ‖ ~**grafisch**, -pegmatisch (Geol) / micrográfico, micropegmático ‖ ~**grafisches Gefüge** (Geol) / estructura f micrográfica ‖ ~**graphie** f / micrografía f ‖ ~**graphie** (Bild), -photo n / microfotografía f ‖ ~**gravitation** f (10^{-4} bis 10^{-6}g) / microgravitación f ‖ ~**härte** f / microdureza f ‖ ~**härteprüfer** m / aparato m para el ensayo de la microdureza ‖ ~**härteprüfung** f / ensayo m de microdureza, prueba f de microdureza ‖ ~**hydrierung** f / microhidrogenación f ‖ ~**inch** m, μin / micropulgada f ‖ ~**informatik** f / microinformática f ‖ ~**interferometer**, Interferenzmikroskop n / microscopio m interferencial ‖ ~**kanal** m (DV) / microcanal m ‖ ~**kapazitätsmesser** m / microcapacímetro m ‖ ~**kapsel** f / microcápsula f ‖ ~**karte** f / microficha f (microfotografía 3 x 5") ‖ ~**kassette** f, Microcassette f / microcassette f, microcasete f ‖ ~**kelvin** n / microkelvin m ‖ ~**kinematografisch** / microcinematográfico ‖ ~**kinematographie** f, Mikrofilmen n / microcinematografía f ‖ ~**klima** f / microclima m ‖ ~**klin** m (Min) / microclina f, microclino m ‖ ~**kontakt** m / contacto m micrométrico, microcontacto m ‖ ~**kontroller** m, Ein-Chip-Computer m / microcontrolador m ‖ ~**kopie** f (Erzeugnis) / microcopia f, microfoto[grafía] f ‖ ~**kopie** (Methode), -dokumentation f / microfotografía f, microdocumentación f ‖ ~**kopien machen**, mikrofilmen / microfilmar ‖ ~**korn** m, -körnung f (Schleifmittel) / micrograno m ‖ ~**kosmisch** / microcósmico ‖ ~**kosmos** m, Kleinwelt f / microcosmo m ‖ ~**kraftwerk** n, Kleinstkraftwerk n / minimicrocentral f ‖ ~**krepp** m (Pap) / papel m microcrespado ‖ ~**kreppen** n / microcrespado m ‖ ~**kristallin**, -kristallinisch / microcristalino ‖ ~**küvette** f (Opt) / microcubeta f ‖ ~**kymographie** f (Opt) / microquimografía f ‖ ~**lager** n / microrrodamiento m, minirrodamiento m, rodamiento m miniatura ‖ ~**legiert** / microaleado ‖ ~**lichtleiter** m / microguía f óptica ‖ ~**liter** m / microlitro m ‖ ~**lith** m (Geol) / microlito m ‖ ~**lithisch** (Geol) / microlítico ‖ ~**logik-Kabel** n / cable m micrológico ‖ ~**lux** n (Phys) / microlux m ‖ ~**manipulator** m / micromanipulador m ‖ ~**maschensieb** n / criba f micromalla[s] ‖ ~**-Materialbearbeitung** f / micromecanización f ‖ ~**mechanik**, Feinstmechanik f / micromecánica f ‖

~**melf** m, Mikro-Rundchip m / micromelf m ‖
~**meteorit** m (Raumf) / micrometeorito m
Mikrometer n, [Bügel]messschraube (DIN) f (Masch) / micrómetro m, pálmer m ‖ ~, μm, (früher:) My n, μ, Mikron n / micrómetro m, micrón m, micra f ‖ ~..., mikrometrisch / micrométrico ‖ ~**diopter** n (Mil) / dioptra f micrométrica ‖ ~**einstellung** f, -zustellung f / ajuste m micrométrico, avance m micrométrico ‖
~**funkenstrecke** f / descargador f con distancia regulable por micrómetro ‖ ~**kupplung**, -ratsche f (Masch) / mecanismo m de trinquete del micrómetro, tornillo m de escape del micrómetro ‖ ~**lehre** f, -taster m, Feinmesslehre f / calibrador m micrométrico ‖ ~**okular** n (Mikrosk) / ocular m micrométrico ‖ ~**ratsche** f s. Mikrometerkupplung ‖ ~**schraube** f, Feinstellschraube f / tornillo m micrométrico ‖ ~**stichmaß** n / calibre m micrométrico para interiores ‖ ~**theodolit** m (Verm) / teodolito m micrométrico
mikro•metrisch / micrométrico ‖ ~**metrologie** f / micrometría f, micrometrología f ‖ ~**miniatur...**, MM / microminiatura adj ‖ ~**miniatur-Elektronik** f / electrónica f microminiatura ‖ ~**-Miniaturisierung** f / microminiaturización f ‖ ~**miniaturrelais** n / relé m microminiatura ‖ ~**modul** m (Eltronik) / micromódulo m ‖ ~**modul-Elektronik** f / electrónica f de micromódulos
Mikron n (Phys) s. Mikrometer ‖ **Millionstel** ~, Millionstel Mikrometer / micromicrómetro m, micromicrón m
Mikro•nährstoff m (Biol) / micronutriente m ‖
~**nukleus**, Kleinkern m (Biol) / micronúcleo m ‖
~**ohm** n / microohmio m, microhm m ‖ ~**ökonomik** f / microeconomía f ‖ ~**optik** f / microóptica f ‖
~**organismus** m, Kleinlebewesen n, Mikrobe f / microorganismo m ‖ ~**partikel** f, -teilchen n / micropartícula f ‖ ~**pegmatisch**, -grafisch (Geol) / micropegmatítico ‖ ~**pelletieren** n (Sintern) / micropeletización f ‖ ~**peripherik** f (DV) / microequipo m periférico ‖ ~**perthit** m (Geol) / micropertita f ‖ ~**phagen** pl (Biol) / micrófagos m pl ‖
~**photo** n, -graphie f (Bild) / microfoto[grafía] f ‖
~**photogramm** n (Spektrosk.) / microfotograma n ‖
~**photo[gramm]** n, mikrophotografische Aufnahme (durch Mikroskop) / microfotografía f, fotomicrografía f ‖ ~**photographie**, Photomikrographie (Verfahren) / microfotografía f (proceso) ‖ ~**photo-Kopiergerät** n / aparato m para hacer microcopias ‖ ~**phyrisch** (Geol) / microfirítico ‖
~**physik** f / microfísica f ‖ ~**planfilm** m **für Dokumentation**, Microfiche f (Foto) / micropelícula f plana ‖ ~**plastizität** f / microplasticidad f ‖
~**plättchen** n (Halbl) / microrrodaja f, microplaquita f ‖ ~**plättchen-Schneidemaschine** f (Eltronik) / máquina f para cortar microrodajas o plaquitas ‖
~**pore** f / microporo m ‖ ~**poren** f pl / microporosidad f ‖ **mit** ~**poren**, mikroporös / microporoso ‖ ~**port** n (sehr kleines Mikro für Schauspieler etc.) / microport m ‖ ~**positionierer** m / microposicionador m ‖
~**positionierung** f / microposicionamiento m ‖
~**prismenraster** n (Foto) / retículo m de microprismas ‖ ~**programm** n (DV) / microprograma m ‖
~**programmierbares Prozessorelement** / microprocesador m microprogamable ‖
~**programmieren** / microprogramar ‖
~**programmierer** m / microprogramador m ‖
~**programmierung** f (DV) / microprogramación f ‖
~**programmspeicher** m / memoria f de microprogramas ‖ ~**projektion** f / microproyección f ‖ ~**prozessor** m (ein LSI-Bauelement) (DV) / microprocesador m ‖ **32-Bit-**~**prozessor** f / microprocesador m de 32 bits ‖ ~**prozessor-Einheit** f, MPU / unidad f microprocesador ‖
~**prozessorgesteuert** / controlado por microprocesador ‖ ~**prozessorschaltung** f /

microprocesador m en circuito integrado ‖ ⁓**prozessorsteuerung** f / mando m o control por microprocesador[es] ‖ ⁓**rad** n (Nukl) / microrad m ‖ ⁓**radiographie**, -röntgenographie f / microrradiografía f ‖ ⁓**rakete** f, -triebwerk n, Kleinstrakete f (Raumf) / microcohete m ‖ ⁓**rauigkeit** f / rugosidad de menos de 0,0000003 mm ‖ ⁓**reaktionstechnik** f (Energiegewinnung) / tecnología f de microrreacción ‖ ⁓**reflexion** f / microrreflexión f ‖ ⁓**refraktometrie** f / microrrefractometría f ‖ ⁓**rille** f (Audio) / microsurco m ‖ ⁓**rillenschallplatte** f, Langspielplatte f / disco m de larga duración, disco m microsurco, disco m LP, elepé m (coll) ‖ ⁓**riss** m / microfisura f ‖ ⁓**riss** (Farbe, Plast) / microgrieta f ‖ ⁓**schalter** m (Elektr) / microconmutador m, micro[inte]rruptor m, interruptor f miniatura ‖ ⁓**schaltschütz** n / microcontactor m ‖ ⁓**schaltung** f (Eltronik) / microcircuito m ‖ ⁓-**Schaltungsaufbau** m (Eltronik) / montaje m de elementos de un microcircuito ‖ ⁓**schaltungselement** n / elemento m de microcircuito ‖ ⁓**schaumgummi** m / goma-microespuma f ‖ ⁓**schieber** m / microcompuerta f ‖ ⁓**schlacke** f / microescoria f ‖ ⁓**schliff** m, -schliffbild n (Hütt) / micrografía f ‖ ⁓**schliff** (Gegenstand) / microsección f, probeta f metalográfica ‖ ⁓**schwärzungsmesser** m (Foto) / microdensitómetro m ‖ ⁓**schwerkraft** f (Phys) / microgravedad f ‖ ⁓**seigerung**, Kristallseigerung f (Hütt) / segregación f cristalina ‖ ~**seismische Bewegung** (Geol) / microseísmo m, microsismo m, movimiento m micros[e]ísmico, microsismicidad f, microsacudidas f pl sísmicas ‖ ⁓**sekunde** f, µs f / microsegundo m ‖ ⁓**sicherung**, Kleinstsicherung f (Elektr) / cortacircuito m miniatura

Mikroskop n (Opt) / microscopio m ‖ ⁓ **mit Strichablesung** / microscopio m con ocular micrométrico ‖ ⁓ **mit 60facher Vergrößerung** / microscopio m de 60 aumentos, microscopio m con objetivo x 60 ‖ ⁓-**Fluorometer** n / fluorómetro m microscópico

Mikroskopie f (Opt) / microscopia f

Mikroskopierbesteck n / estuche m para trabajos microscópicos

mikroskopieren vt / examinar al microscopio ‖ ⁓ n / examen m o trabajo microscópico

Mikroskopier•lampe f, -leuchte f / lámpara f para trabajos microscópicos, lámpara f para microscopio ‖ ⁓**tisch** m / mesa f para trabajos microscópicos

Mikroskopiker, Mikroskopierer m / microscopista m

mikroskopisch / microscópico ‖ ~**er Riss** (o. Mikroriss) / microfisura f ‖ ~**er Schliff** (Objekt) / probeta f metalográfica ‖ ~**er Schnitt** / sección f microscópica, corte m microscópico

Mikroskop•-Photometer n / fotómetro m microscópico ‖ ⁓**theodolit** m, Theodolit mit Ablesemikroskopen / teodolito m con microscopios de lectura

Mikro•sonde f (Chem) / microsonda f ‖ ⁓**spaltbildfeld** n (Foto) / retículo m de microprismas ‖ ⁓**spektrophotometrie** f / microespectrofotometría f ‖ ⁓**spektroskop** n / microespectroscopio m ‖ ~**sphärulitisch** / microesferolítico ‖ ⁓**springschalter** m, Springfederschalter m / microinterruptor m, microrruptor m ‖ ⁓**steuerbaustein** m / microcontrolador m ‖ ⁓**strahlungsmesser** m / microrradiómetro m ‖ ⁓**streifenleiter**, -bandleiter m, Mikrostrip m (Wellenleiter) / microcinta f, microbanda f, guíaondas m de cinta ‖ ⁓**streuvermögen** n (Galv) / poder m de micropenetración ‖ ⁓**struktur** f / microestructura f ‖ ⁓**synchronisation** f (Fernm) / microsincronización f ‖ ⁓**system** n (Analogrechner) / microsistema m ‖ ⁓**systemtechnik** f / técnica f de microsistema[s] ‖ ⁓**technik** f, mikroskopische Technik / microscopia f (E), microscopía f (LA), técnica f microscópica ‖ ⁓**technik** (gedr.Schaltg) /

microminiaturización f ‖ ⁓**technologe** m / microtecnólogo m ‖ ⁓**technologie** f (Chipindustrie) / microtecnología f ‖ ⁓**tom** n (Biol) / micrótomo m ‖ ⁓**triebwerk** n, -rakete, Kleinstrakete f (Raumf) / micropropulsor m ‖ ⁓**tron**, Elektronenzyklotron n / microtrón m ‖ ⁓-**Umgebung** f / microambiente m ‖ ⁓**verbindungen herstellen** (IC) / efectuar el bonding, conectar alambres muy delgados ‖ ⁓**verdichtung** f (Pulv.Met) / microcompresión f, microendurecimiento m ‖ ⁓**verdrahtung** f / circuitos m pl microminiatura, microcableado m ‖ ⁓**verfilmung** f / microfilmación f, micropeliculación f ‖ ⁓**verkapselung** f (von Farben, Geruchsstoffen usw) / microencapsulación f ‖ ⁓**verschmutzer** m / micropoluante f ‖ ⁓**volt** n, µV / microvoltio m, microvolt m ‖ ⁓**waage** f, mikrochemische Waage / microbalanza f ‖ ⁓**wachs** n, mikrokristallines Paraffin / cera f microcristalina ‖ ⁓**watt** n, µW / microvatio m, microwatt m ‖ ⁓**welle** f (Dtschld: 1 mm-30 cm) / microonda f (no existe en la práctica acuerdo universal de las frecuencias) ‖ ⁓**welle** (ugs.) s. Mikrowellengerät

Mikrowellen•abtaster m / explorador m de microondas ‖ ⁓**antenne** f / antena f de microondas ‖ ⁓**bauteil** n / componente f de microondas ‖ ⁓**detektor** m / detector m de microondas ‖ ⁓**duplexer** m / duplexor m de microondas ‖ ⁓-**Energieübertragung** f / transmisión f de energía por microondas ‖ ⁓-**Erwärmungsanlage** f / instalación f de calentamiento por microondas ‖ ⁓**gerät** n (Med) / unidad f de tratamiento por microondas ‖ ⁓**gerät** (Küche) / horno m de microondas, microondas m ‖ ⁓**hohlraum** m / cavidad f [resonante] de microondas ‖ ⁓**interferometer** n / interferómetro m de microondas ‖ ⁓-**Landesystem** n, MLS n (Luftf) / sistema m de aterrizaje por microondas ‖ ⁓-**Leitstrahlsteuerung** f / guía f o conducción por microondas ‖ ⁓**modulation** f / modulación f por microondas ‖ ⁓**moduliertes Licht** / luz f modulada en hiperfrecuencia ‖ ⁓**ofen** m / horno m de microondas ‖ ⁓-**Prüfschrank** m / armario m de ensayos de microondas ‖ ⁓-**Radiometer** n / radiómetro m de microondas ‖ ⁓-**Radiometrie** f / radiometría f de microondas ‖ ⁓-**Reflektometer** n / reflectómetro m de microondas ‖ ⁓-**resonator** m / resonador m de microondas ‖ ⁓**röhre** f / tubo m de microondas o de hiperfrecuencias, tubo m para frecuencias ultraelevadas ‖ ⁓**schaltkreis** m / circuito m de microonda ‖ ⁓**spektroskopie** f / espectroscopia f de microondas ‖ ⁓**streifenleiter** m s. Mikrostreifenleiter ‖ ⁓**technik** f / técnica f de microondas o de hiperfrecuencias

Mikro•wellpappe f / cartón m microondulado ‖ ⁓**zelle** f (Mobilfunk) / microcelda f, microcélula f ‖ ⁓**zelle**, Rundzelle R 03 f (Elektr) / pila f o célula redonda R 03 DIN 40860 ‖ ⁓**zellgummi** / caucho m microcelular ‖ ~**zelliges elastomeres** (o. gummiertes) **Urethan** / uretano m elastomérico microcelular ‖ ⁓**zustand** m / microestado m

mil. = militärisch

Mil n (besonders bei Drahtdurchmessern) / milipulgada f, milésima f de pulgada

Milanese f (Tex) / tejido m milanés, milanés m ‖ ⁓-**Flachkettenwirkmaschine** f (Web) / telar m de urdimbre rectilínea milanesa ‖ ⁓**kettenwirkmaschine** f, Milanesemaschine f (Web) / telar m milanés, máquina f de urdimbre milanesa ‖ ⁓**ware** f / tejido m [de género de punto] milanés

Milbe, Akaride f (Zool) / ácaro m

Milch f (Biol) / leche f ‖ ~ (Bot) / látex m, jugo m lechero ‖ ⁓, Dispersion f, Latex m (Plast) / látex m ‖ ⁓..., milchig / lechoso ‖ ⁓... (wissenschaftlich) / lácteo, láctico ‖ ⁓**annahmewaage** f / balanza f receptora de leche ‖ ⁓**fettrefraktometer** n / refractómetro m de la grasa láctica ‖ ⁓**glas** n / vidrio m opal[ino], opalina f,

cristal *m* opalescente u opalizado ‖ ≃**glasglocke** *f* **für Beleuchtungskörper** / globo *m* de vidrio opalino ‖ ≃**glaslampe** *f* (Elektr) / ampolla *f* opal ‖ ≃**[güte]messer** *m*, Milchspindel *f*, -waage *f* (Landw) / galactómetro *m*, lactodensímetro *m*, lactómetro *m*
milchig / lechoso, lácteo ‖ **~er Schein** (Min) / aspecto *m* lechoso ‖ **~ weiß**, milchweiß / blanco lechoso
Milchigkeit, Trübung *f* / lechosidad *f*
milchigtransparent / de transparencia opalina
Milch•kanne *f*, Transportkanne *f* / bidón *m* o cántaro para leche, vasija *f* para leche ‖ **kleine** ≃**kanne** / lechera *f* ‖ ≃**kasein** *n* / paracaseína *f* ‖ ≃**kühler** *m* / refrigerante *m* o refrigerador de leche ‖ ≃**lab** *n* / cuajo *m* ‖ ≃**leistung** *f* / rendimiento *m* lechero o lácteo ‖ ≃**leitung** *f* / lact[e]oducto *m*, conducto *m* de leche ‖ ≃**leitung der Melkanlage** / tubería *m* para leche (de la instalación de ordeñar) ‖ ≃**mengenmesser** *m*, Milchzähler *m* / contador *m* de leche ‖ ≃**porzellan** *n* (Keram) / porcelana *f* lechosa ‖ ≃**produkte** *n pl* / productos *m pl* lácteos o de lechería ‖ ≃**pulver** *n*, pulverisierte Milch / leche *f* en polvo ‖ **~sauer** *adj* / de ácido láctico ‖ ≃**säure** *f* / ácido *m* láctico ‖ ≃**säurebakterien** *n pl* / bacterias *f pl* lácticas ‖ ≃**säuregärung** *f* / fermentación *f* láctica ‖ ≃**schleuder** *f*, -zentrifuge *f* / centrífuga *f* de leche ‖ ≃**straßensystem** *n* (Astr) / sistema *m* galáctico o de Vía[s] Láctica[s] ‖ ≃**tankwagen** *m* (Kfz) / camión *m* cisterna de leche ‖ **~waage** s. Milchgütemesser ‖ ≃**weiß**, Annalin *n*, Annaline *f* (Pap) / analina *f* ‖ ≃**wirtschaft** *f* (allg) / industria *f* lechera o láctea ‖ **~wirtschaftliche Maschine** / máquina *f* para la industria lechera ‖ ≃**zucker** *m*, Lactose, Laktose *f* / azúcar *m* de leche, lactosa *f*
mild / suave, moderado, ligero ‖ **~** (Klima) / templado, benigno ‖ **~ gesalzen** / poco salado o curado ‖ **~e Kochung** / cocción *f* suave ‖ **~es Licht** / luz *f* suave ‖ **~e trocknen** / secar lentamente ‖ **~e Wäsche** / lavado *m* ligero
mildern *vt* / moderar, aliviar, templar ‖ **~**, dämpfen, abschwächen / atenuar ‖ **~**, beruhigen / calmar ‖ **~** (Chem) / corregir ‖ **eine Farbe ~** / debilitar o atenuar un color
mildharter Guss (Hütt) / fundición *f* con silicio alto
Milieu *n*, Umgebung *f* / ambiente *m*, medio *m*, medio *m* ambiente
Militär•... / militar ‖ ≃**ausrüstungsgegenstände** *m pl*, Militäreffekten *pl* / equipo *m* militar
militärisch•e Anwendung / aplicación *f* militar ‖ **~er Nachrichtensatellit** / milcomsat *m* (= military communication satellite) ‖ **~er Satellit** / satélite *m* militar ‖ **~e Unbedenklichkeit[sbescheinigung]** / certificado *m* de no objeción militar
Militär•sender *m* / emisora *f* militar ‖ ≃**tuch** *n*, Uniformtuch *n* / paño *m* militar
Miller•brücke *f* (Elektr) / puente *m* Miller ‖ ≃**-Effekt** *m* / efecto *m* Miller o dinámico, reacción *f* de ánodo, capacidad *f* ficticia de entrada ‖ ≃**it** *m* (Min) / milerita *f*, pirita *f* capilar ‖ ≃**-Motor** *m* (Kfz) / motor Miller ‖ ≃**sche Indizes** *m pl* (Krist) / índices *m pl* de Miller ‖ ≃**-Zeitbasis** *f* (Eltronik) / base *f* de tiempos Miller
Milli•..., ein Tausendstel *n*, 10^{-3}, m / mili... ‖ ≃**ampere** *n* / mA (= miliamperio) ‖ ≃**amperemeter** *n* / miliamperímetro *m*
Milliarde *f*, 10^9 / mil millones (E), billón *m* (LA)
Milli•bar *n*, mb *n* / milibar *m*, milibara *f* (LA) ‖ ≃**curie** *n*, mCi, mC, mc (Nukl) / milicurie *m*, milicurio *m* ‖ ≃**curiedétruit** *n* / milicurie *m* destruido, mCḋ ‖ ≃**curiestunde** *f* / milicurie-hora *f*, mCh *f* ‖ ≃**gal** *n* (Beschleunigung) / miligal *m*, miligalio *m* (LA) ‖ ≃**gauß** *n* (Phys) / miligausio *m*, miligauss *m* ‖ ≃**gon** *n* (Geom) / miligón *m*, miligrado *m* ‖ ≃**gramm** *n*, mg / miligramo *m* ‖ ≃**henry** *n* (Elektr) / milihenrio *m*, milihenry *m* ‖ ≃**-Inch** *n* / milipulgada *f*, milésima *f* de pulgada

Millikan•-Leiter *m*, hauteffektarmer Leiter / conductor *m* Millikan ‖ ≃**-Versuch** *m* / experimento *m* de Millikan
Milli•liter *m n*, ml / mililitro *m* ‖ ≃**lux** *n*, mlx / mililux *m* ‖ ≃**masseeinheit** *f* (Nukl) / unidad *f* milimasa
Millimeter *m*, mm / milímetro *m* ‖ ≃ *m pl* **Wassersäule** (veraltet) / milímetro *m* de columna de agua ‖ ≃**gewinde** *n* / rosca *f* milimétrica, filete *m* milimétrico ‖ ≃**papier** *n* / papel *m* milimetrado ‖ ≃**papier mit einfacher Teilung in der Abszissen- und logarithmischer Teilung in der Ordinatenachse** / papel *m* semilogarítmico ‖ ≃**steigung** *f* (Gewinde) / paso *m* milimétrico ‖ ≃**taster** *m* / compás *m* micrométrico ‖ ≃**teilung** *f* / graduación *f* milimétrica ‖ ≃**teilung**, -schritt *m* / paso *m* milimétrico ‖ **sich ~weise bewegen** / moverse milímetro por milímetro ‖ **~weise Bewegung** / movimiento *m* por milímetros ‖ ≃**wellen** *f pl* (Eltronik) / ondas *f pl* milimétricas (30 - 300 GHz; banda 11)
Milli•mikron *n* / milimicrón *m* ‖ ≃**ohm** *n* / miliohm[io] *m*
Million *f*, 10^6 / millón *m* ‖ ≃ **Gallons/d** / un *m* millón de galones por día ‖ ≃**en Kubikfuß je Tag** (Gas) / un *m* millón de pies cúbicos por día
Millionstel *n* / millonésimo *m*
Milli•osmol *n* (Chem) / miliosmol *m* (mosM) ‖ ≃**radian[t]** *m* (Geom) / milirradián *m* ‖ ≃**rem/h** (Nukl) / milirrem *m* por hora ‖ ≃**sekunde** *f*, ms *f* / milisegundo *m* ‖ ≃**torrpumpe** *f* / bomba *f* militorr ‖ ≃**voltmeter** *n* / milivoltímetro *m*
Millmotor *m* (Elektr) / motor *m* de [tren] laminador
Millons Reagens *n* (Chem) / reactivo *m* [de] Millon
Milori Blau *n* / azul *m* milori
MIL-Spezifikation *f* (USA) / especificación *f* militar
Milzbrand *m* (Landw) / carbunco *m*, ántrax *m* maligno
MIMD (DV) / instrucciones múltiples/datos múltiples
Mimet[es]it *m* (Art Apatit) (Min) / mimitesita *f*
mimetisch, nachahmend / mimético, mímico, imitador, imitativo
Mimikry *f* (Zool) / mimetismo *m*
Mimosenextrakt *m* (Gerb) / extracto *m* de mimosa
MIM-Technologie *f* (Metall-Isolator-Metall) (TV) / tecnología *f* MIM
Minder•ausbringen *n* (Aufb) / deficiencia *f* de rendimiento ‖ ≃**betrag** *m* / déficit *m* ‖ ≃**druckbereich** *m* (Kompressor) / alcance *m* de presión mínima ‖ ≃**gehalt** *m* / deficiencia *f* de contenido ‖ ≃**gewicht** *n* / deficiencia *f* o falta de peso ‖ ≃**güte** *f* / segunda *f* calidad, calidad *f* inferior ‖ **~haltig** / de contenido deficiente ‖ ≃**leistung** *f*, nicht erreichte Leistung / rendimiento *m* inferior ‖ ≃**leistung**, verringerte Leistung / rendimiento *m* disminuido o reducido ‖ ≃**maschine** *f* (Tex) / máquina *f* menguadera ‖ ≃**maß** *n* / dimensión *f* inferior
Mindern, Decken *n* (Cottonm) / menguado *m*
Minderung *f*, Verringerung *f* / reducción *f*, disminución *f* ‖ ≃, Verlust *m* / pérdida *f*, merma *f*
Minderungskurve *f* (Luftf) / viraje *m* significativo
Minderwert *m* / menor *m* valor, minusvalía *f* ‖ ≃, Wertminderung *f* / disminución *f* de valor, depreciación *f* ‖ ≃, -wertigkeit *f* / inferioridad *f*
minderwertig, geringwertig / de menor o escaso valor, de menor calidad, inferior ‖ **~** (Brennstoff) / de pequeño valor calorífico ‖ **~es Bauelement** (Eltronik) / componente *f* de calidad inferior ‖ **~e Kohle**, Ballastkohle *f* / carbón *f* de calidad inferior ‖ **~e Wolle** (Tex) / lana *f* inferior
Mindest•... / mínimo ‖ ≃**abschaltspannung** *f* (Thyristor) / tensión *f* de mando al corte ‖ ≃**abschaltstrom** *m* (Thyristor) / corriente *f* de mando al corte ‖ ≃**anlassspannung** *f* / tensión *f* mínima de arranque ‖ ≃**auftriebsgeschwindigkeit** *f* (Luftf) / velocidad *f* ascensional mínima, velocidad *f* mínima de sustentación ‖ ≃**belastung** *f* / carga *f* mínima ‖

⁓bestand *m* / stock *m* mínimo, existencias *f pl* mínimas ‖ ⁓betriebsdruck *m* / presión *f* de trabajo mínima ‖ ⁓[betriebs]spiel *n* (Lager) / juego *m* [de servicio] mínimo ‖ ⁓-B-Konfiguration *f* (Plasma) / configuración *f* B mínima ‖ ⁓bohrung *f* / agujero *m* de diámetro mínimo ‖ ⁓breite *f* / anchura *f* mínima ‖ ⁓druck *m* / presión *f* mínima ‖ ⁓drucklinie *f*, Minimaldrucklinie *f* / línea *f* de presión mínima ‖ ⁓durchsatzmenge in % *f* (Chem) / cantidad *f* mínima transformada en %
mindestens, wenigstens / por o a lo menos, al menos, como mínimo ‖ ~ **haltbar bis...** / a consumir antes del ...

Mindest • entfernung *f* / distancia *f* mínima ‖ ⁓festigkeit *f* / resistencia *f* mínima ‖ ⁓fluggeschwindigkeit *f* / velocidad *f* mínima de vuelo ‖ ⁓gebühr *f* / tasa *f* mínima ‖ ⁓geschwindigkeit *f* / velocidad *f* mínima ‖ ⁓geschwindigkeit beim Überziehen (Luftf) / velocidad *f* mínima en una pérdida ‖ ⁓gewicht *n* / peso *m* mínimo ‖ ⁓haltbarkeitsdatum *n* / fecha *f* [mínima] de caducidad ‖ ⁓impulsfrequenz *f* (Trägerfrequenz) / frecuencia *f* mínima de impulsos ‖ ⁓konfiguration *f* (DV) / configuración *f* mínima ‖ ⁓kosten, Grenzkosten *pl* / coste *m* marginal ‖ ⁓ [lager]bestand *m* / existencias *f* mínimas ‖ ⁓last, -belastung *f* / carga *f* mínima ‖ ⁓latenz, Minimalsuchzeit *f* (DV) / espera *f* mínima, tiempo *m* de demora mínimo ‖ ⁓leistung *f* / rendimiento *m* mínimo ‖ ⁓lohn *m* (F.Org) / salario *m* mínimo ‖ ⁓löschzeit *f* (Sperr-Röhre) / tiempo *m* mínimo de desionización ‖ ⁓maß *n* / medida *f* mínima, mínimo *m* ‖ ⁓menge *f* / cantidad *f* mínima ‖ ⁓mengentarif *m* (Bahn) / tarifa *f* de abono para mercancías ‖ ⁓mischdruck *m* (Öl) / presión *f* mínima de miscibilidad ‖ ⁓pause *f* (Fernm) / intervalo *m* mínimo ‖ **vorgeschriebenes ⁓profil** (Reifen) / profundidad *f* mínima prescrita del perfil (de la banda de rodadura) ‖ ⁓satz *m* / tasa *f* mínima ‖ ⁓schaltdruck *m* (Kompressor) / presión *f* mínima de puesta en función ‖ ⁓schmierfrist *f* / intervalo *m* de engrase mínimo ‖ ⁓sicherheitsabstand *m* / distancia *f* mínima de acercamiento ‖ ⁓sichtweite *f* / alcance *m* visual mínimo ‖ ⁓sinkgeschwindigkeit *f* (Luftf) / velocidad *f* mínima de descenso [vertical] ‖ ⁓spannung *f*, Spannungs-Mindestwert *m* / tensión *f* mínima ‖ ⁓spiel *n* (Passung) / juego *m* mínimo ‖ ⁓spiel, Kleinstübermaß *n* (Passung) / excedente *m* mínimo ‖ ⁓stau *m*, Mindeststauhöhe *f*, Absenkziel *n* (Wassb) / altura *f* mínima de contención ‖ ⁓temperatur *f*, Temperaturminimum *n* / temperatura *f* mínima ‖ **garantierte ⁓toleranz** (Masch) / valor *m* mínimo garantizado ‖ ⁓wert, Kleinstwert *m* / valor *m* mínimo ‖ ⁓wert *m* (Qual.Pr.) / valor *m* límite inferior ‖ ⁓zündstrom *m* (Thyristor) / corriente *f* de gatillado
Mine *f*, Bergwerk *n* (Bergb) / mina *f* ‖ ⁓, Sprengmine *f* (Mil) / mina *f* [terrestre o submarina] ‖ ⁓ *f* (Kugelschreiber) / mina *f* de bolígrafo ‖ ⁓**n legen** (Mil) / colocar minas ‖ ⁓**n räumen** / dragar minas, barrer minas
Minen • feld *n* / campo *m* minado o de minas ‖ ⁓**herd einer Sprengmine** / foco *m* de mina ‖ ⁓**kammer** *f*, Sprengkammer *f* (Bergb) / cámara *f* de voladura ‖ ⁓**leger** *m*, -transporter *m* (Schiff) / [buque] *m* fondeador de minas, buque *m* minador o posaminas ‖ ⁓**räumer** *m* / dragaminas *m* ‖ ⁓**räumpanzer** *m* (Mil) / tanque *m* barredor de minas ‖ ⁓**räumung** *f* (Mil) / desminado *m*, desminaje *m* ‖ ⁓**such- u. Räumboot** *n* / rastreador *m* ‖ ⁓**sucher** *m*, -suchgerät *n* (Landminen) (Mil) / detector *m* de minas ‖ ⁓**sucher** (Mil, Schiff) / buscaminas *m* o barreminas ‖ ⁓**suchgerät** *n* / rastreaminas *m* ‖ ⁓**-U-Boot** *n* / submarino *m* minador ‖ ⁓**werfer** *m*, (jetzt:) Mörser (Mil) / lanzaminas *m*
Mineral *n* / mineral *m* ‖ ⁓ **aus einer ⁓art** (Geol) / de una sola especie de minerales ‖ ⁓**bestandteil** *m* **der Kohle** / parte *f* mineral del carbón ‖ ~**bildend** /

mineralizante, mineralizador ‖ ⁓**blau** *n* / carbonato *m* de cobre ‖ ⁓**böden** *m pl* (Landw) / terrenos *m pl* minerales ‖ ⁓**dünger** *m* / abono *m* mineral ‖ ⁓**farbe** *f* / color *m* o pigmento mineral ‖ ⁓**farbe**, Erdfarbe / color *m* térreo o terroso ‖ ⁓**farbstoff** *m* (Färb) / colorante *m* mineral ‖ ⁓**faser** *f* / fibra *f* mineral ‖ ⁓**fett** *n* / grasa *f* mineral ‖ ⁓**fettwachs** *n* (Chem) / sebo *m* mineral ‖ ⁓**gang** *m*, Erzader *f* / filón *m* mineral ‖ ⁓**gelb** *n*, Wolframgelb *n* / amarillo *m* mineral ‖ ⁓**gelb**, Kasseler Gelb *n* / amarillo *m* de tungsteno ‖ ⁓**gerbung** *f* / curtido *m* mineral ‖ ⁓**grün** *n* / verde *m* mineral o de Verona
Mineralisator *m* (Geol) / mineralizador *m*
mineralisch / mineral ‖ ~**es Chamäleon** (Chem) / permanganato *m* potásico ‖ ~**er Füllstoff** (Plast) / carga *f* mineral ‖ ~**es Glas** / vidrio *m* mineral ‖ ~**er Kautschuk** / caucho *m* mineral ‖ ~**es Pigment** / pigmento *m* mineral ‖ ~**e Rohstoffe** (Erze, Industriemineralien,Steine/Erden) / materias *f pl* primas de origen mineral ‖ ~**es Schmiermittel** / lubricante *m* mineral
Mineralisierung *f* / mineralización *f*
Mineralkultur *f* / hidropónica *f*
Mineraloge *m* / mineralogista *m*
Mineralogenhammer *m*, Erzhammer *m*, Schürfhammer *m* / cateador *m*
Mineralogie *f* / mineralogía *f* ‖ ⁓, Verhüttungskunde *f* / mineralurgia *f*
mineralogische Beschaffenheit (Erz) / carácter *m* mineralógico
Mineral • öl *n* / aceite *m* mineral ‖ ⁓**ölerzeugnisse** *n pl* / productos *m pl* refinados de petróleo, productos *m pl* de aceite[s] mineral[es] ‖ ⁓**öl-Kohlenwasserstoff** *m* / hidrocarburo *m* de aceite mineral ‖ ⁓**öllösliche Farbstoffe** *m pl* / colorantes *m pl* solubles en aceite mineral ‖ ⁓**öl-Messtafel** *f* / tabla *f* de medida de petróleo ‖ ⁓**ölparaffin** *n* / parafina *f* de petróleo ‖ ⁓**ölraffinat** *f* / aceite *m* mineral refinado ‖ ⁓**ölraffinerie** *f* / refinería *f* de petróleo ‖ ⁓**ölverarbeitung** *f* / refinación *f* de petróleo ‖ ⁓**pigment** *n* / pigmento *m* mineral ‖ ⁓**quelle** *f* / manantial *m* de aguas minerales, fuente *f* de aguas minerales ‖ ⁓**reich** *n* / reino *m* mineral ‖ ⁓**rubber** *m* (Gummiherst) / caucho *m* mineral ‖ ⁓**salz** *n* / sal *f* mineral ‖ ⁓**salze zuführen** / mineralizar ‖ ⁓**sand-Brennschneiden** *n* / oxicorte *m* con arena de cuarzo ‖ ⁓**säure** *f* / ácido *m* mineral ‖ ⁓**säuregrad** *m* (Fett) / índice *m* de acidez mineral ‖ ⁓**schlamm** *m*, lama *f* ‖ ⁓**stoffe** *m pl* (Straßb) / agregado *m* mineral ‖ ⁓**terpentinöl** *n*, Terpentinersatz *m* / espíritu *m* de petróleo
Mineralurgie *f*, Verhüttungskunde *f* / mineralurgia *f*
Mineral • wachs *n* / cera *f* mineral, ozoquerita *f* ‖ ⁓**wasser** *n* / agua *f* mineral ‖ ⁓**künstliches ⁓wasser**, Sodawasser *n* / agua *f* carbonatada ‖ ⁓**weiß** *n* / blanco *m* mineral ‖ ⁓**wolle** *f* (Bau) / lana *f* mineral o de escoria[s]
Miner-Summierung *f* (Hütt) / totalizador *m* de minero
Minette *f* (ein Lamprophyr) (Geol) / mineta *f*, lamprófiro *m* ‖ ⁓, Brauneisenoolith *m* (Bergb) / minet[t]a *f*, hierro *m* oolítico
Mineur *m* (Sprengarb) / barrenero *m*
Mini • ... / mini..., [en] miniatura ‖ ⁓**-Akku** *m* / miniacumulador *m*, minipila *f* ‖ ⁓**-Atomwaffen** *f pl* / armas *f pl* nucleares miniatura
miniaturisieren *vt* (Eltronik) / miniaturizar
Miniaturisierung *f* / miniaturización *f*
Miniatur • kamera *f* / cámara *f* de pequeño formato, cámara *f* [en] miniatura ‖ ⁓**kern** *m* (DV) / núcleo *m* miniatura ‖ ⁓**kugellager** *n* / rodamiento *m* de bolas [en] miniatura (E), rodamiento *m* de bolas de pequeñas dimensiones (E), microrrodamiento *m* de bolas, cojinete *m* a bolillas en miniatura (LA) ‖ ⁓**lampe** *f* / microlámpara *f* ‖ ⁓**-Laserschweißgerät** *n* /

aparato m en miniatura para soldeo lasérico ‖ ⁓relais n / relé m miniatura ‖ ⁓röhre, Zwergröhre f (Eltronik) / tubo m miniatura ‖ ⁓schalter m / microconmutador m, micro[inte]rruptor m ‖ ⁓schaltung f / circuito m miniaturizado, microcircuito m ‖ ⁓technik f / técnica f de miniaturización ‖ ⁓verstärker m / amplificador m miniatura ‖ ⁓wälzlager n / rodamiento m [en] miniatura o de pequeñas dimensiones, microrrodamiento m
Minicare-Ausrüstung f (Tex) / apresto m de fácil lavado, apresto m "minicare"
Mini•computer m / miniordenador m ‖ ⁓**diskette** f (5,25"), Minifloppy disk f (DV) / minifloppydisk m, minidisquete m ‖ ⁓**-Druckregelventil** n (Pneum) / minirregulador m de presión
minieren vt / minar
Minier•fraß m (Schädlinge) / destrucción f por minado ‖ ⁓**motte** f (Landw) / minadora f [de hojas]
Mini•format n / tamaño m miniatura ‖ ⁓**-Grenztaster** m (Pneum) / palpador m o captador miniatura ‖ ⁓**-Hohlraumreaktor** m (Raumf) / reactor m con cavidad miniatura
Minim n (= 1/16 cm³) (Pharm) / mínima f (medida fluida)
minimal, kleinst / mímimo ‖ ⁓**ausrüstung** f (DV) / configuración f mínimo ‖ ⁓**automat** m (Elektr) / interruptor m [automático] de mínima ‖ ⁓**-Bodenbearbeitung** f, MB / laboreo m mínimo ‖ ⁓**drucklinie**, Mindestdrucklinie f / línea f de [las] presiones mínima ‖ ⁓**flugwegrechner** m (Luftf) / computadora f de trayectoria mínimma de vuelo ‖ ⁓**hemmkonzentration** f, MHK (Nukl) / concentración f mínima de inhibición ‖ ⁓**hörbarkeit** f / audibilidad f mínima ‖ ⁓**impedanzfrequenz** f (Quarz) / frecuencia f de impedancia mínima ‖ ⁓**-Impuls** m (Raumf) / impulso m mínimo
minimalisieren / minimizar
Minimalisierung f / minimización f
Minimal•-Lastkonstante f / coeficiente m de carga mínima ‖ ⁓**leistung** f, Mindestleistung f / rendimiento m mínimo ‖ ⁓**leistungsschalter** m / interruptor m de mínimo de potencia, interruptor m de mínima ‖ ⁓**-Letalkonzentration** f, MLK (Nukl) / concentración f letal mínima ‖ ⁓**mengenschmierung** f / lubri[fi]cación f a cantidad mínima ‖ ⁓**-Phasen/Frequenz-Charakteristik** f (Eltronik) / característica f desfasaje-frecuencia mínima ‖ ⁓**-Phasenmodulation** f / modulación m por desplazamiento mínimo de fase, modulación m por desfasaje mínimo ‖ ⁓**phasensystem** n / red f de desfasaje mínimo ‖ ⁓**relais** n (Elektr) / relé m de mínima ‖ ⁓**schalter** m (Elektr) / interruptor m de mínima ‖ ⁓**strom**, Unterstrom (Elektr) / corriente f mínima ‖ ⁓**suchzeit**, Mindestlatenz f (DV) / tiempo m de espera mínimo, latencia f mínima (LA) ‖ ⁓**suchzeitprogrammierung** f / programación f de tiempo mínimo de acceso, codificación f de acceso forzado ‖ ⁓**wert** m / valor m mínimo
Minimeter n / minímetro m
minimieren vt, zum Symbol verkleinern / minimizar
Minimierung f, Minimieren n (DV) / minimización f
Minimum n, Geringstwert m / mínimo m, mínimum m ‖ ⁓ **der Geschwindigkeit** / mínimo m de velocidad ‖ **auf ein** ⁓ **zurückführen** / minimizar, llevar o reducir al mínimo ‖ **im** ⁓, auf dem tiefsten Punkt / en el mínimo ‖ ⁓**-Maximum-Prinzip** m (Math) / principio m minimax ‖ ⁓**peilung** f / orientación f por señales cero ‖ ⁓**thermometer** n / termómetro m de mínima
Mini•öse f / anillita f ‖ ⁓**-PCs** (zum Speichern v. Daten, Terminen usw.) / palmtops (miniordenadores) ‖ ⁓**satellit** m / minisatélite m ‖ ⁓**schalter** m (Elektr) / minirruptor m ‖ ⁓**sirene** f / microsirena f ‖ ⁓**stahlwerk** n / miniacer[er]ía f, pequeña f acer[er]ía ‖

⁓**tower** m (DV) / minitorre f ‖ ⁓**track-Verfahren** n (Satelliten-Ortung) / sistema m Minitrack
Minium n, Bleimennige f / minio m
Mini•van m (Kfz) / vagoneta f, mínivan m ‖ ⁓**-Wrap-Verbindung** f (Eltronik) / conexión f mini-wrap ‖ ⁓**zelle** f (Mobilfunk) / minicelda f
Minkowski-Welt f, Raum-Zeit-Mannigfaltigkeit f (Math) / universo m de Minkowski
MIN-Leuchtdiode f (= metal insulating n-type) / diodo m luminiscente MIN
Minor, Unterdeterminante f (Math) / menor m, determinante f menor, subdeterminante f
Minoritäts• [ladungs]träger m (nur durch Diffusion bewegte Trägerart) (Halbl) / portador m [de carga] minoritario ‖ ⁓**-Ladungsträger-Stauzeit** f / longevidad f de los portadores minoritarios ‖ ⁓**träger-Ansammlung** f (Halbl) / acumulación f de portadores minoritarios, acumulación f de huecos
Minuend m (Math) / minuendo m
minus (Math) / menos ‖ ~ (Elektr) / negativo ‖ ~ (Temperatur) / bajo cero, de ... grados negativos ‖ ~ **unendlich** / menos infinito ‖ **bei ~ 10 Grad** / a los 10° bajo cero, a una temperatura de 10° bajo cero
Minus•anzapfung f (Elektr) / derivación f negativa ‖ ⁓**bereich** m / zona f negativa ‖ ⁓**bürste** f (Elektr) / escobilla f negativa ‖ ⁓**elektrizität** f / electricidad f negativa ‖ ⁓**facette** f (Opt) / cara f negativa ‖ ⁓**grade** m pl (unter Null) / grados negativos m pl
Minuskel f, Kleinbuchstabe m / minúscula f, letra minúscula f
Minus•korngröße f (beim Sieben) / producto m que pasa por la criba ‖ ⁓**lehre** f, Schlechtseite f / lado f [de calibre] "no pasa" ‖ ⁓**platte** f (Batterie) / placa f negativa ‖ ⁓**pol** m, negativer Pol / polo m negativo ‖ ⁓**seite** f / lado m negativo ‖ ⁓**taste** f (Taschenrechner) / tecla f de deducción, tecla f de sustracción ‖ ⁓**toleranz** f / tolerancia f negativa o en menos ‖ ⁓**zeichen** n, negatives Vorzeichen / signo m menos ‖ ⁓**zonung** f (DV) / formación f de zona negativa
Minute f (Math, Uhr) / minuto m ‖ **je** ⁓, minütlich / por minuto
Minuten•leistung f / rendimiento m por minuto ‖ ⁓**rad** n, -schaltrad n (Uhr) / rueda f minuto o de centro, rueda f de minutería ‖ ⁓**radachse** f (Uhr) / eje m de rueda de centro ‖ ⁓**radstein** m / piedra f de rueda de centro ‖ ⁓**ring** m (Mot) / aro m de émbolo ligeramente cónico ‖ ⁓**rohr** n (Uhr) / cañón m de minutos ‖ ⁓**teilung** f / minutería f de la esfera ‖ ⁓**trieb** m (Uhr) / piñón m de minutos o de centro ‖ ⁓**werk** n (Uhr) / minutería f ‖ ⁓**zeiger** m (Uhr) / minutero m
minutiös, minuziös / minucioso
minutliche Drehzahl o. Tourenzahl, Umdrehungen je Minute f pl / revoluciones f pl o vueltas por minuto, r/min, min⁻¹, 1/min
Mio = Million
Miobara f (Meteo) / miobara f, línea f miobárica
Miozän n (Geol) / mioceno m
MIP = Mikroprozessor
Mips, Millionen Instruktionen je Sekunde (DV) / MIPS, millones m f pl de instrucciones por segundo
Mirabilit m, Glaubersalz n (Min) / mirabilita f, sal f de Glauber, sulfato m sódico
Mired n, M, µrd (reziproker Mikrograd) (Foto) / grado m microrrecíproco
MIS n (= Management Information System) (DV) / sistema m MIS, sistema m de información para la dirección de empresa
Misch•... / mezclador, de mezcla, mixto adj ‖ ⁓**... (mit Gleich- u. Wechselanteil)** (Elektr) / pulsátil, pulsante ‖ ⁓**absetzer** m (Chem) / mezclador-asentador m ‖ ⁓**anilinpunkt** m (Chem) / punto m de anilina de mezcla ‖ ⁓**anlage** f / instalación f mezcladora ‖ ⁓**anlage** (Akust) / equipo m de mezcla ‖ ⁓**antrieb**,

Hybridantrieb m (Rakete) / propulsor m híbrido ‖ ⁓**apparat**, Mischer m / mezclador m ‖ ⁓**asphalt** m (Straßb) / asfalto m mezclado ‖ ⁓**automat** m / mezcladora f automática ‖ ⁓**ballen** m (Spinn) / bala f de algodón mezclado ‖ ⁓**ballenbrecher** m (Tex) / abridora-mezcladora f de balas ‖ ⁓**ballenöffner** m (Spinn) / abridora f abrebalas ‖ ⁓**band** n, Überspielband n (Funk) / cinta f mezcladora o para mezclar
mischbar, mengbar / mezclable, miscible
Mischbarkeit f / miscibilidad f
Misch • batterie f, -ventil n (Wasserhahn) / grifería f mezcladora ‖ **eingriffige** ⁓**batterie**, Einhebelmischer m / grifo m mezclador monopalanca o con palanca única ‖ ⁓**bauweise** f (Bau) / construcción f mixta ‖ ⁓**bauweise** n (Bau) / obra f mixta ‖ ⁓**bereifung** f (f. Gelände u. Straße) / neumáticos m pl de perfil mixto ‖ ⁓**bestand** m (Forstw) / rodal m mixto ‖ ⁓**bett** n (Hütt) / lecho m de finos ‖ ⁓**bett** (Ionenaustauscher) / lecho m de mezcla ‖ ⁓**bettfilter** n / filtro m de capa de grava, filtro m de lecho combinado ‖
⁓**bild-Entfernungsmesser** m / telémetro m de coincidencia ‖ ⁓**binder** m (Bau) / aglomerante m hidráulico ‖ ⁓**brenner** m (Hütt) / quemador-mezclador m ‖ ⁓**bühne** f / plataforma f de mezcla ‖ ⁓**dämpfung** f (Halbl) / pérdida f de conversión ‖ ⁓**diagramm** n (Öl) / nomograma m de mezclado ‖ ⁓**diode** f / diodo m mezclador, diodo m de conversión de frecuencias ‖ ⁓**dünger** m (Landw) / abono m mezclado o mixto ‖ ⁓**-Duplizierautomat** m (DV) / intercaladora f, interclasificadora f ‖ ⁓**düse** f (Vergaser) / surtidor m, gicleur m, chicleur m ‖ ⁓**düse** (Brenner) / tobera f mezcladora ‖ ⁓**düse für das Seitenfenster** (Kfz) / aireación f lateral ‖
⁓**düsenmischer** m / mezclador m de orificio ‖
⁓**element** n (Phys) / elemento m mixto
mischen vt, eine Mischung anmachen / mezclar ‖ ⁓ (Eltronik) / heterodinar [frecuencias] ‖ ~ **durch Kneten** / mezclar por amasadura, malaxar ‖ **innig** ~ / mezclar intensamente ‖ **richtig** ~ (Farben) / templar ‖ **[sich]** ~ (o. mengen) / mezclarse ‖ ~ n, Vermischen n (Tätigkeit) / mezcla f, mezcladura f, mezclamiento m, mezclado m ‖ ⁓, Kompoundieren n / composición f ‖ ⁓, Merge n (DV) / fusión f, intercalación f ‖ ⁓, Mischtechnik f / técnica f de mezcla ‖ ~ **durch Umpumpen in einen gemeinsamen Tank** / mezcladura f por trasiego ‖ ~ **fester Stoffe** / mezcla f de sólidos ‖ ~ **in der Pumpleitung** (o. innerhalb des Rohrsystems) (Öl) / mezcladura f en tubería (E) o en cañería (LA)
Mischer m (allg, Hütt) / mezclador m ‖ ~ (TV) / mezclador m de programas ‖ ⁓**auslauf** m, -auslauföffnung f / salida f del mezclador ‖ ⁓**roheisen** n (Hütt) / arrabio m de mezclador ‖ ⁓**-Settler** m (Nukl) / mezclador-asentador m ‖ ⁓**stufe** f, Mischer m (Radio) s. Mischstufe
Misch • erzpellet n (Hütt) / pellet m de mineral mixto ‖
⁓**fällung** f (Chem) / coprecipitación f ‖ ⁓**farbe**, Schattierung f / sombreado m, matiz m, tinte m ‖
⁓**farbe** f (Phys) / color m compuesto o mixto ‖ ⁓**farbe** (Glas) / color m mezclado ‖ ⁓**farbe** (TV) / color m secundario ‖ ⁓**filter** n (Wellenleiter) / filtro m combinador ‖ ⁓**formel**, -vorschrift, -spezifikation f (Chem) / fórmula f o especificación f de mezcla ‖
~**frequente Aussendungen** f pl (Eltronik) / productos m pl de intermodulación ‖ ⁓**frequenz**, Überlagerungsfrequenz f / frecuencia f de batido o de batimiento o de pulsación, frecuencia f heterodina o de heterodinaje ‖ ⁓**frequenzen** f pl (Fernm) / frecuencias f pl compuestas ‖ ⁓**freundlichkeit** f / buena mezclabilidad f ‖ ⁓**fritte** f (Glas) / frita f mezclada ‖ ⁓**futter** n, Kraftfutter n (Landw) / forraje m mixto o concentrado, comida f mixta ‖ ⁓**garn** n (Spinn) / hilo m de mezcla, hilo m mixto, hilo m de

fibras mixtas ‖ ⁓**gas** n / gas m mixto ‖ ⁓**gasschweißen** n / soldadura f por arco con electrodo continuo en atmósfera de gas mixto ‖ ⁓**gebiet** n (Städtebau) / zona f mixta ‖ ⁓**gefäß** n / depósito m mezclador ‖ ⁓**gefüge** n / estructura f mixta ‖ ⁓**gespinst** n (Tex) / hilado m mixto o de mezcla ‖ ⁓**gestein** n (Geol) / migmatita f ‖
⁓**getreide** n, Mengfrucht f, Mengkorn n (Landw) / tranquillón m ‖ ⁓**gewebe** n (Web) / tejido m de mezcla ‖ ⁓**gewebe**, Halbwollware f (Web) / tejido m de media lana ‖ ⁓**gitter** n (Eltronik) / rejilla f de inyección ‖
⁓**gitter** (Krist) / red f mixta ‖ ⁓**größe** f (Phys) / magnitud f pulsatoria ‖ ⁓**gut** (Straßb) / materiales m pl [mixtos] revestidos ‖ ⁓**hahn** m (Warmwasser) / grifo m mezclador ‖ ⁓**harze** n pl / resinas f pl mixtas ‖
⁓**-Heptode**, Fünfgitter-Mischröhre f (Eltronik) / convertidor m pentarrejilla, heptodo m conversor ‖
⁓**hexode** f (Eltronik) / hexodo m mezclador ‖
⁓**höhenverfahren** n (TV) / altas frecuencias mezcladas, mezcla f de detalles finos ‖ ⁓**holländer** m (Pap) / pila f holandesa mezcladora o para mezcla ‖
⁓**hybrid** m, -lithergol n (Raumf) / litergol m mixto ‖
⁓**kabine**, Abhörbox f (Film, Radio) / cabina f de control, puesto m de control ‖ ⁓**kammer**, Düsenkammer f (Vergaser) / cámara f de mezcla o de carburación ‖ ⁓**kammer** f (Klimaanlage) / cámara f de mezcla ‖ ⁓**kanalisation** f (Abwasser) / canalización f mixta, alcantarillado m unitario ‖ ⁓**karbid** n (in Hartmetall) (Hütt) / carburo m mixto ‖ ⁓**kasten** m (Pap) / caja f de mezcla ‖ ⁓**katalysator** m, Mehrstoffkatalysator m / catalizador m mixto ‖
⁓**kessel** m, -gefäß n / caldera f de mezcla, recipiente m mezclador ‖ ⁓**klebstoff** m / adhesivo m de dos o más componentes ‖ ⁓**kneter** m / mezcladora-amasadora f ‖ ⁓**kollergang** m / molino m mezclador de rulos verticales ‖ ⁓**komponente** f (Öl) / componente f de mezcla ‖ ⁓**kondensation** f (Chem) / condensación f de mezcla ‖ ⁓**-Konfiguration** f (Fernwirk) / configuración f híbrida ‖
⁓**konzentrat-Flotation** f (Bergb) / flotación f colectiva ‖ ⁓**kopf** m (Plast) / cabezal m mezclador ‖ ⁓**kopf** (Wellenleiter) / cabeza f mezcladora ‖ ⁓**kopf** (Ton) / cabeza f de superposición ‖ ⁓**korn** n / grano m mixto ‖
⁓**kraftstoff** m (z.B. Diesel + Rapsöl) (Kfz) / combustible m mezclado ‖ ⁓**krempel** f (Tex) / carda f mezcladora ‖ ⁓**kristall** m, feste Lösung (Chem, Krist, Laser) / solución f sólida, cristal m mixto ‖
⁓**kristallhärtung** f, -verfestigung f / endurecimiento m de la solución sólida ‖ ⁓**kristallphase** f (Krist) / fase f homogénea sólida ‖ ⁓**kristallseigerung** f / segregación f de la solución sólida ‖ ⁓**kühler** m / refrigerador-mezclador m ‖ ⁓**kultur** f (Landw) / cultivo[s] m mixto[s] ‖ ⁓**[kunst]dünger** m / abono m mixto o mezclado ‖ ⁓**licht** n / luz f mixta o de mezcla ‖
⁓**lichtlampe** f (allg) / lámpara f de luz mixta o de luz de mezcla
Mischling m (Bot, Zool) / híbrido m, bastardo m
misch • mahlen vt / triturar y mezclar [simultáneamente] ‖ ⁓**maschine** f, Mischer m / mezcladora f ‖ ⁓**metall** m (Hütt) / mischmetal m, metal m compuesto ‖ ⁓**mühle** f, -walzwerk n / molino m mezclador ‖ ⁓**nuance** f (Färb) / matiz m mixto ‖ ⁓**oktanzahl** f (Öl) / número m de octano de mezcla ‖ ⁓**öl** n, compoundiertes Öl / aceite m mezclado ‖ ⁓**ordnung** f (der Werkzeugmaschinen-Gruppierung) (F.Org) / arreglo m mixto ‖ ⁓**oxid** n (Metallhütt) / óxido m de cinc plomífero ‖ ⁓**oxidbrennstoff** m / combustible m de óxido de cinc plomífero ‖ ⁓**oxide** n pl (allg) / sistemas m pl de óxidos mixtos ‖ ⁓**pappe** f / cartón m mixto ‖
⁓**pfanne** f (Gieß) / caldera f para mezclar ‖ ⁓**phase** f (Hütt) / fase f mixta ‖ ⁓**phasenverdrängung** f (Öl) / desplazamiento m miscible ‖ ⁓**platz** m **für Mörtel** (Bau) / era f ‖ ⁓**polymerisat**, (jetzt:) Copolymerisat n (Chem) / copolímero m ‖ ⁓**polymerisation** f / copolimerización f ‖ **polymerisieren** vt /

Mischprobe

copolimerizar ‖ ~**probe** f (Nukl) / prueba f compuesta ‖ ~**programm** n (DV) / programa m de fusión ‖ ~**pult** n (Ton, TV) / consola f de mezclar, mezclador m de sonido, pupitre m de mezcla, mesa f de mezcla ‖ **fahrbares** ~**pult** (Eltronik, Film) / mezclador m en pedestal rodante ‖ ~**pulver** n (Sintern) / mezcla f de polvo ‖ ~**pumpe** f / bomba f mezcladora ‖ ~**punkt** m (Regeln) / punto m mezclador ‖ ~**raum** m (Eltronik, TV) / cabina f de mezcla ‖ ~**raum** (Tex) / sala f de mezcla ‖ ~**rechnung**, Mischungsrechnung f (Math) / cálculo m de mezcla ‖ ~**reibung** f (Mech) / rozamiento m mixto o semilíquido, fricción f mixta o combinada ‖ ~**rohr** n (Chem) / tubo m mezclador ‖ ~**rohr** (für Emulsionen) / tubo m emulsionante o de emulsión ‖ ~**rohr des Vergasers** (Kfz) / tubo m de Venturi, venturi m ‖ ~**rohrbrenner** m / quemador m con mezclador ‖ ~**röhre** f, Frequenzwandler m (Eltronik) / convertidor m de frecuencia ‖ ~**rohrkopf** m (Brenner) / cabeza f del mezclador ‖ ~**saft** m (Zuck) / jugo m mixto ‖ ~**säure** f, Nitriersäure f (Chem) / mezcla f ácida sulfonítrica ‖ ~**schmelzpunkt** m (Chem) / punto m de fusión de prueba compuesta ‖ ~**schmierung** f / lubri[fi]cación f mixta ‖ ~**schnecke** f / tornillo m sin fin mezclador ‖ ~**-Setz-Prinzip** n (Nukl) / principio m mezclado-asentamiento ‖ ~**-Setz-Stoffaustauscher** m (Nukl) / mezclador-asentador m ‖ ~**silo** m n / silo m de mezcla ‖ ~**spannung** f (Elektr) / tensión f c.c. y c.a. compuesta, tensión f mixta ‖ ~**spektrumreaktor** m (Nukl) / reactor m de zona térmica y zona rápida ‖ ~**spezifikation**, -vorschrift, -formel f (Chem) / fórmula f o especificación de mezcla ‖ ~**splitt** m (Straßb) / gravilla f revestida ‖ ~**steilheit** f (Röhre) / transconductancia f de conversión ‖ ~**strahlwasserzähler** m / contador m de agua de chorro mixto ‖ ~**strecke** f (Tex) / estirador-mezclador m ‖ ~**strecke** (Klimaanlage) / sección f de mezcla ‖ ~**strecke für Kammwolle** / estirador-mezclador m para lana peinada ‖ ~**strom** m (Tex) / corriente f mixta ‖ ~**strom** (Elektr) / corriente f ondulatoria o pulsatoria ‖ ~**stufe** f (Eltronik) / etapa f de conversión de frecuencia, paso m mezclador ‖ ~**stufe für Steuerkommandosignale** / etapa f mezcladora de instrucciones de control ‖ ~**system** n (Abwasser) / sistema m mixto o unitario ‖ ~**tafel** f (TV) / tabla f de mezcla ‖ ~**teller**, -tisch m (Chem) / plato m mezclador, plataforma f de mezcla ‖ ~**temperatur** f / temperatura f de mezcla ‖ ~**temperatur**, kritische Lösungstemperatur (Chem) / temperatura f crítica de miscibilidad completa ‖ ~**trommel** f / tambor m mezclador ‖ ~**turm** m (Bau) / torre f de mezclar o de amasar ‖ ~**übertrager** m (Eltronik) / transformador m mezclador ‖ ~**- und Fördereinrichtung** f / instalación f de mezcla y de transporte ‖ ~**- und Füllgerät** n (Hütt) / aparato m de mezclar y cargar [por proyección]

Mischung f / mezcla f, templa f (CUB) ‖ ~, Gemisch n (Chem, Pharm) / mezcla f, mixtura f ‖ ~ f (Funk) / mezcla f ‖ ~ (Metall) / aleación f ‖ ~ (Plast) / mezcla f [cruda] preparada, compound m ‖ ~ (ITC1149) (Fernm) / combinación f ‖ ~ **vom Mischbett** (Hütt) / material m recuperado del lecho de finos

Mischungs•..., Durchschnitts... (Math) / mediano, de la media ‖ ~**ansatz** m, -rezept n (Chem) / fórmula f de mezcla ‖ ~**bestandteil** m / ingrediente m de mezcla ‖ ~**fluten** n (Öl) / desplazamiento m miscible ‖ ~**kalorimeter** n (Phys) / calorímetro m de agua ‖ ~**lücke** f (Chem) / laguna f de mezcla o de miscibilidad ‖ ~**rechnung** f (Math) / cálculo m de mezcla ‖ ~**regel** f (Chem) / regla f de mezcla[s] ‖ ~**regelglied** n (Regeln) / miembro m proporcional ‖ ~**verhältnis** n, Mischverhältnis n / proporción f de [la] mezcla ‖ ~**verhältnis** (Chem) / proporción f de ingredientes ‖ ~**verhältnis** (Bau) / proporción f de mezcla de áridos ‖ ~**wärme** f (Phys) / calor m de mezcla

Misch•ventil n / válvula m mezcladora ‖ ~**ventil**, -batterie f (Wasserhahn) / grifería f mezcladora ‖ ~**verband** m (Bau) / trabazón f mixta, aparejo m mixto ‖ ~**verfahren** n (Abwasser) / sistema m unitario o combinado ‖ ~**verstärkung** f (Eltronik) / ganancia f de conversión ‖ ~**vorwärmer** m / precalentador m mezclador ‖ ~**wähler** m (Fernm) / selector m mixto para teléfono automático ‖ ~**wald** m (Forstw) / bosque m mixto ‖ ~**walze** f, -walzwerk n (Plast) / mezclador m de rodillos, mezcladora f de cilindros ‖ ~**walze** (Gummi) / mezcladora f abierta o de cilindros ‖ ~**walzwerk** n, -mühle f / molino m mezclador ‖ ~**wasser** n / agua f mixta ‖ ~**wasserschwebestoffe** m pl / su[b]stancias f pl en suspensión del agua mixta ‖ ~**werk** n / mecanismo m o aparato mezclador ‖ ~**wolf** m, Melierwolf m (Tex) / batuar m mezclador ‖ ~**wolle** f / lana f mezclada ‖ ~**zylinder** m (Chem) / probeta f graduada con tapón ‖ ~**zylinder** (Pap) / matraz m de mezcla

Mispickel m, Arsenkies m, -pyrit m (Min) / mispíquel m, arsenopirita f

Miss•benennung f / término m impropio ‖ ~**bildung**, Missgestaltung f / deformación f, deformidad f ‖ ~**brauch** m, -handlung f / uso m indebido, abuso m, desuso m ‖ ~**brauch**, unbefugte Benutzung / uso m no autorizado ‖ ~**brauchsicher** / a prueba de falsas maniobras, a prueba de errores de maniobra, a prueba de curiosos y de chambones, a prueba de abuso ‖ ~**brauchsicherheit** f / seguridad f contra falsas maniobras ‖ ~**erfolg** m / fracaso m, descalabro m, mal éxito ‖ ~**farbig**, fleckig / de mal color, de color fallado ‖ ~**griff** m / desacierto m, error m, equivocación f, yerro m (LA) ‖ ~**griffsicher**, narrensicher / seguro contra empleo incorrecto

Mission f **für Raumfahrtversuche** (Raumf) / misión f experimental

Missionswiederholung f (Raumf) / misión f repetida

miss•lungen, missraten / fracasado, fallado ‖ ~**pfeilung** f (Luftf, Propeller) / diferencia f angular de desajuste ‖ ~**stand** m, Ärgerlichkeit f / inconveniente m, incomodidad f, molestia f ‖ ~**verhältnis** n / desproporción f

missweisend (Nav) / magnético ‖ ~**er Kompass** / brújula f loca ‖ ~**er Kurs** (Nav) / rumbo m magnético ‖ ~ **Nord** (Nav) / norte m magnético ‖ ~**e** (**o. magnetische**) **Peilung** (Luftf, Schiff) / arrumbamiento m magnético ‖ ~**e Richtung** / dirección f magnética ‖ ~**er Steuerkurs** (Luftf) / rumbo m respecto al norte magnético, rumbo m proa magnético ‖ ~ **Süd** (Nav) / sur m magnético

Missweisung f (Magnetnadel) (Verm) / declinación f magnética, aberración f de la aguja ‖ ~, Fehlanzeige f (Radar) / error m de indicación

Mist m, Stalldünger m (Landw) / estiércol m ‖ ~**beet** n (Landw) / cama f de estiércol [caliente], almajara f, lecho m de estiércol ‖ ~**beeterde** f / mantillo m ‖ ~**gabel** f / horquilla f ‖ ~**gas** m / biogás m ‖ ~**grube** f / pudridero m, estercolero m ‖ ~**streumaschine** f, Mistbreiter m, -streuer m (Landw) / distribuidora f o esparcidora de estiércol

MIT = Massachusetts Institute of Technology

Mitarbeiter•stab m / equipo m de colaboradores ‖ ~**tubus**, Assistententubus m (Opt) / tubo m de cooperador

mitbenutzen, ein Gerät ~ / emplear el mismo aparato

Mit•benutzer m / co-usuario m ‖ ~**benutzungsrecht** n (Patent) / derecho m de usofructo común ‖ ~**beobachtertubus**, Gästetubus m (Opt) / tubo m de observación en común ‖ ~**bestimmung** f (F.Org) / cogestión f ‖ ~**bewegung** f / movimiento m contemporáneo

miteinander schnüren (Bergb) / encontrarse ‖ ~ **verbundene Atome** n pl / átomos m pl compuestos

mit • entscheidend *vt* / codecisivo ‖ **~erhitzen** / calentar simultáneamente ‖ **hinterer ~fahrer** (Kfz) / pasajero *m* en el asiento trasero ‖ **~fällung** *f* (Nukl) / coprecipitación *f* ‖ **~feld...** (Elektr) / de campo directo ‖ **~[feld]komponente** *f* (Elektr) / componente *f* directa ‖ **~[feld]leistung** (Elektr) / potencia *f* directa ‖ **~feldstrom** *m* / corriente *f* directa ‖ **~fluss**, Nachfluss *m* (Messen) / efecto *m* de segunda reflexión ‖ **~führen** *vt*, übertragen (Chem, Eltronik) / conducir, transmitir ‖ **~führen** (Sand) (Hydr) / arrastrar arena ‖ **~führung** *f* **(o. Konvektion) von Wärme** / convección *f* de calor ‖ **~führungskoeffizient** *m* (Phys) / coeficiente *m* de Fresnel-Fitzeau ‖ **~gegossen** / de la misma fusión ‖ **~gehender Setzstock** (Dreh) / luneta *f* móvil ‖ **~gekoppelter Rechenverstärker** (DV) / amplificador *m* operacional con reacción positiva o con regeneración ‖ **~gerissene Flüssigkeit** (Chem) / líquido *m* arrastrado ‖ **~gerissenes** *n* / parte *f* arrastrada ‖ **Rücklaufrohr für ~gerissenes** (Destillation) / tubo *m* de retorno ‖ **~geschleppter Fehler** (DV) / error *m* inherente ‖ **~glieder** *n pl* **einer radioaktiven Familie** (Nukl) / padre *m* e hija ‖ **~helfen** *vt* [bei, zu] / cooperar [a], ayudar [a], coadyuvar, colaborar [en]
Mithör • einrichtung, Abhöreinrichtung *f* (Fernm) / monitor *m*, aparato *m* de escucha o de vigilancia, aparato *m* de interceptación ‖ **~einrichtung** *f* (TV) / monitor *m*, cinescopio *m* de control
mithören, abhören (Eltronik, Fernm, TV) / monitorear, vigilar, escuchar, interceptar
Mithör • klinke *f* / conyuntor *m* de vigilancia o de escucha ‖ **~kontrolle** *f* / vigilancia *f*, control *m*, escucha *f* de control ‖ **~lautsprecher** *m* / altavoz *m* monitor o de control ‖ **~leitung** *f* (Fernm) / línea *f* de control ‖ **~schalter** *m*, -taste *f* (Fernm) / tecla *f* o llave de escucha o de vigilancia ‖ **~schalter** (Tonband) / llave *f* de escucha de cinta ‖ **~- und Sprechschalter** *m* (Fernm) / llave *f* de escucha y de conversación
mit • klingen [lassen] / resonar, entrar [o poner] en resonancia ‖ **~komponente** *f* (Elektr) / componente *f* directa ‖ **~koppeln** *n*, Zeichnen *n* (Radar) / trazado *m*, representación *f* ‖ **~kopplung** *f*, positive Rückkopplung / realimentación *f* o reacción positiva, regeneración *f* ‖ **~kopplungsschleife** *f* (Eltronik) / bucle *m* de regeneración, bucle *m* de reacción positiva ‖ **~lauf** *m* (Masch) / rotación *f* simultánea
mitlaufend, umlaufend, rotierend (Spindel, Wzm) / rotativo ‖ **~**, schritthaltend (DV) / en línea, acoplado al sistema, de entrada (o comunicación) directa ‖ **~**, mitgehend / móvil ‖ **~e Körnerspitze** (Dreh) / contrapunta *f* rotativa o giratoria ‖ **~er Messleitungsdetektor** / detector *m* móvil, detector *m* de ondas estacionarias ‖ **~er od. mitgehender Setzstock** / luneta *f* móvil o seguidora ‖ **~er Sucher** (Foto) / visor *m* seguidor o de enfoque automático, visor *m* que enfoca constantemente una escena móvil ‖ **~e Verarbeitung** (DV) / tratamiento *m* en línea o paso a paso
Mitläufer *m*, Mitläufertuch *n*, -stoff *m* (Tex) / tela *f* acompañante o de acompañamiento, almohadilla *f*, blanqueta *f* ‖ **~...** / acompañante, acompañador ‖ **endloser ~**, Druckdecke (Tex) / tela *f* acompañadora de estampación ‖ **~band** *n* / correa *f* acompañante ‖ **~papier** *n* / papel *m* intercalado ‖ **~walze** *f* (Tex) / cilindro *m* o rodillo acompañador
Mitlauf • generator, -nahmegenerator *m* (Eltronik) / oscilador *m* sincronizado ‖ **~pot[entiometer]** *n* (Eltronik) / potenciómetro *m* retransmisor ‖ **~trommel** *f* (Spinn) / segunda *f* linterna ‖ **~werk** *n* (Fernm) / selector *m* discriminador ‖ **~werk** (um das Wählen bestimmter Kennziffern zu verhindern) (Fernm) / selector *m* de absorción de impulsos, selector *m* supresor

Mit • leistung *f* (Elektr) / potencia *f* directa o positiva ‖ **~lesen** *vt* / leer para control ‖ **~logarithmus** *m*, Komplement des Logarithmus einer Zahl (Math) / cologaritmo *m*
Mitnahme *f*, Führung *f* (Masch) / arrastre *m* ‖ **~**, Einfangen *n* / captación *f* ‖ **~** (Eltronik) / sintonización *f* ‖ **~**, Netzsynchronisierung *f* (TV) / sincronización *f* [de la frecuencia de campo con la de la red de alterna], enganche ‖ **~bereich** *m* (TV) / margen *m* de enganche ‖ **~bolzen** *m* (Räumwz) / perno *m* de arrastre ‖ **~effekt** *m* (Eltronik) / efecto *m* de arrastre ‖ **~fläche** *f* (Räumwz) / parte *f* plana de arrastre ‖ **~reibung** *f*, gewünschte Reibung / adherencia *f* por rozamiento ‖ **~synchronisierung** *f* / sincronización *f* [directa] por señal de sonido
mitnehmen *vt*, -reißen / arrastrar
Mitnehmer *m*, Nase *f* (Masch) / talón *m* de arrastre ‖ **~** (Kette) / empujador *m* ‖ **~** (Dreh) / arrastrador *m*, tope *m* de arrastre ‖ **~bohrung** *f*, -loch *m* (Masch) / agujero *m* de arrastre ‖ **~bolzen** *m*, -stift *m*, -zapfen *m* / perno *m* de arrastre ‖ **~bolzen**, Haltebolzen *m* / perno *m* de retención ‖ **~gabel** *f* / horquilla *f* de arrastre ‖ **~kette** *f* / cadena *f* de tiro o de tracción ‖ **~klaue** *f* / garra *f* de arrastre ‖ **~lappen** *m* (Wz) / lengüeta *f* de arrastre ‖ **~nut** *f* / ranura *f* de arrastre ‖ **~platte** *f* **mit Spannschlitzen** (Wzm) / plato *m* [ranurado] de sujeción ‖ **~ring** *m* (Wzm) / anillo *m* de enganche ‖ **~scheibe** *f* (Wzm) / plato *m* de arrastre ‖ **~spindel**, Werkstückantriebswelle *f* (Wzm) / husillo *m* de arrastre ‖ **~stange** *f* (Ölbohren) / varilla *f* de arrastre ‖ **~stift** *m* / vástago *m* o dedo de arrastre ‖ **~verbindung** *f* / conexión *f* de arrastre
Mitochondrion *n* (pl.: -chondrien), Chromosom *n* (Biol) / mitocondria *f*, condriosoma *m*, plastosoma *m*
Mitreaktanz *f* (Elektr) / reactancia *f* directa
mitreißen *vt* (z.B. Wasser) / arrastrar ‖ **~** (Destillation) / arrastrar impurezas ‖ **~**, Entrainment *n* (Chem) / arrastre *m* ‖ **~ von Wasser**, Spucken *n* (Dampf) / arrastre *m* de agua, espumación *f*
Mitscherlichverfahren *n* (Pap) / proceso *m* [de] Mitscherlich
Mit • schleppen *n* (NC) / movimiento *m* acoplado ‖ **~schneideeinrichtung** *f* (Audio) / aparato *m* para grabación directa ‖ **~schneiden** *vt* (Audio) / grabar en directo ‖ **~schnitt** *m* (Audio) / grabación *f* simultánea ‖ **~schreiber** *m* **(o. Zeitschreiber) für physikalische Vorgänge** / registrador *m* cronológico automático ‖ **~schwingen** / resonar, vibrar por simpatía o por resonancia ‖ **~schwingen** *n*, Resonanzschwingung *f* / vibración *f* simpática o por simpatía o por resonancia, covibración *f*, cooscilación *f* ‖ **~schwingender Leiter** / conductor *m* resonante ‖ **~schwingende Saite** / cuerda *f* simpática o cooscilante ‖ **~sehgerät** *n* / monitor *m* ‖ **~sprechen** *n* (Fernm) / diafonía *f* ‖ **~sprechkopplung** *f* (Fernm) / acoplamiento *m* de diafonía ‖ **~strom** *m* / flujo *m* paralelo ‖ **~stromaustauscher** *m* / intercambiador *m* de flujo paralelo
Mitsumatapapier *n* / papel *m* mitsumata
Mitsystem *n*, Mitfeldsystem *n* (Elektr) / sistema *m* directo
Mittags • höhe *f* / altura *f* meridiana ‖ **~kreis** *m*, Meridian *m* (Astr) / meridiano *m* ‖ **~pause** *f* / hora *f* de comer o de almorzar (comercio), parada *f* de mediodía (industria)
Mitte *f*, Mittelpunkt *m*, Zentrum *m* / centro *m*, medio *m* ‖ **~** / mitad *f* (mittlerer Grad o. Zustand) / medio *m*, grado medio ‖ **~ Laufbahn**, Laufbahnmitte *f* (Kugellager) / punto *m* central o medio de la pista [o camino de rodadura] ‖ **in der ~ befindlich** / en medio, céntrico, central ‖ **in der ~ falten** / plegar a mitades ‖ **in die ~ stellen** / colocar en el centro ‖ **nach der ~ zu gelegen**, Mittel... / central, intermedio ‖ **von ~ bis Mitte**, Mitte-Mitte / de centro a centro

mitteilen / comunicar, informar ‖ **sich ~** (Chem) / ser transmitido
Mitteilung f, Nachricht f / comunicación f, mensaje m ‖ **~**, Anzeige f / aviso m, advertencia f ‖ **~**, Information f / información f ‖ **~en** f pl [zu] (z.B. Zeitschrift), Mitteilungsblatt n / boletín m, informe m [sobre], comunicaciones f pl ‖ **schriftliche ~** / aviso m, notificación f, mensaje m, comunicado m ‖ **~en** f pl, Werkszeitschrift f / revista f de la empresa
Mitteilungsfeld n (DV) / región f de comunicaciones
mittel, Mittel..., Durchschnitts... / medio adj (impropio: promedio) ‖ **~**, mittlerer, Mittel... / medio adj, intermedio, central ‖ **~** (z.B. Heizstellung) / mediano, moderado (p.ej. calefacción) ‖ **~**, [mittel]mäßig / mediocre ‖ **~** n, Mittelwert m (Math) / media f, valor m medio, promedio m ‖ **~**, Weg m / medio m, camino m ‖ **~**, Medium n (Phys) / medio m ‖ **~**, Agens n (Chem) / agente m, medio m ‖ **~** n (Bergb) / masa f de minerales ‖ **...**, nach der Mitte zu gelegen / medio adj, central, intermedio ‖ **~...**, Zwischen... (Math) / mediano, medio adj ‖ **~...** (Größe) / de tamaño medio ‖ **~ aufbringen** / reunir fondos ‖ **aus dem ~ laufen** (Rotation) / girar excéntricamente ‖ **das ~ nehmen**, mitteln (Math) / sacar la media, tomar el promedio
Mittelabgriff, mit ~ (Eltronik) / con toma central, con derivación central
Mittel•abschnitt m / sector m central ‖ **~achse** f (Zeichn) / línea f central ‖ **~achse** (Bahn) / eje m [inter]medio ‖ **~aktiv** (Nukl) / de [radi]actividad media ‖ **~anordnung** f / disposición f en el centro ‖ **~anschluss** m (Eltronik) / borne m central ‖ **~anzapfung** f (Elektr) / derivación f o toma central ‖ **~armlehne** f (Kfz) / brazo m central ‖ **~bahnsteig** m (Bahn) / andén m intermedio ‖ **~band** n (Walzw) / banda f de ancho medio
mittelbar, indirekt / indirecto, transmitido, mediato ‖ **~ gespeist** (Antenne) / alimentado o excitado indirectamente ‖ **~es Messen** / medición f indirecta ‖ **~ wirkende (o. mittelbare) Belastung** / carga f indirecta
Mittel•bau m, -trakt m (Bau) / estructura f central, parte f central del edificio ‖ **~bauständer** m (Motorrad) / soporte m central ‖ **~bereichs...**, -strecken... (Luftf) / de alcance medio ‖ **~betrieb** m / empresa f o explotación media (Math) / promediación f ‖ **~bildung** f (Math) / promediación f ‖ **~bituminös** (Kohle) / semibituminoso ‖ **~blech** n (3 bis 4,75 mm) (Walzw) / chapa f mediana ‖ **~blech-Walzwerk** n / tren m de laminación de chapa mediana ‖ **~blindader** f (Kabel) / relleno m central ‖ **~bogen** m (Brücke) / arco m central ‖ **~bohrung** f / perforación f central ‖ **~bord** m (Lager) / reborde m central ‖ **~brand** m (Ziegl) / semicochura f ‖ **~brand[stein]** (Ziegl) / ladrillo m semicocido ‖ **~breit** (Tex) / de medio ancho ‖ **~-Cutter** m (Bergb) / dispositivo m de corte central ‖ **~decker** m (Luftf) / avión m de ala semialzada ‖ **~destillat** n (zwischen Petroleum u. Schweröl) (Öl) / destilado m medio ‖ **~draht** m (Walzw) / alambre m mediano ‖ **~druck** m (mittlerer Druck) / presión f media ‖ **~druck** (Druck in der Mitte) / presión f en el centro ‖ **~druckentwickler** m (Schw) / gasógeno m de presión media ‖ **~druckläufer** m (Turbine) / rotor m de presión media ‖ **~druckschieber** m / compuerta f para presión media ‖ **~druckteilturbine** f / turbina f parcial de presión media ‖ **~druckturbine** f / turbina f de presión media ‖ **~ebene** f (Geom) / plano m medio ‖ **~einstieg** m (Bahn) / acceso m central, puerta f de entrada central ‖ **~elektrode** f (Zündkerze) / electrodo m central ‖ **~energetisch** / de potencia mediana ‖ **~europäische Zeit** / hora f de Europa Central ‖ **~fach** n (Kfz) / coffre m central ‖ **~farbe** f (Färb) / color m secundario ‖ **~fein** (Kohle) / entrefino ‖ **~feines Druckpapier** / papel m semifino para impresión ‖ **~feiner Sand** / arena f entrefina ‖

~feinkörnig / de grano entrefino ‖ **~feld** n / zona f media ‖ **~feld** (z.B. Schalttafel) / panel m [de conexiones] medio o central ‖ **~feld** (Brücke) / abertura f media ‖ **~feld-Verdichter** m (Spinn) / condensador m intermedio ‖ **~flyer** m (Spinn) / mechera f intermedia ‖ **~förderwagen** m (Bergb) / vagoneta f de media capacidad ‖ **~fraktion** f (Bergb) / fracción f intermedia ‖ **~frequenz** f (0,3-3 MHz) (Elektr) / frecuencia f media ‖ **~frequenzumformer** m / transformador m de frecuencia media ‖ **~frotteur**, -nitschler m (Tex) / rotafrotador m intermedio ‖ **~furche** f (Landw) / surco m estéril ‖ **~gang** m (Bahn, Schiff) / pasillo m central ‖ **~gangwagen** m (Bahn) / coche m con pasillo central ‖ **~gerüst** n (Walzw) / caja f intermedia ‖ **~glieder** n pl (Math) / términos m pl medios ‖ **~grau** / gris medio ‖ **~grob** / entregrueso ‖ **~groß** (allg, Kfz) / de tamaño medio ‖ **~groß**, -räumig (Meteo) / de escala mediana ‖ **~größen** f pl (Tex) / números m pl medianos ‖ **~grund** m (Foto) / zona f entre primer[o] y segundo plano ‖ **~halle** f (Bau) / nave f central ‖ **~hart** / semiduro ‖ **~hart**, mäßig hart / de dureza mediana ‖ **~hieb** m (Feile) / picado m o corte bastardo ‖ **~hohe Zufallsbahn** (Satellit) / trayectoria f aleatoria de altura media ‖ **~joch** m (Brücke) / pilotaje m central ‖ **~kasten** m, Zwischenkasten m (Gieß) / caja f de moldeo intermedia ‖ **~kettig** (Fettsäuren) (Chem) / de cadena media (ácidos grasos) ‖ **durchlaufender ~kiel** (Schiff) / quilla f continua de plancha central ‖ **~kielschwein** n, -binnenkiel m (Schiff) / sobrequilla f central ‖ **~klassewagen** m (Kfz) / coche m de tipo medio, coche m de categoría media ‖ **~kohle** f (Aufb) / carbón m de grano medio ‖ **~konsole** f (Kfz) / consola f central ‖ **~kontakt** m / contacto m central ‖ **~kontaktfassung** f (Lampe) / boquilla f de contacto central ‖ **~kontaktsockel** m (Elektr) / casquillo m de contacto central ‖ **~konusdüse** f, Ringdüse f, Kegeldüse f / tobera f de núcleo central ‖ **~korridor** m (Bau) / crujía f ‖ **~kraft** f (Mech) / resultante f ‖ **~kraftlinie**, Stütz-, Drucklinie f (Mech) / línea f de presión resultante ‖ **~lage** f / posición f central ‖ **~lage**, -schicht f / capa f intermedia ‖ **~lagenkontakt** m (Relais) / contacto m de posición neutra ‖ **~lagenmaschine** f (Holz) / máquina f de ensamblar los listones ‖ **~lager** n, -auflager n (Brücke) / apoyo m central ‖ **~länge** f (von Buchstaben) / altura f media de letras ‖ **~last** f / carga f central ‖ **~last** (Elektr) / carga f media ‖ **~lastkraftwerk** n / central f de carga media ‖ **~lauge** f / lejía f débil ‖ **~legiert** (Hütt) / de aleación media ‖ **~leiste** f (Web) / orilla f central o del medio, falsa f orilla ‖ **~leiter** m, Mittelpunkts-, Mp-Leiter m (Drehstrom) / conductor m neutro ‖ **~leiter** (im Gleichstrom- o. Einphasensystem) / conductor m central ‖ **~leitersystem** n (Elektr) / sistema m de tres conductores, sistema m con conductor neutro ‖ **~linie** f, -achse f / línea f central, eje m central ‖ **~linie**, Halbierende f (Math) / mediana f, bisectriz f, línea f de bisección ‖ **~linie**, Konstruktionslinie f (Zeichn) / eje f de simetría ‖ **~linie** f (Krist) / eje m ‖ **~linie** (Straßb) / línea f central o media ‖ **durchgehende ~linie** (Straßb) / línea f divisoria continua ‖ **~linie f des Dreiecks** (Geom) / mediana f del triángulo ‖ **~linie des Profils** (Luftf) / línea f de curvatura media ‖ **~linie f eines Stabes** (Stahlbau) / eje m de barra ‖ **~linienbefeuerung** f (Luftf) / balizamiento m de línea central de pista ‖ **~loch** n, Zentrierloch n / agujero m central o de centro f ‖ **~lochung** f (Lochstreifen) / perforación f de arrastre o de avance ‖ **~lot** n / perpendicular m central, mediatriz f ‖ **~lunter** m (Spinn) / mechera f intermedia ‖ **~mäßig**, mäßig / mediocre ‖ **~mauer** f (Bau) / muro m interior ‖ **~mauer zweier Besitzer** / muro m común

Mittelmeerfruchtfliege f, Ceratitis capitata (Zool) / mosca f [mediterránea] de las frutas, mosca f del Mediterráneo
Mittel•moräne f (Geol) / mor[r]ena f media ‖ ∼**motor** m (Kfz) / motor m en el centro, motor m central
mitteln vt, ausmitteln (Math) / tomar el promedio, sacar la media
Mittel•nitschler, -frotteur m (Tex) / rotafrotador m intermedio ‖ ∼**öffnung** f, Hauptöffnung f (Brücke) / abertura f principal ‖ ∼**öl**, Phenolöl n (Chem) / aceite m fenólico o carbólico o medio ‖ ∼**pfeiler** m (Bau) / pilar m central ‖ ∼**pfeiler** (einer Tür) / jamba f intermedia de puerta ‖ ∼**pfeiler eines Fensters** / entreventana f ‖ ∼**pfette** f (Bau) / correa f intermedia ‖ ∼**pfosten** m (Fenster) / jamba f central, entreventana f ‖ ∼**produkt**, -gut n / producto m medio ‖ ∼**pufferkupplung** f (Bahn) / enganche m con tope central
Mittelpunkt m, Zentralpunkt m (allg) / punto m céntrico o central ‖ ∼ (von Strecken) (Math) / punto m medio ‖ ∼, Zentrum n / centro m ‖ **im** ∼ **befindlich** / central, céntrico ‖ **nach dem** ∼ **strebend** (Phys) / centripetal ‖ ∼**abstand** m / distancia f entre centros ‖ ∼**abweichung** f (bei Führungslöchern) (DV) / desviación f de la perforación de arrastre ‖ ∼**ausbreitung** f, -aufweitung f (Radar) / dilatación f del centro de la pantalla, ensanche m o agrandamiento del centro de la pantalla, ampliación f ‖ ∼**körner** m, Zentrumskörner m (Wzm) / punta f de centrar, punzón m de centrar, granete m de centrar ‖ ∼**kurve** f / curva f de los centros ‖ ∼**lehre** f / calibre m de centrado
Mittelpunkts•gleichung f (Math) / ecuación f referida al centro ‖ ∼**leiter** m s. Mittelleiter ‖ ∼**schaltung** f (Trafo) / derivación f o toma central ‖ ∼**speisung** f (Antenne) / alimentación f central o en vértice ‖ ∼**sucher** m (Masch) / puente m localizador del centro ‖ ∼**transformator**, Spannungsteiler m (Elektr) / bobinas f pl equilibradoras ‖ ∼**winkel** m, Zentriwinkel m (Geom) / ángulo m central
Mittel•quadrat n (Flugsicherung) / cuadrado m central ‖ ∼**rapport** m (Färb) / repetición f central ‖ ∼**räumig**, -groß (Meteo) / de escala mediana ‖ ∼**riegel** m (Zimm) / travesaño m central ‖ ∼**ring** m / aro m medio ‖ ∼**rohrrahmen** m (Kfz) / bastidor m de tubo central
mittels, auf Grund [von] / a base [de], por razón [de], en virtud [de] ‖ ∼, mit Hilfe [von] / por medio de, empleando, mediante
Mittel•saft m (Zuck) / jugo m de concentración media ‖ ∼**säule** f (Bau) / columna f central ‖ ∼**schaltung** f (Kfz) / cambio m central ‖ ∼**scheibe** f **an Vielstreifenscheren** / disco m intermedio ‖ ∼**schicht** f / capa f intermedia ‖ ∼**schiene** f (Bahn) / carril m central ‖ ∼**schiene**, Leitzunge f einer Kreuzung (Bahn) / carril m medio ‖ ∼**schiff** n, -halle f (Stahlbau) / nave f central ‖ ∼**schifter** m (Zimm) / cuartón m intermedio ‖ ∼**schlächtig** (Hydr) / de admisión a media altura ‖ **in** ∼**schmutzigem Wasser gedeihend** (Pflanze) / mesosapróbico ‖ ∼**schneider** m (eines 3-teiligen Satzes) (Gewinde) / segundo m macho, macho m intermedio ‖ ∼**schnelles Neutron** / neutrón m intermedio ‖ ∼**schneller Reaktor** / reactor m [de espectro] intermedio ‖ ∼**schnitt** m (Landw) / corte m intermedio ‖ ∼**schrift** f (Druck) / escritura f de espaciado medio ‖ ∼**schwarz** / negro medio ‖ ∼**schwelle** f (Bahn) / traviesa f intermedia, durmiente m intermedia (LA) ‖ ∼**schwere (o. mittlere) Bespulung** (o. Pupinisierung) (Fernm) / carga f semifuerte ‖ ∼**senkrechte** f (Dreieck) (Math) / mediatriz f ‖ ∼**senkrechte** [in einer der Seiten] (regelm. Vieleck, Pyramide, Kegel) / apotema f ‖ ∼**sorte** f / calidad f media ‖ ∼**spannung** f (Dauerversuch) / solicitación f media ‖ ∼**spannung** (BRD: 250 - 1000 V) (Elektr) / tensión f [inter]media,

MT (= media tensión), voltaje m medi[an]o ‖ ∼**spannung** (6-36 kV) / tensión f media, voltaje m medio ‖ ∼**spannungskabel** n (bis 36 kV) / cable m de tensión media ‖ ∼**spant** n, -rippe f (Elektr) / cuaderna f maestra o central ‖ ∼**speisung** f, Speisung f im Mittel[punkt] / alimentación f central ‖ ∼**spur** f, mittlere Fahrbahn / carril m central, pista f central ‖ ∼**stahlwalzwerk** n / tren m de laminación [intermedio o] para productos medianos ‖ ∼**- u. Feinstahl- u. Drahtwalzwerk** n / tren m laminador para productos medianos y alambre ‖ ∼**ständische und kleine Betriebe** / pymes f pl ‖ ∼**starkberegnung** f (7-17 mm/h) (Landw) / aspersión f media ‖ ∼**steg** m (Brille) / puente f de gafas ‖ ∼**steg** (Druck) / corondel m ‖ ∼**stellung** f, -lage f / posición f media, posición f central ‖ ∼**stellung** (Schalter) / posición f neutra ‖ ∼**stellung**, Zwischenstellung f / posición f intermedia ‖ ∼**stellung** (Bremsventil) / posición f neutra del grifo de maniobra ‖ ∼**stempel** m (Bergb) / puntal m medio o central ‖ ∼**straße** f (Walzw) / tren m [de laminación] mediano ‖ ∼**strecke** f (Luftf) / distancia f media ‖ ∼**strecken...**, -bereichs... / de alcance medio ‖ ∼**strecken-Fernlenk-Geschoss** n, Mittelstreckenrakete SSBS f (Mil) / misil m de alcance medio, cohete m de alcance medio, ingenio m balístico de alcance medio ‖ ∼**streckenflugzeug** n / avión m de radio de acción medio ‖ ∼**streifen m der Autobahn** / franja f divisoria de autopista, mediana f, arcén m central ‖ ∼**strich** (Straßb) / línea f central [de trazos], raya f blanca o amarilla ‖ **durchgender** ∼**strich** (Straßb) / línea f divisoria continua ‖ ∼**strom**, Hauptstrom m (Hydr) / corriente f principal ‖ ∼**stück** n / pieza f [inter]media o central ‖ ∼**stück**, Verlängerungsstück n / pieza f de prolongación ‖ ∼**stück** (Konverter) / cuerpo m del convertidor ‖ ∼**stück einer Welle** / árbol m intermedio, sección f intermedia de un árbol ‖ ∼**stütze** f (Stahlbau) / apoyo m central ‖ ∼**support** m (Dreh) / carro m portaútil central ‖ ∼**teil** n **einer Spule** (Film) / núcleo m de bobina ‖ ∼**thermal**, mesothermal (Geol) / mesotermal ‖ ∼**ton** m (Psych) / media tinta f, tono m medio ‖ ∼**töne** m pl (Pap) / tintas f pl medias ‖ ∼**ton-Lautsprecher** m / altavoz m para el registro medio ‖ ∼**tonnage-Tanker** m / petrolero m de mediano tonelaje ‖ ∼**träge** (Sicherung) / de acción semirretardada ‖ ∼**träger** m, -balken m / viga f central ‖ ∼**trakt** m, -bau m (Bau) / estructura f central ‖ ∼**trieb** m (Opt) / mando m central de enfoque o de enfocar ‖ ∼**triebeinstellung** f (Opt) / enfoque m por mando central ‖ ∼**tunnel** m (Kfz) / túnel m central o del árbol cardan
Mittelung f (Math) / promediación f
Mittel•verteiler m (Elektr) / cuadro m de distribución de media energía o de potencia media ‖ ∼**wagen** m (Bahn) / vagón m central ‖ ∼**wagen im Triebwagenzug** / remolque m intermedio ‖ ∼**walze** f (Walzw) / cilindro m intermedio o central ‖ ∼**wand** f, Zwischenwand f (Bau) / tabique m [intermedio], pared f intermedia o medianera ‖ ∼**wand** (Holländer, Pap) / pared f central ‖ ∼**wasser** n, Gezeitenmitte f (Ozean) / marea f media ‖ ∼**wasser**, MQ (in m^3/s) (Fluss) / aguas f pl medias ‖ ∼**wasserbett** n / cauce m central ‖ ∼**wasserstand** m, MW (in cm) / nivel m medio de agua ‖ ∼**weiß** n (TV) / blanco m medio ‖ ∼**welle** f (100-1000 m) (Eltronik) / onda f media, onda[s] hectométrica[s] f[pl] / banda f 6 ‖ ∼**wellenbereich** m / gama m de ondas medias ‖ ∼**wert** m / valor m medio, media f, promedio m (impropio: valor promedio) ‖ ∼**wert einer Funktion** (Math) / valor m medio de una función ‖ ∼**wertbildend** / promedial, de promedio ‖ ∼**wertkupplung** f (Nukl) / acoplamiento m intermedio ‖ ∼**wertmesser** f, Impulsfrequenzmesser m (Strahlung) / contador m integrador, contador m de cadencia de impulsos ‖ ∼**wertsanzeige** f (Instr) / indicación f de valores

medios ‖ ⁓**wertschreiber** *m* / registrador *m* de valores medios ‖ ⁓**wertsgerade** *f* / línea *f* de regresión, recta *f* de valores medios ‖ ⁓**werttheorem** *n* / teorema *m* del valor medio ‖ ⁓**wertverfahren** *n*, -wertmethode *f* / método *m* de valor medio ‖ ⁓**winkel** *m* (Geom) / ángulo *m* central ‖ ⁓**wolle** *f* (Spinn) / clase *f* media de [la] lana ‖ ⁓**zug** *m* (Drahtziehen) / estirado *m* medio
mitten, inmitten / en medio [de], en el seno de
Mitten•... / central *adj*, céntrico ‖ ⁓**...**, Mittel... / medio *adj*, mediano, intermedio ‖ ⁓**abstand** *m*, Abstand *m* von Mitte zu Mitte / distancia *f* entre centros ‖ ⁓**abstand**, Achsabstand *m* / distancia *f* entre [centros de] ejes ‖ ⁓**abweichung** *f* / desviación *f* de centros, descentramiento *m* ‖ ⁓**angezapft** (Elektr) / con toma central ‖ ⁓**anschlag** *m* (Masch) / tope *m* central ‖ ⁓**antriebs-Drehautomat** *m* (Wzm) / torno *m* automático con accionamiento central ‖ ⁓**anzapfung** *f* (Elektr) / toma *f* central ‖ ⁓**betont** (Foto) / con acentuación del centro ‖ ⁓**einstellung** *f* / ajuste *m* de centros ‖ ⁓**fleck** *m* (Foto) / zona *f* central de grano fino ‖ ⁓**frequenz** *f* / frecuencia *f* central ‖ **mit einer** ⁓**frequenz** [von] (Fernm) / de frecuencia centrado [a] ‖ ⁓**kehlfläche** *f* (Schneckengetriebe) / toroide *m* de referencia ‖ ⁓**kreis** *m* (Schneckengetriebe) / círculo *m* de referencia ‖ ⁓**kreis-Durchmesser** *m* (Schneckengetriebe) / diámetro *m* de referencia ‖ ⁓**kreisteilung** *f* (Schneckengetriebe) / paso *m* perimetral de referencia ‖ ⁓**leuchte** *f* (Straßb) / farol *m* suspendido en el centro de la calle ‖ ⁓**markierung** *f*, (SSR) (Radar) / marcación *f* del centro ‖ ⁓**markierung** (Repro) / registro *m* de centraje ‖ ⁓**nullpunkt** *m* (Instr) / cero *m* central ‖ ⁓**rauwert** *m* (Masch) / rugosidad *f* media aritmética, valor *m* medio de las rugosidades ‖ ⁓**schneider** *m* (DIN 5237) (eine Zange) (Wz) / alicates *m pl* de corte central ‖ ⁓**schneidgerät** *n* / dispositivo *m* de corte central ‖ ⁓**stellung** *f* / posición *f* en el centro ‖ ⁓**toleranz** *f* / tolerancia *f* de centrado ‖ ⁓**umfang** *m* (Holz) / circunferencia *f* media ‖ ⁓**versatz** *m* / desplazamiento *m* de centros ‖ ⁓**verstärkung** *f* / refuerzo *m* del centro ‖ ⁓**warze** *f* (Federblatt) / botón *m* central (hoja de ballesta) ‖ ⁓**zylinder** *m* (Schneckengetriebe) / cilindro *m* de referencia ‖ ⁓**zylinder-Schraubenlinie** *f* (Schneckengetriebe) / hélice *f* de referencia
Mitternachtssonne *f* / sol *m* boreal
mittig / centrado, central, concéntrico ‖ ⁓, axial / axial ‖ ⁓ **ausrichten** *vt* (Foto) / centrar ‖ ⁓**e Beanspruchung** (Masch) / solicitación *f* central ‖ ⁓ **einstellen**, zentrieren, mitten / centrar ‖ ⁓ **gelagert** / apoyado en el centro
Mittigkeit *f* / concentricidad *f*, coaxialidad *f*
mittler•**er**, Mittel... / medio *adj* ‖ ⁓**er**, Durchschnitts... / medio *adj* (impropio: promedio) ‖ ⁓**er**, -**e**, -**es**, in der Mitte gelegen / central *adj*, medio, medianero ‖ ⁓**er**, -**e**, -**es** (größenmäßig, zeitlich) / mediano ‖ ⁓**e aerodynamische Flügeltiefe** (Luftf) / cuerda *f* media aerodinámica ‖ ⁓**es Amplitudenquadrat** (Phys) / amplitud *f* eficaz ‖ ⁓**e Äquivalentdosis** (Nukl) / dosis *f* equivalente media ‖ ⁓**er Arbeitsdruck** / presión *f* media eficaz o efectiva ‖ ⁓**e Arbeitsfähigkeitsdauer** / tiempo *m* medio entre fallas, media *f* de los tiempos de buen funcionamiento, M.T.B.F. ‖ ⁓**e Ausfallzeit** / tiempo *m* medio de fallas ‖ ⁓**es Band** (zwischen MF und Kanal 7) (TV) / frecuencia *f* o banda intermedia ‖ ⁓**er bedingter Informationsgehalt** (DV) / contenido *m* condicional medio de información ‖ ⁓**er Beobachtungswert** (Phys) / mediana *f* de observación, valor *m* observado medio ‖ ⁓**e Bezugstemperatur** / temperatura *f* media de referencia ‖ ⁓**e Bildhelligkeit** (TV) / nivel *m* medio de luminosidad de la imagen ‖ ⁓**e Bildleuchtdichte** (TV) / luminancia *f* o brillantez media, brillo *m* medio ‖ ⁓**er Bremsweg** (Kfz) / recorrido *m* medio de frenado ‖ ⁓**e Datentechnik**, direkte Datenverarbeitung / informática *f* media ‖ ⁓**e**

Dichte (Sintern) / densidad *f* media, masa *f* específica media ‖ ⁓**er Druck** / presión *f* media ‖ ⁓**e Empfindlichkeit bei diffusem Schalleinfall** (Mikrofon) / sensibilidad *f* esférica media ‖ ⁓**e Enthalpie** (Chem, Phys) / entalpía *f* másica media ‖ ⁓**er Ergänzungskegel** (Getriebe) / cono *m* complementario medio ‖ **bezogene** ⁓**e Erregungsgeschwindigkeit** (Elektr) / rapidez *f* media de respuesta de la excitación ‖ ⁓**es Fehlerquadrat** / media *f* cuadrática de errores ‖ ⁓**e Fertigungsgüte** (Qual.Pr.) / calidad *f* media de fabricación ‖ ⁓**e Flügeltiefe** (Luftf) / cuerda *f* media de un ala ‖ ⁓**e Flussdichte im Anker** (Elektr) / densidad *f* media de flujo magnético ‖ ⁓**er Förderweg** (Bau) / distancia *f* media de transporte ‖ ⁓**e freie Weglänge** (Phys) / recorrido *m* medio libre ‖ ⁓**e Genauigkeit**, Richtigkeit *f* / exactitud *f* o precisión del promedio ‖ ⁓**e Geschwindigkeit** / velocidad *f* media ‖ ⁓**e Geschwindigkeit**, Normalgeschwindigkeit *f* / velocidad *f* propia, velocidad *f* normal ‖ ⁓**e Geschwindigkeit in einer Kanalhaltung** (Hydr) / velocidad *f* media entre dos esclusas de un canal ‖ ⁓**es Geschwindigkeitsquadrat** (Phys) / velocidad *f* media cuadrática ‖ ⁓**e Größe** (Koks) / dimensión *f* media ‖ **von** ⁓**er Größe** / de tamaño medio ‖ ⁓**er Gürtel** (Van-Allen-Gürtel) / cinturón intermedio [de radiación] de Van Allen (aprox. 6200 km de altura) ‖ ⁓**e hemisphärische Lichtstärke** / luminosidad *f* hemisférica media ‖ ⁓**er Index** (DV, PL/1) / índice *m* inferior imbricado ‖ ⁓**er indizierter Druck** (Phys) / presión *f* indicada media ‖ ⁓**er indizierter Druck** (Bremse) / presión media eficaz o efectiva ‖ ⁓**er Informationsbelag** / contenido *m* medio de información por símbolo ‖ ⁓**er Informationsgehalt**, Entropie *f* / contenido *m* medio de información ‖ ⁓**er Integrationsgrad** (Eltronik) / integración *f* en media escala ‖ ⁓**e Jahreswassermenge** / caudal *m* anual medio ‖ ⁓**er Kolbendruck** / presión *f* media eficaz del émbolo ‖ ⁓**e Kolbengeschwindigkeit** / velocidad *f* media del émbolo ‖ ⁓**e Ladung der Teilchen** (Atom, Nukl) / carga *f* media ‖ ⁓**e Lage** (Akust) / registro *m* medio, altura *f* media de un sonido ‖ ⁓**e Lebensdauer** / vida *f* media ‖ ⁓**e Leistung** / potencia *f* media ‖ ⁓**e Leistungsdichte** (Reaktor) / densidad *f* de potencia ‖ ⁓**e Leitplanke** (Straßb) / valla *f* protectora central ‖ ⁓**e Letaldosis**, LD 50 (Nukl) / dosis *f* letal media ‖ ⁓**e Letalzeit**, M.L.Z. *f* (Nukl) / período *m* letal medio ‖ ⁓**e Lichtstärke in der Horizontalebene** / intensidad *f* media horizontal de luz ‖ ⁓**e Lichtstärke in einer gegebenen Zone** / intensidad *f* media zonal de luz ‖ ⁓**es Management** (F.Org) / ejecutivos *m pl* del segundo nivel ‖ ⁓**er Mittag** (Astr) / mediodía *m* medio ‖ ⁓**er Nullpunkt** (Instr) / cero *m* central ‖ ⁓**e Nummer** (o. Stärke) (Tex) / número mediano ‖ ⁓**er Ort** (Astr) / posición *f* media de estrella ‖ ⁓**e Ortszeit** / hora *f* media local ‖ ⁓**e quadratische Abweichung** / desviación *f* media cuadrática ‖ ⁓**e quadratische Brems[weg]länge** (Nukl) / cuadrado *m* medio de la longitud de moderación ‖ ⁓**er quadratischer Äquivalentdurchmesser** / cuadrado *m* medio del diámetro equivalente ‖ ⁓**er quadratischer Fehler** (Math) / media *f* cuadrática de errores ‖ ⁓**er quadratischer Fehler** (nach der Methode der kleinsten Fehlerquadrate) / error *m* mediocuadrático ‖ ⁓**e Qualität**, mittelgute Qualität / calidad *f* media, mediana *f* calidad ‖ ⁓**e Rautiefe** (Masch) / rugosidad *f* media aritmética ‖ ⁓**e Reparaturdauer** (DV) / tiempo *m* medio de reparación ‖ ⁓**e Rotglut** (1025 K) (Schm) / rojo *m* candente medio, incandescencia *f* [roja] media ‖ ⁓**e Rückwärtsverlustleistung** (Halbl) / disipación *f* media de potencia inversa ‖ ⁓**e Schallausstrahlung** (Fernm) / potencia *f* vocal media ‖ ⁓**er Schluff**, Feinschluff *m* (Geol) / cieno *m* medio ‖ ⁓**er Siedepunkt** / punto *m* medio de ebullición ‖ ⁓**e Sonne** (Astr) / sol *m* medio ‖ ⁓**e Sonnenzeit** (Astr) / tiempo *m* solar medio, hora f solar media ‖ ~e **Spannung gleich Null** / tensión f media cero ‖ ~e **spezifische Wärme** / calor m específico medio ‖ ~e **sphärische Lichtstärke** / intensidad f luminosa media esférica ‖ ~e **Stichprobenzahl** / número m medio de pruebas al azar ‖ ~e **störungsfreie Zeit** (DV) / tiempo m medio entre fallas, media f de los tiempos de buen funcionamiento, MTBF ‖ ~e **störungsfreie Zeit für neue Teile** / tiempo m medio hasta la primera falla ‖ ~e **Streuweglänge** (Phys) / distancia f o longitud de difusión, recorrido m de difusión ‖ ~e **Stundengeschwindigkeit** / velocidad f horaria media ‖ ~e **Temperaturdifferenz** / diferencia f media de temperatura ‖ ~e **theoretische Lebensdauer** / duración f media de vida normal ‖ ~es **Tidehochwasser**, MThw / marea f alta media ‖ ~es **Tideniedertwasser**, MTnW / marea f baja media ‖ ~er **Transinformationsgehalt** (DV) / contenido m medio de transinformación ‖ ~er **Verbrauch** / consumo m medio ‖ ~e **verfügbare Betriebszeit**, mittlere Arbeitsfähigkeitsdauer / tiempo m medio de buen funcionamiento ‖ **von** ~er **Viskosität** (Öl) / de consistencia o viscosidad media ‖ ~e **Wartezeit** / tiempo m medio de espera ‖ ~er **Wartungsabstand** (DV, Masch) / tiempo m medio entre mantenimiento ‖ ~er **Wasserstand** / nivel m medio de[l] agua ‖ ~e **Weglänge** / recorrido m medio, trayectoria f media ‖ ~e **Zeit bis zum ersten Fehler** (DV) / tiempo m medio hasta la primera falla ‖ ~e **Zeit zwischen Stops** (DV) / tiempo m medio entre paradas

mit•tönen vi (Pfeife) / resonar [simultáneamente] ‖ ~**tragend** / coportante

mittschiffs / en la crujía ‖ ≃**ebene** f / plano m de crujía, plano medio del buque ‖ ≃**linie** f / línea f central de crujía, eje m del barco

Mittschiffspant n / cuaderna f maestra o central

Mittstrom m (Hydr) / corriente f central

mit•umlaufend / rotatorio, rotativo, arrastrado ‖ ≃**veränderlichkeit** f / covariabilidad f ‖ ≃**veränderung** f / covariación f ‖ ≃**verbund**..., additiv-kompoundiert (Elektr) / compuesto adj o mixto aditivo ‖ ≃**verbunderregung** f / excitación f compuesta aditiva ‖ ≃**verwendung** f / coaplicación f, coutilización f, aplicación f común ‖ ~**wirkend**, gemeinsam / cooperativo, cooperante m ‖ ~**wirkend**, Hilfs..., behilflich / subsidiario, auxiliar, de ayuda ‖ ~**wirkende Plattenbreite** (Brücke) / ancho m eficaz de la losa de hormigón ‖ ~**wirkendes Ziel** (Radar) / blanco m cooperativo ‖ ≃**ziehbereich** m (Frequenz) / gama f de arrastre de frecuencia ‖ ~**ziehen** vt / arrastrar

MI-Verfahren n (Regeln, Schiff) / método m de iniciación manual

Mixbetrieb, im ≃ (Kfz) / en rcorrido o ciclo mixto (consumo de gasolina)

Mixer m, Haushaltmischer m / batidora f, turbobatidor m, licuadora f (LA) ‖ ≃, Muser m (Landw) / mezclador m, mezcladora f ‖ ≃, Mischtrommel f (Zuck) / tambor m mezclador ‖ ≃, Mischfilter m (Wellenleiter) / filtro m combinador ‖ ≃-**Settler** m (Nukl) / mezclador-asentador m

Mixsäule f (Kfz) / surtidor m de gasolina multigrado

Mixtur f (Chem, Pharm) / mixtura f

mizellar (Biochem) / micelar

Mizelle f (Biochem) / micela f

MJ-Gewinde n / rosca f MJ, filete m MJ

MK-Kondensator m (M = Metall, K = Kunststoff) / capacitor m (o condensador) de hoja plástica metalizada

MK-Kupplung f (Tankwagen) / enganche m hembra

M-Kontakt m (Foto) / contacto m de sincronización M

MKR = magnetische Kernresonanz

MKSAKC-System n, internationales Einheitensystem, SI-System n / sistema m internacional de unidades, sistema m SI

MKSA-System (veraltet), Giorgisches System n (Phys) / sistema m MKSA, sistema m Giorgi

MKS-System n (veraltet) (Phys) / sistema m MKS

MK-System, Yerkes-System n (Astr) / sistema m Yerkes

M-Kurve f, Mayer-Kurve f (Flotation) / curva M f

m-Lösung f (Chem) / solución f molar

MLS = Mikrowellen-Landesystem

M.L.Z. (Nukl) = mittlere Letalzeit

mm m (= Millimeter) / mm m (= milímetro)

MM (Eltronik) = Mikrominiatur...

MM-Gewinde n / rosca MM f

M-Modul, Modifikationsmodul m / módulo m M o de modificación

MMS f, Mensch-Maschine-Schnittstelle f / interfaz f hombre-máquina

MnBz = Manganbronze

MNE, M$_{ne}$, höchste zulässige Machzahl / número m de Mach máximo admisible

Mnemo•technik f, Mnemonik f / mnemotecnia f, nemotécnica f ‖ ~**[tech]nisch** / mnemotécnico, nemotécnico ‖ ~**technische Bezeichnung** (DV) / término m [m]nemónico ‖ ~**[tech]nischer Code** (DV) / código m [m]nemónico

mNN = Meter über Normalnull

MNOS-Kondensator m / capacitor m MNOS (= metal, nitruro, óxido, silicio)

MnSt = Manganstahl

M/N-Verhältnis n, Ionenpaarausbeute f (Nukl) / rendimiento m de pares de iones

Möbel n, Möbelstück n / mueble m ‖ ≃ n pl / muebles m pl, mueblería f [industrial o doméstica], mueblaje m [doméstico e industrial] ‖ ≃**aufzug** m / montacargas m para muebles ‖ ≃**beschläge** m pl / herrajes m pl para muebles ‖ ≃**bleche** n pl (Walzw) / chapas f pl para muebles ‖ ≃**fabrik** f / fábrica f de muebles ‖ ≃**firnis** m / barniz m para muebles ‖ ≃**gleiter** m / patín m para muebles ‖ ≃**gurt** m, Tapeziergurt m / cinta f para muebles tapizados ‖ ≃**industrie** f / industria f del mueble ‖ ≃**leder** n, -vachette f / cuero m para el tapizado de muebles ‖ ≃**politur** f / pulimento m para muebles, limpiamuebles m ‖ ≃**röllchen** n / roldana f o rodillo para muebles, rodaja f giratoria medecilla ‖ ≃**schreinerei** f, -tischlerei f = ebanistería f [de muebles] ‖ ≃**stoff** m / tela f para tapizar muebles ‖ **schwerer** ≃**stoff** (Tex) / tejido m para tapicería o decoración ‖ ≃**tischler**, (Südd.:) -schreiner m / ebanista m ‖ ≃**transportunternehmen** n / empresa f de mudanzas ‖ ≃**wagen** m / camión m de mudanzas, capitoné m

mobil, nicht ortsfest (allg, Reaktor) / móvil ‖ ~e **Abschussrampe** (Mil) / lanzadera móvil ‖ ~es **Funksprechgerät** / teléfono m móvil o portátil

Mobilbagger m / excavadora f móvil

Mobilfunk m / telefonía f celular, telefonía f móvil, servicio m radiotelefónico móvil ‖ ≃**netz** n / red f de telefonía móvil, red f celular ‖ ≃**netzbetreiber** m / explotador m u operador de una red de telefonía móvil ‖ ≃**station** f / estación f móvil, EM ‖ ≃**system** n / sistema m de comunicación de telefonía móvil ‖ ≃**teilnehmer** m / abonado m del servicio móvil ‖ ≃**vermittlungsstelle** f, MTSO (Mobile Telephone Switching Office) / Central f de Conmutación de Servicios Móviles

Mobiliar n / mobiliario m

mobilisieren vt, beweglich machen / movilizar

Mobilismus m, Wandertektonik f (Geol) / tectónica f móvil

Mobil•kran m (fahrbar) / grúa f móvil [sobre neumáticos] ‖ ≃**ometer** n (Viskosität) / viscosímetro m, indicador de viscosidad ‖ ≃-**Portalkran**, Transtainer m / puente m de contenedores, puente m

de transbordo ‖ ~telefon n, Handy n (koll.) / [teléfono] móvil m, celular m (LA)
Möbius•sches Band (Math) / cinta f de Möbius, anillo m de Möbius ‖ ~**sche Fläche** (Math) / superficie f de Möbius ‖ ~**verfahren** n (Gold- u. Silberscheidung) / procedimiento m Möbius (refinación electrolítica de plata)
möblieren vt / amueblar, amoblar (LA), mueblar, moblar
Mock-up n / maqueta f de tamaño natural
mod = Modulo
MOD (= magnetooptischer Datenträger) / soporte m magnetoóptico
Modacryl n (Plast) / modacrilo m ‖ ~**faser** f / fibra f de Modacryl
modal / modal ‖ ~**e Regelung** / control m modal ‖ ~**es Ungleichgewicht n^{ter} Ordnung** / desequilibrio m modal del orden n
Modalanalyse f (Nukl) / análisis m modal
Modder, Schlick m (Geol) / lodo m glutinoso, légamo m ‖ ~**prahm** m, Baggerboot n / gánuil m
Model m (abgesägte Rundholzscheibe) / módulo m (rodaja de madera) ‖ ~ (Färb) / molde m o bloque de estampación
Modeling n (DV) / modelado m
Modell n (allg) / modelo m ‖ ~, Baumuster n, -art f / tipo m, modelo m ‖ ~, Gussmodell n (Gieß) / modelo m de fundición ‖ ~ n, Kopiermodell n (Wzm) / patrón m, plantilla f ‖ ~ (Luftf, Schiff) / maqueta f ‖ ~..., modellhaft, -artig / modélico ‖ ~ n **für Berechnung** / modelo m de cálculo ‖ ~ **mit einfachem Schwindmaß** (Gieß) / modelo m con medida de sencilla contracción ‖ **das ~ aus der Form [von Hand] ausheben** (o. ziehen) (Gieß) / desmoldear [el modelo] a mano ‖ **06er ~** (Kfz) / modelo 06 m
Modell•abdruck m (Gieß) / impresión f del modelo ‖ ~**ansicht** f / modelo m arquitectural ‖ ~**arm** m (im Windkanal) / espiga f para maquetas (túnel aerodinámico) ‖ ~**ausschmelzverfahren** m / fundición f con modelo perdido, fundición f de precisión ‖ ~**bau** m / fabricación f de modelos y maquetas ‖ ~**bauanstalt** f, -werkstätte f / taller m [para la construcción] de modelos o maquetas ‖ ~**bauer**, -schreiner, -tischler m / carpintero m modelista o modelador, modelista m ‖ ~**bauer** m **für verkleinerte Modelle** / modelista m de maquetas ‖ ~**boden** m, Modelllager n (Gieß) / almacén m de modelos o de moldes ‖ ~**brett** n (Gieß) / tabla f de modelo ‖ ~**deformation** f (Photogrammetrie) / deformación f de la imagen plástica ‖ ~**eisenbahn** f / ferrocarril m miniatura, tren[es] m [pl] miniatura
Modelleur m / modelador m
Modell•fall m / caso m modelo ‖ ~**fliegerei** f, -flugwesen n / aviación f con aviones modelo ‖ ~**flugzeug** n / avión m modelo, modelo m de avión, aeromodelo m ‖ ~**flugzeugbau** m / aeromodelismo m, construcción f de aviones modelo ‖ ~**flugzeugbauer** m / aeromodelista m, modelista m de aviones modelo ‖ ~**gips** m / yeso m de modelaje ‖ ~**grundplatte** f (Gieß) / tabla f de modelo, placa-modelo f ‖ ~**guss** m / fundición f de modelo[s]
modellierbar, verformbar (Keram) / plástico
modellieren vt / modelar ‖ ~, formen / moldear, amoldear ‖ ~ (Web) / figurar, labrar, florear ‖ ~ n, Abformen n / amoldadura f
Modellier•holz, -werkzeug n / espátula f de madera ‖ ~**ton** m / arcilla f de modelar ‖ ~**wachs** n / cera f de modelar
Modell•lack m / laca f para modelos ‖ ~**macher** m (Gieß) / modelista m ‖ ~**maßstab** m / escala f de maqueta ‖ ~**pappe** f / cartón m de molde o para moldear ‖ ~**platte** f (Gieß) / placa-modelo f ‖ ~**reaktion** f (Chem) / reacción f modelo o típica ‖ ~**regelkreis** m (Eltronik) / circuito m regulador

modelo ‖ ~**sand** m (Gieß) / arena f superficial de molde o de contacto ‖ ~**schleppstation** f (Schiff) / estación f de ensayos hidrodinámicos para modelos ‖ ~**schräge** f (Gieß) / conicidad f del modelo ‖ ~**schreiner** m, -tischler m (Gieß) / carpintero m modelista o modelador ‖ ~**schreinerei** f, -tischlerei f (Gieß) / taller m [para la construcción] de modelos, carpintería f modelista ‖ ~**teilung** f (Gieß) / junta f de modelo ‖ ~**- u. Kernkastenfräsmaschine** f (Wzm) / fresadora-cajeadora f para modelos y cajas de machos ‖ ~**verfahren** n **für Regelung**, Optimalwertsteuerung f / regulación f con corrección anticipante ‖ ~**versuch** m, Grundversuch m / prueba f con modelo o sobre modelos, ensayo m de simulación ‖ ~**werkstätte** f, -bauanstalt f / taller m para la construcción de modelos y maquetas
Modem n (Modulator und Demodulator) (DV, Fernm) / módem m, modulador-demodulador m ‖ ~**-Interface** n / interfaz f del modem
Moden (Plural von Modus) s. auch Modus ‖ ~**dispersion** f (DV) / dispersión f multimodal ‖ ~**filter** m n (Eltronik) / filtro m de modos ‖ ~**form** f / forma f de modo ‖ ~**gekoppelt** (Laser) / con acoplamiento de modos ‖ ~**-Instabilität** f / transición f de modo ‖ ~**koppler** m / acoplador m de modos ‖ ~**kopplung** f (Laser) / acoplamiento m de modos ‖ ~**mitte** f (Eltronik) / centro m de modo ‖ ~**selektion** f (Laserstrahl) / selección f de modos [funcionales], selección f de modalidades de funcionamiento
Moder, Schimmel m / moho m
Moderateur m (Spinn) / regulador m de la fricción del desapuntado
Moderator m (Chem, Nukl) / moderador m ‖ ~, Diskussionsleiter m (TV) / presentador m, moderador m ‖ ~**gitter** n (Nukl) / red f moderadora, celosía f espacial moderadora ‖ ~**mantel** m (Plasma) / capa f moderadora ‖ ~**säule** f, Bremssäule f (Nukl) / columna f moderadora ‖ ~**-Spaltstoff-Verhältnis** n / razón f moderador-combustible ‖ ~**trimmung** f (Nukl) / control m por moderador
Mode-Regler, Darstellungs-Regler m (DV) / regulador m de modo
Moder•fäule f (Holz) / pudrición f blanda ‖ ~**fleckig**, stockfleckig, verstockt / con manchas de moho ‖ ~**geruch** m / olor m a moho
moderieren, abbremsen (Nukl) / moderar ‖ ~ (TV) / presentar, moderar
moderierter Reaktor m / reactor m moderado
Moderierung f (Reaktor) / moderación f, decrecimiento m energético
moderig, schimmlig / mohoso ‖ ~, stockfleckig (Pap, Tex) / mohoso, con manchas de humedad
Moderigkeit, Schimmeligkeit f / existencia f de moho[s]
modern[1] vi, schimmeln / enmohecer, criar moho, cubrirse de moho ‖ ~, vermodern / podrirse, pudrirse, corromperse
modern[2] adj, neu[zeitlich] / moderno ‖ ~**e Schrift** / caracteres m pl modernos
modernisieren vt / modernizar ‖ **Fahrzeuge ~** (Bahn) / renovar el material móvil
Modewaren f pl, -artikel m pl / artículos m pl de moda, artículos m pl fantasía
Modi (Plural von Modus) s. auch Modus
Modified Uniontown-Methode f (Oktanzahl) / método m Uniontown modificado
Modifikation f / modificación f ‖ ~, Anpassungsreaktion f (Bot) / variante f [adaptada], reacción f adaptativa o de adaptación
Modifikationsbefehl m (DV) / instrucción f de modificación
Modifikator m (Biol) / modificador m
modifizieren vt / modificar
modifizierend / modificatorio, modificante, modificativo

Modifizierer *m*, Modifiziermittel *n* (Chem) / agente *m* modificador
Modifizierfaktor *m* (DV) / modificador *m*
modifiziert / modificado ‖ ~ (Plast) / modificado por aceite ‖ **~e Stärke**, dünnkochende Stärke / almidón *m* soluble ‖ **~e Stärke**, Quellstärke *f* / almidón *m* pregelatinado ‖ **~e Stärke**, vernetzte Stärke *f* / almidón *m* reticulado
Modistor *m* (Magnetdiode) / modistor *m*
modrig s. moderig
Modul *n* (Pl: Module) (Eltronik, Masch, Raumf, Wzm) / módulo *m* ‖ ≃ *m* (Pl: Moduln), Vektor *m*, Vektorgröße *f* (Math, Mech) / módulo *m*, magnitud *f*, tensor *m* [de un vector] ‖ ≃..., bausteinartig [erweiterbar] / modular ‖ ≃ *m* **für Raumfahrtversuche** (Raumf) / módulo *m* experimental
modular, Modul... (Bau, Funk) / modular ‖ **~e Abmessung** (Bau) / dimensión *f* modular ‖ **~er Aufbau** / estructuración *f* modular ‖ ~ **aufgebaut** / construido por módulos ‖ **~e Einschubbauweise** / construcción *f* en forma de módulos enchufables ‖ **~es Element** / elemento *m* modular ‖ **~er Flächenraster** (Bau) / retículo *m* modular de superficie ‖ **~e Gerade** (Bau) / línea *f* modular ‖ **~es Grundraster** / retículo *m* modular de base ‖ **~e Komponente** / componente *f* modular ‖ **~es Mehrprozessor-Steuersystem**, MPSS (DV) / sistema *m* modular de mando por computadora multiprocesadora ‖ **~es Mikroprozessor-Steuerungssystem**, MPST / sistema *m* modular de mando por microprocesador ‖ **~er Plan** / plan *m* modular ‖ **~er Raumraster** (Bau) / red *f* modular espacial ‖ **~e Zone**, modularer Bereich / región *f* modular
Modularbauweise *f* / diseño *m* por módulos, construcción *f* modular
modularisieren *vt* / efectuar la modularización
Modularisierung *f* / modularización *f*
Modularität *f* / modularidad *f*
Modular•programm *n* (DV) / programa *m* modular ‖ ≃**struktur** *f* / estructura *f* modular ‖ ≃**technik**, Baublocktechnik *f* (DV) / técnica *f* modular o en bloques constructivos modulares ‖ ≃**verzahnung** *f* / dentado *m* modular
Modulation *f*, Modulierung *f* (Eltronik) / modulación *f* ‖ ≃ **auf hohem Niveau** / modulación *f* de alto nivel ‖ ≃ **auf niedrigem Niveau** / modulación *f* de bajo nivel ‖ ≃ **durch Amplituden-Ein- und Ausschaltung** / modulación *f* por desplazamiento de amplitud ‖ ≃ **durch Frequenz-Ein- und Ausschaltung** / modulación *f* por [desplazamiento de] frecuencia ‖ ≃ *f* **durch selbsterregte Impulse** / modulación *f* por impulso interno ‖ ≃ **durch sinusförmige Verschiebung der Frequenz** / modulación *f* por desplazamiento sinusoidal de frecuencia ‖ ≃ **durch Umtasten** / modulación *f* por desplazamiento ‖ ≃ **mit minimaler Phasenverschiebung** / modulación *f* por desplazamiento mínimo de fase ‖ **flache o. schwache** ≃ / modulación *f* poco profunda ‖ **geradlinige o. lineare o. verzerrungsfreie** ≃ / modulación *f* lineal ‖ **tiefe o. starke** ≃ / modulación *f* profunda ‖ **unvollständige** ≃ / inframodulación *f* ‖ **vor der** ≃ / de modulación previa
Modulations•anzeiger *m* (DV) / indicador *m* de modulación ‖ ≃**aussteuerung** *f* / nivel *m* de modulación ‖ ≃**bild** *n* (Oszilloskop) / imagen *f* de modulación ‖ ≃**drossel** *f* / choke *m* de modulación ‖ ≃**ergebnis** *n* / producto *m* de modulación ‖ ≃**frequenz** *f* (Eltronik) / frecuencia *f* de modulación ‖ ≃**frequenzband** *n* / banda *f* [de] base o de modulación ‖ ≃**gitter** *n* (Eltronik) / rejilla *f* de modulación ‖ ≃**grad** *m*, -tiefe *f* / profundidad *f* de modulación ‖ ≃**grad in %** / porcentaje *m* de modulación, tanto *m* por ciento de modulación ‖ ≃**hub** *m* / amplitud *f* de modulación

‖ ≃**-Hüllkurve** *f* / envolvente *f* de modulación ‖ ≃**kennlinie** *f* / característica *f* de modulación ‖ ≃**kennzustand** *m* (Fernm) / estado *m* significativo de una modulación ‖ ≃**kreis** *m* / circuito *m* de modulación ‖ ≃**leitung**, Zubringerleitung *f* (Radio) / línea *f* de programa ‖ ≃**messer** *m* / modulómetro *m* ‖ ≃**multiplizierer** *m* (DV) / multiplicador *m* de duración-período ‖ ≃**multiplizierer mit 2 Kanälen** (Analogrechner) / multiplicador *m* [aritmético] por división de tiempo ‖ ≃**produkt** *n* / producto *m* de modulación ‖ ≃**rauschen** *n* / ruido *m* de modulación, ruido *m* producido por la señal ‖ ≃**röhre** *f* (Eltronik) / tubo *m* modulador ‖ ≃**steilheit in Hz/V** *f* / sensibilidad *f* de modulación ‖ ≃**strom** *m* / corriente *f* modulante o de modulación, etapa *f* de modulación ‖ ≃**teil** *m* / parte *f* de modulación ‖ ≃**tiefe** *f* / profundidad *f* de modulación ‖ ≃**ton** *m* (Eltronik) / nota *f* de modulación ‖ ≃**-Transformator** *m* / transformador *m* de modulación ‖ ≃**übertragung** *f* (Trägerfrequenz) / transferencia *f* de modulación, remodulación *f* ‖ ≃**übertragungsfunktion** *f*, MÜF *f* / función *f* de transferencia de modulación ‖ ≃**-Überwachungsgerät** *n* / monitor *m* o verificador de modulación ‖ ≃**umsetzung** *f* / conversión *f* de modulación ‖ ≃**umwandler**, Diskriminator *m* / discriminador *m*, de[s]modulador *m* de señales moduladas por frecuencia ‖ ≃**verlust** *m* (Kristallmodulator) / pérdida *f* de conversión ‖ ≃**verzerrung** *f* / distorsión *f* de (o debida a la) modulación ‖ ≃**vorrichtung** *f*, -röhre *f* (Eltronik) / moduladora *f* ‖ ≃**zusammenhang** *m* / coherencia *f* de [una] modulación
Modulator *m* (allg, Fernm) / modulador *m* ‖ ≃ **für Sende-Empfangsgerät** (Eltronik) / modulador *m* de recepción y transmisión ‖ ≃**röhre** *f* (Eltronik) / tubo *m* modulador
Modul•bauweise *f* (Eltronik) / diseño *m* modular o por módulos ‖ ≃**bibliothek** *f* / programoteca *f* de módulos ‖ ≃**binder** *m* (DV) / compaginador *m* de vinculación ‖ ≃**bit** *n* / bit *m* de módulo ‖ ≃**fräser** *m* (Wz) / fresa *f* de módulo ‖ ≃**gewinde** *n* (Wzm) / rosca *f* modular o de módulo
Modulierbarkeit, Modulationsfähigkeit *f* (Eltronik) / capacidad *f* o posibilidad de modulación
modulieren *vt* / modular *v*
modulierend, Modulations... / modulador *adj*, modulante ‖ **~e Schwingung** / onda *f* moduladora
moduliert, Modulations... (Eltronik) / modulado ‖ **~e hochfrequente Eingangsspannung** / tensión *f* de entrada de la frecuencia de señal ‖ **~e Schwingung** / oscilación *f* u onda modulada ‖ **~e Trägerwelle** / onda *f* portadora modulada ‖ **~e ungedämpfte Welle** (Fernm) / onda *f* continua (o entretenida) modulada
Modulo *m*, mod (DV) / módulo *m* ‖ ≃**-n-Prüfung**, Nummernprüfung nach Modulo n, Querrest-Kontrolle *f* (DV) / prueba *f* módulo N ‖ ≃**-Zähler** *m* (DV) / contador *m* módulo N
Modulor *m* (Bau) / modulor *m*
Modul•ordnung, Maßordnung *f* (Bau) / coordinación *f* modular ‖ ≃**reihe** *f* (DIN 780) (Zahnrad) / serie *f* de módulos ‖ ≃**steckbaugruppe** *f* (Eltronik) / unidad *f* modular enchufable ‖ ≃**system** *n*, -technik *f* (Eltronik) / sistema *m* modular
Modus *m*, Art u. Weise / modo *m*, modalidad *f* ‖ ≃ (Pl: Moden u. Modi), Wellentyp *m* (Eltronik) / modo *m* ‖ ≃, quantitative geologische Zusammensetzung / modo *f*, composición *f* cuantitativa ‖ ≃**bit** *n* (DV) / bit *m* de modo ‖ ≃**filter**, Wellentypfilter *m* (Wellenleiter) / filtro *m* de modos ‖ ≃**wandler**, Wellentypwandler *m* / conversor *m* de modo, composición *f* cuantitativa
Moëllon *n*, Dégras *m n* (Lederfett) (Gerb) / moellón *m*, degrás *m*
Mofa, Motorfahrrad *n* / velomotor *m*

Mofette f (Geol) / mofeta f
Mögel-Dellinger-Effekt m (Eltronik) / efecto m Dellinger, perturbancia f ionosférica repentina
Mogelpackung f / embalaje m engañoso
möglich, durchführbar / factible, hacedero, realizable, viable ‖ ~**es Erz** / mineral m posible ‖ ~ **machen** / hacer posible, posibilitar ‖ ~ **machen**, erleichtern / facilitar (p.ej. un trabajo)
möglicherweise, potentiell / potencialmente
Möglichkeit f / posibilidad f ‖ ≃, Eventualität f / eventualidad f, contingencia f ‖ **nach** ≃ / en lo posible
Möglichkeits•tabelle f (Stat) / tabla f de contingencia ‖ ≃**- und Einflussanalyse** f / análisis m de modo de fallo y de efectos
Mohär m, Mohär-, Mohair-Angorahaar n (Tex) / mohair m ‖ ≃**garn** n (Angoragarn) / hilo m mohair, hilo m de pelo de cabra de Angora ‖ ≃**plüsch** n / terciopelo m de mohair ‖ ≃**wolle** f, Angoraziegenwolle f / lana f mohair, lana f de la cabra de Angora
Mohn•kapsel f (Bot) / cápsula f de la amapola, cabeza f de adormidera ‖ ≃**öl** n / aceite m blanco de la adormidera
Moho n (Geo) / discontinuidad f de Mohorovičić
Moholeprojekt n / proyecto m de Mohole
Möhren•fliege f, Karottenfliege f, Psila rosae (Zool) / mosca f de la zanahoria ‖ ≃**floh** m, -sauger m / psila f de la zanahoria
Mohr•sches Momentenverfahren (Mech) / procedimiento m de Mohr ‖ ≃**sches Salz**, Ferroammonsulfat n (Chem) / sal f de Mohr, sulfato m ferrosoamónico ‖ ≃**sches Seileckverfahren** (Mech) / método m de polígono funicular ‖ ≃**scher Spannungskreis** (Mech) / círculo m de tensiones de Mohr ‖ ≃**[-Westphal]sche Waage** f, Mohrsche Waage (Phys) / balanza f de Mohr
Mohssche Härteskala f / escala f de [dureza de] Mohs
Moiré m n, moirierter Stoff (Tex) / moaré m, muaré m, muer m ‖ ≃, Moiréwirkung f / efecto m moaré o muaré ‖ ≃ n (Röhre) / muaré m, efecto m muaré ‖ ≃**appretur** f (Tex) / acabado m de moiré, muarado m, tornasolado m ‖ ≃**band** / cinta f muaré ‖ ≃**garn** n / hilo m muaré ‖ ≃**kalander** m (Tex) / calandria f para muaré ‖ ≃**ränder** m pl (Opt) / franja f muaré, iridescencia f ‖ ≃**-Spannungs-Untersuchung** f (Mech) / análisis m por formación de aguas ‖ ≃**-Verfahren** n (Verformung) / método m de franjas muaré (deformación)
moirieren vt (Metall, Tex) / muarar ‖ ≃ n / muarado m
moiriert, Moiré..., gewässert (Web) / que hace ondas, que forma aguas
moistureset Farbe (Druck) / tinta f moisture-set, tinta f por vapor o por humedad
Mokett m, Moquette f (Tex) / moqueta f
Mokick n (Kfz) / velomotor m
Moktet n, Mega-Oktet n (DV) / megacteto m, M-octeto m
Mol, Grammolekül, (Abkürz:) mol (Chem, Phys) / mol m ‖ ≃..., molar / molar
molal / molal ‖ ≃**es Volumen** n / volumen m molal
Molalität f (Quotient aus gelöster Stoffmenge und Masse des Lösungsmittels in kmol/kg), Kilogramm-Molarität f / molalidad f, concentración f molal
molar, Mol... / molar ‖ ~**er Durchfluss**, Stoffmengendurchfluss m / caudal m molar ‖ ~**e Leitfähigkeit** (Chem, Elektr) / conductancia f molecular ‖ ~**e Masse** (stoffmengenbezogene Masse in kg/kmol) / masa f mo[lecu]lar ‖ ~**e spezifische Wärme** / calor m específico molar ‖ **1/10 ~e Lösung** / solucioón f molar de 1/10
Mol[ar]gewicht, Molekulargewicht n / peso m molecular

Molarität f (Quotient aus gelöster Stoffmenge und dem Volumen der Lösung), Stoffmengen-Konzentration f in mol/lit / molaridad f
Molar•volumen n, Molekularvolumen / volumen m molar ‖ ≃**wärme** f s. Molekularwärme
Molasse f, -sandstein m (Geol) / molasa f, piedra f arenisca molasa
Molch m, Reinigungsbürste f (Pipeline) / diablo m, limpiatubos m, taco m de limpiar, rascatubos m ‖ ~**bar** (Pipeline) / que puede ser limpiado por diablo
molchen vt / limpiar con diablo
Molchschleuse f (Öl) / trampa f de rascatubos
Moldawit m (ein Glasmeteorit, Min) / moldavita f (una tectita)
Mole f, Wellenbrecher m / rompeolas m ‖ ≃, Hafendamm m / muelle m, malecón m (LA)
Molekel f, Molekül n (Chem) / molécula f ‖ ≃**sieb** n, Molekularsieb n (Chem) / tamiz m molecular, criba f por acción molecular
Molektronik f (Molekular-Elektronik) / electrónica f molecular
Molekül n, Molekel f / molécula f ‖ ≃**-Anregung** f / excitación f molecular
molekular, Molekular..., Molekel... / molecular ‖ ~**e Depression**, Molekulardepression f (Chem, Phys) / depresión f molecular (del punto de congelación) ‖ ~**e Eigenfunktion** / autofunción f molecular ‖ ~**e Leitfähigkeit** / conductividad f molecular ‖ ~**e Lösung**, echte Lösung f / solución f molecular ‖ ~**e Siedepunktserhöhung** / elevación f molecular del punto de ebullición ‖ ~**e Vakuum-Diffusionspumpe** / bomba f molecular de difusión por vacío ‖ ~**e Wärmeübertragung** / transmisión f molecular del calor
Molekular•akustik f (Phys) / acústica f molecular ‖ ≃**anziehung** f / atracción f molecular ‖ ≃**bahn** f (Nukl) / órbita f molecular ‖ ≃**bewegung** f, Brown'sche Bewegung f / movimiento m browniano ‖ ≃**brechungsvermögen** n, -refraktion f / refractividad f molecular ‖ ≃**destillation** f, Kurzwegdestillation f / destilación f molecular ‖ ≃**dipol** / dipolo m molecular ‖ ≃**druck-Manometer** n / manómetro m molecular ‖ ≃**effusion** f (Vakuum) / efusión f molecular ‖ ≃**elektronik** f / electrónica f molecular ‖ ≃**film** m, monomolekulare Schicht / capa f monomolecular ‖ ≃**fluss** m (Nukl) / flujo m molecular ‖ ≃**formel** f (Chem) / fórmula f molecular ‖ ≃**gefüge** f / estructura f molecular ‖ ≃**geschwindigkeit** f / velocidad f molecular ‖ ≃**gewicht**, Mol[ar]gewicht n / peso m molecular ‖ ≃**gewichts-Bestimmung** f / determinación f del peso molecular
Molekularität f / molecularidad f
molekular•kinetisch / de cinética molecular ‖ ≃**kräfte** f pl / fuerzas f pl intermoleculares ‖ ≃**kristall** m / cristal m molecular ‖ ≃**leitfähigkeit** f / conductividad f molecular ‖ ≃**[luft]pumpe** f / bomba f molecular ‖ ≃**magnet**, Elementarmagnet m / imán m molecular, imán m elemental ‖ ≃**orientierung** f / orientación f molecular ‖ ≃**physik** f / física f molecular ‖ ≃**refraktion** f, -brechungsvermögen n / refracción f molecular ‖ ≃**schichtschmierung** f (Masch) / lubricación f por capas moleculares ‖ ≃**sieb** n (Chem) / tamiz m [por acción] molecular ‖ ≃**strahl** m / haz m molecular ‖ ≃**strahl-Epitaxie** f (Halbl) / epitaxia f por haz molecular ‖ ≃**strom**, Elementarstrom m (Magnet) / corriente m molecular ‖ ≃**strömung** f / flujo m molecular ‖ ≃**umlagerung** f / poliadición f molecular ‖ ≃**verhalten** n / comportamiento m molecular ‖ ≃**verstärker** m / amplificador m por resonancias ‖ ≃**volumen** n, V_{mn} (= 22,415 Liter) / volumen m mol[ecul]ar ‖ ≃**wärme** f (Produkt aus spez. Wärme und Molekulargewicht), Molwärme f / calor m mol[ecul]ar ‖ **spezifische** ≃**wärme** / calor m

mol[ecul]ar específico ‖ ≈**wirkung** f / acción f
mol[ecul]ar ‖ ≈**zustand** m / molecularidad f
Molekül•bau m (Chem) / estructura f molecular ‖
≈**bindung** f (Chem) / enlace m molecular ‖ ≈**gerüst** n,
-verband m / estructura f molecular ‖ ≈**haufen** m /
enjambre m de moléculas ‖ ≈**kette** f / cadena f
molecular ‖ ≈**kolloid** n / coloide m molecular ‖
≈**laser** m / láser m molecular o gaseoso ‖ ≈**masse** f /
masa f molecular ‖ ≈**orbital** n, Molekularbahn f /
órbita f molecular ‖ ≈**rotation** f / rotación f molecular
‖ ≈**spektrum** n / espectro m molecular ‖ ≈**strom** m /
flujo m molecular ‖ ≈**umlagerung** f / desplazamiento
m molecular ‖ ≈**verband** m, -gerüst n / estructura f
molecular ‖ ≈**verbindung** f (Chem) / compuesto m
molecular, combinación f molecular
Molen•bruch m (Chem) / fracción f molar o de mol[es] ‖
≈**kopf** m (Kopf) / cabeza f de muelle, morro m de
malecón
Moleskin m n (Tex) / molesquín m, piel f de topo
Moletronik f (Molekularelektronik) / electrónica f
molecular
Molette f, halbechtes Wasserzeichen (Pap) / filigrana f en
seco, filigrana f sobre prensa o sobre secador, marca f
de agua Molette ‖ ≈ (Spinn) / moleta f ‖ ≈ (Textildruck) /
cilindro m de gofrar ‖ ≈ (Nähm) / leva f
Molettieren, Prägewalzen n (Stanz) / grabado m por
rodillo
Molettiermaschine, Walzengraviermaschine f /
máquina f para moletear o grabar rodillos
Molexprozess m (Paraffin) / procesamiento m Molex
Molgewicht n (Chem) / peso m molecular
Molke f, Käsewasser n (Landw) / suero m [de la leche o
de queso]
Molkerei f, Milchhof m / lechería f, vaquería f ‖ ≈**bedarf**
m / artículos m pl de lechería o para la industria
lechera ‖ ≈**maschine** f / máquina f de lechería ‖
≈**produkte** n pl / productos m pl lácteos o lecheros o
de lechería ‖ ≈**wesen** n / industria f lechera,
actividades f pl lecheras
Moll m, Molton m (Tex) / muletón m, moletón m
Möller m (Hütt) / lecho m de fusión, carga f ‖
≈**ausbringen** n / rendimiento m del lecho de fusión,
rendimiento m de la carga ‖ ≈**berechnung** f / cálculo
m de[l] lecho de fusión ‖ ≈**boden** m (Hütt) /
plataforma f o casa de mezcla ‖ ≈**gewicht** n / peso m
de la carga, peso m del lecho de fusión
möllern vt, mischen (Hütt) / mezclar minerales y
fundentes
Möllersonde f (Hütt) / indicador m del nivel de la carga
Möllerung f (Hütt) / homogeneización f de la carga
Möller•verhältnis, Möllergewicht zu Koksgewicht n /
razón f carga/coque ‖ ≈**vorbereitung** f / preparación f
de la carga ‖ ≈**wagen**, Kübelbegichtungswagen m
(Hütt) / carro m de carga
Mollier-Diagramm, i,s,-Diagramm n,
Enthalpie-Entropie-Diagramm (Chem Verf) / gráfica f
de Mollier
Molluskizid n (Chem) / molusquicida m
Mollweide-Projektion f (Karte) / proyección f Mollweide
Mol/s (= 1 mls^{-1}) (Chem) / mol m por segundo
Molsieb n / criba f [por acción] molecular
Molterbrett n (Pflug) / montante m vertical
Molton m (Tex) / moletón m, muletón m, bayetón m
Moltopren n (Plast) / Moltopren m
Mol•verhältnis n (Chem) / relación f molar ‖ ≈**volumen**
n s. Molekularvolumen ‖ ≈**wärme** f s. Molekularwärme
Molybdän, Mo n (Chem) / molibdeno m, Mo ‖ ≈**-(II)-**... /
molibdenoso ‖ ≈**-(III)-**... / molibdénico ‖ ≈**-(VI)-**... /
molíbdico ‖ ≈**blau** n / azul m de molibdeno ‖
≈**disulfid** n, -(IV)sulfid n / disulfuro m de molibdeno
‖ ≈**eisen**, Ferromolybdän n / ferromolibdeno m ‖
≈**glanz** m, Molybdänit m (Min) / molibdenita f ‖
≈**ocker** m s. Molybdit ‖ ≈**-Orange** n / anaranjado m de
molibdeno ‖ ≈**VI-oxid** n, -säureanhydrid, MoO$_3$ /
óxido m molíbdico ‖ ≈**permalloy** n / permalloy m con
molibdeno ‖ ≈**polysulfid** n / polisulfuro m de
molibdeno ‖ ≈**säure** f / ácido m molíbdico ‖ ≈**stahl** m
/ acero m molibdenoso o al molibdeno ‖
≈**-Titanblech** n (99,34% Mo, 0,4 - 0,55% Ti, 0,01 -
0,04% C) / chapa f al molibdeno-titanio ‖ ≈**uran** n /
molibduranio m
Molybdat, Molybdänsalz n / molibdato m ‖ ≈**rot** n / rojo
m de molibdato
Molybdit, Molybdänocker m (Min) / molibdita f
Molybdo•ferrit m / molibdoferrita f ‖ ≈**phyllit** m /
molibdofilita f
Molykote n / Molicote m
Moment[1], Augenblick m / momento m, instante m ‖
≈..., Schnell... / rápido, brusco, instantáneo
Moment[2] n **einer Kraft** (Mech) / momento m estático o
de [una] fuerza ‖ ≈ **eines Kräftepaars**, Kräftepaar n /
par m de fuerzas, momento m [de un par], cupla f ‖
aufnehmbares ≈ / momento m resistente o de
resistencia ‖ **statisches** ≈ / momento m estático
momentan•es Blickfeld (Opt) / campo m visual (o de
visión) instantáneo ‖ ~**e Durchlassspannung** (Triac) /
tensión f en estado de conducción ‖ ~**er**
Durchlassstrom / corriente f de no repetición en
estado de conducción ‖ ~**e Spitzensperrspannung** /
tensión f máxima inversa de no repetición ‖ ≈...,
momentan / instantáneo, momentáneo
Momentan•achse f, Wälzachse f (Getriebe) / eje m
instantáneo, eje m momentáneo ‖ ≈**leistung** f /
potencia f instantánea ‖ ≈**pol** m / centro m
instántaneo de rotación ‖ ≈**strom** m / corriente f
instántanea ‖ ≈**wert** m / valor m instantáneo ‖ ≈**wert**
der Spannung / tensión f instantánea ‖
≈**wertumsetzer** m / codificador m con realimentación
Moment•aufnahme f, -photographie f / instantánea f ‖
eine ≈**aufnahme machen** / sacar una instantánea ‖
≈**auslöser** m / disparador m instantáneo ‖
≈**auslösung** f / disparo m instantáneo ‖ ≈**ausrücker**
m / desenganche m rápido ‖ ≈**[aus]schalter** m /
interruptor m rápido ‖ ≈**einrückung** f / enganche m
rápido ‖ ≈**einschalter** m / interruptor m [para
funcionamiento] instantáneo ‖ ≈**empfänger** m
(Regeln) / sincrorreceptor m
Momenten•anschluss m (Stahlbau) / conexión f rígida a
los momentos ‖ ≈**ausgleich** m / equilibrio m de
momentos ‖ ≈**ausgleichverfahren nach Cross**,
Crossverfahren n (Mech) / método m [de distribución]
de momentos, método m Cross ‖ ≈**-Beiwert** m /
coeficiente m del momento ‖ ≈**-[Dreh]pol** m,
-[Dreh]punkt m / centro m de rotación ‖
≈**einflusslinie** f / línea f de influencia de momentos ‖
≈**fläche** f / área f de los momentos ‖
≈**flächenverfahren** n (nach Mohr) (Bau) / método m
de las áreas de momentos ‖ ≈**linie** f / línea f o curva de
momentos ‖ ≈**nullpunkt** m / origen m de los
momentos ‖ ≈**-Satz**, Impuls-Satz m (Phys) / teorema
m de los momentos ‖ ≈**schlüssel** m,
Drehmomentschlüssel m (Wz) / llave f dinamométrica
‖ ≈**vektor** m (Math) / momento m de un vector
Moment•fläche f / área f de momentos ‖ ≈**geber** m /
transmisor m de momentos, sincrotransmisor m ‖
≈**kupplung** f / embrague m o acoplamiento
instantáneo ‖ ≈**photo** n, -aufnahme f (Foto) /
instantánea f ‖ ≈**schalter** m (Elektr) / interruptor m
rápido o de cierre y corte rápidos ‖ ≈**schaltung** f /
conexión f instantánea ‖ ≈**umlagerung** f (Mech) /
redistribución f de momentos ‖ ≈**verschluss** m (Foto) /
obturador m instantáneo ‖ ≈**verschluss** (Masch) /
cierre m de acción rápida ‖ ≈**werte bilden** (DV) /
muestrear ‖ ≈**wirkung** f (Schalter) / ruptura f brusca ‖
≈**zünder** m (Mil) / espoleta f instantánea
monadisch (DV) / monádico
Monatsdurchschnitt m / promedio m mensual

883

monaural, mit einem Ohr / monaural, monoauricular, monoauditivo
Monazit *m* (Min) / monazita *f*, monacita *f* ‖ ⁓**sand** *m* / arena *f* monacítica
Mönch *m*, [obenliegender] Hohlziegel (Bau) / teja *f* superior o de caballete, cobija *f*
Mönchsbogen *m* (schwach gedruckter Bogen) (Druck) / fraile *m*, falla *f*
Mönch•- und Nonneziegel *m pl* / tejas *m pl* superiores y de canal, tejas *f pl* cóncavas y convexas ‖ ⁓**- und Nonnedach** *n* / tejado *m* árabe
Mond•..., lunar / lunar ‖ **vom ⁓ reflektiert** / reflectado por la Luna ‖ ⁓**ansicht** *f* / vista *f* de la superficie lunar ‖ **unter Ausnutzung der ⁓anziehung** / con utilización de la atracción lunar ‖ ⁓**beben** *n* / seismo *m* lunar ‖ ⁓**beschreibung**, Selenographie *f* / selenografía *f* ‖ ⁓**beschreibung** *f* / selenodesia *f* ‖ ⁓**bodenfahrzeug**, -erforschungsfahrzeug *n* (Raumf) / vehículo *m* de exploración (o de reconocimiento) lunar
Möndchen *n* (Math) / lúnula *f*
Mond•erschließung *f* / exploración *f* lunar ‖ ⁓**exkursion** *f* **auf dem Mondfahrzeug** / excursión *f* lunar por vehículo ‖ ⁓**fähre**, -transportrakete *f*, Mondlandefähre *f* / módulo *m* lunar ‖ ⁓**fahrer** *m* (Raumf) / selenauta *m* ‖ ⁓**fahrzeug** *n* / vehículo *m* de excursión lunar ‖ ⁓**finsternis** *f* / eclipse *m* de Luna ‖ ⁓**flutintervall** *n*, Hafenzeit *f* (Astr) / establecimiento *m* de un puerto ‖ ~**förmig**, halbmond-, sichelförmig / meniscal, en forma de menisco ‖ ⁓**forscher** *m* / especialista *m* en selenología ‖ ⁓**forschungsfahrzeug** *n* / vehículo *m* de reconocimiento lunar ‖ ⁓**gas** *n* / gas *m* Mond ‖ ⁓**gebirge** *n* / montaña *f* lunar ‖ ~**[geo]grafisch** / selenográfico ‖ ⁓**geographie** *f* / selenografía *f* ‖ ⁓**gestein** *n* / rocas *f pl* lunares ‖ ⁓**gezeit** *f* (Ozean) / marea *f* lunar ‖ ⁓**krater** *m* / cráter *m* lunar ‖ ⁓**kreisbahn** *f*, -umlaufbahn *f* / órbita *f* lunar ‖ ⁓**landeeinheit** *f*, LM *n*, Mondlandefähre *f* / módulo *m* lunar, módulo *m* de excursión lunar o a la Luna ‖ ⁓**landung** *f* / alunizaje *m* ‖ ⁓**milch** *f*, Bergmilch *f* (Min) / leche *m* de roca o de montaña ‖ ⁓**mittelpunkt...** / selenocéntrico ‖ ⁓**monat** *m* / mes *m* lunar ‖ ⁓**nachschubfahrzeug** *n* / vehículo *m* logístico lunar ‖ ~**naher Punkt einer Umlaufbahn** / periluna *f*, punto *m* más próximo a la Luna ‖ ⁓**oberfläche** *f* / superficie *f* de la Luna
Mondopoint-Schuhgrößensystem *n* / sistema *m* Mondopoint de tamaño de zapatos
Mondovision *f* (TV) / mondovisión *f*
Mond•-[Prüf]rakete *f* / sonda *f* lunar (un cohete) ‖ ⁓**rakete** *f* / cohete *m* lunar ‖ ⁓**ring** *m*, Ringfäule *f* (Holz) / mancha *f* medular ‖ ⁓**ring**, eingeschlossenes Splintholz / heladura *f* anudada o anular, doble albura *f* ‖ ⁓**stein** *m* (Min) / adularia *f*, piedra *f* de la Luna ‖ ⁓**tiefländer** *m pl*, Maria *pl* (sing: Mare) / mares *m pl* ‖ ~**-umkreisend** / orbitante la Luna ‖ ⁓**umlauf** *m*, Lunation *f* (Astr) / lunación *f* ‖ ⁓**verfahren** *n* (Nickel) (Hütt) / procedimiento *m* Mond ‖ ⁓**verfolger** *m* / aparato *m* de seguimiento de la Luna
Monelmetall *n* (70% Ni, 28% Cu, 2% Fe) / metal *m* monel o Monel
Monergol *n* (Raumf) / monergol *m*, monopropulsor *m*
Monier•stahl *m* (Bau, Hütt) / acero *m* para hormigón armado ‖ ⁓**zange** *f* (DIN 5242) / tenazas *f pl* de ferralista
Moniliakrankheit *f*, -fäule *f* (Landw) / podredumbre *f* morena, momificación *f* de los frutos
Monitor *m*, Warn-Anzeige *f* (allg) / monitor *m*, aparato *m* de vigilancia ‖ ⁓, Kontrollempfänger *m* / receptor *m* monitor[io], receptor *m* de control o de comprobación o de vigilancia ‖ ⁓ *m* (Strahldüse) (F'wehr) / cañón *m* de agua ‖ ⁓, Überwacher *m* / monitor *m*, supervisor *m*, núcleo *m* ‖ ⁓ (TV) / monitor *m* de imagen, cinescopio *m* de control ‖ ⁓ (ein Strahlenmessgerät) / monitor *m*, detector *m* de radi[o]actividad ‖ ⁓ **für staubige Luft** (Nukl) / monitor *m* de polvos, indicador *m* de la actividad de polvos ‖ ⁓ **zum Prüfen von Händen u. Füßen** (Nukl) / monitor *m* de contaminación de manos y pies, monitor *m* para las manos y los pies
Monitor•eingabe *f* (DV) / tren *m* de entrada del monitor ‖ ⁓**kolben** *m* / ampolla *f* del tubo catódico ‖ ⁓**-Kopfhörer** *m* / auricular *f* monitor ‖ ⁓**lauf** *m* (DV) / paso *m* de comprobación ‖ ⁓**programm** *n* (DV) / rutina *f* supervisora, programa *m* monitor ‖ ⁓**röhre** *f* (TV) / tubo *m* monitor o de control ‖ ⁓**system** *n* (DV) / sistema *m* de comprobación
Mono•..., monophon (Audio) / monofónico ‖ ⁓**amin-Oxidase** *f* (Chem) / monaminoxidasa *f* ‖ ⁓**aufnahme** *f* (Audio) / grabación *f* monofónica ‖ ⁓**bad** *n* (Foto) / monobaño *m* ‖ ⁓**betrieb** *m* (Ggs.: Stereo) (Audio) / operación *f* monofónica ‖ ⁓**blockbohrer** *m* (Bergb) / barrena *f* monobloque ‖ ⁓**blockgehäuse** *n* (Motorrad) / cárter *m* monobloque ‖ ⁓**blockrad**, Vollrad *n* (Bahn) / rueda *f* monobloque o enteriza ‖ ⁓**block-Scheinwerfer** *m* / faro *m* "sealed beam" ‖ ⁓**bromnaphthalen** *n* (Chem) / monobromonaftaleno *m* ‖ ⁓**bromtoluol**, Benzylbromid / monobromotoluol *m*, bromuro *m* de bencilo ‖ ⁓**calciumphosphat** *n* / fosfato *m* monocálcico ‖ ⁓**carbonsäure** *f* / ácido *m* monocarboxílico ‖ ⁓**chlorbenzol** *n* / monoclorobenceno *m* ‖ ⁓**chloressigsäure** *f* / ácido *m* monocloracético ‖ ⁓**chlorethan** *n* / monoclor[o]etano *m* ‖ ⁓**chlortoluol**, Benzylchlorid *n* / monoclorotoluol *m*, cloruro *m* de bencilo ‖ ⁓**chord** *n* (Phys) / monocordio *m* ‖ ~**chrom**, einfarbig / monocromo, monocromático ‖ ~**chromer Monitor** (DV) / monitor *m* monocrom[átic]o ‖ ⁓**chromasie** *f* (Phys, Physiol) / monocromasía *f* ‖ ⁓**chromat** *m* (Opt) / lente *f* monocromática ‖ ~**chromatisch** (Opt) / monocromático, monocromo ‖ ~**chromatische Strahlung** (Phys) / radiación *f* monocromática ‖ ⁓**chromator** *m* / monocromador *m*
Monode *f* (Elektr) / monodo *m*
Mono•diazotierung *f*, einseitige Diazotierung (Chem) / monodiazotación *f* ‖ ~**fil** / monohilo ‖ ⁓**fil**, -filament *n* (Plast, Spinn) / monofilamento *m* ‖ ⁓**filextrusion** *f* / extrusión *f* de monohilo ‖ ⁓**filgarn** *n* / hilo *m* monofilamento ‖ ⁓**flop** *m* (Eltronik) s. monostabiles Flip-Flop ‖ ⁓**foto**, Monotypelichtsetzmaschine *f* (Druck) / monofoto *f*
monogen (Math) / monogénico ‖ ~**er Kies** (von 2-10 mm) (Bau) / grava *f* monogenética ‖ ~**[etisch]** (Geol) / monogenético, monógeno
Mono•germsaat *f* (Landw) / semillas *f pl* monogermen ‖ ⁓**hydrat** *n* (Chem) / monohidrato *m* ‖ ~**hydratisch**, Monohydrogen... / monohídrico ‖ ⁓**hydrogenphosphat** *n* / fosfato *m* monohídrico
Monoïd *n*, Halbgruppe *f* (Math) / monoide *m*
Mono•iodmethan *n* / ioduro *m* de metilo ‖ ~**klin**, mit nur einer Neigungsfläche (Geol) / monoclinal ‖ ~**klin** (mit 3 ungleichwertigen Achsen) (Krist) / monoclínico, clinorrómbico ‖ ~**kliner o. β-Schwefel** / sulfuro *m* monoclínico ‖ ~**klines System** (Krist) / sistema *m* monoclínico ‖ ⁓**klin[al]e** *f* (Geol) / monoclinal *f* ‖ ~**kular**, mit einem Auge / monocular ‖ ⁓**kulares Fernrohr** / anteojo *m* o telescopio [de larga vista] monocular ‖ ⁓**kultur** *f* (Landw) / monocultivo *m* ‖ ⁓**lage** *f* (Phys) / monocapa *f*, monoestrato *m* ‖ ⁓**lage**, monomolekulare Lage (Chem) / capa *f* monomolecular ‖ ⁓**lagenzeit** *f* (Vakuum) / tiempo *m* de formación de una capa monomolecular ‖ ⁓**lith** *m* (Bau, Eltronik) / monolito *m* ‖ ~**lith[isch]** (Bau) / monolítico ‖ ~**lithisch**, Festkörper... (Eltronik) / monolítico, de estado sólido, monolítico ‖ ~**lithische integrierte Schaltung** / circuito *m* integrado monolítico o de estado sólido ‖ ~**lithischer Speicher** (DV) / memoria *f* monolítica o de estado sólido ‖ ~**lithische**

Systemtechnologie, MST (DV) / técnica f de los sistemas en estado sólido ‖ ~-**lith-Katlysator** m (Kfz) / catalizador m monolítico
Monom n (Math) / monomio m
mono•mer (Chem) / monomérico ‖ ~**mer** n (Chem) / monómero m ‖ ~**mer-Einheit** f (Plast) / unidad f monomérica ‖ ~**metall** n (Druck) / metal m para la monotipia ‖ ~**metallisch** / monometálico ‖ ~**methylamin** n (Chem) / monometilamina f ‖ ~**methylanilin** n / monometilanilina f ‖ ~**metrisch** (Krist) / monométrico
monomisch, eingliedrig (Math) / de un solo término
Mono•modefaser f (Wellenleiter) / fibra f monomodal ‖ ~**mode-Kern-Mantel-Faser** f / fibra f monomodal-alma-vaina ‖ ~**mode-Laser** m, Einmodenlaser m / láser m monomodal ‖ ~**modenbetrieb** m, Single-Mode-Betrieb m (Laser) / operación f monomodal ‖ ~**molekular** (Chem) / monomolecular ‖ ~**molekulare Schicht** / capa f monomolecular ‖ ~**morph** (Krist) / monomorfo ‖ ~**motorantrieb**, -moteurantrieb m (Bahn) / accionamiento m por un solo motor ‖ ~**natriumglutamat** n (Chem) / glutamato m monosódico ‖ ~**objektiv** (Opt) / de un solo objetivo ‖ ~**-Organozinn** n / monoorganoestaño ‖ ~**pack** m (Foto) / monopack m, conjunto m de varias bandas ‖ ~**phon**, Mono... (Audio) / monofónico ‖ ~**phonische Zweispurtechnik** / grabación f monofónica con dos pistas ‖ ~**-Phosphin**, Phosphin n (Chem) / fosfina f ‖ ~**pol** n / monopolio m ‖ ~**pol** m (Magnet, Nukl) / monopolo m, unipolo m ‖ ~**pol...** / monopolar, unipolar ‖ ~**pol-Massenspektrometer** n (Vakuum) / espectrómetro m de masa monopolar ‖ ~**polspektrometer** n / antena f monopolar o unipolar ‖ ~**pulsantenne** f / antena f monoimpulsional ‖ ~**pulsradar** m n / radar m monoimpulsional o de monoimpulsos ‖ ~**puls-Technik** f (Eltronik) / técnica f de monoimpulsos ‖ ~**säure** f (Chem) / monoácido m
Monose f, Monosaccharid n / monosa f, monosacárido m
Mono•sematik f, -semie f (Lin) / monosemia f ‖ ~**sematischer Begriff** / término m monosemático ‖ ~**silikat**, Singulosilikat n (Chem) / monosilicato m ‖ ~**skopröhre** f (TV) / monoscopio m ‖ ~**stabil** (Eltronik) / monoestable ‖ ~**-Substitutionsprodukt** n (Chem) / producto m monosustitutivo
monoton, einförmig / monótono
Mono•tonabnehmer m / fonocaptor m monotono o mono[fónico] ‖ ~**tonie** f / monotonía f ‖ ~**tron** n (eine Laufzeitröhre) (Eltronik) / monotrón m, monoscopio m ‖ ~**trop** (Chem) / monotrópico ‖ ~**tropie** f / monotropía f ‖ ~**type** f, Monotypesetzmaschine f (Druck) / monotipia (E), monotipo m (LA)
Monotype•lichtsetzmaschine, Monofoto f (Druck) / monofoto m ‖ ~**satz** m / composición f monotipia ‖ ~**setzer** m (Druck) / monotipista m
mono•variant (Chem) / monovariante adj ‖ ~**vibrator** m (Eltronik) / monovibrador m ‖ ~**-Wiedergabe** f / reproducción f mono[fónica]
Monoxid n (Chem) / monóxido m
Mono•-Zelle, Rundzelle R20 f (Elektr) / célula f redonda R20 DIN 40866, pila f redonda tamaño R20 ‖ ~**zentrisches Okular** / ocular m monocéntrico ‖ ~**zyklisch** (Chem) / monocíclico
Monsoon... (Kaffee) / monzónico
Monsun m (Meteo) / monzón m f
Montage f, Zusammenbau m, -bauen m / montaje m, ensamblaje m ‖ ~, Aufbau m / construcción f, edificación f ‖ ~, Installation f (Masch) / instalación f ‖ ~ f, Anbringung f / fijación f, sujeción f ‖ ~ (Antenne) / montaje m ‖ ~ **am laufenden Band**, Bandmontage f / montaje m a la cadena, montaje m en cinta continua ‖ ~ f **auf der Kopie** [auf dem Original] (Video) / inserción f de imágenes en la copia, [en el original] ‖ ~ **auf einer Montageschiene** (Elektr) / montaje m sobre subbase
Montage•abschnitt m, vorgefertigte Sektion (Stahlbau) / sección f prefabricada ‖ ~**anweisungen** f pl, -anleitungen f pl / instrucciones f pl para el montaje, indicaciones f pl de montaje ‖ ~**ausschnitt** m (Druck) / escopladura f o muesca para montaje de clisés ‖ ~**automat** m, -roboter m / robot m de montaje ‖ ~**bahn** f (Seilb) / funicular m aéreo auxiliar ‖ ~**band** n / cinta f continua de montaje ‖ ~**-Bauverfahren** n (Bau) / montaje m en el lugar de instalaciones ‖ ~**bock** m / caballete m de montaje ‖ ~**brücke** f / puente m provisional de montaje ‖ ~**büchse** f, -hülse f / casquillo m o manguito de montaje, dolla f de montaje ‖ ~**bühne** f (Bau, Masch) / plataforma f de montaje ‖ ~**eisen** n (Beton) / distanciador m para acero de armadura ‖ ~**fehler** m / defecto m o error de montaje, montaje m defectuoso f ‖ ~**folge** f / ciclo m de [operaciones de] montaje ‖ ~**freiraum** m / espacio m libre para montaje ‖ ~**gebäude** n, -halle f (Raumf) / edificio m de montaje ‖ ~**gerüst** n, -bock m / bastidor m de montaje ‖ ~**gerüst** / andamio m de montaje ‖ ~**gerüst ausfahrbar** (Raumf) / torre f de montaje ‖ ~**gruppe** f, Untergruppe f / subconjunto m, subgrupo m ‖ ~**halle**, -werkstatt f / nave f de montaje, taller f de montaje ‖ ~**heber** m / gato m o elevador de montaje ‖ ~**ingenieur** m / ingeniero[-jefe] m de montaje ‖ ~**kabel** n (Brücke) / cable m de montaje ‖ ~**kaverne** f (Tunnelbau) / cavidad f de montaje ‖ ~**kleinmaterial** n / pequeño material de montaje m ‖ ~**kopf** m **für Bauteile** (Eltronik) / cabezal m de inserción f ‖ ~**kran**, Rüstkran m / grúa f de montaje ‖ ~**kran**, Baukran m / grúa f de contratista o para obras ‖ ~**lehre** f / calibre m de montaje ‖ ~**leiter** m / jefe m de montaje ‖ ~**maschine** f / máquina f de ensamblar ‖ ~**material** n / complementos m pl de montaje ‖ ~**modul...** (Eltronik) / de módulo para montaje ‖ ~**niet** m (Masch) / remache m a pie de obra ‖ ~**ort** m / lugar m de montaje ‖ ~**platte**, Aufbauplatte f / placa f de montaje ‖ ~**platz** m / playa f o plaza de montaje, terreno m de montaje ‖ ~**platz am Band** / puesto m de montaje ‖ ~**presse** f / prensa f de o para el montaje ‖ ~**roboter** m / robot m de montaje ‖ ~**roller** m (Kfz) / carretilla f de montaje ‖ ~**schiene** f (Elektr) / subbase f ‖ ~**schraube** f / tornillo m de montaje, bulón m [roscado] de montaje ‖ ~**stoß** m, Baustellenanschluss m (Stahlbau) / conexión f a[l] pie de [la] obra ‖ ~**tisch** m (Repro) / mesa f de montaje ‖ ~**turm** m (Raumf) / torre f de montaje ‖ ~**[unter]gruppe** f (Masch) / subconjunto m, subgrupo m ‖ ~**unternehmer** m / contratista m de montajes, empresa f para montajes ‖ ~**vorrichtung** f / dispositivo m de montaje, horma f o plantilla de montaje, soporte m de montaje ‖ ~**wagen** m (Elektr, Fernm) / carro m de montaje ‖ ~**wand** (Bau) / pared f prefabricada ‖ ~**-Wandertische** m pl / cadena f de montaje con mesas móviles de trabajo ‖ ~**werk** n (Kfz) / planta f de ensamblaje (LA) ‖ ~**werkstatt** f / taller m de montaje ‖ ~**winde** f / torno m de montaje ‖ ~**zange** f (Wz) / tenazas f pl de montador ‖ ~**zeichnung** f / dibujo m para el montaje
Montan•industrie f / industria f del carbón y del acero, industria f minerosiderúrgica, industria f minera, minería f ‖ ~**produkte** n pl / productos m pl minerosiderúrgicos ‖ ~**wachs** n (Chem) / cera montana hatchetina (LA) f (E) ‖ ~**wachspech** n / brea f residual de la cera montana
Montastit f (Faserasbest) (Min) / montasita f
Monte-Carlo-Methode f (DV) / método m [de] Montecarlo
Monterreykiefer f, P. radiata (Bot) / pino m insigne
Monteur m / montador m ‖ ~, Maschinenschlosser m / ajustador m[mecánico]
Monticellit m (Min) / monticelita f

Montier•block m (Druck) / platina f para montaje de clisés ‖ ≈**eisen** n (für Reifen), -heber m / palanca f para montar neumáticos, calzador m (de neumáticos)
montieren vt, errichten / montar ‖ ~, zusammenbauen / ensamblar ‖ ~ (Film) / montar, compaginar una película ‖ ≈ n, Aufklotzen n (Druck) / montaje m de clisés
Montier•gerät n (Druck) / dispositivo m para montaje de clisés ‖ ≈**tisch** m (Repro) / mesa f de montaje
Montierung f (Teleskop) / sistema m de ejes ‖ ≈ **mit Knicksäule** (Teleskop) / montaje m Condé
Montmorillonit m (quellfähiger Ton) (Min) / montmorilonita f
Monturköper, Dungery m (Tex) / tejido m para azul mecánico
Monzonit m (Geol) / monzanita f
Mooney• f (Maßzahl für Gummi) / mooney m ‖ ≈-**Viskosität** f / viscosidad f mooney
Moor n (allg) / pantano m, marjal m, ciénaga f, cenagal m, pantanal m ‖ ≈, Torfmoor n / turbera f ‖ ≈, Hochmoor n / marjal m alto ‖ ≈**boden** m / terreno m pantanoso, tierra f cenagosa ‖ ≈**boden** (Landw) / suelo m turboso ‖ ≈**boden**, Torfboden m / terreno m turboso ‖ ≈**[braun]kohle** f / lignito m trapezoidal
Moore-Licht n / luz f [de] Moore
Moorentwässerungskanal m / canal m de desagüe de un pantano
moorig, Moor... / pantanoso, cenagoso
Moor•kultur f (Landw) / cultivo m de pantanos ‖ ≈**schlepper** m / tractor m de pantano o de marisma ‖ ≈**walze** f / rodillo m para terrenos turbosos o pantanosos
Moos n (Bot) / musgo m ‖ ≈**achat** m (Min) / ágata f musgosa ‖ ≈**garn** n, Persisches Garn (Tex) / hilo m de Persia ‖ ~**grau** (RAL 7003) / gris musgo ‖ ~**grün** (RAL6005) / verde musgo ‖ ≈**grün** n (Chem) / verde m de cromo ‖ ≈**gummi** n m / caucho m celular, goma f musgosa ‖ ≈**gummi** m **mit geschlossenen Zellen** / caucho m expandido ‖ ≈**krepp** m (Web) / crepé m musgo ‖ ≈**wolle** f / hilo de ganchillo o de crochet m
Moped n (bis 50 cm³) / ciclomotor m, mosquito m (col.)
MO-Platte f (DV) / disco m magneto-óptico
Mopp m (Reinigungsgerät) / mopa f
Moquette f, Mokett m, Teppichboden m (Tex) / moqueta f
Moräne f (Geol) / morena f, morrena f
Morast, Schlamm m / fango m, lodo m, cieno m ‖ ≈, Sumpf m / pantano m, cenagal m
Mordenit m (Min) / mordenita f
Morganit m (Min) / morganita f
Morin n (Färb) / morina f
Morindin m (Chem) / morindina f
Moringaöl n / aceite m behénico
Moringerbsäure f, Maclurin n / maclurina f
Morphem n / morfema m
Morphin, Morphium n (Pharm) / morfina f
Morphing n (Druck, DV) / variación f de las formas, transformaciones f pl
Morpho•gramm f (Math) / morfograma m ‖ ~**grammatisch** (Math) / morfogramático ‖ ≈**graphie**, Orographie f (Geol) / orografía f
Morpholin n (Ölraffinerie) / morfolina f
Morpho•logie f / morfología f ‖ ~**logisch** / morfológico ‖ ≈**tropie** f (Krist) / morfotropia f
morsch, brüchig / quebradizo ‖ ~, baufällig / ruinoso ‖ ~, verfault / podrido, pútrido, corrompido
Morse•alphabet n, -schrift f (Fernm) / alfabeto m Morse o morse, código m Morse ‖ ≈-**Innenkegel** m (Wzm) / cono m Morse interior ‖ ≈**kegel** m, -konus m (Wzm) / cono m Morse o morse ‖ ≈**kegellehre** f / calibre m para conos Morse ‖ ≈**kegelschaft** m (Wz) / vástago m o mango cónico Morse, mango m del cono Morse
morsen, tasten (Fernm) / transmitir [por] señales Morse, manipular

Mörser m (Granatwerfer) (Mil) / mortero m ‖ ≈, Minenwerfer m / lanzaminas m ‖ ≈**keule** f, Pistill n (Chem) / mano f de almirez
Morse•signal n, -zeichen n (Fernm) / señal f Morse ‖ ≈**taster** m / manipulador m Morse
Mortalität, Sterblichkeit f / mortalidad f
Mörtel m (Bau) / mortero m, argamasa f, forja f ‖ ≈ (grober) / broma f ‖ ≈ **richtig mischen** / amasar o argamasar mortero en la justa proporción ‖ **angesetzter** ≈ / argamasa f ‖ **in** ≈ **verlegen** / colocar en [un lecho de] mortero ‖ ≈**band** n, Strich m / relleno m de mortero ‖ ≈**fuge** f / junta f de mortero ‖ ≈**mauerwerk** n / mampostería f de mortero ‖ ≈**mischer** m / amasadora o mezcladora de mortero ‖ ≈**schicht** f, -bett n, -lage f / capa f de mortero, tortada f ‖ ≈**schicht** (zw. Steinen) / tendel m ‖ ≈**spritzer** m pl (Bau) / salpicaduras f pl de mortero
MOS m (Eltronik) / MOS m, metal-óxido m semiconductor
Mosaik n (allg, DV) / mosaico m ‖ **unregelmäßiges** ≈ / mosaico m irregular ‖ ~**artig angeordnet**, in Mosaik gearbeitet, Mosaik... / de o en mosaico, mosaico adj ‖ ≈**boden** m / suelo m de mosaico ‖ **7 x 7-Punkt** ≈**druck** / impresión f de matriz de 7 x 7 hilos ‖ ≈**fehler** m (TV) / defecto m de memoria ‖ ≈**fußboden** m / pavimento m de (o en) mosaico ‖ ≈**gold** (in ein gelbes Zinnsulfid) / oro m musivo ‖ ≈**krankheit** f (Landw) / enfermedad f del mosaico ‖ ≈**parkett** n / taracea f, parquet m mosaico ‖ ≈**parkettlamelle** f / madera f fina para taracea ‖ ≈**photokathode** f (Eltronik) / fotocátodo m mosaico ‖ ≈**platte** f (Ikonoskop) / mosaico m del iconoscopio ‖ ≈**pult** f (TV) / pupitre m de control del mosaico ‖ ≈**raster** n, Punktmatrix f (DV) / matriz f de puntos ‖ ≈**rasterschirm** m (Foto) / pantalla f mosaica ‖ ≈**schalter** m (Lufft) / conmutador m mosaico ‖ ≈**schwinger** m (Ultraschall) / oscilador m regulado por cristal mosaico ‖ ≈**steinchen** n (Pflaster) / piedra f de taracea, abacisco m ‖ ≈**struktur** f (Fehler) (Krist) / estructura f en mosaico (defecto) ‖ ≈**telegrafie** f / telegrafía f mosaica, telegrafía f por descomposición de signos ‖ ≈**[virus]krankheit** f (Landw) / enfermedad f del mosaico
Moschus•körneröl n (Pharm) / aceite m de semilla de abelmosco ‖ ≈**wurzel** f, Sumbul f, Formula sumbul (Bot) / sumbul m
Moseleysches Gesetz (Radiol) / ley f de Moseley
Moselreaktor m (Nukl) / reactor m epitérmico de sal fundida
MOS-FET m, MOS-Feldeffekttransistor m / MOSFET m, transistor m de efecto de campo MOS
Mößbauereffekt m (Nukl) / efecto m Mössbauer
Mossit m (Fe-Niobat) (Min) / mosita f
Most m (Wein) / mosto m, sidra f ‖ ≈-**Aräometer** n s. Mostwaage
Mostereigerät n / utensilios m pl o útiles para mostear
MOS-Transistor / transistor m MOS (= metal óxido semiconductor)
Mostwaage f, -spindel f (Wein) / areómetro m de mosto
motil, frei o. selbst-beweglich / móvil
Motilität f (Physiol) / motilidad f
Motion Picture Experts Group / MPEG
Mot-Japaner m (Bau, Kleinkipper) / pequeño volcador m (tipo japonés)
Moto f pl, Monatstonnen f pl (veraltet) / toneladas f pl por mes
Motor m (allg) / motor m ‖ ≈, Triebwerk n / motor m, propulsor m, mecanismo m de accionamiento o de propulsión ‖ ≈ m, Verbrennungsmotor m / motor m de combustión interna, motor m de explosión ‖ ≈, Kraftmaschine f / máquina f motriz, motor m ‖ ≈ **der Beobachtungsplattform** (Raumf) / motor m de exploración ‖ ≈ **für 40% Einschaltdauer** / motor m para servicio intermitente de 40% ‖ ≈ **für flüssigen Treibstoff** / motor m para combustible líquido ‖ ≈ **in**

V-Anordnung, Motor *m* mit V-förmig angeordneten Zylindern, V-Motor *m* / motor *m* en V ‖ ⁓ **mit äußerer Verbrennung** (Dampfmaschine u.a.) / motor *m* de combustión externa ‖ ⁓ **mit belüfteten Kollektorfahnen** (Elektr) / motor *m* con conexiones radiales de colector ventiladas ‖ ⁓ **mit Eigenlüftung** (Elektr) / motor *m* de (o con) autoventilación ‖ ⁓ **mit Fremdbelüftung** / motor *m* con ventilación forzada ‖ ⁓ **mit gegenläufigen Kolben** / motor *m* con pistones contrapuestos, motor *m* de émbolos antagónicos ‖ ⁓ *n* **mit Gleichstromspülung** (Kfz) / motor *m* con barrido continuo ‖ ⁓ *m* **mit hängenden (o. obengesteuerten) Ventilen** / motor *m* con válvulas en cabeza o en culata ‖ ⁓ **mit hängenden Zylindern** / motor *m* invertido ‖ ⁓ **mit hintereinander angeordneten Zylindern** / motor *m* con cilindros en línea ‖ ⁓ **mit Hub gleich Bohrung** / motor *m* cuadrado ‖ ⁓ **mit Kompensationswicklung** / motor *m* compensado ‖ ⁓ **mit konstanter oder unveränderlicher Drehzahl** / motor *m* de velocidad constante ‖ ⁓ **mit Mantelkühlung** (Elektr) / motor *m* eléctrico ventilado y totalmente cerrado ‖ ⁓ **mit mehreren Geschwindigkeitsstufen** / motor *m* de múltiples velocidades ‖ ⁓ **mit mehreren konstanten Drehzahlen** (Elektr) / motor *m* de múltiples velocidades constantes ‖ ⁓ **mit regelbarer Drehzahl** (Elektr) / motor *m* de velocidad regulable ‖ ⁓ **mit Rippenkühlung** / motor *m* con aletas de enfriamiento ‖ ⁓ **mit seitlichen Ventilen** / motor *m* de válvulas laterales ‖ ⁓ **mit ständig angeschaltetem Kondensator** / motor *m* con capacitor de funcionamiento ‖ ⁓ **mit stehenden oder untengesteuerten Ventilen** / motor *m* de válvulas verticales ‖ ⁓ **mit stehenden Zylindern** / motor *m* de cilindros verticales ‖ ⁓ **mit Trägheitsdämpfung** / motor *m* de amortiguación por inercia ‖ ⁓ **mit übereinander angeordneten Ventilen** (Mot) / motor *m* con válvulas superpuestas ‖ ⁓ **mit Umkehrspülung** (Kfz) / motor *m* con barrido en bucle ‖ ⁓ **mit veränderlicher Drehzahl** (Reihenschlussverhalten) (Elektr) / motor *m* de velocidad variable ‖ ⁓ **mit Vorverdichtung**, Kompressormotor *m* / motor *m* sobrealimentado ‖ ⁓ **mit Widerstandsverbindern** (Bahn) / motor *m* de conexiones resistentes ‖ ⁓ **mit zweistufiger Auflading** (Kfz) / motor *m* sobrealimentado en dos etapas ‖ ⁓ *m* **von 1 PS aufwärts** (Elektr) / motor *m* no fraccional ‖ **mit** ⁓ **[en] versehen** / motorizar

Motor•... /moto...‖ ⁓**abschalter** *m* (Bahn) / combinador *m* de aislamiento ‖ ⁓**aggregat** *n* (Elektr) / bloque *m* motor ‖ ⁓**anker** *m* (Elektr) / inducido *m* del motor, motor *m* ‖ ⁓**anlasser** *m* (Kfz) / arrancador *m* o arranque de motor, stárter *m* ‖ ⁓**anlasser** (Elektr) / reóstato *m* de arranque del motor ‖ ⁓**anlasskondensator** *m* / capacitor *m* para arranque de motor ‖ ⁓**anschluss** *m* (Elektr) / conexión *f* del motor ‖ ⁓**antrieb** *m*, -betrieb *m* / accionamiento *m* por motor, motopropulsión *f* ‖ **mit** ⁓**antrieb** / accionado por motor ‖ ⁓**barkasse** *f* (Schiff) / lancha *f* o barcaza motora o automotriz o de motor ‖ ⁓**bauart** *f*, -typ *m* / tipo *m* del motor ‖ ⁓**betriebskondensator** *m* / capacitor *m* de funcionamiento de motor ‖ ⁓**block** *m*, Zylinderblock *m* (Kfz) / bloque *m* [de] motor o de cilindros ‖ ⁓**bock** / soporte *m* de motor ‖ ⁓**boot** *n* / motolancha *f*, motora *f*, bote *m* motor o automóvil, canoa *f* automóvil (LA), gasolinera *f* ‖ ⁓**boot[fahr]en**, -bootsport *m* / motonáutica *f* ‖ ⁓**bremse** *f* (Bahn, Kfz) / ralentizador *m*, retardador *m* ‖ ⁓**bremse** (Kran) / freno *m* por motor ‖ ⁓**bremslüfter** *m* (Kran) / alzafreno *m* o levantafreno por motor ‖ ⁓**dichtung** *f* / junta *f* de motor ‖ ⁓**draisine** *f*, Gleiskraftwagen *m* (Bahn) / dresina *f*, vagoneta *f* automóvil, autocarril *m*, zorra *f* motor (LA), motovía *f* (CHILE), motocarril *m* (CHILE) ‖ ⁓**drehleiter** *f*

(F'wehr) / escalera *f* giratoria automóvil ‖ ⁓**drehmoment** *n* / par *m* motor ‖ ⁓**drehwähler** *m* (Fernm) / selector *m* rotatorio de motor ‖ ⁓**drehzahl** *f* / velocidad *f* del motor ‖ ⁓**dreirad** *n*, dreirädriger Lieferwagen / triciclo *m* motorizado o con motor, motocarro *m* ‖ ⁓**einzelantrieb** *m* / accionamiento *m* individual por motor

Motoren•anlage, Triebwerksanlage *f* / unidad *f* motriz ‖ ⁓**anlage** *f* (Luftf) / grupo *m* motopropulsor ‖ ⁓**bau** *m* / construcción *f* de motores ‖ ⁓**benzin**, Benzin *n* / gasolina *f*, (localismos:) gasolena *f*, esencia *f*, nafta *f* (LA) ‖ ⁓**benzol** *n* / benzol *m* para motores ‖ ⁓**fabrik** *f* / fábrica *f* de motores ‖ ⁓**geräusch** *n* / ruido *m* de motores ‖ ⁓**leises** ⁓**geräusch** (Masch) / zumbido *m* de motores ‖ ⁓**gestell** *n* / bastidor *m* de motores ‖ ⁓**kraft**, -leistung *f* / potencia *f* del motor ‖ ⁓**kunde** *f* / motorismo *m* ‖ ⁓**lärm** *m* / ruido *m* o rugido de motores ‖ ⁓**öl** *n* / aceite *m* para motores ‖ ⁓**prüfstand** *m* / banco *m* de ensayo de motores ‖ ⁓**raum** *m* / sala *f* de máquinas ‖ ⁓**schlosser** *m* / mecánico *m* para motores

Motor•fähre *f* (Schiff) / barco *m* transbordador motorizado, transbordador *m* con motor, ferry *m* motorizado ‖ ⁓**fahrrad** *n*, Mofa *n* / velomotor *m* ‖ ⁓**fahrzeug** *n* / vehículo *m* motorizado o automóvil ‖ ⁓**fliegerei** *f*, -flugwesen *n* / aviación *f* a motor ‖ ⁓**frachtschiff** *n*, -frachter *m* (Schiff) / buque *m* de carga con motor, carguero *m* a motor ‖ ⁓**fräse** *f* (Landw) / motofresadora *f* ‖ ⁓**gehäuse** *n*, Kurbelgehäuse *n* (Kfz) / cárter *m* de motor, caja *f* de cigüeñal ‖ ⁓**gehäuse** (Elektr) / cárter *m* de motor, carcasa *f* de motor ‖ ⁓**generator** *m* / motogenerador *m* ‖ ⁓**getriebeblock** *m* (Kfz) / bloque-motor *m* ‖ ⁓**grader**, Grader *m* (Bau, Straß) / motoniveladora *f* ‖ ⁓**greifer** *m* (Kran) / cuchara *f* de motor ‖ ⁓**grundplatte** *f* / placa-base *f* de motor ‖ ⁓**gruppierungsschalter** *m* (Bahn) / combinador *m* de acoplamiento de los motores ‖ ⁓**hacke** *f* (Landw) / motobinadora *f* ‖ ⁓**handhobel** *m* (als Zusatzgerät) / cepillo *m* adaptable ‖ ⁓**handkreissäge** *f* (als Zusatzgerät) / siera *f* circular a mano ‖ ⁓**haube** *f* (Kfz) / capot *m* o capó de motor, cubierta *f* de motor, tapa *f* del motor (LA) ‖ ⁓**haube** (Luftf) / cubierta *f* del motor ‖ ⁓**haubenstange** *f* (Kfz) / varilla *f* del capó ‖ ⁓**hubraum** *m* (Kfz) / cilindrada *f*

motorisch / motor, -triz *adj* ‖ ~ **angetrieben** (allg) / accionado por motor ‖ ~**e Brennweitenverstellung** / cambio [rápido] de la distancia focal por motor (acción), zoom *m* eléctrico (dispositivo)

motorisiert / motorizado ‖ ~**es Brennstoff-Regelventil** / válvula *f* de combustible motorizada ‖ ~**e Schwellenschraubmaschine** (Bahn) / máquina *f* clavadora de tirafondos con motor ‖ ~**es Zweiradfahrzeug** / bicicleta *m* motorizado

Motorisierung *f* / motorización

Motorisierungsgrad *m* / índice *m* de motorización

Motor•karren *m* / carro *m* motorizado, carretilla *f* motorizada o de motor ‖ ⁓**kennlinie** *f*, -kennung *f* / característica *f* de un motor ‖ ⁓**kettensäge** *f*, -waldsäge *f* (Forstw) / sierra *f* de cadena ‖ ⁓**kompressor** *m* / motocompresor *m* ‖ ⁓**kontaktgeber** *m* / motocontactor *m* ‖ ⁓**kraftstoff**, Treibstoff *m* / combustible *m* para motores ‖ ⁓**kreuzer** *m*, -jacht *f* (Schiff) / yate *m* [de crucero] de motor ‖ ⁓**lager** *n* (Kfz) / soporte *m* de motor ‖ ⁓**läufer** *m*, Anker *m* (Elektr) / inducido *m* del motor ‖ ⁓**leerlauf** *m* / marcha *f* en vacío (o sin carga) del motor, ralentí *m* ‖ ⁓**leistung** *f* (Mot) / potencia *f* del motor ‖ ⁓**zulässige** ⁓**leistung** / potencia *f* nominal admisible ‖ ⁓**lokomotive** *f*, Diesellokomotive *f* / locomotora *f* Diesel ‖ ⁓**mäher** *m* (Landw) / motosegadora *f*, motoguadañadora *f* ‖ ⁓**management** *n* s. Motorsteuerung ‖ ⁓**-Methode**, F_2-Methode *f* (Oktanzahlbest.) / método *m* motor ‖ ⁓**moment** *n* / par *m*

m motor ‖ ⁓[nenn]leistung *f* / potencia *f* nominal del motor ‖ ⁓nennstrom *n* (Elektr) / corriente *f* nominal del motor ‖ ⁓nivellier *n* (Verm) / nivelador *m* de motor ‖ ⁓nutzleistung *f* (Kfz) / rendimiento *m* útil del motor, potencia *f* útil del motor ‖ ⁓oktanzahl, M.O.Z. *f* (nach Research-F₂-Methode) / número *m* de octano método motor ‖ ⁓ölthermometer *n* / termómetro *m* del aceite del motor ‖ ⁓pflug *m* (Landw) / arado *m* motorizado o automóvil ‖ ⁓-Potentiometer *n* (Eltronik) / potenciómetro *m* de motor ‖ ⁓pumpe für Reifen *f* / moto-bomba *f* de inflar neumáticos, motobomba *f* (o bomba a motor) para neumáticos ‖ ⁓pumpenspritze *f* (Feuerwehr) / motobomba *f* para incendios ‖ ⁓rad *n* / motocicleta *f*, moto *f* (pop.), burra *f* (coloq.), churro *m* ‖ schweres ⁓rad / moto *f* pesada o potente o grande ‖ ⁓radfahrer *m* / motociclista *m*, motero *m* (E) ‖ imitierte ⁓radgabel / horquilla *f* que imita la de la moto ‖ ⁓radgespann *n* / motocicleta *f* con sidecar ‖ ⁓radschutzhelm *m* / casco *m* protector de motociclista ‖ ⁓radsport *m* / motociclismo *m* ‖ ⁓radständer *m* / soporte *m* de la motocicleta, patín *m* de apoyo, patilla *f* de la motocicleta ‖ ⁓radtank *m* / depósito *m* de combustible de la moto ‖ ⁓raum *m* (Kfz) / compartim[i]ento *m* de motor ‖ ⁓regler *m* / controlador *m* del motor ‖ ⁓relais *n* / relé *m* a motor ‖ ⁓roller *m* (Kfz) / scooter *m*, escúter *m* *f*, motosilla *f* ‖ ⁓säge *f* / motosierra *f* ‖ ⁓schaden *m* / avería *f* o falla del motor ‖ ⁓schalter *m* (Elektr) / conmutador *m* de arranque ‖ ⁓schalter mit Anlasstrafo / autotransformador *m* de arranque ‖ ⁓schere *f* / cizalla *f* mecánica ‖ ⁓schiff, Dieselmotorschiff *n* / motonave *m*, MN, motobarco *m* ‖ ⁓schlepper *m* / mototractor *m* ‖ ⁓schlitten *m* / trineo *m* de motor ‖ ⁓schürfwagen *m* (Bau) / autoexcavadora *f* ‖ ⁓schürfzug *m* (Straßb) / unidad *f* escrapeadora motorizada ‖ ⁓schütz *n* (Elektr) / contactor *m* de motor ‖ ⁓schutz *m*, -verkleidung *f*, -haube *f* / envuelta *m* del motor ‖ ⁓schutz / cubierta *f* del motor, chapa *f* protectora del motor ‖ ⁓schutzblech *n* (Kfz) / placa *f* protectora del motor ‖ ⁓schutzschalter *m* (Elektr) / interruptor *m* protector del motor, guardamotor *m* ‖ ⁓segler *m* (Luftf) / motovelero *m*, planeador *m* con motor ‖ ⁓segler, Segelschiff *n* mit Hilfsmotor / velero *m* con motor auxiliar ‖ ⁓seilwinde *f* / torno *m* de cable a motor ‖ ⁓sense *f* (Landw) / guadaña *f* con motor ‖ ⁓sport *m* / deporte-motor *m*, motorismo *m* ‖ ⁓sportgruppe *f*, Rennstall *m* / escudería *f* ‖ ⁓spritze *f* (F'wehr) / autobomba *f* ‖ ⁓spritze (Landw) / motopulverizador *m* ‖ selbstfahrende ⁓spritze, Löschfahrzeug *n* (Feuerwehr) / camión *m* de bomberos, vehículo-bomba *m* ‖ ⁓sprühregen *n* (Landw) / motoatomizador *f*, motorrociador *m* ‖ ⁓start *m* (Segelflug) / puesta *f* en marcha con motor ‖ ⁓startmarke *f* (Film) / marca *f* de arranque ‖ ⁓stäuber *m* (Landw) / espolvoreadora *f* de motor, motoespolvoreadora *f* ‖ tragbarer ⁓stäuber (Landw) / motoespolvoreadora *m* portátil, motoespolvoreador *m* de parihuelas ‖ ⁓steuerung *f*, motorische Steuerung / motorregulación *f*, regulación *f* por motor, mando *m* o gobierno por motor ‖ ⁓steuerung (Steuerung des Motors) / regulación *f* o gestión del motor, mando *m* del motor ‖ ⁓steuerung, Ventilsteuerung *f* (Mot) / distribución *f* por válvulas ‖ ⁓steuerungsgerät *n* (Raumf) / herramientas *f pl* de mando del motor ‖ ⁓stichsäge *f* / motosierra *f* de punto o calar ‖ ⁓störung *f* / avería *f* o falla del motor ‖ ⁓tandemwalze *f* (Straßb) / apisonadora *f* tándem de motor, rodillo *m* tándem de motor ‖ ⁓tanker *m*, -tankschiff *n* (Schiff) / petrolero *m* de motor ‖ ⁓tester *m* (Kfz) / [aparato] *m* comprobador de motores ‖ ⁓träger *m* (Kfz) / soporte *m* del motor ‖ ⁓triebwagen *m* (Bahn) / autorriel *m*, automotor *m* ‖ ⁓typ *m*, -bauart *f* / tipo *m* de[l] motor ‖ ⁓überholung *f* / repaso *m* del motor, revisión *f* del motor ‖ ⁓unterschutz *m* (Kfz) / placa *f* protectora inferior del motor ‖ ⁓ventil *n* / válvula *f* accionada por motor ‖ ⁓verkleidung *f*, -schutz *m* (Luftf) / envuelta *f* o envoltura del motor ‖ ⁓verlangsamer *m*, Auspuffbremse *f* (Kfz) / freno *m* de escape ‖ ⁓wagen *m*, Triebwagen *m* (Straßenbahn) / automotor *m* de tranvía ‖ ⁓wähler *m* (Fernm) / selector *m* motorizado ‖ ⁓walze, Straßenwalze *f* / apisonadora *f* de motor, rodillo *m* de motor ‖ ⁓weiche *f*, elektrische Weiche (Bahn) / cambio *m* de agujas accionado por motor ‖ ⁓welle *f* / árbol *m* del motor, flecha *f* del motor (MEJ) ‖ ⁓winde *f* / torno *m* de motor (E), güinche *m* de motor (LA) ‖ ⁓wippe *f* / soporte *m* elástico del motor ‖ ⁓yacht *f*, -jacht *f* (Schiff) / motoyate *m*, yate automóvil (E) o de motor (LA).m. ‖ ⁓zähler *m* / contador *m* motorizado ‖ ⁓zapfwelle *f* / toma *f* de fuerza independiente o del motor ‖ ⁓zugkraft *f*, Zugkraftvermögen *n* (Bahn) / capacidad *f* de tracción del motor ‖ ⁓zugwagen *m* / tractor *m*, vehículo *m* tractor
Motte *f* (Tex, Zool) / polilla *f*
motten • echt (Tex) / antipolilla *adj* ‖ ~echte o. -feste Ausrüstung (Tex) / acabado *m* antipolilla ‖ ⁓fraß *m*, -schaden m. / apolilladura *f*, daño *m* causado por la polilla ‖ ⁓schutzmittel *n* / antipolilla[s] *m*
Mottledgarn *n* / hilo *m* multicolor o estucado
Mottramit *m* (Min) / motramita *f*
Moulage *f* / modelo *m* de cera
Mouliné *m* (Zwirn) (Tex) / hilo *m* molinado
moulinieren *vt* (Seide) / molinar
Mountainbike *n* / bicicleta *f* de montaña
Mousepad *n* (DV) / alfombrilla *f*
moussieren *vi* (Gärung) / ser efervescente
moussierend, perlend / efervescente, gaseoso
MOX-Brennelement *n* (MOX = Mischoxid) (Nukl) / elemento *m* combustible MOX
MOZ = Motoroktanzahl
MP *f*, Maschinenpistole *f* (Mil) / metralleta *f* ‖ ⁓, Metallpapier *n* / papel *m* metalizado ‖ ⁓ (Chem) = Mischpolymerisat ‖ ⁓ (Math) = Mittelpunkt ‖ ⁓, *μ*P = Mikroprozessor ‖ ⁓ (= Multiprozessor) / multiprocesador *m*
MPA = Materialprüfungsamt, -anstalt
Mpc (Astr) = Megaparsec
MPC-Ruß *m* (= medium processing channel) / negro *m* de humo o de carbono MPC
MPD, Magnetoplasmadynamit / magnetoplasmadinámica *f*
MPDE (Radiol) / equivalente *m* de la dosis máxima admisible, EDMP *m*
MPD-Generator *m*, -wandler *m* (= magnetoplasmadynamisch) (Nukl) / convertidor *m* magnetoplasmadinámico
MPG = Max-Planck-Gesellschaft
mPhotosatz, Lichtsatz *m* (Druck) / fotocomposición *f*
MPI = Max-Planck-Institut
MP-Kondensator *m*, metallbedampfter Papierkondensator / capacitor *m* de papel metalizado
Mp-Leiter *m*, Mittelpunktsleiter *m* (Elektr) / conductor *m* neutro
MPS (DV) = Mehrprozessorsystem
MPST = Mehrprozessor-Steuerung
MPT-Reifen *m* (Kfz) / neumático *m* de aplicaciones múltiples
MPU *f*, Mikroprozessor-Einheit *f* / unidad *f* microprocesador
MPV (= Multi-Purpose Vehicle) (Kfz) / vehículo *m* para uso múltiple
MP-Verfahren *n* (Regeln, Schiff) / trazado *m* manual
MQ, Mittelwasser *n* (in m³/s) / aguas *f pl* medias
mr = Milliröntgen
MRCA-Flugzeug *n* (= medium range or multirole combat airplane), Tornado *m* (Mil) / avión *m* MRCA, Panavia *m* 200 Tornado

M-Ring, Minutenring *m* (Mot) / aro *m* de émbolo débilmente cónico
MRP-Konverter *m* (= metal refining process) (Hütt) / convertidor MRP *m*
MRT (Med) = Magnetresonanztomographie
MRV-Flugkörper *m* (= multiple reentry vehicle) / misil MRV *m*
m/s = Meter je Sekunde
MS, Motorschiff *n* (Schiff) / motonave *f*, M/N
Ms = Messing
M-Schale *f* (mit 18 Elektronen) (Nukl) / capa M *f*
M-Schirmbilddarstellung *f* (Radar) / presentación *f* visual tipo M
M-Schnitt *m* **für Trafos** / chapa *f* en M para transformadores
MS-DOS-Betriebssystem *n* (DV) / sistema *m* operativo MS-DOS
MSF-Anlage *f* (= multi-stage flash evaporator) (Meerwasser) / planta MSF *f*
MSF-Netz *n* (= man spaceflight) (Raumf) / red MSF *f*
MSI (medium scale integration), mittlerer Integrationsgrad (Eltronik) / integración *f* en media escala
MSK-Skala *f* (nach Medvedev, Sponheuer u. Karnik) (Seismik) / escala MSK *f*
Ms-Punkt *m* (Hütt) / punto Ms *m*
MSR *f* (= Motor-Schleppmoment-Regelung) (Kfz) / sistema *m* de control de inercia del motor ‖ ≈, Messen, Steuern, Regeln *n* / medición, control *f* y regulación
M+S-Reifen, Schnee- und Matsch-Reifen *m pl* (Kfz) / neumáticos *f pl* para fango y nieve
MSR-Einrichtung *f* (= Messsteuerungs- u. Regel) (DIN 19217), MSR-Geräte *n pl* / equipo *m* para medición, control y regulación
MSR-Technik *f*, Mess-, Steuerungs- und Regeltechnik / técnica *f* de medición, control y regulación
mSt = Millistokes
MST (DV) = monolithische Systemtechnologie
M-Strebe *f* (Stahlbau) / puntal *m* en [forma de] M
M-Synchronisation *f* (Foto) / sincronización M *f*
Mt = Megatonne
MTA *m f* (mediz.-techn. Assistent[in]) / ATS *m f* (ayudante técnico-sanitario) ‖ ≈ (Motion Time Analysis), Bewegungszeitanalyse *f* (F.Org) / análisis *m* del tiempo de movimientos
MTBF (= mean time between failures) / Tiempo Medio Entre Fallos
MThW = mittleres Tidehochwasser
MTI-Gerät *n* (Luftf) / indicador *m* de blancos móviles
MTI-Radar *m n* (= moving target indication, Festzeichenunterdrückung) / radar *m* de indicación de blancos móviles
MTM-Methode *f* (F.Org) / método *m* MTM o de análisis de tiempo
MTS = Motortankschiff
MTS-System *n* (veraltet) = Meter-Tonne-Sekunde-System
MTV-System *n*, Mensch-Technik-Verbundsystem
MÜ = maschinelle Sprachübersetzung
Mucilago *m* (pl: Mucilagines) (Pharm) / mucílago *m*, mucilago *m*
Mucin *n* (Chem) / mucina *f*
Mückenbekämpfung *f* **mit Öl** / petrolización *f* de charcas
Mucoid *n* (Chem) / mucoide *m*
Mucosäure *f* / ácido *m* mucónico
Mucopolysaccharid *n* / mucopolisacárido *m*
Mucor, Kopfschimmel *m* / mucor *m*
Mud, Modder *m* (Geol) / sedimentos *m pl* arcillosos y arenosos ‖ ≈, Schlick *m* / lodo *m* [glutinoso], cieno *m*, barro *m* ‖ ≈ *m* (Öl) / lodo *m* de perforación ‖ ≈**-Sampler** *m* (Öl) / probador *m* de lodo

Muffe, Hülse *f* / manguito *m* ‖ ≈, Stutzen *m* / tubuladura *f* ‖ ≈ *f* (Rohr) / manguito *m* (E), enchufe(LA) *m*, zuncho *m* ‖ ≈, Kupplungsmuffe *f*, Hülse *f* / manguito *m* de acoplamiento ‖ ≈ (Elektr) / caja *f* de unión ‖ ≈ **des Muffenrohres** (Rohr) / extremo *m* ensanchado de un tubo ‖ ≈ *f* **für Leitungsenden** (Elektr) / manguito *m* aislador ‖ **verjüngte** ≈ / manguito *m* reductor o de reducción
Muffel *f* (Hütt) / mufla *f* ‖ ≈**durchziehofen** *m* / horno *m* de mufla continuo ‖ ≈**farbe** *f* (Keram) / color *f* mufla ‖ ≈**härteofen** *m* / horno *m* de mufla para templar ‖ ≈**ofen** *m* / horno *m* de mufla [de cámara horizontal] ‖ ≈**röstofen** *m* (Hütt) / horno *m* de calcinación en mufla
muffen *vt* / acoplar por manguito (E) o por enchufe (LA)
Muffen•aufschraubmaschine *f* / máquina *f* para atornillar manguitos ‖ ≈**bauwerk** *n*, -bunker *m* (Kabel) / pozo *m* de cables ‖ ≈**bogen** *m*, K-Stück *n* / tubo *m* en curva con enchufe ‖ ≈**deckel** *m* (Rohr) / tapa *f* de manguito ‖ ≈**deckel als Rohrverschluss** / tapa *f*, hembra *f* ‖ ≈**dichtung** *f* / obturación *f* apestañada o por manguitos ‖ ≈**druckrohr** *n*, -schleudergussrohr *n* / tubo *m* de manguito colado por centrifugación ‖ [**gusseisernes**] ≈**druckrohr** / tubo *m* de manguito de fundición ‖ ≈**hahn** *m* / válvula *f* de manguitos ‖ ≈**kniestück**, J-Stück *n* / tubo *m* acodado en 30° con enchufe ‖ ≈**kreuz** *n*, BB-Stück *n* / cruz *f* de cuatro manguitos ‖ ≈**krümmer** *m* / tubo *m* acodado (o en curva) 1/4 ‖ ≈**kupplung** *f* (Masch) / acoplamiento *m* de manguite, acoplamiento *m* con collar y chaveta ‖ ≈**kupplung** (Rohr) / unión *f* con manguito ‖ ≈**-Reduzierstück** *n*, -Übergangsstück *n* / pieza *f* cónica (o de reducción) con dos manguitos ‖ ≈**rohr** *n* / tubo *m* de manguito, tubo *m* de enchufe y cordón ‖ ≈**schweißung** *f* / soldadura *f* con embutición en tulipa ‖ ≈**stemmverbindung** *f* **mit Hanf u. Blei** (DIN 28503) (Rohre) / unión *f* de manguitos para retacar ‖ ≈**stopfen** *m* (Rohr) / tapa *f* de manguito ‖ ≈**stoß** (Rohr) / unión *f* con embutición en tulipa ‖ ≈**stück**, B-Stück *n* (Rohr) / pieza *f* con manguito ‖ ≈**stück** *n*, T-Stück *n* / pieza *f* en T con tres manguitos ‖ ≈**stück**, B-Stück *n* mit Flanschabzweigung / pieza *f* en T con dos manguitos ‖ ≈**stutzen** *m*, -kreuz *n*, BB-Stück *n* (Rohr) / cruz *f* de cuatro manguitos ‖ ≈**übergangsstück**, R-Stück *n* / manguito *m* de reducción ‖ ≈**ventil** *n* / válvula *f* de manguito ‖ ≈**verbindung** *f* / unión *f* por manguito ‖ ≈**verpressung** *f* (Hydr) / compresión *f* de manguitos
muffig (Bau, Luft) / viciado
Muguetmast *m* (Elektr) / mástil *m* Muguet
Mühe *f*, Sorgfalt *f* / cuidado *m*, esmero *m* ‖ ≈, Arbeit *f* / pena *f*, trabajo *m*, esfuerzo *m*
Mühle *f* / molino *m* ‖ ≈, Zerkleinerer *m* / quebrantadora *f* (E), machacadora *f* (LA) ‖ ≈ **mit festen Walzen** / molino *m* con muelas fijas
Mühlen•bauer, Maschinenbauer *m* / constructor *m* de molinos ‖ ≈**bauindustrie** *f* / industria *f* constructora o de construcción de molinos ‖ ≈**charakteristik** *f* / característica *f* de quebrantar ‖ ≈**feuerung** *f* / hogar *m* para carbón pulverizado ‖ ≈**industrie** *f* / molinería *f* ‖ ≈**saft** *m* (Zuck) / guarapo *m* de molino, zumo *m* de la caña de azúcar ‖ ≈**sandstein** *m* (Geol) / arenisca *f* para piedras de molino ‖ ≈**staub**, Mehlstaub *m* / polvo *m* de harina
Mühl•gerinne *n*, -graben *m*, -kanal *m* / saetín *m* ‖ **unterer** ≈**kanal** / secaz *m* ‖ ≈**rad** *n* / rueda *f* de molino ‖ ≈**stein** *m* / muela *f* de molino ‖ ≈**steinquarz** *m* (Min) / molarita *f*
Mukonsäure *f* (Chem) / ácido *m* mucónico
muköS, schleimabsondernd / mucoso
mul (mit dem Uhrlauf) (DIN) / girando o marchando a la derecha, en el sentido de las agujas del reloj

mulchen vt (Landw) / cubrir el suelo con sustancias orgánicas ‖ ~ n, Bodenbedeckung f (Landw) / cobertura f del suelo con sustancias orgánicas
Mulchfolie f / hoja f plástica del suelo
Mulde f, Vertiefung f / concavidad f, abolladura f ‖ ~, Weitung f (Bergb) / cavidad f ‖ ~ f, Eindrückung f / impresión f ‖ ~, kleines Tal (Geol) / hondanada f, depresión f ‖ ~, Synklin[al]e f (Geol) / sinclinal m, hoya f ‖ ~ f, Tal n (Elektr, Phys) / valor m mínimo ‖ ~, Trog m / artesa f, cubeta f ‖ ~, Beschickungsmulde f (Hütt) / caja f de carga ‖ ~ f (Muldenkipper), Kippmulde f (LKW) / caja f [basculante] del volquete ‖ ~, Schmelzbad n (Schw) / charco m de metal fundido ‖ ~ **der Krempel** (Spinn) / mesa f de alimentación de la carda ‖ ~ **des Öffners** (Spinn) / pedal m de la abridora
mulden v (Förderband) / concavar
Mulden•ballenbrecher m (Spinn) / abridora f de balas con pedales ‖ ~**band** n, -gurtförderer m / cinta f transportadora cóncava ‖ ~**bildung** f (Geol) / formación f sinclinal ‖ ~**blei**, Blockblei n (Hütt) / plomo m en galápagos ‖ ~**falzziegel** m / teja f de encaje prensada en molde ‖ ~**flachschmiernippel** m / engrasador m plano de artesa ‖ ~**förmig** / en forma de artesa ‖ ~**gewölbe** n / bóveda f en artesa ‖ ~**kipper**, -kippwagen m (Bahn, Bergb) / basculador m de cuba, vagoneta f de caja (o de cangilón) basculante ‖ ~**kipper** m (Kfz) / volquete m [con caja] tipo dumper ‖ ~**kippkran** m / grúa f para bascular las cajas de carga ‖ ~**lader** m / cargador m con cubeta basculante ‖ ~**linie** f, -tiefstes n (Geol) / línea f de fondo de la hoya o del sinolinal ‖ ~**mangel** f (Tex) / calandria f de artesa ‖ ~**ofen**, Tiefofen m (Pulv.Met) / horno m de crisol ‖ ~**presse** f (Web) / prensa f de cubeta ‖ ~**rinne** f (Straßb) / canal m trapezoidal ‖ ~**rolle** f **für Förderbänder**, Muldungsrolle f / rodillo m para cinta cóncava ‖ ~**rutsche** f / resbaladera f en forma de artesa ‖ ~**trockner** m / desecador m de artesa ‖ ~**vorkrempel** f (Spinn) / carda f abridora semicircular ‖ ~**wagen** (Gieß) / vagoneta f de chatarra ‖ ~**warenspeicher** m, Strangverweileinrichtung f (Web) / máquina f para almacenar y tratar madejas ‖ ~**zuführung** f / alimentación f por cubas
Muldex n (Fernm) / multiplexor-demultiplexor m
Muldung f (Geol) / depresión f (terreno)
Muldungsfähigkeit f (Förderband) / propiedad f de volverse cóncava
Mule•dozer, Räum-Zusatz m (Straßb) / muledozer m ‖ ~**garn** n, -twist m (Spinn) / hilo m de selfactina ‖ ~**[spinn]maschine** f / selfactina f ‖ ~**zwirnmaschine** f / selfactina f de retorcer
Mulhollandverfahren n (Metall) / procedimiento m Mulholland
mulinieren vt (Spinn) / molinar
Mull m, Musselin m, Muslin m (Tex) / muselina f, organdí m ‖ ~, Verbandmull m (Med, Tex) / gasa f [esterilizada] ‖ ~, -erde f, Mulm m (Bodenart) / humus m o mantillo suave
Müll m, Hausmüll m / basura f [doméstica] ‖ ~, Abfälle m pl / desechos m pl, desperdicios m pl ‖ ~ **produzieren** / originar basura ‖ ~**abfuhr** f / recogida f de basuras ‖ ~**abfuhr** (als Einrichtung) / servicio m de limpieza pública ‖ ~**abfuhrauto** n, -abfuhrwagen m, Müllwagen m / camión m de basuras, camión m de servicio de limpieza ‖ ~**abwurfschacht** m, -abwurfanlage f (DIN), Müllschlucker m (Bau) / tragabasuras m, evacuador m de basuras ‖ ~**aufbereitung** f, -verwertung f, -behandlung f / tratamiento m de basura[s] ‖ ~**aufbereitungsanlage** f / planta f de reciclaje de basuras ‖ ~**berg** m / montón m de basuras ‖ ~**beutel** f / bolsa f para basuras ‖ ~**-Container** m, Müllgroßbehälter m, Umleerbehälter m (DIN) / contenedor m de basuras o desechos ‖ ~**deponie** f, -abladeplatz m, -kippe f / basurero m, vertedero m de basuras ‖ [**un**]**geordnete** ~**deponie** / descarga f [no] controlada de desechos ‖ [**kleiner**] ~**eimer** (Küche etc.) / cubo m de la basura
Mullenprüfer m (Pap) / ensayador m Mullen
Müllentsorgung f / recogida f de basuras
Müller m / molinero m
Müllerei f / molinería f
Müllergaze f / gasa f de cerner
müllerisch adj, Müller... / molinero
Müllern n (Druck) / polvo m metálico m en el aire
Müllgrube f / depósito m de inmundicias
Mullit m (Min) / mullita f ‖ ~**stein** m / ladrillo m de mullita
Müll•kippe f / vertedero m de basuras, depósito m de desechos ‖ ~**kipper** m / camión m basculante de basuras ‖ ~**kompaktor** m / compactador de basuras(s) ‖ ~**kompost** m / compost m a base de basuras[s] ‖ ~**kompostieranlage** f / planta f elaboradora de compost a base de basura[s] ‖ ~**kompostierung** f / elaboración f de compost a base de basura[s] ‖ ~**paketierpresse** f / prensa f de empacar basura ‖ ~**pressbehälter** m / contenedor m compactador de basura[s] ‖ ~**schlucker** m (Bau) / tragabasuras m, boca f de basuras ‖ ~**thermorecycling** m / termoreciclado m de basura ‖ ~**tonne** f (60 od. 110 Liter) / cubo m de basura[s], bidón m de basura[s] ‖ ~**tonnenkippvorrichtung** f / dispositivo m basculante para [los] cubos de basura ‖ ~**trennung** f, -sortierung f / selección f de basuras ‖ ~**verbrennung** f / incineración f de basuras ‖ ~**verbrennungsanlage** f / planta f incineradora o de incineración de basuras, quemadero m de basura ‖ ~**verbrennungskraftwerk** n / central f eléctrica de incineración de basuras ‖ ~**verbrennungsofen** m / horno m de incineración de basuras ‖ ~**vermeidung** f / prevención f de basuras ‖ ~**vernichtung** f / aniquilación f de basuras ‖ ~**verschwelung** f (Umw) / incineración f de basuras a bajas temperaturas ‖ ~**verwertung** f / aprovechamiento m de basuras o desechos ‖ ~**wagen** m, -abfuhrwagen m (Kfz) / camión m de basuras o de la basura ‖ ~**wagen-Aufbau** m (Kfz) / carrocería f de camión de basuras ‖ ~**werker** m / basurero m ‖ ~**zerkleinerer** m / triturador o desmenuzador de basura ‖ ~**zerkleinerung** f / trituración f de desechos
Mulm m (Geol) s. Mull
mulmig (Min) / friable, carcomido, terroso ‖ ~**e Braunkohle** / lignito m terroso
Multi m (multinationales Unternehmen) / gran empresa multinacional f ‖ ~**band-Kamera** f (Foto) / cámara f multibanda
Multibrid-KW n / central f multibrid[eólica]
Multi•burst m (ein Schärfetest) (Video) / ráfaga f [frecuencial] múltiple ‖ ~**bus-kompatibel** (DV) / compatible para buses múltiples ‖ ~**chip** f (Halbl) / multichip m, multipastilla f, multilasquita f ‖ ~**chip-Baustein** m (Eltronik) / componente f multichip o multipastilla o multilasquita ‖ ~**chip-Modul** m / módulo m multichip o multipastilla o multilasquita ‖ ~**-Chip-Satz** m (DV) / juego m de multichips o multiplastillas o multilasquitas ‖ ~**complexer** m (Fernm) / multicomplexor m ‖ ~**core-Prozessor** m (DV) / procesador m multicore ‖ ~**curiezelle** f (Nukl) / célula f multicurie ‖ ~**-Cutting-Maschine** f / máquina f para cortes múltiples ‖ ~**emitter-Transistor** m / transistor m de emisores múltiples ‖ ~**feed-Anlage** f (Antenne) / instalación Multifeed f ‖ ~**fil** (Tex) / multihilo f ‖ ~**filament** n (Plast) / multifilamento m ‖ ~**filamentsieb** n (Pap) / tela f multifilamento ‖ ~**filgarn** n (Spinn) / hilo m multifilamento ‖ ~**font...** (DV) / de póliza múltiple de tipos, de fuente múltiple (MEJ), de juego múltiple de tipos (MEJ) ‖ ~**format...** / multitamaño adj ‖ ~**funktional** (DV) / multifuncional, de funcion múltiple, de múltiples funciones ‖ ~**funktionales Endgerät** / terminal m multifuncional ‖ ~**funktionale Workstation** (DV) /

puesto *m* de trabajo multifuncional || ⁰**-funktionalität** *f* / multifuncionalidad *f* || ⁰**-funktionsanzeige** *f* (Kfz) / pantalla *f* multifunción || ⁰**-funktionsplatz** *m* / puesto *m* multifuncional || ⁰**-grad**... (Öl) / multigrado *adj* ||
⁰**-gruppen**... / multigrupo *adj*, de grupo[s] múltiples[s] || ⁰**-gruppentheorie** *f* (Nukl) / teoría *f* multigrupo || ⁰**-Informations-Display** *n* / MID *n* ||
⁰**-Kilowatt-Laser** *m* / láser *m* de grandes amperajes ||
⁰**kollektor**... / multicolector || ⁰**kontrastpapier** *n* / papel *m* de contraste variable, papel *m* multicontraste || ⁰**kontur-Lehne** *f* (Kfz) / respaldo *m* multicontorno[s] || ~**kristallin** (Solarzellen) / multicristalino || ⁰**layerplatte** *f*, Mehrlagenplatte *f* / tablero *m* multicapa o de múltiples (o varias) capas ||
⁰**layerspiegel** *m* / espejo *m* multicapa ||
⁰**layertechnik** *f* (gedr.Schaltg) / técnica *f* multicapa ||
⁰**-Leaving** *n* (DV) / intercalación *f* de múltiples hojas ||
~**linear** (Math) / multilineal ||
⁰**linkhinterradafhägung** *f* (Kfz) / suspensión *f* "multilink" de las ruedas traseras || ⁰**materialien** *n pl* (Plast) / materiales *m pl* mezclados
Multimedia•... / multimedia *adj*, de múltiples medios ||
⁰**-Computer** *m* (DV) / ordenador *m* multimedia ||
⁰**-Erzeugnisse** *n pl* / productos *m pl* multimedia ||
⁰**-Software** *f* / soporte *m* multimedia
Multimesser-Häckselmaschine *f* / troceadora *f* de varias cuchillas
Multimeter *n* / multímetro *m*
Multi•modefaser *f*, vielwellige Faser (Wellenleiter) / fibra *f* multimodal || ⁰**mode-Gradientenfaser** *f* (Opt) / fibra *f* multimodal de índice graduado || ⁰**mode-Laser** *m* / láser *m* multimodo o de múltiples modos ||
⁰**modenbetrieb** *m* / funcionamiento *m* multimodal ||
⁰**moden-Lichtwellenleiter** *m* / guía *m* de ondas luminosas multimodo || ⁰**moden-Stufenindex-Faser** *f* (Opt) / fibra *f* multimodal de índice escalonado ||
⁰**mode-Wellenleiter** *m* / guía *f* de ondas multimodo o con múltiples modos || ⁰**modul** *m* (Bau) / multimódulo *m* || ⁰**modul** *n* (Steckverbindung) / distanciamiento *m* múltiple || ~**nationaler Konzern** / multinacional *f* || ~**nomial** (Math) / multinomial, plurinomial || ⁰**nomialverteilung** *f* / distribución *f* multinomial || ⁰**oktansäule** *f* (Kfz) / bomba *f* de gasolina multioctano
multipel, viel-, mehrfach / múltiple, múltiplo, vario ||
multiple Proportionen (Math) / proporciones *f pl* múltiples
Multiplett *n*, Linienkomplex *m* (Spektrum) / multiplete *m* || ⁰ (Nukl, Quantenphysik) / multiplete *m*
multiplex, vielfach / múltiple, multiplex, múltiplice (LA) || ⁰ *n* (DV) / multiplex *m* || ⁰... (Fernm) / multiplex *adj*, múltiple *adj* || ⁰**betrieb** *m* (Fernm) / explotación *f* [en] multiplex, transmisión *f* o comunicación múltiple[x] || ⁰**betrieb** (DV) / modo *m* [en] multiplex || ⁰**-Busleitung** *f* (DV) / canal *m* bus multiplex
multiplexen *vt*, Übertragungskanäle bündeln o. vielfach ausnutzen (DV) / multiplexar, transmitir en (o por) multiplex
Multiplexer *m*, MUX (DV) / multiplexor *m* ||
⁰**-Demultiplexer** *m* (DV) / muldex *m*
Multiplexing *n*, Arbeiten im Multiplexbetrieb (Aufteilung eines Übertragungskanals in mehrere Kanäle) (DV) / multiplexado *m*, conversión *f* a multiplex
Multiplex•kanal *m* (DV, Elektr) / canal *m* multiplexor ||
⁰**karton** *m* / cartón *m* multicapa o multiplex ||
⁰**leitung** *f* (Fernm) / línea *f* múltiplex || ⁰**schaltung** *f*, Sammelschaltung *f* (Fernm) / comunicación *f* colectiva o multiplex, conexión *f* para conferencia || ⁰**schrank**, -umschalter *m* (Fernm) / cuadro *m* [conmutador] múltiple, conmutador *m* múltiple, múltiple *m* telefónico || ⁰**telefonie** *f* / telefonía *f* múltiplex ||

⁰**umschalter** *m* (Fernm) / conmutador *m* multiplex ||
⁰**verbindung** *f* / transmisión *f* [en o por] multiplex
Multiplier, [Sekundär]elektronenvervielfacher *m* / multiplicador *m* electrónico o de electrones
Multiplikand *m* (Math) / multiplicando *m*
Multiplikanden•-Ausrichtung *f* (DV) / alineación *f* del multiplicando || ⁰**speicher** *m* / almacenador *m* de multiplicandos || ⁰**zähler** *m* (DV) / contador *m* del multiplicando
Multiplikation *f* (Math) / multiplicación *f* || ⁰ **mit Zehn** / multiplicación *f* por [las] decenas || **a x b x c -**⁰ / multiplicación *f* de tres factores
Multiplikations•anweisung *f* (DV) / instrucción *f* de multiplicación || ⁰**faktor** *m* (Eltronik, Nukl) / factor *m* de multiplicación || ⁰**konstante** *f* (DV, Math) / constante *f* de multiplicación || ⁰**punkt** *m* (Regeln) / punto *m* de multiplicación || ⁰**symbol** *n*, -operator *m* (DV) / operador *m* multiplicador || ⁰**tafel** *f* / tabla *f* de multiplicar
multiplikativ (Eltronik, Math, TV) / multiplicativo, multiplicatriz
Multiplikator *m* (Math) / multiplicador *m* || ⁰**register**, MR *n* (DV) / almacenamiento *m* de multiplicadores ||
⁰**spule** *f* / bobina *f* multiplicadora
Multiplizier•-Akkumulator *m*, MAC / acumulador *m* multiplicador || ⁰**einheit** *f* (DV) / unidad *f* multiplicadora o de multiplicación
multiplizieren *vt* [mit] (Math) / multiplicar [por] || **über Kreuz** ~ / multiplicar en cruz
multiplizierendes Medium (Nukl) / medio *m* multiplicador
Multiplizier•gerät *n* / multiplicador *m* || ⁰**gerät nach der Viertelquadratmethode** / multiplicador *m* cuadrático o de ley cuadrática || ⁰**schaltung** *f* (DV) / multiplicador *m*
Multiplizität *f* (Math) / multiplicidad *f*
Multiplungerpumpe *f*, Vielkolbenpumpe *f* / bomba *f* multiémbolo o de múltiples émbolos
Multipoint•-Betrieb *m* (DV) / servicio *m* multipunto o de varios puntos || ⁰**-Einspritzanlage** *f* (Mot) / sistema *m* de inyección multipunto o por múltiples puntos ||
⁰**-Einspritzung** [electronische] / inyección *f* [electrónica] multipunto[s] || ⁰**-Interface** *n* (DV) / MPI (= interfase multipunto) || ⁰**-Verbindung** *f* / conexión *f* multipunto o de varios puntos
Multi•pol *m* (Phys) / multipolo *m* || ⁰**pol...** / multipolar, multipolo, (poc.us.:) polipolar || ⁰**polfeld** / campo *m* multipolar || ⁰**polmoment** *n* / momento *m* multipolar || ⁰**polymerisat** *n* (Chem) / multipolímero *m* || ⁰**positions**... / multiposición || ⁰**processing** *n* (Parallelarbeit mehrerer Rechner mit gemeinsamen Speicher und Peripheriegeräten) (DV) / multiprocesamiento (E), multitratamiento *m* (LA) ||
⁰**programmbetrieb** *m* **mit variabler Anzahl von Aufgaben** / programación *f* múltiple con tareas de variación || ⁰**programming** *n*, -programmierung *f* (DV) / programación *f* múltiple ||
⁰**prozessor[rechner]** *m* (DV) / multiprocesador *m*, computadora *f* multiprocesadora ||
⁰**prozessorbetrieb** *m* / procesamiento *m* múltiple, elaboración *f* múltiple (LA) ||
⁰**prozessor-Mikrocomputer** *m* / microcomputadora *f* multiprocesadora || ⁰**prozessor-Steuerung** *f*, MPST / mando *m* por multiprocesador || ⁰**reading** *n* / multireading *m* || ⁰**reedkontakt** *m* (Fernm) / relé *m* de láminas múltiples || ⁰**reflex-Klystron** *n* / klistrón *m* multirreflex || ⁰**-Rotation** *f* (Chem) / multirrotación *f*, mutarrotación *f* || ⁰**seeder** *m* (Landw) / multisembradora *f* || ⁰**sensorik** *f*, -sensortechnik *f* / técnica *f* de sensores múltiples ||
⁰**spektral-Abtast-Radiometer** *n* (Raumf) / explorador *m* multi[e]spectral || ⁰**spektralkamera** *f* (Foto) / cámara *f* multi[e]spectral || ⁰**spindelbohrmaschine** *f* (für gleichzeitige Durchführung verschiedener

Arbeiten, Ggs.: multi-unit machine) / taladradora f de husillos múltiples ‖ ~-SPU-System n (Raumf) / unidad f de propulsión de propulsores múltiples ‖ ~station f / multiestación f ‖ ~stations... / de múltiples puestos ‖ ~stereogramm n (Holografie) / multiestereograma m ‖ ~tasking n (DV) / multitarea f ‖ ~ton m (ein Tongenerator) / multitono m (un generador) ‖ ~tonkreis m / circuito m multicanal, multivía f de transmisión ‖ ~tron n (Eltronik) / multitrón m ‖ ~-User m, Mehrbenutzer m (DV) / multiusuario m ‖ ~user-Dialogsystem n (DV) / sistema m de diálogo para múltiples usuarios ‖ ~variabel / multivariable, de varias o múltiples variables ‖ ~vibrator m (Eltronik) / multivibrador m ‖ ~vibratorbrücke f (Temperaturmessung) / puente m de multivibrador ‖ ~volumen... (DV) / de múltiples volúmenes ‖ ~volumendatei, Mehrplattendatei f / fichero m de discos múltiples ‖ ~wand f (TV) / pantalla f múltiple ‖ ~zellularvoltmeter n / electrómetro m multicelular ‖ ~zerkleinerer m (Küche) / multiplicadora f [eléctrica] ‖ ~zyklon m, Multiklon m (Aufb) / ciclón m múltiple seco, multiciclón m seco ‖ ~zyklonentstaubung f / captación f de polvo por ciclón múltiple, despolvoramiento m por ciclón múltiple

Multlink... (DV) / multienlace

Mu-Metall n (Hütt) / mumetal m

M- und S-Reifen m pl (Kfz) / neumáticos m pl para fango y nieve

münden vi [in] (Straße) / desembocar [en] ‖ **in ein Meer** ~ / desembocar en un(a) mar ‖ **in einen Fluss** ~ / desaguar [en]

mundgeblasen (Glas) / soplado con la boca

mündliche Beratung, Briefing n (Luftf) / briefing m, resumen m verbal, reparo m rápido

Mund • loch n (Masch) / orificio m ‖ ~loch (Bergb, Tunnel) / entrada f ‖ ~ring m (Strangpresse) / boquilla f anular

Mundstück, Ansatzrohr n / tubo m de empalme ‖ ~ n, Schnauze f / pico m, pitorro m (LA) ‖ ~ (Zigarette) / boquilla f ‖ ~ (Mus.Instr) / embocadura f, boca f, boquilla f ‖ ~, Düsenaustritt m (Strangpressen) / orificio m de la tobera o boquilla ‖ ~ (Ziegelpresse) / boca f de salida ‖ ~ **der Birne** (Hütt) / boca f del convertidor ‖ ~**platte** f (Plast) / cuerpo m de la boquilla

Mündung f, Öffnung f / abertura f, orificio m ‖ ~ (Fluss) / desembocadura f, estuario m, ría f (E) ‖ ~ (Kanone) (Mil) / boca f ‖ ~ (Konverter) / boca f

Mündungs • bär m (Hütt) / lobo m de boca ‖ ~**bremse** f (Kanone) (Mil) / freno m de boca ‖ ~**druckwelle** f (Mil) / onda f expansiva de boca ‖ ~**energie** f (Mil) / energía f inicial del proyectil ‖ ~**feuer** n (Mil) / fogonado m ‖ ~**feuerdämpfer** m, Vorlage f (Mil) / tapallamas m ‖ ~**geschwindigkeit** f, V-Null n (Mil) / velocidad f inicial o a la boca ‖ ~**putzen** n (Konverter) / limpieza f de la boca ‖ ~**ring** m (Konverter) / anillo m de boca ‖ ~**schoner** m (Kanone) (Mil) / protección f de boca, tapaboca m

Mund-zu-Mund-Beatmung f, -zu-Nase-Beatmung f (Med) / respiración f [de] boca a boca

Mungo m, -wolle f (Tex) / mungo m regenerado de trapo ‖ ~**garn** n / hilo m mungo

Munition f (Mil) / munición f ‖ ~ **nachfüllen od. -laden** / reamunicionar

Munitions • fabrik f / fábrica f de municiones ‖ ~**pappe** f / cartón m para municiones o cartuchos

Munsell • -Neuwerte m pl (Farblehre) / valores m pl nuevos de Munsell ‖ ~**-System** n (Farblehre) / sistema m Munsell

Muntzmetall n (Me 60, bis 0,8% Pb, schmiedbar) / metal m Muntz

Münz • apparat m, -automat m / distribuidor m o vendedor automático, expendedora f automática, máquina f automática a moneda, tragaperras m (col) ‖ ~**automat** m (Elektr) / contador m de pago previo ‖ ~**behälter** m, -kassette f (Automat) / caja f colectora de monedas ‖ ~**betätigtes Schloss** / cerradura f accionada por moneda ‖ ~**betätigter Zähler** / contador m accionado por moneda

Münze f, Geldstück n / moneda f ‖ ~, Münzwerkstätte, -anstalt f, Münzgebäude n / Fábrica f de Moneda y Timbre, Casa f de la Moneda ‖ ~ f, Denkmünze f, Gedenkmedaille f / medalla f ‖ ~ **für Automaten** / ficha f ‖ ~**n schlagen o. prägen**, münzen / acuñar monedas

Münz • einrichtung f (Automat) / colector m de monedas ‖ ~**einwurf** m, Schlitz m / ranura f para la moneda ‖ ~**einwurf** (Vorgang) / introducción f de la moneda ‖ ~**[einwurf]zähler** m / contador m de pago previo ‖ ~**fernsehen** n / televisión f de pago previo ‖ ~**fernsprecher** m / teléfono m de pago previo, teléfono m con mecanismo de moneda, teléfono m monedero (URUG) ‖ ~**fernsprecher**, öffentliche Sprechstelle / teléfono m público automático o de moneda[s] ‖ ~**fuß** m, Prägemaß n / talla f ‖ ~**gaszähler** m / contador m de gas de pago previo ‖ ~**gold** n, Dukatengold n / oro m para monedas, oro m fino o de ley, oro m de 900 a 986 milésimas ‖ ~**legierung** f (75% Cu, 25% Ni) / aleación f de monedas (75% Cu y 25% Ni) ‖ ~**prägemaschine** f / máquina f o prensa para acuñar monedas, acuñadora f de moneda ‖ ~**[präge]stempel** m / troquel f, cuño m para acuñar monedas ‖ ~**prägung** f / acuñación f de monedas, amonedación f (LA) ‖ ~**prüfer** m / probador m de monedas, verificador m de monedas ‖ ~**rand** m / cordoncillo m ‖ ~**rückgabegerät** n / dispositivo m de monedas restituidor ‖ ~**[strom-, -gas]zähler** m / contador m de pago previo, contador m de previo pago ‖ ~**vorwahlgerät** n (Tanksäule) / preselector m para pago previo ‖ ~**wertzeichendrucker** m (Post) / impresora f de sellos de pago previo

Müon n (Phys) / muón m, mesón m mu

Mural, Großphoto n (Foto) / cuadro m mural, mural m

mürbe (Holz, Stein), bröckelig / friable, frágil, desmoronadizo ‖ ~, weich / blando, tierno ‖ ~ **machen** / ablandar

Mürbheit f (Stein) / friabilidad f

Mürbigkeitsmesser m / medidor m de la friabilidad

Mürbschicht f (Stein) / capa f friable (piedra)

Mure, Vermurung f (Geol) / avalancha f de arena y de piedras

Murexid n, saures Ammoniumpurpurat (Chem) / murexida f ‖ ~**probe** f (Chem) / prueba f por murexida

Muriazit m (Min) / muriacita f

Muring f (Schiff) / fondeadero m en dos

Muringsschäkel m / grillete m para fondear en dos

Muring-Winde f, Muringsblock m (Schiff) / güinche f o torno para fondear en dos

Murraykiefer f, P. contorta (Bot) / pino m de Murray

Murray-Schleife f (Elektr) / anillo m o puente [de prueba] de Murray

Musaantenne f, Mehrfachrautenantenne f / antena f múltiple de ángulo vertical ajustable, antena f orientable de varios elementos, antena f múltiple orientable

Muschel f, -schale f (Zool) / concha f, valva f ‖ ~ (Fernm) / auricular m, pabellón m ‖ ~**antenne** f / antena f de concha o con reflector concha ‖ ~**förmig** / en forma de concha, conchiforme ‖ ~**gold**, Malergold m / oro m musivo ‖ ~**griff** m / asa f en forma de concha ‖ ~**griff** (Möbel) / empuñadura f empotrada ‖ ~**griff** (Kfz) / tirador m empotrado

muschelig, schalig / concoideo, concoidal ‖ ~**er Bruch** (Geol) / fractura f concoidea

Muschel • kalk m (Geol) / caliza f conchífera o de conchas ‖ ~**linie** f (Math) / línea f concoidal, concoide f ‖ **tertiärer** ~**sand aus Anjou u. Touraine** / arena f

conchífera ‖ ⁓[schale] f (Zool) / concha f ‖
⁓schalenhälfte f / valva f ‖ ⁓schieber m (Dampfm) /
distribuidor m en concha ‖ ⁓seide f, -bast m,
Byssusseide f (Tex) / seda f marina, biso m
muschlig s. muschelig
Musenit m (Min) / musenita f
Muser m, Mixer m (Landw) / mezclador m, mezcladora f
musiert, ungestochen (Druck) / adornado (letra)
Musik•automat m / tocadiscos m automático o público,
máquina f tocadiscos ‖ ⁓band n / cinta f de música ‖
⁓berieselung f / hilo m musical ‖ ⁓frequenz f /
audiofrecuencia f, frecuencia f musical ‖
⁓instrument n / instrumento m de música ‖
⁓leistung f / potencia f [de modulación] musical ‖
~pupinisiert (Fernm) / cargado para radiodifusión
musical ‖ ⁓pupinisierung f (Fernm) / carga f [para
radiodifusión] musical ‖ sehr leichte ⁓pupinisierung
(Fernm) / carga f musical muy ligera ‖ ⁓spur f, Track m
2 (Film) / cinta f para música ‖ ⁓truhe f, -schrank m /
mueble m radio o fonográfico, radiogramófono m,
radiogramola f ‖ ⁓übertragung f / radiodifusión f de
música ‖ ⁓übertragungsleitung f (Fernm) / línea f de
programa
musiv, Musiv... (Gold, Silber) (Chem) / musivo ‖ ⁓arbeit
f (Bau) / trabajo m de mosaico ‖ ⁓gold, [unechtes]
Muschelgold n, (früher: Zinn(IV)-sulfid, jetzt:
Broncepigment) / oro m musivo ‖ ⁓silber n / plata f
musiva
Muskarin n (Chem) / muscarina f
Muskat•nuss f (Bot) / nuez f moscada, moscada f ‖
⁓nussbaum m, Myristica [fragans] / mirística m ‖
⁓öl, Macisöl n / esencia f de [nuez] moscada
Muskel•arbeit f / trabajo m muscular ‖ ⁓fibrille f
(Physiol) / fibrila f muscular ‖ ⁓hypothek f
(Eigenleistung beim Hausbau) / hipoteca f muscular ‖
⁓kraft f / fuerza f muscular ‖ ⁓kraftbetätigung f /
mando m muscular, esfuerzo m muscular,
accionamiento m a mano ‖ ⁓strom m (Med) /
corriente f muscular
Muskovit, Kaliglimmer m (Min) / muscovita f
Mussanweisung f (DV) / instrucción f absoluta
Musselin m (Tex) / muselina f ‖ ⁓band n (Reifen) / banda
f de muselina ‖ ⁓glas n / vidrio m jaspeado
Mussvorschrift f / especificación f o prescripción
obligatoria
Muster n, Vorbild m, Vorlage f (allg, Tex) / dechado m ‖ ⁓,
Modell n / modelo m ‖ ⁓, Spezimen n / muestra f,
espécimen m ‖ ⁓ n (z.B. Web), Musterung f / dibujo
m ‖ ⁓, Beispiel n / ejemplo m ‖ ⁓, Musterkarte f /
muestrario m, carta f de muestras ‖ ⁓, Prototyp m /
prototipo m ‖ ⁓, Schau-, Aussehensmuster n /
maqueta f ‖ ⁓ (DV) / galería f ‖ ⁓, Bindungsmuster n
(Web) / muestra m de ligamento ‖ ⁓ einlesen, levieren
(Tex) / leer los hilos, remeter los hilos ‖ ⁓ mit
systematischem Fehler / muestra f en (o al) biés
Muster•abschnitt m von Tuch (Tex) / recorte m de
muestra ‖ ⁓-Aufsteller m (Tex) / lector m de dibujo ‖
⁓ausnehmen n (Tex) / descomposición f de muestra ‖
⁓band m (Druck) / volumen m de muestra ‖ ⁓betrieb
m (Masch) / planta f o fábrica o instalación modelo ‖
⁓beutel m (Verp) / bolsa f para envío [postal], sobre m
para muestras ‖ ⁓bildender Schuss (Tex) / trama f que
produce el dibujo ‖ ⁓bogen m (Pap) / hoja f de
muestra ‖ ⁓buch n (Tex) / colección f de dibujos o
patrones, muestrario m ‖ ⁓entnahmestelle f
(Flüssigkeit) / puesto m de toma de pruebas, puesto m
de muestreo ‖ ⁓etui n / estuche m con muestras ‖
⁓färbung f (Tex) / tintura f de dibujos ‖ ⁓flasche f (für
Muster) / botella f de pruebas ‖ ⁓flasche (als Muster)
/ botella f de muestra, botella f modelo ‖ ⁓gewalzt
(Walzw) / laminado estriado ‖ ~gewalzt (Pap) / gofrado
con dibujos ‖ ⁓gut n, -betrieb m (Landw) / granja f (E)
o estancia (LA) modelo, explotación f [agrícola]
modelo o piloto ‖ ⁓haus n (Bau) / casa f modelo ‖

~induzierte Flickerfarben f pl (Phys) / colores m pl
Benham ‖ ⁓karte f (Web) / carta f de muestras,
muestrario m ‖ ⁓kennung f (DV) / reconocimiento m
de configuraciones, identificación f de figuras ‖
⁓kette f (Web) / urdimbre f que produce el dibujo ‖
⁓koffer m / maleta f[muestrario] (E), valija f (LA)
para muestras ‖ ⁓konstrukteur, -entwerfer m
-zeichner m (Web) / diseñador m de dibujos ‖ ⁓kopie f
(Film) / primer m positivo ‖ ⁓lesen, Einlesen n,
Angabe f (Web) / lectura f de ligamentos ‖ ⁓los n
(Qual.Pr.) / lote m muestra ‖ ⁓maschine f (Tex) /
máquina f para preparar dibujos ‖ ⁓messe f / feria f
muestrario o de muestras, muestra f (italianismo) ‖
⁓motor m (Luftf) / motor m prototipo
mustern vt, mit Muster versehen / aplicar [los] dibujos ‖
eingewoben ~ / integrar dibujos al tejer
Muster•nehmen / toma f de muestras, muestreo m ‖
⁓papier n (Web) / papel m para dibujo, papel m
técnico textil ‖ ⁓presse f (Web) / prensa f entallada o
para dibujos ‖ ⁓presser m, Pressrad n (Web) / rueda f
prensadora para dibujos ‖ ⁓rad n (Tex) / rueda f de
dibujo ‖ ⁓rapport m (Färb, Tex) / repetición f del
dibujo ‖ ⁓-Reduzierung f / reducción f de las
muestras ‖ ⁓schutz m / protección f de dibujos y
modelos de utilidad industrial, protección f de
modelos registrados ‖ ⁓stück, Vorbild n / muestra f,
modelo m ‖ ⁓trommel f (Tex) / tambor m de dibujo o
de selección
Musterung f aus der Kette (Tex) / dibujo m producido
por la urdimbre
Muster•-Vorbereitung f / preparación f de muestra ‖
⁓walze f / cilindro m grabado para dibujos, cilindro m
gofrador ‖ ⁓weberei f / tejeduría f de dibujos ‖
⁓webstuhl m (Tex) / telar m de dibujos ‖ ⁓wechsel m
(Web) / cambio m de dibujo ‖ ⁓werkstätte f / taller
-modelo m ‖ ⁓werkstätte (Masch) / taller m de
modelos ‖ ⁓wohnung f (Bau) / piso m piloto ‖
⁓zeichenmaschine, Kartenlochmaschine f (Tex) /
máquina f de picar o perforar cartones ‖ ⁓zeichner,
-entwerfer m -konstrukteur m (Web) / diseñador m de
dibujos textiles ‖ ⁓zeichner m (gedr.Schaltg) /
generador m de redes ‖ ⁓zittern n (DV) /
inestabilidad f debida al contenido de mensaje
Mutante f (Biol) / mutante f
Muta-Rotation f (Chem) / mutarrotación f
Mutation f (Biol) / mutación f ‖ ⁓ verursachend /
mutante adj
muten vt, Mutung einlegen (Bergb) / solicitar una
concesión
Muter, Antragsteller m (Bergb) / solicitante m
mutieren (Biol) / mutar, variar bruscamente
mutmaßliche Reserve (Öl) / reserva f probable
Mutmaßlichkeit, größte ⁓ / verosimilitud f máxima
Mutter f, Schraubenmutter f / tuerca f ‖ ⁓, Essigmutter f
(Nahr) / madre f del vinagre, solera m ‖ ⁓ mit Bund /
tuerca f con collar ‖ ⁓ mit Klemmteil / tuerca f
prisionera ‖ ⁓ niedrige Form, Flachmutter / tuerca f
baja o plana
Mutter•backe f (Wzm) / mordaza f de la tuerca ‖ ⁓band
n, Masterband m (Magn.Bd) / cinta f maestra ‖ ⁓bild n /
imagen f original ‖ ⁓boden (Landw) / tierra f vegetal
‖ ⁓bodenkippe f / acumulación f de tierra vegetal ‖
⁓erz n (Bergb) / mineral m madre ‖ ⁓frequenz f
(Eltronik) / frecuencia f madre ‖ ⁓gestein n (Geol) /
roca f madre ‖ ⁓gewinde n, Innengewinde n / rosca f
interior o de tuerca ‖ ⁓gewindebohrer m,
Gewindebohrer m / macho m para roscar tuercas,
macho m roscador ‖ ⁓kern m, -nuklid n (Nukl) /
precursor m ‖ ⁓kern verzögerter Neutronen (Nukl) /
precursor m de neutrones retardados ‖ ⁓kompass m /
brújula f magistral o maestra ‖ ⁓korn, Secale
cornutum (Befall mit Claviceps purpurea), Brand m
(Bot, Landw) / cornezuelo m o espolón del centeno ‖
von ⁓korn befallen / atizonado ‖ ⁓kornpilz m,

Claviceps purpurea / hongo *m* de cornezuelo ||
~**kornvergiftung** *f* (Med) / ergotismo *m* || ~**kreis**, Originalkreis *m* (Teilmasch) / sector *m* original ||
~**kristall** *m* / cristal *m* madre || ~**lauge** *f* (Chem) / lejía *f* o agua madre || ~**maske** *f* (Halbl) / máster *m* ||
~**metall** *n*, -werkstoff *m* (Schw) / metal *m* base ||
~**mischung** *f*, konzentriertes Vorgemisch (Chem) / mezcla *f* madre
Muttern•abkantmaschine *f* / achaflanadora *f* de tuercas || ~**anziehmaschine** *f*, -festziehgerät *n* / apretadora *f* de tuercas || ~**fräser** *m* / fresa *f* para tuercas || ~**fräsmaschine** *f* / fresadora *f* de tuercas ||
~**gewinde[schneid]automat** *m* / roscadora *f* automática de tuercas || ~**halter** *m* / portatuercas *m*, sujetatuercas *m* || ~**presse** *f* / prensa *f* para tuercas ||
~**schlüssel** *m* / aprietatuercas *m*, llave *f* para tuercas ||
~**sicherung** *f* / seguro *m* (E) o freno (LA) de tuerca ||
~**sicherung**, Federring *m*, -scheibe *f* / arandela *f* de seguro (E) o de frenado (LA), anillo *m* elástico ||
~**sicherung**, Sicherungsblech *n* / chapa *f* de seguridad (E) o de frenado (LA) para tuerca[s] || ~**sicherung durch Selbstsicherung** / seguro *m* autoblocante (E) de la tuerca, autofrenado *m* (LA) [de la tuerca] ||
~**stahl** *m* / acero *m* para tuercas || ~**teil- und -fräsapparat** *m* (Wzm) / máquina *f* para dividir y fresar tuercas
Mutternuklid *n*, -**kern** *m* (Nukl) / precursor *m*
Mutternzange *f* (Wz) / tenazas *f pl* para tuercas
Mutter•pause *f* (Druck) / copia *f* madre || ~**platte** *f* (Audio) / disco *m* matriz u original || ~**raster** *m* (Druck) / retículo *m* madre || ~**reihe** *f* (Walzw) / perfil *m* madre || ~**rolle** *f* (Pap) / rollo *m* de máquina || ~**saft**, -sirup *m* (erster Ablauf) (Zuck) / jarabe *m* madre || ~**schiff** *n* / buque *m* nodriza, barco-nodriza *m* || ~**schiff**, Versorgungsschiff *n* / barco *m* avituallador, nave *f* de abastecimiento || ~**schloss** *n* (Dreh) / tuerca *f* partida del husillo principal o patrón || ~**schlossbacke** *f*, Leitspindelmutterbacke *f* (Dreh) / mordaza *f* de la tuerca partida || ~**schraube** *f* / tornillo *m* con tuerca ||
~**sender** *m* (Eltronik) / estación *f* maestra o principal ||
~**sole**, -lauge *f* (Salz) / agua *f* madre, lejía *f* madre ||
~**stoff** *m*, -substanz *f* (Chem) / sustancia *f* o materia madre || ~**uhr** *f* (Elektr) / reloj *f* maestro o patrón o central
"**Mutter-und-Kind-Box**" (Kfz) / carcasa *f* de acero antichoque trasera
Mutter•werkstoff *m* (von plattiertem Metall) / metal *m* base || ~**wolle** *f* (Tex) / lana *f* de oveja madre
Mutung *f* (Bergb) / solicitud *f* de concesión minera (E), pedido *m* de concesión minera (LA)
Mutungs•bereich *m* / área *f* de concesión || ~**riss** *m*, -**karte** *f* / plano *m* de la concesión
Mützen•lampe *f* (allg) / lámpara *f* de casco || ~**schirm**, Schirm *m* / visera *f*
MUX, Multiplexer *m* / multiplexor *m*
MUX-Brennstoff *m* (= mixed uranium oxide - plutonium oxide) (Nukl) / combustible *m* MOX
MVA, Müllverbrennungsanlage *f* / planta *f* incineradora de basuras
MW (Elektr) = Megawatt || ~ (Eltronik) = Mittelwellenbereich || ~ (Hydr) = Mittelwasserstand
MWA-Sollarzelle *f* / célula *f* solar MWA (Metallization Wrap Around)
MWG = Massenwirkungsgesetz
MWK = metallwhisker-verstärkter Kunststoff
mWS = Meter Wassersäule
My, M, μ / my (letra griega), M, μ
Myko•bakterien *f pl* (Med, Zool) / micobacterias *f pl* ||
~**logie** *f*, Pilzkunde *f* (Bot) / micología *f* || ~**toxin** *n* (Lebensm.konserv) / micotoxina *f*
Mylar *n* (Plast) / Mylar *m* || ~**folie** *f* / película *f* u hoja de Mylar
Mylonit *m*, Knet-, Mahlgestein *n* (Min) / milonita *f*
myoelektrisch (Med) / mioeléctrico

Myon, (früher:) μ-Meson (ein Lepton) *n* (Phys) / muono *m*, mesón *m* mu o μ || ~**atom** *n* / átomo *m* muónico
Myonenchemie *f* / química *f* de muones
Myonion *n*, Myonen-Ion *n* / ion *m* muónico
myonisch, (früher:) μ-mesisch / muónico
Myonium *n* (Nukl) / mionio *m*
Myria... (10.000 Einheiten enthaltend) / ma (= miria)
Myricin *n* (Chem) / miricina *f*
Myricylalkohol *m* / alcohol *m* mirícico o melísico
Myristinsäure *f* / ácido *m* mirístico
Myrrhenharz *n* / mirra *f*, mirrina *f*
Myrtenwachs *n* / cera *f* de mirto
Myxobakterien, Schleimbakterien *m pl* / mixobacteria[le]s *m pl*, bacterias *f pl* mucilagíneas
Myxomyzeten *pl*, Schleimpilze *m pl* (Bot) / mixomiceto *m pl*
Myzel[ium] *n* (Bot) / micelio *m*
M-Zahn, Stockzahn *m* (Säge) / diente *f* en M
MZFR = Mehrzweck-Forschungs-Reaktor
MZK = maximal zulässige Konzentration

N

n = Neutron
n, Nano...(10^{-9}) / n., nano...
n:1... (z. B. Zähleruntersetzung) / n por 1...
N =Nord[en]
N (Chem) = Stickstoff
N (Phys) = Newton
N = normal
Na (Chem) = Natrium
NA = nicht austauschbar
NAA = Neutronen-Aktivierungs-Analyse
Nabe f (Rad) / cubo m, maza f, buje m ‖ ≈ (Turbine) / núcleo m de rodete ‖ ≈ (Hubschrauber) / cabeza f, parte f central
nabel•förmig / en forma de ombligo ‖ **≈punkt** m (Math) / punto m umbilical ‖ **≈schnur** f (Raumf) / cable m umbilical ‖ **≈-Steckverbinder** m (Elektr) / conector m umbilical
Naben•abzieher m / sacacubos m ‖ **≈aufweiteprobe** f / ensayo m de ensanchamiento del cubo ‖ **≈bohrung** f / taladro m del buje, agujero m del cubo ‖ **≈bremse** f (Kfz) / freno m de cubo ‖ **≈büchse** f / casquillo m de cubo ‖ **≈deckel** m, -kappe f, Radzierkappe f (Kfz) / tapacubo m, embellecedor m ‖ **≈dynamo** m (Fahrrad) / dínamo f incorporado al cubo ‖ **≈flächenansenken** / avellanar cubos ‖ **~frei** (Räder) / sin cubo (moto) ‖ **≈gehäuse** n, -körper m, -hülse f (Fahrrad) / caja f del piñón ‖ **≈gelenk** n / articulación f de cubo ‖ **≈-Kilometerzähler** m / odómetro m de cubo ‖ **≈kranz** m / platillo m de cubo ‖ **≈motor** m / motor m [colocado] en el cubo ‖ **≈nut-Räumwerkzeug** n / herramienta f de brochar chaveteros ‖ **≈reifen** m (Kfz) / neumático m de cubo ‖ **≈ring** m / brida f de cubo, estornija f ‖ **≈senker** m (Wzn) / broca f avellanadora de cubos ‖ **≈sitz** m / asiento m del cubo o del buje ‖ **≈sitz**, Radsitz m (Bahn) / zona f de calaje de la rueda ‖ **≈wirbel** m (Luftf) / remolino m producido por el cubo ‖ **≈wulst** m f (Luftf, Propeller) / talón m del núcleo
Nabla-Operator m (Math) / nabla m
NACA-Haube f, Ringkühler m / capó m anular
NACA-Profil n (= National Advisory Committee for Aeronautics) (Luftf) / perfil m NACA
nach, hinter, Nach... / detrás [de], despues [de], tras ‖ **~**, in Richtung auf / hacia, a, para ‖ **~** (zeitlich) / después [de], al cabo de, tras ‖ **~**, entsprechend / según, conforme a, con arreglo a ‖ **~... adj adv** (z.B. nachbehandeln) / ulterior [mente], posterior [mente], subsiguiente [mente] ‖ **~ und nach**, allmählich / poco a poco, paulatinamente ‖ **~ und nach**, allmählich, schrittweise / paso a paso, gradualmente, progresivamente ‖ **dy ~ dx** (Diff.Rechnung) (Math) / dy sobre dx
Nach•... / post..., pos... ‖ **~ahmen**, -machen / imitar, copiar, simular ‖ **~ahmen**, -machen, fälschen / falsificar, contrahacer ‖ **~ahmend** / imitador ‖ **~ahmend**, mimetisch / mimético ‖ **≈ahmung** f, Fälschung, Imitation f / imitación f, falsificación f ‖ **≈ahmung**, Simulierung f / simulación f ‖ **≈anhebung** f (Eltronik) / posténfasis f ‖ **≈anreicherung** f (Nukl) / postenriquecemiento m ‖ **≈appretur** f (Tex) / apresto m posterior o ulterior ‖ **≈arbeit** f, -bearbeitung f / mecanización f subsiguiente o posterior o ulterior ‖ **≈arbeit** (Bau) / trabajo m de repaso ‖ **≈arbeit** (Bergb) / trabajo m suplementario ‖ **≈arbeit** (Tex) / proceso m de acabado ‖ **≈arbeit**, -bearbeitung zur Oberflächenverbesserung f (Masch) / tratamiento m subsiguiente de superficies, retoque m ‖ **~arbeitbarer Ausschuss** / desechos m pl recuperables ‖ **~arbeiten** vt / repasar, retocar, mecanizar [posteriormente] ‖ **≈arbeitsteil** n / pieza f repasable ‖ **≈ätzung** f (Druck) / regrabado m, refinado m ‖ **≈austastung** f (TV) / extinción f final, supresión f del haz final ‖ **≈avivage** f (Seide) / avivaje m posterior o ulterior ‖ **~avivieren** vt (Färb) / volver a avivar
Nachbar•..., benachbart / vecino, próximo, limítrofe ‖ **≈...**, angrenzend (Math) / contiguo, adyacente ‖ **≈amt** n (Fernm) / central próxima f ‖ **≈bildfalle** f (TV) / trampa f de portadora de imagen del canal adyacente ‖ **≈bildträger** m (TV) / portadora f de imagen del canal adyacente ‖ **≈gleis** n / vía f contigua ‖ **≈kanal** m (Eltronik) / canal m adyacente o contiguo ‖ **≈kanalstörung** f (Fernm, TV) / interferencia f del (o debida al) canal adyacente ‖ **≈kanalstörung**, Seitenbandstörung f (Fernm, TV) / modulación f cruzada, transmodulación f
nachbarlich, Nachbar[schafts]... / vecinal
Nachbar•ortsverkehr m (Fernm) / tráfico m vecinal ‖ **≈schaft**, Umgebung f (allg, Math) / vecindad f, cercanía f, proximidad f ‖ **≈schaftseffekt** m (Elektr) / efecto m de proximidad ‖ **≈schicht** f, benachbarte Schicht / capa f vecina, estrato m vecino ‖ **≈spur** f (Audio) / pista f adyacente ‖ **≈tonfalle** f (TV) / trampa f de portadora de sonido del canal adyacente ‖ **≈tonträger** m (TV) / portadora f de sonido del canal adyacente ‖ **≈ [träger]welle f für Bild** (TV) / onda f portadora de imagen del canal adyacente ‖ **≈ [träger]welle für Ton** / onda f portadora de sonido del canal adyacente ‖ **≈-Viererennebensprechkopplung** f (Fernm) / diafonía f entre real y real ‖ **≈wirkung** f (Insektizid) / efecto m adyacente ‖ **≈zelle** f (Mobilfunk) / célula f vecina o adyacente
Nach•bau m / copia f ‖ **~bauen** vt, kopieren / copiar ‖ **~bauen**, imitieren / imitar ‖ **≈bauerlaubnis** f / permiso m de construcción o reproducción, licencia f de construcción ‖ **≈bauprüfung** f / ensayo m de duplicado ‖ **≈bearbeitung** f **nach dem Sintern** / operaciones f pl después del sinterizado ‖ **≈bearbeitungs-Drehmaschine** f (Wzm) / torno m de mecanizado subsiguiente o posterior o ulterior, torno m de acabado ‖ **≈beben** n (Seismik) / terremoto m secundario ‖ **≈beeisung** f, Nacheisung f (Schweiz) (Bahn) / relleno m de hielo ‖ **~behandeln** vt / tratar ulteriormente o posteriormente ‖ **~behandelt** (Oberfläche) / tratado ‖ **≈behandlung** f / tratamiento m ulterior o posterior, acabado m ‖ **≈behandlung** (Beton) / curado m ‖ **≈behandlung von Daten** (DV) / pos[t]procesamiento m de datos (E), pos[t]tratamiento m de datos (LA) ‖ **≈behandlung von Fehlchargen**, Rework m (Nukl) / relaboración f, relabrado m ‖ **~beizen** vt (Färb) / mordentar posteriormente, remordentar ‖ **≈berechnung** f (Kontrolle) / comprobación f o revisión del cálculo ‖ **≈berechnung**, Aufschlag m / recargo m ulterior ‖ **≈beschleuniger** m (Kath.Str) / acelerador m final (o posterior a la desviación) ‖ **≈beschleunigung** f / postaceleración f ‖ **≈beschleunigungselektrode** f / electrodo m postacelerador o de postaceleración, (menos m usado:) electrodo de aceleración posterior ‖ **≈beschleunigungsspannung** f / tensión f de postaceleración ‖ **~bessern** vt, überholen / retocar, repasar ‖ **≈besserung** f / retoque m, remienda f ‖ **~bestellen** vt / hacer un pedido suplementario o adicional ‖ **≈bestellung** f / pedido m suplementario o de repetición ‖ **≈bestrahlung** f / irradiación f posterior, postirradiación f ‖ **≈beulverhalten** n (Bau) / comportamiento m después del pandeo ‖ **≈bild** n (Opt) / imagen f persistente o retenida ‖ **komplementäres ≈bild** (Opt) / imagen f persistente complementaria ‖ **~bilden** vt, kopieren / copiar,

nachbilden

reproducir ‖ ~**bilden**, imitieren / imitar ‖ ⁓**bildner**, Simulator *m* (DIN) / simulador *m* ‖ ⁓**bildprüfer** *m* (Fernm) / comprobador *m* de red equilibradora ‖ ⁓**bildung** *f* / imitación *f*, reproducción *f* ‖ ⁓**bildung** (Fernm) / equilibrado *m* ‖ ⁓**bildung** (Netz) (Elektr) / red *f* equilibradora ‖ ⁓**bildung**, Simulation *f* (allg, DV, Fernm) / simulación *f* ‖ ⁓**bildungsgestell** *n* (Fernm) / bastidor *m* de redes equilibradoras, panel *m* o rack de equilibradores ‖ ⁓**bildungsgüte** *f* (Fernm) / calidad *f* de equilibrado ‖ ⁓**bildungsverfahren** *n* (Fernm) / método *m* de equilibrado ‖ ~**blasen** *vt* (Hütt) / sobresoplar, soplar en segunda fase ‖ ⁓**blasen** *n* (Hütt) / sobresoplado *m* ‖ ~**bläuen** *vt* (Färb) / pontere azul (poco a poco) ‖ ~**bleichen** *vt* (Tex) / blanquear posteriormente, someter a un segundo blanqueo ‖ ~**bohren** *vt*, aufweiten / ensanchar ‖ ~**bohren**, fertigbohren / acabar o repasar un taladro ‖ ⁓**bohrer** *m* (Masch) / broca *f* de acabado ‖ ⁓**bohrer**, Nachnahmebohrer *m* (Öl) / taladrador *m* ensanchador ‖ ⁓**bohrloch** *n* (Öl) / perforación *f* excéntrica o de corrección ‖ ⁓**brand** *m* / postcombustión *m* ‖ ~**brechen** *vi* (Bergb) / desprenderse (el techo) ‖ ~**brechen** *vt* / remachacar ‖ ⁓**brechen** *n* **des Deckgebirges** (Bergb) / desprendimiento *m* del techo ‖ ⁓**brecher** *m* / remachacadora *f* ‖ ~**brennen** *n* (Brenner) / recalentamiento *m*, postcombustión *f* ‖ ⁓**brennen** (Glühlampe, Zündholz) / incandescencia *f* residual ‖ ⁓**brennen mit Flamme** / llama *f* persistente ‖ ⁓**brenner** *m* (für Zusatzschub) (Luftf) / postquemador *m* ‖ ⁓**brennerdüse** *f* (Luftf) / tobera *f* de postcombustión ‖ ⁓**brenner-Turbinenstrahltriebwerk** *n* (Luftf) / turboreactor *m* con postquemador ‖ ⁓**büchsen** *n* **der Lager** / reencasquillado *m* (de cojinetes) ‖ ⁓**carbonatation** *f* (Zuck) / carbonatación *f* posterior o ulterior ‖ ~**chlorieren** *vt* (PVC) / postclorar ‖ ~**chloriertes Polyethylen** / polietileno *m* [post]clorado ‖ ~**chloriertes Polyvinylchlorid**, PC / cloruro *m* de polivinilo ‖ **nicht** ~**chloriertes Polyvinylchlorid**, PCU / cloruro *m* de polivinilo, postclorado *m* ‖ ⁓**chromieren** *n* (Tex) / cromado *m* posterior ‖ ⁓**codierung** *f* / codificación *f* posterior ‖ ~**decken** *vt* (Färb) / corregir la cobertura de tintura **nachdem, je** ~ / según [las circunstancias], según y conforme
Nach•destillationsapparat *m* / aparato *m* de redestilación ‖ ~**dieseln** *vi* (Mot) / golpear (a modo de un motor Diesel) ‖ ⁓**dieseln** *n* (Mot) / golpeo *m* del motor (después de parada) ‖ ⁓**draht** *m* (Spinn) / torsión *f* suplementaria ‖ ~**drehen** *vt* (Dreh) / repasar al torno, retornear, acabar ‖ ~**drehen**, auftreiben (Zwirn) / hacer la retorsión suplementaria ‖ ⁓**drehmaschine** *f* (Wzm) / torno *m* de repasar ‖ ⁓**drehmotor** *m* (Elektr) / motor *m* secundario ‖ ⁓**drehschleuder** *f* (Zuck) / turbina *f*, escurridora *f* centrífuga ‖ ⁓**drehung** *f* (Zwirn) / torsión *f* suplementaria ‖ ⁓**druck** *m* (Plast) / moldeo *m* de compresión, compresión *f* ‖ ⁓**druck** (Druck) / reimpresión *f*, reproducción *f* ‖ ⁓**druck**, Separatabdruck *m* (Druck) / reimpresión *f* aparte, tirada *f* aparte, separada *f* ‖ **illegaler** ⁓**druck**, Raubdruck *m* (Druck) / impresión *f* clandestina o pirata, edición *f* clandestina ‖ ~**drucken** *vt* / reimprimir, reproducir ‖ ⁓**drücken** *n* (Walzw) / presión *f* posterior ‖ ⁓**drücken** (Mech) / presión *f* posterior ‖ ~**dunkeln** *vi* / ponerse oscuro, oscurecerse ulteriormente ‖ ~**dunkeln** *vt* (Färb) / oscurecer ‖ ⁓**dunklung** *f* (Pap) / o[b]scurecimiento *m* ‖ ~**eichen** *vt* / recalibrar, retarar, reaforar, recontrastrar ‖ ⁓**eichung** *f* / recalibración *f*, reaforo *m*, segundo *m* contraste ‖ ~**eilen** *vi* / correr tras o detrás [de] ‖ ~**eilen** (Elektr) / estar retrasado o retardado, retrasarse ‖ **in Phase** ~**eilen** (Elektr) / retrasarse de fase ‖ ⁓**eilen** *n* **in Phase** / retardo *m* de fase, desfasaje *m* de retardo ‖ ~**eilend** / retrasado, retardado ‖ ~**eilend**, induktiv (Elektr) / inductivo, inductor ‖ ~**eilende Spule** (Spinn) / bobina *f* que retarda ‖ ~**eilende Verschiebung**, Nacheilung *f* (des Feldes) (Elektr) / retraso *m* o retardo de campo ‖ ⁓**eilung** *f* (Walzw) / retardo *m* ‖ ⁓**eilwinkel** *m* / ángulo *m* de retraso de fase ‖ ~**einander** / uno tras (o detrás) de otro ‖ ~**einander abtasten** / explorar secuencialmente, barrer sucesivamente ‖ ~**einander aufrufbar** (DV) / reutilizable en serie ‖ ⁓**einanderfolge** *f* / sucesión *f* ‖ ⁓**einspritzung** (Diesel) / postinyección *f* ‖ ⁓**entflammung** *f* / postencendido *m* ‖ ⁓**entwickeln** *n* (Foto) / revelado *m* posterior ‖ ⁓**entzerrung** *f* (TV) / desacentuación *f*, deénfasis *f* ‖ ⁓**erwärmen** *n* (Hütt) / recalentamiento *m* ‖ ~**fahren** *n* (einer Linie) / seguimiento *m* (de una línea) ‖ ⁓**fall** *m* (gebräche Schicht) (Bergb) / hundimiento *m*, derrumbamiento *m* ‖ ~**fallendes Gut** (Bergb) / material *m* de hundimiento ‖ ~**färben** *vt* (Tex) / reteñir ‖ ⁓**färben** *n* (Tex) / reteñido *m* ‖ ⁓**faulbecken** *n* (Abwasser) / tanque *m* de fermentación secundaria ‖ ⁓**federung** *f* (Masch) / histéresis *f* elástica ‖ ~**feilen** *vt* / retocar o repasar con la lima ‖ ~**fetten** *vt* / reengrasar, relubri[fi]car ‖ ⁓**fettung** *f*, Nachschmieren *n* / reengrase *m* ‖ ⁓**filter** *n* / filtro *m* siguiente, segundo *m* filtro ‖ ⁓**flammen** *n* (Dieselmotor) / postencendido *m* ‖ ~**fließen** *vi*, nachströmen / continuar fluyendo, seguir ‖ ⁓**flockzone** *f* (Beflockung) / zona *f* de reflocado o de reflocaje ‖ ~**flotieren** *vt* (Bergb) / reflotar ‖ ⁓**fluss**, Mitfluss *m* (Messen) / segunda *f* reflexión ‖ ~**fluten** *vt* (Öl) / anegar otra vez ‖ ⁓**folgemodell** *n* / modelo *m* [sub]siguiente ‖ ~**folgen** *vi* / suceder [a] ‖ ~**folgend**, nachgeschaltet / subsiguiente, secundario, conectado ‖ ⁓**folger** *m* (Math) / sucesor *m* ‖ ⁓**folge-Satellit** *m* / satélite *m* subsiguiente ‖ ⁓**formabrichtgerät** *n*, Kopierabrichtgerät *n* (Wzm) / dispositivo *m* de copiador-rectificador ‖ ⁓**formarbeit** *f* (Wzm) / trabajo *m* de reproducción ‖ ⁓**formdrehmaschine** *f* / torno *m* copiador ‖ ~**formen** *vt*, kopieren (Wzm) / copiar ‖ ⁓**formfräsen** *n*, Kopierfräsen *n* / fresado *m* por reproducción, fresado *m* copiador ‖ ⁓**formfräsmaschine** *f* / fresadora *f* copiadora ‖ ~**formieren** *vi* (Diode) / reformar ‖ ⁓**formieren** *n* (Eltronik, Gleichrichter) / reformación *f* ‖ ⁓**formschleifen** *n* / rectificación *f* por reproducción ‖ ⁓**formschleifmaschine** *f* / rectificadora *f* copiadora ‖ ⁓**formsteuerung** *f* (NC) / mando *m* por espiga de guía ‖ ⁓**formung** *f* (Arbeitsgang) (Plast) / postmoldeado *m* ‖ ⁓**formvorrichtung** *f* (Wzm) / dispositivo *m* de copiar ‖ ⁓**fräser** *m* / fresador *m* acabador ‖ ⁓**führautomatik** *f* / seguimiento *m* automático ‖ ⁓**führbelichtungsmesser** *m* (Foto) / fotómetro *m* con mando acoplado ‖ ⁓**führeinrichtung** *f* (Raumf) / seguidor *m* ‖ ~**führen** *vt*, [die Kamera] schwenken (Film, TV) / panoramizar ‖ ⁓**führgerät** *n*, NFG / dispositivo *m* de seguimiento ‖ ⁓**führung** *f*, -lauf *m* / seguimiento *m* ‖ ⁓**führung**, Auswertung f. (Photogrammetrie) / restitución *f* ‖ ⁓**führung durch einen Bediener** (Roboter) / enseñanza *f* por el operador ‖ ⁓**führungsoszillator** *m* / oscilador *m* sincronizable ‖ ⁓**führungssystem** *n* (Radar) / sistema *m* de seguimiento ‖ ⁓**führungssystem** (solar) / sistema *m* seguidor de Sol, sistema *m* orientador [hacia el Sol] ‖ ~**füllbar** / rellenable, recargable ‖ ~**füllen** *vt*, aufschütten (Bau) / rellenar, terraplenar, alimentar ‖ ~**füllen**, auffüllen / recargar ‖ **die Batterie** ~**füllen** / rellenar el accumulador ‖ ~**füllen** (Bremsflüssigkeit) (Kfz) / rellenar líquido de freno, realimentar el freno ‖ ~**füllen** (z.B. Wasser, Benzin) (Kfz) / rellenar, completar ‖ ⁓**füllen** *n* / relleno *m* ‖ ⁓**füllen**, -füllung *f*, -laden *n* / recarga *f* ‖ ⁓**füll-Lösung**

Nachlauf

f (Repro) / solución *f* de relleno ‖ ≃**füllmasse** *f* (Zuck) / azúcar *m* de segundo producto ‖ ≃**füllung** *f* / relleno *m* ‖ ≃**füllung**, Zuguss *m* (Chem) / adición *f* de líquido ‖ ≃**füllvorrichtung** *f*, Speisevorrichtung *f* / realimentador *m* ‖ ~**gären** *vi* / sufrir una fermentación secundaria ‖ ≃**gärung** *f* / fermentación *f* complementaria o secundaria ‖ ≃**gärung in Flaschen o. Fässern** / condicionamiento *m* ‖ ≃**gärungshefe** *f* (Biol) / levadura *f* de fermentación secundaria ‖ ~**gasen** *vi* (Akku) / gasear en reposo ‖ ≃**gasen** *n* / formación *f* de gas en reposo ‖ ~**geahmt, Schein...** (Bau) / ciego, falso ‖ ~**gearbeitete Kanten** (Hütt) / bordes *m pl* cepillados o terminados ‖ ~**geben** *vi*, sich dehnen / prestar *vi* ‖ ~**geben** (Bau) / relajarse ‖ **[einem Druck] ~geben**, ausweichen / aflojar ‖ ~**geben**, sacken / hundirse, desprenderse ‖ ~**geben**, herunterhängen / pender, colgar ‖ ≃**geben** *n* (elastisch) / elasticidad *f* ‖ **seitliches** ≃**geben** (o. Ausweichen) / desplazamiento *m* lateral, relajamiento *m* lateral ‖ ~**gebend** / cedente ‖ ~**gebend**, dehnbar / dilatable, elástico ‖ ~**gebend**, -giebig (Bergb) / compresible ‖ ~**geformtes Profil aus Schichtpressstoff** / perfil *m* estratificado (o laminado) postmoldeado ‖ ~**gehen** *vi*, zu langsam gehen (Uhr) (Uhr) / atrasar, retrasar ‖ **der Ursache** ~**gehen** / investigar la causa ‖ ~**gemacht**, -geahmt / imitado ‖ ~**gemacht**, gefälscht / falsificado ‖ ~**gemacht**, künstlich / artificial ‖ ~**gemacht**, künstlich dargestellt / postizo ‖ ~**gerben** *vt* (Leder) / recurtir, volver a curtir ‖ ≃**gerbung** *f* (Gerb) / recurtición *f* ‖ ~**gerüstet** / reequipado, completado, ampliado ‖ ~**geschaltet** / secundario, acoplado *m*, montado a continuación ‖ ~**geschaltetes Getriebe** / engranaje *m* secundario, transmisión *f* secundaria ‖ ~**geschaltete Technologie** / tecnología *f* secundaria ‖ ~**gestanzt** / reestampado, estampado de nuevo ‖ ≃**gettern** (Vakuum) / getterización *f* posterior o final ‖ ~**gewiesene Reserven** *f pl* / reservas *f pl* comprobadas

nachgiebig, nicht starr (allg, Plast) / no rígido ‖ ~, geschmeidig / plástico ‖ ~, elastisch / elástico ‖ ~, flexibel / flexible ‖ ~ (Verbindung) / flexible, elástico **Nachgiebigkeit** *f*, Federung *f* / elasticidad *f* [de un muelle] ‖ ≃, Elastizität, Geschmeidigkeit *f* / elasticidad *f* ‖ ≃ (Kehrwert der Steifigkeit) / flexibilidad *f* ‖ ≃, Zusammendrückung *f* unter Belastung / compresión *f* bajo carga ‖ ≃ **des Bodens** (Bau) / plasticidad *f* del suelo ‖ ≃ **des Gleises in der Längsrichtung** (Bahn) / elasticidad *f* de la vía ‖ ≃ **des Schotterbetts** (Bahn) / elasticidad *f* del balasto

nach•gießen *vt* / rellenar, llenar de nuevo, completar, echar más [líquido] ‖ ~**gießen**, speisen (Gieß) / realimentar ‖ ≃**gießen** *n* **im Speiser** (Gieß) / realimentación *f* en el bebedero ‖ ~**gilben** *vi* (Tap) / amarillear[se], volver amarillo, amarillecer ‖ ~**gleichen** *vt* (Messbrücke) / reequilibrar, restablecer o restaurar el equilibrio ‖ ≃**glimmen** *n*, -glühen *n* / incandescencia *f* residual ‖ ~**glühen** *vt*, anlassen (Hütt) / revenir, recocer a posteriori ‖ ≃**glühen** *n* (Röhre) / luminiscencia *f* residual o remanente, persistencia *f* luminosa o lumínica ‖ ≃**glühen** (Hütt) / recocido *m* posterior ‖ ≃**glühen** (Zündhölzer) / postcombustión *f* [sin llama] ‖ ~**gravieren** *vt*, -setzen (Gesenk) / regrabar ‖ ≃**greifsicherung** *f* (Presse) / seguridad *f* contra manipulación repetida ‖ ≃**guss** *m*, Abguss *m* / copia *f* en molde ‖ ≃**guss** (Brau) / agua *f* de lavado ‖ ~**hall** *m*, diffuser Schall (Akust) / sonido *m* reverberante o retumbante ‖ ≃**hall** (von Räumen), Nachhallen *n* / reverberación *f* ‖ ≃**halleinrichtung** *f* / mecanismo *m* de reverberación artificial ‖ ~**hallen** (Schall) / reverberar, retumbar ‖ ≃**hallen** *n*, -hall *m* (Schall) / reverberación *f* ‖ ~**hallend** / reverberante ‖ ~**hallfrei** / exento de reverberación ‖ ~**hallfrei**, schalltot / anecoico, sordo ‖ ≃**hall-Messgerät** *n* /

reverberómetro *m*, medidor *m* del tiempo de reverberación ‖ ≃**hallraum** *m* / cámara *f* o sala reverberante o de reverberación ‖ ≃**hallzeit** *f* (auf über 60 dB Dämpfung) (Akust) / tiempo *m* o período de reverberación ‖ ~**haltig**, sustainable (Umw) / sostenible ‖ ~**haltig**, haftend (Geruch) / persistente ‖ ≃**haltigkeit** *f* (Umw) / sostenibilidad *f* ‖ ~**hämmern** *vt* (Schm) / repasar con el martillo ‖ ≃**hängen** *n*, Verzögerung *f* / retardo *m* ‖ ~**härten** *vt* (Kunstharz) / reendurecer ‖ ≃**härten** *n*, Tempern *n* (Plast) / reendurecimiento *m* ‖ ≃**hecheln** *n* (Hanf) / peinado *m* en fino ‖ ~**heizen bei abgestellter Energiequelle** *vt* (z.B. Heizplatte) / continuar calentando, seguir, no dejar de calentar ‖ ~**helfen** *vi* / ayudar [a] ‖ ~**helfen**, nachbessern / retocar, repasar ‖ ~**hinken** *vi* / ir a la zaga, quedar rezagado ‖ ≃**holbedarf** *m* / demanda *f* acumulada, necesidad[es] *f[pl]* de recuperación ‖ ≃**holzeit** *f* (Radar) / tiempo *m* de re[e]stablecimiento ‖ ≃**hydrolyse** *f* (Chem) / posthidrólisis *f* ‖ ≃**impuls** *m* (Eltronik) / impulso *m* posterior ‖ ~**inkrementieren** *vt* (DV) / postincrementar ‖ ~**justieren** *vt* / reajustar ‖ ≃**justierung** *f*, -stellen *n* / nuevo ajuste *m* ‖ ~**kalibrieren** *vt* / recalibrar ‖ ≃**kalkulation** *f* / cálculo *m* posterior o ulterior ‖ ≃**kalkung** *f* (Zuck) / defecación *f* ulterior o posterior ‖ ≃**kalkungssaft** *m* (Zuck) / jugo *m* de defecación posterior ‖ ≃**kämmen** *n* (Spinn) / repeinado *m* ‖ ≃**kampagne** *f* (Zuck) / campaña *f* final ‖ ≃**kaufgarantie** *f* / garantía *f* de compra suplementaria (posterior) ‖ ≃**klang** *m* (Akust) / resonancia *f* ‖ ≃**klärbecken** *n* (Abwasser) / estanque *m* clarificador final, estanque *m* de depuración final ‖ ≃**klassiersieb** *n* (Kohle) / criba *f* clasificadora final ‖ ≃**klassierung** *f* (Bergb) / clasificación *f* final ‖ ≃**kleben** *n* **des Lackes** / postadhesividad *f* ‖ ~**klingen** *n* (nach Wegfall der Anregung) (Akust) / continuación *f* del sonido ‖ ~**klingend**, widerhallend / resonante ‖ ≃**knäppern** *n* (Bergb) / troceado *m* posterior ‖ ~**kochen** *vi* / continuar hirviendo ‖ ~**kochen**, -gasen (Akku) / gasear en reposo ‖ ≃**kondensator** *m* (Dampf) / condensador *m* final ‖ ≃**kontrolle** *f* / revisión *f*, control *m* final o posterior ‖ ≃**kristallisation** *f* / cristalización *f* subsiguiente ‖ ≃**kühler** *m* / refrigerador *m* secundario o final ‖ ≃**kühlpumpe** *f* (Reaktor) / bomba *f* de enfriamiento posterior ‖ ≃**kupferungsfarbstoff** *m* / colorante *m* para tratamiento posterior con sales de cobre ‖ ~**laden** (DV, Elektr) / recargar ‖ ≃**laden** (Gewehr), durchladen / recargar ‖ **ständiges** ~**laden** (Akku) / carga *f* lenta continua ‖ ≃**ladung** *f* (Akku) / recarga *f* ‖ ≃**ladung** (Mot) / sobrealimentación *f*

nachlassen *vt*, lockern *vt*, lose machen / relajar, aflojar ‖ ~ *vi*, sich lockern, locker werden / aflojarse ‖ ~, schwächer werden / relajarse ‖ ~, aufhören, cesar, acabarse ‖ **bei Anlauftemperatur** (Stahl) / pavonar ‖ **bei 180° C** ~ (Stahl) / recocer a 180° C ‖ ≃, Aufhören *n* / cesación *f*, cesamiento *m* ‖ ~, Aussetzen *n* / intermitencia *f* ‖ ≃ *n* (Farbe) / descoloración *f*, acción *f* de desteñirse ‖ ≃ (Stahl) / recocido *m*, destemple *m* ‖ ≃ **der Bremswirkung infolge Erwärmung** (Kfz) / aflojamiento *m* del frenado por calentamiento ‖ ≃ **der Leistung** (Eltronik) / disminución *f* de la potencia, reducción *f* ‖ ≃ *n* **der Leuchtstärke** / disminución *f* de la intensidad o potencia lumínica ‖ ≃ **der Spannung** (Gummi) / relajación *f* de tensión ‖ ≃ **der Wirksamkeit**, desvanecimiento *m* ‖ ≃ **des Drucks**, Druckabfall *m* (Gas) / distensión *f*, disminución *f* de la presión ‖ ≃ **des Glanzes** *n* / desvanecimiento *m* del brillo ‖ **[vorübergehendes]** ≃ / remisión *f* o disminución transitoria

Nach•lässigkeit *f* / descuido *m*, negligencia *f* ‖ ≃**last** *f* / carga *f* ulterior o posterior

Nachlauf *m* (Masch) / rotación *f* por inercia, marcha *f* en inercia ‖ ≃ (Destillation) / cola *f* de destilación ‖ ≃,

Pendeln *n* / oscilaciones *f pl* pendulares ‖ ⁓, Zielfolge *f* (Mil, Regeln) / seguimiento *m* ‖ ⁓, Rücklauf *m* (Heizung) / agua *f* de retorno *m* ‖ ⁓, Wirbelstrom *m* (Hydr, Raumf) / estela *f* ‖ ⁓ *m*, Selbstregelung *f* (DV) / búsqueda *f* [continua] de equilibrio ‖ ⁓ (Plast) / retraso *m* ‖ ⁓, Nachlaufstreifen *m* (Film) / cola *f* de protección ‖ ⁓ **der Vorderräder** (Kfz) / avance *m* del pivote [de las ruedas delanteras], inclinación *f* de la punta del eje (LA), caster *m* ‖ ⁓ **des Motors** / marcha *f* en inercia del motor ‖ ⁓**achse** *f* (Kfz) / eje *m* muerto o remolcado ‖ ⁓**bremse** *f* (Kran) / freno *m* de retardo
nachlaufen *vi*, -eilen / venir detrás, estar retardado o retrasado ‖ ⁓, auslaufen / marchar en inercia ‖ ⁓ *vt*, folgen / seguir
nachlaufender Netzstrom / corriente *f* subsecuente
Nachläufer *m* (Bahn) / vagón *m* de agregar en cola ‖ ⁓ (DV) / documento *m* de arrastre ‖ ⁓ **des Langholzwagens** / remolque *m* trasero
Nachlauf•filter *n* (Eltronik, Verm) / filtro *m* seguidor o de seguimiento ‖ ⁓-**Krümelwalze** *f* (Landw) / grada *f* desterronadora tras arado ‖ ⁓**programm** *n*, Postprozessor *m* (DV) / postprocesor *m* ‖ ⁓**rechen** *m* (Luftf) / peine *m* Pitot ‖ ⁓**regelkreis** *m* (Regeln) / circuito *m* buscador de cero ‖ ⁓**regler** *m* / servocontrolador *m*, servorregulador *m* ‖ ⁓**regler mit Sättigung** / servocontrolador *m* de saturación ‖ ⁓-**Schaltung** *f* (Radar) / circuito *m* de seguimiento ‖ ⁓**steuerung**, -regelung *f* / servocontrol *m*, servomando *m* ‖ ⁓**störsender** *m* (Mil) / emisora *f* interferente seguidora de frecuencias ‖ ⁓**weg** *m* (Masch) / trayecto *m* de marcha en inercia ‖ ⁓**winkel** *m* (Kfz) / ángulo *m* de avance del pivote
nach•legen *vt* (Formulare o. Papiere) (Büro) / realimentar (formularios) ‖ **Feuerung ⁓legen** / mantener el fuego ‖ ⁓**leistung** *f* (Nukl) / potencia *f* residual ‖ ⁓**leuchtdauer** *f* (TV) / tiempo *m* de persistencia ‖ ⁓**leuchteffekt** *m* / efecto *m* de fosforescencia ‖ ⁓**leuchten** *n* (Kernenergie) / luminiscencia *f* ‖ ⁓**leuchten**, -glühen *n* (Plasma) / descarga *f* posterior ‖ ⁓**leuchten** (Elektr) / luminiscencia *f* residual, luminosidad *f* remanente ‖ ⁓**leuchten** (TV) / persistencia *f* de pantalla ‖ ⁓**leuchtend** / fosforógeno *adj* ‖ ⁓**leuchtend** (Leuchtschirm) / persistente ‖ ⁓**leuchtschirm** *m* (Kath.Str) / pantalla *f* de persistencia de larga duración ‖ ⁓**leuchtschleppe** *f*, Impulsschwanz *m* (Radar) / cola *f* de[l] impulso ‖ ⁓**liefern** *vt* / entregar más tarde, completar la entrega, efectuar un envío suplementario ‖ ⁓**liefern**, nachblasen, -drücken (Eltronik) / mantener la concentración por emisión ‖ ⁓**lieferung** *f* **von Emissionssubstanz** (Eltronik) / aprovisionamiento *m* de sustancia de emisión ‖ ⁓**linksschweißen** *n* / soldeo *m* a la izquierda ‖ ⁓**listung** *f* (nach der Umwandlung) (DV) / compilación *f* o listada (LA) después del montaje ‖ ⁓**löscharbeiten** *f pl* (F'wehr) / trabajos *m pl* de extinción finales ‖ ⁓**machen** *vt*, kopieren / copiar ‖ ⁓**machen**, -ahmen / imitar ‖ ⁓**machen**, fälschen / falsificar, contrahacer ‖ ⁓**mahd** *f* (Landw) / resiega *f* ‖ ⁓**mehl** *n*, Futtermehl *n*, Bollmehl *n* / afrechos *m pl*, moyuelo *m* ‖ ⁓**melken** *n* / agotamiento *m* de la ubre ‖ ⁓**messen** *vt* / verificar una medida, comprobar la medida, volver a medir ‖ ⁓**messen** *n* / control *m* dimensional o de medición, comprobación *f* de las medidas ‖ ⁓**mischen** *vt* / remezclar ‖ ⁓**mittagsschicht** *f* (Bergb) / puesto *m* tarde, turno *m* de la tarde ‖ ⁓**nähen** *vt* / recoser ‖ ⁓**nahmebohrer**, Nachbohrer *m* (Öl) / taladrador *m* ensanchador ‖ ⁓**nehmer**, Bohrlochräumer *m* (Öl) / ensanchador *m*, escariador *m*, rima *m* (VEN) ‖ ⁓**normalisierung** *f* (DV) / normalización *f* posterior, pos[t]normalización *f* ‖ ⁓**öl** *n* / aceite *m* residual ‖ ⁓**operationen** *f pl* (Filmaufnahme) / operaciones *f pl* posteriores ‖ ⁓**optimierung** *f* (DV) / postoptimización *f* ‖

⁓**oxidation** *f* / postoxidación *f* ‖ ⁓**pflanzen** *vt* / replantar ‖ ⁓**polieren** *vt* / repulir ‖ ⁓**polieren** *n* / repulido *m* ‖ ⁓**polieren auf der Schwabbelscheibe** (Galv) / repulido *m* por el disco de trapo ‖ ⁓**prägen** *vt* (Stanz) / redimensionar ‖ ⁓**pressautomat** *m* (Sintern) / prensa *f* acabadora automática ‖ ⁓**presse** *f* (Zuck) / prensa *f* para pulpa ‖ ⁓**pressen** *vt* / volver a prensar, represar ‖ ⁓**pressen**, nachverdichten / recomprimir ‖ ⁓**pressen** *n* (Sintern) / prensado *m* de acabar, recompresión *f*, compresión *f* posterior ‖ ⁓**pressen** (Fett) / prensado *m* posterior (de grasa) ‖ ⁓**presssaft** *m* (Zuck) / jugo *m* de la segunda carbonatación ‖ ⁓**presssaftpumpe** *f* (Zuck) / prensa *f* para pulpa ‖ ⁓**presszustand** *m* (Sintern) / estado *m* recomprimido ‖ ⁓**produkt** *n* (Chem) / producto *m* secundario o derivado ‖ ⁓**produkt** (Zuck) / tiro segundo ‖ ⁓**produkt, 3. Produkt** *n* (Zuck) / tiro *m* tercero ‖ ⁓**produktfüllmasse** *f* (Zuck) / masa *f* cocida del tiro tercero ‖ ⁓**produktsud** *m* (Zuck) / cocción *f* del tiro tercero ‖ ⁓**prüfen** *vt* / verificar, revisar, comprobar, controlar ‖ ⁓**prüfung** *f* / revisión *f*, comprobación *f*, verificación *f*, control *m*, reinspección *f* ‖ ⁓**raffinieren** *vt* (feinen Stahl) / refinar subsecuentemente, someter a un refino posterior o ulterior ‖ ⁓**räumer** *m* (Öl) / taladrador *m* ensanchador ‖ ⁓**rauschen** *n* / ruido *m* posterior ‖ ⁓**reaktion** *f* (Chem) / reacción *f* posterior o ulterior o complementaria ‖ ⁓**rechnen** *vt* / comprobar un cálculo, verificar el cálculo ‖ ⁓**rechnen**, durchrechnen / repasar [la cuenta] ‖ ⁓**rechtsschweißen** *n* / soldeo *m* a la derecha ‖ ⁓**reduziert** (Sinterpulver) / reducido a posteriori ‖ ⁓**regeln** *vt*, -regulieren / reajustar ‖ ⁓**regulierung** *f* / reajuste *m* ‖ ⁓**reibahle** *f* (Wz) / escariador *m* acabador o de acabado ‖ ⁓**reiben** (Masch) / volver a escariar ‖ ⁓**reifen** *vi* (Landw) / madurar después de la cosecha ‖ ⁓**reifen** *n* / pos[t]maduración *f* ‖ ⁓**reinigung** *f* / depuración *f* posterior o secundaria ‖ ⁓**reißberge** *n pl* (Bergb) / escombros *m pl* arrancados o de arranque, roca *f* estéril ‖ ⁓**reißen** *vt* (Bergb) / arrancar
Nachricht *f*, Information *f* / información *f* ‖ ⁓, Meldung *f* / mensaje *m*, aviso *m*, noticia *f*, comunicación *f* ‖ ⁓, Neuigkeit *f* / novedad *f* ‖ ⁓**en** *f pl* (Radio, TV) / noticias *f pl*, programa *m* de noticias, emisión *f* informativa, noticiero *m* (LA) / periódico *m* hablado o del aire (LA), diario *m* hablado ‖ ⁓**en** (Radio) / diario *m* hablado, noticiario *m*, noticias *f pl*, programa *m* de noticias, emisión *f* informativa, noticiero *m* (LA), periódico *m* hablado o del aire (LA) ‖ ⁓ **an alle** (Fernm) / mensaje *m* a todos, aviso *m* ‖ ⁓ *f* **an Seefahrer** / aviso *m* a los navegantes ‖ ⁓ **für Luftfahrer** (Luftf) / NOTAM *m*, aviso *m* a los aviadores, aviso *m* al personal volante ‖ ⁓**en od. Mitteilungen übermitteln** / mensajear
Nachrichtanlage *f* (Masch) / instalación *f* para reenderezar
nachrichten *vt* (Masch) / reenderezar ‖ ⁓, nachstellen / reajustar ‖ ⁓, wiederausrichten / realinear ‖ ⁓ (Kanone) / reapuntar ‖ **[ein Gesenkschmiedestück]** ⁓ (Schm) / repasar [una pieza forjada en estampa]
Nachrichten•anlage *f* (Fernm) / instalación *f* de comunicación ‖ ⁓**aufbereitung** *f* (DV) / compaginación *f* de mensajes ‖ ⁓**austausch** *m* (DV) / cambio *m* de mensajes ‖ ⁓**band** *n* (Fernm) / banda *f* de comunicación ‖ ⁓**bandbreite** *f* (Eltronik) / ancho *m* de banda de comunicación ‖ ⁓**bank** *f* (pl: -banken) / banco *m* de noticias ‖ ⁓**beginn** *m* / comienzo *m* de mensaje ‖ ⁓**dichte** *f* (DV) / densidad *f* de informaciones ‖ ⁓**dienst** *m* (Funk) / servicio *m* de información o de noticias ‖ ⁓**eingabe-,[Ausgabe]deskriptor** *m* / descriptor *m* de entrada, [de salida] de mensajes ‖ ⁓-**Elektronik** *f* / electrónica *f* de comunicación ‖ ⁓-**Ende** *n* (Fernm) / fin *m* de mensaje ‖ ⁓**fluss** *m* / flujo *m* de informaciones ‖

⁓**format** n (DV) / formato m de mensaje ‖ ⁓**gehalt** m (Inform. Theorie) / informaciones f pl ‖ ⁓**gerät** n / aparato m de comunicación ‖ ⁓**handling** n (Fernm) / manipulación f o transmisión del tráfico [de los mensajes] ‖ **erster** ⁓**impuls** (nach dem Vorimpuls) (Fernm) / sufijo m (después del prefijo) ‖ ⁓**inhalt** m / contenido m de mensaje ‖ ⁓**kanal** m (Fernm) / canal m de comunicación, vía f de comunicación ‖ ⁓**material** n / material m informativo ‖ ⁓**menge** f, -raum m (Kybernetik) / espacio m de mensaje ‖ ⁓**netz** n / red f de transmisión de mensajes, red f de [tele]comunicación ‖ ⁓**protokoll** n (DV) / registro m o diario de mensajes ‖ ⁓**quelle** f / fuente f de información, origen m de la información ‖ ⁓**reduktion** f / compresión f de datos ‖ ⁓**satellit** m / satélite m de telecomunicación ‖ ⁓**schakal** m (Mil) / perturbador m multicanal de FM aeroportado (27 - 57 MHz) ‖ ⁓**sendung** f (Radio, TV) / diario m hablado, noticiario m, informativo m ‖ ⁓**sendung**, Nachrichten f pl (TV) / espacio m informativo, periódico m televisado (LA) ‖ ⁓**senke** f (DIN 40146) / colector m de mensajes ‖ ⁓**sicherungsbereich** m (DV) / área f de retención de informaciones ‖ ⁓**sicherungscode** m / código m de seguridad de mensajes ‖ ⁓**signal** n (Eltronik) / señal f de información o de telecomunicación ‖ ⁓**sperre** f / apagón m informativo ‖ ⁓**steuerung** f (DV) / sistematización f de mensajes ‖ ⁓**struktur** f / estructura f de mensaje ‖ ⁓**technik** f / técnica f de comunicaciones, ingeniería f de telecomunicación ‖ ⁓**technik**, -ingenieur m / ingeniero m de telecomunicación ‖ ⁓**theorie** f / teoría f de la información, informática f ‖ ⁓**trennzeichen** n / separador m de mensajes ‖ **einheitlicher** ⁓**typ** (z.B. EDIFACT) / tipo m normalizado de mensaje ‖ ⁓**übermittlung** f / transmisión f y comunicación de informaciones ‖ ⁓**übermittlung** (Fernm) / transmisión f de señales ‖ ⁓**übermittlung über Meteorschweife** (Fernm) / comunicación f por estelas meteóricas ‖ ⁓**übertragung** f / transmisión f de informaciones, telecomunicación f ‖ ⁓**übertragung auf Hochspannungsleitungen** / telefonía f por corriente postadora sobre líneas industriales o en líneas de alta tensión ‖ ⁓**übertragungsteil** m / parte f de transferencia de mensajes ‖ ⁓**-Unternehmen** n / empresa f de telecomunicación ‖ ⁓**verarbeitung** f (allg, DV) / procesamiento m (E) o tratamiento (LA) de información o de mensajes ‖ ⁓**verarbeitung** (Fernm) / manipulación f del tráfico, transmisión f de los mensajes ‖ ⁓**verbindung** f / enlace m de comunicación ‖ ⁓**verbindung über Synchronsatelliten** / comunicación f en órbita sincrónica, comunicación f por satélite geo[e]stacionario ‖ ⁓**vermittlung** f (Fernm) / enrutado m del mensaje, encaminamiento m de mensajes ‖ ⁓**verteilung** f (Fernm) / conmutación f de tráfico ‖ ⁓**verteilung** (DV) / conmutación f de mensajes ‖ ⁓**vorsatz** m (Fernm) / encabezamiento m de mensaje ‖ ⁓**-Warteschlange** f (DV) / cola f de mensajes ‖ ⁓**wartezeit** f (Fernm) / tiempo m de espera de mensaje ‖ ⁓**weiche**, -vermittlungsstelle, Speichervermittlung f (Fernm) / centro m conmutador de tráfico ‖ ⁓**wesen** n (Fernm) / telecomunicaciones f pl

nach • rufen vt (Fernm) / volver a replicar o a llamar ‖ ⁓**rufzeichen** n / señal f de emisión de corriente de llamada ‖ ~**rüsten** vt (Masch) / reequipar ‖ ~**rüsten** (Mil) / rearmar ‖ ⁓**rüsten** n, -rüstung f (Masch) / modificación f retroactiva ‖ ~**rüstsatz** m / juego m de elementos de modificación retroactiva ‖ ~**rutschen** vi, -sacken (Bergb, Hütt) / asentarse, posarse, descender, hundirse ‖ ⁓**rutschen** n (Bergb) / hundimiento m ‖ ~**rutschende Charge** (Hütt) / carga f descendente ‖ ⁓**sacken** n / descenso m, desprendimiento m ‖ ⁓**sacken**, Saugen n (Gieß) / hundimiento m de la fusión ‖ ⁓**saturation** f (Zuck) /

carbonatación f final ‖ ⁓**satz** m (Färb) / baño m de alimentación ‖ ⁓**satz** (Software) / registro m de arrastre, registro m final, registro m secundario ‖ ⁓**satz** (DV) / etiqueta f de cola ‖ ⁓**satz** (Magn.Bd) / rótulo m final ‖ ⁓**satzlösung** f (Färb) / solución f de alimentación ‖ ⁓**saugen** n (Blöcke) (Hütt) / realimentación f ‖ ⁓**saugesteiger** m (Gieß) / rebosadero m de realimentación ‖ ⁓**schalldämpfer** m (Kfz) / silenciador m secundario, silencioso m adicional ‖ ⁓**schälmaschine** f (Pap) / descortezadora-repasadora f, descortezadora f rápida ‖ ~**schalten** vt (hinter einen Apparat) / intercalar [por] atrás ‖ ~**schalten** (Elektr) / postconectar ‖ ⁓**schaltgetriebe** n / engranaje m [post]conectado ‖ ⁓**schaltturbine** f / turbina f de expansión posterior ‖ ~**schärfen** vt, -schleifen / reafilar, reaguzar ‖ ~**schärfen** (Beizbad) / regenerar ‖ ⁓**schäumer** m (Flotation) / cuba f final ‖ ⁓**schiebefahrt** f (Bahn) / marcha f en doble tracción por cola ‖ ⁓**schießen** n (Bergb) / arranque m por tiro ‖ ~**schlagen** vt, kalibrieren (Stanz) / calibrar ‖ ~**schlagen** (beim Tiefziehen) (Stanz) / reembutir ‖ ⁓**schlagetabelle** f (DV) / tabla f de guía o de consulta ‖ ⁓**schlagewerk** n / obra f de consulta ‖ ⁓**schlagmaschine**, -schlagpresse f (Stanz) / prensa f calibradora ‖ ⁓**schlagsicherung** f (Presse) / seguridad f contra repetición de golpe ‖ ⁓**schlagwerkzeug** n (Stanz) / herramienta f para calibrar ‖ ~**schleifen** vt, -schärfen / reafilar, reaguzar ‖ **von Hand** ~**schleifen** / suavizar ‖ **Bohrer** ~**schleifen** / reafilar brocas ‖ **Ventile** ~**schleifen** / rectificar válvulas ‖ ~**schleppend**, Schlepp... / en o de arrastre, remolcado ‖ ⁓**schlüssel** m (Schloss) / llave f falsa ‖ ⁓**schlüssel**, Dietrich m / ganzúa f, llave f falsa ‖ ⁓**schmelztransistor** m / transistor m fabricado por el proceso de fundición y resolidifación ‖ ⁓**schmierung** f / reengrase m, relubricación f, engrase m complementario ‖ ⁓**schneideisen** n (Gewinde) / cojinete m para repasar roscas, cojinete m repasador ‖ ~**schneiden** vt / repasar (p.ej. roscas) ‖ ~**schneiden** (DIN), schaben (Stanz) / raspar ‖ ~**schneiden**, repassieren (Web) / repasar ‖ ⁓**schneiden** n / recorte m final, afeitado m ‖ ⁓**schneiden des Profils** (Reifen) / reperfiladura f ‖ ⁓**schneidrad** n / rueda f mortajadora de acabado ‖ ⁓**schneidwerkzeug** n, -schneider m (Stanz) / herramienta f de pasar o alisar ‖ ⁓**schub** m (Mil) / abastecimiento m, aprovisionamiento m, refuerzo m ‖ ⁓**schub...** (Mil) / logístico ‖ ⁓**schubvorrichtung** f (Wzm) / mecanismo m alimentador o de avance ‖ ~**schuss** m (Bergb) / tiro m adicional ‖ ⁓**schwaden nach dem Schießen** (Bergb) / mofeta f ‖ ⁓**schwefeln** vt (Tex) / volver a azufrar ‖ ~**schweißen** vt / resoldar ‖ ⁓**schwinden** n, -schwindung f (Plast) / contracción f posterior ‖ ⁓**schwingen** n (Impuls) / oscilación f después del impulso ‖ ⁓**schwingzeit** f (Schall) / período m de reverberación ‖ ~**sehen**, durchsehen (Masch) / examinar, revisar, inspeccionar ‖ ~**sehen**, überholen (Masch) / reparar, repasar ‖ ~**setzen** vt, auffrischen (Färb) / añadir, adicionar, agregar, reforzar un baño ‖ ~**setzen**, -gravieren (Gesenk) / regrabar, repasar ‖ ~**setzen** (Aufb) / relavar, retratar ‖ ~**setzen** (Hütt) / cargar a posteriori ‖ ⁓**setzstein** m (SM-Ofen) / ladrillo m complementario [para bóvedas] ‖ ~**sieben** vt / recribar, retamizar ‖ ⁓**sintern** n (Pulv.Met) / sinterización f posterior o de acabado ‖ ⁓**sinterzustand** n / estado m acabado de sinterización ‖ ⁓**sortierung** f / segunda clasificación f ‖ ⁓**spann** m (Film) / genéricos m pl de fin, cola f de propaganda ‖ ~**spannen** vt (Seil) / retensar, reajustar la tensión, volver a tensar ‖ ⁓**spannfeder** f / tensor m de resorte, resorte m tensor ‖ ⁓**spanngewicht** n (Fahrleitung) / contrapeso m tensor o de tensión de la catenaria ‖ ⁓**spannöse** f / ojal m u ojete de retensar ‖ ⁓**spannvorrichtung** f (Bahn, Fahrleitung) / dispositivo

899

m tensor o de regulación, eslabón *m* de regulación ‖ ~**spannweg** *m* / distancia *f* de retensión ‖ ~**speisesystem-Turbine** *f*, NSS-Turbine *f* (Nukl) / turbina *f* del sistema de condensación de socorro ‖ ~**speisung** *f* **von Energie** / realimentación *f* de energía ‖ ~**sprengen** *vt* (Bergb) / hacer volar de nuevo ‖ ~**spülen** *vt* / lavar otra vez, aclarar ‖ ~**spülung** *f* / lavado *m* adicional o posterior ‖ ~**spur** *f*, negative Vorspur (Kfz) / divergencia *f* [de las ruedas] ‖ **die Luftschraube ~spuren** / recentrar la hélice ‖ ~**startanhebung** *f* (Gemisch, Mot) / enriquecimiento *m* de la mezcla después del arranque ‖ ~**startphase** *f* (Mot) / fase *f* después del arranque
nachstellbar, -ziehbar, einstellbar / ajustable, regulable ‖ ~**e Reibahle** / escariador *m* ajustable
nachstellen *vt*, nachrichten / ajustar, reajustar ‖ ~, zurückstellen (Uhr) / retardar, retrasar ‖ ~ (Färb) / matizar ‖ ~ *n* (allg) / reajuste *m*, corrección *f* posterior ‖ **Nachstell•farbstoff** *m* (Tex) / colorante *m* de matizar ‖ ~**glied** / miembro *m* de reajuste ‖ ~**keil** *m* (Masch) / chaveta *f* o cuña de reajuste ‖ ~**-Leiste** *f* (Wzm) / regleta *f* o escuadra de reajuste ‖ ~**mutter** *f* / tuerca *f* de reajuste ‖ ~**rädchen** / ruedecita *f* [moleteada] de ajuste ‖ ~**schraube** *f* / tornillo *m* de reajuste ‖ ~**schraube** (für Spiel) / tornillo *m* compensador de juego ‖ ~**vorrichtung**, Regelvorrichtung *f* / dispositivo *m* de reajuste ‖ ~**zeit** *f* (Regeln) / tiempo *m* de restitución o de reajuste
nachstemmen, Niete ~ / recalafatear, repasar el retacado
nach•steuern, Ziel verfolgen / seguir ‖ ~**steuern** *n*, Folgen *n* (Masch) / seguimiento *m* ‖ ~**steuerung** *f* (TV) / sincronización *f* automática
nächst•größer / [el la] mayor siguiente, que sigue en tamaño ‖ ~**höher** / [el la] más elevado la siguiente, que sigue en altura
Nach•stimmbereich *m* (Frequenz) / límite *m* de ajuste fino (o de corrección) de frecuencia, margen *m* de sintonización ‖ ~**stimmen** *vt* (Frequenz) / ajustar o corregir la frecuencia ‖ ~**stimmstufe** *f* / etapa *f* de corrección de frecuencia
nächst•liegend / el más cercano o próximo ‖ ~**niedrig**, -tiefer / [el, la] menor siguiente
nach•stopfen *vt* (Bahn) / rebatear, recompactar ‖ ~**störfall-Wärmeabfuhr** *f* (Nukl) / refrigeración *f* después del accidente
Nächstpunkt *m* (Opt) / punto *m* más próximo ‖ ~**abstand** *m* (Opt) / distancia *f* del punto más próximo
nach•strecken *vt* / reextender, estirar posteriormente ‖ ~**strom** *m* (Luftf, Schiff) / estela *f* ‖ ~**strom**, Schraubenstrahl *m* (Luftf) / estela *f* de hélice, torbellino *m* de hélice ‖ ~**strom** *m* **beim Schalten** (Elektr) / poscorriente *f* ‖ ~**synchronisierung** *f* (Film) / postsincronización *f* ‖ ~**tanken** *vt* / repostar ‖ ~**tanken**, Tanken *n* / reabastecimiento *m* de combustible, reaprovisionamiento *m* de combustible, repostado *m*
Nacht•arbeit *f* / trabajo *m* nocturno ‖ ~**arbeitszuschlag** *m* / prima *f* de trabajo nocturno ‖ ~**aufnahme** *f* (Foto) / fotografía *f* nocturna ‖ ~**beleuchtung** *f* / iluminación *f* nocturna ‖ ~**beleuchtungslampe** *f* (Bahn) / lámpara *f* de noche ‖ ~**blind** (Med) / hemerálope ‖ ~**blindheit** *f*, Hemeralopie *f* / hemeralopía *f*, nictalopía *f*, ceguera *f* nocturna ‖ ~**dienst** *m* (Bahn) / servicio *m* nocturno o de noche ‖ ~**effekt** *m* (Peil) / error *m* nocturno o de noche o de polarización
Nachteil *m*, Beeinträchtigung *f* / desventaja *m*, perjuicio *m* ‖ ~, Unzulänglichkeit *f* / inconveniente *m*
nachteilig, schädlich / desventajoso, perjudicial
Nacht•fahrbrille *f* (Kfz) / gafas *f pl* para viajes nocturnos ‖ ~**[fern]glas** *n* / prismáticos *m pl* nocturnos, anteojo *m* de noche ‖ ~**fernsehen** *f* / televisión *f* nocturna o de noche ‖ ~**flug** *m* / vuelo *m* nocturno o de noche ‖

~**frost** *m* / helada *f* nocturna ‖ ~**himmelsleuchten** *n* / luminiscencia *f* nocturna del cielo
nach•tönen *vi* / resonar ‖ ~**trabant** *m* (TV) / impulso *m* de igualación posterior
Nachtrag, Anhang *m* / suplemento *m*, apéndice *m* ‖ ~, Zusatz *m* / adición *f*, aditamento *m* ‖ ~ *m* **zu einer Patentschrift** / especificación *f* suplementaria de una patente
nachtragender Nonius (Mess) / nonio *m* o vernier directo
nachträglich *adj* / ulterior, posterior, adicional, suplementario ‖ ~, später / subsiguiente, subsecuente ‖ ~ *adv* / más tarde, posteriormente, con posterioridad ‖ ~**e Änderung** / modificación *f* retroactiva ‖ ~**er Einbau** / montaje *m* posterior, incorporación *f* posterior ‖ ~ **einbaubar** / incorporable o montable o instalable posteriormente ‖ ~ **ergänzend** / adicional, suplementario ‖ ~ **formbar** (Plast) / postmoldeable ‖ **für ~en Einbau** / para montaje posterior
Nacht•reichweite *f* (Radio) / alcance *m* nocturno ‖ ~**riegel** *m* (Schloss) / pasador *m* de seguridad
nach•triggern *vt* / regatillar, redisparar ‖ ~**trimmen** *vt* / reequilibrar ‖ ~**trocknen** *n* / secado *m* ulterior o final
Nacht•schicht *f* / turno *m* de noche ‖ ~**schicht** (Personal) / equipo *m* de noche ‖ ~**schifffahrt** *f* / navegación *f* de noche ‖ ~**sehen** *n* (Physiol) / visión *f* escotópica o nocturna, noctovisión *f* ‖ ~**seite** *f* (Astr) / sector *m* nocturno ‖ ~**sicht** *f* (mit Hilfe infraroter Strahlen) / noctovisión *f*, visión *f* en la o[b]scuridad ‖ ~**sichtassistent** *m* (Kfz) / asistente *m* de visión nocturna ‖ ~**sicht-Fernsehen** *n* / televisión *f* por intensificación de la luz ‖ ~**sichtgerät** *n* / instrumento *m* de visión nocturna, visor *m* nocturno ‖ ~**sichtig** (Physiol) / escotópico ‖ ~**sichttechnik**, Restlichttechnik *f* / técnica *f* de intensificación de la luz ‖ ~**signal** *n* / señal *f* de noche ‖ ~**speicherung** *f* (Elektr) / acumulación *f* nocturna ‖ ~**strom** *m* / corriente *f* de noche, energía *f* eléctrica nocturna ‖ ~**strom-Speicherofen** *m*, Speicherofen *m* / radiador *m* eléctrico de acumulación nocturna, acumulador *m* de calor nocturno ‖ ~**[strom]tarif** *m* (Elektr) / tarifa *f* nocturna o de noche ‖ ~**tarifstunden** *f pl* / horas *f pl* de tarifa de noche ‖ ~**zeichen** *n* (Bahn) / señal *f* nocturna ‖ ~**zielgerät** *n* (Mil) / visor *m* para tiro nocturno
Nach•übertrager *m* (Eltronik) / transformador *m* de salida ‖ ~**- und Voranhebung** *f* (Akust) / post- y preénfasis *m f* ‖ ~**verbrenner** *m* (Luftf, Nukl) / quemador *m* de postcombustión ‖ ~**verbrennung** *f* (Kfz) / combustión *f* retardada, falsa *f* explosión ‖ ~**verbrennung**, Zusatzschub *m* (Luftf) / postcombustión *f* ‖ ~**verdampfung** *f* / evaporación *f* ulterior ‖ ~**verdampfung**, Entspannung *f* / flacheo *m* ‖ ~**verdichten** *n* (Sintern) / redensificación *f* ‖ ~**verdichtung** *f*, Abdichten *n* der Mikroporen (Galv) / postsellado *m* de poros ‖ ~**verfilmung** *f* (Repro) / retoma *f*, repetición *f* de una toma ‖ ~**vergrößerung** *f* (Opt) / aumento *m* posterior ‖ ~**vermessung** *f* (Wassb) / repetición *f* de medida ‖ ~**vernetzung** *f* (Chem) / reticulación *f* posterior ‖ ~**verstärker** *m* (Eltronik) / postamplificador *m* ‖ ~**verstrecken** *vt* (Pap) / postestirar ‖ ~**verstreckung** *f* (Pap) / estiramiento *m* posterior ‖ ~**vertonen** *vt*, -synchronisieren / postsincronizar ‖ ~**vertonung** *f* (Film) / postsincronización *f* ‖ ~**wachsen** *n* (allg) / crecimiento *m* posterior ‖ ~**wachsen** (Hütt) / expansión *f* posterior [de ladrillos] ‖ ~**wachsen**, NW (Keram) / dilatación *f*, expansión *f* posterior ‖ ~**wachsende Energie** (Umw) / energía *f* regenerativa ‖ ~**wachsender Rohstoff**, Nawaro *m* / materia *f* prima regenerativa ‖ ~**wahl** *f* (Fernm) / postselección *f*, selección *f* ulterior ‖ ~**walken** *n* (Tex) / batanado *m* posterior ‖ ~**walzen**, dressieren (Walzw) / acabar por laminación, relaminar

‖ ⁓walzen n (Walzw) / relaminación f ‖ ⁓walzen, Dressieren n (kalt) (Walzw) / laminación f acabadora ‖ ⁓walzgerüst n, Dressiergerüst n / caja f relaminadora o acabadora ‖ ⁓walzwerk n, Dressierwalzwerk n / tren m de laminación acabador, tren m relaminador ‖ ⁓wärme f (Nukl) / generación f remanente de calor, calor m residual ‖ ⁓wärmekühler m (Reaktor) / cambiador m de calor residual ‖ ⁓wärmen vt (Hütt) / recalentar ‖ ⁓wärmofen m (Walzw) / horno m de recalentar ‖ ⁓wäsche f / relavado m, lavado m secundario ‖ ⁓waschen vt (Chem) / lavar después del tratamiento ‖ ⁓waschen (Aufb) / relavar, someter a un segundo lavado
Nachweis, Beweis m / comprobación f, prueba f, demostración f ‖ ⁓ m, Feststellung f / detección f, indentificación f ‖ ⁓ (der Richtigkeit) / verificación f ‖ ⁓ (Chem) / determinación f ‖ ⁓ **der Qualität** / comprobación f de la calidad ‖ **den ⁓ erbringen** / dar la prueba, comprobar
nachweisbar / comprobable, demostrable, verificable
Nachweisbarkeit f, Nachprüfbarkeit f / verificabilidad f
nachweisen vt, feststellen / determinar ‖ ⁓, anzeigen / indicar ‖ ⁓, den Nachweis erbringen für / comprobar, demostrar, probar ‖ ⁓, ermitteln / determinar, descubrir, hallar ‖ ⁓ (Chem) / detectar, determinar, indentificar
Nachweis•flüssigkeit f (Chem) / líquido m indicador ‖ ⁓grenze f / límite m de determinación
Nach•wickelrolle f (Foto) / rodillo m de arrollamiento ‖ ⁓wiegen vt / volver a pesar, repesar, verificar el peso ‖ ⁓wiegen n / repesaje m ‖ ⁓wirken vi / seguir obrando o actuando, seguir produciendo efecto ‖ ⁓**wirkung** f / efecto m tardío o ulterior o posterior ‖ ⁓**wirkung** (Öl) / efecto m de arrastre ‖ ⁓**wirkung** (Chem, Hydr) / viscosidad f ‖ ⁓**wirkung** (Eltronik) / fatiga f ‖ ⁓**wirkung im Auge**, Augenträgheit f (Physiol) / persistencia f visual o retiniana ‖ ⁓**wirkungsbild** n (Opt) / imagen f retenida ‖ ⁓**wirkungsbild** (TV) / imagen f remanente ‖ ⁓**wirkungsfrei** (Eltronik) / sin fatiga ‖ ⁓**wirkungsstrom** m (Elektr) / corriente f residual ‖ ⁓**wirkzeit** f (Echosperre) / tiempo m de bloqueo ‖ ⁓**wuchskräfte** f pl / aprendices m pl [debutantes], futuros m pl ingenieros, nueva f generación [de científicos, técnicos etc.) ‖ ⁓**wuchten** (Kfz, Masch) / reequilibrar ‖ ⁓**würze** f (Brau) / segundo mosto ‖ ⁓**zählen** vt / volver a contar, contar de nuevo *recontar* ‖ ⁓**zerfallsleistung** f (Atom, Nukl) / potencia f del calor de desintegración ‖ ⁓**zerfallswärme** f (Nukl) / calor m de desintegración ‖ ⁓**zerkleinerer** m (Aufb) / retrituradora f ‖ ⁓**zerkleinern** vt (Spanplatten) / volver a desmenuzar ‖ ⁓**ziehbereich** m (Quarz) / margen m f de enganche ‖ ⁓**zieheffekt** m (TV) / efecto m de demora o de remanencia ‖ **Keile ⁓ziehen** / apretar cuñas o chavetas ‖ ⁓**ziehen** vt, -schleppen / arrastrar ‖ ⁓ziehen, nochmals zeichnen / retrazar ‖ ⁓**ziehen** (Stanz) / reembutir ‖ ⁓**ziehen**, festziehen (Masch) / volver a apretar, reapretar ‖ ⁓**ziehen** n (Draht) / retrefilado m ‖ ⁓**ziehen** (TV) / prolongación f irregular de los [elementos] blancos ‖ ⁓**ziehen einer Bildaufnahmeröhre** / descarga f incompleta, remanencia f ‖ ⁓**ziehen einer Linie** (Zeichn) / retrazado m de una línea ‖ ⁓**ziehen im Tiefschlag** (Stanz) / reembutición f profunda ‖ ⁓**ziehtestbild** n (TV) / mira f de reglaje [de la fusión de colores] ‖ ⁓**zucker** m, -produkt n / azúcar m de segunda ‖ ⁓**zug** m, Nachläufer m (Bahn) / tren m adicional [siguiendo al tren regular] ‖ ⁓**zug** (Stanz) / estirado m posterior o ulterior ‖ ⁓**zündspannung** f / tensión f transitoria de restablecimiento ‖ ⁓**zündung** f, Nachentflammung f (DIN) (Kfz) / encendido m retrasado o retardado, retraso m o retardo de encendido, postencendido m ‖ ⁓**zündung** (Bergb) / voladura f retardada ‖ ⁓**zwirnen**

organsinieren (Seide) / retorcer ‖ ⁓**zwirnen** n (Spinn) / torsión f suplementaria, segunda f torsión
Nacken•schutz m / cubrenuca m ‖ ⁓**stütze** f, Kopfstütze f (Kfz) / reposacabezas m, apoyo m de cabeza
nackt, blank (Elektr) / desnudo ‖ ⁓ (Dachpappe) / saturado [de betún] ‖ ⁓, unbewaffnet (Auge) / sin lente[s] ‖ ⁓**es Atom** / átomo m despojado (o desprovisto) de electrones ‖ ⁓**es Chassis**, Chassis n allein (Kfz) / chasis m ‖ ⁓**e Dachunterseite** (Bau) / tejado m abierto (sin plafón) ‖ ⁓**es Kabel** / cable m desnudo o sin revestimiento ‖ ⁓**er Lichtbogen** (Elektr) / arco m voltaico descubierto ‖ ⁓**es Modell** (ohne Extras) (Kfz) / modelo m con equipamiento normal ‖ ⁓**er Reaktor** / reactor m sin reflector ‖ ⁓**e Schweißelektrode** / electrodo m desnudo o sin revestimiento ‖ ⁓**er Spaltstoff** (Reaktor) / combustible m sin camisa o vaina ‖ ⁓**e Teer[dach]pappe** (Bau) / cartón m para tejados saturado de betún ‖ ⁓**er Brand**, Flugbrand n, Ustilago nuda (Landw) / carbón m desnudo (de la cebada)
Nacktdrahtelektrode f / electrodo m de hilo [continuo] desnudo
NAD, Nikotinsäureamid-adenin-dinucleotid n / dinucleótido m de niacinamida-adenina
Nadel f (allg, Nähm, Vergaser usw) / aguja f ‖ ⁓, **Stecknadel** f / alfiler m ‖ ⁓ (von Nadelbäumen) (Bot) / pinocha f, hoja f de pino ‖ ⁓, **Fallnadel** f (Reißzeug) / punta f corrediza ‖ ⁓ f (Audio) / aguja f (E) o púa (LA) de gramófono ‖ ⁓, **Räumnadel** f (Wz) / brocha f ‖ **mit ⁓n stecken** / clavar con agujas o alfileres, unir con agujas o alfileres
Nadel•abrichtplatte f, -fliese f / "fliese" f tipo aguja de diamante ‖ ⁓**artig**, kristallinisch (Hütt) / acicular ‖ ⁓**artige Kristallbildung** (Blöcke, Hütt) / quemado m, sobrecalentado m ‖ ⁓**ausreißfestigkeit** f (Plast) / resistencia f al desgarro iniciado por aguje ‖ ⁓**-Ausreißfestigkeit** f (Gummi) / resistencia f al arranque de aguja ‖ ⁓**-Ausreißversuch** m (Plast) / ensayo m de arranque de aguja ‖ ⁓**ausschlagknopf** m (Nähm) / selector m de puntadas ‖ ⁓**axiallager** n / rodamiento m combinado de agujas y bolas, rodamiento m axial de agujas ‖ ⁓**barre** (Strumpfm) / barra f de agujas, fontura f ‖ ⁓**baum** m, Konifere f (Bot) / conífera f ‖ ⁓**baumöl** n / esencia f de coníferas ‖ ⁓**beschlag** m, Kamm (Spinn) / peine m ‖ ⁓**bett** n (Web) / lecho m de agujas ‖ ⁓**boden** m (Hütt) / fondo m [de arcilla refractaria] perforada con varillas ‖ ⁓**brett** n (Tex) / tabla f de agujas ‖ ⁓**brief** m / sobre m o paquete m de agujas o alfileres ‖ ⁓**bruch** m (Tex) / rotura f de aguja ‖ ⁓**bruchabsteller** m (Tex) / dispositivo m de paro por rotura de aguja ‖ ⁓**büchse** f / casquillo m de agujas ‖ ⁓**draht** m / alambre m para agujas ‖ ⁓**druck** m (Audio) / peso m de apoyo, fuerza f o presión f de apoyo, fuerza f vertical de la aguja ‖ ⁓**drucker**, Mosaikdrucker m (DV) / impresora f de matriz de puntos, impresora f matricial, impresora f de agujas ‖ ⁓**druckermatrix** f / matriz f de hilos de impresora ‖ ⁓**düse**, Vollastdüse f (Kfz) / calibre m con aguja ‖ ⁓**düse** (Peltonturb) / tobera f de aguja o de punzón ‖ ⁓**einfädler** m (Nähm) / hilador m f ‖ ⁓**einsatz** m (Zirkel) / unión f de las puntas ‖ ⁓**eisenerz** (Min) / lepidocroquita f, goetita f ‖ ⁓**feder** f / resorte m de aguja ‖ ⁓**feile** f (Wz) / lima f tipo aguja ‖ ⁓**fertig**, krump- und bügelecht (Tex) / a punto para el cocido ‖ ⁓**filz** m / fieltro m punzonado ‖ ⁓**filz** (Bodenbelag) / moqueta f punzonada ‖ ⁓**filzen** (Tex) / enfieltrado m por agujas, af[i]eltrado m por agujas ‖ ⁓**filzmaschine** f (Tex) / máquina f para enfieltrado de agujas ‖ ⁓**fliese** f, -abrichtplatte f / fliese f tipo aguja de diamante ‖ ⁓**flor**, Flornoppe f, (auch:) Knüpfschlinge f (Teppich) / tufting m ‖ ⁓**flor...**, Tufted-... (Teppich) / tufting, tufted ‖ ⁓**flormaschine** f, Tufting-Maschine f (Tex) / máquina f tufting ‖ ⁓**flor-Teppich**,

nadelförmig

Tufted-Teppich *m* / alfombra *f* tufting ‖ ~**förmig** / en forma de aguja ‖ ~**förmig** (Hütt) / acicular ‖ ~**förmige Kristallbildung** (Hütt) / cristalización *f* en agujas (quemado o sobrecalentado de lingotes) ‖ ~**förmig kristallisieren** (Krist) / cristalizar en agujas ‖ ~**förmiger Lunker** / rechupe *m* de alfiler ‖ ~**förmiges Pulver**, faseriges Pulver / polvo *m* acicular ‖ ~**förmige Struktur** (Hütt) / estructura *f* acicular ‖ ~**fräsen** *n* (zur Beseitigung entkohlter Schichten) (Hütt) / escalpado *m* ‖ ~**führer** *m* (Nähm, Web) / guía-aguja *m* ‖
~**führung** *f* (Räummaschine) / guía-brocha *m* ‖
~**führung** (Lager) / guiado *m* de las agujas ‖
~**funkenstrecke** *f* (Elektr) / chispero *m* de agujas ‖
~**funktion** *f* (Regeln) / función *f* de impulso unitaria ‖
~**fuß** *m* / espiga *f* de aguja, talón *m* de aguja ‖
~**galvanometer** *n* / galvanómetro *m* de imán móvil ‖
~**geräusch** *n* (von Nadelvibration) (Audio) / sonido *m* de aguja, resonancia *f* de aguja ‖ ~**geräusch** (von Oberflächenrauheiten) (Audio) / ruido *m* de superficie o de aguja ‖ ~**geräusch** (im Übertrager o. Tonarm erzeugt) / ruido *m* de brazo del fonocaptor ‖ ~**halter** *m* (allg, Nähm) / portaaguja[s] *m* ‖ ~**halter** (Lager) / portaagujas *m*, jaula *f* de agujas ‖ ~**heber** *m* (Web) / leva *f* de ascenso de las agujas ‖ ~**holz** *n* / madera *f* de coníferas ‖ ~**[holz]**... (Bot) / conífero ‖ ~**holzharz**, Kolophonium *n* / colofonia *f* ‖ ~**holzlignin** *n* / lignina *f* de coníferas ‖ ~**holzlignin im Sulfatverfahren aufgeschlossen** / indulina *f* ‖ ~**holz[sulphite]zellstoff** *m* (Pap) / celulosa *f* [de madera] de coníferas ‖
~**holzteer** *m* / alquitrán *m* de coníferas ‖
~**holz-Teeröl** *n* / aceite *m* de alquitrán de coníferas ‖
~**hülse** *f* / estuche *m* de aguja ‖ ~**hülse** (Lager) / casquillo *m* de agujas
nadelig (Krist, Pulv.Met) / acicular
Nadel•impuls *m* (Kath.Str) / pico *m* [de impulso] transitorio parásito ‖ ~**käfig** *m* (Masch) / jaula *f* de agujas, portaagujas *m* ‖ ~**kanal** *m* (Tex) / ranura *f* de aguja, canal *m* de aguja ‖ ~**kette** *f* (Tex) / cadena *f* de agujas ‖ ~**koks** *n* / coque *m* acicular ‖ ~**kopf** *m* / cabeza *f* de alfiler ‖ ~**kopffeile** *f* (Wz) / lima *f* para ojo de agujas ‖ ~**kranz** *m* (Lager) / rosario *m* de agujas, corona *f* de agujas ‖ ~**kristall** *m* (Krist) / cristal *m* acicular ‖ **kleine** ~**kristalle** (Bot) / ráfidos *m pl* ‖
~**[kristall]förmig**, acicular ‖ ~**kugellager** *n* / rodamiento *m* combinado de agujas y de bolas ‖
~**kuppe** *f* / extremo *m* redond[ead]o de una aguja ‖
~**lager** *n* (Masch) / rodamiento *m* de agujas ‖ ~**lamelle** *f* (Magn) / laminilla *f* acicular ‖ ~**lattentuch** *n*, -tuch *n* (Spinn) / tablero *m* de puntas ‖ ~**leiste** *f*, -stab *m* (Baumwollkämmerei) / barra *f* de agujas, barra *f* con puntas ‖ ~**leiste** (Web) / barra *f* de agujas ‖ ~**leiste**, Kammstab *m* (Jute) / barreta *f* de agujas, rastrillo *m* ‖
~**loch** *n* (Defekt) (gedr.Schaltg) / picadura *f* (imperfección) ‖ ~**loch** (Fehler, Galv) / picadura *f*, microporo *m* ‖ ~**loch** (Öl) / orificio *f* miniatura ‖
~**masche** *f*, -henkel *m*, Fadenschlinge *f* (Wirkm) / bucle *m* de hilo
nadeln *vt* (Tex) / punzonar fieltro ‖ ~, Nadelfilzen *n* (Tex) / punzonado *m* de fieltro ‖ ~ *n*, Nadelung *f* (Teppich) / punzonado *m*
Nadel•nummer *f*, -stärke *f* / número *m* de aguja ‖ ~**öhr** *n*, Öhr *n* / ojo *m* de [la] aguja ‖ ~**öler** *m*, Tropföler *m* (Masch) / engrasador *m* cuentagotas ‖ **astatisches** ~**paar** / par *m* astático de agujas ‖ ~**penetration** *f* (Wachsprüfung) / penetrabilidad *f* por aguja ‖
~**punkt-Anguss** *m* (Plast) / microbebedero *m*, bebedero *m* en punta de aguja ‖ ~**regulierventil** *n* (Peltonturbine) / válvula *f* reguladora de aguja ‖
~**reihe** *f* (Lager, Web) / hilera *f* de agujas ‖ ~**reihe** (Raschmaschine) / fontura *f* de agujas, serie *f* de agujas de lengüeta ‖ ~**reihe** (Flachstrickmaschine) / hilera *f* de agujas ‖ ~**richten** *n* / enderezado *m* de agujas ‖
~**rippenrohr** *n* / tubo *m* de aletas en forma de agujas ‖ ~**rolle** *f*, Lagernadel *f* / aguja *f* de (o para)

rodamientos ‖ ~**schaft** *m* / vástago *m* de aguja ‖
~**scheibe** *f* (Galv) / disco *m* de agujas ‖ ~**schieber** *m* (Wassb) / compuerta *f* de aguja ‖ ~**schloss** *n* (Flachstrickm) / leva *f* de acoplamiento de las agujas ‖
~**schloss** (Web) / cerrojo *m* de aguja ‖ ~**schnittholz** *n* / madera *f* aserrada (E) o cortada (LA) de coníferas ‖
~**schränken** *n*, Verklemmen *n* der Nadeln (Web) / posición *f* oblicua de las agujas ‖ ~**schuss** *m* (Web) / trama *f* de agujas ‖ ~**schusswächter** *m* / para-tramas *f pl* de agujas ‖ ~**segment** *n* (Spinn) / segmento *m* de agujas ‖ ~**senker** *m* (Web) / leva *f* de descenso de las agujas ‖ ~**span** *m* (Fräsen) / viruta *f* en forma de aguja ‖ ~**spannrahmen** *m* / rama *f* tensora de agujas ‖
~**spitze** *f* / punta *f* de [la] aguja ‖ ~**stab** *m* (Tex) / barrita *f*, barreta *f*, gill *m* ‖ ~**stabstrecke** *f*, -streckwerk *n* (Spinn) / gill-box *m*, manuar *m* de barretas, banco *m* de estirado con peines de barretas ‖ ~**stange** *f* (Nähm) / barra *f* de aguja, portaaguja *m* ‖
~**stapel** *m*, kleinknipsiger Stapel (Spinn) / mechón *m* con puntas de agujas ‖ ~**stärke** *f* / número *m* de aguja ‖ ~**stein** *m*, [prismatischer] Zeolith (Min) / zeolita *f* prismática ‖ ~**stich** *m* (Tex), puntada *f*, punto *m* de aguja ‖ ~**stich** (Fehler, Pap, Tex) / picadura *f* ‖ ~**stich** (allg) / alfilerazo *m*, pinchazo *m* ‖ ~**stichtiefe** *f* / penetración *f* de aguja ‖ ~**strahl** *m* / chorro *m* en forma de aguja ‖ ~**stuhl** *m* (Web) / telar *m* de agujas ‖
~**stützrolle** *f* / rodillo *m* de apoyo con agujas ‖
~**teilung** *f* (Spinn) / distancia *f* de las agujas ‖
~**tonabnehmer** *m* / fonocapt[ad]or *m* de aguja, pick-up *m* con aguja ‖ ~**tonverfahren** *n* / registro *m* sonoro en disco, grabación *f* fonográfica en disco ‖
~**tuch** *n*, -lattentuch *n* (Spinn) / telera *f* con puntas
Nadelung *f*, Nadelfilzen *n* (Tex) / enfieltrado *m* por agujas ‖ ~ **von Papiersäcken** / perforación *f* de sacos de papel
Nadel•ventil *n* (Mot) / válvula *f* de aguja ‖
~**verbundstoff** *m* / material *m* compuesto punzonado ‖ ~**verschleiß** *m* (Audio) / desgaste *m* de la aguja ‖
~**vlies** *n* (Tex) / tela *f* no tejida punzonada, non-woven *m* punzonado ‖ ~**vliesbodenbelag** *m* / moqueta *f* punzonada [no tejida] ‖ ~**wald** *m* (Forstw) / bosque *m* de coníferas ‖ ~**walze** *f* (Wirkm) / cilindro *m* [guarnecido] de agujas, cilindro *m* erizado de agujas ‖
~**walze**, Kammwalze *f* (Spinn) / erizo *m*, peine *m* erizo, porcupina *f* ‖ ~**walzenstrecke** *f* (Spinn, Wolle) / estiraje *m* de peines erizones ‖ ~**walzenstreckwerk** *n* / banco *m* de estirado con peines erizones ‖
~**wärme[aus]tauscher** *n* / intercambiador *m* de calor con tubos de agujas ‖ ~**wehr** *n* (Hydr) / presa *f* de agujas, presa *f* de vigas inclinadas ‖ ~**zahl** *f* (Kompass) / lectura *f* azimutal ‖ ~**zählrohr** *n* (Eltronik) / tubo *m* contador de aguja ‖ ~**zange** *f* / pinzas *f pl* de puntos de agujas ‖ ~**zeichen** *n* (Druck) / marca *f* de alineación, señal *f* de ajuste ‖ ~**zunge** *f* / lengüeta *f* de la aguja ‖ ~**zylinder** *m* (Wirkm) / cilindro *m* de agujas
Nadir, Fußpunkt *m* (Astr) / nadir *m* ‖ ~**distanz** *f* / distancia *f* nadiral
n-adisch, n-fach / n-pleta (p.ej. tripleta)
n-adische Operation, n-aere Operation (Math) / operación *f* n-pleta
N-Adressbefehl *m* (DV) / instrucción *f* de N direcciones
n-adrige Leitung / cable *m* de n conductores
Na-Form *f* (Chem) / forma *f* Na
Nagatelit, Phosphororthit *m* (Min) / nagatelita *f*, fosforortita *f*
Na-gekühlt (Nukl) / refrigerado por sodio
Nagel *m* / clavo *m* ‖ ~, Drahtstift *m* / punta *f* de París ‖ ~ (f. Latten, Schindeln) / chillón *m* ‖ ~, Bankhaken *m* (Tischl) / gancho *m* o hierro de banco, uña *f* de banco ‖ ~, Schienennagel *m* (Bahn) / grapón *m*, escarpia *f* de rail, clavo *m* de vía (LA) ‖ ~ (Straßenmarkierung) / clavo *m* señalizador de calzada ‖ ~ **mit Zierkopf**, Ziernagel *m* / clavo *m* de adorno, tachuela *f* decorativa, tachón

m, tacha *f*, aguijola *f* ‖ ⁓ **von mehr als 4" Länge** / clavo *m* grande o grueso (> 4") ‖ **durch Nägel gekennzeichnet** (Straßb) / señalizado [horizontalmente] por clavos ‖ **mit Nägeln kennzeichnen o. schmücken o. schützen**, benageln / tachonar, poner clavos de adorno, clavetear [con tachones]
Nagel•ast *m* (Holz) / nudo *m* formado por una rama soldada ‖ ⁓**bar** / clavable ‖ ⁓**binder** *m* (Zimm) / viga *f* claveteada ‖ ⁓**binder aus gebogenen Brettern** / arco *m* de tablas claveteadas ‖ ⁓**bohrer** *m* / barrena *f* de mano ‖ ⁓**bohrer**, Schneckenbohrer *m* (DIN) (Zimm) / barrena *f* helicoidal ‖ ⁓**brett** *n* (Polizeikontrolle) / trampa *f* de pinchos ‖ **[Zimmermanns-]**⁓**eisen** / clavera *f* ‖ ⁓**fänger** *m* / recogeclavos *m* ‖ ⁓**feile** *f* (Kosmetik) / lima *f* de uñas ‖ ⁓**fluh** *f* (Geol) / gonfolita *f* ‖ ⁓**hammer** *m* (Wz) / martillo *m* de carpintero, martillo *m* sacaclavos o de uña ‖ ⁓**hart** (Lack) / duro [a la prueba de uña] ‖ ⁓**heber** *m*, -klaue *f* (Wz) / arrancaclavos *m*, sacaclavos *m*, barra *f* de uña ‖ ⁓**kopf** *m* / cabeza *f* del clavo ‖ ⁓**kopf der Nagelmaschine** / cabezal *m* clavador ‖ ⁓**loch** *n* (Reifen) / pinchazo *m* ‖ ⁓**maschine** *f* / máquina *f* de clavar, clavadora *f*
nageln *vt*, annageln / clavar ‖ ⁓ *vi* (Motor) / golpetear ‖ ⁓ *n* (Motor) / golpeteo *m*
nagel•neu / flamante, enteramente nuevo ‖ ⁓**ritze** *f* (Taschenmesser) / ranura *f* de uña ‖ ⁓**schraube** *f* / tirafondo-clavo *m*, falso *m* tornillo ‖ ⁓**setzer** *m*, -treiber *m* / asentador *m* de clavos, embutidor *m*, punzón *m* para clavos, botador *m*, clavera *f* ‖ ⁓**spitze** *f* / punta *f* del clavo ‖ ⁓**stift** *m*, Drahtstift *m* mit zylindrischem Kopf / clavo *m* con cabeza cilíndrica
Nagelung *f* / clavado *m*
Nagel•verbindung *f* / unión *f* con clavos, clavazón *f* ‖ ⁓**walze** *f* (Spanplatten) / cilindro *m* de clavos ‖ ⁓**zange** *f* (Wz) / tenazas *f pl* sacaclavos ‖ ⁓**zieher** *m* / arrancaclavos *m*, sacaclavos *m*, barra *f* de uña, tiraclavos *m* ‖ ⁓**zieher**, -heber *m*, -klaue *f* (Bahn) / extractor *m* de clavos de vía
Nagetierfraß, gegen ⁓ **geschützt** (Kabel) / protegido contra roedores
Nagler *m* (Wz) / clavador *m*
Nagyagit *m* (Goldtellurit) (Min) / nagyagita *f*, elasmosa *f*
nah•e [bei] / muy cerca ‖ ⁓**es Ende** / extremo *m* próximo ‖ ⁓**es Infrarot** (Phys) / infrarrojo *m* próximo, primera zona del infrarrojo ‖ ⁓**er Vorbeiflug an einem Stern** (Raumf) / vuelo *m* cercano sobre una estrella ‖ **vom** ⁓**en Leitungsende gesteuert** (Fernm) / de mando local
Nah•... / a corta distancia ‖ ⁓**...**, Nachbar..., benachbart / vecino, cercano, adyacente ‖ ⁓**antwortdämpfung** *f* s. Nahechodämpfung ‖ ⁓**auflösung** (Opt) / resolución *f* de zona próxima ‖ ⁓**aufnahme** *f* (Film) / vista *f* [tomada] de cerca, vista *f* próxima, primer plano *m* ‖ ⁓**aufnahme** (Foto, TV) / fotografía *f* a corta distancia
Nähautomat *m* (Tex) / robot *m* de coser
Nahbeben *n* / movimiento *m* sísmico a corta distancia, terremoto *m* a corta distancia
Nahbereich *m* / alcance *m* muy corto, zona *f* de acción inmediata ‖ ⁓ (Bahn) / región *f* suburbana, cercanías *f pl* ‖ **im** ⁓, Nah... / cercano, de cerca
Nah•bereichsradar *n* / radar *m* de corto alcance ‖ ⁓**bereichs-Sendung** *f* (TV) / emisión *f* local ‖ ⁓**besprechungs-Mikrophon** *n* / micrófono *m* de antebocа, micrófono *m* para hablar de cerca ‖ ⁓**bestrahlung** *f* (Radiol) / radiación *f* por contacto ‖ ⁓**betrieb**, Ortsbetrieb *m* (Fernm) / servicio *m* regional
Nähbinden *n*, Malimo-Verfahren *n*, Nähwirktechnik *f* / proceso *m* de coser y tricotar, técnica *f* malimo
Nahbrille *f*, Lesebrille *f* (Opt) / gafas *f pl* para cerca, gafas *f pl* de (o para) leer, lentes *f pl* de visión próxima
Nähdraht *m* (Tex) / hilo *m* metálico para coser
Nahdrehzahlmesser *m* / tacómetro *m* de lectura directa

nahe liegend (Patent) / obvio, evidente, fácil de comprender
Nähe *f*, kurze Entfernung / cercanía *f*, proximidad *f*
Nah•echo *n* (Fernm) / eco *m* cercano o local o de proximidad ‖ ⁓**echodämpfung** *f*, STC, GTC (Radar) / control *m* de ganancia (o de sensibilidad) en el tiempo ‖ ⁓**effekt** *m* (Funk) / efecto *m* de proximidad ‖ ⁓**einstellgerät** *n*, Makrofotogerät *n* / dispositivo *m* de macrofotografía ‖ ⁓**einstellung** *f* (Foto) / enfoque *m* a corta distancia ‖ ⁓**empfang** *m* (Funk) / recepción *f* a corta distancia ‖ ⁓**empfangsbereich** *m* (Radio) / área *f* de servicio primario, área *f* de recepción a corta distancia
nähen *vt* / coser ‖ ⁓ *n*, Näharbeit *f* (Zusammennähen) / costura *f* ‖ ⁓ **ohne Herstellung einer Verbindung** / labor *f* de aguja para fines decorativos
Nah•entfernungsbake *f* (Radar) / radiobaliza *f* de localización, radiofaro *m* de poco alcance ‖ ⁓**entstörung** *f* (Kfz) / eliminación *f* de perturbaciones de poco alcance
näher kommen, sich nähern / aproximarse, acercarse
Naherholungsgebiet *n* / zona *f* recreativa periurbana
nähern, sich ⁓, approximieren (Math) / aproximarse ‖ **sich** ⁓, konvergieren / convergir, converger
Näherung *f* **zweier Leitungen** (Elektr) / distancia *f* entre dos líneas
Näherungs•... / aproximado, de aproximación ‖ ⁓**bruch** *m* (Math) / fracción *f* convergente ‖ ⁓**formel** *f* / fórmula *f* de aproximación ‖ ⁓**fühler** *m* (Pneum) / interruptor *m* de posición ‖ ⁓**initiator** *m* / iniciador *m* de aproximación ‖ ⁓**lösung** (Math) / solución *f* aproximada ‖ ⁓**rechnung** *f* / cálculo *m* aproximativo o de aproximación ‖ ⁓**schalter** *m* (Elektr) / conmutador *m* o interruptor de proximidad ‖ ⁓**verfahren** *n*, -methode *f* (Math) / método *m* de aproximación ‖ ⁓**weise** / aproximado, por aproximación ‖ ⁓**wert** *m* / valor *m* aproximado ‖ ⁓**wert einer Reihe** (Math) / valor *m* convergente ‖ ⁓**zünder** *m* / espoleta *f* de proximidad
Nahewirkung *f* / efecto *m* de corto alcance
nahezu Briefqualität *f* (Drucker) / calidad *f* "near letter" ‖ ⁓ **senkrecht** / casi vertical ‖ ⁓**-Echtzeit..** (DV) / casi tiempo real
Nah•feld *n* (Akust, Antenne) / campo *m* cercano o próximo ‖ ⁓**feldeinfluss** *m* (Ultraschall) / influencia *f* de campo próximo ‖ ⁓**-Fern-Reglung** *f* (TV) / mando *m* local-distancia ‖ ⁓**fokus-Bildwandler** *m* (TV) / convertidor *m* de foco próximo ‖ ⁓**förderer** *m*, -fördermittel *n* / transportador *m* a corta distancia
Näh•fuß, Stoffdrücker *m* (Näh) / prensatela[s] *m* ‖ ⁓**garn** *n* / hilo *m* de coser ‖ ⁓**garnspule** *f* / bobina *f* para hilo de coser ‖ ⁓**garnspulmaschine** *f* / bobinadora *f* para hilo de coser
Nah•gespräch *n* / llamada *f* o conferencia local o urbana ‖ ⁓**grenze** *f* (Radar) / alcance *m* mínimo ‖ ⁓**güterzug** *m* / tren *m* de mercancías [de servicio general] ‖ ⁓**leitung** *f* (Fernm) / circuito *m* suburbano
Nählicht *n* / lámpara *f* de máquina de coser
Nahlinse *f* / lente *f* para corta distancia
Nähmaschine *f* / máquina *f* de coser
Nähmaschinen•greifer (freilaufend o. rotierend) / garfio *f* rotativo ‖ ⁓**greifer** *m*, CB-Greifer *m* / lanzadera *f* oscilante de bobina central o tipo CB
Nähnadel *f* / aguja *f* de (o para) coser
Nah•nebensprechdämpfung *f* (Fernm) / atenuación *f* paradiafónica ‖ ⁓**nebensprechen** *n* (Fernm) / paradiafonía *f*, diafonía *f* vecina o cercana ‖ ⁓**ordnung** *f* (Phys) / orden *m* de corto alcance ‖ ⁓**ordnungseinstellung** *f* (Phys) / posición *f* de orden de corto alcance ‖ ⁓**ostrohöl** *n* / [aceite] *m* crudo de Próximo Oriente ‖ ⁓**peilung** *f* / radiolocalización *f* de corto alcance
Nähplatte *f*, Tisch *m* (Näm) / plataforma *f* para coser

Nah•punkt *m* (Opt) / punto *m* próximo ‖ ⁓**punkt**, anallaktischer Punkt (Foto) / punto *m* hiperfocal ‖ ⁓**punktsabstand** *m* / distancia *f* hiperfocal
Nähr•agar *m*, Nährboden *m* für Mikrobenzucht (Biol) / agar *m* nutritivo o de cultivo, gelosa *f* ‖ ⁓**boden** *m* (Landw) / suelo *m* o terreno nutritivo o fértil ‖ ⁓**boden für Kulturen**, Nährbrühe *f*, -bouillon *f* / medio *m* de cultivo, caldo *m* de cultivo ‖ ⁓**bodengrundlage** *f* / base *f* del medio nutritivo
nähren (Gerb) / curtir graso o al aceite
nahrhaft / nutritivo ‖ ⁓, Nahrungs... / alimenticio, alimentario
Nähr•hefe *f* (Nahr) / levadura *f* alimenticia ‖ ⁓**humus** *m* (Landw) / humus *m* nutritivo
Nähriemen *m* / correa *f* de costura
Nähr•kraft *f* / poder *m* nutritivo ‖ ⁓**lösung** *f* / solución *f* nutritiva o de cultivo ‖ ⁓**mittel** *n pl* / productos *m pl* alimenticios, nutrim[i]entos *m pl* ‖ ⁓**salz** *n* / sal *f* nutritiva ‖ ⁓**schicht** *f*, trophogene Schicht / capa *f* trofogénica ‖ ⁓**stoff** *m*, Nahrung *f* / su[b]stancia *f* nutritiva ‖ ⁓**stoff für Bakterienkulturen** / medio *m* de cultivo ‖ ⁓**stoffentzug** *m* / eliminación *f* de sustancias nutritivas
Nahrung *f*, Nahrungsmittel *n* / alimento *m*, nutrim[i]ento *m*, nutrición *f* ‖ ⁓ (in der Weißgerberei) / emulsión *f*, engrase *m*, nutrido *m*, nutrición *f*, nutrimiento *m*
Nahrungs•..., Nähr... / nutritivo ‖ ⁓**aufnahme** *f* / ingestión *f* de alimentos ‖ ⁓**kette** *f* (Biol) / cadena *f* alimentaria o alimenticia, cadena *f* trófica ‖ ⁓**kreislauf** *m* / ciclo *m* alimentario o alimenticio, ciclo *m* de nutrición
Nahrungsmittel *n pl*, Nahrung *f* / víveres *m pl*, alimentos *m pl*, comestibles *m pl*, productos *m pl* alimenticios ‖ ⁓**haltbarmachen** (o. konservieren) / conservar víveres ‖ ⁓**chemie** *f* / química *f* de los alimentos ‖ ⁓**farbe** *f* / colorante *m* para productos alimenticios ‖ ⁓**industrie** *f* / industria *f* alimenticia o alimentaria o de [la] alimentación ‖ ⁓**kunde** *f* / ciencia *f* de los víveres ‖ ⁓**untersuchung** *f* / examen *m* de alimentos
Nahrungspflanze *f* (Bot) / planta *f* alimenticia
Nährwert *m* / valor *m* nutritivo
Nah•[schnell]verkehrszug *m* (Bahn) / tren *m* de cercanías ‖ ⁓**schwund** *m* (Eltronik) / desvanecimiento *m* próximo ‖ ⁓**schwundantenne** *f* / antena *f* de desvanecimiento próximo ‖ ⁓**schwundfrei**) / exento de desvanecimiento próximo
Nähseide *f* (Tex) / seda *f* para coser
Nah•selektion *f* (Eltronik) / selectividad *f* de canal adyacente, selectividad *f* suficiente para excluir los canales adyacentes ‖ ⁓**sender** *m*, Regionalsender *m* (Eltronik) / emisora *f* cercana o regional
Nähstichtyp *m* (für Klassifizierung) (Tex) / tipo *m* de puntada
Nah•störung *f* (Eltronik) / interferencia *f* cercana ‖ ⁓**streuung** *f* (Eltronik) / difusión *f* local
Naht *f* (Näh.) / costura *f* ‖ ⁓ (Plast) / línea *f* de separación [de molde] ‖ ⁓, Schweißnaht *f* / costura *f*, soldadura *f* ‖ ⁓, Gießnaht *f*, Grat *m* (Gieß) / rebaba *f* [de juntura] ‖ ⁓ (Büchse) / soldadura *f* blanda ‖ **aufgetrennte** ⁓ (Tex) / costura *f* descosida ‖ ⁓**ausblendung** *f* (Repro) / regulación *f* de grabado continua ‖ ⁓**band** *n*, Konturband *n* / cinta *f* de costura ‖ ⁓**dichtung** *f* (Tex) / impermeabilización *f* de la costura ‖ ⁓**dichtung** (Niet, Schw) / impermeabilización *f* de la soldadura ‖ ⁓**dichtung durch Verstemmen** / retacado *m* ‖ ⁓**dicke** *f*, -höhe *f* (Schw) / espesor *m* total de la soldadura
Nähtisch *m* (Näh) / plataforma *f* de coser
nahtlos (Guss) / sin rebaba ‖ ⁓ (Schw) / sin soldadura o costura ‖ ⁓ (Strumpf) / sin costura ‖ ⁓**es Gasrohr** / tubo *m* de gas sin soldadura ‖ ⁓**gewalzt** / laminado sin costura ‖ ⁓ **gezogen** / estirado sin costura ‖ ⁓**schweißen** / soldar sin costura

Naht•rohr *n* / tubo *m* soldado o con soldadura ‖ ⁓**roller** *m* (Tapete) / rodillo *m* de empapelador ‖ ⁓**schweißung** *f* / soldeo *m* por (o de) costura ‖ ⁓**spant** *m* (Schiff) / cuaderna *f* de costura ‖ ⁓**stelle**, Schnittstelle *f* (DV) / interface *f*, interfaz *f* ‖ ⁓**verbindung** *f* (Tex) / unión *f* mediante costura, unión *f* cosida ‖ ⁓**verstärkung** *f* (Strumpf) / costura *f* reforzada
Nah•-Unendlich-Einstellung *f* (Foto) / enfoque *m* de próximo a infinito ‖ ⁓**[unendlichkeits]punkt** *m* (Foto) / punto *m* hiperfocal ‖ ⁓**verkehr** *m* (Fernm) / tráfico *m* local ‖ ⁓**verkehr**, Vorortsverkehr *m* (Bahn) / tráfico *m* de cercanías, servicio *m* local, tráfico *m* a corta distancia, transportes *mpl* a corta distancia ‖ ⁓**verkehr innerhalb eines Hauptamtsbezirks** (Fernm) / tráfico *m* regional o urbano ‖ ⁓**verkehrsamt**, Schnellamt *n* / central *f* urbana ‖ ⁓**verkehrsbereich** *m* (Flughafen) / área *f* de control terminal ‖ ⁓**verkehrsgespräch** *n* (Fernm) / llamada *f* o conferencia urbana o local ‖ ⁓**verkehrsleitung** *f* (Fernm) / línea *f* urbana o regional ‖ ⁓**verkehrswagen** *m* (Bahn) / coche *m* de cercanías ‖ ⁓**verkehrszug**, Personenzug *m* (Bahn) / tren *m* tranvía (E), tren *m* de cercanías, tren *m* local o suburbano u omnibús o de escala, tren *m* de servicio local
Nähverschluss *m* (z.B. Sack) / cierre *m* cosido
Nah•visus *m* (Opt) / agudeza *f* de la vista cercana ‖ ⁓**vorsatzlinse** *f* / lente *f* de aproximación ‖ ⁓**wahlbereich** *m* (Fernm) / servicio *m* automático urbano o regional ‖ ⁓**wärmezentrum** *n* / central *f* de calefacción local
Nähwirkmaschine *f* (Tex) / máquina *f* de coser y tricotar, máquina *f* multiaguja
Nah•wirkungskräfte *f pl* (Nukl) / fuerzas *f pl* de corto alcance ‖ ⁓**ziel** *n* (allg) / objetivo *m* inmediato ‖ ⁓**zone** *f*, -bereich *m* (Bahn) / área *f* suburbana ‖ ⁓**[zonen]gespräch** *n* (Fernm) / llamada *f* o conferencia a corta distancia
Nähzwirn *m* (Tex) / hilo *m* torcido para coser
Nakrit *m* (Min) / nacrita *f*
NAM = Normenausschuss Maschinenbau
Name *m* (allg, DV) / nombre *m*, denominación *f* ‖ ⁓ (ALGOL) / identificador *m*
Namen•geber *m* (Fernm) / mecanismo *m* de respuesta automática ‖ ⁓**-Schnittleistenapparat** *m* (Tex) / aparato *m* para falsos orillos u orillos escritos
Namens•register *n* / índice onomástico *m* ‖ ⁓**schild** *n* / etiqueta *f*, rótulo *m*, letrero *m*, placa *f* rotulada o de identificación ‖ ⁓**zug** *m* / firma *f*
NAND•-Funktion o. -Verknüpfung *f*, Sheffer-Funktion *f* (DV) / NY *f*, inversa *f* de Y ‖ ⁓**-Glied**, NICHT-UND-Glied *n*, NAND-Schaltung *f*, NICHT-UND-Schaltung *f* (DV) / compuerta *f* NY, compuerta *f* Y con inversión, circuito *f* NO-Y, elemento *f* NO-Y
Nanismus *m*, Nanosomie *f* (Biol) / nanismo *m*, enanismo *m*
Nanking *m* (Web) / nanquín *m*, mahón *m*
Nano•... (10^{-9}), *n* / nano... ‖ ⁓**brücke** *f* / puente *m* nano ‖ ⁓**elektronik** *f* / nanoelectrónica *f* ‖ ⁓**farad** *n* / nanofaradio *m* ‖ ⁓**[meter]indentor** *m* (Mater) / nanoindentor *m* ‖ ⁓**kleber** *m* / nanopegamento *m* ‖ ⁓**maschine** *f* / nanomáquina *f* ‖ ⁓**meter** *m*, nm / nanómetro *m*, (poco usados) milimicra *f*, milimicrón *m* ‖ ⁓**plankton** *n* (Biol) / nanoplancton *m*, plancton *m* enano ‖ ⁓**produkt** *n* / nanoproducto *m* ‖ ⁓**röhrchen** *n pl*, Bucky- od. Nanotubes (Biochem) / tubos *m pl* [de] Bucky, nanotubitos *mpl* ‖ ⁓**science** *f*, -wissenschaft *f* / nanociencia *f* ‖ ⁓**sekunde** *f*, ns / nanosegundo *m* ‖ ⁓**skalig**, im nanoskaligen Bereich / dentro de la nanogama ‖ ⁓**technologie** *f*, -technik *f* / nanotecnología *f* ‖ ⁓**teilchen** *n*, Nanopartikel *f* / nanopartícula *f* ‖ ⁓**tesla** *n*, nT / nanotesla *m* ‖ ⁓**tube-Fasern** *f pl* (Kohlenstoffröhrchen) / fibras *f pl*

"nanotube" ‖ ⁓**tube-Fasern** n pl (Kolenstoffröhrchen) / fibras f pl de "nanotube"
Napalm n (Natrium-Palmitat) (Chem, Mil) / napalm m
Napersche Regel f (o. **Napiersche Regel**) (Math) / regla f neperiana
Napf m / escudilla f ‖ ⁓, Becher m / vaso m
Näpfchen n, kleiner Napf / cazuelita f ‖ ⁓, Schiffchen n (Chem) / navecilla f ‖ ⁓ (Tiefziehen) / copa f ‖ ⁓, Glasnapf m (Spinn) / crapodina f de vidrio
napf•förmig / en forma de escudilla ‖ ⁓**kathode** f (Kath.Str) / cátodo m líquido ‖ ⁓**kathodenröhre** f (Eltronik) / tubo m de cátodo líquido ‖ **~ziehen**, tiefziehen (Stanz) / embutir ‖ ⁓**ziehen**, flachziehen (Stanz) / embutir poco profundo ‖ ⁓**ziehversuch**, Tiefungsversuch m (DIN) / ensayo m de la copa
Naphtha f (Chem) / nafta f
Naphthaldehyd n / naftaldehído m
Naphthalin n / naftalina f, naftaleno m ‖ ⁓**derivat** n / derivado m de naftalina ‖ ⁓**rot** n, Magdalarot n / rojo m de naftalina ‖ ⁓**sulfonsäure** f / ácido m naftalinsulfónico ‖ ⁓**wäscher** m / lavador m de naftalina
naphthalisieren / naftalizar
Naphthalsäure f / ácido m naftálico
Naphtha•produkt n / producto m de nafta ‖ ⁓**sulfonat** n, -sulfoseife f / naftasulfonato m
Naphthen, Cyclohexan, Hexahydrobenzol n / nafteno m, ciclohexano m, hexahidrobenceno m ‖ ⁓**at** n / naftenato m ‖ **~basisch** (Öl) / de base nafténica ‖ **~basisches Rohöl** (Öl) / aceite m crudo nafténico, crudo m de base nafténica ‖ **~isch** (Chem) / nafténico ‖ ⁓**kohlenwasserstoffe** m pl / hidrocarburos m pl nafténicos ‖ ⁓**säure** f / ácido m nafténico
Naphthionsäure f, 1-Naphthylamin-4-sulfonsäure f / ácido m naftiónico
Naphthochinon n / naftoquinona f
Naphthoësäure f / ácido m naftoico
Naphthol, Hydroxynaphthalin n / naftol m, hidroxinaftalina f ‖ ⁓**-AS-Kombination** f (Färb) / colorante m azoico insoluble ‖ ⁓**atdruck** m (Tex) / estampación f de naftolato ‖ ⁓**färberei** f / tintorería f de naftol ‖ ⁓**gelb S**, Citronin A n / amarillo m naftol S
naphtholieren vt / naftol[iz]ar
Naphthol•klotz m (Tex) / baño m de fulardado de naftol ‖ ⁓**vergiftung** f / naftolismo m
Naphthyl n / naftilo m ‖ ⁓**acetsäure** f / ácido m α-naftilacético ‖ ⁓**amin** n / naftilamina f ‖ ⁓**aminblau** n / azul m naftilamina ‖ ⁓**aminbordeaux** n / rojo m Burdeos de naftalamina ‖ ⁓**amingelb** n, Manchestergelb n / amarillo m naftilamina ‖ ⁓**oxyacetsäure** f / ácido m naftiloxiacético
Napoleonit m (Min) / napoleonita f
Nappaleder n / napa f
Narbe f (Med) / cicatriz f ‖ ⁓ (Oberfläche) / excoriación f, impresión f, [zona de] escara f ‖ ⁓ (Leder) / flor f, grano m ‖ ⁓ (Landw) / capa vegetal (E), tapiz m vegetal (LA)
narben vt, prägen, chagrinieren (Leder) / granear, imprimir grano artificial, chagrinar ‖ ⁓, krispeln (Leder) / granelar a mano con la pomela o la margarita ‖ ⁓ n / graneo m ‖ ⁓, Oberflächenbild n (Leder) / flor f, grano m
Narben•... (Leder) / graneado ‖ ⁓**bruch** m, -sprengung f (Leder) / quebraja f o rotura del grano ‖ ⁓**fehler** m (Leder) / defecto m de grano o en la flor ‖ ⁓**kalander** m / calandria f de gofrado ‖ ⁓**korrosion** f / tuberculación f ‖ ⁓**leder**, genarbtes o. körniges Leder, Chagrin n / cuero m graneado ‖ ⁓**platzen** (Leder) / reventón m de la flor ‖ ⁓**seite** f, Haarseite f (Gerb) / cara f de la flor ‖ ⁓**spalt** (Leder) / flor f de la piel ‖ ⁓**spalt von Schafleder** / flor m de cuero de ovejas ‖ ⁓**spaltleder** n **von Schafen** / serrado m fino de pieles de cuero, primer descarne con la flor

narbig, befleckt, fleckig / manchado ‖ ~, genarbt (Leder) / graneado ‖ ~, voller Narben (Leder) / cicatrizado ‖ ⁓**werden** n (Anstrich, Fehler) / formación f de piel de naranja
Narbkalander m (Leder) / calandria f para imprimir grano artificial
Narcein n (Chem) / narceína f
Nardenöl n (Pharm) / bálsamo m de nardo
NARG = Neutronenautoradiografie
Narkosegerät n (Med) / aparato m de anestesia
Narkotikum, Narkosemittel n (Med, Pharm) / narcótico m
Narkotin n (Chem) / narcotina f
narkotisch / narcótico
narrensicher / a prueba de falsas maniobras o de errores de maniobra, a prueba de curiosos o chambones, a prueba de imprudencias ‖ ~ (Nukl) / nuclearmente seguro
Narrow-Gap-Schweißverfahren n / soldadura f con separación estrecha
Nase f, Mitnehmer m (Masch) / tope f de arrastre, arrastrador m ‖ ⁓ (an bewegten Teilen), Ansatz m (Masch) / talón m ‖ ⁓ (Hobelgriff) (Wz) / empuñadura f ‖ ⁓, Schnauze f eines Gefäßes / pico m ‖ ⁓, Vorsprung m / saliente f ‖ ⁓ (z. B. an einer Platine) (Masch) / pestaña f ‖ ⁓, Nocken m (Masch) / leva f ‖ ⁓ (Luftf) / proa f, nariz f, (localismo:) morro m ‖ ⁓, Haken m der Dachplatte / gancho m de teja ‖ ⁓ **am Lager** / lengüeta f ‖ ⁓ **am Nasenkeil** / talón m, cabeza f, tacón m ‖ ⁓ **an der Gebläseform** / punta f de tobera, morro m de tobera ‖ ⁓ **der Senk- und Halbrundschraube** / cuello m nervado, prisionero m ‖ ⁓ **zur Fixierung** (Plast) / tetón m moldeado
Nasen•anschlag m / tope m de talón ‖ ⁓**bolzen** m / perno m con prisionero ‖ ⁓**flachkeil** m / chaveta f plana con cabeza ‖ ⁓**hohlkeil** m / chaveta f media caña con cabeza ‖ ⁓**isolator**, Krückenisolator m (Elektr) / aislador m acodado ‖ ⁓**kappe** f (Propeller) / cubo m de hélice ‖ ⁓**keil** m / chaveta f de cabeza o de talón ‖ ⁓**klammern** f pl (Druck) / abrazaderas f pl ‖ ⁓**klappe** f (Luftf) / flap m de borde de ataque, alerón m de pico ‖ ⁓**klemmplatte** f (Bahn) / grapa f de sujeción con talón ‖ ⁓**kolben** m (Mot) / pistón m o émbolo con deflector ‖ ⁓**konus** m (Rakete) / cono m de ojiva ‖ ⁓**leiste**, Stirnleiste f (Luftf) / larguerillo m de borde de ataque ‖ ⁓**profil** m (Walzw) / perfil m de llanta con nervio ‖ ⁓**ring** m (Kfz) / aro m (o segmento) rascador de aceite ‖ ⁓**rippe** f (Luftf) / sección f anterior de costilla, costilla f de borde de ataque, falsa costilla f ‖ ⁓**scheibe** f (Fahrradachse) / arandela f suplementaria ‖ ⁓**schraube** f, -bolzen m / tornillo m con prisionero ‖ ⁓**steg** m (Brille) / arco m (gafas) ‖ ⁓**trommel** f, Igeltrommel f (Spinn) / tambor m puercoespín
nass / mojado ‖ ~, feucht / húmedo ‖ ~, triefend / empapado ‖ ~ **auf nass** (Farbe) / húmedo sobre húmedo, fresco sobre fresco, a color húmedo ‖ ~ **aufbereiten**, auslaugen (Aufb, Bergb) / preparar por vía húmeda ‖ **~ aufbereitet** / preparado por vía húmeda ‖ **~e Aufbereitung** (Hütt) / preparación f por flotación ‖ **~er Formsand** / arena f empapada ‖ **~er Gasbehälter** / gasómetro m húmedo ‖ **~er Gaszähler**, -messer m / contador m de gas húmedo ‖ **~ gezogener Draht** (Hütt) / alambre m estirado en húmedo ‖ **~ kleben** / pegar en húmedo ‖ **~ satinierte Pappe** / cartón m satinado en húmedo ‖ **~e Zelle**, nasses Element (Elektr) / pila f húmeda o líquida o de líquido, pila f hidroeléctrica ‖ **~e Zylinderbüchse** (Mot) / camisa f húmeda de cilindro **auf ~em Wege probieren** (Chem) / ensayar o analizar por vía húmeda
Nass•abscheider m (Hütt) / separador m húmedo ‖ ⁓**appreturmaschine** f (Tex) / máquina f para apresto en mojado ‖ ⁓**aufbereitung** f (Hütt) / preparación f por vía húmeda ‖ ⁓**aufstellung** f (Pumpe) / instalación

Nassaufstellung

f inmersa ‖ **für ~aufstellung** / para montaje inmersa o sumergida ‖ **~ausschuss** *m* (Pap) / recortes *m pl* húmedos ‖ **~bagger** *m*, Baggergerät *n*, -maschine *f*, (unter Wasser) / draga *f* ‖ **~bagger**, Schwimmbagger *m* / draga *f* flotante ‖ **~baggern** / dragar ‖ **~behandlung** *f* / tratamiento *m* por vía húmeda ‖ **~beize** *f* (Getreide) / desinfección *f* en húmedo ‖ **~beizen** (Landw) / desinfectar en húmedo ‖ **~beständigkeit** *f* / resistencia *f* a la humedad ‖ **~blank gezogen** (Hütt) / estirado en húmedo (alambre blanco) ‖ **~bohren** *n* (Öl) / perforación *f* con inyección de agua ‖ **~bruchstandzeit** *f* (Klebenaht) / estabilidad *f* a la humedad ‖ **~bürstmaschine** *f* (gedr.Schaltg) / máquina *f* para cepillar en húmedo ‖ **~chemisches Ätzen** / grabado *m* al agua fuerte ‖ **~dampf** *m*, nasser Dampf / vapor *m* húmedo ‖ **~dehnung** *f* (Pap) / alargamiento *m* en [estado] húmedo ‖ **~dekatiermaschine** *f* (Tex) / decatizadora *f* en húmedo ‖ **~dekatur** *f*, Pottingverfahren *n* / decatizado *m* en húmedo ‖ **~detachiermittel** *n* / agente *m* demanchador líquido ‖ **~dock** *n* (Schiff) / dique *m* flotante ‖ **~dreheinrichtung** *f* (Wzm) / dispositivo *m* refrigerante de torno ‖ **~drehen** / tornear en mojado o rociando ‖ **~drehofen** *m* / horno *m* rotatorio por vía húmeda ‖ **~druck** *f* / impresión *f* en húmedo, impresión *f* a color húmedo
Nässe *f* / humedad *f* ‖ **vor ~ schützen!** / ¡proteger contra humedad!
Nassechtheit *f* (Färb) / solidez *f* de tinturas en mojado
Nässegehalt *m* / contenido *m* de agua o de humedad
Nass•eimerbagger *m* / draga *f* de cangilones ‖ **~elektrolyt-Kondensator** *m* / capacitor *m* electrolítico húmedo ‖ **~element** s. nasse Zelle ‖ **~emulsionsverfahren** *n* (Foto) / procesamiento *m* de emulsión líquida
nässen *vi* / filtrar *vi* ‖ **~** *vt* / humectar, humedecer, mojar ‖ **~**, besprizten / rociar, regar
Nass•entstauber *m* / despolvoreador *m* lavador, desempolvador *m* húmedo ‖ **~entwickler** *m* (Schw) / generador *m* de caída de agua
Nässeprobe *f*, -muster *n* / muestra *f* húmeda
Nass•fallout *m* / precipitación *f* radiactiva húmeda ‖ **~fäule** (Landw) / podredumbre *f* húmeda ‖ **~fest** (Pap) / resistente en mojado o en húmedo ‖ **~festigkeit** *f* / resistencia *f* en húmedo ‖ **geringe ~festigkeit** / baja resistencia en húmedo ‖ **~festigkeitsindex** *m* / índice *m* de resistencia en [estado] húmedo ‖ **~[feuer]löscher** *m* / extinctor *m* (E) o matafuegos (LA) de líquido o de agua o de solución carbónica ‖ **~filter** *n* (Chem) / filtro *m* húmedo ‖ **~filz** *m* (Pap) / fieltro *m* húmedo, fieltro *m* de prensa húmeda ‖ **~formen** *n* (Gieß) / moldeo *m* en arena empapada ‖ **~gehalt** *m*, Feuchtigkeit *f* von Kohle / humedad *f* de carbón ‖ **~gekreppt** (Pap) / crespado en húmedo *adj* ‖ **~gemacht** / mojado ‖ **~guss** *m* (Gieß) / fundición *f* en moldes no secados ‖ **~gusssand** *m* (Gieß) / arena *f* empapada ‖ **~hüllenpressen** *n* (Sintern) / compresión *f* en molde húmedo ‖ **~-in-nass** (Druck) / fresco sobre fresco, a color húmedo ‖ **~-in-trocken** (Druck) / fresco sobre seco ‖ **~kalander** *m* (Tex) / calandria *f* húmeda o en mojado ‖ **~kalk** *m*, Kalkmilch *f* (Zuck) / lechada *f* de cal ‖ **~kalkung** *f* (Zuck) / carbonatación *f* por lechada de cal ‖ **~kalt** / húmedo y frío ‖ **~kaschierung** *f* (Pap) / contracolado en húmedo ‖ **~klassieren** (Bergb) / clasificar en húmedo ‖ **~klebend** / pegante en húmedo ‖ **~knitterechtheit** *f* (Tex) / solidez *f* al arrugado en húmedo ‖ **~knitterfestausrüstung** *f* (Tex) / acabado *m* inarrugable en mojado o en húmedo, acabado *m* para resistencia al arrugado en mojado o en húmedo ‖ **~kollergang** *m* / molino *m* de rulos para molido en húmedo ‖ **~kollergang mit fester Mahlbahn für chargenweisen Betrieb** / molino *m* de rulos discontinuo en húmedo ‖ **~korrosion** *f* /

corrosión *f* en estado frío ‖ **~krepp** *m* (Pap) / papel *m* crespado en húmedo ‖ **~kreppen** *n* (Pap) / crespado *m* en húmedo ‖ **~kugelmühle** *f* / molino *m* de bolas para molido en húmedo ‖ **~kühler** *m* / refrigerador *m* en húmedo ‖ **~kühlturm** *m* (AKW) / torre *f* de refrigeración en húmedo ‖ **~kupplung** *f* (Mot) / embrague *m* húmedo ‖ **~laufeigenschaften** *f pl* (Reifen) / propiedades *f pl* sobre firme húmedo (neumático) ‖ **~läufer** *m* (Wasserzähler) / contador *m* de agua tipo húmedo ‖ **~löschen** (Koks) / apagar en húmedo ‖ **~löscher** s. Nassfeuerlöscher ‖ **~luftfilter** *m n* (Kfz) / aerofiltro *m* tipo húmedo ‖ **~machen** *vt* / mojar ‖ **~mahlung** *f* / molienda *f* en mojado o en húmedo ‖ **~mechanische Aufbereitung** (Bergb) / preparación *f* gravimétrica ‖ **~mechanische Vorsortierung** (Müll) (Umw) / preclasificación *f* mecánica en húmedo (Basura) ‖ **~metallurgie** (Hütt) / hidrometalurgia *f* ‖ **~mühle** *f*, -mahlgang *m* / molino *m* húmedo ‖ **~öl** *n* (Chem) / aceite *m* emulsionado ‖ **~öl**, Rohöl *n* der Offshore-Plattform / petróleo *m* de perforación submarina ‖ **~öltank** *m* (Ölgewinnung) / tanque *m* para petróleo húmedo ‖ **~öltank** (Raffinerie) / depósito *m* de petróleo líquido ‖ **~partie** *f*, -teil *m* (Pap) / sección *f* húmeda ‖ **~polder** *m*, Überlaufpolder *m* (Hydr) / pólder *m* de retenido ‖ **~polieren** *vt* / pulir en mojado ‖ **~presse** *f* (für Ziegel) / prensa *f* para ladrillos en húmedo ‖ **~presse** (Pap) / prensa *f* húmeda ‖ **~pressen** *n* / prensado *m* en húmedo ‖ **~probe** *f* / ensayo *m* por vía húmeda
Nässprobe *f*, Feuchtigkeitsprobe *f* / determinación *f* de la humedad
Nass•prüfspannung *f* (Elektr) / tensión *f* de comprobación en húmedo ‖ **~raffination** *f* (Öl) / refinación *f* por vía húmeda ‖ **~raumaschine** *f* (Tex) / perchadora *f* en mojado ‖ **~räume** *m pl* (Bau) / locales *m pl* mojados ‖ **~reibechtheit** *f* (Tex) / solidez *f* al frote en mojado ‖ **~reiniger** *m*, Turmwäsche *f* / torre *f* de lavado, depurador *m* húmedo ‖ **~reiniger**, Gaswäscher *m* / desempolvador *m* húmedo ‖ **~reinigung** *f* (Aufb) / depuración *f* por vía húmeda ‖ **~reinigungsmaschine** *f* (Straßb) / barredera *f* rociadora ‖ **~reißer** *m*, -reißmaschine *f* (Pap) / máquina *f* de deshilachar trapos en mojado ‖ **~reißfestigkeit** *f* (Tex) / resistencia *f* al desgarro en mojado ‖ **~reißlast** *f* / carga *f* de desgarro en húmedo ‖ **~rohrmühle** *f* / molino *m* tubular en húmedo ‖ **~sanden** *n*, -sandstrahlen *n* / soplado *m* con chorro de arena en húmedo ‖ **~scheidung** *f* (Zuck) / separación *f* en húmedo ‖ **~scheidung** (Zuck) jetzt: Nasskalkung ‖ **~schlamm** *m* (Zuck) / turbio *m* húmedo ‖ **~schleifen** *n*, -schliff *m* / rectificación *f* en húmedo ‖ **~schleifmaschine** *f* / rectificadora *f* en húmedo ‖ **~schnitzel** *n pl* (Zuck) / pulpa *f* húmeda ‖ **~schwimmbagger** *m* / draga *f* flotante hidromecánica ‖ **~siebere**i *f* (Aufb) / cribado *m* en húmedo ‖ **~silo** *m* (Holzind.) / silo *m* para partículas húmedas ‖ **~spinnen** *n* / hilado *m* en mojado ‖ **~spinnmaschine** *f* / continua *f* para hilar en mojado ‖ **~stoff** *m* (Pap) / pulpa *f* húmeda ‖ **~strecken** (Leder) / estirar en mojado ‖ **~teilfeld** *n* (Web) / dispositivo *m* divisor de hilos en [estado] húmedo ‖ **~transferdruck** *m* (Färb) / estampación *f* por transferencia en húmedo ‖ **~trocknend** (Farbe) (Druck) / desecante por calor ‖ **~trommeln** *n* / tamborado *m* en húmedo ‖ **~überschlagspannung** *f* (Elektr) / tensión *f* disruptiva en húmedo, tensión *f* de salto de arco con aislador húmedo, tensión *f* de contorneamiento en húmedo ‖ **~- n** [und Schlämm]**verfahren** (Bergb) / procesamiento *m* por vía húmeda, procedimiento *m* húmedo ‖ **~veraschung** *f* / digestión *f* ácida ‖ **~verbrennung** *f* / combustión *f* húmeda ‖ **~veredelung** *f* (Tex) / apresto *m* mojado ‖ **~versilberung** *f* / plateado *m* por vía húmeda ‖ **~versuch** *f* / ensayo *m* en húmedo ‖ **~verzinkung** *f* /

galvanizado *m* húmedo ‖ ~**zelle** *f* (Bau) / celda *f* sanitaria ‖ ~**zerkleinerung** *f* (Aufb) / trituración *f* húmeda ‖ ~**ziehen** *n*, -zug *m* (Draht) / trefilado *m* húmedo ‖ ~**zugkühlturm** *m* (AKW) / torre *f* de refrigeración en húmedo ‖ ~**zwirnen** *n* (Tex) / retorcido *m* mojado
Nasturan *n*, Pechblende *f* (Min) / pecblenda *f*, pechblenda *f*, uraninita *f* (E), pechurana *f* (LA)
naszierend, frei werdend (Chem) / naciente, nacedero ‖ ~**er Wasserstoff** / hidrógeno *m* naciente
Nathanverfahren *n* (Brau) / proceso *m* Nathan
national•e Norm / norma *f* nacional ‖ ~**e Nummer** (Fernm) / número *m* nacional ‖ ~**es Bestätigungssystem** / sistema *m* nacional de certificación ‖ ~**er Normenverband** / Oficina *f* Nacional de Normas ‖ ~**es Statistisches Amt** / INE (E) (= Instituto Nacional de Estadística)
Nationalitäts-Kennzeichen *n* (Kfz) / placa *f* (E) o chapa (LA) nacional
Nationalpark *m* / parque *m* nacional
nativ•e Cellulose / celulosa *f* nativa ‖ ~**es Lignin**, Protolignin *n* / protolignina *f* ‖ ~**e Stärke**, Kristallstärke *f* / almidón *m* en cristales
Natrit *m*, Natron *n* (Min) / natrita *f*, natrón *n*, soda *f*
Natrium, Na *n* (Chem) / sodio *m*, NA ‖ ~ enthaltend (o. zugehörig) / sódico ‖ ~**acetat** *n* / acetato *m* sódico o de sodio ‖ ~**aluminat** *n* / aluminato *m* sódico o de sodio ‖ ~**amid** *n* / amida *f* sódica ‖ ~**ammonium-Hydrogenphosphat**, Phosphorsalz *n* / fosfato *m* ácido sódico-amónico ‖ ~**atom** *n* / átomo *m* Na o de sodio ‖ ~**azid** *n* / azida *f* sódica ‖ ~**bicarbonat** *n* / bicarbonato *m* sódico o de soda, carbonato *m* ácido de sodio ‖ ~**bichromat** *n*, -dichromat *n* / bicromato *m* sódico ‖ ~**bisulfit** *n* / bisulfato *m* sódico ‖ ~**boden** *n* (Geol) / suelo *m* sódico ‖ ~**brechweinstein** *n* (Chem) / tartrato *m* sódico antimónico ‖ ~**celluloseglykol** *n* / glicolato *m* celulósico sódico ‖ ~**cellulosexanthogenat** *n*, Viskose *f* / xant[ogen]ato *m* celulósico sódico, viscosa *f* ‖ ~**chlorid** *n* / cloruro *m* sódico o de sodio, sal *f* común ‖ ~**chromat** *n* / cromato *m* sódico ‖ ~**cyanid**, Cyannatrium *n* / cianuro *m* sódico ‖ ~**dampflampe** *f* (Elektr) / lámpara *f* de vapor de sodio ‖ ~**diazetat** *n* / diacetato *m* sódico ‖ ~**disulfit** *n* (Foto) / disulfito *m* de sodio ‖ ~**dithionit** *n*, -hydrosulfit *n*, -hyposulfit *n* (Chem) / ditionito *m* de sodio, hidrosulfito *m* o hiposulfito sódico ‖ ~**-D-Linie** *f* (Phys) / línea *f* espectral D [de sodio] ‖ ~**ethylat** *n* / etilato *m* sódico ‖ ~**falle** *f* (warm o. kalt) (Nukl) / trampa *f* de sodio ‖ ~**fett** *n* (Chem) / grasa *f* de soda ‖ ~**fluorid**, Fluornatrium *n* / fluoruro *m* sódico ‖ ~**fluorsilikat** *n* / fluosilicato *m* sódico ‖ ~**form** *f* (Chem) / forma *f* sodio ‖ ~**gekühlt** / enfriado o refrigerdo por sodio (o con sodio líquido) ‖ ~**gekühlter graphitmoderierter Reaktor** / reactor *m* refrigerado por sodio y moderado por grafito ‖ ~**goldchlorid** *n* / auricloruro *m* sódico ‖ ~**graphitreaktor** *m* / reactor *m* de sodio-grafito ‖ ~**härte** *f* (Ionenaustauscher) / dureza *f* de sodio ‖ ~**hexametaphosphat** *n* / hexametafosfato *m* sódico ‖ ~**hydro[gen]carbonat** *n* / bicarbonato *m* sódico ‖ ~**hydrogensulfat**, -bisulfat *n* / bisulfato *m* sódico ‖ ~**hydrogensulfid** *n*, -bisulfid *n* / bisulfuro *m* sódico ‖ ~**hydrosulfit** *n*, -dithionit *n* / hidrosulfito *m* o hiposulfito sódico, ditionito *m* de sodio ‖ ~**hydroxid** *n*, Ätznatron *n* / hidróxido *m* sódico o de sodio, hidrato *m* sódico, soda *f* cáustica, cáustico *m* blanco, lejía *f* ‖ ~**hypochlorit** *n*, unterchlorigsaures Natrium / hipoclorito *m* sódico ‖ ~**hypochloritlauge** *f*, verdünnte Natriumhypochloritlösung, Natronbleichlauge *f* / Eau *m* de Labarraque, lejía *f* de sosa decolorante ‖ ~**iodid-Detektor** *m* / detector *m* de iodura de sodio ‖ ~**ion** *n* / ion *m* de sodio ‖ ~**iridiumchlorid** *n* / iridicloruro *m* sódico ‖ ~**kabel** *n* / cable *m* de sodio ‖ ~**karbonat** *n*, Soda *f* / carbonato *m* sódico ‖ ~**kreislauf** *m* (Reaktor) / circuito *m* de sodio o de enfriamiento ‖ ~**licht** *n* / luz *f* de vapor de sodio ‖ ~**metall** *n* / sodio *m* metálico ‖ ~**metasilikat** *n* / metasilicato *m* sódico ‖ ~**nitrat** *n*, Natronsalpeter *m* / nitrato *m* sódico o de sodio o de sosa ‖ ~**nitrit** *n* / nitrito *m* sódico ‖ ~**orthophosphat** *n* / ortofosfato *m* sódico ‖ ~**oxid** *n*, Natron / óxido *m* sódico ‖ ~**perborat** *n* / perborato *m* sódico ‖ ~**permanganat** *n*, übermangansaures Natrium / permanganato *m* sódico ‖ ~**peroxid** *n* / peróxido *m* sódico ‖ ~**phosphat** *n* / fosfato *m* sódico ‖ ~**phosphid**, Phosphornatrium *n* / fosfuro *m* sódico ‖ ~**salz** *n* / sal *f* de sodio ‖ ~**-Schwefelbatterie** *f* (Elektr) / acumulador *m* de sodio y sulfuro ‖ ~**seife** *f*, Sodaseife *f* / jabón *m* sódico ‖ ~**silikat** *n* / silicato *m* sódico o de sodio o de sosa ‖ ~**stannat**, Präpariersalz *n* (Galv, Tex) / estannato *m* sódico ‖ ~**sulfat** *n* / sulfato *m* sódico ‖ saures ~**sulfat** (Färb) / sulfato *m* ácido de sodio ‖ **neutrales** ~**sulfat**, Glaubersalz *n* / sulfato *m* neutro de sodio ‖ ~**sulfid** *n* / sulfuro *m* sódico ‖ ~**sulfit** *n*, schwefligsaures Natrium / sulfito *m* sódico ‖ ~**tetraborat** *n*, Borax *m* / borato *m* o tetraborato sódico ‖ ~**tetraphenyloborat**, Kalignost *n* (Zement) / tetrafenilborato *m* sódico ‖ ~**thiosulfat**, Fixiersalz *n*, Antichlor *n* / tiosulfato *m* sódico ‖ ~**uranat** *n* / uranato *m* sódico o de sodio ‖ ~**verbindung** *f* / derivato *m* de sodio
Natro•calcit *m* (Min) / natrocalcita *f*, gailusita *f* ‖ ~**jarosit** *n* (Min) / natrojarosita *f* ‖ ~**lith** *m* (Min) / natrolita *f*
Natron *n* (Chem) / bicarbonato *m* sódico o de sosa, carbonato *m* ácido sódico, natrón *denom comercial) m* (levadura química) ‖ ~, Natrit *m* (Min) / natrón *m*, natrita *f* ‖ ~**bleichlauge** *f* (Chem) / lejía *f* de Labarraque ‖ ~**cellulose** *f*, -zellstoff *m* (Pap) / celulosa *f* de sodio ‖ ~**feldspat** *n* / feldespato *m* sódico, albita *f* ‖ ~**fett** *n* / grasa *f* [saponificada a base de sosa] ‖ ~**glas** *n*, Sodaglas *n* / vidrio *m* a base de sosa ‖ ~**haltig**, Soda enthaltend / sódico, conteniendo sosa ‖ ~**kalk** *m* / cal *f* sosa ‖ ~**-Kalkglas** *n* / vidrio *m* de sosa y cal ‖ ~**lauge** *f*, Natronlauge / lejía, hidróxido *m* de sodio ‖ ~**-Mischpapier** *n* / papel *m* mezclado kraft ‖ ~**papier** *n* / papel *m* a la sosa ‖ ~**salpeter** *m*, Chilesalpeter *m* / salitre *m* sódico o de sosa, nitrato *m* de sodio ‖ ~, Salzsee *m*, Salzsee *m* / lago *m* salado, saldar *m* ‖ ~**seife** *f* / jabón *f* de soda ‖ ~**verfahren** *n* (Pap) / método *m* a la sosa cáustica ‖ ~**verseifung** *f* / saponificación *f* a base de soda ‖ ~**wasserglas** *n* (Chem) / silicato *m* sódico ‖ ~**weinstein** *m* / tartrato *m* sódico
Natté *m* (Web) / natté *m*
Natur, Art *f* / género *m*, clase *f* ‖ ~, Beschaffenheit *f* / naturaleza *f* ‖ ~..., natürlich / natural ‖ ~..., elementar / elemental ‖ ~... (Bergb) / virgen, nativo ‖ **von** ~ [**angeboren**] / constitucional, inherente
Natural•farbe *f*, -tinte *f*, -schwarz *n* / tinta *f* neutra ‖ ~**lohn** *m* (F.Org) / salario *m* en especie[s]
Natur•asphalt *m* (Min) / asfalto *m* natural ‖ ~**benzin**, Rohrkopfbenzin *n* / gasolina *f* natural ‖ ~**bims** *m*, Naturbimsstein *m* (Geol) / piedra *f* pómez natural ‖ ~**braun** (Pap) / pardo sin blanquear ‖ ~**darm** *m* (Nahr) / tripa *f* natural para embutidos
Naturell-Tapete *f* / papel *m* pintado común
Natur•erscheinung *f* / fenómeno *m* de la naturaleza, meteoro *m* ‖ ~**erzeugnis** *n* (allg) / producto *m* natural ‖ ~**farbe**, Eigenfarbe *f* / color *m* natural ‖ ~**farben**, ungebleicht (Tex) / de color natural ‖ ~**farben** (Wolle) / en su color [de estambre] natural ‖ ~**farbstoff** *m* / colorante *m* natural ‖ ~**fasern** *f pl* (Tex) / fibras *f pl* naturales ‖ ~**forscher** *m* / naturalista *m* ‖ ~**gas** *n* / gas *m* natural ‖ ~**gasquelle** *f* / fuente *f* de gas natural ‖ ~**gegebene Funkstörung** / ruido *m* natural ‖ ~**gesetz** *n* / ley *f* de la Naturaleza ‖ ~**gesetzlich**, physikalisch (Phys) / físico ‖ ~**getreu** / copiado de natural ‖ ~**getreue Wiedergabe** / reproducción *f* realista o

natural ‖ ⁓**glimmer** *m*, Blockglimmer *m* (Min) / mica *f* natural ‖ **in** ⁓**größe zeichnen** / delinear o dibujar en tamañno natural ‖ ⁓**gummi** *m n* / goma *f* natural ‖ ⁓**hafen** *m* / puerto *m* natural ‖ ~**hart** (allg) / de dureza natural ‖ ~**hart**, von SS-Qualität (Stahl) / de temple natural (acero) ‖ ~**hart** (Walzerzeugnis) / de dureza de fabricación ‖ ⁓**härte** *f* / dureza *f* natural ‖ ⁓**harz** *n* (Bot) / resina *f* natural ‖ ⁓**holzfarbe** *f*, natürliche Holzfarbe / color *m* natural de madera ‖ ⁓**horn** *n* (Zool) / cuerno *m* natural ‖ ⁓**kante**, Walzkante *f* (Hütt) / borde *m* de laminación ‖ ⁓**karde** *f* (Bot) / carda *f* vegetal, cardencha *f* ‖ ⁓**kautschuk** *m*, NR / caucho *m* natural ‖ ⁓**konstante** *f* (Phys) / constante *f* natural ‖ ⁓**korken** *m* (Bot) / corcho *m* natural ‖ ⁓**kraft** *f* / fuerza *f* natural ‖ ⁓**-Krumpfmaschine** *f* (Tex) / máquina *f* de encogimiento natural ‖ ⁓**kunstdruckpapier** *n* / papel *m* sin estucar para impresión artística
natürlich, Natur... / natural ‖ ~**e Abnutzung** / desgaste *m* natural ‖ ~**er Ankerplatz** (Hydr, Schiff) / fondeadero *m* o ancladero natural ‖ ~**e Atmung** (Physiol) / respiración *f* natural ‖ ~**e Barriere** / barrera *f* natural ‖ ~**e Belüftung** (Tunnel) / ventilación *f* o aireación natural ‖ ~**er (o. roher) Borax**, Tinkal *n* / tincal *m*, borato *m* sódico natural ‖ ~**e** *f* **Einheit des Informationsinhalts**, NAT / unidad *f* natural del contenido de información ‖ ~**e Einheiten** *f pl* / unidades *f pl* naturales ‖ ~**e Energiequellen** *f pl* / fuentes *f pl* naturales de energía ‖ ~**e Erdstrahlung** / radiación *f* terrestre natural ‖ ~**er Farbstoff** / colorante *m* natural ‖ ~**es Gelände** / terreno *m* natural ‖ ~ **gewachsen** / natural ‖ ~**e (o. naturgegebene) Grenze** / límite *m* natural ‖ ~**e Grenzen durch das Gelände** (Bau) / limitación *f* o restricción natural ‖ ~**e Größe**, natürlicher Maßstab / tamaño *m* natural ‖ ~**e Grundstrahlung** / radiación *f* natural o de fondo ‖ ~**e Holzfarbe** / color *m* natural de madera ‖ ~**e Isotopenhäufigkeit** (Nukl) / abundancia *f* isotópica ‖ ~**er Kanal** (Geo) / canal *m* ‖ ~**e Kohlenwasserstoffe** *m pl* / hidrocarburos *m pl* nativos o naturales ‖ ~**e Koordinaten** *f pl* / coordenadas *f pl* naturales ‖ ~**er Korund** (Min) / corindón *m* mineral ‖ ~**e Kräuselung** (Tex) / rizamiento *m* o rizado natural ‖ ~**e Landmarke** (Verm) / punto *m* de referencia ‖ ~**er Logarithmus** (Math) / logaritmo *m* natural o neperiano ‖ ~**er Luftstrom o. -zug**, Selbstzug *m* / corriente *m* de aire natural, tiro *m* natural ‖ ~**er Magnet** (Min) / imán *m* natural, piedra *f* de imán ‖ ~**er Mangel** / defecto *m* inherente ‖ ~**er Maßstab** (Zeichn) / escala *f* natural ‖ ~**e o. native Cellulose** / celulosa *f* natural ‖ ~**e Radioaktivität** / radi[o]actividad *f* natural ‖ ~**e Reserven** *f pl* / reservas *f pl* naturales ‖ ~**e Schwindung** / encogimiento *m* natural ‖ ~**e Sprache** / lenguaje *m* natural ‖ ~**e Stimmung** (Musik) / escala *f* natural o normal o templada ‖ ~**e Streckgrenze** (Ggs. Dehngrenze) (Mech) / límite *m* elástico, límite *m* aparente de elasticidad, resistencia *f* a punto cedente ‖ ~**e Trocknung** (Holz) / secado *m* natural, desecación *f* natural ‖ ~**e Umwelt** / ambiente *m* natural, naturaleza *f* ‖ ~ **[vorkommend]**, jungfräulich (Bergw) / virgen, nativo ‖ ~ **vorkommend** / natural ‖ ~**e Zahl** (Math) / número *m* natural (un número entero positivo)
Natur•papier *n* / papel *m* bruto, papel *m* sin estucar ‖ ⁓**pappe** *f* / cartón *m* bruto, cartón *m* sin estucar ‖ ⁓**sandstein** *m* (Geol) / piedra *f* arenisca natural ‖ ⁓**schutz** *m* / protección *f* del paisaje ‖ ⁓**schützer** *m* / conservacionista *f*, ecologista *m* ‖ ⁓**schutzverband** *m* / asociación *f* filoecológica o ecologista ‖ ⁓**schwarz** / negro natural ‖ ⁓**seide** *f* (Tex) / seda *f* natural ‖ ⁓**stein** *m* / piedra *f* natural ‖ ⁓**steinwerkstück** *n* / piedra *f* natural labrada ‖ ⁓**stoff** *m* / sustancia *f* natural ‖ ⁓**straße** *f* (Straßb) / carretera *f* natural ‖ ⁓**umlaufkessel** *m* / caldera *f* de circulación natural ‖ ⁓**uran** *n* (Nukl) / uranio *m* natural ‖ ⁓**uranreaktor** *m* / reactor *m* de uranio natural ‖ ⁓**vaseline**, Rohvaseline *f* / gelatina *f* mineral o de petróleo ‖ **raffinierte** ⁓**vaseline** / petrolato *m*, vaselina *f* natural ‖ ⁓**versuch** *m* (Korrosion) / ensayo *m* natural ‖ ⁓**walzkante** *f* / borde *m* de laminación ‖ ⁓**werkstein** *m* (Bau) / piedra *f* natural labrada ‖ ⁓**werksteinmechaniker** *m* / mecánico *m* para trabajar piedras naturales ‖ ⁓**werkstofftapete** *f* / papel *m* pintado de material natural ‖ ⁓**wissenschaften** *f pl* (einschl. Physik) / ciencias *f pl* [físicas y] naturales, ciencias *f pl* exáctas ‖ ⁓**zement** *m* (Bau) / cemento *m* natural ‖ ⁓**zug-Kühlturm** *m* / torre *f* de refrigeración con tiro natural
Nautik *f*, Schifffahrtskunde / náutica *f*, arte *m* de navegar
nautisch / náutico ‖ ~**e Dämmerung** / crepúsculo *m* náutico ‖ ~**er Kalender**, -es Jahrbuch / almanaque *m* o anuario náutico ‖ ~**e Karte** / carta *f* náutica o de navegación ‖ ~**e Meile** (Maße s. unter Meile) / milla *f* marina o náutica
Navaglobe-Verfahren *n* (Ortung) / sistema *m* Navaglobe
navalisieren, den Schiffsbedürfnissen anpassen / hacer navegable, abrir a la navegación
Navascreen *n* (Luftf) / Navascreen *m*
Navelorange *f* (Bot) / naranja *f* navel u ombligona
Navigation *f* (Luftf, Schiff) / navegación *f* ‖ ⁓ **mit Hilfe von Satelliten** / navegación *f* por satélites ‖ ⁓ **nach Mikrowellenstrahlung von Gestirnen** / navegación *f* radioastronómica
Navigations•... / navegacional, de navegación ‖ ⁓**boje** *f* / boya *f* de navegación ‖ ⁓**funk** *f*, Schiffsfunk *m* / radionavegación *f*, navegación *f* radioeléctrica ‖ ⁓**funkdienst** *f* / servicio *m* de radionavegación ‖ ⁓**hilfe** *f* / ayuda *f* o instalación de ayuda de navegación ‖ ⁓**kartographie** *f* / cartografía *f* náutica ‖ ⁓**planet** *m* / planeta *m* de navegación ‖ ⁓**radar** *m* / radar *m* de navegación ‖ ⁓**raum** (Schiff) / cuarto *m* de los instrumentos, cuarto *m* de derrota ‖ ⁓**rechengerät** *n* (Luftf) / calculadora *f* o computadora de navegación ‖ ⁓**satellit** / satélilte *m* [auxiliar] de navegación ‖ ⁓**system** *n*, Navi *n* (Kfz) / sistema *m* de navegación
Navigator *m*, Navigationsoffizier *m* (Luftf) / navegador *m*
navigieren *vt vi* / navegar
Navoid *n* (Math) / navoide *m*
NAVSTAR-System *n* (Luftf) / sistema *m* Navstar
Nav-System *n* (= Navigationssystem) (Kfz) / sistema *m* de navegación
N.b.z.u. (Chem) = Normalbenzinunlösliches
NC / sin conexión ‖ ⁓ *n* **im Teilnehmerbetrieb** (Wzm) / control *m* o mando numérico en repartición de tiempo
NCAP-Test *m* (Front- und Seitenaufpralltest) (Kfz) / prueba *f* de impactos frontales y laterales según Euronorma
NC•-Drehmaschine *f* / TNC (= torno de control numérico) ‖ ⁓**-Fräsen** *n* / fresado *m* con control (o mando) numérico ‖ ⁓**-Maschine** *f* / máquina *f* mandada numéricamente, máquina *f* CN
NCS (numerical control system) / sistemas *m pl* de control numérico
N/C-Verhältnis *n* (Landw) / proporción *f* N:C
NC-Werkzeugmaschine *f* / MHCN (máquina herramienta de control numérico)
ND (Rohrleitung) = Nenndruck ‖ ⁓ *m*, Niederdruck *m* / baja presión *f*, BP
NDB (= non-directional radio beacon), ungerichtetes Funkfeuer (Luftf) / radiofaro *m* no direccional
NDIRA = nicht dispersives Infrarot-Absorptionsgerät
n-dotiertes Silizium (Solar) / silicio *m* con dotación-n
NDRO-Verhalten *n* (= non destructive read-out) (DV) / lectura *f* no destructiva

NDRW-Verhalten m (= non destructive read and write) (DV) / lectura f y grabación no destructivas
NE..., Nichteisen... / no férreo (E), no ferroso (LA)
Neapel•gelb, Bleiantimoniat n (Keram) / antimoniato m de plomo ‖ ~**grün** n / verde m de cromo
Neapolitanische Erle f, Alnus f cordata (Bot) / aliso m de Italia
Near-Letter-Qualität f (Drucker) / calidad f "near Letter"
Near-Net-Shape-Technologie f (z.B. für Sinterteile) / tecnología f de casi-precisión
Nebel m (Meteo) / niebla f ‖ ~ (z.B. Ölnebel) (Chem) / neblina f (p.ej. de aceite) ‖ ~ (Astr) / nebulosa f ‖ ~, Rauch m (Mil) / humo m ‖ ~ m (dicht, besonders über dem Wasser) (Meteo) / bruma f ‖ **leichter** ~ (Meteo) / fosca f, calima f ‖ ~**bank** f (Schiff) / cerrazón f ‖ ~**bildung** f / formación f de niebla ‖ ~**düse** f / atomizador m, pulverizador m ‖ ~**gekühlt** (Nukl) / enfriado por una mezcla de vapor y gotitas de agua ‖ ~**härten** / templar en niebla de agua ‖ ~**horn**, -signal n (Schiff) / trompeta f de niebla, sirena f de niebla ‖ ~**kammer** f (Phys) / cámara f de niebla ‖ ~**kühlung** f (allg, Nukl) / enfriamiento m por agua nebulizada ‖ ~**leuchte** f, Nebelscheinwerfer m (Kfz) / faro m antiniebla ‖ ~**Lichtung** f (Luftf) / dispersión f de niebla ‖ ~**öler** m (Masch, Mot) / lubrificador m por niebla aceitosa ‖ ~**pfeife** f, -signal n / silbato m de bruma ‖ ~ **radar** m / radar m meteorológico ‖ ~**-Rückstrahlung** f (Radar) / reflexión f de niebla ‖ ~**schallsignal** n / señal f de bruma ‖ ~**scheinwerfer** m (Kfz) / faro m antiniebla, luz f antiniebla delantera ‖ ~**schleier**, Rauchschleier m / cortina f de humo ‖ ~**schlussleuchte** f (Kfz) / luz f antiniebla trasera, piloto m trasero antiniebla ‖ ~**schmierung** f (Mot) / lubri[fi]cación f por neblina, lubrificación f por niebla aceitosa ‖ ~**spur** f (Wilsonsche Kammer) (Phys) / huella f de niebla ‖ ~**wand** f (Mil) / cortina f de humo, niebla f artificial ‖ **eine** ~**wand legen**, ein-, vernebeln / envolver en niebla artificial ‖ ~**werfer** m (Mil) / lanzacohetes m [sistema Nebel] ‖ ~**zerstreuer** m (Luftf) / disipador m de niebla, dispositivo m dispersor de niebla ‖ ~**zone** f (z.B. in chemischen Verfahren) / zona f brumosa
neben, [dicht] bei / junto [a] ‖ ~..., zusätzlich / adicional ‖ ~..., Seiten... / al lado [de], junta [a], contiguo [a], vecino, lateral, adyacente ‖ ~..., Sonder... / extra... ‖ ~..., getrennt / separado ‖ ~..., nebensächlich / de poca importancia ‖ ~..., zugehörig / anejo ‖ ~**abtrieb** m (Masch) / toma f de fuerza ‖ ~**achse** f (Math) / eje m conjugado o secundario ‖ ~**achse** (Hyperbel) / eje m imaginario ‖ ~**achse**, kleine Achse (Math) / menor eje f ‖ ~**amt** n (Fernm) / central f satélite o auxiliar ‖ ~**anlage** f / instalación f aneja ‖ ~**anlagen** f pl (Bahn) / dependencias f pl [de una estación] ‖ ~**anlagengebäude** n (Kraftwerk) / edificio m contiguo ‖ ~**anode**, Hilfsanode f / ánodo m auxiliar ‖ ~**anschluss** m (Fernm) / estación f abonada o de abonado secundaria ‖ ~**anschlussleitung** f (Fernm) / línea f suplementaria ‖ ~**antrieb** f (Kfz) / mando m auxiliar ‖ ~**antriebssperre** f (Kfz) / cierre m de mando auxiliar ‖ ~**apparat** m, Hilfsapparat m / aparato m auxiliar o suplementario ‖ ~**arbeit** f / trabajo m accesorio o adicional ‖ ~**arbeit**, -beschäftigung f (F.Org) / trabajo m de jornada parcial ‖ ~**ast** m (Hütt) / rama f secundaria [de dendritas] ‖ ~**ausfall** m (Qual.Pr.) / menor fallo m ‖ ~**ausgaben** f pl / gastos m pl accesorios ‖ ~**ausgang** m, -tür f (Bau) / puerta f al lado ‖ ~**bahn** f, -linie f (Bahn) / línea f secundaria ‖ **an der** ~**bahn** (Pap) / al lado de la hoja de papel ‖ ~**bedeutung** f / significado m secundario ‖ ~**bedingung** f / condición f secundaria ‖ ~**befehl** m (DV) / instrucción f de derivación ‖ ~**betrieb** m / planta f aneja ‖ ~**betriebe** m pl (Hütt) / talleres m auxiliares ‖ ~**bild** n (TV) / imagen f parásita ‖ ~**diagonale** f (Math) / diagonal f secundaria ‖

~**durchlassgebiet** n (Filter, Opt) / campo m de transmisión secundario
nebeneinander / uno al lado de otro, juntos, unidos, en yuxta posición ‖ ~, **parallel** (Elektr) / en paralelo ‖ ~ **angeordnet** (Walzw) / colocados en línea ‖ ~ **bestehen** / coexistir ‖ ~ **legen** / poner uno al lado de otro ‖ ~ **liegend** / adyacente, en yuxtaposición ‖ ~ **liegend** (Windungen) / contiguo ‖ ~ **schalten**, parallel schalten (Elektr) / conectar en paralelo ‖ **abwechselnd** ~ **liegend** / alternativamente uno al lado de otro ‖ **in Reihe** ~ **setzen** / colocar en fila o línea, alinear, enfilar ‖ ~**vorkommen** n / presencia f o existencia simultánea
Neben•eingang m (Bau) / entrada f secundaria ‖ ~**entladung** f, seitliche Entladung / descarga f lateral ‖ ~**entwicklung** f (Raumf) / spin-off m ‖ ~**ergebnis** n / producto m o resultado derivado ‖ ~**erwerb** m / ganancia f adicional ‖ ~**erzeugnis** n / subproducto m, producto m derivado ‖ ~**erzeugnisanlage** f / planta f de subproductos ‖ ~**erzeugnisgewinnung** f / recuperación f de subproductos ‖ ~**faden** m (Web) / hilo m de refuerzo ‖ ~**fahrwasser** n (Hydr) / canal m secundario ‖ ~**farbe** f / color m secundario ‖ ~**fehler** m (Qual.Pr.) / menor fallo m ‖ ~**flöz** n (Bergb) / filón m secundario ‖ ~**flügel** m (Bau) / ala f adyacente ‖ ~**fluss**, Zufluss m (Geo) / afluente m ‖ ~**frequenz** f / frecuencia f secundaria ‖ ~**gang**, Quergang m (Bergb) / vena f secundaria ‖ ~**gang** m, Seitengang m (Bau) / corredor m lateral ‖ ~**gebäude** n / edificio m adyacente, anejo m ‖ ~**gebäude**, Dependance f / dependencia f ‖ ~**gebäude** (durch Laufgang mit dem Flughafengebäude verbunden) (Luftf) / satélite m ‖ [**separates**] ~**gebäude** / edificio m exterior ‖ ~**geräusch** n (allg) / ruidos m pl accidentales ‖ ~**geräusch** (Fernm) / ruido m parásito ‖ **oberster zugelassener** ~**geräuschpegel** (Eltronik) / nivel m silenciador o de silenciamiento ‖ ~**geräuschunterdrücker** m (Eltronik) / supresor m o eliminador de estáticos, eliminador m de parásitos atmosféricos ‖ ~**gestein** n (Geol) / rocas f pl o tierras contiguas o secundarias, hastiales m pl ‖ ~**gestein** (Bergb) / ganga f, rocas m pl estériles ‖ ~**gleis** n (Bahn) / vía f secundaria o de servicio ‖ ~**graben** m, -kanal m / canal m de derivación ‖ ~**gruppe**, -klasse f, -komplex m (Math) / cogrupo m ‖ ~**gruppe** f (Chem) / subgrupo m "b" del sistema periódico ‖ ~**impuls** m (Eltronik) / impulso m falso o parásito ‖ ~**kammer** f (Reifen) (Kfz) / cámara f aneja ‖ ~**kanal** m (Abwasser) / canal m secundario ‖ ~**kern** m / paranúcleo m ‖ ~**keule** f, -zipfel, -lappen m (Antenne) / lóbulo m lateral o secundario ‖ ~**keulen-Abfrageunterdrückung** f (Radar) / supresión f de lóbulos secundarios o laterales ‖ ~**kontakt** m / contacto m secundario ‖ ~**kopplung** f (Eltronik) / acoplamiento m o acoplo parasitario ‖ ~**kosten** pl, Unvorhergesehenes n / gastos m pl imprevistos, imprevistos m pl ‖ ~**last** f (Masch) / carga f secundaria ‖ ~**leitung** f / canalización f secundaria ‖ ~**licht** n (Foto) / luz f parásita ‖ ~**lichtfilter** n (TV) / filtro m de luz parásita ‖ ~**lichtfleck** m (Foto) / mancha f luminosa parásita ‖ ~**linie** f (Bahn) / línea f secundaria ‖ ~**linie**, Zweiglinie f / ramal m ‖ ~**luft** f, falsche Luft / aire m secundario o falso ‖ ~**luft**, Zusatzluft f (Kfz, Pneum) / aire m adicional ‖ ~**lufteinlass** m (Kfz) / entrada f de aire adicional ‖ ~**maschine** f (DV) / ordenador m secundario ‖ ~**materialien** n pl (Bau) / materiales m pl secundarios ‖ ~**maximum** n (Antenne) / lóbulo m secundario ‖ ~**metall**, Begleitmetall n (Hütt) / metal m acompañante o accesorio ‖ ~**mondhalo** m (Astr) / paraselene f ‖ ~**netz**, Hilfsnetz n (Elektr) / circuito m secundario, red f secundaria ‖ ~**periode**, Kleinperiode f (DV) / ciclo m menor o secundario ‖ ~**pfeiler** m (Bergb) / pilar m accesorio ‖ ~**produkt** n, -erzeugnis n / subproducto m, producto m derivado ‖

≈**produktenchemie** f / química f de subproductos ‖
≈**produktenkokerei** f / cokería f de subproductos ‖
≈**quantenzahl** f (Phys) / número m cuántico acimutal o azimutal ‖ ≈**rad** n (Masch) / rueda f conducida o mandada ‖ ≈**rahmen** m (Kfz) / falso bastidor m, bastidor m auxiliar ‖ ≈**raum** m / pieza f contigua, sala f adyacente ‖ ≈**räume** m pl (Bau) / piezas f pl secundarias ‖ ≈**reaktion** f (Chem) / reacción f secundaria ‖ ≈**resonanzen**, -wellen f pl (Quarz) / resonancias f pl espurias
nebensächlich, unwesentlich / de poca importancia ‖ ~, Neben... / accesorio, secundario, de segundo orden ‖ ~, vernachlässigbar / despreciable ‖ ~**er Fehler** / defecto m de poca importancia ‖ ≈**es** n / detalle m de poca importancia
Neben•sattel m (Geol) / anticlinal f secundaria ‖ ≈**scheinwerfer** m (Kfz) / faro m accesorio
Nebenschluss m (Elektr) / derivación f, shunt m ‖ ≈... (Elektr) / en derivación, en shunt, en paralelo, derivante, derivador ‖ **im** ≈ **[gelegt o. geschaltet]** (Elektr) / derivado, puesto en derivación ‖ **im** ≈ **legen oder schalten** (Elektr) / derivar, shuntar, poner o acoplar en derivación, acoplar en paralelo ‖ ≈**bremse** f / freno m en derivación ‖ ≈**charakteristik** f / característica f shunt ‖ ≈**dämpfungswiderstand** m (Elektr) / resistencia f de debilitamiento, resistencia f desviadora, desviador m ‖ ≈**dauerwiderstand** m, Vorbelastungswiderstand m, Spannungsteiler m / resistor m de drenaje o de sangría ‖ ≈**-Einrichtung** f / desviador m ‖ ≈**erregung** f (Elektr) / excitación f en derivación ‖ ≈**generator** m **mit Stabilisierungswicklung** / generador m devanado en derivación y estabilizado ‖ ≈**kommutatormotor** m, -kollektormotor m / motor m de conmutador excitado en shunt ‖ ≈**leitung** f / circuito m derivado o en derivación ‖ ≈**maschine** f (Elektr) / dínamo m excitado en shunt ‖ ≈**messer** m **für Kabel** (Elektr) / shuntmetro m ‖ ≈**motor** m / motor m en derivación o en shunt ‖ ≈**motor mit Stabilisierungswicklung** / motor m devanado en derivación y estabilizado ‖ ≈**-Phasenkompensator** m / compensador m o corrector de fase en derivación ‖ ≈**regler** m, -Regulierwiderstand m (Elektr) / regulador m de excitación en derivación ‖ ≈**reglung** f / regulación f en derivación ‖ ≈**relais** n / relé m de campo derivado, relé m con shunt (o reductor) magnético ‖ ≈**schaltung** f / conexión f shunt o en derivación ‖ ≈**spule** f (Elektr) / bobina f en shunt, carrete f en shunt ‖ ≈**stein** m / contraclave f ‖ ≈**strom**, Zweigstrom m (Elektr) / corriente f derivada ‖ ≈**stromkreis** m, Shunt m (Elektr) / circuito m derivado o en derivación ‖ ≈**-Übergangsschaltung** f (Bahn) / transición f por derivación o por shunt ‖ ≈**verhalten** n, -charakteristik f (Elektr) / característica f shunt ‖ ≈**verhältnis** n / tasa f de derivación ‖ ≈**wicklung** f (Elektr) / arrollamiento m o devanado o bobinado en shunt ‖ ≈**wicklung parallel zu Anker und Hauptschlusswicklung** (Kompoundmasch) (Elektr) / circuito m en derivación larga ‖ ≈**wicklung** f **parallel zum Anker, in Serie mit Hauptschlusswicklung** (Kompoundmaschine) / circuito m en derivación corta ‖ ≈**widerstand** m (Elektr) / resistor m derivador ‖ ≈**widerstand mit hoher Selbstinduktion** / resistor m derivador de alta autoinducción ‖ ≈**zweig**, Querzweig m (Eltronik) / rama f derivada
Neben•schneide f (Dreh) / cortante m auxiliar, corte m frontal secundario ‖ ≈**sender** m (Radio) / emisora f relevadora o de radioenlace, retransmisor m ‖ ≈**sender**, Tochtersender m (Decca) / emisor m o transmisor esclavo ‖ ≈**signal**, Hilfssignal n (Bahn) / señal f secundaria ‖ ≈**sonnenhalo** n (Astr) / parhelio m, parhelia f ‖ ≈**spannung** f (Mech) / tensión f secundaria ‖ ≈**spitzenfläche** f (Krist) / cara f de ápice menor ‖ ≈**sprechdämpfung** f (Fernm) / atenuación f diafónica o de diafonía ‖ ≈**sprechdämpfungsmesser** m (Fernm) / instrumento m de medición de diafonía ‖ ≈**sprech-Einheit** f / unidad f de diafonía ‖ **[un]verständliches** ≈**sprechen** / diafonía f [in]inteligible ‖ ≈**sprechen** n (Fernm) / diafonía f ‖ ≈**sprechkopplung** f (Fernm) / acoplamiento m diafónico transversal ‖ ≈**spur** f (Straßb) / vía f suplementaria ‖ ≈**station** f (Funk) / estación f esclava o controlada o mandada ‖ ≈**stelle** f, -anschluss m (Fernm) / aparato m supletorio o de extensión, estación f supletoria, extensión f, teléfono m en derivación ‖ **voll amtsberechtigte** ≈**stelle** / extensión f con toma directa de la red ‖ ≈**stellenanlage** f (Fernm) / central f privada ‖ ≈**stellenanlage mit Amtsanschluss** / central f privada conectada a la red pública ‖ ≈**stellenanlage mit Durchwahl** (Fernm) / central f privada con selección directa de extensión ‖ ≈**stellenanlage mit Selbstwählbetrieb und Amtsanschluss** / central f privada automática con toma directa de la red ‖ ≈**stellendurchwahl** f (Fernm) / selección f directa de extensiones ‖ ≈**stellennummer** f / número m interno ‖ ≈**stellen-Vermittlung** f / conmutación f de la central[ita] privada ‖ ≈**stellenzentrale** f, Hauszentrale f (Fernm) / tablero m conmutador de la central privada, centralita f ‖ ≈**stollen**, Seitengang m (Bergb) / galería f lateral ‖ ≈**straße** f (Straßb) / camino m vecinal ‖ ≈**straße**, -weg m (städtisch) / calle f lateral ‖ ≈**strecke** f (Bahn) / línea f secundaria ‖ ≈**strom** (Luftf, Triebwerk) / doble flujo m ‖ ≈**strom** (Elektr) / corriente f inducida ‖ ≈**stromfilter** n (Mot) / filtro m de aceite en desvío (E) o en derivación (LA) ‖ ≈**stromseparierenrichtung** f **für Öl** / dispositivo m de separación de aceite en desvío ‖ ≈**strömung** f / corriente f secundaria ‖ ≈**stromverhältnis** n (Luftf) / razón f o tasa de desviación ‖ ≈**träger**, Hilfsträger m (TV) / subportadora f, portadora f intermedia o secundaria ‖ ≈**treppe** f (Bau) / escalera f particular o (esp:) de servicio ‖ ≈**tür** f, -eingang m / puerta f adyacente ‖ ≈**uhr** f (Elektr) / reloj m secundario ‖ ≈**valenz**, -wertigkeit f (Chem) / valencia f secundaria ‖ ≈**valenz** f (Singlettbindung) (Chem) / semivalencia f ‖ ≈**verstärkeramt** n (Fernm) / estación f de repetidores secundaria ‖ ≈**viererkopplung** f (Fernm) / circuito m fantasma adyacente ‖ ≈**weg** m (unbeabsichtigt) (DV) / vía f parásita ‖ ≈**weg** (Elektr, Masch) / desviación f, desvío m ‖ ≈**wegweig** m (Eltronik) / ramal m del desvío ‖ ≈**welle** f (Masch) / árbol m secundario ‖ ≈**wellen...** (Eltronik) / espurio, parásito ‖ ≈**wellenresonanz** f / resonancia f simpática o por simpatía ‖ ≈**wellen-Seitenband** n / banda f lateral parásita ‖ ≈**welligkeit** f **im Durchlassbereich** (Halbl) / ondulación f parasítica de la banda pasante ‖ ≈**wertigkeit** f s. Nebenvalenz ‖ ≈**widerstand** m (Instr) / shunt m o derivador de aparato de medida ‖ ≈**widerstand** (Elektr) / resistor m derivador, resistencia f en derivación ‖ ≈**winkel** m, Supplementwinkel m (Math) / ángulo m adyacente o suplementario ‖ ≈**wirbel** m (Luftf) / torbellino m secundario ‖ ≈**wirkung** f, -effekt m / efecto m secundario ‖ ≈**zeit** f (allg) / tiempo m muerto o improductivo, tiempo m perdido o de paro ‖ ≈**zeit[en]** f[pl], Nebenzeitanteil m / tiempo[s] auxiliar[es] o secundario(s) m[pl] ‖ ≈**zeit** f (F.Org) / tiempo m tecnológico auxiliar ‖ ≈**zeit für Umstellung** / tiempo m para cambio ‖ ≈**zimmer** n, -raum m (Bau) / habitación f vecina, cuarto m contiguo ‖ ≈**zipfel** m (Antenne) / lóbulo m lateral o secundario ‖ ≈**zipfelecho** n (Radar) / eco m [del lóbulo] lateral
Nebulit m (Geol) / nebulita f
Neckaltest m, Seifenblasentest m (Gas) / ensayo m de burbujas de jabón

NEC-Vorschrift *f* **[der UL]** (entspricht den VDE-Vorschriften) / Normas *f pl* para Instalaciones Eléctricas
Néel•-Punkt *m* (Phys) / punto *m* Néel ‖ **˜-Temperatur** *f* (antiferromagnetische Curie-Temperatur) / temperatura *f* Néel, temperatura *f* antiferromagnética de Curie
Negation *f* (Regeln) / inversión *f* ‖ **˜**, boolesche Komplementierung *f* (DV) / negación *f* ‖ **˜-Baustein** *m* (Pneum) / elemento *m* NO
Negationszeichen *n* / símbolo *m* NO o de negación
negativ / negativo *adj* ‖ **˜**, in negativer Richtung / en dirección negativa, de variación en sentido negativo ‖ **˜e Anzeige** / lectura *f* negativa ‖ **˜er Auftrieb**, Abtrieb *m* (Phys) / empuje *m* descensional o descendente ‖ **˜er Bahnwiderstand** (Halbl) / resistencia *f* volumétrica negativa ‖ **˜e Beschleunigungskraft** (in Richtung Fuß-Kopf) (Raumf) / fuerza *f* acelerativa negativa ‖ **˜e Boostermaschine** (Elektr) / reductor *m* de tensión ‖ **˜er differentieller Leitwert** (Halbl) / conductancia *f* diferencial negativa ‖ **˜er einachsiger Kristall** / mineral *m* negativo ‖ **˜ elektrisch** / electronegativo ‖ **˜e Elektrode** / electrodo *m* negativo, placa *f* negativa ‖ **˜es Elektron**, Negatron *n* / electrón *m* negativo, negatón *m*, negatrón *m* ‖ **˜es g** (Raumf) / g *m* negativo ‖ **˜ gepfeilter Flügel** (Luftf) / ala *f* con ángulo de flecha negativa ‖ **˜e g-Toleranz** (Raumf) / tolerancia *f* de g negativo ‖ **˜er Katalysator** (Chem) / catalizador *m* negativo, inhibidor *m* de reacción ‖ **˜e Katalyse**, Reaktionshemmung *f* (Chem) / catálisis *f* negativa, inhibición *f* de reacción ‖ **˜er Koeffizient** (Math) / coeficiente *m* negativo ‖ **˜er Kristall** / cristal *m* negativo ‖ **˜e Ladung** (Elektr) / carga *f* negativa ‖ **˜er (o. voreilender o. kapazitiver) Leistungsfaktor** / factor *m* de potencia en avance ‖ **˜er Lenkrollradius o. Sturz** (Kfz) / inclinación *f* o convergencia negativa ‖ **˜ moduliertes Videosignal** (TV) / señal *m* video de modulación negativa ‖ **˜es Moment** (Mech) / momento *m* negativo de un par ‖ **˜e Multiplikation** / multiplicación *f* negativa ‖ **˜er M-Wert** / equivalente *m* de ácido inorgánico ‖ **˜es Nachbild** (Opt) / imagen *f* secundaria negativa ‖ **˜es Offsetklischee** / clisé *m* offset negativo ‖ **˜e Pfeilstellung des Flügels** (Luftf) / ángulo *f* de flecha negativa ‖ **˜er Pol** / polo *m* negativo ‖ **˜e Polung der Elektrode** (Schw) / polaridad *f* directa o normal, electrodo *m* cátodo ‖ **˜e Quittung**, Schlechtmeldung *f*, -quittung *f*, negatives Quittungszeichen / respuesta *f* negativa, contestación *f* negativa ‖ **˜e Reaktivität** (Nukl) / reactividad *f* negativa, antirreactividad *f* ‖ **in ˜er Richtung**, negativ / de variación en sentido negativo ‖ **˜e Rückführung**, Gegenkopplung *f* (Regeln) / contrarreacción *f* ‖ **˜e Rückkopplung** (Eltronik) / contrarreacción *f*, realimentación *f* ‖ **˜e Steigung** (Luftf, Masch) / paso *m* inverso o invertido ‖ **˜er Sturz** (Kfz) / caída *f* negativa de mangueta, despunte *m*, sopié *m* ‖ **˜er Synchronisierimpuls** (Eltronik) / pulso *m* de sincronización negativo ‖ **˜es Verfahren** (Foto) / procedimiento *m* negativo ‖ **˜e Verwindung** (Luftf) / alabeo negativo, decremento *m* del ángulo de incidencia [hacia el borde del ala] ‖ **˜ verwunden** (Luftf) / con alabeo negativo ‖ **˜e Vorspannung** (Eltronik) / polarización *f* negativa ‖ **˜e Vorspur**, Nachspur *f* (Kfz) / convergencia *f* de las ruedas delanteras ‖ **˜es Vorzeichen**, Minuszeichen *n* / signo *m* negativo ‖ **˜er Wirkleitwert** (Halbl) / conductancia *f* negativa
Negativ *n*, negatives Bild (Foto) / negativo *m*, prueba *f* negativa, negativa *f*
Negativ•-Amplitudenmodulation *f* / modulación *f* negativa de amplitud ‖ **˜bild**, Umkehrbild *n* (Opt) / imagen *f* invertida o negativa ‖ **mit ˜charakter** (Foto) / negativo *adj* ‖ **˜darstellung** *f* (Bildschirm) /

representación *f* inversa ‖ **˜einfärbung** *f* (Mikrosk) / coloración *f* negativa ‖ **˜entwickler** *m* (Foto) / revelador *m* de negativo ‖ **˜farbfilm** *m* [für Papierabzüge] / película *f* en colores negativa ‖ **˜film** *m* / película *f* negativa ‖ **˜-Frequenzmodulation** *f* / modulación *f* de frecuencia negativa
Negativität *f* (Elektr) / negatividad *f*
Negativ•kohle *f* (Lichtbogen) / carbón *m* negativo ‖ **˜kopie** *f* / copia *f* negativa ‖ **˜kopieren** *n* (Repro) / copiado *m* por inversión ‖ **˜kordel** *f* (Wzm) / moleteado *m* estampado ‖ **˜leitungsverstärker** *m* (Fernm) / repetidor *f* de impedancia negativa ‖ **˜material** *m* (Film) / película *f* negativa ‖ **˜modulation** *f* (TV) / modulación *f* negativa ‖ **˜papier** *n* (Foto) / papel *m* [sensible] negativo ‖ **˜pause** *f* / cianotipia *f* negativa ‖ **˜-positiv** (Filmentwicklung) / negativo-positivo ‖ **˜-positiv** (Fluss, Phys) / negativo-positivo ‖ **˜schnitt** *m* (Film) / montaje *m* negativo ‖ **˜schwärzung** *f* (Foto) / densidad *f* negativa ‖ **˜widerstand** *m*, NW / resistencia *f* negativa
Negator, Inverter *m* (DV) / negador *m*, circuito NO *m* ‖ **˜ *m*** (Masch) / negador *m*
Negatron *n*, negatives Elektron / negatrón *m*, negatón *m*, electrón *m* negativo
Negentropie *f* (Math, Stat) / negentropía *f*, entropía *f* negativa ‖ **˜**, mittlerer Informationsgehalt (DV) / negentropía *f*, densidad *f* de información
negieren / negar, anular ‖ **˜** (DV) / negar, invertir lógicamente
negierte Konjunktion (DV) / operación *f* NAND
Negistor *m* (ein Zweidrahtverstärker) (Eltronik) / amplificador *f* de resistencia negativa
NEH, Niedrigenergiehaus *n* / casa *f* de bajo consumo de energía
NE-Halbzeug *n* (Hütt) / semiproductos *m pl* de metales no férreos o férricos
nehmen, fangen / captar ‖ **˜**, kleiner machen (Web) / disminuir
Nehmer *m* / receptor *m* ‖ **˜papier** *n* (Mikrokapseln) / papel *m* receptor ‖ **˜zylinder** *m* (Regeln) / cilindro *m* receptor
Nehrstrom *m* (Wassb) / contracorriente *f* entre espigones
neigbar (z.B. Lehne) / reclinable ‖ **˜** / inclinable ‖ **˜e Presse** (Stanz) / prensa *f* inclinable ‖ **˜er Propeller** / hélice *f* inclinable
Neige-Einrichtung *f* (Presse) / mecanismo *m* de inclinación
neigen *vt* / inclinar ‖ **˜**, kippen / volcar ‖ **[zu] / tender [a]**, propender [a], ser propenso [a] ‖ **sich ˜** / inclinarse ‖ **sich ˜** (Geo) / ir en declive ‖ **sich schief ˜** (Masch) / colgar *vi*
neigend [zu] / tendente [a]
Neigezug *m*, NeiTech-Zug *m* / tren *m* Alaris (E)
Neigung *f* (gegen die Lotrechte), Schrägheit *f* / inclinación *f* ‖ **˜**, Gefälle *n* / gradiente *m*, desnivel *m* ‖ **˜** *f* (Straßb) / rasante *f* ‖ **˜**, Geländeabfall *m* / declive *m*, pendiente *m* ‖ **˜** *f*, Steigung *f* (Bahn, Straßb) / pendiente *f* ‖ **˜**, Querneigung *n* (Straßb) / pendiente *f* transversal ‖ **˜** (des Ganges), Tonnlage *f*, Einfallen *n* (Bergb) / buzamiento *m*, echado *m* ‖ **[zu]**, Tendenz *f* / inclinación *f* [a, hacia], tendencia *f* [a] ‖ **˜ der Auftriebskurve** (Luftf) / pendiente *f* de la curva de sustentación ‖ **˜ *f* des Tisches** (Fräsmaschine) / ladeo *m* de la mesa ‖ **˜ zeigen** / ser propenso [a], propender [a] ‖ **˜ *f* zur Rissbildung** (Hütt) / tendencia *f* a agrietarse ‖ **˜ zur Wasseraufnahme** (Chem, Tex) / higroscopicidad *f* ‖ **˜ zur Weichfleckigkeit** (Hütt) / tendencia *f* a la formación de manchas blandas ‖ **maßgebende ˜** (Bahn) / pendiente *f* máxima (a efectos de frenado) ‖ **mit geringer ˜** (Dach) / de poca inclinación o pendiente
Neigungs•aufnehmer *m*, -messer *m* (Instr, Verm) / clinómetro *m*, inclinómetro *m* ‖ **˜ebene** *f* / plano *m*

inclinado ‖ ~-Gewichtseinstellung f (Waage) / dispositivo m de peso de inclinación ‖ ~grenze f der Adhäsion (Bahn) / rampa f límite ‖ ~kompass m, Inklinatorium m (Geol) / brújula f de inclinación ‖ ~korrektur f (Verm) / corrección f de pendiente ‖ ~linie f, Sattellinie f (Geol) / línea f anticlinal ‖ ~messer m, -waage f (Verm) / medidor m de gradiente ‖ ~messer, Inklinometer n (Luftf) / inclinómetro m, eclímetro m ‖ ~-Substitutionswaage f / balanza f de su[b]stitución con preselección de las pesadas ‖ ~unterschied m / diferencia f de inclinación ‖ ~verhältnis n, Steigung f / gradiente m ‖ ~verhältnis (Bahn) / pendiente f en % ‖ ~verstellung f (Kamera) / ajuste m del ángulo ‖ ~waage f / balanza f graduada o de inclinación ‖ ~waage s. auch Neigungsmesser ‖ ~wechsel m (Bahn, Straßb) / cambio m de rasante ‖ ~winkel m (der Schneide) (Dreh) / ángulo m de caída del filo ‖ ~winkel / ángulo m de inclinación ‖ ~winkel (Drehmeißel) / ángulo m de inclinación ‖ ~winkel, Einfallwinkel m (Opt) / ángulo m de incidencia ‖ ~winkel, Weichenwinkel m (Bahn) / ángulo m de desvío, tangente f ‖ ~zeiger m (Bahn) / indicador m o tablero indicador de pendiente o de rasante

Neinschaltung f, Inverter m (DV) / circuito NO m
Nekton n (Ggs: Plankton) (Biol) / nectón m
NE-Legierung f (Hütt) / aleación f no férrea (E) o no ferrosa (LA)
N-Elektron n (Nukl) / electrón N m
Nelkenöl n (Pharm) / esencia f de clavo
Nelkin-Modell n (Öl) / modelo m Nelkin
nematisch (Chem, Krist) / nemático
Nematoden f pl (Zool) / nematodos f pl
NE•-Metalle n pl (Hütt) / metales m pl no férreos o no ferrosos ‖ ~-**Metallwalzwerk** n / laminador m para metales no férreos o no ferrosos
NEMP-Härtung f / temple m por impulsos electromagnéticos nucleares
Nenn•... / nominal, calculado, del régimen, teórico ‖ ~ableitstrom m / corriente f nominal de descarga ‖ ~ablenkung f (Kath.Str) / desviación f nominal ‖ ~abmaß n, -abweichung f (Masch) / diferencia f o discrepancia nominal de medida ‖ ~abmessung f / medida f o dimensión nominal ‖ ~abschaltvermögen n / capacidad f o potencia nominal de ruptura ‖ ~aufnahme f (Elektr) / absorción f nominal de corriente ‖ ~auslösestrom m (Elektr) / corriente f de ruptura nominal ‖ ~belastbarkeit f (Lautsprecher) / capacidad f de potencia, potencia f admisible ‖ ~belastung f / carga f nominal ‖ ~belastungsdauer f, Nennbetrieb m / duración f de la carga nominal ‖ ~bereich m / alcance m nominal de operación ‖ ~betrieb m, -betriebsart f / servicio m nominal, funcionamiento m nominal ‖ ~betriebsdauer f / tiempo m de servicio nominal ‖ ~betriebsdruck m (Rohrleitg) / presión f de régimen nominal ‖ ~betriebsstrom m / corriente f nominal de servicio ‖ ~breite f (gedr.Schaltg) / ancho m nominal o de diseño ‖ ~bürde f (Trafo) / impedancia f de precisión ‖ ~dauerleistung f / rendimiento m máximo continuo nominal ‖ ~dichte f (Elektrolyt) / densidad f nominal ‖ ~drehmoment f / momento m o par [de giro] nominal ‖ ~drehzahl f / número m de revoluciones nominal, velocidad f nominal ‖ ~druck m / presión f nominal ‖ ~durchfluss m / caudal m o paso nominal ‖ ~durchmesser m (Masch) / diámetro m nominal ‖ ~durchmesserreihe f / gama f de diámetros nominales
Nenner m (Math) / denominador m ‖ **gemeinsamer** ~ / denominador m común ‖ **kleinster gemeinsamer** ~ / denominador m común mínimo
Nenn•fassungsvermögen n, -inhalt m / cabida f o capacidad nominal ‖ ~fläche f / área f nominal ‖ ~frequenz f / frecuencia f nominal ‖ ~gebrauchsbereich m (Instr) / alcance m nominal de

aplicación ‖ ~größe f / magnitud f nominal, tamaño m nominal ‖ ~höhe f (Luftf) / altitud f nominal, altura f calculada ‖ ~-**Intrittfallmoment** n (Elektr) / momento m torsional de sincronización nominal ‖ ~-**Isolationspegel** m / nivel m nominal de aislamiento ‖ ~**kraft f der Presse** / fuerza f nominal de la prensa ‖ ~-**Kurzschlussspannung** f (Trafo) / tensión f nominal de cortocircuito ‖ ~-**Kurzzeitbetrieb** m / servicio m nominal de corta duración ‖ ~-**Ladefähigkeit** f (Kfz) / capacidad f nominal de carga ‖ ~**last** f / carga f nominal, carga f calculada ‖ **bei** ~**last** (Mess) / sobre carga nominal ‖ ~**last des Ausbaus** (Bergb) / carga f nominal de la entibación ‖ ~**lastabgleich** m (Zähler) / compensación f de la carga nominal ‖ ~**leistung** f (Trafo) / potencia f de precisión ("potencia nominal" a evitar) ‖ ~**leistung** (Masch) / potencia f o rendimiento nominal ‖ ~**leistung** (Reaktor) / potencia f normal o del régimen ‖ ~**leistungsfaktor** m / factor f de potencia nominal ‖ ~**leistungshöhe** f (Luftf) / altura f de régimen ‖ ~**maß** n (allg) / dimensión f nominal ‖ ~**maß** (Bau) / dimensión f nominal o de diseño ‖ ~**maß** (Passung) / medida f nominal ‖ ~**maß für Bohrung** / diámetro m nominal ‖ ~-**Nutzlast** f (Bahn, Kfz) / carga f útil nominal ‖ ~**oberspannung** f (Trafo) / tensión f primaria nominal ‖ ~**querschnitt** m / sección f nominal ‖ ~**saugleistung** f (Vakuum) / capacidad f nominal de aspiración ‖ ~**scheinleistung** f (Elektr) / potencia f aparente nominal ‖ ~**schmelzstrom** m (Sicherung) / corriente f nominal de fusión ‖ ~**spannung** f / tensión f nominal o especificada o del régimen ‖ ~**sperrspannung** f (Halbl) / tensión f inversa nominal ‖ ~**spiel** f (Elektr) / ciclo m nominal de trabajo o de utilización o de servicio ‖ ~**stand** m (Elektrolyt) / nivel m nominal ‖ ~-**Stehspannung** f (Isolation) / tensión f no disruptiva nominal ‖ ~**strom** m / corriente f nominal ‖ ~**temperatur** f (Thermistor) / temperatura f de conmutación ‖ ~**temperatur** (Ofen) / temperatura f calculada ‖ ~**titer** m (Tex) / número m o título nominal ‖ ~**verzeichnung** f (Opt) / distorsión f nominal ‖ ~**weite** f, NW / anchura f nominal ‖ ~**weite** (Rohr) / diámetro m nominal ‖ ~**wert** m, Nominalwert m / valor m nominal ‖ ~**wert-Grenzdaten** n pl (Eltronik, Röhre) / límites m pl nominales, régimen m nominal
Neodym n (OZ = 60), Nd n (Chem) / neodimio m ‖ ~**dotierter Laser**, Nd-Laser m / láser m de neodimio ‖ ~-**YAG-Laser** m / láser m de neodimio-YAG
Neo•gen n (Geol) / neógeno m ‖ ~**hexan** n (Chem) / neohexano m ‖ ~**lithium** n (Geol) / neolítico m
Neon n, Ne (Chem) / neón f, NE ‖ ~**anzeigelampe** f / lamparilla f indicadora de neón ‖ ~**flächenglimmlampe** f / lámpara f luminiscente plana de neón ‖ ~**glimmlampe** f / lámpara f luminiscente de neón o de efluvios de neón ‖ ~**lampe** f, -**röhre** f / lámpara f de neón, tubo m de neón ‖ ~**leuchtreklame** f / publicidad f luminosa de neón ‖ ~**licht** n / luz f de neón ‖ ~**lichtband** f / tubos m pl de neón en hilera ‖ ~**röhre** f / tubo m de neón ‖ ~**schild** n / cartel m de neón ‖ ~**spannungsanzeiger** m / indicador m de tensión de lamparilla de neón
Neopentan n, Tetramethylmethan n / neopentano n, tetrametilmetano m
Neopentylglykol n / neopentilglicol m
Neopren n, Neoprene n (Chem, Tex) / Neoprene m, neopreno m ‖ ~**kabel** n / cable m con envoltura de neopreno
Neotron n / neotrón m, tubo m neotrón
Neozoikum n (Geol) / neozoico m
Neper n, Np, (früher: N (= 8,686 dB) (Fernm) / néper m, neperio m, Np m ‖ **1/10** ~, **Dezineper** n / decinéper m, decineperio m ‖ ~**meter** n / neperímetro m ‖ ~**scher Logarithmus** (Math) / logaritmo neperiano f ‖ ~**zahl** f / número m de neperios

Nephelin *m*, Eläolith *m* (Min) / nefelina *f* ‖ ~**basalt** *m* (Geol) / basalto *m* nefelínico ‖ ~**it** *m* (Geol) / nefelinita *f* ‖ ~**syenit** *m* / sienita *f* nefelínica o eleolítica
Nephelo•meter *n* (Chem) / nefelómetro *m* ‖ ~**metrie**, Trübungsanalyse *f* (Chem) / nefelometría *f* ‖ ~**metrisch** (Chem) / nefelométrico ‖ ~**metrische Titration**, Heterometrie *f* (Chem) / titulación *m* nefelométrica
Nephoskop *n*, Bewölkungsmesser *m* (Meteo) / nefoscopio *m*
Nephrit *m* (Min) / nefrita *f*, pizarra *f* de hornablenda
Nephroide *f*, Nierenkurve *f* (Geom) / nefroide *f*
Neptunium *n*, Np (Chem) / neptunio *m*, Np ‖ ~**reihe** *f* (Phys) / serie *m* del neptunio
neritische Zone, Flachseezone *f* (Geo) / zona *f* nerítica
Nernst•-Effekt *m* (Phys) / efecto *m* de Nernst ‖ ~**lampe** *f* / lámpara *f* de Nernst ‖ ~**sche Regel** / ley *f* de Nernst ‖ ~**sches Theorem** / teorema *f* de Nernst ‖ ~**scher Verteilungskoeffizient** (Chem) / coeficiente *m* de distribución de Nernst
Neroliöl *n*, Orangenblütenöl *n* (Pharm) / neroli *m*, esencia *f* de azahar ‖ **künstliches** ~ (Methylanthranilat) / neroli *m* artificial, esencia *f* de azahar artificial
Nerv *m* (Plast) / nervio *m*
Nerven•elektrizität *f* (Physiol) / neuroelectricidad *f* ‖ ~**gas** *n* / gas *m* neurotóxico ‖ ~**system** *n* (Biol) / sistema *m* nervioso
Nerz *m* (Zool) / visón *m*
Nesaglas *n* / vidrio *m* Nesa
Nesistor *m* (ein Transistor) / nesistor *m*
Nessel•band *n* (Kabel) / cinta *f* de batista ‖ ~**faser** *f* (Bot) / fibra *f* de ortiga ‖ ~**pflanzen** *f pl* (Bot, Tex) / urticáceas *f pl* ‖ ~**scheibe** *f* (eine Schleifscheibe) / disco *m* de algodón en crudo ‖ ~**stoff** *m*, -gewebe *n*, Nessel *m* (Tex) / tejido *m* ligero de algodón en crudo, tejido *m* de ramio
Neßlers Reagens *n* (Chem) / reactivo *m* Nessler
Nest *n*, geschlossenes Lager (Geol) / bolsa *f* ‖ ~, Nester *n pl* (Beton) / vacío *m* ‖ ~, Aufnahme *f* (Mehrfachwerkzeug) / cavidad *f* ‖ ~, Einarbeitung *f* (Plast) / cavidad *f* ‖ ~ *n*, Webernest *n* (Fehler, Tuch) / nido *m* de tejido ‖ ~, KLumpen *m* (Hütt) / racimo *m* ‖ ~, Schachtelung *f* (DV) / entremezclado *m*, intercalación *f* ‖ ~**bildung** *f* (Tex) / formación *f* de escarabajos o de nidos
Nestel *f*, Schuhband *n* / agujeta *f*
nesten *vt*, ineinander schachteln / enchufar uno con otro
nesterweise, -artig, nestig (Bergb) / en bolsas
Neststichprobe *f* (Hütt) / muestra *f* aleatoria de racimos
Netiquette *f* (Internet) / netiqueta *f* (buen comportamiento)
netto, rein / neto ‖ ~ **ergeben** (o. einbringen) / rendir ‖ ~**abmessung** *f* (Bau) / dimensión *f* neta ‖ ~**absackwaage** *f* / balanza *f* para ensacar o embolsar ‖ ~**-Brutto-Beschickungsverhältnis** *n*, Netto-Brutto-Ofenbelastung *f* (Hütt) / razón *f* neto-bruto de carga ‖ ~**durchsatz**, -transport *m* (Nukl) / transporte *m* neto ‖ ~**flügelfläche** *f* (Luftf) / superficie *f* alar neta ‖ ~**format** *n* (Pap) / formato *m* neto ‖ ~**gefälle** *f* (Wasser) / salto *m* neto ‖ ~**gewicht**, Reingewicht *n* / peso *m* neto ‖ ~**gewicht** *n*, -masse *f* (Container) / masa *f* real ‖ ~**last** *f* (Bahn) / carga *f* neta o útil ‖ ~**lohn**, -verdienst *m* / salario *m* neto ‖ ~**preis** *m* / precio *m* neto ‖ ~**querschnitt** / sección *f* neta ‖ ~**registertonne** *f* (Schiff) / tonelada *f* de registro neta, tonelada *f* neta de registro ‖ ~**registertonnengehalt** *m* / toneladas *f pl* neta de registro ‖ ~**schub** *m* (Luftf) / empuje *m* neto ‖ ~**spannung** *f* im Querschnitt (Mech) / solicitación *f* o tensión neta de la sección ‖ ~**-Steigwinkel** *m*, sicherer Steigwinkel (Luftf) / pendiente *f* ascensional neta ‖ ~**tonnenkilometer** *m* / Nettotkm *m* / tonelada-kilómetro *f* neta
Network *n* (Rundfunk) / red *f*

Netz *n* (allg) / red *f* ‖ ~, Verteilernetz *n* (Elektr) / red *f* de distribución ‖ ~ (Landkarte) / red *f* cartográfica ‖ ~ (Bahn) / red *f* ferroviaria ‖ ~, Fischnetz *n* / red *f* de pesca ‖ ~ (Verm) / red *f* topográfica ‖ ~, Gitter *n* (Radiol) / rejilla *f* ‖ ~ (Wechselstrom) / red c.a. *f* ‖ ~ (Elektr) s. auch Netzwerk ‖ ~ (DV) s. Internet ‖ ~ **eines Fachwerks** (Stahlbau) / sistema *m* de entramado ‖ ~**e knüpfen** / hacer redes ‖ ~ **od. Kasten** *m*. **Steinschüttung** (Hydr) / jaba *f* (LA) ‖ ~ **von Bodenstationen** (Raumf) / segmento *m* terrestre ‖ **ans** ~ **gehen** (E-Werk) / conectar a la red ‖ **auf** ~ **geschaltet sein** (Generator) / suministrar corriente a la red ‖ **ein** ~ **auswerfen** / tender una red ‖ **mit einem** ~ **versehen** (Zeichn) / proveer de una cuadrícula reticular ‖ **vermaschtes** ~ (Elektr) / red *f* mallada
netz•abhängig / alimentado por la red o por el sector ‖ ~**abkoppler** *m*, Netzfreischalter *m* / desacoplador *m* de la red ‖ ~**abschluss** *m*, NT (DV) / terminación *f* de la red ‖ ~**analysator** *m* (Analogrechner) / analizador *m* transitorio de la red ‖ ~**akku** *m* (Eltronik) / eliminador *m* de baterías ‖ ~**anschluss** *m* / conexión *f* a la red ‖ ~**anschluss**, "Netz" *n* (Wechselstrom) / alimentación *f* de red c.a. ‖ **für** ~**anschluss**, Netz... / para conexión a la red ‖ ~**[anschluss]gerät** *n*, -empfänger, -apparat *m* / radio *f* alimentada por la red ‖ ~**anschlusskabel** *n* / cable *m* de alimentación de red c.a. ‖ ~**anschlusskasten** *n* / caja *f* de conexión a la red ‖ ~**anschlussschalter** *m* (TV) / selector *m* de tensión, conmutador *m* de voltaje ‖ ~**anschlussspannung** *f* / voltaje *m* de la red ‖ ~**antenne** *f* / antena *f* de red ‖ ~**anwahl[nummer]** *f* (Fernm) / prefijo *m* ‖ ~**apparat** *m*, -maschine *f* (Zeugdr) / máquina *f* mojadora ‖ ~**arbeit** *f* / malla *f* ‖ ~**artig**, -förmig / reticulado, reticular ‖ ~**artige Rissbildung** (Lack) / formación *f* de piel de naranja ‖ ~**artige Rissbildung** (Hütt) / formación *f* de grietas de forma reticular o en forma cuarteada ‖ ~**ausfall** *m* (Fernm) / falla *f* de la red ‖ ~**ausfall** (Elektr) / falla *f* de la alimentación eléctrica, falta *f* de alimentación, avería *f* en la línea, interrupción *f* de la corriente ‖ ~**auslauf** *m* (Elektr) / terminación *f* de la red ‖ ~**ausläufer** *m* (Elektr) / ramal *m* de red ‖ ~**ausschalttaste** *f* (Radio) / desconectador *m*
netzbar, benetzbar / humectable
Netzbarkeit *f* / humectabilidad *f*
Netz•-Batterie-Anschluss *m* / alimentación *f* red-pilas ‖ ~**belastung** *f* (Elektr) / carga *f* del sistema de alimentación ‖ ~**betreiber** *m* (Fernm) / compañía *f* telefónica ‖ ~**betrieben**, Netz... (Elektr) / alimentado por la red o por el sector ‖ ~**betriebene Synchronisierung** / sincronización *f* por la red ‖ ~**brumm** *m* (Eltronik) / zumbido *m* de la red ‖ ~**brummfilter** *n* / filtro *m* antizumbido ‖ ~**drossel** *f* (Elektr) / inductancia *f* de red ‖ ~**druck** *m*, Siebdruck *m* / serigrafía *f* ‖ ~**ebene** *f*, -plan *m* / nivel *m* de la red ‖ ~**ebene** (Radiol) / plano *m* reticular ‖ ~**ebenen-Abstände** *m pl* (Krist) / distancias *f pl* interplanares ‖ ~**egge** *f* (mit Zinken) (Landw) / grada *f* reticulada (de dientes) ‖ ~**eigen** / perteneciente a la red, de la red ‖ ~**einschub** *m* (Eltronik) / chasis *m* intercambiable de alimentación ‖ ~**einspeisung** *f* / suministro *m* a la red ‖ ~**elektrode** *f* / electrodo *m* reticular ‖ ~**elektrode**, Feldnetz *n* (Eltronik) / malla *f* igualadora del campo retardador ‖ ~**empfänger** *m* (Eltronik) / receptor *m* alimentado por la red o por el sector
netzen *vt*, wässern (Tuch) / humectar, humedecer, mojar ‖ ~, annässen (Maurer) / empapar
netzend, netzend... / humectante, humectador, humidificador, remojador, remojante
Netz•entkopplung *f* (Eltronik) / desacoplamiento *m* de la red ‖ ~**entstörfilter** *m n* (Eltronik) / filtro *m* antiparasitario de la red ‖ ~**ersatzumformer** *m* / convertidor *m* de la red de reserva ‖ ~**fähigkeit** *f* (Tex)

/ poder m mojante ‖ ~ferne Anlage, Inselsystem n (Solar) / instalación f aislada o alejada de la red ‖ ~fischerei f / pesca f con la red ‖ ~flotte f (Tex) / baño m de mojadura ‖ ~form f, -struktur f, -aufbau m (Elektr) / estructura f de la red ‖ ~förmig, retikuliert / reticular adj ‖ [sich] ~förmig anlegen (o. ausdehnen) / reticular vi ‖ ~frei (Funk) / fuera de la red ‖ ~freischalter m / desacoplador m de la red ‖ ~frequenz f / frecuencia f de la red ‖ ~frequenz (50 o. 60 Hz) (Elektr) / frecuencia f de la red industrial, frecuencia f de la red de energía primaria o de la línea de alimentación ‖ ~frequenzinduktionsofen m (Hütt) / horno m de inducción de frecuencia de la red ‖ ~frequenz-Induktions-Tiegelofen m / horno m de crisol con calentamiento por inducción con frecuencia de la red ‖ ~führung f (Elektr) / conducción f de las redes ‖ ~führung von Geräten (Elektr) / conmutación f por la red ‖ ~funkstelle f (Luftf) / estación f de la red ‖ ~garn n (Spinn) / hilo m para red ‖ ~gefüge n, -struktur f (Krist) / estructura f reticular ‖ ~geführt (Elektr) / conmutado por la red ‖ ~gekoppelt (Elektr, Solar) / acoplado o conectado a la red ‖ ~generierung f (Mech) / generación f de polígono[s] ‖ ~gerät n (Gerät für Netzanschluss) / aparato m alimentado por la red ‖ ~gerät, gesondertes Netzteil (Eltronik) / bloque m de alimentación ‖ ~gerät, Benetz-, Anfeuchtgerät n (Tex) / dispositivo m humectador ‖ ~geräusch n (Tex) / ruido m de la red ‖ ~gestaltung f (Elektr) / disposición f de la red ‖ ~gewebe n (Tex) / redecillo m, tejido m de redecillo ‖ ~gewölbe n (Bau) / bóveda f reticulada ‖ ~glas n / vidrio m reticulado ‖ ~gleichrichter m / rectificador f de la red ‖ ~größe f (Fichnetz) / dimensión f de mallas ‖ ~grund m (Web) / fondo m de redecillo ‖ ~gruppe f (Fernm) / grupo m de redes ‖ ~gruppenverkehr m (Fernm) / tráfico m suburbano o regional ‖ ~haftmittel n (Chem) / agente m tenso-activo ‖ ~hauptleitung f (Elektr) / red f principal de alimentación ‖ ~haut f (Biol) / retina f ‖ ~hautbild n (Opt) / imagen f retinal ‖ ~kabel n / cable m [de entrada] de la red ‖ ~knoten m (Gateway) (DV) / pasarela f ‖ ~knotenpunkt m (Elektr) / centro m de alimentación de la red ‖ ~knüpfmaschine f / máquina f para hacer redes ‖ ~kommandoanlage f (Fernm) / telemando m centralizado ‖ ~konstante f (Elektr) / constante f de la red, parámetro m de la red ‖ ~konstanter m (Elektr) / fuente f de tensión constante, estabilizador m de tensión ‖ ~kraft f / potencia f humidificadora ‖ ~kupplung f (Elektr) / acoplamiento m de redes ‖ ~leger m (Schiff) / buque m fondeaderedes ‖ ~leitung f, -anschluss m (Elektr) / línea f de alimentación ‖ ~leitzentrale f (Fernm) / centro m de mando de la red ‖ ~linie, Systemlinie f / línea f teórica ‖ ~linie f (Bau) / línea f de referencia ‖ ~masche f (Elektr) / malla f de la red ‖ ~masche (Tex) / malla f de red ‖ ~maschine f (Tex) / humectadora f ‖ ~messzentrale f (Fernm) / centro m de medición de la red ‖ ~mikrometer n, -bügelmessschraube f (Instr, Mess) / micrómetro m de retícula ‖ ~mittel n (Chem) / agente m tenso-activo o humector ‖ ~modell n (Elektr) / modelo m de la red ‖ ~muster, Gittermuster n (Tex) / diseño m de celosía ‖ ~nachbildung f (Elektr) / red f de alimentación artificial ‖ ~nadel f, Filiernadel f (Tex) / lanzadera f (para malla) ‖ ~-Oxidkathode f (Eltronik) / cátodo m con depósito en mallas de óxido ‖ ~pinsel m (Bau) / brocha f de albañil ‖ ~pirat/in m f (DV) / ciberpirata m f ‖ ~plan m (F.Org) / grafo m, plan m de la red, red f, diagrama m funcional, organigrama m ‖ ~plan (PERT = program evaluation and review technique) (F.Org) / red f PERT ‖ ~planmethode f, MAP (= multiple allocation procedure) / método de planificación MAP ‖ ~plantechnik f / método m de planificación por redes, técnica f de planificación reticular ‖ ~plantechnik (Siemens, = SINETIK) /

sinética f ‖ französische ~plantechnik / método m de potenciales ‖ ~plantechnik nach CPM / método m de camino crítico ‖ ~plantechnik f nach PERT-System / sistema m PERT, técnica f de análisis y evaluación de un propósito ‖ ~planung f (Elektr) / planificación f de redes ‖ ~punkt m, Richtpunkt m (Verm) / punto m fijo o de referencia ‖ ~radarbake f (Luftf) / radiofaro m respondedor o de respuesta rápida ‖ ~regler m / regulador m de red ‖ ~rückspeisung f (Elektr) / recuperación f de corriente ‖ ~ruf m (Fernm) / llamada f de red ‖ ~schalter m (Eltronik) / conmutador m de alimentación (de corriente alterna] ‖ ~schnur / cordón m de alimentación, cordón m de conexión a la red ‖ ~schnur, Verlängerungsschnur f / cordón m prolongador o de extensión ‖ ~schwankungen f pl (Elektr) / fluctuaciones f pl de la red ‖ ~schwefel m (Landw) / azufre m humectable ‖ ~-Schwerpunkt m / centro m de red ‖ ~seite f (Elektr) / cara f de alimentación ‖ ~sicherung f / cortacircuito m de la red ‖ ~sonde f (Schiff) / sonda f de red pelágica ‖ ~spannung, Betriebsspannung f (Elektr) / tensión f de alimentación ‖ ~spannungsschwankungen f pl / fluctuaciones f pl de la tensión de red ‖ ~spannungsüberwachung f / monitor m del circuito de alimentación ‖ ~speisung f s. Netz-Stromversorgung ‖ ~spinne f (Fernm) / red f troncal o de enlaces ‖ ~statik f, -auflladung f / carga f estática de red ‖ ~stert m (Schiff) / cola f de red ‖ ~stoff m (Tex) / tejido m de redecilla, redecilla m ‖ ~-Störfestigkeit f (Empfänger) / factor m de inmunidad contra los parásitos ‖ ~störung s. Netzausfall ‖ ~strom m (Elektr) / corriente f de la red ‖ ~stromversorgung f (Elektr) / alimentación f por la red o por el sector ‖ ~struktur f, -gefüge n (Fehler, Hütt) / estructura f reticulada ‖ ~strumpf m (Tex) / media f calada o de malla, media f de red ‖ ~synchronisierung f (TV) / sincronización f de red, enganche m ‖ ~tafel f (Math) / ábaco m o gráfico cartesiano o de redes ‖ ~takt m, NT (Elektr) / pulso m de tiempo de la red ‖ ~teil n (Eltronik) / bloque m de alimentación, fuente f de alimentación ‖ ~tendenz f (Chem) / tendencia f de humectar ‖ ~trägheit f / tiempo m de retraso de una red ‖ ~transformator m (Elektr) / transformador m de alimentación ‖ ~transformator (Stromverteilung) / transformador m de distribución ‖ ~trennwand f (Kfz) / red f separadaora (de mallas) ‖ ~trog m (Färb, Web) / depósito m reticular (para mojado) ‖ ~tuch n (Tex) / red f tejida ‖ ~übersicht f (Elektr) / diagrama m de la red ‖ ~umschalter m / interruptor m de red ‖ ~umwandlung f / transformación f de la red ‖ ~unabhängig, fremdbetrieben (Elektr) / independiente de la red ‖ ~- oder batterie-unabhängiges Gerät (Eltronik) / unidad f autónoma o independiente ‖ ~vektor m (Elektr) / vector m de red ‖ ~verband m (Stahlbau) / arriostrado m en celosía ‖ ~vermögen n (Chem, Tex) / capacidad f humectante, poder m mojante ‖ ~waage f / balanza f de humidificación ‖ ~waren f pl (Tex) / artículos m pl de red, redes f pl ‖ ~warte f (Elektr, Gas) / puesto m de control de la red ‖ ~webstuhl m, -wirkstuhl m / telar m para tejer red de punto ‖ ~weiterverbinder m (Elektr) / acoplador m de interconexión
Netzwerk n (Stahlbau) / celosía f, enrejado m ‖ ~ (Elektr) / red f ‖ ~, -struktur f (Fehler, Hütt) / piel m de cocodrilo ‖ ~ in Dreieckschaltung (Elektr) / red f en delta ‖ ~analysator m, Netzwerkgleichungslösung f (DV) / analizador m de redes ‖ ~analyse f (DV) / análisis m de redes ‖ ~-Betriebssystem n (NOS) (DV) / sistema m operativo para redes ‖ ~-Datenbank f / banco m de datos tipo red ‖ ~nachbildung f (DV) / análogo m de red ‖ ~-Rechengerät n / calculador m o analizador de redes ‖ ~synthese f (Elektr) / síntesis f de redes ‖ ~technologie f / tecnología f de red[es] ‖ ~theorie f /

teoría *f* de las redes ‖ ~**weit**, auf Netzwerkebene / a[l] nivel de red
Netz•winde *f* (Schiff) / güinche *m* de redes ‖ ²**zerfall** *m* (Met) / desaparición *f* de la estructura reticular ‖ ²**zustand** *m* (KW) / situación *f* de la red, estado *m* de la red ‖ ²**zweig** *m* (Elektr) / ramal *m* de red
neu adressieren (DV) / cambiar la dirección ‖ ~ **bearbeiten** / reelaborar, refundir ‖ ~ **bearbeiten, behauen u. Ä.** / relabrar ‖ ~ **beginnen** / comenzar de nuevo ‖ ~ **belegen** (DV) / reestructurar ‖ ~ [**be**]**schottern** (Bahn) / renovar el balasto, rebalastrar ‖ ~ **binden** (Druck) / reencuadernar ‖ ~ **einstellen** / reajustar ‖ ~ **eintragen oder bespielen** (Magn.Bd) / regrabar ‖ ~ **entwerfen o. zeichnen** / proyectar de nuevo ‖ ~**er Erfindungsgedanke** (Patent) / novedad *f*, invento *m* patentable ‖ ~ **erstellen** (Kartei) / recrear ‖ ~ **gestalten** / reestructurar ‖ ~ **herausgeben**, eine neue Auflage bringen / reeditar ‖ ~ **legen** / colocar de nuevo ‖ ~**e Mathematik** / matemática *f* nueva ‖ ~ **planen** / planear o proyectar de nuevo ‖ ~ **setzen** (Druck) / recomponer ‖ ~ **wickeln** (Mot) / rebobinar ‖ **Geräte ~ verdrahten** / recablear [equipos] ‖ **Öfen ~ zustellen** / revestir hornos de nuevo ‖ ²**er Stern**, Nova *f* (Astr) / nova *f* ‖ ²**er Stil**, n.s., n.st. (Astr) / estilo *m* nuevo
Neu•anfertigung *f* / nueva fabricación *f* ‖ ²**anstrich** *m* / pintado *m* nuevo ‖ ~**artig** / novedoso, recién, reciente, nuevo ‖ ~**aufgebaut**, wiederhergestellt / reconstruido ‖ ²**auflage** *f* / nueva edición, reedición *f* ‖ ²**aufnahme** *f*, Neueintrag *m* / nueva inscripción *f* ‖ **eine** ²**aufnahme machen**, nochmals vermessen (Verm) / apear de nuevo, repetir un levantamiento ‖ ²**ausaat** *f* (Landw) / resiembra *m f*, nueva siembra *f* ‖ ²**ausgabe** *f* (Druck) / reimpresión *f* ‖ ²**ausgabe**, Neubearbeitung *f* / edición *f* refundida ‖ ²**bau** *m* (während des Baus) / edificio *m* en construcción ‖ ²**bau** (der fertige Bau) / edificio *m* nuevo o de nueva planta ‖ **im** ²**bau** / en construcción ‖ ²**bauten** *m pl* (allg) / nuevas construcciones ‖ ²**bearbeitung** *f* / relabra *f* ‖ ²**bearbeitung** (Vorgang) (Druck) / refundición *f* ‖ ~**belegen** *vt* (Walzen) / recubrir, revestir ‖ ~**belegen** (DV) / redefinir ‖ ~**belegen** (Kfz) / reforrar el freno ‖ ²**belegen** *n* **von Walzen** / revestimiento *m* de cilindros ‖ ²**belegung** *f* (DV) / redefinición *f* ‖ ²**benennung** *f* / redesignación *f* ‖ ~**bilden** *vt* / formar de nuevo ‖ ²**bildung** *f* / formación *f* nueva ‖ ²**blau**, Stärkeblau *n* / azul *m* de fécula ‖ ²**druck** *m*, Nachdruck *m* / reimpresión *f* ‖ ²**echtgrau** *n* / gris *m* sólido nuevo ‖ ²**einsteiger** *m* / principiante *m*
Neuerung, Neueinführung, -gestaltung *f* / innovación *f* ‖ ²**en bringen** / introduir innovaciones
neuest, letzt (Modell) / último ‖ ~**er (o. letzter o. derzeitiger) Entwicklungsstand** / estado *m* actual de desarrollo
Neu•festigkeit *f*, Festigkeit in neuem Zustand *f* / resistencia *f* en estado nuevo ‖ ²**fläche** *f* / superficie *f* o área nueva ‖ ²**gelb** *n*, Zitronengelb *n* / amarillo *m* limón ‖ ²**gelb**, Säuregelb D *n* / tropeolina *f* 00 ‖ ²**generierung** *f* **einer Datei** (DV) / regeneración *f* de un fichero ‖ ~**gestalten** *vt* / remodificar ‖ **bauliche** ²**gestaltung** (Bau) / reestructuración *f* ‖ ²**gestaltung** *f* **von Gebäuden** / remodelación *f* de edificios ‖ ~**gewonnenes Land**, Neuland *n* (Geo) / tierra *f* recuperada del mar ‖ ²**grad** *m* (obsol.), Gon *n* (Phys) / gon *m*, grado *m* centesimal ‖ ²**gradsekunde** *f*, cc / segundo *m* de gon, segundo *m* centesimal ‖ ²**grad-Teilung** *f* (Math) / división *f* centesimal de la circunferencia ‖ ²**grün**, Malachitgrün *n* (Chem) / verde *m* malaquita, verde *m* Victoria B o WB
Neuheit *f* (technisch) / innovación *f*, novedad *f*
Neuheits•bescheid *m*, -bescheinigung *f* (Patent) / aviso *m* de novedad, certificado *m* de novedad ‖ ²**bescheinigung** *f* (Patent) / certificado *m* de novedad ‖ ²**prüfung** *f* (Patent) / examen *m* de novedad ‖ ~**schädlich sein** (Patent) / invalidar la novedad
Neu•installation *f* (Elektr) / instalación *f* nueva ‖ ²**kartierung** *f* / confección *f* de mapas nuevos ‖ ²**konstruktion** *f* / construcción *f* nueva ‖ ²**konstruktion**, verbesserte Konstruktion / construcción *f* mejorada ‖ ²**konzeption** *f* (technische) / reingeniería *f* ‖ ²**kurve** *f* (Phys) / curva *f* de la primera imantación ‖ ²**land** *n* (Geo) / tierra *f* recuperada [del mar] ‖ ²**land** (Landw) / tierra *f* virgen ‖ **technisches** ²**land** / tierra *f* virgen ‖ ²**landgewinnung** *f*, Urbarmachung *f* (Landw) / puesta *f* en cultivo [de nuevas tierras]
Neuling *m*, Führerscheinneuling *m*, [Fahr]anfänger *m* (Kfz) / novato *m* [que acaba de sacar el carné]
neumagnetisieren *vt* / reiman[t]ar, remagnetizar
Neumann•sche Funktion *f* (Math) / función *f* de Neumann ‖ ²**-Streifung** *f* (Krist) / bandas *f pl* de Neumann
Neu•minute *f* (des Bogengrads) (Math, Verm) / minuto *m* de gonio, minuto *m* moderno o centesimal ‖ ²**mond** *m* (Astr) / novilunio *m*, luna *f* nueva
Neun•eck *n* (Geom) / eneágono *m* ‖ ~**eckig** / eneagonal
Neuner•-Komplement *n*, -Komplementärzahl *f* (DV) / complemento *m* de nueves ‖ ²**probe** *f* (Math) / prueba *f* de nueves ‖ ²**sprung** *m* (DV) / transporte *m* rápido o de alta velocidad ‖ ²**übertrag** *m* / pase *m* de nueves
Neun•kanal-Übertragung *f* (Eltronik) / eneafonía *f* ‖ ²**polröhre** *f*, Nonode *f* / nonodo *m*, eneodo *m*, tubo *m* de nueve electrodos ‖ ²**punktekreis**, Feuerbachscher Kreis *m* (Math) / círculo *m* de Feuerbach ‖ ~**seitig** / de nueve lados
neunte Potenz (Math) / cubocubo *m*
Neuntel *n* / noveno *m*
neunten Grades / de noveno grado
Neunzig•grad-Anflug *m* (Luftf) / vuelo *m* de aproximación de 90° ‖ ²**gradfehler** *m* (Eltronik) / error *m* de cuadratura
Neu•öl *n* (Mot) / aceite *m* nuevo ‖ ²**planung** *f* / planeamiento *m* nuevo, proyección *f* nueva ‖ ²**programmierung** *f* / reprogramación *f*
neurales Netz / red *f* neural
Neuries *n*, 1000 Bogen *m pl* (Druck) / resma *f* doble, rama *f* de 1000 hojas, 40 manos [de papel]
Neuristor *m* / neuristor *m*
Neuro•computer *m*, neuronaler Computer (DV) / neurocomputadora ‖ ²**elektrizität** *f* / neuroelectricidad *f*
Neuron *n* (Biol, Kybernetik) / neurona *f*
neuronal, Neuronen... / neuronal *adj*, neurónico ‖ ²*n* / neuronal *m*
Neuronen•system *n* / sistema *m* de neurones ‖ ²**theorie** *f* / teoría *f* de neurones
Neu•sand *m*, natürlicher Sand (Gieß) / arena *f* natural ‖ ²**satz** *m* (Druck) / recomposición *f* ‖ ~**schreiben** *n* / reescritura *f* ‖ ²**sekunde** *f* (Math, Verm) / segundo *m* de gon, segundo *m* moderno o centesimal ‖ ²**silber**, Alpaka, Argentan *n* (45-70% Cu, 8-28% Ni, 8-45% Zn) / alpaca *f*, plata *f* nueva, plata *f* alemana ‖ ²**teil** *n* (noch nicht gebraucht) / pieza *f* nueva
neutral / neutro, neutral ‖ ~, farblos / incoloro ‖ ~, träge (Chem, Phys) / inerte, indiferente ‖ ~**e Achse** (o. Faser), Nulllinie (Mech) / línea *f* neutra o cero, eje *m* neutro ‖ ~**er Bereich der Atmosphäre** (Raumf) / atmósfera *f* neutra ‖ ~**es Blendglas** (Opt) / pantalla *f* absorbente de vidrio neutro ‖ ~**es eingestelltes Relais** / relé *m* neutro o no polarizado ‖ ~ **färben** (Tex) / teñir en baño neutro ‖ ~ **färbend**, neutralziehend (Tex) / que adquiere tinta en baño neutro ‖ ~**e Faser** (Mech) / fibra *f* neutral ‖ ~**es Feuerfest-Material** / material *m* refractario neutro ‖ ~**e Fläche**, Spannungs-Nullfläche *f* / superficie *f* neutra [de tensiones] ‖ ~**e Flamme** (Schw) / llama *f* neutra ‖ ~**e (o. indifferente) Lage** (Relaisanker) / posición *f* neutra

neutral

o indiferente ‖ ~**er Leiter** (Elektr) / conductor *m* neutro ‖ ~**e Linie des Kalibers** (Walzw) / línea *f* cero o neutral ‖ ~**e Lösung** (pH = 7) (Chem) / solución *f* neutra ‖ ~**es Relais** / relé *m* no polarizado, relé *m* neutro ‖ ~**e Schicht o. Fläche** (Magnetosphäre) / capa *f* neutra ‖ ~**e Zone** (Mech) / superficie *f* neutra, eje *m* neutro ‖ ~**e Zone, Totzone** *f* (NC) / zona *f* muerta
Neutral•dämpf-Drucken *n* (Tex) / impresión *f* por vaporación neutra[1] ‖ ~**dämpfer** *m* (Tex) / vaporizador *m* neutro ‖ ~**farbe** *f*, -tinte *f* / color *f* neutral ‖ ~**fett** *n* (Chem) / grasa *f* neutra ‖ ~**filter** *m n* (TV) / filtro *m* de luz ambiental ‖ ~**filter** *n* (Foto) / filtro *m* neutro o gris ‖ ~**gas** *n* (Raumf) / gas *m* neutro ‖ ~**grau** / neutro, gris, de gris neutro ‖ ~**graues Filter**, Neutral-Graufilter *n* / filtro *m* neutro o gris o de gris neutro ‖ ~**graues Polarisationsfilter** (Foto) / filtro *m* de polarización neutro ‖ ~**graue Stelle im Farbfilm** / gris *m* neutro de película en colores
Neutralisation *f* (Chem, Eltronik) / neutralización *f*
Neutralisations•analyse *f* (Chem) / análisis *m* neutralizador ‖ ~**becken** *n* (Nukl) / depósito *m* de neutralización ‖ ~**kondensator** *m* (Funk) / capacitor *m* neutralizador o neutralizante, condensador *m* ‖ ~**mittel** *n*, Neutralisator *m* (Chem) / neutralizer *m*, agente *m* neutralizador ‖ ~**wärme** *f* / calor *m* de neutralización ‖ ~**widerstand** *m*, Spulenvorwiderstand *m* (Instr) / resistencia *f* amortiguadora ‖ ~**zahl** *f*, Nz, Säurezahl *f* (Fett, Öl) / índice *m* de neutralización
Neutralisator *m* (Chem) / neutralizante *m*, agente *m* neutralizante, neutralizador *m*
neutralisieren / neutralizar ‖ ~, entsäuren / desacidificar ‖ ~, beseitigen / eliminar ‖ **eine Säure ~ o. absättigen** / neutralizar un ácido ‖ ~ *n* **von Magnetisierungseinflüssen** / degausamiento *m*, degausaje *m*, desimantación *f*, desmagnetización *f*
neutralisierend (Chem) / neutralizante, neutralizador
Neutralisier•kolonne *f* (Öl) / columna *f* de neutralización ‖ ~**- und Spülmaschine** *f* (Tex) / máquina *f* neutralizadora y de enjuagar
Neutralisierungs•schaltung *f* (Eltronik) / neutrodino *m* ‖ ~**spannung** *f* / tensión *f* neutralizadora o de neutralización
Neutralität *f* (Chem) / neutralidad *f*
Neutral•massenspektrometer *n* / espectrómetro *m* de masa neutra ‖ ~**öl** *n* / aceite *m* neutro ‖ ~**punkt** *m* (Chem, Luftf) / punto *m* neutro ‖ ~**punkt**, Sternpunkt *m* (Elektr) / punto *m* neutro ‖ ~**punktsabstand** *m* (Luftf) / margen *m* estático ‖ ~**rot** *n*, Toluylenrot *n* / rojo *m* neutro de o toluileno ‖ ~**salz** *n* / sal *f* neutra ‖ ~**strahl** *m*, -atomstrahl *m* (Phys) / haz *m* de átomos neutros ‖ ~**-Sulfitzellstoff** *m* (Pap) / celulosa *f* al sulfito neutro ‖ ~**teilchen** *n* (Nukl) / partícula *f* neutra ‖ ~**tinte** *f* / tinte *m* neutro ‖ ~**ziehend**, -färbend (Tex) / que adquiere tinta en baño neutro
Neutretto, neutrales o. *v*-Meson *n* (Phys) / mesón *m* neutro
Neutrino *n* (Phys) / neutrino *m*
Neutro•dyn *n* (Eltronik) / neutrodino *m* ‖ ~**[dyn]empfang** *m* (Funk) / recepción *f* neutrodino ‖ ~**graphie** *f* (Nukl) / neutrografía *f*
Neutron *n* (Phys) / neutrón *m*
Neutronen•... / neutrónico *adj* ‖ ~**abbremsung**, Thermalisierung *f* (Nukl) / termalización *f*, atemperamiento *m* ‖ ~**abkömmling** *m* / descendiente *m* de neutrón ‖ ~**-Absorbermaterial** *n*, -Absorbierer *m* / absorbedor *m* o absorbente de neutrones ‖ ~**absorption** *f*, -einfang *m* (Nukl) / absorción *f* de neutrones ‖ ~**absorptionsquerschnitt** *m* / sección *f* eficaz de absorción de electrones ‖ ~**aktivierungsanalyse** *f*, NAA / análisis *m* por activación mediante bombardeo neutrónico ‖ ~**albedo** *f* / albedo *m* neutrónico ‖ ~**anteil** *f* / fracción *f* de neutrones ‖ ~**arm** / deficiente en neutrones ‖ ~**ausbeute** *f* / rendimiento *m* de neutrones ‖ ~**ausbeute je Absorption** / factor *m* eta, índice *m* de fisión lenta ‖ ~**ausbruch** *m* (Nukl) / ráfaga *f* de neutrones ‖ ~**ausfluss** *m* (Nukl) / escape *m* de neutrones, dispersión *f* neutrónica ‖ ~**autoradiografie** *f*, NARG / autorradiografía *f* neutrónica ‖ ~**beschießung** *f*, -beschuss *m* / bombardeo *m* neutrónico o con neutrones ‖ ~**beugung** *f* / difracción *f* de neutrones ‖ ~**bilanz** *f* / balance *m* neutrónico o de neutrones ‖ ~**blitz** *m*, -impuls *m* / explosión *f* de neutrones ‖ ~**bombe** *f* / bomba *f* neutrónica ‖ ~**breite** / ancho *m* de la emisión neutrónica ‖ ~**bremse** *f* / moderador *m* ‖ ~**bremse zwecks Denaturierung** (Nukl) / desnaturalizante *m* (un isótopo) ‖ ~**bremsung** *f* / moderación *f* o retardación de neutrones, decrecimiento *m* energético ‖ ~**-Bremsvermögen** *n* (Nukl) / poder *m* de decrecimiento ‖ ~**chopper**, -strahlunterbrecher *m* / selector *m* de neutrones, interruptor *m* de haz neutrónico ‖ ~**detektion** *f* / detección *f* de neutrones ‖ ~**dichte** *f* / densidad *f* neutrónica o de neutrones ‖ ~**diffusion** *f* / difusión *f* neutrónica ‖ ~**einfang** *m* / captura *f* neutrónica o de neutrones ‖ ~**einfang-Gammaspektroskopie** *f*, NEG / gamma-espectroscopia *f* de captura neutrónica ‖ ~**emissionsbreite** *f* / ancho *m* de la emisión neutrónica ‖ ~**emissionsdetektor** *m*, Kollektron *n* / colectrón *m* ‖ ~**-Energiegruppe** *f* / grupo *m* de energía de los neutrones ‖ ~**-Entweichen** *n* / escape *m* de neutrones, fuga *f* de neutrones ‖ ~**fänger** *m* (Reaktor) / absorbedor *m* de neutrones ‖ ~**fluenz** *f* (Nukl) / fluencia *f* de neutrones ‖ ~**-Flugzeit-Spektrometer** *n* / espectrómetro *m* de neutrones por tiempo de vuelo ‖ ~**fluss** *m*, Flux *m* / flujo *m* neutrónico o de neutrones ‖ ~**flussdichte** *f* (Nukl) / densidad *f* del flujo neutrónico ‖ ~**flussdichte-Standard** *m* / pila *f* patrón ‖ ~**flussperiode** *f* (für eine 2,72-fache Änderung des Flusses) / período *f* de flujo neutrónico ‖ ~**generator** *m* / generador *m* de neutrones ‖ ~**geschwindigkeit** *f* / velocidad *f* de neutrones ‖ ~**gift** *n* / veneno *m* de neutrones ‖ ~**härtung** *f* / endurecimiento *m* neutrónico o del espectro de neutrones ‖ ~**induziert** / inducido o provocado por neutrones ‖ ~**kanal** *m* (Nukl) / canal *m* de experimentación o de irradiación, abertura *f* para haz o de paso de haz ‖ ~**-Kollimator** *m* / colimador de neutrones *m* ‖ ~**konverter** *m* (Nukl) / convertidor *m* de neutrones ‖ ~**-Lebensdauer** *f* / longevidad *f* neutrónica, vida *f* de un neutrón ‖ ~**lehre** *f*, -studium *n* / neutrónica *f* ‖ ~**leiterhalle** *f* / sala *f* o nave de conductores de neutrones ‖ ~**log** *n* (Öl) / registro *m* neutrónico ‖ ~**-Mangelkern** *m* / núcleo *f* de deficiencia neutrónica ‖ ~**messung** *f* / monitoreo *m* o control de neutrones ‖ ~**monochromator** *m* / selector *m* de velocidad neutrónica o de los neutrones ‖ ~**multiplikation** *f* / multiplicación *f* neutrónica o de los neutrones ‖ ~**ökonomie** *f* / economía *m* de neutrones, economía *f* neutrónica ‖ ~**-Physik** *f* / física *f* neutrónica ‖ ~**[prismen-, spiegel-, gitter]monochromator** *m* / monocromador *m* de neutrones [con prismas, con reflector, con rejilla] ‖ ~**-Produktionstarget** *n* / blanco *m* para la producción de neutrones ‖ ~**quelle** *f* / fuente *f* de neutrones ‖ ~**radiographie** *f* / radiografía *f* neutrónica ‖ ~**resonanz** *f* / resonancia *f* neutrónica ‖ ~**resonanzabsorption** *f*, -resonanzempfang *m* / absorción *f* de neutrones por resonancia ‖ ~**schild** *m*, -reflektor *m*, -sparer *m* (Reaktor) / blindaje *m* contra los neutrones, reflector *m* de neutrones ‖ ~**-Spektrometer** *n* / espectrómetro *m* neutrónico ‖ ~**stern** (hypothetisch) (Astr) / estrella *f* neutrónica ‖ ~**strahlreaktor** *m* / reactor *m* de haz neutrónico ‖ ~**strahlung** *f* / radiación *f* neutrónica ‖ ~**strahlunterbrecher** *m* / interruptor *m* de haz

neutrónico ‖ ⁓**temperatur** f / temperatura f de neutrones ‖ ⁓**therapie** f / terapia f neutrónica, neutroterapia f ‖ ⁓**überschuss** m / exceso m neutrónico o de neutrones ‖ ⁓**-Überschusskern** m / núcleo m de exceso neutrónico ‖ ⁓**-Verlust** m / escape m de neutrones, fuga f de neutrones ‖ ⁓**vermehrer** m / multiplicador m de neutrones ‖ ⁓**vermehrung** f / multiplicación f de neutrones ‖ ⁓**-Wirkungsquerschnitt** m / sección f eficaz para los neutrones o de captura electrónica ‖ ⁓**zahldichte** f (Nukl) / densidad f neutrónica ‖ ⁓**zählrohr** n / contador m de neutrones ‖ ⁓**zerfall** m / desintegración f del neutrón o de neutrones ‖ ⁓**zyklus** m / ciclo m neutrónico

Neutron•-Neutron-Bohrlochmessung f, N-N Messverfahren n (Bergb, Öl) / diagrafía f neutrón-neutrón, muestreo m neutrón-neutrón ‖ ⁓**-Neutron-Reaktion**, (n,n)-Reaktion f (Nukl) / reacción f neutrón-neutrón

Neutronographie f (Radiol) / neutron[o]grafía f, neutrografía f

neutro•phil (Färb) / neutrófilo ‖ ⁓**sphäre** f (bis 80 km Höhe) / neutrosfera f

Neu•tuch n (Tex) / mungo m de trapos nuevos ‖ ~**waschen** vt (Tex) / blanquear de nuevo, almidonar de nuevo ‖ ~**waschen und kalandern** / almidonar de nuevo y calandrar ‖ ⁓**wert** m / valor m de (o cuando) nuevo ‖ ~**wertiges Teil** / pieza f como nuevo ‖ ⁓**wicklung** f / rebobinado m ‖ ⁓**wolle** (Tex) / lana f nueva o virgen ‖ ⁓**zeit** f (Geol) / era f cenozoica ‖ ~**zeitlich**, modern / moderno, novel ‖ ⁓**zustand** m / estado m nuevo ‖ ⁓**zustellung** f (Hütt) / revestimiento m nuevo

Nevadit m (Geol) / nevadita f
Nevidenrad n (Masch) / disco m cardioide
new generation worker / trabajador m de nueva generación
Newall-Passungssystem n (Einheitsbohrung) / sistema m de ajustes de Newall
Newton n, N (Einheit der Kraft, 1 N = 10^5 dyn = 1 mkg s^{-2}, 1 kp = 9,80665 N) (Phys) / newton m ‖ ⁓**metall** n / aleación f de Newton ‖ ⁓**meter** m, Nm (= 1 Joule = 1 Ws) / newtonmetro m
Newtons Bewegungsgesetz n / ley f de movimiento de Newton ‖ ⁓**Gravitationsgesetz** / ley f de gravitación
Newtonsch•... / newtoniano ‖ ⁓**es Abkühlungsgesetz** / ley f de la pérdida térmica de Newton ‖ ⁓**e Axiome** n pl / axioma m de Newton ‖ ⁓**es Feld** / campo m newtoniano ‖ ⁓**e Flüssigkeit** / fluido m newtoniano ‖ ⁓**es Gesetz** / ley f de Newton ‖ ⁓**e Linsengleichung** / ecuación f de lentes de Newton ‖ ⁓**e Mechanik** / mecánica f newtoniana ‖ ⁓**es Näherungsverfahren** (Math) / método m de aproximación de Newton ‖ ⁓**er Reflektor** (Astr) / reflector m de Newton ‖ ⁓**e Ringe** m pl (Opt) / anillos m pl de Newton ‖ ⁓**es Wechselwirkungsgesetz** / ley f de acción y reacción de Newton
Nexus m, Verbindung f, Bindung f / nexo m, vínculo m
nf = Nanofarad ‖ ~ (Fernm) = naturfarben
NF (Bau, Pap) = Normalformat ‖ ⁓ (Elektr, Eltronik) = Niederfrequenz (0-10 kHz)
n-fach•e Operation (Math) / operación f n-pleta ‖ **das** ~**e** / múltiple m n-pleto
n-Faches n / n-pleta f
n-Fakultät f (Math) / factorial f n, n!
NF-F = Niederfrequenz-Fernsprechen
NFG, Nachführgerät n / dispositivo m de seguimiento
NF-Messung f / audiometría f
N-förmige Stütze (Fernm) / soporte m forma N
NF•-Platte f (Eltronik) / tablero m de audiofrecuencia ‖ ⁓**-Ziegelstein** m (Bau) / ladrillo m de dimensiones normales, ladrillo m de forma normal, solera f (MEJ)
NGO f, Nichtregierungsorganisation f / ONG (= Organización No Gubernamental)

N.H., NH, NHP = Normalhöhenpunkt
n-Halbleiter m / semiconductor m tipo N
NH-Sicherung f, Niederspannungs-Hochleistungssicherung f / cortacircuito m de baja tensión y de alta fuerza
NHTSA = National Highway Traffic Security Administration
Niacin n, Nikotinsäure f (Chem) / niacida f, ácido m nicotínico
Nibbelmaschine f (Wzm) / máquina f roedora o de roer o contorn[e]ar, cizalla f sacabocados
nibbeln vt / recortar, roer ‖ ⁓ n (Wzm) / mecanizado m por roedura, recortadura f, contorneo m
Nibbel-Schneidmaschine f / cizalla-roedora f, recortadora f (de chapa)
Nichrom n (Metallegierung der Driver-Harris Org.) / Nichrome m, nicromio m (localismos: nicromo, nicrom)
nicht s. auch nicht... und nicht- ‖ ~ **abbaufähig** (Bergb) / inexplotable, no rentable ‖ ~ **abbauwürdig** (Bergb) / no comercial ‖ ~ **abdichtbar** / inestancable ‖ ~ **abdruckbares Zeichen** (DV) / carácter m no imprimible ‖ ~ **abfärbend**, farbbeständig (Tex) / sólido ‖ ~ **abgefedert** (Bahn, Kfz) / no suspendido ‖ ~ **abgenommen werden können** / no pasar la inspección ‖ ~ **abgestimmt** / no sintonizado, asintónico, sin sintonía ‖ ~ **abgestimmte Antenne** / antena f aperiódica o no sintonizada ‖ ~ **abschmelzend** (Elektrode) / permanente, no consumible ‖ ~ **adressierbar** (DV, Speicher) / sin dirección ‖ ~ **alternd** / no envejeciente ‖ ~ **[an den Zentralrechner] angeschlossen** (DV) / independiente del ordenador central, autónomo ‖ ~ **angepasst** / no ajustado ‖ ~ **anwendbar** [auf] / no aplicable [a] ‖ ~ **appretiert** (Tex) / sin apresto ‖ ~ **auffindbar** (Kernmaterial) / oculto ‖ ~ **aufgeladen** (Mot) / sin sobrealimentación ‖ ~ **ausblühend** (Gummi) / no eflorescente ‖ ~ **ausführbar** (DV) / no ejecutable ‖ ~ **ausgeformter Formteil** (Plast) / parte f moldeada incompleta ‖ ~ **ausgefüllte Form** (Gieß) / molde m no rellenado ‖ ~ **ausgerichtet** / no alineado ‖ ~ **ausreichend nutzen** / infrautilizar ‖ ~ **austauschbar** / no intercambiable ‖ ~ **beamteter Ingenieur** / ingeniero m privado ‖ ~ **bearbeitbar o. verformbar** / no trabajable, no mecanizable, no conformable ‖ ~ **bebaubar** (Bau) / no edificable ‖ ~ **berechenbar** / no calculable ‖ ~ **berechnet** (Fernm) / no tasable, no tasado, exento de tasa ‖ ~ **berechnet** (Kosten) / no facturado, no puesto en cuenta ‖ ~ **berührend**, kontaktlos / sin contacto ‖ ~ **betriebsfähig**, funktionsunfähig / no en condiciones de funcionamiento ‖ ~ **betriebsfähiger Zustand** / estado m fuera de funcionamiento ‖ ~ **blendend**, blendfrei / sin deslumbramiento, antideslumbrante ‖ ~ **brennbar** / incombustible, no inflamable, ignífugo ‖ ~ **da!** / i no hay ! ‖ ~ **dezimal** / no decimal ‖ ~ **drahtgewickelt** (Widerstand) / no bobinado ‖ ~ **durchgehend** / no continuo, discontinuo ‖ ~ **eben** / no plano, no llano ‖ ~ **eindeutig**, unbestimmt (Math) / indeterminado ‖ ~ **eingespanntes Stabende** (Stahlbau) / extremo no empotrado ‖ ~ **einlaufend oder eingehend** (Tex) / sin encogimiento, inencogible ‖ ~ **empfohlen** / se desaconseja, no se aconseja ‖ ~ **entartet** (Gas) / no degenerado ‖ ~ **entflammbar** / ininflamable, no inflamable ‖ ~ **entflammbar** (Plast) / retardante a las llamas, pirorretardante ‖ ~ **entschwefelt** (Hütt) / no desulfurado ‖ ~ **entstört** / sin antiparasitaje ‖ ~ **entzundert** (Hütt) / no descascarillado, negro ‖ ~ **erlaubt** (Phys) / prohibido ‖ ~ **erreichen**, unterschreiten / no alcanzar el límite, quedar debajo del límite, no rebasar el límite ‖ ~ **explodierend** / no explosivo ‖ ~ **festgeschrieben** (DV) / disponible ‖ ~ **fleckend** / sin manchar[se] ‖ ~ **formhaltig** / deformado ‖ ~ **fortschreitend** (Bruch) / no propagado ‖ ~ **funkenbildend** / sin soltar chispas ‖ ~ **ganz geostationär** (Raumf) / casi geo[e]stacionario ‖

nicht

~ **ganz rein** (Met) / de calidad comercial ‖ ~ **gebunden** (allg, Chem Verf, Phys) / no ligado, libre ‖ ~ **geerdet** (Elektr) / aislado de la tierra, no puesto a tierra, no conectado a tierra ‖ ~ **gefedert** / sin muelle, sin resorte, no suspendido ‖ ~ **gemessen** / sin medir ‖ ~ **geregelt** / no regulado, sin regulación ‖ ~ **geschlossener Ausdruck** (Math) / enunciado *m* abierto ‖ ~ **gewittergefährdet** (Elektr) / no expuesto a rayos ‖ ~ **gezündete Stufe** (Rakete) / etapa *f* inerta ‖ ~ **gleichzeitig zulässig** (Bahn, Strecke) / incompatible ‖ ~ **gut [ein]passen** / estar mal ajustado ‖ ~ **haken!**, nicht mit Haken anfassen! / i no utilizar ganchos ! ‖ ~ **indiziert** (DV) / sin índice ‖ ~ **instandgesetzt** / no reparado ‖ ~ **kanten!** / i no volcar ! ‖ ~ **klassifiziert**, nicht geheim (Mil) / sin clasificación de secreto ‖ ~ **kombinierbar** / no combinable ‖ ~ **kompatibel** / no compatible ‖ ~ **kornorientiert** (Hütt) / de grano no orientado ‖ ~ **leitend**, dielektrisch / dieléctrico ‖ ~ **leitend**, isolierend (Elektr) / no conductor ‖ ~ **leitendes Material** / material *m* aislante ‖ ~ **löschbar**, permanent (DV) / no borrable, de contenido no volátil ‖ ~ **löslich** (Chem) / no soluble ‖ ~ **markiert** (DV) / sin etiqueta, sin rótulo, no rotulado ‖ ~ **maßhaltig** / fuera de medida ‖ ~ **maßhaltig geschnitten** / cortado fuera de medida ‖ ~ **maßstäblich** / no conforme a la escala, fuera de escala ‖ ~ **mehr im Gleichlauf** (Elektr) / de[s]fasado ‖ ~ **mehr rauchen** (Luftf) / idejen de fumar! ‖ ~ **mehr synchron** (Elektr) / desincronizado ‖ ~ **misch- o. mengbar** / inmiscible ‖ ~ **moiriert** (Web) / no muarado ‖ ~ **nach Spezifikation** / no conforme a la especificación ‖ ~ **nachgewiesen in Tabellen** / no determinado en tablas ‖ ~ **nachgewiesenes Material** (Nukl) / material *m* no contabilizado, diferencia *f* de inventario ‖ ~ **nachprüfbar od. beweisbar** / incomprobable ‖ ~ **netzbetrieben** (Elektr) / fuera de la red, autónomo ‖ ~ **normalisiert** (DV) / no normalizado ‖ ~ **normgerecht** / no según norma, no conforme a la norma ‖ ~ **notwendiges Element** / no esencial ‖ ~ **organisiert** (Arbeiter) (F.Org) / no afiliado [a un sindicato] (obrero) ‖ ~ **patentfähig** / no patentable ‖ ~ **perforiert**, ohne Perforationen (Film) / sin perforaciones ‖ ~ **permanent** (DV, Speicher) / volátil ‖ ~ **programmierter Sprung**, Trap (DV) / salto *m* no programado ‖ ~ **qualifiziert** (DV) / no calificado, incalificado ‖ ~ **quantisiert**, klassisch (Phys) / no cuantificado ‖ ~ **radioaktiv** / inactivo ‖ ~ **rapporthaltig** (Tex) / fuera de registro o de puntada ‖ ~ **rechtwinklig**, schief, schiefwink[e]lig / oblicuángulo ‖ ~ **reparierbar**, irreparabel / no reparable, irreparable ‖ ~ **rezeptpflichtige Arzneimittel** *n pl* / medicamentos *m pl* de venta sin receta ‖ ~ **rostend** / inoxidable, anticorrosivo ‖ ~ **rostender Chromstahl** / acero *m* al cromo inoxidable ‖ ~ **schienengebunden** (Bahn) / no guiado por rieles, sin rodar sobre carriles ‖ ~ **schiffbar** / innavegable ‖ ~ **schlagwettersicher** (Bergb) / amenazado por grisú ‖ ~ **schlussgeglüht** (Hütt) / semiacabado, sin recocido final ‖ ~ **selbsthaltend** (Relais) / no autoenclavador ‖ ~ **selbstleuchtend** / iluminado ‖ ~ **selbsttätig** / no automático ‖ ~ **söhlig** (Bergb) / fuera de nivel ‖ ~ **spationiert** (Druck) / no espaciado ‖ ~ **speichernd** / sin almacenar ‖ ~ **splitternd** / inastillable, sin astillas ‖ ~ **splitterndes Glas** / vidrio *m* inastillable o sin astillas, vidrio *m* de seguridad ‖ ~ **ständig verbindendes o. zeitweilig entlastetes Dichtprofil** / junta *f* no permanente ‖ ~ **Strom führend** (Elektr) / no conduciendo corriente, sin corriente, inactivo ‖ ~ **Strom führendes Metallteil** (Elektr) / pieza *f* de metal sin corriente ‖ ~ **stürzbar** / involcable ‖ ~ **stürzen!** / i no volcar !, i tapa arriba ! ‖ ~ **tauschbar** (Palette) / no cambiable ‖ ~ **thermostabilisiert** (Quarz) / no termoestabilizado ‖ ~ **trocknend**, nicht trockenbar / insecable ‖ ~ **überhöhtes Längenprofil** (Verm) / perfil *m* longitudinal sin aumento de las alturas ‖ ~ **überladen**, frei (Bau) / no recargado ‖ ~ **überziehbares Flugzeug** / avión no encabritable ‖ ~ **umkehrbar**, irreversibel / irreversible ‖ ~ **umkehrbar** (Palette) / no reversible ‖ ~ **unique verboten** (Nukl) / no unívocamente prohibido ‖ **sich** ~ **verbrauchend** / inconsumible, permanente ‖ ~ **verfilzend** (Tex) / no afieltrando, que no [se] afieltra ‖ ~ **verfügbar** / indisponible ‖ ~ **vergleichbar** / no comparable ‖ ~ **verhüttbar** (Bergb) / no tratable metalúrgicamente ‖ ~ **verlaufend** (Farbe) / estable, sin mezclarse ‖ ~ **verschmutzt o. verseucht**, sauber / sin polución, no contaminado ‖ ~ **verseifbar** / insaponificable ‖ ~ **verspinnbar** (Tex) / no hilable ‖ ~ **verstellbar** / no regulable, no ajustable ‖ ~ **verstellbarer Propeller** (Luftf) / hélice *f* no variable ‖ ~ **verwachsene Äste** *m pl* (Holz) / nudos *m pl* no unidos por crecimiento ‖ ~ **viererfähig** (Eltronik) / no combinable ‖ ~ **viererverseilt** (Fernm) / de conductores pareados, de pares ‖ ~ **wahrnehmbar** / imperceptible ‖ ~ **walkend** (Wolle) / no susceptible de ser [a]batanado o enfurtido ‖ ~ **wärmedurchlässig** / atérmano, termoaislante, impermeable al calor ‖ ~ **wiederherstellbar** / no recuperable, no reconstituible ‖ ~ **wiederverwendbares Raumfahrzeug** (Raumf) / vehículo *m* espacial no reutilizable ‖ ~ **zentrifugiert**, Füllmassen... (Zuck) / no centrifugado, de masa cocida ‖ ~ **zersetzbar** (Chem) / indescomponible ‖ ~ **zubereitet**, roh / crudo ‖ ~ **zugelassen**, fremd / exterior, externo ‖ ~ **zusammendrückbar** (Phys) / incompresible ‖ ~ **zusammengesetzt**, einfach (Stahlbau) / no compuesto, simple ‖ ~ **zusammenhängend** / discontinuo, incoherente ‖ ~ **zusammenpassend** (Masch) / que no encaja ‖ ~ **zusammenpassend**, inkompatibel / incompatible ‖ ~ **zyklisiert** (Chem) / no ciclizado ‖ **sich** ~ **berührend** / sin contacto ‖ ~ **einschalten !** / i No conectar ! ‖ ~ **stürzen!** / ¡No volcar! ‖ ~**-abelsch** (Math) / no-abeliano

Nicht•-Addieren *n*, NA (DV) / no-adición *f* ‖ ~**-addierend**, nichtaddierbar (Stat) / imposible de adicionar o sumar, sin adición ‖ ~**-addiitionstaste**, NA-Taste *f* / tecla *f* de no-adición ‖ ~**additive Multiplikation** (Math) / multiplicación *f* lógica ‖ ~**alphabetische Wörtersammlung** (DV) / tesoro *m*, tesauro *m* ‖ ~**amalgamierbares Golderz** (Bergb) / mineral *m* de oro no amalgamable ‖ ~**angetriebener Rollgang** / camino *m* de rodillos locos ‖ ~**armierter (o. unbewehrter) Beton** / hormigón *m* no armado ‖ ~**atmosphärische Störungen** *f pl* (Eltronik) / ruido *m* industrial, interferencias *f pl* artificiales o industriales ‖ ~**aufgehendes Verhältnis** (Masch, Übersetzung) / relación *f* inexacta ‖ ~**aushärtung** (Plast) / curado *m* incompleto ‖ ~**ausnutzung** *f*, -benutzung *f* / no-utilización *f* ‖ ~**ausnutzung**, geringe Ausnutzung (DV-Speicher) / baja utilización ‖ ~**ausübung** *f* (Patent) / no-explotación *f* ‖ ~**automatisch**, befohlen (DV) / no automático ‖ ~**automatische Speichervermittlung mit Lochstreifen** *f* (DV, Fernm) / centro *m* de conmutación manual por cinta cortada ‖ ~**ballig**, -bombiert / no bombeado

NICHT-Bauglied *n* (DV) / elemento *m* NO

Nicht•beachtung *f* (z.B. einer Bedingung) / inobservancia *f* ‖ ~**beachtung** / inobservancia *f* ‖ ~**beherrscht** / fuera de control, ingobernable ‖ ~**beherrschter Prozess** / proceso *m* fuera de control ‖ **Zeit** *f* **der** ~**betriebsfähigkeit** / tiempo *m* de inoperatividad ‖ ~**bewehrt** (Kabel) / no armado ‖ ~**bindig**, rollig (Straßb) / no cohesivo ‖ ~**-Bindung** *f* (Chem) / no-enlace *m* ‖ ~**brütend** (Nukl) / no reproductor ‖ ~**carbonathärte** *f*, Permanenthärte *f*, NKH (Wasser) / dureza *f* de no-carbonatos ‖ ~**daltonid** (Chem) / no daltonio ‖ ~**-dekadisches Zahlensystem** (Math) / sistema *m* no decimal ‖ ~**dialogfähiges Bildschirmtextsystem** / sistema *m*

videotex[to] radiodifundido || **~-dispersiv** (Öl) / no dispersante || **~-dispersives Infrarot-Absorptionsgerät** n, NDIRA (Abgas, Europa) / absorbedor m infrarrojo no dispersivo || **~drahtgewickelt** (Widerst.) (Elektr) / no bobinado (resistor) || **⁻drucken**, -schreiben n, NS (DV) / supresión f de imprimir || **~druckend** / no impresor, sin impresión || **~druckender Teil der Strichätzung** / parte f que rechaza la tinta || **⁻-Edelmetall** n / metal m no precioso || **⁻einhaltung** f (z.B. von Vorschriften) / inobservancia f || **⁻einsetzbarkeit** f (F.Org) / no-disponibilidad f || **⁻eisen...**, NE... / no férreo (E), no ferroso (LA) || **⁻eisen-Metall** n / metal m no férrico || **~entflammbar** / ininflamable || **⁻erze** n pl, Steine u. Erden pl / minerales m pl no metálicos || **~-euklidisch** (Geom) / no euclidiano || **⁻fachmann** m, Laie m / profano m, lego m, no entendido, no-iniciado m || **⁻fachmann** (Ggs. Spezialist) / no-especialista m || **~fahrplanmäßig**, zusätzlich (Bahn) / de aumento || **~fahrplanmäßig**, verspätet / no a la hora, llevar retraso, retrasado || **~faulend** / imputrescible || **~fest** (Chem) / fluido || **~feststellbare Verschmutzungsquelle** / fuente f de contaminación no localizable || **~fluchtend** (Bau) / desalineado || **~flüchtig** (Chem) / no volátil || **~flüchtige Bestandteile** m pl / materia f no volátil || **~flüchtiges (animalisches o. vegetabil[isch]es) Öl** (Ggs: ätherisches Öl) / aceite m fijo || **~formhaltend** / deformable || **~fündig** (Öl) / sin éxito || **⁻funktionierend**, Versagen n / mal funcionamiento, fallo m || **~-funktionsbeteiligt** / no funcional || **~gasförmig** / no gaseoso || **~gebundenes Wasser** / agua f no ligada || **~gewebt** / no tejido
NICHT-Glied n, Negation f (DV) / elemento m NO, compuerta f NO
nicht•hämmerbar (Schm) / no maleable || **~härtend**, weichbleibend / no endurecible || **~harzend** (z.B. Öl) / no resinificante (o.ej. aceite) ||
⁻-Identitäts-Operation f / operación f no-identidad
Nichtig•erklärung f (Patent) / declaración f de nulidad, anulación f || **⁻keit** f (Patent) / nulidad f
nicht•ionisierend, schaumfrei (Detergentien) / no ionizante || **~ionisiert** (Eltronik) / no ionizado || **in Lösung ~ionisiert** (Chem) / monístico || **~ionogen** (Chem) / noniónico, no ionógeno || **~isotop** (Nukl) / no isotópico || **~kenternd** (Schiff) / inzozobrable || **~klebend** (Kontakt) / no adherente || **~koaxial** (Eltronik) / no coaxial || **~kohärent** / no coherente, incoherente || **⁻koinzidenz** f (Impulse) / nocoincidencia f || **~kompensierender Fehler**, unsymmetrischer Fehler / error m no centrado || **~kompensierter Leistungsfaktor** / factor m de potencia no compensado || **~korrosives Öl**, süßes Öl / crudo m dulce || **~lamellierter Pol** (Elektr) / polo m macizo || **~leiter**, Isolator m (Elektr) / aislador m || **⁻leiterbild** n (IC) / red f no conductora, diseño m no conductor || **~-letale Waffen**, NLW (Mil) / armas f pl no letales || **~leuchtend** / no luminoso || **⁻lieferung** f / falta f de entrega || **~linear** / no lineal, alineal || **~linear abhängig** / linealmente independiente || **~lineare Korrelation** (Math) / correlación f curvilínea o alineal || **~lineare Modulationsfrequenz-Verzerrung** (Eltronik) / distorsión f no lineal de la frecuencia de modulación || **~linearer Spannungsteiler** / potenciómetro m generador de funciones || **~lineare Verzerrung** (Akust) / distorsión f no lineal o de alinealidad || **~linearer Widerstand** / resistor m no lineal o alineal || **⁻linearität** f (Math) / alinealidad f, no-linealidad f, falta f de linealidad || **~logarithmisch** (Math) / no logarítmico || **⁻lokalität** f (Quantenphysik) / no-localidad f || **~lösbar**, unlöslich / fijo, no desalable || **~löschbar**, wiederverwendbar (DV) / imborrable || **~löschendes Lesen** (DV) / lectura f no destructiva ||

~lückender Betrieb (Elektr) / flujo m continuo de c.c. || **~luftatmendes Triebwerk** (Raumf) / propulsor m anaeróbico || **~magische Zahl** (Nukl) / número m no mágico || **~magnetisch** / amagnético, antimagnético, diamagnético, no magnético || **~magnetisierbar** / no imantable || **~magnetisierbarer Stahl** / acero m amagnético o no imantable || **~mechanischer Drucker** (DV) / impresora f no mecánica || **⁻metall** n, Metalloid n (veralteter Begriff) / no metal, metaloide m, cuerpo no metálico || **⁻-Metallerz** n / mineral m no metálico || **~metallisch** / no metálico || **~metallischer Einschluss** (Hütt) / inclusión f no metálica || **~metallischer Satz** (Druck) / composición f fría o en frío o sin plomo || **~metamer** (Chem, Phys) / no metámero, no metamérico, no isotópico || **~navigatorischer Ortungsfunkdienst** / servicio m de radiolocalización (no para la navegación) || **~negativ** (Math) / no negativo || **~netzend** (Chem) / no mojante, no humectante || **⁻netzer** m (Tex) / no mojante m || **⁻-Newtonsches Medium** (Phys) / medio m no newtoniano || **⁻-Normen...** / no normalizado, fuera de normas, no sujeto a normas || **⁻-Normenkabel** n / cable m fuera de normas || **~-normgemäßer Werkstoff** / material m no normalizado || **⁻-Normgröße** f (Pap) / formato m fuera de normas || **~nuklear** / no nuclear || **~numerisch** (DV) / no numérico || **⁻-Nyquist-Impulsformung** f (Eltronik) / formación f de impulsos no conforme a los criterios de Nyquist
NICHT-ODER (DV) / NI, NOR || **⁻-Glied** n (DV) / elemento m NI
nicht•öffentliche Straße / carretera f privada || **~öffentlicher beweglicher Landfunkdienst** / servicio m móvil terrestre no público || **~ohmsch** / no óhmico || **~oxidierbar**, -oxidierend (Chem) / inoxidable || **~periodisch** / no periódico, aperiódico || **~permanent** (DV) / volátil || **~plattiert** (Galv) / no chapeado, no placado || **~polar**, pollos / apolar, no polar, sin polos || **~polarisiert** / no polarizado, impolarizado || **⁻-Primzahl** f, zusammengesetzte o. zerlegbare Zahl (Math) / número m no primo, número m compuesto || **~programmierter Sprung** (DV) / derivación f forzada a otra rutina || **~rastend** (Taste) / sin enganchar || **~rastender Drucktaster** / botón m de acción momentánea || **~rauchende Schwefelsäure** / ácido m sulfúrico no fumante || **⁻raucherzone** f / área f de no fumar || **~rechnen** n (DV) / no adición f || **~relativistisch** (Phys) / no relativístico || **~resident** (DV) / transicional || **~rezykliert** (Nukl) / no reciclado || **~rollend** (Pap) / no rizable, que no abarquilla || **~rutschend** (Tex) / antideslizante, antideslizable || **nichts sagendes Ergebnis** / resultado m fútil || **~** n, Null f / nada f, cero m || **~** (Ggs.: Null) (DV) / blanco m ||**~**, wertlose Sache / nada f
nichtschaltbar (Kupplung) / fijo
NICHT-Schaltung f, NICHT-Glied n, Inverter, Negator m / circuito m NO
Nicht•schiffbarkeit f (Wasserweg) / innavegabilidad f || **⁻schreiben**, NS (Buchungsmaschine) / sin impresión || **~schwenkbar** / no giratorio, no rotatorio, no orientable || **⁻-Serienteil** m n / pieza f fuera serie || **~singulär** (Math) / no singular || **~spanabhebend** / sin arranque de virutas, sin desprendimiento de virutas || **mit ~spannungsführender Vorderseite** (Elektr) / frente m muerto, frente m con los elementos activos en el lado de atrás || **~speichernd** (TV) / no remanente || **~spurgebunden** (Fahrzeug) / independiente de [su]pista o carril || **~stabiler Zustand** (Chem, Phys) / estado inestable || **~stapelbarer Gitterbehälter** / depósito m con pared de rejilla no apilable
Nichttaste f (DV) / tecla m de espacio blanco
nicht•stationär (Kreiskonstanten) / repartido, distribuido || **~stationär** (Raumf) / no estacional || **~stationär** (Strömung) / no estacionario || **~stationäre**

919

Leitungskonstante (Elektr) / constante *f* distribuida ‖ ~**staubender Farbstoff** / colorante *m* sin polvo ‖ ~**stöchiometrische o. nichtdaltonide Verbindung** (Chem) / compuesto *m* no daltonio ‖ ~**strahlend** / irradiativo, no radiativo, no radiante, sin radiar ‖ ~**synchrone Antworten** *f pl* (DV) / respuestas *f pl* no deseadas, falsas *f pl* respuestas ‖ ~**synchronisiertes Getriebe** (Kfz) / caja *f* no sincronizada, cambio *m* [de velocidades] no sincronizado ‖ ~**tragend** / no portante ‖ ~̰-**Trinkwasser**, Betriebswasser *n* / agua *f* no potable [para usos industriales etc.] ‖ ~**trocknend** (Öl) / no secativo, no secante ‖ ~**übertragende Flanke**, rückwärtige Flanke (Getriebe) / flanco *m* trasero de diente, flanco *m* inactivo ‖ ~**umgesetzt** (Chem) / no transformado ‖ ~**umgesetzt**, nicht reagierend (Chem) / no reactivo ‖ ~**umhüllt** (Elektrode) / desnudo ‖ ~**umkehrbar** / irreversible ‖ ~**umkehrbarer Wandler** (Schwingungen) / transductor *m* unilateral ‖ ~**umlaufend** / no rotativo
NICHT-UND (DV) / NY, inversa *f* de Y ‖ ~̰-**Schaltung**, NAND-Schaltung *f*, NICHT-UND-Glied *n* (DV) / circuito *m* NY
Nicht~**verbund...** (Elektr) / no compound ‖ ~̰**verbund...**, Differential... (Elektr) / compuesto sustractivo, anticompound *adj* ‖ ~**verdrilltes Paar** (Fernm) / par *m* paralelo ‖ ~**verfärbend** / no descolorante ‖ ~̰**verfügbarkeit** *f* / indisponibilidad *f* ‖ **Zeit der** ~̰**verfügbarkeit** / tiempo *m* de indisponibilidad ‖ ~̰-**Verfügbarkeitsbit** *n* (DV) / bit *m* de indisponibilidad ‖ ~̰**verkleben** *n* / condición *f* o propiedad no aglutinante ‖ ~**vernetzt** (Chem) / no reticulado ‖ ~**verriegelt** (Bahn) / no enclavado ‖ ~**verseifbare** *n* (Chem) / materia *f* insaponificable ‖ ~**verzehrbare Elektrode** / electrodo *m* no consumible ‖ ~**viskos** / no viscoso ‖ ~**vorgespanntes Glas**, ungehärtetes Glas / vidrio *m* no templado ‖ ~**vorhandensein** *n* / ausencia *f*, inexistencia *f* ‖ ~**wässerig** / no acuoso ‖ ~**wassermischbar** (Öl) / mezclable con agua, no miscible con agua ‖ ~̰-**Wiederholung** *f* / supresión *f* de la repetición ‖ ~**wirbelnd** (Strangguss) / sin remolinos ‖ ~̰**zählen** *n* (Fernm) / supresión *f* de la contabilización
NICHT-Zeichen *n* (DV) / símbolo *m* NO
nicht~**zementiert** / no cementado ‖ ~**zerlegbare Kerze** (Kfz) / bujía *f* no separable ‖ ~**zerstörend**, nichtlöschend (DV) / no destructivo ‖ ~̰**zucker[stoff]** *m* (Chem) / no-azúcar *m* ‖ ~**zulässig** (Math) / prohibido ‖ ~**zündender Steuerstrom** (Thyristor) / corriente *f* de no disparo ‖ ~**zusammendrückbar** / no compresible
Nick *m*, Nicken *n* (Luftf) / cabeceo *m*, cabezada *f*, arfada *f* ‖ ~̰*f* (Wz) / muescado *m* ‖ ~̰**achse** *f* (Luftf) / eje *m* de cabeceo ‖ ~̰**dämpfer** *f* / amortiguador *m* de cabeceo ‖ ~̰**düse** *f* (Raumf) / tobera *f* de mando de cabeceo ‖ ~̰**ebene** *f* (Raumf) / plano *m* de cabeceo
Nickel *n*, Ni / níquel *m*, Ni ‖ ~̰**(II)-...** / niqueloso, níquel(II)-... ‖ ~̰**(III)-...** / niquélico, níquel(III)-... ‖ ~̰ **in Halbzeug** / semiproductos *m pl* de níquel ‖ ~̰-**Acetylacetonat** *n* / acetilacetonato *m* de níquel ‖ ~̰**ammon[ium]sulfat** *n* / sulfato *m* de níquel y de amonio ‖ ~̰**anode** *f* / ánodo *m* de níquel ‖ ~̰**at** *n* / niquelato *m* ‖ ~̰**bad** *n* (Galv) / baño *m* de niquelado ‖ ~̰**beize** *f* / decapante *m* de níquel ‖ ~̰**blech** *n* / chapa *f* de níquel ‖ **grüne** ~̰**blüte**, Annabergit *m* (Min) / arseniato *m* de níquel, annabergita *f* ‖ ~̰**bronze** *f* (Hütt) / bronce *m* al níquel ‖ ~̰-**Cadmium-Stahlakkumulator** *m* / acumulador *m* de níquel cadmio ‖ ~̰**carbonat** *n* / carbonato *m* de níquel ‖ ~̰**carbonyl** *n*, Carbonylnickel *n* / carbonilo *m* o tetracarbonilo de níquel ‖ ~̰**chlorid** *n* / cloruro *m* de níquel ‖ ~̰**chromstahl** *n*, Chromnickelstahl *m* / acero *m* al cromo-níquel ‖ ~̰**dimethylglyoxim** *n*, -diacetylglyoxim *n* / dimetilglioxina *f* de níquel ‖ ~̰-**Dip** *n* (Nickelbeize) / decapante *m* de níquel ‖ ~̰**eisen** *n*, Ferronickel *n* / ferroníquel *m*, hierro *m*

níquel (LA) ‖ ~̰-**Eisen-Batterie** *f*, -akkumulator *m* / acumulador *m* Edison o NiFe ‖ ~̰**eisenmeteorit** *m*, Holosiderit *m* / holosiderita *f* ‖ ~̰**erz** *n* / mineral *m* de níquel ‖ ~̰**galvano** *n* (Druck) / galvano *m* niquelado, electrotipia *f* niquelada ‖ ~̰**glanz** *m* (Min) / gersdorfita *f* ‖ ~**haltig** / niquelífero
Nickelin *m* (Min) / niquelina *f*, arseniuro *m* nativo de níquel ‖ ~̰ *n* (Elektr) / niquelina *f* (una aleación)
Nickel•**kies** *m* (Min) / pirita *f* de níquel, millerita *f* ‖ ~̰-**Knetlegierung** *f* **mit Chrom**, [mit Kupfer] (Hütt) / aleación *f* de níquel forjado con cromo, [cobre] ‖ ~̰**körner** *n pl* [nach dem Mondverfahren] / granos *m pl* de níquel ‖ ~̰-**Kupfer-Zinklegierung, z. n B. Neusilber, Alpakka, Argentan** / aleación *f* cobre-níquel-zinc ‖ ~̰**legierter Einsatzstahl** / acero *m* al níquel cementado ‖ ~̰**magnetkies** *m* (Elektr) / magnetopirita *f* al níquel ‖ ~̰**matte** *n* (nicht raffiniertes Erz) / mata *f* de níquel ‖ ~̰-**Metall-Hydrid** *n* (Akku) (Chem, Elektr) / NIMH (= níquel metal hidruro) ‖ ~̰**nitrat** *n* / nitrato *m* de níquel ‖ ~̰**ocker** *m* s. Nickelblüte ‖ ~̰**(II)-Oxid**, Nickelmonoxid *n* / níquel(II)-óxido *m*, monóxido *m* de níquel, óxido niqueloso ‖ ~̰**(III)-Oxid**, Dinickeltrioxid *n* / níquel(III)-óxido *m*, diníqueltrióxido *m*, óxido niquélico ‖ ~̰**plattiert** / plaqueado de níquel ‖ ~**plattiertes Stahlblech** / chapa *f* de acero plaqueada de níquel ‖ ~̰**pyrit** *m* (Min) / nicopirita *f* ‖ ~̰**reicher Stein** (Hütt) / mata *f* de níquel de ley alta ‖ **einfache o. doppelte** ~̰**salze** (Chem) / sales *f pl* de níquel ‖ **zweifache, [dreifache]** ~̰**schicht** (Galv) / capa *f* doble, [triple] de níquel ‖ ~̰**schwamm** *m* / níquel *m* esponjoso ‖ ~̰**stahl** *n* / acero *m* al níquel ‖ ~̰**sulfamat** *n* / sulfamato *m* de níquel ‖ ~̰**sulfat** *n* / sulfato *m* de níquel ‖ **kristallisiertes** ~̰**sulfat** / sulfato *m* de níquel cristalizado ‖ ~̰**(II)-sulfid** *n* / níquel(II)-sulfuro *m*, sulfuro *m* niqueloso ‖ ~̰-**Zink-Akkumulator** *m* / acumulador *m* de níquel-zinc
Nicken *n*, Tauchen *n*, Galoppbewegung *f* (Schweiz) (Bahn) / movimiento *m* de galope, galope *m* ‖ ~̰, Nickbewegung *f* (Luftf) / cabeceo *m*, cabezada *f*, arfada *f*
Nick•**geschwindigkeit** *f* (Luftf) / velocidad *f* de cabeceo ‖ ~̰**kontrolldüse** *f* (Raumf) / tobera *f* de mando de cabeceo ‖ ~̰**lage** *f* (Raumf) / posición *f* de cabeceo ‖ ~̰**lagesteuerung** *f* (Luftf) / regulación *f* de cabeceo ‖ ~̰**messkreisel** *n* / girómetro *m* de cabeceo ‖ ~̰**schwingung** *f* / oscilación *f* longitudinal o de cabeceo ‖ ~̰**winkel** *n* / ángulo *m* de inclinación longitudinal, ángulo *m* de cabeceo
Nicol[sches Prisma] *n* (Opt) / prisma *m* de Nicol, nicol *m*
Nicrosilal *n* (warmfestes Gusseisen mit 18% Ni u. 5% Si.) (Hütt) / Nicrosilal *m*
nieder *adj* / bajo *adj* ‖ ~ *adv* / abajo *adv* ‖ ~... s. auch niedrig... ‖ ~**e Computersprache** (z.B. Maschinensprache) (DV) / lenguaje *f* de nivel bajo ‖ ~**e Garnnummer** (Spinn) / número *m* bajo o grueso de hilo
nieder•**blasen** *vt* (Hütt) / disminuir viento ‖ ~̰**bordschiff** *n* / buque *m* de construcción plana ‖ ~̰**bordwagen**, R-Wagen *m* (Bahn) / vagón *m* de bordes bajos, vagón *m* plataforma ‖ ~**brennen** *vt* / reducir a cenizas ‖ ~**bringen** *vt* (Bergb) / profundizar ‖ **einen Schacht** ~**bringen** (Bergb) / ahondar o profundizar o perforar un pozo ‖ **ein Bohrloch** ~**bringen** (Bergb) / perforar un barreno
Niederdruck *m*, niedriger Druck (Masch) / baja presión, BP ‖ ~..., ND... / a o de baja presión ‖ ~..., niedrigverdichtend, -verdichtet / de baja compresión ‖ ~̰**dampfheizung** *f* / calefación *f* a vapor de baja presión
niederdrücken *vt* / empujar hacia abajo ‖ ~, eindrücken / forzar

Niederdruck•entwickler *m* (Schw) / gasógeno *m* de baja presión ‖ ⁓**gasbrenner** *m* / mechero *m* de gas de baja presión ‖ ⁓**gebiet** *n* (Meteo) / zona *f* de depresión barométrica, zona *f* o área de baja presión ‖ ⁓**guss** *m* / fundición *f* a baja presión ‖ ⁓**harz** *n* (Plast) / resina *f* de contacto, resina *f* para moldeo a baja presión ‖ ⁓**heizung** *f* / calefacción *f* de baja presión ‖ ⁓**-Laminat** *n* (Plast) / laminado *m* prensado a baja presión ‖ ⁓**-Ölbrenner** *m* / pulverizador *m* de fuel-oil a baja presión ‖ ⁓**-Ölkabel** *n* / cable *m* llenado de aceite a baja presión ‖ ⁓**ölschmierung** *f* / sistema *m* de lubricación a baja presión ‖ ⁓**plasma** *n* / plasma *m* de baja presión ‖ ⁓**polyethylen** *n*, Hartpolyethylen *n*, HD-PE / polietileno *m* de baja presión ‖ ⁓**pressverfahren** *n* (Plast) / moldeo *m* a baja presión ‖ ⁓**pumpe** *f* / bomba *f* de baja presión ‖ ⁓**reifen** *m* (Kfz) / neumático *m* de baja presión ‖ ⁓**seitig** / al lado de baja presión ‖ ⁓**stufe** *f* / etapa *f* baja presión ‖ ⁓**teil** *m n* (Turbine) / parte *f* baja presión

nieder•energetisches Teilchen (Phys) / partícula *f* de baja energía ‖ ⁓**fester Stahl** (Hütt) / acero *f* de baja resistencia ‖ ⁓**flurbus** *m* (Kfz) / autobús *m* de piso bajo ‖ ⁓**flurelektrokarren** *m*, -flurelektrowagen *m* (Straßenfahrzeug) / carretilla *f* eléctrica de plataforma baja ‖ ⁓**[flur]hubwagen** *m* / carretilla *f* elevadora para paletas ‖ ⁓**flurpritschenanhänger** *m* / semirremolque *m* de plataforma baja ‖ ⁓**[flur]rahmen** *m* (Kfz) / bastidor *m* bajo ‖ ⁓**flurwagen** *m*, -plattformwagen *m* (Bahn) / vagón *m* de plataforma baja ‖ ⁓**fluss**... (Nukl) / de bajo flujo neutrónico ‖ ⁓**flussreaktor** *m* / reactor *m* de bajo flujo neutrónico ‖ ⁓**frequent** (Eltronik) / de baja frecuencia

Niederfrequenz *f* (25 - 60 Hz) (allg) / baja frecuencia, B.F. *f* ⁓ (etwa 30 bis 20000 Hz), NF *f* (Akust) / audiofrecuencia *f* ‖ ⁓**endstufe** *f* (TV) / etapa *f* final (o de salida) de audiofrecuencia ‖ ⁓**-Fernsprechen** *n*, NF-F / telefonía *f* de audiofrecuencia ‖ ⁓**generator** *m* (Akust) / oscilador *m* de baja frecuencia ‖ ⁓**kette** *f* (Eltronik) / filtro *m* de paso bajo ‖ ⁓**kristall** *m* (unter 500 kHz) / cristal *m* de corte DT ‖ ⁓**ofen** *m* (Hütt) / horno *m* de baja frecuencia ‖ ⁓**rauschen** *n* (Eltronik) / ruido *m* a baja frecuencia ‖ ⁓**siebkette** *f* (Eltronik) / filtro *m* pasabajos o de paso bajo ‖ ⁓**stufe**, NF-Stufe *f* (Eltronik) / etapa *f* baja frecuencia ‖ ⁓**trafo** *f* *m*, -übertrager *m* (TV) / transformador *m* de audiofrecuencia ‖ ⁓**verstärker** *m* (Akust) / amplificador *m* de audiofrecuencia ‖ ⁓**verstärker** (Eltronik) / amplificador *m* de baja frecuencia ‖ ⁓**vorstufe** *f* (TV) / preamplificador *m* de baja frecuencia

Nieder•führung *f* (Elektr) / bajada *f*, conductor *m* de bajada ‖ ⁓**gang** *m*, Kajütstreppe *f* (Schiff) / descenso *m* ‖ ⁓**gang** (des Kolbens) (Mot) / carrera *f* descendente ‖ ⁓**gang** (Bau) / escalera *f* de descenso ‖ ⁓**gedrückt** / deprimido ‖ ⁓**gehen** *vi* (Bergb) / caerse ‖ ⁓**gehen**, landen / aterrizar ‖ ⁓**gehen**, wassern / amarar ‖ **plötzliches** ⁓**gehen des Hangenden** (Bergb) / rotura *f* de techo, hundimiento *m* del techo ‖ **stufenweises** ⁓**gehen des Hangenden** (Bergb) / hundimiento *m* paulatino del techo ‖ ⁓**geschlagen** (Chem) / precipitado ‖ ⁓**geschlagen werden** (Chem) / precipitarse ‖ ⁓**haltemutter** *f* / tuerca *f* sujetadora ‖ ⁓**halten** *n* / supresión *f* ‖ ⁓**halter** *m* (Stanz) / sujetador *m*, pisador *m* ‖ ⁓**haltevorrichtung** *f* (Wzm) / prensachapas *m* ‖ ⁓**holz** *n* (Forstw) / monte *m* bajo ‖ ⁓**lage** *f*, Filiale *f* / sucursal *m* ‖ ⁓**lassen** *vt*, [ab]senken / hacer descender, bajar ‖ ⁓**lastzeit** *f* (Elektr) / horas *f pl* de tarifa nocturna, horas *f pl* de consumo mínimo ‖ ⁓**legiert**, niedriglegiert / de baja aleación, de aleación pobre ‖ ⁓**leistungs**..., schwachmotorig / de poca o baja o pequeña potencia ‖ ⁓**leistungsstück** *n* (Hohlleiter) / guiaondes *f* ‖ ⁓**mo[leku]lar** (Chem) / de bajo peso molecular ‖ ⁓**ohmig** (Gleichstrom) / de bajo

ohmiaje ‖ ⁓**ohmig** (Eltronik, Wechselstr) / de baja impedancia ‖ ⁓**pegel**... (Fernm) / de bajo nivel ‖ ⁓**plattformwagen** *m* (Bahn) / vagón *m* de plataforma baja ‖ ⁓**querschnittsreifen** (Kfz) / neumático *m* de sección baja ‖ ⁓**rahmen** *m* (Kfz) / bastidor *m* bajo ‖ ⁓**rahmenfahrgestell** *n* (Kfz) / chasis *m* [con ruedas] bajo ‖ ⁓**rahmenomnibus** *m* / autobús *m* de bastidor bajo ‖ ⁓**reißen** (Bau) / derribar, demoler ‖ ⁓**reißen** *n*, Abbruch *m* / demolición *f* ‖ ⁓**rollen** *vt*, anrollen (Gummi) / pasar con la ruleta, ruletar ‖ ⁓**schachtofen** *m* / horno *m* de cuba baja

Niederschlag *m*, Bodensatz *m* (Chem) / precipitado *m*, sedimento *m* ‖ ⁓, Auflage *f* (Galv) / precipitado *m* electrolítico ‖ ⁓ (vom Dekantieren) / poso *m* ‖ ⁓ **vom Ablaufwasser** (Zuck) / floculado *m* ‖ **erster dünner** ⁓ (Galv) / depósito *m* primario ‖ **Niederschläge** (Meteor) / precipitaciones *f pl* ‖ ⁓**bar** (Chem) / precipitable ‖ ⁓**elektrode** *f* / electrodo *m* colector

niederschlagen *vt*, kondensieren (Dampf, Gas) / condensar ‖ ⁓, absetzen / precipitar, depositar ‖ ⁓ (Staub) / depositar ‖ [**Rauch**] ⁓ (Hütt) / suprimir humo ‖ **Schaum** ⁓ (Aufb) / suprimir espuma ‖ **sich** ⁓ (Meteo) / precipitarse, condensarse ‖ **sich** ⁓ (Chem) / depositarse

Niederschlagkupfer, Zementkupfer *n* / cobre *m* de cementación

Niederschlags•arbeit *f* (Bergb) / método *m* de precipitación ‖ ⁓**-Auffanggerät** *n* (Meteo) / pluviómetro *m* ‖ ⁓**bereich** (Galv) / área *f* de deposición ‖ ⁓**echo**, Regenecho *n* (Radar) / ecos *m pl* debidos a la precipitación atmosférica ‖ ⁓**frei** / sin (o exento de) precipitaciones ‖ ⁓**gebiet** *n* / zona *f* de precipitación ‖ ⁓**gebiet**, Einzugsgebiet *n* (Wassb) / cuenca *f* de captación ‖ ⁓**höhe**, -menge *f* / cantidad *f* o altura de precipitación ‖ ⁓**menge** *f* (Meteo) / pluviosidad *f* ‖ ⁓**menge** (Aufb, Chem) / cantidad *f* del depósito ‖ **durchschnittliche** ⁓**menge in %** (Meteo) / coeficiente *m* pluviométrico ‖ ⁓**messer** *m*, Regenmesser *m* / pluviómetro *m*, pluvímetro *m* ‖ ⁓**messgefäß** *n* / vaso *m* de vidrio para pluviómetro ‖ ⁓**mittel** *n*, Fällungsmittel (Chem) / precipitante *m*, agente *m* de precipitación ‖ ⁓**reich** (Klima) / rico en precipitación o en lluvia, con abundantes precipitaciones ‖ ⁓**schreiber** *m* (Meteo) / pluviógrafo *m*, pluvígrafo *m*, pluviómetro *m* registrador ‖ ⁓**wasser** *n*, Regenwasser *n* / agua *f* llovediza o pluvial o de lluvia

Nieder•schlagung, Bekämpfung *f* / represión *f*, lucha *f* ‖ ⁓**schmelzen** (Hütt) / fundir a fondo ‖ ⁓**schrift**, Aufzeichnung *f* / escrito *m* ‖ ⁓**sinken** / caer [lentamente] ‖ ⁓**sinken** *n* **der Gicht** (Hütt) / descenso *m* de la carga

Niederspannung *f* (lt VDE < 1000 V, allg < 250 V) / baja *f* tensión, BT

Niederspannungs•feld *n* / panel *m* [de] baja tensión ‖ ⁓**-Hochleistungssicherung** *f* / fusible *m* para baja tensión y alta potencia ‖ ⁓**kabel** *n* / cable *m* para baja tensión ‖ ⁓**leitung** *f* / línea *f* baja tensión ‖ ⁓**netz** *n* / red *f* de baja tensión ‖ ⁓**-Schaltgerät** *n*, Schaltanlage *f* (Elektr) / equipo *m* de distribución baja tensión ‖ ⁓**seite** (Elektr) / lado *m* baja tensión ‖ ⁓**seitig** / al lado de baja tensión ‖ ⁓**sicherung** *f* / cortacircuito *m* o fusible baja tensión ‖ ⁓**verdrahtung** *f* / cableado *m* de baja tensión ‖ ⁓**zündung** *f* (Kfz) / encendido *m* baja tensión

Nieder•stammplantage *f* (Landw) / plantación *f* [de árboles] de tronco corto o bajo ‖ ⁓**temperaturdestillation** *f* / semidestilación *f* ‖ ⁓**temperaturfraktionierung** *f* (Gas) / fraccionamiento *m* a temperatura baja ‖ ⁓**temperaturkessel** *m*, NT-Kessel *m* / caldera *f* de bajas temperaturas ‖ ⁓**temperaturplasma** *n* / plasma *m* de baja temperatura ‖ ⁓**tor** *n* **der Schleuse**, unteres Schleusentor (Hydr) / puerta *f* de aguas abajo ‖

921

niedertourig

~**tourig**, niedrigtourig / de bajo número de revoluciones, de baja velocidad
Niederung f (Geo) / tierra[s] baja[s] f [s], depresión f del terreno
Nieder•vakuum n / vacío m bajo || ⁓**vakuumröhre** f (Eltronik) / tubo m blando, tubo m gasificado con vacío imperfecto || ⁓**volt**..., Niederspannungs... / de baja tensión || ⁓**voltlampe** f / lámpara f de baja tensión || ⁓**wald** m, Unterholz n, Buschwald m (Forstw) / monte m bajo o talado || ⁓**wasser** n / aguas f pl bajas || ⁓**wasser**, niedrigster Wasserstand (Fluss) / estiaje m || ⁓**wasserrinne** f, -wasserkanal m (Hydr) / canal m de estiaje || ~**wertig** (Math) / de orden inferior || ~**wertige Stelle** / posición f de orden inferior
niedrig, nieder / bajo, inferior || ~, gering / pequeño, menudo || ~ (Beiwerte usw., Math) / inferior || ~... s. auch nieder... || ~ **angelassen** (Hütt) / revenido a baja temperatura || ~ **belastbar** / de baja capacidad de carga || ~**e Frequenzen** f pl / bajas f pl frecuencias || ~**e Mutter** (Masch) / tuerca f baja o plana || ~ **siedendes Benzin** / gasolina f de bajo punto de ebullición || ~**es Signal** (Bahn) / señal f baja o enana || ~**e Touren- (o. Dreh)zahl** / baja velocidad || ~**e Umlaufbahn** (Raumf) / órbita f baja || ~**e Vergrößerung** (Opt) / bajo aumento || ~**e Wertigkeit** / orden m inferior || **mit** ~**er Decke** (Bau) / de techo bajo
niedrig•aktiv, schwachaktiv (Nukl) / de poca actividad, débilmente activo || ~**angereichertes Uran** (Nukl) / LEU (= Low Enriched Uranium) || ⁓**energiehaus** n (Bau) / casa f de bajo consumo de energía || ⁓**enthalpielagerstätte** f (Geol) / yacimiento m de entalpia baja || ~**[gebaut]** (Bergb) / bajo || ~**gekohlt** (Hütt) / de baja carbonización || ~**gekohlt** (Hütt) / de bajo carbono || ~**legiert**, schwachlegiert / de aleación pobre, poco aleado || ~**paariges Kabel** / cable m de baja capacidad, cable m de pocos conductores || ~**prozentig** / de bajo porcentaje || ~**schmelzend** / de bajo punto de fusión || ~**siedend** / de bajo punto de ebullición || ~**siliziert** (Hütt) / de bajo contenido de silicio
niedrigst, kleinst / el, la, lo menor, mínimo || ~**er Leerlauf** / marcha f en vacío o en ralentí más lenta || ~**er o. billigster Tarif** / tarifa f mínima o más barata || ~**er Wert** / valor m mínimo
niedrigst•wertig / de orden más bajo || ~**wertiges Bit**, wertniedrigstes Bit (DV) / bit m de orden más bajo || ~**wertige Stelle** (DV) / cifra f de orden más bajo
Niedrig•temperaturzerfall m (Hütt) / descomposición f a baja temperatura || ~**tourig** s. niedertourig || ~**verdichtend**, -verdichtet, Niederdruck... / de baja compresión || ~**viskos** (Bahn) / de baja viscosidad || ⁓**wasser** n, niedrigster Wasserstand (Messgröße) / aguas f pl bajas || ⁓**wasser**... (Fluss) / estiaje m, caudal m más bajo || ⁓**wasserstand** m / línea f de nivel mínimo || ~**wertiges Bit**, wertniedriges Bit (DV) / bit m de orden inferior
niellieren vt (Goldschmied) / nielar
Niello n, Schwarzschmelz m / nielo m
Niere f, Erzniere f (Geol) / riñón m
Nieren•baumfrucht f, Anacardium-, Cashewnuss f (Bot) / nuez f de anacardo || ⁓**baumöl** n, Anacardium n occidentale (Pharm) / esencia f de anacardo || ⁓**bruch** m (Fehler) (Hütt) / mancha f oval || ⁓**bruch in Schienen** (Bahn) / fractura f arriñonada || ⁓**charakteristik** f (Eltronik) / característica f cardioide || ⁓**erz** n / mineral m en riñones || ~**förmig** / reniforme, arriñonado || ~**förmiger Drehkondensator** / condensador m de variación cuadrática, condensador m de variación proporcional a la longitud de onda || ⁓**kurve** f, Nephroide f (Geom) / nefroide f || ⁓**schale** f (Med) / cubeta f arriñonada
Niesholz, Pako n, Plaeroxyton obliquum (Bot) / paco m
Niet m n / remache m, roblón m, chirri m (CUB) || ⁓**abstand** m, -teilung f / distancia f entre remaches,

espaciado m o paso de remaches, distanciamiento m de remaches || ⁓**abstand bei Zickzacknietung** / espaciado m de remaches en zigzag || ⁓**abstand quer zum Kraftangriff** / espaciado m transversal de remaches || ⁓**anschluss** m (Stahlbau) / ensamblaje m remachado || ⁓**beanspruchung** f / esfuerzo m ejercido sobre el remache || ⁓**bolzen** m, vernieteter Bolzen / perno m remachado || ⁓**bolzenkette** f / cadena f de pasadores o pernos remachados || ⁓**döpper** m, Schelleisen n / buterola f || ⁓**druck** m / presión f de remachado
nieten, ver-, zusammennieten / remachar, roblonar, roblar (raro) || ⁓ n / remachado m, roblonado m || ⁓ **mit Presse** / remachado m por prensa
Niet[en]quetscher m / remachadora f de [com]presión
Nieten•stahl m / acero m para remaches || ⁓**wärmer** m / horno m calientarremaches || ⁓**zieher** m s. Nietzieher
Nieter m (Arbeiter) / remachador m, roblonador m
Niet•fehler m / remachado m defectuoso || ⁓**hammer** m / martillo m de remachar || ⁓**kloben** m, -kluppe f, -zwinge f / mordaza f para roblones || ⁓**kontakt** m / contacto m remachado || ⁓**kopf** m / cabeza f de remache o de roblón || ⁓**kopf**, Schließkopf m / cabeza f de cierre de un remache || **platter, trapezförmiger** ⁓**kopf** / remache m de cabeza plana ||
⁓**kopf-Anstauchmaschine** f, -Setzer m / recalcadora f de cabezas de remache || ⁓**kopfmacher** m / buterola f || ⁓**kopfschraube** f / perno m roscado con cabeza de remache || ⁓**länge f zwischen den Köpfen**, Klemmlänge f / longitud f de aprieto de remache || ⁓**loch** n / agujero m de remache || ⁓**lochreibahle** f / escariador m para agujeros de remache || ⁓**maschine** f / remachadora f, roblonadora f || ⁓**mutter** f / tuerca f a remachar || ⁓**naht** f / costura f de remaches || ⁓**presse** f / prensa f remachadora || ⁓**prüfung** f / ensayo m de remachado || ⁓**rechnungswert** m / valor m calculado de remache || ⁓**reihe** f / fila f o hilera de remaches || ⁓**schaft** m / fuste m o cuerpo de remache, caña f de remache (LA), vástago m del remache || ⁓**schweiße** f / soldadura f de empalme || ⁓**spitze** f (Spaltniet) / punta f del remache bifurcado || ⁓**stempel** m, Döpper m / buterola f, embutidor m de remaches || ⁓**stempel**, Gegenhalter m / contrabuterola f, sufridera f || ⁓**stift** m / perno m para remachar || ⁓**teilung** f / paso m del remachado
Nietung, Nietverbindung f / junta f remachada, unión f remachada o roblonada, roblonado m
Niet•wippe f / báscula f para remachar || ⁓**zange** f / tenazas f pl para remaches || ⁓**zieher** m / sacarremaches m
NIFE-Akkumulator m (Nickel-Eisen) (Elektr) / acumulador m nife o edison
Nifekern m (Geol) / zona f de nife
Nigellaöl n / aceite m de nigela
Nigrosin n (Färb) / nigrosina f
Nikethamid n (Pharm) / niketamida f
Nikotin n (Chem) / nicotina f || ⁓**säure** f, Niacin n / ácido m nicotínico || ⁓**säureamid** n, Niazinamid n (Chem) / nicotinamida f, factor m PP o antipelagroso, vitamina f PP, niacinamida f, amida f del ácido nicotínico || ⁓**vergiftung** f (Med) / nicotinismo m
Nile n (Reaktivitätsänderung um 10^{-2}) (Nukl) / nile m
Nilos-Ring m / anillo m nilos
nilpotent (Math) / nilpotente
NIL-Zeichen n (DV) / carácter m nulo
Nimbostratuswolke, Regenwolke f (Meteo) / nimbostrato m, nube f de lluvia
NiMH = Nickel-Metall-Hydrid (Akku)
Ninhydrin n (Chem) / ninhidrina f
Niobat n / niobato
Niobcarbid n / carburo m de niobio
Niobit m (Min) / niobita f
Niob[ium] n, Nb (Chem) / niobio m, NB (E), columbio m, Cb (LA)

Niobium... / nióbico
Niob• [ium]säure f / ácido m nióbico ‖ ~**nitrid** n / nituro m de niobio ‖ ~**zinn** n / estaño m de niobio
Nip m (Berührungslinie von Zylindern) (Masch) / línea f de contacto de dos cilindros ‖ ~, Pressspalt m (Pap) / nip m
Nipco-Technik f (Pap) / sistema m Nipco
Niperyt, Nitropenta n / pentrita f (un explosivo)
Nipkowscheibe f (TV) / disco m de Nipkow
Nippel m, Anschlussstück n (Masch) / boquilla f, entrerrosca f, racor m fileteado, niple m (LA) ‖ ~ (Kabelherst) / boquilla f ‖ ~ (für Rohre) / boquilla f roscada, tetón m roscado ‖ ~ m (Fahrradspeichen) / casquillo m roscado, tensor m de radios ‖ ~, Führungsnippel m / embudo-guía m ‖ ~ **mit Dichtkopfanschluss** / macho m cónico roscado de acoplamiento ‖ ~**gewindeschneidmaschine** f (Wzm) / roscadora f de boquillas (E) o de niples (LA) ‖ ~**halter** m (Wz) / chaveta f de boquilla roscada
Nippflut f, -tide f (Ozean) / marea f de aguas muertas, aguas f pl muertas, pequeña marea
Nirosta• geschirr n / vajilla f de acero Nirosta, vajilla f inoxidable ‖ ~**stahl** m, Nirostahl m / acero m inoxidable
Nische f / nicho m, hornacina f, burladero m ‖ ~, Alkoven m (Bau) / alcoba f
Nischen• blende f (Hydr) / rellenador m de aberturas ‖ ~**poller** m, Haltekreuz m (Schiff) / nicho m bolardo, cruz f de amarre ‖ ~**programm** n (DV) / aplicación f vertical
Nisonen n pl, Null-Nisonen n pl (Phys) / nisones m pl
Ni-Speed-Bad n (Galv) / baño m de niquelado rápido
Nisse f (Tex) / nudo m
nissig (Tex) / cargado de nudos
NiSt = Nickelstahl / acero m al níquel
Nit n, nt (= 10^{-4} sb = 1 cd m^{-2}) (veraltet) (Opt) / nit m, candela f por metro cuadrado ‖ ~ (= 1,44 Bit) (DV) / nit m (selección entre dos eventos equiprobables)
Nital n (alkoholische Salpetersäurelösung) (Chem) / nital m
NiTi-Legierung (Nickel, Titan) / aleación f NiTi
Niton, (jetzt:) Radon n (Chem) / nito m, nitón m, Nt, radón m
Nitragarn n (Spinn) / hilo m nitrado
Nitralloystahl m / acero m para nitruración
Nitramin n (Chem) / nitramina f (un explosivo)
Nitraphotlampe f (Foto) / lámpara f Nitraphot
Nitrat n (Salz der Salpetersäure), Salpetersaures Salz (Chem) / nitrato m ‖ ~... / nítrico ‖ **in ~ umwandeln** / nitratar ‖ **mit ~ düngen** (Landw) / nitratar ‖ **Umwandlung in ~** / nitratación f ‖ ~**Bakterien** n pl (Nitratbildner) (Biol) / bacterias f pl nítricas ‖ ~**dünger** m (Landw) / abono m nítrico ‖ ~**faser** f (Tex) / fibra f de nitrocelulosa ‖ ~**film** m (Foto) / película f de nitrato ‖ ~**Ion** n / ion m nitrato ‖ ~**seide** f, -kunstseide f, Nitro[zellulose]seide f / seda f de nitrocelulosa, seda f de colodión, nitroseda f, seda f nitrada ‖ ~**weißätze** f (Färb) / corrosión al f nitrato
Nitrid n / nituro m ‖ ~**bildner** m (Hütt) / formador m de nitruros ‖ ~**Feuerfesterzeugnis** n / material m refractario de nitruro ‖ ~**keramik** f (Wz) / cerámica f de nitruro
Nitrier• anlage f (Chem Verf) / instalación f de nitruración ‖ ~**apparat** m / aparato m de nitrurar ‖ ~**bar** / nitrurable ‖ ~**benzin** n / benceno m de calidad nitración
nitrieren vt (in Nitrat umwandeln) (Chem) / nitrificar ‖ ~, nitrierhärten (Stahlbehandlung) / nitrurar ‖ ~, aufsticken (mit Stickstoff behandeln) / nitrogenizar ‖ ~ (NO$_2$-Gruppe einführen) / nitrar ‖ ~ n s. Nitrierung
Nitrier• gemisch n, -mischung f / mezcla f para nitrurar ‖ ~**härtetiefe** f / profundidad f de nitruración ‖

~**härtung** f, -härten n (Hütt) / nituración f, templado m por nituración ‖ ~**krepp[stoff]** m (Pap) / crespón m nitrificado ‖ ~**masse** f (Tex) / pasta f de nitruración, agente m nitrurador ‖ ~**ofen** m / horno m de nituración ‖ ~**papier** n, -rohstoff m / papel m [bruto] para nitrar ‖ ~**qualität** f / calidad f nitruración ‖ ~**salz** n / sal f de nituración ‖ ~**säure** f, Mischsäure f / ácido m nítrico y sulfúrico, ácido m sulfonítrico ‖ ~**schicht** f / capa f nitrurada ‖ ~**stahl** m (Sorte) / acero m para nitrurar
nitrierter Stahl, Nitrierstahl m / acero m nitrurado
Nitrierung f, Nitrieren n (Einführung der NO$_2$-Gruppe) (Chem) / nitración f ‖ ~ (Stahl) / nitruración f
Nitrierzellstoff m / celulosa f de nitrar
Nitrifikanten pl, Nitrat-Bakterien pl (Biol) / bacterias f pl nítricas
Nitrifikation f (Bakterien) / nitrificación f ‖ **erste Stufe der ~** (durch Nitrosomas-Bakterien) / nitrificación f por nitrosomonas, nitroación f ‖ **zweite Stufe der ~** (durch Nitrobacter-Bakterien) / nitrificación f por nitrobacterias (del género "Nitrobacter"), nitración f
Nitrifikationsbakterien, nitrifizierende Bakterien f pl / bacterias f pl nitrificantes
nitrifizieren vt, in Nitrat o. Nitrit verwandeln (Biol) / nitrificar
nitrifizierend (Bakterien) / nitrificante
Nitrifizierung f **durch Bakterien** (Bot) / nitrificación f
Nitril n (Chem) / nitrilo m ‖ ~**gruppe** f (Cyanide der org. Chemie) / nitrilos m pl ‖ ~**kautschuk** m / caucho m nitrílico ‖ ~**latex** m / látex m [de] nitrilo ‖ ~**legierung** f / aleación f de nitrilo
Nitrilotriessigsäure f, NTA / ácido m nitrilotriacético
Nitrit, Salz n der salpetrigen Säure / nitrito m ‖ **Umwandlung in ~** / nitrosación f ‖ ~**bakterien** n pl (Nitritbildner) (Biol) / nitrobacterias f pl ‖ ~**salz** n / sal f de conservación, sal f de nitrito
Nitro• abkömmling m / nitroderivado m ‖ ~**alizarin** n / nitroalizarina f ‖ ~**alkan** n / nitroalcano m ‖ ~**anilin** n (Färb) / nitr[o]anilina f ‖ ~**baryt** m (Min) / nitrobarita f ‖ ~**benzoësäure** f (Chem) / ácido m nitrobenzoico ‖ ~**benzoësäureanhydrid** n, wasserfreie Nitrobenzoësäure / ácido m nitrobenzoico anhidro ‖ ~**benzol** n, Mirbanöl n / nitrobenceno m, nitrobenzol m, esencia f de Mirbana ‖ ~**carburieren** n / nitrocarburación f ‖ ~**cellulose** f, -zellstoff m, (besser): Cellulosenitrat / nitrocelulosa f, nitrato m de celulosa, nitroalgodón m, algodón m de colodión, piroxilina f, nitrocelulosa f, piroalgodón m ‖ ~**celluloselack** m s. Nitrolack ‖ ~**[cellulose]seide** f / seda f de nitrocelulosa ‖ ~**derivat** n / nitroderivado m ‖ ~**farbstoff** m / nitrocolorante m ‖ ~**gelatine** f / nitrogelatina f ‖ ~**gen** n, N, Stickstoff m / nitrógeno m ‖ ~**genase** f / nitrogenasa f ‖ ~**glykol** n / nitroglicol n ‖ ~**glyzerin**, -glycerin / nitroglicerina f ‖ ~**glyzerinsprengstoff** m / explosivo m de nitroglicerina ‖ ~**guanidin** f (Sprengstoff) / nitroguanidina f ‖ ~**harnstoff** m / nitrourea f, nitrocarbamida f ‖ ~**kalzit** m (Min) / nitrato m de potasio ‖ ~**körper** m / nitroderivado m ‖ ~**kupfer** m / nitrocobre m ‖ ~**lack** m / nitrolaca f, nitrobarniz m, laca f nitrocelulósica, nobabia f nitrocelulósica (LA) ‖ ~**lackieren** / pintura f de nitrolaca al duco ‖ ~**lampe** f / lámpara f de nitrógeno
Nitrolverbindung f / compuesto m nítrólico
Nitro• meter n (Chem) / nitrómetro m ‖ ~**methan** n / nitrometano m
Nitron n (Chem) / nitrón m
Nitronium-Perchlorat n (Raketenantrieb) / perclorato m de nitronio
Nitro• paraffin n / nitroparafina f ‖ ~**penta** n (Sprengstoff) / nitropenta f ‖ ~**phenid** n / nitrofenido m ‖ ~**phenol** n / nitrofenol m ‖ ~**phil** (Bot) / nitrófilo m ‖ ~**phosphat** n (Landw) / nitrofosfato m ‖ ~**propan** n / nitropropano m ‖ ~**prussid** n, -prussiat n /

nitroprusiato m ‖ ~**prussidkalium** n / nitroprusiato m potásico o de potasio ‖ ~**prussidnatrium** n / nitroprusiatio m sódico o de sodio
nitros, Stick... / nitroso, azot... ‖ **~e Gase** n pl / vapor m nitroso
Nitrosamin n / nitrosamina f
Nitro•schwefelsäure f / ácido m nitrosulfúrico ‖ ~**seide** f (Tex) / seda f de nitrocelulosa
nitrosieren vt / tratar con ácido nítrico
Nitrosierung f (Einführung der NO-Gruppe) / nitrosación f
Nitroso•benzol n / nitrosobenceno m ‖ ~**farbstoff** m / colorante m nitroso ‖ ~**kautschuk** m / caucho m nitroso
Nitrosomas-Bakterien pl (oxidieren Ammoniak zu Nitrit) (Biol) / bacterias f pl nitrosomas
Nitrosoverbindung f / compuesto m nitroso
Nitro•sperrgrund m / nobabia f nitrocelulósica ‖ ~**sprengstoff** m / explosivo m a base de nitroglicerina ‖ ~**stärke** f / nitroalmidón m, xilodina f ‖ ~**stärkedynamit** n / dinamita f de nitroalmidón ‖ ~**sulfonsäure** f, Nitrosylschwefelsäure f, Bleikammerkristalle m pl / ácido m nitrosilsulfúrico ‖ ~**syl** n / nitrosilo m ‖ ~**toluidin** n / nitrotoluidina f ‖ ~**toluol** n, Trotyl n / nitrotolueno m ‖ ~**verbindung** f / nitrocompuesto m ‖ ~**verbindung**, -körper m / nitroderivado m ‖ ~**verdünnung** f / diluyente m para lacas nitrocelulósicas ‖ ~**xylol** n / nitroxilol m, nitroxileno m ‖ **gelöstes** ~**xylol** / xilidina f ‖ ~**zellulose** f s. Nitrocellulose
Nitryl... / de nitrilo o azotilo
Nitschel•hose f (Spinn) / manguito m de cuero del rotafrotador ‖ ~**hub**, Würgelhub m (Spinn) / carrera f de los rotafrotadores
nitscheln vt, reiben / rotafrotar ‖ ~ n / rotafrotación f
Nitschel•strecke, Frotteurstrecke f / estiraje m para rotafrotadores ‖ ~**walze** f (Spinn) / cilindro m rotafrotador ‖ ~**werk** n, Nitschler m (Spinn) / mecanismo m rotafrotador
Nitschler m (Spinn) / rotafrotador m
Niveau n / nivel m ‖ **auf gleichem** ~ (o. Potential) [mit] / a nivel [de] ‖ ~**abstand** n (Nukl) / espaciado m o espaciamiento de niveles ‖ ~**anzeiger** m / indicador m de nivel ‖ ~**breite** f (Nukl) / ancho m de nivel [de energía] ‖ ~**breite für Kernabspaltung** (Nukl) / ancho m de fisión ‖ ~**fläche** f, Äquipotentialfläche f (Elektr) / superficie f equipotencial ‖ ~**flasche** f (Chem) / botella f de nivelación ‖ ~**gefäß** n (Chem, Labor) / ampolla f de nivelación ‖ ~**kreuzung** f, -übergang m (Bahn) / paso m a nivel, P.N. ‖ ~**linie** f / línea f de nivel ‖ ~**linie**, Äquipotentiallinie f (Elektr) / línea f equipotencial ‖ ~**linie** f, [Höhen]schichtenlinie f (Verm) / curva f o línea de nivel ‖ ~-**Regelventil** n (Luftfederung) (Kfz) / válvula f de nivelación ‖ **schreibender** ~**regler** / regulador m registrador de nivel ‖ ~**regulierende Federbeine** n pl, Niveaureguliergerät n (Kfz) / dispositivo m de nivelación ‖ **automatische** ~-**Regulierung** (Kfz) / regulación f de nivel automática ‖ ~**regulierung** f / corrección f de altura ‖ **oberhalb des** ~**s arbeitend** (Bagger) / que trabaja por encima del nivel (draga) ‖ **unterhalb des** ~**s arbeitend** (Bagger) / que trabaja por debajo del nivel (draga) ‖ ~**schema**, Termschema n (Nukl) / diagrama m energético ‖ ~**transmitter** m / transmisor m de nivel ‖ ~**übergang** m (Schweiz) (Bahn) / paso m a nivel, P.N. ‖ ~-**ungleiche Kreuzung** (Bahn, Straßb) / salto m de carnero ‖ ~**unterschied** m / diferencia f de nivel ‖ ~**verbreiterung**, Pegelverbreiterung f (Phys) / ensanche m de nivel ‖ ~**wandler** m / convertidor m de nivel
Nivellement n (Verm) / nivelación f, altimetría f ‖ **ein** ~ **anschließen** (Verm) / conectar una nivelación
Nivellier n / nivelador m, nivel m ‖ **automatisch horizontierendes** ~ (Verm) / nivelador m con cabeza

niveladora automática ‖ ~**band** n / cinta f niveladora ‖ ~**bohle** f (Straßb) / viga f niveladora
nivellieren vt, planieren, ausgleichen (Bau) / nivelar ‖ ~, ein Nivellement machen (Verm) / hacer una nivelación ‖ ~ n, Ausgleichen n / nivelación f, igualación f ‖ ~, Nivellierung f (Verm) / nivelación f, altimetría f
Nivellier•fähigkeit f / capacidad f de nivelar o de igualar ‖ ~ **[instrument]** n / nivelador m, nivel m, instrumento m de nivelación ‖ ~**[instrument] mit automatisch horizontierter Ziellinie** / nivelador m automático ‖ ~**latte** f / jalón m de mira, mira f, niveleta f, regla f de nivelar ‖ ~**latte**, Visiertafel f (Verm) / indicador m de nivel ‖ ~**maschine** f (Straßb) / niveladora f, aplanadora f ‖ ~-**Messlatte** f **mit Ableseschieber** (Verm) / mira f de tablilla o de corredera ‖ ~**mittel** n (Tensid) / agente m de igualación ‖ ~**pflöcke** m pl (Bau) / tacos m pl de nivelación ‖ ~**scheibe** f, Tafel o. Visierscheibe der Nivellierlatte (Verm) / disco m de mira ‖ ~**schraube** f / tornillo m nivelante ‖ ~**tachymeter** n / taquímetro m nivelador
Nivellierung f (Bau, Verm) / nivelación f
Nivellier•waage f (Verm) / nivel m ‖ ~**waage**, Wasserwaage f / nivel m de burbujas
Nixieröhre f (Eltronik) / tubo m Nixie
NK = Naturkautschuk
n-Kanal m (Halbl) / canal N m ‖ ~-**Feldeffekttransistor** m, N-Kanal m FET / transistor m de efecto de campo de canal N ‖ ~-**Verfahren** n (DV) / método m de n canales
NKH = Nichtkarbonathärte
n-leitend, elektronenleitend (Halbl) / de conductividad N
N-Leitung f (Halbl) / conductividad f tipo N.
NLGI-Klasse f (= National Lubricating Grease Institute) (Fett) / clase NLGI f
NLQ, nahezu Briefqualität (Drucker, DV) / calidad f "near letter"
NLT-Verstärker m (=negative line transitorized) (Fernm) / amplificador m tipo NLT
NLW (Mil) s. niicht-letale Waffen
Nm = Newtonmeter
n-minus-eins-Schaltung f / conexión f menos uno
NMOS m (= n.Kanal.Metalloxid) (Halbl) / NMOS m
NMR, nukleare magnetische Resonanz (Med, Nukl) / resonancia f magnética nuclear, RMN, resonancia f magneticonuclear ‖ ~-**Bohrlochmessung** f, -carottage f (Bergb, Öl) / lleva f por RMN de anotaciones [cronológicas] de la perforación ‖ ~-**Spektroskopie** f (Nukl) / espectroscopia f de resonancia magnética nuclear, espectroscopia f por resonancia magnética nuclear ‖ ~-**Tomographie** f (Med) / tomografía f de resonancia magnética nuclear
NN = Normal-Null
N-N n **Messverfahren für Bohrlöcher** / método f diagráfico neutrón-neutrón de anotaciones de la perforación, diagrafía f n-n
NO, Nordost / noreste m ‖ ~, Stickstoffmonoxid n / monóxido m de nitrógeno
NO₂, Stickstoffdioxid n / dióxido m de nitrógeno
Nobelium n, No (OZ 102) (Chem) / nobelio m
Nobelpreis m / Premio m Nobel
Nobili-Ringe m pl (Phys) / anillos m pl Nobili
Nobilität f (Metall) / nobilidad f
noch bestehend, fortbestehend / subsistente ‖ ~ **nicht gebunden** (Druck) / en rama
nochmaliger Versuch (Fernm) / ensayo m repetido
Nock f, Brückennock f (Schiff) / esquina f [exterior] del puente de mando, penol m
Nocke f, Nocken m (Masch, Mot) / leva f
Nocken m, Nocke f, Zahn m (Masch) / alzador m, pitón m ‖ ~, Nase f (Masch) / saliente m, talón m ‖ **durch** ~ **angetrieben**, nockenbetätigt / accionado por leva[s] ‖ ~**ablauf** m, -abfall m / descenso m de leva ‖ ~**anlauf**

m, Nocke *f* der Nockenscheibe / excéntrica *f* ‖ ⁓**arretierung** *f* / detención *f* por ..., inmovilización *f* ‖ ⁓**drehmaschine** *f* / torno *m* de levas ‖ ⁓**fahrschalter** *m* (Elektr) / combinador *m* de levas ‖ ⁓**form** *f* / perfil *m* de leva ‖ ⁓**fräsmaschine** *f* (Wzm) / fresadora *f* de levas ‖ ⁓**hub** *m*, -erhebung *f* / carrera *f* de leva ‖ ⁓**presse** *f* (Pulv.Met) / prensa *f* accionada por levas ‖ ⁓**rad** *n*, -wellenantriebsrad *n* (Mot) / piñón *m* de reglaje de las válvulas, piñón *m* del árbol de levas ‖ ⁓**ring** *m* / anillo *m* de levas ‖ ⁓**rolle** *f* / rodillo *m* de apoyo para levas ‖ ⁓**schalter** *m*, -kontroller *m* / conmutador *m* de levas ‖ ⁓**schaltwerk** *m*, -schütz *m* / contactor *m* de levas ‖ ⁓**scheibe** *f* / disco *m* de leva[s] ‖ ⁓**schleifmaschine** *f* / rectificadora *f* de levas ‖ ⁓**steuerung** *f* / mando *m* por (o de) por leva ‖ ⁓**stößel** *m* / seguidor *m* o empujador o botador de leva, levantaválvula *m* ‖ ⁓**welle** *f* (Mot) / árbol *m* de levas ‖ ⁓**wellenantrieb** *m* (Kfz) / mando *m* del árbol de levas ‖ ⁓**wellenlager** *m* / cojinete *m* del árbol de levas ‖ ⁓**wellenräder** *n pl* / engranaje *m* del árbol de levas [de distribución]
Nock-Suchscheinwerfer *m* (Schiff) / faro *m* de penol [de enfoque móvil]
Nodosität *f* (Bot) / nudosidad *f*
nodular, kugelig (Hütt) / nodular
No-Go-Zone *f* / zona *f* de acceso prohibido
Nohlit *m* (Min) / nolita *f*
No-Iron-Ausrüstung *f*, Bügelfrei-Ausrüstung *f* (Tex) / acabado *m* 'no iron', acabado *m* 'no necesita plancha'
nomadische Nutzung (Internet: eigene VoIP-Numer kann weltweit verwendet werden) / utilización *f* nómada
Nomag *n* (nicht-magnetisches Gusseisen mit 10-12% Ni u. 5% Mn) (Hütt) / nomag *m*
Nomarskiprisma *n* (Opt) / prisma *m* Nomarski
Nomenklatur *f* / nomenclatura *f*
nominal•es Bezugs-Äquivalent / equivalente *m* nominal de referencia ‖ **~er Spinnverlust** / desperdicio *m* de hilatura nominal
Nominal•..., Nenn... / nominal, teórico ‖ ⁓**kraft** *f* / fuerza *f* nominal ‖ ⁓**-Merkmal** *n* (Qual.Pr.) / característica *f* nominal ‖ ⁓**wert** *m* / valor *m* nominal
nominell, Nenn... / nominal
Nominieren, Vorschlagen *n* / sugerencia *f*, proposición *f*
Nomo•gramm *n*, Rechentafel *f* (Math) / nomograma *m*, ábaco *m* de cálculo ‖ ⁓**graph** *m* (Math) / ábaco *m* ‖ ⁓**graphie** *f*, Tafelrechnung *f* / nomografía *f*
Nonalol *n* (ein Weichmacher) / nonalol *m*
No-Name-Produkt *n* / producto *m* en envase neutro, mercancía *f* en envase neutro
Nonan *n* (Chem) / nonano *m*
Non-fluid-Öl *n* (Tex) / aceite *m* no fluido
Nonienteilung *f* / división *f* de nonio
Non-Impact-Drucker *m* (DV) / impresora *f* non-impact
Nonius *m* (Instr) / nonio *m*, vernier *m*, nonius *m* ‖ **auf Zehntelmillimeter ablesbarer** ⁓ / nonio *m* o vernier con lectura en décimas de milímetro ‖ ⁓**schublehre** *f* / pie *m* de rey de nonio o de vernier ‖ ⁓**skala** *f* / escala *f* de nonio o de vernier ‖ ⁓**-Tiefenlehre** *f* / calibre *m* de profundidad de nonio o de vernier ‖ ⁓**verfahren** *n* **für Zeitmessung** / medida *f* de tiempo con nonio
Nonne *f*, Lymantria monacha, Fichtenspinner *m* (Kiefernschädling) / monja *f* ‖ ⁓, [unterer] Hohlziegel (Bau) / teja *f* de canal[ón], teja *f* [árabe]cóncava
Nonode *f*, Neunpolröhre *f* (Eltronik) / nonodo *m*
Nonose *f* (Chem) / nonosa *f*
Nonpareille[schrift] *f* (Druck) / nomparell *m*, letra *f* o carácter de seis puntos
Nonstop... / sin parada[s], sin escala[s], continuo
Non-turn-Rechen *m* **für maschenfeste Ware** (Tex) / barra *f* de punzones para tejido indesmallable
Nonvoice-Dienste *m pl* / servicios *m pl* 'non-voice'
Nonwoven, Faservlies *n* (Vliesstoff) (Tex) / non-woven *m*, tela *f* no tejida
Nonylalkohol *m* (Chem) / alcohol *m* nonílico

No-Op-Befehl *m* (DV) / instrucción *f* no operacional, instrucción *f* inoperacional o inoperativa
Noppe *f*, Knoten *m* (Tex) / mota *f*, botón *m*, nudo *m*, nep *m* ‖ ⁓, Höcker *m* / bollo *m* ‖ ⁓**n einweben** / tejer botones [en]
noppen *vt*, ausrupfen, -putzen (Tex) / desmotar, despinzar botones ‖ ⁓, Putzen *n* (Tex) / desmotado *m*, despinzado *m* de botones
Noppen•anfall *m* (Tex) / potencial *m* de neps ‖ ⁓**band** *n* / cinta *f* de botones ‖ ⁓**frei** / exento de nudos o botones o neps ‖ ⁓**garn** *n* (Tex) / hilado *m* con botones ‖ ⁓**muster** *m* / dibujo *m* de botones ‖ ⁓**spiegel** *m*, -entfernung *f* / distancia *f* entre botones ‖ ⁓**stoff** *m* / tejido *m* con botones ‖ ⁓**zahl** *f* **je Zoll im Kettfaden** (Teppichweb) / densidad *f* de rizos
Noppzange *f* (Tex) / pinza *f* para quitar botones
NOR *n* (DV) / NI *m*
Noradrenalin, Norepinephrin, Arterenol *n* (Pharm) / noradrenalina *f*
Norbergit *m* (Min) / norbergita *f*
Nord *m* / norte *m*
nördlich, Nord... / septentrional ‖ **~e Breite** (Geo) / latitud *f* norte ‖ **~e Deklination** (Astr) / declinación *f* boreal
Nord•licht *n* (Meteo) / aurora *f* boreal ‖ ⁓**magnetismus** *m* / magnetismo *m* del polo norte ‖ ⁓**manntanne** *f*, Abies nordmannia (Bot) / abeto *m* del Cáucaso ‖ **~orientiert**, nordwärts gerichtet (Kartographie) / orientado al norte ‖ **~orientiert**, -bezogen / respecto al norte ‖ **~östlich** / nororiental ‖ ⁓**ostwind** *m* / nordeste *m* ‖ ⁓**pol** *m* / Polo *m* Norte, polo *m* ártico ‖ ⁓**pol der Magnetnadel** / polo *m* norte o positivo, polo *m* que apunta hacia el norte ‖ ⁓**pol des Magneten**, magnetischer Nordpol / polo *m* norte magnético, norte *m* magnético ‖ ⁓**nach dem punkt orientieren** / nortear ‖ ⁓**richtung** *f* / dirección *f* norte ‖ ⁓**seegas** *n* / gas *m* del Mar del Norte ‖ ⁓**sternberichtigung** *f* (Nav) / corrección *f* Q (estrella polar) ‖ **~suchender Kreiselkompass** / girocompás *m* orientado al norte ‖ ⁓**-Süd-Positionsbeibehaltung** *f* (Raumf) / corrección *f* del puesto de posición norte-sur ‖ **~westlich** / noroccidental
NOR•-Element *n* (DV) / elemento NI *m* ‖ ⁓**-Funktion** *f* (o. Peirce-Funktion) / función NI *f* ‖ ⁓**-Gate** *n* (DV) / compuerta *f* NI
Norit *m* (Tiefengestein) (Geol) / norita *f*
Norleucin *n* (Chem) / norleucina *f*
Norm *f*, Regel *f* / norma *f*, regla *f* ‖ ⁓, Normzeile *f* (Druck) / línea *f* estándar ‖ ⁓**en** *f pl*, Normalien *f pl* / normas *f pl*, especificaciones *f pl* normalizadas ‖ **für mehrere ~en** (TV) / multinorma ‖ **von der ~ abweichen** / desmarcarse de la norma
normal, Einheits... / standard, estándar, tipo, típico, modelo ‖ ⁓, üblich, gewöhnlich / normal, usual, ordinario, habitual ‖ ⁓, geeicht / contrastado ‖ ⁓, durchschnittlich / regular ‖ ⁓, genormt / normalizado ‖ ⁓ (Chem) / normal ‖ **~e Abnutzung** / desgaste *m* ordinario ‖ **~e Abweichung** / desviación *f* normal o típica ‖ **~e Arbeitsbedingungen** *f pl* (F.Org) / condiciones *f pl* de trabajo ordinarias ‖ **~er Arbeitsbetrieb** / funcionamiento *m* normal ‖ **~es Auslösesignal** / señal *f* de disparo normal ‖ **~e Bahn** (Raumf) / trayectoria *f* normal o tipo ‖ **~e Fehlerkurve** (Math) / curva *f* de errores normal ‖ **~e Flug-Machzahl** (Luftf) / número *m* de Mach de vuelo normal ‖ **~e Flussdichte** (Atom, Nukl) / densidad *f* de flujo convencional ‖ **~e Gipfelhöhe** (Luftf) / techo *m* [de vuelo] práctico ‖ **~e Größe** / magnitud *f* tipo ‖ **~e Häufigkeits- o. Verteilungskurve** (Stat) / curva *f* de probabilidad, curva *f* de distribución normal o de Gauss ‖ **~e Lautstärke** / intensidad *f* normal de sonido, nivel *m* vocal o tónico normal ‖ **~e Leistung** (F.Org) / modo *m* normal de trabajo ‖ **~es Luftgewicht** / peso *m* del aire bajo condiciones standard ‖ **~e**

Radio-Atmosphäre / atmósfera f radioeléctrica normal ‖ ~**e Schreibstellen** f pl (DV) / posiciones f pl de escritura normales ‖ ~**e Schweißnaht** / soldadura f normal ‖ ~**e Seigerung** (von außen nach innen zunehmend) / licuación f o segregación normal o tipo ‖ ~**es Tempo** (F.Org) / velocidad f normal
Normal n (Mess) / patrón m
Normal• ..., **Haupt**..., in ständigem Einsatz / principal, (contr.:) de reserva ‖ ~**achse** f, gerade Achse (Bahn) / eje m recto ‖ ~**anode** f (Galv) / ánodo m normal ‖ ~**antrieb** m / mando m normal, accionamiento m normal ‖ ~**arbeiter** m (F.Org) / obrero m normal ‖ ~**arbeitsleistung** f **in einer Minute** (F.Org) / rendimiento m de trabajo normal por minuto ‖ ~**arbeitsstunde** f (F.Org) / hora f normal ‖ ~**atmosphäre** f (Luftf) / atmósfera f tipo o normal o standard ‖ ~**atmosphäre** s. auch Normatmosphäre ‖ ~**ausbreitung** f (Eltronik) / propagación f normal ‖ ~**ausführung** f, -bauart f / ejecución f normal, tipo m normal o standard ‖ ~**ausstattung** f, Standardeinrichtung f / equipo m normal, equipo m que se suministra normalmente, material m normalizado o standard ‖ ~**-Aussteuerungsmesser** m / medidor m de unidades de volumen, indicador m de volumen, vúmetro m ‖ ~**batterie** f (4,5 V) / pila f normal 3R12 ‖ ~**beanspruchung** f / solicitación f normal, esfuerzo m normal ‖ ~**bedingungen** f pl (Phys) / condiciones f pl normales ‖ ~**belastung** f / carga f normal ‖ ~**benzin** n (Kfz) / gasolina f (E) o nafta (LA) normal u ordinaria ‖ ~**benzin** (Chem) / bencina f normal, nafta f de precipitación ‖ ~**benzinunlösliches** n, N.b.z.u. / materia f insoluble en gasolina ordinaria ‖ ~**beobachter** m **nach CIE** (= Commission Internatinale de l'Elairage) / observador m de referencia colorimétrica C.I.E. (C.I.E. = Comisión Internacional de Iluminación) ‖ ~**beschleunigung** f (Phys) / aceleración f normal [en caída libre] ‖ ~**betrieb** m / marcha f u operación normal ‖ ~**brechung** f (Opt) / refracción f normal ‖ ~**dosis** f (Nukl) / dosis f normal ‖ ~**druck** m / presión f normal ‖ ~**durchmesser** m / diámetro m standard
Normale, Senkrechte f (Math) / normal f, perpendicular f
normal•eben (Walzw) / de tolerancias normalizadas ‖ ~**eingriffswinkel** m / ángulo m de ataque (o de engrane) normal ‖ ~**elektrode** f (Chem) / electrodo m normal ‖ ~**element** n (Eltronik) / pila f patrón ‖ ~**essig** m / vinagre m normal ‖ ~**fall** m / caso m normal ‖ ~**film** m (35 mm) / película f (de formato o paso) normal, película f de 35 mm ‖ ~**filter** m n (Foto) / filtro m standard ‖ ~**fixpunkt** m (Verm) / punto m fijo normal, punto m de referencia normal ‖ ~**flachlehre** f / calibre m plano patrón ‖ ~**flankenspiel** n (Masch) / juego m normal entre flancos, huelgo m normal en los flancos ‖ ~**flug** m (Luftf) / vuelo m normal ‖ ~**flughöhe** f (Luftf) / nivel m de vuelo normal ‖ ~**fluglage** f / posición f normal en vuelo ‖ ~**form** f (Math) / forma f normal ‖ ~**format** n (DV) / formato m standard ‖ ~**format** (Pap) / formato m normalizado, tamaño m normal ‖ ~**format**, NF (Bau) / ladrillo m [de forma] normal, solera f (MEJ) ‖ ~**formular** n / formulario f [tamaño] normal o modelo ‖ ~**frequenz** f (Eltronik) / frecuencia f normal o patrón o contrastada ‖ ~**frequenz einer periodischen Größe**, Fundamentalfrequenz f einer periodischen Größe / frecuencia f fundamental, frecuencia f componente más baja de una magnitud periódica ‖ ~**frequenz eines Empfängers** (Eltronik) / punto m de alineación o de alineamiento de un receptor ‖ ~**frequenzfunkdienst** m / servicio m de frecuencias contrastadas, servicio m de patrones de frecuencias ‖ ~**frequenz-Signal** n **der Station WWV** / señal f de frecuencia contrastada, señal f patrón de frecuencias ‖ ~**gattierung** f (Hütt) / mezcla f normal ‖ ~**geschwindigkeit** f / velocidad f normal o de régimen ‖ ~**geschwindigkeit**, mittlere Geschwindigkeit / velocidad f media ‖ ~**gewinde** n / rosca f normal ‖ ~**gewindebohrer** m / macho m de roscar normal ‖ ~**gewindelehrring** m / anillo m calibre de roscas normales, calibre m [hembra] patrón de roscas ‖ ~**glühen** (Hütt) / normalizar ‖ ~**glühen** n / normalizado m ‖ ~**gut** n (Aufb) / producto m normal de comercio ‖ ~**heptan** n, n-Heptan n (Kfz) / heptano m normal ‖ ~**höhenpunkt** m, NHP (Verm) / punto m oficial de referencia de altitudes ‖ ~**horizont** m, -null n (Verm) / nivel m normal cero ‖ ~**horizont**, wahrer Horizont / horizonte m verdadero
Normalie f, Standard m / especificación f normal[izada] o modelo ‖ ~**n** f pl = Normteile o. Normenblätter
Normalienraum m (den Normvoraussetzungen angepasst) / local m condicionado (según las normas)
normalisieren vt, normieren / normalizar ‖ ~ (Stahl), normalglühen / normalizar (acero) ‖ ~ n, Normalglühen n (Hütt) / normalizado m, normalización f
normalisierendes Umformen (Hütt) / conformación f normalizada
normalisiert•e Darstellung / representación f o forma normalizada ‖ ~**es Diagramm** (Antenne) / diagrama m normalizado ‖ ~**e Koordinate**, NK (DV) / coordenada f normalizada
Normalisierung f (DV) / normalización f
Normalisierungsfaktor m (DV) / factor m de escala
normalisolierter Behälter (Bahn) / container m isotérmico normal
Normalität f, Äquivalenz-Konzentration f (Chem) / normalidad f [de una solución]
Normal•kabel n (Fernm) / cable m de referencia ‖ ~**keil** m (Masch) / chaveta f sencilla ‖ ~**kiste** f (Hütt) / caja f normalizada para chapas ‖ ~**klappe** f (Luftf) / alerón m normal ‖ ~**klima** n (Meteo) / clima m standard ‖ ~**klima** (Masch) / atmósfera f normal o tipo o standard ‖ ~**klima** (Mat.Prüf) / atmósfera f normal de referencia ‖ ~**klimaraum** m / cámara f climática con atmósfera normal ‖ ~**kompass** m / compás m magistral, aguja f magistral ‖ ~**kondensator** m (Elektr) / capacitor m patrón o standard, condensador m de tipo normal ‖ ~**konzentration** f (Chem) / concentración f normal ‖ ~**korn**, Sollkorn n (Bergb) / grano m [de tamaño] normal ‖ ~**kraft** f (Phys) / fuerza f perpendicular o normal, fuerza f que forma ángulo recto ‖ ~**kraftstoff** m s. Normalbenzin ‖ ~**kubikfuß-Stunde** f / pie m cúbico standard por hora ‖ ~**lampe** f / lámpara f normal ‖ ~**lampe**, Vergleichslampe f (Opt) / lámpara f patrón secundario ‖ ~**länge** f / longitud f normal ‖ ~**laser** m, Laser m im Normalbetrieb / láser m en funcionamiento normal ‖ ~**lehre** f (Masch) / calibre m normal ‖ ~**lehrring** m, -ringlehre f / anillo m calibre normal ‖ ~**leistung** f / régimen m normal, potencia f normal ‖ ~**leistungsofen** m (Hütt) / horno m de potencia normal o regular ‖ ~**leitwerk** n (Luftf) / empenaje m standard, estabilizadores m pl normales, ala f guía normal ‖ ~**lichtart** f (Opt) / fuente f de luz patrón ‖ ~**lichtquelle** f / fuente f de luz normal ‖ ~**lineal** n / regla f patrón ‖ ~**lösung** f, -flüssigkeit f (Chem) / solución f normal o tipo ‖ ~**lückenweite** f (Zahnrad) / amplitud f normal de hueco ‖ ~**luft** f, -spiel n (Lager) / juego m [interno] normal ‖ ~**luftdiesel(motor)** m (Kfz) / diesel m atmosférico ‖ ~**maß** n / medida f normal o standard ‖ ~**mensch** m (Nukl) / hombre m patrón o standard ‖ ~**mischung** f (1:2:4) (Bau, Beton) / mezcla f normal ‖ ~**modul** m (Schrägverzahnung) / módulo m de paso real ‖ ~**niveau** s. Normalzustand ‖ ~**null** n, -horizont m (Verm) / nivel m normal cero, cero m ‖ ~**null**, Seehöhe f, NN / nivel m medio del mar ‖ **über** ~**null** / encima del nivel [medio] del mar ‖ **Höhe über** ~**null** / altitud f encima del nivel del mar ‖ ~**objektiv** n (Foto) / objetivo m normal ‖ ~**ohm** n / ohmio m patrón ‖ ~**öl** n / aceite m

Normteildatei

ordinario || ≈**papier** n / papel m normal, papel m fabricado según normas establecidas || ≈**potential** n, Grund-Bezugsspannung f (Chem) / tensión f normal de un electrodo || ≈**profil** n (Walzw) / perfil m normal[izado] || ≈**profil** (Zahnrad) / perfil m real || ≈**profilwinkel** m (Getriebe) / ángulo m de presión real || ≈**quarz** m / patrón m de frecuencia piezoeléctrico || ≈**rachenlehre** f / calibre m de boca patrón, calibre m de herradura patrón || ≈**[reaktions]kraft** f / fuerza f de reacción normal || ≈**ringlehre** f, -lehrring m / anillo m calibre normal || ≈**sand** m (Bau) / arena f normal o standard || ≈**säure** f / ácido m normal || ≈**schaufel** f (Bagger) / pala f o cuchara universal || ≈-**Schmiedestück** n / pieza f forjada con tolerancias corrientes en el comercio || ≈**schmieröle** n pl / aceites m pl lubricantes de viscosidad normalizada || ≈**schnitt** m (Math) / sección f normal o recta || **im** ≈**schnitt** (Schrägstirnrad) / real || ≈**schnittbalken** m (Landw) / barra f cortadora o segadora de corte normal || ≈**schrift** f (o. Langschrift) / escritura f normal o no abreviada || ~**sichtig** (Physiol) / emétrope, emetrópico, de visión normal || ≈**sichtigkeit** f, Emmetropie f / emetropía f || ≈**sichtweite** f / alcance m normal de la vista || ≈**sockel** m (Lampe) / casquillo m normal || ≈**spannung** f (Elektr) / tensión f normal o de régimen || ≈**spannung** (Mech) / tensión f normal || ≈**spiel** n (Zahnrad) / juego m normal || ≈**spur** f (1435 mm) (Bahn) / ancho m [de vía] normal, vía f normal, trocha f normal (LA) || ≈**spurbahn** f / ferrocarril m de ancho normal || ≈**stab** m (Mat.Prüf) / probeta f normalizada || ≈**stab** (Zerreißprobe) / probeta f de rotura normalizada || ≈**stahl** m / acero m ordinario || ≈**stau** m, Regelstau m, -stauhöhe f (Hydr) / altura f de embalse normal || ≈**steigung** f (Gewinde) / paso m normal || ≈**stein** m (Hütt) / ladrillo m normalizado || ≈**stein** (25 x 12 x 6,5 cm) (Ziegl) / ladrillo m [de forma] normal || ≈**störgrad** m, N (Eltronik) / grado m normal de perturbación || ≈**strahl** m (Phys) / haz m o rayo normal || ≈**swansockel** m (Elektr) / casquillo m de bayoneta normal || ≈**teiler** m (Math) / divisor m normal || ≈**teilung** f (Schrägverzahnung) / paso m real || ≈**toleranz** f / tolerancia f normal o corriente || ≈**ton**, Eichton m (Akust) / tono m de referencia, diapasón m oficial || ≈**tube** f (Wellenleiter) / tubo m standard || ≈**uhr** f / reloj m regulador o normal, reloj m de hora oficial || ≈**verteilung** f (Stat) / distribución f normal || ≈**verteilungsgesetz** n **der Fehler** / ley f de Gauss sobre la distribución de errores || ≈-**Wasserstoffelektrode** f / electrodo m normal de hidrógeno || ≈**weingeist** m (49,28 Gewichtsprozent, 57,10 Volumen %) (Chem) / alcohol m de porcentaje 49,28 en peso y de 57,10 en volumen || ≈**weiß** n (Opt) / superficie f blanca standard, blanco m standard || ≈**wellenbereich** m / banda f de radiodifusión || ≈**wert** m / valor m normal || ≈**widerstand** m / resistencia f standard o patrón || ≈**widerstand**, Vergleichswiderstand m / resistor m comparador || ≈**winkel** m (Wz) / escuadra f patrón || ≈**wort** n (5 Buchstaben + 1 Zwischenraum) (Fernm) / palabra f normal || ≈**zahn**, Vollzahn m (Getriebe) / diente m de longitud normal || ≈**zahndicke** f / espesor m del diente real || ≈**zeit** f (allg) / hora f normal u oficial || ≈**zeit** (F.Org) / tiempo m normal, tiempo m básico || ≈**zement** m (Bau) / cemento m standard || ≈**zustand** m / estado m normal || ≈**zustand**, -niveau n (Atomphys) / estado m fundamental

Normänderungsvorschlag m / proposición f de modificar o de modificación de una norma

normativ, normgebend / normativo

Norm•atmosphäre f (allg) / atmósfera f tipo o normal o standard || ≈**atmosphäre**, INA / atmósfera f normalizada internacional || ≈**band** n (Magn.Bd) / cinta f patrón || ≈**bauteil** n / componente f normal, elemento m patrón || ≈-**Bau- und Betriebsvorschriften** f pl / especificaciones f pl standard (para construcción y servicio) || ≈**blatt** n / hoja f de normas || ≈**blende** f (Opt) / diafragma m normalizado || ≈**brandkurve** f **Zeit-Temperatur** (Phys) / curva f standard tiempo-temperatura || ≈**dichte** f / densidad f [en estado] normal || ≈**druck** m / presión f normal || ≈**druckhöhe** f / altura f de presión normal || ≈**düse** f / tobera f normalizada || ≈**einschub** m (Eltronik) / chasis m intercambiable normalizado

normen vt / normalizar, someter a normas

Normen•..., auch: Norm... / de norma[s] || ≈**ausschuss** m / comisión f de normas || ≈**bitumen** n / betún m standard || ≈**blatt** n, Normblatt n / hoja f de normas || ≈**kabel** n / cable m normalizado || ~**mäßig** / según norma, de acuerdo con la norma || ≈**sand** m, Normalsand m (Bau) / arena f normal o standard || ≈**sieb** n / criba f [de prueba] normalizada || ≈**system** n / sistema m de especificaciones normalizadas, sistema m de normas || ≈**teile-Datei** f / fichero m de piezas estandardizadas || ≈**verzeichnis** n / lista f de normas || ≈**zement** m / cemento m según norma

Norm•-Fahrwiderstand m (Kfz) / resistencia f a la traslación standard || ≈**farbtafel** f **nach CIE** (TV) / diagrama m de cromaticidad || ≈**farbwert** m / valor m de referencia colorimétrico || ≈**farbwerte X, Y, Z** m pl / coordenadas f pl CIE (Comm.Intern.de l'Eclairage), valores m pl cromáticos X, Y, Z || ≈**felge** f (Kfz) / llanta f normalizada || ≈**format** n / formato m normalizado, tamaño m normal || ≈**frequenzfolge** f / gama f de frecuencias normales || ≈**gas** n / gas m de referencia || ≈**gerecht** / según norma, de acuerdo con la norma || ≈**gerechtheit** f / acuerdo m con la norma, conformidad f a la norma || ≈**geschwindigkeit** f / velocidad f según norma || ≈**gestell** n (Eltronik) / chasis m intercambiable 19" || ≈**grenze** f (Mech) / límite m elástico convencional || ≈**größe** f / magnitud f normalizada || ≈**größe** f, **-menge** f / cantidad f normalizada

normieren vt, skalieren / normalizar

normiert•e Bandbreite (Eltronik) / ancho m de banda normalizada || ~**e Gauß-Verteilung** (Stat) / distribución f de Gauss normalizada || ~**e Plateausteilheit** (Nukl) / pendiente m normalizada de la meseta || ~**e Schnittstelle** (DV) / interfaz f normalizada

Normierung f / normalización f, estandardización f, calibración f

Normierungsfaktor m (DV) / factor m de escala de recuento, factor m de desmultiplicación

Norm•klassifikation f (Druck) / clasificación f decimal universal || ≈**klima** n s. Normalklima || ≈**konsistenz** f (Gips) / consistencia f normalizada || ≈**kubikfuß/Stunde** / pies m pl cúbicos standard por hora || ≈**lichtart** f (DIN 5031) / iluminante m normalizado || ≈**maßreihe** f / gama f de dimensiones normalizadas || ≈**mischung** f (Fernm) / mezcla f normalizada || ≈**modul** m / módulo m normalizado || ≈**motor** m (Elektr) / motor m de dimensiones normalizadas || ≈**probe** f, -prüfstab m / probeta f normalizada || ≈**prüfband** m (Magn.Bd) / cinta f patrón de prueba || ≈**prüfbedingungen** f pl / condiciones f pl de prueba normalizadas || ≈**schliff** m, Normalschliff m, NS (Chem) / esmerilado m normalizado || ≈**schnittstelle** f / interfaz f normalizada || ≈**schrank** m (Eltronik) / armario m para chasis intercambiables normalizados || ≈**schrift** f (Zeichn) / escritura f normalizada || ≈**spannung** f (Elektr) / tensión f normal, voltaje m normal || ≈**spannung für Messzwecke** / tensión f patrón || ≈**stahl** m / acero m normalizado || ≈**stecker** m (Elektr) / clavija f normalizada || ≈**stein** m (Bau) / ladrillo m [de forma] normal || ≈-**Stimmhöhe** f (Akust) / frecuencia f de sintonía normal || ≈**stimmton** m / sintonía f normal || ≈**taste** f, Idealtaste f (TV) / tecla f de normalización || ≈**teil** n / pieza f normalizada || ≈**teildatei** f / fichero m

927

de piezas normalizadas ‖ ~-**Telefonkabel** *n* / cable *m* de referencia ‖ ~-**temperatur** *f* / temperatura *f* normal ‖ ~-**Testblatt** *n* / carta *f* de ensayos normalizada
Normung *f*, **Standardisierung** *f* / estandardización *f* ‖ ~, **Normierung** *f* / normalización *f*
Normungsarbeit *f* / trabajo *m* de normalización
Norm•valenzsystem, CIE-Farbmaßsystem *n* (TV) / sistema *m* de referencia colorimétrico CIE ‖ ~**verbrauch** *m* (Kfz) / valor *m* homologado de consumo [de gasolina], consumo *m* de gasolina en condiciones normalizadas ‖ ~**volumen** *n*, Vn (Chem) / volumen *m* en condiciones normalizadas ‖ ~**vorschlag** *m* / propuesta *f* de norma ‖ ~**vorschrift** *f* / especificación *f* normalizada ‖ ~**wandler**, Fernsehumsetzer *m* / remisor *m* o traslador de televisión ‖ ~**zahl** *f*, NZ *f* (Math) / número *m* normal[izado] ‖ ~**zahlreihe** *f* / serie *f* de números normalizados ‖ ~**zeichnung** *f* / diseño *m* standard ‖ ~**zeile** *f* (Druck) / línea *f* normalizada ‖ ~**zustand** *m* (allg) / condiciones *f pl* normalizadas ‖ ~**zustand**, Normalbedingungen *f pl* (Thermodynamik) / temperatura *f* y presión normales (0° C, 760 mm Hg)
Nörpelglas *n* (Bau) / cristal *m* apezonado
NOR-Schaltung, ODER-NICHT-Schaltung *f* (Eltronik) / circuito *m* NI
North-Slope Öl *n* (aus Nord-Alaska) / petróleo *m* de Alaska (tipo North-Slope)
Norton•getriebe *n* (Wzm) / engranaje *m* Norton, engranaje *m* de avances o de cambio rápido, caja *f* Norton ‖ ~**sches Theorem** (Elektr) / teorema *m* de Norton, teorema *m* relativo a las redes
No-Sag-Feder *f* **für Möbel** / muelle *m* no-sag
Nose-in-Position *f* (Luftf) / posición *f* de carga
NOSFER (Fernm) / NOSFER *m* (sistema nuevo fundamental para la determinación de los equivalentes de referencia)
Nosian, Noselit *m* (Min) / noseana *f*
Not•... / de urgencia, de emergencia ‖ ~..., Hilfs... / de reserva, de socorro, de auxilio ‖ ~... (Luftf, Schiff) / de fortuna, de emergencia ‖ ~**abfackelanlage** *f* (Öl) / antorcha *f* de emergencia ‖ ~**abfahren** *n*, -abschaltung *f* (Reaktor) / parada *f* de emergencia, interrupción *f* instantánea [de urgencia], para *m* brusco, paralización *f* rápida ‖ ~**ablassen** *vt* (Luftf) / lanzar el combustible, alijar, vaciar ‖ ~-**Abschaltrelais** *n* (Elektr) / relé *m* de sobreflujo ‖ ~**abschaltung** *f* (Elektr) / desconexión *f* de urgencia ‖ ~**abstellung** *f* (Mot) / parada *f* de urgencia ‖ ~**abstich** *m* (Hütt) / sangría *f* a través de la bigotera o salida de escoria ‖ ~**abstieg** *m* (Kran) / escalera *f* provisional o de emergencia ‖ ~**abwerfen** *vt* (Schiff) / echar por la borda o al mar
Notam *n* (notice to airmen) (Luftf) / NOTAM *m* (aviso a los pilotes)
Not•anker *m* (Schiff) / ancla *f* de respeto ‖ ~**antenne** *f* / antena *f* provisional o de socorro
Notation, Aufzeichnung *f* (allg, Programm) / notación *f*, anotación *f*
Not-Auffangnetz *n* (Flugzeugträger) / barrera *f* o red de emergencia
"**Not-Aus**"-**Einrichtung** *f* / instalación *f* de paralización rápida
Not•ausgang *m* / salida *f* de emergencia o de socorro, salida *f* de urgencia ‖ ~**auslass**, Hochwasserdurchfluss *m* (Hydr) / salida *f* de agua de tormenta ‖ ~**ausrücker** *m*, -ausschalter *m* / interruptor *m* de emergencia ‖ ~**ausschalter**, Hauptausschalter *m* (Masch) / disyuntor *m* de línea ‖ ~**ausschaltung** *f* (Masch) / parada *f* de urgencia, paro *m* de emergencia ‖ ~**ausstieg** *m* (Tunnel) / salida *f* de emergencia ‖ ~**ausstieg** (Bus, Bahn) / ventana *f* de socorro, ventana *f* de emergencia ‖ ~**ausstieg**, Rettungsluke *f* (Raumf) / escotilla *f* de emergencia ‖ ~**aus-Stoppbremse** *f* / freno *m* de paralización rápida

‖ ~-**Ausstoßtriebwerk** *n* (Raumf) / motor *m* de lanzamiento en caso de emergencia ‖ ~**behelf** *m* / expediente *m*, recurso *m* ‖ ~**belegschaft** *f* / equipo *m* de reserva ‖ ~**beleuchtung** *f* / alumbrado *m* provisional o de socorro o de emergencia, luces *f pl* de emergencia ‖ ~**bestrahlung** *f* / irradiación *f* de urgencia o emergencia ‖ ~**betrieb** *m* / servicio *m* de emergencia, marcha *f* de socorro ‖ ~**bremsassistent** *m* (Kfz) / asistente *m* de frenada de emergencia ‖ ~**bremse** *f* / freno *m* de socorro o de alarma o de emergencia ‖ ~**bremsgriff** *m* (Bahn) / empuñadura *f* del aparato de alarma ‖ ~**bremsstellung** *f* (Bahn) / posición *f* de frenado de urgencia (del grifo de maniobra de freno) ‖ ~**bremsung** *f* (Bahn) / frenado *m* de urgencia ‖ ~**bremsventil** *n*, -hahn *m* (Bahn) / válvula *f* de freno de urgencia, válvula *f* del aparato de alarma ‖ ~**brücke** *f* / puente *m* provisional o de emergencia ‖ ~**brücke**, Steg *m* / barandilla *f* (MEJ)
Notch-Filter *n* (Laser) / filtro *m* de muesca
Not•dienst *m* / servicio *m* de emergencia ‖ ~**druckknopf** *m* / pulsador *m* de urgencia ‖ ~**düse** *f*, -form *f* (Hütt) / tobera *f* auxiliar
Note *f* (Musik) / nota *f*
Notebook *m* / ordenador *m* portátil tipo agenda, portátil *m* tamaño agenda
Noten•ausgabe *f* (Geld) / emisión *f* de billetes de banco ‖ ~**druck** *m*, Papiergelddruck *m* / impresión *f* de billetes de banco ‖ ~**druck** (Musik) / impresión *f* de música ‖ ~[**druck**]**papier** *n* / papel *m* de música ‖ ~**linien** *f pl* / líneas *f pl* del pentagrama ‖ ~**stechen** *n* / grabado *m* de música
Not•entspannungstank *m* (Raffinerie) / tanque *m* de distensión o de descompresión ‖ ~**fall** *m* / caso *m* de emergencia o de necesidad, caso *m* de urgencia ‖ ~**falldiskette** *f* (DV) / disquete *m* de emergencia ‖ ~**frequenz** *f* / frecuencia *f* de radiocomunicación de emergencia, canal *m* radioeléctrico de emergencia ‖ ~**gehsteig** *m* (Tunnel) / acera *f* de emergencia ‖ ~**gelb** *n* (Bahn) / luz *f* amarilla, señal *f* de aviso de parada próxima ‖ ~**glied** *n* (Kette) / eslabón *m* provisional ‖ ~**hafen** *n* (am Meer) / puerto *m* de refugio o de arribada ‖ ~**halt** (Bahn) / parada *f* de urgencia o de emergencia ‖ ~**haltebucht** *f* (Tunnel) / nicho *m* de parada de urgencia (túnel)
notieren, eine Adresse ~ / apuntar una dirección ‖ ~ **von Ablesungen**, Datensammeln *n* / anotación *f* de lecturas
Notiz *f* / nota *f*, apunte *m* ‖ ~**block** *m* / bloc *m* [de notas] (E), bloque *m* para apuntes (LA) ‖ ~**blockspeicher** *m* (DV) / memoria *f* de apuntes ‖ ~**buch** *n* / agenda *f* [de bolsillo] (E), libreta *f*, libro *m* de apuntes, calepino *m*
Not•kabel *n* (Elektr) / cable *m* provisional ‖ ~**kabine** *f* (Seilb) / vagoneta *f* de socorro ‖ ~**kette** *f* (Bahn) / cadena *f* de seguridad ‖ ~**kondensationsanlage** *f* (Nukl) / sistema *m* de refrigeración del aislamiento del núcleo de reactor ‖ ~**kühleigenschaften** *f pl* (Reaktor) / características *f pl* de enfriamiento secundario ‖ ~**kühlsystem** *n* / sistema *m* refrigerador de emergencia ‖ ~**kühlung** *f* (Reaktor) / enfriamiento *m* de socorro ‖ ~**lage** *f*, -stand *m* / emergencia *f*, situación *f* crítica o precaria ‖ ~**landebahn** *f*, Ersatzlandebahn *f* (Luftf) / pista *f* de emergencia ‖ **auf dem Wasser ~landen** (Luftf) / amarar, amerizar, hacer un amaraje forzoso ‖ ~**landeplatz**, -landungsplatz *m* (Luftf) / campo *m* de aterrizaje forzoso o de socorro ‖ ~**landung** *f* (Luftf) / aterrizaje *m* forzoso o de emergencia ‖ ~**landung auf dem Wasser** (Luftf) / amaraje *m* o amerizaje forzoso ‖ ~**lasche** *f* (Bahn) / brida *f* o eclisa de socorro ‖ ~**laufeigenschaften** *f pl* (allg) / propiedades *f pl* de funcionamiento [en caso] de emergencia ‖ ~**laufeigenschaften** *f pl* (Lager) / propiedades *f pl* de resistencia para la marcha en seco ‖ ~**laufhohlkehle** *f* **am Nabensitz** (Bahn) / curva *f* de acuerdo del cubo ‖ ~**laufschenkel** *m* (Bahn) / collarín

nuklear

m de mangueta ‖ ⁓**laufschmierung** *f* / lubricación *f* de emergencia ‖ ⁓**leiter** *f*, Rettungsleiter *f* / escalera *f* de socorro ‖ ⁓**leuchte**, -lampe *f* / lámpara *f* de socorro ‖ ⁓**licht** *n* / luz *f* de emergencia ‖ ⁓**lösung** *f* / solución *f* de emergencia ‖ ⁓**maßnahme** *f* / medida *f* de urgencia ‖ ⁓**peilsender** *m* (Radar) / radiofaro *m* transmisor de emergencia ‖ ⁓**pfanne** *f* (Hütt) / caldero *m* de emergencia ‖ ⁓**rad** *n* (Rad mit Notlaufeigenschaften) (Kfz) / rueda *f* de emergencia ‖ ⁓**rampe** *f* (Bahn), andén *m* de emergencia ‖ ⁓**reißbahn** *f* (Luftf) / banda *f* de desgarre de emergencia ‖ ⁓**ruder** *n* (Schiff) / timón *m* de fortuna ‖ ⁓**ruf** *m* (Luftf) / pan-pan-pan, mayday *m* ‖ ⁓**ruf** (Fernm) / aviso *m* de socorro, llamada *f* de socorro ‖ ⁓**rufmelder** *m* / teléfono *m* de emergencia, dispositivo *m* de llamada [de alarma] ‖ ⁓**rufsäule** *f* (Straße) / poste *m* de socorro (con teléfono), teléfono *m* de auxilio o de socorro ‖ ⁓**rufwelle** *f* / onda *f* de aviso de emergencia, onda *f* de socorro ‖ ⁓**rutsche** *f* (Luftf) / tobogán *m*, deslizador *m* de emergencia, rampa-balsa *f* ‖ ⁓**schalter** (Aufzug) / botón *m* de parada de emergencia ‖ ⁓**schalter** (allg) / interruptor *m* de emergencia ‖ ⁓**schwimmgestell** *n*, -schwimmwerk *n* (Luftf) / flotadores *m pl* de emergencia ‖ ⁓**sender** *m* / emisora *f* de emergencia ‖ ⁓**signal** *n*, Gefahrzeichen *n* / señal *f* de alarma, señal *f* de socorro ‖ ⁓**sitz** *m*, Klapp-, Reservesitz *m* (Bahn, Kfz) / traspuntín *m*, transportín *m*, bigotera *f*, asiento *m* de reserva, asiento *m* suplementario ‖ ⁓**speisestation** *f* / estación *f* de alimentación de urgencia ‖ ⁓**stab** *m* (Nukl) / barra *f* de seguridad ‖ ⁓**stand** *m*, -lage *f* / emergencia *f*, situación *f* crítica ‖ ⁓**standsäquivalentdosis** *f* (Nukl) / dosis *f* de emergencia ‖ ⁓**standsarbeiten** *f pl* / trabajos *m pl* de urgencia (o de emergencia) [p.ej. durante un paro] ‖ ⁓**standsgebiet** *n* / zona *f* siniestrada, zona *f* catastrófica o de crisis ‖ ⁓**standsplan** *m* / plan *m* de emergencia o urgencia ‖ ⁓**steuerung**, -regelung *f* (Nukl) / mando *m* de emergencia ‖ ⁓**stich** *m* (Hütt) / piquera *f* auxiliar ‖ ⁓**-Stop** *m* / parada *f* de urgencia ‖ ⁓**störungsbehebung** *f* (Bahn) / reparación *f* de emergencia ‖ ⁓**stromanlage** *f*, Notstromaggregat *n* (Elektr) / grupo *m* electrógeno de emergencia ‖ ⁓**strombatterie** *f* (Elektr) / batería *f* de socorro ‖ ⁓**[strom]schalter** *m* (Bahn, Elektr) / interruptor *m* de socorro ‖ ⁓**stufe**, Alarmstufe 3 *f* / fase *f* de peligro ‖ ⁓**treppe** *f*, Feuertreppe *f* (Bau) / escalera *f* de emergencia ‖ ⁓**verkehr** *m* (Fernm) / tráfico *m* de socorro ‖ ⁓**verlaschung** *f*, -laschenverband *m* (Bahn) / embridado *m* provisional o de urgencia ‖ ⁓**verschluss** *m* / cierre *m* de socorro ‖ ⁓**-Wartung** *f* (DV, Masch) / entretenimiento *m* de urgencia ‖ ⁓**wasserbehälter** *m* / depósito *m* de agua de socorro ‖ ⁓**wasserung** *f* (Luftf) / amaraje *m* o amarizaje forzoso ‖ ⁓**wehr** *n* (Hydr) / aliviadero *m*, vertedor *m* de reboso, vertedero *m* de crecidas, rebosadero *m*
notwendige und hinreichende Bedingung / condición *f* necesaria y suficiente
Notwendigkeit *f* / necesidad *f*
Not•wohnung *f* / vivienda *f* provisional ‖ ⁓**zugentriegelung** *f* (Elektr) / desenclavamiento *m* calibrado ‖ ⁓**zugverriegelung** *f* (Stecker) / enclavamiento *m* calibrado
Nova *f* (Pl. Novae) (Astr) / nova *f* (pl: novas)
Noval•röhre *f* (Eltronik) / tubo *m* noval ‖ ⁓**sockel** *m* (Elektr) / casquillo *m* noval
Novikov-Verzahnung *f*, Kreisbogenverzahnung *f* / dentado *m* en arco circular, talla *f* de dientes arqueados
Novocain *n* (Pharm) / novocaína *f*
Nox *n*, nx (Einheit der Dunkelbeleuchtungsstärke) (veraltet) / nox *m*
NP = Normalprofil

NPA-Farbe *f* (NPA = National Petroleum Assoc.) (Öl) / color NPA *m*
NPIN-Transistor *m* / transistor NPIN *m*
n-plus-eins-Adressbefehl *m* (DV) / instrucción *f* de dirección más uno
NPT = Netzplantechnik
NQL-Druck *m* (= near letter quality) (DV) / impresión *f* NQL
NQR (= Nuclear Quadrupole Resonance), Kernquadrupolresonanz *f* / resonancia *f* nuclear cuadripolar
NR *m*, Naturkautschuk *m* / caucho *m* natural
NR-Filztuch *n* (= needle-reinforced), Raunadelfilztuch (Tex) / fieltro *m* tejido reforzado tipo NR
N-Ring *m*, Nasenring *m* (Mot) / aro *m* de émbolos tipo N
NRT = Nettoregistertonne
NRZ/C-Schreibverfahren *n* (DV) / registro *m* sin retorno a cero con cambio
NRZ/M-Schreibverfahren *n* (DV) / registro *m* sin retorno a cero con referencia
ns = Nanosekunde
NS = Nuklearschiff
NSCC-Verfahren *n* (= neutral sulfite semi-chemical) (Pap) / procedimiento NSCC *m*
N-Schale *f* (Nukl) / capa N *f*, nivel N *m*
N-Schirm *m* (Radar) / pantalla *f* de presentación visual tipo N.
N-Schirmbild-Darstellung *f* (Radar) / presentación *f* visual tipo N
NSF (USA) = National Science Foundation
NSG *n* = Netzspeisegerät
NSS-Turbine, Nachspeisesystemturbine *f* (Reaktor) / turbina *f* RCIC (= reactor core inventory control)
n-stufige Ziffer (DV) / símbolo *m* n-ario
NSW, Nebelscheinwerfer *m* (Kfz) / faro *m* de niebla
NT (DV) = Netzanschluss u. Netztakt
NTA, Nitrilotriessigsäure *f* (Chem) / ácido *m* nitrilotriacético
NTC-Widerstand *m* (Heißleiterwiderstand mit negativem Temperaturkoeffizient) / resistor NTC *m*, resistor *m* de coeficiente negativo de temperatura
n-te Ordnung *f* (Math) / enésimo orden *m*, n-ésimo orden *m*
NTG = Nachrichtentechnische Gesellschaft
NTSC-System *n* (USA, Japan) (TV) / Comité *m* Nacional de Sistemas de Televisión
n-Tupel *n* (Zeichenerkennung) / n-pleta *m*, n-tuplo *m*
NTZ = Nachrichtentechnische Zeitschrift
Nu, Nusseltsche Zahl (Phys) / numero *m* de Nusselt
Nuance *f*, Farbton *m* / matiz *m*, tono *m* de color, tinta *f*
Nuancen•abstufung *f* / graduación *f* de matices ‖ ⁓**abweichung** *f* / desviación *f* de matizado ‖ ⁓**vertiefung** *f* / intensificación *f* de matizado
nuancieren *vt*, leicht färben / matizar
nuancierender Farbstoff, Nuancierungsfarbstoff *m* (Tex) / colorante *m* para matizar
Nuancierung, Tönung *f* (Färb) / matizado *m*
N-Übergang *m* (Transistor) / juntura N *f*
Nubukleder *n* / cuero *m* nubuk
Nu-Eisen *n* (Eltronik) / hierro Nu *m*
Nugget *n*, Goldklumpen *m* / pepa *f* o pepita de oro
nuklear (Phys) / nuclear ‖ **~er Antrieb** (Raumf) / propulsión *f* [mediante energía] nuclear ‖ **~e Ausbeute** / rendimiento *m* nuclear ‖ **~er Brennstoff** / combustible *m* nuclear ‖ **~e Dampferzeugungsanlage** / sistema *m* nuclear de generación de vapor ‖ **~er elektromagnetischer Impuls** / impulso *m* electromagnético nuclear ‖ **~er Raumpendler**, nuklearer Pendler (Raumf) / lanzadera *f* espacial [de propulsión] nuclear ‖ **~er Schaden** / daño *m* nuclear ‖ **~e Sicherheit** / seguridad *f* nuclear ‖ **~e Überhitzung** / sobrecalentamiento *m* nuclear ‖ **~e Waffe** / arma *f* nuclear

Nuklearbatterie

Nuklear•batterie f (Raumf) / batería f nuclear ‖ ⁓**elektronik** f / electrónica f nuclear ‖ ⁓**kreisel** m (Luftf) / giroscopio m o giróscopo nuclear ‖ ⁓**park** m / parque m [de energía] nuclear ‖ ⁓**schiff** n, NS / buque m de propulsión nuclear ‖ ⁓**technik** f / ingeniería f o técnica nuclear
Nuklease f (Biochem) / nucleasa f
Nukleierungsfaktor m (Plast) / factor m de nucleación
Nukleinsäure f, Kernsäure f (Biochem) / ácido m nucleico o nucleínico
Nukleolus, Kernkörper m (Biol) / nucléolo m
Nukleon[en]... / nucleónico adj
Nukleon n, Kernpartikel f (Nukl) / nucleón m, particula f nuclear
Nukleonen•komponente f / componente m nucleónico ‖ ⁓**zahl** f / número m de masa
Nukleonik f, angewandte Kernphysik / nucleónica f
nukleo•phil (Chem) / nucleófilo ‖ ~**philes Reagenz** / reactivo m nucleófilo ‖ ⁓**proteid** n, Nuklein n (Biochem) / nucleoproteido m, proteido m nuclear ‖ ⁓**sid** n / nucleósido m ‖ ⁓**tid** n / nucleótido m, nucleótida f
Nuklid n (eine Atomkernart) / nuclido m ‖ ⁓**erzeugungsreaktor** m / reactor m de producción de isótopos
null Fehler m pl / errores m pl nulos ‖ ~ **Grad Celsius** / cero grados centígrados m pl ‖ ~ **Grad Fahrenheit** (= -17,78°C) / cero [grados] Fahrenheit
Null f (Math) / cero m, zero m ‖ ⁓ / cero, la cifra 0 ‖ ⁓, **Nichts** n / nada, cero, ninguna cosa f ‖ **auf** ⁓ **einstellen** / graduar a cero ‖ **auf** ⁓ **stehen** (Instr) / estar a cero ‖ **auf** ⁓ **stellen** / poner a o en cero ‖ **der Mittelwert ist** ⁓ / el valor medio está a cero ‖ **der Strom ist** ⁓ / la corriente ha alcanzado el valor cero ‖ **gleich** ⁓ **setzen** (Math) / poner igual a cero ‖ **unter** ⁓ (Temperatur) / bajo cero ‖ **zu** ⁓ **werden** (Math) / alcanzar el valor cero
Null•Abgas-Auto n, Zero Emission Vehicle, ZEV (Kfz) / vehículo m de emisión zero ‖ ⁓**abgleich** m, Kompensation f (Eltronik) / ajuste m o equilibrio a cero, equilibrio m de anulación, balance m de cero ‖ ⁓**abgleichempfänger** m / receptor m de equilibrio a cero ‖ ⁓**abgleichmethode** f (Mess) / método m de [ajuste a] cero, método m de lectura cero, método m de indicación nula ‖ ⁓**ablesung** f / indicación f de cero, marcación f cero ‖ ⁓**Achsabstand** m (Zahnrad) / distancia f de referencia entre centros ‖ ⁓**achse** f (Math) / línea f neutra, eje m neutro ‖ ⁓**adress...**, Keinadress... (DV) / sin dirección ‖ ⁓**adressbefehl** m (DV) / instrucción f sin dirección ‖ ⁓**amplitude** f, Trägernull n (Eltronik) / cero m de la portadora, amplitud nula o ausencia de la portadora.f. ‖ ⁓**anode** f / ánodo m cero ‖ ⁓**anodenstromeffekt** m / corriente f de corte del magnetrón ‖ ⁓**anschlag** m (Masch) / tope m a cero ‖ ⁓**anzeigegerät** n, -anzeiger m (Instr) / detector m o indicador de [corriente] cero, detector m de señal cero o nula o mínima ‖ ⁓**auffüllung** f (DV) / relleno m de ceros ‖ ⁓**auftrieb** m (Luftf) / sustentación f nula ‖ ⁓**auftriebsrichtung** f (Luftf) / dirección f de sustentación nula ‖ ⁓**auslösung** f (Elektr) / disparo m a cero ‖ ⁓**ausschalter** m / interruptor m por baja tensión o por falta de tensión ‖ ⁓**belastung** f / carga f nula, sin o libre de carga, estado m sin carga ‖ ⁓**beton** m, Ausgangsbeton m (Bau) / hormigón m de base ‖ ⁓**bit** n (DV) / bit m cero ‖ ⁓**dimensional** / cero dimensional, de dimensión cero ‖ ⁓**durchgang** m (Wechselstrom) / pasaje m por cero, paso m por cero ‖ ⁓**durchgang** (Kurve) / punto m de anulación ‖ ⁓**effekt** m, -rate f, Untergrundzahlrate f (Nukl) / movimiento m propio ‖ ⁓**effekt**, Eigengeräusch n (Phys) / ruido m de fondo ‖ ⁓**-Effekt-Niveau** n / nivel m de efecto nulo ‖ ⁓**effektstrahlung** f (Nukl) / radiación f de fondo ‖ ⁓**[ein]stellung** f (Instr) / ajuste m a (o de) cero, puesta f a (o en) cero ‖ ⁓**einsteuerung** f (DV) / relleno m de ceros ‖ ⁓**elektrode** f (Chem) / electrodo m nulo ‖ ⁓**element** n (Math) / elemento m cero o nulo ‖ ⁓**emissionshaus** n (Bau, Umw) / casa f de emisión cero
nullen vt, nullstellen (Instr) / reponer a cero, poner a [o en] cero ‖ ~, an den Nullpunkt legen (Elektr) / poner a neutro, conectar al neutro, neutralizar ‖ ⁓ n / puesta f a cero ‖ ⁓**druck** m / impresión f de ceros
Nullenergiereaktor m / reactor m de potencia cero o nula
Nullen•taste f (DV) / tecla f cero ‖ **2-**⁓**taste** / tecla f de dos ceros ‖ ⁓**unterdrückung** f / supresión f de ceros ‖ ⁓**zirkel** m (Zeichn) / bigotera f de bomba ‖ ⁓**zirkel mit 3 Spitzen** / bigotera f de bomba de tres puntas
Null•fehler m (Instr) / error m por corrimiento o por desajuste de cero ‖ ⁓**-Fehler-Methode** f / método m de ausencia de defectos ‖ ⁓**-Fehler-Programm** n (F.Org) / programa m de control perfecto de calidad ‖ ⁓**förderdruck** m (Pumpe) / presión f cero de elevación ‖ ⁓**frequenz**, Gleichstromkomponente f (TV) / frecuencia f cero o nula ‖ ⁓**-g** n, Null-Schwere f (Raumf) / gravedad f cero o nula, ausencia f de efectos gravitacionales ‖ ⁓**geschwindigkeit** f / velocidad f nula ‖ ⁓**-Grad-Isotherme** f (Meteo) / nivel m de la isoterma 0° C ‖ ⁓**hyperbel** f (Decca, Radar) / calle f ‖ ⁓**hyperbelidentifizierung** f (Nav) / identificación f de la calle ‖ ⁓**hypothese** f (Stat) / hipótesis f nula ‖ ⁓**impedanz** f / impedancia f nula ‖ ⁓**impuls** m, Nullstellungsimpuls m / impulso m de puesta a cero ‖ ⁓**instrument** s. Nullanzeigegerät ‖ ⁓**justierung** f / ajuste m [de puesta] a cero, ajuste m del cero ‖ ⁓**kapazität** f (Diode) / capacitancia f nula ‖ ⁓**kegel**, Schweigekegel m (Radar) / cono m de silencio ‖ ⁓**kegelfeuer** n / radiobaliza Z f, radiobaliza f de emisión vertical cónica ‖ ⁓**klemme**, Nullleiterklemme (Elektr) / borne m o terminal del conductor neutro ‖ ⁓**komponente** f, Gleichstromkomponente f (Elektr) / componente m f homopolar ‖ ⁓**kontrolle** f (DV) / prueba f o verificación de cero ‖ ⁓**koordinate** f / coordenada f homopolar ‖ ⁓**korrektur** f (Instr) / ajuste m a (o de) cero, comprobación f del cero ‖ ⁓**korrekturschraube** f / tornillo m de ajuste a cero, tornillo m corrector del cero ‖ ⁓**-Lage** f, Nulllage / posición f cero ‖ ⁓**-Last** f / carga f nula ‖ ⁓**-Lastbereich** m (Reaktor) / margen m f de potencia nula ‖ ⁓**-Leistung** f, Nulleistung f (Elektr) / potencia f cero o nula ‖ ⁓**-Leistungsreaktor** m / reactor m de potencia cero o nula
Nullleiter m, Nuller m (coll.) (Drehstrom) / conductor m neutro, hilo m neutro ‖ ⁓ (im 3- o. 4-Phasennetz) (Elektr) / cuarto hilo m ‖ ⁓**erdung** f / puesta f a tierra del conductor neutro ‖ ⁓**klemme**, Nullklemme f (Elektr) / borne m neutro, terminal m neutro
Nullleitung f, Nullleiter (Elektr) / alimentador m neutro
Nulllinie f / línea f [de] cero ‖ ⁓, Bezugslinie f (Mess) / línea f de referencia o de comparación ‖ ⁓, neutrale Achse o. Faser (Mech) / eje m neutro ‖ ⁓ (Diagramm) / línea f de base
Null•matrix f (Math) / matriz f nula, matriz f que sólo tiene elementos nulos ‖ ⁓**menge** f, leere Menge (Math) / conjunto m vacío o nulo ‖ ⁓**meridian** m (Geo) / meridiano m cero o de Greenwich ‖ ⁓**methode** f (Elektr) / método m de cero ‖ ⁓**modem** n / módem m nulo ‖ ⁓**niveau** n (Phys, Verm) / nivel m cero o de referencia ‖ ⁓**nulltaste** f, Zweinullentaste f (Buchungsmaschine) / tecla f de dos ceros ‖ ⁓**ode** f, elektrodenlose Röhre (Eltronik) / tubo m sin electrodos ‖ ⁓**operationsbefehl** m (DV) / instrucción f no operacional ‖ ⁓**pegel** m (Verm) / nivel m cero ‖ ⁓**pegel** (Fernm) / nivel m de potencia cero ‖ ⁓**phase** f (Eltronik, Funk) / fase f nula o cero ‖ ⁓**phasenmodulation** f / modulación f homopolar ‖ ⁓**potential** n (Elektr) / potencial m cero o nulo
Nullpunkt m, Anfangspunkt m / punto m cero ‖ ⁓ (Koordinaten) / origen m de coordenadas ‖ ⁓, (jetzt:) Neutralpunkt m (Elektr) / punto m neutro ‖ ⁓,

Gefrierpunkt *m*, Frierpunkt *m* (Phys) / cero *m* ‖ ~, Nichts *n* / nada *f* ‖ ~ (Ultraschall) / punto *m* cero ‖ ~ (Instr) / cero *m* de una escala, división *f* cero de un cuadrante ‖ ~ **der Festigkeitsprüfung** (Pap) / punto *m* cero del ensayo de resistencia ‖ ~**abweichung** *f* / deriva *f* del cero, corrimiento *m* del cero ‖ ~**einstellung** *f*, -justierung *f* / comprobación *f* del cero, ajuste *m* a (o de) cero, ajuste *m* del punto cero ‖ ~**energie** *f* (Phys) / energía *f* [a la temperatura] del cero absoluto, energía *f* de punto cero ‖ ~**-Entropie** *f* / entropía *f* al cero absoluto ‖ ~**erdung** *f* (Elektr) / puesta *f* a tierra del neutro ‖ ~**fehler** *m* (Instr) / desviación *f* residual ‖ ~**korrektur** *f* (NC) / compensación *f* de la deriva del cero ‖ ~**methode** *f* (Elektr) / método *m* de cero
Nullpunkts• auswanderung *f* / deriva *f* del cero ‖ ~**energie** *f*, innere Schwingungen *f pl* (Chem) / vibraciones *f pl* internas ‖ ~**fehler** *m* (Kath.Str) / distorsión *f* de origen
nullpunktsicher (Funk) / de estabilidad del cero o del ajuste al cero
Nullpunkts• konstanz *f* / constancia *f* del punto cero ‖ ~**oszillation** *f* (Messinstr) / oscilación *f* del cero
Nullpunktspannung *f* / tensión *f* neutro/tierra
Nullpunkts• verlagerung *f* / desplazamiento *m* del cero, corrimiento *m* del cero ‖ ~**verschiebung**, -verschiebbarkeit *f* (NC) / cero *m* flotante ‖ **[langsame]** ~**verschiebung** (Eltronik) / deriva *f* lenta del cero ‖ ~**wahl** *f* (Instr) / elección *f* del [punto] cero
Nullpunkt• -Thermostat *m* / termostato *m* de cero ‖ ~**transformator** *m* (Elektr) / transformador *m* de punto neutro ‖ langsame ~**veränderung** (Messung) / corrimiento *m* lento del [punto] cero
Null• -Rad *n* (Verzahnung) / rueda *f* dentada sin desplazamiento de perfil ‖ ~**reaktanz** *f* / reactancia *f* homopolar ‖ ~**reißlänge** *f* (Reißlänge bei Einspannlänge Null) (Pap) / largo *m* de rotura a lo largo de sujeción nula, longitud *f* de rotura ‖ ~**schicht** *f* (Meteo) / nivel *m* cero ‖ ~**schwere**, Null-g ‖ ~**serie** *f* / serie *f* experimental o de prueba, fabricación *f* de ensayo ‖ ~**serienwagen** *m* (Kfz) / vehículo *m* o coche de serie experimental o de prueba ‖ ~**sicht** *f* (Luftf) / visibilidad *f* cero ‖ ~**signal** *n* (Magn.Bd) / salida *f* o señal cero o nula, ausencia *f* de señal ‖ ~**spannung** *f* (Elektr) / potencial *m* cero o nulo ‖ ~**[spannung]auslösung** *f* / disparo *m* a tensión nula, disparo *m* por falta de tensión ‖ ~**spannungsgesichert**, nichtlöschend, permanent (DV, Speicher) / permanente ‖ ~**spannungsschalter** *m* / interruptor *m* de tensión nula ‖ ~**spannungsschutz** *m* / protección *f* contra bajo voltaje, protección *f* contra tensión nula ‖ ~**spant**, Grundspant *n* (Schiff) / cuaderna *f* maestra ‖ ~**start** *m* (Luftf) / lanzamiento *m* de un punto fijo ‖ ~**stellbar** / ajustable a cero, que puede ser puesto a cero ‖ ~**stellbarer Zähler** / contador *m* con puesta a cero ‖ ~**stelleinrichtung** *f* / dispositivo *m* de puesta a cero ‖ ~**stellen** *vt* / poner a cero ‖ ~**stellen** *n* / puesta *f* a cero ‖ ~**stellfehler** *m* / falla *f* de puesta a cero ‖ ~**stellfehler haben** (o. machen o. bringen) / presentar falla[s] de puesta a cero ‖ ~**stellgriff** *m* / cogedero de puesta a cero ‖ ~**stellung** *f* / posición *f* cero ‖ ~**stellung**, Rückstellung auf null / puesta *f* a cero ‖ ~**stellung** (Elektr) / posición *f* neutra ‖ ~**stellung**, Ausschaltstellung *f* / posición *f* desconectada ‖ **auf** ~**stellung zurückbringen** / poner a cero, reajustar a cero ‖ ~**stellungszustand** *m* (DV) / posición *f* de reposición ‖ ~**streckenstart** *m* s. Nullstrich ‖ ~**strich**, Index[strich] *m* / marca *f* cero, raya *f* cero [en una escala] ‖ ~**strich** *m* **an Skalen** / línea *f* de cero ‖ ~**strom** *m* / corriente *f* nula ‖ ~**stufe** *f* / etapa *f* cero ‖ ~**system** *n* (in allen Phasen symmetrisches Sternpunktsystem) (Elektr) / sistema *m* homopolar ‖ ~**taste** *f* (DV) / tecla *f* cero ‖ ~**tastimpuls** *m* (Eltronik) / impulso *m* de bloqueo
nullte• r *adj* (Math) / nulésimo ‖ ~ **Gruppe** (Chem) / grupo *m* cero ‖ ~ **Ordnung** / orden *m* cero
Nulltermin, Schlusszeitpunkt *m* (F.Org, PERT) / fecha *f* de realización del proyecto
Nullung *f* (Elektr) / puesta *f* a tierra o a masa, toma *f* de tierra ‖ ~, Nullstellung *f* / puesta *f* o ajuste a cero
Null• unterdrückung *f* (DV) / supresión *f* de ceros ‖ ~**ventil** *n* **der Bremse** (Bahn) / válvula *f* neutra del freno ‖ ~**vergleich** *m* (DV) / prueba *f* de cero ‖ ~**verschleiß** *m* / desgaste *m* nulo ‖ ~**versuch** *m* / ensayo *m* blanco ‖ ~**viskosität** *f* / viscosidad *f* de cizallamiento cero ‖ ~**-Voltleiter**, 0-V-Leiter *m* (Eltronik) / conductor *m* común, conductor *m* de voltaje cero ‖ ~**vorspannung** *f* (Eltronik) / polarización *f* nula o cero ‖ ~**wert** *m* / valor *m* cero o nulo ‖ ~**wertig** (Chem) / no valente, cerovalente ‖ ~**wertigkeit** *f* / valencia *f* nula, nulivalencia *f* ‖ ~**wertlösung** *f* / solución *f* de puesta a cero ‖ ~**zacke** *f* (Radar) / punta *f* de cero ‖ ~**zeichen** *n* / carácter *m* nulo ‖ ~**zeitpunkt**, Startmoment *m* (Count-down) / tiempo *m* cero ‖ ~**zone** *f* / línea *f* neutra
Number-Cruncher *m* (DV) / ordenador *m* central o principal grande
Numerik• ... / numérico ‖ ~**empfänger** *m* / receptor *m* numérico ‖ ~**maschine** *f* (Wzm) / máquina *f* mandada numéricamente
numerisch / numérico ‖ ~, quantisiert / digital ‖ ~**e Anzeige** / presentación *f* [visual] numérica ‖ ~**e Apertur** (Opt) / abertura *f* numérica ‖ ~**e Darstellung** (DV) / representación *f* numérica ‖ ~ **gesteuert** (NC) / mandado numéricamente, de o con control numérico ‖ ~ **gesteuerte Werkzeugmaschine** / máquina CNC *f*, máquina *f* de control o de mando numérico ‖ ~ **gesteuerter Roboter** / robot *m* mandado numéricamente ‖ ~ **gesteuerter Wähler** / selector *m* numérico ‖ ~**e Größe** / cantidad *f* numérica ‖ ~**e Steuerung**, NC / control *m* o mando numérico, CN ‖ ~**e Steuerung mit Microcomputer** / control *m* numérico con microordenador ‖ ~**e Wettervorhersage** / previsión *f* o predicción numérica del tiempo ‖ ~**es Wort** (DV) / palabra *f* numérica ‖ **rein** ~**es System** (DV) / sistema *m* totalmente numérico
Numerus *m* (Math) / antilogaritmo *m*, número *m*
nu-Meson *n* / mesón *m* nu
Nummer / número *m* ‖ ~, Feinheit *f* (Garn) / número *m* ‖ **[Geräte-, Maschinen-]** ~ / número *m* de serie o de fabricación ‖ **die** ~ **mit Tasten wählen** / teclar el número ‖ **die** ~ **mit Wählscheibe wählen** (Fernm) / marcar, seleccionar, componer con el cuadrante
Nummergeber *m*, Numerator *m* (Eltronik) / numerador *m*
Nummerierapparat *m*, -maschine *f*, Numerator *m* / numerador *m*, máquina *f* de numerar, numeradora *f*
nummerieren *vt* / numerar ‖ **Seiten** ~, paginieren / paginar, foliar ‖ ~ *n*, Nummerierung / numeración *f*
Nummeriermaschine *f* / numerador *m*, numeradora *f*
Nummerierungsbereich *m* (Fernm) / zona *f* de numeración
Nummerierwerk *n* / mecanismo *m* numerador o de numeración
nummern *vt*, benummern, numieren / numerar ‖ **durchlaufend o. fortlaufend** ~ / numerar correlativamente
Nummern• anzeiger *m* (Fernm) / indicador *m* de llamada ‖ ~**anzeiger**, Fallnummern-, -scheibenapparat *m* (Bahn) / indicador *m* de números ‖ ~**darstellung** *f* / representación *f* de números ‖ ~**endezeichen** *n* (Fernm) / señal *f* de fin de selección, señal *f* de número recibido ‖ ~**fernanzeiger** *m* / indicador *m* remoto de números ‖ ~**geber** *m*, Numerator *m* (Eltronik) / numerador *m* ‖ **[Konto-]** ~**kontrolle** / verificación *f* de

número de cuanta ‖ ⁓**prüfer** *m* (DV) / comprobador *m* de números ‖ ⁓**prüfung** *f* nach **Modulo n** (DV) / prueba *f* módulo N. ‖ ⁓**quittung** *f*, -quittungszeichen *n* / señal *f* de número recibido ‖ ⁓**schalter** *m*, Wählscheibe *f* (Fernm) / placa-cuadrante *f*, disco-cuadrante *m*, plaquita *f* numeradora (LA), disco *m* selector o de marcar ‖ ⁓**schalter** (am Bedienungstisch) (DV) / conmutador *m* de consola ‖ ⁓**schalterwahl** *f* / transmisión *f* de impulsos de selección, teleselección *f* con cuadrante ‖ ⁓**scheibe** *f*, Lochscheibe *f* (Fernm) / disco *m* de orificios [para el dedo], disco *m* selector ‖ ⁓**scheibenimpuls** *m* (Fernm) / impulso *m* de disco ‖ ⁓**scheibenkontakt** *m* (Fernm) / contacto *m* de la placa-cuadrante ‖ ⁓**schild** *n* (Kfz) / placa *f* (E) o chapa (LA) de matrícula ‖ ⁓**schild**, Typenschild *n* (Masch) / placa *f* de número, chapa *f* numerada, placa *f* de características ‖ ⁓**schild in Streifenform** (Instr) / banda *f* de número ‖ ⁓**schildträger** *m* (Kfz) / soporte *m* de la chapa de matrícula ‖ ⁓**schlucker** *m* (Fernm) / selector *m* de absorción de impulsos o cifras ‖ ⁓**speicherndes Telefon** / teléfono *m* de memoria ‖ ⁓**tafel** *f* / tablero *m* de números ‖ ⁓**Tastenwahl** *f* (Fernm) / selección *f* por teclas ‖ ⁓**wahl** *f* (Fernm) / selección *f* de números ‖ **reine** ⁓**wahl** (Fernm) / sistema *m* totalmente numérico ‖ ⁓**wählautomat**, Zahlengeber *m* (Fernm) / emisor *m* de impulsos ‖ ⁓**-Wähleinrichtung** *f* (Fernm) / disco *m* selector, (esp.:) *m* teclado selector ‖ ⁓**wähler** *m* / selector *m* numérico ‖ ⁓**zeichen** *n* (DV) / carácter *m* número
Nummerung *f* / numeración *f* ‖ ⁓ (von Geweben) (Tex) / numeración *f* o titulación de tejidos
Nummerungstechnik *f* / método *m* de numeración
Nummerzeichen *n* / carácter # *m*
Nummuliten *pl* / numulitas *f pl*, num[m]ulites *m pl* ‖ ⁓**formation** *f* (jetzt: Eozän) / eoceno *m* ‖ ⁓**kalk** *m* (Geol) / caliza *f* numulítica, piedra *f* de cal num[m]ulítica
Nunatak *m* (pl: Nunatakr, Nunatakker) (aus dem Inlandeis ragender Berg) (Geol) / nunatak *m*
Nur für Anlieger (Straßb) / paso *m* prohibido excepto vecinos
Nur•-Feststoff-Phase *f* (Phys) / fase *f* sólida solamente ‖ ⁓**flügelflugzeug** *n* / avión *m* todo ala o sin fuselaje, ala *f* voladora, todo *m* ala ‖ ⁓**-Flüssigphase** *f* / fase *f* líquida solamente ‖ ⁓**-Gasphase** *f* / fase *f* gaseosa solamente ‖ ⁓**glasdeckenleuchte** *f* / lámpara *f* de techo todo vidrio ‖ ⁓**lesespeicher** *m*, ROM *m* (DV) / memoria *f* de solo lectura
Nürnberger Schere *f*, Scheren-, Gelenkspreize *f* (Wz) / pantógrafo *m* de Nuremberg
Nuss *f* (Bot) / nuez *f* ‖ ⁓ (Schloss) / nuez *f*, picaporte *m* ‖ ⁓, Kettennuss *f* (Masch) / rueda *f* catalina o de cadena, piñón *m* para cadena ‖ ⁓ **I** (Bergb) / hulla *f* granulada ‖ ⁓**band** *n* (Schloss) / bisagra *f* de ramal
Nussbaum *m* (Juglans regia), Walnussbaum *m* (Bot) / nogal *m* común
Nuss•[baum]beize *f* (Tischl) / nogalina *f*, mordiente *m* nogal ‖ ⁓**[baum]holz** *n* / madera *f* de nogal ‖ ~**braun** / pardo *m* nogal ‖ ~**braun**, chemischbraun / bistre ‖ ⁓**butter** *f* (Nahr) / manteca *f* de coco
Nusseltzahl *f*, Nu (Wärme) / coeficiente *m* o número de Nusselt
Nuss•isolator *m* (Elektr) / aislador *m* ovalado ‖ ⁓**-Klassiersieb** *n*, Nachklassiersieb *n* (Kohle) / criba *f* de reclasificación ‖ ⁓**kohlen** *f pl* (Bergb) / galleta *f* menuda, hulla *f* granulada, granos *m pl* ‖ ⁓**schale** *f* (Bot, Färb) / cáscara *f* de nuez
Nut *f*, Nute *f* / ranura *f* ‖ ⁓, Kerbe *f*, Rille *f* / gárgol *m* ‖ ⁓, Falz *m* (Tischl) / encaje *m*, surco *m*, mortaja *f* ‖ ⁓, Keilnut *f* / chavetero *m*, ranura *f* de chaveta, encaje *m* de cuña ‖ ⁓ **der Keilwelle** / ranura *f*, estría *f*, canal *m* ‖ ⁓ **des Ankers** (Elektr) / ranura *f* del inducido ‖ ⁓ **des Schiebefensters** (Bau) / garganta *f* [de la ventana de guillotina], muesca *f* ‖ ⁓**en stanzen** (Stanz) / muescar ‖ ⁓ *f* **und [Feder-]Keil** (Masch) / chavetero *m* y lengüeta ‖ ⁓ **und Spund**, Spundung *f* (Tischl) / ensamble *m* por macho y hembra
Nutanker *m* (Elektr) / inducido *m* acanalado o dentado
Nutation *f* (Astr, Phys) / nutación *f*
Nutationsfeld *n* (Astr, Phys, Radar) / campo *m* nutacional, campo *m* de nutación
Nutauskleidung *f*, -isolation *f* (Elektr) / aislamiento *m* de ranura
nuten *vt* (Masch) / encajar, ranurar, cajear ‖ ~, Keilnuten fräsen (Masch) / fresar chaveteros, machihembrar ‖ **Holz** ~ / acanalar, ranurar
Nuten•antenne *f* / antena *f* de ranura ‖ ⁓**bart** *m* (Schlüssel) / paletón *m* ranurado ‖ ⁓**beilage** *f* (Elektr) / forro *m* de ranura ‖ ⁓**fräser** *m* / fresa *f* para ranuras ‖ ⁓**fräser, gekuppelt** / fresa *f* acoplada para ranuras ‖ ⁓**fräsmaschine** *f* (Wzm) / fresadora *f* de ranuras ‖ ⁓**frequenz** *f* (Elektr) / frecuencia *f* de dentado ‖ ⁓**füllfaktor** *m* / factor *m* de relleno de ranuras ‖ ⁓**füllstück** *n*, -beilage *f* (Elektr) / forro *m* de ranura ‖ ⁓**hobel** *m* (Tischl) / cepillo *m* acanalador ‖ ⁓**keil** *m*, Passfeder *f* (DIN) (Masch) / lengüeta *f* ‖ ⁓**keil** (Elektr) / chaveta *f* [de ranura] ‖ ⁓**lineal** *n* / regla *f* en V ‖ ~**loser Anker** (Elektr) / inducido *m* liso ‖ ⁓**meißel** *m* (Wz) / buril *m* para ranuras ‖ ⁓**mutter** *f* s. Nutmutter ‖ ⁓**obertöne** *m pl* (Spannungsschwankungen infolge der Ankernuten) (Elektr) / ondulación *f* de dentado ‖ ⁓**presse** *f* / prensa *f* para ranurar ‖ ⁓**pressspan** *m* (Elektr) / prespan *m* para ranuras de inducido ‖ ⁓**säge** *f* (Tischl) / sierra *f* de ranurar, serrucho *m* de ranurar ‖ ⁓**schränkung** *f* / inclinación *f* de ranuras ‖ ⁓**schritt** *m* **im Anker** (Elektr) / paso *m* en la ranura del inducido ‖ ⁓**stanzen** *n* (Masch) / muescado *m* ‖ ⁓**stanzmaschine** *f* (für Ankerbleche) / muescadora *f*, prensa *f* estampadora de ranuras ‖ ⁓**stein**, Schwingenstein *m* (Wzm) / taco *f* guiado o de corredera, tuerca *f* corredera en ranura [en T] ‖ ⁓**stoßmaschine** *f* (für Keilnuten) / mortajadora *f* de chaveteros ‖ ⁓**teilung** *f* (Elektr) / paso *m* dental ‖ ⁓**trommel** *f* / tambor *m* ranurado ‖ ⁓**walzmaschine** *f* (Wzm) / laminadora *f* de ranuras o estrías ‖ ⁓**welle** *f* / árbol *m* ranurado o estriado o acanalado ‖ ⁓**welligkeit** *f* (Elektr) / ondulación *f* de dientes ‖ ⁓**-Zahnverhältnis** *n* (Elektr) / razón *f* ranuras/dientes ‖ ⁓**ziehmaschine** *f* (für Keilnuten) (Wzm) / ranuradora *f*, brochadora *f* de chaveteros ‖ ⁓**zylinder** *m* (Web) / cilindro *m* ranurado, tambor *m* con muescas
Nut•hobel *m* (Tischl) / cepillo *m* acanalador ‖ ⁓**hobeleisen** *n* / cuchilla *f* acepilladora de ranuras ‖ ⁓**isolation** *f*, -auskleidung *f* (Elektr) / aislamiento *m* de ranura ‖ ⁓**keil** *m* (Wzm) / chaveta *f* ‖ ⁓**kreissäge** *f* / sierra *f* circular para ranurar ‖ ⁓**kurve** *f* (Masch) / leva *f* ranurada ‖ ⁓**lineal** *n* / regla *f* para trazar ranuras ‖ ~**los** (Masch) / sin ranura, sin chavetero ‖ ⁓**messer** *n* (Wzm) / cuchilla *f* para muesca o ranura ‖ ⁓**mutter** *f* / tuerca *f* [cilíndrica] con muesca[s], tuerca *f* con ranura[s], tuerca *f* estriada o ranurada ‖ ⁓**-Partie** *f* (Felge) (Kfz) / ranura *f* [del anillo de retención] ‖ ⁓**ring** *m*, Lippendichtung *f* / retén *m* labial ‖ ⁓**ringmanschette** *f* / collarín *m* de obturación ‖ ⁓**rolle** *f* / polea *f* ranurada
Nutschapparat *m*, Saugapparat *m* (Zuck) / aspirador *m*, aparato *m* de succión
Nutsche *f*, Nutschtrichter *m*, Büchnertrichter *m* (Chem) / filtro *m* de vacío, filtro *m* de Büchner, nutcha *f*
nutschen *vt* (Chem) / filtrar por aspiración
Nutsch•methode *f* (Plast) / preformado *m* con fibras en suspensión ‖ ⁓**trockner** *f* / secador-aspirador *m*
Nut•teilung *f* (Elektr) / paso *f* de ranuras ‖ ⁓**- und Federverbindung** *f* (Tischl) / unión *f* machihembrada [de ranuras y lengüetas] ‖ ⁓**- und Spundfräser** *m* (Tischl) / fresa *f* de machihembrar ‖ ⁓**- und Spundhobel** *m pl* (Tischl) / cepillo *m* machihembrador

o de machihembrar ‖ ⁓- *f* **und Spundmaschine** (Tischl) / máquina *f* de machihembrar, machihembradora *f* ‖ ⁓- **und Zapfensäge** *f* / sierra *f* machihembradora ‖ ⁓**verlust, Schlitzverlust** *m* (Elektr) / pérdida *f* por ranuras ‖ ⁓ **[verschließ]keil** *m*, Deckleiste *f* (Elektr) / chaveta *f*[de ranura] ‖ ⁓**verschluss[keil]** *m* **aus Magnetwerkstoff** (Elektr) / chaveta *f* magnética

Nutz•..., Gebrauchs... / utilitario *adj* ‖ ⁓..., Watt... (Elektr) / activo, útil ‖ ⁓**amplitude** *f* **des Bildsignals** / amplitud *f* de la señal de imagen

Nutzapfen *m* (Zimm) / espiga *f* ranurada

Nutzarbeit *f* / trabajo *m* útil

nutzbar / útil ‖ ⁓, verwertbar / utilizable, aprovechable, explotable ‖ ⁓**e Arbeitsbreite** / ancho *m* útil o efectivo ‖ ⁓**es Ausmaß** (Kfz) / dimensiones *f pl* útiles ‖ ⁓**er Druckbereich** / zona *f* de presión útil ‖ ⁓**e Fläche** (Masch) / superficie *f* eficaz, superficie *f* útil ‖ ⁓**e Flanke** (Zahnrad) / flanco *m* utilizable ‖ ⁓**es Gefälle**, Druckhöhe *f* (Wasserkraft) / altura *f* de presión hidráulica o hidrostática, salto *m* útil o aprovechable ‖ ⁓**e Gleislänge** (Bahn) / capacidad *f* de apartado ‖ ⁓**er Hohlraumgehalt**, nutzbare Volumenkapazität, NVK (Wasserenthärtung) / porosidad *f* útil ‖ ⁓ **machen**, aktivieren / activar ‖ ⁓ **machen** (Kräfte) / captar, utilizar, aprovechar, poner en explotación ‖ ⁓ **machen** [zu] / utilizar [para], aprovechar [para] ‖ ⁓**e Mächtigkeit** (Bergb) / espesor *m* útil ‖ ⁓**es Mineral** / mineral *m* utilizable ‖ ⁓**e Zeit** (DV) / tiempo *m* útil ‖ ⁓**e Zeit**, Betriebszeit *f* / tiempo *m* de explotación, tiempo *m* de servicio, duración *f* de servicio

Nutzbarmachung *f* / utilización *f*, aprovechamiento *m* ‖ ⁓ **der technologischen Errungenschaften** / utilización *f* de progresos tecnológicos, aprovechamiento *m*

Nutz•breite *f* / ancho *m* útil ‖ ⁓**bremse** *f* (Bahn) / freno *m* de recuperación (E), frenamiento *m* por recuperación (E) o recuperativo (CHILE) ‖ ⁓**dämpfung** *f* (Fernm) / equivalente *m* de transmisión efectiva ‖ ⁓**dämpfung**, Ersatzdämpfung *f* (Fernm) / atenuación *f* equivalente de nitidez ‖ ⁓ **[dauer]festigkeit** *f* (Material) / resistencia *f* [permanente] útil ‖ ⁓**effekt** *m* / efecto *m* útil ‖ ⁓**eisen** *n* (Sammelbegriff, Walzw) / productos *m pl* reutilizables ‖ ⁓**-EMK** *f* / fuerza *f* electromotriz efectiva

nutzen (Holz, Wald), schlagen / maderar ‖ ⁓ *m*, Vorteil *m* / provecho *m*, ventaja *f*, interés *m* ‖ ⁓, Gewinn *m* / ganancia *f pl*, beneficio *m*, lucro *m* ‖ ⁓, Nützlichkeit *f* / ventajas *f pl*, utilidad *f* ‖ ⁓ *m*, gestanzter Ausschnitt / troquelado *m* ‖ ⁓ *m pl* (Druck) / números *m [pl]* de ejemplares o copias ‖ ⁓ **bringen** / producir beneficio [a], ser útil [a], servir [para] ‖ ⁓ **ziehen** [aus] / sacar provecho [de], sacar partido [de]

nutzend, aus-, benutzend, Nutz... / utilizador *adj*

Nutzenergie *f* / energía *f* útil

Nutzen•herstellung *f* (Druck) / fabricación *f* o producción *f* de copias ‖ ⁓**-Kosten-Analyse** *f*, Kosten-Nutzen-Analyse *f* (F.Org) / análisis *m* ganancia/costos ‖ ⁓**-Kosten-Verhältnis** *n*, Kosten-Nutzen-Verhältnis *n* / relación *f* o razón *f* ganancia/costos ‖ ⁓**-Kosten-Zeitanalyse** *f*, Kosten-Nutzen-Zeitanalyse *f* / análisis *m* ganancia/costos/tiempo ‖ ⁓**zahl** *f* (Repro) / número *m* de ejemplares simultáneos ‖ ⁓**zylinder** *m* (Bb) / rodillo *m* para empastar

Nutzer *m* (allg, DV) / usuario *m* ‖ ⁓**freundlich** / de fácil manejo ‖ ⁓**freundlichkeit** *f* / facilidad *f* de manejo

Nutz•erz, -material *n* / mineral *m* rico ‖ ⁓**fahrzeug** *n* / vehículo *m* o utilitario industrial, coche *m* utilitario ‖ ⁓**faktor** *m* / factor *m* o coeficiente de utilización ‖ ⁓**feld** *n* (Radio) / campo *m* útil ‖ ⁓**festigkeit** *f* / resistencia *f* útil ‖ ⁓**fläche** *f* (allg) / área *f* útil ‖ ⁓**fläche**,

wirksame Oberfläche / superficie *f* activa ‖ ⁓**gefälle** *n* (Hydr) / salto *m* útil ‖ ⁓**holz** *n*, NH (Forstw) / madera *f* útil o de labra, madera *f* de construcción ‖ ⁓**holzbestand** *m* / bosque *m* o arbolado maderable, repoblado *m* de madera de construcción ‖ ⁓**information** *f* / contenido *m* útil, capacidad *f* útil ‖ ⁓**inhalt** *m* / contenido *m* útil, capacidad *f* útil ‖ ⁓**kilometer** *m* / kilómetro *m* útil ‖ ⁓**kraftwagen-Kombi** (Kfz) / camioneta *f* [de cabina doble y plataforma] (E), vehículo *m* utilitario y de viajeros combinado ‖ ⁓**ladefaktor** *m* (Luftf) / coeficiente *m* de carga del peso, factor *m* de capacidad de carga útil total ‖ ⁓**länge** *f* / largo *m* útil, longitud *f* útil o aprovechable

Nutzlast *f*, -gewicht *n* / carga *f* útil, PMA *m* menos tara (E), peso *m* útil ‖ ⁓, [bezahlte] Zuladung *f* (Kfz, Luftf) / carga *f* de pago ‖ ⁓ (Stahlbau) / carga *f* viva ‖ ⁓ *f* (Raumf) / carga *f* útil, masa *f* satelizable ‖ ⁓ **einer Raketensonde** / cono *m* de la ojiva de un cohete sonda, carga *f* útil de un cohete sonda ‖ **mit** ⁓ / cargado, con carga útil ‖ ⁓**-Bedienungsgerät** *n* (Raumf) / brazo *m* manipulador de la carga útil ‖ ⁓**befestigung** *f*, -unterbringung *f* (Raumf) / estibación *f* de la carga útil ‖ ⁓**faktor** *m* (Luftf) / factor *m* verdadero de carga ‖ ⁓**kapazität** *f* (allg, Raumf) / capacidad *f* de carga útil [en órbita baja] ‖ ⁓**raum** *m* (Raumf) / compartimiento *m* de la carga útil ‖ ⁓**spitze** *f* (Raumf) / cono *m* [de carga útil] de la ojiva

Nutz•lebensdauer *f* / vida *f* o duración útil ‖ ⁓**leistung** *f*, -effekt *m* / potencia *f* útil, efecto *m* útil, rendimiento *m* efectivo o útil ‖ größte ⁓**leistung** (Fernm) / potencia *f* límite admisible, carga *f* máxima sin distorsión ‖ ⁓**leistungslast** *f* (Elektr) / carga *f* de efecto útil ‖ ⁓**leistungswirkungsgrad** *m* (Luftf) / rendimiento *m* neto

nützlich, brauchbar / útil, provechoso

Nützlichkeit *f* / utilidad *f*

Nutzlichtstrom *m* / corriente *f* útil de alumbrado

Nützlingsfauna *f* (Zool) / fauna *f* útil, animales *m pl* útiles

nutz•lose Leistung, Leistungsverlust *m* / potencia *f* perdida, pérdida *f* de potencia ‖ ⁓**pflanzen** *f pl* (Bot) / plantas *f pl* útiles ‖ ⁓**querschnitt** *m* / sección *f* efectiva ‖ ⁓**raum** *m* / capacidad *f* útil ‖ **[Speicher-]**⁓**raum** (Wassb) / volumen *m* utilizable de embalse ‖ ⁓**reaktor** *m* (Ggs.: Versuchsreaktor) / reactor *m* nuclear económico ‖ ⁓**schall** *m* / sonido *m* útil ‖ ⁓**schicht** *f* (Bodenbelag) / capa *f* de desgaste ‖ ⁓**schub** *m* (Luftf, Propeller) / empuje *m* útil ‖ ⁓**sicherheit** *f* / seguridad *f* útil ‖ ⁓**signal** *n* (Fernm) / señal *f* deseada o útil ‖ ⁓**spannung** *f* (Elektr) / tensión *f* útil, voltaje *m* útil ‖ ⁓**störabstand** *m*, Brummabstand *m* (Eltronik) / razón *f* o relación [de] señal/ruido ‖ ⁓**strahlenkegel** *m* (Radiol) / haz *m* activo ‖ ⁓**strahlung** *f* / radiación *f* efectiva o activa ‖ ⁓**strom** *m* (Elektr) / corriente *f* útil ‖ ⁓**-Tonnenkilometer** *m* / tonelada-kilómetro *f* útil, tkn

Nutzung, Nutznießung *f* / usufructo *m*, disfrute *m* ‖ ⁓ *f*, Benutzung *f* / utilización *f*, aprovechamiento *m*, explotación *f*

Nutzungs•dauer *f* / vida *f* útil o de servicio, duración *f* en servicio, tiempo *m* de utilización ‖ ⁓**grad** *m* / razón *f* de utilización, eficacia *f*, grado *m* ‖ ⁓**hauptzeit** *f* / tiempo *m* controlado [por la máquina] ‖ ⁓**schreiber** *m* / registrador *m* de productividad ‖ ⁓**variant** / variable respecto a la utilización ‖ **wirtschaftliche** ⁓**zeit** / duración *f* de utilización económica

Nutz•wärme *f* / calor *m* útil ‖ ⁓**wasser** *n*, Brauchwasser *n* / agua *f* [para uso] industrial ‖ ⁓**wasserraum** *m*, nutzbare Füllmenge (Wassb) / volumen *m* utilizable del embalse ‖ ⁓**wert** *m* (Mech) / rendimiento *m* ‖ ⁓**wert** / valor *m* útil

Nuvistorröhre *f* (Eltronik) / nuvistor *m*

NU-Zahnung *f* (Säge) / dentado *m* interrumpido

NV-Zahnung *f* (Säge) / dentado *m* continuo

NW (Keram) = Nachwachsen ‖ ≃ = Nennweite
n-wertig (DV) / n-ario ‖ ~ (Chem) / n-valente
NWPLklappen / replegar
Nyktalopie *f*, Tagblindheit *f* (Med) / nictalopía *f*
Nylanders Reagens *n* (Chem) / reactivo *m* de Nylander
Nylon *n* (Plast, Tex) / nilón *m*, (también:) nylon *m*, náilon *m* ‖ ≃**bezug** *m* (Bahn) / funda *f* de nilón ‖ ≃**fadenkops** *m* (Tex) / canilla *f* de hilo de nilón ‖ ~**verstärkt** / reforzado [por] nilón
Ny-Meson, *ν*-Meson *n* (Phys) / mesón *ν m*
Nymphe *f* (Biol) / crisálida *f*, ninfa *f*
Nyquist•grenze *f*, -flanke *f* (Eltronik) / límite *m* Nyquist ‖ ≃**intervall** *n* (Fernm) / intervalo *m* Nyquist ‖ ≃**punkt** *m* (TV) / punto *m* de Nyquist ‖ ≃**-Stabilitätskriterium** *n* (Fernm) / criterio *m* [de estabilidad] de Nyquist
Nz = Neutralisationszahl
NZ = Normzahl
Nz = Neutralisationszahl (Öl, Fett)
N-Zahnung *f* (Säge) / dentado *m* normal

O

O (= Ost) / E (= Este), East
O (Chem) = Sauerstoff
Ω, **Ohm** n (elektr. Einheit) / Ω (= ohm[io])
O-Anordnung f / disposición f en O
OB-Betrieb m, Ortsbatteriebetrieb m (Fernm) / servicio m por batería local
OBD-System n (Nav) / radionavegación f con coordenadas polares y telémetro, navegación R-T f
Obelisk m, Spitzsäule f (Bau) / obelisco m, obelio m
oben / arriba, en [lo] alto ‖ ~ **im Hause** / en la primera planta, en piso alto, escaleras arriba ‖ ~ **[schwimmend]** / flotante [sobre], que sobrenada ‖ **diese Seite nach ~ !** / ieste lado [hacia] arriba!, iesta cara arriba! ‖ **nach ~** / hacia arriba ‖ **von ~ kommend** / desde arriba
oben•betätigt / accionado o mandado por arriba ‖ ⁻**dreher** m (Turmdrehkran) / grúa f de torre con dispositivo giratorio superior ‖ ⁻**entleerung** f (Gießpfanne) / vaciado m en alto ‖ ⁻**entleerung** / descarga f por arriba ‖ **~gespeiste Antenne** / antena f alimentada en su extremo superior ‖ **~gesteuert**, hängend (Mot, Ventil) / en culata, en cabeza, colgante ‖ **~liegend**, ganz oben befindlich, oberst / situado arriba o en la parte superior, en posición superior ‖ **~liegende Fahrbahn** (Straßb) / tablero m superior ‖ **~liegende Nockenwelle** (Mot) / árbol m de levas en culata ‖ ⁻**ohne-Container** m, Open-top-Container m / container m o contenedor abierto ‖ ⁻**schmiermittel** n / lubricante m de cilindro de arriba ‖ **~stehend**, überschüssig, obenschwimmend (Chem) / sobrante
ober•er, höher, Ober... / más alto, más elevado ‖ **~es Abmaß** (Masch) / diferencia f superior, medida f límite máxima ‖ **~e Abweichung** (Toleranz) / desviación f superior, diferencia f superior ‖ **~es Band** (oberhalb Kanal 13) (TV) / banda f superior ‖ **~e Bauhöhe** (Bergb) / espesor m del filón encima del suelo de galería ‖ **~er Bereich eines binären Signals** (Eltronik) / gama f de valores altos ‖ **~e Drehpfanne**, Drehzapfen m (Bahn) / pivote m de bogie ‖ **~er Eckbeschlag** (Container) / herraje m de ángulos superiores ‖ **~es Ende** / extremo m superior ‖ **~e Erdschicht** (Bergb) / escombros m pl, capa f de tierra superior ‖ **~e Grenze** / límite m superior ‖ **~e Grenzfrequenz** (Eltronik) / frecuencia f superior de corte ‖ **~es Grenzmaß** / medida f límite máxima ‖ **~es Gurtungsblech** (Stahlbau) / platabanda f de cabeza ‖ **~er Heizwert**, spezifischer Brennwert (DIN) / poder m calorífico bruto ‖ **~er Index o. Zeiger** f, Hochzahl f, hochstehende Zahl / superíndice m, índice m superior ‖ **~e Kammer** (Hydr) / cámara f superior ‖ **~e Kante voraus** / iarista superior delante! ‖ **~e Kastenhälfte** (Gieß) / caja f superior ‖ **~e Kennzeichnungsleuchte für Fahrzeuge über 80" Breite** (USA) (Kfz) / lámpara f de identificación ‖ **~es Lager einer stehenden Welle** (Masch) / cojinete m superior de un árbol vertical ‖ **~e Magnetosphäre** (Astr) / alta magnetosfera f ‖ **~es Plenum** (Nukl) / pleno m superior ‖ **~er Pressentisch** / plato m superior, platina f superior de compresión ‖ **~e Pressplatte** (Druckguss) / placa f superior de compresión ‖ **~e Resonanz** / resonancia f superior ‖ **~e Schicht** (Geol) / estrato m superior ‖ **~e Schleusenhaltung** (Hydr) / nivel m superior de la esclusa ‖ **~es Schleusentor**, Obertor n (Hydr) / puerta f de aguas arriba ‖ **~er Schmiedesattel** / matriz f superior de forjar en estampa ‖ **~e Schranke** (Math, Mech) / cota f superior ‖ **~es Seitenband** (TV) / banda f lateral superior ‖ **~es Stammende** (Bot) / cima f, copa f ‖ **~e Streckgrenze** (Mech) / límite m de fluencia superior, punto m cedente (o de deformación) superior ‖ **~er Teil od. Bereich od. Abschnitt** / parte f superior, zona f o sección superior ‖ **~er Totpunkt**, OT (Mot) / punto m muerto superior, P.M.S. m ‖ **~e Tragplatte** (Nukl) / alma f superior del reactor ‖ **~e Tragschicht** (Straßb) / firme m ‖ **~e Transportrolle** (Projektor) / rodillo m dentado superior, rodillo m de alimentación ‖ **~e Turasscheibe** (Bagger) / rueda f superior de inversión de la cadena, tambor m superior ‖ **~e Warngrenze** (Qual.Pr.) / límite m superior de comprobación ‖ **~e Werkplatte** (Uhr) / platina f superior ‖ **~er Wertbereich**, H-Bereich m (Halbl) / gama f alta ‖ **~es Zapfenlager** (Masch) / chumacera f, quicio m de eje vertical ‖ **~er Zeiger o. Index** (z.B. H^1) (Math) / superíndice m ‖ **~er Zuführer** (Nähm) / alimentador m superior ‖ **~e Zwischenstufe** (Hütt) / dominio m bainítico superior, estructura f de bainita superior ‖ ⁻**...** / superior ‖ ⁻**...**, Haupt... / principal
Ober•armdrehung f (Roboter) / rotación f del brazo ‖ ⁻**armvorschub** m (Roboter) / extensión f del brazo ‖ ⁻**bär** m / maza f superior, pistón m superior
Oberbau m, Hochbau m (Bau) / superestructura f, estructura f superior ‖ ⁻ (Straßb) / superestructura f de carreteras ‖ ⁻ (Bahn) / superestructura f de la vía ‖ **~los** (Masch) / sin estructura superior ‖ ⁻**maschine** f (Bahn) / máquina f de superestructura ‖ ⁻**material** n / material m de vía ‖ ⁻**messwagen** m / vagón m de inspección de la vía ‖ ⁻**schicht** f (Straßb) / capa f superior de la calzada, lecho m de la calzada ‖ ⁻**werkstätte** f (Bahn) / taller m de vía y obras
Ober•beck n (Schere) / hoja f superior ‖ ⁻**begriff** m / concepto m más extenso o más amplio, concepto m general, término m genérico ‖ ⁻**bekleidung** f (Tex) / ropa f exterior, prendas f pl exteriores ‖ **~bereich** m (Math) / espacio m original ‖ ⁻**bergamt** n / Dirección f Superior de Minas ‖ ⁻**beton** (Straßb) / capa f superior de hormigón ‖ ⁻**blatt** n (Schuh) / copete m ‖ ⁻**boden** m (Bau) / techo m ‖ ⁻**bohrmeister** m (Bohrinsel, Öl) / jefe m de cuadrilla de perforadores, perforador m [en] jefe ‖ ⁻**deck** n (Schiff) / cubierta f superior ‖ ⁻**deck** (Omnibus) / piso m superior, imperial f ‖ ⁻**deckomnibus** m / autobús m de dos pisos o plataformas, autobús m con imperial ‖ ⁻**druck** m (Walzw) / presión f del cilindro superior ‖ ⁻**druckhammer** m (Schm) / forjadora f mecánica de doble efecto ‖ ⁻**druckpresse** f (Plast) / prensa f de plato superior móvil ‖ ⁻**druckpressform** f (Plast) / molde m para prensa de plato superior móvil ‖ ⁻**fach** n (Web) / calada f superior, paso m superior ‖ ⁻**faden** (Nähm) / hilo m superior ‖ ⁻**felge** f (Kfz) / llanta f superior ‖ ⁻**feuer** n (Schiff) / luz f [de dirección] superior ‖ ⁻**filz** m (Pap) / fieltro m superior
Oberfläche f / superficie f ‖ ⁻, obere Fläche / superficie f superior, cara f alta ‖ ⁻ (Art der Oberflächenbehandlung) (Galv) / acabado m ‖ ⁻ **der Packlage** (Straßb) / superficie f del empedrado ‖ ⁻ **2. Grades** (Geom) / superficie f de segundo grado ‖ ⁻**n legieren**, metallidieren / alear superficies ‖ **die** ⁻ **bearbeiten** / mecanizar la superficie ‖ **die** ⁻ **nacharbeiten** (o. erneuern) / retocar la superficie ‖ **ebene (o. plane o. glatte)** ⁻ / superficie f igual
Oberflächen•abdruck m (Mat.Prüf) / replica f superficial ‖ ⁻**ableitung** f (Elektr) / fuga f o descarga o pérdida superficial ‖ ⁻**ableitung**, -entnahme f (Wassb) / toma f de agua superficial ‖ ⁻**abnutzung** f (Straßb) / degradación f superficial, desgaste m progresivo de la calzada ‖ **~aktiv** / tensioactivo, surfactivo, humector ‖

~**aktive Stoffe** *m pl* / agentes *m pl* tensioactivos ‖
~**aktivität** *f* (Nukl) / actividad *f* superficial ‖ ~**angaben** *f pl* / especificaciones *f pl* de superficies ‖ ~**angriff** *m* / acometida *f* de superficie, ataque *m* de superficie ‖
~**aufreißung** *f* (Walzw) / rotura *f* de la superficie de chapas pegadas ‖ ~**ausbrüche** *m pl* (Walzw) / desconchado *m* ‖ ~**ausdehnung** *f* / extensión *f* de una superficie ‖ ~**bearbeitung** *f* (Wzm) / mecanizado *m* de la superficie ‖ ~**bearbeitung** (Masch) / ingeniería *f* de materiales ‖ ~**behandlung** *f* / tratamiento *m* o acabado de la superficie ‖ ~**behandlung** (Straß) / acabado *m* del firme, cobertura *f* de la carretera ‖
~**behandlung durch Tauchen** (Lackierung) / plaforización *f* ‖ ~**behandlung von Leder** / tratamiento *m* de la superficie de cuero ‖ ~**belag** *m* (Straß) / revestimiento *m* del firme ‖ ~**belüftung** *f* / aireamiento *m* de la superficie ‖ ~**berieselung** *f*, -**kühlung** *f* / refrigeración *f* por riego de la superficie ‖
~**beschädigung** *f* (Hütt) / defecto *m* de superficie ‖
~**beschädigung** (allg) / deterioro *m* de la superficie ‖
~**beschaffenheit** *f* / estado *m* superficial ‖
~**beschaffenheit**, -finish *n*, -güte *f* / acabado *m* de superficie, calidad *f* de superficie ‖ ~**beschaffenheit** (des Abzugs) (Foto) / textura *f* de copia ‖
~**beschichtung** *f* / recubrimiento *f* de la superficie, revestimiento *m* superficial ‖ ~**bewässerung**, Berieselung *f* (Landw) / irrigación *f* de la superficie ‖
~**bezeichnung** *f* (F.Org) / designación *f* del acabado de superficie, símbolo *m* de superficie ‖ ~**bild** *n*, Narben *m* (Leder) / grano *m* ‖ ~**chemie** *f* / química *f* de superficies ‖ ~**dichte** *f* (Nukl) / espesor *m* másico ‖
~**dichte** (Elektr) / densidad *f* superficial ‖
~**dichtungsmittel** *n* (Bau) / agente *m* de impermeabilización para superficies ‖ ~**eindruck** *m* (Walzw) / marcado *m* superficial ‖ ~**einlauf** *m* (Wassb) / toma *f* de agua en la superficie ‖ ~**element** *n* (Math) / elemento *m* superficial ‖ ~**energie** *f* / energía *f* superficial o de superficie ‖ **große** ~**entfaltung** / gran *m* despliegue de superficie ‖ ~**entladung** *f* / descarga *f* superficial ‖ ~**entlastungsanlage** *f* (Hochwasser) / evacuador *m*, aliviadero *m* de superficie ‖
~**entnahme** *f*, -ableitung *f* (Wassb) / toma *f* de agua superficial ‖ ~**erder** *m* (Elektr) / conexión *f* a tierra superficial ‖ ~**erhebung** *f*, -ausbauchung *f* / aspereza *f* superficial, irregularidad *f* de una superficie ‖
~**explosion** *f* (Nukl) / explosión *f* superficial ‖ ~**fehler** *m* / imperfección *f* o irregularidad de una superficie, defectos *m pl* superficiales ‖ ~**feinheit** *f* (Masch) / finura *f* superficial o de la superficie ‖ ~**fernverkehr** *m* / telecomunicaciones *f pl* de superficie ‖ ~**festigkeit** *f* (Pap) / resistencia *f* de la superficie, solidez *f* superficial ‖ ~**feuchtigkeit** *f* / humedad *f* superficial ‖
~**film** *m* / película *f* superficial ‖ ~**film**, Molekularfilm *m* (Phys) / película *f* molecular ‖
~**flammhärtung** *f* / temple *m* superficial con soplete [o llama] ‖ ~**forschung** *f* / ciencia *f* de las superficies ‖
~**furnier** *n* (Tischl) / chapa *f* de madera de la superficie ‖ ~**gekühlt** *f* / refrigerado por la superficie ‖ ~**gekühlt** (Elektr, Motor) / totalmente encerrado ‖ ~**geleimt** (Pap) / encolado en la superficie ‖ ~**geschwindigkeit** *f* (Hydr) / velocidad *f* superficial ‖ ~**gestalt** *f* / configuración *f* de la superficie ‖ ~**gestein** *n* (Geol) / rocas *f pl* de superficie ‖ ~**gestein**, Ergussgestein *n* / roca *f* efusiva ‖ ~**glanz**, -schimmer *m* (Plast) / brillo *m* superficial ‖ ~**glätte** *f* / lisura *f* superficial ‖ ~**griffig** (Transportband) / de superficie antideslizable ‖
~**güte** *f*, Finish *n* / acabado *m* superficial ‖ ~**güte** (allg, Farbe) / calidad *f* de superficie ‖ ~**härte** *f* / dureza *f* de la superficie ‖ ~**härten** *vt* (Stahl) / templar la superficie ‖ ~**härtung** *f* / endurecimiento *m* o temple superficial ‖ ~**helligkeit** *f* / claridad *f* de superficie, brillo *m* superficial ‖ ~**keimzahl** *f*, -kolonnenzahl *f*, OKZ$_S$ (Pap) / índice *m* de germinación en la superficie ‖ ~**kennzahl** *f* / superficie *f* específica [de un polvo] ‖

~**kondensation** *f* / condensación *f* por [refrigeración de] superficie ‖ ~**kondensator** *m* (Dampf) / condensador *m* de superficie ‖ ~**konzentration** *f* (Hütt) / concentración *f* superficial ‖ ~**kopplung** *f* (LKW) / acoplamiento *m* por contacto de superficie ‖
~**kühler** *m* / refrigerador *m* superficial ‖ ~**kühlung** *f* (Masch) / refrigeración *f* superficial ‖ ~**kühlung** (Elektr) / refrigeración *f* superficial por aire ‖ ~**ladung** *f* (Phys) / carga *f* superficial ‖ ~**lebensdauer** *f* (Halbl) / vida *f* o druación de la superficie ‖ ~**legieren** *v* / aleación *f* de la superficie ‖ ~**leimung** *f* (Pap) / encolado *m* de la superficie ‖ ~**leitendes CCD** (= charge coupled device) (Eltronik) / CCD *m* de conducción superficial ‖ ~**leitfähigkeit** *f* / conductividad *f* superficial ‖ ~**maß** *n* / medida *f* de superficie ‖ ~**matte** *f* (Glasfaser) / fieltro *m* superficial ‖ ~**messer** *m* (Aufb) / aparato *m* medidor de superficie ‖ ~**messgerät** *n* / medidor *m* de rugosidades, rugosímetro *m* ‖ ~**messung** *f* / medición *f* de rugosidad ‖ ~**montage-Technik** *f*, OMT / técnica *f* de montaje en la superficie ‖ ~**nachbehandlung** *f* / tratamiento *m* ulterior de la superficie ‖ ~**nahe Bodenforschung** (Bergb) / exploración *f* cerca de la superficie ‖ ~**orientierung** *f* / orientación *f* superficial ‖ **chemische** ~**physik** / fisicoquimia *f* de superficies ‖ ~**poren** *f pl* / poros *m pl* superficiales ‖ ~**prüfgerät** *n* (Masch) / analizador *m* o comprobador de superficies ‖
~**prüfung** *f* / comprobación *f* o verificación de superficie, examen *m* de superficies ‖
~**rauheits-Messgerät** *n*, Profilometer *n* / rugosímetro *m*, perfilómetro *m* ‖ ~**rauigkeit** *f*, -rauheit *f* / rugosidad *f* superficial o de la superficie, aspereza *f* ‖
~**reibung** *f* / fricción *f* superficial, rozamiento *m* superficial ‖ ~**rekombination** *f* (Halbl) / recombinación *f* superficial o de superficie ‖ ~**riss** *m*, Hautriss *m* / grieta *f* superficial o de superficie, agrietado *m* ‖ ~**riss**, Faltungsriss *m* (Hütt) / grieta *f* de pliegue ‖ ~**riss** *m* (Holz) / rasgadura *f* superficial ‖
~**riss** (Plast) / fisuración *f* en la superficie ‖
~**rissigkeit** *f* / agrietamiento *m* ‖ ~**ruhe** *f* (Spanplatten) / estabilidad *f* de la superficie ‖ ~**schaden** *m*, -beschädigung *f* / deterioro *m* de superficie ‖
~**schäden** *m pl* (Plast) / defectos *m pl* de la superficie, daños *m pl* superficiales ‖ ~**schicht** *f* / capa *f* superficial ‖ ~**schießen** *n* (Bergb) / tiros *m pl* en aire ‖
~**schutz** *m* / protección *f* de la superficie ‖ ~**schutz** (Galv) / recubrimiento *m* de protección ‖ ~**schutz des Holzes** / preservación *f* de la superficie de madera ‖
~**sieden** *n*, örtliches Sieden (Nukl) / ebullición *f* incipiente ‖ ~**spannung** *f*, Grenzflächenspannung *f* / tensión *f* superficial ‖ ~**spannungsanalyse**, Stalagmometrie *f* / estalagmometría *f* ‖ ~**spiegel** *m* (Opt) / espejo *m* que refleja en (o sobre) la superficie ‖
~**strömung** *f* / corriente *f* superficial ‖ ~**struktur** *f* / estructura *f* superficial o de la superficie ‖ **rissige**
~**struktur** (Hütt) / marcas *f pl* superficiales acocodriladas ‖ ~**struktur** *f* (Web) / superficie *f* labrada ‖ ~**temperatur** *f* / temperatura *f* superficial ‖
~**trockner** *m* / secadero *m* de superficie ‖ ~**trübung** *f* (Plast) / enturbiamiento *m* de la superficie ‖ ~**überzug** *m*, Deckenaufbringung *f* (Straß) / cobertura *f* del firme, aplicación *f* del firme [asfaltado] ‖
~**unebenheit** *f* / asperaza *f* superficial, desigualdades *f pl* en la superficie ‖ ~**unruhe** *f*, Orangenhaut *f* (beim Anstrich) (Spanplatten) / efecto *m* de piel naranja ‖
~**verbindung** *f* (Chem) / composición *f* o combinación superficial ‖ ~**verbrennung** *f* / combustión *f* superficial ‖ ~**verdunstungskollektor** *m*, Oberflächenverdampfungskollektor *m* (Sonnenwärme) / colector *m* solar de escurrimiento ‖ ~**veredelt** (Spanplatte) / decorativo ‖ ~**veredelt** (Stahl) / de superficie afinada ‖ ~**veredelung** *f* / refinamiento *m* de superficie ‖ ~**veredelung** (Tex) / acabado *m* de la superficie ‖ ~**verfestigung** *f* / compactación *f* de la

superficie ‖ ~vergaser *m* (Kfz) / carburador *m* de superficie ‖ ~-Vergleichsmuster *n* (DIN 4769) / muestra *f* de comparación de rugosidad ‖ ~-Vergleichsnormal *n* / patrón *m* de referencia de superficies ‖ ~vergütung *f* (Opt) / tratamiento *m* antirreflexión o antirreflector ‖ ~verschleiß *m* / desgaste *m* superficial o en la superficie ‖ ~verschmutzung *f* (Nukl, organisch) / ensuciamiento *m* superficial ‖ ~vorspannung *f* / tensión *f* previa superficial ‖ ~vorwärmer *m* / precalentador *m* de superficie ‖ ~wärmeaustauscher *m* / intercambiador *m* de calor por superficie[s] ‖ ~wasser, Tagwasser *n* / agua *f* llovediza, agua *f* a flor de tierra, aguas *f pl* superficiales ‖ ~wasser-Kanalisation *f* / alcantarillado *m* de aguas llovedizas ‖ ~wechselwirkung *f* (Nukl) / interacción *f* por superficies ‖ ~welle *f* (Radio) / onda *f* [acústica] superficial o de superficie ‖ ~welle (Erdbeben) / onda *f* sísmica superficial ‖ ~wellen *f pl* (Wasser) / ondas *f pl* de superficie ‖ ~wellen-Antenne *f* / antena *f* de ondas de superficie ‖ ~wellenfilter *n*, OFW-Filter *n* / filtro *m* de ondas acústicas de superficie ‖ ~wellenleiter *m*, bodennaher Kanal (Eltronik) / conducto *m* superficial ‖ ~wellenvorrichtung *f* (Akust) / dispositivo *m* de ondas acústicas de superficie ‖ ~welligkeit *f* / ondulación *f* de la superficie ‖ ~-Welligkeitsschreiber *m* / ondógrafo *m* ‖ ~widerstand *m* (Elektr) / resistencia *f* superficial o de superficie ‖ ~wirkung *f*, Einwirkung *f* auf die Oberfläche / influencia *f* sobre la superficie ‖ ~wirkung, Wirkung *f* der Oberfläche / efecto *m* de la superficie, acción *f* superficial ‖ ~wölbung *f* / curvatura *f* de superficie ‖ ~zähigkeit *f* / tenacidad *f* superficial ‖ ~zeichen *n*, Bearbeitungszeichen *n* (Masch) / signo *m* superficial de mecanizado ‖ ~zeichen s. Oberflächenbezeichnung ‖ ~zerrüttung *f* (Verschleiß) / ruina *f* de superficie ‖ ~zustand *m* / estado *m* superficial

oberflächlich, Oberflächen... / superficial ‖ ~es Walzen mit geringem Druck / laminado *m* superficial con poca presión

Ober•flottenjigger *m* (Tex) / jigger *m* con baño abierto ‖ ~flügel *m* (Lufft) / ala *f* alta ‖ ~form *f* (Gieß) / caja *f* superior ‖ ~fräse *f* (Holzbearb) / cajeadora *f* ‖ ~fräser *m* (Holzbearb) / fresa *f* de cajeadora ‖ ~funktion *f* (Math) / función *f* superior ‖ ~gärig (Brau) / de fermentación alta ‖ ~gärung *f* (Brau) / fermentación *f* alta ‖ ~gautsche *f* (Pap) / prensa *f* de manchón superior ‖ ~geschoss *n* (Bau) / planta *f* superior, piso *m* superior o alto, alto *m* ‖ ~gesenk *n* (Kaltformen) / macho *m* superior ‖ ~gesenk (Schm) / estampa *f* superior ‖ ~gestell *n* (Hütt) / parte *f* superior de la obra [del alto horno] ‖ ~graben *m* (Wassb) / reguera *f* superior ‖ ~grenze *f* / límite *m* superior ‖ ~gurt *m* (Brücke) / arco *m* o larguero *m* purior ‖ ~gurt (Stahlbau) / cordón *m* superior, cabeza *f* superior, viga *f* testero ‖ ~gurt (Bandförderer) / correa *f* superior ‖ ~gurtstab *m* (Stahlbau) / barra *f* de la cabeza superior ‖ ~halb, obenliegend / por arriba [de], encima, por encima [de] ‖ ~halb (in Flussrichtung) / aguas arriba ‖ ~haupt *m* (Schleuse) / testa *f* de arriba, cabeza *f* de arriba ‖ ~haut, Epidermis *f* (Leder) / epidermis *f*, capa *f* córnea ‖ ~hebel *m* (Gewehr) / leva *f*, palanca *f* de expulsión ‖ ~hefe *f* (Brau) / levadura *f* de fermentación alta ‖ ~hieb *m*, Kreuzhieb *m* (Feilh) / picadura *f* superior ‖ ~hitze *f*, -feuer *n* (Hütt) / calor *f* superior con fuego encima ‖ ~hitze (Backofen) / caldeo *m* superior con fuego encima ‖ ~ingenieur *m* / ingeniero *m* jefe

oberirdisch / sobre el suelo, de superficie, aéreo ‖ ~e Explosion (Nukl) / explosión *f* en la superficie ‖ ~es Kabel (Fernm) / cable *m* aéreo ‖ ~e Leitung (Elektr) / línea *f* aérea ‖ ~e Stromzuführung / alimentación *f* por línea aérea, suministro *m* de corriente por línea aérea

Ober•kanal *m* (Wassb) / canal *m* de toma, canal *m* superior o de conducción ‖ ~kante *f* / borde *m* superior, arista *f* superior ‖ ~kasten *m* (Gieß) / caja *f* superior ‖ ~kessel *m* / caldera *f* superior ‖ ~kessel, Dampftrommel *f* / tambor *m* de vapor ‖ ~kette, Samtkette *f* (Web) / urdimbre *f* de pelo ‖ ~klasse *f* (Kfz) / clase *f* superior ‖ ~kolben (Sintern) / pistón *m* superior ‖ ~kolbenpresse *f* (Plast) / prensa *f* de plato superior móvil ‖ ~kreide *f* (Geol) / formación *f* cretácea superior ‖ ~krume *f*, A-Horizont *m*, Oberboden *m* (Landw) / horizonte A *m* ‖ ~lage *f*, Decklage *f* (Bau) / capa *f* de cobertura ‖ ~länge *f* des Buchstabens (Druck) / trazo *m* superior de minúscula, palo *m* ‖ ~lastig (Schiff) / demasiado cargado sobre cubierta, con exceso de carga alta ‖ ~lauf *m* (Fluss) / curso *m* superior ‖ ~läufermühle *f* (Zerklinerung) / molino *m* de volandera móvil ‖ ~leder *n* (Schuh) / pala *f*, empella *f* ‖ ~leitung *f*, Fahrleitung *f* (Bahn) / línea *f* aérea o de contacto o de toma, catenaria *f*

Oberleitungs•aufhängung *f* / suspensión *f* o fijación *f* de línea de contacto, suspensión *f* catenaria ‖ ~draht *m* / línea *f* de contacto, (esp.:) *m* hilo de contacto ‖ ~kreuzung *f* (Bahn, Fahrleitung) / aguja *f* aérea ‖ ~mast *m* (Bahn) / soporte *m* o poste de catenaria ‖ ~omnibus, Obus *m* / trolebús *m* ‖ ~spanner *m* / tensor *m* de línea de contacto ‖ ~tragseil *n* / cable *m* portador o portante o sustentador de catenaria ‖ ~weiche / aguja *f* aérea

Ober•licht *n*, Oberlichtfenster *n* (Bau) / tragaluz *f*, claraboya *f*, lumbrera *f* ‖ ~licht, Skylight *n* (Schiff) / lumbrera *f* ‖ ~senkrechtes ~licht (Bau) / montante *f* ‖ ~licht *n* (die Lichtquelle) / luz *f* cenital ‖ ~lichtaufbau *m* (Bahn) / lucernario *m* ‖ ~lichtband *n* (Dach) / lucernario *m* ‖ ~kippbares ~lichtfenster / montante *m* abatible, ventanillo *m* ‖ ~lichtpfette *f* / correa *f* de tragaluz ‖ ~litze *f* (Web) / malla *f* superior ‖ ~maschinerie *f* (z.B. Theater) / maquinaria *f* superior ‖ ~meister *m* / jefe *m* del gremio ‖ ~menge *f* (Math) / conjunto *m* con subconjuntos ‖ ~messer *n* (Wzm) / cuchilla *f* superior o móvil ‖ ~messerhalter *m* (Wzm) / portacuchilla *m* superior ‖ ~monteur *m* / montador *m* jefe ‖ ~pegel *m* (Hydr) / nivel *m* de aguas arriba, nivel *m* superior ‖ ~platte *f* (Uhr) / 3/4 platina *f* ‖ ~programm *m* (DV) / rutina *f* de ejecución ‖ ~putz *m* (Bau) / enlucido *m* acabador ‖ ~rand *m* (Wirkm) / reverso *m* ‖ ~riegel *m* (Bau) / riostra *f* superior ‖ ~rohr *n*, Scheitelrohr *n* (Fahrrad) / tubo *m* superior [del cuadro] ‖ ~sattelraverse *f* / portaherramientas *m* superior ‖ ~schalig (Waage) / con platillos superiores ‖ ~schenkel *m*, oberer Rahmen (Tür) / travesaño *m* superior ‖ ~schenkelschutz *m* / protegemuslos *m* ‖ ~schere *f* (Stromabnehmer) / brazo *m* superior ‖ ~schicht *f* / capa *f* superior ‖ ~schiff *n*, totes Werk (Schiff) / obras *f pl* muertas ‖ ~schlächtig (Wassb) / de admisión o de caída superior ‖ ~schlächtiger Farbkasten, Filmfarbwerk *n* (Druck) / tintero *m* de cuchilla de entintado pelicular, tintero *m* superior ‖ ~schlag *m* (Web) / expuls[ad]or *m* superior, expulsador *m* a garrote ‖ ~schlagwebmaschine *f* / telar *m* de expuls[ad]or superior o a garrote ‖ ~schlinge *f* (Tex) / bucle *m* superior ‖ ~schlitten (Dreh) / carro *m* superior ‖ ~schrämen *m*, -schram *m* (Bergb) / rozadura *f* por arriba, corte *m* al techo ‖ ~schwelle *f*, -balken *m*, Türsturz *m* (Zimm) / dintel *m*, cumbrera *f* ‖ ~schwingung *f* (Elektr, Phys) / oscilación *f* armónica ‖ ~schwingungsanteil *m* (Elektr) / contenido *m* de armónicos ‖ ~schwingungsfrequenz *f* / frecuencia *f* armónica ‖ ~schwingungsgehalt *m* (Akust) / contenido *m* en armónicos ‖ ~schwingungsgehalt, Klirrfaktor *m* (Phys) / distorsión *f* armónica total ‖ ~schwingungsgehaltmessung *f* / tanteo *m* de armónicos ‖ ~schwingungsgenerator *m* / generador *m* de armónicos ‖ ~schwingungsmessgerät *n* / medidor *m* de distorsión

Oberschwingungsquarz

armónica ‖ ²**schwingungsquarz** *m* / cristal *m* de (o para trabajar en) armónicos ‖ ²**seil** *n* (Bergb) / cable *m* superior o de extracción ‖ ²**seilapparat** *m* (Seilb) / acoplador *m* de cable flotante ‖ ²**seilbetrieb** *m* (Seilb) / arrastre *m* por cable flotante ‖ ²**seite** *f* / lado *m* superior, cara *f* superior ‖ ²**seite**, -fläche *f*, Rücken *m* / superficie *f* superior, cara *f* alta ‖ ²**seite**, rechte Seite (Tuch) / cara *f* exterior ‖ ²**spannung** *f* (Eltronik) / tensión *f* armónica superior ‖ ²**spannung** (Trafo) / tensión *f* primaria ‖ ²**spannung** (Mech) / tensión *f* máxima, esfuerzo *m* máximo ‖ ²**spannung der Dauerfestigkeit** / límite *m* superior de esfuerzo, tensión *f* máxima de la resistencia a la fatiga ‖ ²**spannungsdurchführung** *f* (Trafo) / boquilla *f* de paso de tensión primaria ‖ ²**spannungsseite** *f* (Elektr) / primario *m* ‖ ~**spannungsseitig** (Trafo) / del lado de alta tensión, del lado de tensión primaria ‖ ²**spannungsstrom** *m* (Elektr) / corriente *f* de tensión primaria
oberst•er Gang (Kfz) / velocidad *f*, marcha *f* directa ‖ ~**er Luftraum** / límite *m* superior de la atmósfera ‖ ~**e Schicht** (Bau, Straßb) / cobertura *f*, capa *f* de desgaste o de rodamiento, firme *m* ‖ ~**es Stockwerk** / último piso *m*, el piso más alto ‖ ~**er Teil**, Spitze *f* / extremo *m* superior o más alto, punta *f*
ober•ständig (Anker, Elektr) / superior, en posición superior ‖ ²**steiger** *m* (Bergb) / capataz *m* minero o de mina ‖ ²**stempel** *m* (Stanz) / macho *m* o punzón superior ‖ ²**stempel** (Plast) / émbolo *m* o macho superior ‖ ²**stempel** (Sintern) / punzón *m* superior ‖ ²**stempel** (Bergb) / puntal *m* superior ‖ ²**stempel** (Presse) / punzón *m* o macho superior ‖ ²**stoß** *m* (Bergb) / frente *m* arriba ‖ ²**strichleistung** *f* (Eltronik, Sender) / potencia *f* máxima o de cresta o de pico ‖ ²**strom** *m* (Elektr) / corriente *f* de alta tensión ‖ ~**stromig**, oberhalb / aguas arriba, río arriba ‖ ²**stufe** *f* / etapa *f* superior ‖ ²**stufe des Raumgleiters** / etapa *f* orbital ‖ ²**teil** *m n* / parte *f* superior ‖ ²**teil**, -seite *f* / lado *m* superior ‖ ²**teil**, obere Hälfte *f* / mitad *f* superior ‖ ²**teil**, Kopf *m* (z. B. eines Zahns) (Masch) / cabeza *f* ‖ ²**ton** *m* (Akust) / armónica *f*, armónico *m* ‖ ²**töne** *m pl* (Akust) / sobretonos *m pl* ‖ ²**tonquarz** *m* (Eltronik) / cristal *m* de (o para trabajar) armónicos ‖ ²**tor** *n* (Kanalschleuse) / puerta *f* de aguas arriba ‖ ²**trichter**, Doppeltrichter *m* (Druck) / horma *f* superior, formador *m* o triángulo superior ‖ ²**trum** *n* (Förderband) / ramal *m* superior ‖ ²**tuch** *n*, -ware *f* (Tex) / paño *m* o tejido exterior ‖ ²**tuch**, -filz *m* (Pap) / fieltro *m* o paño superior ‖ ²**- und Unterschicht** *f* (Landw) / capa *f* superior o inferior del suelo ‖ ²**- und Unterstempel** *m* (Wzm) / macho *m* superior e inferior ‖ ²**- und Unterwalze** *f* (für Streckwerke) (Tex) / cilindro *m* superior e inferior ‖ ²**wagen** *m* (Bagger) / equipo *m* giratorio, superestructura *f* giratoria ‖ ²**walze** *f* (Spinn, Walzw) / cilindro *m* superior ‖ ²**wange** *f* / barra *f* superior, renglón *m* superior ‖ ²**wasser** *n* (Wassb) / aguas *f pl* arriba ‖ ²**wasser**, Stauwasser *n* / agua *f* remansada ‖ ²**wasser** (Schleuse) / tramo *m* superior del canal, aguas *f pl* arriba ‖ ²**wasserjigger** *m* (Färb) / jigger *m* con baño abierto ‖ ²**wasserkanal** *m* / canal *m* [de] aguas arriba ‖ ²**wasserspiegel** *m*, O.W.Sp / nivel *m* aguas arriba ‖ ²**welle** *f* (Phys) / onda *f* armónica
Oberwellen•analysator *m* (Akust) / analizador *m* armónico o de armónicos ‖ ²**antenne** *f* / antena *f* armónica o en armónico ‖ ²**anzeiger** *m* / indicador *m* de armónicas ‖ ²**drossel** *f* / bobina *f* de choque (o de reactancia) de armónicas ‖ ~**erregt** / excitado por armónicas ‖ ²**erregung** *f* / excitación *f* armónica ‖ ²**filter** *m n*, -sieb *n*, -sperrkreis *m* / filtro *m* o supresor de armónicas ‖ ²**freiheit** *f* (Elektr) / ausencia *f* de armónicas ‖ ²**frequenz** *f* / frecuencia *f* armónica ‖ ²**gehalt** *m* (Elektr) / contenido *m* en armónicas ‖ ²**-Ordnungszahl** *f* / número *m* de armónica ‖ ²**quarz**

m s. Obertonquarz ‖ ²**-Quarzoszillator** *m* / oscilador *m* de armónicos estabilizado o regulado por cristal ‖ ²**resonanz** *f* / resonancia *f* armónica, vibración *f* simpática por resonancia ‖ ²**selektivruf** *m* (Fernm) / llamada *f* selectiva armónica ‖ ²**spannung** *f* / tensión *f* de armónica ‖ ²**störung** *f* / interferencia *f* por armónicas ‖ ²**telegrafie** *f* (hist.) / telegrafía *f* armónica
Ober•werk, -schiff *n*, totes Werk (Schiff) / obras *f pl* muertas ‖ ²**werksbau** *m* (Bergb) / labores *f pl* a cielo, laboreo *m* [en dirección] ascendente ‖ ²**wind** *m* (Feuerung) / soplado *m* desde arriba ‖ ²**windfrischen** *n* (Hütt) / afino *m* por soplado desde arriba ‖ ²**wolle** *f* (Tex) / lana *f* madre o superfina ‖ ²**zange** *f* (Tex) / mordaza *f* superior ‖ ²**zentrum** *n*, Ballungszone *f* / zona *f* de aglomeración urbana ‖ ²**zugleitung** *f* (Bahn) / puesto *m* de mando zonal ‖ ²**zylinder** *m* (Spinn) / cilindro *m* superior
object linking and embedding (DV) / OLE *m* (enlace e inserción de objetos)
Objekt *n*, Gegenstand *m* (allg, DV) / objeto *m* ‖ ² **im Raum** / objeto *m* en espacio ‖ ²**antastung** *f* (Feinmess, NC) / posicionamiento *m* del objeto ‖ ²**code** *m* (DV) / código *m* objeto ‖ ²**erkennung** *f* (Roboter) / reconocimiento *m* del objeto ‖ ²**feld** *n* / campo *m* de objeto ‖ ²**feldbeleuchtung** *f* (Foto) / iluminación *f* del campo ‖ ²**halter** *m* / portaobjeto *m*
objektiv•er Geräuschmesser / medidor *m* objetivo de ruido, psofómetro *m* o acutómetro objetivo ‖ ~**e Messung** / medida *f* objetiva
Objektiv *n* **mit veränderlicher Brennweite** (Foto) / objetivo *m* de distancia focal variable o regulable, zoom *m* ‖ ²**abgleich** *m* / ajuste *m* por focalización ‖ ²**abstand** *m* / distancia *f* entre objetivos ‖ ²**brennpunkt** *m* / foco *m* del objetivo ‖ **hinterer** ²**brennpunkt** / foco *m* posterior ‖ **vorderer** ²**brennpunkt** / foco *m* anterior ‖ ²**brücke** *f* (Mikrosk) / módulo *m* portaobjetivos ‖ ²**deckel** *m* / tapa *f* de objetivo ‖ ²**diopter** *m* / pínula *f* o dioptra de objetivo ‖ ²**fassung** *f* / montura *f* de objetivo ‖ ²**[glas]** *n* (Opt) / objetivo *m*
objektivieren *vt* / objetivar
Objektiv•kopf *m* **am Fernrohr** / cabeza *f* del objetivo ‖ ²**linse** *f* / lente *f* objetivo ‖ ²**mikrometer** *n* / micrómetro *m* de objetivo[s] ‖ ²**mikrometer**, Heliometer *n* (Astr) / heliómetro *m* ‖ ²**öffnung** *f* (Foto) / abertura *f* del objetivo ‖ ²**revolver** *m* (drehbarer Objektivwechsler) (Foto, Mikrosk) / revólver *m* de objetivos, torre *f* de objetivos ‖ ²**ring** *m* / anillo *m* de objetivo ‖ ²**schutz** *m* (Foto) / protector *m* del objetivo ‖ ²**standarte** *f* (Foto) / chapa *f* del objetivo ‖ ²**träger** *m* (Opt) / portaobjetivo[s] *m* ‖ ²**tubus** *m* / tubo *m* del objetivo ‖ ²**vorsatzlinse** *f* / lente *f* objetivo adicional
Objekt•koordinaten *f pl* / coordenadas *f pl* de objeto ‖ ²**messung** *f* (Opt) / medida *f* de luz reflejada ‖ ²**mikrometer** *n* / micrómetro *m* objeto ‖ ~**orientiert** / orientado hacia objetos ‖ ~**orientierte Programmierung** (DV) / programación *f* objeto ‖ ~**orientiertes Management** (DV) / gestión *f* orientada hacia objetos ‖ ²**programm** *n*, Maschinencodeprogramm *n* / programa *m* de código de máquina, programa *m* objeto o absoluto ‖ ²**punkt**, Dingpunkt *m* (Opt) / punto *m* objeto ‖ ²**routine** *f* (DV) / rutina *f* objeto ‖ ²**schleuse** *f* (Mikrosk) / orificio *m* de introducción del objeto ‖ ²**schutz** *m* (Nukl) / protección *f* tecnológica ‖ ²**sicherungssystem** *n* (Nukl) / sistema *m* de acceso controlado ‖ ²**sprache** (DV) / lenguaje *m* absoluto u objeto ‖ ²**strahl** *m*, Gegenstandsstrahl *m* (Laser) / haz *m* de objeto ‖ ²**tisch** *m* / platina *f* [de microscopio] ‖ ²**tisch** (Opt) / platina *f* portaespécimen ‖ ²**träger** *m* (Mikrosk) / portaobjetos *m* ‖ ²**trägerkultur** *f* (Opt) / cultivo *m* sobre portaobjetos ‖ ²**umfang** *m* (Foto) / gama *f* de contrastes ‖ ²**welle** *f* (Laser) / onda *f* de objeto

öbL (Fernm) = öffentlicher beweglicher Landfunkdienst
obligatorisch / obligatorio
Obliteration f (Porenverstopfung) (Lager) / obliteración f
OBM-Verfahren n (Oxygen, Boden, Maxhütte), bodenblasendes Sauerstoffverfahren (Hütt) / proceso m BOP (= basic oxygen process)
Obo-Carrier m, Erz-Massengut-Öl-Frachtschiff n (Schiff) / buque m OBO (= ore-bulk-oil)
Oboe-System n (ein veraltetes Entfernungsmesssystem) (Radar) / sistema m oboe
Obrflächengeothermie f (bis 200 m Tiefe) / geotermia f superficial
observabel (Phys) / observable
Observable f (Nukl) / magnitud f observable
Observatorium n, Sternwarte f / observatorio m
Observer•-Estimator m (Regeln) / observador-estimador m || ~-**Navigator** m (Luftf) / observador-navegante m
Obsidian m, [schwarze] Glaslava (Geol) / obsidiana f || ~it m (Geol) / obsidianita f
Obsoleszenz, planmäßige o. geplante ~ (Masch) / obsolescencia f programada
Obst dörren / pasar fruta[s] || ~[**an**]**baugebiet** n (Landw) / región f de cultivo de árboles frutales || ~**bau** m, Obstbaumkultur f / fruticultura f, cultivo m de árboles frutales || ~**bauer**, -züchter m / fruticultor m || ~**baumminiermotte**, Cemiostoma f scitella, Lionelia f clerkella (Zool) / minadora f [en sinusoides] || ~**baumspinnmilbe** f, Rote Spinne, Paratetranychus pilosus (Zool) / araña f roja, ácaro m de los frutales || ~**baumspritze** f / pulverizador m para árboles frutales || ~**bauschlepper** m / tractor m para fruticultura || ~**blattminiermotte** f, Lyonetia clerkolla (Zool) / polilla f de las rosáceas || ~**fruchtpresse** f / estrujadora f || ~**garten** m, -plantage f / plantación f frutal o de frutas, huerto m frutal, huerta f || ~**horde** f, -kratte f / bandeja f de fruta[s] || ~**konserven** f pl / conservas f pl de fruta || ~**made** f, Apfelwickler m (Zool) / gusano m del manzano, pirala f del manzano, oruga f de mariposa || ~**pflanzung**, -plantage f / plantación f de [árboles] frutales || ~**saft** m / zumo m de frutas || ~**schädling** m / parásito m de frutas || ~**schale** f, Gemüseschale f (Kühlschrank) / cubeta f de la verdura || ~**schiff** n / frutero m, buque m frutero || ~**- und Gemüse...** / hortofrutícola adj, de hortifruticultura
OB-Telefon n / teléfono m con batería local
Obus, Oberleitungsomnibus m (Kfz) / trolebús m, filobús m
Ochsenauge n, Rundfenster n (Bau) / ojo m de buey, lucarna f, óculo m
Öchslegrad m (Wein) / grado m Öchsle
Ocker m n, -farbe f / ocre m || ~(**gelb**) n, gelbe Tonerde / ancorca f || **gelber [roter, brauner]** ~ / ocre m amarillo, [rojo, pardo], almagre m || ~**farben**, gelbbraun, braungelb / amarillo ocre adj || ~**haltig**, -artig, -farbig / ocroso || ~**schlämmerei** f / lavado m de ocre
ockrig•er Brauneisenstein (Min) / óxido m de hierro terroso, hematites f parda || ~**er Roteisenstein**, Rötel m (Min) / almagre m
OCP-Verfahren n (= oxygène-chaux-pulvérisé) (Hütt) / proceso m OLP (= oxygen-lime-powder), proceso m OCP (= oxígeno-cal-pulverizado)
OCR, optische Zeichenerkennung (DV) / reconocimiento m óptico de caracteres, lectura f óptica automática de caracteres || ~-**Druck** m / impresión f de tipos OCR || ~-**Drucker** m (DV) / impresora f de tipos OCR
OCT = Office central pour les Transports Internationaux par Chemin de fer
Octan s. Oktan
Octanal n, Octyl-, Caprylaldehyd m (Chem) / octanal m

Octyl•alkohol m, Octanol-l n / octanol m, alcohol m octílico || ~**amin** n (Chem) / amina f octílica, octilamina f || ~**phenol** n (Chem) / fenol m octílico
ODA (= office document architecture) (DV) / ODA m
ODER (DV) / compuerta O f, O m || ~-**Glied** n, exklusives ODER / O m exclusivo || ~-**Glied**, inklusives ODER / O m inclusivo || ~-**Glied** / elemento m O || ~-**NICHT-Schaltung**, NOR-Schaltung f (Eltronik) / circuito NI m || ~-**Operation** f (boolesche Algebra) / acción f de compuerta O, combinación f en compuerta O || ~-**Schaltung** f (DV) / circuito O m, circuito m de alternativa o de disyuntiva || ~-**Zeichen** n / operador O m
Ödland n (Landw) / terreno m baldío o inculto
Ödometer n (Boden) / edómetro m
Odorans n, Odor[is]ierungsmittel n (Chem) / odorante m, odorizante m
odoriphore Gruppe (Chem) / grupo m odorífero
Odorisierung f / odorización f
OEG (= obere Explosionsgrenze) / límite m superior de explosión
O-Elektron n / electrón O m
OEL-Werte f pl (Occupational Exposure Limits) / valores OEL
OEM, auf ~-**Basis** (OEM = Original Equipment Manufacturer) / a base de OEM (= fabricante original de equipos) || ~-**Kunde** m / cliente m de OEM || ~-**Lieferungen**, Fabriklieferungen f pl / entregas f pl OEM o del fabricante original de equipos || ~-**Teile** n pl / componentes OEM m pl
Oenometer n, Weinwaage f / enómetro m
Oersted n (veraltet), Oe n (Phys) / oerstedio m, ersteido m, oersted m
Oerstit n (Magnetwerkst.) / oerstita f
Oertz-Ruder n (Schiff) / timón m Oertz
OE•-Spinnen n / hilatura f de fibras liberadas || ~-**Spinnmaschine** f, Open-End-Spinnmaschine f / hiladora f de fibras liberadas
OFC-Verfahren n (= one flow cycle) (Erdgasverflüssigung) / proceso OFC m
Ofen m, Zimmerofen m (Bau) / estufa f [de calefacción] || ~ (Industrie) / horno m || ~, Trockenofen m / estufa f [de secado] || ~ **für Einzelbeschickung** / horno m de carga intermitente || ~ **für satzweisen Einsatz** / horno m para carga en lotes || ~ **mit Einrichtungsdurchlauf** / horno m unidireccional || ~ **mit wanderndem Feuer** (Keram) / horno m anular || **elektrischer** ~ / horno m eléctrico
Ofen•abgänge m pl (Hütt) / pérdidas f pl de horno || ~**abkühlung** f, -erkaltung f (Gieß) / enfriamiento m de horno || ~**alter** n (Hütt) / edad f del horno || ~**alterung** f / envejecimiento m de horno || ~**ansatz** m / incrustación f del horno || ~**arbeiter** m / hornero m || ~**arbeiter** m pl, -mannschaft f / equipo m de horno || ~**atmosphäre** f, Schutzatmosphäre f / atmósfera f protectora del horno || ~**ausfütterung**, Futtermauer f (Hütt) / guarnición f del horno, forro m del horno || ~**ausmauerung** f, -auskleidung f (Hütt) / revestimiento m [de ladrillos refractarios] del horno, fábrica f del horno || ~**bär** m (Hütt) / salamandra f, burro m || ~**batterie** f (Hütt) / batería f de hornos || ~**begichtung** f (Hütt) / carga f del horno || ~**betrieb** m / marcha f del horno, trabajo m del horno || ~**bruch** m (Feuerfest) / desperdicios m pl de calcinación || ~**bühne** f, Gichtbühne f (Hütt) / plataforma f del tragante || ~**durchsatz** m / hornada f || ~**form**, Windform f (Hütt) / tobera f de viento || ~**führung** f / operación f del horno || ~**füllung** f, -durchsatz m / hornada f, estufada f || ~**futter** n, Ausmauerung f, Futtermauer f (Hütt) / forro o revestimiento del horno || ~**galmei** m / calamina f || ~**gang**, -betrieb m / trabajo m del horno, marcha f del horno || ~**gang** m, Absinken m (Hütt) / descenso m de la carga || ~**gefäß** n

939

Ofengerüst

(Hütt) / laboratorio *m* del horno ‖ ⁓**gerüst** *n* (Hütt) / andamio *m* de horno ‖ ⁓**gestell** *n* / obra *f* ‖ ⁓**getrocknet** / secado en estufa ‖ ⁓**gewölbe** *n* / bóveda *f* de horno ‖ ⁓**halle** *f* / nave *f* de hornos ‖ ⁓**hartlöten** / soldar con latón en horno ‖ ⁓**haus** *n* (Solar-KW) / edificio *m* de termoconversión ‖ ⁓**haus** (Gasf) / nave *f* de retortas ‖ ⁓**heizung** *f* (Bau) / calefacción *f* por estufa ‖ ⁓**inbetriebsetzung** *f* / puesta *f* en operación de un horno ‖ ⁓**kachel**, Kachel *f* (Keram) / azulejo *m* de estufa ‖ ⁓**kegel** *m* (Hochofen) / cono *m* de cierre, campana *f* del tragante ‖ ⁓**klappe** *f* / registro *m* de estufa ‖ ⁓**kopf** *m* (Hochofen) / cabeza *f* del horno ‖ ⁓**kopf des Drehrohrofens** (Keram) / cabezal *m* del horno ‖ ⁓**krücke** *f* (Hütt) / hurgón *m*, atizador *m* ‖ ⁓**lack** *m* / esmalte *m* [de secado] al horno, laca *f* de esmalte *m* al horno ‖ ⁓**lehm** *m* (Keram) / barro *m* de horno ‖ ⁓**loch**, Stichloch *n*, -öffnung *f* (Hütt) / piquera *f* ‖ ⁓**löten** *vt* / soldar en horno ‖ ⁓**löten** *n* / soldadura *f* en horno ‖ ⁓**mannschaft** *f*, -arbeiter *m pl* (Hütt) / equipo *m* de horno ‖ ⁓**mantel** *m* (Hütt) / camisa *f* o envoltura del horno ‖ ⁓**mauer-Dichtungsmasse** *f* / masa *f* para tapar fugas de hornos ‖ ⁓**mauerung** *f* / mampostería *f* del horno ‖ ⁓**nutzungszeit** *f* / vida *f* útil del horno ‖ ⁓**panzerung** *f* / blindaje *m* del horno ‖ ⁓**raum** *m* / cámara *f* de horno ‖ ⁓**raum**, Feuerraum *m* / hogar *m* ‖ ⁓**reise** *f* (Hütt) / campaña *f* del horno ‖ ⁓**rohr** *n* / tubo *m* de estufa, cañón *m* de estufa ‖ ⁓**rollgang** *m* (Walzw) / camino *m* de rodillos de un horno ‖ ⁓**ruß** *m* / negro *m* de horno, negro *m* de humo, hollín *m* ‖ ⁓**sau** *f* (Hütt) / salamandra *f*, burro *m* ‖ ⁓**schacht** *m* / cuba *f* de horno ‖ ⁓**schauglas** *n* / mirilla *f* de horno ‖ ⁓**schlacke** *f* / escoria *f* de horno ‖ ⁓**schlacke** (Betonzuschlag) / clínker *m* de horno ‖ ⁓**schwärze** / negro *m* de hollín, plombagina *f* ‖ ⁓**setzer** *m* (Beruf) / fumista *m*, estufista *m* ‖ ⁓**sohle** *f* / solera *f* de horno ‖ ⁓**stein** *m* / ladrillo *m* para hornos ‖ ⁓**stillstand** *m* (Hütt) / parada *f* del horno ‖ ⁓**stock** *m* / pared *f* maestra ‖ ⁓**stütze** *f* (Keram) / soporte *m* de cocido ‖ ⁓**trocken**, -getrocknet / secado o seco a la estufa ‖ ⁓**trocknung** *f* / secado *m* en (o a la) estufa, desecación *f* en estufa ‖ ⁓**tür** *f* / puerta *f* o portezuela del horno ‖ ⁓- **und Luftheizungsbauer** *m* / constructor *m* de hornos y aerotermos ‖ ⁓**warte** *f* / puesto *m* de control de hornos, estación *f* de control de hornos, estación *f* de control del horno ‖ ⁓**ziegel** *m*, feuerfester Stein / ladrillo *m* refractario ‖ ⁓**zug** *m* / tiro *m* del horno ‖ ⁓**zug**, Kanal *m* / conducto *m* de humos ‖ ⁓**zunder** *m* / cascarilla *f* de horno ‖ ⁓**zustellung** *f* (Hütt) / revestimiento *m* de horno
Off-Block-Zeit *f* (Lösen der Parkbremse) (Luftf) / tiempo *m* off-block
offen / abierto, al descubierto ‖ ⁓, herstellerneutral (Datennetz) / abierto para todos los usuarios ‖ ⁓, unverschlossen / no cerrado, sin cerrar ‖ ⁓, unverpackt, lose / a granel, sin embalar ‖ ⁓ (Feuer) / libre ‖ ⁓, ungeschützt (Elektr, Mot) / abierto ‖ ⁓, ohne Verdeck (Kfz) / sin capota ‖ ⁓ (Kabelschuh) / de horquilla ‖ ⁓, freiliegend (Elektr, Mot) / abierto ‖ ⁓, ohne Deckel / destapado ‖ ⁓ (Riementrieb) / derecho, no cruzado ‖ ⁓, unverschlüsselt / claro, franco, no cifrado, sin cifrar ‖ ⁓ (radioaktiv. Stoff) / no hermético ‖ ⁓**e Abbaugrube** (Bergb) / terreno *m* de explotación a cielo abierto ‖ ⁓**e [Anker]wicklung** (Elektr) / devanado *m* abierto del inducido ‖ ⁓**e Bauart** / construcción *f* abierta ‖ ⁓**e Baugrube** / zanja *f* abierta de fundación ‖ ⁓**es Betanken** (Luftf) / repostado *m* abierto ‖ ⁓**er Betrieb** (ohne Gewerkschaftszwang) (F.Org) / establecimiento *m* en el cual pueden emplearse obreros no sindicados ‖ ⁓**e Blechschere**, Ausladungsblechschere *f* (Wz) / cizalla *f* de garganta ‖ ⁓**er Brand** / incendio *m* abierto o en llama ‖ ⁓**er Brennstoffkreislauf** (Nukl) / ciclo *m* de paso único ‖ ⁓**er Bund** (Walzw) / bobina *f* abierta ‖ ⁓**er Container**, öffnender Container / contenedor *m* o container abierto ‖ ⁓**e Dampfvulkanisation** (Gummi) / vulcanización *f* en vapor vivo ‖ ⁓**e Decklagenfuge** (Sperrholz) / junta *f* separada ‖ ⁓**er Eisenkern** (Trafo) / núcleo *m* abierto ‖ ⁓**er Elektromotor** / motor *m* eléctrico abierto ‖ ⁓**es Feuer** / llama *f* libre ‖ ⁓**e Flamme** / llama *f* directa o libre ‖ ⁓**e Form**, Herdform *f* / molde *m* abierto ‖ ⁓**e Fuge** (Sperrholz) / junta *f* abierta ‖ ⁓**es Garn** (Spinn) / hilo *m* de torsión floja ‖ ⁓ **gelegt**, unterwaschen / socavado ‖ ⁓ **gelegt** (Patent) / expuesto ‖ ⁓**e gerade Kette** (Chem) / cadena *f* derecha ‖ ⁓**es Gerinne** (Hydr) / canal *m* abierto ‖ ⁓**es Gesenk** (Schm) / estampa *f* abierta ‖ ⁓ **gewebt** (Tex) / tejido flojo ‖ ⁓**es Gitter** (mit unbestimmtem Potential) (Eltronik) / rejilla *f* flotante ‖ ⁓**er Güterwagen**, E-Wagen *m* (Bahn) / vagón *m* descubierto (E), vagón *m* góndola (LA) ‖ ⁓**er Güterwagen**, Plattformwagen *m* (Bahn) / vagón *m* [de] plataforma ‖ ⁓**e Harzgalle** (Sperrholz) / agalla *f* (o verruga o protuberancia) resinífera abierta, saco *m* resinífero abierto ‖ ⁓**er Heißwasserbereiter** / calientaaguas *m* con salida abierta ‖ ⁓**er hochbordiger Güterwagen**, O-Wagen *m* (Bahn) / vagón *m* de bordes máximos ‖ ⁓**es Kaliber** (Walzw) / calibre *m* o paso abierto ‖ ⁓**er Kanal** (DV) / canal *m* público ‖ ⁓**e Karosserie** (Kfz) / carrocería *f* abierta ‖ ⁓**er Kastenaufbau** (Kfz) / carrocería *f* de caja abierta ‖ ⁓**er Kastenträger** (Stahlbau) / viga *f* en cajón abierto ‖ ⁓**e Kokille** (Hütt) / lingotera *f* abierta ‖ ⁓**e Kommunikation**, Kommunikation *f* offener Systeme, OSI / interconexión *f* de sistemas abiertos, OSI ‖ ⁓**er Lagerschild** (Elektr) / placa *f* lateral ‖ ⁓**es Land** (o. Meer) / claro *m* ‖ ⁓ **legen**, unterwaschen / socavar ‖ ⁓**e Leitung** (Elektr, Fernm) / línea *f* aérea ‖ ⁓**es Lichtbogenschweißen** / soldeo *m* por arco descubierto ‖ ⁓**e Masche** / malla *f* abierta ‖ ⁓**es Meer**, hohe See / mar *f* libre, alta mar *f* ‖ ⁓**es Netzwerk** (Elektr) / red *f* no conectada ‖ ⁓**er Polygonzug** (Verm) / red *f* poligonal abierta ‖ ⁓**e Porosität** / porosidad *f* abierta ‖ ⁓ **prozessgekoppelt** (Regeln) / en circuito abierto en línea ‖ ⁓**er radioaktiver Stoff** / fuente *f* no hermética ‖ ⁓**er Regelkreis o. Wirkungskreis** / bucle *m* abierto ‖ ⁓**er Regenwasserablauf** (Bau) / alcantarilla *f* abierta ‖ ⁓**er Riss** (Sperrholz) / grieta *f* abierta ‖ ⁓**es Schiff** / buque *m* abierto ‖ ⁓**er Seitenspeiser** (Gieß) / bebedero *m* lateral abierto ‖ ⁓**e Spannung** (Elektr) / tensión *f* de marcha en vacío ‖ ⁓**er Speiser** (Gieß) / bebedero *m* abierto ‖ ⁓**e Spule** (Elektr) / bobina *f* con [los] términos abiertos, bobina *f* abierta ‖ ⁓ **stehen** / estar abierto ‖ ⁓**e Stelle** (allg) / blanco *m* ‖ ⁓**e Stelle** (F.Org) / empleo *m* vacante, plaza *f* vacante ‖ ⁓**e Steuerung** / control *m* de circuito abierto ‖ ⁓**er Stromkreis** / circuito *m* abierto o cortado o interrumpido ‖ ⁓**es System** (DV) / sistema *m* abierto ‖ ⁓**es System** s. auch offene Kommunikation ‖ ⁓**e Tribüne** (Stadion) / tribuna *f* abierta ‖ ⁓**es Unterprogramm** (DV) / subrutina *f* abierta ‖ ⁓**er Verstärker** (Analogrechner) / amplificador *m* de alta ganancia ‖ ⁓**e Verteilung** (Fernm) / distribución *f* radial ‖ ⁓**er Wagen** (Kfz) / coche *m* abierto ‖ ⁓**er Wagen** (Bahn) s. offener Güterwagen ‖ ⁓**e Wicklung** (Elektr) / devanado *m* [de circuito] abierto ‖ ⁓**er Windkanal** (ohne Rückführung) / túnel *m* aerodinámico abierto ‖ ⁓**er Wirkungsweg** (NC) / bucle *m* abierto ‖ ⁓**e Zeichenreihe** (DV) / cadena *f* o secuencia abierta
offenbar (Irrtum) / manifiesto *adj*, evidente
offenbaren *vt* / manifestar
Offen • blendenmessung *f* (Foto) / medición *f* con diafragma abierto ‖ ⁓**end-Egoutteur** *m* (Pap) / escurridero *m* de extremos abiertos ‖ ⁓**-End-Spinnen** *n* / hilatura *f* de fibras liberadas ‖ ⁓**fach...** (Web) / de calada abierta, de paso abierto ‖ ⁓**fachmaschine** *f* (Web) / máquina *f* de paso abierto ‖ ⁓**legung** *f* (Patent) / exposición *f* de un invento ‖ ⁓**liegender Wulstdraht** (Reifen) / armadura *f* descubierta del talón ‖ ⁓**porig** /

de poros abiertos ‖ ~-prozessgekoppelter Betrieb (DV) / sistema *m* de circuito abierto en línea ‖ ~sichtlich, augenscheinlich / evidente, patente, obvio ‖ ²stall *m*, Freiluftstall *m* (Landw) / establo al descubierto *m* ‖ ²stellung *f*, Aus-Stellung *f* / posición *f* de cortar o de desconexión, posición *f* de abierto o de parada

öffentlich / público ‖ ~e Ausschreibung / subasta *f* (E), concurso-subasta *m* (E), licitación *f* (LA) ‖ ~e Bauten *pl* / trabajos *m pl* públicos ‖ ~es Bauvorhaben / proyecto *m* de construcción público ‖ ~er beweglicher Landfunkdienst, öbL / servicio *m* rural móvil público de transmisión ‖ ~es bewegliches Landfunknetz / red *f* rural móvil pública de transmisión ‖ ~es Datennetz / red *f* de datos pública ‖ ~er Dienst / Servicio[s] Público[s] *m[pl]*, S.P. (E) ‖ ~e Einrichtung (Bau) / empresa *f* de servicios públicos (agua, gas etc), utilidad *f* pública ‖ ~es Gewässer / aguas *f pl* públicas ‖ ~es Netz / red *f* pública ‖ ~er Platz / plaza *f* [pública] ‖ ~es Schnellverkehrsnetz / red *f* pública de tráfico rápido, red *f* de transportes públicos rápidos ‖ ~e Sprechstelle, Öffentliche *f* (Fernm) / teléfono *m* público, estación *f* (cabina) telefónica pública ‖ ~e Straße (Verkehrsfläche) / vía *f* pública ‖ ~er Verkehr / tráfico *m* o transporte público, transportes *m pl* públicos ‖ ~e Verkehrsbetriebe *m pl* (Kfz) / empresas *fpl* de transporte públicas, transportes *m pl* públicos ‖ ~e Verkehrslinie / línea *f* de transportes públicos ‖ ~e Verkehrsmittel *n pl* / transportes *m pl* colectivos o públicos ‖ ~e Vermittlung[sstelle] / central *f* telefónica pública ‖ ~e *f pl* Versorgungseinrichtungen / instalaciones *f pl* de servicios públicos, utilidades *f pl* públicas ‖ ~e Waage / báscula *f* pública o municipal ‖ ~es Wählnetz / red *f* telefónica pública [de líneas conmutadas] ‖ ~er Weg / camino *m* público ‖ ~e Zufahrt (Straßb) / vía *f* pública de acceso ‖ die ~e Hand / sector *m* público

öffentlich-rechtlich / de derecho público ‖ ~e Fernsehanstalt / entidad *f* de derecho público de televisión

Offen•zeit *f* (Foto) / duración *f* de abertura completa ‖ ~zellig (Plast) / de alvéolos abiertos, de células abiertas ‖ ~zelliger Schaumstoff / plástico *m* poroso o esponjoso ‖ ~zelliger Schaumstoff mit geschlossener Außenhaut / plástico *m* poroso con capa externa cerrada

offgrade (Handel) / no conforme a las calidades comerciales

offizinell (Pharm) / oficinal

offline, rechnerunabhängig / fuera de la línea ‖ ²... (DV) / fuera de línea, independiente de la línea, no acoplado al sistema, sin conexión a la red ‖ ²-Betrieb *m* (DV) / servicio *m* off-line, funcionamiento *m* fuera de línea ‖ ²-Geräte *n pl* / dispositivos *m pl* fuera de línea, dispositivos *m pl* independientes del ordenador central ‖ ²-Verarbeitung *f* / procesamiento *m* fuera de la línea, procesamiento *m* local, explotación *f* fuera de la línea

öffnen *vt* / abrir ‖ ~, aufdrücken / abrir apretando ‖ den Stromkreis ~ / abrir o interrumpir o cortar el circuito ‖ Gewebe ~ / abrir tejidos ‖ hier ~ ! / iabrir aquí! ‖ sich ~ (o. spalten) / abrirse, hendirse ‖ ² *n* (Wirkwaren) / hendidura *f*

Öffner *m*, Ruhe-, Öffnungskontakt *m* (Relais) / contacto *m* ruptor o de reposo ‖ ², Hilfsöffnungskontakt *m* / contacto *m* de reposo auxiliar ‖ ² *m*, Opener *m* (Baumwolle) / abridora *f* [de algodón] ‖ ² mit Brückenkontakt (Relais) / contacto *m* de doble ruptura ‖ ²lattentuch *n* (Tex) / tablero *m* de alimentación de la abridora ‖ ²trommel *f* (Tex) / tambor *m* abridor ‖ ²-vor-Schließer-Kontakt *m*, Umschaltkontakt *m* mit Unterbrechung (Relais) / contacto *m* de cortar antes de cerrar ‖ ²-Wechsel *m* (Relais) / contacto *m* apertura-cierre-apertura ‖ ²-Zwillingsschließer *m* (Relais) / contacto *m* apertura-doble cierre

Öffnung *f*, Mündung *f*, Ein-, Ausgang *m* / abertura *f*, orificio *m*, agujero *f*, boca *f* ‖ ², Öffnen *n* / apertura *f* ‖ ², Schlitz *m* / abertura *f* estrecha, hendidura *f*, rendija *f* ‖ ², Lücke *f* (Bau) / vacío *m*, boquete *m* ‖ ² *f* (Brücke) / luz *f* o abertura de puente ‖ ² (Schraubstock) / abertura *f* [de las mandíbulas], alcance *m* de boca ‖ ², Stützweite *f* (Bau) / abertura *f*, distancia *f* entre centros de apoyos ‖ ² des Zirkels, Schenkelweite *f* / abertura *f* del compás ‖ ² *f* eines Winkels (Math) / abertura *f* de un ángulo ‖ ² in einer Mauer (Bau) / vano *m*, hueco *m* de muro ‖ mit ²en (o. Löchern) / perforado, agujereado, con perforaciones, con agujeross ‖ mit ²en [versehen] (Mot) / con

Öffnungs•ausgleich *m*, -kompensation *f* (TV) / compensación *f* de abertura ‖ ²dauer *f*, -zeit *f* / duración *f* de apertura ‖ ²dauer der Kontakte (Kfz) / periodo *m* de apertura ‖ ² (Atemgerät) / presión *f* de apertura ‖ ²druck (Kompressor) / presión *f* de apertura ‖ ²extrastrom *m* / extracorriente *f* de corte o de ruptura ‖ ²fläche *f* / superficie *f* de abertura ‖ ²funke[n] *m* (Elektr) / chispa *f* de ruptura ‖ ²induktionsstrom *m* (Elektr) / corriente *f* inducida de ruptura ‖ ²kontakt *m* (Relais) / contacto *m* ruptor o de ruptura ‖ ²lichtbogen *m* (Elektr) / arco *m* voltaico de ruptura ‖ ~lose Wand (Bau) / muro *m* sin aberturas ‖ ²strom *m* (Elektr) / corriente *f* de ruptura ‖ ²stromstoß *m* (Elektr) / impulso *m* de ruptura ‖ ²sunk *m* (Wassb) / bajada *f* de nivel debida a la apertura de una esclusa río abajo ‖ ²verhältnis *n* (Opt) / razón *f* de abertura ‖ ²verzerrung *f* (TV) / distorsión *f* de abertura o de exploración

Öffnungswinkel *m* (allg) / ángulo *m* de abertura, apertura *f* angular ‖ ² (Strahlenbündel) / ángulo *m* de abertura del haz de rayos ‖ ² (Antenne) / anchura *f* del haz, abertura *f* angular del haz de ondas ‖ ² (Radar) / abertura *f* angular del haz, ángulo *m* de abertura del haz ‖ ² (der Positionslampen) (Luftf) / ángulo *m* diedro ‖ ² (Ultraschall) / ángulo *m* de dispersión del haz ‖ ² (des Scheinwerfers) / dispersión *f* del haz ‖ ² der Schweißnaht / ángulo *m* de bisel ‖ ² der Ziehdüse (Drahtziehen) / ángulo *m* de abertura de la hilera

Öffnungs•zahl *f* (Foto) / número *m* de abertura ‖ ²zeit *f* (Foto) / tiempo *m* de abertura del obturador

off-road (im Gelände) (Kfz) / off-road (en el terreno), fuera la carretara

Off-roader *m* (Kfz) / todoterreno *m*

Offroad-Leistung *f* / capacidad *f* campera

Offset•betrieb *m* (TV) / desviación *f* de la onda portadora ‖ ²-Crash (Versuch) (Kfz) / offset-crash *m*, crash *m* (o colisión) offset ‖ ²-Doppel-Scheibenegge *f* (Landw) / grada *f* de discos excéntrica de dos cuerpos ‖ ²druck *m*, Gummidruck *m* (Druck) / impresión *f* [por] offset, impresión *f* indirecta o rotocalcográfica ‖ ²drucker *m* / tipógrafo *m* [por] offset ‖ ²[druck]platte *f* / plancha *f* litográfica u offset, placa *f* offset ‖ ² [druck]presse / máquina *f* o prensa offset ‖ ²-Lithographie *f* / litografía *f* indirecta ‖ ²papier *n* / papel *m* para impresión indirecta, papel *m* para offset ‖ ²papiermatrize *f* / matriz *f* offset de papel ‖ ²presse *f*, Einführpresse *f* (Pap) / prensa *f* offset ‖ ²rotations[druck]maschine *f* / rotativa *f* offset ‖ ²spannung *f* (Operationsverstärker) (Oper. Verst) / tensión *f* de desnivel o de error ‖ ²tiefverfahren *n* (Druck) / impresión *f* hueco-offset ‖ ²-Tuch *n* (Druck) / mantilla *m* o tela o franela de caucho ‖ ²walze *f* (Druck) / cilindro *m* offset

Offshore ... / cerca de la costa, submarino, en alta mar ‖ ²-Bohrturm *m* / torre *f* de perforación cerca de la costa ‖ ²-Bohrung *f* (Öl) / pozo *f* petrolífero submarino ‖ ²-Bohrung (Tätigkeit) / perforación *f* cerca de la costa ‖ ²-Nachschub *m* / logística *f* cerca

Offshore-Öl

de la costa ‖ ~-Öl / petróleo m submarino ‖
~-Ölhafen m / puerto m petrolero en alta mar ‖
~-Terminal m (Öl) / terminal m en alta mar ‖
~-Versorger m (Schiff) / reavituallador m de las perforaciones en abierta mar ‖ ~-Windpark m (Elektr) / parque m eóloco cerca de la costa
OFHC-Kupfer n (= oxygen-free high conductivity copper) / cobre m desoxidado de alta conductividad
OFN (Fernm) = Ortsfernsprechnetz
Ogeeflügel m, Ogivalflügel m (Luftf) / ala f ojival
OHC-Motor m (Kfz) / motor m con árbol de levas en la culata
OH•-Form f (Chem) / forma OH f ‖ ~-Gruppe f (Chem) / grupo m hidroxilo
Ohm n, Ω (Elektr) / ohmio m, ohm m ‖ ~ pro Volt npl / ohmios m pl per voltio ‖ ~-cm (Einheit) / ohmio-centímetro m, ohm-centímetro m ‖ ~meter n / ohmímetro m, óhmetro m, ohmiómetro m
ohmsch, ohmisch / óhmico ‖ ~er Anteil (Elektr) / componente f resistiva, componente m resistivo ‖ ~e Belastung (Elektr) / carga f resistiva ‖ ~e Heizung / caldeo m por resistencia, calentamiento m óhmico ‖ ~e Kopplung / acoplamiento m resistivo o por resistencia ‖ ~er Leitwert / conductancia f en corriente directa ‖ ~er Spannungsabfall / caída f óhmica ‖ ~er Spannungsteiler, R-Teiler m / divisor m de tensión resistivo ‖ ~er Verlust / pérdida f óhmica o por efecto Joule ‖ ~er Widerstand / resistencia f óhmica o real, resistencia f en (o a la) continua ‖ ~er Widerstand m (Bauteil) / resistor m óhmico ‖ [rein] ~ (Elektr) / real ‖ ~es Gesetz (Elektr) / ley f de Ohm ‖ ~es Gesetz der Akustik, Ohm-Helmholtzsches Gesetz / ley f de Ohm acústica
Ohm•wert m / valor m óhmico, resistencia f en ohmios ‖ ~zahl f / ohmiaje m
Ohne-Kohle-Papier n / papel m autocopiador
Ohr n, Öse f, Auge n / oreja f, pata f de sujeción, talón m ‖ mit einem ~ , monaural / monoauricular, monoauditivo
Öhr n, Öse f / ojete m ‖ ~ (Nadel), Nadelöhr n / ojo m [de la aguja]
Ohr•admittanz f (Akust) / admitancia f auditiva ‖ ~empfindlichkeitskurve f / curva f de respuesta del oído
öhren vt (Nadeln) / hacer ojetes u ojos
Ohren•..., Hör... / auditivo, relativo al oído o al sentido de la audición ‖ ~betäubend (Lärm) / ensordecedor adj ‖ ~kappen f pl, Gehörschutz m (Bau, Luftf) / casquetes m pl antiruido, orejeras f pl, protectores m pl de oído ‖ ~mikrophon n / micrófono m de oído ‖ ~spezialist m, -arzt, Otologe m (Med) / otólogo m
Öhrfurche f (Nadel) / ranura f de ojo de aguja, auricula m, auriculares m pl
Ohr•hörer m pl, Kopfhörer m[pl] / juego m de auriculares en casco, casco m [auricular] ‖ ~impedanz f (Akust) / impedancia f auditiva
OHRIS-System n (= Occupational Health and Risk Management System)(Arbeitsplatz) / sistema m OHRIS (en el puesto de trabajo)
Ohr•knopf[hörer], Ohrhörer m / auricular m en el pabellón de la oreja ‖ ~kurve f (Akust) / curva f psofométrica ‖ ~kurvenfilter, Ohrfilter n / filtro m psofométrico ‖ ~schützer m pl, Ohrenschutz m / protectores m pl de oído, auriculares m pl o casquetes protectores del oído ‖ ~stöpsel m pl / tapones m pl para los oídos ‖ ~stück n, Hörmuschel f (Fernm) / auricular m, pabellón m
Öhrzange f (Wz) / alicates m pl dobladores de ojetes
OHZ, Hydroxylzahl f / índice m hidroxilo
Oil•dag n (kolloidale Öl-Graphit-Dispersion) / oildag m ‖ ~ostatic-Kabel n / cable m oilostático ‖ ~sink n (gegen Ölpest) / trampa f de petróleo
OIRT =Organisation Internationale de Radiodiffusion et Télévision (Prag)

Oiticika-Öl n (Lack) / aceite m de oiticica
Okklusion f (Meteo) / oclusión f ‖ ~ (von Gasen) (Chem) / oclusión f o absorción de gases
Öko•... / eco..., ecológico ‖ ~bilanz f (Umw) / equilibrio m ecológico, ecoequilibrio m ‖ ~effizient / ecoeficiente ‖ ~geographie f / ecogeografía f ‖ ~grafische Bodenbeschaffenheit (Raumf) / realidad f de terreno ‖ ~-Haus n / casa f ecológica ‖ ~katastrophe f / catástrofe ecológica f, desastre m ambiental o ecológico ‖ ~klima n / ecoclima m
Ökologe m, Umweltforscher m / ecólogo m
Ökologie f, Umweltforschung f / ecología f
ökologisch, umweltsbedingt / ecológico ‖ ~es Gleichgewicht / equilibrio m ecológico ‖ ~ inertes Gebiet / terreno m inerte ‖ ~er Landbau / agricultura f ecológica
Ökologisierung f / ecologización f
Öko•mobil n (Kfz) / ecomóvil m ‖ ~nische f / nicho m ecológico
Ökonometrie f / econometría f
ökonomisch / económico adj
Öko•papier n, Recyclingpapier n / papel m ecológico o reciclado ‖ ~sphäre f / ecosfera f ‖ ~steuer f / ecotasa f ‖ ~strom (Elektr) / ecocorriente f ‖ ~system n / ecosistema m
Okotefichte f (Bot) / ocote m (MEX)
Ökotrophologie f / ecotrofología f
Ökotyp m (Biol) / tipo m ecológico
Ökozid n / ecocida m
o.k.-stellen (DV) / aceptar
Oktaeder n, Achtflach n (Geom) / octaedro m
oktal, Oktal..., auf Basis 8 (DV) / octal ‖ ~schreibweise f / representación f octal ‖ ~sockel m (Eltronik) / zócalo m octal o para tubo octal ‖ ~zahlen f pl / notación f octal ‖ ~-Zahlensystem, Achtersystem n (Math) / numeración f octal o de base 8 ‖ ~ziffer f / dígito m octal
Oktan n (Chem, Kfz) / octano m ‖ ~index m (= 1/2(ROZ + MOZ)) / índice m octánico o de octano ‖ Cyclo-~schwefel, λ-Schwefel m / azufre m ciclooctano, azufre m λ ‖ ~-Selektor m (Kfz) / selector m de octano
Oktant m (Math, Nav) / octante m ‖ ~..., achtelkreisig (Peilung) / octantal adj ‖ ~spiegel m / espejo m de octante
Oktanzahl f, -ziffer f (Chem, Kfz) / índice m o número de octano, índice m octánico, octanaje m, graduación f octánica ‖ von hoher ~, klopffest / antidetonante ‖ ~bedarf m (Mot) / número m octánico requerido ‖ ~verteilung f / distribución f del índice octánico
Oktav n (Achtel eines Papierformats, ergibt 16 Seiten) / octavilla f, en octavo
Oktave f (Phys) / octava f
Oktaven•band n (Akust) / banda f de [una] octava ‖ ~sieb n (Eltronik) / filtro m de octava
Oktav•[format] n / octavo m ‖ ~siebanalyse f / análisis m de octava
Oktett n, Achterschale f (Phys) / octeto m ‖ ~ (DV) / grupo m de ocho, octeto m ‖ ~-Modell n, Achtfach-Wegmodell n (Nukl) / modelo m de vía octuple ‖ ~-Regel f (Chem) / regla f de octetos
Oktode f (Eltronik) / octodo m
Oktogon n, Oktagon n (Bau, Geom) / octágono m, octógono m
Oktoidenverzahnung f (Masch) / dentado m octoidal
Oktose f (Chem) / octosa f
Okular n (Opt) / ocular m ‖ ~ mit Dioptrieneinstellung / ocular m con graduación en dioptrías ‖ ~auszug m / tubo m telescópico del ocular ‖ ~blende f / diafragma m del ocular ‖ ~einstellung f, -fokussierung f / reglaje m o enfoque del ocular ‖ ~kappe f / caperuza f protectora para el ocular ‖ ~klemmung f / atasco m del ocular ‖ ~mikrometer n / micrómetro m del ocular ‖ ~muschel f / borde m del ocular ‖ ~prisma n / prisma

m ocular ‖ **ausziehbarer ⁓tubus** / tubo *m* extensible del ocular ‖ **⁓wechsler** *m* / cambiador *m* de oculares ‖ **drehbarer ⁓wechsler**, Okularrevolver *m* / revólver *m* de oculares

okulieren *vt* (Landw) / injertar [en escudete]

okulogyral (Raumf) / oculógiro

Okumé *n* (Holz) / okumé *m*

Öl *n* / aceite *m* ‖ ⁓, Heizöl *n* / fueloil *m*, fuel *m*[oil], fuel-oil *m*, aceite *m* combustible, gasóleo *m* ‖ ⁓, Erdöl *n* / petróleo *m*, crudo *m* ‖ ⁓, Schmieröl *n* / lubricante *m*, lubrificante *m* ‖ ⁓... / oleico ‖ ⁓..., ölgefeuert, -geheizt / calentado por fueloil ‖ ⁓..., unter Öl (Elektr) / en baño de aceite, apagado por aceite ‖ ⁓ **bunkern** / tomar aceite ‖ ⁓ *n* **der zweiten Pressung** (Landw) / aceite *m* de segundo prensado ‖ ⁓ **entziehen** / desaceitar, quitar el aceite ‖ ⁓ *n* **für verlängerte Wechselintervalle** (Kfz) / aceite *m* de vida larga ‖ ⁓ **nachfüllen** / rellenar aceite ‖ ⁓ *n* **von Pelargonium roseum** / esencia *f* de geranio ‖ ⁓ **wechseln o. erneuern** / cambiar el aceite ‖ ⁓ *n* **zum Nachhelfen** (Färb) / aceite *m* adyuvante ‖ **in** ⁓ **laufend** (Kfz) / en baño de aceite ‖ **saures** ⁓ / aceite *m* crudo nafténico

Öl⁓abdichtung *f*, -abdeckscheibe *f* / sello *m* de aceite o de lubricación, retén *m* o cierre u obturador de aceite (localismo), disco *m* de retención del aceite ‖ **⁓abfluss** *m*, -ablauf *m* / salida *f* de aceite ‖ **⁓ablass** *m*, -ablassen *n* / drenaje *m* o vaciado de aceite, purga *f* o evacuación de aceite ‖ **⁓ablasshahn** *m* (Kfz) / llave *m* de drenaje o de vaciado de aceite ‖ **⁓ablassschraube** *f* (Kfz) / tornillo *m* o tapón roscado de drenaje o de vaciado de aceite, tornillo *m* purgador de aceite ‖ **⁓abscheider** *m*, Entöler *m* / separador *m* de aceite, desaceitador *m* ‖ **⁓abscheidung** *f* (Schmierfett) / separación *f* de aceite y de grasa ‖ **⁓abschreckbad** *n* (Hütt) / baño *m* de temple al aceite, baño *m* de templar por aceite ‖ **⁓abschreckung** *f* (Hütt) / temple *m* o templado al aceite ‖ **⁓absorptionszahl** *f* (Rußschwarz) / índice *m* de absorción de aceite ‖ **⁓abstreifer** *m* (Dreh) / rascador *m* de aceite ‖ **⁓abstreifring** *m* (Mot) / aro *m* o anillo *m* segmento rascador de aceite ‖ **⁓abweisend** / repelente [del aceite] ‖ **⁓abweiser** *m*, Ölschutz *m*, -sperre *f* (Hydr) / barrera *f* contra el aceite ‖ **⁓abziehstein** *m* / piedra *f* al aceite ‖ **⁓anbau** *m* (Landw) / cultivo *m* de plantas oleaginosas, oleicultura *f* ‖ **~angereichert** / enriquecido con aceite ‖ **⁓anlasser** *m* (Elektr) / arrancador *m* de aceite ‖ **⁓anzeige** *f*, -anzeichen *n* (Geol) / indicación *f* de aceite, vestigio *m* de petróleo, afloramiento *m* de petróleo ‖ **~anziehend** (Chem) / oleofílico ‖ **⁓anzug** *m*, Ölzeug *n* (Schiff) / traje *m* de tela barnizada, chubasquero *m*, encerado *m* ‖ **⁓aräometer** *n* / oleómetro *m* ‖ **~arm** (Elektr) / de bajo volumen de aceite ‖ **~armer Lack** / barniz *m* de bajo contenido de aceite o pobre en aceite ‖ **~artig**, -ähnlich / oleaginoso, oleoso ‖ **⁓asche** *f* / ceniza[s] *f* [*pl*] de [incineración de] aceite ‖ **⁓aufbereitung** *f*, -reinigung *f*, -regeneration *f* / regeneración *f* del aceite ‖ **⁓auffangschale** *f* / cubeta *f* o bandeja colectora de aceite ‖ **⁓auffangschiff** *m* (Umw) / barco *m* recolector de petróleo ‖ **⁓aufnahme** *f* / absorción *f* de aceite ‖ **~aufsaugend** / absorbente [del aceite] ‖ **⁓ausbruch** *m*, -eruption *f* / reventón *m* (E) de petróleo, erupción *f* (LA) de petróleo ‖ **⁓ausdehnungsgefäß** *n*, Ölkonservator *m* (Trafo) / conservador *m* de aceite ‖ **⁓avivage** *f* (Tex) / avivado *m* o avivaje en aceite ‖ **⁓bad** *n* (Chem) / baño *m* de (o en) aceite ‖ **⁓bad** (Hütt) / baño *m* de aceite para el temple ‖ **⁓bad...** (Hütt) / templado en aceite *adj* ‖ **⁓bad-Anlassen** *m*, -Vergütung *f* / temple *m* revenido en aceite ‖ **⁓badluftfilter** *n* (Kfz) / filtro *m* de aire apagado por aceite, filtro *m* de aire en baño de aceite ‖ **⁓-Barrel-Einheit** *f* / equivalente *m* de barril de petróleo ‖ **⁓basis-Temperafarbe** *f* / color *m* al temple a base de aceite ‖ **⁓batist** *m*, -seide *f* (Tex) / seda *f* aceitada ‖ **⁓baum** *m* (Bot) / olivo *m*, oliva *f*, olivera *f*, árbol *m* oleáceo, aceituno *m* ‖ **⁓baumgewächse** *n pl*, Oleazeen *f pl* / oleáceas *f pl* ‖ **⁓baumkultur** *f* / olivicultura *f* ‖ **⁓baumpflanzung** *f* / olivar *m* ‖ **⁓befeuchtung**, -benetzung *f* / mojadura *f* por aceite ‖ **⁓behälter** *m* / depósito *m* de aceite ‖ **⁓beize** *f* (Färb) / mordiente *m* a base de aceite ‖ **⁓bekämpfungsschiff** *n* / buque *m* para la lucha contra la contaminación petrolífera o contra la marea negra ‖ **~benetzt** / engrasado por aceite ‖ **⁓berieselung** *f* / riego *m* por aceite ‖ **~beständig** (Farbe) / resistente al aceite ‖ **⁓beutel** *m* (Schiff) / saco *m* de aceite ‖ **~bildend** / oleígeno ‖ **~bindend** / absorbente del aceite ‖ **⁓binder** *m*, Ölbindemittel *n* (Chem, Feuerwehr) / aglutinante *m* de aceite ‖ **⁓bohrer** *m* / barrena *f* de petróleo ‖ **⁓bohrung** *f* (Masch) / orificio *m* para aceite o de paso de aceite ‖ **⁓bohrung** (Tätigkeit) / perforación *f* de petróleo ‖ **⁓bremse** *f* (Kfz) / freno *m* oleohidráulico ‖ **⁓bremse**, -dämpfer *m* (Masch) / amortiguador *m* de aceite ‖ **⁓brenner** *m* / quemador *m* o mechero de fuel-oil o de aceite ‖ **⁓bunker** *m* (Schiff) / tanque *m* de aceite ‖ **⁓dampf** *m* (Kfz) / vapor *m* [impregnado] de aceite ‖ **⁓dämpfung** *f* / amortiguación *f* de (o por) aceite, amortiguación *f* oleohidráulica ‖ **⁓dampf[vakuum]pumpe** *f* / bomba *f* eyectora de aceite

Oldhamkupplung, Kreuzgelenkkupplung *f* (Masch) / acoplamiento *m* Oldham

öl•dicht / a prueba de aceite, impermeable al aceite, estanco o hermético al aceite o al petróleo ‖ **⁓dichtring** *m* / anillo *m* de retención del aceite ‖ **⁓dichtung** *f* / retén *m* de aceite, sello *m* de aceite ‖ **⁓diffusionspumpe** *f* (Vakuum) / bomba *f* de difusión de aceite ‖ **⁓docht** *m* / mecha *f* aceitadora o lubricante ‖ **⁓dotter** *m* *n* (Tex) / camelina *f*

Öldruck *m* / presión *f* de aceite ‖ ⁓, -druckverfahren *n* / oleografía *f* ‖ ⁓..., ölhydraulisch / oleohidráulico ‖ **⁓anzeiger** *m* (Kfz) / manómetro *m* de aceite, indicador *m* (o medidor) de presión de aceite ‖ **⁓-Ausgleichgefäß** *n* / conservador *m* de aceite ‖ **⁓bremse** *f* / freno *m* oleo hidráulico ‖ **⁓federung** *f* (Kfz) / amortiguación *f* a o por aceite ‖ **⁓kabel** *n* / cable *m* a presión de aceite ‖ **⁓kontrolllampe** *f* (Kfz) / piloto *m* o testigo o chivato de la presión de aceite

Öl-Druckluft... / oleoneumático

Öldruck•messer *m* (Kfz) / manómetro *m* de aceite, indicador *m* o medidor de presión de aceite ‖ **⁓minderventil** *n* / válvula *f* reductora de la presión de aceite ‖ **⁓montage** *f* / montaje *m* con aceite a presión ‖ **⁓schalter** *m* / interruptor *m* por presión de aceite ‖ **⁓schalter** (für Kontrolllampe) (Kfz) / interruptor *m* por presión de aceite para la luz de parada ‖ **⁓schmierung** *f* / engrase *m* por aceite a presión ‖ **⁓steuerung** *f* / mando *m* oleohidráulico ‖ **⁓warnleuchte** *f* / luz *f* de aviso de escasez de aceite

Oldtimer *m* / veterano *m*, coche *m* antiguo o de época, coche *m* antediluviano

Öl•dunst *m* / vaho *m* aceitoso o de aceite ‖ **⁓durchfluss** *m* / paso *m* de[l] aceite ‖ **⁓durchlässigkeit** *f* / permeabilidad *f* para aceite ‖ **⁓düse** *f* / atomizador *m* de aceite

Oleagin *n* (Chem) / oleagina *f*

Oleat *n* / oleato *m*

OLED (= Organic Light-Emitting Diode), organische Leuchtdiode / diodo *m* orgánico emisor de luz

Olefin *n* / olefina *f* ‖ **⁓anlage** *f* / planta *f* de olefinas ‖ **~isch** / olefínico ‖ **⁓keton** *n* / cetona *f* olefínica

Olein *n*, technische Ölsäure / oleína *f*

Öl•[ein]füllstutzen *m* (Tank) (Mot) / tubuladura *f* de relleno de aceite, boca *f* de llenado de aceite, orificio *m* de llenado de aceite ‖ **⁓einheit** *f* / equivalente *m* de petróleo

943

Oleinsäure

Oleinsäure f, Ölsäure f (Chem) / ácido m oleico
Öl•emulsion f (Wasser in Öl) / emulsión f oleosa, emulsión f agua en aceite ‖ ≃**emulsionsschlamm** m / lodo m de emulsión de petróleo
ölen, schmieren (Masch) / engrasar, lubri[fi]car, aceitar ‖ ≃, mit Öl imprägnieren / impregnar de (o en) aceite ‖ ≃ n / engrase m, lubri[fi]cación f ‖ ≃, Schmälzen n (Tex) / engrasado m, ensimado m, ensimaje m, ensainado m
Öl•endverschluss m / caja f terminal en aceite ‖ ≃**endverschluss** s. auch Ölkabelendverschluss ‖ ≃**entwässerung** f / deshidratación f de aceite
Oleo•margarin n (Margarineherstellung) / oleomargarina f ‖ ≃**phil** / oleófilo ‖ ≃**phobie** f (Tex) / repelencia f de aceite ‖ ≃**resin** n / oleorresina f
Öler m (Masch) / aceitera f, copa f de lubricación, lubricador m, engrasador m de aceite ‖ ≃, Schmierbüchse f / copilla f de aceite, copa f de engrase ‖ ≃, Schmiernippel m / racor m de engrase (E), niple m de lubricación (LA)
Öl•erhitzer m (Raffinerie) / calentador m de petróleo ‖ ≃**eruption** f, -ausbruch m / reventón m de petróleo, erupción f de petróleo
Oleum n, rauchende Schwefelsäure / óleum m, ácido m sulfúrico fumante
Ölextraktion f / extracción f de aceite
Oleylalkohol m (Chem) / alcohol m oleílico
Olf m n (Geruchseinheit eines Materials usw.) / olf m (unidad olfactoria)
olfaktorisch / olfativo, olfatorio
Öl•fangblech n / chapa f colectora de aceite ‖ ≃**fänger** m, -falle f / colector m de aceite, trampa f de aceite ‖ ≃**fänger**, Auffangschale f (Mot) / cubeta f colectora de aceite ‖ ≃**fänger** (Vakuum) / trampa f [de vapor] de aceite, bafle m ‖ ≃**fänger für Verdrängerpumpen** (Vakuum) / colector m o recogedor de aceite, tabique m de retención ‖ ≃**fangring** m (Kfz) / anillo m colector de aceite, aro m de retención de aceite ‖ ≃**farbe** f (Bau) / pintura f al aceite ‖ ≃**farbe** (Kunst) / pintura f al óleo ‖ ≃**fasenring** m (Kolben) / segmento m rascador biselado ‖ ≃**fass** n / barril m de (o para) aceite ‖ ≃**feder** f (Kfz, Masch) / muelle m oleohidráulico ‖ ≃**federbein** n (Luftf) / portarruedas m amortiguador oleoneumático ‖ ≃**feld** n, -gebiet n, -konzession f / campo m petrolífero o petrolero ‖ ≃ **[fern]leitung** f / oleoducto m, pipe-line m, tubería f para petróleo ‖ ~**fest** / resistente al aceite ‖ ≃**feuerung** f / hogar m de fuel-oil ‖ ≃**feuerungsanlage** f / instalación f de calentado por fuel oil ‖ ≃**film** m, -haut f / película f de aceite, capa f delgada de aceite ‖ ≃**film auf Wasser** / estela f de aceite, mancha f de aceite flotante ‖ ≃**filmlager** f / cojinete m de película de aceite ‖ ≃**filter** n m / filtro m de aceite ‖ ≃**filter** m n (Kfz) / filtro m de aceite [en el cárter del motor] ‖ ≃**filz** m / fieltro m aceitado ‖ ≃**firnis** m / barniz m al aceite ‖ **[Lein-]** ≃**firnis**, Öllack m / barniz m al aceite de linaza ‖ ≃**fleck** m / mancha f de aceite ‖ ≃**fleck auf dem Meer** / mancha f de aceite flotante ‖ ≃**flutlager** n / cojinete m lubricado por aceite de presión ‖ ≃**förderer** m / alimentador m de aceite ‖ ≃**formation**, -lagerstätte f (Bergb, Geol) / formación f petrolífera ‖ ~**freier Kompressor**, Trockenlaufkompressor m / compresor m resistente a la marcha en seco ‖ ≃**früchte** f pl (Bot) / frutos m pl oleaginosos ‖ ≃**führendes Gebiet** / yacimientos de petróleo comprobados ‖ ~**führende Teile** / piezas f pl bañadas en aceite ‖ ≃**füller** m s. Öl[ein]füllstutzen ‖ ≃**füllung** f / baño m de aceite ‖ **die** ≃**füllung vornehmen** (Kfz) / rellenar aceite ‖ ~**gar** (Gerb) / aceitado ‖ ≃**gas**, Fettgas n (Chem) / gas m rico o de petróleo ‖ ≃-**Gas-Trennung** f / separación f de gas y petróleo ‖ ~**gebend**, -haltig / aceitoso, oleaginoso ‖ ≃**geber** m (Uhr, Wz) / pica-aceite m ‖ ≃**gebiet** n / terreno m petrolífero ‖ ~**gefeuert**, -geheizt, Öl... / con

quemador de fuel oil o de aceite ‖ ~**gefülltes Kabel** (Elektr) / cable m de aceite [fluido], cable m con aceite circulante ‖ ≃**gehalt** m / contenido m de aceite ‖ ~**gehärtet** / templado en aceite ‖ ~**geheizter Kessel** / caldera f con hogar de fuel oil ‖ ~**gekapselt** (Elektr) / en o de aceite, en baño de aceite, metido en aceite ‖ ~**gekapselter (o. ölgekühlter) Transformator** (Elektr) / transformador m en baño de aceite ‖ ~**gekühlt** / enfriado o refrigerado por aceite ‖ ≃**gekühlte Reaktanzspule** (Elektr) / bobina f de reactancia en aceite ‖ ≃**geologe** m / geólogo m petrolero, buscador m de petróleo (VEN) ‖ ≃**gesellschaft** f / compañía f petrolera o de petróleos ‖ ~**gestreckt** (Gummi) / mezclado con aceite ‖ ~**getränkt** / impregnado de aceite ‖ ≃**gewinnung** f (pflanzl. u. tierische Öle) / extracción f de aceite ‖ ≃**glas** n (DIN 3401) / copa f [del nivel] de aceite ‖ ≃-**Graphit-Gemisch** n / mezcla f de aceite y de grafito ‖ ≃**grobfilter** m n (Mot) / alcachofa f de aspiración ‖ ~**grün** (Farb) / verde cromo al aceite ‖ ≃**hafen** m / puerto m petrolero ‖ ~**hahn** m / grifo m para aceite, llave f para aceite ‖ ~**haltig** (Geol) / petrolífero ‖ ~**haltig** / aceitoso ‖ ~**haltig**, ölemulgiert / emulsionado con aceite ‖ ~**haltig** (Bot) / oleaginoso ‖ ~**haltige Lagerstätte** (Geol) / criadero m o yacimiento o depósito [productor] de petróleo ‖ ~**haltige Linse**, Öl-Linse f (Geol) / lente f petrolífera ‖ ~**härten** vt (Nahr) / templar en aceite ‖ ≃**härter** m, ölhärtender Stahl / acero m templable en aceite ‖ ≃**härtung** f, Härtung f in Öl (Masch) / temple m al aceite ‖ ≃**härtung**, Härtung f von Ölen o. Fetten (Nahr) / hidrogenación f de aceite ‖ ≃**harz** n / oleorresina f ‖ ≃-**Harz-Gemisch** n / mezcla f oleorresinosa ‖ ~**harzig** / oleorresinoso ‖ ≃**harzlack** m / barniz m oleorresinoso ‖ ≃**haut** f (auf Flüssigkeiten) / película f de aceite ‖ ≃**haut**, Ölbatist m (Tex) / seda f aceitada ‖ ≃**heizofen** m mit **Schornsteinanschluss**, -ofen m / estufa f de fuel-oil con conducto de evacuación ‖ ≃**heizung** f / calefacción f por (o al) fuel oil ‖ **elektrische** ≃**heizung** / radiador m eléctrico con relleno de aceite ‖ ≃**heizungskessel** m / caldera f de calefacción por fuel oil ‖ ≃**herd** m / cocina f calentada con fuel oil ‖ ≃**höffige Schicht** (Geol, Öl) / capa f con posibilidades o indicios de petróleo ‖ ≃**höffigkeit** f / posibilidad f de petróleo ‖ ≃**horizont** m / horizonte m petrolífero o (esp.:) llave ‖ ≃**hydraulik** f / oleohidráulica f ‖ ~**hydraulisch** / oleohidráulico
Olibanumöl n (Pharm) / aceite m de olíbano
ölig / aceitoso, oleoso, oleaginoso ‖ ~, fettig / untuoso
oligarches Netz (Fernm) / red f oligárquica
Oligase f (Chem) / oligasa f
Öligkeit f / oleaginosidad f
oligo•dynamisch (Chem) / oligodinámico ‖ ~**klas** m (Geol) / oligoclasa f ‖ ≃**mer** n (Chem) / oligomero m ‖ ≃**merisierung** f (Chem) / oligomerización f ‖ ~**morph** / oligomorfo ‖ ≃**nit** m (Min) / oligonita f ‖ ≃**nukleotid** n / oligonucleótido m ‖ ≃**saccharid** / oligosacárido m ‖ ~**troph** (See) / oligotrófico, oligótrofo ‖ ≃**zän** n (Geol) / oligoceno m
Öl•immersion f (Mikrosk, Opt) / baño m de aceite, inmersión f o sumersión en aceite ‖ ~**imprägniert**, -durchtränkt / impregnado en (o de) aceite ‖ ≃**index** m **an der Oberfläche** (Geol) / rezumadero m de petróleo ‖ ≃**industrie** f / industria f de petróleo, industria f aceitera o petrolera ‖ ≃**inhalt** m **von Sinterlagern** / contenido m de aceite de cojinetes sinterizados ‖ ≃-**in-Wasser-Emulsion** f / emulsión f aceite en agua, emulsión f acuosa ‖ ≃**isolator** m (Elektr) / aislador m de aceite ‖ ≃**isoliert** (Elektr) / con aislación (o aislamiento) de aceite
Olive f (Bot) / oliva f, aceituna f ‖ ≃, Knopfgriff m / botón m en forma de oliva
Oliven•... (Landw) / olivarero ‖ ~**anbauend** / olivícola ‖ ≃**anbauer** m / olivicultor m ‖ ~**farbig** / color

944

aceituna, aceitunado, oliva (adj.), oliváceo ‖ ⁓**fliege** f, Dacus oleae (Zool) / mosca f del olivo ‖ ⁓**fruchthülle** f, -pericarp n (Bot) / pericarpio m de oliva

Olivenit m (Min) / olivenita f

Oliven•kern m / hueso m o cuesco de oliva ‖ ⁓**kernöl** n, Panello-Öl (Landw) / aceite m de cuesco (o huesos) de oliva ‖ ⁓**nachöl** n / aceite m residual de aceite de oliva ‖ ⁓**öl** n / aceite m de oliva o de aceituna ‖ ⁓**öl der ersten Pressung** / aceite m virgen ‖ ⁓**öltrester** m / orujo m de aceitunas, borujo m ‖ ⁓**plantage** f / olivar m

oliv•gelb (RAL 1020) / oliva adj, amarillo-verdoso ‖ ⁓**grün** / verde aceituna u oliva

oliviert (Lagerstein) / olivado

Olivin m (Min) / olivino m, peridoto m ‖ ⁓**bombe**, -knolle f (Geol) / nódulo m de olivino ‖ ⁓**-Feuerfestmaterial** n / material m refractario de olivino

Öl•jacke f (Kleidung) / chaqueta f de encerado ‖ ⁓**kabel** n (Elektr) / cable m de aceite [fluido], cable m con aceite circulante ‖ ⁓**kabelendverschluss** m / caja f terminal para cables de aceite ‖ ⁓**kammer** f (Kfz) / cámara f de aceite ‖ ⁓**kanal** m, -rinne f / pata f de araña, estría f de lubricación ‖ ⁓**kanal**, -umlaufkanal m / ranura f para la circulación del aceite lubricante, canal m o conducto para el aceite ‖ ⁓**kännchen** n, Spritzkanne f / aceitera f de fondo flexible, aceitera f de presión ‖ ⁓**kännchen (mit Handgriff)** / aceitera f a mano ‖ ⁓**kanne** f, Ölkännchen n / aceitera f, alcuza f ‖ ⁓**kapselung** f / inmersión f en aceite ‖ ⁓**karburierung** f (Hütt) / carburación f con aceite ‖ ⁓**karton** m, -pappe f / cartón m impregnado de aceite ‖ ⁓**kasten**, Schmierkasten m / caja f de lubricación ‖ ⁓**kautschuk**, Faktis m / factis m, facticio m ‖ ⁓**keil** m / cuña f de aceite (en un cojinete) ‖ ⁓**kessel** m, ölgefeuerter Kessel / caldera f de fuel oil ‖ ⁓**kessel**, -behälter m (Elektr, Masch) / depósito m de aceite ‖ ⁓**kochprobe** f / prueba f de aceite hirviente ‖ ⁓**kohle** f (Mot) / aceite m carbonizado ‖ ⁓**kohleablagerung** f (Kfz) / depósito m de aceite carbonizado ‖ ⁓**kohleentferner** m / descarbonizador m ‖ ⁓**kohlenwasserstoffe** m pl (Chem) / hidrocarburos m pl de petróleo ‖ ⁓**koks** m / coque m de aceite o de fuel oil ‖ ⁓**kondensator** m (Elektr) / capacitor m de aceite ‖ ⁓**konservator** m, Ölausdehnungsgefäß n (Trafo) / conservador m de aceite ‖ ⁓**konservierung** f / conservación f de aceite ‖ ⁓**kontrollampe** f / chivato m de la presión o temperatura de aceite ‖ ⁓**kraftwerk** n / central f eléctrica de petróleo ‖ ⁓**kreislauf** m / circuito m de aceite, circulación f de aceite ‖ ⁓**kuchen** m (Landw) / torta f de orujo (E), torta f oleaginosa (LA) ‖ ⁓**gemahlener** ⁓**kuchen** (Landw) / torta f molida (LA) ‖ ⁓**kuchen**, Leinkuchen m / torta f de linaza ‖ ⁓**kühler** m (Masch) / enfriador m o refrigerador o radiador de aceite ‖ ⁓**kühlschmierung** f / refrigeración f por aceite ‖ ⁓**lache f auf Wasser** / estela f de aceite, mancha f de aceite flotante ‖ ⁓**lack** m / barniz m graso o al aceite ‖ ⁓**lackband** n (Elektr, Tex) / cinta f de algodón barnizada ‖ ⁓**lagerstätte**, -formation f (Geol) / yacimiento m petrolífero ‖ ⁓**lampe** f, Petroleumlampe f / quinqué m, lámpara f de aceite ‖ ⁓**länge**, Fettigkeit f (Farbe) / longitud f de aceite ‖ ⁓**lappen** m (Wz) / trapo m aceitado ‖ ⁓**leinwand** f, -leinen n (Tex) / tela f aceitada, hule m ‖ ⁓**leinwand als Abdeckung** (Schiff) / encerado m ‖ ⁓**leitung** f, Öl-Pipeline f / oleoducto m (de petróleo crudo), tubería f (E) o cañería (LA) (de productos) ‖ ⁓**leitung**, -zuführung f / tubería f o canalización de aceite, alimentador m de aceite ‖ ⁓**leitung von küstenferner Anlegestelle** / oleoducto m submarino ‖ ⁓**-Linse**, ölhaltige Linse f (Geol) / lente f petrolífera ‖ ⁓**loch** n (Masch) / agujero m de lubricación, oído m de aceite ‖ ⁓**los** / sin aceite, sin engrase ‖ ⁓**löslich** (Harz) / soluble en aceite ‖ ⁓**-Luft-Federbein** m (Luftf) / portarruedas m amortiguador oleoneumático ‖ ⁓**-Luft-Kühlung** f / refrigeración f del aceite por aire ‖ ⁓**-Luft-Stoßfänger** m, -Stoßdämpfer m / amortiguador m oleoneumático ‖ ⁓**manometer** n (Kfz) / manómetro m de aceite, indicador m de presión de aceite ‖ ⁓**mantel** m (Masch) / capa f envolvente de aceite ‖ ⁓**mantel** (Kleidung) / abrigo m de encerado ‖ ⁓**mengenregler** m / dosificador m de la cantidad de aceite ‖ ⁓**mengenzähler** m / flujómetro m de petróleo ‖ ⁓**messstab** m (Mot) / varilla f del nivel de aceite ‖ ⁓**mischung** f / mezcla f de aceites ‖ ⁓**modifiziert** (Plast) / modificado por aceite ‖ ⁓**motor** m / motor m de petróleo ‖ ⁓**motor**, Druckölmotor m / motor m oleohidráulico ‖ ⁓**mühle** f, Ölschlägerei f (Landw) / almazara f, molino m de aceite, fábrica f de aceite, almazaral m, trujal m ‖ ⁓**nebel** m (Wzm) / neblina f de aceite, niebla f aceitosa ‖ ⁓**nebel** (Brennstoff) / aceite m pulverizado ‖ ⁓**nebelbesprühung** f (Kfz) / lubricación f por rociado de aceite ‖ ⁓**nebelschmierung** f / lubricación f con niebla (o por neblina) de aceite ‖ ⁓**nute** f / ranura f para la circulación de aceite lubricante, ranura f de engrase, pata f de araña, estría f de lubricación ‖ ⁓**ofen** / estufa f de aceite o de fuel-oil ‖ ⁓**ofen mit Verdampfungsbrenner** / estufa f de aceite con quemador de vaporización ‖ ⁓**palme** f (Bot) / palmera f de aceite ‖ ⁓**papier** n / papel m aceitado o parafinado o transparente, papel m impregnado de aceite, papel m engrasado ‖ ⁓**papierkondensator** m / capacitor m de papel tratado con aceite o barniz ‖ ⁓**parameter** m pl / características f pl del petróleo ‖ ⁓**pauspapier** n / papel m aceitado para calcar ‖ ⁓**pausrohpapier** n / papel m soporte para aceitar ‖ ⁓**pegelstab** m, -peilstab m / varilla f para comprobar el nivel de aceite, varilla f para inspeccionar el nivel de lubricante ‖ ⁓**pest** f (Umw) / marea f negra ‖ ⁓**pfanne** f (Uhr) / aceitero m ‖ ⁓**pflanze** f (Bot) / planta f oleaginosa ‖ ⁓**pier** m f / muelle m petrolero ‖ ⁓**pipeline** f s. Ölleitung ‖ ⁓**pneumatisch** / oleoneumático ‖ ⁓**polster** n / almohada f de aceite ‖ ⁓**presse** f (Landw) / prensa f de aceite ‖ ⁓**[press]tuch** n / paño m en la prensa de aceite ‖ ⁓**pumpe** f / bomba f de aceite ‖ ⁓**pumpe** (Vakuum) / bomba f de difusión de aceite ‖ ⁓**pumpe** (Kfz) / surtidor m de aceite, bomba f de aceite ‖ ⁓**pumpengehäuse** n (Kfz) / cárter m de la bomba de aceite

OLP-Verfahren n (= oxygen-llime-powder) (Hütt) / procedimiento m OLP

Öl•quelle f / pozo m de petróleo ‖ **sprudelnde** ⁓**quelle**, Springer m / pozo m brotante ‖ ⁓**raffination** f / refinación f de petróleo, refino m del petróleo ‖ ⁓**raffinerie** f / refinería f de petróleo ‖ ⁓**raum** m (Masch) / cámara f de aceite ‖ ⁓**reaktiv** (Chem) / oleorreactivo ‖ ⁓**reaktivität** f (Kunstharz) / oleorreactividad f ‖ ⁓**regelventil** n / regulador m de aceite ‖ ⁓**reiche Braunkohle** / lignito m bituminoso ‖ ⁓**reicher (o. fetter) Lack** / laca f grasa ‖ ⁓**reiniger** m / purificador m de aceite ‖ ⁓**reiniger**, -filter n / colador m o filtro de aceite ‖ ⁓**reinigungsschleuder** f / purificador m centrífugo de aceite ‖ ⁓**rille** f s. Ölnute ‖ ⁓**ring** m, Schmierring m / anillo m de lubricación o de engrase ‖ ⁓**rohr** m, Schmierrohr n / tubo m de lubricación ‖ ⁓**rückförderleitung** f / tubo m para el retroceso (o retorno) de aceite ‖ ⁓**rückförderung** f / retroceso m o retorno de aceite ‖ ⁓**rückgewinnung** f / recuperación f de aceite ‖ ⁓**rücklauf** m / retorno m del aceite ‖ ⁓**rücklaufbohrung** f / orificio m de drenaje o de vaciado de aceite ‖ ⁓**rücklaufsicherung** f / arandela f cortaaceite ‖ ⁓**rückstand**, -schlamm m / lodo m de aceite ‖ ⁓**rückstände** m pl **im Meerwasser** (Umw) / residuos m pl petrolíferos ‖ ⁓**rückströmung** f (Vakuum) / reflujo m del [vapor de] aceite ‖ ⁓**ruß** m / negro m de aceite ‖ ⁓**samen** m pl (Bot) / semillas f pl oleaginosas ‖ ⁓**sand** m (Geol) / arena f petrolífera ‖

≈säure f (Chem) / ácido m oleico ‖ ≈säure-Avivage f (Färb) / avivado m o suavizado por ácido oleico ‖ ≈schale f, -auffangschale f / bandeja f o cuba colectora de aceite ‖ ≈schalter m (Elektr) / disyuntor m o interruptor en aceite ‖ ≈schauglas, -standsglas n (Masch) / indicador m del nivel de aceite, mirilla f de nivel de aceite ‖ ≈schaum m / espuma f de aceite ‖ ≈schicht f, -film m / película f de aceite, capa f [delgada] de aceite ‖ ≈schiefer m (Min) / esquisto m petrolífero, pizarra f bituminosa ‖ ≈schlamm m, -rückstand m / lodo m de petróleo ‖ ≈schleuder f (allg) / centrífuga f de aceite ‖ ≈schleuder (Wzm) / centrífuga f de extracción de aceite, centrífuga f desaceitadora ‖ ≈schleuderring f / anillo m salpicador, anillo m dispersor de aceite ‖ ≈schlitzring m (Kfz, Kolbenring) / aro m rascador hendido de émbolo ‖ ≈schmierapparat m / aparato m de engrase [centralizado] ‖ ≈schmierung f / lubricación f por (o con) aceite ‖ ≈schnellschalter m (Elektr) / disyuntor m rápido con chorro de aceite ‖ ≈schutz m (Elektr) / protección f contra aceite ‖ ≈schütz n (Elektr) / contactor m en aceite ‖ ≈schutzblech n, -abweisblech n / deflector m de aceite ‖ ≈schutzschalter m (Elektr) / contactor m magnético en aceite ‖ ≈schwemme f / aluvión m de petróleo ‖ ≈seide f, -batist m (Tex) / seda f aceitada ‖ ≈seidenband n (Elektr) / cinta f de seda aceitada ‖ ≈seife f / jabón m de aceite ‖ ≈senkung f (Lagerstein) (Uhr) / aceitero m ‖ ≈sicherung f / cortacircuito m en [baño de] aceite ‖ ≈sichtkontrolle f / indicador m visual del nivel de aceite ‖ ≈sieb n (Kfz) / filtro m de aceite ‖ ≈sikkativ n (DIN 55945) (Chem) / sicativo m al aceite ‖ ≈spaltgas n / gas m de crácking de aceite ‖ ≈spargerät n / economizador m de aceite ‖ ≈speicher m / depósito m de aceite ‖ ≈-Speicher-Wasserheizer m (DIN 4733) / calentador m de agua de baño con quemador de aceite ‖ ≈sperre f (Hafen, Umw) / barrera f contra la marea negra ‖ ≈spritze f, Schmierspritze f / jeringa f de aceite ‖ ≈spritzer m pl / salpicadura f de aceite ‖ ≈spritzring m / anillo m de engrase o de lubricación ‖ ≈spritzschmierung f, -schleuderschmierung f / lubricación f por anillo o de barboteo, lubricación f por salpicadura de aceite ‖ ≈spülung f, Tauchschmierung / lubricación f por inmersión ‖ ≈spülung, -überflutung f / inundación f por aceite ‖ ≈stab m (Mot) / varilla f del nivel de aceite ‖ ≈stand m, -pegelstand m / nivel m de aceite ‖ ≈standsanzeiger m / indicador m del nivel de aceite ‖ ≈standsglas n, -schauglas n / mirilla f del nivel de aceite ‖ ≈standshahn m / grifo m del nivel de aceite ‖ ≈stein, -wetzstein m (Wz) / piedra f al aceite ‖ ≈stelle f, Schmierstelle f / punto m de lubricación ‖ ≈stoßdämpfer m (Kfz) / amortiguador m hidráulico ‖ ≈strahl-Leistungsschalter m (Elektr) / desconectador m de potencia con chorro de aceite ‖ ≈strahlschalter m (Elektr) / disyuntor m rápido con chorro de aceite ‖ ≈strömungsschalter m (Elektr) / disyuntor m de corriente de aceite ‖ ≈stutzen m, Öl[ein]füllstutzen m (Bau, Kfz) / tubuladura f de relleno de aceite ‖ ≈stutzenentlüftung f / aireamiento m de la boca de relleno de aceite ‖ ≈sucher m (Erdöl, Geol) / geólogo m petrolero, buscador m de petróleo (VEN) ‖ ≈sumpf m (Mot) / caja f de aceite, cárter m, sumidero m, colector m o recogedor de aceite, batea f del aceite (VEN) ‖ ≈tank m (Bau, Schiff) / tanque m de aceite ‖ ≈tanker m (Schiff), Tanker m / petrolero m

Öltasche f (Lager, Mot) / bolsa f de aceite

Öl•tauchschmierung f / lubricación f por baño de aceite o por inmersión ‖ ≈teig, Bodensatz m / depósito m del tanque ‖ ≈teppich m (Umw) / marea f negra ‖ ≈tinte f / tinta f oleica

OLTP (DV) / On-line transaction processing

Öl•träger m (Geol) / horizonte m petrolífero ‖ ≈tränken n (Sintern) / impregnación f por (o de o con) aceite ‖ ≈transformator m (Elektr) / transformador m en aceite ‖ ≈trocknung f, Wasserentziehung f / deshidratación f de aceite ‖ ≈trog m, Ölsumpf m / colector m o recogedor de aceite ‖ ≈tropfapparat m / engrasador m a cuentagotas, aparato m cuentagotas de aceite, engrasador m de aguja ‖ ≈tropfen m (Bot) / núcleo m ‖ ≈tropfschale f, -tropfenfänger m (Masch) / recogedor m de aceite (E), platillo m para aceite, bandeja f recogedora de aceite ‖ ≈- u. Wasserabscheider / separador m de aceite y agua ‖ ≈überdruckventil n / válvula f de sobrepresión de aceite ‖ ≈überflutung, -spülung f / inundación f por aceite ‖ ≈überlauf m / rebosadero m de aceite ‖ ≈übernahme f (Schiff) / petrolear m ‖ ≈überströmventil n / válvula f de desahogo (o de alivio) de aceite ‖ ≈umlaufkanal m, -kanal m / canal m de circulación de aceite ‖ ≈umlaufkühlung f / refrigeración f por circulación de aceite ‖ ≈umlaufschmierung f / lubricación f por circulación de aceite ‖ ≈umleitventil n (Kfz) / válvula f de derivación de aceite ‖ ~undurchlässig, -beständig, -fest / impermeable al aceite, resistente al aceite ‖ ≈unfall m, Tankerunfall m / accidente m de un petrolero

Ölung f, Ölen n / lubri[fi]cación f, aceitado m ‖ ≈, Schmierung f / engrase m

Öl•verdampfungsbrenner m / mechero m de vaporización de fuel-oil ‖ ≈verdickung f / espesamiento m del aceite ‖ ≈verdünnung f (Kfz) / dilución f del aceite ‖ ≈vergüten n (Hütt) / bonificado m o mejoramiento al aceite ‖ ~vergütet (Hütt) / bonificado en (o al) aceite (p. ej. alambre) ‖ ≈vergütungsbad n / baño f de mejora[miento] al aceite ‖ ≈verschmutzung f des Meeres / polución f del mar por petróleo ‖ ~verseucht / contaminado por petróleo ‖ ≈versorgung f / aprovisionamiento m de fuel-oil ‖ ≈verteiler f / distribuidor m de aceite ‖ ≈vorkommen n (Geol) / yacimiento m petrolífero ‖ ≈vorlage f (Chem) / recipiente m de aceite ‖ ≈waage f, Ölaräometer n / areómetro m de aceite, oleómetro m ‖ ≈wandler m (Elektr) / transformador m en aceite para instrumentos ‖ ≈wanne, -mulde f / cubeta f de aceite ‖ ≈wanne f (Ofen) / recogedor m de aceite ‖ ≈wanne, -sumpf m (Kfz) / cárter m de aceite ‖ ≈wanne, -sammler, -trog, -untersatz m (Masch) / bandeja f de aceite, cuba f colectora de aceite ‖ ≈wannenober,[unter]teil m / cárter m de aceite superior,[inferior] ‖ ≈wannenschlüssel m (Kfz) / llave f para tapón de agujero del cárter ‖ ≈wannenschutz m (Kfz) / cubrecárter m ‖ ≈Wasser-Kühler m (Trafo) / refrigerador m de agua para el aceite ‖ ≈wechsel m / cambio m de aceite ‖ ≈wehr n / desviador m de aceite ‖ ≈werfernase f, -werfer m (an Pleuelstangen) (Kfz) / cuchara f de barboteo ‖ ≈widerstand m (Elektr) / resistor m en aceite ‖ ≈wolf m, Streichwolf m (Wolle) / untadora f, batuar m ensimador ‖ ≈zahl f (Farbe) / índice m de absorción ‖ ≈zeitalter n / era f del petróleo ‖ ≈zentrifuge f (Wzm) / extractor m de aceite ‖ ≈zerstäuber m / pulverizador m de aceite ‖ ≈zerstäubungsbrenner m / mechero m vaporizador de fuel-oil ‖ ≈zeug n (Schiff) / chubasquero m, ropa f impermeable, traje m de encerado ‖ ≈zuführung f, -leitung f / tubería f de alimentación de aceite ‖ ≈zwangsumlauf m / circulación f forzada del aceite

Ombrays, Ombré m (Web) / ombré m

Ombrograph, registrierender Niederschlagsmesser m (Meteo) / udómetro m registrador, pluviógrafo m

Omega•-Bandführung f (TV) / guía f de cinta Ω ‖ ≈funktion f (Bau) / función f omega ‖ ≈meson, ω-Meson n (Phys) / mesón m ω, omega-mesón m ‖ ≈[-Minus]-Teilchen (o. -Hyperon), ω-Teilchen n, ω-Resonanz f / partícula f Ω menos, omega f hiperón ‖

~schiene f (ein Befestigungsteil, DIN 46277) / perfil m omega ‖ **~teilchen** n / partícula f omega u Ω ‖ **~tron** n (Phys) / omegatrón m ‖ **~-Verfahren** n (Mech) / método m omega

Omnibus m (Kfz) / autobús m ‖ **~ für Reiseverkehr** / autocar m ‖ **~anhänger** m (Überland) / remolque m de autocar ‖ **~bahnhof** m / terminal m de autobuses, estación f de autobuses ‖ **~-Einstellhalle** f, **-Garage** f / garaje m de autobuses ‖ **~fahrer** m / conductor m de autobús ‖ **~-Konfiguration** f (Fernwirk) / configuración f ómnibus ‖ **~leitung** f (Fernm) / línea f ómnibus, canal m ómnibus ‖ **~linie** f / línea f de autobús, servicio m de autobús ‖ **~-Sattelanhänger** m / semirremolque m de autobús ‖ **~-Telegrafenverbindung** f (Fernm) / sistema m de puestos en conexión permanente

omnidirektional / omnidireccional

Omphazit m (Min) / omfacita f

Omsgrube f (Abwasser) / pozo m clarificador de cuatro cámaras sistema O.M.S.

ON (Fernm) = Ortsnetz

ÖNA = Österreichischer Normenausschuss

Önanth•... (Chem) / enántico ‖ **~aldehyd**, Heptylaldehyd m, Önanthol, Heptanal n / enantaldehído m ‖ **~alkohol** m / alcohol m enántico, 1-heptanol m ‖ **~at** n / enant[il]ato m ‖ **~ether** m / éter m enántico

Önanthylsäure f / ácido m enantílico o heptílico

On-Block-Zeit f (Betätigen der Parkbremse) (Luftf) / tiempo m on-block

Ondé[rips], Ondulé m (Tex) / seda f ondeada

Ondograph m (Eltronik) / ondógrafo m

Ondometer n (Eltronik) / ondómetro m (para frecuencias), ondámetro m, ondímetro m (para ondas eléctr.)

Ondoskop, Glimmlicht-Oszilloskop n / ondoscopio m

one-to-one (Training) / en pareja

Ongueko m, Isano m (Holz) / ongueko m

Onion-Skin-Papier n / papel m cebolla

Onium•farbstoff m (Tex) / colorante m onium ‖ **~salz** n (Chem) / sal f onium

onkotischer Druck, kolloidosmotischer Druck (Biol) / presión f oncótica

On-line•... (DV) / en línea, acoplado al sistema, online, conectado a la red ‖ **~...** (Regeln) / de entrada o comunicación ‖ **~ prozessgekoppeltes System** (Regeln) / sistema m de entrada directa y bucle abierto ‖ **~-Anschluss** m / conexión f en línea ‖ **~-Gerät** n / unidad f en línea ‖ **~-Hilfe** f (DV) / ayuda f en línea ‖ **~-Modus** m (DV) / modo m online ‖ **~-Steuerung**, DNC f (Regeln) / control m o mando numérico directo ‖ **~-Transaktionsverarbeitung** f, OLTP / procesamiento m en línea de transacciones ‖ **~-Verarbeitung** f (DV) / proceso m online

ONO (= Ostnordost) / ENE m (= Estenordeste)

Önologie, Wein[bau]kunde f / enología f

Onophrit m (Min) / onofrita f

Önorm f / norma f austriaca

Onsager-Relation f (Chem, Phys) / relación f de Onsager

Onshore..., Festlands... / de tierra firme

Ontogenese f (Biol) / ontogenia f

ontologisieren vt (Phys) / ontologizar

Onyx m (Min) / ónice m, ónyx m

Ooid n (Geol) / grano m de oolito

Oolith, Kalkoolith, Rogenstein m / oolito m ‖ **~formation** f, **-jura** m / formación f oolítica ‖ **~isch** / oolítico

O-O-Übergang m, Null-Null-Übergang m / transición f cero-cero

OP m (Med) s. Operationssaal

Op (DV) = Operationsteil

opak / opaco ‖ **~e Kopie** (Druck) / copia f opaca ‖ **~email** n / esmalte m opaco ‖ **~glas** n / vidrio m o cristal opaco ‖ **~illuminator** m (Opt) / fuente f de luz episcópica

Opal m (Min) / ópalo m ‖ **~...** / opalino

Opaleszentglas, Opaleszenzglas n / cristal m opalescente

Opal•glas n / vidrio m opal[ino], opalina f ‖ **~glasglocke** f für Beleuchtungskörper / campana f de cristal opalina

opalisieren, opaleszieren, [opalartig] schimmern / opalescer ‖ **~** n, Opaleszenz f / opalescencia f

opalisierend / opalescente

Opal•lampe f (Elektr) / bombilla f o lámpara opalina ‖ **~scheibe** f (Repro) / plancha f [de vidrio] opalina

Op Amp m (Eltronik) / amplificador m operacional o de operaciones, OpAmp m

Opazimeter n (Hydr) / opacímetro m, turbidímetro m

Opazität f (Kehrwert des Durchlassgrades) (allg, Pap) / opacidad f

OPEC f (Org. erdölexport. Länder) / OPEP f (Organización de los Países Exportadores de Petróleo)

Open•-coil-Verfahren, Glühen im offenen Bund n (Hütt) / recocido m de bobinas abiertas ‖ **~-End-Spinnen** n / hilatura f de fibras liberadas ‖ **~-End-Spinnmaschine** f, OE-Spinnmaschine f / hiladora f de fibras liberadas ‖ **~-Loop...** (Regeln) / de bucle abierto ‖ **~-Routine** f (DV) / rutina f abierta ‖ **~-Shell-Elektronen** n pl / electrones m pl de capa abierta ‖ **~ Shop** m (mit betriebseigenen Programmierern) (DV) / centro m de computación donde puede trabajar culquier empleado competente ‖ **~-Side-Container** / container m con pared abierta ‖ **~-top-Container** m / container m con tapa abierta ‖ **~-Wall-Container** m s. Open-Side-Container

Operand m (DV, Math) / operando m, factor m (gal.)

Operanden•adresse f (DV) / dirección f del operando ‖ **~feld** n / campo m operando ‖ **~register** n (DV) / registro m de operando ‖ **~teil** n (DV) / parte f de operando

Operateur m, Filmvorführer m (Film) / operador m, proyeccionista m ‖ **~** (DV) / operador m

Operating System, Betriebssystem, BS n (DIN) (DV) / sistema m operacional

Operation f (DV, Math) / operación f

Operations•... / operacional, de operación ‖ **~befehl**, **-code** m (DIN) (DV) / código m de operaciones ‖ **~bereich** m (F.Org) / sector m tecnológico u operativo ‖ **~folge** f / secuencia f de operaciones ‖ **~lampe** f, OP-Lampe f (Med) / lámpara f sin sombras, lámpara f de quirófano ‖ **~mikroskop** n (Med) / microscopio m quirúrgico ‖ **~-Ordnungszahl**, Befehlsnummer f (DV) / número m de instrucción o de operación ‖ **~pfad** m, logische Kette f / cadena f funcional o lógica ‖ **~-Register** n (DV) / registro m de operaciones ‖ **~-Research** n, mathematische Entschsidungsvorbereitung / investigación f operacional u operativa ‖ **~saal** m, OP m (Med) / quirófano m ‖ **~schlüssel** m (IBM) (DV) / código m de operaciones ‖ **~steuerung** f (DV) / mando m de operaciones ‖ **~symbol** n, Operator m (DV, Math) / operador m (un símbolo) ‖ **~tabelle** f (DV) / tabla f de validez de verdades ‖ **~tastenfeld** n (DV) / teclado m operacional ‖ **~teil** n (des Befehls), Op (DV) / parte f de operación (de una dirección) ‖ **~tisch** m (Med) / mesa f de operación[es] ‖ **~verstärker** m (Analogrechner) / amplificador m operacional o de operación, OpAmp m ‖ **~zähler** m (DV) / contador m de órdenes o de instrucciones ‖ **~zeichen** n, Operator m (DV, Math) / operador m (un símbolo) ‖ **~zeit** f (DV) / tiempo m útil

operativ•es Betriebspersonal (F.Org) / personal m de explotación ‖ **~er Speicher**, Arbeitsspeicher m (DV) / memoria f de trabajo, almacenamiento m de trabajo,

sección f de almacenamiento operacional o de proceso
Operator m, Operationssymbol n (DV, Math) / operador m ‖ ~ (Person) / operador m ‖ ~ **des Kernspins** / operador m del espín nuclear ‖ ~**befehl** m (DV) / instrucción f de operador
Operatoren•rangfolge f / precedencia f de operadores ‖ ~**rechnung** f, Heaviside-Calcül n (Math) / cálculo m operacional o de Heaviside
operierendes Management (unterste Stufe der Hierarchie) (F.Org) / personal m operativo
Operment n (Farbe) / oropimente m, sulfuro m de arsénico
Opernglas n (Opt) / gemelos m pl de teatro
Operon n (Genetik) / operón m
Opferanode f (Korrosion) / ánodo m sacrificial o sacrificatorio, ánodo m protector fungible, ánodo m enterrado
Opferelektrodenschutz m (Galv) / protección f sacrificial
Ophicalcit, Forsteritmarmor m (Geol) / oficalcita f
Ophiobolus graminis, Schwarzbeinigkeit f (Bot) / ophiobolus m del trigo
Oph[iol]it m (basischer Grünstein) (Geol) / ofiolita f
Ophthalmologie, Augenheilkunde f / oftalmología f
Opiat n (Pharm) / opiato m
Opium n / opio m ‖ ~**extrakt** m / extracto m de opio, extracto m tebaico
OP-Lampe f s. Operationslampe
Opportunitätskosten pl, Ertragsausfall m (PERT) / pérdidas f pl por interrupciones
Opposition f (Astr) / oposición f
Oppositron M n, Rückwärtswellen-Magnetfeldröhre f / carcinotrón m tipo M
Optik f, Lichtlehre f / óptica f ‖ ~, Objektiv n / lente f, objetivo m ‖ ~, (auch:) optisches Instrument / instrumento m óptico
Optiker m / óptico m
Optik•fläche f / superficie f óptica ‖ ~**teile** n pl / elementos m pl ópticos
optimal / óptimo ‖ ~ adv / óptimamente ‖ ~**e Alkalität** (Zuck) / alcalinidad f óptima ‖ ~**e Bemessung** (Mech) / dimensionado m óptimo ‖ ~**e Expansion** (Raumf) / expansión f óptima ‖ ~**e Losgröße** (F.Org) / serie f económica ‖ **etwas ~ nutzen** / sacar el máximo partido de u/c
Optimal•bestrahlungsfaktor m (Atom, Nukl) / factor m de irradiación óptima ‖ ~**betrieb** m / marcha f económica ‖ ~**farbe** f / color m óptimo
Optimalisierung f / optimización f
Optimal•programm n, optimale Programmierung / programa m óptimo u optimizado ‖ ~**system** n / sistema m óptimo ‖ ~**wertkreis** m (Math) / optimalizador m ‖ ~**wertregelung** f, Optimal-Regelsystem n / sistema m de mando óptimo ‖ ~**wertsteuerung** f, Modellverfahren für Regelung n / regulación f con corrección anticipante
Optimeter n, optischer Fühlhebel / optímetro m
optimieren, Bestwerte anstreben / optimar, optimizar ‖ ~**de Grenzwertregelung**, Optimier-, ACO-Regelung f (NC) / optimización f de control autoadaptable o autoadaptador
Optimierung f / optimización f
Optimierungs•system n / sistema m de optimización ‖ ~**vorschrift** f **für Optimalwertregelung** / método m de variaciones para control óptimo
Optimum m, Bestwert m / valor m o grado óptimo
Option f (DV, PL) / opción f
optisch / óptico ‖ ~**e Abbildung** / imagen f óptica ‖ ~**er Ablenkung**, Verzerrung f / desviación f óptica ‖ ~**er Abstimmanzeiger** (Eltronik) / indicador m visual u óptico de sintonización, control m visual de sintonía ‖ ~**e Abtasteinheit** (DV) / explorador m óptico ‖ ~**e Abtastung** (Film) / copia f óptica ‖ ~**er Abzug** (Film) / copia f óptica ‖ ~**e Achse** (Instr) / eje m óptico ‖ ~**e Achse** (Krist) / eje m Z ‖ ~**er Achsenwinkel** (Krist) / ángulo m de los ejes ópticos ‖ ~ **aktiv** (Stoffeigenschaft) / ópticamente activo ‖ ~**e Aktivität** / actividad f óptica ‖ ~**er Antipode** (Chem) / antípoda m óptico ‖ ~**e Anwendungen** f pl / applicaciones f pl ópticas, óptica f aplicada ‖ ~**es Anzeichengerät** (für Schnürböden) (Schiff) / proyector m para sala de gálibos ‖ ~**e Anzeige** / visualización f ‖ ~**e Anzeige-Einheit**, Displaygerät n (DV) / unidad f de presentación [visual] ‖ ~ **aufgehellt** (Pap) / blanqueado ópticamente ‖ ~**er Aufheller**, Weißtöner m (Chem, Pap, Tex) / agente m de abrillamiento, blanqueador m óptico ‖ ~**e Aufhellung** / blanqueado m óptico ‖ ~**e Bank** (pl.: Bänke) / banco m de óptica ‖ ~**er Belegleser** / dispositivo m de exploración óptica, lectora f óptica de documentos ‖ ~**er Belichtungsmesser** / exposímetro m óptico, fotómetro m ‖ ~**es berührungsloses Messen** / medición f óptica sin contacto ‖ ~**er Codeumsetzer** (DV) / codificador m óptico ‖ ~**e Datenverarbeitung** / procesamiento m óptico de datos ‖ ~ **dicht** / impermeable ópticamente ‖ ~ **dicht, [dünn]** (Brechung) / de alto, [bajo] coeficiente de refracción ‖ ~**e Dissoziation** (Phys) / fotodisociación f ‖ ~**e Doppelsterne** m pl (Astr) / estrella f doble óptica ‖ ~**e Drehung** / rotación f óptica ‖ ~**e Eigenschaften** f pl / características f pl ópticas ‖ ~**e Eingabe-Automatisierung** (DV) / optimización f por entrada óptica automática ‖ ~**e Einwegleitung** (Wellenleiter) / aislador m óptico ‖ ~**e Emissionsspektralanalyse**, OES / análisis m espectral óptico por emisión ‖ ~**e Erkennungseinheit** (Roboter) / unidad f de reconocimiento óptico ‖ ~**er Fahrtanzeiger** (Bahn) / indicador m óptico de velocidad ‖ ~**e Faser**, Lichtleitfaser f / fibra f óptica ‖ ~**e Feineinstellung** f / ajuste óptico m pl ‖ ~**e Filmleseeinheit** (DV) / explorador m óptico de películas ‖ ~**er Frequenzbereich** (DV) / gama f de frecuencias ópticas ‖ ~**er Fühlhebel**, Optimeter n / palanca f de contacto óptico ‖ ~ **gelenkter Flugkörper** / misil m guiado ópticamente ‖ ~ **gepumpt** (Laser) / bombeado ópticamente ‖ ~**e Geräte** n pl / equipo m óptico, instrumentos m pl ópticos ‖ ~**es Gitter** / rejilla f o red difractora o de difracción, (menos f usado): cratícula de difracción, cuadrícula f de difracción ‖ ~**es Glas** / vidrio m óptico ‖ ~**e [Gleis]meldetafel** (Bahn) / cuadro m o esquema de control óptico ‖ ~**er Höhenmesser** (Luftf) / indicador m óptico de aterrizaje ‖ ~ **inaktiv** / ópticamente inactivo ‖ ~**er Indikator** (Mot) / indicador m óptico ‖ ~**e Industrie** / industria f óptica ‖ ~**es Instrument** / instrumento m óptico ‖ ~ **isomer**, antimer (Chem) / ópticamente isómero, enantiómero ‖ ~**e Isomerie** (Chem) / isomerismo m óptico, enantiomerismo m, isomería f óptica ‖ ~**er Kitt** / cemento m para óptica ‖ ~ **klarer Stoff** / medio m claro ‖ ~**er Klarschriftleser** (DV) / lector m óptico de caracteres ‖ ~**er Komparator** / comparador m óptico [de perfiles] ‖ ~**es Kontaktmittel** (Photovervielfacher) / medio m de acoplamiento óptico ‖ ~**e Kopie** (Repro) / copia f óptica [por proyección] ‖ ~**es Kopieren** / tirada f de copias ópticas ‖ ~**es Kopierverfahren** / reproducción f óptica ‖ ~**e Landehilfe** (Luftf) / ayuda f visual de aterrizaje ‖ ~**e Leistung** / rendimiento m óptico ‖ ~ **lesbare Markierung** (DV) / marca f para lectura óptica ‖ ~**er Leser** / explorador m óptico ‖ ~**e Lotung** (Schiff) / sondeo m óptico ‖ ~**es Markierungslesen** (DV) / reconocimiento m óptico de marcas ‖ ~**er Maser**, Laser m / maser m óptico, láser m (E), laser m (LA) ‖ ~**er Mittelpunkt**, optisches Zentrum, Sehsphäre f (Phys) / centro m óptico ‖ ~**es Modell** (Nukl) / modelo m óptico ‖ ~**e Nachrichtentechnik** / técnica f de comunicación óptica ‖ ~**e Nachwirkung** / persistencia f óptica ‖ ~

neutral (Phys) / inactivo o neutral ópticamente || ~**es Phänomen** / fenómeno *m* óptico || ~**e Planfläche** / plano *m* óptico || ~**e Politur** / pulimento *m* óptico || ~**es Pumpen**, optische Anregung (Laser, Nukl) / bombeo *m* óptico || ~**es Pyrometer** / pirómetro *m* óptico o de radiación || ~**es Radar**, Colidar *n* / colidar *m*, radar *m* óptico || ~**e Randverdunkelung** / oscurecimiento *m* óptico de borde[s] || ~**er Raster** / red *f* [de difracción] óptica || ~**e Reichweite** (Sender) / alcance *m* óptico || ~**e Sichtbarkeit** / visibilidad *f* óptica || ~**es Signal** (Bahn) / señal *f* óptica || ~**er Spannungsprüfer** (Glas, Plast) / polariscopio *m* detector de esfuerzos o tensiones || ~**e Speicherplatte** (DV) / disco *m* de almacenamiento óptico || ~**es Strahlungsfilter** / filtro *m* de (o para) colores || ~**er Sucher** (Foto) / visor *m* óptico || ~**e Täuschung** / ilusión *f* óptica || ~**es Terminal** (DV) / terminal *m* con tubo catódico || ~**e Tiefe** (eines Mediums) / profundidad *f* óptica || ~**er Tisch** / mesa *f* óptica || ~ **trüber Stoff** (Chem) / medio *m* turbio || ~ **unwirksame Kampfersäure** (Chem) / ácido *m* paracanfórico || ~**e Verzerrung** / distorsión *f* óptica || ~**e Verzweigung** / bifurcación *f* de fibras ópticas || ~**es Vorzeichen** (+ = rechtsdrehend) (Chem, Phys) / signo *m* óptico || ~**er Wanderwellenverstärker** / amplificador *m* de ondas progresivas ópticas || ~**e Weglänge** / distancia *f* óptica || ~**er Wirkungsgrad** (Leuchte) / rendimiento *m* óptico || ~**e Zeichenerkennung**, OCR (DV) / reconocimiento *m* óptico de caracteres, lectura *f* óptica automática de caracteres || ~**es Zwillingsbild** (Krist) / hemitropía *f* óptica
optisch-akustisch / audiovisual, óptico-acústico
optisch-elektronisch / optoelectrónico
Optode *f*, fluoreszenz-optischer Sensor / optodo *m*
Opto•elektronik *f* / optoelectrónica *f*, óptica *f* electrónica || ~**elektronisch**, elektronenoptisch, optronisch (DV) / opto-electrónico || ~**elektronisch integrierter Chip**, OEIC *m* / pastilla *f* opto-electrónica integrada || ~**elektronisches Koppelelement**, Opto-Koppler *m* / optoacoplador *m*, acoplador *m* optoelectrónico || ~**-entkoppelt** / optodesacoplado || ~**halbleiter** *m* / semiconductor *m* optoelectrónico || ~**meter** *n* (Med) / optómetro *m* || ~**metrie** *f* / optometría *f* || ~**mikromechanik** *f* / optomicromecánica *f* || ~**phon** *n* (für Blinde) / optófono *m* || ~**sensor** *m* (Fotozelle) / optosensor *m*, sensor *m* óptico || ~**speicher** *m* (DV) / almacenamiento *m* óptico || ~**technik** *f* / tecnología *f* óptica || ~**-Transistor** *m* (Halbl) / transistor *m* optoelectrónico || ~**type** *f*, Sehzeichen *n* / optotipo *m*
Optovarfaktor *m* (Opt) / factor *m* de Optovar
Optronik *f* / óptica *f* electrónica
optronisch / optrónico
orange, OG (Farbe, Fernm) / naranja, naranjado, anaranjado || ~ *n*, Orangenfarbe *f* / color *m* [de] naranja, anaranjado *m*, naranjado *m* || ~ (Spektrum) / anaranjado *m*, naranja *m* || ~ **III** (Chem) / heliantina *f*, naranja *f* de metilo || ~**braun** (RAL 8023) / naranja pardo || ~**farbene Anzeigelampe** (DV) / lámpara *f* indicadora naranja || ~**filter** *n* (Foto) / filtro *m* anaranjado
Orangen•baum *m* (Bot) / naranjo *m* || ~**blütenöl** *n*, Neroliöl *n* / esencia *f* de azahar || ~**haut** *f* (Hütt) / piel *f* de naranja || ~**plantage** *f*, Apfelsinenplantage *f* (Landw) / naranjal *m* || ~**schaleneffekt** *m*, -schalenstruktur *f* (Email, Lack) / superficie *f* rugosa o de naranja || ~**[schalen]öl**, Pomeranzenöl *n* (Pharm) / esencia *f* de corteza de naranja
orange•rot / rojo anaranjado || ~**-Zyanlinie** *f* (TV) / línea *f* naranja-cianógeno
Orbisdruckmaschine *f* (Tex) / estampadora *f* Orbis
Orbit *m* (Astr, Raumf) / órbita *f* || **in den** ~ **schießen** (Raumf) / satelizar, inyectar en órbita

orbital•es Antennensystem / parque *m* de antenas en órbita || ~ *n* (Atom) / orbital *m* || ~**antriebssystem** *n*, OMS / sistema *m* orbital de maniobra || ~**flug** *m* (Space Shuttle) / vuelo *m* en órbita || ~**labor** *n* / laboratorio *m* orbitante o en órbita o satelizado || ~**observatorium** *n* / observatorio *m* astronómico orbitante u orbital || ~**rakete** *f* / cohete *m* orbital || ~**schweißen** *n* / soldadura *f* orbital || ~**station** *f* (Raumf) / estación *f* orbital || ~**theorie** *f* / teoría *f* orbital || ~**zahl** *f* (Math) / número *m* orbital
Orbiter *m* (Raumf) / orbiter *m*, satélite *m* orbital, vehículo *m* en órbita || ~**stufe** *f* / etapa *f* orbital o de órbita
Orbiting Vehicle *n* / vehículo *m* orbital, vehículo *m* [tripulado] capaz de describir una órbita
Orbitzähler, Umlaufzähler *m* (Raumf) / contador *m* de órbitas
Orcein *n* (Färb) / orceína *f*
Orcin[ol] *n* (Tex) / orcina *f*
ORC-Turbine *f* (geothermisches Kraftwerk) / turbina *f* ORC (Organic Rankine Cycle)
ordentlicher Strahl (Doppelbrechung) (Opt) / rayo *m* ordinario
Ordinal•-Merkmal *n* (Qual.Pr.) / característica *f* ordinal || ~**zahl** *f*, Ordnungszahl *f* (Math) / número *m* ordinal
Ordinärbraun *n* (Tex) / pardo *m* ordinario
Ordinate *f* (Math) / ordenada *f* || **als** ~ **auftragen** / trazar como ordenada
Ordinaten•abschnitt *m* / intersecto *m* de ordenada, segmento *m* interceptado || ~**abstand** *m*, -differenz *f* / diferencia *f* de ordenada || ~**achse** *f* / eje *m* de ordenada || ~**durchgang** *m* / intersección *f* [de la recta] con la ordenada
ordnen *vt*, organisieren / arreglar, ordenar || ~ (Fasern) / igualar fibras || **der Größe nach** ~ / clasificar según tamaño || ~, Einreihen *n* / puesta *f* en secuencia
Ordner, Briefordner *m* (Büro) / clasificador *m*, archivador *m* || ~ **[dreh]säule** *f* / columna *f* para archivadores [rotativa]
Ordnung *f* / orden *m*, arreglo *m*, ordenamiento *m* || ~, Grad *m* (Math) / grado *m* || ~, Stufenreihe *f* / secuencia *f* || ~ *f*, richtiger Zustand / [buen] orden || ~ (Bau) / coordenación dimensional || ~, Stufe *f* (DV) / nivel *m* || **(erste usw)** ~ **einer Reaktion** (Chem) / índice *m* de reacción || **aus der** ~ (Druck) / fuera *f* de registro o de puntura || **außer** ~, in Unordnung (Masch) / descompuesto, estropeado || **fallende, [steigende]** ~ (DV, Math) / orden *m* descendiente [ascendiente] || **in** ~ **bringen**, zurechtmachen / poner en orden, arreglar || **n-te** ~ / enésimo *m* orden
Ordnungs•axiom *n* (Math) / axioma *m* de orden || ~**begriff** *m* (DV) / parámetro *m*, concepto *m* de orden || ~**daten** *n pl* / datos *m pl* de ordenamiento || ~**gemäß aufstellen** / colocar debidamente || ~**gütemaß** *n*, -abstand *m* (DV) / desviación *f* de orden || ~**lehre**, Systematik *f* (DV) / taxonomía *f* || ~**nummer** *f* / número *m* de orden || ~**struktur** *f* (DV) / estructura *f* de orden || ~**zahl**, Atomzahl *f*, OZ (Chem) / número *m* atómico || ~**zahl** *f*, Ordinalzahl *f* (Math) / número *m* ordinal
Ordovizium *n*, Ordovizische Formation *f* (Geol) / Ordovicio *m*, Ordovic[i]ense *m*
Oregonfichte, -tanne *f* (Bot) / pino *m* de Oregón o de Douglas
Organ *n* (Biol) / órgano *m* || ~**e der Kraftübertragung** *n pl* (Kfz) / órganos *m pl* o elementos de transmisión
Organdin, -dy *m*, Organdi, Glasbatist *m* (Tex) / organdí *m*
Organigramm *n*, Ablaufdiagramm *m* (F.Org) / organigrama *m*
Organiker *m* (Chem) / químico *m* orgánico
Organisation *f* / organización *f* || ~ **und Verfahren** (o. Methoden) (Bahn) / organización *f* y métodos

Organisations...

Organisations•..., organisierend, organisatorisch / organizativo, organizador ‖ ∼**befehl** *m* (DV) / instrucción *f* de acondicionamiento ‖ ∼**beschreibung** *f* (DV) / descripción *f* de aplicación ‖ ∼**mittel** *n pl* / medios *m pl* de organización ‖ ∼**möbel** *n pl* / muebles *m pl* de organización ‖ ∼**plan** *m*, -schema *n* (F.Org) / organigrama *m*, cuadro *m* o esquema orgánico o de organización ‖ ∼**programm** *n* (DV) / rutina *f* ejecutiva o maestra ‖ ∼**programm-Aufruf** *m* (DV) / llamada *f* de rutina ejecutiva ‖ ∼**programm-Bibliothek** *f* / biblioteca *f* de rutinas ejecutivas
Organisator *m* (DV) / analista *m* de sistemas ‖ ∼ (F.Org) / ingeniero *m* de sistemas
organisatorisch, Routine... (DV) / no productivo ‖ ∼**er Befehl**, Organistionsbefehl *m* / instrucción *m* de acondicionamiento o de preparación, instrucción *f* burocrática ‖ ∼**e Operation**, Routinelauf *m* (DV) / operación *f* burocrática ‖ ∼**es Programm** (DV) / programa *m* de preparación
organisch / orgánico ‖ ∼**e Analyse** / análisis *m* orgánico ‖ ∼ **anordnen**, arrangieren / organizar ‖ ∼**es Ausbringen** (Aufb) / rendimiento *m* orgánico ‖ ∼**e Base** (Chem) / base *f* orgánica ‖ ∼**er Binder** (Feuerfest) / ligante *m* orgánico ‖ ∼**e Chemie** / química *f* orgánica ‖ ∼**er Dünger** (Landw) / abono *m* orgánico ‖ ∼ **eingebaut** / incorporado ‖ ∼**e Elektrizität** / bioelectricidad *f* ‖ ∼**e Farbstoffe** *m pl* / colorantes *m pl* orgánicos ‖ **ohne** ∼ **e Farbstoffe** (Färb) / azoico ‖ ∼ **gebremster Reaktor** (Nukl) / reactor *m* con moderador orgánico ‖ ∼ **gekühlt** (Nukl) / refrigerado orgánicamente ‖ ∼**es Glas** (Plast) / vidrio *m* orgánico ‖ ∼**e Leuchtdiode** s. OLED ‖ ∼**es Metall** / metal *m* orgánico ‖ ∼ **moderiert** (o. gebremst) (Nukl) / con moderador orgánico ‖ ∼**e Oberflächenverschmutzung** *f* (Reaktor) / ensuciamiento *m* orgánico ‖ ∼**es Pigment** / pigmento *m* orgánico ‖ ∼**es Präparat** (Chem) / preparación *f* orgánica ‖ ∼**e Säure** / ácido *m* orgánico ‖ ∼**er Stoff** / su[b]stancia *f* o materia orgánica ‖ ∼**e Verbindung** (allg) / conexión *f* orgánica o estructural ‖ ∼**e Verbindung** (Chem) / compuesto *m* orgánico ‖ ∼ **werden** (o. wachsen) / organizarse
organisieren *vt*, ordnen / organizar, arreglar ‖ **sich** ∼ / organizarse
organisierter Arbeiter / obrero *m* sindicado o sindicalista
Organismus *m* / organismo *m*
Organizer *m* (DV) / organizador *m*
Organo•aluminiumverbindung *f* (Chem) / organoaluminio *m* ‖ ∼**chlor...** / organocloruro...
organogen / organógeno
Organo•-Halogen-Verbindung *f* / compuesto *m* organohalogenado ‖ ∼**leptisch** (Chem) / organoléptico ‖ ∼**leptische Prüfung** (Chem) / prueba *f* organoléptica, degustación *f* ‖ ∼**magnesium...** / organomagnesio... ‖ ∼**metall** *n*, metallorganische Verbindung *f* / combinación *f* organometálica ‖ ∼**metallischer Binder** (Feuerfest) / ligante *m* organometálico ‖ ∼**molybdän** *m* (Chem) / organomolibdeno *m* ‖ ∼**phil** / organófilo ‖ ∼**phosphat** *n* / organofosfato *m* ‖ ∼**phosphorverbindung** *f* / compuesto *m* organofosforado ‖ ∼**silan** *n* / organosilano *m* ‖ ∼**silikon** *n* (Plast) / organosilicona *f* ‖ ∼**siliziumverbindung** *f* / compuesto *m* organosilíceo ‖ ∼**sol** *n* (Chem) / organosol *m* ‖ ∼**zink** *n* / organocinc *m* ‖ ∼**zinnverbindung** *f*, OZV / compuesto *m* organoestánnico
Organsin *n*, Organsin-, Organzin-, Orsoyseide *f* (Tex) / organcín *m*
organsinieren *vt*, nachzwirnen / retorcer
Organtin *m*, Organdin *m* (Tex) / organtín *m*
Organza *f* (Seiden- od. Chemiefasergewebe) (Tex) / organza *f*

ORG-Aufruf *m* (DV) / llamada *f* de rutina ejecutiva
Orgel *f* (Geol, Musik) / órgano *m* ‖ ∼**bauanstalt** *f*, -bauer *m* / constructor *m* de órganos ‖ ∼**bauer** *m* / organero *m* ‖ ∼**pfeife** *f* / tubo *m* o cañón de órgano ‖ ∼**pfeifenmaß** *n*, Mensur *f* / diapasón *m* ‖ ∼**spieltisch** *m* / consola *f* de órgano ‖ ∼**ventil** *n* / válvula *f* de órgano
Orgware *f* (DV) / orgware *m*, elementos *m pl* de organización
orientieren *vt*, recken (Tex) / orientar ‖ ∼, einstellen (Verm) / orientar ‖ [**sich**] ∼ / orientarse, guiarse
orientierend (Klassifizierung) / preliminario
Orientierkompass *m* / brújula *f* de orientación
orientiert, [aus]gerichtet / orientado
Orientierung *f* (Bau, Chem) / orientación *f* ‖ ∼ (Quarz) / corte *m* o tallado de un cristal ‖ ∼ **I**, X-Schnitt *m* (Krist) / corte *m* o tallado X ‖ ∼ **II**, Y-Schnitt *m* (Krist) / corte *m* o tallado Y ‖ **zur/zwecks** ∼ / a título de orientación
orientierungs•abhängig (Hütt) / dependiente de la orientación ‖ ∼**abweichung** *f* (Krist) / error *m* de corte o de tallado ‖ ∼**doppelbrechung** *f* (Opt) / birrefringencia *f* de orientación ‖ ∼**punkt** *m* (Verm) / punto *m* de orientación
Origanumöl *n* (Pharm) / aceite *m* de orégano
Original *n* / original *m* ‖ ∼, Urmuster *n* / modelo *m*, prototipo *m* ‖ ∼, Bezugsformstück *n* (Wzm) / patrón *m* ‖ ∼**...**, Original... (Masch) / original *adj*, originario ‖ ∼**...** (nicht von Platten usw), direkt (Bild, Ton) / en directo, vivo, live *adj* ‖ ∼ *n* **für Verkleinerungen** / microimagen *f* ‖ ∼**bohrer** *m* (für Gewindeschneidbacken) (Wz) / macho *m* patrón de rosca ‖ ∼**daten** *pl* (DV) / datos *m pl* brutos ‖ ∼**dokument** *n* / documento *m* de origen ‖ ∼**gerätehersteller** *m* / OEM *m* (= original equipment manufacturer), fabricante *m* de equipo original ‖ ∼**größe** *f* (Kopie) / tamaño *m* original ‖ ∼**halter** *m* (Repro) / portaoriginales *m* ‖ ∼**kopie** *f* / copia *f* original ‖ ∼**kreis** *m* (Teilmsch) / sector *m* original ‖ ∼**modell** *n* / modelo *m* patrón ‖ ∼**negativ** *n* (Film) / negativo *m* original ‖ **in** ∼**sprache** (Film) / no doblado ‖ ∼**teil** *n* (Kfz) / pieza *f* original ‖ ∼**ton** *m* (Film) / sonido *m* original o live o en directo ‖ ∼**verpackung** *f* / embalaje *m* original o de fábrica
O-Ring-Dichtung *f* / anillo *m* tórico de obturación, junta *f* tórica o toroidal, anillo *m* en O
Orkan *m* (Windstärke 12) (Meteo) / huracán *m* (fuerza 12) ‖ ∼**artiger Sturm** (Windstärke 11) / tempestad *f* (fuerza 11), [viento] huracanado *m* ‖ ∼**bug** *m* (Schiff) / proa *f* blindada
Orleans *m* (Web) / orleans *m*
Orlon *n* (Polyacrylnitrilfaser) (Tex) / orlón *m*
Orlopdeck *n* (Schiff) / cubierta *f* de sollado
Ornament *n* / ornamento *m*, adorno *m*, ornato *m*, decoración *f* ‖ ∼**...** / ornamental, decorativo, de adorno ‖ ∼**glas** *n*, Profilglas *n* / vidrio *m* ornamental
Ornamentierung *f*, Verteilung *f* der Verzierungen / ornamentación *f*
Ornamentik *f* / arte *m* ornamental, ornamentos *m pl*
Ornithin *n* / ornitina *f*
Ornithopter, Schlagflügelflugzeug *n* (Luftt) / ornitóptero *m*
Oro•genese, orogenetische Bewegungen, Gebirgsbildung *f* (Geol) / orogénesis *f* ‖ ∼**genetisch** / orogenético ‖ ∼**graphie**, Morphographie *f* (Geol) / orografía *f* ‖ ∼**graphisch**, -grafisch / orográfico ‖ ∼**graphisches od. Gebirgssystem** / sistema *m* orográfico
OROM, optische Bildplatte in ROM-Technik (DV) / memoria *f* óptica de solo lectura
Orotsäure *f* (Chem) / ácido *m* orótico
Orsatapparat *m* (Chem) / aparato *m* Orsat
Orseille *f* (Farbstoff), Cudbear *n* / orcina *f* ‖ ∼, Färberflechte *f* (Bot) / orchilla *f*

Orsoyseide *f*, Organsin *m* (Tex) / organcín *m*, organsí *m*
Ort[1] *m*, Fleck *m*, Örtlichkeit *f* / lugar *m*, sitio *m*, localidad *f* ‖ ~ (Bau) / terreno *m* de construcción, solar *m* ‖ ~ (Schiff) / situación *f* ‖ ~ **hoher Strahlungsdichte** (Phys) / sitio *m* de gran energía ‖ **an ~ und Stelle** / sobre el terreno, en el [mismo] lugar, in situ, en sitio
Ort[2] *n*, Ortsbrust *f* (Bergb) / fondo *m* de galería, tajo *m* ‖ ~ , Abbaustrecke *f* (Bergb) / trayecto *m* de extracción ‖ ~ , Ahle *f* / lezna *f* ‖ **vor ~ arbeiten** (Bergb) / trabajar en el fondo de galería
Ort•beton *m* (Ggs.: Fertigbeton) (Bau) / hormigón *m* preparado en sitio ‖ ~**blech** *n* (Dach) / chapa *f* de cordón
orten *vt* / localizar, ubicar (LA) ‖ ~ *vi* (Luftf) / tomar situación ‖ ~ (Schiff) / tomar una marcación
Orter *m* / localizador *m*
Örter•bau *m* (Bergb) / exploración *f* por galerías o por macizos largos ‖ ~**pfeilerbau** *m* / exploración *f* por huecos y pilares
Ort•gang *m* (Bau) / borde *m* o saliente de tejado ‖ ~**gangbrett** *n* (Bau) / saledizo *m*
Orthikon *n* (TV) / orticón *m*, orticonoscopio *m*
Orthit, Allanit *m* (Min) / ortita *f*
ortho•..., o-... (Chem) / orto... ‖ ~**chromatisch** (Foto) / ortocromático ‖ ~**code** *m*, Strichcode *m* (DV) / ortocódigo *m*, código *m* de barras verticales ‖ ~**diagonale**, -achse *f* (Math) / ortoeje *m* ‖ ~**diagraph** *m* (Radiol) / ortodiágrafo *m* ‖ ~**dichlorbenzol** *n* (Chem) / ortodiclorobenceno *m* ‖ ~**drome** *f*, Hauptkreis *m* (Nav) / ortodromia *f* ‖ ~**dromisch** / ortodrómico ‖ ~**dromische Projektion**, gnom[on]ische Projektion (Karte) / proyección *f* nonómica u ortodrómica ‖ ~**ferritscheibe** *f*, Orthoferritwafer *n* / plaquita *f* o rodaja (LA) de ortoferrita ‖ ~**ferrosilit**, Orthopyroxen (Min) / ortoferrosilita *f* ‖ ~**gneis** *m* (Geol) / ortogneis *m*
orthogonal (Geom) / ortogonal, perpendicular ‖ ~ **anisotrop** (Brücke) / ortogonal anisótropo o anisotrópico ‖ ~**er Vektor** (Geom) / vector *m* ortogonal ‖ ~**flächen** *f pl* / superficies *f pl* ortogonales
Orthogonalisierung *f* (Geom) / ortogonalización *f*
Orthogonalprojektion *f*, Aufriss *m* (Geom) / proyección *f* ortogonal
ortho•grafische Abbildung (Kartographie) / proyección *f* ortográfica ‖ ~**helium** *n* (Phys) / ortohelio *m* ‖ ~**klas** *m* (Geol) / ortoclasa *f* ‖ ~**klasporphyr** *m* (Geol) / pórfido *m* ortofírico ‖ ~**klastisch** (Geol) / ortoclástico ‖ ~**metrische Höhe** (Verm) / altura *f* ortométrica ‖ ~**molekül** *n* (2 atom. Molekül mit Gesamtspin 1) (Chem) / ortomolécula *f* ‖ ~**normal** (Math) / ortonormal ‖ ~**normierung** *f* (Math) / ortonormación *f* ‖ ~**pädietechniker** *m*, Orthopädiemechaniker *m* / mecánico *m* ortopédico ‖ ~**pädische Einlage** od. **Einlegesohle** (Med) / plantilla *f* ortopédica ‖ ~**phenylphenol** *n*, E23 (Chem) / ortofenilfenol *m* ‖ ~**phosphat** *n* (Chem) / ortofosfato *m* ‖ ~**phosphorsäure** *f* / ácido *m* ortofosfórico ‖ ~**photo** *n* (Verm) / ortofoto[grafía] *f* ‖ ~**photographie** *f* (Verm) / ortofotografía *f* ‖ ~**photoplan** *m* (Verm) / mapa *m* ortofotoscópico ‖ ~**photoskop** *n* / ortofotoscopio *m* ‖ ~**phyr** *m* (ein Trachyt) (Geol) / ortófiro *m* ‖ ~**pinakoid** *n* / ortopinacoide *m* ‖ ~**rhombisch** (Krist) / ortorrómbico ‖ ~**röntgenaufnahme** *f* / ortorradioscopia *f* ‖ ~**säure** *f* / ortoácido *m* ‖ ~**skop** *n* (Opt, Verm) / ortoscopio *m* ‖ ~**skopie** *f* / ortoscopia *f* ‖ ~**skopisch**, verzerrungsfrei (Opt) / ortoscópico ‖ ~**skopische Betrachtung** *f* (Verm) / observación *f* ortoscópica ‖ ~**ständig** (Chem) / orto..., en posición orto ‖ ~**trop** (Mech) / ortotrópico ‖ ~**trope Fahrbahn**, Leichtfahrbahn *f* (Brücke) / tablero *m* ortotrópico anisótropo ‖ ~**trope Plattenbrücke** *f* / puente *m* de plataforma ortogonal anisotrópica ‖ ~**wasserstoff** *m* (Chem) / ortohidrógeno *m* ‖ ~**xylol** *n* / ortoxileno *m* ‖ ~**zentrum** *n* (Math) / ortocentro *m*
örtlich / local ‖ ~, lokal, Orts... / tópico ‖ ~**e Anfärbung** (Tex) / teñido *m* localizado ‖ ~**e Aufkohlung** (Hütt) / carbonización *f* selectiva ‖ ~ **begrenzt** / localizado ‖ ~ **begrenztes Abschrecken** (Hütt) / temple *m* rápido localizado ‖ ~**er Benutzer** (DV) / usuario *m* local ‖ ~**e Erwärmung** / calentamiento *m* local ‖ ~**e Farbe** (Färb) / color *m* local o tópico ‖ ~ **festlegen**, fixieren / localizar ‖ ~**e bzw. räumliche Grenze**, Endpunkt *m* / término *m* ‖ ~**e Hemmung** (Math) / inhibición *f* lateral ‖ ~**e Korrosion** (o. Lokalkorrosion) / corrosión *f* selectiva o localizada ‖ ~**e Lage**, Platz *m* / situación *f*, ubicación *f*, emplazamiento *m* ‖ ~**es Material** (Bau) / material *m* local o de la plaza ‖ ~**er Nebel** (Meteo) / niebla *f* local ‖ ~ **reflektierte Protonen** *n pl* / protones *m pl* reflectados de la localidad ‖ ~**es Sieden**, Oberflächensieden *n* / ebullición *f* superficial ‖ ~**e Störung** (Meteo) / perturbación *f* [atmosférica] local
Örtlichkeit *f*, Ort *m* / localidad *f*, sitio *m*, lugar *m*
Orton-Kegel *m* (Keram) / cono *m* Orton
Ortpfahl *m* (Bau) / pilote *m* hormigonado o concretado (LA) en sitio
Orts•... / local ‖ ~**amt** *n*, -vermittlung *f* (Fernm) / estación *f* local, central *f* urbana ‖ ~**anfangschild** *n* (Verkehr) / señal *f* indicadora de población ‖ ~**anschlusskabel** *n* (Fernm) / cable *m* de red urbana ‖ ~**antenne** *f* (TV) / antena *f* colectiva o compartida ‖ ~**anzeiger** *m* / indicador *m* de posición ‖ ~**batterie** *f*, O.B. (Fernm) / batería *f* local ‖ ~**batteriebetrieb** *m*, OB-Betrieb *m* (Fernm) / servicio *m* de batería local ‖ ~**batteriesystem** *n* **mit Induktoranruf** (Fernm) / sistema *m* de batería local con magneto ‖ ~**bausatzung** *f* (Bau) / normas *f pl* locales de edificación, reglamento *m* local ‖ ~**bebauungsplan** *m* / plan[o] *m* de urbanización o edificación local ‖ ~**bedienung** *f* / control o manejo local, mando *m* directo ‖ ~**behörde** *f* / autoridad *f* local ‖ ~**belegschaft** *f* (Bergb) / equipo *m* de frente ‖ ~**bereich** *m* (Fernm) / zona *f* urbana, zona *f* de tasación local o urbana ‖ ~**bestimmung** *f* / determinación *f* de la posición, ubicación *f* (LA) ‖ ~**bestimmung**, Peilung *f* (Nav) / localización *f*, orientación *f* ‖ ~**bestimmung eines Leitungsfehlers** (Fernm) / localización *f* de un defecto de línea ‖ ~**betrieb** *m*, Nahbetrieb *m* (Fernm) / servicio *m* regional ‖ ~**beweglich**, -veränderlich / transportable, móvil, desplazable ‖ ~**beziehung** *f* (Math) / topología *f* ‖ ~**brust** *f* (Bergb) / frente *m*
Ortschaft (Straßb) / población *f*, pueblo *m*, lugar *m*, localidad *f*
Ort•schaum *m* (Plast) / espuma *f* plástica moldeada in situ ‖ ~**schaumdach** *n* (Bau) / azotea *f* con espuma plástica moldeada in situ ‖ ~**schicht** *f* (Dach) / hilera *f* de borde
Orts•durchfahrt *f* / travesía *f* de población ‖ ~**empfang** *m* / recepción *f* local ‖ ~**endeschild** *n* (Verkehr) / señal *f* indicadora fin de población ‖ ~**farbe** *f* / color *m* tópico ‖ ~**fest**, standfest / estacionario ‖ ~**fester Absetzer** (Bergb) / escombradora *f* fija ‖ ~**fester Überladekran** / grúa *f* de trasbordo estacionaria ‖ ~**frequenzfilter** *n* (Opt) / filtro *m* de frecuencia espacial ‖ ~**funktion** *f* (Math) / función *f* de posición ‖ ~**gebühr** *f* (Fernm) / tasa *f* local ‖ ~**gebunden** (Personal) / sedentario ‖ ~**gespräch** *n* (Fernm) / llamada *f* o conferencia o conversación local o urbana ‖ ~**gleichung** (Math) / ecuación *f* de lugar ‖ ~**kennung** *f* (Luftf) / indicador *m* de lugar ‖ ~**kennzahl** *f* s. Ortsnetzkennzahl ‖ ~**klinke** *f* (Fernm) / jack *m* local ‖ ~**kräfte** *m pl* (F.Org) / personal *m* [de contratación] local ‖ ~**kurve** *f* (Math) / curva *f* de lugar ‖ ~**kurve des Frequenzganges** (Eltronik) / lugar *m* geométrico de Nyquist ‖ ~**kurvenschreiber** *m* / oscilógrafo *m* local ‖ ~**leitung** *f* (Fernm) / línea *f* local ‖ ~**leitung**, Ortsverbindungsleitung *f* (Fernm) / línea *f* de enlace

Ortsleitung

951

local o interior ‖ ⁓leitungswähler m (Fernm) / selector m de línea local o urbana ‖ ⁓missweisung f / declinación f magnética local ‖ ⁓netz n, ON n (Fernm) / red f urbana ‖ ⁓netzkennzahl f, ONKz (Fernm) / indicativo m local o regional, número m característico urbano, prefijo m urbano ‖ ⁓planung f, städtebauliche Planung / plan[o] m de urbanización o de edificación local ‖ ⁓querschlag m (Bergb) / explotación f transversal a[l] nivel del trayecto de extracción ‖ ⁓schild n, Ortstafel f / señal f indicadora de población, rótulo m de población ‖ ⁓selbstwählamt n / central f urbana automática ‖ ⁓sender m (Funk) / emisora f local ‖ ⁓stapelbetrieb m (DV) / procesamiento m local por lotes ‖ ⁓stoß m (im Streb) (Bergb) / frente m de galería ‖ ⁓strom m (Elektr) / corriente f local ‖ ⁓stromkreis m (Fernm) / circuito m local ‖ ⁓tarif m (Fernm) / tarifa f o tasa urbana o local ‖ ⁓tastung f (Fernm) / manipulación f local ‖ ⁓teilnehmer m (Fernm) / abonado m local
Ortstein m (Dach) / pizarra f de copote
Ortstein m, -ziegel m (Dach) / pizarra f del copete, pieza f del faldón ‖ ⁓ (eine Bodenart) / conglomeración f coloidal
Ortstoleranzen f pl / tolerancias f pl de posición
Ortstoß m (Bergb) s. Ortsstoß
Orts•umgehung f (Straßb) / carretera f de circunvalación ‖ ⁓vektor, Radiusvektor m / radiovector m ‖ ~veränderlich, beweglich / transportable, móvil, portátil, desplazable ‖ ⁓veränderlich, fahrbar / sobre ruedas ‖ ⁓veränderung f / cambio m de lugar o de sitio ‖ ⁓veränderung, Fortbewegung f / movimiento m [progresivo], locomoción f ‖ ⁓verbindung f, -gespräch n (Fernm) / comunicación f urbana ‖ ⁓verbindungskabel n (Fernm) / cable m de enlace local o de la red local ‖ ⁓[verbindungs]leitung f, OL (Fernm) / enlace m, línea f local ‖ ⁓verkehr m (Fernm) / servicio m urbano o local ‖ ⁓verlängerungsleitung f, OVL (Fernm) / circuito m de extensión local ‖ ⁓vermittlung f, -amt n (Fernm) / central f urbana, estación f local ‖ ⁓wagen, Stückgutkurswagen m (Bahn) / vagón m de recorrido fijo ‖ ⁓wahl f (Fernm) / selección f urbana ‖ kleines ⁓wählamt / central f de red automática rural ‖ ⁓wähler m (Fernm) / selector m local ‖ ⁓zeit f / hora f local
Ortung, Ortsbestimmung f / determinación f de la posición, localización f (E), ubicación f (LA) ‖ ⁓ f (Nav) / estima f ‖ ⁓ (Funk) / radiolocalización f, radiogoniometría f
Ortungs•antenne f / antena f de fijar la posición, antena f radiogoniométrica ‖ ⁓funk m (Luftf) / radiogoniometría f ‖ ⁓funkmessgerät n / equipo m de radiolocalización ‖ ⁓funkstelle f / estación f de radiolocalización ‖ ⁓gerät n (allg) / detector m, localizador m, localizadora f ‖ ⁓gerät, Peil-, Suchgerät n (Luftf, Schiff) / equipo m de localización, aparato m localizador [de la posición] ‖ drahtloses ⁓gerät / radiogoniómetro m ‖ ⁓objekt n (Radar) / blanco m ‖ ⁓punkt m (Luftf) / punto m característico o de referencia ‖ ⁓radar m n / radar m indicador de dirección ‖ ⁓station f / estación f radiogoniométrica ‖ ⁓- und Verfolgungsradar m n / radar m de adquisición y de seguimiento ‖ aktives ⁓verfahren (Radar) / regulador m por hilo piloto ‖ ⁓werte m pl (Nav) / datos m pl de posición actual
Os n (lang gestreckter Geschiebehügel), Esker m (Geol) / esker m
Ösaggregat n (Wzm) / máquina f para colocar ojetes
Osazon n (Chem) / osazona f
O-Schale f (Nukl) / capa f O
Ose f (Chem) / osa f
Öse f (z.B. für Schuhe) / ojete m ‖ ⁓, Auge, Ohr n / ojal m, ojo m ‖ ⁓ f, Öhr n, Ring m / anillo m ‖ ⁓, Tragöse f, Klammer f (Elektr) / oreja f ‖ ⁓ für Bilderrahmen / corcheta f, hembra f de corchete ‖ ⁓ zum Einhaken / corcheta f
Ösen•haken m (Kran) / gancho m de ojal ‖ ⁓leiste f (Web) / regla f de guiahílos ‖ ⁓loch n (Schuh) / agujero m de ojete ‖ ⁓maschine f (Schuh) / máquina f para colocar a presión los ojetes, ojeteadora f, ojetera f ‖ ⁓schraube f / armella f ‖ ⁓schraube, -spannschraube f / tornillo m tensor con oreja ‖ ⁓sockel m (Elektr) / casquillo m de orejas ‖ ⁓zange f (Wz) / alicates m pl para ojetes, ojetera f
OSF f / OSF, Open Software Foundation
OSI n (von ISO geschaffenes Verbindungssystem), ISO-Schichtenmodell n, Referenzmodell n für offene Verbindungen, OSI-RM (DV) / OSI m ‖ ⁓-Empfehlungen f pl (DV) / recomendaciones f pl OSI
Oskulation f (Math) / osculación f, ceñimiento m
Oskulations•... (Math) / osculante, osculador, osculatriz ‖ ⁓ebene f / plano m osculador ‖ ⁓kreis m / círculo m osculador
oskulierende Bahn / órbita f osculatriz
Osmat, Salz der Osmiumsäure n (Chem) / osmiato m
Osmiridium, Iridosmium n (Min) / osmiridio m, iridosmina f
Osmium n, Os n (Chem) / osmio m ‖ ⁓... (Chem) / ósmico, osmioso, osmiurado ‖ ⁓legierung f / osmiuro m ‖ ⁓(IV)-Oxid, -dioxid n / dióxido m de osmio ‖ ⁓tetroxid n, (fälschlich:) Osmiumsäure f / tetróxido m de osmio
Osmo•logie f / osmología f ‖ ⁓meter n (für Messung osmotischer Drücke) / osmómetro m ‖ ~metrisch / osmométrico
Osmondit m (Hütt) / osmondita f
osmophor (Chem) / osmóforo ‖ ~e Gruppe / grupo m osmóforo
Osmose f (Chem, Phys) / ósmosis f, osmosis f ‖ auswärts verlaufende ⁓ / exósmosis f ‖ einwärts verlaufende ⁓ / endósmosis f ‖ ⁓verfahren n (Holzschutz) / impregnación f por ósmosis
osmotisch / osmótico ‖ ~er Druck / presión f osmótica ‖ ~ gebundenes Wasser / agua f ligada por ósmosis
OSO (= Ostsüdost) / ESE m (= Estesudeste)
Oson n (Chem) / osona f
Ossannakreis m (Elektr) / círculo m de Ossanna
Ossein n, Knochenleim m (Biochem) / oseína f
O₂-Stahl m (Hütt) / acero m afinado por oxígeno
ostindisches Satinholz, Chlorxylon n swietania (Bot) / salinato m de Ceilán, satén m
Ostnordost m / lesnordeste m
Östradiol n (Hormon) / estradiol m
Ost-Terminal n (Fernm) / terminal m A o Este
O-Stück n, Kappe f (Rohr) / tapón m hembra
Ostwald•scher Farbenatlas (Phys) / atlas m [de colores] de Ostwald ‖ ⁓scher Farbkörper / cuerpo m colorante de Ostwald ‖ ⁓sche Indikatortheorie f (Chem) / teoría f de indicadores de Ostwald ‖ ⁓sches Verdünnungsgesetz / ley f de dilución de Ostwald
Ost-West•-Abweichung f (Fernm) / desviación f este-oeste ‖ ⁓-Bahn f eines Planeten / órbita f este-oeste de un planeta ‖ ⁓-Effekt m (Nukl) / efecto m este-oeste
Oszillation f, Schwingung f (Phys) / oscilación f ‖ ⁓, periodische Bewegung (Phys) / oscilación f periódica, vibración f ‖ ⁓ f (Math) / oscilación f (de una función real)
Oszillations•... / oscilante, oscilatorio ‖ ⁓pumpe f (Vakuum) / bomba f de (o a) émbolo
Oszillator, Summer m (Akust, Eltronik) / oscilador m ‖ ⁓-Abgleich m / alienación f del oscilador ‖ ⁓-Abstimmraum m / cavidad f oscilante ‖ ⁓frequenz f / frecuencia f del oscilador o de oscilación ‖ ⁓kreis m / circuitu m oscilante o oscilador ‖ ⁓pfeifen n / nota f de batido de oscilador local ‖ ⁓quarz m / cuarzo m oscilador ‖ ⁓-Rauschen f / ruido m de oscilador ‖ ⁓röhre f (Eltronik) / tubo m oscilador

oszillieren, schwingen / oscilar, vibrar
oszillierend, hin- und hergehend / oscilante, vibrante, fluctuante ‖ ~**er Greifer** (Nähm) / lanzadera *f* oscilante de bobina central ‖ ~**er Strom** / corriente *f* oscilante
Oszillogramm *n* / osciolograma *m* ‖ **geschlossenes o. schleifenförmiges** ⁓, Lissajousfigur *f* / figura *f* de Lissajous, ciclograma *m*
Oszillograph *m* (Schleifen-) / oscilógrafo *m* [de cuadro]
Oszilloskop *n* (Kathodenstrahl-) / osciloscopio *m* ‖ ⁓ **mit 2 Plattenpaaren für Schleifendarstellung**, Polaroszilloskop *n* / osciloscopio *m* de coordenadas polares ‖ ⁓**anzeige** *f* / osciolograma *m* ‖ ⁓**röhre** *f* / tubo *m* catódico
OT-Geber *m* (= oberer Totpunkt) (Mot) / transductor *m* de punto muerto superior
Otolith *m* (Min) / otolita *f*
otro, ofentrocken (Pap) / seco a la estufa
OTS, orbitaler Test-Satellit *m* / salétite *m* orbital de test
Otto•-Core *n* (Nukl) / carga *f* de salir después de ciclo único ‖ ⁓**kraftstoff** *m* / gasolina *f*, bencina *f*, esencia *f* (LA), nafta *f* (ARG)
Ottoman *m* (Tex) / otomano *f*
Ottomanebindung *f* (Tex) / ligamento *m* otomano
Otto•motor *m* / motor *m* de carburador, motor *m* Otto ‖ ⁓**verfahren** *n*, -kreisprozess *m* / ciclo *m* de Otto
Ottrelith, Chloritoid *m* (Min) / otrelita *f*, cloritoida *f*
Output *m* (DV) / salida *f*
Outputmeter *n* / medidor *m* [de nivel] de salida
Outsert-Technik *f* (Plasteinsätze in Blechplatine) / tecnología *f* outsert
Outsourcing *n* / outsourcing *m*
oval / ovalado, oval, aovado ‖ ~ **machen** / ovalar *v* ‖ ⁓ *n*, Eilinie *f* (Geom) / óvalo *m* ‖ ⁓**ansatz** *m* (Schraube) / espiga *f* ovalada ‖ ⁓**bogenanlage** *f* (Strangguss) / máquina *f* construida en arco ovalado
Ovalbumin *n*, Ovoalbumin *n* (Biochem) / ovalbúmina *f*
Oval•drehbank *f* (Wzm) / torno *m* para ovalados ‖ ⁓**haspel** *f* (Tex) / devanadera *f* ovalada
Ovalisierung *f* / ovalización *f*
Ovalität *f*, Ovalform *f* / ovalidad *f*
Oval•kaliber *n* (Walzw) / calibre *m* o paso en óvalo ‖ ⁓**litze** *f* (Elektr) / cordón *m* ovalado ‖ ⁓**radzähler** *m* / contador *m* de ruedas ovaladas ‖ ⁓**relais** *n* / relé *m* ovalado ‖ ⁓**schieber** *m* / compuerta *f* de sección ovalada ‖ ⁓**verformung** *f* / deformación *f* oval, ovalización *f* ‖ ⁓**werk** *n* (Wzm) / torno *m* ovalador para chapa ‖ ⁓**zirkel** *m* / compás *m* elíptico
"over" (Sprechfunk) / "cambio"
Overall *m* (Tex) / mono *m* (E), mameluco *m* (LA)
Overboost-Funktion *f* (Mot) / función *f* overboost
Overdrive *m* (Kfz) / sobremarcha *f*, supermarcha *f*, sobremultiplicación *f*
Overflow *m*, Überlauf *m* (DV) / overflow *m*, exceso o superación de dapacidad
Overflowmaschine *f* (Tex) / máquina *f* para tintura en cascada
Overhead *n*, Gemeinkosten *pl* / gastos *m pl* generales ‖ ⁓**-Folie** *f* **für Projektion** / hoja *f* transparente para proyección ‖ ⁓**projektor** *m* (Foto) / proyector *m* con espejo, retroproyector *m*
Overlay *m* (TV) / superposición *f*, sobretoma *f*, efecto *m* de sobreimpresión ‖ ⁓ *n* (DV) / superposición *f*, sobreposición *f* ‖ ⁓**-Netz** *n* (Fernm) / red *f* sobrepuesta ‖ ⁓**-Papier** *n* (Plast) / papel *f* sobrepuesta ‖ ⁓**segment** *n*, Überlagerungssegment *n* (DV) / segmento *m* de recubrimiento ‖ ⁓**technik**, integrierte Struktur *f* (Halbl) / técnica *f* de capa superpuesta de sobrecapa ‖ ⁓**-Technik** *f* (DV) / técnica *f* de sobreposición ‖ ⁓**-Transistor**, Überdeckungs-Transistor *m* / transistor *m* de sobrecapa o de capa superpuesta
Overlock•-[Näh]maschine *f* / overlock *m* ‖ ⁓**naht** *f* (Tex) / punto *m* de sobrehilar

Oversampling *n* (CD) (Audio) / oversampling *m*, sobremuestreo *m*
Overshot *n* (Öl) / enchufe *m* de pesca, pescasonda *f* (ARG), pescador *m* de cuello (VEN)
ovizid / ovicida ‖ ⁓ *n* (Chem) / ovicida *m*
Ovoid *n* (Geom) / ovoide *m*
OVSt (Fernm) = Ortsvermittlungsstelle
OW = Oberwasserstand
O₂-Wächter *m*, Sauerstoffwächter *m* (Chem) / controlador *m* de oxígeno
OW-Emulsion *f* / emulsión *f* aceite en agua
Owens[sche Flaschenblas]maschine *f* / máquina *f* Owens para soplar botellas
O.W.Sp. = Oberwasserspiegel
Oxal•... (Chem) / oxálico ‖ ⁓**at** *n*, Oxalsalz *n* (Chem) / oxalato *m* ‖ ⁓**ieren** / tratamiento *m* con ácido oxálico ‖ ⁓**it** *m* (Min) / oxalita *f* ‖ ~**sauer** (Chem) / oxálico ‖ ⁓**säure** *f* / ácido *m* oxálico ‖ ~**säuregeätzt** / atacado con ácido oxálico
Oxalyl... / [de] oxalilo
Oxamid *n* (Chem) / oxamida *f*, diamida *f* de ácido oxálico
Oxazin, Phenoxazin *n* / oxazina *f* ‖ ⁓**farbstoffe** *m pl* / colorantes *m pl* oxazínicos o de oxazina
Oxazol *n* / oxazol *m*
Oxethylierung *f*, Ethoxylierung *f* / oxietilación *f*
Oxford *m* (Web) / oxford *m* ‖ ⁓**-Indiapapier** *n* / papel *m* oxford
Oxi... s.a. Oxy ...
Oxid *n* (Chem) / óxido *m* ‖ ⁓ **der niedrigsten Oxidationsstufe** / protóxido *m* ‖ ⁓**ablagerung** *f* / acumulación *m* de óxido, depósito *m* de óxido
Oxidase *f* / oxidasa *f*
Oxidation *f* / oxidación *f* ‖ ⁓ **an Luft** (Öl) / oxidación *f* al aire ‖ ⁓**-Reduktion** *f* / oxidación-reducción *f*, oxidorreducción *f*
Oxidations•base *f* / base *f* de oxidación ‖ ⁓**beständigkeit** *f* / estabilidad *f* de (o a la) oxidación, resistencia *f* a la oxidación ‖ ⁓**farbstoff** *m* / colorante *m* de oxidación ‖ ~**frei**, nicht oxidierend / no oxidante, no oxidable ‖ ~**freie Wärmebehandlung** / tratamiento *m* térmico no oxidante ‖ ⁓**graben** (Klärwerk) / fosa *f* de oxidación ‖ ⁓**grad** *m* (Sintern) / grado *m* de oxidación ‖ ~**hemmend**, -verhindernd / antioxidante ‖ ⁓**inhibitor** *m*, -hemmer *m* / inhibidor *m* de oxidación, antioxidante *m* ‖ ⁓**katalysator** *m* (Kfz) / convertidor *m* catalítico de oxidación ‖ ⁓**mittel** *n*, Oxidierungsmittel *n* (Chem) / oxidante *m* ‖ ⁓**-Reduktionskette** *f*, Redoxkette *f* / cadena *f* de oxidorreducción ‖ ⁓**schutz für Öl** / aditivo *m* antióxido ‖ ⁓**schutzöl** *n* / aceite *m* antioxidante ‖ ⁓**schwarz**, Hängeschwarz *n* (Tex) / negro *m* de oxidación ‖ ⁓**stufe** *f*, -zahl *f*, -wert *m* (z.B. +2) / número *m* de oxidación ‖ ⁓**teich** *m* (Abwasser) / estanque *m* de oxidación ‖ ⁓**zone** *f* (Geol) / zona *f* de oxidación
Oxidator *m*, Oxidans *m* (pl.: -dantien) (Chem, Rakete) / oxidante *m*
Oxid•-Disperionswerkstoff *m* / material *m* reforzado por dispersión de óxido ‖ ⁓**einschluss** *m* (Hütt) / inclusión *f* de óxido ‖ ⁓**einsprenkelung** *f* (Hütt) / manchas *f pl* de óxido ‖ ⁓**haut** *f*, -belag *m* / película *f* de óxido
oxidierbar / oxidable
Oxidierbarkeit *f* / oxidabilidad *f*
oxidieren *vt*, mit Sauerstoff verbinden o. anreichern / oxigenar, oxidar ‖ ~ *vi*, oxidiert werden / ser oxidado, oxidarse ‖ ⁓ *n*, Oxidationsvorgang *m*, Oxidierung *f* / oxidación *f* ‖ ⁓, Sauerstoffanlagerung *f* / oxigenación *f*, oxidación *f*
oxidierend / oxidante ‖ ~**e Flamme** / llama *f* oxidante o azul ‖ ~**es Rösten** (Hütt) / calcinación *f* oxidante
oxidiert / oxidado ‖ ~, geblasen (Öl) / soplado ‖ ~**e Kante** (Hütt) / borde *m* azul ‖ ~**es Leinöl** (Linoleumherst.) / aceite *m* de linaza oxidado

Oxidimetrie

Oxidimetrie, Redoxanalyse f (Chem) / oxidimetría f, análisis m de (o por) oxidorreducción
oxidimetrisch / oxidimétrico
oxidisch / oxídico
Oxidisolation f (Halbl) / aislamiento m oxídico
oxidispersionsverfestigt, OSD / reforzado por dispersión de óxido
Oxid•kathode f / cátodo m [recubierto] de óxido, cátodo ml con depósito de óxido ‖ ⁓**keramik** f / cerámica f oxidada o de óxidos ‖ ~**keramische Brennstoffzelle**, Festoxid-Brennstoffzelle f / SOFC f (= Solid Oxide Fuel Cell) ‖ ~**keramischer Werkstoff** / material m de cerámica oxidada ‖ ⁓**magnet** m / imán m de material oxidado ‖ ⁓**maske** f / máscara f de dióxido de silicio ‖ ⁓**röhre** f (Eltronik) / tubo m con filamento cubierto de óxido [metálico] ‖ ⁓**schicht** f / capa f de óxido ‖ ⁓**verlust** m / pérdida f de óxido
Oxihydroxid n / oxihidróxido de (metal)
Oxim n (Anstrich, Chem) / oxima f
Oximid n / oximida f
Oxindol, Indoxyl n / oxindol m
Oxo-cyclo-Tautomerie f (Chem) / oxo-ciclo-tautomería f
Oxonium•... / de oxonio, oxónico ‖ ⁓**salz** n / sal f de oxonio
Oxo•säure, Oxysäure f / oxiácido m ‖ ⁓**synthese** f, -verfahren n, Hydroformylierung f / oxosíntesis f, síntesis f oxo
Ox-Redox-Verfahren n / oxidorreducción f
Oxweldschweißung, Pressschweißung f / soldadura f con soplete oxihídrico a presión
Oxy•.. s. a. Oxi... ‖ ⁓**-Azofarbstoff** m (Chem) / colorante m oxiazo ‖ ⁓**cel** n, Celluronsäure f / ácido m celulósico ‖ ⁓**cellulose** f / oxicelulosa f ‖ ⁓**chinolin** n (Chem) / oxiquinolina f ‖ ⁓**chlorid** n / oxicloruro m ‖ ⁓**chloridzement** m (Bau) / cemento m con oxicloruro ‖ ⁓**gen** n, Sauerstoff m, O / oxígeno m ‖ ⁓**genase** f, Atmungsferment n (Biochem) / oxigenasa f
Oxygenator m (Med) / oxigenador m
Oxy•genstahl m, Sauerstoffstahl m (Hütt) / acero m afinado con oxígeno, acero m al oxígeno ‖ ⁓**keton-Farbstoff** m (Chem) / colorante m de oxicetona ‖ ⁓**meter** m (Med) / oxímetro m ‖ ⁓**nitril** n / oxinitrilo m, cianohidrino m ‖ ⁓**propionsäure** f / ácido m hidroxipropiónico ‖ ⁓**säure**, Oxosäure f / ácido m oxicarbónico, oxiácido m, oxácido m
OZ = Oktanzahl
Ozalid•papier n / papel m ozalid ‖ ⁓**pause** f / fotocalco m ozalid, diazotipia f
ozeanisch / oceánico
Ozeankarte f / carta f marina
ozeanografisch / oceanográfico
Ozeanographie f / oceanografía f
Ozeanologie f / oceanología f
Ozeanstationsschiff n / barco m de estación oceánica
Ozelitwiderstand m (Elektr) / resistor m de ocelit
Ozobromdruck m, Carbrodruck m (Foto) / ozobromia f
Ozokerit m (Min) / ozoquerita f, ozocerita f
Ozon n / ozono m ‖ ⁓**abbau** m / ozonólisis f ‖ ⁓**anlage** f / planta f de ozonización ‖ ⁓**bleiche** f (Tex) / blanqueo m por ozono ‖ ~**fest** / resistente al ozono ‖ ⁓**gürtel** m / cinturón m de ozono, ozonosfera f ‖ ~**haltig**, Ozon... / ozonífero ‖ ⁓**ide**, explodierende Öle n pl / ozónidos m pl
Ozonisator m / ozonador m, ozonizador m
ozonisieren, in Ozon verwandeln, mit Ozon behandeln / ozonizar, ozonificar
ozonisiertes Wasser, Ozonwasser n / agua f ozonizada
Ozonisierung, Ozonisation f / ozonización f
Ozonisierungsapparat, Ozonisator m / ozonizador m, ozonador m
Ozon•killer m (z.B. Chlor) (Meteo) / ozonocida m ‖ ⁓**loch** n (Meteo, Umw) / hueco m de ozono ‖ ⁓**messer** m / ozonómetro m

Ozono•graph m, registrierendes Ozonoskop / ozonógrafo m ‖ ⁓**skop** n / ozonoscopio m
Ozon•[reagenz]papier, Jodkaliumstärkepapier n (Chem) / papel m ozonoscópico ‖ ⁓**rissbildung** f / fisuración f debida al ozono ‖ ⁓**schicht**, Ozonosphäre f (in 20-35 km Höhe) / capa f de ozono, ozonosfera f ‖ ⁓**schutzmittel** n / agente m antiozono ‖ ⁓**spaltung** f, Ozonolyse f / ozonólisis f
Ozonung f / ozonización f
Ozonwasser n / agua f ozonizada
OZ-Teil n, Teil n ohne Zeichnung (F.Org) / pieza f sin dibujo
OZV = Organozinnverbindung

P

p (= Pond) (obsol.) (Phys) / p (= pondio)
p (= Peta...)(das Billiardenfache) / p (= peta...) (10^{15})
p (= Pico...), Piko... / p (= pico...)
P, Phosphor m (Chem) / P, fósforo m
P, p f (= Leistung) (Phys) / P, p = potencia
p.a. (pro analysi), analysenrein (Chem) / analíticamente puro
Pa, Proactinium n (Chem) / Pa, proactinio m ‖ ≃, Pascal n (Phys) / Pa, pascal m
PA = Polyamid
PAA, Polyakrylamid n / poliacrilamida f
Paar n (Dinge) / par m ‖ ≃, Zweiergruppe f (Math) / diada f ‖ ≃**bildung** f (Nukl) / formación f o producción de pares ‖ ≃**bildungsgeschwindigkeit** f (Halbl) / velocidad f de formación de pares ‖ ≃**bildungsgrad** m (Halbl) / razón f de formación de pares ‖ ≃**elektronen** n pl / electrones m pl producidos por pares
paaren vt, zusammenpassen (Masch) / apariar, parear, emparejar, casar ‖ ~, zusammenpassen, anpassen (Tischl) / machihembrar ‖ ~, paarweise montieren/einbauen / montar por parejas ‖ **Säulen** ~, paarweise ordnen (Bau) / parear columnas ‖ ≃ n, Paarung f (Masch) / pareado m, emparejado m, montaje m por parejas, emparejamiento m
Paar•erzeugung f (Nukl) / producción f de pares ‖ ≃**gleichheit** f (Lautsprecher) / paridad f de altavoces
Paarigkeit f / paridad f ‖ ≃ (Biol) / existencia f en pares
Paarigstehen n **der Zeilen** (TV) / apareamiento m, emparejamiento m, emparejado m
Paar•prüfung f (DV) / comprobación f por [los] pares ‖ ~**selektierter Ternärcode** (DV) / código m ternario selectado por pares ‖ ≃**triebwerk** n (Luftf) / motores m pl emparejados
Paarung f, Paarbildung f / formación f de pares ‖ ≃, Doppelung f, Zwillingsbildung f (Krist) / maclado m ‖ ≃, Doppelung (Chem) / copulación f ‖ **Auslese**≃ (Passung), Paarungspassung f / ajuste m por parejas seleccionadas, emparejamiento m selectivo ‖ **fehlerhafte** ≃ / mal emparejamiento m
Paarungs•energie f (Nukl) / energía f de formación de pares ‖ ≃**kraft** f (Nukl) / esfuerzo m de formación de pares ‖ ≃**maß** n (Masch) / dimensión f de emparejamiento, medida f de parejas, medida f de emparejamiento ‖ ≃**teile** n pl / piezas f pl emparejadas
Paar•vernichtung f, -zerstrahlung f (Nukl) / aniquilación f mutua ‖ ~**verseiltes Kabel** / cable m de pares ‖ ≃**vertauschung** f (DV) / transposición f de pares ‖ ~**weise**, gepaart (Math) / de pares, por parejas, dos a dos ‖ ~**weise**, gepaart / por pares, pareado ‖ ~**weise gegossen** (Gieß) / fundido dos a dos ‖ ~**weise gewalzte Bleche** n pl (Walzw) / chapas f pl laminadas a la par
pa-Behälter m (= porteur aménagé) (Bahn) / container m especial [provisto con dispositivo propio de transporte]
P-Abweichung f, bleibende Regelabweichung (Regeln) / regulación f con supresión parcial del campo, error m estático
PAC = Polyacrylnitril
PACE n (Halbl) / elemento m PACE
Pacemaker m, [Herz-]Schrittmacher m (Med) / marcapasos m
Pacht, in ≃ / a renta

pachten vt, [in LA:] mieten / arrendar ‖ ~, verpachten (Landw) / dar en arrendamiento ‖ ~ (Landw) / tomar en arrendamiento
Pachtgut n (Landw) / finca f o tierra arrendada
Pack m n, Packen m, Ballen m / bulto m, fardo m ‖ ≃ (Elektr) / pack m (conjunto e pilas)
Package•kessel m (in der Werkstatt zusammengebaut, selbsttragend) / caldera f compacta y móvil ‖ ≃**konstruktion** f / construcción f "package" o en paquete
Päckchen n / paquetito m ‖ ≃ (Post) / pequeño paquete m
Packeis n (Ozean) / banquisa f, icefield m
packen vt, ergreifen / coger (nicht in ARG), asir, agarrar (ARG) ‖ ~ (DV) / adensar, condensar ‖ ~, ein-, verpacken / embalar, empaquetar, empacar, envolver ‖ ~, verdichten / comprimir ‖ ~, komprimieren (DV) / empaquetar (datos) ‖ ~ vi, angreifen (Masch) / atacar ‖ ~, beißen / morder ‖ ~ vi, anziehen (von Schrauben) / apretar ‖ **in Fässer** ~ (Trockensubstanzen) / embarrilar, entonelar ‖ **in Gefäße** ~ / envasar ‖ **in Pakete** ~ / empaquetar ‖ ≃ n, Verpacken n / empaquetado m
Packen m, Ballen m / fardo m ‖ ≃ (Schriftstücke, Papier usw.) / haz m (p.ej. de documentos), montón m
Packerei f / cuarto m de embalaje, sala f de embalaje ‖ ≃**gebäude** n / cobertizo m de embalaje
Pack•färben n (Tex) / tintura f en bobina ‖ ≃**film** m (hist.) / pack-film m, película f plana
Packfong, Neusilber n / pacfong m
pack•gefärbt (Färb) / teñido en bobina ‖ ≃**gewebe** n (Pap) / papirolina f, papel m entelado, papel m con tela interior ‖ ≃**hahn** m (DIN 7112) / grifo m de prensaestopas ‖ ≃**kiste** f / caja f de embalaje ‖ ≃**krepp** m / papel m crespado para embalaje ‖ ≃**lage** f (Straßb) / firme m de grava, capa f de grava ‖ ≃**leinwand** f, Sackleinwand f / tela f de embalaje, arpillera f ‖ ≃**liste** f / lista f de empaquetado ‖ ≃**material** n / material m de embalaje ‖ ≃**nadel** f / aguja f para coser embalajes, saquera f ‖ ≃**papier** n / papel m de embalaje o de envolver ‖ ≃**pappe** f / cartón m para embalaje ‖ ≃**presse** f / prensa f enfardadora ‖ ≃**presse für Garn** (Tex) / prensa f para empaquetar hilo ‖ ≃**schein** m, -zettel m / lista f de empaquetado ‖ ≃**schnur** f / bramante m, cuerda f de empaquetar ‖ ≃**stoffe** m pl / materiales m pl para embalar ‖ **unitisiertes** ≃**stück** (Schiff) / carga f unitaria ‖ ≃**tisch** m / mesa f de embalaje ‖ ≃**- und Bündelpresse** f / prensa f de empaquetar bultos
Packung f (abgepackte Menge) / paquete m ‖ ≃, Dichtung f (Masch) / guarnición f, empaquetadura f, junta f ‖ ≃, Steinpackung f für trockene Mauer (Bau) / encachado m ‖ ≃, Packen m (DV, Nukl) / adensamiento m, condensación f
Packungs•anteil m (Nukl) / índice m de compacidad ‖ ≃**art** f (Krist) / arreglo m de celosía ‖ ≃**dichte** f (Nukl) / densidad f de relleno ‖ ≃**dichte**, Informationsdichte f (DV) / densidad f de información ‖ ≃**dichte** f **von Bauteilen** (Eltronik) / densidad f de componentes ‖ ≃**effekt** m (Nukl) / efecto m de empaquetamiento ‖ ≃**ring** m, -scheibe f / anillo m o disco de guarnición, anillo f de empaquetadura, anillo m embutido ‖ ≃**schnur** f / empaquetadura f trenzada ‖ ≃**zieher** m, Stopfbüchsenzieher m / sacador m de prensaestopas
Pack•wagen m (Bahn) / furgón m de equipajes, coche m para equipajes (MEJ) ‖ ≃**werk** m (aus Faschinen) (Hydr) / fajinada f ‖ ≃**werk**, Steinschüttung f / piedraplén m ‖ ≃**zettel** m, -schein m / lista f de envío
Paddel•becken n (Abwasser) / depósito m de paletas ‖ ≃**boot** n / canoa f ‖ ≃**-Färbmaschine**, Schaufelrad-Färbemaschine f (Tex) / máquina f de tintura a paletas ‖ ≃**mischer** m, Schaufelmischer m (Tex) / mezclador m de paletas ‖ ≃**waschmaschine** f (Tex) / lavadora f a paletas

Padding *n* (allg, DV) / relleno *m* ‖ ~**kondensator** *m* / capacitor *m* de compensación o de corrección [en serie], corrector *m* de rastreo, padder *m*
Pad-Jig-Färben *n* / tintura *f* fulard-jigger
Pad-Roll-Verfahren *n* (Färb) / proceso *m* de tintura Pad-Roll
Pad-Steam-Ausrüstung *f* (Tex) / acabado *m* fulard-vaporado
PAFC (= Phosphoric Acid Fuel Cell), Phosphorsäure-Brennstoffzelle *f* / pila *f* de combustible de ácido fosforoso
Pager *m* (Fernm) / receptor *m* de radiomensajes
Paginator *m* (DV) / paginador *m*
Paging *n* (Übertragen großer Informationsmengen von einem Speicher zum anderen) (DV) / intercambio *m* de informaciones entre memorias ‖ ~ (Programm-Umbruch in Seiten zu je 1024 Wörtern), Seitenadressierung *f* (DV, Programmierung) / división *f* en páginas, paginación *f* ‖ **bedarfsabhängiges** ~ / paginación *f* sobre demanda
paginieren *vt* (Druck) / paginar, foliar
Paginier•maschine *f* / paginadora *f* ‖ ~**stempel** *m* / sello *m* paginador
Paginierung *f*, Seitenzählung *f* (Druck) / paginación *f*
Pagodit, Agalmatolith *m* (Min) / pagodita *f*, agalmatolita *f*
pa-Großbehälter *m* (Bahn) / container *m* especial (provisto con dispositivo propio de transporte)
PAH, Panzerabwehrhubschrauber *m* (Mil) / helicóptero *m* antitanque
Pahlstek *m n* (Schiff) / balso *m*
Pahrphase *f* (Nukl) / fase *f* PAHR (de refrigeración)
Pahthanf *m*, Jute *f* (Bot) / yute *m*
PAK, polyzyklische aromatische Kohlenwasserstoffe (Chem) / hidrocarburos *m pl* policíclicos aromáticos
Pak *f*, Pakgeschütz *n*, Panzerabwehrkanone *f* (Mil) / cañón *m* antitanque
Paket *n* / paquete *m* ‖ ~, Federsatz *m* (Elektr) / juego *m* de resortes con contactos ‖ ~, Brief *m* (Nadeln) / sobre *m* (de agujas) ‖ ~, Kontaktblock *m* (Relais) / juego *m* de contactos ‖ ~ (Nukl) / paquete *m* ‖ ~ [von Programmen] (DV) / lote *m* de rutinas ‖ ~, Bündel *n* / haz *m* ‖ ~ *n* (Kfz) / conjunto *m* de extras, paquete *m* ‖ ~**ausleger** *m*, Abzähler *m* (Druck, Rotationsdruck) / kicker *m*, sacador *m* en postetas ‖ ~**band** *n* / cinta *f* de empaquetar ‖ ~**binder** *m* (Hütt) / dispositivo *m* de empaquetado ‖ ~**dienst** *m*, Parcel Service *m* / paquetería *f*
Paketieranlage *f* / instalación *f* prensadora [de chatarra] en paquetes
paketieren, in Paketform bringen (DV) / formar o grupar en paquetes, paquetizar ‖ ~ (Hütt, Schrott) / prensar chatarra en paquetes ‖ ~ *n* (Hütt) / fabricación *f* de briquetas, formación *f* de paquetes ‖ ~, Blechen *n* (Elektr) / apilado *m* en mazo de chapas ‖ ~ (DV) / agrupamiento *m* en paquetas
Paketier•presse *f* / prensa *f* para empaquetar ‖ ~**schrott** *m*, paketierter Schrott / chatarra *f* [prensada] en paquetes ‖ ~**schrott**, zu paketierender Schrott / chatarra *f* para prensar en paquetes
Paket•schalter *m* (Elektr) / interruptor *m* giratorio o en paquete ‖ ~**schneiden** *n* (von Blech) (Hütt) / corte *m* en paquete de chapa ‖ ~**spannung** *f* (Wzm) / sujeción *f* en paquete ‖ ~**teilnehmer** *m* (Fernm) / abonado *m* del servicio de paquetes ‖ ~**vermittlung** *f* (DV) / conmutación *f* por paquetes ‖ ~**vermittlungsknoten** *m* / nudo *m* de conmutación por nodos ‖ ~**vermittlungsnetz** *n*, DATEX-P / red *f* de conmutación por nodos ‖ ~**verstärker** *m* (Fernm) / repetidor *m* para paquetes ‖ ~**waage** *f* / balanza *f* de paquetes ‖ ~**walzen** *n* (Hütt) / laminación *f* en paquete[s] ‖ ~**wärmeofen** *m* / horno *m* para calentar paquetes ‖ ~**wiederholung** *f* (DV) / retransmisión *f* de paquetes ‖ ~**zusteller** *m* (priv.) / recadero *m* (E)

Pakohaar *n* (Tex) / pelo *m* de alpaca
PAL *n* (= phase alternation line) (ein Fernsehsystem) (TV) / sistema *m* PAL ‖ ~ (Plast) = Polyacrylnitril
Paläo•... / paleo... ‖ ~**biochemie** *f* / paleobioquímica *f* ‖ ~**botanik**, -phytologie *f* / paleobotánica *f* ‖ ~**lithikum** *n*, Altsteinzeit *f* / paleolítico *m* ‖ ~**magnetismus** *m* / paleomagnetismo *m*
Paläontologie *f* / paleontología *f*
Paläo•zän, Paleozän *n* / paleoceno *m* ‖ ~**zoikum** *n*, paläozoische Formationsgruppe *f* / paleozoico *m* ‖ ~**zoikum** (Zeitalter) / era *f* paleozóica
PAL-Decoder *m* (TV) / decodificador *m* PAL
Pale Ale *n* (helles obergäriges Bier) / pale ale *m*
Palette *f*, Stapelplatte *f* / paleta *f*, portacargas *m*, tarima *f*, rack *m* (MEX) ‖ ~ (Uhr) / paleta *f* ‖ **auf** ~**n stapeln** / paletizar
Paletten•ankerhemmung *f* / escape *m* de ancora con paletas ‖ ~**-Aufsetzgestell** *n* / manipulador *m* de paletas ‖ ~**beladegerät** *n* / cargador *m* de paletas ‖ ~**entlader** *m* / descargadora *f* de paletas ‖ ~**gerät** *n*, -[hub]wagen *m* / carro *m* elevador de paletas, paletizador *m* ‖ ~**heber** *m* / carro *m* elevador de paletas, paletizador *m*, transpaleta *f* ‖ ~**hubwagen** *m* / carro *m* elevador de paletas, transpaleta *f*, paledizador *m* ‖ ~**pack** (Pap) / paquete *m* de paleta ‖ ~**platte** *f* / plataforma *f* de carga ‖ ~**pool** *m* (Verkehr) / centro *m* distribuidor de paletas ‖ ~**rahmen** *m* (Bahn) / bastidor *m* de paletas ‖ ~**verpackung** *f* (Hütt) / empaquetado *m* en bandejas o jaulas ‖ ~**wechsel** *m* (NC) / cambio *m* de paletas
palettierbar / paletizable
palettieren *vt*, auf Paletten packen / paletizar ‖ ~ *n* / paletización *f*
Palettierer *m* / paletizadora *f*
Palettierroboter *m* / robot *m* para paletizar
Palettierung *f* / paletización *f*
palettisiert / paletizado
Palingenese *f* (Geol) / palingenesia *f*
Palisade, Pfahlwand *f* / palizada *f*
Palisanderholz *n*, brasilianisches Pockholz / paolo *m* santo, palisandro *m*, jacaranda *f* (CHILE, PERÚ)
Pall *m n*, Sperrklinke *f*, Palle *f* (Schiff) / lengüete *m*
palladinieren *vt* / electrochapear de paladio, platear de paladio
Palladium *n*, Pd (Chem) / paladio *m* ‖ ~**(II)-...** / paladioso, paladio(II)... ‖ ~**(IV)-...** / paládico, paladio(IV)... ‖ ~**(II-)chlorid** *n* / cloruro *m* paladioso, paladio(II)cloruro *m* ‖ ~**gold** *n*, Porpezit *m* (Min) / paladio *m* aurífero ‖ ~**-Lecksucher** *m* (Vakuum) / detector *m* de fugas en barrera (o con filtro) de paladio ‖ ~**mohr** *n*, -schwarz *n* (Chem) / negro *m* de paladio, paladio *m* coloidal ‖ ~**schwamm** *n* / esponja *f* de paladio
Palle *f*, Kielblock *m* (Schiff) / bloque *m* de quilla ‖ ~, Klinke *f* (Schiff) / lengüete *m*
Pallkranz, -ring *m* (Schiff) / molinete *m*
Palloid-Verzahnung, Klingelnberg-Verzahnung *f* / dentado *m* paloide
Pallring *m* (Füllkörper) (Chem) / anillo *m* de Pall
Palmarosa-Öl *n* / esencia *f* de palmarosa
Palme *f* (Bot) / palma *f*, palmera *f*
Palmenmark *n* / palmita *f*
Palmer-Abtaster *m* (Radar) / explorador *m* [de] Palmer
Palmfett, -öl *n*, -butter *f* / grasa *f* o manteca *f* de palma, aceite *m* de palma
Palmitat *n* (Chem) / palmitato *m*
Palmitin *n* / palmitina *f* ‖ ~**säure** *f* / ácido *m* palmítico
Palm•kernöl *n* / aceite *m* de palmisto ‖ ~**öl** *n* s. Palmfett
Palm-Organizer *m* (DV) / organizador *m* de mano o de bolsillo
Palmstärke *f*, Sago *m* / almidón *m* de sagú
Palmtop *m*, Pocket-PC *m* (DV) / ordenador *m* portátil (de domensiones muy reducidas)
Palmutter *f* (Sicherungsmutter) (Masch) / tuerca *f* Pal

Palmzucker *m* / azúcar *m* de palma
PAL-Satelliten-Tuner *m* / sintonizador *m* satélite PAL
PAL-System *n* (TV) / sistema *m* PAL
PAM, Pulsamplituden-Modulation *f* (Elektr) / modulación *f* de impulsos en amplitud, modulación *f* de amplitud de impulsos ‖ ⁓-**Motor** *m* (= Pol-Amplituden-Modulation) (Elektr) / motor *m* de modulación de polos en amplitud ‖ ⁓-**Seite** *f* (paging area memory) (DV) / zona *f* de almacenamiento de busca de personas
PAN *n*, Polyacrylnitril *n*, Peroxiacetylnitrat *n* (Chem) / poliacrilnitrilo *m*
Panama•bindung *f* (Tex) / ligamento *m* de Panama, ligamento *m* asiento de silla ‖ ⁓**rinde** *f* (Bot) / corteza *f* de quillay
panchromatisch (Foto) / pancromático
Paneel *n*, Füllung *f* (Tischl) / panel *m*, entrepaño *m*
paneelieren *vt*, täfeln (Tischl) / enmaderar
Panel *n* (Wand-, Decken- o. Bodenteil) (Eltronik) / panel *m* ‖ ⁓**flattern**, Feldflattern *n* (Rakete) / flotamiento *m* de panel
Panellool *n*, Olivenkernöl *n* / aceite *m* de huesos de aceitunas
Pan•film *m* (Foto) / película *f* pancromática ‖ ⁓**filter**, -glas *n* / filtro *m* pancromático
Panhardstab *m* (Hinterachse) (Kfz) / barra *f* Panhard
Paniksicherung *f*, -verschluss *m* (Bau) / cierre *m* de pánico
pankratisch (Opt) / pancrático
Panne *f*, kleiner Unfall (Kfz) / avería *f*, varada *f* (LA) ‖ ⁓, Reifenpanne *f* (Kfz) / pinchazo *m* ‖ ⁓ **beim Start** (Raumf) / avería *f* de lanzamiento ‖ ⁓ **vor dem Start** (Raumf) / avería *f* antes del lanzamiento ‖ **eine ⁓ haben** (Kfz) / vararse (LA)
Pannen•bucht *f* (Tunnel) / nicho *m* de emergencia ‖ ⁓**hilfe** *f* (Kfz) / asistencia *f* en carretera, auxilio *m* en carretera ‖ ~**sicher** (Reifen) (Kfz) / seguro contra pinchazos y reventones ‖ ⁓-**Warnlampe** *f* / luz *f* intermitente de advertencia
Panné[samt] *m* (Tex) / pana *f*
panoptisch (Bau) / panóptico
Panorama *n* (allg, Radar) / panorama *m* ‖ ⁓... / panorámico ‖ ⁓**antenne** *f* / antena *f* panorámica ‖ ⁓**anzeige**, PPI-Anzeige *f* (Radar) / presentación *f* panorámica, indicación *f* de posición en el plano ‖ ⁓**anzeiger** *m* / indicador *m* panorámico, indicador *m* de posición planar o en el plano ‖ ⁓**aufsatz** *m*, -fernrohr *n* (Mil) / mira *f* panorámica ‖ ⁓-**Aussicht** *f* / toporama *f* ‖ ⁓**breitwand** *f* (Film) / pantalla *f* panorámica ‖ ⁓**dach** *n* (Kfz) / techo *m* panorámico ‖ ⁓**empfänger**, Weitwinkelempfänger *m* (Radar) / receptor *m* panorámico, receptor *m* explorador (o analizador) de banda ‖ ⁓**fernrohr** *n* / telescopio *m* panorámico ‖ ⁓**kamera** *f* / cámara *f* panorámica ‖ ⁓**kammer** *f* (Verm) / aparato *m* fotogramétrico con cinco (o más) cámaras ‖ ⁓**radar** *n* / radar *m* panorámico ‖ ⁓**scheibe** *f* (Kfz) / parabrisas *m* panorámico ‖ ⁓**schwenk** *m* (Film) / toma *f* panorámica ‖ ⁓- **u. Neigekopf** *m* (Foto) / panoramizador *m*, cabeza *f* de giro e inclinación [de la cámara] ‖ ⁓**[windschutz]scheibe** *f* (Kfz) / cristal *m* parabrisas panorámico ‖ ⁓**zusatz** *m* (Foto) / adaptador *m* panorámico
Panoramierung *f* (Foto) / panoramización *f*
Pantoffelmaschine *f*, Krispelmaschine *f* (Gerb) / máquina *f* para levantar el grano
pantoffeln *vt*, krispeln (Gerb) / granular
Pantoffeltierchen *n* (Zool) / paramecio *m*
Pantograph *m*, Storchschnabel *m* (Zeichn) / pantógrafo *m*, ampliador *m* ‖ ⁓, Stromabnehmer *m* (Bahn) / pantógrafo *m*
Pantometer *n* (Verm) / pantómetro *m*, pantómetra *f*
Pantothensäure *f* (Chem) / ácido *m* pantoténico
Pantry, Anrichte *f* (Schiff) / repostería *f*

Panzer *m*, Panzerung *f* / blindaje *m*, coraza *f*, acorazado *m* ‖ ⁓ (Hütt) / coraza *f* ‖ ⁓ s. Panzerkampfwagen ‖ ⁓ (Mil) / tanque *m*, carro *m* de combate, acorazado *m* ‖ ⁓..., gepanzert / blindado, acorazado ‖ ⁓**abstreichblech** *n* (Pflug) / vertedera *f* ‖ ⁓**abwehrkanone** *f* (Mil) / cañón *m* antitanque ‖ ⁓**ader** *f* (Elektr) / hilo *m* armado ‖ ⁓**aderkabel** *n* / cable *m* con hilos armados ‖ ⁓**aderleitung** *f* (Elektr) / conductor *m* armado ‖ ⁓**biegemaschine** *f*, -biegepresse *f* / prensa *f* para curvar chapas de blindaje ‖ ⁓**brechend** (Projektil) / perforante *adj* ‖ ~**brechende Granate** (Mil) / granada *f* antitanque ‖ ⁓**brecher** *m* / triturador *m* blindado ‖ ⁓**fahrer** *m* (Mil) / tanquista *m* ‖ ⁓**faust** *f* (Mil) / puño *m* anticarro o de acero ‖ ⁓**förderer** *m* (Bergb) / transportador *m* [rascador] blindado ‖ ⁓**gewölbe** *n*, -raum *m* (Bau) / cámara *f* acorazada ‖ ⁓**glas** *n* / vidrio *m* a prueba de bala ‖ ⁓**granate** *f*, panzerbrechende Granate (Mil) / granada *f* antitanque, granada *f* perforante ‖ ⁓**holz** *n*, Metallholz *n* / madera *f* metalizada, madera *f* laminada impregnada de metal ‖ ⁓**instrument** *n*, Instrument mit abgeschirmten Polen (Elektr) / instrumento *m* de polo blindado ‖ ⁓**kabel** *n* (Kfz) / cable *m* armado ‖ ⁓**kampfwagen** *m* / carro *m* de combate, acorazado *m* ‖ ⁓**kiefer** *f*, P. leucodermis (Bot) / pino *m* de los Balcanes ‖ ⁓**kreuzer** *m* (Schiff) / acorazado *m* ‖ ⁓**mantel** *m* (Zentrifuge) / camisa *f* blindada
panzern *vt* / acorazar, blindar ‖ ⁓ *n*, Panzerung (gegen Verschleiß) (Keram.Ofen) / acorazamiento *m*, blindaje *m*
Panzer•platte *f* / chapa *f* o plancha para blindaje ‖ ⁓**platte** (Akku) / placa *f* de tubos ‖ ⁓-**[platten]stahl** *m* / acero *m* de blindaje ‖ ⁓**plattenwalzwerk** *n* / tren *m* de planchas de blindaje ‖ ⁓**plattenzelle** *f* (Akku) / elemento *m* con placas de tubos, pila *f* con placas de tubos ‖ ⁓**pumpe** *f* (DIN 24253) / bomba *f* centrífuga blindada ‖ ⁓**rohr** *n* (Elektr) / tubo *m* aislador protegido *m* ‖ ⁓**rutsche** *f* / plano *m* inclinado blindado ‖ ⁓**schlauch** *m* / tubo *m* flexible blindado ‖ ⁓**schott** *n* (Schiff) / mamparo *m* blindado ‖ ⁓**schrank** *m* / caja *f* fuerte ‖ ⁓**spähwagen** *m* (Mil) / tanqueta *f* ‖ ⁓**sperrholz** *n* (außen Metall) / madera *f* contrachapeada blindada ‖ ⁓**tür** *f* / puerta *f* acorazada ‖ ⁓**turm** *m* (Kriegsschiff) / torre *f* acorazada
Panzerung *f*, Panzer *m* / blindaje *m*, coraza *f* ‖ ⁓, Verschleißschutz *m* (Keramikofen) / blindaje *m* contra el desgaste ‖ ⁓ **der Kabel** / armadura *f*, alambrado *m*
Panzer•ventil *n* / válvula *f* blindada ‖ ⁓**weste** *f* / chaqueta *f* blindada ‖ ⁓**zentrifuge** *f* / centrífuga *f* blindada
Papain *n* / papaina *f*, papayotina *f*
Papaverin *n* (Chem) / papaverina *f*
Paperback *n* (Druck) / libro *m* de bolsillo
Papier *n* / papel *m* ‖ ⁓ (aus Altpapier hergestellt) / papel *m* ecológico o reciclado ‖ ⁓**e** *n pl* (Schiff) / papeles *m pl* ‖ ⁓..., papieren / de papel ‖ ⁓**einschießen** (o. durchschießen) (Druck) / intercalar hojas ‖ ⁓ *n* **für elektronische Zwecke** / papel manila ‖ ⁓ **für technische Zwecke** / papel *m* de [o para] uso técnico ‖ ⁓ **in Bogen** / papel *m* en hojas ‖ ⁓ **mit Egoutteurrippung** / papel *m* con nervios de desgotador ‖ ⁓ **mit Gewebeeinlage** / papel *m* con encaje (o refuerzo) de tejido ‖ ⁓ **mit Maßeinteilung** / papel *m* con graduación ‖ ⁓ **mit Seidenfäden** / papel *m* con hilos de seda ‖ ⁓ *n* **mit Wasserlinien** / papel *m* acantillado o verjurado o vergueteado o vergé ‖ ⁓ **mit [gitterartigem] Wasserzeichen** / papel vergé ‖ ⁓ **mit Wasserzeichen** / papel *m* con marca de agua, papel *m* con filigrana ‖ ⁓ **mit Zollteilung** / papel *m* graduado en pulgadas ‖ ⁓ **ohne Maßeinteilung** / papel *m* sin graduación ‖ ⁓ **verarbeitend** / transformador de papel *adj*, manipulador de papel ‖ **holzhaltiges ⁓** /

Papier

papel m con pasta mecánica ‖ **leeres** ~ / papel m virgen ‖ **steifes** ~ (0,2 - 5 mm dick) / cartón m
Papier•abfall m, Abfallpapier n / papel m de desecho ‖ **~abfall**, Makulatur f / desechos m pl de papel [de imprenta] ‖ **~ablage** f (DV) / salida f del papel impreso ‖ **~ablagestapel** m (Druck) / pila f de papel ‖ **~[abschluss]kabel** n (Fernm) / cable m compacto ‖ **~abzug** m (Druck) / prueba f sobre papel ‖ **~andrücker** m (Schreibm) / aprietapapel m ‖ **~andruckrolle** f (Schreibm) / rodillo m prensador o de presión ‖ **~andrückstange** f (Schreibm) / varilla f sujetapapel ‖ **~anfeuchter** m (Druck) / humectador m de papel ‖ **~anlage** f (Schreibm) / guiapapel m ‖ **~antriebsrolle** f (DV) / rodillo m motor del papel ‖ **~artig** / papiráceo ‖ **~auflegeblech** n (Schreibm) / mesa f o chapa portapapel ‖ **~aufroller** m / arrollador m de papel ‖ **~auskleidung** f / forro m o revestimiento de papel ‖ **~auslöser** m (Schreibm) / palanca f aflojapapel, palanca f libradora de papel, librapapel m ‖ **~bahn** f (Druck) / banda f de papel ‖ **~bahn** (Papiermaschine) / hoja f o banda de papel ‖ **~bahnübernahme** f **ohne Vakuum** / toma m de hoja automática ‖ **~band** n / cinta f de papel ‖ **~bandisolierung** f (Kabel) / aislamiento m de papel ‖ **~baumwollkabel** n (Elektr) / cable m aislado con papel y algodón ‖ **~bearbeitungsmaschine** f / máquina f para tratamiento de papel ‖ **~becher** m / copa f de papel ‖ **~[be]schneider** m, -beschneidemaschine f / guillotina f de papel ‖ **~bespannung** f / revestimiento m de papel ‖ **~beutel** m / saquito m de papel, bolsa f de papel ‖ **~bindfaden** m / hilo m o bramante de papel, cordel m de papel ‖ **~bleikabel** n / cable m bajo plomo aislado de papel ‖ **~bogen** m / hoja f de papel ‖ **~bohrmaschine** f / taladradora f para papel ‖ **~brei** m / pasta f de papel ‖ **~brei-Pressteil** n / pieza f moldeada de pasta de papel ‖ **~bremse** f (DV) / freno m de papel ‖ **~bremse der Rotationsdruckmaschine** / freno m de regulación ‖ **~bruch** m / rotura f o ruptura de papel ‖ **~büschel** n (Elektr) / haz m de papel ‖ **~chromatographie** f (Chem) / cromatografía f sobre papel ‖ **~dehnung** f / alargamiento m de papel ‖ **~durchführungskondensator** m / capacitor m pasante de papel metalizado ‖ **~durchlass** m (Schreibm) / largo m útil para papel ‖ **~einführer** m (Fernm) / guiapapel m, guía f para papel ‖ **~eingabe** f / alimentación f del papel ‖ **~einlage** f / capa f intermedia de papel ‖ **~einrissanzeiger** m / indicador m de rasgones de papel ‖ **~einziehvorrichtung** f / dispositivo m alimentador de papel ‖ **~elektrophorese** f / electroforesis f sobre papel **papieren** n / de papel
Papier•endefühler m / palpador m de fin de papel ‖ **~endemeldung** f / señal f fin de papel ‖ **~-Endformat** n / formato m final de papel ‖ **~fabrik** f / fábrica f de papel, papelera f ‖ **~fabrik für Zeitungspapier** / fábrica f de papel prensa ‖ **~falzer** m / plegador m de papel ‖ **~filter** m n / filtro m de papel ‖ **~format** n, -größe f / formato m de papel ‖ **~führung** f / guiapapel m ‖ **~führungsdaumen** m / leva f conductora de papel, leva f guiapapel ‖ **~führungsrolle** f (DV, Schreibm) / cilindro m guiapapel ‖ **~garn** n, -bindfaden m (Spinn) / hilo m o bramante de papel ‖ **~garntellerspinnmaschine** f / máquina f de platos para hilar hilo de papel ‖ **~-Gasinnendruckkabel** n / cable m de presión interna de gas aislado por papel ‖ **~gelb 3 G** n / amarillo m brillante ‖ **~geld** n / papel m moneda ‖ **~geschwindigkeit** f (Papiermaschine) / velocidad f de papel ‖ **~geschwindigkeit** (Druck) / velocidad f de alimentación de papel ‖ **~gewebe** n, -stoff m (papierbeschichtet) / tejido m revestido de papel ‖ **~gewicht** n / peso m de papel ‖ **~gewicht**, -stärke f / grueso m o espesor de papel ‖ **~halbstoff** m / media

pasta f, pasta f en bruto de papel ‖ **~halter** m (WC) / portarrollos m ‖ **~halter** (Schreibm) / sujetador m de papel, barrera f pisapapeles ‖ **~handtuch** n / toalla f o servilleta de papel ‖ **~hefter** m / cosepapeles m ‖ **~hersteller** m, -fabrikant m / papelista m ‖ **~herstellung** f / fabricación f de papel ‖ **~hilfsstoff** m / agente m auxiliar de papel ‖ **~-Hohlraumisolierung** f (Kabel) / aislamiento m por papel de espacio de aire ‖ **~holz** n (Pap) / madera f para papel ‖ **~hülse** f (Elektr) / manguito m de papel ‖ **~hülse**, Kötzerhülse, -tüte f (Tex) / carreta f o tubo de papel o de cartón ‖ **~industrie** f / industria f papelera ‖ **~isolation** f, -isolierung f / aislamiento m de papel ‖ **~isolierrohr** n (Elektr) / tubo m aislante de papel ‖ **~isolierte Ader** / hilo m aislado con papel, hilo m con forro de papel ‖ **~kabel** n / cable m con aislamiento de papel ‖ **~kalander** f / calandria f de papel ‖ **~kanne** f (Spinn) / bote m de papel ‖ **~kern** m (Tex) / macho m de papel ‖ **~kohle** f, Blätterkohle f (Bergg) / lignito m foliado (E) o esquistoso (LA) ‖ **~kohle**, Dysodil n / disodilo m, carbón m sapropélico ‖ **~kondensator** m / capacitor m [con dieléctrico] de papel ‖ **~konus** m (Lautsprecher) / cono m de papel ‖ **~kopie** f (Repro) / copia f impresa ‖ **~korb** m / papelera f ‖ **~kordel** f s. Papierbindfaden ‖ **~-Kunststoff-Isolierung** f / aislamiento m por papel y plástico ‖ **~lack** m / laca f para papel ‖ **~laufbahn** f (Offset) / tira f de papeles ‖ **~leitblech** n (Druck) / chapa f guiapapel ‖ **~leitwalze** f (Druck) / rollo m guiapapel ‖ **~locher** m (Büro) / perforadora f de papel ‖ **~-Luftraum-Isolierung** f (Kabel) / aislamiento m por espacio de aire y por papel ‖ **~lumpen** m pl, Hadern m pl / trapos m pl para papel ‖ **~maché** n / papel m maché ‖ **~macher** m / papelero m ‖ **~maschine** f / máquina f papelera o para hacer papel ‖ **~maschinenfilz** m / fieltro m de máquina papelera, fieltro m secador ‖ **~maschinenglättwerk** f / alisador m de papel ‖ **~maschinensieb** n / tela f de (o para) máquina de papel ‖ **~maschinen-Siebpartie** f / sección f de tela ‖ **~maske**, -schablone f (Druck) / máscara f o mascarilla de papel ‖ **~masse** f / pasta f de papel ‖ **~massefänger** m (Pap) / colector m de pasta (E), cuchara f de pasta (LA) ‖ **~-Massekabel** n / cable m con aislamiento de papel impregnado ‖ **~mehl** n / harina m de papel ‖ **~negativ** n (Foto) / negativo m sobre papel ‖ **~niederhalter** n / placa f sujetapapel ‖ **~positiv** n (Ggs.: Diapositiv) (Foto) / positivo m sobre papel ‖ **~prägepresse** f / prensa f gofradora para papel ‖ **~rand** m / margen m de página ‖ **~rohr** n (Elektr) / conducto m de papel blindado para cables ‖ **~rolle** f, Rolle f für Papier / bobina f para papel, rollo m para papel ‖ **~rolle**, Rollenpapier n / rollo m de papel ‖ **~rollenbreite** f / largo m de rollo de papel ‖ **~rollenbremse** f (Druck) / freno m de la bobina de papel ‖ **~rollen-Transportwagen** m, -rollenwagen m (Druck) / carro m de bobinas o de rollos de papel ‖ **~rüttler**, Bogengeradeleger m (Druck) / igualadora f, emparejadora f, emparejador m, máquina f para enderezar pliegos ‖ **~sack** m, -beutel m (Verp) / saco m de papel, bolsa f de papel ‖ **~schablone**, -maske f (Druck) / máscara f o mascarilla de papel ‖ **~schere** f / cizallas f pl para papel ‖ **~schneidemaschine** f, -schneider m / guillotina f de papel ‖ **~schneider** m, -beschneider m / recortadora f de papel ‖ **~schnitzel** pl / recortes m pl de papel ‖ **~schrumpfung** f / contracción f de papel ‖ **~shredder** m / triturador m de papeles ‖ **~sieb** n / tela f de (o para) papel ‖ **~siebseite** f / lado m de tela ‖ **~spannungsregelung** f / regulación f de la tensión de papel ‖ **~spinnen** n (Kabel) / enrollamiento m de papel para aislar cables, enrollamiento m del vendaje de un cable ‖ **~spule** f (Tex) / tubo m de papel, bobina f de papel ‖ **~stapel** m / pila f de hojas de papel ‖ **~stärke** f, -gewicht n / espesor m o peso de papel ‖ **~staub** m / pelusa f de papel ‖ **~stoff** m, -gewebe n (papierbeschichtet) / tejido

958

m revestido de papel ‖ ⁀**stoff**, Brei *m* / pasta *f* de papel ‖ ⁀**stoffmischbütte** *f* / cubeta *f* mezcladora de la pasta de papel ‖ ⁀**stramin** *m* (Tex) / base *f* de hilos de papel ‖ ⁀**streichvorrichtung** *f* / dispositivo *m* para estucar papel ‖ ⁀**streifen** *m* / banda *f* o tira de papel ‖ ⁀**tapete** *f* / papel *m* tintado ‖ ⁀**taschentuch** *n* / pañuelo *m* de papel ‖ ⁀**techniker** *m* / técnico *m* papetero ‖ ⁀**träger** *m* / portapapel *m* ‖ ⁀**traktor** *m* (DV) / tractor *m* de papel ‖ ⁀**transport** *m* (Schreibm) / avance *m* de papel, transporte *m* de papel ‖ **schneller** ⁀**transport** / salto *m* de papel ‖ ⁀**turm** *m* (Druck) / carrete *m* de papel, torre *f* de papel ‖ ⁀**tüte**, Kötzertüte *f* (Spinn) / tubo *m* de papel ‖ ⁀**[umlauf]wickler** *m*, -spinnmaschine *f* (Kabelherst) / máquina *f* enrolladora del vendaje de un cable, enrolladora *f* de papel para aislar cables ‖ ⁀**umschlag** *m* / sobre *m* de papel ‖ ⁀**unterlage** *f*, -lage *f* / base *f* de papel ‖ ⁀**verarbeitung** *f* / transformación *f* de papel, manipulación *f* de papel ‖ ⁀**veredelung** *f* / acabado *m* de papel ‖ ⁀**verpackung** *f* / embalaje *m* de papel ‖ ⁀**vorschub** *m*, -transport *m* (DV, Schreibm) / avance *m* de papel ‖ ⁀**vorschub-Lochband** *n* (DV) / cinta *f* perforada de control de avance ‖ ⁀**waage** *f* / balanza *f* pesapapel ‖ ⁀**wagen** *m* (Schreibm) / carro *m* ‖ ⁀**walze** *f* (Schreibm) / rodillo *m* portapapel ‖ ⁀**waren** *f pl* / artículos *m pl* de papel ‖ ⁀**warenindustrie** *f*, -industrie *f* / industria *f* papelera ‖ ⁀**wickel** *m* (Tex) / rollo *m* de papel ‖ ⁀**wolf** *m* / triturador *m* de papeles ‖ ⁀**wolle** *f* (Verp) / lana *f* de papel ‖ ⁀**zellstoff** *m* / celulosa *f* para papel, pasta *f* química para papel ‖ ⁀**zeug**, Feinzeug *n* (Pap) / pulpa *f* fina ‖ ⁀**zuführung u. -Ablage** *f* (Drucker) / alimentador-receptor *m* de papel ‖ ⁀**zuführung unterbrochen** (DV) / carencia *f* de formularios ‖ ⁀**zug** *m* (Pap) / esfuerzo *m* de tracción de papel

Papinscher Topf *m* (Phys) / autoclave *f* o marmita de Papin

Papp•band *m*, Einband *m* in Pappe (Druck) / encuadernación *f* de cartón ‖ ⁀**becher** *m* / vaso *m* de cartón ‖ ⁀**dach** *n* / tejado *m* de cartón impermeabilizado, cubierta *f* de cartón asfáltico ‖ ⁀**deckel**, Karton *m* (allg) / cartón *m* ‖ ⁀**deckel** *m* s. auch Pappverschluss ‖ ⁀**deckel** *m* (Bb) / cartón *m* para encuadernación ‖ ⁀**deckung** *f* (Bau) / cubierta *f* de tela asfáltica ‖ ⁀**dichtung** *f* / junta *f* de cartón ‖ ⁀**dose** *f* / bote *m* de cartón

Pappe *f*, Pappkarton *m* / cartón *m* ‖ ⁀ (Jacquard) / cartón *m* Jacquard ‖ ⁀ **aus Schichten** / cartón *m* de capas ‖ ⁀ **für Dachpappe** / cartón *m* para tejados ‖ ⁀ **für Kartonagen** / cartón *m* para cartonajes ‖ **dreifach gegautschte o. mehrlagige** ⁀ / cartón *m* de tres capas ‖ **geformte o. verformte** ⁀ / cartón *m* conformado o deformado ‖ **geharzte** ⁀ (Pap) / cartón *m* resinado ‖ **minderwertige** ⁀ **als Zwischenschicht** / cartón *m* intermedio, cartón *m* entrepuesto

Papp•einband *m* s. Pappband ‖ ⁀**einlage** *f* (Krempel) / suplemento *m* de cartón

Pappel *f*, Populus (Bot) / álamo *m* ‖ ⁀, Graupappel *f*, Populus canescens / álamo *m* pardo ‖ ⁀, Schwarzpappel *f*, Populus nigra / álamo *m* negro o chopo ‖ ⁀, Silberpappel *f*, Populus alba / álamo *m* blanco o pobo

pappen, aus Pappe / de cartón ‖ ⁀**fabrik** *f* / fábrica *f* de cartón, cartonería *f* ‖ ⁀**gießmaschine** *f* / moldeadora *f* de cartón ‖ ⁀**guss** *m* / cartón *m* moldeado ‖ ⁀**verarbeiter** *m* / transformador *m* de cartón ‖ ⁀**zieher** *m* (Bb) / sacador *m* del cartón

Papp•hülse *f*, Etui *n* / estuche *m* de cartón ‖ ⁀**hülse** (Munition) / vaina *f* de cartón ‖ ⁀**kanne** *f* (Spinn) / bote *m* de cartón ‖ ⁀**karton** *m* / caja *f* de cartón ‖ ⁀**kern** *m* / macho *m* de cartón ‖ ⁀**matrizenprägung** *f* (Druck) / estampación *f* de matrices de cartón ‖ ⁀**nagel**, -stift *m* (Bau) / clavo *m* para cartón ‖ ⁀**reserve** *f* (Färb) / reserva *f* de pasta ‖ ⁀**ritzer** *m* (Druck) / rejón *m* ‖ ⁀**schachtel** *f* / cajita *f* de cartón ‖ ⁀**scheibe** *f* / disco *m* de cartón ‖ ⁀**schere** *f* / guillotina *f* de cartón ‖ ⁀**spule** *f* (Tex) / carrete *m* de cartón, bobina *f* de cartón ‖ ⁀**[unterlege]scheibe** *f* / arandela *f* de cartón

Pappussche Regel *f* (Math) / regla *f* de Pappus

Papp•verschluss *m*, -deckel *m* / tapa *f* de cartón ‖ ⁀**zwischenlage** *f* (Druck) / imposición *f* de cartón

pa-Präparat, pro-analysi-Reagens *n* (Chem) / preparación *f* analíticamente pura

Paprika *m* (Bot) / pimiento *m*, ají *m* (LA) ‖ ⁀ (gemahlen) / pimentón *m*

Papyrolin *n* (Pap) / papirolina *f*

PAR, Präzisionsanflugradar *m* *n* / radar *m* de precisión de aproximación o de aterrizaje, radar *m* de acercamiento de precisión

Para•... (z.B. Paradichlorbenzol) (Chem) / para..., P ‖ ⁀**-Aminophenol** *n* / para[a]minofenol *m* ‖ ⁀**-Aminosalizylsäure** *f*, PAS *n* / ácido *m* para[a]minosalicícilco, PAS *m*

Parabel *f* (Math) / parábola *f* ‖ ⁀**...** / parabólico ‖ ⁀ *f* höherer Ordnung / parábola *f* de orden superior ‖ ⁀**abschnitt** *m*, -segment *n* / segmento *m* de parábola ‖ ⁀**achse** *f* / eje *m* de parábola ‖ ⁀**belastung** *f*, parabolische Belastung / carga *f* parabólica ‖ ⁀**bogen** *m* (Math) / arco *m* parabólico ‖ ~**förmig** / parabólico, de forma parabólica ‖ ~**nahe** (Umlaufbahn) / casiparabólico ‖ ⁀**segmentflügel** *m* (Luftf) / ala *f* parabólica ‖ ⁀**träger** *m* (Bau) / viga *f* parabólica ‖ ⁀**-Umlaufbahn** *f* (Astr) / órbita *f* parabólica

Parabens *n pl*, PHB-Ester *m pl* (Chem) / parahidroxibenzoatos *m pl*

Parabolantenne *f* / antena *f* parabólica

parabolisch, Parabel... (Math) / parabólico ‖ ~**e Belastung**, Parabelbelastung *f* / carga *f* parabólica ‖ ~**e Funktion** (Math) / función *f* parabólica ‖ ~**e Kettenlinie** / catenaria *f* parabólica ‖ ~**e partielle Differentialgleichung** / ecuación *f* diferencial parcial parabólica ‖ ~**er Zylinder** / cilindro *m* parabólico

Parabol•kalotten-Antenne *f* / antena *f* parabólica descentrada ‖ ⁀**oid** *n*, Umdrehungs-, Rotationsparaboloid *n* (Geom) / paraboloide *m* ‖ ~**oidisch** / paraboloidal, paraboloide ‖ ⁀**[oid]reflektor** *m* / reflector *m* parabólico o paraboloidal ‖ ⁀**rinnenkraftwerk** *n* / central *f* de canales parabólicos, central *f* solar parabólica ‖ ⁀**scheinwerfer** *m* (Kfz) / faro *m* parabólico ‖ ⁀**spiegel** *m*, Parabol[oid]reflektor *m* (Antenne) / reflector *m* parabólico ‖ **beschnittener** ⁀**spiegel** (Antenne) / reflector *m* parabólico asimétrico ‖ ⁀**spiegelkollektor** *m* (Sonnenwärme) / colector *m* parabólico

Parabraunerde *f* / terra *f* arcillosa de podzol

Parachor *m* (Chem, Phys) / paracoro *m* ‖ ⁀**methode** *f pl* von Snudgen / método *m* de paracoro

Paradiesholz *n* (Bot) / palo *m* de paraíso

Paradigma *n* (DV) / paradigma *m*

Paradoxlauf *m* (Waffe) / paradox *m*

Paradoxon *n* (Phys) / paradoja *f*, párádoxon *n*

Parafarbstoff *m* (Chem) / colorante *m* Para

Paraffin *n* / parafina *f* ‖ **festes** ⁀, Paraffinum solidum *n* / parafina *f* sólida, cera *f* de parafina *f* ‖ ⁀**-Ausscheidungspunkt**, -trübungspunkt *m*, BPA / punto *m* de opacidad ‖ ~**basisch** (Öl) / parafínico ‖ ~**basisches Öl** / petróleo *m* parafínico, petróleo *m* de base parafínica ‖ ~**bleiweiß** *n* / cerusa-parafina *f* ‖ ⁀**gatsch** *m*, Rohparaffin *n* (Öl) / parafina *f* cruda o bruta ‖ ~**haltig** (Öl) / parafínico

paraffinieren, mit Paraffin tränken o. überziehen o. behandeln / parafinar ‖ ⁀ *n* (Garn) / parafinado *m*

paraffinierte Pappe / cartón *m* parafinado

Paraffinierung *f* / parafinaje *f*

paraffinisch, paraffinhaltig / parafínico

Paraffin•kerze *f* / vela *f* de parafina ‖ ⁀**-Kohlenwasserstoffe**, Paraffine *n pl* / hidrocarburos

m pl parafinados ‖ ~**kracken** *n* / cracking *m* de parafina ‖ ~**krätze** *f* / sarna *f* de parafina ‖ ~**öl** *n* / aceite *m* parafínico ‖ ~**papier** *n* / papel *m* parafinado ‖ ~**reihe** *f* / serie *f* parafínica o de parafinas ‖ ~**rest** *m*, -rückstand *m* / residuo *m* de parafina ‖ ~**-Schuppen** *f pl* / escamas *f pl* de parafina ‖ ~**[wachs]** *n* / cera *f* de parafina, parafina *f* sólida
Para•formaldehyd *m*, Paraformalin *n* / paraformaldehído *m* ‖ ~**fuchsin**, -rosanilin *n* / parafuc[h]sina *f*, paramagenta *f* ‖ ~**genese** *f* (Geol, Min) / paragenesis *f* ‖ ~**glas** *n*, Acrylglas *n* / vidrio *m* acryl ‖ ~**gleiter** (Sport) / parapente *m* ‖ ~**gleiter**, Lastensegler *m* (Luftf) / planeador *m* de carga ‖ ~**gleiter**, Rogalloflügel *m* (Raumf) / ala *f* Rogallo ‖ ~**gneis** *m* (Geol) / paragneis *m* ‖ ~**gonit** *m* (Min) / paragonita *f*
Paragraph *m* (COBOL) (DV) / párrafo *m* ‖ ~**zeichen** *n* (Druck) / párrafo *m*, signo *m* de párrafo, calderón *m*
Para•gummi *n m* / caucho *m* [de] Para ‖ ~**gutta** *f* (Isoliermat) / paraguta *f* ‖ ~**helium** *n* (Chem) / parahelio *m* ‖ ~**kampfersäure** *f* / ácido *m* paracanfórico ‖ ~**klase**, Verwerfung *f* (Bergb, Geol) / paraclasa *f*
Paraldehyd *m* / paraldehído *m*
paralisch (Geol) / parálico
parallaktisch (Astr, Verm) / paraláctico ‖ ~**e Achse** / eje *m* paraláctico o ecuatorial ‖ ~**e Ellipse** (Astr) / elipse *f* paraláctica ‖ ~**es Lineal**, Triquetrum *n* (Verm) / regla *f* paraláctica ‖ ~**e Ungleichheit** / desigualdad *f* paraláctia
Parallaxe *f* (Opt) / paralaje *m*
Parallaxen•ausgleich *m* / compensación *f* o corrección del paralaje ‖ ~**-Ausgleichspiegel** *m* / espejo *m* de compensación del paralaje ‖ ~**blende** *f* (Opt) / diafragma *m* paraláctico ‖ ~**fehler** *m* / error *m* de paralaje ‖ ~**frei**, parallaxfrei / exento de o sin paralaje ‖ ~**refraktometer** *n* / refractómetro *m* de paralaje ‖ ~**sekunde** *f*, Parsec *n*, pc (1 pc = 30 857 · 10¹⁸ cm) (veraltet) / parsec *m*
Parallaxpanoramagramm *n* (Foto) / estereograma *m* paraláctico
parallel [zu] / paralelo [a] ‖ ~, nebeneinander (Elektr) / en paralelo, en derivación ‖ ~**er Ausgang** / salida *f* en paralelo ‖ ~**e Ein- u. Ausgabe** (DV) / acceso *m* paralelo ‖ ~ **geschaltet** (Elektr) / acoplado o conectado o puesto en paralelo o en derivación ‖ ~ **gespeist** (Antenne) / alimentado en derivación o en paralelo ‖ ~**e Längsfehler** *m pl* (Walzw) / repliegues *m pl* paralelos ‖ ~ **legen o. anordnen o. schalten** (Elektr) / acoplar o conectar en paralelo, acoplar en derivación ‖ ~ **programmierbare Steuerung**, PPC / mando *m* por programación en paralelo ‖ ~ **schalten** (Elektr) / acoplar o conectar o poner en paralelo ‖ ~**er Teil des Schiffskörpers** (Schiff) / cuerpo *m* paralelo ‖ ~ **verarbeitete Zahl** (DV) / unidad *f* aritmética paralela ‖ ~ **[ver]laufen** [zu] / ser paralelo [a] ‖ ~ **verschobene Kraft** / fuerza *f* desplazada en paralelo ‖ ~ **zur Wand** (Bau) / paralelo al muro ‖ **2 Linien** ~ **machen** / colimar, alinear
Parallel•abfragespeicher *m* (DV) / memoria *f* de búsqueda en paralelo ‖ ~**abruf** *m* (DV) / llamada *f* paralela o simultánea ‖ ~**addierer** *m* (DV) / sumador *m* paralelo ‖ ~**anordnung** *f* **der [zur Sicherheit] redundanten Bauteile** (DV) / explotación *f* con componentes en reserva ‖ ~**anzeige** *f* (DV) / indicación *f* paralela ‖ ~**arbeiten** *f pl*, -arbeit *f*, -betrieb *m* (F.Org) / funcionamiento *m* simultáneo, marcha *f* concurrente ‖ ~**aufreißer** *m* (Straß) / escarificadora *f* en paralelogramo ‖ ~**[aus]drucken** *n*, Zeilendruck *m* (DV) / impresión *f* en renglones ‖ ~**backenzange** *f* (Roboter) / tenazas *f pl* de mordazas paralelas ‖ ~**besäumt** (Holz) / aserrado con bordes paralelos ‖ ~**betrieb** *m* / servicio *m* en paralelo, marcha *f* en paralelo ‖ ~**bewegungsstange**, Leitstange *f* (Dampfm) / varilla *f* paralelogramétrica ‖

~**bohrer** *m*, Löffelbohrer *m* (Holz) / barrena *f* o broca de cuchara ‖ ~**-Drahtkabel** *n*, DINA- o. HiAm-Kabel *n* / cable *m* de hilos paralelos ‖ ~**drahtleitung** *f* (Fernm) / línea *f* de hilos paralelos ‖ ~**drahtleitung**, Lecherleitung *f* (Elektr) / hilos *m pl* de Lecher
Parallele *f* (Geom) / paralela *f*, línea *f* paralela ‖ ~ **zur Z-Achse des Satelliten** (Raumf) / paralela *f* a la eje Z del satélite ‖ **eine** ~ **ziehen** / trazar una paralela
Parallel•endmaß *n* (Mess) / plantilla *f* calibrada paralela, escantillón *m*, bloque *m* calibrador ‖ ~**-entgegengesetzt** (Math) / antiparalelo ‖ ~**entwicklung** *f* (Biol) / paralelismo *m* ‖ ~**entzerrer** *n* (Fernm) / igualador *m* en derivación ‖ ~**epiped[on]** *n*, Parallelflach *n* (Math) / paralelepípedo *m* ‖ ~**falzung** *f* (Druck) / doblado *m* o plegado en paralelo ‖ ~**falzziegel** *m* / teja *f* suiza de encaje paralelo ‖ ~**faserige Lagen** *f pl* (Sperrholz) / capas *f pl* de fibras paralelas ‖ ~**feder** *f* (Zeichn) / tiralíneas *m* de dos puntas ‖ ~**feinanstellung** *f* (Wzm) / ajuste *m* paralelo de precisión ‖ ~**filter** *n* (Funk) / filtro *m* en derivación o en shunt ‖ ~**flächenresonator** *m* (Eltronik) / resonador *m* de placas paralelas ‖ ~**flachzange** *f* / alicate *m* de mandíbulas paralelas ‖ ~**[flansch]träger** *m* / viga *f* de alas paralelas ‖ ~**flügel** (Brücke) / ala *f* paralela ‖ ~**führung** *f* / guía *f* paralela, conducción *f* en paralelo ‖ ~**führung** (Dampfm) / cruceta *f* del vástago ‖ ~**führung** (Zeichn) / guía *f* de la máquina de dibujar ‖ ~**führung für Zirkelgriffe** (Zeichn) / arandela *f* de muelle ‖ ~**führung** *f* **von Leitungen** / guiado *m* paralelo ‖ ~**funkenstrecke** *f* (Elektr) / descargador *m* paralelo ‖ ~**gelenk** *n* / articulación *f* paralela ‖ ~**geschichtet** / estratificado en paralelo ‖ ~**gespeiste Antenne** / antena *f* con alimentación en derivación o en paralelo ‖ ~**güte** *f* (Krist) / cifra *f* de mérito, factor *m* de mérito
Parallelismus *m* (Biol) / paralelismo *m*
Parallelität *f* (Math) / paralelidad *f*, paralelismo *m*
Parallelitätszeichen *n* (Math) / signo *m* de paralelismo
Parallel•kanal *m*, Seitenkanal *m* / canal *m* de derivación ‖ ~**kapazität** *f*, -kondensator *m* / capacitor *m* o condensador en derivación o en paralelo ‖ ~**kapazität**, Eigenkapazität *f* (Krist) / capacitancia *f* inherente ‖ ~**klemme** *f*, Froschklemme *f* / rana *f* tensora (E), entallas *f pl* de rana (LA) ‖ ~**klinke** *f* (Fernm) / jack *m* doble ‖ ~**kreis** *m* (Math) / círculo *m* paralelo ‖ ~**kreis** (Elektr) / circuito *m* en paralelo o en derivación ‖ ~**kreis**, Breitenkreis *m* (Geo) / paralelo *m* de latitud ‖ ~**-Ladebaum-Vorrichtung** *f* (Schiff) / derrick *m* gemelo ‖ ~**lauf** *m* / marcha *f* en paralelo ‖ ~**leitung** *f* (Elektr) / línea *f* paralela ‖ ~**lineal** *n* / regla *f* para trazar o de paralelas, reglas *f pl* paralelas ‖ ~**machart**, -schlagart *f* (Seil) / colocación *f* paralela de alambres ‖ ~**manipulator** *m* / manipulador *m* gemelo o master-slave ‖ ~**nietung** *f* / remachado *m* paralelo ‖ ~**nut** *f* (Elektr) / ranura *f* paralela ‖ ~**-ODER-Schaltung** *f* / circuito *m* O conectado en paralelo
Parallelogramm *n* / paralelogramo *m* (E), paralelograma *m* (LA) ‖ ~... / paralelográmico ‖ ~ **der Kräfte** (Phys) / paralelogramo *m* de fuerzas ‖ ~**führung** *f* (o. **-aufhängung**) (der Räder) (Kfz) / suspensión *f* de ruedas en paralelogramo ‖ ~**hebel** *m* **des Geräteträgers** (Landw) / paralelogramo *m* portaaperos ‖ ~**satz** *m* (Vektoren) / regla *f* de paralelogramos ‖ ~**stangen** *f pl* (Dampfm) / varillaje *m* en paralelogramo ‖ ~**verzeichnung** *f* (TV) / distorsión *f* oblicua
Parallelohmmethode *f* / recepción *f* con resistencia paralela
Parallelometer *n* (Med) / paralelómetro *m* (para la odontología)
Paralleloperation, doppelte Genauigkeit durch ~ (DV) / doble precisión por procesamiento en paralelo *f*
Parallelotop *f* (Math) / paralelotopo *m*

Parallel•**parken** n / aparcamiento m en doble fila ‖
²**perspektive** f / perspectiva f paralela ‖
²**platten-Funkenkammer** f / cámara f apagachispas
con placas paralelas ‖ ²**platten-Spektrometer** n /
espectrómetro m de placas paralelas ‖
²**platten-Wellenleiter** m (Eltronik) / guiaondas m de
placas paralelas ‖ ²**plattenzähler** m (Nukl) / contador
m de placas paralelas ‖ ²**programmierung** f /
programación f paralela ‖ ²**projektion** f / proyección f
paralela ‖ ²-**Rechenwerk** n / unidad f aritmética
paralela ‖ ²**rechner**, Simultanrechner m / ordenador
m paralelo ‖ ²**reduktion** f (DV) / reducción f de datos
por sistema computador en línea ‖ ²**register** n (DV) /
registro m paralelo ‖ ~**reißen** vt (Masch) / trazar líneas
paralelas ‖ ²**reißer** m (Masch) / gramil m (para trazar
líneas paralelas) ‖ ²-**Reißschiene** f (Zeichn) / regla f de
T ‖ ²**resonanz**, Stromresonanz f / resonancia f
paralela o en paralelo, antirresonancia f, asonancia f ‖
²-**Roboter** m, Master-Slave Roboter / robot m
gemelo o master-slave ‖ ²**röhrenmodulation** f,
Drosselmodulation f, Heisingmodulation f /
modulación f Heising o por reactor ‖
²-**Rückkopplung** f / reacción f en paralelo ‖
²**schalter** m (Elektr) / conmutador m en paralelo ‖
²**schaltung** f (allg) / conexión f o puesta en paralelo,
acoplado m o montaje en paralelo, acoplamiento m
en derivación ‖ ²**schaltung der Platten** (Akku) /
montaje m en paralelo de las placas ‖ ²**schere** f,
Schlagschere f / tijera[s] f [pl] paralela[s] o de
guillotina ‖ ²**schlagart** (Seil), -machart f / colocación
f paralela de alambres ‖ ²**schnitt** m / corte m paralelo
‖ ²**schnittstelle** f, Port m (DV) / puerto m ‖
²**schraubstock** m / tornillo m paralelo (E), morsa f
paralela (LA) ‖ ²**schwingkreis**, PR-Kreis m (Elektr) /
circuito m antirresonante, circuito m resonante
paralelo ‖ ²**schwingkreissägemaschine** f (Wzm) /
sierra f circular con movimiento paralelo ‖ ²**schwund**
m (Sintern) / contracción f vertical ‖ ²**seitenelektrode** f
(Zündkerze) / electrodo m de masa paralela ‖
²-**Serienbetrieb** m / marcha f en paralelo-serie ‖
²-**Serien-Schaltung** f (Elektr) / montaje m en
paralelo-serie ‖ ²-**Serie-Umsetzer** m (DV) /
convertidor m paralelo-serie ‖ ²**speicher** m (DV) /
almacenador m paralelo, memoria f de registro
paralelo ‖ ²**speiser** m, -speiseleitung f (Elektr) /
alimentador m en paralelo ‖ ²**speisung** f /
alimentación f en paralelo o en shunt ‖ ²**stoff** m (Tex)
/ tejido m paralelo ‖ ²**strahlenbündel** m (Opt) / haz m
de rayos paralelos ‖ ²**strecke** f (Bergb) / galería f
paralela ‖ ²**streckenbetrieb** m (Bergb) / explotación f
por galerías paralelas ‖ ²**streifigkeit** f (Fehler)
(Schleuderguss) / bandas f pl paralelas ‖
²**strombrenner** m (Gas) / quemador m de corrientes
paralelas ‖ ²**stromkreis** m (Instr) / circuito m de
tensión (o en derivación) en paralelo ‖ ²**stück** n
(Wzm) / prueba f en paralelo ‖ ²**stufenrakete** f (Raumf)
/ cohete m de fases paralelas ‖ ²-**T-Glied** n,
H-Verzweiger m (Wellenleiter) / T m en paralelo, unión
f [en] T paralelo ‖ ²**tonverfahren** n (TV) / técnica f de
sonido con canales separados ‖ ²**tracking** n
(automatische Spurführung von Traktoren durch
GPS) (Landw) / tracking m en paralelo ‖ ²**träger** m
(gerader Fachwerkträger) / viga f paralela ‖
abgeschrägter ²**träger**, Trapezträger m (Stahlbau) /
viga f trapezoidal ‖ ²**träger mit Dreiecksverband** /
viga f paralela con arriostrado triangular ‖
²**übertragung** f, -übergabe f (DV) / transferencia f
paralela ‖ ²**übertragungssignal** n (DV) / señal f de
transferencia paralela ‖ ²**verarbeitung** f (DV) /
procesamiento m en paralelo, multiprocesamiento m,
procesamiento m múltiple ‖ ²**verarbeitung der
Befehlsphasen**, Fließbandprinzip n / procesamiento
m tipo pipe-line ‖ ²**verschiebung** f, Translation f
(Mech) / traslación f, desplazamiento m en paralelo ‖
²**verschiebung des Koordinatensystems** (Math) /
desplazamiento m paralelo del sistema de
coordenadas ‖ ²**versuch** m / ensayo m paralelo ‖
²**[vielfach]klinke** f (Fernm) / jack m o conjuntor sin
contacto de ruptura ‖ ²**weg** m (für
Streckenbegehung) (Bahn) / paseo m de la plataforma
de la vía ‖ ²**wicklung** f (Elektr) / arrollado m o
devanado en paralelo o en derivación ‖ **effektiver**
²**widerstand** (Halbl) / resistencia f equivalente en
paralelo ‖ ²**zirkel** m (Zeichn) / compás m paralelo ‖
²**zugriff** m (DV) / acceso m paralelo o simultáneo
paralysieren, lähmen / paralizar
Para•magenta n (Chem) / parafuc[h]sina f, paramagenta
f ‖ ~**magnetisch** / paramagnético ‖ ~**magnetische
Elektronenresonanz**, Elektronenspinresonanz f, ESR
/ resonancia f paramagnética electrónica ‖
~**magnetische Kristalle** m pl / cristales m pl
paramagnéticos ‖ ²**magnetismus** m /
paramagnetismo m
Parameter m, Unabhängige f, unabhängige Variable
(Math, Phys) / parámetro m ‖ ² (FORTRAN) (DV) /
asignación f ‖ ² **eines Kegelschnitts** (Math) /
parámetro m de la sección cónica ‖ ² **liefern** /
alimentar o suministrar parámetros ‖ ²**darstellung** f /
representación f paramétrica ‖ ~**erregt** (Schwingung) /
excitado paramétricamente ‖ ²**gleichung** f (Math) /
ecuación f paramétrica ‖ ²**gruppe** f / grupo m de
parámetros ‖ ²**karte**, -steuerkarte f (DV) / carta f de
parámetros ‖ ²**lenkung** f (Kfz) / dirección f
paramétrica ‖ ²**protokollierung** / listado m de
parámetros ‖ ²-**Routingraster** n (IC) / cuadrícula f
patrón paramétrica ‖ ²-**Substitutionsbefehl** m (DV) /
instrucción f de su[b]stitución de parámetros ‖ ²**wort**
n (DV) / palabra f parámetro ‖ ²**zuordnung** f (DV,
FORTRAN) / asignación f de parámetros
parametrieren vt, parametrisieren / parametrar,
parametrizar ‖ ² n / parametrización f
parametrisch / paramétrico ‖ ~**e Instabilität** (Nukl) /
inestabilidad f paramétrica ‖ ~**e
Resonanzspektroskopie** / espectroscopia f por
resonancia electrónica ‖ ~**es Rollen** (Schiff) / cabeceo
m paramétrico ‖ ~**e Synthese** / síntesis f paramétrica ‖
~**er Verstärker** (Eltronik) / amplificador m
paramétrico
Para•metron n (DV) / parametrón m ‖ ~**milchsäure** f
(Chem) / ácido m paraláctico ‖ ²**molekül** n /
paramolécula f ‖ ~**morphose**, physikalische
Pseudomorphose f (Min) / paramorfismo m
PAR-Anflug, Präzisions-GCA-Anflug m (Luftf) /
aproximación f de precisión
Para•nussöl n / aceite m de nuez de Pará ‖
²**pechblende** f, Nasturan n (Min) / parapec[h]blenda f
‖ ²**phasenverstärker** m (TV) / amplificador m
parafásico ‖ ²**phenylenblau** n (Chem) / azul m de
parafenilena ‖ ²**phenylendiamin** n /
parafenilendiamina f ‖ ²**positronium** n (Nukl) /
parapositronio m ‖ ²**rosanilin**, -fuchsin n /
parafucsina f, paramagenta f ‖ ²**rot** n, Echtrot m,
Paranitranilinrot n (Färb) / rojo m paranitranilina,
pararrojo m ‖ ²**selen...** (Astr) / paraselénico ‖
²**sepiolith** m (Min) / parasepiolita f ‖
²**sheet-Fallschirm** m (Luftf) / paracaídas m Mouchier
Parasit m (Biol, Min) / parásito m
parasitär, parasitisch / parásito adj ‖ ~**es Echo** (Radar) /
eco m parásito, (esp.:) m eco interno (por un defecto
del aparato) ‖ ~**er Neutroneneinfang** (Nukl) / captura
f parásita ‖ ~**er Strom** / corriente f parásita ‖
²**strahlung** f / radiación f parásita
parasitisch / parásito adj, parasito, parasitario,
parasítico
Parasitologie f (Biol) / parasitología f
para•ständige (Chem) / en posición para ‖ ²**statistik** f,
Gentile-Statistik f / estadística f de Gentile
Paraventscharnier n (Tischl) / bisagra f tipo biombo

961

Parawasserstoff *m*, p-Wasserstoff *m* (Nukl) / parahidrógeno *m*
paraxial, achsenparallel (Opt) / paraxial ‖ **~er Brennpunkt** / foco *m* paraxial
para•zentrisch (Math) / paracéntrico ‖ **~-Zustand** *m* (Phys) / estado *m* para
Parcel *n* (Schiff) / paquete *m* expedido por el barco
Pardune *f*, Backstag *m*, Pardun *n* (Schiff) / burda *f*, brandal *m*
Pardunenisolator *m* (Elektr) / aislador *m* de brandales
parelektrisch / paraeléctrico
Parenchym *n* (Biol) / parénquima *m* ‖ **~...**, parenchymatös / parénquimatoso
Parexprozess *m* (Paraffin) / proceso *m* Parex
Parfüm *n*, Riechstoff *m* / perfume *m*, esencia *f* de perfume
Parfümeur *m*, Parfümtechniker *m* / perfumero *m*
Parfümherstellung, -fabrikation *f* / perfumería *f*
parfümieren *vt* / perfumar
Pargasit *m* (Min) / pargasita *f*
Parhelium *n* (Chem) / perhelio *m*
pari beschweren (Seide) / cargar a la par
Pariangips *m* (boraxhaltiger entwässerter Gips) (Bau) / yeso *m* de borax anhidro
Pari•beschwerung *f* (Seide) / carga *f* a la par ‖ **~seide** *f* / seda *f* cargada a la par
Pariser Blau *n* / azul *m* de París ‖ **~ Gips** *m* (Bau) / yeso *m* de París
Parität, Gleichheit *f* / paridad *f*
Paritäts•bit, Paritybit *n* (DV) / bit *m* de paridad ‖ **~fehler** *m* / error *m* de paridad ‖ **~prüfung** *f*, Parity-Check *m* / prueba *f* o comprobación de paridad, control *m* de paridad ‖ **[un]geradzahlige ~prüfung** / prueba *f* por cuenta [im]par ‖ **der ~prüfung genügen** / contentar a la prueba de paridad ‖ **die ~prüfung vornehmen** / hacer la prueba de paridad ‖ **~ziffer** *f* (DV) / dígito *m* binario de paridad
Park *n* (z.B. Fahrzeug-, Gerätepark) / parque *m* móvil ‖ **~-and-Ride-Parkplatz** *m* / parking *m* para viajeros ‖ **~anlage** *f* / parque *m* ‖ **~assistent** *m* (Kfz) / asistente *m* o sensor de aparcamiento ‖ **~automat** *m* / contador *m* automático de tiempo de estacionamiento ‖ **~bahn** *f* (Satellit) / órbita *f* temporal ‖ **~bremse** *f* (Kfz) / freno *m* de estacionamiento ‖ **~deck** *n* (Verkehr) / plataforma *f* de aparcamiento, planta *f* del parking
parken *vt vi* (Kfz) / estacionar, aparcar, parquear (LA) ‖ **~** *n* (Kfz) / estacionamiento *m*, aparcamiento *m*, parqueamiento *m* (LA), parking *m* ‖ **~ in der 2. Reihe** / estacionamiento *m* en doble fila ‖ **mit beschränkter Zeitdauer** / aparcamiento *m* limitado, aparcamiento *m* en zona azul (E) ‖ **bewachtes ~** / estacionamiento *m* vigilado
parkern *vt* (phosphatieren) (Hütt) / parkerizar ‖ **~** *n* / parkerización *f*
Parkers Legierung *f* (chromhaltiges Neusilber) / aleación *f* Parker
parkesieren *vt* (Hütt) / tratar con el procedimiento Parkes, operar el procedimiento Parkes ‖ **~**, Parkesverfahren *n* (Hütt) / procedimiento *m* Parkes
Parkesschaum, Zinkschaum *m* (Hütt) / espuma *f* Parkes
Parkett *n* (Bau) / entarimado *m*, parqué *m*, parket *m* ‖ **~ auf Tafeln**, Mosaikparkett *n* / taracea *f* ‖ **~ in Fischgrätenmuster** / entarimado *m* en espinapez, espinapez *m* ‖ **~ in Heringsgrätenform** / entarimado *m* en espiga ‖ **~ in Schiffsbodenart** / parqué *m* de tiras o a la inglesa ‖ **~ mit gerader Trennfuge** / entarimado *m* en corte de plama ‖ **~arbeit** *f* / entarimado *m* ‖ **~boden** *m* / piso *m* de entarimado o de parquet ‖ **~diele** *f* / plancha *f* de parqué ‖ **~fußboden** *m* / suelo *m* entarimado
parkettieren / entarimar
Parkett•legen *n* / entarimado *m* ‖ **~leger** *m* / entarimador *m*, tarimador *m*, parquetero *m* ‖ **~platten** *f pl* / tarimas *f pl* ‖ **~riemen** *m* / tira *f* de entarimar ‖ **~rohfries** *m* / bloque *m* aserrado para entarimar ‖ **~schleifmaschine** *f* / alisadora *f* para suelos ‖ **~tafel** *f* / tabla *f* prefabricada de parqué
Park•fläche *f* (Kfz) / zona *f* de estacionamiento, parque *m* de estacionamiento ‖ **~freundlich** (Kfz) / fácilmente aparcable ‖ **~garage** *f* / garaje *m* de parking ‖ **~haus** *n*, -hochhaus *n* / torre *f* de parking o de aparcamiento ‖ **~kralle** *f* / cepo *m* ‖ **~leuchte** *f*, -licht *n* (Kfz) / luz *f* de estacionamiento ‖ **~lücke** *f* / hueco *m* (para aparcar) ‖ **~möglichkeit** *f* / parking *m*, posibilidad *f* de parking ‖ **~orbit** (Raumf) / órbita *f* temporal ‖ **~platte** *f* (z.B. über einem Bahnhof) / zona *f* de estacionamiento encima de estación de f.c. ‖ **~platz** (Kfz) / aparcamiento *m*, lugar *m* de estacionamiento, plaza *f* o playa de estacionamiento (LA), parqueadero *m* (EC, COL), aparcacoches *m*, aparcadero *m* ‖ **[un]bewachter ~platz** / parking *m* [no] controlado, parking *m* [no] vigilado ‖ **~platzwächter** *m* / guardaparking *m*, guardacoches *m* ‖ **~riegel** *m*, -kralle / cepo *m* ‖ **~scheibe** *f* / disco *m* azul ‖ **~scheinspender** *m* / vendedor *m* automático de billetes de parking ‖ **~sensoren** *m pl* (Kfz) / sensores *m pl* de aparcar ‖ **~sperre** *f* (Getriebe, Kfz) / freno *m* de estacionamiento ‖ **~streifen** *m* / faja *f* de estacionamiento, carril *m* de estacionamiento ‖ **~uhr** *f*, Parkzeituhr *f*, Parkometer *n* / parcómetro *m*, parquímetro *m* (CE) ‖ **~verbot** *n* / prohibición *f* de aparcar ‖ **~verbot!** / ¡estacionar prohibido! ‖ **~way** *m* (Straß) / avenida *f* parque
PAR-Radar *m n* (Luftf) / radar *m* de precisión de aproximación o de aterrizaje
Parry-Kegel *m*, Parry-Verschluss *m* (Hütt) / cono *m* o cierre Parry
Parsec *n*, Parallaxensekunde *f*, pc (1 pc = 308371 · 10^{18} cm) (veraltet) (Astr) / parsec *m*
Parsonsit *m* (Min) / parsonsita *f*
Parsonsturbine *f*, Überdruckturbine *f* / turbina *f* de Parsons, turbina *f* de reacción
Parterre *n*, Erdgeschoss *n* / piso *m* bajo, plana *f* baja ‖ **~maschine** *f*, Presse *f* in Reihenbauart (Druck) / rotativa *f* de unidades de impresión
Partial•belichtungsmesser *m* (Foto) / exposímetro *m* parcial ‖ **~bruch** *m* (Math) / fracción *f* parcial ‖ **~bruchzerlegung** *f* (Math) / desarrollo *m* en fracciones parciales ‖ **~druck** *m* / presión *f* parcial ‖ **~druckanzug** *m* (Luftf) / traje *m* anti-g parcial ‖ **~druckgesetz** *n*, Daltonsches Gesetz / ley *f* de [Gibbs-]Dalton ‖ **~druckmessgerät** *n* / instrumento *m* de medida de presiones parciales ‖ **~gasmesser**, -gaszähler *m* / contador *m* de gas en derivación ‖ **~ladung** *f* / carga *f* iónica parcial ‖ **~reflektor** *m*, teildurchlässiger Spiegel / espejo *m* semirreflector ‖ **~ton** *m* (Akust) / parcial *m* ‖ **~turbine** *f* / turbina *f* de admisión parcial ‖ **~valenz**, -wertigkeit, Restaffinität *f* (Chem) / valencia *f* parcial ‖ **~valenz** (Singlettbindung) (Chem) / valencia *f* secundaria ‖ **~wassermesser** *m*, -wasserzähler *m* / contador *m* Venturi parcial o en shunt
Partie *f*, abgeteilte Menge (allg, Tex) / lote *m*, partida *f* ‖ **~ der Papiermaschine** / sección *f* de la máquina papelera
partiell, teilweise / parcial, fraccional ‖ **~ (Math) /** parcial ‖ **~e Ableitung** / derivada *f* parcial, diferencial *m* parcial ‖ **~ beaufschlagte Turbine** / turbina *f* de admisión parcial ‖ **~e Bildaufnahme**, Streifenabtastung *f* (TV) / exploración *f* parcial ‖ **~ deuteriert** (Nukl) / parcialmente deuterizado ‖ **~es Differential** (Math) / diferencial *m* parcial, derivada *f* parcial ‖ **~e Differentialgleichung** / ecuación *f* diferencial parcial, ecuación *f* en derivadas parciales ‖ **~e Integration** / integración *f* por partes ‖ **~es Stauchen** / forja *f* progresiva o parcial ‖ **~er Steuerimpuls** / impulso *m* de mando parcial ‖ **~e Zerfallskonstante** (Nukl) / constante *f* de

desintegración parcial ‖ ~er [galvanischer] **Überzug** / depósito *m* limitado en superficie, galvanoplastia *f* de parcheo, electroplastia *f* sobre partes delimitadas
Partikel, Korpuskel *f* (Phys) / partícula *f*, corpúsculo *m* ‖ ~ *f*, Teilchen *n* (Nukl) / partícula *f* ‖ ~... / particulado, corpuscular
Partikelchen *n* / partícula *f*
Partikel•emission *f* (Mot) / emisión *f* de partículas ‖ ~-**Ereignisse** *n pl* (Eltronik) / acontecimientos *m pl* de partículas ‖ ~**filter** *m* (Dieselmotor) / filtro *m* de partículas ‖ ~**fluss** *m* / flujo *m* de partículas ‖ ~**form** *f* / forma *f* de las partículas ‖ ~**konzentration** *f* (Reinraum) / concentración *f* de partículas ‖ ~**kreisel**, Kernkreisel *m* / giroscopio *m* corpuscular ‖ **aus** ~**n bestehender Stoff** / material *m* constituido por partículas ‖ ~**verstärktes MMC** / material *m* compuesto con partículas de refuerzo
partikuläres Integral (Math) / integral *f* particular
Partikularhavarie *f* (Schiff) / avería *f* simple o particular
Partikularisator *m*, Seinszeichen *n* (Math) / cuantificador *m* de existencia
partikulieren *vt* / particularizar
Partinin *n* (Aluminium-Wolfram-Legierung) / partinio *m*
Partitionierung *f* **einer Schaltung** (Eltronik) / partición *f* de un circuito
Partner *m*, Gesprächsteilnehmer *m* (Fernm) / interlocutor *m* ‖ ~ **einer Arbeitsgemeinschaft** (Bau) / asociado *m* ‖ ~**leitung** *f* (Fernm) / línea *f* de servicio
Parton *n* (Nukl) / partón *m*
Parts per million *pl*, ppm / partes *f pl* por millón
Party Line *f*, kollektiver Bus (DV) / línea *f* compartida o colectiva o común, línea *f* repartida o en participación, bús *m* colectivo
Partyline-Betrieb *m* (DV) / servicio *m* para varios puntos
Parzelle *f* / parcela *f*
Parzellen•..., Flur... / parcelario ‖ ~**drescher** *m* (Landw) / trilladora *f* para parcelas ‖ ~**drillmaschine** *f* (Landw) / sembradora *f* [en línea] para parcelas ‖ ~**vermessung** *f*, Parzellar-, Stückvermessung *f* / agrimensura *f* de parcelas
parzellieren *vt*, [Land] aufteilen (Land) / parcelar
Pascal *n* (Einheit des Druckes, 1 Pa = 1 Nm^{-2}) (Phys) / pascal *m* ‖ ~**sches Dreieck** (Geom) / triángulo *m* de Pascal ‖ ~**scher Satz** / teorema *m* de Pascal, principio *m* hidrostático de Pascal ‖ ~-**Code** *m*, P-Code *m* (DV) / seudocódigo *m*, pseudocódigo *m* ‖ ~-**Compiler** *m* / compilador *m* de Pascal ‖ ~**sche Schnecke**, Kreiskonchoide *f* (Geom) / caracol *m* de Pascal
Paschen•s *n* **Gesetz** (Eltronik) / ley *f* de Paschen ‖ ~-**Back-Effekt** *m* (**magnetischer Verwandlungseffekt**) (magnetischer Verwandlungseffekt) / efecto Paschen-Back;.m. ‖ ~-**Serie** *f* (Spektrosk) / serie *f* de Paschen ‖ ~-**Sprung** *m* (Astr) / discontinuidad *f* de Paschen
PASM-Fahrwerk *n* (Kfz) / chasis *m* PASM
Paspel *f* (Tex) / ribete *m*, pestaña *f*
paspeln *vt* (Nähm) / ribetear
PAS-Reaktion *f*, Perjod-Säure-Schiff-Reaktion *f* (Chem) / reacción *f* PAS (del ácido periódico de Schiff)
Passage *f*, Durchgang *m* (Bau) / paso *m* ‖ ~, Schiffahrtsrinne / paso *m* ‖ ~, Schiffsfahrt *f* / pasaje *m* ‖ ~ *f*, Stufe *f*, Durchgang *m* (Spinn) / pasaje *m*, cabeza *f* ‖ ~ (Web) / pasada *f* de lizos, remetido *m* de lizos
Passagier *m* / pasajero *m* ‖ ~**deck** *n* / cubierta *f* de pasajeros ‖ ~**kai** *m* / muelle *m* de pasajeros ‖ ~**raum** *m* (Luftf) / cabina *f* de pasajeros
Passameter *m* (Masch) / pasámetro *m*
Passarbeit *f*, An-, Einpassen *n* / ajuste *m*
Passat *m* (Meteo) / alisio *m*, viento *m* alisio
Pass•blech *n* / chapa *f* de ajuste ‖ ~**bolzen** *m* / perno *m* de ajuste apretado ‖ ~**code** *m* / código *m* de paso ‖ ~**dorn** *m* / espiga *f* de ajuste apretado ‖ ~**dorn für**

Gewindelehre / calibre *m* macho de tolerancia de roscas ‖ ~**einsatz** *m* / pieza *f* intercalada de ajuste, módulo *m* de ajuste ‖ ~**einsatz für Sicherungen** / tornillo *m* calibrado de fusibles
passen *vi* [auf, in, zu] / ser apropiado [a], ajustar, encajar *vi* ‖ ~, entsprechen / venir bien [con], convenir ‖ ~, gelten [für] / aplicarse [a] ‖ ~, übereinstimmen / corresponder
passend [für], angepasst, eingepasst / ajustado [a], justo [a] ‖ ~, geeignet / apropiado [a], adecuado, conveniente ‖ ~, bequem / cómodo ‖ ~, widerspruchsfrei (Math) / sin contradicciones ‖ ~**er Anschluss** / adaptador *m* ‖ ~ **machen** / ajustar ‖ ~ **schneiden** / recortar, ajustar por corte
Passepartout *n*, Hauptschlüssel *m* / llave *f* maestra ‖ ~ *m* (Schweiz: n) (Einrahmung, Foto) / marco *m* de cartón ‖ ~-**Billet** *n* (Bahn, Schweiz) / billete *m* ómnibus o blanco ‖ ~**karton** *m* (Pap) / cartón *m* para passe-partout
Passer *m* (gedr.Schaltg) / registro *m* ‖ ~, Passermarke *f* (Druck) / marca *f* de registro ‖ ~**kreuz** *n* / cruz *f* de registro
Pass•feder *f* (Keil) / chaveta *f* paralela fijada por tornillo, lengüeta *f* de ajuste ‖ ~**feder**, Justierfeder *f* / muelle *m* de ajuste ‖ ~**fehler** *m* (Opt) / defecto *m* de forma ‖ ~**fläche** *f* / superficie *f* de ajuste o de contacto o de asiento ‖ ~**flächenkorrosion**, -flächenoxidation *f* / corrosión *f* de superficies de contacto ‖ **mit voller** ~**form** (Strumpf) / con calcetería menguada, para medias menguadas ‖ ~**fuge** *f* / intersticio *m* entre las superficies de contacto ‖ ~**genauigkeit** *f* / precisión *f* de ajuste ‖ ~**genauigkeit** (Druck) / alineación *f*, coincidencia *f* ‖ ~**hülse** *f*, -schraube *f* (Sicherung) / tornillo *m* calibrador
passierbar, befahrbar / transitable (camino)
passieren, durchseihen / pasar ‖ ~ *vt* (Kettfäden) (Tex) / pasar ‖ ~ *n* (z.B. ein Bad) / pasada *f*
Passier•maschine *f*, Fleischwolf *m* / picacarnes *m*, máquina *f* para picar carne ‖ ~**scheibe** *f* **des Fleischwolfs** / rejilla *f* con cuchilla para picar
Passimeter *n* (Messinstr) / pasímetro *m*
passiv / pasivo ‖ ~**er Ausfall** (Nukl) / fallo *m* pasivo ‖ ~**es Bauteil** / componente *m* o elemento pasivo ‖ ~**er Einbruchschutz** / protección *f* pasiva de robo ‖ ~**e Erfassung** (Eltronik) / detección *f* pasiva ‖ ~**e Erfassung u. Entfernungsmessung** (Eltronik) / detección *f* y telemetría pasiva ‖ ~**e Erfassung u. Ortung** [von Gegenmaßnahmen] (Eltronik) / detección *f* y localización pasiva [de contramedidas] ‖ ~**e Fehlerdämpfung** / atenuación *f* pasiva de equilibrio ‖ ~**es Insassen-Rückhaltesystem** (Kfz) / sistema *m* de traba pasivo ‖ ~**es Netz[werk]** (Fernm) / red *f* pasiva ‖ ~**e Regelung** (Raumf) / regulación *f* pasiva ‖ ~**e Relais** (Fernm) / repetidor *m* pasivo ‖ ~**e Schaltglied** (Pneum) / conmutador *m* pasivo, relé *m* de funcionamiento pasivo ‖ ~**e Sicherheitssysteme** (Nukl) / sistemas *m pl* de seguridad pasiva ‖ ~**er Strahler** / antena *f* pasiva, antena *f* excitada o alimentada indirectamente ‖ ~**er Umformer** (gleiche Energieart) / transductor *m* pasivo ‖ ~**es Versagen** (Nukl) / fallo *m* pasivo ‖ ~**er Vierpol** (Fernm) / cuadrípolo *m* pasivo ‖ ~**er Wandler** (in andre Energieart) / convertidor *m* pasivo ‖ ~**er Zweipol** (Fernm) / dipolo *m* pasivo
Passiv•dosimeter *n* (Radonmessung) / dosímetro *m* de detección pasiva ‖ ~**haus** *n* (ohne aktives Heizsystem bis -14°C) / casa *f* pasiva
Passivierbarkeit *f* / capacidad *f* de pasivación
passivieren *vt* (Met) / pasivar ‖ ~, drücken (Flotation) / pasivar ‖ ~ *n* (Met) / pasivación *f*, fosfatación *f*
passivierendes Mittel, Drücker *m* (Flotation) / agente *m* de pasivación, pasivador *m*
passiviert (Chem) / inactivado ‖ ~, gedrückt (Flotation) / pasivado ‖ ~ (Metall) / pasivado

Passivierung *f* (Flotation) / pasivación *f*
Passivierungsmittel *n*, Drücker *m* (gegen das Aufschwimmen von Erzen) (Flotation) / agente *m* pasivador
Passivität *f* / pasividad *f*
Passiv•radar *m n* / radar *m* pasivo ‖ ≈**satellit** *m* / satélite *m* pasivo ‖ ≈**schicht** *f* / capa *f* pasivada
Pass•keil *m* (Einlegekeil) / chaveta *f* de ajuste ‖ ≈**kerbstift** *m* (DIN 1472) / pasador *m* cilíndrico semiestriado ‖ ≈**kerbstift mit Hals** / pasador *m* cilíndrico semiestriado con cuello ‖ ≈**kreuz** (Druck, Farbdruck) / cruz *f* de registro ‖ ≈**leiste** *f* (Masch) / listón *m* de ajuste ‖ ≈**loch** *n* (Plast) / agujero *m* de ajuste ‖ ≈**loch** (DV) / agujero *m* de registro ‖ ≈**niet** *m n* (Masch) / remache *m* de cizallamiento ‖ ≈**nute** *f* / ranura *f* de ajuste ‖ ≈**punkt** *m* (Verm) / punto *m* de referencia ‖ ≈**ring** *m* (Elektr) / anillo *m* de ajuste ‖ ≈**schaftlänge**, Lochleibungslänge *f* / agarre *m* ‖ ≈**scheibe** *f* (Masch) / arandela *f* de ajuste, disco *m* de ajuste ‖ ≈**schraube** *f* / tornillo *m* de ajuste ‖ ≈**schraube**, -hülse *f* (Elektr, Sicherung) / tornillo *m* calibrado ‖ ≈**sitz** *m*, Feinpassung *f* / ajuste *m* fino ‖ ≈**stift** *m* / pasador *m* o pitón de ajuste ‖ ≈**stift** *m*, Spannstift *m* / pasador *m* de posicionar ‖ ≈**stift** *m* (Gieß) / pasador *m* guía ‖ ≈**stift** (bei Montage) / perno *m* de alineamiento ‖ ≈**stift**, Zylinderstift *m* / pasador *m* cilíndrico ‖ ≈**stück**, Zwischenstück *n* / pieza *f* intermedia ‖ ≈**stück** *n*, -einsatz *m* / manguito *m* de reducción ‖ ≈**stück**, Anschlussstück *n* / pieza *f* de unión ‖ ≈**stück**, -teil *n* / pieza *f* de ajuste ‖ ≈**system** *n* / sistema *m* de ajuste ‖ ≈**system Einheitsbohrung** / sistema *m* de ajuste de agujero único ‖ ≈**system Einheitswelle** / sistema *m* de ajuste de árbol o eje único ‖ ≈**tief** *n* (Akust) / bajopaso *m* ‖ ≈**toleranz** *f* (Masch) / tolerancia *f* de ajuste ‖ ≈**toleranzfeld** *n* / zona *f* de tolerancia de ajuste, campo *m* de tolerancia de ajuste
Passung *f*, Sitz *m* (Masch) / asiento *m* ‖ ≈ / ajuste *m*
Passungs•art *f* / tipo *m* de ajuste, modo *m* de ajuste ‖ ≈**auswahl** *f* / selección *f* [recomendada] del ajuste, elección *f* ‖ ≈**einheit** *f* / unidad *f* de ajuste ‖ ≈**familie** *f* / clase *f* de ajustamientos ‖ ≈**fehler** *m* / error *m* de ajuste ‖ ≈**grad** *m* / grado *m* de ajuste ‖ ≈**maß** *n* / medida *f* o cota de ajuste ‖ ≈**rost** *m* / herrumbre *m* de contacto o entre dos piezas ‖ ≈**spiel** *n* / juego *m* de ajuste, holgura *f* del ajuste, tolerancia *f* [de ajuste] ‖ ≈**system** *n* (Masch) / sistema *m* de ajuste ‖ ≈**übermaß** *n* / exceso *m* o apriete del ajuste
Pass•wort *n* (DV) / palabra *f* de paso, contraseña *f*, clave *f* de acceso ‖ ≈**wortschutz** *m* / protección *f* con contraseña ‖ ≈**zeichen** *n* (Wzm) / marca *f* de ajuste
Paste *f*, Pasta *f* (Chem, Pharm) / pasta *f* ‖ ≈, Masse *f*, Gemisch *n* / masa *f* ‖ ≈**faden** *m* (Glühlampe) / filamento *m* de pasta ‖ ≈**kathode** *f* (Eltronik) / cátodo *m* empastado
pastell orange (RAL 2003) / naranja pálido ‖ ≈**stift** *m* / lápiz *m* pastel
pasten *vt*, pastieren (Akku) / empastar ‖ ~**artig** / pastoso, en pasta ‖ ≈**aufkohlen** *n* (Hütt) / carburación *f* con pasta ‖ ≈**entwicklung** *f* (Repro) / revelado *m* con pasta ‖ ≈**station** *f* (gesamte Streichmassenaufbereitung) (Pap) / sección *f* de preparar la masa de recubrimiento ‖ ≈**tinte** *f* / tinta *f* pastosa ‖ ≈**zementieren** *n* (Hütt) / cementación *f* con pasta
Pasteurisierapparat *m* / pasteurizador *m*
pasteurisieren *vt* / pasteurizar
Pasteurverfahren *n* (Sintern) / formación *f* de una pasta
pastierte Platte (Akku) / placa *f* empastada
pastig, steif / pastoso ‖ ~**er Wasserstoff** (Chem) / hidrógeno *m* pastoso
Pastille, Tablette *f* (Pharm) / pastilla *f*, tableta *f*
Pastillenpresse *f*, Tablettenpresse *f* / prensa *f* de pastillas

Pastingverfahren *n*, Klebetrocknung *f* (Leder) / engrudamiento *m* y secado simultáneo
Patent *n* / patente *f* ‖ ≈ **angemeldet** / patente *f* en trámite, se ha solicitado patente, patente solicitada ‖ ≈ **erteilen** / otorgar o conceder una patente ‖ ≈ **abgelaufenes** ≈ / patente *f* expirada ‖ **ein** ≈ **anmelden** / solicitar una patente ‖ **ein** ≈ **nehmen** / tomar una patente ‖ **ein** ≈ **verletzen** / violar o infringir patente ‖ **ein** ≈ **verwerten** / utilizar una patente
Patent•abteilung *f* / departamento *m* o servicio de patentes ‖ ≈**amt** *n* / oficina *f* de patentes, registro *m* de la propiedad industrial ‖ ≈**amt** (span.) / Oficina *f* de Patentes y Marcas (E), [antes:] Registro de la Propiedad Industrial ‖ ~**amtlich geschützt** / patentado ‖ ≈**anker** *m* (Schiff) / ancla *f* de patente o sin cepo ‖ ≈**anmelder** *m* / solicitante *m* de patente ‖ ≈**anmelder** / solicitante *m* de patente ‖ ≈**anmeldung** *f* / petición *f* o solicitud de patente ‖ ≈**anmeldung**, Einreichung *f* des Patentantrags / presentación *f* de la solicitud de patente ‖ ≈**anspruch** *m* / reivindicación *f* de patente ‖ **den** ≈**anspruch berichtigen** / rectificar la reivindicación de patente ‖ **den** ≈**anspruch vorwegnehmen** / anticipar una reivindicación ‖ ≈**anstrich** *m* (für Schiffe) / patente *m* ‖ ≈**anwalt** *m* / agente *m* de la propiedad industrial, abogado *m* de patentes ‖ ≈**anwaltsbüro** *n* / agencia *f* de patentes ‖ ≈**auslegung** *f* / publicación *f* de patente ‖ ≈**auswertung** *f* / explotación *f* de patente ‖ ≈**beschreibung** *f* / memoria *f* [descriptiva] o descripción de patente ‖ ≈**dübel** *m* (ein Spreizdübel) (Bau) / tarugo de empotramiento o de expansión ‖ ≈**einspruch** *m* / oposición *f* a una patente ‖ ≈**erteilung** *f* / otorgamiento *m* de patente ‖ ≈**erwerb** *m* / adquisición *f* de patente[s] ‖ ≈**fähig**, patentierbar / patentable ‖ ≈**fähigkeit** *f*, Patentierbarkeit *f* / patentabilidad *f* ‖ ≈**gebühr** *f* / derechos *m pl* de patente ‖ ≈**gericht** *n* / tribunal *m* de patentes ‖ ≈**gesetz** *n* / ley *f* de patentes de invención ‖ **Spanisches** ≈**gesetz** / Ley *f* Española de Patentes
patentieren *vt*, ein Patent nehmen, [sich etwas] patentieren lassen / tomar una patente ‖ ≈ (Drahtziehen) / patentar ‖ **[etwas]** ~ / patentar [la propiedad industrial] ‖ **[sich etwas]** ~ **lassen** / patentar, obtener la patente [de algo] ‖ ≈ (Draht) / patentado *m* ‖ ≈, Salzbadhärten / patentado *m* en baño de sales ‖ ≈, Bleihärten (Draht) / patentado *m* al plomo
patentiert / patentado
Patentierung *f* / acto *m* [o acción] de patentar
Patent•ingenieur *m* / ingeniero *m* de patentes, ingeniero *m* [asesor] en asuntos de patentes o de propiedad industrial ‖ ≈**ingenieurwesen** *n* (Studienfach) / ingeniería *f* de patentes ‖ ≈**inhaber** *m* / dueño *m* o poseedor de patente, titular *m* de patente ‖ ≈**laufzeit** *f* / duración *f* de la patente ‖ ≈**lizenz** *f* / licencia *f* de patente ‖ ≈**log** (Schiff) / corredera *f* patentada o de arpón ‖ ≈**neuheit** *f* / novedad *f* en patentes ‖ ≈**offenlegung** *f* / exposición *f* del invento ‖ ≈**prüfer** *m* / examinador de patente[s] *m* ‖ ≈**prüfung** *f* / examen *m* de patente ‖ ≈**prüfungsverfahren** *n* / examen *m* de la solicitud de patente ‖ ≈**recht** *n* / derecho *m* de patentes ‖ ≈**register**, -verzeichnis *n*, -rolle *f* / registro *m* de la propiedad industrial o de patentes ‖ ≈**schrift** *f* / memoria *f* de patente ‖ ≈**schutz** *m* / protección *f* de propiedad industrial ‖ ~**schutzfähig** / patentable ‖ ≈**talje** *f*, Differentialflaschenzug *m* (Schiff) / aparejo *m* diferencial ‖ ≈**urkunde** *f* / certificado *m* de patente ‖ ≈**verletzer** *m* / violador *m* de patente, infractor *m* de patente ‖ ≈**verletzung** *f* / violación *f* de patente ‖ ≈**verschluss** *m* / cierre *f* de seguridad ‖ ≈**verschluss** (Brau) / cierre *f* de estribo ‖ ≈**verwertung** *f* / explotación *f* de patente ‖ ≈**vorbenutzung** *f* / explotación *f* previa de una patente ‖ ≈**ware** *f* (Wirkm)

/ artículos *m pl* derecho-derecho-revés-revés ||
~zeichnung *f* / dibujo *m* [para la solicitud] de patente
Paternoster•aufzug *m* (Bau) / ascensor *m* paternóster o de noria, paternóster *m* || **~förderer** *m*, Paternosterschrank *m* (Hydr) / cadena *f* de cangilones, elevador *m* de cangilones || **~schrank** *m* / armario *m* paternóster || **~werk** *n* (Hydr) / rosario *m* de cangilones, noria *f* || **~werkzeugwechsel** *m* / cambio *m* de herramientas tipo paternóster o rosario
Patientenwaage *f* / balanza *f* clínica para enfermos
Patina *f*, Edelrost *m* / pátina *f* || **~...**, grünspanig / acardenillado || **~grün** (RAL 6000) / verde pátina
patinieren *vt* / patinar
Patio *m* (Bau) / patio *m*
Patrize *f*, Stempel *m* / punzón *m*
Patrone *f* (Mil) / cartucho *m* || **~** (Film) / rollo *m* de película [para cargar de día] || **~**, Spannpatrone *f* (Dreh) / mandril *m* de pinza, pinza *f* portapieza || **~**, Sicherungseinsatz *m* (Elektr) / cartucho *m* para fusible || **~** (Web) / ligamento *m* puesto en carta (E), dibujo *m* (E), patrón *m* (LA) || **~** (DV) / cartucho *m* de cinta
Patronen•anlasser *m* (Luftf) / dispositivo *m* de arranque por cartucho || **~ausschalter** *m* (Elektr) / interruptor *m* con fusible en cartucho || **~auswerfer** *m* (Gewehr) / eyector *m* de cartuchos || **~heizkörper** *m* / cartucho *m* de calefacción || **~hülse** *f* (Mil) / vaina *f* de cartucho || **~papier** *n* (für Webereien) (Pap) / papel *m* cuadriculado, papel *m* técnico textil || **~sicherung** *f* (Elektr) / cortacircuito *m* de cartucho || **~spannfutter** *n* (Wzm) / boquilla *f* de sujeción || **~spannung** *f* (Wzm) / fijación *f* por medio de boquilla
patronieren *vt* (Web) / dibujar en papel cuadriculado
Patronit *m* (Vanadinsulfid) (Min) / patronita *f*
Patschuliöl *n* (Pharm) / esencia *f* de pachulí
Patte *f* (Tex) / solapa *f* [del bolsillo]
Pattern•generator *m* (TV) / generador *m* de imagen patrón o de mira || **~generator** (IC) / generador *m* de red
Patterson-Funktion *f* (Phys) / función *f* de Patterson
Pattinsonieren *n*, Pattinson-Verfahren *n* (Gewinnen des Silbers aus armem Blei) / proceso *m* Pattinson
Pauliprinzip *n*, -verbot, Paulisches Ausschließungsprinzip o. Äquivalenzverbot (Nukl) / principio *m* [de exclusión] de Pauli
Paulypfanne *f* (Zuck) / depósito *m* de expansión de Pauly
Pausapparat *m* (Zeichn) / máquina *f* de calcar
Pauschale *f*, Pauschalgebühr *f*, -preis *m* / precio *m* global o destajo o en junto
pauschalieren *vt* / fijar un precio global [de]
pauschaliert (F.Org) / globalizado
Pauschal•preis *m* / precio *m* global || **~tarif** *m* / tarifa *f* global, tarifa *f* a tanto alzado
Pausche *f* (Sport) / arco *m*
Pauscht *m* (Pap) / pila *f* de papel, posta *f*
Pause *f*, Zeitraum *m* / intervalo *m* || **~**, Arbeitsunterbrechung *f* / pausa *f* || **~**, Zeichnungskopie *f* / calco *m* || **~** (Ggs.: Original) (Zeichn) / copia *f* || **~** *f* **zwischen den Ziffern** (Fernm) / espacio *m* entre cifras || **~ zwischen Impulsen** / intervalo *m* entre impulsos || **~anweisung** *f* (FORTRAN) (DV) / instrucción *f* pausa
pausen *vi*, eine Blaupause anfertigen [von] / fotocalcar, hacer copias heliográficas, sacar copias al ferroprusiato || **~** *vt*, durchzeichnen / calcar
Pausen•dauer *f* / duración *f* de pausa ||
~-Impuls-Verhältnis *n* (Impulstechnik) / razón *f* impulso-intervalo || **~regelung** *f* (F.Org) / regulación *f* de duración de pausa || **~schritt** *m* (Fernm) / paso *m* de pausa || **~welle** *f*, Verstimmungswelle / onda *f* de reposo o de compensación o de contramanipulación, onda *f* parásita de intervalo || **~zeichen** *n* (Eltronik) / indicativa *f*, señal *f* característica de la emisora ||
~zeichen, Stationszeichen *n* (Melodie) (Eltronik) / forma *f* musical, señal *f* musical de identificación, sintonía *f* musical || **~zeit** *f*, Strompause *f* / tiempo *m* de reposo || **~zeit bei Wiedereinschaltung** (Elektr) / tiempo *m* muerto || **~zeitmesser** *m* (Radio) / cronomedidor *m* o medidor de intervalos
paus•fähig, Paus... / propio de ser fotocopiado, transparente || **~lampe** *f* / lámpara *f* de fotocopiar ||
~papier, Blaupauspapier *n* (Zeichn) / papel *m* heliográfico || **~papier** (durchscheinend) / papel *m* translúcido, papel *m* para [o de] calcar || **~papier** *n*, Diazopapier *n* / papel *m* diazo
Paver *m*, selbstfahrende Straßenbetoniermaschine (Straß) / acabadora *f* motorizada de hormigón
Pavillon *m* (Bau) / pabellón *m*, templete *m* || **~dach** *n* / techo *m* pabellón
Pay-TV *n* / televisión *f* de pago
Pb, Blei *n* / plomo *m*
P-Band *n*, 225 - 390 MHz, 133 - 77 cm (Eltronik) / banda *f* P
P-Bereich, Proportional[itäts]-Bereich *m* (Regeln) / margen *m f* de proporcionabilidad
PBT *m* (Halbl) / transistor *m* de base permeable
PBTP = Polybutylenterephthalat
PC, nachchloriertes Polyvinylchlorid / cloruro *m* de polivinilo postclorado || **~** *m*, Personal Computer / ordenador *m* personal, OP *m*, PC *m* || **~**, programmierbare Steuerung (NC) / mando *m* programable || **~** *n*, Polycarbonat *n* (Plast) / policarbonato *m*
PC-Arbeitsplatz *m* (DV) / WS (= Work Station)
PCB *n*, gedruckte Schaltung / tablero *m* de circuitos impresos || **~**, polychloriertes Biphenyl / bifenilo *m* policlorado
PC-DOS-Betriebssystem *n* (DV) / sistema *m* operativo PC-DOS
PCI-Verfahren *n* (Mot) / inyección *f* en la antecámara
PCM (Eltronik) = Pulscodemodulation
PCMCIA-Einschub *m* (DV) / tarjeta *f* PCMCIA
PCMI-Mikrobildtechnik *f* (NCR) / técnica *f* de microimagen fotocrómica
PCM-Zeitmultiplex-System *n* / modulación *f* por codificación de impulsos en múltiplex por división de tiempo
P-Code *m*, Pascal-Code *m* / seudocódigo *m*
PCP (Plast) = Polychloropren || **~** (Chem) = Pentachlorphenol
PCR *f* (Polymerase-Kettenreaktion - Nachweis für NS) / reacción *f* en cadena de polimerasa
PCS-Faser *f*, Plastic-Clad-Silikafaser *f* / fibra *f* PCS (= plastic clad silica)
PCTFE, Polychlorotrifluorethylen (Chem) / policlorotrifluoroetileno *m*
PCT-Plan *m* (Patent) / plano *m* PCT (= Patent Cooperation Treaty)
PCT-Theorem *n* (Phys) / teorema *m* CPT, teorema *m* de Lüders-Pauli
PCU, nicht nachchloriniertes Polyvinylchlorid / cloruro *m* de polivinilo no postclorado
PCV-Ventil *n* (Mot) / válvula *f* positiva de ventilación del cárter de aceite
Pd, Palladium *n* (Chem) / paladio *m*
PDA (=Personal Digital Assistent) / asistente *m* digital personal, Pocket-PC *m*
PDM (Eltronik) = Pulsdauermodulation
PD-Regelung *f* (o. Proportional-Differential-Regelung) / regulación *f* proporcional y por derivación
PDV = Prozeßlenkung mit Datenverarbeitungsanlagen ||
~-System, Prozessdaten-Verarbeitungssystem *n* (DV) / sistema *m* de mando de operaciones industriales
PE, Polyethylen *n* / polietileno *m* || **~ niederer Dichte** (PE = Polyethylen) / polietileno *m* de baja densidad
Peak *n* (Spektrum) / pico *m* || **~fläche** *f* (Nukl) / superficie *f* de pico || **~-Holding-System** *n* (Regeln) / sistema *m* retentor de picos

965

Peaking-Versteilerungsspule, Entzerrspule f (TV) / bobina f agudizadora o correctora o de compensación
Peaksuche f (Chem) / búsqueda f de pico(s)
Pech n / pez f, brea f ‖ ⁓, Schiffspech n / pez f naval ‖ **[weiches] schwarzes** ⁓, Schiffs-, Schusterpech n / cerote m ‖ **weißes** ⁓ / pez f blanca o de Borgoña
Pechan-Prismen n pl (Opt) / sistema m de prismas de Pechan
pech•artig / píceo ‖ ⁓**blende** f, amorpher Uraninit (Min) / pecblenda f, pechblenda f ‖ ⁓**bund** m (Web) / atadura f con pez ‖ ⁓**bundblatt** n (Tex) / peine m embreado ‖ ⁓**draht** m / sedal m de zapatero
pechen vt (Schiff) / empecinar
Pech•harz n / resina f de brea ‖ ⁓**kiefer** f (Bot) / pino m tea ‖ **[nord]amerikanische** ⁓**kiefer**, Pitchpine f, P. rigida / pino m americano o de América [del Norte] ‖ ⁓**kohle** f (Bergb) / hulla f pícea (E) o piciforme (LA), azabache m ‖ ⁓**schwarz** n / negro m azabache ‖ ⁓**stein** m (Geol) / azabache m ‖ ⁓**torf** m / turba f bituminosa ‖ **rotes** ⁓**uran**, Gummit m / gum[m]ita f
Péclet-Zahl f, Pe (Hydr) / número m de Péclet
Peculiarity, Charming-Quantenzahl f (Phys) / peculiaridad f
Pedal n, Fußhebel, -tritt m / pedal m ‖ ⁓**achse** f (Kfz) / eje m del pedal ‖ ⁓**haken** m (Fahrrad) / calzapié m
Peddig n, -rohr n (Bot) / caña f de roten, tallo m de roten, rota f, bejuco m
Pediment n (Geo) / pedimento m
Pedion n (Kristallform) / pedión m
Pedologie, Bodenkunde f / pedología f
Pedometer n (ein Schrittzähler) / pedómetro m
Pedon m (pl: Peda) (Boden) / pedón m
Pedo•sphäre f (Bodenschicht der Erde) / pedosfera f ‖ ⁓**top** m (Boden) / pedotopo m
Peening n, Hämmern n (Schm) / martilleo m
Peforiermesser n / cuchilla f de perforar
PEG, Polyethylenglykol n / polietilenglicol m
Pegel m, Niveau n (Eltronik, Phys) / nivel m ‖ ⁓, Wasserstandsmarke f, -anzeiger m (Hydr) / vara f o marca de aforar, aforo m ‖ ⁓, Gezeitenmesser m, -schreiber m / mareógrafo m ‖ ⁓ **bei abgeschlossener Leitung** (Fernm) / nivel m de prueba adaptado ‖ ⁓**ausgleicher**, -kompensator m (Eltronik) / compensador m de nivel ‖ ⁓**aussteuerung** f (Eltronik) / control m de nivel ‖ ⁓**band** n (Magn.Bd) / cinta f tipo ‖ ⁓**bildgerät** n (Fernm) s. Pegelmesser ‖ ⁓**diagramm** n, -[kenn]linie f (Fernm) / hipsograma m, diagrama m de niveles ‖ ⁓**empfänger** m (Regeln) / receptor m de nivel ‖ ⁓**fernanzeiger** m / teleindicador m de nivel ‖ ⁓**festpunkt** m (Wassb) / marca f de referencia en la vara de aforar ‖ ⁓**frequenz...** (Fernm) / de la frecuencia de nivel ‖ ⁓**geber**, -sender m (Regeln) / transmisor m del nivel ‖ ⁓**haltung** f (TV) / fijación f de nivel ‖ ⁓**[kenn]linie** f, -diagramm n / hipsograma m, diagrama m de niveles ‖ ⁓**kompensator**, -ausgleicher m (Eltronik) / compensador m de niveles ‖ ⁓**konverter** m (Eltronik) / convertidor m de nivel ‖ ⁓**latte** f / regla f graduada de nivel ‖ ⁓**linie**, Wasserstandslinie f, Wasserstand m (Hydr) / línea f de nivel ‖ ⁓**linie** f, -diagramm n (Opt) / hipsograma m ‖ ⁓**messer** m, -messeinrichtung f (Fernm) / medidor m de transmisión o de atenuación, hipsómetro m, nivelímetro m ‖ **in Dezibel geeichter** ⁓**messer** / decibelímetro m ‖ ⁓**messer in Neper** / neperímetro m ‖ ⁓**messung** f (Fernm) / medida f de nivel
Pegeln n (Eltronik) / ajuste m de nivel
Pegel•nullpunkt m, Pegelnull n (Hydr) / nivel m de aguas bajas ‖ ⁓**regler** m, Aussteuerung f / control m de nivel ‖ ⁓**schreiber** m (Fernm) / hipsógrafo m ‖ ⁓**schreiber**, selbstschreibendes Pegelgerät (Wassb) / registrador m de nivel ‖ ⁓**sender**, -geber m (Regeln) / transmisor m de nivel ‖ ⁓**stab** m (für Behälter) / palpador m de nivel, varilla f comprobadora ‖ ⁓**stab für Öl** (Mot) / varilla f para comprobar o de

inspeccionar el nivel de aceite ‖ ⁓**stabilisierung** f (TV) / estabilizador m de nivel ‖ ⁓**[stand]** m, -höhe f (Hydr) / nivel m de agua ‖ ⁓**stand**, Olstand m / nivel m de aceite ‖ ⁓**standmesser** m **mit Schwimmer** / indicador m de nivel de agua con flotador ‖ ⁓**umsetzer** m / convertidor m de nivel ‖ ⁓**verbreiterung** f, Niveauverbreiterung f (Phys) / ensanche m de nivel ‖ ⁓**vorregler** m (HF) / prerregulador m de nivel (AF) ‖ ⁓**wasserstand** m / nivel m de agua ‖ ⁓**wert** m / valor m indicado de nivel
Pegmatit m (Geol) / pegmatita f
Peigneur m (Spinn) / peinador m, llevador m
Peil m (Wassb) s. Pegel ‖ ⁓**acht**, Doppelkreischarakteristik f (Radar) / diagrama m en lemniscata, diagrama m en forma de ocho o de 8 ‖ ⁓**antenne** f, -rahmen m, -ring m / antena f radiogoniométrica, antena-gonio f ‖ ⁓**anzeiger** m, Sichtpeilgerät n (Peilgerät) / indicador m con tubo de rayos catódicos ‖ ⁓**aufsatz** m, -scheibe f (Schiff) / peloro m ‖ ⁓**deck** n (Schiff) / cubierta f goniométrica ‖ ⁓**diopter** n (Schiff) / círculo m de marcación o de rumbo ‖ ⁓**diopter mit Kompass** / goniómetro m con brújula de marcación, goniómetro m óptico ‖ ⁓**empfänger** m, -gerät n / goniómetro m, radiogoniómetro m, buscador m de dirección ‖ ⁓**empfänger mit zwei Rahmen** / goniómetro m de cuadros separados
peilen vt, loten / sondear, marcar ‖ ⁓, orten (Eltronik, Schiff) / marcar, tomar una marcación, orientarse ‖ ⁓ n, Peilfunk m / radiogoniometría f, marcación f radiogoniométrica
Peiler m, Peilvorrichtung f / radiogoniómetro m
Peil•faden m (Radar) / cursor m ‖ ⁓**fehler** m / error m de marcación o de arrumbamiento ‖ ⁓**fehler** (infolge örtlicher Bedingungen) / error m local o de emplazamiento ‖ ⁓**fehler durch unsymmetrische Erdkapazität des Peilrahmens** / error m debido a electrostática ‖ ⁓**funk** m / radiogoniometría f ‖ ⁓**funker** m / radiogoniometrista m ‖ ⁓**[funk]sender** m / estación f radiogoniométrica ‖ ⁓**genauigkeit** f (Luftf) / precisión f goniométrica ‖ ⁓**gerät**, Such-, Ortungsgerät n (Luftf, Schiff) / equipo m de marcación ‖ ⁓**kompass** m, Azimutalkompass m / brújula f de marcación, brújula f azimutal ‖ ⁓**leitstelle** f (Luftf) / puesto m central de marcación ‖ ⁓**netz**, Funkpeilnetz n, -basis f / red f radiogoniométrica ‖ ⁓**null** f (Peilen) / cero m de marcación ‖ ⁓**platte** f (Oltank) / placa f de referencia ‖ ⁓**radar** m n / radar m goniométrico ‖ ⁓**rahmen** m / cuadro-gonio[métrico] m ‖ ⁓**richtung** f / dirección f de marcación ‖ ⁓**rohr** n (Schiff) / tubo m de sonda ‖ ⁓**rohrhahn** m (Schiff) / grifo f del tubo de sonda ‖ ⁓**rose** f / rosa f azimutal ‖ ⁓**scheibe** f, -aufsatz m (Schiff) / disco m de marcar ‖ ⁓**sichtanlage** f / goniómetro m visual ‖ ⁓**stab** m, -stock m (Schiff) / varilla f de sonda ‖ ⁓**standort** m (Luftf) / posición f definida, punto m de intersección de marcaciones ‖ ⁓**station** f, Ortungsstation f / estación f radiogoniométrica, radiofaro m direccional ‖ ⁓**strahl** m / haz m de radiofaro direccional, haz m de alineación, sector m de rumbo ‖ ⁓**strahl**, -linie f / línea f de marcación ‖ **raumgeradlinige** ⁓**strahlen** / haz m ortodrómico ‖ ⁓**strich** m (Radar) / cursor m de marcación ‖ ⁓**strichdrehknopf** m / botón m giratorio para el cursor de marcación ‖ ⁓**tabelle** f / tabla f de marcación o de rumbo ‖ ⁓**tochterkompass** m / goniómetro m o telecompás magnético
Peilung, Funkort[bestimm]ung f / determinación f de la posición, goniometría f, localización f, orientación f ‖ **drahtlose** ⁓ / radiogoniometría f
Peilungs•anzeiger m / indicador m de marcación ‖ ⁓**beiwert** m / coeficiente m de corrección de error
Peil•winkel m, -richtung f / ángulo m de marcación o de rumbo ‖ ⁓**winkel**, Seitenpeilung f (Radar) / marcación f relativa ‖ ⁓**winkelmesser** m, Goniometer n /

goniómetro *m* ‖ ⁓**wirkung** *f* / directividad *f* ‖ ⁓**ziel** *n*, -objekt *n*, -gegenstand *m* / objeto *m* de marcación
peinlich genau / minucioso, meticuloso, escrupuloso
Peirce-Funktion *f* (o. NOR-Funktion) (Eltronik) / función *f* NI
Peitsche *f* / fusta *f*, látigo *m* (E), fuete *m* (LA)
Peitschen•antenne *f* / antena *f* de látigo o de fusta o de fuete ‖ ⁓**hieb-Effekt** *m* (bei Auffahrunfall) (Kfz, Med) / efecto *m* de latigazo (cervical), whip *m* ‖ ⁓**mast** *m* (Beleuchtung) / báculo *m* ‖ **elliptischer** ⁓**mast** (Straßb) / farol *m* en fusta ‖ ⁓**schlag** *m* (Drahtseil) / latigazo *m*
Peitschrinne, Schlagrinne *f* (Walzw) / canal *m* de guía
Pekanuss *f* (Bot) / nuez *f* de peca
Pékin, Pequin *m* (Tex) / pekín *m*
Pektase, Pektinesterase, Pektolipase *f* (Chem) / pectasa *f*
Pektin *n* / pectina *f*, sustancia *f* péctica o pectínica *f* ⁓... / péctico, pectínico ‖ ⁓**appretur** *f* (Tex) / acabado *m* pectínico o con pectina ‖ ⁓**ase**, Pektolase *f* / pectinasa *f* ‖ ~**haltig** / que contiene pectina, pectináceo ‖ ⁓**säure** *f* / ácido *m* péctico ‖ ⁓**zucker** *m*, Arabinose *f* / azúcar *m* de pectina, arabinosa *f*
Pekto•lith *m* (Min) / pectolita *f* ‖ ⁓**zellulose** *f* / pectocelulosa *f*
Pekuliarbewegung *f* (Astr) / movimiento *m* peculiar
Pelagial *n*, Pelagialfauna *f* (Zool) / fauna *f* pelágica o del piélago
pelagisch, pelagial / pelágico ‖ ~**es Schleppnetz** (Schiff) / traina *f* pelágica
Pelargonsäure, Nonansäure *f* / ácido *m* pelargónico
Pelawachs *n* / cera *f* de [coccus] pela
p-Elektron *n* (im p-Zustand) / electrón p *m* ‖ ⁓ *n* (in der P-Schale) (Phys) / electrón P *m*
Peligotrohr *n*, -röhre *f* (Chem) / tubo *m* Peligot
Pelit *m*, pelitisches Gestein (Geol) / pelita *f*
Pellagraschutzstoff *m* (Pharm) / vitamina P.P. *f*
Pellet *n* / bolita *f*, pelotilla *f*, pella *f* ‖ ⁓ (Hütt) / pellet *m*, bola *f* amasada ‖ ⁓ (Nukl) / pellet *m*, pastilla *f* ‖ ⁓**s** *n pl*, Kugelsinter *m* (Hütt, Sintern) / pelletes *m pl*, aglomerado *m* en bolas ‖ ⁓**heizung** *f* / calefacción *f* con bolitas de madera
pelletisieren *vt* (Bergb, Hütt, Plast) / pelletizar ‖ ⁓ *n*, Pelletisierung *f* (Bergb, Hütt, Plast) / pelletización *f*, formación *f* de bolitas, aglomeración *f* en bolas
Pelletpresse, Futtermehlpresse *f* (Landw) / prensa *f* para pelletizar
Pellicle *n* (Halbl) / película *f*
Pellin-Broca-Prisma *n* (Opt) / prisma *m* de Abbe
Pellistor *m* (ein Sensor, geheizte Katalysatorperle) / pelistor *m*
Pelluzidität *f* (Min) / pelucidicad *f*, transparencia *f* de minerales
Pelotte *f* (ballenförmiges Druckpolster) / pelota *f*
Pelseide *f*, Pelogarn *n* (Tex) / pelo *m*, sencillo *m*
Peltier•effekt *m* (Elektr) / efecto *m* Peltier ‖ ⁓**element** *n* / unión *f* de Peltier ‖ ⁓**koeffizient** *m* / coeficiente *m* Peltier ‖ ⁓**-Kühlung** *f* / refrigeración *f* por efecto Peltier ‖ ⁓**wärme** *f* / calor *m* de Peltier ‖ ⁓**zelle** *f* (Elektr) / pila *f* Peltier
Pelton•rad *n* (Turbine) / rodete *m* de Pelton ‖ ⁓**schaufel** *f*, -becher *m* / paleta *f* Pelton ‖ ⁓**turbine** *f* / turbina *f* Pelton
Pelz, Wickel *m* (Tex) / rodillo *m* de tela ‖ ⁓**bildung** *f* (Spinn) / formación *f* de tela ‖ ⁓**brecher**, -reißer, Florbrecher, -reißer *m* (Tex) / rompe-tela *m*, cortador *m* de la tela
pelzen, pfropfen (Bot) / injertar ‖ ~ *vt* (Kratzenbeschlag) / repasar la guarnición de carda
Pelz•felle *n pl* **von Schafen und Ziegen** / astracán *m* ‖ ⁓**krempel** *f* (Spinn) / carda *f* repasadora ‖ ⁓**stoff** *m* (Tex) / tejido *m* de rizo imitando piel ‖ ⁓**trommel** *f*, Aufroller *m* (Spinn) / tambor *m* formador de la tela o del colchón, tambor *m* napador

PEM-Effekt *m*, photoelektromagnetischer Effekt / efecto *f* fotomagnético eléctrico
Penalty-Faktor *m* (Elektr) / factor *m* de desventaje
Pendant *n* / pareja *f*
Pendel *n* / péndulo *m* ‖ ⁓, Hängelampe *f* (Elektr) / lámpara *f* colgante o de suspensión ‖ ⁓ (Uhr) / péndola *f* ‖ ⁓ **des Drehgestells** (Bahn) / biela *f* de suspensión ‖ ⁓**achse** (Kfz) / eje *m* oscilante, eje *m* de oscilación ‖ ⁓**antrieb** *m*, -getriebe *n* / mando *m* oscilante ‖ ⁓**artig**, hängend / péndulo *adj*, pendiente, colgante ‖ ~**artig**, pendelnd / pendular, oscilante ‖ ⁓**aufhängung** *f* / suspensión *f* pendular ‖ ⁓**ausschlag** *m* / amplitud *f* de las oscilaciones del péndulo ‖ ⁓[**seil**]**bahn** *f* / funicular *m* o teleférico [de] vaivén ‖ ⁓**band** *n* / transportador *m* reversible ‖ ⁓**becherwerk** *n* / elevador *m* de cangilones basculantes ‖ ⁓**bewegung** *f*, Schwingung *f* / movimiento *m* pendular u oscilante o oscilación, movimiento *m* de vaivén del péndulo ‖ ⁓**bewegung**, -schwingung *f* (Uhr) / oscilación *f* de la péndola ‖ ⁓[**drahtseil**]**bahn** *f* / funicular *m* o teleférico de vaivén ‖ ⁓**drehklappe** *f* (Güterwagen) (Bahn) / trampilla *f* giratoria articulada (vagones) ‖ ⁓**fadenführer** *m* (Tex) / guiahilos *m* pendular o oscilante ‖ ⁓**feuer** *n* (Nav) / luz *f* oscilante ‖ ⁓**fitsche** *f* (Bau) / bisagra *f* con muelle de puertas oscilantes ‖ ⁓**flugzeug** *n* / avión *m* de vaivén ‖ ⁓**förderer** *m* (allg) / transportador *m* oscilante ‖ ⁓**förderer** (Bergb) / transportador *m* oscilante ‖ ⁓**förderung** *f* (Bergb) / extracción *f* en vaivén ‖ ⁓**fräsen** *n* (Wzm) / fresado *m* planetario ‖ ~**freie Regelung** *f* / regulación *f* antioscilación o antipendulación ‖ ⁓**frequenz** *f* (Eltronik) / frecuencia *f* de [entre]corte o de interrupción ‖ ⁓**frequenzgenerator**, Pendeloszillator *m* (Eltronik) / oscilador *m* de interrupción ‖ ⁓**führung** *f* (Uhr) / horquilla *f* de péndulo ‖ ⁓**futter** *n* (Wzm) / mandril *m* oscilante ‖ ⁓**gelenk** *n* (Brücke) / articulación *f* pendular ‖ ⁓**generator**, -dynamo *m* (Wasserturbine) / generador *m* regulador de velocidad ‖ ⁓**gewicht** *n* (Uhr) / lenteja *f* de pendulo ‖ ⁓**glühen** (Hütt) / recocido *m* cíclico ‖ ⁓**hammer** *m* (Mat.Prüf) / martillo *m* de péndulo ‖ ⁓**hammer** (im Schlagwerk) / martillo *m* articulado del aparato percusor ‖ ⁓**hammer**, -schlagwerk *n* / péndulo *m* de Charpy ‖ ⁓**hülse** *f* / casquillo *m* a rótula ‖ ⁓**isolator** *m* (Elektr) / aislador *m* oscilante o pendulante ‖ ⁓**klappe** *f* / válvula *f* de lanzadera ‖ ⁓**kontakt** *m* (Elektr) / interruptor *m* oscilante ‖ ⁓**kreisel** *m* (Elektr) / giroscopio *m* oscilante o pendular ‖ ⁓[**kugel**]**lager** *n* / rodamiento *m* de bolas a rótula, rodamiento *m* oscilante de bolas ‖ ⁓**lager** *n* (Brücke) / cojinete *m* oscilante o de péndulo ‖ ⁓**lager** (Masch) / cojinete *m* autoalineador o a rótula ‖ ⁓**motor** *m* (Elektr) / motor *m* suspendido en péndulo ‖ ⁓**mühle** *f* / molino *m* o triturador pendular [de Raymond]
pendeln *vi* / oscilar (como un péndulo) ‖ ⁓ (Schw) / balancear ‖ ~ (Zug) (Bahn) / andar en vaivén ‖ ~ **lassen** / hacer oscilar ‖ ~ *n* / movimiento *m* pendular ‖ ⁓, periodische Instabilität (Eltronik) / oscilación *f* de relajación, sobreoscilación *f*, sobreregeneración *f*, automodulación *f* periódica ‖ ~ (NC) / inestabilidad *f* ‖ ~ (Schw) / movimiento *m* pendular o oscilante *f* ‖ **Pendelverkehr** *m* / desplazamientos *m pl* diarios entre residencia y lugar de trabajo ‖ ~, Pendelung *f* (Ballistik) / guiñada *f* ‖ ~ **von Synchronmaschinen**, Phasenschwingung *f* (Elektr) / oscilación *f* de fase
pendelnd, sich hin- und herbewegend / pendular ‖ ~ (Drehbewegung) / oscilante ‖ ~ (z.B. Stempel im Stanzwz) / desplazable ‖ ~ [**aufgehängt**] / péndulo *adj*, pendiente, colgante ‖ ~ **lagern** / alojar sobre cojinete oscilante ‖ ~**er Stempel** (Stanz) / punzón *m* desplazable ‖ ~**er Werkzeughalter** / portaútiles *m* desplazable

Pendel•neigungsmesser m (Luftf) / clinómetro m de péndulo, inclinómetro m de péndulo ‖ ⁓**oszillator**, Stoßoszillator m (Eltronik) / oscilador m autointerruptor o autoextintor ‖ ⁓**pflug** m (Landw) / arado m basculante ‖ ⁓**regelung** f (Regeln) / acción f pendular, regulación f a péndulo ‖ ⁓**reibahle** f (Wz) / escariador m (E) o calisuar (LA) desplazable ‖ ⁓**roboter** m / robot m oscilante ‖ ⁓**rolle** f (Lager) / rodillo-tonel m ‖ ⁓**rollenlager**, Tonnenlager n (DIN) / rodamiento m de rodillos a rótula, rodamiento m oscilante de rodillos ‖ ⁓**rückkopplung**, Superregenerativkopplung f (Radio) / acoplado m superregenerativo ‖ ⁓**rückstrahler** m / reflector m catadióptrico pendular ‖ ⁓**rutsche** f / lanzadera f o resbaladera oscilante ‖ ⁓**säge** f / sierra f oscilante o de péndulo ‖ ⁓**schere**, Schwingschere f / cizalla f de péndulo ‖ ⁓**schlag** m, -schwingung f, -bewegung f (Uhr) / oscilación f del péndulo ‖ ⁓**schlagversuch** m (Mat.Prüf) / ensayo m de resistencia al impacto (o al choque) de péndulo ‖ ⁓**schlagwerk** n, -schlagmaschine f / aparato m percursor de péndulo ‖ ⁓**schleifmaschine** f / rectificadora f de péndulo ‖ ⁓**schleuder** s. Pendelzentrifuge ‖ ⁓**schnur** f, Hängelampenschnur f (Elektr) / cordón m para lámpara colgante ‖ ⁓**schurre** f / lanzadera f o resbaladera oscilante ‖ ⁓**schutz** m, -sperre f / dispositivo m de bloqueo de sobreoscilaciones ‖ ⁓**schwingenbrecher** m, Kniehebel-Backenbrecher m (Bergb) / trituradora f o machacadora de doble palanca acodada ‖ ⁓**schwingung** f (Phys) / oscilación f pendular, oscilación f del péndulo, movimiento m del péndulo ‖ ⁓**schwingung**, schaukelnde Bewegung f / balanceo m ‖ ⁓**seilbahn** f / funicular m o teleférico [de] vaivén ‖ ⁓**signal** n, schwingendes Warnsignal für Bahnkreuzungen (Bahn) / señal f oscilante o de péndulo ‖ ⁓**spritzgestänge** f (Landw) / varillaje m de pulverización de péndulo ‖ ⁓**stange** f (Uhr) / varilla f de péndulo ‖ ⁓**streuer m für Dünger** (Landw) / abonadora f pendular ‖ ⁓**stütze** f (Stahlbau) / columna f pendular, soporte m o apoyo pendular ‖ ⁓**stütze**, -turm m (Kabelkran) / torre f basculante ‖ ⁓**stütze** (Reaktor) / arriostramiento m pendular ‖ ⁓**stütze des Schwingenlagers** / apoyo m pendular del cojinete oscilante ‖ ⁓**tandemachse** f / eje tándem pendular n ‖ ⁓**tisch** m (Wzm) / mesa f de vaivén ‖ ⁓**tür** f / puerta f oscilante o de vaivén, puerta f engoznada ‖ ⁓**türband**, Federband n / bisagra f con muelle de puertas oscilantes ‖ ⁓**uhr** f / reloj m de péndola
Pendelung f s. Pendeln u. Pendelschwingung
Pendelungsdämpfer m (gegen Drehschwingungen) (Mot) / amortiguador m de vibración por torsión
Pendel•unterbrecher m, Helmholtzpendel m (Elektr) / péndulo m de Helmholtz ‖ ⁓**ventil** n (Hydr) / válvula f de lanzadera ‖ ⁓**verkehr** m / vaivén m, circulación f en lanzadera ‖ ⁓**verschluss** m / bloqueo m oscilante ‖ ⁓**verschluss**, schwingender Verschluss (Kin) / cerrojo m oscilante ‖ ⁓**vervielfacher** m, dynamischer Vervielfacher / multiplicador m dinámico ‖ ⁓**waage** f (Bau) / nivel m de plomada ‖ ⁓**wagen** (Bergb) / vagoneta f lanzadera ‖ ⁓**wagen** (Bahn) / vagón m lanzadera ‖ ⁓**walze** f (Ausgleichwalze) (Masch) / cilindro m compensador ‖ ⁓**walze**, Schwingwalze f (Druck) / cilindro m tensor o compensador ‖ ⁓**walzenmühle** f / trituradora f pendular ‖ ⁓**walzwerk** n / laminador m pendular ‖ ⁓**wechselrichter** m, Zerhacker m (Elektr) / vibrador m ‖ ⁓**werkzeug** n (Wzm) / herramienta f desplazable ‖ ⁓**wippe** f (Stromabnehmer) (Bahn) / arco m de suspensión pendular (pantógrafo) ‖ ⁓**wischer** f (Kfz) / limpia-parabrisas m oscilante ‖ ⁓**zähler** m (Elektr) / contador m de péndulo ‖ ⁓**zentrifuge** f / centrífuga f pendular, hidroextractor m pendular ‖ ⁓**zug** m (Bahn) / tren m lanzadera ‖ ⁓**zugverkehr** m (Bahn) / servicio m de lanzadera, tráfico m de vaivén ‖ ⁓**zwischenstück** n (Uhr) / horquilla f de péndola
Pendentif n, Zwickel m (zwischen Kuppel u. quadratischem Sockel) (Bau) / pechina f
Peneplain, Rumpffläche, -ebene f (Geol) / peneplanicia f, penellano m
penetrant, durchdringend / penetrante
Penetration f (Chem) / penetración f
Penetrations•index m (Bitumen) / índice m de penetración ‖ ⁓**klasse** f (Fette) / clase f de penetración ‖ ⁓**röhre** f (Radar) / tubo m de (o: a) penetración ‖ ⁓**verbesserer** m (Chem) / mejorante m de penetración ‖ ⁓**zahl** f, -wert m / índice m o factor de penetración ‖ ⁓**zwillinge** m pl (Krist) / maclas f pl de penetración
Penetrier-Anstrichmittel n / pintura f penetrante
Penetrometer n (Radiol, Wachsprüfg) / penetrómetro m
Penicillin n (Pharm) / penicilina f
PEN-Leiter m (= PE + Neutralleiter) (Elektr) / conductor m PEN
Pen-Mouse f, Griffel m (DV) / ratón m (mouse) tipo lápiz o lapicera (LA)
Pennin m (Min) / penina f
Penning•-Pumpe, Ionenzerstäuber-Pumpe f (Vakuum) / bomba f Penning ‖ ⁓**[vakuummeter]** n / vacuómetro m de Penning
Pennyroyalöl, amerikanisches Poleiöl n / esencia f de menta Puliot (Hedeoma pulegioides)
Penplotter m, Zeichenplotter m (DV, Zeichn) / trazador m de curvas de estilete, registrador m estilográfico
Penrose-Theorem n / teorema m de Penrose
Pensky-Martens-Versuch m (Chem) / ensayo m de Penskey-Martens
Penta•..., Fünf[er]... / penta... ‖ ⁓**boran , beständiges** (Raketentreibst) / pentaborano m estable ‖ ~**carbocyclisch** (Chem) / pentacarbocíclico ‖ ⁓**chlorethan** n / pentacloroetano m ‖ ⁓**chlorophenat** n / PCP m, pentaclorofenato m ‖ ⁓**chlorophenol** n, -chlorphenol n, PCP / pentaclorofenolo m ‖ ⁓**dachkantprisma** n (Opt) / pentaprisma m de tejado o de techo
Pentade f (Zeitraum von 5 Tagen o. Jahren) / pentada f (espacio de cinco días o años) ‖ ⁓ (5 Jahre) / lustro m, quinquenio m
Penta•dekansäure f / ácido m pentadecanóico ‖ ⁓**eder** n, Fünfflächner m (Geom) / pentaedro m ‖ ⁓**erythrit** n (Chem) / pentaeritrita f ‖ ⁓**erythrittetranitrat**, Pentrit n, Nitropenta n (Sprengstoff) / pentrita f
Pentagon, Fünfeck, -seit n (Geom) / pentágono m ‖ ⁓**dodekaeder** n (Krist) / dodecaedro m pentagonal ‖ ⁓**prisma, Penta-Prisma**, Prandtl-Prisma n (Foto) / prisma m pentagonal
Penta•gramm m (Math) / pentagrama m ‖ ⁓**gramm**, Fünfstern m / estrella f de cinco puntas ‖ ⁓**methylen**, Cyclopentan n (Chem) / pentametileno m, ciclopentano m ‖ ⁓**methylendiamin** n / pentametilendiamino m
Pentan n (Chem) / pentano m ‖ ⁓**al** n, Amylaldehyd m / pentanal m, amilaldehido m ‖ ⁓**ol** n, Amylalkohol m / pentanol m, alcohol m amílico ‖ ⁓**säure**, Valeriansäure f / ácido m valérico
Penta•thionsäure f / ácido m pentatiónico ‖ ⁓**tron** n (Eltronik) / pentatrón m
Penten, Amylen n (Chem) / penteno m, amileno m
Penthouse n (Bau) / sobreático m, vivienda f de la azotea
Pentin n / pentino m
Pentlandit, Eisennickelkies m (Min) / pentlandita f, pirita f de níquel
Pentode, Fünfpolenröhre f (Eltronik) / pentodo m
Pentosan n (Polysaccharid) / pentosana f
Pentose f (Chem) / pentosa f
Pentothal n, Thiopental n (Chem) / pentotal m, tiopental m
Pentoxid n / pentóxido m
Pentrit n s. Pentaerythrittetranitrat

Penumbra f (Astr) / penumbra f
Pepitamuster n (Tex) / dibujo m a cuadritos
Peplosphäre f / peplosfera f
Pepsin n / pepsina f
PEP-Technik, Planar-Epitaxial-Technik mit Passivierung f (Eltronik) / técnica f epitaxial de estructura planar
Peptid n (Chem) / peptido m ‖ ⁓**ase** f / peptidasa f ‖ ⁓**bindung** f (Chem) / enlace m peptídico
Peptisation, Peptisierung, Gel-Sol-Umwandlung f (Chem) / peptización f
Peptisationsmittel n, Flockenzerstörer m (Flotation) / agente m de peptización
Peptisator vt, Dispergator m (Gummi, Pap) / máquina f de peptizar
peptisieren, auflösen (Kolloid) / peptizar
Pepton n / peptona f
peptonisieren vt / peptonizar
PER = Perchlorethlen
Per•ameisensäure f (Chem) / ácido m perfórmico ‖ ⁓**borat** n / perborato m ‖ ⁓**borsäure** f / ácido m perbórico ‖ ⁓**bunan** n / perbunán m ‖ ⁓**carbamid** m / percarbamida f ‖ ⁓**centil** n (eine von 100 Gruppen mit prozentual gleicher Häufigkeit) (Stat) / percentila f, centila f ‖ ⁓**chlorat** n (Chem) / perclorato m, clorato(VIII) m ‖ ⁓**chloräthylen** n / PER m (= percloroetileno) ‖ ⁓**chloratsprengstoff** m / percloratita f, explosivo m percloratado ‖ ⁓**chlorbenzol** n / hexaclorobenceno m ‖ ⁓**chlor[diethyl]ether** m / percloroéter m ‖ ⁓**chlorethan** n / percloroetano m ‖ ⁓**chlorierung** f / perclorinación f ‖ ⁓**chlorit** n / perclorito m ‖ ⁓**chlorsäure** f / ácido m perclórico ‖ ⁓**chromsäure** f / ácido m percrómico
Perco•-Flusssäure-Alkylierung, Perco-HF-Alkylierung f (Öl) / alquilación f Perco por ácido fluorohídrico ‖ ⁓**-Kupfersüßung** f (Öl) / procedimiento m Perco de desulfuración con cloruro de cobre
per•deuterierte Verbindung (Nukl) / unión f perdeuterada ‖ ⁓**ennierend**, ausdauernd (Bot) / perenne
perfekt•e Auswaschung (Zuck) / lavado m perfecto ‖ ⁓**e magnetische Kopplung** (Eltronik) / acoplamiento m unitario ‖ ⁓**e Menge** (Math) / conjunto m perfecto
Perfektionierung f (Öl) / perfeccionamiento m
Perfektionswahn m / obcecación f de perfeccionismo
Perfluorpolyether m (Chem) / poliéter m perfluórico
Perfoband n (Magn.Bd) / cinta f magnética perforada
Perforation, Lochung f (allg, Film) / perforación f, taladro m, orificio m ‖ ⁓ f, Perforierung f (Briefmarken) / perforación f
Perforations•geräusch n (Film) / ruido m de las perforaciones ‖ ⁓**teilung** f (Film) / paso m de perforación
Perforator m **für Lochband** / dispositivo m de perforación para cintas
perforieren vt / perforar ‖ ⁓, lochstanzen / punzonar ‖ ⁓, [durch]lochen / agujerear ‖ ⁓ n, Lochen n / perforación f, perforado m
Perforier•linie f (Druck) / pleca f perforada o para perforar, filete m perforador ‖ ⁓**presse** f (für Lochstanzungen) / prensa f de punzonar
perforiert / perforado ‖ ⁓**e Blechabdeckung** / chapa f perforada ‖ ⁓**e Hülse** / manguito m perforado ‖ ⁓**e Leinwand** (Film) / pantalla f porosa ‖ ⁓**e verlorene Verrohrung** (Öl) / tubo m revestidor auxiliar perforado, tubo m calado (VEN)
Perforiervorrichtung f / perforador m
Performance f (Leistungsverhalten von Hard- u. Software) (DV) / comportamiento m funcional
Performance-Nummer, Leistungszahl f (Benzin) / índice m de octano

Pergament n / pergamino m ‖ ⁓**artig**, Pergament... / apergaminado, apergamíneo ‖ ⁓**ersatz** m, -papier n / papel m apergamino
pergamentieren vt / apergamentar, apergaminar
Pergamentrohstoff m / papel m soporte para apergaminar, papel m en bruto para sulfurizar
Pergamin n (Pap) / papel m apergaminado o similisulfurizado o cristal
Pergelisol m (Geol) / permafrost m, permagel m, gelisuelo m
Pergola f (Bau) / pérgola f
Per•hapsatron n (Nukl) / perhapsatrón m ‖ ⁓**hydrieren** vt (Tex) / perhidrogenar ‖ ⁓**hydrol** n (30 %iges Wasserstoffsuperoxid) (Chem) / perhidrol m ‖ ⁓**hydronaphthalin** n / decahidronaftaleno m, decalina f
Peri•..., Um..., Herum... / peri... ‖ ⁓**apse** f (Raumf) / periapsis f ‖ ⁓**apsenhöhe** f (Raumf) / altura f de periapsis ‖ ⁓**astron** n, Sternnähe f (Astr) / periastrón m ‖ ⁓**dot** m (Min) / peridoto m ‖ ⁓**dotit** m (Geol) / peridotita f ‖ ⁓**galaktisch** (Astr) / perigaláctico ‖ ⁓**gäum** n, Erdnähe f / perigeo m ‖ ⁓**gäumsdurchgang** m / pasaje m de perigeo ‖ ⁓**gäumsmotor** m (Raumf) / propulsor m de perigeo ‖ ⁓**gäumsstufe** f / etapa f de perigeo ‖ ⁓**hel** n, Sonnennähe f / perihelio m ‖ ⁓**hel...**, in Sonnennähe befindlich / más cerca del Sol ‖ ⁓**klas** m (Min) / periclasa f ‖ ⁓**klas-Spinell-Stein** m / ladrillo m magnesio-aluminio ‖ ⁓**klin** m (Min) / periclina f
Perilen n (Chem) / perileno m
Peri•lun n, Mondnähe f (Astr) / punto m de órbita más cerca de la Luna, periluna f ‖ ⁓**meter** n (Gerät zur Messung des Gesichtsfeldes) (Opt) / perímetro m ‖ ⁓**meter** m, Umfang m (Geom) / circunferencia f, contorno m de una figura ‖ ⁓**morph** (Krist) / perimorfo ‖ ⁓**morphose** f, Kernkristall m (Min) / perimorfosis f
Period... (Chem) / periódico
Periodat n (Chem) / periodato m
Periode f, Zeitintervall m, -abschnitt m / período m, período m ‖ ⁓, voller Wechsel (Elektr) / ciclo m ‖ ⁓ f **der zeitlich gleich bleibenden Ausfälle** (Masch) / período m de probabilidad constante de fallas ‖ ⁓ **des Leistungsanstiegs** (Nukl) / período m de subida de potencia ‖ ⁓ **je Sekunde**, Hertz n / ciclos m pl por segundo, hertzio m, Hz m ‖ ⁓ **zufallsbedingter Ausfälle** (DV) / vida f útil
Perioden•änderung f (Astr) / variación f del período ‖ ⁓**bereich**, Zeitkonstantenbereich m (Nukl) / régimen m de medida con medidores de período, margen m f de los medidores de período ‖ ⁓**dauer** f (Elektr) / duración f de período ‖ ⁓**element** n (hauptsächlich der VIII. Gruppe) (Chem) / elemento m del octavo grupo ‖ ⁓**-Leuchtkraft-Beziehungen** f pl, Helligkeitsbeziehungen f pl (Astr) / relaciones f pl período-luminosidad ‖ ⁓**messgerät** n, Zeitkonstantenmesser m (Nukl) / medidor m de período ‖ ⁓**system** n (Chem) / sistema m periódico de los elementos ‖ ⁓**umformer** m (Elektr) / convertidor m o cambiador de frecuencia ‖ ⁓**zahl** f, Frequenz f (Elektr) / frecuencia f ‖ ⁓**zähler** m / frecuencímetro m ‖ ⁓**zeit** f / período m de período
periodisch, regelmäßig wiederkehrend / periódico, cíclico ‖ ⁓ (Math) / recurrente, cíclico, periódico ‖ ⁓ adv, in Abständen / periódicamente ‖ ⁓**e Bewegung**, Oszillation f (Phys) / oscilación f, vibración f ‖ ⁓**er Bruch** (Chem) / fracción f periódica ‖ ⁓**er Bruch**, periodische Dezimalzahl (Math) / fracción f decimal periódica, decimal m periódico ‖ ⁓**e Dämpfung** (Fernm) / amortiguamiento m periódico ‖ ⁓**e Druckschwankungen** f pl (Kompressor) / variaciones f pl periódicas (o cíclicas) de presión ‖ ⁓**e Funktion** (Math) / función f periódica ‖ ⁓**e Größe** (Elektr) / magnitud f periódica ‖ ⁓**e Instabilität**, Pendeln n

periodisch

(Eltronik) / automodulación f periódica ‖ ~**er Kontakt** / contacto m periódico o intermitente ‖ ~**er Kontakt** (Eltronik) / vibrador m, ticker m ‖ ~**e Korrektur** (Regeln) / acción f de muestreo ‖ ~**er Niederschlag**, Liesegangsche Ringe m pl (Kolloid) / anillos m pl de Liesegang ‖ ~**er Ofen** (Keram) / horno m intermitente ‖ ~**es Potential** (Nukl) / potencial m periódico ‖ ~**e Rückwärts-Spitzenspannung** (Halbl) / cresta f de tensión inversa recurrente en estado de no-conducción ‖ ~**e Schwingung** (Phys) / vibración f periódica ‖ ~**er Speicher** (DV) / memoria f cíclica ‖ ~**e Spitzensperrspannung** (Triac) / cresta f de tensión recurrente en estado de no-conducción ‖ ~**er Spitzenstrom** / cresta f de corriente directa en estado de no-conducción ‖ ~**e Steigungssteuerung** (Hubschrauber) / mando m cíclico de paso ‖ ~**e Störungen** f pl (Kath.Str) / desviaciones f pl periódicas y aleatorias ‖ ~**es Walzen** (Schm) / laminación f con estampa ‖ ~ **wechselnd** / alternante periódicamente ‖ ~ **wechselnde Kraft** / fuerza f alternante periódicamente ‖ ~ **wiederkehrend** (Chem, Math) / recurrente ‖ ~ **zerhackte Welle** / onda f interrumpiada ‖ **nicht** ~ / aperiódico
Periodizität f (Chem, Phys) / periodicidad f
Periodsäure f / ácido m periódico
pripher•e Einheit (DV) / dispositivo m periférico ‖ ~**e Geräte** n pl (DV) / equipo m periférico, periferia f ‖ ~**er od. Peripheriespeicher** / memoria f periférica ‖ ~**e Übertragung** / transferencia f periférica
Peripherie f, Umfang m / periferia f ‖ ~ (DV) / equipo m periférico, periféricos m pl ‖ ²-**Anschlussleitung** f (DV) / bús m, conductor m colectivo u ómnibus ‖ ²**maschine** f, periphere Maschine (DV) / máquina f periférica, módulo m periférico ‖ ²-**orientiert** / orientado hasta los periféricos ‖ ²**winkel** (Geom) / ángulo m inscrito
Peripherik f / periféricos m pl
peripherisch, Umfangs... / periférico, de la periferia
Periskop n (Opt, Schiff) / periscopio m ‖ ²**kompass** m / brújula f periscópica
Perisphäre f (Phys) / perisfera f
peristaltisch (Induktion) (Elektr) / peristáltico ‖ ~**e Pumpe** / bomba f peristáltica
Peri•ston, Polyvinylpyrrolidon n (Plast) / polivinilpirrolidona f ‖ ²**tektikum** n (Hütt) / peritéctico m ‖ ~**tektisch** (Hütt) / peritéctico adj ‖ ~**tektische Umwandlung** (Hütt) / transformación f peritéctica ‖ ²**television** f (DIN) / peritelevisión f ‖ ²**televisions-Anschluss** m / conexión f Euro ‖ ²**trochoide** f (Math) / peritrocoide f ‖ ²**tron** n (Kath.Str) / peritrón m ‖ ²**zykloide** f (Math) / pericicloide f
Perkal m (Web) / percal m
Perkalin n (Web) / percalina f
Perkin•-Reaktion f (Chem) / condensación f de Perkin ‖ ²**violett** / mauveína f
Perkohlensäure f / ácido m percarbónico
Perkolation, Versickerung f (Hydr) / percolación f, infiltración f, coladura f ‖ ²-**Filtration** f (Öl) / percolación-filtración f
Perkolator m (Filtersack; Kaffeemaschine) / percolador m
perkolieren vt, filtern / percolar, filtrar ‖ ² n (eine Raffination) (Chem, Öl) / percolación f, filtración f
Perkussions•gewehr n (Mil) / fusil m de percusión ‖ ²**zünder** m, Stoß-, m [Auf-]schlagzünder (Mil) / espoleta f de percusión
Perl f, Perlschrift f (5p.) (Druck) / perla f, letra f de cinco puntos ‖ ²**alaun** m (Pap) / alumbre m en perlas ‖ ~**artig**, Perl[en]... / perlado ‖ ²**diabas** m (Geol) / variolita f
Perle f / perla f ‖ ², Glasperle f / perla f de vidrio, abalorio m ‖ ², Kügelchen n / perla f, glóbulo m ‖ ²**n...** / perlado, de perlas
perlen vi, sprudeln / burbujear, borbotear, borboll[e]ar, hervir, hacer burbujas ‖ ~, durchperlen (Gas durch Flüssigkeit) / hacer burbujas a través [de]
perlend (Getränk) / burbujeante
Perlenflasche f / botella f de superficie perlada
Perl[en]glanz m / brillo m perlino, brillo m [a]nacarado o nacarino
perlen•schnurartige Ausscheidung / precipitación f en forma de collar de perlas ‖ ~**schnurförmig**, -artig / en forma de collar de perlas ‖ ²**stickerei** f (Tex) / bordado m de perlas
Perl•faden m, Perlgarn n / hilo m de perlas, hilo m rosario ‖ ²**fang** (Wirkm) / puntada f cruzada, cruzado m ‖ ²**fangware** f (Wirkw.) / artículo m de punto perlé ‖ ~**farben** / perlino ‖ ²**festigkeit** f / cohesión f de gran[ul]os ‖ ²**graupen** f pl (Mühle) / cebada f perlada ‖ ²**härte** f (Ruß) / dureza f de gránulos
Perlit, Perlstein m (Geol) / perlita f ‖ ² m (Hütt) / perlita f ‖ ~**armer Sonderbaustahl**, PAS / acero m estructural de grano fino y bajo en perlita ‖ ²**eisen** n, -guss m / fundición f perlítica
perlitisch (Hütt) / perlítico
Perl•koks m / coque m escarabillo ‖ ²**korn** n (Mil) / punto m de mira perla ‖ ²**leinwand** f (Film) / pantalla f cristalizada o perlada ‖ ²**moos** n, Fucus crispus, Carrageen n (Pharm, Tex) / musgo m de Irlanda, alga f marina ‖ ²**mutter** f, Perlmutt n / nácar m, margaritífera f ‖ ~**mutt[er]artig**, -glänzend / nacarado, anacarado, nacarino ‖ ²**naht** f (Tex) / costura f perlée
Perlon n (Polycaprolactam) (Chem, Tex) / perlón m
Perl•polymerisation f / polimerización f en perlas ‖ ²**pulsation** f (Nukl) / pulsación f en perlas ‖ ²**rohr** n, -röhre f (Chem) / tubo m de perlas ‖ ²**schrift** f (Druck, Schreibmasch) / perla f ‖ ²**stärke** f (Nahr) / fécula f en granos ‖ ²**wand**, Kristallperlwand f (Foto) / pantalla f lenticular o multicelular, pantalla f rugosa o gofrada ‖ ²**weiß**, Schminkweiß n (Wismutsubnitrat) / blanco m perla, cerusa f, albayalde m ‖ ²**zwirn** f (Spinn) / hilado m ondeado o rizado
Perm n, Permische Formation (Geol) / pérmico m, formación f pérmica
Permafrost, Dauerfrostboden m / permafrost m, permagel m, gelisuelo m
Permakultur f (Landw) / permacultivo m
Permalloy n (21,5% Fe, 78,5% Ni) (Hütt) / permalloy m
permanent, dauernd / permanente ‖ ~, nicht löschbar (DV) / permanente, no volátil ‖ ~**e Eichung** / contraste m permanente ‖ ~**e Härte** (Wasser) / dureza f permanente ‖ ~**e Inventur** / levantamiento m continuo de inventario ‖ ~**e Speicherung** (durch Stromausfall unbeeinflusst) (DV) / almacenamiento m no volátil ‖ ~**es Stranggießen** (Hütt) / colada f continua ininterrumpida
Permanent•appretur f (Tex) / apresto m permanente ‖ ²-**Crease Veredelung** f (Tex) / apresto m permanente inarrugable ‖ ~-**dynamisch** / dinámico-permanente ‖ ²-**Elektrode** f / electrodo m continuo ‖ ²**magnet** m / imán m permanente ‖ ²**magnet-Maschine** f, PM-Maschine f (Elektr) / generador m de imanes permanentes, magnetogenerador m ‖ ²-**Press-Veredelung** f (Tex) / apresto m "perma-press" ‖ ²**speicher** m (DV) / almacenador m permanente, memoria f permanente ‖ ²**weiß** n (Färb) / blanco m permanente, sulfato m bárico
Permanenz f, Beständigkeit f / permanencia f, durabilidad f ‖ ²**prinzip** n (Math) / principio m de permanencia

Per•manganat *n* / permanganato *m* ‖ **⁓manganatzahl** *f* (Pap) / índice *m* de permanganato ‖ **⁓mangansäure** *f* / ácido *m* permangánico
Permaskop *n* (Galv) / permascopio *m*
Permatron *n* (Eltronik) / permatrón *m*
permeabel / permeable ‖ **⁓**, durchlässig, durchdringbar / permeable, penetrable, pasable
Permeabilität, Durchdringbarkeit *f*, Durchlässigkeit *f* / permeabilidad *f*, penetrabilidad *f* ‖ **⁓** *f*, μ_{abs} (Phys) / permeabilidad *f* ‖ **⁓**, Durchlässigkeit *f* / penetrabilidad *f* ‖ **absoluto ⁓ [des Vakuums]**, μ_0 / permeabilidad *f* absoluta ‖ **relative ⁓ eines Isolators**, μ_{rel} / permeabilidad *f* relativa
Permeabilitäts•abstimmung *f* (Eltronik) / sintonización *f* por [variación de] permeabilidad ‖ **⁓koeffizient** *m* (Pulv.Met) / coeficiente *m* de permeabilidad ‖ **⁓zahl** *f* / permeabilidad *f* relativa
Permeameter *n* (Permeabilitätmessgerät) / permeámetro *m* ‖ **auf Zug wirkendes ⁓** / permeámetro *m* de tracción
Permeanz *f*, magnetischer Leitwert / permeancia *f*
Permeat *n* (Chem) / permeato *m*
Permeation *f* (Öl) / permeación *f*
permeieren *vt*, durchdringen / penetrar, atravesar, pasar a través [de]
Perminvar *n* (Hütt) / perminvar *m*
permisch, dem Perm o. Dyas zugehörig (Geol) / pérmico
permissiv•er Block (Bahn) / bloqueo *m* permisivo ‖ **⁓es Haltsignal** (Bahn) / señal *f* de alto rebasable, señal *f* permisiva de parada
permporös *adj* (Plast) / permeable-poroso
Permutation *f* (Math) / permutación *f*
permutieren *vt*, vertauschen (Math) / permutar
Permutierungskreis *m* / circuito *m* de permutación
Permutit *n* (Kationenaustauscher) / permutita *f* ‖ **⁓verfahren** *n* / procedimiento *m* a la permutita
Permutoid *n* (Chem) / permutoide *m*
Pernambuc[holz] *n*, Brasilienholz *n* (Bot) / palo *m* brasil, bresilja *f*
Perowskit *m* (Min) / perovskita *f*
Per•oxid *n* (Chem) / peróxido ‖ **⁓oxidase** (Chem) / peroxidasa *f* ‖ **⁓oxidschwefelsäure** *f* / ácido *m* peroxisulfúrico ‖ **⁓oxidzahl** *f* (Öl) / índice *m* de peróxido ‖ **⁓oxoacetylnitrat** *n*, PAN *n* (Chem) / peroxoacetilnitrato *m* ‖ **⁓oxokohlensäure** *f* / ácido *m* peroxocarbónico ‖ **⁓oxo[mono]schwefelsäure** *f* (Chem) / ácido *m* peroxosulfúrico ‖ **⁓oxoverbindung** *f* (Chem) / compuesto *m* peroxo ‖ **⁓oxyacetylnitrat** *n* / PAN *m* (= peroxiacetilnitrato)
Perpendikel *m n*, Pendel *n* (Uhr) / perpendículo *m* ‖ **⁓** *n* (Math, Schiff) / línea *f* perpendicular, perpendicular *f*
Perpetuum mobile *n* [erster o. zweiter Art] (Phys) / movimiento *m* perpetuo
Perrotinendruck *m* (Tex) / estampación *f* mecánica con molde, estampación *f* con Perrotina
Per•salz *n* (Chem) / persal *f* ‖ **⁓säure** *f* / perácido *m* ‖ **⁓schwefelsäure** *f* / ácido *m* persulfúrico
Persenning *f* (Schiff) / encerado *m*, lona *f* o tela impermeable
Persisches Garn, Moosgarn *n* (Spinn) / hilo *m* de Persia
Per•sistenz *f* (Phys) / persistencia *f*, continuidad *f* ‖ **⁓sistorelement** *n* / persistor *m*
Person, die den Abmaßen von 95 % der erwachsenen Frauen entspricht, 95 %-Frau *f* (Kfz) / percentila *f* 95 de adultas femeninas
Personal•chef *m* / jefe *m* de personal ‖ **⁓** *n*, Belegschaft *f* / personal *m*, empleados *m pl*, plantilla *f*, euipo *m* humano ‖ **⁓abbauen** / reducir personal ‖ **⁓ auf Zeit** / personal *m* temporario
Personal•ausbildung *f* / formación *f* del personal ‖ **⁓ausweis** *m* / documento *m* nacional de identidad (E), DNI *m*, carnet *m* (E), cédula *f* (E), cédula *f* personal (LA) ‖ **⁓bedarf** *m* (F.Org) / personal *m* necesario ‖ **⁓bestand** *m* / plantilla *f* [de empleados] ‖ **⁓beurteilung** *f* (F.Org)

/ evaluación *f* del [mérito] personal ‖ **⁓-Computer** *m*, PC (DV) / ordenador *m* personal, computadora *f* personal, PC *m* ‖ **⁓führung** *f* / gestión *f* de personal
personalisierte od. individuelle Maske (DV) / máscara *f* personalizada
Personalisierung *f* / personalización *f*
Personality-Modul *n* (steckbares Modul zur Speicheranpassung) (DV) / módulo *m* enchufable de adaptación del almacenador
Personal•leitung *f*, -verwaltung *f*, -abteilung *f* / dirección *f* de personal, departamento *m* de personal, sección *f* de personal ‖ **⁓mangel** *f* / escasez *f* de personal ‖ **⁓ruf** (Eltronik) / búsqueda *f* o llamada de personal ‖ **⁓[un]kosten** *f pl*, -ausgaben *f pl* / gastos *m pl* de personal ‖ **⁓vertreter** *m* / delegado *m* del personal, representante *m* del personal ‖ **⁓zeiterfassung** *f* / gestión *f* temporal y de presencia de personal
Personen•-Abfertigungsgebäude *n* (Luftf) / edificio *m* terminal de viajeros ‖ **⁓aufzug** *m* / ascensor *m* ‖ **⁓bedingter systemischer Fehler** / ecuación *f* personal o individual ‖ **⁓beförderung** *f* / transporte *m* de viajeros ‖ **⁓beweger** *m* / movedor *m* de personas ‖ **⁓bezogen** / personal, individual ‖ **⁓dosis** *f* (Nukl) / dosis *f* individual ‖ **⁓fahrung** (Bergb) / traslado *m* de mineros ‖ **⁓förderkorb** *m* (Bergb) / jaula *f* de personal ‖ **⁓kennzeichen** *n*, PK (DV) / identificador *m* personal ‖ **⁓kilometer** *m* / viajeros-kilómetro *m* (E), pasajeros-kilómetro *m* (LA) ‖ **⁓[kraft]wagen**, Pkw *m* (Kfz) / turismo *m*, auto *m*, coche *m*, carro *m* (LA) ‖ **⁓kraftwagenzug** *m*, Pkw-Zug *m* (DIN 70010) (Bahn) / combinación *f* automóvil/remolque ‖ **⁓linienverkehr** *m* / tráfico *m* o servicio regular de pasajeros ‖ **⁓ruf** *m* / búsqueda *f* o busca de personas ‖ **⁓rufgerät** *n* / buscapersonas *m* ‖ **⁓schaden** / daños personales *m pl* ‖ **⁓schleuse** *f* (Nukl) / esclusa *f* para personal ‖ **⁓schwebebahn** *f*, Drahtseilbahn *f* für Personenbeförderung / teleférico *m* para [el transporte] pasajeros, funicular *m* aéreo de pasajeros ‖ **⁓seilbahn** *f*, Standseilbahn *f* für Personenbeförderung / ferrocarril *m* de cable para pasajeros ‖ **⁓suchanlage** *f* / instalación de busca de personas, buscapersonas *m*, localizador *m* ‖ **⁓-Tag** *m* (DV) / persona-día *f* ‖ **⁓transportband** *n* / cinta *f* transportadora de personas ‖ **⁓- und Lastenaufzug** *m* / ascensor *m* y montacargas mixtos ‖ **⁓verkehr** *m*, -transport *m*, -beförderung *f* / transporte *m* o tráfico de personas o de viajeros ‖ **⁓verkehr** (Bergb) / circulación *f* de personal ‖ **⁓waage** *f* / báscula *f* pesa-personas, pesapersonas *m* ‖ **⁓wagen** *m*, Reisezugwagen *m* (Bahn) / coche *m* [de viajeros], vagón *m* de pasajeros (LA), (pl:) *m* material de viajeros ‖ **⁓wagen** (Kfz) / turismo *m* (E), carro *m* (LA), coche *m* [de turismo], automóvil *f* ‖ **⁓zug** *m* (Bahn) / tren *m* de viajeros (E), tren *m* de pasajeros (LA) ‖ **⁓zug**, Nahverkehrszug *m* (Bahn) / tren *m* de cercanías, tren *m* de recorrido corto, tren *m* tranvía ‖ **⁓zug** *m* **mit Güterbeförderung** (PmG) / tren *m* mixto
persönliche•Geheimzahl o. Kennzahl (Bank) / número *m* personal de identificación ‖ **⁓e Gleichung**, persönlicher Fehler (Messinstr) / ecuación *f* personal ‖ **⁓er Leistungsgrad** (F.Org) / factor *m* de rendimiento personal ‖ **⁓er Schutz** (z.B. für die Augen) / protección *f* individual ‖ **⁓e Unkosten o. Auslagen** *f pl* / gastos *m pl* personales ‖ **⁓e Verteilzeit** (F.Org) / tiempo *m* perdido personal
Persönlichkeitsschutz *m* / protección *f* de la personalidad
Persorption *f* (Adsorption in Poren) (Chem, Phys) / persorción *f*
Perspektive *f* / perspectiva *f*
perspektivisch / perspectivo ‖ **⁓e Darstellung in Einzelteile aufgelöst** / vista *f* desarrollada, despiece

971

perspektivisch

m, diagrama *m* de composición || ~ **verkürzt zeichnen o. verjüngen** (Zeichn) / escorzar
Perspektivitätszentrum *n* (Math) / centro *m* perspectivo o de perspectiva o de perspectividad
Per•sulfat *n* (Chem) / persulfato *m* || ~**sulfid** *n* / persulfuro *m*
PERT *n* (Program Evaluation and Review Technique) / PERT *m*, planificación *f* de proyecto según método PERT, método *m* dinámico para planificación y control de proyectos
Per•tank *n* / depósito *m* de percloroetileno || ~**technetat** *n* (Nukl) / pertecnetato *m* || ~**technetiumsäure** *f* / ácido *m* [per]tecnético || ~**thit** *m* (eine Feldspatstruktur) (Min) / pertita *f*
Pertinax *n* (Plast) / Pertinax *m*
Perturbation *f* (Astr) / perturbación *f*
Perturbationstechnik *f* (Regeln) / método *m* de perturbación
Perubalsam *m* (Pharm) / bálsamo *m* del Perú
Perveanz (der äquivalenten Diode), Raumladungskonstante *f* (Child-Langmuir-Gleichung) (Eltronik) / perveancia *f*
Per-Verbindungen *f pl* (Chem) / compuestos *m pl* de PER
Perzentil *n* (eine von 100 Gruppen mit prozentual gleicher Häufigkeit) (Stat) / percentila *f*, centila *f* || ~ **Q**, **Q-Zentil** *n* (Qual.Pr.) / percentila *f* Q, centila *f* Q
Perzeptron *n* (Modell für Wahrnehmungs- u. Lernprozesse) / perceptrón *m*
PES = Polyester
PE-Schrift *f* (DV) / registro *m* en codificación por fase
Pese, Antriebsschnur *f* / cordón *m* sin fin
Pestizid *n* (Landw) / pesticida *f*
PET = Polyethylen || ~ (= positron emission tomography), Positronen-Emissions-Tomographie *f* (Med) / tomografía por emisión de positrones || ~ (Chem) / polietilentereftalato *m*
Peta•..., 10^{15} / peta... || ~**flop** *m* (1 P. = 1 Billiarde Rechneroperationen pro Sekunde) (DV) / petaflop *m*
Petalit, Castor, Kastor *m* (Min) / petalita *f*
Petersenspule *f* (Elektr) / bobina *f* Petersen de puesta a tierra
Petinet *n* (Wirkm) / Petinet *m*, calcado *m* à jour || ~**einrichtung** *f* (Wirkm) / dispositivo *m* de (o para) puntilla Petinet || ~**muster** *n* / dibujo *m* Petinet || ~**ware** *f*, Ajourwirkware *f*, Filetgestrick *n* / artículos *m pl* Petinet o àjour
Petit *f* (Druck) / gallarda *f* (8 puntos)
Petitgrain[öl] *n* (Parfümerie) / petit grain *m*, esencia *f* de petitgrain
Petitgrainöl *n* / esencia *f* de petitgrain
PETN (Sprengstoff) = Pentrit
PETP = Polyethylenterephthalat
Petrefakt *n* (Geol) / fósil *m* petrificado
Petrifikation (das Objekt), Versteinerung *f* / petrificación *f*, lapidificación *f*
petrifizieren, versteinern / petrificar
Petrischale *f* (Chem) / cápsula *f* [de] Petri
Petro•..., Gesteins..., Stein... (Geol) / petro... || ~**chemie**, Petrolchemie *f* / petro[leo]química *f* || ~**chemie**, Gesteinschemie *f* / petroquímica *f* || ~**chemikalien**, Petrolchemikalien *f pl*, -derivate *n pl* / derivados *m pl* del petróleo, petroleoderivados *m pl*, productos *m pl* petroleoquímicos || ~**chemisch** / petroquímico *adj* || ~**grafische Provinz** (Geol) / provincia *f* petrográfica || ~**graphie**, [beschreibende] Gesteinskunde *f* / petrografía *f*, litología *f* || ~**graphie eines Landes** *f* / petrologia *f* || ~**graphisch** / petrográfico
Petroklastit *m* (Sprengstoff) / petroclastita *f*
Petrolatum *n* (Öl) / petrolato *m*
Petrol•chemie *f* s. Petrochemie || ~**ether** *m* (Chem) / éter *m* de petróleo
Petroleum *n*, Kerosin *n*, Brenn-, Leuchtöl *n*, Leuchtpetroleum *n* / querosino *m* (E), petróleo *m* destilado, keroseno *m* (LA), kerosene *m* (LA),

kerosén *m* (LA) || ~, Naphtha *f* / petróleo *m* [lampante] (E), nafta *m* || ~**erzeugnis** *n*, Kerosinerzeugnis *n* / producto *m* de querosino || ~**fett** *n* / grasa *f* de petróleo || ~**gaskocher** *m* / infiernillo *m*, hornillo *m* de petróleo [gasificado], cocina *m* a kerosene [gasificado] || ~**motor** *m* (Mot) / motor *m* de petróleo || ~**sulfonat** *n* / sulfonato *m* de petróleo || ~**teer** *m* / alquitrán *m* de petróleo || ~**verdampfer** *m* (Kocher) / vaporizador *m* de petróleo || ~**vergaser** *m* / carburador *m* de petróleo
Petrol•jelly *n* (Öl) / petrolatum *m*, vaselina *f* || ~**koks** *m* / coque *m* o cok de petróleo
Petro•logie *f*, [physikalisch-chemische] Gesteinslehre / petrología *f* || ~**logisch** / petrológico
Petrolpech *n* / pez *f* de petróleo
Petzit *m* (ein Silber-Gold-Tellurit) (Min) / petzita *f*
Petzval•-Schale *f* (Opt) / superficie *f* de Petzval || ~**summe** *f* (Opt) / suma *f* de Petzval
Pewter *n* (Zinnlegierung) / estaño *m* de vajilla, peltre *m*
pF (Phys) = Picofarad
PF = Phenolformaldehyd
PFA *f*, Flugasche *f* / cenizas *f pl* volantes, pavesas *f pl*
Pfad *m*, Fußpfad *m* / senda *f*, sendero *m* || ~, [aus]getretener Weg / camino *m* batido, trillo *m* (LA) || ~ (Eltronik) / circuito *m*
Pfaffe, Einsenkstempel *m* (Formenbau) / macho *m*, punzón *m*
Pfahl *m* (Bau) / pilote *m*, estaca *f*, palo *m* || ~, Pfosten *m* / poste *m* || ~, [lange] Stange *f* / percha *f*, vara *f*, vástago *m* || ~, Zaunpfahl *m* / estaca *f* || ~**aufprall** *m* (Kfz-Test) / choque *m* contra poste || ~**ausheber** *m*, -ausziehmaschine *f* / sacapilotes *m*, extractor *m* de pilotes, arrancapilotes *m* || ~**bohrmaschine** *f* / taladrora *f* para [agujeros] de pilotes || ~**brücke** *f* / puente *m* de pilotaje, puente *m* sobre pilotes || ~**eintreiben** *n*, -hauen *n*, -rammen *n* / hinca[dura] *f* de palos o pilotes || ~**gründung** *f*, -fundament *n* / cimentación *f* o fundación *f* por pilotes, pilotaje *m*, zampeado *m* || ~**joch** *n* / palizada *f*, empalizado *m* || ~**kappe** *f* (Elektr, Fernm) / caperuza *f* del poste, sombrerete *m* || ~**mast** *m* (Schiff) / palo *m* de una sola pieza, palo *m* enterizo || ~**ramme**, Ramme *f* (Bau) / martinete *m* hincapilotes, máquina *f* hincapilotes || ~**rost** *m*, -gründung *f* / emparrillado *m* de pilotes || **den Boden durch einen** ~**rost befestigen** / afirmar el suelo por pilotes || ~**schuh** *m* / zapata *f* de pilote, azucha *f*, azuche *m* || ~**treiben** *n* **mit Wasserspülung** (Hydr) / hinca *f* con irrigación de agua || ~**verankerung** *f* (Bau) / anclaje *m* del pilote || ~**wand** *f*, -werk *n* / pared *f* de pilotes, zampeado *m*, zampeada *f* || ~**wurm** *m*, Teredo navalis (Schiff, Zool) / broma *f* || ~**wurzel** *f* (Bot) / raíz *f* pivotante, raíz *f* axonomorfa, raíz *f* central || ~**zieher** *m* s. Pfahlhausheber || ~**zugkraft** *f* (Schiff) / fuerza *f* de tracción
Pfänddiele *f* (Tunnel) / listón *m* de relleno
Pfandflasche *f*, Mehrwegflasche *f* / botella *f* retornable o recuperable
Pfändkeil *m* (Bergb) / cuña *f* de relleno
Pfanne *f* (Brau) / caldera *f* || ~ (Gieß) / caldero *m*, cuchara *f*, caldera *f* [de colada] || ~ (Feuerverzinkung) / cuba *f* (de galvanización) || ~ (Kompass) / chapitel *m* (E), sombrerito *m* (LA) || ~, Kugelpfanne *f* (Masch) / rangua *f*, fulcro *m*, apoyo *m* esférico || ~, Lager *n* (Instr) / quicionera *f* || ~ (Dach) / teja *f* [flamenca] || ~**n ausgießen** (Hütt) / vaciar calderos || ~ *f* **mit Wagen** (Hütt) / carro *m* portacucharas || ~**n umfüllen** (Hütt) / trasvasar cucharas || ~ *f* **und Schneide** (Pfannenlagerung) (Instr) / quicionera *f* y cuchilla
Pfannen•abdeckmasse *f* (Hütt) / material *m* para tapar los calderos || ~**aufheizanlage** *f* (Gieß) / instalación *f* para calentar calderos || ~**ausguss** *m*, -schnabel *m* (Hütt) / buza *f*, pico *m* del caldero || ~**ausmauerung** *f* (Hütt) / revestimiento *m* de calderos || ~**bär** *m* (Hütt) / lobo *m* de cuchara || ~**bedienungsmann** *m* (Hütt) / operador

pflanzen

m de cuchara ‖ ⁓**beschichtung** *f* (Haushalt) / revestimiento *m* antiadhesivo del sartén ‖ ⁓**blech** *n* (Walzw) / chapa *f* acanalada ‖ ⁓**blech** (Hütt) / chapa *f* de cubierta de cuchara ‖ ⁓**bock** *m* (Hütt) / caballete *m* portacuchara ‖ ⁓**dach** *n*, Eindeckung *f* mit Dachpfannen (Bau) / tejado *m* con tejas flamencas ‖ ⁓**drehturm** *m* (Hütt) / torre *f* para girar las cucharas ‖ ⁓**durchlaufentgasung** *f* (Hütt) / desgasificación *f* durante la colada ‖ ⁓**entgasung** *f*, -standentgasung *f* / desgasificación *f* en cuchara ‖ ⁓**führer** *m* (Hütt) / operario *m* de caldero[s] ‖ ⁓**gabel** *f* (Gieß) / horquilla *f* de una cuchara a mano ‖ ⁓**gehänge** *n* (Hütt) / estribo *m* de cuchara ‖ ⁓**gehäuse** *n* / caja *f* de la cuchara ‖ ⁓**guss** *m* / colada *f* por cuchara ‖ ⁓**kipper** *m* / basculador *m* para cucharas ‖ ⁓**kran** *m* (Hütt) / puente-grúa *m* para cucharas ‖ ⁓**lagerung** *f* / fulcro *m*, cojinete *m* y cuchilla ‖ ⁓**masse** *f* / material *m* de revestimiento de cucharas ‖ ~**metallurgische Nachbehandlung** / tratamiento *m* metalúrgico posterior en la cuchara ‖ ⁓**rest**, -bär *m* (Hütt) / lobo *m* de cuchara ‖ ⁓**schaufel** *f* (DIN 20124) / pala *f* de cuchara o de llenar ‖ ⁓**schnabel** *m*, Pfannenausguss *m* (Gieß) / pico *m* del caldero ‖ ⁓**sintersuch** *m* (Hütt) / ensayo *m* de encaje de sinterización ‖ ⁓**stein** *m* (Brau) / incrustación *f* de caldera ‖ ⁓**stein**, -ziegel *m* (Hütt) / ladrillo *m* de caldero ‖ ⁓**stopfen** *m* (Hütt) / tapón *m* de cuchara ‖ ⁓**träger** *m* / portacaldera *m*, portacuchara *m* ‖ ⁓**wagen** *m* (Hütt) / carro *m* portacucharas ‖ ⁓**zusätze** *m pl* / adiciones *f pl* en la cuchara

Pfannkuchschutz *m* (Kabel) / protección *f* sistema Pfannkuch

Pfeffer *m* (Bot) / pimienta *f* ‖ ⁓**alkaloid** *n* / alcaloide *m* de pimienta ‖ ⁓**minzöl** *n* / esencia *f* de menta [piperita] ‖ ⁓**strauch** *m* (Bot) / pimentero *m* ‖ ⁓**- und-Salz-Stoff** *m*, Salz- und Pfeffer-Stoff (Tex) / tejido *m* con dibujo de sal y pimienta

Pfeife *f*, Orgelpfeife *f* (Orgel) / cañón *m* de órgano, tubo *m* de órgano ‖ ⁓, Signalpfeife *f* (Bahn) / silbato *m*, pito *m* ‖ ⁓ (Bergb) / columna *f* de erupción ‖ ⁓ (Glas) / caña *f* de vidriero ‖ ⁓, Steiger *m* (Gieß) / rebosadero *m* ‖ ⁓ (der Revolverlochzange) / tubo *m* cónico (del sacabocados en estrella)

pfeifen *vi* (Bahn, Eltronik, Fernm) / silbar ‖ ⁓ *n*, Pfiff *m*, Pfeifgeräusch *n* / silbato *m* ‖ ⁓ (Eltronik) / silbido *m* ‖ ⁓ (o. Pfeifneigung) **verhindernd** (Fernm) / antimicrofónico *contra el canto* ‖ **[schrilles]** ⁓ (Eltronik) / chillido *m*, chirrido *m*

pfeifend / silboso, silbador

Pfeifen•signal *n* (Bahn) / señal *f* silbada ‖ ⁓**stock** *m* (Orgel) / zócalo *m* de los tubos ‖ ⁓**ton** *m* / arcilla *f* o tierra *f* de pipa

Pfeif•marke *f* (Empfängerabgleich) (Eltronik) / marca *f* de silbido de heterodinaje ‖ ⁓**neigung** *f* (Eltronik) / tendencia *f* al canto o a cantar, campaneo *m* ‖ ⁓**punkt** *m* (Eltronik, Fernm) / punto *m* de canto o de silbido, punto *m* de cebado (o de enganche) de oscilaciones ‖ ⁓**punktabstand** *m* (Eltronik, Fernm) / margen *m f* de canto o de silbido, margen *m f* de estabilidad o de cebado ‖ ⁓**sicherheit** *f* (Fernm) / estabilidad *f* contra el canto ‖ ⁓**ton** *m* / sonido *m* silbante, silbido *m*

Pfeil *m* / flecha *f*, saeta *f* ‖ ⁓ (Richtung), Richtungspfeil *m* / flecha *f* indicadora de dirección

pfeilen *vt* (Luftf) / disponer (las alas) en forma de flecha

Pfeiler *m*, Säule *f* (Bau) / columna *f* ‖ ⁓, Stützpfeiler *m* / pilar *m* de sostenimiento ‖ ⁓ *m*, Säule *f*, Stütze *f*, (auch:) tragende Mauer (zwischen Öffnungen) (Bau) / pilar *m*, pilote *m*, pilastra *f*, (también:) entrepaño *m*, muro *m* entre ventanas ‖ ⁓, (Bau, Brücke) / pila *f* ‖ ⁓, Sicherheitspfeiler *m* (Bergb) / pilar *m* de seguridad, macizo *m* ‖ ⁓, Kasten *m* (Abbau, Bergb) / pilar *m* de madera ‖ ⁓, Pföstchen *n* (Uhr) / columna *f*, espiga *f* ‖ ⁓ *f* ‖ ⁓ *mpl* **in gleichen Reihen** / pilares *m pl* coordenados ‖ ⁓ *m* **zwischen Fenstern** / entrepaño *m* ‖ **rechteckiger** ⁓ **in der Wand** / pilastra *f* ‖ ⁓**abbau** *m*, -rauben *n*, -rückbau (Bergb) / explotación *f* por despilaramiento, despilaramiento *m* ‖ ⁓**abbau mit Abteilungen**, Pfeilerbau *m* (Bergb) / explotación *f* por pilares y hundimiento ‖ ⁓**aufsatz** *m* (Bau) / corona *f* del pilar ‖ ⁓**bogen** *m* (Bau) / arco *m* de refuerzo ‖ ⁓**brücke** *f* / puente *m* sobre pilas ‖ **~förmig** / en forma de pilastra ‖ ⁓**gewölbe[stau]mauer** *f* (Hydr) / presa *f* multiarqueada con pilas ‖ ⁓**gründung** *f* / cimentación *f* o fundación sobre pilares ‖ ⁓**kopf** *m*, -spitze *f* (Brücke) / rompiente *m*, tajamar *m* [aguas arriba] ‖ ⁓**kraftwerk** *n* / central *f* eléctrica en pila ‖ ⁓**mauer** *f* / muro *m* con pilares ‖ ⁓**rücken** *m* (Brücke) / tajamar *m* aguas abajo ‖ ⁓**stau** *m*, Brückenstau *m* / remolino *m* debido a la pila de puente ‖ ⁓**staumauer** *f* (Hydr) / presa *f* de contrafuertes ‖ ⁓**verband** *m* (Bau) / trabazón *f* de pilares ‖ ⁓**vorlage** *f*, Lisene *f* (Bau) / refuerzo *m* de pilastra

Pfeil•fallversuch *m* (DIN 52307) (Glas) / ensayo *m* de caída de flecha ‖ ⁓**flugzeug** *n* / avión *m* con alas en flecha ‖ **~förmige (o. gepfeilte) Flügel**, Flügel in Pfeilform *m pl* (Luftf) / alas *f pl* en flecha ‖ ⁓**höhe** *f*, Pfeil *m*, Bogenstich *m* (Bau) / flecha *f* de un arco ‖ ⁓**höhe** (des Durchhangs) / comba *f* (E), flecha *f*, amplitud *f* de la flecha ‖ ⁓**naht** *f* (Tex) / costura *f* sagital ‖ ⁓**rad** *n*, pfeilverzahntes Stirnrad (Masch) / rueda *f* con dientes en ángulo o en flecha o en V, rueda *f* con dientes de chevrón o cheurón ‖ ⁓**rädergetriebe** *n* / engranaje *m* con dientes angulares o aflechado o en flecha, engranaje *m* de chevrón ‖ ⁓**radmotor** *m*, Zahnradmotor *m* / motor *m* neumático con ruedas de dientes angulares o aflechados ‖ ⁓**richtung** *f* / dirección *f* de la flecha, sentido *m* de la flecha ‖ **positive** ⁓**stellung des Flügels** (Luftf) / ala *f* en flecha positiva

Pfeilung *f* (Flugzeug) / flecha *f*

Pfeil•verband *m* (Stahlbau) / contraventeamiento *m* en triángulo ‖ ⁓**verhältnis** *n* (Brücke) / relación *f* flecha/abertura ‖ ⁓**verzahnung** *f* (Masch) / dentado *m* angular o aflechado o de chevrón ‖ ⁓**wurz[stärke]** *f* (Bot) / arruruz *m*, arrow-root *m* ‖ ⁓**zahn** *m* (Masch) / diente *m* en flecha o de chevrón ‖ ⁓**zeiger** *m* (DV) / puntero *m* (del ratón)

Pfennigabsatz *m* (Schuh) / tacón *m* aguja

PFEP, FEP = Polytetrafluorethylenperfluorpropylen, "das andre Teflon" (Du Pont)

Pferch *m* (Landw) / redil *m*

Pferchelement *n* (Messen) / instrumento *m* insertado

Pferde•bohnenkäfer *m* (Zool) / gorgojo *m* del haba ‖ ⁓**haar** *n*, Rosshaar (Spinn) / crin *m* de caballo ‖ ⁓**haargewebe** *n* (Tex) / tejido *m* de crin ‖ ⁓**kopfpumpe** *f* (Öl) / bomba *f* de cabeza de caballo ‖ ⁓**stärke** *f*, PS *f* (1 PS = 735,5 W) (veraltet) / caballo *m* de vapor o de fuerza, CV, potencia *f* en caballos, caballaje *m*

Pfette *f* (Bau, Zimm) / correa *f*, tableta *f*

Pfetten•anschluss *m* / empalme *m* [móvil] de correa ‖ ⁓**dach** *n* [**mit Leersparren**] / tejado *m* de correas ‖ ⁓**lage** *f* / hilera *f* de correas ‖ ⁓**sparren** *m* (Zimm) / cabrio *m*

Pfirsich *m* (Bot) / melocotón *m* [pérsico], durazno *m* (LA) ‖ [**künstliches**] ⁓**aroma** / aldehído *m* de melocotón ‖ [**grüne**] ⁓**blattlaus** (Zool) / pulgón *m* verde del melocotonero ‖ ⁓**motte** *f* / tiña *f* del melocotonero ‖ **~rot**, -farben *f* / color de la flor de melocotonero ‖ ⁓**schildlaus** *f* (Zool) / cochinilla *f* del melocotonero ‖ ⁓**triebbohrer** *m* / polilla *f* oriental del melocotonero

Pflanze *f*, Gewächs *n* (Bot) / planta *f*, vegetal *m* ‖ ⁓ **, die Zucker statt Stärke bildet** / planta *f* azucarera ‖ ⁓**n ziehen**, kultivieren (Landw) / cultivar plantas ‖ **an unerwünschter Stelle wachsende** ⁓ (z.B. Kartoffel zwischen Geranien) / mala *f* hierba, maleza *f*, cardo *m*

pflanzen *vt* / plantar

Pflanzen • ... / fito, vegetal, de plantas ‖ ⁓**base** f, Alkaloid n / base f vegetal, alcaloide m ‖ ⁓**baustoff** m (Bot) / materia f constructiva vegetal ‖ ⁓**biologie** f / fitobiología f ‖ ⁓**blindwert** m (Insektizide) / valor m en blanco de plantas ‖ ⁓**butter** f (unzulässige Bezeichnung) / manteca f vegetal ‖ ⁓**chemie** f / fitoquímica f ‖ ⁓**daune** f, Kapok m / borra f vegetal, kapok m, capoc m ‖ ⁓**eiweißstoff** m / albúmina f vegetal ‖ ⁓**erde** f, Humus m / humus m, mantillo m ‖ ⁓**farbstoff** m / colorante m vegetal ‖ ⁓**faser** f / fibra f vegetal ‖ ⁓**fett** n / grasa f vegetal ‖ ⁓**geographie** f / fitogeografía f, geobotánica f, geografía f botánica o vegetal ‖ ⁓**gerbung** f (Leder) / curtido m vegetal ‖ ⁓**gesellschaft** f, -gemeinschaft f (Bot) / asociación f de plantas, comunidad f vegetal ‖ **typische Gattung in einer ⁓gesellschaft** / especie f climácica o clímax ‖ **vorherrschender Vertreter einer ⁓gesellschaft** / representante m predominante de una comunidad climácica ‖ ⁓**gewebe**, Gewebssystem n (Bot) / tejido m vegetal o de plantas ‖ ⁓**gift** n / toxina f vegetal ‖ ⁓**gummi** n, Gummiharz n / goma f vegetal ‖ ⁓**haar** n / crin m vegetal ‖ ⁓**heilkunde** f, -medizin f, -schutz m (Med) / fitoterapia f ‖ ⁓**hygiene** f / fitohigiene f ‖ ⁓**kohle** f, Holzkohle f / carbón m vegetal ‖ ⁓**krankheiten** f pl / enfermedades f pl de plantas ‖ ⁓**krankheitskunde**, Phytopathologie f / fitopatología f ‖ ⁓**leim** m, Gliadin n / cola f vegetal ‖ ⁓**methylester** m / éster m metílico vegetal ‖ ⁓**öl** n (Nahr) / aceite m vegetal ‖ ⁓**öl** / aceite m vegetal ‖ ⁓**physiologisch** / de la fisiología de las plantas, fitofisiológico ‖ ⁓**physiologisch nutzbares Wasser** / agua f fitofisiológica ‖ ⁓**pigment** n, -farbstoff m / colorante m o pigmento vegetal ‖ ⁓**reich** n / reino m vegetal ‖ ⁓**reste** m pl (in Wolle o. Flachs o. Papier) / residuos m pl vegetales ‖ ⁓**saft** m / savia f ‖ ⁓**säure** f / ácido m vegetal ‖ ⁓**schleim** m / mucilago m vegetal ‖ ⁓**schutz** m (Landw) / protección f fitosanitaria o de plantas ‖ ⁓**schutz**, Phytopharmazie f / fitofarmacología f ‖ ⁓**schutz...** / fitosanitario ‖ ⁓**schutz...** (gegen Pflanzenkrankheiten) / fitopatológico ‖ ⁓**schutzdienst** m / servicio m fitosanitario ‖ ⁓**schutzgeräte** n pl / aparatos m pl contra plagas, aparatos m pl para [la] protección de plantas ‖ ⁓**schutzmaßnahmen** f pl / medidas f pl para la protección de plantas, trabajos m pl de protección de plantas ‖ ⁓**schutzmittel** n pl / productos m pl pesticidas o antiparasitarios o protectores de las plantas, plaguicidas m pl, parasiticidas m pl ‖ ⁓**seide** f / seda f vegetal ‖ ⁓**stiel**, -stängel, -halm m / tallo m ‖ ⁓**vereinzelung** f (Landw) / aclareo m de plantas ‖ ⁓**verfügbares Bodenwasser** / agua f disponible para las plantas ‖ ⁓**verträglichkeit** f (Insektizide) / fitocompatibilidad f ‖ ⁓**wachs** m / cera f vegetal ‖ ⁓**wachstum** n, Vegetation f (Bot) / crecimiento m de plantas, vegetación f ‖ ⁓**wuchsregulator** m / regulador m de crecimiento de plantas ‖ ⁓**zucht** f / cultivo m de plantas, fitocultura f ‖ ⁓**zucht**, -züchtung f / selección f vegetal ‖ ⁓**[zucht]sorte** f, Pflanzenstamm m / clon[o] m

Pflanzholz n, Setzholz m / plantador m

Pflanzkartoffel f, Saatkartoffel f / patata f de siembra

pflanzlich, Pflanzen... / vegetal ‖ ⁓**es Kasein**, Legumin n / caseína f vegetal ‖ ⁓**er Spinnstoff** (Tex) / materia f textil (o hilable) vegetal

Pflanz • loch n (für mehrere Pflanzen) / hoyo m para plantar ‖ ⁓**maschine** f (Landw) / plantadora f ‖ ⁓**maschine** (zum Umpflanzen) (Landw) / transplantadora f ‖ ⁓**rad** n / distribuidora f con pinzas ‖ ⁓**schule** f, -garten m / vivero m, semillero m

Pflanzung, Plantage f / plantación f ‖ ⁓f, Anpflanzung f / plantío m ‖ ⁓**in Quincunx**, Quincunxpflanzung f, Fünfeckpflanzung f / agrupación f o plantación en pentágono

Pflaster n, Straßenpflaster n (Straßb) / pavimento m, adoquinado m, empedrado m ‖ ⁓**im Rautenverband** / pavimento m de trabazón romboidal ‖ ⁓**arbeit** f / obra f de pavimento ‖ ⁓**bett** n, -unterbau m / basamento m ‖ ⁓**einsenkung** f / hundimiento m de empedrado

Pflasterer m, Steinsetzer m (Straßb) / empedrador m, adoquinador m

Pflasterhammer m / martillo m de adoquinar, almadena f

pflastern vt / pavimentar, adoquinar, empedrar, solar ‖ ~ [mit Holz] / entarugar ‖ **mit Fliesen** ~ / enlosar, alicatar

Pflaster • ramme f / pisón m de adoquinar ‖ ⁓**stein** m (Straßb) / adoquín m ‖ ⁓**stein** [in Würfelform] (Straßb) / adoquinillo m ‖ ⁓**straße** f / carretera f adoquinada

Pflasterung f, Pflaster n / adoquinado m, empedramiento m, pavimentación f

Pflaster • vergussmasse f / masa f de relleno para pavimento ‖ ⁓**verlegemaschine** f / adoquinadora f ‖ ⁓**weiche** f, Straßenbahnweiche f / aguja f de tranvía ‖ ⁓**ziegel** m (Bau) / ladrillo m de pavimento

Pflatschdruck m (Tex) / estampación f de (o en) f[o]ulard

Pflatschen, Klotzen n (Tex) / estampado m de (o en) f[o]ulard

Pflaumen • blattlaus f, hyalopteros pruni (Zool) / pulgón m del ciruelo ‖ ⁓**bohrer**, Rhynchites cupreus / picudo m cobrizo ‖ ⁓**wickler**, Laspeyresia funebrana / gusano m de las ciruelas

Pflege f, Instandhaltung, Wartung f / entretenimiento m, cuidado m, mantenimiento m, conservación f, tratamiento m ‖ ⁓, Bodenbearbeitung f (Landw) / cultivo m del suelo ‖ ⁓**abkommen** n (DV) / contrato m de entretenimiento ‖ ⁓**anweisungen** f pl (Tex) / instrucciones f pl para el cuidado o lavado ‖ ⁓**arbeiten** f pl (Landw) / cuidados m pl culturales, trabajos m pl de cultivo ‖ ⁓**gerät** n (Art Egge) (Landw) / regeneradora f para praderas ‖ ⁓**leicht**, bügelfrei (Tex) / fácil de cuidar, minicare, de fácil cuidado ‖ ⁓**leichtausrüstung** f / apresto m de fácil lavado, apresto m [de] minicare

pflegen, warten / cuidar [de a/c], conservar

Pflicht, Aufgabe f / deber m, tarea f, obligación f ‖ ⁓**ausrüstung** f / equipo m obligatorio

Pflichtenheft n, Lastenheft n / pliego m de condiciones

Pflock m / estaquilla f, taco m, zoquete m ‖ ⁓, Bolzen m / perno m ‖ ⁓, Zapfen m / pivote m, espiga f ‖ ⁓, Dübel m (Zimm) / tarugo m ‖ **hölzerner** ⁓ (Verm) / taco m de madera

pflöcken vt / fijar tacos

Pflückedrescher m (Mais) / cosechadora f de grano de maíz

pflücken vt, ernten (Landw) / coger (nicht Arg), cosechar

pflückfrisch / del árbol a la mesa m

Pflug m (Landw) / arado m ‖ ⁓ **für Tiefpflügen** / arado m de labor profunda ‖ ⁓ **mit federnden Scharen** / arado m con seguro antichoque ‖ ⁓ **mit Rädern**, Gestell-, Räderpflug m / arado m con ruedas ‖ ⁓ **mit Stelze**, Stelzenpflug m / arado m con zapata ‖ ⁓ **mit Vorderkarre**, Karrenpflug m / arado m con avantrén

Pflug • bagger, Lader m (Straßb) / cargadora f ‖ ⁓**bagger** m **mit Diskusschar** (Straßb) / cargadora f con disco ‖ ⁓**balken** m, -baum m (Landw) / cama f del arado, timón m ‖ ⁓**einstellung** f / puesta f a punto de arado, ajuste m, regulación f

pflügen vt, ackern / arar, labrar ‖ **tief** ~ / labrar profundamente ‖ ⁓n, Ackern n / labor f, labranza f, laboreo m ‖ ⁓**entlang den Höhenlinien** / aradura f en líneas de nivel

Pflug • furche f, Ackerfurche f / surco m ‖ ⁓**gang** m (Traktor) / marcha f de arar ‖ ⁓**geräte** n pl / aperos m pl de labranza ‖ ⁓**gestell** n, Rahmen m / bastidor m del arado ‖ ⁓**griff** m / empuñadura f del arado ‖ ⁓**karren**

m / carro *m* del arado, antetrén *m*, trinqueval *m* (CUBA) ‖ ⁓**körper**, Rumpf *m* / cuerpo *m* del arado ‖ **~lose Bearbeitung** / laboreo *m* sin arado ‖ ⁓**messer**, Sech *n*, Kolter *m n* (Landw) / cuchilla *f* del arado, punzón *m* ‖ ⁓**roder** *m* (Rüben) / cavadora *f* o arrancadora de remolachas ‖ ⁓**rücker** *m* (Bergb) / ripador *m* tipo arado ‖ ⁓ **schar** *f n* / reja *f* ‖ ⁓**schar** *f* **des Schneepfluges** / quitanieves *f* ‖ ⁓**schar mit daran angebrachter Landseite** / reja *f* en ángulo ‖ ⁓**scharanker** *m* (Schiff) / ancla *f* de reja de arado ‖ ⁓**schraube** *f*, rohe Senkschraube mit Nase (DIN 604) / tornillo *m* de arado ‖ ⁓**schürze** *f* (Landw) / orejera *f* ‖ ⁓**sohle** *f*, Furchensohle *f* / solera *f* del surco ‖ ⁓**sohle**, Schleifsohle *f* / cola *f* del talón, dental *m* ‖ ⁓**stelze** *f* / zapata *f* de arado ‖ ⁓**sterz** *m* / mancera *f* del arado, esteva *f* del arado ‖ ⁓**streifen** *m*, Erdbalken *m* / faja *f*, banda *f* ‖ ⁓**stürze** *f*, Streichbrett *n*, Rüster *m* / vertedera *f* u orejera de arado ‖ ⁓**stützrad** *n* / rueda *f* de apoyo
PFM = Puls-Frequenzmodulation
Pforte *f* (Bau) / puerta *f* ‖ ⁓ (seitlich, an Bug o. Heck) (Schiff) / porta *f*
Pförtner *m* / portero *m*, conserje *m* ‖ ⁓**haus** *n* / portería *f* ‖ ⁓**zimmer** *n*, -loge *f* / conserjería *f*
Pföstchen *n* (Uhr) / columna *f*, espiga *f* ‖ ⁓ **setzen** (Uhr) / colocar espigas
Pfosten *m* / poste *m* ‖ ⁓, Stiel *m* (Bau) / columna *f*, pilar *m* ‖ ⁓ *m* (Fenster, Tür) / jamba *f* ‖ ⁓, Ständer *m* / montante *f* ‖ ⁓, Vertikalstab *m* (Stahlbau) / barra *f* vertical ‖ ⁓ **kleiner** ⁓, Hausstütze *f* (Elektr) / apoyo *m* (p.ej. sobre tejado)
Pfriem *m* (Schm) / puntero *m* ‖ ⁓ (Schuster) / lezna *f*, punzón *m* ‖ ⁓**gras** *n*, Spartgras *n*, Alfa *n*, Stipa tenacissima (Bot) / esparto *m*, atocha *f*, albadín *m*
Pfropf[en] *m* / tapón *m*, obturador *m* ‖ ⁓, Korken *m* / tapón *m* de corcho ‖ ⁓ *m* (Filtern) / atasco *m*, atranco *m*
pfropfen *vt* (Zimm) / taponar, tapar ‖ ⁓, okulieren (Landw) / injertar ‖ ~, [voll]stopfen / abarrotar, atestar [de] ‖ ~, verkorken / tapar con corcho
Pfropfen *m* (Gieß) / tapón *m* de molde
Pfropf•maschine *f* / máquina *f* de taponar ‖ ⁓**polymerisat** *n* / polímero *m* de injerto ‖ ⁓**polymerisation** *f* / polimerización *f* por injertos
Pfund je Quadratzoll (1 psi = 0.07031 kp/cm² = 6,89467 · 10³ N/m²) (Phys) / libras *f pl* por pulgada cuadrada ‖ **englisches** ⁓ (Masseeinheit) / libra *f* inglesa (= 453,6 gramos)(unidad de masa) ‖ ⁓**kalorie** *f* (GB) (= 0.453 5923 kcal) / unidad *f* de calor en centígrados ‖ ⁓-**Serie** *f* (Spektrum) / series *f pl* de Pfund ‖ ⁓**zeichen** *n* (Währung) / signo *m* £ o de libra esterlina
Pfusch *m*, Pfuscharbeit *f*, Pfuscherei *f* / chapuza *f*, chapucería *f*, mamarrachada *f* (E,col), ramplonería *f*, frangollo *m* (E,col), chambonada *f* (LA,col)
pfuschen *vi* / chapucear, frangollar (col)
Pfuscher *m* / chapucero *m*
pH *n* (Wasserstoffexponent) / pH *m* (potencial de hidrógeno)
PHA, Polyhydroxylalkanoat *n* (Chem) / polihidroxilalcanoato *m*
Phaetonaufbau *m* / carrocería *f* abierta
p-Halbleiter *m* / semiconductor *m* por defecto o de tipo P
phanerokristallin, sichtbar-kristallinisch / fanerocristalino
Phänologie *f* (Biol) / fenología *f*
phänologisch / fenológico
Phänomen *n* (Phys) / fenómeno *m*
Phanotron *n* (ungesteuerte Gleichrichterröhre) (Eltronik) / fanotrón *m*
Phänotypus *m* (Biol) / fenotipo *m*
Phantasie•bindung *f* (Tex) / ligamento *m* de fantasía ‖ ⁓**köper** *m* (Tex) / sarga *f* de fantasía ‖ ⁓**zwirn** *m*, -garn *n* / retorcido *m* de fantasía

Phantastron *n*, Kippschaltung mit einmaliger Ablenkschaltung (Radar) / fantastrón *m*
Phantom *n* / fantasma *m*, modelo *m* ‖ ⁓**bild** *n* / retrato-robot *m*, dibujo-robot *m*, vista *f* transparente ‖ ⁓**fallversuch** *m* / ensayo *m* de caída de maniquí ‖ ⁓**gruppe** *f* (Fernm) / grupo *m* combinable ‖ ⁓**kreis** *m* (Fernm) / circuito *m* combinado o fantasma ‖ **einfacher** ⁓**kreis** (Fernm) / circuito fantasma sencillo ‖ ⁓**leitung** *f* (Fernm) / línea *f* combinada o fantasma ‖ ⁓**licht** *n* (Verkehrsampel) / luz *f* fantasma ‖ ⁓**messung** *f* / medición *f* fantasma ‖ ⁓**schaltung** *f* (Eltronik) / conexión *f* fantasma ‖ ⁓**schaltung**, -leitung *f*, Doppelstromkreis *m* (Fernm) / circuito *m* combinado (o fantasma) doble ‖ ⁓**speisung** *f* / alimentación *f* fantasma ‖ ⁓**spule** *f*, -übertrager *m* (Fernm) / bobina *f* [de circuito] fantasma ‖ ⁓**zeichnung** *f s*. Phantombild
Pharma•kochalzit *m* (Min) / farmacocalcita *f* ‖ ⁓**kolith** *m* (von Karsten) (Min) / farmacolita *f* ‖ ⁓**kolog[e]** *m* / farmacólogo *m* ‖ ⁓**kologie** *f* / farmacología *f* ‖ ~**kologisch** / farmacológico
Pharmakon *n*, Arzneimittel *n*, Medikament *n* / fármaco *m*, medicamento *m*
Pharma•kopöe *f*, Arzneibuch *n* / farmacopea *f* ‖ ⁓**kosiderit** *m* (Min) / farmacosiderita *f* ‖ ⁓**zeutika** *pl* / productos *m pl* farmacéuticos ‖ ~**zeutisch** / farmacéutico ‖ ~**zeutische Chemie** / química *f* farmacéutica ‖ ~**zeutische Fabrik**, Pharma[zie]werk *n* / laboratorio *m* farmacéutico ‖ ~**zeutische Industrie** / industria *f* farmacéutica
Pharmazie *f*, Apotheke / farmacia *f*, botica *f* (col) ‖ ⁓, Arzneimittellehre *f* / farmacología *f*, farmacia *f*
Pharming *n* (intensives Phishing im Internet) / pharming *m*
Phase *f* (Astr, Bahn, Elektr) / fase *f* ‖ ⁓ **gegen Erde** (Elektr) / fase *f* respecto a tierra ‖ ⁓ **gegen Phase** (Elektr) / fase *f* respecto a fase ‖ **aus der** ⁓ **bringen** / desfasar ‖ **außer** ⁓ / fuera de fase ‖ **bewegliche, [feste]** ⁓ (Chromatographie) / fase *f* móvil, [sólida] ‖ **flüssige** ⁓ (Gieß) / fase *f* líquida ‖ **in** ⁓ **bringen**, synchronisieren (Elektr) / fasar, enfasar, poner en fase, sincronizar ‖ **in** ⁓ **nacheilen** (Elektr) / retardar en fase ‖ **in** ⁓ **sein** / estar en fase ‖ **in** ⁓ **voreilen** (Elektr) / avanzar en fase ‖ **in entgegengesetzter** ⁓ **[sein]**, entgegengesetzte Phase haben / estar en fase opuesta ‖ **in gleicher** ⁓ / cofásico
Phasen•abgleich *m* (Elektr, Eltronik) / ajuste *m* de fase ‖ ⁓**abhängig** / sensible a la fase ‖ ⁓**abhängigkeit** *f* / respuesta *f* de fase, sensibilidad *f* a la fase ‖ ⁓**abweichung** *f*, -hub *m* (Eltronik) / desviación *f* de fase ‖ ⁓**änderung** *f* / variación *f* o alteración de fase, de[s]fas[aj]e *m*, de[s]fasamiento *m* ‖ ⁓**änderung**, Phasenübergang *m* (Chem) / transición *f* de fase ‖ ⁓**änderung**, Phasensprung *m* (Phys) / desplazamiento *m* o corrimiento o cambio de fase ‖ ⁓**angleicher** *m* (Elektr) / adaptador *m* de fase ‖ ⁓**angleichung** *f* / sincronización *f* o fijación de fase, enganche *m* o enclavamiento de fase ‖ ⁓**anker** *m*, Schleifringläufer *m* (Elektr) / inducido *m* de anillos colectores ‖ ⁓**anpassung** *f* / ajuste *m* de fase ‖ ⁓**anschnittsteuerbar** (Elektr, Ventil) / controlable por corte de onda ‖ ⁓**anschnittwinkel**, Arbeitswinkel *m* (Eltronik) / ángulo *m* de flujo [de corriente], ángulo *m* de funcionamiento ‖ ⁓**anzeiger** *m* / indicador *m* de fase ‖ ⁓**ausfall** *m* / interrupción *f* de fase ‖ ⁓**ausfallüberwacher** *m* / monitor *m* de fase ‖ ⁓**ausgleich** *m* / compensación *f* o corrección de fase ‖ ⁓**aussortierung** *f* (Eltronik) / selección *f* de fase ‖ ⁓**ballung** *f* (Elektronenstrom) / agrupamiento *m* en fase ‖ ⁓**beziehung** *f* / relación *f* de fase ‖ ⁓**bibliothek** *f*, Bibliothek *f* bekannter Programme (DV) / biblioteca *f* de programas realizados ‖ ⁓**codierung** *f* / codificación *f* de fases ‖ ⁓**dauer** *f* (Software) / duración *f* de ejecución de fase ‖ ⁓**defokussierung** *f* / desenfoque *m* de fases ‖ ⁓**demodulator** *m* / de[s]modulador *m* de fases ‖ ⁓**detektor** *m*, -diskriminator *m* (Fernm) / detector *m*

Phasendiagramm

o discriminador de fases ‖ ~**diagramm** *n* / diagrama *m* de fases o de constitución o de equilibrio ‖ ~**differenz** *f* (Eltronik) / diferencia *f* de fase, de[s]fasado *m*, de[s]fasamiento *m*, de[s]fasaje *m*, decalaje *m* (galicismo) ‖ ~**differenz** (Antenne) / diferencia *f* de fase [espacial] ‖ ~**dispersion** *f* (TV) / respuesta *f* de fase [en función de la frecuencia] ‖ ~**drehtrafo** *m* / transformador *m* equilibrador ‖ ~**drehung** *f* / rotación *f* de fase, giro *m* de fase ‖ ~**einsortierung** *f* (Eltronik) / enfasaje *m*, enfasamiento *m*, puesta *f* en fase, ajuste *m* de fase ‖ **n-faches** ~**einstellsystem** / sistema *m* de seguimiento de n fases ‖ ~**einstellung** *f* / ajuste *m* de fase ‖ ~**empfindlich** / sensible a la fase ‖ ~**entmischung** *f* (Hütt) / separación *f* de fases ‖ ~**entzerrer** *m* (Fernm) / compensador *m* de fase[s] ‖ ~**entzerrung** *f*, -kompensation *f* / compensación *f* o corrección de fase ‖ ~**erdschluss** *m* (Elektr) / puesta *f* a tierra accidental de una fase ‖ ~**erdung** *f*, einphasige Erdung (Elektr) / tierra *f* monofásica o de una sola fase ‖ ~**faktor** *m* (Elektr) / factor *m* de fase [característico] ‖ ~**faktor** (Albedo) / integral *f* de fase ‖ ~**fehler** *m* / error *m* de fase ‖ ~**fehler** (Transformator) / de[s]fasaje *m* (transformador) ‖ ~**filter** *m n*, -platte *f* (Laser) / filtro *m* de de[s]fasaje ‖ ~**fokussierung** *f* / focalización *f* de fase ‖ ~**folge**, Drehrichtung des Feldes *f* (Elektr) / secuencia *f* de fases, orden *m* de los fases ‖ ~**folge** *f* [der Kennfarben] entgegen dem Uhrzeigersinn (Elektr) / orden *m* invertido de fases, secuencia *f* negativa de fases ‖ ~**folge Rot-Gelb-Blau o. im Uhrzeigersinn** (Elektr) / secuencia *f* positiva de fases ‖ ~**folge-Wechselrichter** *m* / rectificador *m* de secuencia de fases ‖ ~**-Frequenzcharakteristik** *f*, -[frequenz]gang *m* (Eltronik) / característica *f* desfase-frecuencia, característica *f* de fase en función de la frecuencia ‖ ~**gang** *m*, -kennlinie *f* (TV) / característica *f* de respuesta de fase en función de la frecuencia ‖ ~**geschwindigkeit** *f* / velocidad *f* de fase ‖ ~**gesetz** *n*, -regel *f* (nach Gibbs) (Chem) / regla *f* de las fases ‖ ~**gesteuerte Anordnung** (Antenne) / red *f* de elementos en fase, red *f* de antenas excitadas en fase ‖ ~**gitter** *n* (Opt) / rejilla *f* de fase ‖ ~**gleich** (Elektr) / equifásico, equifase ‖ ~**gleiche Komponente im Vektordiagramm** (Elektr) / componente *f* homopolar o equifase ‖ ~**gleichgewicht** *n* (Chem) / equilibrio *m* de fases ‖ ~**gleichheit** *f*, -übereinstimmung *f* / coincidencia *f* o concordancia de fases ‖ ~**gleichrichter** *m* / de[s]modulador *m* de fases ‖ ~**grenze** *f* (Galv) / límite *m* de fase ‖ ~**grenzfläche** *f* (Chem) / interfase *f* ‖ ~**hologramm** *n* / holograma *m* de fases ‖ ~**hub** *m*, -abweichung *f* (Eltronik) / desviación *f* de fase ‖ ~**indikator** *m* / indicador *m* de fase ‖ ~**integral** *n*, Wirkungsvariable *f* (Nukl) / integral *f* de fase ‖ ~**kennlinie** *f* s. Phasen-Frequenzcharakteristik ‖ ~**kennscheife** *f* / bucle *m* de fijación de fase ‖ ~**koeffizient** *m* (Astr) / coeficiente *m* de fase ‖ ~**koeffizient** (Funk) / constante *f* de fase o de de[s]fasaje ‖ ~**koinzidenz-Oszillator** *m* / oscilador *m* de coincidencia de fase ‖ ~**kompensation**, -korrektur *f* / compensación *f* o corrección de fase ‖ ~**kompensations-Netz** *n* (Fernm) / red *f* de[s]fasadora o desplazadora o cambiadora de fase ‖ ~**kompensator** *m* (Elektr) s. Phasenschieber ‖ ~**kompensierter Motor** / motor *m* de fases compensadas ‖ ~**konstante** *f*, Phasenmaß *n* (Fernm) / de[s]fasaje *m* de imágenes ‖ ~**konstante** (Akust, Elektr) / constante *m* de fase o de de[s]fasaje, de[s]fasaje *m* característico ‖ ~**kontrast** *m* / contraste *m* de fase ‖ ~**kontrastaufnahme** *f* / fotografía *f* por contraste de fase ‖ ~**kontrastfluoreszenz-Mikroskopie**, Kontrastfluoreszenz-Mikroskopie *f* / microscopia *f* de contraste de fase y de fluorescencia ‖ ~**kontrastmikroskop** *n* / microscopio *m* de contraste de fase ‖ ~**kontrastplatte** *f* / placa *f* de contraste de fase ‖ ~**kontrastverfahren** *n*, -kontrastmikroskopie *f* / microscopia *f* de contraste de fase ‖ **selbsttätige o. automatische** ~**kontrolle** (o. -regelung) (TV) / regulación *f* automática de fase ‖ ~**kontrollschleife** *f* (TV) / bucle *m* de regulación automática de fase ‖ ~**koordination** *f* (Fernm) / coordinación *f* de fases ‖ ~**koordinierungsdiagramm** *n* (Fernm) / diagrama *m* de coordinación de fases ‖ ~**korrigiertes Horn**, Planwellenhorn *n* (Antenne) / bocina *f* con corrección de fase ‖ ~**lage** *f* / posición *f* de fase ‖ ~**lagen-Einsteller** *m* (TV) / enfasador *m*, unidad *f* de enfasaje, sincronizador *m* ‖ ~**lampe** *f*, Synchronoskop *n* (Elektr) / sincronoscopio *m* ‖ ~**laufzeit** *f*, -geschwindigkeit *f* / velocidad *f* de fase ‖ ~**laufzeit**, -verzögerung *f* (Fernm) / retraso *m* o retardo de fase ‖ ~**laufzeit auf einer Leitung** (Elektr) / tiempo *m* de propagación de fase ‖ ~**leiter** *m* / conductor *m* o hilo de fase ‖ ~**leitung**, Umwegleitung *f* (Antenne) / línea *f* de puesta en fase ‖ ~**linear** / de linealidad de fase ‖ ~**linearität** *f* / linealidad *f* de fases ‖ ~**linie** *f* (für das Gleichlaufsignal) (TV) / línea *f* [para la emisión] de puesta en fase ‖ ~**maß** *n*, -winkel *m* (Elektr) / ángulo *m* de fase o de de[s]fasaje ‖ ~**maß**, -konstante *f* (Fernm) / de[s]fasaje *m* de imágenes ‖ ~**messer** *m* (Elektr) / fasímetro *m*, fasómetro *m*, medidor *m* de fase ‖ ~**modulation** *f* (Eltronik) / modulación *f* de (o en) fase ‖ ~**modulations-Modem** *n* (Fernm) / modem *m* de modulación por de[s]fasaje ‖ ~**modulationsschrift** *f* (Magn.Bd) / registro *m* de modulación por fase ‖ ~**nacheilung** *f*, -verzögerung *f* (Elektr) / retardo *m* o retraso de fase ‖ ~**name** *m* (DV) / nombre *m* de fase o de segmento ‖ ~**objekt** *n* (Opt) / objeto *m* de fase ‖ ~**opposition** *f*, -verschiebung *f* (Elektr, Eltronik) / oposición *f* de fase ‖ ~**platte** *f* (Laser) / lámina *f* de fase ‖ ~**prüfer** *m* (Elektr) / detector *m* de tensión ‖ ~**raum** *m* / espacio *m* fásico o de fase o de las fases ‖ ~**raumelement** *n* (Phys) / célula *f* del espacio de fase ‖ ~**rauschen** *n* / ruido *m* de fase, variaciones *f pl* parásitas o fluctuaciones de fase ‖ ~**reaktion** *f* (Chem) / reacción *f* de fases ‖ ~**reduktion** *f* / reducción *f* o disminución de la velocidad de fase ‖ ~**regel** (Chem) / regla *f* de las fases [de Gibbs] ‖ ~**regelung** *f*, -kompensation *f*, -verbesserung *f* (Elektr) / control *m* por desplazamiento de fase, regulación *f* por de[s]fasaje ‖ ~**regelung** (TV) / control *m* de fase ‖ ~**regler** *m* (Raffinerie) / regulador *m* de nivel interfacial ‖ ~**regler** (Elektr) / regulador *m* de fase ‖ ~**reguliert** / de regulación de fase ‖ ~**rein** / exento de o sin de[s]fasaje ‖ ~**relais** *n* (Elektr) / relé *m* de equilibrio de fases ‖ ~**resonanz** *f* / resonancia *f* de fase ‖ ~**richtig** / en concordancia de fase ‖ ~**schieber** *m* (Elektr) / adelantador *m* o modificador de fase ‖ ~**schieber** (Fernm) / red *f* de de[s]fasaje ‖ ~**schieber-Kondensator** *m* (Elektr) / capacitor *m* de[s]fasador ‖ ~**schieberkreis** *m* (Elektr) / circuito *m* de[s]fasador ‖ ~**schieberspule** *f* / bobina *f* de de[s]fasaje ‖ ~**schwankung** *f* / variación *f* de fase ‖ ~**schwingung** *f*, Pendeln von Synchronmaschinen *n* (Elektr) / oscilaciones *f pl* pendulares ‖ ~**schwund** *m* / desvanecimiento *m* de fase ‖ ~**signal** *n* (Faksimile) / señal *f* de ajuste de fase, emisión *f* de [puesta en] fase ‖ **schwarzes** ~**signal** (Faksimile) / puesta *f* en fase para negro ‖ ~**spalter** *m* / divisor *m* de fase, de[s]fasador *m* múltiple ‖ ~**spannung**, Strangspannung *f* (Elektr) / tensión *f* de (o por) fase ‖ ~**spannung** *f* (Spannung gegen Sternpunktsleiter) (Elektr) / tensión *f* de una fase o de estrella, tensión *f* entre fases y neutro ‖ ~**sprung** *m*, -änderung *f* / salto *m* [brusco] de fase, cambio *m* brusco de fase ‖ ~**sprung** (Fernm) / variación *f* brusca de fase ‖ ~**sprungverfahren** *n*, -umkehrmodulation *f* / modulación *f* por inversión de fase (diferencia de fase de π radianes) ‖ ~**sprungverfahren**, -umtastungsmodulation *f* (Fernm) / manipulación *f* por desplazamiento de fase (entre valores discretos predeterminados) ‖ ~**stabilität** f (Nukl) / estabilidad f de fase ‖ ~**starr**, -verriegelt / enclavado o sincronizado en fase, de fase sincronizada ‖ [**automatische**] ~**steuerung** / control m [automático] de fase ‖ ~**strang** m / conductor m de fase ‖ ~**strom** m / corriente f de fase ‖ ~**synchronisation** f / sincronización f de fases ‖ ~**taktschrift** f (DV) / codificación f por fase (un método de registro) ‖ ~**teiler** m (Eltronik) / divisor m de fase ‖ ~**transformation** f / transformación f de fase ‖ ~**transformations-Plastizität** f (Metalle) / plasticidad f de la transformación de fase ‖ ~**trenner** m **flüssig/flüssig** (Chem) / separador m de fases líquida/líquida ‖ ~**trennstrecke** f (Bahn) / sección f de separación ‖ ~**trennung** f / separación f de fases ‖ ~**trick** m (Film) / animación f por detención de cuadro ‖ ~**übereinstimmung** f, -gleichheit f / coincidencia f o concordancia de fases ‖ ~**übergang** m (Chem) / transición f de fase ‖ ~**überwachung** f / control m o monitoreo de fases ‖ ~**umformer** m / conmutatriz f de fases, convertidor m de fases ‖ ~**umkehr** f (Chem, Fernm) / inversión f de fase ‖ ~**umkehrmodulation** f, -sprungverfahren n / modulación f por inversión de fase ‖ ~**umkehrschaltung** f / circuito m inversor o de inversión de fase ‖ ~**umkehrstufe** f, -wender m / inversor m de fase ‖ ~**umkehrverstärker** m / amplificador m parafásico, inversor m de polaridad por contrarreacción ‖ ~**umtastungsmodulation** f, Phasensprungverfahren n / manipulación f por desplazamiento de fase ‖ ~**umwandlung** f, -übergang m (Phys) / de[s]fas[aj]e m, de[s]fasamiento m, variación f de fase ‖ ~**umwandlung** (Chem) / transformación f alotrópica ‖ ~**ungleichheit** f / desequilibrio m de fase, asimetría f ‖ ~**unterbrechungsrelais** n / relé m de equilibrio de fases ‖ ~**unterschied** m (Elektr) / diferencia f de fase, decalaje m (galicismo) ‖ ~**vergleich** m / comparación f de fases ‖ ~**vergleicher** m, -messer m / fasímetro m, fasómetro m, medidor m de fase ‖ ~**verhalten** n / característica f de fase ‖ ~**verhältnis** n / relación f de fases ‖ ~**verkettung** f (Elektr) / fases f pl unidas, interconexión f de fases, unión f de fases ‖ ~**verlust** m / de[s]fasaje m, desplazamiento m de fase ‖ ~**verriegelt**, -starr / sincronizado o enclavado en fase ‖ ~**verriegelter Empfänger** / receptor m de fase sincronizada, receptor m enclavado en fase ‖ ~**verriegelung** f (Eltronik) / enganche m o enclavamiento de fase, sincronización f o fijación f de fase ‖ ~**verriegelungsschleife** f / bucle m de enganche de fase, circuito m de sincronización de fase ‖ ~**verschiebung** f (Elektr) / desplazamiento m o corrimiento m o cambio m de fase, calado m ‖ ~**verschiebung**, -opposition f (Elektr, Eltronik) / oposición f de fases ‖ ~**verschiebung**, -verbesserung f (Elektr) / corrección f del factor de potencia ‖ **90°** -~**verschiebung** / cuadratura f de fase ‖ ~**verschiebung** f **des Wandlers o. Aufnehmers** (Mess) / de[s]fasaje m del captador o transductor ‖ ~**verschiebung nacheilend** (Elektr) / retardo m de fase ‖ **mit** ~**verschiebung Null** / en fase ‖ ~**verschiebung** f **voreilend** / avance m o adelanto de fase ‖ ~[**verschiebungs**]**winkel** m (Elektr) / ángulo m de de[s]fasaje ‖ ~**verschoben** (Elektr) / de[s]fasado ‖ ~**verschoben**, nacheilend, [voreilend] (Elektr) / retardado, [adelantado] en fase ‖ **um 90°** ~**verschoben** (Elektr) / en cuadratura de fase ‖ ~**verteilungs-Spektrum** m / espectro m de fase [de Fourier] ‖ ~**verzerrung** f (Fernm) / distorsión f de fase ‖ ~**verzögerung**, -verschiebung f (Fernm) / retraso m de propagación de fase ‖ ~**verzögerung** f **bei Nullfrequenz** (in rad) (Fernm) / interceptación f de fase ‖ ~**verzögerungsverzerrung** f (Fernm) / distorsión f de retardo de fase ‖ ~**voreilung** f / avance m o adelanto de fase ‖ ~**wähler** m (Fernm) / selector m de fase ‖ ~**wechsler** m / cambiador m de fase ‖ ~**welle**, De-Broglie-Welle f (Eltronik) / onda f de fase o de Broglie ‖ ~**wender** m, -umkehrstufe f / inversor m de fase ‖ ~**winkel** m (Elektr) / ángulo m de fase o de de[s]fasaje ‖ ~**winkelabweichung** f / tolerancia f del ángulo de de[s]fasaje ‖ ~**winkelmodulation** f / modulación f de (o en) ángulo de fase ‖ ~**zahl** f / número m de fases ‖ ~**zahl-Umrichter** m / convertidor m de fase ‖ ~**zeichnen** n [im Zeichentrickfilm] / animación f, preparación f de dibujos animados ‖ ~**zeichner** m (Film) / animador m ‖ ~**zeichnung** f (Film) / dibujo m animado, truco m de animación ‖ ~**zertrümmerung** f (Hütt) / desintegración f de fases

phasierte Projektplanung / planificación f escalonada de proyectos

Phasitron n (Phasenmodulatorröhre) (Eltronik) / fasitrón m

Phasmajektor, Prüfbildgeber m (TV) / monoscopio m, generador m de imagen fija

Phasotron n (Russland) / fasotrón m, sincrociclotrón m

pH-Begriff m / concepto m pH

PhBz = Phosphorbronze

Phellandren n (Chem) / felandreno m

Phellogen n, Korkkambium n (Bot) / felógeno m

Phen•acetin n (Chem) / fenacetina f ‖ ~**akit** m (Min) / fenakita f ‖ ~**alkydharz** n (Plast) / resina f de fenalkido ‖ ~**anthren** n (Chem) / fenantreno m ‖ ~**anthrolin** n / fenantrolina f ‖ ~**at** n, Phenolat n / fenato m ‖ ~**azin** n / fenacina f ‖ ~**etidin** n (Chem) / fenetidina f ‖ ~**etol** n, Phenylethylether m / fenetol m, fenato m de etilo

Phengit m / fengita f (alabastro yesoso)

Phenizin n / fenicina f

Phenol n / fenol m, carbol m, ácido m fénico o carbólico ‖ ~... / fenólico, carbólico ‖ **mit** ~ **tränken** / impregnar de fenol ‖ ~[**ab**]**wasser** n / agua f fenólica ‖ ~**aldehyd** m / fenolaldehído m ‖ ~**alkohol** m / alcohol m fenólico ‖ ~**anilinharz** n / resina f de fenolanilina ‖ ~**at**, Phenat, Phenolsalz n / fenolato m ‖ ~**ester** m / éster m fenólico ‖ ~**ether** m / éter m fenólico ‖ ~**extraktion** f / extracción f de fenol ‖ ~**farbstoff** m / colorante m fenólico ‖ ~[**formaldehyd**]**harz** n, Phenoplast m / resina f de fenolformaldehído, fenoplasto m ‖ ~**formolharz** n / resina f de fenolformol ‖ ~**Furfurolharz** n / resina f de fenolfurfurol ‖ ~**gießharz** n / resina f fenólica para colar ‖ ~**harz** n, PF, Phenoplast n / resina f fenólica o de fenol, plástico m fenólico, fenoplasto m ‖ ~**harzlaminat** n **auf Quarzfaserbasis** / laminado m de fenoplasto sobre tejido de silicio ‖ ~[**harz**]**modifiziert** / modificado por fenólicos ‖ ~**harzpressmischung** f, Phenoplast m / fenoplasto m ‖ ~**harzschaum** m / espuma f fenólica ‖ ~**hydrierung** f / hidrogenación f de fenol ‖ ~**kalium** n / fenolato m potásico o de potasio ‖ ~**natrium** n, Natriumphenolat n / fenolato m sódico o de sodio ‖ ~**öl** n / aceite m fenólico ‖ ~**phthalein** n / fenolftaleína f ‖ ~**rot** n / rojo m de fenol ‖ ~**säure** f / ácido m fénico o fenólico, fenol m ‖ ~**sulfonat** n / fenolsulfonato m ‖ ~**sulfosäure** f / ácido m fenolsulfónico ‖ ~**vergiftung** f, Karbolismus m (Med) / fenolismo m, intoxicación f por fenol ‖ ~**wasser** n, -abwasser m (Chem) / agua f fenólica

Phenosolvan-Extraktion f (von Phenol) / extracción f de fenosolván

Phenothiazin n / fenotiacina f

Phenoxazin, Oxazin n / oxacina f, fenoxacina f

Phenoxy•ethanol n / fenoxietanol m ‖ ~**propandiol** n / fenoxipropan[o]diol m

Phenyl n / fenilo m (un radical) ‖ ~**acetat** n / fenilacetato m ‖ ~**acrolein** n / aldehído m cinámico ‖ ~**acrylsäure** f / ácido m fenilacrílico o cinámico ‖ ~**alanin** n, Phe / fenilalanina f ‖ ~**amin** n, Aminobenzol n, Anilin n / fenilamina f, anilina f

Phenylen *n* (zweiwertiger Benzolrest C⁶H⁴) / fenileno *m* ‖ ⁓**diamin,** Diaminobenzol *n* / fenilenodiamina *f* ‖ ⁓**oxid** *n* / óxido *m* de fenileno ‖ ⁓**sulfon** *n* / fenilenosulfonio *m*
Phenyl • essigsäure *f* / ácido *m* fenilacético ‖ ⁓**ethylalkohol** *m* / alcohol *m* feniletílico ‖ ⁓**ethylen,** Vinylbenzol *n* (Styrol) / feniletileno *m*, estireno *m* ‖ ⁓**glycin** *n* (Färb) / fenilglicina *f*, fenilglicocola *f* ‖ ⁓**hydrazin** *n* (Chem) / fenilhidracina *f* ‖ ⁓**hydroxylamin** *n* / fenilhidroxilamina *f* ‖ ⁓**mercuricarbamid** *n* / fenilmercuricarbamida *f* ‖ ⁓**merkaptan** *n* / fenilmercaptán *m* ‖ ⁓**methan** *n*, Toluol *n* / fenilmetano *m*, tolueno *m* ‖ ⁓**methylketon** *n* / fenilmetilcetona *f*, acetofenona *f* ‖ ⁓-β-**Naphthylamin** *n* / fenil-β-naftilamino *m* ‖ **2-**⁓**phenol** *n* / 2-fenilfenol *m* ‖ **1-**⁓**pyrazolidinon-(3)** (Foto) / 1-fenil-3-pirazolidinona *f* ‖ ⁓**quecksilber** *n* / fenilmercurio *m* ‖ ⁓**quecksilberchlorid** *n* / cloruro *m* de fenilmercurio ‖ ⁓**quecksilbersalicylat** *n* / salicilato *m* de fenilmercurio ‖ ⁓**salicylat** *n* / fenilsalicilato *m* ‖ ⁓**schwefelsäure** *f* / ácido *m* fenilsulfúrico ‖ ⁓**senföl** *n* / isotiocianato *m* de fenilo, esencia *f* fenólica de mostaza ‖ ⁓**sulfid** *n* / fenilsulfuro *m* ‖ ⁓**thioharnstoff** *m*, -thiokarbamid *n* / feniltiourea *f* ‖ ⁓**urethan** *n* / feniluretano *m* ‖ ⁓**-Xylyl-Ethan** *n*, PXE / fenilxililetano *m*
Pherografie *f*, Trägerelektophorese *f* / electroferografía *f*
Pherogramm *n* (Elektrophorese) / ferograma *m* ‖ ⁓-**Photometer** *n* (Opt) / fotómetro *m* electroferogramétrico
Pheromon *n* (chemisches Signal zwischen Insekten), Signalstoff *m* / feromono *f*
PHI-Anzeiger *m* (Luftf) / indicador *m* de posición y de recalada
Philips • prozess *m* (Kälte) / proceso *m* Philips ‖ ⁓-**Test** *m* (Kälteöle) / ensayo *m* Philips sobre aceite de baja temperatura
Phillipit *n* *m* (Min) / filipita *f*
Phillipsit *m* (Geol, Min) / phillipsita *f*
Phillipskurve, Endkurve *f* (Unruhfeder) / curva *f* Phillips o terminal
Phi-Meson, Φ-Meson (Nukl) / mesón *m* fi o Φ
pH-Indikator *m* / indicador *m* pH
Phlegma *n*, Rückstand *m* (Chem) / flema *f*
phlegmatisieren *vt*, stabilisieren / estabilizar explosivos
Phlobaphen, Gerberrot *n* (Gerb) / flobafeno *m*, fleobafeno *m*
Phlogopit, Magnesiaglimmer *m* (Min) / flogopita *f*
Phloridizin, Phlorizin *n* (Chem) / flori[di]cina *f*
Phloroglucin *n* / floroglucina *f*
pH • -Messgerät *n*, pH-Meter *m* / medidor *m* del pH ‖ ⁓-**Messung** *f* / medición *f* del pH
Phon *n* (Akust) / fonio *m*
Phonem *n*, Laut *m* (als Grundeinheit der Sprache) (Fernm, Lin) / fonema *m*
Phonetik *f* / fonética *f*, fonología *f*
phonetische Form / configuración *f* fonética
phonisches Rad (im Fernschreiber) (Fernm) / rueda *f* fónica, motor *m* fónico
Phönizin *n* (Chem) / fenicina *f* ‖ ⁓**schwefelsäure** *f*, Indigomonosulfosäure *f* / ácido *m* sulfofenícico
Phonmeter *n*, Schallpegelmesser *m* (Akust) / fonómetro *m*
Phono • adapter *m* (Eltronik) / adaptador *m* fonográfico ‖ ⁓**gramm** *n*, Tonaufzeichnung *f* / fonograma *m* ‖ ⁓**koffer** *m* (hist.) / tocadiscos *m* portátil, electrófono *m* [portátil] ‖ ⁓**lith,** Klingstein *m* (Geol) / fonolita *f* ‖ ⁓**metrie** *f* (Akust) / fonometría *f*
Phonon, Schallquant *n* (Phys) / fonón *m* ‖ ⁓**laser** *m* / láser *m* (E) o laser (LA) fononónico
Phono • pollution *f* (Umw) / polución *f* sonora ‖ ⁓**skop** *n* / fonoscopio *m* ‖ ⁓**thek** *f* / fonoteca *f* ‖ ⁓**typistin** *f* / fonógrafa *f*, audiomecanógrafa *f*

Phon • stärke, Lautstärke *f* / potencia *f* o intensidad fónica o sonora ‖ ⁓**zahl** *f* / número *m* de fonios
Phoron *n* (Chem) / forona *f*
Phoronomie, Kinematik *f* (Phys) / cinemática *f*
Phoropter *m* / forópter *m*
Phosgen • [gas] *n* (Chem) / fosgeno *m* ‖ ⁓**it** *m* (Min) / fosgenita *f*, plomo *m* córneo
Phospham *n* (Chem) / fosfam *m*, nitruro *m* de fósforo
Phosphamid *n* / fosfamida *f*
Phosphamin *n* / fosfamina *f*, fosfuro *m* de hidrógeno
Phosphat *n* / fosfato *m* ‖ ⁓... / fosfático ‖ **sekundäres** ⁓ / fosfato *m* monohídrico
Phosphatase *f* / fosfatasa *f*
Phosphat • bildung *f* (Biol) / fosfatización *f* ‖ ⁓**brücke** *f* / puente *m* de fosfato ‖ ⁓**dünger** *m* (Landw) / abono *m* de fosfato ‖ ⁓**düngung** *f* / abonado *m* con fosfato ‖ ⁓**erde** *f* / suelo *m* fosfatado ‖ ⁓**glas** *n* / cristal *m* o vidrio de fosfato ‖ ⁓**glasdosimeter** *n* (Instr) / dosímetro *m* de vidrio de fosfato activado ‖ ⁓**id,** Phospholipin *n*, Phospholipid *n* (Chem) / fosfatido *m*, fosfatolípido *m*
phosphatieren *vt*, mit Phosphat verbinden / fosfatar, combinar el fosfato [con] ‖ ⁓, mit Phosphat behandeln / fosfat[iz]ar, tratar con una sal de fósforo ‖ ~, bondern (Hütt) / bonderizar ‖ ~, parkern / parkerizar ‖ ~ (nach dem Coslettverfahren) / cosletizar ‖ ⁓ *n*, Phosphatierung *f* / fosfatado *m* ‖ ⁓ / fosfatado *m*, fosfat[iz]ación *f*, tratamiento *m* con [una sal de] fósforo
phosphatisch, phosphathaltig / fosfático
Phosphat • knollen *m* (Ozeanol) / nódulo *m* de fosfato ‖ ⁓-**Lagerstätten** *f pl* (Min) / yacimientos *m pl* de fosfato ‖ ⁓**puffer** *m* (Chem) / tampón *m* fosfato, solución *f* de fosfato ‖ ~**rostgeschützt,** phr (Hütt) / protegido contra corrosión por fosfatización ‖ ⁓**schicht** *f*, -überzug *m* / capa *f* de fosfato, recubrimiento *m* de fosfato ‖ ⁓**schlacke** *f* / escoria *f* básica ‖ ⁓**schutz** *m*, Phosphatierung *f* / fosfatización *f*
Phosphid *n* (Chem) / fosfuro *m* ‖ ⁓-**Seigerungsstreifen** *m* (Hütt) / banda *f* de segregación de fosfuro
Phosphin • ... / fosfinoso ‖ ⁓ *n*, Phosphorwasserstoff *n* / fosfina *f* ‖ ⁓, Chrysanilin, Ledergelb *n* (Färb) / crisanilina *f*
Phosphit *n* (Chem) / fosfito *m*
Phospho • amidase *f* / fosfoamidasa *f* ‖ ⁓**kreatin** *n*, Kreatinphosphorsäure *f* / fosfocreatina *f* ‖ ⁓**lipase** *f* / fosfolipasa *f* ‖ ⁓**lipid** *n*, Phosphatid *n* / fosfolípido *m*, fosfatido *m*
Phosphonierung *f* (Tensid) / fosfonación *f*
Phosphoniumsalz *n* / sal *f* de fosfonio
Phosphoproteid, Phosphoprotein *n* / fosfoproteína *f*
Phosphor, phosphoreszierender Stoff / materia *f* fosforescente ‖ ⁓, P (Chem) / fósforo *m*, P ‖ ⁓**(III)...** / fosforoso, fósforo(III)... ‖ ⁓**(V)...** / fosfórico, fósforo(V)... ‖ **mit** ⁓ **verbinden** (o. behandeln) / fosforar ‖ **roter** o. **violetter** ⁓ / fósforo *m* rojo ‖ **schwarzer** o. **Hittorfscher** ⁓ / fósforo *m* negro ‖ **weißer** o. **farbloser** o. **gelber** ⁓ / fósforo *m* blanco
phosphor • arm / pobre en fósforo ‖ ⁓**bronze** *f* (Hütt) / bronce *m* fosforoso ‖ ⁓**(III)-chlorid,** -trichlorid *n* (Chem) / cloruro *m* fosforoso, fósforo(III)-cloruro *m* ‖ ⁓**(V)-chlorid,** -pentachlorid *n* / cloruro *m* fosfórico, fósforo(V)-cloruro *m* ‖ ⁓**eisen** *n*, Eisenphosphid *n* / fosfuro *m* de hierro, ferrofósforo *m* ‖ ⁓**entziehung** *f* / de[s]fosforación *f*
Phosphoreszenz *f* / fosforescencia *f* ‖ ⁓**leuchten** *n* / luminiscencia *f* fosforescente ‖ ⁓**messer** *m* / fosforómetro *m* ‖ ⁓**spektrum** *n* / espectro *m* de fosforescencia
phosphoreszieren, leuchten / fosfore[s]cer
phosphoreszierend, selbstleuchtend / fosforescente ‖ ~**er Anstrich** / pintura *f* fosforescente ‖ ~**es Gedächtnis** (Kybernetik) / memoria *f* de corta duración ‖ ~ **machen** / hacer fosforescente

Phosphor•gehalt m (Chem) / contenido m en fósforo ‖ **~haltig** / fosforado
phosphoriert, mit Phosphor behandelt o. verbunden / fosforizado
phosphorig, Phosphor(III)-... / fosforoso ‖ **~e Säure** / ácido m fosforoso ‖ **~säureanhydrid** n, Phosphortrioxid n / anhídrido m fosforoso, trióxido m de fósforo
Phosphor•iodid n / ioduro m de fósforo ‖ **~it** m, Calciumphosphat n (Min) / fosforita f ‖ **~kohlenwasserstoffgas** n / gas m hidrógeno fosfo[ro]carburado ‖ **~kupfer** n / cobre m fosforoso, fosfuro m de cobre ‖ **~lot** n, Hartlot n mit Phosphorzusatz / metal m de aportación cobre-fósforo ‖ **~-Metallverbindung** f / fosfuro m metálico ‖ **~molybdänsäure** f / ácido m fosfomolíbdico ‖ **~natrium** n, Natriumphosphid n / fosfuro m de sodio ‖ **~nitrilchlorid** n / cloruro m fosfonitrílico ‖ **~ochalcit** m (Min) / fosfocalcita f ‖ **~orthit**, Nagatelit m (Min) / fosforortita f, nagatelita f
Phosphoroskop n (Chem) / fosforóscopo m, fosforoscopio m
Phosphor•(III)-oxid, [Di]phosphortrioxid n / óxido m fosforoso, fósforo(III)-óxido m ‖ **~(V)-oxid**, -pentoxid, Phosphorsäureanhydrid n / óxido m fosfórico, anhídrido m fosfórico, fósforo(V)-óxido m ‖ **~oxychlorid** n / oxicloruro m de fósforo ‖ **~proteid** n / fosfo[r]proteido m ‖ **~punkt-Bildschirm** n (TV) / pantalla f de cinescopio tricaóns ‖ **~quenching** n, -tilgung f / eliminación f de fósforo ‖ **~roheisen** n (Hütt) / arrabio m fosfórico ‖ **~salzperle** f, Phosphorsalz n / sal f de fósforo ‖ **~saure Brennstoffzelle**, PAF (= Phosphoric Acid Fuel Cell) (Elektr, Kfz) / pila f de combustible de ácido fosfórico ‖ **~saure Salze** n pl (Chem) / sales f pl fosforosas ‖ **~säure** f / ácido m fosfórico ‖ **~säureester** m / éster m fosfórico ‖ **~säure[tri]chlorid** n / tricloruro m fosforílico ‖ **~scheibchen** n, -punkt n (TV) / punto m de fósforo ‖ **~stahl** (Hütt) / acero m fosforado ‖ **~stickstoff** m / nitrógeno m fosforado ‖ **~(V)-sulfid**, -pentasulfid n / sulfuro m fosfórico, fósforo(V)-sulfuro m ‖ **~vergiftung** f, Phosphorismus m (Med) / intoxicación f por fósforo, fosforismo m ‖ **~wasserstoff** m, Phosphin n / fosfina f ‖ **~wolframat**, [Dodeka]wolframatophosphat n / fosfotungstato m ‖ **~wolframsäure** f, Dodekawolframatophosphorsäure f / ácido m fosfotúngstico ‖ **~ylieren** / fosforilar ‖ **~ylierung** f / fosforilación f ‖ **~yl[tri]chlorid** n / tricloruro m de fosforilo ‖ **~zinnbronze** f / bronce m al fosfuro de estaño
Phosphosiderit m / fosfosiderita f
Phosphuranylit m (Uranerz) (Min) / fosfuranilita f
Phot n (Einheit der spezifischen Lichtausstrahlung) (veraltet), ph (1 ph = 10^4 lx = 1 lm cm^{-2}) / fot m
Photicon n (TV) / foticón m
photisch•e Region (Hydr) / zona f fótica ‖ **in der ~en Region lebend** (Ozean) / de la zona fótica
Photo•... s. auch Foto ... ‖ **~absorption** f (Chem) / fotoabsorción f ‖ **~aktinisch [strahlend]** / fotoactínico ‖ **~akustisch** / fotoacústico ‖ **~anregung** f / fotoexcitación f ‖ **~biologie** f / fotobiología f ‖ **~chemie** f / fotoquímica f
photochemisch / fotoquímico ‖ **~ abbaubar** (Plast) / desintegrable por influencias fotoquímicas ‖ **~e Äquivalenz** / equivalencia f fotoquímica ‖ **~e Elementarreaktion** / reacción f fotoquímica elemental ‖ **~e Wirkung** / actividad f fotoquímica ‖ **~e Zelle**, elektrolytische Photozelle / célula f fotoquímica ‖ **~e Zersetzung** / descomposición f fotoquímica
photo•chrom, -trop (Glas) / fotocrómico ‖ **~chromatisch** / fotocromático ‖ **~chromatische [Brillen]gläser** / lentes f pl fototrópicos ‖ **~chromie** f (Chem) / fotocromía f ‖ **~chrom-Mikroverfahren** n

técnica f de microimagen fotocrómica ‖ **~chronograph** m / fotocronógrafo m ‖ **~dielektrisch** / fotodieléctrico ‖ **~diode** f / fotodiodo m ‖ **~dissoziation** f / fotodisociación f ‖ **~dynamisch** / fotodinámico ‖ **~elastisch** / fotoelástico ‖ **~elastizität** f / fotoelasticidad f ‖ **Prüfung durch ~elastizität** / fotoelasticimetría f
photoelektrisch / fotoeléctrico ‖ **~e Absorption** (Nukl) / absorción f fotoeléctrica ‖ **~er Abtaster** / explorador fotoeléctrico ‖ **~e Abtastung** (Eltronik) / lectura f fotoeléctrica ‖ **~es Auge** / ojo m fotoeléctrico (col), célula f fotoeléctrica ‖ **~er Effekt**, Photoeffekt m / efecto m fotoeléctrico ‖ **äußerer ~er Effekt**, photoelektrische Emission / fotoemisión f, emisión f fotoeléctrica ‖ **innerer ~er Effekt** / efecto m fotoconductivo ‖ **~er Flammenwächter** / detector m fotoeléctrico de extinción (o de falta) de llama ‖ **~e Konstante** / constante f fotoeléctrica ‖ **~er Lageprüfer für Dokumente** / detector m fotoeléctrico de posición de documentos ‖ **~er Schwärzungsmesser** / densitómetro m fotoeléctrico ‖ **~e Schwellenfrequenz** / umbral m fotoeléctrico ‖ **~e Sicherung o. Sperre** / cerrojo m fotoeléctrico ‖ **~e Umwandlung** / conversión f fotoeléctrica ‖ **~er Wirkungsgrad** m / rendimiento m fotoeléctrico ‖ **~es Zählgerät** / contador m fotoeléctrico ‖ **~er Zeitnehmer** / cronometrador m fotoeléctrico
Photo•elektrizität f / fotoelectricidad f ‖ **~elektrolumineszenz** f / fotoelectroluminiscencia f ‖ **~elektromagnetischer Effekt**, PEM-Effekt m / efecto m fotoelectromagnético ‖ **~elektromotorisch** / fotoelectromotor, -triz ‖ **~elektron** n / fotoelectrón m ‖ **~elektronenspektroskopie** f, ESCA / espectroscopia f de fotoelectrones ‖ **~elektronenstrom** m / corriente f fotoeléctrica ‖ **~elektronen-Teleskop** n / telescopio m fotoelectrónico ‖ **~elektronenvervielfacher** m / multiplicador m fotoeléctrico ‖ **~elektronik** f / fotoelectrónica f ‖ **~elektronisches Bauelement** / dispositivo m fotosensible ‖ **~elektronische Leitliniensteuerung** (Flurförderer) / mando m fotoeléctrico ‖ **~element** n, lichtelektrische Photozelle / fotocélula f, célula f fotoeléctrica ‖ **~element**, Sperrschichtphotozelle f / célula f fotovoltaica o fotoquímica ‖ **~elementverstärker** m / amplificador m de fotocélula ‖ **~emission** f / fotoemisión f ‖ **~emissions...** / fotoemisivo, fotoemisor ‖ **~emissionsdiode** f / diodo m fotoemisivo ‖ **~emissionsstrom** m / corriente f fotoeléctrica ‖ **~emissiv** / fotoemisivo, fotoemisor ‖ **~empfänger** m / fotodetector m, fotosensor m ‖ **~emulsionsmethode** f (Nukl) / método m de fotoemulsión, método m de emulsión fotográfica ‖ **~finish** (Sport) / fotofinish m, foto f de llegada ‖ **~fragmentierung** f / fotofragmentación f ‖ **~gen**, lichtausstrahlend (Biol) / fotógeno ‖ **~glimmröhre** f / fototubo m de descarga luminiscente ‖ **~gramm** n (Verm) / fotograma m ‖ **~grammetrie**, Luftbildmessung f (Luftf, Verm) / fotogrametría f, fotogrametría f (LA) ‖ **terrestrische ~grammetrie**, Erdbildmessung f (Verm) / fotogrametría f terrestre, fototopografía f ‖ **~grammetrische Aufmessung** / medida f fotogramétrica ‖ **~grammetrisches Auswertegerät** / instrumento m para la evaluación fotogramétrica ‖ **~grammetrische Karte** / mapa m fotogramétrico ‖ **~grammetrische Kartenerstellung** / cartografía f fotogramétrica ‖ **~gravüre**, Heliogravüre f / fotograbado m ‖ **~halogenid** n (Chem) / fotohalogenuro m ‖ **~heliograph** m (Astr) / fotoheliógrafo m ‖ **~induzierte Elektrochromie** / electrocromía f por fotoinducción ‖ **~ionisation** f / fotoionización f ‖ **~katalysator** m / fotocatalizador m ‖ **~katalyse** f / fotocatálisis f ‖ **~kat[h]ode** f / fotocátodo m ‖ **~klima** n (Beleuchtung der Erde) /

photokopieren

fotoclima m ‖ ~kopieren vt / fotocopiar ‖ ⁓leiste f (Mess) / línea f fotorreceptora para medir ‖ ⁓leiter, -widerstand m / fotoconductor m, fotorresistencia f, fotorresistor m ‖ ~leitfähig / fotoconductivo, fotoconductor, -triz ‖ ⁓leitfähigkeit f / fotoconductividad f, fotoconductibilidad f ‖ ⁓leitung f (Halbl) / fotoconducción f, fenómeno m o efecto de fotoconducción, efecto m fotoconductivo ‖ ⁓linie f, Photopeak m / pico m fotoeléctrico ‖ ⁓lit m / fotolito m ‖ ⁓lithographie f (Druck, Erzeugnis) / fotolitografía f, litofotografía f ‖ ⁓lithographie (Verfahren) / fotolitografía f ‖ ~lithographieren vt / fotolitografiar, litofotografiar ‖ ⁓lumineszenz f / fotoluminiscencia f ‖ ⁓lumineszenz-Erzeuger m / fósforo m, luminóforo m ‖ ⁓lyse f / fotólisis f ‖ ~lytisch / fotolítico ‖ ~lytisch herstellen / fotolisar ‖ ⁓magnetismus m / fotomagnetismo m ‖ ~magnetoelektrischer Effekt / efecto m fotomagnético ‖ ~mechanisch / fotomecánico ‖ ~mechanisch behandeln (Druck) / tratar por fotograbado ‖ ~mechanisches Druckverfahren / fotograbado m, fotocalco m, heliograbado m, heliografía f ‖ ~mechanischer Entwickler (Foto) / revelador m fotomecánico ‖ ⁓medienlaborant m / asistente de laboratorio para medias fotográficas ‖ ⁓meson n (Nukl) / fotomesón m ‖ ⁓messfühler m / fotosensor m, fotodetector m ‖ ⁓meter m, Lichtmesser m (Eltronik) / fotómetro m ‖ ⁓meterbank f / banco m fotométrico ‖ ⁓meterkugel f / esfera f fotométrica [integrante] de Ulbricht ‖ ⁓metrie f / fotometría f ‖ ⁓metrie des Reflexionsgrades / medición f reflectométrica, reflectometría f ‖ ~metrisch, Lichtmessungs... / fotométrico ‖ ~metrische Analyse (Chem) / análisis m fotométrico ‖ ~metrische Bestimmung (Mat.Prüf) / determinación f fotométrica ‖ ~metrisches Entfernungsgesetz (Opt) / ley f de la inversa de los cuadrados ‖ ~metrische Grenzentfernung (Opt) / distancia f límite ‖ ~metrisches Strahlungsäquivalent / rendimiento m luminoso ‖ ⁓mikrographie, Mikrophotographie f (Verfahren) / fotomicrografía f ‖ ~mikroskop n / fotomicroscopio m ‖ ⁓mischdetektor m (elektronischer Bildsensor) (Kfz) / fotodetector m mezclador ‖ ⁓mosaik n (TV) / fotomosaico m ‖ ⁓multiplier m, Photovervielfacher m / fotomultiplicador m

Photon, Lichtquant n (Phys) / fotón m ‖ ⁓... / fotónico
Photo•nastie f (Bot) / fotonastía f ‖ ~negativ (Leitfähigkeit) / fotonegativo
Photonen•ablösung f / desprendimiento m de fotones, liberación f de fotones ‖ ⁓antrieb m / propulsión f fotónica o por fotones ‖ ⁓ausbeute f / rendimiento m de fotones ‖ ⁓gekuppelt / acoplado por fotones, de acoplamiento fotónico ‖ ⁓impulse m pl / impulsos m pl de fotones ‖ ⁓pumpe f (Eltronik) / bomba f de fotones ‖ ⁓rakete f / cohete m fotónico ‖ ⁓rauschen n / ruido m fotónico
Photoneutron n (Nukl) / fotoneutrón m
Photonik f (Phys) / fotónica f
Photon-Photon-Streuung f / difusión f o dispersión fotón-fotón
photo•nuklear / fotonuclear ‖ ⁓oxidation f / foto[o]xidación f ‖ ⁓phon n (Akust) / fotófono m, teléfono m óptico ‖ ⁓phorese f (Chem) / fotoforesis f ‖ ⁓pigment n / fotopigmento m ‖ ~plastische Aufzeichnung (Druck) / fotoplastografía f ‖ ⁓polarimeter n / fotopolarímetro m ‖ ~polymere Druckplatte, Auswaschplatte f (Druck) / plancha f fotopolímera ‖ ⁓polymer n / fotopolímero m ‖ ~positiv (Leitfähigkeit) / fotopositivo ‖ ⁓proton n (Nukl) / fotoprotón m ‖ ⁓rahmen m / portafotos m ‖ ⁓reaktion f, durch Licht ausgelöste Reaktion (Chem) / fotorreacción f ‖ ⁓relais f / fotorrelé m, relé m fotoeléctrico ‖ ⁓resist n, -resistlack m, lichtempfindliche Deckmasse f / su[b]stancia f protectora fotosensible, su[b]stancia f fotoendurecible ‖ ⁓rezeptor m / fotorreceptor m ‖ ⁓röhre, Vakuum-Photozelle f (Eltronik) / fototubo m, tubo m fotoeléctrico ‖ ⁓-Safari f / safari m fotográfico ‖ ⁓scanner m (Eltronik) / fotoescáner m ‖ ⁓schicht f / capa f fotoeléctrica ‖ ~sensibel / fotosensible, sensible a la luz ‖ ⁓skop n (Phys) / fotoscopio m ‖ ⁓spaltung f (durch γ-Strahlen) (Nukl) / fotofisión f, fisión f nuclear provocada por fotones ‖ ⁓spannung f / tensión f fotoeléctrica ‖ ⁓sphäre f (Astr) / fotosfera f ‖ ⁓strahlen m pl / rayos m pl actínicos ‖ ⁓strom m / corriente f fotoeléctrica ‖ ⁓synthese f / fotosíntesis f ‖ ~taktisch (Biol) / fototáctico ‖ ⁓taxis f / fototaxia f ‖ ~technischer Film / película f de reproducción ‖ ⁓teleskop n / fototelescopio m ‖ ⁓thek f / fototeca f ‖ ⁓theodolit m / fototeodolito m ‖ ⁓thyristor m / fototiristor m ‖ ⁓transistor m / fototransistor m, transistor m fotosensible ‖ ~trop, -tropisch / fototrópico ‖ ~trop, -chrom (Glas) / fotosensible, fotocrómico ‖ ⁓tropie f (Farbänderung durch Lichtabsorption) (Chem) / fototropia f (E), fototropía f (LA) ‖ ⁓tropismus m / fototropismo m ‖ ~typie, Kollotypie f (Druck) / fototipia f ‖ ⁓umformer m (Fernm) / fotoformador m ‖ ⁓varistor m / fotovaristor m, varistor m fotosensible ‖ ⁓vernetzt (Chem) / fotorreticulado ‖ ⁓vervielfacher m, Photomultiplikatorröhre f / fotomultiplicador m, tubo m fotomultiplicador ‖ ⁓voltaik f, PV / fotovoltaica f ‖ ⁓voltaik-Aufdachanlage f (Solar) / instalación f fotovoltaica sobre el tejado ‖ ⁓voltaik-Dachziegel m, -platte f / teja f fotovoltaica f ‖ ⁓voltaik-KW n / central f fotovoltaica ‖ ⁓voltaikmodul n / módulo m fotovoltaico ‖ ~-voltaisch, photovoltaisch / fotovoltaico ‖ ⁓widerstand m / LDR f (fotorresistor) ‖ ⁓widerstandszelle f / célula f fotoconductora o fotoconductiva, célula f fotorresistente ‖ ⁓zelle f, lichtelektrische Zelle / fotocélula f, célula f fotoeléctrica ‖ ⁓zellendetektor m / fotodetector m ‖ ⁓zellenverstärker m / amplificador m de fotocélula, amplificador m para célula fotoeléctrica ‖ ⁓zellen-Zerhacker m / interruptor m periódico electrónico ‖ ⁓zinkätzung, -zinkographie f (Druck) / fotocincografía f, fotozincografía f
pH-Pufferlösung f (Chem) / solución f tope de pH
phreatisch, frei beweglich o. wandernd (Geol) / freático ‖ ~es Grundwasser / agua f freática ‖ ~er Grundwasserspiegel / nivel m del agua freática
pH-Regelgerät n / regulador m de pH
Phthal•... (Chem) / ftálico ‖ ⁓amid n / ftalamida f
Phthalat n, Phthalsäureester m, -salz n / ftalato m ‖ ⁓harz n / resina f ftálica o de ftalato
Phthal•ein n (Färb) / ftaleína f ‖ ⁓einfarbstoff m / colorante m ftaleíco ‖ ⁓imid n / ftalimida f
Phthalo•genfarbstoff m / colorante m ftalogénico ‖ ⁓nitril n / ftalonitrilo m
Phthalsäure f / ácido m ftálico ‖ ⁓anhydrid n, PSA n / anhídrido m ftálico ‖ ⁓di-n-oktylester m / DOP (= ftalato de 2-etilhexilo) ‖ ⁓ester m / éster m del ácido ftálico
pH•-Wert m / valor m pH ‖ ~-Wertänderung f / variación f del valor pH ‖ Apparat für kalorimetrische ~-Wertbestimmung (Chem) / aparato m para la determinación calorimétrica del [valor] pH ‖ ~-Wertigkeit f / valencia f pH
Phygoidbewegung f (Luftf) / oscilación f fugoide
Phygoide f / fugoide f
Phyllit[schiefer] m (Geol, Min) / filita f
Phyllochinon n, Vitamin n K1 / filoquinona f
Phyllosilikat n / filosilicato m
Physik f / física f ‖ ⁓ der Beziehungen Sonne-Erde / física f de las relaciones Sol-Tierra
physikalisch, naturgesetzlich (Phys) / físico ‖ ~es Alter, Isotopenalter n (Nukl) / edad f física ‖ ~e Atmosphäre,

980

atm (= 760 Torr = 1013 mb) (veraltet) / atmósfera f física ‖ ~er Begriff / concepto m físico ‖ ~e Chemie / fisicoquímica f ‖ ~e Farbbildung (Pap) / reacción f física de color ‖ ~e Größe / magnitud f física ‖ ~e Grundlagen f pl / principios m pl físicos ‖ ~e Grundlagenforschung / investigación f de principios físicos ‖ ~e Grundverfahren n pl / operaciones f pl unitarias físicas, operaciones f pl físicas standard ‖ ~es Instrument / instrumento m físico ‖ ~er Katalysator (durch Strahlung wirkend) (Plast) / catalizador m físico ‖ ~e Konstante / constante f física ‖ ~es Labor[atorium] / laboratorio m físico o de física ‖ ~e Optik / óptica f física ‖ ~es Pendel / péndulo m físico ‖ ~e Photometrie / fotometría f física ‖ ~es Röntgenäquivalent, Röntgen, r, rep n (veraltet) / rep m ‖ ~er Satz (DV) s. physischer Satz ‖ ~e Statistik / estadística f física ‖ ~e Therapie (Med) / terapia f física, fisioterapia f, fisicoterapia f
physikalisch • -chemisch, physiko-chemisch / fisicoquímico ‖ ~-chemischer Strahlenschaden / daño m por irradiación ‖ ~-mathematisch / fisicomatemático adj ‖ ~-technisch / fisicotécnico ‖ ~-Technische Bundesanstalt, PTB f / Instituto m Físico-Técnico Federal
Physiker m / físico m
Physiko • chemie f, physikalische Chemie / fisicoquímica f ‖ ~chemiker m / fisicoquímico m ‖ ~-chemisch / fisicoquímico adj
Physiksalz n, Zinnlösung, -solution f (Färb) / solución f de estaño [en agua regia]
Physio[geo]graphie f / fisiografía f
Physiologie f / fisiología f
physiologisch / fisiológico ‖ ~e Arbeitsgestaltung / organización f fisiológica del trabajo ‖ ~e Blendung / deslumbramiento m fisiológico ‖ ~e Chemie / química f fisiológica ‖ ~e Kochsalzlösung (Med) / solución f fisiológica de cloruro sódico ‖ ~e Lautstärkeregelung / control m de volumen fisiológico ‖ ~e Spezies / especie f fisiológica ‖ ~e Verfärbung (Holz) / alteración f fisiológica de color
physisch, körperlich (allg) / físico ‖ ~e Datenstruktur f (DV) / estructura f física de datos ‖ ~er Doppelstern (Astr) / estrella f binaria ‖ ~e Geographie / fisiografía f, geografía f física ‖ ~es Pendel / péndulo m físico ‖ ~er Satz (Ggs.: Datensatz), Block m [von Informationen] (DV, Programm) / registro m físico ‖ ~er Seitenwechsel (DV) / cambio m físico de páginas ‖ ~e Verbindung (DV) / enlace m físico
Physostigmin, Eserin n / fisostigmina f
Phytin (Chem) / fitina f ‖ ~säure f / ácido m fítico
Phyto • ..., Planzen... (Bot) / fito..., vegetal ‖ ~chemie f / fitoquímica f ‖ ~geographie f / fitogeografía f ‖ ~gift n / fitotóxico m, veneno m vegetal ‖ ~hormon n, Pflanzenhormon n / fitohormona f, hormona f vegetal ‖ ~medizin f / fitiatría f ‖ ~pathologie f / fitopatología f ‖ ~phag, pflanzenfressend / fitófago, plantívoro ‖ ~plankton, Pflanzenplankton n / fitoplancton m, plancton m vegetal ‖ ~sterin (Chem) / fitosterina f ‖ ~technik f / fitotecnia f ‖ ~therapie f (Pflanzenheilkunde) / fitoterapia f ‖ ~toxizität f / fitotoxicidad f
Pi n (3.1415926783), π, Ludolfsche Zahl (Math) / pi m, π
Piano-Jaulen n (Audio) / aullido m piano
Piassava[faser], Piassaba, Picaba, Picuba f (Bot) / fibra f de la palmera piasava
PIB = Polyisobutylen
Pi-Betrieb m (Eltronik) / modo m pi o π
Pica f (eine genormte Schriftgräße) / pica f (unidad de medida tipográfica
Pichapparat m (Fässer) / aparato m para empegar barriles
Picke f, Kreuzhacke f, Pickel m (Bau, Bergb) / zapapico m, pico m

Pickel f, Pickelbrühe f (Gerb) / piquelado m ‖ ~m (Fehler) (Plast) / grano m ‖ ~bildung f (Walzw) / formación f de granillos o de sopladuras ‖ ~blöße f (Gerb) / piel f en tripa piquelada ‖ ~hammer m (Geol) / martillo m de[l] geólogo
pickeln vt (Gerb) / piquelar
Picker m, Web[er]vogel m, Treiber m (Web) / taco m [de telar] ‖ ~, Baumwollpflückmaschine f / recogedora f de algodón
Pickeringit m (Min) / pickeringita f
Pick • hacke, Hammerspitzhaue f (Bergb) / pico m ‖ ~hammer m / martillo m picador, pico m neumático
Pick-up m (Kfz) / [tipo de] camioneta o urgoneta f ‖ ~, Anzugsvermögen n (Kfz) / aceleración f ‖ ~, Abtastdose f (Audio) / fonocapt[ad]or m ‖ ~ (absetzbarer Wohnaufbau) (Kfz) / pick-up m ‖ ~-Presse f (Landw) / recogedora-empacadora f ‖ ~-Reaktion f (Nukl) / reacción f de captación ‖ ~-Trommel f (Landw) / tambor m o molinete recogedor
Pico • ..., 10^{-12} / pico... ‖ ~farad n, pF / picofarad[io] m ‖ ~farad-Trimmerkondensator m / condensador m de ajuste de picofaradios ‖ ~funkzelle f (Mobilfunk) / picocelda f
Picolin, Methylpyridin n (Chem) / picolina f, metilpiridina f
Picoprozessor m (DV) / picoprocesador m
Picotit, Chromspinell m (Min) / picotita f
PID • -Regelung f (Regeln) / regulación f proporcional, integrante y diferenciante, regulación f PID ‖ ~-Regler m (Proportional, Integral, Differential) / regulador m PID
Piedestal n, Fußgestell n (Bau) / pedestal m
Pi-Elektron n (Phys) / electrón m pi o π
Piemontit m (Min) / piemontita f
Piepton m, Piepser (Fernm) / sonido m pío
Pier m f, Kai m / muelle m, desembarcadero m ‖ **ab o. Kai** / ex muelle ‖ **am liegen** / estar amarrado en el muelle ‖ **auf Pfählen gebauter** ~ / muelle m sobre pilotes
Pierce-Schaltung f (Eltronik) / oscilador m Pierce
Piergebäude n (Luftf) / edificio m de embarque
Pier-Pier-Verkehr m / tráfico m entre muelles
Piewolle f (Tex) / lana f de digestión
Piezo • aktoren m pl (Dieselmotor) / piezoactuadores m pl ‖ ~chemie, Hochdruckchemie f / piezoquímica f ‖ ~-Einspritzung f (Kfz) / piezoinyección f
piezoelektrisch, Piezo... / piezoeléctrico ‖ ~, Kristall... (Lautsprecher, Mikrofon) / piezoeléctrico, de cristal ‖ ~er Effekt, Piezoeffekt m / efecto m piezoeléctrico ‖ ~e Einspritzdüse (Kfz) / inyector m piezoeléctrico ‖ ~er Quarz, Piezoquarz m / cristal m o cuarzo piezoeléctrico ‖ ~er Spannungskoeffizient (Krist) / coeficiente m piezoeléctrico de tensiones ‖ ~e Steuerung (Lautsprecher, Mikrofon) / control m por cristal, regulación f de la frecuencia por cuarzo ‖ ~er Vibrator / generador m piezoeléctrico de vibraciones
Piezo • elektrizität f / piezoelectricidad f ‖ ~ferroelektrisch / piezoferroeléctrico ‖ ~-Jet m (ein Tintenstrahldrucker) (DV) / impresora f de chorro de tinta piezoeléctrica ‖ ~kristall m / cristal m piezoeléctrico ‖ ~magnetisch / piezomagnético ‖ ~meter n / piezómetro m ‖ ~metrisch / piezométrico ‖ ~resistiv (Phys) / piezorresistivo ‖ ~tropisch / piezotrópico, de piezotropismo
Piezoxid n (Eltronik) / piezóxido m
Pi-Filter m n (Eltronik) / filtro pi m
Pigeonit m (Min) / pigeonita f
Pi-Glied n (Eltronik) / sección pi f
Pi-Glied n, -Schaltung f (Fernm) / red f en pi o en π
Pigment n, Farbkörper m / pigmento m, materia f colorante ‖ ~... / pigmentario ‖ ~druck m, -kopie f (Druck) / copia f en papel pigmento ‖ ~-Erz n / mineral m pigmentario ‖ ~farbe f / tinta f de

pigmentos ‖ ⁓**farbstoff** m / colorante m pigmentario ‖ ⁓**frei** / sin pigmento
pigmentieren vt / pigmentar ‖ ~ vi / ser pigmentado
Pigmentierfärbeverfahren n (Tex) / procedimiento m de teñido de pigmentos
Pigmentierung f / pigmentación f
Pigment•klotzverfahren n (Tex) / procedimiento m de fulardado de pigmentos ‖ ⁓**papier** n / papel m pigmento ‖ ⁓**papierkopie** f / copia f sobre papel pigmento ‖ ⁓**papierübertragung** f (Druck) / reporte m del papel carbón ‖ ⁓**paste** f (Farbe) / pasta f pigmentada ‖ ⁓**träger** m, Vehikel n / vehículo m
Pigtail n (Laser) / fibra f de cristal para el láser diódico
Pikee m, Piké m (Web) / piqué m
pikieren vt / picar plantas
Pikral n (alkoholische Pikrinsäurelösung) / picral f
Pikraminsäure f / ácido m picrámico
Pikrat n / picrato m ‖ ⁓**pulver** n, Pikrinpulver n / polvo m pícrico
Pikrinsäure f, Trinitrophenol n / ácido m pícrico, trinitrofenol m
Pikrit m (Geol) / picrita f
Pikrolith m (Min) / picrolita f
Pikrylchlorid n / cloruro m de picrilo
Piktogramm n / pictograma m
Piktographie f, Bilderschrift f / pictografía f
Pilferproofmundstück n (Flasche) / boquilla f pilferproof
Pilger•... (Walzw) / a paso de peregrino ‖ ⁓**dorn** m (Walzw) / mandril m de laminar a paso de peregrino
pilgern, pilgerschrittwalzen / pasar por un laminador a paso de peregrino
Pilger•nadel f (Rohrwalzw) / mandril m a laminar en frío a paso de peregrino ‖ ⁓**schrittschweißung** f / soldadura f a paso de peregrino ‖ ⁓**schrittwalzen** n / laminación f en un tren a paso de peregrino ‖ ⁓**schrittwalzwerk** n / tren m laminador de tubos a paso de peregrino ‖ ⁓**walze** f (Walzw) / cilindro m para laminar a paso de peregrino
pilieren, Seife ~ / mezclar con perfumes y colorantes
pillbeständig, pillfest, pillingfest (Tex) / resistente al pillado o al pilling
Pille f (Pharm) / píldora f ‖ ⁓, Anschlussfläche f (Eltronik) / punto m, botón m
pilliertes Saatgut (Landw) / semillas f pl pildoradas o en píldora
Pilling•effekt m, Pillneigung f (Web) / efecto m pilling ‖ ⁓**festigkeit** f (Web) / resistencia f al pilling
Pilltest m (Web) / control m del efecto pilling
Pilot m, Flugzeugführer m / piloto m, aviador m ‖ ⁓ m, Rennwagenfahrer m / piloto m ‖ ⁓ (ein Moleskin) (Web) / tela f piloto ‖ ⁓ m (Fernm) / piloto m, piloto m ‖ ⁓**anlage** f, Pilot Plant f / planta f piloto o de ensayo, fábrica f experimental ‖ ⁓**ballon** m (Meteo) / globo m piloto o sonda ‖ ⁓**betrieb** m (F.Org) / empresa f piloto ‖ ⁓**bohrkrone** f (Bergb) / corona f [de sondeo] piloto, barrena f piloto
Pilote f (Klavier) / pilote m
Pilotenwetterbericht m / parte m meteorológico del piloto
Pilot•frequenz f, Steuerfrequenz f / frecuencia f piloto ‖ ⁓**frequenz-Aufzeichnung** f, Pilottonverfahren n / registro m de la frecuencia piloto ‖ ⁓**kontakt** m (Elektr) / contacto m piloto ‖ ⁓**krackanlage** f / planta f piloto de craqueo ‖ ⁓**kreis**, Steuerstromkreis m (Regeln) / circuito m piloto o de mando ‖ ⁓**licht** n (Mikrosk) / lamparilla f piloto o indicadora o testigo o de vigilancia ‖ ⁓**programm** n / programa m piloto ‖ ⁓**projekt** n / proyecto m piloto ‖ ⁓**schwingung** f (Akust) / tono m piloto de referencia ‖ ⁓**störung** f (Fernm) / falla f piloto ‖ ⁓**studie** f / investigación f piloto ‖ ⁓**ton** f (Fernm) / señal f de identificación o de mando ‖ ⁓**träger** m (Eltronik) / portadora f piloto, onda f portadora piloto ‖ ⁓**trägerpegel** m (Fernm) / nivel f de portadora piloto ‖ ⁓**ventil** n (Pneum) /

válvula f piloto ‖ ⁓**versuch** m / experimento piloto ‖ ⁓**welle** f (Fernm) / onda f piloto de línea ‖ ⁓**zündschnur** f / mecha f detonante
Pilz m (mit Hut) (Bot) / seta f ‖ ⁓, Schwamm m / hongo m ‖ ⁓ m, Schimmelpilz m / moho m ‖ ⁓, Block m von Zahnrädern / bloque m de ruedas dentadas ‖ ⁓ m, Drehpilz m (Wzm) / cuchilla f fungiforme ‖ ⁓..., Schwamm... / fungoso ‖ ⁓**amylase** f / amilasa f fungosa ‖ ⁓**anker** m (Schiff) / ancla f de paraguas, sumergidor m ‖ ⁓**befall** m (Holz) / excrecencia f fungosa ‖ ~**befallverhütend** / fungicida ‖ ⁓**beständigkeit** f (Plast) / resistencia f al crecimiento de esporas fungosas ‖ ⁓**bewuchs**, -rasen m / crecimiento de hongos ‖ ⁓**bildung** f / formación f de hongos ‖ ⁓**decke** f (Bau) / techo m plano sobre pilares ‖ ⁓**diastase** f (Biochem) / diastasa f fungosa ‖ ⁓**enzym** f / enzima f fungosa ‖ ⁓**festigkeit** f (Pap) / resistencia f a moho ‖ ~**förmig** / fungiforme ‖ ~**förmiger Kopierdrehmeißel** (Wzm) / cuchilla f fungiforme [de torno] para copiar ‖ ⁓**fräser** m (Wzm) / fresa f fungiforme
pilzig, pilzartig / fungoso, micósico
Pilz•isolator m / aislador m de campana ‖ ⁓**kopfbeschlag** m (Fenster) / herraje m de cabeza de hongo ‖ ⁓**kopflüfter** m / ventilador m de campana o tipo hongo ‖ ⁓**krankheit** f, Mykose f (Landw) / micosis f, enfermedad f criptogámica ‖ ⁓**lampe** f, -leuchte f / lámpara f de campana ‖ ⁓**lautsprecher** m / altavoz m tipo hongo ‖ ⁓**meißel** m (Dreh) / cuchilla f fungiforme ‖ ⁓**niet** m / remache m de cabeza de hongo ‖ ⁓**rasen** m des Blauschimmels (Biol) / césped m micélico ‖ ⁓**schaden** (Holz) / daño m producido por hongos ‖ ⁓**schutzmittel** n / agente m fungicida o antifúngico o anticriptogámico ‖ ⁓**stößel** m (Mot) / taqué m (E) o botador m (LA) fungiforme
Pimelinsäure f (Chem) / ácido m pimélico
Piment n, roter Bolus (Galv) / bol m ‖ ⁓ (Gewürz), Nelkenpfeffer m / pimiento m de Jamaica
pi-mesisch, π-mesisch (Quantenmech) / de pión, de mesón pi o π
Pi-Modus m, -Schwingungsart f (Magnetron) / modo m pi
Pimpel m (Relais) / clavo m de contacto
Pin n m, Beinchen n (coll), Anschlusspin m (Halbl) / conect[ad]or m, pin m, terminal m
Pina•colin, Trimethylaceton n (Chem) / pinacolona f ‖ ⁓**con** n / pinacona f ‖ ⁓**koid** n (Krist) / pinacoide m ‖ ⁓**kryptol** n (Foto) / pinacriptol m
Pinanordnung f (Halbl) / disposición f de conectadores
Pinasse f, Beiboot n (Schiff) / pinaza f, esquife m, lancha f ‖ ⁓, Rettungsboot n / bote m salvavidas
Pinatypie f, -typverfahren n (Foto) / pinatipia f, pinotipia f
Pinch m (Plasmaphysik) / constricción f, apretamiento m, estrechamiento m ‖ ⁓-**Apparatur** f (Plasma) / dispositivo m de constricción ‖ ⁓**effekt**, Schnüreffekt m (Elektr, Nukl) / efecto m constrictor o de constricción o de apretamiento, reostricción f ‖ ⁓-**Entladung** f (Nukl) / descarga f de reostricción ‖ ⁓**kraft** f (Schw) / fuerza f de constricción ‖ ⁓-**off-Spannung** U_p f (Halbl) / tensión f de estrangulación, tensión f de estricción o de codo
PIN-Diode f (Halbl) / diodo PIN
Pineapple-Spule f (Tex) / cono-piña m
Pinen n (ein Monoterpen) / pineno m, trementeno m
Pineöl n (Chem) / esencia f de madera de pino
Pi-Netzwerk n (Fernm) / red f en pi o en π
Pinge f, Trichter m (Bergb) / embudo m
Pingenbau, Trichterbau m (Bergb) / explotación f por embudos
Pinger m, Unterwasserschallgeber m / emisor m submarino de sonidos
Pingpongblitz m (Foto) / luz f reflejada
Pin-Grid-Gehäuse n (Halbl) / cubierta f pin-grid

Pin-hole *n*, Nadelstichpore *f*, Randblase *f* (Gieß) / burbuja *f* ocluida
Pinie *f*, Pinus pinea (Bot) / pino *m* piñonero
Pininsäure *f* / ácido *m* pínico
pinken *vt* (Seide) / cargar con cloroetanato amónico
pinkompatibel, steckerkompatibel (DV) / de configuración compatible de los alfileres
Pinksalz, Ammoniumzinnchlorid *n* (Färb) / sal *f* Pink, cloruro *m* de estaño amoniacal, cloroetanato *m* amónico
Pinne *f*, Stift *m* / tachuela *f* ‖ ~ (Kompass) / púa *f* ‖ ~, Finne *f* des Hammers (Wz) / peña *f* ‖ ~ (Brennhilfsmittel) / punta *f* ‖ ~, Ruderpinne *f* (Schiff) / barra *f* o caña del timón
Pinning *n*, koerzitive Blockierung (Blasenspeicher, DV) / bloqueo *m* coercitivo ‖ ~, Flussfadenverankerung *f* (Phys) / anclaje *m* del flujo ‖ ~**zentrum** *n* (Supraleiter) / centro *m* de pinning
Pinnoit *m* (Min) / pinoita *f*
Pinnwand *f* (Büro) / tablón *m* de noticias
Pinole *f* (Dreh) / pinola *f*, casquillo *m*, cañón *m*, pínula *f*
Pinolen•klemme *f* (Schleifm) / palanca *f* de aprieto de pinola ‖ ~**-Rückzug** *m* / retroceso *m* de pinola ‖ ~**verstellrad** *n* / volante *m* para el ajuste del casquillo
Pinolit *m* (Min) / pinolita *f*
PIN-Photodiode *f* (Halbl) / fotodiodo *m* PIN
Pinpointdrucker, Mosaikdrucker *m* (DV) / impresora *f* de mosaico
Pinsel *m*, Malpinsel *m* / pincel *m*, paletina *f* ‖ ~ **für Tüncherarbeiten** / brocha *f*[gorda] ‖ ~**anstrich** *m* / pintura *f* de brocha ‖ ~**auftrag** *m* / aplicación *f* por brocha ‖ ~**borste** *f* / cerda *f* ‖ ~**galvanisierung** *f*, Bürstengalvanisierung *f* / galvanoplastia *f* con brocha ‖ ~**haar** *n* / pelo *m* de pincel ‖ ~**macher** *m* / pincelero *m*
pinseln *vt* / pincelar, brochar
Pinsel•schimmel *m*, Penicillium *n* (Pharm) / penicilio *m* ‖ ~**strich** *m* / pincelada *f*, pincelazo *f* (LA), brochada *f* ‖ ~**strich**, kleine Verbesserung / pequeño retoque *m* ‖ grober ~**strich** / brochazo *m*
Pint *n* (Hohlmaß) / pinta *f*
Pinzette *f* / pinzas *f pl*, pinceta *f* ‖ ~ (Druck) / pinzas *f pl*
Pinzettengreifer *m* (Roboter) / pinzas *f pl* prensiles
Pion, π-Meson *n* (Phys) / pión *f*, mesón *m* pi o π
Pionier•bohrung *f* (Öl) / pozo *m* exploratorio o de cateo, perforación *f* de ensayo ‖ ~**pflanze** *f* (Landw) / planta *f* pionera
Pipeline, Öl[fern]leitung *f* / oleoducto *m*, pipeline *m* ‖ ~ *f* **für Gas** / gasoducto *m* ‖ ~ **für Produkte** / tubería *f* (E) o cañería (LA) de productos ‖ ~**-Betreiber** *m* / operario *m* de un oleoducto
Pipelining *n* (DV) / procesamiento *m* en pipeline
Piper•azin, Diethylendiamin *n* (Chem) / piperacina *f* ‖ ~**idin**, Hexahydropyridin *n* / piperidina *f* ‖ ~**in** *n* / piperina *f* ‖ ~**onal** *n* / piperonal *m*, heliotropina *m*
Pipette *f* (Chem) / pipeta *f*
Pipetten•ständer *m* / soporte *m* de pipetas ‖ ~**verfahren** *n* / método *m* de pipeta
pipettieren *vt* / pipetear
P.I.P.-System *n* (= programmed individual presentation) (Unterrricht) / sistema *m* P.I.P., sistema *m* de presentación individual programada
Piqué, Pikee *m* (Web) / piqué *m*
Pirani•-Manometer *n* (Vakuum) / manómetro *m* de Pirani ‖ ~**-Vakuummesser** *m* / vacuómetro *m* o calibre de Pirani
Piratensender *m* (Eltronik) / emisora *f* pirata
Piraterei *f* (DV) / piratería *f*
PI-Regler *m*, Proportional-Integralregler *m* / regulador *m* proporcional-integral
Pirschpulver *n* (Chem) / pólvora *f* de caza
Pi-Schaltung *f*, -Glied *n* (Fernm) / red *f* en pi o en π
Pi-Schwingungsart *f*, -Modus *m* (Magnetron) / modo pi *m*
Pisébau *m* (Bau) / mampostería *f* en pisé

Pisolith, Erbsenstein *m* (Min) / pisolita *f* ‖ ~**isch** / pisolítico
Pissoir *n* / urinario *m*, meadero *m*
Pistazie *f* (Bot) / pistacho *m*
Pistazit, Epidot *m* (Min) / pistacita *f*, epidota *f*
Piste *f*, Start- und Landebahn, SLB *f* (Luftf) / pista *f* [de despegue y aterrizaje] ‖ ~ (Tonfilm) / banda *f* lateral magnética
Pisten•begrenzungsfeuer *n* / luz *f* del borde de pista ‖ ~**feuer** *n*, -befeuerung *f* (Luftf) / luz *f* de pista ‖ ~**oberflächenfeuer** *n* / luz *f* empotrada de pista ‖ ~**pflege** *f* (Sport) / mantenimiento *m* de [las] pistas ‖ ~**[pflege]gerät** *n* (Sport) / máquina *f* pisanieves o pisapistas, máquina *f* para preparar pistas, máquina *f* para el acondicionamiento de pistas ‖ ~**richtungsanzeiger** *m* (Luftf) / indicador *m* de alineación de pista ‖ ~**richtungsfeuer** *n* / faro *m* de enfilamiento de pista ‖ ~**sichtweite** *f* (Luftf) / alcance *m* visual en la pista ‖ ~**walze** *f* (Sport) / pisapistas *m*
Pistill *n*, Mörserkeule *f* (Chem) / mano *m* de mortero, pistilo *m*
Pistole *f* / pistola *f*
Pistolen•griff *m* / puño *m* o mango o cabo de pistola, empuñadura *f* de pistola, mango *m* tipo pistola ‖ ~**kopfdüse** *f* (Regner) / boquilla *f* de aspersión ‖ ~**ventil** *n* (Feuerlöscher) / válvula *f* de pistola (matafuegos)
Pit *n* (Video) / elemento *m* de imagen, pit *m*
Pita•faser *f* (Bot) / fibra *f* de pita o de agave ‖ ~**hanf** *m*, Sisalhanf *m* (Tex) / pita *f*
Pitchpine, Kernholz *n*, Pinus caribaea (Bot) / pino *m* de América Central, pinaveta *f*, pinotea *f* ‖ ~ *f*, Pinus palustris / pino *m* pantano o palustre, pino *m* tea o del sur
Pitot•druck *m* (Phys) / presión *f* de choque en el interior de un tubo Pitot ‖ ~**rohr** *n* / tubo *m* de Pitot ‖ ~**rohr für ruhenden Druck** / tubo *m* simple de Pitot ‖ ~**-Venturi-Rohr** *n* / tubo *m* [de] Pitot-Venturi
Pitting, Grübchen *n* (Lager) / picadura *f*, hoyuelo *m* ‖ ~, Pockennarbe *f* (Pressfehler) (Plast) / desgranamiento *m*, pitting *m* ‖ ~, Grübchenbildung *f* / formación *f* de hoyuelos
Pitts *pl*, Pitze[n] *pl* (Pap) / trapos *m pl* sin deshilachar, nudos *m pl* de trapos
Pittsburgh•-Falzverbindung *f* (Blech) / unión *f* engatillada (o engrapada) simple replegada ‖ ~**-Verfahren** *n* (Senkrechtziehen) (Glas) / proceso *m* Pittsburgh
Pius *m* (Bergb) / agujero *m* central no cargado
Pivot *m* *n* (des Schlepphakens) (Schiff) / pivote *m*
Pixel *n*, Bildelement *n* (DV) / elemento *m* de imagen, píxel *m* ‖ **dreidimensionales** ~, Trixel *n* / trixel *m* ‖ ~**matrix** *f*, Bildelementmatrix *f* (DV) / matriz *f* de elementos de imagen
pixeln *vt* (TV, Video) / pixelar ‖ ~ *n* / pixelado *m*
PK = Pyrometerkegel ‖ ~ = persönliche Kennzahl ‖ ~ = Personenkennzeichen
PKA, Pilotkonditionierungsanlage *f* (Nukl) / planta *f* piloto de acondicionamiento
P-Kanal *m* (Halbl) / canal *m* P
P-Kanal-FET *m* / transistor *m* de efecto de campo de canal P
P-Kanal-Nitridtechnik *f* / técnica *f* de nitruro de canal P
PKB = polykristallines Bornitrid
PKD = polykristalliner Diamant
P-Klassifikation *f* / clasificación *f* P
Pkw, Personenkraftwagen *m*, Auto *n* / automóvil *m*, coche *m*, turismo *m*, buga *m*, bugata *m* (coloq.), carro *m* (LA) ‖ ~**-Aufzug** *m* / montacoches *m* ‖ ~**-Einheit** *f*, PKW-E *f* / unidad *f* automóvil
pK-Wert *m* (Chem) / valor *m* pK
Pkw•-Reifen *m* / neumático *m* para coches, llanta *f* (LA) ‖ ~**-Zug** *m* (Kfz) / combinación *f* coche/remolque

PLA *m* (= programmierbare logische Anordnung - ein Schaltkreis) (DV) / PLA (= Programmable Logic Array) ‖ ≃ *n* (DV) / dispositivo *m* multicircuito integrado programable
Placer *n*, Gold[sand]feld *n* (Geol) / placer *m*
Placido-Scheibe *f*, Keratoskop *n* (Opt) / keratoscopio *m*
Plackenbildung *f* (Gerb) / efecto *f* piel de naranja
Plafond *m* (Bau) / techo *m*, cielorraso *m*
Plagge *f*, Deckrasenstück *n* (Bau) / césped *m* en losetas
Plagieder *n* (Krist) / pentagonicositetraedro *m*, plagiedro *m*
Plagio•klas *f* (Min) / plagioclasa *f* ‖ ≃**nit** *m* (ein Spießglanz) (Min) / plagionita *f*
Plakat *n* (Druck) / cartel *m*, anuncio *m*, pancarta *f* ‖ ≃**druckerei** *f* / imprenta *f* de carteles ‖ ≃**farbe** *f* / tinta *f* para carteles
plakatieren *vt* / fijar carteles, acartelar
Plakat•karton *m* / cartulina *f* para pancartas o carteles ‖ ≃**schrift** *f* / caracteres *m pl* para carteles
Plakette *f* / distintivo *m*, pegatina *f*
Plan *m*, Stadtplan *m* / plano *m*, mapa *f* de ciudad ‖ ≃, Planung *f*, Entwurf *m* / plan *m*, proyecto *m*, esquema *m* ‖ ≃, Grundriss *m*, Aufnahme *f* (Bau) / planta *f*, plano *m* horizontal ‖ ≃, Programm *n* / programa *m* ‖ ≃, Entwurf *m*, [An-, Auf]riss *m* / traza *f*, dibujo *m* a trazos ‖ ≃, Übersicht *f* / sinopsis *f* ‖ ≃, Skizze *f*, Entwurf *m* / esbozo *m*, bosquejo *m* ‖ ≃**anschlag[bolzen]** *m* (Dreh) / tope *m* para movimiento horizontal
planar, flächig / llano, plano ‖ ~ (Math, Opt) / planar ‖ ~**er Graph**, ebener Graph (Math) / grafo *m* o gráfico planar ‖ ~**e Optik** / óptica *f* planar ‖ ≃ *n* (Opt) / planar *m*
Planarantenne *f* / antena *f* planar
Planarbeit, Aufnahme *f* (Bau) / trazado *m* de planos ‖ ≃ *f*, Planung *f* / planificación *f*, planeo *m* ‖ ≃ (Dreh) / refrentado *m* (E), frenteado *m*
Planar•chromatographie *f* (Chem) / cromatografía *f* planar ‖ ≃**-Epitaxial...** (Halbl) / epitaxial de estructura planar ‖ ≃**-Epitaxialtechnik** *f*, PEP-Technik *f* / técnica *f* epitaxial de estructura planar ‖ ≃**technik** *f* (Halbl) / técnica *f* planar ‖ ≃**transistor** *m* / transistor *m* planar ‖ ≃**triode** *f* / triodo *m* planar
Plan•aufnahme *f*, Feldmessen *n* / agrimensura *f*, levantamiento *m* de planos, topografía *f* ‖ ≃**ausleger** *m* (Druck) / sacapliegos *m* plano ‖ ≃**bearbeitung** *f* **von Stangen** (Dreh) / refrentado *m* de barras ‖ ≃**bewegung** *f*, -gang *m* (Dreh) / avance *m* transversal ‖ ≃**bindung** *f* (Druck) / atado *m* plano
Plancheit *m* (Min) / plancheíta *f*
Planchette *f*, Zählschälchen *n* (Nukl) / plancheta *f*
Plancksch•e Farbe (Phys) / color *m* planckiano ‖ ≃**e Konstante**, Plancksches Wirkungsquantum / constante *f* de Planck ‖ ≃**e Kurve** / lugar *m* geométrico planckiano ‖ ≃**e Quantenhypothese** / ley *f* de Planck ‖ ≃**er Strahler** / radiador *m* de Planck, radiador *m* completo, cuerpo *m* negro ‖ ≃**es Strahlungsgesetz** / ley *f* de radiación de Planck
Planck-Zeit *f*, 10^{-44}s / tiempo *m* de Planck
Plan•dichtsitz *f* (Zündkerze) (Kfz) / asiento *m* plano de obturación ‖ ≃**drehen** *vt*, die Stirnfläche bearbeiten (Dreh) / refrentar (E), tornear al aire (E), frentear (LA) ‖ ≃**drehen** *n* (Dreh) / refrentado *m* (E), frenteado *m* (LA) ‖ ≃**drehmaschine** *f*, -maschine *f* / torno *m* para refrentar o al aire (E), torno *m* para frentear (LA) ‖ ≃**drehschlitten** *m*, -drehapparat *m* (Dreh) / carro *m* para refrentar (E) o frentear (LA)
Plane *f*, -plane *f* (allg) / toldo *m*, lona *f* ‖ **mit ≃ abdecken** / cubrir con toldo[s], entoldar
planen *vt* (allg) / planear, planificar, proyectar ‖ ≃**container** *m* / container *m* o contenedor con toldos ‖ ≃**stoff** *m* (Web) / tejido *m* para toldos, lona *f*
Planer *m*, Organisator *m* / planificador *m* ‖ ≃, Fertigungsvorbereiter *m* / planificador *m* de la fabricación ‖ ≃, Organisator *m* (DV) / analizador *m* de sistemas
Plänermauerwerk *n* (Bau) / mampostería *f* de piedra margosa
Planet *m* (Astr) / planeta *m* ‖ **äußere ≃en** / planetas *m pl* exteriores ‖ **innere ≃en** / planetas *f pl* inferiores o interiores
Planetar-Funkenerosion *f*, -Erodieren *n* / electroerosión *f* planetaria [por chispas]
planetarisch, Planeten... / planetario ‖ ~**e Grenzschicht** (Astr) / capa *f* límite planetaria ‖ ~**e Nebel**, Ringnebel *m pl* / nebulosas *f pl* planetarias
Planetarium *n* / planetario *m*
Planeten•bewegung *f* (Masch) / movimiento *m* planetario ‖ ≃**getriebe** *n*, -rädergetriebe *n* / engranaje *m* planetario ‖ ≃**getriebemotor** *m* (Elektr) / motor *m* reductor con engranaje planetario ‖ ≃**getriebezug** *m* / tren *m* de engranajes planetarios ‖ ≃**landungsgerät** *n* (Raumf) / sonda *f* para aterrizaje planetario ‖ ≃**mission** *f* (Raumf) / misión *f* planetaria ‖ ≃**rad** *n* (Masch) / rueda *f* planetaria, piñón *m* satélite ‖ ≃**räder** *n pl* (Getriebe) / satélites *m pl* ‖ ≃**radträger** *m* / portapiñón *m* satélite ‖ ≃**radträgerwelle** *f* / árbol *m* del portapiñón satélite ‖ ≃**radwelle** *f* / árbol *m* del piñón satélite ‖ ≃**rührwerk** *n* / agitador *m* planetario ‖ ≃**scheibe** *f* / disco *m* planetario ‖ ≃**sonde** *f* (Raumf) / sonda *f* planetaria ‖ ≃**system** *n* (Astr) / sistema *m* planetario ‖ ≃**träger** *m* (Masch) / soporte *m* de piñón ‖ ≃**träger**, Sonnenrad *n* (Masch) / piñón *m* central ‖ ≃**-Walzgerüst** *n* (Hütt) / caja *f* de laminador planetario ‖ ≃**walzwerk** *n* / tren *m* laminador planetario
Planet•-Fernsensor *m* (Astr) / detector *m* planetario de gran alcance ‖ ≃**landung** *f* / aterrizaje *m* planetario ‖ ≃**oid** *m*, kleiner Planet / planetoide *m*, asteroide *m*
Planetologie *f* / planetología *f*
Planetspindelschleifmaschine *f* (Wzm) / amoladora *f* con husillo de movimiento planetario
Plan•feststellung *f* / establecimiento *m* de un plano regulador urbano ‖ ≃**film** *m* (Foto) / película *f* plana ‖ ≃**filter** *m n* (Chem) / filtro *m* plano ‖ ≃**fläche** *f* (Wzm) / superficie *f* refrentada plana ‖ ≃**fläche** (Opt) / superficie *f* plana ‖ **optische ≃fläche** / plano *m* óptico ‖ ~**fräsen** *vt* (Wzm) / planear con fresa ‖ ≃**fräser** *m* / fresa *f* para planear ‖ ≃**fräsmaschine** *f* (Wzm) / fresadora *f* para planear ‖ ~**frei**, nicht niveaugleich (Straßb) / no a nivel ‖ ≃**gang**, -vorschub *m* (Wzm) / desplazamiento *m* transversal ‖ ≃**gemäß** / de acuerdo con un plan[o] ‖ ≃**glas** *n* (Opt) / vidrio *m* plano ‖ ~**gleich** (Straßb) / a nivel ‖ ≃**halter** *m* / sujetaplanos *m* ‖ ≃**heit** *f* / planeidad *f* ‖ ≃**heitsregelung** *f* (Walzw) / control *m* de planeidad
Planie *f* s. Planieren
Planier•bagger *m* (Bau) / excavadora-niveladora *f* ‖ **auf der ≃bank plattdrücken** (o. planieren) (Metall) / aplanar metal ‖ ≃**drehmaschine** *f* (Dreh) / torno *m* para alisar
planieren *vt*, einebnen (Bau) / nivelar, explanar, aplanar, allanar ‖ ~, prägerichten (Stanz) / aplanar por prensa ‖ ~, das Planum herstellen (Bahn) / preparar el plano ‖ **auf der Drückbank ~** / repujar al torno ‖ ≃ *n* / aplanamiento *m*, explanación *f*, nivelación *f*, allane *m* (MEX)
Planierer *m* (Bau) / nivelador *m* ‖ ≃, Richtmaschine *f* (Walzw) / aplaneador *m*
Planier•gerät *n* (Landw) / trailla *f* aplanadora ‖ ≃**gerät auf Rädern** (Bau) / niveladora *f* sobre neumáticos ‖ ≃**hammer** *m* (einbahnig, Wz) / martillo *m* para aplanar ‖ ≃**hobel** *m* (Straßb) / escarificadora *f* ‖ ≃**maschine** *f* (Bahn) / planeadora *f* [para el plano] ‖ ≃**pflug** *m* (Tagebau) / arado *m* explanador ‖ ≃**raupe** *f*, Bulldozer *m* (Straßb) / niveladora *f* de orugas, oruga *f* aplanadora, planeador-oruga *m*, topadera *f* (LA), tiltdozer *m*, angledozer *m* ‖ ≃**raupe**, -pflug *m* mit Winkelschild (Straßb) / .x *f*, bulldozer *m* ‖ ≃**raupe mit**

hebbarem Schild / niveladora f sobre orugas con pala elevadora ‖ ⁓schild n der Planierraupe / pala f niveladora o aplanadora ‖ ⁓stange f (Koksofen) / barra f niveladora o aplanadora
planierte Fläche, Planum n (Bau) / terreno m nivelado o plano, plan m (LA)
Planierungsarbeiten f pl / trabajos f pl de nivelar
Planier•walze f (Straß) / rodillo m nivelador ‖ ⁓werkzeug n (Stanz) / útil m aplanador
Plani•meter n (Geom, Verm) / planímetro m ‖ ⁓metrie f, ebene Geometrie / planimetría f ‖ ⁓metrieren vt / medir con el planímetro
planimetrisch / planimétrico
Plankappenfallschirm m (Luftf) / paracaídas m plano
Planke f (Holz) / tablón m, tablazón m
Planken•gang m (Schiff) / traca f ‖ ⁓naht f (Schiff) / costura f de traca
Plan•kerbverzahnung f (Masch) / dentado m Hirth, corona f dentada ‖ ⁓konkav (Opt) / planoconcavo ‖ ⁓konvex / planoconvexo ‖ ⁓kopieren n (Wzm) / copiado m profundizante ‖ ⁓kosten pl (F.Org) / gastos m pl predeterminados ‖ ⁓kostenwert m (PERT) / valor m de gastos predeterminados
Plankton n (Biol) / plancton m ‖ ⁓ aus den oberen Meeresschichten / epiplancton m ‖ ⁓ aus mehr als 180 m Tiefe / batiplancton m ‖ ⁓-Mikroskop n, umgekehrtes Mikroskop / microscopio m invertido o de plancton ‖ ⁓netz n / red f de plancton
Plan•kurvenfräsmaschine f (Wzm) / fresadora f para curvas planas ‖ ⁓kurve[nscheibe] f / curva f plana ‖ ⁓lage f (Druck) / in plano ‖ ⁓läppen n (Wzm) / lapeado m de superficies planas ‖ ⁓laufabweichung f, Axialschlag m / salto m axial, error m de planeidad axil, excentricidad f axial ‖ ⁓lauftoleranz f / tolerancia f de excentricidad axial ‖ ⁓machen vt / aplanar, explanar, nivelar, allanar
planmäßig, methodisch, systematisch / metódico, sistemático ‖ ⁓, laut Plan / de acuerdo con un plan ‖ ⁓, geplant / planificado, planeado, previsto, prefijado ‖ ⁓ (Bahn) / conforme al horario ‖ ⁓e Betriebszeit (DV) / tiempo m de funcionamiento previsto ‖ ⁓er Halt (Bahn) / parada f obligatoria ‖ ⁓e Reinigung / limpieza f periódica ‖ ⁓e Stichprobenprüfung / plan m de aceptación de lotes ‖ ⁓e Wartung / conservación f metódica
plano (Pap) / in plano ‖ ⁓auslage f (Druck) / salida f plana ‖ ⁓bogen m (Pap) / pliego m plano, in-plano m
Planokular n (Opt) / ocular m de campo plano
Planopapier n / papel m plano
plan•parallel / planoparalelo, ortogonal paralelo ‖ ⁓parallele Anordnung / configuración f planoparalela ‖ ⁓parallelität f (Opt) / paralelismo m ortogonal ‖ ⁓parallelläppen n (Wzm) / lapeado m de superficies planoparalelas ‖ ⁓parallelplatte f (Opt) / lámina f planoparalela ‖ ⁓pause f (Zeichn) / copia f superpuesta ‖ ⁓plattenmikrometer n / micrómetro m planimétrico ‖ ⁓plattenvorsatz m (Opt) / adaptador m de láminas paralelas ‖ ⁓polarisation f (Opt) / polarización f plana o lineal ‖ ⁓polarisiert (Opt) / polarizado en un plano, de polarización plana ‖ ⁓probe f (Opt) / prueba f plana ‖ ⁓quadrat n (Stadtplan) / cuadrícula f de plano ‖ mit ⁓quadraten (Karte) / cuadriculado ‖ ⁓quadratzahl f (Verm) / número m de cuadrícula ‖ ⁓rad n, Zahnscheibe f (Kegelwinkel 90°) (Masch) / corona f dentada ‖ ⁓rahmen m (Tex) / rama f secadora plana ‖ ⁓rätter m (Bergb) / criba f plana de vibraciones ‖ ⁓-Räumwerkzeug n / brocha f plana ‖ ⁓revolverdrehmaschine f (Wzm) / torno m revólver de carro transversal ‖ ⁓rost m (Dampfm) / parrilla f horizontal ‖ ⁓scheibe f (Dreh) / plato m de torno ‖ ⁓schieber m (Fräsm) / corredera f radial ‖ ⁓schlag f (Fehler) / excentricidad f axial ‖ ⁓schleifen vt (Wzm) / rectificar plano ‖ mit der Topfscheibe ⁓schleifen /

rectificar con muela de vaso ‖ ⁓schleifen n, -schliff m / rectificación f plana o de superficies planas ‖ ⁓schleifmaschine f, Flächenschleifmaschine f / rectificadora f plana ‖ ⁓schlichten n (Wzm) / alisado m o planeado transversal ‖ ⁓schlitten m, Kreuzschlitten m (Wzm) / carro m transversal o para refrentar ‖ ⁓schneide f (Wzm) / cuchilla f para refrentar ‖ ⁓schneider m / máquina f para cortes transversales ‖ ⁓schneider (Pap) / cortadora f plana, guillotina f ‖ ⁓schnitt m (Dreh) / corte m transversal ‖ eine Oberfläche ⁓schruppen (durch Hobeln) / desbastar cepillando ‖ ⁓schruppen n (Dreh) / desbastado m transversal ‖ ⁓seitenschlag m (Kfz) / alabeo m de la llanta ‖ ⁓senken n (Masch) / avellanado m plano ‖ ⁓senken mit Stufensenker / avellanado m con avellanador escalonado ‖ ⁓sichter m (Mühle) / planchíster m, plansichter m ‖ ⁓sichter, Siebmaschine f (Bergb) / sasor m ‖ ⁓sichter (Kohle) / criba f rotatoria ‖ ⁓sichter mit Absaugvorrichtung (Müle) / separador m aspirador ‖ ⁓spiegel m (Opt) / espejo m plano ‖ ⁓spiel n (DV) / juego m de empresa ‖ ⁓stein m (Bau) / bloque m de precisión [de hormigón] ‖ ⁓tafel f (F.Org) / cuadro m de planificación
Plantage f, Pflanzung f (Landw) / plantación f
Plantagen•kautschuk m / caucho m de plantaciones ‖ ⁓latex m (Gummi) / látex m de plantación
Planteil m der Nichtverfügbarkeit (DV) / período m de parada previsto
Plantéplatte f (Akku) / placa f de Planté, placa f de gran superficie
Plantermin m (PERT) / plazo m planificado para la terminación
Plantieren n (Uhr) / planteado m
Plantum n, planierte Fläche (Bau) / terreno m nivelado o plano
Planum n (Straß) / rasante m (E), subrasante m (E), cancha f ‖ ⁓ (Bahn) / plataforma f de la vía, plano m de la formación (LA), corona f (MEJ) ‖ ⁓, Strosse f (Bergb) / banco m ‖ ⁓fertiger m (Straß) / niveladora f de subsuelo
Plan- und Rundschleifmaschine f (Wzm) / rectificadora f plana y cilíndrica
Planung f, Planarbeit f / planificación f, planeo m, planeación f ‖ ⁓, Projektierung f / trabajo m de proyectar ‖ ⁓ f, Entwurf m / proyecto m ‖ ⁓, [Betriebs-]Organisation f / planeamiento m ‖ industrielle ⁓ und Ausführung / puesta f a punto, proyecto m y ejecución
Planungs•abteilung f (F.Org) / departamento m de planificación ‖ ⁓forschung f / investigación f operacional u operativa ‖ ⁓ingenieur m / ingeniero m proyectista o de planificación ‖ ⁓norm f / norma f de planificación ‖ ⁓rechnen n nichtlinearer Art (DV) / programación f no lineal ‖ lineare ⁓rechnung f (DV) / programación f lineal
Plan•verzahnung f (Kegelwinkel 90°) / dentado m plano ‖ ⁓vorschub m (Wzm) / avance m transversal ‖ ⁓wellenhorn, phasenkorrigiertes Horn n (Antenne) / bocina f con corrección de fase ‖ ⁓wirtschaft f / economía f dirigida ‖ ⁓zeichnung f / dibujo m del plano ‖ ⁓zeit f (F.Org) / tiempo m previsto ‖ ⁓zug m s. Planvorschub ‖ ⁓zuganschlag, Queranschlag m (Wzm) / tope m [para el movimiento] transversal ‖ ⁓zylindrisch / planocilíndrico
Plasma n (Biol, Phys) / plasma m ‖ ⁓..., plasmatisch / plasmático ‖ ⁓antrieb m, -motor m (Raumf) / propulsor m o motor plasmático ‖ ⁓anzeige f / indicador m de plasma ‖ ⁓-Bearbeitungsmaschine f (Masch) / máquina f de mecanización por plasma ‖ ⁓-Beschleuniger m (Raumf) / acelerador m plasmático ‖ ⁓bildschirm m / pantalla f plasmática ‖ ⁓brenner m, Elektronenfackel f / antorcha f electrónica ‖ ⁓brücken-Neutralisator m (Raumf) /

neutralizador *m* por puente plasmático ‖ ~**chemisch** / plasmaquímico ‖ ~**diagnostik** *f* (Nukl) / diagnóstico *m* del plasma ‖ ~**dichte** *f* / densidad *f* [de las partículas] del plasma ‖ ~**drift** *f* / deriva *f* del plasma ‖ ~**dynamik** *f* / dinámica *f* del plasma ‖ ~**dynamisch** / plasmadinámico ‖ ~**-Einschließung** *f* / confinamiento *m* [magnético] del plasma ‖ ~**elektron** *n* / electrón *m* del plasma ‖ ~**fass** *n* (in dem belastete Gase zerstört werden) / tonel *m* de plasma ‖ ~**frequenz** *f* (Eltronik) / frecuencia *f* de plasma ‖ ~**gerät** *n* / instalación *f* de plasma ‖ ~**gestützte chemische Abscheidung**, P-CVD / vapor *m* químico intensificado por plasma ‖ ~**gestützte physikalische Abscheidung**, PVD / vapor *m* físico intensificado por plasma ‖ ~**hülle** *f* / vaina *f* de plasma ‖ ~**kanone** *f* / cañón *m* de plasma ‖ ~**kügelchen** *n* / pastilla *f* de plasma ‖ ~**lichtbogenofen** *m* / horno *m* al arco plasmático ‖ ~**nitrieren** *n m* / nitrurar al plasma ‖ ~**physik** *f* / física *f* del plasma, plasmafísica *f* ‖ ~**-Plating-Methode für Coatings** *f* / método *m* de revestimiento plasmático ‖ ~**-Polymerisation** *f* / polimerización *f* del plasma ‖ ~**pumpe** *f* / bomba *f* de plasma, acelerador *m* plasmático o de plasma ‖ ~**quelle** *f* / fuente *f* de plasma ‖ ~**reaktor** *m* (Nukl) / reactor *m* de fusión ‖ ~**säule** *f* / columna *f* de plasma ‖ ~**schicht** *f* / capa *f* plasmática ‖ ~**schirm** *m* (TV) / pantalla *f* plasmática ‖ ~**-Schmelzschneiden** *n* (Schw) / corte *m* con chorro de plasma ‖ ~**schneidbrenner** *m* / soplete *m* para corte con chorro de plasma ‖ ~**schneiden** *n*, -lichtbogenschneiden *n* / corte *m* con chorro de plasma y arco transferido ‖ ~**schneiden**, -brennschneiden *n* / oxicorte *m* con chorro de plasma ‖ ~**schweißen** *n* / soldadura *f* con chorro de plasma y arco transferido ‖ ~**separator** *m* (Raumf) / separador *m* de plasma ‖ ~**spritzen** *n* / proyección *f* de plasma [a pistola] ‖ ~**-[Spritz]pistole** *f* **für Coatings** / pistola *f* para proyección de plasma ‖ ~**-Spritzüberzug** *m* / capa *f* proyectada de plasma ‖ ~**-Strahlen-Wechselwirkung** *f* / interacción *f* entre plasma y haz ‖ ~**strahlschweißen** *n* / soldadura *f* con chorro (o con llama) de plasma ‖ ~**stromquelle** *f* / fuente *f* de corriente de plasma ‖ ~**triebwerk** *n*, -antrieb *m* (Raumf) / motor *m* o propulsor plasmático ‖ ~**tron** *n* (Eltronik) / plasmatrón *m* ‖ ~**-Umgebung** *f* (Raumf) / medio *m* ionizado ‖ ~**-Vakuum-Niederschlag** *m*, PVD *m* / depósito *m* al vacío intensificado por plasma ‖ ~**verlust** *m* **bei der Kernfusion** / pérdida *f* de plasma en la fusión nuclear ‖ ~**verstärkte chemische Aufdampfung**, PECVD / metalización *f* química al vacío intensificada por plasma ‖ ~**-Wand-Wechselwirkung** *f* / interacción *f* entre plasma y pared ‖ ~**wanne** *f* (Phys) / depresión *f* plásmica
Plasmid *n*, Plasmagen *n* (Plasmafaktor) / plasmagen[e] *m*
Plasmoid *n* (Phys) / plasmoide *m*
Plasmolyse *f* (Beschicht) / plasmólisis *f*
Plasmon *n* (Phys) / plasmón *m*
Plast, Plastwerkstoff *m* / plástico *m*, material *m* plástico, resina *f* sintética o plástica ‖ ~**beschichtet** / con laminación de plástico ‖ ~**beschichtung** *f* / revestimiento *m* de plástico ‖ ~**beton** *m* (Bau) / hormigón *m* plástico ‖ ~**bezug** *m* / envoltura *f* plástica ‖ ~**einband** *m* (Druck) / encuadernación *f* plástica
plastelöslich (Färb, Tex) / plastosoluble
Plastic *f*, plastisches Schamottestampfgemisch / chamota *f* moldeable ‖ ~**-Clad-Silicafaser** *f*, PCS-Faser *f* / fibra *f* de sílica con vaina plástica
Plastifikator *m* (Plast) / plastificador *m*
plasti[fi]zieren *vt* / plastificar
Plastifizierschnecke *f* / tornillo *m* sin fin plastificante
Plastigel, gelierendes Plastisol *n* (Chem) / plastigel *m*
Plastik *f* (Kunst) / plástica *f*, artes *f pl* plásticas
Plastik *n*, Kunststoff *m* / plástico *m* ‖ ~.., Plast..., Kunststoff... / plástico *adj*

Plastikat *n* / caucho *m* regenerado por aceite
Plastikator *m* (Gummi) / plastificador *m*
Plastik•beutel *m* / bolsa *f* de plástico ‖ ~**effekt** *m*, Bildplastik *f* (TV) / efecto *m* plástico o de relieve ‖ ~**farbe** *f* / pintura *f* plástica ‖ ~**folie** *f*, -film *m* / hoja *f* o laminilla plástica ‖ ~**hammer** *m* / martillo *m* de cabeza o de peña de plástico, martillo *m* de cotillo plástico ‖ ~**lot** *n* (leitender Kleber) / plástico *m* de aportación para soldeo ‖ ~**masse** *f*, Kunstharz *n* / material *m* plástico, materia *f* o resina plástica ‖ ~**rad** *n* / rueda *f* de llanta plástica ‖ ~**rücken** *m* (Druck) / lomo *m* plástico ‖ ~**schlauch** *m* / tubo *m* flexible de plástico ‖ ~**schmälze** *f* (Chem) / encimaje *m* plástico ‖ ~**schüssel** *f*, Plastikschlossöffner *m* / llave *f* plástica ‖ ~**sprengstoff** *m* / explosivo *m* plástico, plástico *m* explosivo ‖ ~**-ummantelt** / revestido de plástico ‖ ~**-ummantelte Silicafaser** s. Plastic-Clad-Silicafaser
Plastilin *n*, Knetmasse *f* / plastilina *f*
Plastination *f* (Kunststoff-Infusion zur Konservierung) (in der Anatomie) / plastinación *f*
plastisch, bildsam / plástico, dúctil, moldeable ‖ ~, räumlich (Opt) / estereoscópico ‖ ~**es Berechnungsverfahren** (Bau) / cálculo *m* plástico ‖ ~**er Beton** (Konsistenz k 2) / hormigón *m* plastificado ‖ ~**es Fernsehen** / televisión *f* plástica o estereoscópica o tridimensional ‖ ~**es Fernsehen** (Fehler, TV) / efecto *m* plástico ‖ ~**es Fließen**, Kriechen *n* (Masch) / fluencia *f* lenta ‖ ~**e Formänderung** / deformación *f* plástica ‖ ~**es Gelenk** / articulación *f* plástica ‖ ~**es Holz** / madera *f* plástica ‖ ~**es Hören**, Stereophonie *f* (Akust) / estereofonía *f* ‖ ~**e Masse**, Abdruckmasse *f* / masa *f* de impresión ‖ ~**e Masse** (als Rohstoff) / materia *f* plástica ‖ ~**e Masse**, Plast *m* (Erzeugnis) / plástico *m* ‖ ~**e Nullachse**, neutrale Achse / eje *m* neutro plástico ‖ ~**er Schwefel** (Chem) / sulfuro *m* plástico ‖ ~**es Sehen** / visión *f* plástica o en relieve ‖ ~**es Stampfgemisch** (Hütt) / masa *f* refractaria apisonada moldeable ‖ ~**er Ton** / arcilla *f* plástica ‖ ~**es Verbundmaterial** *n* / composite *m* (material plástico compuesto) ‖ ~**e Verformung** (Mat.Prüf) / deformación *f* plástica ‖ ~**e Zone** (Mat.Prüf) / zona *f* plástica
Plastisol *n* (Plast) / plastisol *m*
plastizieren *vt* (Kunstharz) / plastificar
Plastiziermittel *n* / plastificante, ablandador de plásticos
Plastizität *f*, Bildsamkeit *f* / plasticidad *f*
Plastizitäts•grenze *f*, Ausrollgrenze *f* (Boden) / límite *m* de plasticidad ‖ ~**theorie**, -lehre *f* (Bau, Stahlbau) / diseño *m* plástico
Plastomer *n* (Plast) / plastómero *m*
Plastometer *n* / plastómetro *m*
Plastoponik *f* (Landw) / plastopónica *f*
Plast•sack *m* **für radioaktive Abfälle** / saco *m* plástico para desechos radiactivos ‖ ~**schweißen** *n* / soldadura *f* de plásticos ‖ ~**spritzen** *n* / proyección *f* de plásticos ‖ ~**technik** *f* / tecnología *f* de los plásticos ‖ ~**-Überzug** *m* / revestimiento *m* [de] plástico ‖ ~**-Walzwerk** *n* / laminador *m* de plásticos ‖ ~**werkstoff** *m* s. Plast
Platane *f*, Platanus (Bot) / plátano *m* ‖ **amerikanische** ~ / plátano *m* occidental o de Virginia
Plateau *n*, Hochebene *f* (Geo) / altiplano *m*, altiplanicie *f*, meseta *f*, sabana *f* (LA) ‖ ~ (Zählrohr) / parte *f* horizontal, meseta *f*, cúspide *f* plana ‖ ~**erguss** *m*, -basalt *m* (Geol) / erupción *f* de altiplano, basalto *m* de altiplano ‖ ~**länge** *f* (Geigerzähler) / duración *f* de meseta ‖ ~**-Pulsdauer** *f* / duración *f* de impulso de cúspide plana ‖ ~**sohle** *f* (Sohle) / suela *f* de plataforma ‖ ~**steilheit** *f* (Nukl) / pendiente *f* de la meseta
Plate-out *n*, Ablagerung *f* von Nukleiden / depósito *m* químico de nucl[e]idos
Plate-Out-Effekt *m* (Plast) / efecto plate-out

Platformat *n* (erzeugt mit Pt als Katalysator) (Benzin hoher Oktanzahl) (Öl) / producto *m* de platforming
Platform-Container / container *m* de plataforma
Platformer *m* (Öl) / torre *f* de platforming
Platformingverfahren *n* (Öl) / platforming *m*
Platin *n*, Pt (Chem) / platino *m*, Pt || ~**(II)-**... / platinoso, platino(II)-... || ~**(IV)**... / platínico, platino(IV)-... || **metallisches** ~ / platino *m* metálico || ~**ammin** *n*, Platiak *n* / compuesto *m* de platino y amonio || ~**asbest** *m* / amianto *m* platinado || ~**at** *n* (Chem) / platinato *m* || ~**auflage** *f* / plaqueado *m* de platino || ~**beschichtet**, -belegt / platinado || ~**blech** *n* / chapa *f* o lámina de platino || ~**chlorid** *n*, Platinchloridchlorwasserstoff *m* (Chem) / ácido *m* cloroplatínico || ~**(II)-chlorid** *n*, Platindichlorid *n* / dicloruro *m* de platino, platino(II)-cloruro *m* || ~**-IV-chlorid** *n* / platino(IV)-cloruro *m* || ~**(III-)chlorwasserstoffsäure** *f*, [Tetra]chloroplatinsäure *f* / ácido *m* cloroplatinoso || ~**(IV-)chlorwasserstoffsäure**, [Hexa]chloroplatin(IV-)säure *f* / ácido *m* cloroplatínico || ~**(IV-)chlorwasserstoffsäure**, [Hexa]chloroplatin(IV-)säure *f* / ácido *m* hexacloroplatínico || ~**-cyanid** *n* / dicianuro *m* de platino, platino(II)-cianuro *m* || ~**dioxid** *n* / óxido *m* platínico || ~**draht** *m* / hilo *m* o alambre de platino || ~**druck** *m*, Platinotypie *f* (Druck) / platinotipia *f*
Platine *f* (DV) / placa *f* de circuitos impresos, tablero *m* de circuitos impresos || ~, Stanzplatine *f* / disco *m* cortado en prensa || ~, Ziehplatine *f* / flan *m* || ~ (bis 150 mm Breite), Platine *f* / flan *m* || ~ Flachstahl *m* (Hütt, Walzw) / llantón *m*, pletina *f* || ~, Werkplatte *f* (Uhr) / platina *f* || ~ *f*, Hebehaken *m* (Web) / platina *f*, gancho *m* || ~ (Holländer, Pap) / platina *f* || ~ **für Weißblech** (Hütt) / llantón *m* de hojalata
Platinelektrode *f* / electrodo *m* de platino
Platinen•barre *f* (Web) / barra *f* de ganchos (E) o de platina (E) o de portaplatinas (LA) || ~**brett** *n* (Jacquard) / tabla *f* de las platinas || ~**computer** *m*, SBC *m* (DV) / ordenador *f* de una sola placa || ~**exzenter** *m* (Tex) / excéntrica *f* de platinas || ~**fuß** *m* (Web) / talón *m* de la platina || ~**henkel** *m*, -masche *f* (Web) / entremalla *f* || ~**kappe** *f* (Web) / cubierta *f* de la cabeza de platina, tapa *f* de protección de la cabeza de platina || ~**kopf** *m* (Web) / cabeza *f* de gancho || ~**kranz** *m*, -ring *m* (Tex) / corona *f* de ganchos, anillo *m* de portaplatinas || ~**maschen-Übergabe** *f* (Wirkm) / transferencia *f* de [entre]mallas || ~**messer** *n*, Schaftmesser *n* / cuchilla *f* o grifa de platinas || ~**schere** (Hütt) / cizalla *f* de llantones || ~**schnitt** *m* (Stanz) / matriz *f* para llantones || ~**schnur** *f* (Tex) / colete *m*, cuerda *f*, cordón *m* || ~**stab** *m* **mehrfacher Länge** (Walzw) / llantón *m* de longitud múltiple || ~**walzwerk** *n* / tren *m* laminador de llantones || ~**wärmeofen** *m* (Hütt) / horno *m* de calentar llantones || ~**zahl** *f* (Tex) / número *m* de ganchos
platinhaltig / platinífero
platinieren *vt* / platinar
Platin•iridium *n* / platiniridio *m* || ~**it** *n* (FeNi-Legierung) / platinita *f* || ~**kontakt** *m* (Elektr) / contacto *m* platinado o de platino || ~**metall** *n*, Metall *n* der Platingruppe / metal *m* del grupo de platino || ~**mohr** *m*, -schwarz *n* (Chem) / platino *m* esponjoso, negro *m* de platino || ~**oid** *n* (Legierung mit 60 % Cu, 24 % Zn, 14 % Ni, 2 % Wo) / platinoide *m* || ~**otron** *n* (Mikrowellenröhre) / platinotrón *m* || ~**otypie** *f* (Druck) / platinotipia *f* || ~**plattierung** *f* (Galv) / chapado *m* (E) o encapado (LA) de platino || ~**rhodium** *n* (Hütt) / platinorrodio *m* || ~**-IV-Salz** *n* (Chem) / sal *f* platínica, platino(IV)-sal *f* || ~**schale** *f* (Chem) / cubeta *f* de platino || ~**scheidung** *f* / refinación *f* del platino || ~**schwamm** *m* / esponja *f* de platino || ~**spitze** *f* / punta *f* platinada o de platino || ~**tiegel** *m* / crisol *m* de

platino || ~**-Widerstandsthermometer** *n* (Phys) / termómetro *m* de resistencia de platino
platonische o. regelmäßige Körper *m pl* (Math) / cuerpos *m pl* platónicos
platt, flach / plano, llano, raso, chato || ~, gestreckt (Geom) / aplado || ~, luftleer (Reifen) / desinflado, pinchado || ~ **machen**, plan machen / aplanar, aplastar || ~**band** *n* (Spinn) / platabanda *f*
Plättchen *n*, dünne Schicht *f*, Blättchen *n* / laminita *f*, plaquita *f* || ~, Blechplättchen *n* / chapita *f*, laminita *f* || ~ (Gleichrichterdiode), Scheibe *f* / oblea *f* || ~ (z.B. Widia) (Wz) / plaquita *f* de corte || ~**förmig** (Pulver) / en forma de plaquitas
plattdrücken *vt*, -schlagen / aplanar, aplastar, achatar
Platte *f* (Ggs.: Scheibe) / placa *f*, plancha *f* || ~ (Akku, Foto, Kondensator) / placa *f* || ~ (Schaumstoff) / tablero *m* de plástico celular || ~ (Furnier- usw) (Holz) / chapa *f* de madera || ~, Steinplatte / losa *f* || ~, Tischplatte *f* / tablero *m* [de mesa] || ~, Tafel *f* / tabla *f*, tablón *m* || ~ *f* (Glas) / placa *f*, plancha *f*, luna *f* || ~, Magnetplatte *f* (DV) / disco *m* magnético || ~, Schallplatte / disco *m* fonográfico || ~ *f* (gedr.Schaltg) / placa *f*, tablero *m* || ~ (Repro) / plancha *f* presensibilizada || ~ (Raupenschlepper) / patín *m*, placa *f* de oruga || ~ **des Drehkondensators** (Eltronik) / lámina *f* del condensador giratorio || ~ **des Werktisches** / tablero *m* de la mesa (o del banco) de trabajo || ~ **einer Betonstraße** / losa *f* de carretera de hormigón || ~ **für Türfüllungen**, Paneel *n* / entrepaño *m*, cuarterón *m* || ~ **für 45 Umdr/min** (RCA)(hist.) / disco *m* de duración extendida (de 45 r.p.m.) || ~ **mit Lochraster** (Eltronik) / base *f* plana para circuito experimental || ~ **auf** ~**n montieren** (Eltronik) / montar sobre circuitos impresos || **mit** ~**n belegen** (Bau) / enlosar, pavimentar con losas || **quadratische** ~ **aus Zement**, Gehwegplatte *f* / placa *f* de hormigón para aceras || **stärkere** ~, Tafel *f* / plancha *f* || **zu** ~**n ziehen** (Gummi) / tirar en hojas
Platte-Betriebssystem *n*, PBS, DOS (DV) / sistema *m* operacional de (o en) discos
Plätteisen *n*, Bügeleisen *n* (Tex) / plancha *f*
plätteln *vt*, fliesen (Bau) / alicatar, azulejar, embaldosar, enlosar
plätten *vt*, lahnen (Drahtziehen) / laminar || ~, bügeln (Tex) / planchar
Platten•abfall *m* (Kork) / recortes *m pl* de discos || ~**abzugsband** *n* (Förd) / tablero *m* articulado de extracción || ~**adresswort** *n* (DV) / palabra *f* de dirección de almacenamiento sobre disco || ~**assembler** *m* (DV) / asemblador *m* para almacenamiento de discos || ~**aufteilautomat** *m* (Holz) / divisora *f* automática para tableros || ~**baffle** *n* (Vakuum) / bafle *m* de disco, trampa *f* de disco || ~**balken** *m* (Beton) / viga *f* en T || ~**balkenbrücke** *f* / puente *m* de vigas de nervios || ~**balkendecke** *f* / techo *m* de vigas en T || ~**band**, -förderband *n* / cinta *f* de placas articuladas, tablero *m* articulado || ~**band** *n* **für Bunkerentleerung**, Abzugsplattenband *n* / cinta *f* de placas articuladas de extracción || ~**bandaufgeber** *m* / alimentador *m* de tablero articulado || ~**bandsegment** *n* / placa *f* articulada || ~**beginn** *n* (DV) / principio *m* del disco || ~**belag** *m*, -abdeckung *f* (Bau) / pavimento *m* de los[et]as, enlosado *m*, embaldosado *m* || ~**belag** (Wand) / alicatado *m* || ~**besäumung** *f* (Holz) / corte *m* a escuadra de tableros || ~**bibliothek** *f*, Diskothek *f* / discoteca *f* || ~**biegemaschine** *f* (Holz) / máquina *f* curvadora de tableros || ~**biegevorrichtung** *f* (Druck) / dispositivo *m* de curvar placas || ~**blitzableiter** *m* / pararrayos *m* de placas || ~**block** *m* (Akku) / bloque *m* de placas || ~**bohrwerk** *n* (Wzm) / mandrinadora *f* para planchas || ~**breite Farbabstellung** (Druck) / entintado *m* a la página, alimentación *f* de tinta a la página || ~**dach** *n* (Bau) / cubierta *f* de placas, techo *m* de placas || ~**datei**

987

Plattendruck

f (DV) / fichero *m* de discos ‖ ~**druck** *m*, Stereotypdruck *m* (Druck) / estereotipia *f* ‖ ~**druck** (Tex) / estampación *f* por (o con) planchas de cobre ‖ ~**druckversuch** *m* (Boden) / ensayo *m* de carga por placa ‖ ~**durchlass** *m* (Bau) / alcantarilla *f* enlosada ‖ ~**einheit** *f* (DV) / unidad *f* de discos ‖ ~**elektrode** *f* / electrodo *m* de placa ‖ ~**erder** *m* / placa *f* de [puesta a] tierra ‖ ~**erhitzer** *m* (zum Vorwärmen), -heizkörper *m* / precalentador *m* de placas ‖ ~**fahne** *f* (Akku) / cola *f* de placa ‖ ~**feder** *f* (Manometer) / lámina *f* elástica ‖ ~**federmanometer, Feder** *n* **parallel, [rechtwinklig] zur Zifferblattebene** / manómetro *m* de lámina elástica vertical, [horizontal] ‖ ~**feld** *n* (Bauteil) (Luftf) / tablero *m* (un componente) ‖ ~**filter** *m n* (Hydr) / filtro *m* de placas ‖ ~**filzmaschine** *f* (Tex) / máquina *f* de fieltrar con placas ‖ ~**förderband** *n* / cinta *f* de placas articuladas, tablero *m* articulado ‖ ~**formatkreissäge** *f* (Tischl) / sierra *f* circular para cortes [paralelos] de tableros ‖ ~**formmaschine** *f* (Spanplatten) / máquina *f* para conformar planchas de virutas ‖ ~**formung** *f*, Formgebung *f* für das Spanvlies (Spanplatten) / moldeo *m* de la estera ‖ ~**führungsschnitt** *m* (Wzm) / cortador *m* guiado por placa[s] ‖ ~**fundament** *n*, Sohlplatte *f* (Bau) / placa *f* de fundación ‖ ~**funkenstrecke** *f* / descargador *m* de distancia explosiva de placas ‖ ~**gang** *m* (Schiff) / traca *f* de planchas ‖ ~**gefrieranlage** *f* / instalación *f* de congelación con placas ‖ ~**gerät** *n* (Leitfähigk.Prüf) / aparato *m* de placas ‖ ~**gitter** *n* (Akku) / rejilla *f* de placa ‖ ~**gleichrichter** *m* (Elektr) / rectificador *m* de placas ‖ ~**glimmer** *m* (Min) / mica *m* en hojas ‖ ~**gummi** *m n*, -kautschuk *m* / caucho *m* en hojas ‖ ~**guss** *m* (Gieß) / fundición *f* de placas ‖ ~**haltestange** *f* (Offset) / barra *f* de fijación de la plancha ‖ ~**hebel** *m* (Fernm) / palanca *f* para losas ‖ ~**heber** *m* (Bau) / alzaplacas *f* ‖ ~**heizkörper** *m* (Zentralheiz) / radiador *m* plano, calorífero *m* de placas ‖ ~**herstellung** *f* (Druck) / confección *f* o preparación de planchas, copiado *m* de planchas ‖ ~**hobelmaschine** *f* (Tischl) / máquina *m* cepilladora para tableros ‖ ~**kassette** *f* (DV) / cartucho *m* de disco ‖ ~**kassette** (Foto) / chasis *m* para placas ‖ ~**kipper** *m*, Kippbühne *f* (Bau, Hütt) / plataforma *f* volcadora ‖ ~**kokille** *f* / coquilla *f* plana, molde plano *m* ‖ ~**kollektor** *m* (Sonnenwärme) / colector *m* de placas ‖ ~**kondensator** *m* / condensador *m* de placas ‖ ~**kork** *m* / corcho *m* en placas ‖ ~**kühler** *m* / [inter]cambiador *m* de calor con placas ‖ ~**kurzschluss** *m* (Akku) / cortocircuito *m* entre placas ‖ ~**lager** *n*, -unterlage *f* (Stahlbau) / apoyo *m* de placas ‖ ~**lager**, Magazin *n* von Blechplatten (Hütt) / almacén *m* de chapas ‖ ~**laufwerk** *n*, -einheit *f* (DV) / mecanismo *m* de arrastre de discos ‖ ~**legen** *n* (Bau) / embaldosado *m*, alicatado *m* ‖ ~**leger** *m*, Fliesenleger *m* / embaldosador *m*, solador *m* ‖ ~**legerhammer** *m* (Wz) / aciche *m* ‖ ~**magazin** *n* / cargador *m* de plato ‖ ~**material**, Laminat *n*, Schichtstoff *m* (Plast) / material *m* estratificado, laminado *m* ‖ ~**name** *m* (DV) / rótulo *m* de disco ‖ ~**paar** *n* / par *m* de placas ‖ ~**perrotine** *f* (Tex) / perrotina *f* de placas ‖ ~**presse** *f* (Masch) / prensa *f* de platina[s] ‖ ~**protokoll** *n*, Fehlersuchprogramm *n* (DV) / programa *m* de detección de errores de discos ‖ ~**rahmen** *m* (Nife-Batterie) / marco *m* de placa ‖ ~**-Rüttelmaschine**, -Schüttelmaschine *f* (Gieß) / vibrador *m* de placas ‖ ~**satz** *m* (Akku) / grupo *m* de placas ‖ ~**-Schaumstoff** *m* / plástico *m* celular en placa[s] ‖ ~**schieber** *m* / válvula *f* de corredera paralela ‖ ~**schlag** *m* (Druck) / golpeado *m* de la plancha ‖ ~**schleuder** *f*, -zentrifuge *f* (Offset) / centrífuga *f* de planchas ‖ ~**schlitz** *m* (Videodisc) / ranura *f* de introducción del disco ‖ ~**schluss** *m* (Akku) / cortocircuito *m* interno ‖ **autogene** ~**schneidemaschine** *f* (Schw) / cortadora *f* autógena de planchas ‖ ~**schneider** *m* (hist.) (Audio) / grabador *m* de discos ‖ ~**schutz** *m* (Elektr) / protección *f* antigrisú por placas ‖ ~**sengmaschine** *f* (Web) / chamuscadora *f* con placas ‖ ~**sitz** *m* (Druck) / asientado *m* o asiento de plancha ‖ ~**speicher** *m* (DV) / memoria *f* de disco[s], almacenamiento *m* en discos ‖ ~**speicheranschluss** *m* / conexión *f* de entrada/salida del almacenamiento en discos ‖ ~**[speicher]-Betriebssystem** *n*, PBS, DOS (DV) / sistema *m* operacional de (o en) discos ‖ ~**spieler** *m* (Audio) / tocadiscos *m*, fonógrafo *m*, tocata *f* (col.), discófono *m* (obsol.), pick-up *m* (obsol.) ‖ ~**spieler mit Lautsprecher** / fonógrafo *m* eléctrico [con altavoz], electrófono *m* ‖ ~**spieleranschluss** *m*, -spielerbuchse *f* / borne *m* o jack de tocadiscos ‖ ~**spielermotor** *m* / motor *m* del tocadiscos ‖ ~**spielerradio** *n* / radiofonógrafo *m*, radiogramófono *m* ‖ ~**spielerteil** *m* / unidad *f* tocadiscos ‖ ~**spur** *f* (DV) / pista *f* de disco ‖ ~**stahl** *m*, Grabstichel *m* (Drechsler, Wz) / escoplo *m* de acanalar ‖ ~**stapel** *m* (Audio) / juego *m* de discos, discos *m pl* apilados ‖ ~**stapel** (DV) / conjunto *m* de discos magnéticos ‖ ~**stapelspeicher** *m* / memoria *f* de conjunto de discos ‖ ~**stapler** *m* (Sägewerk) / apilador *m* de tableros ‖ ~**staumauer** *f* (Hydr) / presa *f* de paneles o losas ‖ ~**steg** *m* (Traktor) / nervura *f* de patín ‖ ~**steg** (Akku) / barra *f* de conexión ‖ ~**stoß** *m* (Masch) / junta *f* de planchas ‖ ~**system** *n* (Akku) / bloque *m* de placas ‖ ~**tasche** *f*, -hülle *f* (Audio) / funda *f* de disco fonográfico ‖ ~**tektonik** *f* (Geol) / tectónica *f* de placas ‖ ~**teller** *m* (Audio) / plato *m* giradiscos ‖ ~**träger** *m* (Akku) / soporte *m* de placas ‖ ~**turm** *m* (DV) / pila *f* de discos ‖ ~**ventil** *n* / válvula *f* automática de platillo ‖ ~**verblendung** *f*, -belag *m*, -verkleidung *f* (Bau) / revestimiento *m* de losas ‖ ~**verdampfer** *m* / evaporador *m* de platos ‖ ~**verleimmaschine** *f* (Holz) / máquina *f* para encolar tableros entre sí ‖ ~**wärmeaustauscher** *m* / intercambiador *m* de calor de placas ‖ ~**wascher** *m* (Aufb) / depurador *m* de placas ‖ ~**wechsler** *m* (Audio) / cambiadiscos *m* ‖ ~**weiche** *f* (Bahn) / cambio *m* con placa de asiento ‖ ~**welle** *f*, Lambwelle *f* (Elektr) / onda *f* de Lamb ‖ ~**zähler** *m* (Nukl) / tubo *m* contador de placas paralelas ‖ ~**ziegel**, Flachziegel *m* (Bau) / teja *f* plana ‖ ~**zink** *n*, Zinkbarren *m* / barra *f* de cinc ‖ ~**zugriff** *m* (DV) / acceso *m* al disco ‖ ~**zurichtung** *f*, Zwischenzurichtung *f* (Druck) / calzo *m*, calza *f*, alza *f* ‖ ~**zurichtung durch Unterlegen** (Druck) / arreglo *m* de plancha, recorte *m* por debajo

Platter, Plattfuß *m* (coll), Reifenpanne *f*, der Platte (col.) (Kfz) / reventón *m*, pinchazo *m*

Plattform *f* / plataforma *f*, entarimado *m* ‖ ~, Absetzbrett *n* (Keram) / tablado *m* ‖ ~, Raumstation *f* (Raumf) / estación *f* espacial u orbital ‖ ~ (geschlossener Vorraum am Wagenende) (Bahn) / vestíbulo *m* de acceso ‖ ~ *f*, Flachdach *n* (Bau) / plataforma *f* de tejido ‖ ~**aufzug** *m* / montacargas *m* de plataforma ‖ ~**bein** *n* (Bohrinsel) / pierna *f* de torre de perforación ‖ ~**brücke** *f* (Bahn) / pasarela *f* de intercomunicación ‖ ~**-Container** *m* / plataforma-container *f* ‖ ~**dach** *n* (Bau) / tejado *m* en plataforma ‖ ~**-Hubwagen** *m* / carro *m* elevador andador ‖ ~**kipper** *m* / basculador *m* (E) o volcador (LA) de plataforma ‖ ~**träger** *m* (Kfz) / soporte *m* de plataforma ‖ ~**waage** *f*, Brückenwaage *f* / báscula *f* puente ‖ ~**wagen** *m*, offener Güterwagen (Bahn) / vagón *m* plataforma ‖ ~**wagen** (Flurförderer) / carretilla *f* de plataforma ‖ ~**wagen** (DIN), Elektrokarren *m* / carretilla *f* eléctrica

Platt•fuß *m* s. Platter ‖ ~**gatt** *n* (Schiff) / popa *f* cuadrada ‖ ~**gattheck** *n*, Spiegelheck *n* (Schiff) / popa *f* de yugo ‖ ~**gedrückt** / aplanado, aplastado, achatado ‖ ~**hämmern** *vt*, glatthämmern / aplanar a martillo

Plattier • ... (Tex) / de vanisado ‖ ≃**auflage** f (Metall) / capa f chapeada o plaqueada ‖ ≃**auflage** (Material) / material m de plaqueado
plattieren vt (Glas) / metalizar ‖ ~ (Metall) / plaquear (E), enchapar (LA) ‖ ~ (Web) / vanisar ‖ **mit Silber** ~ / platear ‖ ≃ n (Web) / vanisado m
Plattier • faden m (Tex) / hilo m de vanisado ‖ ≃**fadenführer** m / guiahilos m de vanisado ‖ ≃**maschine** f (Kabel) / máquina f enrolladora del vendaje de un cable, enrolladora f de papel para aislar cables ‖ ≃**strangguss** m (Hütt) / colada f continua de chapeado
plattiert (Wolle) / vanisado ‖ ~ (Metall) / plaqueado, chapeado ‖ ~**es Blech** (o. Metall) / chapa f plaqueada ‖ ~**e Schlauchware** (Wirkm) / tejido m tubular vanisado ‖ ~**e Ware** (Tex) / artículos m pl de vanisado
Plattierung f, Plaqué m (Metall) / plaqueado m, chapeado m, laminación f en sandwich ‖ ≃, plattierte Verstärkung (Strumpf) / vanisado m ‖ ≃, Dublee n (Edelmetall) / dublé m ‖ ≃ **von Zellstoffkochern** (Pap) / revestimiento m interior de digestores de celulosa
Plattierungsschweißen n / plaqueado m por soldadura
Plattiervorrichtung f (Web) / dispositivo m de vanisado
Platt • karte f (Schiff) / mapa m plano ‖ ~**klopfen** vt, -**schlagen** (Schm) / tablear
Plättmaschine, Bügelpresse f (Tex) / planchadora f ‖ ≃ f (Kammzug) / alisadora f
Plattnagel m / clavo m de cabeza plana
Plattnerit m (Bleioxid) (Min) / platneritra f
Platt • schicht f (Ziegl) / hilada f dispuesta plana ‖ ≃**seide** f, Stickseide f (Tex) / seda f de bordar ‖ ≃**stich** m (Näm) / bordado m [de punto] plano, guarnición f con inserción octogonal punto plano ‖ ≃**walken** n (Tuch) / fulardado m plano
Plättwalze f, -**werk** n / cilindro m aplanador
Platykurtosis f (Stat) / platicurtosis f
Platymeter n (Kapazitätsmess.) (Eltronik) / platímetro m
Platz m, Stelle f / lugar m, sitio m ‖ ≃, Position f (allg, Fernm) / posición f ‖ ≃ m, Raum m / espacio;m. ‖ ≃ (am Band), Arbeitsgang m (F.Org) / puesto m en la cinta ‖ ≃ m, Lager-, Zimmerplatz m / parque m, patio m ‖ ≃, Bauplatz m / solar m, terreno M ‖ ≃ **verbrauchen** (Druck) / ocupar espacio ‖ ≃ m **zum Sitzen**, Sitzplatz m / asiento m, plaza f ‖ **an den richtigen ~ bringen** (Masch) / posicionar, poner en posición, colocar en su sitio ‖ **öffentlicher** ≃ / plaza f
Platz • arbeiter m / trabajador m de patio ‖ ≃**aushilfe** f (Fernm) / trabajo m cooperativo ‖ ≃**ausnutzungsgrad**, -**besetzungskoeffizient** m, -**belegungszahl** f (Luftf) / coeficiente m de ocupación de plazas ‖ ≃**bedarf** m / espacio m necesario o ocupado ‖ ≃**befeuerung** f (Luftf) / balizaje m del aeródromo ‖ ≃**beladen** n, -**beschicken** m (Lagerplatz) / cargamento m de almacenamiento ‖ ≃**belader** m (Bergb) / cargadora f de almacenamiento ‖ ≃**belegung** f / reserva f de asientos ‖ ≃**beleuchtung** f / alumbrado m de plazas públicas ‖ ≃**beleuchtung** f (F.Org) / alumbrado m individual ‖ ≃**einflugbake** f, -einflugzeichen n (Luftf) / radiobaliza f interior
platzen vi, aufplatzen, aufspringen / agrietarse, rajarse ‖ ~ (allg, Luftschlauch) / reventar vi ‖ ~, explodieren / hacer explosión, esplosionar, estallar, explotar ‖ ≃ n / reventón m, estallido m ‖ ≃ **von Pfählen** / hendidura f de pilotes (adquiriendo forma semejante a la de un hongo) ‖ **zum ~ bringen** / reventar vt, hacer reventar ‖ **zum Bersten od.** ≃ **voll** / lleno a rebosar o reventar
Platzer m (gerissener Schussfaden) (Tex) / hilo m roto
Platz • ersparnis f / economía f de espacio, ahorro m de espacio ‖ ≃**funkfeuer** n (Luftf) / radiobaliza f de posición ‖ ≃**gewinn** m / ganancia f de espacio ‖ **aus** ≃**gründen** / por razones de espacio ‖ ≃**karte** f (Bahn) / billete m de asiento reservado (E), cartucho f de asiento, boletín m o talón de reserva de asiento o de plaza (LA) ‖ ~**kartenpflichtig** / con reserva obligatoria [de asiento] ‖ ≃**kilometer** m (Bahn) / plaza-kilómetro m ‖ ≃**lampe** f (Fernm) / lámpara f piloto o indicadora ‖ ≃**mangel**, Raummangel m / falta f de sitio o de espacio ‖ ≃**membran** f, Berstscheibe f (Masch) / disco m disruptivo o de seguridad ‖ ≃**patrone** f (Mil) / cartucho m de ejercicio o sin bala (E), cartucho m de foqueo (LA) ‖ ≃**randbefeuerung** f (Luftf) / balizas f pl luminosas de límite ‖ ≃**regen** m (Meteo) / chubasco m, aguacero m, chaparrón m ‖ ≃**reservierung** f / reserva f de asiento o de plaza ‖ ≃**reservierungsanlage** f (DV) / instalación f de reserva de asiento ‖ ≃**rollroute** f (Luftf) / vía f de rodaje ‖ ≃**runde** f (Luftf) / circuito m de tráfico de aeropuerto ‖ ≃**runden-Führungsfeuer** n pl (Luftf) / balizas f pl de vías de rodaje ‖ ~**sparend** / que ocupa poco espacio, que economiza espacio, de pequeñas dimensiones, de tamaño reducido, de poco volumen ‖ ~**sparend** (z.B. auf Magnbd), dicht gepackt / adensado, concentrado ‖ ≃**umschalter** m (Fernm) / conmutador m de posición ‖ ≃**veränderung** f / desplazamiento m ‖ ≃**wähler** m (Fernm) / selector m de posición ‖ ≃**wechsel** m, Kreuzung f (Elektr) / cruzamiento m de circuitos ‖ ≃**wechsel**, -tausch m, Transposition f (Fernm) / transposición f, cruzamiento m ‖ ≃**wechsel**, Schleifenkreuzung f (Fernm) / transposición f de circuitos combinados, transposición f para fantomización ‖ ≃**wechsel in einem chemischen Gleichgewicht** / desplazamiento m de un equilibrio químico ‖ ≃**wechselmast** m, -stange f (Fernm) / poste m de transposición o de rotación ‖ ≃**zähler**, Belegungszähler m (Fernm) / contador m de llamadas ‖ ≃**zusammenschaltung** f (Fernm) / agrupación f de posiciones de operadores vecinas
Plausibilitätskontrolle f (DV) / verificación f de plausibilidad
Playback, Abspielen n (Eltronik) / lectura f ‖ ≃-**Roboter** m / robot m clase D ‖ ≃**verfahren** n (Film) / método m playback, servicio m playback
Playertypie f, Reflexkopierverfahren n (Druck) / reflectografía f
PL-Beziehungen f pl (Astr) / relaciones f pl período-luminosidad
PLC m (DV) / ordenador m lógico programable
PLD = programmable logic device / lasquita f o pastilla lógica programable
Pleistozän, (früher:) Diluvium n (Geol) / pleistoceno m
p- • leitend (Halbl) / de conductividad P, tipo P ‖ ~-**Leitung**, Mangelleitung f / conductividad P o por huecos o lagunas
Plejaden pl (Astr) / Pléyades f pl
Plenterkultur f, -hieb m, Plentern (Forstw) / corta f de entresaca selectiva
Plenumkammer f, Ansaugluftsammler m (Mot) / cámara f distribuidora de aire, cámara f de pleno
Pleo • chroismus m (Krist) / pleocroísmo m, policromía f ‖ ~**chroitischer Hof** (Krist) / halo m pleocroico ‖ ≃**nast** m (Min) / pleonasto m
Plessit m (Min) / plesita f
plessochron (Fernm) / plesocrónico
Pleuel n (Mot) / biela f ‖ ≃ **mit [angelenktem] Nebenpleuel** / biela f articulada ‖ ≃ **mit eingeklemmtem Kolbenbolzen** / biela f con bulón de émbolo asegurado
Pleuel • auge n / ojo m de biela ‖ ≃**buchse** f (Mot) / casquillo m de biela ‖ ≃**deckel** m / sombrerete m de la cabeza de biela ‖ ≃**kopf** m / cabeza f de biela ‖ ≃**lager** n / cojinete m de biela ‖ ≃**stange** f (Bahn) / biela f motriz ‖ ≃**kolbenseitiger** ≃**stangenkopf** / cabeza f de biela ‖ ≃**stangenkopf** m (kurbelwellenseitig) / pie m de biela
Pleuger m, Aktivruder n (Schiff) / timón m activo
Plexiglas n, Acryglas n / plexiglás m
Plexigum n (Plast) / Plexigum m
Plexus m, netzartiges Geflecht / plexo m

989

Plicht *f*, Cockpit *n* (Schiff) / carlinga *f*, cabina *f* del piloto
pliesten *vt* (Galv) / pulir con fieltro
Pliestscheibe *f* (Galv) / muela *f* de fieltro
Plimsollmarke *f* (Schiff) / línea *f* de carga máxima
Plinthe *f*, Fußplatte *f* (Bau) / plinto *m*
Pliobare *f* (Meteo) / miobara *f*, línea *f* miobárica
Plio•tron *n* (Eltronik) / pliotrón *m* ‖ ≃**zän** *n* (Geol) / plioceno *m*
Plissee *n* (Tex) / plisado *m*, plisé *m* ‖ ≃**ausrüstung** *f* (Tex) / apresto *m* de plisado
plissieren *vt* (Tex) / plisar
Plissiermaschine *f*, Plisseemaschine *f* / plisadora *f*
plissiert / plisado
PLL-Schaltung *f* (= phase locked loops) (Regeln) / bucle *m* de enganche de fase, circuito *m* de sincronización de fase
PLM (Eltronik) = Pulslängenmodulation
Plombe *f*, Zollplombe *f* / marchamo *m* ‖ ≃, Bleiplombe *f* / precinto *m*, marchamo *m* ‖ ≃**n lösen** / desprecintar
Plombendraht *m* / alambre *m* para fijar precintos
plombierbar / precintable
plombieren *vt* / precintar, marchamar, emplomar ‖ **mit Blei ~** (Masch) / sellar con plomo, emplomar
Plombier•fahne *f* / lengüeta *f* de precinto ‖ ≃**gerät** *n*, [auch:] Plombierzange *f* / precintadora *f* ‖ ≃**kappe** *f* / cápsula *f* o tapa de precinto ‖ ≃**schraube** *f* / tornillo *m* de precinto
Plombierung *f*, Plombenverschluss *m* / precintado *m*
Plombierzange *f*, Plombenzange *f* / tenazas *f pl* para precintar (E), pinza *f* de precintar (LA)
Plottbefehl *m* (DV) / instrucción *f* "trazar"
plotten *vt* / plotear, trazar (gráficos) ‖ ≃ *n* / ploteo *m*
Plotter, Kurvenzeichner, -schreiber *m* (DV) / trazadora *f* de gráficos, trazador *m* [de curvas], plotter *m* ‖ ≃**schrittweite** *f* / alcance *m* de paso del trazador
plötzlich, unvermittelt / repentino, brusco, súbito ‖ **~er Anstieg** / salto *m* ‖ **~er Ausbruch** / erupción *f* inesperada o imprevista ‖ **~es Bersten** (Atom, Nukl) / reventón *m*, brusco *m* (del núcleo) ‖ **~e Eingebung** / inspiración *f* repentina, brainstorm *m* ‖ **~es Einsetzen eines Magnetsturms** (Raumf) / tormenta *f* magnética imprevista ‖ **~er heller Lichtschein** / resplandor *m* inesperado, ráfaga *f* de luz ‖ **~er intensiver Lichtfleck** / mancha *f* hiperluminosa ‖ **~ loslassen** (o. schnappen lassen) / soltar súbitamente ‖ **~ zum Vorschein kommen** (Geol) / aflorar
PLS (DV) / secuenciador *m* lógico programable
Plug *m* (Öl) / tapón *m*, obturador *m*
Plugging *n*, Verstopfen *n* (Nukl) / taponamiento *m*
Plumbat (II), Plumbit *n* (Chem) / plumbato(II)-...
Plumbicon-Aufnahmeröhre [für Farbfernseh-Kameras] (TV) / Plumbicon *m*
Plumbo•aragonit *m* (Min) / plumboaragonita *f* ‖ ≃**ferrit** *m* / plumboferrita *f* ‖ ≃**jarosit** *m* (Min) / plumbojarosita *f* ‖ ≃**niobit** *m* / plumboniobita *f*
plump / grosero, tosco, pesado ‖ **~** (Bau) / grosero
Plunger, Plunger-, Druckkolben *m* (Mot) / émbolo *m* buzo ‖ ≃**kolben** *m* (saugend) / émbolo *m* buzo aspirante ‖ ≃**presse** *f* / prensa *f* hidráulica ‖ ≃**pumpe** *f* / bomba *f* de émbolo buzo
plurimetallurgische Werkstoffe (Hütt) / materiales plurimetalúrgicos
plus (Elektr, Math) / positivo ‖ **~ unendlich** / plus infinito ‖ ≃ *n*, Pluszeichen *n* (Math) / signo *m* más ‖ ≃, Plusdifferenz *f* / excedente *m* ‖ ≃**-Anzapfung** *f* (Trafo) / toma *f* positiva ‖ ≃**bürste** *f* (Elektr) / escobilla *f* positiva
Plüsch *m* (Web) / felpa *f*, peluche *m* ‖ ≃, Seidenplüsch *m*, Felbel *m* / velludo *m* ‖ **~artig** / afelpado, peloso ‖ ≃**leder** *n* / cuero *m* aterciopelado, cuero *m* de becerros o de gamuzados ‖ ≃**raumaschine** *f* (Tex) / perchadora *f* de felpa ‖ ≃**teppich** *m* / alfombra *f* de felpa
Pluselektrizität *f*, positive Elektrizität / electricidad *f* positiva

Plüsen *n* (Tex) / limpieza *f* a mano, batido *m* a mano
Plus•facette *f* (Opt) / biselado *m* positivo ‖ ≃**feldgelelektrophorese** *f* (Chem) / electroforesis *f* de gel en campo positivo ‖ **~-minus**, ± / más-menos ‖ ≃**-Minus-Toleranz** *f* / tolerancia *f* de más y menos ‖ ≃**-Minuswaage** *f* / balanza *f* de más-menos ‖ ≃**platte** *f* (Akku) / placa *f* positiva ‖ ≃**pol** *m* (Elektr) / polo *m* positivo ‖ ≃**taste** *f* (Büro, DV) / tecla *f* plus ‖ ≃**teilchen** *n* (Phys) / partícula *f* positiva ‖ ≃**-Toleranzen** *f pl* / tolerancias *f pl* positivas ‖ ≃**- und Minusabmaß** *n* / diferencia *f* [de medida] de más y menos ‖ ≃**-Zählung** *f* (Raumf) / conteo *m* positivo ‖ ≃**zeichen** *n* / signo *m* más
Pluto (Planet) (Astr) / Plutón *m*
plutonisch (Geol) / plutónico ‖ **~es Gestein**, Plutonit *m* / rocas *f pl* plutónicas
Plutonismus *m* (obsol.) (Geol) / plutonismo *m*
Plutonium *n*, Pu (Chem) / plutonio *m*, Pu ‖ ≃ **erzeugend** / plutógeno ‖ ≃**-Brutreaktor**, **-Brüter** *m* / reactor *m* regenerador de plutonio, breeder *m* de plutonio ‖ **~erzeugend** / regenerativo, plutonígeno ‖ ≃**-Gutschrift** *f*, Plutoniumwert *m* (Nukl) / crédito *m* de plutonio ‖ ≃**reaktor** *m* / reactor *m* de plutonio ‖ ≃**rückführung** *f* / reciclaje *m* de plutonio ‖ ≃**rückgewinnung** *f* / recuperación *f* de plutonio ‖ ≃**vergiftung** *f* / intoxicación *f* por plutonio ‖ ≃**zyklus** *m*, -kreislauf *m* / ciclo *m* de plutonio
Pluvio•graph, Regenschreiber *m* (Meteo) / pluviógrafo *m*, pluvígrafo *m*, pluviómetro *m* registrador ‖ ≃**meter** *n*, Regenmesser *m* / pluviómetro *m*, pluvímetro *m*
PL-Verfahren *n* (= Phoenix-Lanzen) (Hütt) / proceso Pl *m*
Ply-Rating *n*, PR-Zahl *f* (Reifen) / ply-rating *m* (índice de resistencia equivalente a las telas de algodón)
PM (Eltronik) = Phasenmodulation ‖ ≃ (Eltronik) = Pulsmodulation
PM-Kern *m* (Ferrit) / núcleo *m* de imán permanente
PMMA-Formmasse *f* (Plast) / masa *f* de moldeo de polimetilmetacrilato
PM-Motor *m*, permanent-magnetisch erregter Motor (Elektr) / magnetomotor *m*
PN, Nenndruck *m* / presión *f* nominal
PN-dB-Skala *f* (Akust) / escala *f* de ruido percibido
PN-Eigenschaften *f pl* (Halbl) / característics PN *f pl*
Pneufahrzeug *n* / vehículo *m* neumatizado
Pneumatik *f* (Wissenschaft) / neumática *f* ‖ ≃**heber** *m* / actuador *m* neumático ‖ ≃**konstantmotor** *m* / motor *m* neumático de cilindrada constante ‖ ≃**-Schweißzylinder** *m* / cilindro *m* de soldadura neumático ‖ ≃**verstellmotor** *m* / motor *m* neumático de cilindrada regulable ‖ ≃**zylinder** *m* / cilindro *m* neumático
pneumatisch / neumático ‖ **~er Anlasser** (Mot) / arrancador *m* neumático o de aire comprimido ‖ **~er Bohrhammer** (Bau) / martillo *m* perforador neumático ‖ **~er Grenztaster** / palpador *m* neumático de límites ‖ **~e Logiksteuerung** (Masch) / mando *m* por celdas neumáticas ‖ **~e Maschine**, Luftmaschine *f* / máquina *f* aerostática ‖ **~er Ölstoßfänger**, -stoßdämpfer *m* / parachoques *m* o amortiguador oleoneumático ‖ **~e Rinne** / canalón *m* neumático ‖ **~es Schaltventil** / relé *m* neumático ‖ **~er Schlaghammer** (Wz) / martillo *m* neumático ‖ **~e Wanne** (Chem) / cubeta *f* neumática ‖ **~er Widerstand** (DV) / resistor *m* neumático ‖ **~-ölhydraulisch** / oleoneumático
Pneumatolyse *f* (Geol) / neumatolisis *f*
PN-FET *m*, Feldeffekttransistor *m* mit PN-Übergang / transistor *m* de efecto de campo tipo PN
pn-Flächendiode *f*, p-n o. PN Flächendiode *f* / diodo *m* de unión PN
pn-Grenzschicht *f* (Halbl) / capa *f* barrera pn
P$_N$-Näherung *f* (Nukl) / aproximación *f* PN
PNP-Transistor *m* / transistor *m* PNP

PN-Sperre f (Halbl) / barrera f PN
pn-Übergang m, PN-Übergang m / unión f o zona PN
pochen vi / golpear ‖ **Erze ~** / bocartear minerales
Pochwerk n (Aufb) / bocarte m
Pockels-Effekt m (Elektrooptik) / efecto m Pockels
Pocken • narbe f, Pitting n (Pressfehler) (Plast) / picadura f ‖ **~narbige Oberfläche** / superficie f picada
Pocket... / de bolsillo
Pocketing m (Web) / tela f para bolsillo
Pockholz n, Guaiacum guatemalense (Bot) / guayacán m, madera f de guayaco
Pod n (abnehmbare Gondel) (Luftf) / góndola f separada
Podbielnak-Analyse f (Chem) / análisis m de Podbielnak
Podest m n, Podium n / estrado m, tarima f ‖ **≃** (DIN), Austritt m einer Treppe (Bau) / descansillo m, rellano m ‖ **≃** n m, Treppenabsatz m (in einem Treppenlauf) (Bau) / descansillo m intermedio ‖ **≃balken** m (Bau) / viga f de descansillo ‖ **≃höhe** f (Bau) / altura f de descansillo ‖ **≃leiter** f / escala f condescansillo ‖ **≃platte** f, Treppenabsatzplatte f / placa f de descansillo ‖ **≃treppe** f / escalera f con descansillos ‖ **gebrochene ≃treppe mit zwei Läufen o. Armen** / escalera f truncada en dos tiros con descanso ‖ **≃verfahren** n **für Einkristall-Züchtung** / método m de pedestal para crecimiento de monocristales
Podsol m, Bleicherde f (Geol) / podzol m
podsoliger Lehm, Bleicherde f / arcilla f de podzol
Pogo-Effekt m (Pogo: ein Springspiel) (Raumf) / efecto m pogo
poikilitisch (Geol) / poiquilítico
poikilotherm, wechselwarm (Biol) / poiquilotermo
Poincaré-Vermutung f (Math) / hipótesis f de Poincaré
Point-Counter-Zusatz m (Mikrosk) / aparato m adicional contador de puntos
Point-to-Point-Verbindung f (Fernm) / conmutación f entre puntos fijos o punto a punto
Poise f (Viskositätseinheit), P (= 10^{-1} Pa·s) (Phys) / poise m
Poiseuille • sches Gesetz (Hydr) / ley f de Poiseuille ‖ **≃-Strömung** f / corriente f en el régimen de Poiseuille, régimen m f de Poiseuille
Poisson • -Gleichung f, Poissonsche Gleichung (Math) / ecuación f de Poisson ‖ **≃scher Beiwert**, Poissonsche Konstante (Mech) / coeficiente m o módulo de Poisson, constante f de Poisson ‖ **≃-Verteilung** f (Stat) / distribución f de Poisson
pökeln vt, einsalzen / salar, echar en salmuera
Pol m (Geo, Phys) / polo m ‖ **≃**, [Pol]klemme f (Akku) / borne m o terminal de polo ‖ **≃...** / polar ‖ **zwischen den ≃en liegend** / interpolar ‖ **≃abschrägung** f (Elektromotor) / bisel[ado] m del polo ‖ **≃abstand** m (Elektr) / paso m polar, distancia f entre polos ‖ **≃abstand, -weite** f (Mech) / distancia f de los polos ‖ **≃achse** f (Astr, Krist, Math) / eje m polar ‖ **≃anker** m (Elektr) / inducido m de polos salientes ‖ **≃anzeiger** m / buscapolos m
polar, Polar... (Chem, Elektr, Geo) / polar ‖ **~e Bindung** (Chem) / enlace m polar o iónico ‖ **~e Entsprechung o. Reziprozität** (Math) / reciprocidad f polar ‖ **~e Gruppe** (Tensid) / grupo m o agrupación polar ‖ **~e Magnetosphäre** / magnetosfera f polar ‖ **~es Molekül** / molécula f polar ‖ **~ reziprok** (Figur) (Math) / recíproco polar ‖ **~es Trägheitsmoment** (Mech) / momento m de inercia polar ‖ **~e Umlaufbahn** (Satellit) / órbita f polar
Polar • achse f / eje m polar ‖ **≃diagramm** n (Math) / diagrama m polar ‖ **≃diagramm, -kurve** f (Luftf) / curva f en coordenadas polares ‖ **≃distanz** f, Poldistanz f (Astr) / distancia f polar ‖ **≃dreieck** n **eines Kegelschnittes** (Math) / triángulo m autoconjugado [respecto a una cónica]
Polare f (Geom) / polar f, recta f polar
Polarebene f (Math) / plano m polar
Polarentheorie f / teoría f de polares

Polar • flug m / vuelo m transpolar ‖ **≃front** f (Meteo) / frente m polar
Polari • meter n (Opt) / polarímetro m ‖ **≃metrie** f / polarimetría f
Polarisation f, Polarisierung f / polarización f
Polarisations • apparat m / polariscopio m ‖ **≃ebene** f / plano m de polarización ‖ **≃ebene einer Welle** / plano m de onda polarizada ‖ **≃entkopplung** f / desacoplamiento m de polarización ‖ **≃fehler** m (Peil) / error m de polarización ‖ **≃filter** n (Opt) / filtro m polarizador o polaroide ‖ **≃gerät** n, Spannungsprüfer m / polariscopio m de visualización de deformaciones ‖ **≃lichtfilter** n, Bernotar n / filtro m de luz polarizada ‖ **≃mikroskop** n (Opt) / micropolariscopio m ‖ **≃photometer** n / fotómetro m polarizador ‖ **≃prisma** n, Polarisator m / prisma m polarizador ‖ **≃prüfung** f / control m de polarización ‖ **≃richtung** f (Hohlleiter) / dirección f de polarización ‖ **≃schwund** m / desvanecimiento m de polarización ‖ **≃-Sonnenprisma** n / prisma m solar polarizador ‖ **≃spannung** f / tensión f de polarización ‖ **≃-Stabilisator** m / estabilizador m de polarización ‖ **≃strom** m / corriente f polarizante o de polarización ‖ **≃weiche** f / bifurcación f de polarización ‖ **≃windung** f (Ultraschall) / espira f de polarización ‖ **≃winkel** m, Brewsterwinkel m / ángulo m de máxima polarización, ángulo m de Brewster
Polarisator m / polarizador m ‖ **parallelstehender ≃** (Opt) / polarizador m paralelo
polarisierbar / polarizable
Polarisierbarkeit f / polarizabilidad f
polarisieren vt (Elektr, Opt) / polarizar
polarisierender Monochromator (Astr) / monocromador m polarizador
polarisiert / polarizado ‖ **er Diversityempfang** (Eltronik) / recepción f en diversidad polarizada ‖ **~es Licht** / luz f polarizada ‖ **~es Relais** / relé m polarizado ‖ **~es RZ-Schreibverfahren** (Magn.Bd) / registro m polarizado con vuelta a cero ‖ **~e Sperre** / trampa f polarizada ‖ **~e Streustromableitung** (Korrosion) / drenaje m eléctrico polarizado ‖ **~er Wechselstromwecker** (Fernm) / timbre m polarizado ‖ **~e Welle** / onda f polarizada
Polarisierungswinkel m / ángulo m de polarización
Polarität f / polaridad f ‖ **nur eine ≃** / unipolar adj, monopolar ‖ **umgekehrte ≃** / polaridad f invertida
Polariton n (Phys) / polaritón m
Polarizer m (TV) / polarizador m
Polar • koordinaten f pl (Math, NC) / coordenadas f pl polares ‖ **≃koordinatenschreiber** m / registrador m de diagramas radiales ‖ **≃kreis** m (Geo) / círculo m polar ‖ **≃kristall**, Ionenkristall m / cristal m iónico ‖ **≃licht** n / aurora f polar ‖ **nördliches, [südliches] ≃licht** / auroral f boreal, [austral] ‖ **≃lichtzone** f / zona f auroral o de aurora polar ‖ **≃luft** f (Meteo) / aire m polar
Polarmount m, Spiegelhalter m (TV) / apoyoespejo m
polaro • grafisch (Chem) / polarográfico ‖ **≃gramm** n (Chem) / polarograma m ‖ **≃graph** m (Chem) / polarógrafo m ‖ **≃graphie** f (Chem) / polarografía f
Polaroid • kamera f / cámara f o máquina Polaroid[e] ‖ **≃[material]** n (zur Polarisierung von Lichtquellen und Ausschaltung von Reflexen) (Opt) / material m polaroide o polaroidal ‖ **≃verfahren** n (Foto) / método m Polaroid[e]
Polaron n (Nukl) / polarón m
Polaroszillograph, Oszilloskop m mit 2 Plattenpaaren für Schleifendarstellung / ciclógrafo m, osciloscopio m polar
Polarotor m (TV) / polarrotor m
Polar • planimeter n (Verm) / planímetro m polar ‖ **≃-reziprok** f / reciprocidad f polar ‖ **≃röhre** f (Oszilloskop) / tubo m de base de tiempo circular, tubo m de coordenadas polares ‖ **≃stereographischer**

Projektor (Geo) / proyector *m* polarestereográfico ‖ ⁓**stern-Sucher** *m* (Astr) / sensor *m* de la Estrella Polar ‖ ⁓**-unpolar** (Tensid) / polar-no polar ‖ ⁓**winkel** *m* (Astr) / amplitud *f*

Pol•bahn *f* (Mech, Phys) / base *f* ‖ ⁓**bahnnormale** *f* (Mech) / normal *f* a la base ‖ ⁓**bahntangente** *f* (Mech) / tangente *m* a la base ‖ ⁓**baum** *m* (Tex) / plegador *m* de urdimbre ‖ ⁓**bewegung** *f*, -hodie *f* (Astr) / polodia *f* ‖ ⁓**bogen** *m* (Elektr) / arco *m* polar ‖ ⁓**brett** *n*, Klemmbrett *n* / tablero *m* de bornes ‖ ⁓**brücke** *f* (Akku) / puente *f* terminal ‖ ⁓**dämpfung** *f* / atenuación *f* polar

Polder *m* (Hydr) / pólder *m*

Pol•distanz *f* (Astr) / distancia *f* polar ‖ ⁓**distanz** (Nav) / codeclinación *f* ‖ ⁓**draht** *m* / hilo *m* de electrodo ‖ ⁓**dreieck** *n* (Math) / triángulo *m* polar

Pole *f* (Web) / pole *f*

Polecke *f* **eines Kristalls** / ángulo *m* sólido vertical de un cristal

Poleiöl *n* (Pharm) / esencia *f* de menta Pouliot

polen (Elektr) / fijar la polaridad ‖ ⁓ (Kupfer) / tratar con la pértiga (E), berlingar (LA) ‖ **in Sperrrichtung** ⁓ / polarizar inversamente

Pol•faden, Schling-, Dreherfaden *m* (Gaze) (Tex) / hilo *m* [de] pelo ‖ ⁓**finder** *m* / buscapolos *m* ‖ ⁓**flächenabschrägung** *f* (Elektr) / bisel *m* de la cara polar ‖ ⁓**flächenkrümmung** *f* / bisel *m* perfilado de la cara polar ‖ ⁓**flächenverluste** *f pl* (Eisenverlust) (Elektr) / pérdidas *f pl* de pulsación ‖ ⁓**gehäuse** *n* (Elektr) / carcasa *f* de polo ‖ ⁓**gehäuse**, Stator *m* (Elektr) / estator *m*, armadura *f* ‖ ⁓**gerade** *f* (Mech) / eje *m* de centros de rotación ‖ ⁓**hodie** *f* (Astr) / polodía *f* ‖ ⁓**hodiekegel** *m* (Kreisel) / pólodo *m* ‖ ⁓**höhe** *f* (Viskosität) / altura *f* de polo ‖ ⁓**höhe** (Astr) / distancia *f* polar ‖ ⁓**höhenverstellung** *f* **am Fernrohr** / graduación *f* de la latitud ‖ ⁓**hörner** *n pl* (Elektr) / cuernos *m pl* polares

Polianit *m*, Pyrolusit *m* (Min) / polianita *f*, pirolusita *f*

Polier *m* (Bau) / capataz *m*

polierbar / pulible, bruñible

Polier•bock *m* / pulidora *f* ‖ ⁓**bürste** *f* / cepillo *m* pulidor ‖ ⁓**dorn** *m* (am Schleifbock) (Galv) / vástago *m* para el disco pulidor ‖ ⁓**drücken** *vt*, pressglanzpolieren / pulir a presión, galetear, ruletear ‖ ⁓**eisen** *n* / bruñidor *m* ‖ ⁓**emulsion** *f* / solución *f* de pulimento

polieren *vt* / pulir, bruñir ‖ ⁓ (Keramik) / luir (LA) ‖ ⁓ **und ätzen** (Hütt) / pulir y atacar ‖ ⁓ **und handrichten** / pulir y enderezar a mano ‖ **am Schleifbock** ⁓ / pulir por muela ‖ **auf der Schwabbelscheibe** ⁓ / pulir con disco de trapos ‖ **auf Hochglanz** ⁓ / pulir a elevado brillo ‖ ⁓ *n* / pulim[i]ento *m*, pulido *m*, pulimentación *f*, bruñido *m*, abrillantado *m* ‖ ⁓ **mit Lösungsmittel** / pulido *m* con una solución ‖ ⁓ **mit Schleifmittel** / pulido *m* con abrasivos ‖ ⁓ **von Getrieben durch Einlaufen** / bruñido *m* de engranajes

Polierer (Arbeiter), Schleifer *m* / alisador *m*

Poliererei *f* / taller *m* de pulido

polier•fähig, polierbar, Politur annehmend / pulible, bruñible ‖ ⁓**filz** *m* / fieltro *m* de pulido ‖ ⁓**gerüst** *n* (Walzw) / caja *f* planeadora ‖ ⁓**grün**, Chromgrün *n* (Galv) / verde *m* de cromo ‖ ⁓**holz** *n*, -stock *m* / palo *m* de pulido ‖ ⁓**kratzer** *m* (Glas) / rasguño *m* de pulido ‖ ⁓**kreide** *f*, Wiener Putzkalk (Chem) / cal *f* de Viena [para pulir] ‖ ⁓**kugel** *f* / bola *f* para el pulido ‖ ⁓**läppen** *n* / lapeado *m* y pulido ‖ ⁓**leder** *n* / cuero *m* para pulido ‖ ⁓**maschine** *f*, -bock *m* / pulidora *f* ‖ ⁓**masse** *f*, -mittel *n* / material *m* de pulido o para sacar lustre ‖ ⁓**mittel** *n* (für Polierdrücken) / material *m* de pulido a presión ‖ ⁓**ölfest** / resistente al pulido con aceite ‖ ⁓**paste** *f* / pasta *f* de pulir ‖ ⁓**pulver** *n* / polvo *m* para pulir ‖ ⁓**ring** *n* / anillo *m* pulidor ‖ ⁓**rollen** *f* / pulido *m* por rodillo[s] ‖ ⁓**rot** *n* / rojo *m* para pulir ‖ ⁓**rot**, Englischrot *n* (Galv) / rojo *m* de óxido de hierro ‖ ⁓**rot** *n* (Edelsteine), Juwelierrot *n* / caput *m* mortuum ‖ **mit** ⁓**rot-Schlichte streichen** (Gieß) / preparar con unta de rojo para pulir ‖ ⁓**scheibe** *f* (Galv) / disco *m* de pulir, muela *f* de pulir ‖ ⁓**scheibe aus Baumwolle** / muela *f* de algodón ‖ ⁓**schiefer** *m*, Tripel *m* / tripolí *m* ‖ ⁓**schleifen** *n* / rectificación *f* de pulimento (con muela de caucho) ‖ ⁓**stab**, -stock *m*, -holz *n* / palo *m* de pulido ‖ ⁓**stahl** *m* / pulidor *m* o bruñidor de acero ‖ ⁓**stein** *m*, Blutstein *m* (Keram) / piedra *f* para bruñir ‖ ⁓**stich**, Schlichtstich *m* (Walzw) / paso *m* final

poliert / pulido ‖ ⁓**er Reis** *m* (Nahr) / arroz *m* pulido ‖ ⁓**er und geätzter Schliff** (Mat.Prüf) / probeta *f* metalográfica pulida y atacada

Polier•trommel, Scheuertrommel *f* / tambor *m* para pulir ‖ ⁓**walze** *f* (Walzw) / cilindro *m* planeador ‖ ⁓**walze** (Polierdrücken) / rodillo *m* pulidor para ruletear ‖ ⁓**walzengerüst** *n* (Walzw) / caja *f* planeadora ‖ ⁓**watte** *f* / guata *f* de pulir ‖ ⁓**werkzeug** *n* / herramienta *f* para pulir

Politur *f*, Glanz *m* / pulido *m*, brillo *m*, bruñido *m* ‖ ⁓, Möbellack *m* / barniz *m* de pulimento

Polizei•fahrzeug *n* / automóvil *m* [de patrulla] policíaco, coche-patrulla *m* [E] ‖ ⁓**funk** *m* / equipo *m* de radio policíaco, sistema *m* de radiocomunicación de policía ‖ ⁓**-Radar** *n* / radar *m* móvil, cinemómetro *m* móvil

Polje *n* (Geol) / polje *m*

Pol•joch *n* (Elektr) / yugo *m* polar o de polo ‖ ⁓**kante** *f*, Polschuhkante *f* / arista *f* polar o de polo ‖ ⁓**kante eines Kristalls** / arista *f* culminante de un cristal ‖ ⁓**kappe** *f* (Geo) / casquete *m* polar ‖ ⁓**kern** *m* (Elektr) / núcleo *m* polar o de polo ‖ ⁓**kette** *f*, Flor *m* (Web) / urdimbre *m* de pelo ‖ ⁓**kettenbaum** *m* (Tex) / plegador *m* de urdimbre ‖ ⁓**klemme** *f* (Elektr) / borne *m* o terminal de polo ‖ ⁓**kranz** *m* (Elektr) / llanta *f* de polos

Poll-Abfrage *f* (ob Terminal sendebereit), Polling *n* (DV) / interrogación *f* de terminales

Pol-Lagenkurve *f* (Mech) / lugar *m* de los polos

Pollen (Bot) / polen *m* ‖ ⁓**analyse** *f* / análisis *m* de polen ‖ ⁓**filter** *m* (Kfz) / filtro *m* de polen ‖ ⁓**sack** *m* (Bot) / saco *m* polínico

Poller *m* **am Land** (Schiff) / bolardo *m*, noray *m* ‖ ⁓ **auf dem Schiff** / bita *f*

Polling *n*, zyklischer Abrufbetrieb *m* (DV) / interrogación *f*

pol•los, nichtpolar / apolar, no polar, sin polos ‖ ⁓**lücke** *f* / espacio *m* interpolar ‖ ⁓**nahe** (Astr, Geo) / subpolar

polnisch, klammerfrei, präfix... (DV) / polaco, prefijado ‖ ⁓ **e o. klammerfreie Schreibweise** (DV) / notación *f* polaca

poloidal (Plasma) / poloidal (plasma) ‖ ⁓**feld** *n* (Kernfusion) / campo *m* poloidal

Polonium *n*, Po (Chem) / polonio *m*, Po

Pol•paarzahl *f* (Elektr) / número *m* de pares de polos ‖ ⁓**paket** *n* (Elektr) / paquete *m* de chapas para polos ‖ ⁓**prüfer** *m* / indicador *m* de polaridad ‖ ⁓**rad** *n* (Elektr) / armazón *f m* polar ‖ ⁓**radpendelungen** *f pl* (Elektr) / oscilación *f* de fase ‖ ⁓**radwinkel** *m* / ángulo *m* de desfasaje interno ‖ ⁓**radwinkelkennlinie** *f* (Elektr) / característica *f* del ángulo de carga ‖ ⁓**reagenspapier** *n*, -reagenzpapier *n* (Elektr) / papel *m* indicador de polaridad, papel *m* buscapolos ‖ ⁓**schlüpfen** *n* (Elektr) / deslizamiento *m* de polos ‖ ⁓**schuh** *m* (el. Maschine) / expansión *f* o pieza *o* zapata polar ‖ ⁓**schuhbohrung** *f* / taladro *m* de zapata polar ‖ ⁓**schuhfläche** *f* (Elektr) / cara *f* polar ‖ **vordere** [hintere] ⁓**schuhkante** (Elektr) / arista *f* polar de entrada, [de salida] ‖ ⁓**schur** *f* (Tex) / tundido *m* de pelo ‖ ⁓**schuss** *m* (Tex) / trama *f* de pelo, chenilla *f* ‖ ⁓**schwankungen der Erde** *f pl*, Nutation *f* (Geophys) / movimiento *m* polar de la Tierra ‖ ⁓**sicher sein** / mantener su polaridad ‖ ⁓**spule** *f* (Elektr) / bobina *f*

excitadora o inductora ‖ ⁓**stärke** f (Phys) / intensidad f polar o de polo
Polster, Kissen n / acolchado m, almohada f ‖ ⁓ n, Polsterung f, Füllung f / relleno m ‖ ⁓ (Kfz) / acolchado m ‖ ⁓, Schutzgaspuffer m (Nukl) / capa f de gas de protección ‖ ⁓**bank** f (Bahn) / banco m o asiento acolchado ‖ ⁓**beschichtung** f, Primär-Coating n (LWL) / revestimiento m primario ‖ ⁓**bezüge** m pl (Tex) / acolchado m
Polsterer m / colchonero m
polster•förmig, konvex gewölbt (Opt) / convexo ‖ ⁓**gewebe** n (Tex) / tejido m para tapicería ‖ ⁓**haar**, -material n / borra f, crin f ‖ ⁓**material** n (Tap) / material m de relleno para colchonería y tapicería ‖ ⁓**material** (Tex) / material m para enhuatado ‖ ⁓**möbel** n / muebles m pl acolchados o tapizados
polstern vt, aus-, aufpolstern / acolchar ‖ ⁓, ausfüllen / rellenar ‖ ⁓ n / acolchado m, colchado m
Polstern m (Elektr) / cepo m de inductor
Polster•nadel f / colchonera f ‖ ⁓**nagel** m / techuela f de tapicero, calamón m, bollón m ‖ ⁓**schimmel** m, Moniliakrankheit f (Bot, Landw) / monilia f ‖ ⁓**schmierung** f (Masch) / lubri[fi]cación f por almohadilla o cojín ‖ ⁓**sessel** m / sillón m tapizado ‖ ⁓**sitz** m / asiento m acolchado ‖ ⁓**stoff** m (Tex) / tapicería f ‖ ⁓**tür** f / puerta f acolchada o tapizada
Polsterung f (für Möbel) / acolchado m, colchado m ‖ ⁓, Füllung f / relleno m ‖ ⁓, Wattierung f (Tex) / enhuatado m, acolchado m
Pol•streuung f / dispersión f polar ‖ ⁓**sucher** m, -prüfer m, -anzeiger m, -finder m / buscapolos m, indicador m de polaridad ‖ ⁓**teilung** f (Elektr) / paso m polar
Polterbank, Knüppelwäsche f (Draht) / agitador m
Poltern, Rattern n / estrépido m
Pol•umkehr, Umpolung f / inversión f de polos o de polaridad ‖ ~**umklemmbar** / de polos cambiables ‖ ~**umschaltbar** (Elektr) / cambiapolos, cambiador de números de polos adj ‖ ⁓**umschaltbarer Elektromotor** / motor m cambiapolos ‖ ⁓**umschaltung** f (Elektr) / regulación f por cambio de números de polos
Polung f / polaridad f ‖ ⁓, Polfestlegung f / fijación f de polaridad ‖ ⁓ **in Durchlassrichtung** (Halbl) / polarización f directa o en directo
Pol•unverwechselbarkeit f / inconfundibilidad f de polos ‖ **[Aufnahme nach dem]** ~**verfahren** (Verm) / levantamiento m por coordenadas polares ‖ ⁓**wechsel** m (Elektr) / alternancia f ‖ ⁓**wechselgeschwindigkeit** f (Mech) / velocidad f del centro de rotación ‖ ⁓**wechselschalter** m, -wechsler m, -wender m (Elektr) / conmutador m cambiador de polos ‖ ⁓**wechselzahl** f, Frequenz f / frecuencia f ‖ ⁓**weite** f, -abstand m (Mech) / distancia f polar ‖ ⁓**wender** m (Elektr) / cambiapolos m, cambiador m o inversor de polos, inversor m de polaridad
Poly•..., Viel..., Mehr... / poli... ‖ ⁓**acetal** n (Chem) / poliacetal m ‖ ⁓**acetalharze** n pl / poliacetos m pl ‖ ⁓**acrylat** n / poliacrilato m ‖ ⁓**acrylatmodifiziert** adj / modificado de poliacrilato ‖ ⁓**acrylharz** n / plástico m poliacrílico ‖ ⁓**acrylnitril** n, PAN m / poliacrilonitrilo m ‖ ⁓**acrylsäure** f / ácido m poliacrílico ‖ ⁓**acrylsäureester** m / polímero m acrílico ‖ ⁓**addition** f (Chem) / poliadición f ‖ ⁓**additionsfaser** f / fibra f de poliadición ‖ ⁓**akrylamid** n / PAA = poliacrilamida ‖ ⁓**alkan** n / polialcano m ‖ ⁓**alkohol** m, Polyol m / polialcohol m, poliol[o] m ‖ ⁓**alkylmethacrylat** n (Chem) / polialquilmetacrilato m ‖ ⁓**amid** n, PA / poliamida f, perlón m ‖ ⁓**amidimid** n / poliamidaimida f ‖ ⁓**amidpapier** n / papel m de poliamida ‖ ⁓**amidtrockenschnitzel** m / recorte m seco de poliamida ‖ ⁓**amin** n / poliamina f ‖ ⁓**amincaprolactam** n / caprolactama f de poliamina ‖ ⁓**angiden** pl, Bakterienpilze m pl (Biol) / mixobacteriales m pl ‖ ⁓**-Anilin** n (elektr. leit.

Kunststoff) / PAni (polianilina) ‖ ⁓**aramid** n (Kevlar) / poliaramida f ‖ ⁓**argyrit** m (Min) / poliargirita f ‖ ~**cyclischer aromatischer Kohlenwasserstoff**, PCA (Chem) / hidrocarburo m policíclico aromatico ‖ ⁓**arylsulfon** n / poliarilsulfona f ‖ ⁓**ase** f (Enzym) / poliasa f, polisaccarasa f ‖ ⁓**basit**, Eugenglanz m (Min) / polibasita f ‖ ⁓**beton** (Bau) / hormigón m de poliéster ‖ ⁓**block-Wärmeübertrager** m / termocambiador m de grafito ‖ ⁓**butadien** n (Chem) / polibutadieno m ‖ ⁓**but[yl]en** n, PB / polibut[il]eno m ‖ ⁓**butylenterephthalat** n, PBTP / polibut[il]enotereftalato m ‖ ⁓**carbamid** n, -harnstoff m, PH / policarbamida f ‖ ⁓**carbon** (Plastik für CDs) / policarbono m ‖ ⁓**carbonat** n, Makrolon m / policarbonato m, Macrolon m ‖ ⁓**chlorbiphenyl** n / policlorobifenilo m ‖ ⁓**chloropren**, PCP n, Chloroprenkautschuk m / policloropropeno m ‖ ⁓**chlortrifluorethyllenharz** n / resina m de policlorotrifluoroetileno ‖ ⁓**chroilith** m (Min) / policroilita f ‖ ⁓**chroismus** m (Opt) / policroismo m ‖ ~**chroit** n, Farbstoff m des Safrans / policroita f ‖ ~**chrom** (Druck) / policromático, policromo ‖ ~**chromer Druck** (Druck) / policromía f, impresión f policroma ‖ ⁓**chrom** n / policromio m ‖ ~**chromatisch** (Strahlung) / policromático ‖ ⁓**chromie**, Mehrfarbigkeit f (Druck, Färb, Phys) / policromía f ‖ ⁓**cid** n (Halbl) / policido m ‖ ⁓**dispers** (Kolloid) / polidisperso m ‖ ⁓**dymit** n (Min) / polidimita f ‖ ⁓**eder** n, körperliches Vieleck, Vielflach n (Geom) / poliedro m ‖ ⁓**ederabbildung** f (Kartographie) / proyección f poliedrica ‖ ⁓**edrisch**, vielflächig / poliedro adj, poliédrico m ‖ ⁓**eisen** n (Hütt) / polihierro m ‖ ⁓**elektrolyt** m (Plast) / polielectrólito m ‖ ⁓**energetisch** (Nukl) / polienergético
Polyenfettsäure f (Chem) / ácido m graso poli[i]nsaturado
Polyepichlorhydrin n / poliepiclorohidrino m
Polyester m (Chem) / poliéster m ‖ ⁓**...** / poliéstrico ‖ **Umwandlung in** ⁓ / poliesterificación f ‖ ⁓**amid** n / poliesteramida f ‖ ⁓**beton** m (Bau) / hormigón m de poliéster ‖ ⁓**-Fasergewebe** n (Plast) / tejido m de fibras de poliéster ‖ ⁓**film** m, Stabilfolie f / película f de poliéster ‖ ⁓**-Glasfasermasse** f (Plast) / masa f de fibras de vidrio poliéstrica ‖ ⁓**harz** n / poliéstrico o de poliéster ‖ ⁓**harz, glasfaserverstärkt** n, UP-GF / plástico m poliéstrico reforzado de fibras por vidrio ‖ ⁓**urethan** n / poliésteruretano m
Polyether m / poliéter m ‖ ⁓**etherketon** n, PEEK / poliéterétercetona f ‖ ⁓**keton** n, PEK / poliétercetona f ‖ ⁓**-Schaumstoff** m / plástico m celular de poliéter ‖ ⁓**sulfon** m, PES / poliétersulfona f
Polyethylen n, PET / polietileno m, politeno m ‖ ⁓ **hoher Dichte**, HDPE / polietileno f de alta densidad ‖ ⁓ **mit extrem hohem Molekulargewicht** / polietileno m de peso molecular muy elevado ‖ ⁓ **mittlerer Dichte**, PE-MDX / polietileno m de media densidad ‖ ⁓ **niedriger Dichte**, PE-LD / polietileno m de baja densidad ‖ ⁓, **vernetzt**, PE-X / polietileno m reticulado ‖ ⁓**glykol** m / polietilenglicol m ‖ ⁓**plast** m / plástico m o polietilénico o polietileno m ‖ ⁓**terephthalat** n, PETP / tereftalato m de polietileno
Poly•formaldehyd m, POM / poliformaldehído m ‖ ⁓**fusionsschweißung** f (Plast) / soldadura f por polifusión ‖ ~**gen[etisch]** (Geol) / polígeno m ‖ ~**genetisch** (durch verschiedene Beizen verschieden getönt) (Färb) / poligenético ‖ ⁓**glas** n / polividrio m ‖ ~**gon** n, Vieleck n (Geom) / polígono m
polygonal (z.B. Säule), kantig / poligonal ‖ ~**er Balken** (Stahlbau) / viga f poligonal ‖ ⁓**spiegel** m (Opt) / espejo m poligonal
Polygon•aufhängung f (Bahn) / suspensión f poligonal ‖ ⁓**aufnahme** f, -zug m, Polygonieren n (Verm) / red f poligonal ‖ ⁓**ausbau** m (Bergb) / entibado m poligonal ‖ ⁓**boden** m (Verm) / suelo m poligonal ‖ ⁓**dach** n /

Polygongelenk

tejado *m* de mocheta poligonal ‖ ˜**gelenk** *n* (Masch) / articulación *f* poligonal
polygonisieren *vt* (Krist) / hacer poligonal
Polygon•profil *n*, Keilwellen- o. K-Profil *n* / perfil *m* poligonal ‖ ˜**schaltung** *f*, Ringschaltung *f* (Elektr) / montaje *m* poligonal ‖ ˜**spannung** *f* (im Mehrphasensystem) (Elektr) / tensión *f* poligonal ‖ ˜**verband** *m* (Bau) / trabazón *m* poligonal ‖ ˜**winkel** *m* / ángulo *m* de circunferencia ‖ ˜**zug** *m* (Verm) / levantamiento *m* poligonal
Poly•graph *m*, Lügendetektor *m* / polígrafo *m* ‖ ˜**halit** *m* (Min) / polihalita *f* ‖ ˜**harnstoff** *m* (Chem) / policarbamida *f* ‖ ˜**hydroxybutyrat** *n* (Kunststoff aus Bakterien) / PHB (= polihidroxibutirato) ‖ ˜**hydrozellulose** *f* (Tex) / polihidrocelulosa *f* ‖ ˜**imid** *n*, Polymer SP *n* / poli[i]mida *f* ‖ ˜**isobutylen** *n*, PIB / poli[i]sobut[il]eno *m* ‖ ˜**isopren** *n* / poli[i]sopreno *m* ‖ ˜**kondensat** *n* / policondensato *m* ‖ ˜**kondensatfaser** *f* / fibra *f* de policondensación ‖ ˜**kondensation** *f* (Chem) / policondensación *f* ‖ ~**konische Projektion** (Geo) / proyección *f* policónica ‖ ˜**kras** *m* (Min) / policrasa *f* (titaniobato) ‖ ˜**kristall** *m* / policristal *m* ‖ ˜**kristallin** / policristalino ‖ ~**kristalliner Diamant**, PKD *m* / diamante *m* policristalino ‖ ~**kristallinisches kubisches Bornitrid**, PKBN / nitruro *m* de boro policristalino cúbico, PCBN ‖ ˜**kultur** *f* (Landw) / policultivo *m*, pluricultivo *m* ‖ ˜**marke** *f* (DV) / polirótulo *m*
polymer (Biol, Chem) / polímero *adj* ‖ ~**es Amid**, Nylon *n* / amida *f* polímera ‖ ~**e Kohlenwasserstoffe** *m pl* / hidrocarburos *m pl* polímeros ‖ ~**er Lichtleiter** / conductor *m* de luz polímero
Polymer *n*, Polymerisationsprodukt *n* (Chem) / polímero *m* ‖ ˜ **SP**, Polyimid *n* / poli[i]mida *f* ‖ **lebendes, [schlafendes]** ˜ / polímero *m* vivo, [durmiente]
Polymer•benzin *n* / gasolina *f* polímera ‖ ˜**beton** *m* / hormigón *m* polímero ‖ ˜**holz** *n* / madera *f* polimerizada ‖ ˜**homolog** *adj* / de homólogo polímero ‖ ˜**homolog** *n* / homólogo *m* polímero
Poly•merie *f* (Chem) / polimería *f* ‖ ˜**merisat** *n* / producto *m* de polimerización ‖ ˜**merisatfaser** *f* / fibra *f* polímera ‖ ˜**merisatgemisch** *n*, Polymerisatmischung *f* / mezcla *f* de polímeros ‖ ˜**merisation** *f* / polimerización *f* ‖ ˜**merisation in Masse**, Massepolymerisation *f* / polimerización *f* en masa ‖ ˜**merisationsbeschleuniger** *m* / acelerador *m* o avivador de polimerización ‖ ˜**merisationsharz** *n* / resina *f* de polimerización ‖ ˜**merisatklebstoff** *m* / adhesivo *m* o pegante de polimerización ‖ ~**merisieren** *vt* / polimerizar ‖ ~**merisiertes Leinöl** / aceite *m* de linaza polimerizado ‖ ˜**mer-Lithium-Batterie** *f* (Elektr) / batería *f* polímero-litio ‖ ˜**meter** *n* (Meteo) / polímetro *m* ‖ ˜**methacrylharz** *n* / resina *f* polimetacrílica ‖ ˜**methacrylsäure** *f* / ácido *m* polimetacrílico ‖ ˜**methacrylsäureester** *m*, -methacrylat *n* / polimetacrilato *m* ‖ ˜**methacrylsäuremethylester** *m* / polimetacrilato *m* de metilo ‖ ˜**methylen**, Naphthen *n* / polimet[il]eno *m* ‖ ˜**methylen...** / polimet[il]énico ‖ ˜**methylmethacrylat** *n*, PMMA / polimetacrilato *m* de metilo ‖ ˜**methylstyrol** *n* / polimetilestireno *m* ‖ ~**morph** (Chem, Krist) / polimorfo ‖ ~**morphe Umwandlung** (Hütt) / transformación *f* polimorfa ‖ ˜**morphie** *f*, Polymorphismus *m* (Chem, Geol, Krist) / polimorfismo *m*, polimorfía *f* ‖ ~**morph-nuklear** / polimorfonuclear ‖ ~**när** (Linearmotor) / polinario ‖ ˜**noidmotor** *m* (Linearmotor) / motor *m* polinoidal ‖ ˜**nom** *n* (Math) / polinomio *m* ‖ ~**nomisch** / polinomial ‖ ˜**nomrechner**, Lineargleichungslöser *m* / resolvedor *m* de ecuaciones ‖ ˜**nosicfaser** *f* (Tex) / fibra *f* polinósica ‖ ~**nosisch** (Plast) / polinósico ‖ ˜**nucleotid** *n* / polinucleotido *m* ‖ ~**nuklear** (Chem) / polinuclear
Polyol *n*, Polyalkohol *m* / polialcohol *m*, poliol *m* ‖ ˜**addukt** *n* (Galv) / aducción *f* de poliol

Poly•olefin *n* / poliolefina *f* ‖ ˜**olefin...** / poliolefínico ‖ ~**optisch** / polióptico ‖ ˜**ose** *f*, (jetzt:) Polysacchrid *n* / polisacarido *m*, poliósido *m* ‖ ˜**oxamid** *n* (Plast) / polioxamida *f* ‖ ˜**oxoester** *m* / polioxoéster *m* ‖ ˜**oxymethylen** *n*, POM, Polyformaldehyd *m* / polioximetileno *m*, poliformaldehido *m* ‖ ˜**papier** *n* / papel *m* recubierto con plástico ‖ ˜**peptid** *n* / polipeptido *m* ‖ ˜**peptid...** / polipeptídico
Polypgreifer, Mehrschalengreifer *m* / cuchara *f* de palas en forma de naranja, cuchara *f* de mordazas múltiples
Poly•phenylenoxid *n*, PPO *n* (Chem) / óxido *m* de polifenileno ‖ ˜**phenylensulfid** *n*, PPS / sulfuro *m* de polifenileno ‖ ˜**phenylensulfon** *n*, PPSU / sulfono *m* de polifenileno ‖ ˜**phenylsiloxan** *n*, PPS *n* / polifenilsiloxano *m* ‖ ˜**phosphorsäure** *f* / ácido *m* polifosfórico ‖ ˜**pivalolacton** *n* (Plast) / polipivalolactona *f* ‖ ˜**plaste** *n pl* / plásticos *m pl* ‖ ˜**plexer** *n* (Radar) / poliplexor *m* ‖ ~**ploid** (Biol) / poliploide ‖ ˜**propylen** *n*, PP (Chem) / polipropileno *m* ‖ ˜**propylenglykol** *n* / polipropilenoglicol *m* ‖ ˜**propylenoxid** *n*, PPOX / polipropilenóxido *m* ‖ ˜**propylensulfid** *n* (Bayer) (Bayer), Tedur *n* / polipropilenosulfuro *m* ‖ ˜**reaktion** *f* / polirreacción *f* ‖ ˜**rodantenne** *f* (Wellenleiter) / antena *f* de varillas dieléctricas, antena *f* dieléctrica de varillas ‖ ˜**saccharase** *f*, Polyase *f* / polisacarasa *f*, poliasa *f* ‖ ˜**saccharid** *n*, (früher:) Polyose, -saccharose *f* / polisacarido *m* ‖ ~**saprob**, stärkstens verschmutzt / polisaprobio ‖ ˜**saprobien** *f pl* (Abwasser) / polisaprobios *m pl* ‖ ˜**saprobiont** *n* (Abwasser) / polisaprobio[nto] *m* ‖ ˜**säure** *f* (Chem) / poliácido *m* ‖ ~**semantischer Begriff** / concepto *m* polisemántico ‖ ˜**silicon** *n*, -silizium *n* / polisilicio *m* ‖ ˜**silit** *n* / polisilito *m* ‖ ˜**siloxan**, [-]organosiloxan, Silicon *n* / polisiloxano *m*, silicona *f* ‖ ˜**solenoidmotor** *m* (Elektr) / motor *m* tubular ‖ ˜**somie** *f* (Biochem) / polisomía *f* ‖ ˜**styrol** *n* (Plast) / poliestireno *m*, poliestirol *m* ‖ ˜**styrol-Partikelschaum** *m*, Styropor *n* (BASF) / esponja *f* o espuma de partículas de poliestireno ‖ ˜**styrolschaum** *m* / esponja *f* o espuma de poliestireno ‖ ˜**styrol-Spritzgussmasse** *f* / plástico *m* de poliestireno para [moldeo por] inyección ‖ ˜**sulfid** *n* / polisulfuro *m* ‖ ˜**sulfon** *n* / polisulfono *m* ‖ ~**synthetisch** / polisintético ‖ ~**technisch** (Schule) / politécnico ‖ ˜**terephthalsäureester** *m*, Polyethylenterephthalat *n* (Chem) / polietileno-tereftalato *m* ‖ ˜**terpen** *n* / politerpeno *m* ‖ ˜**tetrafluorethylen** *n*, PTFE *n* / politetrafluoroetileno *m*, PTFE ‖ ˜**tetramethylenterephthalat** *n* / politetrametileno-tereftalato *m* ‖ ˜**then** *n s*. Polyethylen ‖ ˜**thermid** *n* / politermido *m* ‖ ˜**thioester** *m*, PTE / politioéster *m* ‖ ˜**thionsäure** *f* / ácido *m* politiónico ‖ ˜**toxizität** *f* / politoxicidad *f* ‖ ˜**trifluorchlorethylen** *n* (z.B. Hostaflon), PTFCE *n* / politrifluorocloroetileno *m*, PTFCE ‖ ˜**trope** *f* (Phys) / curva *f* politrópica ‖ ~**tropisch** (Phys) / politrópico ‖ ˜**urethan** *n*, PUR *n* / poliuretano *m*, PUR ‖ ˜**urethan...** / de poliuretano ‖ ˜**urethankunststoff** *m* / plástico *m* de poliuretano ‖ ˜**urethan-Schaum**, Schaum[kunst]stoff *m* / espuma *f* o esponja *f* de poliuretano ‖ **mit Gasen gefüllter** ˜**urethanschaum** / espuma *f* (o esponja) rígida de poliuretano ‖ ˜**urethan-Strukturschaumstoff** *m*, PUR-RIM / espuma *f* estructural de poliuretano ‖ ˜**urethan-Teer-Kombination** *f* / capa *f* de poliuretano y alquitrán ‖ ˜**urethantreibstoff** *m* / propergol *m* a base de poliuretano ‖ ~**valent**, vielwertig (Chem) / polivalente, multivalente ‖ ~**valenter Code** (DV) / código *m* polivalente ‖ ˜**verbindung** *f* (Chem) / policompuesto *m*
Polyvinyl *n* (Plast) / polivinilo *m* ‖ ˜... / polivinílico, de polivinilo ‖ ˜**acetal** *n* / polivinilacetal *m* ‖ ˜**acetat** *n* / acetato *m* de polivinilo, poliacetato *m* vinílico ‖

⁓alkohol m / alcohol m polivinílico, polialcohol m vinílico ‖ ⁓alkohol-Lack m (Druck) / laca f de alcohol polivinílico ‖ ⁓carbazol m, PVK / carbazol m polivinílico ‖ ⁓chlorid n, PVC / cloruro m de polivinilo, polivinilcloruro m, PVC m ‖ ⁓chlorid hart, [weich] / PVL m duro, [blando] ‖ ⁓chloridacetat n / cloruroacetato m polivinílico ‖ ⁓ether m / éter m polivinílico ‖ ⁓fluorid n / fluoruro m poliviníclico ‖ ⁓formol n / formol m polivinílico ‖ ⁓harz n, Vinylpolymerisat n / resina f polivinílica
Polyvinyliden n / polivinilideno m ‖ ⁓chlorid n / cloruro m de polivinildeno, policloruro m de vinilideno ‖ ⁓fluorid n, PVDF, PVdF, PV2F, PVF₂ / polivinilidenofluoruro m
Polyvinylpyrrolidon, PVP, Albigen n / polivinilpirrolidona f, pirrolidona f de polivinilo
Poly•wasser n / agua f de Derjagin ‖ ~zyklisch, mehrringig, -kernig (Chem) / policíclico ‖ ~zyklische **aromatische Kohlenwasserstoffe** / PAH (= hidrocarburos policíclicos aromáticos)
Pol•zahl f (Elektr) / número m de polos ‖ ⁓zwinge f (Schw) / gato m de conexión, pinza f de masa
POM = Polymethylenoxid
Pomeranzen•blütenöl n, Neroliöl n (Pharm) / esencia f de azahar, neroli m, neroli m ‖ ⁓öl, Orangen[schalen]öl n / esencia f de [corteza de] naranja
pO₂-Messgerät n (Med) / medidor m de la presión parcial del oxígeno
Pompejanischrot, Ziegelrot n (Färb) / rojo m de Pompeya
PONA-Analyse f (Bestimmung von Paraffinen, Olefinen, Naphthenen u. Aromaten) (Chem) / análisis m P.O.N.A
ponceaurot / rojo ponceau
Poncelet n (= 980,665 W) / poncelet m (unidad de potencia)
Pond n (veraltet), p (= 9,80665 · 10⁻³ N) (Phys) / pond m, gramo-fuerza m
ponderabel, wägbar / ponderable
ponderomotorisch (Phys) / ponderomotor, ponderomotriz ‖ ~e **Kraft** / fuerza f ponderomotriz
Pongeeseide f (Tex) / seda f pongé
Ponor m, Katavothre f (Geol) / ponor m
Ponton n (Schiff) / pontón m ‖ ⁓brücke f, Boot-, Schiffsbrücke f / puente m de pontones ‖ ⁓dock n (Schiff) / dique m flotante ‖ ⁓fähre f / transbordador m de pontón ‖ ⁓kran m, Schwimmkran m / grúa f flotante ‖ ⁓tor n (Schleuse) / puerta f flotante
Ponymischer m (Plast) / mezclador m Pony
Pool m, Zentrale f / pool m ‖ ⁓ (Wirtschaft) / consorcio m de empresarios ‖ ⁓, Speicherbereich m (DV) / zona f de almacenamiento ‖ ⁓ (Taxi) / tampón m
poolen vt / reunir, poner en común
Pool•palette f (Förd) / paleta f de intercambio europeo ‖ ⁓reaktor m, Brutreaktor m (Nukl) / reactor m reproductor
Poop f, Hinterschiff n (Schiff) / popa f
POP m (point of purchase) / punto m de venta
Popelin m, Popeline f (Tex) / popelina f
Poperoller, Tragtrommelroller m (Pap) / enrollador m Pope
Pop-Geräusch n (von Explosivlauten) (Mikrofon) / ruido m seco o explosivo
Population f (Biol) / populación f ‖ ⁓ (Astr, Zool) / población f
Populations•inversion f, Besetzungsumkehr f (Laser) / inversión f de población ‖ ⁓typen m pl (Astr) / tipos m pl de población
Pop-up-Haube f (Kfz) / capó m pop-up (protección de peatones)
POP-Werbung f / publicidad f o comunicación en el punto de venta

Pore f (Hütt, Plast) / poro m ‖ ⁓n f pl (Schweißfehler) / sopladuras f pl y poros
Poren•beton m (Bau) / hormigón m con celdillas ‖ ⁓bildner m / agente m porógeno, formador m de poros ‖ ⁓bildung f (Sintern) / formación f de poros ‖ ~frei / exento de poros ‖ ~frei und lunkerfrei / exento de poros y rechupes ‖ ⁓füller, Kitt m / masilla f taporos ‖ ⁓gang m (Schw) / sopladura f vermicular ‖ ⁓gips m / yeso m celular ‖ ⁓größe f / tamaño m de poro ‖ ⁓kanal m / canal m de poros ‖ ⁓leitfähigkeit f / conductividad f por poros ‖ ⁓raum m / espacio m poroso ‖ durchgängiger ⁓raum / porosidad f interconectada ‖ ⁓saugwasser n (Boden) / agua f capilar ‖ ⁓saugwirkung f, Kapillarität f / capilaridad f de poros ‖ ⁓schließer m, -füller m (Anstrich) / barniz m tapaporos ‖ ⁓struktur f / estructura f de poros ‖ ~verhütend, antipitting / que impide poros ‖ ~verschließend / tapaporos ‖ ⁓volumen n / volumen m de los espacios vacíos ‖ ⁓wand f / pared f de poros ‖ ⁓wasser n / agua f intersticial ‖ ⁓wasserdruck m (Beton) / presión f intersticial ‖ ⁓weite f, -größe f / porosidad f ‖ ⁓winkelwasser n / agua f de hidratación ‖ ⁓ziegel m (Bau) / ladrillo m poroso ‖ ⁓ziffer f / proporción f de poros
Porigkeit f, Porosität f / porosidad f
poromerisch (Plast) / poromero, poromérico
porös, porig / poroso ‖ ~, locker / esponjoso ‖ ~, blasig (Gieß) / burbujeado ‖ ~, zellig (Tex) / celular ‖ ~, atmend (Tex) / transpirante ‖ ~er **fester Stoff**, Aerogel n (Chem) / sólido m poroso ‖ ~e **Glasur**, eierschalige Beschaffenheit (Porzellan) / vidriado m poroso ‖ ~e **Holzfaserplatte**, HFD / placa f de fibra de madera porosa ‖ ~er **Sand** / arena f permeable ‖ ~e **Scheidewand o. Trennwand** (Chem) / diafragma m poroso ‖ ~er **Stoff** (Plast) / plástico m esponjoso ‖ ~e **Struktur** / estructura f discontinua ‖ ~es **Tongefäß** / vaso m poroso ‖ ~er **Überzug** (infolge hoher Stromstärke) (Galv) / depósito m poroso
Porosität f / porosidad f ‖ ⁓ **unter der Oberfläche** / porosidad f subsuperficial o subcutánea
Porositäts•grad m / grado m de porosidad ‖ ⁓messer m (Pap) / porosímetro m
Porpezit m, Palladiumgolderz n (Min) / porpecita f, paladio m aurífero
Porphin n (Chem) / porfina f
Porphyr m (Geol) / pórfido m (E), porfiro m (LA) ‖ ~artig, -haltig, porphyrisch / porfídico (E), porfírico (LA) ‖ ⁓in n (Chem) / porfirino m ‖ ⁓it m (Min) / porfirita f ‖ ⁓oblast m (Geol) / roca f porfiroblástica ‖ ⁓oid m (Geol) / piedra f porfiroidea ‖ ⁓walze f / cilindro m de pórfido
Porpoising, Tauchstampfen (Wasserflugz) / delfineo m, marsopeo m, hociqueo m, cabeceo m [en el agua]
Porroprismensystem n (Opt) / sistema m de prismas de Porro
Port m, Anschluss m (DV) / port m
Portabilität f (Software) / portabilidad f
Portainer m, Containerbrücke f, -kran m / puente m transbordador (o manipulador) de contenedores
Portal n, Haupteingang m (Bau) / portal m, portada f ‖ ⁓, Mundloch n (Tunnel) / boca f de túnel ‖ ⁓ n, Hellingportal n (Schiff) / pórtico m de la grada ‖ ⁓ (DV) / portal m ‖ ⁓ausführung f (Roboter) / tipo m pórtico ‖ ⁓automat m (Wzm) / torno m automático de pórticos ‖ ⁓fahrzeug m, -hubwagen m / carretilla f a horcajadas o de caballete, carretilla f de chasis en U invertido o de pórtico ‖ ⁓fräsmaschine f (Wzm) / fresadora f de pórtico, fresadora f puente ‖ ⁓hubwagen m, -stapler m / carro m elevador de pórtico, carro m a caballeros ‖ ⁓kran m, Volltorkran m, Vollportalkran m / grúa f [de] pórtico [fija o móvil], pórtico m ‖ ⁓ [kleiner] ⁓kran, Bockkran m / grúa f de caballete ‖ großer ⁓kran (DIN), Verladebrücke f / puente m grúa ‖ ⁓manipulator m / robot m tipo

pórtico ‖ ⁓rahmen m (Stahlbau) / pórtico m, marco m de pórtico ‖ ⁓-Schleifmaschine f (Wzm) / rectificadora f de pórtico ‖ ⁓verband m (Stahlbau) / contraventeamiento m de pórtico, arrostramiento m de pórtico [contra vientos] ‖ ⁓wagen m (Bahn) / vagón-pórtico m ‖ ⁓waschanlage f / lavacoches m de pórtico
Portefeuille-Leder n / cuero m para carteras, cuero m para portefolios
Porterbier n (Brau) / porter m
portieren vt (DV) / transferir, transmitir, transportar
Portion, Menge f / porción f
portionieren vt / porcionar
Portionsweide f (Landw) / pastoreo m racionado
Portland•-Hochofenzement m **20 bis 35** / cemento m portland de horno alto ‖ ⁓it m (Min) / portlandita f ‖ ⁓klinker m / clinker m portland ‖ ⁓-Ölschieferzement m / cemento m portland de pizarra bituminosa ‖ ⁓zement m / porlán m ‖ ⁓zement (auf Basis Ton u. Kreide) / cemento m portland
Portliner m (im Auspuff) (Mot) / portliner m (en el escape)
Portugalöl n, süßes Pomeranzenschalenöl (Pharm) / esencia f de cascara de naranja
Porzellan n / porcelana f ‖ ⁓ **aufbrennen** [auf] (Keram) / aporcelanar, porcelanizar ‖ **chemisch-technisches** ⁓ / porcelana f para fines quimicotécnicos ‖ **elektrotechnisches** ⁓ / porcelana f electrotécnica ‖ **englisches** ⁓ / porcelana f opaca ‖ ⁓**abdampfschale** f / cápsula f de porcelana ‖ ⁓**abstandshalter** m (Elektr) / aislador m distanciador (o de apoyo) de porcelana, columna f aislante ‖ ⁓**arbeiter** m / porcelanero m, trabajador m porcelanero ‖ ⁓**artig**, glasig (Bruch) / vidrioso ‖ ⁓**behälter** m / depósito m de porcelana ‖ ⁓**blau** n / azul m de China ‖ ⁓**brei** m / pasta f de porcelana ‖ ⁓**brennofen** m / horno m para cocer porcelana ‖ ⁓**dreieck** n (Labor) / triángulo m de arcilla refractaria ‖ ⁓**durchführung** f (Elektr) / paso m en porcelana, tubo m de entrada de porcelana ‖ ⁓**einsatz** m (Labor) / tablero m de porcelana ‖ ⁓**email** n, porzellanartiges Email / esmalte m de porcelana ‖ ⁓**erde** f, Kaolin n / caolín m ‖ ⁓**[geschirr]** n / vajilla f de porcelana ‖ ⁓**glasur** f / vidriado m para porcelana ‖ ⁓**industrie** f / industria f de la porcelana ‖ ⁓**isolator** m, -glocke f / aislador m de porcelana
Porzellanit n (Min) / porcelanita f
Porzellan•kapsel f (Keram) / vasija f de arcilla refractaria ‖ ⁓**kitt** m / pegamento m de porcelana ‖ ⁓**küvette** f (Chem) / cubeta f de porcelana ‖ ⁓**malerei** f / pintura f de porcelana ‖ ⁓**manufaktur** f / manufactura f de porcelana ‖ ⁓**masse** f, -teig m / pasta f de porcelana ‖ ⁓**scherbe** f / añico m o trozo de porcelana ‖ ⁓**schienenklemme** f (Elektr) / borne m de porcelana para barras ‖ ⁓**schiffchen** n (Chem) / navecilla f de porcelana ‖ ⁓**stein** m / ladrillo m de arcilla refractaria ‖ ⁓**tiegel** m (Chem) / crisol m de porcelana ‖ ⁓**ton** m s. Porzellanerde ‖ ⁓**versatz** m / pasta f de porcelana
POS (= point of sale) / punto m de venta
Posamenten f pl (Tex) / pasamanería f ‖ ⁓ **herstellen** / pasamanar
Posamentierstuhl m, Bortenwirkerstuhl m / telar m de pasamanería
Posaune f (Wellenleiter) / trombón m ‖ ⁓ (Mus.Instr) / trombón m
Posistor, Kaltleiter m (Eltronik) / posistor m
Position f (allg, Astr, Nav) / posición f ‖ ⁓, Schiffsort m / posición f, punto m de posición
Positioner, Aufspanntisch m (Schw) / posicionador m
Positioner•antrieb m (Masch) / mando m de posicionamiento ‖ ⁓**arm** m / brazo m posicionador ‖ ⁓**aufgabe** f (Masch) / problema m de posicionamiento ‖ ⁓**einrichtung** f / posicionador m, dispositivo m de posicionamiento ‖ ⁓**element** n (Masch) / elemento m posicionador
positionieren vt (Prozessrechn) / indizar ‖ ~ (NC) / posicionar, poner en posición, poner a punto ‖ ⁓ n / posicionado m ‖ ⁓ / posicionamiento m
Positionier•genauigkeit f (NC) / precisión f de posicionamiento ‖ ⁓**loch** n, Abstimmloch n (Masch) / orificio m de puesta a punto ‖ ⁓**steuerung** f (Masch) / mando m de posicionamiento
Positionierung, Punktsteuerung f (Wzm) / puesta f a punto, mando m punto por punto ‖ ⁓ f **der Last** / puesta f a punto de la carga
Positionierzeit f (DV, Plattenspeicher) / tiempo m de acceso para búsqueda ‖ ⁓ (Wzm) / tiempo m de posicionamiento
positionindizierender Fernmesser / sistema m de telemedida de posición
Positions•... / posicional, de posición ‖ ⁓**abweichung** f (NC) / desviación f de posición ‖ ⁓**astronomie**, Astrometrie f / astrometría f ‖ ⁓**beibehaltung** f (Satellit) / mantenimiento m de posición ‖ ⁓**bestimmung** f / determinación f de la posición ‖ ⁓**bestimmungsgerät** n (Radar) / indicador m de posición en el aire ‖ ⁓**darstellung** f (Math) / notación f con base ‖ ⁓**daten** pl (Flugkörper) / indicación f de lugar ‖ ⁓**[faden]mikrometer** n (Opt) / micrómetro m de posición ‖ ⁓**fehler** m (NC) / error m de posición ‖ ⁓**geber** m, -sensor m / transductor m de posición ‖ ⁓**geber** (Ventil) / posicionador m ‖ ~**kontrolliert** (Satellit) / mantenido en posición ‖ ⁓**kreis** m (Astr) / círculo m de posición ‖ ⁓**lampe**, -laterne f, -licht n (Schiff) / luz f de situación, luz f de posición ‖ ⁓**lampentableau** n (Schiff) / panel m indicador de las luces de navegación ‖ ⁓**licht** n, Kennlicht n (Bahn) / luz f indicadora ‖ ⁓**linie** f / línea f de posición ‖ ⁓**meldung** f (Nav) / señalización f de posición ‖ ⁓**messung** f (NC) / medición f de posición ‖ ⁓**nummer** f, Teilnummer f (Stückliste) / número m de artículo ‖ ⁓**nummer** (Zeichn) / número m de referencia ‖ ⁓**regler** m / sistema m de posicionamiento ‖ ⁓-**Sollwert** m (NC) / posición f programada o prescrita ‖ ⁓**steuerung** f / mando m de posicionamiento ‖ ⁓**streubreite** f (NC) / tolerancia f de posición ‖ ⁓**system**, Stellenwertsystem n (Zahlensystem) / sistema m de numeración arábica, sistema m de notación posicional ‖ ⁓**winkel** m (Astr, Opt) / ángulo m de posición
positiv (allg, Elektr) / positivo adj ‖ ~**e Abwicklung der Kette** (Web) / desarrollo m positivo de la cadena ‖ ~**e Amplitudenmodulation** (TV) / modulación f de amplitud positiva ‖ ~**er Antrieb** (Masch) / transmisión f o conexión directa o rígida o por engranajes ‖ ~**e Anzeige** (Messinstr) / lectura f o indicación en sentido positivo ‖ ~**er Auftrieb**, empuje m ascensional ‖ ~**e Beschleunigungskraft** (in Richtung Kopf-Fuß) (Raumf) / g m positivo ‖ ~**er Bildstreifen**, Vorführstreifen m (Film) / cinta f de imágenes positiva ‖ ~**er einachsiger Kristall** (Krist) / cristal m uniáxico positivo ‖ ~ **elektrisch** (Elektr) / pósitivamente eléctrico ‖ ~**e elektrische Ladungseinheit** / carga f unidad positiva ‖ ~**e Elektrizität** / electricidad f positiva ‖ ~**e Elektrode** / electrodo m positivo ‖ ~**e ganze Zahl** / número m entero positivo ‖ ~ **gerichtet** (Ebene, Gerade) / de pendiente positiva ‖ ~**er Gitterstrom** / corriente f inversa de la rejilla ‖ ~**e g-Toleranz** (Raumf) / tolerancia f positiva de g ‖ ~**e Impuls-Dachschräge** (Eltronik) / pendiente f positiva de la meseta ‖ ~**e Ladung** (Nukl) / carga f positiva ‖ ~**e Lichtpause** / fotocalco m positivo ‖ ~**es Lichtpauspapier** / papel m heliográfico positivo ‖ ~**es Moment** (Stahlbau) / momento m de flexión positivo ‖ ~**e Multiplikation** / multiplicación f positiva ‖ ~**es Nachbild** (TV) / imagen f persistente positiva ‖ ~**er Pol** (Elektr) / polo m positivo ‖ ~**e Polung der**

Elektrode (Schw) / polaridad *f* inversa ‖ ~e
Rückkopplung, Mitkopplung *f* / realimentación *f* o
reacción positiva, regeneración *f* ‖ ~e **Säule**
(Leuchtentladung an der positiven Elektrode)
(Eltronik) / columna *f* positiva ‖ ~e **Sperrkennlinie**
(Thyristor) / característica *f* de estado de
no-conducción en sentido directo ‖ ~er **Sperrstrom**
(Halbl) / corriente *f* en estado de no-conducción en
sentido directo ‖ ~e **Sperrzeit** (Röhre) / tiempo *m* de
bloqueo ‖ ~er **Taktwechsel**, positive Taktflanke
(Drucker, DV) / impulso *m* que aumenta en sentido
positivo ‖ ~ **verwunden** (Luftf) / con alabeo positivo ‖
~es **Vorzeichen** (Elektr) / signo *m* plus o positivo ‖ ~e
Wortkonstante (DV) / constante *f* positiva de palabra ‖
~e **Zahl** / número *m* positivo ‖ ~e **Zuleitung** (Elektr) /
alimentador *m* positivo ‖ ~e **Zyanotypie**, umgekehrte
Blaupause (Zeichn) / fotocalco *m* azul invertido
Positiv *n* (Foto) / positivo *m*, prueba *f* positiva ‖ ~**druck**,
-abzug *m* / prueba *f* positiva
Positive Ion Cluster Composition Analyzer
(Massenspektrometer) / analizador PICCA
Positiv•emulsion *f* (Foto) / emulsión *f* positiva ‖
~**entwickler** *m* (Foto) / revelador *m* positivo ‖ ~**film** *m*
/ película *f* positiva ‖ ~**form** *n* (Plast) / molde *m* macho
o positivo ‖ ~**Frequenzmodulation** *f* / modulación *f*
de frecuencia positiva
positivieren *vt* / positivar ‖ ~ *n* (Film) / positivado *m*
Positiv•kopie *f* / copia *f* positiva ‖ ~**linse**, Sammellinse *f*
/ lente *f* convergente, lente *f* convexa ‖ ~**modulation** *f*
(TV) / modulación *f* positiva ‖ ~-**negativ** (Fluss, Phys) /
positivo-negativo ‖ ~**schnitt** *m* (Druck) / grabado *m* en
relieve ‖ ~**verfahren** *n* (mit Vorstreckung) (Plast) /
procedimiento *m* positivo de moldeo para vacío
Positron *n*, positives Elektron, e$^+$ (Phys) / positrón *m*,
positón *m*, electrón *m* positivo
Positronen•emission *f* / emisión *f* positrónica o de
positrones ‖ ~-**Emissions-**(od.
Magnetresonanz-)Tomographie *f*, PET / TEP (=
tomografía de emisión de positrones)
Positronik *f* (Nukl) / positrónica *f*
Positron•ium *n* (Nukl) / positronio *m* ‖ ~**zerfall** *m* /
desintegración *f* positrónica o con emisión de
positrones
Post *f* in gesprochener Form / correo *m* vocal o de voz
postalisch, Post... / postal
Post-Alloy-Diffusionstechnik *f* (Halbl) / técnica *f* de
difusión después de aleación
Postambel *f* (DV) / postámbulo *m*
Postament *n* / pedestal *m*
postamtlich, kann ~ geöffnet werden / autopegado para
inspección postal
Postdienst *m* / servicio *m* postal, servicio *m* de correos
Post-DNB-Bereich *m* (Nukl) / zona *f* o gama de
postcalefacción
Posteingangsstempel *m* / sello *m* de entrada
Postelektronenemission *f*, abklingende Nachemission
(Nukl) / emisión *f* de post-electrones
Posten *m* (Ware) / partida *f*, lote *m* ‖ ~, abgeteilte
Menge / lote *m* ‖ ~, Position *f* / artículo *m* ‖ ~, Punkt
m / partida *f*, renglón *m*, ítem *m* ‖ ~ *m*, Stellung *f* /
puesto *m*, empleo *m* ‖ ~**daten** *pl* (DV) / datos *m pl* en
lotes ‖ ~**umfang** *m* (Mat.Prüf) / dimensión *f* de lote ‖
~**zähler** *m* (Reg.Kasse) / contador *m* de ventas
Post-Epitaxie-Wafer-Verfahren *n* (Halbl) / método *m* de
plaquitas (o rodajas) de postepitaxia
Poster *m* / letrero *m*, cartel *m*, cartellón *m*
posteriori, a ~, aus Erfahrung gewonnen / que proviene
de la experiencia
Postflugzeug *n* / avión *m* correo o postal
Postformationstheorie, Epigenesetheorie *f* (Biol) /
teoría *f* de epigénesis
Post•gebührenermittlung *f* / determinación *f* del
franqueo postal ‖ ~**kabel** *n pl* (Straßb) / cables *m pl*
telefónicos ‖ ~**kraftwagen** *m* / camión *m* correo o
postal ‖ ~**leitzahl** *f* / código *m* postal
Postmortem-Programm, Fehlersuch-Programm *n* (DV)
/ rutina *f* fotográfica o post-mortem, rutina *f* de vuelco
de memoria
Post-Office-Brücke *f* (eine Stöpsel-Messbrücke) (Elektr)
/ puente *m* de clavijas
Post•paket *n* / paquete *m* postal ‖ ~**paketwaage** *f* /
balanza *f* pesapaquetes postales
Postprocessor *m*, Anpassungsprogramm *n* (DV) /
postprocesor *m*
Post•-Prozessmessen *n* (Wzm) / medición *f* después de
la mecanización ‖ ~-**Schredder-Technologie** *f* /
tecnología *f* siguiente a la trituración (de chatarra) ‖
~**stempel** *m* / sello *m* de correo ‖ ~**synchronisation** *f* /
postsincronización *f*, postsonorización *f* ‖ ~**wagen** *m*
(Bahn) / coche *m* correos (E), furgón *m* postal (LA) ‖
~**zug** *m* (Bahn) / tren *m* correo
Pot *n* (Eltronik) s. Potentiometer
Potential *n*, Spannung *f* (z.B. gegen Erde) (Elektr) /
potencial *m* ‖ ~, Spannung in Volt (Elektr) / voltaje *m*
‖ ~... (Elektr) / de potencial, de voltaje, de tensión ‖ ~
n der Schallschnelle / potencial *m* de velocidad ‖ **auf
gleichem** ~ (o. Niveau) [mit] / a nivel [de] ‖ ~**abfall**
m, -gefälle *n* / caída *f* de potencial ‖ ~**ausgleich** *m* /
conexión *f* equipotencial ‖ ~**ausgleichschiene** *f* /
barra *f* ómnibus equipotencial ‖ ~**barriere** *f*, -berg *m*,
-hügel *m* / barrera *f* o colina o montaña de potencial ‖
~**bewegung** *f*, -strömung *f* / flujo *m* currentíneo,
corriente *f* laminar ‖ ~**differenz** *f*,
Elektrodenspannung *f* / diferencia *f* de potencial
entre electrodos ‖ ~**differenz**, Spannungsunterschied
m zwischen zwei Leitern / diferencia *f* de potencial
entre conductores ‖ ~**differenz zwischen
Eingangsklemmen** (Elektr) / potencial *m* entre bornes
‖ ~**feld** *n* / campo *m* potencial ‖ ~**fläche** *f* / superficie *f*
de energía potencial ‖ ~**funktion**, harmonische
Funktion / función *f* armónica ‖ ~**funktion**,
Geschwindigkeitspotential *n* / potencial *m* de
velocidad ‖ ~**gefälle** *n* (entlang einem Leiter) /
diferencia *f* de potencial ‖ ~**gefälle**, -abfall *n* / caída *f*
de potencial ‖ ~**gradient** *m* (Potentialgefälle je
Längeneinheit) / gradiente *m* de potencial ‖
[Maxwellscher] ~**koeffizient** / coeficiente *m* de
potencial ‖ ~**minimum** *n* / mínimo *m* de potencial ‖
~**mulde** *f* (Nukl) / valle *m* o pozo de potencial ‖
~/**PH-Diagramm** *n* / diagrama *m* potencial/PH ‖
~**plateau** *n* / meseta *f* de potencial ‖ ~**rand** *m*, Rand
m der Potentialmulde / borde *m* del pozo de potencial
‖ ~**regler**, Drehtrafo *m* / transformador *m* giratorio o
de fases, regulador *m* de inducción ‖ ~**schwelle** *f* s.
Potentialbarriere ‖ ~**senke** *f*, -topf *m* / valle *m* o pozo de
potencial ‖ ~**sprung** *m* / salto *m* de potencial ‖
~**steuerung** *f*, Glimmschutz *m* (Elektr) / pantalla *f*
anticorona ‖ ~**streuung** *f* (Nukl) / dispersión *f*
potencial ‖ ~**strömung** *f*, wirbelfreie Strömung / flujo
m irrotacional ‖ ~**strömung**, -bewegung *f* (Luftf, Phys) /
flujo *m* currentíneo, corriente *m* laminar ‖ ~**theorie**
f / teoría *f* de potencial ‖ ~**topf** *m*, -trog *m* s.
Potentialsenke ‖ ~**unterschied** *m*, -differenz *f*, -verlauf
m, -gefälle *n* (Elektr) / diferencia *f* de potencial ‖
~**vermittler** *m* (Chem) / mediador *m* de potencial ‖
~**wall** *m* s. Potentialbarriere
potentiell / potencial *adj* ‖ ~e **Energie** (Energie der
Lage) (Mech) / energía *f* potencial ‖ ~**er Rückstand**,
Abdampfrückstand *m* nach der Alterung / goma *f*
potencial
Potentiometer, Pot *m* (Eltronik) / potenciómetro *m* ‖ ~ *n*
für potentiometrische Titration (Chem) / valuador *m* o
titulador potenciométrico ‖ ~ **mit festen
Anzapfungen** (Eltronik) / potenciómetro *m* de
[múltiples] tomas ‖ ~**geber**, -abgriff *m* / transmisor *m*
de potenciómetro ‖ ~-**Regelung** *f* / regulación *f* por

potenciómetro ‖ ≈**schaltung** f / montaje m de potenciómetro
Potentiometrie f, potentiometrische Titration (Chem) / potenciometría f, valoración f o titulación potenciométrica
potentiometrisch, elektrometrisch / potenciométrico
Potentiostat m / potenciostato m
potentiostatisch / potenciostático
Potenz f (Math) / potencia f ‖ **in die dritte**, [zweite] ≈ **erheben**, kubieren (Math) / elevar al cubo, [al cuadrado] ‖ **zur dritten** ≈ **erheben** / elevar al cubo ‖ ≈**basis** f (Math) / base f de potencia ‖ ≈**flaschenzug** m / aparejo m múltiple de potencia ‖ ≈**gesetz** n (Math) / ley f de potencias
potenzieren vt, in die höhere Potenz erheben / elevar a una potencia ‖ ≈ n, Potenzierung f / potenciación f
Potenz•linie f (Math) / eje m radical ‖ ≈**netz** n (Kernverteilung) / red f de funciones de potencias ‖ ≈**papier** n / papel m bilogarítmico ‖ ≈**punkt** m (Math) / centro m radical ‖ ≈**reihe** f (Math) / serie f potencial ‖ ≈**schreibweise** f (DV) / modo m potencial
Potier-Reaktanz f (Elektr) / reactancia f de Potier
Potlife n, Topfzeit f (Plast) / vida f útil, período m de aplicación
Pottasche f, (Handelsbezeichnung für:) Kaliumcarbonat n (Chem) / potasa f, carbonato m potásico
Potter-Bucky-Blende f, bewegliches Raster (Radiol) / rejilla f de Potter y Bucky, rejilla f móvil o oscilante
Potting•echtheit f (Tex) / solidez f al decatizado en húmedo ‖ ≈**verfahren** n, Nassdekatur f / decatizado m en húmedo
Pottmischer m (Plast) / mezclador m rotatorio de Pott
Poulsen-Generator m (Eltronik) / arco m de Poulsen
Pound n, englisches Pfund (= 456,3 g) / libra f
Poundal n (= 0,138255 N) / poundal m
Pourpoint m / punto m de fluidez (aceite), temperatura f de descongelación (lubricante), temperatura f de fluidez crítica, punto m de fusión (petróleo)
Poussière f (Zinkgewinng) / polvo m de cinc
Powellit m (Min) / powelita f
Power•-and-Free-Förderer, Schleppkreisförderer m / transportador m power-and-free ‖ ≈**forming** n (Öl) / Powerforming n
Powerline-Modem n (Datenübertragung über Stromnetz) (DV) / módem m Powerline (por línea de alta tensión)
Poynting•-Robertson-Effekt m (Astr) / efecto m Poynting-Robertson ‖ ≈**scher Faktor**, Energiestromdichte f (Elektr) / factor m de Poynting ‖ ≈**scher Satz** / teorema m de Poynting ‖ ≈**scher Vektor** (Elektr) / vector m de Poynting
PP = Polypropylen
ppb pl (= parts per billion) (10^{-7} Volumen %)(Teilchen pro Milliarde) / parte[s] f[pl] por mil millones, parte[s] f[pl] por billón (LA) ‖ ≈**-Bereich** m / dominio m de partes por mil millones
PPC, parallel programmierbare Steuerung (NC) / mando m programable en paralelo
PP-Fraktion f, PP n, C_3-Fraktion f (Propan-Propylen-Mischung) (Öl) / fracción f propano-propileno
pph (= pages per hour) (DV) / páginas f pl por hora
PPI•-Anflug m (Luftf) / aproximación f por indicación de posición en el plano, aproximación f PPI ‖ ≈**-Anzeige**, Panorama-Anzeige f (Radar) / indicación f de posición en el plano, presentación f panorámica ‖ ≈**-Gerät**, Rundsicht-Gerät n / pantalla f panorámica, indicador m de posición en el plano ‖ ≈**-Schirm mit Nullkreisdarstellung** (Radar) / pantalla f panorámica con centro abierto
ppm, Teilchen n pro Million, 10^{-4} Volumen-% / parte[s] f[pl] por millón
PPM (Eltronik) = Pulsphasenmodulation

ppm-Bereich m / dominio m de partes por millón
ppmv, Volumenanteile pro Million / parte[s] f[pl] por millón en volumen
PPO = Polyphenylenoxid
PPOX = Polypropylenoxid
PPS = Polyphenylsiloxan ‖ ≈ = Produktions-Planungs- und Steuersystem
ppt (= parts per trillion), 10^{-10} Vol.% = 1 ng/kg / parte[s] f[pl] por millón de millones
PP-Übergang m (Halbl) / zona f o región PP
Pr = Prandtl-Zahl
Präambel f (DV) / preámbulo m
Präcompound... (Nukl) / precompuesto
Prädiktion, Voraussage f (Regeln) / predicción f, pronóstico m
Prädiktions•kodierung f (TV) / codificación f predictiva ‖ ≈**theorie** f (Math) / teoría f de predicción
prädiktiv•es [Regel] system (Regeln) / sistema m de control predictivo ‖ ≈**e Wahl** (Fernm) / discado m predictivo
Prädiktor-Korrektor-Verfahren n (Math) / método m de predicción y de corrección
Prädissoziation f (Chem) / predisociación f
Präfix n, Vorsatzcode m (DV) / prefijo m ‖ ≈**operator** m (DV) / operador m de prefijo ‖ ≈**schreibweise** f (DV) / notación f pólaca
Präge•ausrüstung f (Tex) / acabado m gofrado ‖ ≈**druck** m, Pressen n / acuñación f ‖ ≈**druck**, Stahlstich m (Druck) / estampado m o timbrado en relieve, estampación f en acero ‖ ≈**druck**, Blinddruck m (Druck) / estampado m en seco ‖ ≈**druck** (Tex) / estampación f tipo gofrado ‖ ≈**etikett** n / etiqueta f gofrada, rótulo m gofrado ‖ ≈**folie** f / lámina f u hoja para gofrar ‖ ≈**foliendruck** m / impresión f de hojas o láminas gofradas ‖ ≈**form** f, Matrize f / matriz f ‖ ≈**gravur** f / grabado m ‖ ≈**kalander** m (Masch) / calandra f gofradora o de troquelar o de estampar ‖ ≈**maschine** f (Leder) / máquina f para imprimir ‖ ≈**maschine** (Münzw) / acuñadora f
prägen, ein-, aufprägen / troquelar, estampar ‖ ~, kaltschlagen (Stanz) / estampar en frío ‖ ~, massivprägen (Münz·¹) / acuñar ‖ ~, hohlprägen (Stanz) / estampar hueco ‖ ~, narben (Leder) / granear ‖ ~, gaufrieren (Web) / gofrar ‖ ~ (Druck) / estampar en seco ‖ ≈ n, Prägung f (Stanz) / estampación f ‖ ≈, Prägung f (Münzw) / acuñado m, acuñación f
Präge•platte, Druckplatte f (Druck) / plancha f de estampar (o para estampado) en relieve, plancha f para estampar o timbrar las tapas ‖ ~**polieren** vt, polierdrücken / pulir a presión, galetear, ruletear ‖ ≈**poliermaschine** f (Wzm) / torno m para pulir a presión ‖ ≈**presse** f (allg) / prensa f de estampar o de troquelar ‖ ≈**presse** (Münzw) / acuñadora f ‖ ≈**presse** (Druck) / prensa f troqueladora, máquina f gofradora ‖ ~**richten** vt, planieren (Stanz) / enderezar o aplanar en estampa ‖ ≈**richtwerkzeug**, Prägeplanierwerkzeug n (Stanz) / herramienta f de aplanar y de marcar puntos ‖ ≈**ring** m (Münzw) / virola f, anillo m de acuñación ‖ ≈**stempel** m (Stanz) / punzón m de troquelar, troquel m ‖ ≈**stempel** (Münzw) / punzón m de acuñar, cuño m ‖ ≈**stempel für Kaltformen** (Wzm) / cuño m [para conformación en frío] ‖ ≈**teil** n (Stanz) / pieza f estampada ‖ ≈**tiegel** m (Bb) / platina f de gofrar ‖ ≈**tisch** m (Galvanoplastik) / mesa f para hacer las matrices ‖ ≈**- u. Druckwerkzeug** n / prensa f para cartas de crédito ‖ ≈**walzen**, Molettieren n (Stanz) / moleteado m ‖ ≈**werkzeug** n (allg) / herramienta f estampadora ‖ ≈**werkzeug** (z.B. für Verzierungen) / herramienta f de acuñar ‖ **graviertes** ≈**werkzeug** [für dünne Bleche], Prägegravierwerkzeug n / herramienta f grabada en hueco ‖ ≈**werkzeug** n **für Münzen** / herramienta f de acuñar monedas
Pragmatik f (DV) / pragmática f
prägnant / conciso y exacto

Prahm, Leichter *m*, Schute *f* (Schiff) / gabarra *f*, chata *f* (LA) ‖ ~ *m*, Baggerprahm *m* / gánguil *m* ‖ ~**gerüst** *n* (Brücke) / andamio *m* sobre pontón
Praktikant *m* / practicante *m*
Praktiker *m* / práctico *m*
Praktikum *n* / prácticas *f pl* ‖ ~, Seminar *n* / seminario *m*
praktisch, geeignet / práctico *adj* ‖ ~, nützlich / expedito, oportuno ‖ ~ *adv*, so gut wie (z.B. unsichtbar) / prácticamente ‖ ~**e Ausbildung** / formación *f* práctica ‖ ~**e Brauchbarkeit** / practicabilidad *f*, viabilidad *f* ‖ ~**e Erfahrung** / experiencia *f* en la práctica ‖ ~**e Fehlergrenze**, Vertrauensbereich *m* (Mat.Prüf) / margen *m f* de confianza ‖ ~**e Korrektureinheit** (Auswuchten) / unidad *f* práctica de corrección ‖ ~**e Prüfung** / examen *m* práctico o en la práctica ‖ ~**e Regel**, Daumenregel *f* / regla *f* del pulgar ‖ ~**e Tätigkeit** / trabajo *m* práctico o manual ‖ ~**es Wissen** / conocimientos *m pl* prácticos
praktizieren *vt*, ausüben / practicar ‖ ~, in die Praxis überführen / transferir a la práctica
prall, straff / firme, tirante, apretado, tieso ‖ ~ **füllen** / inflar a plenitud
Prall *m*, Rückprall *m* / rebote *m*, rechazo *m*, rebotamiento *m* ‖ ~, An-, Aufprall *m* / choque *m*
Prall•anzeiger *m* (Luftf) / indicador *m* de relleno del globo ‖ ~**blech** *n* (Masch) / chapa *f* de rebotamiento, pantalla *f* de choque ‖ ~**blech**, -platte *f* / placa *f* desviadora o de desviación, desviador *m* ‖ ~**brecher** *m* (Aufb) / machacadora *f* o trituradora de impacto o de rebote ‖ ~**elektrode**, Dynode *f* (Sekundäremissionskathode) (Eltronik) / dinodo *m*
prallen, zurückprallen / rebotar ‖ ~, aufprallen / chocar, botar
Prall•fläche *f* / superficie *f* de [re]botar o de rechazo ‖ ~**fläche** (Strahlung) / superficie *f* de retrodispersión o de retrodifusión ‖ ~**fläche** (Vakuum) / pantalla *f* de desviación ‖ ~**flächenbrenner**, Einschlagbrenner *m* (Gas) / quemador *m* con superficie de choque ‖ ~**hang** *m*, Steilhang *m* (Geol) / pendiente *f* escarpada, acantilado *m* ‖ ~**heit**, Vollheit *f* / plenitud *f* ‖ ~**höhe** *f* (Ballon) / altura *f* de plenitud ‖ ~**-Luftschiff** *n* / dirigible *m* blando ‖ ~**mühle** *f* (Aufb) / pulverizador *m* o molino por impacto o de rebote ‖ ~**mühle** *f* (Kohlestaubfeuerung) / pulverizador *m* por impacto de chorro de aire ‖ ~**mühle zum Mischen** (Masch) / pulverizador *m* por impacto o de polvo ‖ ~**platte** *f*, Ablenkplatte *f* / placa *f* desviadora o de desviación ‖ ~**platte**, -blech *n* / placa *f* o chapa deflectora ‖ ~**platte** (Kath.Str, TV) / blanco *m* ‖ ~**sack** *m* (Raumf) / saco *m* antichoque (evita un aterrizaje duro) ‖ ~**schuss** *m* (Waffe) / tiro *m* de rebote ‖ ~**schutz** *m* / protector *m* antichoque ‖ ~**spalter**, Schlagbrecher *m* (Bergb) / machacadora *f* de impacto ‖ ~**strahlverschleiß** *m* / desgaste *m* por chorro oblicuo ‖ ~**teller** *m* (Hydr) / plato *m* de impacto ‖ ~**tellermühle** *f* (Aufb) / molino *m* cortante o de cuchillas ‖ ~**topf** *m* (am Lenkrad) (Kfz) / protector *m* antichoque ‖ ~**ufer** *n* (Hydr) / talud *m* de ribera socavado ‖ ~**verschleiß** *m* / desgaste *m* por choque ‖ ~**wand** *f* (Akust) / pared *f* reflectora ‖ ~**zerkleinerung** *f* (Aufb) / trituración *f* por impacto
Prandtl•-Prisma, Pentagonprisma, Penta-Prisma *n* (Foto) / prisma *m* pentagonal ‖ ~**sches Staurohr** *n* (Luftf, Phys) / tubo *m* Pitot ‖ ~**-Zahl** *f*, Pr (Phys) / número *m* de Prandtl
Präonen *f pl* / preones *m pl*
Präparat *n* (Pharm) / preparación *f*, preparado *m*, producto *m*
Präparaten•glas, -röhrchen *n* (Chem) / vidrio *m* de preparaciones ‖ ~**tisch** *m* (Biol) / mesa *f* de disección
Präparation *f* (allg) / preparación *f*

Präzisionsnivellement

präparativ (Chem) / preparatorio ‖ ~**e Arbeit** / preparación *f* ‖ ~**e Darstellung** (Chem) / obtención *f* preparatoria o efectiva
Präparat•stärke *f*, Quellstärke *f* (Nukl) / intensidad *f* de la fuente ‖ ~**träger** *m* (Med) / portaobjeto *m*, soporte *m* del preparado
präparieren, vorbereiten / preparar ‖ ~, behandeln [mit] / tratar [con] ‖ ~ *n*, Ausstopfen *n* (von Tieren) / taxidermia *f*
Präparier•mikroskop *n* / microscopio *m* para preparaciones ‖ ~**salz** *n*, Natriumstannat *n* (Galv, Tex) / estanato *m* de sodio
präpariert (Chem) / preparado ‖ ~, fertig / listo, acabado ‖ ~**er Teer** / alquitrán *m* preparado
Präparier•tisch *m* / mesa *f* de disección ‖ ~**vorrichtung** *f* (Web) / distribuidor *m* de cera
Präsentation *f*, Vorstellung *f*, Vorführung *f*, Demonstration *f*, Darstellung *f*, Darbietung *f* / presentación *f*
Präsentationsschicht *f* (OSI) / nivel *m* de presentación
Präsenz, Anwesenheit *f* (Eltronik) / presencia *f*
Praseodym *n*, Pr (Chem) / praseodimio *m*
präservieren *vt* / preservar, conservar
Präservierungsmittel *n* / agente *m* preservativo
Prasseln, Knistern *n* / crepitación *f*, chasquido *m* ‖ ~ *n* (Fernm) / ruido *m* de fritura ‖ ~ (Chem) / crepitación *f*
Pratze *f*, Klaue *f* (Masch) / garra *f*
Pratzen•kran *m* / grúa *f* de garras ‖ ~**traverse** *f* (Kran) / travesaño *m* portagarras
Pratzlagermotor *m* (Bahn) / motor *m* suspendido por la nariz
präventiver Waldbau (Forstw) / silvicultura *f* preventiva (contra incendios)
Praxis, Ausübung *f* / práctica *f* ‖ **in der** ~, in praxi / en la práctica ‖ ~**erprobt** / comprobado en la práctica ‖ ~**nah** / práctico, real ‖ ~**naher Versuch** (Elektr, Masch) / ensayo *m* práctico o en instalaciones prácticas ‖ ~**orientiert** / orientado a la práctica ‖ ~**reife erlangen** / madurar en la práctica ‖ ~**schulung** *f* **für Benutzer** / curso *m* práctico de utilización
Präzession *f* (Phys) / precesión *f* ‖ ~ **aufweisen** / presentar precesión
Präzessionswinkel *m* (Raumf) / ángulo *m* de precesión
Präzipitat, Sediment *n* (Chem) / depósito *m*, sedimento *m* ‖ ~ *n m*, Niederschlag *m* (Chem) / sedimentación *f*, precipitación *f*
präzis, genau / preciso, exacto
präzisieren *vt* / precisar
Präzision, Genauigkeit *f* / precisión *f*, exactitud *f* ‖ **an einem Urmaß geprüfte** ~ (Instr) / precisión *f* verificada por un calibre (o una regla) patrón ‖ **doppelte** ~ (DV) / doble precisión *f*
Präzisions•..., Fein... / de precisión ‖ ~**anflugpiste** *f* / pista *f* de aproximación de precisión ‖ ~**anflugradar** *m n* / radar *m* de precisión de aterrizaje o para la aproximación ‖ ~**anschluss** *m* (Eltronik) / conectador *m* de impedancia equilibrada ‖ ~**arbeit** *f* / trabajo *m* de precisión ‖ ~**-Bezugsspannungsquelle** *f* (Eltronik) / fuente *f* de tensión de referencia precisa ‖ ~**drahtziehen** *n* (Hütt) / trefilado *m* preciso ‖ ~**[dreh]teile** *n pl* / piezas *f pl* torneadas de [alta] precisión ‖ ~**faktor** *m* (Assembler, DV) / factor *m* de precisión ‖ ~**feile** *f* (Wz) / lima *f* de precisión o extrafina ‖ ~**garnwaage** *f* / balanza *f* de precisión para hilo ‖ ~**-GCA-Anflug**, PAR-Anflug *m* / aproximación *f* de precisión dirigida desde tierra ‖ ~**guss** *m*, Wachsausschmelzguss *m* / fundición *f* de precisión ‖ ~**-Höhenmesser** *m* (Luftf) / altímetro *m* de precisión ‖ ~**instrument** *n* / instrumento *m* de precisión ‖ ~**kreuzwicklung** *f* (Tex) / arrollado *m* cruzado de precisión ‖ ~**mechanik** *f* / mecánica *f* de alta precisión ‖ ~**messgerät** *n* (Elektr) / aparato *m* de precisión ‖ ~**messung** *f*, Feinmessung *f* / medición *f* precisa o de precisión ‖ ~**nivellement** *n* (Verm) / nivelación *f*

precisa ‖ ⁓**nivellier** *n* / nivelador *m* de precisión ‖
⁓**offset** *n* (Trägerfrequenz) / desviación *f* de precisión ‖
⁓**quarz** *m* (Eltronik) / cristal *m* o cuarzo de [alto]
precisión ‖ ⁓**-Radaranflug** *m* / aproximación *f* por
radar de precisión ‖ ⁓**regler** *m*, Feinregler *m* /
regulador *m* fino ‖ ⁓**reißzeug** *n* (Zeichn) /
instrumentos *m pl* de trazado de precisión ‖
⁓**rundstahl**, Silberstahl *m* (Hütt) / acero *m* trefilado y
pulido de precisión ‖ ⁓**rundtisch** *m* / mesa *f* redonda
de precisión ‖ ⁓**saat** *f*, Einzelkornsaat *f* (Landw) /
siembra *f* monograna o de precisión ‖ ⁓**taschenuhr** *f* /
cronómetro *m* de bolsillo ‖ ⁓**teile** *n pl* / piezas *f pl* de
precisión ‖ ⁓**theodolit** *m* (Verm) / teodolito *m* de
precisión ‖ ⁓**trommeln** *n* / pulimento *m* de precisión
en tambor ‖ ⁓**waage** *f* / balanza *f* de precisión ‖
⁓**werkzeug** *n* / útil *m* extrafino o de precisión ‖
⁓**wickelverfahren** *n* (Plast) / procedimiento *m* de
precisión para arrollamiento de flejes ‖ ⁓**zeitmesser**
m / cronómetro *m* de precisión
PRC-Oberflächenbehandlung *f* (= periodic reverse
current) (Galv) / tratamiento *m* con inversión
periódica de corriente
Precrash-Sensoren *m pl* (Kfz) / sensores *m pl* precrash
Preemphasis *f* (Modulation) / preacentuación *f*,
preénfasis *m f*, resalte *m*
preemptiv *adj* (DV) / pre[e]mptivo
Preflight-Check *m* (Luftf) / chequeo *m* prevuelo
Prefocuslampe *f* (Elektr) / lámpara *f* prefocus
P-Regelung, Proportional-Regelung *f* (Regeln) /
regulación *f* proporcional
P-Regler *m*, Proportionalregler *m* (Regeln) / regulador *m*
[de acción] proporcional o tipo P
Preheater, Schrott-Vorwärmer *m* (Hütt) / precalentador
m de chatarra
Prehnit *m* (Min) / prehnita *f*
Preis ab Werk / precio *m* ex-fábrica ‖ ⁓ *m* **ab Zeche** /
precio *m* puesto en mina ‖ ⁓**e erzielen** (o. einbringen)
/ obtener un precio
Preis•angabe *f*, -angebot *n* / indicación *f* de precio ‖
⁓**angebot**, Angebot *n* / oferta *f*, precio *m* ofrecido ‖
~**anzeigende**, [-Auszeichnungs-]**Waage** / balanza *f*
con indicación, [con impresión] del importe ‖
⁓**ausschreiben** *n* / concurso *m*, certamen *m* ‖
⁓**auszeichnung** *f* / marcaje *m* de precios ‖
⁓**berechnung**, Kalkulation *f* / cálculo *m* de precios ‖
⁓**bewerber** *m*, Mitbewerber *m* / concursante *m*,
competidor *m* ‖ ~**günstig** / barato ‖
⁓**-Leistungs-Verhältnis** *n* / relación *f* de
coste-rendimiento, relación *f* precio/prestaciones ‖
⁓**liste** *f*, -verzeichnis *n* / lista *f* de precios ‖ ⁓**nachlass**
m / reducción *f* o rebaja de precio ‖
⁓**-Qualitätsverhältnis** *n* / relación *f* precio/calidad ‖
⁓**rechnende Waage** / balanza *f* peso-precio-importe ‖
⁓**rechner** *m* **für Parkplätze** / calculador *m* [de
tiempo] de estacionamiento, (localismo:)
parquímetro *m* ‖ ⁓**rechner für Zapfsäulen**, Geld-
und Literzähler *m* (Zapfsäule) / calculador *m* por
suministro de combustible, contador *m* de precio y de
litros ‖ ⁓**steigerung** *f* / aumento *m* de precios (E),
subida *f* de precios (LA) ‖ ⁓**steigerungs-Vorbehalt** *m*
/ reserva *f* de aumentar el precio
Prell•abstand *m* (Schreibm) / distancia *f* de rebote ‖
⁓**balken** *m* / barra *f* parachoques ‖ ⁓**blech** *n* (Zuck) /
disco *m* de reparto de masa cocida ‖ ⁓**blech** s.
Prallblech u. Prallplatte ‖ ⁓**bock** *m* (Bahn) / tope *m* fijo,
parachoques *m*
prellen *vi*, zurückprallen / rebotar ‖ ~ *vt* / hacer rebotar
‖ ⁓ *n* / bote *m*, rebote *m*, rechazo *m* ‖ ⁓ **von
Kontakten** (Elektr) / vibración *f* de contactos, rebote *m*
de contactos
Preller *m* / impulso *m* de rebote
prell•frei / sin rebote ‖ ⁓**schlag** *m* (Schm) / golpe *m* en
vivo ‖ ⁓**schuss** *m* (Waffe) (Mil) / tiro *m* de rebote ‖

⁓**stein** *m* (Bau, Straßb) / salvarruedas *m* ‖ ⁓**stift** *m* **an
der Hemmung** (Uhr) / clavija *f* de inversión
Prellung *f* / rebotadura *f*, rebote *m*
Prell•vorrichtung *f* / amortiguador *m* de choques ‖
⁓**zeit** *f* (Relais) / tiempo *m* de rebote
Premium•öl *n* (Kfz) / aceite *m* dotado ‖ ⁓ **Quality** *f*
(Hütt) / calidad *f* superior
Prepreg *n* (Plast) / producto *m* preimpregnado
Preset-Scan *n* (Eltronik) / exploración *f* pre[e]stablicida
Press•arbeit *f* / trabajo *f* de presión ‖ ⁓**armatur** *f*
(Schlauch) / acoplamiento *m* estampado ‖ ⁓**automat** *m*
/ prensa *f* automática ‖ ⁓**backe** *f* / mordaza *f* de prensa
‖ ⁓**backe für Kopfanstauchen** *f*, Kopfstempel *m* /
mordaza *f* para recalcar cabezas ‖ ⁓**bahn** *f* (Plast) /
banda *f* continua para estratificación ‖ ⁓**balken** *m*,
-haupt *n* / traviesa *f* de prensa ‖ ⁓**balken** *m* (Bb) /
travesaño *m* de presión ‖ ⁓**barkeitsprüfung** *f*
(Pulv.Met) / ensayo *m* de compresibilidad ‖ ⁓**barren** *m*
(zum Vorpressen) (Hütt) / barra *f* [corta] ‖ ~**blank**
(Schraube) / semimecanizado ‖ ⁓**-Blasmaschine** *f*
(Glas) / moldeadora *f* neumática ‖ ⁓**-Blas-Verfahren** *n*
(Glas) / procedimiento *m* de prensado y soplado ‖
⁓**blech** *n*, Druckplatte *f* / placa *f* de presión ‖ ⁓**blech**,
gepresstes Blech (Hütt) / chapa *f* embutida ‖ ⁓**blech**,
zu pressendes Blech / chapa *f* preparada para prensar
‖ ⁓**boden** *m* (Tischl) / suelo *m* o lecho de la prensa ‖
⁓**boden** (Hütt) / fondo *m* prensado ‖ ⁓**bolzen** *m*,
Druckbolzen *m* / perno *m* de presión ‖ ⁓**bolzen**
(Strangpressen) / desbaste *m* para extrusión ‖
⁓**deckel** *m* (Tischl) / techo *m* de la prensa ‖ ⁓**deckel**
(Druck) / tímpano *m* ‖ ⁓**dichte** *f* / densidad *f* después
de la compresión ‖ ⁓**dichte** (Sintern) / densidad *f* en
verde ‖ ⁓**dichtung** *f* / obturación *f* a presión ‖ ⁓**draht**
m (Hütt) / alambre *m* extruido ‖ ⁓**druck** *m* / fuerza *f* de
compresión o de apriete o de prensado, presión *f* ‖
⁓**druck**, Schließdruck *m* (Form) / presión *f* de moldeo
‖ ⁓**druck** *m*, Blinddruck *m* (Druck) / estampado *m* en
seco ‖ ⁓**druckschmierung** *f* / lubri[fi]cación *f* a
presión, engrase *m* a presión ‖ ⁓**druckskala** *f* (Bb) /
escala *f* de presión de la prensa ‖ ⁓**düse** *f*
(Strangpressen) / matriz *f* de extrusión
Presse *f*, Pressvorrichtung *f*, -gerät *n*, -maschine *f* (allg) /
prensadora *f*, prensa *f* ‖ ⁓, Stanze *f* / prensa *f*
estampadora ‖ ⁓ *f* **für gleichzeitigen Druck auf
beiden Seiten** (Bb) / prensa *f* de impresión doble ‖ ⁓
für Presspappenherstellung / prensa *f* para prensar
cartón ‖ ⁓ **mit Werkstoffzuführung** / prensa *f* con
alimentación automática ‖ ⁓ **zur Erzeugung
geradliniger Bewegungen** (Wzm) / prensa *f* de empuje
‖ **mechanische** ⁓ (Druck) / prensa *f* mecánica ‖ **unter
der** ⁓ (Druck) / en prensa
Pressegoutteur *m* (Pap) / desgotador *m* de presión
pressen *vt* / prensar, poner en prensa, ejercer presión ‖
~, komprimieren / comprimir ‖ ~, glanzpressen,
glänzen (Tuch) / abrillantar por presión ‖ ~,
einzwängen / apretar, oprimir, presionar ‖ ~,
gaufrieren (Pap, Tex) / gofrar ‖ ~, auspressen /
exprimir ‖ ~, prägen (Leder) / granear ‖ ~ (Sintern) /
compactar ‖ ~, eindrücken (Blech) / embutir ‖ **eine
Form** ~ / prensar un molde ‖ **Luft durch flüssiges
Eisen** ~ (Hütt) / forzar una corriente de aire a través
del hierro fundido ‖ ⁓ *n* / prensado *m*, presión *f* ‖ ⁓,
Prägedruck *m* / estampado *m*, acuñación *f* ‖ ⁓,
Komprimieren *n* / compresión *f* ‖ ⁓ **in Formen** (Plast) /
moldeo *m* con presión ‖ ⁓ **mit Gummisack** / moldeo
m de presión con saco elástico ‖ ⁓ **mit schwebender
Matrize** (Sintern) / compresión *f* con matriz flotante ‖
⁓ **von abgesetzten Profilen** / extrusión *f* de perfiles
escalonados
Pressen•bau *m* / construcción *f* de prensas ‖ ⁓**draht** *m*
(Landw) / alambre *m* para empacar ‖ ⁓**faden** *m* (Pap) /
hilo *m* de prensa ‖ ⁓**führer** *m* (Schm) / operario *m* de
prensa ‖ ⁓**garn** *n* (für Ballen) (Landw) / hilo *m* para
atar pacas ‖ ⁓**gestell** *n*, -körper *m* (Wzm) / cuerpo *m*

de prensa ‖ ~**haupt** n, **-kopf** m / cabezal m de prensa ‖ ~**haus** n (Zuck) / sala f de prensadura ‖ ~**hub** m / carrera f de prensa ‖ ~**partie** f / sección f de prensas ‖ ~**querhaupt** n, Pressenholm m / cabezal m superior fijo ‖ ~**saal** m / sala f de prensas ‖ ~**säule** f / columna f de prensa ‖ ~**schleifer** m (Pap) / desfibrador m de prensa ‖ ~**schlitten** m (Wzm) / carro m de la prensa ‖ ~**sicherung** f (Stanz) / dispositivo m de protección para prensas ‖ ~**spindel** f / husillo m de prensa ‖ ~**stößel** m, **-stempel** m / macho m o punzón de prensa ‖ ~**straße** f / tren m de prensas ‖ ~**tisch** m (Stanz) / mesa f de prensa ‖ **unterer** ~**tisch** (Stanz) / mesa f inferior de prensa

Presser m, Pressfinger m (Nähm) / dedo m de presión ‖ ~**-Dehner**, Dynamikregler m (Fernm) / compansor m, comprextensor m, compresor-expansor m, compresor-extensor m

Presserei f, Pressensaal m / sala f de prensas

Presserfuß m (Nähm) / pie m de presión

presserleichternder Zusatz (Sintern) / lubri[fi]cante m de compresión

Presserstange f (Nähm) / barra f del pie de presión

Presserzeugnis n (Plast) / producto m moldeado

Presseur m, Presseurwalze f (Druck) / cilindro m compresor o de compresión

Press•faden m (Papiermaschine) / hilo m de prensa ‖ ~**fehler** m, Oberflächenerhebung f / ampolla f ‖ ~**fehler** (Plast) / defecto m de moldeo ‖ ~**fehler**, offene Blase (Plast) / ampolla f abierta ‖ ~**fehler**, Streifen m (Plast) / segregación f ‖ ~**fehler**, Einsackung, -senkung, Einsackstelle f (Plast) / rechupe m ‖ ~**fehler** (Sintern) / grieta f de compresión ‖ ~**filter** m n / filtro-prensa m, prensa f filtrante ‖ ~**filz** m (Tex) / fieltro m comprimido ‖ ~**filz** (Pap) / fieltro-prensa m, fieltro m de prensa ‖ ~**fitting** n / manguito m o racor de montaje a presión ‖ ~**flügel** m, Stoffdrücker m (Nähm, Spinn) / prensatelas m

Pressform f (Masch) / molde m para el prensado ‖ ~ (Sintern) / matriz f ‖ ~ (Glas) / molde m de prensa ‖ ~ (Plast) / molde m [de compresión] ‖ ~, Ziehform f / molde m de extrusión, matriz f de extrusión ‖ ~ f **mit Einsätzen** (Plast) / molde m compuesto ‖ ~ **mit Materialüberschuss** / molde m de rebaba ‖ ~ **mit vertieft liegendem Abquetschrand** / molde m semipositivo ‖ ~ **ohne Austrieb**, Füll[raum]form f / molde m positivo ‖ **Satz** ~**en** / juego m de moldes ‖ ~**-Auskleidung** f, Matrizen-Innenteil m (Pulv.Met) / revestimiento m [interior] de la matriz

press•formen (Gieß) / moldear por presión ‖ ~**formerei** f (Gieß) / moldeo m por presión

Pressform•gehäuse n (Sintern) / cuerpo m de la matriz ‖ ~**maschine** f (Gieß) / máquina f de moldear por presión

Press•fuge f (Masch) / junta f prensada ‖ ~**fuge** (Passung) / junta f del encaje ‖ ~**gas** n, Hochdruckgas n / gas m comprimido ‖ ~**gasbrenner** m / quemador m para gas comprimido ‖ ~**gaskondensator** m (Eltronik) / capacitor m de atmósfera de gas comprimido ‖ ~**geschweißt** (elektrisch) / soldado por resistencia bajo presión ‖ ~**gewicht** n (Web) / peso m de presión ‖ ~**gießen** n, **-guss** m / fundición f inyectada o a presión ‖ ~**gießmaschine** f / máquina f de moldear a presión ‖ ~**glanz** m (Plast) / brillo m de moldeo ‖ ~**glanz** (Stoff) / lustre m ‖ ~**glanzdekatiermaschine** f (Tex) / decatizadora f con lustre de prensado ‖ ~**glänzen** vt (Hütt) / pulir o bruñir por presión ‖ ~**[glanz]polieren** / pulir bajo presión ‖ ~**glas** n / vidrio m prensado ‖ ~**grat** m **an der Abquetschfläche** (Plast) / rebaba f de prensado ‖ ~**grat-Entfernen** n / desbarbado m, rebarbado m ‖ ~**gratlinie** f (Plast) / línea f de rebaba ‖ ~**gut** n, zu pressendes Gut / material m para prensar ‖ ~**gut**, gepresstes Gut / material m prensado ‖ ~**güte** f (Sintern) / calidad f del prensado ‖ ~**härten** vt (Hütt) / templar o endurecer en prensa ‖ ~**harz** n / resina f para moldear por presión ‖ ~**haupt** n, **-balken** m / cabezal m de prensa ‖ ~**haut** f (Plast) / piel m de moldeo ‖ ~**haut** (Pulv.Met) / piel m de la pieza prensada ‖ ~**hefe** f (Biol) / levadura f prensada ‖ ~**holz** n, **-lagenholz** n / madera f estratificada (o laminada) comprimida, madera f aglomerada ‖ ~**holzplatte** f / tablero m de madera prensada

Pressions•haken m (Spinn) / guía f de compresión, corchete m compresor ‖ ~**strecke**, Spiralstrecke f (Tex) / manuar m de espiral

Press•käfig m (Lager) / jaula f prensada ‖ ~**kanal** m (Strohpresse) (Landw) / canal m de prensado ‖ ~**kegel** m (Sintern) / cono m de compresión ‖ ~**kissen** n (Plast) / almohada f elástica ‖ ~**klemme** f **für Drahtseile** (DIN 3093) / pinza f para cables metálicos ‖ ~**kohle** f, Sinterkohle f / carbón m aglomerado ‖ ~**kohle**, Brikett n / briqueta f ‖ ~**kolben** m / émbolo m compresor o de presión ‖ ~**kolben**, Plunger m / émbolo m buzo ‖ ~**kopf** m / cabeza f de prensa ‖ ~**kopf der hydraulischen Presse** / sistema m hidráulico ‖ ~**kork** m / corcho m prensado ‖ ~**körper** m, Pressling m / cuerpo m prensado ‖ ~**körperdichte** f (Pulv.Met) / densidad f en verde ‖ ~**kraft** f / esfuerzo m de [com]presión ‖ ~**kuchen** m, Ölkuchen m (Landw) / torta f oleaginosa ‖ ~**kurve** f (Sintern) / curva f de compresibilidad ‖ ~**lagenholz** n s. Pressholz

Pressley-Index m (Tex) / índice m de Pressley

Pressling m / pieza f prensada, pieza m en bruto ‖ ~ (Plast) / pieza f moldeada ‖ ~ (Schm) / pieza f forjada ‖ ~ (Zuck) / pulpa f prensada ‖ ~ (Sintern) / comprimido m en verde ‖ ~ **für optische Teile** / pieza f bruta para elementos ópticos

Press•luft f (veraltet für Druckluft) / aire m comprimido ‖ ~**luftatmer** m / aparato m respiratorio con aire ‖ ~**lunker** m (Strangpressen) / defecto m de rechupe ‖ ~**mantel-Elektrode** f (Schw) / electrodo m con revestimiento por extrusión ‖ ~**maschine** f (Tex) / planchadora f ‖ ~**maschine**, Musterpresser m (Wirkm) / prensa f entallada o de muestras ‖ ~**maß** m / medida f del apriete ‖ ~**masse** f, **-stoff** m / pasta f prensada ‖ ~**masse**, **-mischung** f (Plast) / compuesto m de moldeo ‖ ~**masse f** (gepresste Masse) / material m moldeado ‖ ~**matrize** f, **-stempel** m (Strangpresse) / matriz f de extrusión ‖ ~**matt**, matt / acabado mate de presión ‖ ~**messing** n / latón m para trabajo en caliente ‖ ~**muffe** f / manguito m forzado ‖ ~**mulde** f (Spinn) / plato m de presión ‖ ~**müllfahrzeug** n / vehículo m que prensa la basura ‖ ~**muster** m (Wirkm) / dibujo m de prensa ‖ ~**naht** f / rebaba f ‖ ~**nahtschweißen** n / soldeo m por puntos y estampado de las juntas ‖ ~**öl** n, Drucköl n / aceite m a presión ‖ ~**öl**, ausgepresstes Öl (Landw) / aceite m exprimido ‖ ~**ölschmierung** f / lubri[fi]cación f por aceite de presión ‖ ~**packung** f, empaquetadura f embutida ‖ ~**pappe** f / cartón m prensado ‖ ~**passung** f, **-sitz** m / ajuste m prensado o forzado ‖ ~**passungs-Gewindeschraube** f / tornillo m de ajuste prensado ‖ ~**platte** f / placa f para prensar ‖ ~**platte**, Hartfaserplatte f (Bau) / tablero m aglomerado o de fibras ‖ ~**platte** f (Bb) / plato m prensador ‖ ~**polieren** vt, aufkugeln / pulir por bola ‖ ~**probe** f, **-probestück** n / prueba f de comprimibilidad ‖ ~**pulver** n (Plast) / polvo m de moldear ‖ ~**pumpe** f / bomba f impelente o de presión ‖ ~**pumpe** (Druckprüfung) / bomba f para prueba de presión ‖ ~**rahmen-Drehgestell** n (Bahn) / bogie m de chapa embutida ‖ ~**reibung** f (Sintern) / fricción f de compresión ‖ ~**rest** m (Fließpressen) / residuo m de extrusión ‖ ~**ring** m (Röhrenfertigung) / anillo m de conformación ‖ ~**riss** m (Pulv.Met) / grieta f o fisura de compresión ‖ ~**rohling** m / pieza f estampada en bruto ‖ ~**rolle** f (Web) / cilindro m prensador ‖ ~**rückstand** m, Kuchen m / torta f ‖ ~**rückstand** (Saftpresse) / pulpa f, magma m ‖ ~**schichtholz** n / madera f estratificada comprimida ‖ ~**schmierung** f,

Pressschnecke

Druckschmierung f / lubri[fi]cación f a presión, engrase m a presión ‖ ⁓**schnecke** f / tornillo m [sin fin] de presión ‖ ⁓**schnitzel** m pl, Presslinge m pl (Zuck) / pulpa f prensada ‖ ⁓**schraube** f, Druckschraube f / tornillo m de presión ‖ ⁓**schweißung** f / soldadura f a presión ‖ ⁓**sintern** n (Plast) / sinterizado m a presión ‖ ⁓**sitz** m, Presspassung f / ajuste m prensado o forzado ‖ ⁓**span** m / prespan m ‖ ⁓**spindel** f / husillo m de presión ‖ ⁓**spritzen** vt (Kunstharz) / moldear por transferencia ‖ ⁓**spritzen**, Fließgussverfahren n (Plast) / moldeo m por transferencia, transferencia f ‖ ⁓**spritzform** f (Duroplaste) / molde m de transferencia ‖ ⁓**stempel** m, -matrize f (Strangpresse) / matriz f de extrusión ‖ ⁓**stempel** (Plast) / punzón m de moldeo ‖ ⁓**stoff** m (allg) / material m prensado ‖ ⁓**stoff**, Kunstharzpressstoff m / compuesto m de moldeo por presión ‖ ⁓**strangprofil** f / perfil m de prensado de extrusión ‖ ⁓**stroh** n (Landw) / paja f comprimida ‖ ⁓**stück**, -teil n (Schm) / pieza f estampada ‖ ⁓**stumpfschweißen** n / soldadura f a tope a presión ‖ ⁓**technik** f / técnica f de prensado ‖ ⁓**technik** (Plast) / técnica f de moldeado ‖ ⁓**teil** n, Pressstück n (allg) / pieza f prensada ‖ ⁓**teil**, Formteil n (Plast) / pieza f moldeada ‖ ⁓**topf** m (Wzm) / gato m hidráulico ‖ ⁓**träger** m, gepresster Blechträger / viga f de chapa embutida ‖ ⁓**tuch** n / tejido m para prensar

Pressung f / presión f, prensado m ‖ ⁓, Klemmung f / apretamiento m, atascamiento m ‖ ⁓, Schuss m (Plast) / inyección f ‖ ⁓, Dynamikpressung f (Eltronik) / compresión f de volumen

Pressungsscheide f (Pulv.Met) / zona f neutra

Pressure-Set-Druckfarbe f (o. Adsorptions-Druckfarbe) (Druck) / tinta f pressure-set, tinta f de fijación por presión

Press•verband m, -verbindung f / unión f apretada ‖ ⁓**verbinder** m (Elektr) / conectador m apretado ‖ ⁓**vergoldung** f (Druck) / dorado m de prensa o a volante ‖ ⁓**vollholz** n / madera f maciza prensada ‖ ⁓**vorgang** m (Plast) / ciclo m de extrusión ‖ ⁓**vorrichtung** f / dispositivo m de prensado ‖ ⁓**walze** f / cilindro m de presión ‖ ⁓**wasser** n, Druckwasser n / agua f a presión ‖ ⁓**wasser** (Zuck) / agua f de prensas ‖ ⁓**wasserantrieb** m / accionamiento m hidráulico ‖ ⁓**wasser-Entzundern** n (Hütt) / descascarillamiento m por agua a presión ‖ ⁓**wasserpumpe** f, Druckwasser erzeugende Pumpe / bomba f para agua a presión, bomba f para sistemas hidráulicos ‖ ⁓**wasserpumpe**, mit Druckwasser arbeitende Pumpe / bomba f accionada por agua a presión ‖ ⁓**weg** m (Hütt) / recorrido m de prensado ‖ ⁓**werk** (Hütt) / fábrica f de prensas de forjado ‖ ⁓**werkzeug** n / herramienta f para moldeo por presión ‖ ⁓**werkzeug** (Pulv.Met) / herramienta f de compresión ‖ ⁓**werkzeugtisch** m, Formplatte f (Pulv.Met) / soporte m de la matriz ‖ ⁓**ziegel** m / ladrillo m prensado ‖ ⁓**ziehen** vt / conformar por presión y tracción simultánea ‖ ⁓**zonenbreite** f (Pap) / ancho m de la zona de presión ‖ ⁓**zusatz** m, Pressmittel (Sintern) / lubri[fi]cante m de compresión ‖ **im** ⁓**zustand**, ungesintert (Sintern) / verde ‖ ⁓**zylinder** m / cilindro m compresor

Prestoleverschraubung f / atornilladura f Prestole

Pre-Trigger m (DV, Eltronik) / impulso m preliminar de disparo

Preventer m (Schiff) / retenida f, contrabraceo m ‖ ⁓, Sicherheitsschieber m (Öl) / preventer m, preventor m

Prevost-Fechner-Benham-Farben f pl (Phys) / colores m pl de Benham

Pricke f, Pricken m (Seezeichen für Nebenfahrwasser) (Nav) / percha-palo f

prickelnd (Getränk) / picante

Priel m (Geo) / pequeño canal m (en las aguas bajas de la costa)

Priependach, Mönch- u. Nonnedach n (Bau) / tejado m de caballetes y canalones

prillen vt, granulieren / granular

Prill-Turm, Sprühkondensationsturm m (Chem) / torre f de condensación por pulverización

Prim..., unteilbar (Math) / primo

primär, induzierend / primario m ‖ ⁓**er Alkohol** (Chem) / alcohol m primario ‖ ⁓**es Amin** / amina f primaria ‖ ⁓**e Bodenbearbeitung** (Landw) / laboreo m primario del suelo (arada, fresada etc.) ‖ ⁓**e Eingangsstelle** (DV) / punto m de entrada primario ‖ ⁓**es Erz** (Geol) / mineral m primario ‖ ⁓**e feste Lösung** (Hütt) / solución f sólida primaria ‖ ⁓**e Gitteremission** (Eltronik) / emisión f primaria (o termiónica) de rejilla ‖ ⁓**es Holz**, Xylem n (Bot) / xilema m ‖ ⁓**e Ionisation** f, Primär-Ionisation f / ionización f primaria ‖ ⁓**es Kalziumphosphat** (Chem) / fosfato m de calcio [di]ácido ‖ ⁓**er radioaktiver Niederschlag** (Nukl) / precipitación f radiactiva primaria ‖ ⁓**e Spaltausbeute** (Nukl) / rendimiento m de fisión primario o independiente o directo ‖ ⁓**er Trägerfluss** (Halbl) / corriente f principal [de portadores]

Primär•amt n (Fernm) / centro m primario ‖ ⁓**anforderung** f / demanda f primaria ‖ ⁓**anweisung** f (DV) / instrucción f en lenguaje original ‖ ⁓**ausdruck** m (Math) / término m primario ‖ ⁓**ausfall** m (Masch) / falta f primaria ‖ ⁓**auslöser** m (Elektr) / disparador m directo de sobreintensidad ‖ ⁓**bibliothek** f (DV) / biblioteca f en lenguaje original ‖ ⁓**-Coating** n, Primärummantelung f (LWL) / revestimiento m primario ‖ ⁓**datei** f / fichero m primario ‖ ⁓**daten** pl (DV) / datos m pl primarios ‖ ⁓**datenerfassung** f / captación f de datos de origen ‖ ⁓**diagramm** n (Antenne) / diagrama m de la radiación primaria ‖ ⁓**druck** m (Druckregler) / presión f de alimentación ‖ ⁓**eingabe** f (DV) / entrada f primaria de datos ‖ ⁓**elektron** (Eltronik) / electrón m primario ‖ ⁓**element** n (Elektr) / pila f, elemento m primario ‖ ⁓**emission** f (Eltronik) / emisión f primaria ‖ ⁓**energie** f / energía f primaria ‖ ⁓**farbe**, Grundfarbe f (Phys) / color m primario o elemental ‖ ⁓**federung** f des Drehgestellrahmens (Bahn) / suspensión f primaria del bogie

Primarfleck m (Radiol) / punto m primario

Primär•förderung f (Öl) / producción f primaria de petróleo, recuperación f primaria (ARG) ‖ ⁓**frequenz** f / frecuencia f principal ‖ ⁓**gefüge** n (Hütt) / estructura f primaria ‖ ⁓**geregelt** (Elektr) / regulado en el circuito primario ‖ ⁓**gruppe** f (Trägertelefonie) / grupo m primario o de doce canales ‖ ⁓**gruppenverteiler** m (Fernm) / repartidor m de grupos primarios ‖ ⁓**ion** n (Chem) / ion m primario ‖ ⁓**ionisation** f (Nukl) / ionización f primaria ‖ ⁓**karbid** n / carburo m primario ‖ ⁓**klemme** f (Elektr) / borne m del devanado primario ‖ ⁓**kornbildung**, Blockseigerung (grobstängelige (Hütt) / segregación f de los lingotes ‖ ⁓**kreislauf** m (Nukl) / circuito m primario ‖ ⁓**kristallisation** f / cristalización f primaria ‖ ⁓**kühlmittel** n (Nukl) / fluido m o medio refrigerante primario ‖ ⁓**luft** m / aire m primario ‖ ⁓**phase** (Hütt) / fase f primaria ‖ ⁓**programm**, Quellenprogramm n (DV) / programa m original o de partida ‖ ⁓**radar** n, aktives Radar / radar m primario ‖ ⁓**reagens** n (Chem) / reactivo m inductor ‖ ⁓**rechner** m (DV) / ordenador m principal ‖ ⁓**retarder** (Kfz) / retardador m primario ‖ ⁓**schlamm** (im Fördergut bereits enthalten) (Bergb) / lodo m primario ‖ ⁓**seite** f (Elektr) / primario m ‖ ⁓**seitige Spannung**, Primärspannung f (Elektr) / tensión f primaria ‖ ⁓**spaltung** f (Nukl) / fisión f original ‖ ⁓**spannung** f (Mech) / solicitación f primaria ‖ ⁓**speicher** m (DV) / almacenador m primario ‖ ⁓**sprache** f (DV) / lenguaje m original ‖ ⁓**spule** f (Elektr) / devanado m o arrollamiento primario o inductor ‖ ⁓**stoffauflauf** m

Privatisierung

(Pap) / caja *f* cabecera (o de alimentación) primaria ‖ ≃**strahlbündel** *n* (Phys) / haz *m* primario ‖ ≃**-Strahlenschutzwand** *f* (Nukl) / barrera *f* primaria de radioprotección ‖ ≃**strahler** *m* (Antenne) / elemento *m* activo o primario ‖ ≃**strahlung** *f* / radiación *f* primaria ‖ ≃**strom** *m* (Elektr) / corriente *f* inductora o primaria ‖ ≃**strom** (Turboreaktor) / flujo *m* caliente ‖ ≃**[strom]kreis** *m* (Elektr) / circuito *m* primario ‖ ≃**teilchen** *n* / partícula *f* primaria de monocristal ‖ ≃**valenz** *f* (TV) / estímulo *m* de referencia ‖ ≃**wicklung** *f* s. Primärspule ‖ ≃**zunder** *m* (Hütt) / cascarrilla *f* primaria
Primasprit *m*, Feinsprit *m* (Chem) / alcohol *m* de más de 94%
Primer *m*, Grundierung *f* (Farbe) / capa *f* de fondo, imprimación *f*, pintura de imprimación *f*
Prim•faktor *m*, -teiler *m* (Math) / factor *m* o divisor primo ‖ ≃**faktorenzerlegung** *f* (Math) / descomposición *f* en factores primos
primitiv, frühest, erst / primitivo ‖ ≃**e** *pl* (Math) / primitivos *m pl*
Primitivierung *f* (Math) / primitivación *f*
Primitivschnitt *m* (Stanzwerkzeug) / útil *m* sencillo para cortar (sin bastidor de guía)
primordial, uranfänglich / primordial
Primulin, Cyclamin *n* (Färb) / primulina *f*
Primzahl *f*, prime Zahl (Math) / número *m* primo ‖ **benachbarte** ≃**en**, Primzahlpaar *n* / primos *m pl* gemelos
Print *n* (DV) / conjunto *m* de circuito impreso
Printer *m*, Drucker *m* (DV) / impresora *f*
Printing Master *m* (Halbl) / matriz *f* de circuitos impresos
Print•karte *f* / tablilla *f* o tarjeta de circuito impreso ‖ ≃**medien** *n pl* (Druck) / medios *m pl* impresos, prensa *f* escrita ‖ ≃**platte** *f* (Eltronik) / tablero *m* de circuito impreso ‖ ≃**relais** *n* / relé *m* impreso ‖ ≃**-Roll-Lager** *n*, Print-Roll-Magazin *n* (Druck) / almacén *m* de rollos de papel ‖ ≃**werbung** *f* / publicidad *f* mediante medios impresos
Prinzip *n*, Grundsatz *m* / principio *m* ‖ ≃ **der adaptiven Zeitkonstante** (Nukl) / principio *m* de la constante de tiempo adaptado ‖ ≃ *n* **der geringsten Wirkung** (Phys) / principio *m* de acción mínima o de mínima acción ‖ ≃ **der konstanten Helligkeit** (TV) / principio *m* de luminancia constante ‖ ≃ **der virtuellen Arbeit**, [d']Alembertsches Prinzip (Phys) / principio *m* de los trabajos virtuales ‖ ≃ **des kleinsten Zwanges**, Le-Chatelier-Prinzip (Phys) / principio *m* de desplazamiento del equilibrio, principio *m* de Le Chatelier
Prinzipalserie, Hauptserie *f* (Spektrum) / serie *f* principal de rayas
prinzipiell / por principio ‖ ≃ **unbeobachtbar** / inobservable por principio
Prinzip•schaltbild *n* / cuadro *m* básico de conexiones, esquema *m* del circuito o de conexiones ‖ ≃**schaltung** *f* / circuito *m* básico, esquema *m* de principio ‖ ≃**skizze** *f* / diagrama *m* esquemático
Priorisierung *f* / priorización *f*
Priorität *f*, Vorrang *m* (allg, DV) / prioridad *f* ‖ ≃, Dringlichkeit *f* / preferencia *f* ‖ ≃ **haben [über]** (DV) / tener prioridad [sobre] ‖ ≃ **von ... ist in Anspruch genommen** (Patent) / prioridad *f* está reivindicada ‖ **höchste** ≃ (DV) / prioridad *f* absoluta
Prioritäts•anspruch *m* (Patent) / reivindicación *f* de prioridad ‖ ≃**anzeiger** *m* / indicador *m* de prioridad ‖ ≃**recherche** *f* (Patent) / búsqueda *f* de prioridad[es] ‖ ≃**reihenfolge** *f* (DV) / secuencia *f* de prioridades ‖ ≃**schaltung** *f* / circuito *m* de prioridad ‖ ≃**schema** *n* (DV) / esquema *m* de prioridad ‖ ≃**steuerungssystem** *n*, Priority-Scheduler *m* / regulador *m* de prioridad ‖ ≃**stufe**, Dringlichkeitsstufe *f* (DV) / régimen *m f* de

prioridad ‖ ≃**verarbeitung** *f* (DV) / procesamiento *m* de prioridad
Prisma *n* (Geom, Opt) / prisma *m* ‖ ≃, Bohrprisma *n*, Prismenauflegebock *m* (Wzm) / soporte *m* prismático ‖ ≃ (Jacquard) / prisma *m*, cilindro *m* del dibujo ‖ ≃ **der Führung** (Dreh) / V *m* invertido ‖ ≃ **mit gerader Durchsicht**, Geradsichtprisma *n* (Opt) / prisma *m* de visión directa ‖ **dreiteiliges aus drei Gläsern zusammengesetztes** ≃ (Opt) / prisma *m* de tres piezas
prismatisch (Min) / prismático ‖ **~er Andalusit**, Stanzait *m* / andalusita *f* prismática ‖ **~e Bahn** (Wzm) / corredera *f* prismática ‖ **~e Führungsbahn**, Prismenführung *f* (Wzm) / guía *f* prismática ‖ **~e Reflexionsbussole** (Verm) / brújula *f* de reflexión prismática ‖ **~e Wirkungsdifferenz** (Opt) / aberración *f* prismática ‖ **~e Zelle** (Elektr) / celda *f* prismática ‖ **~er Zeolith** (Min) / zeolita *f* o ceolita prismática
Prism[at]oid *n* (Geom) / prismatoide *m*, prismoide *m*
Prismen•antenne *f*, -strahler *m* (Eltronik) / bocina *f* piramidal, embudo *m* piramidal ‖ ≃**auflage** *f* (Messen) / V *m* de medición ‖ ≃**auflegebock** *m* (Wzm) / soporte *m* prismático ‖ ≃**balken** *m* (Bau) / viga *f* prismática ‖ ≃**bussole** *f* (Verm) / brújula *f* prismática ‖ ≃**drehbank** *f*, -drehmaschine *f* (Wzm) / torno *m* con bancada prismática ‖ ≃**festigkeit** *f* (Beton) / resistencia *f* del ensayo sobre prismas ‖ ≃**fräser** *m* (Wzm) / fresa *f* de dientes prismáticos, fresa *f* isóceles ‖ ≃**glas** *n*, -feldstecher *m* (Opt) / anteojo *m* prismático, prismáticos *m pl* ‖ ≃**instrument** *n* (Verm) / instrumento *m* dotado de prismas ‖ ≃**kreis** *m*, -sextant *m* (Schiff) / sextante *m* prismático ‖ ≃**kreuz** *n* (Verm) / escuadra *f* de dos prismas ‖ ≃**lupe** *f* / lupa *f* prismática ‖ ≃**paar** *n* (Getriebe) / par *m* de prismas ‖ ≃**photometer** *n* / fotómetro *m* de prismas ‖ ≃**raster** *n* (Opt) / retículo *m* de microprismas ‖ ≃**schiene** *f* (Wzm) / guía *f* prismática ‖ ≃**schmalführung** *f* (Masch) / guía *f* estrecha prismática ‖ ≃**spektrograph** *m* / espectrógrafo *m* de prismas ‖ ≃**spektrum** *n* / espectro *m* prismático ‖ ≃**steg** *m* (Akku) / puente *f* prismática ‖ ≃**sucher** *m*, Sucher *m* in Augenhöhe (Foto) / visor *m* prismático directo, visor *m* de ocular ‖ ≃**trommel** *f* (TV) / tambor *m* de prismas ‖ ≃**vorsatz** *m* (Opt) / adaptador *m* de prismas ‖ ≃**walze** *f* (Landw) / rodillo *m* de bañones [prismáticos] ‖ ≃**warze** *f* (Verdolmasch) / bañon *m* de prismas
Prismoid *n* (Math) / prismoide *m*
Prismometer *n* (Opt) / prismómetro *m*
Pritsche *f* (Kfz) / caja *f* [abierta], plataforma *f*
Pritschenwagen *m* (Kfz) / camioneta *f* con plataforma o con caja, chata *f* (ARG)
privat, abgeschlossen / privado, particular ‖ **~es Fernsehnetz** / red *f* televisiva privada ‖ **~es Fernsprechnetz** / red *f* telefónica privada ‖ **~er Stromverbraucher** / consumidor *m* doméstico o particular
Privat•anschluss *m* (Fernm) / aparato *m* telefónico de abonado ‖ ≃**anschluss** (Elektr) / conexión *f* privada ‖ ≃**anschlussgleis** *n* (Bahn) / vía *f* de empalme particular ‖ ≃**antenne** *f* **für Satellitenempfang** / antena *f* parabólica particular ‖ ≃**bahn** *f* / línea *f* privada, ferrocarril *m* privado ‖ ≃**bus** *m* (DV) / colector *m* ómnibus privado ‖ ≃**dosismesser** *m* (Med) / dosímetro *m* individual ‖ ≃**einfahrt**, -anfahrstraße *f* (Straßb) / acceso *m* privado ‖ ≃**flugplatz** *m* (z.B. einer Fabrik) / aeropuerto *m* privado ‖ ≃**-Funkbenutzer** *m*, CB-Funker *m* / utilizador *m* de banda de radiocomunicación ciudadana ‖ ≃**funk-Sprechkanal** *m* / banda *f* ciudadana, banda *f* de uso público general ‖ ≃**funkstation** *f* / emisora *f* de banda ciudadana ‖ ≃**güterwagen** *m* (Bahn) / vagón *m* particular (E) o ajeno (LA), carro *m* privado (MEJ)
privatisieren *vt* (Ggs.: verstaatlichen) / privatizar, desnacionalizar
Privatisierung *f* / privatización *f*, desnacionalización *f*

1003

Privat•leitung f (USA) / línea f particular o privada ‖ ≈**leitungsanschluss** m, Leitungsanpassungsteil n, LAT (Fernm) / adaptador m de línea privada ‖ **die** ≈**wirtschaft** / sector m privado
privilegiert (DV) / privilegiado ‖ **~er Befehl** (DV) / instrucción f privilegiada
PR-Kreis, Parallelschwingkreis m (Eltronik) / circuito m antirresonante, circuito m resonante paralelo
pro (Liter) / por (litro)
proaktives Automatikgetriebe (Kfz) / caja f de cambios automática proactiva
probabilistisch / probabilístico
Probe f, Muster n / probeta f, muestra f ‖ ≈, Versuch m / ensayo m, prueba f ‖ ≈, Prüfung f, (auf Zusammensetzung, Gewicht usw.) / verificación f, comprobación f ‖ ≈ f, Probeentnahme f (Chem) / toma f de prueba o de muestra ‖ ≈, Stufe f (Bergb) / espécimen m de mineral ‖ ≈ f **auf Merkmale** (Nukl) / prueba f por atributos ‖ ≈ **auf Variable** (Nukl) / prueba f por variables ‖ ≈ **aus dem Grundwerkstoff** (Schw) / probeta f preparada con metal de base ‖ **die** ≈ **machen** (Math) / hacer la prueba ‖ **eine** ≈ **nehmen** / tomar o sacar una muestra ‖ **eine** ≈ **nehmen**, prüfen (Chem, Hütt) / ensayar, analizar ‖ **nach der ersten** ≈ (Hütt) / después de la primera prueba ‖ **zur** ≈ / a título de ensayo
Probe•abzug m (Druck) / prueba f de imprenta, galerada f ‖ ≈**abzug** (Foto) / copia f de prueba, copia f tipo ‖ ≈**auftrag** m / encargo m para prueba (E), pedido m muestra (LA) ‖ ≈**belastung** f / carga f de prueba o de ensayo ‖ ≈**bestand** m (Forstw) / rodal m experimental ‖ ≈**betrieb** m (F.Org) / prueba f [en condiciones] de servicio ‖ ≈**bild** n, Testbild n (TV) / mira f, imagen f patrón o piloto ‖ ≈**bohrung** f **mit Spülung** (Bergb) / sondeo m de prueba con irrigación ‖ ≈**druck** m (Masch) / presión f de prueba ‖ ≈**druck** (Druck) / prueba f, plana f ‖ ≈**druckpumpe** f / bomba f para ensayos de presión ‖ ≈**entnahme** f, Probenahme f / toma f de pruebas, muestreo m ‖ ≈**erhebung** f, Umfrage f / encuesta f ‖ ≈**exemplar** n, -heft n (Druck) / muestra f ‖ ≈**fahrt** f (allg) / marcha f de prueba, operación f de prueba, prueba f de funcionamiento ‖ ≈**fahrt** (Kfz) / viaje f de prueba ‖ ≈**fahrt** (Schiff) / prueba f de marcha, marcha f de prueba ‖ ≈**fahrtaufbau** m (Kfz) / carrocería f provisional ‖ ≈**farbe** f (Färb) / tinta f de ensayo ‖ ≈**flasche** f / frasco m de prueba ‖ ≈**flug** m / vuelo m de prueba ‖ **einen** ≈**flug machen** / hacer un vuelo de prueba ‖ ≈**glas** n, Reagenzglas n (Chem) / tubo m de ensayo, probeta f ‖ ≈**gold** n (Hütt) / oro m de título o de contraste ‖ ≈**gut** n / prueba f, probeta f, muestra f ‖ ≈**kochung** f (Pap) / lejiado m de ensayo ‖ ≈**körper** m, Gummischlappe f (Gummi) / probeta f, pieza f de ensayo ‖ ≈**körper**, -stab m (Mat.Prüf) / probeta f ‖ ≈**last**, -belastung f / carga f de prueba o de ensayo ‖ ≈**lauf** m (Masch) / prueba f de funcionamiento ‖ ≈**lauf** (Schleifsch) / ensayo f de velocidad segura
Pröbeln, Probieren n (zum Suchen der Lösung) (Chem, Phys) / método m de aproximaciones sucesivas, método m de tanteos
Probe•löffel m (Hütt) / cuchara f de muestreo ‖ **entnommene** ≈**[menge]** (Chem, Hütt) / cantidad f de probetas ‖ ≈**montage** f / montaje m de prueba ‖ ≈**nahme** f, -nehmen n (Mat.Prüf) / toma f de muestras, muestreo m ‖ ≈**nahmenstreuung** f (Stat) / variación f aleatoria de toma de muestras ‖ ≈**nehmen** n, Erzprobe f (Bergb) / promediación f de muestras ‖ ≈**nehmer** m / probador m, comprobador m, muestreador m ‖ ≈**nehmer** (Gerät) / dispositivo m de muestreo, sacamuestras m, tomapruebas m ‖ ≈**nehmer** (Zuck) / comprobador m de remolachas ‖ ≈**nehmer für Bodenuntersuchungen** (Bau) / muestreador m de terrenos

Proben•entnahmestelle f / punto m de toma de muestras ‖ ≈**flasche** f / botella f de pruebas ‖ ≈**geometrie** f (Mat.Prüf) / configuración f de muestra ‖ ≈**halter** m / portamuestras m ‖ ≈**-Häufigkeit** f / frecuencia f de muestras ‖ ≈**heber** m / sifón m de pruebas ‖ ≈**heber** (Pulv.Met) / captador m de muestras, sacamuestras m ‖ ≈**schälchen** n **für radioaktive Stoffe** / plancheta f para muestras radiactivas ‖ ≈**schalter**, Abfrageschalter m / conmutador m de contestación ‖ ≈**schwenkarm** m (Nukl) / brazo m giratorio de pruebas ‖ ≈**teiler** m / divisor m de muestras ‖ ≈**trennvorrichtung** f (Öl) / separador m de muestras
Probenummer f (Druck) / número m espécimen, ejemplar m gratuito
Proben•wechsler m / cambiador m de muestras ‖ ≈**wechsler** (Chem) / cambiador m de muestras
Probepackung f / envase f de muestra
Prober m, Sampler m (Regeln) / muestreador m ‖ ≈, Assayer m (Chem) / ensayador m
Proberohr n (Bergb) / tubo m sacamuestras de gas
Probertit m (Min) / probertita f
Probe•rübe f (Zuck) / remolacha f muestra ‖ ≈**säure** f (Chem) / ácido m standard o de referencia ‖ ≈**schweißung** f / soldadura f experimental ‖ ≈**seite** f (Druck) / página f de prueba, página f de muestra ‖ ≈**silber** n (Hütt) / plata f de título ‖ ≈**stab** m (Mat.Prüf) / probeta f, barra f de ensayo, barreta f ‖ ≈**stück** n, -arbeit f / pieza f de examen ‖ ≈**stück** (für Prüfung) / muestra f (para ensayos), espécimen m ‖ ≈**stück** (Pap) / muestra f ‖ ≈**umfang** m / tamaño m de muestra ‖ ≈**umfangbuchstabe** m (F.Org) / letra f de tamaño de muestra ‖ **~weise**, versuchsweise / por vía de ensayo, a título de prueba o de ensayo ‖ ≈**würfel** m (Bau) / cubo m de hormigón para pruebas ‖ ≈**zählung** f (Stat) / recuento m de comprobación ‖ ≈**zeit** f / período m de prueba
Probierblei n (Hütt) / plomo m de ensayo
probieren vt, ausprobieren / probar, ensayar, someter a prueba ‖ **~**, untersuchen (Chem, Hütt) / analizar, ensayar, aquilatar ‖ **auf nassem Wege ~** / ensayar por vía húmeda ‖ **auf trockenem Wege ~** / ensayar por vía seca ‖ ≈ (zum Suchen der Lösung), Pröbeln n / método m de tanteos, método m de aproximaciones sucesivos ‖ ≈ n, Probierkunst f (Hütt) / docimasia f, docimástica f ‖ **durch** ≈, empirisch / empírico
Probier•geschirr n, Brandprobe f (Keram) / vasija f de ensayo ‖ ≈**glas** n, Reagenzglas n (Chem) / tubo m de ensayo, probeta f ‖ ≈**hahn**, Wasserstandshahn m / grifo m de prueba [de nivel] ‖ ≈**hammer** m (Wz) / martillo m para ensayar ‖ ≈**nadel** f, -stift m (Goldschmied) / aguja f de ensayo ‖ ≈**ofen** m (Hütt) / horno m de mufla para docimasia ‖ ≈**papier** n, Reagenspapier m (Chem) / papel m reactivo ‖ ≈**scherben** m (obsol.) / vaso m de ensayo ‖ ≈**stein**, Lydit m (Min) / piedra f de toque, lidita f ‖ ≈**tiegel** m (Metall) / crisol m para ensayos ‖ ≈**waage** f, Justierwaage f / balanza f para ensayos ‖ ≈**wert** m (Edelmetallerz) / valor m de ensayo ‖ ≈**zange** f / tenazas f pl para ensayos
Problem n / problema m ‖ **ein** ≈ **stellen** / plantear un problema ‖ ≈**abfälle** m pl, -müll m (Umw) / desechos m pl problemáticos ‖ ≈**analyse** f / análisis m de[l] problema
Problematik f / problemática f
Problem•beschreibung f, -text m (DV) / descripción f del problema ‖ **~los** / sin problema[s], desembarazado ‖ ≈**lösung** f / solución f de[l] problema ‖ **~orientiert** (DV) / orientado hacia [el planteo de] problemas ‖ **~orientierte Sprache** / lenguaje m orientado hacia [el planteo de] problemas ‖ ≈**programm**, Arbeitsprogramm n (DV) / programa m de problema ‖ ≈**stoffe** m pl (Umw) / materiales m pl problemáticos, sustancias f pl problemáticas ‖

⚇**variable**, -veränderliche f (Regeln) / variable f de problema
Pro•cellulose f (Chem) / procelulosa f ‖ ⚇**chlorit**, Ripidolith m (Min) / ripidolita f
Proco f, programmierte Verbrennung (Mot) / combustión f programada
Proco-Motor m, Schichtlademotor m (Kfz) / motor f de carga estratificada
procon-ten-System n (Kfz) / sistema m procon-ten
Proctor•dichte f (Straßb) / densidad f proctor ‖ ⚇**-Test** m (Bodenmechanik) / ensayo m proctor
Productscarrier m, Produktentanker m (Schiff) / petrolero m de productos
Produkt, Erzeugnis n / producto m, artículo m de producción ‖ ⚇ n (Math) / producto m, resultado m de multiplicación ‖ ⚇, Bodenerzeugnis n (Landw) / producto m agrícola ‖ ⚇**•e** n pl (Öl) / productos m pl [refinados] ‖ ⚇ n **aus Drehzahl und Polpaarzahl** (Elektr) / velocidad f eléctrica ‖ ⚇ **der Isotopentrennung nach Anreicherung** (Nukl) / producto m de la separación isotópica
produktbezogen, -spezifisch / específico de un producto adj
Produkten•förderung f (Bergb) / extracción f de productos ‖ ⚇**trenner** m (Öl) / separador m de productos [refinados]
Produkt•entwicklung f / desarrollo m de productos ‖ ⚇**gas** n (Öl) / gas m de productos ‖ ⚇**haftung** f / responsibilidad f de producto ‖ ⚇**information** f / información f de producto
Produktion, Erzeugung f (Tätigkeit) / producción f, fabricación f, generación f ‖ ⚇ f, -sfähigkeit f / capacidad f productiva ‖ ⚇ (Menge) (Masch) / rendimiento m ‖ ⚇, Ausbringen n (Bergb) / extracción f ‖ ⚇ **je Mann-Stunde** (F.Org) / producción f por hora y hombre ‖ **industrielle** ⚇ / producción f fabril o industrial
Produktions•ablauf m / marcha f de producción, desarrollo m de producción ‖ ⚇**anlage** f / planta f de producción ‖ ⚇**ausfall** m / falta f o caída o perdida de producción ‖ ⚇**beginn** m / comienzo m o principio de la producción ‖ ⚇**bericht** m / información f sobre la producción ‖ ⚇**drehmaschine** f (Wzm) / torno m de [gran] producción o fabricación ‖ ⚇**einrichtung** f / equipo m de producción ‖ ⚇**einstellung** f / suspensión f de la producción ‖ ⚇**fähigkeit** f / capacidad f de producción ‖ ⚇**faktor** m, thermischer Spaltfaktor (Nukl) / factor m de fisión térmica ‖ ⚇**firma** f (allg, Film) / empresa productora ‖ ⚇**freigabe** f / autorización f de la producción, lanzamiento m de producción ‖ ⚇ **~geschmiert** (Lager) / lubri[fi]cado por el producto contiguo ‖ ⚇**güter**, Investitionsgüter n pl / bienes m pl de equipo o de producción, bienes m pl de inversión ‖ ⚇**index** m (Öl) / índice m de producción ‖ ⚇**-Informationssystem** n / sistema m de información de producción ‖ ⚇**kapazität** f / capacidad f de producción ‖ ⚇**kosten** pl, Herstellungskosten pl / coste[s] m[pl] de producción, gastos m pl de producción ‖ ⚇**kreuz** n (Öl) / árbol m de conexiones, juego m de válvulas de cabezal de pozo, cruz f[VEN], árbol m de navidad [MEJ] ‖ ⚇**leiter** m, Fertigungsleiter m / jefe m de fabricación, gerente m de producción ‖ ⚇**leiter** (Film) / director m o jefe de producción ‖ ⚇**linie** f / línea f de producción ‖ ⚇**logistik** f / logística f de producción ‖ ⚇**menge** f / cantidad f producida, insumo m ‖ ⚇**mittel** n pl / medios m pl de producción, facilidad f de producción ‖ ⚇**plan** m, -programm n / programa m de producción ‖ ⚇**planungsübersicht** f / estudio m del plan de producción, sinopsis f del plan de producción ‖ ⚇**-Planungs- und Steuersystem** n, PPS / sistema m de programación y de control de la producción ‖ ⚇**plattform** f (Öl) / plataforma f de producción ‖ ⚇**reaktor** m (Nukl) / reactor m generador o de producción ‖ ⚇**reaktor für Plutonium** / reactor m productor de plutonio ‖ ⚇**reaktor für spaltbaren Stoff** / reactor m generador de material físil ‖ ⚇**steigerung** f / aumento m de producción ‖ ⚇**steuerung** f, (früher:) Terminbüro n / distribución f de las ordenes de trabajo, control m de la producción ‖ ⚇**stillstand** m (F.Org) / paro m de la producción ‖ ⚇**stockung** f, -stillstand m / parada f de producción ‖ ⚇**teilkopf** m (Öl) / divisor m para la producción ‖ ⚇**tiefe** f (F.Org) / variedad f de artículos producidos ‖ ⚇**überschuss** m, Überproduktion f / exceso m de producción ‖ ⚇**umstellung** f / reorganización f de la producción ‖ ⚇**umstellung auf andere Produkte** / conversión f de producción ‖ ⚇**zahlen** f pl / cifras f pl de producción
produktiv, leistungsfähig / productivo ‖ ~, fruchtbar, Gewinn bringend / productivo, útil, provechoso ‖ ~, direkt (Arbeit) (F.Org) / directo ‖ ~, Fertigungs... (Arbeiter) / de producción ‖ **~e Arbeit** / trabajo m de producción ‖ **~e Arbeitszeit** / tiempo m productivo ‖ **~er Lohn**, Fertigungslohn m / salario m directo
Produktivität f, [wirtschaftliche] Leistungsfähigkeit / productividad f
Produktivlauf m (DV) / fase f de ejecución
Produkt•kern m (Nukl) / núcleo m producido ‖ ⚇**klasse** f / categoría f de producto ‖ ⚇**manager** m / gerente m de productos, product m manager (LA) ‖ ⚇**menge** f (Math) / producto m cartesiano ‖ ⚇**menge in einer Ver- o. Bearbeitungsanlage** (F.Org) / carga f en la marcha de producción ‖ ⚇**palette** f (fig) / gama f de productos ‖ ⚇**piraterie** f / piratería f de producto[s] ‖ ⚇**planung** f / planificación f de producción ‖ ⚇**reihe** f / serie f o gama de productos ‖ ⚇**relais** n (Elektr) / relé m de producto ‖ ⚇**sicherung** f / seguridad f de productos ‖ ⚇**strom** m / corriente f producida o generada ‖ ⚇**-Überlauf** m (DV) / producto m excedido ‖ ⚇**variante** f / variante f [de la gama] de productos
Produzent m, Hersteller m / productor m, fabricante m ‖ ⚇, Züchter m (Landw) / criador m, cultivador m
produzieren vt, erzeugen, herstellen / producir, fabricar
Proenzym, -ferment n (Chem) / proenzima f
professionelles Fernsehen / televisión f profesional o industrial
Profibus m (DV) / línea f colectiva del campo de proceso
Profil n (allg) / perfil m ‖ ⚇ (Hochofen) / silueta f, perfil m ‖ ⚇ (Reifen) / perfil m, dibujo m(de la banda de rodadura) ‖ ⚇, Querprofil n (Verm) / perfil m transversal ‖ ⚇ n, Ladeprofil m (Bahn) / gálibo m [límite] ‖ ⚇, Höhenplan m (Bahnlinie) / perfil m de una línea ‖ ⚇, Form f (Walzw) / perfil m ‖ ⚇**...** / perfilado ‖ ⚇**...** (Sohle) / con dibujo ‖ ⚇ **in Normalschnitt** (Getriebe) / perfil m real ‖ **das** ⚇ **ändern** (Bahn) / modificar el perfil de una línea ‖ **im** ⚇ / de perfil
Profil•abrieb m (Kfz) / desgaste m de la banda de rodadura ‖ ⚇**abtrennmaschine** f (Reifen) / máquina f separadora de la banda de rodadura ‖ ⚇**ansicht** f / vista f lateral o de perfil ‖ ⚇**-Bezugsebene** f (Getriebe) / plano m de referencia ‖ ⚇**-Bezugslinie** f (Getriebe) / línea f de referencia ‖ ⚇**dichtung** f / obturación f de perfil, guarnición f perfilada ‖ ⚇**dispersion** f / dispersión f de perfil, alteración f del índice de refracción a través de la fibra ‖ ⚇**draht** m, Formdraht m (allg, Oberleitung) / alambre m perfilado o de perfil especial ‖ ⚇**draht** (Sieb) / alambre m trapezoidal ‖ ⚇**einschränkung** f (Bahn) / rebajamiento m de gálibo
Profiler m (Wzm) / perfiladora f
Profil•extruder m, -strangpresse f (Plast) / extrusionadora f de perfiles ‖ ⚇**faser** f (Tex) / fibra f perfilada ‖ ⚇**fingerfräser** m (Wzm) / fresa f de punta para perfilar ‖ ⚇**fräser** m / fresa f para perfiles, fresa f perfilada ‖ ⚇**gehäuse** n (Instr) / caja f de canto ‖ **~gerechte Straßendecke** (Straßb) / firme m de perfil enderezado ‖ ⚇**gerüst** n (Walzw) / caja f perfilada o de laminación de perfiles ‖ ⚇**glas**, Ornamentglas n /

Profilglas

1005

vidrio *m* ornamental || ~**glattwalzen** *n* (Walzw) / laminación *f* de perfiles lisos || ~**gummi** *m* / goma *f* perfilada || ~**halbmesser** *m* / radio *m* de un perfil || ~**herstellung** *f* **durch Kaltwalzen von Streifen** (Hütt) / laminación *f* de perfiles en frío a partir de tiras [de metal] || ~**hobel** *m* **für bogenförmige Ausschnitte** / cepillo *m* perfilador
Profilier•anlage *f* (Wzm) / instalación *f* perfiladora || ~**blech** *n* **für die Grabensohle** (Grabenbagger) / chapa *f* para perfilar soleras de zanjas
profilieren *vt* / perfilar || **Reifen neu ~** (Kfz) / reperfilar neumáticos || ~ *n* **von Brennstoff** (Nukl) / clasificación *f* no lineal de combustibles
Profiliermaschine *f* / máquina *f* perfiladora
profiliert•er Querschnitt, Formquerschnitt *m* / sección *f* transversl perfilada || **~er Strang** (Strangguss) / barra *f* perfilada || **~e Walze** (Walzw) / cilindro *m* acanalado
Profilierung *f* / perfilación *f*
Profil•kalander *m* (Plast) / calandra *f* perfiladora || ~**kaliber** *n* (Walzw) / calibre *m* para perfil || **~konstantes Werkzeug** (Dreh) / herramienta *f* de perfil constante || ~**längswalzen** *n* (Walzw) / laminación *f* longitudinal de perfiles || ~**lehre** *f* (Bahn) / gálibo *m* || ~**loch** *n* / agujero *m* perfilado || **~loser Reifen** (Kfz) / neumático *m* liso || ~**methode** *f* (Oberflächenrauigkeit) / método *m* de perfil para la medida de rugosidad || ~**-Mittellinie** *f* (Oberflächenrauigkeit) / mediana *f* del perfil de rugosidad || ~**normale** *f* **im Berührungspunkt** (Zahnrad) / línea *f* de acción
Profilometer *n* / perfilómetro *m*
Profil•projektor *m* / proyector *m* de perfiles || ~**querwalzen** *n* (Hütt) / laminación *f* transversal de perfiles || ~**rahmen** *m*, Barrenrahmen *m* (Bahn) / bastidor *m* de perfiles [laminados] || ~**reifen** *m* (Kfz) / neumático *m* perfilado || ~**rille** *f* (Reifen) / ranura *f* de perfil || ~**rillen** *f* *pl* / canal *m* de dibujo (neumático) || ~**rohr** *n* / tubo *m* de perfil || ~**scheibe** *f*, -schleifscheibe *f* / muela *f* de perfiles || ~**schere** (Wz) / cizalla *f* para perfiles || **~schleifen** *vt* / rectificar perfiles || ~**schnitt** *m* (Tischl) / corte *m* de contorneo || ~**schnitt**, Querschnitt *m* / sección *f* transversal || ~**schnur** *f* / cordón *m* perfilado [de goma] || ~**schrägwalzen** *n* (Walzw) / laminación *f* oblicua de perfiles || ~**sehne** *f* **des Flügels**, Flügeltiefe *f* (Luftf) / cuerda *f* o profundidad del ala || ~**sohle** *f* (Schuh) / suela *f* perfilada o con dibujo || ~**stabfräsmaschine** *f* (Holz) / máquina *f* molduradora de dos caras || ~**stahl** *m* (Hütt) / perfiles *m* *pl* de acero, acero *m* perfilado || ~**stahl** (für Bewehrung) / acero *m* perfilado de armadura || ~**stahlausbau** *m* (Bergb) / entibación *f* con perfiles || ~**stahlgerüst** *n* (Bau) / andamio *m* de perfiles || ~**stahlgerüst** (Walzw) / caja *f* de laminación de perfiles || ~**stahlschere** *f* (Wz) / cizalla *f* para perfiles de acero || ~**stahl-Walzwerk** *n* / tren *m* de laminar perfiles || ~**stein**, -ziegel *m* / ladrillo *m* moldeado || ~**stich** *m* (Walzw) / pasada *f* de perfil || ~**stollen** *m* (Reifen) / taco *m* de perfil || ~**strangpresse** *f*, -extruder *m* / extrusionadora *f* de perfiles || ~**tiefe** *f* (Reifen) / profundidad *f* del perfil || ~**tiefenmesser** *m*, Tiefenlehre *f* (Reifen) / calibre *m* de profundidad del perfil || ~**tor** *n* (Bahn) / marco *m* de gálibo, gálibo *m* || ~**träger** *m* (Hütt) / viga *f* perfilada o de perfil || ~**umströmung** *f* (Luftf) / corriente *f* entorno al perfil || ~**verjüngung** *f* / decrecimiento *m* de sección || ~**verschiebung** *f* (Verzahnung) / desplazamiento *m* de perfil || ~**verschiebung mit Achswinkelveränderung** / desplazamiento *m* de perfil por modificación del ángulo de ejes || ~**verschiebung und Achsabstandsänderung** *f* / desplazamiento *m* y modificación de la distancia entre ejes || ~**verschiebungsfaktor** *m* (Verzahnung) / coeficiente *m* de desplazamiento || ~**walze** *f* / cilindro *m* acanalado || ~**walzen** *n* (Hütt) / laminación *f* de perfiles || ~**walzen**

von Bändern / laminación *f* de bandas perfiladas || ~**walzwerk** *n* / tren *m* laminador de perfiles || ~**widerstand** *m* (Kfz, Luftf) / resistencia *f* [al avance] del perfil || ~**widerstandsleistungsverlust** *m* (Luftf) / potencia *f* absorbida por la resistencia del perfil || ~**winkel** *m* **im Normalschnitt** (Schrägstirnrad) / ángulo *m* de incidencia real || ~**winkel iom Stirnschnitt** (Zahnrad) / ángulo *m* de incidencia aparente || ~**zeichner** *m* **mit Kippregel** (Verm) / alidada *f* taquimétrica para alzado de perfiles
Prognose *f* (DV) / pronóstico *m* || ~, Vorhersage *f* (Meteo) / pronóstico *m* del tiempo, previsión *f*, predicción *f*
Prognostic-Programm *n* / programa *m* pronóstico
Programm, Vorhaben *n* (allg) / plan *m*, proyecto *m* || ~ *n* (allg, Rechner) / programa *m* || ~, Maschinenprogramm *n* (DV) / programa *m* absoluto u objeto || ~ *n* **einer Steuerung** (NC) / programa *m* de control || **für Fluglärmbekämpfung** (Luftf) / programa *m* de lucha contra los ruidos de aviones || ~**e** *n* *pl* **gegen Gebühr** / shareware *m* || ~ *n* **um den Rechner nur leer laufen zu lassen** (DV) / rutina *f* de servitud || **schrittweise aus dem ~ nehmen**, auslaufen lassen (F.Org) / descontinuar por pasos graduales (según plan) || **zweites usw. ~** (TV) / segunda cadena *f*
programm•abhängiger Betrieb (DV) / funcionamiento *m* conforme al programa || ~**abhängiger Fehler** / error *m* provocado por el programa || ~**ablauf** *m* / desarrollo *m* del programa || ~**ablaufänderung** *f* / modificación *f* de la secuencia del programa || ~**ablauffolge**, Job-Folge *f* / corriente *f* de tareas, sucesión de tareas || ~**ablaufplan** *m* (DV) / esquema *m* del programa || ~**ablaufrechner** *m* / ordenador *m* de ejecución || ~**abruf** *m* / llamada *f* de programa || ~**abschnitt** *m* / segmento *m* de programa || ~**analytiker** *m* (DV), Programmierer *m* / analista *m* programador || ~**anfang** *m* / iniciación *f* del programa, arranque *m* del programa || ~**anforderung** *f* / requerimiento *m* de programa || ~**anwahltaste** *f* / tecla *f* de selección de programa || ~**artenerkennung** *f* / PTY = Programm Type || ~**ausrüstung** *f* (IBM) / software *m*, soporte *m* lógico, programas *m* *pl* y sistemas de programación || ~**band** *n* / cinta *f* de programa || ~**bedingt** / dependiente del programa || ~**befehl** *m* (Fernwirk) / mando *m* de funcionamiento || ~**befehl** (DV) / instrucción *f* de programa || ~**bereich** *m* / alcance *m* de programa || ~**bewertung** *f* / valoración *f* de programas || ~**bezeichnung** *f* / identificación *f* de programa || ~**bibliothek** *f* / biblioteca *f* de programas, programoteca *f*, archivo *m* de programas || ~**bibliotheksband** *n* / cinta *f* de archivo de programas || ~**binder** *m* (DV) / linker *m* || ~**blatt**, -formblatt *n* (DV) / planilla *f* de programación || ~**datei** *f* / fichero *m* de programas || ~**-Datenspeicher** *m* / almacenamiento *m* [combinado] de programa y datos || ~**-Ein-/Ausgabe** *f* / entrada *f* y salida de programa || ~**-Einlesebefehl** *m* / instrucción *f* entrada de programa || ~**element** *n* / elemento *m* de programa || ~**entwicklung** *f* / elaboración *f* de programa[s] || ~**ereignis-Registrierung** *f* / registro *m* de acontecimientos de programa || ~**erprobung** *f* (d.h. mittels Programm) / prueba *f* programada || ~**erprobung** (d.h. des Programms) / comprobación *f* del programa || ~**erzeugter Parameter** / parámetro *m* dinámico || ~**erzeugung**, -übersetzung *f* (DV) / compilación *f*, acción *f* de compilar || ~**erzeugung** *f*, -erstellung *f* (DV) / generación *f* de programa[s] || ~**fehler** *m* (Ggs: Maschinenfehler) / error *m* de[l] programa || ~**formblatt** *n*, -formular, -schema *n* / planilla *f* de programación, formulario *m* o impreso de programación || ~**gang** *m* / ciclo *m* de programa || ~**generator** *m* / generador *m* de programas || ~**gerät** *n* (Wzm) / dispositivo *m* de programación || ~**gesteuert** (Wzm) / controlado por [el] programa

1006

programmierbar / programabale, que puede ser programado, de acción programable ‖ **~er Lesespeicher** (DV) / ROM *m* programable, memoria *f* de lectura [solamente] programable ‖ **~er Logikbaustein** / lasca *f* o pastilla lógica programable ‖ **~es Logiknetz**, programmierbare Logikanordnung, PLA (DV) / dispositivo *m* multicircuito integrado programable ‖ **~e Steuerung**, PC (NC) / mando *m* programable ‖ **~e Taste** / tecla *f* programable ‖ **für Handlesekopf ~** / lectora *f* manual programable
Programmierbarkeit *f* **außerhalb der Fertigungsstraße** (Roboter) / programabilidad *f* independiente de la línea
Programmiereinrichtung *f* / dispositivo *m* de programación
programmieren *vt* (DV) / programar ‖ **~** *n* (DV) / programación *f* ‖ **~ mit absoluten Adressen** (o. in Maschinensprache) / programación *f* absoluta ‖ **~ mit beliebiger Zugriffszeit** / programación *f* de libre acceso ‖ **~ mit relativen Adressen** / programación *f* relativa
Programmierer, Programmer *m* / programador *m* ‖ **~verb** *n* / verbo *m* del programador ‖ **~wort** *n* / palabra *f* del programador
Programmier•fehler *m* / error *m* de programación ‖ **~gerät** *n* (DV) / programador *m* ‖ **~sprache** *f* / lenguaje *m* de programación
programmiert (DV) / programado ‖ **~e Prüfung** / prueba *f* programada ‖ **~e Sperre** / bloqueo *m* programado ‖ **~e Tastatur** / teclado *m* programado ‖ **~er Unterricht**, PU / enseñanza *f* o instrucción programada
Programmierteam *n* / equipo *m* de programación o de programadores
Programmierung *f* / programación *f* ‖ **~ für doppelte Wortlänge** / programación *f* de doble precisión ‖ **~ in Blockschaltbildern** (Regeln) / programación *f* con diagramas sinópticos
Programmier•unterstützung *f* / ayuda *f* de programación ‖ **~verb** *n* (COBOL) / verbo *m* de programación ‖ **~verfahren** *n* / método *m* de programación
Programm•impulse *m pl* (DV) / impulsos *m pl* de programa ‖ **~interrupt** *n* (DV) / interrupción *f* de programa ‖ **~kennzahl** *f* / número *m* de llamada de programa ‖ **~ladekarte** *f*, Ladekarte *f* (DV) / tarjeta *f* para cargar el programa ‖ **~-Laden** *n* / carga *f* del programa ‖ **erstmaliges o. einleitendes ~laden** / carga *f* inicial de programa ‖ **~lader** *m* (DV) / cargador *m* de programas ‖ **~lage** *f* (DV) / posición *f* del programa ‖ **~lenkung** *f* (Luftf) / dirección *f* programada ‖ **~liste** *f*, -manuskript *n* (NC) / lista *f* de instrucciones ‖ **~-Manager** *m* (DV) / administrador *m* de programa[s] ‖ **~-Manager** (TV) / jefe *m* del servicio de programación ‖ **~maske** *f* (DV) / máscara *f* de programa ‖ **~-Matrix** *f*, Stecktafel *f* (Wzm) / tablero *m* de conexiones de programación ‖ **~-Modul** *m* (DV) / módulo *m* de programa ‖ **~nutzer** [lizensierter] / titular *m* del programa ‖ **~orientiert** / orientado hacia el programa ‖ **~paket** *n* / paquete *m* de programas ‖ **~pegel** *m* (Fernm) / nivel *m* de señal ‖ **~pflege** *f*, Softwarepflege *f* (DV) / mantenimiento *m* del equipo lógico o del software ‖ **~phase** *f* / fase *f* de programa ‖ **~protokoll** *n* / listado *m* o listaje de programa ‖ **~prüfung** *f* / ensayo *f* de programa ‖ **~prüfung**, programmierte Prüfung (NC) / prueba *f* de programa ‖ **~regelung** *f* (Regeln) / regulación *f* por programa ‖ **~regler** *m* (Chem) / control *m* automático de un proceso ‖ **~residenz** *f* (DV) / residencia *f* de programa ‖ **~residenzzeit** *f* / tiempo *m* de residencia de programa ‖ **~rumpf** *m* (FORTRAN) / cuerpo *m* de programa ‖ **~satz** *m* (COBOL) / sentencia *f* de programa ‖ **~schalter** *m* (Luftf) / combinador *m* secuencial ‖ **~schaltung** *f* (DV) / cambio *m* de programa en caso de programa excedente ‖ **~schaltwerk** *n* / programador *m* ‖ **~schleife** *f* / circuito *m* o ciclo de programa[ción ‖ **~schleifen fahren** / recorrer una secuencia de operaciones ‖ **~schloss** *n* (DV) / cierre *m* de programa ‖ **~schritt**, -gang *m* / paso *m* de programa ‖ **~schrittzähler** *m*, -zählregister *n* / contador *m* de programa ‖ **~speicher** *m*, -register *n* (DV) / registro *m* de programa ‖ **~speicher** (Haushaltmasch) / reloj *m* de programación, programador *m* horario ‖ **~spiegel** *m* (DV) / nivel *m* de programa ‖ **~sprache** *f* / lenguaje *m* de programación ‖ **~sprache PASCAL** *f* (DV) / lenguaje PASCAL ‖ **~sprung** *m* / bifurcación *f* de programa, salto *m* de programa ‖ **~status** *m*, -zustand *m* / estado *m* de programa ‖ **~statuswort** *n*, PSW (DV) / palabra *f* de estado de programa ‖ **~stecker** *m* (NC) / ficha *f* programada ‖ **~steuereinheit** *f* (Regeln) / dispositivo *m* de mando por programa ‖ **~steuerung** *f* (Regeln) / regulación *f* programada ‖ **~steuerung** (NC) / mando *m* por programa ‖ **~[bedingter] ~stopp** / interrupción *f* [condicional] de programa ‖ **~stufe** *f* / nivel *m* de programa ‖ **~tafelsteuerung** *f* (Wzm) / mando *m* por tablero de conexiones de programación ‖ **~taste** *f* / tecla *f* de programa ‖ **~teil** *m* (DV) / rutina *f* ‖ **~überblender** *m* (TV) / dispositivo *m* "fade-in" y "fade-out" ‖ **~übersetzung**, -erzeugung *f* (DV) / compilación *f*, acción *f* de compilar ‖ **~[um]schalter** *m* / inversor *m* de programa ‖ **~unterbrechung** *f* / interrupción *f* de programa ‖ **~unterbrechung durch den Prozess** / interrupción *f* por el proceso ‖ **~verbindung** *f* / enlace *m* de programas ‖ **~verfolgung** *f* (DV) / seguimiento *m* del programa ‖ **~verschluss** *n* (Foto) / obturador *m* programado ‖ **~verstärker** *m* (Fernm) / repetidor *m* de programa, amplificador *m* de radiodistribución ‖ **~verwaltung** *f* (DV) / gestión *f* de programas ‖ **~verweilzeit** *f* / tiempo *m* de residencia de programa ‖ **~vordruck** *m* / planilla *f* de programación, formulario *m* o impreso de programación ‖ **~wahl** *f* (Radio) / selección *f* de estaciones ‖ **~wahl** (TV) / selección *f* de canales ‖ **~wähler** *m* / selector *m* de programa[s] ‖ **~weiche** *f* (DV) / conmutador *m* de programas ‖ **~werk** *n* s. Programmspeicher ‖ **~wiederholung** *f* / repetición *f* de programa ‖ **~zähler** *m* (COBOL) / contador *m* de programa ‖ **~zustandsregister** *n*, PZR / registro *m* del estado de programa ‖ **~zweig** *m* (DV) / rama *f* de programa, ramal *m*
Progression *f*, Reihe *f* (Math) / progresión *f*
progressiv, zunehmend / progresivo ‖ **~e Wicklung** (Mot, Ventilfeder) / bobinado *n* progresivo
Progressivdrall *m* (Waffe) (Mil) / rayado *m* progresivo
Progressive Scan (Vollbildwiedergabe im Zeilensprungverfahren) / rastreo *m* progresivo
Progressiv•feder *f* (Masch) / muelle *m* o resorte progresivo ‖ **~gläser** *n pl*, Gleitsichtgläser *n pl* (Opt) / lentes *f pl* progresivas
prohibitiv, Verbots... / prohibitivo, prohibitorio
Projekt *n*, Vorhaben *n* / proyecto *m* ‖ **~**, Kostenanschlag *m* / presupuesto *m* ‖ **~abwicklung** *f* / marcha *f* de un proyecto ‖ **~auftrag** *m* / pedido *m* de proyecto
projektieren *vt*, planen, entwerfen / proyectar, planear, planificar
Projektierung *f*, Planung *f* / planeo *m*, planificación *f* ‖ **~**, Bauentwurf *m* / proyecto *m* de construcción
Projektil *n*, Geschoss *n* / proyectil *m* ‖ **~kern** *m* (Nukl) / núcleo *m* proyectil ‖ **~webmaschine** *f* (Tex) / telar *m* con lanzadera tipo proyectil
Projektingenieur *m* / ingeniero *m* proyectista o de proyecto[s]
Projektion *f* (Math, Opt) / proyección *f*
Projektions•... (Opt) / de proyección ‖ **~achse** *f* (Math) / recta *f* de referencia ‖ **~apparat** *m*, Bildwerfer *m* / proyector *m* ‖ **~apparat für Filme** / proyector *m*

Projektionsaufsatz

cinematográfico o de cine o de películas ‖ ~**aufsatz** *m* (Mikrosk) / adaptador *m* para la cámara de proyección ‖ ~**ebene** *f* / plano *m* de proyección ‖ ~**empfänger** *m* (TV) / televisor *m* de proyección ‖ ~**entfernung** *f* / distancia *f* de proyección ‖ ~**fenster** *n* (Film) / abertura *f* de proyección ‖ ~**fernsehen** *n* / televisión *f* de proyección o de imagen televisada ‖ ~**fläche** *f* (Math) / superficie *f* de proyección, area *f* proyectada ‖ ~**glühlampe** *f* / lámpara *f* de proyección ‖ ~**kompass** *m* / compás *m* de proyección ‖ ~**[lein]wand** *f* / pantalla *f* de proyección ‖ ~**linie** *f* (Math) / proyectante *f* ‖ ~**optik** *f* (TV) / óptica *f* de proyección ‖ ~**-PPI-Gerät** *n*, -Rundsichtgerät *n* / equipo *m* para presentación panorámica proyectada ‖ ~**punkt** *m*, Zenitalpunkt *m* (Astr) / punto *m* zenital ‖ ~**schirm** *m* / pantalla *f* de protección ‖ ~**winkel** *m* (Antenne) / ángulo *m* de salida o de partida ‖ ~**zentrum** *n* / centro *m* de proyección ‖ ~**ziffern** *f pl* / números *m pl* proyectados
projektisieren *vt*, in Projekte unterteilen / separar en diversos proyectos
projektiv *adj* / proyectivo ‖ ~**e Geometrie** / geometría *f* proyectiva ‖ ~**es Netz** (Verm) / cuadrícula *f* [de] perspectiva ‖ ~**er Raum** / espacio *m* proyectivo ‖ ~**e Transformation** (Math) / transformación *f* proyectiva ‖ ~ *n* (Opt) / lente *f* de proyección
Projekt•leiter *m* / jefe *m* o gerente o ejecutivo de proyecto ‖ ~**management** *n* / gestión *f* del proyecto ‖ ~**mäßig** / conforme al proyecto
Projektor *m* / proyector *m*, aparato *m* de proyección ‖ ~**optik** *f* / óptica *f* del proyector ‖ ~**raum** *m* (Film) / cabina *f* de proyección ‖ ~**verstellung** *f* (Verm) / movimiento *m* del proyector ‖ ~**werk** *n* (Bildwerfer) / cabeza *f* de proyección o del proyector
Projekt•planung *f* / planificación *f* de un proyecto, planeo *m* de proyecto ‖ ~**voraussage** *f* / predicción *f* de proyecto ‖ ~**-Wirtschaft** *f* / control *m* de proyecto ‖ ~**wissenschaftler** *m* / científico *m* de proyecto[s] ‖ ~**zeichnung** *f* / dibujo *m* de proyecto
projizierbar, gut ~ / proyectable
projizieren *vt* (Math, Opt) / proyectar
projizierend / proyectante *adj*
Projizierstreckplanierbank *f* (Wzm) / máquina *f* para estirar y planear por proyección
projiziert•e Frontscheibenanzeige (Luftf) / presentación *f* por colimador, presentación *f* a la altura de la vista ‖ ~**er Gipfelpunkt o. Höckerpunkt** (Tunneldiode) / punto *m* pico proyectado
Prokain *n* (Pharm) / procaína *f*
Prolamin, Gliadin *n* (Biochem) / prolamina *f*
Proliferation *f* (Weitergabe von Nuklearwaffen o. Mitteln zu ihrre Herstellung) / proliferación *f*
Prolin *n* (Biochem) / prolina *f*
Prolog-Compiler *m* (DV) / compilador *m* PROLOG
PROM (= programmable read-only memory), programmierbarer Lesespeicher (DV) / ROM *m* programable, memoria *f* PROM, memoria *f* programable de lectura solamente
Promenadendeck *n* (Schiff) / cubierta *f* de paseo
Promethium *n*, Pm (OZ = 61) (Chem) / prometio *m*, Pm
Promille *n*, Protausend *n* / tanto *m* por mil, °/oo
Promotor *m* (Katalysator) / promotor *m* catalizador
prompt, sofortig / inmediato, pronto, instantáneo ‖ ~**e Gammastrahlung** (Chem) / radiación *f* gamma instantaánea ‖ ~**es Neutron** / neutrón *m* inmediato ‖ ~**er Term** (Phys) / termo *m* inmediato
Prompter *m* (DV, Programm) / apuntador *m*
prompt-kritisch (Nukl) / crítico instantáneo ‖ ~**e Leistungsexkursion** (Kettenreaktion außer Kontrolle) / excursión *f* de potencia
Pronyscher Zaum *m*, Bremsdynamometer *n* / freno *m* de Prony
Propadien, Allen *n* (Chem) / propadieno *m*

Propagation *f* (Fortpflanzungsreaktionen) / propagación *f*
Propan *n*, Propangas *n* / propano *m* ‖ ~**al** *n* / propanal *m*, propionaldehido *m* ‖ ~**-Entasphaltierung** *f* / desasfaltación *f* de propano ‖ ~**-Entparaffinierung** *f* / desparafinación *f* de propano ‖ ~**[gas]** *n* in Flaschen / propano *m* de botella o de recipiente ‖ ~**hydrat** *n* / hidrato *m* de propano ‖ ~**-Luftgemisch** *n* (Stadtgas) / mezcla *f* de propano y aire
Propanol-(I) *n*, Propylalkohol *m* (Chem) / alcohol *m* propílico, propanol *m*
Propan•on *n* / acetona *f* ‖ ~**säure**, Propionsäure *f* / ácido *m* propánico o propiónico ‖ ~**tanker** *m* (Schiff) / propanero *m*
Propargylalkohol *m* / alcohol *m* propargílico, propinol *m*
Propeller *m*, Luftschraube *f* (Luftf) / hélice *f* ‖ ~, Schiffsschraube *f* / hélice *f* ‖ ~ **für Bütten** (Pap) / propulsor *m* de tina ‖ **gleichachsige gegenläufige** ~ / hélices *f pl* coaxiles ‖ ~**anstellwinkel** *m* (Luftf) / ángulo *m* de incidencia de la hélice ‖ ~**antrieb** *m* **durch Fahrtwind** (Luftf) / autorrotación *f* de la hélice, molinete *m* ‖ ~**blatt** *n*, -flügel *m* / pala *f* de hélice ‖ ~**bütte** *f* (Pap) / tina *f* agitadora de propulsor ‖ ~**düse** *f* (Schiff) / tobera *f* Kort ‖ ~**flugzeug** *n* / avión *m* propulsado por hélice[s] ‖ ~**gebläse** *n*, Schraubengebläse *n* (Masch) / ventilador *m* helicoidal o de hélice ‖ ~**geräusch** *n* / ruido *m* de hélice ‖ ~**haube** *f* (Luftf) / capota *f* o caperuza de hélice ‖ ~**kasten** *m* (Färb) / agitador *m* de hélice ‖ ~**[kegel]zapfen** *m* (Luftf) / pivote *m* cónico del cigüeñal ‖ ~**kreisfläche** *f* (Luftf) / plano *m* de rotación de la hélice ‖ ~**leistung** *f* (Schiff) / rendimiento *m* de la hélice ‖ ~**mischer** *m* (Chem Verf) / mezclador *m* de hélice ‖ ~**mühle** *f* (Aufb) / trituradora *f* de martillos fijos ‖ ~**nabe** *f* (Luftf) / buje *m* o cubo o núcleo de hélice ‖ ~**nachstrom** *m*, Luftschraubenstrahl *m* / flujo *m* o torbellino *m* de hélice ‖ ~**pumpe** *f* / bomba *f* de hélice ‖ ~**rührwerk**, -mischwerk *n* / agitador *m* de hélice ‖ ~**schub** *m* (Luftf, Schiff) / empuje *m* de hélice ‖ ~**steigung** *f* (Luftf, Masch) / paso *m* de la hélice ‖ ~**turbine** *f* (Kaplanturbine mit festen Schaufeln) (Hydr) / turbina *f* de hélice ‖ ~**-Turbinen-Luftstrahltriebwerk**, Turboprop- o. PTL-Triebwerk *n* (Luftf) / turbohélice *f*, turbopropulsor *m* ‖ ~**wirkungsgrad** *m* (Luftf) / rendimiento *m* de la hélice
Propen *n* (Chem) / prop[il]eno *m* ‖ ~**al** *n* / propenal *m*, acroleína *f*
Propenol-3 *n*, Allylalkohol *m* / propenol *f*, alcohol *m* alílico
Propensäure *f* / ácido *m* propénico o acrílico
propenyl... / propenílico
Propergol *n* (Raumf) / propergol *m*, propelente *m*
Propfan-Triebwerk *n* (Luftf) / propulsor *m* 'propfan'
Propfreis *n* (Bot) / púa *f*, injerto *m*
prophylaktisch / profiláctico
Propin, Allylen *n* (Chem) / propino *m*, alileno *m*, metiletino *m*
Propiolsäure *f* / ácido *m* propiólico
Propionaldehyd, Propylaldehyd *m* / propanal, propilaldehido *m*
Propionat *n* / propionato *m*
Propion•säure, Propansäure *f* / ácido *m* propiónico o propánico ‖ ~**säureamid** *m* (Chem) / amida *f* del ácido propiónico o propánico
Propionyl... / propionil...
Prop-Jet, Turboprop (Luftf) / propulsor *m* de turbohélice, turbopropulsor *m*
Proportion *f* (Math) / proporción *f* ‖ ~, Verhältnis *n* / tasa *f* ‖ **in umgekehrter** ~ / inversamente proporcional
proportional, verhältnisgleich / proporcional, proporcionado ‖ ~, anteilig / proporcional ‖ ~, maßstäblich / en escala ‖ ~**e Dämpfung** (Schwingungen)

/ amortiguamiento *m* viscoso ‖ **genau** ~ / estrictamente proporcional ‖ **umgekehrt** ~ (Math) / inversamente proporcional
Proportional•bereich *m* s. Proportionalitätsbereich ‖ ≃**-Differential-Regelung** *f* (o. PD-Regelung) / regulación *f* proporcional al error y a su derivada
Proportionale *f* (Math) / proporcional *f*
proportional•gedämpft / con amortiguamiento viscoso ‖ ≃**glied** *n* (Regeln) / elemento *m* de control proporcional ‖ ≃**-Integralregler** *m*, PI-Regler *m* / regulador *m* de control proporcional al error y su integral
Proportionalität *f* / proporcionalidad *f*
Proportionalitäts•beiwert *m* (Regeln) / coeficiente *m* de acción proporcional ‖ ≃**-Bereich**, P-Bereich *m* (Regeln) / margen *m f* proporcional o de proporcionalidad, gama *f* proporcional ‖ ≃**grenze** *f* (Mech) / límite *m* elástico proporcional o verdadero, límite *m* de proporcionalidad o de elasticidad o de deformación elástica
Proportional•-Navigation *f* (Schiff) / navegación *f* proporcional ‖ ≃**-Regelung**, P-Regelung *f* / control *m* proporcional, acción *f* proporcional ‖ ≃**-Regler** *m* (o. P-Regler) (Regeln) / regulador *m* de acción proporcional ‖ ≃**-Sicherheitsventil** *n* / válvula *f* dosificadora de seguridd ‖ ≃**stab** *m* (Mat.Prüf) / probeta *f* proporcional ‖ ≃**steuerung** *f* / mando *m* proporcional ‖ ≃**technik** *f* / técnica *f* proporcional ‖ ≃**ventil** *n* / válvula *f* proporcional ‖ ≃**-Verstärkung** *f* (Regeln) / amplificación *f* proporcional, amplificación *f* lineal de impulsos ‖ ≃**zähler** *m* (Nukl) / contador *m* proporcional ‖ ≃**-Zählrohr** *n* (Nukl) / tubo *m* contador proporcional
proportioniert / proporcionado
Proportionszirkel *m* (Zeichn) / compás *m* de proporción o de reducción
Propoxylierung *f* (Chem) / propoxilación *f*
Propyl•aldehyd, Propionaldehyd *m* / propilaldehído *m*, propanal *m* ‖ ≃**alkohol** *m*, Propanol *n* / alcohol *m* propílico, propanol *m*
Propylen, Propen *n* / prop[il]eno *m* ‖ ≃**dichlorid** *n*, Dichlorpropan *n* / dicloruro *m* de prop[il]eno ‖ ≃**harz** *n* / plástico *m* prop[io]énico ‖ ≃**oxid** *n* / óxido *m* de propileno ‖ ≃**schaum** *m*, Schaumpropylen *n* / propileno *m* expandido
Propyl•halogenid *n* / propilhalogenuro *m* ‖ ≃**radikal** *n* / radical *m* propil
Prorationssteuerung *f* **der Produktion** (Öl) / prorrateo *m* de producción
Prospekt *m*, Druckschrift *f* / prospecto *m*, folleto *m* ‖ ≃ (Orgel) / fachada *f* del órgano ‖ ≃**auslage** *f*, -display *n* / estante *m* de folletos ‖ ≃**hülle** *f* (mit Lochung) / funda *f* multitaladro
prospektieren, schürfen (Bergb) / sondear, buscar minerales, explorar ‖ ≃ *n* (Bergb) / prospección *f*, sondeo *m*, busca *f* de minerales, calicata *f*
Prospektion *f* (Bodenforschung) / prospección *f* (investigación del subsuelo)
Prospektor, Schürfer *m* / minero *m* prospector o de prospección
prosthetische Gruppe (Chem) / grupo *m* prostético
Protactinid, -actinoid *n* / protactinoide *m*
Protactinium *n*, Pa (Chem) / protactinio *m*, Pa, protoactinio *m* ‖ ≃**-Isotop 234** *n* / isótopo *m* 234 de protactinio
Protamin *n* / protamina *f*
Protargol *n* (Pharm) / protargol *m*
Protease *f*, Proteinase *f* (Chem) / proteasa *f*, proteinasa *f*
Proteid *n* (Chem) / proteido *m*
Protein *n* (Eiweißstoff) (Chem) / proteína *f* ‖ ≃**...**, Eiweiß... / proteínico, proteico ‖ ≃**fasern** *f pl* (Tex) / fibras *f pl* de proteína ‖ ≃**kunststoff** *m* / plástico *m* [a base] de proteína

Protektor *m*, Laufstreifen *m* (Reifen) / protector *m*, banda *f* de rodamiento ‖ ≃**ablösung** *f*, -abplatzen *n* / separación *f* de la banda de rodamiento ‖ ≃**einlage** *f* (Reifen) / doble tira de tejido *f*, forro *m* amortiguador ‖ ≃**oberteil** *m* (Reifen) / capa *f* superior de la banda de rodamiento, cara *f* exterior ‖ ≃**röhre** *f* (Eltronik) / tubo *m* protector ‖ ≃**streifen** *m* (Reifen) / tira *f* para la banda de rodamiento
Pro•teolyse *f*, Eiweißabbau *m* (Biol) / proteólisis *f* ‖ ~**teolytisch** (Enzym) / proteolítico ‖ ≃**teose** *f*, Proteinderivat *n* / proteosa *f* ‖ ~**terozoische Formationsgruppe**, Proterozoikum *n* (Geol) / Proterozoico *m*
Prothese *f*, Kunstglied *n* (Med) / prótesis *f*
prothetisch / protético
Protium *n* (Wasserstoffisotop ^{1}H) (Chem) / protio *m*
Proto•catechusäure *f* / ácido *m* protocatéquico ‖ ≃**chlorid** *n* / protocloruro *m* ‖ ~**gen** (Chem, Geol) / protógeno
Protokoll *n*, Tagungsbericht *m* / acta[s] *f[pl]*, protocolo *m* ‖ ≃, Zahlenbericht *m* (DV) / registro *m* cronológico ‖ ≃ (Software) (DV) / salida *f* de impresión ‖ ≃, Abnahmeprotokoll *n* / certificado *m* ‖ ≃ **für Datennetz in der Fabrik** (DV) / protocolo *m* de la red de datos de producción, protocolo *m* de la automatización de producción ‖ ≃ **für Netzwerke in der Verwaltung** (DV) / protocolo *m* de la oficina técnica ‖ **das** ≃ **führen** / redactar el acta, protocol[iz]ar
protokollieren *vt* (DV) / hacer constar en actas
Protokollierung *f*, Logging *n* (DV) / registro *m* cronológico
Protokollprogramm *n* (DV) / rutina *f* de rastreo
Proto•lignin *n*, natives Lignin (Bot) / protolignina *f* ‖ ≃**lyse** *f* (Chem) / protólisis *f*, reacción *f* protolítica
Proton *n* (Phys) / protón *m* ‖ **ein** ~ **liefernd** (Chem) / protogénico ‖ **einfach positiv geladenes** ≃ / protón *m* de carga positiva sencilla, protón *m* cargado positivamente simple ‖ ≃**-Alpha-Teleskop** *n* / telescopio *m* de protones y de partículas alfa
Protonen•... / protónico ‖ ≃**akzeptor** *m* (Chem) / aceptor *m* de protones ‖ ≃**-Beschleuniger** *m* / acelerador *m* protónico o de protones ‖ ≃**beschuss** *m* / bombardeo *m* con protones ‖ ≃**dispersionsradiographie** *f* / radiografía *f* protónica de dispersión ‖ ≃**donator** *m* (Chem) / donante *m* protónico ‖ ~**erregt** / excitador *m* por protones ‖ ~**frei** (Chem) / exento de protones ‖ ~**induziert** / inducido o provocado por protones ‖ ≃**leitung** *f* / conducción *f* protónica ‖ ≃**mikroskop** *n* / microscopio *m* protónico ‖ ≃**präzessions-Magnetometer** *n* / magnetómetro *n* protónico de precesión ‖ ≃**resonanz** *f* / resonancia *f* protónica ‖ ≃**röhre** *f* (Phys) / tubo *m* de protones ‖ ≃**rückstoß-Spektrometer** *n* / espectrómetro *m* de retroceso de protones ‖ ≃**-Synchrotron**, Ionen-Synchrotron *n* / sincrotrón *m* protónico o para protones ‖ ≃**teleskop** *n* (Raumf) / telescopio *m* protónico ‖ ≃**zerfall** *f* / desintegración *f* protónica
protonieren *vt* / protonizar
Protonium *n* (Nukl) / protonio *m*
Proton-Neutron-Reaktion, p,n-Reaktion *f* (Nukl) / reacción *f* protón-neutrón
Protonova *f* (Astr) / protonova *f*
Proton•-Proton-Kette *f* / serie *f* de reacciones protón-protón ‖ ≃**-Proton-Reaktion** *f* (Nukl) / reacción *f* protón-protón ‖ ≃**-Proton-Streuung** *f* / dispersión *f* o difusión protón-protón ‖ ≃**-Proton-Zyklus** *m* / ciclo *m* protón-protón ‖ ≃**ruhemasse** *f* (= $1,67252 \cdot 10^{-24}$g) / masa *f* en reposo del protón
proto•phil (Nukl) / protófilo ‖ ≃**plasma** *n*, Bioplasma *n* (Biol) / protoplasma *m*, bioplasma *n* ‖ ≃**prisma** *n* (Krist) / protoprisma *m* ‖ ≃**pyramide**, Grundpyramide

1009

f (Math) / protopirámide *f* ‖ ~**tropie** *f* (eine Tautomerie) (Chem) / prototropia *f*
Prototyp *m*, Erstausführung *f* / prototipo *m*, primer ejemplar o tipo *m*[de una cosa] ‖ ~, Urmaß *n* / medida *f* standard, patrón *m* ‖ **als** ~ **definiert** / prototipado
Prototyping *n* / prototipación *f*, prototipado *m*
Prototypreaktor *m* / reactor *m* prototipo
Protozoen *n pl*, Urtiere *n pl* (Zool) / protozoos *f pl*, protozarios *m pl*
Protuberanz, Ausstülpung *f* / protuberancia *f* ‖ ~ *f* (Astr) / protuberancia *f*[solar]
Protze *f* (Mil) / avantrén *m*
Proustit *m*, lichtes Rotgüldigerz (Min) / proustita *f*
Proviantraum *m*, -last *f* (Schiff) / pañol *m* (o panol) de víveres
Provider *m* (DV) / Internet-Provider *m*, proveedor *m* de acceso a Internet
Provinz *f* (Geol) / provincia *f* geológica
provisorisch / provisional ‖ ~ **anschalten** (Elektr) / interconectar provisionalmente ‖ ~**er Anschluss** (Elektr) / interconexión *f* provisional ‖ ~**e Brücke** / puente *m* provisional
Provitamin, Vorvitamin *n* (Biochem) / provitamina *f*
proximal, in der Nähe, nächstgelegen / próximo
Proximity•abstand *m* (Halbl) / distancia *f* de proximidad ‖ ~**-Potential** *n* (Nukl) / potencial *m* de proximidad
Prozedieren *n* / proceder *m*
Prozedur *f* (DV) / procedimiento *m* ‖ ~**-Anweisung** *f* (COBOL) / instrucción *f* de procedimiento ‖ ~**aufruf** *m* / llamada *f* de procedimiento ‖ ~**block** *m* (DV) / bloque *m* de procedimiento ‖ ~**kopf** *m* (ALGOL) / cabeza *f* de procedimiento ‖ ~**name** *m* (DV) / identificador *m* de procedimiento ‖ ~**rumpf** *m* (DV) / cuerpo *m* de procedimiento ‖ ~**teil** *m* (COBOL) / división *f* de procedimiento ‖ ~**vereinbarung** *f* (DV) / declaración *f* de procedimiento
Prozent *n*, Vomhundert *n* / tanto *m* por ciento, por 100, %, porcentaje *m* ‖ ~ **Unverbranntes** (vom Treibstoff) (Raumf) / tanto *m* por ciento de inquemados ‖ **ein paar** ~ / unas [pocas] unidades por ciento, algunos tantos por ciento ‖ **größer/gleich 100** ~ / igual o superior al 100 por ciento
Prozent•anteil *m* / porcentaje *m* ‖ ~**anteil**, Perzentil *n* (Stat) / percentila *f* ‖ ~**anzeige** *f* (Messinstr) / indicación *f* en valores porcentuales, indicación *f* en un tanto por ciento ‖ ~**-Aufschrieb** *m* / registro *m* en tanto por ciento, registro *m* en valores porcentuales ‖ ~**automatik** *f* (DV) / tecla *f* de cálculo del porcentaje ‖ ~**gehalt** *m*, Gehalt *m* in Prozenten / porcentaje *m*, contenido *m* en tanto por ciento, contenido *m* en valores porcentuales
prozentig (z.B.: 5%ig) / por ciento (p.ej. al 4 por 100) ‖ **43-**~ (Alkohol) / al 43 por ciento, graduación: 43%
Prozent•rechner *m* / regla *f* de porcentaje ‖ ~**rechnung** *f* / cálculo *m* porcentual, cálculo *m* del porcentaje ‖ ~**satz** *m*, Vomhundert-Satz *m* / porcentaje *m* ‖ ~**satz der abgewickelten Gespräche** (Fernm) / porcentaje *m* de comunicaciones servidas, porcentaje *m* de llamadas completadas, porcentaje *m* de solicitudes satisfechas ‖ ~**satz fehlerhafter Stücke** / porcentaje *m* de piezas defectuosas
prozentual / al tanto por ciento, porcentual ‖ ~**er Anteil**, Prozentsatz *m*, -gehalt *m* / porcentaje *m* ‖ ~ **arbeitendes Differentialrelais** (Elektr) / relé *m* diferencial de un tanto por ciento ‖ ~**e Dehnung** (Mat.Prüf) / extensión *f* en un tanto por ciento ‖ ~**e Einschaltdauer** (Elektr) / duración *f* en un tanto por ciento de puesta en circuito ‖ ~**er Fehler** / porcentaje *m* de errores ‖ ~**e Häufigkeit** (Nukl) / abundancia *f* en un tanto por ciento ‖ ~**e Hörbarkeit** (Fernm) / porcentaje *m* de audibilidad ‖ ~**es Hörvermögen** / porcentaje *m* de capacidad auditiva ‖ ~ **konstant** / de porcentaje constante ‖ ~**er Säuregehalt** / porcentaje

m de ácido ‖ ~**e Verständlichkeit von Logatomen** (Fernm) / porcentaje *m* de nitidez en logátomos ‖ ~**e Zusammensetzung** / composición *f* en un tanto por ciento
Prozentualvergleichsschutz *m* (Elektr) / protección *f* diferencial de un tanto por ciento
Prozentzeichen *n* / signo *m* del tanto por ciento, signo *m* %
Prozess, Verfahren *n* (allg, Chem) / proceso *m* ‖ ~ *m* (DV) / proceso *m*, sistematización *f*, procedimiento *m* ‖ ~**abhängig** (Regeln) / orientado hacia el proceso ‖ ~**ablaufdiagramm** *n* / diagrama *m* de proceso ‖ ~**analysator** *m* / analizador *m* de proceso ‖ ~**automation** *f* / automatización *f* de proceso ‖ ~**bestand** *m* (Nukl) / stock *m* intermedio ‖ ~**bus** *m*, Profibus *m* (DV) / línea *f* colectiva del campo de proceso ‖ ~**daten** *pl* / datos *m pl* de proceso ‖ ~**datenanschlusseinheit** *f* / unidad *f* de adaptación para datos ‖ ~**datenbus** *m*, -daten-Vielfachschaltung *f*, PROWAY (DV) / línea *f* colectiva de datos de proceso ‖ ~**daten-Steuereinheit** *f* / unidad *f* de mando de datos de proceso ‖ ~**daten-Übertragungs-System** *n* (Regeln) / sistema *m* de transmisión de datos de proceso[s] ‖ ~**datenverarbeitung** *f*, PDV (DV) / control *m* de sistematización (o de tratamiento) de datos ‖ ~**entkoppelt** (Prozessrechn) / fuera de línea, independiente de la línea ‖ ~**erkennung** *f* (Regeln) / identificación *f* de proceso ‖ ~**folge** *f* / ciclo *m* de operaciones ‖ ~**gaschromatographie** *f* (Chem) / cromatografía *f* del gas de trabajo ‖ ~**gekoppelt** (Prozessrechn) / en línea ‖ ~**gekoppelt-geschlossen** (Regeln) / de cadena cerrada ‖ ~**gekoppelt-offen** (Regeln) / de bucle abierto, de circuito abierto ‖ ~**gesteuert** / controlado por el proceso ‖ ~**gesteuertes Regelsystem** / sistema *m* de control de ciclo cerrado ‖ ~**gleichung** *f* (DV) / ecuación *f* de proceso ‖ ~**identifikation** *f* (Mess) / identificación *f* de proceso ‖ ~**ingenieur** *m* (F.Org) / ingeniero *m* de procesos fabriles ‖ ~**inventar** *n* (Nukl) / capacidad *f* de stock detenido ‖ ~**kopplung** *f* (DV) / interfaz *f* de proceso ‖ ~**leittechnik** *f* / técnica *f* de control de procesos fabriles o industriales ‖ ~**lenkung** *f* / control *m* de procesos, mando *m* de operaciones fabriles o industriales ‖ ~**lenkung mit DV-Anlagen** / mando *m* de operaciones por ordenador ‖ ~**linie** *f* (F.Org) / línea *f* operacional ‖ ~**lösung** *f* (Chem) / solución *f* de proceso ‖ ~**nahe** (Regeln) / orientado hacia el proceso ‖ ~**öl** *n* (Chem) / aceite *m* ablandador ‖ **gesteuerte** ~**optimierung** *f* / optimización *f* con corrección anticipante
Prozessor *m*, Betriebseinrichtung *f*, -programm *n* (DV) / procesador *m* ‖ ~, Mikroprozessor *m* (Eltronik) / microprocesador *m* ‖ ~, Hauptprozessor *m* (DV) / unidad *f* central de sistematización o de tratamiento de datos ‖ ~**gebunden**, -beschränkt / limitado por la velocidad de tratamiento
prozessorientiert / orientado hacia el proceso
Prozessorleistung in 1000 Operationen/s / rendimiento *m* del procesador en KOPS o kilooperaciones por segundo
prozess•parallel (Regeln) / en control de circuito abierto ‖ ~**peripherie** *f* (DV) / equipo *m* periférico de ordenador de proceso ‖ ~**planung** *f* / concepción *f* de proceso ‖ ~**pumpe** *f* (Öl) / bomba *f* de proceso ‖ ~**rechensystem** *n* / sistema *m* de cálculo industrial ‖ ~**rechner** *m* (DV) / ordenador *m* de procesos ‖ ~**rechnergestützte Automatisierung** *f* / automatización *f* con la ayuda de ordenadores de proceso ‖ ~**steuerung** *f* / mando *m* de procesos industriales, mando *m* por realimentación, guía *f* de procesos [industriales] ‖ ~**steuerung** (Nukl) / control *m* de proceso ‖ ~**toleranz** *f* / tolerancia *f* de proceso ‖ ~**überwachung** *f* / control *m* de proceso o de operaciones ‖ ~**verdichter** *m* / compresor *m* de

proceso ‖ ⁓**verwaltung** f (DV) / manejo m de tareas ‖ ⁓**videosystem** n (Eltronik) / sistema m video industrial ‖ ⁓**wärme** f / calor m de procesos industriales ‖ ⁓**wasser** n (Raffinerie) / aguas f pl de tratamiento **PRS-System** n, programmiertes Rückhaltesystem (Kfz) / sistema m SRP (sistema de retención programado) **Prud'homme-Schwarz** (Färb) / negro m Prud'homme **Prüf•**... s. auch Probier... ‖ ⁓**adapter** m (Masch) / adaptador m para ensayo ‖ ⁓**ader** f s. Prüfdraht ‖ ⁓**anlage** f (für den Betrieb) / instalación f de control de [las] operaciones ‖ ⁓**anstalt** f / estación f u oficina verificadora o de ensayos ‖ ⁓**anteil** m (Qual.Pr.) / nivel m de pruebas ‖ ⁓**anweisung** f, -befehl m (DV) / instrucción f de verificación ‖ ⁓**anweisung** (Masch) / manual m de instrucciones, instrucción[es] f [pl] de prueba ‖ ⁓**anzeige** f (DV) / indicación f de comprobación ‖ ⁓**arbeit** f / trabajo m de prueba ‖ ⁓**arm** m (Fernm) / escobilla f de prueba ‖ ⁓**arm** (Raumf) / brazo m de control en tierra ‖ ⁓**aufbau** m / montaje m de pruebas o de ensayos ‖ ⁓**automat** m / dispositivo m de pruebas automáticas ‖ ⁓**bad** n / baño m de prueba[s] ‖ ~**bar** (DV) / verificable ‖ ⁓**batterie** f (Elektr) / batería f de comprobación ‖ ⁓**becher** m (Plast) / vaso m de ensayos ‖ ⁓**becherfließzahl** f / índice m de fluidez en vaso ‖ ⁓**bedingung** f (DV) / condición f de ensayo o de prueba ‖ ⁓**bedingungen** f pl, -klima n / condiciones f pl de ensayo ‖ ⁓**befehl** m (DV) / instrucción f de verificación ‖ ⁓**belastung** f / carga f de ensayo o de prueba ‖ ⁓**beleg** m / certificado m de prueba[s] o de ensayo[s] ‖ ⁓**bereich** m (Ultraschall) / régimen m de tiempo de base ‖ ⁓**bericht** m / informe m de prueba[s], acta f de ensayo[s], peritaje m, dictamen m ‖ ⁓**bescheinigung** f / certificado m de ensayo o de comprobación ‖ ⁓**bestimmung** f, -vorschrift f / reglamento m de ensayo o de verificación ‖ ⁓**bild** n (TV) / mira f, imagen f de prueba ‖ ⁓**bildgeber**, Phasmajektor m (TV) / generador m de imagen fija, monoscopio m ‖ ⁓**bit** n (DV) / bit m de comprobación ‖ ⁓**buchse** f, Messbuchse f / jack m de verificación o de comprobación, clavijero m de medida ‖ ⁓**buchse** (Eltronik) / borne m de prueba ‖ ⁓**bürste** f, Messbürste f (Elektr) / cepillo m piloto ‖ ⁓**byte** n (DV) / byte m de verificación ‖ ⁓**daten** pl / datos m pl de ensayo o de prueba ‖ ⁓**dehngrenze** f (Mat.Prüf) / límite m convencional de elasticidad ‖ ⁓**draht** m, -ader f (Kabel) / hilo m de ensayo ‖ ⁓**draht**, -ader f (Fernm) / hilo m piloto ‖ ⁓**draht**, -ader f (in der Teilnehmerleitung) (Fernm) / hilo m C o de manguito o de canutillo, hilo m de tercer muelle ‖ ⁓**druck** m, Probedruck m / presión f de prueba ‖ **angegebener** ⁓**druck** / timbre m ‖ ⁓**druck** m (für Drucksysteme) (Druckluft) / presión f de prueba del sistema ‖ ⁓**einrichtung** f / dispositivo m de prueba o de ensayo o de control, aparato m de comprobación ‖ ⁓**einrichtung für Einspritzdüsen** / bomba f de ensayos de los inyectores **prüfen** vt, untersuchen (allg) / probar, comprobar, verificar, examinar, inspeccionar, estudiar ‖ ~, probieren (Chem) / ensayar ~, kontrollieren / verificar, controlar ‖ ~ [amtlich], kontrollieren / visitar ‖ ~, abfragen (DV) / interrogar ‖ ~, probieren (Hütt) / hacer la docimasía, ensayar ‖ ~ (Ultraschall) / sondear ‖ **auf 2 verschiedene Weisen** ~ / hacer una verificación por dos métodos ‖ **genau (o. eingehend)** ~ / examinar detenidamente, escrutinizar ‖ **Qualität** ~ / determinar la calidad ‖ **Seide** ~ (o. konditionieren) (Tex) / acondicionar [la seda] ‖ ~ n s. Prüfung ‖ ⁓ **auf Zweckmäßigkeit oder Richtigkeit** / comprobación f del enderezado ‖ ⁓ **der Prüfverteilung** (Stat) / dócima f ‖ ⁓ **nach beiden Ausläufern der Prüfverteilung** / dócima f bilateral ‖ ⁓ **unter verschärften Bedingungen**, Grenzprüfung f / prueba f marginal, control m marginal

Prüfer m (Arbeiter) / verificador m, comprobador m **Prüf•ergebnisse** n pl / rendimiento m en el banco de ensayos ‖ ⁓**fahrzeug**, -gerät n / vehículo m de ensayos ‖ ⁓**faktor** m (Luftf) / factor m de prueba ‖ ⁓**fehler** m / error m de ensayo ‖ ⁓**fehler u. Toleranzen** pl (DIN 51 849) (Öl) / precisión f y tolerancias ‖ ⁓**fehlerfreiheit** f / ausencia f de errores de ensayo ‖ ⁓**feld** n / campo m o banco de ensayos ‖ ⁓**feld**, Versuchsanlage f / instalación f de ensayos ‖ ⁓**feld** (Elektr, Eltronik) / sala f de ensayos ‖ ⁓**[feld]ingenieur** m / ingeniero m del campo de ensayos ‖ ⁓**felge** f (Reifen) / llanta f de ensayo ‖ ⁓**fernsprecher** m / teléfono m de ensayo ‖ ⁓**finger** m (Elektr, VDE) / probeta f en forma de dedo ‖ ⁓**fläche** f (Ultraschall) / zona f de exploración ‖ ⁓**gas** n (Vakuum) / gas-testigo m ‖ ⁓**gas**, Testgas n / gas m de prueba ‖ ⁓**gegenstand** m / probeta f, objeto m a comprobar o verificar ‖ ⁓**genauigkeit** f / precisión f de verificación ‖ ⁓**gerät**, -instrument n, -einrichtung f / aparato m comprobador o de ensayos o de comprobación, comprobador m, verificador m ‖ ⁓**geräte** n pl, -ausrüstung f / equipo m de comprobación ‖ ⁓**gerät** n, Fehlersuchgerät n / aparato m de prueba o de rastrear ‖ ⁓**gerät für Mikrorisse** / microfugómetro m ‖ ⁓**gerät für Signalverfolgung [in einem Gerät]** (Eltronik) / rastreador m de señales, analizador de señal ‖ ⁓**[grenz]lehre** f / calibre m maestro o patrón o de comprobación ‖ ⁓**hahn** m / grifo m de prueba ‖ ⁓**hantel** f (Elektr) / probeta f en forma de haltera ‖ ⁓**hinweis** m (DV) / marca f diagnóstica ‖ ⁓**hörer** m (Eltronik) / auricular m de control ‖ ⁓**instrument** n s. Prüfgerät ‖ ⁓**kabel** n / cable m de prueba ‖ ⁓**kabel**, Messkabel n / cable m de medida ‖ ⁓**kabel** (Elektr) / cable m de control ‖ ⁓**kanal** m (Nukl) / bucle m de un reactor ‖ ⁓**karte** f / cuadro m de pruebas, tarjeta f de pruebas ‖ ⁓**klemme** f / borne m de ensayo o de prueba, terminal m de pruebas ‖ ⁓**klima** n, -bedingungen f pl / clima m [artificial] para ensayos, condiciones f pl de ensayo ‖ ⁓**klinke** f, Messbüchse f, Messbuchse f (Fernm) / jack m o conyunter de prueba, enchufe m de medida ‖ ⁓**koffer** m / maletín m con instrumentos de comprobación ‖ ⁓**kopf** m (Ultraschall) / palpador m ‖ ⁓**kopie** f (DV) / copia f de verificación ‖ ⁓**körper** m, -spezimen n / probeta f ‖ ⁓**kreis** m / circuito m de prueba o de control ‖ ⁓**labor[atorium]** n / laboratorio m de ensayo ‖ ⁓**lampe** f, -leuchte f / lámpara f indicadora o de prueba, lámpara f piloto ‖ ⁓**lampe** (Elektr) / lámpara f testigo ‖ ⁓**länge** f, Versuchslänge f (Spinn) / largo m de prueba ‖ ⁓**last** f / carga f de ensayo o de prueba ‖ ⁓**lauf** m / marcha f de prueba ‖ ⁓**lehre** f / calibre m de referencia o de comprobación, calibre m patrón o verificador ‖ ⁓**lehre des Lieferanten** / calibre m de fabricación ‖ ⁓**leistung** f / capacidad f de ensayo ‖ ⁓**leitung** f, -draht m (Elektr) / cable m o cordón o conductor de prueba ‖ ⁓**leitung** (DV) / circuito m detector de error[es] ‖ ⁓**lesen** n / lectura f de verificación ‖ ⁓**libelle** f / nivel m de comprobación **Prüfling** m, Prüfkörper m / probeta f, muestra f testigo o de control, pieza f de ensayo o a ensayar **Prüf•liste** f / lista f de comprobación o de verificación o de repaso ‖ ⁓**los** n / lote m de inspección ‖ ⁓**losgröße** f / tamaño m del lote de inspección ‖ ⁓**maschine** f / máquina f de comprobación ‖ **[Wöhlersche]** ⁓**maschine für Biegeschwingungen** / máquina f para ensayos de vibración debida a la flexión ‖ ⁓**maschine f für Drehschwingungen** / máquina f para ensayos de vibración debida a la torsión ‖ ⁓**maschine für Zug- und Druckversuche** / máquina f para ensayos de tracción-compresión ‖ ⁓**maschine zum Prüfen von Knickfestigkeit** / máquina f para ensayos de pandeo ‖ ⁓**masse** f / masa f de prueba ‖ ⁓**maßstab** m / regla f de verificación ‖ ⁓**methode** f, Untersuchungsmethode f / método m de examen o de averiguación || ⁓**methode**, Versuchsmethode *f* / método *m* de ensayo || ⁓**norm** *f* / norma *f* de ensayo || ⁓**notenmaschine** *f* (DV) / máquina *f* calificadora de exámenes || ⁓**phantom** *n* / modelo *m* de prueba[s] || ⁓**plakette** *f* / medalla *f* de verificación, timbre *m* de verificación || ⁓**plan** *m* / plan *m* de comprobación || ⁓**platte** *f* (Elektr) / placa *f* de prueba || ⁓**platz** *m* (Fernm) / posición *f* de pruebas y medidas || ⁓**presse**, Druckprüfmaschine *f* (Masch) / prensa *f* de ensayos de [com]presión || ⁓**prisma** *n* / prisma *f* para medidas || ⁓**programm** *n* (DV) / rutina *f* de diagnóstico, programa *m* comprobatorio || ⁓**programm für das Hauptprogramm** (DV) / rutina *f* de control del programa || ⁓**programm für den Speicher** / rutina *f* de control de la memoria || ⁓**programm mit teilweiser Speicherentleerung** (DV) / rutina *f* fotográfica o postmortem, rutina *f* de vuelco [parcial] de la memoria || ⁓**propeller** *m* (Luftf) / hélice *f* de prueba || ⁓**protokoll** *n*, -bescheinigung *f* / certificado *m* de ensayo o de comprobación, certificado *m* de revisión || ⁓**protokoll**, -niederschrift *f* / acta *f* de ensayos || ⁓**protokoll**, Abnahmeprotokoll *n* [der Schlussprüfung] / acta *f* de examen de recepción || ⁓**pult** *n* (Elektr) / pupitre *m* de pruebas || ⁓**pult**, -tisch *m* (Fernm) / mesa *f* de pruebas, tablero *m* de pruebas || ⁓**punkt** *m* (Elektr) / punto *m* de prueba o para pruebas || ⁓**punkt** (Eltronik) / punto *m* de monitoreo o de prueba || ⁓**raum** *m* / sala *f* de pruebas, local *m* de pruebas || ⁓**raum für Prüfung unter Umgebungsbedingungen** / cámara *f* para ensayos en condiciones ambiente || ⁓**reaktor** *m*, Forschungsreaktor *m* (Nukl) / reactor *m* de investigación || ⁓**reihe** *f* / serie *f* de pruebas o de ensayos || ⁓**reißlack** *m* / barniz *m* indicador de deformación || ⁓**röhrchen** *n* / tubo *m* de ensayo, probeta *f* || ⁓**röhrchen** *n* (z.B. für Gasanalysen) / tubo *m* detector || ⁓**[schalt]tafel** *f* (Elektr) / tablero *m* de pruebas, panel *m* de mando || ⁓**schaltung** *f* / conexión *f* de control o de prueba || ⁓**schärfe** *f* (Mat.Prüf) / nivel *m* de inspección || ⁓**schrank** *m* / armario *m* de ensayo o de medición || ⁓**schranke** *f* (Elektr) / puente *f* de medida || ⁓**sieb** *n* / tamiz *m* de prueba || ⁓**signal** *n* (TV) / señal *f* de mira || ⁓**signalgeber** *m* / generador *m* de señales de prueba || ⁓**signalgemisch** *n* (TV) / señal *f* de mira compuesta || ⁓**spalte** *f* (am Lochstreifen) / fila *f* de prueba (cinta perforada) || ⁓**spannung** *f* / tensión *f* de prueba || ⁓**spannung für den Oszillator** (Eltronik) / señal *f* de ensayo || ⁓**spezifikation** *f* / especificación *f* [de zona] de pruebas, especificación *f* de comprobación o de control || ⁓**spitze** *f* / punta *f* de prueba || ⁓**spitze** (Fernm) / buscador *m* de prueba || ⁓**spitze** (Härteprüfung) / punta *f* de penetración || ⁓**spule** *f* (Elektr) / bobina *f* exploradora || ⁓**spur** *f* (Magn.Bd) / pista *f* de comprobación de paridad || ⁓**stab**, -stück *m* (allg) / probeta *f*, pieza *f* a verificar || ⁓**stab** *m* (Mat.Prüf) / barr[et]a *f* [de ensayo] || ⁓**stand** *m*, -raum *m* (Masch, Mot) / banco *m* de pruebas o ensayos || ⁓**stand**, -raum, Bremsstand *m* (Masch, Mot) / banco *m* de ensayo de frenos || ⁓**stand mit Wasserbremse (nach Fronde)** / banco *m* de ensayo sobre resistencia hidráulica || ⁓**standswerte** *m pl* (Mot) / prestaciones *f pl* en el banco de ensayos || ⁓**standversuch** *m* / ensayo *m* en el banco || ⁓**stecker** *m* (Eltronik) / clavija *f* de prueba || ⁓**-Steckleiste** *f* (Eltronik) / regleta *f* de clavijas de prueba || ⁓**stein** *m*, Strichstein *m* (Hütt) / piedra *f* de toque || ⁓**stelle** *f* (allg) / estación *f* de ensayos || ⁓**stelle** (Fernm) / lugar *m* de prueba || ⁓**strom** *m* (Elektr) / corriente *f* de prueba || ⁓**stück** *n* / pieza *f* a ensayar, probeta *f* || ⁓**summe** *f* / suma *f* de comprobación || ⁓**summenprogramm** *n* / rutina *f* de detección horizontal || ⁓**taktsignal** *n* (DV) / señal *f* de reloj de prueba || ⁓**taste**, Messtaste *f* (Fernm) / tecla *f* de prueba || ⁓**text** *m* (Fernschreiber) / norma *f* de ensayo || ⁓**tisch** *m*, -pult *n* (Fernm) / pupitre *m* de pruebas, mesa *f* de pruebas || ⁓**ton** *m* (Fernm) / tono *m* de prueba (p.ej. 800 Hz a 1 mW) || ⁓**transformator** *m*, -trafo *m* / transformador *m* de ensayo || ⁓**- u. Wartungsstation** *f* (DV) / estación *f* de pruebas y de mantenimiento periódicos || ⁓**uhr** *f* / reloj *m* de verificación || ⁓**umfang** *m* / tamaño *m* de pruebas || ⁓**- und Kontrolleinrichtungen** *f pl* / equipo *m* de ensayos y de control || ⁓**- und Messplatz** *m* / mesa *f* de ensayos y medidas

Prüfung *f*, Versuch *m* / prueba *f*, ensayo *m* || ⁓, Versuchsdurchführung *f* / procedimiento *m* o método de prueba || ⁓, Untersuchung *f* / examen *m* || ⁓ (von Maßen) / verificación *f* de dimensiones || ⁓, Erprobung *f* / experiencia *f*, experimento *m* || ⁓ *f* (auf Zusammensetzung, Gewicht usw.) / aquilatamiento *m* || ⁓, Begutachtung *f* / examen *m* pericial || ⁓ *f*, Kontrolle *f* / control *m* || ⁓ (Chem) / análisis *m* [químico] || ⁓ **auf Abplatzverhalten** / ensayo *m* de comportamiento al desconchado || ⁓ **auf doppelte Ronden** (Stanz) / comprobación *f* de doble rodajas || ⁓ **auf Durchgang** (Elektr) / prueba *f* de continuidad || ⁓ **auf gerade Einer-Bitzahl** (DV) / comprobación *f* por números pares || ⁓ **auf Maßhaltigkeit** / inspección *f* de las dimensiones || ⁓ **auf ungerade Parität** / comprobación *f* por números impares || ⁓ **auf Verhalten bei Lagerung im Wasser** / ensayo *m* de almacenamiento bajo agua || ⁓ **auf Zufälligkeit** / comprobación *f* de la casualidad || ⁓ **bei Normalbetrieb** / ensayo *m* dinámico, prueba *f* en marcha normal || ⁓ **der Mikrostruktur** / examen *m* micrográfico || ⁓ **der statistischen Sicherung** / comprobación *f* de la significación || ⁓ **durch Ultraschall** / ensayo *m* o examen ultrasónico || ⁓ **durch Vergleichsrechnung**, Kreuzsicherung *f* / verificación *f* cruzada || ⁓ **im Stillstand** / ensayo *m* estacionario o en parada || ⁓ **in verschiedenen Lagen** (Uhr) / prueba *f* de posiciones || ⁓ **Kontakt offen o. geschlossen** / prueba *f* de contacto abierto o cerrado || ⁓ *f* **nach DIN** / ensayo *m* según norma[s] DIN || ⁓ **und Abnahme** / inspección *f* y recepción || ⁓ **unter verschärften Bedingungen**, Grenzprüfung *f* (NC) / prueba *f* marginal || ⁓ **von Eigenschaften** / comprobación *f* de propiedades || ⁓ **von Gold u. Silber** / toque *m* || ⁓ **während der Fertigung** / comprobación *f* durante la fabricación || ⁓ **zwischen Stromwenderstegen** (Elektr) / prueba *f* entre láminas del conmutador || **eine** ⁓ **durchführen** / hacer una prueba, someter a prueba || **genaue** ⁓ / escrutinio *m*

Prüfungs•alter *n* / edad *f* de prueba || ⁓**ausschuss** *m* / comisión *f* calificadora || ⁓**ausschuss**, Rückweisungen *f pl* / rechazos *m pl* de inspección

Prüf•verfahren *n* / método *m* o procedimiento de ensayo o de verificación || ⁓**vielfach** *n* (Fernm) / múltiple *m* de prueba || ⁓**vorrichtung** *f* s. Prüfgerät || ⁓**vorschrift** *f*, -bedingung *f* / especificación *f* de ensayo || ⁓**waage** *f*, Goldwaage *f* / balanza *f* de contraste || ⁓**wähler** *m* (Fernm) / selector *m* de prueba || ⁓**wahlschalter** *m* / conmutador *m* selector de prueba || ⁓**wert** *m* (Elektr) / valor *m* experimental || ⁓**wichte** *f* (Bergb) / densidad *f* de verificación || ⁓**zahl** *f* (DV) / número *m* de comprobación || ⁓**zange** *f* (Elektr) / pinzas *f pl* de ensayo || ⁓**zeichen** *n*, Kontrollzeichen *n* / marca *f* de verificación || ⁓**zeichen** (DV) / carácter *m* de control o de prueba || ⁓**zeichen** (für Bauartzulassung) / marca *f* de tipificación || ⁓**zeile** *f* (TV) / línea *f* de prueba || ⁓**zeit** *f* / tiempo *m* de verificación, tiempo *m* de comprobación || ⁓**zeit**, Probezeit *f* / período *m* de ensayo || ⁓**zelle** *f* (Akku) / elemento *m* piloto || ⁓**zelle**, -raum *m* / caja *f* de pruebas || ⁓**ziel** *n*, Echohohlraumresonator *m* (Radar) / blanco *m* fantasma || ⁓**ziffer** *f*, Kontrollziffer *f* / dígito *m* de comprobación || ⁓**ziffer des Wagens** (Bahn) / cifra *f* de autocontrol de la numeración del vagón || ⁓**zifferngeber** *m* (DV) / generador *m* de

números de comprobación || ⁓**zuverlässigkeit** f (eines Gerätes) / fiabilidad f de ensayo o de prueba
Prunell m, Lasting m (Web) / prunela f
Prussiat n (Chem) / prusiato m
Pr-Zahl (Reifen) s. Ply-Rating
P.S. (= Postskriptum) / P.D. (= posdata)
PS (Chem) = Polystyrol || ⁓ s.
PSA (Chem) = Phthalsäureanhydrid
Psammite m pl (Geol) / psamitas f pl
Psammophyt m, Sandpflanze f (Bot) / psamófita f, planta f psamófila
PSA-Prozess m (= pressure swing adsorption) (Öl) / proceso m P.S.A.
P-Schale f (Atom) / capa P
P-Schirm m (Radar) / pantalla P f
P-Schirmbilddarstellung f (Radar) / representación P f
PSE (Chem) = periodisches System der Elemente
Pseudo•..., Schein... / seudo..., pseudo... || ⁓**abschnitt** m (DV) / sección f ficticia || ⁓**adresse** f / seudodirección f || ⁓**anweisung** f (DV) / instrucción f ficticia || ⁓**asymmetrie** f (Chem) / seudoasimetría f || ⁓**base** f (Chem) / seudobase f || ⁓**befehl** m, symbolischer Befehl (DV) / seudoinstrucción f || ⁓**code** m (DV) / seudocódigo m || ⁓**-Datei** f (DV) / fichero m ficticio || ⁓**dezimale** f (DIN) / dígito m seudodecimal, seudodecimal m || ⁓**elastizität** f / seudoelasticidad f || ⁓**entkoppelt** (Regeln) / seudodesacoplado m || ⁓**geschwindigkeit** f (Schwingungen) / seudovelocidad f || ⁓**halogen** n / seudohalógeno m || ⁓**katalyse** f / seudocatálisis f || ⁓**legierungen** f pl / seudoaleación f || ⁓**malachit**, -phosphorchalcit m (Phosphorkupfererz) / seudonalaquita f || ⁓**mer** / seudómero adj || ⁓**merie** f (Chem) / seudo[iso]mería f || ⁓**monotrop** (Chem) / seudomonotrópico || ⁓**morph** (Min) / seudomorfo || ⁓**morphose** f (die Umwandlung) (Min) / seudomorfismo m (transformación del mineral) || ⁓**morphose** (der Zustand) (Min) / seudomorfosis f (estado del mineral transformado) || ⁓**noise-System** n / sistema m seudorruido || ⁓**nym** n (DV) / seudónimo m || ⁓**operation** f (DV) / seudooperación f || ⁓**periode** f / seudoperíodo m || ⁓**plastizität** f / seudoplasticidad f || ⁓**programm** n (DV) / seudoprograma f || ⁓**reaktion** f / seudorreacción f || ⁓**säure** f (Chem) / seudoácido m || ⁓**skalar** (Math) / seudoescalar || ⁓**skop** n (Opt) / seudoscopio m || ⁓**skopisch**, tiefenverkehrt (Opt) / seudoscópico || ⁓**sphäre** f (Math) / seudoesfera f || ⁓**sprache** f (DV) / seudolenguaje m || ⁓**stabil** / seudoestable || ⁓**stereophonie** f / seudoestereofonía f || ⁓**stereoskopischer Effekt**, Eisenbahneffekt m / efecto f seudoestereoscópico || ⁓**streuergebnis** n (DV) / resultado m seudoaleatorio o semialeatorio || ⁓**symmetrie** f (Min) / seudosimetría f || ⁓**tachylith** m (Geol) / seudotaquilita f || ⁓**variable** f (DV) / seudovariable f || ⁓**vektor** m / seudovector m || ⁓**wissenschaft** f / [p]seudociencia f, ciencia f ficticia || ⁓**zufällig** (DV) / seudoaleatorio, semialeatorio || ⁓**zufallsfolge** f, PN-Folge (DV) / secuencia f seudo-aleatoria || ⁓**-Zufallsrauschen** n / seudorruido m || ⁓**-Zufallszahl** f (Math) / número m seudoaleatorio
psi n / psi (letra griega), ψ
p.s.i. (= pressure per square inch) (Phys) / presión f por pulgada cuadrada
Psi n / partícula f psi
PSI-Anzeigegerät n (= plan speed indicator) (Luftf) / indicador m PSI
Psifunktion f (Nukl) / función psi, función f de Schrödinger
P-Silicon-Ausrüstung f (Tex) / apresto m p-silicona
Psilomelan m, schwarzer Glaskopf, Hartmanganerz n (Min) / psilomelana f, silomelana f
Psittazinit m (Min) / psittacinita f
PSK-Homodyn-System m (Fernm) / PSK = phase shift keying
p-s-n-Sperrschicht f (Halbl) / capa f barrera p-s-n

Psophometer n, Geräuschspannungsmesser m (Fernm) / sofómetro m, psofómetro m
psophometrisch / sofométrico, psofométrico || ⁓**gewichtet** / con peso sofométrico, compensado sofométricamente || ⁓**e Gewichtung** / ponderación f
PSP (DV) = Plattenspeicher
P-Statik f (Eltronik, Radio) / estática f de precipitación (p.ej. de lluvia)
P-Stück n (Rohr) / tapón m macho
PSW n, Planeten-Schrägwalzwerk n (Walzw) / laminador m planetario oblicuo || ⁓ (DV) = Programmstatuswort
psychedelische Konstruktion / construcción f sicodélica
Psycho•... / sico..., psico... || ⁓**akustik** f / sicoacústica f || ⁓**logische Blendung** / resplandor m molesto || ⁓**metrie** f / sicometría f || ⁓**physikalisch** (Opt) / sicofísico, psicofísico || ⁓**physiologische Ergonomie** / ergonomía f [p]sico-fisiológica, ingeniería f biológica || ⁓**technik** f / sicología f (o psicología) industrial || ⁓**technisch** / sicotécnico, psicotécnico
Psychrometer n (Phys) / sicrómetro m
Psychrometrie f, Feuchtigkeitsmessung f (Phys) / sicrometría f, psicrometría f
PTB = Physikalisch-Technische Bundesanstalt
PTC-Widerstand m (Eltronik) / resistencia f de coeficiente positivo de temperatura
p-T-Diagramm n (Phys) / diagrama m presión-temperatura [absoluta]
PTE, Polythioester m / politioéster m
PTFCE = Polytrifluorchlorethylen
PTFE = Polytetrafluorethylen || ⁓**-imprägniertes Glasgewebe**, Fluorglas n / tejido m de fibras de vidrio impregnado de PTFE
PT-Film m (photoleitender thermoplastischer Film) / película f termoplástica fotoconductiva
PTL-Triebwerk n, Propeller-Turbinen-Luftstrahltriebwerk n (Luftf) / turbohélice f, turbopropulsor m
PTMT = Polytetramethylenterephthalat
ptolemäischer Satz (Math) / teorema m de [P]tolemeo
Ptomain n (Chem) / tomaína f, ptomaína f
Ptyalin n (Chem) / tialina f, ptialina f
PTZ = Posttechnisches Zentralamt
Pu, Plutonium n (Chem) / plutonio m
PU = programmierter Unterricht
Public Relations pl / relaciones f pl públicas
Public-Domain-Software f (DV) / software m de interés público
Pucherit m (Wismutvanadiat) (Min) / puquerita f
puddeln vt, im Flammofen frischen (historisch, Hütt) / pudelar || ⁓ n, Frischen n (hist.) (Hütt) / pudelado m, pudelaje m
Puddingstein m (Flintkonglomerat) (Geol) / piedra f pudding
Puder m (Kosmetik) / polvos m pl || ⁓**...** (Stärke) / en polvo || ⁓**einzug** m (Zuck) / introducción f de azúcar en polvo || ⁓**-Emaillierung** / esmaltado m con polvo || ⁓**gold** / oro m en polvo || ⁓**graphit** m, Graphitstaub m / grafito m en polvo || ⁓**zucker** / azúcar m en polvo (E) o impalpable (LA), glas m
Puffen (Ofen) / deflagración f
Puffer m (allg, Chem) / tampón m || ⁓, Dämpfer m (Masch) / amortiguador m || ⁓ (Bahn) / tope m || ⁓, Dämpfungskissen n / cojín m elástico || ⁓, Pufferspeicher m (DV) / memoria f intermedia, registro m tampón || ⁓**abstand** m (Bahn) / distancia f entre topes || ⁓**batterie** f (Elektr) / batería f tampón o de compensación o en flotación, batería f de carga equilibrada || ⁓**betrieb** m (Akku) / utilización f o marcha en tampón o en flotación || ⁓**feder** f (Masch) / resorte m amortiguador || ⁓**feder** (Bahn) / muelle m o resorte m de tope || ⁓**gemisch** m (Chem) / reactivo m tampón || ⁓**hub** m (Bahn) / carrera f de tope || ⁓**hülse** f, -gehäuse n (Bahn) / caja-guía m de tope, contratope m || ⁓**kissen** n / cojín m elástico || ⁓**[kreis]** m, -stufe f

Pufferkreis

1013

Pufferladung

(DV, Software) / circuito m tampón ‖ ~**ladung** f (Akku) / carga f lenta y continua ‖ ~**lösung** f (Chem) / solución f tampón ‖ ~**magazin** n (Wzm) / almacén m tampón ‖ ~**maschine** f, -dynamo m (Elektr) / dínamo f tampón
puffern vt (Chem) / amortiguar, tamponar (galicismo) ‖ ~, dämpfen / amortiguar ‖ ~, ausgleichen / compensar ‖ ~, Stöße dämpfen / amortiguar choques ‖ ~, zwischenspeichern (DV) / poner en el registro tampón, poner en la memoria intermedia
Puffer•salz n / sal f tampón ‖ ~**säure** f (Chem) / ácido m tampón ‖ ~**schaltung** f (Elektr) / circuito m tampón ‖ ~**scheibe** f, -teller m (Bahn) / platillo m del tope ‖ ~**schuh** m (Bahn) / pieza f de apoyo del vástago de tope sobre el muelle ‖ ~**[speicher]** m (DV, Hardware) / memoria f intermedia, registro m tampón ‖ ~**speicher** m, Cachespeicher m (DV) / almacenamiento m borrador ‖ ~**speicher** (Elektr) / acumulador m intermedio ‖ ~**stange** f, -stößel m (Bahn) / vástago m de tope ‖ ~**stoß** m (Bahn) / choque m del tope ‖ ~**stößel** m **des Hülsenpuffers** (Bahn) / tope m con contratope ‖ ~**stoßring** m (Bahn) / arandela f de presión de choque ‖ ~**strebe** f (Bahn) / montante f de resistencia del tope ‖ ~**stufe** f (Eltronik) / etapa f tampón ‖ ~**substanz** f, passivierender Zusatz (Chem) / depresor m ‖ ~**takt** m, -taktsignal n (DV) / impulso m de reloj de tampón ‖ ~**träger** m (Bahn) / traviesa f anterior o de cabeza, cabeza f, testero m, cabezal m (LA)
Pufferung, Pufferwirkung f / tamponaje m ‖ ~ f (Chem) / amortiguación f, regulación f, tamponación f (galicismo)
Puffer•zeit f (allg) / tolerancia f de tiempo ‖ ~**zeit** (PERT) / tiempo m flotante de la actividad ‖ **freie** ~**zeit der Tätigkeit** (PERT) / flotación f libre ‖ ~**zone** f (Nukl) / zona f tampón (núcleo del reactor)
Pulegon n (Chem) / pulegona f
Pulfrich•-Photometer n (Phys) / fotómetro m de Pulfrich ‖ ~**refraktometer** n (Phys) / refractómetro m de Pulfrich
Pulldown-Menü n (DV) / menú m desplegable
Pullmanlimousine f (Kfz) / sedán m con separación, limusina f pullman
Pull-off-Kupplung f (Elektr) / acoplamiento m desconectado por tracción
Pulmotor m (Atemgerät) / pulmotor m
Pulp m, Pulpe, Pülpe f (Früchte, Zuck) / pulpa f
Pulpe f, Erztrübe f (Bergb) / fango m mineral, lodo m ‖ ~ (Pap) / pasta f ‖ **mechanische** ~ / pasta f mecánica ‖ ~**fänger** m (Pap) / colector m de pasta
Pülpefänger m (Zuck) / colector m o cogedor de pulpa, tamiz m despulpador
Pulper m (Pap) / pulper m, hidropasteador m, desintegrador m de pasta
Puls m, Impuls m (Eltronik) / impulso m ‖ ~, Impulsfolge f / serie f de impulsos, tren m de impulsos ‖ ~... s. auch Impuls... ‖ ~**abstandmodulation** f (Eltronik) / modulación f de intervalo de impulsos ‖ ~**amplitude** f / amplitud f de impulso ‖ ~**-Amplitudenmodulation** f, PAM f / modulación f de impulsos en amplitud, modulación f de amplitud de impulsos ‖ ~**-Amplituden-Phasenmodulation** f / modulación f de amplitud y de fase de impulsos
Pulsar m (Astr) / pulsar m
puls•artig, getastet, Impuls... / pulsado ‖ ~**artiges Ausgangssignal** (Regeln) / señal f de salida muestrada
Pulsation f (Astr) / pulsación f ‖ ~**en erzeugend** / pulsador, pulsatorio, pulsante
Pulsations•häufigkeit f (Melken) / frecuencia f de pulsación ‖ ~**kolonne** f (Chem) / columna f pulsante ‖ ~**verluste** m pl (Elektr) / pérdidas f pl de pulsación
Pulsator m / pulsadora f, pulsador m ‖ ~ (Landw, Melkmaschine) / pulsador m ‖ ~**-Setzmaschine** f (Bergb) / criba f pulsante o vibrante ‖ ~**sichter** (Bergb) /

despolvoradora f de pulsación de aire, clasificador m pulsador ‖ ~**sieb** n / tamiz m de pulsación
Puls•betrieb m / funcionamiento m por impulsos ‖ ~**betrieb** (Plasma) / régimen m pulsante o de impulsos ‖ ~**breite** f / duración f o anchura de impulso ‖ ~**breiten-Modulation** f, -dauermodulation f, PBM, PDM / modulación f de duración de impulsos, modulación f de impulsos en duración ‖ ~**code** m / código m de impulsos ‖ ~**code-Modulation** f, PCM / modulación f por codificación de impulsos, modulación f por impulsos codificados o en código ‖ ~**-Doppler-Radar** m n / radar m Doppler de impulsos ‖ ~**dopplersonograph** m (Med) / sonógrafo m de pulso según el principio Doppler ‖ ~**-Echo** n / eco m de impulsos
pulsen (Eltronik) / hacer impulsos, pulsar
Pulserbagger m (Hydr) / draga f de pulsómetro
Puls•folge f (Elektr) / tren m de impulsos ‖ ~**förmig** (Mech) / en forma de impulsos ‖ ~**frequenz**, [Im]pulsfolgefrequenz f / frecuencia f de repetición o de recurrencia de impulsos ‖ ~**frequenz-Modulation** f, PFM f (Eltronik) / modulación f de frecuencia de impulsos, modulación f de impulsos en frecuencia ‖ ~**frequenzuntersetzung** f (Radar) / desmultiplicación f de la frecuencia de impulsos ‖ ~**generator** m / generador m de impulsos ‖ ~**hammer** m (Wz) / martillo m de agua ‖ ~**höhenanalysator** m (Eltronik) / analizador m de amplitud de impulsos
pulsieren vi, schwingen / pulsar, vibrar, tener pulsaciones ‖ ~ n, rhythmisches Schlagen / pulsación f
pulsierend, schwingend / pulsante, pulsátil, vibrante ‖ ~, wellig (Elektr) / pulsatorio ‖ ~, vibrierend / vibrante ‖ ~ **arbeitende Kolonne** (Chem) / columna f pulsante ‖ ~**er Gleisstrom** (Bahn) / corriente f pulsada de vía ‖ ~**er Strom** (Elektr) / corriente f pulsatoria u ondulatoria ‖ ~**er Strom**, aussetzender Strom / corriente f intermitente o discontinua ‖ ~**e Verbrennung** (Rakete) / combustión f pulsante ‖ ~**e Verbrennungskammer** (z.B. Schmidtrohr) / cámara f de combustión pulsante
Pulsierung, Schwingung f / pulsación f
Pulsions... s. Pulso...
Puls•kennlinie f (Eltronik) / característica f de impuls[s] ‖ ~**kolonne** f (Chem, Nukl) / columna f pulsada ‖ ~**kompressionsverfahren** n (Eltronik) / modulación f de impulsos por compresión ‖ ~**lagenmodulation** f, -phasenmodulation f, PPM / modulación f por posición de impulsos, modulación f de impulsos en posición ‖ ~**längen-Modulation** f, PLM f / modulación f de duración de impulsos, modulación f de impulsos en duración ‖ ~**laser** m / láser m pulsado ‖ ~**leistung** f / potencia f de impulso ‖ ~**magnetron** n / magnetrón m pulsado, magnetrón m para trabajar en régimen pulsante ‖ ~**messer** m, -messgerät n (Med) / pulsómetro m ‖ ~**modulation** f, Impulsmodulation f / modulación f de impulsos, MI ‖ ~**moduliertes Funkfeuer** (Schiff) / radiofaro m pulsado
Pulso•code... / de código de impulsos, de impulsos codificados ‖ ~**heizung** f (Bau) / calefacción f por aire caliente en pulsación ‖ ~**meter** n (kolbenlose Dampf- o. Gasdruckpumpe) / pulsómetro m ‖ ~**strahltriebwerk** n (Luftf) / pulsorreactor m
Puls•phasenmodulation s. Pulslagenmodulation ‖ ~**radar** m, -radargerät n / radar m de impulsos ‖ ~**reaktor** m / reactor m pulsado ‖ ~**regenerierung** f (Eltronik) / regeneración f de impulso o de los impulsos ‖ ~**schreiber** m (Med) / esfigmógrafo m ‖ ~**steuerung** f (Eltronik) / regulación f por impulsos, mando m por impulsos ‖ ~**-Transformator** m (Eltronik) / transformador m de impulsos ‖ ~**verzögerungsgerät** n (Eltronik) / dispositivo m retardador de impulsos ‖ ~**wärmewiderstand** m (Halbl) / impedancia f térmica

en régimen pulsante ‖ ⁓**wechselrichter** *m* / ondulador *m* pulsado ‖ ⁓**wechsler** *m* (Landw, Melkmaschine) / pulsador *m* ‖ ⁓**weitenmodulation** *f*, PWM / modulación *f* de duración de impulsos, modulación *f* de impulsos en duración ‖ ⁓**wertmesser** *m* / voltímetro *m* de cuasicresta ‖ ⁓**zahl** *f* / número *m* de pulsos ‖ ⁓**zahl-Modulation** *f* / modulación *f* de impulsos en número ‖ ⁓**-Zeitmodulation**, -Winkelmodulation *f* / modulación *f* de impulsos en tiempo, modulación *f* en [o por] tiempo de impulsos
Pult *n* / pupitre *m* ‖ ⁓**dach** *n* (Bau) / tejado *m* de una sola agua o pendiente o a simple vertiente ‖ ⁓**querschnitt** *m* (Straßb) / perfil *m* de pendiente transversal ‖ ⁓**rost** *m* (Hütt) / emparrillado *m* de escalones
Pultrusion *f* / pultrusión *f*
Pultscholle *f* (Geol) / bloque *m* de inclinación
Pulver *n* / polvo *m* ‖ ⁓, Schießpulver *n* / pólvora *f* ‖ **in äußerst hartes** ⁓ **verwandeln** / porfirizar ‖ **zu** ⁓ **zerreiben** / reducir a polvo ‖ ⁓**aufkohlen** *n* (Härten) / carburación *f* con polvo ‖ ⁓**beschichtung** *f* (Plast) / recubrimiento *m* de polvo ‖ ⁓**beugung** *f* (Phys) / diffracción *f* por polvo ‖ ⁓**brennschneiden** *n* (Schw) / oxicorte *m* con polvo ‖ ⁓**dichte** *f* (Sintern) / densidad *f* de polvo ‖ ⁓**diffraktometrie** *f* (Radiol) / difractometría *f* de rayos X para sustancias pulverulentas ‖ ⁓**elektrode** *f* / electrodo *m* en polvo ‖ ⁓**Entwicklung** *f* (Repro) / revelado *m* xerográfico ‖ ⁓**fabrik** *f* / fábrica *f* de pólvora, polvorería *f* (LA) ‖ ⁓**fluss** *m* (Sintern) / flujo *m* del polvo ‖ ⁓**formen** *n* (Plast) / moldeo *m* con polvo ‖ **~förmig**, pulv[e]rig / pulverulento, polvoroso ‖ **~förmig**, pulverisiert / pulverizado, reducido a polvo ‖ **~förmiges Erz** (Bergb) / mineral *m* pulverulento, mena *f* diseminada o en polvo ‖ **~förmige Mischung** / mezcla *f* seca o en polvo ‖ ⁓**gas** *n* (Waffe) / gas *m* de pólvora ‖ ⁓**granulat** *n* (Sintern) / polvo *m* granular o granulado ‖ ⁓**harz** *n* (Ionenaustauscher) / resina *f* en polvo
Pulverisator *m*, (veraltet für:) Injektionsbrenner *m* / atomizador *m*
pulverisierbar / pulverizable
pulverisieren *vt* / pulverizar, reducir a polvo ‖ ~, zerreiben (nass) / levigar, desleir (en agua) ‖ ⁓ *n* (Kohle u. Ä.) / pulverización *f* ‖ ⁓, Zerreiben *n* / trituración *f*, moledura *f*
Pulverisiermischer *m* (Straßb) / trituradora *f*, mezcladora-trituradora *f*
pulverisiert, gemahlen / pulverizado, reducido a polvo, molido
Pulverisierung *f* / pulverización *f* ‖ **feinste** ⁓ (durch Schlämmen) / levigación *f*
Pulver•kautschuk *m* / caucho *m* pulverizado o en polvo ‖ ⁓**korn** *n*, -teilchen *n* / partícula *f* de polvo ‖ ⁓**körnmaschine** *f*, Granulator *m* / granuladora *f* ‖ ⁓**lack** *m* / esmalte *m* en polvo para recubrimiento electrostático ‖ ⁓**ladung** *f* (Waffe) / carga *f* de pólvora ‖ ⁓**löschanlage** *f* (F'wehr) / sistema *m* extintor con polvo ‖ ⁓**magnetkern** *m* / núcleo *m* de polvo de hierro conformado o aglomerado, núcleo *m* de hierro pulverizado ‖ ⁓**markieren** (Schw) / marcado *m* con polvo ‖ ⁓**metall** *n* / metal *m* pulverizado o en polvo ‖ ⁓**metallurgie** *f*, Sintermetallurgie *f* / metalurgia *f* de los polvos, pulvimetalurgia *f*, pulvimetalogía *f* ‖ ⁓**methode** *f*, Debye-Scherrer-Verfahren *n* (Min, Radiol) / método *m* Debye-Scherrer ‖ ⁓**mikrophon** *n* / micrófono *m* de polvo [de carbón] ‖ ⁓**mischung** *f* / mezcla *f* de polvos
pulvern *vt* s. pulverisieren
Pulver•nitrieren *n* (Hütt) / nitruración *f* con polvo ‖ ⁓**presskuchen** *m* (Gieß) / briqueta *f* comprimida de polvo ‖ ⁓**rakete** *f* (Raumf) / cohete *m* de propulsante (o de propergoles) en polvo, cohete *m* de combustible sólido ‖ ⁓**raum** *m* (Mil) / cámara *f* para pólvora, polvorín *m* ‖ ⁓**satz** *m* (Chem) / composición *f* pirotécnica o de pólvora ‖ ⁓**schmieden** *n* / forja[dura] *f*

f de polvo ‖ ⁓**schneelawine** *f* (Meteo) / alud *m* de nieve [rosa] ‖ ⁓**schorf**, Schwammschorf *m*, Spongospora subterranea (Landw) / sarna *f* pulverulenta, roña *f* profunda [de la patata] ‖ ⁓**spritzen** *n* / proyección *f* de polvo ‖ ⁓**spritzlackierung** *f* / pintura *f* a pistola con esmalte en polvo ‖ ⁓**technik** (Prüfung) / técnica *f* de espolvorear ‖ ⁓**technologie** *f* / pulvitecnología *f*, tecnología *f* de polvos ‖ ⁓**teig** *m*, -masse *f* / pasta *f* de polvo, polvo *m* empastado ‖ ⁓**teilchen** *n* / partícula *f* de polvo ‖ ⁓**teilchengröße** *f* (Sintern) / tamaño *m* de partícula de polvo ‖ ⁓**walzen** *n* (Sintern) / laminación *f* de polvo ‖ ⁓**zementieren** *n*, Aufkohlen *n* im Kasten (Hütt) / cementación *f* con polvo
Pump•anlage, -station *f* / instalación *f* de bombeo ‖ ⁓**anschlussstutzen** *m* (Vakuum) / racor *m* para evacuación ‖ ⁓**arbeit** *f* / bombeo *m* ‖ ⁓**automat** *n*, Pumpkarussel *n* (Vakuum) / banco *m* de bombeo rotatorio, mesa *f* de evacuación rotatoria ‖ ⁓**barkeit** *f* / bombeabilidad *f* ‖ ⁓**-Beginn** *m* (Punkt, an dem das Pumpen beginnt) (Kompressor) / punto *m* inicial de bombeo ‖ ⁓**beton** *m* (Bau) / hormigón *m* bombeado ‖ ⁓**bohrung** *f* (Öl) / pozo *m* de bombeo
Pumpe *f* / bomba *f* ‖ ⁓, Handpumpe *f* / sacabuche *m* ‖ ⁓ (Schiff) / bomba *f*, pompa *f* ‖ ⁓ **für überflutete Räume** / bomba *f* par locales inundados ‖ ⁓**n verlagern** (Bergb) / alojar o sujetar bombas ‖ **die** ⁓ **zieht o. fasst** / la bomba aspira ‖ **eine** ⁓ **ansaugen lassen** / hacer aspirar una bomba ‖ ⁓**düse** *f* (Mot) / bomba *f* de inyección combinada con la tobera [de inyección]
Pumpellyit *m* (Min) / pumpelita *f*
pumpen *vt vi* / bombear ‖ ⁓ **Öl** / bombear petróleo o crudo ‖ ⁓ *n* / bombeo *m*, bombeado *m*, bombaje *m* ‖ ⁓, Anregung *f* (Laser) / bombeo *m* ‖ ⁓ (Kompressor) / choques *m pl* acústicos en la tubería ‖ ⁓ **bei Niedrigsttemperatur**, Cryopumping *n* / criobombeo *m* ‖ **longitudinales**, [transversales] ⁓ (Laser) / bombeo *f* longitudinal, [transversal]
Pumpen•aggregat *n* / grupo *m* motobomba ‖ ⁓**auslassventil** *n* / válvula *f* de descarga de la bomba ‖ ⁓**bagger**, Saugbagger *m* / draga *f* de succión o de bombeo ‖ ⁓**block** *m* / grupo *m* o juego de bombas ‖ ⁓**boot** *n* (Schiff) / buque-bomba *m*, barco *m* de bomba ‖ ⁓**brunnen** *m* / pozo *m* de bombeo ‖ ⁓**düse** *f* (Kfz) / tobera *f* de bomba ‖ ⁓**einlass** *m* / admisión *f* de bomba ‖ ⁓**einlassventil** *n* / válvula *f* de admisión de bomba ‖ ⁓**element** *n* (Kfz) / elemento *m* de bomba ‖ ⁓**flügelrad** *n* / rotor *m* de bomba, corona *f* móvil de bomba, rueda *f* de álabes de bomba ‖ ⁓**gehäuse** *n* (allg) / cárter *m* o cuerpo de bomba ‖ ⁓**gehäuse** (Kreiselpumpe) / envuelta *f* o envoltura de bomba ‖ ⁓**gestänge** *n* / varillas *f pl* de bomba ‖ ⁓**halter** *m* / soporte *m* de la bomba ‖ ⁓**haus** *n* (Wasserversorgg) / casa *f* de bombas, edificio *m* de bombas ‖ ⁓**hub** *m* / carrera *f* de émbolo de bomba ‖ ⁓**klappe** *f*, -ventil *n* / chapaleta *f* de bomba, válvula *f* de bomba ‖ ⁓**kolben** *m* / émbolo *m* de bomba ‖ ⁓**kolben**, Plungerkolben *m* / émbolo *m* buzo de bomba ‖ ⁓**korb**, Sandkorb *m* / alcachofa *f*, tamiz *m* cilíndrico de bomba ‖ ⁓**leistung** *f* / capacidad *f* de bombeo, caudal *m* de la bomba ‖ ⁓**leitung** *f* / tubería *f* de bombeo ‖ ⁓**loch** *m* (Eltronik, Röhre) / orificio *m* de vaciado ‖ ⁓**-Motor** *m* (Hydr) / motor *m* de bomba ‖ ⁓**nippel** *m* / niple *m* de bomba ‖ ⁓**raum** *m* / cámara *f* o sala de bombas ‖ ⁓**satz** *m*, Wasserhaltung *f* (Bergb) / juego *m* de bombas ‖ ⁓**satz**, -aggregat *n* / grupo *m* motobomba ‖ ⁓**schacht**, Tiefbauschacht *m* / foso *m* colector ‖ ⁓**schacht** *m* (Bergb) / pozo *m* de bombas ‖ ⁓**schwengel** *m* / palanca *f* de bomba ‖ ⁓**schwenkwinkel** *m* / ángulo *m* de inclinación de la bomba ‖ ⁓**sod** *m* (Schiff) / sentina *f* ‖ ⁓**stange** *f*, Kolbenstange der Pumpe / vástago *m* de émbolo ‖ ⁓**stiefel** *m* / cuerpo *m* [cilíndrico] ‖ ⁓**sumpf** *m* (Schiff) / cuerpo *m* colector o de bomba ‖ ⁓**sumpf** (Schiff) / sentina *f* ‖ ⁓**turbine** *f* / turbina-bomba *f* reversible ‖ ⁓**umlauf-Kühlung** *f* (DIN) (Kfz) /

Pumpenventil

refrigeración f por circulación forzada ‖ ~**ventil** n, -**klappe** f / válvula f de bomba
pump•fähige Masse / masa m transportable por bomba[s], lechada f, pasta f aguada ‖ ~**fähige Suspension** / lodo m, barro m ‖ ~**fähigkeit** f / bombeabilidad f ‖ ~**frequenz** f (Eltronik) / frecuencia f de bombeo ‖ ~**gas** n (Öl) / gas m para extracción artificial, gas m para bombeo neumático (ARG) ‖ ~**gestänge** n (Öl) / varilla f de bombeo o de succión ‖ ~**grenze** f (Flüssigkeit, Mech) / límite m de succión
Pumpgun f (Waffe), Gleitverschlussrepetierer m / pumpgun m
Pump•höhe f, Förderhöhe f / altura f de elevación por bomba ‖ ~**lampe** f, Lichtlampe f (Laser) / flash m de bombeo ‖ **konzentrisch aufgebaute** ~**lampe** / flash m coaxi[a]l ‖ ~**leistung** f (Laser) / nivel m de bombeo ‖ ~**leistung** s. auch Pumpenleistung ‖ ~**licht** n (Laser) / luz f bombeada ‖ ~**modulation** f / modulación f de bombeo ‖ ~**siel** n (Wassb) / canal m de descarga ‖ ~**sonde** f (Öl) / pozo m de bombeo ‖ ~**speicherbecken** n (Hydr) / embalse m de bombeo, embalse m de agua bombeada, depósito m acumulado por bombeo ‖ ~**speicherverfahren** n (Elektr) / acumulación f bombeada o por bombeo ‖ ~**speicher[kraft]werk** n (Elektr) / central f de acumulación por bombeo, central f de agua acumulada ‖ ~**spitze** f [der Glühlampe] / punta f [de bombilla] ‖ ~**stange** f (Öl) / varilla f de bombeo o de succión ‖ ~**station**, -**anlage** f / estación f de bombeo ‖ ~**versatz** m (Bergb) / terraplenado m o relleno por bombeo ‖ ~**werksumpf** m / pozo m de la estación de bombeo ‖ ~**wirkung** f, Pumpen n / efecto m de bombeo, acción f de bombeo, bombeo m
Punkt m (allg, Druck) / punto m ‖ ~, Fleck m, Tüpfelchen n / punto m, mancha f ‖ ~, Posten m / artículo m ‖ ~ m (Fernm, Morse) / punto m ‖ ~, Lichtpunkt m (TV) / punto m luminoso [móvil] ‖ ~... (Kontakt) / puntual ‖ ~ m **der beginnenden Sättigung** (Halbl) / punto m de valle ‖ ~**e der punktierten Linie** m pl (Druck) / puntos m pl de la línea punteada ‖ ~ m **des halben Sättigungswertes auf der Magnetisierkurve** (Elektr) / punto m diacrítico ‖ ~**e** m pl **je Zoll** (DV) / puntos m pl por pulgada ‖ ~**e setzen unter** (Druck) / sopuntar ‖ **100 °C-**~ (Phys) / punto m de vapor ‖ **50%-**~ **der Annahmekennlinie** (Mat.Prüf) / punto m de indiferencia de la curva de aceptancia ‖ **durch denselben** ~ **gehend** (Math) / concurrente
Punkt•-Abstandsmodulation f (Fernkopierer) / modulación f punto-espacio ‖ ~**abweichung** f / desviación f de la posición de puntos ‖ ~**abweichung** (TV) / desviación f del punto explorador
Punktal•..., punktuell-abbildend / puntual ‖ ~**glas** / menisco m
Punkt•analyse f (Chem, Radiol) / análisis m por puntos ‖ ~**anguss** m (Plast) / bebedero m puntiforme, bebedero m en punta de aguja ‖ ~**auflösungsvermögen** n (Opt) / poder m resolutivo puntual ‖ ~**bahn** f / trayectoria f de punto ‖ ~**-Bahnsynthese** f (Getriebe) / síntesis f trayectoria-punto ‖ ~**-Balken-Generator** m (TV) / generador m de imagen de puntos y franjas (o barras) ‖ ~**berührung** f, punktweise Berührung / contacto m puntual o puntiforme ‖ ~**bestimmung** f / determinación f de un punto ‖ ~**bestimmung als Schnittpunkt zweier Linien** (Verm) / determinación f de un punto por intersección de dos líneas ‖ ~**bewertungsverfahren** n, Punktbewertung f (F.Org) / sistema m de calificación por puntos
Pünktchenmuster n (Tex) / dibujo m de puntitos o de lunares
Punktegenerator m (DV) / generador m de puntos
Punktelektrode f s. Punktschweißelektrode
Punkteraster, 7x7-~ (TV) / matriz f de 7x7 puntos

Punkt•feuer n (Luftf) / luz f puntual o puntiforme ‖ ~**folge[farben]verfahren** n (TV) / sistema m de sucesión de puntos, sistema m de puntos sucesivos
punktförmig / puntiforme ‖ ~**e Abbildung**, punktuelle Abbildung (Opt) / imagen f puntual ‖ ~**e Abtastung** (TV) / exploración f por puntos ‖ ~**e Belastung** (Mech) / carga f puntiforme ‖ ~**e Glühwendel** / filamento m en espiral concentrado ‖ ~**e Kapazität** / capacitancia f concentrada ‖ ~**e [Licht]quelle** / fuente f [de luz] puntual ‖ ~**e Radioquelle** / fuente f puntual de radio ‖ ~**e Störstelle** (Halbl) / imperfección f puntual ‖ ~**es Teilchen** (Nukl) / partícula f puntual ‖ ~**es Zeichnen** (DV) / dibujo m puntual ‖ ~**e Zugbeeinflussung** (Bahn) / mando m automático intermitente de la marcha de los trenes
Punkt•gamma n (TV) / gama f puntual ‖ ~**genau** / a punto fijo, en su punto ‖ ~**geschweißt**, gepunktet / soldado por puntos ‖ ~**gitter** n (Krist) / red f [espiral] de puntos ‖ ~**gitter** (Math) / reja f plana de puntos ‖ ~**gleichrichter** m / rectificador m de contacto por punta, rectificador m de punta de contacto ‖ ~**grafik** f (DV) / gráfica f de puntos ‖ ~**große Wiedergabe** (Repro) / micropunto m ‖ ~**haufen** m (Stat) / racimo m o sistema m de puntos, acumulación f de puntos ‖ ~**haus** n (Bau) / edificio m de escaleras [concentradas] en el centro ‖ ~**helle** f, -**helligkeit** f (TV) / brillo m puntual ‖ ~**helligkeit** f (TV) / brillo m del punto luminoso ‖ ~**höhe** f (Verm) / punto m acotado, elevación f acotada
Punktiereisen n (Wz) / puntero m
punktieren vt, punkten / marcar con puntos, puntear, trazar puntos
Punktier•rad n (Tex) / rueda f de marcar o de copiar ‖ ~**stange** f, Punktier-, Hefteisen n (Glas) / pontil m
punktiert / punteado, en puntos ‖ ~, gepunktet (Zeichn) / punteado, trazado en puntos ‖ ~ (Kleiderstoff) / punteado ‖ ~**e Linie** / línea f punteada, línea f de puntos
Punkt•kleben n / pegado m por puntos ‖ ~**kontakt**, Spitzenkontakt m (Transistor) / contacto m puntual o puntiforme o de punta ‖ ~**koordinaten** f pl (Math) / coordenadas f pl cartesianas ‖ ~**ladung** f (Phys) / carga f puntual ‖ ~**-Lage-Reduktion** f (Getriebe) / reducción f punto-posición ‖ ~**lampe** f / lámpara f proyectora de luz concentrada ‖ ~**landung** f (Luftf) / aterrizaje m de precisión ‖ ~**last** f (Mech) / carga f puntual o en un punto, carga f concentrada en un punto
pünktlich, prompt / puntual, exacto ‖ ~ **ankommen** o. **fahren** (Bahn) / ser puntual ‖ ~**keit** f / puntualidad f, exactitud f
Punkt•lichtabtastung f (TV) / exploración f por punto [luminoso] móvil ‖ ~**lichtlampe** f (Elektr) / lámpara f puntual ‖ ~**lichtquelle** f / fuente f de luz puntual ‖ ~**lichtspeicher** m (Fernm) / memoria f de punto [luminoso] móvil ‖ ~**masse** f / masa f puntual ‖ ~**menge** f (Math) / conjunto m de puntos ‖ ~**musterdrucker** m (DV) / impresora f de matriz de hilos ‖ ~**nahtwiderstandsschweißung** f / soldadura f por puntos en líneas ‖ ~**quelle** f / fuente f [de luz] puntual ‖ ~**raster** m (Druck) / retículo m ‖ ~**raster** n, -matrix f (DV) / matriz f puntual ‖ ~**rasterverfahren** n / método m de exploración por puntos ‖ ~**roller** m (Wzm) / moleta f de graneado ‖ ~**rücklauf** m (Eltronik) / retorno m o retroceso del punto explorador ‖ ~**schärfe** f (TV) / nitidez f del punto ‖ ~**schätzung** f (Stat) / estimación f puntual ‖ ~**schreiber** m / registrador m de puntos ‖ **12-**~**-Schrift** (Druck) / tipo m de doce punto ‖ ~**[schweiß]elektrode** f de fuerte construcción ‖ ~**schweiß-Elektrodenschaft** m / cuerpo m del electrodo para soldadura por puntos ‖ ~**schweißen** n / soldeo m por puntos ‖ **zweiseitiges o. direktes** ~**schweißen** / soldadura f directa por puntos ‖ **einseitiges o. indirektes** ~**schweißen** / soldadura f indirecta por puntos ‖ ~**schweißmaschine** f / máquina

Putzen

f [fija] para [la] soldadura por puntos ‖ **Arm der** ⁓**schweißmaschine** / brazo m de soldeo ‖ ⁓**schweißroboter** m / robot m de soldadura por puntos ‖ ⁓**schweißung** f, -schweißen n / soldadura f por puntos ‖ ⁓**schweißzange** f / pinza f para soldar por puntos, mordaza f portaelectrodo para soldar por puntos ‖ ⁓**spatie** f (Druck) / espacio m entrefino o de un pelo o de un punto ‖ ⁓**sprungverfahren** n (TV) / exploración f de puntos entrelazados, método m de puntos entrelazados ‖ ⁓**startgerät** n (Flugkörper) / lanzador m de longitud zero ‖ ⁓**steuerung** f (NC) / posicionado m puntual ‖ ⁓**steuerung** (Plotter) (DV) / posicionado m por coordenadas ‖ ⁓**steuerung** (Wzm) / mando m [de posicionamiento] punto por punto ‖ ⁓**-Strich-Tastung** f (Fernm) / ritmo m [de la manipulación] de rayas y puntos ‖ ⁓**symmetrisch** / de simetría puntual ‖ ⁓**system** n (Stat) / sistema m ponderado ‖ **englisch-amerikanisches** ⁓**system** (1p = 0.351 mm, 12p = 1 Pica) (gegenüber dtsch.-franz. Punktsystem 1p = 0.376 mm, 12p = 1 Cicero) (Druck) / sistema m de puntos tipográficos
punktuell abbildendes Brillenglas (z.B. Punktalglas) (Opt) / lente f de imagen puntual
Punktung f / punteado f
Punktur•einstellung f (Druck) / ajuste m de las punturas ‖ ⁓**loch** n (Druck) / agujero m de la puntura ‖ ⁓**nadel** f, Punkturahle f (Druck) / lezna f de puntura, lezna f de encuadernación, agujón m
Punkt•verflechtung, Zwischenpunktabtastung f (TV) / entrelazado m o entrelazamiento de puntos ‖ ⁓**weise** / punto por punto, por puntos ‖ ⁓**weises Abtasten einer Oberfläche** (Eltronik) / exploración f por puntos de una superficie ‖ ⁓**weise Berührung** / contacto m puntual o de punto o puntiforme ‖ ⁓**weise Röntgenaufnahme** / radiografía f por zonas ‖ ⁓**wolke**, -häufung f (Math) / acumulación f de puntos ‖ ⁓**zahl** f, -wertung f / puntuación f, calificación f por puntos ‖ ⁓**-zu-Punkt...** / punto a (o por) punto, de punto a punto ‖ ⁓**-zu-Punkt...** (Fernm) / de punto a punto, entre puntos fijos ‖ ⁓**-zu-Punkt Positionierung** f (NC) / posicionamiento m punto por punto ‖ ⁓**-zu-Punkt** f **Wählleitung** / comunicación f por conmutación de punto a punto ‖ ⁓**-zu-Punkt-Verbindung** f (Fernm) / comunicación f de punto a punto ‖ ⁓**-zu-Punkt-Verdrahtung** f (Eltronik) / cableado m punto a punto
Punt n (ein Wasserfahrzeug) / batea f
Punze f (Buchstabe), Punzen m (Druck) / blanco m interno, profundidad f central ‖ ⁓, Stempel m / punzón m, troquel m, cuño m
punzen vt (Metall) / repujar, acuñar ‖ ⁓**hammer** m (Wz) / embutidera f
Punzierung f, Stempelung f, Stempel m (Edelmetall) / timbre m
Pupille f (Opt) / pupila f
Pupillen•lichtstärke in Trol[and] / intensidad f pulilar ‖ ⁓**strahlengang** m / haz m pupilar
Pupin•apparat m **für Freileitungen** (Fernm) / aparato m de pupinización para líneas aéreas ‖ ⁓**freileitung** f / línea f aérea pupinizada
pupinisieren vt, bespulen (Fernm) / pupinizar ‖ ⁓, Bespulen n / pupinización f, carga f inductiva
Pupin•kabel n, pupinisiertes Kabel (Fernm) / cable m pupinizado ‖ ⁓**spule** f / bobina f pupinizadora o Pupin, carrete m pupinizador ‖ ⁓**spulenfeld** n, -spulenabschnitt m (Fernm) / sección f de pupinización ‖ ⁓**spulenkasten**, Spulenkasten m (Fernm) / caja f de bobinas de carga
Puppe f, Chrysalide f (Zool) / crisálida f, pupa f m ‖ ⁓ (Jacquard) / manojo m de arcadas ‖ ⁓ (Landw) / hacina f, fajina f ‖ ⁓ (Strangpresse) / cigarro m, paquete m ‖ ⁓, Schneiderpuppe f (Tex) / maniquí m ‖ ⁓ (aufgerolltes Fell) (Gummi) / rollo m de goma cruda ‖ ⁓, Festpuppe f, Dummy n / monigote m, muñeco m de pruebas

Puppenruhe f (Biol) / estado m crisálida
Puppidreieck n (Nukl) / triángulo m de Puppi
PUR (Chem) = Polyurethan
Purbeckkalkstein m (Geol) / piedra f caliza Purbeck
Püreepresse f, Pürierer m (Küchengerät) / prensapurés m
PUR-Elastomerschaum m / plástico m celular de poliuretano
Purexprozess m (Plutonium-Uran-Reduktions-Extraktionsverfahren) (Nukl) / proceso m púrex, procedimiento m PUREX
Purin n (Chem, Med) / purina f ‖ ⁓**kern** n / núcleo m de purina
Puroferverfahren n (zur direkten Stahlerzeugung) (Hütt) / procedimiento m Purofer
Purple Plague f (Halbl) / purple m plague (= plaga purpúrea)
Purpur m (heute blaustichiges Rot, früher grelles Rot) / púrpura f ‖ **mit** ⁓ **färben** / purpurar
Purpurat (Salz der Purpursäure) / purpurato m
Purpur•bronze f (Vergolden), Purpurin n / purpurina f, polvo m de bronce ‖ ⁓**erz** n (Bergb) / residuos m pl de piritas tostadas, cenizas f pl de pirita ‖ ⁓**farbe** f / pigmento m de púrpura ‖ ⁓**färbung** f (Färb) / teñido m en púrpura ‖ ⁓**filter** n (Foto) / filtro m púrpura
Purpurin n, Krapp-Purpur m (Färb) / purpurina f
Purpurit m (Min) / purpurita f
Purpur•linie f (Farblehre) / lugar m de los estímulos púrpuras saturados ‖ ~**rot** (rot-violett), purpurn / purpúreo, coccíneo, purpurino ‖ ~**rot**, magenta (Dreifarbendruck) / magenta ‖ ~**rot färben** / teñir purpúreo
Purton m (pl: Purtöne) (Farbe) / tono m puro de color
Push, Stoß m / empuje m
Push-Prozess m, forcierte Entwicklung (Foto) / revelado m forzado
Push-Pull•-Kupplung f / embrague m push-pull ‖ ⁓**-Schaltung** f (Eltronik) / montaje m push-pull, montaje m simétrico o en contrafase o balanceado ‖ ⁓**-Verstärker**, Gegentakt-Verstärker m (Eltronik) / amplificador m simétrico o contrafásico, amplificador m push-pull
pusten vt, blasen / soplar
Pustprobe f (Zuck) / ensayo m de soplado
Putreszin n (Chem) / putrescina f
Pütting f, Rüsteisen m (Schiff) / cadenote m
Putz m (Bau) / revoque m, enlucido m, revocadura f ‖ **auf** ⁓ (Elektr) / sobre revoque ‖ **aus mehreren Lagen bestehender** ⁓, Mehrlagenputz m (Bau) / revoque m multicapa ‖ **grober** ⁓ (Bau) / revoque m aspero ‖ **mit** ⁓ **bewerfen**, verputzen (Bau) / revocar, enlucir, jaharrar ‖ **unter** ⁓ (Bau, Elektr) / bajo revoque, empotrado
Putz•anschlussschiene f (Fenster) / peana f ‖ ⁓**apparat** m, -maschine f (Spinn) / limpiadora f, dispositivo m de limpieza, desborrador m ‖ ⁓**bau** m / edificio m enlucido ‖ ⁓**brett** n (Spinn) / placa f limpiador ‖ ⁓**deckel** m (Abwasser) / tapa f de desarenado o de limpieza ‖ ⁓**deckel** (Baumwollspinn) / chapón m de limpieza ‖ ⁓**draht** m (Maschendraht als Putzträger) (Bau) / tejido m metálico para envocar
Putzen m, Stanzputzen m / tapón m punzonado, rodaja f ‖ ⁓ s. auch Butzen
Putzeisen n (der Former) (Gieß) / tablilla f
putzen vt, reinigen / limpiar ‖ ⁓, flämmputzen (Hütt) / escarpar a la llama ‖ ⁓, [blank] beizen (Met. Guss) / decapar ‖ ⁓, polieren / pulir ‖ ⁓, abputzen (Bau) / enlucir, enrocar ‖ ⁓, rommeln (Masch) / limpiar en tambor o trómel ‖ ⁓ (Spinn) / desborrar (p.ej. la carda) ‖ ⁓ (Plast) / desbarbar ‖ **Maschinen** ⁓ / limpiar con trapo ‖ **rau** ⁓ (Bau) / enlucir ásperamente ‖ **Schmiede-o. Gussstücke** ⁓ / desbarbar, rebarbar ‖ ⁓, Reinigung f / limpieza f ‖ ⁓, Putzschleifen n (Gieß) / desbarbado m, rebarbado m por muela ‖ ⁓ n **der**

Baumwolle / depuración *f* del algodón ‖ ⁓ **der Kratzenbeschläge** (Tex) / desborrado *m* de las guarniciones de carda
Putzer *m* (Gieß) / desbarbador *m*, rebarbador *m*
Putzerei *f* (Tex) / sala *f* de limpieza ‖ ⁓ (Gieß) / taller *m* de desbarbado o de rebarbar ‖ ⁓**maschine** *f* (Spinn) / máquina *f* de limpieza, limpiadora *f* de apertura
Putzerhammer *m* (Bau) / martillo *m* de repasar
Putz•fehler *m* (Web) / defecto *m* de limpieza ‖ ⁓**gips** *m* (Bau) / yeso *m* de enlucido ‖ ⁓**grund** *m* / fondo *m* de enlucido, enfoscado *m* ‖ ⁓**hobel** *m*, Glättkelle *f* (Bau) / talocha *f* ‖ ⁓**kalk** *m*, Stuck *m* / cal *f* de enlucido ‖ ⁓**kamm** *m* / peine *m* de desborrador ‖ ⁓**kammer** *f*, Sandstrahlgebläse *n* (Gieß) / cámara *f* del soplador de chorro de arena ‖ ⁓**kelle** *f* (Maurer) (Bau) / llana *f* o paleta de enlucir ‖ ⁓**kratze** *f*, -karde *f* (Spinn) / carda *f* limpiadora ‖ ⁓**krepp** *m* (Pap) / papel *m* crespón de limpiar ‖ ⁓**lage** *f* (Bau) / capa *f* de revoque o de enlucido ‖ ⁓**lage auf Latten** (o. Maschendraht) (Bau) / capa *f* de revoque sobre emparrillado de listones (o tejido metálico) ‖ ⁓**lappen** *m* / trapo *m* de limpieza ‖ ⁓**leder** *n* / gamuza *f* ‖ ⁓**leiste** *f* **der Krempel** (Tex) / limpiador *m*, chapón *m* limpiador de la carda ‖ ⁓**maschine** *f*, erste Schlagmaschine (Spinn) / primer batán *m*, batán *m* abridor ‖ ⁓**maschine für Fässer**, Scheuermaschine *f* / limpiadora *f* de barriles ‖ ⁓**maschine für Florettgarn** (Tex) / purgador *m* para [seda] schappe ‖ ⁓**meißel** *m* (Wz) / cincel *m* desbarbador ‖ ⁓**messer** *n* (Wz) / raedera *f* ‖ ⁓**mittel** *n*, Reinigungsmittel *n* / producto *m* de limpieza, limpiahogar *m* ‖ ⁓**mittel**, -pulver *n* / polvo *m* de limpiar ‖ ⁓**mittel**, Poliermittel *n* / abrillantador *m*, producto *m* para pulir ‖ **flüssiges** ⁓**mittel** / detergente *m* líquido ‖ ⁓**mörtel** *m* (Bau) / mortero *m* de enlucir ‖ ⁓**rost** *m* (Gieß) / parrilla *f* de rebarbar ‖ ⁓**sand** *m* (Gieß) / arena *f* abrasiva ‖ ⁓**schleuder** *f* (des Rübenroders) (Landw) / limpiadora *f* centrífuga ‖ ⁓**stein** *m*, Verblender *m* (Bau) / ladrillo *m* de fachada o de paramento ‖ ⁓**stern** *m* / estrella *f* de tamboreo ‖ ⁓**tisch** *m* (Gieß) / mesa *f* de rebarbar ‖ ⁓**träger** *m* (Bau) / soporte *m* de enlucido ‖ ⁓**trommel** *f*, Poliertrommel *f* / trómel *m* o tambor para pulir ‖ ⁓**trommel**, Rommelfass *n* / tambor *m* de limpieza ‖ ⁓**tuch** *n* / trapo *m* de limpiar ‖ ⁓**tuch** (Spinn) / paño *m* limpiador ‖ ⁓**tür** *f* (Ofen) / portezuela *f* para deshollinar ‖ ⁓**- u. Mauerbinder** *m* (Bau) / cemento *m* para enlechar mampostería ‖ ⁓**walze** *f* (Spinn) / cilindro *m* limpiador ‖ ⁓**wand** *f* (Bau) / tabique *m* de enlucido ‖ ⁓**wasser** *n* / ácido *m* diluido para decapar ‖ ⁓**wolle** *f* / estopa *f* para limpiar, lana *f* para limpiar ‖ **baumwollene** ⁓**wolle** / algodón *m* para limpiar ‖ ⁓**zeug** *m* / utensilios *m pl* de limpieza
PU-Zahnung *f* (Säge) / dentado *m* PU
Puzzolan... / puzolánico *adj*
Puzzolan•beton *m* (Bau) / hormigón *m* de puzolana ‖ ⁓**-Eigenschaft** *f* / propiedad *f* puzolánica ‖ ⁓**erde** *f* / puzolana *f*, tierra *f* de puzolana
Puzzolanität *f* / puzolanidad *f*
Puzzolan•mörtel *m* / mortero *m* de puzolana ‖ ⁓**zement** *m* / cemento *m* puzolánico o de puzolana
PVA, PVAL = Polyvinylalkohol
PVAC = Polyvinylacetat ‖ ⁓**-Leim** *m*, Weiß-, Kaltleim *m* / cola *f* fría
PVB = Polyvinylbutyrat
PVC = Polyvinylchlorid ‖ ⁓ *n* **hart**, weichmacherfreies PVC / polivinilcloruro *m* duro, PVC *m* duro ‖ ⁓ **weich** / polivinilcloruro *m* plastificado
PVCA = Vinylchlorid-Vinylacetat-Copolymere
PVC•-Fußboden, Spachtelboden *m* / recubrimiento *m* del suelo con polivinilcloruro ‖ ⁓**-Heißmischung** *f*, PVC-Dry Blend *n* (Plast) / composición *f* PVC-dry-blend
PVDC = Polyvinylidenchlorid

PVDF, Polyvinylidenfluorid *n* / fluoruro *m* de polivinilideno
PV-Diagramm, Arbeitsdiagramm *n* (Phys) / diagrama *m* presión-volumen
PVD-Verfahren *n* (= **physical vapor deposition**) (Bedampfung) / deposición *f* en fase gaseosa por proceso físico
P-Verstärkung *f* (Regeln) / amplificación *f* proporcional
PVF = Polyvinylfluorid
PVFM = Polyvinylformal
PVP = Polyvinylpyrrolidon
PVPP, Polyvinylpolypyrrolidon *n* (Brau) / polivinilpolipirrolidón *m*
PVÜ (Patent) = Pariser Verbandsübereinkunft
P-Wert *m*, (jetzt:) Säurekapazität *f* (Chem) / alcalinidad *f*
PWM = Pulsweitenmodulation (Elektronik)
PWR = druckwassergekühlter Reaktor
Pyknometer *n* (Dichtemesser) (Chem, Phys) / picnómetro *m*
Pylon *m* (Bau) / pilón *m*
Pyoktanin *n* (Chem) / pioctanino *m*, violeta *f* de metilo ‖ **blaues** ⁓, Gentianaviolett *n* / violeta *f* de genciana ‖ **gelbes** ⁓ (Färb) / auramina *f*
pyramidal (Krist) / piramidal ‖ ⁓**einrichtung** *f* (Strumpf) / dispositivo *m* para refuerzos piramidales ‖ ⁓**hochferse** *f* (Strumpf) / talón *m* alto piramidal
Pyramide *f* (Geom) / pirámide *f*
Pyramiden•dach *n* (Bau) / tejado *m* piramidal ‖ ⁓**[eindruck]härte** *f* (Mat.Prüf) / dureza *f* Vickers ‖ ~**förmig**, Pyramiden... / piramidal ‖ ~**förmige Stütze**, Pyramidenstütze / soporte *m* piramidal ‖ ⁓**horn** *n* (Antenne, Lautsprecher) / bocina *f* piramidal ‖ ⁓**oktaeder** *n* (Geom) / octaedro *m* piramidado ‖ ⁓**pappel**, Populus nigra var. Italia, italienische o. lombardische Pappel *f* (Bot) / álamo *m pl* de Italia ‖ ⁓**ständer** *m* (Wzm) / montante *m* piramidal ‖ ⁓**stumpf** *m* (Geom) / tronco *m* de pirámide, pirámide *f* truncada ‖ ⁓**würfel** *m*, Hexatetraeder *n* / hexatetraedro *m*
Pyranometer *n* (für Globalstrahlung) / piranómetro *m*
Pyranring *m* (Chem) / anillo *m* piránico
Pyrargyrit *m*, [dunkles] Rotgüldigerz (Min) / pirargirita *f*
Pyrazol *n* (Chem) / pirazol *m*
Pyrazolonfarbstoffe *m pl* / colorantes *m pl* pirazolónicos
Pyren *n* (Chem) / pireno *m*
Pyrenäeneiche *f*, Quercus pyrenaica (Bot) / roble *m* negral
Pyrexglas *n* (feuerfest) / vidrio *m* Pyrex, pírex *m*
Pyr•geometer *n* (für langwell. Ausstrahl) / pirgeómetro *m* ‖ ⁓**heliometer** *n* (Meteo) / pirheliómetro *m*
Pyridazin *n* (Chem) / piridazina *f*
Pyridilazonaphtol *n* / piridilazonaftol *m*
Pyridin *n* (Chem) / piridina *f* ‖ ⁓**kern** *m* / núcleo *m* piridínico ‖ ⁓**ringbildung** *f* (Chem) / ciclización *f* piridínica
Pyrimidin *n* (Chem) / pirimidina *f*
Pyristor *m* / piristor *f* (protección de la corriente de defecto)
Pyrit, Schwefelkies *m* (Min) / pirita *f* ‖ ⁓**abbrand** *m* (Hütt) / residuo *m* de piritas tostadas o quemadas, residuo *m* de tostación de pirita, cenizas *f pl* de pirita ‖ ~**durchsetzte Kohle** (Bergb) / carbón *m* pirítico ‖ ~**haltig** / piritífero, piritoso
pyritisch / pirítico, piritoso ‖ ~**es Schmelzen** (Hütt) / fusión *f* pirítica
Pyrit•ofen *m* / horno *m* de piritas ‖ ⁓**rösten** *n* / tostación *f* de pirita ‖ ⁓**schiefer** *m* (Min) / esquisto *m* pirítico o piritoso ‖ ⁓**schwefel** *m* **in Kohle** / azufre *m* no combinado en carbón
Pyro•... / piro... ‖ ⁓**catechin** *n*, Pyrocatechol *n* (Chem) / pirocatequina *f*, pirocatecol *m* ‖ ~**chemisch** / piroquímico ‖ ⁓**chlor** *n* (Min) / pirocloro *m* (niobato cálcico natural) ‖ ⁓**chlor** *n* (Trafoöl) / Pyrochlor *m* ‖

˚chroit m (Min) / pirocroita f ǁ ~elektrisch / piroeléctrico ǁ ˚elektrizität f / piroelectricidad f ǁ
˚gallol n, Pyrogallussäure f (Chem) / pirogalol m, ácido m pirogálico ǁ ~gen (Chem, Geol) / pirógeno ǁ
˚genfarbstoffe m pl / colorantes m pl pirógenos ǁ
˚graphit m (Min) / pirografito m ǁ ˚hydrolyse f (Chem) / pirohidrólisis f ǁ ~klastisch (Vulkan) / piroclástico ǁ ˚kohlenstoff m, PC / pirocarbono m ǁ
˚lignit n (Chem) / pirolignita f ǁ ˚lusit m (Manganerz), Polianit n (Min) / pirolusita f (bióxido de manganesa), polianita f
Pyrolyse f, thermische Zersetzung (Chem) / pirólisis f, pirolisis f ǁ ˚benzin n / gasolina f bencina pirolítica ǁ
˚-Öl n / aceite m pirolítico
pyro•lytisch / pirolítico ǁ ˚metallurgie f / pirometalurgia f ǁ ~metallurgisch / pirometalúrgico ǁ ˚meter n (Hütt) / pirómetro m ǁ ˚meterkegel m, PK (Keram) / cono m pirométrico ǁ
˚meterkegel-Fallpunkt, Kegel-Fallpunkt, KFP m (Keram) / punto m de caída del cono pirométrico ǁ
˚meterkegelreihe f / serie f de conos pirométricos ǁ
˚metrie f / pirometría f ǁ ~metrisch / pirométrico ǁ
˚morphit m, Braunbleierz n (Min) / piromorfita f (fosfato natural de plomo)
Pyron n (Chem) / pirona f
Pyrop, Eisengranat m (Min) / piropo m
Pyropapier n / piropapel m
pyrophor, luftentzündlich / pirofórico ǁ ~e Legierung (Hütt) / aleación f pirofórica ǁ ~es Pulver, Luftzünder m / polvo m pirofórico
Pyro•phor, Luftzünder m (Chem) / piróforo m ǁ
˚phorität f (Sintern) / piroforicidad f ǁ ˚phosphat n (Chem) / pirofosfato m ǁ ˚phosphorsäure f / ácido m pirofosfórico ǁ ˚photografie f, Einbrennen photografischer Bilder (Keram) / pirofotografía f ǁ
˚phyllit m (Min) / pirofilita f ǁ ˚pissit m, Wachskohle f / piropisita f ǁ ˚schwefelsäure f / ácido m pirosulfúrico ǁ ˚skop n (Keram) / piroscopio m ǁ ˚sol n (Chem) / pirosol m ǁ ˚sphäre f (Geol) / piroesfera f ǁ
˚technik f, Feuerwerkstechnik f / pirotecnia f ǁ
˚techniker m, Feuerwerker m / pirotécnico m ǁ
~technisch / pirotécnico adj ǁ ~technische Kette (Chem) / cadena f pirotécnica ǁ ~technisches Material, Feuerwerksmaterial n / material m pirotécnico ǁ ~technischer Stoff, / ignitor m pirotécnico ǁ ˚tron n (Nukl) / pirotrón m ǁ ˚xen m (Min) / piroxena f ǁ ˚xenit m (Geol) / piroxenita f ǁ
˚xylin n, Schießbaumwolle f (Chem) / piroxilina f, algodón m pólvora
Pyrrhotin m (Min) / pirrotina f, pirrotita f, pirita f magnética
Pyrrol, Imidol n (Chem) / pirrol m
Pyrro•lidin n / pirrolidina f ǁ ˚lin n / pirrolina f
Pyruvat n (Chem) / piruvato m
pythagoreisch (Math) / pitagórico, de Pitágoras ǁ ~e Zahlen / números m pl pitagóricos o de Pitágoras ǁ
˚er Lehrsatz, [Satz des] Pythagoras m / teorema m de Pitágoras ǁ ˚e Tafel / tabla f pitagórica
PZ s. Portlandzement
p-Zone f (Transistor) / región p
PZR (DV) = Programmzustandsregister
P-Zustand m (Nukl) / estado m P

Q

q *m* (= Qualitätsfaktor) (Radiol) / q (= factor de calidad)
q (= Meterzentner) (Österr.) / quintal *m* métrico
Q *m* (= Durchsatz) (Hydr) / Q (= gasto)
Q *m* (elektrische Ladungsmenge) (Elektr) / cantidad *f* de electricidad (en culombios)
QAM *n* (TV) / modulación *f* de amplitud en cuadratura
Q-Antenne *f* / dipolo *m* Q, dipolo *m* con tacón de $\lambda/4$
QASK-Modulation *f* / modulación *f* por desplazamiento en cuadratura, modulación *f* de amplitud en cuadratura
Q-Band *n* / banda *f* Q (36 -46 GHz)
Q-Betrieb *m* (Laser) / modo *m* Q
Q-Bit *n* / bit Q *m*, bit *m* cualificador
QC-Flugzeug *n* / avión *m* de cambio rápido
qcm = cm^2
Q-Code *m* (Eltronik) / código *m* Q
qdm = cm^2
Q-Elektron *n* / electrón *m* Q
QF = Q-Faktor
Q-Faktor, Gütefaktor *m* (Eltronik) / factor *m* de calidad o de mérito, factor *m* Q
qkm = km^2
Ql (Fernm) = Querleitung
QL-Problem, Query-Language-Problem *n* (DV) / problema *m* de lenguaje-interrogación
QM s. Qualitätsmanagement
Q-Messer *m* (Elektr) / Q-metro *m*, Qmetro *m*, cumetro *m*, medidor *m* de Q
q-när (DV, Math) / q-nario
Q-Prüfung *f* / auditoría *f* de calidad
QPSK-Modulation *f* / modulación *f* de fase en cuadratura
Q-Schale *f* (Nukl) / Q (= 7ª capa del atomo)
Q-Schaltung *f* (Laser) / modo *m* Q
Q-Signal *n* (TV) / señal *f* [del código] Q
QSL-Verfahren *n* (= Queno, Schuhmann, Lurgi) (Bleihütt) / método QSL *m*
Q-Switch *m*, Resonanzraum *m* des Lasers / conmutador *m* de Q ‖ ~-**Laser** *m*, Laser *m* mit Güteschaltung / láser *m* de conmutación de Q
Quad *m* (Vierrad-Krad) / moto *m* de 4 ruedas
Quader *m*, Quaderstein *m* (Stein) / sillar *m*, piedra *f* de sillería, piedra *f* tallada ‖ ~, Parallelepipedon *n* (Math) / paralelepípedo *m* ‖ ~**mauerwerk** *n* / mampostería *f* de sillares
quadern (Bau) / imitar recalzado de piedra por revoque
Quader•putz *m*, gefugter Putz / enlucido *m* o revoque que imita sillares ‖ ~**reaktor** *m* / reactor *m* en paralelepípedo ‖ ~**steine** *m pl*, Mauerwerk *n* / sillería *f*
Quaderung *f* (Bau) / imitación *f* de piedras talladas
Quadrant *m* (allg, Astr) / cuadrante *m* ‖ ~, Viertelkreisfläche *f* (Math) / cuadrante *m*, cuarto *m* de círculo, sector *m* de 90° ‖ ~..., viertelkreisig / cuadrantal, de cuadrante
Quadrantal•ausschlagfehler *m* (des Kompasses) (Schiff) / desviación *f* cuadrantal ‖ ~**korrektion** *f* (Schiff) / corrección *f* del error cuadrantal
Quadrantantenne *f* / antena *f* cuadrantal o de (o en) cuadrante
Quadranten•elektrometer *n*, Kelvinelektrometer *n* / electrómetro *m* de cuadrante ‖ ~**flugregel** *f* / regla *f* cuadrantal ‖ ~-**Rudermaschine** *f* (Schiff) / servomotor *m* de gobierno de cuadrante ‖ ~**visier** *n* / alza *f* cuadrante ‖ ~**waage** *f* (Tex) / cuadrante *m* de numeración
Quadrant•fehler *m* (Radar) / error *m* cuadrantal ‖ ~**flughöhe** *f* (Luftf) / altitud *f* de crucero cuadrantal ‖ ~**signal** *n* (Eltronik) / señal *f* de cuadrante ‖ ~**zahnbogen** *m* (Masch) / segmento *m* dentado de cuadrante
Quadrat *n* (Geom) / cuadrado *m* ‖ ~ (Druck) / cuadratín *m* ‖ ~, zweite Potenz (Math) / cuadrado *m*, segunda potencia *f* ‖ ~ **der mittleren Abweichung** (Stat) / variancia *f*, cuadrado *m* de la desviación tipo ‖ **4 Meter im** ~ / cuatro metros en cuadro ‖ **in** ~ **e teilen**, karieren / cuadrar, formar cuadros ‖ **ins** ~ **erheben** / cuadrar, elevar a la segunda potencia, elevar al cuadrado ‖ **ins** ~ **erhoben**, im Quadrat (Math) / cuadrado ‖ **spanische** ~**meile** (= 3,10550 ha) / legua *f* cuadrada ‖ **Verfahren der kleinsten** ~**e** (Stat) / método *m* de los mínimos cuadrados, método *m* de los cuadrados mínimos
Quadrat•block *m* (Hütt) / lingote *m* cuadrado ‖ ~**fläche** *f* **von 1/1000 Zoll Seitenlänge** (= 0,0006452 mm^2) (Elektr) / milipulgada *f* cuadrada ‖ ~**fuß** *m* (= 0,092903 m^3) / pie *m* cuadrado ‖ ~**grad** *m*, Altgrad *m* (veraltet) / grado *m* antiguo o sexímal (obsol.) ‖ ~**grad**, Neugrad *m*, (veraltet) Gon *n* / gonio *m*, grado *m* moderno ‖ ~**inch** (= 6,451626 cm^2), -zoll *m* / pulgada *f* cuadrada
quadratisch / cuadrado, en [forma de] cuadrado ‖ ~, zweiten Grades (Kurve, Fläche) / cuadrático ‖ ~, viereckig / cuadrado, rectangular ‖ ~ (z.B. Demodulation) / parabólico ‖ ~**er Äquivalentdurchmesser** / diámetro *m* equivalente cuadrático ‖ ~**e Beschaffenheit** (o. Form) / estado *m* cuadrático, condición *f* de cuadrado, cuadradidad *f* ‖ ~**er Detektor** / detector *m* cuadrático o parabólico, detector *m* de característica (o de ley o de respuesta) cuadrática ‖ ~**es Entfernungsgesetz** (Opt) / ley *f* cuadrática ‖ ~**er Gleichrichter** / rectificador *m* cuadrático ‖ ~**e Gleichrichtung** / rectificación *f* cuadrática ‖ ~**e Gleichung**, Gleichung zweiten Grades (Math) / ecuación *f* cuadrática, ecuación *f* de segunda potencia ‖ ~**es Halbzeug** (Walzw) / semiproducto *m* cuadrado ‖ ~**e Kaskade** (Nukl) / cascada *f* cuadrada [constante] ‖ ~**es Liniennetz** / cuadrícula *f*, cuadriculación *f* ‖ ~ **machen** (o. zurichten o. behauen o. bearbeiten) (allg) / cuadrar, formar en cuadro, dar forma cuadrada, cuadrear ‖ ~**es Mittel** (Math) / media *f* cuadrada, raíz *f* cuadrada de la media de los cuadrados ‖ ~**er Mittelwert**, Effektivwert *m* (Elektr) / valor *m* eficaz o efectivo ‖ ~**er Mittelwert** (Stat) / media *f* cuadrática ‖ ~**er Mittelwert in Mikrozoll** / media *f* cuadrada en micropulgadas o en m-pulgadas ‖ ~**er Mittenrauwert**, Ra (Masch) / raíz *f* cuadrada de la media de rugosidad ‖ ~**e Programmierung** (DV) / programación *f* cuadática ‖ ~**e Regelabweichung** (Regeln) / desviación *f* media cuadrática, desviación *f* r.m.s. ‖ ~**es Röhrenbündel** / haz *m* de tubos cuadrado ‖ ~**e Summenwert** (Math) / valor *m* cuadrático resultante, raíz *f* cuadrada de la suma de los cuadrados ‖ **einer** ~**en Funktion folgend**, parabolisch / de ley (o característica) cuadrática, cuadrático
Quadrat•kilometer *m* / kilómetro *m* cuadrado ‖ ~**knüppel** *m* (50x50 mm bis 130x130 mm) (Walzw) / llantón *m* cuadrado ‖ ~**lochplatte** *f* (Hütt) / chapa *f* perforada con agujeros cuadrados ‖ ~**meile** *f* (= 2,589998 km^2) / milla *f* cuadrada ‖ ~**meter** *m* (= 10,76 sq.ft.), m^2 / metro *m* cuadrado ‖ ~**metergewicht** *n* (Pap) / peso *m* por metro cuadrado, gramaje *m* ‖ ~**seil** *n* / cable *m* metálico cuadrado ‖ ~**sekunde** *f*, sec^2 / segundo *m* al cuadrado, seg^2 ‖ ~**spundung** *f* (Wassb, Zimm) / ensambladura *f* cuadrada, machihembrado *m*

cuadrado ‖ ⁓**stahl** m (Hütt) / acero m cuadrado ‖ ⁓**summe** f / suma f de cuadrados
Quadratur, Ausvierung f (Bau) / escuadreo m ‖ ⁓, Flächeninhaltsbestimmung f / cuadratura f, planimetración f ‖ ⁓ f, Quadrieren n (Math) / acción f de elevar al cuadrado ‖ ⁓ **des Kreises** / cuadratura f del círculo ‖ ⁓**entzerrer** m (Elektr) / corrector m de desfasaje en cuadratura ‖ ⁓**fehler** m (Eltronik) / error m de cuadratura ‖ ⁓**modulation** f / modulación f en cuadratura ‖ ⁓**spannung** f (Elektr) / tensión f en cuadratura
Quadrat•wurzel f, zweite Wurzel / raíz f cuadrada, segunda raíz f ‖ ⁓**zahl** f / número m cuadrado, cuadrado m ‖ ⁓**zoll** m, -inch (= 6,451626 cm²) / pulgada f cuadrada
quadrierbar / que puede elevarse al cuadrado
quadrieren vt, zum Quadrat oder in die zweite Potenz erheben (Math) / elevar a la segunda potencia, elevar al cuadrado, cuadrar ‖ ⁓ n / acción f de elevar al cuadrado
Quadrierglied n (Regeln) / elemento m de transferencia cuadrática
Quadrik f (Math) / cuádrica f
Quadrikorrelator m (Elektr, TV) / cuadricorrelador m
Quadrillé m (Web) / cuadrillé m
Quadrillion f, 10^{24} (in USA und z.T. in LA = 10^{15}) / cuatrillón m
Quadrinom n (Math) / cuadrinomio m
Quadripol..., Quadrupol... / cuadripolar, tetrapolar
Quadroanlage f / equipo m cuadrofónico
Quadrophonie f (Audio) / cuadrofonía f
Quadrupel f, Vierfaches n / cuádruple m ‖ ⁓**punkt** m (Chem) / punto m cuádruple
Quadruplextelegrafie f (Fernm) / telegrafía f cuadruplex
Quadrupol m, Vierpol m (Phys) / cuadrípolo m ‖ ⁓**feld** n (Nukl) / campo m cuadripolar ‖ ⁓**kraft** f / fuerza f cuadripolar ‖ ⁓**-Massenspektrometer** n, Massenfilter m n (Phys) / espectrómetro m de masa cuadripolar ‖ ⁓**moment** n (Nukl) / momento m cuadripolar ‖ ⁓**-Restgasanalysator** m / analizador m cuadripolar de gases residuales ‖ ⁓**strahlung** f / radiación f cuadripolar o de un cuadrípolo
Quai m, Kai m / muelle m, embarcadero m
Qualifikation f, Eignung f / calificación f, cualificación f, aptitud f, competencia f, capacidad f, idoneidad f
qualifizierbar, definierbar / calificable
qualifizieren vt / calificar ‖ sich ⁓ [für] / habilitarse [para]
qualifiziert, befähigt / calificado, apto, capacitado, competente, idóneo ‖ ⁓, gekennzeichnet (DV) / calificado ‖ ⁓**er Arbeiter** / operador m calificado o competente, trabajador m calificado o competente
Qualimeter n, Härtemesser m für Röntgenstrahlen (Radiol) / calímetro m, penetrómetro m
Qualimetrie f (F.Org) / calimetría f
Qualität f / calidad f, cualidad f, precisión f ‖ ⁓, Eigenschaft f / cualidad f ‖ ⁓, Beschaffenheit, Marke f / calidad f, propiedad f ‖ ⁓ (der Bearbeitung) / calidad f de mecanización ‖ ⁓ **und Zuverlässigkeit** / calidad f y fiabilidad, Q + F
qualitativ, dem Wert o. der Güte nach / cualitativo ‖ ⁓**e Analyse o. Bestimmung** (Chem) / análisis m cualitativo ‖ ⁓ **überlegen** / superior en calidad
Qualitäts•... / de [alta] calidad ‖ ⁓**abweichung** f / desviación f de calidad ‖ ⁓**bezeichnung** f, Gütezeichen n, -marke f / marca f de calidad ‖ ⁓**blech** n (Walzw) / chapa f de [alta] calidad ‖ ⁓**faktor** m (Eltronik) s. Q-Faktor ‖ ⁓**feinblech** n / chapa f de calidad para embutición ‖ ⁓**gerecht** / orientado hacia la calidad ‖ ⁓**kennzeichen** n, Qualitätsmerkmal n / símbolo m de [la] calidad ‖ ⁓**kontrolle** f / control m de[la] calidad, verificación f o fiscalización o contrastación de la calidad ‖ **statistische** ⁓**kontrolle** / control m estadístico de la calidad, fiscalización f

estadística de la calidad ‖ ⁓**kreis** n / espiral f de la calidad ‖ ⁓**lage** f / nivel m de calidad ‖ ⁓**lenkung** f / gestión f de la calidad ‖ ⁓**lohnfertigung** f / fabricacción f de calidad asalariada ‖ ⁓**management** n / administración f de calidad ‖ ⁓**niveau** n / nivel m [admisible] de calidad ‖ ⁓**niveau des Konsumenten,** Schlechtgrenze f / límite m inferior de tolerancia (por parte del consumidor) ‖ ⁓**norm** f / norma f de calidad ‖ ⁓**probe** f, Laborprobe f / ensayo m de calidad ‖ ⁓**prüfung** f (als Bericht) / auditoría de calidad f ‖ ⁓**prüfung** (nicht: -kontrolle) / verificación f o contrastación o fiscalización de [la] calidad, comprobación f de la calidad ‖ ⁓**regelkreis** m / círculo m regulador de calidad ‖ ⁓**sicherung** f, aseguramiento m de la calidad ‖ ⁓**sicherungssystem** n, QS-System n / sistema m de seguridad cualitativa ‖ ⁓**stahl** m / acero m de calidad ‖ ⁓**standard** m / norma f de calidad, nivel m de calidad ‖ ⁓**steuerung** f, -regelung f (nicht: -kontrolle) / gestión f de la calidad ‖ ⁓**stufe** f / clase f de calidad o de precisión, categoría f de calidad o de precisión, grado m de calidad ‖ ⁓**technik** f / técnica f de gestión de la calidad ‖ ⁓**verschlechterung** f / empeoramiento de calidad;.m., merma f de calidad, pérdida f de calidad ‖ ⁓**zahl** f / índice m de calidad ‖ ⁓**zertifikat** n / certificado m de calidad ‖ ⁓**zink** n (99,9 % Zn) / cinc m de 99.9 %
Qualm m, dichter Rauch / humo m espeso, humareda f, humarazo m ‖ ⁓**absaugung** f / aspiración f de humo espeso ‖ ⁓**deich** m (Hydr) / dique m de aislamiento o de cobertura
qualmen vi / echar humo [espeso], emitir humaredas
qualmendes Feuer / fuego m humeante
Qualmentwicklung f / formación f de humo espeso
Quant n (pl. Quanten) (Phys) / cuanto m, quántum m (pl.: quanta)
quanteln vi (Phys) / cuantificar, cuantizar ‖ ⁓ n (Phys) / cuantificación f
Quanten•... / cuántico, cuantístico, cuantista ‖ ⁓**ausbeute** f, -ertrag m (allg) / rendimiento m cuántico ‖ ⁓**bedingung** f / condición f cuantista ‖ ⁓**biologie** f / biología f cuántica ‖ ⁓**bit** n (Phys) / bit m cuántico ‖ ⁓**chemie** f, quantentheoretische Chemie / química f cuántica ‖ ⁓**chromodynamik** f / cromodinámica f cuántica ‖ ⁓**computer** m / ordenador m cuántico ‖ ⁓**-Dot** m (Phys) / dot m cuántico ‖ ⁓**elektrodynamik** f / electrodinámica f cuántica ‖ ⁓**elektronik** f / electrónica f cuántica ‖ ⁓**feldtheorie** f / teoría f de los campos cuantificados ‖ ⁓**fluktuation** f / fluctuación f de los cuantos ‖ ⁓**gase** n pl (Teilchenwolken) / gases cuánticos m pl ‖ ⁓**-Hall-Effekt** m (Phys) / efecto m de Hall cuántico ‖ ⁓**informatik** f / informática f cuántica ‖ ⁓**interferometer** n / interferómetro m cuántico ‖ ⁓**kaskaden-Laser** m, QCL (Phys) / láser m de cascadas cuánticas ‖ ⁓**kryptograph** m / criptógrafo m cuántico ‖ ⁓**kryptographie** f / criptografía f cuántica ‖ ⁓**linien** f pl (Cyclotron) / soportes m pl de electrodos en D ‖ ⁓**mechanik** f / mecánica f cuántica o de Heisenberg ‖ ⁓**mechanisch** / cuántico, cuantista, de la mecánica cuántica ‖ ⁓**mechanische Poisson-Klammer** / paréntesis m de Poisson en la mecánica cuántico ‖ ⁓**mechanischer Potentialtopf,** Quantentopf m / pozo m cuántico ‖ ⁓**messer** m / cuantímetro m, cuantiómetro m ‖ ⁓**optik** f / óptica f cuántica ‖ ⁓**physik** f / física f cuántica ‖ ⁓**plasma** n / plasma m cuántica ‖ ⁓**sprung** m (Phys) / salto m cuántico ‖ ⁓**sprung** (fig.) / progreso m enorme o gigantesco ‖ ⁓**statistik** f / estadística f cuántica ‖ ⁓**theorie** f / teoría f cuántica o de los cuantos o de los quanta ‖ ⁓**theorie der Felder** / teoría f de los campos cuantificados ‖ ⁓**verschlüsselte Information** (DV) / información f criptográfica cifrada ‖ ⁓**verschlüsselung** f / encriptación f cuántica ‖ ⁓**verzerrung** f (Fernm) / distorsión f de la (o causada por la) cuantificación ‖ ⁓**wirkungsgrad** n (Laser) /

rendimiento *m* cuántico || ⁻zahl *f* / número *m* cuántico || ⁻-Zeno-Effekt *m* (Phys) / efecto *m* cuántico Zeno || ⁻zustand *m* / estado *m* cuántico
Quantifikation *f* (Math) / cuantificación *f*
Quantifikator *m*, Quantor *m* (Math) / cuantificador *m*
Quantil *n* (Math, Stat) / cuantila *f* || ⁻ **einer Wahrscheinlichkeitsverteilung** / cuantila *f* de una distribución de probabilidad
quantisieren *vt* / cuantificar
quantisiert (Phys) / cuantificado || ~, numerisch / numérico || ~**er Hall-Effekt** / efecto *f* Hall cuantificado || ~**e Puls[lage]modulation** (Eltronik) / modulación *f* de impulsos cuantificados
Quantisierung *f* (Phys) / cuantificación *f*
Quantisierungs•bereich *m* (Fernm) / gama *f* de funcionamiento || ⁻**geräusch**, -rauschen *n* (Eltronik) / ruido *m* de cuantificación, zumbido *f* granular, zumbido *m* debido a la cuantificación || ⁻**verzerrung** *f* / distorsión *f* de la (o causada por la) cuantificación
Quantität *f*, Menge *f* / cantidad *f* || **auf** ⁻ **arbeiten** / producir en masa
quantitativ *adj* / cuantitativo || ~ (DV) / cuantificado || ~ *adv*, der Menge nach / cuantitativamente || ~**e Analyse** (o. Bestimmung) (Chem) / análisis *m* cuantitativo || ~ **bestimmbar** / cuantifiable || ~ **bestimmen** / cuantificar || ~**e Eisenbestimmung** / análisis *m* cuantitativo de hierro || ~**e geologische Zusammensetzung**, Modus *m* (Geol) / modo *m* || ~**e Größe** (Math) / magnitud *f* cuantitativa, cantidad *f* || ~**es Merkmal** (Math) / característica *f* cuantitativa || ~**e Metallographie** / metalografía *f* cuantitativa
Quantometer *n* / cuantómetro *m*
Quantor *m*, Quantifikator *m* (Math) / cuantificador *m*
Quantum *n*, Menge *f*, Quantität *f* / cantidad *f*, porción *f*, tanto *m* || ⁻, abgeteilte Menge, Ladung *f* / lote *m*, parte *f*, tanto *m*, porción *f* || ⁻, Quant *n* (Phys) / cuanto *m*, quántum *m* (pl: quanta)
Quap *n* (= Quark + Antiproton) / quap *m*
Quarantänehafen *m* / puerto *m* de cuarentena
Quark[1] *m*, Topfen *m* (südd.) / requesón *m* (E), queso *m* blanco (LA)
Quark[2] *n* (Nukl) / quark *m*, cuark *m*
Quart *n* (Imperial quart = 1/4 gallon = 1,1365 litres, US dry quart = 1,101 liters, US liquid quart = 0,9464 liters) / cuartillo *m*, cuarto *m* de galón || ⁻ **[format]** (Pap) / folio *m* español
quartär, quaternär (Chem, Geol) / cuaternario || ~**e Ammoniumbase** / compuesto *m* cuaternario de amonio
Quartär *n* (Geol) / cuaternario *m*, era *f* cuaternaria
Quartation *f* s. Quartierung
Quarterdeck *n*, Achterdeck *n* (Schiff) / cubierta *f* de toldilla
Quartformat *n*, Quart *n* (Druck) / cuartilla *f*, tamaño *m* en cuarto
Quartierstück *n* (Maurer) / cuarto *m* de ladrillo
Quartil *n*, Viertelwert *m* (Stat) / cuartila *f*, cuartil *m* || ⁻**abstand** *m*, Hälftespielraum *m* (Stat) / rango *m* intercuartil, recorrido *m* intercuartílico
Quartogerüst *n* (Walzw) / caja *f* cuarto
Quarz *m* (Min) / cuarzo *m*, guija *f* (LA) || ⁻ (Eltronik) / cristal *m* de cuarzo, cuarzo *m* || ⁻... (Eltronik) / de cristal de cuarzo || **durchsichtiger** ⁻, Glasquarz *m* / cuarzo *m* hialino, cristal *m* de roca || **gelber** ⁻ (Min) / cuarzo *m* citrino, falso topacio *m* || **grüner** ⁻ / cuarzo *m* verde o prasio
Quarz•andesit *m* / cuarzo-andesita *f* || ⁻**chromatlinse** *f* (Opt) / lente *f* cromática de cuarzo || ⁻**diorit** *m* (Min) / diorita *f* cuarcífera (E), cuarzodiorita *f* (LA) || ⁻**dreieck** *n* (Chem) / triángulo *m* de cuarzo || ⁻**endmaß** *n* (Mess) / bloque *m* calibrador de cuarzo || ⁻**faden** *m*, -faser *f* / fibra *f* de cuarzo, hilo *m* de cuarzo || ⁻**faden-Dosismesser** *m* (Nukl) / dosímetro *m* de fibra de cuarzo || ⁻**fassung**, -halterung *f* / montura *f*

del cristal de cuarzo || ⁻**filter**, Kristallfilter *n* / filtro *m* de cristal de cuarzo || **hochselektiver** ⁻**filterkreis** (Eltronik) / circuito *m* estenodo ||
⁻**fluorit-Achromatlinse** *f* (Opt) / lente *f* acromática de cuarzo-fluorita || ⁻**gang** *m* (Bergb) / veta *f* de cuarzo || ⁻**gehäuse** *n* / caja *f* del cristal || ⁻**generator** *m* (Mess) / generador *m* de cuarzo || ~**gesteuert** / controlado o estabilizado por cristal || ~**gesteuerter Eichoszillator** / calibrador *m* [de frecuencia] regulador por cristal || ~**gesteuerter Zwischenfrequenzempfänger** / receptor *m* de frecuencia intermedia regulado por cristal || ⁻**glas**, Kieselglas *n* / vidrio *m* cuarzoso || ⁻**gut** *n* / silicio *m* fundido || ⁻**halogenlampe** *f* / lámpara *f* [de incandescencia] de vapor de yodo con ampolla [envuelta] de cuarzo || ~**haltig**, -artig, quarzig / cuarcífero, cuarzoso
Quarzit, Quarzfels *m* (Min) / cuarcita *f*
Quarz•keil *m* / chaveta *f* de cuarzo || ⁻**-Keratophyr** *m* / ceratófiro *m* de cuarzo, queratófiro *m* de cuarzo || ⁻**kondensator** *m* (Eltronik) / condensador *m* de cuarzo || ⁻**kopf** *m* (Ultraschall) / cabeza *f* de cuarzo || ⁻**lampe** *f* / lámpara *f* de cuarzo, lámpara *f* de vapor de mercurio con ampolla de cuarzo || ⁻**mehl** *n* / polvo *m* de cuarzo, harina *m* de cuarzo || ⁻**optik** *f* / sistema *m* óptico de cuarzo || ⁻**oszillator** *m* / oscilador *m* [de cristal] de cuarzo || ⁻**oszillator in Pierce-Schaltung** / oscilador *m* Pierce || ⁻**phyllit** *m* (Geol) / filita *f* de cuarzo || ⁻**porphyr** *m* (Min) / pórfido *m* cuarcífero o cuarzoso || ⁻**rastpunkt** *m* / punto *m* de enganche (o de sincronización) de cristal || ⁻**resonator**, Schwingquarz *m* / resonador *m* de cuarzo || ⁻ **rohr** *n* / tubo *m* de cuarzo || ⁻**sand** *m* (Min) / arena *f* cuarzosa o de sílice || ⁻**-Sandstein** *m* / arenisca *f* cuarzosa || ⁻**schaltung** *f* / circuito *m* regulado por cuarzo || ⁻**schamottestein**, Silikastein *m* (Hütt, Keram) / ladrillo *m* de cuarzo y chamota || ⁻**schamottestein**, Dinasstein, -ziegel *m* (Hütt) / ladrillo *m* sílice, briqueta *f* de sílice || ⁻**schiefer** *m* (Min) / esquisto *m* cuarzoso || ⁻**schwinger**, -oszillator *m* / oscilador *m* de [cristal de] cuarzo || ⁻**sender** *m* / radioemisora *f* estabilizada por cristal || ⁻**stabilisiert** / estabilizado por cuarzo || ⁻**steuerung** *f* (Eltronik) / control *m* por cristal de cuarzo || ⁻**uhr** *m* (über 25 mm Dicke) / reloj *m* de [cristal de] cuarzo || ⁻**uhr** *f* (unter 25 mm Dicke) / reloj *m* [de bolsillo] de cuarzo || ⁻**wellenmesser** *m* / ondámetro *m* u ondímetro piezoeléctrico || ⁻**wind** *m* (Phys) / corrientes *f pl* de cuarzo oscilante, viento *m* de cuarzo
Quasar *m* (Astr) / cuásar *m*, quasar *m*
quasi•... / casi... (E), cuasi... (LA) || ~**äquatorial** / cuasiecuatorial || ~**axial** (Bindung) / cuasiaxial || ~**binär** (Math) / seudobinario || ~**-bistabil** (Eltronik) / cuasibiestable, casibiestable || ⁻**-Direktzugriff** *m* (DV) / acceso *m* casi arbitrario o casi libre || ~**duplex** (Fernm) / cuasidúplex, casi-dúplex || ~**elastisch** / casielástico || ~**elektronisch** / casielectrónico || ⁻**-Hybridhorn** *f* (Radio) / bocina *f* casihíbrida || ⁻**-Impulsstörung** / perturbación *f* de carácter casi-impulsivo || ~**komplementär** / casicomplementario || ⁻**kristall** *m* (Chem) / cuasicristal *m* || ~**kristallin** / casicristalino || ⁻**-Linearisieren** *n*, Linearisierung *f* (Math) / casilinealización *f* || ⁻**millimeterband**, (ca. 20 GHz) (Eltronik) / banda *f* casimilimétrica || ⁻**molekül** *n* / casimolécula *f* || ~**molekular** / cuasimolecular || ~**optisch** / casióptico || ~**optische Reichweite** (Radar) / radioenlace *m* de trayectoria óptica o rectilínea || ~**optische Welle** / microonda *f* || ~**periodisch** / casiperiódico || ~**planar** (Molekül) / cuasiplanar || ~**punktförmig** / casipuntiforme || ~**simultan** / casisimultáneo || ~**sinusförmig** / casisenoidal || ⁻**-Spaltung** *f* (Nukl) / casifisión *f* || ~**stabil** / casiestable || ~**stationär** / casiestacionario || ~**steif** / casirrígido || ~**stellare Galaxis** / galaxia *f* casiestallar ||

~-synonym / casisinónimo ‖ ≈teilchen n, -partikel f / casipartícula f ‖ ~-unendlich lange Leitung (Fernm) / línea f semiinfinita
Quassie f, Quassia f amara (Bot) / cuasia f
Quassin n / cuasina f
Quast m (Anstrich) / brocha f
Quaste f, Troddel f (Tex) / borla f
quastenförmig (Bot) / peniciliado
quaternär, quartär (Chem) / cuaternario ‖ ~ (Math) / cuaternario, cuaterno ‖ ~es System, Vierstoffsystem n (Chem) / sistema m cuaternario ‖ ~e Zahl (Math) / número m cuatern[ari]o
Quaternio n (Math) / cuaternio m
Quaternion n (Math) / cuaternidad f, serie f o fila de cuatro
Quaternionen•algebra f / algebra f de series de cuatro ‖ ≈körper m / campo m de cuaternios
Quebracho n (Bot, Gerb) / quebracho m, extracto m de quebracho
Quecke f (Bot, Landw) / agropiro m rastrero
Quecksilber n, Hg (Chem) / mercurio m, azogue m, argento m vivo, hidrargirio m ‖ ≈(I)-..., Merkuro... (Chem) / mercurioso, mercurio(I)... ‖ ≈(II)-..., Merkuri... / mercúrico, mercurio(II)... ‖ ≈ gewinnen / extraer mercurio ‖ ≈abdichtung f / obturación f por mercurio ‖ ≈alkylverbindung f / compuesto m de mercurio alquilo, mercurioalcohílo m ‖ ≈-Argon-Gaslaser m / láser m verde ‖ ≈ausschalter m (Elektr) / interruptor m de mercurio ‖ ≈barometer n (Phys) / barómetro m de mercurio ‖ ≈batterie f / pila f de mercurio ‖ ≈bergwerk n / mina f de mercurio ‖ ≈bromid n (Chem) / bromuro m mercúrico ‖ ≈(I)chlorid n, Kalomel m / cloruro m mercurioso, mercurio(I)-cloruro m, calomel[ano] m ‖ ≈(II)-chlorid m, Sublimat m / cloruro m mercúrico, mercurio(II)-cloruro m, sublimado m corrosivo
Quecksilberdampf m (Elektr) / vapor m de mercurio ‖ Quecksilberdämpfe (Bergb) / humos m pl de mercurio ‖ ≈bogenlampe f / lámpara f de vapor de mercurio ‖ ≈gleichrichter m / rectificador m de arco (o de vapor) de mercurio ‖ ≈-Hochdrucklampe f / lámpara f de vapor de mercurio a alta presión ‖ ≈pumpe f / bomba f de vapor de mercurio ‖ ≈stromrichter m / convertidor m de arco (o de vapor) de mercurio ‖ ≈turbine f / turbina f de vapor de mercurio ‖ ≈wechselrichter m / inversor m de arco de mercurio, ondulador m de vapor de mercurio
Quecksilber•diffusionspumpe f / bomba f de difusión [de vapor] de mercurio ‖ ≈dimethyl n / mercurio m de dimetilo ‖ ≈-Dochtrelais n / relé m con contactos humedecidos en mercurio ‖ ≈druckmethode f (Keram) / método m de penetración por mercurio ‖ ≈-Element n (Elektr) / pila f de mercurio ‖ ≈erz n / mineral m de mercurio ‖ pulverförmige ≈erze / tierras f pl de mercurio ‖ ≈fahlerz m, Spaniolith m, Schatzit m (Min) / panabasa f de mercurio, espaniolita f ‖ ≈falle f (Chem) / trampa f de mercurio ‖ ≈fulminat, Knallquecksilber n / mercurio m fulminante, fulminato m de mercurio ‖ ~haltig, -artig / mercurial, conteniendo mercurio ‖ ≈hochdrucklampe f / lámpara f de vapor de mercurio a alta presión ‖ ≈hochvakuumpumpe f / bomba f de mercurio a alto vacío ‖ ≈hornerz n (Min) / calomel[ano] m, mercurio m córneo ‖ ≈(I)-iodid n / yoduro m mercurioso, mercurio(I)-yoduro m ‖ ≈(II)-iodid, Iodinrot n / yoduro m mercúrico, mercurio(II)-yoduro m ‖ ≈kathode f / cátodo m de baño de mercurio ‖ ≈kippröhre, -wippe f (Eltronik) / tubo m o interruptor basculante de mercurio ‖ ≈knallsäure f (Chem) / ácido m detonante de mercurio ‖ ≈kontakt m (Elektr) / contacto m de mercurio ‖ ≈[kontakt]relais n / relé m con contactos (o con interruptor) de mercurio ‖ ≈lampe f / lámpara f [de vapor] de mercurio ‖ ≈legierung f, Amalgam n / aleación f de mercurio,

amalgama f ‖ ≈lichtbogen m / arco m de mercurio ‖ ≈luftpumpe f / bomba f [neumática] de mercurio ‖ ≈manometer n / manómetro m de mercurio ‖ ≈meniskus m, -kuppe f / menisco m de mercurio ‖ ≈mohr n (Min) / metacinabarita f ‖ ≈nitrat n / nitrato m mercúrico, mercurio(II)-nitrato m ‖ gelbes ≈(II)-oxid / óxido m mercúrico, mercurio(II)-óxido m ‖ ≈präzipitat n (Chem) / precipitado m de mercurio ‖ ≈pumpe f (Vakuum) / trompa f de mercurio ‖ ≈(II)-rhodanid, Mercurirhodanid n (Chem) / tiocianato m de mercurio, mercurio(II)-tiocianato m, sulfocianato m mercúrico ‖ ≈ruß m, Stupp f / negro m de humo de mercurio, lodo m u hollín de mercurio ‖ ≈säule f (Meteo) / presión f barométrica, columna f de mercurio ‖ ≈säule, -druck m / columna f o presión de mercurio ‖ ≈schalter m (Elektr) / interruptor m de mercurio ‖ ≈strahlunterbrecher m (Elektr) / interruptor m por chorro de mercurio ‖ ≈strahlvakuumpumpe f / bomba f de vacío por chorro de mercurio ‖ ≈sublimat n s. Quecksilber(II)-chlorid ‖ ≈(II)-sulfid n (Chem) / sulfuro m mercúrico, sulfuro m de mercurio, mercurio(II)-sulfuro m ‖ rotes ≈sulfid (Farbe) / cinabrio m artificial ‖ ≈tank, -[laufzeit]speicher m / línea f de retardo de mercurio ‖ ≈test m (Chem) / ensayo m por mercurio ‖ ≈thermometer n / termómetro m de mercurio ‖ ≈tropfelektrode f / electrodo m de gota de mercurio ‖ ≈vakuummeter n / vacíometro m de mercurio ‖ ≈vakuumpumpe f / bomba f de vacío de mercurio, rectificador m de vapor de mercurio ‖ ≈-Ventil n / válvula f de vapor de mercurio, rectificador m de vapor de mercurio ‖ ≈vergiftung f / intoxicación f por mercurio, hidrargirismo m ‖ ≈vergoldung f, Amalgamvergoldung f / dorado m por amalgama ‖ ≈zähler m (Elektr) / contador m de mercurio ‖ ≈zelle f (Elektr) / pila f de mercurio
Quell•beständigkeit, -festigkeit f (Gummi, Tex) / resistencia f al hinchamiento ‖ ≈beton m (Bau) / hormigón m expansivo o hiinchador ‖ ≈binder m / aglutinante m hinchable ‖ ≈code m (DV, PL/1) / código m de lenguaje original ‖ ≈codedatei f / fichero m del código de lenguaje original ‖ ≈deich m (Hydr) / dique m de aislamiento o de cobertura ‖ ≈dichte f (Nukl) / densidad f de [la] fuente
Quelle, Herkunft f / origen m, procedencia f ‖ ≈ f, Wasserquelle f / manantial m, fuente f, puquio m (PER), pugio m, pujío m, puquial m, cabezada f (CUB, MEJ) ‖ ≈ (Öl) / pozo m ‖ ≈ (Nukl) / fuente f de radiación ‖ ≈, Ressource f / recurso m ‖ ≈ für Brüche, Ausgangspunkt m für Brüche (Masch) / punto m de origen de roturas ‖ dicke, [dünne] ≈ (Nukl) / fuente f espesa, [delgada]
quellen vi, sprudeln / brotar [a brotones], manar ‖ ~, anschwellen / hincharse ‖ ~ (Gerste) (Brau) / remojar ‖ ~, sprudeln (Öl) / brotar, surgir ‖ ~ vt, einweichen / remojar ‖ ~, mazerieren (Brau, Pharm) / macerar ‖ einseitig ~, sich werfen (Holz) / alabearse ‖ ≈ n, Quellung f (Appretur) / hinchamiento m, hinchazón f ‖ ≈ des Gummituchs (Offset) / hinchazón f de la mantilla ‖ einseitiges ≈ (Holz) / alabeo m, alabeamiento m
Quellen•admittanz f, -leitwert m (Eltronik) / admitancia f de fuente ‖ ≈beladung f, Beladung f einer Strahlungsquelle / carga f de fuente ‖ ≈bereich m (Nukl) / intervalo m de fuente ‖ ≈codierung f (DV) / codificación f de lenguaje original
quellend, schwellend / hinchante
Quellen•daten pl (DV) / datos m pl originales ‖ ≈decodierung f (DV) / decodificación f de lenguaje original
quellendes Gebirge (Bergb) / terreno m esponjoso
Quellen•dichte f, Quelldichte f (Nukl) / densidad f de [la] fuente ‖ ≈fassung f / captación f de manantial ‖ ~frei, -los (Wassr) / sin fuente ‖ ~freies Feld (Elektr) /

campo *m* solenoidal ‖ ~**freier Fluss** (Elektr) / flujo *m* conservativo ‖ ~**programm** *n* (DV) / programa *m* original o de partida ‖ ~**reaktor** *m*, Quellreaktor *m* (Nukl) / reactor *m* fuente de neutrones ‖ ~**sprache** *f* (DV) / lenguaje *m* original o de entrada
Queller *m*, Salicornia herbacea (Bot, Landw) / salicor *m*
Quell•fähigkeit *f* / capacidad *f* de hinchamiento, capacidad *f* de absorción ‖ ~**fassung**, -stube *f* / captación *f* de fuente, cámara *f* de la fuente ‖ ~**fest** (Bau) / resistente al hinchamiento ‖ ~**festappretur** *f* / apresto *m* resistente al hinchamiento ‖ ~**gas** *n* / gas *m* de pozo ‖ ~**gut** *n* (Wassermenge) / volumen *m* de agua de una fuente ‖ ~**impedanz** *f* (Elektr) / impedancia *f* de fuente, (a *f* veces:) impedancia de origen o de salida ‖ ~**maß** *n* / tasa *f* de hinchamiento ‖ ~**mittel** *n* / agente *m* hinchante ‖ ~**operand** *m* (DV) / operando *m* de partida o de entrada ‖ ~**reif** (Gerste) (Brau) / completamente mojado (cebada) ‖ ~**schüttung** *f* (Hydr) / caudal *m* de una fuente ‖ ~**schutzmittel** *n* (Holz) / agente *m* antihinchamiento ‖ ~**schweißen** *n*, Warmklebung *f* (Plast) / soldadura *f* o sellada con disolventes ‖ ~**stab** *m* (Reaktor) / barra *f* de fuente ‖ ~**stärke**, Emissionsrate *f* (Nukl) / rendimiento *m* de emisión ‖ ~**stärke** *f*, modifizierte Stärke (Chem) / almidón *m* pregelatinizado o modificado ‖ ~**stärke** (Papier) / intensidad *f* de emisión ‖ ~**stock**, Weichtank *m* (Brau) / cuba *f* de remojo ‖ ~**stube** *f* (Hydr) / cámara *f* de la fuente
Quellungs•reaktion *f* (Zellulose) / reacción *f* de hinchamiento ‖ ~**vermögen** *n* (Gummi) / poder *m* de hinchamiento ‖ ~**vermögen** (Getreide) / grado *m* de hinchamiento ‖ ~**wärme** *f* / calor *m* de hinchamiento ‖ ~**wasser** *n*, (jetzt:) Gleichgewichtsfeuchte *f* (Ionenaustauscher) / humedad *f* de equilibrio
Quell•verkehr *m* / tráfico *m* de origen ‖ ~**versuch** *m* (Bitumen) / ensayo *m* de hinchamiento ‖ ~**wasser** *n* / agua *f* de manantial o de fuente, agua *f* viva ‖ ~**wert** *m* (Tex) / tasa *f* de retención de humedad, índice *m* de hinchamiento ‖ ~**widerstand** *m*, Innenwiderstand des anstoßenden Oszillators (Eltronik) / resistencia *f* interna ‖ ~**wolke** (Meteo) / nube *f* fluida ‖ ~**zement**, Expansivzement *m* / cemento *m* hinchador
Quench *n* (plötzlicher Übergang bei Supraleitung) / quench *m* (superconducción) ‖ ~**behälter** *m* (Kohle) / depósito *m* de extinción ‖ ~**effekt** *m* / efecto *m* quench (superconducción)
Quendelöl *n* / esencia *f* de serpol
Quenzelvorrichtung *f* (Bergb) / dispositivo *m* de suspensión de la jaula
quer *adj*, Quer... / transversal, travesero, radial ‖ ~, überkreuz / cruzado, a través, de través ‖ ~ *adv* / a o al o de través ‖ ~, schief / oblicuamente, al o en sesgo ‖ ~ **addieren** (Math) / sumar horizontalmente ‖ ~ **angeordneter Motor** / motor *m* transversal ‖ ~ **durch**, übereck / diagonalmente *adv* ‖ ~ **durch** / a través, [de] através, [de] atravesando ‖ ~ **gestreift** (Web) / a rayas transversales ‖ ~ **hinein** (breitseitig) / a través ‖ ~ **liegen** / estar en posición transversal, cruzar ‖ ~ **stellen** *vt* / llevar a posición transversal ‖ ~ **subtrahieren** / restar o sustraer horizontalmente ‖ ~ **zur Faser** / transversal a la fibra ‖ ~ **zur Umlaufbahn** (Raumf) / perpendicularmente a la órbita ‖ ~ **zur Walzrichtung** / transversal a la dirección de laminación ‖ ~ **zur Wand**, Kopf... (Bau) / de testa ‖ Holz ~ **absägen** / tronzar la madera ‖ **sich** ~ **stelle** (Kfz) / bloquear la carretera en posición transversal
Quer•... (Luftf) / lateral ‖ ~**ab**, dwars (Luftf, Nav) / por el través [de], a[l] través [de] ‖ ~**[ab]bau** *m* (Bergb) / explotación *f* transversal ‖ ~**abweichung**, Seitenabweichung *f* / desviación *f* lateral ‖ ~**achse** *f* (Luftf) / eje *m* lateral ‖ ~**achse** (Luftf, Mech) / eje *m* transversal ‖ ~**achse** (elektr. Strom) / eje *m* en cuadratura ‖ ~**achse der Zeitkonstanten** (Elektr) / eje *m* en cuadratura de la constante de tiempo ‖ ~**ader** *f*

(Bergb) / filón *m* transversal ‖ ~**amperewindung** *f* / amperio-vuelta *f* transversal ‖ ~**anschaltung** *f* (Schw) / exploración *f* transversal de una soldadura ‖ ~**anschlag**, Planzuganschlag *m* (Wzm) / tope *m* [para el movimiento] transversal ‖ ~**anteil** *m* **der Polradspannung** / componente *m* transversal de una fuerza electromotriz ‖ ~**aufschleppe** *f* (Schiff) / grada *f* de varadero transversal ‖ ~**ausdehnung** *f* / extensión *f* transversal ‖ ~**ausgleich** *m* (Fernm) / compensación *f* de capacitancia ‖ ~**ausgleichhebel** *m* (Bahn) / balancín *m* transversal, igualadora *f* transversal (MEJ) ‖ ~**aussteifung** *f*, -versteifung *f* / refuerzo *m* transversal ‖ ~**axt** *f* (Wz) / hacha *f* de dos filos ‖ ~**balken**, -träger *m* (allg) / travesaño *m* ‖ ~**balken** (z.B. im Gerüst) (Zimm) / almojaya *f* ‖ ~**balkensupport** *m* (Wzm) / carro *m* de travesaño ‖ ~**band** *n*, Diagonale *f* / banda *f* cruzada ‖ ~**bandförderer** *m* / cinta *f* transportadora transversal, transportador *m* de cinta transversal ‖ ~**bau** *m* (Bergb) / explotación *f* transversal ‖ ~**beanspruchung** *f* / esfuerzo *m* transversal ‖ ~**belastung** *f* / carga *f* transversal ‖ **radiale** ~**belastung** (o. Querkraft) / carga *f* o fuerza radial ‖ ~**beweglicher Ständer** (Bohrmaschine) / montante *m* de desplazamiento transversal ‖ ~**bewegung** *f*, -verschiebung *f* / movimiento *m* transversal ‖ ~**biegefestigkeit** *f* / resistencia *f* a la flexión transversal ‖ ~**biegeversuch** *m* / ensayo *m* de flexión transversal ‖ ~**bild** *n* (TV) / imagen *f* horizontal ‖ ~**blockprofil** *n* (Reifen) / perfil *m* de bloques transversales ‖ ~**bohrung** *f* / taladro *m* transversal ‖ ~**bolzen** *m* / bulón o pasador transversal ‖ ~**bruch** *m* (Feinblech) / grieta *f* transversal
Quercit *m*, Penta[hydr]oxycyclohexan *n*, Eichelzucker *m* (Chem) / quercita *f*
Quercitin *n*, Querzetin *n* (Färb) / quercitina *f*
Quercitrin *n* (Farbstoff) / quercitrina *f*
Quercitron *n*, Färbereiche *f* (Bot, Färb) / quercitrón *m*
Quer•damm *m*, Sperrbuhne *f* (Hydr) / dique *m* transversal ‖ ~**deckskrümmung**, -decksüberhöhung, -wölbung *f* (Schiff) / convexidad *f* o comba de la cubierta (en sentido transversal) ‖ ~**dehnung** *f* (Phys) / alargamiento *m* transversal ‖ ~**dehnungszahl** *f*, Poissonsche Konstante *f* / coeficiente *m* de Poisson ‖ ~**differentialschutz** *m* (Elektr) / protección *f* diferencial transversal ‖ ~**draht** *m*, -seil *n* (Bahn, Fahrleitung) / pórtico *m* funicular ‖ ~**draht** (Sieb) / hilo *m* transversal de tamiz ‖ ~**drift** *f* (Luftf) / deriva *f* transversal ‖ ~**duktilität** *f* (Hütt) / ductilidad *f* transversal ‖ ~**durch** *adv* / a o de través, transversalmente, de un extremo a otro ‖ ~**durchflutung** *f* (Elektr) / componente *m* *f* transversal de una fuerza magnetomotriz ‖ ~**durchlass** *m* (Schleuse) / alcantarilla *f* transversal ‖ ~**durchmesser** *m* / diámetro *m* transversal ‖ ~**einschnitt-Profil** *n* (Reifen) / perfil *m* de ranuras transversales ‖ ~**elastizität** *f* (Phys) / elasticidad *f* transversal ‖ ~**-EMK** *f* / componente *m* *f* transversal de una fuerza electromotriz
queren *vt*, kreuzen / cruzar ‖ ~ *n*, Querbewegung *f* / movimiento *m* transversal
Quer•entwässerung *f* (Straßb) / drenaje *m* transversal ‖ ~**entzerrung** *f* (Eltronik) / compensación *f* de la distorsión en paralelo ‖ ~**falte** *f* (Geol, Hütt) / pliegue *m* transversal ‖ ~**faltversuch** *m* / ensayo *m* de plegado transversal ‖ ~**faltversuch** (Rohr) / ensayo *m* de compresión longitudinal ‖ ~**falz** *m* (Druck) / pliegue *m* de cruzado ‖ ~**falzung** *f* / plegado *m* transversal ‖ ~**faser** *f* (Tex) / fibra *f* transversal ‖ ~**faserspeisung** *f* (Krempel) / alimentación *f* transversal [de fibras] ‖ ~**faser-Sperrholz** *n* / madera *f* contrachapeada de fibra cruzada ‖ ~**feder** *f* (Kfz) / resorte *m* transversal ‖ ~**feld** *n* (Elektr) / campo *m* transversal ‖ ~**feld** (Fahrleitung, Oberleitung) / pórtico *m* flexible o funicular ‖ ~**feldein**, Gelände... / a campo traviesa, a través del

Querschieber

campo ‖ ⁓**feldmaschine** f, Rosenbergdynamo m (Elektr) / metadino m ‖ ⁓**fenster** n (Bau) / ventana f corrediza o de acordeón ‖ ⁓**festigkeit** f, Schubfestigkeit f (Masch) / resistencia f al cizallamiento ‖ ⁓**flammbrenner** m / mechero m de llama transversal ‖ ⁓**fließpressen** n / extrusión f lateral ‖ ⁓**fokussierung** f / enfoque m transversal ‖ ⁓**förderband** n, -förderer m / cinta f transportadora transversal ‖ ⁓**format** n (Druck, Foto, Pap) / forma f apaisada, formato m apaisado, tamaño m oblongo ‖ ⁓**fuge** f (allg, Straßb) / junta f o ranura transversal ‖ ⁓**führungskraft** f / fuerza f de guiado transversal o radial ‖ ⁓**furche** f / surco m transversal ‖ ⁓**gabelstapler** m / carretilla f elevadora o estibadora con horquilla transversal ‖ ⁓**gang** m (Bergb) / crucero m ‖ ⁓**gefälle** n, -neigung f (Straßb) / pendiente f transversal ‖ ⁓**gefälle geben**, überhöhen (Bahn, Straßb) / peraltar ‖ ⁓**gefälleübergang** m (Straßb) / paso m de pendiente transversal o de peralte ‖ ~**geführter Schnitt** / sección f transversal ‖ ~**[gerichtet]** / transversal ‖ ~**gerippt** / de nervios transversales ‖ ⁓**gewindebolzen** m / bulón m transversal con rosca ‖ ⁓**gleiten** (Walzw) / deslizamiento m transversal ‖ ⁓**gleitlager** n / cojinete m plano o liso ‖ ⁓**griff** m (für Schraubwz) (DIN 3122) / mango m corredizo ‖ ⁓**gurt** m (Bau) / nervio m transversal ‖ ~**haupt** n (Presse) / cabezal m superior fijo ‖ ⁓**haupt** (Senkrechtbohrwerk) / travesaño m, cabezal m transversal ‖ ⁓**haupt**, Traverse f (Bau) / travesaño m ‖ ~**heften** vt (Druck) / agujerear ‖ ⁓**heftung** f (mit Klammern) (Druck) / engrapado m talonario, cosido m a punzón, cosido m a diente de perro, cosido m en bloque ‖ ⁓**holm** m (Waggon) (Bahn) / traviesa f‖ ⁓**holz** n, -stange f (Bau) / traviesa f‖ ⁓**holz**, -leiste f, -riegel, -balken m / brochal m, viga f transversal ‖ ⁓**holz**, -eisen m, -schiene, -stange f / barra f cruzada o transversal, cruceta f, travesaño m ‖ ⁓**holz** n, Hirnholz n / madera f frontal o de testa ‖ ⁓**holz**, Riegel m / cruceta f, pieza f en cruz, costal m ‖ **mit** ⁓**hölzern versehen** / proveer de crucetas ‖ ⁓**impedanz** f (Elektr) / impedancia f en paralelo ‖ ⁓**induktion** f, -induktivität f / inducción f transversal ‖ ⁓**induktivität** f, -induktanz f / inductividad f en paralelo ‖ ~**jochtragwerk** n (Oberleitung) / pórtico m rígido ‖ ⁓**kapazität** f (Tunneldiode) / capacitancia f de la caja ‖ ⁓**keilbefestigung** f (Wz) / fijación f por chaveta transversal ‖ ⁓**komponente** f (Elektr) / componente m f transversal ‖ ⁓**kontraktion** f / contracción f transversal ‖ ⁓**kontrolle** f (DV) / prueba f por suma horizontal ‖ ⁓**kopf** m (Strangpresse) / cabezal m transversal ‖ ⁓**kopfziehform** f **der Strangpresse** / troquel m de extrusión ‖ ⁓**kopplung** f (Fernm) / acoplo m por diafonía, inter[a]coplamiento m ‖ ⁓**kraft** f / fuerza f transversal ‖ ⁓**kraft**, Scherkraft f (Mech) / fuerza f de cizallamiento ‖ ⁓**kraft** (Luftf) / fuerza f del viento a través ‖ ⁓**kraftfläche** f / superficie f de fuerza transversal ‖ ~**kraftfreies Biegen** / curvado m o doblado exento de esfuerzos radiales ‖ ⁓**kraftlinie** f / línea f de fuerza transversal ‖ ⁓**kreissäge** f / sierra f circular tronzadora o de tronzar ‖ ⁓**krümmung** f (Fehler, Holz) / alabeo m transversal ‖ ~**[kugel]lager** n / rodamiento m [de bolas] radial ‖ ⁓**kupplung** f / acoplamiento m transversal ‖ ⁓**labilität** f (Luftf) / inestabilidad f transversal ‖ ~**lader** m (Bergb) / cargadora f transversal o en paralelo ‖ **in** ⁓**lage** / posición f en inclinación transversal ‖ ⁓**lagenhaltung** f / posición f en inclinación transversal ‖ ⁓**lager** n, Radiallager n (Masch) / rodamiento m radial ‖ ~**lastig** (Luftf) / pesado de ala ‖ ⁓**lastigkeit** f (Luftf) / carga f lateral ‖ ⁓**leiste** f (Bau) / listón m transversal ‖ ⁓**leiste**, -riegel m (Tür) / cruceta f transversal, peinazo m ‖ ⁓**leiste im Druckwerk** / varilla f sujetapapel ‖ ⁓**leitung** f (Fernm) / línea f de enlace directa ‖ ⁓**leitwert** m (Elektr) / conductancia f en derivación ‖ ~**leitwert**

(Vierpoltheorie) / admitancia f de transferencia ‖ ⁓**lenker** m (Kfz) / brazo m oscilante transversal, brazo m transversal articulado ‖ ~**lenker** (Aufhängung) (Kfz) / brazo m de suspensión ‖ **trapezförmiger** ⁓**lenker** (Vorderräder), Dreieckslenker m (Kfz) / guía f triangular ‖ ⁓**libelle** f (Verm) / nivel m de burbuja transversal ‖ ~**liegend**, **-laufend**, **Quer...** / transversal ‖ ⁓**linie** f / línea f o raya transversal ‖ ⁓**lochstein** m (Bau) / ladrillo m [hueco] con agujeros transversales, ladrillo m agujereado a través ‖ ⁓**luftspannrahmen** m (Tex) / rama f tensora con corriente de aire transversal ‖ ⁓**lüftung** f (Bau) / ventilación f transversal o lateral ‖ ⁓**magnetisierung** f / magnetización f transversal, imantación f transversal ‖ ⁓**markenfeuer** n (geben Grenzen des nutzbaren Bereichs an) (Schiff) / luz f de delimitación transversal ‖ ⁓**messer** m (Schere) / lámina f transversal de cizalla ‖ ⁓**metazentrum** n (Schiff) / metacentro m latitudinal ‖ ⁓**minderung** f (Tex) / menguado m transversal ‖ ⁓**moment** n (Luftf, Schiff) / momento m de balanceo ‖ ⁓**naht** f (Schw, Tex) / costura f transversal ‖ ⁓**nahtschweißmaschine** f / máquina f de soldar para costura transversal ‖ ⁓**narbe** f (Ziehen) / marca f de vibraciones ‖ ⁓**neigung** f / inclinación f lateral ‖ ⁓**neigung** (Luftf) / inclinación f transversal ‖ ⁓**neigung**, -**gefälle** n (Straßb) / pendiente f transversal ‖ ⁓**neigung einnehmen** (Luftf) / inclinarse transversalmente ‖ ~**neigungsanzeiger**, **-neigungsmesser** m (Luftf) / indicador m de inclinación transversal ‖ ⁓**neigungswinkel** m (Rakete) / ángulo m de ladeo ‖ ⁓**paritätsprüfung** f (DV) / prueba f de paridad vertical ‖ ~**parken** / aparcar en batería ‖ ⁓**perforation** f / perforación f horizontal ‖ ~**perforieren** vt / perforar a través ‖ ⁓**pflasterung** f, Diagonalpflaster n (Straßb) / pavimento m diagonal ‖ ⁓**platte** f (Wellenleiter) / septo m transversal ‖ ~**platte bei Stützenstößen** (Stahlbau) / placa f transversal ‖ ⁓**polarisations-Trennschärfe** f (Fernm) / discriminación f de polarización cruzada ‖ ⁓**probe** (Mat.Prüf) / probeta f de través ‖ ⁓**profil** m (Verm) / perfil m transversal ‖ ⁓**prüfungsbit** n (DV) / bit m de comprobación transversal ‖ ⁓**prüfungskriterium** n (DV) / verificación f por sumación horizontal ‖ ⁓**rechnung** f, **-rechnen** m (DV) / operación f de sumación horizontal ‖ ⁓**resonanz** f (Akust) / resonancia f paralela o en paralelo, antirresonancia f, asonancia f ‖ ⁓**rest-Kontrolle** f, Modulo-n-Prüfung, Nummernprüfung nach Modulo n (DV) / prueba f módulo N. ‖ ⁓**richtung** f / dirección f transversal ‖ ⁓**richtung** (Pap) / dirección f transversal, sentido m transversal ‖ **in** ⁓**richtung** / transversalmente, en cruz, de o al través, de parte a parte ‖ ~**riegel**, **-balken** m, **-schwelle** m / travesaño m, riostra f transversal ‖ ⁓**riegel** (Gerüst) / almojaya f ‖ ⁓**riegel am A-Mast** (Elektr, Fernm) / asiento m de poste, ancla f de poste ‖ ⁓**rillenprofil** n (Reifen) / perfil m de ranuras transversales ‖ ⁓**rinne** f (Straßb) / badén m, canaleta f transversal ‖ ⁓**rippe** f, -**gurt** m (Bau) / nervio m transversal ‖ ⁓**rippe** (Masch) / nervio m transversal ‖ ⁓**rips** m (Tex) / acanalado m por trama ‖ ⁓**riss** m (Bergb, Geol) / quiebra f transversal ‖ ⁓**riss** (Metall) / fisura f o grieta transversal [en el borde] ‖ **Querruder** n, **-steuer** n (Luftf) / alerón m ‖ ⁓**antrieb** m (Luftf) / servomando m de alerón ‖ ⁓**-Ausgleichfläche** f (Luftf) / superficie f de compensación del alerón ‖ ⁓**ausschlag** m (Luftf) / ángulo m de desplazamiento del alerón ‖ **Quer•säge**, (jetzt:) **Zugsäge** f / sierra f transversal o de tronzar ‖ ⁓**schaltung** f (Elektr) / interconexión f ‖ ⁓**schenkel** m (Fenster) s. Quersprosse ‖ ⁓**schermaschine** f (Tuch) / tundidora f [de acción] transversal ‖ ⁓**schicht** f / capa f transversal ‖ ⁓**schicht** (Sperrholz) / capa f interior de veta atravesada ‖ ⁓**schieber** m / corredera f o colisa transversal ‖

⁓schiff n (Bau) / nave f transversal, crucero m ‖ ~schiffs adv (Schiff) / de babor a estribor, de costado ‖ ⁓schiffskraft f (Schiff) / fuerza f dirigida a través ‖ ⁓ [schiffs]pol m (Schiff) / polo m transversal ‖ ⁓schiffstapellauf m / botadura f de costado ‖ ⁓schlag, -stollen, -gang m, -strecke f (Bergb) / galería f transversal, traviesa f, corte m transversal, cortaveta f ‖ ⁓schläger m (Projektil) (Mil) / bala f de rebote, rebote m ‖ ~schlägig (Bergb) / en dirección transversal ‖ ⁓schlepper m (Walzw) / ripador m ‖ ⁓schliff m (Mat.Prüf) / muestra f metalográfica transversal ‖ ⁓schliffverfahren n (Schichtdicke) / método m de sección micrográfica ‖ ⁓schlitten m, -support m (Wzm) / carr[it]o m transversal ‖ ~schmieden vt / forjar transversalmente ‖ ⁓schneide f (Bohrer) / filo m transversal ‖ Holz ~schneiden / cortar la madera transversalmente ‖ ⁓schneiden n (allg) / corte m [de forma] transversal, tronzado m ‖ ⁓schneiden (Pap) / corte m transversal ‖ ⁓schneider m, -schneideeinrichtung f / cortadora f transversal ‖ ⁓schneider (Pap) / guillotina f, tijera f guillotina
Querschnitt m / sección f transversal, corte m transversal, sección f ‖ ⁓, -profil n (Verm) / perfil m transversal ‖ ⁓, Schnitt m quer zur Faser (Holz) / corte m a través de fibras ‖ ⁓ m der Kernfusionsreaktion / sección f eficaz de fusión nuclear ‖ ⁓ unelastischer Streuungen (Nukl) / sección f [eficaz] de dispersión inelástica ‖ [quadratischer] ⁓ von 1/1000 Zoll Seitenlänge (= 0.0006452 mm²) (Elektr) / milipulgada f cuadrada ‖ runder ⁓ / sección f circular ‖ runder ⁓ von 1/1000 Zoll Durchmesser / milipulgada f circular, mil m circular
Querschnitts • ... / de la sección transversal ‖ ⁓abmessung, -dimension f / dimensión f de la sección transversal ‖ ⁓abmessungen f pl, -dimensionen f pl (Schiff) / dimensiones f pl del corte transversal ‖ ⁓abnahme f (Drahtziehen) / reducción f de la sección transversal ‖ ⁓anpasser m (Wellenleiter) / adaptador m en embudo o en pirámide ‖ ⁓belastung f (Elektr) / densidad f lineal de corriente ‖ ⁓faktor m, -formbeiwert m / factor m de forma f ‖ ⁓fläche f / área f de la sección transversal ‖ ⁓fläche eines Baumbestandes in Brusthöhe (Forstw) / área f basimétrica a la altura del pecho ‖ ⁓[ver]änderung f / alteración f o variación de la sección transversal o del perfil ‖ plötzliche ⁓[ver]änderung / alteración f brusca de la sección transversal ‖ ⁓verengung f, -verringerung f, -verjüngung f (Gieß) / reducción f del área, adelgazamiento m de la sección transversal ‖ ⁓vergrößerung (Hütt) / aumento m de la sección transversal ‖ ⁓verminderung f (Tiefziehen) / reducción f de la sección ‖ ⁓verminderung, Einschnürung f / contracción f o estricción del área ‖ ⁓verminderung, Brucheinschnürung f / contracción f de rotura ‖ ⁓verringerung f in % / reducción f del área en [un] tanto por ciento ‖ ⁓werte m pl / características f pl geométricas de la sección ‖ ⁓zeichnung f / dibujo m de la sección transversal
Quer • schott n (Schiff) / mamparo m transversal ‖ ⁓schramme f / raya f o rozadura transversal ‖ ⁓schubanlage f (Schiff) / instalación f de empuje lateral ‖ ⁓schwad m (Landw) / hilera f o camba transversal, cordón m transversal ‖ ⁓schwad-Sammelroder m / arrancadora-recolectora f e hiladora ‖ ⁓schwelle, Eisenbahnschwelle f (Bahn) / traviesa f (E), durmiente m (LA) ‖ ⁓schwelle f (Straßb) / traviesa f en el firme ‖ ⁓schwingung f (Phys) / vibración f transversal o radial ‖ ⁓schwingung (Luftf) / oscilación f transversal ‖ ⁓schwingung, Wiegebewegung f (Bahn) / balanceo m transversal ‖ ⁓schwingung f (Krist) / vibración f de flexión ‖ ⁓schwund m (Sintern) / contracción f de anchura ‖ ⁓seilaufhängung f (Bahn) / suspensión f por pórtico funicular ‖ ⁓selbstgang m (Wzm) / avance m

automático transversal ‖ ⁓sieb-Kartoffelroder m (Landw) / arrancadora f (de patatas) de criba transversal ‖ ⁓siederohrkessel, Quersieder m / caldera f de hervidores [tubulares] transversales ‖ ⁓sitz m / asiento m transversal ‖ ⁓spalte f (Druck) / columna f transversal ‖ ⁓spannung f (Elektr) / componente m f transversal de una tensión ‖ ⁓spant n (Schiff) / cuaderna f transversal ‖ ⁓sparren, Wechsel m (Zimm) / cabio m transversal ‖ ⁓speisung f (Krempel, Tex) / alimentación f transversal ‖ ⁓spritzkopf m, Winkelkopf m (Extruder) / cabezal m transversal ‖ ⁓sprosse f, Querschenkel m (Fenster) / baqueta f, baquetilla f ‖ ⁓spülung f (Kfz) / barrido m transversal ‖ ⁓spurverfahren n (Videoband) / registro m transversal ‖ ⁓stabilisator m (Kfz) / estabilizador m transversal ‖ ⁓stabilität f (Luftf) / estabilidad f transversal ‖ ⁓stab[wellentyp]wandler m (Wellenleiter) / transformador m o conversor a modo de barras cruzadas ‖ ⁓stapler, Bogenstapler m (Pap) / dispositivo m automático de superposición escalonada de pliego ‖ ⁓steg m, Kreuzsteg m (Druck) / crucero m ‖ ⁓steife f, -versteifung f (Stahlbau) / refuerzo m transversal ‖ ⁓steifigkeit f (Bau) / rigidez f transversal ‖ ⁓steuerung f (Luftf) / mando m lateral ‖ ⁓steuerwelle f (Luftf) / husillo m de alerón ‖ ⁓stift m (Masch) / pasador m transversal ‖ ⁓stollen, -gang m, -strecke f (Bergb) / galería f transversal, corte m transversal, cortaveta f ‖ ⁓strahl... (Eltronik) / de haz transversal ‖ ⁓strahler m, Dipolebene f (Antenne) / antena f en espina de pescado, antena f de radiación transversal o lateral ‖ ⁓-Strangpressen n / extrusión f transversal ‖ ⁓straße f, Querverbindungsstraße f / carretera f transversal, travesía f ‖ ⁓straße (städtisch) / calle f transversal, travesía f ‖ ⁓strebe f, Diagonalversteifung f / traviesa f ‖ ⁓strecke f (Bergb) s. Querstollen ‖ ⁓streifen m (Tex) / lista f o raya transversal ‖ ⁓strich m (allg) / línea f o raya transversal, trazo m transversal ‖ ⁓strich, Gedankenstrich m (Druck) / guión m, raya f ‖ ⁓strich, Teilungsstrich, Divis m / raya f divisora ‖ ⁓strich m im Buchstaben, Querbalken m / línea f transversal de la letra, trazo m horizontal de la letra ‖ durch ⁓striche teilen (Opt) / rayar ‖ ⁓strom m (Elektr) / componente m f tranversal de una corriente ‖ ⁓stromkühler m / refrigerador m de corriente transversal ‖ ⁓strommotor m / motor m de corriente transversal ‖ ⁓strömung f, -strom m / corriente f transversal ‖ ⁓stromventilator m, -lüfter m, -gebläse n / ventilador m de corriente transversal ‖ ⁓stromverteiler m (Pap) / distribuidor m de corriente transversal ‖ ⁓stromzylinderkopf m (Mot) / culata f de corriente transversal ‖ ⁓summe f (Math) / suma f horizontal ‖ ⁓summenkontrolle f (DV) / balance m paralelo ‖ ⁓support m, Querschlitten m (Wzm) / carro m transversal ‖ ⁓teilanlage f (Hütt) / instalación f de corte transversal ‖ ⁓teilung f / paso m transversal ‖ ⁓träger, -balken m (allg) / viga f transversal, travesaño m ‖ ⁓träger m, Kopfträger m / testera f ‖ ⁓träger, -stück n / traviesa f, travesaño m ‖ ⁓träger, Fahrleitungsjoch n (Bahn) / pórtico m soporte de catenaria ‖ ⁓träger, -strebe, -verstrebung f (Bahn, Fahrzeuge) / riostra f transversal, traviesa f intermedia ‖ ⁓träger (am Eisenbahnwagen) / traviesa f de caja ‖ ⁓traglager n / soporte m de apoyo transversal ‖ ⁓tragseil n (Bahn) / cable m sustentador transversal, transversal m ‖ ⁓ [transport]band n / cinta f transportadora transversal ‖ ⁓trennsäge f / sierra de (o para) tronzar ‖ ⁓überdeckung f (Verm) / recubrimiento m lateral ‖ ⁓- und Längsschneider m / máquina f para cortar a lo ancho y a lo largo
Querungshilfe f (Straßb) / paso m de emergencia (para peatones)
Quer • verankerung f / anclaje m transversal ‖ ⁓verband m, -versteifung f (Brücke) / arriostrado m o

arriostramiento transversal ‖ ⁓**verbindung**, Verbindungsbahn f (Bahn) / línea f transversal ‖ ⁓**verbindung** f **am Rahmen** (Bahn) / riostra f transversal, traviesa f intermedia, travesaño m de chasis ‖ ⁓**verbindung der Schienen** / enlace m transversal de las filas de carriles ‖ ⁓**verbindung zwischen Ämtern**, -weg m (Fernm) / línea f de enlace [entre centrales], línea f auxiliar ‖ ⁓**verbindungsleitung** f (Fernm) / línea f de conexión transversal ‖ ⁓**vergleichsschutz** m (Elektr) / protección f diferencial transversal ‖ ⁓**vergrößerung**, Lateralvergrößerung f (Opt, TV) / poder m de amplificación lateral ‖ ⁓**verleimautomat** m (Holz) / juntadora f automática para ensamblar chapas de madera transversalmente ‖ ⁓**verschiebbar** / desplazable transversalmente o en sentido transversal ‖ ⁓**verschiebung** f, -verstellung f / desplazamiento m transversal, translación transversal o radial,.f. ‖ ⁓**versetzen** / desplazar o trasladar en sentido transversal ‖ ⁓**versteifung** f / refuerzo m transversal ‖ ⁓**versteifung**, -verstrebung f (Brücke) s. Querverband ‖ ⁓**verstellung** f, -zug m (Wzm) / avance m lateral ‖ ⁓**verstrebung** f (Bau) / arriostramiento m transversal ‖ ⁓**verteilung** f / distribución f lateral ‖ ⁓**verweis** m / referencia f de una parte a otra, remisión f ‖ ⁓**verwerfung** f (Bergb) / falla f transversal ‖ ⁓**vorschub** m / avance m transversal ‖ ⁓**vorspannung** f (Bau) / pretensión f transversal ‖ ⁓**walzen** n (Walzw) / laminación f transversal ‖ ⁓**wand** f / pared f transversal ‖ ⁓**weg** m, -verbindung f (Fernm) / línea f de enlace [entre centrales], línea f auxiliar ‖ ⁓**wegtechnik** f (Fernm) / sistema m de mando directo de la selección ‖ ⁓**welle** f, Transversalwelle f (Phys) / onda f transversal ‖ ⁓**widerstand** m (Elektr) / resistencia f inductiva ‖ ⁓**wind** m (Luftf) / viento m lateral ‖ ⁓**wölber** m (DIN), Keilstein m (Bau) / dovela f ‖ ⁓**wölber**, Ganzwölber m (Hütt, Ofen) / cuña f tizón o transversal

Query•-Language-Problem, QL-Problem n (DV) / problema m de lenguaje de interrogación ‖ ⁓**sprache** f (DV) / lenguaje m de interrogación

Quer•zahl, -dehnungsziffer f (Mech) / constante m f de Poisson ‖ ⁓**zug** m (Mech) / tracción f transversal ‖ ⁓**zug**, Querverstellung f (Wzm) / avance m lateral ‖ ⁓**zugversuch** m (Mat.Prüf) / ensayo m de tracción con probeta transversal ‖ ⁓**zusammenziehung**, -kontraktion f / contracción f transversal ‖ ⁓**zusammenziehung**, -kontraktion f (Zylinder) / contracción f del diámetro ‖ ⁓**zweig**, Nebenschlusszweig m (Eltronik) / ramal m o brazo en derivación, rama f en derivación

Quetschbeanspruchung f (der Schienen) (Bahn) / esfuerzo m de aplastamiento

Quetsche f (Landw) / estrujadora f, prensa f [exprimidora]

quetschen vt, klemmen / magullar, aplastar ‖ ⁓ (Drähte) / apretar con pinzas ‖ ⁓, zermalmen / machacar ‖ **Jute** ⁓ (Tex) / suavizar el yute ‖ **Schotter** ⁓ (Südd.) **o. brechen** / triturar piedras

Quetscher m, Gummiwalze f / barredora f de goma

Quetsch•falte f / arruga f ‖ ⁓**falte** (Tex) / tabla f ‖ ⁓**falten** f pl (Tex) / tablas f pl encontradas ‖ ⁓**foulard** m (Tex) / foulard m exprimidor ‖ ⁓**fuß** m (Elektr, Eltronik) / pellizco m, base f con pie, pie m prensado ‖ ⁓**grenze** f / límite m de aplastamiento, límite m de fluencia bajo compresión ‖ ⁓**griff** m (Roboter) / pinzas-mango f pl ‖ ⁓**hahn** m (Labor) / espita f o pinza apretadora o de apriete, llave f de pinza ‖ ⁓**holz** m, Unterlegeholz m (Bergb) / madera f de aplastamiento, galápago m ‖ ⁓**kabelschuh** m (Elektr) / terminal m de cable de engarce a presión ‖ ⁓**kartoffeln** f pl (Landw) / pulpa f de patatas ‖ ⁓**klemme** f / pinza f apretadora o de presión ‖ ⁓**last** f (Baustoffe) / carga f de compresión o de aplastamiento ‖ ⁓**leitung** f

(Wellenleiter) / sección f estrechable ‖ ⁓**maschine** f (Hütt) / máquina f de aplastar ‖ ⁓**maschine** (Flachs) / suavizadora f ‖ ⁓**maschine** (Tex) / escurridora f, mangle m ‖ ⁓**mühle** f, Mahlgang m (für Getreide) / molino m machacador o triturador ‖ ⁓**nahtschweißen** n / soldeo m por aplastamiento ‖ ⁓**rand** m / auréola f, halo m ‖ ⁓**riss** m (Strangguss) / grieta f de rodillo de arrastre ‖ ⁓**schlauchpumpe** f / bomba f peristáltica ‖ ⁓**tube** f / tubo m de envase

Quetschung f, Druck m / aplastamiento m, presión f, compresión f ‖ ⁓ (Glühlampe) / pellizco m, aplastado m

Quetsch•verbinder m / conector m tipo crimp ‖ ⁓**verbindung** f (Eltronik) / conexión f o unión por presión ‖ ⁓**verbindung** (Verdraht) / conexión f crimp ‖ ⁓**verschraubung** f / racor m por tuerca apretadora ‖ ⁓**versuch**, Druckversuch m, (an Baustoffen) / ensayo m de aplastamiento ‖ ⁓**walze** f / cilindro m o rodillo prensador o exprimidor ‖ ⁓**walzenpaar** n / rodillos m pl de presión ‖ ⁓**walzwerk** (Erz, Sand) / máquina f de cilindros machacadores ‖ ⁓**werk** n (südd), Kieswerk m / planta f de machacadoras o de machaqueo ‖ ⁓**zylinder** m (Pap) / cilindro m del lecho de succión

Quettenhärten n (Hütt) / temple m por enfriamiento brusco

Quibinärcode m (DV) / código m quibinario

quicken vt, amalgamieren (Chem) / amalgamar

Quick•-Look-Station f (Raumf) / estación f quick-look ‖ ⁓**-Look-Übertragung** f (Direktübertragung der Messergebnisse vom Satelliten) (Raumf) / control m visual inmediato

Quick-Out-Funktion f (Autositze) / función f Quick-Out

Quicksand m, Treibsand m / arena f movediza

quietschen vi, knarren (Masch) / chirriar, chillar ‖ ⁓ n **der Reifen** / chirrido m

Quillajarinde f (Bot) / corteza f de quilaya o de quillay o de Panamá

Quinacridon n (Leuchtstoff für OLED) / quinacridón m

quinär, zur Basis 5 gehörend (Math) / quinario

Quincke•sches Rohr (Akust) / tubo m de Quincke ‖ ⁓**sche Steighöhenmethode** (Magnet) / método m de Quincke

Quincunxanordnung, Fünfpunktanordnung f / disposición f en pentágono

Quint f (Musik) / quinta f

Quintal m (100 kg), Doppelzentner m / quintal m métrico

Quintillion f, 10^{30} (Math) / quintillón m

Quintupel f, Fünffaches n / quintuple m, quintuplo m ‖ ⁓**punkt** m (Chem) / punto m quintuple

Quirl m (Küche) / batidor m, molinillo m ‖ ⁓, Rührwerk n (Gieß, Keram) / mezclador m

quirlen vt vi, wirbeln / remover con el molinillo, remolinear, batir ‖ ⁓ n, Keulennutation f (Radar) / exploración f cónica

Quiteron m (Halbl) / quiterón m

Quitten•baum m / membrillero m ‖ ⁓**gelb** n / amarillo m de membrillo

quittieren vt, bestätigen (Fernm) / acusar recibo

Quittierschalter m, -vorrichtung f (Elektr) / interruptor m de acuse de recibo

Quittung f, Rückmeldung f / acuse m de recibo ‖ ⁓ (DV) / recibo m

Quittungs•druck m (Reg.Kasse) / impresión f de ficha ‖ ⁓**drucker** m (Zahlkasse) / impresora f de recibos ‖ ⁓**gabe** f (Fernm) / señal f de identificación ‖ ⁓**marke** f, -abschnitt, -abriss m / talón m ‖ ⁓**relais** n (Fernm) / relé m de recibo ‖ ⁓**schaltschütz** n / contactor m o conjuntor de recibo ‖ ⁓**steuerschalter** m (Elektr) / interruptor m de acuse de recibo ‖ ⁓**zeichen** n (Fernm) / señal f de acuse de recibo ‖ ⁓**zeichen** (DV) / carácter m de acuse de recibo

Quote f, Kote f (Verm) / cota f ‖ ≈, Anteil m / cuota f, contingente m
Quoten•stichprobe f / muestreo m por cuotas ‖ ≈**system** n / sistema m de cuotas
Quotient m (Math) / cociente m, cuociente m ‖ ≈ **Eingangsspannung u. Ausgangsstrom** (Fernm) / impedancia f de transferencia
Quotienten•messer m (Elektr) / logómetro m, cocientímetro m, medidor m de relación ‖ ≈**relais** n / relé m de cociente ‖ ≈**verstärker** m (Eltronik) / amplificador m de cociente
Quotieren n **des Verkehrs** / distribución f [proporcional] del tráfico
Q-v-Produkt n (Phys) / corriente f elemental
Q-Wert m, Kernzerfalls-Energie f / energía f de la desintegración nuclear, valor Q
QWTL f, Lambda-Viertelleitung f / línea f de transmisión de cuarto de onda
Q-Zentil n (Stat) / percentila f Q ‖ ≈ **der Lebensdauer** / percentila f Q de la vida
Q-Zentrum n (Nukl) / centro m Q

R

r (DV) / coeficiente m de recombinación
r / resistencia f dinámica
-r = negativer Widerstand
r, R (= Radius) (Geom) / r m (= radio)
R, refrigent (Kältemittel) / refrigerante
R, r = Roentgen
R = allgemeine Gaskonstante
R = Rydberg-Konstante
R (= retarder) (Uhr) / R (= retraso)
Ra = quadratischer Mittenrauwert (nS)
Rabitz•bau m / construcción f tipo Rabitz ‖ ⁓**wand** f (Bau) / tabique m de yeso y enrejado metálico o plástico
Racah-Koeffizient m, Racahscher Dreieckskoeffizient m (Nukl) / coeficiente m de Racah
Race = Research and Development in Advanced Communications-Technology for Europe
Racemat n (Chem) / racemato m
racemisch / racémico
Racemisierung f / racemización f
Rachen m (Masch) / boca f, mordaza f, mandíbula f ‖ ⁓**lehre** f / calibre m de boca o de herradura ‖ ⁓**reizstoff** m / gas m irritante de garganta ‖ ⁓**weite** f / abertura f entre mordazas
Rack n, Rohrlager n (Ölraffin) / tarima f para tuberías ‖ ⁓, Einschubschrank m (Eltronik) / armazón m f de chasis intercambiables, rack m
Racon n (Radar) / racon m, radiofaro m respondedor
Rad, rd n (Einheit der Energiedosis) (veraltet) (1 rd = 10^{-2} J/kg) / rad m ‖ ⁓ / rueda f ‖ ⁓, Fahrrad n / bicicleta f, bici m ‖ ⁓ **fahren**, radeln (coll.) / ir en bicicleta, pedalear (col) ‖ ⁓ n **mit Luftbereifung** / rueda f con bandaje neumático ‖ ⁓ **ohne Spurkranz** (Bahn) / rueda f sin pestaño ‖ **mit einem** ⁓ / de una rueda, monorrueda ‖ ⁓**abdrücker** m (Kfz) / desmontarruedas m ‖ ⁓**abstand** m, Achsabstand m / batalla f, distancia f entre ejes, base f de ruedas ‖ ⁓**abzieher** m / sacarruedas m, extractor m de rueda ‖ ⁓**achse** f / eje m de rueda
RADAN n (Nav) / radan m
Rad•antenne f / antena f radial ‖ ⁓**antriebsspritze** f, Feldspritze f (Landw) / carro m motopulverizador
Radar m n / radar m, rádar m ‖ ⁓ **für automatische Geschwindigkeitskontrolle**, Radarkontrollgerät n, Radarfalle f (coll) / control m por radar ‖ ⁓ **mit elektronisch gesteuerter Strahlschwenkung** / radar m con haz orientable de mando electrónico ‖ ⁓ **mit Laserlicht** / lidar m
Radar•... / radárico, de o por radar ‖ ⁓**abfrage-Funkfeuer**, Racon n / racon m, radiofaro m respondedor, radiofaro m receptor-emisor ‖ ⁓**absorptionsmaterial** n / material m antirradar o antirradárico ‖ ⁓**abtastschema** n / esquema m de exploración de radar ‖ **vom Flugzeugträger gesteuerter** ⁓**anflug** / aproximación f controlada por radar (desde el portaaviones), radar m de aterrizaje en portaaviones ‖ ⁓**anfluggerät** n / radar m de control de aproximación, radar m para vigilancia de acercamiento ‖ ⁓**antenne** f / antena f de radar ‖ **im Flügel eingebaute** ⁓**antenne** (Luftf) / antena f tipo faro ‖ ⁓**antwort** f / respuesta f de radar ‖ ⁓**astronomie** f / radarastronomía m, astronomía f radárica ‖ ⁓**ausrüstung** f / equipo m de radar ‖ ⁓**bake** f, Ziel n mit kontinuierlicher Radarkennung /

baliza f de radar, faro m de radar, radiofaro m respondedor o de respuesta ‖ ⁓**beobachter** m (Mil) / operador m [de] radar ‖ ⁓**beobachtungsstation** f / estación f centinela de radar ‖ ⁓**bewegtziel** n / blanco m u objeto móvil de radar ‖ ⁓**bild** n / imagen f [de] radar ‖ ⁓**bildschirm** m / pantalla f de radar, radariscopio m ‖ ⁓**bildspur** f / traza f radárica ‖ ⁓**bildübertragung** f / retransmisión f de información radárica ‖ ⁓**blindlandeanlage** f / instalación f radárica de aterrizaje a ciegas o sin visibilidad ‖ ⁓**boje** f / boya f radárica, baliza f radárica flotante ‖ ⁓**bug** m, Radarnase f (Luftf) / radomo m ‖ ⁓**-Digitalisierung** f / digitalización f de los datos de radar ‖ ⁓**echo** n / eco m radárico o de radar ‖ ⁓**echoanzeige** f / traza f radárica ‖ ⁓**erfassung** f / localización f o detección por radar, contacto m por radar ‖ ⁓**falle** (coll) / control m de radar ‖ ⁓**fenster** n / ventana f radárica ‖ ⁓**-Flugsicherungsdienst** m / control m del tráfico aéreo por radar ‖ ⁓**führung** f / guía f vectorial con ayuda de radar ‖ ⁓**gegenmaßnahmen** f pl / contramedidas f pl radáricas o de radar ‖ ~**gesteuert** / dirigido o gobernado o controlado por radar ‖ ~**gesteuert**, Radarziel... / buscador del blanco por radar propio ‖ ⁓**-Höhenmesser** m / altímetro m radárico o de radar ‖ ⁓**-Höhenrechner** m / calculador m de altitud por radar ‖ ⁓**horizont** m / horizonte m radar o radárico ‖ ⁓**information** f / información f de radar ‖ ⁓**karte** f (Geo, Nav) / mapa m radárico, carta f [de] radar ‖ ⁓**kennung** f / identificación f radárica ‖ ⁓**kette** f / cadena f de radares ‖ ⁓**-Kontrollbereich** m / región f de control por radar, área f o zona controlada por radar ‖ ⁓**kontrolle** f / control m radárico o por radar ‖ ⁓**kopf** m / explorador m, sistema m explorador de radar ‖ ⁓**kuppel** f / radomo m ‖ ⁓**küstenbild** n (Geo) / imagen f radárica de costa ‖ ⁓**landegerät** m (Luftf) / radar m de aterrizaje ‖ ⁓**leitdienst** m / vigilancia f con radar ‖ ⁓**leitfeuer** n (Nav) / radiofaro m radárico ‖ ⁓**leitstelle** f / estación f de guíado por radar ‖ ⁓**[leucht]schirm** m / pantalla f [de] radar ‖ ⁓**lotse** m (Luftf) / controlador m del tráfico aéreo por radar, encargado m de control de radar ‖ ⁓**lotse für Rundsichtradargerät** / controlador m del tráfico aéreo por radar o unidireccional, encargado m de radar de vigilancia ‖ ⁓**mast** m (Schiff) / mástil m de radar ‖ ⁓**modulator** m / manipulador m de radar ‖ ⁓**-Mosaik** n, Radarmosaikbilder n pl (Luftf) / mosaico m de [fotografías de la pantalla de] radar ‖ ⁓**nachrichtendienst** m / servicio m de información radárica ‖ ⁓**nase** f (Luftf) / radomo m ‖ ⁓**navigation** f / navegación f radárica o por radar ‖ ⁓**-Navigationshilfe** f **für die Seeschifffahrt**, ARPA / ARPA ‖ ⁓**netz** n / cadena f de radares ‖ ⁓**-Operator** m, -Mann m / radarista m, operador m de radar ‖ ⁓**parabolreflektor** m / reflector m parabólico de radar ‖ ⁓**photobild** n / fotografía f de la representación (o de la imagen) de radar, fotografía f radar ‖ ⁓**querschnitt** m, äquivalente Radarrückstrahlfläche / área f de eco de radar ‖ ⁓**raumelement** n / célula f de radar ‖ ⁓**reflektor für Ablenkung um 90°** / reflector m giratorio, rotoflector m ‖ ⁓**reflektorboje** (Schiff) / boya f reflectora de ondas de radio ‖ ⁓**reflexion** f, Echo n / eco m radárico o de radar ‖ ⁓**reichweite** f / alcance f máximo del radar ‖ ⁓**relaisstation** f / estación f de retransmisión de información radárica, estación f de relevadores radáricos ‖ ⁓**richtspiegel** m / antena f de radar giratoria ‖ ⁓**rundsichtgerät** m / radar m panorámico ‖ ⁓**schatten** m / sombra f radárica ‖ ⁓**schirm** m, -leuchtschirm m / pantalla f radárica o de radar, radariscopio m ‖ ⁓**schirm A** / pantalla f tipo A ‖ ⁓**schirmbild** n / presentación f o imagen de radar ‖ ⁓**schutz** m, Antiradareinrichtung / material m antirradárico ‖ ⁓**sendebake** f / ramark m, radiobaliza f de (o para) radar ‖ ⁓**sichtröhre** f / tubo m catódico

Radarsichtröhre

1029

de radar ‖ ⁓signalauswertung f / selección f de señal ‖ ⁓sonde f / sonda f radárica ‖ ⁓spezialist m, -techniker m / ingeniero m o técnico radarista ‖ ⁓staffelung f / separación f según radar ‖ ⁓station f / estación f de radar ‖ ⁓stelle f (Dienststelle) / dependencia f de radar ‖ ⁓stenge f (U-Boot) / explorador m radárico para submarino ‖ ⁓steuerung f, -lenkung f (z.B. für Flak) / control m radárico o por radar ‖ ⁓-Störgeräte n pl (Mil) / contramedidas f pl electrónicas ‖ ⁓störung f, -störecho n / ecos m pl parásitos de radar ‖ Beseitigung von ⁓störungen (Radar) / eliminación f o supresión de ecos parásitos ‖ ⁓technik f / técnica f o ingeniería de[l] radar ‖ ⁓techniker m (Mil) / operador m [de] radar ‖ ⁓-Telemeter n / telémetro m radárico ‖ ⁓-Teleskop n / telescopio m radárico ‖ ⁓theodolit m / teodolito m radárico ‖ ⁓transponder m (Luftf) / transpondedor m radárico ‖ ⁓trugziel n / blanco m fantasma de radar ‖ ⁓übertragung f / retransmisión f de información radárica ‖ ⁓überwachung f / asistencia f o vigilancia por radar, monitoreo m por radar ‖ ⁓vorpostenboot n / buque m centinela de radar ‖ ⁓wellen-Detektor m / detector m de emisión radárica ‖ ⁓wind m, Radarwindmessung f / anemometría f radárica ‖ ⁓ziel n / blanco m radárico ‖ aktives ⁓ziel / radiofaro m de respuesta ‖ ⁓ziel..., radargesteuert / de radar de autoguiaje, buscador del blanco por radar propio ‖ ⁓zielidentifikation f / identificación f de objetivo (o de blanco) radárico ‖ ⁓zielsuche f, -zielansteuerung f / autoguiaje m hacia el origen de un haz radárico, busca f del blanco por emanaciones radáricas o por radar propio ‖ ⁓zielverfolgung f / seguimiento m por radar, rastreamiento m o rastreo por radar
Rad•aufhängung f / suspensión f de las ruedas ‖ ⁓befestigungsbolzen m, Radbolzen m (Kfz) / gorrón m de rueda ‖ ⁓befestigungskeil m (Bahn) / chaveta f de calaje de rueda ‖ ⁓befestigungsmutter f (Kfz) / tuerca f de la rueda ‖ ⁓beschlag m / calzadura f ‖ ⁓breite f, Reifen- oder Spurkranzbreite f (Bahn) / ancho m de la pestaña de la rueda ‖ ⁓bremse f / freno m de (o sobre la) rueda ‖ ⁓bremsscheibe f (Bahn) / disco m de freno ‖ ⁓büchse f, Nabenbüchse f / buje m de rueda
Rädchen n, Röllchen n / ruedecita f, rodillo m, moleta f (gal.)
Rad•dozer m (Bau, Straß) / aplanadora f sobre neumáticos ‖ ⁓druck m / presión f de (o por) rueda ‖ ⁓druckverstärker m (Landw, Traktor) / forzador m de la presión de ruedas ‖ ⁓durchgang m, Raddurchlass m (Kfz) s. Radfreiheit ‖ ⁓eingriff, Zahneingriff m (Getriebe) / engrane m de ruedas
Rädelerz n (Min) / bournonita f
Räder•antrieb m / accionamiento m por ruedas [dentadas] ‖ ⁓[aufzieh]presse f, Radpresse f / prensa f para calar ruedas ‖ ⁓drehbank, -drehmaschine f (Wzm) / torno m de (o para) ruedas ‖ ⁓fahrzeug n (allg) / vehículo m de (o sobre) ruedas ‖ ⁓falz m (Druck) / pliegue m por rodillos ‖ ⁓falzmesser, Tuckerfalzmesser n (Druck) / cuchilla f plegadora de ruedas ‖ ⁓getriebe n, -werk n, Laufwerk n / rodaje m ‖ ⁓getriebe / engranaje m de ruedas ‖ ⁓kasten m, -getriebe m, Getriebekasten m (Wzm) / caja f de engranajes ‖ ⁓[kasten]spindelstock m (Dreh) / cabezal m del husillo con engranajes ‖ ⁓koppelgetriebe n / mecanismo m de biela con engranaje ‖ ⁓kurbelgetriebe n / mecanismo m de rueda dentada y manivela ‖ ⁓los, getriebelos / sin engranaje, de acoplo directo, de transmisión directa ‖ ⁓paar n / par m de ruedas [dentadas] ‖ ⁓paar mit Profilverschiebung / par m del perfil con desplazamiento de ruedas ‖ ⁓pflug m, Gestellpflug m (Landw) / arado m sobre ruedas ‖ ⁓platte f, Schlossplatte f (Dreh) / delantal m del carro ‖ ⁓-Raupen-Fahrzeug n, Halbkettenfahrzeug n /

vehículo m con semiorugas ‖ ⁓satz m (Masch) / juego m de ruedas ‖ ⁓stellhebel m (Wzm) / palanca f de cambio de velocidad, palanca f de marchas ‖ ⁓übersetzung f, Getriebe n / engranaje m, engrane m, mecanismo m de ruedas ‖ ⁓übersetzung, Übersetzungsverhältnis n / relación f de engranaje o de transmisión, multiplicación f ‖ ⁓untersetzung, Untersetzung f / reducción f, de[s]multiplicación f ‖ ⁓vorgelege n / contramarcha f de engranajes ‖ ohne ⁓vorgelege (Dreh) / sin engranaje ‖ ⁓wechselgetriebe n / cambio m de velocidades por engranajes ‖ ⁓werk n (Uhr) / rodaje m, tren m de ruedas ‖ ⁓werk, Getriebe n / movimiento m ‖ ⁓ziehpresse f (Wzm) / prensa f de engranajes para embutir
Rad•fahrer m (STVO) / ciclista m f ‖ ⁓fahrhelm m (DIN) / casco m protector de ciclista ‖ ⁓fahrweg m (Straß) / camino m acotado para ciclista, pista f para ciclistas o bicicletas, carril-bici m (col) ‖ ⁓federweg m / recorrido m de rueda ‖ ⁓felge f / llanta f de rueda ‖ ⁓fenster n (Bau) / ventana f (en forma) de rueda ‖ ⁓flanke f (Zahnrad) / flanco m de diente ‖ ⁓flansch f / pestaña f o brida de rueda ‖ ⁓flügelflugzeug n / ciclogiro m ‖ ⁓förmig / en forma de rueda ‖ ⁓förmig, rollenförmig (Geom) / trocoide, trocoidal ‖ ⁓freiheit f / espacio m libre para la rueda, distancia f mínima rueda-carrocería ‖ ⁓gestell n (Masch) / bastidor m de rueda ‖ ⁓größe f, -maß n / rodaje m (ARG) ‖ ⁓gürtel m (Landw) / cinturón m de patines [para rueda] ‖ ⁓hacke f (Landw) / escarificadora f de ruedas ‖ ⁓halter m, Reserveradhalter m (Kfz) / soporte m de la rueda de recambio o de repuesto ‖ ⁓haus n, Radhausschale f (Kfz) / cárter m de la rueda, paso f de la rueda ‖ ⁓hemmung f, Sperrkegel m (Uhr) / fiador m, trinquete m, retén m
Radiac n (Strahlungsmessgerät) / radiac m
radial / radial ‖ ~ adv / radialmente ‖ ~e Auflösung (Radar) / discriminación m de distancias, resolución f radial ‖ ~ beansprucht / sometido a un esfuerzo radial, solicitado radialmente ‖ ~e Bruchfestigkeit, K-Faktor m (Sintern) / resistencia f al aplastamiento radial ‖ ~es Kontaktfeld (Fernm) / campo m de selección rotatorio o radial ‖ ~er Kühlschlitz (Elektr) / lumbrera f radial para ventilación ‖ ~e Labyrinthdichtung / empaquetadura f labiríntica radial ‖ ~e Querkraft / fuerza f radial ‖ ~e Rissbildung / fisuración f radial ‖ ~er Turboverdichter / turbocompresor m centrifugal ‖ ~e Zeitbasis (Radar) / base f de tiempo radial ‖ sich ~ ausbreiten / extenderse radialmente
Radial•ablage f / depósito m de descarga radial ‖ mit ⁓anschlüssen, -beinen / con conexiones radiales ‖ ⁓-Axialturbine f / turbina f axial-radial ‖ ⁓beaufschlagung f (Turbine) / admisión f radial ‖ ⁓bohrer m (Arbeiter) / operador m de taladradora radial ‖ ⁓bohrmaschine f / taladradora f radial (E), agujereadora f (LA) ‖ ⁓dichtring m, [Radial-]Wellendichtring m, RWDR / anillo m obturador radial ‖ ⁓druck m / presión f radial ‖ ⁓ebene f / plano m radial ‖ ⁓[ein]stellung f / ajuste m radial [forzado] ‖ ⁓-Entlüfter m / ventilador m radial ‖ ⁓faltung f (Pap) / plegado m radial ‖ ⁓feld n (Elektr) / campo m radial ‖ ⁓gebläse n / soplante m radial ‖ ⁓geblecht, Radialkern... (Elektr) / con chapas radiales ‖ ⁓geschwindigkeit f, RG (Astr) / velocidad f radial ‖ ⁓gitter n (Opt) / rejilla f radial ‖ ⁓hohlleiter m / guía f de ondas radial ‖ ⁓kolbenpumpe f / bomba f de émbolos radiales ‖ ⁓komponente f / componente m f radial ‖ ⁓kompressor m / compresor m radial ‖ ⁓kraft f (Phys) / fuerza f radial ‖ ⁓[kugel]lager n / rodamiento m [de bolas] radial ‖ ⁓[gleit]lager / cojinete m liso ‖ ⁓laufring m (Kugellager) / anillo m o aro de rodamiento radial ‖ ⁓luft f, -spiel n / juego m radial ‖ ⁓-Magnetkupplung f / acoplamiento m magnético radial ‖ ⁓[mauer]stein (Bau) / ladrillo m

radial ‖ ~**planimeter** n (Verm) / planímetro m radial ‖ ~**rad** n (Dampfturbine) / rodete m radial ‖ ~**reifen**, Gürtelreifen m (Kfz) / neumático m cinturado, neumático m radial ‖ ~**ringkühler** m (Lufft) / radiador m en forma de anillo ‖ ~**riss** m (Holz) / partidura f radial ‖ ~**rollenlager** n / rodamiento m de rodillos radial ‖ ~**schieber** m / compuerta f radial ‖ ~**schieberpumpe** f / bomba f de álabes o de aletas o de paletas ‖ ~**schlag** m (Radkranz) / excentricidad f radial, salto m radial ‖ ~**schnitt** m / corte m radial ‖ ~**schrapper** m (Bau) / rascador m radial ‖ ~**spannung** f (Elektr) / tensión f radial ‖ ~**spannung** (Mech) / tensión f radial ‖ ~**spiel** n / juego m radial ‖ ~**stein**, -ziegel m (Bau) / ladrillo m radial ‖ ~**strahlröhre** f / tubo m de rayos catódicos radiales ‖ ~**symmetrische Resonanz** (Akust) / resonancia f de simetría radial ‖ ~**turbine** f / turbina f [de admisión] radial ‖ ~**vakuumpumpe** f / bomba f de vacío con flujo radial ‖ ~**ventilator** m / ventilador m radial ‖ ~**verbindung** f, -arterie f (Bahn) / arteria f radial ‖ ~**verdichter** m / compresor m centrífugo ‖ ~**versatz** m / dislocación f radial ‖ ~**verteilung** f (Elektr) / distribución f radial ‖ ~**vorschub-Getriebezug** m (Wzm) / tren m de engranaje por avance radial ‖ ~**-Wellendichtring** m s. Radialdichtring ‖ ~**ziegel** m (Kamin) / ladrillo m radial (chimenea) ‖ ~**zustellung** f (Wzm) / avance m radial ‖ ~**-Zylinderrollenlager**, Zylinderrollenlager n / rodamiento m de rodillos cilíndricos
Radian[t] m, Winkel 1 im Bogenmaß, rad (= 57,29578° (Altgrad), = 63,66197^g (Gon)) (Math) / radián m, radiante m ‖ ~**je sek**, rad/s / radián m por segundo, rad/s
Radiation f, Strahlung f (Phys) / radiación f
Radiationsthermometer n / termómetro m de radiación
Radiator, [Rippen]heizkörper m (Heizung) / radiador m
Radiatoren•gehäuse n, -kessel m (Trafo) / caja f de radiadores ‖ ~**schlüssel** m (Wz) / llave f de radiadores
Radiator•rippe f / nervadura f del radiador ‖ ~**rohr** n / tubo m (E) o caño (LA) de aletas
Radien•lehre f, -schablone f (Opt) / plantilla f de radios ‖ ~**probeglas** n (Opt) / vidrio m de verificación de radios ‖ ~**tafel** f / tabla f de radios
radieren vt, mit Radiergummi o. -messer ausradieren / borrar, raspar ‖ ~ (Stech) / grabar al agua fuerte ‖ ~ vi (Kfz) / patinar (con abrasión de gomo) ‖ ~ n / raspadura f, rasura f ‖ ~ **der Räder** (Kfz) / patinazo m (con abrasión de goma)
Radier•festigkeit f (Pap) / resistencia f al raspado o al frote ‖ ~**gummi** m / goma f de borrar, borrador m (LA) ‖ ~**klinge** f (Zeichn) / cuchilla f de raspar ‖ ~**messer** n / raspador m ‖ ~**nadel** f s. Graviernadel ‖ ~**nadel** / aguja f (de grabar al agua fuerte), buril m ‖ ~**pinsel** m / pincel m de borrar ‖ ~**schablone** f / plantilla f para grabar o borrar
Radierung f / grabado m al agua fuerte o al humo
radikal, von Grund auf / radical[mente] ‖ ~ n (allg, Chem) / radical m ‖ ~**einfang** m (Chem) / captación f de radicales libres
Radikalen-Reaktion f (Chem) / reacción f de radicales
Radikal•wanderung f (Chem) / migración f de radicales ‖ ~**zerfall** m (Chem) / descomposición f de radicales
Radikand m, Wurzelgröße f (Math) / radicando m
radintegrierter Motor (Kfz) / motor m adosado a la rueda, motor m "in-wheel"
Radio n, Rundfunk m, (amtlich:) Tonrundfunk m / radiodifusión f, emisión f o transmisión radiofónica ‖ ~, Empfänger m / radiorreceptor m, radio f ‖ ~ **hören** / escuchar la radio ‖ ~**- u. TV-Industrie** f / industria f audiovisual
Radioactinium n, RdAc, Thorium 227 (Chem) / radioactinio m, 227 torio m
radioaktiv, verseucht / radi[o]activo ‖ ~**er Abbau** / desintegración f radiactiva ‖ ~**er Abfall** / desechos m pl radiactivos ‖ ~**e Altersbestimmung** /

determinación f de la edad por método radiactivo ‖ ~**er Ausfall** / precipitación f radiactiva, cenizas f pl radiactivas ‖ ~**e Bohrlochvermessung** (Öl) / informe m o histograma radiactivo de un pozo ‖ ~**es Element** / elemento m radiactivo ‖ ~**es Gleichgewicht** / equilibrio m radiactivo ‖ ~**er Hof** (Krist) / halo m pleocroico ‖ ~**es Isotop** / isótopo m radiactivo, radioisótopo m ‖ ~**er Kanal**, heißer Kanal / canal m caliente ‖ ~**er Körper** / cuerpo m radiactivo ‖ ~**e Leuchtfarbe** / agente m radioluminiscente ‖ ~**er Niederschlag** (Nukl) / depósito m precipitado radiactivo ‖ ~**es Schürfen** (Öl) / exploración f por el método de radiactividad, prospección f radiactiva ‖ ~**es Spurenelement** s. Radioindikator ‖ ~**es Standardpräparat** / patrón m de radiactividad ‖ ~**er Stoff** / materia f radiactiva, material m radiactivo ‖ ~**e Strahlen** m pl / haz m de radiación radiactiva ‖ ~**er Strahler** (Nukl) / emisor m radiactivo ‖ ~**e Umwandlung**, radioaktiver Zerfall / desintegración radiactiva, decrecimiento m radiactivo ‖ ~**e Verseuchung** / contaminación f radiactiva ‖ ~**e Zerfallkonstante** / constante f de desintegración radiactiva ‖ ~**e Zerfallsreihe** / familia f radiactiva
Radioaktiventstrahlung f / eliminación f de los productos de fisión
Radioaktivität f / radi[o]actividad f ‖ ~ **der Luft** / radi[o]actividad f aeroportada del o en el aire ‖ ~ f **in Curie** / radi[o]actividad f en curie ‖ **frei von** ~, kalt / inactivo
Radio•apparat m, Radio n, Empfänger m / aparato m de radio, radiorreceptor m, radio f ‖ ~**astronomie** f, radioastronomía f ‖ ~**bake** f, Funkpeilstation f / radiofaro m ‖ ~**bastler** m / bricolador m de radio ‖ ~**bauteile** n pl / componentes m pl de radio, piezas f pl [sueltas] de radio ‖ ~**biologie** f, Strahlenbiologie f / radiobiología f ‖ ~**blei** n, Ra D, ^{210} Pb (Nukl) / radioplomo m ‖ ~**burst** m (Astr) / incremento m repentino de la señal, aumento m brusco de la intensidad de señales ‖ ~**carbon- o. C-14-Methode** f (Altersbestimmung) / datación f radiocarbónica o por radiocarbono ‖ ~**-Cäsium** n, ^{137} Cs / radiocesio m ‖ ~**chemie** f, Chemie f der radioaktiven Substanzen / radioquímica f ‖ ~**chemiker** m / radioquímico m ‖ ~**chemisch** / radioquímico ‖ ~**chemische Reinheit** / pureza f radioquímica ‖ ~**einbau vorbereitet** (Kfz) / [con]preinstalación de radio, preequipo de radio ‖ ~**-Einrichtung** f, (spez:) m Rundfunkteil eines Rekorders / parte f radio ‖ ~**elektrisch** / radioeléctrico ‖ ~**elektrizität** f / radioelectricidad f ‖ ~**element** n (Chem) / radioelemento m, elemento m radiactivo ‖ ~**-Empfangsstärkemesser** m / medidor m de intensidad de señal, medidor m de S o en unidades S ‖ ~**frequenz** f / radiofrecuencia f, frecuencia f radioeléctrica ‖ ~**gehäuse** m / mueble m ‖ ~**gen**, durch radioaktiven Zerfall entstanden / radiogénico ‖ ~**goniometer** n, Funkpeiler m / radiogoniómetro m, indicador m de dirección ‖ ~**goniometrie**, Funkpeilung f / radiogoniometría f, radiolocalización f ‖ ~**graphie** f / radiografía f ‖ ~**hörer** m, Rundfunkhörer m / radioescucha m f, radioyente m f ‖ ~**horizont** m (Meteo) / horizonte m radioeléctrico, radiohorizonte m ‖ ~**indikator** m, trazador m o indicador radiactivo ‖ ~**introskopie** f (Geol) / radiointroscopía f ‖ ~**-Iod** n / radioiodo m ‖ ~**isotop** n / radioisótopo m, isótopo m radiactivo ‖ **mit** ~**isotopen versetzt**, markiert (Nukl) / marcado ‖ ~**isotopenantrieb** m (Raumf) / propulsor m radioisotópico ‖ ~**isotopenbild** n / imagen f radioisotópica ‖ ~**isotopindikator** f / radioindicador m ‖ ~**isotopische Reinheit** / pureza f radioisotópica ‖ ~**isotop-Thermoelektrik-Generator** m (Raumf) / generador m termoeléctrico por radioisótopos ‖ ~**kobalt** n / radiocobalto m ‖ ~**kohlenstoff** C^{14} m / radiocarbono m, carbono m radiactivo, carbono m 14,

Radiokolloid

C¹⁴ m ‖ ⁓**kolloid** n (Nukl) / radiocoloide m ‖ ⁓**kompass** m (Luftf) / radiocompás m, radiobrújula f, brújula f radiogoniométrica ‖ **automatischer** ⁓**kompass** / radiogoniómetro m o radiocompás, radiobrújula f automática ‖ ⁓**koppler** m (Luftf) / acoplador m de radio ‖ ⁓**larienschiefer** m (Geol) / esquisto m de radiolarios ‖ ⁓**larienschlamm** m / sedimentos m pl de radiolarios ‖ ⁓**larit** m (Geol) / radiolarita f ‖ ⁓**loge** m (Med) / radiólogo m ‖ ⁓**logie** f / radiología f ‖ ⁓**logisch**, Strahlen... / radiológico ‖ ~**logische Physik** / física f radiológica ‖ ⁓**lumineszenz** f / radioluminiscencia f ‖ ⁓**lyse** f (Nukl) / radiólisis f ‖ ⁓**meter** n (Instr) / radiómetro m ‖ ⁓**meter**, Crookessche Lichtmühle (Phys) / radiómetro m de Crookes ‖ ⁓**meterlampe** f / lámpara f radiométrica ‖ ⁓**meter-Vakuummeter** n / vaciómetro m radiométrico ‖ ⁓**metrie** f (Geol) / radiometría f ‖ ~**metrisch** (Chem) / radiométrico ‖ ~**metrische Bandwaage** / báscula f de cinta radiométrica ‖ ~**metrische Bohrlochvermessung** (Öl) / informe m o histograma radiométrico de un pozo ‖ ~**metrische Klaubung** (Erz) / escogido m radiométrico ‖ ⁓**mimetikum** n (Biol, Chem) / sustancia f radiomimética ‖ ~**mimetisch** (Biol, Chem) / radiomimético ‖ ⁓**nautik** f, -navigation f / radionavegación f, navegación f radioeléctrica ‖ ⁓**nuklid** n / radionúclido m, núclido m radiactivo ‖ ⁓**nuklidlaboratorium**, Isotopenlabor n / laboratorio m de radionúclidos ‖ ⁓**nuklidreinheit** f / pureza f radiactiva ‖ ⁓**nuklidtechnik** f, RNT / técnica f de trazadores radiactivos ‖ ⁓**ökologie** f / radioecología f ‖ ~⁓**optisch** / radioóptico ‖ ⁓**peilung** f s. Radiogoniometrie ‖ ⁓**pharmazie** f / radiofarmacia f ‖ ⁓**phon** n / radioteléfono m ‖ ⁓**photolumineszenz** f / radiofotoluminiscencia f ‖ ⁓**quelle** f (Astr) / fuente f [de radiación] radioeléctrica, radiofuente f ‖ [**punktförmige**] ⁓**quelle** (Astr) / radiofoco m, radioestrella f, estrella f radioeléctrica ‖ ⁓**recorder** m / radiocassette m, radiocasete m f ‖ ⁓[**kassetten**]**rekorder** m / radiograbadora f ‖ ⁓**röhre** f (Eltronik) / tubo m electrónico o de radio ‖ ⁓**sender** m, -station f / emisora f [de radio], radiotransmisor m, emisor m o transmisor radioeléctrico o de radio ‖ ⁓**sendung**, -übertragung f / radioemisión f, radiodifusión f, retransmisión f radiofónica, radiotransmisión f, transmisión f radioeléctrica o de radio o por radio ‖ ⁓**sextant** m / radiosextante m ‖ ~**skopisch**, Röntgen..., Durchleuchtungs... / radioscópio ‖ ⁓**sonde** f (Meteo) / radiosonda f ‖ ⁓**stern** m (Astr) / radioestrella f, estrella f radioeléctrica ‖ ⁓**störung** f (Eltronik) / interferencia f, parásitos m pl, perturbaciones f pl ‖ ⁓**strahlung** f (Astr) / radiación f radioeléctrica ‖ ⁓**strahlungs-Forscher** m / especialista m o investigador de emisiones radioeléctricas ‖ ⁓**strontium** n, RdSr, ⁹⁰Sr (Chem) / radioestroncio m, estroncio m radiactivo ‖ ⁓**synthese** f, Strahlensynthese f / síntesis f producida por radiación ‖ ⁓**technik** f / radiotecnia f, radiotécnica f ‖ ⁓**techniker** m / radiotécnico m ‖ ~**technisch** / radiotécnico *adj* ‖ ⁓**telefonie** f / radiotelefonía f ‖ ⁓**telegrafie** f / radiotelegrafía f ‖ ~**telegrafisch**, drahtlos / radiotelegráfico ‖ ⁓**teleskop** n (Astr) / radiotelescopio m ‖ ⁓**tellur** n / radiotelurio m ‖ ⁓**thallium** n / radiotalio m ‖ ⁓**therapie** f / radioterapia f, roentgenterapia f ‖ ⁓**thorium** n, RdTh, ²²⁸Th (Chem) / radiotorio m ‖ ⁓**toxizität** f / radiotoxicidad f ‖ ⁓**voltaisch** (Nukl) / radiovoltaico ‖ ⁓**vorbereitung** f (Kfz) s. Autoradiovorbereitung ‖ ⁓**wecker** m / radiodespertador m, radio-reloj m ‖ ⁓**wellen** f pl / ondas f pl radioeléctricas ‖ ⁓-**Werbedurchsage** f, Werbespot m (Eltronik) / cuña f [publicitaria], anuncio m relámpago, secuencia f corta ‖ ⁓**zange** f / pinzas f pl de corte diagonal

electrónicas ‖ ⁓-**Zeitzeichen** n / señal f horaria [radioeléctrica o por radio]
Radium n, Ra / radio m, radium m, Ra ‖ ⁓**behälter** m / recipiente m para radio ‖ ⁓[**be**]**strahlung**, Strahlenbehandlung f (Med) / radioterapia f, radiumterapia f ‖ ⁓**bromid** n / bromuro m de radio ‖ ⁓**chlorid** n / cloruro m de radio ‖ ⁓-**Emanation** f, RaEm, ²²²Ra / radón m 222, radioemanación f, emanación f de radio ‖ ~**haltig**, radiumführend / radífero ‖ ⁓**kapsel** f / cápsula f o celda de radio ‖ ⁓**präparat** n / fuente f de radio, radiofuente f ‖ ⁓**strahlung** f / rayos m pl de Becquerel ‖ ⁓**sulfat** n / sulfato m de radio ‖ ~**verseucht** / contaminado por radio ‖ ⁓**zerfall** m / desintegración f espontánea del radium (o radio)
Radius m, Halbmesser m (Geom) / radio m ‖ ⁓**der stillen Zone** (Eltronik) / distancia f de salto o de silencio ‖ ⁓**in Polarkoordinaten**, Leitstrahl m / radiovector m ‖ ⁓**lehre** f / plantilla f de radios ‖ ⁓**vektor**, Ortsvektor m / radiovector m ‖ ⁓**vektor** m (eines Kegelschnittpunktes) / distancia f focal ‖ ⁓**verlauf** m, -bahn f / trayectoria f del radio
Radix, Basis, Grundzahl f (DV) / base f [de un sistema de numeración] ‖ ⁓, Wurzel f (Bot) / raíz f ‖ ⁓**punkt** m, Komma n (zur Trennung ganzer u. Bruchzahlen in einer Zahl mit beliebiger Basis) (Math) / punto m [separador de fracción], coma f ‖ ⁓**schreibweise** f (DIN) (DV) / notación f con base ‖ ⁓**schreibweise mit fester Basis** / notación f con base fija ‖ ⁓**schreibweise mit wechselnder Basis** / notación f de base mixta
radizieren vt, wurzelziehen (Math) / radicar, extraer o sacar la raíz ‖ ⁓, Wurzelziehen n / radicación f, extracción f de la raíz
Radizierglied n (Eltronik) / elemento m de transferencia respecto a la ley de raíz cuadrada
Rad • kappe f (Kfz) / tapacubo[s] m, disco m de llanta ‖ ⁓**kappe**, Zierkappe f (Kfz) / embellecedor m ‖ ⁓**kasten** m (Kfz) / paso m o cárter de rueda ‖ ⁓**kasten** (Masch) / caja m de engranajes ‖ ⁓**körper** / cuerpo m de rueda ‖ ⁓**kranz** m (Kfz) / pestaña f de rueda, llanta f ‖ ⁓**kranz** (Bahn) / llanta f ‖ ⁓**kufenflugzeug** n / avión m de patines con ruedas ‖ ⁓**lader** m (Bau) / cargadora f sobre ruedas ‖ ⁓**lager** n / apoyo m de [una] rueda ‖ ⁓**last** f / carga f de rueda ‖ ⁓**lastwaage** f, -lastmesser m / báscula f pesa ruedas o para pesar vehículos por ruedas ‖ ⁓**lastzug**, Lastzug m (Brücke) / tren m tipo ‖ ⁓**lauf** m (Kfz) / paso m de rueda, cárter m de rueda ‖ ⁓**lenker** m (Bahn) / contracarril m (E), contrarriel(LA) m, guardarriel m (LA) ‖ ⁓**licht** n, -lichtanlage f / instalación f de alumbrado para bicicletas ‖ ⁓**lichtmaschine** f / dínamo f de bicicleta ‖ ⁓**linie** f, Zykloide f (Geom) / cicloide f, línea f de rodamiento ‖ ⁓**macher** m, Wagner m / ruedero m ‖ ⁓**magnetron** m, Vielfachmagnetron m / magnetrón m de cavidades ‖ ⁓**mitte** f / centro m de rueda ‖ ⁓**mulde** f (Kfz) / cavidad f para rueda[s] ‖ ⁓**mutter** f (Kfz) / tuerca f de la rueda ‖ ⁓**mutter**[**kreuz**]**schlüssel** m (Kfz) / llave f [en cruz] para tuercas de rueda[s] ‖ ⁓**mutterkurbel**, Felgenwinde f (Kfz) / berbiquí m para tuercas de rueda ‖ ⁓**nabe** f / cubo m de la rueda, buje m ‖ ⁓**nabenmotor** m / motor m integrado al cubo de la rueda o en el centro de rueda ‖ ⁓**nabenzieher** m / arrancador m de cubos de rueda[s], extractor m de cubos
Radnos n (Fernm) / radiodevanecimiento m en la zona ártica
Radom n, Antennen- bzw. Radarkuppel f (Luftf) / radomo m
Radon n, Rn (Chem) / radón m, Rn ‖ ⁓**isotop 219**, [220, 222] / radón m 212, [220,222]
Rad • paar n (Zahnrad) / par m de ruedas [dentadas] ‖ ⁓**paarung** f / ruedas f pl en contacto ‖ ⁓**planiergerät** n (Straßb) / niveladora-escarificadora f sobre ruedas ‖

Rahmenmaschine

~**presse** f / prensa f para calar ruedas ‖
~**prüfhammer** m (Bahn) / martillo m para comprobar ruedas
Radreifen m, (früher:) Bandage f (Bahn) / aro m de rueda, llanta f ‖ ~ **aufziehen** (o. anlegen) (Bahn) / montar aros ‖ ~**ansatz** m (Bahn) / talón m del aro ‖ ~**ausbohrmaschine** f / torno m para el mecanizado del interior de aros ‖ ~**block** m (Walzw) / lingote m para aros ‖ ~**drehmaschine** f / torno m para el mecanizado de aros ‖ ~**glühofen** m (Walzw) / horno m de recocer aros ‖ ~**gussblock** m (Hütt) / disco m para aros, torta f para aros ‖ ~**neigung** f (Bahn) / conicidad f de la llanta ‖ ~**presse** f / prensa f para calar aros ‖ ~**profil** n (Bahn) / perfil m del aro ‖ ~**[profile] abdrehen** (Bahn) / retornear [los] aros ‖ ~**sprengring** m (Bahn) / cintillo m de sujeción de llanta ‖ ~**walzwerk** n / tren m laminador de aros
Rad•rohling m (Hütt) / pieza f en bruto de aro ‖ ~**satz** m, Rädersatz m (Techn) / juego m de ruedas ‖ ~**satz** (Bahn) / par m de ruedas, eje m montado ‖ ~**satz mit einstellbarer Spurweite** / eje m [montado] para ancho de vía variable ‖ ~**satzdrehmaschine** f / torno m para ejes montados ‖ ~**satzgetriebe** n (Bahn) / transmisión f del par de ruedas ‖ ~**satzkraft** f (DIN 26010) / carga f de eje ‖ ~**satzlenker** m (Bahn) / guía f de eje ‖ ~**satzspur** f (Bahn) / separación f (E) o trocha (LA) entre las caras interiores de las pestañas ‖ ~**schalter** m (Drehung senkrecht zur Skalen-Ebene) (Eltronik) / conmutador m rotatorio ‖ ~**scheibe**, Scheibe f des Scheibenrades / disco m de rueda ‖
~**scheiben-Walzwerk** n / laminador m de discos de rueda ‖ ~**-Schiene-System** n / sistema m rueda-carril ‖ ~**schlepper** m (Kfz, Landw) / tractor m de ruedas ‖ ~**schleuder** f, Trommelschleuder f (Gieß) / centrífuga f de tambor ‖ ~**schrämmaschine** f (Bergb) / rozadora f de disco ‖ ~**schuh** m (Bahn) / calce m, cuña f ‖ ~**schürfgerät** n (Straßb) / tournadozer m ‖ ~**schutz** m / caja f protectora de engranaje, cubrerrueda[s] m ‖ ~**schutz** (Schleifscheibe) / protector m de muela, cubremuela m ‖ ~**schutz** (Bahn) / protector m de rueda, quitapiedras m ‖ ~**speiche**, Speiche f / radio m o rayo m de rueda ‖ ~**spur** f, Wagenspur f / rodada f, rodera f ‖ ~**spur** (Kfz) / anchura f o distancia entre ruedas, vía f ‖ ~**spurschar** f (Pflug) / reja f escariadora de la rodada ‖ ~**stand** m, Achsstand m (Bahn, Kfz) / batalla f, distancia f entre ejes, base f de ruedas ‖ ~**stern** m / centro m de rayos ‖ ~**steuerung** f (Luftf) / mando m por volante ‖ ~**sturz** m (Kfz) / inclinación f de la rueda, convergencia f (de las ruedas delanteras) ‖ ~**umdrehung** f / revolución f o vuelta de rueda ‖ ~**umdrehungszähler** m (Kfz) / cuentarrevoluciones m de rueda[s] ‖ ~**umformer** m (DIN), Getriebe m / engranaje m ‖ ~**verbinder** m (Bahn) / conexión f de rueda ‖ ~**verblendscheibe** f (Kfz) / embellecedor m ‖ ~**weg** m / pista f para ciclistas o bicicletas, ciclovía f, carril-bici m (col), camino m acotado para ciclistas ‖ ~**wulst** m f (Kfz) / bordón m de rueda ‖ ~**zapfen** m / pivote m, espiga f ‖ ~**zierkappe** f / embellecedor m ‖ ~**zylinder** m (Kfz) / cilindro m de freno de rueda
raffen vt, zusammenziehen / coger (E), recoger, arrebañar, contraer ‖ ~, zusammenziehen (Näh) / alzar, arregazar
Raffiabast m / rafia f
Raffinade f, Weißzucker m / azúcar m refinado ‖ ~**füllmasse** f / masa f cocida refinada ‖ ~**kläre** f (Zuck) / jarabe m refinado ‖ ~**kupfer** n (Hütt) / cobre m refinado ‖ ~**zink** n (99,5 % Zn) / cinc m refinado
Raffinat n / producto m refinado, refinado m ‖ ~**blei** n / plomo m refinado
Raffination f (Chem, Hütt, Öl) / refinación f ‖ ~ **auf trockenem Wege** (Hütt) / refinación f en (o al) horno
Raffinations•ertrag, -wert m (Zuck) / rendimiento m de refinación ‖ ~**ofen** m (Alu) / horno m de refinación ‖ ~**produkt** n / producto m refinado, refinado m ‖

~**rückstand** m (Öl) / residuo m de refinación ‖
~**verluste**, Verarbeitungsverluste m pl / pérdidas f pl de refinación
Raffinat•kupfer n / cobre m refinado ‖ ~**silber** n / plata f refinada ‖ ~**zink**, Handelszink n (98,75 % Zn) / cinc m refinado
Raffinerie f (Öl) / refinería f, destilería f (ARG) ‖ ~, Affinerie f (Hütt) / refinería f ‖ ~**gas** n / gas m de refinería ‖ ~**lagertank** m / depósito m o tanque almacenador de refinería ‖ ~**melasse** f (Zuck) / melaza f de refinería ‖ ~**rückstände** m pl / residuos m pl de refinación
Raffineur m (Pap) / refinador m
raffinieren vt (Hütt) / refinar ‖ ~, kochen (Zuck) / refinar ‖ ~ n (allg, Öl, Zuck) / refinación f ‖ ~ **auf trockenem Wege** (Kupfer) / refinación f al horno
raffiniert, ausgeklügelt / sofisticado, muy especial, de gran refinamiento técnico, complejo, intrincado ‖ ~**er Kristallzucker** / azúcar m cristalizado refinado
Raffinose, Melitose f / rafinosa f, melitosa f
Rahe f (Antenne) / separador m ‖ ~, Rah f (Schiff) / verga f
Rahm m, Sahne f (Milch) / nata f, crema f ‖ ~ **ansetzen** (Milch) / formar nata
rahmen vt (Bild) / poner en un marco, encuadrar, enmarcar ‖ ~, in Rahmen spannen (Tuch) / poner en rama tensora ‖ **Milch** ~, ent-, abrahmen / desnatar
Rahmen m (Bau, Bild) / marco m ‖ ~ (Kfz) / bastidor m ~, Gestell n, Fassung f (Masch) / armadura f, armazón f, entramado m, bastidor m ‖ ~ (Fahrrad, Motorrad) / cuadro m ‖ ~ (Selbstanschluss) (Fernm) / bastidor m, chasis m ‖ ~, Spannrahmen m (Tuch) / rama f tensora ‖ ~, Fassung f / montura f ‖ ~, Bereich m / margen m f ‖ ~ m, Fachwerk n (Bau) / celosía f ‖ ~ f (Bau, Stahlbau) / pórtico m ‖ ~, Gevíert n (Bergb) / escuadría f ‖ ~ (Schuh) / vira f ‖ ~, Chassis n (Plast, Wz) / chasis m ‖ ~, Formrahmen m (Druck) / rama f, marco m ‖ ~, Abdeckrahmen m (Foto) / desvanecedor m ‖ ~ **des Fensterflügels** / marco m del batiente de ventana ‖ ~ **mit Knautschzone** (Kfz) / bastidor m con zona deformable o con zona de absorción de impactos ‖ **19"-**~ (Eltronik) / bastidor 19" m ‖ **im** ~ [von] / dentro del marco [de], dentro del margen [de] ‖ ~ **stehender** (senkr.Schiebefenster) (Bau) / marco m de la ventana de guillotina
Rahmen•antenne f / antena f de cuadro ‖ **mit** ~**aufhängung**, im Rahmen gelagert (Elektr, Mot) / suspendido totalmente ‖ ~**bau** m (Bau) / construcción f de pórtico ‖ ~**bau** (Bauweise) (Kfz) / chasis m y carrocería en construcción separada ‖ ~**bescheinigung** f (Elektr) / certificado m general de construcción ‖ ~**bildung** f, Rahmung f (Frames) (DV) / selección f de grupos ‖ ~**bildwand** f / pantalla f rígida ‖ ~**blechschere** f / cizalla f de guillotina ‖ ~**code** m (DV) / código m esquelético, código m estructural ‖ ~**dauer** f (Fernmessen) / período m de cuadro ‖ ~**dingweite** f (Stereo) (Opt) / distancia f de la ventana estéreo ‖ ~**durchfederung** f, elastische Durchbiegung des Rahmens / deformación f elástica del cuadro o del bastidor ‖ ~**eckblech**, -eckstück n (Stahlbau) / refuerzo m de ángulo del bastidor, esquinero m (LA) ‖ ~**empfang** m (Eltronik) / recepción f con antena de cuadro ‖ ~**[filter]presse** f / filtro-prensa m de bastidores ‖ ~**garn** n (Tex) / hilo m para bordar el tambor o bastidor ‖ ~**geschirr** n (Container, Schiff) / separador m ‖ ~**gestell** n, Rahmen m (Fernm) / bastidor m, chasis m, rack m ‖ ~**glaser** m / vidriero m de marcos ‖ ~**holz**, Holz n zum Rahmenbau / madera f escuadrada 8x12 cms ‖ ~**holz** n **beim Fachwerk**, Rähm m (Zimm) / travesaño m de refuerzo ‖ ~**impuls** m (Radar) / impulso m de referencia o de encuadre ‖ ~**konstruktion** f / construcción f de pórtico ‖ ~**länge** f / largo m del bastidor ‖ ~**los** / sin cuadro ‖ ~**loses Fenster** (Bau) / vidrio m empotrado en la pared, vidrio m sin marco ‖ ~**maschine** f (Tuch) / máquina f tensora

1033

Rahmenmontierung

|| ~montierung f (Opt) / montura f con soporte ||
~norm f / especificación f principal || ~peiler m,
-peilgerät n / radiogoniómetro m de cuadro || ~pflug
m (Landw) / arado m de bastidor || ~plan m / plan m
general básico || ~platte f (Akku) / placa f de cuadro ||
~presse f (Tischl) / prensa f de bastidor o de encuadrar
|| ~presse (Wzm) / prensa f de chasis || ~presse (Plast) /
prensa f de dos montantes || ~richtwaage f (Bau) /
nivel m de agua con cuadro || ~riegel m (Stahlbau) /
travesaño m de pórtico || ~rohr n (Fahrrad) / tubo m de
cuadro || ~rohr, Tretlagerrohr n (Fahrrad) / tubo m
inferior [del cuadro], tubo m del eje de pedales ||
oberes ~rohr, Scheitelrohr n (Fahrrad) / tubo m
superior u horizontal [del cuadro] || ~säge,
Spannsäge f (DIN) (Wz) / sierra f de bastidor ||
~schenkel m (Abmessung 2 x 2 bis 4 x 4 1/2"),
Kantholz n / madera f escuadrada (8x12 cm), alfarjía
f, madera f enteriza || ~spant n (Schiff) / bulárcama f ||
~spezifikation f (Norm) / especificación f intermedia
o seccional || ~stab m (Mech) / barra f de cuadro ||
~ständer m (Stahlbau) / pie m derecho [del bastidor] ||
~steuereinheit f (Eltronik) / unidad f de mando en
bastidor || ~stiel m (Bau) / montante m de cuadro ||
~stütze (Stahlbau) / soporte m de cuadro || ~sucher
m (Foto) / visor m iconométrico o directo, iconómetro
m || ~synchronisation f (Telemetrie) / sincronización f
vertical o de cuadro || ~tafel f (Math) / tablas f pl ||
~träger m / estructura f aporticada, viga f Vierendeel
|| ~träger, Strebe f (Bahn) / riostra f de bastidor ||
~tragwerk n, Rahmen m / estructura f de cuadro,
bastidor m portante || ~treppenvisier n (Mil) / alza
escalera de marco || ~trockner m (Tex) / rama f
secadora || ~tür f / puerta f de cuadro ||
~verlängerung f (Kfz) / prolongación f del bastidor ||
~verstärker m (Eltronik) / amplificador m de cuadro ||
~wange f, Längsträger m (Bahn) / larguero m de
bastidor || ~-Wasserwaage f (Bau) / nivel m de burbuja
en forma de cuadro || ~weite f (Druck) / formato m del
marco || ~zimmerung f (Bergb) / entibación f cuadrada
Rahm•messer m, Sahnemesser m (Nahr) / cremómetro
m || ~reifer m / maduradora f de crema || ~schenkel
m (Tischl) / batiente m || ~schenkel s. auch
Rahmenschenkel || ~zentrifuge f / desnatadora f
centrifuga
Raigras n (Bot) / ray-grass m
Rainout m (Nukl) / depósito m radiactivo precipitado
Rakel f, Walzenreiniger m (Tex) / raedera f, limpiador m
|| ~ (Tiefdruck) / rascador m || ~ (Siebdruck) / rasqueta f,
racleta f || ~ (Druck, Zeugdr) / rasqueta f, racle m ||
~-Appretiermaschine f (Tex) / máquina f de apresto
por rasqueta o por racle || ~einstellung f / ajuste m de
la racleta || ~foulard m (Tex) / foulard m de racle
rakeln vt / raclear
Rakel•streichmaschine f (Pap) / máquina f de recubrir
por extensión de rasqueta || ~streichverfahren n (Pap)
/ estucado m de raspador o de rascador || ~streifen m
/ franja f de racle || ~tiefdruck m, Kupfertiefdruck m
(Druck) / huecograbado m [con retícula], rotograbado
m || ~tiefdruckpresse f / prensa f de huecograbado
Rakete f (Mil, Raumf) / cohete m || ~ n f pl / cohetería f || ~
f **mit festem Brennstoff** / cohete m con combustible
sólido || **gelenkte** ~ / cohete m guiado o dirigido, misil
m teledirigido, proyectil m guiado [propulsado por
cohete] || **ungesteuerte** ~ / proyectil m
autopropulsado, cohete m balístico, misil m (E)
Raketen•abschussbasis f / base f de lanzamiento de
cohetes o misiles || ~abwehrgeschoss m / misil m
antimisil, cohete m anticohete || ~abwehrsystem n /
sistema m de defensa anticohete[ría] || **mit** ~antrieb /
propulsado o con propulsión por cohete || ~antrieb
m, -triebwerk n / propulsor m de cohete, motor m
cohético || ~apparat m, Rettungsrakete f (Schiff) /
aparato m lanzacohetes, lanzacabos m ||
~astronomie f / astronomía f cohete || ~auto n /

coche f de propulsión cohética || ~brennkammer f /
cámara f de combustión de cohete || ~bündel n /
grupo m de motores cohéticos || ~fernlenkung f /
telemando m de cohetes || ~flugzeug n / avión m
cohete, avión m de propulsión cohética, avión m
propulsado por reacción directa || ~geschoss n / misil
m balístico (E), proyectil m cohete o cohético ||
~gürtel m (Raumf) / cinturón m de cohetes ||
~hauptstufe f, 1. Stufe f / primera etapa de cohete ||
~körper m (Feststoffrakete) / cuerpo m del
propulsor || ~[montage]turm m / torre f de montaje,
torre f de asemblaje (LA) || ~motor m / motor m
cohético o cohete, propulsor m de cohete || ~nase f /
morro m de cohete || ~ortung f / localización f de
cohetes (E), ubicación f de cohetes (LA) || ~satz m,
Treibsatz m / carga f propulsora de cohete ||
~schutzschild m (Mil) / escudo m antimisil || ~silo m
(Mil) / silo m de o para misil[es] || ~sonde f / cohete m
sonda o de exploración || ~sonde (ballongetragen) /
combinación f globo-cohete || ~spule f (Spinn) /
bobina f gigante, bobina f en forma de cohete ||
~start m / lanzamiento m de cohete || ~start (Luftf) /
despegue m [asistido o acelerado] por cohete ||
~startplatz m / cosmódromo m, polígono m de
lanzamiento [de cohetes] || ~starttisch m /
plataforma f lanzamisiles o de lanzamiento de
cohetes, pedestal m de lanzamiento || ~stationierung
f (Mil) / estacionamiento m de cohetes || ~stufe f /
etapa f de cohete || **erste o. untere** ~stufe s.
Raketenhauptstufe / primera etapa de cohete || ~stuhl
m (Raumf) / plataforma f volante || ~technik f /
tecnología f o técnica de los cohetes, cohetería f ||
~träger m (Mil, Schiff) / portacohetes m || ~treibsatz
m / carga f propulsora de cohete || ~treibstoff m /
propergol m || ~trennmotor m / motor-cohete m de
separación || ~triebwerk n s. Raketenantrieb || ~waffe f /
proyectil m cohético, arma f cohética o de cohética ||
~werfer m (Mil) / lanzamisiles m || ~zündeinrichtung
f / encendedor m de cohete[s] || ~zusatzantrieb m,
Hilfsrakete f (Luftf) / acelerador m cohético, cohete m
auxiliar
RAL-Farben f pl (RAL = Ausschuss für
Lieferbedingungen u. Gütesicherung beim
Deutschen Normenausschuss) / colores m pl RAL
Ralldübel m (jute-umwickelt) / tarugo m Rawl o rawl
RAM n (Mil) / antimisil m de descenso || ~ m (= random
access memory), Direktzugriffsspeicher m (DV) /
memoria f de acceso aleatorio, memoria f RAM,
memoria f de libre acceso, memoria f de acceso
arbitrario directo o libre || ~ (= Radarabsorbing
material) / material m absorbedor de señales radar ||
~ (= Radio attenuation measurement) / medidas f pl
de atenuación de radio || **dynamisches** ~, DRAM m /
memoria f de acceso aleatorio o arbitrario dinámica
Raman•aktiv (Phys) / que manifiesta el efecto Raman ||
~effekt m, [Smekal-]Ramaneffekt m (Phys) / efecto m
Raman || ~konverter m / convertidor m Raman ||
~linie f / línea f espectral [de] Raman ||
~-Spektroskopie f / espectroscopia f Raman ||
~spektrum n / espectro m Raman || ~-Streuung f /
dispersión f de Raman || ~-Verschiebung f,
Raman-Shift f / desplazamiento m de Raman
Ramark n (= radar marker) (Radar) / ramark m,
radiobaliza f marcador de (o para) radar
Ramie•[faser] f (von Bochmeria nivea) (Tex) / fibra f de
ramio || ~gewebe n / tejido m de ramio || ~pflanzung f
/ ramial m
Ram-Jet m / estatorreactor m, tubo m de Lorin
Ramm•anlage f (Bergb) / instalación f para romper la
hulla || ~arbeit f (Bau) / hincado m de pilotes, hinca f
de pilotes, trabajo m de hincar || ~aufsatz m / falso
pilote m || ~bär, -block, -klotz m (Bau) / martinete m
[pisón], mazo m || ~bohle f (Bahn) / tope m ||
~brunnen m / pozo m alumbrado por pisón ||

⁓**brunnen**, abessinischer Brunnen (Hydr) / pozo *m* abisinio ‖ ⁓**bug** *m* (Schiff) / proa *f* de espolón, ariete *m*
Ramme, Handramme *f* (Straßb) / pisón *m* ‖ ⁓, Pfahlramme *f* / martinete *m* ‖ [**schwere**] ⁓ (Straßb) / pisón *m* neumático [pesado]
Rammelsbergit *m* (Min) / ramelsbergita *f*
rammen (Bau) / hincar pilotes ‖ ~ (Straßb) / apisonar ‖ ~ (Kfz) / embestir, chocar ‖ ⁓ *n* (Schiff) / abordaje *m*, trompada *f* ‖ ⁓**fahrbahn** *f* **in Beton o. Stahl** / vía *f* de martinete
Ramm•gerüst *n* / armazón *f* de martinete ‖ ⁓**hammer** *m*, Pfahlramme *f* / martinete *m* hincador ‖ ⁓**haube** *f* / falso pilote *m* ‖ ⁓**haupt** *n* (Öl) / cabeza *f* de golpeo ‖ ⁓**keil** *m* (Bergb) / cuña *f* percutiente o de percusión ‖ ⁓**konstruktion** *f* (am Ende von Reisezugwagen) (Bahn) / dispositivo *m* de antitelescopado ‖ ⁓-**Meißel** *m*, Bohrmeißel *m* / barrena *f*, broca *f* de sondeo ‖ ⁓**pfahl** *m* / pilote *m*, zampa *f* ‖ ⁓**pfahl**, gerammter Pfahl / pilote *m* hincado ‖ ⁓**ponton** *m* (Bau) / pontón *m* de hincado ‖ ⁓**rohr** *n* / tubo *m* hincado o a hincar ‖ ⁓**schutzbügel** *m* (Kfz) / estribo *m* antichoque ‖ ⁓**schutzleiste** *m* (Kfz) / listón *m* lateral antichoque ‖ ⁓**sondiergerät** *n*, Rammbohrgerät *n* / aparato *m* de sondeo por percusión ‖ ⁓**streb** *m* (Bergb) / corte *m* vertical a martillo pilón ‖ ⁓**tiefe** *f* / profundidad *f* de hincado
Rampe *f*, Böschung *f* / talud *m*, plano *m* inclinado ‖ ⁓, Auffahrt *f* / rampa *f* ‖ ⁓ (Theater) / proscenio *m* ‖ ⁓, Galerie *f* (Gasbrenner) / rampa *f* ‖ ⁓ *f*, linear ansteigende Wellenfront (Eltronik) / rampa *f* ‖ ⁓, Laderampe *f* (Bahn) / muelle *m* de expedición, rampa *f* de carga ‖ ⁓, Startrampe *f* (Mil, Raumf) / rampa *f* [de despegue] ‖ ⁓ **für Bohrrohre** (Öl) / tarima *f* para la tubería, planchada *f* (VEN)
Rampen•beleuchtung *f* (Theater) / candilejas *f pl* ‖ ~**förmige Reaktivitätserhöhung** (Phys) / inserción *f* de reactividad en rampa ‖ ⁓**koks** *m* / coque *m* de rampa ‖ ⁓**plattform** *f* (Raumf) / plataforma *f* de rampa
Ram-Rocket *n* (Raumf) / cohete *m* estatorreactor
Ramsauer-Effekt *m* (Phys) / efecto *m* Ramsauer
Ramsayfett, Vakuumfett *n* / grasa *f* de vacío
Ramsbottom-Test *m* (Öl) / ensayo *m* Ramsbottom
Ramsch *m*, -**ware** *f* / pacotilla *f*
Ramsdenobjektiv *n* / objetivo *m* de Ramsden
RAM-Speicher *m* (DV) s. RAM
Rand *m* / borde *m*, reborde *m* ‖ ⁓ (Bau) / arista *f* ‖ ⁓, Kragen *m* / collar *m* ‖ ⁓ *m* (Druck, DV, Schreibm) / margen *m* *f* ‖ ⁓, Wulst *m* / bordón *m* ‖ ⁓ (Wald) / lindero *m*, linde *m* *f* ‖ ⁓..., Grenz... / marginal, límite, limítrofe ‖ ⁓ *m* **des Abgrunds** / borde *m* de un precipicio ‖ ⁓ **des Kalibers** (Walzw) / cordón *m* ‖ ⁓ **einer Höhlung o. Spule** / borde *m* de una cavidad o de una bobina ‖ ⁓ **eines Glases** / borde *m* de un vaso ‖ ⁓ **eines Himmelskörpers** / limbo *m* ‖ **am (o. auf dem)** ⁓ [befindlich], Rand... / marginal ‖ **am** ⁓ **e** / al margen ‖ **den** ⁓ **einstellen** (DV, Schreibm) / fijar margen, ajustar la margen, correr el marginador ‖ **mit** ⁓ (Brille) / con borde ‖ **mit einem** ⁓ (o. August) / con pico ‖ **umgebogener** ⁓, Begrenzungsscheibe *f* / valona *f*
Rand•abfall *m* (Druck) / recortes *m pl* de los bordes ‖ ⁓**abschrecken** *n* (Hütt) / temple *m* o endurecimiento de borde ‖ ⁓**abstand** *m* / distancia *f* del borde ‖ ⁓**abstand senkrecht zur Kraftrichtung**, [in Kraftrichtung] (Stahlbau) / distancia *f* del borde lateral [longitudinal] ‖ ⁓**aktivitäten** *f pl* / actividades *f pl* marginales ‖ ⁓**anschlag** *m*, -leste *f* / reborde *m* ‖ ⁓**anschlag**, -**begrenzer** *m*, -**steller** *m* (Schreibm) / marginador *m*, tope *m* marginal ‖ ⁓**aufbruch** *m*, -aufhellung *f*, -helligkeit *f* (TV) / resplandor *m* de borde ‖ ⁓**auslöser** *m* (Schreibm) / tecla *f* o palanca liberadora de margen, desbloqueador *m* de márgenes, saltador *m* o lib[e]rador marginal ‖ ⁓**ausrichtung** *f* (DV, Schreibm) / alineación *f* del margen ‖ ⁓**balken** *m* (Stahlbeton) / viga *f* maestra ‖

⁓**bedingung** *f*, -**wert** *m* / condición *f* límite ‖ ⁓**bedingung**, Verträglichkeitsbedingung *f* / condición *f* de compatibilidad ‖ ⁓**bedingung**, Grenz-, Zusatzbedingung *f* / condición *f* supletoria ‖ ⁓**befeuerung** *f* (Luftf) / luz *f* de delimitación, balizaje *m* de delimitación, baliza *f* luminosa de límite ‖ ⁓**begrenzung** *f* (Pap) / limitación *f* del formato ‖ ⁓**beleimung** *f* (Bb) / encolado *m* de canto ‖ ⁓**bemerkung** *f* / nota *f* marginal, acotación *f* ‖ ⁓**beschnitt** *m* (Pap) / recorte *m* de los bordes ‖ ⁓**beschriftung** *f* (DV) / impresión *f* lateral ‖ ⁓**blase** *f* (Gieß) / burbuja *f* o sopladura periférica ‖ ⁓**bogen** *m* (Luftf) / bordes *m pl* marginales del ala ‖ ⁓**brett** *n* (Palette) / tabla-guía *f* ‖ ⁓**dämpfung** *f* (Akust) / amortiguación *f* lateral ‖ ⁓**effekt** *m* (Instr) / efecto *m* de borde ‖ ⁓**einrollen** *n* (durch Drücken) (Masch) / enderezado *m* de borde (con rodillo) ‖ ⁓**einsteller** *m* (Schreibm) / marginador *m* ‖ ⁓**einstellung** *f* (DV, Schreibm) / escala *f* del margen o de marginales ‖ ⁓**einzug** *m* (Tiefziehen) / pliegue *m* de borde ‖ **Rändelbacke** *f* (Münzw) / mordaza *f* de acordonar o cordoncillar
Rand⁓**elektron** *n* / electrón *m* periférico ‖ ⁓**element-Methode** *f*, BEM (Mech) / método *m* de los elementos marginales
Rändel•fräswerkzeug *n* / fresa *f* de moletear ‖ ⁓**kegel** *m* (Kfz, Wischer) / extremo *m* cónico moleteado de eje ‖ ⁓**klemmhülse** *f* / boquilla *f* de sujeción moleteada ‖ ⁓**knopf** *m*, -**rad** *n* / botón *m* moleteado, parilla *f* moleteada ‖ ⁓**maschine** *f* (Wzm) / moleteadora *f* ‖ ⁓**mutter** *f* / tuerca *f* moleteada o estriada ‖ **hohe o. flache** ⁓**mutter** / tuerca *f* alta o baja moleteada
rändeln / moletear, cerrillar, estriar ‖ ~ (Münzw) / acordonar, cordoncillar, cerrillar ‖ ~ **parallel zur Achse** / grafilar ‖ ⁓ *n* / moleteado *m*
Rändel•rad *n*, -**werkzeug** *n* / moleta *f*, moleteador *m*, ruleta *f* ‖ ⁓**rand** *m* (Münzw) / cordoncillo *m*, gráfila *f* ‖ ⁓**ring** *m* (Foto) / anillo *m* grafilado ‖ ⁓**schraube** *f* / tornillo *m* moleteado, tornillo *m* de cabeza moleteada ‖ ⁓**teilung** *f* (DIN 82) / paso *m* para moleteados, paso *m* de moleteado
Rändelung *f* / moleteado *m*, cerrillado *m* ‖ ⁓ (Münzw) / cordoncillo *m* ‖ ⁓ **parallel zur Achse** / gráfilo *m*, gráfila *f*
Rändelwerkzeug *n* (Münzw) / cerrilla *f*
Randentkohlung *f* (Hütt) / descarburación *f* superficial
Ränderemail *n* / esmalte *m* para bordear
Ränderiermaschine *f* (Leder) / máquina *f* para marcar el punto
rändern *vt* (Email) / bordear ‖ ~, **die Beschriftung rändern** (Münzw) / acordonar, moletear
Ränder•nähmaschine *f* / máquina *f* de coser ribetes ‖ ⁓**ware** *f* (Wirkm) / tejido *m* abordonado
Rand•feuer *n pl* **der Start- und Landebahn**, Randbefeuerung *f* / balizaje *m* límitrofe (de la pista), balizamiento *m* limítrofe, luces *f pl* de borde de la pista, luz *f* limítrofe o delimitadora ‖ ⁓**fläche** *f* (Krist) / superficie *f* lateral ‖ ⁓ (Schleifscheibe) / forma *f* de superficie ‖ ⁓**fransen** *f pl* (TV) / resplandor *m* de borde ‖ ⁓**gängigkeit** *f* (Hochofen) / marcha *f* por encima de la pared ‖ ⁓**gebiet** *n* (allg) / zona *f* periférica ‖ ~**gelocht** (Blech) / de perforación marginal ‖ ⁓**graben** *m* (Geol) / foso *m* de cintura ‖ ⁓**härten** *n* (Hütt) / endurecimiento *m* superficial ‖ ⁓**inschrift** *f* (Münzw) / cordoncillo *m* ‖ ⁓**integral** *n* (Math) / integral *f* de contorno ‖ ⁓**integral eines Vektors** (Math) / circulación *f* [de un vector] ‖ ⁓**kartei** *f* / fichero *m* marginal ‖ ⁓**kennzeichen** *n* (Luftf) / radiobaliza *f* limítrofe o de límite, marcador *m* de límite ‖ ⁓**leiste** *f*, -**anschlag** *m* / tope *m* lateral marginal ‖ ⁓**leiste** (Tischl) / listón *m* marginal ‖ ⁓**lochung** *f* (Film) / perforación *f* marginal
randlos (Brille) / sin montura ‖ ~, **ohne Rand** (Druck, Foto) / montado a ras, sin márgenes, sin biseles

Rand•masche f (Tex) / malla f de orillo ‖ ⁓**meer** n (Geo) / mar m marginal ‖ ⁓**messer** n (Schuh) / desvirador m ‖ ⁓**moräne** f (Geol) / morena f lateral ‖ ~**nahes Photon** (Phys) / fotón m periférico
Random•[-Access]-Programmieren (DV) / programación f de acceso aleatorio [o de libre acceso], programación f sin tomar en cuenta el tiempo de acceso [a la información almacenada] ‖ ⁓**[-Access]-Speicher** m (zufallsverteilter Zugriff schwankt wenig um den Mittelwert) (DV) / memoria f de acceso aleatorio (E) o arbitrario (LA) o directo o libre
randomisieren vt (DV) / randomizar, aleatorizar, hacer aleatorio
Rand•oxidation f (Chem) / oxidación f marginal ‖ ⁓**platte** f **des Tankes** (Schiff) / plancha f marginal del tanque
randrieren vt, rändeln / moletear
Rand•schärfe f (TV) / definición f marginal, nitidez f de contornos ‖ ⁓**schärfe** (Opt) / nitidez f marginal ‖ ⁓**schärfenkorrektur** f (Opt) / corrección f del astigmatismo ‖ ⁓**schaufel** f (DIN 20123) / pala f de bordes ‖ ⁓**schicht** f, Grenzschicht f / capa f marginal ‖ ⁓**schicht**, Walzhaut f (Walzw) / película f de laminación ‖ ⁓**schicht-Transistor** m / transistor m de capa de barrera ‖ ⁓**schiene** f / rail m (E) o riel (LA) de borde ‖ ⁓**schleier** m (Opt) / velo m marginal ‖ ⁓**spannung** f (Mech) / tensión f marginal o en el borde ‖ ⁓**spule** f (Spinn) / bobina f derecha o cilíndrica, carrete[l] m (MEJ) ‖ ⁓**stabilität** f / estabilidad f marginal ‖ ⁓**stahl** m, unberuhigter Stahl m (Hütt) / acero m efervescente, acero m no calmado ‖ ⁓**stein** m (Straßb) / bordillo m, cordón m ‖ ⁓**steine** m pl, Brunnenrand m / ladrillos m pl radiales ‖ ⁓**steller**, Anschlagrandsteller m (Schreibm) / tecla f o palanca fijamárgenes, tecla f o palanca para fijar margen ‖ ⁓**stellmittel** n, -steuerorgan n (Regeln) / medio m de ajuste periférico ‖ ⁓**störung** f / perturbación f marginal ‖ ⁓**strahlen** m pl (Opt) / rayos m pl periféricos o marginales ‖ ⁓**streifen** m (Straßb) / arcén m, banda f lateral ‖ ⁓**streifen nicht befahrbar!** / ¡arcén no estabilizado! ‖ ⁓**streifenfertiger** m (Straßb) / acabador m de bandas laterales ‖ ⁓**system** n (Hütt) / sistema m binario ‖ ⁓**träger** m (Stahlbau) / viga f marginal ‖ ⁓**träger**, Geländerträger m (Brücke) / soporte m de barandilla ‖ ⁓**versteifung** f / refuerzo m del borde ‖ ⁓**versteller** m (Druck, DV) / dispositivo m para control de márgenes ‖ ⁓**verteilung** f / distribución f marginal ‖ ⁓**verwerfung** f (Geol) / falla f marginal ‖ ⁓**verzierung** f, Buchdruckerleiste f (Druck) / viñeta f ‖ ⁓**voll** (Gefäß) / colmo, lleno hasta el borde ‖ ⁓**wasser** n (Ölbohrung) / aguas f pl marginales ‖ ⁓**wellen** f pl (Fehler, Walzw) / borde m ondulado ‖ ⁓**wert** m (Math) / valor m límite ‖ ⁓**wertproblem** n / problema m de valor límite ‖ ⁓**wertprüfung** f (DV) / prueba f marginal ‖ ⁓**wertschaltung** f (Eltronik) / circuito m de fijación de nivel ‖ ⁓**winkel** m (Rheologie) / ángulo m de mojada ‖ ⁓**wirbel** m (Phys) / remolino m marginal ‖ ⁓**wirkung** f / efecto m marginal ‖ ⁓**zone** f / zona f exterior o superficial o marginal ‖ ⁓**zone** (Urbanisation) / periferia f, afueras f pl, zona f periférica ‖ ⁓**zone** (mit schwachem Empfang) (Eltronik) / zona f marginal [de recepción] ‖ ⁓**zonenverkehr** m / transportes m pl suburbanos ‖ ⁓**zündhütchen** n / cápsula f de fuego anular ‖ ⁓**zündung** f (Mil) / percusión f anular
Raney•-Katalysator m / catalizador m de Raney ‖ ⁓**nickel** n / níquel m de Rayen
Rang m (allg, Math) / orden m, grado m ‖ ⁓, Klasse f / categoría f ‖ ⁓ (Theater) / pisos m pl, anfiteatro m
Rangfolge f (ALGOL, DV) / precedencia f ‖ ⁓, Priorität f / prioridad f ‖ ⁓**verfahren** f (F.Org) / método m jerárquico de clasificación
Ranggröße f / orden m estadístico

Rangier•arbeiter m (Bahn) / agente m de maniobra ‖ ⁓**bahnhof** m (Bahn) / estación f de clasificación ‖ ⁓**bahnhof mit Ablaufbetrieb** (Bahn) / instalación f de clasificación por gravedad ‖ ⁓**berg** m, Ablaufberg m (Bahn) / lomo m de asno, lomo m de clasificación por gravedad, albardilla f ‖ ⁓**bremsventil**, Führerbremsventil n der Zusatzbremse / válvula f de mando de freno de maniobra ‖ ⁓**draht** m (Fernm) / hilo m de (o para) puente, hilo m volante, alambre m de enlace
rangieren vt (Bahn) / maniobrar, hacer maniobras ‖ ~ vi, zu einer bestimmten Klasse o. Qualität gehören / figurar [entre], ocupar un puesto ‖ ⁓ n (Bahn) / clasificación f, maniobra f, remolque m (CHIL) ‖ ⁓ **durch Umsetzen** (Bahn) / clasificación f en horizontal ‖ ⁓ **über den Ablaufberg** (Bahn) / maniobra f por gravedad o por gravitación (E), clasificación f por lomo de asno (CHIL)
Rangierer m (Bahn) / agente m de maniobra ⁓ (Bergb) / enganchador m de vagonetas
Rangier•fahrstraße, Verschiebestraße f (Bahn) / itinerario m de maniobra ‖ ⁓**feld**, Verbindungsfeld n (Fernm) / bastidor m de interconexión (o de conmutación) por cordones ‖ ⁓**funk** m (Bahn) / radiotelefonía f para las maniobras, comunicaciones f pl radiofónicas en estaciones de clasificación ‖ ⁓**gerät** n **für Sattelanhänger** (Kfz) / carretilla f ‖ ⁓**gleis** n (Bahn) / vía f de clasificación o de maniobras ‖ ⁓**gleise** n pl (Bahn) / haz m de clasificación ‖ ⁓**halttafel**, -grenztafel f (Bahn) / señal f límite de maniobra ‖ ⁓**heber** m (Kfz) / gato m rodante, cric m sobre rodillos ‖ ⁓**kabel** n (Fernm) / cordón m con clavijas en los extremos, dicordio m ‖ ⁓**leiter** m (Bahn) / capataz m de maniobras ‖ ⁓**lok[omotive]** f / máquina f o locomotora de maniobras ‖ ⁓**-Motorlokomotive**, Kleinlok, Köf f (Bahn) / locotractor m, locotractora f [para maniobras] ‖ ⁓**schlepper** m / remolcador m de maniobra ‖ ⁓**signal** n (Bahn) / señal f de maniobra ‖ ⁓**spill** n (Bahn) / cabrestante m de maniobras ‖ ⁓**stellwerk** n **am Ablaufberg** (Bahn) / cabina f del lomo de asno, puesto m de control de maniobras
Rangierung f (DV) / maniobra f de bifurcación
Rangier•wagenheber m (Kfz) / alzacoches m o cric sobre rodillos, gato m rodante ‖ ⁓**winde** f / torno m (E) o güinche de maniobras ‖ ⁓**zettel** m, Ablaufzettel m (Bahn) / programa m de descomposición, lista f de descomposición
Rang•korrelation f (Math) / correlación f ordinal o por rangos ‖ ⁓**ordnung** f (allg) / ranking m ‖ ⁓**ordnung** (DV) / jerarquía f ‖ ⁓**ordnung** (Mat.Prüf) / clasificación f por rango ‖ ⁓**ordnung der Züge** (Bahn) / orden m de prioridad o de preferencia ‖ ⁓**reihenmethode** f (F.Org) / método m de clasificación jerárquica ‖ ⁓**schema** n (DV) / sistema m de prioridades ‖ ⁓**-Technik** f (Matrizenrechng) / técnica f de rango de matrices ‖ ⁓**verschiebung** f / desplazamiento m de rango ‖ ⁓**zahl** f (Qual.Pr.) / juego m de rangos
rank, leicht kenternd (Schiff) / celoso
Ranke f, Rebe f (Bot) / tijereta f, sarmiento m, cirro m, zarcillo m
Rankine-Diagramm n (Dampfm) / diagrama m de Rankine
Rankinit m (Min) / rankinita f
ranzig (Fett) / rancio, enranciado, fétido ‖ ~ **werden** / enranciarse, ponerse o volverse rancio ‖ **stark ~ riechend** / que sabe a rancio
Ranzigkeit f / rancidez f
Ranzigwerden n / enranciamiento m
Raoults Gesetz n (Chem) / ley f de Raoult
RAPCON, Radar-Anflugkontrolle f / rapcon f
Raphia f, Nadel-, Bambuspalme f (Bot) / palmera f rafia, rafia f ‖ ⁓**bast** m / fibra f de rafia

Rapid Prototyping n / prototipado m rápido ‖ ~**azolfarbstoff**, -echtbarbstoff m (Chem) / colorante m rapidazol
Rapidogenfarbstoff m (Tex) / colorante m rapidógeno
Rapport m (Tex) / repetición f del dibujo, patrón m (LA), reportado m, registro m ‖ **den** ~ **einhalten** (Tex) / observar la estricta repetición [del dibujo] ‖ ~**höhe** f, Schussrapport m / repetición f de trama
rapportieren vt (Tex) / repetir el dibujo
Rapport•rad n (Tex) / rueda f de reportado ‖ ~**stift**, Treffstift m (Färb) / punta f de reportado ‖ ~**verschnitt** m / pérdida f de repetición
Rapputz, Rauputz (Bau) / enlucido m áspero (E), revoque m grueso
Raps m, Kolza m, Brassica napus oleifera (Bot) / colza f ‖ ~**erdfloh** m, Psylliodes chrysocephala (Zool) / pulga f de la colza ‖ ~**glanzkäfer** m, Meligethes aeneus / meliguete m o escarabajo de la colza ‖ ~**kohl** m (Landw) / nabo m gallego ‖ ~**öl** n, Rüböl n / aceite m de colza ‖ ~**[öl]methylester**, RME (Kfz) s. Biodiesel ‖ ~**stängelrüssler** m (Landw) / ceutorrinco m de los nabos
Rarheit, Seltenheit f / rareza f
RAS (Zuverlässigkeit, Verfügbarkeit, Wartbarkeit) (DV) / RAS (= reliability, availability, serviceability), fiabilidad, disponibilidad y utilidad ‖ ~ (DV) / almacenamiento m de acceso aleatorio
rasant / muy veloz ‖ ~ (Flugbahn) / rasante ‖ ~**flammkerze** f (Kfz) / bujía f de encendido con llama rápida ‖ ~**glühstiftkerze** f (Kfz) / bujía f incandescente de precalentamiento rápido
Rasanz f (Mil) / rasancia f
rasch•e Beschleunigung (Kfz) / aceleración f rápida ‖ ~**er Schlag** (Schm) / golpe m seco ‖ ~ **veraltende Ausstattung** / equipamiento m de rápida obsolescencia ‖ ~ **wirkend** / de efecto rápido, de acción rápida ‖ ~**bindend**, schnell abbindend (Bau) / de fraguado rápido
Raschel•maschine f (Web) / máquina f "Raschel" ‖ ~**ware** f / géneros m pl de punto"Raschel", tejido m [de] "Raschel"
Raschig-Ring m (Chem) / anillo m Raschig
RAS-Einrichtung (reliability, availability, serviceability) (DV) / dispositivo m de RAS
rasen (Verkehr) / correr vertiginosamente, ir disparado (col) o como un loco, correr con velocidad excesiva ‖ ~ **lassen**, rasen [mit] / extremar la velocidad, hacer embalar, hacer girar a toda velocidad
Rasen m / césped m ‖ ~, -**decke** f / encespedado m ‖ ~, -**platz** m / pradero m ‖ ~**bekleidung** f / capa f de césped, tepes m pl ‖ ~**eisenerz** n, Sumpf-, Wiesenerz n (Min) / hierro m pantanoso, limonita f ‖ ~**gitterstein** m / losa f de rejilla para césped ‖ ~**hängebank** f (Bergb) / enganche m superior, patio m de la mina ‖ ~**kehrmaschine** f / barredera f de césped ‖ ~**lüfter** m / aireador m de césped ‖ ~**mäher** m, -mähmaschine f / cortacésped m (E), cortadora f o tundidora de césped (LA) ‖ ~**mäher mit Fahrersitz** / cortacésped m autoportado ‖ ~**mäher-Traktor** m / tractor m con cortacésped suspendido o adosado ‖ ~**pflug**, Sodenpflug m / arado m de rozar, arado m de cortar tepes ‖ ~**platte** f, Plagge f (Landw) / tepe m ‖ ~**schere** f / tigera f de césped ‖ ~**sprenger** m / aspersor m para césped[es], regadera f [mecánica] del césped, regador m ‖ ~**rotierende sprenger** / regador m giratorio ‖ ~**walze** f / rodillo m de césped
Rasier•apparat m (Elektr) / máquinilla f [eléctrica] de afeitar, afeitadora f, rasuradora f, rasurador m ‖ ~**klinge** f / hoja f de afeitar ‖ ~**klingenschar** f (Pflug) / reja f "hoja de afeitar" ‖ ~**messer** m / navaja f de afeitar
Raspador m (Sisal) / raspador m
Raspel f (Zimm) / escofina f, escarpelo m
raspeln vt / escofinar ‖ ~ n / escofinado m

Raspel•scheibe f / escofina f disciforme ‖ ~**späne** m pl / raspaduras f pl
Raspit m (Min) / raspita f
Rasse f (Landw) / raza f
Rassel[glocke] f / zumbador m, vibrador m [sonoro], chicharra f
rasseln vi, klirren / matraquear, cencerrear, tintinear, chacolotear (LA) ‖ ~, Knattern n (Eltronik) / golpeteo m, crujido m
Rasselwecker m (Fernm) / vibrador m [sonoro]
Rassen... / racial
Rast f (Hochofen) / etalaje m ‖ ~, Raste f (Masch) / muesca f, entalladura f ‖ ~, Ruhe f (Masch) / descanso m ‖ ~, Anschlag m (Masch) / trinquete m ‖ ~ **und Gestell** (Hochofen) / etalaje m y obra ‖ ~**blasform** f (Hütt) / tobera f de etalaje ‖ ~**bolzen** m (Masch) / perno m fiador o de trinquete o de retención ‖ ~**deckel** f / tapa f de encajar a presión elástica ‖ ~**druckknopf** m / pulsador m con retención
Raste f, Fußraste f (Motorrad) / descansapiés m
rasten, einrasten / encajar, enganchar, enclavar ‖ ~ n, Einrasten n, Rastung f / encaje m, encajadura f, enganche m, enganchamiento m, enclavamiento m, encastre m
Rastenabstand m / distancia f entre muescas
rastend, einrastend / encajador, enganchador, fiador, enclavador, de encastre, de retención ‖ ~**e Taste** / tecla f con retención
Rastenscheibe f, Schaltrad n / disco m de muescas o de entalles
Raster m n (Bau, Zchg) / módulo m ‖ ~ m (Opt) / retículo m, trama f, retícula f, parrilla f ‖ ~, Leuchten-Raster m / pantalla f antideslumbrante ‖ ~ (Druck) / trama f o retícula de medio tono ‖ ~ n (Eltronik, TV) / trama f, cuadrícula f, red f de exploración, cuadriculado m o retículo o emparrillado de exploración ‖ ~ (gedr.Schaltg) / cuadrícula f o patrón, plantilla f cuadriculada ‖ ~, Halbbild n (TV) / semicuadro m ‖ ~ (Display) / rejilla f ‖ ~... (Bau) / modular... ‖ ~ n **bei Zeilensprung** / entrelazamiento m de líneas ‖ ~ **bewegliches** ~, Potter-Bucky-Blende f (Radiol) / rejilla f móvil u oscilante, rejilla f de Potter y Bucky ‖ **40er bis 48er** ~ (Druck) / trama f mediana (100-120 líneas por pulgada) ‖ **feiner** ~ (70-160 Linien/cm) / trama f muy fina (70-160 líneas por centímetro) ‖ **grober** ~ (bis 33 L/cm) (Druck) / trama f gruesa (de hasta 33 líneas por cm) ‖ **vollständiges** ~ (TV) / entrelazamiento m completo
Raster•abtasten n (TV) / exploración f de tramas ‖ ~**ätzung** f (Druck) / autotipia f, similigrabado m ‖ ~**bild** n (TV) / imagen f observable en la pantalla, cuadro m ‖ ~**blende** f (Druck) / diafragma m de mediotono ‖ ~**dampfsperre** f / trampa f de diedros, bafle m de diedros ‖ ~**decke** f (Licht) / techo m con pantalla antideslumbrante y ranuras de ventilación ‖ ~**druck** m / fotograbado a media tinta ‖ ~**drucker** m (DV) / impresora f de matriz de hilos ‖ ~**einbrennung** f / autotipia f, similigrabado m ‖ ~**elektronenmikroskop** n, REM / microscopio m electrónico de barrido ‖ ~**elektronenmikroskop für Oberflächen** / microscopio m electrónico de superficie ‖ ~**feinheit**, Bildauflösung f (TV) / nitidez f o lineatura de imagen, definición f de imagen ‖ ~**feinheit** f (Druck) / lineatura f de la trama, finura f de retícula ‖ ~**fläche** f / área f explorada ‖ ~**format** n, -**weite** f (Decke) / forma f de la pantalla, formato m modular, tamaño m de la pantalla ‖ ~**gleichlaufimpuls** m (TV) / impulso m de sincronismo vertical ‖ ~**kippgenerator** m (TV) / generador m de barrido (o de exploración) vertical ‖ ~**klischee** n (Druck) / clisé m de medios tonos o de medias tintas, clisé m tramado, autotipia f, similigrabado m, clisé m fotograbado directo, clisé m de puntos (PERU) ‖ ~**kraftmikroskop** n /

Rasterlinie

microscopio *m* AFM (= atomic force microscope) ‖
⁓**linie** *f* / línea *f* de trama ‖ ⁓**linie** (TV) / línea *f* de exploración ‖ ⁓**linien** *f pl* **je Zoll** (Druck) / lineatura *f* de la trama, líneas *f pl* por pulgada ‖ ⁓**maß** *n*, Baurichtmaß *n* (Bau) / dimensión *f* modular, módulo *m* ‖ ⁓**maß** (TV) / dimensión *f* de trama ‖ ⁓**maß 2.50 mm** (Eltronik) / rejilla *f* 2,50 mm ‖ ⁓**mikroskopie** *f* / microscopia *f* exploradora o de barrido
rastern *vt* / reticular, tramar
Raster•netz *n* (Straßb) / cuadrícula *f* ‖ ⁓**öffnung** *f* (Opt) / rendimiento *m* de rejilla ‖ ⁓**öffnung** (TV) / diafragma *m* de barrido ‖ ⁓**öffnung** (Druck) / apertura *f* [de los cuadritos] de la retícula ‖ ⁓**optik** *f* / óptica *f* de rejillas, sistema *m* óptico reticulado o tramado ‖ ⁓**plotter** *m* (DV) / trazadora *f* de tramas ‖ ⁓**punkt** *m* (TV) / elemento *m* de imagen ‖ ⁓**punkt** (Druck) / punto *m* reticular o de trama, puntillo *m* ‖ **Verbindung zweier** ⁓**punkte** / vectores *m pl* absolutos ‖
⁓**-Scan-Technologie** *f* (DV) / técnica *f* de exploración de cuadrículas ‖ ⁓**schritt** *m* (Opt) / paso *m* de rejilla ‖ ⁓**system** *n* (Druck) / sistema *m* de retículo ‖ ⁓**system** (allg, gedr.Schaltg) / sistema *m* de cuadrículas ‖ ⁓**system** (Bau) / sistema *m* modular o de módulos ‖ ⁓**tiefdruck** *m* / fotohuecograbado *m*, fotograbado *m* a media tinta ‖ ⁓**tiefe** *f* / profundidad *f* de trama ‖
⁓**-Tunnel-Mikroskop** *n*, RTM / microscopio *m* de efecto túnel
Rasterung *f* / reticulado *m*, reticulación *f*
Raster•verbrennung *f* (TV) / quemadura *f* de trama ‖ ⁓**verformungs-Entzerrung** *f* (TV) / corrección *f* de declive en tiempo de campo ‖ ⁓**vorlage** *f*, -kopie *f* (Druck) / original *m* de mediotono ‖
⁓**wechselfrequenz** *f* (TV) / frecuencia *f* de campo o de trama ‖ ⁓**wechselverfahren** *n* (Farbe, TV) / sistema *m* de sucesión de campos monocromos, sistema *m* de sucesión de colores ‖ ⁓**winklung** *f* (Druck) / angulación *f* de la trama ‖ ⁓**zähler**, Belegungszähler *m* (Fernm) / contador *m* estadístico o de estadística ‖ ⁓**zähler** *m* (Druck) / indicador *m* [de la lineatura] de la retícula ‖ ⁓**zählung** *f* **[von Gesprächen]** (Fernm) / medida *f* por pruebas ‖ ⁓**zeichnung** *f* / dibujo *m* de trama
Rast•feder *f* / resorte *m* de trinquete ‖ ⁓**form** *f* (Hütt) / tobera *f* de etalaje ‖ ⁓**getriebe** *n* (Kinematik) / engranaje *m* de paradas instantáneas ‖ ⁓**haus** *n* (Autobahn) / albergue *m* de autopista ‖ ⁓**hebel** *m* / palanca *f* de trinquete o de encastre ‖ ⁓**höhe** *f* (Hochofen) / altura *f* de etalaje ‖ ⁓**kerbe** *f* / muesca *f* o entalla de retención ‖ ⁓**klinke** *f* / trinquete *m* de retención ‖ ⁓**loch** *n* / agujero *m* de encajar a presión elástica ‖ ⁓**mälzerei** *f* (Brau) / maltería *f* con relé de ácido carbónico ‖ ⁓**scheibe**, Arretierungsscheibe *f* / disco *m* de retención ‖ ⁓**stätte** *f* (Autobahn) / restaurante *m* de autopista con estación de servicio ‖ ⁓**stecker** *m* (Pneum) / enchufe *f* de encajar a presión elástica ‖ ⁓**stelle** *f*, -platz *m* (Verkehr) / lugar *m* de parada, área *f* de reposo ‖ ⁓**[stell]ung** *f* / posición *f* encajada o de enclavamiento ‖ ⁓**stift** *m* / clavija *f* de retención ‖ ⁓**stütze** *f* (Motorrad) / patín *m* de apoyo, patilla *f* ‖ ⁓**verriegelung** *f* / enclavamiento *m* [de encajar] a presión elástica ‖ ⁓**vorrichtung** *f* / dispositivo *m* de enclavamiento o de retención ‖
⁓**winkel** *m* (Hütt) / ángulo *m* de etalaje
Rateau-Turbine *f* / turbina *f* de Rateau
Ratemeter *n* (Elektr) / contador *m* integrador o de frecuencia, contador *m* de cadencia de impulsos ‖ ⁓ (Nukl) / integrador *m*, intensímetro *m*, contador *m*
Ratiné *m* (Web) / ratina *f*
ratinieren *vt* (Tex) / ratinar, frisar
Ratiniermaschine *f* (Tex) / máquina *f* frisadora o de ratinar, ratinadora *f*
Ratiodetektor *m*, Verhältnisgleichrichter *m* (Eltronik) / detector *m* de relación

rational (Math) / racional, conforme ‖ ⁓**e Abbildung** (Math) / transformación *f* conforme ‖ ⁓**e Datenbank** (DV) / banco *m* de información racional ‖ ⁓**e Einheiten** *f pl* (Elektr) / unidades *f pl* racionalizadas ‖
⁓**e ganze homogene Funktion** (Math) / cuántic *f*, polinomio *m* homogéneo ‖ ⁓**e ganzzahlige Funktion** (Math) / función *f* racional entera ‖ ⁓**e Kurve** (Math) / curva *f* unicursal ‖ ⁓**e Mannigfaltigkeit** (Math) / variedad *f* racional ‖ ⁓**e Zahlen** *f pl* / números *m pl* racionales
rationalisieren *vt* (F.Org) / racionalizar
Rationalisierung *f* / racionalización *f*
Rationalisierungsfachmann *m* / perito *m* de racionalización
Rationalitäts•bereich *m* (Math) / recinto *m* racional ‖ ⁓**gesetz** *n* (Krist) / ley *f* de Haüy, ley *f* de índices racionales
rational[zahlig] (Math) / racional
rationelles Schwarz (Tex) / negro *m* racional
rationieren *vt* / racionar
Ratio•spannung *f* (Eltronik) / tensión *f* de relación ‖
⁓**transistor** *m* / transistor *m* con valor en determinada relación
RATOG, Raketenstartgerät *n* (Luftf) / equipo *m* de despegue acelerado por cohete
Ratsche *f*, Bohrknarre *f* / carraca *f*, chicharra *f*, berbiquí *m* de carraca ‖ ⁓ (Steckschlüssel) / llave *f* de tuercas de trinquete ‖ ⁓ (Schraubendreher) / destornillador *m* de trinquete
Ratschen *n*, Schaltgeräusch *n* (Kfz) / ruido *m* de cambio ‖ ⁓**antrieb** *m* / mando *m* por chicharra ‖ ⁓**bremse** *f* (Kfz) / freno *m* de trinquete
Ratten•gift *n* (Landw) / raticida *m*, matarratas *m* ‖ ⁓**loch** *n* (für Vierkantwelle) (Drehbohren) / ratonera *f* ‖
⁓**zahn** *m* (Strumpf) / diente *m* de rata ‖ ⁓**zahn arbeiten** (Strumpf) / formar el diente de rata ‖
⁓**zahnbarre** *f*, -zahnrechen *m* (Strumpf) / barra *f* de punzones para diente de rata o para punto calado ‖
⁓**zahndecknadel** *f* (Strumpf) / punzón *m* de diente de rata ‖ ⁓**zahnkarte** *f* (Strumpf) / diente *m* de rata
Rätter *m*, Getreidesieb *n* (Landw) / cedazo *m* para granos ‖ ⁓ (Bergb) / tamiz *m* vibrante, criba *f* de vaivén ‖ ⁓**kleinkohle** *f* / carbón *m* menudo cribado
Ratter•marke, -narbe *f* (Drehen) / marca *f* de vibraciones ‖ ⁓**marke** *f* (Lager) / rayado *m* transversal
rattern *vi* (Masch) / repiquetear
rättern *vt*, sieben (Bergb) / cribar, tamizar
Rattern *n*, Knattern *n* / triquitraque *m* ‖ ⁓ (Drahtziehen) / vibración *f* ‖ ⁓ (Wzm) / traqueteo *m* ‖ ⁓ **der Lokomotivachsen** / vibración *f* de los ejes
ratternd (Drahtziehen) / de vibraciones
rau / rudo ‖ ⁓ (Oberfläche) / rugoso ‖ ⁓, haarig / peloso ‖ ⁓ (Klima) / áspero ‖ ⁓, geraut (Tex) / perchado, frisado, cardado ‖ ⁓**e Anode** / ánodo *m* atacado [con un ácido] ‖ ⁓**er Barchent** (Tex) / fustán *m* con pelo ‖
⁓**er Betrieb** / servicio *m* duro o rudo, condiciones *f pl* durísimas ‖ ⁓**e Gießfläche** / superficie *f* rugosa ‖ ⁓ **im Griff** / áspero al tacto ‖ ⁓ **putzen** (Bau) / enlucir de primera capa de revoque ‖ ⁓**e Stelle** (Gussfehler) / rugosidad *f* ‖ ⁓**es Tuch** (Tex) / tela *f* perchada
Rau•artikel *m*, -ware *f* (Tex) / género *m* perchado ‖
⁓**bank** *f*, Langhobel *m* (600 mm lang) (Tischl) / garlopa *f*
Raubbau *m*, Kahlschlag *m* (Forstw) / tala *f* incontrolada o abusiva ‖ ⁓ (Bergb) / explotación *f* exhaustiva o abusiva, pirquinería *f* [LA] ‖ ⁓ **treiben** (Bergb) / agotar una mina, trabajar al pirquen (CHILE)
Raubdruck *m* (Druck) / reimpresión *f* clandestina
rauben *vt* (Bergb) / quitar las entibaciones (E), rescatar los estemples (LA) ‖ ⁓ *n* (Bergb) / desentibación *f* (E), rescate *m* de estemples (LA)
Raub•kopie *f* (DV) / copia *f* pirata o trucha ‖ ⁓**maschine** *f* (Bergb) / desentibadora *f* hidraúlica (E), máquina *f* de recate hidraúlica

Raubürste f (Tuchschermasch) / cepillo m perchador
Raubwinde f (Bergb) / desentibadora f
Rauch m / humo m, humos m pl ‖ ⁓, Qualm m / humo m espeso, humareda f, huma[ra]zo m ‖ **brauner** ⁓, Eisenoxidrauch m (Hütt) / humo m pardo ‖ ⁓**absauger** m (Mil) / extractor m de humos ‖ ⁓**abweiser** m, Schornsteinkappe f (Schiff) / caperuza f de chimenea, sombrerete m de chimenea ‖ ⁓**abzug** m, Luftloch n / salida f de humos ‖ ⁓**abzug**, -ableitung f / agujero m u orificio de escape de humo, conducto m de humo[s], campana f (extractora] de humos ‖ ⁓**arm** (Verbrennung) / que produce poco humo ‖ ⁓**belästigung** f / estorbo m causado por el humo ‖ ⁓**brandmeldeanlage** f / avisador m de humo, instalación f de detección de humo ‖ ⁓**dichte** f (Brandschutz) / densidad f óptica de humo
rauchen vi / echar humo, hacer humo
rauchend (Chem) / fumante ‖ ⁓**e Salpetersäure** (87-92%) / ácido m nítrico fumante ‖ ⁓**e Schwefelsäure**, Oleum n / ácido m sulfúrico fumante, óleum m
Rauchentwicklung f / formación f de humo, desprendimiento m de humo
Räucher... / fumigatorio
Raucherabteil n (Bahn) / departamento m de fumadores
Räucherapparat m (Schädl. Vertilgung) / fumigador m
räuchern vt, desinfizieren, gasen / fumigar ‖ ⁓, rauchtrocknen (Fleisch) / ahumar, curar al humo ‖ ⁓ (Gummi) / ahumar ‖ **Fisch** ⁓ / ahumar pescado, curar pescado
Räucher•pfanne f / sahumador m ‖ ⁓**schrank** m, -kammer f / ahumadero m
Rauch•erzeuger m / aparato m fumígeno ‖ ⁓**fahne** f / penacho m de humo, estela f de humo ‖ ⁓**fang**, -abzug m / colector m de humo[s], salida f de humo ‖ ⁓**fang**, Schornstein m / chimenea f ‖ ⁓**farbig**, braunschwarz / color de humo adj, pardonegruzco ‖ ⁓**fell** n (Gummi) / hoja f ahumada ‖ ⁓**frei**, rauchlos / sin humo, excento de humo
Rauchgas, Abgas n von Kesseln o. Feuerungen / gas m de humo, gas de combustión,.m. ‖ ⁓**absaugvorrichtung** f / instalación f aspiradora de gas de humo ‖ ⁓**analysator** m, -gasprüfer m, Dasymeter n / analizador m de gases de humo ‖ ⁓**entschwefelung** f / desulfuración f de gas de humo ‖ ⁓**entschwefelungsanlage** f, REA / instalación f de desulfuración de gas de humo ‖ ⁓**gips** m / yeso m de desulfuración de gas de humo ‖ ⁓**reiniger** m / depurador m o corrector de [de gases de] humo, recogedor m de polvo de gas de humo, despolvoreador m de gas de humo ‖ ⁓**schieber** m / registro m de humos ‖ ⁓**verbrennung** f / combustión f de gas de humo ‖ ⁓**vorwärmer**, Ekonomiser m / economizador m
Rauchglas n / vidrio m opaco ‖ ⁓, angeräuchertes Glas / vidrio m ahumado
rauchig, rauchfarbig / color de humo adj, pardonegruzco
Rauch•kammer f (Bahn) / caja f de humos ‖ ⁓**kammerlösche** f / carbonilla f ‖ ⁓**kanal**, Zug m / canal m o conducto de humo[s] ‖ ⁓**klappe** f / registro m plegadizo de humos ‖ ⁓**los** / sin humo ‖ ⁓**melder** m / avisador m o indicador de humos, detector m de humos ‖ ⁓**patrone** f / cartucho m fumígero ‖ ⁓**punkt** m, Rußzahl f (Öl) / punto m de humo ‖ ⁓**quarz** m (Min) / cuarzo m ahumado ‖ ⁓**rohr**, Heizrohr n (Rohre kleinen Durchmessers) (Kessel) / tubo m de humo o de fuego ‖ ⁓**rohrkessel** m / caldera f ignitubular, caldera f de tubos de humo ‖ ⁓**rohrwand** f (Kessel) / pared f de tubos de humo ‖ ⁓**schieber** m / registro m de humos ‖ ⁓**schiff** n (Hütt) / nave f de convertidor[es] ‖ ⁓**schleier** m / cortina f de humo ‖ ⁓**schutztür** f (Bau) / puerta f protectora contra humos ‖ ⁓**schwach** (Mil) / sin humo ‖ ⁓**schwaches Pulver** /

pólvora f sin humo ‖ ⁓**schwaden** m / nubes f pl de humo, humareda f ‖ ⁓**signal** n, -zeichen n / señal f de humo ‖ ⁓**spirale** f / torbellino m de humo ‖ ⁓**spur** f (Mil) / traza f de humo ‖ ⁓**spurgeschoss** n / proyectil m trazador fumígeno ‖ ⁓**topas** m (Min) / topacio m ahumado ‖ ⁓**unterdrücker** m (Plast) / supresor m de humos ‖ ⁓**verbrennung**, -verzehrung f / absorción f de humos, fumivoridad f ‖ ⁓**verdünnung** f / dilución f de humo ‖ ⁓**vergiftung** f (Med) / intoxicación f por el humo ‖ ⁓**verzehrend** / fumívoro adj ‖ ⁓**verzehrer**, -vertilger m / fumívoro m, aparato m fumívoro ‖ ⁓**waren** f pl (Pelze) / peletería f, pieles f pl y curtidos f ‖ ⁓**wolke** f, -fahne f / nube f de humo, humareda f ‖ ⁓**zug**, -kanal m (Ofen) / tubería f para escape de humo, canal m o tiro de humos
rauen vt (Stoff) / cardar, perchar, frisar ‖ ⁓ n (Maurer) / picadura f ‖ ⁓ (Tex) / perchado m, frisado m
Raues n, Haariges n am Tuch (Tex) / pelo m
Rau•faser... (Tapete) / de fibra gruesa ‖ ⁓**fasertapete** f / papel m pintado de fibra gruesa
Raufe f, Futterraufe f (Landw) / rastrillo m de forraje
raufen, Flachs ⁓ / arrancar el lino
Rau•flächenstanze f (Stanz) / herramienta f de planar con puntas ‖ ⁓**flocken** f pl (Tex) / desperdicios m pl de perchado ‖ ⁓**futter** (Landw) / forrajes m pl groseros o duros, pienso m grosero
Rauf•wolle f (Tex) / lana f pelada o de piel ‖ ⁓**wolle von verendeten Tieren** / lana f muerta o mortecina
Raugemäuer n, Bruchsteinmauerwerk n / obra f de fábrica en bruto
Rauh... (aS) s. Rau... (nS)
Rauhacken n o. **Rauen der Mauerfläche** (Bau) / picadura f
Rauheit, Unebenheit f / rugosidad f, desigüaldad f, aspereza f ‖ ⁓ f, Rautiefe (Masch) / rugosidad f superficial, profundidad f de rugosidad
Rauheits•grad m (Zeichn) / grado m de rugosidad ‖ ⁓**wert** m, -messgröße f / valor m de rugosidad
Rauigkeit f, Rauheit f / rugosidad f, aspereza f ‖ ⁓, Gestaltabweichung 3. bis 5. Ordnung / rugosidad f de superficie
Rauigkeits•fehler m / error m de rugosidad o de lisura ‖ ⁓**spitzen** f pl / crestas f pl en la superficie rugosa ‖ ⁓**tiefe** f / profundidad f de la rugosidad
Rauleder m / cuero m crudo o rugoso
Raum m (Geom, Phys) / espacio m ‖ ⁓, Zimmer n / cuarto m, pieza f ‖ ⁓, große Räume m pl (Bau) / sala f, piezas f pl grandes ‖ ⁓, Abteil n (Luftf, Schiff) / compartimiento m ‖ ⁓, Platz m / lugar m, sitio m ‖ ⁓, Rauminhalt m / volumen m ‖ ⁓, Schiffsraum m, Luke f / cala f, bodega f ‖ ⁓, Zwischenraum m, Spielraum m / espacio m, intersticio m ‖ ⁓, Lokal n / sala f, local m ‖ ⁓..., Umgebungs... / ambiente adj ‖ ⁓**, räumlich** / espacial, en el espacio ‖ ⁓... (Maß) / cúbico m ‖ ⁓ **lassen** (o. ausfüllen), spationieren (Druck) / espaciar ‖ **bewohnter** ⁓ (Bau) / habitación f ocupada, espacio m habitable ‖ **innerer** ⁓ **eines Gebäudes** / interior m, interiores m pl ‖ **kleiner enger** ⁓ / rebotica f ‖ **umschlossener** ⁓ / espacio m cercado ‖ **völlig ausgefüllter** ⁓ (Phys) / espacio m lleno ‖ **raum•abschließend** / que limita o separa un espacio [o sala] ‖ ⁓**abstand** m (Antenne) / espaciado m de antenas ‖ ⁓**abstand der Züge** m, Zugfolge f (Bahn) / espaciamiento m de [los] trenes por la distancia
Räumahle f (Wz) / herramienta f de brochar
Raum•akustik f / acústica f de recintos o de salas o locales ‖ **mit guter** ⁓**akustik** / sonoro ‖ ⁓**analyse** f, volumetrische Analyse f (Chem) / análisis m volumétrico ‖ ⁓**angebot** n, Platzangebot n (Kfz) / oferta f de espacio ‖ ⁓**anzug** m (Raumf) / escafandro m o traje astronáutico o para actividades extravehiculares

Rau·maschine f (Tuch) / percha f, perchadora f, frisadora f || ≈**[maschinen]abfall** m (Tex) / desperdicios m pl de perchado
Raum·ausdehnungszahl f, räumlicher Ausdehnungskoeffizient m (Phys) / coeficiente m de dilatación cúbica, coeficiente m de expansión de volumen || ≈**ausmittelung** f, Kubatur f / cubicación f, cubaje m || ≈**ausnutzung** f / aprovechamiento m del espacio, utilización f del espacio || ≈**ausnutzung**, -ersparnis f / ahorro m de espacio, economía f de espacio || ≈**ausstatter** m (Bau) / decorador m || ≈**ausstattung** f / decoración f de interiores || ≈**balken** m (Schiff) / bao m de bodega || ≈**bedarf** m, -beanspruchung f / espacio m necesario o requerido || ≈**bedarf** (Container) / volumen m necesario || kleiner ≈**bedarf** / dimensiones f pl reducidas || ≈**beleuchtung** f, -helligkeit f (TV) / luz f ambiente || ≈**beleuchtung** (Bau) / alumbrado m de locales o de una sala o del ambiente || ≈**beschallung** f / sonorización f de una sala || ≈**beständigkeit** f (Phys) / constancia f de volumen || ≈**bild** n, räumliches o. stereoskopisches Bild / imagen f estereoscópica || ≈**bild**, räumliches Schaubild / diagrama m tridimensional || ≈**bildbetrachter** m, Stereoskop n / estereoscopio m || ≈**bildentfernungsmesser** m, Stereotelemeter n / telémetro m estereoscópico || ≈**bildmessung** f, Stereophotogrammetrie f / estereofotogrametría f || ≈**bildmikroskop** f / estereomicroscopio m || ≈**bildverfahren** f / estereofotografía f || ≈**bildwesen** n / fotografía f estereoscópica || ≈**biologie** f / biología f del espacio
Räumboot n, Minenräumboot n (Schiff) / dragaminas m a motor
Raum·deck n (Schiff) / sollado m || ≈**diagonale** f (Math) / diagonal m en el espacio || ≈**dichte** f / densidad f en volumen
Räumdienst m (für Kampfmittel) / servicio m de desactivación (de medios de combate)
Raum·diversity f (Fernm) / diversidad f espacial o de espacio || ≈**effekt**, 3 D-Effekt m (Akust) / efecto m espacial, efecto m tridimensional || ≈**einheit** f (Phys) / unidad f de volumen
Räumeisen n (Hütt) / espetón m de hierro
Raumelement n (Phys) / elemento m de volumen
räumen, ausräumen / evacuar, vaciar, quitar || ≈ (Kampfmittel, Minen) / desactivar, descebar || ≈ (Wzm) / brochar || ≈, Öffnung verschaffen, frei machen / abrir paso, destapar || die Straße ≈ / quitar la nieve etc. || Schutt ≈ / desescombrar, remover o quitar los escombros || ≈ n, Evakuierung f / evacuación f || ≈ (Wzm) / brochado m || ≈ (Wassb) / dragado m
Raumentfeuchter m (Bau) / deshumectador m de locales
Räumer, Raumlöffel m (Bergb) / rastrillo m || ≈ m (hinter dem Diamantbohrer) (Bergb) / ensanchador m, escariador m, rimer m (VEN) || ≈ **des Kohlenhobels** (Bergb) / reja f desescombradora || ≈**arm** m **des Sinterkühlers** (Hütt) / lengüeta f para remover el sínter enfriado || ≈**brücke** f (Abwasser) / puente m quitalodos [rotatorio]
Raum·erfüllung f, -erfüllungsgrad m / densidad f relativa, relación f de volumen, ocupación f en volumen || ≈**erfüllung** (Schrottspäne) / densidad f de virutas || ≈**ersparnis**, -einsparung f / economía f de espacio || ≈**fachwerk**, -tragwerk n / celosía f espacial o en espacio, celosía f tridimensional || ≈**fähre** f, Space Shuttle n / trasbordador m espacial, lanzadera f || ≈**fahrer** m / astronauta m, cosmonauta m, navegante m del espacio || ≈**fahrer-Bergungsschiff** n (Schiff) / nave f para salvamento de astronautas ||
≈**fahrhammer** m / martillo m de astronauta
Raumfahrt f / navegación f espacial o cósmica o interplanetaria, cosmonáutica f, astronáutica f || ≈**...** / aero[e]spacial, espacial || **die einzelne** ≈ / viaje m espacial o astronáutico o interplanetario || **für** ≈ **geeignet** / apto o calificado para la [navegación] astronáutica || **praktische** ≈ / astronáutica f operacional || ≈**aktivitäten** f pl / actividades f pl aero[e]spaciales || ≈**anpassung** f / adaptación f a la navegación astronáutica || ≈**antrieb** m / propulsión f en el espacio, propulsor m espacial (el aparato) || ≈**anzug** m / traje m espacial o astronáutica o de astronauta, escafandro m astronáutico || ≈**ausrüstung** f / equipo m espacial || **den** ≈**bedingungen anpassen** / adaptar a [las] condiciones espaciales || ≈**-Biologie** f / biología f espacial, cosmobiología f, astrobiología f, exobiología f || ≈**bodenorganisation** f / organización f terrestre de la navegación espacial || ≈**elektronik** f / astroelectrónica f, electrónica f aplicada a la astronáutica || ≈**industrie** f / industria f astronáutica, industria f aero[e]spacial || ≈**ingenieur** m / ingeniero m espacial o de [la] astronáutica || ≈**medizin** f / medicina f espacial || ≈**meteorologie** f / meteorología f espacial || ≈**mutternschlüssel** m / nab m (= nut and bolt) || ≈**navigation**, -schiffnavigation f / navegación f espacial || ≈**-Notfrequenz** f / frecuencia f de socorro de astronáutica || ≈**programm** m / programa m espacial || ≈**reaktor** m / reactor m espacial || ≈**-Startgelände** n, -Startplatz m / cosmódromo m, recinto m de lanzamiento [de cohetes espaciales] || ≈**technik** f / técnica f astronáutica || ≈**unternehmen** n, -vorhaben n / misión f espacial || ≈**werkzeug** n / herramienta f de astronauta [de reacción cero] || ≈**zange** f **mit Schlüssel** / alicates m pl combinados con llave para astronauta || ≈**-Zeitalter** n / era f [de la navegación] espacial || ≈**zentrum** n / centro m espacial || ≈**zwecke** m pl, -anwendung f / fines m pl de astronavegación, aplicación f espacial
Raumfahrzeug n / vehículo m espacial o extraterrestre o del espacio, vehículo m cósmico o interplanetario, cosmonave m, astronave m || ≈, -schiff n (z.B. einer Mondrakete) / módulo m de servicio || ≈**e ankoppeln o. andocken** / acoplar astronaves || **innerhalb des** ≈**s** / intravehicular || ≈**-Rettung** f (Raumf) / recuperación f de astronaves
Raum·faktor m (Kabel) / factor m de relleno || ~**fest**, gegengedreht (Antenne) / estabilizado || ~**fest machen**, stabilisieren (Antenne) / estabilizar || ≈**feuchtigkeit** f (Bau) / humedad f ambiente o del local || ≈**flug** m / vuelo m espacial o cósmico || ≈**flugbahn** f / trayectoria f espacial o interplanetaria || ≈**flugkörper** m, RFK / misil m (E) o proyectil (LA) espacial, ingenio m espacial || ≈**flugkörperstart** / lanzamiento m del misil (E) o del proyectil (LA) espacial || ≈**formfaktor** m (Krist) / factor m de forma tridimensional || ≈**forschung** f / investigación f o exploración cósmica o espacial o del espacio || ≈**forschungssatellit** m / satélite m de investigación espacial || ≈**frequenzfilter** n (Laser) / filtro f de frecuencia espacial || ≈**füllung** f, -faktor m (Kabel) / factor m de relleno || ≈**funkstelle** f / estación f radioemisora espacial || ≈**geeignetheit** f / calificación f espacial || ≈**gehalt** m / capacidad f volumétrica
Räumgerät n (Schiff) / rastra f || ≈ (Bau) / desescombradora f
Raum·geräusch n (Fernm) / ruido m ambiente || ≈**geschwindigkeit** f (Astr, Chem. Reaktion) / velocidad f espacial || ≈**gestalter** m, -ausstatter m (Bau) / arquitecto m o decorador de interiores || ≈**gestaltung** f / decoración f interior || ≈**getriebe** n (Mech) / mecanismo m de movimiento espacial || ≈**gewicht** n (Phys) / peso m específico, peso m cúbico || ≈**gitter** n, Bravaisgitter n (Krist) / rejilla f espacial || ≈**gitter** (Nav) / cuadrículo m espacial || ≈**gitter-Parameter** m (Krist) / parámetro m de la rejilla espacial || ≈**gleiter** m / planeador m espacial || ≈**gliederungssystem** n (Bau) / sistema m de subdivisión de interiores || ≈**gruppe** f

(Krist) / grupo *m* espacial ‖ ⁓**heizer** *m* / calorífero *m* independiente ‖ ⁓**heizer** (Elektr) / radiador *m* soplante para locales ‖ ⁓**heizung** *f* / calefacción *f* de locales ‖ ⁓**helligkeit** (Akustik) / brillantez *f* acústica ‖ ⁓**helligkeit, -beleuchtung** *f* (TV) / luz *f* ambiente ‖ ⁓**höhe** *f* / altura *f* del local o de techo ‖ ⁓**index** *m* **der Helligkeit** / índice *m* de local ‖ ⁓**inhalt** *m*, Volumen *n* / volumen *f*, contenido *m* cúbico, cabida *f*, cubicación *f* ‖ ⁓**inhalt** (Gasflasche) / volumen *m*, capacidad *f* ‖ **den** ⁓**inhalt ausmessen** / cubicar ‖ ⁓**inhaltsermittlung** *f* / cubicación *f* ‖ ⁓**integral** *n*, räumliches Integral / integral *m* de volumen ‖ ⁓**ionisation** *f* (Phys) / ionización *f* espacial ‖ ⁓**isomerie** *f* / estereoisomería *f* ‖ ⁓**kabine** *f*, Bedienungseinheit *f* (Raumf) / módulo *m* de mando ‖ ⁓**kapsel** *f* / cápsula *f* espacial ‖ ⁓**kinematik** *f* / cinemática *f* espacial ‖ ⁓**klang** *m* / sonido *m* ambiente, estereofonía *f* ‖ ⁓**klima** *n* / clima *m* en un local ‖ ⁓**klimagerät** *n* / climatizador *m* para una [sola] habitación ‖ ⁓**koordinate** *f* (Math) / coordenada *f* espacial o en el espacio ‖ ⁓**krank** / enfermo de espacio ‖ ⁓**krankheit** *f* / enfermedad *f* espacial ‖ ⁓**krümmung** *f* / curvadura *f* del espacio ‖ ⁓**kühlanlage** *f* / instalación *f* de enfriamiento de habitaciones ‖ ⁓**kühlung** *f* / enfriamiento *m* de habitaciones ‖ ⁓**kurve** *f* (Math) / curva *f* espacial o en el espacio ‖ ⁓**labor** *n* / laboratorio *m* espacial ‖ ⁓**ladung** *f* (Eltronik) / carga *f* espacial o de espacio **Raumladungs • dichte** *f* (Elektr) / densidad *f* de carga espacial ‖ ⁓**dichte-Modulation** *f* (Eltronik) / modulación *f* de la densidad de carga espacial ‖ ⁓**gebiet** *n* (Eltronik) / región *f* de carga espacial, región *f* de corriente limitada por carga espacial ‖ ⁓**gesetz** *n* (Phys) / ley *f* de potencia tres medios, ley *f* de Child-Langmuir ‖ ⁓**gesteuert** / controlado por carga espacial ‖ ⁓**gitter** *n* / rejilla *f* de carga espacial ‖ ⁓**grenzschicht** *f* (Halbl) / capa *f* barrera de carga espacial ‖ ⁓**kapazität** *f* / capacidad *f* de carga espacial ‖ ⁓**konstante,** Perveanz *f* (der äquivalenten Diode)(Child-Langmuir-Gleichung) (Eltronik) / perveancia *f* de un diodo ‖ ⁓**kraft** *f* (Eltronik) / fuerza *f* de carga espacial ‖ ⁓**randschicht** *f* (Halbl) / zona *f* de agotamiento ‖ ⁓**steuerung** *f* / control *n* o mando por carga espacial ‖ ⁓**strom** *m* (Eltronik, Röhre) / corriente *f* limitada por carga espacial ‖ ⁓**welle** *f* / onda *f* de carga espacial ‖ ⁓**wolke** *f* / nube *f* de carga espacial ‖ ⁓**[zerstreuungs]gitter** *n* (Eltronik) / rejilla *f* auxiliar ‖ ⁓**zone** *f*, **-feld** *n* (Halbl) / zona *f* de carga de espacio, región *f* de carga espacial ‖ ⁓**zustand** *m* / régimen *m* de carga espacial
Raum • leiter *f* (Schiff) / escala *f* de pilar ‖ ⁓**lenker-Hinterachse** *f* (Kfz) / eje *m* trasero con brazos oscilantes
räumlich, Raum... / espacial, en el o del espacio ‖ ⁓, dreidimensional, 3-D..., plastisch (Akust, Opt) / tridimensional ‖ ⁓, stereoskopisch (Opt) / estereoscópico ‖ ⁓, kubisch / cúbico ‖ ⁓, plastisch (Opt) / plástico ‖ ⁓, körperlich (Geom) / sólido, estereométrico, corpóreo ‖ ⁓ **e Akustik** / acústica *f* tridimensional ‖ ⁓**e Anordnung** / disposición *f* en el espacio ‖ ⁓**e Ausdehnung,** Dimension *f* / dimensión *f* en el espacio ‖ ⁓**e Ausdehnung,** Expansion *f* / expansión *f* ‖ ⁓**es Ausmaß,** Weite *f*, Umfang *m* / amplitud *f*, espaciosidad *f* ‖ ⁓ **begrenzen** / delimitar el espacio necesario ‖ ⁓ **begrenzt,** regional / regional ‖ ⁓**e Begrenzung** / delimitación *f* del espacio necesario ‖ ⁓**e Behinderung** (Chem) / impedimento *m* estérico ‖ ⁓**e Beleuchtungsstärke** (= 1/4 der Raumbeleuchtungsstärke) / intensidad *f* luminosa escalar ‖ ⁓ **e Bewegung** / movimiento *m* tridimensional o en el espacio ‖ ⁓**es Bild** s. Raumbild ‖ ⁓**e Dichte** / densidad *f* espacial ‖ ⁓**e Elastizität** / elasticidad *f* tridimensional ‖ ⁓**er Elastizitätskoeffizient** / módulo *m* de elasticidad (o de Young) espacial ‖ ⁓ **gedämpft** (Schwingung) / amortiguado ‖ ⁓**es Gelenk** (o. Getriebe) / mecanismo *m* espacial ‖ ⁓**e Geometrie,** Stereometrie *f* / geometría *f* del espacio, estereometría *f* ‖ ⁓**es Hören** (Akust) / estereofonía *f* ‖ ⁓**es Integral** (Math) / integral *f* de volumen ‖ ⁓**e Kinematik** / cinemática *f* espacial ‖ ⁓ **kohärent** (Phys) / coherente en el espacio ‖ ⁓**e Kohärenz** / coherencia *f* spacial o en espacio ‖ ⁓**es Koordinatenkreuz** (Math) / sistema *m* de coordenadas en el espacio ‖ ⁓**e n-Eck** (Geom) / n-gono *m* tridimensional ‖ ⁓**e Orientierung** (Luftf) / orientación *f* en el espacio ‖ ⁓**e Polarkoordinate,** Kugelkoordinate *f* / coordenada *f* polar esférica ‖ ⁓**e rechtwinklige Koordinaten** *f pl* / coordenadas *f pl* rectangulares en el espacio ‖ ⁓**es Sehen** / visión *f* de (o en) relieve, visión *f* estereoscópica, estereoscopia *f* ‖ ⁓**es Strahlungsdiagramm** (Antenne) / diagrama *m* de radiación espacial ‖ ⁓**es Tragwerk** (Bau, Masch) / estructura *f* portante tridimensional ‖ ⁓**e Überwachung** (Luftf) / supervisión *f* local ‖ ⁓ **und zeitlich** / [de] espacio-tiempo ‖ ⁓**e Verteilung** / distribución *f* en el espacio ‖ ⁓**er Wärmeausdehnungskoeffizient** (Phys) / coeficiente *m* de dilatación espacial de capacidad térmica ‖ ⁓**er Winkel,** Raumwinkel *m* (Geom) / ángulo *m* sólido o poliedro
Räumlichkeit *f* **eines Hauses** / partes *f pl* de un edificio
Raum • licht *n* / luz *f* ambiente ‖ ⁓**lichtautomatik** *f* / adaptación *f* automática de la luz ambiente ‖ ⁓**luftentfeuchter** *m* (Bau) / deshumectador *m* de locales ‖ ⁓**lufttechnik** *f* / técnica *f* de ventilación de locales, ventilación *f* y climatización ‖ ⁓**mangel,** Platzmangel *m* / estrechez *f* o falta *f* de espacio ‖ ⁓**manöver-Haupttriebswerk** *n* (Raumf) / propulsor *m* principal de maniobra
Räummaschine *f* (Wzm) / brochadora *f*
Raum • maß, Körpermaß *n* / medida *f* cúbica o de capacidad ‖ ⁓**meter** *m* (Holz) / metro *m* cúbico, metro *m* cúbico (de leña apilada), estéreo ‖ ⁓**mikrophon** *n* / micrófono *m* polidireccional o multidireccional ‖ ⁓**modell** *n* (Chem) / modelo *m* espacial ‖ ⁓**modul** *m* (Mech) / módulo *m* de volumen ‖ ⁓**müll** *m* (Raumf) / inmundicias *f pl* en el espacio, basura *f* cósmica ‖ ⁓**multiplex** *n* (Fernm) / múltiplex *m* por división en el espacio
Räumnadel *f*, **-werkzeug** *n* (Wzm) / herramienta *f* de brochado, brocha *f* ‖ ⁓, Luftspieß *m* (Gieß) / baqueta *f* para respiraderos ‖ **auf Zug arbeitende** ⁓, Ziehnadel *f* (Wzm) / brocha *f* tirada ‖ **drückend arbeitende** ⁓ (Wzm) / brocha *f* empujada ‖ **mit der** ⁓ **ziehen** (Wzm) / brochar ‖ ⁓**ziehmaschine** *f* / brochadora *f* de brocha tirada
Raum • objekt *n* / objeto *m* espacial o en el espacio ‖ ⁓**ordnung** *f* / ordenación *f* territorial ‖ ⁓**orientiert** / orientado espacialmente o hacia el espacio ‖ ⁓**parallaxe** *f* (Luftf) / paralaje *m* espacial
Räumpflug *m* (Bergb) / reja *f* desescombradora
Raum • physik-Forschung *f* / investigación *f* de física interplanetaria ‖ ⁓**pistole** *f* (Raumf) / pistola *f* espacial ‖ ⁓**plan** *m* / plan *m* de espacio ocupado ‖ ⁓**planung** *f*, städtebauliche Planung / planificación *f* urbana, plan *m* general de ordenación urbana
Räum • platte *f* (Landw, Mähmaschine) / placa *f* escariadora ‖ ⁓**prahm** *m*, Räumboot *n* (für Gesteine) (Schiff) / barco *m* dragapiedras ‖ ⁓**presse** *f* / prensa *f* de brochar
Raum • prozent *n* / porciento *m* en volumen ‖ ⁓**quantelung** *f* (Phys) / cuantificación *f* espacial ‖ ⁓**richtung** *f* / dirección *f* en espacio ‖ ⁓**schall** *m*, Trittschall *m* (Bau) / ruido *m* de pasos (en habitaciones) ‖ ⁓**schalldämpfung** *f* (Antenne) / absorción *f* de sonido en habitaciones ‖ ⁓**schiff** *n* **(interplanetar)** / nave *f* espacial o cósmica o interplanetaria, astronave *f*, cosmonave *f*, ingenio *m* cósmico ‖ ⁓**schiff-Montagegebäude** *n* (Raumf) / edificio *m* de montaje de astronaves

Räumschild

Räumschild m (Bau) / pala f niveladora o explanadora
Raum•schlepper (für interplanetare Mission, unbemannt), Raumtransporter m / remolcador m espacial ‖ **bemannter ≈schlepper für erdnahe Entfernungen**, Space Shuttle n / Space Shuttle
Räumschlitten m (Bergb) / reja f desescombradora
Raumschmarotzer, -parasit m (Bot) / parásito m espacial
Räumschnitt m (Wzm) / corte m de brochado
Raum•schutz m / protección f de locales ‖ ≈**sektor** m / sector m espacial ‖ ≈**sicherungszentrale** f / central f de alarma contra ladrones, central f antihurto ‖ ≈**sonde** f (Raumf) / sonda f interplanetaria ‖ **~sparend**, kompakt (Bauweise) / que requiere poco espacio, que economiza espacio, de tamaño reducido, de pequeñas dimensiones, de poco volumen, que ocupa poco sitio o espacio ‖ ≈**spaziergang** m / paseo m extravehicular, excursión f extravehicular ‖ ≈**spray** n / ambientador m (de aire) ‖ ≈**statik** f (Magn.Bd) / ruido m de borrador en volumen ‖ ≈**station** f / estación f espacial o cósmica ‖ ≈**strahlgerät** n / radiador-calefactor m (para locales) ‖ ≈**stütze** f (Schiff) / puntal m de bodega ‖ ≈**system** n / sistema m arquitectural
Räumte f (in m³/t), Staufaktor, -koeffizient m (Schiff) / capacidad f de bodega ‖ ≈ **in Tonnen** / arqueo m
Raum•technik f (Raumf) / técnica f espacial ‖ ≈**teiler** m (Schrank) / armario m separador de locales ‖ ≈**teiler** (Bau) / separador m de ambientes ‖ ≈**temperatur** f / temperatura f [del] ambiente ‖ ≈**temperatur-Vulkanisation** f, RTV (Elastomere) / vulcanización f a temperatura ambiente ‖ ≈**thermostat** m / termostato m de local ‖ ≈**tiefe** f (Bau) / profundidad f de local, distancia f entre paredes ‖ ≈**ton...**, stereophonisch / estereofónico ‖ ≈**tonne** f (= 40 cbft) (Schiff) / tonelada f cúbica ‖ ≈**tragwerk**, -fachwerk n (Bau) / celosía f espacial o tridimensional ‖ ≈**transporter** m, unbemannter Raumschlepper / remolcador m espacial [no tripulado] ‖ ≈**transport-System** n, -ausrüstung f / sistema m de transporte espacial ‖ ≈**überwachung** f (Bau) / vigilancia f antihurto ‖ ≈**überwachung** (Luftf) / comprobación f local, supervisión f del terreno ‖ ≈**-Überwachungssystem** n, SPADATS (Raumf) / sistema m de supervisión y de seguimiento en el espacio ‖ **~umschließende Bauteile** / componentes m pl envolventes
Räumung f (Nukl) / limpieza f
Raum•unterteilung f / separación f de locales ‖ ≈**vektor** m / vector m espacial ‖ ≈**verhältnis** n / proporción f en volumen ‖ ≈**verminderung** f, Volumenminderung f (Phys) / reducción f o disminución f de volumen ‖ ≈**verwindung** f (Phys) / alabeo m de espacio ‖ ≈**vielfach** n, Raummultiplex n / multiplex m por división en el espacio ‖ ≈**-Volumen-Geschwindigkeit** f (Chem, Phys) / velocidad f volumen-espacio ‖ **visuelle** ≈**wahrnehmung** / percepción f visual espacial
Räumwalze f (Spanplatten) / cilindro m controlador de nivel
raum•wärts gerichtetes Horn (Antenne) / bocina f celeste ‖ **Abstand zwischen Sender und Hörbarkeit der** ≈**welle**, tote Zone / zona f muerta ‖ ≈**welle** f (Eltronik) / onda f espacial o de espacio ‖ ≈**welle** (von der Ionosphäre reflektierte Welle) (Eltronik) / onda f indirecta o reflectada o ionosférica ‖ ≈**welleneffekt** m (Eltronik) / efecto m de salto, reflexión f en la ionosfera ‖ ≈**wellen-Empfangsbereich** m (Eltronik) / área f de servicio secundario ‖ ≈**wellenfehler** m (Ortung) / error m ionosférico ‖ ≈**werkstatt** f / taller m orbital
Räumwerkzeug n, -nadel f (Wzm) / brocha f, herramienta f de brochar ‖ ≈ (Presse) / herramienta f rasqueteadora ‖ **durch** ≈**e abzuräumende Schicht** / material m a brochar, capa f a brochar

Raum•wichte f (Phys) / densidad f aparente ‖ ≈**winkel** m, räumlicher Winkel (Geom) / ángulo m sólido ‖ **~winkelbezogen** (Nukl) / angular ‖ **~winkelbezogene Teilchenflussdichte** (Nukl) / densidad f angular de flujo de partículas ‖ ≈**winkelmaß** n, sr (Geom) / medida f de estereorradián ‖ ≈**wirkung** f (Akust) / efecto m estereofónico ‖ ≈**wirkungsgrad** m (Nutzlichtstrom: Lichtstrom) / factor m de utilización de un local, relación f flujo luminoso/flujo luminoso aprovechable
Räumzahn m **der Säge**, Räumer m / diente m rascador ‖ ≈**-Wälzfräser** m / fresa f madre de un [sola] diente rascador
Raum-Zeit•... / espacio-tiempo/..., espaciotemporal ‖ ≈**-Ausbeute** f (Chem) / rendimiento m de espacio-tiempo ‖ ≈**-Kontinuum** n (Phys) / continuo m espacio-tiempo ‖ ≈**-Krümmung** f / curvatura f espacio-tiempo ‖ ≈**-Mannigfaltigkeit** f, Minkowski-Welt f, Ereignisraum m / espacio-tiempo m, universo m de Minkowski ‖ ≈**-Singularität** f (Phys) / singularidad f de espacio-tiempo ‖ ≈**-Temperaturfeld** n / campo m de temperatura espaciotemporal
Raum•zelle f / celda f ‖ **~zentriert** (Krist) / centrado en el espacio
Räum-Zusatz, Muledozer m (Straßb) / muledozer m
Raunadelfilztuch n, NR-Filztuch n (= needle-reinforced) (Tex) / paño m de fieltro tipo NR
Raupe f (Zool) / oruga f ‖ ≈ (Bagger) / oruga f ‖ ≈, Schweißdurchgang m / pasada f de soldadura ‖ ≈, aufgetragenes Material (Schw) / cordón m de metal depositado ‖ ≈, Kleberaupe f / cordón m de pegado
Raupen•... (Kfz) / de o con o por o sobre orugas ‖ ≈**anhänger** m (Bau) / remolque m sobre orugas ‖ ≈**antrieb** m / accionamiento m de la[s] oruga[s] ‖ ≈**antriebsrad** n, -rad n / rueda f motriz de oruga, barbotín m ‖ ≈**ausbildung** f, Fiederung f (Schw) / rizado m del cordón ‖ ≈**bagger** m / excavadora f sobre orugas ‖ ≈**band** n, -kette f (Kfz) / carrilera f, oruga f, banda f de rodamiento, cadena f de patines ‖ ≈**bildung** f (Plast) / formación f de orugas ‖ ≈**bildung** (Schw) / formación f del cordón ‖ ≈**blech** n (Hütt) / chapa f estriada ‖ ≈**bohrmaschine** f (Bergb) / perforadora f sobre orugas ‖ ≈**fahrwerk** n, -unterwagen m / chasis m oruga o sobre orugas ‖ ≈**fahrzeug** n / vehículo m oruga o sobre orugas ‖ **~gängig**, móvil sobre orugas ‖ ≈**glied** n, -platte f, -schuh m / patín m [de oruga] ‖ ≈**kette** f (Traktor) / cadena f de oruga ‖ ≈**[ketten]antrieb** m / accionamiento m por [cadena de] oruga ‖ ≈**[ketten]fahrgestell** n (Bagger) / chasis m oruga ‖ ≈**[ketten]fahrzeug** / vehículo m oruga o sobre orugas ‖ ≈**-ketten-Löffelbagger** m / excavadora f de cuchara sobre orugas ‖ ≈**kran** m, -kettenkran m / grúa f oruga, grúa f móvil sobre orugas ‖ ≈**lader** m / cargadora f sobre orugas ‖ ≈**leim** m / cola f orugicida ‖ ≈**plage** f (Landw) / plaga f de orugas, babosas etc. ‖ ≈**schlepper** m / tractor m oruga ‖ ≈**[schlepper]fahrer** m / conductor m de tractor oruga ‖ ≈**schwenklader** m / cargadora f giratoria sobre orugas ‖ ≈**unterwagen** m, -fahrwerk n / chasis m oruga o sobre orugas ‖ ≈**wagen** m / carro m oruga
rau•picken vt, besporen (Holz) (Bau) / picar ‖ ≈**putz**, Rapputz m (Bau) / primera capa de revoque f, enlucido m áspero ‖ ≈**reif** m, Raueis (Meteo) / escarcha f ‖ ≈**reifbelag** m / helada f blanca ‖ ≈**reifstörung** f (Fernm) / avería f por escarcha
Rausch•... (Eltronik) / ruidoso, con ruido ‖ ≈**abstand** (in dB) / relación f señal/ruido o señal a ruido, (también:) f razón señal/ruido ‖ ≈**abstand** (in dB) **zum Batteriestrom** (Eltronik) / relación f señal/ruido de la corriente de alimentación de la batería ‖ ≈**abstimmung** f / sintonía f al ruido mínima
Rauschaligkeit f (Bot, Landw) / rugosidad f

1042

Rausch•anpassung f / adaptación f al ruido mínimo ‖ **⁓anteil** m (TV) / nivel m del ruido fotoeléctrico ‖ **⁓äquivalente Eingangsgröße** / ruido f equivalente de la entrada ‖ **⁓arm** (Eltronik) / de poco ruido, de ruido débil ‖ **⁓armer RV-Umsetzer** / convertidor m de bajo [nivel de] ruido ‖ **⁓[ausgangs]leistung** f (Antenne) / potencia f [de salida] de ruido, ruido m a la salida ‖ **⁓bandbreite** f / ancho m de banda de ruido ‖ **⁓begrenzer** m / limitador m de ruido o de parásitos ‖ **⁓bewertungsfilter** m n (TV) / filtro m de ponderación de ruido aleatorio ‖ **⁓bezugstemperatur** f / temperatura f de ruido de referencia ‖ **⁓diode** f, -begrenzungsdiode f / diodo m antirruido, diodo m reductor de parásitos ‖ **⁓diode**, rauscherzeugende Diode / diodo m de ruido ‖ **⁓druck** m (Eltronik) / presión f de ruido
Rauschen (allg) / ruido m ‖ **⁓** (Fernm) / ruido m de fondo ‖ **1/f ⁓**, Modulations-, Flickerrauschen n (Röhre) / ruido m en 1/f, ruido m de centelleo o de fluctuación ‖ **leises ⁓** / soplido m, susurro m ‖ **rosa, [weißes] ⁓** / ruido m rosa, [blanco]
Rausch•faktor m, -maß in dB n (Eltronik) / factor m de ruido [medido en dV], cifra f de ruido ‖ **⁓filter** m n (Eltronik) / filtro m de ruido(s), filtro m de corte de altas frecuencias, filtro m recortador de altos ‖ **⁓frei** (Eltronik) / libro o exento de ruido[s], a prueba de ruido ‖ **⁓freiheit** f / ausencia f de ruidos, carencia f de ruido ‖ **⁓gelb**, Auripigment n / oropimento m, blenda f arsenical ‖ **⁓generator** m / generador m de ruido, fuente f de ruido ‖ **⁓gift** n, -mittel n (Pharm) / estupefaciente, tóxico m narcótico, droga f ‖ **⁓gold** n / oropel m ‖ **⁓grenze** f (Eltronik) / límite m de ruido ‖ **⁓kennwert** m / valor m característico de ruido, parámetro m de ruido ‖ **⁓klirrmessplatz** m / comprobador m de ruido blanco
rauschleifen vt (Glas) / esmerilar basto
Rausch•leistung f (Fernm) / potencia f sofométrica ‖ **spezifische ⁓leistung**, kT / potencia f de ruido específica ‖ **⁓leistung** f **eines Widerstandes über die gesamte Bandbreite** (Eltronik) / potencia f de ruido total en una resistencia ‖ **⁓maß** n (Transistor) / logaritmo m de la cifra de ruido ‖ **⁓messungs...** / sofométrico ‖ **⁓pegel**, -spiegel m (Eltronik) / nivel m de ruido ‖ **⁓rot** n, Realgar n (Min) / rejalgar m, arsénico m rojo, sandáraca f ‖ **⁓silber** n / bricho m de plata, plata f holandesa ‖ **⁓spannung** f (Eltronik) / tensión f perturbadora o de ruido ‖ **⁓spektrum** f / espectro m de ruido ‖ **⁓sperre** f (Eltronik) / amortiguación f de ruido, dispositivo m silenciador ‖ **⁓störung** f / ruido m aleatorio o errático ‖ **⁓strom** n / corriente f disturbadora o de ruido ‖ **⁓temperatur** f / temperatura f de ruido ‖ **⁓thermometer** n / termómetro m de ruido térmico ‖ **⁓-Unempfindlichkeit** f / inmunidad f al ruido ‖ **⁓unterdrücker** m [während der Stationssuche] / dispositivo m silenciador ‖ **⁓unterdrückung** f / supresión f de ruido[s] ‖ **⁓verbesserungsfaktor** m (Eltronik) / factor m de reducción de ruido[s] ‖ **⁓vierpol** m / cuadripolo m de ruido ‖ **⁓zahl** f s. Rauschfaktor
Rauschreißstecker m (Raumf) / ficha f de arrastrar
Räute f, Schlüsselgriff m (Schloss) / anillo m, ojo m (de la llave)
Raute f, Rhombus m (Geom) / rombo m, losange m
Rauten•bindung f (Tex) / ligamento m cruzado [tipo losange] ‖ **⁓förmig** / romboidal, rómbico, rombal, losangeado ‖ **⁓kaliber** n (Walzw) / calibre m de diamante ‖ **⁓öl** n, Oleum rutae (Pharm) / esencia f de ruda, aceite m de ruda ‖ **⁓profil** n (Kfz, Reifen) / perfil m a rombo ‖ **⁓spulung** f (Tex) / bobinado m cruzado o romboidal ‖ **⁓verband** m (Bau, Straß) / trabazón f romboidal
Rauter, Plattenfräsapparat m (Druck) / fresador m

Rau•tiefe f (Oberfläche) / profundidad f de rugosidad[es] ‖ **⁓wacke**, Rauchwacke f (Geol) / rauvaca f ‖ **⁓walze** f (Bau) / cilindro m de picar ‖ **⁓ware** f, -artikel m (Tex) / género m perchado o frisado ‖ **⁓weizen** m, Triticum turgidum (Bot) / trigo m poulard o redondillo ‖ **⁓zylinder** m (Tex) / cilindro m perchador
Rawinsonde f (Meteo) / sonda f radar de viento
Raydist-Ortsbestimmung f / localización f sistema raydist
Rayé m (Web) / rayado m
Raygrass n (Bot) / ballico m perenne, raigrás m
Rayleigh•grenze f $(\lambda/_4)$ (Opt) / límite m de Rayleigh ‖ **⁓-Jeanssches Strahlungsgesetz** n (Radiation) / ley f de Rayleigh-Jeans ‖ **⁓sches Refraktometer** n / refractómetro m de Rayleigh ‖ **⁓[sche] Streustrahlung** f (o. Streuung) / difusión f o dispersión f de Rayleigh, esparcimiento m ‖ **⁓-Scheibe** f (Akust) / disco m de Rayleigh ‖ **⁓-Schwund** m / desvanecimiento m tipo Rayleigh ‖ **⁓welle** f / onda f de Rayleigh
razemisch, Razemat... (Chem) / racémico
razemisieren vt, inaktivieren (Chem) / racemizar
Rb, Rubidium n (Chem) / rubidio m
Rbf = Rangierbahnhof
RBMK-Druckröhrenreaktor m (hoher Leistung vom Kanaltyp) / reactor m RBMK
RBW = relative biologische Wirksamkeit
RCA-Verbinder m (DV, Video) / conector m RCA
RC•-Glied n (Eltronik) / módulo m RC (resistor, capacitor) ‖ **⁓-Kopplung** f (Eltronik) / acoplamiento m RC (resistor, capacitor)
RCL-Baustein m, -Element n / módulo m RCL (resistor, capacitor; inductancia)
RCTL f (Eltronik) / RCTL m, lógica f de resistores, capacitores y transistores, lógica f RCT
RDB = Relationsdatenbank
Re, Rhenium n (Chem) / renio m ‖ **⁓** (Hydr) = Reynoldszahl
REA = Rauchgasentschwefelungsanlage
Read-Diode f (eine Lawinenlaufzeitdiode) / diodo m Read
Reagens, Reagenz n, Reagentie f (pl: Reagenzien) (Chem) / reactivo m ‖ **als ⁓ [geeignet]** (Chem) / apropiado como reactivo ‖ **⁓flasche** f / frasco m graduado de ensayo ‖ **⁓glas**, Reagenzglas, -röhrchen n (Chem) / tubo m de ensayo, probeta f ‖ **⁓glasgestell** n, -glasständer m / soporte m de los tubos de ensayo, estante m de probetas, gradilla f
Reagenzien•kasten m / caja f de reactivos ‖ **⁓raum** m (Labor) / cámara f de reactivos
Reagenz•papier n / papel m indicador o reactivo ‖ **⁓papier**, Lackmuspapier n / papel m [de] tornasol
reagieren vi [auf] / reaccionar [a] ‖ **⁓** [mit] (Chem) / reaccionar, producir una reacción, entrar en reacción [con] ‖ **⁓ lassen** / hacer reaccionar, provocar una reacción ‖ **⁓** n / reacción f
reagierend [auf] / de reacción (ácida o básica) ‖ **unter Lichteinwirkung ⁓** (Chem) / que reacciona bajo la acción de la luz
Reagiervermögen n / capacidad f reactiva o de reaccionar, reactividad f
REA-Gips m (Chem) / yeso m de desulfuración de gas de humo
Reaktand m / reactante m
Reaktanz f, Blindwiderstand m / reactancia f ‖ **⁓diode** f, Varactor m (Halbl) / diodo m de reactancia o tipo varactor, diodo m de variación de capacidad, varactor m ‖ **⁓relais** n / relé m de reactancia ‖ **⁓röhre**, Hubröhre f (Eltronik) / tubo m de reactancia, válvula f de reactancia, reactancia f electrónica ‖ **⁓spule**, Strombegrenzungsdrossel f / inductancia f limitadora de corriente ‖ **⁓theorem** n / teorema m de reactancia
Reaktatron f (Höchstfrequenz-Verstärker) / reactatrón f
Reaktimeter n, Reaktivitätsmesser m (Nukl) / indicador m de reactividad

Reaktion

Reaktion f (allg, Chem) / reacción f ‖ ≈, Ansprechen n / respuesta f ‖ ≈ (Mech) / reacción f, contragolpe m ‖ ≈ **auf eine Diskontinuität** / respuesta f a una discontinuidad ‖ ≈ **auf Feuer** / reacción f al fuego ‖ ≈ **unter o. durch Erhitzung** (Chem) / reacción f pirogénica ‖ **die** ≈ **verläuft ...** / la reacción se produce... ‖ **durch** ≈ [mit] / reaccionando [con] ‖ **eine** ≈ **eingehen** / reaccionar ‖ **miteinander in** ≈ **gebracht werden** / hacer o dejar reaccionar [entre sí]
Reaktions•ablauf m / proceso m de reacción ‖ ≈**antrieb** m, Rückstoßantrieb m (Luftf) / propulsión f por reacción o por chorro ‖ ≈**antrieb** (Rakete) / motor m cohete o cohético, motor m de reacción, motor m a chorro ‖ ≈**ausbeute** f (Nukl) / rendimiento m de reacción ‖ ≈**behälter** m, Autoklav m / depósito m de reacción, autoclave m ‖ ≈**bereitschaft** f / tendencia f reactiva, reactividad f ‖ ≈**beschleuniger** m (Chem) / acelerador m o inductor de reacción ‖ ≈**bremse** f (Chem) / retardador m o inhibidor de reacción ‖ ≈**bremse**, Staustoff m (Nukl) / retardador m, moderador m ‖ ≈**durchschreibepapier** n / papel m de copia reactivo ‖ ≈**energie** f (Chem) / energía f de [la] reacción ‖ ≈**energie**, Kernzerfallsenergie f, Q-Wert m (Nukl) / valor Q m, energía f de la desintegración nuclear ‖ ≈**erzeugnis** n (Chem) / producto m de reacción ‖ ~**fähig** / reactivo, reaccionable ‖ ≈**fähigkeit** f, -vermögen n / capacidad f reactiva o de reacción o de reaccionar, reactividad f, reaccionabilidad f ‖ ≈**freudigkeit**, -fähigkeit f (von Säuren o. Basen) (Chem) / tendencia f a combinarse o reaccionar (de ácidos y bases), afinidad f, avidez f ‖ ~**gebundenes Siliziumnitrid**, RSBN / nitruro m de silicio ligado por reacción ‖ ≈**gefäß** n (Chem) / reactor m [químico], recipiente m de reacción ‖ ≈**gemisch** n / mezcla f reactiva ‖ ≈**geschwindigkeit** f / velocidad f de reacción ‖ ≈**haftgrund** m (Anstrich) / imprimación f de reacción ‖ ≈**haftstelle**, Haftstelle f (Eltronik) / centro m de captura, trampa f ‖ ≈**harz** n / resina f de reacción ‖ ≈**harzformstoffe** m pl / resinas f pl compuestos reaccionantes ‖ ~**hemmend** / que frena o inhibe la reacción, frenante la reacción, inhibitorio o retardador de la reacción ‖ ≈**hemmung** f, negative Katalyse (Chem) / inhibición f de la reacción ‖ ≈**hubschrauber**, Düsenhubschrauber m / helicóptero m a chorro ‖ ≈**isochore** f (Chem) / curva f o línea isocórica (o isocora) de Van't Hoff ‖ ≈**isotherme** f (Chem) / isoterma f de reacción ‖ ≈**kammer** f (Luftf) / cámara f de reacción ‖ ≈**kette** f (Chem) / cadena f de reacciones ‖ ≈**kinetik** f / cinética f química ‖ ≈**kleber** m / adhesivo m de reacción ‖ ≈**kolben** m (Chem) / matraz m de reacción ‖ ≈**konstante** f / constante f de reacción ‖ ≈**kraft** f / fuerza f reactiva o de reacción ‖ ≈**kraft**, Auflagerdruck m / presión f en (o sobre) los apoyos ‖ ≈**kraft**, [spezifische] innere Spannung o. Beanspruchung / esfuerzo m específico, tensión f interna ‖ ≈**kunststoff** m (2-Komponentenkunststoff) / plástico m de reacción ‖ ~**lenkend** / que controla o dirige la reacción ‖ ~**los**, indifferent (Chem) / indiferente, inerte ‖ ≈**masse** f / masa f de reacción ‖ ≈**mittel** n / reactivo m ‖ ≈**moment** n, Rückdrehmoment n / momento m antagónico o de retroceso ‖ ≈**motor** m (Elektr) / motor m sincrónico de hierro giratorio ‖ ≈**ordnung** f / orden m de reacción ‖ ≈**partner** m, -teilnehmer m (Chem) / reactivo m ‖ ≈**primer** m (Anstrich) / imprimación f de reacción ‖ ≈**prinzip** n (Phys) / ley f de reacción de Newton ‖ ≈**produkt**, -erzeugnis n (Chem) / producto m de reacción ‖ ≈**querschnitt** m (Nukl) / sección f eficaz de reacción ‖ ≈**rad**, Segnersches Wasserrad n (Phys) / rueda f de reacción ‖ ≈**rand** m, -rinde f (Geol) / borde m de reacción ‖ ≈**raum** m / espacio m de reacción ‖ ≈**rohr** n / tubo m de reacción ‖ ≈**schwungrad** n (Raumf) / rueda f de reacción, volante m de reacción ‖ ≈**sintern** n / sinterización f de reacción ‖ ≈**spritzguss** m (Plast) / reacción f y moldeo por inyección ‖ ≈**spritzguss-Verfahren** n, RSG m (Plast) / técnica f de reacción y moldeo por inyección ‖ ≈**steuerung** f / mando m de reacción ‖ ≈**stufe** f / fase f o etapa de reacción ‖ ≈**teilnehmer** m, -partner m (Chem) / reactivo m ‖ ~**träge** / inerte, poco reactivo, de reacción lenta ‖ ≈**turbine** f (Dampf, Hydr) / turbina f de reacción ‖ ≈**turm** m (Chem) / columna f de reacción ‖ ≈**vermögen** n / capacidad f reactiva ‖ ≈**verzögerer** m (Chem) / retardador m o inhibidor de reacción ‖ ≈**wärme** f / calor m de reacción ‖ ≈**zeit**, Latenzzeit f (Psychol) / tiempo m de respuesta ‖ ≈**zeit** (Chem, Phys) / tiempo m de reacción ‖ einfache ≈**zeit** / tiempo m de respuesta reducido

reaktiv / reactivo ‖ ~**es Ionenstrahlätzen** / grabado m reactivo por bombardeo iónico ‖ ≈**farbstoff** m / colorante m reactivo

reaktivieren vt, wieder aktivieren / reactivar

Reaktivierung f, Wiederindienstsetzen n / reactivación f, nueva puesta en servicio f ‖ ≈, Wiederbelebung f (Chem) / reactivación f

Reaktivierungsmittel n / reactivador m

Reaktivität f (Nukl) / reactividad f

Reaktivitäts•äquivalent n (Nukl) / valor m de reactividad ‖ ≈**äquivalent des Steuerstabs** / valor m de reactividad de la barra de control ‖ ≈**bilanz** f / balance m de reactividad ‖ ≈**eisen** n (Trafo) / hierro m reactivo ‖ ≈**erhöhung** f (Nukl) / inserción f de reactividad ‖ ≈**koeffizient** m (Nukl) / coeficiente m de reactividad ‖ ≈**messer** m / indicador m de reactividad ‖ ≈**rate** f (Nukl) / tasa f de reactividad ‖ ≈**sprung** m (Atom) / salto m de reactividad ‖ ≈**stab** m (Nukl) / barra f de sobrerreactividad ‖ ≈**störfall**, -unfall m / accidente m de inserción de reactividad ‖ ≈**wert** m **eines Steuerstabes** (Nukl) / eficacia f de una barra de control

Reaktor m (Chem) / reactor m ‖ ≈, Kernreaktor m / reactor m nuclear ‖ ≈ (Elektr) / reactor m, elemento m de reactancia ‖ ≈ **für Meerwasserentsalzung** / reactor m desalinizante ‖ ≈ **für Nahrungsmittelbestrahlung** / reactor m de irradiación de alimentos ‖ ≈ **mit Absorptionssteuerung** / reactor m de control por absorción [de neutrones] ‖ ≈ **mit aufgelockerter Spaltzone** / reactor m [con núcleo] diluido ‖ ≈ **mit Brennstoffumlauf** / reactor m de circulación de combustible ‖ ≈ **mit dispergiertem Brennstoff** / reactor m de combustible en suspensión ‖ ≈ **mit fluidisiertem Brennstoff**, Wirbelschichtreaktor m / reactor m de combustible fluidizado ‖ ≈ **mit Flüssigmetall-Brennstoff** / reactor m de combustible de metal líquido ‖ ≈ **mit gebündelten Cores** / reactor m de núcleos acoplados ‖ ≈ **mit geschlossenem Gaskreislauf** / reactor m de circuito o ciclo de gas cerrado ‖ ≈ **mit geteiltem Kühlmittelfluss** / reactor m de circulación dividida [del refrigerante] ‖ ≈ **mit karbidischem, [keramischem] Brennstoff** / reactor m de combustible carbúrico, [cerámico] ‖ ≈ **mit Konfigurationssteuerung** / reactor m con control de la configuración ‖ ≈ **mit Konvektionskühlung** / reactor m de enfriamiento por convección ‖ ≈ **mit laminar fluidisiertem Brennstoff** / reactor m de pasta ‖ ≈ **mit NaK-Kühlung** / reactor m refrigerado por sodio ‖ ≈ **mit Naturumlauf** / reactor m de circulación natural ‖ ≈ **mit niedrigem Elektronenfluss** / reactor m de bajo flujo neutrónico ‖ ≈ **mit organischem Moderator** / reactor m con moderador orgánico, reactor m moderado por materia orgánica ‖ ≈ **mit oxidischem Brennstoff** / reactor m con combustible oxidado ‖ ≈ **mit Spektralsteuerung** / reactor m de [control por] corrimiento espectral ‖ ≈ **mit turbulent fluidisiertem Brennstoff** / reactor m con lecho fluidizado ‖ ≈ **mit Vergiftungssteuerung** / reactor m de control por veneno fluido ‖ **linearer** ≈ (Regeln) / reactor m lineal

Reaktor • abschirmung f (Nukl) / envuelta f del reactor ‖ ⁓**baulinie** f, -baureihe f, -familie f / serie f constructiva de reactores ‖ ⁓**becken** n (Nukl) / pozo m de reactor ‖ ⁓**behälter** m, -druckgefäß n / vasija f del reactor, recipiente m a presión del reactor ‖ ⁓**betreiber** m / operador m de un reactor ‖ ⁓**betrieb** m / funcionamiento m de un reactor ‖ ⁓**core** n / núcleo m del reactor ‖ ⁓**-Durchgehen** n / pérdida f de control del reactor ‖ ⁓**exkursion**, Leistungsexkursion f / cambio m brusco de potencia de un reactor ‖ [physikalisches] ⁓**experiment** (Nukl) / reactor m experimental ‖ ⁓**fahrer** m (Nukl) / operador m de reactor ‖ ⁓**gebäude** n, -betonhülle f / cubierta f de hormigón del reactor ‖ ⁓**gift** n / veneno m del reactor ‖ ⁓**gitter** n (Nukl) / retículo m del reactor ‖ ⁓**graphit** m / grafito m para reactores ‖ ⁓**grube** f / cámara f del reactor ‖ ⁓**hülse** f / vaina f para reactores ‖ ⁓**kampagne** f / ciclo m de reabastecimiento de combustible de un reactor ‖ ⁓**kern** m, Reaktorcore n (Nukl) / núcleo m del reactor ‖ ⁓**kreislauf** m / circuito m o ciclo de reactor ‖ ⁓**kühlmittel** n / refrigerante m de reactor, medio m caloportador ‖ ⁓**kuppel** f (Nukl) / domo m de reactor ‖ ⁓**leistung** f / potencia f de[l] reactor ‖ ⁓**leistungs-Begrenzer** m / limitador m de potencia de un reactor ‖ ⁓**loop** m / bucle m de reactor ‖ ⁓**lösung** f (Chem) / líquido m homogéneo de reactor ‖ ⁓**mantel** m, -hülle f (Nukl) / envolvente m del reactor, envuelta f del reactor ‖ ⁓**modell** n / modelo m de reactor ‖ ⁓**müll** m (Nukl) / desperdicios m pl radiactivos o de reactor ‖ ⁓**oszillator** m (Nukl) / oscilador m de reactor ‖ ⁓**-Periode** f (Nukl) / constante f de tiempo de un reactor, período m de un reactor ‖ ⁓**physik** f / física f de reactores ‖ ⁓**raum** m / cámara f del reactor ‖ ⁓**rauschen** n (Nukl) / fluctuación f estadística [de la población neutrónica o del nivel de energía] de un reactor ‖ ⁓**regelung** f, -steuerung f / control m del (o de un) reactor ‖ ⁓**schutz** m / sistema m de protección del reactor ‖ ⁓**schutzsicherung** f / fusible m de seguridad del reactor ‖ ⁓**sicherheitsbehälter**, -raum m, -hülle f, -gebäude n / contención f del reactor ‖ ⁓**-Sicherheitskoeffizient** m, RSQ m / coeficiente m o cociente de seguridad de reactores ‖ ⁓**sicherheitskommission** f, RSK f / Comisión f de Seguridad de Reactores ‖ ⁓**stab** m / barra f de reactor ‖ ⁓**steuerung** f (Nukl) / control m del reactor ‖ ⁓**steuer- u. -regelsystem** n / sistema m de control y de mando de un reactor ‖ ⁓**technologie** f, -technik f / técnica f o tecnología f de [los] reactores [nucleares] ‖ ⁓**träger** m / soporte m del núcleo del reactor ‖ ⁓**transferfunktion** f / función f de transferencia del reactor ‖ ⁓**unfall** m / accidente m de reactor (p.ej. por falsa maniobra) ‖ ⁓**versuchskreislauf** m, -loop m / bucle m de reactor ‖ ⁓**werkstoff** m / materia f [prima] para reactores ‖ ⁓**-Zeitkonstante** f (Nukl) / constante f de tiempo de un reactor, período m de un reactor ‖ ⁓**zelle** f / célula f de reactor

real (allg, Chem) / real, verdadero ‖ ~, nicht ideal (Gas, Teilchen) (Phys) / real ‖ **~er Bestand** (Nukl) / inventario m o stsock físico ‖ **~es Gas**, Realgas n / gas m real ‖ **~er Innenwiderstand** (Elektr) / impedancia f resistiva de salida ‖ **~e Seide**, Realseide f (Tex) / seda f real

Realgar m, Rauschrot, Rotglas m (Min) / rejalgar m, arsénico m rojo
Realgasfaktor m (Chem) / factor m de compresibilidad
realisieren, verwirklichen vt / realizar
Real • kristall m / cristal m real ‖ ⁓**teil** m (Math) / componente m f real ‖ ⁓**teil** (FORTRAN) / parte f real
Real-Time • -Betrieb m (DV) / procesamiento m en tiempo real ‖ ⁓**-Rechnung** f / cálculo m en tiempo real, computación f en tiempo real ‖ ⁓**-System** n (DV) / sistema m de [procesamiento en] tiempo real ‖ ⁓**-Verarbeitung** f / proceso m en tiempo real

Real • wert m (DV) / valor m real ‖ ⁓**zeit** f / tiempo m real ‖ ⁓**zeit...** s. Real-Time...
Réaumurskala f (veraltet) (Phys) / escala f Réaumur, R, Réaum.
Rebe, Ranke f (Bot) / sarmiento m, vid f
Rebekka- Eureka-System n (Radar) / sistema m Rebecca-Eureka
Reben • kunde f, Rebsortenkunde f (Bot) / ampelografía f ‖ **echter** ⁓**mehltau** / oidio m de la vid, (también:) f ceniza de la vid ‖ ⁓**peronospora** f, falscher Rebenmehltau / mildiú m de la vid, (también:) f niebla de la vid ‖ ⁓**schädlinge** m pl, Rebschädlinge m pl / parásitos m pl de la vid, insectos m pl ampelófagos ‖ ⁓**schildlaus** f / cochinilla f de la vid
Reblaus, Blattlaus f, Phylloxera vastatrix, Viteus vitifolii / filoxera f ‖ **~befallen** / invadido por la filoxera
Rebschneider m, Lethrus m apterus / escarabajuelo m
Receiver m (Radio ohne Lautsprecher) / receptor m
rechen vt, harken (Landw) / rastrillar ‖ ⁓ m, Harke f (Landw) / rastrillo m ‖ ⁓ (Wassb) / reja f, rejilla f ‖ ⁓ (Jacquardmasch) / rejilla f ‖ ⁓ **als Auffänger** / captador m, colector m ‖ ⁓ m **des Schlagwerks** (Uhr) / rastrillo m de sonería ‖ **durch** ⁓ **gereinigt** (Abwasser) / cribado [por rejilla]
Rechen • ..., rechnerisch / computacional, de calculo, de cómputo ‖ ⁓**anlage** f (DIN) s. Rechner ‖ ⁓**aufgabe** f / problema m de aritmética ‖ ⁓**befehl** m, -anweisung f (DV) / instrucción f aritmética ‖ **~betont** (COBOL) / computacional ‖ ⁓**block** m (DV) / bloque m funcional ‖ ⁓**brett** n, Abakus m / ábaco m ‖ ⁓**eindicker** m (Aufb) / espesador m de rejillas ‖ ⁓**einheit** f (DV) s. Rechenwerk ‖ ⁓**fähigkeit** f -kapazität f / capacidad f de cálculo ‖ ⁓**fehler** m / error m de cálculo ‖ ⁓**förderer** m, -transporteur m / transportador m de rastrillos ‖ ⁓**genauigkeit** f / precisión f de cálculo ‖ ⁓**geschwindigkeit** f (DV) / velocidad f de cálculo ‖ ⁓**größe** f (Math) / operando m ‖ ⁓**gut** m (Hydr) / materia f retenida por la rejilla ‖ ⁓**gutzerkleinerer** m (Hydr) / desintegrador m de materia retenida [por la rejilla] ‖ ⁓**haus** n, -anlage f (Hydr) / cámara f de rejillas ‖ ⁓**hilfsmittel** n (z.. Rechenschieber) / ayudas f pl de cálculo ‖ ⁓**kapazität** f, -fähigkeit f / capacidad f de cálculo ‖ ⁓**kern** m (DV) / núcleo m [del procesador] ‖ ⁓**klassierer** m (Bergb) / clasificador m de rastrillos ‖ ⁓**kopf** m, Preisrechner m (Tanksäule) / calculador m de carburante (de la gasolinera) ‖ ⁓**kühlbett** n (Hütt) / lecho m de enfriamiento con rejillas ‖ ⁓**leistung** f (DV) / potencia f del proceso o de cálculo ‖ ⁓**maschine** f, -gerät n (Eltronik) / computadora f ‖ ⁓**maschine**, Dreispeziesmaschine f / calculadora f ‖ ⁓**operation** f / operación f aritmética ‖ **mittlere o. gemittelte** ⁓**operation** / operación f de cálculo media ‖ ⁓**operationen** f pl **je Sekunde** / FLOPS m pl (= floating point operations per second) ‖ ⁓**probe** f (allg) / prueba f de cálculo ‖ ⁓**probe** (DV) / prueba f aritmética o matemática ‖ ⁓**programm** n (DV) / programa m de cálculo ‖ ⁓**- Programm- und Steuerwerk** n (DV) / unidad f central de procesamiento ‖ ⁓**reiniger** m (Wassb) / limpiador m de rejilla ‖ ⁓**scheibe** f (Math) / disco m de cálculo ‖ ⁓**schema** f / diagrama m de cómputo ‖ ⁓**schieber** m, -stab m / regla f de cálculo ‖ ⁓**speicher** m (DV) / almacenador m de datos, memoria f ‖ ⁓**system**, Datenverarbeitungssystem n / sistema m de procesamiento (o de tratamiento (LA)) de datos ‖ ⁓**tafel** f, Nomogramm n / nomograma m, tabla f de cálculo ‖ ⁓**tafel**, Multiplikationstafel f / tabla f de multiplicación ‖ ⁓**teil** (DV) s. Rechenwerk ‖ ⁓**verfahren** n / método m de cálculo, de calculación, procedimiento m de cálculo ‖ ⁓**verstärker** m (Analogrechner) / amplificador m operacional ‖ ⁓**vorschrift** f / regla f para el cálculo ‖ ⁓**vorzeichen**, Vorzeichen n (DV) / signo m ‖ ⁓**vorzeichenklausel** f (COBOL) / indicación f de signo

‖ ~werk n (DV) / unidad f operativa, unidad f lógico-aritmética ‖ ~werk, Zählwerk n / contador m [calculador] ‖ [zentrales] ~werk, Rechenteil m, -einheit n (DV) / unidad f central aritmética ‖ ~wert m der Festigkeit / resistencia f característica ‖ ~zeit f / tiempo m de cálculo ‖ ~zentrum n (DV) / CPD (= centro de procesamiento de datos), centro m de cómputos o de computación ‖ ~zuteiler m (Zuck) / distribuidor m de rastrillo

Recherche f (Patent) / indagación f

rechnen vi / calcular, hacer cálculos ‖ ~ vt, berechnen / calcular, computar ‖ **sich** ~ (Investition) / ser provechoso o beneficioso ‖ ~ n, [Be]rechnung f / cálculo m, cómputo m ‖ ~ (DV) / computación f ‖ ~ **mit bedeutsamen o. signifikanten Ziffern** / cálculo m con dígitos significativos ‖ ~ **mit doppelter Stellenzahl** / cómputo m con doble largo o doble precisión ‖ ~ n **mit Personalrechner** (DV) / cálculo m con p.c.

Rechner m, Datenverarbeitungsanlage f (DIN) (DV) / ordenador m, computadora f ‖ ~ **der dritten Generation** / ordenador m de la tercera generación o de oficina ‖ ~ **für automatischen Satz**, Schriftsatzrechner m (Druck) / ordenador m de composición tipográfica [automática] ‖ ~ **für Breite/Länge** / ordenador m de latitud/longitud ‖ ~ m **mit Kartendarstellung** / ordenador m con presentación cartográfica ‖ ~ **mit zwei Zentraleinheiten** / biprocesador m ‖ **auf** ~ **umstellen** / computerizar ‖ **von angelernten Kräften einsetzbarer** ~ / ordenador m de operación abierta

rechner•abhängig (DV) / en línea ‖ ~**anlage** f / instalación f computadora ‖ ~**anlage mit festem Programmier- usw. Team** / centro m de acceso restringido ‖ ~**ausgabe** f **auf Mikrofilm** / salida f de ordenador sobre microfilm ‖ ~**band** f / cinta f de ordenador ‖ ~**befehl** m / instrucción f de ordenador o de máquina ‖ ~**benutzung** f, -einsatz m / empleo m de ordenador[es] ‖ ~**betrieb** m / operación m de ordenador ‖ ~**betrieb mit Fernzugriff** / telemando m de ordenadores ‖ ~**code** m / código m real de máquina, código m de computadora ‖ ~**-Datenstation** f, Terminal n / terminal m ‖ ~**flexibel** (Datei) / orientado hacia ordenador ‖ ~**gesteuert** / mandado o gobernado por ordenador ‖ ~**gesteuerte Vermittlung** (DV) / conmutación f gobernada por ordenador ‖ ~**gesteuerter Fernschreibbetrieb** / servicio m telex mandado por ordenador ‖ ~**gesteuertes Koordinatenmessgerät** / máquina f medidora multidimensional CNC

rechnergestützt / asistido por ordenador (E), con la ayuda de computadora, utilizando ordenador, computerizado, informatizado ‖ ~ **Entwurf**, CAD m / proyecto m de construcción asistido por ordenador, CAD m (= computer aided design) ‖ ~**e Fabrikation o. Fertigung**, CAM / mecanizado m asistida por ordenador (E), fabricación f asistido por o utilizando ordenador, CAM m (= computer aided manufacturing) ‖ ~**es Konstruieren**, CAD / diseño m asistido por ordenador ‖ ~**e Konstruktion und Fertigung**, CAD/CAM n / construcción f y fabricación asistidas por ordenador, CAD/CAM m ‖ ~**es Management**, CIM (computer integrated management) / gestión f con integración de un ordenador ‖ ~**e Prozesssteuerung** / control m de sistematización (o de tratamiento (LA) de datos) asistido por ordenador ‖ ~**e Qualitätskontrolle**, CAQ / control m de calidad asistido por ordenador ‖ ~**e Übersetzung** / traducción f asistida por ordenador, CAT (= Computer Aided Translation) ‖ ~**er Unterricht** / enseñanza f asistida por ordenador, instrucción f computerizada

Rechner-Informatik f / informática f

rechnerintegriert / con integración de un ordenador, integrando el ordenador ‖ ~**e Fertigung** / CIM (= Computer Integrated Manufacturing) ‖ ~**e numerische Steuerung**, CNC / control m numérico computerizado, CNC m, control m o mando numérico con integración de ordenador

rechnerisch, auf rechnerischem Wege / calculado, por vía de cálculo, por cálculo ‖ ~, mathematisch / matemático ‖ ~, theoretisch / teórico ‖ ~, numerisch / numérico ‖ ~**e Auswertung** (o. Lösung) / solución f calculada, evaluación f numérica o por cálculo ‖ ~**e Auswertung** (Verm) / restitución f numérica ‖ ~**e Behandlung** [von] / tratamiento m por cálculo ‖ ~**e Geschwindigkeit** / velocidad f calculada ‖ ~**-grafisch** / por cálculo gráfico

rechner•kompatibel (DV) / compatible con el ordenador ‖ ~**leistung** f / rendimiento m de ordenador ‖ ~**-Linguistik** f / lingüística f computacional ‖ ~**operationen** f pl / operaciones f pl de un ordenador ‖ ~**periode**, Maschinenperiode f, -zyklus m (DV) / ciclo m de máquina ‖ ~**-Peripherie-Hersteller** m / fabricante m de equipo periférico ‖ ~**schaltung** f, Zusammenbau und Inbetriebnahme / montaje m de ordenador ‖ ~**simulation** f / simulación f por [vía de] ordenador ‖ ~**unabhängig** / fuera de línea ‖ ~**-verarbeitbar** / que puede ser procesado por ordenador, procesable por ordenador ‖ ~**verbund** m / red f de ordenadores ‖ ~**wirkzeit** f (DV) / tiempo m disponible de ordenadores

Rechnung f, Faktur[a] f / factura f, cuenta f ‖ ~, Berechnung f / cálculo m, cómputo m ‖ ~, Kalkulation f (F.Org) / calculación f

Rechnungs•art f (Math) / método m de calcular ‖ ~**arten** n pl / operaciones m pl aritméticas ‖ **die 4 ~arten** / las cuatro operaciones fundamentales, las cuatro reglas (col.) ‖ **die höheren ~arten** / las operaciones superiores ‖ ~**gewicht** n (Luftf) / peso m de régimen ‖ ~**prüfer** m / revisor m de cuentas, censor m de cuentas, auditor m ‖ ~**wesen** n / contabilidad f ‖ **betriebliches ~wesen** / contabilidad f industrial

recht (Seite) / derecho ‖ ~, richtig / justo ‖ ~**e Buchseite** (mit ungerader Zahl) (Druck) / página f impar o derecha ‖ ~**e Masche** (Wirkm) / malla f derecha ‖ ~**er Motor** / motor m del lado derecho ‖ ~**e [Richtungs-]Fahrbahn** (o. Fahrspur) (Straß) / carril m derecho ‖ ~**e Seite** / lado m derecho, derecha f ‖ ~**e Seite** (Gleichung) / segundo miembro m ‖ ~**e Seite**, Vorderseite f (Web) / derecho m ‖ ~**er Seitendrehmeißel** (Wzm) / cuchilla f [de costado] derecha m ‖ ~**er Winkel** (Geom) / ángulo m recto, recto m

Rechteck n (Math) / rectángulo m ‖ ~**-Einfachspannung** f (Fernm) / tensión f [de onda] rectangular neutra ‖ ~**ferrit** m (Eltronik) / ferrita f de ciclo de histéresis rectangular ‖ ~**ferrit mit Löchern**, Transfluxor m (Eltronik) / transfluxor m ‖ ~**form geben** (Wellen) / hacer rectangular ‖ ~**-Hohlleiter** m / guíaondas m rectangular ‖ ~**hohlprofil** n (Walzw) / sección f rectangular hueca

rechteckig (Fläche) / rectangular, cuadrilongo ‖ ~ **behauen** (o. sägen), die Schwarten absägen (Stämme) / escuadrar, cuadrar, esquinar, acodar ‖ ~**es Beschneiden** (Pap) / recortado m rectangular ‖ ~**e Flachspule** (Elektr) / carrete m aplanado rectangular ‖ ~**e Hystereseschleife** / ciclo m de histéresis rectangular ‖ ~ **machen** (o. zurichten o. behauen o. bearbeiten) (allg) / cuadrar ‖ ~**er Träger** (Stahlbau) / viga f cuadrangular o en cajón

Rechteckigkeit f (Geom) / rectangularidad f

Rechteckigkeitsverhältnis n / relación f de rectangularidad

Rechteck•impuls m (Eltronik) / impulso m rectangular ‖ ~**-Impulsformer** m (Radar) / línea f conformadora (o modeladora) de impulsos ‖ ⁓impulsgenerator *m* / generador *m* de impulsos rectangulares ‖ ⁓kantrohr *n* / tubo *m* de sección rectangular ‖ ⁓-Knüppel *m* (Walzw) / palanquilla *f* rectangular ‖ ⁓korn *n* (Gewehr) (Mil) / mira *f* rectangular ‖ ⁓modulationsgrad *m* / respuesta *f* con onda rectangular o cuadrada ‖ ⁓ring *m* (Kfz, Kolbenring) / aro *m* o segmento de sección rectangular ‖ ⁓röhre *f*, -schirm *m* (TV) / tubo *m* rectangular ‖ ⁓schwingung *f* (Kath.Str) / onda *f* rectangular ‖ ⁓signal *n* / señal *f* [de onda] rectangular ‖ ⁓spannung *f* / tensión *f* [de onda] rectangular, onda *f* rectangular de tensión ‖ ⁓stange *f* / varilla *f* [de sección o perfil] rectangular ‖ ⁓stein *m* (Hütt) / ladrillo *m* rectangular ‖ ⁓-Stoßimpuls *m* (Eltronik) / impulso *m* excitador rectangular ‖ ⁓tisch *m* (Schleifm.) / mesa *f* rectangular ‖ ⁓wehr *m* (Hydr) / presa *f* rectangular ‖ ⁓welle *f* (Eltronik) / onda *f* rectangular o cuadrada

Rechtehandregel *f* (Elektr) / regla *f* de la mano derecha, regla *f* de los tres dedos, regla *f* de Fleming
Rechter, rechter Winkel (Geom) / recto *m*, ángulo *m* recto
rechtfallende Verwerfung (Geol) / falla *f* normal
Rechtkantrohr *n* / tubo *m* de sección rectangular
rechts / a la derecha ‖ ~ (Tür, Geländer nach DIN 107) / a la derecha según DIN (p.ej. goznes de puerta a [la] derecha al tirar) ‖ ~ angeschlagen (Tür) / abisagrada a la derecha ‖ ~ einschlagen (Kfz) / girar el volante a la derecha ‖ ~ stehend (Ziffern) / a la derecha ‖ ~ überholen / adelantar o pasar por la derecha ‖ [scharf] ~ fahren (Kfz) / ¡circule por su derecha! ‖ nach ~ ablenkend (Opt) / dextrógiro
Rechts•abbiegen *n* (Verkehr) / giro *m* a la derecha, vuelta *f* a la derecha ‖ ⁓abbieger *m* / vehículo *m* que gira o tuerce a la derecha ‖ ⁓abbiegerspur *f* / carril *m* para torcer o doblar a la derecha, carril *m* para giro a la derecha ‖ ⁓achse *f* (Math) / eje *m* de abscisas dextrórsum ‖ ⁓anschlag *m* (Tür) / montaje *m* de las bisagras a la derecha ‖ ⁓antrieb *m* (Luftf) / accionamiento *m* derecho ‖ ⁓ausführung *f* / ejecución *f* derecha ‖ ⁓bewegung *f* / movimiento *m* a (o hacia) la derecha ‖ ⁓bündig (Druck, DV) / alineado a la derecha, justificado por la derecha ‖ ⁓drall *m*, Schlagrichtung rechts o. "Z" (Kabel) / colchado *m* o torcido a la derecha, colchadura *f* o trama *f* a la derecha, torsión *f* de izquierda a derecha ‖ ⁓drall (Mil) / rayado *m* a la derecha ‖ ⁓drehen, im Uhrzeigersinn umspringen (Meteo) / virar dextrógiro o a la derecha, cambiar a la derecha (el viento) ‖ ~drehend (Chem) / dextrógiro ‖ ~drehend, im Uhrzeigersinn / en el sentido de las agujas (del reloj) ‖ ~drehendes Hilfsgerät (Luftf) / accionamiento *m* auxiliar derecho ‖ ~drehende Kampfersäure (Chem) / ácido *m* dextrocanfórico ‖ ~drehend polarisiert / de polarización [elíptica] dextrorsa ‖ ~drehender Propeller (vom Heck aus gesehen) (Luftf) / hélice *f* dextrorsa ‖ ~drehender Zucker / azúcar *m* dextrógiro ‖ ⁓drehung *f*, Drehung im Uhrzeigersinn *f*, "mul" (= mit Uhrzeiger laufend) / rotación *f* a la derecha o en el sentido de las agujas del reloj ‖ ⁓drehung, -draht *m*, Z-Drehung *f* (Zwirn) / torsión *f* en el sentido de las agujas del reloj, torsión *f* a la derecha o de mano derecha ‖ ⁓drehung (Chem) / rotación *f* dextrógira ‖ ⁓gang *m* (Gewinde) / paso *m* a derecha ‖ ~gängig (bei Seil: Z, bei Litze: z) / colchado o torcido [de izquierda] a derecha ‖ ~gängig (Gewinde) / de paso derecho ‖ ~gängiges Gleichschlagseil (Kurzzeichen zZ) / cable *m* de torsión (o colchadura) igual a derecha ‖ ~gängiges Kreuzschlagseil (Kurzzeichen sZ) / cable *m* de torsión (o colchadura) cruzado a derecha ‖ ~gedrehtes Garn (Tex) / hilo *m* torcido a la derecha ‖ ~gewinde *n* / rosca *f* derecha ‖ ~gewunden (Mech) / de paso a derecha[s] ‖ ⁓gratköper *m* (Tex) / sarga *f* de izquierda a derecha ‖ ⁓komparativität *f* (Math) / comparatividad *f* a derecha ‖ ⁓kurve *f*, Kurve *f* rechts (Straßb) / curva *f* a la derecha ‖ ⁓lauf *m* / giro *m* a la derecha, marcha *f* a la derecha, rotación *f* a la derecha ‖ ~laufend, -läufig, "mul" / girando a la derecha (en el sentido de las agujas del reloj), girando a derechas ‖ ~laufend (Phys, Welle) / dextrorso *adj*, dextrórsum *adv* ‖ ⁓lenker *m* (Kfz) / vehículo *m* con dirección a la derecha ‖ ⁓lenkung *f* (Kfz) / dirección *f* a la derecha ‖ ⁓liegend / en posición derecha ‖ ⁓-Links-Bindung *f* (Wirkm) / ligamento *m* derecho-revés ‖ ⁓-Links-Doppelfang *m* (Wirkm) / puntada *f* doble izquierda-derecha ‖ ⁓-Links-Fang *m* (Wirkm) / puntada *f* izquierda-derecha ‖ ~-linkshändig / ambidextro ‖ ⁓-Links-Naht *f* (Tex) / costura *f* francesa ‖ ⁓-Links-Perlfang *m* (Wirkm) / puntada *f* cruzada izquierda-derecha, puntada *f* al sesgo ‖ ⁓-Linksware *f*, RL-Ware *f* (Wirkm) / género *m* derecha-revés ‖ ⁓masche *f* / malla *f* derecha ‖ ⁓motor *m*, -maschine *f* (auf die Abtriebsseite gesehen rechtslaufend) / motor *m* de marcha a la derecha ‖ ⁓-Rechts-Bindung *f* (Wirkm) / ligamento *m* de tejido abordonado ‖ ⁓-Rechts-Flachstrickmaschine *f* (Tex) / tricotosa *f* rectilínea ‖ ⁓-Rechts-Gestrick *n* / género *m* de punto 1:1 ‖ ⁓schlag *m*, Z-Schlag *m* (Kabel) / colchado *m* o torcido a la derecha ‖ ⁓schloss *n* (in der Türansicht beim Ziehen rechts sitzend) / cerradura *f* derecha (en posición derecha al tirar) ‖ ~schneidend (Fräser) / de corte a la derecha ‖ ⁓schraube *f* (Luftf) / hélice *f* a la derecha ‖ ⁓schützen *m* (Web) / lanzadera *f* de ojete a la derecha ‖ ⁓schweißung *f* / soldadura *f* a la derecha ‖ ⁓spirale *f* / hélice *f* dextrorsa ‖ ~steigende Verzahnung / dentado *m* a la derecha ‖ ⁓steuer *n* (Kfz) / dirección *f* a la derecha ‖ ⁓treppe *f* / escalera *f* a la derecha ‖ ⁓- und Linkslauf *m* / marcha *f* o rotación a la derecha y a la izquierda ‖ ⁓verkehr *m* (Straßb) / circulación *f* por la derecha ‖ ⁓verschiebung *f* (DV) / corrimiento *m* a la derecha ‖ ⁓vorfahrt *f* / preferencia *f* [de paso] por la derecha, prioridad *f* [del tráfico] de la derecha ‖ einfache ⁓weiche (Bahn) / cambio *m* desviado a la derecha ‖ ⁓weiche *f* im Innenbogen / cambio *m* en curva desviado interiormente a la derecha ‖ ⁓weinsäure *f* (Chem) / ácido *m* dextrotartárico ‖ ⁓ziegel *m* (Dach) / teja *f* derecha
rechtweisend (Schiff) / verdadero ‖ ~er Kurs (Schiff) / rumbo *m* verdadero ‖ ~e Peilung / marcación *f* verdadera
rechtwinklig, -eckig, im rechten Winkel stehend (Geom) / rectangular, ortogonal, en ángulo recto ‖ ~ ansetzen / colocar o disponer en ángulo recto, disponer perpendicularmente ‖ ~es Dreieck / triángulo *m* rectángulo ‖ ~e Hysteresisschleife (Eltronik) / ciclo *m* de histéresis rectangular ‖ ~es Knie[rohr] / codo *m* de ángulo recto ‖ ~e Koordinaten *f pl* / coordenadas *f pl* rectangulares ‖ ~e Mauerecke (Bau) / esquina *f* rectangular ‖ ~ polarisiert / de polarización dextrorsa ‖ ~es Prisma (Geom) / prisma *m* rectangular, ortoedro *m* ‖ ~ schneiden / cortar en ángulo recto ‖ ~er Stirnstoß (Schw) / unión *f* rectangular a tope ‖ ~er Stoßimpuls (Mech) / impulso *m* excitador rectangular ‖ ~e Verbindung (Holz) / ensambladura *f* rectangular
Rechtwinkligkeit *f* / ortogonalidad *f*
rechtzeitig / oportuno, a tiempo
Rechwender *m* (Landw) / rastrillo *m* con discos estrellados
Reck•alterung *f* (Hütt) / envejecimiento *m* por deformación ‖ ~alterungsbeständig / resistente al envejecimiento por deformación ‖ ⁓beanspruchung, -spannung *f* / esfuerzo *m* de estirado ‖ ~biegen *vt* / formar por estiraje y doblado combinados ‖ ⁓drücken *n*, Recken *n*, Drückwalzen *n* / compresión *f* por estiraje o estirado

recken *vt*, strecken / estirar ‖ ~, verlängern / extender, tender, alargar ‖ ~, ausschmieden / extender por forjadura ‖ ~, orientieren (Tex) / orientar ‖ ~ (Baumwollspinn) / retorcer ‖ **den Draht** ~ (Fernm) / estirar el alambre ‖ ⁓, Reckschmieden *n* / estirado *m* en forja ‖ ⁓ *n* **des Drahtes** (Fernm) / estirado *m* del alambre ‖ ⁓ **von Flachstäben** (Hütt) / alargado *m* por estirado de perfiles planos ‖ ⁓ **von Hohlkörpern** / forja *f* en hueco
reck•formen *vt*, [st]reckziehen / formar por estirado, estirar sobre molde ‖ ⁓**formmaschine** *f* / máquina *f* para estirar sobre molde ‖ ⁓**grad** *m* (Schm) / grado *m* de estirado ‖ ⁓**modul** *m* / módulo *m* de estirado ‖ ⁓**schlag** *m* (Schm) / golpe *m* de estirado ‖ ~**schmieden** *vt* / estirar por forjadura, forjar [para estirar] en martillo ‖ ⁓**schmieden** *n* / forjado *m* por (o a) martillo, estirado *m* a martillo de forja ‖ ⁓**spannung**, -beanspruchung *f* / esfuerzo *m* de estirado ‖ ⁓**station** *f* (Plast) / puesto *m* de estirado ‖ ⁓**stauchen** *n* (Schm) / recalcado *m* a martillo de forja ‖ ⁓**walze**, Schmiedewalze *f* (Schm) / cilindro *m* estirador o de estirar o de forja ‖ ~**walzen** *n*, Schmiedewalzen *n* / forjado *m* entre cilindros ‖ ⁓**walzen** / estirado *m* por laminación ‖ ⁓**walzwerk** *n* / cilindros *m pl* de estirar
Recoma-Magnet *m* (eine SaCo-Legierung) / imán *m* Recoma
recombinant, neukombiniert (Plasmid) / recombinante
Recompilation *f* (DV) / recopilación *f*
Recorder *m* (Eltronik) / registrador *m* de sonido, grabador *m* fonográfico ‖ ⁓, Kassettenrecorder *m* / grabadora *f*
Record-Playback-Verfahren *n* (NC) / método *m* de registro y reproducción
Recovery-Effekt *m* (Transistor) / efecto *m* de recuperación
Rectenna *f* (Aufnehmer bei Energie-Übertragung durch Strahlung) / captador *m* de energía radiante
Rectisolverfahren *n* (zur Entschwefelung) (Öl) / proceso *m* Rectisol
Recyclat *n* / producto *m* reciclado
Recycle-Gas *n* / gas *m* de reciclo
recyclieren *vt*, rezyklieren / reciclar
Recycling *n* / reciclaje *m*, reciclado *m*, reutilización *f* ‖ ⁓ (Reifen) / recauchutaje *m*, renovación *f* del neumático ‖ ⁓**hof** *m*, Wertmüllsammelstelle *f* / terreno *m* de reciclaje, ecoparque *m*
redaktionelle Nachbearbeitung (DV) / compaginación *f* posterior
Redaktionsschluss *m* / cierre *m* de la edición
Reddingit *m* (Min) / reddingita *f*
Redgumholz *n* (Bot) / eucalipto *m* rojo
redigieren *vt*, aufbereiten (DV) / redactar, editar, compaginar
Red Oil *n*, Rotöl *n* (Ölraffinerie) / aceite *m* neutro
Redondaphosphat *n* (Min) / fosfato *m* Redonda
Redox•... (Chem) / redox ‖ ⁓**analyse**, Oxidimetrie *f* / oxidimetría *f* ‖ ⁓-**Gleichgewicht** *n* / equilibrio *m* redox ‖ ⁓**kette** *f* (Chem) / cadena *f* oxidación-reducción, cadena redox ‖ ⁓**potential** *n* / potencial *m* redox ‖ ⁓**reaktion** *f* / reacción *f* redox o de óxidorreducción
Red Primer *m* (Lackierung) / pintura *f* roja de imprimación
Redrying *n*, Maschinenfermentation *f* (Tabak) / fermentación *f* en la máquina
Reduktase *f* (Chem) / reductasa *f*
Reduktion *f*, Minderung *f* / reducción *f*, disminución *f* ‖ ⁓, Reduzierung *f* (Math) / reducción *f*, simplificación *f* ‖ ⁓, [teilweise] Entziehung des Sauerstoffes *f* (Chem) / reducción *f* ‖ ⁓ *f* **von Draht durch Hämmern** / reducción *f* de la sección por martillo rotatorio
Reduktions•ätze *f* (Tex) / corrosivo *m* por reducción ‖ ⁓**bleiche** *f* (Tex) / blanqueo *m* por reducción ‖ ~**fähig** / reducible ‖ ⁓**faktor** *m* (Licht) / factor *m* de reducción ‖ ⁓**flamme** *f* / llama *f* reductora o desoxidadora, llama *f*

de reducción ‖ ⁓**futter** *n* (Wzm) / mandril *m* [cónico] de reducción ‖ ⁓**getriebe** *n* / engranaje *m* reductor, de[s]multiplicador *m* ‖ ⁓**katalysator** *m* (Chem) / catalizador *m* de reducción ‖ ⁓**kohle** *f* (Stahl) / carbón *m* de reducción ‖ ⁓**kraft** *f*, -vermögen *n* / potencia *f* de reducción ‖ ⁓**legierung** *f* (DIN 1725) / aleación *f* de reducción ‖ ⁓**mittel** *n* (Chem) / medio *m* o agente reductor o de reducción, reductor *m* ‖ ⁓**muffe** *f* / manguito *m* reductor ‖ ⁓**ofen** *m* (Pulv.Met) / horno *m* de reducción ‖ ⁓-**Oxidationskette** *f*, Redoxkette *f* (Chem) / cadena *f* redox ‖ ⁓**pulver** *n* (Pulv.Met) / polvo *m* reducido ‖ ⁓**schöpfung** *f* (Hütt) / grado *m* de reducción final o al iniciarse la fusión ‖ ⁓**spule** *f* (Elektr) / self *m* *f* ‖ ⁓**stück** *n*, Reduzierstück *n* / reductor *m*, pieza *f* de reducción ‖ ⁓**tachymeter** *n* (Verm) / taquímetro *m* (E) o taqueómetro (LA) reductor ‖ ⁓**turbine** *f* / turbina *f* de reducción ‖ ~**verhindernd** (Tensid) / inhibitorio de reducción ‖ ⁓**vermögen** *n*, -kraft *f* / fuerza *f* de reducción, poder *m* reductor ‖ ⁓**zahl**, Schaftausbauchungszahl *f* (Forstw) / factor *m* de reducción ‖ ⁓**ziffer** *f* (Hochofen) / índice *m* de reducción ‖ ⁓**zirkel** *m* (Zeichn) / compás *m* de reducción ‖ ⁓**zone** *f* / zona *f* de reducción
reduktiv / reductivo ‖ ~**e Extraktion** (Chem) / extracción *f* reductiva o por reducción
Reduktor *m* (Chem, Elektr) / reductor *m*
redundant (DV, Math) / redundante ‖ ~**e Reserveanlage** (Raumf) / unidad *f* de reserva en frío
Redundanz *f* (DV) / redundancia *f* ‖ ⁓**prüfung** *f* (DV) / verificación *f* o comprobación o prueba de redundancia, verificación *f* de repetición ‖ ⁓-**Reduktion** *f* (TV) / reducción *f* de redundancia
Reduplikation *f* / reduplicación *f*
Reduxverfahren *n* (Klebetechnik) / proceso *m* Redux
reduzibel (Math) / reducible, que se puede reducir o simplificar
reduzierbar (Chem) / reduc[t]ible, desoxidable ‖ **nicht** ~ (Chem) / irreduc[t]ible, no desoxidable
Reduzierbarkeit *f* (Chem, Math) / reduc[t]ibilidad *f*
Reduziereinsatz *m*, -futter *n* (Wzm) / manguito *m* reductor ‖ ⁓ (konisch) / reductor *m* ahusado o cónico ‖ ⁓ (Bohrmaschine) / boquilla *f* cónica de reducción
reduzieren *vt*, verringern / reducir, disminuir, rebajar, bajar, aminorar ‖ ~, kürzen / acortar, reducir ‖ ~, anreichern (Bergb) / enriquecer, bonificar ‖ ~, frischen (Hütt) / afinar la fundición ‖ ~ **durch Hämmern** (Draht) / reducir la sección por martillo rotatorio ‖ **den Druck** ~, vom Druck enlastan ‖ **reducir o atenuar la presión** ‖ **die Geschwindigkeit** ~ / reducir o disminuir o aminorar la velocidad
reduzierend / reductor, rebajador, atenuador ‖ ~ **bleichen**, schwefeln (Tex) / blanquear azufrando ‖ ~**e Eigenschaft** *f* / propiedad *f* reductora ‖ ~**e Flamme** / llama *f* reductora o desoxidante ‖ ~**es Gas** / gas *m* reductor ‖ ~**es Rösten** (Hütt) / calcinación *f* de reducción ‖ ~**er Zucker** / azúcar *m* reductor
Reduzier•exzenter *m*, -kurve *f* / leva *f* de reducción ‖ ⁓**fähigkeit** *f* (Hütt) / poder *m* reductor, potencia *f* de reducción ‖ ⁓**fassung** *f*, -sockel *m* (Elektr) / portalámpara *f* reductora ‖ ⁓**futter** *n*, -einsatz *m* (Wzm) / manguito *m* reductor ‖ ⁓**gerüst** *n* (Walzw) / caja *f* de reducción ‖ ⁓**gesenk** *n*, -matrize *f* (Schm) / estampa *f* o matriz de reducción ‖ ⁓**getriebe** *n* / engranaje *m* reductor o de[s]multiplicador ‖ ⁓**hülse** *f* / casquillo *m* reductor o de reducción ‖ ⁓**maschine** *f* / máquina *f* reductora ‖ ⁓**muffe** *f* / manguito *m* reductor o de reducción ‖ ⁓**nippel** *m* / racor *m* (E) o niple (LA) de reducción, boquilla *f* (E) de reducción ‖ ⁓**ofen** (Hütt) / horno *m* de reducción ‖ ⁓**ring** *m*, -buchse *f* / casquillo *m* o buje de reducción ‖ ⁓**schieber** *m*, -ventil *n* / válvula *f* reductora o de escape ‖ ⁓**stecker** *m* (Elektr) / ficha *f* o clavija reductora [de enchufar a presión elástica] ‖ ⁓**stich**, -zug *m* (Walzw) / paso *m* de reducción ‖ ⁓**stück** *n* /

reductor *m*, pieza *f* de reducción ‖ ⁓**stück für Rohre** / reductor *m* de tubos
reduziert [auf] / reducido [a] ‖ ⁓, abgemagert / reducido a lo esencial, simplificado ‖ ⁓**er Befehlssatz für kürzeste Zeiten**, RISC (reduced instruction set computer) (DV) / risc *m* ‖ ⁓**e Gleichung** (Math) / ecuación *f* reducida o resolvente ‖ ⁓**e Masse** / masa *f* reducida ‖ ⁓**es Modell** / modelo *m* reducido a lo esencial ‖ ⁓**e Neutronenbreite** / ancho *m* de neutrones reducido ‖ ⁓**e Prüfung** / comprobación *f* reducida ‖ ⁓**er Schriftvorrat** / surtido *m* reducido de tipos
Reduzierung, Reduktion *f* / reducción *f* ‖ ⁓, Verringerung *f* / disminución *f*, aminoración *f*, rebaja *f*
Reduzier•ventil *n* / válvula *f* reductora o de escape ‖ ⁓**vermögen** *n*, -fähigkeit *f* / poder *m* reductor, capacidad *f* reductora, potencia *f* de reducción ‖ ⁓**verschraubung** *f* / racor *m* de reducción ‖ ⁓**walzwerk** *n* / laminador *m* reductor, tren *m* laminador de reducción
Redwood•holz *n*, amerikanisches Rotholz (Holz der Sequoia sempervirens) / madera *f* de sequoya o secoya ‖ ⁓**sekunden** *f pl* (Ölprüfung) / segundos *m pl* de Redwood ‖ ⁓**-Viskosimeter** *n* (Öl) / viscosímetro *m* de Redwood
Reede *f* (Schiff) / rada *f* ‖ **auf** ⁓ **liegen** / fondear en la rada
Reederei *f* (Schiffeignerin) / compañia *f* naviera o de navegación, sociedad *f* armadora ‖ ⁓ (Gewerbe) / actividad *f* naviera
Reedkontakt *m*, Herkonkontakt *m*, -relais *m* / relé *m* de láminas [flexibles]
Reed-Relais *n* (mit Schutzrohrkontakten) / relé *m* Reed, relé *m* de ampolla de vidrio, relé *m* de caña
Reeler *m*, Glättwalzwerk *n* (Walzw) / laminador *m* alisador, tren *m* enderezador
reell (FORTRAN, Math, Opt) / real ‖ ⁓, Wirk... (Elektr) / efectivo ‖ ⁓**es Bild** (Opt) / imagen *f* real ‖ ⁓**e Kathode** / cátodo *m* real ‖ ⁓**e Konstante** (DV) / constante *f* real ‖ ⁓**e Zahl** / número *m* real
reentrabel *adj* (DV) / reentrante
Reep *n* (Schiff) / cabo *m*
Reet *n*, Ried *n* (Bau) / caña *f*, cañizo *m*, cañuela *f*, junquillo *m*
Reextraktion *f*, Rückwaschprozess *m* (Nukl) / reextracción *f*
REFA = Verband für Arbeitsstudien e. V.
Refabrikation *f* (Nukl) / refabricación *f*
Refa-Ingenieur *m*, Arbeitsstudienmann *m* / agente *m* de ergonometrado
Referat *n* / informe *m*, relación *f*, resumen *m*
Referenz•... / de referencia ‖ ⁓**anzeigewert** *m* (DV, Eltronik) / valor *m* indicado de referencia ‖ ⁓**bedingung** *f* / condición *f* de referencia ‖ ⁓**bündel** *n* (Licht) / haz *m* de referencia ‖ ⁓**diode** / diodo *m* [de tensión] de referencia ‖ ⁓**elemente** *n pl* / elementos *m pl* de referencia ‖ ⁓**flugzeug**, Bemessungsflugzeug *n* (Flughafenplanung) / avión *m* de referencia ‖ ⁓**-Größenwert** *m* (Impulse) / magnitud *f* de referencia ‖ ⁓**marke** *f* / marca *f* de referencia ‖ ⁓**messverfahren** *n* (Halbl) / método *m* de medida de referencia ‖ ⁓**normal** *n* (Nukl) / fuente *f* patrón de referencia ‖ ⁓**punkt** *m* (NC) / punto *m* de referencia ‖ ⁓**röhre** *f* / tubo *m* [de tensión] de referencia ‖ ⁓**strahl** *m*, Vergleichsstrahl *m* (Laser) / haz *m* de referencia ‖ ⁓**zustand** *m* / estado *m* de referencia
reffen *vt*, reffeln (Flachs) / desgargolar, desgranar
Reffknoten *m* (Schiff, Web) / nudo *m* llano
Refiner *m* (Pap) / refinador *m* ‖ ⁓, Strainer (Gummi) / refinador *m* acabador ‖ ⁓**-Holzstoff** *m* / pasta *f* de madera obtenida por refino[s] ‖ ⁓**mahlung** *f* (Pap) / refinación *f* por refino
Refit *n*, Generalüberholung *f*, -restaurierung *f* (Schiff) / refit *m*
reflektierbar / reflexible, reflectible

Reflektierbarkeit *f* / reflectibilidad *f*, reflexibilidad *f*, reflectividad *f*
reflektieren, spiegeln / reflectar, reflejar
reflektierend, zurückstrahlend / reflector, reflexivo, reflectante, reflejante, que refleja ‖ ⁓ (Verkehrsschild) / retrorreflejante [señal de tráfico] ‖ ⁓**e Bandmarke** (Magn.Bd) / marca *f* reflectante ‖ ⁓**e Dipolebene** (Antenne) / cortina *f* reflectante ‖ ⁓**e Farbe** (Verkehrsschild) / pintura *f* retrorreflejante [señal de tráfico] ‖ ⁓ **machen** / hacer reflectante ‖ ⁓**e Marke** (Magn.Bd) / marca *f* reflectora ‖ ⁓**e Optiken** / ópticas *f pl* reflectantes o de proyección ‖ ⁓**e Schallwand** (Akust) / bafle *m* reflex, pantalla *f* reflectiva, pantalla *f* reversora de fase ‖ ⁓**e Treffplatte** (Radiol) / blanco *m* reflector ‖ ⁓**e Untergrundfarbe** (OCR) / tinta *f* de fondo reflectora
reflektiert (Phys) / reflejado, reflejo ‖ ⁓**er Binärcode** (DV) / código *m* binario reflejado o cíclico ‖ ⁓**er Lichtstrahl** (Opt) / rayo *m* luminoso reflejado ‖ ⁓**e Strahlung** (Nukl) / efecto *m* de cielo, resplandor *m* reflejado o por reflexión ‖ ⁓**er Strom** (Fernm) / corriente *f* reflejada ‖ ⁓**e Verstärkung** (Fernm) / ganancia *f* por (o debida a la) reflexión ‖ ⁓**e Welle** / onda *f* reflejada ‖ ⁓ **werden** / reverberar ‖ ⁓ **werden** (Wellen) / ser reflejadas ‖ ⁓**er Zähler** (DV) / contador *m* reflejado ‖ ⁓**-binär** (Math) / reflejado binario
Reflekto•gramm, Leuchtschirmbild *n* (Ultraschall) / reflectograma *m* ‖ ⁓**graphie** *f*, Playertypie *f* (Druck) / reflectografía *f*, playertipia *f* ‖ ⁓**meter** *n* (Opt) / reflectómetro *m*
Reflektor *m* (allg) / reflector *m* ‖ ⁓, Rückstrahler *m* (Kfz) / catadióptrico *m* ‖ ⁓, Reflexionselektrode *f* (Eltronik) / reflector *m*, electrodo *m* de reflector ‖ ⁓ (Nukl) / bloque *m* reflector ‖ ⁓, Spiegelteleskop *n* / telescopio *m* reflector o de reflexión de espejo ‖ ⁓, Tripelreflektor *m* (Radar) / rinconera *f* reflectante ‖ **ohne** ⁓, reflektorlos (Reaktor) / sin reflector ‖ ⁓**antenne** *f* / antena *f* con reflector ‖ ⁓**ersparnis** *f*, -gewinn *m* (Nukl) / ahorro *m* del reflector, economía *f* por el empleo de reflector ‖ ⁓**gehäuse** *n* (Laser) / caja *f* de reflexión ‖ ⁓**kompass** *m* / brújula *f* de reflexión ‖ ⁓**lampe** *f*, Strahlerlampe *f* / lámpara *f* con reflector ‖ ⁓**marke** *f* (Magn.Bd) / marca *f* reflectante ‖ ⁓**pedal** *n* (Fahrrad) / pedal *m* reflectante o con cristales reflectantes ‖ ⁓**steuerung** *f* (Nukl) / control *m* por reflector ‖ ⁓**strahler** *m* (Antenne) / reflector *m* de emisión
Reflex *m*, Widerschein *m* / reflejo *m* ‖ ⁓, Überstrahlung *f* (Foto, TV) / empañado *m* ‖ ⁓**auge** *n* (Pneum) / detector *m* fluido de proximidad ‖ ⁓**bild** *n* (TV) / fantome *m* ‖ ⁓**blau** / azul *m* de álcali ‖ ⁓**einrichtung** *f* (Foto) / visor *m* reflex ‖ ⁓**empfänger** *m* (Eltronik) / receptor *m* reflex ‖ ⁓**figur** (Mat.Prüf) / figura *f* de reflejo ‖ ⁓**frei** / sin reflejo ‖ ⁓**frei** (Linse) / con capa o película antirreflectora o antirreflejo, con cubrimiento o revestimiento antirreflejante, con tratamiento multicapas ‖ **Linsen** ⁓**frei machen** / aplicar una capa antirreflectora, azular
Reflexion, Rückstrahlung *f* (Phys) / reflexión *f*, reflejo *m* ‖ **regelmäßige o. gerichtete** ⁓ / reflexión *f* regular
Reflexions•... s. reflektierend ‖ ⁓**bild** *n* (Radar) / imagen *f* de reflexión ‖ ⁓**dämpfung** *f* (Fernm) / pérdida *f* por reflexión, pérdida *f* debida a las reflexiones ‖ ⁓**dichte** *f* / densidad *f* óptica externa ‖ ⁓**-Diffusor** *m* (Pap) / difusor *m* por reflexión ‖ ⁓**ebene** *f* / plano *m* de reflexión ‖ ⁓**einheit** *f* (Gerät) / dispositivo *m* reflector o de reflexión ‖ ⁓**faktor** *m* (Fernm, Wellenleiter) / coeficiente *m* de reflexión, reflectancia *f* ‖ ⁓**faktor** (Satellit) / coeficiente *m* de reflexión ‖ ⁓**faktor** (Pap) / factor *m* de reflexión ‖ ⁓**faktor** (Fernm) / coeficiente *m* de adaptación ‖ ⁓**farbe** *f* / color *m* retrorreflejante ‖ ⁓**fleck** *m* (Foto) / mancha *f* debida a reflexión ‖ ⁓**frei** / exento *m* de reflejo ‖ ⁓**frei**, schalltot, echofrei (Akust) / anecoico, sordo, insonoro ‖ ⁓**galvanometer**

n, Spiegelgalvanometer *n* / galvanómetro *m* de espejo ‖ ~gewinn *m* (Antenne) / ganancia *f* por reflexión ‖ ~gitter *n* (Wellenleiter) / rejilla *f* reflectora ‖ ~gitter (Spektroskop) / gratícula *f* sobre metal ‖ ~goniometer *n* (Krist) / goniómetro *m* de o por reflexión ‖ ~grad *m* / grado *m* de reflexión ‖ totaler ~grad / reflexión *f* radiante ‖ ~hologramm *n* / holograma *m* reflejante ‖ ~koeffizient *m* (Neutronen) / coeficiente *m* de reflexión ‖ ~koeffizient *m* [bei Nachhall] / coeficiente *m* de reflexión de sonido reverberante ‖ ~mikroskopie *f* / microscopia *f* electrónica de reflexión ‖ ~prisma *n* / prisma *m* reflector ‖ ~raum *m* / espacio *m* de reflexión ‖ ~-Schalldämpfer *m* / silenciador *m* de reflexiones ‖ ~schicht *f* (Eltronik) / capa *f* reflectora, estrato *m* reflector ‖ ~schirm *m* / pantalla *f* reflectora ‖ ~seismik *f* / reflexiones *f pl* sísmicas ‖ ~strahlungsheizung *f* / calefacción *f* por radiación reflejada ‖ ~strahlungskeule *f* / lobo *m* de radiación reflejada ‖ ~verlust *m* / pérdidas *f pl* debidas a las reflexiones ‖ ~vermögen *n*, -grad *m* (Opt) / reflectancia *f*, factor *m* de reflexión ‖ ~vermögen, -kraft *f* / reflectividad *f*, poder *m* reflectante ‖ ~-Verzerrung *f* (Radio) / distorsión *f* debida a la propagación por trayectoria múltiple ‖ ~welle *f* / onda *f* reflejada o de eco ‖ ~winkel *m* (Phys) / ángulo *m* de reflexión
Reflexivität *f* (Math) / reflectividad *f*
Reflex•kamera *f* (Foto) / cámara *f* reflex ‖ ~klystron *n* / klistrón *m* reflejo, clistrón *m* reflex ‖ ~kontrolliertes System (Verstärker) / sistema *m* controlado por reflejo ‖ ~kopie *f* (Druck) / copia *f* obtenida por reflexión ‖ ~kopierverfahren *n* / reflectografía *f* ‖ ~licht *n* / reverbero *m* ‖ ~minderungsschicht *f*, Antireflexschicht *f*, Blaubelag *m* (Opt) / capa *f* antirreflejante, recubrimiento *m* antirreflejo, tratamiento *m* multicapas ‖ ~schaltung *f* (Eltronik) / circuito *m* reflex o reflejo ‖ ~spiegel *m*, Brennspiegel *m* / espejo *m* reflex (E) o ustorio (LA) ‖ ~stoff *m* / material *m* retrorreflejante ‖ ~sucher *m* (Foto) / visor *m* reflex o de reflexión ‖ ~taster *m*, -sensor *m* (Eltronik) / captador *m* de reflejos ‖ ~verstärkung *f* (Eltronik) / amplificación *f* por reflejo
Reflow-Löten *n* / soldadura *f* (indirecta) de reflujo
reformatieren *vt* (DV) / reponer en forma ‖ ~ *n* (DV) / reestructuración *f*
Reformer *m* (Brennstoffzelle) / reformador *m*
Reformieranlage *f* (Öl) o de reforma[ción] (LA)
Reformieren *n* (Umsetzung in CO u. H$_2$) (Öl) / refórming *m* (E), reformación *f* (LA)
Reformierungs-Einsatzprodukt *n* (Öl) / materia *f* prima refórming *m* (E) o de reformación (LA)
Reforming-Erzeugnis *n* / reformato *m*
Refraktion, Strahlenbrechung *f* (Opt) / refracción *f*
Refraktions•bestandteil *m* / componente *m f* de refracción ‖ ~koeffizient *m* / coeficiente *m* de refracción ‖ ~seismik *f* (Bergb) / sísmica *f* de refracción
refraktive Mikrooptik / micróptica *f* refractiva
Refraktometer *n*, Brechzahlmesser *m* (Phys) / refractómetro *m*
refraktometrische Analyse / análisis *m* por refractómetro
Refraktor *m* (Linsenteleskop) / telescopio *m* refractor o de refracción
Regal *n*, Stellage *f* / estante *m*, estantería *f*, armazón *m* (LA), anaquelería *f* ‖ ~förderzeug *n*, Regalbediengerät *n* / carretilla *f* elevadora para estanterías elevadas ‖ ~modul *m* (Lager) / módulo *m* de estante ‖ ~platte *f*, -brett *n* / anaquel *m*, panel *m* de bastidor ‖ ~reihe *f* / hilera *f* de estantes, estantería *f* ‖ ~stapelgerät *n* / transelevador *m* [para almacenes] ‖ ~wagen *n* / estante *m* sobre ruedas ‖ ~wand *f* (Bau) / estantería *f*, anaquelería *f*

Regel, Norm *f* / regla *f*, norma *f* ‖ ~... (Regeln) / de regulación, regulable, controlado ‖ ~... (Math) / reglado ‖ gegen die ~n verstoßend, regelwidrig / contrario a la[s] regla[s] ‖ ~ablauf *m*, -verlauf *m* / marcha *f* o evolución de reglaje ‖ ~abweichung *f* (Regeln) / desviación *f* de la regulación ‖ ~abweichung, übliche Toleranz (Maße) / tolerancia *f* normal o stándard ‖ ~abweichung, Standardabweichung *f* / error *m* repetido ‖ ~abweichungssignal *n* (Regeln) / señal *f* de desviación ‖ ~algorithmus *m* / algoritmo *m* regulador ‖ ~anlasser *m* / arrancador *m* de reóstato ‖ ~antrieb *m* / mecanismo *m* [de mando] de velocidad variable ‖ ~apparat *m* s. Regelgerät
regelatinieren *vt vi*, wieder erstarren (Chem) / regelatinizar
Regelation *f*, Zusammenfrieren *n* von Taueis (Phys) / recongelación *f*
Regel•ausführung, -bauart *f* / tipo *m* corriente o stándard ‖ ~automatik *f* / automaticidad *f* de regulación o de reglaje, sistema *m* de regulación automático
regelbar / regulable ‖ ~e Drehzahl / velocidad *f* variable o regulable ‖ ~e Düse / tobera *f* de sección ajustable ‖ ~e Kopplung (Elektr) / acoplamiento *m* variable ‖ ~es magnetisches Umfeld / ambiente *m* magnético regulable ‖ ~er Spanner / tensor *m* ajustable ‖ ~e veränderliche Geschwindigkeit / velocidad *f* ajustable variable ‖ mit ~em Widerstand (Elektr) / reostático
Regel•bauart *f* (Bahn) / tipo *m* corriente ‖ in ~bauart (Bahn) / de tipo corriente ‖ ~befehl *m* (Regeln) / señal *f* de acción ‖ ~bereich *m* / alcance *m* de ajuste, gama *f* de regulación ‖ ~bereich 1 : 5 / gama *f* de regulación 1:5 ‖ ~bereichweite *f* / alcance *m* de mantenimiento de regulación ‖ ~bremse *f* / freno *m* de regulación ‖ ~-Container *m* / container *m* tipo estándar, contenedor *m* tipo standard ‖ ~detri *f*, Dreisatz *m* / regla *f* de tres ‖ ~differenz *f* (Regeln) / variable *f* activa ‖ ~diode *f* / diodo *m* de mando o de control ‖ ~drehgestell *n* (Bahn) / bogie *m* normal ‖ ~drossel *f* (Elektr) / bobina *f* de impedancia reguladora ‖ ~einrichtung *f*, Regler *m* / elemento *m* regulador ‖ ~energie *f* (Kraftwerk) / energía *f* [eléctrica] de regulación o compensación ‖ ~exponentialröhre *f* / tubo *m* regulador ‖ ~fläche, durch eine Gerade erzeugte Fläche (Math) / superficie *f* reglada ‖ ~genauigkeit *f* / precisión *f* de regulación ‖ ~gerät *n* / aparato *m* o equipo o instrumento regulador ‖ ~getriebe, -gestänge *n* / mecanismo *m* o mando de regulación, varillaje *m* de regulación ‖ ~getriebe, Drehzahlwandler *m* / variador *m* de revoluciones o de velocidad, mecanismo *m* de engranajes de velocidad variable ‖ [stufenloses] ~getriebe, Reguliergetriebe *n* / mecanismo *m* de regulación con progresión continua ‖ ~gewinde *f* / rosca *f* gruesa, rosca *f* normal ‖ ~glied *n* (Regeln) / elemento *m* funcional de regulación ‖ ~glied (Fernm) / atenuador *m* variable ‖ ~größe *f* / variable *f* o magnitud controlada, variable *f* bajo control ‖ ~größe, Normalgröße *f* / tamaño *m* normal ‖ ~güte *f*, Standardqualität *f* / calidad *f* normal o stándard ‖ ~güte, Güte *f* der Regelung / calidad *f* de control o de reglaje ‖ ~hebel *m* (Einspritzpumpe, Kfz) / palanca *f* reguladora ‖ ~hysterese *f* (Elektr) / histéresis *f* de regulación
regelieren *vi* (Eis), wieder zusammenfrieren / recongelarse
Regel•jahr *n* (Wasserwirtsch) / año *m* normal ‖ ~kennlinie *f* / característica *f* de mando ‖ ~klappe *f* (Kfz) / válvula *f* de mariposa ‖ ~kompass *m*, Normalkompass *m* / brújula *f* normal ‖ ~-Kondensator *m* / capacitor *m* variable ‖ ~kraftheber *m* (Traktor) / elevador *m* regulador ‖ ~kraftwerk *n* / central *f* eléctrica de regulación [automática] ‖ ~kreis *m* / bucle *m* de control ‖ ~kreis

(Elektr) / circuito *m* de regulación ‖ ~**kreis**, Servokreis *m* / servobucle *m*, bucle *m* de mando ‖ **offener** ~**kreis** (Regeln) / circuito *m* o bucle abierto ‖ ~**kreis** *m* [mit geschlossenem Wirkungskreis] (NC, Regeln) / cadena *f* cerrada, bucle *m* cerrado ‖ ~**länge** *f* (Walzw) / largo *m* normal ‖ ~**last** *f* (Mech) / carga *f* normalizada o stándard
regellos, zufällig / fortuito, aleatorio, al azar, casual ‖ ~, stochastisch (Math) / estocástico, aleatorio ‖ ~**e Orientierung** / orientación *f* aleatoria o desordenada o caótica ‖ ~**e Verteilung** / distribución *f* aleatoria o casual
Regellosigkeit, Unordnung *f* (Phys) / desarreglo *m*, desorden *m*
regelmäßig, gleichmäßig / regular, uniforme ‖ ~ **angeflogen** (Luftf) / con o en servicio regular ‖ ~**es Muster** / dibujo *m* geométrico o regular ‖ ~**e o. platonische Körper** *m pl* (Math) / cuerpos *m pl* platónicos ‖ ~**e Probenahme** / toma *f* de muestras regular, muestreo *m* regular ‖ ~**e Prüfung** / inspección *f* permanente ‖ ~**es Vieleck** (Math) / polígono *m* regular ‖ ~ **wiederkehrend**, periodisch / periódico
Regelmäßigkeit, Gleichmäßigkeit *f* / regularidad *f*
Regelmodul *m* (Eltronik) / módulo *m* de regulación
Regelmotor *m* (Elektr) / motor *m* de velocidad regulable o variable ‖ ~, Stellmotor *m* / servomotor *m*
regeln *vt* (bei geschlossenem Wirkungskreis einwirken) / regular, reglar ‖ ~, beherrschen / gobernar ‖ ~, regul[aris]ieren, ordnen / arreglar, ordenar ‖ ~ *n*, Regelungstechnik *f* (Ggs: Steuern) / control *m* o gobierno o mando automático
regelnd, Regel... / regulador, regularizador ‖ ~**e Größe** (Regeln) / magnitud *f* de influencia ‖ ~**er Kraftheber** / elevador *m* regulador [hidráulico]
Regel•nutzlast *f* (Bahn) / carga *f* útil reglamentaria ‖ ~**organ** *n* s. Regelgerät ‖ ~**pentode** *f* (Eltronik) / pentodo *m* de RF de mu variable ‖ ~**pilot** *m n* (Fernm) / piloto *m* de regulación ‖ ~**pult** *n* (Film) / pupitre *m* de mando ‖ ~**pumpe** *f* / bomba *f* de caudal variable ‖ ~**querschnitt** *m* (Straßb) / sección *f* transversal normal. ‖ ~**recht**, richtig / en regla ‖ ~**röhre** *f* (Eltronik) / tubo *m* de mu variable ‖ ~**röhre**, Spannungsstabilisator *m* / tubo *m* estabilizador ‖ ~**rolle** *f* / rodillo *m* regulador ‖ ~**satz** *m* (Elektr) / grupo *m* regulador ‖ ~**schalter** *m* (Akku) / conmutador *m* de regulación de carga, regulador-disyuntor *m* ‖ ~**schalter**, Umschalter *m* (Bahn, Elektr) / combinador *m* ‖ ~**schar** *f*, Regulus *m* (Math) / serie *f* reglada ‖ ~**scheibengetriebe** *n* / variador *m* de velocidad por correa trapezoidal ‖ ~**scheibenschlitten** *m* (Schleifm) / carro *m* portamuela de regulación ‖ ~**schleife** *f* / bucle *m* de regulación ‖ ~**schleifringläufermotor** *m* (Elektr) / motor *m* de anillos [rozantes] regulable ‖ ~**schwingungen** *f pl*, um den Nennwert pendelnde Regelung (Regeln) / oscilaciones *f pl* pendulares, penduleo *m* ‖ ~**spannungssynchronisierung** *f* (TV) / sincronización *f* de fase ‖ ~**spur** *f*, Normalspur *f* (1435 mm = 4ft 8 1/2 in.) (Bahn) / ancho *m* normal (E), trocha *f* normal (LA), vía *f* normal ‖ ~**stab** *m* (Nukl) / barra *f* de control ‖ ~**stab [zur Feinregelung]** (Nukl) / barra *f* de control fino ‖ ~**stange** *f* **der Einspritzpumpe** / varilla *f* reguladora ‖ ~**strecke** *f* (Regeln) / sistema *m* controlado ‖ ~**strecke** (Spinn) / intersecting *m* con regulador de estiraje ‖ ~**strecke**, geregelte Strecke / tramo *m* de regulación ‖ ~**stufe** *f* / etapa *f* de regulación ‖ ~**system** *n* / sistema *m* de control automático ‖ ~**system für Umgebungsbedingungen** (einschl Abfall) (Raumf) / sistema *m* de regulación de las condiciones ambiente ‖ ~**system in der Schweißtechnik** / regulación *f* de soldeo en bucle cerrado ‖ ~**trafo**, -transformator *m* (Eltronik) / transformador *m* de tensión variable ‖ ~**trafo** *m*,

Anzapftrafo *m* / transformador *m* con tomas ‖ ~**umrichter** *m* (Elektr) / cambiador *m* o convertidor de frecuencia regulable ‖ ~**- und Steuersystem** *n* / sistema *m* [automático] de regulación y de mando ‖ ~**unempfindlichkeit** *f* (Regeln) / banda *f* o zona muerta
Regelung *f*, Regulierung *f* / ajuste *m* ‖ ~ (Regelungstechnik) / control *m* automático, regulación *f* automática, autorregulación *f* ‖ ~, Lenkung *f* / mando *m* ‖ ~ (Gerät) / sistema *m* de control ‖ ~ **am Ursprungsort** (Masch) / control *m* local, mando *n* directo ‖ ~ **auf einen günstigsten Betriebspunkt** / control *m* óptimo ‖ ~ **der Bilddrehung** (Radar) / control *m* de rotación de la imagen ‖ ~ **der Durchschweißung** / control *m* de penetración por reacción ‖ ~ **der Zeilenzahl** (TV) / control *m* de la definición ‖ ~ **durch Anordnungsänderung** (Nukl) / control *m* de la configuración ‖ ~ **mit chemischem Trimmer** (Nukl) / control *m* por compensación química ‖ ~ **mit geschlossenem Ein- u. Ausgang** / regulación *f* con cadena cerrada ‖ ~ **mit mehreren Methoden** / control *m* por acción múltiple ‖ ~ **mit Verzögerungsgliedern** / regulación *f* retardada ‖ **sorgfältige o. genaue** ~ / ajuste *m* esmerado o preciso
Regelungs•art *f* / modo *m* o sistema de regulación ‖ ~**automatik** *f* / control *m* automático, regulación *f* automática, autorregulación *f* ‖ ~**einrichtung** *f* / dispositivo *m* de regulación ‖ ~**system** *n*, Servosystem *n* / servosistema *m*, servomecanismo *m*, sistema *m* de control automático por reacción ‖ ~**technik** *f* / técnica *f* de control o de regulación ‖ ~**techniker** *m* / técnico *m* de control ‖ ~**theorie** *f* / teoría *f* de control o de regulación ‖ ~**- und Steuertechnik** *f* / técnica *f* de regulación y de mando ‖ ~**verhalten** *n* / acción *f* de regulación automática ‖ ~**vorgang** *m* / proceso *m* de regulación ‖ ~**warte** *f* / puesto *m* de control o de regulación
Regel•ventil *n* / válvula *f* reguladora ‖ ~**ventil** (eine Düse) (Pipeline) / estrangulador *m* ‖ ~**verlauf** *m*, -ablauf *m* / evolución *f* o marcha de regulación ‖ ~**verstärker** *m* (Eltronik) / amplificador *m* [automático] de ganancia o de volumen ‖ ~**verstärker** (Regeln) / servoamplificador *m*, amplificador *m* automático ‖ ~**verstärkermaschine** *f* (Elektr) / excitador *m* de amplificación ‖ ~**verzerrung** *f* (Fernm) / distorsión *f* o deformación característica ‖ ~**vorgang** *m* / proceso *m* de regulación ‖ ~**vorrichtung** *f* / dispositivo *m* regulador ‖ ~**warte** *f* (Masch) / puesto *m* de regulación ‖ ~**weg** *m* (die normale Strecke) (Fernm) / vía *f* normal ‖ ~**weg** (international) (Fernm) / vía *f* primaria ‖ ~**wehr** *n* (Hydr) / presa *f* reguladora de nivel ‖ ~**wendel** *f* espiral *f* de regulación ‖ ~**widerstand**, Rheostat *m* (Elektr) / resistor *m* variable, reóstato *m* ‖ ~**widrig**, contrario a la[s] regla[s] ‖ ~**widrig**, abnorm / anormal, anómalo ‖ ~**zeit** *f* / tiempo *m* de regulación ‖ ~**zelle** *f* (Akku) / elemento *m* de reducción o de regulación ‖ ~**zustand** *m* / condición *f* regulada o controlada
Regen *m* (Meteo, TV) / lluvia *f* ‖ ~**...**, regnerisch / lluvioso ‖ ~**...**, Pluvio... / pluvial *adj* ‖ ~**abfallrohr** *n*, -leitung *f* s. Regenfallrohr ‖ ~**abweiser** *m* (LKW) / derivaguas *m*, vierteaguas *m* ‖ ~**bö** *f* (Meteo) / chubasco *m* [de agua]
Regenbogen *m* / arco *m* iris, arco *m* de San Juan o de San Martín ‖ ~**farben** *f pl* / colores *f pl* del arco iris del espectro ‖ ~**farbenspiel** *n* / iridiscencia *f*, irisación *f* ‖ ~**farbig** / iridiscente, irisado ‖ ~**generator** *m* (TV) / generador *m* de arco iris ‖ ~**hologramm** *n* / holograma *m* iridiscente ‖ ~**laser** *m* / láser *m* iridiscente ‖ ~**quarz** *m* (Min) / cuarzo *m* iridiscente ‖ ~**testbild** *n* (TV) / mira *f* en colores del espectro, alero *m*, toldo *m*

1051

Regendach

Regen•dach n (Bau) / cubierta f de protección (contra la lluvia) || **~dicht**, -fest / impermeable [a la lluvia], a prueba de lluvia || **~echo**, Niederschlagsecho n (Radar) / eco m de precipitación, eco m de lluvia || **~entlastungskanal** m / canal m evacuador de agua pluvial, canal m de descarga de agualluvia || **~entstörung** f (Radar) / supresión f de ecos de lluvia
Regenerat n (Chem) / regenerado m || **~** (Gummi) / caucho m regenerado, goma f regenerada
Regeneration f (Chem, DV) / regeneración f
regenerative Energie s. erneuerbare Energie
Regenerativ•feuerung f / calefacción f de regeneración || **~-Flammofen** m / horno m de reverbero regenerador || **~gasofen** m / horno m de gas regenerador || **~gekühlt**, brennstoffgekühlt / refrigerado (E) o enfriado (LA) por el combustible || **~kammer** f / cámara f regenerativa, cámara f de recuperación de calor || **~kühlung** f (Raumf) / enfriamiento m regenerador, refrigeración f regenerativa || **~-Lufterhitzer** m / calentador m de aire con regeneración || **~prozess** m (Altmaterial) / recuperación f || **~speicher** m (DV) / almacenamiento m regenerativo || **~verfahren** n (Wärme) / sistema m de regeneración
Regeneratmischung f (Gummi) / mezcla f con caucho regenerado
Regenerator m (Hütt) / regenerador m || **~** (DV) / repetidor m
Regenerat•walzwerk n (Gummi) / mezcladora f para regenerado || **~zellulose** f (Pap) / celulosa f regenerada
Regenerier•autoklav m (für Entvulkanisation), -digestor m (Gummi) / caldera f para regeneración, digestor m para regeneración, desvulcanizador m || **~einsatz** m, (früher:) -aufwand m -bedarf m (Ionenaustauscher) / empleo m de regenerante
regenerieren vt, auffrischen / regenerar || **~**, wiedereinschreiben (DV) / regenerar || **Impulse ~** (Eltronik) / conformar impulsos || **sich ~** / regenerarse || **~** n (Gummi) / regeneración f
regenerierend / regenerativo, regenerador
Regenerierstrahl m (Kath.Str) / haz m de sostenimiento
regeneriert / regenerado || **~es (o. aufbereitetes) Altöl** / aceite m usado regenerado o reprocesado || **~e Waschlösung** (Öl) / líquido m de solución regenerada
Regenerierung f / regeneración f, regenerado m || **~** (Schwertrübe) / regeneración f de líquido denso || **~ der Waschmedien** (Hütt) / regeneración f de los agentes de limpieza || **~ des Enthärters** (Geschirrspülm.) / regeneración f del ablandador || **~ mit Lauge** / regeneración f por álcali
Regenerierungs•mittel n / regenerante m || **~öl** n (Gummi) / aceite m de regeneración
Regen•erosions-Standzeit f (Raumf) / resistencia f a la erosión por lluvia || **~fallrohr** n, -falleitung m / tubo m bajante o de bajada de aguas pluviales || **~geschützt** (Leuchte) / a prueba de lluvia || **~guss** m (Meteo) / aguacero m, chaparrón m, chubasco m || **~intensitätsmesser** m / pluviógrafo m, pluviógrafo m, pluviómetro m registrador || **~kanone** f / cañón m regador o rociador || **~kapazität** f (Boden) / agua f disponible en la zona de raíces || **~kappe** f (Mast) / sombrerete m protector contra la lluvia || **~klärbecken**, -wasserbecken n, Ansammlungsbehälter, -tank m / depósito m de clarificación de aguas pluviales (E) o de agualluvias (LA) || **~leiste** f (Kfz) / vierteaguas m, bateaguas m || **~messer** m, Pluviometer n / pluviómetro m || **~reifen** m (Kfz) / neumático m antiaquaplaning || **~reihe** f (Abwasser) / recopilación f de datos sobre lluvias || **~rinne** f, Dachrinne f (Bau) / canalón m, gotera f, goterón m || **~rinne** f (Kfz) / bateaguas m, bocagua m (LA) || **~rinnenantenne** f / antena f de canalón o de gotera || **~rinnenantenne** (Kfz) / antena f que se fija al bocagua || **~schatten** m (Meteo) / sequía f orográfica ||

~schirmstäbchen n (lang) / barrita f del paraguas || **~schreiber**, Pluviograph m / pluviógrafo m, pluviógrafo m, pluviómetro m registrador || **~schutz** m (Elektr) / protección f contra la lluvia || **~schutzkappe** f **des Mikrophons** / capuchón m del micrófono || **~schutzkappe für Zündverteiler** (Kfz) / capuchón m del distribuidor || **~schutzscheibe** f / placa f protectora de lluvia || **~sensor** m (Kfz) / sensor m o captor de lluvia || **~sicher** / a prueba de lluvia, impermeable a la lluvia || **~störungen** f pl, Trübung f (Radar) / ecos m pl de lluvia, parásitos m pl debidos a la lluvia || **~störungs-Abstand** m / distancia f de ecos de lluvia || **~tonne** f / bidón m para el agua de lluvia, casimba f (LA) || **~wald** m / bosque m de lluvia, pluviselva f
Regenwasser n / agua f pluvial o de lluvia o lloveviza, agualluvia f (LA) || **~abfluss** m (Straßb) / evacuador m de agua[s] pluvial[es] || **~balken** (Fenster, Tür) / bateaguas m, botagua m (LA) || **~becken** n, Ansammlungsbehälter, -tank m / depósito m de agua pluvial || **~kanal** m / alcantarilla f de agua pluvial || **~rohr**, Fallrohr n (Install) / tubo m bajante o de bajada [de aguas pluviales] || **unterirdischer ~speicher** / cisterna f de agua pluvial || **~speicherwerk** n / embalse m [regulador] de aguas pluviales
Regen•wolke, Nimbostratuswolke f / nube m de lluvia, nimboestrato m || **~zeit** f / estación f pluvial o lluviosa o de las lluvias, época f de lluvias, temporada f de aguas, período m de lluvias || **~zone** f, -gürtel m (Geo) / zona f de lluvias
Regge-Rekursionen f pl (Atom, Nukl) / recurrencias f pl de Regge
Regie, einen Bau in eigener ~ ausführen / edificar por cuenta propia || **~pult** n (TV) / consola f de control, pupitre m de mando || **~raum** m (TV) / sala f de control o de mando || **~tisch** m (Eltronik, Sender) / mesa f de control || **~wagen** m (TV) / sala f móvil de control
Region f (z.B. im Speicher) / región f (p.ej. de memoria) || **~ geringer Dichte** (Raumf) / región f de baja densidad
regional, gebietsweise / regional || **~e automatische Wählvermittlung** (Fernm) / central f automática regional || **~es Bestätigungssystem** / sistema m regional de certificación || **~er Entwicklungsplan** / PDR (= Plan de Desarrollo Regional)
Regional•fernsehen n / televisión f regional || **~metamorphose** f (Geol) / metamorfosis f regional || **~sender** m / emisora f regional || **~sendung** f / emisión f o radiodifusión regional || **~verkehr** m / tráfico m regional
Regisseur m (Film, TV) / realizador m
Register n, Aufstellung f / registro m, relación f (p.ej. de objetos) || **~** (Fernm) / registrador m (parte de un sistema automático) || **~**, Speicherzelle f für ein Wort (DV) / registro m || **~** (genaues Zusammenpassen) (Druck) / registro m, exacta coincidencia f || **~**, Rauchschieber m / registro m de humos || **~ der Orgel** / registro m del órgano || **~ doppelter Wortlänge** (DV) / registro m de doble largo || **~ halten**, registerhaltig sein (Druck) / registrar, estar en registro, mantener el registro || **~ n nach signifikanten Titel-Worten geordnet**, KWIC-Index m (= keyword in context) (DV) / registro m KWIC, índice m [alfabético] de palabras claves en su contexto || **~ n-facher Wortlänge** (DV) / n-pleca registro m, registro m n-tuplo
Register•breite f (Schiff) / manga f de registro || **~daten** n pl / datos m pl del registro || **~differenz** f (Druck) / diferencia f de reportado || **~genauigkeit** f (Druck) / exactitud f de registro o de reportado || **~hafen** m (Schiff) / puerto m de registro

1052

registerhaltig, im Register zugerichtet (Druck) / que mantiene u observa el registro, en registro ‖ **nicht ~** / fuera de puntura, con falta de registro
Register•haltung f (Druck) / mantenimiento m del registro ‖ **~höhe** f (Schiff) / puntal m de registro ‖ **~keller** m, Stack m (DV) / memoria f de retención temporal ‖ **~länge** f (in Bits) (DV) / largo m de registro, extensión f de registro ‖ **~länge** f (Schiff) / eslora f de registro ‖ **~marke** f (Druck) / marca f de coincidencia o de registro, guía f, tope m, tacón m ‖ **~punkte** m pl (Druck) / puntos m pl de registro ‖ **~regelung** f (Druck) / control m de registro ‖ **~spur** f (DV) / pista f de registro ‖ **~sucher** m, -suchgerät m (Fernm) / buscador m de registrador ‖ **~system** n (Fernm) / sistema m de control por registradores ‖ **~tonne** f (100 cbft = 2,8316 m³), RT, Reg.T. (Schiff) / tonelada f de arqueo o de registro ‖ **~tonnen** f pl / toneladas f pl registradas ‖ **~tonnengehalt** m (Schiff) / tonelaje m de registro ‖ **~vergaser** m (Kfz) / carburador m de registro ‖ **~verwaltung** f (DV) / señalador m, indicador m ‖ **~wahl** f beim Strowgersystem (Fernm) / sistema m director ‖ **~wähler** m, -sucher m (Fernm) / buscador m de registrador ‖ **~walze** f (Pap) / rodillo m desgotador
Registratur f / archivo m, registro m ‖ **~schrank** m / armario m archivo, fichero m, casillero m, archivador m, archivero m ‖ **~theke** f (Büro) / cajón m clasificador
Registrier•apparat m, -vorrichtung f / aparato m registrador ‖ **~art** f (Instr) / modo m de registro ‖ **~ballon** m (Meteo) / globo m sonda ‖ **~einrichtung** f / dispositivo m registrador
registrieren vt (Instr) / registrar ‖ **~** (NC) / definir
registrierend (Instr) / registrador ‖ **~es Manometer** / manómetro m registrador ‖ **~er o. selbstschreibender Pegel**, Registrierpegel m / fluviómetro m registrador ‖ **~es Thermometer**, Thermograph m / termógrafo m ‖ **~es u. integrierendes Spektralphotometer o. Spektrophotometer**, Registrierspektralphotometer n / espectrofotómetro m registrador ‖ **~er Wasserzähler** / contador m registrador de agua
Registrier•instrument n, -gerät n, automatisch registrierendes Instrument / aparato m registrador automático ‖ **~kamera** f / cámara f registradora ‖ **~kasse**, Registerkasse f / caja f registradora ‖ **~papier** n, Diagrammpapier n / papel m registrador ‖ **~streifen** m, -band n / tira f [de papel] registradora ‖ **~streifen**, Indexstreifen m / tira f registradora para índice
registriert•e berichtigte Eigengeschwindigkeit / velocidad f propia calibrada y registrada ‖ **~e Fluggeschwindigkeit gegen Luft** / velocidad f relativa registrada ‖ **~er Pitotdruck** (Luftf) / presión f de choque registrada en un tubo Pitot ‖ **~er statischer Druck** (Luftf) / presión f estática registrada
Registrier•-Tachometer n / tacómetro m registrador ‖ **~trommel** f / tambor m registrador ‖ **~uhr** f, Stechuhr f / reloj m registrador
Registrierung f / registro m, grabación f ‖ **~, Eintragung** f / registro m, asiento m
Registriervorrichtung f / mecanismo m registrador, registrado m
Reglage f (Uhr) / afinado m
reglementiertes Gebiet (Atom, Nukl) / área f de trabajo reglementada
Regler m, Regeleinrichtung f / regulador m, aparato m regulador ‖ **~** (Einspritzpumpe) (Mot) / regulador m ‖ **~**, Füllungsregler m (Lok) / regulador m ‖ **~**, Spannungsregler m (Kfz) / regulador m de tensión o de voltaje ‖ **~ mit Messwertgeber** / regulador-transmisor m ‖ **schaltender ~** / regulador m conmutador ‖ **~charakteristik** f / característica f de regulación ‖ **~gewicht** n / peso m del regulador centrífugo ‖ **~hebel** m (Kfz) / palanca f de regulador ‖

~muffe f (Kfz) / manguito m de regulador ‖ **~schalter** m, Schalterteil n des Spannungsreglers (Kfz) / disyuntor-regulador m ‖ **~scheibe** f / disco m regulador ‖ **~ventil** n / válvula f reguladora ‖ **~verstellung** f / pérdida f de ajuste
Reglette f, Durchschuss m, -schießlinie f (Druck) / regleta f
Regleusezange f (Uhr) / afinadora f
Regnault-Hygrometer n (Phys) / higrómetro m de condensación
Regner m, Bewässerungsapparat m / aspersor m, rociador m, regador m, regadera f, regadora f ‖ **~anlage** f **mit Ringleitung** (Landw) / instalación f de riego con conducto circular
Regolith m, meteoritisches Eisen (Geol) / regolito m
Regranulierung f / regranulación f
Regression f (allg, Geol, Math) / regresión f
Regressions•analyse f (Regeln) / análisis m por regresión ‖ **~ebene** f / plano m de regresión ‖ **~gerade** f / recta f de regresión ‖ **~koeffizient** m (Stat) / coeficiente m de regresión ‖ **~kurve** f (Math) / línea f o curva de regresión
regressiv, rückschreitend / regresivo, retrógrado
Reg.T. (Schiff) = Registertonne
regula falsi (Math) / regula f falsi, regla f de falsa posición
regulär, gewöhnlich / regular ‖ **~**, kubisch (Krist) / cúbico, isométrico ‖ **~e Funkstelle** (Luftf) / estación f regular ‖ **~e Funktion** (Math) / función f regular [de una variable compleja] ‖ **~e Ware**, abgepasste Maschenware, vollgeminderte Ware (Tex) / género m regular o menguado
Regulär•-Matrix f (Audio) / matriz f regular ‖ **~rand** m (Tex) / borde m regular ‖ **~wert** m, Realwert m (Math) / valor m real
Regulator m (Penduluhr, Web) / regulador m ‖ **~** (Unruh und Gangkorrektur) (Uhr) / regulador m del volante ‖ **~**, s. Regler ‖ **~feder** f (Nähm) / resorte m compensador de hilo ‖ **~vergaser** m (Mot) / carburador m de registro
Regulier•..., Stell... / regulador m, de ajuste ‖ **~...** s. auch Regel...
regulierbar, einstellbar / ajustable ‖ **~**, regelbar / regulable
Regulier•bremse f (Bahn) / freno m directo ‖ **~dämme** m pl **und Schleusen zum Bewässern** (Hydr) / diques m pl y esclusas de regulación ‖ **~einrichtung** f, Rücker m (Uhr) / raquetería f
regulieren vt, regeln / regular, reglar, ajustar ‖ **~** (z.B. Antenne) (Elektron) / modular vt
Regulier•maschine f (Uhr) / afinadora f ‖ **~motor** m (Elektr) / motor m de velocidad variable o regulable ‖ **~scheibe** f (Uhr) / arandela f de afinación o de carga ‖ **~schraube**, Einstellschraube f / tornillo m de ajuste ‖ **~schraube**, Dosierschraube f / tornillo m de dosificación ‖ **~schraube des Pendels** (Uhr) / tornillo m de regulación ‖ **~schwimmer** m, Schwimmerregler m / flotador m regulador de nivel ‖ **~strecke** f (Baumwolle, Spinn) / intersecting m con regulador de estiraje
reguliert / regulado ‖ **~er Dienst** (Fernm) / servicio m regulado ‖ **~es Gebiet** (Nukl) / área f de trabajo regulada, zona f verde
Regulierung f / regulación f, ajuste m ‖ **~ eines Ventils** / ajuste m de una válvula
Regulierungsarbeiten f pl (Hydr) / trabajos m pl de canalización
Regulier•ventil n / válvula f reguladora ‖ **~vorrichtung** f / dispositivo m regulador o de regulación
Regulus m, Regelschar f (Math) / serie f reglada
reh•braun (RAL 8007) / pardo corzo ‖ **~leder** n / cabritilla f (para guantes), correal m (para vestidos)
Rehydration f (Chem) / rehidratación f

1053

Reibahle

Reib•ahle f (Wzn) / escariador m, ensanchador m, alegrador m ‖ ⁓**ahle für Sacklöcher**, Grundreibahle f / escariador m avellanador ‖ ⁓**ahle mit geraden Zähnen** / escariador m de dientes rectos ‖ ⁓**ankerbolzen** m / bulón m de anclaje por fricción ‖ ⁓**antrieb** m, Reibungsantrieb m / accionamiento m por fricción ‖ ⁓**arbeit** f / trabajo m de (o debido al) rozamiento ‖ ⁓**band** n, Nitschelhose f (Tex) / manguito m [frotador] ‖ ⁓**beiwert** m / coeficiente m de fricción o de roce o de rozamiento ‖ ⁓**beiwert bei gleitender Reibung** / coeficiente m de rozamiento de deslizamiento ‖ ⁓**beiwert der Fahrbahn** / coeficiente m de adherencia ‖ ⁓**beiwert der Ruhe** / coeficiente f de fricción estática ‖ ⁓**belag** m / forro m de fricción ‖ ⁓**bolzenschweißen** n / soldeo m de bulones por fricción
Reibe f, Reibeisen n / rallador m, rallo m, raspa f, raspador m ‖ **grobe** ⁓ / rallo m ‖ ⁓**brett** n, -scheibe f (Maurer) / fratás m ‖ **mit dem** ⁓**brett glätten** / igualar por el fratás, fratasar ‖ ⁓**festigkeit** f (Tex) / resistencia f al frotamiento
Reibeigenschaften f pl / propiedades f pl de fricción
reiben vt / rozar, estregar ‖ ⁓, raspeln / rallar ‖ ⁓, Reibung erzeugen / producir fricción ‖ ⁓, scheuern / frotar, fregar, ludir ‖ ⁓, nitscheln (Tex) / rotafrotar ‖ ⁓, fressen / agarrotarse ‖ ⁓, zerreiben / moler ‖ ⁓, aus-, auf-, nach-, durchreiben (Masch) / escariar ‖ **sich** ⁓ / frotarse [mutuamente] ‖ **zu Pulver** ⁓, pulverisieren / pulverizar ‖ ⁓ n / frotamiento m, frotación f, frotadura f, frote m, rozamiento m, roce m, rozadura f ‖ ⁓ [**kräftiges**] / restregón m, restregadura f
reibend, schleifend (Wirkung) / desgastante, abrasivo, desgastador
Reibeprüfung f, Wischtest m (Nukl) / prueba f de frotamiento
Reib•feder f / resorte m de fricción ‖ ⁓**festigkeit**, -echtheit f / resistencia f al rozamiento ‖ ⁓**festigkeitsprüfung** f / ensayo m de [resistencia al] rozamiento ‖ ⁓**fläche** f / superficie f de fricción o de rozamiento o de frotación ‖ ⁓**holz** n, Scheuerleiste f, -band n (Schiff) / cintón m ‖ ⁓**honen** n / escariado-bruñido m ‖ ⁓**kegel** m, Friktionskegel m / cono m de fricción ‖ ⁓**kegelkupplung** f / embrague m de cono de fricción ‖ ⁓**kegelübertragung** f / transmisión f por cono de fricción ‖ ⁓**löten** n / soldadura f blanda por fricción ‖ ⁓**martensit** m (Hütt) / martensita f producida por fricción ‖ ⁓**maschine** f / trituradora f ‖ ⁓**maschine** (Lebensmittel) / ralladora f ‖ ⁓**oxidation**, -korrosion f / corrosión f por fricción o por rozamiento, fretting corrosión f ‖ ⁓**rad** n / rueda f de fricción ‖ ⁓**radantrieb** f / accionamiento m por rueda de fricción ‖ ⁓[**rad**]**getriebe** n, Reibungsgetriebe n / engranaje m de fricción, transmisión f por fricción o rozamiento ‖ ⁓**radverfahren** n (Mat.Prüf) / método m de ruedas abrasivas ‖ ⁓**ring** m / anillo m de fricción ‖ ⁓**rolle**, -walze f (Masch) / rodillo m de fricción ‖ ⁓**rost** m / herrumbre m debida a la fricción ‖ ⁓**säge** f (für Metall) (Wz) / disco m de corte por fusión ‖ ⁓**schale** f, Mörser m (Chem) / mortero m ‖ ⁓**scheibe** f / disco m de fricción ‖ ⁓**scheibe** (Bau) / fratás m ‖ ⁓**scheibenantrieb** m, -radantrieb m / accionamiento m por rueda de fricción ‖ ⁓**schiene** f / carril m de fricción ‖ ⁓**schluss** m / cierre m de fuerza por fricción o por rozamiento ‖ **unter** ⁓**schluss aufgepresst** / colocado por presión ‖ ⁓**schlüssig** / accionado por fricción ‖ ⁓**schweißen** n, -schweißung f / soldeo m por fricción
Reibsel n / ralladura f
Reib•spindelpresse f / prensa f de fricción de husillo ‖ ⁓**spuren** f pl **im Film** / rasguños m pl en la película f ‖ ⁓**stein**, Farbläufer m (Druck) / moleta f, batidor m ‖ ⁓**trieb** m / engranaje m de fricción ‖

⁓**trieb-Spindelziehpresse** f / prensa f de fricción de husillo para embutición
Reibung f / fricción f, rozamiento m, roce m ‖ ⁓ **der Bewegung**, Gleitreibung f / rozamiento m de resbalamiento o de deslizamiento ‖ ⁓ **der Ruhe**, Haftreibung f / rozamiento m estático o de adherencia o en reposo ‖ ⁓ **im Gangwerk** (Uhr) / rozamiento m ‖ **innere** ⁓ **einer Antriebsmaschine** / rozamiento m interno ‖ **rollende o. wälzende** ⁓ / rozamiento m de rodadura, fricción f de rodamiento ‖ **trockene** ⁓ / rozamiento m seco
Reibungs•antrieb m (Bahn) / tracción f por adherencia ‖ ⁓**arbeit** f / trabajo m de rozamiento o consumido por el rozamiento ‖ ~**arm** / de poco rozamiento ‖ ⁓**aufwind** m / viento m ascendente dinámico o de fricción ‖ ⁓**bahn** f, Adhäsionseisenbahn f (Bahn) / ferrocarril m de adhesión ‖ ⁓**band** f / cinta f de fricción ‖ ⁓**beiwert** m s. Reibbeiwert ‖ ⁓**breccie**, -brekzie f (Geol) / brecha f de fricción o de dislocación ‖ ⁓**bremse** f / freno m de fricción ‖ ⁓**dämpfer** m (gegen Drehschwingungen) (Mot) / amortiguador m de fricción ‖ ⁓**druckverlust** m, -höhe f / pérdida f de presión debida a la fricción ‖ ⁓**dynamometer** m, -zaum n (Phys) / dinamómetro m de fricción (o de freno de Prony) ‖ ⁓**elektrizität** f / triboelectricidad f, electricidad f engendrada por frotamiento ‖ ⁓**energie** f / energía f de frotamiento ‖ ⁓**fläche** f, Berührungsfläche f (allg) / superficie f de contacto ‖ ⁓**fläche** / superficie f de frotamiento o de fricción o de rozamiento
reibungsfrei, -los / exento de o sin fricción ‖ ⁓, nicht scheuernd / exento de rozamiento ‖ **weitgehend** ⁓ / apenas hay fricción, casi sin rozamiento
Reibungs•gesperre n / trinquete m de fricción ‖ ⁓**gewicht** f / peso m adherente ‖ ⁓**grenze** f / límite m de fricción ‖ ⁓**grenze** (Bahn) / límite m de adherencia ‖ ⁓**grenze beim Rutschen** / fricción f cinética ‖ ⁓**hammer** m (Schm) / martinete m de fricción ‖ ⁓**höchstwert** m, höchster Reibwert / coeficiente m de fricción límite ‖ ⁓**höhe** f, -druckverlust m / pérdida f de presión debida a la fricción ‖ ⁓**koeffizient** m s. Reibbeiwert ‖ ⁓**kontakt** m (Eltronik, Fernm) / contacto m deslizante ‖ ⁓**kraft** f / fuerza f de (o debida a la) fricción ‖ ⁓**kupplung** f (Kfz) / embrague m de fricción ‖ ⁓**-kW** n / kilovatio m disipado por fricción ‖ ⁓**lokomotive** f / locomotora f de adhesión ‖ ⁓**los** / exento de o sin fricción ‖ ⁓**lumineszenz** f / triboluminiscencia f ‖ ⁓**messer** m / frictómetro m ‖ ⁓**minderer** m / dispositivo m antifricción ‖ ~**mindernd** / de antifricción ‖ ⁓**moment** n / momento m de fricción, par m de rozamiento o de fricción ‖ ⁓**mühle** f / molino m de frotamiento ‖ ⁓**physik** f / tribofísica f ‖ ⁓**punkt** m / centro m de fricción ‖ ⁓**pyrophor** (Legierung) / pirofórico por fricción ‖ ⁓**schweißen** n (Masch) / soldeo m por fricción ‖ ⁓**schweißen**, Rotationsschweißen n (Plast) / soldeo m por rotación ‖ ⁓**stempel** m (DIN 21561) (Bergb) / estemple m o puntal de fricción ‖ ⁓**stoßdämpfer** m (Kfz) / amortiguador m [de choques] por fricción ‖ ⁓**turbulenz** f / turbulencia f debida a la fricción ‖ ⁓**verhalten** n / comportamiento m bajo fricción ‖ ⁓**verlust** m / pérdida[s] f [pl] por rozamiento o fricción ‖ ⁓**verluste** m pl (Stromerzeuger) / pérdida[s] f pl de fricción y de rozamiento de aire ‖ ⁓**waage** f / balanza f de fricción ‖ ⁓**wärme** f / calor m de fricción, calor m producido por el rozamiento ‖ ⁓**wendegetriebe** n / mecanismo m de cambio con rueda de fricción ‖ ⁓**wert** m s. Reibbeiwert ‖ ⁓**widerstand** m / resistencia f de rozamiento ‖ ⁓**winde** f / torno m (E) o güinche (LA) de fricción ‖ ⁓**winkel** m / ángulo m de fricción ‖ ⁓**winkel**, Böschungswinkel m / ángulo m de talud ‖ ⁓**zahl** f s. Reibbeiwert ‖ ⁓**zaum** n s. Reibungsdynamometer ‖ ⁓**zone** f (Geol) / zona f de fricción

Reib•verschleiß m / desgaste m por rozamiento ‖ ~**verschleiß** (Kesselrohr) / erosión f ‖ ~**verschweißt** / soldado por fricción ‖ ~**versilberung** f, kalte Versilberung / plateado m frío o por rozamiento ‖ ~**walze** f, -zylinder m (Druck) / rodillo m distribuidor o de distribución ‖ ~**werkstoff** m (Pulv.Met) / material m de rozamiento ‖ ~**wert** m s. Reibbeiwert

reich, reichlich / rico, abundante ‖ ~ [an] / rico [en] ‖ ~, mächtig, ergiebig (Bergb) / abundante ‖ ~, fett (Boden) / fértil [en] ‖ ~, üppig, verschwenderisch (Vegetation) / exuberante ‖ ~**es Erz** / mineral m rico ‖ ~**es [Gas]gemisch** / mezcla f demasiado rica [de gas] ‖ ~**er Stein** (Hütt) / mata f rica ‖ **[zu] ~e Schlacke** (Hütt) / escoria f demasiado rica

reichen [bis], bedecken (z.B. Wandverkleidung) / llegar [hasta], extenderse [hasta]

Reichert-Meißl-Zahl, R.M.Z. f (Chem) / índice m de Reichert-Meißl

Reichgas n / gas m rico

reichhaltig / rico

Reichhöhe f (eines Löffelbaggers) / altura f de ataque de una excavadora de cuchara

reichlich / abundante, amplio, copioso ‖ ~ **bemessen** / dimensionado ampliamente o bastante bien

Reichnähe, in ~, -weite / al alcance de la mano

Reich•schaum m (Chem) / espuma f de la desplatación de plomo ‖ ~**tiefe** f **eines Baggers** / profundidad f de ataque de una excavadora

Reichweite f (allg) / alcance m ‖ ~ (ohne Auftanken) (Luftf) / autonomía f ‖ ~, Tragweite f / alcance m, envergadura f ‖ ~ f, erfasstes Gebiet (Radio, TV) / cobertura, alcance m, zona f servida ‖ ~ (Geschoss) / alcance m, radio m de acción ‖ ~ (Teilchenstrahlung) / radio m de acción, penetración f ‖ ~, Drehkreis m (Kran) / radio m de acción o de alcance ‖ ~ (Fernm) / alcance m útil ‖ ~ **bei Windstille** (Luftf) / autonomía f en aire tranquilo ‖ ~ **des Arms** / alcance m del brazo ‖ ~ f **des Baggers** / radio m de acción de la excavadora, radio m de excavación ‖ ~ **einer Rakete** / alcance m de un cohete ‖ **ganze** ~ (Luftf) / vuelo m de ida y vuelta ‖ **in** ~ / al alcance de la mano ‖ **statische** ~ (von Rohstoffen) / disponibilidad f estática (de materias primas) ‖ ~**-Energie-Beziehung** f (Nukl) / relación f penetración-energía

Reichweitenanzeiger m (Fernm) / indicador m de la zona de comunicación

reif, [voll]entwickelt / maduro, acabado, perfecto ‖ ~ (Frucht) / maduro, sazonado ‖ ~ m (Meteo) / escarcha f

Reife f, Alter n / madurez f ‖ ~, Auflösung f (Brau) / madurez f ‖ ~ f (Chemiefaser) / maduración f ‖ **technische** ~ / madurez f técnica ‖ ~**behälter** m (Tex) / depósito m de maduración ‖ ~**lager** n, Konditionierlager n / depósito m de acondicionamiento

reifen vi (Meteo) / escarchar, formarse escarcha

reifen vi (Landw) / madurar intr ‖ ~, mehlig werden (Malz) / madurar intr ‖ ~ **lassen** / madurar, envejecer ‖ ~ **lassen**, konditionieren / acondicionar ‖ ~ **lassen** (Landw) / sazonar ‖ ~ n, Altern n / maduración f, envejecimiento n

Reifen m, Reif, Ring m / aro m, anillo m ‖ ~ (Kfz) / neumático m, cubierta f, llanta f [neumática] (LA), goma f (LA), caucho m [LA, col] ‖ ~, Fassband n / cerco m, fleje m, aro m ‖ ~ **für Erdbewegungsmaschinen** / neumático m para obras ‖ ~ **für Flurförderzeuge** / neumático m industrial ‖ ~ **für Forstzwecke** / neumático m para silvicultura ‖ ~ **für Hackfruchtschlepper** / neumático m para cultivos en línea ‖ ~ **für landwirtschaftliche Maschinen** / neumático m agrícola ‖ ~ **für Nutzfahrzeuge** / neumático m para vehículos utilitarios ‖ ~ **konventioneller Bauart** (Kfz) / neumático m diagonal ‖ ~ **mit Gewebeeinlage** / neumático m con telas de refuerzo, neumático m con inserción (o intercalación) de tela ‖ ~ **mit leitender Oberfläche** (Luftf) / neumático m de superficie conductora ‖ ~ **mit Radialstruktur** / neumático m radial

Reifenabnutzung, wellenförmige ~ (Kfz) / desgaste m ondulado de neumáticos

Reifen•abnutzungsanzeiger m / indicador m del desgaste de la banda de rodadura o del neumátaico ‖ ~**abziehpresse** f (Bahn) / prensa f para desmontar aros ‖ ~**aufbau** m (Kfz) / estructura f del neumático ‖ ~**aufziehpresse** f (Fass) / prensa f para calar cercos o flejes ‖ ~**aufziehpresse** (Kfz) / prensa f para montar neumáticos ‖ ~**aufziehpresse** (Bahn) / prensa f para calar aros ‖ ~**auswuchtmaschine** f (Kfz) / equilibradora f de neumáticos ‖ ~**bremse** f / freno m sobre neumático ‖ ~**-Drehständer** m (Gummiindustrie) / soporte m giratorio para revisar neumáticos ‖ ~**druck** m (Kfz) / presión f del neumático ‖ **zu hoher** ~**druck** / sobreinflado m ‖ ~**druckanzeiger** m (Kfz) / indicador m de presión de los neumáticos ‖ ~**druckprüfer** m, -messer m / comprobador m de la presión del neumático ‖ ~**drucksensor** m (Kfz) / sensor m de inflado ‖ ~**drucktabelle** f / tabla f de inflado ‖ ~**festigkeit** f **in Ply-rating-Zahl** (Kfz) / ply-rating m ‖ ~**füllarmaturen** f pl / robinetería f para inflar neumáticos ‖ ~**fülldruck** m / presión m de inflado ‖ ~**füllflasche** f (Kfz) / botella f de aire para el inflado de neumáticos ‖ ~**füllhahn** m (Kfz) / grifo m de inflado de neumáticos ‖ ~**füllmesser** m / comprobador m de inflado ‖ ~**füllventil** f / válvula f de inflado ‖ ~**[füll]gas** n (Kfz) / gas m de inflado (para neumáticos) ‖ ~**gewebe** n (Tex) / telas f pl de refuerzo, tela f para neumáticos, tejido m para neumáticos ‖ ~**haftung** f / adherencia f del neumático ‖ ~**hebel** m (Gummifabrik) / dispositivo m para liberar el talón ‖ ~**heber** m, -montierhebel m / levantaneumáticos m, desmontable m ‖ ~**heizpresse** f / prensa f para vulcanizar neumáticos ‖ ~**hersteller** m / fabricante m de neumáticos ‖ ~**hülle** f / funda f para neumáticos ‖ ~**konfektioniermaschine** f / máquina f para la confección de neumáticos ‖ ~**konfektionierung** f (Kfz) / confección f de neumáticos ‖ ~**kontur** f / contorno m del neumático ‖ ~**kord** m, -gewebe n / tejido m cord (o de cuerda) para neumáticos, cuerda f para neumáticos ‖ ~**korddraht** m / alambre m para tejido cord ‖ ~**kraftschluss** m / adherencia f de neumáticos al (o sobre el) suelo ‖ ~**lauffläche** f / banda f de rodadura ‖ ~**mechaniker** m, -vulkaniseur m / mecánico m de neumáticos ‖ ~**mischung** f (Gummi) / mezcla f para neumáticos ‖ ~**muster** n / dibujo m de la banda de rodadura del neumático ‖ ~**panne** f, Platzen n **des Reifens** (Kfz) / reventón m ‖ ~**panne**, Durchschlag m (Kfz) / pinchazo m ‖ ~**panne haben** / tener un reventón, pinchar vi ‖ ~**pannenanzeiger** m / indicador m de reventones o pinchazos ‖ ~**profil** n (Kfz) / perfil m del neumático, dibujo m de la banda de rodadura ‖ ~**prüfer**, Luftdruckprüfer m (DIN) / comprobador m de la presión del inflado ‖ ~**pumpe** f, -füllpumpe f (Kfz) / bomba f para inflar neumáticos ‖ ~**quietschen** n / chirrido m de neumáticos ‖ ~**reparaturset** m / kit m antipinchazos ‖ ~**rollradius** m / radio m del neumático cargado ‖ ~**schulter** f / borde m de la banda de rodadura ‖ ~**-Seitenwand** / pared f lateral del neumático ‖ ~**sitz** m (**in der Felge**) (Kfz) / asiento m del neumático (en la llanta) ‖ ~**spreizer** m (Kfz) / extensor m para neumáticos, aparato m para desvastar neumáticos ‖ ~**spur** f / surco m del neumático ‖ ~**tabelle** f / tabla f de neumáticos ‖ ~**tragfähigkeit** f / capacidad f de carga del neumático ‖ ~**unterbau** m / carcasa f del neumático, armadura f o armazón del neumático ‖ ~**wächter** m / alarma f de reventón o de pinchazo ‖ ~**wange** f, Reifenbacke f / cara f lateral del neumático ‖ ~**wulst** m f (Kfz) / talón m de[l] neumático

Reifeprozess *m* (Tex) / proceso *m* de maduración
Reifung *f*, Reifen *n* / maduración *f*
Reifzieher *m*, Bandhaken (Fass) / tirante *m* para colocar cercos
Reihe *f* / hilera *f* ‖ ~, Anzahl *f* / sucesión *f* ‖ ~ (Math) / progresión *f* ‖ ~ (Chem) / serie *f* ‖ ~, Schicht, Lage *f* / capa *f* ‖ ~ *f* (aus Einzellagen) / fila *f*, hilera *f* ‖ ~ (Wälzlager) / hilera *f* ‖ ~, Zeile / renglón *m* ‖ ~, Flucht *f* / fila *f*, serie *f*, hilera *f* ‖ ~ *f*, Kolonne *f*, Spalte *f* (Druck) / columna *f* ‖ **der** ~ **nach** / por turno, por orden, uno a uno, sucesivamete ‖ **eine** ~ **bilden** / formar una serie ‖ **in** ~ **angeordnet** / dispuesto en serie, alineado ‖ **in** ~ **geschaltete Drehkondensatoren** (Eltronik) / capacitores *m* giratorios en serie ‖ **in** ~ **schalten** (Elektr) / conectar en serie ‖ **in** ~**n aufstellen o. anordnen** / poner en fila, alinear ‖ **in** ~**n säen** (Landw) / sembrar en línea
Reihenadel *f* (Tex) / aguja *f* para poner en línea
Reihen•anlage *f* (Fernm) / sistema *m* de aparatos en serie ‖ ~**anordnung** *f* / disposición *f* en serie ‖ ~**arbeit** *f* (Landw) / cultivo *m* en hileras ‖ ~**bezeichnung** *f* (Münzw) / designación *f* de la serie ‖ ~**bild** *n* / fotos *f pl* en serie ‖ ~**bild**, Mosaik *n* / mosaico *m* ‖ ~**bildkamera** *f* (Luftf) / cámara *f* para tomar vistas en serie ‖ ~**bohrmaschine** (aus mehreren Säulenbohrmaschinen bestehend) **mit Handhebelvorschub** (Wzm) / grupo *m* de taladradoras con avance de palanca a mano ‖ ~**brenner** *m*, Brennerröhre *f* (Gas) / rampa *f* (quemador tubular de gas) ‖ ~**düngerstreuer** *m* (Landw) / aplicador *m* (o distribuidor) de abono en serie ‖ ~**entwicklung** *f* (Math) / desarrollo *m* en serie ‖ ~**erzeugnis** *n* / pieza *f* producida en serie ‖ ~**fertigung** *f* / fabricación *f* en serie ‖ **in** ~ **[fertigung] herstellen** / fabricar en serie ‖ ~**flugzeug** *n* / avión *m* en serie ‖ ~**folge** *f* / orden *m*, turno *m*, sucesión *f* ‖ **in steigender o. fallender** ~**folge anordnen** / disponer en orden ascendente o descendente ‖ **in die richtige** ~**folge bringen** / poner en orden, ordenar ‖ ~**folge** *f* **der Abflugmaßnahmen** (Raumf) / secuencia *f* de despegue ‖ ~**folgeverschluss** *m* (Bahn) / enclavamiento *m* de orden ‖ ~**haus** *n* (Bau) / casa *f* adosada, casa *f* en fila, chalet *m* adosado ‖ ~**hausanlage** *f* / polígono *m* o complejo de casas adosadas o en fila ‖ ~**hebelschalter** *m* (Elektr) / interruptor *m* de palanca en serie ‖ ~**herstellung**, -fabrikation, -fertigung *f* / producción *f* o fabricación en serie ‖ ~**impedanz** *f* / impedancia *f* en serie ‖ ~**induktivität** *f* / inductancia *f* en serie ‖ ~**klemme** *f* (Elektr) / borne *m* en fila ‖ ~**lochmaschine** *f* punzonadora *f* rectilínea ‖ ~**mäßig** / de o en serie, de orden, que forma serie ‖ ~**messkammer** *f* (Verm) / cámara *f* fotogramétrica, cámara *f* topográfica para series coincidentes de imágenes ‖ ~**motor** *m* / motor *m* en línea ‖ ~**nummer** *f*, Seriennummer *f* / número *m* de serie ‖ ~**-Parallel...** (Elektr) / en serie-paralelo, en serie-derivación ‖ ~**parallelschaltung** *f* (Elektr) / conexión *f* en serie-paralelo, acoplamiento *m* o montaje en serie paralelo o en serie-derivación ‖ ~**pflaster** *n* (Bau) / pavimento *m* de adoquines en fila ‖ ~**-Positionsschalter** *m* (Elektr) / conmutador *m* multiposicional o multivía o de posiciones múltiples ‖ ~**punktanschnitt** *m* (Plast) / puntos *m pl* de inyección capilar en hilera ‖ ~**punktschweißung** *f* / soldadura *f* por puntos en fila ‖ ~**resonanz** *f* (Eltronik) / resonancia *f* [en] serie ‖ ~**Resonanzanhebung** *f* (Eltronik) / agudización *f* por bobina y resistencia en serie ‖ ~**rufanzeiger** *m* (Fernm) / indicador *m* de llamada múltiples ‖ ~**sämaschine** *f*, Reihensäer *m*, Dibbelmaschine *f* (Landw) / sembradora *f* en líneas o a chorillo o en hileras ‖ ~**schalter** *m* / conmutador *m* en serie ‖ ~**schaltung** *f*, -schluss *m* (Elektr, Masch) / conexión *f* en serie, acoplamiento *m* o montaje en serie ‖ ~**schaltung von Zweitoren**, Zweitor *n* in Kreuzschaltung (Elektr) / red *f* de secciones en tándem ‖ ~**schlusskommutatormotor**, -schlusskollektormotor *m* / motor *m* excitado en serie con colector ‖ ~**schlusskurzschlussmotor** *m* / motor *m* de repulsión compensado ‖ ~**schlussmaschine** *f* (Elektr) / máquina *f* excitada en serie ‖ ~**schlussmotor** *m* (Elektr) / motor *m* excitado o devanado o arrollado en serie ‖ ~**schlussverhalten** *n* (Elektr, Mot) / característica *f* serie ‖ ~**speisung** *f* (Eltronik, Röhre) / alimentación *f* en serie ‖ ~**[stand]motor** *m* (Kfz) / motor *m* [vertical] con cilindros en línea ‖ ~**stempel** *m pl* (Bergb) / estemples *m pl* o puntales en línea ‖ ~**transformator** *m* / transformador *m* en serie ‖ ~**versuche** *m pl* / ensayos *m pl* en serie ‖ ~**wagen** *m* (Kfz) / coche *m* estándar ‖ ~**waschanlage** *f* / lavabo *m* colectivo

reihenweise, serial / de o en serie, serial ‖ ~ **Anordnung** / disposición *f* en serie ‖ ~ **Ein-Ausgabe** (DV) / entrada/salida *f* en cadena ‖ ~ **Übertragung** (DV) / transmisión *f* en cadena

Reihen•widerstand *m* / resistor *m* en serie ‖ ~**zahl** *f* (Cottonm) / número *m* de hileras ‖ ~**zähler** *m* (Cottonm) / contador *m* de hileras

Reihkamm, Scheidekamm *m* (Web) / peine *m* distribuidor

Reihung *f* (DV) / cadena *f*

Reimer-Tiemann-Synthese, -Reaktion *f* (Chem) / reacción *f* de Reimer y Tiemann

rein, unvermischt / puro, sin mezcla ‖ ~, sauber / limpio, puro ‖ ~, klar (Ton) / puro ‖ ~, elementar / elemental ‖ ~, unverdünnt / no diluido ‖ ~, netto / neto ‖ ~, gereinigt / purificado ‖ ~, direkt (Methode) / directo ‖ ~, ausschließlich *adv* / solamente ‖ ~**er Alkohol** (Chem) / alcohol *m* absoluto ‖ ~**e Arbeitszeit** (F.Org) / tiempo *m* neto de trabajo ‖ ~**e Basisdarstellung**, notación *f* binaria pura ‖ ~**es Baumwollgewebe** (Tex) / tejido *m* puro de algodón ‖ ~**e Berge**, Reinberge *m pl* (Bergb) / escombros *m pl* puros ‖ ~ **binär** / binario puro ‖ ~ **dargestellt** (Chem) / preparado en estado puro ‖ ~**es Düsenflugzeug** / avión *m* de reacción puro ‖ ~ **elektrisches Stellwerk** (Bahn) / puesto *m* de enclavamiento eléctrico ‖ ~**e Flözmächtigkeit** (Bergb) / espesor *m* útil ‖ ~**e Forschung**, Grundlagenforschung *f* / investigación *f* básica o científica o fundamental ‖ ~**e Gesamtheit** (Math) / población *f* pura ‖ ~ **imaginäre Zahl** (Math) / número *m* puramente imaginario ‖ ~**er Kammzug** (Tex) / cinta *f* de lana peinada pura, cinta *f* de estambre puro, tops *m pl* puros ‖ ~**er Klang** / sonido *m* puro ‖ ~**er Kohlenstoffstahl** (Hütt) / acero *m* al carbono puro ‖ ~ **kontinuierlich** (Walzw) / completamente continuo ‖ ~**e Masse** / masa *f* pura ‖ ~**e Massenbeschleunigung** (Phys) / aceleración *f* de masa pura ‖ ~**e Mathematik** / matemáticas *f pl* puras ‖ ~ **numerisch** / totalmente numérico ‖ ~**e [Schur]wolle** (Tex) / pura lana *f* [virgen] ‖ ~**e Seide** / seda *f* pura ‖ ~**e Stimmung** (Musik) / escala *f* natural o normal o templada ‖ ~**er Stücklohn** (F.Org) / salario *m* exclusivamente por unidad producida ‖ ~**er Ton**, Reinton *m* / sonido *m* o tono puro ‖ ~**e Wissenschaften** *f pl* / ciencias *f pl* puras ‖ ~**er Zeitlohn** (F.Org) / salario *m* exclusivamente por unidad de tiempo

Reinaluminium *n* (99,5 bis 99,9%), Hüttenaluminium *n* (Hütt) / aluminio *m* metalúrgico o puro

Reinartz•schaltung *f* (Eltronik) / circuito *m* Reinartz ‖ ~**schwinger** *m* / oscilador *m* de cristal de Reinartz

Rein•benzol *n* (Chem) / benceno *m* ‖ ~**bestand** *m* (Forstw) / rodal *m* puro ‖ ~**blau**, Chinablau *n* / azul *m* puro o soluble ‖ ~**darstellung** *f* (Chem) / preparación *f* en estado puro ‖ ~**dichte** *f* (Pulv.Met) / densidad *f* absoluta ‖ ~**druck** *m* (Druck) / impresión *f* en limpio ‖ ~**druckbogen** *m* (Druck) / capilla *f* de la prensa, pliego *f* impreso en limpio ‖ ~**eisen** *n* (99,90 bis 99,98 %) (Chem) / hierro *m* puro ‖ ~**element** *n* / elemento *m* puro ‖ ~**ertrag** *m* / rendimiento *m* neto, producto *m*

líquido ‖ ⁓**flachs**, Hechelflachs *m* (Bot, Tex) / lino *m* fino
R-Eingang *m* (Eltronik) / entrada *f* [re]puesta a cero
Rein•gas *n* / gas *m* puro ‖ ⁓**gewicht**, Nettogewicht *n* / peso *m* neto ‖ ⁓**hadernpapier** *n* / papel *m* puro de trapos ‖ ⁓**[er]haltung** *f* [der Luft] (Umw) / lucha *f* antipolutiva o antipolución, lucha *f* contra la contaminación del aire ‖ ⁓**hanf** *m* (Tex) / cáñamo *m* rastillado o peinado ‖ ⁓**hefe** *f* (Brau) / levadura *f* pura
Reinheit *f*, Sauberkeit *f* / pureza *f*, limpieza *f* ‖ ⁓, Freiheit *f* von Weiß (TGL-System) (Farben) / pureza *f* [cromática] ‖ ⁓ *f*, Reinheits-, *f* Dichtezahl der Zuckerrüben (Landw) / pureza *f* de remolachas ‖ **auf hohe** ⁓ **bringen** / alcanzar un grado elevado de pureza
Reinheits•bedingungen *f pl*, Reinraumbedingungen *f pl* / condiciones *f pl* de sala limpia o blanca ‖ ⁓**gebot** *n* (Brau) / precepto *m* de pureza ‖ ⁓**grad** *m* / grado *m* de pureza ‖ ⁓**grad** (Raumf) / grado *m* de desempolvoramiento ‖ ⁓**quotient** *m* (Zuck) / cociente *m* de pureza ‖ ⁓**zone** *f* (Nukl) / área *f* limpia
reinigen *vt*, säubern, putzen / limpiar, purificar, apurar, depurar ‖ ⁓, raffinieren / refinar ‖ ⁓ (Flüssigkeit), klären / clarificar, purificar, depurar, purgar ‖ ⁓, worfeln (Getreide) / limpiar, aventar ‖ ⁓, sortieren (Faserstoff) / limpiar ‖ ⁓ (Baumwolle) / alijar ‖ **den Schornstein** ⁓ / deshollinar la chimenea ‖ **Flüssigkeiten** ⁓ / depurar, clarificar ‖ **Gummi** ⁓ / purificar el caucho ‖ **mit einer Bürste** ⁓ / sedear ‖ **scharf** ⁓, abkratzen / rascar, raer, gratar ‖ **von Fett o. Schmiere** ⁓ / desengrasar, quitar la grasa ‖ **Wasser** ⁓ / purificar o depurar agua ‖ ⁓ *n*, Putzen *n*, Säubern *n* / limpiado *m* (E), limpiadura *f*, limpiada *f* (LA)
reinigend, Klär... / purificador *adj*
Reiniger *m*, Reinigungsmittel *n* / purificador *m*, depurador *m* ‖ ⁓**zelle** *f*, Nachschäumerzelle *f* (Aufb) / célula *f* limpiadora
Reinigung *f*, Reinigen *n* (allg) / limpieza *f*, limpiadura *f*, limpia *f*, depuración *f* ‖ ⁓, Läuterung *f* / refinadura *f* ‖ ⁓ (Chem) / lavado *m* en seco, tinte *m* (col.) ‖ ⁓, Rektifikation *f* (Chem) / rectificación *f* ‖ ⁓, Klärung *f* / purificación *f* ‖ ⁓, Klärung *f* (durch Absitzen o. Abgießen) / decantación *f* ‖ ⁓ (Spinn) / desborrado *m*, limpieza *f* ‖ ⁓ **des Abwasserrohrs**, Spülung *f* / lavado *m* ‖ ⁓ **des Abwassers** (Abwasser) / depuración *f* de las aguas residuales ‖ ⁓ **mit Schwerflüssigkeit** (Aufb) / depuración *f* por líquido denso ‖ ⁓ **mittels Waschmitteln** / purificación *f* por detergente[s] ‖ ⁓ **zwischen den Schweißgängen** / limpieza *f* entre pasos de soldeo
Reinigungs•anlage *f* (allg) / instalación *f* limpiadora o depuradora ‖ ⁓**anlage** (Umw) / instalación *f* de depolución ‖ ⁓**anschluss** *m* / empalme *m* de limpieza ‖ ⁓**bad** *n* / baño *m* detergente, limpiador o de limpieza ‖ ⁓**beginn in der Brennstoffaufbereitung** (Nukl) / tratamiento *m* inicial del combustible ‖ ⁓**behälter**, Klärbehälter *m* (Wasserversorgung) / depósito *m* de clarificación ‖ ⁓**benzin** *n* / gasolina *f* de lavado ‖ ⁓**boden** (Tank) / fondo *m* doble o falso ‖ ⁓**bürste**, Molch *m* (Pipeline) / raspatubos *m*, limpiatubos *m* ‖ ⁓**bürste für Siebe** / cepillo *m* de limpieza ‖ ⁓**effekt** *m* [durch Zusätze] / efecto *m* de clarificación ‖ ⁓**fällung** *f* (Strahlenschutz) / depuración *f* por coprecipitación ‖ ⁓**feld** *n*, Ziehfeld *n* (Atom, Nukl) / campo *m* clarificador ‖ ⁓**filter** *m* / filtro *m* purificador ‖ ⁓**flüssigkeit** *f*, -flotte *f* (Färb) / baño *m* de desengrasado ‖ ⁓**freundlich** / de limpieza fácil ‖ ⁓**gerät** *n*, -apparat *m* / limpiador *m* ‖ ⁓**gleise** *n pl* (Bahn) / vías *f pl* de limpieza, haz *m* o sector de limpieza ‖ ⁓**hahn** *m* / grifo *m* de limpieza ‖ ⁓**hieb** *m* (Forstw) / espurgo *m* ‖ ⁓**karte** *f* / tarjeta *f* de limpieza ‖ ⁓**kassette** *f* / cinta *f* limpiadora ‖ ⁓**kathode** *f* (Galv) / cátodo *m* falso ‖ ⁓**loch** *n* / orificio *m* de limpieza ‖ ⁓**maschine** *f* (Hütt) / máquina *f* de limpieza de etalajes

‖ ⁓**maschine für Getreide** (Landw) / limpiadora *f* o aventadora de granos ‖ ⁓**masse** *f* (Gas) / masa *f* de limpieza ‖ ⁓**mittel** *n* / material *m* de limpieza ‖ ⁓**mittel** / purificante *m*, purgante *m* ‖ **[chemische]** ⁓**mittel** / detergente *m*, agente *m* de purificación, limpiador *m* o regenerador ‖ ⁓**mittel** *n*, Spülmittel *n* / material *m* de lavado ‖ ⁓**öffnung** *f* / abertura *f* de limpieza ‖ ⁓**schacht** *m* (Kanalisation) / pozo *m* de depuración o de acceso, boca *f* de servicio ‖ ⁓**schraube** *f* / tapón *m* roscado de vaciado ‖ ⁓**stöpsel** *m* / tapón *m* de vaciado ‖ **dritte** ⁓**stufe von Abwasser** / tercera etapa de depuración de aguas residuales *f* ‖ ⁓**substanz** *f* **für Wolle** / agente *m* detersivo para lana ‖ ⁓**tür** *f* (Ofen) / puerta *f* de limpieza ‖ ⁓**- und Entfettungsmittel** *n* / producto *m* de limpieza y desengrase ‖ ⁓**verstärker** *m* / detergente *m* para lavado en seco, coadyuvante *m* de limpieza ‖ ⁓**walze** *f* (Karde) / cilindro *m* descargador o desborrador ‖ ⁓**zentrifuge** *f* / depurador *m* centrífugo ‖ ⁓**zusatz** *m* **zur Schmelze** (Hütt) / depurador *m*
reinitialisieren *vt*, neu einleiten / reinicializar
Rein•kohle *f* / carbón *m* puro ‖ ⁓**krempel**, -kratze, -karde *f* (Tex) / carda *f* de acabado ‖ ⁓**kultur** *f*, -zucht *f*, bakteriologische Reinkultur / cultivo *m* puro ‖ ⁓**kupfer** (99,75 %) (Hütt) / cobre *m* de 99,75% ‖ ⁓**leinen** *n* (Tex) / lino *m* puro ‖ ⁓**luftfilter** *m* (Kfz) / filtro *m* de aire puro ‖ ⁓**öl** *n* (Raffinerie) / aceite *m* mineral puro ‖ ⁓**orange** (RAL 2004) / naranjo puro ‖ ⁓**rassig** (Biol) / de raza pura ‖ ⁓**raum** *m*, Clean Room *m* (Eltronik) / sala *f* limpia o blanca ‖ ⁓**raum-Bedingungen** *f pl* / condiciones *f pl* de sala limpia o blanca ‖ ⁓**raumtechnik** *f* / técnica *f* de (o en) sala limpia o blanca ‖ ⁓**saftgefäß** *n* (Zuck) / depósito *m* de jugo puro ‖ ⁓**schiff** *n* / baldeo *m* ‖ ⁓**schrift** *f* / copia *f* en limpio ‖ ⁓**seide** *f* (Tex) / seda *f* pura ‖ ⁓**seiden** / de toda o pura seda
reinst / purísimo, extrapuro ‖ ⁓**aluminium** *n* (99,99%) / aluminio *m* extrapuro o purísimo ‖ ⁓**eisen** *n* / hierro *m* extrapuro ‖ ⁓**-Germanium-Gammapektrometer** *n* (zur Messung der radioaktiven Kontamination) / espectrómetro *m* de rayos gamma de germanio extrapuro ‖ ⁓**kohle** *f* (unter 0,5% Asche) / carbón *m* extrapuro ‖ ⁓**luftlabor** *n* / laboratorio *m* de aire extrapuro
reintegrierbar, ersetzbar / reintegrable
Rein•toluol *n* (Chem) / tolueno *m* puro ‖ ⁓**ton-Verfahren** *n* (Audio) / registro *m* sonoro silencioso ‖ ⁓**volumen** *n* / volumen *m* real o verdadero ‖ ⁓**wasser** *n* / agua *f* pura ‖ ⁓**weiß** (RAL 9010) / blanco puro ‖ ⁓**wichte** *f*, Artgewicht *m* (Phys) / densidad *f* del cuerpo puro ‖ ⁓**wollen** / de lana pura ‖ ⁓**zinn** *n* / estaño *m* puro ‖ ⁓**zucht** *f*, -kultur *f*, bakteriologische Reinkultur (Biol) / cultivo *m* puro
Reionisierung *f* / reionización *f*
Reis *n* (Bot, Landw) / ramilla *f* ‖ **geschälter** ⁓ / arroz *m* descascarillado o descortezado o sin cáscara
Reise *f* / viaje *m* ‖ ⁓ (Ofen) / campaña *f*, período *m* de trabajo ‖ ⁓**bus** *m* (Kfz) / autocar *m*, autopullman *m*, autobús *m* de turistas ‖ ⁓**fluggipfelhöhe** *f* (Luftf) / techo *m* de crucero ‖ ⁓**flughöhe** *f* (Luftf) / altitud *f* de crucero ‖ ⁓**flugregelung** *f* / control *m* o mando de crucero ‖ ⁓**geschwindigkeit** *f* (Luftf, Schiff) / velocidad *f* de crucero ‖ ⁓**geschwindigkeit** (Durchschnittsgeschwindigkeit einschließlich Aufenthalt) (Bahn) / velocidad *f* comercial ‖ **mit** ⁓**geschwindigkeit fliegen** (Luftf) / volar a la velocidad de crucero ‖ ⁓**messlatte** *f* (Verm) / jalón *m* plegable de agrimensor ‖ ⁓**mobil** *n*, Wohnmobil *n* (Kfz) / vehículo-vivienda *m*, autocaravana *f*
Reis-Enthülsungsmaschine *f* (Landw) / descascarilladora *f* o desgranadora de arroz
Reise•omnibus *m*, -bus *m* (Kfz) / autocar *m*, autopullman *m*, autobús *m* de turista ‖ ⁓**zeit** *f* **eines**

Reisezeit

Blocks (Hütt) / tiempo m de movimiento de un lingote ‖ ⁓**zeit eines Reaktorkerns** / ciclo m de un núcleo
Reisezug m (Bahn) / tren m de viajeros
Reisezugwagen m / coche m de viajeros ‖ ⁓ **für den Fernverkehr** / coche m de largos recorridos ‖ ⁓ **mit Einzelachsen** (Bahn) / coche m de ejes ‖ ⁓ **mit gleisbogenabhängiger o. kurvenabhängiger Wagenkastensteuerung**, Reisezugwagen m mit neigbarem Wagenkasten / coche m con caja inclinable, coche m con suspensión compensada ‖ ⁓ **mit Mittelgang und Großraumabteilen** (Bahn) / coche m con departamento único, coche m corrido (LA) ‖ ⁓ **mit Speiseabteil** / coche-bar m o cantina, carro m barra (MEJ) ‖ ⁓**-Bestand** m / parque m [móvil] de coches de viajeros ‖ ⁓**-Kilometer** m / coche-kilómetro m
Reisfeld n (Landw) / arrozal m
Reisig n (Forstw) / ramojo m, chasca f, ramaje m, desbrozo m, broza f, chámara f, chamarasco m ‖ ⁓**bündel** n, Faschine f (Hydr) / haz m de ramaje
Reis • käfer m (Zool) / gorgojo m del arroz ‖ ⁓**korn** n (Astr, Keram, Landw) / grano m de arroz ‖ ⁓**-Mähbinder** m (Landw) / segadora-atadora f de arroz ‖ ⁓**mehl** n / harina f de arroz ‖ ⁓**melde** f (Bot) / quínoa f (PER) ‖ ⁓**öl** n / aceite m de arroz ‖ ⁓**papier** n / papel m de arroz ‖ ⁓**protein** n / proteína f de arroz
Reiß • bahn f (Ballon) / banda f de desgarre ‖ ⁓**bandpackung** f (Verp) / embalaje m con cinta de tirar ‖ ⁓**barkeit**, -fähigkeit f (Straßb) / aptitud f de ser escarificado ‖ ⁓**baumwolle** f / algodón m regenerado, algodón m a deshilachar ‖ ⁓**boden** m (Zimm) / plataforma f de trabajo ‖ ⁓**brett** n, Zeichenbrett n / tablero m de dibujo ‖ ⁓**dehnung** f / alargamiento m de rotura
reißen vi, aufreißen / rajarse, henderse ‖ ⁓, sich spalten / henderse ‖ ⁓, sich trennen / separarse ‖ ⁓ (beim Kühlen) (Keram) / agrietarse ‖ ⁓ (von der Hitze) (Keram) / agrietarse al fuego ‖ ⁓ vi (Fäden) / romper (hilos) ‖ ⁓ vt, durch-, zerreißen / desgarrar, dilacerar, romper ‖ ⁓, ab-, losreißen / arrancar ‖ ⁓ (Lumpen) / deshilachar ‖ ⁓ tr, stoßen / sacudir, dar sacudidas ‖ ⁓ (mit einem Ruck), schnell reißen / sacar de un tirón ‖ ⁓ vt vi, zerren, ziehen / tirar ‖ ⁓ n, Zerreißen n / rotura f, rasgadura f, desgarramiento m, desgarradura f ‖ ⁓, Rissbildung f / fisuración f ‖ ⁓ **der Kupplung** (Bahn) / rotura f del enganche ‖ ⁓ **des Fadens** / rotura f del hilo ‖ ⁓ **des Holzes** / agrietado m ‖ ⁓ **von Lumpen** (Spinn) / deshilachado m
reißend (Fluss) / rápido, torrencial, raudo ‖ ⁓**e Strömung** (Phys) / corriente f sobrecrítica
Reißer m (Streichgarn) / deshilachador m ‖ ⁓ m pl (Wz) / rajador m
Reißfeder f / tiralíneas m, pluma f de dibujo, plumilla f ‖ ⁓, Ziehfeder f / tirador m ‖ ⁓**einsatz** m (Zirkel) / recambio m de tiralíneas ‖ ⁓**-Teilzirkel** m / compás m con arandela de muelle
reißfest / tenaz, resistente a la rotura
Reißfestigkeit f / resistencia f a la rotura ‖ ⁓, Zähigkeit f (Raumf) / tenacidad f ‖ ⁓ (Plast) / resistencia f a la tracción ‖ ⁓ (Pap) / resistencia f al desgarre ‖ ⁓ (Beton) / resistencia f al agrietamiento
Reiß • kappe f (Fallschirm) / casquete m de desgarre ‖ ⁓**kegelbildung** f (Draht) / formación f de desgarres internos ‖ ⁓**korn** n (Leder) / grano m artificial ‖ ⁓**kraft** f (Bagger) / fuerza f de arranque ‖ ⁓**kraft** f (Pap) / resistencia f a la rotura por tracción ‖ ⁓**kraft** f (Tauwerk) / fuerza f de rotura ‖ ⁓**krempel**, -karde f (Tex) / carda f abridora o repasadora f ‖ ⁓**lack** m (Anstrich) / laca f quebradiza, barniz m fisurable ‖ ⁓**lack** (Mat.Prüf) / laca f indicadora de tensiones ‖ ⁓**länge** f (Tex) / longitud f de rotura ‖ ⁓**lasche** f **an Dosen** / tira f para abrir latas ‖ ⁓**last** f / carga f de rotura (por tracción), resistencia f máxima a la tracción ‖ ⁓**leine** f (Luftf) / cuerda f de desgarre ‖ ⁓**leinenschalter** m (Elektr) /

interruptor m de cordón ‖ ⁓**linien erzeugen** / perforar por rollo ‖ ⁓**linienperforation** f / perforación f por rollo ‖ ⁓**maschine** f (Tex) / deshilachadora f, diablo m de trapos ‖ ⁓**maß** n (Stahlkonstr) / distancia f entre centro de remache[s] y borde ‖ ⁓**maß**, Parallelreißer m / gramil m ‖ ⁓**messer**, Haarmesser n (Web) / cuchara f de tundidora ‖ ⁓**nadel** f, -spitze f / punta f trazadora ‖ ⁓**nagel** m, -stift m, -zwecke f / chinche f, chincheta f ‖ ⁓**öl** n (zum Lumpenreißen) (Tex) / aceite m de encimaje ‖ ⁓**pflug**, Straßenaufreißer m (Straßb) / escarificador m, arrancador m, escarificadora f ‖ ⁓**platte** f, Anreißplatte f / placa f para trazar, marmol m para trazar ‖ ⁓**scheibe** f, Berstscheibe f / disco m destinado a la ruptura ‖ ⁓**schere** f (eine Notschere) (Hütt) / cizalla f auxiliar ‖ ⁓**schiene** f (Zeichn) / regla f de dibujo o [en forma] de T ‖ ⁓**schnur** f (Bau, Zimm) / plomada f ‖ ⁓**span** m (Wzm) / viruta f discontinua ‖ ⁓**span** (Holz) / partícula f desintegrada ‖ ⁓**spinnband** n (Tex) / cinta f de fibras discontinuas ‖ ⁓**spinnkabel** n (Tex) / cable m de fibras discontinuas ‖ ⁓**spinnstoff** m / material m regenerado o recuperado ‖ ⁓**spinnstoff** / hilachas f pl
Reis • stängelbohrer m, Chilo suppressalis (Zool) / chanero m o barrenador del tallo de arroz ‖ ⁓**stärke** f / almidón m de arroz
Reiß • trommel f (Spinn) / cilindro m o tambor abridor ‖ ⁓**verschluss** m (Tex) / cierre m de cremallera (E), cremallera f (E), cierre m de relámpago (LA) ‖ ⁓**verschluss an Dosen** / precinto m de desgarre de latas ‖ ⁓**verschlusseffekt** m / efecto m de cremallera ‖ ⁓**verschlussfuß** m (Nähm) / pie m para cierre de cremallera ‖ ⁓**walze**, Brechwalze f (Spinn) / cilindro m de púas o de puntas ‖ ⁓**wolf** m (Tex) / diablo m, abridor m, abridora f, lobo m, desfibradora f ‖ ⁓**wolfarbeiter** m, -arbeiterin f (Tex) / diablero m ‖ ⁓**wolle** f, Lumpenwolle f / lana f regenerada o deshilachada, lana f mecánica o recuperada ‖ ⁓**wolle aus Neuware** f / mungo m nuevo ‖ ⁓**wolle** f **aus verfilztem Material** / mungo m ‖ ⁓**zahn** m (Bagger) / diente m arrancador o rascador o de cuchara, diente m rompedor o de la pala ‖ ⁓**zange** f (Spinn) / pinzas f pl de arranque ‖ ⁓**zeug** n (Zeichn) / caja f de dibujo, escuche m de compases ‖ ⁓**zirkel** m / compás m trazador ‖ ⁓**zwecke** f / chinche f, chincheta f
Reistenmühle f (Pap) / refinador m
reitend, rittlings / a horcajadas, montado
Reiter m (Kabelkran) / jinete m ‖ ⁓ (Kartei) / guión m de fichero ‖ ⁓ (Waage) / corredera f ‖ ⁓ (Spinn) / cursor m ‖ ⁓ (Schaltuhr) / tope m desplazable
Reiteration f (Verm) / reiteración f
Reiter • auflage f (Waage) / agarradora f de corredera ‖ ⁓**lehre** f (Mess) / calibre m a horcajadas ‖ ⁓**libelle** f (Verm) / nivel m a horcajadas ‖ ⁓**loser Kabelkran** / travelift m ‖ ⁓**schiene** f (Waage) / carril m de corredera ‖ ⁓**sparren** m (Zimm) / cabio m montado ‖ ⁓**walze**, Beschwerwalze f (Druck) / rodillo m cargador, cargador m
Reit • sitzstellung f / posición f a horcajadas ‖ ⁓**stock** m (Dreh) / cabezal m móvil, contracabezal m ‖ ⁓**stock mit verstellbarem Oberteil** (Wzm) / cabezal m móvil desplazable lateralmente ‖ ⁓**stockpinole** f / pínola f [del contrapunto], casquillo m, cañón m (LA) ‖ ⁓**stockspitze** f / contrapunta f del cabezal móvil, punta f de centrado del cabezal móvil ‖ **umlaufende** ⁓**stockspitze** / contrapunta f giratoria, punta f de centrado giratoria ‖ ⁓**weg** m (Straßb) / camino m de herradura, pista f de equitación
Reiz m (Physiol) / estímulo m
reizen / irritar
Reiz • gas n / gas m irritante ‖ ⁓**gift** n / veneno m irritante ‖ ⁓**leitung** f (Physiol) / transmisión f de estímulos ‖ ⁓**mittel** n, Reizstoff m / irritante m ‖ ⁓**mittel**, Stimulans n / estimulante m ‖ ⁓**schwelle** f /

umbral *m* o límite de excitación o estimulación ‖
~stoff *m* (Physiol) / sustancia *f* excitante
Reizung, Erregung *f* / estimulación *f*, excitación *f*
Reizwahrnehmung *f* / percepción *f* del estímulo
Reklamation *f* [an], Beschwerde *f* / reclamación *f*, reclamo *m* (LA)
Reklame, Werbung *f* / publicidad *f*, propaganda *f* ‖ ~**beleuchtung** *f* / alumbrado *m* de publicidad ‖ ~**buchstabe** *m* / letra *f* para publicidad ‖ ~**streifen** *m* (Druck) / banda *f* de bombo o de elogio (LA)
reklamieren *vt*, Ansprüche erheben / reclamar, reivindicar
Rekognoszierung, Erkundung *f* (Geol) / reconocimiento *m*, exploración *f*
Rekombination *f* (Chem, Halbl, Nukl) / recombinación *f* ‖ ~ **mit Dissoziation** / recombinación *f* disociativa
Rekombinations•diode *f* / diodo *m* de recombinación ‖ ~**faktor** *m* (Zahl der Rekombinationen je Zeit- und Raumeinheit, bezogen auf das Produkt der pn-Dichten) (Halbl) / velocidad *f* de recombinación ‖ ~**geschwindigkeit** *f* / velocidad *f* de recombinación
Rekombinatorstopfen *m* / tapón *m* con orificio de ventilación con catalizador
rekompatibel, rückwärts kompatibel / de compatibilidad inversa
Rekompatibilität *f* / compatibilidad *f* inversa
rekomplementieren (DV) / recomplementar
Rekonditionierung *f* (Ausstattung mit anderen o. besser verkäuflichen Eigenschaften) / reacondicionamiento *m*
rekonstruieren *vt*, wiederherstellen / restaurar, reconstruir
Rekonstruktion, Wiederherstellung *f* / reconstrucción *f*
Rekonstruktionsprotokoll *n* (DV) / informe *m* de recuperación
Rekonstruktor *m* (Laser) / reconstructor *m*
Rekopilator *m* / recopilador *m*
Rekord *m*, Bestleistung *f* / récord *m*, marca *f*
Rekorder *m* (Eltronik) / registrador *m*, aparato *m* registrador ‖ ~ s. auch Recorder
Rekordversuch *m* / tentativa *f* de establecer o batir un récord, tentativa *f* de superar una marca
Rekristallisation *f* / recristalización *f*
rekristallisations•geglüht / recocido *adj* de recristalización ‖ ~**glühen** *n* / recocido *m* de recristalización ‖ ~**schicht** *f* (Halbl) / capa *f* de recristalización ‖ ~**temperatur** *f* / temperatura *f* de recristalización ‖ ~**verbindung** *f* (Halbl) / unión *f* o juntura de fusión
Rekristallisatorverfahren *n* / proceso *m* de recristalización
Rektaszension *f* (Astr) / ascensión *f* recta
Rektaszensionskreis *m* / círculo *m* de ascensión recta
Rektifikation *f*, Geradelegung *f* (Hydr) / corrección *f* ‖ ~ (Destillation mit möglichst scharfer Trennung), Rektifizierung *f* (Chem) / rectificación *f* ‖ ~ *f* **einer Kurve** (Längenermittlung) (Math) / rectificación *f* de una curva
Rektifikations•apparat, Rektifizierapparat *m* (Chem) / aparato *m* de rectificación ‖ ~**kolonne** *f* / columna *f* de rectificación
Rektifizier•apparat *m* (Nukl) / rectificador *m* ‖ ~**boden** *m*, Austauschboden *m* (Chem) / plataforma *f* de la columna de rectificación
rektifizieren *vt* (destillieren mit scharfer Trennung) (Chem) / rectificar, refinar ‖ **Instrumente** ~ / ajustar instrumentos
Rektifizierkolonne *f*, -säule *f* (Chem) / columna *f* de rectificación
rektifizierter Alkohol / alcohol *m* rectificado
rekultivieren *vt* (Landw) / recultivar
Rekultivierung *f* (Landw) / recultivo *m*
rekuperatives Triebwerk (Wärmetauscher in Abgasstrahl) / turborreactor *m* recuperativo

Rekuperativ•feuerung *f* / horno *m* de recuperación de calor ‖ ~**kühlung** *f* (Raumf) / refrigeración *f* recuperativa
Rekuperator, Wärmeaustauscher *m* / recuperador *m* de calor ‖ ~**rohr** *n* / tubo *m* del recuperador
rekurrent (Math) / recurrente, cíclico
Rekursion *f*, Rekurrenz *f* (Math) / recurrencia *f*
Rekursions•formel *f* (DV, Math) / fórmula *f* de recursión ‖ ~**-Relation** *f* (Nukl) / relación *f* de recursión
rekursiv (Math) / recursivo ‖ ~ (DV) / recurrente ‖ ~**e definierte Folge** (Math) / secuencia *f* recurrente ‖ ~**e Funktion** *f* / función *f* recursiva ‖ ~**es Unterprogramm** (DV) / rutina *f* recurrente
Rekursivität *f* (Math) / recursividad *f*
Relais *n* (Elektr) / relé *m*, relevador *m*, (a veces:) relais *m* ‖ ~ (Radio, TV) / retransmisión *f*, repetición *f* ‖ ~ **mit Eigendruckkontakten** / relé *m* permisivo ‖ ~**anker** *m* / armadura *f* de relé ‖ ~**anrufsucher** *m* (Fernm) / buscador *m* de llamada por relé ‖ ~**beben** *n* (Geol) / seismo *m* retransmitido ‖ ~**becher** *m* / cubierta *f* de relé ‖ ~**becher**, Schwingquarzbecher *m* (Eltronik) / cápsula *f* de cristal ‖ ~**fernsehen** *n*, Ballempfang *m* / televisión *f* retransmitida ‖ ~**gestell** *n*, -schrank *m* / armario *m* de relés, bastidor *m* normalizado ‖ ~**gruppe** *f* / conjunto *m* de relés ‖ ~**kasten** *m* / caja *f* de relés ‖ ~**klappe** *f* / armadura *f* móvil de relé ‖ ~**kontakt** *m* / contacto *m* de relé ‖ ~**leiterplatte** *f* / lámina *f* de circuitos impresos de relé[s] ‖ ~**magnet** *m* / electroimán *m* de relé ‖ ~**motor** *m* / parte *f* activa del relé ‖ ~**-Radar** *m n* / repetidor *m* radar ‖ ~**röhre** *f* / relé *m* termiónico ‖ ~**rufsystem** *n* / sistema *m* automático de relés ‖ ~**rufübertragung** *f* (Fernm) / retransmisión *f* de llamadas por relés ‖ ~**-Rundfunk** *m* / radio *f* retransmitida ‖ ~**satellit** *m* (Fernm) / satélite *m* repetidor ‖ ~**satellit für Datenübertragung** / satélite *m* repetidor de datos, satélite-relé *m* de datos ‖ ~**schalter** *m* / relé *m* conmutador, contactor *m* ‖ ~**schaltung** *f* / conmutación *f* por relé ‖ ~**schiene** *f* / regleta *f* de relés, carril *m* de relés ‖ ~**schrank** *m*, -gestell *n* / bastidor *m* [normalizado] de relés, armario *m* de relés ‖ ~**sender** *m* (Eltronik) / retransmisor *m*, transmisor *m* de relevo, emisor-relé *m*, emisor *m* de estación relé ‖ **aktiver** ~**sender** / estación *f* repetidora activa ‖ **passiver** ~**sender** / repetidor pasivo ‖ ~**station** *f* / relevador *m*, radio-relé *m* ‖ **durch** ~**stationen übertragen** (Eltronik) / reemitir, retransmitir, redifundir ‖ ~**stelle** *f* (Fernm) / central *f* en Tierra [firme] de satélites ‖ ~**stellwerk** *n*, Stellwerk mit elektrischen Verschlüssen (Bahn) / puesto *m* o sistema de enclavamiento todo relé ‖ ~**steuerung** *f* / mando *m* por relé ‖ ~**system** *n* (Fernm) / conjunto *m* de relés ‖ ~**system** (Regeln) / sistema *m* de control por relés ‖ ~**system mit Prädiktion** (Regeln) / sistema *m* predictivo de control por relés ‖ ~**übertragung** *f* (TV) / retransmisión *f*, redifusión *f* ‖ ~**unterbrecher** *m* (Elektr) / relé *m* interruptor ‖ ~**wähler** *m* (Fernm) / selector *m* de relé ‖ ~**wicklung** *f* / carrete *m* o bobina[do] de relé, bobina *f* de relé ‖ ~**zahlengeber** *m* (Fernm) / emisor *m* de impulsos por relé
Relation *f*, Beziehung *f* / relación *f*
relational (DV) / relacional ‖ ~**e Datenbank**, RDB (DV) / base *f* de datos relacional ‖ ~**es Datenbank-Managementsystem**, RDMS / sistema *m* de gestión de una base de datos relacional
Relationentheorie *f* / teoría *f* de relaciones
relativ, verhältnismäßig / relativo ‖ ~**er Abbrand** (Nukl) / razón *f* de consumo ‖ ~**e Adresse** (DV) / dirección *f* relativa ‖ ~**e Atommasse** / masa *f* atómica relativa ‖ ~**er Ausdruck** (DV) / expresión *f* en forma relativa ‖ ~**e Bewegung** (Radar) / movimiento *m* aparente o relativo ‖ ~**e Bezugsdämpfung** (Fernm) / equivalente *m* relativo ‖ ~**e biologische Wirksamkeit**, RBW (Nukl) / efectividad *f* biológica relativa [de radiación] ‖

relativ

~e **Dichte** / densidad f relativa ‖ ~e **Dielektrizitätskonstante** (Elektr) / constante f dieléctrica relativa ‖ ~er **Einfluss** (Nukl) / importancia f relativa ‖ ~e **Einschaltdauer**, ED, Auslastungsgrad m / régimen m o factor de trabajo o de utilización ‖ ~e **Einschaltdauer** (Schw) / ciclo m de trabajo o de servicio o de operación ‖ ~er **Fehler** / error m relativo ‖ ~e **Festigkeit des Stoßes** (Schw) / resistencia f relativa de juntura ‖ ~e **Feuchtigkeit** / humedad f relativa ‖ ~e **Giergeschwindigkeit** (Luftf) / velocidad f normalizada de tambaleo ‖ ~e **Häufigkeit** (Stat) / frecuencia f relativa ‖ ~e **Höhe** / altura f sobre el nivel del suelo ‖ ~er **komplexer Widerstand**, relative Impedanz (Wellenleiter) / impedancia f normalizada ‖ ~ **konstant** / porcentualmente constante ‖ ~es **Konversionsverhältnis** (Nukl) / razón f de conversión relativa ‖ ~er **Leitwert** (Wellenleiter) / admitancia f normalizada ‖ ~e **Luftfeuchtigkeit** / humedad f relativa del aire ‖ ~e **Maßangaben** (NC) / dimensiones f pl incrementales ‖ ~e **Öffnung** (Opt, Radar) / razón f dimensional de la abertura ‖ ~er **Pegel** (Fernm) / nivel m relativo ‖ ~er **Pegel Null** (Fernm) / nivel m cero de potencia ‖ ~e **Plateauneigung** (Nukl) / pendiente f relativa de meseta ‖ ~es **Programmieren** (DV) / programación f relativa ‖ ~e **Rollgeschwindigkeit** (Luftf) / velocidad f normalizada de balanceo ‖ ~e **Sintertemperatur** / temperatura f de sinterización relativa ‖ ~e **spektrale Strahlungsverteilung** (TV) / distribución f espectral de energía ‖ ~e **Stampfgeschwindigkeit** (Luftf) / velocidad f normalizada de cabeceo ‖ ~e **Standardabweichung** (Stat) / desviación f [e]stándard relativa ‖ ~e **Trägheitskonstante** (Elektr) / constante f de inercia ‖ ~er **Vektor** (DV) / vector m relativo ‖ ~e **Verschiebung zw. Beton u. Stahl** / desplazamiento m relativo entre hormigón y acero ‖ ~e **Viskosität** / razón f de viscosidad ‖ ~e **Viskosität Lösung/Lösungsmittel** / razón f de viscosidad solución/solvente ‖ ~e **Viskositätserhöhung**, (früher:) spezifische Viskosität / aumento m relativo de viscosidad, viscosidad f específica ‖ ~er **Wicklungsschritt** / paso m relativo de arrollamiento ‖ ~e **Winkelgeschwindigkeit** / velocidad f angular normalizada ‖ ~er **Wirkungsgrad** (Mot) / rendimiento m relativo ‖ ~er **Zeitgeber** (DV) / contador m de tiempo relativo ‖ ~ **zueinander bewegt** / aproximándose en movimiento relativo
Relativ•bewegung f / movimiento m relativo ‖ ⁓-**Empfindlichkeit** f / sensibilidad f relativa ‖ ⁓**geschwindigkeit** f / velocidad f relativa ‖ ⁓**geschwindigkeit Kopf-Band** (Magn.Bd) / velocidad f [relativa] cabeza-cinta ‖ ⁓**geschwindigkeitsmesser** m / indicador m de velocidad relativa
relativierbar (DV) / reubicable
Relativierungskarte f (DV) / tarjeta f de datos de reubicación
relativistisch, Relativitäts... (Phys) / relativista adj ‖ ~e **Mechanik** / mecánica f relativista ‖ ~e **Partikel** (Raumf) / partícula f relativista o rápida
Relativität f (Phys) / relatividad f ‖ ⁓ **im Raum** / relatividad f en el espacio
Relativitäts•erscheinung f / fenómeno m de relatividad ‖ ⁓**gesetz** n / ley f de relatividad ‖ ⁓**theorie** f / teoría f de relatividad ‖ **allgemeine** ⁓**theorie** / relatividad f [de Einstein]
Relativ•-Lader m (DV) / cargador m de programa reubicable ‖ ⁓-**Messverfahren** n (NC) / método m de medición incremental ‖ ⁓**pol** m (Mech) / centro m momentáneo de rotación ‖ ⁓**wind** m / viento m relativo o aparente
Relaxation f (Phys) / relajación f, relajamiento m ‖ ⁓ (Hütt) / recocido m de relajación
Relaxations•kinetik f / cinética f de relajación ‖ ⁓**länge** f (Nukl) / distancia f de relajación, recorrido m de relajación ‖ ⁓**riss** m / grieta f de relajación ‖ ⁓**verfahren** n (Math, Turbo) / método m de relajación ‖ ⁓**versuch** m (Plast) / ensayo m de relajación ‖ ⁓**zeit**, Abklingzeit f / tiempo m de relajación
Relaxleder n / cuero m contraído
Releasepapier n (für Haftkleber) / papel m antiadhesivo
Relief n (Bau, Druck) / relieve m ‖ ⁓**ätzung** f (Druck) / grabado m en relieve ‖ ⁓**druck** m (Druck) / impresión f en relieve ‖ ⁓**druck** (Tex) / estampación f en relieve ‖ ⁓**druckmaschine** f, Hochdruckmaschine f (Tex) / máquina f para estampación en relieve ‖ ⁓**florware** f / género m de punto de pelo en relieve ‖ ⁓**gewebe** n / tejido m en relieve ‖ ⁓**gravierung**, Hochätzung f / grabado m en relieve ‖ ⁓**karte** f / mapa f en (o de) relieve ‖ ⁓**plan** m (Kartographie) / plano m en relieve ‖ ⁓**prägung** f, -druck m (Druck) / impresión f en relieve ‖ ⁓**schweißung** f / soldadura f en relieve ‖ ⁓**tapete** f / papel m pintado en relieve ‖ ⁓**umkehr** f (Geol) / inversión f de relieve ‖ ⁓**-Walzendruckmaschine** f (Tex) / máquina m de estampar por cilindros grabados en relieve
Reling f (Schiff) / carel m de regala ‖ ⁓, Schanzkleidreling f (Schiff) / borda f, barandilla f ‖ **offene** ⁓ / batayola f
Relingsstütze f / candelero m de barandilla
Relingstahl m / acero m para barandillas de sección de carril
Relokalisierung f, Verschiebung f (DV) / relocación f
Reluktanz f, magnetischer Widerstand (Elektr) / reluctancia f, resistencia f magnética ‖ ⁓**generator** m (Elektr) / alternador m de reacción ‖ ⁓**motor** m (Elektr) / motor m [sincrónico] de reluctancia ‖ ⁓-**Schrittmotor** m / motor m paso a paso de reluctancia variable
Rem n (Sonderbezeichnung von Rad bei der Angabe von Äquivalentdosen; 1 rem = 1 Rad = 10^{-2} J/kg)(veraltet), 100 rem = 1 Sv (Nukl) / rem m (pl.: remes (E)), rems (LA) (= roentgen equilvalent man)
REM, Rasterelektronenmikroskop n / microscopio m eléctronico de barrido
remanent, zurückbleibend (Phys) / remanente, residual ‖ ~e **elektrische Polarisation** / polarización f eléctrica remanente o residual ‖ ~e **magnetische Induktion** / inducción f magnética remanente ‖ ~e **magnetische Polarisation** / polarización f magnética remanente o residual ‖ ~e **Magnetisierung** / imanación f remanente o residual
Remanenz f (Phys) / remanencia f ‖ ⁓ (eines ganzen Kreises), remanente Induktion / inducción f residual ‖ ⁓**spannung** f (Phys) / tensión f residual ‖ ⁓**vernichtung** f / supresión f de la remanencia
Remastering n (Audio) / remasterización f
REM-Aufnahme f (= Raster-Elektronenmikroskop) / foto f de microscopio electrónico de barrido
Remendur n (CoFeVa-Legierung, ein Magnetwerkstoff) / Remendur m
remineralisieren vt / remineralizar
Remission f (Opt) / reflexión f difusa ‖ ⁓ (Spektr) / reflexión f espectral
Remissions•grad m (Opt) / coeficiente m luminoso ‖ ⁓**grad** (Spektr) / factor m de luminancia ‖ ⁓**kurve** f, Rückstrahlungskurve f / curva f de reflectancia ‖ ⁓**messung** f (Opt) / medición f del factor de luminancia ‖ ⁓**photometer** n / fotómetro m de reflectancia ‖ ⁓**wert** m (Färb) / valor m de reflectancia
Remittenden pl (Druck, Zeitung) / devoluciones f pl
Remontoiruhr f, Uhr f mit Aufzug an der Krone / remontuar m
Remorqueur m (Österreich), Flussschlepper m (Schiff) / remolcador m para navegación fluvial
Remote-Betrieb m (DV) / teleoperación f
Removal-Querschnitt m (Nukl) / sección f eficaz de desplazamiento

Renat *n* (Chem) / renato *m*
Renaturierung *f* (Umw) / renaturación *f*
Rendement *n*, Zuckerausbeute *f* / rendimiento *m* (azúcar)
Rendering *n* (DV) / renderización *f*
Rendezvous *n* (Zusammenführung [und Kopplung] von Raumfahrzeugen) (Raumf) / reunión *f* en órbita ‖ ≃**-Aufgabe** *f* (Raumf) / misión *f* de reunión en órbita ‖ ≃**-Manöver** *n* **auf einer Erdumlaufbahn** (Raumf) / maniobra *f* de encuentro en órbita terrestre, reunión *f* en órbita terrestre ‖ ≃**-Problem** *n* (Regeln) / problema *m* de encuentro ‖ ≃**-Radar** *n* (Satellit) / radar *m* de reunión en órbita
Renélegierung *f* (Hütt) / aleación *f* René
RENFE = Red Nacional de Ferrocarriles Españoles
Renierit *m* (Min) / renierita *f*
Renkverschluss *m* (Masch) / cierre *m* bayoneta ‖ ≃ (Kfz, Tank) / caperuza *f* de cierre bayoneta
Renn•arbeit *f* (Hütt) / reducción *f* directa ‖ ≃**bahn** *f* (allg, Nukl) / pista *f* ‖ ≃**bahn** (Kfz) / autódromo *m* ‖ ≃**bahn** (Fahrrad) / velódromo *m* ‖ ≃**boot** *n* / bote *m* de carreras, lancha *f* de carreras
Rennen *n* (Reduktion von Hämatit mit Holzkohle) (Hütt) / proceso *m* [de fusión] directo
Rennherd, -ofen (Hütt) / horno *m* para reducción directa, forja *f* catalana
Rennin *n* (Biochem) / renina *f*
Renn•ofenschlacke *f* / escoria *f* del horno catalán ‖ ≃**stahl** *m* / acero *m* del proceso directo ‖ ≃**wagen** *m*, -auto *n* (Kfz) / coche *m* de carreras, bólido *m*
renovieren / renovar, restaurar, refaccionar (LA)
Renovierung *f*, Modernisierung *f*, Umbau *m* / renovación *f* ‖ ≃, Ausbesserung *f*, Restaurierung *f* / refacción *f* (LA)
Rentabilität, Ergiebigkeit *f* / rentabilidad *f*
Rentabilitätsberechnung *f*, Wirtschaftlichkeitsberechnung / cálculo *m* de rentabilidad
Rentabilitätsgrenze *f* / límite *m* de rentabilidad, umbral *m* de rentabilidad ‖ **die ≃ erreichen** / alcanzar el límite o umbral de rentabilidad
Reorganisation *f* (F.Org) / reorganización *f*
Reparatur *f* / reparación *f*, arreglo *m*, refacción *f* (LA), rehechura *f* ‖ ≃**anleitung** *f*, -hinweise *m pl* / instrucciones *f pl* de reparación ‖ ≃**arbeiten** *f pl* / trabajos *m pl* de reparación ‖ ~**bedürftig** / necesitado de reparación, que necesita reparación ‖ ≃**-Erwartungsperiode** *f* (DV) / principio *m* y final de corrida ‖ ~**freundlich**, reparaturfähig / que facilita la reparación, fácil de reparar, reparable ‖ ≃**gleis** *n* (Bahn) / vía *f* de reparación[es] ‖ ≃**grube** *f*, Arbeitsgrube *f* (Kfz) / foso *m* para reparaciones ‖ ≃**haken** *m* (Bau) / gancho *m* de tejado ‖ ≃**handbuch** *n* / manual *m* de reparaciones ‖ ≃**hauer** *m* (Bergb) / reparador *m* ‖ ≃**roboter** *m* / robot *m* de reparación ‖ ≃**satz** *m* / juego *m* de piezas para reparaciones ‖ ≃**schlosser** *m* / mecánico *m* de reparación ‖ ≃**schweißung** *f* / soldadura *f* de reparación ‖ ≃**stau** *m* / reparaciones *f pl* pendientes ‖ ≃**verzögerungszeit** *f* (DV) / tiempo *m* de demora de reparación ‖ ≃**werkstatt** *f*, Instandsetzungswerkstatt *f* / taller *m* de reparaciones ‖ ≃**werkstatt** (Kfz) / taller *m* de automóviles ‖ ≃**werkzeug** *n* / herramientas *f pl* de reparación ‖ ≃**zeit** *f* (DV) / tiempo *m* de inactividad
reparierbar, nicht mehr ~ / no reparable
reparieren *vt* / reparar, refaccionar (MEJ), trastejar (col.)
repassieren *vt*, [nach]schaben (Stanz) / rascar ‖ ~ (Wirkm) / repasar
Repassiernadel *f* (Strumpf) / aguja *f* repasadora
Repeater *m* (Koppelglied im Netzwerk) (DV) / repetidor *m*
Repeat-Taste *f* (Audio) / tecla *f* repite
Repellent *n* (Chem, Landw) / repelente *m*

Repertoire *n* (z.B. eines Codes) / repertorio *m* (p.ej. de un código)
Repetenz *f*, Wellenzahl *f* (Phys) / número *m* de ondas
Repetier•barkeit *f* / repetibilidad *f*, reproducibilidad *f* ‖ ≃**belichtung** *f* (Repro) / exposición *f* múltiple ‖ ≃**genauigkeit** *f* / precisión *f* de repetición ‖ ≃**gewehr** *n* (zur Jagd) / repetidora *f* ‖ ≃**gut** *n* (Aufb) / producto *m* de reciclaje ‖ ≃**kamera** *f* / cámara *f* fotográfica de repetición ‖ ≃**kopiermaschine** *f* / copiadora *f* de repetición ‖ ≃**maschine** *f* (Jacquard) / repetidora *f* ‖ ≃**steuerung** *f* (NC) / mando *m* de repetición ‖ ≃**uhr** *f* (Uhr) / reloj *m* de repetición ‖ ≃**verfahren** *n* (NC) / procedimiento *m* de repetición
Repetition *f* (Verm) / repetición *f*
Repetitions•kopieren *n* / copiado *m* imagen por imagen ‖ ≃**theodolit** *m* (Verm) / teodolito *m* de repetición
Replicase *f* (wandelt DNA in RNA) (Biochem) / replicasa *f*
Replica-Technik *f* (Mat.Prüf) / técnica *f* de réplica
Report *m*, Ausgabe *f* in Listenform (DV) / informe *m* impreso
Reportage, Direktübertragung *f* (Radio, TV) / reportaje *m* en directo ‖ ≃**verstärker** *m* / amplificador *m* de mando a distancia ‖ ≃**wagen** *m* (Radio, TV) / coche *m* de reportaje
Reportprogrammgenerator *m*, RPG *m* / generador *m* de programa para informes
Reppe-Chemie *f* / química *f* de Reppe
Repräsentant *m* (Stat) / representante *m*
Repräsentation... / de representación
repräsentativ, typisch / representativo ‖ ≃**probe** *f* (Qual.Pr.) / muestra *f* representativa
Reprise *f*, zulässige Feuchtigkeit (Spinn) / contenido *m* de humedad de hilos
Repro•... s. Reproduktions... ‖ ≃**andruck** *m* (Druck) / prueba *f* de (o para) reproducción ‖ ≃**aufnahme** *f* (Druck, Foto) / foto[grafía] *f* de reproducción
Reprocessing *n* (Nukl) / reprocesamiento *m*, reacondicionamiento *m*, regeneración *f*
Reproduktion, Wiedergabe *f* / reproducción *f*
Reproduktions•apparat *m* (Foto) / cámara *f* para la fotografía de reproducción ‖ ≃**kamera** *f* (IC) / cámara *f* de reproducción o de fotomecánica
reproduktiv / reproductivo
reproduzierbar / reproducible ‖ ~ (Messwerte) / constante ‖ ≃**keit**, Wiederholbarkeit *f* / reproducibilidad *f* ‖ ≃**keit** *f* (Messwerte) / constancia *f*
reproduzieren *vt* / reproducir ‖ ~, kopieren / copiar, duplicar
reproduzierend / reproductor
repro•fähig / reproducible ‖ ≃**film** *m* / película *f* de fotomecánica, película *f* de extremo contraste ‖ ~**gerecht** / conforme a la reproducción ‖ ≃**graphie** *f* (umfasst Lichtpausen, techn. Photographie, Kleinoffset) / reprografía *f* ‖ ≃**technik** *f* / técnica *f* de reproducción, reprotécni[c]a *f*
Reptil[ien]leder *n* / cuero *m* de reptiles
repulpen *vt* (Pap) / repulpar
Repulsion *f* (Elektr) / repulsión *f*
Repulsions•-Induktionsmotor *m* / motor *m* de repulsión-inducción ‖ ≃**kraft** *f*, Rückstoßkraft *f* / fuerza *f* repulsiva o de repulsión
Repulsionsmotor *m*, Wechselstromkommutatormotor mit Bürstenverstellung (Elektr) / motor *m* de repulsión ‖ ≃ **mit zwei Bürstenpaaren**, Derimotor *m* / motor *m* de repulsión con doble juego de escobillas, motor *m* Déri
Repulsivkraft *f*, Strahlungsdruck *m* / presión *f* de radiación
Reroller *m* (Walzwerk ohne Stahlwerk) / taller *m* de relaminación
Research•methode *f* (Klopffestigkeit) / método *m* "research" ‖ ≃**oktanzahl** *f*, R.O.Z. (nach

1061

Research-F₁-Methode) / índice *m* de octano de research
Resen *n* (Chem) / reseña *f*
Reserpin *n* (Chem) / reserpina *f*
Reservat *n*, Schutzgebiet *n* / reserva *f*, reservación *f*
Reserve *f*, Überschuss *m* / reserva *f* ‖ ⁓, Reservepaste *f* (Textildruck) / reserva *f*, pasta *f* de reserva ‖ ⁓..., Ersatz... / de reserva, de repuesto ‖ ⁓ *f* im **Klirrverhalten** / margen *m f* de intermodulación ‖ ⁓**anker** *m* (Schiff) / ancla *f* de reserva o de esperanza ‖ ⁓**antrieb** *m* / motor *m* de reserva ‖ ⁓**aufstecken** *n* (Tex) / carga *f* o colocación de reserva ‖ ⁓**brennstoffbehälter** *m*, -brennstofftank *m* / depósito *m* de reserva ‖ ⁓**druck** *m* (Tex) / estampación *f* con reserva ‖ ⁓**effekt** *m* (Tex) / efecto *m* de reserva ‖ ⁓**fäden** *m pl* (Web) / hilos *m pl* de reserva ‖ ⁓**kanister** *m* / bidón *m* de reserva ‖ ⁓**lettern** *f pl* / letras *f pl* de reserva ‖ ⁓**lokomotive** *f* / locomotora *f* de reserva ‖ ⁓**maschine** *f* / máquina *f* de reserva ‖ ⁓**pumpe** *f* / bomba *f* auxiliar ‖ ⁓**rad** *n* (Kfz) / rueda *f* de repuesto o de recambio ‖ ⁓**radhalter** *m* (Kfz) / portarrueda *m* de reserva ‖ ⁓**rechner** *m* (DV) / ordenador *m* de reserva ‖ ⁓**reifen** *m* (Kfz) / neumático *m* de recambio ‖ ⁓**sitz** *m* (im Wageninnern) (Kfz) / traspuntín *m*, asiento *m* de traspontín ‖ ⁓**sitz [im Gang]** (Omnibus) / traspuntín *m* ‖ ⁓**stoffe** *m pl*, Speicherstoffe *m pl* (Biol) / sustancias *f pl* nutritivas de reserva ‖ ⁓**teil** *n*, Ersatzteil *n* / pieza *f* de repuesto o de recambio o de reserva, repuesto *m* ‖ ⁓**verdrängung** *f*, -schwimmfähigkeit *f*, Auftriebsüberschuss *m* (Schiff) / reserva *f* de flotabilidad ‖ ⁓**vorräte** *m pl* / reservas *f pl* ‖ ⁓**weiß** *n* (Tex) / blanco *m* de reserva
reservieren *vt* / reservar ‖ ⁓ (Zeugdr) / reservar ‖ **einen Platz** ⁓ / reservar una plaza o un asiento
Reservierung *f* / reserva *f*
Reservoir *n*, Sammelbecken *n* / depósito *m* colector
Reset *m* (DV) / reset *m*, reposición *f* ‖ ⁓**taste** *f* (DV) / tecla *f* reset, tecla *f* de borrado o de restauración
resetten *vt*, [zu]rücksetzen (DV) / resetear
resident (im Arbeitsspeicher) (DV) / residente *adj* ‖ ⁓**e Routine** / rutina *f* [no]residente en memoria
residential consumer (DV) / consumidor *m* residencial
Residenz *f* (DV) / residencia *f*
Residualerz *n* / mineral *m* residual
Residuensatz *m* (Laplace) (Math) / teorema *m* de los residuos
Residuewirkung *f* (Chem) / acción *f* residual ‖ ⁓ **von Insektiziden** (Landw) / efecto *m* residual de insecticidas
Residuum *n* (Math) / residuo *m* ‖ ⁓, Rückstand *m* (Chem) / residuo *m* ‖ ⁓, Restladung *f* / carga *f* residual
Resinat *n*, Harzseife *f* / resinato *m*
Resinoid *n* (Duroplastharz) / resinoide *m*
Resinol *n*, Harzalkohol *m* / resinol *m*, alcohol *m* resínico
Resinosäure *f*, Harzsäure *f* / ácido *m* resínico
Resinose *f*, Harzfluss *m* (Bot) / flujo *m* de resina
Resist *m*, Schutzlack *m* / pintura *f* protectora
Resistanz *f*, Wirkwiderstand *m* (Elektr) / resistencia *f* efectiva u óhmica
resistent (Biol, Med) / resistente
Resistenz *f* **gegen Radioaktivität** / radiorresistencia *f* ‖ ⁓**glas** *n* / vidrio *m* resistente ‖ ⁓**grenze** *f* / límite *m* de resistencia
resist[iert] gefärbt (Tex) / teñido con reserva
resistiv / resistivo, resistente
Resisto-Jet-Antrieb *m* (Raumf) / propulsor *m* electrotérmico
Resistron *n*, Bildwandlerröhre *f* / resistrón *m*
Resistschicht, untere ⁓ / fondo *m* de reserva
Resit, C-Harz *n* (Plast) / resita *f*, resina *f* en el estado C
Resitol, B-Harz *n* (Plast) / resitol *m*, resina *f* en el estado B
Resol, A-Harz *n* (Plast) / resol *m*
Resolvente *f* (Math) / resolvente *f*

Resolver, Funktionsdrehmelder *m* (Regeln) / resolutor *m* ‖ ⁓ *m* (NC) / resolvedor *m*
resonant, resonierend, in Resonanz befindlich / resonante, de resonancia
Resonanz *f* (Chem, Phys) / resonancia *f* ‖ ⁓, Mesomerie *f* (Nukl) / resonancia *f*, mesomería *f* ‖ ⁓..., widerhallend / resonante ‖ **in** ⁓ / resonante, sintonizado ‖ **in** ⁓ **treten** (o. kommen o. bringen) / resonar, entrar en resonancia ‖ ⁓**absorption** *f* (Nukl) / absorción *f* por resonancia ‖ ⁓**anpassung** *f* / adaptación *f* de resonancia ‖ ⁓**anzeige** *f* / indicación *f* de resonancia ‖ ⁓**aufladung** *f* (Mot) / sobrealimentación *f* por oscilación de admisión ‖ ⁓**bereich** *m*, -lage *f* / zona *f* de resonancia ‖ ⁓**boden**, -kasten *m* / caja *f* armónica o de resonancia ‖ ⁓**breite** *f* (Nukl) / ancho *m* de resonancia ‖ ⁓**brücke** *f* (Elektr) / puente *m* de resonancia ‖ ⁓**detektor** *m* (Nukl) / detector *m* de resonancia ‖ ⁓**-Drosselstoß** *m* (Bahn) / conexión *f* inductiva por resonancia ‖ ⁓**effekt** *m* (TV) / efecto *m* de resonancia ‖ ⁓**einfang** *m*, -absorption *f* (Nukl) / captura *f* por resonancia ‖ ⁓**energie** *f*, Austauschenergie *f* / energía *f* de resonancia ‖ ⁓**energiebereich** *m* (Nukl) / zona *f* de energía de resonancia ‖ ⁓**-Entweich-Wahrscheinlichkeit** *f* (Nukl) / probabilidad *f* de escape a la captura por resonancia ‖ ⁓**fenster** *n* (Wellenleiter) / ventana *f* resonante ‖ ⁓**-Freischwingsieb** *n* / criba *f* de libre vibración de resonancia ‖ ⁓**[frequenz]** *f* / frecuencia *f* natural o propia ‖ ⁓**gebend** / resonante ‖ ⁓**[gitter]transistor** *m* / transistor *m* de compuerta resonante ‖ ⁓**-Grundfrequenz** *f* / frecuencia *f* de base de resonancia ‖ ⁓**güte** *f* / agudeza *f* de la resonancia ‖ ⁓**hohlraum** *m* (Eltronik) / cavidad *f* resonante ‖ ⁓**induktor** *m* / bobina *f* de inducción por resonancia ‖ ⁓**integral** *n* (Nukl) / integral *f* de resonancia ‖ ⁓**kammer**, -zelle *f* (Nukl) / célula *f* de resonancia ‖ ⁓**kraft** *f* / fuerza *f* de resonancia ‖ ⁓**kreis** *m* (Eltronik) / circuito *m* resonante u oscilante ‖ ⁓**kurve** *f*, -verlauf *m* / curva *f* o característica de resonancia ‖ ⁓**kurve** (Quarzkristall) / hendidura *f*, caída *f* profunda en la curva de resonancia ‖ ⁓**-Lambda-Viertelleitung** *f* / línea *f* resonante (o sintonizada) de cuarto de onda ‖ ⁓**leitung** *f* (Eltronik) / línea *f* resonante o sintonizada ‖ ⁓**linie** *f* (Spektrum) / línea *f* de resonancia ‖ ⁓**nebenschluss** *m* (Elektr) / derivación *f* resonante ‖ ⁓**nebenschluss** (Instr) / shunt *m* en resonancia ‖ ⁓**neutronen** *n pl* (Nukl) / neutrones *m pl* de resonancia ‖ ⁓**niveau** *n* (Nukl) / nivel *m* [de energía] de resonancia ‖ ⁓**parameter** *m* (Nukl) / parámetro *m* de resonancia ‖ ⁓**pendel** *n* (Phys) / péndulo *m* de resonancia ‖ ⁓**pfahlramme** *f* (Bau) / martinete *m* hincapilotes de resonancia ‖ ⁓**pumpe** *f* / bomba *f* de resonancia ‖ ⁓**raum** *m* **des Lasers**, Q-Switch *m* / cavidad *f* resonante ‖ ⁓**reflektor** *m* (Laser) / reflector *m* resonante ‖ ⁓**relais** *n*, abgestimmtes Relais / relé *m* o relevador resonante ‖ ⁓**[ring]schalter** *m* (Wellenleiter) / conmutador *m* de anillo resonante ‖ ⁓**-Schallwandler** *m* / transductor *m* acústico de resonancia ‖ ⁓**schärfe** *f* / agudeza *f* de resonancia ‖ ⁓**schwingsieb** *n* (Bergb) / criba *f* oscilante de resonancia ‖ ⁓**schwingung** *f* / oscilación *f* resonante ‖ ⁓**sieb** *n* / criba *f* de resonancia ‖ ⁓**spannung** *f* (Elektr) / tensión *f* de resonancia ‖ ⁓**spule**, Abstimmspule *f* / bobina *f* de sintonía o de sintonización ‖ ⁓**strahlung** *f* (Nukl) / radiación *f* de resonancia ‖ ⁓**streuung** *f* / dispersión *f* de resonancia ‖ ⁓**übergang** *m* / transición *f* de resonancia ‖ ⁓**überhöhung** *f*, Resonanzsteilheit *f* (Regeln) / agudeza *f* de resonancia ‖ ⁓**überhöhung**, -verstärkung (Elektr) / amplificación *f* de resonancia ‖ ⁓**verstärker** *m* / amplificador *m* de resonancia ‖ ⁓**versuch** *m* (für das kompl. Flugzeug) (Luftf) / ensayo *m* de resonancia ‖ ⁓**wand** *f* / pared *f* absorbente de resonancia ‖ ⁓**wellenmesser** *m* / ondámetro *m* de absorción, ondímetro *m* de resonancia ‖

≈-Wellentypfilter n (Hohlleiter) / filtro m de modo resonante ‖ ≈widerstand m (Elektr) / resistencia f dinámica o de resonancia ‖ ≈zelle, -kammer f (Nukl) / célula f de resonancia ‖ ≈zustand m / nivel m [de energía] de resonancia
Resonator m (Akust) / resonador m ‖ ≈ (Klystron) / cavidad f [resonante] ‖ **durch Stempel belasteter** ≈ / cavidad f resonante reentrante ‖ ≈**anordnung** f (Akust) / absorbedor m de resonancia ‖ ≈**frequenz** f / frecuencia f de absorbedor ‖ ≈**quarz**, Filterquarz m / cristal m de resonador ‖ **heiße**, [kalte] ≈**seite** / cara f no común, [común] del resonador ‖ ≈**spiegel** m (Laser) / espejo m de la cavidad
Resonon n, Fermi-Resonanz f (Nukl) / resonón m
resorbieren, [wieder] aufsaugen / resorber, reabsorber
Resorcin, m-Dihydroxybenzol n (Chem) / resorcina f, resorcinol m, m-dihidroxibenceno m ‖ ≈**atsprengkapsel** f / cápsula f fulminante de resorcina ‖ ≈**blau**, Lakmoid n / azul m de resorcina ‖ ≈**-Formolharz** n / resina f resorcinol-formol ‖ ≈**harz** n / resina f de resorcina-formaldehído ‖ ≈**leim** m / adhesivo m a base de resorcina, cola f a base de resorcina ‖ ≈**ol-Phenol-Kleber** m / adhesivo m resorcinol-fenol ‖ ≈**phthalein**, Fluoreszein n / ftaleína f de resorcina, fluoresceína f
Resorption, Aufsaugung f / resorción f ‖ ≈, Wiedereinschmelzung f (Geol) / resorción f
Respiration f (Physiol) / respiración f
Respirationsapparat, Respirator m / respirador m
Response f (Mess) / respuesta f ‖ ≈**-Zeit** f (DV) / tiempo m de respuesta
Ressort n, Zuständigkeit f / incumbencia f, atribuciones fpl
Ressourcen fpl (= Reserven plus vermutete Vorräte) (Öl) / recursos m pl ‖ ≈**einsatz** m / gestión f de recursos ‖ ≈**-Sharing** n (DV) / utilización f compartida de recursos
Rest m, Überschuss m / resto m, sobrante m ‖ ≈, Rückstand m / residuo m ‖ ≈, innerstes Ende eines Tuchstücks, Salleiste f (Tuch) / retal m, retazo m ‖ ≈..., Rückstand... / residual ‖ ≈ m **einer Division**, modulo (Math) / módulo m (p.ej. 39 módulo 6 = 3) ‖ ≈**affinität**, Partialvalenz f (Chem) / afinidad f residual ‖ ≈**aktivität**, -radioaktivität f (Nukl) / actividad f residual
Restart m (DV) / relanzamiento m, reiniciación f, reanudación f
Restauftrieb m (Schiff) / reserva f de flotabilidad
Restaurator m / restaurador m
restaurieren, Daten ~ (DV) / reinscribir, repetir la escritura
Rest•austenit m (Hütt) / austenita f retenida o residual ‖ ≈**beton** m (Bau) / hormigón m residual ‖ ≈**bier** n (Brau) / cerveza f redidual o de resto ‖ ≈**block** m (Hütt) / lingote m corto, último m de la colada ‖ ≈**bruch** m (Mech) / rotura f final, ruptura f residual ‖ ≈**brühe** f (Gerb) / jugo m de corteza residual ‖ ≈**brumm** m (Eltronik) / zumbido m residual ‖ ≈**dampfdruck** m (Vakuum) / presión f de vapor residual ‖ ≈**dämpfung**, Betriebsdämpfung f (Fernm) / pérdida f equivalente ‖ ≈**dämpfung** f (Radar) / atenuación f efectiva ‖ ≈**dämpfung** f (TV) / atenuación f residual ‖ ≈**dämpfung am Pfeifpunkt** (Eltronik) / equivalente m del punto de canto o de silbido ‖ ≈**dehnung** f, bleibende Dehnung (Tex) / alargamiento m permanente ‖ ≈**fach** n (Sortierer) / casilla f de rechazo ‖ ≈**faden** n (Tex) / hilo m de desecho, resto m o sobrante de hilo ‖ ≈**fehler** n / error m residual ‖ ≈**fehlerquote** f / proporción f de errores residuales ‖ ≈**fettgehalt** m / contenido m residual de grasa ‖ ≈**feuchtigkeit**, -feuchte f / humedad f residual ‖ ≈**flugstrecke** f (Luftf) / distancia f restante [de vuelo] ‖ ≈**gas** n (Chem) / gas m de cola ‖ ≈**gas**, Gasrückstand m (Plasma) / gas m residual ‖ ≈**gasturbine** f / turbina f de gas residual ‖ ≈**geschwindigkeit**, Endgeschwindigkeit f / velocidad f final ‖ ≈**glied** n **einer unendlichen Reihe** (Math) / resto m de una serie infinita ‖ ≈**härte** f (Härterei) / dureza f residual ‖ ≈**induktivität** f / inductancia f de saturación
Restitutionszyklus m / ciclo m de restablecimiento
Rest•kalk m (Hütt) / cal f residual ‖ ≈**kern** m / núcleo m residual ‖ ≈**klassen** f pl (Math) / clases f pl residuales ‖ ≈**kohle** f (Hütt) / carbón m residual ‖ ≈**ladung** f / carga f residual ‖ ≈**längen** f pl (Hütt) / longitudes f pl residuales ‖ ≈**laufzeit** f (eines Reaktors) / periodo m restante (de funcionamiento)
restlich, verbleibend / residual, remanente ‖ ~, übrig / restante ‖ ~, Rest... / residual, vestigial ‖ ~, nicht zum Paar gehörig / sin pareja
Rest•lichtaufnahme f, -photographie f / toma f [de vistas] con luz residual ‖ ≈**licht-Fernsehkamera** f / cámara f TV ultrasensible ‖ ≈**lichtkamera** f / cámara f fotográfica ultrasensible [para luz residual] ‖ ≈**lichttechnik**, Nachtsichttechnik f / técnica f fotográfica con luz residual, técnica f de visión nocturna ‖ ≈**lignin** n (Chem) / lignina f residual ‖ ~**los** adj / total, completo ‖ ~**lose Vergasung** (Bergb) / gasificación f total o completa ‖ ≈**luft** f, Luftrückstand m / aire m residual ‖ ≈**lumineszenz** f / luminiscencia f remanente ‖ ≈**magnetisierung** f / imanación f remanente o residual ‖ ≈**magnetismus** m / remanencia f, magnetismo m remanente ‖ ≈**melasse** f (Zuck) / melaza f final ‖ ≈**menge** f (Math) / conjunto m residual ‖ ≈**menge** (Nukl) / cola f ‖ ≈**müll** m (Müllverbrennung) / desechos m pl residuales ‖ ≈**öl** n / aceite m residual ‖ ≈**ölgewinnung** f (Ölfeld) / recuperación f [secundaria] de[l] petróleo ‖ ≈**ölgewinnung durch Wärme** / recuperación f térmica de petróleo ‖ ≈**parallelogrammfläche** f (Geom) / gnomón m, nomón m ‖ ≈**porosität** f / porosidad f residual ‖ ≈**prüfung** f (DV) / comprobación f por el residuo ‖ ≈**querkapazität** f (Tunneldiode) / capacitancia f de caja ‖ ≈**radioaktivität**, -aktivität f (Nukl) / radiactividad f residual ‖ ≈**rolle** f (Pap) / rollo m restante ‖ ≈**rückstrom** m (Eltronik) / corriente f inversa residual ‖ ≈**säure** f (Chem) / ácido m residual ‖ ≈**schmelze** f (Hütt) / colada f residual ‖ ≈**seitenband** n (TV) / banda f lateral residual ‖ ≈**seitenband-Demodulator** m / demodulador m de banda lateral residual ‖ ≈**seitenbandfilter** m n / filtro m de banda lateral residual ‖ ≈**seitenband-Übertragung** f / transmisión f por banda lateral residual ‖ ≈**spannung** f (Mech) / tensión f residual ‖ ≈**spiel** n / juego m residual o restante ‖ ≈**stoffe** m pl, Recyclings n pl / materias f pl recicladas ‖ ≈**störspannung** f (Fernm) / tensión f perturbadora residual ‖ ≈**strom** m (Halbl) / corriente f inversa base-emisor ‖ ≈**strom in Schutzeinrichtungen**, (jetzt:) Differenzstrom (Elektr) / corriente f residual ‖ ≈**stromgrenzwert** m / límite m de la corriente de fuga o de escape ‖ ≈**stromstoß** m (Fernm) / impulsión f residual ‖ ≈**tiefe f des Profils** (Reifen) / profundidad f restante del perfil ‖ ≈**-Unwucht** f / desequilibrio m residual ‖ ≈**valenz** f (Chem) / valencia f residual ‖ ≈**waage** f / balanza f de restos o residuos ‖ ≈**wärmeanzeige** m (Herd) / indicador m del calor residual ‖ ≈**wasser** n (Kraftwerk) / agua f residual ‖ ≈**wasser** (Chem) / agua f indeterminada ‖ ≈**welligkeit** f (Elektr) / ondulación f residual ‖ ≈**widerstand** m (Halbl) / resistencia f de saturación de colector
Resultante f (eines Systems von Gleichungen) (Math) / resultante f ‖ ≈ (Mech) / fuerza f resultante
Resultat, Ergebnis n / resultado m
resultieren [aus] / resultar [de]
resultierend / resultante adj ‖ ~**e Schnittgeschwindigkeit** (Wzm) / velocidad f resultante de corte ‖ ~**e Schnittrichtung** / dirección f resultante de corte

Resultierende

Resultierende f (Mech) / resultante f
Resümee, Résumé n / resumen m
Resuspension f (Chem) / resuspensión f
Retardation f, Zurückbleiben n / retardo m ‖ ≈, Verzögerung f (Phys) / retardación f
Retarder m (Kfz) / retardador m
retardieren vi, nacheilen / ir retardado ‖ ~ vt, verlangsamen / retardar, atrasar intr
retardierter Ausgang (Elektr) / salida f retardada
RETD (spanisches Datenübertragungsnetz) / RETD (E) (= red especial de transmisión de datos)
Reten n (Teerbestandteil) (Chem) / reteno m
Retentat n (Dialyse) / retentato m (diálisis)
Retention f, Zurückhalten n / retención f ‖ ≈ (Chromatographie) / retención f
Retentions•becken n / cuba f de retención ‖ ≈**faktor** m (Nukl) / retención f inicial del cuerpo, factor m de retención ‖ ≈**räume** m pl, **-becken** n pl (Hydr) / espacios m pl de retención ‖ ≈**säule** f (Chem) / columna f de retención
Reticle n (vergrößernde Maske) (Halbl) / retículo m
Retina-Chip m / pastilla f retinal
Retinit m, Retinasphalt m (Geol) / retinasfalto m
Retinol n (Pharm) / retinol m
Retinsäure f / ácido m retínico
Retorte f (Chem) / retorta f ‖ **umlaufende** ≈ (Chem) / retorta f de fondo móvil
Retorten•graphit m / grafito m de retorta ‖ ≈**kohle** f (Gaskohle) / carbón m de retorta ‖ ≈**kontaktverfahren** n / proceso m de contacto en retorta ‖ ≈**ofen** m (Gaserzeugg) / horno m tubular o de retorta ‖ ≈**reihe** f (Hütt) / hilera f de retortas ‖ ≈**verkohlung** f / carbonización f en retorta
Retraktion f (Gummi) / retracción f
Retrieval n (DV) / recuperación f, extracción f selectiva
Retrodesign n (Kfz) / retrodiseño m
Retrofokustyp m (Opt) / tipo m retroenfoque
retrograd, rückschreitend, nach rückwärts gerichtet / retrógrado ‖ ~**e Erosion** (Geol) / erosión f retrógrada ‖ ~**es Sieden** (Chem) / ebullición f retrógrada ‖ ~**e Umlaufbahn** (Astr) / órbita f retrógrada
Retro•gradation f (Landw) / retrogradación f ‖ ≈**gradation**, rückläufige Bewegung (Astr) / retrogradación f, movimiento m retrógrado ‖ ≈**position** f, Retrostellung f / retroposición f, posición f invertida ‖ ~**reflektierend** / retrorreflector adj, retrorreflejante ‖ ≈**-Reflektor** m (Raumf) / retrorreflector m
retten vt / salvar ‖ ~, wieder brauchbar machen / recuperar
Rettungs•apparat, Schwimmapparat m / aparato m salvador o de salvamento ‖ ≈**boje** f / boya f salvavidas o de salvamento ‖ ≈**boot** n / bote m salvavidas o de salvamento ‖ ≈**boot**, Beiboot n / embarcación f [auxiliar] de un buque, lancha f de a bordo, bote m de a bordo ‖ ≈**bootstation** f (Radio) / transceptor m del bote m de salvamento ‖ ≈**fallschirm** m / paracaídas m de salvamento o de socorro ‖ ≈**floß** n / balsa f salvavidas o de salvam[i]ento ‖ **aufblasbares** ≈**floß** / balsa f neumática, balsa m salvavidas inflable ‖ ≈**gasse** f (für Ambulanzfahrzeuge) / vía f muerta de paso ‖ ≈**gerät** n, -einrichtung f, -apparat m / aparato m de salvamento ‖ ≈**gerüst** n (Raumf) / torre f de salvamento ‖ ≈**gürtel**, -ring, Schwimmgürtel m / cinta f de salvamento, salvavidas m ‖ ≈**hubschrauber** m / helicóptero m de socorro ‖ ≈**insel** f (Schiff) / balsa f neumática, zodiac[o] m (gal.) ‖ ≈**insel-Radio** n (Schiff) / radio f de balsa neumática ‖ ≈**kabine** f (Seilb) / cabina f de socorro ‖ ≈**kapsel** f (Raumf) / módulo m de socorro ‖ ≈**korb** m (F'wehr) / cesto m de salvamento ‖ ≈**leine** f / cuerda f de socorro ‖ ≈**leiter**, Feuerleiter f (Bau) / escalera f de incendio ‖ ≈**leiter**, Feuer[wehr]leiter f (Kfz) / escalera f extensible o de bomberos ‖ ≈**luke** f, Notausstieg m (Schiff) / escotilla

f de escape ‖ ≈**mannschaft** f / equipo m de salvamento o de rescate ‖ ≈**modul** n (Raumf) / módulo m de salvamento, nave-salvavidas f ‖ ≈**rakete** f, Raketenapparat m (Schiff) / cohete m de salvamento ‖ ≈**ring** m s. Rettungsgürtel ‖ ≈**ring in Hufeisenform** / salvavidas m abierto ‖ ≈**satellit** m (für Schiffsbesatzung) / satélite m de salvam[i]ento ‖ ≈**schere** f (Kfz) / tijera f de salvamento o abrelatas (col) ‖ ≈**spreizer** m (Kfz) / separador m de salvamento ‖ ≈**stelle** f, Unfallstation f / puesto m de primeros auxilios ‖ ≈**turm** m (Raumf) / torre f de salvamento ‖ ≈**wagen** m, Hilfswagen m / vehículo m de socorro ‖ ≈**wesen** n (Bergb, Schiff) / servicio m de salvamento, socorrismo m ‖ ≈**weste** f / chaleco m salvavidas
Return•anlage f (Galv) / instalación f de retorno ‖ ≈**straße** f (Galv) / tren m de retorno ‖ ≈**-to-zero-Verfahren**, RZ-Verfahren n (Magn.Bd) / registro m con vuelta a cero
Retusche f, Retuschieren n / retoque m, retocado m
Retuscheur m (Druck) / retocador m
retuschieren vt / retocar ‖ ≈ n / retoque m
Retuschier•farbe f / tinta f o laca de retoque ‖ ≈**mittel** n, -farbe f / medio m de retoque o de retocado ‖ ≈**- und Montagetisch** m (Druck) / mesa f de retoque y de montaje
Reuse f (für Fischfang) / nasa f
Reusenantenne f / antena f en prisma o en pirámide
Reuter m (Landw) / hacina f de heno, colgadero m de heno
Reventing n (Zurücksaugen von Luft) (Nukl) / recirculación f del aire de evacuación
reverse Osmose (Chem) / ósmosis f inversa
Revers m, Rückseite f (Münzw) / reverso m ‖ ≈ n (Tex) / solapa f
Reverse f (Tonaufzeichn) / reverso m
reversibel, reversierbar / reversible adj, inversible ‖ **reversibles Element** (Elektr) / pila f reversible ‖ **reversibles Gel** / gel m reversible ‖ **reversibles o. lyophiles Kolloid** (Chem) / coloide m reversible ‖ **reversible Reaktion** (Chem) / reacción f reversible ‖ **reversibler Wandler** (Fernm) / transductor m reversible
Reversible m (Web) / tejido m reversible, reversible m
Reversier•... (Walzw) / reversible adj ‖ ≈**antrieb** m (Hydr) / transmisión f reversible
reversierbar•e Bewegung / movimiento m reversible ‖ ~**er Gurtförderer** / transportador m [corto] de cinta reversible
Reversier•-Blockwalzwerk n (Walzw) / tren m blooming (o desbastador) reversible ‖ ≈**duostraße** f (Walzw) / tren m dúo reversible
reversieren vt (Walzw) / invertir la marcha
Reversier•gerüst n (Walzw) / caja f reversible, tren m reversible ‖ ≈**kontroller** m, -walze f / contróler m o combinador reversible ‖ ≈**motor** m, Umkehrmotor m / motor m con inversión de marcha, motor m reversible ‖ ≈**walzen** / laminación m en dos sentidos o con inversión de marcha ‖ ≈**walzwerk** n / laminador m reversible
revidieren vt / revisar ‖ ~, redigieren (DV) / redactar
Revier n (Bergb) / cuenca f, coto m minero ‖ ≈ (Forstw) / coto m, distrito m forestal ‖ ≈**lotse** f (Schiff) / piloto m de río
Revision f (Masch) / inspección f, revisión f, chequeo m, puesta f a punto, revisada f (LA)
Revisions•bogen m (Druck) / contraprueba f ‖ ≈**schacht**, Kontrollschacht m (Abwasser) / cámara f de visita o de inspección ‖ ≈**verschluss** m (Hydr) / compuerta f de emergencia
revitalisieren vt (Bau) / revitalizar (edificios)
Revolution f (Geol) / revolución f
Revolver m (allg) / revólver m ‖ ≈ (Mikrosk) / revólver m, cabezal m de objetivo ‖ ≈**arbeit** f (Dreh) / trabajo m con torno revólver ‖ ≈**automat** m (Wzm) / torno m

automático revólver ‖ ⁓**blende** f (Foto) / diafragma m revólver ‖ ⁓**bohrautomat** m (Wzm) / taladradora f automática revólver ‖ ⁓**drehmaschine** f / torno m revólver ‖ ⁓**griff** m / empuñadura f tipo pistola, mango m tipo pistola

Revolverkopf m (Wzm) / cabezal m o portaherramientas revólver, torre f, torreta f, torrecilla f ‖ ⁓**achse** f, -zapfen m / eje m del cabezal revólver ‖ ⁓**drehlänge** f / longitud f de avance del cabezal revólver ‖ ⁓**festklemmung** f (Wzm) / apretador m del cabezal revólver ‖ ⁓**-Lochzange** f (Wz) / alicates m pl sacabocados [tipo estrella], sacabocados m de tenaza[s] ‖ ⁓**schaltung** f / posicionamiento m del cabezal revólver, mecanismo m ajustador del cabezal revólver

Revolver•[kopf]schlitten m / carro m del cabezal revólver, carro m portatorre ‖ ⁓**lade** f (Web) / caja f revólver ‖ ⁓**-Nummerierschlägel** m (Forstw) / martillo m numerador giratorio ‖ ⁓**okular** n (Opt) / ocular m revólver, cabeza f de objetivo ‖ ⁓**presse** f, Drehtischpresse f / prensa f revólver ‖ ⁓**schichtmaschine** f (Tex) / encoladora f circular o revólver ‖ ⁓**schieber** m (Wzm) / carro m de la torreta ‖ ⁓**stanze** f / punzonadora f revólver ‖ ⁓**strichplatte** f (Opt) / placa f reticulada revólver ‖ ⁓**teller** m, -tisch m / mesa f revólver, plato m revólver ‖ ⁓**[teller]zuführung** f / alimentación f del plato revólver ‖ ⁓**webmaschine** f, Revolver[web]stuhl m (Web) / telar m revólver ‖ ⁓**wechsel** m (Spinn) / tambor m de revólver ‖ ⁓**zuführung** f (Stanz) / alimentación f por plato revólver

Rework n, Nachbehandlung f von Fehlchargen (Nukl) / relaboración f, reelaboración f

Rexforming n, katalytisches Reformieren (Öl) / reformación f catalítica, rexforming m

Reynolds[sche] Zahl f, Re (Chem) / número m de Reynold

Reyon m n, Kunstseide f (auf Viskosebasis) (Tex) / rayón m, seda f artificial ‖ ⁓**tüll** m (Tex) / tul m de rayón

Rezept n (allg) / receta f ‖ ⁓ (Färb) / fórmula f ‖ ⁓, Verschreibung f (Pharm) / prescripción f o receta médica ‖ ⁓**berechnung** f (Färb) / cálculo m de fórmulas, formulación f colorimétrica

Rezeptiersystem n (Färb) / sistema m de formulación

Rezeptmauerwerk n (Bau) / mampostería f según receta[s]

Rezeptor m (Roboter) / receptor m

rezeptpflichtige Pharmaka, ethische Produkte n pl / medicamentos m pl de prescripción obligatoria

Rezeptur f (Chem) / receta f, fórmula f

Rezeptwerkstatt f **für Brillengläser** / taller m de producción de lentes para gafas según receta

rezessiv (Biol) / recesivo

Rezipient, Glaskolben m (Chem) / receptor m, recipiente m

reziprok, umgekehrt / recíproco ‖ ⁓ **abhängig verzögerte Auslösung** (Elektr) / interrupción f de retardo dependiente ‖ ⁓**e Dichte, spezifisches Volumen** / volumen m específico ‖ ⁓**es Gitter** (Krist) / red f cristalina recíproca, retículo m recíproco ‖ ⁓**er Kräfteplan** (Mech) / polígono m de fuerzas recíprocas ‖ ⁓**e Proportionen** f pl / proporciones f pl recíprocas ‖ ⁓**e Schubbelastung** / razón f empuje/peso ‖ ⁓**er Wirkungsquerschnitt** (Nukl) / sección f eficaz recíproca ‖ ⁓**e Zahl** (Math) / número m recíproco

Reziprokwert m, reziproker Wert, Kehrwert m (Math) / valor m recíproco ‖ ⁓ **der Ablenkempfindlichkeit**, Ablenkungsfaktor m (Kath.Str) / factor m de desviación ‖ ⁓ m **der Dielektrizitätskonstanten** / elastividad f, recíproca f de la permitividad ‖ ⁓ **der Dispersionskraft** (Opt) / recíproca f de la dispersividad ‖ ⁓ **der Elektrodenkonduktanz** / resistencia f de electrodo ‖ ⁓ **der Induktivität** / inductancia f recíproca ‖ ⁓ **der Reluktanz** / permeancia f, recíproca f de la reluctancia ‖ ⁓ **der spezif. elektrischen Leitfähigkeit** / resistividad f eléctrica ‖ ⁓ m **des Isolierwertes** (Elektr) / inductancia f de fuga o de dispersión

Reziprozität f, umgekehrtes Verhältnis / reciprocidad f

Reziprozitätsgesetz n (Phys) / teorema f de reciprocidad

Rezirkulation f (Lufft) / recirculación f

Rezyklierung f / reciclaje m, reciclado m, reutilización f

rezyklisieren vt, rezyklieren / reciclar, reutilizar

Rezyklus-Verfahren n (Chem) / reciclado m controlado

RF = Radiofrequenz

RFA = Röntgen-Fluoreszenz-Analyse

RFF (Eltronik) = Richtfunkfeuer

RFK (Raumf) = Raumflugkörper

RFP-Verfahren n (= Rapid-Fass-Pulververfahren) (Gerb) / procedimiento m RFP o rápido-bombo-polvo

R$_f$-Wert m (Chromatographie) / valor R$_f$ m

Rf-Wert m (Rückhaltwert) (Chem) / valor m del factor de retención

Rg, Roentgenium n (OZ 111) (Chem) / roentgenio m ‖ ⁓ (Hütt) = Rotguss

RGB (= Red, Green, Blue) / RVA (colores)

R-Gespräch n (Fernm) / conferencia f de cobro revertido (E), llamada f de cobro revertido, conferencia f de pago en destino (LA), llamada f a cobrar [en el destino] (LA)

R-Glied n, Widerstand m (Eltronik) / resistor m

RG-Standardstern m (Astr) / estrella f de velocidad normal

Rhabarbergelb, Rhein n / amarillo m de ruibarbo

Rham•nazin n, Quercetin-7,3'-dimethylether m (Färb) / ramnazina f ‖ ⁓**netin** (Chem) / ramnetina f ‖ ⁓**nose** f / ramnosa f

Rhea f, Ramie f (Bot) / ramio m ‖ ⁓**faser** f (Tex) / fibra f de ramio

Rheed-Spektrometer n / espectrómetro m de Rheed

Rheniforming n (mit Rhenium als Katalysator) (Öl) / rheniforming m

Rhenium n, Re (Chem) / renio m, Re ‖ ⁓**trioxid**, Rheniumsäureanhydrid n / trióxido m de renio

Rheocast-Verfahren n (Hütt) / procedimiento m Rh

Rheo•chor n / reocor m ‖ ⁓**elektrisch** (Phys) / reoeléctrico ‖ ⁓**graph** m / reógrafo m ‖ ⁓**logie**, Fließkunde f / reología f ‖ ⁓**logisch** / reológico ‖ ⁓**meter** n / reómetro m ‖ ⁓**morphose** f (Geol) / reomorfismo m ‖ ~**pektisch** (Fett) / reopéctico ‖ ⁓**pexie** f (Chem) / reopexía f

Rheophor n (ein Leiter) (Elektr) / reóforo m

Rheo•rinne f, -laveur m (Bergb) / reolavador m, lavadero m Rheo ‖ ⁓**stat**, Regelwiderstand m (Elektr) / reóstato m ‖ ⁓**taxis** f (Zool), -tropismus m (Bot) / reotaxis f, reotaxia f (zool), reotropismo m (bot) ‖ ⁓**tron** n (Nukl) / reotrón m, betatrón m ‖ ⁓**wäsche** f (Bergb) / instalación f de lavaderos Rheo

Rhizophäre f (Boden) / rizosfera f

Rhizosphärenforschung f / investigación f de la rizosfera

Rho (griech. Buchstabe: ρ, P) / Rho f ‖ ⁓ **28** n (Nukl) / rho 28 m

Rhodamin n (Färb) / rodamina f

Rhodan•... (Chem) / sulfociánico, tiociánico ‖ ⁓**ammonium** n / sulfocianuro m amónico

Rhodanat n / rodanato m, sulfocianato m

Rhodan•blei n / sulfocianuro m de plomo ‖ ⁓**eisen**, -eisenrot n / sulfocianuro m férrico, tiocianato m férrico ‖ ⁓**id**, Thiocyanat n / rodanuro m, sulfocianuro m, tiocianato m ‖ ⁓**kalium** n / sulfocianuro m o rodanuro potásico ‖ ⁓**natrium** n / sulfocianuro m o rodanuro sódico ‖ ⁓**wasserstoffsäure**, Thiocyansäure f / ácido m sulfociánico, sulfocianuro m de hidrógeno ‖ ⁓**zahl** f, RhZ / índice m de rodanuros o de sulfocianuros

Rho•deose, d-Fucose f / rodeosa f ‖ ⁓**dinal**, Citronellal n, Citronellaldehyd m (Chem) / rodinal m

1065

rhodinieren / rodinizar, rodiar
Rhodinol, D-, DL-Citronellol *n* / rodinol *m*
Rhodit *m* (Min) / rodita *f* (un mineral de oro)
Rhodium *n*, Rh (Chem) / rodio *m*, Rh ‖ ~..., rhodiumhaltig / de rodio, ródico ‖ ~**(III)-chlorid** *n* / tricloruro *m* de rodio, rodio(III)-cloruro *m*, rodio *m* [tri]cloruro ‖ ~**plattierung** *f*, Rhodinieren *n* / rodiado *m*
Rhodochrosit, Diallogit *m* (Min) / rodocrosita *f*, dialogita *f*
Rhodonea *f*, Rosenkurve *f* (Geom) / rodonea *f*, rosa *f*
Rhodonit *m* (Manganmineral) (Min) / rodonita *f*
Rhodophyzeen *pl*, Rotalgen *f pl* (Bot) / rodoficeas *f pl*, algas *f pl* rojas
Rhodopsin *n*, Sehpurpur *m* (Physiol) / rodopsina *f*
Rhombendodekaeder *n* (Krist) / rombododecaedro *m*
rhombisch, rhombenförmig, rautenförmig (Geom) / rómbico, en rombo, romboide ‖ ~**er Eisenkies**, Markasit *m* (Min) / marcasita *f* ‖ ~**es Gitter** (Nukl) / celosía *f* rómbica ‖ ~**es Gitter** (Hütt) / retícula *f* o red rómbica ‖ ~**es Kristallsystem** (Krist) / sistema *m* [ortor]rómbico, azufre *m* rómbico o α ‖ ~**er Schwefel**, α-Schwefel / sulfuro *m* ortorrómbico
Rhomboeder *n* (Geom) / romboedro *m*
rhomboedrisch / romboédrico ‖ ~**es Eisenerz** / mineral *m* de hierro romboédrico
Rhomboid *n*, Parallelogramm *n* (Math) / romboide *m*
rhomboidisch / romboidal
Rhombus *m* (pl: Rhomben), Raute *f* (Math) / rombo *m*, losange *m* ‖ ~**-Antenne** *f* / antena *f* rómbica o en rombo o en losange ‖ ~**förmig**, rautenförmig / en rombo, en losange ‖ ~**zeichen** *n*, Suppenstern *m* (IBM, coll) (DV) / símbolo *m* de total intermedio
Rhomeson, ρ-Meson *n* (Phys) / rhomesón *m*, mesón *m* rho
Rho-Theta-Verfahren *n* (Nav) / navegación *f* rho-theta
Rhumbatron *n* (Resonator) (Eltronik) / rumbatrón *m*
rH-Wert *m* (Chem) / valor *m* rH
Rhyakolith, Sanidin *m* (Min) / riacolita *f*
Rhyolith, Liparit *m* (Geol) / riolita *f* ‖ **kugeliger** ~ (Geol) / piromerida *f*
rhythmisch (allg, Eltronik, Geol) / rítmico ‖ ~**es Schlagen**, Pulsieren *n* / pulsación *f*
Rhythmus *m* / ritmo *m*
RhZ = Rhodanzahl
Ría *f* (Küstenform in NW-Spanien) (Geo) / ría *f*
ribbeln *vt* (Flachs) / raspar
Riblet-Folien *f pl* (Haifischhaut) (Luftf) / láminas *f pl* Riblet
Ribo•flavin *n* (Pharm) / riboflavina *f* ‖ ~**nucleinsäure** *f*, RNS *f* / ácido *m* ribonucleico, ARN *m*
Ribose *f* (eine Pentose) (Chem) / ribosa *f*
Ribosom *n* (Biol, Chem) / ribosoma *f*
Ribosomen-RNS *f*, r-RNS *f* / ARN ribosómico *m*
Ricci-Kalkül *m*, absoluter Differential-Kalkül (Math) / cálculo *m* tensorial o de Ricci
Richardson-Effekt *m*, Glühemission *f* (Phys) / efecto *m* Richardson o Edison, emisión *f* termoelectrónica
Richt•..., gerichtet (Eltronik) / dirigido ‖ ~..., empfohlen / recomendado ‖ ~**achse** *f* (Radar) / eje *m* de apuntado ‖ ~**amboss** *m* (Schm) / yunque *m* de enderezar ‖ ~**anlage** *f* (Walzw) / instalación *f* de enderezar ‖ ~**antenne** *f* / antena *f* direccional o de haz concentrado o dirigido u orientado, (también:) *f* antena directiva o dirigida u orientada ‖ ~**antenne mit übereinander angeordneten Strahlern** / antena *f* de elementos superpuestos ‖ ~**apparat**, Strecker *m* (Walzw) / enderezador *m* ‖ **rotierender** ~**apparat** (Maschendrahtherst) / enderezador *m* giratorio ‖ ~**aufsatz** *m*, -fernrohr *n* (Mil) / telescopio *m* de puntería, alza *f* de puntería ‖ ~**bake**, Bake *f* (Schiff) / baliza *f* indicadora de rumbo ‖ ~**bank** *f* / banco *m* de enderezar ‖ ~**charakteristik** (Eltronik) / directividad *f* ‖ ~**charakteristik** (Mikrofon) / característica *f* de fonocaptor ‖ ~**charakteristik**, -diagramm *n* (Lautsprecher) / característica *f* direccional en el espacio ‖ ~**charakteristik** (Antenne) / característica *f* direccional ‖ **mit** ~**charakteristik**, Richt... (Eltronik) / unidireccional, direccional, directivo, dirigido ‖ **ohne** ~**charakteristik** (Eltronik) / no-direccional, omnidireccional ‖ ~**diopter** (Opt) / dioptra *f* o alidada de puntería ‖ ~**dipol** *m* (Funk) / antena *f* raspa [o en espina de pescado] direccional ‖ ~**dorn** *m* / mandril *m* ‖ ~**effekt** *m* (Gummi) / efecto *m* de calandra ‖ ~**einheit** *f* (Luftf) / elemento *m* de rectificación ‖ ~**empfang** *m* / recepción *f* dirigida o direccional ‖ ~**empfänger** *m* / receptor *m* dirigido o direccional
richten *vt*, gerade richten (Masch) / enderezar ‖ ~, lenken, wenden / dirigir, gobernar, guiar, orientar ‖ ~, fertig machen / acabar ‖ ~ (in eine gerade Linie bringen) / alinear ‖ ~, justieren / ajustar ‖ ~, einstellen / colimar, alinear ‖ [auf] / dirigir [sobre, a] ‖ ~ (Mil) / apuntar ‖ ~, reparieren / reparar ‖ ~, stellen (Uhr) / arreglar ‖ ~ **unter gleichzeitigem Recken**, spannen (Hütt) / estirar y enderezar ‖ **ein Fernrohr** ~ / ajustar o dirigir un telescopio ‖ **ein Haus** ~ (Zimm) / cubrir aguas ‖ **Feinblech** ~ / enderezar chapa fina ‖ **im Gesenk** ~ (Schm) / enderezar entre matrices ‖ **in die Höhe** ~, hoch-, aufrichten / elevar, erigir, levantar, erguir ‖ **sich** ~ [nach] / ajustarse [a], guiarse [por], orientarse [por] ‖ ~ *n*, Geraderichten *n* / enderezado *m* ‖ ~ **auf der Walzenrichtmaschine** / enderezado *m* por laminación ‖ ~ **des Galvanos** (Druck) / enderezamiento *m* del galvano ‖ ~ **des Gleises** (Bahn) / alineación *f* de la vía, enderezado *m* de la vía ‖ ~ **von Hand** / enderezado *m* a mano
Richter-Skala (nach oben offen) (Erdbeben) / escala *f* de Richter
Richt•fähigkeit *f* (Eltronik) / directividad *f* ‖ ~**faktor** *m* (Gleichrichtung) / factor *m* de rectificación ‖ ~**faktor** (Eltronik) / factor *m* de directividad ‖ ~**fehler** *m* (Walzw) / defecto *m* de enderezado ‖ ~**fehler** (Mil) / error *m* de puntería o de apuntado ‖ ~**feld** *m* (Elektr) / campo *m* de control ‖ ~**fernrohr** *n* (Opt) / anteojo *m* de puntería ‖ ~**fest** *n* (Bau) / fiesta *f* de cubrir aguas (E), fiesta *f* de tijerales (LA) ‖ ~**feuer** *n* (für Fahrwassermitte) (Schiff) / luz *f* de enfilación ‖ ~**fläche** *f* (Wzm) / superficie *f* de referencia ‖ ~**funk** *m* / radioenlace *m* dirigido, enlace *m* hertziano dirigido ‖ ~**[funk]bake** *f*, -funkfeuer *m* (Luftf) / radiobaliza *f* direccional ‖ ~**funk-Empfang**, Ball-Empfang *m* / recepción *f* de radioenlace dirigido ‖ ~**funkgerät** *n* / equipo *m* de radioenlace dirigido ‖ ~**funkstrecke** *f* / enlace *m* hertziano dirigido ‖ ~**funksystem** *n* / radioenlace *m*, enlace *m* hertziano o radioeléctrico ‖ ~**funktion** *f* (DIN) (Eltronik) / ganancia *f* directiva ‖ ~**funkverbindung** *f* / radioenlace *m* dirigido ‖ ~**funk-Zubringerlinie** *f* (TV) / radioenlace *m* tributario ‖ ~**gerät** *n* (Mil) / aparato *m* de puntería ‖ ~**geschwindigkeit** *f* (Verkehr) / velocidad *f* recomendada ‖ ~**größe** *f* / magnitud *f* direccional ‖ ~**halle** *f* (Bahn) / nave *f* de montaje ‖ ~**hammer** *m* (Schm) / martillo *m* de enderezar
richtig, genau / exacto, preciso ‖ ~, regelrecht / normal ‖ ~, korrekt / correcto ‖ ~ (Math) / exacto ‖ ~, zutreffend / justo, exacto, verdadero, cierto ‖ ~, gültig, zulässig / válido ‖ ~ **belichtet** (Foto) / de exposición correcta ‖ ~ **bemessen**, abgepasst / proporcionado ‖ ~ **einlegen** (Batterie) / respetar las polaridades ‖ ~ **gekörntes Aggregat** (Chem) / agregado *m* de granulación justa ‖ ~ **sein**, stimmen / ser exacto o cierto, estar bien ‖ ~ **stellen**, berichtigen / corregir, rectificar ‖ ~ **stellend**, berichtigend, Berichtigungs... / rectificativo ‖ ~ **es Verhältnis** / proporción *f* justa ‖ **auf dem** ~**en Wege sein** / ir por buen camino ‖ **auf die** ~**e Wellenlänge (o. Frequenz) einstellen**, abstimmen / sintonizar ‖ **es ist** ~ (Fernm) /

richtungsstabil

[es] exacto ‖ **in das ~e Verhältnis bringen**, anpassen / proporcionar [a], adaptar [a], ajustar [a]
Richtigkeit *f* / exactitud *f* ‖ **~ eines Messinstruments** / precisión *f* de un instrumento de medición
richtigphasig (Eltronik) / en fase, de la misma fase
Richt•impuls *m* (Regeln) / impulso *m* inicial ‖ **~kennlinie** *f* s. Richtcharakteristik ‖ **~koppler** *m* (Radar) / acoplador *m* direccional o directivo ‖ **~koppler** (Satellit) / acoplador *m* direccional o híbrido ‖ **~korn** *n* (Mil) / mira *f* ‖ **~kosten** *pl* (F.Org) / gastos *m pl* estándar predeterminados ‖ **~kraft** *f*, Ablenkkraft *f* / fuerza *f* directriz ‖ **~kraft für Fahrzeuge** (Bahn) / fuerza *f* de guiado ‖ **~kreis** *m* (Mil) / goniómetro[-brújula] *m* ‖ **~kreisel** *m* (Luftf) / giroscopio *m* direccional ‖ **~kurbel** *f* **am Geschütz** (Mil) / manivela *f* de dirección ‖ **~latte** *f* (Verm) / jalón *m* ‖ **~latte**, -scheit *n* (mit rechteckigem Querschnitt) (Bau) / regla *f* de nivelar, maestra *f* ‖ **~lautsprecher** *m*, gerichteter Lautsprecher / altavoz *m* directivo, altoparlante *m* direccional (LA) ‖ **~leistungswirkungsgrad** *m* (Halbl) / rendimiento *m* de rectificación ‖ **~leiter** *m* / diodo *m* de cristal ‖ **~leiterkabel** *n*, Glasfaserkabel *n* / cable *m* de fibra de vidrio ‖ **~linie** *f* (DIN) / recomendación *f* ‖ **~linie**, Direktive *f* / directiva *f*, directriz *f*, norma *f* ‖ **~linie des Diopterlineals** (Verm) / línea *f* de orientación, pauta *f* ‖ **~linien /Normen festlegen** / marcar la pauta ‖ **~magnet** *m* (Instr) / imán *m* corrector ‖ **~maschine** *f* / enderezadora *f* ‖ **~maschine für Bleche**, Planierer *m* (Walzw) / enderezadora *f* de chapa ‖ **~maschine für Feinbleche** / máquina *f* de enderezar o de estirar chapa fina ‖ **~maschine für Gleise** (Bahn) / alineadora *f* (de vía) ‖ **~maß** *n* (Gieß, Walzw) / patrón *m* ‖ **~maß** (Bau) / medida *f* básica ‖ **~mikrophon** *m* / micrófono *m* direccional ‖ **~moment** *n*, Rückstellmoment *n* / momento *m* antagonístico o de retroceso ‖ **~moment**, Einstellmoment *n* / momento *m* director ‖ **~phasenschieber** *m* (Wellenleiter) / desfasador *m* direccional o directivo ‖ **~platte** (Masch) / mármol *m* de enderezar, placa *f* de enderezar ‖ **~presse** *f* / prensa *f* enderezadora o de enderezar ‖ **~punkt**, Festpunkt *m* (Verm) / punto *m* fijo ‖ **~punkt**, Bezugspunkt *m* (Verm) / punto *m* de referencia ‖ **die ~punkte setzen** / jalonar, clavar jalones ‖ **~reihe** *f* / serie *f* tipo o estándar ‖ **~reihe** (Zahlen) / números *m pl* normalizados ‖ **~reihenbetrachtung** *f* (Mikrosk) / observación *f* de series tipo o estándar ‖ **~rolle** *f* (Hütt) / rodillo *m* de enderezar ‖ **~schacht** *m*, schräger Schacht (Bergb) / pozo *m* oblicuo ‖ **~schacht**, Seigerschacht *m* (Bergb) / pozo *m* vertical ‖ **~schärfe** *f* (Eltronik) / acuidad *f* o nitidez de directividad ‖ **~scheit** *n* (Maurer) / regla *f*, escuadra *f*, cartabón *m* ‖ **~schnur** *f*, Messschnur *f* (Bau) / tendel *m* ‖ **als ~schnur dienen** / servir como (o de) norma o pauta ‖ **~seil** *n* (Bahn, Fahrdraht) / transversal *m* de regulación ‖ **~sender** *m* (Eltronik) / emisora *f* direccional ‖ **~sendung** *f* (Eltronik) / emisión *f* dirigida ‖ **~spannung** *f* (Elektr) / tensión *f* rectificada ‖ **~spant** *n* (Schiff) / cuaderna *f* maestra o de armar ‖ **~stange** *f*, -kreuz *n* (Verm) / jalón *m* de referencia, mira *o* cruz de referencia ‖ **~stange**, Gerüststange *f* (Bau) / palo *m* de andamio ‖ **~stollen** *m* (Bergb) / galería *f* de avance ‖ **~strahl** *m* (Eltronik) / rayo *m* o haz dirigido ‖ **~strahlantenne** *f*, Lichtstrahler *m* / sistema *m* de antena direccional ‖ **~strahl-Antennennetz** *n*, Richtstrahler *m pl* / red *f* de antenas dirigidas ‖ **~strahlempfänger** *m* / receptor *m* direccional o dirigido ‖ **~strahler** *m* / antena *f* de haz [dirigido] ‖ **~strahler** (Licht) / lámpara *f* proyectora de haz dirigido ‖ **~strahler** (Antenne) s. Richtantenne ‖ **mit ~strahlern aussenden** / emitir haces dirigidos ‖ **~strahlung** *f* / emisión *f* dirigida o direccional ‖ **~strecke** *f* (Bergb) / galería *f* recta o de dirección, nivel *m* principal ‖ **~strom** (Elektr) / corriente *f*

rectificada ‖ **~teiler**, Richtungsisolator *m* (Eltronik) / atenuador *m* unidireccional ‖ **~test** *m* (DIN 50432) (Halbl) / ensayo *m* de rectificación ‖ **~- und Biegepresse** *f* / prensa *f* de enderezar y curvar
Richtung *f*, Sinn *m* / dirección *f*, sentido *m* ‖ **~**, Trend *m* / tendencia *f* [a] ‖ **~**, Trift *f* (Schiff) / deriva *f* ‖ **~** *f* **Aufgang-Untergang** (Raumf) / dirección *f* salida-puesta ‖ **~ der Kreiselachse** (Kompass) / dirección *f* axial ‖ **~ des erdmagnetischen Feldes** / dirección *f* del campo magnético terrestre ‖ **~ des Ganges** (Bergb) / inclinación *f* del filón ‖ **~ des Kettfadens** (Tex) / marcha *f* del hilo de urdimbre ‖ **~ Erde**, Abwärtsrichtung *f* (Raumf) / sentido *m* espacio-tierra ‖ **~ gebend** (o. weisend) / directivo ‖ **~** *f* **quer zur Faser** / dirección *f* transversal a la fibra ‖ **~ der ~ folgend**, schwenkbar (Röllchen) / con roldanas pivotantes ‖ **in ~ Hauptstadt (Madrid etc.)** (Bahn) / ascendente ‖ **in einer ~ [fließend o. laufend o. wirkend]** / unidireccional ‖ **in entgegengesetzter (o. umgekehrter) ~** / en dirección opuesta, en sentido opuesto ‖ **in gleicher ~ wirkend** (Mech) / en el mismo sentido ‖ **in vielen o. allen ~en** / polidireccional, multidireccional ‖ **nach beiden ~en**, doppelseitig / bidireccional, bilateral
richtungs•abhängig, Richt[ungs]... / direccional ‖ **~abhängige Arbeitsweise** (Relais) / funcionamiento *m* direccional ‖ **~ader** *f* (Kabel) / conductor *m* de dirección ‖ **~änderung** *f* / cambio *m* de dirección ‖ **~änderung**, Wendung *f* / vuelta *f* ‖ **~[änderungs]winkel** *m* (Verm) / ángulo *m* de deflexión ‖ **~antenne** *f* s. Richtantenne ‖ **~anzeiger** *m* (Kfz) / indicador *m* de dirección ‖ **~bestimmung** *f* / determinación *f* de la dirección ‖ **drahtlose ~bestimmung**, Radiogoniometrie *f* (Schiff) / radiogoniometría *f* ‖ **~betrieb** *m* (Fernm) / funcionamiento *m* direccional ‖ **~betrieb** (Rohrpost) / servicio *m* para una sola dirección ‖ **~betrieb** (DV) / funcionamiento *m* en símplex ‖ **~betriebene Leitung** (Fernm) / línea *f* direccional ‖ **~effekt** *m* (Opt) / efecto *m* de orientación ‖ **~empfang** *m* / recepción *f* dirigida o direccional ‖ **~empfänger** *m* / receptor *m* direccional ‖ **~empfindlich** / sensible a la dirección ‖ **~fahrbahn** *f* (Straßb) / carril *m* [de dirección] ‖ **mit einer ~fahrbahn**, einbahnig (Straßb) / de carril único, de vía única ‖ **mit getrennten ~fahrbahnen** / de carril doble o múltiple ‖ **~fehler** *m* (Kompass) / error *m* de dirección ‖ **~feste Antenne** / antena *f* de dirección fija ‖ **~feuer** (Schiff) / luz *f* de guía ‖ **~filter** *n* (Fernm) / filtro *m* [de separación] direccional ‖ **~fokussierung** *f* / enfoque *m* direccional ‖ **~gabel** *f*, Zirkulator *m* (Mikrowellen) / circulador *m* ‖ **~gleis** *n* (Bahn) / vía *f* de afectación o de asignación o de clasificación ‖ **~gruppe** *f* (Bahn, Rangierbahnhof) / haz *m* de agrupamiento por direcciones, haz *m* de clasificación ‖ **~hörer** *m* / fonolocalizador *m*, localizador *m* acústico ‖ **~information** *f* (Stereo) / información *f* direccional ‖ **~instabilität** *f* (Luftf) / inestabilidad *f* de veleta ‖ **~kennzeichen** *n*, -ziffer, -zahl *f* (Fernm) / cifra *f* de código, dígito *m* codificado ‖ **~koeffizient** *m* (Math) / coeficiente *m* angular, pendiente *f* ‖ **~komponente** *f pl* (Eltronik) / componentes *m pl* direccionales ‖ **~konstante** *f* (Ölprüfung) / pendiente *f* ‖ **~koppler** *m* (Wellenleiter) / acoplador *m* direccional o directivo ‖ **~kosinus** *m* (Math) / coseno *m* director ‖ **~kriterium** *n* (DV) / criterio *m* de encaminamiento ‖ **~maß** *n* (Radio) / ganancia *f* direccional ‖ **~pfeil** *m* (Bahn, Verkehr) / flecha *f* [indicadora] de dirección ‖ **~quantelung** *f* (Phys) / cuantificación *f* direccional ‖ **~schalter** *m* (Elektr) / conmutador *m* de dirección ‖ **~schild** *n*, -weiser *m* / rótulo *m* de dirección ‖ **~schrift** *f* (Eltronik) / registro *m* sin retorno a cero con cambio ‖ **~signal** *n*, -anzeiger *m* (Bahn) / señal *f* [indicadora] de dirección ‖ **~sinn** *m* (Elektr) / sentido *m* de dirección ‖ **~stabil** / de estabilidad direccional ‖

1067

Richtungsstabilität

~**stabilität** f, Seitenstabilität f (Raumf) / estabilidad f direccional || ~**stellmotor** m / servomotor m de orientación || **drahtloser** ~**sucher** (Eltronik) / radiogoniómetro m || ~**tafel** f (Bahnsteig), Laufschild n (Bahn) / rótulo m indicador de destino, placa f de ruta y destino || ~**-Taktschrift** f (DIN) (Magn.Bd) / grabación f con modulación de [o en] fase || ~**teiler** m (Straßb) / separador m de tráfico || ~**toleranzen** f pl / tolerancias f pl de orientación || ~**umkehr** f / inversión f de dirección || ~**unabhängige Leitfähigkeit** (Elektr) / conductividad f simétrica || ~**verkehr** m (Fernm) / tráfico m unidireccional || ~**verkehr** (Kfz) / tráfico m de dirección única, tráfico m unidireccional || ~**verschluss** m (Bahn) / enclavamiento m direccional || ~**verteilung** f **der Flussdichte** (Nukl) / densidad f diferencial del flujo de partículas || ~**voranzeige** f (Bahn) / indicador m de dirección || ~**wähler** m (Wzm) / conmutador m de dirección || ~**wahlstufe** f (Fernm) / etapa f de selección de grupo || ~**wechsel** m, -änderung f / cambio m de dirección || ~**wechsler** m (Fernm) / tecla f de inversión || ~**weiche** f (Fernm) / filtro m de separación direccional || ~**weisend** / orientador, normativo, que marca la pauta || ~**weisender Pfeil** (NC) / flecha f indicadora de dirección || ~**winkel** m pl / ángulos m pl de dirección
Richt • vektor m / vector m de referencia || ~**verfahren** n, -system n (Mil) / sistema m de puntería || ~**vermögen** n (Elektr, Masch) / poder m directivo || ~**verstärker** m (Eltronik) / amplificador m rectificador || ~**verstärkungsfaktor** m, Antennengewinn m / ganancia f directiva || ~**vorrichtung**, Schwindvorrichtung f (Plast) / plantilla f para alinear || ~**vortrieb** m (Bergb) / perforación f de dirección || ~**waage** f, Wasserwaage f / nivel m de burbuja o de albañil o de agua || ~**walze** f (Walzw) / cilindro m enderezador || ~**walzwerk** n / laminador m enderezar || ~**werkzeug** n / herramienta f de enderezar || ~**wert** m, Näherungswert m / valor m aproximativo o de orientación || ~**wert** (empfohlen) / valor m indicativo || ~**werte** m pl (F.Org) / valores m pl de orientación (cronometraje) || ~**widerstand** m (Elektronik; Bauteile) / resistor m de rectificación || ~**wirkung** f / directividad f, efecto m direccional || **mit** ~**wirkung** / direccional || ~**wirkungsfrei** (Eltronik) / adireccional, no direccional, omnidireccional || ~**wirkungsgrad** m (Elektr) / rendimiento m de rectificación || ~**zahl**, -ziffer, Vergleichszahl f / índice m || ~**zange** f (für Mechaniker) (Wz) / tenazas f pl de enderezar
Ricin n (Chem, Pharm) / ricina f
Ricinen • fettsäure f / ácido m de ricina deshidratado || ~**öl** n / aceite m de ricino (E) (o de castor (LA)) deshidratado
Ricinol • säure f, Ricinusölsäure f / ácido m ricinoleico || ~**schwefelsäure** m / ácido m recinosulfónico
Ricinus m (Bot) / ricino m, cherva f, querva f, higuera f del infierno, palmacristi f || ~**öl** n / aceite m de ricino (E) o de castor (LA) || ~**samen** m / grano m de ricino
Rickettsien f pl / rickettsias f pl
Riebeckit m (Min) / riebeckita f
riechen [nach] / oler [a]
Riech • papier n (sensorische Prüfung) / papel m olfativo || ~**stoff** m, Parfüm n / perfume m || ~**stoffbildend** (Chem) / osmóforo || ~**stoffherstellung** f, Parfümfabrikation f / fabricación f de perfumería o de perfumes
Ried n, Riet n (Bau) / caña f [de tejado]
Riedelanlasser m (Luftf) / arrancador m de combustión interna
Riefe, Hohlkehle, Nute f (Masch) / acanaladura f, canaladura f, estría f, ranura f, muesca f, garganta f || ~, Schramme f / rayadura f, raya f || ~**n** f pl (Brennschneiden) / estrías f pl de corte
riefeln vt, riffeln / acanalar, estriar, rayar

Riefelung f, Riffelung f / estriación f, estriadura f || ~ **einer Säule**, Kannelierung f / estrías f pl de una columna
riefen vt / ranurar
Riefen • bildung, Streifenbildung f (Masch) / estriación f || ~**bildung** f **durch Verschleiß** / formación f de rayas o estrías o arañazas || ~**feile** f (Wz) / lima f para acanalar || ~**verschleiß** m / desgaste m en forma de muescas
riefig werden, rillig werden, Rillen bekommen / volverse estriado o acanalado
Riegel, Bolzen m / pasador, pestillo m, cerrojo m, aldaba f || ~ m, Verschluss m (Bahn, Kfz) / cerrojo m, candado m (MEJ) || ~, Riegel-Querholz n (Fachwerk) / arriostramiento m, travesaño m || ~, Verschlussriegel m (einer Waffe) / nuez f de cerrojo || ~ **des Rahmens** / cruceta f de bastidor || ~ **Seife** / pastilla f de jabón || **stehender, französischer** ~ (Schloss) / falleba f
Riegel • bolzen, -zapfen m (Container) / perno de cierre m || ~**falle** f / gatillo m || ~**finger**, Fixierfinger m / dedo m de cierre || ~**hebel** m (Bahn) / palanca f de cerrojo || ~**kontakt** m (Bahn) / contacto m de encerrojamiento || ~**kugel** f (Kfz) / bola f de enclavamiento || ~**maschen** f pl (Tex) / malla f de cierre || ~**nut** f / ranura f inmovilizadora, muesca f de cerrojo || ~**schloss** n, Schubriegelschloss n / cierre m de cerrojo corredizo || ~**stange** f (Bahn) / barra f de encerrojamiento de cambio || ~**stopfen** m (Kfz) / tapón m de enclavamiento
Riegelung f (Bahn) / encerrojamiento m
Riegel • verschluss m / cierre m de cerrojo, cerradura f de pestillo || ~**verschluss** (Waffe) / cierre m de pestillo || ~**wand** f, Fachwand f (Bau) / tabicado m de madera || ~**zapfen**, -bolzen m (Container) / perno m de cierre
Rieggerkreis m (Eltronik) / discriminador m de fase de Riegger
Riekediagramm, Generatordiagramm n (Magnetron) / diagrama m de Rieke
Riemann • scher Abbildungssatz (Math) / teorema m de representación de Riemann || ~**sche Fläche** f / superficie f de Riemann || ~**sche Geometrie** f (Math) / geometría f de Riemann || ~**sche Variante** f / variante f de Riemann
Riemannit m, Allophan m (Min) / riemannita f, alofana f
Riemchen n (Ziegel) s. Riemenstück || ~ (Spinn) / cinta f de cuero o de correhuelas || ~**florteiler** m (Spinn) / divisor m de correhuelas, condensador f de cintas
Riemen, Leder-, Trag-, Binderiemen m / correa f || ~ m (für Koffer, Kisten usw.) / precinta f || ~, Treibriemen m / correa f [de transmisión] || ~ m, schmales Dielenbrett (Tischl) / tableta f, tira f || ~, Ruder n (Schiff) / remo m || ~ **schränken** / cruzar correas || ~**antrieb**, -[scheibenan]trieb m / accionamiento m por correa || **mit** ~**antrieb** / accionado por correa || ~**aufleger** m / montacorreas m || ~**ausrücker** m / cambiacorreas m || ~**fallhammer** m / martillo m de correa || ~**führung** f / guiacorrea m || ~**fußboden** m (Bau) / suelo m de tiras o tabletas || ~**gabel** f, -führer m / horquilla f de correa || ~**klammer** f, -kralle f / grapa f para correas || ~**kupplung** f / acoplamiento m de correa || ~**leitrolle** f / polea-guía f de correa || ~**niet** n / remache m para correas || ~**scheibe** f / polea f [de transmisión] || ~**scheibenschwungrad** n / polea f tipo volante || ~**schleifmaschine** f / lijadora f de correa || ~**schloss** n, -verbinder m, [Treib]riemenschließe f / cierre f de correa || ~**schlupf** m, -rutschen n, (infolge ungenügender Reibung) / deslizamiento m de la correa || **[unvermeidlicher]** ~**schlupf**, Dehnschlupf m / resbalamiento m de la correa || ~**schnalle** f / hebilla f || ~**schutz** m / cubrecorreas m || ~**seite** f (des Motors) (Elektr) / lado m de correa del motor || ~**spanner** m / tensor m de correa || ~**spannrolle** f / polea f tensora de correa || ~**spannung** f / tensión f de correa || ~**stoß** m / junta f de correa || ~**stück** n, Riemchen, Längsquartier n (Maurer) / ladrillo m

medio largo || ⁓**trumm** n / ramal m o extremo de correa || ⁓**übertragung** f (Masch) / transmisión f por correa || ⁓**verbinder** m / empalmador m de correa || ⁓**verbindung** m / unión f de correa || ⁓**vorgelege** n / contramarcha f de correa || ⁓**wendegetriebe** n / mecanismo m inversor (o de inversión) de marcha por correa || ⁓**wickler** m (Hütt) / bobinadora f de correa || ⁓**wippe** f / balancín m de correa || ⁓**zug** m / tracción f de correa

RIE-Prozess m (= reactive ion etching) (IC) / proceso m RIE

Ries n **Papier** / resma m (equivalente a 20 manos de papel, o sea de 500 hojas o pliegos)

Riese m, **Riesenstern** m (Astr) / estrella f gigante || ⁓ f, Seilriese f, Schwerkraftbahn f (Förd) / cable m aéreo inclinado [para transporte por gravedad]

Riesel•anlage f (Landw) / instalación f de riego || ~**fähig** (Chem) / susceptible de corrimiento, suelto, granulado || ⁓**fähigkeit** f (Pulver) / susceptibilidad f de corrimiento || ⁓**fähigkeit von körnigen Kunststoffen** / corrimiento m libre de materias plásticas granuladas || ⁓**felder** n pl (Abwasser) / campos m pl regados o de riego || ⁓**film** m (Chem) / película f de escurrimiento || ⁓**film-Destillationsturm** m (Chem) / torre f de escurrimiento || ⁓**film-Verdampfer** m / evaporador m de [película f de] escurrimiento || ⁓**kolonne** f, -turm m (Chem) / torre f o columna de lavado || ⁓**kondensator** m / condensador m por salpicadura || ⁓**kühler** m, -kühlapparat m / refrigerador m de escurrimiento o de riego, enfriador m Baudelot || ⁓**lagerstäte** f, Supergiant (Öl) / yacimiento m [petrolífero] supergigante || ⁓**matte** f (Abwasser) / filtro m bacteriológico, tela f o estera [metálica] de escurrimiento || ⁓**matte** (Garnherstellung) / rociador m de tela metálica

rieseln (Pulver) / pasar, correr lentamente || ~, tröpfeln / gotear, escurrir

Riesel•rost m, -einbau m (Kühlturm) / rejilla f de dispersión || ⁓**turm**, Nassreiniger m (Gas) / absorbedor-neutralizador m || ⁓**turm**, -kolonne f (Chem) / columna f o torre lavadora || ⁓**wasser** n / agua f de riego || ⁓**werk** n (Saline) / torre f de graduación || ⁓**zeit** f (Sintern) / tiempo m de corrimiento || ⁓**zusatz** m, Trennmittel n (Salz) / antiapelmazante m

Riesen•impuls m (Eltronik) / impulso m gigante || ⁓**impulslaser** m / láser m de grandes impulsos, láser m de impulsos gigantes || ⁓**kolloidion** n / ion m coloidal gigante || ⁓**luftreifen** m (Kfz) / neumático m gigante || ⁓-**Mammutbaum** m, Sequoia gigantea f (Bot) / secoya f gigante || ⁓**molekül** n / molécula f gigante || ⁓**molekül**, Hochpolymer n / macropolímero m, alto polímero m || ⁓**tanker** m / petrolero m gigante

Riesgewicht n (GB = 500 o. 480 Blatt, USA = 1000 Blatt des Grundformats) (Pap) / peso m de la [o por] resma

Riet n, **Reet** n (niederdeutsch) (Bau) / caña f [de tejado] || ⁓, Rietblatt n (Web) / peine m de telar || ⁓**breite** f, Rietstab-Abstand m, Rietöffnung f (Web) / ancho m de peine || ⁓**einzieher** m (Web) / remetedor m del peine || ⁓**einzug** m, -stechen m (Web) / remetido m del peine || ⁓**feine** f (Web) / fineza f [métrica] del peine || ⁓**messer** n (Web) / gancho m para pasar en el peine, repasadora f || ⁓**schlag** m (Web) / movimiento m del peine || ⁓**stab** m (Web) / diente m del peine, púa f del peine

Riff n (Geo) / arrecife m, escollo m || ⁓, Korallenriff n / arrecife m o banco coralino o de coral | ~**bildend** / constructor m de arrecifes

Riffel f, Riffelkamm m (Flachs) / peine m para desgargolar || ⁓, Rille f / acanaladura f, ranura f, estría f (Fehler, Walzw) / canal m, onda f || ⁓**baum** m, -walze f (Web) / cilindro m acanalado || ⁓**bildung** f (Zahnrad) / formación f de estrías || ⁓**bildung** (Bahn) / desgaste m ondulatorio de los carriles || ⁓**blech** n / chapa f estriada || ⁓**block** m (Walzw) / lingote m ondulado || ⁓**draht** m / alambre m estriado || ⁓**faktor** m (Elektr) / factor m de ondulación o de rizado || ⁓**glas** n / vidrio m estriado (E) o acanalado (LA) || ⁓**kalander** m (Tex) / calandra f para acabado Schreiner || ⁓**membranlautsprecher** m / altavoz m de diafragma acanalado || ⁓**muster** m (Tex) / dibujo m acanalado

riffeln vt, riefen (Masch) / estriar, acanalar, rayar || ~, mit dem Riffelkamm abkämmen (Flachs) / desgargolar

Riffel•pappe f / cartón m ranurado || ⁓**schiene** f (Bahn) / carril m ruidoso o roncador (E), riel m ondulado (LA) || ⁓**stahl** m (Hütt) / acero m para herramientas de acanalar

Riffelung f, Riffeln n / acanaladura f, estriado m || ⁓ (des Schaftes) / picadura f

Riffel•walze f / cilindro m estriado || ⁓**walze** (Asphalt) / cilindro o rodillo acanalado || ⁓**zylinder** m (Tex) / cilindro m acanalado o estriado

Riffkalkstein m (Geol) / piedra f calcárea de arrecife

Riftschnitt, geviertelt ohne Spiegel (Holz) / corte m verdadero falso cuarto, corte m al cuarto sin mallas

Righeit f (Phys) / resistencia f a deformaciones elásticas

rigolen vt / binar, desfondar, rendar, escarificar || ⁓ n / desfonde m || ~, Zwiebrachen n (Landw) / renda f, bina f

Rigolpflug m (für Dränung) / arado m desfondador

rikoschettieren (Raumf) / rebotar en ángulo llano

Rillbarkeit f (Pap) / aptitud f de ser ranurado

Rille f / ranura f, acanaladura f, estría f, garganta f || ⁓ (Kugellager) / pista f o garganta [para las bolas] || ⁓, Schlitz m / raja f, rendija f, hendidura f || ⁓**hendedura** f || ⁓ f (Schallplatte) / surco m || ⁓n, Schrammen f pl (Krist) / estrías f pl || ⁓ f **beim Kaltwalzen** (Fehler, Walzw) / estría f || ⁓ **im Profil** (Kfz, Reifen) / ranura f || ⁓ **mit Halbkreisquerschnitt** / ranura f de sección semicircular || **rundlaufende** ⁓ **an zylindrischen Körpern** (Schm) / acanaladura f o ranura circular

rillen vt / acanalar, estriar, ranurar || ~ (Straßenoberfläche) / hacer ranuras || ⁓ (mit parallelen Furchen) / estriar

Rillen•abstand m / paso m del surco || ⁓**bildung**, Riefenbildung f, Fressen n / agarrotado m, agarrotamiento m || ⁓**bohrer** m (Bodenprobe) / muestreador m acanalado de terreno || ⁓**buchse** f (Masch) / casquillo m ranurado || ⁓**dichtung** f / obturación f por juntas de perfil || ⁓**draht** m (Bahn) / hilo m [de contacto] ranurado || ⁓**erosion** f (Geol) / erosión f en surcos || ⁓**fehler** m (Audio) / error m de seguimiento o de arrastre o de guía o de pista || ⁓**flansch** m / brida f ranurada || ⁓**fräsdrille** f (Landw) / rotocultor m en líneas, sembradora f en líneas || ⁓**fräser** m (Wz) / fresa f para ranurar || ⁓**führung** f (Audio) / seguimiento m de pista o de surco || ⁓**glas** n / vidrio m acanalado || ⁓**greiffläche** f **der Zange** / boca f estriada de alicates || ⁓**grund** m, Rillensohle f (Lager) / fondo m de la garganta o de la pista, base f de la garganta o de la pista || ⁓**herd** m (Bergb) / mesa f ranurada || ⁓**herd-Durchstoßofen** m (Schm) / horno m de empuje continuo || ⁓**hobel** m, Rinnenhobel m (Tischl) / cepillo m acanalado || ⁓**horn** m (Antenne) / antena f de superficie de guía ondulada || ⁓**isolator** m (Elektr) / aislador m con garganta o con gola || ⁓**kugellager** n / rodamiento m ranurado (o rígido) de bolas || ⁓**läufer** m (Kollergang) / muela f ranurada || ⁓**pappe** f / cartón m ranurado || ⁓**profil** m (Reifen) / perfil m ranurado || ⁓**profil** (Lager) / perfil m de [la] garganta || ⁓**profil** (Seilrolle) / perfil m de garganta o gola || ⁓**profil-Reifen** m (Kfz) / neumático m de perfil ranurado || ⁓**rad** n / rueda f ranurada o de garganta || ⁓**samt** m (Tex) / terciopelo m de cordoncillos, pana f bordón || ~**saniert** / sin ranuras, sin estrías || ⁓**scheibe**

Rillenschiene

f / polea f de garganta || ~**schiene**, Straßenbahnschiene f / riel m de garganta (E), carril m con garganta, riel m Phoenix (LA) || ~**walze** f / cilindro m acanalado || ~**weite in der Kreuzung**, Spurrille f (Bahn) / garganta f en un cruzamiento
Rill•fähigkeit f (Pap) / aptitud f de ser ranurado || ~**walze** f / cilindro m estriador
Rilsan n, Nylon n 11 (Tex) / Rilsan, nilón 11
rilsanisiert / rilsanizado
Rimlockröhre, Ganzglasröhre f (Eltronik) / tubo m Rimlock
RIM-Technik f, Reaktionsspritzgussverfahren n, RSG (Plast) / técnica f de reacción y moldeo por inyección
Rind[s]..., Rinder... / vacuno
Rindbox n (Gerb) / cuero m de vaqueta al cromo [de animales domésticos]
Rinde, Kruste f / costra f || ~, Haut f / piel f || ~, Borke (Bot) / corteza f || ~ f, Schale f / cáscara f || **sekundäre** ~ / corteza f interior
Rinden•einschluss m (Holz) / corteza f incluida || ~**extrakt** m (Pharm) / extracto m de corteza || ~**flecken** f pl (Pap) / manchas f pl de corteza || ~**gerbung** f (Leder) / curtido m por corteza || ~**kratzer** m (Wz) / raspador m de corteza || ~**schäler** m (Forstw) / descortezador m || ~**schälmaschine** f / descortezadora f
Rinder•haltung f (Landw) / explotación f de ganado vacuno || ~**klauenöl** n / aceite m de pezuñas || ~**talg** m / sebo m vacuno
Rinds•haut f / piel f de ganado bovino, piel f de vaca o de buey, piel f bovina || ~**leder** n / cuero m de vaca, vaqueta f
Rindvieh n (Stückzahl)_ / res f vacuna
Ring m, Reif, Reifen m (Masch) / anillo m, aro m || ~, Ose f, Öhr n / ojete m, armella f, argolla f || ~ m (Wälzlager) / aro m [de un rodamiento] || ~, Kreisring m (Math) / anillo m de círculo || ~ (Fräsm) / anillo m distanciador || ~, Hülse f / manguito m || ~ (Draht) / rollo m || ~ (beim Kohleherd) / arandela f (estufa) || ~ (Chem) / ciclo m || ~, (bes): Altstadtring (Straßb) / avenida f de circunvalación, cinturón m || ~ (ungeordnete Lagen) (Walzw) / rollo m || ~ m, Zwinge f / virola f || ~**e bilden** (Chem) / ciclizar || ~ m **einer Kette**, Glied n / eslabón m de cadena || ~ **mit kreisförmigem Querschnitt**, Torus m / anillo m circular, toro m || **mit** ~ **versehen**, geringelt / arrollado
Ring•achse f (Lager) / eje m del aro || ~**alkohol** m / alcohol m cíclico || ~**analyse**, Waterman-Ringanalyse f (Öl) / análisis m de anillo || ~**anker** m (Elektr) / inducido m de anillo || ~**anschnitt** m, -einguss (Gieß) / bebedero m anular || ~**antenne**, -dipolantenne f / antena f circular o en anillo || ~**antenne** f, Rahmenantenne f / antena f de cuadro [anular] || ~**armierung** m, Frettage f / refuerzo m por anillo [colocado en caliente] || ~**aufdornversuch** m **an Rohren** / ensayo m de ensanchamiento de anillos || ~**ausbau** m (Bergb, Gang) / entibación f por anillos de acero || ~**-Axiallager** f / cojinete m de empuje anular || ~**bad** n (Galv) / baño m circular || ~**bahn** f (Bahn) / ferrocarril m de circunvalación || ~**bandkern** m (Elektr) / núcleo m toroidal o anular || ~**bandkern mit nicht geschlossenem Ring** / núcleo m en C || ~**bank** f (Spinn) / plataforma f de aros, portaaros m || ~**beschlag** m, Zwinge f / virola f || ~**bildend** (Chem) / ciclizante || ~**bildung** f (Chem) / ciclización m, aromatización f || ~**bildung** (Draht) / formación f de rollos || ~**blende** (Opt) / diafragma m circular || ~**boden** m (Chem) / plataforma f anular || ~**bolzen** m / perno m de argolla || ~**borgen** (DV) / retención f negativa circular || ~**brause** (Sanitär) / ducha f anular || ~**brenner**, Kronenbrenner m / quemador m de corona, mechero m anular || ~**brennkammer** f (Turboreaktor) / cámara f de combustión anular || ~**buch** n / cuaderno m o libro de anillas, libro m de hojas cambiables || ~**bucheinlage** f / hoja f para libro de anillas || ~**buckel** m (Schw) / protuberancia f anular || ~**core** n, ringförmige Spaltzone (Nukl) / núcleo m anular || ~**deich** m (Hydr) / dique m anular || ~**dipolantenne** f / antena f circular || ~**draht** m, Rollendraht m / alambre m en rollo || ~**drossel** f (Elektr) / bobina f de choque anular || ~**drucklager** n / cojinete m de empuje anular || ~**dübelung** f (Zimm) / ensamblaje m por taco anular || ~**durchziehofen** m (Hütt) / horno m continuo de rodillos para rollos || ~**düse** f (Schw) / tobera f anular || ~**düse** (Plast) / tobera f anular || ~**einguss**, Ringanschnitt m (Gieß) / bebedero m anular || ~**einlage** f (für Seilrolle) / forro m anular
Ringelapparat m (Tex) / aparato m listador
Ring•elektrode f / electrodo m anular || ~**[elektro]magnet** f / electroimán m anular
ringel•frei, ringless (Strumpf) / sin listar || ~**frei-Vorrichtung** f (Tex) / dispositivo m de cambio de guiahilos || ~**kerbe** f, -schnitt m (Forstw) / incisión f circular || ~**muster** n, Ringelung f / rayas f pl horizontales, patenes m pl
ringeln (sich), sich spiralförmig drehen / enroscarse
Ringel•pietz m (Luftf) / caballito m, capoteo m, coleo m en tierra || ~**spinner** m (Landw, Zool) / mariposa f de la oruga de librea, oruga f galoneada, falsa lagarta f || ~**walze** f (Landw) / rodillo m ondulado, rodillo m desterronador acanalado, rodillo m de discos
Ring•entladung f, elektrodenlose Entladung / descarga m [luminosa en un tubo] sin electrodos || ~**fallschirm** m (Luftf) / paracaídas m anular || ~**faltversuch** m (für Rohre) / ensayo m de aplanado de tubos || ~**färbung** f, Mantelfärbung f (Tex) / teñido m de zonas exteriores || ~**fassung** f (Elektr) / portalámparas m anular || ~**fäule** f (Holz) / pudrición f anular || ~**fäule der Kartoffel** (durch Bacterium sepedonicum) (Bot, Landw) / podredumbre f anular de la patata || ~**feder** f / resorte m anular, muelle m de anillo o de aro || ~**federpuffer** m (Bahn) / tope m con muelle de aro || ~**feder[scheibe]** f / arandela f elástica o de muelle || ~**fläche** f / superficie f anular || ~**fläche**, Wulst m, Torus m / toro m || ~**fleckigkeit** f, Marmor dilucidum (Tabak) / enfermedad f de manchas anulares || ~**flügel** m (Luftf) / ala f anular || ~**flügelflugzeug** n, Coleopter m / coleóptero m
ringförmig / anular || ~, [kreis]ringförmig, torisch / tórico, toroidal || ~, Ring..., zyklisch (Chem) / cíclico || ~**er Anguss** (Gieß) / bebedero m anular || ~**e Blende**, Deckring m (Instr) / bisel m o marco anular || ~**e Fehlstelle**, Fischauge m (Schw) / ojo m de pescado || ~**er Gasbrenner** (Brenner) / mechero m anular || ~**e Kohlenwasserstoffe** m pl (Chem) / hidrocarburos m pl cíclicos || ~**er Körper**, Toroid n (Geom) / toroide m || ~**e Umgehungsstraße** (Straßb) / carretera f de circunvalación
Ring•garn n (Tex) / hilo m de continua de anillos || ~**gebiet** n, -zone f (Nukl) / zona f anular || ~**geführter Käfig** (Wälzlager) / jaula f guiada en el aro || ~**gewicht** n (Hütt) / peso m de rollo || ~**gewölbe** n / bóveda f anular || ~**glied** m (Kette) / eslabón m de anillo || ~**glied** n (Chem) / miembro m cíclico || ~**greifer** m (Nähm) / lanzadera f rotativa || ~**halsdüse** f / tobera f de núcleo central || ~**härtung** f / temple m circular || ~**hefter** m (Büro) / carpeta f de anillas, archivador m de anillas || ~**heizkörper** m, -heizkammer f (Zuck) / haz m tubular del evaporador || ~**hülse** f / casquillo m anular, virola f || ~**intrusion** f, -gang m (Geol) / intrusión f anular || ~**isolator** m / aislador m anular || ~**kabel** n (Regeln) / línea f colectiva || ~**kammer** f (Phys) / cámara f toroidal || ~**kammer-Normblende** f (Mess) / diafragma m normalizado con cámara medidora anular || ~**kanal** m (Hydr) / canal m anular o de circunvalación ||

˜**kanone** f (Mil) / cañón m zunchado ‖ ˜**kegellager** n / rodamiento m de rodillos cónicos ‖ ˜**keilkupplung** f (Seilb) / acoplamiento m de chavetas anulares ‖ ˜**kern** m (DV) / toro m magnético, núcleo m magnético anular ‖ ˜**kern** (des Großrechners) / toro m [de feritas] ‖ ˜**kernspeicher** m / almacenamiento m de núcleos magnéticos ‖ ˜**kerntrafo** m (Elektr) / transformador m toroidal, transformador m con núcleo toroidal ‖ ˜**kettentautomerie** f (Chem) / tautomería f anillo-cadena, tautomería f de cierre y apertura de anillo ‖ ˜**kettgarnmaschine** f, Ringspinner m / continua f de anillos, hiladora f anular ‖ ˜**klappe** f / válvula f anular ‖ ˜**klappenventil**, Hörbigerventil n / válvula f de chapaleta o de bisagra ‖ ˜**klebemaschine** f (für Reifen) / confeccionadora f de bandas o braceletas ‖ ˜**kluft** f (Holz) / acebolladura f, cebolla f en anillo ‖ ˜**kluppe** f, Schneideisen n (Wz) / terraja f de anillo, cojinete m de roscar ‖ ˜**kohlenstoffatom** n / átomo m de carbono nuclear ‖ ˜**kolben** m / émbolo m anular ‖ ˜**kolbenmaschine**, -zylindermaschine f (Dampfm) / máquina f [de vapor] de émbolo (o pistón) anular ‖ ˜**kolbenzähler** m / contador m de agua de émbolo rotativo ‖ ˜**-Konfiguration** f (Fernwirk) / red m de telemando en bucle ‖ ˜**kontakt** m (Elektr) / contacto m anular ‖ ˜**kopf** m (Magn.Bd) / cabeza f anular ‖ ˜**korn** m (Gewehr) / mira f redonda ‖ ˜**körner** m / granete m (E) o centrador (LA) anular, punzón m anular ‖ ˜**körper** m / cuerpo m anular ‖ ˜**kugellager** n / rodamiento m de bolas anular ‖ ˜**kühler** m (nach National Advisory Committee for Aeronautics) (Luftt) / cubierta f anular ‖ ˜**läufer** m (Spinn) / corredor m de anillos ‖ ˜**lehre** f (Mess) / calibre m anular, anillo m calibrador, virola f ‖ ˜**leitung** f / tubería f circular o anular ‖ ˜**leitung** (Elektr) / anillo m, línea f en bucle ‖ ˜**leitung für Wind** (Hütt) / rodete m, tubería f de viento circular ‖ ˜**leitungsnetz** n / red f de circuito cerrado, red f de líneas en bucle

ringless, ringelfrei (Strumpf) / sin listar ‖ ˜**-Vorrichtung** f s. Ringelfrei-Vorrichtung

Ring • linse f (Opt) / lente f escalonada o de Fresnel ‖ ˜**lochkupplung** f (DIN 20582) / enganche m de agujero anular ‖ ˜**lokschuppen** m / rotonda f de locomotoras ‖ ˜**magnet** m / imán m anular o tórico ‖ ˜**maß** n (Juwelier) / sortijero m, anillera f ‖ ˜**-Maulschlüssel** m (DIN 3113) / llave f de boca y estrella, llave f combinada ‖ ˜**messer** n, -körner m (Wzm) / punzón m anular ‖ ˜**modulator** m (Eltronik) / modulador m anular o en anillo ‖ ˜**-Modus-Filter** (Wellenleiter) / filtro m de modo en anillo ‖ ˜**mühle** f / molino m de anillo [rotatorio] ‖ ˜**mutter** f (DIN 582) / tuerca f anular o de cáncamo ‖ ˜**mutterschlüssel** m / llave f para tuercas anulares ‖ ˜**nebel** m (Astr) / nebulosa f planetaria o anular ‖ ˜**netz** n (Elektr, Hydr) / red f en anillo, canalización f circular ‖ ˜**netz** (DV) / red f de anillo ‖ ˜**nut** f (für Sprengringe) / ranura f anular o circular (de sujeción) ‖ ˜**ofen** m (Keram) / horno m anular ‖ ˜**öler** m / anillo m de lubri[fi]cación ‖ ˜**oszillator** m (Eltronik) / oscilador m en anillo ‖ ˜**-Passeinsatz** m (Sicherung) / pieza f de ajuste anular ‖ ˜**pinsel** m (Anstr) / pincel m redondo ‖ ~**porig** (Holz) / de porosidad concéntrica ‖ ˜**potentiometer** n / potenciómetro m anular ‖ ˜**pumpe** f / bomba m de anillo[s] ‖ ˜**raster** m (Leuchte) / celosía f anular ‖ ˜**raum** m (Reaktor) / espacio m anular ‖ ˜**rillenlager** n (DIN 625) / rodamiento m rígido o de acanaladuras redondas ‖ ˜**rippe** f (Masch) / nerv[ad]ura f anular ‖ ˜**riss** m (Holz) / acebolladura f en anillo, cebolla f ‖ ˜**röhre** f (Betatron) / cámara f de vacío toroidal, toroide m hueco ‖ ˜**rohrleitung** f / tubería f de anillo cerrado ‖ ˜**-Sammelleitung** f / tubería f colectora anular ‖ ˜**satz** m (Fräsm) / juego m de anillos distanciadores ‖ ˜**schäle** f, Mondring m (Holz) / partidura f anular, desenrollo m del corazón ‖ ~**schäliges Holz** / madera f cebollada ‖ ˜**schaltung** f, Polygonschaltung f (Elektr) / montaje m en polígono ‖ ˜**scheibe** f, ringförmige Schleifscheibe (Wzm) / muela f abrasiva anular ‖ ˜**schieben** n, -schiften n (DV) / corrimiento m o decalaje anular ‖ ˜**schieber** m / válvula f compuerta anular, distribuidor m anular ‖ ˜**schieber**, Hülsenschieber m / válvula f de manguito ‖ ˜**schieber**, Verschlussring m / anillo m obturador ‖ ˜**schieberegister** n (DV) / memoria f de corrimiento cíclico ‖ ˜**schiene**, -bank f (Tex) / platabanda f de aros, portaaros m ‖ ˜**schiffchen** n (Näbm) / lanzadera f con movimiento oscilante ‖ ˜**-Schlagschlüssel** m (Wz) / llave f de golpe poligonal ‖ ˜**schlauchnippel** m / racor m de anillo [para tubo flexible] ‖ ˜**schloss** n, Zahlen-, n[Buchstaben]schloss / candado m de cifras, [de abecedario] ‖ ˜**schluss** m (Chem) / ciclización f ‖ ˜**schlüssel** m (Wz) / llave f poligonal ‖ ˜**schmierlager** n / cojinete m de engrase automático por anillo[s] ‖ ˜**schmiernut** f / ranura f circular de lubricación ‖ ˜**schneide** f / filo m cortante anular ‖ ˜**schneide**, RS (Schraube, DIN 78) / chaflán m afilado ‖ ˜**schraube** f (DIN 580), Transportöse f / tornillo m con ojo, armella f ‖ ˜**schraube mit Bund u. Rille** / tornillo m de cáncamo [con aro y ranura] ‖ ˜**segment**, Tübbingsegment n (Bergb) / segmento m de dovela (tubbing) ‖ ˜**seitenelektrode** f (Zündkerze) / electrodo m de bucle

ringsherum / alrededor [de], al o en derredor, en contorno [de], en torno [a]

Ring • sicherung f / circlip m ‖ ˜**silikat** n (Min) / ciclosilicato m ‖ ˜**skala** f / escala f anular o circular ‖ ˜**spalt** m (Hydr, Opt) / paso m o intersticio anular ‖ ˜**spaltzähler** m / contador m de agua volumétrico o con émbolo cilíndrico ‖ ˜**spannung** f (Mech) / tensión f en el borde ‖ ˜**spant** m (Raumf, Schiff) / cuaderna f circular ‖ ˜**-Sphärometer**, Sphärometer n (Phys) / esferómetro m de base anular ‖ ˜**spindel** f (Tex) / huso m para continua de anillo de hilar ‖ ˜**spindelhülse** f / tubo m de huso para continua de anillo de hilar ‖ ˜**spinner** m, -spinnmaschine f / continua f de hilar de aros o de anillos, hiladora f anular ‖ ˜**spinngarn**, Drosselgarn / urdimbre f de continua, hilo m de continua ‖ ˜**spinnkops** m, -spinnhülse f / canilla f de continua ‖ ˜**spule** f (Elektr) / bobina f anular o tórica, bobina f toroidal ‖ ˜**spurlager** n / tejuelo m anular (E), rangua f anular (E), crapodina f anular (LA) ‖ ˜**stauchfestigkeit** f (Pap) / resistencia f de aplastamiento por anillo ‖ ˜**stauchversuch** m (Mech) / ensayo m de aplastamiento por anillo ‖ ˜**steg** m [**zwischen den Ringen**] (Kolben) / parte f plana entre ranuras ‖ ˜**stein** m (Instr) / piedra f de agujero grande ‖ ˜**stelltransformator** m / transformador m de regulación anular, transformador m anular variable ‖ ˜**-Sticking**, Steckenbleiben n der Kolbenringe (Mot) / agarrotamiento m de aros o segmentos ‖ ˜**strahlfernkanone** f (Elektronenopt) / cañón m distante de haz anular ‖ ˜**strahlkanone** f (El. Optik) / cañón m de haz anular ‖ ˜**strahlnahkanone** f (Elektronenopt) / cañón m cercano de haz anular ‖ ˜**straße** f, Gürtel m (Straßb) / cinturón m (E), avenida f de circunvalación (E), bulevar m(LA), ronda f(LA) ‖ ˜**strom** m / corriente f anular o circular ‖ ˜**struktur** f (Chem) / estructura f cíclica ‖ ˜**stutzen** m (DIN 7641) / empalme m anular, tubuladura f anular ‖ ˜**system** n (Chem) / compuesto m cíclico ‖ ˜**system** (Elektr) / canalización f circular, red f de cables anular ‖ ˜**teller** m / plato m anular ‖ ˜**tonnenlager** n (DIN 635) / rodamiento m de rodillos oscilante o a rótula ‖ ˜**übertrager** m (Eltronik) / transformador m toroidal ‖ ˜**umlaufzeit** f (DV) / latencia f de ciclo ‖ ˜**- und Kugelmethode** f / método m de anillo y bola ‖ ˜**ventil** n / válvula f anular ‖ ˜**verbindung** f (Masch) / unión f por anillo ‖ ˜**verbindung** (Chem) / compuesto m cíclico ‖ ˜**verbindungen bilden** (Chem) / ciclizar ‖

≃**verschluss** m (Getränkedose) / tapa f con anillo ‖
≃**verschmelzung** f (Röhren) / sellado m anular ‖
≃**verschraubung** f / racordaje m sistema anillo ‖
≃**verspannung** f, Zugstangenverspannung f mit Mittelring / arriostrado m anular ‖ ≃**versuch** m (mehrerer Labors) / ensayo m cooperativo ‖
≃**verteilung** f (Elektr) / distribución f en bucle ‖
≃**verzweigung** f (Wellenleiter) / circuito m en anillo ‖
≃**waage** f (Phys) / toro m pendular ‖
≃**waagedruckmesser** m / manómetro m de toro pendular ‖ ≃**wade** f, Ringwadennetz n (Schiff) / traíña f, red f circular flotante, red f barredora, jábega f, cerco m [de jareta] ‖ ≃**wadenfischerei** f (Schiff) / pesca f con traíña o cerco [de jareta] ‖
≃**waden-Fischereifahrzeug** n (für Thunfischfang) / atunero m equipado con traíña ‖ ≃**walzenmühle** f / molino m de anillo rotatorio ‖ ≃**wandern** n (Lager) / movimiento m [relativo] del aro ‖ ≃**-Wellentyp-Filter** n (Wellenleiter) / filtro m de modo en anillo ‖ ≃**wellung** f (Kabel) / ondulación f ‖ ≃**wicklung** f (Magn.Kern) / arollamiento m anular o tórico ‖ ≃**wulst** m f, Torus m (allg, Geom) / toro m ‖ ≃**zacke** f, -wulst m f (Stanz) / anillo m de retención ‖ ≃**zähler** m (DV) / contador m anular ‖ ≃**zange** f (Wz) / alicate m de boca redonda ‖ ≃**zange**, Circlipzange f / alicate m [de] circlips ‖
≃**zugversuch** m **an Rohren** (DIN 50138) / ensayo m de tracción de anillo en tubos ‖ ≃**zwirnkops** m (Spinn) / canilla f de continua de retorcer [de anillos] ‖
≃**zwirnmaschine** f (Tex) / continua f de retorcer [de anillos]
Rinmanngrün n / verde m de cobalto
Rinne f, Rille f / ranura f, acanaladura f, muesca f, garganta f ‖ ≃, Kanal m / conducto m abierto ‖ ≃, Furche m / surco m ‖ ≃, Dachrinne f (Bau) / canalón m, gotera f ‖ ≃, Regenrinne am Fensterrahmen (Bau) / canalón m [del bateaguas], goterón m ‖ ≃, Guss-, Ablaufrinne f (Gieß) / canal m de colada ‖ ≃, Schurre f (Bunker) / lanzadero m, resbaladero m ‖ ≃ **n ziehen**, furchen / surcar
rinnen vi, strömen / correr, fluir ‖ ~, triefen / gotear ‖ ~, rieseln / manar, correr, pasar ‖ ~, lecken, auslaufen / tener fuga[s], salirse
Rinnen•eisen n (Hütt) / hierro del canal de colada, lobo m de pignero ‖ ≃**eisen**, -bügel m (Bau) / soporte m de canalón ‖ ≃**erosion** f (Geol) / erosión f en surcos ‖ ≃**feuer** n (Luftf) / baliza f o luz de canal ‖
≃**förderband** n, -förderer m / transportador m de rascadores ‖ ≃**förmig** / acanalado ‖ ≃**hobel** m (Tischl) / cepillo m de ranurar ‖ ≃**instabilität** f (Nukl) / inestabilidad f de acanaladuras ‖ ≃**kollektor** m (Solartechnik) / colector m de ranura[s] ‖
≃**-Konzentrator** m (Sonnenenergie) / concentrador m de canal parabólico ‖ ≃**kraftwerk** n (Solar) / central f con colectores de ranuras ‖ ≃**pflug** m, Abzugspflug m (Landw) / arado m de drenaje ‖ ≃**profil** m (Walzw) / perfil m en forma de gotera ‖ ≃**schutt** m (Hütt) / desperdicios m pl del canal de colada
Rinn•kessel m **des Fallrohres** (Dachrinne) / embocadura f del bajante, embudo m del bajante ‖ ≃**leiste** f (Bau) / escocia f ‖ ≃**stein**, Gosse f (Straßb) / arroyo m, cuneta f, reguera f ‖ ≃**stein**, Bordstein m / piedra f de bordillo
Rinser m, Spülgerät n / aparato m de lavado
Riometer n (Astr, Eltronik) / riómetro m, medidor m de la opacidad ionosférica relativa
Ripidolith, Prochlorit m (Min) / ripidolita f
Ripolin, mit ≃ **streichen** / ripolinar
Rippe f, Spant n (Luftf, Schiff) / costilla f, cuaderna f ‖ ≃, Verstärkungsrippe f (Masch) / nervio m, nervadura f ‖ ≃, Kühlrippe f (längs verlaufend) / aleta f [longitudinal] de refrigeración ‖ ≃ (ringförmig), Kühlring m / aleta f anular ‖ ≃, Gewölberippe f (Bau) / nervadura f, viga f del techo de hormigón ‖ ≃, Grat[bogen] m (Bau) / nervio m ‖ ≃, Schnur f (Druck) /

nervura f, nervadura f, nervio m ‖ ≃ f **eines Gewebes** (Tex) / cordoncillo m, lista f
Rippel f (Geol) / marca f rizada o del viento
rippen vt (Bb) / nervurar ‖ ~, mit längslaufenden Rippen versehen / corrugar, arrugar, estriar ‖ ~ (Druck, DV) / ripear
Rippen•balken m / viga f nervada ‖ ≃**band** n (ein Keilriemen) / correa f con nervios, correa f [en V] ribeteada ‖ ≃**betonstahl** m (Bau) / acero m corrugado para hormigón ‖ ≃**blech** n (Hütt) / chapa f corrugada ‖
≃**decke** f (Bau) / techo m nervado ‖ ~**freies Gewölbe** (SM-Ofen) / bóveda f sin nervios ‖ ≃**gefäß** n (Akku) / vaso m acanalado ‖ ≃**gewölbe** n (Bau) / bóveda f nervada ‖ ≃**heizkörper** m / radiador m de aletas ‖
≃**keilriemen** m / correa f trapezoidal con nervios ‖
≃**kühler** m **mit Kreisrippen** / radiador m [de refrigeración] con aletas anulares ‖ ≃**kühler mit Längsrippen** / radiador m [de refrigeración] con aletas longitudinales ‖ ≃**pappe** f (Schalldämpfung) / cartón m nervado ‖ ≃**platte** f (Hütt) / placa f nervada ‖
≃**prägen** n (innerhalb eines Teils) (Stanz) / estampado m de nervuras ‖ ≃**profil** n / perfil m corrugado o de aletas ‖ ≃**rohr** m **mit Kreisrippen** / tubo m con aletas anulares ‖ ≃**rohr mit Längsrippen** / tubo m con aletas longitudinales ‖ ≃**samt** (Tex) / terciopelo m de cordoncillo de algodón ‖ ≃**scharen** f pl (Hütt) / grupos m pl de nervios ‖ ≃**scheibenrad** n (Bahn) / rueda f de disco nervado ‖ ≃**schraube** f (DIN 25195) / tornillo m nervado embutido ‖ ≃**stahl** m (mit Quer- o. Schrägrippe) (Hütt) / acero m corrugado ‖ ≃**steg** m / alma f de aleta o de nervios ‖ ≃**stich** m (Wirkm) / punto m canalé o acanalado ‖ ≃**stich** (Karde) / tejido m de costado ‖ ≃**streckmetall** n / metal m desplegado y nervado ‖ ≃**-TOR-Stahl** m (Bau) / acero m corrugado de refuerzo ‖ ≃**unterlagsplatte** f (Bahn) / placa f de asiento con nervios, silleta f con nervios [LA] ‖ ≃**werk** n, Spanten m (Schiff) / cuadernas f pl ‖
≃**wirkungsgrad** m (Sonnenkollektor) / rendimiento m de nervios
Ripper m (Bergb) / ripadora f
Rippscheibe f (der Wirkmaschine) / disco m acanalado, polea f acanalada
Rippungsdraht m (Pap) / alambre m de vergurado
Rippware f, gerippter Stoff (Tex) / género m o tejido abordonado o acanalado
Rips m (Tex) / reps m ‖ ≃ **givré** / reps m givré ‖ ≃**bindung** f (Tex) / ligamento m de reps ‖ ≃**samt**, Manchester m (Tex) / terciopelo m de algodón, pana f, manchester m ‖ ≃**schuss** m (Tex) / trama f reps o acanalada
Risalit m, Vorsprung m (Bau) / resalto m
RISC•-Computer m (= reduced instruction set computer) (DV) / ordenador m RISC, ordenador m con conjunto reducido de instrucciones ‖
≃**-Technologie** f / tecnología f RISC
Riser m (Kracken) / tubo m ascendente o vertical o de subida
Risikoanalyse f / análisis m de riesgo
Riss, Sprung m / grieta f, agrietadura f, fisura f, desgarro m ‖ ≃ m, Mauerspalt m / rendija f o hendidura de muro ‖ ≃, Bruch m / rotura f, ruptura f ‖ ≃, Holzriss m, Spalt m (im Holz) / quebraja f, venteadura f ‖ ≃, Zerreißen n / desgarramiento m ‖ ≃ (Plast) / raja f, rajadura f ‖ ≃, Entwurf m (Zeichn) / esbozo m, bosquejo m ‖ ≃, Aufriss m / alzado m, proyección f vertical m ‖ ≃, Ansicht f / vista f frontal o de frente ‖ ≃, Plan m, Zeichnung f / dibujo m ‖ **[feiner]** ≃ [im Gefüge] / fisura f [en la estructura] ‖ **oberflächlicher** ≃, Kühlriss m (Keram) / fisura f [superficial] causada por el enfriamiento ‖ **Risse entlang den Markstrahlen, Innenrisse** m pl (Holz) / heridas f pl interiores a lo largo de los rayos medulares, partiduras f pl medulares ‖ **scharfkantiger** ≃ (Walzw) / picadura f

Riss•abstand m (Bau) / distancia f entre hendiduras ‖ **⁓anfälligkeit** f / propensión f a fisuras, susceptibilidad f a fisuras, fisurabilidad f ‖ **⁓auffangen** n (Hütt) / detención f de grietas ‖ **⁓auffangtemperatur** f (Mat.Prüf) / temperatura f de detención de grietas ‖ **⁓aufweitung** f / ensanchamiento f de fisuras, expansión f de grietas ‖ **⁓ausbreitung** f, -fortschritt m, -wachstum n (Mech) / propagación f de fisuras, crecimiento m de grietas ‖ **⁓ausläufer** m / borde m de grieta ‖ **⁓auslösung** f / iniciación f de grietas ‖ **⁓bildung** f, Reißen n / resquebra[ja]dura f, fisuración f, agrietamiento m, formación f de grietas ‖ **⁓energie** f (Mat.Prüf) / energía f elástica de fisura ‖ **⁓entstehung** f / nacimiento m de grietas ‖ **⁓fest** / a prueba de agrietamiento o de fisuración ‖ **⁓festigkeit** f / resistencia f a la fisuración ‖ **⁓haltetemperatur**, DBT-Temperatur f (Reaktor) / temperatura f de transición de resiliencia
rissig, voller Risse, gerissen / agrietado, hendido ‖ ⁓ (Holz, Boden) / quebrajoso, con grietas, resquebrajoso ‖ ⁓, kernrissig (Holz) / con grietas centrales ‖ ⁓, craqueliert (Keram) / craquelé ‖ ⁓, mit Überwalzungen (Hütt) / con pliegues ‖ **⁓e Kante** / borde m agrietado ‖ **⁓ machen beim Schleifen** / agrietar durante rectificación ‖ **⁓ werden**, springen (Holz) / ventearse ‖ **⁓ werden**, Risse bekommen / agrietarse, resquebrajarse
Rissigkeit f **des Holzes** / rasgadura f, atronadura f
Rissigwerden n (Reifen) / agrietamiento m debido al ozono
Riss•korrosion f / corrosión f en grietas ‖ **⁓maschine** f (Schuhfabrik) / máquina f para hacer hendiduras en suelas ‖ **⁓muster** n (Hütt) / modelo m de grietas ‖ **⁓neigung** f / sensibilidad f a la fisuración espontánea ‖ **⁓öffnung[sverschiebung]** f, COD (Mat.Prüf) / desplazamiento m por abertura de grietas ‖ **⁓platte** f (Verm) / plancha f de levantamiento ‖ **⁓probe** f (Schw) / ensayo m de fisurabilidad ‖ **⁓prüfgerät** n, Risssucher m (Hütt) / detector m de fisuras ‖ **⁓schutz** m (Gummiband) / antirrasgante m ‖ **⁓weite** f (Bau, Hütt) / anchura f de grieta ‖ **⁓werk** n (Bergb) / plano m de mina ‖ **⁓zähigkeit** f (Mat.Prüf) / tenacidad f de rotura
Ritterdach n (Bau) / tejado m real
Rittersches Momentenverfahren (Mech) / procedimiento m de corte según Ritter
Rittingersches Gesetz (Zerkleinern) / ley f de Rittinger
rittlings, reitend / a horcajadas
Ritz, Spalt m / grieta f, fisura f, rendija f ‖ ⁓ s. auch Riss ‖ **⁓dehnungsmesser** m / dilatómetro m de rayas
Ritze f, Öffnung f / abertura f
Ritzel n, kleines Zahnrad (Masch) / piñón m ‖ **⁓antrieb** m (Masch) / accionamiento m por piñón ‖ **⁓welle** f / árbol m del piñón
ritzen vt, einschneiden / entallar, tallar, cortar, hacer una incisión ‖ ⁓, ein-, anritzen, schrammen / rajar, rayar, arañar, rasguñar ‖ ⁓, eine Linie einritzen / rasgar
Ritz•härte f / dureza f al rayado ‖ **⁓härte**, Sklerometerhärte f / dureza f esclerométrica ‖ **⁓härtemesser** m, -prüfer m, Sklerometer n / esclerómetro m ‖ **⁓härteprüfung** f / ensayo m de dureza de rayado ‖ **⁓nadel** f, Zugnadel f (Samt) / aguja f redonda de terciopelo ‖ **⁓sägeblatt** n (Holz) / hoja f de sierra para entallar ‖ **⁓versuch** m (Härteprüfung) / ensayo m por esclerómetro ‖ **⁓versuch** (Bau, Masch) / ensayo m de rayar
RIV-Verband m (Bahn) / Unión f Internacional de Vagones, R.I.V.
Rizinus s. Ricinus
Rizinusölseife f (Tex) / jabón m de aceite de ricino
Rkm (Tex) = Reißkilometer
RKV (Math) = Runge-Kutter-Verfahren
RLC-Messbrücke f (Eltronik) / puente m de medición RLC
RLD-Karte f (= relocation disk dictionary) (DV) / tarjeta f del diccionario de lista de reubicación
RL-Ware f, Rechts-Linksware f (Tex) / géneros m pl derecho-revés
RME m (= Rapsölmethylester) / biodiesel m
RMOS m (= refractory metal oxide semiconductor) (Halbl) / RMOS m
R.M.Z. (Chem) = Reichert-Meißl-Zahl
RNS (Biochem) = Ribonukleinsäure
Roadster, offener o. Sportzweisitzer (Kfz) / roadster m, convertible m de dos plazas
Roaming n (Mobiltel.) (Fernm) / roaming m (cambio entre redes de telefonía móvil)
Roaring Forties pl (Nav) / latitudes f pl australes, zona f tormentosa del Atlántico
Robervalwaage f / balanza f de Roberval
Robinie f (Bot) / robinia f
Robinson-Adcock-Peiler m, umlaufender Leitstrahlpeiler / radiogoniómetro m Robinson-Adcock
Robinson-Projektion f (Landkarte) / proyección f Robinson
Roboter m / robot m, autómata m ‖ **⁓ ansetzen** / robotizar, aplicar un robot ‖ **⁓-Einführung** f, Robotisierung f / robotización f ‖ **⁓fabrik** f / fábrica f automatizada ‖ **⁓gesteuerte Wasserstrahl-Schneidemaschine** / estación f robotizada de corte por chorro de agua ‖ **⁓gestützt** / asistido por roboter ‖ **⁓kopf-Multikupplung** f / multiacoplado m para cabeza de robot ‖ **⁓technik** f, Robotik f, Robotereinsatz m, Wissenschaft f vom Einsatz der Roboter / robótica f, técnica f de robots, robotización f
Rob-Roy-System n (Druck) / sistema m Rob-Roy
Roburit m (Sprengstoff) / roburita f
robust (Masch) / robusto, resistente, rígido
Robustheit f (Masch) / resistencia f, robustez f
Rochegrenze f (Raumf) / límite m de Roche
Rochellesalz, Seignettesalz n (Natrium-Kalium-Tartrat) (Chem) / sal f de [la] Rochela o de Seignette, tartrato m sodicopotásico
Rockabgleicher m (Tex) / marcador m de hilvanes
Rockinger-Kupplung f (LKW) / boca f de enganche Rockinger
Rockoonsystem n, kombiniertes Ballon-Raketen-System (Meteo) / sistema m combinado cohete-globo
Rockwell•härte f (mit Kugel = HRB, mit Spitze = HRC) / dureza f Rockwell (BOL) ‖ **⁓härteprüfung** f / ensayo m de dureza Rockwell
Rocky-Point-Effekt m (Spratzen) (Senderöhre) / efecto m Rocky-Point
Rödelung f (Bau) / riostra f de alambre
Rode•maschine f (Forstw) / arrancadora f (E), destroncadora f (LA) ‖ **⁓maschine**, -pflug m für Kartoffeln (Landw) / arrancadora f de patatas, arado m patatero
roden vt / roturar, rozar, artigar, descuajar, desmontar ‖ ⁓ (Landw) / arrancar (E), descepar (LA) ‖ **Stümpfe** ⁓ (Landw) / descepado ‖ ⁓ n (Kartoffeln) / arranque m (E), extracción f (E), desmonte m (LA) ‖ ⁓ (Forstw) / descuajo m, descuaje m, roturación f, descepado m, roza f, artiga f
Rodentizid n (Chem) / rodenticida f
Rodepflug m (Landw) / arado m roturador o arrancador
Rodung f (Forstw) / roza f
Roebelstab m (Elektr) / barra f Roebel
Roelen-Reaktion f / oxosíntesis f, síntesis f oxo
Roentgenium n (OZ 111), Rg / roentgenio m
Rogalloflügel, Paragleiter m (Raumf) / ala f tipo Rogallo
Rogenstein m, oolithischer Kalkstein (Geol) / caliza f oolítica
Rogersit m (Min) / rogersita f

Roggen *m*, **Korn** *n* (Bot) / centeno *m* ‖ ⁓**kleie** *f* / salvado *m* de centeno ‖ ⁓**mehl** *n* / harina *f* de centeno ‖ ⁓**stängelbrand** *m*, Turbucinia occulta (Bot, Landw) / carbón *m* de dos tallos del centeno ‖ ⁓**stärke** *f* / almidón *m* de centeno
Rogovski-Gürtel *m*, -spulen *f pl* (Mess) / bobinas *f pl* de Rogovski
roh, grob / grueso ‖ ~, unverarbeitet / crudo, bruto, en bruto ‖ ~, unraffiniert (Kupfer) / no refinado ‖ ~ (Wolle) / bruto, en rama ‖ ~ o. **grob bearbeitet** / desbastado, basto, áspero ‖ ~ **behauen**, Bossen... (Bau) / rústico ‖ ~**e Bruchsteinmauern** *f pl* / mampostería *f* de piedras labradas toscamente ‖ ~**es Fell** (Gerb) / piel *f* verde ‖ ~**e Frischschlacke**, Rohschlacke *f* (Hütt) / escoria *f* cruda de afino ‖ ~ **gegossen** (Gieß) / fundido en bruto ‖ ~ **geschmiedet** / forjado en bruto ‖ ~**e Haut** (Gerb) / piel *f* verde, cuero *m* crudo ‖ ~**e Scheibe** (Masch) / arandela *f* bruta ‖ ~**e Schraube** / tornillo *m* forjado ‖ ~**e Skizze** / esbozo *m* crudo ‖ ~**e Ware** (Tex) / tejido *m* crudo
Roh • abwasser *n* / aguas *f pl* residuales no depuradas ‖ ⁓**abzug** *m* (Druck) / primera prueba o galerada *f* ‖ ⁓**band** *n* (Eltronik) / cinta *f* virgen ‖ ⁓**bau** *m* (Bauart) (Bau) / obra *f* bruta o en bruto ‖ ⁓**bau** (Gebäude) (Bau) / obra *f* en fábrica, obra *f* gruesa (CHIL) ‖ ⁓**baumaß** *n* (Bau) / medida *f* de construcción en bruto ‖ ⁓**baumwolle** *f* (Tex) / algodón *m* en rama ‖ ~**bearbeiten** (Wzm) / mecanizar en bruto, desbastar ‖ ⁓**bearbeitung** *f* (Masch) / mecanizado *m* basto o en bruto, desbastado *m* ‖ ⁓**-Benzin**, Destillations-Benzin *n* / gasolina *f* destilada a presión atmosférica, gasolina *f* íntegra ‖ ⁓**benzol** *n* / benzol *m* en bruto ‖ ⁓**blech** *n* / chapa *f* en bruto ‖ ⁓**blei** *n*, Werkblei *n* / plomo *m* crudo ‖ ⁓**block** *m* (Hütt) / lingote *m* en bruto ‖ ⁓**boden** *n* (Landw) / terreno *m* virgen ‖ ⁓**bogen** *m* (Pap) / pliego *m* sin encuadernar ‖ **in** ⁓**bogen** (Druck) / en hojas ‖ ⁓**bramme** *f*, Brammenblock *m* / desbaste *m* [plano] en bruto, zamarra *f*, petaca *f* ‖ ⁓**braunkohle** *f* / lignito *m* bruto ‖ ⁓**breite** *f* (Tex) / ancho *m* en crudo ‖ ⁓**dachpappe** *f*, -filzpappe *f* (Bau, Pap) / cartón *m* fieltro en bruto para tejados ‖ ⁓**daten** *n pl* / datos crudos *m pl* ‖ ⁓**decke** *f* (Bau) / techo *m* en bruto ‖ ⁓**diamant** *m* / diamante *m* bruto o sin labrar ‖ ⁓**dichte** *f* / densidad *f* aparente ‖ ⁓**dipol** *m* / dipolo *m* semicubierto
Roheisen *n*, Masseleisen *n* (Hütt) / arrabio *m*, hierro *m* bruto ‖ ⁓ **für Temperguss** / arrabio *m* para fundición maleable ‖ ⁓ **zusetzen** (Hütt) / recarburar ‖ **flüssiges** ⁓ / arrabio *m* fundido o líquido ‖ **graues (o. gewöhnliches)** ⁓ / arrabio *m* gris ‖ **weiß erstarrendes** ⁓ / arrabio *m* blanco ‖ ⁓**abstich** *m* / sangría *f* ‖ ⁓**abstichrinne** *f* (Hütt) / canal *m* de sangría ‖ ⁓**erzeugung** *f* / producción *f* de arrabio ‖ ⁓**-Erz-Verfahren** *n* (Hütt) / procedimiento *m* de arrabio/mineral ‖ ⁓**gießmaschine** *f* / cinta *f* mecánica de colar arrabio ‖ ⁓**granalien** *f pl* / granulado *m* de arrabio, gránulos *m pl* de arrabio ‖ ⁓**massel**, Massel *f* (Hütt) / lingote *m* de arrabio, pan *m* de fundición ‖ ⁓**mischer** *m* / mezclador *m* de arrabio ‖ ⁓**mischwagen** *m* (Hütt) / mezclador *m* de arrabio sobre vagón ‖ ⁓ **pfanne** *f* (auf Transportwagen), -behälter *m* (Hütt) / caldero *m* de arrabio sobre vagón ‖ ⁓**pfanne mit Obenentleerung** / caldero *m* de arrabio con vaciado por la parte superior ‖ ⁓**schlacke** *f* / escoria *f* de arrabio o de fundición ‖ ⁓**-Schrott-Verfahren** *n* (Hütt) / procedimiento *m* de arrabio/chatarra ‖ ⁓**transportwagen** *m* / vagón *m* para el transporte de arrabio ‖ ⁓**übergabewagen** *m* / vagón *m* para transferencia de arrabio líquido ‖ ⁓**verfahren** *n* (Hütt) / proceso *m* de arrabio ‖ ⁓**-Zunderpulver** *n* (Sintern) / polvo *m* de proceso RZ
Roh • energie *f*, Primärenergie *f* / energía *f* primaria ‖ ⁓**entwurf** *m*, rohe Skizze / esbozo *m* o dibujo crudo ‖ ⁓**erdöl** *n* / nafta *f* cruda, petróleo *m* crudo, crudo *m* ‖

⁓**ertrag** *m* / beneficio *m* bruto ‖ ⁓**erz**, Fördererz *n* / mineral *m* en bruto ‖ **[natürliche]** ⁓**erzeugnisse** (Landw) / productos *m pl* [agrícolas] brutos ‖ ⁓**fabrikat** *n*, -erzeugnis *n* / producto *m* bruto ‖ ⁓**faser** *f* (Tex) / fibra *f* cruda o en rama ‖ ⁓**feinkohle** *f* / carbón *m* menudo crudo o en bruto ‖ ⁓**fett** *n* / grasa *f* cruda ‖ ⁓**film** *m*, Kinerohfilm *m* / película *f* [cinematográfica] virgen ‖ ⁓**filzpappe** *f*, -dachpappe *f* (Bau, Pap) / cartón *m* fieltro en bruto para tejados ‖ ⁓**förderkohle** *f* / carbón *m* al pie de la mina, carbón *m* en bruto, carbón *m* todo uno ‖ ⁓**förderung** *f* (Bergb) / toneladas *f pl* extraídas y pesadas ‖ ⁓**format** *n* (Druck) / formato *m* sin encuadernar ‖ ⁓**formen** *vt* / desbastar ‖ ⁓**friese** *f* (Parkett) / bloque *m* de parquet crudo ‖ ⁓**frischen** *n* (Hütt) / primer afino *m* ‖ ⁓**frischperiode** *f* (Hütt) / período *m* de primer afino ‖ ⁓**frucht** *f* (Brau) / grano *m* crudo ‖ ⁓**gang** *m* (Hochofen) / marcha *f* fría ‖ ~**gares Kupfer** (Hütt) / cobre *m* de primer afino ‖ ⁓**gas** *n* / gas *m* bruto ‖ ⁓**gasabzug** *m* (Hütt) / salida *f* de gas bruto ‖ ⁓**gasleitung** *f* (Erdgas) / gasoducto *m* de gas bruto ‖ ⁓**gefälle** *n* (Hydr) / salto *m* bruto ‖ ⁓**gewebe** *n* (Tex) / tejido *m* crudo ‖ ⁓**gewicht** *n*, Bruttogewicht *n* / peso *m* bruto ‖ ⁓**gewichtswaage** *f* / balanza *f* para el peso bruto ‖ ⁓**gewinn** *m* / beneficio *m* bruto ‖ ⁓**glas** *n* / vidrio *m* bruto ‖ ⁓**glimmer** *m* (Min) / mica *f* bruta ‖ ⁓**gummi** *m* / caucho *m* virgen o bruto o crudo ‖ ⁓**guss** *m*, -gussstück *n* / pieza *f* de fundición en bruto ‖ ⁓**gut** *n* / crudos *m pl* ‖ ⁓**haufwerk** *n* / mineral *m* en bruto ‖ ⁓**haut** *f* / cuero *m* crudo, piel *f* verde, piel *f* en bruto ‖ ⁓**-,Hilfs- und Betriebsstoffe** *m pl* / materias *f pl* primas y de consumo, materias *f pl* primas y auxiliares y para el servicio ‖ ⁓**humus** *m* (Landw) / humus *m* bruto ‖ ~**kantig** (Opt) / de borde no trabajado ‖ ⁓**karosse** *f* (Kfz) / casco *m* ‖ ⁓**kautschuk** *n* / caucho *m* virgen o [en] bruto ‖ ⁓**kautschuk mit gutem Nerv** / "strong rubber" *m* ‖ ⁓**kohle** *f* / carbón *m* crudo o en bruto, hulla *f* en bruto ‖ ⁓**kohlenturm** *m*, -bunker *m* (Bergb) / carbonero *m* de hulla en bruto ‖ ⁓**kupfer** *m* / cobre *m* bruto o no afinado ‖ ⁓**laufstreifen** *m* (Kfz, Reifen) / mezcla *f* extrusionada para banda de rodadura ‖ ⁓**laufstreifen** (zur Runderneuerung von Reifen) / banda *f* de rodadura (para el reciclaje de neumáticos) ‖ ⁓**lech** *n*, Kupferrohstein *m* / mata *f* de cobre ‖ ⁓**lech** (Silber) / mata *f* de plata ‖ ⁓**leinen** *n* (Tex) / lienzo *m* crudo
Rohling *m* (allg) / pieza *f* cruda o en bruto ‖ ⁓, Stanzplatine *f* / rodaja *f* ‖ ⁓, Ausgangsform *f* (Schm) / barra *f* corta, forma *f* de partida ‖ ⁓ (Keram) / pieza *f* bruta o sin cocer ‖ ⁓ (Walzw) / lingote *m* para laminación, desbaste *m* ‖ ⁓ [zum Vorpressen] (Extrudieren) / pieza *f* de metal en bruto ‖ ⁓ (Pulv.Met) / pieza *f* bruta ‖ ⁓ **bestimmter Größe** (Schallplatten) / pasta *f* (para la fabricación de discos)
Roh • mahlen *n* / molienda *f* de crudo ‖ ⁓**maß** *n* / dimensión *f* bruta ‖ ⁓**masse** *f* (Zement) / mezcla *f* cruda ‖ ⁓**material** *n*, Rohstoff *m* / materia *f* prima ‖ ⁓**material** (Wzm) / material *m* para mecanizar ‖ ⁓**mehl** *n* (Zement) / harina *f* cruda ‖ ⁓**mehlsilo** *m* (Zement) / silo *m* de aprovisionamiento de harina cruda ‖ ⁓**milch** *f* (Nahr) / leche *f* cruda ‖ ⁓**modell** *n* (Raumf) / maqueta *f* bruta ‖ ⁓**mühle** *f* (Zement) / molino *m* para material crudo ‖ ⁓**naphtha** *f* (Öl) / nafta *f* bruta o cruda ‖ ⁓**netz** *n* (Netzplan) / red *f* preliminar
Rohöl *n* / petróleo *m* crudo o espeso, crudo *m* ‖ ⁓**emulsion** *f* / emulsión *f* de petróleo crudo ‖ ⁓**entwässerung** *f* / deshidratación *f* del crudo ‖ ⁓**leitung** *f* / oleoducto *m* de crudo ‖ ⁓**motor** *m*, Schwerölmotor *m* / motor *m* de petróleo espeso ‖ ⁓**untersuchung** *f* / análisis *m* del crudo ‖ ⁓**verarbeitung** *f* (Öl) / procesamiento *m* (E) o tratamiento (LA) del crudo

Roh•papier n / papel m soporte ‖ **⁓papierbogen** m / hoja f de papel soporte ‖ **⁓pappe** f / cartón m [en] bruto, cartulina f soporte o en bruto ‖ **⁓paraffin** n, Paraffingatsch m (Öl) / parafina f cruda o bruta ‖ **⁓phenol** n / fenol m bruto ‖ **⁓phosphat** n / fosfato m mineral ‖ **⁓produkt** n / producto m bruto ‖ **⁓putz** m (Bau) / enlucido m basto, revoque m grueso
Rohr n, Röhre f / tubo m, caño m ‖ ⁓ (zum Dachdecken), Reet n / caña f ‖ ⁓, Leitungsrohr n (Elektr) / conducto m ‖ ⁓..., Hohl... / tubular ‖ ⁓ n als Gangschaltgestänge (konzentrisch zur Steuersäule) (Kfz) / tubo m de cambio de marcha ‖ ⁓ **des Schlüssels** / tija f de llave ‖ ⁓ **für Konstruktionszwecke** / tubo m estructural o para construcciones ‖ ⁓ **mit Klebnaht** (Plast) / tubo m cementado o colado o pegado ‖ ⁓ **mit offener Naht o. offenem Schlitz** / tubo m de costura abierta ‖ ⁓ **zwischen Kessel u. Boiler** (Heizung) / tubo m ascendente ‖ **drehbares** ⁓ / tubo m giratorio ‖ **kurzes** ⁓, Ring m (Masch) / manguito m ‖ **mit** ⁓ **decken** (Bau) / encañizar ‖ **ostindisches** ⁓, Rotang m (Bot) / rota f, roten m, bejuco m
Rohr•abschneider m (Wz) / cortatubos m, cortacaños m ‖ **⁓abstechmaschine** f / banco m para tronzar tubos ‖ **⁓abzweigstück** n, Rohrabzweiger m / ramal m de tubería ‖ **⁓abzweigung** f, Abzweigstück n / derivación f de tubo, empalme m de tubería ‖ **⁓abzweigung für Entnahmezwecke** / derivación f de tubo para toma ‖ **⁓achse** f / eje m tubular
Rohradarbild n / imagen f radar natural
Rohr•anbohrschelle f / aparato m de taladrar tubos ‖ **⁓anlage** f / tubería f ‖ **⁓ansatz** m / empalme m de tubo ‖ **⁓ansatz**, Kesselstein m (Chem) / incrustación f en el tubo ‖ **für ⁓anschluss** (Elektr) / para canalización de aire ‖ **⁓anstauchpresse** f / prensa f para recalcar tubos ‖ **⁓armaturen** f pl / grifería f o valvulería para tubos, robinetería f ‖ **~artiger Sockel** (Elektr) / casquillo m tubular de lámpara ‖ **⁓aufweitepresse** f / prensa f para ensanchar o abocardar tubos ‖ **⁓aufweiter** m / ensanchador m para tubos ‖ **⁓aufweitezange** f (Wz) / tenazas f pl para abocardar tubos de plomo ‖ **⁓ausbrennung**, -abnutzung f (Mil) / desgaste m del cañón ‖ **⁓auskratzer** m / raspador m de tubos ‖ **⁓bahn** f / vía f tubular de deslizamiento ‖ **⁓bandagierung** f, envolvimiento m de tubos ‖ **⁓belüftung** f / dispositivo m antivacío ‖ **⁓biegemaschine** f, -presse f / curvadora f o dobladora de tubos ‖ **⁓biegezange** f (Wz) / tenazas f pl para curvar tubos ‖ **⁓blitzableiter** m / pararrayos m de expulsión ‖ **⁓block** m (Walzw) / lingote m de tubos ‖ **⁓boden** m / fondo m de tubos ‖ **⁓boden** (Chem) / plataforma f de tubos ‖ **⁓bogen** m / codo m de tubo ‖ **⁓bogen** (90°), -krümmer m / cuadrante m de tubo ‖ **⁓bogenpropellerpumpe** f / bomba f de hélice en codo de tubo ‖ **⁓bogensäge** f / sierra f tronzadora de codos ‖ **⁓bohrer** m (Bodenprobe) / sacamuestras m semitubular de suelo ‖ **⁓bördelversuch** m (DIN 50139) / ensayo m de rebordeado en tubos ‖ **⁓brenner**, Längsbrenner m (Gas) / quemador m rectilíneo ‖ **⁓bruch** m / rotura f de tubo o de cañería, reventón m de tubo o de cañería ‖ **⁓bruchventil**, Selbstschlussventil n / válvula f de seguridad contra rotura de tubos ‖ **⁓brücke** f / puente m de tubos ‖ **⁓brücke** (für Rohre) / puente m para tuberías ‖ **⁓brunnen** m, Bohrbrunnen m / pozo m entubado ‖ **⁓bündel** n / haz m de tubos ‖ **⁓bündel** (Zuck) / gavilla f de cañas ‖ **⁓bündelabstand** m / paso m de haces de tubos ‖ **⁓bündel-Wärmeaustauscher** m (o. -übertrager) / termocambiador m [de haz] tubular ‖ **⁓bürste** f / cepillo m para tubos
Röhrchen n / tubito m ‖ **⁓feder** f (Zeichn) / pluma f de tubito ‖ **⁓platte** f (Akku) / placa f de tubitas ‖ **⁓zelle** f (Akku) / elemento m tubular

Rohr•dach n, Stroh-, Schilfdach n (Bau) / tejado m (E) o techo m (LA) encañizado ‖ **⁓dichtung** f / obturación f de tubos ‖ **⁓diffusison** f (Zuck) / difusión f en tubos ‖ **⁓draht** m (Elektr) / alambre m tubular ‖ **⁓drän** m (Hydr) / dren m tubular ‖ **⁓-Dreh- und Gewindeschneidmaschine** f / máquina f para tornear y roscar tubos ‖ **⁓durchführung** f / paso m tubular ‖ **⁓durchlass** m (Straßb) / atarjea f o alcantarilla tubular ‖ **⁓durchlaufofen** m (Hütt) / horno m continuo tubular
Röhre f (Eltronik) / tubo m[termoiónico], válvula f[electrónica] ‖ ⁓ **mit veränderlichem Durchgriff**, Regelröhre f / tubo m de mu variable
Rohreinbaupumpe f, Inline-Pumpe f / bomba f instalada en tubo
Röhren pl / tubería f, tubos m pl, cañería f ‖ **⁓...**, mit vielen Röhren (Masch) / multitubular ‖ **innere ⁓kapazität** / capacidad f interelectródica del tubo ‖ **mit** ⁓ [bestückt], Röhren... (Eltronik) / de tubos termoiónicos
Röhren•abschirmung f / blindaje m de tubo ‖ **⁓blech** n (Hütt) / chapa f de (o para) tubos ‖ **⁓blitz** m / lámpara f de destello electrónico, flash m electrónico, tubo m de destellos [luminosos] ‖ **⁓brücke**, Tunnelbrücke f / puente m en forma de tubo [prismático] ‖ **⁓brummen** n (Eltronik) / ruido m de tubo ‖ **⁓bündel** n s. Rohrbündel ‖ **⁓charakteristik**, -kennlinie f (Eltronik) / característica f de tubo
Rohrende n plan (Glas) / extremo m de tubo plano
Röhren•einwalzapparat m / abocinador m de tubos ‖ **⁓empfänger** m / radiorreceptor m de tubos ‖ **⁓erhitzer** m (Öl) / caldera f tubular ‖ **⁓fassung** f (Eltronik) / zócalo m de tubo, portatubo m ‖ **⁓feder** f, Rohrfeder f / tubo m elástico ‖ **~förmig**, -artig, Röhren... / tubular, tubiforme ‖ **~förmiger Vorwärmer** / precalentador m tubular ‖ **⁓frequenzmesser** m / frecuencímetro m electrónico ‖ **⁓fuß** m (Eltronik) / espiga f de tubo o de válvula ‖ **⁓generator**, -sender m / generador m de tubo[s] ‖ **⁓glättwalzwerk** n / tren m laminador alisador de tubos ‖ **⁓gleichrichter** m (Eltronik) / rectificador m de tubos ‖ **⁓-Halbzeug** n, -Rundstahl m (Hütt) / redondas f pl de acero para tubos, palanquilla f redonda para tubos ‖ **⁓halter** m, -halterung f, -sockel m (Eltronik) / portatubo m, zócalo m de tubo ‖ **⁓halter**, -ständer m (Radiol) / portatubo m ‖ **innenwiderstand** m, differentieller Widerstand der Anode / resistencia f interna de tubo ‖ **⁓-Isolierschicht** f (Oszilloskop) / capa f límite del cátodo ‖ **äußere ⁓kapazität** / capacidad f debida a los tubos ‖ **⁓kappe** f (Eltronik) / capacete m de tubo ‖ **⁓kennlinie** f, Anodenstromcharakteristik f (Eltronik) / característica f de tubo ‖ **⁓kessel** m, Siederohrkessel m / caldera f tubular ‖ **⁓klingeln** n (Eltronik) / microfonía f, efecto m microfónico ‖ **⁓knüppel** m (Walzw) / palanquilla f para tubo[s] ‖ **⁓kochen** n (Eltronik) / silbido m de tubo ‖ **⁓kolben** m (Eltronik) / ampolla f de tubo ‖ **⁓kondensator** m / condensador m [multi]tubular ‖ **⁓kopplung** f (Eltronik) / acoplamiento m interválvula o de tubos, acoplamiento m parásito entre tubos ‖ **⁓-Lamellen-Konstruktion** f (Kühler) / ensamblaje m de tubos y aletas ‖ **⁓lampe** f, Leuchtstoffröhre f (Licht) / lámpara f fluorescente, tubo m fluorescente ‖ **⁓lampe**, Soffittenlampe f / lámpara f tubular ‖ **⁓libelle** f / nivel m tubular ‖ **⁓licht** n / luz f de tubo fluorescente ‖ **⁓lötdraht** m / alambre m de soldadura con alma [decapante] ‖ **⁓luftvorwärmer** m / precalentador m de aire tubular ‖ **⁓magazin** m (Gewehr) / depósito m tubular ‖ **⁓nomenklatur**, -bezeichnung f (Eltronik) / nomenclatura f de tubos ‖ **⁓ofen** m (Chem) / horno m de tubos o de retorta ‖ **⁓ofen** (Hütt) / horno m tubular ‖ **⁓ofen** (Öl) / alambique m de tubos ‖ **⁓oszillator** m / oscilador m de tubo ‖ **⁓parameter** m / parámetro m de tubo ‖

~prüfgerät n / probador m o comprobador de tubos ‖
~quetschfuß m / base f interna de tubo, pie m de tubo
‖ ~rauschen n (Eltronik) / ruido m de tubo ‖ ~retorte f
(Chem) / retorta f tubular o con tubuladura ‖ ~rost m /
parrilla f tubular o de tubos, emparrillada f de tubos ‖
~rundstahl m / palanquilla f redonda para tubos ‖
~sättigung f [bedingt durch Heizdrahtemission]
(Eltronik) / limitación f de emisión, limitación f por
saturación del filamento ‖ ~schutzgehäuse n (Radiol)
/ cárter m protector de tubo ‖
~schwebungsempfänger m / receptor m heterodino ‖
~sender m (Eltronik) / emisora f por tubos
[termoiónicos], transmisor m de tubos ‖ ~sicherung f
(Elektr) / fusible m tubular o de cartucho ‖ ~sockel m
(Eltronik) / zócalo m de tubos, portatubos m,
portalámparas m ‖ ~sockel B7G (Eltronik) / zócalo m
de botón ‖ ~sockel m mit 14 Stiften, Diheptalsockel
m (Eltronik) / zócalo m de 14 contactos o hembrillas ‖
~spaltofen m, RSO (Öl) / horno m de reformación
tubular ‖ ~stabilisator m (Eltronik) / tubo m regulador
de tensión ‖ ~ständer m (Radiol) / soporte m del tubo
‖ ~steilheit f (Eltronik) / pendiente f del tubo ‖
~streifen m, Rohrschiene f (Walzw) / fleje m para
tubos ‖ ~streifen-Walzwerk m (Hütt) / tren m
laminador para fleje de tubo ‖ ~stufe f (Eltronik) /
etapa f de tubos ‖ ~summer m (Eltronik) / oscilador m
de tubo ‖ ~system n, Leitungsanlage f / tubería f
Rohr•entfaserer m (Zuck) / desfibrador m de caña ‖
~entgratmaschine f / desbarbadora f de tubos
Röhren•tour f (Bergb) / turnos m pl ‖ ~träger m, -stütze f,
-stativ n (Eltronik) / soporte m de tubos ‖ ~trockner m
/ secador m tubular ‖ ~überschlag m / descarga f
imprevista en el tubo ‖ ~vakuumapparat m (Zuck) /
aparato m de calandria al vacío ‖ ~versagen n / falla f
de tubo, avería f por falla de tubo ‖ ~verschluss m
(Radiol) / obturador m de tubo ‖ ~verstärker m /
amplificador m de tubos ‖ ~voltmeter n / voltímetro m
de tubos ‖ ~voltmeter mit
Anlaufstrom-Kompensation (Eltronik) / voltímetro m
de tubos equilibrado ‖ ~wärmeaustauscher m (Chem)
/ termocambiador m tubular ‖
~wechselstromwiderstand m (Eltronik) / resistencia f
de ánodo ‖ ~werk n / fábrica f de tubos ‖ ~wicklung f
(Elektr) / devanado m concéntrico ‖ ~ziehbank f /
banco m para estirar tubos
Rohr•erder m (Blitzableiter) / dispositivo m tubular
para puesta a tierra ‖ ~-Extruder m,
-Extrudiermaschine f / extrusionadora f de tubos ‖
~fahrt f (Öl) / sarta f de tubería de revestimiento ‖
~falz m / pliegue m de tubo ‖ ~fänger m (Bergb) /
pescatubos m ‖ ~fänger (Öl) / enchufe m de campana
provisto de cuñas dentadas ‖ ~feder f / tubo m
elástico o de Bourdon ‖ ~federdruckmesser m,
Rohrfedermanometer n / manómetro m de Bourdon
‖ ~flansch m (Bau) / brida f de tubo ‖ ~formerei f / moldeo
m de tubos ‖ ~förmige Schurre / vertedor m o
lanzadero tubular ‖ ~förmige Achse (Kfz) / eje m
tubular ‖ ~förmige Verbindung / unión f tubular ‖
~formstück f, Fitting n / pieza f fundida tubular ‖
~-Froster m / congelador m tubular ‖ ~gang m /
canalización f o galería para tubos ‖ ~gebläse n /
soplante f axial en tubo ‖ ~geflecht n (Bau) / rejilla
f[de caña] ‖ ~gehäusepumpe f / bomba f tubular ‖
~gelenk n / articulación f de tubo ‖ ~gelenkkupplung
f / acoplamiento m articulado de unión ‖ ~gerüst n /
andamio m tubular ‖ ~gewebe n (Binsen) (Bau) /
tejido m de cañas ‖ ~gewinde n / rosca f [de] gas o
para tubos ‖ ~gewindeschneidmaschine f / roscadora
f de tubos ‖ ~gittermast m, -mast m (Elektr) / mástil m
en celosía tubular ‖ ~graben, -verlegungsgraben m /
zanja f para tubería ‖ ~greifer (Öl) / gancho m de
pesca ‖ ~greifer (Kran) / pinza f [prensora] para tubos
‖ ~haken, Schnellhaken m (Bau) / escarpiador m ‖
~haltemutter f (Gewehr) / boquilla f, abrazador m ‖

~hänger m / grifa f de suspensión para tubos ‖
~harfe f / radiador m multitubular ‖ ~heizkammer f /
tambor m tubular de vapor ‖ ~heizkörper m /
radiador m tubular ‖ ~hülse f / manguito m para
tubos ‖ ~-Isoliermatte f (Install) / revestimiento m
aislante térmico para tubos ‖ ~kabel n / cable m en
tubo ‖ ~kanal m (Bau) / canal m de tubos ‖ ~kanal in
der Mauer (Bau) / ranura f para tubos ‖
~-Kerbzugprobe f / ensayo m de tracción sobre tubo
entallado ‖ ~klemme f s. Rohrschelle ‖ ~kluppe f /
terraja f [de mano] para roscar tubos ‖ ~knie n / codo
m de tubo, tubo m acodado ‖ ~knoten m (Bot, Zuck) /
nudo m de caña ‖ ~knüppel m (Hütt) / palanquilla f ‖
~kokille f (Hütt) / coquilla f tubular, molde m tubular
‖ ~kolben m, Tauchkolben m / émbolo m buzo (E) o
buceador ‖ ~kondensator m / capacitor m tubular ‖
~konstruktion f / construcción f tubular ‖
~kontistraße f (Walzw) / tren m continuo para tubos ‖
~kopf (Öl) / cabeza f de tubería de revestimiento,
cabezal m de tubería de revestimiento ‖ ~kopfbenzin
n (Leichtbenzin aus Erdölgasen) / gasolina f ligera de
gas húmedo ‖ ~kopfgas n / gas m húmedo ‖ ~krebs
m (Öl) / cangrejo m o arpón pescatubos o de tubería ‖
~kreis m (Eltronik) / circuito m resonante coaxial ‖
~krepierer m (Kanone) / reventón m prematuro ‖
~kreuz[stück] n / cruz f de tubos ‖ ~kröpfungsstück
n (Elektr) / doble codo en S m ‖ [scharfer] ~krümmer,
-bogen m, -knie n / codo m de tubo, tubo m acodado ‖
~krümmer, -bogen m (90°) / cuadrante m de tubo
‖ 135° ~krümmer / cuarto m de tubo ‖ ~kühler m /
refrigerador m tubular ‖ ~küvette f (Opt) / cubeta f
tubular ‖ ~lager n, Rack m (Öl) / tarima f para tubería,
planchada f (VEN) ‖ ~lasche f / manguito m de unión
de tubos ‖ ~legebock m / caballete m para tubos ‖
~legekran, -verleger m (Öl) / tractor m grúa, tractor
m tiendetubos ‖ ~leger, Installateur m / montador m
de tubos, fontanero m, tubista m [LA] ‖ ~leger m mit
Seitenarm (Öl) / tractor m con pluma [lateral] ‖
~legerwerkzeug n / herramientas f pl [de montador]
de tubos, herramientas f pl para manipulación de
tubos ‖ ~lehre f, -maß n / calibre m para tubos ‖
~leitung f / tubería f, cañería f, conducto m,
canalización f ‖ ~leitung, Pipeline f / oleoducto
m (petróleo), metanoducto m (metano), gasoducto
m (gas), acueducto m (agua), lacteoducto m (leche ‖
~leitung (Kabel) / canalización f ‖ ~leitung,
Hauptleitung f / canalización f o tubería principal ‖
~leitungsarmaturen f pl / accesorios m pl para
tubería, robinetería f o valvulería ‖ ~leitungsbau m /
construcción f de tubería[s] ‖ ~leitungsbrücke f /
puente m parta tubería[s] ‖ ~leitungsentwässerung f
/ drenaje m de la tubería ‖ ~leitungsplan m / plano m
de tubería ‖ ~leitungstransport m / transporte m
mediante tubería ‖ ~luppe f (Walzw) / pieza f en bruto
para tubo ‖ ~mast m (Elektr) / poste m o mástil
tubular ‖ ~mast, -gittermast m / mástil m de celosía
tubular ‖ ~material n / material m de tubería ‖
~mechaniker m / tubero m industrial ‖ ~meißel m
(Wz) / cincel m para tubos ‖ ~mischer m / mezclador
m instalado en la tubería ‖ ~mittenabstand m /
distancia f entre centros de tubos ‖ ~muffe f /
manguito m de tubo ‖ ~mühle f (für Feinmahlen) /
molino m tubular [de acabado] ‖ ~mündung f /
desembocadura f o boca de tubo ‖ ~nachlasswinde f
(Öl) / polea f de la tubería de revestimiento ‖ ~nagel
m (Bau) / tachuela f de caña ‖ ~naht f / costura f de
tubo ‖ ~netz n / red f de tubos, sistema m de tuberías,
cañería f ‖ ~netz, Verteilernetz n / tubos m pl de
distribución ‖ ~niet m / remache m tubular ‖ ~niet
aus Rohr gezogen / remache m tubular cortado de
tubo ‖ ~niet mit massivem Kopf / remache m
semitubular ‖ ~ofen m, Röhrenofen m / horno m
tubular ‖ ~paket n des Raketenwerfers (Mil) /
cañones m pl del lanzacohetes ‖ ~pfahl m (Bau) /

Rohstoff

pilote m tubular ‖ ⁓**plan** m, Rohrverlegungsplan m / plano m o esquema de tubería ‖ ⁓**post** f / correo m neumático ‖ ⁓**postbrief** m / carta f neumática ‖ ⁓**postkanal** m (Reaktor) / conducto m de correo neumático ‖ ⁓**postkapsel**, Förderbüchse f / cartucho m de correo neumático ‖ ⁓**presse** f, -extruder m / extrusionadora f de tubos ‖ ⁓**radiator** m / radiador m tubular ‖ ⁓**rahmen** m / marco m tubular o de tubos ‖ ⁓**reduzierwalzwerk** n / laminador m reductor para tubos ‖ ⁓**reibung** f / fricción f en tubos ‖ ⁓**reinigen** n **mittels Stangen** / limpieza f de tubos por varillas ‖ ⁓**reiniger** m / limpiatubos m, rascatubos m, destapador m ‖ ⁓**reiniger**, -reinigungsmittel n / agente m limpiatubos ‖ ⁓**reiniger** (Pipeline) / diablo m, limpiatubos m ‖ ⁓**reinigungsdienst** m / servicio m de destapar ‖ ⁓**reinigungsgerät** n / aparato m limpiatubos ‖ ⁓**reinigungswelle** f / árbol m flexible para limpiar tubos ‖ ⁓**resonanz** f / resonancia f de tubo ‖ ⁓**richtmaschine** f / enderezadora f de tubos ‖ ⁓**riegel** m (Windverband) (Bau) / travesaño m tubular ‖ ⁓**ring** m / virola f de tubo, zuncho m tubular ‖ ⁓**rohling** m / tubo m redondo o cuadrado ‖ ⁓**rohzucker** m / azúcar m moreno (o en bruto) de caña ‖ ⁓**rücklauf** m (Mil) / retroceso m del cañón ‖ ⁓**sattel** m / silleta f para tubos, parche m para remendar tubos ‖ ⁓**schacht** m (Bau) / pozo m de tubería[s] ‖ ⁓**schäftung** f / unión f [por manguito] de tubos ‖ ⁓**[schäftungs]hülse** f, Rohrlasche f / manguito m de tubo ‖ ⁓**schelle**, -klemme f / abrazadera f de tubo ‖ ⁓**schenkel** m (Kfz) / brazo m tubular ‖ ⁓**schere** f (Wz) / cizallas f pl de tubos ‖ ⁓**schieber** m (Mot) / válvula f anular ‖ ⁓**schlange** f / serpentín m ‖ ⁓**schleuder** f (Pap) / depurador m centrífugo ‖ ⁓**-Schleudergießmaschine** f (Hütt) / máquina f para colada centrifugada de tubos ‖ ⁓**schlitz** m (Bau) / ranura f para tubos ‖ ⁓**schlitzantenne** f, Schlitzrohrantenne f / antena f de cilindro ranurado ‖ ⁓**schlüssel** m (für Sechskantschrauben), Steckschlüssel m (Wz) / llave f tubular hexagonal ‖ ⁓**schlüssel mit Kette** / llave f de cadena [para tubos] ‖ ⁓**schneider** m / cortatubos m, cortadora f de tubos ‖ ⁓**schraubstock** m / tornillo m sujetador de tubos ‖ ⁓**schraubverbindung** f / unión f atornillada para tubos ‖ ⁓**schuh** m (Öl) / zapata f de tubo ‖ ⁓**schuss** m, Leitungsstück n / segmento m de tubo ‖ ⁓**schutzmuffe** f (Öl) / manguito m protector de rosca ‖ ⁓**schweißanlage** f / instalación f para soldar tubos o de soldadura m de tubos ‖ ⁓**schweiß-Walzwerk** n (Hütt) / taller m para laminar y soldar tubos ‖ ⁓**schwingmühle** f (Keram) / molino m de bolas vibrantes ‖ ⁓**sicherung** f (Elektr) / fusible m tubular ‖ ⁓**spitzmaschine** f / máquina f para sacar punta de tubos ‖ ⁓**stativ** n (Foto, Verm) / trípode m o pie tubular ‖ ⁓**steckschlüssel** m / llave f tubular hexagonal ‖ ⁓**stempel** m (Bergb) / puntal m tubular ‖ ⁓**stopfenzug** m (Walzw) / estirado m de tubos con mandril ‖ ⁓**stoßbank** f (Hütt) / banco m para estirar tubos ‖ ⁓**-Stoßpropeller** m (Schiff) / pulsorreactor m submarino ‖ ⁓**stoßverfahren** n (Hütt) / estirado m de tubos ‖ ⁓**strang** m / tramo m de tubería, paquete m de tubos ‖ ⁓**strangguss** m / colada f continua de tubos ‖ ⁓**[strang]presse** f / prensa f de extrusión de tubos ‖ ⁓**streckwalzverfahren** n / procedimiento m de laminación y estirado-reducción ‖ ⁓**stütze** f, Krücke f / soporte m [bifurcado] de tubería ‖ ⁓**stütze**, -schelle f / abrazadera f de tubo ‖ ⁓**stutzen** m / tubuladura f, empalme m de tubo ‖ ⁓**stutzen** (Ofen) / tubuladura f para gas de escape ‖ ⁓**teiler** m (Wellenleiter) / atenuador m de corte ‖ ⁓**tonarm** m (Audio) / brazo m de fonocaptor tubular ‖ ⁓**träger** m (Rohre als Träger) / vigas f pl tubulares ‖ ⁓**träger**, -stütze f / soporte m de tubería, portatubos m ‖ ⁓**trenner** m / desconectador m de tubos ‖ ⁓**trenner** (Öl) / separador m de tubos ‖ ⁓**trum** m (im Schacht) (Bergb) / compartimiento m [de pozo] para tubos ‖ ⁓**tülle** f / manguito m de tubo ‖ ⁓**tunnel** m (Schiff) / túnel m de tubos ‖ ⁓**turbine** f (Hydr) / turbina f bulbo, turbina f tubular ‖ ⁓**turbinensatz** m (Elektr) / grupo m bulbo ‖ ⁓**übergangsmutter** f / tuerca f de reducción para tubos ‖ ⁓**übergangsstück** n / racor m de tubos
Rohrung f, Putzträger m (Bau) / cañizo m, soporte m de enlucido
Rohr•unterbrecher m / interruptor m de tubería ‖ ⁓**unterbrecher**, -belüfter m / dispositivo m antivacío ‖ ⁓**verbindung** f / unión f de tubos ‖ **nachgiebige** ⁓**verbindung** / unión f extensible de tubos ‖ ⁓**verdampfer** m / evaporador m tubular ‖ ⁓**verdampfer**, Pipestill n (Öl) / alambique m de tubos ‖ ⁓**verleger** m (Schiff) / barco m de colocar tubos ‖ ⁓**verleger** (Öl) / tractor m grúa, tractor m tiendetubos ‖ ⁓**verleger**, -legekran m / grúa f de montar o colocar tubos ‖ ⁓**[ver]legung** f / montaje m o tendido de tubos ‖ ⁓**verlegungsgraben**, -graben m / zanja f para tubería ‖ ⁓**verlegungsplan** m / plano m [de instalación o tendido] de tubería ‖ ⁓**verschluss** m, -verschraubung f / cierre m de tubos ‖ ⁓**-Verschlussschraube** f / tapón m roscado de tubos ‖ ⁓**verschraubung** f / unión f roscada de tubos, racor m roscado ‖ ⁓**verschraubung** (lötlos) / unión f de compresión, unión f de tubos sin soldar ‖ ⁓**verschraubung** (durch Bolzen) / unión f de bridas ‖ ⁓**verschraubung mit Schneidring** / unión f roscada con anillo cortante ‖ ⁓**verseilmaschine** f (Kabel) / cableadora f tubular ‖ ⁓**verstopfung** f / obturación f de[l] tubo ‖ ⁓**verteiler** m / tubo m múltiple ‖ ⁓**verzweigung** f (verzweigter Rohranschluss) / múltiple m tubular, bifurcación f de tubería ‖ ⁓**vorholer** m / recuperador m ‖ ⁓**walze** f, -aufweitwalze f / abretubos m, abridor m o abocardador de tubos ‖ ⁓**walzwerk** n, Röhrenwalzwerk n / tren m laminador de tubos ‖ ⁓**wand** f, Rauchrohrkesselwand f / pared f de tubos de caldera ‖ ⁓**wandung** f / pared f del tubo ‖ ⁓**wechselklappe** f (Mil) / pestaña f para el cambio de cañón ‖ ⁓**weite** f / diámetro m [interior] de tubo ‖ ⁓**welle** f / árbol m tubular ‖ ⁓**wendel** f / tubo m helicoidal ‖ ⁓**wickelmaschine** f / máquina f para envolver tubos ‖ ⁓**wickelmasse** f / compuesto m para envolver tubos ‖ ⁓**wiege** f (Mil) / cuna f del cañón ‖ ⁓**wuchtförderer** m / transportador m vibrante tubular ‖ ⁓**zange** f (Wz) / tenazas f pl para tubos, tenazas f pl sujetatubos, llave f aprietatubos o para tubos o de tubista f ‖ ⁓**zange**, Stillsonzange f / llave f Stillson ‖ ⁓**zange**, Kettenrohrzange f / llave f de cadena (E), llave f pico de toro (LA) ‖ ⁓**zange**, -zieher m (Bergb) / arranquetubos m, pescatubos m ‖ ⁓**ziehbank** f (Hütt) / banco m para estirar tubos ‖ ⁓**ziehen** n / estirado m de tubos ‖ ⁓**ziehen über Stopfen o. Dorn**, Einziehen n / estirado m de tubos con mandril o punzón o tapón
Rohrzucker m / azúcar m de caña ‖ **brauner** ⁓ / azúcar m moreno de caña ‖ ⁓**alkohol**, -spiritus m / alcohol m de caña ‖ ⁓**fabrik** f / azucarera f de caña ‖ ⁓**saft** m, -dicksaft m / jugo m de caña
Roh•saft m (Zuck) / jugo m bruto, jarabe m bruto ‖ ⁓**schiene**, Platine f (Hütt) / llantón m ‖ ⁓**schlacke** f, rohe Frischschlacke (Hütt) / escoria f de afino bruta ‖ ⁓**schlacken** f pl (Gieß) / escorias f pl de mata ‖ ⁓**schlamm** m (Zement) / pasta f cruda ‖ ⁓**schleifen** n (Spiegel) / pulido m en bruto [de vidrio] ‖ ⁓**schlüssel** m (Schloss) / pieza f bruta para llave ‖ ⁓**seide** f, Ecruseide f (Tex) / seda f cruda ‖ ⁓**seidenfaden** m / hilo m de seda crudo ‖ ⁓**spiritus** m (Chem) / alcohol m bruto ‖ ⁓**stahl** m / acero m bruto ‖ ⁓**stahlblock** m / lingote m de acero bruto ‖ ⁓**stahlerzeugung** f / producción f de acero bruto ‖ ⁓**stahlgewicht** n, RSG n / peso m del acero bruto ‖ ⁓**stärke** f / almidón m en bruto ‖ ⁓**stein** m (Metall) / mata f cruda ‖ ⁓**stoff** m, -material n / materia f prima, primera materia f ‖

1077

Rohstoff

⁓stoff, Ausgangsmaterial *n* / material *m* de partida, producto *m* básico ‖ ⁓stoff (Öl) / petróleo *m* crudo, crudo *m* ‖ ⁓stoffbedarf *m* / necesidad *f* de materias primas ‖ ⁓stoffgemenge *n* (Glas) / mezcla *f* de materias ‖ ⁓stoffindustrie *f* (der natürlichen Rohstoffe) / industria *f* extractiva ‖ ~stoffintensiv / de consumo elevado de materias primas ‖ ⁓stofflage *f* / situación *f* relativa al aprovisionamiento de materias primas ‖ ⁓strecke *f* (Tex) / estiradora *f* en grueso, primer gillbox *m* ‖ ⁓styrol *n* (Plast) / estireno *m* o estirol bruto ‖ ⁓teer *m* / alquitrán *m* bruto ‖ ⁓teil *n* / pieza *f* bruta o sin mecanizar ‖ ⁓ton *m* (Ziegel) / arcilla *f* impura o bruta ‖ ⁓vaseline, Naturvaseline *f* (Pharm) / vaselina *f* natural ‖ ~verputzt (Gieß) / desbarbado en bruto ‖ ⁓video / vídeo *m* bruto ‖ ⁓volumen *n* / volumen *m* en bruto ‖ ⁓ware *f*, Stuhltuch *n* (Web) / tejido *m* en crudo, géneros *m pl* crudos ‖ als ⁓ware / en crudo ‖ ⁓warenbreite *f* (Tex) / ancho *m* en crudo ‖ ⁓wasser *n* / agua *f* natural o no depurada o sin depurar ‖ ⁓werk *n* (Uhr) / cage *m*, bastidor *m* ‖ ⁓wichte *f* (Phys) / peso *m* específico aparente ‖ ⁓wolle *f* (Tex) / lana *f* bruta o sucia o con suarda ‖ ⁓wollwaschmaschine *f* / lavadora *f* para lana bruta ‖ ⁓ziegel *m*, ungebrannter Ziegel / ladrillo *m* sin cocer, teja *f* sin cocer ‖ ⁓zink *n* (Hütt) / zinc *m* bruto ‖ ⁓zinn *n* / estaño *m* crudo ‖ ⁓zucker *m* / azúcar *m* moreno o [en] bruto ‖ ⁓zucker 1 *m*, Rohzucker-Erstprodukt *n* / azúcar *m* moreno de primer tiro o de primera ‖ ⁓zucker 2 *m*, Rohzucker-Nachprodukt *n* / azúcar *m* moreno de segundo tiro o de segunda ‖ ⁓zuckerfabrik *f* / fábrica *f* de azúcar moreno ‖ ⁓zuckerfüllmasse *f* / masa *f* cocida de azúcar moreno ‖ ⁓zuckernachprodukt *n* / tercer tiro de azúcar moreno *m* ‖ ⁓zustand *m* / estado *m* [en] bruto ‖ ⁓zustand (Keram) / estado *m* verde

Rölen-Reaktion, Oxo-Synthese, Hydroformylierung *f* (Chem) / oxosíntesis *f*, hidroformilación *f*

Roll *m* (Kunstflug) / tonel *m* ‖ ⁓achse *f* (Kfz) / eje *f* alzable ‖ ⁓apparat *m*, Aufroller *m* (Pap) / enrolladora *f*, arrolladora *f*, enrollador *m*, arrollador *m* ‖ ⁓ausgleich *m* (Luftf) / compensación *f* de balanceo ‖ ⁓bahn *f* (Bahn) / camino *m* de rodadura ‖ ⁓bahn (Luftf) / pista *f* o vía de rodaje o de rodadura o de circulación ‖ ⁓bahn, Abrollbahn *f*, Rolloberfläche *f* / superficie *f* de rodadura ‖ ⁓bahn, Laufbahn *f* (Wälzlager) / pista *f* de rodadura [de los cuerpos rodantes] ‖ ⁓bahn s. auch Rollenbahn ‖ ⁓bahn für Personen / acera *f* rodante ‖ befestigte ⁓bahn vor den Gebäuden (Luftf) / área *f* de maniobra, antepista *f* ‖ ⁓bahnbefeuerung *f* / luces *f pl* de la pista de rodaje ‖ ⁓bahnbelastungswert *m* (Flugplatz, Luftf) / número *m* LCN (= load classification number) ‖ ⁓bahndavit *m* (Schiff) / pescante *m* de gravedad ‖ ⁓bahnmarkierung *f* (Luftf) / señal *f* de tráfico rodado ‖ ⁓band *n* für Personen / cinta *f* transportadora de personas ‖ ⁓bandmaß *n* (10 o. 20 o. 30 o. 5 m lang) / cinta *f* métrica arrollable ‖ selbstaufwickelndes ⁓bandmaß / cinta *f* métrica de retorno por muelle

rollbar / sobre rodillos ‖ es Ladegestell / cargador *m* sobre rodillos

Roll•behälter *m* / contenedor *m* con rodillos ‖ ⁓bewegung *f* (Schiff) / balanceo *m*, cabeceo *m* ‖ ⁓bewegung, Wankbewegung *f* (Kfz) / movimiento *m* de balanceo (E) o de rolido (LA), balanceo *m* (E), rolido *m* (LA) ‖ ⁓bewegung (Lager) / movimiento *m* de rodadura ‖ ⁓biegen *n* (Stanz) / curvado *m* por rodillo ‖ ⁓bock *m* (Bahn) / carretón *m* portavagón ‖ ⁓bock (für schwere Lasten), Roller *m* / carretilla *f* rodante ‖ ⁓boden *m* (Landw) / suelo *m* arrollable ‖ ⁓boden (Düngerstreumaschine, Landw) / fondo *m* móvil ‖ ⁓-Bond-Verfahren *m* (Kältetechnik) / procedimiento *m* roll-bonding ‖ ⁓brett *n*, Skateboard *n* (Sport) / monopatín *m* ‖ ⁓brücke *f* / puente *m* rodante

Röllchen *n*, kleine Rolle bzw. Walze / rodillito *m* ‖ ⁓ für Möbel / rodaja *f* giratoria, rollete *m*, ruedecilla *f*, roldana *f* pivotante

Roll•dach *n* (Kfz) / techo *m* arrollable ‖ ⁓dämpfer *m* (Luftf) / amortiguador *m* de cabeceo ‖ ⁓düse *f* (Rakete) / tobera *f* de balanceo

Rolle *f*, Röllchen *n* / roldana *f* ‖ ⁓ (Wälzlager) / rodillo *m* de rodamiento ‖ ⁓, Riemenscheibe *f* / trocla *f*, trócola *f* ‖ ⁓ (Flaschenzug) / polea *f*, garrucha *f* ‖ ⁓ (größere), Walze *f* / rodillo *m*, cilindro *m* ‖ ⁓ *f*, Mangel *f* (Tex) / calandr[i]a *f*, prensa *f* de ropa blanca, mangle *m* ‖ ⁓, Rollloch (Bergb) / chimenea *f*, alcancía *f* ‖ ⁓ (ungeordnete Lagen), Drahtbund *m* / rollo *m* ‖ ⁓ (geordnete Lagen) (Seil, Walzw) / bobina *f* ‖ ⁓, Aufgerolltes *n* / rollo *m* ‖ ⁓ (volle Drehung) (Luftf) / tonel *m* ‖ ⁓ (Magn.Bd) / rollo *m* de cinta, carrete *m* ‖ ⁓, Funktion *f* / papel *m* ‖ ⁓ mit Zufallsgewicht (Hütt) / bobina *f* con peso exacto casual ‖ ⁓ Papier (ohne Hülse) / rollo *m* de papel ‖ ⁓ Papier (mit Hülse) / bobina *f* de papel ‖ auf ⁓ gewickelt / arrollado, enrollado ‖ lose, bewegliche ⁓ / polea *f* loca

Rollebene *f* (Felge) / plano *m* de rodamiento

rollen *vi* (allg) / rodar ‖ ~, coll.: laufen, funktionieren, gehen / rular ‖ ~ (Luftf, Schiff) / balancear ‖ ~, überholen *vi* (Schiff) / escorarse, dar la banda ‖ ~ *vt* / hacer rodar, hacer girar ‖ ~ *tr*, die Stange drehen (Schm) / hacer rodar ‖ ~, mangeln (Tex) / calandrar ‖ ~ (Gewinde) / roscar o filetear por rodadura ‖ schwer ~ und stampfen (Schiff) / balancear[se] y cabecear[se] ‖ zum Start ~ (Luftf) / rodar hasta la pista [de despegue] ‖ ⁓ *n*, Gewinderollen *n* / fileteado *m* por rodadura, roscado por rodadura ‖ ⁓, Wälzen *n* / movimiento *m* giratorio, rodadura *f* ‖ ⁓ *n* (Drehen um Längsachse) (Luftf) / tonel *m* ‖ ⁓, Überholen *n* (Schiff) / escora *f*, banda *f* ‖ ⁓, Schwanken *n* (Bahn) / balanceo *m*, rolido *m* (LA) ‖ ⁓ *n*, Rollbeschichten *n* / revestimiento *m* por rodillo

Rollen•achslager *n* (Bahn) / caja *f* de grasa con roadmiento de rodillos ‖ ⁓antrieb *m* / transmisión *f* por rodillos ‖ ⁓bahn *f*, -förderer *m* / vía *f* de rodillos ‖ angetriebene ⁓bahn / vía *f* mecánica de rodillos, vía *f* de rodillos accionados ‖ ⁓bahn für Bleche / vía *f* de rodillos para chapas ‖ ⁓bahnspirale *f* / vía *f* de rodillos en espiral ‖ ⁓band *n* (Walzw) / banda *f* arrollada ‖ ⁓bandschere *f* / cizalla *f* de rodillos para fleje ‖ ⁓batterie *f* (Seilb) / batería *f* de poleas ‖ ⁓beschichtung, (jetzt:) Spulenbeschichtung *f* (Galv) / revestimiento *m* de bobinas ‖ ⁓biegemaschine *f* / curvadora *f* de chapas ‖ ⁓bock *m* (Schw) / caballete *m* con rodillo ‖ ⁓bock, -stütze *f* / caballete *m* portapolea ‖ ⁓bohrer *m*, -bohrkopf *m* / trépano *m* de rodillos ‖ ⁓breite *f* (Pap) / ancho *m* de la bobina, anchura *f* de la bobina ‖ ⁓bremsprüfstand *m* (Kfz) / banco *m* de prueba [de los frenos] de rodillos ‖ ⁓bügel *m* (Hebezeug) / estribo *m* de polea

rollend, sich wälzend / rodante ‖ ~er Gehsteig s. Rollband für Personen ‖ ~e Landstraße (Bahn) / transporte *m* por ferrocarril de remolques carreteros (E), transporte *m* a caballo (LA) ‖ ~es Material (Bahn) / material *m* rodante ‖ ~e Reibung, Rollreibung *f* (Phys) / rozamiento *f* o frotamiento de rodadura, fricción *f* de rodadura ‖ ~er Titel (Film) / título *m* rodante o ascendente ‖ ~er Verschleiß *m* por rodadura

Rollen•desintegrator *m*, Walzendesintegrator *m* (Bergb) / desintegrador *m* de rodillos ‖ ⁓draht *m* (Hütt) / alambre *m* en rollo ‖ ⁓[dreh]stern *m* (Druck) / trébol *m*, portabobina *f* en estrella ‖ ⁓druck *m* (Druck) / impresión *f* de papel continuo ‖ ⁓druckmaschine *f* / máquina *f* para imprimir papel continuo, máquina *f* alimentada por bobinas ‖ ⁓druckwerk *n* (Buchungsmaschine) / impresora *f* de ruedas de tipos ‖ ⁓egreniermaschine *f* (Spinn) / desgranadora *f* de rodillos ‖ ⁓**elektrode** f (Schw) / electrodo m en forma de rodillo ‖ ⁓**förderer** m / transportador m sobre (o de) rodillos ‖ ~**förmig**, radförmig (Geom) / cicloidal, cicloideo, trocoidal, trocoide ‖ ⁓**formulare** n pl / formularios m pl en rollo ‖ ⁓**führung** f / rodillos m pl de guía ‖ ⁓**gabel** f / horquilla f de rodillos ‖ ⁓**gabel** (Bahn, Elektr) / horquilla f de trole ‖ ⁓**gegenhalter** m, -gegenführung, -lünette f (Wzm) / luneta f de rodillos ‖ ⁓**gehäuse** n, Klobengehäuse n (Flaschenzug) / cajera f del motón o cuadernal, cuerpo m de garrucha ‖ ~**gelagert** / rodando sobre rodillos, sobre rodamiento de rodillos ‖ ⁓**gerüst** n (Bau) / andamio m sobre rodillos ‖ ⁓**gesperre** n / trinquete m de rodillo ‖ ⁓**glattstrich** m (Pap) / fratasado m o enlucido por rodillos ‖ ⁓**hacke** f (Landw) / rotocultor m o rodillo binador o escardador o descostrador ‖ ⁓**hebel** m / palanca f de rodillo ‖ ⁓**herddurchlaufofen** m (Hütt) / horno m continuo con solera de rodillos ‖ ⁓**herdkammerofen** m / horno m de cámara con solera de rodillos ‖ ⁓**herdofen** m / horno m con solera de rodillos ‖ ⁓**hülse** f (Druck) / alma f de bobina, mandril m ‖ ⁓**käfig** m (Wälzlager) / jaula f [del rodamiento] de rodillos, portarrodillos m ‖ ⁓**karte** f (Web) / dibujo m de rodillos ‖ ⁓**kette** f / cadena f de rodillos ‖ ⁓**kettenförderer** m / transportador m de cadenas de rodillos ‖ ⁓**klassiersieb** n / criba f clasificadora de rodillos ‖ ⁓**kloben** m, Flasche f / garrucha f, motón m, cepo m de polea ‖ ⁓**kontakt** m (Elektr) / contacto m por rodillo[s] ‖ ⁓**kontakt**, Rollenstromabnehmer m (Bahn) / trole m, roldana f colectora ‖ ⁓**kontaktstange** f (Elektr) / pértiga f de trole ‖ ⁓**kopf** m (Schw) / cabeza f de roldana de electrodo ‖ ⁓**kopierautomat** m (Büro) / copiadora f automática con rollo[s] de papel ‖ ⁓**korb** m, -käfig m des Rollenlagers s. Rollenkäfig ‖ ⁓**kranz** m / corona f de rodillos ‖ ⁓**kranzlagerung** f / soporte m de corona de rodillos ‖ ⁓**kühlbett** n (Hütt) / lecho m de enfriamiento de rodillos ‖ ⁓**lager** n / rodamiento m de rodillos, rulemán m (Centroamérica) ‖ ⁓**lager** (Brücke) / apoyo m de rodillos ‖ ⁓**lager** (Pap) / almacén m de rollos de papel ‖ ⁓**lageraußenring**, m [innenring] / anillo m exterior [interior] de un rodamiento de rodillos ‖ ⁓**lagerung** f / apoyo m de un rodillo ‖ ⁓**laufwerk** n (Masch) / mecanismo m de traslación con rodillos ‖ ⁓**le[i]ermaschine** f (Druck) / máquina f de rayar papel por rodillos, renglonadora f de rodillos ‖ ~**loser Stößel** (Mot) / taqué m fungiforme ‖ ⁓**magazin** n (DV) / depósito m de rollos de papel ‖ ⁓**makulatur** f **zum Tapezieren** / rodillos m pl de papel de desecho ‖ ⁓**meißel** m (Bergb) / trépano m de rodillos ‖ ⁓**nahtschweißen** n / soldeo m de costura con roldana ‖ ⁓**nahtschweißung** f (Widerstandsschweißung) / soldadura f por resistencia con roldana ‖ ⁓**nietmaschine** f / remachadora f con rodillos ‖ ⁓**offsetmaschine** f / prensa f offset con papel continuo, máquina f offset de bobina ‖ ⁓**papier** n / papel m continuo o en rollo ‖ ⁓**papier** (Foto) / papel m fotográfico para máquina ‖ ⁓**[papier]halter** m (DV) / portapapel m ‖ ⁓**plotter** m (DV) / trazador m de rodillo ‖ ⁓**presse** f / prensa f trituradora de rodillos ‖ ⁓**prüfstand** m (Kfz) / banco m de ensayos con rodillos, soporte m de rodillos ‖ ⁓**pumpe** f (Landw) / bomba f de rodillos ‖ ⁓**quetscher** m (Foto) / rodillo m de secado ‖ ⁓**rachenlehre** f (Mess) / calibre m de boca con rodillos ‖ ⁓**richten** n / enderezado m con rodillos ‖ ⁓**richtmaschine** f / enderezadora f con rodillos, máquina f enderezadora con rodillos ‖ ⁓**rost** m (Aufb) / parrilla f de rodillos ‖ ⁓**rotationsmaschine** f (Druck) / máquina f alimentada por bobinas o de alimentación continua, máquina f para imprimir papel continua ‖ ⁓**scanner** m (DV) / escáner m de rodillo ‖ ⁓**schalter** m / interruptor m de rodillos ‖ ⁓**schere** f (Schere mit umlaufenden Messern) / cizalla f de rodillos ‖ ⁓**schneide- und Aufrollmaschine** f (Pap) / cortadora-bobinadora f ‖ ⁓**schneidemaschine** f, -schneider m / cortadora f de rollos ‖ ⁓**schneidemaschine für Kanten** (Hütt) / cortadora f de rollos para bordes ‖ ⁓**schneidemaschine für Papier** / cortadora f de rollos de papel ‖ ⁓**schrittverfahren** n **beim Schweißen** / soldeo m por intervalos a moleta ‖ ⁓**schütz** n (Hydr) / compuerta f de rodillos ‖ ⁓**spaltmaschine** f (Holz) / máquina f de partir rollizos delgados ‖ ⁓**stern** m (Masch) / estrella f de rodillos ‖ ⁓**stern** (Druck) / trébol m, portabobina f en estrella ‖ ⁓**stößel** m (Mot) / taqué m de rodillo ‖ ⁓**stromabnehmer** m (Bahn) / trole m [de polea] ‖ ⁓**stromabnehmerkopf**, -korb m / cabeza f de trole ‖ ⁓**stromabnehmerstange** f / pértiga f de trole ‖ ⁓**stuhl** m, -ständer m / estante m portarrollos, portarrollos m, portabobinas m ‖ ⁓**stütze** f, -bock m / caballete m portapolea ‖ ⁓**tiefdruck** m (Druck) / huecograbado m en rotativa de cilindros ‖ ⁓**tisch** m / mesa f de rodillos ‖ ⁓**träger** m (Masch) / portapolea m ‖ ⁓**umlaufführung** f / guía f de recirculación de rodillos ‖ ⁓**ware** f **von Schleifbändern** / rollos m pl de cintas abrasivas ‖ ⁓**wechsler** m (Druck) / cambiador m de bobinas ‖ ⁓**wickelmaschine** f (Pap) / arrolladora f, enrolladora f, bobinadora f ‖ ⁓**zählwerk** n / contador m a rollos ‖ ⁓**zug** m (ein Flaschenzug) / poli[s]pasto m, aparejo m

Roller m (Web) / arrollador m de tejido ‖ ⁓ (ein Motorrad) (Kfz) / scooter m, escúter m ‖ ⁓ (Transport) / carretilla f ‖ ⁓**abgriff** m (ein Reibantrieb) / accionamiento m por rodillo ‖ ⁓**brake** f (Fahrrad) / rollerbrake m

Rollerde f (Bergb) / tierra f movediza

Rollerfahrer m / escuterista m

Roll•fass n, Scheuerfass n / tambor m de limpieza ‖ ⁓**feder** f, Sprungfeder mit Schlangenhals / muelle m en cuello de cisne ‖ ⁓**feld** n, unbefestigtes Flugfeld / campo m de aterrizaje ‖ [**makadamisiertes o. befestigtes**] ⁓**feld** (Luftf) / área f de maniobra o de rodadura ‖ ⁓**feldbefeuerung** f (Luftf) / luces f pl delimitadoras de demarcación ‖ ⁓**feldlotse** m / piloto m del área de rodadura ‖ ⁓**feld-Ringbahn** f (Luftf) / pista f periférica de rodadura o de rodaje ‖ ⁓**feld[überwachungs]radar[anlage]** / radar m de control de aeropuerto ‖ ⁓**film** m (Foto) / película f en carrete o en rollo o en bobina, rollo m de película ‖ ⁓**fläche** f / superficie f de rodadura ‖ ⁓**formen** n (Schm) / forja f por laminación ‖ ⁓**fuhrdienst** m (Bahn) / acarreo m, servicio m de camionaje o de acarreo ‖ ⁓**gabelschlüssel** m / llave f ajustable [por rodillo sinfín], llave f de una boca con rodillo y cremallera ‖ ⁓**gang**, Walzwerksrollgang m / camino m de rodillos ‖ **angetriebener** ⁓**gang** (Walzw) / camino m de rodillos accionados ‖ **nicht angetriebener** ⁓**gang** / camino m de rodillos locos ‖ **verfahrbarer** ⁓**gang** / camino m de rodillos desplazable ‖ ⁓**gang** m **vor, [hinter] der Walze** / camino m de rodillos delante [detrás] del tren ‖ ⁓**gangsmotor** m (Elektr, Walzw) / motor m del camino de rodillos ‖ ⁓**gangsrahmen** (Hütt) / bastidor m del camino de rodillos ‖ ⁓**gerste** f (Landw) / cebada f perlada ‖ ⁓**gerste** (Schweiz) (Bau) / gravillas f pl redondas ‖ ⁓**gerüst** n (Bau) / andamio m rodante o sobre rodillos ‖ ⁓**geschwindigkeit** f (allg) / velocidad f de rodadura ‖ ⁓**geschwindigkeit** (Luftf, Schiff) / velocidad f de balanceo ‖ ⁓**gesenk** n (Schm) / matriz f para rodar ‖ ⁓**gitter** n / verja f corrediza, celosía f arrollaba ‖ ⁓**gleitführung** f / guía f de deslizamiento con roldanas ‖ ⁓**hacke** f (Landw) / rotocultor m o rodillo descostrador ‖ ⁓**halt**, -halteort m (Luftf) / punto m de espera en rodaje ‖ ⁓**handtuch** n / toalla f [de manos] continua o en rollo

rollieren vi (Wzm) / rodar entre discos planos ‖ ~ vt, scheuern, [t]rommeln / tamborear, limpiar en tambor

Rollier•scheibe f / disco m de rodaje ‖ ⁓**stuhl** m (Uhr) / torno m de pivotar

rollig, röllig, geröllig (Gestein) / movedizo ‖ ~, [ge]röllig (Bergb) / movedizo ‖ **n-~** (Seilzug) / de n poleas
Rollin n, Roll-in n (DV) / transferencia f desde el almacén secundario
Rolling m (Hütt) / pieza f [en bruto] redonda, rodaja f
Rolling Ball m, Rollkugel f (Radar) / bola f rodante
Rollin-Rollout n (DV) / transferencia f desde el o al almacén secundario
Roll•instabilität f (Luftf) / inestabilidad f lateral ‖ **~kalander** m (Tex) / calandra f de cilindrar ‖ **~kardenraumaschine** f (Web) / perchadora f de rodillos giratorios, perchadora f de cardenchas giratorias ‖ **~kasten** m, Rollloch (Bergb) / chimenea f, alcancía f ‖ **~kegel** m / cono m de rodadura ‖ **~kettenverschluss** m (Schleuse) / compuerta f de oruga ‖ **~kiesel** m **von 4 bis 12" Durchmesser** (Bau) / grava f [rodada] (entre 4 y 12" de 0) ‖ **~klüse** f (Schiff) / escobén m de rodillos ‖ **~knick** m (Walzw) / coca f (un defecto) ‖ **~kolbenverdichter** m / compresor m de pistón giratorio excéntrico ‖ **~kondensator** m / capacitor m moldeado tubular ‖ **~kontaktzahnrad** n / rueda f dentada de contacto rodante ‖ **~körper** m **des Wälzlagers**, Rolle f / rodillo m del rodamiento, cuerpo m rodante ‖ **~kran** m / grúa f rodante ‖ **~kreis** m, Teilkreis m (Verzahnung) / círculo m primitivo, circunferencia f primitiva ‖ **~kreisdurchmesser** m (Zahnrad) / diámetro m del círculo primitivo ‖ **~kugel** f (DV) / bola f rodante, trackball m ‖ **~kugel**, Rolling Ball m (Radar) / bola f rodante ‖ **~kugelsteuerung** f / mando m por bola rodante ‖ **~kurve** f (Math) / epicicloide f
Rollladen m (Bau) / persiana f arrollable, celosía f de tablillas ‖ **~für Möbel**, Rollabschluss m / cierre m corredizo ‖ **ausschwenkbarer ~** / persiana f orientable o inclinable o rebatible ‖ **~aussteller** m / guía f de la persiana arrollable ‖ **~bauer** m / persianista m/f ‖ **~kasten** m (Bau) / caja f de persiana arrollable ‖ **~leiste** f / guía f lateral de la persiana
Rolllage f (Luftf) / inclinación f longitudinal, balanceo m ‖ **~** (Bau) s. Rollschicht
Rolllagen•marke f (Luftf) / marca f de inclinación ‖ **~skala** f (Luftf) / escala f de inclinación
Rollleiter f / escalera m corrediza o rodante ‖ **~**, fahrbare Leiter (Bahn) / escalera f portátil
Rollloch n (Bergb) / chimenea f, alcancía f ‖ **~förderung** f (Bergb) / extracción f por chimenea
Roll•maß n s. Rollbandmaß ‖ **~material** n (Bahn) / material m rodante o móvil ‖ **~mattenfilter** n / filtro f Roll-O-Matic ‖ **~mischer** m (Chem) / mezclador m de rodillos ‖ **~modus** m (auf dem Bildschirm) / corrimiento m vertical de la imagen ‖ **~moment** n (Luftf, Schiff) / momento m de balanceo ‖ **~neigung** f (Pap) / ondulación f ‖ **~neigung**, einseitiges Werfen (Pap) / abarquillado m
Rollo, Rouleau n (Bau) / persiana f arrollable
Roll•oberfläche, Lauffläche f von Rädern / superficie f de rodadura ‖ **~ofen** (Hütt) / horno m [rotativo] sobre rodillos
Roll-on-Roll-off, Ro-Ro (Schiff) / transporte m roll-on roll-off, transbordo m horizontal ‖ **~** s. auch Ro-Ro
Roll-Out n, Verlassen n der Fabrik (Bahn, Luftf) / roll-out m
Rollout n, Roll-out n (DV) / transferencia f al almacén secundario, transferencia f del contenido de un almacenador a una memoria intermedia ‖ **~-Rollin** n, Roll-out/Roll-in n (DV) / transferencia f y busca del contenido de un almacenador a una memoria intermedia, transferencia f al o del almacén
Roll•periode f (Schiff) / período m de balanceo ‖ **~pflug** m (Landw) / arado m giratorio ‖ **~platte** f / placa f con rodillos ‖ **~prüfstand** m / banco m [de pruebas] de rodadura f n pl / ruedas f pl laminadoras-rasqueteadoras ‖ **~radius** m (Reifen) / radio m de rodadura ‖ **~rakel** f (Färb) / racle m

rotativo, rasqueta f rotativa ‖ **~rand** m **einer Blechdose** / borde m arrollado ‖ **~referenzkreisel** m (Schiff) / giroscopio m de referencia de balanceo ‖ **~regal** n / estantería f sobre rodillos ‖ **~regelkreis** m (Luftf) / circuito m de control de balanceo ‖ **~reibung** f (Phys) / rozamiento m o frotamiento de rodadura, fricción f de rodadura ‖ **~reifenfass** n / bidón m cilíndrico con [dos] aros de refuerzo ‖ **~schacht** m, Sturzschacht m (Bergb) / chimenea f ‖ **~scheinwerfer** m (Luftf) / luz f de rodaje ‖ **~schemel** m (Bahn) / carretón m portavagón ‖ **~schicht** f, Rollage f (Bau) / hilada f de ladrillos puestos de canto ‖ **~schiene** f, Gleitschiene f / riel m de deslizamiento ‖ **~schlauch** m (F'wehr) / rollo m de manguera ‖ **~schrank** m (Büro) / armario m [con tapa] persiana, armario m o archivador de cierre [flexible] corredizo ‖ **~schranke** f (Bahn) / barrera f sobre ruedas ‖ **~schuhbahn** f (Sport) / pista f de patinar ‖ **~schütze** f (Hydr) / compuerta f de rodillos ‖ **~schwingung** f (Luftf, Schiff) / oscilación f de balanceo ‖ **~sichter** m (Pap) / tamiz m rotatorio ‖ **~sicken** n (Stanz) / ranurado m por rodillo[s] ‖ **~sickenfass** n / barril m en arcado o con aros de refuerzo ‖ **~spitze** f, umlaufende Reitstockspitze (Dreh) / contrapunto m rotatorio o giratorio (del cabezal móvil) ‖ **~splitt!** (Straßb) / igravilla f suelta! ‖ **~spur** f / traza f o huella de rodadura ‖ **~stanze** f (Wzm) / estampadora f de enrollar ‖ **~stanzen** / estampar por matriz enrolladora ‖ **~steig** m (Förd) / andén m rodante, acera f rodante, tapiz m rodante ‖ **~stein** m (Geol) / canto m pelado o rodado o morrillo ‖ **~stempel** m (Stanz) / útil m de enrollar ‖ **~strecke** f (Luftf) / recorrido m en tierra [después del aterrizaje], pista f de rodaje ‖ **~stuhl** m (Med) / silla f de ruedas ‖ **~stuhltestgerät** n (für Bodenbeläge) (DIN 54324) / dispositivo m de ensayo por sillón de ruedas ‖ **~tainer** m / container m rodante, contenedor m rodante o sobre rodillos ‖ **~teppich** m, -bahn f (Förd) / andén m o tapiz rodante, acera f rodante ‖ **~tisch** m (Walzw) / mesa f de rodillos ‖ **~tisch** (allg) / mesita f trasladable ‖ **~tor** n (Garagen) / portal m arrollable ‖ **~[laden]tor** n / portalón m arrollable ‖ **~tor** n (Wassb) / compuerta f de rodillos ‖ **~trägheit** f / inercia f de rodadura ‖ **~treppe** f (Bau) / escalera f mecánica o automática (E), escalador m (LA) ‖ **~treppen-Geländergurt** m / pasamano m de la escalera mecánica ‖ **~trommel** f s. Rommelfass ‖ **~tür** f, Schiebetür f / puerta f corrediza ‖ **~umfang** m, Abwälzumfang m / circunferencia f de rodaje ‖ **~verdeck** n (Kfz) / capota f arrollable ‖ **~verhinderungssystem** m (Schiff) / sistema m antibalanceo ‖ **~verschleiß** m / desgaste m de rodadura ‖ **~vorhang** m / cortina f arrollable ‖ **~vorrichtung** f, Aufrollvorrichtung f / dispositivo m de arrollar ‖ **~wagen**, Unterwagen m / carretilla f auxiliar ‖ **~wagen** m, Lore f / camión m ‖ **~wagen** f carreta f, carretón m ‖ **~wagen**, -schemel m für Normalspur m, [für Schmalspur] (Bahn) / carretón m portavagón de vía normal, [estrecha] ‖ **niedriger ~wagen** / narria f ‖ **~weg** f (Luftf) / pista f de rodaje ‖ **~werkzeug** n, -stempel m (Stanz) / útil m de enrollar ‖ **~widerstand** m (Kfz, Luftf) / resistencia f a la rodadura ‖ **~winkel** m (Luftf) / ángulo m de balanceo ‖ **~zentrum** m (Kfz, Schiff) / centro m de balanceo
ROM m (Read-Only Memory), Nur-Lesespeicher m (DV) / memoria f de lectura sólo
romanisch (Bau) / románico ‖ **~er Stil**, Rundbogenstil m / estilo m románico
Romanzement, Patentzement m, Romankalk m / cemento m romano
Romeït m (Min) / romeíta f
römische Zahl / número m o numeral romano
Rommelfass n / tambor m de limpieza
rommeln vt, putzen (Masch) / limpiar en tambor

ROM-Speicher *m* / memoria *f* ROM
Ronde *f* / chapa *f* redonda ‖ ≃ (Stanz) / rodaja *f*
Rongalit-Ätze *f* (Tex) / mordiente *m* Rongalit
röntgen *vt* / hacer un examen radioscópico, examinar con rayos X, hacer una radiografía, radiografiar, echar un rayo (col) ‖ ≃ *n* (veraltet), R (1 R = 2,58 · 10^{-4} C/kg) (Einheitsdosis der Ionenstrahlung) / roentgen *m*, röntgen *m*, R, r, unidad *f* roentgen ‖ ≃... / de rayos X ‖ ≃**analyse** *f* / análisis *m* con rayos X ‖ ≃**analysegerät** *n* (Chem) / analizador *m* con rayos X ‖ ≃**apparat** *m*, **-gerät** *n* / aparato *m* de rayos X ‖ ≃**astronomie** *f* / astronomía *f* de rayos X ‖ ≃**aufnahme**, -photographie *f*, -bild *n* / radiografía *f* ‖ ≃**aufnahme** *f*, Schichtaufnahme *f* / tomografía *f*, estratografía *f*, radiografía *f* por estratos ‖ ≃**beugungsdiagramm** *n* / diagrama *m* de difracción de rayos X ‖ ≃**bild** *n* / radiografía *f* ‖ ≃**bildschirm** *m* / pantalla *f* radioscópica ‖ ≃**bild-Verstärkerfolie** *f* / hoja *f* intensificadora de radiografías ‖ ≃**bild-Verstärkerröhre** *f* / tubo *m* intensificador de radiografías ‖ ≃**blitz** *m* / flash *m* de rayos X ‖ ≃**bremsstrahlung** *f* / emisión *f* de rayos X por frenado de electrones ‖ ≃**darstellung** *f* / presentación *f* radiológica ‖ ≃**dermatitis** *f* (Med) / radioderm[at]itis *f*, dermatitis *f* de rayos X ‖ ≃**diagnostik** *f* / radiodiagnóstico *m* ‖ ≃**dichte** *f* (Pulv.Met) / densidad *f* determinada por rayos X ‖ ≃**diffraktometer** *n* / difractómetro *m* de rayos X ‖ ≃**dosismesser** *m* / dosímetro *m* radiológico o de rayos X, radiodosímetro *m* ‖ ≃**durchleuchtung** *f* / radioscopia *f*, examen *m* radioscópico ‖ ≃**emissionsanalyse** *f* / análisis *m* por emisión de rayos X ‖ ≃**feinstruktur-Untersuchung** *f* / investigación *f* de la microestructura por rayos X, examen *m* de la microestructura por rayos X ‖ ≃**film** *n* / película *f* de (o sensible a los) rayos X, película *f* radiográfica ‖ ≃**-Fluoreszenz-Analyse** *f* / análisis *m* de fluorescencia de rayos X ‖ ≃**generator** *m* / generador *m* de rayos X (productor de alta tensión) ‖ ≃**goniometer** *n* / goniómetro *m* radiográfico o de rayos X ‖ ≃**grenze** *f* (Vakuum) / límite *m* debido a los rayos X ‖ ≃**grobstruktur-Untersuchung** *f* / investigación *f* de la macroestructura por rayos X, examen *m* de la macroestructura por rayos X ‖ ≃**interferenz** *f* / interferencia *f* de rayos X ‖ ≃**kamera** *f* / cámara *f* de rayos X ‖ ≃**karte** *f* / tarjeta *f* de radiotolerancia ‖ ≃**kassette** *f* / chasis *m* para película radiográfica ‖ ≃**kinematographie** *f* / cinematografía *f* de rayos X, radiocinematografía *f*, cinerradiografía *f* ‖ ≃**kopf** *m* / cabeza *f* de radiografía ‖ ~**kristallografisch** / radiocristalográfico ‖ ≃**kristallographie** *f* / radiocristalografía *f* ‖ ≃**kunde** *f*, Röntgenologie *f* / radiología *f*, roentgenología *f* ‖ ≃**laser** *m* / láser *m* de rayos X ‖ ≃**lithographie** *f* / litografía *f* por rayos X ‖ ≃**-Materialprüfung** *f* / ensayo *m* de materiales por rayos X ‖ ≃**metallographie** *f* / radiometalografía *f*, radiometalurgia *f*, roentgenmetalurgia *f* ‖ ≃**mikroskop** *n* / microscopio *m* de rayos X
Röntgenographie *f*, Durchleuchtung *f* / radiografía *f*, roentgenografía *f*
Röntgenologie, **-lehre** *f* / roentgenología *f*, radiología *f*
röntgenologisch, Röntgen... / roentgenológico, radiológico
Röntgen•optik *f* / sistema *m* óptico de rayos X ‖ ≃**physik** *f* / física *f* de rayos X, radiofísica *f* ‖ ≃**prüfeinrichtung** *f* / dispositivo *m* de examen por rayos X ‖ ≃**prüfung** *f* **mittels Fernsehen** / radiografía *f* por televisión, examen *m* radioscópico por TV ‖ ≃**quelle** *f* / fuente *f* de rayos X ‖ ≃**rasterbild** *n* / imagen *f* de exploración por rayos X ‖ ≃**röhre** *f* / tubo *m* de Roentgen o de rayos X ‖ ≃**röhrenfenster** *n* / abertura *f* del tubo de Coolidge ‖ ≃**röhrenschutzgehäuse** *f* / cárter *m* protector de tubo ‖ ≃**-Schirmbildgerät** *n* / aparato *m* para examen fotorradioscópico, aparato *m* fotográfico de radiografía ‖ ≃**schirmbild-Kinematographie** *f* / cinematografía *f* de rayos X ‖ ≃**schirmbild-Photographie** *f* / radiografía *f*, fotorradioscopia *f* ‖ ≃**schutzglas** *n* / vidrio *m* de protección contra rayos X ‖ ≃**spektrograph** *m* / espectrógrafo *m* de rayos X, espectrómetro *m* registrador de rayos X ‖ ≃**spektrometer** *n* / espectrómetro *m* de rayos X ‖ ≃**spektroskopie** *f* / espectroscopia *f* de rayos X ‖ ≃**spektrum** *n* / espectro *m* de rayos X ‖ ≃**stern** *m* (Astr) / estrella *f* de rayos X ‖ ≃**strahlen** *m pl* / rayos *m pl* X, rayos *m pl* Roentgen ‖ ≃**strahlen aus der charakteristischen Eigenstrahlung der Atome** / rayos *m pl* característicos ‖ **mit** ≃**strahlen durchleuchten** / radiografiar ‖ ≃**[strahl]prüfung** *f* / examen *m* por rayos X ‖ ≃**-Strahlung**, X-Strahlung *f* / radiación *f* X ‖ ≃**strukturanalyse** *f* / análisis *m* de estructura por rayos X ‖ ≃**technik** *f* **in der Industrie** / radiotecnología *f* industrial ‖ ≃**techniker** *m* / técnico *m* en rayos X ‖ ≃**teleskop** *n* / telescopio *m* de rayos X ‖ ≃**therapie** *f* / radioterapia *f* ‖ ≃**transformator** *m* / transformador *m* para radiografía ‖ ≃**verfärbung** *f* (Krist) / cambio *m* de color por rayos X ‖ ≃**verordnung** *f* (BRD) / Reglemento *m* sobre Protección contra Daños por Rayos X
Roots•-Gebläse, Kapsel-Gebläse *n* / soplante *m* Roots ‖ ≃**pumpe**, Wälzkolbenpumpe *f* / bomba *f* Roots
Röring *m* (Anker, Schiff) / arganeo *m* de ancla, argolla *f* de[l] ancla
Ro-Ro•-Abfertigungsanlage *f* / instalación *f* de expedición de mercancías Ro-ro ‖ ≃**-Frachter** *m* (Schiff) / buque *m* de roll-on roll-off, buque *m* Ro-ro ‖ ≃**-Trailer** *m* / transbordador *m* de mercancías, barco *m* de carga horizontal ‖ ≃**-Verkehr** *m* / tráfico *m* de carga rodante
rosa, rosarot / rosa, rosado, rosáceo, en color de rosa ‖ ~ **Schleier**, Rotsehen *n* (Raumf) / velo *m* rojo ‖ ≃ *n* / rosa *m* ‖ ≃**färbung** *f* / tinte *m* rosa, teñido *m* rosa
Rosanilin *n* / rosanilina *f*, fucsina *f*
Rosa-Rauschen *n* (Eltronik) / ruido *m* rosa[do], ruido *m* con energía constante por octava
Rosasit, Cuprozinkit *m* (Min) / rosasita *f*, cuprozincita *f*
ROSAT = Röntgensatellit
Rosa-Zufallsschwingungen *f pl* (Phys) / vibración *f* aleatoria rosada
rösch (Hütt) / ligeramente machacada ‖ ~ (Pap) / magro ‖ ~**er Stoff** (Pap) / pasta *f* magra
Rösche *f* (Bergb) / zanja *f* [de drenaje o de ventilación]
röschen (Bergb) / cavar una zanja ‖ ≃**bau** *m* (Bergb) / explotación *f* por zanjas
Roscoelith *m* (Min) / roscoelita *f* (muscovita vanádica)
rosé (RAL 3017) / rosa *adj*
Rose *f* (Kompass) / rosa *f* de los vientos
Rosein, Anilinrot *n* (Chem) / roja *f* anilina, roseína *f*
Rosellahanf *m* (Bot) / cáñamo *m* [de] Guinea
Rose-Metall *n*, 50 T.Bi, 25 T.Pb, 25 T.Sn / aleación *f* Rose
Rosen•blüten, Flores Rosae *f* (Bot) / flores *m pl* de rosas ‖ ≃**essenz** *f*, **-öl** *n* / escencia *f* de rosas ‖ ≃**holz** *n* / palo *m* de rosa, madera *f* de rosal ‖ ≃**holzöl**, Bois-de-rose-Öl *n* / escencia *f* de palo de rosa ‖ ≃**holzöl** (Handelsbez), Linaloeöl *n* / escencia *f* de lináloe ‖ ≃**öl** *n s.* Rosenessenz ‖ ≃**quarz** *m* (Min) / cuarzo *m* rosado ‖ ≃**schere** *f* (Wz) / tijeras *f pl* de podar ‖ ≃**zucht** *f* / rosicultura *f*
Rosetiegel *m* (Chem) / crisol *m* de Rose
Rosette *f*, Rundschild *n* (Schloss) / escudo *m* redondo de cerradura ‖ ≃ (Ankerplatte) (Masch) / placa *f* de anclaje ‖ ≃ (Bau) / rosa *f*, rosetón *m*, rosa *f*
Rosieren *n* (Färb) / teñidura *f* rosa
Rosindulin *n* (Färb) / rosindulina *f*
Roskopfgang *m* (Uhr) / escape *m* de áncora Roskopf
Rosmarinöl, Oleum rosmarini *n* (Pharm) / esencia *f* de romero, aceite *m* de romero

Rosolsäure f (Chem) / ácido m rosólico
Rossbreiten f pl (Geo) / zonas f pl de calmas subtropicales
Rossby-Zahl f, Ro (Meteo, Phys) / número m de Rossby
Rössel n, **Rösschen** (Cottonm) / caballete m ‖ ⁓**schiene** f (Cottonm) / barra f deslizadora para carros de caballetes
Ross•haar n / crin f [de caballo] ‖ **gekräuseltes** ⁓**haar**, **Krollhaar** n / crin f ondulada ‖ **künstliches** ⁓**haar**, **Kunstrosshaar** / crin f artificial ‖ ⁓**haargewebe** n / tejido m de crin
Rossi•-Alpha-Methode f (Nukl) / método m de alfa de Rossi ‖ ⁓**-Schaltung**, -**Stufe** f (Radiol) / contador m Rossi
Rossit m (Min) / rossita f
Rosskastanie, gemeine ⁓, Aesculus hippocastanum / castaño m de Indias
Rost m, Gitter n / emparillado m, enrejado m, parrilla f ‖ ⁓, **Lattenrost** m / emparrillado m de listones ‖ ⁓, **Feuerrost** m / rejilla f o parrilla [del hogar] ‖ ⁓ (Metall) / robín m ‖ ⁓, Oxidation f von Eisen / herrumbre f, orín m, óxido m [de hierro] ‖ ⁓, Puccinia f (Bot) / roya f ‖ **liegender** ⁓, Balkenrost m (Bau, Wassb) / emparillado m o enrejado de vigas ‖ **mit einem** ⁓ **versehen** / emparrillar, enrejar, poner rejas
Rostangriff m (Stahl) / ataque m de herrumbre, ataque m corrosivo
Röstanlage f (Erze) / instalación f de tostación
Rost•ansatz m / oxidación f incipiente ‖ ⁓**ansatz**, Rostschicht f (Chem) / capa f de herrumbre
Röstarbeit f (Hütt) / calcinación f, tostación f
rost•artig, -förmig, in Rostform / en forma de rejilla ‖ ⁓**auflöser** m s. Rostlöser ‖ ⁓**[balken]träger**, -rahmen m, -lager n (Feuerung) / soporte m de parrilla ‖ ⁓**belag** m (Sintern) / lecho m de sinterizado ‖ ⁓**belastung** f (Feuerung) / carga f de parrilla [admisible] ‖ ⁓**beschicker** m / cargador m mecánico del hogar ‖ ~**beständig**, -fest, -frei, -sicher / inoxidable, inmanchable, anticorrosivo, antiherrumbroso, resistente a la herrumbre ‖ ⁓**beständigkeit**, -**sicherheit** f / inoxidabilidad f, resistencia f a la herrumbre
Röstbett n (Hütt) / lecho m de calcinación
Rostbildung f, Verrosten n / formación f de herrumbre o de orín
Röstblende f (Hütt) / blenda f calcinada o tostada
Rostboden m / suelo m enrejado de listones
rosten vi, rostig werden, verrosten / aherrumbrarse, oxidarse, enmohecerse, (localismo:) azumagarse ‖ ⁓ n, Rostansatz m / oxidación f [incipiente]
rösten vt (allg) / tostar ‖ ⁓ (Hütt) / calcinar, tostar ‖ ~, dörren / secar, desecar, someter a torrefacción ‖ ~, rotten (Flachs) / enriar ‖ ~ (Kokons) / secar, tostar (capullos) ‖ **stark** ~ / retostar ‖ ⁓ n, Röstung f / tostación f, tostadura f, tostado m ‖ ⁓ (Hütt) / calcinación f, tostación f ‖ ⁓, Dörren n / torrefacción f
Rost•entfernung f, Beizen n / desoxidación f, decapado m ‖ ⁓**entfernungsmittel** n / desoxidante m
Rösterei f / tostadero m
Rösterz n (Hütt) / mineral m calcinado o tostado
Rost•farbe f / color m de hierro oxidado o de herrumbre ‖ ⁓**feuerung** f / hogar m de parrilla ‖ ⁓**fläche** f (Masch) / área f o superficie f de parrilla ‖ ⁓**fleck** m / mancha f de herrumbre ‖ ~**förmig**, in Rostform / en forma de enrejado ‖ ~**frei**, rostbeständig / inoxidable ‖ ~**frei**, von Rost befreit, entrostet / desoxidado ‖ ~**freies Blech für Bauten** / chapa f inoxidable de construcción ‖ ~**freier Stahl** / acero m inoxidable ‖ ~**freies Terneblech** / chapa f emplomada inoxidable ‖ ~**fußboden** m, Lattenrost m (Bau) / suelo m enrejado de listones
Röstgas n / gas m de calcinación

rost•geschützt / protegido contra la oxidación o la herrumbre ‖ ⁓**gründung** f (Bau) / fundación f de emparrillado
Röst•gummi (ein Dextrin), Leiocom n / leiocoma f ‖ ⁓**gut** n / material m a calcinar ‖ ⁓**gut**, Geröstetes n / material m calcinado ‖ ⁓**herd** m / solera f de calcinar ‖ ⁓**horde** f (Malz) / plato m para tostar
rostig, verrostet / aherrumbrado, oxidado, cubierto de herrumbre ‖ ~ **werden** / tomarse de orín
Rostinhibitor m, -verhinderer m / inhibidor m de la oxidación, antioxidante m
Röstkaffee m / café m torrefacto o tostado
Rost•kitt, Eisenoxidhydratkitt m (Hütt) / cemento m de herrumbre ‖ ⁓**kollergang** m / molino m de rulos en húmedo
Röstkonverter m (Hütt) / convertidor m de calcinación
Rost•krankheiten f pl (Bot) / enfermedades f pl de roya ‖ ⁓**laube** f (coll) (Kfz) / cacharro m aherrumbrado ‖ ~**lösendes Öl** / aceite m desoxidante ‖ ⁓**löser** m, Rostlösungsmittel n (Chem) / desoxidante m, disolvente m de herrumbre
Röstmaschine f (Kaffee) / tostador m de café, máquina f torrefactora
Rostnarbe f (Stahl) / picadura f de herrumbre ‖ **mit** ⁓**n** / picado por herrumbre
Röstofen m / tostadero m ‖ ⁓, Brennofen m (Hütt) / horno m de calcinar o de tostar
Rost•pendel n (Uhr) / péndola f de parrilla ‖ ⁓**pfahl** m (Bau) / pilote m de fundación de emparrillado ‖ ⁓**pilze** m pl, Uredineen pl (Landw) / uredíneas f pl ‖ ⁓**pore** f / poro m de oxidación
Röst•posten n, -**gut** n, Rost m (Hütt) / mineral m tostado ‖ ⁓**probe** f (Chem) / ensayo m de calcinación ‖ ⁓**reaktionsprozess** m (Hütt) / proceso m de reacción de calcinación ‖ ⁓**reduktion** f (Hütt) / reacción f de calcinación o de tostado ‖ ⁓**rückstand** m / residuos m pl de calcinación
Rostschäden m pl / daños m pl producidos por la oxidación, deterioro m producido por la oxidación
Röstscherben m, Glühschale f (Probier) / cubeta f o navecilla de tostado
Rostschicht f (dicke) / capa f de herrumbre ‖ ⁓ (dünne) / película f de herrumbre
Röst•schicht f (Rohlech) (Hütt) / fusión f de mata cruda ‖ ⁓**schlacke** f (Hütt) / escoria f de mata cruda ‖ ⁓**schmelzen** n / calcinación f y fundición
Rostschutz m / protección f contra herrumbre ‖ ⁓**...** / antioxidante, antiherrumbre, anticorrosivo ‖ ⁓**anstrich** m / pintura f antioxidante o antióxido
rostschützend (Anstrich, Chem, Hütt, Pap) / antioxidante, anticorrosivo, protector contra la corrosión
Rostschutz•farbe f / color f pl antioxidante ‖ ⁓**grundierfarbe** f / imprimación f antioxidante ‖ ⁓**mittel** n / antioxidante m, anticorrosivo m, agente m antioxidante ‖ ⁓**papier**, Nadelpapier n / papel m anticorrosivo, papel m para agujas o alfileres
Rost•schwelle f (Bau) / traviesa f de tablero ‖ ⁓**sicherheit**, -festigkeit, -freiheit f, -beständigkeit f (Stahl) / inoxidabilidad f, resistencia f a la oxidación
Röstsintern (Hütt) / sinterización f por calcinación
Rostspalte f, -**spalt** m / vacío m intersticial de parrilla, intersticio m entre los barrotes de parrilla
Röstspat m (Min) / espato m tostado
Rost•spuren f pl **an Blech** / corrosión f incipiente de la chapa ‖ ⁓**stab** (Kessel) / barrote f de parrilla ‖ ⁓**stab** (Sieb) (Bergb) / barra f de criba
Roststaub m / polvo m de oxidación
Roststelle f / punto m de oxidación o de corrosión
Rösttrommel f / tambor m de tostación
Rost•umwandler m (Chem) / transformador m de herrumbre ‖ ⁓**verhindernd** / inhibidor m de la oxidación o corrosión
Röstwagen m (Hütt) / carro m de tostación

rot (Differentialoperator) (Math) / rotacional, vector *m* rotacional, curl *m*

rot , **RD** (Farbe, Fernm) / rojo *adj* ‖ **~e Beize**, Beize *f* (Gerb) / mordiente *m* rojo ‖ **~er Bereich** (Kfz, Masch) / zona *f* crítica, gama *f* roja (instrumento) ‖ **~es Blutlaugensalz** (Chem) / ferricianuro *m* potásico, prusiato *m* rojo ‖ **~er Bolus**, Poliment (Galv) / bol *m* ‖ **~es Ebenholz** (Bot) / ébano *m* rojo ‖ **~er Fettstift** / lápiz *m* graso rojo ‖ **~ glühend**, rotwarm / rojo candente o vivo ‖ **~ glühend machen** / calentar o poner al rojo vivo ‖ **~er japanischer Lack** / laca *f* japonesa roja ‖ **~er Lehm** (Tiefsee) / barro *m* rojo ‖ **~er Phosphor** (Chem) / fósforo *m* rojo ‖ **~es Quecksilberoxid** / precipitado *m* rojo ‖ **~e Riesen** *m pl* (Astr) / gigantes *m pl* rojos ‖ **~e Spinne**, Obstbaumspinnmilbe *f*, Metatetranychus ulmi o pilosus (Zool) / arañ[uel]a *f* roja, ácaro *m* de los frutales ‖ **~ werden**, sich röten / enrojecerse, ponerse rojo ‖ **~ n**, rote Farbe / rojo *m* ‖ **~ I. Ordnung** (Phys) / rojo *m* de primer orden ‖ **~e Liste** *f* (Pharm) / Vademecum *m* Internacional (E), recetario *m*, farmacopea *f* ‖ **~e Öle**, Red Oils *n pl* / aceites *m pl* neutros ‖ **~e Rübe od. Bete** (Bot) / remolacha *f* colorada

Rot•algen *f pl*, Rhodophyzeen *pl* (Bot) / algas *f pl* rojas, rodofíceas *pl*, roófitos *m pl* ‖ **~algenschwemme** *f* / marea *f* roja

Rotangrohr *n*, Rotang (Bot) / rota *f*, rotang *m*, bejuco *m*, rotén *m*

Rot•anteil *m* der Lichtempfindlichkeit (Foto) / componente *f* roja de la fotosensibilidad ‖ **~armes Filter** / filtro *m* que absorbe el rojo

Rotary•bohren *n* (Bergb) / perforación *f* rotatoria ‖ **~bohrgerät** *n* / equipo *m* rotatorio ‖ **~-Hebewerk** *n* (Öl) / malacate *m*, cuadro *m* de maniobras (ARG), la máquina (VEN) ‖ **~-Kette** *f* / cadena *f* transmisora de la mesa rotatoria ‖ **~wähler** *m* (Fernm) / disco *m* selector, selector *m* rotatorio

Rotation *f*, rotierende Bewegung (um die eigene Achse) / rotación *f*, giro *m* ‖ **~**, Rotor *m*, rot v (Math) / vector *m* rotacional, rotacional *m*, curl *m* ‖ **~ des Elektrons**, Eigenrotation / rotación *f* propia de un electrón, espín *m* ‖ **~ des Raumschiffes** (zum Temperaturausgleich) (Raumf) / rotación *f* de la astronave ‖ **~ schnelle** / rotación *f* rápida

Rotations•... (Math) / de rotación ‖ **~...**, mit Rollenzuführung (Druck) / rotativo ‖ **~abtastkamera** *f* (Raumf) / cámara *f* rotativa de exploración ‖ **~achse** *f* / eje *m* de rotación, eje *m* de giro ‖ **~autoklav** *f*, Drehautoklav *m* / autoclave *f* de rotación ‖ **~bewegung** *f* / movimiento *m* rotatorio o de rotación ‖ **~druck** *m* / impresión *f* rotativa ‖ **~[druck]maschine**, Rotationspresse *f* / rotativa *f* ‖ **~druckpapier** *n* / papel *m* [de impresión] para rotativa ‖ **~ellipsoid** *n* (Geom) / elipsoide *m* de rotación ‖ **~-EMK** *f* / fuerza *f* electromotriz dinámica ‖ **~energie** *f* / energía *f* de rotación ‖ **~entropie** *f* / entropía *f* rotacional ‖ **~filmdruck** *m* / estampación *f* a la lionesa ‖ **~filmdruckmaschine** *f* / rotativa *f* de estampar a la lionesa ‖ **~filmen** *n* (Repro) / toma *f* de vistas rotacional ‖ **~filter** *n* / filtro *m* giratorio o rotatorio ‖ **~fläche** *f*, Umdrehungsfläche *f* / superficie *f* de rotación ‖ **~formen**, -schmelzen *n* (Plast) / moldeo *m* por rotación ‖ **~gebläse** *n* / soplante *f* rotativa ‖ **~-Hauptachse** *f* / eje *m* principal de rotación ‖ **~hyperboloid** *n* (Geom) / hiperboloide *m* de rotación ‖ **~integral** *n* (Math) / integral *f* circuital o rotacional ‖ **~kegel** *m* / cono *m* de rotación ‖ **~kolben** / émbolo *m* rotativo ‖ **~kolben** (Wankel), Kreiskolben *m* (Mot) / pistón *m* epicicloidal ‖ **~kolbengebläse** *n*, -kolbenverdichter *m* / compresor *m* de émbolos rotativos ‖ **~kolbenmaschine** *f*, RKM (nicht Drehkolben) / máquina *f* de émbolo rotativo ‖ **~kompressor** *m*, Umlaufverdichter *m* / compresor *m*

rotativo ‖ **~körper** *m* (Geom) / cuerpo *m* de revolución, cuerpo *m* rotativo ‖ **~körperformen** *n* (Gieß) / moldeo *m* al torno ‖ **~maschine** *f*, -presse *f* (Druck) / rotativa *f*, máquina *f* rotativa ‖ **~motor**, Umlaufmotor *m* / motor *m* de cilindros giratorios ‖ **~offsetmaschine** *f* / rotativa *f* offset ‖ **~parabol-Antenne** *f* / antena *f* parabólica ‖ **~paraboloid** *n* / paraboloide *m* de rotación ‖ **~photographie** *f* / proceso *m* de copias de bromuro ‖ **~polarisation** *f* / polarización *f* rotatoria ‖ **~presse** *f* (Druck) / rotativa *f*, prensa *f* rotativa ‖ **~pumpe** *f* / bomba *f* rotativa ‖ **~pumpe**, Kreiselpumpe *f* / bomba *f* centrífuga ‖ **~quant** *n*, Roton *n* (Phys) / rotón *m* ‖ **~quantenzahl** *f* (Nukl) / número *m* cuántico rotacional ‖ **~rektifikator** *m* (Chem) / columna *f* de destilación con aletas rotativas ‖ **~schale** *f* (Bau) / cascarón *m* de rotación ‖ **~schere** *f* / cizallas *f pl* rotativas ‖ **~schweißen** *n* / soldeo *m* por rotación ‖ **~[schwingungs]spektrum** *n* / espectro *m* rotacional vibratorio ‖ **~sintern** *n* (Plast) / moldeo *m* por centrifugación ‖ **~spektrum** *n* / espectro *m* rotatorio o rotacional ‖ **~strömung** *f* / corriente *f* de torbellinos ‖ **~symmetrie** *f*, Drehsymmetrie *f* / simetría *f* rotativa o radial ‖ **~symmetrisch** / rotacionalmente simétrico, de simetría rotativa ‖ **~symmetrisch**, dynamisch ausgewuchtet / equilibrado dinámicamente ‖ **~therapie** *f* (Radiol) / cicloterapia *f*, ciclorradioterapia *f* ‖ **~tisch** *m* (IC) / mesa *f* rotativa ‖ **~transformation** *f*, -verschiebung *f* (Plasma) / transformación *f* rotacional ‖ **~transformator**, Induktionsregler *m* / transformador *m* de fase, regulador *m* de inducción ‖ **~verdampfer** *m* / evaporador *m* rotativo ‖ **~viskosimeter** *n* / viscosímetro *m* rotativo

Rotator *m* (Phys) / rotador *m*

rotatorisch (Wz) / rotatorio

Rot•beimischer *m* (TV) / adicionador *m* de rojo ‖ **~beize** *f* (Färb) / mordiente *m* rojo ‖ **~bleierz** *n*, Krokoit (Min) / crocoíta *f*, cromato *m* de plomo natural ‖ **~blindheit** *f* (Med) / protanopia *f*, aneritropsia *f* ‖ **~braun** / rojo marrón, pardo rojizo ‖ **~bronze** *f* / bronce *m* rojo, azófar *m* ‖ **~bruch** *m* (Eisen) / rotura *f* por fragilidad en caliente o al rojo ‖ **~brüchig** / de fragilidad en caliente ‖ **~brüchig sein** / romperse en caliente o al rojo ‖ **~buche**, Gemeine Buche (Bot) / haya *f* común ‖ **~druck** *m* / impresión *f* en rojo

Rote-Augen-Effekt *m* (Foto) / efecto *m* de ojos enrojecidos

Rot•eiche *f*, Quercus rubra (Bot) / roble *m* americano ‖ **~eisenocker** *m* (Min) / ocre *m* rojo ‖ **~eisenstein** *m* / hematíes *f* roja (E), hematita *f* roja (LA)

Rötel, Rotstein *m*, rote Kreide, armenische Erde (Min) / ocre *m* rojo, almagre *m* (E), sanguina *f* (LA) ‖ **~ *m***, Markierungsfarbe *f* (Zimm) / rúbrica *f* fabril

Rotempfindlichkeit *f* / sensibilidad *f* al rojo

Rotenon *n*, Derriswurzelextrakt *m* (Pharm) / rotenona *f*

Rot•erde *f* (Geol) / laterosol *m* ‖ **~faules Holz** / madera *f* atacada por la pudrición roja ‖ **~fäule** *f* (Bot, Landw) / tabaco *m* ‖ **~fäule** (Holz) / pudrición *f* roja, (esp.:) pudrición parda de las coníferas ‖ **~fichte** *f* (Bot) / abeto *m* rojo o falso, picea *f* de Noruega ‖ **~fleckigkeit** *f* (Holz) / manchas *f pl* rojizas ‖ **~fleckigkeit**, Eisenflecke *m pl* (Keram) / manchas *f pl* rojas ‖ **~freies Filter**, Rotfreifilter *m n* (Foto) / filtro *m* exento de rojo ‖ **~freies Licht** / luz *f* exenta de rojo ‖ **~gar** (Gerb) / curtido con corteza ‖ **~gelb** / rojo amarillo ‖ **~gerben** *vt*, lohgar machen / adobar con corteza ‖ **~gießerei** *f* / fundición *f* de cobre y bronce ‖ **~[glüh]hitze**, Rotglut, -wärme *f* (850 - 1250 K) (Hütt) / calor *m* rojo, incandescencia *f* roja, candencia *f* roja ‖ **dunkelste ~glühhitze** (775 - 825 K) / rojo *m* incipiente ‖ **helle ~glut** / rojo *m* vivo ‖ **~gluthitze** *f*, -temperatur *f* / temperatura *f* al rojo vivo ‖ **~golden** / rojo dorado ‖ **~grünblindheit** *f*, Farbenblindheit *f* (Med) /

1083

daltonismo *m* ‖ **helles** ~**güldigerz**, Proustit *m* (Min) / proustita *f* ‖ **dunkles** ~**güldigerz**, Pyrargyrit *m* (Min) / pirargirita *f* ‖ ~**guss** *m*, Rotmetall *n*, -messing *n* (Hütt) / fundición *f* roja, latón *m* rojo ‖ ~**guss**, Gusszinnbronze *f* (88% Cu, 8% Sn, 4% Zn) / bronce *m* industrial o mecánico o [em]pavonado, bronce *m* de máquinas ‖ ~**gussschale** *f* / semicojinete *m* de bronce industrial ‖ ~**holz** *n* (Bot) / madera *f* de pino común o silvestre
rotieren, umlaufen / rotar, girar
rotierend, drehend (um seine Achse) / rotatorio, giratorio, rotativo ‖ ~**e Abreißströmung** (Turbo) / desprendimiento *m* rotativo del flujo ‖ ~**er Bohrkopf** (Öl) / barrena *f* de arrastre o de fricción ‖ ~**e Fadenführung** (Tex) / guía-hilo *m* rotatorio ‖ ~**er Frequenzumformer** (Elektr) / convertidor *m* de frecuencia rotativo ‖ ~**e o. umlaufende Funkenstrecke** / explosor *m* o descargador rotatorio ‖ ~**e Kolonne** (Öl) / columna *f* de discos rotativos ‖ ~**er Löschkopf** *m* (Magn.Bd) / cabeza *f* borradora rotativa ‖ ~**es Mähwerk** (Landw) / guadañadora *f* o segadora rotativa ‖ ~**er Montageturm** / andamio *f* de servicio rotatorio ‖ ~**er Ofen** (Prüflabor) / estufa *f* rotativa ‖ ~**er Phasenschieber** / de[s]fasador *m* rotativo ‖ ~**er Spinntopf** (Tex) / bote *m* de filatura rotativo ‖ ~**er Teil** / parte *f* en rotación, rotor *m* ‖ ~**es Thermometer** / termómetro *m* rotativo ‖ ~**er Transformator**, Induktionsregler *m* / transformador *m* de fase, regulador *m* de inducción ‖ ~**er Umformer** / convertidor *m* giratorio o rotatorio o rotativo o sincrónico, grupo *m* convertidor [rotativo] ‖ ~**er Umformer für Gleichstrom** / conmutatriz *f* rotativa o giratoria para corriente continua
Rotkiefer, amerikanische ~ (Bot) / pino *m* albar o silvestre o norte, pino *m* rojo o serrano o Valsain
Rot • kreide *f*, Polierrot *n* / rojo *m* para pulir ‖ ~**kreide** s. auch Rötel ‖ ~**kupferzer** *n* (Tex), Cuprit *m* (Min) / cuprita *f*
rötlich / rojizo ‖ ~ (Gestein, Holz) / rodeno ‖ ~ **[braun]** / pardo rojizo
Rot • licht *n* (Straßb) / luz *f* roja ‖ ~**licht** (Foto) / luz *f* rubí ‖ ~**licht** (Instr) / lámpara *f* de señales roja ‖ ~**liegendes** *n* (Geol) / capas *f pl* permianas autunses o artiskenses, rotliegendes *m* ‖ ~**lila** (RAL 4001) / rojo lila ‖ ~**messing** *n*, Tombak *m* (Hütt) / latón *m* rojo ‖ ~**nickel** *n*, -nickelkies *m* (Min) / níquel *m* arsenical, cobre-níquel *m*, niquelina *f*, arseniuro *m* de níquel
Rotobaler *n*, Rundballenpresse *f* (Landw) / enrolladora-empacadora *f*
Rotoformverfahren *n* (Plast) / conformación *f* por centrifugación
Roto • foto-Setzmaschine *f* (Druck) / máquina *f* Rotofoto ‖ ~**gravüre** *f* (Druck) / rotograbado *m*, huecograbado *m*
Roton *n* (Phys) / rotón *m*
Rotor *m* (Math) / rotacional *m*, vector rotacional, curl *m* ‖ ~, Anker *m* (Elektr) / rotor *m*, inducido *m* ‖ ~ (Uhr) / masa *f* oscilante, rotor *m* ‖ ~ (Hubschrauber) / rotor *m* principal, hélice *f* sustentadora ‖ ~ **des Windkraftwerkes** / rotor *m* de la central eólica ‖ ~ **eines Zählers** (Instr) / rotor *m* del contador ‖ ~ **koaxialer, gegenläufiger, starrer** ~ (Hubschrauber) / rotor *m* coaxial de marcha contraria
Rotor • blatt *n* (Luftf) / pala *f* del rotor ‖ ~**fläche** *f* (Luftf) / área *f* del círculo del rotor ‖ ~**flügel** *m* (Luftf) / ala *f* giratoria ‖ ~**flugzeug** *n*, Drehflügler *m* / giroavión *m*, aeronave *f* de alas giratorias, autogiro *m* ‖ ~**gelenk** *n* (Luftf) / articulación *f* de la pala ‖ ~**gespeist** (Elektr) / alimentado por el rotor ‖ ~**kontakt** *m* (Elektr) / contacto *m* de[l] rotor ‖ ~**kopf** *m* (gesamte Rotorbaugruppe ohne Blätter) (Luftf) / cabeza *f* del rotor ‖ ~**körper** *m* (Elektr) / cuerpo *m* del rotor o de inducido ‖ ~**krümler** *m* (Landw) / cultivadora *f* rotativa, fresadora *f* ‖ ~**messer** *n* (Forstw) / cuchilla *f* rotativa ‖ ~**nabe** *f* (Luftf) / cubo *m* del rotor ‖ ~**ofen** *m*

(Hütt) / horno *m* rotativo ‖ ~**paket** *n* (Kondensator) / placas *f pl* móviles del capacitor giratorio ‖ ~**pumpe** *f* **mit innenverzahntem Rotor** / bomba *f* de engranaje interior ‖ ~**spinnen** *n* (ein Offen-End-Spinnen) (Tex) / hilatura *f* de rotor ‖ ~**spitzendüse** *f* (Luftf) / tobera *f* del reactor de la pala ‖ ~**spitzen-Strahlantrieb** *m* (Luftf) / reactor *m* de la punta de pala ‖ ~**stern** *m* (Elektr) / cepo de rotor o de inducido ‖ ~**streuer** *m* (Landw, Straßb) / esparcidora *f* rotativa o centrífuga ‖ ~**teller** *m* (Druck) / plato *m* rotor ‖ ~**träger** *m* (Luftf) / pilón *m* del rotor ‖ ~**wicklung** *f* (Elektr) / devanado *m* del inducido
Rot • pause *f* (Zeichn) / fotocalco *m* rojo, copia *f* roja ‖ ~**phase** *f* (Verkehr) / fase *f* de rojo ‖ ~**reserve** *f* (Tex) / reserva *f* roja ‖ ~**rost** *m* (Eisenoxide) / herrumbre *f* roja (óxido de hierro) ‖ ~**sandstein** *m* (Geol) / arenisca *f* roja ‖ ~**schimmel** *m* (beim Gemüse) (Bot) / quintral *m* ‖ ~**schlamm** *m* (Bayer-Verf) (Hütt) / fango *m* rojo ‖ ~**sehen** *n*, Schleier *m* (Raumf) / velo *m* rojo ‖ ~**spießglanz** *m* (Min) / kermesita *f* ‖ ~**stich** *m* (Färb, Foto) / tono *m* rojizo ‖ ~**stichig** / rojizo ‖ ~**stift** *m* / lápiz *m* rojo ‖ ~**strahlsystem** *n* (TV) / cañón *m* del rojo ‖ ~**streifigkeit** *f* (Holz) / bandas *f pl* rojas ‖ ~**tang** s. Rotalgen ‖ ~**tanne** *f*, Picea abies, Picea excelsa Link (Bot) / abeto *m* rojo o de Noruega
Rotte *f*, Arbeitsrotte *f* / brigada *f* o cuadrilla de obreros, equipo *m* de obreros ‖ ~**grube** *f* (für Flachs) / foso *m* de enriado
rotten (Flachs) / enriar ‖ ~ *n*, Rotte *f* (Flachs) / enriado *m* ‖ ~ (Pap) / mojado *m*, maceración *f*
Rotten • arbeiter *m* (Bahn) / obrero *m* asentador de la vía ‖ ~**führer** *m* (Bahn) / capataz *m* de brigada
rot-überempfindlich (TV) / sobresensible al rojo
Rotunde *f* (Bau) / rotonda *f*
Rot • verschiebung *f* (Astr) / desplazamiento *m* hacia el rojo ‖ ~**violett** (RAL 4002) / rojo violeta ‖ ~**zinkerz** *n*, Zinkit *m* (Min) / cincita *f*
Rouleau *n*, Rollo *n* (aus Markisenstoff) / persiana *f* arrollable o enrollable ‖ ~**druck** *m* (Tex) / estampación con rodillo[s] ‖ ~**-Druckmaschine** *f* (Tex) / estampadora *f* con rodillo[s]
Round-Hump-Felge *f* (Kfz) / llanta *f* round hump
Rousseau-Diagramm *n* (Licht) / diagrama *m* de Rousseau
Route *f* / ruta *f*, itinerario *m*
Routen • aufnahme *f*, Reisewegaufnahme *f* (Verm) / levantamiento *m* itinerario ‖ ~**führung** *f* (Kfz) / guía *f* de itinerario ‖ ~**tafel** *f* (Schweiz) (Bahn) / chapa *f* indicadora de dirección, rótulo *m* indicador de dirección
Router *m* (DV, Fernm) / router *m*, encaminador *m*
Routine *f* / rutina *f* ‖ ~**...** / de rutina, rutinario ‖ ~ *f* **zur Kontrolle von Peripheriegeräten** (DV) / rutina *f* de tratamiento ‖ ~**feste** ~ (DV) / rutina *f* fija ‖ ~**arbeit** *f* / trabajo *m* de rutina ‖ ~**betrieb** *m* / funcionamiento *m* de rutina ‖ ~**heimfahrt** *f* (Schiff) / retorno *m* por rutina ‖ ~**lauf** *m*, organisatorische Operation (DV) / operación *f* burocrática ‖ ~**mäßig**, laufend / rutinario ‖ ~**wiederholung** *f* (Fernm) / repetición *f* de oficio ‖ ~**wort** *n* (COBOL) / palabra *f* de rutina o de programa
Routing *n*, Leitweg *m* (Fernm) / vía *f*, línea *f*
Roving *n*, Glasseidenstrang *m* (Plast) / roving *m*
Royalty *f*, Lizenzgebühren *f pl* / derechos *m pl* de licencia, royalties *f pl*
R.O.Z., Research-Oktanzahl *f* (nach Research-F_1-Methode) / índice *m* de octano de investigación
Rozellsäure *f* (Chem) / ácido *f* roccélica
RPG (= Report Program Generator) (eine Programmiersprache) / RPG
R-Putzen *m*, Innenabfall *m* (Plast) / pipa *f*
RPV *n*, ferngelenktes Fahrzeug, unbemanntes ferngesteuertes Kampfflugzeug, Drohne *f* / vehículo *m* teleguiado

RRIM, glasfaserverstärktes RIM / plástico *m* RIM reforzado por fibras de vidrio
R-Ring *m*, Rechteckring *m* (Mot) / segmento *m* de sección rectangular ‖ ≈ (Dichtung) / guarnición *f* o junta redonda de caucho
RRS (Fernm) = Rufrelaissatz
rs (Fernm) = rosa
RS (Fernm) = Rufschalter
RSA-Codierung *f* (= Rivest, Shamir, Adleman) (DV) / codificación *f* RSA
R-Säure *f* (Färb) / ácido *m* R
RSB = Restseitenband
R-Schirm *m* (Radar) / pantalla *f* R
RS-Dichtung *f* (Lager) / tapa *f* de obturación
RS-Format *n* (= register, storage) (DV) / formato *m* RS
RSG = Rohstahlgewicht
RSK = Reaktorsicherheitskommission
RS-Kippstufe *f*, Flip-Flop *n* mit RS-Tastung / basculador *m* de disposición/reposición
RSQ = Reaktorsicherheitsquotient
R-Stück, Muffenübergangsstück *n* / manguito *m* de transición con enchufe
RSV *n* (Kfz) / vehículo *m* experimental de seguridad
rt (Fernm) = rot
RT (Fernm) = Ruftaste ‖ ≈ (Phys) = Raumtemperatur ‖ ≈ (Schiff) = Registertonne (100 cbft = 2,8316 m³) ‖ ≈, Raumtemperatur *f* / temperatura *f* ambiente
R-Teiler *m*, ohmscher Spannungsteiler (Elektr) / divisor *m* de tensión resistivo
RTL-Logik *f* (DV) / lógica *f* de resistores y transistores, lógica *f* RT
RTM *n* = Raster-Tunnel-Mikroskop ‖ ≈ (= reaction transfer moulding) / moldeo *m* de tranferencia por reacción
RTOL-Flugzeug *n* (= reduced take-off and landing) / avión *m* RTOL
RTT-Station *f* (=real time telemetry) (Raumf) / estación *f* de telemetría en tiempo real
RTV = Raumtemperatur-Vulkanisation ‖ ≈**-Silicon** *n* (bei Raumtemperatur vulkanisierend) / silicona *f* de vulcanización a temperatura ambiente
Ru, Ruthenium *n* (Chem) / rutenio *m*, Ru
Rubberbandtechnik *f*, Gummibandverfahren *n* (Graphik) / técnica *f* de banda de caucho
Rübe, Knolle *f* (Bot) / tubérculo *m* ‖ ≈, Wasser-, Weiß-, Saatrübe *f*, Turnip *n* (Landw) / nabo *m* ‖ **Runkel-**≈, Zuckerrübe *f* / remolacha *f*, betarraga *f* ‖ **weiße** ≈, Futterrübe *f* / remolacha *f* forrajera
Rüben • ... / remolachero *adj* ‖ ≈**ablage** *f*, Feldablage *f* (Zuck) / almiar *m* de remolachas, descarga *f* en el campo de remolachas ‖ ≈**abnahme** *f* / recepción *f* de remolachas ‖ ≈**abtransport** *m* / transporte *m* de remolachas ‖ ≈**älchen** *n* / anguilula *f* de remolacha ‖ ≈**alkohol** *m* / alcohol *m* de remolacha ‖ ≈**anbau** *m* / cultivo *m* de remolacha ‖ ≈**anlieferung** *f* / suministro *m* de remolachas ‖ ≈**annahmestelle** *f* / puesto *m* de recepción de remolachas ‖ ≈**blattablage** *f* / almiar *m* de hojas de remolacha ‖ **schwarze** ≈**blattlaus** *f* (Zool) / pulgón *m* negro de la remolacha ‖ ≈**blattsammellader** *m* / recogedora-cargadora *f* de coronas ‖ ≈**blattschwader** *m* / hileradora *f* de hojas de remolacha ‖ ≈**blattwanze** *f* (Zool) / chinche *m f* de la remolacha ‖ ≈**blattwespe** *f* / falsa oruga de los nabos *f* ‖ ≈**blatterzkleinerer** *m* / cortador *m* de hoja de remolacha ‖ ≈**brei** *m* / pulpa *f* de remolacha ‖ ≈**breimaschine** *f* (Zuck) / prensa *f* para pulpar remolacha ‖ ≈**bröckler**, -schneider *m* (Landw) / desmenuzadora *f* [de raíces] de remolachas ‖ ≈**derbrüßler** *m* (Zool) / cleonus *m* de la remolacha ‖ ≈**elevator** *m*, -heber *m* (Landw) / elevador *m* de remolachas ‖ ≈**ernte** *f* / recolección *f* de remolacha[s] ‖ ≈**erntemaschine** *f* / cosechadora *f* o recolectora de remolachas ‖ ≈**ertrag** *m* / rendimiento *m* de remolacha azucarera ‖ ≈**erzeuger** *m* / productor *m* de remolachas ‖ ≈**feld** *n* / campo *m* de remolachas ‖ ≈**fliege** *f*, Pagomyia betae (Zool) / mosca *f* de la remolacha ‖ **maschinelle** ≈**hacke** (Landw) / binadora *f* mecánica para remolacha ‖ ≈**hals** *m* (Zuck) / cuello *m* de remolacha ‖ ≈**hebemaschine** *f*, -heber *m* (Landw) / arrancadora *f* o cavadora o llevadora de remolachas ‖ ≈**kopf** *m*, -hals *m* (Epicotyl, Zuck) / cuello *m* de la remolacha ‖ ≈**köpfer** *m* (Landw) / desmochadora *f* de remolacha, descoronador *m* de remolacha ‖ ≈**köpf-Häcksler** *m* / descoronadora-picadora *f* de remolacha ‖ ≈**köpfsammler** *m* / descoronadora-cargadora *f* de remolachas ‖ ≈**kräuselkrankheit** *f* (Bot) / rizadura *f* de las hojas de la remolacha ‖ ≈**kraut** *n*, -blätter *n pl* / hojas *f pl* de la remolacha ‖ ≈**krehl** *m* (Landw, Wz) / escardillo *m* de remolachas ‖ ≈**lagerplatz** *m* / parque *m* de almacenamiento de remolachas ‖ ≈**lichter** *m* (Landw) / aclareador *m* de remolachas ‖ ≈**muser** *m* / pulpador *m* para remolachas ‖ ≈**probenehmen** *n* / toma *f* de pruebas de remolachas ‖ ≈**probewascher** *m*, Prozentwäsche *f* (Zuck) / lavador *m* para la determinación de tara ‖ ≈**pumpe** *f* / bomba *f* de remolachas ‖ ≈**-Rodelader** *m* / arrancadora-cargadora *f* de remolachas ‖ ≈**rodepflug** *m* / arado *m* arrancador de remolachas ‖ ≈**roder** *s*. Rübenhebemaschine ‖ ≈**rohzucker** *m* / azúcar *m* bruto de remolacha ‖ ≈**rost** *m* (Bot, Krankheit) / roya *f* de la remolacha ‖ ≈**rostpilze** *m pl* / uredíneas *f pl* de la remolacha ‖ ≈**saft** *m* / jugo *m* o zumo de remolacha ‖ ≈**samen** *m* / semilla *f* de remolacha ‖ ≈**[samen]knäuel** *n* / pericarpio *m* de remolacha ‖ ≈**sammellader**, -sammler *m* (Landw) / cosechadora *f* cargadora *f* de remolachas ‖ ≈**schnecke** *f* / rosca *f* transportadora de remolachas ‖ ≈**schnitzel** *n m* / cosetas *f pl*, pulpa *f* seca o desecada de remolachas ‖ ≈**schnitzelmaschine** *f* / máquina *f* cortadora de remolachas, máquina *f* para hacer cosetas ‖ ≈**schwanz** *m* / cola *f* o radicela de remolacha ‖ ≈**schwemme** *f* (Zuck) / canal *m* para flotar remolachas ‖ ≈**sirup** *m* / jarabe *m* de remolacha ‖ ≈**sorte** *f* / especie *f* o variedad de remolacha ‖ ≈**sprit** *m* / alcohol *m* de remolacha ‖ ≈**stapler** *m* / dispositivo *m* de apilar remolachas ‖ ≈**station**, -annahme *f* (Zuck) / puesto *m* de recepción de remolachas ‖ ≈**stecher** *m* / sacamuestras *m* de remolachas ‖ ≈**verarbeitung** *f* (Mengenmaß) / capacidad *f* diaria de picadura ‖ ≈**vereinzelungsmaschine** *f* / entresacadora *f* de remolachas, máquina *f* de aclareo de remolachas, aclareadora *f* de remolachas ‖ ≈**vollerntemaschine** *f*, -vollernter *m* (Landw) / cosechadora *f* de remolachas con elevador ‖ ≈**wäsche** *f* (Station) / lavadora *f* de remolacha ‖ ≈**wurzelkörper** *m* (Zuck) / raíz *f* de remolacha ‖ ≈**ziehen** *n* / arranque *m* de remolachas ‖ ≈**zucker** *m* / azúcar *m* de remolacha ‖ ≈**zuckerfabrik** *f* / azucarera *f* para remolachas ‖ ≈**zuckerindustrie** *f* / industria *f* azucarera de remolachas
Rubidium *n*, Rb (Chem) / rubidio *m*, Rb
Rubin *m* (Min) / rubí *m* ‖ ≈, Stein *m* (Uhr) / piedra *f* de cojinete, rubí *m* ‖ ≈**glas** *n* / cristal *m* rubí ‖ ≈**glas**, Überfangglas *n* / vidrio *m* rubí plaqué o de capas ‖ ≈**glimmer**, Lepidokrokit *m* (Min) / mica *f* roja, lepidocrocita *f* ‖ ≈**laser** *m* / láser *m* de rubí ‖ ~**rot** (RAL 3003) / rojo rubí *adj* ‖ ≈**rot** *n* (Farbe) / rubí *m*
Rüböl, Rübsenöl *n* (Brassica napus) / aceite *m* de colza
Rub-out-Test *m* (Farbe) / ensayo *m* de frotar
Rubren *n* (Chem) / rubreno *m*
Rubrik *f*, Spalte *f* / columna *f* ‖ ≈, [rotgedruckter] Titel[kopf] (Druck) / título *m*, encabezamiento *m*, rúbrica *f*
Rübsamen *m*, Rübsen *m* (Bot) / nabina *f* [silvestre], brassica *f* rapa ‖ ≈, Rübensamen *m* / semillas *f pl* de remolacha ‖ ≈**öl** *n*, Rübsenöl *n* / aceite *m* de nabina

Ruck, Stoß *m* / empujón *m* ‖ ~ *m*, Stoß *m* (Luftf) / escudida *f* (tercera derivada del espacio respecto al tiempo) ‖ ~, Ruckbewegung *f* / tirón *m*
Rück•..., Zurück... / retro... ‖ **~ansicht** *f* / vista *f* de atrás, vista *f* trasera ‖ **~anströmung** *f* (Hubschrauber) / flujo *m* invertido ‖ **~arbeitsbremsung** *f* (Bahn) / frenado *m* por recuperación ‖ **~arbeitsverfahren** *n* (elektr. Masch.) / método *m* [mecánico] de oposición ‖ **~arbeitsverfahren parallel am Netz** (Elektr) / método *m* eléctrico de oposición
ruckartig, stoßweise / brusco *adj*, entrecortado *adj*, a empujones *adv*, a sacudidas, adv. ‖ **~es Anhalten** / parón *m* ‖ **~e Bewegung** / movimiento *m* brusco
Rück•auslösung *f* (Fernm) / desconexión *f* inversa ‖ **~bank** *f* (Kfz) / banqueta *f* trasera
rückbarer Bandförderer / transportador *m* de cinta móvil
Rück•bau *m* (zum Schacht hin) (Bergb) / explotación *f* regresiva o en retirada ‖ **selektiver ~bau** (Bau) / demólición *f* selectiva (de un edificio) ‖ **~befeuchtung** *f* (Pap) / rehumectación *f* ‖ **~belüftung** *f* / reaireación *f*
Ruckbewegung *f*, Ruck *m*, Rucken *n* / sacudida *f*
Rück•bewegung *f*, rückende Bewegung / movimiento *m* de desplazamiento ‖ **~bewegung**, Rückwärtsbewegung *f* / movimiento *m* retrogreso o hacia atrás, retroceso *m* ‖ **~biegung** *f* / flexión *f* hacia atrás ‖ **~bilden** (Biol, Chem) / involucionar, evolucionar regresivamente ‖ **~bildung** *f*, Regeneration *f* / regeneración *f* ‖ **~bildung**, Wiederherstellung *f* / involución *f*, evolución *f* regresiva ‖ **~bildung** (Stärke) / retrogradación *f* ‖ **~bildung**, Abbau *m* / regresión *f* ‖ **~bildung** (DV) / restitución *f* ‖ **~blende** *f*, -blendung *f* (Film) / flash-back *m*, vuelta *f* atrás, escena *f* de recuerdo [de lo pasado] ‖ **~blickspiegel** *m* (Kfz) / espejo *m* retrovisor, retro[visor] *m* ‖ **abblendbarer ~blickspiegel** (Kfz) / espejo *m* retrovisor antideslumbrable ‖ **~blickspiegel-Verstellung** *f* / ajuste *m* del retrovisor exterior ‖ **~blockmelder** *m*, Spiegelfeld *n* (Bahn) / piloto *m* indicador de control del desbloqueo ‖ **~blockungssperre** *f*, End[block]sperre *f* (Bahn) / cierre *m* de bloque terminal ‖ **~buchung** *f* / extorno *m* ‖ **~dampf**, Fabrikdampf *m* (Zuck) / vapor *m* de escape ‖ **~dämpfung** *f*, Vor-Rück-Verhältnis *n* (Antenne) / eficacia *f* direccional, relación *f* de lóbulos ‖ **~dehnung** *f* / recuperación *f* o relajación *f* elástica ‖ **~diffusion** *f* (Chem) / retrodifusión *f*, difusión *f* inversa ‖ **~drehen** *n* (des Windes) (Meteo) / rotación *f* del viento [por la izquierda] ‖ **~drehmoment** *n*, Reaktionsmoment *n* / momento *m* restablecedor ‖ **~drehsicherungs...** / antirretrógiro ‖ **~drehung** *f* / rotación *f* inversa, retrogiro *m* ‖ **~drehung** (Kabelherst) / distorsión *f* ‖ **~druck** *m* / contrapresión *f* ‖ **~drückstift** *m* (Ausdrückplatte, Plast) / espiga *f* de retroceso ‖ **~elektron** *n* / electrón *m* de retorno
Ruckeln *n* (Mot) / funcionamiento *m* a sacudidas
rucken *vi* / tironear (LA)
rücken *vt* / mover, empujar, desplazar ‖ **~** (Gleise) / ripar (carriles) ‖ **~** *n* / desplazamiento *m* ‖ **~** (Forstw) / saca *f* de árboles ‖ **~ der Gichten** (Hütt) / descenso *m* irregular de la carga
Rücken *m* (allg) / dorso *m*, espalda *f* ‖ **~** (Druck) / lomo *m*, lomera *f* ‖ **~**, Bergrücken *m* (Geo) / cresta *f* ‖ **~** (des Keils) / cara *f* superior (de la chaveta) ‖ **~ an Rücken**, dorso en dorso ‖ **~** *m* **der Säge** (Säge) / lomo *m* de la [hoja de] sierra ‖ **~ der Straße** (Straßb) / bombeo *m* del perfil [de la carretera] ‖ **~ des Flachkeils** / cara *f* superior de la chaveta plana ‖ **~ des Schneidwerkzeugs** / lomo *m* de la herramienta cortante, contrafilo *m* ‖ **~ eines Hochs** (Meteo) / dorsal *m* barométrico, cresta *f* barométrica de un anticiclón ‖ **mit ~ versehen** (Druck) / enlomar

Rücken•-an-Rücken-Antenne *f* / antenas *f pl* adosadas mutuamente ‖ **~belastung** *f*, -last *f* (Luftf) / carga *f* invertida ‖ **~berieselung** *f* mit Drainentwässerung (Abwasser) / filtración *f* intermitente ‖ **~beschichtung** *f* (Teppich) / recubrimiento *m* al revés
ruckend, stoßend / a sacudidas ‖ **~es** (o. Ruck-)**Gleiten**, Stick-Slip (Masch) / stick-slip *m*, deslizamiento *m* intermitente
Rücken•durchmesser *m* (Bohrer) / diámetro *m* efectivo ‖ **~fallschirm** *m* / paracaídas *m* dorsal ‖ **~feld**, -schild *n* (Druck) / etiqueta *f* del lomo, tejuelo *m*, recuadro *m*, panal *m*, entrenervios *m* ‖ **~flug** *m* (Luftf) / vuelo *m* invertido ‖ **~getragenes Triebwerk** (Raumf) / unidad *f* de propulsión de mochila, propulsor *m* de mochila ‖ **~haut** (Gerb) / lomo *m*, dorso *m*, espaldo *m* ‖ **~kegel** *m* (Getriebe) / cono *m* complementario externo ‖ **~lehne** *f* / respaldo *m* ‖ **~leimung** *f* (Bb) / encolado *m* del lomo ‖ **~rundemaschine** *f* (Druck) / redondeadora *f* de lomo ‖ **~säge** *f* / sierra *f* de costilla, serrucho *m* de costilla ‖ **~schicht** *f* (Pap) / capa *f* de reverso ‖ **~schild** *n* (Bb) s. Rückenfeld ‖ **~schlächtig** (Wasserrad) / de admisión posterior, movido por detrás ‖ **~-Schwerbeschichtung** *f* / revestimiento *m* inferior pesado ‖ **~signatur**, Flattermarke *f* (Druck) / marcas *f pl* escalonadas, marcas *f pl* guías o del pliego ‖ **~spritze** *f* / pulverizador *m* de mochila ‖ **~spritzgerät** *n* (Landw) / pulverizador *m* portátil de mochila ‖ **~titel** *m* (Druck) / título *m* del lomo
Rück•entladung *f* (Elektr) / descarga *f* inversa ‖ **~entzerrung** *f* (TV) / desacentuación *f*
Rücken•verstellung *f* (Autositz) / ajuste *m* lumbar (asiento) ‖ **~wind** *m* / viento *m* por atrás o de cola o en popa, viento *m* de espalda, retroviento, aire *m* a favor (CUBA) ‖ **mit ~wind fliegen** / volar con viento de cola ‖ **~windanteil** *m* / trayectoria *f* a favor del viento ‖ **~windlandung** *f* (Luftf) / aterrizaje *m* a favor del viento, aterrizaje *m* con viento de cola ‖ **~wolle** *f*, Oberwolle *f* (Tex) / lana *f* del dorso (del animal), lana *f* larga
Rücker *m* (Bergb) / cilindro *m* de reculada ‖ **~** (Uhr) / raqueta *f*, raquetería *f* ‖ **~feder** *f* / muelle *m* de raqueta ‖ **~stift** *m* (Uhr) / flecha *f* de raqueta ‖ **~zeiger** *m* (Uhr) / cola *f* de raqueta, índice *m* de raqueta
Rück•extraktion *f* (Brennstoffaufbereitung) (Nukl) / reextracción *f* ‖ **~fahren** *n* (NC) / movimiento *m* inverso ‖ **~fahrkamera** *f* (Kfz) / cámara *f* de retroceso ‖ **~fahrscheinwerfer** *m* (Kfz) / luz *f* de marcha atrás, faro *m* de retroceso, faro *m* piloto posterior ‖ **~fahrsperre** *f* (Kfz) / bloqueo *m* de retroceso o de marcha atrás ‖ **~fahrt** *f* (Ggs.: Hinfahrt) / viaje *m* de regreso o de vuelta, regreso *m*, vuelta *f* ‖ **~fall** *m* / retroceso *m* ‖ **~fallanker** *m* (Uhr) / áncora *f* de retroceso ‖ **~fallweiche** *f* (Bahn) / cambio *m* talonable ‖ **~fallzeit** *f* (Relais) / tiempo *m* de liberación ‖ **~federung** *f* / recuperación *f* elástica, resiliencia *f* ‖ **~federung bei Schlag** / resiliencia *f* de choque ‖ **~federungsenergie** *f* (Mech) / energía *f* recuperada por resiliencia ‖ **~feinen** *n* (Stahl) / re-afinado *m* ‖ **~fenster** *n*, -scheibe *f* (Kfz) / ventanilla *f* trasera, luneta *f* trasera ‖ **~flanke** *f* (Impuls) / flanco *m* o borde posterior ‖ **~flanke** (Zahnrad) / flanco *m* trasero ‖ **~flankenverschiebung** *f* (Impuls) / desplazamiento *m* de fin de impulso ‖ **~flug** *m* / vuelo *m* de vuelta o de regreso ‖ **~fluss** *m*, -lauf *m*, -strömen *n* / reflujo *m*, retorno *m* de corriente ‖ **~fluss** (Chem) / reciclaje *m* ‖ **~flussdämpfung** *f*, Echodämpfung *f*, jetzt: Reflexionsdämpfung *f* (Fernm) / pérdida *f* por reflexión ‖ **~flussdämpfung** (Fernm) / atenuación *f* de regularidad ‖ **~fluss-Entpropaner** *m* / despropanizador *m* de reflujo ‖ **~flusskoeffizient** *m*, -flussfaktor *m* (Fernm) / factor *m* de irregularidad de impedancia ‖ **~flusskühler** *m* (Destillation) / condensador *m* de

Rückkontrolle

reflujo ‖ ~**flussspannung** *f* (Fernm) / tensión *f* reflejada ‖ ~**flusssperre** *f*, -verhinderer *m* (DIN) / válvula *f* o chapeta o chapaleta de retención ‖ ~**flussverhältnis** *n* (Rektifizierung) / tasa *f* de reciclado ‖ ~**förderband** *n* (Bergb) / cinta *f* de recogida [de una pila] ‖ ~**förderleitung** *f*, Spülölleitung *f* (Mot) / tubo *m* de reflujo o recirculación de aceite ‖ ~**fördern** *vt* (Bergb) / recircular, transportar en sentido contrario ‖ ~**förderpumpe** *f* / bomba *f* de recirculación ‖ ~**förderung** *f* (Bergb) / recirculación *f*, transporte *m* en sentido contrario ‖ ~**formtechnik** *f* (Kfz) / técnica *f* de desabollar ‖ ~**formvermögen** *n*, Wiederaufrichtungsvermögen *n* / índice *m* de reenderezado ‖ ~**fracht** *f* / cargamento *m* de retorno ‖ ~**frageeinrichtung** *f* (Fernm) / dispositivo *m* de retrodemanda ‖ ~**fragehäufigkeit** *f* (Fernm) / frecuencia *f* de repetición ‖ ~**frage/Makeln** (Fernm) / solicitud *f* de información ‖ ~**fragesystem**, ARQ-System *n* (Fernschreiber) / sistema *m* de corrección automática de errores, sistema *m* ARQ ‖ ~**fragetaste** *f* (Fernm) / tecla *f* de pedido de información
ruckfrei / exento de sacudidas
Rück•front *f*, -flanke *f* (Impuls) / flanco *m* o borde posterior ‖ ~**führbares System** (Raumf) / sistema *m* recuperable ‖ ~**führdifferenz** *f* (Regeln) / diferencia *f* de retorno ‖ ~**führdrehmoment** *f* / momento *m* restablecedor ‖ **Gase ~führen** / aspirar gases ‖ **Walzgut ~führen** / devolver piezas laminadas ‖ ~**führen** *n*, -führung *f* / reciclaje *m* ‖ ~**führfeder** *f* / muelle *m* antagonista o de retroceso ‖ ~**führgröße** *f* (Regeln) / señal *f* de retorno ‖ **unmittelbare ~führgröße** / señal *f* de realimentación primaria ‖ ~[**führ**]**gut** *n* / material *m* de reciclaje ‖ ~**führkanal** *m* (Klimaanlage) / conducto *m* de retorno ‖ ~**führmoment** *n* / momento *m* re[e]stablecedor ‖ ~**führöl** *n* / aceite *m* de reciclaje ‖ ~**führpumpe** *f* / bomba *f* de recirculación ‖ ~**führung** *f* / retroceso *m* ‖ **geschwindigkeitsabhängige o. prozessabhängige ~führung** (Regeln) / realimentación *f* derivada ‖ ~**führung** *f*, automatische Regelungstechnik (Regeln) / realimentación *f*, retroalimentación *f*, reacción *f*, retroacción *f* ‖ ~**führung** (in den Kreislauf) / recirculación *f* ‖ ~**führung** [auf] / reducción *f* [a] ‖ ~**führung des Fadens** (Spinn) / retorno *m* del hilo ‖ ~**führung von verschiedenen Regelstreckenpunkten** (Regeln) / reacción *f* principal o compartida ‖ ~**führ**[**ungs**]**band** *n* / cinta *f* de retorno ‖ ~**führungsfaktor** *m*, Rückwirkungsfaktor *m* / coeficiente *m* de realimentación ‖ ~**führungskette** *f* (Regeln) / cadena *f* de reacción o de realimentación ‖ ~**führungskraft** *f* (Schw) / fuerza *f* de retorno de electrodos ‖ ~**führungskreis** *m* (Regeln) / bucle *m* de regulación por reacción ‖ ~**führungssignal** *n* (Regeln) / señal *f* de realimentación ‖ ~**führverhältnis** *n* / tasa *f* de realimentación ‖ ~**gabe** *f* **an die Zentrale** (Fernm) / retorno *m* [de la conversación] a la central ‖ ~**gabeanweisung** *f* (COBOL) / instrucción *f* de retorno ‖ ~**gabe-Eintragung** *f* (DV) / indicación *f* de retorno ‖ ~**gabepflichtiger Behälter** / contenedor *m* de retorno obligatorio, contenedor *m* sujeto a devolución ‖ ~**gang** *n*, Verminderung *f* / disminución *f* ‖ ~**gang**, -hub *n* (Masch) / retroceso *m*, regreso *m*, retorno *m*, carrera *f* de retorno, movimiento *m* retrógrado ‖ ~**gang der Produktion** / descenso *m* de la producción ‖ ~**gängig machen** / anular, cancelar ‖ ~**gängig machen** (DV) / deshacer ‖ ~**gängigmachen** *n* (Raumf) / anulación *f* de la cuenta atrás ‖ ~**gangszeit**, -laufzeit *f* (Relais) / tiempo *m* de reposición ‖ ~**gebaute Strecke** (Bahn) / línea *f* levantada ‖ ~**geführter Brennstoff** (Nukl) / combustible *m* de reciclaje térmico ‖ ~**gekohlt**, -geholt (Hütt) / recarburado ‖ ~**gekoppelt**, Rückkopplungs... (Eltronik) / de reacción, reactivo, de realimentación ‖ ~**gekoppelter Detektor** / detector *m*

regenerativo ‖ ~**gekoppeltes Schieberegister** (DV) / registro *m* de desplazamiento reactivo ‖ ~**gekoppelter Verstärker** / amplificador *m* de reacción o de realimentación ‖ ~**geldgeber** *m* / distribuidor *m* de moneda[s] ‖ ~**gewinnen** *vt* / recuperar ‖ ~**gewinnen**, aus Altmaterial gewinnen oder sammeln / reciclar ‖ ~**gewinnen** *n*, -gewinnung *f* / recuperación *f* ‖ ~**gewinnfaktor** *m* / factor *m* de recuperación ‖ ~**gewinnung** *f* / recuperación *f* ‖ ~**gewinnung von brauchbaren Stoffen** / reciclaje *m* ‖ ~**gewinnungs...** / de recuperación ‖ ~**gewinnungsbremse** *f* (Bahn) / freno *m* de recuperación ‖ ~**gitterstrom** *m* (Eltronik) / corriente *f* inversa de rejilla ‖ ~**gliedern** *vt* / reincorporar, reintegrar ‖ ~**grifftest** *m*, Rückfalltest *m* (DV) / prueba *f* de regresión ‖ ~**gut** *n* (Bergb, Hütt) / material *m* de retorno, finos *m pl* de retorno ‖ ~**gutband** *n* / cinta *f* transportadora de finos de retorno ‖ ~**haltebecken** *n* (Hydr) / depósito *m* de retención ‖ ~**halteflansch** *m* / brida *f* de retención ‖ ~**haltegefäß** *n* (Nukl) / recipiente *m* de retención ‖ ~**haltekette**, -verstrebung, -verspannung *f* / cadena *f* de retención ‖ ~**halter** *m*, Sperrung *f*, Sperre *f* (Mech) / retención *f*, retén *m* ‖ ~**halteseil** *n*, Halteseil *n* / cuerda *f* para riostras ‖ ~**halteseil** (gegen Verdrehung) (Greifer) / cable *m* de retención ‖ ~**haltesystem** *n* (Kfz) / sistema *m* de retención (programado: PRS) ‖ ~**haltetechnologie** *f* (Atom, Nukl) / técnica *f* de retención ‖ ~**haltevermögen** *n* / potencia *f* de retención ‖ ~**haltewehr** *n* (Hydr) / presa *f* (E) o represa (LA) de retención ‖ ~**haltezeit** *f* / tiempo *m* de retención ‖ ~**haltstoff** *m* (Nukl) / agente *m* de retención ‖ ~**haltung** *f* (Bremse) / retención *f* de presión ‖ ~**heizung** *f* (Kath.Str) / recalentamiento *m* ‖ ~**heulen** *n*, Mikrofonie *f* (Radio) / microfónica *f*, efecto *m* microfónico o Larsen, cebado *m* acústico ‖ ~**holdrehmoment** *n* / momento *m* restablecedor ‖ ~**holfeder** *f* / muelle *m* recuperador ‖ ~**holvorrichtung** *f* / dispositivo *m* de retorno ‖ ~**hörbezugsdämpfung** *f* (Fernm) / equivalente *m* de referencia del efecto local ‖ ~**hördämpfung** *f* (Fernm) / dispositivo *m* antilocal ‖ **mit ~hördämpfung** (Fernm) / antilocal, contra efectos locales ‖ ~**hören** *n*, Eigenecho *n* (Fernm) / efecto *m* local ‖ ~**hören für Raumgeräusche** (Fernm) / efecto *m* local por los ruidos locales ‖ ~**hören für Sprache** (Fernm) / efecto *m* local por la palabra ‖ ~**hub** *m* (Masch) / carrera *f* de retorno, recorrido *m* de retorno ‖ ~**hubgeschwindigkeit** *f* (Presse) / velocidad *f* de retorno ‖ ~**kanal** *m* (DV, TV) / canal *m* de retorno, canal *m* inverso
Rückkehr (allg) / regreso *m*, vuelta *f*, retorno *m* ‖ ~, Rücksprung *m* (DV) / retorno *m* ‖ ~ (in den alten Zustand) / recuperación *f*, restablecimiento *m*, retorno *m* al estado inicial ‖ ~, RZ-Verfahren *n* (Eltronik) / registro *m* con vuelta a cero ‖ ~ **zum Bezugspunkt** / retorno *m* a la referencia ‖ ~ **zum Hauptprogramm** (DV) / retorno *m* al programa principal ‖ ~ **zur Grundmagnetisierung** (Eltronik) / retorno *m* a la posición de polarización ‖ ~**adresse** *f* (DV) / dirección *f* de retorno ‖ ~**code** *m* (DV) / código *m* de retorno
rückkehrend (Raumf) / de retorno al espacio atmosférica
Rückkehr•flugbahn *f* (Raumf) / trayectoria *f* de retorno ‖ ~**koeffizient** *m* (Mech) / coeficiente *m* de restitución ‖ ~**kreis** *m* (Mech) / círculo *m* de retroceso ‖ ~**pol** *m* (Mech) / polo *m* de retroceso ‖ ~**punkt** *m* (Verm) / punto *m* de retroceso ‖ ~**punkt einer Kurve** (Math) / punto *m* aislado
Rück•kippen *n* (Bau, Bergb) / basculamiento *m* hacia atrás ‖ ~**kohlmittel** *n* (Hütt) / agente *m* de recarburación ‖ ~**kohlung** *f* (Hütt) / recarburación *f* ‖ ~**kontaktsolarzelle** *f* / célula *f* solar de contacto en la cara posterior ‖ ~**kontrolle** *f* (Fernm) / control *m*

1087

rückkoppeln

inverso ‖ ~**koppeln** vt (Eltronik) / acoplar retroactivamente ‖ ~**koppelnd**, -gekoppelt (Eltronik) / retroactivo ‖ ~**koppelsystem** n / sistema m de reacción o de realimentación ‖ ~**kopplung** f (Eltronik) / retroacoplamiento m, retroalimentación f, retroacción f, traspulsión f ‖ **akustische o. mechanische** ~**kopplung** (Radio) / microfonía f, realimentación f acústica ‖ ~**kopplung über ein C-Glied** f (Eltronik) / reacción f por capacitancia
Rückkopplungs•-Drehkondensator m / capacitor m giratorio de retroacción ‖ ~**empfänger** m (Eltronik) / receptor m regenerativo ‖ ~**erscheinung** f / efecto m retroactivo, fenómeno m de retroacción o de realimentación ‖ ~**faktor** m / factor m de reacción o de realimentación ‖ ~**generator** m / oscilador m de reacción ‖ ~**grad** m / relación f de reacción ‖ **beginnendes** ~**heulen** (Eltronik) / aullido m de borde ‖ ~**kreis** m / circuito m regenerativo o de reacción ‖ ~**neigung** f / tendencia f de reacción ‖ ~**röhre** f / tubo m reactivo ‖ ~**schaltung** f / montaje m regenerativo o de realimentación ‖ ~**schleife** f / bucle m o lazo de realimentación ‖ ~**schleifenverstärkung** f (Fernm) / ganancia f de bucle ‖ ~**sperre** f (Eltronik) / supresor m de reacción ‖ ~**spule** f / bobina f de reacción ‖ ~**strahlung** f (Eltronik) / rerradiación f ‖ ~**system** n / sistema m con realimentación, sistema m cerrado ‖ ~**theorie** f (Regeln) / teoría f de reacción o de realimentación ‖ ~**verstärker** m (Eltronik) / amplificador m de reacción ‖ ~**verstärkung** f (Eltronik) / amplificación f con regeneración, amplificación f con reacción positiva ‖ ~**verzerrung** f / distorsión f por regeneración
Rück•kühlanlage f / refrigerador m de retorno ‖ ~**lade...** (Waffe) / de retrocarga ‖ ~**ladebagger** m (Bergb) / excavador m de recogida, retroexcavador m ‖ ~**ladebagger [mit Schaufelrad]** / excavadora f con rueda de cangilones para recoger ‖ ~**ladeleistung** f / capacidad f de recogida ‖ ~**laden** vt (Transp) / recoger ‖ ~**lage** f (Wassb) / reservas f pl de agua
Rücklauf m / movimiento m de retorno, retorno m, retroceso m, reculada f ‖ ~, Rohrrücklauf m (Mil) / retroceso m del cañón ‖ ~, Rückwärtsfahrt f / marcha f [hacia] atrás ‖ ~ (Propeller) / resbalamiento m de la hélice ‖ ~, Durchlauf in umgekehrter Richtung / paso m de retorno, pasada f de retorno ‖ ~ (Flüssigkeit) / reflujo m ‖ ~ (Heizung) / retorno m ‖ ~ (Schiff) / marcha f hacia atrás ‖ ~ (Fernm) / vuelta f al reposo del selector ‖ ~ (Magn.Bd) / rebobinado m ‖ ~, Rücksprung m des Abtaststrahls (TV) / retorno m o retroceso del haz ‖ **der Planeten** (Astr) / retrogradación f ‖ ~**achse** f (Kfz) / árbol m o eje de marcha atrás ‖ ~**aluminium** n / aluminio m de reciclaje ‖ ~**anhebung** f (Heizung) / aumento m de la temperatura de retorno ‖ ~**austastung** f (TV) / supresión f del haz al retorno ‖ ~**behälter** m, -reservoir n / depósito m de agua de reflujo ‖ ~**belebtschlamm** m (Abwasser) / lodo m activado de reciclaje ‖ ~**bremse** f (Kanone) (Mil) / freno m de retroceso ‖ ~**buchse** f (Kfz) / manguito m de marcha atrás ‖ ~**doppelrad** n (Kfz) / doble piñón de marcha atrás ‖ ~**elektronen** f pl (Kath.Str) / electrones m pl de rechazo
rücklaufend, rückläufig / retrógrado, recurrente, regresivo
Rücklauf•frequenz f / frecuencia f de recurrencia, cadencia f, ritmo m ‖ ~**gut** n / material m de reciclaje ‖ ~**hemmung** f (Zähln.) / trinquete m
rückläufig sein / retrogradar, retroceder
Rücklauf•impuls m (TV) / impulso m de retorno ‖ ~**kondensator**, -kühler m (Destill) / condensador m de reflujo ‖ ~**leitung** f (Heizung) / tubería f de retorno ‖ ~**methode** f (TV) / utilización f del retorno de haz ‖ ~**öl** n / aceite m de retorno ‖ ~**rad** n (Kfz) / piñón m [loco] para marcha atrás ‖ ~**rolle** f (Walzw) / cilindro m de retorno ‖ ~**schaltung** f (TV) / circuito m de retorno o de vuelta ‖ ~**schlamm** m (Abwasser) / lodo m de reciclaje ‖ ~**schrott** m (Hütt) / chatarra f propia o de reciclaje ‖ ~**sicherung** f, -sperre f (Masch) / enclavamiento m o bloqueo de retroceso, antiinversor m ‖ ~**spule** f (Magn.Bd) / bobina f de rearrollamiento, bobina f receptora ‖ ~**spur** f (TV) / pista f de retorno ‖ ~**strich** m (TV) / línea f de retorno del haz ‖ ~**taste** f (Schreibm) / tecla f de retroceso ‖ ~**unterdrückungsimpuls** m (TV) / impulso m de supresión del haz ‖ ~**verhältnis** n / tasa f de reflujo ‖ ~**welle** f (Kfz) / árbol m de marcha atrás
Rück•lauge f (Pap) / lejía f residual o de retorno ‖ ~**lehne** f / respaldo m ‖ ~**leistungsauslösung** f (Elektr) / desconexión f por retorno de potencia ‖ ~**leistungsrelais** n / relé m de retorno de potencia ‖ ~**leitung** f (Masch) / tubería f de retorno ‖ ~**leitung** (Elektr) / circuito m de retorno o de vuelta ‖ ~**leitungskabel** n / cable m de retorno ‖ ~**leitungskabel im Zug** (Bahn) / alimentador m de retorno, arteria f de retorno ‖ ~**licht** n (Kfz) / luz f trasera ‖ ~**licht des Signals** (Bahn) / luz f posterior de señal ‖ ~**lötsicherung** f (Elektr) / fusible m de resoldeo ‖ ~**magnetisierungszeit** f (DV) / período m de puesta a cero del núcleo ‖ ~**meldeanlage** f / instalación f de comunicación por impulsos inversos ‖ ~**meldefeld** n (Fernm) / cuadro m de señales por impulsos inversos ‖ ~**melder** m, Wiederholer m (Bahn) / repetidor m ‖ ~**melder** (Regeln) / dispositivo m de respuesta ‖ ~**melderuf** m (Fernm) / llamada f revertida ‖ ~**meldesignal** n / señal f de acuse de recibo ‖ ~**meldetaste** f / tecla f de acuse de recibo ‖ ~**meldevorrichtung** f (Bahn) / mecanismo m repetidor ‖ ~**meldezeichen** n (Fernm) / señal f de retorno ‖ ~**meldung** f, Quittung f / acuse m de recibo ‖ **negative** ~**meldung** / acuse m negativo de ejecución ‖ ~**meldung** f (Fernm) / comunicación f por impulsos inversos ‖ ~**meldung**, Fernanzeige f / teleindicación f, teleseñalización f ‖ ~**meldung** (Regeln) / control m de ejecución ‖ **unmittelbare** ~**meldung des Lernresultats** (DV, Lehrmasch) / realimentación f ‖ ~**mischteiler** m (Eltronik) / divisor m regenerativo de frecuencia ‖ ~**mischung** f (Eltronik) / reconversión f, retransformación f, transformación f inversa
Rücknahme f (z.B. Zahnkopf, -fuß) / destalonado m ‖ ~ (Zuck) / reciclaje m ‖ ~**preis** m (z.B. für Altwagen), Trade-in n / precio m trade-in, precio m de devolución (p.ej. de coches usados) ‖ ~**taste** f (Bahn, Stellwerk) / manipulador m de vuelta a la posición primitiva ‖ ~**verfahren** n (Chem) / proceso m de reciclaje ‖ ~**wasser** n / agua f de recirculación, agua f de retorno o de reflujo
Rück•nivellement n / nivelación f de retorno ‖ ~**oxidation** f (Färb) / reoxidación f ‖ ~**pfeilung** f (Luftf) / flecha f positiva ‖ ~**phosphorung** f (Hütt) / reabsorción f de fósforo ‖ ~**prall** m / rebote m, rebotadura f, rebotamiento m ‖ ~**prall...** / de rechazo ‖ ~**prallelastizität** f (Plast) / elasticidad f de rebote ‖ ~**prallhärte** f / dureza f de rebote ‖ ~**prallhärteprüfung** f / ensayo m de dureza por rebote ‖ ~**prallhöhe** f (Härteprüfung) / altura f de rebotadura ‖ ~**prallprüfer** m / aparato m de ensayo de dureza por rebote ‖ ~**pro** f, -projektion f (Film) / proyección f por transparencia o de fondo ‖ ~**pro** m (Film) / proyector m de fondo, retroproyector m ‖ ~**proschirm** m / pantalla f translúcida ‖ ~**pumpbecken** n / depósito m de reeelevación m ‖ ~**reaktion** f (Chem) / reacción f de retorno ‖ ~**ruf** m (Fernm) / repetición f de llamada, acción de volver, f. a llamar ‖ ~**ruf an Zentrale** / llamada f a la atención de la operadora ‖ ~**ruf eines Erzeugnisses** / aviso m a los clientes de devolver un producto ‖ ~**ruf-Aktion** f (Kfz) / aviso m general [a los clientes] de retornar su coche

al taller || ⁓**ruftaste** f (Fernm) / tecla f para volver a llamar || ⁓**rufzeichen** n / señal f de retrodemanda
Rucksack m / morral m, mochila f
Rück•saugpumpe f / bomba f de recirculación, bomba f reaspiradora || ⁓**saugung** f / absorción f en retorno, reabsorción f || ⁓**schalthebel** m / palanca f de retroceso || ⁓**schaltung** f (Information) / introducción f por desplazamiento || ⁓**scheibe** f (Kfz) / luneta f trasera, cristal m trasero || ⁓**scheibenwasch- und Wischanlage** f / lava-limpia-luneta m || ⁓**schicht** f, Anti-Halo-Belag m (Foto) / capa f antihalo
Rückschlag m / rebote m, contragolpe m || ⁓ (Flamme) / retorno m de llama, retrogresión f de llama, contrafuego m || ⁓**frei**, -sicher / sin o exento de contragolpe || ⁓**freier Hammer** (Wz) / martillo m plástico || ⁓**-Funkensperre** f / explosor m aislador || ⁓**klappe** f (Abwasser) / clapeta f de retención || ⁓**schutz** m (Masch) / defensa f contre el retroceso || ⁓**ventil** n, -klappe f / válvula f de retención
Rück•schnellfeder f / resorte m antagonista || ⁓**schreibung** f **der Information** (DV) / regeneración f de la información || ⁓**schreitend** / retrógrado, retrocedente, regresivo || ⁓**schreitende Umlaufbahn** (Raumf) / órbita f retrógrada || ⁓**schubrost** m (Kessel) / rejilla f de movimiento alternativo || ⁓**schwefeln** vt / resulfurar
Rückseite f / lado m posterior o trasero, parte f posterior o de atrás, cara f posterior || ⁓ (Bau, Kfz) / trasera f || ⁓, linke Seite f (Tex) / lado m malo, reverso m, revés m, envés m || ⁓ (Münzw) / reverso m || ⁓ (Astr) / cara f invisible o posterior, hemisferio m invisible u oculto || ⁓ (Druck) / página f par, reverso m, dorso m || **die** ⁓ **bedrucken** (Druck) / imprimir al reverso
Rückseiten•appretur f (Tex) / apresto m del reverso || ⁓**bearbeitung** f (Druckstock) (Druck) / rectificado m de planitud del dorso || ⁓**befestigung** f (Instr) / montaje m [por] detrás del panel o tablero || ⁓**lack** m (Blech) / pintura f o laca de fondo || ⁓**verdrahtung** f (Eltronik) / cableado m por detrás del panel
rückseitig / trasero, [..por] detrás, atrás, posterior || ⁓, auf der Rückseite / situado al lado posterior || ⁓**er Anschluss** (Elektr) / conexión f trasera || ⁓**e Bearbeitung** (Wzm) / mecanizado m al (o por el) lado posterior || ⁓**er Formdruckwiderstand** (Luftf) / arrastre m de base || ⁓**er Kurssektor** (Luftf) / sector m atrás del rumbo || ⁓ **verstärkt** (Tuch) / reforzado al revés o al envés o al dorso
Rück•setzanweisung f (DV) / instrucción f de retroceder || ⁓**setzen** vt (Band, Tonkopf) / retroceder, espaciar hacia atrás || ⁓**setzen** (Flipflop) / reponer al estado primitivo || ⁓**setzen um einen Block** (Magn.Bd) / rebobinar un bloque || ⁓**setzmechanismus** m (Elektr) / mecanismo m de retorno || ⁓**sitz** m (Kfz) / asiento m trasero o de zaga o de cola || ⁓**sitz**, Notsitz m [im Roadster] (Kfz) / asiento m trasero descubierto || ⁓**sog** m (Plast) / rechupe m || ⁓**speisekabel** n (Elektr) / alimentador m de retorno || ⁓**spiegel** m (Kfz) s. Rückblickspiegel || ⁓**spielen** n (Magn.Bd) / retorno m || ⁓**sprechen** n / intercomunicación f [telefónica] || ⁓**springen** vt (Tonkopf) / espaciar hasta atrás, retroceder || ⁓**springen** vi (DV) / volver, retornar || ⁓**springen lassen** / volver, dar vuelta, retornar
Rücksprung m, Rückprall m / rebote m, rebotadura f, rebotamiento m || ⁓, Rücklauf m des Abtaststrahls (TV) / retorno m o retroceso del haz || ⁓ (Programm) / retroceso m, retorno m || ⁓ **der Palette** / aleta f de paleta || ⁓**anweisung** f (DV) / dirección f de retorno o de regreso || ⁓**anweisung** f (FORTRAN) / instrucción f de retorno || ⁓**härte** f / dureza f esclerométrica o de rebote || ⁓**palette** f (Transp) / paleta f de aletas || ⁓**spur** f **des Abtaststrahls** (TV) / trazo m de retorno || ⁓**stelle** f (DV) / punto m de retorno o de reentrada || ⁓**zeit** f

zwischen den Zeilen (o. Bildern) (TV) / tiempo m de retorno
rück•spulen vt (Foto, Magn.Bd) / rebobinar || ⁓**spulen** n (Foto, Magn.Bd) / rebobinado m || ⁓**spül-Filter** m (Abwasser) / filtro m de flujo reversible || ⁓**spulknopf** m / botón m de rebobinado || ⁓**spülschieber** m (Wassb) / compuerta f de limpiado de retroacción || ⁓**spulsteuerung** f / mando m de rebobinado || ⁓**spülung** f (Abwasser) / lavado m por contracorriente || ⁓**spülung** (Ionenaustauscher) / regeneración f || ⁓**spülwasser** n / agua f de lavado por contracorriente
Rückstand m (Aufträge, Arbeiten usw.) / retraso m || ⁓ (Chem) / residuos m pl || ⁓ (Sieberei) / residuo m de criba, fragmentos m pl que no pasan por la criba || ⁓, Unverbranntes n / materia f sin quemar, inquemados m pl || ⁓, Abgänge m pl (Aufb) / desechos m pl || ⁓, Rückstände m pl (Erz) / desechos m pl, colas f pl, estériles m pl, ganga f estéril || ⁓, Phlegma n (Chem) / flema f || ⁓, Melasse f (Zuck) / melaza f || ⁓ **der Uranerz-Verarbeitung** / barro m descartado durante el beneficio del uranio || **dicker** ⁓ (Zuck) / melaza f viscosa || **gefährliche toxische Rückstände** / residuos m pl tóxicos peligrosos, RTP || **Rückstände, hochsiedender Rückstand** (Öl) / residuo m de fondo, residuo m de alto punto de ebullición || **Rückstände** (Nukl) / combustible m agotado o consumido, combustible m gastado para regeneración || **Rückstände aufschließen** (Chem) / disgregar residuos
Rückstands•analyse f / análisis m de residuos || ⁓**feuerung** f / hogar m para la quema de residuos || ⁓**öl** n (Masch) / aceite m residual || ⁓**öl**, Masut m (Öl) / residuos m pl de refinación || ⁓**untersuchung** f (Insektizid) / prueba f de residuo || ⁓**wert** m (Insektizid) / valor m autorizado de residuo || ⁓**zündung** f, Rumbling n (Rumpeln bei hoher Verdichtung) (Kfz) / ruido m sordo del motor || ⁓**zylinderöle** n pl / brightstock m (un aceite residual)
Rück•stau m (Hydr) / remanso m || ⁓**stau** (Turbine) / reflujo m || ⁓**stau** (Walzw) / deslizamiento m hacia atrás || ⁓**stau** (Verkehr) / retención f || ⁓**staudamm** f (DIN) / presa f de seguridad || ⁓**stauverschluss** m (Abwasser) / válvula f de retención || ⁓**stelldrehmoment** n / momento m enderezador o restablecedor, par m antagonista o de reposición || ⁓**stelldruck** m / presión f de reposición || ⁓**stelleinrichtung** f / dispositivo m de llamada o de rearme || ⁓**stellelastizität** f (Gummi) / elasticidad f de reposición, resiliencia f || ⁓**stellen** vt, neu positionieren / reposicionar || ⁓**stellen**, löschen / borrar || **auf null** ⁓**stellen** / poner en su estado inicial, reponer a cero || **das Relais** ⁓**stellen** / volver a la posición inicial, rearmar || ⁓**steller** m (Masch) / elemento m de puesta a cero || ⁓**stellfeder** f / muelle m de reajuste o de retroceso, resorte m de llamada || ⁓**stellkonstante** f (Mess) / constante f de restauración || ⁓**stellkraft** f / fuerza f antagonística o de retroceso o de retorno, fuerza f de llamada || ⁓**stellkraft** (Audio) / fuerza f de fricción de la aguja || ⁓**stellleitung** f (o. -wicklung) (DV) / hilo m de reposición o de borrar, arrollamiento m de reposición || ⁓**stellmagnet** m (Fernm) / electroimán m de liberación || ⁓**stellmoment** n / momento m enderezador o antagonista || ⁓**stellschalter** m, halbautomatischer Lenkstockschalter (Kfz) / conmutador m del intermitente || ⁓**stellsperre** f / bloqueo m o enclavamiento m de retroceso || ⁓**stellstange**, -ziehstange f (Bahn, Bremse) / tirante f de llamada || ⁓**stelltaste** f (GB) (Zähler) / botón m de posición a cero || ⁓**stelltemperatur** f (thermoelektr.Kontakt) / temperatura f de reposición || ⁓**stellung** f (Wzm) / movimiento m de retorno || ⁓**stellung** (in die Ausgangslage) / reposición f o llamada al estado inicial || ⁓**stellung** (Pneum) / rearmado m || ⁓**stellung**,

Rückstellung

Reduzierung f / reducción f ‖ ⁓**stellung** f **der Fallklappe** (Fernm) / reemplazo m de la trampilla ‖ ⁓**stellvermögen** n (z.B. Pasten) / recuperación f (p.ej. de pastas) ‖ ⁓**stellvorgang** m (Datenterminal) / reposición f al estado inicial ‖ ⁓**stellvorrichtung** f (Regeln) / dispositivo m de retroceso ‖ ⁓**steuern** n (Fernm) / mando m o control por impulsos inversos ‖ ⁓**stich** m (Walzw) / pasada f en retroceso ‖ ~**stichgeheftet** (Druck) / engrapado de cuaderno cosido a galápago, cosido a diente de perro ‖ ⁓**stichheftung** f (Druck) / costura f a galápago, costura f a diente de perro

Rückstoß m (Waffe) / culatazo m, retroceso m ‖ ⁓ (Rakete) / reacción f ‖ ⁓ (infolge Frühzündung) (Mot) / repercusión f ‖ ⁓, Repuls m (Nukl) / repulsión f ‖ ⁓ m **der Trägerrakete** / impacto m del cohete portador ‖ ⁓**antrieb** m, Reaktionsantrieb m / propulsión f por reacción, retropropulsión f ‖ ⁓**atom** n (Nukl) / átomo m de retroceso o de rebote o de rechazo ‖ ⁓**chemie** f, Chemie f heißer Atome / química f de los átomos de alta energía ‖ ⁓**dämpfe** m pl (Kanone) / amortiguador m del retroceso (del culatazo) ‖ ⁓**düse** f (Rakete) / tobera f de reacción ‖ ⁓**elektron** n / electrón m de retroceso

rückstoßen vt / retroceder tr, recular

rückstoß•frei / sin retroceso ‖ ~**freie Resonanzabsorption** / absorción f [de neutrones] por resonancia, absorción f Mössbauer ‖ ⁓**kern** m (Nukl) / núcleo m de retroceso ‖ ⁓**kraft** f / fuerza f de retroceso ‖ ⁓**pistole** f (Raumf) / pistola f espacial ‖ ⁓**-Protonenspektrometer** n / espectrómetro m de protones de retroceso ‖ ⁓**rakete** f (Raumf) / cohete m de mando de posición, retrocohete m ‖ ⁓**-Spaltenergie** f (Nukl) / energía f de retroceso de fisión ‖ ⁓**teilchen** n (Nukl) / partícula f de retroceso ‖ ⁓**turbotriebwerk** n (Luftf) / turborreactor m ‖ ⁓**verstärker** m / intensificador m de retroceso o del culatazo ‖ ⁓**zeit** f (Raumf) / tiempo m de funcionamiento de los retrocohetes

Rück•strahl m (Opt) / rayo m de retorno ‖ ⁓**strahlantenne** f / antena f reflectora ‖ ⁓**strahlen** vt vi, reflektieren / reflejar, reflectar, reverberar ‖ ~**strahlend** / reflector, reflectante, reflexivo ‖ ~**strahlender Nagel** (Straßb) / clavo m [de cabeza] reflectante ‖ ⁓**strahler** m (Kfz) / catafoto m, reflectante m, catafaro m ‖ ⁓**strahlfläche** f / superficie f reflectante ‖ ⁓**strahlfläche** (Radar) / área f de eco ‖ ⁓**strahlglas** n / cristal m reflectante ‖ ⁓**strahlpedal** n / pedal m reflectante o con cristales reflectantes ‖ ⁓**strahlpeiler** m, Entfernungsmesser m (Radar) / localizador m ultrasonoro o por eco, telémetro m de radar ‖ ⁓**strahlung** f (Radiol) / reflexión f inversa ‖ ⁓**strahlung**, Reflexion f (Opt) / reflexión f, reflejo m, reverberación f ‖ ⁓**strahlungskurve** f, Remissionskurve f (Opt) / curva f de reflexión espectral ‖ ⁓**strahlungsmesser** m (ein Dickenmesser) / aparato m medidor de espesores por reflexión difusa ‖ ⁓**strahlungsvermögen** n / reflectancia f, factor m de reflexión ‖ ⁓**strahl-Vidikon** n / vidicón m por haz de retorno ‖ ⁓**strahlwert** m (Licht) / reflectancia f luminosa ‖ ⁓**streichkamm** m (Spinn) / peine m regulador ‖ ⁓**streichvorrichtung** f (Spinn) / dispositivo m descargador ‖ ⁓**streifer** m, Kratzband n / cinta f rascadora ‖ ⁓**streifwalze** f (Spinn) / cilindro m igualador ‖ ⁓**streudiagramm** m (Opt) / diagrama m de difusión de retorno ‖ ⁓**streudicke** f (Nukl) / espesor m de retrodifusión ‖ ⁓**streustrahlung** f / dispersión f o difusión retrodispersa, retrodispersión f, retrodifusión f, reflexión f difusa ‖ ⁓**strom** m (v. Flüssigkeit) / reflujo m ‖ ⁓**strom** (Elektr) / corriente f inversa o de retorno ‖ ⁓**stromauslöser** m / dispersador m de retorno de corriente, disyuntor m de corriente inversa ‖ ⁓**stromauslösung** f, -stromschutz m (Elektr) / interrupción f de corriente inversa ‖ ⁓**stromausschalter** m, selbsttätiger Ausschalter (Kfz) / interruptor m de corriente inversa ‖ ⁓**strömen** n (v. Flüssigkeit), -lauf, -strom m, -strömung f / reflujo m ‖ ⁓**stromgewinnung** f (Bahn) / frenado m por recuperación, frenamiento m dinámico (LA) ‖ ⁓**strömklappe** f / clapeta f de retención ‖ ⁓**stromrelais** n, -sicherung f / relé m de retorno de corriente, relé m de corriente inversa ‖ ⁓**stromschalter** m (Akku) / interruptor m de retorno de corriente ‖ ⁓**strömsperre** f (Hydr) / válvula f de retención ‖ ⁓**stromspitze** f / corriente f inversa máxima ‖ ⁓**strömung** f (Hydr) / corriente f inversa ‖ ⁓ **[spezifische]** ⁓**strömung** (Vakuum) / cantidad f de reflujo [del vapor de fluido motor] ‖ ⁓**taste** f (DV, Schreibm) / tecla f de retroceso ‖ ⁓**titration** f (Chem) / titulación f atrás, titraje m atrás ‖ ⁓**transfer** m **in den** [Haupt]**speicher** (DV) / retransferencia f a la memoria ‖ ⁓**transformierte** f (Laplace, Math) / transformada f inversa ‖ ⁓**trieb** m, -trift f (Hydr, Luftf) / arrastre m, resistencia f al avance ‖ ⁓**triebrakete** f / cohete m retroactivo ‖ ⁓**trittbremse** f (Fahrrad) / freno m de contrapedal ‖ ⁓**übertrag** m (Math) / retransferencia f de la suma anterior ‖ ⁓**übertragung** f (Funk) / retransmisión f pasiva ‖ ⁓**übertragung der Eins** (Math) / uno m de complemento ‖ ⁓**umlagerung** f (Chem) / transposición f inversa ‖ ⁓**[um]wandlung** f / reconversión f o retransmisión inversa

Rückung f (Math) / desplazamiento m

Rück•verfolgbarkeit f / calidad f de lo que puede ser rastreado o trazado, posibilidad f de ser remontado [a], rastreabilidad f ‖ ⁓**verfolgbarkeit** (Chem) / trazabilidad f ‖ ⁓**vergasung** f / regasificación f ‖ ⁓**vergrößerung** f (Vorgang) / reampliación f [del microfilm] ‖ ⁓**vergrößerung** (Erzeugnis) / copia f aumentada [del microfilm] ‖ ⁓**vermischung** f, -vermischen n (Öl) / remezclado m ‖ ⁓**vermischung in Längsrichtung** (Chem) / remezclado m longitudinal ‖ ⁓**verteilung** f **der Sekundärelektronen** / redistribución f de electrones secundarios ‖ ⁓**verwandlung** f (Chem) / transformación f inversa ‖ ⁓**verweisung** f (Druck) / referencia f cruzada ‖ **ohne** ⁓**verweisungen** (DV) / asindético ‖ ⁓**verzweigung** f (DV) / salto m atrás ‖ ⁓**vorschub** m (Walzw) / avance m discontinuo

Rückwand f / pared f dorsal o del fondo, pared f posterior ‖ ⁓ (des LKW) (Kfz) / trampilla f o puerta trasera (del camión) ‖ ⁓ (SM-Ofen) / trahoguero m ‖ ⁓ (Masch) / fondo m ‖ ⁓ **eines Gehäuses** / tapa f de atrás, pared f posterior ‖ ⁓ **von Waschbecken** / panel m posterior del lavabo ‖ **herunterklappbare** ⁓ (Lkw) / trampilla f abatible, puerta f [trasera] articulada ‖ ⁓**echo**, Slap Back n (Ultraschall) / eco m de la superficie límite ‖ ⁓**fenster** n (Kfz) / ventanilla f trasera ‖ ⁓**karton** m / cartón m soporte ‖ ⁓**tür** f, dritte o. fünfte Tür (Kfz) / puerta f posterior, portón m trasero, la tercera o quinta puerta f ‖ ⁓**verdrahtung** f (Eltronik) / cableado m por detrás del panel

rückwärtig, Rück... / trasero, posterior ‖ ~**e Klappwand** (Kipper) / trampilla f o puerta [trasera] articulada ‖ ~**er Leitstrahl** (Phys) / haz m posterior ‖ ~**e Neigung**, inclinación f hacia atrás ‖ ~**e Stromstoßgabe** (Fernm) / impulsos m pl reversos

rückwärts, nach hinten / hacia o para atrás ‖ ⁓ (Zählen) / atrás ‖ ~ **einschneiden** (Verm) / intersectar hacia atrás, hacer una intersección atrás, hacer un paralaje atrás ‖ ~ **fahren** / marchar hacia atrás, dar marcha atrás ‖ ~ **fahren** (Schiff) / ciar ‖ ~ **gekrümmt** (Schaufel) / curvado hacia atrás ‖ ~ **gelegene Schiene** (Bahn) / carril m anterior [de un punto] ‖ ~ **leitend** (Halbl) / de conducción inversa ‖ ~ **lesen** (DV) / hacer una lectura hacia atrás ‖ ~ **setzen**, zurücksetzen (Kfz) / marchar atrás, dar marcha atrás ‖ ~ **sperrend** (Halbl) / de bloqueo inverso ‖ ~ **zählen** / contar atrás

Rückwärts•... / atrás, de retroceso, inverso ‖ ~..., rückwärts, achtern (Schiff) / atrás, en popa ‖ ~**-Abstand** *m* / espacio *m* hacia atrás ‖ ~**auslösung** *f* (Fernm) / desconexión *f* provocada por el abonado llamado ‖ ~**bewegung** *f* / movimiento *m* hacia atrás, rappel *m* (gal.) ‖ ~**bewegung**, rückschreitende Bewegung / movimiento *m* retrógrado o de retroceso ‖ ~**bewegung** s. auch Rücklauf ‖ ~**bewegung zum Ausgangspunkt** / movimiento *m* de retorno, movimiento *m* hacia la posición inicial ‖ ~**drucken** *n* / impresión *f* en sentido inverso ‖ ~**durchlasswiderstand** *m* (Halbl) / resistencia *f* de conducción en sentido inverso ‖ ~**einschlagen**, -einschneiden *n*, -einziehung *f* (Verm) / intersección *f* hacia atrás, paralaje *f* hacia atrás, visual *f* inversa ‖ ~**-Erdumlaufecho** *n* (Radar) / eco *m* de circunvalación terrestre en sentido inverso ‖ ~**fließpressen** *n*, Gegenfließpressen *n* / extrusión *f* inversa ‖ ~**gang** *m* (Kfz) / marcha *f* atrás, reversa *f* (MEJ) ‖ ~**gang**, -lauf *m* der Schraube (Schiff) / marcha *f* atrás de la hélice ‖ ~**gang** *m* (Wzm) / marcha *f* en sentido inverso ‖ ~**gang einschalten** / poner la marcha atrás ‖ ~**ganganschlag** *m* (Kfz) / tope *m* de marcha atrás ‖ ~**-Gleichspannung** *f* (Halbl) / tensión *f* continua en sentido inverso ‖ ~**hub** *m* / carrera *f* de retroceso ‖ ~**-Kaltfließpressen** *n* / extrusión *f* en frío inversa ‖ ~**kanal** *m* (DV, Fernm) / canal *m* inverso ‖ ~**kennlinie** *f* (Halbl) / característica *f* tensión/corriente inversa ‖ ~**kipper** *m*, Hinterkipper *m* (Kfz) / basculante *m* de vaciado o descarga hacia atrás, volquete *m* trasero ‖ ~**lesen** *n* (DV) / lectura *f* hacia atrás ‖ ~**lesen u. Speichern** *n* (DV) / carácter *m* de lectura hacia atrás y almacenamiento ‖ ~**-Napffließpressen**, -Napfen *n* / extrusión *f* hueca hacia atrás ‖ ~**pedal** *n* / pedal *m* de marcha atrás ‖ ~**projektionsverfahren** *n* (Film) / proyección *f* de fondo o por transparencia ‖ ~**regelspannung** *f* (Eltronik) / tensión *f* de polarización inversa, tensión *f* de contrapolarización ‖ ~**regelung** *f* (Eltronik) / polarización *f* inversa, contrapolarización *f* ‖ **in** ~**richtung** (Halbl) / en sentido inverso ‖ ~**richtung** *f* **bei PN-Übergang** (Halbl) / sentido *m* inverso ‖ **in** ~**richtung betrieben** (Eltronik) / con polarización inversa ‖ ~**-Scheitelsperrspannung** *f* (Halbl) / tensión *f* inversa de cresta ‖ ~**schnitt** *m* (Verm) s. Rückwärtseinschlagen ‖ ~**schritt** *m* (Elektr) / paso *m* [hacia] atrás ‖ ~**schritt** (DV) / espacio *m* hacia atrás, espacio *m* de retroceso ‖ ~**schrittzeichen** *n* (DV) / carácter *m* de retroceso ‖ ~**schweißen** *n* / soldeo *m* hacia atrás ‖ ~**spannung** *f* (Halbl) / tensión *f* inversa ‖ ~**sperrspannung** *f* / tensión *f* inversa de bloqueo ‖ ~**steilheit** *f* (Röhre) / admitancia *f* de transferencia inversa en cortocircuito ‖ ~**steuerspannung** *f* (Halbl) / tensión *f* inversa de compuerta ‖ ~**steuerung** *f* (DV) / mando *m* de marcha hacia atrás ‖ ~**stich** *m* (Nähm.) (Tex) / puntada *f* inversa ‖ ~**streuung** *f* (Eltronik, Nukl) / dispersión *f* o difusión *f* de retorno o hacia atrás, retrodispersión *f*, retrodifusión *f* ‖ ~**strom** *m* (Halbl) / corriente *f* inversa ‖ ~**turbine** *f* (Schiff) / turbina *f* de marcha atrás ‖ ~**überstrahlung** *f* / resplandor *m* hacia atrás ‖ ~**übertrag** *m* (DV) / acarreo *m* o transporte cíclico o de contorno ‖ ~**verkettung** *f* (DV) / encadenación *f* inversa ‖ ~**verlustleistung** *f* (Halbl) / pérdida *f* de potencia en estado de no-conducción ‖ ~**weg** *m* (Regeln) / canal *m* de retorno ‖ ~**welle** *f* (Eltronik) / onda *f* retrógrada o regresiva o inversa ‖ ~**wellen-Magnetfeldröhre** *f*, -wellenröhre vom M-Typ (Eltronik) / magnetrón *m* de onda retrógrada o regresiva, magnetrón *m* tipo M ‖ ~**wellenoszillator** *m*, RWO / oscilador *m* de ondas regresivas o retrógradas, oscilador *m* de onda reflejada o de onda de retorno ‖ ~**wellenoszillator vom O-Typ** / oscilador *m* de ondas retrógradas tipo O ‖ ~**wellenröhre** *f* (Eltronik) / carcinotrón *m*, tubo *m* de ondas regresivas ‖ ~**zählen** *n* **zum Start**, Countdown *m* / retrocuenta *m*, cuenta *f* atrás o al cero o regresiva o a la inversa, conteo *m* descendente, descuento *m*, descontento *m* ‖ ~**zähler** *m* / contador *m* regresivo o de cuenta atrás ‖ ~**zeichen** *n* (Fernm) / señal *f* retrogresiva ‖ ~**zielen** *n* (Verm) s. Rückwärtseinschlagen

Rück•wäsche *f* (Petroleum) / lavado *m* por inversión de corriente ‖ ~**wasser**, Stauwasser *n* (Hydr) / agua *f* remansada ‖ ~**weg** *m* (NC) / retroceso *m*

ruckweise, stoßweise / a sacudidas, a empujones ‖ ~, intermittierend / intermitente ‖ ~ **[sich] bewegen** / mover[se] a sacudidas

Rückweisungs•fach *n* (DV) / casilla *f* de rechazos ‖ ~**rate** *f* (DV) / tasa *f* de rechazos

Rück•werfung *f* (Opt) / reflexión *f*, reflejo *m* ‖ ~**werter** *m* (DV) / descodificador *m* ‖ ~**wickeln** *vt* / rebobinar ‖ ~**winderegler** *m* (Web) / zapatilla *f* para regular el despuntado ‖ ~**wirken**, gegeneinander wirken / reaccionar ‖ ~**wirkend** (zeitlich) / [con efecto] retroactivo ‖ ~**wirkung** *f*, Reaktion *f* (Mech, Phys) / reacción *f* ‖ ~**wirkung aus dem Leitwerk** (Luftf) / reacción *f* de las estabilizadoras ‖ ~**wirkungen** *f pl* **auf andere Bereiche**, Feedback *n* (allg) / efecto *m* retroactivo, retroacción *f* ‖ ~**wirkungsadmittanz** *f* (Eltronik) / admitancia *f* de transferencia inversa ‖ ~**wirkungsfrei** / sin reacción, sin efectos secundarios ‖ ~**wirkungsfreiheit** *f* (allg) / ausencia *f* de reacción o de retroacción ‖ ~**wirkungskraft** *f* / fuerza *f* de reacción ‖ ~**wirkungsleitwert** *m*, Anodenrückwirkung *f* (Eltronik) / admitancia *f* de reacción ‖ ~**wirkungswiderstand** *m* **von Kopplungsnetzwerken** / impedancia *f* reflejada ‖ ~**ziehstange**, -stellstange *f* (Bahn, Bremse) / tirante *f* de llamada ‖ ~**zipfelecho** *n* (Radar) / eco *m* posterior o de atrás ‖ ~**zug** *m* (Wzm) / retroceso *m* ‖ ~**zug von Hand** / retroceso *m* manual ‖ ~**zugfeder** *f* / muelle *m* recuperador, resorte *m* antagonista ‖ ~**zughebel** *m* / palanca *f* de retroceso ‖ ~**zugkaliber** *n* (Walzw) / calibre *m* de retroceso ‖ ~**zugkurve** *f* (Wzm) / leva *f* de retroceso ‖ ~**zugmarke** *f* (Dreh) / marca *f* debida al retroceso ‖ ~**zugseil** *n* / cable *m* de retorno ‖ ~**zugstreiber** *m pl* (Strangguss) / rodillos *m pl* transportadores de retroceso ‖ ~**zugzylinder** *m* (Presse) (Plast) / cilindro *m* de retroceso ‖ ~**zündung** *f* (Kfz) / encendido *m* prematuro, petardeo *m* ‖ ~**zündung** (Gleichrichter) / encendido *m* o arco inverso ‖ ~**zündung** (Röhre) / corriente *f* de retorno ‖ ~**zylinder** *m* (Bahn, Bergb) / cric *m* para ripar carriles

Ruder *n*, Steuerfläche *f* (Luftf) / timón *m* ‖ ~, Steuerruder *n* (Schiff) / timón *m* ‖ ~, Riemen *m* (Schiff) / remo *m* ‖ ~**anlage** *f* (Schiff) / aparato *m* del timón o para timonear ‖ ~**ausschlag** *m* / desviación *f* del timón ‖ ~**bank** *f* / bancada *f* ‖ ~**blatt** (Schiff) / azafrán *m* del timón, pala *f* del timón ‖ ~**bock** *m*, -joch *n* / yugo *m* del timón ‖ ~**boot** *n* / bote *m* de remos ‖ ~**druckanzeiger** *m*, Steuerdruckanzeiger *m* (Luftf) / indicador *m* de la fuerza de control del timón ‖ ~**düse** *f* (Schiff) / tobera *f* de rumbo ‖ ~**fläche** *f* (Schiff) / superficie *f* del timón ‖ ~**gänger** *m*, -gast *m* (Schiff) / timonel *m* ‖ ~**gerät** *n*, Rudertrainer *m* (Sport) / aparato *m* de remo ‖ ~**haus** *n* (Schiff) / caseta *f* del timón o timonel ‖ ~**koker** *m* (Schiff) / limera *f* del timón o timonel ‖ ~**kopf** *m* (Schiff) / cabeza *f* del timón ‖ ~**lage** *f*, -stellung *f* / posición *f* del timón ‖ ~**lagenanzeiger** *m*, RUZ *m* / indicador *m* de la posición del timón, axiómetro *m* ‖ ~**maschine**, -anlage *f* (Schiff) / servomotor *m* del timón ‖ **fernbetätigte** ~**maschine** (Schiff) / servomotor *m* telemandado del timón ‖ ~**moment** *n* (Luftf) / momento *m* alrededor del eje de timón ‖ ~**pinne** *f* (Schiff) / barra *f* o caña del timón ‖ ~**schaft**, -steven *m* / codaste *m* del timón ‖ ~**spiere** *f*, -rippe *f* (Luftf) / hembras *f pl* del timón ‖ ~**zeiger** *m* (Schiff) / axiómetro *m*, indicador *m* de la posición del timón

rudimentär / rudimentario

Ruf

Ruf *m* vom Fest- ins Mobilnetz / llamada *f* de fijo a móvil ‖ ~**adresse** *f* (DV) / dirección *f* de llamada o de identificación ‖ ~**anlage** *f*, Lautsprecheranlage *f* / sistema *m* de audiodifusión o de difusión por altavoces, instalación *f* para audiencias públicas ‖ ~**anlage**, Suchanlage *f* / instalación *f* de busca de personas ‖ ~**anlage** *f* (über größere Entfernungen) / instalación *f* de llamada por altavoces ‖ ~**[anschalt]relais** *n* / relé *m* de llamada ‖ ~**anweisung** *f*, -befehl *m* (DV) / instrucción *f* de llamada ‖ ~**anzeige** *f*, -anzeiger *m* (Fernm) / indicador *m* de llamada ‖ ~**daten** *plt* / datos *m pl* de llamada ‖ ~**datenband** *n* / cinta *f* de datos de llamada ‖ ~**datenblock** *m* (DV) / bloque *m* de datos de llamada ‖ ~**-Druckknopf** *m* (Aufzug) / pulsador *m* de llamada
rufen / llamar
rufende Station (DV) / puesto *m* llamador
Ruffrequenz *f* / frecuencia *f* de llamada
Rufigallussäure *f* (Chem) / ácido *m* rufigálico
Ruf•induktor *m* / inductor *m* de llamada ‖ ~**lampe**, Anruflampe *f* / lámpara *f* de llamada o de línea ‖ ~**leitung** *f* / línea *f* de llamada ‖ ~**leitungsschalter** *m* (Fernm) / selector *m* de línea de llamada ‖ ~**maschine** *f* (Fernm) / máquina *f* de llamar o de llamada ‖ ~**nummer** *f*, Teilnehmernummer *f* (Fernm) / número *m* de llamada o de teléfono ‖ ~**nummerngeber** *m* / dispositivo *m* automático de llamada ‖ ~**nummerngeber mit Karten** / teléfono *m* [público] de tarjetas ‖ ~**nummernspeicher** *m* / memoria *f* de números telefónicos ‖ ~**nummersperre** *f* **bei Landesfernwahl** (Fernm) / bloqueo *m* de ruta ‖ ~**prüfung** *f* (Fernm) / prueba *f* de señalización ‖ ~**relaissatz** *m*, RRS (Fernm) / juego *m* de relés de señalización ‖ ~**säule** *f* (Straßb) / poste *m* de socorro ‖ ~**schalter** *m*, RS (Fernm) / llave *f* de llamar ‖ ~**sperrkondensator** *m* (Fernm) / capacitor *m* de bloqueo de la corriente de llamada ‖ ~**strom** *m* / corriente *f* de llamada ‖ ~**strom** (auf Sprechfrequenz) / corriente *f* de llamada de frecuencia local ‖ ~**stromanzeiger** *m* / indicador *m* de corriente de llamada ‖ ~**stromerzeuger**, Rufstromgenerator, -geber *m*, -maschine *f* / generador *m* de corriente de llamada ‖ ~**stromfrequenz** *f* / frecuencia *f* de corriente de llamada ‖ ~**stromübertrager** *m* / repetidor *m* de llamada ‖ ~**tableau** *n* / anunciador *m* de llamada ‖ ~**taste** *f*, RT / llave *f* de llamar ‖ ~**umleitung** *f*, desviación *f* de llamada ‖ ~**- und Kommandoanlage** *f* (Nav) / sistema *m* de difusión general [para órdenes y llamadas] ‖ ~**- und Signalmaschine** *f*, RSM (Fernm) / máquina *f* de llamada y de señalización ‖ ~**- und Sprechtaste** *f* / llave *f* de llamada y de conversación ‖ ~**verzug** *m* / demora *f* después la marcar el número ‖ ~**weite** *f* / alcance *m* de llamada, alcance *m* de voz ‖ ~**welle** *f* / onda *f* de llamada ‖ ~**zeichen** *n* (Fernm) / señal *f* de llamada, zumbido *m* de llamada, repique *m* ‖ ~**zeichen im Funkverkehr** / indicativo *m* de llamada ‖ ~**zustand** *m* (Fernm) / estado *m* de llamada
Ruhe *f*, Schweigen *n* / silencio *m* ‖ ~, Stillstand *m* (Masch) / parada *f* ‖ ~, Ruhepause *f*, Rast *f* / reposo *m*, descanso *m* ‖ ~ (Eingriffstiefe in der Ankerhemmung) (Uhr) / reposo *m*, cantidad *f* de reposo ‖ **in** ~ (Masch) / en reposo ‖ ~**anschlag**, -kontakt *m*, -schiene *f* (Fernm) / contacto *m* de reposo ‖ ~**becken** *n* (Abwasser) / depósito *m* de precipitación ‖ ~**bereich** *m* (Relais) / alcance *m* de no-operación ‖ ~**dämpfung** *f* (Fernm) / atenuación *f* en circuito cerrado ‖ ~**energie** *f* (Nukl) / energía *f* propia ‖ ~**enthalpie** *f* (Phys) / entalpía *f* total ‖ ~**fläche**, Hebungsfläche *f* (Uhr) / cara *f* de la paleta de reposo ‖ ~**geräuschspannung** *f* (Magn.Bd) / tensión *f* de ruido de fondo ponderada ‖ ~**kabine** *f* (Lkw-Cockpit) / cabina *f* de reposo ‖ ~**kontakt** *m* (Elektr) / contacto *m* normalmente cerrado ‖ ~**kontakt**, geschlossener Kontakt (Relais) / contacto *m* de reposo ‖ ~**lage**, Gleichgewichtslage *f* / posición *f* de reposo ‖ ~**lage** *f*, -stellung *f* (Instr) / posición *f* inicial o de cero ‖ ~**licht** *n* / luz *f* fija ‖ ~**masse** *f* (Phys) / masa *f* en reposo
ruhen *vi*, aufsitzen / reposar, ser o estar apoyado, descansar [sobre], estribar [en] ‖ ~, freitragen (Bau) / estar en voladizo ‖ ~ **[lassen]** / dejar reposar
ruhend (Belastung) / estático, fijo, muerto ‖ ~, untätig / inactivo ‖ ~, statisch / estático ‖ ~**er Anker** (Elektr) / inducido *m* estacionario o fijo ‖ ~**es Atom** / átomo *m* estático ‖ ~**es Bad** (Galv) / baño *m* inmóvil o calmo ‖ ~**e Belastung** / carga *f* muerta ‖ ~**e Belastung** (Bau, Seil) / carga *f* estática ‖ ~**er Kern** (Atom) / núcleo *m* en reposo ‖ ~**e Last**, Eigengewicht *n* / peso *m* propio ‖ ~**er Phasenschieber** / convertidor *m* estático de fase ‖ ~**es Relais** / relé *m* estático ‖ ~**er Schienenstoß** (Bahn) / junta *f* de carril apoyada ‖ ~**e Steuerung** (Eltronik) / mando *m* estático ‖ ~**er Verkehr** / vehículos *m pl* no rodantes
Ruhe•pause *f* (Betrieb) / pausa *f*, descanso *m* ‖ ~**potential** *n* / tensión *f* de reposo, potencial *m* de reposo ‖ ~**punkt** *m* (Mech) / punto *m* de apoyo, fulcro *m* ‖ ~**punkt**, -zustand *m*, statischer Arbeitspunkt (Eltronik) / punto *m* de reposo, punto *m* de trabajo estático ‖ ~**punkt** *m* (Bewegung) / punto *m* estático ‖ ~**punkt**, Totpunkt *m* / punto *m* muerto ‖ ~**reibung** *f* (Mech) / fricción *f* de reposo ‖ ~**sitz** *m*, Festsitz *m* (Masch) / ajuste *m* fijo ‖ ~**spannung** *f* (Akku) / tensión *f* de [o en] circuito abierto ‖ ~**stellung** *f*, -lage *f* (Instr) / posición *f* inicial o de cero ‖ ~**stellung**, Ausgangsstellung *f* / posición *f* inicial ‖ ~**stellung** *f* (Elektr) / posición *f* de circuito abierto ‖ ~**stellung**, Aus-Stellung *f* / posición *f* inactiva o inoperante, posición *f* de reposo ‖ **in** ~**stellung bringen** (Masch) / volver a la posición de reposo ‖ ~**strom** *m* (Eltronik) / corriente *f* en ausencia de señal, corriente *f* de reposo ‖ ~**strom** (Ggs: Impuls) / corriente *f* estática ‖ ~**strom im Ruhstromkreis** / corriente *f* de circuito cerrado ‖ ~**stromauslöser** *m* (Elektr) / interruptor *m* o disyuntor por corriente de reposo ‖ ~**strombatterie** *f* (Elektr) / batería *f* de circuito cerrado ‖ ~**strombetrieb** *m*, -schaltung *f* / funcionamiento *m* en circuito cerrado ‖ ~**[strom]kontakt** *m* (Elektr) / contacto *m* normalmente cerrado ‖ ~**stromkreis** *m* (Relais) / circuito *m* cerrado ‖ ~**stromschaltung** *f* (Relais) / conexión *f* de circuito abierto ‖ ~**wert** *m* (Eltronik) / valor *m* de reposo ‖ ~**winkel** *m*, Böschungswinkel *m* / ángulo *m* de reposo ‖ ~**zeit** *f* / tiempo *m* de reposo ‖ ~**zeit** (für Personal) (Luftf) / período *m* de reposo o de descanso ‖ ~**zeit** (DV) / tiempo *m* de funcionamiento inatendido ‖ ~**zeit**, Pause *f* (F.Org) / período *m* de reposo ‖ ~**zustand** *m* / estado *m* de reposo ‖ **im** ~**zustand** / en reposo ‖ ~**zustand** *m* (DV) / estado *m* inactivo o no ocupado
ruhig, unbewegt / inmóvil, calmo, tranquilo ‖ ~, geräuschlos / silencioso ‖ ~, dezent (Farbe) / discreto ‖ ~, gleichmäßig (Gang) / suave, uniforme ‖ ~, spannungsfrei (Pap) / sin tensión ‖ ~, still / tranquilo, quieto ‖ ~ **arbeitend** (Plasma) / estacionario ‖ ~**er Kurzstart und Landung**, QSTOL (Luftf) / despegue *m* y aterrizaje cortos y quietos ‖ ~**e Periode** (Astr) / período *m* tranquilo o en calma ‖ ~**es Sonnenjahr** / año *m* de sol tranquilo, año *m* de actividad solar mínima ‖ ~ **stehen**, einspielen (Waage) / balancear ‖ ~**e Strömung** / régimen *m* fluvial tranquilo
Ruh•masse *f* (Phys) / masa *f* en reposo ‖ ~**penetration** *f* (Fett) / penetración *f* en reposo
Rühr•apparat *m*, Rührer *m* s. Rührwerk u. Rührmaschine ‖ ~**arm** *m* / paleta *f* agitadora ‖ ~**arm**, Krählarm *m* (Röstofen) / paleta *f* de remoción ‖ ~**behälter**, -mischer *m* / mezclador *m* agitador ‖ ~**bütte** *f* (Pap) / cubeta *f* agitadora
Ruhreibung *f* (Phys) / fricción *f* de reposo

1092

Rühreisen *n*, **-stab** *m*, **-stange** *f* (Bau, Hütt) / hurgón *m*, espetón *m*
rühren *vt*, bewegen / agitar, remover ‖ **~**, umrühren (Flüssigkeit) / remover, agitar, batir ‖ **sich ~**, bewegen, sich bewegen / moverse ‖ **⁓ n** / agitación *f*
Rührer *m* / agitador *m*
Rühr•flügel *m* / paleta *f* agitadora ‖ **⁓maschine** *f*, -werk *n* / agitadora *f*, agitador *m*, batidora *f* ‖ **⁓mischer** *m* / mezclador *m* agitador ‖ **⁓propeller** *m* / hélice *f* agitadora ‖ **⁓schnecke** *f* / agitador *m* espiral ‖ **⁓stab** *m* / barra *f* agitadora ‖ **⁓versuch** *m* (Korrosion) / ensayo *m* en líquido agitado ‖ **⁓werk** *n* (pneumatisch), -apparat *m*, Rührer *m* / agitador *m* de burbujas ‖ **⁓werk für Sand** (Gieß) / mezclador-agitador *m* ‖ **⁓werklaterne** *f*, Winkelgetriebe *n* des Rührwerks / linterna *f* del agitador ‖ **⁓werksmaische** *f* (Zuck) / cristalizador-agitador *m* ‖ **⁓werksmischer** *m* / mezclador-agitador *m* ‖ **⁓werksschaufel** *f* / paleta *f* de agitación
Ruinen *f pl*, Trümmer *m pl* (Bau) / restos *m pl*, ruinas *fpl*
Rumbling *n*, Rumble *n*, Rückstandszündung *f* (Rumpeln bei hoher Verdichtung) (Kfz) / rumbling *m*
Rum•couleur *f* / agente *m* de coloración de caramel ‖ **⁓destillerie** *f* / destilería *f* de ron ‖ **⁓ether** *m*, -essenz *f* (Chem) / esencia *f* de ron
Rumpel *f* (Tuch) / pliegue *m* de batán ‖ **⁓filter** *m f* (Eltronik) / filtro *m* recortador de bajos ‖ **⁓geräusch** *n* (Geräusche aus der Mechanik über die Nadel übertragen) (Audio) / ruido *m* de fondo mecánico, rumor *m* de origen mecánico
rumpeln *vi* (Eltronik) / roncar ‖ **~** (Kfz) / dar sacudidas ‖ **⁓ n** (Eltronik) / ronquido *m* ‖ **⁓ des Papiers** / abarquillado *m* del papel
Rumpel•piste *f* (Kfz) s. Rüttelpiste ‖ **⁓walke** *f* (Tex) / batán *m* de cilindros
Rumpf *m*, Trichter *m* / tolva *f* ‖ **~** (Luftf) / fuselaje *m* ‖ **~** (Schiff) / casco *m* ‖ **~** (Pflug) / cuerpo *m* de arado ‖ **⁓ der Filterpresse** / tolva *f* debajo del filtro ‖ **⁓anschluss** *m* (Luftf) / unión *f* de las alas al fuselaje ‖ **⁓bauch** *m*, -unterseite *f* (Luftf) / parte *f* inferior del fuselaje, vientre *m* del fuselaje ‖ **⁓bewegung** *f* (F.Org) / movimiento *m* de tronco ‖ **⁓-[Delta]flügelkörper** *m* (Raumf) / fuselaje *m* con alas ‖ **⁓fläche**, -ebene, Peneplain *f* (Geol) / peniplanicie *f* ‖ **⁓gerippe** *n* (Luftf) / armazón *m f* de fuselaje ‖ **⁓heck** *n* (Luftf) / extremo *m* posterior de fuselaje ‖ **⁓kühler** *m* (Luftf) / radiador *m* de fuselaje ‖ **⁓lager** *m* (Masch) / cojinete *m* común ‖ **⁓nase** *f* (Luftf) / pico *m* de fuselaje ‖ **⁓rücken** *m*, -oberseite *f* (Luftf) / parte *m* superior del fuselaje ‖ **⁓spant** *n* (Luftf) / cuaderna *f* de fuselaje ‖ **⁓spitze** *f* (Luftf) / punta *f* de proa del fuselaje ‖ **⁓tank** *m* (Luftf) / tanque *m* de fuselaje ‖ **⁓teil** *m* **eines Programms** (DV) / núcleo *m* de una programa ‖ **⁓verteilung** *f* (Stat) / distribución *f* truncada ‖ **⁓widerstand** *m* (Luftf) / resistencia *f* estructural
Runaway•bahn *f* (Nukl) / trayectoria *f* de disparada ‖ **⁓-Elektron** *n* / electrón *m* de aumento continuo de energía, electrón *m* 'runaway'
rund / redondo ‖ **~**, kugelförmig / esférico ‖ **~**, zylindrisch / cilíndrico ‖ **~**, kreisförmig / circular ‖ **⁓er Buchrücken** / lomo *m* redondo ‖ **⁓es Fenster**, Rundfenster *n* (Bau) / óculo *m*, ventana *f* redonda ‖ **⁓e Klammer** (Druck, Math) / paréntesis *m* [redondo] ‖ **⁓e Klammer auf** / abrir paréntesis ‖ **⁓e Klammer zu** / cerrar paréntesis ‖ **⁓er Längenwert** / longitud *f* en cifras redondas ‖ **⁓er Nietkopf** / cabeza *f* redonda de remache ‖ **⁓er Querschnitt** / sección *f* redonda ‖ **⁓e Scheibe** / arandela *f* redonda ‖ **⁓es Schleifblatt** / hoja *f* abrasiva redonda, disco *m* abrasivo ‖ **⁓e Schlitzmutter** / tuerca *f* ranurada o amortajada cilíndrica ‖ **⁓es Schneideisen, geschlossen** (für Gewinde) / terraja *f* entera, cojinete *m* [de filetear] entero ‖ **⁓es Sieb** (Pap) / tela *f* tejida circular o en forma redonda ‖ **⁓e Spinnkanne** (Spinn) / bota *f* cilíndrica para cinta ‖ **⁓e Spitze** (Wz) / punta *f* redonda o redondeada ‖ **⁓e Treppe [mit Zwischenpodesten]** (Bau) / escalera *f* circular o de caracol [con descansillos] ‖ **~ um die Uhr** [stattfindend] / permanente, en permanencia, de día y de noche, durante las 24 horas del día, de 24 horas ‖ **⁓e Zahl** / número *m* redondo ‖ **[genau] ~ laufen** / girar [en] redondo, girar sin excentricidad ‖ **⁓ ...**, allseitig (Radio) / omnidireccional
Rund•amboss *m* (Schm) / yunque *m* redondo ‖ **⁓ballen** *m* (Landw) / paca *f* o bala redonda ‖ **⁓ballenpresse** *f* (Landw) / enrolladora-empacadora *f* ‖ **⁓batterie** *f* (Zuck) / batería circular de difusión ‖ **⁓bau** *m*, Rotunde *f* (Bau) / construcción *f* redonda o circular ‖ **⁓becherrelais** *n* / relé *m* en caja cilíndrica ‖ **⁓becken** *n* (Abwasser) / depósito *m* circular ‖ **⁓befehl** *m* (Fernwirken) / orden *f* radiodifundida ‖ **⁓beschicker** *m* / cargador *m* sin fin, alimentador *m* sin fin ‖ **⁓bewegung** *f*, kreisförmige Bewegung *f* / movimiento *m* circular ‖ **⁓biegemaschine** *f* / dobladora *f* circular ‖ **⁓biegemaschine für Blech** / plegadora *f* de chapa [en redondo], curvadora *f* en redondo ‖ **⁓biegen** *vt* / curvar o doblar en redondo ‖ **⁓blech** *n* (Platine) (Stanz) / rodaja *f* ‖ **⁓blick...** / panorámico ‖ **⁓blickaufsatz** *m*, -fernrohr *n* (Mil) / anteojo *m* panorámico, alza *f* panorámica ‖ **⁓blickradar** *m* (Luftf) / radar *m* panorámico ‖ **⁓boden** *m* / fondo *m* redond[ead]o ‖ **⁓bogen** *m* (Bau) / arco *m* romano o de medio punto ‖ **⁓bogen** (Stahlausbau) (Bergb) / entibación *f* por arcos circulares ‖ **⁓bogenfenster** *n* (Bau) / ventana *f* semicircular ‖ **⁓brecher** *m* / quebrantador *m* cónico ‖ **⁓brenner** *m*, Ringbrenner *m* / mechero *m* o quemador anular ‖ **⁓buckel** *m* (Schw) / protuberancia *f* circular ‖ **⁓bündelverlegung** *f* (Elektr) / cableado *m* en haz redondo ‖ **⁓verschließbarer ⁓dämpfer** (Tex) / vaporadora *f* cilíndrica discontinua ‖ **⁓deck** *n* (Schiff) / cubierta *m* redonda ‖ **⁓dichtring** *m* / empaquetadura *f* en O, junta *f* tórica o toroidal ‖ **⁓docht** *m* / mecha *f* anular ‖ **⁓draht** *m* / alambre *m* redondo, varilla *f* de sección redonda ‖ **⁓drahtseil** *n* / cable *m* metálico redondo ‖ **⁓drehen** *n* (Wzm) / torneado *m* redondo
Runde *f*, Rundgang *m*, Begehung *f* / ronda *f* ‖ **die ⁓ machen** (Wächter) / hacer la ronda, rondar ‖ **⁓angabe** *f* (COBOL) / instrucción *f* de redond[e]o
Rund•eindicker *m* (Chem) / espesador *m* circular ‖ **⁓-Einstechschleifen** (Wz) / rectificado *m* cilíndrico con muela profundizante ‖ **⁓eisen** *n* / hierro *m* redondo, cabilla *f* ‖ **⁓eisenschere** *f*, Bolzenschere *f* (Wz) / cizalla *f* para pernos, cortapernos *m*
runden *vt*, ab-, aufrunden (Math) / redondear en menos o en más ‖ **~**, rund machen / redondear, poner redondo ‖ **~** (Stanz) / enrollar, curvar en redondo ‖ **⁓ n** (Math) / redond[e]o *m*
rund•erhaben / convexo ‖ **⁓erker** *m* (Bau) / mirador *m* ‖ **⁓erneuern** (Reifen) (Kfz) / recauchutar, reencauchar (LA) ‖ **die Seiten und die Lauffläche ⁓erneuern** / recauchutar la banda de rodamiento y los flancos ‖ **⁓erneuerung** *f* (Kfz) / recauchutado *m*, recape *m* (CUB) ‖ **⁓erneuerung von Wulst zu Wulst** (Reifen) / reconstrucción *f* de talón a talón ‖ **⁓erneuerungspresse** *f* (Reifen) / prensa *f* para recauchutaje
Rundes *n* / lo redondo
Rund•fahrtwagen, -fahrtbus *m* (Kfz) / autocar *m* de circuito ‖ **⁓falzen** *vt* / plegar en redondo ‖ **⁓falzmaschine** *f* / plegadora *f* de bordones circulares ‖ **⁓feile** *f* (Wz) / lima *f* redonda ‖ **kleine ⁓feile**, Rattenschwanzfeile *f* / cola *f* de rata *f* ‖ **⁓fenster** *n* (Bau) / ventana *f* circular, óculo *m* ‖ **⁓fenster**, Bullauge *n* (Schiff) / ojo *m* de buey ‖ **⁓ferse** *f* (Strumpf) / talón *m* redondo ‖ **⁓feuer** *n* (Kommutator) / chispas *f pl* en la periferia del conmutador ‖ **⁓filter** *f* (Chem) / filtro *m*

redondo ‖ ⁓**filz** m (Pap) / fieltro m tubular o sin fin ‖ ⁓**flechtmaschine** f / trenzadora f redonda ‖ ⁓**formstahl** m (Wzm) / herramienta f [de forma] redonda, cuchilla f redonda ‖ ⁓**frage** f (Stat) / encuesta f ‖ ⁓**fräsen** n / fresado m en círculo ‖ ⁓**fräsmaschine** f / fresadora f circular ‖ ⁓**füllmaschine** f (Wein) / embotelladora f circular

Rundfunk (als Einrichtung), Hörfunk m / radiodifusión f, radio f (E, ARG), radio m (LA) ‖ ⁓ s. auch Radio ‖ ⁓... / radio... ‖ ⁓**aufnahmeraum**, -senderaum m, Studio n / estudio m de radiodifusión ‖ ⁓**band** n / banda f de radiodifusión ‖ ⁓**-Breitbandkanal** m (Raumf) / canal m radiofónico ‖ ⁓**empfang** m / radiorrecepción f, recepción f radiofónica ‖ ⁓**empfänger** m, -gerät n / radiorreceptor m, aparato m de radio ‖ ⁓**empfänger mit Druckknopfeinstellung** / receptor m con pulsadores ‖ ⁓**entstört** / antiparásito ‖ ⁓**gehäuse** n, Empfängergehäuse n / caja f de radiorreceptor ‖ ⁓**hörer** m / radioyente m f, radioescucha m f ‖ ⁓**industrie** f / industria f radiofónica ‖ ⁓**mechaniker** m, - u. Fernsehtechniker m / mecánico m de radio[difusión], radiotécnico m ‖ ⁓**paar** n (Kabel) / par m de radio ‖ ⁓**schnur** f / cordón m de radio ‖ ⁓**sendung** f, -übertragung f / transmisión f o retransmisión radiofónica, emisión f de radio, radiodifusión f ‖ ⁓**sprecher** m, Ansager m / locutor m ‖ ~**störfreie Leuchtstofflampe** / tubo m fluorescente sin ruido ‖ ⁓**störung** f / perturbación f radioeléctrica, ruido m radioeléctrico, interferencia f, radiointerferencia f, parásitos m pl ‖ ⁓**technik** f, Radiotechnik f / ingeniería f o técnica radioeléctrica ‖ ⁓**teil** m (des Rekorders) / parte f radio (de la grabadora) ‖ ⁓**übertragung** f s. Rundfunksendung ‖ ⁓**welle** f / onda f de radiodifusión ‖ ⁓**werbung** f / publicidad f radiofónica o por radio, radiopublicidad f ‖ ⁓**zwischensender** m, Nebensender m / emisora f secundaria

Rund•gang m, Werksbesichtigung f / visita f a la fábrica, ronda f, vuelta f ‖ ⁓**gesenk** n (Schm) / matriz f o estampa f de (o para) redondas ‖ ~**gestrickt**, rundgewirkt (Tex) / tricotado en forma circular, tejido circular o tubular ‖ ⁓**gewebe** n / tejido m redondo o tubular ‖ ~**gewebt** (Papierfilz) / tejido m en forma circular o redonda ‖ ⁓**gewinde** n / rosca f redonda, rosca f de perfil redondo ‖ ⁓**glas** n, Hohlglas n / vidrio m hueco ‖ ⁓**glasschneider** m, Zirkelschneider m / contador m de vidrio en círculo, compás m cortador ‖ ⁓**gliederkette** f / cadena f de eslabones de perfil redondo ‖ ⁓**greifer** m (Nähm) / gancho m rotativo ‖ ⁓**gummidichtung** f / obturación f redonda de goma, empaquetadura f en O, junta f de caucho tórica o toroidal ‖ ⁓**hämmermaschine** f / compactadora f por martillos ‖ ~**hämmern** vt (Freiform) / estampar en redondo, forjar con estampa redonda ‖ ⁓**hämmern** n (Sintern) / compactador m por estampa ‖ ⁓**haus** n, -schuppen m (Bahn) / rotonda f, depósito m de locomotoras de forma circular ‖ ⁓**heit** f / redondez f, circularidad f ‖ ⁓**herd** m (Aufb) / mesa f [de concentración] rotativa ‖ ~**herumlaufen** vi / circular, girar [alrededor de] ‖ ⁓**hobel** m (Tischl) / cepillo m concavo ‖ ~**hobeln** vt / cepillar [en] redondo ‖ ⁓**höhlung** f / concavidad f ‖ ⁓**holz** n / rollo m o rollizo de madera ‖ ⁓**holz**, Ganzholz n / madera f en rollo ‖ ⁓**holzpolter** n (Forstw) / montón m de rollizos ‖ ⁓**horizont** m (Theater) / ciclorama m ‖ ⁓**horn** n (Amboss) / cuerno m redondo ‖ ⁓**kabel** n (Elektr) / cable m de sección redonda ‖ ⁓**kaliber** n (Walzw) / calibre m redondo ‖ ⁓**kämmer** m (Spinn) / peinadora f circular ‖ ~**kantig** / de cantos redondos ‖ ~**kantiger U-Stahl** / acero m en U normal ‖ ⁓**kausche** f, Ringkausche f / guardacabos m anular ‖ ⁓**keil** m, Scheibenfeder f / lengüeta f redonda ‖ ⁓**kerbe** f / muesca f de fondo redondo, entalladura f semirredonda ‖ ⁓**kerbprobe** f / prueba f con muesca de fondo redondo, probeta f con entalla en U ‖ ⁓**kettelmaschine** f (Tex) / remalladora f circular ‖ ⁓**ketten-Wirkmaschine** f (für Milaneseware) (Tex) / telar m circular de punto de urdimbre ‖ ⁓**kipper** m / basculante m o volquete con descarga onmidireccional ‖ ⁓**knäuel** m n (Garn) / ovillo m redondo ‖ ⁓**kneten** n (Walzw) / reducción f de sección por movimiento rotatorio ‖ ⁓**kneten im Einstechverfahren**, [Vorschubverfahren] / reducción f rotatoria por el método de avance normal, [de avance forzado] ‖ ⁓**knüppel** m (Walzw) / llantón m redondo ‖ ⁓**kolben** m (Chem) / matraz m de fondo redondo ‖ ⁓**kontakt** m / contacto m anular ‖ ⁓**kopf** m (Masch) / cabeza f redonda ‖ ~**köpfig** (Schraube) / de cabeza [semir]redonda ‖ ⁓**kopfnagel** m / clavo m de gota de sebo ‖ ⁓**kopfnagel**, Tapeziernagel m / tachuela f [para tapicería], estaca f de tapicero ‖ ⁓**kopfschraube mit Längsschlitz** / tornillo m de cabeza [semir]redonda con ranura longitudinal ‖ ⁓**kopfstift** m (Art Nagel) / tachuela f de cabeza redonda ‖ ⁓**-Kulierwirkmaschine** f (Tex) / máquina f circular para [fabricar] géneros de punto por trama o por recogida ‖ ⁓**kuppe** f (Gewindestift) / extremo m esférico ‖ ⁓**-Längsschleifen** n (Wzm) / rectificado m cilíndrico longitudinal ‖ ⁓**läppen** n / lapeado m cilíndrico ‖ ⁓**lauf** m, -laufen n / concentricidad f, marcha f concéntrica o circular o cilíndrica ‖ ⁓**lauf**, g-Beschleunigungsprüfer m (Luftf) / mesa f de centrifugación ‖ ⁓**lauf** m (DV) / ciclaje m de programa ‖ ⁓**laufabweichung** f, Radialschlag m / excentricidad f (p.ej.: de una rueda), salto m radial ‖ ⁓**laufbrückenkran** m / grúa-puente f sobre vía circular ‖ ~**laufen** / girar [en] redondo ‖ ⁓**laufen** n, Rotieren n / rotación f ‖ ⁓**läufer-Tablettenmaschine** f / máquina f rotativa para comprimidos ‖ ⁓**lauffehler** m, -laufabweichung f (DIN), Radialschlag m / excentricidad f, defecto m de marcha concéntrica, salto m radial ‖ ⁓**lauf-Fräsmaschine** f (Wzm) / fresadora f de plataforma rotativa ‖ ⁓**laufgenauigkeit** f / precisión f de concentricidad o de giro de rotación ‖ ⁓**laufpresse** f / prensa f [de plataforma] rotativa ‖ ⁓**lauftoleranz** f / tolerancia f de excentricidad o de redondez ‖ ⁓**lesetisch** m / mesa f rotativa para escoger

rundlich (Sinterpulver) / esferoidal

Rund•litze f / cordón m o torón redondo ‖ ⁓**litzenseil** n / cable m de cordones redondos ‖ ⁓**lochhammer** m (Schm) / martillo m de agujerear ‖ ⁓**lochperforation** f / perforación f de agujeros redondos ‖ ⁓**lochsieb** n / criba f de agujeros redondos ‖ ⁓**maschine** f (Blech) / redondeadora f, curvadora f en redondo ‖ ⁓**maschine**, Rund[kulier]stuhl m, -strickstuhl m (Tex) / telar m con mallosas ‖ ⁓**material** n, -stahl m (Hütt) / redondos m pl ‖ ⁓**messer** n / cuchilla f circular ‖ ⁓**mischer** m (Chem) / mezclador m circular ‖ ⁓**mulde** f, Halfpipe-Mulde f (Kipper) / caja f de fondo semirredondo ‖ ⁓**mutter** f, Ringmutter f / tuerca f redonda ‖ ⁓**näher** m (Tex) / máquina f de coser bordes ‖ ⁓**naht** f / costura f circunferencial ‖ ⁓**nahtschweißen** n / soldeo m circunferencial ‖ ⁓**ofen** m / horno m circular ‖ ⁓**ofen** (Feuerfest) / horno m redondo o discontinuo ‖ ⁓**passung** f / ajuste m cilíndrico o redondo ‖ ⁓**pfeiler** m (Bau) / pilar m redondo ‖ ⁓**pflügen** n (Landw) / labor m de arado en redondo ‖ ⁓**pinsel** m / pincel m redondo ‖ ⁓**-Plan-Schleifen** / rectificado m cilíndrico tangencial ‖ ⁓**platte** f (Klischee) / plancha f curva[da], plato m curvado ‖ ⁓**profile** n pl (Walzw) / redondos m pl ‖ ⁓**profil-Instrument** n / instrumento m montado de canto ‖ ⁓**querschnitt** m / sección f circular ‖ ⁓**rändermaschine** f (Wirkm) / máquina f de género de punto para tejer trencillas tubulares ‖ ⁓**raspel** f (Wz) / escofina f redonda ‖ ⁓**raster** m (Druck) / trama f circular ‖ ⁓**-Räumwerkzeug** n /

brocha f redonda ‖ ~**regner** m (Landw) / aspersor m circular ‖ ~**relais** n / relé m cilíndrico o tipo teléfono ‖ ~**riemen** m / cordón m de cuero ‖ ~**ruf** m, Senden n an mehrere Terminals (DV) / radiodifusión f ‖ ~**schablonen-Druckmaschine** f / rotativa f de tramas circulares ‖ ~**schaft** m (Wz) / mango m o vástago cilíndrico ‖ ~**schälfurnier** n (Tischl) / chapa f de madera desenrollada ‖ ~**schalttisch** m / mesa f de posicionamiento circular, mesa f de mando circular ‖ ~**schere** f, Rollen-, Kreisschere f (Wz) / cizalla f de rodillos, cizalla f de cuchillas circulares ‖ ~**schieber** m / compuerta f redonda ‖ ~**schiff** n (Näh) / gancho m rotativo ‖ ~**schiften** vt / efectuar o realizar el desplazamiento cíclico ‖ ~**schild** n, Rosette f (Schloss) / escudo m redondo de cerradura ‖ ~**schleife** f (Straß) / curva f circular, viraje m circular ‖ ~**schleifen** vt / rectificar una superficie cilíndrica ‖ ~**schleifen** n / rectificado m cilíndrico ‖ ~**schleifmaschine** f (Wzm) / rectificadora f cilíndrica ‖ ~**schleifmaschine für innere Wandungen** / rectificadora f cilíndrica para taladros ‖ ~**schliff** m, -schleifen n (Wzm) / rectificado m cilíndrico ‖ ~**schlupf** m / resbalamiento m circunferencial ‖ ~**schlüssel** m, Hohlschlüssel m / llave f tubular o hueca ‖ ~**schneidemaschine** f / cizalla f para cortes circulares ‖ ~**schneidemaschine mit Kronsäge** / cizalla f cilíndrica de hojas amovibles ‖ ~**schnitt** m / corte m circular ‖ ~**schnur**, Kordel f / cordel m ‖ ~**schnurdichtung** f / junta f tórica o toroidal, anillo m obturador, empaquetadura f en O ‖ ~**schotter** m (Bahn) / balasto m redond[ead]o ‖ ~**schreiben** n / circular f ‖ ~**schreibnachricht** f (Fernm) / mensaje m con dirección múltiple, mensaje m colectivo ‖ ~**schreibsystem** n (DV) / sistema m de conmutación de mensajes ‖ ~**schrift** f (Druck) / escritura f redondilla ‖ ~**schulter-Reifen** m (Kfz) / neumático m de hombro redondo ‖ ~**schwenktisch** m (Wzm) / mesa f circular basculante ‖ ~**sech** n (Landw) / cuchilla f circular o en disco ‖ ~**seil** n / cable m redondo ‖ ~**setzmaschine** f (Aufb) / criba f hidráulica redonda ‖ ~**sicht** f / vista f panorámica ‖ ~**sichtantenne** f / antena f panorámica ‖ ~**sichtanzeiger** m, PPI-Sichtgerät n (Radar) / pantalla f o presentación panorámica, indicador m de posición en el plano, indicador m PPI (plan position indicator) ‖ ~**sichter** (Mühle) / cilindro m cernedor ‖ ~**sichtradar** m n / radar m de vigilancia ‖ ~**sicht-Sekundärradar** m n / radar m secundario de vigilancia ‖ ~**sieb** n / criba f cilíndrica circular ‖ **trogloses** ~**sieb** (Pap) / forma f redonda sin cuba ‖ ~**sieb** n (Pap) / forma f redonda ‖ ~**siebentwässerungsmaschine** f (Pap) / prensapasta f de forma[s] redonda[s] ‖ ~**siebkarton** m / cartón m de forma redonda ‖ ~**siebmaschine** f (Pap) / máquina f redonda ‖ ~**siebpartie** f (Pap) / sección f de forma redonda ‖ ~**siebzylinder** m / forma f redonda, tambor m ‖ ~**skala** f / escala f circular ‖ ~**sortierer** m (Bau, Bergb) / tamiz m rotatorio ‖ ~**spruch** m / mensaje m radiodifundido ‖ ~**spruch** (Schweiz) s. Rundfunk ‖ ~**spule** f (Spinn) / bobina f cilíndrica ‖ ~**stab** m, -stange f / barra f redonda, palo m redondo ‖ ~**stabfräsmaschine** f (Holz) / fresadora f de barras redondas ‖ ~**stabhobel** m / cepillo m de palos redondos ‖ ~**stabschleifmaschine** f (Holz) / lijadora f para palos redondos ‖ ~**stahl** m (Hütt) / acero m redondo, redondos m pl ‖ ~**stahlbewehrung** f (Bau) / armadura f de redondos ‖ ~**stahlkeil** m, Scheibenfeder f (Masch) / chaveta f redonda ‖ ~**stahlkette** f / cadena f de acero redondo ‖ ~**stahlmeißel**, -drehmeißel m (Dreh) / cuchilla f de torno de pico redondo ‖ ~**stahlschere** f (Wz) / cizalla f para redondos ‖ ~**stamm** m (Holz) / troza f, rollo m, tronco m ‖ ~**stecker**, -steckverbinder m (Elektr) / clavija f [de enchufe] coaxi[al], conector m macho coaxi[al] ‖ ~**stecker** m **mit Rastzunge** / clavija f

cilíndrica con lengüeta fiadora ‖ ~**steckhülse** f **mit Rastzunge** / caja f de enchufe cilíndrica con lengüeta fiadora ‖ ~**steueranlage** f (mittels verschlüsselter Schaltbefehle über das Stromversorgungsnetz) (Elektr) / telecontrol m o telemando centralizado ‖ ~**steuerempfänger** m **für Fernsteuerung** (Elektr, Zähler) / receptor m de telemando centralizado ‖ ~**steuerverfahren** n **mit Tonfrequenz** / telemando m centralizado de audiofrecuencia ‖ ~**stichel** m (Wz) / buril m de cabeza redonda ‖ ~**strahl** m / chorro m de sección circular ‖ ~**strahlantenne** f, Rundstrahler m / antena f omnidireccional ‖ ~**strahlbake** f (Radar) / radiobaliza f omnidireccional ‖ ~**strahldüse** f (Insektizid) / pulverizador m circular ‖ ~**strahlendes Funkfeuer** (Luftf) / radiofaro m omnidireccional ‖ ~**strang-Gießanlage** f / instalación f de colada de barras redondas ‖ ~**strickmaschine** f (Tex) / tricotosa f circular, telar m circular para géneros de punto ‖ ~**strickware** f (Tex) / géneros m pl de punto [de la máquina circular] ‖ ~**stropp**, Stropp m (Kran) / lazo m de cabo, estrobo m ‖ ~**stuhl** m (Web) / telar m cilíndrico ‖ ~**suchgerät** n / radiofaro m omnidireccional ‖ ~**suchradar** m n / radar m de vigilancia ‖ ~**support** (Stoßmaschine) / mesa f circular ‖ ~**support** (Dreh) / carro m circular ‖ ~**takttransfermaschine** f / transferidora f rotativa ‖ ~**teil** m, rundes Teil / pieza f redonda ‖ ~**teiltisch** m / mesa f de graduación circular ‖ ~**tisch** m (Wzm) / mesa f circular ‖ **schaltender** ~**tisch** (Wzm) / mesa f divisora ‖ ~**tischschaltmaschine** f (Wzm) / máquina f de mesa divisora ‖ ~**tränke** f (Anstr, Landw) / abrevadero m circular automático **rundum schwenkbar** / giratorio m en torno, orientable en 360° ‖ ~**kennleuchte** f (Kfz) / luz f de identificación omnidireccional ‖ ~**verschieben** vt (Bildschirm) / hacer girar **Rund- und Verteilgesenk** n (Schm) / matriz f para redondear y partir **Rundung** f (Form) / redond[e]o m, redondeamiento m ‖ ~, Rundheit f / redondez f ‖ ~ f, Runden m (allg, Math) / redondeo m, redondeamiento m ‖ ~, Ausrundung f (Luftf) / redondeado m ‖ ~ (des Schiffsbodens) / llenos m pl ‖ ~ **von Buchstaben**, Oval n / ojal m **Rundungs•fehler** m (DV) / error m de redond[e]o ‖ ~**halbmesser** f (Math) / radio m de redondeo ‖ ~**kante** f / bisel m redondeado ‖ **lehre** f (Masch) / plantilla f de contornos (o de radios9 ‖ ~**radius** m **des Schraubenendes** / radio m del extremo de tornillo **Rund•walzdraht** m / alambre m redondo laminado ‖ ~**walzen** vt / laminar en redondo ‖ ~**ware** f (Tex) / géneros f de punto [tb.de tricotosa] circulares ‖ ~**waschmaschine** f (Tex) / lavadora f circular ‖ ~**weben** vt / tejer con el telar circular, tejer circularmente ‖ ~**webstuhl** m / telar m circular ‖ ~**wert** m (Math) / valor m redondeado ‖ ~**wirkmaschine** f s. Rundstrickmaschine ‖ ~**zahnkette** f / cadena f de dientes redondos ‖ ~**zange** f (Wz) / alicates m pl de boca redonda ‖ ~**zange** (Schm) / tenazas f pl de pico redondo **Rundzelle** f (Elektr) / pila f redonda, elemento m cilíndrico ‖ ~ **R1**, Lady-Zelle, 12 x 30 mm f (Elektr) / pila f redonda R1 Din 40861 ‖ ~ **R3**, halbe Mignonzelle, 14 x 25 mm (Elektr) / pila f redonda R3 DIN 40862 ‖ ~ **R03**, Microzelle, 10,5 x 44,5 mm f (Elektr) / pila f redonda RO3 DIN 40860 ‖ ~ **R6**, Mignonzelle, AA-Zelle, 14 x 50 mm f (Elektr) / pila f redonda R6 DIN 40863 ‖ ~ **R9**, Knopfzelle, 15,5 x 6,1 mm f (Elektr) / pila f redonda R9 DIN 40864 ‖ ~ **R14**, Baby-Zelle, C-Zelle, ca. 25 x 50 mm f (Elektr) / pila f redonda R14 DIN 40865 ‖ ~ **R20**, Mono-Zelle, D-Zelle, 33 x 60 mm f (Elektr) / pila f redonda R20 DIN 40866 **Runenstruktur**, Schriftstruktur f (Geol) / textura f gráfica

Runflat-Reifen *m* (mit Notlaufeigenschaften) / neumático runflat (con propiedades de funcionamiento en caso de avería);m.
Runge *f* (Bahn, Kfz) / telero *m*, estaca *f* (MEJ) ‖ ≃, **Bockstütze** *f* (Stahlbau) / apoyo *m* de caballete ‖ ≃ **der Palette** / montante *m* ‖ ≃**-Kutter-Verfahren** *n*, RKV (Math) / método *m* de Runge-Kutter
Rungen • halter *m* (Bahn) / estribo *m* de telero ‖ ≃**palette** *f* / paleta *f* de montantes ‖ ≃**wagen**, R-Wagen *m* (Bahn) / vagón *m* plataforma normal., vagón *m* con teleros
Runkel • fliege *f* (Zool) / mosca *f* de la remolacha ‖ ≃**rübe** *f*, Futterrübe *f* / remolacha *f* forrajera
R12-Unlösliches *n* / insoluble en R12
Runway *m* (Luftf) / pista *f* de aterrizaje y despegue
Runzel *f* / arruga *f*, pliegue *m* ‖ ≃, Quetschfalte *f* (Tex) / arruga *f*, agujeta *f* ‖ ≃**bildung** *f*, Schrumpeln *n* (Lack) / arrugado *m* ‖ ≃**bildung** (Uran) / formación *f* de arrugas o de pliegues
runzelig, runzlig, faltig / arrugado *adj*
Runzel • korn *n*, -kornbildung *f* (Foto) / efecto *m* de grano deformado ‖ ≃**lack** *m* / laca *f* rugosa
runzeln *vt* / arrugar ‖ **sich ~**, runzlig werden / arrugarse
rupfen *vi* (Kupplung) / tirar, funcionar a tirones ‖ ≃ *n* (Pap) / repelado *m* ‖ ≃ **der Kupplung** (Kfz) / tirón *m* del embrague
Rupfen *m*, Sackleinen *n* (Tex) / arpillera *f*, harpillera *f*
Rupffestigkeit *f* (Pap) / resistencia *f* al repelado
Rüsche *f* (Tex) / volante *m*
Ruß, Ofen-, Kaminruß *m* / hollín *m* ‖ ≃, Lampenruß *m* / negro *m* de humo ‖ ≃ *m*, Carbon Black *n* (Chem) / negro *m* de carbono ‖ ≃**abkratzvorrichtung** *f* / rascador *m* de hollín ‖ ≃**abscheider** *m*, -fänger *m* / captador *m* de hollín, separador *m* de hollín ‖ ~**artig**, rußig, verrußt / holliniento, fuliginoso, lleno de hollín, cubierto de hollín ‖ ≃**braun** *n* (Chem) / bistre *m* ‖ ≃**einbläser** *m* / soplador *m* de hollín
Rüssel *m* (auch techn.) / trompa *f* ‖ ≃ (Hütt) / morro *m* de tobera ‖ ≃ **des Düsenstocks** (Hütt) / boca *f* del portaviento[s]
Russel-Trübung *f*, -Effekt *m* (Foto) / efecto *m* Russel
Rußemission *f* (Luftf) / emisión *f* de humo
rußend (Flamme) / que echa humo u hollín
Ruß • fänger *m* / colector *m* o separador de hollín ‖ ≃**filer** *m* / filitro *m* de hollín ‖ ≃**fleck** *m*, -flocke *f* (Verunreinigung) / copo *m* de hollín ‖ ~**geschwärzt** / ahumado, ennegrecido de humo
rußig / lleno de hollín ‖ ~, rußfarbig / fuliginoso
Ruß • kohle *f* / carbón *m* fuliginoso o de hollín ‖ ≃**punkt** *m* (Öl) / punto *m* de humo ‖ ≃**sammelkasten** *m* / depósito *m* de humo ‖ ≃**schwarz** *n* (Chem) / negro *m* de humo ‖ ≃**schwarz**, -braun / bistre *m* ‖ ≃**zahl** *f* (Ölbrenner) / índice *m* de ennegrecimiento, índice *m* de Bacharach
Rüstbaum *m* (Bau) / palo *m* de andamiaje, pértiga *f*
rüsten, vorbereiten / preparar ‖ **~**, ein Gerüst aufstellen / poner un andamio
Rüster *f*, Ulme *f*, Ulmus (Bot) / olmo *m*, negrillo *m*
Rüst • gewicht *n* (Luftf) / peso *m* equipado ‖ ≃**holz** *n* (Schiff) / varales *m pl*
Rustika *f*, roh behauenes Quaderwerk, Bossenwerk *n* (Bau) / realzado *m* de piedra, almohadillado *m*, obra *f* rústica
rustikal (Bau) / rústico ‖ ~ **bearbeiten** / rusticar
Rustika • quader *m* / sillar *m* con realce ‖ ≃**ziegel** *m pl* / ladrillos *m pl* rústicos
Rüst • klammer *f*, Gerüstklammer *f* / grapón *m* (E) o grampón (LA) de andamiaje ‖ ≃**kran** *m* / grúa *f* de montaje ‖ ≃**loch** *n* (Bau) / ojada *f*, mechinal *m* ‖ ≃**seil** *n* / cable *m* de riostra ‖ ≃**. u. Gerätewagen** *m* (F'wehr) / camión *m* de mangueras y herramientas
Rüstung *f* (Mil) / armamento *m* ‖ ≃, Gerüst *n* (Bau) / andamio *m*, andamiaje *m* ‖ ≃ **des Bogens** (Bau) / cimbra *f*

Rüstungs • altlasten *f pl* (Umw) / material *m* militar abandonado (opeligroso) ‖ ≃**gut** *n* (Mil) / equipo *m* de armamento, armamentos *m pl*, material *m* militar ‖ ≃**industrie** *f* / industria *f* de armamentos ‖ ≃**werk** *n*, -betrieb *m* / fábrica *f* de armamento
Rüstwagen *m* (Stanz) / carro *m* de herramientas
Rüstzeit (für Aufrüsten), Einrichtezeit *f* (Wzm) / tiempo *m* de preparación, tiempo *m* de equipamiento ‖ ≃ *f*, Abrüstzeit *f* / tiempo *m* de descarga ‖ ≃ **bei Arbeitsbeginn** (F.Org) / tiempo *m* de comenzar [para empezar el trabajo] ‖ ≃ **bei Arbeitsende** / tiempo *m* de acabar [a la terminación del trabajo]
Rute *f*, Gerte *f* / vara *f*, varilla *f*, pértiga *f* ‖ ≃ **für Teppichfertigung** / varilla *f*, hierro *m*
Ruten • führung *f* (Web) / guía *f* de las varillas ‖ ≃**greifermaschine** *f* (Web) / telar *m* con varillas prensadoras ‖ ≃**plüsch** *m* / peluche *m* de varillas ‖ ≃**stärke** *f* (Web) / grueso *m* de la varilla ‖ ≃**teppich** *m* / alfombra *f* de varillas
Ruthenium *n*, Ru (Chem) / rutenio *m*, Ru
Ruthenrot *n* / rojo *m* de rutenio
Rutherford *n* (veraltet), rd (1 rd = 10^6 Zerfallsakte je s = $2{,}7 \times 10^{-5}$ Curie) (Nukl) / rutherford *m*, rd
Rutherfordit *m* (Min) / rutherfordita *f*
Rutherfordium *n* (Oz = 104) (in Osteuropa: Kurtschatovium) (Nukl) / rutherfordio *m*, Rf
Rutherford-Rückstreuung *f* / dispersión *f* o difusión [de retorno] de Rutherford
Rutil *m* (Min) / rutilo *m*
Rutin *n* (Pharm) / rutina *f*
Rutsch *n* (Hydro) / plano *m* inclinado ‖ ≃**bahn** *f* (Helling) (Schiff) / grada *f* de botadura
Rutsche, Gleitbahn *f* / plano *m* inclinado, lanzadero *m*, resbaladera *f* ‖ ≃ *f*, Steilrutsche *f* / canal *m* vertedero ‖ ≃, Schurre *f* / canalón *m*, plano *m* o vertedor inclinado ‖ ≃ *f* (Packerei) / tobogán *m* ‖ ≃ (Wzm) / plano *m* inclinado
rutschen, gleiten *vi* / resbalar[se], deslizar[se] ‖ ~ (Erde Steine) / desprenderse ‖ ~ (Kupplung) / resbalar[se] o deslizar[se] (embrague) ‖ ~ (Räder), durchdrehen / patinar ‖ ~, schleudern (Kfz) / patinar, derrapar (galicismo) ‖ ≃, Gleiten *n* / deslizamiento *m*, resbalamiento *m*, patinado *m* ‖ ≃, Schleudern *n* (Kfz) / patinaje *m*, patinada *f*, patinazo *m*, derrape *m* (galicismo) ‖ ≃ *n* **der Erde** / desprendimiento *m* de tierras, derrumbamiento *m* ‖ ≃ **der Gichten** (Hütt) / descenso *m* irregular de la carga ‖ ≃ **des Reifens auf der Felge**, Wandern des Reifens... / deslizamiento *m* del neumático sobre la llanta ‖ **zum ≃ auf allen vier Rädern bringen** (Kfz) / hacer deslizar [sobre] las cuatro ruedas
Rutschen • stoß *m* (Bergb) / elemento *m* de vertedor ‖ ≃**verschluss** *m* / atasco *m* de la tolva ‖ ≃**zuführung** *f* (Wzm) / alimentación *f* por plano inclinado, transportador *m* de gravedad
Rutscher, Schwingschleifer *m* / lijadora *f* orbital o excéntrica ‖ ≃**[stein]** *m* (Poliererei) / piedra *f* de lijar
rutschfest (Kfz) / antirresbaladizo, antirresbarrante (galicismo) ‖ ~**er (o. -sicherer) Fußboden** (Bau) / suelo *m* antideslizante ‖ ~**er Anstrich** / pintura *f* antirresbalante ‖ ~**er Belag** / capa *f* antideslizante o antideslizable ‖ ~**e Beschichtung** *f* (Anstrich o. Ä.) / antirresbalante ~
Rutschfestappretur *f* (Tex) / apresto *m* antigliss
Rutsch • fläche *f* / superficie *f* deslizante ‖ ≃**fläche**, Verwerfungsspalte *f* (Geol) / superficie *f* de falla o de paraclasa ‖ ≃**gefahr** *f* / peligro *m* de deslizamiento ‖ ≃**gefahr [bei Nässe]!** (Straßb) / ¡Firme resbaladizo! (en caso de lluvia) ‖ ≃**grenze** *f*, -punkt *m* (Kfz) / punto *m* de patinaje ‖ ~**hemmend** / resistente al deslizamiento, antideslizante
rutschig, schlüpfrig, glatt (allg, Kfz) / resbaladizo, resbaloso (LA) ‖ ~ (Geol) / movedizo ‖ ~**er (o. lockerer) Boden** / suelo *m* movedizo

Rutschigkeitsprüfer *m*, Skiddometer *n* (Straß) / deslizómetro *m*
Rutsch•kupplung *f* / acoplamiento *m* de resbalamiento o a fricción ‖ ≈**moment** *n* / momento *m* de deslizamiento ‖ ≈**punkt** *m*, -grenze *f* (Kfz) / punto *m* de patinaje ‖ ≈**sicherung** *f* / dispositivo *m* antideslizante ‖ ≈**spur** *f* (Kfz) / huella *f* de deslizamiento o de frenado ‖ ≈**stelle** *f* (Oberflächenfehler) (Hütt) / marca *f* de deslizamiento
Rutschung *f* (Geol) / desprendimiento *m*, corrimiento *m* de la tierra
Rutschwinkel *m* (Kfz, Reifen) / ángulo *m* de resbalamiento
Rüttel•aufgeber *m* / alimentador *m* vibratorio ‖ ≈**beton** *m* / hormigón *m* vibrado ‖ ≈**bewegung** *f* / movimiento *m* vibrante o de vibración ‖ ≈**bohle** *f* (Bau) / tablón *m* de sacudidas o de vibración ‖ ≈**dichte** *f*, Klopfdichte *f* (Sintern) / densidad *f* aparente compactada ‖ ~**fest** / a prueba de vibraciones o de sacudidas ‖ ≈**flasche** *f* (Beton) (Bau) / aguja *f* de vibrar ‖ ≈**förderer** *m* / transportador *m* vibratorio ‖ ≈**formen** *n* / moldeo *m* por vibración o por sacudidas ‖ ≈**gerät** *n*, Rüttler *m* / aparato *m* vibrante o vibratorio o vibrador, sacudidor *m* ‖ ≈**klassierer** *m* / clasificador *m* vibrante o vibratorio ‖ ≈**kolben** *m* / émbolo *m* vibrador ‖ ≈**kräfte** *f pl* / fuerzas *f pl* de vibración ‖ ≈**maschine** *f* / máquina *f* vibratoria o vibradora ‖ ≈**maschine für Sektflaschen** / girasol *m*
rütteln *vt*, schütteln / traquetear ‖ ~, verdichten (Beton) / pervibrar ‖ ~, in Schwingungen versetzen / hacer vibrar o trepidar ‖ ~, einrütteln, Papier gerade rütteln / emparejar los bordes de un mazo de papeles en una cajuela vibratoria, vibrar papeles para la alineación de los bordes ‖ ~, rüttelnd verdichten / trepidar, vibrar ‖ ~ *vi*, stoßen / sacudir, agitar ‖ ≈ *n*, Stoß *m* / vibración *f*, sacudimiento *m* ‖ ≈, Schütteln *n* (Luftf) / trepidación *f* ‖ ≈, Holpern *n* / sacudidas *f pl* ‖ ≈, leichtes Wackeln / bamboleo *m* ‖ ≈, Schlängeln *n* (Bahn) / balanceo *m* ‖ ≈ *n* **von Hand** (Aufb) / sacudidas *f pl* a mano
Rüttel•piste *f* (Test) (Kfz) / pista *f* de sacudidas ‖ ≈**platte** *f* (Straß) / placa *f* vibrante o vibratoria ‖ ≈**pressformmaschine** *f* (Gieß) / moldeadora *f* por vibración y presión, vibromoldeadora-prensadora *f* ‖ ≈**probe**, Fallprobe *f* (Koks) / ensayo *m* de resistencia a sacudidas ‖ ≈**rost** *m* / parrilla *f* vibratoria ‖ ≈**scheider** *m* (Aufb) / separador *m* vibrante u oscilante ‖ ≈**schreiber** *m* / registrador *m* de vibraciones ‖ ≈**schuh** *m* (Bunker) / alimentador *m* a sacudidas ‖ ≈**schuh** (Mühle) / vibrador *m*, caja *f* oscilante ‖ ~**sicher**, -fest / vibrorresistente, a prueba de vibraciones o de sacudidas ‖ ≈**sicherheit** *f* / inmunidad *f* de (o contra) vibraciones ‖ ≈**sieb** *n* / tamiz *m* a sacudidas, criba *f* de vaivén ‖ ≈**sieb**, Schwingsieb *n* / tamiz *m* vibrante ‖ ≈**stampfer** *m* (Straß) / compactador *m* vibratorio ‖ ≈**tisch** *m* (Bergb, Gieß) / mesa *f* vibradora, mesa vibrante.f., criba *f* de vaivén ‖ ≈**verdichter** *m* (Bau) / compactador *m* vibrante ‖ ≈**verdichtung** *f* / compactación *f* por vibración ‖ ≈**volumen** *n* / volumen *m* a granel
Rüttler *m*, Rüttelvorrichtung *f*, -apparat *m* (Bau, Masch) / vibrador *m*
RUZ (Schiff) = Ruderlagenanzeiger
RVM = Röhrenvoltmeter
R-Wagen, Niederbordwagen *m* (Bahn) / vagón *m* plataforma o de bordes bajos
R-Wert *m* (Nukl) / valor R *m*
RWR = Reaktorwasserreinigung
R,X-Ebene *f* (Math) / plano R, x *m*
Rydbergkonstante *f* (veraltet), R (Atomspektren) (1 R = 109737,309 cm^{-1}) (Phys) / constante *f* de Rydberg
Ryder-Getriebeversuch *m* / ensayo *m* de engranajes de Ryder
RZ (DV, Eltronik) / vuelta *f* a cero

R-Zentrum *n* (Nukl) / centro R *m*
RZ-Pulver *n*, Roheisenzunderpulver (Sintern) / polvo RZ *m*
RZ-Verfahren, Return-to zero-Verfahren *n* (Magn.Bd) / registro *m* con vuelta a cero

S

s (Seil) = Schlagrichtung der Litze links
s (= Sekunde) / s (= segundo)
S, Siemens n (Phys) / siemens m
S (Tex) = Drehungsrichtung links
S (Seil) = Schlagrichtung des Seiles links
S m (= Schwefel), Sulfur (Chem) / S (= azufre)
S (= Süden) / S (= Sur)
S (= Seite) / p (= página)
SAA, Systemanwendungs-Architektur f (DV) / arquitectura f de aplicación de sistemas
Saal m, Halle f (Bau) / sala f, salón m, nave f ‖ ⁓geräusch n (Fernm) / ruido m [del] ambiente ‖ ⁓verdunkelungsapparat m, -dimmer m / reductor m de luz de sala
Saat f, bestelltes Feld (Landw) / siembra f, sembrado m ‖ ⁓, Aussaat f / siembra f ‖ ⁓, Sämereien f pl / simientes f pl, semillas f pl ‖ ⁓beizer m, Saatgutbeizmaschine f (Landw) / espolvoreadora f para semillas ‖ ⁓-Beizmittel n (Landw) / desinfectante m para semillas ‖ ⁓bestellung f, Aussaat f / siembra f, sementera f ‖ ⁓bett n (Landw) / terreno m preparado para la siembra, semillero m ‖ ⁓bettkombinationen f pl / combinaciones f pl de preparación del terreno ‖ ⁓bettkrümler m / desterronadora f de preparación de la siembra ‖ ⁓egge f / grada f [ligera] para siembra, rastra f de siembra ‖ ⁓element n, Spickelement n (Nukl) / espiga f ‖ ⁓elementmantel m (Nukl) / zona f activa con medio activo y envoltura fértil ‖ ⁓feld n, -acker m (Landw) / sembrado m, campo m sembrado, trigal m ‖ ⁓gut n / semillas f pl, simientes f pl, semillas f pl para cultivo ‖ ⁓gutbereiter m / limpiadora-clasificadora f de simientes ‖ ⁓gutreiber m (Klee) / desgranadora f de semillas ‖ ⁓gutreiniger m / aparato m para limpiar semillas ‖ ⁓gutsortierer m / seleccionadora f y clasificadora de simientes, clasificadora f o calibradora de semillas ‖ ⁓gutzelle f für Kartoffeln / bancanal m para patatas de siembra ‖ ⁓hanf m / cáñamo m hembra ‖ ⁓kartoffeln f pl / patatas f pl de siembra, papas f pl de siembra (LA) ‖ ⁓leitung f, -leitungsrohr n / tubo m de llegada ‖ ⁓pflug m, Rillpflug m / arado m escarificador ‖ ⁓rechen m / rastrillo m de siembra ‖ ⁓rille f, Furche f (Landw) / surco m para la semilla ‖ ⁓schnellkäfer m, Agriotes lineatus (Zool) / elátero m del trigo ‖ ⁓striegel m (Landw) / rastra f desbarbadora ‖ ⁓wärmer m (Landw) / calentador m de semillas ‖ ⁓zeit f / época f de siembra, tiempo m para sembrar, sementera f, siembra f ‖ ⁓zucht f / cultivo m de semillas, selección f de semillas
Sabatier-Effekt m (Foto) / efecto m de Sabatier
Säbel m (Walzw) / forma f de sable ‖ ⁓bewegung f, Säbeln n (Walzw) / incurvación f ‖ ⁓förmigkeit f (Magn.Bd) / curvatura f longitudinal ‖ ~frei (Blech) / exento de sable, sin curvatura[s] ‖ ⁓kolben m (Chem) / frasco m en forma de hoz
Sabin n (Einheit der Schallschluckung) / sabin m (unidad de absorción del sonido)
Sabinesche Widerhallformel f / ley f de Sabine
Saccharase, (früher:) Invertase f (Chem) / sacarasa f
Saccharat n / sacarato m
Saccharid n / sacárido m, glúcido m
saccharifizierbar / sacarificable
Sacchari•meter m (Polarimeter) / sacarímetro m ‖ ⁓metrie f / sacarimetría f

Saccharin, Benzoesäuresulfimid n / sacarina f
Saccharo•meter n (Senkwaage) (Chem) / sacarómetro m ‖ ⁓myces pl (Biol) / sacaromices pl
Saccharose f, Rüben-, Rohrzucker m / sacarosa f, sucrosa f, azúcar m de caña o de remolacha ‖ ⁓chemie f / química f del azúcar
Sach•bearbeiter m (F.Org) / encargado m, ponente m ‖ ⁓berater m / asesor m técnico ‖ ~bezogen (Information) / no personal ‖ ⁓buch n / libro m de divulgación técnica (o científica) ‖ ⁓gebiet, Gebiet n, Bereich m / campo m, ámbito m, materia f ‖ ~gemäß, sachdienlich / pertinente, útil, conveniente ‖ ~gemäß, fachgemäß / conforme a las reglas del arte, apropiado, adecuado ‖ ⁓kenntnis f, -kunde f, -verständnis n / pericia f, conocimientos m pl técnicos o especiales, competencia f ‖ ~kundig / competente, experto, perito, versado
sachliche Verteilzeit (F.Org) / tiempo m perdido operacional
Sach•merkmal n / característica f de materia ‖ ⁓merkmal-Leiste f (Norm) / tabla f de características de materia ‖ ⁓nummer f (F.Org) / número m de producto ‖ ⁓register n / tabla f de materias ‖ ⁓schaden m / daños m pl materiales ‖ ~verständig, fachmännisch / experto, pericial, perito ‖ ⁓verständigengutachten n / informe m o dictamen pericial, peritaje m ‖ ⁓verständiger m, -kundiger m / experto m, perito m, especialista f m [en la materia] ‖ ⁓verzeichnis n / inventario m, lista f ‖ ~widrig (Behandlung), unsachgemäß / impropio, no apropiado, contraindicado, inadecuado
Sack m / saco m ‖ ⁓, Beutel m / bolsa f, saquito m ‖ großer ⁓ / saca f ‖ ⁓abfüllautomat m / ensacadora f o llenadora automática de sacos ‖ ⁓aufzug m / montasacos m, elevador m de sacos ‖ ⁓ausstäuber m, -[aus]klopfer m / batidora f o sacudidora de sacos ‖ ⁓bahnhof m / estación f [de] terminal ‖ ⁓band n / cordón m de saco ‖ ⁓bohrer m (Wzm) / taladro m de agujeros ciegos
sacken vi, nachgeben / afirmarse, asentarse ‖ ~, einsacken / hundirse, recaparse ‖ ~ lassen / dejar hundirse ‖ ~, Setzen n / asiento m ‖ ~ n (Hütt) / hundimiento m
Sack•fabrik f / saquería f ‖ ⁓filter m n / filtro m de saco ‖ ⁓förderanlage f, -förderer m / transportador m de sacos ‖ ⁓füllwaage f / balanza f o báscula ensacadora ‖ ⁓gasse, -straße f (Verkehr) / callejón m sin salida, impasse f (CHILE) ‖ ⁓heber m / elevador m de sacos ‖ ⁓kanal m (Hydr) / canal m sin salida ‖ ⁓karre f / diablo m para sacos, carretilla f para sacos ‖ ⁓lader m / cargador m de sacos ‖ ⁓leinwand f (Baumwolle) / arpillera f, harpillera f, jerga f, márraga f, coletón m (LA) ‖ ⁓leinwand, Sackzwillich m / dril m o cutí de sacos ‖ ⁓loch m (Masch) / agujero m ciego ‖ ⁓lochgewindebohrer m (Wz) / macho m para agujeros ciegos ‖ ⁓macher m, -näher m / saquero m ‖ ⁓maß n (Bau) / valor m de asiento ‖ ⁓stapler m / estibador m de sacos ‖ ⁓stich m, -stek m (Schiff) / nudo m de ocho ‖ ⁓strecke f (Bergb) / galería f sin salida, culo m de saco
Sackung, Senkung f (Bau) / asiento m, hundimiento m
Sack•waage f / báscula f de sacos ‖ ⁓zange f (Kran) / tenazas f pl de sacos ‖ ⁓zunähmaschine f / máquina f de coser sacos llenos
Sadebaumöl n (Pharm) / aceite m de sabina
SAE = Society of Automotive Engineers (USA)
SAE-Klassifikation f (Öl) / clasificación f S.A.E.
säen / sembrar ‖ ~ (in Reihen) / sembrar en hileras, sembrar a chorrillo ‖ ~ n, Aussaat f / siembra f, sembradura f
säend, Sä... / sembrador adj
SAE•-Sichtfeld-Begrenzungslinie f (Kfz) / contorno m de campo visual según S.A.E. ‖ ⁓-Viskosität f / viscosidad f S.A.E. ‖ ⁓-Zahl f (Öl) / índice m S.A.E.

Safe *m n*, Stahlkammer *f* / caja *f* de caudales, caja *f* fuerte ‖ ⁓**-Lift-Prinzip** *n* (Luftf) / principio *m* safe-lift
Safety-Ledge-Felge *f* (Kfz) / llanta *f* "safety-ledge"
Saffian, Maroquin *m* (Leder) / tafilete *m*, marroquín *m*, marroquí *m*
Safflorit *m* (Min) / saflorita *f*
Saflor *m* (Färb) / azafrán *m* bastardo, cártamo *m* ‖ ⁓**rot** *n* / cartamina *f*
Safran *m* (Bot, Färb) / azafrán *m* ‖ **~farbig**, -farben / azafranado ‖ **~gelb** (RAL 1017) / amarillo o color azafrán
Safranin *n* (Färb) / azafranina *f*, safranina *f*
Safranpflanzung *f* (Landw) / azafranal *m*
Saft *m* (Obst, Fleisch) / jugo *m* ‖ ⁓ (Bot) / savia *f*, jugo *m* vegetal ‖ ⁓, Fruchtsaft *m* / zumo *m* ‖ **den** ⁓ **entziehen** (Holz) / extraer la savia, secar ‖ **eingedickter** ⁓ / jarabe *m* ‖ **im** ⁓ **stehendes Holz** / madera *f* verde
Saft•ablassrinne *f* / gotera *f* de descarga del jugo ‖ ⁓**absetzung** *f* / decantación *f* del jugo ‖ ⁓**absiebung** *f* (Zuck) / tamizado *m* del jugo ‖ ⁓**abzug** *m* (Zuck) / extracción *f* del jugo ‖ **~arm** / poco jugoso ‖ ⁓**blau** *n* / azul *m* vegetal o de tornasol ‖ ⁓**braun** *n* / nogalina *f* ‖ ⁓**brüden** *pl* (Zuck) / vapores *m pl* de jugo ‖ ⁓**einzug** *m* / entrada *f* de jugo ‖ ⁓**fabrik**, Raperie *f* (Zuck) / fábrica *f* de jugo ‖ ⁓**fänger**, -abscheider *m* (Zuck) / separador *m* de jugo ‖ ⁓**fluss** *m* / flujo *m* de jugo ‖ **~frisch**, grün (Holz) / verde ‖ ⁓**gewinnung** *f* (Zuck) / extracción *f* de jugo, obtención *f* de jugo ‖ ⁓**grün** *n* / verde *m* vegetal ‖ ⁓**hahn** *m* (Zuck) / válvula *f* de jugo
saftig, saftreich / jugoso, zumoso
Saftigkeit *f*, Saftgehalt *m* / jugosidad *f*
Saft•kanal *m*, -rinne *f* (Zuck) / gotera *f* de jugo ‖ ⁓**presse** *f*, Entsafter *m* / exprimidor *m* ‖ ⁓**pumpe** *f*, -heber *m* (Zuck) / montajugos *m* ‖ ⁓**quotient** *m* (Zuck) / razón *m* de jugo ‖ **~reich**, saftig / zumoso, jugoso ‖ ⁓**reinigung** *f* (Zuck) / purificación *f* del jugo, clarificación *f* del jugo ‖ ⁓**säure** *f* (Zuck) / acidez *f* del jugo ‖ ⁓**schema** *n* (Zuck) / diagrama *m* funcional del flujo de jugo ‖ ⁓**schlamm** *m* (Zuck) / lodo *m* de jugo ‖ ⁓**schüssel** *f* / cubeta *f* colectora de jugo ‖ ⁓**seite** *f* (Zuck) / lado *m* del jugo ‖ ⁓**standsglas** *n* / tubo *m* de nivel de jugo ‖ ⁓**ventil** *n* (Zuck) / válvula *f* de jugo ‖ ⁓**verdrängungsverfahren** *n* (Holz) / impregnación *f* por su[b]stitución de la savia
sägbar, Säge... / serradizo
Säge *f* (allg) / sierra *f* ‖ ⁓, Gestell-, Strecksäge *f* / sierra *f* de bastidor ‖ ⁓, Einhandsäge *f* / serrucho *m* ‖ **stehende o. auf Zug arbeitende** ⁓ / sierra *f* a dos mangos ‖ ⁓**angel** *f*, -arm *m*, -horn *n* / portasierra *m* ‖ **~artig zahnen** / aserrar ‖ ⁓**blatt** *n* / hoja *f* de sierra ‖ ⁓**blatt** (Laubsäge) / pelo *m* de segneta o de sierra ‖ ⁓**blatt mit breiten Zahnlücken** / hoja *f* [de sierra] con dentado americano ‖ ⁓**blattschärfmaschine** *f* / afiladora *f* de hojas de sierra ‖ ⁓**block**, Bohlenstamm *m* / madero *m* de escuadría, trozo *m* ‖ ⁓**block** *m* / caballete *m*, barro *m*, borriquete *m* ‖ ⁓**bügel**, -bogen *m* / arco *m* de sierra ‖ ⁓**dach** *n* (Bau) / cubierta *f* en (o de) dientes de sierra, tejado *m* en diente de sierra ‖ ⁓**-Egreniermaschine** *f* (Tex) / desgranadora *f* de sierras ‖ ⁓**fehler** *m* (Holz) / defecto *m* debido al aserrado ‖ ⁓**feile** *f* (Wz) / lima *f* para [afilar] sierras ‖ **~förmig**, -artig / en diente de sierra, aserrado ‖ ⁓**furnier** *n* / chapa *f* aserrada ‖ ⁓**gatter** *n* / bastidor *m* de sierra alternativa (E), armazón *m* de sierra, marco *m* portasierra ‖ ⁓**halle** *f* / nave *f* del [a]serradero ‖ ⁓**holz** *n* / madera *f* aserrada ‖ ⁓**kante** *f* / arista *f* cortante ‖ ⁓**kette** *f* / cadena *f* de sierra ‖ ⁓**kordel** *f* / cuerda *f* [tensora de la hoja] de sierra ‖ ⁓**kranz** *m* **des Kernbohrers** (Bergb) / corona *f* de la barrena hueca ‖ ⁓**maschine** *f* / sierra *f* mecánica, máquina *f* de aserrar, serradora *f* ‖ ⁓**mehl** *n* / serrín *m*, aserrín *m*, aserradura *f*
sägen, schneiden, zersägen / serrar, aserrar, tronzar ‖ ⁓ *n* / aserrado *m*, aserrada *f* (LA) ‖ ⁓**gewinde** *n* / rosca *f* de [o con] diente de sierra ‖ ⁓**raspel** *f* (Wz) / escofina *f* ‖ ⁓**schärfmaschine** *f* / máquina *f* de afilar sierras ‖ ⁓**schränkzange** *f*, -setzer *m* (Wz) / tenazas *f pl* triscadoras de sierra
Säger *m*, Sägereiarbeiter *m* / aserrador *m*, serrador *m*
Säge•rundholz *n* / rollo *m* de madera para serrar, madera *f* en rollo para serrar ‖ ⁓**schärfscheibe** *f* / muela *f* para afilar sierras ‖ ⁓**schiene** *f* / guía *f* de la cadena ‖ ⁓**schliff** *m* (Messer) / dentado *m*, serración *f* ‖ ⁓**schlitten**, Vorschubwagen *m* / carro *m* o trineo de sierra ‖ ⁓**schlitz**, -schnitt *m*, Kerbe *f* / ranura *f* de corte [de sierra] ‖ ⁓**schnitt** *m* / aserradura *f*, serradura *f* ‖ ⁓**späne** *m pl*, -mehl *n* / serrín *m*, aserrín *m*, serradura *f*, virutas *f pl* de sierra ‖ ⁓**- und Feilmaschine** *f* (Wzm) / máquina *f* de aserrar y limar ‖ ⁓**wagen** *m* (Tischl) / carro *m* de la sierra ‖ ⁓**werk** *n* / aserradero *m*, serradero *m*, serrería *f*
Sägezahn *m* / diente *m* de sierra ‖ **~artiger Verschleiß** (Reifen) / desgaste *m* en forma de dientes die sierra ‖ ⁓**blitzableiter** *m* / pararrayos *m* o descargador de puntas ‖ ⁓**drahtbeschlag** *m* (Karde) / guarnición *f* de dientes de sierra ‖ ⁓**[ein]schnitt** *m* / serración *f* ‖ **~förmig**, Sägezahn... / de o en diente[s] de sierra ‖ **~förmige Kippablenkung**, Sperrzeitbasis *f* (TV) / exploración *f* con onda de dientes de sierra ‖ **~förmiger Stoßimpuls** / choque *m* en diente de sierra ‖ ⁓**generator** *m* (Eltronik) / generador *m* u oscilador [de ondas] en diente de sierra, generador *m* de base de tiempo ‖ ⁓**generator** (Analogrechner) / generador *m* de rampa ‖ ⁓**gewinde** *n* / rosca *f* en diente de sierra ‖ ⁓**schwingung** *f*, -welle[nform] *f* (Eltronik) / onda *f* en diente de sierra ‖ ⁓**spannung** *f* / base *f* de tiempo lineal, tensión *f* en diente de sierra ‖ ⁓**strom** *m* / corriente *f* en diente de sierra ‖ ⁓**teilung** *f* / paso *m* de [dentado de] sierra
Sägezahnung *f* (Messer) / filo *m* de sierra
Sägezahn•Vorreißer *m* (Spinn) / cilindro *m* abridor (o quebrantador) en diente de sierra ‖ ⁓**zylinder** *m* (Spinn) / cilindro *m* en diente de sierra
sagittal, pfeilrecht / sagital ‖ **~er o. felgenrechter Strahl** (Opt) / rayo *m* sagital
Sagittalschnitt *m*, Symmetrieschnitt *m* (Geom) / sección *f* sagital, corte *m* sagital
Sago *m* / sagú *m*, yuquilla *f* (LA) ‖ ⁓, Palmenmehl *n* (Bot, Nahr) / sagú *m*
SAH (Kfz) = Sattelanhänger
Saha-Gleichung *f* (Nukl) / fórmula *f* de equilibrio de Saha, ecuación *f* de Saha
Sahne *f*, Rahm *m* (Milch) / crema *f*, nata *f* ‖ ⁓**messer** *m* / cremómetro *m*
Saint Venant (Mech) s. St. Venant
Saison•arbeit *f* / trabajo *m* estacional, trabajo *m* de temporada ‖ ⁓**arbeiter** *m* / temporero *m*, trabajador *m* estacional o de temporada, temporal *m* ‖ **~bereinigt** (Stat) / corregido de variaciones estacionales ‖ ⁓**schwankung** *f* / fluctuación *f* o variación estacional
Saite *f* / cuerda *f*
Saiten•draht *m* / cuerda *f* de piano ‖ ⁓**galvanometer nach Einthoven** *n* / galvanómetro *m* de Einthoven (un galvanómetro de cuerda) ‖ ⁓**instrument** *n* (Musik) / instrumento *m* de cuerda ‖ ⁓**waage** *f* / balanza *f* de cuerdas vibrantes
Säkasten *m* (Landw) / caja *f* de semillas
säkular•e Änderung (Geol) / variación *f* secular ‖ **~e Beschleunigung** (Astr) / aceleración *f* secular ‖ ⁓**parallaxe** *f* (Astr) / paralaje *m* secular
Salband *n* (Fläche zum Nebengestein), Saum *m* (Bergb) / salbanda *f* ‖ ⁓, -leiste *f*, Selbende *n* (Web) / orillo *m* de tejido, orla *f*, vendo *m*
Salbei *m f* (Bot, Pharm) / salvia *f* ‖ ⁓**öl** *n* / aceite *m* de salvia

salben•artig / ungüentoso ‖ **~artig-konsistent** / ungüentoso-consistente ‖ **~grundlage** f / base f de pomadas, excipiente m para pomadas
Saldenkontrolle f (DV) / control m de saldos
saldieren vt, Plus und Minus über null / saldar
Saldierzähler m, saldierender Zähler / contador m de saldos
Salicin n (Pharm) / salicina f
Salicyl•... / salicílico ‖ **~aldehyd** m / aldehído m salicílico ‖ **~anilid** n / salicilanilida f ‖ **~at** n / salicilato m ‖ **~gelb**, Alizaringelb GG n (Färb) / amarillo m de alizarina GG
salicylieren vt / salicilar
Salicylierung f / salicilaje m
Salicylsäure, o-Hydroxybenzoësäure f / ácido m salicílico ‖ **~ethylester** m / salicilato m etílico ‖ **~methylester** m / salicilato m metílico
Saligenin n, Salizylalkohol m (Chem) / saligenina f, alcohol m salicílico
Saline f, Salzgarten m / saladar m ‖ **~**, Salzwerk n / salina f, salinera f, salera f (CHILE) ‖ **~**, Salzsee m / lago m salado, saladar m
Salinen•..., Salz... / salinero ‖ **~arbeiter** m / salinero m
Saling (Schiff) / cruceta f
Salinität f (Geol) / salinidad f
Salinometer n (Chem) / salinómetro m
Salleiste f (Web) s. Salband
Salmiak m, Salmiaksalz n (Chem) / sal f amoníaca, cloruro m amónico o de amonio ‖ **~element**, Braunstein-, Leclanchéelement n (Elektr) / pila f de sal amoníaca, pila f Leclanché ‖ **~geist** m / solución f acuosa de amoníaco, amoníaco m acuoso o líquido, álcali m volátil ‖ **~nebel** m / vapores m pl de amoníaco ‖ **~stein**, Lötstein m / piedra f de amoníaco
Salmonellen pl / salmonelas f pl
Salol n, Phenylsalizylat n (Chem) / salol m
Salonwagen m (jetzt: Sonderwagen Typ Sümz) (Bahn) / coche m de lujo, coche-salón m
Salpeter m (Chem) / salitre m, nitro m ‖ **~** (im engeren Sinne), Kaliumsalpeter m, [Natrium]salpeter m / nitrato m de potasio o de sodio ‖ **~**... / salitroso, salitrero ‖ **mit ~versetzt** / salitrado ‖ **~arbeiter** m / salitrero m ‖ **~bakterien** f pl / bacterias f pl nitrificantes ‖ **~bildung**, -entstehung, -erzeugung f / nitrificación f ‖ **~dünger** m / abono m o fertilizante nítrico ‖ **~erde** f / terreno m nitroso ‖ **~fraß** m (Bau) / eflorescencia f de sal nítrica ‖ **~grube** f, -lager n / salitral m, salitrera f (CHILE, PERÚ), nitrera f (CHILE) ‖ **~haltig**, salpetrig / salitroso ‖ **~lager** n, -vorkommen n / calichera f (LA) ‖ **~papier** n / papel m nitrado ‖ **~säure** f / ácido m nítrico ‖ **verdünnte ~säure** / ácido m nítrico diluido ‖ **~säureanhydrid** n, wasserfreie Salpetersäure / anhídrido m nítrico ‖ **~säurezellstoff** m (Pap) / celulosa f de ácido nítrico ‖ **~vorkommen** n / nitral m ‖ **~werk** n / nitrería f
salpetrig / nitroso ‖ **~e Säure** / ácido m nitroso ‖ **~säureanhydrid**, Stickstofftrioxid n / anhídrido m nitroso, trióxido m de nitrógeno ‖ **~säureethylester** m / éster m etílico de ácido nitroso
Salse f, Schlammvulkan m (Geol) / salsa f, volcán m de lodo
Salvation f (Öl) / salvatación f
Salz n (Chem) / sal f ‖ **~**, Kochsalz n / sal f común o de cocina ‖ **~**, Steinsalz n / sal f gema o de roca ‖ **basisches ~** / sal f básica ‖ **mit ~ tränken** / impregnar de sal ‖ **neutrales o. normales ~** / sal f neutra ‖ **saures ~** / sal f ácida
Salz•ablagerung f, -schicht f / depósito m de sal ‖ **~abwasser** n / salmuera f residual o de descarga ‖ **~agens** n, -zuschlag m (Nukl) / agente m de precipitación por adición de sal ‖ **~artig** / salino ‖ **~bad** n / baño m de sal[es], baño m salino ‖ **~badhärtung** f (Hütt) / temple m en baño de sal[es] ‖ **~badnitrieren** n (Hütt) / nitruración f en baño de sal[es] ‖ **~badofen** m / horno m para templar en baño de sal[es], horno m de baño de sal ‖ **~badpatentieren** n (Draht) / patentado m en baño de sal[es] ‖ **~badtiegel** m / crisol m de baño de sal[es] ‖ **~bad-Tiegelofen** m / horno m para crisol[es] de baño de sal[es] ‖ **~bergwerk** n, -grube f / mina f de sal ‖ **aufgelassenes ~bergwerk** / mina f de sal abandonada o acondicionada ‖ **~bildend** (Chem) / salificante, halógeno adj ‖ **~bildend**, -erzeugend / salificable ‖ **~bildner** m, Halogen n / halógeno m ‖ **~bildung** f / salificación f ‖ **~blumen** f pl (Bergb) / eflorescencia f de sal ‖ **~blüte** f / salumbre f ‖ **~boden** m (Geol, Landw) / suelo m salífero ‖ **auf ~böden gedeihend**, halophil (Bot) / halófilo ‖ **~brei** m / pasta f salina ‖ **~brot** n, -kuchen m (Salzgewinnung) / torta f de sal ‖ **~dom** m (Geol) / domo m de sal, bolsada f de sal
salzen vt / salar ‖ **~** n, Einsalzen n / salazón f
Salz•entziehung f, Entsalzung f / desalinización f ‖ **~fluss** m (Gieß) / fondante m salino (gal.) ‖ **~form** f, chemische Zustandsform (Ionenaustauscher) / estado m químico ‖ **~frei** / sin sal, exento de sal ‖ **~garten** m / lago m salado, salador m ‖ **~gehalt** m / contenido m de (o en) sal, concentración f salina, salinidad f ‖ **~gehalt** (Ionenaustauscher) / contenido m de disoluto ‖ **~gehaltmesser** m s. Salinometer ‖ **~gehaltsmessung**, Halometrie f / halometría f ‖ **~gekühlt**, natriumgekühlt / enfriado por sodio ‖ **~gesteine** n pl (Geol) / rocas f pl salinas ‖ **~gewinnung** f / producción f de sal, extracción f de sal, obtención f de sal ‖ **~glasiert**, mit Salzglasur / con vidriado de sal ‖ **~glasur** f (Keram) / vidriado m de sal ‖ **~haltig** / salino, salífero, salobre ‖ **~haltigkeit**, Salzigkeit f / salinidad f ‖ **~haut** f (Geol) / costra f de cristales de sal ‖ **~horst** m s. Salzdom
salzig, salzartig / salino ‖ **~** (durch Seewasser) / impregnado de agua marina ‖ **~**, solehaltig / salobre ‖ **~bitter** / salado amargo
Salz•industrie f / industria f de sal ‖ **~kohle** f (Bergb) / lignito m salífero ‖ **~konserve** f / conserva f salada ‖ **~kraut** n, Queller m, Salicornia herbacea / salicaria f ‖ **~kuchen** m, -brot n (Salzgewinnung) / torta f de sal ‖ **~kupfererz** n (Min) / atacamita ‖ **~lagerstätte** f (Bergb) / yacimiento m salífero o de sal ‖ **~lake** f / salmuera f ‖ **~lösung** f / solución f salina ‖ **~marsch** f / marisma f salina ‖ **~mutter** f / madre f de sal ‖ **~mutterlauge** f / agua f madre de sal ‖ **~quelle** f / fuente f de agua salina ‖ **~säure**, Chlorwasserstoffsäure f / ácido m clorhídrico, ácido m muriático ‖ **~säure f mit Inhibitoren** / ácido m clorhídrico inhibido ‖ **mit ~säure verbunden o. gesättigt** / compuesto o saturado de ácido clorhídrico ‖ **~säureaufschluss** m (Öl) / des[inte]gración f por ácido clorhídrico ‖ **~säuregas** n / gas m clorhídrico ‖ **~schicht** f, -ablagerung f / depósito m de sal ‖ **~schmelzengekühlt** / enfriado por sal fundida ‖ **~schmelzenreaktor** m / reactor m [enfriado] de sal fundida ‖ **~schmelzen-Verbrennung** f / combustión f en sal fundida ‖ **~see** m / lago m salado, salador m ‖ **~[siede]pfanne** f / caldera f [en una salina] ‖ **~sieder** m (Arbeiter) / salinero m ‖ **~siederei** f, -sieden n / extracción f de sal ‖ **~siederei**, -werk n / salina f ‖ **~sole**, -lauge f / salmuera f ‖ **~solearäometer** n / salinómetro m, pesasal[es] m ‖ **~[speicher]kratzer** m / transportador m de rascadores para almacenador de sal ‖ **~sprühnebel** m / niebla f salina ‖ **~sprühnebelprüfung** f / ensayos m pl en niebla salina ‖ **~stock** m s. Salzdom ‖ **~streuer** m (Straßb) / esparciadora f o distribuidora de sal ‖ **~ton** m, Hallerde f (Geol) / arcilla f salífera ‖ **~waage** f, Salz[gehalts]messer m (Chem, Phys) / salinómetro m, pesasal[es] m ‖ **~wasser** n / agua f salada ‖ **im ~wasser lebend** / halobiótico ‖ **~-Wasser-Haushalt** m / régimen m de sal y de agua ‖ **~wasser-Kollektorbecken** n, Solar-Pond m /

Sammler

estanque m solar ‖ ⁓**wasserumwandlung** f / conversión f de agua salada ‖ ⁓**wüste** f, -steppe f / salar m (ARG) ‖ ⁓**zuschlag** m, -agens n (Nukl) / agente m de precipitación por adición de sal

SAM (= Surface to Air Missile), Boden-Luft-Rakete f / misil m tierra-aire

Samarium n, Sm (Chem) / samario m, Sm ‖ ⁓**-Kobalt-Magnet** m / imán m de samario y cobalto ‖ ⁓**-Vergiftung** f (Med) / intoxicación f por samario

Samarskit m (Min) / samarskita f

Sämaschine f (Landw) / sembradora f

Samba m (Holz) / samba m (Costa Marfil), obeche m (Nigeria), wawa m (Ghana)

Same m, Samenkorn n / semilla f, grano m ‖ ⁓**n bilden** / granar ‖ ⁓**n tragen** / llevar semillas o granos

Samen•baum m (Forstw) / árbol m padre ‖ ⁓**käfer** m (Zool) / gorgojo m de los granos ‖ ⁓**kapsel** f (Bot) / cápsula f de semillas, pericarpio m ‖ ⁓**knäuel** n (Zuck) / pericarpio m de remolacha ‖ ⁓**korn** n (Bot) / grano m ‖ **~pathogen** / patógeno de la semilla ‖ ⁓**reiniger** m (Landw) / limpiadora f de semillas ‖ ⁓**reinigung** f (Landw) / purificación f de semillas ‖ **~tragend** / seminífero

Sämereien f pl, Saatgut n / simientes f pl, semillas f pl

sämig werden / espesarse

sämisch•gerben vt / gamuzar, agamuzar ‖ ⁓**gerberei** f, -gerben n / gamucería f, curtimbre f con aceite, curtición f al aceite, curtido m al aceite ‖ ⁓**leder** n, Waschleder n / gamuza f, piel f de gamuza

Sammel•..., Kollektor..., sammelnd / colector adj ‖ ⁓**...**, Auffang... / recogedor adj ‖ ⁓**...**, gemeinsam / colectivo adj ‖ ⁓**-Abgasleitung** f / conducto m colector de gas de escape ‖ ⁓**abzug** m s. Sammelrauchabzug ‖ ⁓**adressgruppe** f (DV) / grupo m colectivo de direcciones ‖ ⁓**anschluss** m (Fernm) / línea f colectiva ‖ ⁓**anschluss**, -nummer f (Fernm) / número m colectivo ‖ ⁓**assemblierung** f (DV) / montaje m por lote ‖ ⁓**aufnahme** f (Mikrofilm) / imagen f múltiple ‖ ⁓**becken** n (Hydr) / embalse m ‖ ⁓**becken**, Einzugsgebiet n (Hydr) / cuenca f de captación ‖ ⁓**behälter** m, -becken n / depósito m o recipiente colector ‖ ⁓**behälter**, Lagerbehälter m / recipiente m almacenador ‖ ⁓**bezeichnung** f / nombre m colectivo ‖ ⁓**brunnen** m (Wasserversorg) / pozo m colector, galería f de captación ‖ ⁓**bunker** m, Bunkertasche f / tolva f colectora ‖ ⁓**container** m / contenedor m colector ‖ ⁓**destillat** n (Chem) / destilado m global ‖ ⁓**dienstleitung** f (Fernm) / circuito m múltiple de enlace entre operadores ‖ ⁓**elektrode** f / electrodo m colector ‖ ⁓**ernte** f (Landw) / recolección f con cosechadoras automáticas ‖ ⁓**fehler** m / error m compuesto ‖ ⁓**flotation** f (Bergb) / flotación f colectiva ‖ ⁓**fuchs** m (Hütt) / canal m colector ‖ ⁓**gefäß** n / recipiente m colector ‖ ⁓**gespräch** m (Fernm) / comunicación f colectiva ‖ ⁓**gesprächseinrichtung** f (Fernm) / dispositivo m de comunicación colectiva ‖ ⁓**getriebe** n / engranaje m colectivo ‖ ⁓**glas** n (Chem) / tubo m de muestra[s] ‖ ⁓**glas** s. auch Sammellinse ‖ ⁓**gleis** n **für Rangieren** (Bahn) / vía f de reclasificación ‖ ⁓**graben m für Sickerwasser**, Zuggraben m / cacera f colectora ‖ ⁓**grube** f (Abwasser) / sumidero m ‖ ⁓**gut** n, -ladung f (Transp) / mercancías f pl de agrupamiento, carga f colectiva, cargamento m colectivo ‖ ⁓**gut-Container** m / container m o contenedor para mercancías de agrupamiento ‖ ⁓**güterzug** m (Bahn) / tren m colector ‖ ⁓**gutverkehr** m (Bahn) / tráfico m de agrupamiento ‖ ⁓**hefter** m, -drahthefter m (Druck) / máquina f de coser con alambre ‖ ⁓**heizung** f, Zentralheizung f / calefacción f central ‖ ⁓**herd** m (Gieß) / antecrisol m ‖ ⁓**hubwagen** m, Kommissionierhubwagen m (Förd) / trampaleta f colectora ‖ ⁓**kammer** f (Wasserversorg) / cámara f de captación ‖ ⁓**kammer des Warmluftbereiters** / cámara f impelente o de distribución o de pleno, distribuidora f de aire ‖ ⁓**kanal** m (Hydr) / canal m colector, colector m ‖ ⁓**kanal**, Fuchs m (Rauch) / conducto m de humos ‖ ⁓**kanalisation** f / alcantarillado m, red f de cloacas ‖ ⁓**kasten** m (Web) / caja f colectora ‖ ⁓**kondensator** m (Elektr) / capacitor m central ‖ ⁓**köpfer** m (Landw) / descoronadora f cargadora ‖ ⁓**kreuz** n (Walzw) / cabrestante m de cuatro brazos [para sujetar bobinas] ‖ ⁓**kristallisation** f / recristalización f con crecimiento del grano, cristalización f en bloque ‖ ⁓**lader** m (Landw) / recogedora-cargadora f ‖ ⁓**ladung** f s. Sammelgut ‖ ⁓**lattentuch** n (Tee) / telera f sin fin reunidora ‖ ⁓**leitung** f (Hütt) / tubo m colector ‖ ⁓**leitung** f (Elektr) / línea f de alimentación ‖ ⁓**leitungswähler** m (Fernm) / selector m rotatorio para abonados de varias líneas agrupadas ‖ ⁓**linse** f (Opt) / lente f convergente o condensadora

sammeln vt, ansammeln / acumular, apilar, amontonar ‖ **~**, einsammeln / recoger, reunir, coleccionar ‖ **~** [sich] / congregar[se], reunir[se], agrupar[se] ‖ **~**, gruppieren / agrupar ‖ **~**, zusammenstellen (Daten etc.) / recopilar ‖ ⁓ n, Einsammeln / recolección f ‖ **~des Schreiben** (Prozessrechn) / escritura f reordenada

Sammel•nummer f, -anschluss m (Fernm) / número m colectivo ‖ ⁓**probe** f (Stat) / muestra f colectiva ‖ ⁓**produktion** f (Druck) / tirada f combinada ‖ ⁓**-Rauchabzug** m, -Schornstein m (Bau) / chimenea f colectora ‖ ⁓**rechen** m (Landw) / rastrillo m recogedor ‖ ⁓**ring** m, -öse f / anillo m colector ‖ ⁓**rinne**, -röhre f (Bau) / canal m o tubo colector ‖ ⁓**roder** m (Rüben) (Landw) / arrancadora-cargadora f (de remolachas) ‖ ⁓**roder**, Kartoffel-Vollernter m / cosechadora-cargadora f de patatas ‖ ⁓**rollgang** m (Walzw) / camino m de rodillos colector ‖ ⁓**ruf** m (Lehranlage) / llamada f de todos ‖ ⁓**rufzeichen** n (Fernm) / señal f de llamada colectiva ‖ ⁓**rumpf** m, Kohlensilo m (Bergb) / tolva f de carbón ‖ ⁓**rutsche** f (Förd) / plano m inclinado colector ‖ ⁓**schacht** m / pozo m colector ‖ ⁓**schalter** m (Fernm) / conmutador m de concentración ‖ ⁓**schaltung** f, Konferenzschaltung f (Fernm) / conmutación f colectiva o para conferencia ‖ ⁓**schaltung**, Multiplexschaltung f (Fernm) / circuito m multiplex ‖ ⁓**schiene** f, -schienenleiter m (Elektr) / barra f ómnibus o común o colectora ‖ ⁓**schiene für Kraftstrom** (Elektr) / barra f colectora para fuerza

Sammelschienen•gang m (Elektr) / galería f de barras ómnibus ‖ ⁓**kraftwerk** n / central f eléctrica de barras comunes ‖ ⁓**kupplungsschalter** m (Elektr) / conmutador-acoplador m de barras ómnibus ‖ ⁓**steckvorrichtung** f / clavija f de enchufe para barra ómnibus ‖ ⁓**trennschalter** m (Elektr) / seccion[aliz]ador m de barras ómnibus

Sammel•schmierung f, Zentralschmierung f / engrase m central ‖ ⁓**schnecke** f / rosca f transportadora colectiva ‖ ⁓**schrott** m / chatarra f comercial ‖ ⁓**spiegel** m (Opt) / espejo m cóncavo o colector ‖ ⁓**spiegel**, Reflektor m (Opt) / reflector m concentrador ‖ ⁓**station** f, Datenkonzentrator m (DV) / concentrador m de datos ‖ ⁓**steuerung** f (Aufzug) / equipo m de control de ascensores ‖ ⁓**stollen** m (Hydr) / galería f de captación ‖ ⁓**strang** m (Drainage) / colector m de drenaje ‖ ⁓**taxi** n / taxi m colectivo, colectivo m, guagüita f (CUB) ‖ ⁓**transport** m / transporte m colectivo ‖ ⁓**wirkungsgrad** m (Heliotechnik) / rendimiento m de colección ‖ ⁓**zylinder** m, -trommel f (Druck) / cilindro m colector

Sammler m (Hydr) / colector m ‖ ⁓, Speisekopf m (Gieß) / embudo m de relleno, mazarota f, bebedero m de alimentación ‖ ⁓ m, -batterie f, Akku[mulator] m (Elektr) / acumulador m ‖ ⁓ (Druck) / elevador-reunidor m, reunidor m ‖ ⁓, Öler m (Aufb) /

1101

agente *m* colector ‖ ˜**-Verteiler** *m* (Prozessrechn) / multiplicador *m* de entrada salida
Sammlung *f* / colección *f*, recogida *f*
SAMOS-Technologie *f* (= silicon and metal oxide semiconductor) / tecnología *f* SAMOS
Sampler, Prober *m* (Regeln) / muestreador *m*
Sampling *n*, Signal-Abtast-Schaltung *f* (Eltronik) / muestreo *m* ‖ ˜**-Einschub** *m* (Kath.Str) / unidad *f* enchufable de muestreo ‖ ˜**-Oszilloskop** *n* / osciloscopio *m* muestreador ‖ ˜**-Tor** *n* (Regeln) / compuerta *f* de muestreo
Samt *m* (Tex) / terciopelo *m* ‖ ˜**...** / aterciopelado, de terciopelo ‖ **gezogener (o. ungerissener o. ungeschnittener)** ˜ / terciopelo *m* con rizo o sin cortar ‖ ˜**appretur** *f* (Tex) / apresto *m* de terciopelo ‖ ~**artig** (Tex) / aterciopelado, afelpado ‖ ˜**kalbleder** *n* / suecia *f*, cuero *m* de becerros gamuzados ‖ ˜**kette** *f* (Tex) / urdimbre *f* de terciopelo ‖ ˜**messer** *n*, -haken *m* / cuchilla *f* para cortar terciopelo, tallarola *f* ‖ ˜**nadel** *f* (Tex) / hierro *m* de terciopelo ‖ ˜**papier** *n* (wollbeflocktes Papier) / papel *m* aterciopelado ‖ ˜**schneidemaschine** *f* / cortadora *f* de terciopelo ‖ ˜**schwarz** *n* / negro *m* aterciopelado ‖ ˜**tapete**, Flocktapete *f* / papel *m* aterciopelado ‖ ˜**teppich** *m* / alfombra *f* de terciopelo ‖ ˜**weberei** *f* (Tex) / fábrica *f* de terciopelo, tejeduría *f* de terciopelo ‖ ˜**webstuhl** *m*, Plüschwebmaschine *f* / telar *m* para terciopelo, telar *m* para felpa
SAN *f* (Menge der starken Säure, in 1 g Substanz gemessen, als mg KOH) (Chem) / índice *m* de ácido fuerte ‖ ˜ = Styrol-Acrylnitril-Copolymerisat
Sand *m* (0,02-2 mm Durchm.) (Geol) / arena *f* ‖ ˜ **verdichten** (Gieß) / compactar arena ‖ **fein gesiebter** ˜ (Gieß) / arena *f* finamente cribada o tamizada ‖ **feinster** ˜, mehlfeiner Sand / arena *f* de polvo ‖ **im** ˜**e gedeihend** (o. vorkommend) (Bot, Zool) / arenícola ‖ **in** ˜ **gießen** / colar o fundir en arena ‖ **mit** ˜ **bestreuen**, besanden, Sand streuen, sanden / enarenar, arenar
Sand•abdichtung *f* (Gieß) / cierre *m* de arena ‖ ˜**ablagerung** *f* (Geol) / depósito *m* aluvial o de arena ‖ ˜**ablass** *m* (Hydr) / esclusa *f* de salida de arena ‖ ˜**abscheider** *m* (Zuck) / separador *m* de arena ‖ ˜**absetzbecken** *n* (Abwasser) / pila *f* de sedimentación de arena
Sandarak *m* (Harz) (Bot) / goma *f* sandáraca, resina *f* sandáraca
Sand•asphalt *m* (Straßb) / asfalto *m* arenoso o con arena ‖ ˜**aufbereitungsanlage** *f* (Gieß) / instalación *f* preparadora o de preparación de arena ‖ ˜**ausdehnungsfehler** *m* (Gieß) / defecto *m* de expansión de arena ‖ ˜**austragsspirale** *f* (Reycling) / espiral *f* evacuadora de arena ‖ ˜**bad** *n* (Chem) / baño *m* de arena ‖ ˜**bagger** *m* / draga *f* de arena ‖ ˜**bahn** *f* (Kfz) / pista *f* de arena ‖ ˜**bank** *f* (Ozean) / banco *m* de arena, barra *f* de arena ‖ ˜**bank an Flussmündung** / alfaque *m* ‖ ˜**baum** *m* (Web) / cilindro *m* guarnecido de arena, (gen:) *m* plegador de tejido ‖ ˜**befeuchtung** *f* / mojadura *f* o humectación de la arena ‖ ˜**bett** *n*, -schicht *f* (Filter) / capa *f* de arena ‖ ˜**bettung** *f*, -schicht *f* (Straßb) / lecho *m* de arena ‖ ˜**bettung** (Pipeline) / capa *f* de igualación de arena ‖ ˜**bettung** (Bahn) / balasto *m* de arena ‖ ˜**blätter** *n pl* (Tabak) / hojas *f pl* inferiores ‖ ˜**boden** *m* (Geol) / terreno *m* arenoso, tierra *f* arenosa ‖ ˜**düne** *f* / duna *f* de arena, médano *m* ‖ **isoliert stehende** ˜**düne** (Geol) / barkana *f* ‖ ˜**einlage** *f* **zum Abdichten des Planums** (Straßb) / enarenado *m* de estanqueidad ‖ ˜**einschluss** *m* / inclusión *f* de arena
Sandelholz *n* (Bot) / madera *f* de sándalo, sándalo *m*
sandeln *vt* (Holz) / lijar, alisar con papel de lija ‖ ~ *vi*, Sand verlieren (Putz) / quedar arena
Sandelöl *n* (Pharm) / esencia *f* de sándalo

sanden, Sand streuen / enarenar, echar arena ‖ ~, mit Sand bedecken / cubrir de arena ‖ ~ s. auch sandstrahlen
Sander *m*, Vibrationsschleifer *m* (Tischl) / lijador *m* vibrante
Sand•fallrohr *n* (Lok) (Bahn) / tubo *m* de bajada de la arena ‖ ˜**fang** *m* (Abwasser) / desarenador *m* ‖ ˜**fang** (Pap) / arenero *m* (E), arenadora *f* (LA), purgador *m* de arena ‖ ˜**fang**, Entsander *m* (Hydr) / desarenador *m*, trampa *f* de arena ‖ ˜**fang** (Wasserversorg) / muro *m* de arena ‖ ˜**fangpumpe** *f* / bomba *f* del desarenador ‖ ˜**farbig**, -farben / de color arenoso o de arena ‖ ˜**filter** *n* (Wasserversorgg) / filtro *m* de arena ‖ ˜**flöz** *n*, -schicht *f* (Bergb) / estrato *m* de arena ‖ ˜**form**, Masseform *f* (Gieß) / molde *m* de arena ‖ ˜**formerei** *f* (Gieß) / moldeo *m* en arena ‖ ˜**formerei**, -formerwerkstätte *f* / taller *m* de moldeo en arena ‖ ˜**gattierung** *f* (Gieß) / mezclado *m* de arena ‖ ~**gekapselt** (Elektr) / llenado de arena ‖ ˜**gelb** (RAL 1002) / amarillo arena ‖ ˜**gewinnung** *f* / extracción *f* de la arena ‖ ˜**grube** *f*, Kiesgrube *f* / arenal *m*, cantera *f* de arena ‖ ˜**guss** *m* (Tätigkeit) / fundición *f* en [molde de] arena, colada *f* en arena ‖ ˜**guss** (Erzeugnis), -gussteil *n* (Gieß) / pieza *f* fundida en arena ‖ ˜**gusslegierung** *f* / aleación *f* para fundición en arena ‖ ˜**haken** *m* (Gieß) / gancho *m* para machos ‖ ˜**haltestift** *m* (Gieß) / punta *f* para machos
sandig, sandhaltig, Sand... / arenoso ‖ ~**er Schieferton** (Geol) / arcilla *f* esquistosa arenisca
Sand•kapselung *f* (Elektr) / relleno *m* o llenado de arena ‖ ˜**kasten**, Formkasten *m* (Gieß) / caja *f* de moldeo ‖ ˜**kasten** *m* (Bahn) / arenero *m* ‖ ˜**klumpen** *m* / terrón *m* de arena ‖ ˜**kohle** *f* / hulla *f* arenosa ‖ ˜**korb**, Pumpenkorb *m* / tamiz *m* del tubo de bomba, alcachofa *f* ‖ ˜**korn** *n* / grano *m* de arena ‖ ˜**kreiselpumpe** *f* / bomba *f* centrífuga para arena ‖ ˜**krepp** *m* (Web) / crespón *m* de grano fino ‖ ˜**kruste** *f* (Gieß) / costra *f* de arena ‖ ˜**kultur** *f* (Landw) / cultivo *m* de terrenos arenosos ‖ ˜**lehm** *m*, Flottlehm *m*, Flottsand *m* (Geol) / loess *m* arenoso ‖ ˜**mergel** *m* / marga *f* arenosa
Sandmeyerreaktion *f* (Chem) / reacción *f* de Sandmeyer
Sand•mischer *m*, -mischmaschine *f* / mezclador *m* de arena ‖ ˜**papier** *n* / papel *m* de lija ‖ ˜**papierkonus** *m*, konische Leinenscheibe (Galv) / disco *m* cónico para lijar ‖ ˜**papier[schleif]maschine** *f* / esmeriladora *f* con papel de lija ‖ ˜**pflanze** *f*, Psammophyt *m* (Bot) / psamófita *f*, planta *f* psamófila ‖ ˜**pumpe** *f* (Bergb) / bomba *f* de arena ‖ ˜**putzerei** *f* (Gieß) / taller *m* de limpieza por chorro de arena ‖ ˜**rutsch**, Geröllrutsch *m* (Geol) / avalancha *f* de arena, corrimiento *m* o desprendimiento de arena ‖ ˜**sack** *m* / saco *m* terrero o de arena ‖ ˜**sackabdämmung** *f* / terraplenado *m* por sacos de arena ‖ ˜**schale** *f* (Gieß) / costra *f* de arena ‖ ˜**schalter** *m* (Bahn) / interruptor *m* del arenador ‖ ˜**schaufel** *f* (DIN 20120) / pala *f* para arena ‖ ˜**schicht** *f* (Filter) / capa *f* de arena ‖ ˜**schicht** (als Untergrund), Sandbett *n* / lecho *m* de arena ‖ ˜**schicht**, -flöz *n* (Bergb) / estrato *m* de arena ‖ ˜**schiefer** *m* (Geol) / pizarra *f* arenosa ‖ ˜**schleuder** *f* (Pap) / centrífuga *f* depuradora ‖ ˜**schleuder[formmaschine]**, Sandslinger *m* (Gieß) / moldeadora *f* con arena centrifugada ‖ ˜**schleudermaschine** *f* (Gieß) / lanzadora *f* [centrífuga] de arena ‖ ˜**schliff** *m* (Geol) / erosión *f* arenosa, abrasión *f* por la arena [del mar] ‖ ˜**schüttung**, -bettung *f* (Bau) / terraplén *m* o relleno de arena ‖ ˜**siebmaschine** *f* / cribadora *f* de arena ‖ ˜**stein** *m* (Geol) / piedra *f* arenisca, arenisca *f* silícea o sílice ‖ **flözleerer** ˜**stein** (Bergb) / piedra *f* arenisca estéril ‖ **harter** ˜**stein** / piedra *f* arenisca carbonífera ‖ ~**steinhaltiger Boden** / tierra *f* arenisca ‖ ˜**stelle** *f* **an der Oberfläche** (Fehler, Gieß) / marca *f* de arena, arena *f* ‖ ˜**stelle im Guss** *f* / darta *f* ‖ ˜**strahl** *m* / chorro *m* de arena ‖ ˜**strahldüse** *f* (für Entsanden)

(Gieß) / tobera f de desarenado ‖ ~strahlen vt / chorrear con arena, tratar con chorro de arena ‖ ²-strahlen n, -strahlreinigung f / limpieza f por chorro de arena ‖ ²strahlgebläse n / soplador m o soplete de chorro de arena ‖ ²strahlkammer, Blaskammer f / cámara f de chorro de arena ‖ ²streuen n (Straßb) / enarenado m ‖ ²streuer m / difusor m de arena, distribuidora f de arena ‖ ²streuer, -streuvorrichtung f (Bahn) / arenero m ‖ ²streuhahn m, -hebel m (Bahn) / palanca f del arenero ‖ ²streurohr n (Bahn) / tubo m para echar [la] arena ‖ ²sturm m / tempestad f de arena ‖ ²sturmprüfung f / ensayo m de tempestad de arena ‖ ²uhr f / reloj m de arena ‖ ²uhrform f / forma f de reloj de arena ‖ ²umhüllung f / envoltura f de arena ‖ ²walze f (Raschelmaschine, Tex) / rodillo m regulador del avance de la tela

Sandwich • ..., übereinander geschichtet / superpuesto, emparedado, en sandwich ‖ ²-Anordnung f (Nukl) / disposición f en sandwich ‖ ²bauweise f, Verbund[platten]bauweise f (Bau, Luftf, Schiff) / construcción f sandwich ‖ ²bauweise mit Wabenkern, Verbundplattenbauweise f / construcción f sandwich con núcleo en panal o en nido de abeja ‖ ²-Bestrahlung f (Nukl) / irradiación f en sandwich ‖ ²färbung f (Gerb) / coloración f escalonada ‖ ²platte, Verbundplatte f, Sandwichboard n / placa f sandwich ‖ ²pressen n (Plast) / moldeo m sandwich ‖ ²struktur f / estructura f sandwich ‖ ²verbindung f (metallorg.) (Chem) / compuesto m sandwich

Sand-Zementgemisch n **zum Torkretieren** (Bau) / gunita f

sanforisieren vt (Web) / sanforizar ‖ ²-, Krumpfreimachen n (Web) / sanforización f

Sanforisiermaschine f / sanforizadora f

sanft, weich, milde / suave, blando, dulce ‖ ~er Abhang / pendiente f suave ‖ ~es od. gemächliches Fahren / conducción f placentera ‖ ~ landen, weich landen (Luftf) / hacer un aterrizaje suave

"**sanfte**" Chemie / química f inofensiva o no agresiva

Sanidin, Rhyakolith m (Min) / sanidina f, riacolita f

sanieren vt (Bau) / sanear

Sanierung f (Bau) / saneamiento m ‖ ²-, Trockenlegung f / desecación f, desagüe m

Sanierungsgebiet n (Bau) / zona f de saneamiento [urbana]

sanitär, gesundheitlich / sanitario, higiénico ‖ ~e Anlagen f pl / saneamiento m ‖ ~e Einrichtungen f pl / instalaciones f pl sanitarias, equipos m pl sanitarios ‖ ~es Steinzeug (Keram) / gres m sanitario ‖ ~e Technik, Sanitärtechnik f / técnica f sanitaria

Sanitär • **armaturen** f pl / grifería f o robinetería o valvulería sanitaria ‖ ²farbe f / pintura f sanitaria ‖ ²guss m / fundición f para instalaciones sanitarias ‖ ²-Heizungsinstallateur m / fontanero-calefactor m ‖ ²-Installateur m, WC-Spezialist m / cloaquista m (ARG) ‖ ²kabine f / célula f de aguas ‖ ²keramik f / cerámica f sanitaria ‖ ²technik (öffentlich) / técnica f sanitaria (sanidad pública) ‖ ²zelle f (Bau) / célula f sanitaria

Sanitäts • **panzer** m (Mil) / ambulancia f blindada ‖ ²raum m, -station f / puesto m sanitario o de socorro, dispensario m, enfermería f ‖ ²wagen, Sanka m (Mil) / ambulancia f ‖ ²wesen n / sanidad f militar ‖ ²wesen f / Sanidad Pública, higiene f pública

Sanitized-Ausrüstung f (Tex) / apresto m "sanitized"

San-José-Schildlaus f, S.J.s. m, Aspidiotus perniciosus (Zool) / piojo m de San José, cochinilla f de San José

sank • **es Holz** / madera f más pesada que el agua ‖ ~er Körper, Körper schwerer als Wasser (Schiff) / cuerpo m más pesado que el agua

Sankeydiagramm, Energieflussbild n / diagrama m de Sankey

Sansevieriahanf m (Bot, Tex) / fibras f pl de sansevieria

Santalol n (Chem) / santalol m

Santonin n (Pharm) / santonina f

Saphir m (Min) / zafiro m ‖ ~blau (RAL 5003) / azul zafiro, zafirino ‖ ²glas n (Armbanduhr) / cristal m de reloj de zafiro

Saphirin m (Min) / zafirina f

Saphirnadel f (Audio) / aguja f de zafiro, estilete m de zafiro

Sapine f, Kanthaken m (Forstw) / gancho m portatrozos o de palanca, palanca f de gancho

Sapogenin n (Chem) / sapogenina f

Saponin n (Chem) / saponina f

Saponit m, Seifenstein m (Min) / saponita f, piedra f de jabón

Sappanholz n (Färb) / sapan m

S-Apparat m (Gas) / aparato m en S

Sappel m, Sappine, Sappie f s. Sapine

Sapro • **bien** f pl, Saprobionten f pl (Abwasser) / saprobios m pl ‖ ~gen, fäulniserregend / saprógeno ‖ ²pel, im Schlamm lebend / sapropélico ‖ ²pel n, Faulschlamm m / sapropel m, lodo m pútrido ‖ ²pelit m, Sapropelkohle f (Min) / sapropelita f ‖ ²phagen pl (Abwasser) / saprófagos m pl ‖ ²phil, -biotisch, -phytisch / saprófilo ‖ ²phyten, -bionten pl / saprófitos m pl, plantas f pl saprófitas ‖ ²plankton n / saproplancton m ‖ ~zoisch / saprozoico

Sarah-Notpeilsender m (= search and radar and homing) (Radar) / emisor m sarah

Sarcina, Sarzina, Sarzine pl (Bakt) / sarcina f

Sardinen • **netz** n / sardinal m ‖ ²öl n / aceite m de sardinas

SAR-Hubschrauber m / helicóptero m de búsqueda y salvam[i]ento, helicóptero m SAR

Saringas n (ein Kampfgas) (Mil) / gas m sarín

Sarkosin, [Mono]methylglycin n (Chem) / sarcosina f

SAR-Leitstelle f (Luftf) / centro m de coordenación de helicópteros SAR

Säschar f (Landw) / cuchilla f de hacer surcos, reja f de sembrar

Sassafrasöl n (Pharm) / aceite m de sasafrás

Sassolin m (Min) / sasolina f

SAS-Speicher m, Schnellabschaltspeicher m (Nukl) / depósito m de parada de emergencia

Satelitennavigation f (Kfz, Schiff) / navegación f por satélite

Satellit m, Trabant m (Astr) / satélite m ‖ ² (Raumf) / satélite m [artificial] ‖ ² als Relaisstation / satélite m repetidor o de repetidores ‖ ² auf äquatorialer Umlaufbahn / satélite m de órbita ecuatorial ‖ ² auf geneigter Bahn / satélite m de órbita inclinada ‖ ² auf polarer Umlaufbahn / satélite m de órbita polar ‖ ² eines Satelliten (Raumf) / subsatélite m ‖ ² für angewandte Technik / satélite m de aplicaciones técnicas ‖ ² für Direktempfang / satélite m de recepción directa ‖ ² mit geringer Sendeleistung / satélite m de poca capacidad ‖ ² zur Überwachung des Luftverkehrs / satélite m de control del tráfico aéreo ‖ ² durch ²en erfasstes Gebiet / zona f servida o de alcance de un satélite ‖ im ²en (Raumf) / instalado en un satélite, transportado por un satélite

Satelliten • ... / satelital, satelitario, de satélite adj ‖ ²antenne f / antena f satelital ‖ ²aufnahme f (Foto) / foto f por satélite ‖ ²Außenhaut f / superficie f de satélite ‖ in ²bahn bringen / orbitar, poner o colocar o inyectar en órbita ‖ ²-Bahnverfolgung f / seguimiento m de satélites ‖ ²-Bahnverfolgung nach den von ihm ausgesandten Signalen (Raumf) / traza f de emisor "Minitrack" ‖ ²-Direktfernsehen f / TV directa por satélite ‖ ²drift f / deriva f de satélite ‖ ²druckmaschine f (DV) / impresora f satélite ‖ ²durchgang m (Raumf) / pasaje m del satélite ‖ ²-Erdstation f (TV) / estación f terrestre de telecomunicación por satélites, estación f terrestre de seguimiento ‖ ²-Erdverbindung f / telecomunicación f satélite-Tierra ‖ ²fernsehen n, Stratovision f (TV) /

1103

Satellitenfernsehen

televisión f por satélite[s], estratovisión f (TV emitida desde un ingenio estratosférico) ‖ [**unmittelbares**] ⁓**fernsehen** / televisión f directa por satélite ‖ ⁓**fernsehsendung** f / emisión f televisiva por satélite ‖ ⁓**funk** m / telecomunicaciones f pl por satélite ‖ ⁓**-Fußpunkt** m (Raumf) / pie m de trayectoria de una órbita ‖ ⁓**gerät** n (DV) / satélite m ‖ **Daten zu den** ⁓**geräten übertragen** (DV) / transferir datos a los satélites ‖ ⁓**identifizierung** f / identificación f del satélite ‖ ⁓**meteorologie** f, -wetterdienst m / meteorología f espacial o satelital ‖ ⁓**navigation** f / navegación f por satélite ‖ ⁓**receiver** m / receptor m por satélite ‖ ⁓**rechner** m (DV) / ordenador m satélite ‖ ⁓**-Relaisfunkstelle** f / estación f relé [por] satélite ‖ ⁓**-Richtfunkverbindung** f / telecomunicación f del satélite por radioenlace ‖ ⁓**rundfunk** m / radiodifusión f por satélite ‖ ⁓**-Schlussprüfung** f (Raumf) / comprobación f final del satélite ‖ ⁓**schwingung** f / libración f de satélite ‖ ⁓**-Sonnenkraftwerk** n / central f electrosolar sobre satélite ‖ ⁓**spur** f (Raumf) / traza f de satélite ‖ ⁓**stadt** f / ciudad f satélite ‖ ⁓**start** m / lanzamiento m de satélite ‖ ⁓**start zum Mond** / lanzamiento m de un cohete lunar ‖ ⁓**starteinrichtung** f / lanzador m de satélites ‖ ⁓**station** f (allg) / estación f satélite ‖ ⁓**stellung** f / posición f [momentánea] de un satélite ‖ ⁓**system** n / sistema m satélite ‖ ⁓**teil** m (der dem Satelliten nach Lostrennung folgt) / cohete m separado del satélite, etapa f separada del satélite ‖ ⁓**träger** m / portasatélite m ‖ ⁓**trägerrakete** f / cohete m para lanzar satélites, cohete m portasatélite[s] ‖ ⁓**tuner** m / tuner m satélite, demodulador m ‖ ⁓**übertragung** f / transmisión f por satélite ‖ ⁓**übertragungskanal** m / circuito m por satélite ‖ ⁓[**wohn**]**stadt** f / ciudad f satélite

Satin m, Baumwollsatin m (Tex) / satín m [de algodón] ‖ ⁓, Seidenatlas m / satén m

Satinage f (Pap) / satinado m ‖ ⁓**falte** f, Satinierfalte f (Pap) / pliegue m de calandria ‖ ⁓**-Hochkalander** m (Pap) / supercalandria f ‖ ⁓**kalander** m (Pap) / calandria f de satinar

Satinbindung f (Schussatlas) (Tex) / ligamento m satén o raso

Satinett, Halbatlas m / medio m satén

Satinholz n (Tischl) / satiné m, muerapianga f

Satinierblech n (Spanplatten) / chapa f satinada

satinieren vt (Leichtmetall) / pulir con disco de trapo ‖ ⁓ (Pap) / satinar ‖ ⁓ (Glühlampe) / matear interiormente ‖ ⁓ n (Pap) / satinado m

Satinier•kalander m (Pap) / calandria f satinadora ‖ ⁓**maschine** f (Pap) / satinadora f

satiniert (Tex) / satinado adj ‖ ⁓**es Naturpapier** / papel m sin estucar satinado

Satinierung f (Foto) / satinado m

Satinierwalzwerk n (Pap) / calandría f satinadora [de cilindros múltiples]

Satinweiß n (Farbe) / blanco m brillante o de lustre ‖ ⁓, Glanzweiß n (Pap) / blanco m satinado

satt, gesättigt / saturado ‖ ⁓ (Farbe) / vivo, intenso ‖ ⁓ (Kurzschluss) / total ‖ ⁓**e Anlage** / buen ajuste m, contacto m o asiento íntimo ‖ ⁓ **aufliegend** / con asiento prieto

Sattdampf m (Wasserdampf) / vapor m saturado

Sattel m, Reitsattel m / silla f [de montar] ‖ ⁓, Antiklinale f (Geol) / anticlinal m, paso m, puerto m, collado m ‖ ⁓, Lagerbock m / caballete m de soporte ‖ ⁓ (Fahrrad) / sillín m ‖ ⁓ (Dreh) / carro m ‖ ⁓ (Teil einer Fläche) (Math) / silla f de montar, cuello m, caballete m ‖ ⁓ (Bb) / travesaño m ‖ ⁓, Schwimmsattel (Bremse) / pinza f flotante ‖ ⁓ m **der Scheibenbremse**, Zange f (Kfz) / pinza f del freno ‖ ⁓ **für den Schmiededorn** / silleta f (forja)

Sattel•achse f (Geol) / eje m del anticlinal ‖ ⁓**anhänger** m (Kfz) / trailer m [con quinta rueda] ‖ ⁓**aufliegler**,

⁓**anhänger** m (Kfz) / semirremolque m, quinta f rueda ‖ ⁓**auflieger** m **für Huckepackverkehr** / semirremolque m ferrocamión ‖ ⁓**auflieger-Vorwärtsbewegung** f / avance m de quinta rueda ‖ ⁓**befestigung** f, Spannbandbefestigung f (Kfz) / fijación f con cinta de sujeción ‖ ⁓**biegen** n (Stanz) / plegado m en U ‖ ⁓**boden**, Eselsrücken m (Bahn) / suelo m de caballete ‖ ⁓**dach** n (Bau) / tejado m de (o a) dos aguas, cubierta f a dos aguas, techo m de dos vertientes ‖ ⁓**druck** m (Kfz) / presión f de acoplado de semirremolque ‖ ~**förmig** / en forma de silla ‖ ⁓**füllkörper** m pl (Chem) / cuerpo m llenador en forma de silla ‖ ⁓**holz**, Trumholz n (Hydr, Zimm) / sopanda f [para aliviar una viga], ejión m ‖ ⁓**korn** n (Gewehr) / guión m con silla ‖ ⁓**kraftfahrzeug** n, Zugmaschine f / tractor m de semirremolque ‖ ⁓**kraftfahrzeug**, Sattelzug m / tractor-camión m articulado ‖ ⁓**kupplung** f (Kfz) / quinta rueda f ‖ ⁓**last** f (Kfz) / carga f vertical sobre tractor ‖ ⁓**linie**, Neigungslinie f (Geol) / línea f anticlinal ‖ ⁓**moment** n (Wechselstrommotor) / momento m minimal durante el arranque ‖ ⁓**mücke** f, Haplodiplosis equestris (Weizenschädling) / cecidomia f

satteln vt / ensillar, poner la silla

Sattel•oberlicht n / tragaluz m de dos vertientes ‖ ⁓**platte** f, Auflage f (Masch) / silla f ‖ ⁓**punkt** m (Math) / punto m de ensilladura ‖ ⁓**punkt** (Geol) / nodo m ‖ ⁓**revolver** m, -revolverdrehmaschine f (DIN) (Wzm) / torno m revólver con carro ‖ ⁓**rohr** n (Fahrrad) / tija f del sillín ‖ ⁓**rost** m (Masch) / parrilla f de dos vertientes ‖ ⁓**schlepper** m, Sattelschlepperzugmaschine f, Aufsattler m (Kfz) / tractor m para semirremolque ‖ ⁓**spule** f (Kath.Str) / bobina f de desviación ‖ ⁓**stütze** f (Fahrrad) / soporte m del sillín ‖ ⁓**stutzen** m (Rohr) / tubuladura f en forma de silla ‖ ⁓**stützrohr** n (Fahrrad) / tubo m [soporte] del sillín ‖ ⁓**trichterwagen** m (Bau) / vagón m tolva con vertedores laterales o con suelo en lomo de asno ‖ ⁓**verformung** f / alabeo m en forma de silla de montar ‖ ⁓**verschiebung** f (Schm) / desplazamiento m de la silleta ‖ ⁓**vormaß** n (Sattelschlepper) / avance m de la quinta rueda ‖ ⁓**zapfen** m (Kfz) / pivote m de la quinta rueda [del trailer] ‖ ⁓**zug** m (Kfz) / trailer-camión m articulado [semirremolque] ‖ ⁓**zugmaschine** f / tractor m de semirremolque o con quinta rueda

sattgetränkt (Holz, Tex) / impregnado hasta [la] saturación

sättigbar / saturable ‖ ~**er Absorber** (Laser) / absorbedor m saturable

sättigen vt, saturieren / saturar ‖ **mit Kohlensäure ~** / saturar de dióxido de carbono ‖ **sich ~** [mit] / ser saturado [de], saturarse [de]

Sättiger m (LD-Gasreinigung) (Hütt) / saturador m

Sättigung f (Chem) / saturación f ‖ ⁓ **mit Kohlensäure** (Chem, Masch, Zuck) / carbonatación f

Sättigungs•absorber m (Laser) / absorbente m saturable ‖ ⁓**bereich** m (Transistor), Abschnürbereich m (Eltronik) / zona f de saturación ‖ **mit ~charakteristik** (Induktivität) / saturable ‖ ⁓**dampfdruck** m (Phys) / tensión f de vapor saturante ‖ ⁓**defizit** n / deficiencia f de saturación, déficit m de saturación ‖ ⁓**drossel** (Elektr) / inductancia f saturable ‖ ⁓**druck** m (Phys) / presión f de vapor saturado ‖ ⁓**ebene**, Sickerebene f (Grundwasser) / nivel m de saturación ‖ ⁓**faktor** m (Elektr) / factor m de saturación ‖ ⁓**gebiet** n / región f saturada o de saturación ‖ ⁓**grad** m / grado m de saturación ‖ ⁓**grenze** f (Elektr) / límite m de saturación ‖ ⁓**induktivität** f / inductancia f de saturación ‖ ⁓**isotherme** f, Binodal-, Grenzkurve f (Chem) / binodo m ‖ ⁓**knie** n / codo m de saturación ‖ ⁓**konzentration** f / concentración f de saturación ‖ ⁓**linie** f (Hütt) / línea f de saturación ‖ ⁓**magnetisierung** f / magnetización f saturante, iman[t]ación f de saturación ‖ ⁓**punkt**, -moment m / punto m de saturación ‖ ~sieden n / ebullición f en condiciones estándar ‖ ~spannung f / tensión f de saturación ‖ ~strom, Grenzstrom m (Elektr) / corriente f de saturación ‖ ~stufe f, Buntheitsgrad m, Chroma n (Farben) / grado m de viveza de un tinte, saturación f de un color, croma f ‖ ~verstärkung f / ganancia f de saturación ‖ ~wandler m (Elektr) / transformador m saturado ‖ ~wasserdampf-Partialdruck m / presión f parcial de vapor de agua saturado ‖ ~wert m (Nahr) / valor m de saturación ‖ ~zustand m / estado m o régimen de saturación ‖ ~zustand einer Röhre bedingt durch Raumladung (Eltronik) / limitación f por carga espacial

Sattler m / guarnicionero m, sillero m, talabartero m, albardero m

Sattlerei f / guarnicionería f, talabartería f, sillería f

Sat-TV n / televisión f por satélite

Saturation f / saturación f

Saturationskernmagnetometer n, Förstersonde f / magnetómetro m de saturación, magnetómetro m de flujo mandado

saturieren vt, sättigen / saturar

Saturnismus m, Bleivergiftung f (Med) / intoxicación f por plomo

Satz m, Lehr-, Grundsatz m / principio m, teorema m, proposición f, ley f ‖ ~, abgeteilte Menge, Los n / lote m, contingente m ‖ ~, Aggregat n, Gruppe f (Masch) / grupo m ‖ ~, Gruppe f, Garnitur f / juego m ‖ ~, Nachbau-, Einbausatz m / juego m de montaje, kit m ‖ ~, Tarif, Betrag m / proporción f, tasa f, tarifa f ‖ ~, Rückstand m / depósito m ‖ ~ m, Bierhefe f (Brau) / levadura f o hez de cerveza ‖ ~, Schriftsatz m (Druck) / composición f ‖ ~, Sprung m / salto m ‖ ~, Brand m (Keram) / cochura f ‖ ~ m, Schicht f (Ziegel) / hilada f de ladrillos ‖ ~ (DV) / artículo m, registro m, bloque m ‖ ~ **Einzelformulare** (DV) / juego m de formularios comerciales ‖ ~ **ineinander greifender Dinge** (Masch) / juego m de objetos que encajan unos dentro de otros ‖ ~ **Koordinaten** / conjunto m de coordenadas ‖ ~ **Papier** (Druck) / posteta f ‖ ~ m **von der Erhaltung der Energie**, [der Masse] (Phys) / ley f de la conservación de la energía [de la masa] ‖ ~ **Werkzeuge** / juego m de herramientas ‖ ~ **zum Ablegen** (Druck) / composición f a distribuir, material m muerto o usado o a deshacer ‖ ~ **zusammengehöriger Werkzeuge etc** (Masch) / tren m de herramientas ‖ **Sätze mit gleicher Adresse**, Synonyme m pl (DV) / sinónimos m pl ‖ **zusammengefallener** ~, Eierkuchen m (Druck) / pastel m, empastelado m, empastelamiento m, encaballado m, encaballamiento m, pato m (CHILE)

Satz•adresse f (DV) / dirección f de artículo ‖ ~**anzahl** f (DV) / cuenta f de artículos ‖ ~**anzeige** f (NC) / indicación f del número de bloque ‖ ~**aufbau** m, -struktur f (DV) / disposición f del artículo ‖ ~**block** m (DV) / bloque m de artículos ‖ ~**code** m (DV) / código m de artículo ‖ ~**ende** n (DV) / fin m de registro, fin m de bloque ‖ ~**folge** f (DV) / secuencia f de registros ‖ ~**folge-Betriebsart** f (autom. Arbeitsablauf bis Programmende) (NC) / marcha f automática ‖ ~**form** f (Druck) / forma f cerrada o de composición ‖ ~**format** n (Druck) / formato m de composición ‖ ~**fräser** m (Wzm) / fresa f de un juego combinado ‖ ~**gestaltung** f (Druck) / disposición f tipográfica ‖ ~**gewindebohrer** m pl (bestehend aus Nr. 1 bis 3) / machos m pl de roscar de una serie ‖ ~**gruppe** f (DV) / grupo m de artículos ‖ ~**herstellung** f (Druck) / composición f tipográfica ‖ ~**kennung** f, -identifikation f (DV) / identificación f de artículo ‖ ~**kennzeichen** n (DV) / código m de identificación ‖ ~**längenklausel** f (DV) / indicación f de la longitud de artículo ‖ ~**marke** f (DV) / marca f de artículo ‖ ~**nummer** f (DV) / número m de artículo ‖ ~**nummeranzeige** f (DV) / presentación f visual del número de artículo ‖ ~**nummernsuche** f (NC) / búsqueda f del número de artículo ‖ ~**objektiv** n, Objektivsatz m (Opt) / objetivo m desdoblable, objetivo m de elementos intercambiables ‖ ~**prüfung** f (DV) / verificación f de artículo ‖ ~**rad** n, Wechselrad n (Wzm) / rueda f de cambio ‖ ~**schiff** n (Druck) / galera f ‖ ~**schreibweise** f (DV) / formato m de artículo ‖ ~**spiegel** m (Druck) / justificación f ‖ ~**streifen** m (Druck) / tira f de papel de composición ‖ ~**struktur** f, -format n (DV) / estructura f de artículo ‖ ~**technischer Befehl** (DV) / instrucción f tipográfica ‖ ~**trockner** m (Landw) / secador m discontinuo ‖ ~**überlauf** m (DV) / rebasamiento m de capacidad de artículo ‖ ~**unterdrückung** f (DV) / anulación f de artículo ‖ ~**verständlichkeit** f (Fernm) / inteligibilidad f de las frases, nitidez f para las frases ‖ ~**verständlichkeit unter vereinfachten Bedingungen** (Fernm) / porcentaje m de comprensión inmediata ‖ ~**vorlage** f (für den Druck) (Druck) / manuscrito m, copia f ‖ ~**weise**, intermittierend / intermitente, discontinuo ‖ ~**weise**, in abgeteilten Mengen / por lotes ‖ ~**weiser Einzug** (Web) / remetido m discontinuo ‖ ~**weise Übertragung** (DV) / transmisión f por bloques ‖ ~**werkzeuge** n pl / herramientas f pl de un tren, herramientas f pl de un juego combinado ‖ ~**zeichen** n / signo m de puntuación ‖ ~**zwischenraum** m (DV) / separación f entre artículos

Sau f (Hütt) / lobo m

sauber (allg) / limpio ‖ ~, gut ausgeführt, sorgfältig ausgeführt / con esmero, preciso ‖ ~, deutlich (Schrift) / legible, nítido ‖ ~, nicht verschmutzt o. verseucht / sin polución, sin contaminación ‖ ~ (Nukl) / limpio ‖ ~, rein / puro ‖ ~ (Kopie) / limpio, nítido ‖ ~**e Abgase** n pl / gases m pl de escape purificados ‖ ~ **ausgeprägt** / acuñado de buen aspecto ‖ ~**e Bombe** (Mil, Nukl) / bomba f limpia ‖ ~ **fabrizieren** / producir sin polución ‖ ~**es Gussstück** / pieza f fundida limpia o desbarbada ‖ ~**er Raum** (gegen Umwelteinflüsse geschützt), Clean Room m, Reinraum m (DV) / sala f limpia ‖ ~**er Schnitt** (Wzm) / corte m preciso ‖ ~**e Technologie** / tecnología f limpia

Sauberkeit, Reinheit f / limpieza f

Sauberkeits•blech n / chapa f protectora ‖ ~**grad** m / grado m de limpieza ‖ ~**schicht** f (Straßb) / capa f inferior granular, bínder m

säubern vt / limpiar, purificar ‖ ~, abwaschen / lavar ‖ ~, aufräumen (Bau) / descombrar ‖ ~, reinigen (Karden) / desborrar ‖ ~, noppen (Web) / desmotar, despinzar botones

Sauconit m (Min) / sauconita f

sauer (allg, Bier, Milch) / agrio ‖ ~, mit hohem Anteil von Schwefelverbindungen (Gas, Öl) / sulfuroso, agrio (ARG) ‖ ~, scharf / acre, agrio ‖ ~, gesäuert (Chem) / ácido, acidificado ‖ ~ (Wein) / agrio ‖ ~, geronnen (Milch) / cuajado ‖ ~, Säure... / ácido adj ‖ ~ **gemacht** / acidificado ‖ ~ **machen** [o. werden] / acidificar[se] ‖ ~ **reagierend** (Chem) / de reacción ácida ‖ ~ **und basisch** / ácido-básico ‖ ~ **werden** / agriarse, picarse ‖ ~ **werden**, einen Stich bekommen o. haben / agriarse, ponerse agrio ‖ **leicht** ~, säuerlich / acídulo ‖ **saure Gesteine** / rocas f pl ácidas ‖ **saure Schlackenführung** (Hütt) / marcha f con escoria ácida ‖ **saurer Regen** (Umw) / lluvia f ácida ‖ **saurer Stahl** / acero m ácido ‖ **saures Futter** (Hütt) / revestimiento m ácido

Sauerbad n (Chem, Web) / baño m ácido

säuerbar, säuerungsfähig / acidificable

Sauer•brunnen, Säuerling m / agua f acídula ‖ ~**brunnen** m, -quelle f / aguas f pl minerales acídulas ‖ ~**fäule f des Weins** (verursacht von Botrytis cinerea) / pudrición f gris, botritis f ‖ ~**futter** m (Landw) / forraje m ensilado ‖ ~**gas** n (Chem) / gas m ácido o sulfuroso ‖ ~**kleesalz** n / oxalato m potásico

säuerlich / acídulo ‖ ~, schwach sauer / ligeramente ácido ‖ ~ **machen** / acidular

Säuerliches n, Säuerlichkeit f / acescencia f

Sauer•machen n / acidificación f ‖ ˜**milch** f (Nahr) / leche f fagria o cuajada
säuern vt / acidificar
Sauer•öl n (Erdöl) / petróleo m [crudo] sulfuroso, crudo m agrio (ARG) ‖ ˜**öl** (vom Kracken) (Erdöl) / petróleo m ácido ‖ ˜**öl** (nach Säureraffination) / petróleo m tratado por ácido ‖ ˜**schnitzel** n pl (Landw) / cosetas f pl ensiladas
Sauerstoff m, O (Chem) / oxígeno m, O ‖ ˜ **entziehen** / desoxidar, desoxigenar ‖ ˜ m **in gasförmigem Zustand** / oxígeno m en estado gaseoso ‖ **mit** ˜ **anreichern** / oxigenar ‖ **ohne** ˜ / no oxigenado, sin oxígeno ‖ ˜**abbau** m (Hütt) / eliminación f o evacuación del oxígeno ‖ ~**angereichert** / enriquecido de oxígeno, oxigenado ‖ ˜**anlagerung** f / adición f de oxígeno ‖ ˜**atemgerät** n, -rettungsgerät n / aparato m respiratorio de oxígeno, respirador m o inhalador de oxígeno ‖ ˜-**Aufblas-Konverter** m (Hütt) / convertidor m soplado con oxígeno ‖
˜**aufblas-Stahl** m, -stahl m, -blasstahl m / acero m de oxígeno, acero m LD ‖ ˜ **[auf]blas-Stahlwerk** n (Hütt) / acería f con convertidores básicos soplados con oxígeno, acería f con oxiconvertidores ‖
˜**aufblasverfahren** n (Hütt) / producción f de acero en convertidores básicos soplados con oxígeno ‖
˜**aufnahme** f / absorción f de oxígeno ‖ ˜**aufnahme von Erz** (Hütt) / enriquecimiento m de oxígeno ‖
˜**aufnehmer** m (Speisewasser) / absorbente m de oxígeno ‖ ˜**bedarf** m / demanda f de oxígeno ‖ **mit großem** ˜**bedarf** (Bot, Zool) / polioxibióntico ‖
˜**bildung** f, -freistellung f, -entwicklung f / evolución f de oxígeno, desprendimiento m de oxígeno ‖
˜-**Blasverfahren**, LD-Verfahren n (LD = Linz-Donawitz) (Hütt) / procedimiento m LD, proceso m LD ‖ ˜**bleiche** f / blanqueo m de oxígeno ‖
˜-**Bleichmittel** n / blanqueante m de oxígeno ‖
˜-**Brennstoff-Brenner** m / quemador m de oxifuel ‖
˜**eintrag** m (Hydr) / aireamiento m por oxígeno ‖
˜**entzug** m / desoxidación f, desoxigenación f ‖
˜-**Fernleitung** f / tubería f de oxígeno, oxiducto m ‖
˜**flasche** f, -druckgasflasche f, -bombe f / botella f de oxígeno (E), cilindro m de oxígeno (LA) ‖ ~**frei** / exento de oxígeno ‖ ~**frei gemacht** (Kupfer) / desoxidado, desoxigenado ‖ ~**freies Leitfähigkeitskupfer** / cobre m desoxidado de alta conductividad ‖ ˜**frischen** n (Hütt) / afino m o afinado con oxígeno ‖ ˜**gebläse** n, Knallgasgebläse n / soplete m de oxígeno ‖ ~**gefrischter Stahl** (Hütt) / acero m afinado de oxígeno ‖ ˜**gerät** n s. Sauerstoffatemgerät ‖
˜**glocke** f / campana f de oxígeno ‖ ˜**glocke** f campana f de oxígeno ‖ ˜**grenzwert** m, -minimalwert m / índice m límite de oxígeno ‖ ~**haltig** / oxidado, oxigenado ‖ **stark** ~**haltig, mit Sauerstoffüberschuss** / enriquecido de oxígeno ‖ ˜**hobler** m (Hütt) / soplete m de escarpar por oxígeno, soplete m de acanalado ‖
˜-**Kaltbleiche** f (Tex) / blanqueo m por oxígeno en frío ‖ ˜**kennwert** m, -index m / índice m de oxígeno ‖
˜**kern** m (Schw) / dardo m de oxígeno ‖ ˜**Kernlanze** f (Hütt) / lanza f con dardo de oxígeno ‖ ˜**kerze** f (ein Gasgenerator) / bujía f de clorato ‖ ˜**lanze** f (Hütt) / lanza f de oxígeno ‖ ˜-**Lichtbogenschneiden** n / oxicorte m por arco, corte m oxieléctrico ‖ ˜**mangel** m / falta f o escasez de oxígeno ‖ ˜**maske** f / mascarilla f de oxígeno ‖ ˜-**Messsonde** f / sonda f de medida de oxígeno ‖ ˜**pulverlanze** f (Hütt) / lanza f de oxígeno y polvo ‖ ˜**punkt** m / punto m de ebullición de oxígeno (- 182.97° C) ‖ ~**reich** (Hochofenwind) / con oxígeno muy concentrado ‖ ˜**säure** f (Chem) / oxácido m ‖ ˜**schneiden** (Schw) / oxicorte m ‖ ˜**sonde** f (Hütt, Kfz) / sonda f [de medida] de oxígeno ‖ ˜**stahl** m (Hütt) / acero m al oxígeno o afinado por oxígeno ‖
˜**tank** m (Raumf) / depósito m de oxígeno ‖ ˜**träger** m (Rakete) / comburente m ‖ ˜**träger** (Chem) / portador m de oxígeno ‖ ˜**verbindung** f, Oxid n / compuesto m de oxígeno ‖ ˜**verbrauch** m / consumo m de oxígeno ‖
˜-**Wasserstoff...** / oxhídrico ‖ ˜**zehrung** f / disminución f de oxígeno ‖ ˜**zelt** n (Med) / tienda f de oxígeno
Sauerteig m / levadura f
Säuerung f / acidificación f
säuerungs•fähig / acidificable ‖ ˜**mittel** n / acidulante m
Sauer•wasser n (Öl) / agua f corrosiva ‖ ˜**wurm** (2. Generation) (Zool) / oruga f de la segunda generación
Säuerzentrifuge f, Tauchzentrifuge f (Tex) / secadora f centrífuga
sauerziehend (Färb) / de fijación en medio ácido
saufen (coll) (Mot) / tragar
Saug•..., saugend / aspirante, aspirador, succional, succionador m ‖ ˜**...** (Elektr) / reductor adj, rebajador ‖ ˜**ablass** m, -drain m / drenaje m de succión ‖
˜**abnahme** f (Papiermaschine) / toma f aspirante o por aspiración ‖ ˜**anleger** m (Offset) / alimentador m por succión ‖ ˜**anode**, Voranode f (Kath.Str) / primer ánodo m ‖ ˜**apparat** m (Chem) / aspirador m ‖
˜**apparat**, Sauger, Exhaustor m / exhaustor m, aparato m de succión ‖ ˜**arm** m (Bb) / brazo m succionador ‖ ˜**bagger** m / draga f de succión ‖
˜**beton** m (Bau) / hormigón m al vacío ‖
˜-**Blas-Maschine** f (Plast) / máquina f aspiradora-sopladora ‖ ˜**brenner** m (Schw) / soplete m [de] inyector o de lanza ‖ ˜**brustwalze** f (Pap) / rodillo-cabecero m aspirante ‖ ˜**diesel[motor]** m / motor m Diesel de aspiración ‖ ˜**drossel** f (Elektr) / bobina f de absorción ‖ ˜**druck** m / presión f de aspiración ‖ ˜-**Druckpumpe** f / bomba f aspirante e impelente ‖ ˜**druckschreiber** m / registrador m de la presión de aspiración ‖ ˜**düse** f / tobera f de aspiración ‖ ˜**dynamo** m (Elektr) / reductor m de tensión
saugen vt / aspirar ‖ ~, aufsaugen / absorber ‖ ~ (z.B staubsaugen) / aspirar el polvo ‖ ˜ n / succión f, aspiración f, absorción f ‖ ˜, Nachsacken n (Gieß) / descenso m ‖ ˜ n (Plast) s. Vakuumformen
saugend•e Bewetterung (Bergb) / ventilación f aspirante ‖ ~**er Injektor** / inyector m aspirante ‖ ~**er (o. saugend wirkender) Ventilator** / ventilador m aspirante
Saugentlüftung f (Tunnel) / ventilación f forzada por aspiración
Sauger m / aspirador m ‖ ˜, Saugkasten m (Pap) / caja f aspirante, aspirador m ‖ ˜ m, Saugkopf m, Saugkorb m (Pumpe) / alcachofa f [de aspiración], cesto m aspirante
saug•fähig, Saug... (Pap) / absorbente ‖ ~**fähiges Material** / material m absorbente ‖ ˜**fähigkeit** f (Pap) / capacidad f de absorción, poder m absorbente ‖
˜**fahrzeug** n (Kfz) / vehículo m aspirante ‖ ˜**festigkeit** f / resistencia f a la succión ‖ ˜**filter** n (Eltronik) / filtro m de muesca ‖ ˜**filter** m n (Masch) / filtro m de aspiración o de succión ‖ ˜**filterpresse** f / filtro-prensa m de aspiración ‖ ˜**filtration** f / filtración f por aspiración ‖ ˜**fläche** f (Sintern) / área f de aspiración ‖ ˜**flasche** f (Chem) / frasco m de aspiración ‖ ˜**form** f (Pappe) / molde m de succión ‖
˜**füßchen** n / ventosa f ‖ ˜**gas** n, Generatorgas n / gas m [pobre] para aspiración, gas m de gasógeno ‖
˜**gautsche** f (Pap) / prensa f aspirante, cilindro m aspirante ‖ ˜**gebläse** n, -lüfter, -apparat m / aspirador m ‖ ˜**gebläse** (Kessel) / ventilador m aspirante ‖
˜**geschwindigkeit** f, -vermögen n (Vakuum) / velocidad f de aspiración o de bombeo ‖ ˜**gitter** n (Röhre) / rejilla f de carga espacial, rejilla f de campo ‖ ˜**glas** f (Chem) / frasco m de aspiración ‖ ˜**greifer** m (Roboter) / pinza f aspirante ‖ ˜**haube** f, -glocke f / campana f de aspiración ‖ ˜**heber** m, Siphon m / sifón m ‖ ˜**heber**, -glas n, Pipette f (Chem) / pipeta f ‖ ˜**höhe** f (allg) / altura f de aspiración ‖ ˜**höhe**, -zug m (Schornstein) /

depresión f de chimenea ‖ ~höhe (Pap) / altura f de absorción o de succión ‖ ~höhentest m (Pap) / ensayo m de absorción ‖ ~hub m (Mot) / carrera f de aspiración o de admisión, tiempo m de aspiración ‖ ~hutze f, Lüftungsaufsatz m, -haube f (Bau, Schornstein) / caperuza f de ventilación ‖ ~kanal m (Bergb) / canal m de aspiración o de succión ‖ ~kanal, -leitung f (Mot) / tubería f de aspiración ‖ ~kasten m (Sintern) / caja f de viento o de aspiración ‖ ~kasten (Pap) / caja f aspirante, aspirador m ‖ ~kessel m / cámara f de aire de aspiración ‖ ~kolben m / émbolo m aspirante ‖ ~kopf, Sauger, Deflektor m (Bau, Schornsteinaufsatz) / deflector m de chimenea ‖ ~kopf, -korb m (Pumpe) / alcachofa f [de aspiración], cesto m aspirante, colador m ‖ ~kraft f des Bodens, -vermögen n / fuerza f de absorción o de aspiración del suelo ‖ ~kraftregulierung f / mando m de succión ‖ ~kreis m (Elektr) / circuito m de absorción ‖ ~kreis, Serienresonanzkreis m (Eltronik) / circuito m de resonancia en serie ‖ ~krümmer m (Kfz) / múltiple m de aspiración ‖ ~krümmer (Kreiselpumpe) / codo m de aspiración ‖ ~kupplung f (F'wehr) / acoplamiento m de aspiración ‖ ~leistung f / capacidad f o potencia de aspiración ‖ ~leistung (Staubsauger) / poder m de aspiración ‖ ~leitung f / tubo m de aspiración ‖ ~leitung, -kanal m / canal m de aspiración

Saugling m (Plast) / pieza f o preforma moldeada por succión, preforma f moldeada a partir de pulpa ‖ ~-Vorformung f (Plast) / preformado m de pulpas

Saug•löcher n pl (Pumpe) / agujeros m pl de succión ‖ ~luft f / aire m aspirado ‖ ~luft..., Unterdruck... / de vacío, de depresión ‖ ~luftanlage f / instalación f de aspiración de aire ‖ ~luftbehälter m / depósito m de vacío ‖ ~luftbremse (DIN), Vakuumbremse f (Bahn) / freno m de vacío ‖ ~lüfter m / ventilador m aspirador, exhaustor m ‖ ~luftförderer m / transportador m aspirante ‖ ~luftpumpe f / bomba f aspirante ‖ ~luft-Trockner m (Tex) / secador m por aire aspirado ‖ ~luftverstellung f, -luftzündverstellung f (Kfz) / avance m del encendido por depresión ‖ ~massagegerät n (Med) / aparato m de masaje por acción deventosa ‖ ~massel f, verlorener Kopf (Gieß) / mazarota f ‖ ~motor m / motor m de [gas pobre por] aspiración ‖ ~mund m (Kehrmasch) / boca f de aspiración ‖ ~munn m, Gummisauger m / ventosa f ‖ ~napf (f. Haken etc.) / escudilla f ‖ ~nippel m / boquilla f de aspiración ‖ ~öffnung f, Ansaugöffnung f / lumbrera f de aspiración ‖ ~papier n / papel m absorbente o secante, papel m chupón ‖ ~postpapier n, Saugpost f / papel m sin cola para multicopistas, papel m duplicador ‖ ~pumpe f / bomba f aspirante ‖ ~raum m (Pumpe) / cámara f de aspiración o de admisión ‖ ~rohr n / tubo m de aspiración o de succión, churumbela f (LA) ‖ ~rohr (Mot) / conducto m o tubo de admisión ‖ ~rohr, Saugkrümmer m (Kfz) / múltiple m de admisión ‖ ~schiefer m (Geol) / esquisto m adhesivo ‖ ~schlauch m / manguera f aspirante, tubo m flexible de aspiración ‖ ~seite f (Mot) / lado m de admisión ‖ ~seite des Flügels (Lufft) / extradós m [del ala], cara f superior del ala ‖ ~seite des Propellers / cara exterior de la pala [de la hélice] ‖ ~seitig adj / del lado [de] succión ‖ ~spannung f (Photozelle) / tensión f excitadora ‖ ~spannung, Wasserspannung f, Wasserbindung f (Boden) / tensión f de humedad del suelo ‖ ~spitze f (Elektr) / punta f colectora ‖ ~strahlpumpe f, Ejektor m / eyector m ‖ ~stück, Schnarchrohr n (Pumpe) / pieza f roncadora ‖ ~stutzen m, Ansaugstutzen m (Mot) / tubuladura f de aspiración ‖ ~transformator m (Elektr) / transformador m rebajador de voltaje ‖ ~trichter m, Trichterlunker m (Hütt) / bolsa f de contracción ‖ ~trockner m (Tex) / secador m por aspiración ‖ ~tülle f / boquilla f de aspiración ‖ ~- und Druckpumpe f, doppelt wirkende Pumpe / bomba f aspirante-impelente ‖ ~ventil n, Fußventil n (Pumpe) / válvula f de aspiración ‖ ~ventilator m, Exhauster m / exhaustor m ‖ ~ventilator, -gebläse n (Bergb) / ventilador m aspirante ‖ ~vermögen n (Pumpe) / capacidad f de aspiración o de bombeo ‖ ~vermögen, -geschwindigkeit f (Vakuum) / velocidad f o capacidad de aspiración o de bombeo ‖ ~vermögen, -kraft f des Bodens / poder m aspirante del suelo ‖ ~volumen n (Vakuum) / volumen m desplazado o de aspiración ‖ ~walze f (Pap) / cilindro m aspirador ‖ ~watte f (Med) / algodón m absorbente, guata f absorbente ‖ ~widerstand m / resistencia f a la aspiración ‖ ~windkessel m / cámara f de aire de aspiración ‖ ~wirkung, -fähigkeit f / efecto m de succión ‖ ~würmer m pl, Trematoden f pl (Zool) / trematodos m pl ‖ ~zellenfilter m n / filtro m de células aspirantes ‖ ~zellentrommelfilter m n / filtro m de tambor ‖ ~zentrifuge f (Tex) / centrífuga f o centrifugadora aspirante, hidroextractor m de succión ‖ ~zone f (Pap) / zona f de aspiración ‖ ~zug m / tiro m de (o por) aspiración ‖ ~zug (Schornstein) / tiro m de chimenea ‖ ~zugfeuerung f / hogar m de tiro por aspiración ‖ ~zuggebläse n, Saugzugventilator m / ventilador m de tiro por aspiración ‖ ~zugröstverfahren n, -zugsinterung f (Hütt) / sinterización f con tiro por aspiración

Säulchen n (IC) / columnilla f, columnita f
Säule f (Bau) / columna f, pilar m ‖ ~, Luft- o. Wassersäule f (Phys) / columna f (de agua, de aire etc.) ‖ ~, Voltasche Säule (Elektr, Phys) / pila f voltaica ‖ ~, quadratisches Prisma (Math) / prisma m cuadrangular ‖ ~ **für Bohrmaschinen** (Bergb) / columna f de taladradora ‖ ~ **von geschichteten Dingen** (z.B. Tellerfedern) / juego m de objetos apilados (p.ej. de muelles de plato) ‖ **mit ~n**, von Säulen getragen / apoyado por columnas, sostenido por columnas
säulen•artig, zylindrisch (Geol) / en forma de columna ‖ ~basalt m (Geol) / basalto m prismático ‖ ~bau m / edificio m de columnas ‖ ~-Bohrhammer m (Bergb) / martillo m perforador sobre columna ‖ ~bohrmaschine f (Wzm) / taladradora f de columna, prensa f taladradora ‖ ~chromatographie f (Chem) / cromatografía f en columna ‖ ~diagramm, -schaubild n (Stat) / gráfica f de barras, diagrama m de columnas ‖ ~drehkran m / grúa f giratoria de columna ‖ ~fichte f (Bot) / picea f columnaria ‖ ~flotation f (Bergb) / flotación f en columnas ‖ ~förmig, Säulen... / columnario, en forma de columna ‖ ~führung f (Presse) / columna f guía ‖ ~führungsgestell n (Stanz) / bastidor m [con guía] de columnas ‖ ~führungsplatte f / placa f superior del bastidor de columnas ‖ ~führungsschnitt m / herramienta f de corte con columnas ‖ ~fuß m, -sockel m, Plinthe f / plinto m, neto m, zócalo m de columna, basa f de columna ‖ ~gang m, Kolonnade f (Bau) / columnata f, portal m, arcada f, peristilo m ‖ ~gestell n (DIN für: Säulenführungsgestell) (Stanz) / bastidor m de columnas ‖ ~halle f (Bau) / salón m columnario ‖ ~halle (z.B. Bahnhof) / pórtico m ‖ ~hals m (Bau) / collarino m, collarín m ‖ ~ionisation f / ionización f columnar ‖ ~kopf m (Bau) / capitel m ‖ ~kopf (Chem) / cabeza f de columna ‖ ~nähmaschine f (Tex) / máquina f de coser de columna ‖ ~ordnung f / orden m arquitectónico o de arquitectura ‖ ~platte f / plinto m, orlo m ‖ ~presse f (Wzm) / prensa f de columnas ‖ ~roboter m / robot m de columna ‖ ~schaft m / fuste m de columna, caria f ‖ **zusammengesetztes** ~-Schaubild (Stat) / gráfica f de barras compuesta ‖ ~schrämmaschine f (Bergb) / rozadora f de columna ‖ ~ständer m (Wzm) / columna f ‖ ~stativ n (Radiol) / soporte m de columna ‖ ~stellung f (Bau) / orden m de columnas ‖ ~stich m, Rippenstich m (Karde) / tejido m de costado (E), tejido m rib (LA) ‖ ~strukturzone f (Hütt) / zona f de estructura

Säulenstumpf

columnar || ≙**stumpf** *m* / tronco *m* de columna ||
≙**transformator** *m* / transformador *m* de columna ||
≙**trommel** *f*, Trommelstein *m* (Bau) / tambor *m* de columna || ≙**vorbau**, Porticus *m* (Bau) / pórtico *m*, porche *m*
Saum *m*, Kante *f* / borde *m* || ≙ (Tex) / dobladillo *m* || ≙, Salband *n* (Bergb) / salbanda *f* || ≙, Rand *m* (Web) / orillo *m* de tejido || ≙**bohle** *f* (Bau) / tablón *m* de revestimiento [para zanjas] || ≙**diele** *f* (Bau) / pasarela *f*
säumen, einfassen (Tex) / orlar, orillar, ribetear, repulgar || ~ (Näh) / dobladillar, hacer un dobladillo
Saum•fuß *m* (Näh) / dobladillador *m* || ≙**gatter** *n* / sierra *f* alternativa para recortar || ≙**latte** *f*, Aufschiebling *m* (Bau) / rispa *f* de orla
Säumlineal *n* (Näh) / guía *f* de dobladillador
Säumniszuschlag *m* (Näh) / recargo *m* para demora
Saum•schere *f* **für Blech** (Wz) / cizalla *f* rebordeadora || ≙**schwelle** *f* (Bau) / traviesa *f* de piso, travesaño *m* de solera || ≙**stich** *m* (Näh) / punto *m* de festón || ≙**winkel** *m* (Stahlbau) / ángulo *m* de borde
"**saure Bücher**" / libros *m pl* amenazados por la acidificación
Säure *f* (Chem) / ácido *m* || ≙, Schärfe *f* / acidez *f* || ≙ **binden** (Chem, Galv) / neutralizar || ≙ **mit einer Doppelbindung** / ácido *m* monoetanoico || ≙**abzug** *m* (Chem) / campana *f* de vapores de ácidos || ≙**akzeptor** *m* / aceptor *m* de ácido || ≙ **amid** / amida *f* ácida || ≙**anhydrid** *n* / anhídrido *m* de ácido || ≙**armaturen** *f pl* / grifería *f* o valvulería o robinetería para ácidos || ≙**Aufschlussbombe** *f* / bomba *f* de digestión de ácido || ≙**auslaugung** *f* (Nukl) / lixiviación *f* por ácido || ≙**austausch** *m* / intercambio *m* de ácidos || ≙**avivage** *f* (Tex) / avivaje *m* ácido || ≙**azid** *n* / azida *f* de ácido || ≙**bad** *n*, -flotte *f* / baño *m* ácido || ≙**ballon** *m* / bombona *f* o damajuana para ácido ||
≙-**Basen-Gleichgewicht** *n* / equilibrio *m* ácido-base ||
≙-**Base-Theorie** *f* (Chem) / teoría *f* ácido-base || ≙**bau** *m* / construcción *f* a prueba de ácido || **transportabler** ≙**behälter** / cisterna *f* [transportable] para ácido[s], recipiente *m* para ácido || ≙**behandlung** *f* (Uranerz) / tratamiento *m* [con] ácido || ≙**beize** *f*, -beizen *n* (Walzw) / decapado *m* para desbarbar [por ácido] || ~**beständig**, -fest, -echt / acidorresistente, resistente a los ácidos, a prueba de ácidos, inatacable por los ácidos || ≙**bestimmung** *f* / análisis *m* de acidez || ~**bildend** / acidificante *adj* || ≙**bildner** *m* / acidificante *m* || ≙**bildung** *f* / acidificación *f* || ≙**chlorid** *n* / cloruro *m* de ácido || ≙**dampf** *m* / vapor *m* de ácido || ≙**dämpfer** *m* / vaporizador *m* de ácido || ≙**derivat** *n* / derivado *m* de ácido || ~**dicht** (Akku) / estanco al ácido || ~**echt** (Färb) s. säurebeständig || ≙**einpressen** *n* (Öl) / tratamiento *m* ácido de pozos || ~**empfindlich** / sensible a los ácidos || ≙**entwicklung** *f* (Druck) / revelación *f* al ácido || ~**fähig**, säuerungsfähig / acidificable || ≙**farbstoff** *m* / colorante *m* ácido || ~**feste Auskleidung** / revestimiento *m* resistente a los ácidos || ~**fester Lack** / barniz *m* o esmalte a prueba de ácidos || ~**festes Steingut** / loza *f* resistente a los ácidos || ≙**festigkeit** *f*, -beständigkeit *f* / acidorresistencia *f*, resistencia *f* a los ácidos || ≙**flasche** *f*, -ballon *m* / damajuana *f* o bombona para ácido || ≙**flotte** *f* (Färb) / baño *m* ácido || ~**frei** / exento de ácido, libre de ácido, sin ácido || ≙**funktion** *f* (Chem) / función *f* de ácido || ≙**gehalt** *m* / contenido *m* en ácido || ≙**gehalt**, -grad *m*, -wirkung *f*, -verhalten *n* / acidez *f* || ≙**gehaltsbestimmung** *f* / acidimetría *f* || ≙**grad** *m* (1/10 n Lauge je 1 g Fett im cm³) / grado *m* de acidez || ≙**halogenid** *n* / halogenuro *m* de ácido || ~**haltig**, -reich / acidífero, ácido || ~**härtend** (Plast) / endurecible por ácido || ≙**harz** *n*, -goudron *m*, -teer *m* (Öl) / alquitrán *m* ácido || ≙**heber** *m* / sifón *m* para ácidos || ≙**hydrazid** *n* / hidrazida *f* de ácido || ≙**hydrolyse** *f*, Acidolyse *f* / hidrólisis *f* ácida ||
≙**kapazität** *f* / capacidad *f* ácida, alcalinidad *f* || ≙**kitt** *m* / cemento *m* resistente a los ácidos || ~**kochecht** (Tex) / resistente a la ebullición ácida || ≙**konzentration** *f* / concentración *f* de ácido || ~**löslich** / soluble en ácido || ~**mattiert** (Glas) / deslustrado por ácido || ≙**messer** *m* (Chem) / acidímetro *m*, acidómetro *m*, acetómetro *m*, acetímetro *m* || ≙**messung** *f* / acidimetría *f* || ≙**messung** (freie Säure) / oximetría *f*
Säuren-Basen-Gleichgewicht *n* / equilibrio *m* ácido-base
Säure•polieren *n* (Glas) / pulido *m* por ácido || ≙**probe** *f*, -test *m* (Chem) / prueba *f* de ácido, análisis *m* de ácido || ≙**radikal** *n*, -rest *m* / radical *m* ácido || ≙**regenerat** *n* (Gummi) / caucho *m* regenerado por ácido || ~**reich**, -haltig / acidífero || ≙**rest** *m* (Chem) / residuo *m* de ácido || ≙ **chemische** ≙**rückgewinnung** / regeneración *f* del ácido || ≙**schieber** *m* / válvula *f* de compuerta antiácida || ≙**schleuder**, -zentrifuge *f* / extractor *m* centrífugo de ácido || ≙**schockfärben** *n* (Tex) / tintura *f* por choque ácido || ≙**schutz** *m* / protección *f* contra los ácidos || ≙**schutzanzug** *m* / traje *m* antiácidos || ≙ **[schutz]fett** *n* (Akku) / grasa *f* antiácida || ≙**schutzüberzug** *m* (Akku) / capa *f* antiácida || ≙**spaltung** *f* / disociación *f* de ácido || ≙**spindel** *f* (Akku) / pesaácidos *m* || ≙**spinnverfahren** *n* (Tex) / hilatura *f* al ácido || ≙**spülung** *f* (Öl) / tratamiento *m* ácido de pozos || ≙**teer** *m*, -goudron *m*, -harz *n* (Öl) / alquitrán *m* ácido || ≙**test** *m*, -probe *f* (Chem) / prueba *f* de ácido, análisis *m* de ácido || ≙ **[transport]wagen** *m* (Bahn) / vagón[-cisterna] *m* para ácidos || ≙**turm** *m* / torre *f* para ácido || ≙**überschuss** *m* / excedente *m* de ácido || ~- **und laugenbeständig** / resistente a ácidos y álcalis || ≙**ventil** *n* / válvula *f* antiácida || ≙**verhalten** *n* / grado *m* de acidez || ≙**versuch** *m* (Mat.Prüf) / ensayo *m* de resistencia a los ácidos || ≙**wert** *m* (Chem) / índice *m* de ácido (en mg KOH por 100 ml) || ≙**widrig** / antiácido || ≙**zahl**, Neutralisationszahl *f*, Nz s. auch Säuregrad u. Säurewert || ≙**zahl** *f* **von Mineralölen** / índice *m* de acidez de aceite mineral
Sauschwanz *m* (Spinn) / cola *f* de puerco (E) o de chancho (LA)
sausen, dahinschießen / ir a toda velocidad, pasar como un bólido || ~, schwirren / silbar, zumbar
Saussurit *m* (Min) / sausurita *f*
Saussuritisierung, Saussuritbildung *f* (Geol) / sausuritización *f*
Saxitoxin *n* (Med) / saxitoxina *f*
Saybolt•-Colorimeter *n* (Chem, Phys) / colorímetro *m* de Saybolt || ≙**-Farbe**, -Farbzahl *f* (Öl) / color *m* Saybolt || ≙**[-Universal]-Sekunde**, S.U.S. (Viskosität) / segundo *m* [universal] de Saybolt || ≙**-Viskosität** *f* (Öl) / viscosidad *f* [de] Saybolt
Sayettegarn *n* (Tex) / hilo *m* semiestambre, hilo *m* de estambre semicardado
SB = Styrol-Butadien-Copolymere || ≙ = Siedebeginn || ≙, Selbstbedienung *f* / autoservicio *m*
S-Bahn *f* (Bahn) / ferrocarril *m* [sub-]urbano, ferrocarril *m* metropolitano
SBA-Landefunkfeuersystem *n* (= standard beam approach) (Luftf) / aproximación *f* por haz radioelectrónico
S-Band *f* (1500-5200 MHz) (Radar) / banda *f* S || ≙ *n*, 3000 MHz-Bereich *m* (Funk) / banda *f* S
SBC *m* (= single board computer) (DV) / ordenador *m* sobre cuadro único
SB-Interface *n*, Serialschnittstelle *f* SBI / interface *f* serial (E), interfaz *f m* serial (LA)
SBK = Styrol-Butadien-Kautschuk
SB-Laden *m*, Selbstbedienungs-Laden *m* / tienda *f* de autoservicio
SBN *f* (Menge der starken Base, in 1 g Substanz gemessen, als mg KOH) (Chem) / índice *m* de base fuerte

Schachtdeckel

S-Bogen *m* (Rohr) / codo *m* en S
SBR = Styrol-Butadien-Kautschuk
SBS *m* (= silicon bilateral switch) (Eltronik) / conmutador *m* bilateral de silicio
SB-Tankstelle *f* / puesto *m* de gasolina de autoservicio, gasolinera *f* con autoservicio
Scaling *n*, Skalierung *f* (Phys) / escalada *f*
Scallopingfehler *m* (TV) / efecto *m* de festón
Scanaufnahme *f* (Druck, DV, Eltronik) / fotografía *f* por explorador o scanner
Scandium *n*, Sc (Chem) / escandio *m*, Sc ‖ ⁓**oxid** *n* (Chem) / óxido *m* de escandio ‖ ⁓**tritid** *n* / tritiuro *m* de escandio
scannen *vt*, abtasten (DV) / scanear, escanear ‖ ~, abtasten (Raumf) / explorar, barrer ‖ ⁓, Abtasten *n* / exploración *f*, barrido *m*, lectura *f* ‖ ⁓ *n*, Scanning *n* (DV) / escaneo *m*
Scanner *m* / escán[n]er *m* [manual], lector *m* óptico ‖ ⁓ / explorador *m*, analizador *m* ‖ ⁓**koopf** *m* / cabeza *f* de exploración ‖ ⁓**-Radiographie** *f* / escanograma *m*
Scanning • **-Mikroskop-Photometer** *n* / fotómetro *m* de microscopio explorativo o explorador ‖ ⁓**tisch** *m* (Mikrosk) / platina *f* de exploración
Scannogramm *m* (Raumf) / scanograma *m*
Scannoskop (Raumf) / scanoscopio *m*
Scara *m* (= selective compliance assembly robot arm) / scara *f* (un brazo de robot)
Scart • **-Anschluss** *m* / racor *m* Euro o SCART ‖ ⁓**-Buchse** *f* (Video) / jack *m* o clavijero SCART ‖ ⁓**-Kabel** *n* (21-polig beschaltet) / cable *m* SCART
Scatter • **-Echo** *n* / eco *m* disperso ‖ ⁓**effekt** *m*, Streueffekt *m* / efecto *m* de dispersión
Scattering *n*, Streuung *f* / dispersión *f*, difusión *f*
Scatter • **-Richtfunkenstrecke** *f* / radioenlace *m* transhorizonte [dirigido] ‖ ⁓**-Technik**, Streustrahlungs-Technik *f* / técnica *f* de los enlaces por dispersión
Scavenger *m*, Adsorberharz *n* (Ionenaustauscher) / resina *f* de absorción
Scavenging *n*, Radikalfang *m* (Nukl) / depuración *f* [por precipitación]
SC-Behälter *m* (= shipper-owned container) (Schiff) / contenedor *m* perteneciente al expedidor
Schabehobel *m* (Tischl) / cepillo *m* rascador, raedera *f*
Schab • **eisen** *n*, Schaber *m* (Wz) / raspador *m*, rascador *m*, rasqueta *f*, rascadera *f* ‖ ⁓**eisen** (Gerb) / chifla *f*, escalpelo *m*
Schabe • **maschine** *f* / máquina *f* rascadora o afeitadora ‖ ⁓**messer** *n* (Gerb) / descarnador *m*
schaben *vt*, abschaben / raspar, rascar, raer, rasquetear ‖ ~, nachschneiden (DIN) (Stanz) / repasar ‖ ⁓, Kratzen *n* / raspado *m* ‖ ⁓ *n*, Abschaben *n* / raedura *f* ‖ ⁓ (Zahnrad) / acción *f* de repasar, afeitado *m*
Schäben *f pl* (Holzreste in Papier) / agramizas *f pl*, cañamizas *f pl*
schabende Bewegung, Reiben *n* / frotamiento *m*
Schaber *m*, Schabeisen *n*, Kratzeisen *n* / racleta *f* ‖ ⁓ / rascador *m*, rasqueta *f* ‖ ⁓ (Druck) / buril *m* raspador, raspador *m*, desbarbador *m*
Schaberad *n* / rueda *f* rasqueteadora
Schaber • **markierung** *f* (Pap) / corte *m* de raspador, marca *f* de raspador ‖ ⁓**streifen** *m pl* (Pap) / barras *f pl* de raspador
Schabe • **späne** *m pl* / raspaduras *f pl*, raeduras *f pl* ‖ ⁓**stempel** *m* (Stanz) / punzón *m* de repasar ‖ ⁓**werkzeug** *n*, Schaber *m* / herramienta *f* de afeitado
Schabhobel *m* (Tischl) / raedera *f*, cepillo *m* rascador
Schablone *f* (aus Blech o. Holz) / plantilla *f*, patrón *m*, gálibo *m* ‖ ⁓, Schriftschablone *f* (Büro, Zeichn) / esténcil *m*, estarcidor *m* ‖ ⁓, Formbrett *n* (Gieß) / terraja *f*, calibre *m* ‖ ⁓ (Web) / cuadro *m*, plantilla *f* tamiz, molde *m* ‖ ⁓ (zum Zeichnen der Ballen), Buchstabenmodel *m* / patrón *m* para marcar iniciales, abecedario *m* de estarcir ‖ ⁓ (IBM) (DV) / palabra *f* de mando ‖ ⁓ (Maurer) / escantillón *m* ‖ ⁓ (Foto) / viñeta *f* ‖ ⁓ (Siebdruck) / plantilla *f* tamiz
Schablonen • **beschriftung** *f*, Schablonierung *f* / estarcido *m* ‖ ⁓**drehmaschine** *f* (Wzm) / torno *m* para reproducir por plantilla, torno *m* copiador [de plantillas], torno *m* de copiar ‖ ⁓**druck**, Filmdruck *m* (Tex) / serigrafía *f* ‖ ⁓**formerei** *f* (Gieß) / moldeo *m* con terraja, moldeado *m* con plantilla ‖ ⁓**fräsmaschine** *f* (Wzm) / freseadora *f* de perfiles, freseadora-copiadora *f* ‖ ⁓**geformt** (Gieß) / moldeado por calibre ‖ ⁓**guss** *m* / fundición *f* a plantilla o a calibre ‖ ~**haft**, -mäßig / mecánico, maquinal, automático, esquemático, rutinario, estereotipado ‖ ⁓**halter** *m* (Wzm) / portaplantilla *m*, portamodelo *m*, sujetaplantillas *m* ‖ ⁓**kasten** *m* (Stoffdruck) / carro *m* móvil para plantillas ‖ ⁓**-Kegelradhobelmaschine** *f* (Wzm) / acepilladora *f* de engranajes cónicos por plantilla ‖ ⁓**lack** *m* / barniz *m* para serigrafía ‖ ⁓**malerei** *f* / estarcido *m*, pintura *f* con normógrafo ‖ ⁓**papier** *n* / papel *m* para patrones ‖ ⁓**schrift** *f* (DIN 1456) / escritura *f* estarcida, abecedario *m* de estarcir ‖ ⁓**wicklung** *f* (Elektr) / devanado *m* con plantilla
Schablonierbrett *n* (Gieß) / terraja *f*
schablonieren *vt* / estarcir, copiar de un patrón
Schabloniermasse *f* (Gieß) / mezcla *f* para el moldeo con terraja
schablonierter Ziegel, Profilziegel *m* / ladrillo *m* aplantillado
Schablonierung, Schablonenbeschriftung *f* / marcación *f* por estarcidor
Schablonierverfahren *n* (Keram) / conformación *f* con terraja
Schab • **maschine** *f* (Wzm) / máquina *f* afeitadora ‖ ⁓**messer** *n*, -klinge *f* (Wz) / raspador *m*, rascador *m*, raedera *f*
Schabotte *f* (Schm) / yunque *m* inferior, chabota *f*, portayunque *m* ‖ ⁓**-Einsatz** *m* (Schm) / portachabota *f*
Schabrad *n* (Getriebe) / rueda *f* rasqueteadora de repasar
Schabsel *m*, Ab-, Geschabsel *n* / raspadura *f*
Schachbrett *n* / tablero *m* de ajedrez o de damas, damero *m* ‖ ~**artig**, im Schachbrettmuster / ajedrezado, escaqueado ‖ ~**artig** od. -**förmig anlegen** / escaquear ‖ ~**artig verlaufende Spannungen** / tensiones *f pl* residuales en microescala ‖ ⁓**muster** *n* (Bodenbelag) / ajedrezado *m*, dibujo *m* escaqueado ‖ ⁓**muster-Signal** *n* (TV) / imagen *f* en tablero de ajedrez ‖ ⁓**-Tafel** *f* (Bahn) / señal *f* a cuadros ‖ ⁓**verzierung** *f* (Bau) / moldura *f* escaqueada, ajedrezado *m*
Schach • **computer** *m* / ordenador *m* de ajedrez ‖ ⁓**muster-Testbild** *n* (TV) / patrón *m* en tablero de ajedrez
Schacht *m* (Bau, Bergb) / pozo *m* ‖ ⁓, Kernschacht *m* (Hütt) / cuba *f* ‖ ⁓ (Siebdruck) / plantilla *f* tamiz ‖ ⁓, Lüftungsschacht *m* (Bau) / chimenea *f* de aireación o de ventilación ‖ ⁓, Einsteigschacht *m* (Straßb) / pozo *m* de inspección ‖ ⁓, Kohlenbergwerk *n* / mina *f* de carbón ‖ ⁓, Einbauschacht *m* (für Autoradio) / compartimento *m*, nicho *m* ‖ ⁓ **des Aufzugs** / caja *f* del ascensor ‖ ⁓**abdeckplatte** *f* / tapa *f* o cubierta de pozo ‖ ⁓**abdeckung** *f* **mit Lüftungsschlitzen** (Bau) / rejilla *f* de ventilación ‖ ⁓**abteilung** *f* (Bergb) / compartimento *m* de pozo ‖ ⁓**[ab]teufung** *f* / profundización *f* de pozo[s] ‖ ⁓**arbeit** *f* (Bergb) / trabajo *m* de pozo, pocería *f* ‖ ⁓**ausbau** *m* (Bergb) / entibación *f* del pozo ‖ ⁓**ausfütterung** *f*, -futter *n*, Kernschacht *m* (Hochofen) / revestimiento *m* de la cuba ‖ ⁓**ausmauerung** *f* (Bau, Bergb) / mampostería *f* de pozo ‖ ⁓**bau** *m* / construcción *f* de pozos, pocería *f* ‖ ⁓**bauer** *m* / pocero *m* ‖ ⁓**betrieb**, Tiefbau *m* (Bergb) / extracción *f* por pozo ‖ ⁓**brunnen** *m* / pozo *m* cilíndrico ‖ ⁓**bühne** *f* (Bergb) / descanso *m* de pozo ‖ ⁓**deckel** *m* (für Einstieg in Kanalisation) / tapa *f* de

Schachtdeckel

registro ‖ ⁓**deckel** (Bau, Straßb) / tapa f o cubierta del pozo
Schachtel f / caja f o cajita [de cartón] ‖ ⁓**n** f pl, Kartonagen f pl / cartonajes m pl, artículos m pl de cartón, cartones m pl, cajas f pl de cartón ‖ ⁓**bauweise** f (Spulenkörper) / construcción f de encajadura ‖ ⁓**boden** m / fondo m de la caja de cartón ‖ ⁓**karton** m, -pappe f / cartón m para cajas plegables ‖ ⁓**konstruktion** f (Spritzform) / molde m compuesto
schachteln, [ineinander]~ / encajar, colocar uno dentro de otro
Schachtelung f, Nest n (DV) / juego m ‖ ⁓ (Masch) / engranaje m
Schacht•endschalter m (Aufzug) / interruptor m final de caja ‖ ⁓**fördergefäß**, Skip n (Bergb) / depósito m colgante, skip m ‖ ⁓**fördergestell** n, -förderschale f, Förderkorb m / jaula f de extracción ‖ ⁓**fördermittel** n / equipo m de extracción [por pozos] ‖ ⁓**förderung** f (Bergb) / extracción f por pozo[s] ‖ ⁓**führung** f (Bergb) / guía f de pozo ‖ ⁓**-Füllort** m (Bergb) / estación f de carga, cargadero m ‖ ⁓**fuß** m / pie m o fondo de pozo ‖ ⁓**gebäude** n / edificio m del pozo o de mina ‖ ⁓**gerüst** n / castillete m de pozo ‖ ⁓**geviere** n pl (Bergb) / cuadros m pl de pozo ‖ ⁓**grube** f, Fundamentgrube f (Bau) / zanja f de excavación ‖ ⁓**halle** f / sala f o nave de pozo ‖ ⁓**hängebank** f, Anschlagpunkt m (Bergb) / descargadero m, taquete m ‖ ⁓**kabelkasten** m (Elektr) / caja f de cables para pozos ‖ ⁓**kopf** m, -oberstes n / cabeza f de pozo, boca f de mina ‖ ⁓**korbförderung** f / extracción f por jaula [de pozo] ‖ ⁓**kranz** m (Bergb) / corona f de pozo ‖ ⁓**leitung** f, Förderkorbführungsschiene f / guía f de jaula m ‖ ⁓**lot** n (Bergb) / plomada f de pozo ‖ ⁓**mauerung** f (Bergb) / mampostería f de pozo ‖ ⁓**mauerwerk** n (Hochofen) / mampostería f de cuba ‖ ⁓**mundloch** n (Bergb) / boca f de mina ‖ ⁓**oberstes** n, -kopf m (Bergb) / cabeza f de pozo ‖ ⁓**ofen** m / horno m de cuba o de cubilote ‖ ⁓**öffnung** f (Bergb) / boca f de pozo o de mina ‖ ⁓**pumpe** f (Bau, Sickerschacht) / bomba f de pozo ‖ ⁓**raum** m (des Hochofens) / cuba f (de alto horno) ‖ ⁓**ring** m (Bergb) / anillo m de pozo, tubbing m (E), entubación f (LA) ‖ ⁓**rohr** n **bei Senkkastengründung** / chimenea f de cajón ‖ ⁓**scheibe** f (Bergb) / sección f del pozo con compartimientos ‖ ⁓**schleuse** f (Hydr) / esclusa f de pozo ‖ ⁓**schleuse** (eine Luftschleuse) / esclusa f de aire del pozo ‖ ⁓**seil**, Förderseil n (Bergb) / cable m de extracción ‖ ⁓**[sicherheits]pfeiler** m, Bergfeste f (Bergb) / pilar m de protección del pozo ‖ ⁓**sohle** f, -tiefstes n (Bergb) / fondo m del pozo, solera f del pozo ‖ ⁓**speicher**, Zellenspeicher m (Landw) / silo m celular o de compartimientos ‖ ⁓**sperre** f / cierre m de pozo ‖ ⁓**stoß** m (Bergb) / pared f [transversal] del pozo ‖ ⁓**stuhl** m (Bergb) / andamiaje m del revestimiento del pozo ‖ ⁓**sumpf** m (Bergb) / sumidero m del pozo ‖ ⁓**teufe** f / profundidad f de pozo ‖ ⁓**tiefe** f (Bergb) / tiro m ‖ ⁓**tor** n (Bergb) / puerta f de pozo ‖ ⁓**trockner** m / secador m de cuba ‖ ⁓**trum** m (gesonderter Teil des Förderschachtes), Schachtabteilung f (Bergb) / compartimiento m de pozo ‖ ⁓**tür** f (Aufzug) / puerta f de caja ‖ ⁓**turbine** f (Hydr) / turbina f de Francis ‖ ⁓**umtrieb** m (Bergb) / desviación f del fondo de pozo ‖ ⁓**verschluss** m (Bergb) / cierre m de pozo ‖ ⁓**wendel** f (Bergb) / tobogán m helicoidal de pozo ‖ ⁓**winkel** m (Hütt) / ángulo m de cuba ‖ ⁓**zimmerung** f (Bergb) / entibación f de pozo
Schadbild n / aspecto m de daño
schaden vi / dañar, causar daño ‖ ⁓ m / daño m, perjuicio m ‖ ⁓, Defekt m / defecto m, fallo m, falta f, avería f ‖ ⁓, Beschädigung f / deterioración f, deterioro m, desperfecto m, estragos m pl ‖ ⁓ (Versicherungsrecht), Schadenfall m / siniestro m (seguro) ‖ **Schäden** m pl **durch...** / pérdidas f pl causadas o provocadas por...

Schaden•blitz m / rayo m destructivo ‖ ⁓**ersatz** m / indemnización f [por daños y perjuicios] ‖ ⁓**ersatzanspruch** m / reclamación f por daños y perjuicios ‖ ⁓**feuer** n / incendio m destructivo ‖ ⁓**häufigkeit** f (Versicherung) (Kfz) / siniestralidad f
Schadens•ausmaß n, -umfang m / volumen m del daño, extensión f del daño ‖ ⁓**fall** m (Versicherung) / siniestro m, caso m de siniestro ‖ ~**fallbedingt** (Nukl) / a causa de accidente ‖ ⁓**früherkennung** f / detección f precoz de daños o fallos ‖ ⁓**linie** f (Mat.Prüf) / curva f de daños ‖ ⁓**protokoll** n / protocolo m de daño[s], relación f de daños ‖ ⁓**rate** f / tasa f de daños ‖ ⁓**verhütung** f / prevención f de daños ‖ ⁓**verlust** m / pérdida f por daño ‖ ⁓**ziffer** f / índice m de siniestro
Schadentoleranz f / tolerancia f a daños
Schadgasquelle f (Umw) / fuente f de gas de polución
schadhaft, defekt / defectuoso, deteriorado, estropeado, averiado ‖ ~, in schlechtem Zustand / en mal estado o condiciones ‖ ~ **werden** / viciarse
Schadhaftigkeit f / defectuosidad f, estado m defectuoso
Schädiger m / causante m del daño, sustancia f nociva
Schädigung f (Verminderung der Eigenschaften während eines Versuchs) / deterioración f
Schadinsekten n pl / insectos m pl dañinos o nocivos o perjudiciales
schädlich, nachteilig / pernicioso ‖ ~, schädigend / nocivo, dañino, dañoso, lesivo ‖ ~, gesundheitsschädlich / nocivo para la salud, insalubre, malsano, deletéreo ‖ ~, nachteilig / perjudicial ‖ ~**es Gas** / gas m nocivo ‖ ~**er Raum** / espacio m nocivo
Schädlichkeit f / nocividad f, carácter m nocivo
Schädlinge, Parasiten m pl (Landw) / parásitos m pl, animales f pl perjudiciales o dañinos
Schädlings•befall m / infestación f por parásitos ‖ ⁓**bekämpfung** f (Landw) / lucha f antiparasitaria o contra parásitos, campaña f antiparasitaria, lucha f contra plagas, control m de plagas ‖ ⁓**bekämpfung durch Spritzen** / pulverización f de parasiticidas ‖ ⁓**bekämpfungsmittel** n / plaguicida m ‖ ⁓**fauna** f / animales m pl perjudiciales ‖ ⁓**-Vertilgungsmittel** n, Pestizid n / antiparasitario m, parasiticida m, plaguicida m, pesticida m, producto m antiparasitario
schadlos, unbeschädigt / indemne, intacto, sin daño
Schadsoftware f (DV) / software m nocivo o contaminante
Schadstoff m (Chem) / su[b]stancia f nociva o perjudicial, contaminante m, contaminador m, materia f perjudicial ‖ ~ (Umw) / elemento m de polución o de contaminación ‖ ⁓**aerosole** n pl / aerosoles m pl nocivos ‖ ⁓**belästigung** f / molestia f por contaminantes ‖ ⁓**belastung** f / carga f contaminante ‖ ⁓**einträge** m pl (Umw) / presencia f de sustancias nocivas ‖ ⁓**emission** f, -ausstoß m (Luft, Verkehr) / emisión f de contaminantes ‖ ⁓**gehalt** m / contenido m de sustancias nocivas
Schadwagen m (Bahn) / vagón m averiado
Schafbremse f (Schädling) (Zool) / estro m de las ovejas
Schäfchenwolken f pl, Zirrokumuli pl (Meteo) / cirros m pl, cirrocumuli m pl
schaffen, werken / trabajar ‖ ~ n / trabajo m
Schaffner m (Schlafwagen) / encargado m de coche-cama, camarero m (LA) ‖ ~ (Bahn) / revisor m ‖ ~ (Bus, Straßenbahn) / cobrador m (E), mayoral m (LA) ‖ ~**los** (Bus, Straßenbahn) / sin conductor
Schaffplatte f (Hütt) / placa f de guías, umbral m
Schaffung f **von Anreizen** / incentivación f
Schaf•fußwalze f (Straßb) / rodillo m patacabra o de pata de cabra o de pie de cabra ‖ ⁓**garbenöl** n (Pharm) / esencia f de milenrama o de aquilea ‖ ⁓**leder** n (Gerb) / cuero m de oveja, badana f, salea f ‖ **ungefärbtes** ⁓**leder** (Gerb) / badana f ‖ ⁓**schere** f / tijeras f pl de esquilar ‖ ⁓**schermaschine** f / esquiladora f eléctrica,

máquina f de esquilar ‖ ⁓**schur** f / esquileo m [de la oveja], esquila f (LA) ‖ ⁓**schweiß** m, Wollschweiß m (Tex) / suarda f, churre m
Schaft m (allg) / palo m, vara f, varilla f, asta f, astil m ‖ ⁓ (Stiefel) / caña f, pala f ‖ ⁓ (Anker) / caña f del ancla ‖ ⁓ (Schraube) / caña f de tornillo, vástago m, tallo m, varilla f ‖ ⁓ (Drehmeißel) / mango m ‖ ⁓, Typenkörper m (Druck) / hombro m, vástago m o tronco del tipo ‖ ⁓ (Gewehr) / caja f, afuste m ‖ ⁓ m, Stab m (Web) / lizo m ‖ ⁓ **der Nähmaschinennadel** / vástago m de la aguja [de la máquina de coser] ‖ ⁓ **der Säule** / fuste m ‖ ⁓ **des Schlüssels** / tija f ‖ ⁓**ausbauchungszahl,** Reduktionszahl f (Forstw) / coeficiente m mórfico de fuste ‖ ⁓**einzug** m, -passierung f (Web) / remetido m de los lizos
schäften (Wz) / enmangar, poner mango ‖ ⁓ (Gewehr) / montar ‖ ⁓, ansetzen (Tischl) / juntar en inglete ‖ ⁓ (Plast) / solapar biselado
Schaft • feile f (rotierende) / lima f cilíndrica (rotatoria) ‖ ⁓**fräser** m, Walzenstirnfräser m (Wz) / fresa f frontal, fresa f de mango, fresa f cilíndrica frontal ‖ ⁓**fräser für T-Nuten** / fresa f frontal para ranuras en T ‖ ⁓**halter** m (Räumwz) / portaútiles m de brochado ‖ ⁓**karte** f (Tex) / cartón m de maquinita de lizos ‖ ⁓**magazin** n (Gewehr) / depósito m en el interior de caja ‖ ⁓**maschine** f, -webstuhl m, Dobby m (Tex) / máquina f o maquinilla de lizos (E), ratiera f (LA) ‖ ⁓**maschine für Hochfach, [Tieffach]** (Web) / máquina f de lizos con movimiento ascendente, [descendente]
Schäftmaschine für Sägebänder / máquina f de biselar las hojas de sierra
Schaft • material n (Gerb) / material m para cañas ‖ ⁓**rahmen** m (Web) / marco m o cuadro de lizos ‖ ⁓**reiter** m (Tex) / jinetillo m ‖ ⁓**riemchen** m (Tex) / correjuela f ‖ ⁓**ring** m (der Säule) (Bau) / armilla f ‖ ⁓**rolle** f (Web) / polea f de lizos ‖ ⁓**rücken** m (Gewehr) / lomo m de la culata ‖ ⁓**-Schneidrad** n (Verzahnung) / fresa f cilíndrica de mango para dentado ‖ ⁓**schraube** f (DIN 427), Stellschraube f / pitón m roscado, tornillo m de vástago [sin cabeza] ‖ ⁓**schraube mit Ringschneide** f / pitón m roscado con cono embutido ‖ ⁓**schraube mit Schlitz und Kegelkuppe** / pitón m roscado ranurado con chaflán o extremo achaflanado ‖ ⁓**senkung** f (Gewehr) / declive m de la culata ‖ ⁓**spanner** m (Web) / tensor m de lizos ‖ ⁓**stab** m (Web) / travesaño m de los lizos ‖ ⁓**stuhl** m, -webstuhl m / telar m de lizos ‖ ⁓**teilung** f (Web) / paso m de lizos
Schäftung, Schäftverbindung f (Zimm) / junta f en inglete ‖ ⁓ f (Plast) / solapadura f biselada
Schafwolle f (Tex) / lana f de oveja
Schake f, Kettenglied n / eslabón m de cadena
Schäkel m (Schiff) / grillete m ‖ **Anbringen eines** ⁓**s** / engrilletado m ‖ ⁓**bolzen** m / perno m o pasador de grillete ‖ ⁓**ende** n / ojete m del grillete ‖ ⁓**isolator** m (Elektr) / aislador m de grillete
schäkeln vt (Schiff) / engrilletar
Schakenkette f / cadena f de eslabones
schal, abgestanden / soso, insípido
Schäl • anlage f (Hütt) / instalación f para escarpado ‖ ⁓**anschnitt** m (Gewinde) / corte m inicial de mondar ‖ ⁓**anschnitt-Gewindebohrer** m / macho m de roscar con corte inicial helicoidal ‖ ⁓**axt** f, -beil n (Forstw) / hacha f de descortezar, machete f de pelar (LA)
schälbar / pelable
Schälbarkeit f / pelabilidad f
Schal • boden m (Bau) / suelo m encofrado ‖ ⁓**brett** n, Schalungsbrett n (Zimm) / tabla f de armadura, tabica f ‖ ⁓**brett**, -holz n, -bohle f (Bau) / tabla f para encofrar ‖ ⁓**brett** n (fehlerhaftes Brett) / tabla f costera ‖ ⁓**brett** (Lehrgerüst) / tabla f de cimbra ‖ ⁓**brett**, -bohle f für Baugruben (Bau) / tablón m de revestimiento
Schäl • drehen n / torneado-descortezado m ‖ ⁓**düse** f (Isotopentrennung) / tobera f de separación de isótopos

Schale f, Muschelschale f (Zool) / concha f ‖ ⁓, Haut f (Bot) / mondadura f, piel f ‖ ⁓ (Ei, Hülsenfrüchte, Zitrusfr) / cáscara f ‖ ⁓, Hülle f / envoltura f, cubierta f ‖ ⁓, Napf m / taza f ‖ ⁓, Gefäß n / copa f, cuenco m ‖ ⁓, Schälchen n (Chem) / cápsula f, taza f ‖ ⁓ (Bau) / monocasco m, cascarón m ‖ ⁓, Kokille f (Gieß) / coquilla f, lingotera f ‖ ⁓ (Foto) / cubeta f ‖ ⁓, Waagschale f / platillo m ‖ ⁓, Doppelschicht f (Magnet) / capa f doble ‖ ⁓, Atomschale f (Nukl) / nivel m de energía, capa f ‖ ⁓, Lagerschale f / casquillo m [de cojinete], semicojinete m ‖ ⁓, Kapsel f / cápsula f ‖ ⁓ f (Strangguss) / costra f de colada, camisa f, carcasa f, piel f ‖ ⁓ (Oberflächenfehler) (Strangguss) / camisa f ‖ ⁓, Mantel m (krumme Fläche) (Math) / capa f ‖ ⁓, Schwarte f (Holz) / costero m ‖ ⁓ f (Oberflächenfehler), Walzsplitter auf dem Blech / película f de laminación ‖ ⁓ (Oberflächenfehler), Überlappung f (Schm, Walzw) / solapa f, solapamiento m ‖ ⁓, Zunge f (Walzw) / soja f (defecto de banda) ‖ ⁓ (Messer) / cacha f ‖ ⁓ (Unix), Shell f (DV) / lenguaje m de mando ‖ ⁓ **ohne Rand** / platillo m sin borde ‖ ⁓ **von Orange o. Zitrone** / cáscara f o piel (de naranja o limón), mondadura f ‖ ⁓**n** f pl **von Schornsteinen** / capas f pl de chimeneas ‖ **flache** ⁓ (Bau) / cascarón m chato ‖ **in** ⁓ **gegossen,** schalenhart / colado o fundido en coquilla
Schäleisen n (Forstw) / cuchillo m pelador o descortezador
schalen vt, verschalen (Bau) / encofrar
schälen vt, enthülsen / descascarillar ‖ ⁓ (z.B. Obst) / pelar, mondar ‖ ⁓ (Getreide) / pilar v ‖ ⁓ (Gewinde), wirbeln / tallar una rosca por remolinado, roscar con cabeza remolinadora o con cabezal giratorio ‖ ⁓ (Dreh, Hütt) / escarpar ‖ **Gerste** ⁓ / mondar la cebada, descascarillar ‖ **Holz** ⁓, entrinden / descortezar ‖ **sich** ⁓ / descascarillarse, descortezarse ‖ ⁓ n / peladura f ‖ ⁓ (Hütt) / exfoliación f, desconchado m ‖ ⁓ (Hütt, Tätigkeit) / escarpado m mecánico
Schalen • aufbau m (Erde) / estructura f en estratos ‖ ⁓**bauweise** f (Bau, Kfz) / construcción f monocasco ‖ **in** ⁓**bauweise** (Bahn, Kfz, Luftf) / en monocasco ‖ **selbsttragende** ⁓**bauweise** (Bau) / construcción f geodésica ‖ ⁓**bauweise** f (Bahn) / construcción f en casco rígido ‖ ⁓**berechnung** f (Schiff) / cálculo m de monocasco ‖ ⁓**blende** f (Min) / blenda f botrioidal
schälende Gewinnung (Bergb) / rozado m
Schalen • dach n (Bau) / cubierta f de estructura laminar ‖ ⁓**elektrode** f / electrodo m hemisférico ‖ ⁓**entwicklung** f (Foto) / revelado m en cubeta ‖ ⁓**förmig,** flach / en forma de cubeta ‖ ⁓**förmiger Bruch** / fractura f conchada ‖ ⁓**guss** m (Erzeugnis) / pieza f colada en coquilla ‖ ⁓**guss,** Hartguss m (Vorgang) / fundición f o colada en coquilla, fundición f en molde metálico ‖ ⁓**hart** (Gieß) / colado en coquilla ‖ ⁓**haut** f (Ei) / membrana f de la cáscara ‖ ⁓**korn** n (Nukl) / pártícula f de combustible revestida ‖ ⁓**kreuz** n (ein Windmesser) (Meteo) / anemómetro m de casquetes en cruz, anemómetro m de molinete [de cuatro aspas] ‖ ⁓**kupplung** f (Masch) / acoplamiento m de manguito ‖ ⁓**lager** n / cojinete m hendido o seccional, chumacera f partida ‖ ⁓**modell** n (Atomkern, Phys) / modelo m de partículas independientes ‖ ⁓**modell der Atome von Goeppert-Mayer usw.** (Nukl) / modelo m nuclear de capas o estratificado por capas ‖ ⁓**muffe** f **zur Verbindung der Zugstange** (Bahn) / manguito m de acoplamiento de casquillos de la barra de tracción ‖ ⁓**rumpf** m (Luftf) / fuselaje m monocasco ‖ ⁓**schmelzen** n (Hütt) / fusión f en el fondo de la lingotera ‖ ⁓**sessel** m (Unix), Shell-huevo m ‖ ⁓**sitz** m, Sportsitz m (Kfz) / asiento m pétalo, asiento m envolvente o anatómico o en forma de concha ‖ ⁓**sohle** f (Schuh) / suela f moldeada sobre la piel ‖ ⁓**[stau]mauer** f (Hydr) / presa f en casquete ‖ ⁓**stern** m **des Anemometers** / cruz f de paletillas

1111

semiesféricas, aspas *f pl* [de molinete] ‖ ˜**streifen** *m pl* (Fehler, Walzw) / grietas *f pl* superficiales ‖ ˜**theorie** *f* (Bau) / teoría *f* de monocascos
Schälfestigkeit *f* / resistencia *f* al descascarillamiento
Schälfolie *f* (Plast) / película *f* pelada
Schalfuge *f* (Bau) / junta *f* de encofrado
Schäl•furnier *n* (Tischl) / chapa *f* de madera desenrollada ‖ ˜**gerät** *n*, -maschine *f* (Küche, Landw) / peladora *f*
Schal•gerüst *n* (Bau) / andamio *m* de encofrado ‖ ˜**holz** *n*, Schalbretter *n pl* (Bau) / tablas *f pl* para encofrar
Schäl•holz *n*, entrindetes Holz / madera *f* descortezada ‖ ˜**holz für Furniere** / madera *f* para desarrollar, madera *f* para enchapado
schalig, muschelig / conchudo ‖ ~, splittrig (Krist) / astilloso ‖ ~ (Hütt) / escamoso
Schälkopf *m* (Gewinde) / cabeza *f* remolinadora
Schall *m* (Akust) / sonido *m* [complejo sin altura definida] ‖ ˜... / sónico ‖ ˜ **schlucken** / absorber el sonido, insonorizar ‖ ˜ **zweiter Art** (Phys) / segundo *m* sonido ‖ **seitlich vorbeigehender** ˜ / sonido *m* flanqueador ‖ ˜**abgangsempfänger** *m* (Eltronik) / receptor *m* de emisión de sonido ‖ ~**absorbierend** / absorbente del sonido, insonoro, insonorizante ‖ ~**absorbierende Wand** (Film) / panel *m* insonoro ‖ ˜**absorption** *f* / absorción *f* acústica o de sonido ‖ ˜**absorptionsgrad**, (früher): Schallschluckgrad *m* / coeficiente *m* de absorción acústica específica, factor *m* de absorción acústica ‖ ˜**abstrahlung** *f* / radiación *f* acústica o sonora, emisión *f* de ondas acústicas ‖ ˜**achse** *f* (Ultraschall) / eje *m* del haz sonoro ‖ ˜**analysator** *m* / analizador *m* de sonido ‖ ˜**analyse**, Schallspektrographie *f* / análisis *m* de sonido
Schallatte *f*, Schal-, Schwartenbrett eines Lehrgerüstes (Bau) / tabla *f* costera para encofrado
Schall•aufnehmer *m* / captor *m* o captador acústico, fonocaptor *m* acústico ‖ ˜**aufzeichnung** *f* (Eltronik) / registro *m* sonoro o del sonido, grabación *f* sonora o del sonido ‖ ˜**aufzeichnungsgerät** *n* / registrador *m* fonográfico ‖ ˜**ausbreitung** *f*, -fortpflanzung *f* / propagación *f* del sonido ‖ ˜**ausbreitungsgeschwindigkeit** *f* / velocidad *f* del sonido ‖ ˜**ausschlag** *m* (Akust) / desplazamiento *m* de partículas de sonido ‖ ˜**austrittsöffnung** *f*, Trichter *m* (Kfz) / embudo *m* del silenciador ‖ ˜**bild** *n* / imagen *f* ultrasónica ‖ ~**blockierte Düse** / tobera *f* saturada sónicamente ‖ ˜**boden** *m*, Resonanzboden *m* / tablero *m* sonoro ‖ ˜**boje** *f* (Schiff) / boya *f* sonora ‖ ˜**brechung** *f* / refracción *f* acústica ‖ ˜**brechungslehre** *f* / diacústica *f*, catacústica *f* ‖ ˜**brett** *n* / tornavoz *m* [de campana] ‖ ˜**brett** (Orgel) / cajón *m*, tapa *f* del secreto ‖ ˜**chemie** *f* / fonoquímica *f* ‖ ~**dämmend**, -dämpfend / insonoro, insonorizante, absorbente del sonido ‖ ˜**dämmung** *f*, Schallschutz *m* / insonorización *f*, aislamiento *m* acústico o sonoro ‖ ˜**dämmungsmaß** *n* / factor *m* de aislamiento acústico o sonoro ‖ ˜**dämpfen** *n* / amortiguación *f* o atenuación acústica o del sonido, insonorización *f* ‖ ~**dämpfend**, tot (Akust) / apagado ‖ ~**dämpfend**, Entdröhn... (Bahn, Kfz) / insonoro, insonorizante, absorbente del sonido, antiacústico, antisonoro ‖ ~**dämpfende Bauweise** / construcción *f* antiacústica ‖ ~**dämpfender Belag**, Entdröhnbelag *m*, Antidröhnbelag *m*, Entdröhnbelag *m* / pintura *f* insonorizante ‖ ~**dämpfende Bepflanzung** / atenuación *f* acústica por plantación ‖ ~**dämpfende Stoffe** *m pl* (z.B. auf Filmbühnen) / pantalla *f* acústica, bafle *m* ‖ ˜**dämpfer** *m* / amortiguador *m* del sonido, absorbedor *m* acústico, insonorizador *m* ‖ ˜**dämpfer**, Dämpfer *m* (Fernm, Musik) / sordina *f* ‖ ˜**dämpfer**, Auspufftopf *m* (Kfz) / silenciador *m* ‖ ˜**dämpfer in der Schubdüse** (Luftf) / silenciador *m* de chorro ‖ ˜**dämpferplatte** *f* / tablero *m* o panel absorbedor acústico ‖ ˜**dämpfertrichter** *m* / embudo *m* del

silenciador ‖ ˜**dämpfung**, Dissipation *f* / disipación *f* del sonido ‖ ˜**dämpfung** *f* s. Schalldämpfen ‖ ˜**dämpfungseffekt** *m* / insonorización *f*, efecto *m* insonorizante ‖ ˜**decke** *f* / tapa *f* armónica ‖ ~**dicht**, -sicher / insonoro, a prueba de ruidos, antisonoro, sordo ‖ ~**dicht** (Glas) / fonoaislante, fonoaislador ‖ ~**dichte Kabine** / cabina *f* insonorizada ‖ ~**dicht machen** / insonorizar ‖ ˜**dichte** *f* (Akust) / densidad *f* de sonido ‖ ˜**dispersion** *f* / dispersión *f* acústica o de sonido ‖ ˜**dissipationsgrad** *m* / factor *m* de disipación de sonido ‖ ˜**druck** *m* / presión *f* acústica o sonora ‖ ˜**druck als Funktion der Leistung** / respuesta *f* de potencia ‖ **auf** ˜**druck ansprechend** (Akust) / accionado *m* por presión acústica ‖ ˜[**druck**]**messer** *m*, Phon[o]meter *n* / fonómetro *m* ‖ ˜**druckpegel** *m* / nivel *m* de intensidad acústica o sonora ‖ ˜**druck-Übertragungsfaktor** *m* (Mikrofon) / coeficiente *m* de eficacia en función de la presión acústica ‖ ˜**durchlassgrad**, -transmissionsgrad *m* / factor *m* de transmisión acústica ‖ ˜**durchlässig** / transparente al sonido ‖ ˜**durchlässigkeitszahl** *f* / índice *m* de transmisión acústica ‖ ˜**empfang** *m*, -aufnahme *f* / captación *f* sonora, fonocaptación *f* ‖ ˜**empfänger**, -aufnehmer *m* / fonocaptor *m*, cabeza *f* fonocaptora ‖ ˜**empfindung** *f*, Schallempfinden *n* / sensación *f* auditiva, sonia *f*
schallen *vi*, tönen / sonar ‖ ~, widerhallen / resonar ‖ ~, dröhnen / retumbar
schallend / sonoro, sonante
Schall ˜**energie** *f* / energía *f* acústica o sonora ‖ ˜**energiedichte** *f* (DIN) / densidad *f* de energía acústica o sonora ‖ ˜**feld** *n* (Ultraschall) / campo *m* sonoro ‖ ˜**fluss** *m*, Volumenschnelle *f* / flujo *m* de energía acústica o sonora ‖ ˜**fortpflanzung** *f* / propagación *f* del sonido ‖ ˜**fülle** *f* / sonoridad *f* ‖ ˜**geber** *m* / fuente *f* sonora o de sonido ‖ ˜**geber**, Leitstück *n* (Ultraschall) / transductor *m* ‖ ˜**gerät** *n* / instrumento *m* acústico ‖ ˜**geschwindigkeit** *f* / velocidad *f* del sonido ‖ ˜**geschwindigkeits-Thermometer** *n* / termómetro *m* acústico ‖ ~**hart**, hallend / reverberante ‖ ~**hart (o. hallig) machen** (Akust) / aumentar la reverberación ‖ ~**harter Raum** (o. Hall- o. Echoraum) (Akust) / sala *f* reverberante ‖ ˜**härte** *f* / rigidez *f* acústica ‖ ˜**höhenmessung** *f*, Echometrie *f* / ecometría *f* de altitud, altimetría *f* acústica ‖ ˜**impedanz** *f* / impedancia *f* acústica ‖ ˜**intensität**, -stärke J *f* / intensidad *f* acústica o sonora o del sonido ‖ ˜**isolation** *f* s. Schalldämmung ‖ ~**isolieren** *vt* / insonorizar, fonoaislar ‖ ˜**-Kennimpedanz** *f* (Akust) / impedancia *f* acústica característica ‖ ˜**laden** *m* (Bau) / tornavoz *m* [de campana] ‖ ˜**lehre** *f*, Akustik *f* / acústica *f* ‖ ˜**leistung** *f* / potencia *f* acústica o sonora ‖ ˜**leistung der Sprache** / potencia *f* vocal ‖ ˜**leistungsdichte** *f* s. Schallintensität ‖ ˜**loch** *n* (Bau) / abertura *f* acústica o de sonido ‖ ˜**loch** (Geige) / ese *f*, orificio *m* en forme de efe ‖ ˜**lot** *n* (Öl) / registro *m* sónico ‖ ˜**mauer**, -wand *f* / barrera *f* [tran]sónica o del sonido ‖ ˜**mauer durchbrechen** (Luftf) / pasar la barrera sónica o del sonido ‖ ˜**membran**, Membran *f* (am Fernsprecher) (Fernm) / diafragma *m* vibratorio ‖ ˜**messgerät** *n* / sondador *m* acústico ‖ ˜**messung** *f*, -messverfahren *n*, -peilung *f* / fonolocalización *f*, localización *f* acústica ‖ ~**nahe**, transsonisch (975-1450 km/h) / transónico ‖ ~**naher Geschwindigkeitsbereich** (Luftf) / margen *m* f de velocidad transónica ‖ ˜**pegel** *m* (in Phon) / nivel *m* acústico o sonoro ‖ ˜**pegelmesser** *m*, Phonmeter *n* / fonómetro *m*, medidor *m* del nivel acústico o sonoro ‖ ˜**peilung**, -ortung *f* / fonolocalización *f*, localización *f* acústica o por el sonido ‖ ˜**platte** *f* / disco *m* fonográfico
Schallplatten•abtastung *f* (Audio) / seguimiento *m*, lectura *f* de discos ‖ ˜**archiv** *n* / discoteca *f* ‖

⁓aufnahme f / grabación f fonográfica o de discos, impresión f fonográfica ‖ ⁓industrie f / industria f de discos ‖ ⁓spieler m / tocadiscos m, gramófono m ‖ ⁓übertragung f (Eltronik) / música f de discos ‖ ⁓wiedergabe f / reproducción f fonográfica
Schall • pumpe f (Öl) / bomba f sónica ‖ ⁓quant, Phonon n (Phys) / fonón m ‖ ⁓quelle f / fuente f acústica o sonora o de sonido, manantial m sonoro ‖ ⁓reflexion f / reflexión f acústica o del sonido ‖ ⁓reflexionsfaktor m / coeficiente m [específico] o factor de reflexión acústica ‖ ⁓reflexionsgrad m / razón f de reflexión del sonido ‖ ⁓rille f (Audio) / surco m sonoro ‖ ⁓rohr n, -trichter m / tubo m acústico ‖ ⁓schatten m / sombra f acústica ‖ ~schluckend, -absorbierend, Schallschluck... / insonoro, insonorizante, absorbente del sonido, fonoabsorbente ‖ ~schluckender Boden (Bau) / suelo m insonoro ‖ ⁓schluckgrad, -koeffizient m s. Schallabsorptionsgrad ‖ ⁓schluckplatte, Akustikplatte f (Akust) / panel m acústico ‖ ⁓schluckschirm m (Film) / panel m antisonoro, pantalla f antisonora portátil ‖ ⁓schluckstoff m / material m antisonoro o antiacústico o insonoro, material m de absorción acústica ‖ ⁓schluckung f / absorción f acústica o del sonido ‖ ⁓schluckwand f / pared f insonorizante o antisonora o protectora del ruido ‖ ⁓schnelle f / velocidad f acústica de una partícula ‖ ⁓schutz m, Schalldämmung f / insonorización f, aislamiento m acústico o sonoro ‖ ⁓schutzhaube f (für Filmkamera) / blindaje m acústico ‖ ⁓schutz-Kabine f / cabina f antisonora o insonorizada ‖ ⁓schutzschild m / pantalla f antiacústica ‖ ⁓[schutz]wand f (Flughafen, Luftf) / pantalla f insonorizante ‖ ⁓schutzzelle f (Film) / cabina f antisonora o silente ‖ ⁓schwächung f / atenuación f acústica ‖ ⁓schwächungsverfahren n (Ultraschall) / método m de amortiguación ‖ ⁓schwingung f / vibración f acústica ‖ ⁓sender m / emisor m de sonido ‖ ~sicher / insonoro ‖ ⁓sichtgerät n, Ultraschall-Bildwandler m / convertidor m de imagen ultrasónico ‖ ⁓sichtverfahren n / registro m gráfico-sonoro ‖ ⁓signal n / señal f acústica ‖ ⁓sonde f / sonda f acústica ‖ ⁓speicherung f / registro m sonoro o del sonido, grabación f sonora ‖ ⁓spektrograph m / espectrógrafo m acústico ‖ ⁓spektrographie, Schallanalyse f / espectrografía f acústica, análisis m acústico ‖ ⁓stärke f / intensidad f acústica o sonora o del sonido ‖ ⁓stärkemessung f / medida f de la intensidad acústica o sonora, sonometría f ‖ ⁓stärkenmesser m, Phonometer n / fonómetro m ‖ ⁓strahler m (Eltronik) / radiador m acústico ‖ ⁓strahlungsdruck m / presión f de la radiación acústica o sonora ‖ ⁓streuung f / dispersión f del sonido ‖ ⁓technik f / sónica f, técnica f acústica o del sonido ‖ ⁓tomograf m (Dendrologie) / tomógrafo m acústico ‖ ~tot, echofrei, reflexionsfrei / anecoico, insonoro e insonorizado ‖ ~toter Raum / sala f anecoica o antiecos ‖ ~tote Wand (Akust) / pared f sorda, pared f acústicamente inerte ‖ ⁓transmissionsgrad m / factor m de transmisión acústica ‖ ⁓trichter m (zum Sprechen) / tornavoz m ‖ ⁓trichter (Akust) / bocina f ‖ ⁓trichter (Mus.Instr) / pabellón m ‖ ~trichterartig / abocinado, acampanado ‖ ⁓übertragung f / transmisión f de sonido, transmisión f acústica ‖ störende ⁓übertragung / ruido m molesto ‖ ⁓- und Wärmedämmung f / aislamiento m acústico y térmico ‖ ⁓verhältnisse n pl, Akustik f (Bau) / acústica f ‖ ⁓verzug m / retardo m o retraso acústico ‖ ⁓verzug-Ausschaltung f / corrección f del retardo acústico ‖ ⁓[vibrations]bohren m / taladrado m por vibraciones acústicas ‖ ⁓wächter m / avisador m de sonidos ‖ ⁓wand f (allg, Lautsprecher) / bafle m acústico ‖ ⁓[wechsel]druck m / presión f acústica o sonora ‖ ⁓weg m / longitud f de trayectoria de ondas acústicas o sonoras ‖ ⁓welle f (Phys) / onda f acústica o sonora ‖ ⁓wellenimpuls m / impulso m de onda acústica ‖ ⁓wellenwiderstand m / impedancia f acústica característica ‖ ⁓widerstandsmesser m / impedancímetro m acústico ‖ ⁓zeichen n pl / señales f pl acústicas ‖ ⁓zeile, Strahlergruppe f (Akust) / hilera f horizontal de radiadores acústicos
Schälmaschine f (Küche) / mondadora f ‖ ⁓, Schälzug m (Kupferwalzw) / descascarilladora f de cobre ‖ ⁓ für Baumstämme / descortezadora f ‖ ⁓ für Reis / máquina f para descascarillar el arroz ‖ ⁓ zum Enthülsen / desbarbadora f, desenvainadora f, descascarilladora f
Schälmeiglocke f (Fernm) / campana f tipo chirimía
Schälmesser m (grob) / cuchillo f descortezadora ‖ ⁓ (fein) / cuchilla f peladora ‖ ⁓ (Bergb) / cuchilla f rozadora ‖ ⁓ (Hütt) / cuchilla f de mondar ‖ ⁓, -eisen n (Forstw) / cuchillo m pelador o descortezador
Schälöl n (Bau) / aceite m de desencofrado
Schäl • pflug m (Landw) / arado m rastrojero o de rastrar o para alzado de rastrojo ‖ ⁓pflügen n / alzar ‖ ⁓riss m (Furnier) / rotura f de corte ‖ ⁓rissig (Holz) / cebolludo ‖ ⁓schaden (Holz) / defecto m de pelar ‖ ⁓schleifen n (Wzm) / rectificación f de escapar ‖ ⁓schnitt m (Wzm) / corte m progresivo ‖ ⁓span m (Holz) / astilla f de descortezadura ‖ ⁓span (Wzm) / viruta f enrollada
Schalt • achse f (Kfz) / eje m de cambio ‖ ⁓ader, -strippe f (DV, Fernm) / cable m o hilo de puente, hilo m volante, alambre m de enlace ‖ ⁓adernetz n (Fernm) / red f subterránea con cajas de distribución ‖ ⁓algebra f (DV) / álgebra f lógica o de conmutación ‖ ⁓anlage f / instalación f de distribución ‖ ⁓anlage, Steueranlage f (Elektr) / instalación f de mando ‖ ⁓anlage in Einschubtechnik, Wagenanlage f / cuadro m de elementos amovibles ‖ ⁓anlasser m (Bahn) / combinador m cilíndrico o de tambor ‖ ⁓anordnung f (Elektr) / sistema m de conexion[es] ‖ ⁓antrieb m (Wzm) / mecanismo m de maniobra ‖ ⁓anweisung f (COBOL) / instrucción f "alter" ‖ ⁓arm m (Fernm) / brazo m de contacto ‖ ⁓arm (Elektr) / palanca f del interruptor ‖ ⁓armsatz m (Fernm, Motordrehwähler) / juego m de brazos de contacto ‖ ⁓automat m (Elektr) / interruptor m automático ‖ ⁓automatik f (Kfz) / cambio m automático [de marchas], caja f de cambios automáticos ‖ ⁓balg m (Kfz) / fuelle m de la palanca de cambio de marchas ‖ ⁓band n (DV) / cinta f de contacto ‖ ~bar (Kupplung) / cambiable, separable ‖ ~bar (Elektr, Fernm) / conmutable ‖ ⁓befehl m, -anweisung f (DV, Progr) / instrucción f "alter" ‖ ⁓betriebsdruck m (Druckluft) / presión f de servicio o de trabajo ‖ ⁓bewegung f, -vorgang m (Elektr) / movimiento m de interrupción o de conmutación ‖ ⁓bewegung (Wzm) / movimiento m de mando o de maniobra ‖ ⁓bild n, Schalt[ungs]schema n, Schaltplan m / cuadro m o esquema o plano de conexiones ‖ ⁓bolzen m (Wzm) / perno m fijador ‖ ⁓brett n (NC) / cuadro m de programación ‖ ⁓brett (Eltronik) / cuadro m de distribución ‖ ⁓brett / cuadro m de mandos, tablero m de mandos ‖ ⁓buchse f (Räumwz) / manguito m exterior ‖ ⁓bühne f, -podest m / plataforma f de cuadro ‖ ⁓diode f / diodo m de conmutador o de conmutación ‖ ⁓draht m (Fernm) / hilo m o alambre volante o de enlace o de puente ‖ ⁓drehgriff m (Moped) / puño m giratorio para el cambio de velocidades ‖ ⁓drossel f (Elektr) / bobina f de inductancia de conmutación ‖ ⁓druck m (Druckluft) / presión f de interrupción ‖ ⁓einheit f, -gerät n / unidad f conmutadora, dispositivo m de conmutación ‖ ⁓einrichtung f, -gerät m (Elektr) / dispositivo m u órgano de conmutación ‖ ⁓einrichtung (Wzm) / mecanismo m de posicionamiento ‖ ⁓element n (Elektr) / elemento m

Schaltelement

de conexión ‖ ~**element** (o. logisches Element) (DV, NC) / elemento *m* lógico
schalten *vt* (Elektr) / conmutar ‖ ~, verdrahten / cablear ‖ ~, umschalten, weiterschalten (Revolverkopf) / posicionar ‖ ~ (Zeilen o. Leerstellen) (Drucker) / espaciar ‖ [**das Getriebe o. den Gang**] ~ (Kfz) / cambiar de marcha o de velocidad ‖ **einen Generator auf das Netz** ~ / conectar a la red ‖ **Getriebe** ~ (Kfz, Masch) / cambiar de velocidad ‖ ~ *n* (Elektr) / conmutación *f* ‖ ~, Schaltbewegung *f* / movimiento *m* de conmutación o de interrupción ‖ ~ **und Trennen** / conmutación *f* y seccionado
schaltend • er Regler (Elektr) / regulador *m* por todo o nada ‖ **unter Last** ~ / maniobrable bajo carga
Schalter *m*, Ein-, Ausschalter *m* (Elektr) / interruptor *m*, disyuntor *m*, interceptor *m* (LA), suiche *m* (LA) ‖ ~, Umschalter *m* (Elektr) / conmutador *m*, permutador *m* ‖ ~, Trennschalter *m* (Elektr) / seccionador *m* ‖ ~ *m*, Knipsschalter *m* / perilla *f* (coll.) ‖ ~ (Bau) / ventanilla *f*, taquilla *f* ‖ ~ (Eltronik) / conmutador *m* electrónico, llave *f* electrónica ‖ ~ (Mikroelektronik) / báscula *f* electrónica ‖ ~ **des Lichtmaschinenreglers** (Kfz) / conmutador *m* de carga ‖ ~ **einer Zweigleitung** (Elektr) / interruptor *m* de derivación ‖ ~ **mit automatischer Auslösung** / interruptor *m* automático ‖ ~ **mit Einfachunterbrechung** / interruptor *m* de corte único o de ruptura única
Schalter • abdeckplatte *f* / tapa *f* de interruptor ‖ ~**anker** *m* (Kfz-Regler) / cuchilla *f* del disyuntor ‖ ~**arbeitsplatz** *m* / instalación *f* de ventanilla ‖ ~**bereich** *m* (Bahn, Handel, Luftf) / zona *f* de ventanilla ‖ ~**betriebsdruck** *m* (Pneum) / presión *f* de servicio o de maniobra ‖ ~**block** *m*, -bank *f*, -satz *m* / banco *m* o bloque de conmutadores ‖ ~**diode** *f* (Eltronik) / díodo *m* del conmutador ‖ ~**druckmaschine** *f*, -drucker *m* (Bahn) / máquina *f* impresora-expendedora de billetes ‖ ~**fenster** *n* (Bau) / ventanilla *f* ‖ ~**gehäuse** *n*, -deckel *m*, -kappe *f* / caja *f* o tapa de interruptor ‖ ~**halle** *f* (Bahn) / sala *f* de taquillas ‖ ~**halle** (Post) / sala *f* de ventanillas ‖ ~**kassenmaschine** *f*, -[quittungs]maschine *f* / máquina *f* o certificadora de ventanilla ‖ ~**kasten** *m*, -gehäuse *n* / caja *f* de interruptor ‖ ~**klemme** *f*, -anschlussklemme *f* / borne *m* de interruptor ‖ ~**knopf** *m* / botón *m* de interruptor ‖ ~**leiste** *f* (DV) / panel *m* de conexión[es], regleta *f* de conmutación ‖ ~-**Nennbetriebsdruck** *m* (Pneum) / presión *f* nominal de servicio ‖ ~**öl** *n* (Elektr) / aceite *m* para disyuntores ‖ ~**satz** *m*, Kontaktsatz *m* / juego *m* de interruptores, grupo *m* de contactos ‖ ~-**Schaltung** *f* (Eltronik) / conexión *f* del conmutador ‖ ~**segment** *n* / segmento *m* de contacto ‖ ~**sockel** *m* / zócalo *m* de interruptor ‖ ~**stellung** *f* / posición *f* del interruptor ‖ ~**stopp** *m* (DV) / punto *m* de interrupción o de pausa o de parada ‖ ~**stromkreis** *m* / circuito *m* de interruptor ‖ ~**terminal** *n*, -maschine *f*, -datenendstation *f* (DV) / terminal *m* de ventanilla o para cajeros ‖ ~**topf** *m* (Elektr) / cuba *f* de interruptor ‖ ~**werk** *n* (Bahn) / mesa *f* de conmutadores, cuadro *m* de conmutadores ‖ ~**wertzeichengeber** *m* / distribuidor *m* de sellos (E) o de estampillas (LA)
Schältest *m* (Laminat) / ensayo *m* de peladura ‖ ~ (Schw) / ensayo *m* de puntos por desgarre
Schalt • fassung *f* / portalámpara *m* con llave ‖ ~**fehler** *m* (Elektr) / error *m* de conmutación ‖ ~**feld** *n* (Elektr) / panel *m* de conexiones ‖ ~**feld** (Eltronik) / tablero *m* o panel de mando ‖ ~**feld**, -tafel *f* (DV) / panel *m* de control ‖ ~**feld der Freiluftstation** (Elektr) / sección *f* de control de la instalación al aire libre ‖ ~**fläche** *f* (DV) / botón *m* de pulsar, botón *m* de [co]mando ‖ ~**folge** *f* / secuencia *f* de maniobras ‖ ~**folgesteuerung** *f* (Mikrosk) / mando *m* de la secuencia de maniobras ‖ ~**freilauf** *m* / piñón *m* libre de embrague ‖ ~**frequenz** *f* (TV) / frecuencia *f* de conmutación ‖ ~**funktion** *f* (DV) / función *f* lógica ‖ ~**gabel** *f* (Kfz) / horquilla *f* de cambio de velocidades ‖ ~**gabel** (Wzm) / horquilla *f* de embrague ‖ ~**gabel des Klauengetriebes** / horquilla *f* del acoplamiento de garras ‖ ~**genauigkeit** *f* (Wzm) / precisión *f* de posicionamiento ‖ ~**gerät** *n* (Elektr) / aparato *m* de distribución, dispositivo *m* o equipo de conmutación ‖ ~**gerät** (Masch) / mecanismo *m* de acoplamiento ‖ ~**gerät** (Wzm) / aparato *m* o mecanismo de mando o de maniobra ‖ ~**gerät** (Fernm) / conmutador *m*, distribuidor *m*, interruptor *m* ‖ ~- **u. Steuergeräte** *n pl* / aparellaje *m* ‖ ~**geräte-Gestell** *n* (Elektr) / bastidor *m* del cuadro de distribución ‖ ~**geräusch** *n* (Fernm) / crujidos *m pl* (E) o chasquidos (LA) de manipulación ‖ ~**geräusch**, Ratschen *n* (Kfz) / ruido *m* de cambio ‖ **frei von** ~**geräuschen** (Fernm) / exento *m* de chasquidos de manipulación ‖ ~**gerüst** *n*, -gestell *n* / bastidor *m* de conexión, armazón *f*, rack *m* ‖ ~**geschwindigkeit** *f* / frecuencia *f* de maniobras ‖ ~**gestänge** *n* (Elektr) / vástagos *m pl* o bastones de maniobra ‖ ~**getriebe** *n*, Klinkwerk *n* (Mech) / mecanismo *m* de trinquete ‖ ~**getriebe** (Masch) / mecanismo *m* de cambio de velocidad, variador *m* ‖ ~**getriebe** (Kfz) / cambio *m* de marchas o de velocidades, caja *f* de cambios ‖ ~**getriebe** (Wzm) / cambio *m* de velocidades ‖ ~**getriebe**, Fortschaltgetriebe *n* / engranaje *m* de maniobra ‖ ~**gewichtswaage** *f* (Mess) / balanza *f* de pesas conmutables ‖ ~**griff** *m* (Motorrad) / puño *m* giratorio para cambio de velocidades ‖ ~**griff** / empuñadura *f*, manueta *f* ‖ ~**griff** s. Schaltdrehgriff ‖ ~**gruppe** *f* (Trafo) / grupo *m* de distribución ‖ ~**gruppenziffer** *f* (Trafo) / índice *m* numérico de acoplamiento ‖ ~**häufigkeit** *f* / número *m* de maniobras, frecuencia *f* de maniobras ‖ ~**häufigkeit** (Kfz) / frecuencia *f* de cambios ‖ **hohe** ~**häufigkeit** (elektrischer Schalter) / funcionamiento *m* continuo ‖ ~**häufigkeit** *f* (als Maß) (Elektr) / régimen *m* de carga ‖ ~**haus** *n* / casa *f* de distribución ‖ ~**hebel** *m* (allg) / palanca *f* de mando ‖ ~**hebel** (Fahrrad) / maneta *f* ‖ ~**hebel** / palanca *f* de embrague o de acoplamiento ‖ ~**hebel**, -knüppel *m* (Kfz) / palanca *f* de cambio de marchas ‖ ~**hebel**, Ein-, Aus-, Umschalthebel *m* (Elektr) / palanca *f* de distribución o del interruptor ‖ ~**hebel** *m* (Langdrehen, Wzm) / palanca *f* de embrague ‖ ~**hebelwelle** *f* (Kfz) / árbol *m* de la palanca de cambio de marchas ‖ ~**hysterese** *f* (Elektr) / histéresis *f* de conmutación ‖ ~**informationen** *f pl* (DV) / informaciones *f pl* lógicas ‖ ~**instrument**, Kontaktinstrument *n* / instrumento *m* de contacto ‖ ~**jahr** *n* / año *m* bisiesto ‖ ~**kabel** *n* / cable *m* de cuadro eléctrico ‖ ~**kammer** *f*, Löschkammer *f* (Kraftwerk) / cámara *f* de conexión (o de extinción) ‖ ~**karte** *f*, gedruckte Schaltung / tablilla *f* o tarjeta de circuitos, tablero *m* de circuitos ‖ ~**kasten** *m* (Elektr) / caja *f* de distribución ‖ ~**kasten für Kabel** / caja *f* de transposición de cables ‖ ~**kastengehäuse** *n* / alojamiento *m* de caja de distribución ‖ ~**klaue** *f* (Kfz) / garra *f* de acoplamiento ‖ ~**klinke**, Sperrklinke *f* (Masch) / gatillo *m* de trinquete, trinquete *m*, uñeta *f* ‖ ~**klinke** *f* (Fernm). jack *m* ‖ ~**knack** *m*, -knacken *n* (Fernm) / crujido *m* (E) o chasquido (LA) de manipulación ‖ ~**knackfilter** *n* / filtro *m* de manipulación ‖ ~**knopf** *m*, -hebelgriff *m* (Kfz) / botón *m* de cambio de velocidades ‖ ~**knopf**, Druckknopf *m* / pulsador *m*, botón *m* de mando ‖ ~**knüppel** *m* (Kfz) s. Schalthebel ‖ ~**konsole** *f*, -pult *n* / pupitre *m* de mando ‖ ~**kontakt** *m* / contacto *m* de conmutación o de mando ‖ ~**kopf** *m* (Kfz) / horquilla *f* de marcha ‖ ~**kreis** *m* / circuito *m* conmutador o de conmutación ‖ ~**kreisanalysator** *m* / analizador *m* de circuito ‖ ~**kreisfunktion** *f* (Eltronik) / grupo *m* de elementos activos ‖ ~**kreislogik** *f* / lógica *f* o álgebra de circuitos ‖ ~**kreistechnik** *f* / técnica *f* de circuitos ‖ ~**kulisse** *f* (Kfz) / corredera *f* o colisa de cambio de velocidades ‖ ~**kupplung** *f* / embrague *m* ‖ ~**kurbel** *f* / manivela *f* de

1114

Schaltungsplatte

conmutación ‖ ⁓**leistung** f (Elektr) / potencia f de ruptura ‖ ⁓**litze** f / hilo m múltiple para conexiones ‖ ⁓**matrix** f / matriz f de conmutación ‖ ⁓**matrize** f (DV) / red f de conmutación ‖ ⁓**mechaniker** m (Elektr) / mecánico m cableado o de circuitos ‖ ⁓**messer** n (Elektr) / cuchilla f del interruptor ‖ ⁓**mittel** n (Fernm) / dispositivo m de conexión o de conmutación ‖ ⁓**modul** m / módulo m de conmutación ‖ ⁓**mutter** f / tuerca f de mando ‖ ⁓**netz** n (DV) / red f lógica combinacional ‖ ⁓**nocken** m, -nase f (Wzm) / leva f de avance ‖ ⁓**nocken** (Elektr) / leva f del controler ‖ ⁓**nut** f (Foto) / muesca f de chasis ‖ ⁓**pilot** n (Fernm) / piloto m de conmutación ‖ ⁓**plan** m / esquema m de cableado o de conexiones ‖ ⁓**platte**, -**tafel** f (DV) / panel m o tablero de jacks o de conyuntores ‖ ⁓**platte** f s. Schaltkarte ‖ ⁓**podest** n, -bühne f / plataforma f de cuadro ‖ ⁓**posten** m, -**stelle** f (Fernm) / estación f de tránsito ‖ ⁓**posten**, -**stelle** f, Verteil[er]werk n (Bahn) / puesto m de acoplamiento, subestación f de distribución ‖ ⁓**posten** (Schweiz), Trennstelle f (Fahrleitg) / puesto m de seccionamiento ‖ ⁓**programm** n (DV) / programa m de conmutación ‖ ⁓**pult** n, -konsole f / pupitre m de mando, pupitre m electrónico ‖ ⁓**und Regelpult** n (Film) / pupitre m de mando ‖ ⁓**pultwärter** m / encargado m de pupitre de mando, controlador m ‖ ⁓**punkt** m (Transistor) / punto m de transición conductiva directa ‖ ⁓**punkt** (Getriebe) / punto m de cambio ‖ ⁓**rad** n, -**getriebe** n / mecanismo m de cambio de velocidad ‖ ⁓**rad**, Rastenscheibe f / disco m de muescas o de entallas ‖ ⁓**rad** (Masch) / rueda f de trinquete ‖ ⁓**rad** (Wzm) / rueda f de posicionamiento ‖ ⁓**rad** (Elektr) / estrella f de interrupción ‖ ⁓**rad** (Fernm) / rueda f de avance paso a paso ‖ ⁓**rad**, Wendungswechsel m (Spinn) / volante m de control ‖ ⁓**raum** f (Elektr) / sala f de conexiones o de distribución ‖ ⁓**reiter** m (Heizregler) / contacto m del interruptor horario ‖ ⁓**relais** n / relé m todo o nada ‖ ⁓**ring** m (Fernm) / anillo m de puente ‖ ⁓**röhre** f (Eltronik) / tubo m de conmutación ‖ ⁓**rolle**, Filmtransportrolle f (Filmapparat) / rodillo m dentado o de alimentación o de progresión ‖ **Schältrommel** f (Landw) / tambor m de peladura ‖ **Schalt•saugrohr** n (Kfz) / múltiple m de admisión con tubos variables ‖ ⁓**säule** f / columna f de cuadro ‖ ⁓**säule zwischen Netzabschnitten**, Kabelschrank m (Elektr) / columna f de distribución ‖ ⁓**scheibe** f (allg) / disco m de mando ‖ ⁓**scheibe** (Revolverkopf) (Wzm) / disco m de posicionamiento ‖ ⁓**schema** n, -bild n s. Schaltungsschema ‖ ⁓**schieber** m (fernbetätigt), -ventil n (Pneum) / relé m neumático ‖ ⁓**schloss** n (Elektr) / cerrojo m de interruptor ‖ ⁓**schlüssel** m, Zündschlüssel m (Kfz) / llave f de contacto ‖ ⁓**schnur** f (Elektr) / cordón m de conexión ‖ ⁓**schrank** m / armario m de distribución ‖ ⁓**schraube** f / tornillo m de avance ‖ ⁓**schritt** m (Elektr) / paso m de conmutación ‖ ⁓**schritt** m **zwischen zwei benachbarten Stellungen** (Elektr) / paso m abertura/cierre ‖ ⁓**schütz**, Schütz n (Elektr) / contactor m, contactor-disyuntor m ‖ ⁓**schütz** n **für Druckluftgeräte** / válvula f de solenoide o de electroimán ‖ ⁓**schwelle** f (Kerntechnik, Nukl) / umbral m de conmutación ‖ ⁓**signal** n (Elektr) / señal f de conmutación ‖ ⁓**spanne** f (Pneum) / alcance m de maniobra ‖ ⁓**spannung** f, Kippspannung f / tensión f de operación ‖ ⁓**spannung** f (Halbl) / tensión f de activación ‖ ⁓**spiel** n **des Reglers**, Hysterese f / histéresis f del regulador ‖ ⁓**stange** f (Elektr) / bastón m de maniobra ‖ ⁓**stange** (Kfz) / eje m de mando de la horquilla ‖ ⁓**stangenbetätigt** / accionado por bastón ‖ ⁓**station** f (Elektr) / subestación f de distribución ‖ ⁓**stein** m (Getriebe) / taco m ‖ ⁓**stelle** f s. Schaltposten ‖ ⁓**stelle für Gleiswechselbetrieb** (Bahn) / puesto m de banalización, P.B. ‖ ⁓**stellung** f (Wzm) / posición f de puesta a punto ‖ ⁓**stellung** (am Kontroller), Kontaktstellung f (Elektr) / punto m del combinador o controler ‖ ⁓**stellung** f "**gedrückt**" (Elektr) / posición f apretada ‖ ⁓**stern** m, Sternrad n / rueda f estrella de avance ‖ ⁓**stift** m / perno m de accionamiento ‖ ⁓**stift** (Langdrehen) / perno m de embrague ‖ ⁓**stoßspannung** f (Elektr) / choque m de conmutación ‖ ⁓**strahl** m (Eltronik, Röhre) / haz m de activación ‖ ⁓**strom-Spitzenwert** m (Elektr) / corriente f de conmutación de cresta ‖ ⁓**stromstoß** m / sobretensión f transitoria de conmutación ‖ ⁓**stück** n (Elektr, Schalter) / pieza f de contacto, plot m de contacto ‖ ⁓**stufe** f (der Steuerwalze) / punto m del combinador ‖ ⁓**stufe**, Fahrstufe f (Bahn) / muesca f de marcha ‖ ⁓**system** f (Regeln) / sistema m de conmutación

Schalttafel f (Elektr) / cuadro m de interruptores o de distribución o de maniobra, cuadro m de mando ‖ ⁓, -**brett** n, Instrumentenbrett n (Kfz) / tablero m de instrumentos o de mandos, salpicadero m ‖ ⁓, Stecktafel f, -brett n (DV) / panel m de conmutación por cordones, panel m de [inter]conexiones conmutables, clavijero m ‖ ⁓**aufbau** m (Ggs: Einbau) (Instr) / montaje m exterior o de superficie del cuadro ‖ **für** ⁓**aufbau** (Elektr) / para montaje exterior o de superficie del cuadro ‖ ⁓**bühne** f, Schaltpodest n / plataforma f de cuadro ‖ ⁓**einbau** m (Elektr) / incorporación f o empotración f en el cuadro ‖ **für** ⁓**einbau** (Elektr) / para incorporación o empotración en el cuadro ‖ ⁓**feld** n / panel m de cuadro ‖ ⁓**montage** f, Schalttafelan-, -auf-, -einbau m / montaje m sobre cuadro ‖ ⁓**wärter** m (Elektr) / encargado m de cuadro

Schalt•tag m / día m intercalar o intercalado ‖ ⁓**technik** f / técnica f de conmutación ‖ ⁓**teller** m, -**tisch** m (Wzm) / mesa f de posicionamiento circular ‖ ⁓**transiente** f, Einschwingvorgang m / efecto m transitorio de la conmutación ‖ ⁓**transistor** m / transistor m de conmutación ‖ ⁓**turm** (Kfz) / torre f de cambio de marcha ‖ ⁓**überspannung** f (Elektr) / sobretensión f [transitoria] de conmutación ‖ ⁓**uhr** f (Elektr) / reloj m conmutador ‖ ⁓**uhr**, Kontaktuhr f / interruptor m de reloj[ería], reloj m de contactos ‖ ⁓**uhr** f **für Herde** / interruptor m de reloj incorporado en la cocina eléctrica ‖ ⁓**und Steuergeräte** n pl / mecanismos m pl de conmutación y de mando ‖ ⁓**unempfindlichkeit** f (Regeln) / histéresis f

Schaltung f, Schalten f (Elektr) / conmutación f ‖ ⁓, Verdrahtung f (Elektr) / cableado m ‖ ⁓ f (Kfz) / montaje m, Schaltelement n (NC) / conmutador m, elemento m [de circuito] ‖ ⁓ **der Gleichrichtersäule** / montaje m de la columna rectificadora ‖ ⁓ **des Getriebes** (Kfz) / cambio m de marcha o de velocidad ‖ ⁓ **des Revolverkopfes** (Wzm) / puesta f en posición del cabezal revólver ‖ ⁓ **des Vorschubs** (Wzm) / movimiento m de avance ‖ ⁓ **zum Steilermachen von Impulsen** (Elektr) / formador m de borde de ataque abrupto ‖ **falsche** ⁓, Fehlschaltung f, Fehlverbindung f / mala conexión, conexión f errónea ‖ **flexible** ⁓ / conexión f flexible ‖ **gedruckte** ⁓ (Kfz) / con circuito m impreso ‖ **mit automatischer** ⁓ (Kfz) / con cambio automático

Schaltungs•algebra f (DV) / álgebra f lógica o de circuitos ‖ ⁓**aufbau** m / principio m del circuito, construcción f de un circuito ‖ ⁓**aufbau für Entwicklung** (Eltronik) / circuito m experimental, montaje m experimental en base plana ‖ ⁓**darstellung** f **mit Elektronenstrahlen** / microdefinición f ‖ ⁓**element** n (Eltronik) / elemento m de circuito ‖ ⁓**fachmann** m / especialista m de circuitos ‖ ⁓**kette** f (Fahrrad) / cadena f con cambio de velocidades ‖ ⁓**platte**, -**karte** f (bestückt o. unbestückt) (Eltronik) / tablilla f o tarjeta de circuitos ‖

1115

Schaltungsschema

≈schema *n* / esquema *m* de conexiones ‖ ≈winkel *m* (Eltronik) / ángulo *m* de acoplamiento
Schalt•variable *f* (DV) / variable *f* lógica ‖ ≈ventil *n* / válvula *f* todo-nada, válvula *f* de mando ‖ ≈ventil, -schieber *m* (fernbetätigt) (Pneum) / relé *m* neumático ‖ ≈verbindung, Schaltung *f* (Elektr) / conexión *f* ‖ ≈verhältnis *n* (Heizregler) / razón *f* de puesta en circuito ‖ ≈verhältnis (Thermostat) / régimen *m* de trabajo ‖ ≈verlustleistung *f* (Halbl) / pérdidas *f pl* por conmutación ‖ ≈vermögen *n*, -leistung *f* / capacidad *f* o potencia de ruptura ‖ ≈verzögerung *f* / demora *f* de conmutación ‖ ≈vorgang *m* (Masch) / operación *f* de acoplamiento o de mando etc. ‖ ≈vorrichtung *f* (Wzm) / dispositivo *m* de puesta en posición ‖ ≈vorrichtung (Elektr) / aparato *m* u órgano de conmutación ‖ ≈vorrichtung für Dieselmaschinen / dispositivo *m* de giro del volante ‖ ≈wagenanlage *f* (Elektr) / cuadro *m* de elementos amovibles ‖ ≈walze *f*, Steuerwalze *f* / combinador *m*, controler *m* ‖ die eigentliche ≈walze / cilindro *m* del combinador ‖ ≈walzenanlasser *m* / combinador-arrancador *m* ‖ ≈walzenfinger *m* / dedo *m* del combinador ‖ ≈walzenumkehranlasser *m*, Umkehrsteuerwalze *f* / combinador-arrancador *m* inversor ‖ ≈wart *m* / encargado *m* de sala de mandos ‖ ≈warte *f* (Kraftwerk) / sala *f* de control o de mandos, puesto *m* de control ‖ ≈welle *f* (Kfz) / árbol *m* de la palanca de mando, árbol *m* de embrague ‖ ≈werk *n* / mecanismo *m* de cambio ‖ ≈werk (Masch) / mecanismo *m* de trinquete ‖ ≈werk, Vorschubmechanismus *m* / mecanismo *m* de avance ‖ ≈werk (Fernm) / mecanismo *m* de conmutación ‖ ≈werk (IBM), Folgeschaltung *f*, (DIN) (Eltronik) / circuito *m* secuencial ‖ ≈werk (Trafo) / cambio *m* de conexión ‖ ≈werkzeughalter *m* (Wzm) / portaherramientas *m* de posicionamiento ‖ ≈wippe *f* (Elektr, Kfz) / tecla *f* basculante ‖ ≈zahl *f*, -häufigkeit *f* / número *m* de operaciones ‖ ≈zeichen *n* (Elektr) / símbolo *m* gráfico de contactos y de dispositivos de conmutación ‖ ≈zeit *f* (Wzm) / tiempo *m* de posicionamiento ‖ ≈zeit (allg, Masch) / tiempo *m* de maniobra ‖ ≈zeit (Regeln) / tiempo *m* de respuesta ‖ ≈zelle *f* / casilla *f* o celda o célula de cuadro, cubículo *m* de cuadro ‖ ≈zelle (Akku) / elemento *m* regulador ‖ ≈zentrale *f* (Elektr) / central *f* de distribución
Schaltzgefahr *f* / peligro *m* de aglutinación
Schälung *f* / descortezamiento *m*
Schalung *f*, Verschalung *f* (Bau, Zimm) / encofrado *m* ‖ ≈, Bohlwand *f* (Hydr) / tablonaje *m*, pared *f* de tablones ‖ ≈ entfernen, ausschalen (Bau) / desencofrar ‖ ≈ erstellen (Bau) / encofrar
Schalungs•arbeit *f* (Bau) / trabajos *m pl* de encofrado ‖ ≈diele *f* / tablón *m* de encofrado ‖ ≈haut *f* (Beton) / superficie *f* de encofrado ‖ ≈holz *n* / madera *f* para encofrado ‖ ≈öl *n* (Bau) / aceite *m* de encofrado ‖ ≈plan *m* (Bau) / dibujo *m* de encofrado ‖ ≈platte *f* (Bau) / plancha *f* de encofrado ‖ ≈setzer *m*, Einschaler *m* / encofrador *m* ‖ ≈sprieße *f*, -stütze *f* / puntal *m* de encofrado, rollizo *m*
Schaluppe *f* (Schiff) / chalupa *f*, balandra *f*
Schäl•werkzeug *n* / herramienta *f* de escarpar ‖ ≈werkzeug für Kabel / herramienta *f* pelacables ‖ ≈zentrifuge *f* / centrífuga *f* continua con rasqueta ‖ ≈zustellung *f* (Wzm) / avance *m* para escarpar
schamfielen (Schiff) / rozar
Schamfilkissen *n*, Tau[werk]fender *m* (Schiff) / defensa *f* de cordaje
Schamotte *f* / chamota *f*, tierra *f* refractaria ‖ ≈erzeugnis *n* / producto *m* de chamota ‖ ≈mörtel *m* / mortero *m* de chamota ‖ ≈stein *m*, -ziegel *m* (Hütt) / ladrillo *m* de chamota, ladrillo *m* refractario ‖ ≈stein (Ortonkegel > 213) / ladrillo *m* de chamota de alta refractariedad (cono de Orton > 213) ‖ ≈stein mit Ortonkegel > 29 / ladrillo *m* de chamota de media refractariedad (cono de Orton > 29) ‖ ≈stein mit Ortonkegel > 19 / ladrillo *m* de chamota de baja refractariedad (cono de Orton > 19) ‖ ≈tiegel *m* / crisol *m* de chamota
Schamwand *f* (Bau) / panel *m* divisorio entre urinarios
Schanktischarmaturen *f pl* / robinetería *f* para mostradores
Schanzensprung *m* (Staumauer) / salto *m* de esquí
Schanzkleid *n* (Schiff) / empavesada *f*, amurada *f*, regala *f*, borda *f* ‖ ≈stütze *f* / barraganete *m*, candelero *m* de regala
Schappegarn *n* (Seidenh) / hilo *m* de schappe
Schappelholz *n* (Bau) / travesaño *m* de apoyo
Schappenbohrer *m*, Schappe *f* (Bergb) / sonda *f*, cuchara *f*
Schappeseide, Florettseide *f* (Tex) / seda *f* schappe
Schar *f* (Math, Mech) / familia *f*, haz *m* ‖ ≈, Pflugschar *f* (Landw) / reja *f* ‖ ≈ (Planierraupe) / pala *f* de niveladora
Schär•band *n* (Web) / sección *f* de urdimbre ‖ ≈baum *m* (Web) / plegador *m* de urdimbre, enjulio *m*, rollo *m* de urdimbre (LA)
Schar•deich *m* (Hydr) / dique *m* de murallón ‖ ≈drehkranz *m* (Straßenhobel) / corona *f* giratoria de la pala
schären *vt* (Web) / urdir [a secciones o a fajas] ‖ ≈ *n* (Tex) / urdido *m*, urdidura *f* ‖ abschnittsweises ≈ (Tex) / urdidura *f* a secciones o a fajas
Schärer, Kettenanschärer *m* (Web) / urdidor *m*
Schärerin *f* / urdidora *f*
scharf, schneidend / cortante ‖ ~, streng (Prüfung) / severo, riguroso, rígido ‖ ~ (Gewinde) / triangular ‖ ~, spitz[ig] / puntiagudo, agudo ‖ ~ (Kante) / vivo ‖ ~, deutlich (Opt) / nítido ‖ ~, genau / exacto, preciso ‖ ~, beißend / picante ‖ ~, ätzend / cáustico, corrosivo ‖ ~ (Geruch, Geschmack) / agrio, acre ‖ ~ (Gewürz) / picante, fuerte ‖ ~, sauer / ácido ‖ ~, durchdringend (Geruch) / acre, penetrante ‖ ~, durchdringend (Ton) / estridente, agudo ‖ ~ (Kurve) / cerrado, pronunciado, abrupto, brusco, fuerte, forzado, de pequeño radio ‖ ~ (Trocknung) / rápido ‖ ~ abgegrenzt / recortado, claro, bien definido ‖ ~e Abgrenzung der Fronten (Chromatographie) / delimitación *f* precisa (entre las fracciones) ‖ ~ abkühlen / refrigerar bruscamente, enfriar ‖ ~ abstimmen (Radio) / sintonizar ‖ ~e Abstimmung / sintonización *f* aguda o selectiva o de precisión ‖ ~ begrenzt / nítido, distinto ‖ ~e Begrenztheit / definición *f* ‖ ~es Bild (Foto) / imagen *f* nítida ‖ ~e Bremsung / frenado *m* brusco, frenazo *m* ‖ ~e Drehung (Kfz) / viraje *m* rápido ‖ ~ eingestellt / enfocado nítido o con precisión ‖ ~ einschlagen (Kfz) / girar [el volante] hasta el tope ‖ ~ einstellen, Strahlen vereinigen / enfocar [nítido] ‖ ~ gebündelt (Strahlen) / enfocado con precisión ‖ ~ gedreht (Garn) / [re]torcido fuertemente ‖ ~ geladen (Mil) / con bala, vivo ‖ ~ geschaltet, eingeschaltet / conectado, activado ‖ ~e Kante / arista *f* afilada o viva ‖ ~e Kante, Schneide *f* (Wz) / filo *m*, corte *m* ‖ ~e Kontrolle / inspección *f* rígida ‖ ~e Patrone (Mil) / cartucho *m* vivo o con bala ‖ ~e Phase (Hütt) / fase *f* aguda ‖ ~ satinieren (Pap) / satinar fuertemente ‖ ~er Schiffsbug (Schiff) / quilla *f* delgada ‖ ~e Schlacke (Hütt) / escoria *f* agresiva ‖ ~e Schneide (Messer) / filo *m* [muy] agudo o cortante ‖ ~ sein / cortar bien, estar afilado ‖ ~e Serie (Spektrum) / serie *f* nítida ‖ ~ stellen (z.B. Alarmanlagen) / conectar, sensibilizar ‖ ~er Testschnitt (Chromatographie) / corte *m* estrecho (fracciones) ‖ ~e Überwachung / supervisión *f* estrecha o atenta ‖ ~es V-Gewinde / rosca *m* [en V] de perfil triangular en ángulo muy agudo
Scharf•abstimmung *f* (Eltronik) / sintonía *f* o sintonización aguda, sintonización *f* precisa o crítica ‖ ~begrenztes Bandfilter / filtro *m* pasabanda de corte rápido o agudo ‖ ~brand *m* (Keram) / cochura *f* de vidriado ‖ ~draht *m* (Spinn) / torsión *f* extrafuerte

Schärfe, Säure f / acidez f ‖ ≃ f (z.B. Seh-, Hör-) / agudeza f (p.ej. visual, auditiva) ‖ ≃ (Opt) / nitidez f ‖ ≃, Scharfheit f (Wzm) / agudeza f, propiedad f cortante o aguda
scharfeckig, -kantig / de cantos vivos, de esquinas vivas, de aristas vivas
Schärfegrad m **des Versuchs** (Mat.Prüf) / intensidad f del ensayo
Scharf•einstellung f (Eltronik) / selectividad f ‖ ≃**einstellung** (Opt) / enfoque m
schärfen vt, spitzen, wetzen / aguzar, sacar punta [a] ‖ ~, abschrägen / biselar ‖ ~ (Leder) / chiflar ‖ ~, schleifen (Messer, Wz) / afilar, dar filo [a], afinar el filo, suavizar ‖ ~ (Walzen) / rectificar ‖ ~ (Lauge) / reforzar ‖ ~ (Sprengkörper) / armar ‖ ~ **[auf dem Steine]**, abziehen / suavizar ‖ **das Bad** ~ (Färb) / reforzar el baño ‖ ≃ n **der Schleifsteine** (Holzschliff) / repicado m de muelas ‖ ≃**tiefe** f, Tiefenschärfe f (Opt) / profundidad f del foco o del campo
Schärferegulierung f, -einstellung f (Foto) / ajuste m o reglaje del enfoque, enfocamiento m, enfoque m
Schärffeile f (Wz) / lima f de aguzar o para afilar sierras
Scharf•feuer n, Scharffeuerbrand, Glattbrand m (Keram) / fuego m vivo o grande, gran fuego ‖ ≃**feuerfarbe** f (Porzellan) / color m resistente a la sobrecalefacción ‖ ≃**feuerofen** m (Keram) / horno m de fuego vivo ‖ ~**gängig** (Gewinde) / de perfil triangular agudo, de paso triangular ‖ ~**gelaufen** (Bahn, Spurkranz) / acuchillado, adelgazado ‖ ~**getrocknet** (Tex) / secado rápidamente ‖ ~**getrocknet und zusammengeschrumpft** / secado rápidamente y encogido
scharfkantig / de arista viva, de canto vivo ‖ ~ (Bau) / de esquina[s] viva[s], de ángulos vivos ‖ ~ (Profil, Walzw) / de cantos vivos ‖ ~**er Ablaufgraben** / gotera f en V ‖ ~**er Bruch** / rotura f de ángulos vivos ‖ ~**gesägtes Holz** / madera f aserrada con cantos vivos ‖ ~ **machen** / hacer agudo ‖ ~**er Schrott** / chatarra f de aristas vivas ‖ ~**e Vertiefung** (Kaltwalzen) / picadura f ‖ ~**er Winkelstahl** (Walzw) / angular m de cantos vivos ‖ ~ **zuschneiden** / cortar en ángulos derechos y con cantos vivos
Scharfkerbe f, -kerb m / entalladura f o muesca en V
Schärfkopf m (Sägewerk) / cabeza f de afilado
scharf•körnig / de granos angulares ‖ ~**machen** (Geschoss) / armar ‖ ~**machen** (Sprengladung) / activar ‖ ≃**machen** n (Einbruchsicherung) / puesta f en vigilancia
Schärfmaschine f / afiladora f ‖ ≃ (Leder) / chifladora f
Scharf•schalteeinrichtung f / dispositivo m de puesta en función un circuito ‖ ≃**schaltung** f (Stromkreis) / puesta f en función (circuito)
Schärfscheibe f / disco m de afilar, muela f
scharf•schießen / tirar con bala ‖ ~**schleifen** vt / afilar finamente ‖ ~**schneidend** / de corte agudo ‖ ≃**stellen** n, Fokussieren n / focalización f ‖ ~**wink[e]lig**, -eckig, -kantig / acutángulo ‖ ≃**zeichnung** f / definición f
Schär•garn n (Tex) / hilo m de urdimbre ‖ ≃**gatter** n (Tex) / cuadro m urdidor, bastidor m para bobinas de urdimbre, fileta f de urdidora ‖ ≃**geschwindigkeit** f, Zettelgeschwindigkeit f / velocidad f de urdido ‖ ≃**haspel** m f / aspa f o devanadera de urdido
Scharkreuz, Gangkreuz n (Bergb) / intersección f de filones
Scharlach m, -farbe f / escarlata f
Schär•maschine f, Schweifmaschine f (Tex) / urdidor m seccional o de fajas ‖ ≃**maschine mit Schärbaum** (Tex) / máquina f de urdir con enjulio ‖ ≃**muster** n / raport m de urdimbre, repetición f de urdido
Scharnier n, Drehgelenk n / charnela f, bisagra f ‖ **mit** ≃**en versehen** / proveer de charnelas ‖ ≃**band** n, Tür-, Fensterband n (Schloss) / gozne m, hoja f de charnela, pernio m ‖ ≃**bandförderer** m / transportadora f de cinta f de charnelas ‖ ≃**bandkette** f / cadena f plana de charnelas ‖ ~**beweglich** / de charnela, de bisagra, de

abisagrado, embisagrado, articulado a bisagras ‖ ≃**bolzen** m, -stift m / perno m de charnela ‖ ≃**deckel** m / tapa f embisagrada o articulada ‖ ≃**klappe** f / aleta f articulada ‖ ≃**klemme** f / pinza f articulada, clip m articulada, borne m articulado ‖ ≃**presse** f (Plast) / prensa f con cabeza inclinable ‖ ≃**profil** n (Hütt) / perfil m de charnela ‖ ≃**stange** f, Gelenkstange f / barra f con charnela ‖ ≃**ventil** n / aleta f o chapeleta articulada ‖ ≃**winkel** m / ángulo m de bisagra ‖ ≃**zirkel** m (Zeichn) / compás m de charnela
Scharpflug m (Landw) / arado m con reja[s]
Schär•rahmen m (Web) / urdidor m de tambor ‖ ≃**rapport** m / raport m de urdimbre, repetición m de urdido
Scharre f, Kratzeisen n (Wz) / rascador m, raspador m, rasqueta f
Scharriereisen n (Wz) / escoda f (para labrar hormigón), cincel m de raspar
scharrieren vt (Bau) / escodar
Scharrierhammer m (Wz) / martillo m de escodado
scharriert (Bau, Haustein) / labrado a trinchante
Schärriet n (Web) / peine m de urdir
Scharstock m (Pflug) / galápago m
Scharte f (Wz) / mella f
schartig, zackig / dentellado ‖ ~ (Wz) / mellado
Schartigkeit f / mellado m, melladura f
Schärtrommel f (Web) / tambor m [de] urdidor
Scharung f **von Gängen** (Bergb) / unión f o juntura de filones
Scharwenzelrolle f (für Möbel) / roldana f giratoria (para muebles)
Schatten m / sombra f ‖ ≃, Schattenbild n (Radar) / eco m, silueta f, sombra f ‖ ≃, Schattierung f, Schattenwirkung f / sombras f pl, sombreado m ‖ ≃, Fleck m / mancha f ‖ **im** ≃ (Meteo) / al abrigo [de] ‖ ≃**atlas** m (Ohm) / ombré m ‖ ≃**aufnahme** f (Laser, Opt) / imagen f de sombras, fotografía f por sombras, esquiagrama m ‖ ≃**bild[mess]verfahren** n / método m de silueta ‖ ≃**brett** n, Schattierbrett n (Hort.) / tabla f que da sombra ‖ ≃**deck** n (Schiff) / cubierta-toldo f ‖ ≃**diode** f (Solargenerator) / diodo m de derivación ‖ ≃**druck** m (DV) / impresión f sombreada ‖ ≃**flecke** m pl (TV) / ennegrecimientos m pl ‖ ≃**gebiet** n (Radar) / zona f de sombra ‖ ≃**generator** m (TV) / generador m de ondas (o de señales) correctoras de sombras ‖ ≃**hang** m, -seite f (Bau) / lado m de la sombra ‖ ≃**kegel** m (Opt) / cono m de sombra ‖ ≃**kompensation** f (TV) / compensación f de ennegrecimientos ‖ ≃**länge** f / largo m de sombras, longitud f de la sombra ‖ ≃**linie** f, -streifen m, -riss m (Hütt) / línea f fantasma o de sombra, estructura f en bandas ‖ ~**los** / sin sombras ‖ ≃**los** (Lampe) / sin sombra, escialítico ‖ ≃**maske** f (TV) / máscara f perforada o de sombra, placa f perforada ‖ ≃**maskenröhre** f (TV) / cinescopio m [tricolor] de máscara de sombras, tubo m de imagen policroma de placa perforada ‖ ≃**methode** f (Mikrosk) / método m de sombras ‖ ≃**mikroskop** m / microscopio m electrónico [de proyección] de sombras ‖ ≃**nut** f (Tischl) / ranura f ancha con bisel ‖ ≃**nutbrett** n / tablón m de ranura ancha con bisel ‖ ≃**pflanze** f, schattenliebende Pflanze, Unterpflanze f, Skiophyt m (Bot) / planta f umbrófila, planta f esciófila o de sombra ‖ ≃**photometer** n / fotómetro m de sombra o de Rumford ‖ ≃**schwärzung** f (TV) / compresión f del negro ‖ ≃**seite** f, -hang m (Bau) / lado m de la sombra ‖ ≃**sektor** m, blinder Sektor (Radar) / sector m ciego o muerto, ángulo m muerto ‖ ≃**spender** m (Bot) / planta f umbrosa ‖ ≃**spitze** f (Tex) / encaje m sombreado ‖ ≃**stift** m (Kompass) / esciatera f ‖ ≃**streifen** m, Seigerungslinie f (Hütt) / banda f de segregación ‖ ≃**streuung** f (Phys) / difusión f de sombras ‖ ≃**verfahren** n / esciascopia f ‖ ≃**verfahren**, -aufnahme f (Laser) / sombrografía f ‖

Schattenwasserzeichen

≈**wasserzeichen** n (Pap) / filigrana f sombreada ‖ ≈**wirkung** f, Verdunkelung f / sombreado m, oscurecimiento m ‖ ≈**wirkung** (Eltronik) / efecto m de movimiento ‖ ≈**wirtschaft** f, Untergrundwirtschaft f / economía f subterránea o sumergida ‖ ≈**wurf** m / proyección f de sombras
schattieren vt, abstufen (Färb) / matizar, sombrear, difuminar ‖ ~ (Druck) / manchar
schattierende Bindung (Tex) / ligamento m sombreado
schattiert•e Darstellung (CAD) / sombreado m ‖ ~ **gefärbt** / matizado, casado
Schattierung f, Reliefbildung f im Papier (Drucker) / formación f de relieves, impresión f sombreada ‖ ≈, Mischfarbe f / matiz f, tinta f, color m compuesto ‖ ≈ f, Farbton m / tono m de color ‖ ≈, Schattenmarkierung f (Pap) / sombreado m
Schattierungs•effekt m (Tex) / efecto m de sombreado ‖ ≈**probleme** n pl (Antenne) / problemas m pl de sombreado ‖ ≈**verfahren** n (Tonfilm) / registro m de densidad variable
Schatullenschloss n (Schloss) / cerradura f de cofrecillos
schätzen vt, beurteilen / apreciar, estimar ‖ ~, bewerten (Wert) / valorar, valuar, evaluar, tasar ‖ **den Leistungsgrad** ~ (F.Org) / apreciar la eficiencia
Schätz•fehler m, Schätzungsfehler m / error m de evaluación o de estimación o apreciación ‖ ≈**fehlerkorrektur** f (DV, Lagerhaltung) / corrección f del error previsional ‖ ≈**funktion** f (Math, Stat) / estimador m ‖ ≈**mikroskop** n (Opt) / microscopio m de lectura
Schätzung f / valoración f, estimación f ‖ **ungefähre** ≈ / cálculo m aproximado
schätzungsweise / aproximadamente
Schätz•verfahren n (Mess) / método m de estimación ‖ ≈**wert** m / valor m avaluado o tasado o estimado o estimativo ‖ ≈**zeit** f, geschätzte Zeit / tiempo m estimado
Schaubergwerk n / mina f para fines didácticos
Schaubild n, Diagramm n / diagrama m ‖ ≈, Arbeitsschaubild n etc / organigrama m
Schauer m (Meteo) / chubasco m, chaparrón m, aguacero m ‖ ≈ (Astr, Nukl) / chaparrón m
Schauerleute pl / playeros m pl (PER)
Schauermann m (Schiff) / descargador m o cargador de muelle
Schaufel f, Schippe f / pala f, zapaf. ‖ ≈ (des Wasserrads) / voladera f, sobarbo m ‖ ≈ (Turbine) / paleta f, álabe m ‖ ≈ (Rührwerk) / paleta f agitadora ‖ ≈ **des Peltonrades** / álabe m del rodete Pelton, paleta f doble Pelton ‖ ≈ **des Schaufelradbaggers** / cangilón m, arcaduz m ‖ **eine** ≈ **voll** / palada f, paletada f ‖ ≈**arm** m (Schaufellader) / brazo m de pala cargadora ‖ ≈**-Aufgabevorrichtung** f / alimentador m de pala ‖ ≈**bagger** m / pala f mecánica, excavadora f de cuchara
schaufelbar adj / paleable
Schaufel•blatt n / hoja f de pala ‖ ≈**fläche** f, listrische Fläche (Geol) / plano m lístrico ‖ ~**frei** (Diffusor) / sin palas ‖ ≈**fuß** m (Turbine) / raíz f de paleta ‖ ≈**gitter** n (Turbo) / rejilla f de alas perfiladas ‖ ≈**havarie** f, -salat m (Turbine) / rotura f de álabes o paletas ‖ ≈**höhlung** f / cavidad f de ala ‖ ≈**inhalt** m (Bagger) / palada f ‖ ≈**kammer** f (des Wasserrades) / cangilón m, arcaduz m ‖ ≈**kranz** m (Turbine) / corona f de paletas o álabes ‖ ≈**lader**, -dozer m (Bau) / pala f cargadora, cargadora f de pala ‖ ≈**mischer** m (Pulv.Met) / mezclador m de paletas
schaufeln / trabajar con la pala, palear (E), palar (LA) ‖ ≈ n, Schaufelarbeit f / trabajo m con la pala, paleaje m
Schaufelpflug m (Landw) / arado m monosurco
Schaufelrad n (Bagger) / rueda f de cangilones ‖ ≈ (Druck) / rueda f de paletas ‖ ≈, Auslegestern m (Druck) / cilindro m retirador ‖ ≈ **für Turbinen** / rueda f de turbina con paletas o álabes, rotor m empaletado, rodete m, rotor m ‖ ≈**aufnehmer** m, -rücklader m / recogedora f de rueda de cangilones ‖ ≈**bagger** m / excavadora f con rueda de cangilones ‖ ≈**-Färbemaschine**, Paddle-Färbemaschine f (Tex) / máquina f de tintura (E) (o de teñir (LA)) con paletas ‖ ≈**gebläse** n / ventilador m de paletas ‖ ≈**grabenbagger** m / excavazanjas m con rueda de cangilones ‖ ≈**lader** m / cargadora f con rueda de cangilones ‖ ≈**räumer** m, Schaufelradlader m für Rückladung / retroexcavadora f con rueda de cangilones ‖ ≈**regner** m (Landw) / rociador m con rueda Pelton
Schaufel•rührer m, Turborührer m / turboagitador m ‖ ≈**salat** m, -havarie f (Turbine) / montón m de paletas rotas ‖ ≈**schwingungen** f pl / vibraciones f pl de paletas ‖ ≈**spalt**, Spalt m am Schaufelende / intersticio m de cresta ‖ ≈**stiel** m (Wz) / mango m de [la] pala ‖ ≈**teilung** f (Turbine) / paso m de paletas
Schaufelung f, Schaufeln f pl (Turbine) / empaletado m, paletaje m
Schaufel•verfahren in der Bettung (Bahn) / recalce m dosificado (E), levante m calibrado (LA) ‖ ≈**versteifungsband** n (Turbine) / refuerzo m de álabes ‖ ≈**verstellung** f (Masch) / ajuste m de paletas, regulación f de palas ‖ ≈**vervielfacher** m (Eltronik) / multiplicador m de electrones secundarios ‖ ≈**voll** f / palada f, paletada f ‖ ≈**walze** f / cilindro m de paletas ‖ ≈**wurfmaschine** f / máquina f paleadora
Schaufenster n, Auslage f / escaparate m (E), vidriera f (LA), aparador m (MEJ) ‖ ≈**beleuchtung** f / iluminación f de[l] escaparate ‖ ≈**dekorateur** m / decorador m de escaparates, escaparatista m f ‖ ≈**dekoration** f / decoración f de escaparate, escaparatismo m, adorno m de escaparate ‖ ≈**glas** n / cristal m plano para lunas de escaparates ‖ ≈**puppe** f / maniquí m ‖ ≈**scheibe** f / luna f de escaparate
Schaufler m, Kratzer m (Kabelkran) / rascador m
Schau•glas n (Masch) / mirilla f, tubito m [de control] ‖ ≈**karton** m / caja f de presentación visual ‖ ≈**kasten** m, Auslage f / vitrina f ‖ ≈**kasten** (Tex) / caja f de inspección
Schaukel f, Wippe f / columpio m, hamaca f (LA), báscula f ‖ ≈**bewegung** f / movimiento m basculante, balanceo m, tambaleo m ‖ ≈**breithalter** m (Tex) / templazo m oscilante ‖ ≈**effekt** m, Synchronisationsfehler m (TV) / inestabilidad f [de sincronismo] horizontal ‖ ≈**förderer** m / transportador m de báscula
schaukeln vt, bewegen / balancear ‖ ~, wippen / bascular ‖ ~ vi, wackeln / vacilar, titubear ‖ ~, schwanken / balancearse, tambalearse ‖ ~, taumeln / tambalearse ‖ ~, geschüttelt werden / experimentar sacudidas ‖ ≈ n, Schaukelbewegung f / balanceo m, tambaleo m ‖ ≈, Wippen n / basculamiento m ‖ ≈, Wackeln n / vacilación f ‖ ≈ n **des Bildes** (TV) / desplazamiento m o corrimiento lento de la imagen
schaukelnd / balanceante, tambaleante
Schaukel•ofen m / horno m basculante u oscilante ‖ ≈**rinne** f (Hütt) / canal m oscilante ‖ ≈**verteiler** m (Gieß) / distribuidor m oscilante
Schau•klappe f / tapa f de la mirilla ‖ ≈**linienschreiber**, -zeichner m (Mess) / registrador m de líneas [continuas] ‖ ≈**linientafel** f, Rechentafel f / ábaco m ‖ ≈**loch** n / mirilla f, atisbadero m ‖ ≈**loch**, Fenster n (Masch) / ventanilla f, abertura f de observación ‖ ≈**loch** n (Ofen) / agujero m de observación
Schaum m (allg) / espuma f ‖ ≈ (Zuck) / cachaza f ‖ ≈, Trieb m (Brau) / efervescencia f ‖ ≈ m (Feuerlöscher) / espuma f ‖ ≈, Seifenschaum m / espuma f de jabón ‖ ≈, Gischt m f / espuma f [de olas] ‖ ≈ m, Schlacke f (Gieß) / escoria f espumosa ‖ **sich mit** ≈ **bedecken** / recubrirse o cubrirse de espuma
Schaum•abheben n (Hütt) / desespumado m ‖ ≈**abstreifer** m (Flotation) / espumadera f

Schaumaschine f (Tex) / máquina f de inspeccionar o de revisar o de controlar
schäumbar (Plast) / expandible, espumable
schaum•bedeckt / cubierto de espuma ‖ ≈**beständigkeit** f (Brau) / estabilidad f de la espuma ‖ ≈**beton** m, Gasbeton m (Bau) / hormigón m espumoso, hormigón m poroso, hormigón m celular ‖ ≈**bildner** m / espumante m ‖ ≈**bildung** f / formación f de espuma ‖ ≈**bildungsvermögen** n / poder m espumante ‖ ≈**brecher** m (Bergb) / antiespumante m ‖ ≈**dämpfungsmittel** n / aditivo m antiespumante ‖ ≈**dämpfungsöl** n / aceite m antiespumante ‖ ≈**druck** m (Zuck) / presión f de cachaza
schäumen, aufschäumen vt (Plast) / hacer espumar ‖ ~ vi / espumar, espumear, hacer espuma[s] ‖ ~ (während des Abfüllens)(Brau) / espumar (durante el envasado) ‖ ~, gären (Gärung) / hervir, fermentar ‖ ~ (Seife) / dar espuma ‖ **stürmisch** ~ (Brau) / fermentar tumultuosamente ‖ ≈ n / espumaje m ‖ ≈ (Gärung) / efervescencia f ‖ **zum** ≈ **bringen** / hacer espumar
schäumend, schaumig / espumoso ‖ ~, aufbrausend / efervescente ‖ **wenig** ~ (Reinigungsmittel) / poco espumoso o espumante
Schaumentwässerung f / desagüe m de espuma
Schäumer m (Bergb) / espumante m
Schaum•erzeuger m (F'wehr) / generador m de espuma ‖ ≈**erzeuger** (Plast) / agente m espumante ‖ ≈**fang** m (Pap) / mamparo m espumador ‖ ≈**[feuer]löscher** m / extintor de espuma (E), matafuego m de espuma (LA) ‖ ≈**flotation** f, -schwimmaufbereitung f / flotación f con espuma ‖ ~**gebremst** (Waschmittel) / de espuma controlada ‖ ≈**gegenmittel** n / antiespumante m ‖ ≈**gegenmittel**, Demulgator m / agente m desemulsionador ‖ ≈**gestrichen** (Pap) / estucado con espuma ‖ ≈**gipsverfahren** n (Gieß) / moldeo m por yeso celular o espumoso ‖ ≈**glas** n / vidrio m [multi]celular o espumoso ‖ ≈**glasdach** n (Bau) / tejado m plano aislado por vidrio celular
Schaumgummi m / goma[-]espuma f, gomaespuma f, caucho m celular ‖ ≈ **aus Latex** n m / caucho m látex, espuma f de caucho natural ‖ **geschlossen-[offen]zelliger** ≈ / caucho m expandido, [esponjoso] ‖ ≈**dichtung** f / guarnición f de goma-espuma
schaumig, schaumbedeckt, Schaum... / espumoso, cubierto de espuma ‖ ~ (Struktur) / espumoso ‖ ~**e Schlacke** (Hütt) / escoria f espumosa
Schaum•inhibitor m, -dämpfungsmittel n, -bremsmittel n / antiespumante m ‖ ≈**kanone** f (F'wehr) / cañón m de espuma ‖ ≈**kleber** m / adhesivo m espumoso ‖ ≈**kronen, -wellen** f pl / crestas f pl de espuma [de olas] ‖ ≈**kunststoff** m / plástico m celular ‖ ≈**löffel** m, -kelle f / espumadera f ‖ ≈**löschfahrzeug** n / vehículo m extintor [de incendios] por espuma, camión[-cisterna] m de espuma ‖ ≈**löschgerät** n, -löscher m / extintor m de [incendios por] espuma (E), matafuego m a espuma (LA) ‖ ≈**löschverfahren** n / extinción f de incendios por espuma ‖ ≈**markierer** m (Landw) / marcador m de espuma ‖ ≈**mattentrocknen** n (Lebensmittel) / secado m sobre espuma ‖ ≈**mattentrockner** m (Lebensmittel) / secador m mediante espuma ‖ ≈**mittel** n / agente m espumante ‖ ≈**mörtel** m (Bau) / mortero m espumoso ‖ ≈**neigung** f / tendencia f a espumar ‖ ≈**platte** f (Plast) / placa f de plástico celular ‖ ≈**propylen** n (Plast) / propileno m expandido
Schäumprüfung f (Bitumen) / ensayo m de espumado
Schaum•rinne f (Zuck) / vertedor m de cachaza ‖ ≈**rohr** n (F'wehr) / tubo m lanzaespuma (E), manga f lanzaespuma (LA) ‖ ≈**schichtstoffpressen** n (Plast) / moldeo m sandwich ‖ ≈**schlacke** f (Hütt) / escoria f espumosa ‖ ≈**schlacken-Stein** m (Hütt) / piedra f pómez artificial, ladrillo m de escoria espumosa ‖ ≈ **[schwimm]aufbereitung** f (Bergb) / flotación f con espuma ‖ ≈**silika** f (Kältetechnik) / sílice m celular ‖

≈**stabilisator** m (Hütt) / estabilizador m de espuma ‖ ≈**stabilität** f / estabilidad f de espuma ‖ ≈**stelle** f (Gieß) / agujero m o hueco de gas
Schaumstoff m (allg) / material m celular o esponjado ‖ ≈ **auf Kautschukbasis**, Schaumgummi m / goma-espuma f ‖ ≈**e** m pl **auf Kunststoffbasis** / plástico m celular ‖ ≈ m **mit nichtporösen Zellen** / plástico m espumado ‖ ≈ **mit offenen Zellen** / plástico m esponjoso ‖ ≈**-Laminieren** n (Tex) / laminación f con espuma ‖ ≈**modell** n (Gieß) / modelo m de plástico celular ‖ ≈**-Plattenware** f / tableros m pl de plástico celular ‖ ≈**-Schichtbauteil** n / elemento m estratificado de material celular ‖ ≈**-Schichtstoff** m / material m estratificado celular ‖
≈**-Wärmedämmung** f / aislamiento m térmico por plástico celular
Schaum•strömung f / flujo m espumante ‖ ≈**teppich** m (Luftf) / capa f o alfombra de espuma ‖ ≈**trocknung** f, -trocknen n / secado m sobre espuma
Schäumungseigenschaften f pl / propiedades f pl de espumaje
Schaummuster n, Attrappe f / maqueta f, modelo m
Schaum•verbesserer m (Walken) (Tex) / reforzador m de espuma ‖ ≈**verdünnung** f / dilución f de espuma ‖ ≈**verfestiger** m (Plast) / agente m solidificante para espuma ‖ ≈**verhütungsmittel** n / agente m antiespumante, antiespumante m
Schäumvermögen n (Tensid) / poder m espumante
Schaum•wäscher m (Hütt) / lavador m de espuma ‖ ≈**zahl** f / índice m de espuma ‖ ≈**zerstörer** m / rompeespumas m ‖ ≈**zusammenbruch** m / derrumbamiento m de espuma
Schau•öffnung f s. Schauloch ‖ ≈**packung** f / embalaje m ficticio, embalaje m para escaparate, embalaje m de presentación, envase m sin contenido ‖ ≈**seite** f (Tex) / cara f de tejido, haz f de tejido ‖ ~**seitig veredeltes Gewebe** / artículo m acabado por el haz ‖ ≈**tafel** f / tablero m de exhibición ‖ ≈**tisch** m (Tex) / mesa f de inspección ‖ ≈**tropf...**, mit sichtbarem Tropfenfall / de gasto visible ‖ ≈**tropföler** m / engrasador m de gasto visible ‖ ~**versuch** m / ensayo m demostrativo ‖ ≈**zeichen** n (Fernm) / indicador m de fichas
Scheck•-Auflistmaschine f (DV) / máquina f para listar cheques ‖ ≈**drucker** m / impresora f de cheques
scheckig (Färb, Fehler) / manchado ‖ ~**es Garn** / hilo m manchado
Scheddach n (Bau) / tejado m en diente de sierra
Scheduler m (DV) / programa m de control, planificador m
Scheeles Grün n / verde m de Scheele
Scheelit m (Min) / scheelita f, esquilita f
Scheibchen n (aus Einkristall geschnitten) (Halbl) / plaquita f, plaqueta f, rodaja f
Scheibe f (Bau) / plancha f, placa f ‖ ≈ (DIN), Unterlagsscheibe f, Beilagsscheibe f (Masch) / arandela f ‖ ≈ f (Glas) / plancha f de vidrio, luna f, cristal m ‖ ≈, Blechscheibe f zum Ziehen / rodaja f ‖ ≈, Antriebsscheibe f / polea f ‖ ≈, Schleifscheibe f / muela f ‖ ≈**n ausschneiden** / cortar de discos con sierra ‖ ≈ f **der Feldspule** (Plasma) / bobina f plana ‖ ≈ **des Kompasses** / rosa f náutica, rosa f de los vientos ‖ ≈ **des Scheibenrades**, Radscheibe f / disco m de rueda ‖ ≈ **für U- u. I-Träger** / arandela f para perfiles U o I ‖ ≈ **mit Skaleneinteilung** / cuadrante m, placa f graduada ‖ ≈ **mit Vierkantloch** / arandela f con agujero cuadrado ‖ ≈**n [ab]schneiden** / cortar discos, rebanar ‖ ≈ f **[zum Abschirmen]** / pantalla f ‖ ~**abgeschnittene**, Schnitte f / rebanada f
Scheiben•abnehmer m (Stufenpresse) / dispositivo m de sacar rodajas ‖ ≈**abzieher** m (Masch) / tornillo m de retirar arandelas ‖ ≈**abzieher**, -abzieherwerkzeug n (Schleifm) / herramienta f para rectificar muelas ‖ ≈**abzieher**, Radabzieher m / sacarruedas m ‖ ≈**abzug** m (Kabel) / cabrestante m tirante ‖ ≈**anker** m (Elektr) /

1119

Scheibenankergenerator

inducido *m* de (o en) disco || ⁓**ankergenerator** *m* (Elektr) / generador *m* de (o en) disco || ⁓**ankermotor** *m* (Elektr) / motor *m* de (o en) disco || ⁓**anschnitt** *m* (Plast) / entrada *f* de inyección en disco || ⁓**antenne** *f* / antena *f* de disco || ⁓**ausschneider** *m* / sierra *f* para discos || ⁓**auswuchtvorrichtung** *f* / equilibradora *f* de discos || ⁓**bau**, Etagenbau *m* (Bergb) / explotación *f* por pisos || ⁓**beschlagen** *n*, Beschlagen *n* von Scheiben (Kfz) / empañadura *f* || ⁓**blende** *f* (Foto) / diafragma *m* de disco || ⁓**blitzableiter** *m* / pararrayos *m* de placas || ⁓**bremse** *f* (Kfz) / freno *m* de disco || ⁓**bremssattel** *m* (Kfz) / pinza *f* del freno de disco || ⁓**bruch** *m* (Wzm) / rotura *f* de muela || ⁓**[bruch]bau** *m* (Bergb) / explotación *f* por trincheras o fajas || ⁓**diagramm** *n* (Stat) / diagrama *m* circular || ⁓**dichte** *f* (Sintern) / densidad *f* aparente || ⁓**egge** *f* (Landw) / grada *f* de discos || ⁓**egge für Obstfarmen** (Landw) / grada *f* de discos para huertos frutales || ⁓**egge in Tandemform** / grada *f* de discos [4 cuerpos] en tándem || ⁓**elektrode** *f* / electrodo *m* en disco || ⁓**fassung** *f*, Deckelring *m* (Scheinwerfer) / aro *m* de tapadera || ⁓**feder** *f*, Spannscheibe *f* / arandela *f* elástica o de resorte || ⁓**feder** (ein Keil, DIN 6888) / lengüeta *f* redonda, chaveta *f* lenticular, chaveta *f* Woodruff || ⁓**filter** *m n* / filtro *m* rotatorio de discos || ⁓**filter** (Pap) / filtro *m* de discos || ⁓**formdrehmeißel** *m* (Dreh) / herramienta *f* disciforme de perfilar || ~**förmig** / en forma de disco, disciforme, discoidal, discoide[o] || ~**förmiger Anguss** / bebedero *m* en [forma de] disco || ~**förmiger Angussverteiler** / canal *m* de colada discoideo || ~**förmiges Brennelement** (Nukl) / rodaja *f* combustible || ~**förmige Quelle** (Nukl) / fuente *f* discoidal || ~**fräser** *m* (Wzm) / fresa *f* de corte lateral [y frontal], fresa *f* de disco || ⁓**funkenstrecke** *f* **mit Zähnen** / descargador *m* dentado de chispas en disco || ⁓**futter** *n* (Wzm) / plato *m* en gas || ⁓**gasbehälter** *m* / depósito *m* de gas tipo disco || ⁓**gelenk** *n*, Gelenkscheibe *f* (Kfz) / disco *m* Hardy || ⁓**grenzschicht** *f* / capa *f* límite sobre discos || ⁓**häufler** *m* (Landw) / aporcadora *f* a discos || ⁓**heber** *m* (Kfz) / elevalunas *m* || ⁓**hobelmaschine** *f* (Spanplatten) / acepilladora *f* vertical con plato de cuchillas || ⁓**hülle** *f* (DV) / funda *f* para disco flexible, envoltura *f* de disco || ⁓**hülse** *f* (Spinn) / carrete *m* de doble valona || ⁓**kolben** *m* / émbolo *m* plano o de disco || ⁓**kondensator** *m* / capacitor *m* discoidal || ⁓**konusantenne** *f* / antena *f* dis[co]cónica, antena de disco y cono || ⁓**kranz** *m* (Riemenscheibe) / llanta *f* de polea || ⁓**kupfer** *n*, Garkupfer *n* / cobre *m* en discos || ⁓**kupplung** *f* (fest), Flanschkupplung *f* / acoplamiento *m* de platillos, acoplamiento *m* de disco[s] o de plato[s] || ⁓**kupplung** (ausrückbar) / embrague *m* de plato[s] || ⁓**kurve** *f* (Dreh) / leva *f* en disco || ⁓**läufer** *m* (Elektr) / inducido *m* de (o en) disco || ⁓**lochwalzwerk** *n* (Hütt) / tren *m* de laminar discos perforados || ⁓**lochwalzwerk System Stiefel** (Walzw) / tren *m* punzonador de discos tipo Stiefel || ⁓**magazin** *f* (Stufenpresse) / cargador *m* de rodajas || ⁓**mähwerk** *n* (Landw) / segadora *f* de discos rotativos || ⁓**meißel** *m* (Öl) / barrena *f* de discos, trépano *m* de discos || ⁓**membranventil** *n* / válvula *f* de disco deformable o de membrana || ⁓**messer** *n* (Wz) / cuchilla *f* circular o de disco || ⁓**mühle** *f* / molino *m* de discos || ⁓**nocke, drehend** *f* / leva *f* de disco rotativa || ⁓**nocke, geradlinig** *f* / leva *f* de disco rectilínea || ⁓**pflug** *m* (Landw) / arado *m* de discos || ⁓**poliermaschine** *f* / pulidora *f* de discos || ⁓**prozesse** *m pl* (Chem) / procesos *m pl* preliminares || ⁓**rad** *n* (Bahn, Kfz) / rueda *f* de discos || ⁓**registriergerät** *n* / registrador *m* radial o de disco[s] || ⁓**rille** *f*, Seilrille *f* / garganta *f* o ranura *f* de polea || ⁓**ring** *m* (Lager) / tejuelo *m* anular, anillo *m* de empuje || ⁓**röhre** *f* (Eltronik) / tubo *m* tipo faro || ⁓**rollenkühlbett** *n* (Walzw) / enfriadero *m* tipo disco || ⁓**rost** *m* / parrilla *f* de discos || ⁓**schalter** *m* /

conmutador *m* de galletas o de sectores || ⁓**schleifmaschine** *f* (Holzbearb) / lijadora *f* de discos || ⁓**schneider** *m* (Tischl) / cortaarandelas *f* || ⁓**schneidrad** *n* (für Verzahnung) / fresa-madre *f* helicoidal de disco para dientes || ⁓**schrämmmaschine** *f* (Bergb) / rozadora *f* de discos || ⁓**schwingmühle** *f* / molino *m* de discos oscilantes || ⁓**schwungrad** *n*, [Riemen- oder Seil-]Scheibenschwungrad *f* / disco-volante *m*, volante *m* macizo || ⁓**sech** *n* (Landw) / cuchilla *f* circular o de disco || ⁓**signal** *n* (Bahn) / señal *f* en escarapela, disco *m* || ⁓**signal in Fahrtstellung** / disco *m* abierto o vía libre || ⁓**spule** *f* (Eltronik) / bobina *f* plana || ⁓**spule** (Spinn) / carrete *m* de valonas, canilla *f* de borde (LA) || ⁓**zylindrische** ⁓**spule** (Spinn) / bobina *f* derecha o cilíndrica || ⁓**tauchkörper** *m* (Abwasser) / disco *m* biológico || ⁓**trimmer** *m* (Eltronik) / trím[m]er *m* en disco || ⁓**tube** *f* (Kabel) / tubo *m* para cable coaxial con discos distanciadores plásticos || ⁓**ventil** *n* / válvula *f* en disco || ⁓**verdampfer** *m* (Chem) / evaporador *m* de placa o de platillo || ⁓**verschluss** *m*, -blende *f* (Foto) / obturador *m* de disco || ⁓**viskosimeter** *n* / viscosímetro *m* de disco vibratorio || ⁓**walze** *f* / rodillo *m* tipo disco || ⁓**walzenstrecke**, Sonnenstrecke *f* (Tex) / gill *m* circular o soleil || ⁓**walzwerk** *n*, -walzmaschine *f* / tren *m* de laminar discos || ⁓**wascher** *m* (Kfz) / lavaparabrisas *m* || ⁓**wasserzähler** *m* / contador *m* de agua de disco || ⁓**wicklung** *f* (Elektr) / devanado *m* plano || ⁓**widerstand** *m* (für die Fensterheizung) (Bahn) / resistencia *f* calientaparabrisas || ⁓**wischer** *m* (Kfz) / limpiaparabrisas *m*, limpiacristal *m* || ⁓**wischer** (Atemgerät) / limpialentes *m* || ⁓**wischer mit Intervallbetrieb** / limpiaparabrisas *m* intermitente || ⁓**wischergummi** *m*, Wischerblatt *n* (Kfz) / perfil *m* de caucho para limpiaparabrisas, rasqueta *f* o escobilla de goma || ⁓**wischer/wascher** *m* (Kfz) / limpia- *m* y lavaparabrisas, lava-limpia *f* || ⁓**wisch-und-waschanlage** *f*, Wischwaschanlage *f* / lavalimpiaparabrisas *m* || ⁓**ziehbank** *f* / banco *m* de estirar (E) (o trefilar (LA)) tipo disco

scheidbar, trennbar / separable || ~ (Chem) / descomponible

Scheidblech *n*, Trennblech *n* / chapa *f* de rebote o de protección

Scheide *f* (Bot) / vaina *f* [de hoja] || ⁓, Futteral *n* / estuche *m*, funda *f* || ⁓, Trennwand *f* / pared *f* divisoria, tabique *m* de separación || ⁓**anlage** *f* (Bergb) / instalación *f* de separación || ⁓**anstalt** *f* (Hütt) / afinería *f* || ⁓**arbeit** *f*, Klaubarbeit *f*, Scheidung *f*, Scheiden *n* (Bergb) / trabajo *m* de escogido || ⁓**behälter** *m* (Chem) / depósito *m* de decantación || ⁓**bürette** *f* / bureta *f* de separación || ⁓**erz** *n*, Klauberz *n* / mineral *m* deslodado o apartado o escogido || ⁓**fähigkeit** *f* (Pap) / capacidad *f* de separación || ⁓**flüssigkeit**, Trennflüssigkeit *f* / líquido *m* de separación || ⁓**glas** *n* (Chem) / vaso *m* de separación || ⁓**gold** *n* / oro *m* afinado || ⁓**kalk** *m* (Zuck) / cal *f* de defecación || ⁓**kamm**, Reihkamm *m* (Web) / peine *m* divisor || ⁓**mauer** *f*, -wand *f* (Bau) / muro *m* divisorio, pared *f* divisoria, tabique *m* de separación || ⁓**mittel** *n* (Chem) / agente *m* separador

scheiden *vt*, trennen / separar, segregar || ~ / apartar (metales) || ~, teilen / dividir || ~, laugen (Bergb) / lixiviar || ~ (veraltet), kalken (Zuck) / alcalizar, defecar || ~ (Edelmetall) / afinar || **Erze** ~ **o. klauben** / escoger minerales || ⁓ *n*, Laugen *n* (Bergb) / lixiviación *f*

Scheidepfanne, Kalkscheidepfanne *f* (Zuck) / defecador *m*

Scheider *m* (Akku, Chem) / separador *m*

Scheide • saft *m* (Zuck) / jugo *m* alcalizado o defecado || ⁓**saturation** *f* (veraltet), Kalkungscarbonatation *f* (Zuck) / defecocarbonatación *f* || ⁓**schacht** *m* (Bergb) /

scheitern

pozo *m* de separación ‖ ⁓**schlamm**, Klärschlamm *m* (Zuck) / fango *m* de cal, fango *m* de defecación ‖ ⁓**trichter** *m* (Chem) / embudo *m* separador o de separación, ampolla *f* de decantación ‖ ⁓**trommel** *f* (Aufb) / cilindro *m* de separación ‖ ⁓**vorrichtung** *f* (Chem) / trampa *f* ‖ ⁓**wand**, -mauer *f*, Trennwand *f* (Bau) / pared *f* divisoria, tabique *m* ‖ ⁓**wand** *f* (Wellenleiter) / tabique *m*, septo *m*, diafragma *m* ‖ **abschließende** ⁓**wand** / muro *m* separador o de separación ‖ **poröse** ⁓**wand** / diafragma *m* poroso o permeable ‖ ⁓**wasser** *n* (40 - 60%ige Salpetersäure) (Chem) / agua *f* fuerte o regia
Scheidtsche Kugel (Chem) / globo *m* [de] Scheidt
Schein *m*, Glanz *m* / brillo *m* ‖ ⁓, Schimmer *m* / destello *m*, relumbre *m* ‖ ⁓, Bescheinigung *f* / certificado *m* ‖ ⁓... / falso, sendo... ‖ ⁓..., nachgeahmt (Bau) / falso, imitado ‖ ⁓..., Unsinn... (Math) / ilusorio ‖ ⁓..., belanglos (DV) / simulado, ficticio ‖ ⁓**adresse** *f* (DV) / dirección *f* ficticia o simulada ‖ ⁓**anordnung** *f* (Nukl) / ensamblaje *m* falso ‖ ⁓**anweisung** *f* (DV) / instrucción *f* ficticia o simulada ‖ ⁓**anzeige** *f* (Instr) / indicación *f* espuria ‖ ⁓**argument** *n*, Formalparameter *m* (DV) / argumento *m* fictivo
scheinbar, Schein... / aparente ‖ ⁓, virtuell (Opt) / virtual ‖ ⁓**er Anstellwinkel** (Luftf) / ángulo *m* de incidencia aparente ‖ ⁓**e Bewegung** (Astr) / movimiento *m* aparente ‖ ⁓**es Bild** (Opt) / imagen *f* virtual ‖ ⁓**e Grenze** (Atom) / límite *m* virtual ‖ ⁓**e Helligkeit** (Astr) / brillo *m* aparente ‖ ⁓**e Höhe** (Astr) / altura *f* aparente ‖ ⁓**e Höhe** (Ionosphäre, Radio) / altura *f* virtual de reflexión ‖ ⁓**er Horizont**, Seehorizont *m* / horizonte *m* visible o aparente o sensible ‖ ⁓**e Kerntemperatur** (Nukl) / temperatura *f* aparente nuclear ‖ ⁓**er Körpergehalt** (Plast) / cuerpo *m* aparente ‖ ⁓**es logarithmisches Dämpfungsdekrement** / decremento *m* logarítmico aparente de atenuación ‖ ⁓**er Ortszeit** / hora *f* local aparente ‖ ⁓**es Porenvolumen** (Chem, Hütt) / volumen *m* aparente de poros ‖ ⁓**e Trägheit** (Mech) / inercia *f* aparente ‖ ⁓**e Viskosität** / viscosidad *f* de remolino ‖ ⁓**er Widerstand** / resistencia *f* virtual
Schein⁓**befehl** *m* (DV) / instrucción *f* simulada ‖ ⁓**binder** *m*, Kopfstück *n* (Maurer) / cabezal *m* ‖ ⁓**dichte** *f* (feuerfest) / densidad *f* aparente ‖ ⁓**dreherbindung** *f* (Tex) / ligamento *m* de falsa gasa de vuelta ‖ ⁓**drehergewebe** *m* (Tex) / falsa gasa de vuelta ‖ ⁓**echo**, Täuschecho *f* (Eltronik, Radar) / eco *m* falso ‖ ⁓**ecke** *f*, Fensterrahmenwinkel *m* / escuadra *f*, herraje *m* angular
scheinen *vi*, leuchten / lucir, dar luz ‖ ⁓, glänzen / resplandecer, brillar
scheinend, leuchtend / luminoso
Scheinergrade *m pl* (Film) / grados *m pl* Scheiner
Schein•**fenster** *n* (Stereo) / ventana *f* estéreo ‖ ⁓**fuge** *f* (Straßb) / junta *f* falsa o simulada ‖ ⁓**gewölbe** *n* (Bau) / bóveda *f* falsa ‖ ⁓**köper** *m* (Tex) / falsa sarga ‖ ⁓**korrelation** *f* (Math) / correlación *f* ilusoria ‖ ⁓**leistung** *f* (Elektr) / energía *f* o potencia aparente ‖ ⁓**leistungszähler** *m*, -verbrauchszähler *m* / contador *m* de energía aparente ‖ ⁓**leistungszeiger** *m* (ein Vektor) (Elektr) / vector *m* de potencia ‖ ⁓**leitwert**, scheinbarer Leitwert *m* (Elektr) / admitancia *f* ‖ ⁓**periodizität** *f* / periodicidad *f* ilusoria ‖ ⁓**strom** *m* (Elektr) / corriente *f* aparente ‖ ⁓**tätigkeit** *f* (PERT) / actividad *f* ficticia o simulada ‖ ⁓**variable** *f* (DV) / variable *f* ficticia
Scheinwerfer *m* / proyector *m* [de luz] ‖ ⁓ (kein Kfz-Scheinw.) / reflector *m* ‖ ⁓ (Kfz) / faro *m* ‖ ⁓ *m pl* (Kfz, Schiff) / focos *m pl* ‖ ⁓ *m* (Theater) / cañón *m* ‖ ⁓ **1000 W-**⁓ (Film) / diabla *f*, lámpara *f* grande de techo, reflector *m* de 1000 vatios, foco *m* ‖ ⁓**brücke** *f* (Film) / pasarela *f* de focos ‖ ⁓**-Einstellgerät** *n* (Kfz) / aparato *m* de enfoque de faros ‖ ⁓**einstellung** *f* (Kfz) / enfoque *m* de faros ‖ ⁓**gehäuse** *n* / caja *f* de faro ‖

⁓**höhenverstellung** *f* / ajuste *m* [eléctrico] de altura de faros ‖ ⁓**lampe** *f* / bombilla *f* de faro ‖ ⁓**licht** *n*, Flutlicht *n* / alumbrado *m* por proyección, iluminación *f* proyectada ‖ **im** ⁓**licht**, von Scheinwerfern beleuchtet / iluminado por proyector[es] ‖ ⁓**reinigungsanlage** *f*, -trocknungsanlage *f* (Kfz) / instalación *f* limpiafaros ‖ ⁓**richten**, -leiten *n* (Radar) / dirección *f* de proyectores ‖ ⁓**stütze** *f* (Kfz) / portafaro *m* ‖ ⁓**waschanlage** *f* / lavafaros *m* ‖ ⁓**[scheiben]wischer** *m* / limpiafaros *m* ‖ ⁓**-Wischwaschanlage** *f* / lavalimpiafaros *m*
Scheinwiderstand *m*, Wechselstromwiderstand *m* / impedancia *f* ‖ ⁓ **eines blockierten mechanischen Systems** (Akust) / impedancia *f* amortiguada o frenada ‖ **äußerer** ⁓ **im Anodenkreis** / impedancia *f* de carga anódica
Scheinwiderstands•**anpassung** *f* / adaptación *f* de impedancia, acoplamiento *m* o apareamiento de impedancia ‖ ⁓**messbrücke** *f* / puente *m* [medidor] de impedancia ‖ ⁓**messer**, Impedanzmesser *m* (Wellenleiter) / impedancímetro *m*
Scheitel *m*, Scheitelpunkt *m* (Geom) / vértice *m* ‖ ⁓, First *m* (Bau) / cima *f* ‖ ⁓, Schlussstein *m* (Bau) / clave *f*, ápice *m* ‖ ⁓ **der Ellipse** / extremo *m* [de los ejes] de la elipse ‖ ⁓ **des Kegels** / vértice *m* del cono ‖ ⁓ **eines Winkels** (Math, Verm) / vértice *m* de ángulo
Scheitel•**brechwert** *m* / valor *m* de refracción en el vértice ‖ ⁓**brechwertmesser** *m* / refractómetro *m* del ángulo vertical ‖ ⁓**druckfestigkeit** *f* / resistencia *f* contra la presión en el vértice ‖ ⁓**faktor** *m* (Elektr) / factor *m* de amplitud o de cresta ‖ ⁓**gelenk** *n* (Bau) / articulación *f* de clave ‖ ⁓**haltung** *f*, -strecke *f* (Kanal) / nivel *m* del tramo divisorio ‖ ⁓**höhe** *f*, -punkt *m* / altura *f* del vértice ‖ ⁓**höhe** (Hydr) / altura *f* del tramo divisorio ‖ ⁓**höhe** (Bogen) / altura *f* de la clave ‖ ⁓**kanal** *m* / canal *f* del tramo divisorio ‖ ⁓**kreis** *m*, Höhenkreis *m* (Geom, Phys) / círculo *m* vertical, círculo *m* cenital ‖ ⁓**last** *f*, -belastung *f* (Lager) / carga *f* sobre el cuerpo rodante más solicitado, carga *f* sobre el vértice o el punto culminante ‖ ⁓**linie** *f* (Eltronik) / línea *f* de cresta ‖ ⁓**loch** *n* (Fallschirm) / chimenea *f* ‖ ⁓**lochabdeckung** *f* (Fallschirm) / tapa *f* de chimenea ‖ ⁓**pegel** *m* (TV) / nivel *m* de cresta ‖ ⁓**platte** *f* (Antenne) / placa *f* de vértice ‖ ⁓**punkt**, Zenit *m* (allg) / cenit *m* ‖ ⁓**punkt** (Math) / vértice *m*, punto *m* culminante ‖ ⁓**punkt** (des Gewölbes) / vértice *m* de bóveda ‖ ⁓**punkt einer Kurve** / punto *m* culminante de una curva ‖ ⁓**recht**, aufrecht / vertical ‖ ⁓**rohr** *n* (Fahrrad) / tubo *m* superior ‖ ⁓**sonde** (Öl) / pozo *m* de cresta ‖ ⁓**spannung** *f* (Halbl) / tensión *f* de cresta ‖ ⁓**sperrspannung** *f* **rückwärts** (Halbl) / tensión *f* inversa de cresta ‖ ⁓**sperrspannung vorwärts** (in Schaltrichtung) (Halbl) / tensión *f* directa de cresta ‖ ⁓**stauchwiderstand** *m* / resistencia *f* al aplastamiento axial de un tubo ‖ ⁓**stein** *m*, Schlussstein *m* (Gewölbe) / clave *f* ‖ ⁓**strom** *m* / corriente *f* de cresta ‖ ⁓**tangente** *f* (Math) / tangente *f* de vértice ‖ ⁓**wasserhaltung** *f* s. Scheitelhaltung ‖ ⁓**weite** *f*, Schnittweite *f* (Opt) / distancia *f* frontal ‖ ⁓**wert**, -betrag *m* / valor *m* de cresta, máximum *m* ‖ ⁓**wert** *m* (bei Wechselgrößen) / amplitud *f* ‖ ⁓**wert der Häufigkeitsfunktion** / modo *m* de la función de frecuencia ‖ ⁓**wert der Spannung** (Elektr) / Um (= tensión máxima) ‖ ⁓**wert des Kathodenstroms** / corriente *f* de cresta catódica, corriente *f* catódica de cresta, factor *f* de amplitud de corriente catódica ‖ ⁓**wertbegrenzung** *f*, Spitzenbegrenzung *f* / recorte *m* de crestas, limitación *f* de crestas, de[s]crestado *m* de ondas ‖ ⁓**wertmesser** *m* / indicador *m* o voltímetro *m* de cresta ‖ ⁓**winkel** *m* (Geom) / ángulo *m* opuesto por el vértice ‖ ⁓**winkel**, Kronenwinkel *m* (Kfz, Reifen) / ángulo *m* de corona ‖ ⁓**winkelig**, azimutal / acimutal, azimutal
scheitern *vi*, misslingen / fracasar, malograrse, abortar, fallar ‖ ⁓ (Schiff) / naufragar

1121

Scheit•holz n / leña f ‖ ~**keil** m (Forst) / cuña f de tala
Schelf m n, Kontinentalsockel m (Geol, Hydr) / plataforma f continental o litoral, plataforma f submarina superior, tablero m continental, facies f epicontinental ‖ ~..., küstennahe (Öl) / submarino ‖ ~**-[Bohr]plattform** f / plataforma f para perforación petrolífera submarina ‖ ~**öl** n / petróleo m submarino
Schellack m / goma f laca
schellacken vt, mit Schellack überziehen / barnizar de goma laca
Schellack•firnis m / barniz m a base de goma laca ‖ ~**perlgarn**, -knotengarn n (Spinn) / hilo m de escama ‖ ~**politur** f / barniz m abrillantador de goma laca ‖ **mit einem weiteren, letzten** ~**überzug versehen** / aplicar la última capa de goma laca
Schelle f, Glocke f / campanilla f ‖ ~ (Befestigung) / abrazadera f ‖ ~, Rohrschelle f / abrazadera f de tubo ‖ ~, Schelleneinband m, Schlauchbinder m / grapa f o abrazadera de manguera
Schelleisen n, Döpper m (Nieten) / buterola f
schellen vt, Nietköpfe machen / formar o recalcar cabezas de remaches
Schellen•anschluss m (Eltronik) / terminal m de orejeta, borna f de orejeta ‖ ~**klemme** f / borna f de grapa
Schell•hammer m (Nieten) / martillo m [de] buterola, buterola f ‖ ~**harz**, weißes Fichtenharz n / galipodio m ‖ ~**kopfnietung** f / remachado m con buterola
Schema n / esquema m, diagrama m ‖ ~, Bild n / figura f, representación f ‖ ~, Vorbild n / modelo m ‖ ~ n **des mechanischen Teils** (Zeichn) / esquema m tecnológico ‖ ~**schaltbild** n / esquema m de conexiones
schematisch / esquemático ‖ ~**e Darstellung**, schematischer Schnitt / representación f esquemática
Schemazeichnung f / dibujo m esquemático
Schemel m, niedriger Sessel / taburete m, escabel m ‖ ~ (Masch) / asiento m giratorio ‖ ~ **des Drehgestells** (Bahn) / traviesa f giratoria, molinete m ‖ ~**wagen** m (Bahn) / vagón f de traviesa giratoria, vagón m de molinete ‖ ~**wagen**, Rollbock m (Bahn) / carretón m portavagón
Schenkel m (Winkel) / lado m [del ángulo] ‖ ~ (Fenster) / travesaño m ‖ ~ (U-Rohr) / rama f del tubo en U ‖ ~ (des gleichschenkligen Dreiecks) (Math) / lado (triángulo isósc.) ‖ ~, Stiel m (Bau) / poste m, pantal m ‖ ~ m (Elektromagnet) / núcleo m magnético ‖ ~ Achsschenkel m (Kfz) / mangueta f, muñequilla f ‖ ~ **der Masche** (Tex) / rama f de malla, lado m de malla ‖ ~ **des Trafos** / núcleo m del transformador, columna f ‖ ~ **des Winkeleisens** / ala f, lado m del angular ‖ ~ **des Zirkels** / pierna f del compás, pata f del compás ‖ ~ **eines Bogens oder Gewölbes** (Bau) / rama f de arco o bóveda ‖ ~ **unterer** ~ (Fenster) / travesaño m bajo
Schenkel•abstand m (Niet) / distancia f de la cara interior ‖ ~**dicke** f (Walzstahl) / espesor m del ala ‖ ~**feder** f / resorte m de brazos, muelle m con patas ‖ ~**feder** (räumlich gewundene Biegefeder) (Instr) / resorte m espiral ‖ ~**feder-Wickelmaschine** f / enrolladora f de resortes de brazos ‖ ~**gleich** (Math) / isósceles, de lados iguales ‖ ~**pol** m, ausgeprägter Pol (Elektr) / polo m saliente ‖ ~**rohr** n, -röhre f / tubo m acodado ‖ [scharfwinklig gebogenes] ~**rohr**, -röhre f / tubo m en V ‖ ~**weite** f, Öffnung des Zirkels f / abertura f del compás ‖ ~**-Weiterreißversuch** m (Kunstleder) / ensayo m de desgarre progresivo del lado ‖ ~**wolle** f (Tex) / lana f de cascarría
Scherbeanspruchung f / solicitación f a cizallamiento o a cortadura, esfuerzo m de cizallamiento
Scherben m (Gss.: Glasur) (Keram) / pasta f ‖ ~ f pl (allg) / fragmentos m pl, pedazos m pl ‖ ~ f pl (Glas) / añicos m pl ‖ ~ m, Topfscherben m, -scherbe f / tiesto m, maceta f ‖ ~**eis** m (Kältetechnik) / hielo m en escamas o en laminillas
Scherbius-Phasenschieber, Kaskaden-Phasenschieber m (Elektr) / compensador m de fase de Scherbius

Scher•blatt n, -klinge f / cuchilla f de corte, contracuchilla f de tundidora ‖ ~**blatt** (Web) / peine m ‖ ~**bolzen**, -stift m (Masch) / perno m [de seguridad] para cizallar ‖ ~**bruch** m / rotura f por cizallamiento ‖ **gekreuzte** ~**drähte**, -seile n pl (Mech) / alambres m pl cruzados ‖ ~**druck** m (Wzm) / presión f sobre la cuchilla de cizallamiento, presión f sobre la cizalla
Schere f / tijera f, tijeras f pl (úsase gralte en pl.) ‖ ~ (Wzm) / cizalla[s] f[pl] ‖ ~, Stelleisen n (Dreh) / lira f ‖ ~ (als Unterstützung) / soporte m en forma de tijera ‖ ~ (für Kopien) (Foto) / cortadora f, recortadora f, cizalla f de copias ‖ ~, Haarschneidemaschine f / maquinilla f para cortar el pelo ‖ ~, Bohr-, Rutschschere f (Öl) / colisa f pendiente ‖ ~ f **für Blech o. Band** / cizalla f mecánica para chapa o cinta ‖ ~ **für Draht** / alicates m pl cortaalambres, tijeras f pl cortaalambres ‖ ~ **für Papier** / guillotina f, tijeras f pl para cortar papel ‖ ~ **für Schafe** (Landw) / esquiladora f, tijeras f pl para esquilar ‖ ~ **zwischen 2 Verfahren** / desproporción f entre ... y entre ... ‖ **kleine** ~ / tijereta[s] f[pl] ‖ **mit der** ~ **zerschneiden od. zerschnippeln** / tijeretear
Scherebene, -fläche, -zone f (Wzm) / plano m de cizallamiento
scheren vt (Tuch) / tundir ‖ ~ (Tex) / recortar ‖ ~, abscheren (Masch) / cizallar ‖ ~ (Schafe) / esquilar o trasquilar ovejas ‖ ~ (Gerb) / descarnar ‖ ~ (Haar) / cortar ‖ ~, gieren vi (Luftf, Schiff) / guiñar, dar guiñas ‖ ~ n, Schur f (Landw) / esquila f, trasquiladura f ‖ ~, Abhacken n (Schm) / corte m, cincelado m ‖ ~ n, Schub m (Mech) / cizallamiento m ‖ ~ (Furnier) / corte m de chapas de madera ‖ ~ (Web) / tundido m, tundidura f ‖ ~ **und Auslaugen** (Nukl) / cizallamiento m y disolución
Scheren•arm m / brazo m de tijeras ‖ ~**arm**, -spreize f / pantógrafo m múltiple ‖ ~**blatt** n, Beck n / hoja f de tijeras ‖ ~**fernrohr** n (Opt) / telescopio m [de] tijera[s] ‖ ~**förmiger Karabinerhaken** / mosquetón m de pinza ‖ ~**gitter** n / rejilla f o verja extensible, rejilla f de pantógrafo ‖ ~**greifer** m / cuchara f de pantógrafo ‖ ~**griff** m / ojo m de tijera ‖ ~**haken** m / gancho m de pinza ‖ ~**hebelantrieb** m / accionamiento m por barras cruzadas, mando m por palancas articuladas en pantógrafo ‖ ~**heber** m (Kfz) / gato m de tijeras ‖ ~**hebetisch** m / mesa f elevadora tipo pantógrafo ‖ ~**kipper** m (Bergb) / volcador m de tijeras, volquete m de barras cruzadas ‖ ~**manipulator** m / manipulador m de pantógrafo ‖ ~**messer** m, Beck n / hoja f de tijeras ‖ ~**rollenbahn** f (Förd) / vía f de rodillos extensible ‖ ~**rollgang** m (Walzw) / camino m de rodillos de la cizalla ‖ ~**schlüssel** m / llave f [extensible] tipo tijeras ‖ ~**spreize**, Gelenkspreize f / pantógrafo m múltiple ‖ ~**straße** f (Hütt) / tren m de corte ‖ ~**strebe** f (Fräsm) / soporte m en cruz ‖ ~**stromabnehmer** m (Bahn) / pantógrafo m ‖ ~**trenner** m (Elektr) / interruptor m o seccionador pantógrafo
Scherentzähung f (Viskosität) / dilución m por cizallamiento
Scherenwinkel m (Wzm) / ángulo m de hojas de cizalla
Scherer m (Tuch) / tundidor m ‖ ~ (Landw) / esquilador m
Scher•feld n, verschertes Feld (Phys) / campo m de cizallamiento ‖ ~**festigkeit** f, Schubfestigkeit f / resistencia f al cizallamiento ‖ ~**fläche** f (Geol) / superficie f de cortadura ‖ ~**fläche**, -querschnitt m (Mech) / sección f sometida al cizallamiento o a la cizalladura ‖ ~**flocken** f pl (Tex) / pelusilla f de tundidura, tundizno m ‖ ~**fuge** f / junta f de cizallamiento ‖ ~**gang** m (Schiff) / cinta f alta ‖ ~**gefälle**, Geschwindigkeits-Gefälle n (Rheologie) / gradiente m de cizallamiento
Schering-Messbrücke f (Elektr) / puente m de Schering
Scher•kluft f (Geol) / diaclasa f de cizallamiento ‖ ~**kopf** m (Landw) / cabeza f esquiladora ‖ ~**kraft** f, Schub

(Mech) / fuerza f transversal o de corte ‖ ⁓kraft, -energie f (Wzm) / fuerza f cortante o de cizallado ‖ ⁓kreuz n für Holzprüfung (DIN 52187) / cruceta f de madera para ensayos ‖ ⁓ling m / pieza f cizallada ‖ ⁓lippe f (Mat.Prüf) / labio m de cizallamiento ‖ ⁓maschine f (Tex) / tundidora f ‖ ⁓maschine (Landw) / esquiladora f ‖ ⁓messer n s. Scherenblatt und Scherwerkzeug ‖ ⁓messer- und Scherzylinderschleifmaschine f (Tex) / afiladora f de contracuchillas y de cilindros de tundidoras ‖ ⁓modul m, Schub-, Gleitmodul m / módulo m de cizallamiento, módulo m de rigidez ‖ ⁓querschnitt m, -fläche f (Mech) / sección f sometida al cizallamiento ‖ ⁓scheiben-Viskosimeter n / viscosímetro m de discos de cizallamiento ‖ ⁓schneiden n (Stanz) / cizallamiento m ‖ ⁓schnitt m / corte m de cizallamiento ‖ ⁓schnitt (Zange) / corte m a cizalla ‖ ⁓schräge f s. Scherwinkel ‖ ⁓sieb n / criba f de la cabeza esquiladora ‖ ⁓span m (Wzm) / viruta f de cizallamiento ‖ ⁓spannung, -beanspruchung f / esfuerzo m cortante o de cizallamiento, tensión f de cortadura o de cizallamiento, tensión f transversal ‖ [spezifische] ⁓spannung / esfuerzo m específico de cizallamiento ‖ ⁓spritzkopf m / cabeza f de extrusión por cizallamiento ‖ ⁓stabilität f (Öl) / estabilidad f al cizallamiento ‖ ⁓stift, -bolzen m (Masch) / perno m o pasador [de seguridad] para cizallar, pasador m cizallable ‖ ⁓stock m (Schiff) / traviesa f ‖ ⁓strömung f (Phys) / flujo m de deslizamiento o de cizallamiento, corriente f tangencial o transversal ‖ ⁓umformung f, -umformen n / conformación f por cizallamiento ‖ ⁓- und Schneidemaschine f / máquina f de cortar y cizallar
Scherung f, Schub m / cizallamiento m ‖ (Geol) / zona f de cizallamiento
Scherungs•deformation f (Mech) / deformación f por esfuerzo cortante ‖ ⁓elastizität f / elasticidad f de cizallamiento ‖ ⁓maß n, -modul m s. Schermodul ‖ ⁓schwingungen f pl (Krist) / vibraciones f pl transversales ‖ ⁓welle f, Scherwelle f, Schubwelle f, S-Welle f (Phys) / onda f rotacional o de rotación o de torsión, onda f transversal
Scher•versuch m (Mat.Prüf) / ensayo m de cizallamiento ‖ ⁓viskosität f / viscosidad f transversal o de cizallamiento ‖ ⁓werkzeug n / herramienta f de cizallamiento ‖ ⁓werkzeug (über ganze Breite, abfallos) (Stanz) / herramienta f de corte ‖ ⁓widerstand m / resistencia f al cizallamiento ‖ ⁓wind m (Meteo) / viento m térmico ‖ ⁓wind, Windscherung f / viento m de cizalla ‖ ⁓winkel m (Wzm) / ángulo m de cizallamiento ‖ ⁓winkel (Schiff) / ángulo m de guiñada ‖ ⁓wirkung f (Mech) / cizallamiento m, efecto m cizallador ‖ ⁓wolle f (Tex) / lana f esquilada ‖ ⁓zapfen (offene Zapfen- und Schlitzverbindung) (Zimm) / unión f de espiga de doble mecha ‖ ⁓zone, -fläche f (Geol) / superficie f de cortadura ‖ ⁓zugversuch m / ensayo m de tracción y cizallamiento ‖ ⁓zylinder m (Tex) / cilindro m tundidor, contracuchilla f de tundidora
Scheuer•bewegung f (allg) / movimiento m de roce ‖ ⁓bewegung, Kreisschiebung f (Mech) / translación f circular ‖ ⁓bock, -pfahl für Leitungsmasten m (Elektr) / caballete m de defensa ‖ ⁓fass n. Scheuertrommel ‖ ⁓leiste f (Bau) / listón m guardacanto de zócalo ‖ ⁓leiste (Schiff) / guirnalda f, cintón m ‖ ⁓leisten[strahlungs]heizung f / zócalo m radiante
scheuern vt, blankputzen / estregar, restregar ‖ ⁓, schrubben / fregar, baldear ‖ ⁓, glätten, polieren / pulir, alisar ‖ ⁓, trommeln (Masch) / limpiar en tambor, tamborear ‖ ⁓, wund reiben / excoriar ‖ ⁓ (mit Sand) / arenar ‖ ⁓ vi / frotar, rozar ‖ ⁓, kratzen (Audio) / producir rayas ‖ ⁓ n / frotamiento m, fregado m, baldeo m ‖ ⁓, Abschleifen n / abrasión f ‖ ⁓

(Reifen) / roce m y desgaste [lateral], abrasión f del neumático
scheuernd, abschleifend / abrasivo
Scheuer•prüfer m / aparato m de ensayos de abrasión ‖ ⁓pulver, -mittel n / polvos m pl para fregar ‖ ⁓stelle f (Web) / parte f raída, lugar m de desgaste ‖ ⁓trommel f, Rommelfass n / bombo m giratorio para pulir, tambor m de limpieza ‖ ⁓tuch n, -lappen m / bayeta f
Scheune f für Getreide (Landw) / granero m, troje f, troja f (LA) ‖ ⁓ für Heu / henil m, henal m ‖ ⁓ für Stroh / pajero m
Schevillieren n, Chevillieren n (Seide) / operación f de dar brillo
Schevilliermaschine f / máquina f estriadora
Schicht f, Lage f / capa f, camada f ‖ ⁓ (Geol) / estrato m ‖ ⁓, Auflage f / chapado m ‖ ⁓, Lage f (Bau) / hilada f ‖ ⁓ f, Satz m (Druck, Pap) / lote m, partida f ‖ ⁓ (Halbl) / capa f ‖ ⁓, Gewebelage f (Gummi) / capa f de tejido ‖ ⁓, Faserschicht f (Pap) / capa f de fibras ‖ ⁓, Lage (z.B. im Sperrholz) / chapa f de madera contrachapeada ‖ ⁓ (Foto) / emulsión f ‖ ⁓ 5 (OSI) / nivel m sesión ‖ ⁓ (Belegschaft) / equipo m ‖ ⁓, Arbeitsschicht f (F.Org) / turno m ‖ ⁓ ... (F.Org) / de turno ‖ ⁓ auf Schicht (Kontaktkopie) / emulsión f contra emulsión ‖ ⁓ machen / dejar de trabajar ‖ ⁓ f unter der Oberfläche / capa f subsuperficial ‖ ⁓ von 0 bis 8 Uhr (F.Org) / turno m de noche ‖ ⁓ von 16 bis 24 Uhr, Spätschicht f (F.Org) / turno m de la tarde ‖ aufgedampfte ⁓ / capa f delgada vaporizada al vacío ‖ dünne ⁓ / capa f delgada ‖ dünne ⁓, Blättchen, Plättchen / lámina f ‖ dünne ⁓, Film m / película f ‖ dünne ⁓ (Geol) / capa f delgada de rocas metamórficas ‖ mit einer ⁓ bedeckt / [re]cubierto de una capa, revestido de una capa ‖ nächste ⁓, Unterlage f / substrato m
Schicht•anker m, lamellierter Anker (Elektr) / inducido m laminado ‖ ⁓arbeit f / trabajo m por turno ‖ ⁓arbeiter m, Schichtgänger m / trabajador m por turno, obrero m [que trabaja] por turno[s] ‖ ⁓band n (Magn.Bd) / cinta f de capa magnética ‖ ⁓bett n (Chem) / lecho m estratificado ‖ ⁓bildaufnahme f (Radiol) / tomografía f, laminografía f, estratografía f ‖ ⁓bildung f (Geol) s. Schichtenbildung ‖ ⁓bildung, Zonenbildung f (Hütt, Min) / formación f de zonas ‖ ⁓dicke f / espesor m de la capa ‖ ⁓drehwiderstand m / potenciómetro m estratificado ‖ ⁓ebene f (Geol) / plano m estratificado
schichten vt, auf-, aufeinander schichten / apilar, amontonar ‖ ~ vi, in Schichten arbeiten / trabajar en (o por) turnos ‖ zu Blechpaketen ~ (Elektr) / reunir en o apilar en paquetes de chapa ‖ ~ n der Lagen / superposición f de capas
Schichten•ablösung f (Gummi) / separación f o exfoliación f de capas, desprendimiento m de capas ‖ ⁓bildung f (Geol) / estratificación f, formación f de estratos o capas geológicas ‖ ⁓bildung (Feuerfest) / laminación f (defecto) ‖ ⁓bildung, geologische Formation f / formación f geológica ‖ ⁓fuge f (Geol) / junta f de estratificación ‖ ⁓gitter n (Spektrum) / red f estratificada ‖ ⁓gliederung f (Software) / estructura f estratificada ‖ ⁓kunde f, Formationskunde f, Stratigraphie f / estratigrafía f ‖ ~kundlich, stratigrafisch / estratigráfico ‖ ⁓mantel m (Kabel) / vaina f o cubierta compuesta ‖ ⁓pappe f (Pap) / cartón m estratificado, cartón m sandwich ‖ ~riss m, Lagenriss m, -trennung f / grieta f o separación de láminas ‖ ⁓silikat n / filosilicato m ‖ ⁓verzeichnis n (Bau) / lista f de estratos de suelo
schichtenweise / en o por estratos, en o por capas ‖ ~, geschichtet / estratificado ‖ ~ anordnen / arreglar o disponer en capas ‖ ~ anordnen o. aufeinander bringen (Sandwichbauart) / arreglar en sandwich ‖ ~ Probenahme / toma f de muestras por capas, muestreo m estratificado ‖ ~ übereinander / en capas

1123

schichtenweise

superpuestas ‖ ~ **übereinander gelagert** / por capas superpuestas
Schicht•farbe f, Höhenschichtenfarbe f / tinta f hipsométrica ‖ ~**festigkeitsprüfung** f (Pap) / ensayo m de adhesión de capas ‖ ~**festwiderstand** m / resistor m pelicular fijo ‖ ~**filter** m (Wein) / filtro m de capas ‖ ~**fläche** f (Geol) / plano m de estratificación ‖ ~**fläche** (Galv) / base f de la capa galvánica ‖ ~**folge** f (Geol) / serie f de estratos ‖ ~**folie** f / hoja f para estratificados ‖ ~**[förm]ig** (Bergb) / en estratos ‖ ~**fuge** f (Bergb) / junta f de estratificación ‖ ~**fuge**, -kluft f (Geol) / diaclasa f de estratificación ‖ ~**geflecht** n / trenzado m en series diagonales ‖ ~**gefüge**, Blättchen-, Streifengefüge n / estructura f laminar ‖ ~**gestein** n (Geol) / roca f estratificada ‖ ~**gestein**, Sedimentgestein n / roca f sedimentaria ‖ ~**getter** n (Vakuum) / capa f de getter, getter m superficial ‖ ~**glas** n / vidrio m estratificado ‖ ~**glas [aus Fensterglas]** / vidrio m o cristal laminado ‖ ~**glas aus Spiegelglas** / cristal m de espejos laminado ‖ ~**grubbern** n (Landw) / labranza f de capa arable (horizonte A), labranza f mínima ‖ ~**haftung** f (Gummi) / adherencia f de las telas ‖ ~**holz**, Lagenholz n / madera f en chapas de fibras paralelas, madera f en capas ‖ ~**holzplatte** f / panel m de madera en capas ‖ ~**holzträger** m / viga f encolada laminada
schichtig (Bergb) / en o por estratos
Schicht•joch n (Elektr) / culata f laminada ‖ ~**kathode** f / cátodo m de filamento cubierto ‖ ~**kluft**, -fuge f (Geol) / diaclasa f de estratificación ‖ ~**kondensator** m (Elektr) / capacitor m pelicular ‖ ~**körper** m (Sandwich) / producto m estratificado [en sandwich] ‖ ~**körper** (Masch) / compuesto m estratificado ‖ ~**korrosion** f / corrosión f por infiltración estratificada ‖ ~**ladeprinzip** n (der Direkteinspritzung) (Kfz, Mot) / principio m de carga estratificada ‖ ~**ladung** f (Elektr) / carga f en capa ‖ ~**ladungsmotor** m (Kfz) / motor m de carga estratificada ‖ ~**leistung** f (F.Org) / rendimiento m por o de un turno ‖ ~**leiter** m (Person) / jefe m de equipo ‖ ~**linie**, Höhen[schicht]linie f (Verm) / curva f de nivel ‖ ~**linie** (Röntgenspektroskopie) / línea f de carga atómica ‖ ~**linienabstand** m / equidistancia f de las curvas de nivel ‖ ~**linienplan** m / mapa m de curvas de nivel ‖ ~**lohn** m / salario m por turno, salario m del rendimiento de un turno ‖ ~**papier** n / papel m en capas ‖ ~**platte** f (Audio) / disco m laminado ‖ ~**polrad** n, Blechkettenläufer m (Elektr) / rueda f polar de llanta de chapas ‖ ~**presskörper** m (Sintern) / comprimido m estratificado ‖ ~**[press]stoff** m (Plast) / estratificado m ‖ ~**pressstoff-Formstück** n / pieza f estratificada moldeada ‖ ~**pressstoffplatte** f / placa f estratificada ‖ dünne ~**pressstoffplatte** / hoja f estratificada ‖ ~**pressstoff-Profil** n (gewickelt u. formgepresst) / perfil m estratificado arrollado moldeado ‖ ~**pressstoff-Profil** (gepresst) / perfil m estratificado (o laminado) y prensado ‖ ~**pressstoffrohr** n (bearbeitet) / tubo m [de] estratificado mecanizado ‖ ~**pressstoffstange** f / varilla f de estratificado moldeada ‖ ~**pressstoff-Wickelrohr** n / tubo m de estratificado arrollado ‖ ~**pressteil** n (Plast) / producto m estratificado moldeado ‖ ~**schaltung** f (Halbl) / circuito m híbrido ‖ ~**schnitt** m (Chem) / sección f de capas delgadas ‖ ~**seite** f (Film) / cara f emulsionada ‖ ~**[sicherheits]glas**, Mehrschichten[sicherheits]glas n / vidrio m [laminado] de seguridad ‖ ~**sintern** n / sinterizado m por capas o estratos ‖ ~**-Sinterwerkstoff** m / material m estratificado sinterizado ‖ ~**spaltung** f / hendidura f de capas ‖ ~**spaltung**, Aufblätterung f / exfoliación f ‖ ~**[Gewebe]~stoff** / tejido m estratificado (o laminado) recubierto ‖ ~**stoff** m, -pressstoff m / estratificado m (comprimido), laminado m ‖ ~**stoff herstellen**,

laminieren (Plast) / estratificar, laminar ‖ ~**[stoff]-Folie** f / hoja f de estratificación ‖ ~**stoffstab** m / varilla f estratificada [y moldeada] ‖ ~**stoff-Wandplatte** f / panel m estratificado ‖ ~**stufe** f (Geol) / escalón m estratificado ‖ ~**träger** m (Foto) / soporte m de la emulsión ‖ ~**träger** (Tonband) / soporte m de cinta magnética
Schichtung f, lagenweise Anordnung / disposición f por capas ‖ ~ (Geol) / estratificación f ‖ ~ (Fehler, Pulv.Met) / formación f de láminas ‖ ~, Schichtungsverlauf m (Bergb) / crucero m
Schicht•verband m (Plast) / adhesión f de estratos, adhesión f interlaminar ‖ ~**verbandwerkstoff** m (Sintern) / compuesto m estratificado ‖ ~**wasser** n (F.Org) / agua f de la capa acuífera ‖ ~**wechsel** m / cambio m de turno, relevo m [de equipos] ‖ ~**wechselfolge** f (F.Org) / rotación f de equipos ‖ ~**wicklung** f (Tätigkeit) (Elektr) / bobinado m en capas uniformes ‖ ~**wicklung** (Ergebnis) / arrollamiento m en capas uniformes ‖ ~**widerstand** m / resistor m de capa ‖ ~**widerstand** (Kohle) / resistor m de capa de carbón ‖ ~**widerstand** (Metall) (Eltronik) / resistor m de capa metálica ‖ ~**widerstand** (Halbl) / resistividad f laminar ‖ ~**widerstand der Kathode** / impedancia f del revestimiento catódico ‖ ~**wolke** f, Stratus m (Meteo) / estrato m ‖ ~**zeit** f (F.Org) / tiempo m del turno o del equipo ‖ ~**zulage** f / plus m por turno, salario m extra por turno
schicken vt, senden / enviar, remitir
Schiebbühne f (Druck) / carretilla f para bobinas
Schiebe•..., Schub... / deslizable, deslizante, desplazable, corredizo ‖ ~**achse** f / eje m deslizante o corredizo ‖ ~**anker** m (Elektr) / inducido m corredizo o desplazable ‖ ~**ausleger** m (Kran) / pluma f corrediza o telescópica ‖ ~**befehl** m (DV) / instrucción f de desplazamiento ‖ ~**bild** n, Abziehbild n / calcomanía f ‖ ~**bild für Warnzeichen** / calcomanía f de aviso ‖ ~**bildprozess** m (Keram) / proceso m de calcomanía ‖ ~**boden** m / fondo m corredizo o deslizante ‖ ~**brücke** f / puente m corredizo
Schiebebühne f (Bahn) / carro m transbordador (E), mesa f transbordadora o transladora (LA) o de transferencia (MEJ) ‖ ~ (Bergb) / plataforma f móvil o corrediza ‖ **unversenkte** ~ (Bahn) / carro m transbordador a nivel ‖ **versenkte** ~ (Bahn) / carro m transbordador de foso
Schiebe•bühnengrube f (Bahn) / foso m del carro transbordador ‖ ~**dach** n (Kfz) / techo m corredizo o deslizante ‖ ~**dach** (Schiffsluke) / tapa f de escotilla corrediza ‖ ~**dachwagen** m (Bahn) / vagón m de techo corredizo ‖ ~**deckel** m / tapa f corredera o corrediza ‖ ~**deckel** (Nähm) / placa f corredera ‖ ~**durchführung** f (Rohr) / paso m de movimiento rectilíneo ‖ ~**elevator**, Ausheber m (Wolle) / rastrillo m elevador ‖ ~**fahrt** f (Kfz) / marcha f de inercia con motor embragado ‖ ~**fahrt** (Bahn, Lok) / recorrido m en doble tracción de una locomotora ‖ ~**-Falttür** f / puerta f corrediza y plegadiza, puerta f corredera y plegable, puerta f corredera de acordeón ‖ ~**fenster** n / ventana f corrediza o corredera ‖ ~**fenster** (Bahn) / bastidor m de ventana de corredera (Kfz) / ventanilla f corrediza ‖ ~**[senkrechtes]~fenster mit Gewichtsausgleich** (Bau) / ventana f de guillotina ‖ ~**fensterrolle** f (für das Gegengewicht) (Bau) / polea f de ventana de guillotina ‖ ~**fest...** (Tex) / antideslizante ‖ ~**festausrüstung** f / acabado m antideslizante ‖ ~**flug**, Slippen n (Luftf) / resbalamiento m [lateral] ‖ ~**fluganzeiger** m (Luftf) / indicador m de resbalamiento ‖ ~**flügel** m (Fenster) (seitliche Bewegung) / batiente m de corredera horizontal ‖ **senkrechter** ~**flügel** / batiente m de corredera vertical ‖ ~**gabel** f (für Heu am Traktor) (Landw) / horquilla f transportadora ‖ ~**gabelstapler** m / estibadora f con horquilla corrediza

˜geschwindigkeit, Abtriftgeschwindigkeit *f* (Luftf) / velocidad *f* de resbalamiento ‖ ˜griff *m* (Bau) / empuñadura *f* desplazable ‖ ˜hülse *f* (Kfz) / casquillo *m* o manguito corredizo ‖ ˜impuls *m* (DV) / impulso *m* de corrimiento ‖ ˜karren *m*, -karre *f* / carro *m* de mano, carretilla *f* ‖ ˜keil *m* (Getriebe) / clavija *f* corrediza ‖ ˜knoten *m* (einer Schlaufe) / nudo *m* corredizo ‖ ˜kontakt *m* (Eltronik, Fernm) / cursor *m*, contacto *m* deslizable o deslizante o corredizo o móvil ‖ ˜kopf *m* (Wzm) / cabezal *m* corredizo o deslizante ‖ ˜kraftmesser *m* (Luftf) / medidor *m* de esfuerzo ‖ ˜kupplung *f* / acoplamiento *m* corredizo ‖ ˜kurve *f* (Luftf) / patinazo *m*, patinado *m*, derrame *m* (gal) ‖ ˜landung *f* (Luftf) / aterrizaje *m* con viento de través ‖ ˜lehre *f* (Mess) / pie *m* de rey ‖ ˜leiter *f* (F'wehr) / escala *f* móvil o de corredera ‖ ˜leiter (ausziehbar) / escala *f* telescópica ‖ ˜lineal *n*, -maßstab *m* (Zeichn) / escuadra *f* corrediza ‖ ˜litzen *f pl* (Web) / mallas *f pl* deslizables ‖ ˜lok[omotive] *f* (Bahn) / locomotora *f* de empuje por (o en) cola, máquina *f* de cola, refuerzo *m* por cola, doble tracción de cola *f* ‖ ˜luke *f* (Bau) / tronera *f* corrediza ‖ ˜lupe *f* (Opt) / lupa *f* deslizable ‖ ˜maßstab *m*, -lineal *n* / escuadra *f* corrediza ‖ ˜mast *m* / mástil *m* telescópico ‖ ˜maststapler *m* (Förd) / estibadora *m* de mástil retráctil ‖ ˜muffe *f* (Kfz) / anillo *m* sincronizador

schieben *vt*, stoßen / empujar, impeler, propulsar ‖ ~ (Fahrrad) / llevar o empujar de la mano ‖ ~, schiften (DV) / desplazar ‖ ~ *vi* (Gewebe) / deslizar ‖ ~ *n*, Fahrt *f* mit Schubmaschine (Bahn) / marcha *f* en doble tracción por cola ‖ ˜, Fahren *n* im Leerlauf (Kfz) / marcha *f* de inercia

schiebend / empujante ‖ ~ (Sprengstoff) / empujante, lento, con potencia de proyección ‖ ~e Wirkung (Sprengstoff) / efecto *m* empujante

Schiebe•nocken *m* / leva *f* corredera ‖ ˜passung *f* / ajuste *m* de empuje, ajuste *m* fijo ligero ‖ ˜potentiometer *n* (Eltronik) / potenciómetro *m* de cursor

Schieber *m*, Bolzen *m*, Riegel *m* / pasador *m*, fiador *m* ‖ ˜, Läufer *m* (allg) / resbaladora *f*, deslizadera *f*, corredera *f* ‖ ˜ *m*, Schiebe-, Stellring *m* (Masch) / cursor *m* ‖ ˜ (Mech) / guía *f* deslizante ‖ ˜ (Pumpe) / paleta *f*, aleta *f* ‖ ˜, Klappe *f*, Drossel *f* / mariposa *f* ‖ ˜, Gleitstück *n* / resbalador *m*, desbalador *m* ‖ ˜, Absperrschieber *m* (allg) / compuerta *f*, válvula *f* de corredera, corredera *f* de paso o de cierre ‖ ˜ *m*, Steuerschieber *m* (Dampfm) / válvula *f* compuerta o corredera, distribuidor *m* ‖ ˜ **am Reißverschluss** (Tex) / cursor *m* de cremallera ‖ ˜ **am Schornstein**, Register *n* / registro *m* ‖ ˜ **des Rechenschiebers** / reglilla *f*, regleta *f* ‖ ˜ **im Presswerkzeug** (Sintern) / corredera *f* de molde ‖ ˜ **mit Außenspindel** (Ventil) / compuerta *f* con husillo exterior ‖ ˜ **mit innenliegender Spindel** (Ventil) / compuerta *f* con husillo interior ‖ **senkrecht öffnender** ˜ (Ventil) / compuerta *f* de carrera vertical

Schiebe•rad, Schlittenrad *n* (Säge) / rueda *f* de trinquete ‖ ˜rad *n* (Kfzgetriebe) / rueda *f* corrediza ‖ ˜räderblock *m* / bloque *m* de ruedas corredizas ‖ ˜rädergetriebe *n* (Wzm) / engranaje *m* de ruedas corredizas ‖ ˜rahmen *m* (senkr.Schiebefenster) (Bau) / marco *m* de ventana de guillotina

Schiebe•backe *f* (Plast) / cojinete *m* deslizable ‖ ˜betätigung *f* (Turbine) / acción *f* de mover compuertas ‖ ˜boden *m*, Bodenschieber *m* / compuerta *f* de fondo, fondo *m* deslizable ‖ ˜deckung *f* / recubrimiento *m* de distribuidor ‖ ˜-Diagramm *n* (Dampfm) / diagrama *m* de distribución ‖ ˜[dichtungs]segment *n* des D-Schiebers / segmento *m* de corredera en D ‖ ˜druckregler *m* / válvula *f* reguladora de alimentación

Schiebe•register *n* (DV) / registro *m* de desplazamiento o de corrimiento ‖ ˜registercodierung *f* / codificación *f* del registro de desplazamiento ‖ ˜registergenerator *m* / generador *m* de impulsos de corrimiento ‖ ˜-Regler *m* / regulador *m* deslizante ‖ ˜regler *m* (Dampfm) / regulador *m*

Schieber•ellipse *f* (Dampfm) / elipse *f* de válvula corredera ‖ ˜fläche *f* **am Zylinder**, -spiegel *m* (Dampfm) / espejo *m* de corredera ‖ ˜form *f* (Plast) / molde *m* de corredera ‖ ˜gebläse *n* / soplete *m* de distribuidor ‖ ˜gehäuse *n* (Ventil) / cuerpo *m* de válvula ‖ ˜haus *n* (Hydr) / sala *f* de compuertas

Schieberheostat *m* (Elektr) / reóstato *m* de cursor

Schieberhub, -weg *m* / carrera *f* del distribuidor, carrera *f* de la corredera

Schiebering *n* / anillo *m* corredizo

Schieber•kasten *m* (Dampfm) / caja *f* del distribuidor ‖ ˜klappe *f*, Register *n* (Schornstein) / registro *m* ‖ ˜motor *m*, Motor *m* mit Schiebersteuerung / motor *m* de distribución por válvula de corredera ‖ ˜nadel *f* (Wirkm) / aguja *f* deslizante o corredera ‖ ˜pleuelstange *f* (Lok) / biela *f* del distribuidor ‖ ˜rahmen *m* (Dampfm) / marco *m* del distribuidor ‖ ˜schacht *m* / pozo *m* de válvulas de corredera ‖ ˜schleuse *f*, Schützenschleuse *f* / esclusa *f* de compuertas ‖ ˜schubstange *f* (Bahn, Dampfm) / biela *f* de mando del distribuidor, vástago *m* de mando del distribuidor ‖ ˜spiegel *m* (Hydr) / superficie *f* de deslizamiento del distribuidor ‖ ˜spiegel (Dampfm) / espejo *m* de corredera ‖ ˜spindel *f* (Wassb) / vástago *m* de compuerta ‖ ˜stange *f* (Dampfm) / vara *f* del distribuidor, vástago *m* del distribuidor ‖ ˜steuerung *f* / distribución *f* por válvula de corredera ‖ ˜tastatur *f* / teclado *m* de cursor ‖ ˜turm *m* (Talsperre) / torre *f* de compuertas ‖ ˜überdeckung *f* (Dampfm) / recubrimiento *m* del distribuidor ‖ ˜umsteuerung *f* (Dampf) / mecanismo *m* de reversión de válvulas ‖ ˜ventil *n* / válvula *f* [de] compuerta ‖ ˜verschluss *m* (Bahn, Weiche) / enclavamiento *m* por ejes o arbolillos ‖ ˜voreilung *f* (Dampfm) / avance *m* del distribuidor ‖ ˜weg *m*, -hub *m* / camino *m* recorrido por el distribuidor, carrera *f* de la corredera ‖ ˜wehr *n* (Wassb) / presa *f* de compuertas ‖ ˜werkzeug *n* (Stanz) / herramienta *f* de levas ‖ ˜werkzeug (Werkzeug mit Schiebern) (Plast) / molde *m* de correderas ‖ ˜werkzeug (verschiebbares Werkzeug) (Plast) / molde *m* corredizo ‖ ˜zange *f* (Wz) / tenazas *f pl* con anillo deslizante

Schiebe•schalter *m* (Elektr) / conmutador *m* corredizo o deslizante ‖ ˜schranke *f* (Bahn) / barrera *f* corrediza ‖ ˜sitz *m* (Masch) / ajuste *m* fijo ligero, ajuste *m* móvil de deslizamiento ‖ ˜sitz, verschiebbarer Sitz (Kfz) / asiento *m* desplazable ‖ ˜spule *f* (Elektr) / bobina *f* cursora o de (o con) cursor ‖ ˜steller *m* / ajustador *m* rectilíneo ‖ ˜tisch *m* / mesa *f* corredizo o móvil ‖ ˜tor *n*, -tür *f* / portón *m* corredizo, puerta *f* corrediza, puerta *f* corredera ‖ ˜tor t einer Schleuse (Wassb) / portón *m* corredizo de esclusa ‖ ˜türrolle *f* / roldana *f* de puerta corrediza ‖ ˜vorrichtung *f* / dispositivo *m* de empuje ‖ ˜wand *f* / tabique *m* corredizo ‖ ˜wandwagen *m* (Bahn) / vagón *m* de paredes corredizas ‖ ˜welle *f* (Kfz, Wzm) / árbol *m* de ranuras de chavetas ‖ ˜widerstand, -rheostat *m* (Elektr) / reóstato *m* de cursor ‖ ˜widerstand, Schubwiderstand *m* (Mech) / resistencia *f* al deslizamiento o al empuje ‖ ˜widerstand *m* (Elektr) / resistor *m* de cursor ‖ ˜widerstand von Geweben (Tex) / resistencia *f* al deslizamiento de tejidos ‖ ˜wind *m* / viento *m* por atrás, retroviento, viento *m* en popa ‖ ˜winkel *m* (Luftf) / ángulo *m* de guiñada o de derrape (gal) ‖ ˜winkelmesser *m* (Luftf) / indicador *m* del ángulo de guiñada

Schieb•karren *m* / carro *m* de mano, carretilla *f* ‖ ˜lehre *f*, Schublehre *f* (Mess) / pie *m* de rey, vernier *m*

Schieblehre

‖ ˜lehre mit offenem 1/20 mm Nonius / pie m de rey con nonio o vernier abierto de 1/20 mm
Schiebung f, Verschiebung f / desplazamiento m, traslación f ‖ ˜, Scherungsdeformation f (Mech) / deformación f por esfuerzo cortante o por cizallamiento ‖ ˜ (Kinematik) / movimiento m de traslación
Schiebungs•bruch m / rotura f de deslizamiento ‖ ˜**elastizität** f / elasticidad m de cizallamiento
Schieds•..., vom Schiedsrichter abhängig / arbitral, de arbitraje ‖ ˜**analyse** f / análisis m de arbitraje ‖ ˜**labor** n (Nukl) / laboratorio m de arbitraje ‖ ˜**mischung** f (Beton) / mezcla f de arbitraje ‖ ˜**muster** n / muestra f de arbitraje ‖ ˜**spruch** m / sentencia f arbitral, arbitram[i]ento m ‖ durch ˜**spruch entscheiden** (o. schlichten o. festsetzen) / arbitrar ‖ ˜**untersuchung** f / examen m arbitral o arbitrario (LA) ‖ ˜**verfahren** n / método m de arbitram[i]ento
schief, schräg (allg, Math) / oblicuo ‖ ~, nicht senkrecht / no vertical, no perpendicular ‖ ~, windschief (Masch) / torcido, inclinado, ladeado ‖ ~, nicht gerade / no lineal ‖ ~ (Satz) (Druck) / tumbado ‖ ~, verkantet / vencido ‖ ~, mit Neigung / en declive ‖ ~, abgeschrägt (Kante) / biselado, a bisel ‖ ~, gekippt / inclinado ‖ ~, nach einer Seite hängend / ladeado ‖ ~ (Kegel usw) (Geom) / escaleno, oblicuo ‖ ~ (Dreieck) (Geom) / escaleno ‖ ~ adv, quer, in die Quere adv / al sesgo, en sesgo, biés ‖ ~ **abgeschnittener Zylinder** (Geom) / cilindro m truncado, tronco m de cilindro ‖ ~**e Brücke** / puente m oblicuo o sesgado o en esviaje ‖ ~**e Ebene** (Geom) / plano m inclinado ‖ ~ **e Ebene**, Bremsberg m (Bergb) / plano m inclinado ‖ ~ **führen** (Bau) / edificar en esviaje ‖ ~ **getriebener Pfahl** (Bau) / palo inclinado m ‖ ~**es Gewölbe** / bóveda f oblicua ‖ ~**e Kurve** / curva f alabeada ‖ ~ **e Linie** (o. Fläche o. Richtung) / biés m, sesgo m ‖ ~ **stehen**, sich neigen, schräg hängen / inclinarse, estar en declive ‖ ~**er Turm** (Phys) / torre f inclinada ‖ ~ **e Verteilung** (Stat) / distribución f en (o al) biés ‖ ~**er Winkel** (Geom) / ángulo m oblicuo
Schiefe f, Abschrägung f / bisel m, chaflán m ‖ ˜, Schiefstellung f, -stehen n / inclinación f, posición f oblicua ‖ ˜ f (Astr) / oblicuidad f ‖ ˜ (allg) / sesgo m, sesgadura f, oblicuidad f, biés m ‖ ˜ (Stat) / asimetría f, disimetría f ‖ ˜, Schräge f (Faksimile) / oblicuidad f
Schiefendfläche f (Krist) / pinacoide m basal
Schiefer m (Geol) / esquisto m ‖ ˜ (Holz) / astilla f ‖ ˜ ..., schieferartig / pizarreño m, pizarroso ‖ ˜ m zum **Dachdecken** / pizarra f ‖ mit ˜ **decken** (Dach) o. **verkleiden** (Wand) (Bau) / empizarrar
schiefer•ähnlich, -artig / pizarroso, esquistoso, apizarrado ‖ ˜**bank** f (Geol) / banco m de esquisto ‖ ˜**boden** m / suelo m esquistoso ‖ ˜**brecher** m (Arbeiter) / pizarrero m ‖ ˜**bruch** m, -bergwerk n, -grube f / pizarrería f, pizarral m ‖ ˜**bruch** (Pulv.Met) / grieta f de estratificación ‖ ˜**bruch**, Spaltungsbruch m (Metall) / fractura f fibrosa o pizarrosa ‖ ˜**dach** f, -bedachung, -deckung f (Bau) / cubierta f de pizarra, tejado m de pizarra, empizarrado m ‖ ˜**dachplatte** f / teja f de pizarra ‖ ˜**decker** m / pizarrero m ‖ ˜**decker-Beil** n, Spitzhacke f (Bau) / hacha f de pizarrero ‖ ˜**deckerhammer** m (Bau) / martillo m de pizarrero ‖ ˜**gefüge**, Holzfasergefüge m (Hütt) / estructura f fibrosa ‖ ˜**gestein** n, Schieferton m (Geol) / esquisto m, arcilla f esquistosa ‖ ˜**gestein** (Petrographie) / lutita f (según Petróleo Interamericano) ‖ ~**grau** (RAL 7015) / gris pizarra, pizarro
schieferig, schieferhaltig, Schiefer... / esquistoso, pizarroso ‖ ~, schuppig (Bergb) / escamoso ‖ ~**er Sandstein** (Geol) / pizarra f arenosa
Schiefer•kalk m (Geol) / esquisto m calizo o calcáreo ‖ ˜**kohle**, Blätterkohle f / carbón m foliado, carbón m esquistoso ‖ ˜**mehl** n, gemahlener Schiefer / pizarra f en polvo ‖ ˜**mergel** m / marga f esquistosa
schiefern, sich ~ / exfoliarse
Schiefer•nagel m (Bau) / clavo m para [colocar] pizarra ‖ ˜**öl** n / aceite m de lutita o de esquisto ‖ ˜**ölgewinnung** f, Schieferdestillation f / destilación f de lutita ‖ ˜**ölwerk** n / planta f de destilación de lutita ‖ ˜**papier** n / papel-pizarra m ‖ ˜**platte** f / plancha f de pizarra ‖ ˜**platte**, -tafel f (Bau, Straßb) / losa f de pizarra ‖ ˜**schwarz** n / arcilla f pizarrosa negra ‖ ˜**schwärze** f, schwarze Kreide / creta f negra ‖ ˜**stein** m (Bau) / pizarra f ‖ ˜**talk**, Talkschiefer m / talquita f, esquisto m talcoso ‖ ˜**teer** m / alquitrán m de esquistos bituminosos ‖ ˜**ton** m (Geol) / arcilla f esquistosa ‖ ˜**ton**, Schiefer[stein]kohle f (Kohlen-Bergb) / carbón m esquistoso ‖ ~**tonartig** / lutítico
Schieferung f, Schiefrigkeit f (Planargefüge in metamorphem Gestein) (Geol) / estructura f esquistosa ‖ ˜ (durch tektonische Prozesse) (Geol) / despegue m, exfoliación ‖ ˜ (Sintern) / estratificación f ‖ ˜ **durch Metamorphose** (Geol) / esquistosidad f ‖ **falsche o. schräge** ˜ (Geol) / textura f estratificada oblicua
Schiefer•verkleidung f **für Hauswände** (Bau) / revestimiento m de pizarra ‖ ˜**weiß** n (Farbe) / cerusa f en laminillas
Schiefes, Verschobenes n / biés m
schief•flächig (Krist) / plagiedro, de facetas oblicuas ‖ ˜**last** f (Elektr) / carga f desequilibrada ‖ ˜**lastbetrieb** m (Elektr) / régimen m desequilibrado ‖ ˜**lastmelderelais** n / relé m [indicador] de desequilibrio ‖ ˜**lauf** m (Riemen) / desplazamiento m [espontáneo] de la correa ‖ ˜**laufen** n / marcha f oblicua, movimiento m al través ‖ ˜**laufen von Formularen** (DV, Schreibm) / sesgadura f de formularios ‖ ˜**stellung** f, Schrägstellung f, Schiefstehen n / inclinación f, posición f inclinada oblicua ‖ ~**symmetrisch** (Math) / antisimétrico ‖ ˜**werden** n, Verlieren n der Form (Keram) / alabeo m, alabeamiento m
schiefwink[e]lig (Math) / oblicángulo, de ángulos oblicuos ‖ ~**e Brücke** / puente m oblicuo o sesgado o en esviaje ‖ ~**es Dreieck** (Math) / triángulo m escaleno ‖ ~**e Durchdringung** (Math) / penetración f oblicua ‖ ~**es Koordinatenkreuz** / sistema m oblicuo de coordenadas ‖ ~**e Überblattung** (Zimm) / ensamble m a media madera oblicuo ‖ ~**-anisotrop** (Bau) / anisotrópico-sesgado
Schielen n, Winkelfehler m (Antenne) / ángulo m de conmutación de lóbulo, ángulo m de desviación, estrabismo m
Schielwinkel m (Ultraschall) / ángulo m de barrido (o de exploración) horizontal
Schiemannsgarn n, Kabelgarn n (Schiff) / meollar m
Schiene f, Eisenbahnschiene f / carril m, riel m (LA) ‖ ˜ (Stahlbau) / baranda f, barandal m ‖ ˜ (Bau) / rail m, raíl m ‖ ˜ (Elektr, Hütt) / barra f ‖ ˜, Lasche f (Zimm) / cubrejunta f, eclisa f ‖ ˜ f (Med) / férula f ‖ ˜ (Hauptübertragungsleitung) (Elektr) / línea f o canalización principal ‖ ˜, Sammelschiene f (Elektr) / barra f ómnibus o colectora ‖ ˜ f (Web) / varilla f de cruz ‖ ˜**n** f pl, **Gleise** n pl (Bahn) / vía f, vías f pl ‖ ˜ f **auf dem Laufbrett** (Druck) / colisa f ‖ ˜ **der Reißschiene** (Zeichn) / regla f ‖ ˜**n legen** (Bahn) / colocar carriles ‖ ˜ f **mit Aussparung**, ausgeklinkte Backenschiene (Bahn) / cupón m cepillado ‖ ˜ **mit gewölbtem Kopf** / carril m de cabeza convexa ‖ ˜**en rücken** / ripar carriles ‖ **auf** ˜**n** / sobre carriles ‖ **die** ˜ **wirft sich** / el carril se alabea ‖ **die** ˜**n**, Schienennetz n (allg) / vías f pl, red f de vías, red f ferroviaria ‖ **flache** ˜, Plattschiene f / barra f de cabeza plana
Schienen•abnutzung f, -verschleiß m / desgaste m de carriles ‖ ˜**anbindung** f (einer Fabrik) / conexión f

ferroviaria ‖ ~anker *m* s. Schienenklemme ‖ ~anschlussstück *n* / pieza *f* de unión de carriles ‖ ~auftragsschweißung *f* / recargue *m* de carriles ‖ ~auszugsvorrichtung *f*, -ausziehstoß *m* (Bahn) / junta *f* de carriles con extremos expansibles ‖ ~bahn *f* (Bergb) / vía *f* de carriles ‖ ~befestigung *f* / fijación *f* de carriles ‖ ~bergbahn *f* / ferrocarril *m* de montaña de raíl ‖ ~bettung *f* (Bahn) / lecho *m* de balasto o de cascajos, balasto *m*, lastre *m* (LA) ‖ hand- o. hydraulisch betriebene ~biegevorrichtung / aparato *m* para curvar carriles, diablo *m* (LA) ‖ ~bohrmaschine *f* / taladradora *f* de carriles ‖ ~bremse *f* / freno *m* sobre carril (E), freno *m* de patines (LA) ‖ ~bremsmagnet *m* (Bahn) / electroimán *m* para freno de carril ‖ ~bruch *m* / rotura *f* de carril ‖ ~bus *m* / autobús *m* sobre carriles, automotor *m* ligero, ferrobús *m* ‖ ~ende *n* / extremo *m* de carril ‖ ~fahrkante, -innenseite *f* (Bahn) / borde *m* (o canto) interior del carril ‖ ~fahrzeug *n* (Bahn) / vehículo *m* sobre carriles, vehículo *m* guiado ‖ ~federklammer *f* / esparpia *f* elástica de carriles (E), clavo *m* elástico de rieles (LA) ‖ ~fertigstraße *f* (Walzw) / tren *m* acabador de carriles ‖ ~flachstich *m* (Walzw) / pasada *f* plana del carril ‖ ~[dehn]fuge *f*, Ausziehstoß *m* (Bahn) / junta *f* en bisel (gal.) ‖ ~fuß *m* / patín *m* del carril, base *f* del carril ‖ ~gebunden (Fahrzeug) / guiado, sobre carriles, móvil sobre rieles ‖ ~geführter Stapler / estibador *m* sobre carriles, carretilla *f* elevadora sobre carriles ‖ ~gleicher Straßen- o. Wegübergang (Bahn) / paso *m* a nivel, P.N. *m* ‖ ~gleicher Zugang (zum Bahnsteig) (Bahn) / paso *m* entre andenes a nivel ‖ ~gleis, -geleise *n* (Bahn) / vía *f* ‖ ~hakenplatte, Krempenplatte *f* (Bahn) / placa *f* de asiento con uña (E), silleta *f* con uña (LA) ‖ ~hängebahn *f* (Förd) / ferrocarril *m* aéreo o suspendido ‖ ~hebe... / levantacarriles *adj* ‖ ~heber *m*, -hebewinde *f* / levantacarriles *m* ‖ ~heber, Gleisheber *m* / gato *m* alzavías ‖ ~herzstück *n*, zusammengesetztes Herzstück einer Weiche / corazón *m* de cruzamiento armado de carriles, punta *f* de cruzamiento armada con carriles, corazón *m* de rieles (LA), punta *f* de corazón (de las agujas) ‖ ~hobel *m*, -schleifapparat *m* / acepilladora *f* de carriles ‖ ~innenseite *f* / borde *m* (o canto) interior del carril ‖ ~joch *n*, Gleisjoch *n* / tramo *m* de vía [portátil], cuadro *m* de vía [portátil] ‖ ~kante, -laufkante *f* (Bahn) / borde *m* o canto de rodadura del carril ‖ ~klammer *f*, -nagel *m* / grapón *m*, esparpia *f* de carril (E), clavo *m* de riel (LA) ‖ ~klemme *f*, -anker *m* (Bahn) / dispositivo *m* de anclaje de carriles ‖ ~klemme (Elektr) / pinza *f* aislante de barra ómnibus ‖ ~kontakt *m* (Bahn) / contacto *m* de carril, pedal *m* ‖ ~kontakt für Zugeinwirkung (Bahn) / pedal *m* electromecánico ‖ ~kopf *m* (Bahn) / cabeza *f* del carril ‖ ~kopfausrundung *f* / curva *f* de acuerdo con el perfil de carril ‖ ~krampe *f* s. Schienenklammer ‖ ~kran *m*, Kran *m* auf Schienenfahrzeug / grúa *f* sobre carriles ‖ ~kranz *m* / corona *f* de carriles ‖ ~kreuzung *f* / cruzamiento *m* de vías ‖ ~kreuzungsstück *n* (ein Weichenteil) / traviesa *f* propiamente dicha (conjunto de los corazones obtusos) ‖ ~lager *n* (Breitfußschienen) (Bahn) / asiento *m* de carril ‖ ~lasche *f* (Bahn) / eclisa *f* de carril, brida *f* de carril ‖ ~lauffläche *f* (Bahn) / tabla *f* (o superficie) de rodadura del carril ‖ ~laufkatze *f* (Förd) / carro *m* móvil sobre carriles ‖ ~legemaschine *f* (Bahn) / máquina *f* para colocar carriles, asentadora *f* de la vía ‖ ~legen *n* (Bahn) / colocación *f* de carriles ‖ ~legen, Gleisbau *m* (Bahn) / construcción *f* de la vía ‖ ~leger *m* / obrero *m* asentador de la vía o de carriles ‖ ~los / sin carriles ‖ ~lücke *f*, Stoßfuge *f* / juego *m* de dilatación ‖ ~messwagen *m* / vagón *m* de inspección de la vía, vagón *m* laboratorio ‖ ~nagel *m*, Hakennagel *m*, Krampe *f*, Klammer *f* (Bahn) / grapón *m*, esparpia *f* de carril, clavo *m* de vía (LA) ‖ ~nagel-Ausziehgerät *n*, -nagelwinde *f* (Bahn) / extractor *m* de grapones ‖ ~nagelhammer *m* (Bahn) / martillo *m* de grapones ‖ ~nagelzange *f* (Bahn) / tenazas *f pl* para sacar grapones ‖ ~neigung *f* (Bahn) / inclinación *f* del carril ‖ ~netz *n* / red *f* ferroviaria, red *f* de vías ‖ ~oberkante *f* / cara *f* superior del carril ‖ ~omnibus *m* s. Schienenbus ‖ ~profil *n*, -form *f*, -querschnitt *m* / perfil *m* de carril ‖ ~prüfwagen *m* / vehículo *m* de auscultación de carriles ‖ ~querverbinder *m* (Bahn) / conectador *m* eléctrico entre carriles ‖ ~räumer *m* (Arbeiter u. Gerät), -reiniger *m* / limpiavías *m* ‖ ~räumer (Bahn) / quitapiedras *m*, limpiacarriles *m*, quitapiedras *m* (LA) ‖ ~reibung *f* (Bahn) / frotamiento *m* rodante sobre carriles ‖ ~richten *n* / rectificación *f* de la alineación de carriles ‖ ~richtmaschine, -presse *f* / enderezadora *f* de carriles ‖ ~riffelung *f* / desgaste *m* ondulatorio de los carriles ‖ ~rücker *m* (Bahn) / aparator *m* ripador de carriles ‖ ~rückleitung *f* (Elektr) / retorno *m* por la vía o por los carriles ‖ ~schleifen *n* (Bahn) / amolado *m* de carriles ‖ ~schleifmaschine *f* / amoladora *f* de carriles ‖ ~schleifzug *m* / tren *m* de amolado de carriles ‖ ~schraube *f*, Schwellenschraube *f* (Bahn) / tirafondo *m* ‖ ~speisekabel *n* (Bahn) / cable *m* de retorno ‖ ~stahl *m* / acero *m* para carriles ‖ ~steg *m* / alma *f* de carril ‖ ~stoß *m* / junta *f* de carril ‖ ruhender o. aufliegender ~stoß / junta *f* de carril apoyada ‖ schwebender ~stoß / junta *f* de carril al aire o suspendida ‖ ~stoß zwischen Einzelschwellen (Bahn) / junta *f* de carril con traviesas separadas ‖ ~stöße *m pl* in gleicher Höhe (Bahn) / juntas *f pl* concordantes ‖ ~stoß-Futterblech *n* / chapa *f* de forro para junta de carril ‖ ~stoßprüfer *m* (Bahn) / aparato *m* comprobador o verificador de juntas de carriles ‖ ~stoßschleifmaschine *f* / amoladora *f* de juntas de carriles ‖ ~strang *m* / tramo *m* de vía, vía *f* férrea ‖ ~straße *f* (Walzw) / tren *m* de laminar carriles ‖ ~stromabnehmer *m* (Bahn) / toma *f* de corriente de carriles, colector *m* de patín ‖ ~stromkreis *m* / circuito *m* de vía ‖ ~stromwandler *m* (Elektr) / transformador *m* de barra[s] ‖ ~stücke *n pl* (Bahn) / carriles *m pl* cortados, cupones *m pl* de carril ‖ ~stuhl *m* (Doppelkopfschienen) (Bahn) / cojinete *m* de carril de doble cabeza ‖ ~tankwagen *m* / vagón-cisterna *m* ‖ ~tragezange *f* (Bahn) / tenazas *f pl* porta-carriles ‖ ~transportwagen *m* (Bahn) / vagón *m* carrilero (E), vagón *m* transportador de carriles, carro *m* para rieles (LA) ‖ ~triebfahrzeuge *n pl* / vehículos *m pl* motores o motorizados [sobre carriles], material *m* motor ‖ ~überhöhung *f* (der äußeren Schiene) / peralte *m* [del exterior o de la vía] ‖ ~unterlagsplatte *f* / placa *f* de asiento para carriles ‖ ~verankerung *f* / anclaje *m* de carriles ‖ ~verbinder *m* (Elektr) / conexión *f* eléctrica de carriles, cable *m* de puentear ‖ ~verbindung *f*, Stoßverbindung *f* (mechanisch) / conexión *f* mecánica de carriles, unión *f* de carriles o rieles ‖ ~verkehr *m* (Bahn) / tráfico *m* ferroviario, tráfico *m* sobre rieles ‖ ~verschleiß *m*, -abnutzung *f* / desgaste *m* de carriles ‖ ~verteiler *m* (Elektr) / distribuidor *m* de barras ‖ ~walzwerk *n* / laminador *m* de carriles ‖ ~wandler *m* (Elektr) / transformador *m* de barra ‖ ~wechselmaschine *f* / máquina *f* para cambiar carriles ‖ ~weg *m* / vía *f* férrea ‖ ~weg (Bergb) / vía *f* de carriles ‖ ~winkel *m* (Bahn) / escuadra *f* para colocación de carriles ‖ ~zange *f* / tenazas *f pl* de carriles ‖ ~zwischenraum *m*, Gleisabstand *m* / distancia *f* entre [ejes de] vías, entrevía *m*
Schiene•-Straße... / [de] ferrocarril-carretera ‖ ~-Straße-Fahrzeug *n* / vehículo *m* ferrocarril-carretera ‖ ~-Straße-Sattelauflieger *m* (Bahn) / semirremolque *m* ferrocarril-carretera ‖ ~-Straße-Verkehr *m* / transporte *m* combinado o mixto ferrocarril-carretera ‖ ~-Wasser-Weg *m*,

gebrochener Weg / transporte *m* combinado ferrocarril-vía acuática
Schierling *m* (Bot) / cicuta *f*
Schierlingstanne *f*, Hemlocktanne *f*, Tsuga canadensis / tsuga *f* del Canadá
Schieß•..., Sprengmittel... (Bergb) / de voladura ‖ ²**arbeit** *f* / voladura *f*, dinamitación *f* ‖ ~**bar** (Bergb) / dinamitable, que se puede saltar o volar ‖ ²**baumwolle** *f* / algodón *m* explosivo o pólvora, piroxilina *f* ‖ ²**bedarf** *m* (Bergb) / artículos *m pl* de voladura ‖ ²**bolzen** *m* / clavo *m* o perno para pistolas de incrustar ‖ ²**elementeberechner** *m* / calculador *m* de datos de tiro
schießen *vt*, sprengen (Bergb) / hacer saltar, volar, dinamitar ‖ ~ (Tuch) / picar ‖ ~ vi, feuern / tirar, disparar, hacer fuego o disparos ‖ ~, schnell fließen / fluir rápidamente, chorrear ‖ ~ (Bot) / echar tallos ‖ ~ **lassen** (Kette, Seil) / dejar salir ‖ **[eine Szene]** ~ (coll) / tirar una fotografía, fotografiar, filmar, rodar las cámaras ‖ ² *n* (allg) / tiro *m* ‖ ², Schießarbeit *f* (Bergb) / voladura *f*, dinamitación *f* ‖ ² (Wasser) / flujo *m* rápido, chorro *m*
Schieß•gezähe *n* (Bergb) / útiles *m pl* de tiro ‖ ²**hauer** *m*, -meister *m* (Bergb) / barrenero *m* ‖ ²**kabel** *n* (Bergb) / mecha *f*, cable *m* del explosor, cordón *m* detonante ‖ ²**kanal** *m*, -tunnel *m* (Min) / túnel *m* de tiro, galería *f* de tiro, probadero *m* ‖ ²**kopf** *m* (Kernformmasch) / cabeza *f* de soplado ‖ **lehre** *f* / balística *f* ‖ ²**leine** *f* (Schiff) / cabo *m* de salvamento ‖ ²**leitung** *f* (Bergb) / línea *f* de tiro ‖ ²**loch** *n*, Bohrloch *n* (Bergb) / barreno *m* ‖ ²**löcher** *n pl* **stopfen** (Bergb) / atacar barrenos ‖ ²**maschine** *f* (Ballistik) / máquina *f* para prueba de tiro ‖ ²**maschine** (Bergb) / máquina *f* de tiro ‖ ²**meister** *m* s. Sprengmeister ‖ ²**pfropfen** *m* (Bergb) / tapón *m* de barreno ‖ ²**pulver** *n* / pólvora *f* ‖ ²**scheibe** *f* (Mil) / blanco *m* ‖ ²**stand**, -platz *m* / campo *m* de tiro ‖ ²**stoff** *m* / materia *f* explosiva
Schiff *n* / buque *m*, barco *m*, embarcación *f*, nave *f*, navío *m* ‖ ², Schützen *m* (Web) / lanzadera *f* ‖ ² (groß, seegehend) / buque *m* marinero, navío *m* de alto borde ‖ ² **einer Fabrikhalle** / nave *f* ‖ ² **für große Fahrt** / buque *m* para navegación de altura ‖ ² **mit schweren Bewegungen** / barco *m* de movimientos duros
Schiffabbrecher *m*, -ausschlachter *m* / desguazador *m* de buques
schiffbar, befahrbar / navegable ‖ ~**er Halbkreis** (Nav) / semicírculo *m* navegable ‖ ~ **machen** (Fluss) / hacer navegable, regulizar
Schiff•bau *m*, -bautechnik *f* / construcción *f* naval o de buques, ingeniería *f* naval ‖ ²**bau**, Werftindustrie *f* / industria *f* de construcción naval ‖ ²**bauer** *m* / constructor *m* naval o de buques, arquitecto *m* naval
Schiffbauhalle *f* / cobertizo *m* de construcción naval
Schiff•bauhelling, Helling *f* / grada *f* ‖ ²**bauingenieur** *m* / ingeniero *m* naval ‖ ²**baukunde** *f* / arquitectura *f* naval ‖ ²**baustahl** *m* / acero *m* para construcciones navales ‖ ²**bautechnisch** / de construcción *f* naval ‖ ²**bauwulstprofil** *n* / angular *m* con bordón para construcción naval ‖ ²**bruch** *m* / naufragio *m* ‖ ²**brücke** *f* (Verkehr) / puente *m* de barcos
Schiffchen *n* (Chem) / navecilla *f* ‖ ² (Nähm) / lanzadera *f* ‖ ² (Hütt) / caja *f* de secado de machos ‖ ²**, Weberschiff** *n* / lanzadera *f* ‖ ²**bahn** *f* (Nähm) / carrera *f* de lanzadera, pista *f* de lanzadera ‖ ²**spule** *f*, Schuss-, Eintragspule *f* (Web) / canilla *f* de lanzadera ‖ ²**stickerei** *f* / bordado *m* de telar con lanzadera[s] ‖ ²**treiber** *m* (Nähm) / taco *m* de lanzadera
schiffen, steuern / navegar
Schifferknoten *m* / nudo *m* marinero ‖ **doppelter** ² / nudo *m* marinero doble
Schifffahrt *f*, Navigation *f* / navegación *f*
Schifffahrts•... / naviero *adj* ‖ ²**agentur** *f* / agencia *f* marítima o naviera

Schifffahrtsicherungsanlage *f*, Hafenradar *m* / radar *m* portuario o de puerto
Schifffahrts•kanal *m*, -[s]rinne *f* / canal *m* navegable o de navegación ‖ ²**kunde**, Nautik *f* / náutica *f*, ciencia *f* de la navegación ‖ ²**linie** *f*, -strecke *f* / línea *f* marítima o de navegación ‖ ²**öffnung** *f* (Brücke) / arco *m* de pasaje ‖ ²**rinne** *f*, Fahrrinne *f* / canalizo *m*, canal *m* navegable ‖ ²**route** *f*, Track *m* / ruta *f* marítima o de navegación ‖ ²**schule** *f* / escuela *f* náutica
Schifffahrtstraße *f*, -kanal *m* / vía *f* acuática [navegable]
Schifffahrts•unternehmen *n*, Reederei *f* / compañía *f* naviera o de navegación ‖ ²**weg** *m* (Seekarte) / derrotero *m*
Schiffs•..., See... / marino, marítimo ‖ ²**...**, nautisch / náutico ‖ ²**...**, Marine... / naval, de marina, de la Marina ‖ ²**anlegeplatz** *m* / desembarcadero *m*, embarcadero *m* ‖ ²**anlegeplatz zwischen Piers** / dársena *f* ‖ ²**anstrich** *m*, -bodenfarbe *f* / pintura *f* marina [para el fondo] ‖ ²**antrieb** *m* / propulsión *f* de buque[s] ‖ ²**armaturen** *f pl* / piezas-accesorios *f pl* y robinetería para buques ‖ ²**aufbauten** *m pl* / superestructura *f* ‖ ²**aufzug** *m*, Hellingswinde *f* / cabrestante *m* de grada ‖ ²**ausrüster** *m*, -ausstatter *m* / proveedor *m* de buques ‖ ²**ausrüstung** *f*, -takelung *f* / aparejos *f pl* ‖ ²**ausschlachter**, -verschrotter *m* / desguazador *m* de buques, desguasista *m* ‖ ²**ausschlachtung** *f* / desguace *m* ‖ ² **[außen]haut** *f* / forro *m* del barco ‖ ²**bau** *m*, Schiffbauindustrie *f* / industria *f* naviera o naval ‖ ² **[bau]werft** *f* / astillero *m* ‖ ²**befrachter** *m* / fletador *m* ‖ ²**behälter** *m* (Gas) / depósito *m* de gas ‖ ²**bekämpfungs-Flugkörper** *m* (Mil) / misil *m* antibuque ‖ ²**beladeanlage** *f* / instalación *f* para cargar buques ‖ ²**belader** *m* (Unternehmer) / cargador *m* de barcos ‖ ²**bergung** *f*, -hebung *f* / salvamento *m* de barcos ‖ ²**besatzung** *f* / tripulación *f* del buque ‖ ²**betrieb** *m*, Seefahrt *f* / navegación *f*, servicio *m* marítimo ‖ ²**betriebszentrale** *f* / centro *m* de mando del buque ‖ ²**bewegung** *f* / movimiento *m* del barco ‖ ²**bleche** *n pl* / chapas *f pl* navales o para la construcción naval o para barcos ‖ ²**boden** *m* / fondo *m* de buque, carena *f*, fondo *m* de [la] cala ‖ ²**bodenfarbe** *f*, -anstrich *f* / pintura *f* para fondo de buques, pintura *f* naval submarina ‖ ²**bodenparkett** *n*, Langriemenparkett *n* (Zimm) / entarimado *m* a la inglesa ‖ ² **[bohr]wurm**, Bohrwurm *m*, Teredo navalis / broma *f* ‖ ²**breite** *f* (an der breitesten Stelle) / manga *f*, escora *f* ‖ ²**brücke** *f*, Pontonbrücke *f* / puente *m* de pontones ‖ ²**bug** *m* / proa *f*
Schiffsch•e Base *f* (Chem) / base *f* de Schiff ‖ ²**es Reagens** / reactivo *m* de Schiff
Schiff-Schiff... (Flugkörper) / barco-barco
Schiffs•chronometer *m n* / cronómetro *m* de barco ‖ ² **[dampf]kessel** *m* / caldera *f* marina ‖ ²**dieselmaschine** *f* / motor *m* Diesel marino ‖ ²**entladeanlage** *f* / instalación *f pl* de descarga de buques, aperos *m pl* de descarga ‖ **rundes** ²**fenster**, Bullauge *n* / ojo *m* de buey, portilla *f* ‖ ²**form** *f*, Schiffslinienriss *m* / plano *m* de líneas de un barco ‖ ²**fracht** *f* / flete *m* ‖ ²**führung** *f*, Führung *f* eines Schiffes / mando *m* de un buque ‖ ²**führung**, Navigation *f* / navegación *f* ‖ ²**funk[verkehr]** *m* / radiocomunicación *f* entre buques, servicio *m* marino de T.S.H. ‖ ²**gasturbine** *f* / turbina *f* de gas marina ‖ ²**gerät** *n*, -ausrüstung *f* / armamento *m* ‖ ²**gestützt** (Flugkörper) / lanzable desde buque[s] ‖ ~**gestützte Boden-Luft-Lenkwaffe** / misil *m* teledirigido barco-aire ‖ ²**größe** *f* / dimensión *f* del buque ‖ ²**hauptmaschine** *f* / máquina *f* principal de a bordo ‖ ²**haut**, -außenwand *f* / forro *m* del barco ‖ ²**hebewerk** *n* / montabarcos *m*, ascensor *m* o elevador de barcos ‖ ²**hilfsmaschine** *f* / máquina *f* auxiliar de a bordo ‖ ²**hobel**, Rundhobel *m* (Bau) / cepillo *m* redondo o combado ‖ ²**höhe** *f* / puntal *f* ‖

⁓**ingenieur** *m* / ingeniero *m* naval, ingeniero *m* de buque ‖ ⁓**innenausbau** *m* / construcción *f* naval de interiores ‖ ⁓**kabel** *n* / cable *m* para buques ‖ ⁓**kammer** *f* / camarote *m* ‖ ⁓**kessel** *m* / caldera *f* marina ‖ ⁓**kiel**, Kiel *m* / quilla *f* de barco ‖ ⁓**klasse** *f* / arqueo *m* ‖ ⁓**klassifikation** *f* / clasificación *f* de buques ‖ ⁓**kompass** *m* / brújula *f*, aguja *f*, compás *m* marino ‖ ⁓**konossement** *n* / conocimiento *m* de embarque ‖ ⁓**körper** *m*, -rumpf *m* / casco *m* del buque ‖ ⁓**körper über der Wasserlinie**, totes Werk / obras *f pl* muertas ‖ ⁓**körper unter der Wasserlinie**, lebendiges Werk / obras *f pl* vivas ‖ ⁓**kran** *m* / grúa *f* de buque ‖ ⁓**kreisel** *m* / estabilizador *m* giroscópico o girostático ‖ ⁓**kühlanlage** *f* / instalación *f* frigorífica marina o de a bordo ‖ ⁓**lader** *m* (Container) / Portainer *m*, portenedor *m* ‖ ⁓**ladewinde** *f* / torno *m* de carga, chigre *m* ‖ ⁓**ladung** *f* / cargamento *m*, carga *f* ‖ ⁓**laterne** *f*, Positionslicht *n* / luz *f* de navegación o de situación ‖ ⁓**linienriss** *m* / plano *m* de construcción ‖ ⁓**linienriss**, Schiffsform *f* / plano *m* de líneas ‖ ⁓**liste** *f*, -register *n* / lista *f* de buques en el código internacional, registro *m* internacional de buques ‖ ⁓**log** *n* / corredera *f*, guindola *f* ‖ ⁓**löschanlage** *f* / instalación *f* para la descarga de buques, aperos *m pl* de descarga ‖ ⁓**luke** *f* / escotilla *f* ‖ ⁓**makler** *m* / corredor *m* marítimo ‖ ⁓**mannschaft** *f* / tripulación *f* del barco ‖ ⁓**maschine** *f* / máquina *f* de un buque, máquina *f* marina ‖ ⁓**maschinenbau** *m* / construcción *f* de maquinaria naval ‖ ⁓**maschineningenieur** *m* / ingeniero *m* de máquinas de buque ‖ ⁓**maschinenöl** *n* / aceite *m* para motores marinos ‖ ⁓**maschinist** *m* / maquinista *m* de un buque ‖ ⁓**maß** *n* / dimensiones *f pl* de un buque, tonelaje *m* [de arqueo] ‖ ⁓**mäßig**, Schiffs... / marino ‖ ⁓**modell** *n* / modelo *m* de buque ‖ ⁓**ort** *m*, Position *f* / situación *f* o posición de un buque ‖ **den** ⁓**ort berechnen** / determinar la situación de un buque ‖ **den** ⁓**ort bezeichnen** / marcar la situación de un buque ‖ ⁓**papiere** *n pl* (allg) / papeles *m pl* de a bordo, documentación *f* del buque ‖ ⁓**plan** *m* / plano *m* de buque ‖ ⁓**planke** *f* / tablón *m* ‖ ⁓**poller** *m* / bita *f*, bitón *m* ‖ ⁓**position** *f*, Besteck *n* / punto *m* ‖ ⁓**profil** *n* (Walzw) / perfil *m* para construcción naval ‖ ⁓**propeller** *m* s. Schiffsschraube ‖ ⁓**radar** *m* / radar *m* de a bordo o de navegación ‖ ⁓**raum**, Laderaum *m* / bodega *f* ‖ ⁓**raum**, Frachtraum *m* (auch gesamter Schiffsraum einer Flotte) / tonelaje *m* ‖ ⁓**register** *n* / matrícula *f* de los buques, registro *m* de buques ‖ ⁓**register** s. auch Schiffsliste ‖ ⁓**ruder** *n*, Steuer[ruder] *n* (Schiff) / timón *m* ‖ ⁓**rumpf** *m*, -körper *m* / casco *m*[de barco o de buque] ‖ ⁓**schraube** *f* / hélice *f* de buque o de barco ‖ ⁓**schweiß** *m* / rezumo *m* ‖ ⁓**spant** *n* / cuaderna *f* ‖ ⁓**spantenwerk** *n* / armazón *f* ‖ ⁓**stapler** *n* (an Bord) / carretilla *f* elevadora de a bordo ‖ ⁓**tagebuch** *n*, Logbuch *n* / cuaderno *m* de bitácora, libro *m* de bitácora, diario *m* de navegación ‖ ⁓**takelung** *f*, -ausrüstung *f* / aparejo *m*, jarcia *f*, cordaje *m* ‖ ⁓**taufe** *f* / bautizo *m* de un buque ‖ ⁓**telegraf** *m* / telégrafo *m* de máquina ‖ ⁓**transport** *m* / transporte *m* por vía acuática ‖ ⁓**treppe** *f* / escalera *f* de buque ‖ ⁓**treppe am Fallreep** / escalera *f* de portalón ‖ ⁓**trog** *m* **des Hebewerks** / depósito *m* del barco, artesa *f* para el buque ‖ ⁓**turbine** *f* / turbina *f* marina ‖ ⁓**uhr** *f* / cronómetro *m* de a bordo ‖ ⁓**verkabelung** *f* / cablería *f* de buque ‖ ⁓**verkehr** *m* / tráfico *m* marítimo ‖ ⁓**verkleidung** *f* / tablazón *m*, bordaje *m* ‖ ⁓**verlader** *m* / cargador *m*, fletador *m* ‖ ⁓**vermesser** *m* / arqueador *m*, medidor *m* de buques ‖ ⁓**vermessung** *f* / arqueo *m* ‖ ⁓**vibrationen** *pl* / vibraciones *f pl* del casco [de un buque] ‖ ~**voraus-orientiert** (Radar) / orientado hacia la proa ‖ ⁓**wache** *f* / vigía *f*, guardia *f* ‖ ⁓**wagen**, Pontonwagen *m* / vehículo *m* de pontones ‖ ⁓**wand** *f* / pared *f* del buque (E), muralla *f* de un buque (LA) ‖ ⁓**wand** **oberhalb der Wasserlinie** / muralla *f*, obra *f* muerta ‖ ⁓**wellenumdrehungsanzeiger**, SUZ *m* / indicador *m* de velocidad de hélice ‖ ⁓**wendegetriebe** *n* / engranaje *m* de inversión de marcha para buques ‖ ⁓**werft** *f* / astillero *m* ‖ ⁓**werg** *n*, Kalfaterwerg *n* / estopa *f* alquitranada o de calafatear ‖ ⁓**winde** *f*, Deckwinde *f* / cabrestante *m* (E) o güinche (LA) de buque, chigre *m* ‖ ⁓**[wipp]kran** *m* / grúa *f* con brazo de inclinación variable de buques ‖ ⁓**wurm** *m* (Teredo navalis) (Zool) / broma *f* ‖ ⁓**zimmermann** *m* / carpintero *m* de buque o de ribera ‖ ⁓**zimmermann** *n*, Deckschlosser *m* / carpintero *f* de ribera, cerrajero *m* de buque

Schift *m*, Verschiebung *f* (DV) / desplazamiento *m* ‖ ⁓**befehl** *m* (DV) / instrucción *f* de desplazamiento

schiften *vt*, verschieben (DV) / desplazar ‖ ~ (Zimm) / empalmar por punto de taco

Schifter, Wechsel *m* (Zimm) / brochal *m*

Schift•register *n* (DV) / registro *m* de desplazamiento ‖ ⁓**sparren** (Zimm) / cabrio *m* de unión ‖ ⁓**sparren**, Walmsparren *m* (Zimm) / cabrio *m* de copete

Schikane *f* (Masch) / placa *f* desviadora o de desviación ‖ ⁓, Hindernis *n* / traba *f* ‖ ⁓**n** *f pl* (Hydr) / desviadores *m pl*

Schild *m* (Planierraupe) / pala *f* de la niveladora, escudo *m*, troquel *m* ‖ ⁓, Schutzschild *m* / escudo *m*

Schild *n*, kleines Schild / placa *f* ‖ ⁓, Aushängeschild *n*, Zeichen *n* / letrero *m* ‖ ⁓, Lagerschild *n* (Elektr) / placa *f* de cojinete ‖ ⁓, Verkehrsschild *n* / señal *f* de tráfico, señal *f* indicadora ‖ ⁓, Warnungsschild *n* / letrero *m* de aviso, señal *f* de aviso ‖ ⁓, Nummernschild (Kfz) / placa *f* de matrícula, chapa *m* (LA) ‖ ⁓ (z.B. hinter einem Radioknopf) / escudo *m* ‖ ⁓, Typenschild *n* / placa *f* de características ‖ **kleines** ⁓, Etikett *n* / rótulo *m*, etiqueta *f*

Schild•bauweise *f*, -vortrieb *m* (Tunnel) / construcción *f* con escudo o troquel, avance *m* con (o por) escudo ‖ ⁓**bogen** *m* (Bau) / arco *m* en nicho

Schildchen, Etikett *n* / etiqueta *f*, rótulo *m*

Schilder•brücke *f* (Autobahn) / pórtico *m* o portal de señalización (autopista) ‖ ⁓**email** *n* / esmalte *m* para letreros ‖ ⁓**maler/in** *m/f* / rotulista *m f*, pintor[a] *m f* rotulista

Schilderung *f* / descripción *f*

Schild•kühler *m* (Nukl) / cambiador de calor por refrigeración del escudo ‖ ⁓**lager** *n* (Elektr) / cojinete *m* de escudo ‖ ⁓**laus** *f* (Schädling) (Zool) / coccídea *m*, cochenila *f* ‖ ⁓**australische** ⁓**laus** / cochinilla *f* australiana o acanalada, cochinilla *f* blanca de los cítricos (LA) ‖ ⁓**mauer** *f* (Bau) / muro *m* frontal ‖ ⁓**räumer** *m* (Abwasser) / rascador *m* de fango ‖ ⁓**tank** *m* (Nukl) / depósito *m* de protección ‖ ⁓**vortriebsmaschine** *f* s. Tunnelmaulwurf ‖ ⁓**zapfen**, Stirnzapfen *m* / gorrón *m* de patín, muñon *m* ‖ ⁓**zapfenflansch** *m* / brida *f* del gorrón de patín ‖ ⁓**zapfenlagerung** *f* / alojamiento *m* por gorrón de patín

Schilfdach *n*, Reetdach *n* (Bau) / tejado *m* de caña

Schilfer *m pl* (Hütt) / conjunto *m* de hileras

schilf•grün (RAL 6013) / verde caña ‖ ⁓**matte** *f* / estera *f* de caña ‖ ⁓**rohr** *n* (Bot) / cañas *f pl* ‖ ⁓**rohr**, Binse *f* / junco *m* ‖ ⁓**rohrplatte** *f* (Bau) / placa *f* [ligera] de caña comprimida

Schiller *m*, Schimmer *m* / irisado *m*, centelleo *m* ‖ ⁓**farbe** *f* (Tex) / color *m* tornasolado o cambiante o trocatinte o iridiscente ‖ ⁓**krepp** *m* (Tex) / crespón *m* tornasolado

schillern *vi* / irisar, opalizar, tornasolar ‖ ⁓ *n*, Irisieren *n* (Spinn) / irisado *m*, irisación *f*, opalescencia *f* ‖ ⁓ (Geol) / schillerisación *f*

schillernd (Tex) / cambiante, tornasolado, iridiscente ‖ **bunt** ⁓ / opalescente ‖ ⁓ **[in Regenbogenfarben]** ~ / irisado, iridiscente

Schillerspat *m*, Bastit *m* (Min) / bastita *f*

Schimmel

Schimmel, Kahm *m* (Biol) / moho *m* ‖ ⁓**bekämpfung** *f* / lucha *f* antimoho ‖ ⁓**bogen** *m* (Druck, Fehler) / impresión *f* de blanco, plana *f* ‖ **~fest** / a prueba de moho ‖ ⁓**festausrüstung** *f* (Tex) / acabado *m* antimoho
schimmelig / enmohecido, mohoso ‖ ~ bzw. **stockig werden** (Getreide) / picarse
Schimmeligkeit, Modrigkeit *f* / enmohecimiento *m*
schimmeln, schimmlig werden / enmohecer[se], cubrirse de moho, tomarse de moho, mohosearse (LA)
Schimmel•pilz *m,* -pilzbildung *f* / moho *m* ‖ ⁓**schutzfarbe** *f* / pintura *f* antimoho ‖ ⁓**verhütung** *f* / protección *f* o lucha antimoho
Schimmer *m,* Schimmern *n* / luz *f* tenue, vislumbre *f* ‖ ⁓, Schein *m* / viso *m,* relumbre *m,* destello *m,* resplandor *m* ‖ ⁓**flecken** *m pl* (Email) / manchas *f pl* irisadas
schimmern *vi,* mattes Licht verbreiten / despedir una luz tenue ‖ ~ (Tex) / resplandecer, brillar
Schindel *f* (Bau) / ripia *f,* chilla *f* ‖ ⁓**n** *f pl,* Schindeldeckung *f* (Bau) / cubierta *f* de ripias
Schindeldach *n* / chillado *m,* tejado *m* de chillas, tejado *m* de ripias
schindeln *vt* (Bau) / cubrir con ripias
Schinieren *n,* Flammierung *f* / chinado *m*
schippriges Aussehen (Tex) / aspecto *m* salpicado
Schirm, Schutz-, Wandschirm *m* / pantalla *f* [protectora] ‖ ⁓ *m,* Projektions-, Abfangschirm usw. *m* (Phys) / pantalla *f* ‖ ⁓, Lampenschirm *m* / pantalla *f* de lámpara ‖ ⁓, Regenschirm *m* / paraguas *m* ‖ ⁓, Mützenschirm *m* / visera *f* ‖ ⁓ (DV) / pantalla *f* vídeo, unidad *f* de presentación ‖ ⁓ (Radar) / pantalla *f* de radar o de representación visual ‖ ⁓ *m,* Abschirmung *f* (Eltronik) / blindaje *m,* apantallamiento *m* ‖ ⁓**anguss** *m,* -anschnitt *m* (Plast) / bebedero *m* en abanico ‖ ⁓**antenne** *f,* Schirmnetzantenne *f* / antena *f* [en] paraguas ‖ ⁓**bild** *n* (DV, Radar) / representación *f* visual ‖ ⁓**bild** (TV) / imagen *f* de (o sobre) pantalla ‖ ⁓**bild** (Radiol) / fotorradioscopia *f,* fluoroscopia *f* ‖ ⁓**bild** (Film) / imagen *f* proyectada ‖ ⁓**bildaufnahme** *f* (Med) / radiofotografía *f* ‖ ⁓**bildgerät** *n* (Radar) / unidad *f* de pantalla, unidad *f* de representación visual ‖ **auf dem** ⁓ **anzeigen** / representar visualmente ‖ ⁓**bildröhre** *f* / tubo *m* de rayos catódicos ‖ ⁓**bildverfahren** *n,* Fluorographie *f* (Nukl) / radiofotografía *f,* fluorografía *f* ‖ ⁓**blech** *n* / chapa *f* de protección ‖ ⁓**dach** *n,* Wetterdach *n* (Bau) / tejadillo *m,* alpende *m,* cubierta *f* voladiza ‖ ⁓**einbrennen** *n* (Nachlassen der Helligkeit) (Kath.Str) / quemadura *f* en la pantalla ‖ ⁓**elektrode** *f* (Eltronik) / electrodo *m* con rejilla de protección
schirmen *vt,* schützen / proteger, defender ‖ ~, abschirmen / apantallar, blindar
Schirm•faktor *m* (Eltronik) / factor *m* de pantalla ‖ ⁓**generator** *m* (Elektr) / generador *m* (o alternator) de eje vertical con rangua inferior, alternator *m* [de eje] vertical tipo parasol ‖ ⁓**gestell** / esqueleto *m* [del paraguas] ‖ ⁓**gitter** *n* (Eltronik) / rejilla[-]pantalla *f* ‖ ⁓**gittergleichstrom** *m* (Eltronik) / corriente *f* continua de rejilla pantalla ‖ ⁓**gitter-Modulation** *f* (Eltronik) / modulación *f* por rejilla pantalla ‖ ⁓**gitterröhre** *f* / tubo *m* con rejilla pantalla ‖ ⁓**gitterspannung** *f* / tensión *f* de rejilla pantalla ‖ ⁓**gitter-Spannungsteiler** *m* / divisor *m* de tensión de rejilla pantalla ‖ ⁓**gitterverlustleistung** *f* / disipación *f* de [rejilla] pantalla ‖ ⁓**helligkeit** *f* / brillo *m* de pantalla, luminancia *f* de pantalla ‖ ⁓**isolator** *m* (Elektr) / aislador *m* de campana ‖ ⁓**kiefer** *f* (Bot) / pino *m* piñonero, pino *m* manso o doncel ‖ ⁓**maske** *f* (DV) / máscara *f* ‖ ⁓**platte** *f* (Glasfaseroptik) / placa *f* frontal ‖ ⁓**raster** *n* (DV) / trama *f* de pantalla ‖ ⁓**ring** *m,* Abschirmung *f* (Elektr) / anillo *m* de blindaje ‖ ⁓**stab** *m,* -rippe *f* / barrita *f* o varilla *f* de paraguas ‖ ⁓**tetrode,** Vierpolschirmröhre *f* / tetrodo *m* de rejilla

pantalla ‖ ⁓**träger** *m* (Kath Strahlröhre) / vidrio *m* pantalla o del frente
Schirmung *f,* Abschirmung *f* / blindaje *m* ‖ ⁓ **aus Kupferdraht** (Kabel) / blindaje *m* por trenza de cobre
Schirm•wand *f* (Ofen) / chapa *f* aisladora, pantalla *f* ‖ ⁓**wirkung,** Abschirmung *f* (Eltronik) / efecto *m* de blindaje ‖ ⁓**zelle** *f* (Mobilfunk) / celda *f* o célula paraguas
Schirting, Shirting *m* (Tex) / tela *f* de algodón, indiana *f*
Schistosomiasis *f* (Med) / bilharziosis *f*
schlachten *vt* (Vieh) / sacrificar, matar, carnear (ARG) ‖ ⁓ *n* (coll) / desmontaje *m*
Schlacht•gewicht *n* (Landw) / peso *m* en canal ‖ ⁓**hof** *m,* -haus *n* / matadero *m* ‖ ⁓**maske** *f,* Buterole *f* (Fleisch) / mascarilla *f* de matanza
Schlachtung *f* (Landw) / sacrificio *m*
Schlachtwolle *f* / lana *f* de piel o de curtidor
Schlacke (Hütt) / escoria[s] *f [pl]* ‖ ⁓, Erzschlacke *f* / chatarra *f* ‖ ⁓, Schaum *m* (Gieß) / escoria *f* de cubilote ‖ ⁓, Absonderungen *f pl* / segregación *f* ‖ ⁓ **abziehen** / desescoriar, descorificar ‖ ⁓ **bilden** / escorificar[se], escoriarse, formarse escorias ‖ ⁓ **erzeugen** / escorificar, escoriar, reducir a escorias ‖ ⁓**n** *f pl* **infolge schlechten Pendelns** (Schw) / inclusiones *f pl* debidas al movimiento de balanceo ‖ ⁓ *f* **von Brennstoffen** (Kessel) / escoria *f* de combustibles ‖ **scharfe** ⁓ (Hütt) / escoria *f* agresiva o corrosiva ‖ **weiße** ⁓ (Hütt) / escoria *f* de carburo ‖ ⁓**-Mitlaufen** *n.* / arrastre *m* de escoria
schlacken, backen *vi* / escorificar[se], escoriarse ‖ ⁓**abscheider** *m* (Hütt) / separador *m* de escoria ‖ ⁓**[ab]stich** *m,* [-abstich]loch *n* (Hütt) / piquera *f* de escoria ‖ ⁓**abstichwagen,** Schlackenfänger *m* (Hütt) / vagoneta *f* de escoria ‖ ⁓**abzug** *m* (Kraftwerk), Aschenabzug *m* / cenicero *m* ‖ ⁓**angriff** *m* (Hütt) / erosión *f* por escoria ‖ ⁓**ansatz** *m* (Hütt) / revestimiento *m* de escoria ‖ **~artig,** schlackig, Schlacken... / escorioso ‖ ⁓**-Asphaltbeton** *m* (Bau) / hormigón *m* asfáltico de escorias ‖ ⁓**aufbereitung** *f* / preparación *f* de escoria ‖ ⁓**auge** *n* / piquera *f* de escoria ‖ ⁓**auslauf** *m* / bigotera *f* ‖ ⁓**beton** *m* (Bau) / hormigón *m* de escoria ‖ ⁓**bett** *n* / lecho *m* de escoria ‖ ⁓**bildner** *m* / formador *m* de escoria ‖ ⁓**bildung** *f* / escorificación *f* ‖ ⁓**blech** *n* (Hütt) / escoriadero *m*
schlackend (Kohle) / escorioso ‖ ~, schlackenbildend / escorificante ‖ **stark ~e Kohle** / carbón *m* de mucha escoria
Schlacken•damm *m* (Hütt) / retén *m* de escoria ‖ ⁓**decke** *f* (Hütt) / capa *f* de escoria ‖ ⁓**einschluss** *m* (Gieß) / inclusión *f* de escoria[s] ‖ ⁓**fang** *m,* -fuchs *m* (Hütt) / sifón *m* de escoria[s] ‖ ⁓**fang** (Schw) / lugar *m* que representa el riesgo de inclusión de escorias ‖ ⁓**faser** *f,* Schlackenwolle *f* / lana *f* de escoria ‖ ⁓**fleck** *m* (Walzw) / mancha *f* de escoria ‖ ⁓**form** *f* (Hochofen) / tobera *f* de escoria ‖ **~frei** / exento de escorias ‖ **~frei,** -rein (Kohle) / sin escorias, no escorificante ‖ ⁓**frischreaktion** *f* (Hütt) / reacción *f* para activar la escoria, hervido *m* de la cal ‖ ⁓**fuchs** *m* (Hütt) / sifón *m* de escoria ‖ ⁓**führung** *f* (Hütt) / forma *f* de llevar la escoria ‖ **saure** ⁓**führung** (Hütt) / marcha *f* con escoria ácida ‖ ⁓**granulierung,** -körnung *f* (Hütt) / granulación *f* de escoria ‖ ⁓**grube** *f,* -fall *m* (Bahn) / foso *m* para picar el fuego (E), zanja *f* cenicera (LA) ‖ ⁓**haken** *m* (Schm) / utizador *m* ‖ ⁓**halde,** -kippe *f* (Hütt) / escorial *m,* escombrera *f* de escorias ‖ **~haltig** / escoriáceo ‖ ⁓**hammer** *m* (Schw) / martillo *m* para picar ‖ ⁓**herd** *m* (Gieß) / solera *f* para escorias ‖ ⁓**kammer** *f,* -raum *m* (Hütt, SM Ofen) / cámara *f* de escoria ‖ ⁓**kippfanne** *f* (Hütt) / caldero-volquete *m* de escoria ‖ ⁓**kranz** *m* (Gieß) / corona *f* de escorias de cubilote ‖ ⁓**kreisel** *m,* Drehmassel *f* (Gieß) / rueda *f* centrífuga para la granulación de escoria ‖ ⁓**kübel** *m* (Hütt) / cuba *f* de la escoria ‖ ⁓ **[kübel]wagen** *m* (Hütt) / vagoneta *f* para escoria ‖ ⁓**kuchen** *m* / escoria *f*

schlagen

aglomerada, panes *m pl* de escoria (E), torta *f* de escoria (LA) ‖ ⁓**kühler** *m* / enfriador *m* de escoria ‖ ⁓**linie** *f*, -spiegel *m* / nivel *m* de la escoria ‖ ⁓**loch** *n*, -öffnung *f* / piquera *f* [de escoria] ‖ ⁓**loch-Kühlring** *m*, -kühler *m* / tobera *f* de escoria, anillo *m* enfriador ‖ ⁓**mischung** (Nukl) / mezcla *f* de sal fundida y escoria ‖ ⁓**mühle** *f* / molino *m* de escoria ‖ ⁓**ofen** *m* / horno *m* de fusión de escoria ‖ ⁓**pfanne** *f* (Hütt) / caldero *m* o cono de escoria ‖ ⁓**pfannenwagen** *m* / vagón-caldero *m* de escoria ‖ ⁓**platte** *f* / placa *f* de escoria[s] ‖ ~**reich**, schlackig (Eisen) / escoriáceo, escorioso ‖ ~**reiches Roheisen** / arrabio *m* escorioso ‖ ~**rein**, -frei (Kohle) / exento de escoria ‖ ⁓**reinheit** *f* / pureza *f* de la escoria ‖ ⁓**rinne** *f*, -lauf *m* / canal *m* de escoria ‖ ⁓**sand** *m* / arena *f* de escoria [granulada] ‖ ⁓**schotter** *m* / grava *f* de escoria ‖ ⁓**spiegel** *m*, -linie *f*, -stand *m* / línea *f* de escoria ‖ ⁓**splitt** *m* / gravilla *f* de escoria ‖ ⁓**stein** *m* / ladrillo *m* de escoria[s] ‖ ⁓**stelle** *f* (Hütt) / picadura *f* o mancha de escoria ‖ ⁓**stichloch** *n* s. Schlacken[ab]stich ‖ ⁓**tasche** *f* (Hütt) / cámara *f* de escoria ‖ ⁓**überlauf** *m* (Hütt) / rebosadero *m* de escoria ‖ ⁓**wagen** *m* (Hütt) / vagoneta *f* de escoria ‖ ⁓**wolle** *f* / lana *f* de escoria[s] ‖ ⁓**zahl** *f*, Basizitätsgrad *m* (Hütt) / índice *m* de escoria o de basicidad ‖ ⁓**zeile** *f* (Hütt) / línea *f* o fila de escoria ‖ ⁓**zeile** (Fehler, Schw) / línea *f* de inclusion[es] de escoria ‖ ⁓**zement** *m* (Bau) / cemento *m* de escorias ‖ ⁓**zement mit bis 65 % Hochofenschlacke** / cemento *m* Portland de alto horno ‖ ⁓**ziehen** *n* / escombra *f* o desescombra de escorias ‖ ⁓**zieher**, Aschenzieher, -räumer *m* / atizador *m* ‖ ⁓**zinn** *n* / estaño *m* de escoria
schlackig (Eisen) / escoriáceo, escorioso
Schlaf•decke *f* (DIN EN 14) (Tex) / manta *f* de cama ‖ ⁓**deich** *m* (Hydr) / dique *m* retirado, dique *m* abandonado
schlaff / flojo, relajado, fláccido ‖ ~, lappig (Tex) / flojo ‖ ~**e Bewehrung** (Bau) / armadura *f* no pretensada ‖ ~**e Diagonale** (Stahlbau) / diagonal *f* floja ‖ ~**er Draht in einem Seil** / alambre *m* flojo ‖ ~**er Faden** (Fehler, Web) / hilo *m* suelto ‖ ~ **machen** / distender ‖ ~ **o. locker werden** / aflojarse ‖ ~ **sein** (Tau) / formar seno
Schlaffheit *f* / flojedad *f*, relajamiento *m* ‖ ⁓, Weichheit *f* / blandura *f*, molicie *f*, flaccidez *f* ‖ ⁓ *n* (Seil) / seno *m*, flojedad *f*
Schlaff•seilschalter *m* (Elektr) / disyuntor *m* para cable flojo ‖ ⁓**seite** *f* (Seil) / ramal *m* flojo, parte *f* no sometida a tracción ‖ ⁓**stähle** *m pl* (Brücke) / aceros *m pl* flojos (puente de hormigón) ‖ ⁓**stelle** *f* (Tonband) / seno *m* ‖ ~**werden**, seine Spannung verlieren / aflojarse, relajarse
Schlaf•kabine *f* (Kfz) / camarote *m* ‖ ⁓**koje** *f* (Kfz, Schiff) / litera *f*
Schläfrigkeitsgefühl *n* / somnolencia *f*, amodorramiento *n*
Schlaf•stelle *f* **im Fahrerhaus** (Kfz) / litera *f* ‖ ⁓**wagen** *m* (Bahn) / coche-cama *m* (E), coche-dormitorio *m* (LA), vagón-cama *m* (LA) o dormitorio
Schlafwagen•abteil *n* (Bahn) / compartim[i]ento *m* o departamento de coche-cama ‖ ⁓**bett** *n* (Bahn) / cama *f* de coche-cama
Schlafzimmer *n* (Bau) / dormitorio *m*
Schlag *m*, Stoß *m* / choque *m*, impacto *m*, percusión *f* ‖ ⁓, Hieb *m* / golpe *m* ‖ ⁓ *m* (Mat.Prüf) / impacto *m* ‖ ⁓, Treffer *m* / golpe *m* certero ‖ ⁓ *m*, Außermittigkeit *f* (Fehler) / excentricidad *f*, defecto *m* en redondo, salto *m* ‖ ⁓, Hin- und Herbewegung *f* / movimiento *m* alternativo o de o vaivén *m* ‖ ⁓ **(des Rades)** (Bahn) / choque *m* o salto de la rueda en la junta ‖ ⁓, Schlagart *f* (Seil) / torsión *f*, corcha *f* ‖ ⁓, Schlaglänge *f* (Seil) / paso *m* de cableado ‖ ⁓, Schraubendrehung *f* (Schiff) / vuelta *f* de la hélice ‖ ⁓, Schuss *m* (Web) / golpe *m* de lanzadera (E), picada *f* (LA) ‖ ⁓ *m*, Einschlag *m*, Schlagen *n* (Forstw) / tala *f* ‖ ⁓, Lichtung *f* (Forstw) / claro *m* ‖ ⁓ (Knoten) / pasada *f* ‖ ⁓ **der** Unruhe, des Pendels (Uhr) / oscilación *f* ‖ ⁓ **des Schlagwerks** (Uhr) / campanada *f* ‖ ⁓ **des Webstuhls**, batán *m* ‖ ⁓ **mit dem Hammer** / martillazo *m* ‖ **einen** ⁓ **haben** (Rad) / colear *vi* ‖ **elektrischer** ⁓ / choque *m* eléctrico, descarga *f* eléctrica, sacudida *f* [eléctrica] ‖ **elektrischer tödlicher** ⁓ / electrocución *f* ‖ **leichter** ⁓ / golpecito *m* ‖ **[mechanischer]** ⁓ **o. Stoß** / choque *m* mecánico
Schlag•arbeit *f* / trabajo *m* de choque o de impacto ‖ **aufgenommene** ⁓**arbeit** / energía *f* absorbida en el impacto ‖ ⁓**arm** *m* (Spinn) / brazo *m* batidor ‖ ⁓**arm** (Web) / espada *f* de batir, brazo *m* de batir ‖ ⁓**armpuffer** *m* (Web) / amortiguador *m* de la espada ‖ ⁓**art** *f* (Seil) / modo *m* de cableado, tipo *m* de corcha ‖ ~**artig** *adj* / brusco, súbito, abrupto ‖ ~**artig** *adv* / de golpe, de repente ‖ ~**artiges Anhalten** / parada *f* rápida o a golpe ‖ ~**artig beansprucht** / sometido a choques, solicitado de golpe ‖ ⁓**auslösungshebel** *m* (Uhr) / todo *m* o nada
schlagbar (Wald) (Forstw) / tallar *adj*
Schlag•bär *m* (Schm) / maza *f* ‖ ⁓**beanspruchung** *f* / solicitación *f* a[l] choque ‖ ⁓**besen** *m*, -bürste *f* / escobilla *f* batidora ‖ ⁓**bewegung** *f* (Hubschrauber) / aleteo *m*, batimiento *m* ‖ ⁓**biegefestigkeit** *f*, -biegewiderstand *m* / resistencia *f* a la flexión por choque o golpes, resiliencia *f* ‖ ⁓**biegeversuch** *m* (Mat.Prüf) / ensayo *m* de flexión por choque, ensayo *m* de resiliencia ‖ ⁓**biegung** *f* / flexión *f* por golpes ‖ ⁓**blech** *n* (Wirkm) / pieza *f* de batir ‖ ⁓**bohle** *f* (Straßb) / viga *f* apisonadora ‖ ⁓**bohren** *n* (allg) / taladrado *m* de percusión o de impacto ‖ ⁓**bohren**, Stoßbohren *n* (Bergb) / perforación *f* de (o a) percusión ‖ ⁓**bohrer** *m*, Stoßbohrer *m* (Bergb) / barrena *f* percusora ‖ ⁓**bohrkopf** *m* (Bergb) / cabezal *m* de percusión ‖ ⁓**bohrkrone** *f* (Bergb) / corona *f* de percusión (sondeo) ‖ ⁓**bohrmaschine** *f* (Bergb) / perforadora o sonda de percusión ‖ ⁓**bohrmaschine** (Wzm) / taladradora *f* percutora o con percutor, taladro *m* percutor ‖ ⁓**bohrschrauber** *m* / taladradora *f* -atornilladora de percusión ‖ ⁓**bohrvorsatz** *m* (Bohrmaschine) / cabezal *m* percutor, adaptador *m* taladrador con percutor ‖ ⁓**bolzen**, -stift *m* (Gewehr, Mil) / percutor *m*, gatillo *m* ‖ ⁓**bolzenfeder** *f* (Mil) / resorte *m* de percutor ‖ ⁓**bolzenhalter** *m* / portapercutor *m*, sostén *m* del percutor ‖ ⁓**bolzenmutter** *f* (Mil) / manguito *m* de percutor, tuerca *f* del percutor ‖ ⁓**bolzen-Spannhebel** *m* / palanca *f* de armar el percutor ‖ ⁓**bolzenspitze** *f* / punta *f* de percutor, aguja *f* percutora ‖ ⁓**bolzenweg** *m* / vía *f* del percutor ‖ ⁓**brecher** *m* / trituradora *f* o machacadora de percusión o de impacto ‖ ⁓**bruch** *m* / rotura *f* por golpe, fractura *f* por choque ‖ ⁓**brunnen** *m*, Rammbrunnen *m* (Wassb) / pozo *m* abisinio ‖ ⁓**buchstaben** *m pl* / punzones *m pl* de letras ‖ ⁓**-Drehversuch** *m* (Mat.Prüf) / ensayo *m* de torsión por impacto o por choque ‖ ⁓**druck**, Arbeitsdruck *m* (Schm) / fuerza *f* de golpe, presión *f* de trabajo ‖ ⁓**[druck]beanspruchung** *f* / esfuerzo *m* de compresión dinámica, solicitación *f* a compresión dinámica ‖ ⁓**druckwirkung** *f* / efecto *m* de golpe ‖ ⁓**eisen** *n* (Steinmetz) / cincel *m* ancho
Schlägel (Bergb) / martillo *m* de mango, maceta *f*, combo *m* (CHILE), comba *f* (PERU) ‖ ⁓ s. auch Schlegel ‖ ⁓ *m* **und Eisen** (Bergb) / martillo *m* y cincel ‖ **schwerer** ⁓ (Bergb) / maza *f* ‖ ⁓**brecher** *m* / quebrantador *m* de martillos semirrígidos
schlagempfindlich, klopfempfindlich / sensible a la percusión
Schlagempfindlichkeit *f* / sensibilidad *f* al choque o a la percusión o a los golpes ‖ ⁓ **von Sprengstoffen** / sensibilidad *f* de explosivos
schlagen *vt* / golpear, batir, dar golpes ‖ ~, einschlagen (z.B. Nägel) / clavar (p.ej. clavos) ‖ ~, fällen (Forstw) / talar ‖ ~ (Seil) / torcer, corchar ‖ ~ *vi*, klopfen /

1131

schlagen

golpear, chocar ‖ ~ (Räder) / marchar excéntricamente, girar ovalado, rodar con excentricidad ‖ ~ (Uhr) / dar la hora ‖ ~ vt (Schm) / forjar ‖ ~ (Segel) / gualdrapear ‖ **eine Brücke** ~ / tender o construir o echar un puente ‖ **einen Kreis** ~ / describir un círculo ‖ **Funken** ~ / hacer saltar chispas ‖ **im Gesenk** ~ / matrizar, forjar en estampa ‖ **in Papier** ~, einpacken, einwickeln / envolver en papel ‖ **Niete** ~ / remachar, fijar remaches ‖ **Öl** ~ / prensar aceite ‖ **zu Schnee (o. Schaum)** ~ / batir (por ej. la clara) ‖ ²~ *n* (Tex) / batido *m*, batanado *m* ‖ ²~, Klopfen *n* (z.B. Rohrleitung) / martilleo *m* ‖ ²~ *n* **der Lenkung** (Kfz) / bamboleo *m* de la dirección ‖ ²~ **der Räder** / vacilación *f* de ruedas, marcha *f* excéntrica de las ruedas ‖ ²~ **des Riemens** / golpeo *m* de la correa ‖ ²~ **von Ventilen** / batido *m* o rateo de válvulas

schlagend / batiente ‖ ~, klopfend / pulsatorio, pulsátil ‖ **~es Bohren** / perforación *f* de (o a) percusión, sondeo *m* de percusión ‖ **~es Wetter**, Schlagwetter *n* (Bergb) / grisú *m*

Schläger *m*, Flügel *m* der Schlagmaschine (Web) / cilindro *m* batidor o desprendedor, batidor *m* ‖ ²~**mühle** *f* (Bau) / molino *m* batidor, molino *m* de martillos fijos ‖ ²~**öffner** *m* (Tex) / abridora *f* Crighton

Schlag•exzenter *m* (Web) / excéntrica *f* de expulsión o de picada ‖ ²~**feder** *f* (Gewehr, Mil) / resorte *m* de percutor, muelle *m* de percusión ‖ ²~**fest** / a prueba de golpes ‖ **besonders** ~**fest** / altamente resistente a los golpes o choques ‖ ~**fester Kunststoff** / plástico *m* antigolpe[s] ‖ ²~**festigkeit** *f* / resistencia *f* a los golpes o al impacto ‖ ²~**festigkeitsprüfmaschine** *f* / máquina *f* para ensayos al choque ‖ ²~**fläche** *f* / superficie *f* activa o de impacto o de golpes ‖ ²~**fläche** (Forstw) / espacio *m* talado, claro *m* ‖ ²~**fließpressen** *n* / extrusión *f* por impacto ‖ ²~**flügel** *m*, -arm *m* / brazo *m* batidor ‖ ²~**flügel** (Luftf) / ala *f* batiente ‖ ²~**flügel** (Spinn) / ala *f* batidora, batidor *m* ‖ ²~**flügelflugzeug** *n*, Schwingenflugzeug *n*, Ornithopter *m* (Luftf) / avión *m* ornitóptero, avión *m* de alas batientes ‖ ²~**folge** *f* / cadencia *f* de golpes ‖ ²~**fräsen** *n* (Wzm) / mecanizado *m* con fresa de un solo diente ‖ ²~**fräser** *m* / fresa *f* de un solo diente, fresa monodiente ‖ ²~**frei**, stoßfrei / sin choques ‖ ~**frei**, rund laufend / girando en redondo o sin excentricidad ‖ ²~**gelenk** *n* (Hubschrauber) / charnela *f* de aleteo o de batimiento ‖ ²~**gelenk-Anschlag** *m* (Luftf) / tope *m* de caída ‖ ²~**geschwindigkeit** *f*, -zahl *f* / número *m* de golpes ‖ ²~**gewicht** *n* (Uhr) / pesa *f* de las campanadas ‖ ²~**hacke** *f* (Landw) / azadón *m* de rozar, gualato *m* (LA) ‖ ²~**hammer** *m*, Druckluftmeißel *m* (Wz) / martillo *m* de percusión, escoplo *m* neumático ‖ ²~**hammer für Zahlen** *m* / martillo *m* numerador o de numeración ‖ ²~**härte** *f* / dureza *f* de percusión ‖ ²~**härteprüfung** *f* / ensayo *m* de dureza de percusión ‖ ²~**haspel** *f* (Drahtziehen) / bobina *f* de percusión ‖ ²~**haube** *f*, Rammaufsatz *m* (Bau) / casco *m* de percusión ‖ ²~**hebel**, Bohrschwengel *m* (Ölbohr) / palanca *f* oscilante, balancín *m* ‖ ²~**hobel** *m* (Bergb) / cepilladora *f* activada ‖ ²~**holz** *n* (Wz) / espadilla *f* ‖ ²~**holz** (Forstw) / madera *f* sazonable o maderable ‖ ²~**hülse** *f* / casquillo *m* percutor o de montaje ‖ ²~**instrument** *n* (Musik) / instrumento *m* de percusión ‖ ²~**kappe** *f* (Web) / abrazadera *f* de cuero de la expulsión, cubretacos *m* ‖ ²~**kappe** (Masch) / caperuzón *m* de montaje ‖ ²~**kolben** *m* (Bohrhammer) / émbolo *m* percutor ‖ ²~**korbmühle** *f* / molino *m* de cestas rotativas, molino *m* centrífugo de émbolos de percusión ‖ ²~**kraft** *f* (allg, Phys) / vigor *m*, energía *f* ‖ ²~**kraft** (Masch) / fuerza *f* de percusión o de impacto ‖ ²~**kraft** (Spinn) / fuerza *f* batidora de la limpiadora de algodón ‖ ²~**kreuz** *n* (Masch) / crucetas *f pl* de percusión ‖ ²~**kreuzmühle** *f* / molino *m* de aspas batientes, molino *m* de crucetas de percusión, molino *m* con cruz de batidores ‖ ²~**krone** *f* **des Presslufthammers** / dentado *m* de émbolo ‖ ²~**länge** *f* (Seil) / paso *m* de cableado ‖ ²~**länge zu Durchmesser**,

Schlaglängenfaktor *m* (Seil) / relación *f* paso/diámetro ‖ ²~**leiste** *f* (Masch) / brazo *m* batidor ‖ ²~**leiste** (Spinn) / regla *f* del batidor ‖ ²~**leiste**, Beistoß *m* (Fenster) / batiente *m* ‖ ²~**licht** *n* / rastro *m* de luz ‖ ²~**loch** *n* (Straß) / bache *m*, hoyo *m*, pozo *m* (ARG) ‖ ²~**loch** (tiefes) / socavón *m* ‖ **voller** ²~**löcher** (Straß) / picado ‖ ²~**löcherstraße** *f*, schlechte Straße / carretera *f* de baches ‖ ²~**lot** *n* / soldadura *f* fuerte ‖ ²~**marke** *f* (Lager) / huella *f* o marca [producida] por golpes ‖ ²~**maschine** *f* (Tex) / batán *m*, batidora *f* ‖ ²~**maschine** (Jacquard) / picadora *f* de cartones Jacquard ‖ ²~**maschine für Latex** / batidora *f* de látex ‖ ²~**maschinenwickel**, Wattewickel *m* (Tex) / tela *f* de batán, rollo *m* de algodón para batán ‖ ²~**-Maulschlüssel** *m* / llave *f* fija de golpe, llave *f* de boca para golpes ‖ ²~**meißel** *m* (Wz) / trépano *m* [de percusión] ‖ ²~**messer** *n*, -zahn *m* (Wzm) / cuchilla *f* percutora ‖ ²~**mischer** *m* (Gummi) / batidora-mezcladora *f* ‖ ²~**moment** *n* / momento *m* de impacto o de choque ‖ ²~**mühle** *f* / molino *m* de percusión, desintegrador *m* de barras ‖ ²~**mühle**, Schlagstiftmühle *f* / molino *m* de espigas percutoras ‖ ²~**mühle**, Schlägermühle *f* / molino *m* de martillos fijos ‖ ²~**nase** *f* (Spinn) / uña *f* de excéntrica, cuchillo *m*, diente *m* ‖ ²~**nasenscheibe** *f* (Tex) / disco *m* del batidor ‖ ²~**nieten** *n*, -nietung *f* (Wzm) / remachado *m* de percusión ‖ ²~**nietmaschine** *f* / remachadora *f* de percusión ‖ ²~**panzer** *m* (Hütt) / blindaje *m* del tragante ‖ ²~**patrone** *f* (Tex) / dibujo *m* para el picado, puesta *f* en cartón para el picado ‖ ²~**patrone** (Bergb) / cartucho *m* de cebado ‖ ²~**presse** *f* (Schm) / prensa *f* de choque ‖ ²~**presse** (für Matern) (Druck) / máquina *f* de percusión ‖ ~**pressen** vt / moldear por choque o por impacto ‖ ²~**probe** *f* (Mat.Prüf, Mech) / ensayo *m* de choque ‖ ²~**probe**, Wurfprobe *f* (Masch) / ensayo *m* de caída ‖ ²~**probestab** *m* / probeta *f* de ensayo de choque ‖ ²~**prüfung** *f* (Mat.Prüf) / prueba *f* de golpe ‖ ²~**rapport** *m* (Web) / raporte *m* de expulsión, relación *f* de impulsión ‖ ²~**regen** *m* (Meteo) / lluvia *f* torrencial ‖ ²~**regendichtheit** *f* / estanqueidad *f* a lluvias torrenciales ‖ ²~**richtung** *f* (allg) / dirección *f* del golpe ‖ ²~**richtung** *f* **der Litzen** (Kabel) / dirección *f* de acordonar ‖ ²~**richtung des Seils** / dirección *f* de cableo o de corchar ‖ ²~**richtung links o. "S"** (Seil) / dirección *f* de torcedura a la izquierda, torsión *f* a la izquierda ‖ ²~**richtung** *f* **rechts o. "Z"**, Rechsdrall *m* / dirección *f* de torcedura a la derecha, torsión *f* a la derecha ‖ ²~**riemen** *m* (Web) / correa *f* de espada, correa *f* tiratacos ‖ ²~**ring**, Kranz *m* (Glocke) / borde *m* de campana ‖ ²~**-Ringschlüssel** *m* / llave *f* estrella de golpe ‖ ²~**rolle** *f* (Web) / bobina *f* de expulsión, cono *m* de impulsión ‖ ²~**schatten**, Schatten *m* (Astr, Phys) / sombra *f* cortada o proyectada, esbatimento *m*, batimiento *m* ‖ ²~**scheibe** *f* (Web) / excéntrico *m* de expulsión ‖ ²~**schere**, Tafelschere *f* / tijeras *f pl* o cizallas de guillotina ‖ ²~**schiene** *f* (Spinn) / regla *f* del batidor ‖ ²~**schlüssel** *m*, -schraubenschlüssel *m* / llave *f* de golpes, llave *f* impacto ‖ ²~**schmiedemaschine** *f* / martinete *m* de forja ‖ ~**schmieden** *vt* / forjar por choque ‖ ²~**schnur** *f* (Bau) / cordel *m* para marcar ‖ ²~**schraube** *f* / tornillo *m* de percusión, clavo *m* de rosca ‖ ²~**schraubendreher** *m*, -schrauber *m* (Wz) / destornillador *m* de golpe ‖ ²~**schrauber** *m* / atornilladora *f* neumática de impulsos, atornilladora *f* por impacto, atornillador *m* de percusión ‖ ²~**schweißen** *n* / soldadura *f* de percusión ‖ ²~**seite**, Krängung *f*, Überliegen *n* (Schiff) / escora *f*, inclinación *f* ‖ **mit** ²~**seite** (Schiff) / con escora ‖ ²~**seite bekommen** (Schiff) / escorar[se] ‖ ²~**seite haben** (Schiff) / dar la banda, bandear ‖ ²~**sinterung** *f* / sinterización *f* por impacto ‖ ²~**sperre**, Sperrfeder *f* (Uhr) / bloqueo *m* de la sonería ‖ ²~**spindel** *f* (Web) / husillo *m* de expulsión ‖ ~**spröde** / quebradizo de (o a) golpes ‖ ²~**stampfer** *m* (Bau) / pisón *m* batidor ‖ ²~**stärke**, -kraft *f* (Schm) / fuerza *f* del golpe o de percusión o de impacto ‖ ⁓**stempel** *m* / punzón *m* para marcar ‖ ⁓**stift** *m* (Waffe) / punta *f* del percutor ‖ ⁓**stiftmühle** *f*, Dismembrator *m* / molino *m* con espigas percutoras, desmembrador *m*, desintegrador *m* percutor de púas ‖ ⁓**stock** *m* (Web) / espada *f* de batir o de expulsión, palo *m* de expulsión, garrote *m* ‖ ⁓**stockführung** *f* (Web) / guía *f* de espada ‖ ⁓**stockrückführfeder** *f* (Web) / muelle *m* recuperador de la espada ‖ ⁓**strangpressen**, -fließpressen *n* (Alu) / extrusión *f* por impacto ‖ ⁓**trommel** *f* (Spinn) / cilindro *m* (o tambor) batidor ‖ ⁓**trommel des Öffners** (Spinn) / cilindro *m* (o tambor) de porcupina ‖ ⁓**uhr** *f* / reloj *m* de campana o con sonería ‖ ⁓**ventil** *n* / válvula *f* batidora ‖ ⁓**verband** *m*, Rautenverband *m* (Straßb) / trabazón *m* romboidal ‖ ⁓**verdrehversuch** *m* / ensayo *m* de resistencia a la torsión por impacto ‖ ⁓**versuch** *m* / ensayo *m* de choque o de impacto ‖ ⁓**vorrichtung** *f* (allg) / mecanismo *m* de percusión ‖ ⁓**vorrichtung** (Web) / mecanismo *m* de expulsión ‖ ⁓**wasser**, Bilgenwasser *n* (Schiff) / agua *f* de sentina ‖ ⁓**weite**, Funkenlänge *f* (Elektr) / distancia *f* disruptiva, alcance *m* (E) o salto (LA) de chispas ‖ ⁓**weite** *f* (Isolation) / distancia *f* de aislamiento ‖ ⁓**wellen** *f pl* (Alu) / chapa *f* vibrada ‖ ⁓**werk** *n*, -birne *f*, Skullcracker *m* (Eisenkugel für Abbrucharbeiten) (Bau) / pera *f* para obras de derribo ‖ ⁓**werk** (Uhr) / sonería *f*, repetición *f* ‖ ⁓**werk der Ramme** / mecanismo *m* del martinete ‖ ⁓**werk für Schrott** / pera *f* para trocear chatarra ‖ ⁓**werkabstellhebel** *m* (Uhr) / detentillón *m* ‖ ⁓**werkzeug** *n* / herramienta *f* de percusión ‖ ⁓**werkzeug** (Stanz) / estampa *f*

Schlagwetter *n*, schlagende Wetter *n pl* (Bergb) / grisú *m* (pl.: grisúes) ‖ ⁓**ansammlung** *f* / acumulación *f* de grisú ‖ ⁓**anzeiger** *m* (Bergb) / lámpara *f* de seguridad, indicador *m* de grisú, grisuscopio *m* ‖ ⁓**ausbruch** *m* / escape *m* de grisú ‖ ⁓**explosion** *f* (Bergb) / explosión *f* de grisú ‖ ~**frei** / exento de grisú ‖ ~**freie Grube** (Bergb) / mina *f* exenta de grisú ‖ ~**führend** (Bergb) / grisutoso ‖ ⁓**gefahr** *f* / peligro *m* de grisú ‖ ~**gefährdet** (Bergb) / amenazado por grisú ‖ ~**geschützt**, -sicher, -gekapselt (Elektr) / protegido contra grisú, a prueba de grisú, antigrisú ‖ ~**geschützte Mutter** / tuerca *f* triangular ‖ ~**geschützter Schalter** / interruptor *m* antigrisú ‖ ~**geschützte Schraube** / tornillo *m* con cabeza triangular ‖ ⁓**grube** *f* (Bergb) / mina *f* de grisú ‖ ⁓**kapselung** *f* / caja *f* antigrisú ‖ ⁓**messgerät** *n* / grisúmetro *m* ‖ ⁓**schutz** *m* / dispositivo *m* antigrisú ‖ ⁓**schutz** (Elektr) / protección *f* antigrisú

Schlag•widerstand *m* (Mat.Prüf) / resistencia *f* al choque o al impacto ‖ ⁓**winkel** *m* (Seil) / ángulo *m* de torsión ‖ ⁓**wirkung** *f*, Stoßwirkung *f* / efecto *m* de choque o de golpe o de impacto ‖ ⁓**wirkung**, Hämmern *n* / martilleo *m* ‖ ⁓**wirkung** (Presse) / efecto *m* percutor o de percusión ‖ ⁓**wort** *m* (Register) / palabra *f* clave, voz *f* guía ‖ ~**zäh** / tenaz al impacto ‖ ~**zäh modifiziert** (Plast) / modificado a resistencia elevada a los choques ‖ ⁓**zähigkeit** *f* (Hütt, Mat.Prüf) / resiliencia *f*, resistencia *f* al choque, tenacidad *f* a la percusión ‖ ⁓**zahl** *f*, -geschwindigkeit *f* / número *m* de impactos o golpes, frecuencia *f* de impactos ‖ ⁓**zahl** (Schlagbohrer) / número *m* de percusiones ‖ ⁓**zahl** (Uhr) / número *m* de oscilaciones del péndulo ‖ ⁓**zahl nach dem Izod-Prüfverfahren** (Mat.Prüf) / índice *m* Izod ‖ ⁓**zahn** *m*, -messer *n* (Wzm) / cuchilla *f* percusora ‖ ⁓**zahn-Stirnfräser** *m* / fresa *f* frontal de un solo diente ‖ ⁓**zeile**, Überschrift *f* (Druck) / título *m* o titular [a toda plana], cabecera *f* ‖ ⁓**zerreiß-Versuch** *m*, -zugversuch *m* (Mat.Prüf) / ensayo *m* de ruptura por impacto ‖ ⁓**ziffern** *f pl* / cifras *f pl* de punzonar ‖ ⁓**zünder** *m*, Perkussionszünder *m* / detonador *m* de percusión

Schlamm *m* (allg) / fango *m*, lodo *m*, barro *m*, cieno *m* ⁓, Schlick *m* / légamo *m*, lodo *m* glutinoso, robo *m* (CHIL), tarquín *m* ‖ ⁓ *m* (Hütt) / lodo *m* ‖ ⁓, Kesselschlamm *m* / lodos *m pl* o depósitos de caldera ‖ ⁓, Schlich *m* (Hütt) / rastra *f* ‖ ⁓ (Zement) / pasta *f* de cemento, barro *m* ‖ ⁓ (Zuck) / fango *m* de cal, espuma *f* ‖ ⁓ **aus der Aufbereitung** (< 1/400" Durchm) (Bergb) / lodos *m pl* finos ‖ ⁓ **aus der Erzaufbereitung** / fango *m* de la preparación de minerales, ganga *f* ‖ ⁓ **im Abwasser** / cieno *m* cloacal ‖ ⁓ **räumen** / dragar o rascar lodos

Schlamm•ablagerung *f*, Verschlammung *f* / depósito *m* de lodos ‖ ⁓**ablagerung im Motor** (Kfz) / sedimentos *m pl* del motor ‖ ⁓**ablagerung in Flüssen** (Hydr) / sedimentación *f* de fango ‖ ⁓**ablassvorrichtung** *f*, -hahn *m* / válvula *f* de lodos ‖ ⁓**abscheider** *m*, -fang *m* (Bahn) / colector *m* de lodos ‖ ⁓**absitzbecken** *n* / tina *f* de decantación de lodos ‖ ⁓**absüßer** *m* (Zuck) / diluyente *m* o mezclador de espumas ‖ ⁓**absüßung** *f* (Zuck) / dilución *m* o lavado de espumas

Schlämm•analyse *f* / análisis *m* de decantación ‖ ⁓**anlage** *f* (Kessel) / instalación *f* de extracción de lodo ‖ ⁓**apparat** *m* **zur Gleichfälligkeitsanalyse** (Bergb) / elutriador *m*

Schlamm•ausblaseventil *n* (Kessel) / válvula *f* [de purga] de lodo ‖ ⁓**ausfalltrichter** *m* (Zuck) / embudo *m* de espumas ‖ ⁓ **[aus]faulung**, -zersetzung *f* (Abwasser) / digestión *f* de fango ‖ ⁓**austragung** *f* / evacuación *f* o extracción de lodo ‖ ⁓**bagger** *m* / draga *f* de lodo ‖ ⁓**becken** *n*, -behälter *m* / depósito *m* de fango ‖ ⁓**belebung** *f* / activación *f* de lodos ‖ ⁓**belebungsverfahren** *n*, Belebtschlammverfahren *n* / procedimiento *m* de activación del lodo o del fango, proceso *m* del lodo o fango activ[ad]o ‖ ⁓**boden** *m* / terreno *m* fangoso o lodoso o cenagoso ‖ ⁓**breccie** *f* / brecha *f* de fango ‖ ⁓**brühe** *f* / leche *f* de lodo ‖ ⁓**büchse** *f* (Bergb) / achicador *m* ‖ ⁓**decke** *f* (Abwasserfilter) / capa *f* zoogleica

Schlämme, Kalktünche, -weiße *f* (Bau) / blanqueo *m*, jalbegue *m*, enlucido *m*

Schlamm•eindicker *m* / espesador *m* de fango ‖ ⁓**eis** *n* (Meteo) / nieve *f* fangosa ‖ ⁓**eis**, Grundeis *n* / hielo *m* de fondo

schlämmen *vt* / levigar, elutriar, decantar ‖ ~ (Aufb) / sedimentar, lavar ‖ ~ (Zement) / diluir la arcilla ‖ ~ (Hydr) / deslamar ‖ ~, mit Kalkmilch bestreichen (Bau) / dar la primera mano con lechada de cal ‖ ~ (Ton) / escarchar *vt* ‖ **Kaolin** ~ / levigar caolín ‖ **Kreide** ~ / levigar creta ‖ ⁓ *n* / elutriación *f*, levigación *f*, decantación *f* ‖ ⁓ (Trennvorgang) / levigación *f* ‖ ⁓ **im Gasstrom** / elutriación *f* por corriente de gas

Schlamm•entwässerung *f* (Abwasser) / drenaje *m* de lodos, deshidratación *f* o desecación de lodos ‖ ⁓**erguss** *m*, -kegel *m* (Geol) / desbordamiento *m* de fango, cono *m* de fango ‖ ⁓**fang**, -fänger, -kasten *m* (Abwasser) / colector *m* de fango o de ciento (E), resumidero *m* (LA) ‖ ⁓**faulraum** *m* / cámara *f* de putrefacción de fangos ‖ ⁓**faulung** *f* / putrefacción *f* o digestión de fangos ‖ ⁓**förderer** *m* / transportador *m* o conductor de lodos ‖ ⁓**gewinnung** *f* / recuperación *f* de lodos

Schlämmglas *n* / vaso *m* de decantación

Schlamm•graben *m* (Öl) / zanja *f* de lodo ‖ ⁓**grube** *f*, -sumpf *m*, -teich *m* / lodazal *m*, lodachar *m*, foso *m* de lodo ‖ ⁓**grube** (Öl) / foso *m* de lodo ‖ ~**haltig** (Saft, Zuck) / turbio

schlammig, fangoso, lodose, cenagoso ‖ ~, schmutzig / fangoso, limoso ‖ ~, faulig / podrido, pútrido

Schlammigkeit *f* / limosidad *f*

Schlämmkaolin *n* (Bergb) / caolín *m* levigado

Schlämmkohle *f* / carbón *m* fangoso

Schlämmkreide *f* / creta *f* levigada o lavada, tiza *f* lavada, blanco *m* de España

Schlamm•kuchen *m* (Abwasser) / torta *f* de fango ‖ ~**kuchen** (Zuck) / torta *f* de filtración ‖ ~**kuchen** (Öl) / costra *f*, cáscara *f*(VEN) ‖ ~**leitung** *f* / tubo *m* de lodo ‖ ~**loch**, Mannloch *n* (Dampfm) / orificio *m* de accesos, agujero *m* de entrada, abertura *f* hombre, registro *m* ‖ ~**löffel** *m* / achicador *m* de lodo, cuchilla *f* de lodo
Schlämm-Maschine *f* (Bergb) / máquina *f* levigadora
Schlamm•-Mischanlage *f* (Zement) / silo *m* de mezcla de barro ‖ ~**prozess** *m* (Bleistiftherstellung) / procedimiento *m* de sedimentación ‖ ~**pumpe** *f* / bomba *f* para lodo[s] ‖ ~**räumer** *m* / deslamador *m* ‖ ~**reinigen** *vt* / deslamar ‖ ~**rinne** *f* (Bergb) / canal *m* de lodo ‖ ~**rückführung** *f* / recirculación *f* de lodo ‖ ~**rücknahmetank** *m* (Öl) / tanque *m* para lodo revuelto
Schlämm•rückstand *m* (Bergb, Keram) / residuo *m* de elutriación ‖ ~**rückstandsbestimmungsgerät** *n* / aparato *m* para la determinación de residuos de levigación
Schlamm•saft *m* (Zuck) / jugo *m* turbio o fangoso ‖ ~**saftrücknahme** *f* / retorno *m* o reciclaje de jugo turbio ‖ ~**sammler** *m* (Kessel) / colector *m* de fangos ‖ ~**sauger** *m* (Bagger) / aspirador *m* de fango ‖ ~**saugwagen** *m* / camión *m* con bomba aspiradora de fango ‖ ~**scheider**, -trieur *m* / separador *m* de lodos
Schlämmschlich *m* (Aufb) / lodos *m pl* finos de preparación de minerales
Schlamm•schöpfer *m*, -löffel *m* / cuchilla *f* de lodo ‖ ~**schrapper** *m* / rascador *m* de lodos, rascalodos *m* ‖ ~**schüttelsieb** *n* (Öl) / colador *m* vibratorio para lodo, tamiz *m* vibratorio para lodo, colador *m* trepidante para lodo ‖ ~**sieb** *n* / colador *m* de lodo, criba *f* de lodo
Schlämmsieben *n* / clasificación *f* por levigación
Schlamm•strom *m* (Geol) / flujo *m* de lodo o fango ‖ ~**suppe** *f*, -brühe *f*, eingedickter Schlamm / leche *f* de lodo ‖ ~**teich** *m*, -sumpf *m* / sumidero *m* de fangos ‖ ~**teich** (Zuck) / estanque *m* clarificador o de sedimentación
Schlämmtrichter *m* / embudo *m* de decantación
Schlamm•trocknung *f* (Zuck) / desecación *f* de espumas ‖ ~**trübe** *f* / aguas *f pl* fangosas o turbias
Schlämmung *f*, Schlämmen *n* / elutriación *f*, levigación *f*, decantación *f*, lavado *m*
Schlamm•-Ventil *n* / válvula *f* para lodos ‖ ~**verbrenner**, -verbrennungsofen *m* / horno *m* de incineración de lodos ‖ ~**verdünner** *m* (Öl) / diluyente *m* o adelgazador de lodo ‖ ~**verdünnungswasser** *n pl* (Zuck) / aguas *f pl* diluyentes de espumas
Schlämmverfahren *n* / procedimiento *m* de lavado ‖ ~, Nassverfahren *n* (Hütt) / procedimiento *m* húmedo
Schlamm•vorratsbehälter *m* (Zement) / depósito *m* de reserva de barro ‖ ~**vulkan** *m*, Salse *f* (Geol) / volcán *m* de lodo ‖ ~**wasser** *n* / agua *f* fangosa o cenagosa ‖ ~**wasser** (Abwasser) / agua *f* de cieno cloacal
Schlange *f*, Schlangenrohr *n* / serpentín *m* ‖ ~ (coll), Autokolonne *f* (Kfz) / caravana *f* de vehículos o coches ‖ ~**fahren** / ir en caravana o en fila ‖ ~**fahren** *n* (Kfz) / marcha *f* en caravana, avance *m* en caravana
schlängeln, sich ~ (Straßb) / serpentear ‖ ~, Rütteln *n* (Bahn) / balanceo *m*(E), rolido *m*(LA)
schlängelnd (Hydr) / sinuoso, tortuoso ‖ ~, mäandernd (Hydr) / en forma de meandro ‖ **[sich]** ~, Schlangen... (Hydr) / serpentino[so]
Schlängelung *f* (Hydr) / sinuosidad *f*
Schlangen•bohrer *m* (Zimm) / broca *f* salomónica, barrena *f* espiral o helicoidal ‖ ~**fichte** *f* (Bot) / picea *f* serpentín ‖ ~**gift** *n* / veneno *m* de serpiente ‖ ~**krümmung** *f* / sinuosidad *f* ‖ ~**kühler** *m* / radiador *m* [en o de] serpentín, serpentín *m* refrigerador ‖ ~**linie** *f*, -kurve *f* / línea *f* sinuosa ‖ ~**rohr** *n* / serpentín *m* ‖ ~**siphon** *m* / sifón *m* doble ‖ ~**ventil** *n* (Kfz, Schlauch) / válvula *f* contracodada o en S ‖ ~**zwirn** *m* (Spinn) / hilo *m* ondeado

schlank / esbelto ‖ ~, dünn / delgado, conceño, esbelto ‖ ~ (Webschützen) / delgado ‖ ~**er Kegel** / cono *m* delgado o esbelto ‖ ~ **konisch** / ligeramente cónico ‖ ~ **spinnen** / hilar flojo o con torsión floja
Schlankheit, Schärfe *f* (Form) / esbeltez *f*, delgadez *f*, finura *f*, fineza *f* ‖ ~ *f*, Schlankheitsgrad *m* (Knicken) (Mech) / grado *m* de esbeltez [mecánica] ‖ ~ **einer Säule** (Bau) / razón *f* o relación de esbeltez o de delgadez de una columna
Schlankheits•grad *m* (Schiff) / coeficiente *m* de afinamiento, grado *m* de finura ‖ ~**grad** (Luftf) / coeficiente *m* de afinamiento ‖ ~**grad** (Bau) / grado *m* de esbeltez ‖ ~**verhältnis** *n*, Konizität *f* / conicidad *f*
schlapp s. schlaff
Schlauch *m*, (spez:) *m* Schlauch ohne Einlage / tubo *m* flexible, tubo *m* de goma, etc. ‖ ~ (F'wehr) / manguera *f*, manga *f* ‖ ~, Wasserschlauch *m* / manguera *f* de agua ‖ ~, Luftschlauch (Kfz) / cámara *f* de aire, tripa *f* (LA) ‖ ~ *m* **mit Drahtgeflechteinlage** / manguera *f* reforzada con alambre entrelazado, tubo *m* de inserción de hilos metálicos tranzados ‖ ~ **mit Gummieinlage** (Tex) / manguera *f* de cáñamo cauchutada ‖ ~ **mit Textileinlage** / tubo *m* flexible (o de goma) forrado de tela trenzada ‖ ~**- und Gerätewagen** *m* (F'wehr) / camión *m* de mangueras y herramientas
Schlauch•anschluss *m* / empalme *m* de manguera, manguito *m* de tubo flexible, racor *m* de empalme ‖ ~**anschluss** (F'wehr) / boca *f* de incendio o de riego ‖ ~**anschluss** (Regner) / boca *f* de riego ‖ ~**artige Gaseinschlüsse** *m pl* (Schw) / inclusión *f* vermicular de gas ‖ ~**band** *n* / banda *f* metálica de grapa de manguera, fleje *m* para abrazaderas de tubos flexibles ‖ ~**beutelmaschine** *f* / máquina *f* para formar, llenar y sellar bolsas [continuas] ‖ ~**bildung** *f*, Schleierbildung *f* (Spinn) / balonamiento *m* del hilo ‖ ~**binder** *m*, -einband *m* / abrazadera *f* o grapa de manguera ‖ ~**blasverfahren** *n* (Plast) / soplado *m* de mangas extruidas ‖ ~**boot** *n* / bote *m* neumático, canoa *f* neumática (LA) ‖ ~**boot** (Luftf) / lancha *f* inflable o de goma ‖ ~**boot auf Schiffen** / lancha *f* de goma ‖ ~**boot mit festem Rumpf** / bote *m* neumático de casco rígido ‖ ~**brause** *f* (Sanitär) / ducha *f* de tubo flexible ‖ ~**brücke** *f* (F'wehr) / puente *m* de manguera, pasarela *f* de manguera[s] ‖ ~**brücke (am Boden)** / rampa *f* de protección de manguera ‖ ~**dicke** *f* (Kfz) / espesor *m* de la cámara de aire ‖ ~**docht** *m* / mecha *f* tubular ‖ ~**einband** *m*, -binder *m* / abrazadera *f* o grapa de manguera
schlauchen *vt* (Brau) / llenar barriles por manga ‖ ~ (Spinn) / bobinar en canilla tubular
Schlauch•extruder *m*, -strangpresse *f* / extrusionadora *f* de mangueras ‖ ~**filter** *n* / filtro *m* tubular o de manga ‖ ~**finger** *m* (Roboter) / dedo *m* flexible ‖ ~**floß** *n* / balsa *f* neumática ‖ ~**folie** *f* / película *f* de manga extruida, hoja *f* tubular ‖ ~**folien-Extrusion** *f* / obtención *f* de películas a partir de manga extruida ‖ ~**förmiges Band** (Tex) / cinta *f* tubular ‖ ~**förmiger Pinch** (Plasma) / estricción *f* tubular ‖ ~**gerät** *n*, Atmungsgerät *n* / respirador *m* de aire fresco [comprimido] ‖ ~**gewebe** *n* (Tex) / tejido *m* tubular ‖ ~**hahn** *m* (Gas) / grifo *f* para tubo flexible ‖ ~**haspel** *f* / devanadera *f* de manguera[s] ‖ **fahrbare** ~**haspel** (F'wehr) / carrete *m* móvil para [la] manguera ‖ ~**haspel** *f* **mit Hohlwelle** (für Wasser) / devanadera *f* para tubo flexible con eje tubular ‖ ~**klemme** *f* (zum Abklemmen) / pinza *f* o abrazadera para tubo flexible ‖ ~**kops**, -cop, -kötzer *m* (Spinn) / husada *f* tubular, canilla *f* son alma, cops *m* ‖ ~**kopsspinnmaschine** *f* / continua *f* de hilar de botes giratorios ‖ ~**kopsspulmaschine** *f* (Spinn) / bobinadora *f* para husadas tubulares ‖ ~**kopswechsler** *m* / telar *m* cambiador automático de cops o de canillas sin alma ‖ ~**kraftwagen** *m* / camión *m* de mangueras ‖

⁓**kupplung** f / acoplamiento m para mangueras, empalme m para tubo[s] flexible[s] ‖ ⁓**leitung** f / conducto m de tubo flexible, tubería f flexible ‖ ⁓**leitung** (Elektr) / cable m con vaína ‖ ⁓**los** (Reifen) / sin cámara [de aire] ‖ ⁓**loser Reifen** (Kfz) / neumático m sin cámara ‖ ⁓**maschine**, Spritzmaschine f für Schläuche und Rohre (Plast) / extrusionadora f de hoja tubular ‖ ⁓**maschine** f (Wirkm) / máquina f para género [de punto] tubular ‖ ⁓**mundstück** n (F'wehr) / lanza f de la manguera ‖ ⁓**mündung** f (Geo) / estuario m ‖ ⁓**nippel** m / boquilla f de manguera ‖ **doppelter** ⁓**nippel** (für Verbindung zweier Schläuche) / manguito m de unión de tubos flexibles ‖ ⁓**olive** f / oliveta f para tubo flexible ‖ ⁓**pressen** n (Sintern) / compactado m hidrostático o isostático ‖ ⁓**pumpe** f / bomba f de manguera ‖ ⁓**quetschpumpe** f, -radpumpe f / bomba f peristáltica ‖ ⁓**reifen** m (Ggs: schlauchloser Reifen) (Kfz) / neumático m de cámara separada ‖ ⁓**[rettungs]boot** n (Luftf) / lancha f de goma [inflable], bote m salvavidas inflable ‖ ⁓**schelle** f s. Schlauchbinder ‖ ⁓**schlossmaschine** f (Wirkm) / máquina f de género de punto con cerrojo tubular ‖ ⁓**seele** f, Innenschicht f / capa f interior de la manguera ‖ ⁓**spritzkopf** m (Plast) / cabezal m de extrusión para mangas ‖ ⁓**strangpresse** f, -extruder m / extrusionadora f de mangueras ‖ ⁓**stutzen** m [mit Olive] (Laborglas) / tubuladura f de empalme para manguera [con oliveta] ‖ ⁓**tülle** f, Olive f / oliveta f, boquilla f portatubo ‖ ⁓**turm** m (F'wehr) / torre f para mangas ‖ ⁓**ventil** n mit Staubkappe (Kfz) / válvula f de neumático con capuchón ‖ ⁓**ventilbrücke** f, -ventilfußplatte f (Kfz) / plaqueta f del pie de válvula ‖ ⁓**ventilstutzen** m (Kfz) / tubuladura f de válvula ‖ ⁓**verbindungsstück** n, -verbindung f, -verbinder m / unión f de mangueras ‖ ⁓**verschraubung** f / racor m para mang[uer]as, acoplamiento m roscado de mangueras ‖ ⁓**wagen** m (für Gartenschlauch) / enrollador m móvil de manguera ‖ ⁓**wagen** m (F'wehr) / camión m de mangueras, manguera f (CHIL) ‖ ⁓**ware** f (Wirkm) / género m o tejido [de punto] tubular ‖ ⁓**wehr** n / presa f neumática
Schlauder f, Maueranker m (Bau) / tirante m para muro
Schlaufe, Lederschlaufe usw f / lazo m
Schlaufen • fadenführer m (Tex) / guíahilos m de ojete ‖ ⁓**fänger** m (Näm) / captador m de bucles ‖ ⁓**garn** n / hilo m buclé o con bucles ‖ ⁓**kette** f / cadena f de bucles ‖ ⁓**reaktor** m (Chem) / columna f de burbujas con circulación en bucles ‖ ⁓**spleiß** m, Augenspleiß m / ojal m de cable
schlecht / malo ‖ ⁓, ungünstig / desfavorable, poco apropiado ‖ ⁓, wenig ergiebig / magro, improductivo, deficiente, insuficiente ‖ ⁓ (Wetter) / mal[o] ‖ ⁓, ausgefahren (Straßb) / en mal estado, trillado ‖ ⁓ [ab]lesbar / difícilmente leíble ‖ **er Akkord** (F.Org) / tarifa f apretada ‖ **e Anpassung** (o. Einstellung) / mal ajuste m ‖ **e Arbeit** (Masch) / obra f mal hecha, chapucería f ‖ ⁓ **arbeiten**, versagen / fallar ‖ ⁓ **ausrichtbar** / difícilmente ajustable o alineable ‖ ⁓ **ausrichten** / desajustar, desalinear ‖ **e Beleuchtung**, schlechtes Licht / iluminación f deficiente ‖ **e Durchschweißung**, schlechter Wurzeleinband / penetración f incompleta en la raíz ‖ **e Geometrie** (Nukl) / mala geometría f ‖ **er Geruch**, schlechte o. muffige Luft / aire m viciado ‖ **e Hörbarkeit** f / mala audición o audibilidad f ‖ **e Isolation** / mal aislamiento m, aislamiento m deficiente ‖ **e Lagenbindung** (Schw) / falta f de unión entre pasadas ‖ ⁓ **laufen** (Masch) / no andar bien, no marchar bien, marchar defectuosamente ‖ **leiten** / ser un mal conductor [de], conducir mal (p.ej.: el calor) ‖ ⁓ **leiten** (Management) / administrar mal, desgobernar ‖ ⁓ **leitend** (Phys) / mal conductor, que conduce mal (por ej.: el calor) ‖ **er Leiter** (Elektr) / mal conductor m ‖ **e Stelle** / defecto m ‖ **e Straße** / carretera f en mal estado ‖ **es Teil** / pieza f defectuosa ‖ **e Verbindung** (Elektr) / mala conexión f ‖ **e Verständigung** (Fernm) / dificultad f de audición ‖ ⁓ **werden**, verderben (Nahr) / deteriorarse, echarse a perder, ponerse malo, pasarse ‖ **e Wetter** (Bergb) / aire m vicioso ‖ ⁓ **zentrieren** (o. ausrichten) / desalinear, desajustar ‖ ⁓ **zugänglich** / de difícil acceso ‖ **in ⁓em Zustand** (Boden) (Landw) / en mal estado
Schlechten f pl (Bergb) / planas f pl de clivaje, grietas f pl paralelas (en el manto de carbón) ‖ **45° zu den** ⁓ (Bergb) / mitad a mitad
schlecht • farbig / descolorado ‖ ⁓**grenze** f, Qualitätsniveau n des Konsumenten / tolerancia f de porcentaje de piezas defectuosas en un lote ‖ ⁓**laufendes Schiff** / barco m de difícil navegación ‖ ⁓**läufer** (Bahn) / vagón m que rueda mal ‖ ⁓**quittung** f (DV) / acuse m negativo de recibo ‖ ⁓**seite** f einer Lehre, Ausschussseite f / lado m "no pasa" ‖ ⁓**wetter** n / mal tiempo m ‖ ⁓**wetterlandung** f / aterrizaje m bajo malas condiciones meteorológicas ‖ ⁓**wetterstrecke** f / línea f o ruta seguida en caso de mal tiempo
Schlegel m (Wz) / martillo m, mallo m, mazo m, mallete m ‖ ⁓ (Zimm) / maceta f ‖ ⁓ s. auch Schlägel ‖ ⁓ **m des Schlegelmähers** (Landw) / cuchilla f segadora ‖ ⁓**Feldhäcksler** m / cortadora-recolectora f de látigos o de mayales o cuchillas, cosechadora f de forrajes de látigos o cuchillas ‖ ⁓**form** f (Flasche) / forma f de mallo ‖ ⁓**kreuzmühle** f / molino m de cruceros batidores m ‖ ⁓**mäher** m (Landw) / guadañadora-acondicionadora f
Schleichdrehzahl f (Elektr) / número m lento de revoluciones, velocidad f lentísima
schleichen, kriechen / ir a paso lento, ir a paso de tortuga ‖ ⁓ **n eines Motors** (Elektr) / marcha f lenta de un motor
schleichend, kriechend / rastrero, reptante ‖ **e Zahlen** f pl (Ggs.: springend) (Zähler) / cifras f pl con movimiento continuo
Schleich • gang m (Wzm) / marcha f lenta, velocidad f lentísima ‖ ⁓**gangschleifen** n / rectificación f de avance lento ‖ ⁓**strom** m, Kriechstrom m (Elektr) / corriente f de fuga ‖ ⁓**weg** m (coll) / camino m secreto o extraviado ‖ ⁓**werbung** f / publicidad f o propaganda encubierta o solapada
Schleier m (Farbe, Foto, TV, Web) / velo m ‖ ⁓, Trübung f (Plast) / áspero m nuboso ‖ ⁓ (Spinn) / balón m ‖ ⁓ (Chem) / enturbiamiento m ‖ ⁓ **bilden** (Foto) / velar ‖ ⁓**bildung** f (Farbe) / floreado m, pérdida f de brillo ‖ ⁓**bildung**, Ballonbildung f (Spinn) / formación f de balones ‖ ⁓**brecher** m (Tex) / aparato m antibalónico ‖ ⁓**kühlung** f (Rakete) / enfriamiento m por película, refrigeración f por película ‖ ⁓**kühlung**, Nebelkühlung f (Nukl) / enfriamiento m por agua nebulizada ‖ ⁓**schwärzung** f (Foto) / densidad f de velo ‖ ⁓**stoff**, Voile m (Tex) / velo m, voile m ‖ ⁓**wert** m / índice m de dispersión lateral de la luz
Schleif • ..., Schmirgel... / abrasivo ‖ ⁓**abfall** m, Schmant m / amoladura f mezclada con aceite, barro m de amolado, cambalache m de amoladura ‖ ⁓**abrieb** f / ralladuras f pl o raspaduras de amolado o de rectificado ‖ ⁓**anstalt** f / taller m de afilar o de afilador ‖ ⁓**antenne** f, Schleppantenne f / antena f colgante o remolcada ‖ ⁓**apparat** m, -vorrichtung, -einrichtung f (Wzm) / aparato m amolador o de rectificar ‖ ⁓**arbeit** f (Wzm) / trabajo m de rectificación ‖ ⁓**arbeitsgang** m / operación f de rectificación ‖ ⁓**arm** m (Fernm) / brazo m portaescobillas ‖ ⁓**auflage** f / soporte m de amolado ‖ ⁓**automat** m (Holz) / lijadora f automática ‖ ⁓**bahn** f, Gleitbahn f / pista f de arrastre o de deslizamiento ‖ ⁓**band** n / cinta f abrasiva ‖ ⁓**band** (Holz) / cinta f de

lija ‖ ≈**band-Rohpapier** *n* / papel *m* soporte de cintas abrasivas
schleifbar, polierbar / pulible, bruñible
Schleifbarkeit, -fähigkeit *f* / aptitud *f* de ser amolado
Schleif•bild *n* / aspecto *m* de superficie rectificada ‖ ≈**blatt** *n* (Holz) / hoja *f* lijadora o de lija ‖ ≈**blech** *n*, -platte *f* / chapa *f* de desgaste ‖ ≈**bock** *m* (Wzm) / banco *m* de amolar, afiladora *f*, dispositivo *m* portamuelas ‖ ≈**bock** (Leder, Tischl) / banco *m* de esmerilar ‖ ≈**boxleder** *n* / vaqueta *f* al cromo esmerilado ‖ ≈**brand** *m* / sobrecalentamiento *m* de amolado ‖ ≈**brett** *n* (Spinn) / plancha *f* esmeriladora de cardas ‖ ≈**bügel** *m* (Elektr) / arco *m* de toma de corriente ‖ ≈**bürste** *f*, Glanzbürste *f* (Galv) / cepillo *m* de pulir o de abrillantar ‖ ≈**bürste** (Elektr) / escobilla *f* de contacto o de rozamiento ‖ ≈**bürste**, -feder *f*, -arm *m* (Fernm) / frotador *m* ‖ ≈**dorn** *m* / vástago *m* de muela ‖ ≈**dorn zum Läppen** / mandril *m* de lapear ‖ ≈**draht** *m* (Elektr) / hilo *m* deslizante o rozante ‖ ≈**drahtbrücke** *f* (Elektr) / puente *m* de hilo y cursor, puente *m* de Wheatstone ‖ ≈**drahtpotentiometer** *n*, -drahtkompensator *m* / potenciómetro *m* de hilo deslizante o de corredera ‖ ≈**druck** *m* (Pap) / presión *f* de desfibrado ‖ ≈**durchmesser** *m* / diámetro *m* a rectificar
Schleife *f*, Schlinge *f* / lazada *f* ‖ ≈ (allg, Elektr, Straß) / bucle *m*, lazo *m* ‖ ≈ (Straßb) / recodo *m*, viraje *m* ‖ ≈ (Fluss) / meandro *m* ‖ ≈ (Mech) / resbaladera *f*, deslizadera *f* ‖ ≈ (Luftf) / rizo *m* ‖ ≈, Band *n* (Tex) / lazo *m*, cinta *f* ‖ ≈ (Spinn) / bucle *m*, cargoli *m* ‖ ≈, Zyklus *m* (DIN) (DV) / ciclo *m*, iteración *f* o repetición [de un proceso] ‖ ≈, Keule *f* (Antenne) / lóbulo *m* ‖ ≈, Schleifbahn *f* / resbadera *f* ‖ ≈ *f*, Schlitten *m* / trineo *m* ‖ ≈, Schleppe *f* (Landw) / rastra *f* niveladora ‖ ≈ **n bilden o. machen o. legen** / hacer bucles o lazos ‖ ≈ *f* **ohne Ausgang** (Regeln) / cadena *f* cerrada ‖ **zur** ≈ **geschaltet**, geschleift (Elektr) / conectado en bucle
Schleifeinrichtung *f*, -vorrichtung *f*, -apparat *m* (Wzm) / dispositivo *m* de rectificar
schleifen *vt*, schleppen / arrastrar ‖ ~, abtragen (Bau) / demoler, arrasar, desmantelar ‖ ~, abschleifen, mit der Schleifscheibe [genau] bearbeiten / rectificar, amolar ‖ ~, abziehen / aguzar, suavizar ‖ ~, schmirgeln, glätten, polieren / esmerilar, pulir ‖ ~ (Edelstein) / tallar, facetear, ciclar ‖ ~ (Holzoberfläche) / lijar, alijar ‖ ~ (Glas) / pulir, esmerilar, tallar, biselar ‖ ~, schärfen / vaciar ‖ ~, schärfen / afilar, vaciar ‖ ~, schief führen (Bau) / inclinar ‖ ~, zur Schleife schalten (Fernm) / enlazar una línea, hacer un bucle en la línea ‖ ~, kurzschließen (Elektr, Fernm) / cortocircuitar ‖ ~ *vi*, scheuern / restregar, frotar, fregar ‖ ~ (Kupplung) / patinar, resbalar, deslizarse ‖ ~ **lassen** (Kupplung) / ir a medio embrague ‖ **auf dem Boden** ~ / arrastrar ‖ **auf Dicke** ~ (Holz) / lijar de espesor ‖ **Fußboden** ~ / lijar suelos ‖ **Glas** ~ / pulir vidrio, esmerilar vidrio ‖ **Glas matt** ~ / deslustrar vidrio ‖ **Holz** ~ (Pap) / desfibrar ‖ **[mit Sandpapier]** ~, absanden (Holz) / lijar ‖ ≈ *n*, Schliff *m* / amoladura *f*, esmerilado *m* ‖ ≈ (Wzm) / rectificado *m*, rectificación *f* ‖ ≈, Polieren *n* / pulido *m* ‖ ≈, Schärfen *n* / afilado *m*, vaciado *m*, suavizado *m* ‖ ≈, Schleifenbildung *f* (Elektr, Funk) / enlace *m*, formación *f* de bucles o lazos ‖ ≈ *f* (Galv) / abrillantado *m* ‖ ≈ **der Kupplung** (Kfz) / deslizamiento *m* o patinaje del embrague ‖ ≈ **gebremster Räder** / resbalamiento *m* o deslizamiento de ruedas frenadas ‖ ≈ **mit gleichzeitigem Messen** (Wzm) / rectificación *f* con medición automática o simultánea ‖ ≈ **mit Topfscheibe** / rectificación *f* con muela de copa ‖ ≈ **von Hand** / afilado *m* manual
Schleifen•antenne *f* / antena *f* de cuadro ‖ ≈**anweisung** *f* (FORTRAN) (DV) / instrucción "DO" *f* ‖ ≈**berührung** *f* (Fernm) / contacto *m* entre hilos del mismo circuito ‖ ≈**bildner** *m* (Projektor) / rueda *f* tensora para la preestabilización de la película ‖

≈**bildung** *f* (Walzw) / retorcimiento *m* ‖ ≈**bildung** (DV) / operación *f* en anillo, lazo *m* ‖ ≈**bildung** (Elektr) / enlace *m* ‖ ≈**bildung** (Spinn) / formación *f* de bucles o de cargolis
schleifend, schleppend / arrastrante ‖ ~, reibend (Wirkung) / abrasivo ‖ ~**er Anker** (Schiff) / ancla *f* arrastrada ‖ ~**er Schnitt**, Schleifschnitt *m* (Math) / intersección *f* en ángulo rasante ‖ **sich** ~ **schneiden** (Math) / cortarse en ángulo rasante
Schleifen•dämpfung *f* (Fernm) / atenuación *f* en retorno ‖ ≈**dämpfungsmesser** *m* (Fernm) / decrímetro *m* (o decrémetro) de la atenuación en retorno ‖ ≈**durchlauf-Anzahl** *f* (DV) / número *m* de iteraciones o de ciclos ‖ ≈**fänger** *m* (Nähm) / cogerrizos *m* (E), guardarrizos *m* (LA) ‖ ≈**förmiger Glühfaden** (Kohlefaden) (Elektr) / filamento *m* en bucle ‖ ≈**-Galvanometer** *n* / galvanómetro *m* de cuerda ‖ ≈**garn** *n* (Tex) / hilo *m* con bucles u ojetes ‖ ≈**gewebe** *n*, Frottee *n* / tejido *m* esponja o de rizo ‖ ≈**heber**, Schlingenheber *m* (Walzw) / elevador *m* del bucle ‖ ≈**impedanz** *f* / impedancia *f* de bucle ‖ ≈**-Impulswahl** *f* (Fernm) / acción *f* de marcar en anillo ‖ ≈**index**, Iterationsindex *m* (DV) / índice *m* de ciclos de iteraciones ‖ ≈**kreuzung** *f* (Elektr) / transposición *f* de líneas simples ‖ ≈**kreuzung**, Platzwechsel *m* (Fernm) / transposición *f* por rotación ‖ ≈**kühler** *m* / bucles *m pl* de enfriamiento ‖ ≈**leitung**, Doppelleitung *f* (Fernm) / circuito *m* en bucle ‖ ≈**leitungsbetrieb** *m* (Fernm) / explotación *f* de dos hilos ‖ ≈**linie** *f* [die wieder in die Hauptlinie zurückführt] (Bahn) / línea *f* en bucle
schleifenlose Programmierung (DV) / programación *f* sin bucle[s]
Schleifen•ornament *n* (Bau, Tex) / lazo *m* ‖ ≈**oszillograph** *m* (Phys) / oscilógrafo *m* bifilar ‖ ≈**probe** *f* (DV) / prueba *f* por eco ‖ ≈**probe von Draht** (Hütt) / ensayo *m* de doblado y torsión de alambre ‖ ≈**-Protuberanz** *f* / protuberancia *f* anular ‖ ≈**schaltung** *f* / conexión *f* bucle ‖ ≈**schaubild** *n* / diagrama *m* en bucle ‖ ≈**spülung** *f* (Mot) / barrido *m* en bucle ‖ ≈**strom** *m* / corriente *f* de bucle ‖ ≈**testmodus** *m* (DV) / modo *f* de prueba en bucle de lazo ‖ ≈**trockner** *m* (Tex) / secador *m* suspendido en bucles ‖ ≈**Übertragungsfunktion** *f* / función *f* de transferencia con bucle ‖ ≈**verhinderer** *m* (Spinn) / dispositivo *m* preventor de los cargolis ‖ ≈**wandler** *m* (Elektr) / transformador *m* de bucles ‖ ≈**wicklung** *f* (Elektr) / devanado *m* imbricado o en bucles ‖ **eingängige** [,zwei-, mehrgängige] ≈**wicklung** / devanado *m* imbricado paralelo, [paralelo doble, paralelo múltiple] ‖ ≈**-Widerstand**, Doppelleitungs-Widerstand *m* (Fernm) / resistencia *f* del bucle, resistencia *f* de línea local ‖ ≈**-Widerstandsprüfer** (Elektr) / medidor *m* en anillo ‖ ≈**zähler** *m* (DV) / contador *m* de ciclos ‖ ≈**zähler-Nullung** *f* (DV) / puesta *f* a cero del contador de ciclos ‖ ≈**-Zugversuch** *m* (Draht) / ensayo *m* de tracción sobre alambre anudado ‖ ≈**zwirn** *m* / hilo *m* con bucles u ojetes
Schleifer *m*, (amtlich:) *m* Zerspanungsmechaniker der Schleiftechnik (Beruf) / amolador *m*, rectificador *m*, afilador *m* ‖ ≈, Handschleifer *m* (Wzm) / afiladora *f* manual [eléctrica] ‖ ≈, Holzschleifer *m* (Pap) / desfibradora *f*, deshilachadora *f*, desfibrador *m* ‖ ≈ (Glas) / esmerilador *m* ‖ ≈ (Edelstein) / tallador *m*
Schleiferei *f* / taller *m* de amolar o de afilar o de rectificar, taller *m* de desfibrado ‖ ≈ (Pap) / instalación *f* o fábrica de pasta mecánica, instalación *f* de desfibrado, desfibraduría *f* ‖ ≈**grobstoff** *m* (Pap) / pulpa *f* gruesa de amoladura ‖ ≈**säge** *f* (Pap) / sierra *f* de desfibrado
Schleifer•stein *m* (Pap) / muela *f* de la desfibradora ‖ ≈**trog** *m*, -grube *f* (Pap) / fosa *f* o artesa *f* o pila de la desfibradora ‖ ≈**welle** *f* (Pap) / eje *m* del desfibrador

Schleif•fähigkeit, -wirkung f / poder m abrasivo ‖ ~**feder** f (Elektr) / resorte m de contacto, lengüeta f de contacto ‖ ~**fläche** f (Min) / faceta f ‖ ~**fläche** (Bahn, Fahrdraht) / superficie f de deslizamiento o de contacto, superficie f sometida al desgaste ‖ ~**fläche** (Wz) / cara f de afilado ‖ ~**fläche**, Fläche f mit Schleifwirkung / superficie f abrasiva o activa ‖ ~**funkenprobe** f (Mat.Prüf) / ensayo m de chispas en la muela ‖ ~**gerät** n, Schleifmaschine f / máquina f afiladora ‖ ~**glocke** f / muela f de copa ‖ ~**grund** m, magerer Grund (Anstrich) / fondo m para pulir ‖ ~**härte** f (Email) / dureza f a rasguños ‖ ~**härte** (gegen Abnutzung) / dureza f al desgaste ‖ ~**holz** n (Pap) / madera f molida ‖ ~**hülse** f / manguito m abrasivo ‖ ~**kissen** n / cojín m de amolar ‖ ~**kohle** f (Elektr) / escobilla f de carbón ‖ ~**kontakt** m / contacto m deslizante ‖ ~**kontakt**, Kontakt durch Blankscheuern m (Elektr) / contacto m por rozamiento ‖ ~**kopf**, Supportschleifer m (Wzm) / cabezal m rectificador ‖ ~**korn** n / grano m [de] abrasivo ‖ **loses** ~**korn** / polvo m abrasivo ‖ ~**körper** m **aus gebundenem Schleifmittel** / muela f abrasiva aglomerada ‖ **[zentrisches]** ~**kurbelgetriebe** / elipsógrafo m ‖ ~**lack** m / barniz m para pulir, laca f para pulir ‖ ~**lackausführung** f / acabado m en barniz de pulimento, acabado m en laca para pulir ‖ ~**lade** f (Orgel) / distribuidor m de aire ‖ ~**länge** f (der Maschine) / largo m de amoladura de la máquina, largo m de rectificar, longitud f a rectificar ‖ ~**lehre** f (Masch) / plantilla f de afilar ‖ ~**leinen** n / tela f abrasiva ‖ ~**leiste** f **des Stromabnehmers** (Bahn) / frotador m, pletina f de frotamiento, llanta f de desgaste ‖ ~**leitung** f (Kran) / línea f de contacto ‖ ~**leitungskanal** m / conducto m de línea de contacto ‖ ~**marke** f / marca f de roce ‖ ~**maschine** f (Wzm) / rectificadora f, amoladora f ‖ ~**maschine**, Holzschleifmaschine m (Pap) / trituradora f ‖ ~**maschine**, Feinschleifmaschine f / afinadora f ‖ ~**maschine für Holz**, Sandpapiermaschine f / lijadora f ‖ ~**maschine für Schienen** / amoladora f de carriles ‖ ~**maschine mit biegsamer Welle** / afiladora f o rectificadora o amoladora con árbol flexible ‖ ~**maschine mit oszillierendem Werkzeug**, Schwingschleifer m (Holz) / lijadora f con patín oscilante, lijadora f orbital ‖ ~**material** n, -**mittel**, -**korn** n / abrasivo m, material m abrasivo ‖ **gebundenes** ~**material** / abrasivo m aglomerado ‖ ~**mitnehmer** m / elemento m de arrastre para muela ‖ ~**[mittel]industrie** f / industria f de los abrasivos ‖ ~**narbe** f / estría f de rectificado ‖ ~**papier**, Schmirgelpapier n / papel m abrasivo ‖ ~**papier und -leinen** n (Sammelbegriff) / abrasivos m pl sobre soporte flexible ‖ ~**paste** f / pasta f abrasiva o para pulir ‖ ~**platte** f / placa f abrasiva ‖ ~**polieren** n / pulido m por muela ‖ ~**pulver** n / polvo m abrasivo ‖ ~**pulver zum Polieren** / polvo[s] m [pl] para (o de) pulir ‖ ~**putzen** n, Abschleifen n (Gieß) / desbarbado m con muela abrasiva, rueda f abrasiva ‖ ~**rad** n (Tischl) / disco m abrasivo, rueda f abrasiva ‖ ~**riefe**, Bearbeitungsspur f (Wzm) / estría f de rectificado ‖ ~**ring** m (Elektr) / anillo m colector ‖ ~**ring** (Wzm) / muela f anular ‖ ~**ring** (Kupplung) / anillo m rozante o de deslizamiento ‖ ~**ringanker** m, -ringläufer m / inducido m o rotor de anillo colector ‖ ~**ringdichtung** f (Masch) / empaquetadura f de anillo rozante, caja f de estopas giratoria ‖ ~**ringkontakt** m (Elektr) / contacto m de anillo rozante ‖ ~**ringläufer-Induktionsmotor** m / motor m de inducción de anillos colectores ‖ ~**ring[läufer]motor** m / motor m de [inducido de] anillos colectores ‖ ~**ringläufermotor** m **mit festaufliegenden Bürsten** / motor m de anillos colectores de velocidad variable ‖ ~**ringpackung** f / retén m tipo paquete ‖ ~**ringseitig** / al lado de anillos colectores ‖ ~**rinne** f, -marke f / estría f de rectificado ‖ ~**riss** m / grieta f de rectificado ‖ ~**riss** (Diamant) / rayado m ‖ ~**sand** m / arena f de pulir ‖ ~**schale** f [für Hohlgläser] (Opt) / muela f cóncava para dar forma a los cristales ‖ ~**scheibe** f (Wzm) / muela f abrasiva, rueda f de amolar o de afilar o de rectificar ‖ **profilierte** ~**scheibe**, Profilscheibe f / muela f perfilada o de perfilar o de perfiles ‖ ~**scheibe** f, -**teller** m (Holz) / plato m de lijar ‖ **mit Schmirgelpapier beklebte** ~**scheibe** / disco m abrasivo ‖ ~**scheibe** f **aus gebundenem Schleifmittel** / muela f de abrasivos aglomerados ‖ ~**scheibe zum Schärfen** / muela f de afilar ‖ **Schleifscheiben•-Abdrehapparat** m / dispositivo m de repasar muelas ‖ ~**aufnahme** f / portamuelas m, adaptador m de muela ‖ ~-**Auswuchtgerät** n / dispositivo m equilibrador de muelas ‖ ~**hülse** f / manguito m portamuela ‖ ~**kombination** f (Opt) / juego m de piedras de afilar, conjunto m de muelas ‖ ~-**Profiliereinrichtung** f (Wzm) / dispositivo m de perfilar muelas ‖ ~**satz** m / juego m de muelas ‖ ~**spindel** f / husillo m portamuela ‖ ~-**Spindelstock** m / cabeza f portamuela ‖ ~**träger** m / portamuela m **Schleif•schlamm**, Schmant m, Schleifabfall m (Wzm) / cambalache m de amoladura, barro m de amolado ‖ ~**schlitten** m, Schleifscheibensupport m / carro m portamuela[s] ‖ ~**schnecke** f (Wzm) / tornillo m sin fin de amolar ‖ ~**schneiden** n / corte m abrasivo ‖ ~**schuh** m (Elektr) / patín m colector de corriente ‖ ~**schuh** (Wzm) / patín m de amoladura ‖ ~**schutz** m / pantalla f protectora (de la amoladora) ‖ ~**schwamm** m / esponja f abrasiva ‖ ~**segment** n / segmento m abrasivo ‖ ~**sohle** f (Landw) / talón m del arado ‖ ~**sohlen-Bodendruck** m (Landw) / presión f de suelo de talón ‖ ~**spindel** f (Wzm) / husillo m portamuela ‖ ~**spindelschlitten** m, -spindelkopf m / carro m de cabezal portamuela ‖ ~**spindelstock** m / cabezal m [de husillo] portamuela ‖ ~**spitze** f / punta f abrasiva ‖ ~**spur**, Abnutzungsspur f (auf der Filmseite) (Film) / marca f de roce ‖ ~**spur** f **im Material** / raspaduras f pl ‖ ~**staub** m / polvo m de amoladura, polvo m de esmerilado, polvo m abrasivo ‖ ~**staub** (Holz) / polvo m de lijar ‖ ~**stein** m s. Wetzstein ‖ ~**stein**, Abzieh-, Wetzstein m / piedra f de afilar o amoladora, piedra f de amolar ‖ ~**stein**, Ölstein m / piedra f al aceite ‖ ~**stein** (Pap) / muela f de la desfibradora ‖ ~**stift** m / barrita f de abrasivo ‖ ~**stück** n (am Stromabnehmer) (Bahn) / patín m del arco de pantógrafo ‖ ~**stück an der Stromschiene** (Bahn) / patín m colector para carril de contacto, zapata f para carril conductor (LA) ‖ ~**support** m (Wzm) / carro m portamuela[s] ‖ ~**tasse**, Topfscheibe f, Schleiftopf m (Wzm) / muela f de vaso o de copa ‖ ~**technik** f / técnica f de amoladura o de rectificado ‖ ~**technik**, -mitteltechnik f / técnica f de los abrasivos ‖ ~**teller** m / disco m abrasivo ‖ ~**tiefe** f (Wzm) / profundidad f de rectificado ‖ ~**tisch** m (Tischl) / mesa f de lijar ‖ ~**trimmen** n (z.B. Widerstand) / ajuste m fino por abrasión ‖ ~**trommel**, -walze f (Spinn) / cilindro m esmerilador ‖ ~**tuch** n (Spinn) / tela f de esmeril ‖ ~- **und Poliermittelindustrie** f / industria f de abrasivos ‖ ~- **und Poliervorrichtung** f / dispositivo m de amoladura y de pulido **Schleifung** f, schiefe Neigung (Maurer) / inclinación f **Schleif•vorgang** m s. Schleifen ‖ ~**walze** f (Spinn) / cilindro m esmerilador ‖ ~**walze** (Holz) / tambor m lijador ‖ ~**weg** m / carrera f de amoladura ‖ ~**werkzeug** n / útil m para afilar o amolar, herramienta f abrasiva ‖ ~**wirkung**, Abnutzung f durch Reibung / efecto m de desgaste, abrasión f, desgaste m por rozamiento ‖ ~**wirkung**, -fähigkeit f / poder m abrasivo, propiedad f abrasiva ‖ **ohne** ~**wirkung** / no abrasivo ‖ ~**zug** m (Bahn) / tren m amolador ‖ ~**zugabe** f (Wzm) / sobreespesor m para el rectificado, excedente m para rectificar, demasía f para rectificar ‖ ~**zylinder** m / muela f cilíndrica

Schleim

Schleim m (allg) / fluido m viscoso ‖ ≃ (Seide) / mucoidina f ‖ ≃ (Physiol) / muco m, mucosidad f ‖ ≃, Mucilago m (pl: Mucilagines) (Bot, Pharm) / mucílago m ‖ ≃ m **in Wasserleitungen** / babaza f[en canalizaciones de agua], baba f ‖ ~**[art]ig** / mucoso, mucilaginoso ‖ ≃**bakterien** m pl, Myxobakterien f pl / mixobacterios pl, mixobacteriales pl, bacterias f pl mucilaginosas o mucilagíneas ‖ ≃**gärung** f / fermentación f viscosa ‖ ≃**harz**, Gummiharz n / gomorresina f ‖ ≃**pilze** m pl, Myxomyceten pl / mixomicetos m pl ‖ ≃**säure**, Muzinsäure f (Chem) / ácido m múcico o tetrahydroxiadípico ‖ ≃**zellstoff** m, -zellulose f / mucocelulosa f
Schleiß• auflage f / capa f de desgaste ‖ ≃**blech** n, -platte f / chapa f de desgaste
Schleißen n / acción f abrasiva o de desgaste
Schleißring m / anillo m de desgaste
Schlempe f, Zementschlamm m (Bau) / pasta f de cemento ‖ ≃ (Brau) / orujo m, bagazo m ‖ ≃, Spülicht n (Branntwein) / vinazas f pl, lavazas f pl de destilación ‖ ≃ (Zuck) / vinazas f pl ‖ ≃**kohle** f (Zuck) / vinazas f pl carbonadas ‖ ≃**phosphat** n (Chem) / fosfato m de potasio de residuos alcohólicos
Schlengel m (Schwimmkörper), Vorleger m (Schiff) / pontón m de abordaje o de atraque
Schlenker•bindung f (Chem) / enlace m libre ‖ ~**bohren** (Bergb) / perforar hacia arriba ‖ ≃**schuss** m / tiro m de abajo hacia arriba
Schlepp, im ≃ (Schiff) / a remolque ‖ **in** ≃ **nehmen** (Schiff) / tomar o llevar a remolque ‖ ≃**achse** f / eje m arrastrado ‖ ≃**anker** m, Treibanker m / ancla f flotante ‖ ≃**antenne** f / antena f colgante ‖ ≃**bahn** f (Forstw) / pista f de arrastre ‖ ≃**blech** n (Brücke) / chapa f de recubrimiento ‖ ≃**boot** n / lancha f remolcadora ‖ ≃**dach** n, Pultdach n, abgeschlepptes Dach n (Bau) / tejado m a simple vertiente, tejado m a una agua ‖ ≃**dampfdestillation** f (Chem) / destilación f por arrastre al vapor ‖ ≃**dienst** m (Schiff) / servicio m de remolque
Schleppe f / rastra f ‖ ≃, Schleife f (Landw) / rastra f niveladora ‖ ≃ f (Kleid) / cola f de vestido
Schleppeinrichtung f (Schiff) / equipo m de remolque
schleppen vt, ziehen / arrastrar, tirar ‖ ~ (Netz) / rastrear ‖ ~ (Schiff) / remolcar, sirgar ‖ ≃ n, Schleifen n / arrastre m ‖ ≃ (Kfz, Schiff) / remolque m
schleppend, schleifend / arrastrante ‖ ~**er Kontakt** (Fernm) / contacto m cierre antes de corte
Schlepper m (Person) / vagonero m ‖ ≃, Traktor m (Landw) / tractor m ‖ ≃ (Schiff) / remolcador m ‖ ≃ (Walzw) / ripador m ‖ ≃ **für Bioalkohol** (Landw) / tractor m de bioalcohol ‖ ≃**antrieb**, -zug, -betrieb m (Schiff) / servicio m de remolque ‖ ≃**destillation** f (Chem) / destilación f heteroazeotrópica ‖ ≃**egge** f (Landw) / grada f colgada ‖ ≃**fahrer** f / tractorista m, conductor m del tractor ‖ ≃**förderung** f (Bergb) / acarreo m ‖ ≃**haspel** m f (Bergb) / cabrestante m de acarreo ‖ ≃**mähwerk** n (Landw) / barra f de corte para tractores ‖ ≃**pflug** m / arado m para (o de) tractor ‖ ≃**-Planierraupe** f (Straßb) / niveladora f para tractor ‖ ≃**pumpe** f (Landw) / bomba f de toma de fuerza ‖ ≃**spur** f (Landw) / huella f de las ruedas (del tractor) ‖ ≃**triebwerk** n / mecanismo m de propulsión del tractor ‖ ≃**verdeck** n, -kabine f (Landw) / cabina f del tractor ‖ ≃**zugvorrichtung** f (Landw) / barra f de enganche o de tiro o de remolque
Schlepp•fahrt f (Bahn) / circulación f remolcada ‖ ≃**fahrt** (Schiff) / remolque m ‖ ≃**feder** f (Uhr) / muelle m de frenado, brida f deslizante ‖ ≃**fehler** m (NC) / error m de contorneo o de persecución ‖ ≃**flug** m (Luftf) / vuelo m de remolque ‖ ≃**flugzeug** n / avión m remolcador ‖ ≃**gas** n (Chromatogr.) / gas m portador ‖ ≃**haken** m (Schiff) / gancho m de remolque ‖ ≃**kabel**, Stromzuführungskabel n, Schleppleitung f (Kran) / cable m [arrollable] de alimentación ‖ ≃**kahn** m /

lancha f de remolque, remolque m, chata f (LA) ‖ ≃**kanal** m, -rinne f (Schiff) / canal m de pruebas hidrodinámicas, canal m hidrodinámico ‖ ≃**kanal-Versuch** m (Schiff) / ensayo m en el canal hidrodinámico ‖ ≃**käpsel** n (Schiff) / guía f de remolque ‖ ≃**kette** f (Kettenförderer) (Bergb) / cadena f de arrastre ‖ ≃**kettenförderer** m / transportador m por cadena de arrastre ‖ ≃**klüse** f (Schiff) / escobén m ‖ ≃**kontakt** m / contacto m de continuidad ‖ ≃**kopfsaugbagger** m / draga f de succión con tubo descendente de aspiración ‖ ≃**kopfsauger** m (Hydr) / tubo m descendente de aspiración ‖ ≃**kraft** f (Hydr) / fuerza f de arrastre ‖ ≃**kraft** (Schlepper) / fuerza f tractora o de remolque ‖ ≃**kreisel** m / giroscopio m de arrastre ‖ ≃**kreisförderer** m **Power and Free** / transportador m aéreo de doble vía "Power and Free" ‖ ≃**kreuzung** f (Bahn) / cruzamiento m con carriles móviles ‖ ≃**kurbel** f / manivela f de arrastre ‖ ≃**kurbelmechanismus** m / mecanismo m de manivela de arrastre ‖ ≃**kurve**, Traktrix f (Math) / tractriz f ‖ ≃**last** f (Bahn) / carga f límite de patinaje ‖ ≃**laterne** f, -licht n (Schiff) / luz f de remolque ‖ ≃**laufbahn** f (Power and Free) / vía f mecanizada ‖ ≃**leine** f (Schiff) / cable m de remolque ‖ ≃**lift** m / telesquí m, telearrastre m (E), andarivel m (CHIL) ‖ ≃**löten** n / soldadura f de inmersión con arrastre ‖ ≃**mittel** n (Chem) / agente m arrastrador ‖ ≃**netz** n / red f de arrastre, traína f ‖ ≃**netz** (Fischerei) / red f de arrastre, traína f ‖ ≃**netzfischerei** f / pesca f al arrastre, pesca f con red barredera ‖ ≃**netzfischereifahrzeug** n, Trawler m / trainera f ‖ ≃**panzer** m (Mil) / carro m blindado remolcador ‖ ≃**poller** m (Schiff) / abitones m pl de remolque ‖ ≃**rad** n / rueda f de arrastre ‖ ≃**rolle** f / polea f loca, rodillo m loco ‖ ≃**rollen-Nahtschweißmaschine** f / máquina f soldadora de rodillo loco ‖ ≃**sack** m (Luftf) / blanco m remolcado, manga f remolcada ‖ ≃**schalter** m / conmutador m de continuidad ‖ ≃**schaufel** f, Kratzer m / pala f [de cable] de arrastre ‖ ≃**schaufel-Bagger** m / excavadora f de cuchara arrastradora ‖ ≃**schenkel-Schwerstiftsicherung** f / seguro m de pasador muescado en el extremo saliente de arrastre ‖ ≃**schiff** m, Schlepper m / remolcador f ‖ ≃**schiffer** m / gabarrero m ‖ ≃**schifffahrt** f / navegación f de remolque, toaje m, atoaje m ‖ ≃**schiffzug** m / tren m de barcazas, flotilla f en remolque, convoy m de lanchas [remolcadas] ‖ ≃**schleifen** n / acabado m por arrastre ‖ ≃**seil** n (Freiballon) / arrastradera f, cuerda f freno, sonda f remolcada ‖ ≃**spannung** f (Hydr) / fuerza f de arrastre ‖ ≃**stange** f (Kfz) / barra f de tracción ‖ ≃**stange für Flugzeuge** f (Luftf) / barra f de tracción ‖ ≃**tau** n, -seil n / cable m de remolque ‖ ≃**tau**, -trosse f (Schiff) / cable m de remolque, sirga f ‖ **ins** ≃ **tau nehmen** / tomar o llevar a remolque ‖ ≃**tender** m (Bahn) / ténder m separado ‖ ≃**tendermaschine**, -lok[omotive] f / locomotora f con ténder [separado] ‖ ≃**thermoelement** n / termopar m de seguimiento ‖ ≃**trage** f (F'wehr) / camilla f de arrastre ‖ ≃**verband** m / flotilla f en remolque, convoy m de lanchas remolcadas ‖ ≃**versuch** m (Schiff) / ensayo m en el canal hidrodinámico ‖ ≃**versuchsanstalt** f / estación f de ensayos hidrodinámicos ‖ ≃**versuchskanal** m / canal m de pruebas hidrodinámicas ‖ ≃**wagen** m / carro-remolque m ‖ ≃**walze** f (Walzw) / cilindro m loco ‖ ≃**walze** (Straßb) / rodillo m compresor remolcado ‖ ≃**weiche** f (Bahn) / cambio m [de vía] con carriles móviles ‖ ≃**winde** f (Schiff) / torno m o chigre o güinche de remolque ‖ ≃**zange** f (Drahtziehen) / tenazas f pl de trefilado ‖ ≃**zangenziehbank** f (Drahtziehen) / banco m estirador por tenazas ‖ ≃**zeiger** m / indicador m de seguimiento ‖ ≃**zug** m (Schiff) / flotilla f de (o en) remolque, convoy m de

lanchas ǁ ˜**zugschleuse** f / esclusa f para flotilla[s] de (o en) remolque
schlesisches Gewebe n (Tex) / silesiana f
Schleuder f, Zentrifuge f / centrífuga f, centrifugadora f, hidroextractor m, escurridora f centrífuga ǁ ˜, Wäscheschleuder f / centrifugadora f, secadora f centrífuga, torcedora f ǁ ˜ (Honig) / extractor m ǁ ˜, Katapult m n (Luftf) / catapulta f ǁ ˜ **für Milch**, Milchzentrifuge f (Landw) / desnatadora f ǁ ˜ **für Photoätzung** (gedr.Schaltg) / turneta f para fotograbado
Schleuder•anzeige f (Bahn) / indicador m de patinaje ǁ ˜**apparat** m (für Plattenbeschichtung) (Druck) / giraplanchas f, torniquete m de planchas, turneta f ǁ **rotierender** ˜**apparat** / aparato m giratorio ǁ ˜**apparat** m **für Bandstahl** (Hütt) / centrífuga f para la fabricación de fleje ǁ ˜**arbeit** f, schlechte Arbeit / chapucería f ǁ ˜**badschmierung** f / lubricación f por salpicadura o por salpique o por barboteo ǁ ˜**bahn** f (Luftf) / vía f de catapultaje ǁ ˜**band** n, Schleuderbandförderer m / transportador m lanzador ǁ ~**bar**, -fest (Tex) / centrifugable ǁ ˜**beton** m (Bau) / hormigón m centrifugado ǁ ˜**betonmast** m / poste m de hormigón cxentrifugado ǁ ˜**blech** n / chapa f de eyección ǁ ˜**dach** n (Luftf) / cubierta f lanzable ǁ ˜**dichtung** f (Lager) / obturación f por centrifugación [del aceite] ǁ ˜**drehzahl** f (Elektr) / número m de revoluciones de embalamiento, velocidad f de embalamiento ǁ ˜**[-Dünger]streuer** m (Landw) / distribuidora f centrífuga de fertilizantes, distribuidor m centrífugo de abono, abonadora f centrífuga ǁ ˜**formmaschine** f (Gieß) / moldeadora f por lanzamiento o por proyección ǁ ˜**gang** m (Waschmaschine) / velocidad f de centrifugación ǁ ˜**gebläse** n, Zentrifugalgebläse n / soplante m o ventilador centrífugo ǁ ˜**gefahr!** (Straßb) / ¡Firme deslizante!, ¡Piso deslizante! ǁ ˜**gießmaschine** f / máquina f de fundición centrífuga ǁ ˜**grube** f / fosa f de embalamiento ǁ ˜**guss** m (Methode) (Gieß) / colada f o fundición centrifugada ǁ ˜**guss** (Erzeugnis), -gussteil n (Gieß) / pieza f [de fundición] centrifugada ǁ ˜**gussbeschichten** n **von Lagern** / guarnición f de cojinetes por centrifugación ǁ ˜**guss-Blockkokille** f / coquilla f o lingotera para fundición centrifugada ǁ ˜**gussrohr** n / tubo m [de fundición] centrifugada ǁ ˜**gut** n, zentrifugierte o. [aus]geschleuderte Masse / materia f seca obtenida por centrifugado, producto m centrifugado ǁ ˜**kanone** f (Luftf) / cañón m de eyección ǁ ˜**knotenfänger** m (Pap) / depurador m centrifugal de nudos ǁ ˜**korb** m, -trommel f / tambor m perforado de centrífuga, cesto m metálico ǁ ˜**kraft** f, Zentrifugalkraft f (Phys) / fuerza f centrífuga ǁ ˜**kuchen** m (Aufb) / producto m centrifugado ǁ ˜**kugelstrahlen** n (Gieß) / perdigonado m con bolas de acero [por centrifugado] ǁ ˜**lader** m / cargador m por proyección ǁ ˜**lader** (Mot) / sopladora f centrífuga de sobrealimentación ǁ ˜**luftfilter** m n (Kfz) / filtro m de aire centrifugado ǁ ˜**maschine** f (Hütt) / centrifugadora f ǁ ˜**mast** m (Elektr) / mástil m de hormigón armado fabricado por centrifugación ǁ ˜**mühle** f, Schlagkorbmühle f / molino m centrífugo de émbolos de percusión ǁ ˜**mühle**, Desintegrator m / desintegrador m centrífugo
schleudern vt, werfen / lanzar, arrojar, proyectar ǁ ~, schmettern vt [gegen] / estrellar vt [contra] ǁ ~ vt, katapultieren (Luftf) / lanzar por catapultar, catapultar ǁ ~, zentrifugieren / centrifugar, pasar por la centrífuga ǁ ~, klären (Zuck) / escurrir ǁ ~ vi (rotierende Teile) / oscilar ǁ ~, durchdrehen (Räder) / patinar ǁ ~, unrund laufen / marchar excéntricamente ǁ ~ (Kfz) / patinar, derapar, dar un patinazo ǁ ~, seitlich ausbrechen (Kfz) / colear ǁ ~ n, Werfen n / lanzamiento m, proyección f ǁ ˜ (von Wäsche) / centrifugado m, secado m en la centrífuga, escurrido m ǁ ˜, Galoppieren n der Räder (Bahn) / patinaje m de las ruedas motrices ǁ ˜, Zentrifugieren n / centrifugado m, centrifugación f ǁ ˜ n (Kfz) / patinada f, resbalamiento m ǁ ˜ **in der Kurve** (Kfz) / patinaje m en la curva
Schleuder•öl n (Schmierung) / aceite m proyectado [del depósito] ǁ ˜**prüfstand** m (Phys) / banco m de pruebas centrífugas ǁ ˜**prüfstand**, Whirltower m (Luftf) / torre f para pruebas de fuerza centrífuga ǁ ˜**prüfung** f (Elektr) / ensayo m de embalamiento ǁ ˜**psychrometer** n (Phys) / [p]sicrómetro m centrífugo ǁ ˜**pulver** n (Sintern) / polvo m atomizado ǁ ˜**pumpe** f, Kreiselpumpe f / bomba f centrífuga ǁ ˜**rad** n (Gieß) / rueda f de perdigonado ǁ ˜**rad** (Schmierung) / rodete m proyector de aceite ǁ ˜**radmischer** m / mezclador m centrífugo ǁ ˜**radstrahlen** n / arenado m de rueda centrifugadora para desbarbar ǁ ˜**ring** m (Schmierung) / anillo m proyector o salpicador o centrífugo ǁ ˜**roder** m (Landw) / arrancadora f de molinete para patatas ǁ ˜**schmierung** f / lubricación f por proyección, engrase m por barboteo ǁ ˜**schutz** m, Gleitschutz m (Bahn) / dispositivo m o relé de antipatinaje ǁ ˜**schutzeinrichtung** f (gegen Stick-Slip) (Bahn) / dispositivo m antistickslip o antivibrador ǁ ˜**sitz** m (Luftf) / asiento m lanzable o expulsor o eyectable, asiento m catapulta ǁ ˜**sitzkanone**, Absprengkanone f (Luftf) / cañón m de eyección ǁ ˜**sitztrainer** m / instructor m de catapultaje ǁ ˜**spinnmaschine** f / hiladora f centrífuga ǁ ˜**start** m, Katapultstart m (Luftf) / lanzamiento m o despegue por catapulta ǁ ˜**steine!** m pl / ¡atención: piedras sueltas! ǁ ˜**stern** m (Kartoffelerntm, Landw) / rodete m de la arrancadora de patatas ǁ ˜**strahlen** n / limpieza f por chorro de granalla centrifugada ǁ ˜**strahl-Gussputzmaschine** f / desbarbadora f de chorro de granalla centrifugada ǁ ˜**thermometer** n (Phys) / termómetro m centrífugo ǁ ˜**trauma** n (Kfz, Med) / efecto m de latigazo ǁ ˜**trockner** m / hidroextractor m centrífugo ǁ ˜**trockner für Wäsche** / centrifugadora-secadora f para ropa ǁ ˜**trommel** f, -korb m / tambor m perforado de centrífuga, cesto m metálico ǁ ˜**verfahren** n **für Kunststoffe** / moldeo m por rotación ǁ ˜**versatzmaschine** f (Bergb) / rellenadora f centrífuga ǁ ˜**versuch** m / ensayo m de embalamiento ǁ ˜**vorrichtung** f (Luftf) / dispositivo m de lanzamiento por catapulta ǁ ˜**walze** f (Spanplatten) / cilindro m de aceleración ǁ ˜**wasser** n / agua f de deshidratación centrífuga
Schleuse f (Hydr) / esclusa f ǁ ˜ (Reaktor) / canal m de transferencia ǁ ˜, Gully m / sumidero m ǁ ˜ **für Materialzufuhr** (Wzm) / esclusa f de material
schleusen vt, durchschleusen / hacer pasar por la esclusa, esclusar ǁ ˜ n, Durchschleusen / esclusada f, esclusaje m ǁ ˜ **bau** n / construcción f de esclusas ǁ ˜**becken** n / cámara f de esclusa ǁ ˜**boden** m / suelo m o fondo de esclusa ǁ ˜**drempel** m, -schwelle f / busco m de esclusa ǁ ˜**durchführung** f, -durchbruch m (Nukl) / compuerta f del canal de transferencia ǁ ˜**empfänger** m (der Rohrpost) / esclusa-receptor f de correo neumático ǁ ˜**entleerung** f / evacuación f de esclusa ǁ ˜**fallhöhe** f / elevación f de esclusa ǁ ˜**füllmenge** f / esclusada f ǁ ˜**gas** n / gas m de alcantarilla ǁ ˜**gebläse**, Garbengebläse n (Landw) / transportador m neumático de gavillas ǁ ˜**geld** m, -gebühr f (Schiff) / derechos m pl de esclusa ǁ ˜**grube** f / foso m de esclusa ǁ ˜**hafen** m, -becken n / dársena f con esclusa ǁ ˜**haltung** f / tramo m entre esclusas ǁ **obere** ˜**haltung** f / tramo m de arriba ǁ ˜**haupt** n, Vorschleuse f / cabeza f de esclusa ǁ ˜**haus** n / casa f de esclusa ǁ ˜**kammer** f / cámara f de esclusa, cuenco f de esclusa ǁ ˜**kanal** m / canal m de esclusas ǁ ˜**kapazität** f / capacidad f de esclusa[da] ǁ ˜**klappe**,

schleusenlos

-schütze f / compuerta f de esclusa ‖ ~**loser Kanal** / canal m sin esclusas ‖ ⁓**meister** m / esclusero m, guardaesclusa m ‖ ⁓**ober-,** n**[unter]haupt** (Fehler, Web) / testa f o cabeza de arriba, [de abajo] de esclusa ‖ ⁓**schacht** m (Bau) / pozo m de sumidero ‖ ⁓**sohle** f / fondo m o suelo de esclusa ‖ ⁓**spannung** f (Diode) / tensión f umbral ‖ ⁓**spannung in Durchlassrichtung** (Halbl) / tensión f umbral directa ‖ ⁓**spannung U$_s$,** Schwellenspannung U$_s$ f (Diode) / tensión f umbral o crítica ‖ ⁓**tor** n / puerta f de esclusa, compuerta f, alza f ‖ ⁓**tor,** Torflügel m / hoja f de puerta de esclusa ‖ **oberes** [**unteres**] ⁓**tor** / puerta f de aguas arriba, [abajo] ‖ ⁓**treppe** f / escal[er]a f de esclusas ‖ ⁓**tunnel** m (Raumf) / túnel m de esclusas, esclusa f de comunicación ‖ ⁓**verschluss** m (Pneum Fördern) / esclusa f ‖ ⁓**vorhafen** m / antepuerto m de esclusa ‖ ⁓**wand** f, -mauer f / muro m de esclusa ‖ ⁓**wärter** m, -meister m / esclusero m, guardaesclusa m ‖ ⁓**wasser** n, Wasserbedarf m einer Schleuse / esclusada f ‖ ⁓**wehr** n, -überfall m / presa f de esclusa
Schleusung f, Schiffsschleusung f / esclusada f
Schleuswagen m (Nukl) / carro m de trasiego de combustible
Schlich m, Anreicherungsprodukt n (Hütt) / concentrados m pl ‖ ⁓, Schlamm m (Bergk) / lodo m, mineral m de grano fino
schlicht, glatt / liso ‖ ~, einfach / sencillo ‖ ~, geschlichtet (Masch) / afinado, repasado, acabado, alisado ‖ ~, uni[farben] (Web) / unicolor, liso ‖ ~**e Webart** / ligamento m tabby ‖ ⁓**arbeit** f, -bearbeitung f (Wzm) / trabajo m de acabado ‖ ⁓**baum** m (Tex) / plegador m o enjulio de encolado (E), rollo m de encolado (LA) ‖ ⁓**bürste** f (Tex) / cepillo m encolador ‖ ~-**[dreh]en** vt (Wzm) / alisar al torno, acabar al torno ‖ ⁓**drehen** n / torneado m de acabado o de alisado, alisado m al torno ‖ ⁓**drehmeißel** m / cuchilla f de acabado
Schlichte f, Gipsputz m (Bau) / revoque m de yeso ‖ ⁓ (Gieß) / plombagina f ‖ ⁓ (Druckguss) / lubricante m de molde ‖ ⁓ (Tex) / encolante m, sustancia f encoladora ‖ ⁓ **für Glasspinnfäden** / ensimaje m, encimado m, lubricante m ‖ ⁓**auftrag** m (Web) / aplicación f de encolante
schlichtecht (Tex) / sólido al encolante o al encolado
Schlichte•flotte f / baño m de encolado ‖ ~**frei** (Tex) / desencolado ‖ ⁓**hilfsmittel** n / producto m auxililar de encolado ‖ ⁓**maschine** f (Tex) / encoladora f
schlichten vt, eben machen / aplanar, planear, allanar ‖ ~, glätten (Wzm) / acabar, repasar, afinar, alisar ‖ ~ (Web) / encolar ‖ ~, schwärzen (Gieß) / aplicar la plombagina ‖ ~, Narbenfehler ausschlichten (Gerb) / rascar con la luneta, quitar los sitios defectuosos del grano ‖ ⁓ n, (auch:) Schlichte f / encolado m ‖ ⁓ (Wzm) / acabado m, afinado m
Schlichterei f (Web) / sala f de encolado
Schlicht•feile f (Wz) / lima f dulce o fina ‖ ⁓**fräser** m / fresa f de acabar o de alisar ‖ ⁓**hammer** m (DIN 5106) / martillo m de aplanar ‖ ⁓**hammer** (Schm) / aplanadora f de forja, martillo m de allanar ‖ ⁓**hammer** (Kotflügelwerkzeug) / martillo m de desabollar guardabarros ‖ ⁓**hobel** m (Tischl) / garlopa f, cepillo m de alisar o afinar ‖ ⁓**hobeln** vt, schlichten (Holz) / cepillar liso, alisar ‖ ⁓**leim** f / cola f de encolado ‖ ⁓**maschine** f (Tex) / encoladora f ‖ ⁓**maschine für Wäsche** / máquina f de almidonar ‖ ⁓**meißel** m (Wzm) / cuchilla f de acabar ‖ ⁓**mittel** m, -präparat n, Schlichte f (Web) / encolante m, sustancia f encoladora ‖ ⁓**oberfläche** f (Wzm) / superficie f acabada o afinada ‖ ⁓**öl** n (Tex) / aceite m para encolar ‖ ⁓**oval** n (Walzw) / guía f oval ‖ ⁓**passung** f (Masch) / ajuste m liso o corriente ‖ ⁓**platte** f / placa f para alisar ‖ ⁓**schleifen** vt / someter a un rectificado o pulido finísimo ‖ ⁓**schmieden** n / forjado m de

acabado ‖ ⁓**span** m (Wzm) / viruta f de acabado, pasada f de acabado ‖ ⁓**spindel** f / husillo m de acabado ‖ ⁓**stelle** f, Übermaß an Schlichte n (Fehler, Web) / marca f de encolado, hilos m pl encolados ‖ ⁓**stich,** Polierstich m (Walzw) / pasada f de acabado o de pulimento
Schlichtung f (F.Org) / arbitraje m ‖ ⁓ (Glas) / ensimaje m, encolado m
Schlichtungsausschuss m / comisión f de arbitraje
Schlicht•vorschub m (Wzm) / avance m de acabado ‖ ⁓**walze** f (Tex) / cilindro m encolador ‖ ⁓**walze** (Landw) / rulo m liso ‖ ⁓**walze** (Walzw) / cilindro m pulidor ‖ ⁓**zahn** m (Räumwz) / diente m de acabado ‖ ⁓**zeichen** n (Zeichn) / símbolo m de mecanización [fina] ‖ ⁓**zugabe** f (Wzm) / demasía f de acabado
Schlick m, Mud m / lodo m glutinoso, légamo m ‖ ⁓, Schlicksand m / arena f cenagosa ‖ ⁓ m, Schlammablagerung in Gewässern (Hydr) / barro m, fango m, cieno m ‖ ⁓ (am Ufer) / resaca f (ARG) ‖ ⁓**ablagerung,** Beschlickung f (Hydr) / banco m o depósito de lodo ‖ ⁓**bank** f (Ozeanol) / banco m de arena ‖ ⁓**deich,** -fänger m (Hydr) / dique m de un terreno lodoso
Schlicker m, geschlämmte Tonmasse für Verzierungen (Keram) / barbotina f, barro m fino ‖ ⁓ (Sintern) / costra f ‖ ⁓, Abstrich m (Hütt) / escoria f, espuma f ‖ ⁓**arbeit** f (Keram) / preparación f de la barbotina ‖ ⁓**arbeit,** Abheben n (Hütt) / extracción f de escoria ‖ ⁓**einstellung** f (Email) / ajuste m de la barbotina ‖ ⁓**guss** m (Pulv.Met) / colado m de barbotina ‖ ⁓**konsistenzprüfung** f (Email) / ensayo m de espesamiento de barbotina
Schlick•grund m / fondo m cenagoso ‖ ⁓**öl** n / aceite m lodoso, mazut m cenagoso
Schlierbügel m (Schiff) / arco n o estribo de remolque
Schliere f (Geol, Phys) / estría f ‖ ⁓ (Glas) / estría f, cuerda f ‖ ⁓ (Gussfehler) / marca f de colada ‖ ⁓**n,** Unsauberkeiten f pl / impurezas f pl ‖ ⁓**n** f pl **an der Oberfläche** (Plast) / ondas f pl superficiales ‖ ⁓**n in durchsichtigem Material** (Plast) / ondas f pl internas
schlieren vi, rutschen (Tau) / lascar ‖ ⁓... / estrioscópico ‖ ⁓**apparat** m (Opt) / aparato m para verificar las estrías y cuerdas ‖ ⁓**aufbau** m / montaje m [óptico] estrioscópico ‖ ⁓**aufnahme** f, -photographie f / estriograma m ‖ ⁓**blende** f (Laser) / diafragma m estrioscópico ‖ ⁓**blende** (Töppler-Methode) / filo m del método Toeppler ‖ ~**frei** (Glas) / exento de estrías, sin estrías ‖ ⁓**gerät** n, -optik f / dispositivo m estrioscópico ‖ ⁓**-Interferometer** n / interferómetro m estrioscópico ‖ ⁓**linse** f / lentilla f de gas ‖ ⁓**methode** f, -verfahren n / estrioscopia f, método m estrioscópico
Schließ•anlage f (Bau) / instalación f de cierre ‖ ⁓**band** n, Überwurf m (Schloss) / gozne m, cinta f de cierre ‖ ⁓**bewegung** f (Wzm) / avance m de cierre ‖ ⁓**blech** n (Schloss) / cerradero m ‖ ⁓**blech** (Bahn, Kfz) / placa f de retención ‖ ⁓**bolzen** m **einer Raupenkette** / perno m de cierre ‖ ⁓**dauer f der Kontakte** (Kfz) / tiempo m de cierre de contactos ‖ ⁓**druck,** Pressdruck m (Form) / presión f sobre el molde ‖ ⁓**druck** m (Sicherheitsventil) / presión f de cierre ‖ ⁓**druck** (Presse) / fuerza f de compresión
Schließe f (Bb) / broche m, corchete m, cierre m, mantecilla f
schließen vt, ein-, ab-, ver-, zuschließen / cerrar [con llave etc.] ‖ ⁓ (Stromkreis) / cerrar un circuito ‖ ~, zudrehen (Hahn) / cerrar el grifo ‖ ~, beendigen / terminar, acabar, concluir ‖ **die Form** ~ (Gieß) / cerrar el molde ‖ **die Form** ~ (Druck) / acuñar o apretar o cerrar la forma, ajustar la forma ‖ **doppelt** ~ (Schloss) / echar doble vuelta a la llave ‖ **einen Kreis** ~ / formar un círculo ‖ **mit Deckel** ~ / tapar, cerrar con tapa ‖ **mit voller Zeile** ~ (Druck) / terminar en (o con) línea entera ‖ **sich** ~ / cerrarse

1140

Schlingerwülste

schließende Falle (Schloss) / gatillo *m* cerrador o de cierrer
Schließer *m* (eine Vorrichtung) / dispositivo *m* cerrador ‖ ~, Arbeitskontakt *m* (Relais) / contacto *m* de trabajo o de cierre ‖ ~, Hilfsschließkontakt *m* / contacto *m* auxiliar abierto-abierto o cerrado-cerrado ‖ ~ **mit Brückenkontakt** (Relais) / contactos *m pl* de doble cierre ‖ ~**-vor-Öffner-Kontakt** *m* / contactos *m pl* escalonados [en el orden trabajo-reposo], contactos *m pl* a hacer antes de cortar, contactos de transferencia sin apertura,.m.,pl. ‖ ~**-Wechsler** *m* (Relais) / contacto *m* de trabajo-trabajo antes del reposo
Schließ•fach *n*, Bankschließfach *n* / compartimento *m* de caja fuerte, casilla *f* de caja fuerte o de seguridad ‖ ~**fach**, Postschließfach *n* / apartado *m* de correos (E), casilla *f* [de correo o postal] (LA) ‖ ~**fach für Gepäckstücke**, Gepäckschließfach *n* / consigna *f* automática ‖ ~**falle** *f* (Schloss) / gatillo *m* de cierre ‖ ~**feder** *f* (Mil) / muelle *m* cerrador o de cierre ‖ ~**geschwindigkeit** *f* (Ventil) / velocidad *f* de cierre ‖ ~**geviert** *n* (Druck) / cuadratín *m* ‖ ~**grat** *m*, Formgrat *m* / rebaba *f* de molde ‖ ~**griff** *m* / mango *m* de cierre, empuñadura *f* de cierre ‖ ~**haken** *m* (Schloss) / aldabilla *f* ‖ ~**impuls** *m* / impulso *m* de cierre ‖ ~**keil** *m* / chaveta *f* de cierre ‖ ~**keil**, Keiltreiber *m* (Druck) / cuña *f* ‖ ~**kontakt** *m* (Relais) s. Schließer ‖ ~**kopf** *m* (Niet) / cabeza *f* de cierre ‖ **Anschellen des** ~**kopfs** / recalcado *m* de la cabeza de cierre ‖ ~**kopfgesenk** *n* (Nietmasch) / buterola *f* ‖ ~**kraft** *f*, -druck *m* (Plast) / fuerza *f* de cierre, presión *f* de cierre ‖ ~**kraft** (Greifer) / presión *f* de cierre ‖ ~**lage** *f* **der Matrize** (Schm) / posición *f* de cierre de la estampa ‖ ~**mechanik** *f* / mecanismo *m* de cierre ‖ ~**ofen** *m* / horno *m* de retortas cerradas ‖ ~**rahmen** *m* (Druck) / rama *f*, marco *m* ‖ ~**ring** *m* / anillo *m* retenedor o de retención o de retenida, cerco *m* de sujeción ‖ ~**ring** (Plast) / anillo *m* de cierre ‖ ~**ring am Radreifen** (Bahn) / cerco o cintillo de sujeción de llanta ‖ ~**seil** *n* (Greifer) / cable *m* de cierre ‖ ~**seite** *f* (Tür) / lado *m* de cierre ‖ ~**stege** *m pl* (Druck) / guarnición *f*, guarniciones *f pl*, imposiciones *f pl* de metal, lingotes *m pl* de plomo ‖ ~**stellung** *f*, "Zu" (Hahn) / posición *f* de cierre ‖ ~**stellung**, Einschaltstellung *f* (Elektr) / posición *f* de trabajo, cuchara *f* de arrabio *f* ‖ ~**- und Startsystem** *n* (Kfz) / sistema *m* de cierre y de arranque
Schließungs•funke *m* (Elektr) / chispa *f* de cierre ‖ ~**impuls** *m* / impulso *m* de cierre ‖ ~**induktionsstrom** *m* (Elektr) / corriente *f* inducida de cierre ‖ ~**lichtbogen** *m* / arco *m* de cierre ‖ ~**relais** *n* / relé *m* de cierre ‖ ~**strom** *m* (Elektr) / corriente *f* de cierre
Schließ•verzögerung *f* (Fernm, Plast) / movimiento *m* lento de cierre ‖ ~**vorrichtung**, Abdichtung *f* (Mil) / obturador *m*
Schließwinkel *m* (Zündung) / ángulo *m* de cierre del ruptor ‖ ~**-Drehzahl-Tester** *m* (Kfz) / verificador *m* del ángulo de cierre en función de la velocidad de giro ‖ ~**-Kennfeld** *n* / representación *f* conforme al ángulo de cierre ‖ ~**-Messgerät** *n* / instrumento *m* de medición del ángulo de cierre ‖ ~**-Steuerung** *f* / mando *m* del ángulo de cierre
Schließ•zeit *f* (Plast) / tiempo *m* de cierre ‖ ~**zeit** (Relais) / duración *f* de cierre ‖ ~**zeug** *n* (Druck) / cuña *f* ‖ ~**zylinder** (Schloss) / cilindro *m* de cierre o de sujeción
Schliff *m*, Schleifen *n* / amolado *m*, rectificación *f*, rectificado *m* ‖ ~, Schlifffläche *f* [für Schliffbilder] / sección *f* pulida ‖ ~ (metallografisch) / sección *f* metalográfica ‖ ~ (Edelstein), Schleifen *n* / talla *f* ‖ ~, Schleifen *n* (Holz) / desfibrado *m* ‖ ~, Holzschliff *m* (Pap) / pasta *f* o pulpa mecánica o de madera ‖ ~, Gletscherschliff *m* (Geol) / pulido *m* glacial ‖ **letzter** ~ **geben** / dar el último toque [a] ‖ **letzter** ~ / último toque *m* ‖ ~**ansatz** *m* (Glas) / cuello *m* esmerilado ‖ ~**bild** *n* / superficie *f* pulida vista al microscopio, aspecto *m* de pulimento, probeta *m* metalográfica, micrografía *f* ‖ ~**bildanalysator** *m* (Hütt) / analizador *m* de imagen metalográfica ‖ ~**bild-Untersuchung** *f* / examen *m* de micrografía ‖ ~**-Entwässerungsmaschine** *f* (Pap) / secador *m* de pulpa ‖ ~**fläche** *f* / superficie *f* pulida ‖ ~**fläche** (Min) / faceta *f* ‖ ~**fläche** (Geol) / espejo *f* de falla ‖ ~**kolben** *m* (Chem) / matraz *m* [para tapón] esmerilado ‖ ~**probe** *f* (Hütt) / probeta *f*, muestra *f* metalográfica ‖ ~**qualität** *f* (Pap) / calidad *f* de la pasta mecánica ‖ ~**stopfen** *m*, eingeschliffener Stopfen o. Stöpsel / tapón *m* esmerilado ‖ ~**stück** *n*, Schliff / prueba *f* pulida ‖ ~**verbindung** *f* (Glas) / conexión *f* esmerilada, unión *f* esmerilada
Schlingbandbremse *f* / freno *m* de cinta en contorno
Schlinge *f* (allg) / lazo *m* ‖ ~ (Seil) / bucle *m* ‖ ~, Tragriemen *m* / correa *f* portadora ‖ ~ *f*, Kinke *f* (Seil) / coca *f* ‖ ~, Zugstelle *f* (Fehler, Web) / enganche *m* de hilo, recogida *f* del hilo ‖ ~, Schleife *f* (Spinn) / bucle *m* ‖ ~ (bei Fadenverdrehung) / oquerela *f* ‖ ~, Schlupp *f* (Kran) / eslinga *f* ‖ ~ **[nbildung]** *f* / formación *f* de bucles ‖ ~**n bilden o. machen o. legen** / formar bucles ‖ ~**n verhindernd** (Spinn) / preventor de cargolís ‖ **feste (o. nicht zuziehbare)** ~ / lazo *m* o bucle fijo [o no corredizo] ‖ **gebundene** ~ / nudo *m* ‖ **zuziehbare** ~ / nudo *m* corredizo
Schlingen•bildner *m* (Nähm) / bucleador *m*, formador *m* de lazo ‖ ~**bildung** *f* (Walzw) / formación *f* de bucle[s] ‖ ~**-Endlosgarn** *n* (Spinn) / hilo *m* con bucles u ojetes ‖ ~**faden**, Polfaden *m* (Tex) / hilo *m* de polo ‖ ~**fänger** *m* (Wirkm) / captador *m* de enganches ‖ ~**fänger** (Web) / captador *m* de bucles ‖ ~**fänger** (Nähm) / cogerrizos *m* (E), guardarrizos *m* (LA) ‖ ~**fänger** *m pl* (Tex) / lanzaderas *m pl* y garfios, ganchos *m pl* de lanzadera ‖ ~**flortuftingmaschine** *f* (Web) / máquina *f* tufting para pelo ondulado ‖ ~**garnzwirnmaschine** *f* (Tex) / retorcedera *f* para hilos de bucles ‖ ~**gewebe** *n*, -waren *f pl*, -flor *m*, -stoff *m* (Tex) / tejido *m* bucle o de rizo ‖ ~**grube** *f* (Walzw) / foso *m* de bucles ‖ ~**heber** *m*, Schleifenheber *m* (Walzw) / elevador *m* del bucle ‖ ~**hub** *m* (Nähm) / carrera *f* [ascendente] del bucle ‖ ~**kanal** *m*, Tieflauf *m* (Walzw) / canal *m* de bucles ‖ ~**kette** *f*, Frottier-, Polkette *f* (Web) / cadena *f* de bucle[s] ‖ ~**leitblech** *n* (Walzm) / guía *f* de bucle ‖ ~**plüsch** *m*, -gewirk *m* (Tex) / peluche *m* con hilo bucleado ‖ ~**polteppich** *m* / alfombra *f* de pelo rizado ‖ ~**probe** *f* (Draht) / ensayo *m* de bucleado, ensayo *m* de doblado o torsión ‖ ~**regler** *m* (Walzw) / bucleadora *f* ‖ ~**turm** *m* (Bandwalzw) / torre *f* de bucleado ‖ ~**wagen** *m* (Walzw) / carro *m* de bucles ‖ ~**werfer**, Wimmler *m* (Walzw) / vibrador *m* ‖ ~**zugversuch** *m* (Garn) / ensayo *m* de tracción de bucle ‖ ~**zwirn** *m* (Spinn) / hilo *m* con bucles u ojetes
Schlinger•bewegung *f*, Schlingern *n* (Schiff) / balanceo *m*, movimiento *m* de balanceo ‖ ~**bewegung** (Bahn) / serpenteo *m*, movimiento *m* de lazo ‖ ~**blech** *m*, -platte *f* (Schiff) / chapa *f* antibalanceo ‖ ~**dämpfer** *m* (Schiff) / dispositivo *m* estabilizador ‖ ~**dämpfung** *f* (Schiff) / estabilización *f* ‖ ~**dämpfungskreisel** *m* / estabilizador *m* giroscópico ‖ ~**kiel** *m* (Schiff) / quilla *f* de balanceo ‖ ~**koje** *f* (Schiff) / litera *f* suspendida ‖ ~**kupplung** *f* (Wohnhänger) / acoplamiento *m* antiserpenteo ‖ ~**leisten** *f pl* (Schiff) / listones *m pl* de balanceo
schlingern *vi* (Schiff) / balancear, tanguear (CHIL) ‖ ~ *n* (Schiff) / balanceo *m*, balance *m* ‖ ~, Sinuslauf *m* (Bahn) / serpenteo *m*
Schlinger•tank *m* (Schiff) / tanque *m* estabilizador ‖ ~**verband** (Brücke) / largueros *m pl* de refuerzo ‖ ~**verband** (Schiff) / arriostrado *m* antibalanceo ‖ ~**wülste** *m pl* / rodetes *m pl* de balanceo

1141

Schling·faden *m* (Tex) / hilo *m* de retención ‖ ~**faden**, Dreherfaden *m* (Wirkm) / hilo *m* de vuelta ‖
~**federkupplung** *f* / acoplamiento *m* por resorte abrazador ‖ ~**kette** *f* / cadena *f* de entrelazar ‖
~**pflanze** *f* (Bot) / enredadera *f*, planta *f* trepadora
Schlipp *n*, Aufschleppe *f* (Schiff) / varadero *m*
schlippen *vt* (z.B. Anker) / soltar (p.ej: el ancla)
Schlippesches Salz (Foto) / sal *f* de Schlippe, sulfantimoniato *m* sódico
Schlipphaken *m* (Schiff) / gancho *m* de escape
Schlitten *m*, Schleife *f* / rastra *f*, narria *f* ‖ ~, Pressenschlitten *m* / maza *f* ‖ ~ (Sport) / trineo *m*, luge *m* ‖ ~, Support *m* (Wzm) / carro *m*, chariot *m* (gal.) ‖
~ (Säge, Schreibm) / carro *m* ‖ ~ (Masch) / cuna *f*, cama *f* ‖ ~ (coll) (billiges Auto) / cacharro *m* ‖ ~, Ablaufschlitten *m* (Schiff) / anguillas *f pl*, cuna *f*, basada *f* ‖ ~**bezugspunkt** *m* (NC) / punto *m* de referencia del carro ‖ ~**-Einheit** *f* (Wzm) / unidad carro *f* ‖ ~**feststeller** *m* (Wzm) / fijador *m* de carro ‖
~**führung** *f* / guía *f* de carro ‖ ~**hub** *m* / carrera *f* del carro ‖ ~**kufe** *f* / patín *m* de trineo ‖ ~**kufengestell** *n* (Luftf) / patines *m pl* de aterrizaje ‖ ~**[schlepp]lift** *m* / teletrineo *m* ‖ ~**mikrotom** *n* (Med) / micrótomo *m* de carro, micrótomo *m* de deslizamiento horizontal ‖
~**platte** *f* / placa *f* deslizante ‖ ~**rad**, Schieberad *n* (Säge) / rueda *f* de trinquete o de estrella o de gatillo ‖
~**revolver** *m*, Bettschlittenrevolverdrehmaschine *f* (DIN) (Wzm) / torno *m* revólver de carro ‖ ~**revolver** (Mikrosk) / revólver *m* de objetivos deslizantes ‖
~**rollenlager** *n* / apoyo *m* longitudinal sobre rodillos ‖
~**rückführung** *f* (Schreibm, Wzm) / retorno *m* o retroceso del carro, marcha *f* atrás del carro ‖ ~**säge** *f* (Hütt) / sierra *f* de carro ‖ ~**ständer** *m* (Stapellauf) (Schiff) / cuna *f* de botadura [de proa o de popa], basada *f* ‖ ~**ständer** *m* (Wzm) / montante *m* de carro ‖
~**verschiebung** *f*, -vorschub *m* (Wzm) / desplazamiento *m* del carro
Schlitz *m*, Rille *f* / ranura *f* ‖ ~, Einschnitt *m* / ranura *f*, entalladura *f* ‖ ~, Kerb *m* (Bergb) / entalladura *f*, hendedura *f* ‖ ~, Stimmschlitz *m* (Orgelpfeife) / grieta *f* ‖ ~, Kanal *m* (Masch) / canal *m*, muesca *f* ‖ ~, Spalt *m* / hendidura *f*, hendedura *f*, raja *f*, rendija *f* ‖
~, Falz *m* / rebajo *m* ‖ ~, [Geld-, Brief- usw]Einwurf *m* / ranura *f* para echar monedas, cartas etc. ‖ ~ *m* **der Motorhaube** (Kfz) / abertura *f* de ventilación ‖ ~ **in der Schlitzblende** (Opt) / hendedura *f* del diafragma ‖ ~ **im Zylinder** (Mot) / lumbrera *f* ‖ ~ **in Schleifscheiben** / ranura *f* de muela ‖ **mit** ~, Schlitz... (Schraube) / con ranura, ranurado ‖ **senkrechter** ~ **o. Kerb** (Bergb) / hendedura *f* vertical
Schlitz·abdeckung *f* / obturación *f* o cubierta de ranura, tapa *f* de ranura ‖ ~**anode** *f* / ánodo *m* ranurado ‖
~**anordnung** *f* (Mot) / disposición *f* de lumbreras ‖
~**antenne** *f* (Luftf) / antena *f* de ranura, ranura *f* radiante ‖ ~**blende** *f* (Opt) / diafragma *m* hendido ‖
~**boden** *m* (Chem) / plataforma *f* ranurada ‖ ~**bolzen** *m* / bulón *m* hendido ‖ ~**brenner** *m* (Schw) / quemador *m* de ranura ‖ ~**brett** *n* (Nukl) / tabla *f* de ranuras ‖
~**bunker** *m* / tolva *f* con fondo ranurado ‖ ~**dübel** *m* (Bau) / tarugo *m* acanalado ‖ ~**düse** *f* (allg) / tobera *f* ranurada ‖ ~**düse** (Plast) / boquilla *f* de ranura ancha ‖
~**-Eimer** *m* (Bagger) / cangilón *m* ranurado
schlitzen, aufschlitzen / hendir, rajar, hender, rasgar ‖
~, kerben (Bergb) / entallar ‖ ~, Schlitzlochen *n* (Stanz) / perforación *f* oblonga
Schlitz·fadenreiniger *m* (Web) / rendija *f* purgadora para el hilo ‖ ~**feile** *f* (Wz) / lima-cuchillo *f*, lima-espada *f*, lima *f* hendedora o de hender ‖ ~**feile**, flache / lima *f* de ranurar ‖ ~**fenster** *n* (Bau) / ventana *f* de ranura, ventanillo *m* ‖ ~**flügel** *m* (Luftf) / ala *f* hendida ‖ ~**flügel mit verstellbaren Schlitzen** (Luftf) / ala *f* hendida de hendeduras variables ‖ ~**form** *f* (Plast) / molde *m* de extrusión de hojas ‖ ~**förmige Wirbeldüse** (Luftf) / expoliador *m* ‖ ~**fräser** *m* / fresa *f* de ojal o para ranurar ‖ ~**fräser**, Keilnutfräser *m* / fresa *f* para ranuras de chavetas, fresa *f* para chaveteros ‖ ~**fräser für Woodruffkeile o. Scheibenfedern** / fresa *f* para ranuras de chavetas Woodruff o de chavetas redondas ‖ ~**führung** *f* / guía *f* de ranura ‖ ~**gesteuerter Motor** / motor *m* de distribución por lumbreras ‖ ~**-Glockenboden** *m* (Chem) / plataforma *f* de calotas hendidas ‖ ~**kabel** *n* / cable *m* de fuga ‖ ~**kanal** *m* **für Stromabnehmer** (Elektr) / conducto *m* ranurado para tomacorriente ‖
~**kopfschraube** *f* / tornillo *m* de cabeza ranurada ‖
~**lampe** *f*, Spaltlampe *f* (Opt) / lámpara *f* de rendija ‖
~**loch** *n* / agujero *m* oblongo ‖ ~**loses Spektroskop** / espectroscopio *m* sin rendija ‖ ~**mantel** *m* (Kolben) / cuerpo *m* hendido ‖ ~**maschine** *f* (Pap) / máquina *f* para hacer hendiduras ‖ ~**maschine**, Rollenschneidemaschine *f* (Pap) / bobinadora-cortadora *f* ‖ ~**maschine**, Langlochmaschine *f* (Holz) / ranuradora *f*, machihembradora *f* ‖ ~**messer** *n* (Wz) / cuchillo *m* de ranurar ‖ ~**mundstück** *n* (Plast) / boquilla *f* ranurada ‖
~**mutter** *f* (DIN 546) / tuerca *f* de cabeza cilíndrica con ranura[s], tuerca *f* ranurada o amortajada ‖
~**mutterndreher** *m* (DIN 3115 Bl 1) (Wz) / destornillador *m* para tuercas ranuradas o amortajadas ‖ ~**naht** *f* (Schw) / soldadura *f* de ranura o de muesca, soldadura *f* de pie de agujero ‖
~**photometer** *n* / fotómetro *m* de rendija ‖ ~**platte** *f* (für Befestigung) (Pneum) / platina *f* ranurada de sujeción ‖ ~**platte** (Pap) / placa *f* de rendijas ‖
~**pressen** (Plast) / extrusión *f* con boquilla de ranura ancha ‖ ~**probe** *f* (Bergb) / muestra *f* de entalla ‖
~**rohr** *n* / tubo *m* con costura abierta, tubo *m* con ranura ‖ ~**saat unter der Grasnarbe** (Landw) / siembra *f* en ranura bajo césped ‖ ~**säge** *f* (Wz) / sierra *f* de ranurar ‖ **doppelte** ~**säge** / sierra *f* de hojas paralelas ‖ ~**sauger** *m* (Pap) / aspirador *f* de rendijas ‖
~**scheibe** *f* / arandela *f* ranurada ‖ ~**schräme** *f* (Bergb) / rozadora *f* hendedora ‖ ~**schraube** *f* / tornillo *m* de cabeza ranurada ‖ ~**schraube mit Flachkopf** / tornillo *m* de cabeza plana ranurada ‖ ~**schraube mit Linsenkopf** / tornillo *m* de cabeza gota de sebo ranurada ‖ ~**schraube mit Senkkopf** / tornillo *m* de cabeza avellanada ranurada ‖ ~**schweißung** *f* / soldadura *f* de ranura o muesca, soldadura *f* de pie de agujero ‖ ~**spülung** *f* (Mot) / barrido *m* [controlado] por lumbreras ‖ ~**stopfen** *m* / tapón *m* [roscado] ranurado ‖ ~**strahler** *m*, -strahlantenne *f* (Foto) / antena *f* de ranura, ranura *f* radiante ‖
~**stromabnehmer** *m* (Bahn) / contacto *m* subterráneo ‖ ~**system** *n* (Fallschirm) / sistema *m* de ranuras ‖
~**tiefe** *f* / profundidad *f* de la ranura ‖ ~**trommel** *f* (Spinn) / tambor *m* hendido ‖ ~**trommel** (Web) / tambor *m* con ranuras ‖ ~**verlust**, Nutverlust *m* (Elektr) / pérdida *f* debida a ranuras ‖ ~**verschluss** *m* (Foto) / obturador *m* de cortin[ill]a, obturador *m* de plano focal [horizontal],.m. ‖ **senkrechter** ~**verschluss** (Foto) / obturador *m* de plano focal vertical ‖ ~**wand** *n* (Bau) / cortina *f* subterránea ‖
~**zeit** *f* (DV) / tiempo *m* de muesca
Schlömilch-Zelle *f*, elektrolytischer Detektor / detector *m* electrolítico
Schloss *n*, Verschlussvorrichtung *f* (allg) / cierre *m*, dispositivo *m* de cierre ‖ ~ (Tür) / cerradura *f* ‖ ~ (Web) / cerrojo *m*, levas *f pl* ‖ ~, Vorhängeschloss *n* / candado *m* ‖ ~ (Drehmaschine) / mecanismo *m* de tornillo-tuerca ‖ ~ (Bb, Juwelier) / broche *m*, corteche *m*, cierre *m*, mantecilla *f* ‖ ~ (Gewehr) / cerrojo *m* de fusil ‖ ~ **für Ketten** / grillete *m* ‖ ~ **angeschlagenes**, Kastenschloss *n* / cerradura *f* de caja, cerradura *f* no empotrada ‖ **ein** ~ **anlegen** / poner un candado ‖ **von zwei Seiten zu öffnendes** ~ / cerradura *f* de ambas caras ‖ **zweimal schließendes, zweitouriges** ~ / cerradura *f* de dos vueltas

Schloss•beschlag *m* / herraje *m* de cerradura, guarnición *f* de cerradura ‖ ⁓**blech** *n* (Tür), Schlüsselblech *n* / escudete *m* ‖ ⁓**blech**, Grundplatte *f* / palastro *m* ‖ ⁓**blech** (Kastenschloss) / caja *f* de cerradura ‖ ⁓**deich** *m*, Kuverdeich *m* (Wassb) / dique *m* de aislamiento o de cobertura ‖ ⁓**drehung** *f* (Wirkm) / torsión *f* final

Schlosser *m*, Bauschlosser *m*, (amtlich:) Konstruktionsmechaniker *m* / cerrajero *m* [de obra] ‖ ⁓, Maschinenschlosser *m*, (jetzt:) Metallbauer *m* / ajustador *m* ‖ ⁓**arbeit** *f* / trabajo *m* de cerrajero

Schlosserei, Schlosserwerkstatt *f* / cerrajería *f*, taller *m* de cerrajería ‖ ⁓, Schlosserwerkstatt *f* / taller *m* del mecánico ajustador

Schlosser•hammer *m* / martillo *m* de mecánico o de ajustador ‖ ⁓**hammer** / martillo *m* de cerrajero ‖ **[deutscher]** ⁓**hammer** / martillo *m* de cerrajero ‖ **[amerikanischer]** ⁓**hammer mit Kugelfinne** / martillo *m* de bolilla ‖ ⁓**handwerk** *n* / cerrajería *f*, oficio de cerrajero,.m. ‖ ⁓**schraubstock** *m* / tornillo *m* de banco de cerrajero

Schloss•feder *f* / muelle *m* de cerradura ‖ ⁓**kanal** *m* (Wirkm) / canal *m* de levas ‖ ⁓**kasten** *m* (Schloss) / caja *f* de cerradura, cerradero *m* ‖ ⁓**kasten** *m* (Wirkm) / caja *f* de levas ‖ ⁓**keil in der Tür** (Kfz) / cerradero *m*, pestillo *m* ‖ ⁓**mantel** *m* (Wirkm) / cubierta *f* de la leva ‖ ⁓**mutter** *f*, Drehmaschinenschloss *m* / tuerca *f* [partida] de roscar, tuerca *f* de maniobra [del carro] ‖ ⁓**platte** *f*, Türraste *f* (Kfz) / placa *f* de retención ‖ ⁓**platte**, -kasten *m* (Dreh) / placa *f* de maniobra del carro, delantal *m* [del carro] ‖ ⁓**raum** *m* **des Panzerschranks** / alojamiento *m* blindado de la cerradura ‖ ⁓**riegel** *m* / pestillo *m*, pasador *m* ‖ ⁓**scheibe** *f* (Uhr) / chaperón *m*, rueda *f* de cuenta ‖ ⁓**schraube** *f* (DIN 603) / tirafondo *m*, tornillo *m* para madera con cabeza cuadrada ‖ ⁓**teile** *m pl* (Wirkm) / levas *f pl* de aguja ‖ ⁓**- u. Schlüssel-Theorie** *f* (Enzyme) / teoría *f* de cierre y llave ‖ ⁓**winkel** *m* (Wirkm) / ángulo *m* de leva ‖ ⁓**zylinder** *m* / cilindro *m* de cerradura

Schlot, Schornstein *m* / chimenea *f* ‖ ⁓ *m* (Geol) / chimenea *f* volcánica ‖ ⁓**brekzie** *f* (Geol) / brecha *f* de la chimenea y rechupes

Schlotte, Kalk-, Wasserschlotte *f* (Bergb) / hueco *m*, cavidad *f*

schlottern, wackeln / vacilar, tambalearse, bambolearse, chacolotear, temblar

Schlotterventil, Schnüffelventil *n* (Dampfm) / válvula *f* roncadora o de ventosa

Schlot- und Pfeilerbildung *f* (Aufb) / formación *f* de chimeneas

Schlucht *f* (Geo) / cañada *f*, quebrada *f*, garganta *f*, hoz *f*, barranco *m*

schlucken, Luft ⁓ (Fallschirm) / amortiguar por aspiración

Schluck•fähigkeit *f*, -vermögen *n* (Turbine) / capacidad *f* de absorción ‖ ⁓**form** *f*, Squid *m n* (Fallschirm) / forma *f* de amortiguación ‖ ⁓**grad** *m* (Opt) / factor *m* de absorción [de un cuerpo] ‖ ⁓**grad** *m* **[bei Nachhall]** (Phys) / coeficiente *m* de absorción de sonido

schludrig / chapucero

Schluff, Grobton *m* (Geol) / arcilla *f* gruesa

schluffig / arcilloso

Schlundloch *n*, Ponor *m* (Geol) / receptor *m*

Schlupf *m* / resbalamiento *m*, deslizamiento *m* ‖ ⁓ (Räder) / deslizamiento *m* ‖ ⁓ (Ionenaustauscher) / fuga *f* iónica ‖ ⁓, Slip *m* (Luftf, Schiff) / resbalamiento *m* de la hélice ‖ ⁓ *m* (Band, Platte) / corrimiento *m* ‖ ⁓ **bei rollender Reibung** / patinaje *m* ‖ ⁓ **des Ereignisses** (PERT) / intervalo *m* del acontecimiento ‖ ⁓ **haben**, durchschlupfen / resbalar, deslizar ‖ ⁓ **haben** (Räder) / patinar

schlüpfen (Insekten) / eclosionar, emerger ‖ ⁓, durchrutschen (an einem Spill) / deslizarse ‖ ⁓ *n* (Insekten) / eclosión *f*, emergencia *f*

Schlupf•energie *f* (Elektr) / energía *f* de deslizamiento ‖ ⁓**frei** / libre de resbalamiento ‖ ⁓**kette** *f* (Schiff) / cadena *f* de desaparición

Schlüpfkontrolle *f* (Schädlinge) / control *m* de eclosión

Schlupf•kupplung *f*, Induktionskupplung *f* (Elektr) / acoplamiento *m* inductivo ‖ ⁓**kurve** *f* (Elektr) / curva *f* de deslizamiento ‖ ⁓**messer** *m* (Elektr) / medidor *m* de deslizamiento ‖ ⁓**messung** *f* (Elektr) / medición *f* de deslizamiento ‖ ⁓**motor** *m* (Elektr) / motor *m* de excitación compuesta aditiva ‖ ⁓**regler** *m*, -steller *m* (Elektr) / regulador *m* de deslizamiento o de resbalamiento

schlüpfrig, glatt / resbaladizo, escurridizo

Schlüpfrigkeit *f* (Straße) / lubricidad *f* ‖ ⁓, Oiliness *f* (Öl) / lubricidad *f* de aceite, untuosidad *f*

Schlüpfungskoeffizient *m* (Elektr, Induktionsmotor) / coeficiente *m* de deslizamiento

Schlupf•weite *f* (Ablauf) / salida *f* libre ‖ ⁓**widerstand** *m* (Elektr) / resistencia *f* al resbalamiento

Schlupp, Schlinge *f* (Kran) / eslinga *f*

Schluss *m*, Ende *n* / fin *m*, final *m*, término *m* ‖ ⁓, Folgerung *f* / conclusión *f* ‖ ⁓, Ver-, Abschluss *m* / cierre *m* ‖ ⁓, Schließen *n* (Elektr) / cierre *m* ‖ ⁓, Abdeckung *f* / tapa *f* ‖ ⁓, Überdeckung *f* (Fenster) / recubrimiento *m* ‖ ⁓, Kurzschluss *m* (Elektr) / cortocircuito *m* ‖ ⁓ (Web) / cuerpo *m* ‖ ⁓ **machen**, Kurzschluss herbeiführen (Elektr) / cortocircuitar, hacer un cortocircuito ‖ ⁓**anstrich** *m* / pintura *f* de terminación ‖ ⁓**behandlung** *f* / tratamiento *m* final o terminal ‖ ⁓**bremse** *f* (Bahn) / freno *m* de cola ‖ ⁓**bremsleuchte** *f* (Kfz) / luz *f* trasera y de freno combinada

Schlüssel *m* (Schloss, Uhr) / llave *f* ‖ ⁓, Schraubenschlüssel *m* / llave *f* para tuercas, aprietatuercas *m* ‖ ⁓, Code *m* / código *m* ‖ ⁓... (Fernm) / cripto... ‖ ⁓ *m* **für Aufsteckfräserdorne** / llave *f* acodada cruciforme ‖ ⁓ **für Kükenhähne** / llave *f* para grifos de macho[s] ‖ ⁓ **für Schnappschloss** / llave *f* para cerradura de resorte ‖ ⁓ **16 mm**, Sechzehner *m* (coll.) / llave *f* de 16 mm

Schlüssel•adresse *f* (DV) / dirección *f* de base ‖ **[anerkannte]** ⁓**-Arbeit** (F.Org) / trabajo *m* clave ‖ ⁓**bart** *m* (Schloss) / paletón *m* ‖ ⁓**befehl** *m* (DV) / instrucción *f* clave ‖ ⁓**betätigung** *f* (Masch) / mando *m* por llave amovible ‖ ⁓**betätigung** (Schloss) / maniobra *f* de llave ‖ ⁓**buchstabe** *m* **bei Kürzeln** / letra *f* de cierre de abreviaturas ‖ ⁓**bund** *m* / manojo *m* de llaves ‖ ⁓**dorn** *m* / espiga *f* para llave tubular ‖ ⁓**entwirrungs-Schaltung** *f* (Radar) / circuito *m* de hacer inteligible un código ‖ ⁓**ergebnis** *n* / resultado *m* clave ‖ ⁓**feile** *f* (Wz) / lima *f* para llaves ‖ ⁓**feld** *n* (DV) / zona *f* clave ‖ ⁓**fertig** (Bau) / llave en mano ‖ ⁓**fertiges Projekt** / proyecto *m* llave en mano ‖ ⁓**fertigkontrakt** *m* / contrato *m* llave en mano ‖ ⁓**fertigstellung** *f* (Bau) / acabado *m* "llave en mano" ‖ ⁓**freigabe[einrichtung]** *f* (Bahn) / transmisor *m* de llave ‖ ⁓**führung** (Schraube) / guía *f* de llave ‖ ⁓**griff** *m*, -raute *f* / anillo *m* de llave ‖ ⁓**industrie** *f* / industria *f* clave ‖ ⁓**kappe** *f*, Glockenkappe *f* (Stahlflasche) / capuchón *m* [protector] ‖ ⁓**klausel** *f* (COBOL) (DV) / indicación *f* clave ‖ ⁓**kraft** *f* / empleado *m* clave ‖ ⁓**kräfte** *f pl*, Spezialisten *m pl* / personal *m* clave ‖ ⁓**loch** *n* / bocallave *f*, ojo *m* de [la] cerradura ‖ ⁓**lochdeckel** *m*, -lochschild *n*, -schild *n* / escudo *m* de [la] cerradura ‖ ⁓**lochkerbe** *f* (Hütt) / ranura *f* o entalla en forma de llave ‖ ⁓**loses Zugangs- und Startsystem** (Kfz) / sistema *m* de acceso y arranque sin llave[s] ‖ ⁓**messstelle** *f* (Reaktor) / punto *m* clave de medición ‖ ⁓**rohling** *m* (Schloss) / llave *f* bruta ‖ ⁓**rohr** *n*, -schaft *m* / tija *f* de llave ‖ ⁓**satz** *m* / juego *m* de llaves ‖ ⁓**schalter** *m* (Elektr) / interruptor *m* [maniobrado por] llave ‖ ⁓**schraube** *f*, Sechskant-Holzschraubef. ‖ ⁓**sockel** *m* (Lampe) / portalámpara *m* de llave ‖ ⁓**sockel** (Eltronik) / base *f*

Schlüsselstellung

loctal ‖ ⁓stellung f (Schloss) / posición f de la llave ‖ ⁓stellung (z.B. in der Wirtschaft) / posición f clave, puesto m clave ‖ ⁓system (DV) / sistema m de llaves ‖ ⁓system n (DV) / sistema m criptográfico ‖ ⁓technologien f pl / tecnologías f pl clave ‖ ⁓-Umdrehung f / vuelta f de llave ‖ ⁓unternehmen n / empresa f clave ‖ ⁓verschluss m (Bahn) / enclavamiento m por llave[s] ‖ ⁓verwirrung f (Radar) / acción f de hacer ininteligible [el código] ‖ ⁓weite f (Schraubenschlüssel) / entrecaras m, ancho m de llave ‖ große ⁓weite / entrecaras m grande ‖ ⁓weite f des Dreikants / diámetro m del círculo inscrito en un triángulo ‖ mit [un]gleichen ⁓weiten (Maulschlüssel) / de anchos [des]iguales de llave ‖ ⁓wort n, Codewort n (DV) / palabra f clave ‖ ⁓wort in, [außerhalb] Kontext / palabra f clave en, [fuera de] contexto
Schluss•ereignis n (PERT) / acontecimiento m final ‖ ⁓ergebnis n / resultado m final ‖ ⁓fehler m im Polygonzug (Verm) / error m de cierre de la red poligonal ‖ ⁓feinfluss m der Räder (Bahn) / influencia f de deslizamiento de las ruedas motrices ‖ ⁓flansch m / brida f de cierre ‖ ⁓folgerung f / conclusión f ‖ ⁓folgerung (DV) / inferencia f o deducción estadística ‖ ⁓glied n der Zerfallsreihe, stabiler Kern (Nukl) / producto m final (p.ej: núcleo estable) ‖ ⁓gruppe f (Pap) / sección f final ‖ ⁓härten n / temple m final
schlüssig / concluyente
Schluss•kaliber n (Walzw) / canal m calibrador final ‖ ⁓kaliber, Fertigstich m (Walzw) / pasada f final ‖ ⁓kühler m / refrigerador m final ‖ ⁓lampe f (Fernm) / lámpara f de fin de conversación ‖ ⁓laterne, Oberwagenlaterne f (Bahn) / farol m de cola, luz f de cola ‖ ⁓leiste, Vignette f (Druck) / viñeta f ‖ ⁓leuchte f (Kfz) / luz f trasera ‖ ⁓linie f (Mech) / línea f de cierre ‖ ⁓prüfung f / control m final ‖ ⁓rand m (Schreibm) / margen m derecho ‖ ⁓rechnung f, Dreisatzrechnung f (Math) / regla f de tres ‖ ⁓relais n (Fernm) / relé m de fin de conversación ‖ ⁓ring, Steinkranz m (Bau) / corona f de cierre ‖ ⁓rückstrahlleuchte f (Kfz) / luz f trasera con reflector catadióptrico, luz f trasera con catafoto integrado ‖ ⁓scheibe f (Uhr) / chaperón m, rueda f de cuenta ‖ ⁓signal n (Fernm) / señal f de liberación o de desconexión ‖ ⁓stein m (Gewölbe) / clave f de bóveda ‖ ⁓stein m (Keram.Ofen) / ladrillo m de cierre ‖ hängender o. vorspringender ⁓stein / clave f pendiente, pinjante m ‖ ⁓stein m, Deckstein m (Bau) / ladrillo m de cubrición ‖ ⁓steinverzerrung f, Trapezfehler m (Kath.Str) / distorsión f en trapecio ‖ ⁓taste f (Fernm) / tecla f de fin de mensaje ‖ ⁓titel m (Film) / título m final ‖ ⁓trommel f (Förderband) / tambor m de cola ‖ ⁓vergütet (Hütt) / con bonificación final ‖ ~verzinkt (Draht) / galvanizado sin retrefilar ‖ ⁓vignette f (Druck) / viñeta f ‖ ⁓wagen m, Stoßwagen m (Bahn) / vagón m de cola ‖ ⁓wagen m, Hinterwagen m (Bahn) / vagón m zagnero ‖ ⁓windung f (Elektr) / espira f de fin
Schlusszeichen, -signal n (Fernm) / señal f de desconexión, señal f de fin de conversación, señal f de abonado que cuelga ‖ ⁓ an Amt und Nebenstelle (Fernm) / señal f de liberación de la central ‖ ⁓ geben (vom Terminal aus) / anunciar el fin de conversación ‖ ⁓batterie f (Fernm) / batería f central para señales ‖ ⁓gabe f (Fernm) / señal f de cierre ‖ selbsttätige ⁓ (Fernm) / señal f automática de fin ‖ ⁓relais n (Fernm) / relé m de fin de conversación ‖ ⁓schaltung f (Fernm) / circuito m de supervisión
Schluss•zeitpunkt, Nulltermin m (PERT) / fecha f de la realización del proyecto ‖ ⁓ziegel m (Dach) / teja f final de caballete ‖ ⁓ziegel, Kremp-, Krampziegel m / teja f de reborde
schmal / angosto, estrecho, delgado ‖ ~ (Buchstabe) / estrecho ‖ ~, dünn / angosto ‖ ~, schlank / esbelto ‖ ~es Band n (< 200 kHz) (Eltronik) / banda f estrecha o angosta ‖ ~er Impuls (Eltronik) / impulso m corto o breve ‖ ~er I-Träger / viga f en I normal o estrecha ‖ ~e Längsfläche (Ziegl) / canto m de ladrillo ‖ ~es Strahlenbündel, schmaler Strahl (Phys) / haz m estrecho ‖ ~es Stück, Streifen m / faja f, tira f
Schmal•bahn f (Pap) / formato m natural ‖ ⁓band n (Walzw) / banda f estrecha, fleje m ‖ ⁓band (Spinn) / cinta f estrecha ‖ ⁓bandfilter n (Eltronik) / filtro m de banda estrecha o angosta ‖ ⁓band-FM f (Eltronik) / modulación f de frecuencia de banda estrecha o angosta ‖ ~bandig (Eltronik) / de banda estrecha o angosta ‖ ⁓bandrauschen n [mit festen Frequenzbereichen], -bandstörung f / ruido m errático o aleatorio [predeterminado] de banda estrecha o angosta ‖ ⁓bandrolle (Hütt) / rollo m de banda estrecha ‖ ⁓blattluftschraube f / hélice f de pala[s] estrecha[s] ‖ ⁓bündel n (Antenne) / haz m en pincel, haz m filiforme, haz m circular fino ‖ ⁓bündel-Antenne f / antena f de haz en pincel
schmälern vt / estrechar, reducir, limitar
schmal•fette Schrift / letras f pl negras estrechas ‖ ⁓film m / película f de 16 mm ‖ ⁓film (8 bis 17,5 mm) / película f substandard o subestándar, película f estrecha o subnormal ‖ ⁓filmkamera f (8 mm) / cámara f o filmadora de película estrecha ‖ ⁓führung f / guía f estrecha ‖ ⁓gewebe n (Tex) / tejido m estrecho ‖ ⁓keilriemen m / correa f trapezoidal estrecha ‖ ~liegend (unter 105 cm) (Tex) / estrecho ‖ ⁓schrift (Druck) / caracteres m pl apretados, tipos m pl condensados o alargados o esqueletos, tipos m pl estrechos o chupados o metidos o compactos ‖ ⁓seite f / lado m estrecho ‖ ⁓seite (Straßb) / parte f estrecha [de la carretera] ‖ ⁓seite (Brett) / canto m, cara f delgada ‖ ⁓seite der Feile / canto m de la lima ‖ ⁓seite des Ziegels / canto m del ladrillo ‖ ⁓seite eines Hauses / fachada f lateral o posterior [de una casa] ‖ ⁓spur f (< 1435 mm) (Bahn) / vía f estrecha (E), trocha f angosta (LA) ‖ ⁓spurbahn f / ferrocarril m de vía estrecha ‖ ⁓spurtraktor m (Landw) / tractor m estrecho o de vía estrecha ‖ ⁓tastenwerk n, -tastatur f (Fernm) / teclado m estrecho
Schmalte f, Kobaltglas n (Glas) / vidrio m de cobalto
Schmalweberei f / tejeduría f de cintas, cintería f
Schmälze f, Schmälzmasse f (Spinn) / sustancia f suavizadora
schmälzen vt (Jute) / engrasar el yute ‖ ~ (Wolle) / engrasar, encimar, ensimar ‖ ⁓ n (Tex) / engrasado m, encimado m
Schmälz•öl n (Wolle) / aceite m para engrasar o encimar ‖ ⁓wolf m / batuar m encimador, engrasadora f, untadora f
Schmant m, Schleifstaub m, -schlamm m / cambalache m de amoladura, barro m de amolado ‖ ⁓, Grubenschmant m (Bergb) / fango m
schmarotzend / parasítico
Schmarotzer m, Parasit m (Biol) / parásito m ‖ 2. o. 3. Grades / hiperparásito m ‖ ⁓pflanze f, Phytoparasit m (Bot) / planta f parásita o parasitaria, fitoparásito m
Schmauch m / humo m
schmauchen (Keram) / ahumar
Schmauchfeuer n, Schmauchen n (Keram) / ahumado m
Schmauchspuren f pl (Waffe) / huellas f pl de quemado
Schmelz m, Schmelzglasur f / esmalte m ‖ ~..., schmelzend / fundente, de fusión, fusor ‖ ⁓anlage f / instalación f de fusión, fundería f ‖ ⁓apparat m / aparato m de fusión ‖ ⁓arbeit f (Gieß) / conducción f de la colada ‖ ⁓arbeit, Emaillierung f / esmaltado m ‖ ⁓arbeiter, Schmelzer m (Hütt) / fundidor m ‖ ⁓asphalt m / asfalto m colado ‖ ⁓bad n (Hütt) / baño m de fusión
schmelzbar / fusible ‖ ⁓e Schlacke / escoria f fusible
Schmelzbarkeit f / licuescencia f ‖ ⁓ (Legierung) / fusibilidad f
Schmelz•basalt m (Geol) / basalto m fundido ‖ ⁓bereich m / intervalo m de fusión ‖ ⁓beschichtung f

/ recubrimiento *m* por fusión || ⁓**betrieb** *m* (Hütt) / acería *f*, fundería *f* || ⁓**betrieb mit kaltem [heißem] Einsatz** (Hütt) / acería *f* con carga fría [caliente] || ⁓**bett** *n* / lecho *m* de fusión || ⁓**bett** (Kessel) / lecho *m* de cenizas fundidas || ⁓**bohren** *n* (Bergh) / perforación *f* térmica || ⁓**bühne** *f* (Hütt) / plataforma *f* de colada || ⁓**dauer** *f* / duración *f* de fusión, tiempo *m* o período de fusión || ⁓**diagramm** *n* / diagrama *m* de [los puntos de] fusión || ⁓**draht** *m* (Elektr) / alambre *m* fusible o fundible || ⁓**drahtsicherung** *f* (Elektr) / cortacircuito *m* de [alambre] fusible || ⁓**druckkurve** *f* / curva *f* de presión de punto de fusión
Schmelze *f* (geschmolzene Masse) / masa *f* fundida o en fusión, sustancia *f* fundida || ⁓ (Schmelzvorgang) (Hütt) / fusión *f*, colada *f* || ⁓, Bleischmelze *f* / boliche *m* || ⁓ (Chem) / material *m* licuado || ⁓, Beschickung, Charge *f* (Hütt) / carga *f* de fusión || ⁓ *f* (Konverter) / soplado *m* || ⁓, Hitze *f* (Hütt) / fusión *f*, calor *m* de fusión || ⁓, Schmelzerei *f* / fundería *f* || ⁓ *f*, Glassatz *m* / frita *f* || ⁓, flüssige Glasmasse (Glas) / baño *m* de vidrio
Schmelz•einsatz *m*, -stöpsel *m* / cartucho *m* fusible || ⁓**einsatz**, -streifen *m* (Elektr) / tira *f* fusible || ⁓**einsatz** *m* **der Schmelzsicherung** / elemento *m* fusible del cortacircuito || ⁓**einsatzhalter** *m*, Schraubkappe *f* (Elektr) / portafusibles *m* || ⁓**elektrolyse** *f* / electrólisis *f* ígnea o en estado de fusión || ⁓**email** *n* / esmalte *m* vítreo
schmelzen *vt*, flüssig machen / liquidar, liquefacer, licuefacer || ⁓, zum Schmelzen bringen (Metall) / fundir || ⁓ *vt* (Butter, Eis, Wachs) / derretir || ⁓ *vi* (Schnee) / desnevar, derretirse || ⁓, flüssig werden, in Fluss geraten / fundirse, liquidarse, derretirse || ⁓ (Eis) / deshelarse, derretirse || ⁓ *n* (Butter, Eis, Wachs) / derretimiento *m* || ⁓ (Hütt) / fusión *f* || ⁓ (v. Metallen) (Chem) / ceración *f* || ⁓ **im Lichtbogen** (Pulv.Met) / fusión *f* en arco eléctrico || ⁓ **mit flüssigem Einsatz** / fusión *f* con carga líquida || ⁓ **mit heißem, [kaltem] Einsatz** (Hütt) / fusión *f* con carga caliente, [fría] || ⁓ **von Eis** / deshielo *m* || ⁓ **von Schnee** / desnieve *m* || ⁓**analyse** *f* (Hütt) / análisis *m* de colada
schmelzend, flüssig werdend / fundente, licuescente
Schmelzenfolgezeiten *f pl* (Hütt) / tiempos *m pl* "tap-to-tap", secuencia *f* de tiempos de colada, marcha *f* de colada
Schmelzer *m* / fundidor *m*
Schmelzerei, Schmelze *f* / fundería *f*
Schmelzeüberhitzung *f* (Gieß) / sobrecalentamiento *m* de la masa fundida
Schmelz•farbe *f* (Keram) / color *m* de esmalte || ⁓**feuerung** *f* (Kessel) / hogar *m* de cenizas fundidas || ⁓**fluss** *m* / masa *f* fundida, fusión *f* completa || ⁓**fluss**, Magma *n* (Geol) / magma *m* || ⁓**flüssig** (Hütt) / fundido || ⁓**flüssige Elektrolyse**, Schmelzflusselektrolyse *f* / electrólisis *f* ígnea o en estado de fusión || ⁓**flussmetallurgie**, Pyrometallurgie *f* / pirometalurgia *f* || ⁓**formen** *n*, -gießen *n* (Feuerfest) / colada *f* por fusión || ⁓**führung** *f* (Hütt) / conducción *f* de la colada || ⁓**geformtes Erzeugnis** (Keram) / producto *m* refractario colado desde la fusión || ⁓**geformter Stein** (Hütt) / ladrillo *m* colado desde la fusión || ⁓**geschweißt** / soldado por fusión || ⁓**gleichgewicht** *n* (Keram) / equilibrio *m* de fusión || ⁓**granulat** *n* / granulado *m* fundido || ⁓**gut** *n* (zum Schmelzen) (Gieß) / carga *f* de fundición, materia *f* a fundir || ⁓**gut** (geschmolzen) (Gieß) / carga *f* fundida || ⁓**gut** (Glas) / masa *f* de vidrio || ⁓**gutaufgabe** *f* (Glas) / introducción *f* de la masa de vidrio || ⁓**hafen**, Glashafen *m* / crisol *m* para fundir vidrio || ⁓**halle** *f* (Hütt) / nave *f* de [horno[s]s de] fundición || ⁓**herd** *m* / hogar *m* de fusión || ⁓**index** *m* (Plast) / índice *m* de fusión || ⁓**intervall** *n* / intervalo *m* de solidificación || ⁓**kalandern** *n* / calandrado *m* en estado fundido || ⁓**kammerauskleidung** *f* / revestimiento *m* de la

cámara de fusión || ⁓**kammerfeuerung** *f* / hogar *m* de cenizas fundidas || ⁓**[kammer]kessel** *m* / caldera *f* de hogar de cenizas fundidas || ⁓**kammerschlacke** *f* / escoria *f* de cámara de fusión ||
⁓**karbonat-Brennstoffzelle** *f* (Kraftwerk) / MCFC (= Molten Carbonate Fuel Cell), pila *f* de combustible con carbonato fundido || ⁓**käse** *m* / queso *m* fundido || ⁓**kegel** *m*, Segerkegel *m*, SK *m* (Hütt) / cono *m* pirométrico o Seger || ⁓**kelle** *f*, Schmelzlöffel *m* / cuchara *f* del fundidor || ⁓**kessel** *m* (Hütt) / pote *m* de fusión, caldero *m* [de fusión] || ⁓**kessel für Chemiefaserherstellung** / caldera *f* de fusión || ⁓**klebefasergewebe** *n* / tejido *m* "melded" || ⁓**klebefolie** *f* / hoja *f* termoplástica, lámina *f* adhesiva por fusión || ⁓**klebepistole** *f* / pistola *f* de fusión termoplástica || ⁓**klebstoff** *m*, -kleber *m* / adhesivo *m* termoplástico, cola *f* disolvente o fusible || ⁓**korund** *m* / corindón *m* fundido || ⁓**krater** *m* / cráter *m* de fusión || ⁓**kristallisieren** *n* / cristalización *f* en estado de fusión || ⁓**kugel** *f* (Hütt) / glóbulo *m* de quemado de fusión || ⁓**kühlung** *f* / refrigeración *f* por metal fundido || ⁓**kühlung**, Ablation *f* (Raumf) / ablación *f* || ⁓**kupfer** *m* (Hütt) / cobre *m* para refundición || ⁓**kurve**, -linie *f* / curva *f* o línea de fusión || ⁓**legierung** *f* / aleación *f* fundible || ⁓**leiter** *m* / conductor *m* fusible || ⁓**löser** *m* (Pap) / tanque *m* para disolver, disolvedor *m* || ⁓**magnesit**, Sintermagnesit *m* / magnesita *f* sinterizada || ⁓**mittel** *n*, Fluss *m* / fundente *m* || ⁓**ofen** *m* (Gieß) / horno *m* de fusión || ⁓**ofen (für Silber)** / buitrón *m* (LA) || ⁓**perle** *f*, -tropfen *m* / perla *f* de fusión || ⁓**perle** (Email) / perla *f* de esmalte || ⁓**perle** (Glas) / perla *f* de la caña de vidriero || ⁓**pfanne** *f*, -tiegel *m* (Chem, Gieß) / crisol *m*, pote *m* de fusión, caldera *f* de fusión || ⁓**pfropfen**, Sicherheitsbolzen *m* (Kessel) / tapón *m* fusible || ⁓**pressschweißen** *n* / soldadura *f* combinada por presión y fusión || ⁓**probe** *f* / ensayo *m* de fusión || **die** ⁓**probe machen** / ensayar por fusión || ⁓**prozess** *m* / proceso *m* de fusión, fusión *f* || ⁓**punkt** *m* (Phys) / punto *m* de fusión || **mit maximalem** ⁓**punkt** (Chem) / distético || ⁓**punkt**, Gefrierpunkt *m* / punto *m* de congelación || ⁓**punkt** *m* **des Eises** / punto *m* de derretimiento del hielo || ⁓**punkt von Metall** / punto *m* de fusión del metal || ⁓**punktprüfung** *f* (Asphalt) / ensayo *m* del punto de colada || ⁓**punktschweißverbindung** *f* / unión *f* soldada por fusión de puntos || ⁓**punktserniedrigung** *f* (Phys) / descenso *m* o rebajamiento del punto de fusión || ⁓**punktserniedrigung** (Gefrierpunkt) / depresión *f* del punto de congelación || ⁓**raum** *m* (Hütt) / solera *f* del horno de fusión || ⁓**reduktion** *f* / reducción *f* del baño fundido || ⁓**rinne** *f* (des Induktionsofens) / canal *m* de fusión del horno de inducción || ⁓**säge** *f* / disco *m* de fusión || ⁓**schneiden** *n* (Schw) / corte *m* por fusión, corte *m* con arco eléctrico || ⁓**schweißbar** / soldable por fusión || ⁓**schweißen** *n* / soldadura *f* por fusión || ⁓**schweißer** *m*, Gasschmelzschweißer *m*, (Schweiz, Österreich:) Autogenschweißer *m* / soldador *m* oxiacetilénico || ⁓**schweißplattierung** *f* / recubrimiento *m* por fusión, plaqueado *m* por soldadura de fusión || ⁓**sicherung** *f* (Elektr) / cortacircuito *m* fusible, fusible *m* || ⁓**sicherung mit Kennplättchen** (Elektr) / cortacircuito *m* de indicador de fusión || ⁓**sintern** *n* (Pulv.Met) / sinterización *f* en fase líquida || ⁓**spinnen** *n* (Chem, Tex) / hilatura *f* por fusión || ⁓**spinnen von Formgedächtnislegierung** / hilatura *f* por fusión de aleación memoria || ⁓**spinnkopf** *m* (Spinnfaser) / cámara *m* de hilatura para la fusión || ⁓**spleiß** (Plast) / empalme *m* por fusión de fibras || ⁓**stöpsel**, -pfropfen *m* / tapón *m* fusible || ⁓**stöpsel** (Elektr) / cartucho *m* fusible || ⁓**streichverfahren** (Pap) / estucado *m* por fusión || ⁓**streifen** *m*, Sicherungsstreifen *m* (Elektr) / tira *f* o lámina fusible || ⁓**sumpf** *m* (Gieß) / cráter *m* líquido ||

1145

Schmelztauchen

⁓**tauchen** n / inmersión f en baño fundido ‖
⁓**tauchverfahren** n (Galv) / método m de recubrimiento por inmersión en baño fundido ‖
⁓**temperatur** f / temperatura f de fusión ‖ ⁓**tiegel** m, -pfanne f (Chem, Gieß) / pote m de fusión, crisol m, caldera f de fusión, craza f ‖ ⁓**tiegelofen** m, Tiegelofen m (Hütt) / horno m para crisoles ‖ ⁓**topf** m (Kunststoffspritzmasch) / pote m de fusión ‖ ⁓**tuff** m, Ignimbrit m (Geol) / ignimbrita f ‖ ⁓**überhitzung** f / sobrecalentamiento m de la fundición
Schmelzung f, Schmelzen n / fusión f, colada f
Schmelzungsentropie f (Chem, Phys) / entropía f de fusión
Schmelz•verhalten n **der Asche** / fusibilidad f de cenizas ‖ ⁓**verlaufkarte** f (Hütt) / ficha f de colada ‖ ⁓**verlust**, Abgang m (Hütt) / pérdida f de fusión ‖ ⁓**viskosimeter** n / viscosímetro m de fusión ‖ ⁓**vorgang**, -prozess m / proceso m de fusión ‖ ⁓**wanne** f (Glasofen) / cubeta f de fusión ‖ ⁓**wärme** f (Phys) / calor m de fusión ‖ ⁓**wasser** n / agua f de deshielo o de desnieve ‖ ⁓**werk** n **mit kaltem Einsatz** (Hütt) / fundería f con carga fría ‖ ⁓**zeit** f (Sicherung) / duración f de fusión ‖ ⁓**zement** m, Tonerdeschmelzzement m (Bau) / cemento m aluminoso ‖ ⁓**zentrifuge** f / horno m centrífugo ‖ ⁓**zone** f (Hütt) / zona f de fusión ‖ ⁓**zuschläge** m pl / fundentes m pl
Schmerz•grenze, -schwelle f (Akust) / umbral m de sonido doloroso, umbral m de sensación acústica dolorosa ‖ ~**stillend** / sedativo, calmante, analgésico
Schmetterlings•antenne f, Drehkreuzantenne f / antena f [de] mariposa o en cruz ‖ ⁓**brenner** m (Gas) / mechero m de mariposa ‖ ⁓**kreis** m (Eltronik) / circuito m mariposa, capacitor m de mariposa ‖ ⁓**messer** n, Butterfly-Messer n / navaja f de albaceteña ‖ ⁓**mine** f (Mil) / mina f tipo mariposa
Schmidt•brille f, Brillenschieber m (Hütt) / válvula f de anteojo ‖ ⁓**kamera** f (Foto) / cámara f de Schmidt ‖ ⁓**-Linien** f pl (Nukl) / líneas f pl de Schmidt ‖ ⁓**optik** f / sistema m óptico de Schmidt ‖ ⁓**rohr**, Verpuffungs[strahl]rohr n (Luftf) / pulsoreactor m
Schmied m, (amtlich:) Metallbauer m / forjador m, herrero m, herrador m
schmiedbar, hämmerbar / forjable, maleable ‖ ~ (im Gesenk) / forjable en estampa ‖ ~**er Eisenguss**, Temperguss m / fundición f maleable
Schmiedbarkeit f / forjabilidad f
Schmiede f / forja f, herrería f ‖ ⁓- n pl **und Pressteile** / piezas f pl forjadas y prensadas ‖ ⁓**amboss** m / yunque m de forja ‖ ⁓**arbeit** f, -handwerk n / forjadura f, obra f de herrero o de forja ‖ ⁓**arbeit** (Erzeugnis) / pieza f de forja ‖ ⁓**block** m (Walzw) / lingote m o desbaste o tocho para forja ‖ ⁓**eisen** n / hierro m forjable o maleable ‖ ~**eisern** (Masch) / de hierro forjable ‖ ~**eisern** (Kunstarbeit) / de hierro forjado ‖ ⁓**esse** f / fragua f, hornaza f ‖ ⁓**fertigerzeugnis** n / pieza f acabada de forja ‖ ⁓**feuer** n / fuego m de fragua, fragua f ‖ ⁓**flecken** m / marca f de forja ‖ ⁓**gesenk** n / estampa f de forja ‖ ⁓**grat** m / rebaba f de estampa ‖ ⁓**halbzeug** n (Sammelbegriff) / semiproductos f pl para forjar ‖ ⁓**hammer** m, Handhammer m / martillo m de mano o de forjar ‖ ⁓**hammer**, Maschinenhammer m / martillo m pilón, martillo m de forja ‖ ⁓**handwerk** n / oficio m de herrero ‖ ⁓**hitze** f / calor m de forjar ‖ ⁓**kohle** f, Essenkohle f / carbón m de fragua ‖ ⁓**legierung** f / aleación f forjable ‖ ⁓**lehre** f / plantilla f de herrero ‖ ⁓**manipulator** m / manipulador m de forja ‖ ⁓**maschine** f / máquina f de forjar ‖ ⁓**meißel** m, Schroteisen n / tajadera f, cortafrío m ‖ ⁓**messing** n / latón m de forja
schmieden vt / forjar, fraguar ‖ **auf dem Amboss** ~ / forjar en el yunque ‖ **im Gesenk** ~ (Schm) / forjar en estampa ‖ **vom Stück** ~ / forjar desde lingote ‖ **von der Stange** ~ / forjar desde barra ‖ ⁓ n / forja f, forjadura f, forjado m ‖ ⁓ **eines halbkreisförmigen**

Abschlusses / forja f de un fondo hemisférico ‖ ⁓ **im Gesenk mit Gratspalt o. in geschlossenem Gesenk** / forja f en estampa cerrada ‖ ⁓ **mit [un]befestigtem Werkzeug** / forja f con herramienta fija, [suelta]
Schmiede•nagel m / clavo m [de hierro] forjado ‖ ⁓**ofen** m / horno m de forja, hornaza f ‖ ⁓**presse** f / prensa f de forja ‖ ⁓**probe** f, -versuch m / ensayo m de forjada o de forjar ‖ ⁓**probe**, -probestück n / probeta f de forjar ‖ ⁓**riss** m / grieta f de forjado ‖ ⁓**rohling** m / pieza f bruta de forjado, pieza f bruta a forjar ‖ ⁓**rohstahl** m / acero m bruto de forja ‖ ⁓**sattel** m / matriz f de forja en estampa ‖ ⁓**schlacke** f / escoria f de forja ‖ ⁓**schraubstock** m / tornillo m [de banco] de forja ‖ ⁓**schweißung** f / soldadura f de forja o al fuego, soldeo m por forja o al fuego ‖ ⁓**sinter** m, Zunder m / batiduras f pl de hierro ‖ ⁓**stahl** m / acero m forjable o para forja ‖ ⁓**stück** n, -teil m n / pieza f forjada ‖ **schweres•stück** / forja f pesada ‖ ⁓**technik** f / técnica f de forja ‖ ⁓**walze**, Reckwalze f / cilindro m laminador o estirador ‖ ⁓**wärme** f / calor m de forjado ‖ ⁓**werkzeug** n / herramienta f de forja ‖ ⁓**zange** f (Wz) / tenazas f pl de forja
Schmiege f, Gehrmaß n (Tischl) / escuadra f al sesgo y medio sesgo ‖ ⁓, Stellwinkel m (Zimm) / saltarregla f, falsa escuadra f, escuadra f plegable
Schmiegebene f (Geom) / plano m osculador o de osculación
Schmiegemaschine f (Schiff, Wzm) / escuadría f, abiseladora f
schmiegen vt, auf Gehrung schneiden / sesgar, cortar a sesgo o a inglete, ingletear
Schmieg•kreis m / círculo m osculador ‖ ⁓**kugel** f (Math) / esfera f osculadora ‖ ⁓**kurve** f (Math) / curva f osculadora
schmiegsam / flexible, plegable, plegadizo, dúctil ‖ ~**es Gerät** (Elektr) / aparato m flexible
Schmiegsamkeit f / flexibilidad f
Schmiegtangente f (Math) / asíntota f
Schmiegung f (Math) / osculación f ‖ ⁓ (Mech) / ceñimiento m
Schmiegungs... (Math) / osculador
Schmier•anweisung f (Wzm) / instrucciones f pl para la (o de) lubricación ‖ ⁓**apparat** m, -vorrichtung f, Öler m / lubri[fi]cador m, engrasador m ‖ ⁓**bohrung** f / orificio m o agujero para la lubri[fi]cación ‖ ⁓**brand** m, Tilletia tritici (Bot, Landw) / tizón m del trigo, caries f del trigo ‖ ⁓**büchse** f, -gefäß n (Masch) / caja f de grasa o de engrase ‖ ⁓**dienst** m, Abschmierdienst m / servicio m de engrase, servicio m de lubri[fi]cación ‖ ⁓**docht** m / mecha f de engrase o de lubri[fi]cación ‖ ⁓**druck** m / presión f de engrase
Schmiere f, Schmierfett n (Masch) / grasa f lubri[fi]cante ‖ ⁓, Schmutz m / suciedad f, unto m negro, mugre f
Schmiereigenschaften f pl / propiedades f pl o características lubri[fi]cantes o de lubricación
schmieren vt, [ein]fetten / engrasar, untar ‖ ~, ölen (Masch) / lubri[fi]car ‖ ~, verschwärzen (Druck) / emborrar ‖ ~, aufstreichen / extender [sobre] ‖ ~ (Gerb) / engrasar al batán o al fulón ‖ ~ vi, schmutzen, Flecke machen / ensuciar, manchar, enlodar ‖ ~, sich zusetzen (Wz) / atascarse, cegarse, embotarse ‖ ⁓ n / engrase m, lubri[fi]cación f ‖ ⁓, [Be]streichen n / untadura f
Schmierer m (Arbeiter) (Bahn) / engrasador m
Schmier•fähigkeit f / poder m lubri[fi]cante o engrasante ‖ ⁓**fett** n / grasa f lubri[fi]cante ‖ ⁓**fettgehalt** m / contenido m de lubri[fi]cante ‖ ⁓**film** m / película f lubri[fi]cante ‖ ⁓**filz** m / fieltro m de engrase o de lubri[fi]cación ‖ ⁓**fläche** f / superficie f lubricada ‖ ⁓**fleck**, Farbfleck m / embadurnamiento m, embarradura f ‖ ⁓**flüssigkeit** f, Bohrwasser n / líquido m lubri[fi]cante ‖ ⁓**grube** f (Kfz) / foso m de servicio o de engrase ‖ ⁓**hahn** m / espita f de engrasador

schmierig, fettig / grasiento ‖ ~, ölig / aceitoso ‖ ~, klebrig / pegajoso, glutinoso ‖ ~, schmutzig / untuoso, sucio, mugriento ‖ ~**e (o. schlüpfrige) Straße** / carretera *f* escurridiza o resbaladiza, carretera *f* de piso o firme deslizante ‖ ~ **mahlen** (Pap) / refinar la pasta grasa ‖ ~**er Stoff** (Pap) / pasta *f* grasa o untuosa
Schmierigkeit *f* **des Stoffes** (Pap) / engrase *m* de la pasta
Schmier•intervall *n*, -**frist** *f*, -**periode** *f* / intervalo *m* de engrase o de lubri[fi]cación ‖ ~**kamera** *f* (Nukl) / cámara *f* de espejo giratorio ‖ ~**kanal** *m* / conducto *m* para el engrase ‖ ~**kissen** *n* (Bahn) / almohadilla *f* lubri[fi]cadora o de engrase ‖ ~**kompressor** *m* / compresor *m* de engrase ‖ ~**kreis** *m* / circuito *m* de engrase ‖ ~**kreislauf** *m* / circulación *f* del lubri[fi]cante ‖ ~**lager** *n*, Ringschmierlager *n* / cojinete *m* de engrase o de lubri[fi]cación ‖ ~**loch** *n*, -öffnung *f* / agujero *m* de engrase, boquilla *f* de engrase, orificio *m* de lubri[fi]cación ‖ ~**maxe** *m*, -**bursche** *m* / grasas *m* (coloq.) ‖ ~**mittel** *n* (Masch) / engrase *m*, lubri[fi]cante *m*, agente *m* lubri[fi]cante, grasa *f* ‖ ~**nippel** *m* / lubricador *m*, engrasador *m*, racor *m* de engrase o de lubri[fi]cación (E), niple *m* de lubri[fi]cación (LA) ‖ ~**nippel für Schmierpressen** / racor *m* para prensa de engrase ‖ ~**nut** *f*, -rille *f* / ranura *f* de engrase, pata *f* de lubri[fi]cación o de araña ‖ ~**öl** *n* / aceite *m* lubricante ‖ ~**öl**, Motorenöl *n* / aceite *m* para motores ‖ ~**ölablasshahn** *m* / espita *f* de purga de aceite lubricante ‖ ~**öldestillat** *n* / destilado *m* para aceite lubricante ‖ **dunkle** ~**öle** / aceites *m pl* negros o de residuos ‖ ~**ölrückstand** *m* (Öl) / aceite *m* engomado ‖ ~**ölverdünnung** *f* (Kfz) / dilución *f* de aceite ‖ ~**patrone** *f* / cartucho *m* de grasa ‖ ~**plan** *m*, -tabelle *f* / diagrama *m* o esquema o plano de engrase o de lubri[fi]cación ‖ ~**platte** *f* (DV) / disco *m* de apuntes ‖ ~**plombe** *f* (Löten) / unión *f* con manguito redondeado ‖ ~**presse** *f* / prensa *f* de engrase ‖ ~**pumpe** *f*, Ölverteiler *m* / bomba *f* engrasadora o de engrase ‖ ~**ring**, Ölring *m* / anillo *m* de engrase, aro *m* de lubri[fi]cación ‖ ~**rohr**, Ölrohr *n* / tubo *m* de lubri[fi]cación ‖ ~**rückstände** *m pl* / residuos *m pl* de lubri[fi]cación ‖ ~**schraube** (Bahn) / tornillo *m* engrasador ‖ ~**seife** *f* / jabón *m* verde o blando ‖ ~**seifen-Teststrecke** *f* (Kfz) / pista *f* jabonada, pista *f* de ensayos de patinada ‖ ~**spritze** *f* / jeringa *f* o pistola de engrase ‖ ~**stelle** *f* / punto *m* de engrase ‖ ~**stelle**, Ölstelle *f* / punto *m* de lubri[fi]cación ‖ ~**stoffe** *m pl* / lubricantes *m pl*, materias *f [pl]* lubri[fi]cantes ‖ ~**stoffträger** *m* (Drahtziehen) / base *f* de lubricante ‖ ~**tabelle** *f*, -plan *m* s. Schmierplan ‖ ~**tasche** *f* (in Lagern) / hueco *m* de engrase, bolsa *f* de engrase, concavidad *f* para lubri[fi]cante
Schmierung *f*, Schmieren *n* / engrase *m*, lubri[fi]cación *m* ‖ ~ **mit Gas[film]** / lubri[fi]cación *f* con película de gas
Schmierungskunde *f* / tribología *f*
Schmier•vorrichtung *f* / dispositivo *m* de engrase ‖ ~**vorrichtung für Druckwalze** / petrolador *m* ‖ ~**vorschrift** *f*, -anweisung *f* / instrucciones *f pl* o normas para la lubri[fi]cación o el engrase ‖ ~**walkfass** *n* (Gerb) / batán *m* para engrasar ‖ ~**wirkung** *f* / efecto *m* lubri[fi]cante
Schminkweiß, Perlweiß *n* (Wismutsubnitrat) / blanco *m* de España, blanco *m* perla, albayalde *m*
Schmirgel *m*, körniger Korund / esmeril *m* ‖ ~, Schleifmaterial *n* / abrasivo *m*, polvo *m* abrasivo ‖ ~..., Schleif... / abrasivo ‖ ~**band** *f* / cinta *f* de esmeril ‖ ~**block** *m* / bloque *m* de esmeril ‖ ~**brühe** *f*, -brei *m* / pasta *f* de esmeril ‖ ~**feile** *f* (Wz) / lima *f* de esmeril ‖ ~**leinen** *n* **für Holz** / tela *f* de lija ‖ ~**leinwand** *f*, -leinen *n* / tela *f* abrasiva o de esmeril ‖ ~**maschine** *f* (Web) / esmeriladora *f*
schmirgeln *vt* / esmerilar ‖ ~, schleifen (Holz) / lijar ‖ ~ *n* / esmerilado *m*

Schmirgel•papier *n* (Holz) / papel *m* de lija ‖ ~**papier u. -leinen** *n* (Sammelbegriff) / abrasivos *m pl* sobre soporte ‖ ~**pulver** *n*, -staub *m* / polvo *m* de esmeril ‖ ~**pulver-Emulsion** *f* (IC) / emulsión *f* de polvo de esmeril ‖ ~**sand** *m* / arena *f* abrasiva ‖ ~**scheibe** *f* / muela *f* de esmeril ‖ ~**schleifmaschine** *f* / esmeriladora *f* ‖ ~**schnur** *f* / cordón *m* de esmerilar ‖ ~**wirkung** *f* / efecto *m* abrasivo, abrasión *f*
Schmitt-Trigger[-Multivibrator] *m* (Eltronik) / gatillador *m* o disparador Schmitt
Schmitz *m* (Streifen im Flöz), Schmitze *f* (Bergb) / estrato *m* de esquisto o de roca en un filón, banda *f* delgada de carbón ‖ ~, Schmitzen *n* (Druck) / remosqueo *m*, repintado, repinte *m*, maculado *m*
schmitzen *vt*, verwischen (Druck) / repintar
Schmitz•leiste *f* (Druck) / reborde *m* (o camino) lateral del cilindro, chumacera *f* ‖ ~**ring**, Zylinderlaufring *m* (Druck) / corona *f* del cilindro
Schmoren *n*, Zischen *n* (Mikrofon) / soplido *m* microfónico, ruido *m* de soplido del micrófono ‖ ~ (Kabel) / carbonización *f*
Schmuck, Zierrat / adorno *m* ‖ ~..., Zier... / decorativo ‖ ~**dose** *f* **aus Weißblech** / lata *f* decorativa de hojalata
schmücken o. besetzen [mit] / guarnecer [de] ‖ ~ *n* **von Gebäuden** / decoración *f* de edificios
Schmuckgold *n* / oro *m* para joyas o de joyería
Schmutz *m* / suciedad *f*, inmundicia *f*, impureza *f*, mugre *f* ‖ ~, Abfall *m* / basuras *f pl*, desperdicios *m pl* ‖ ~ *m*, Abfall *m* bei der Verarbeitung (Pap) / impurezas *f pl* ‖ ~ (Zuck) / cachaza *f*, tierra *f* ‖ ~, Abfälle *m pl*, Kehricht *m* / basuras *f pl*, desechos *m pl* ‖ ~, Straßenschmutz *m* / barro *m* ‖ ~ **abweisend**, -abstoßend / repelente de la suciedad ‖ ~ **abweisende Eigenschaft** / resistencia *f* al ensuciamiento ‖ ~**ablagerung** *f* **im Motor** (Kfz) / sedimento *m* ‖ ~**abscheider** *m* **im Filter** (Kfz) / separador *m* de sedimentos en el filtro ‖ ~**abscheidung** *f* / separación *f* de desperdicios ‖ ~**abstreifer** *m* / rascador *m* de impurezas ‖ ~**abstreifer für Schuhe** (Bahn) / limpiabarros *m* ‖ ~**abweisung** *f* / eliminación *f* de inmundicias ‖ ~**anteil** *m* (Zuck) / porcentaje *m* de suciedad ‖ ~**anteil**, -quote *f* (Zuck) / razón *f* de suciedad ‖ ~**arbeit** *f*, Dreckarbeit *f* / trabajo *m* sucio ‖ ~**band** *n* / banda *f* de barro ‖ ~**blatt** (Druck) / guardas *f pl* ‖ ~**blech** *n*, -fänger *m* / guardabarros *m* ‖ ~**bogen** (Druck) / hoja *f* de descargar, maculatura *f* ‖ ~**bögen** *m pl* (Druck) / desperdicios *m pl*, retal *m* ‖ ~**brühe** *f* / agua *f* sucia o fangosa ‖ ~**bürste** *f* / cepillo *m* para quitar el barro ‖ ~**empfindlich** / no resistente al ensuciamiento, que se ensucia fácilmente
schmutzen *vt*, Flecke machen, schmieren / manchar, ensuciar ‖ ~ *vi*, verschmutzen / mancharse, ensuciarse
Schmutz•entfernung *f* / eliminación *f* de barro ‖ ~**faden** *m* (Fehler, Web) / hilo *m* sucio ‖ ~**fänger** *m* (allg) / colector *m* de fango o de suciedades, recogelodos *m* ‖ ~**fänger** (Straßenablauf) / colector *m* de cieno de la alcantarilla (E) o del resumidero (LA) ‖ ~**fänger** (in Kabelschächten) (Elektr) / colector *m* de lodo, pozo *m* de drenaje ‖ ~**fänger** (Gummilappen an Kotflügeln) (Kfz) / faldilla *m* [guardabarros] ‖ ~**fangläufer** *m* / alfombra *f* [continua] absorbente del barro ‖ ~**fleck** *m*, Fettfleck *m* / mancha *f* [de barro o de grasa] ‖ ~**fleckenzahl** *f* (Pap) / número *m* de impurezas ‖ ~**flocke** *f* / copo *m* de inmundicia ‖ ~**fräse** *f* / limpiador-fresador *m* de alta presión ‖ ~**gehalt** *m* / contenido *m* de inmundicias ‖ ~**gehaltswaage** *f* (Tex) / balanza *f* para calcular el porcentaje de tierra o de suciedad ‖ ~**hahn** *m*, Ablasshahn *m* für Schmutzwasser / espita *f* para purgar el agua sucia
schmutzig, beschmutzt / sucio, inmundo, poluto, mugriento ‖ ~, schlammig / barroso, cienoso, lodoso ‖ ~, trüb / turbio ‖ ~ (Nukl) / que produce residuos

1147

schmutzig

radiactivos ‖ ~ (Arbeit) / sucio ‖ ~, staubig (Wolle) / cubierto de polvo, polvoriento ‖ ~**er Druck** (o. Fehldruck) (Druck) / impresión *f* borrosa o defectuosa ‖ ~ **machen** / manchar, ensuciar ‖ ~ **rot** / rojo sucio ‖ ~ **werden**, [ver]schmutzen / ensuciarse, mancharse
Schmutz•kammer *f* (Rohrschleuder) / cámara *f* de elutriación ‖ ~**lauge** *f* (Tex) / agua *f* jabonosa sucia ‖ ~**öl** *n* / aceite *m* sucio ‖ ~**öltank** *m* (Schiff) / depósito *m* de aceite sucio ‖ ~**papier** *n* (Pap) / papel *m* para intercalar ‖ ~**quote** *f*, -anteil *m* (Zuck) / razón *f* de suciedad ‖ ~**[rillen]dichtung** *f* (Lager) / obturación *f* [por ranuras] contra suciedad ‖ ~**schleuse** *f* (Altpapierverarb) / descarga *f* de impurezas ‖ ~**seite** *f*, Blankseite *f*, erste Seite (Druck) / página *f* primera o sin impresión ‖ ~**spritzer** *m* / salpicadura *f* ‖ ~**stelle** *f* (Fehler, Web) / mancha *f* ‖ ~**stoff** *m*, Verschmutzungsstoff *m* / poluente *m*, contaminante *m* ‖ ~**[stoff]** *m* (Umw, Wasser) / poluente *m*, contaminante *m* ‖ ~**teilchen** *n* / partícula *f* de suciedad ‖ ~**titel** *m*, Vortitel *m* (Druck) / anteportada *f*, título *m* de la obra, portadilla *f* ‖ ~**titelblatt** *n* (Druck) / portadilla *f*, anteportada *f*, falsa portada *f* ‖ ~**träger** *m* (Waschmittel) / agente *m* de antirredeposición ‖ ~- **und fleckenabweisend** / repelente a suciedades y manchas ‖ ~**walze** *f* (Spinn) / cilindro *m* purgador ‖ ~**wasser** *n* / agua *f* sucia (E), aguas *f pl* servidas (LA) ‖ ~**wasser**, Abwasser *n* / desagües *m pl*, aguas *f pl* de desechos, aguas *f pl* residuales, aguas *f pl* negras ‖ ~**wasserauslauf** *m* / salida *f* de agua sucia ‖ ~**wasser-Hausanschluss[leitung]** *f* / acometida *f* de casa para aguas fecales ‖ ~**wasserkläranlage** *f* / instalación *f* clarificadora o de clarificación de aguas residuales ‖ ~**wiederaufziehvermögen** *n*, Waschvergrauung *f* (Tex) / redeposición *f* de suciedades, agrisado *m* de lavado ‖ ~**wolle** *f* / lana *f* suarda o sucia o bruta ‖ ~**zucker** *m* / azúcar *m* húmedo ‖ ~**zulage** *f* (F.Org) / plus *m* por trabajo sucio, prima *f* por trabajos sucios
Schnabel, Spitze *f* / extremo *m*, pico *m* ‖ ~, Ausguss *m* / pico *m* ‖ ~ **der Schieblehre** (Mess) / pata *f* o mordaza del pie de rey ‖ ~ **mit Messerspitzen** (Schieblehre) / mordaza *f* con filo ‖ ~ **ohne Spitzen** (Schieblehre) / mordaza *f* sencilla ‖ ~**kipper** *m* (Hütt) / volcador *m* de pico ‖ ~**pfanne** *f* (Hütt) / cuchara *f* de pico ‖ ~**sauger** *m* (Pap) / aspirador *m* de labios ‖ ~**wagen** *m*, Tragschnabelwagen *m* (Bahn) / vagón *m* de pico portante ‖ ~**zange** *f* (Wz) / alicates *m pl* de puntas largas
Schnalle *f* / hebilla *f* ‖ ~, Falte (Pap) / pliegue *m* ‖ ~, Blase *f* (Pap) / burbuja *f* de aire
Schnallen•dorn, Stachel *m* / púa *f* o espiga de la hebilla, hebijón *m* ‖ ~**kette** *f* / cadena *f* de hebilla ‖ ~**riemen** *m* / correa *f* de hebilla ‖ ~**verschluss** *m*, Verschlussschnalle *f* / cierre *m* de hebilla ‖ ~**zange** *f* / tenazas *f pl* de hebilla
Schnallriemen *m*, Halteriemen *m* / trabilla *f*
Schnapp•... / de resorte, de acción rápida ‖ ~**...**, Klinken... / de trinquete, de encaje elástico ‖ ~**befestigung** *f* / fijación *f* de acción rápida, sujeción *f* de resorte ‖ ~**befestigung** (Tätigkeit) / acción *f* de fijación rápida ‖ ~**bremse** *f* / freno *m* de trinquete ‖ ~**deckel**, -verschluss *m* / tapa *f* de encajar a presión elástica
schnappen *vt*, schnell greifen / atrapar, coger (E) ‖ ~ *vi* (Feder) / echarse atrás ‖ ~, zuschnappen / cerrarse por resorte
Schnapper *m*, Klinke, Falle *f* (Schloss) / pestillo *m* de golpe ‖ ~ (Blechwalzw) / recibidor *m* ‖ ~, Abschnappkupplung *f* (Kfz) / acoplamiento *m* de trinquete
Schnapp•federimpulsgeber *m* (Elektr) / generador *m* de impulsos con contactos elásticos ‖ ~**halter** *m* / presilla *f* ‖ ~**käfig** *m* / jaula *f* de garras ‖ ~**messer** *n* /

navaja *f* de resorte ‖ ~**öler** *m* / lubrificador *m* de cierre telescópico ‖ ~**riegel** *m* / cerrojo *m* de cierre por resorte ‖ ~**schalter** *m* (Elektr) / conmutador *m* de acción rápida, conmutador *m* o interruptor de resorte ‖ ~**schloss** *n* (z.B. für Kofferdeckel) / cerradura *f* de resorte, cerradura *f* de picaporte, cerradura *f* golpe ‖ ~**schuss** *m* (coll) (Foto) / instantánea *f* ‖ ~**stift**, Haltestift *m* / pestillo *m*, fiador *m* ‖ ~**verbindung** *f* / conexión *f* rápida ‖ ~**verschluss** *m* / tapón *m* de encajar a presión elástica
schnarchen *vi* (Pumpe) / roncar
Schnarch•rohr, Saugstück *n* (Pumpe) / tubo *m* roncador ‖ ~**ventil**, Schnarrventil *n* (Dampfm) / válvula *f* roncadora o de ventosa
Schnarre *f* / carraca *f*, matraca *f*
schnarren *vi*, rattern / rechinar, roncar ‖ ~ *n* / rechinamiento *m*, sonido *m* estridente
Schnarrer, Schnarrsummer *m* / zumbador *m*
Schnarrprüfung *f* (Dieseleinspr.pumpe) / prueba *f* de vibración
Schnauze *f*, Mundstück *n* / pico *m*, boca *f*, morro *m* ‖ ~, Traufröhre *f* (Dach) / gárgola *f* de gotera ‖ ~ **eines Gefäßes** / vertedero *m*, pico *m*
Schnecke *f* (Zool) / caracol *m*, babosa *f* ‖ ~, Schneckenlinie *f* (Math) / hélice *f* ‖ ~, Schraube ohne Ende *f* / tornillo *m* sin fin o sinfín, visinfín *m* ‖ ~ *f* (des Schneckenförderers) / tornillo *m* sin fin del transportador, rosca *f* helicoidal del transportador ‖ ~ (Uhr) / caracol *m* ‖ ~, Rolle *f* (Bau) / voluta *f*
Schnecken•abwälzfräser *m* (Wzm) / fresa *f* madre o espiral para tornillos sin fin por el sistema envolvente ‖ ~**abzieher** *m*, -aufgeber *m* (Förd) / alimentador *m* de tornillo sin fin ‖ ~**antrieb** *m* (Masch) / accionamiento *m* helicoidal, engranaje *m* visinfín ‖ ~**antrieb** (Opt) / piñón *m* de tornillo sin fin, mecanismo *m* de ajuste por tornillo sin fin ‖ ~**auge** *m* (Bau) / centro *m* de voluta ‖ ~**austragvorrichtung** *f* / tornillo *m* sin fin de extracción, extractor *m* de tornillo sinfín ‖ ~**bohrer** *m* (DIN 6464) / barrena *f* helicoidal ‖ ~**-Endfräser** *m* / fresa *f* de tornillo sin fin con vástago ‖ ~**extruder** *m* / extrusionadora *f* de tornillo sin fin ‖ ~**feder** *f*, Kegel-, Wickelfeder *f* / resorte *m* espiral cónico o de voluta ‖ ~**förderer** *m* / transportador de tornillo sin fin, rosca *f* transportadora ‖ ~**förderer**, Zuführschnecke *f* / tornillo *m* sin fin alimentador, rosca *f* transportadora de alimentación ‖ ~**förderer**, Hubschnecke *f* / hélice *f* elevadora ‖ ~**förmig** / en forma de caracol, acaracolado, helicoidal, en voluta ‖ ~**förmig**, schraubenförmig / helicoidal ‖ ~**fräser** *m*, fresa *f* de tornillo sin fin, fresa *f* espiral o helicoidal, tornillo -fresa *m* ‖ ~**fräsmaschine** *f* / fresadora *f* de tornillos sin fin o de visinfines ‖ ~**gang** *m*, -windung *f* / paso *m* de rosca helicoidal ‖ ~**gebläse** *n* / ventilador *m* helicoidal o de hélice ‖ ~**gehäuse** *n*, -kasten *m* / caja *f* de tornillo sin fin ‖ ~**getriebe** *n* / engranaje *m* helicoidal, engranaje *m* de tornillo sin fin o de visinfín, engranaje *m* de tornillo tangente ‖ ~**gewinde** *n* / rosca *f* helicoidal, filete *m* helicoidal ‖ ~**gewinde-Schelle** *f* (Schlauch) / abrazadera *f* de manguera con tornillo tangente ‖ ~**gewölbe** *n* / bóveda *f* helicoidal ‖ ~**hausförmig** / en forma de concha ‖ ~**hauslinie**, Kochleoide *f* (Geom) / curva *f* coclear ‖ ~**klassierer** *m* (Aufb) / clasificador *m* de tornillo sin fin ‖ ~**kranz** *m* / corona *f* helicoidal ‖ ~**länge** *f* (Schneckengetriebe) / largo *m* del tornillo sin fin ‖ ~**lenkung** *f* (Kfz) / dirección *f* con tornillo sin fin y segmento ‖ ~**linie** *f* (Geom) / hélice *f*, espiral *f* ‖ ~**linie**, Muschellinie *f*, Konchoide *f* / concoide *f* ‖ ~**presse** *f* (Plast) / extrusionadora *f* de tornillo sin fin ‖ ~**pumpe** *f* / bomba *f* helicoidal o de helice ‖ ~**rad** *n* (des Schneckengetriebes) / rueda *f* helicoidal ‖ ~**rad[ab]wälzfräser** *m* / fresa *f* de ruedas helicoidales por el sistema envolvente, fresa *f* madre para tallar ruedas de visinfín ‖ ~**räderfräsmaschine** *f* / fresadora

schneiden

f de ruedas helicoidales ‖ **~radgetriebe** *n*, **-radsatz** *m*, Schneckentrieb *m* (Masch) / engranaje *m* helicoidal, engranaje *m* de tornillo sin fin y rueda helicoidal, engranaje *m* de tornillo tangente, engranaje *m* de visinfín ‖ **~radsegment** *n* / segmento *m* de rueda helicoidal ‖ **~radvorgelege** *n* / transmisión *f* por rueda helicoidal y tornillo visinfín ‖ **~rohrförderer** *m* / tubo *m* transportador helicoidal, tubo *m* con rosca transportadora ‖ **~rollenlenkung** *f* (Kfz) / dirección *f* por tornillo sin fin y rodillos[s] ‖ **~schleifen** *n* (Wzm) / rectificación *f* por tornillo rectificador ‖ **~schub** *m* (Plast) / inyección *f* por tornillo ‖ **~senkrechtförderer** *m* / transportador *m* vertical de tornillo sin fin ‖ **~-Spritzgießen** *n*, **-spritzguss** *m* / moldeo *m* por inyección con husillo ‖ **~spritz[guss]maschine** *f* (Plast) / máquina *f* de inyección por tornillo sin fin, budinadora *f* a tornillo ‖ **~steg** *m* (Plast) / superficie *f* plana entre espiras ‖ **~steigung** *f* / paso *m* del tornillo sin fin ‖ **~strangpresse** *f* / extrusionadora *f* de tornillo sin fin ‖ **~teilzylinder** *m* / cilindro *m* primitivo del tornillo ‖ **~trieb** *m* s. Schneckenantrieb ‖ **~trieur** *m* (Aufb) / rosca *f* clasificadora o separadora ‖ **~- und Gewindeschleifmaschine** *f* (Wzm) / rectificadora *f* de tornillos sin fin y de roscas ‖ **~welle** *f* (Masch) / árbol *m* de tornillo sin fin ‖ **~windung** *f*, **-gang** *m* / vuelta *f* [en] espiral o de caracol, espira *f* de[l] visinfín ‖ **~zahn** *m* / diente *m* de tornillo sin fin

Schnee *m* (Meteo) / nieve *f* ‖ **~** (TV) / nieve *f*, lluvia *f* ‖ **~...** / nevoso *adj*, níveo ‖ **~beseitigung** *f* / barrido *m* de la nieve ‖ **~besen** *m* (Küche) / batidor *m* ‖ **~brille** *f* / gafas *f pl* de nieve o para ventisca ‖ **~bruch** *m* (Forstw) / rotura *f* por la nieve ‖ **~erosion** *f* (Geol) / nivación *f* ‖ **~erzeuger** *m* / generador *m* de nieve artificial, cañón *m* de nieve ‖ **~fall** *m* (Meteo) / nevada *f* ‖ **~[fang]gitter** *n* (Dach) / enrejado *m* paranieves, guardanieves *m* ‖ **~fangstütze** *f* (Dach) / soporte *m* para nieve ‖ **~flockenkurve** *f* / curva *f* de copo de nieve ‖ **~fräse** *f* / quitanieves *m* giratorio o de turbina, traganieves *m* ‖ **~frei machen**, schneeräumen / quitar la nieve, desnevar ‖ **~orografische ~grenze** (Geo) / límite *m* orográfico de nieve, límite *m* de las nieves perpetuas ‖ **~hecke** (Bahn) / seto *m* paranieves ‖ **~kette** *f* (Kfz) / cadena *f* antideslizante

Schneekluth-Düse *f* (Schiff) / tobera *f* Schneekluth

Schnee • kufe *f* (Luftf) / esquí *m* de avión, patín *m* [de aterrizaje] ‖ **~kufenfahrwerk** *n* (Luftf) / tren *m* de aterrizaje con esquís o patines ‖ **~kufen-Federbein** *n* (Luftf) / pata *f* o riostra telescópica del esquí o del patín ‖ **~last** *f* / carga *f* de nieve ‖ **~matsch** *m* (Geo) / nieve *f* [semi-]derretida ‖ **~- und Matschreifen** *m*, SM-Reifen *m* (Kfz) / neumático *m* para fango y nieve ‖ **~pflug**, **-räumer** *m* / quitanieves *m* ‖ **~pflug** *m*, **-räumer** *m* (Bahn, Straß) / quitanieves *m* [en cuña], cortanieve *m* de arado (CHILE) ‖ **~pflugwagen** *m* / vagón *m* quietanieves ‖ **~-Raupenfahrzeug** *n* / vehículo *m* oruga de nieve ‖ **~regen** *m* / aguanieve *f* ‖ **~schlamm** *m* (Meteo) / nieve *f* fangosa o fundente, nieve *f* medio fundida, nieve *f* parcialmente derretida ‖ **~schleuder[maschine]** *f* / quitanieves *m* rotatorio o rotativo, lanzanieves *m* [centrífugo] ‖ **~schreiber** *m* (Meteo) / registrador *m* de nieve ‖ **~schutzanlage** *f*, Schneezaun *m* (Bahn) / valla *f* paranieves, paranieves *m* ‖ **~schutzdach** *n* (Bahn) / galería *f* paranieves, túnel *m* artificial paranieves ‖ **~schutzgitter** *n* (Bau) / enrejado *m* para nieve ‖ **~sporn** *m*, **-kufe** *f* (Luftf) / esquí *m* o patín *m* de cola ‖ **~störungen** *f pl* (Radar) / ecos *m pl* de nieve, bloqueo *m* por nieve ‖ **~sturm** *m* / tormenta *f* de nieve, tempestad *f* de nieve ‖ **~verwehung**, **-wehe** *f* / acumulación *f* de nieve ‖ **~weiß** / blanco como la nieve ‖ **~weiß** *n* (Farbe) / blanco *m* como la nieve ‖ **~weiß** (Chem) / blanco *m* de cinc ‖ **~zaun** *m* / empalizada *f* contra la nieve ‖ **~zaun** (Bahn, Straß) / paranieves *m*

Schneid • anlage *f* / instalación *f* de corte ‖ **~apparat** *m* (Papierherstell) / aparato *m* de corte, cuchilla *f* ‖ **~apparat**, **-brenner** *m* (Schw) / soplete *f* cortante ‖ **~arbeit** *f* (allg) / trabajo *m* de corte ‖ **~arbeit**, Cutting *n* (Film) / corte *m*, montaje *m* ‖ **~backe** *f*, **-eisen** *n* (Gewinde) / mordaza *f* de roscar, cojinete *m* de terrajar, terraja *f* ‖ **~backe** (Zange) / mordaza *f* de corte ‖ **~backe für Rohrgewinde** / terraja *f* de roscar tubos ‖ **~balken** *m* (Landw) / barra *f* cortante o de corte, barra *f* segadora ‖ **~balken für Mittelschnitt**, **[Normalschnitt, Tiefschnitt]** (Landw) / barra *f* segadora para corte intermedio, [normal, danés o raso] ‖ **~barkeit** *f* / cortabilidad *f* ‖ **~bohrer** *m*, Gewindeschneider *m*, **-bohrer** *m* / macho *m* de roscar ‖ **~brennen** *vt* / cortar con soplete ‖ **~brennen** *n* / oxicorte *m*, cortadura *f* con soplete ‖ **~brenner** *m* / soplete *m* para (o de) cortar ‖ **~brust** *f* (Wzm) / cara *f* frontal de la herramienta cortante ‖ **~brust des Gewindebohrers o. Fräsers** (Wzm) / cara *f* de ataque ‖ **~brust eines Zahns** (Wzm) / cara *f* frontal de un diente cortante ‖ **~buchse** *f* (Stanz, Wzm) / casquillo *m* de punzón ‖ **~druck** *m* (Wzm) / presión *f* de corte ‖ **~düse** *f* (Schw) / tobera *f* de soplete

Schneide *f*, scharfe Kante (Wz) / filo *m* [cortante] ‖ **~**, Messer *n* (Wzm) / cuchilla *f* ‖ **~**, Messerschneide *f* / filo *m*, corte *m*, cuchillo *m* ‖ **~** *f*, Schärfe *f* (Wz) / agudeza *f* ‖ **~**, Schneidenlagerung *f* / cuña *f* de soporte, filo *m* de soporte ‖ **~** (Instr) / tajo *m* ‖ **~ des Beitels** / filo *m* cortante del escoplo ‖ **~ des Hobeleisens** / filo *m* de la cuchilla acepilladora ‖ **~ des Zentrumsbohrers** / punta *f* de la broca de centrar ‖ **~ mit Abschrägung außen** (Zange) / corte *m* biselado ‖ **~ ohne Abschrägung außen** (Zange) / corte *m* rasante ‖ **mit ~**, scharf / cortante ‖ **scharfe ~** / filo *m* cortante ‖ **stumpfe ~** / filo *m* embotado o desgastado ‖ **~ansatz** *m* (Wz) / brazo *m* de corte

Schneid • eisen *n*, **-kluppe** *f* / cojinete *m* de roscar ‖ **~eisen**, Gewinde[schneid]backe *f* / mordaza *f* de roscar, terraja *f* ‖ **rundes ~eisen** (Wzm) / cojinete *m* circular de roscar, terraja *f* redonda ‖ **~eisen, geschlitzt** *n* / terraja *f* hendida ‖ **~eisen-Gewindebohrer** *m* / macho *m* de roscar terrajas ‖ **~eisenhalter** *m*, **-kluppe** *f* / portaterrajas *m* ‖ **~eisenhinterschleifmaschine** *f* (Wzm) / destalonadora *f* de terrajas

Schneide • keramik *f* / material *m* cerámico de cortar, cerámica *f* de corte ‖ **~lineal** *n*, Schneideleiste *f* (Glas) / regla *f* para cortar ‖ **~marken** *f pl* / marcas *f pl* de corte ‖ **~maschine** *f*, Cutter *m* / cortadora *f* ‖ **~maschine**, Längsschneider *m* (Pap) / cortadora *f* longitudinal ‖ **~maschine** (Holz) / tronzadora *f* ‖ **~maschine** (Zuck) / cortadora *f* de remolachas, cortarraíces *m* ‖ **~maschine** (Druck) / guillotina *f*, cizalla *f* de guillotina ‖ **~maschine** (für Abschneiden) / cizalladora *f*, tronzadora *f* ‖ **~maschine für Brot u. Aufschnitt** / cortadora *f* de cocina, cortafiambres *m* ‖ **~maschine für Einbringen in Silos** (Landw) / cortadora *f* para ensilaje ‖ **~maschine für Folien** (Plast) / cortadora *f* de hojas ‖ **~messer** *n* / cuchilla *f* de picar ‖ **~messer**, Hackmesser *n* / cuchilla *f* de picar ‖ **~messer** (Bb) / cuchilla *f* [re]cortadora

schneiden *vt* / cortar ‖ **~**, sägen / serrar, tronzar ‖ **~**, mähen / cortar o segar [cereales], cortar o guadañar yerba (LA) ‖ **~**, stanzen / punzonar ‖ **~** (Fehler beim Fahren) (Kfz) / cortar [el paso o el camino] ‖ **~** (in Werkstoff) / grabar, tallar ‖ **~**, schrämen (Bergb) / rozar ‖ **eine Kurve ~** / cortar una curva, salirse de mano ‖ **Gewinde ~** / roscar, filetear, tallar roscas ‖ **Gewinde ~** / roscar, filetear, tallar roscas ‖ **in Streifen ~** (Leder) / retobar (LA) ‖ **in zwei Teile ~** (Math) / bisecar ‖ **Kraftlinien ~** (Phys) / cortar líneas de fuerza ‖ **mit der Schere ~** / cortar con tijeras, cizallar ‖ **Schraubenmuttern ~** / roscar tuercas [con macho] ‖ **sich ~ o. kreuzen** (Geom, Linien) / intersecarse,

1149

Schneiden

cortarse, cruzarse ‖ ≈ n / corte m, talla f ‖ ≈, Einschneiden n, [Ein]schnitt m / sección f ‖ ≈ (Film) / montaje m, corte m ‖ ≈ (Pap) / corte m por guillotina ‖ ≈, Schnittbetrieb m (Film) / compaginación f, montaje m ‖ ≈ **auf Länge**, Ablängen n / tronzado m ‖ ≈ **mit Schneidschablone**, Gummischneiden n (Stanz) / corte m sobre placa de caucho ‖ ≈ **von Lumpen** (Pap) / desintegración f de trapos, corte m de trapos ‖ ≈ **von Platten** (Audio) / grabado m de discos, grabación f
Schneiden • ansatz m (Wzm) / acreción f al filo ‖
≈**aufhängung** f (Waage) / suspensión f de cuchillo ‖
≈**ausbröcklung** f / desmenuzado m del filo ‖
≈**ausbruch** m / picado m del filo ‖ ≈**ausfall** m (Wzm) / caída f de filo ‖ ≈**ausführung** f (Wz) / configuración f del filo ‖ ≈ **[bezugs]punkt** m (Wzm) / punto m de referencia de filo
schneidend / cortante, afilado ‖ ~, Schneider... / tajador adj ‖ ~ (Math) / intersecante, secante ‖ ~, stechend / penetrante, cortante ‖ ~ (Kälte) / penetrante, que corta ‖ ~ (Ton) / estridente ‖ ~ **e Gewinnung** (Bergb) / explotación f cortante
Schneiden • dicke f (Zange) / espesor m de corte ‖ ≈**ecke** f (Wz) / punto m de ataque ‖ ≈**eingriff** m / ataque m de la herramienta ‖ ≈**flugkreis** m (rotierendes Wz) / circulo m de alcance de filo ‖ ~**förmig** / en forma de cuchillo ‖ ≈**höhe** f (Zange) / anchura f de corte ‖
≈**kante** f / canto m de cuchilla ‖ ≈**korrektur** f / corrección f de los filos ‖ ≈**lager** n / cuña f de soporte ‖ ≈**lager-Relais** n / relé m con armadura sobre cuchillo ‖ ≈**lagerung** f (Waage) / soporte m de cuchillo ‖ ≈**last** f / carga f sobre cuchillo ‖ ≈**temperatur** f (Wzm) / temperatura f del canto de corte o del filo cortante ‖ ≈**winkel** m, Keilwinkel m (Dreh) / ángulo m de cuña
Schneidepresse f / prensa f de cortar
Schneidereimaschine f (Tex) / máquina f de sastrería
Schneiderit m (Min) / schneiderita f
Schneideritze f (Glas) / lengüeta f
Schneider • kreide f (Tex) / jaboncillo m de sastre ‖
≈**leinen** n, Steifleinen n / entretela f
Schneiderodieren n / corte m erosivo
Schneiderofen m (Elektr) / horno m Schneider
Schneiderollen f pl, Schlitzrollen f pl / cuchillos m pl circulares
Schneiderschere f (Tex) / tijeras f pl de sastre
Schneidetisch m (Film) / mesa f de montaje
Schneid[e]zahn m (Wz) / diente m cortante
Schneid • fähigkeit f / capacidad f cortante ‖ ≈**feile** f (Wz) / lima f cortante ‖ ≈**fläche** f / superficie f de corte ‖
≈**flamme** f (Schw) / llama f cortante ‖ ≈**flüssigkeit** f (Wzm) / lubri[fi]cante m de corte, compuesto m o refrigerante de corte ‖ ≈**front** f / arista f de sangría, comienzo m de sangría, punto m de ataque ‖
≈**gebläse** n (Landw) / soplante m cortador ‖ ≈**gerät** n (allg) / aparato m cortador, cortadora f ‖ ≈**granulator** m / granulador f de cuchillos ‖ ≈**grat** m / rebaba f de corte ‖ ≈**haltigkeit** f / duración f del filo de corte, resistencia f cortante del filo ‖ ≈**härte** f eines Werkzeugs / dureza f de filo ‖ ≈**impuls** m (Videoband) / impulso m de montaje o de compaginación ‖ ≈**kante** f (Wz) / arista f cortante, filo m de corte ‖ ≈**kante** f (Peltonschaufel) / arista f central ‖ ≈**kantenfläche** f / plano m de arista cortante ‖ ≈**[kanten]rücken** m (Wz) / parte f plana de corte ‖ ≈**kantenrundung** f (Wz) / parte f redonda de la arista cortante ‖ ≈**keil** m (Wz) / cuña f cortante ‖ ≈**keramik** f (Dreh) / plaquita f cerámica ‖ ≈**klemmtechnik** f (Elektr) / técnica f de desplazamiento de aislamiento ‖
≈**klemmverbindung** f, -klemmkontakt m (Elektr) / contacto m de desplazamiento de aislamiento ‖
≈**kluppe** f / terraja f [de mano] ajustable, cojinete m de roscar ‖ ≈**kopf** m / cabezal m cortador ‖ ≈**kopf** (Gewinde) / cabeza f de roscar ‖ ≈**kopf** (Schw) / boquilla f de corte ‖ ≈**kopf** (Audio) / cabeza f grabadora ‖

≈**ladung** f (Bergb) / carga f de tiro en forma de cuña ‖
≈**legierung** f / aleación f de corte ‖ ≈**lineal** n (Wzm) / regla f de cortar ‖ ≈**linienführung** f (Eltronik) / guía f de líneas de corte [por ordenador] ‖ ≈**linienprojektor** m (Schw) / proyector m de líneas de corte ‖ ≈**lippe** f (Bohrer) / labio m de corte ‖ ≈**lippenfase** f (Wz) / parte f plana del labio de corte ‖ ≈**maschine** f s. Schneidemaschine ‖ ≈**maß**, Maß n nach dem Beschneiden / formato m acabado ‖ ≈**messer** n / cuchillo m de cortar ‖ ≈**metall** n (Dreh) / metal m para cuchilla ‖ ≈**mittel** n / medios m pl cortantes ‖
≈**mutter** f (Gewinde) / tuerca m de terrajar ‖ ≈**nadel** f / aguja f de cortar ‖ ≈**nadel** (Audio) / estilete m grabador, aguja f grabadora ‖ ≈**öl** n (Wz) / aceite m de (o para) corte, taladrina f ‖ ≈**plättchen** n, -platte f aus Hartmetall / plaquita f de carburo ‖ ≈**platte** f (Schm) / placa f de corte ‖ ≈**platte**, Matrize f (Stanz) / estampa f, troquel m ‖ ≈**rad** n (Verzahnung) / fresa f cilíndrica ‖ ≈**rad** (Pap) / cuchillo m circular ‖ ≈**riefe** f (Plast) / rayado m paralelo ‖ ≈**ring** m (Stanz) / anillo m de estampa ‖ ≈**ring** (Rohrverbind) / anillo m cortante ‖
≈**rolle** f (Druck) / cuchillo m circular, cortadora f rotativa ‖ ≈**rollen-Markierungen** f pl (Pap) / marcas f pl de cuchillos ‖ ≈**rost** m (Schm) / enrejado m de corte ‖ ≈**rücken** m (Wz) / cara f superior del útil cortante ‖
≈**säge**, Walzensäge f (Walzw) / sierra f de corte ‖
≈**saugkopf** m (Bagger) / boca f de aspiración rotativa ‖
≈**saum** m (Blech) / reborde m cortado ‖ ≈**scheibe** f (Schleifm) / muela f de cortar ‖ ≈**scheibe** (zum Schneiden) / disco m cortante ‖ ≈**scheibe** (Zuck) / plato m cortarraíces ‖ ≈**schere** f / cizalla[s] f [pl] /
≈**schraube** f (DIN), selbstschneidende Gewindeschraube / tornillo m [de rosca] cortante, tornillo m autoterrajador ‖ ≈**schuh** m (Bergb) / zapata f cortante ‖ ≈**span** m (Holz) / viruta f de corte ‖
≈**spitze** f / punta f de corte ‖ ≈**stab** m (Küche) / picador m, varilla f de picar ‖ ≈**stahl** m (Wzm) / herramienta f de corte, útil m cortante o de corte, cuchilla f ‖ ≈**stahl** (Hütt) / acero m para herramientas de corte ‖ ≈**stahl für Ausdreharbeiten** / cuchilla f de barrenar, cuchilla f para desbaste de interiores ‖
≈**stahl für Gewindearbeiten** (Dreh) / cuchilla f de roscar ‖ ≈**stempel** m (Schm) / punzón m de rebabado ‖
≈**stempel** (Stanz) / punzón m cortador ‖ ≈**stichel** m, -stift m (Audio) / estilete m de grabación ‖ ≈**stoff** m, Schneidmaterial m (Wzm) / material m de corte ‖
≈**trommel** f (Landw) / tambor m de corte ‖ ≈**- und Wickelmaschine** f (Druck) / cortadora-enrolladora f ‖
≈**verstärker** m (Schw) / amplificador m de grabado ‖
≈**vorgang** m s. Schneiden ‖ ≈**vorrichtung** f / dispositivo m cortador o de corte ‖ ≈**[walz]werk** n / rodillos m pl hendedoras ‖ ≈**waren** f pl, Messerwaren f pl /
cuchillería f ‖ ≈**warenhersteller** m / fabricante m de cuchillería, cuchillero m ‖ ≈**werk** n (Tex) / dispositivo m cortador ‖ ≈**werksfinger** m (Mähdrescher) / dedo m de corte ‖ ≈**werkzeug** n / herramienta f cortante o de corte, útil m cortante ‖ **gezahntes o. geschlitztes**
≈**werkzeug** (Wzm) / cortadora f dentada ‖ ≈**winkel** m (Schere) / ángulo m de corte ‖ ≈**zahn** m / diente m cortante ‖ ≈**zange** f / alicates m pl de corte, pinzas f pl cortantes ‖ ≈**zirkel** m / compás m de cortar ‖
≈**zylinder** m (Druck) / cilindro m de corte
Schneise f (Forstw) / vereda f (E), picada f (LA), pique m (LA), picado m (CUB) ‖ ≈, Einflugschneise f (Luftf) / pasillo m aéreo, pista f equiseñal
schnell / rápido, veloz ‖ ~, flink / ligero (LA) ‖ ~, verzögerungsfrei, -los / instantáneo ‖ ~, durchgehend (Bahn) / rápido ‖ ~, hoch empfindlich (Foto) / de alta sensitividad o sensibilidad, rápido ‖ **~ abbindender Zement** / cemento m muerto, cemento m [de fraguado] rápido ‖ **~ ansprechend** / de respuesta rápida ‖ **~ anspringend** (Kfz) / de arranque rápido ‖ **~ anziehend** (Farbe) / de secado rápido ‖ **~ aufflammender Brand** / incendio m instantáneo,

deflagración f ‖ ~e Bewegung zwischen 2 Punkten (NC) / movimiento m rápido entre dos puntos ‖ ~ brennend (Plast) / de combustión rápida ‖ ~er Brüter (Nukl) / reactor m [super]regenerador o reproductor rápido ‖ ~e Datenübertragung / transferencia f de datos a alta velocidad, transmisión f rápida de datos ‖ ~e Diode / diodo m de recuperación rápida ‖ ~es Einsatzgitter, SEG (Nukl) / rejilla f de su[b]stitución de neutrones rápidos ‖ ~es Elektron / electrón m rápido ‖ ~e Fourier-Transformation (Math) / transformada f Fourier rápida ‖ ~e Leitung f (Breitband- o. Koaxialleitung) (Fernm) / línea f rápida ‖ ~ luftgekühlt / refrigerado por (o al) aire agitado ‖ ~es Neutron / neutrón m rápido ‖ ~es Proton / protón m rápido ‖ ~er Reaktor / reactor m rápido o de neutrones rápidos ‖ ~ere Reihe der Drehzahlen (NC) / gama f alta de velocidades ‖ ~ rotierend (o. drehend) / de rotación rápida ‖ ~er Rücklauf / retorno m o retroceso rápido ‖ ~ schaltend / de conmutación rápida ‖ ~ster Sturzflug (Luftf) / picado m terminal o a la velocidad límite ‖ ~es Teilchen (Phys) / partícula f rápida ‖ ~ trocknend / de secado rápido ‖ ~er Überblick (Masch) / vista f de conjunto rápida ‖ ~ verbrennend / deflagrante adj ‖ ~er Vor- und Rücklauf mit Ton (Cassette) / marcha m alternativa rápida, avance m y rebobinado rápidos ‖ ~er werden, auf Touren kommen (Mot) / acelerarse, aumentar la velocidad, tomar velocidad ‖ ~er Zugriff / acceso m rápido ‖ mit ~em Rückgang / de retorno rápido ‖ zu ~ fahren (Fahrzeug) o. laufen (Motor) / marchar o girar con (o a) velocidad excesiva
Schnell • ..., Eil... / de alta o gran velocidad ‖ ~abbinden n (Zement) / fraguado m rápido ‖ ~ [ab]bindend (Bau) / de fraguado rápido ‖ ~ablass m (Nukl) / vaciado m o descarte rápido ‖ ~ablassventil n (Luftf) / válvula f de vaciado rápido ‖ ~ablaufend (Flüssigkeit) / de salida o evacuación f rápida, de vaciado rápido ‖ ~ablaufpipette f (Chem) / pipeta f de salida rápida ‖ ~abrollbahn f (Luftf) / pista f de rodaje rápido ‖ ~abschalttaster m (Luftf) / botón m de parada de urgencia ‖ ~abschaltung f (Reaktor) / parada f de urgencia ‖ ~abschrecken n (Hütt) / temple m rápido ‖ ~abstimmer m (Eltronik) / sintonizador m instantáneo ‖ ~abtastmotor m (Radar) / motor m para exploración rápida, motor m para seguimiento rápido ‖ ~abtastung f (Radar) / exploración f rápida ‖ ~alterung f / envejecimiento m rápido o acelerado, curado m rápido ‖ ~alterungsversuch m / ensayo m de envejecimiento acelerado, prueba f de curado acelerado ‖ ~amt, Nahverkehrsamt n (Fernm) / central f de servicio rápido ‖ ~amtsleitung f (Fernm) / línea f interurbana ‖ ~analyse f / análisis m rápido ‖ ~anheizend (Kath.Str) / de calentamiento rápido ‖ ~anschluss m (F'wehr) / acoplamiento m rápido de mangueras ‖ ~ansprechend, mit kleiner Eigenzeit (Elektr, Eltronik) / de respuesta rápida ‖ ~ansprechend (Relais) / de acción rápida ‖ ~anstellung f (Wzm) / aproximación f rápida ‖ ~anzeigend (Instr) / de indicación rápida ‖ ~ [arbeits]stahl m, SS / acero m rápido o de corte rápido ‖ ~ätzverfahren n, Einstufenätzung f, -verfahren n (Druck) / mordido m rápido o sin polvo, grabado m rápido sin espolvorear o sin escalas ‖ ~ausbesserung f / reparación f de urgencia ‖ ~auslösemagnet m (Elektr) / electroimán m de disparo rápido o de desconexión instantánea ‖ ~auslöser m (Elektr) / disparador m (o desconectador) de acción rápida ‖ ~auslöserelais n (Elektr) / relé m de acción instantánea ‖ ~auslösung f / desconexión f rápida ‖ ~-Ausschalter m (Elektr) / interruptor m [ultra]rápido o de ruptura brusca ‖ ~auswertung f von Informationen (Raumf) / servicio m de evaluación rápida ‖ ~automatenstahl m / acero m automático suave o dulce, acero m de fácil mecanización ‖ ~bahn f (Bahn) / ferrocarril m rápido, ferrocarril m de gran o alta velocidad ‖ ~bauschraube f für Gipskarton / tornillo m de sujeción rápida para tablón de yeso ‖ ~bauschrauben f pl / tornillos f pl de o para montaje rápido ‖ ~bauweise f / método m rápido de construcción, construcción f rápida ‖ ~befestigung f / sujeción f o fijación rápida, colocación f o unión rápida ‖ ~beize f / decapado m rápido ‖ ~bereichswechsel m (Eltronik) / conmutación f rápida de gama de ondas ‖ ~beschickung f (Hütt) / carga f rápida ‖ ~bestimmung f (Chem) / determinación f rápida o por método acelerado, análisis m inmediato ‖ ~bewitterung f (Mat.Prüf) / ensayo m acelerado de corrosión a la intemperie ‖ ~binder m (Bau, Chem) / aglutinante m rápido ‖ ~bleiche f / blanqueo m rápido [químico ‖ ~blinkrelais n / relé m intermitente de sucesión rápida de destellos ‖ ~boot n, SB / lancha f rápida, bote m rápido ‖ ~bremse f (Bahn) / freno m rápido o de acción rápida ‖ ~bremsstellung f (Bahn) / posición f de frenado rápido ‖ ~bremsung f / frenado m rápido ‖ ~bremsung, Notbremsung f / frenado m de urgencia ‖ ~brutreaktor m, schneller Brüter (Nukl) / reactor m reproductor de neutrones rápidos ‖ ~bus m / liebre f (CHIL) ‖ ~dämpfer m (Tex) / vaporizadora f rápida ‖ ~drehmaschine f (Wzm) / torno m rápido ‖ ~drehmaschine, Drehstuhl m (Uhr) / torno m de relojero ‖ ~drehmeißel m / cuchilla f de corte rápido ‖ ~drehstahl, -arbeitsstahl m (Hütt) / acero m rápido ‖ ~druck m (Drucker) / impresión f "draft" ‖ ~drucker m (DV) / impresora f ultrarrápida ‖ ~druckleistung f (Drucker) / rendimiento m [de impresión] "draft" ‖ Schnelle f (Phys) / velocidad f ‖ ~, Schallschnelle f (Akust) / velocidad f instantánea de partículas vibrantes por sonido ‖ mit gleich bleibender ~ (Akust) / de velocidad constante
Schnelle-Empfänger, Druckgradienten-Empfänger m (Eltronik) / micrófono m de (o sensible al) gradiente de presión
Schnell • einsetzkran m / grúa f de montaje rápido ‖ ~einstellung f (Wzm) / ajuste m rápido ‖ ~einstellung, -fokussierung f (Opt) / enfoque m rápido ‖ ~elektrolyse f / electrólisis f rápida
schnellen, hoch~ / subir bruscamente, levantarse de golpe
Schnell • entlade-Grubenwagen m (Bergb) / vagoneta f de descarga rápida ‖ ~entlüftungsventil n (Hydr) / válvula f de aireación rápida ‖ ~entregung f (Elektr) / desexcitación f rápida
Schneller, Treiber m (Web) / taco m ‖ ~, Baumwollstrang m / madeja f (480 yd)
Schnell • erregung f (Walzenzugmotor) / excitación f rápida ‖ ~experimentalversuch m (Nukl) / experimento m exponencial con neutrones rápidos ‖ ~fading m / desvanecimiento m rápido ‖ ~feuer n (Mil) / tiro m rápido ‖ ~feuerwaffe f / arma f de tiro rápido ‖ ~filter m n / filtro m rápido ‖ ~fixierbad n (Foto) / baño m de fijación rápida ‖ ~frequenzwerkzeug n (z.B. 200 o. 360 Hz) (Elektr) / herramienta f de frecuencia elevada ‖ ~gang m, Eilgang m (Wzm) / movimiento m rápido, avance m rápido, marcha f rápida ‖ ~gang (Kfz) / supermarcha f, sobremultiplicación f, superdirecta f ‖ ~gärung f / fermentación f viva ‖ ~gefrierfach n / congelador m rápido ‖ ~gerbung f / curtido m acelerado o rápido ‖ ~gesenkschmiedehammer m / martinete m para estampar a golpes rápidos ‖ ~güterzug m / tren m rápido de mercancías, mercancías m rápido ‖ ~güterzüge m pl / TEM (= Trenes Expresos de Mercancías) (E) ‖ ~haken, Rohrhaken m (Bau) / escarpiador m ‖ ~halt m, parada f brusca ‖ ~härtend (Plast) / de curado rápido, de endurecimiento rápido ‖ ~härtung f (Hütt) / temple m rápido ‖ ~heber m / alzador m rápido ‖ ~hefter m / clasificador m rápido, carpeta f de

1151

Schnellheizkathode

correspondencia, legajador *m* (LA) ǁ ⁓**heizkathode** *f* (Röhre) / cátodo *m* de calentamiento rápido ǁ ⁓**heuer** *m* (Landw) / rastrillo-hilerador *m* de cadenas ǁ ⁓**hobler** *m*, Waagerechtstoßmaschine *f* (Wzm) / limadora *f* rápida ǁ ⁓**hören** *n* / audición *f* rápida ǁ **[Gerät für]** ⁓**-Hören** (Eltronik) / compresor *m* armónico ǁ ⁓**horizontier** *n* (Verm) / nivel *m* automático ǁ ⁓**hubvorrichtung** *f* (Wzm) / dispositivo *m* de elevación rápida ǁ ⁓**hubwerk** *n* (Kran) / torno *m* de elevación rápida
Schnelligkeit *f* / rapidez *f* ǁ ⁓, Geschwindigkeit *f* / velocidad *f* ǁ ⁓, Promptheit *f* / prontitud *f*
Schnell • käfer *m*, Agriotes lineatus (Schädling) / escarabajo *m* elástico o de resorte o de muelle ǁ ⁓**kappsäge** *f* / sierra *f* circular basculante o de péndulo rápida ǁ ⁓**klemme** *f* (Elektr) / borne *m* rápido ǁ ⁓**kocher** *m* / hornillo *m* rápido, cocina *f* o cocinita rápida ǁ ⁓**kocher**, Autoklav *m* / autoclave *f* ǁ ⁓**kochtopf** *m*, Dampfkochtopf *m* (Küche) / olla *f* exprés o a presión ǁ ⁓**kochung** *f* (Pap) / cocción *f* rápida, lejiado *m* rápido ǁ ⁓**-Kontakt-Kopiergerät** *n* / copiadora *f* rápida por contacto ǁ ⁓**kopiermaschine** *f* / multiplicador *m* rápido, multicopista *f* rápida ǁ ⁓**korrosionsversuch** *m* / ensayo *m* acelerado de corrosión ǁ ⁓**kraft**, Spannkraft *f* / elasticidad *f*, fuerza *f* elástica ǁ ⁓**kreuzspulmaschine** *f* (Spinn) / encarretadora *f* de cruzado rápido ǁ ⁓**kühlerprozess** *m* **für plastische Fette** (Chem) / texturación *f* de materias grasas plásticas ǁ ⁓**kühlmaische** *f* (Zuck) / cristalizador *m* de refrigeración rápida ǁ ⁓**kühlung** *f* / refrigeración *f* rápida, enfriamiento *m* rápido ǁ ⁓**kühlung der in Filmdicke gegossenen Schmelze** (Hütt) / técnica *f* de refrigeración sobre su[b]strato ǁ ⁓**kupplung** *f* (Rohr) / empalme *m* instantáneo ǁ ⁓**kupplung** (Vorgang) / acoplamiento *m* rápido ǁ ⁓**kupplung für Schläuche** / acoplamiento *m* rápido de mangueras ǁ ⁓**kupplung von Geräten** / enganche *m* rápido ǁ ⁓**kupplungsrohr** *n* / tubo *m* de empalme instantáneo ǁ ⁓**ladung** *f* (Akku) / carga *f* rápida ǁ ⁓**lastwagen**, Kleinlaster *m* (Kfz) / camioneta *f*, furgoneta *f*
Schnelllauf *m*, schnelle Bewegung / movimiento *m* rápido ǁ ⁓ / velocidad *f* rápida, alta o gran velocidad ǁ ⁓**drehmaschine** *f* / torno *m* de producción de alta velocidad
schnelllaufend / de alta o gran velocidad, de marcha rápida, rápido ǁ ⁓**er Motor** / motor *m* rápido
Schnellläufer *m* (über 100 km/s) (Astr) / estrella *f* de gran velocidad ǁ ⁓ (Druck) / prensa *f* tipográfica rápida ǁ ⁓**indikator** *m* / indicador *m* para motores rápidos ǁ ⁓**maschine** *f* / máquina *f* rápida ǁ ⁓**maschine** (Web) / telar *m* rápido
Schnelllauf • -Extruder *m* / extrusionadora *f* ultrarrápida ǁ ⁓**-Webautomat** *m* / telar *m* automático rápido ǁ ⁓**zahl** *f* (Windkraft) / relación *f* velocidad periférica/velocidad del viento
Schnell • lesen *n* / lectura *f* rápida ǁ ⁓**lot** *n* / soldadura *f* rápida ǁ ⁓**nachführung** *f* (Radar) / giro *m* rápido ǁ ⁓**nagler** *m* **für Klammern** / pistola *f* para clavar grapas ǁ ⁓**nivellier** *n* (Verm) / nivel *m* automático ǁ ⁓**-Papiervorschub** *m* (DV) / avance *m* rápido de papel ǁ ⁓**presse**, Buchdruckschnellpresse *f* (Druck) / prensa *f* rápida ǁ ⁓**programm** *n* (Waschmaschine) / programa *m* rápido ǁ ⁓**prüfung** *f*, -versuch *m* / ensayo *m* acelerado ǁ ⁓**reagierend** / de reacción rápida ǁ ⁓**regler** *m* (allg) / regulador *m* rápido o de acción rápida ǁ ⁓**regler** (Elektr) / regulador *m* automático de tensión ǁ ⁓**relais** *n* (Fernm) / relé *m* rápido o de acción rápida ǁ ⁓**rücklauf** *m* (Wzm) / retorno *m* o retroceso rápido ǁ ⁓**rücklauf** (Magn.Bd) / rebobinado *m* rápido, retroceso *m* rápido ǁ ⁓**ruftaste** *f* (Fernm) / tecla *f* de llamada rápida ǁ ⁓**säge** *f* (Masch) / sierra *f* rápida ǁ ⁓**schalter** *m* / interruptor *m* rápido ǁ ⁓**schalthebel** *m* (Foto) / palanca *f* de avance de la película ǁ
⁓**schaltrelais** *n* / relé *m* de acción rápida ǁ ⁓**schärapparat** *m* (Web) / urdidor *m* rápido ǁ ⁓**schlagbohren** *n* (Bergb) / sondeo *m* de percusión rápida ǁ ⁓**schlaghammer** *m* **für Rammpfähle** (Bau) / martinete *m* hincador de golpe rápido ǁ ⁓**schluss** *m* (Nukl) / parada *f* de emergencia, interrupción *f* instantánea o de urgencia, paro *m* brusco, paralización *f* rápida ǁ ⁓**schlusshahn** *m* / grifo *m* de cierre rápido ǁ ⁓**schlussmutter** *f* / tuerca *f* rápida o de apriete rápido ǁ ⁓**schlussventil** *n* (allg) / válvula *f* de cierre instantáneo o rápido ǁ ⁓**schneidemikrotom** *n* (Med) / micrótomo *m* de corte rápido ǁ ⁓**schnittdrehmaschine**, -laufdrehmaschine *f* (Wzm) / torno *m* de producción de alta velocidad ǁ ⁓**schnittmeißel** *m* / cuchilla *f* de acero rápido ǁ ⁓**schraubzwinge** *f* (Tischl) / gato *m*, cárcel *f*, sargento *m*, prensa *f* de tornillo ǁ ⁓**schrift** *f*, -druck *m* (DV) / impresión *f* "draft" ǁ ⁓**schusskamera** *f* / cámara *f* de disparo rápido ǁ ⁓**schützen** *n* (Web) / lanzadera *f* rápida ǁ ⁓**schwenkung** *f* (Film) / toma *f* panorámica rápida ǁ ⁓**spaltfaktor** *m* (Nukl) / factor *m* de fisión rápida ǁ ⁓**spaltung** *f* (Nukl) / fisión *f* rápida o por neutrones rápidos ǁ ⁓**spanner** *m* / sujetador *m* rápido ǁ ⁓**spannfutter** *n* (Dreh) / mandril *m* de sujeción rápida ǁ ⁓**spannschraubstock** *m* / tornillo *m* [de banco] rápido ǁ ⁓**spannung** *f* (Wzm) / sujeción *f* rápida ǁ ⁓**[zugriffs]speicher** *m* (DV) / memoria *f* de acceso rápido, memoria *f* de alta velocidad ǁ ⁓**speicher** *m*, Notizblock *m* (DV) / memoria *f* de apuntes ǁ ⁓**stahl** *m*, Schnelldreh-, -arbeitsstahl *m* (Hütt, Masch) / acero *m* rápido ǁ ⁓**steckanschluss** *m* (Pneum) / conexión *f* instantánea
schnellstmöglich / con la mayor prontitud, lo mas pronto (o rápido) posible, cuanto antes
Schnell • stopp *m* (Magn.Bd) / parada *f* instantánea ǁ ⁓**straße** *f* / autovía *f* [de circulación rápida] ǁ ⁓**städtische straße** / vía *f* rápida urbana ǁ ⁓**strecke** *f* (Bahn) / línea *f* de gran velocidad ǁ ⁓**strecke** (Tex) / manuar *m* rápido, banco *m* de estirar rápido ǁ ⁓**stromreaktor** *m* (Wasserenthärtung) / reactor *m* de alta velocidad ǁ ⁓**synchronisation** *f* / sincronización *f* ultrarrápida ǁ ⁓**taste** *f*, hot key *m* / acelerador *m* ǁ ⁓**tauch-Ther...oelement** *n* / termoelemento *m* de inmersión rápida ǁ ⁓**tempern** *n* (Hütt) / maleabilización *f* acelerada ǁ ⁓**test** *m* (Öl) / prueba *f* rápida ǁ ⁓**thermischer Reaktor** (Nukl) / reactor *m* térmico de acción rápida ǁ ⁓**-Tiefgefrieren** *n* / congelación *f* rápida ǁ ⁓**-Trennkupplung** *f* (Öl) / desconexión *f* rápida ǁ ⁓**trennstecker** *m* (Elektr) / ficha *f* o clavija de desconexión rápida ǁ ⁓**triebwagen** *m* (Bahn) / automotor *m* rápido ǁ ⁓**triebzug** *m* (Bahn) / tren *m* automotor [eléctrico] rápido ǁ ⁓**trockenfarbe** *f* (Druck) / tinta *f* de secado rápido ǁ ⁓**trocknend** / de secado rápido ǁ ⁓**trockner** *m* / secadero *m* rápido ǁ ⁓**trocknung** *f* / secado *m* rápido ǁ ⁓**übertrag** *m* (DV) / acarreo *m* rápido ǁ ⁓**umschalter** *m* (Elektr) / conmutador *m* rápido ǁ ⁓**unterbrecher** *m* (Elektr) / interruptor *m* de [cierre y] corte rápido[s] ǁ ⁓**verbindung** *f* / unión *f* atornillada ǁ ⁓**verbindung**, conexión *f* o conmutación rápida ǁ ⁓**verbindung für Rohre** / unión *f* rápida de tubos ǁ ⁓**verdampfer** *m* / evaporador *m* rápido ǁ ⁓**verdampfer**, Entspannungsverdampfer *m* / evaporador *m* de expansión rápida ǁ ⁓**verdampfung** *f*, Entspannungsverdampfung *f* (Öl) / evaporación *f* por expansión instantánea ǁ ⁓**verderblich**, leicht verderblich / de fácil deterioro, corruptible, perecedero ǁ ⁓**verfahren** *n* / método *m* rápido ǁ ⁓**verfestigen** *n* (Kleber) / endurecimiento *m* rápido ǁ ⁓**verkehr** *m* / tráfico *m* rápido ǁ ⁓**verkehr** (Fernm) / servicio *m* sin espera ǁ ⁓**verkehrsstraße** *f* s. Schnellstraße ǁ ⁓**verkehrsstraße** *f* (Bahn) / línea *f* de gran o alta velocidad ǁ ⁓**verschluss** *m* / cierre *m* rápido ǁ ⁓**verschluss** (z.B. Gurte),

Schnittverluste

Schnappverschluss *m* / cierre *m* de resorte ‖ ⁓**verseilmaschine** *f* / cableadora *f* rápida ‖ ⁓**verstellung** *f* / ajuste *m* rápido ‖ ⁓**verstellung** (Wzm) / desplazamiento *m* rápido ‖ ⁓**verstellzirkel** *m* (Zeichn) / compás *m* de ajuste rápido, compás *m* de precisión ‖ ⁓**versuch** *m*, -prüfung *f* / ensayo *m* acelerado o rápido ‖ ⁓**vorlauf** *m* (Magn.Bd) / avance *m* rápido ‖ ⁓**vorschub** *m*, -bewegung, -einstellung *f* (Wzm) / avance *m* rápido ‖ ⁓**waage** *f* / báscula *f* instantánea ‖ ⁓**waage** / balanza *f* romana o de cruz, romana *f* ‖ ⁓**walze**, Fixwalze *f* (Tex) / volante *m* ‖ ⁓**wechselbohrfutter** *n* (Wzm) / portabroca *f* de cambio rápido ‖ ⁓**wechseleinrichtung** *f* (Wzm) / cambiador *m* rápido ‖ ~**wegschlagend** (Druck, Farbe) / de secado rápido ‖ ⁓**wendegetriebe** *n* / mecanismo *m* de inversión rápida de marcha, inversor *m* de marcha rápida ‖ ~**wirkendes Steuerventil** (Bahn) / triple válvula [de freno] de acción rápida ‖ ⁓**zeitzünder** *m* (Bergb) / detonador *m* de acción poco retardada ‖ ⁓**zug**, (Schweiz:) Expresszug *m* (Bahn) / tren *m* rápido, rápido *m* ‖ ⁓**zugriffspeicher** *m* s. Schnellspeicher ‖ ⁓**zugriffspur** *f* (Plattenspeicher) / pista *f* de acceso rápido ‖ ⁓**zünder** *m* (Bergb, Mil) / detonador *m* instantáneo
Schnepper, Krebs *m* (Ramme) / pestillo *m* de golpe
Schnippmaschine, Hanfreißmaschine *f* / cortadora *f* mecánica para cáñamo
Schnipsel *m n*, Stanzabfall *m* / recortes *m pl* de perforación
schnipsen, schnellen / dar un toque rápido, lanzar
Schnitt *m* (allg) / corte *m* ‖ ⁓, Einschnitt *m* / incisión *f*, entalladura *f*, muesca *f*, taja *f*, tajo *m* ‖ ⁓ (mit der Schere) / tijeretazo *m*, tijeretada *f* ‖ ⁓ (Zeichn) / sección *f* ‖ ⁓ (Film, TV) / montaje *m* ‖ ⁓, Zuschnitt *m*, Zuschneiden *n* / corte *m* ‖ ⁓, Form *f* (Tex) / hechura *f* ‖ ⁓, Schnittstärke *f* (Wzm) / espesor *m* de corte ‖ ⁓, Schram *m* (Bergb) / roza *f* ‖ ⁓, Zuschnitt *m* (Stanz) / pieza *f* en bruto ‖ ⁓ *m*, Schnittwerkzeug *n* (Stanz) / herramienta *f* de corte ‖ ⁓, Durchschnitt *m*, Mittelwert *m* (Stat) / valor *m* medio, promedio *m* ‖ ⁓, Tonmischung *f* (Film, TV) / mezcla *f* de sonidos, combinación *f* de registros sonoros ‖ ⁓ (Getreide) / siega *f*, segazón *f* ‖ ⁓ (Druck) / corte *m* (p.ej. corte dorado) ‖ ⁓... (Hütt, Kante) / cizallado ‖ ⁓ *m* **im Reifen** / incisión *f*, corte *m* en el neumático ‖ ⁓ **quer zur Faser**, Querschnitt *m* (Holz) / corte *m* transversal a la fibra ‖ ⁓ **zweier Ebenen o. Geraden** (Math) / intersección *f* de dos planos o rectas ‖ **im** ⁓ **darstellen** / seccionar ‖ **zusammengesetzter** ⁓ (Stanz) / herramienta *f* compuesta de corte ‖ **zweiter** ⁓ (Landw) / segundo corte (heno)
Schnitt • abfall *m* (Bb) / recortes *m pl* ‖ ⁓**ansicht** *f* (Zeichn) / vista *f* seccional o en corte ‖ ⁓**balken** *m* (Landw) / barra *f* cortante o de corte, barra *f* segadora ‖ ⁓**bandkern** *m* (Trafo) / núcleo *m* de cinta dividida ‖ ⁓**bandkern** (DV) / núcleo *m* de cinta enrollada ‖ ⁓**bewegung** *f* (Wzm) / carrera *f* de corte, movimiento *m* de corte ‖ ⁓**bild** *n* (Zeichn) / dibujo *m* seccional ‖ ⁓**bildentfernungsmesser** *m* (Opt) / telémetro *m* de coincidencia ‖ ⁓**breite** *f* / ancho *m* de corte ‖ ⁓**brenner** *m* (Gas) / mechero *m* de abanico ‖ ⁓**druck** *m* / presión *f* de corte ‖ ⁓**ebene** *f* (Math) / plano *m* de sección ‖ ⁓**ebene im Linienriss** / plano *m* longitudinal vertical
Schnittemacher, -bauer *m* (Stanz) / fabricante *m* de herramientas de corte
Schnitt • farben *n* (Druck) / pintado *m* de los cortes ‖ ⁓**faser** *f* / fibra *f* cortada ‖ ~**fest** / resistente al corte ‖ ~**fest** (Früchte) / de pulpa firme ‖ ⁓**fläche** *f* (Math) / plano *m* de sección ‖ ⁓**fläche** (Stanzw) / superficie *f* del corte ‖ ⁓**folge** *f* (Stanz) / sucesión *f* de cortes ‖ ⁓**frequenz** *f* / frecuencia *f* de corte[s] ‖ ⁓**geschwindigkeit** *f* (Wzm) / velocidad *f* de corte ‖ ⁓**grat** *m* (Stanz) / rebaba *f* de corte ‖ ⁓**größen** *f pl* (Wzm) / condiciones *f* de corte ‖ ⁓**güte** *f* / calidad *f* de corte ‖ ~**haltig** (Wzm) / resistente al desgaste ‖ ⁓**haltigkeit** *f* / duración *f* del filo de corte ‖ ⁓**höhe** *f* (Bagger) / altura *f* de talud ‖ ⁓**holz** *n* / madera *f* aserrada o serradiza o de sierra ‖ ⁓**holzabfall** *m* / desechos *m pl* de corte de madera, astillas *f pl*, tablillas *f pl* ‖ ⁓**holzreißer** *m* (Landw) / trituradora *f* de ramos de poda
schnittig, stromlinienförmig (Kfz, Luftf) / aerodinámico ‖ ~ (Schiff) / de elegante línea o forma ‖ ~**es Garn** (Fehler, Web) / hilo *m* con cortes
Schnitt • kante *f* / canto *m* cortado o de corte ‖ ⁓**kasten** *m* (Wzmacherei) / herramienta *f* de fondo ‖ ⁓**kopie** *f* (Film) / copia *f* de montaje ‖ ⁓**kraft**, Zerspanungskraft *f* (Wzm) / fuerza *f* de corte ‖ ⁓**kraftkomponente** *f* / componente *f* de fuerza de corte ‖ ⁓**kreis** *m* (Bau) / círculo *m* de corte ‖ ⁓**länge** *f* / longitud *f* de corte ‖ ⁓**länge** (Schlauch) / longitud *f* cortada ‖ ⁓**leiste** *f* (Web) / falso orillo ‖ ⁓**leistung** *f*, -kraft *f* (Wzm) / potencia *f* de corte ‖ ⁓**leistung**, Zerspanungsleistung *f* (Wzm) / rendimiento *m* de corte, capacidad *f* de arranque de virutas ‖ **vorgeschriebene o. zu erreichende** ⁓**leistung** (Wzm) / régimen *m* normal de rendimiento de corte ‖ ⁓**linie** *f* (zweier Ebenen) / arista *f* ‖ ⁓**linie** (Math) / línea *f* de intersección, línea *f* de corte ‖ ⁓**linie**, Transversale *f* (Math) / línea *f* transversal ‖ ⁓**linie**, Abschneidlinie *f* (eines gezogenen Teils) (Plast) / línea *f* de corte ‖ ⁓**linie** *f* (Masch) / marca *f* de cortar, línea *f* de cortar ‖ ⁓**linie** (Druck) / filete *m* cortante o de cortar, sueje *m* (MEJ) ‖ ⁓**linienanzeiger** *m* (Wzm) / indicador *m* de línea de corte ‖ ⁓**luft** (Stanz) / juego *m* de corte ‖ ⁓**matrize** *f* (Stanz) / estampa *f* de corte ‖ ⁓**meister**, Cutter *m* (Film) / montador *m*, jefe *m* de montaje ‖ ⁓**menge** *f*, Durchschnitt *m* (Math) / intersección *f* de conjuntos ‖ ⁓**muster** *n* (Näh) / patrón *m* ‖ ⁓**perspektive** *f* (Zeichn) / vista *f* seccional o en corte ‖ ⁓**platte** *f* (Schm) / placa *f* de rebabado ‖ ⁓**platte**, Matrize *f* (Stanz) / placa *f* de corte ‖ ⁓**presse** *f* / prensa *f* de corte, prensa *f* punzonadora ‖ ⁓**punkt** *m*, -stelle *f* (Geom) / punto *m* de intersección, intersección *f* ‖ ⁓**punkt der Höhen eines Dreiecks** (Geom) / ortocentro *m* ‖ ⁓**punkt der Seitenhalbierenden o. Schwerlinien** (Dreieck) / centro *m* de gravedad de un triángulo ‖ ⁓**punkt der Stabachsen**, Knotenpunkt *m* (Stahlbau) / punto *m* de unión, unión *f* estructural ‖ ⁓**punkt der Winkelhalbierenden** (Geom) / punto *m* de intersección de bisectrices ‖ ⁓**rand** *m* (Druck) / borde *m* perdido o a sangre ‖ ⁓**register** *n* (Druck) / marcas *f pl* de recorte ‖ ⁓**richtung** *f* (Wzm) / sentido *m* de corte ‖ ⁓**ring** *m* / anillo *m* de matriz ‖ ⁓**schlagdämpfung** *f* (Stanz) / amortiguación *f* del golpe de corte ‖ ⁓**spalt** *m* (Stanz) / juego *m* de corte
Schnittstelle *f*, -punkt *m* (Geom) / punto *m* de intersección, Interface *n* (DV) / interface *m* (E), interfaz *f* (LA) ‖ ⁓ / pórtico *m* ‖ ⁓ **von Mikroprozessor-Betriebssystemen**, MOSI / interface *m* para los sístemas operativos de microprocesadores ‖ **die** ⁓ **bilden** (DV) / formar el interface
Schnittstellen • -Anpassung *f* / adaptación *f* de interfaces ‖ ⁓**leitung** *f* (DV) / circuito *m* de interface ‖ ⁓**-Platine** *f* / tablilla *f* de interface ‖ ⁓**routine** *f* / rutina *f* de interfaz ‖ ⁓**-Steuerung** *f* / mando *m* de interface ‖ ⁓**-Umsetzer** *f* / convertidor *m* de interface
Schnitt • stempel *m* (Stanz) / punzón *m* cortador o de corte ‖ ⁓**stempel** (Schm) / punzón *m* de rebabado ‖ ⁓**-Tarif** *m* / tarifa *f* seccional ‖ ⁓**teil** *n* (Stanz) / pieza *f* cortada ‖ ⁓**tiefe** *f* (Wzm) / profundidad *f* de corte ‖ ⁓**- und Stanzwerkzeug** *n* / herramienta *f* cortadora y punzonadora ‖ ⁓**velours** *m* (Tex) / terciopelo *m* o vellud[ill]o cortado ‖ ⁓**verfahren** (Mech) / método *m* de [hacer] secciones ‖ ⁓**vergolder** *m* (Druck) / dorador *m* de cantos o cortes ‖ ⁓**verlauf** *m*, Schnittrichtung *f* / dirección *f* de corte ‖ ⁓**verluste** *m pl* (Säge) / pérdidas *f*

1153

pl de aserrado ‖ ~**vorgang** *m* / acción *f* de cortar ‖ ~**vorschub** *m* (Wzm) / avance *m* por revolución o por corte ‖ ~**ware**, Meterware *f* (Tex) / artículo *m* de mercería, género *m* al metro ‖ ~**ware** *f* (Holz) / madera *f* aserrada ‖ ~**weise**, in Scheiben / en rebanadas o rodajas ‖ ~**weite** *f* **eines Kondensors** (Opt) / distancia *f* focal de condensador ‖ ~**werkzeug** *n* (Stanz) / herramienta *f* focal ‖ ~**widerstand** *m* (Wzm) / resistencia *f* al corte ‖ ~**winkel** *m* (Geom) / ángulo *m* de intersección ‖ ~**winkel** (Wzm) / ángulo *m* de corte ‖ ~**zeichnen** *n* (Tex) / dibujo *m* de patrones ‖ ~**zeichnung** *f* / dibujo *m* seccional ‖ ~**-Zug** *m* (Stanz) / herramienta *f* combinada de corte y de embutido

Schnitzarbeit *f*, Schnitzerei *f* / tallado *m*, talla *f* ‖ ~, -werk *n* / trabajo *m* de talla

Schnitzel *n m* / recorte *m* ‖ ~ *m n* (Papierstanzung) / recorte *m*, confeti *m* ‖ ~ *m pl n pl* (Papierfabrik) / recortes *m pl*, virutas *f pl*, astillas *f pl* ‖ ~ (Zuck) / cosetas *f pl* ‖ ~ *pl* (Plast) / recortes *m pl* (p.ej. de tejido), chips *m pl* ‖ ~ *m pl n pl* (Chemiefasern) / escamas *f pl* ‖ **ausgelaugte** ~ (Zuck) / pulpa *f* seca de remolachas ‖ ~**bagger**, -elevator *m* (für ausgelaugte Schnitzel) (Zuck) / elevador *m* de pulpa ‖ ~**behälter** *m* (Chemiefasern) / depósito *m* de escamas ‖ ~**förderer** *m* (frische Schnitzel) (Zuck) / transportador *m* de cosetas ‖ ~**kanal** *m*, -schwemme *f* (Zuck) / canal *m* o foso para pulpa ‖ ~**maschine** *f* (Zuck) / cortadora *f* de remolachas, cortarraíces *m* ‖ ~**masse** *f* (Plast) s. Schnitzelpressmasse ‖ ~**messer** *n* (Zuck) / cuchilla *f* remolachera ‖ ~**messerkasten** *m* (Zuck) / portacuchilla *m* ‖ ~**messer-Schärf-undBestoßmaschine** *f* (Zuck) / afiladora *f* y refrentadora de cuchillas remolacheras

schnitzeln *vt* (Holz etc.) / hacer recortes ‖ ~ (Zuck) / cortar remolachas

Schnitzel•presse *f* / prensa *f* para recortes ‖ ~**presse** (Zuck) / prensa *f* para cosetas o de pulpa ‖ ~**pressmasse** *f* (Plast) / compuesto *f* de moldeo con carga de tejido ‖ ~**reinigung** *f* (Pap) / refino *m* de recortes ‖ ~**silo** *m* (Pap) / silo *m* de madera troceada ‖ ~**sortierung** *f* (Pap) / clasificación *f* de la madera troceada ‖ ~**sumpf** *m*, Baggergrube *f* (Zuck) / silo *m* de pulpa ‖ ~**trocknung** *f* (Zuck) / secado *m* de pulpa

schnitzen *vt* / esculpir o tallar en madera

Schnitzer *m*, Holzbildhauer *m* / [en]tallador *m*, tallista *m*

Schnitzerei *f*, Schnitzwerk *n* / obra *f* de talla

Schnitzler *m*, Schnitzelwerk *n* (Küche) / máquina *f* recortadora

Schnitzmesser *n* / cuchilla *f* para esculpir, cuchillo *m* de tallar o de tallista

Schnorchel *m* (Taucher) / esnórquel *m*, esnórkel *m*, respirador *m*

Schnörkelbuchstaben *m pl* (geschlungene Versalien) (Druck) / letras *f pl* adornadas o de fantasía

schnörkellos (Design) / sin adornos

Schnorr-Sicherungsscheibe *f* / disco *m* Schnorr

Schnüffelventil, Schlotterventil *n* (Dampfm) / válvula *f* roncadora o de ventosa ‖ ~ *n*, Luftablassventil *n* (Pumpe) / válvula *f* de salida o de purga de aire

Schnur, Leine *f* / cuerda *f*, cordón *m* ‖ ~ *f*, Bindeschnur *f* / cuerda *f*, cordel *m*, bramante *m*, piola *f* (LA) ‖ ~, Leitungsschnur *f* (Elektr) / cordón *m* ‖ ~, Rippe *f* (Druck) / cuerda *f* para el cosido ‖ ~, Kolumnenschnur *f* (Druck) / bramante *m*, cordel *m*, piolín *m* (ARG) ‖ ~ **am Vermittlungsplatz** (Fernm) / cordón *m*, cordón *m* doble ‖ ~ **zum Flammspritzen** / cordón *m* flexible para proyección a la llama ‖ **nach der** ~ / según el hilo [de plomada], a cordel ‖ ~**annäher** *m* (Näh) / portatrensilla *f* ‖ ~**bindung** *f* (Landw) / atado *m* con hilo

Schnür•bock *m*, Chorbrett *n* (Web) / tabla *f* de arcadas ‖ ~**boden** *m* (Bau) / plano *m* de montea ‖ ~**boden** (Theater) / telar *m* ‖ ~**boden** (Schiff) / sala *f* de gálibos ‖

optisches ~**bodenanreißgerät** (Schiff) / proyector *m* de trazar

Schnurdichtung *f* / obturación *f* trenzada

Schnüreffekt, Pincheffekt *m* (Elektr, Nukl) / efecto *m* de pinza o de estricción, restricción *f*

schnüren *vt*, mit Schnur festbinden, ver-, festschnüren / atar o liar con bramante ‖ ~, abschnüren / estrangular ‖ ~, abschnüren (Bau) / marcar con cuerda ‖ **miteinander** ~ (Bergh) / encontrarse ‖ ~, Binden *n* / atado *m*

schnur•gebunden / con hilo o cable ‖ ~**gerade** / en línea recta, a cordel ‖ ~**gerüstecke** *f* (Bau) / camillas *f pl* de replanteo ‖ ~**kreuz** *n* (Bau) / punto *m* de intersección de las cuerdas ‖ ~**lauf** *m* / transmisión *f* por cordón sin fin ‖ ~**lauf**, -rille *f* / ranura *f* de polea

Schnürlockmaschine *f* (Tex) / máquina *f* para ojales de cordón

schnurlos (Fernm) / inalámbrico, radio..., sin cordón[es], sin hilo o cable ‖ ~**er Klappenschrank** (Fernm) / cuadro *m* conmutador sin cordones o con llaves ‖ ~**es Mikrophon** / radiomicrófono *m*, micrófono *m* inalámbrico o sin cable ‖ ~**es Telefon** / radioteléfono *m*, teléfono *m* sin cable, teléfono *m* inalámbrico (LA)

Schnurlot, Bleilot *n* (Bau, Schiff) / hilo *m* de plomada

Schnür•maschine *f* / máquina *f* atadora o liadora ‖ ~**nadel** *f* (Tex) / aguja *f* atadora

Schnur•packung, -dichtung *f* (Masch) / empaquetadura *f* trenzada o de cordón (LA), guarnición *f* por cordón (E) ‖ ~**pendel** *n* (Elektr) / suspensión *f* por cordón

Schnurrewade *f*, Schnürwade *f* (Schiff) / red *f* para atunas o sardinas, jábega *f*

Schnur•ring *n* / anillo *m* obturador de cordón ‖ ~**rolle** *f* (Fernm) / arrollador *m* del cordón ‖ ~**schalter** *m* (in einer Anschlussschnur) (Elektr) / conmutador *m* de cordón ‖ ~**scheibe**, -rolle *f* / polea *f* [de transmisión] con ranura ‖ ~**schutzspirale** *f* (Elektr) / espiral *f* protectora de cordón ‖ ~**spanner** *m* / tensor *m* de cordón ‖ ~**[steck]dose** *f* (Elektr) / enchufe *m* hembra para cordón ‖ ~**stecker** *m* (Elektr) / enchufe *m* macho para cordón ‖ ~**trieb** *m* / accionamiento *m* o mando por cordón, transmisión *f* por cordón

Schnürung *f*, Einrichten *n* des Webstuhls (Tex) / encordonado *m*

Schnur•verbindung *f* (Fernm) / circuito *m* de cordón, circuito *m* de conexión por cordones, bicordio *m*, dicordio *m*, cordón *m* doble ‖ ~**verstärker** *m* (Fernm) / repetidor *m* por cordón ‖ ~**zugpendel** *n* (Lampe) (Elektr) / suspensión *f* por cordón con contrapeso, suspensión *f* contra peso

Schober *m*, Miete *f* (Landw) / montón *m* (p.ej. de paja), tresnal *m*, almiar *m*, pajar *m* ‖ ~**rechen** *m* / rastrillo *m* apilador o entasador

Schock *m* / choque *m*

schocken *vt* / chocar ‖ ~ *n*, Stoßprüfung *f* (Mat.Prüf) / ensayo *m* de choque

Schock•farbe *f* / color *m* chillón o de choque ‖ ~**festigkeit** *f* (Eltronik) / resistencia *f* a choques térmicos ‖ ~**gefrierung** *f* (mit flüssigem Stickstoff) / congelación *f* ultrarrápida [por nitrógeno líquido] ‖ ~**geprüft** / probado por choque ‖ ~**schweißen** *n* / soldadura *f* por choque ‖ ~**ventil** *n* / válvula *f* de choque ‖ ~**welle** *f* (Umformen) / onda *f* de choque ‖ ~**wirkung** *f* (Elektrozaun) / efecto *m* de choque

Schoepit *m* (ein Uranmineral) / schoepita *f*

Schokoladen•braun ~ (Landw) / pardo *m* chocolate, color *m* chocolate ‖ ~**kuvertüre** *f* (Nahr) / cubierta *f* de chocolate ‖ **mit** ~**überzug** / cubierto *m* de chocolate

Scholle *f* (Eis) / témpano *m* ‖ ~ (Landw) / terrón *m*, gleba *f* ‖ ~ **der Erdrinde** (Geol) / macizo *m*, bloque *m* ‖ **hangende, [liegende]** ~ (Geol, Verwerfung) / bloque *m* superior, [inferior]

Schollenbrecher *m* (Landw) / rulo *m* desterronador

Schonbezug *m* (Kfz) / cubreasientos *m*, funda *f*

Schöndruck *m* (Druck) / tirada *f* en (o de) blanco, impresión *m* de blanco (tipografía), tirada *f* de primera cara (litografía) ‖ ⁓ **ausführen** / imprimir o tirar el blanco ‖ ⁓**bogen** *m* (Druck) / hoja *f* de tirada en blanco ‖ ⁓**form** *f*, erste Seite des zu druckenden Bogens (Druck) / forma *f* en blanco, primera forma (tipografía), tiro *m* de blanco (litografía) ‖ ⁓**seite** *f*, Vorderseite *f* (Druck) / página *f* impar

Schöne *f*, Klärmittel *n* (Brau) / clarificante *m*

schonen *vt* (Mot) / cuidar bien, no forzar ‖ ⁓, sparen / ahorrar, economizar

schönen *vt* / mejorar, hermosear ‖ ⁓, klären (Brau) / clarificar ‖ ⁓, türkischrot färben / teñir de rojo turco ‖ ⁓ *n*, Klären *n* (Wein) / clarificación *f*

schonend (Behandlung) / cuidadoso, con cuidado

Schoner *m* (Schiff) / goleta *f*

Schoner *m*, Schonbezug *m* / funda *f* protectora

Schönflies-Symbole *n pl* / símbolos *m pl* cristalográficos de Schönflies

Schongang *m* (Waschmaschine) / velocidad *f* lenta o de lavado suave ‖ ⁓ (Kfz) / supermarcha *f*, superdirecta *f*, sobremultiplicación *f*

Schönheitsfehler *m* / defecto *m* exterior, imperfección *f*

Schonprogramm *n* (Waschmaschine) / programa *m* de lavado suave

Schön•schrift *f* (Drucker) / impresión *f* "letter quality" o L.Q. ‖ ⁓**seite** *f*, rechte Seite (Web) / haz *f* de un tejido, derecho *m* o lado de un tejido

Schonstück *n* **der Mitnehmerstange** (Ölbohren) / junta *f* kelly

Schön- und Widerdruck *m* (Druck) / retiración *f*, doble impresión ‖ ⁓ **und Widerdruckmaschine** *f* (Druck) / máquina *f* de retiración, prensa *f* de tiro y retiro, prensa *f* de doble impresión

Schonung *f* (Forstw) / plantel *m*, renoval *m*, criadero *m*, plantación *f* nueva

Schönungsmittel *n* (Brau) / agente *m* clarificador o de clarificación

Schönwetterturbulenz *f* (Meteo) / turbulencia *f* en aire claro

Schonzeit *f* (Eltronik) / intervalo *m* de supresión

Schoopieren, Flammspritzen *n* (Hütt) / proyección *f* a la llama sistema Schoop

Schöpf•becherwerk *n* / elevador *m* de cangilones [de dragado] ‖ ⁓**bohrer** *m* (Bergb) / barrena *f* de cuchara ‖ ⁓**buhne** *f* (Hydr) / espigón *m* de sacar

schopfen *vt* (Walzw) / cortar, despuntar ‖ ⁓, kappen (Bäume) / descabezar, desmochar

schöpfen *vt*, [ab-, aus]schöpfen / quitar [de encima], vaciar ‖ ⁓ (Wasser aus dem Boot) / sacar (agua), achicar

Schopfende *n* (Walzw) / despunte *m*

Schöpfer *m* (Wzm) / alimentador *m* de tolva ‖ ⁓ (für Schlagwerk) (Uhr) / alza *m*, alzada *f* de cremallera ‖ ⁓ (für Wasser etc.) / cazo *m*, cucharón *f*

schöpferisch, erfinderisch / creador, inventivo, creativo

Schöpf•form *f* (Pap) / forma *f* de mano ‖ ⁓**gurtförderer** *m* / elevador *m* de correa ‖ ⁓**löffel** *m* / cuchara *f*, cucharón *m*, cazo *m* ‖ ⁓**löffel** *m* (Jauche) / cuchara *f* de purín ‖ ⁓**probe** *f* (Hütt) / muestra *f* en cuchara ‖ ⁓**pumpe** *f* (Wasserversorg) / bomba *f* aspirante ‖ ⁓**rad**, Heberad *n* / rueda *f* elevadora o de celdas, noria *f* ‖ ⁓**rad** *n* (Pap) / rueda *f* elevadora o de cangilones o de noria ‖ ⁓**rand** *m* (Pap) / barba *f*, borde *m* de papel de tina ‖ ⁓**raum** *m* (Pumpe) / cámara *f* de aspiración ‖ ⁓**raum** (Verdrängerpumpe) / cámara *f* de compresión ‖ ⁓**schaufelrad** *n* / rueda *f* elevadora de cangilones

Schopfscheibe *f* (Walzw) / tijera *f* de despuntar

Schöpf•schmierung *f* / lubricación *f* por bandeja[s] o por colector ‖ ⁓**thermometer** *n* (Brau) / termómetro *m* en forma de cucharón ‖ ⁓**trog** *m* **eines Becherwerkes** / artesa *f* inferior del elevador de cangilones

Schopf•verlust *m* (Hütt) / pérdida *f* por despunte ‖ ⁓**walm** *m* (Bau) / tejado *m* de semicopete

Schöpf•werk, Becherwerk *n* / elevador *m* de cangilones ‖ ⁓**werk** *n*, Paternosterwerk *n* (Hydr) / rosario *m* de cangilones, elevador *m* de rosario ‖ ⁓**werk** (Küste) / estación *f* de bombeo ‖ ⁓**winde** *f*, Schmanttrommel *f* (Seilschlagbohrer) / torno *m* o malacate de la cuchara, tambor *m* de cuchareo (ARG)

Schöpit *m* (Min) / schoepita *f*

Schore *f* (Gieß) / tabique *m* de retención [de la arena]

Schorf *m* (Kohlenstoffansatz) (Hütt) / soja *f* ‖ ⁓ (Bot) / roña *f*

Schörl *m* (Geol) / chorlo *m*, turmalina *f* negra ‖ ⁓**schiefer** *m* / hornablenda *f* esquistosa

Schornstein *m* (Bau) / chimenea *f* ‖ ⁓ (Bahn, Schiff) / chimenea *f*, salida *f* de humo ‖ **blinder** ⁓ (Schiff) / chimenea *f* falsa ‖ **toter** ⁓ (aus Symmetriegründen aufgesetzt) (GB) (Bau) / chimenea *f* falsa ‖ ⁓**aufsatz** *m*, -haube, -kappe *f* / caperuza *f* de chimenea ‖ ⁓**brand** *m* / fuego *m* de chimenea ‖ ⁓**einfassung** *f* / cerco *m* metálico de chimenea ‖ ⁓**einschnürung** *f* (Bahn) / estrangulamiento *m* de chimenea ‖ ⁓**farben** *pl* (Schiff) / contraseña *f* de la chimenea ‖ ⁓**feger** *m* / deshollinador *m* ‖ ⁓**fuchs** *m* (Bau) / conducto *m* de humos, humero *m* ‖ ⁓**kappe** *f* (Schiff) / caperuza *f*, sombrerete *m* de chimenea ‖ ⁓**kasten** *m*, -mündung *f* (Dachdurchführung) / boca *f* de chimenea ‖ ⁓**kopf** *m*, -körper *m* / cuerpo *m* de chimenea ‖ ⁓**mantel** *m* (Bau) / camisa *f* de chimenea ‖ ⁓**rohr** *n* / tubo *m* de chimenea ‖ ⁓**röhre** *f* (Fabrikschornstein) / chimenea *f* de fábrica ‖ ⁓**ruß** *m* / hollín *m* de chimenea ‖ ⁓**schieber** *m* (Bau) / registro *m* de chimenea ‖ ⁓**verband** *m* (Bau) / trabazón *f* de chimenea ‖ ⁓**ziegel** *m* (für runde Schornsteine) / ladrillo *m* radial o de chimenea ‖ ⁓**zug** *m* / tiro *m* de chimenea ‖ ⁓**zunge** *f* / pared *f* divisoria de chimenea

schossen *vi* (Landw) / trepar, encaramarse

Schössling, Spross *m*, Reis *n*, Trieb *m* (Bot) / retoño *m*, vástago *m*, renuevo *m*

Schoßrinne, Verwahrung *f* (Dach) / botaguas *m*, verteaguas *m*

Schossrübe *f*, Schosser *f* (Landw) / remolacha *f* trepadora

Schot *f*, [Segel]leine *f* / escota *f*

Schote *f* (Bot) / vaina *f*, silicua *f*

Schott *n* (Schiff) / mamparo *m* ‖ ⁓**durchführung** *f* / boquilla *f* de paso del mamparo

Schottelpropeller *m* (Schiff) / hélice *f* carenada

Schotten *m*, Schottenkaro *n* (Tex) / tartan *m*, tejido *m* con dibujo escocés

Schotten-Baumannsche Reaktion *f* (Chem) / reacción *f* de Schotten-Baumann

Schotten•deck *n* (Schiff) / cubierta *f* compartimentado o de mamparos ‖ ⁓**tür**, Schottverschluss *m* (Schiff) / puerta *f* estanca

Schotter *m*, Geröll *n* (Geol) / grava *f*, recebo *m* ‖ ⁓ (Bahn) / balasto *m*, cascajos *m pl*, gravilla *f* ‖ ⁓, Steinschlag *m* (Straßb) / piedras *f pl* quebrantadas, piedras *f pl* machacadas ‖ ⁓ *m* **von 2 bis 64 mm** (0,08" bis 2,5") **mit ≤ 15% Abrieb** / cajos *m pl*, guijos *m pl* ‖ **gereinigter** ⁓ / balasto *m* cribado

Schotter•abfall *m* (Bahn) / caído *m* ‖ ⁓**belag** *m* / capa *f* de cascajos ‖ ⁓**bett** (Straßb) / lecho *m* de gravilla ‖ **zweites** ⁓**bett** (Bahn) / segunda *f* capa de cascajos ‖ ⁓**bett** *n* (Bahn) / lecho de balasto o de cascajos ‖ ⁓**brecher** *m* / machacadora *f* ‖ ⁓**decke** *f*, wassergebundene Straßendecke / pavimento *m* de macadam ‖ ⁓**grube** *f*, -steinbruch *m* / cantera *f* de grava ‖ ⁓**kippwagen** *m* / vagón *m* volquete para balasto ‖ ⁓**krone** *f* (Bahn) / superficie *f* superior de balasto ‖ ⁓**krone** (Schweiz), Bettung *f* vor Kopf (Bahn) / balasto *m* de apoyo de cabeza de traviesa ‖ ⁓**los** / sin balasto

schottern *vt*, beschottern (Bahn) / lastrar ‖ ⁓, mit Kies o. Steinen auffüllen (Straßb) / recebar ‖ ⁓, macadamisieren (Straßb) / macadamizar

Schotter•oberbau *m* (Bahn) / superestructura *f* balastada ‖ ~**reinigung** *f* (Bahn) / limpieza *f* o depuración del balasto ‖ ~**-Selbstentladewagen** *m* (Bahn) / vagón *m* tolva para balasto ‖ ~**terrasse** *f* (Geol) / terraza *f* de grava ‖ ~**-Tränkungsanlage** *f* (Straßb) / instalación *f* bituminadora de grava, planta *f* para macadamizar con alquitrán ‖ ~**- und Bettungsreinigungsmaschine** *f* (Bahn) / máquina *f* limpiadora y cribadora de balasto
Schotterung *f*, Schotterbelag *m* (Straßb) / capa *f* de recebo de grava, macadam *m*, macadán *m* ‖ ~ (Bahn) / balastado *m*
Schotter•verteiler *m* (Bahn) / máquina *m* de reguarnecer la vía, máquina *f* de colocar nuevo balasto en la vía ‖ ~**verteiler** (Straßb) / distribuidora *f* de grava ‖ ~**wagen** / vagón *m* para balasto ‖ ~**werk** *n*, -anlage *f* (Straßb) / instalación *f* machacadora ‖ ~**zug** *m* / tren *m* de balasto
Schottky•-Barriere *f*, -Tor *n* (Eltronik) / barrera *f* de Schottky ‖ ~**-Diode** *f* / diodo *m* Schottky ‖ ~**effekt** *m*, Schroteffekt *m* / efecto *m* Schottky ‖ ~**rauschen** *n* / ruido *m* Schottky ‖ ~**sche Fehlordnung** *f* / defecto *m* Schottky
Schott•platte *f* (Schiff) / plancha *f* de mamparo ‖ ~**spant** *n* (Schiff) / cuaderna *f* de mamparo ‖ ~**stutzen** *m* / boquilla *f* de paso del mamparo ‖ ~**-Tür** *f* / puerta *f* estanca ‖ ~**verschraubung** *f* / racor *m* de paso del mamparo
Schraderventil *n* / válvula *f* Schrader
Schraffe *f* (Landkarte) / raya *f* ‖ ~**n** *f pl*, Serifen *f pl* (Druck) / remates *m pl*, bigotillos *m pl*, rasgos *m pl*, trazos *m pl* de pie
schraffieren *vt* (Zeichn) / rayar, sombrear [con líneas paralelas], plumear ‖ **kreuzweise** ~ / sombrear con líneas cruzadas
Schraffiergerät *n* / dispositivo *m* de rayar
schraffiert / rayado ‖ ~**e Linie** / línea *f* sombreada
Schraffierung, Schraffur *f* (Zeichn) / rayado *m*, sombreado *m* de cruces
Schraffur, Schraffe *f* (Druck) / rayado *m*, azurado *m*, azurada *f*, sombra *f* ‖ ~**linie** *f* / raya *f*
schräg *adj* / oblicuo, sesgo, soslayado, de refilón ‖ ~, diagonal / diagonal, transversal ‖ ~ (in einem Winkel befindlich) / angular ‖ ~, abgeschrägt / cortado en bisel, biselado ‖ ~, gekippt / inclinado ‖ ~, geneigt, schief [liegend] / sesgado ‖ ~, verdreht / torcido ‖ ~ *adv*, schief [liegend], quer durch, übereck / sesgadamente, oblicuamente, o al través, de o al soslayo, al o en sesgo ‖ ~, diagonal verlegt (Bau) / en diagonal ‖ ~ **abdrehen** (Dreh) / biselar ‖ ~ **abfallen** (Gelände) / ser en declive ‖ ~ **abfallend** / inclinado ‖ ~ **abgeschnitten** (Geom) / truncado ‖ ~ **abschneiden**, zuschärfen / biselar, achaflanar ‖ ~**er Abzweig**, Y-Stück *n* (Abwasser) / racor *m* en Y, pieza *f* en Y ‖ ~ **[an]schleifen o. [ab]schneiden** (Wz) / afilar o cortar en bisel ‖ ~ **auftreffender Schlag** / golpe *m* rasante ‖ ~**e Bahnkreuzung** / travesía *f* oblicua de la vía ‖ ~**e Beleuchtung** / iluminación *f* oblicua ‖ **[einfaches]** ~**es Blatt** (Zimm) / empalme *m* a junta de plana inclinada ‖ ~**e Bohrung** / taladro *m* inclinado ‖ ~**e Bohrung** (diagonal) / taladro *m* diagonal ‖ ~**e Brücke** / puente *m* oblicuo ‖ ~ **bzw. quer stellen**, setzen, legen / soslayar ‖ ~**es Dachfenster** (Bau) / buhardilla *f* inclinada ‖ ~ **einfallend** / inclinado, de incidencia oblicua ‖ ~ **einschlagen** (Nägel) / clavar al sesgo ‖ ~**e Fensterbank** / solera *f* en pendiente ‖ ~**es Flöz** (Bergb) / filón *m* inclinado o en declive ‖ ~ **gelagert** / en posición oblicua o inclinada ‖ ~**es Hakenblatt** (Zimm) / ensambladura *f* oblicua a media madera con tacón ‖ ~ **hängen**, schief stehen, sich neigen (Bau) / estar inclinado, inclinarse ‖ ~ **hindurch- o. verlaufend** / transversal ‖ ~**e Kante** / canto *m* biselado o achaflanado ‖ ~ **lagern** (o. legen) / posicionar en (o al) sesgo, disponer oblicuamente ‖ ~ **laufend**,

-verlaufend / transversal, diagonal ‖ ~ **laufend**, loxodromisch (Nav) / loxodrómico ‖ ~ **legen** / sesgar, ladear, inclinar ‖ ~**e Linie** (o. Fläche o. Richtung), Schräge *f* / sesgo *m*, biés *m* ‖ ~**e Markierung** (DV) / marca *f* inclinada ‖ ~**e Normschrift** / escritura *f* normalizada ‖ ~**e Öffnung** / lumbrera *f* oblicua ‖ ~**er Schacht** (Bergb) / pozo *m* inclinado ‖ ~ **sein** (o. stehen o. liegen) / inclinarse, sesgarse, estar inclinado ‖ ~**er Speiser** (Antenne) / alimentador *m* primario desplazado ‖ ~ **stellen**, neigen / inclinar ‖ ~**er Stoß** / junta *f* o unión sesga ‖ ~**e Stütze** / soporte *m* oblicuo ‖ ~**e U-Scheibe für Träger** / arandela *f* cónica ‖ ~**e Verbindung** / unión *f* sesga ‖ ~ **verlaufende Faser** (Sperrholz) / fibra *f* oblicua ‖ ~**er Welleneinfall** (Radio) / incidencia *f* oblicua ‖ ~**e Zahnung** (Zange) / estrías *f pl* inclinadas
Schräg•anordnung *f*, -lage *f* / colocación *f* inclinada u oblicua ‖ ~**anschluss** *m* (Stahlbau) / ensambladura *f* sesga, ensamblaje *m* sesgo ‖ ~**ansicht** *f*, -bild *n* / vista *f* inclinada ‖ ~**aufnahme** *f*, -fotografie *f* / fotografía *f* oblicua ‖ ~**aufnahme** (Film) / plano *m* oblicuo, movimiento *m* basculante de la cámara ‖ ~**aufzeichnung** *f* (Video) / exploración *f* helicoidal ‖ ~**aufzug** *m* (am Boden) / transportador *m* inclinado ‖ ~**aufzug** (bes. für Hochöfen) / montacargas *m* inclinado ‖ ~**bahn** *f* / vía *f* inclinada ‖ ~**band** *n* (Tex) / cinta *f* cortada en sesgo ‖ ~**bau** *m* (Bergb) / explotación *f* por tajos oblicuos ‖ ~**bedampfung** *f* / vaporización *f* oblicua ‖ ~**bettdrehmaschine** *f* (Wzm) / torno *m* de bancada inclinada ‖ ~**bild** *n* (Luftf) / fotografía *f* oblicua ‖ **gerichtetes** ~**bohren** (Bergb) / perforación *f* de desviación controlada, perforación *f* guiada (ARG) ‖ ~**dach** *n* / tejado *m* inclinado, cubierta *f* de una sola pendiente
Schräge *f*, Abschrägung *f* / chaflán *m*, bisel *m* ‖ ~, schräge Richtung *f* / oblicuidad *f*, sesgo *m* ‖ ~, Schrägstellung *f* / inclinación *f* ‖ ~, Neigung *f*, geneigte Fläche / declive *m*, pendiente *f* ‖ ~, Böschung *f* / talud *m* ‖ ~, Diagonale *f* (Stahlbau) / diagonal *m* ‖ ~ *f*, Gefälle *m* / gradiente *m*, desnivel *m*, pendiente *f* ‖ ~, Formschräge *f* (Gieß) / conicidad *f* ‖ **auf Zug beanspruchte** ~ (Stahlbau) / diagonal *m* solicitado a tracción
Schräg•einblick *m* (Mikrosk) / visión *f* oblicua ‖ ~**einfallend** / de incidencia oblicua ‖ ~**eingriff** *m* (Getriebe) / ataque *m* angular ‖ ~**einschallung** *f* (Akust) / incidencia *f* angular del sonido ‖ ~**einstechschleifen** *n* / rectificado *m* angular con muelas profundizantes
Schrage-Motor *m* (Elektr) / motor *m* Schrage, motor *m* polifásico de colector con característica shunt y doble juego de escobillas
Schragen *m*, Bock *m* / caballete *m*
Schräg•entfernung *f* (Verm) / distancia *f* oblicua o inclinada ‖ ~**entfernung** (Nukl.Waffen) / distancia *f* verdadera o real ‖ ~**entfernungs-Messgerät** *n* (Raumf) / telémetro *m* radioeléctrico ‖ ~**fach** (Web) / calada *f* inclinada ‖ ~**fahrt** *f* (Autokran) / marcha *f* en sentido diagonal ‖ ~**faser** *f* (Furnier) / fibra *f* diagonal ‖ ~**flügler** (Luftf) / avión *m* de alas oblicuas ‖ ~**förderer** *m* (auf- o. abwärts) / transportador *m* inclinado ‖ ~**fuge** *f* (Sperrholz) / junta *f* rasgada ‖ ~**gerammter Pfahl** / palo *m* inclinado ‖ ~**gestellt** / en posición oblicua o inclinada ‖ ~**gewölbe** *n* (SM-Ofen) / bóveda *f* en rampa ‖ ~**heck** *n*, Fließheck *n* (Kfz) / parte *f* trasera oblicua, fastback *m*, liftback *m* ‖ ~**heck mit flachem Stoßfänger** / notchback *m* ‖ ~**heck mit 3. o. 5. Tür** / hatchback *m* ‖ ~**holm** *m* (Luftf) / larguero *m* oblicuo ‖ ~**kabelbrücke** *f* / puente *m* de cables oblicuos ‖ ~**kammerofen** *m* / horno *m* de cámara inclinada ‖ ~**kante**, -fläche *f* (Zimm) / bisel *m*, chaflán *m* ‖ ~**kantenregelung** *f* (Einspritzpumpe) / regulación *f* por rotación del émbolo ‖ ~**kantig** / biselado, achaflanado ‖ ~**keilwelle** *f* / árbol *m* con ranuras

helicoidales o en espiral, árbol *m* de chaveta múltiple en espiral || ⁓**klärer** *m* (Aufb, Bergb) / clasificador *m* de chapas inclinadas || ⁓**koordinaten** *f pl* (Math) / coordenadas *f* oblicuas || ⁓**kugellager** *n* / rodamiento *m* de bolas de contacto angular || ⁓**kugelmühle** *f* / molino *m* de bolas inclinado || ⁓**kurslinie** *f* (Schiff) / rumbo *m* oblicuo || ⁓**lage** *f* / posición *f* oblicua o inclinada, inclinación *f* || ⁓**lage**, -anordnung *f* / disposición *f* oblicua o sesgada o torcida || ⁓**lage** (Fehler) / falsa escuadra *f* || ⁓**lage** (Luftf) / inclinación *f* lateral [en una curva] || ⁓**lage der Schwellen** (Bahn) / falsa escuadra de los traviesas *f* || ⁓**lauf** *m* (Riemen) / marcha *f* oblicua || **dynamischer** ⁓**lauf** (Magn.Bd) / sesgo *m* dinámico || ⁓**lauf** *m* **des Bandes** (Magn.Bd) / sesgo *m*, oblicuidad *f*, error *m* angular || **den** ⁓**lauf kompensieren**, Schräglauffolgen eliminieren (Band) / eliminar el sesgo || ⁓**laufen** *n* / marcha *f* oblicua, movimiento *m* oblicuo o inclinado || ⁓**lauffehler** *m* (Video) / error *m* angular || ⁓**laufwinkel** *m* (Kfz) / inclinación *f* de pivotamiento || ⁓**laufwinkel** (Lager) / ángulo *m* de marcha oblicua || ⁓**lenkervorderachse** *f* (Kfz) / eje *m* delantero con brazos [oscilantes] inclinados || ⁓**lichtbeleuchtung** *f* / alumbrado *m* oblicuo, iluminación *f* de luz oblicua || ⁓**luftbild** *n* / aerofoto *f* oblicua || ⁓**magnetisierung** *f* / imantación *f* oblicua || ⁓**maulzange** *f* (Wz) / tenazas *f pl* de boca inclinada || ⁓**neigung** *f* (Straßb) / peralte *m* || ⁓**parken** *n* (Kfz) / aparcamiento *m* en batería, estacionamiento *m* en batería o en sentido oblicuo || ⁓**perspektive** *f* (mit 45° geneigter Projektionsrichtung) (Zeichn) / perspectiva *f* caballera || ⁓**presse** *f*, neigbare Presse / prensa *f* inclinada || ⁓**projektion** *f* (Fehler, Film) / efecto *f* trapecial o de adovelamiento || ⁓**rad** *n* (im Getriebe) (DIN) (Kfz) / piñón *m* de dentado helicoidal || ⁓**radgetriebe**, Schraubenradgetriebe *n* / engranaje *m* helicoidal || ⁓**rahmen** *m* (Mot, Prüfstand) / chasis *m* oblicuo || ⁓**rampe** *f* / rampa *f* inclinada || ⁓**rechen** *m* (Hydr) / rejilla *f* inclinada || ⁓**rillen** *f pl* (Scheibe) / ranuras *f pl* producidas por el cable || ⁓**rippe** *f* (Bau) / nervadura *f* oblicua, nervio *m* oblicuo || ⁓**rippen** *f pl* (Tex) / cordoncillos *m pl* diagonales || ⁓**rips** *m* (Web) / reps *m* oblicuo o diagonal || ⁓**rohrkessel** *m* / caldera *f* de tubos inclinados || ⁓**rollenlager** *n* / rodamiento *m* de rodillos oblicuos o de contacto angular || ⁓**rollenrichtmaschine** *f* (Hütt) / enderezadora *f* con rodillos cruzados || ⁓**rollgang** *m* (Hütt) / camino *m* de rodillos sesgados u oblicuos || ⁓**rost** *m* (Gas) / parrilla *f* inclinada || ⁓**sattelstich** *m* (Tex) / punto *m* oblicuo de guarniciones || ⁓**scheibe**, Taumelscheibe *f* (statt Kurbeltrieb) / disco *m* o plato oscilante || ⁓**schleuse** *f* (Nukl) / tubo *m* inclinado de trasiego de combustible, túnel *m* inclinado de transferencia de [barras de] combustible || **wechselseitiger** ⁓**schliff der Zähne einer Säge** / afilado *m* oblicuo alternante de los dientes [de sierra] || ⁓**schlitz** *m* / ranura *f* oblicua || ⁓**schneide** *f* (Zange) / filo *m* cortante diagonal || ⁓**schneiden** *n* (Pap) / corte *m* oblicuo o en sesgo || ⁓**schnitt** *m* / corte *m* angular o en biés || ⁓**schnitt**, Diagonalschnitt *m* / corte *m* diagonal || ⁓**schrift** *f* (Zeichn) / letras *f pl* inclinadas || ⁓**schrift**, Kursivschrifdt *f* (Druck) / cursiva *f*, itálica *f*, letra *f* itálica o bastardilla o cursiva || ⁓**schriftverfahren**, Helicalscan-Verfahren *n* (TV) / exploración *f* helicoidal || ⁓**schulterfelge** *f* (Kfz) / llanta *f* de pestañas oblicuas o de bordes oblicuos, llanta *f* de base cónica || ⁓**schuss** *m* (Fehler, Web) / trama *f* inclinada o diagonal || ⁓**seil** *n* (Brücke) / cable *m* oblicuo o de enganche || ⁓**seil...** / de cable oblicuo || ⁓**seilbrücke** *f* / puente *m* de cables oblicuos || ⁓**seilverankerung** *f* (Brücke) / amarre *m* de cable oblicuo || ⁓**sicht** *f* (Luftf) / alcance *m* visual oblicuo || ⁓**sichtradar** *m n* (Luftf) / radar *m* con antenas dirigidas hacia los lados || ⁓**sieb** *n* / criba *f* de gravedad || ⁓**sieb** (Pap) / mesa *f* inclinada || ⁓**sitzventil**

n / válvula *f* de asiento inclinado || ⁓**spritzkopf** *m* (Plast) / cabeza *f* oblicua de extrusión || ⁓**spuraufzeichnung** *f* / exploración *f* helicoidal || ⁓**spurverfahren** *n* (Videoband) / sistema *m* de exploración helicoidal || ⁓**spur-Videorecorder** *m* / videograbador *m* de exploración helicoidal || ⁓**stand** *m*, -stellung *f* / posición *f* oblicua o inclinada, oblicuidad *f* || ⁓**stehend** (z.B. Kühlrohre) / inclinado (p.ej. tubo refrigerante) || ⁓**stein** *m* (Bau) / ladrillo *m* de bóveda || ⁓**stellbar** / inclinable || ⁓**stellbare Frässpindel** / husillo *m* portafresa inclinable || ⁓**stellen** *vt*, neigen / inclinar || ⁓**stellung**, Schräge *f* / inclinación *f*, posición *f* oblicua o inclinada || ⁓**stift** *m* (Druckguss) / espiga *f* de desmoldeo || ⁓**stirnrad** *n* / rueda *f* helicoidal || ⁓**stirnradgetriebe** *n* / engranaje *m* helicoidal de ejes paralelos || ⁓**stollenprofil** *n* (Reifen) / perfil *m* de banda de rodamiento con nervios oblicuos || ⁓**stoß** *m* (allg) / junta *f* diagonal || ⁓**strahler** *m* / proyector *m* de dirección oblicua || ⁓**strahlverschleiß** *m* / desgaste *m* por chorro oblicuo || ⁓**streifen** *m* (Kleiderbesatz) (Tex) / bies *m* || ⁓**strich** *m* (Druck) / barra *f* oblicua, rasgo *m* o trazo oblicuo || ⁓**strich** (DV, Symbol) / trazo *f* oblicuo || ⁓**strich bei Brüchen** (Math) / diagonal *f* para quebrados || ⁓**strich nach links**, inverser Schrägstrich (Druck) / barra *f* oblicua inversa || ⁓**strichmarkierung** *f* (DV) / marcación *f* por trazo oblicuo || ⁓**stütze** *f* / soporte *f* inclinado || ⁓**trommelmischer** *m* / mezclador *m* de tambor inclinado || ⁓**tubus** *m* (Mikrosk) / tubo *m* oblicuo || ⁓**- und Waagerecht-Höhenförderer** *m* (Landw) / transportador *m* inclinado y horizontal

Schrägung *f* / dirección *f* oblicua || ⁓ (Teil) / parte *f* oblicua o achaflanada

Schrägungs•faktor *m* **des Wicklungsschritts** (Elektr) / factor *m* de inclinación de bobinado || ⁓**teilung** *f* (Zahnrad) / paso *m* helicoidal || ⁓**winkel** *m* (allg) / ángulo *m* de oblicuidad o de chaflán || ⁓**winkel** (Schrägstirnrad) / ángulo *m* de hélice

Schräg•verband *m* (Stahlbau) / arriostrado *m* oblicuo o diagonal || ⁓**verglasung** *f* / acristalamiento *m* inclinado || ⁓**verspannung** *f* / arriostrado *m* oblicuo o por desalineación || ⁓**verzahnt** (Stirnrad) / de dientes oblicuos, de dentado inclinado || ⁓**verzahnt** (Kegelrad) / de dentado helicoidal || ⁓**verzahnung** *f* (Kegelrad) / dentado *m* helicoidal || ⁓**verzahnungsgetriebe**, Schraubgetriebe *n* (DIN) / engranaje *m* helicoidal || ⁓**verzerrung** *f* (Fernm) / distorsión *f* oblicua || ⁓**verziehung** *f* (Rahmen) / alabeo *m* oblicuo || ⁓**verzug** *m* (Tex) / estiraje *m* transversal || ⁓**walze** *f* (Walzw) / cilindro *m* oblicuo || ⁓**walzen** *vt*, friemeln (Hütt) / laminar transversalmente || ⁓**wälzfräsen** *n* / fresado *m* por generación al sesgo || ⁓**walzwerk** *n* / tren *m* laminador de cilindros cruzados || ⁓**-Walzwerk** *n*, Lochwalzwerk / tren *m* perforador || ⁓**zahn-Kegelrad** *n* / rueda *f* cónica helicoidal || ⁓**zahnmotor** *m* / motor *m* neumático de engranaje helicoidal || ⁓**zahnradgetriebe** *n* / engranaje *m* helicoidal

Schram *m* (Bergb) / roza *f*

Schrämarm *m*, -ausleger *m* (Bergb) / brazo *m* rozador

schrämen *vt*, schramhauen (Bergb) / rozar, socavar || ⁓ *n*, Schrämarbeit *f*, Schrämhieb *m* (Bergb) / rozado *m*, roza *f*, rozadura *f*

Schrämfeld *n* / campo *m* de rozar

schramhauen *vt*, [unter]schrämen (Bergb) / rozar a mano

Schräm•hauer *m* (Bergb) / rozador *m* || ⁓**kohle** *f* / carbón *m* rozado || ⁓**kopf** *m* (Bergb) / cabeza *f* rozadora || ⁓**ladekette** *f* (Bergb) / cadena *f* rozadora cargadora || ⁓**lader** (Bergb) / rozadora *f* cargadora || ⁓**maschine** *f* (Bergb) / rozadora *f*, socavadora *f*, rajadora *f* || ⁓**maschine mit Meißeln** / rozadora *f* con cinceles cortadores || ⁓**maschine mit Senkrechtarbeit** (Bau, Bergb) / rozadora *f* vertical

Schrammbord n (Schiff) / listón m protector de casco
Schramme f, Riefe f / raya f ‖ ~, Kratzer m / rasguño m, arañazo m, raya f de raspadura ‖ ~ (Audio) / raya f, rayadura f ‖ ~ (Film) / rayadura f óptica ‖ ~ (Geol) / estría f ‖ ~n, Rillen f pl (Krist) / estrías f pl ‖ ~ f in Glas / rayadura f
Schräm-Meißel m (Bergb) / cincel m rozador
schrammen vt, verkratzen, [an]kratzen / rayar
Schräm•radmaschine f (Bergb) / rozadora f de discos ‖ **~stange** f (Bergb) / barra f socavadora o de socavar
Schramstoß m / frente m de rozar
Schrämstreb m / corte m horizontal
Schrank m (allg) / armario m ‖ ~, Aktenschrank m / taquilla f ‖ ~ (Fernm) / armario m, alojamiento m, rack m ‖ ~, Gehäuse n (Eltronik) / caja f, carcasa f ‖ ~, Sprung m (Web) / encruzamiento m ‖ ~ m, Schrumpf m (Tex) / encogimiento m ‖ ~**aufsatz** m (Möbel) / encimera f ‖ ~**brett** n, Fachbrett n / anaquel m
Schranke, Barriere f (allg, Bahn) / barrera f ‖ ~ f, Grenze f (Mech) / límite m, delimitación f ‖ **in ~n halten** / contener dentro de [los] límites
Schrankeisen n (Säge) / triscador m
Schrankelement n (Möbel) / módulo m
schränken vt (Säge) / triscar, trabar ‖ ~ n (Säge) / triscado m ‖ ~ (Lager) / bloqueo m o atascamiento debido al enroscamiento ‖ ~ (Walzw) / cruzamiento m
Schranken•verfahren n (F.Org) / método m de límites ‖ ~**verfahren** (Mech) / método m de carga límite ‖ ~**wärter** m (Bahn) / guardabarreras m, guarda-crucero m (CHILE), bandero m (MEJ)
Schrank•fach, Fach n (Tischl) / casilla f, anaquel m ‖ ~**gestell** n (Eltronik) / rack m, armario m bastidor o de montaje
Schränklehre f (Säge) / regulador m de triscado
Schrankschloss n (Möbel) / cerradura m de armario ‖ ~ (aufgeschraubt) / cerradura f de caja para armario
Schränk-, Stauch- und Druckegalisiermaschine für Sägen (Wzm) / máquina f de aplastar, triscar y rectificar el diente, máquina f de triscar, recalcar e igualar a presión las cintas de sierra
Schranktrockner m / armario m secador
Schränkung f (der Flügel) (Luftf) / interinclinación f de las alas ‖ ~ (Säge) / triscado m ‖ ~ (Mech) / cruzamiento m
Schränkungswinkel m (Säge) / ángulo m de triscado
Schrank•verbinder m / conector m de armarios ‖ ~**wand** f / muebles m pl de pared
Schrank•weite f der Sägezähne / anchura f de triscado ‖ ~**zange** f **für Sägezähne** / tenazas f pl triscadoras
Schrapper m, Scraper m, Kabelkranschaufler m (Straßb) / rascador m, dragalina f, arrastrador m, traílla f de arrastre, scraper m (LA) ‖ ~, Kratzbagger m (Bau) / excavadora f rascadora ‖ ~**haspel** f m, -winde f (schweres Gerät) (Bergb) / torno m de rascar ‖ ~**kübel** m / cubo m de traílla de rascador ‖ ~**lader** m (Bergb) / rascador-cargador m
Schrappvorrichtung f für Bandeisen (Hütt) / útil m para rascar fleje de hierro
Schraub•... s. auch Schrauben... ‖ ~**achse** f, Wälzachse f / eje m instantáneo ‖ ~**anschlag** m / tope m roscado, tope m para atornillar ‖ ~**anschluss** m / racor m roscado o fileteado
schraubbar, an-, aufschraubbar / atornillable, enroscable
Schraub•bock m / caballete m con husillo[s] roscado[s] ‖ ~**bolzen** m / perno m o bulón roscado ‖ ~**buchse** f / casquillo m roscado ‖ ~**deckel** m, -kappe f (allg) / tapa f roscada, tapón m roscado ‖ ~**deckelglas** n / frasco r con tapa [en] roscada ‖ ~**dose** f, Anschlussdose f mit Schraubgewinde (Elektr) / caja f de contacto roscada ‖ ~**-Drahtverbinder** m / empalmador m de alambres con rosca ‖ ~**dübel** m / taco m roscado
Schraube f / tornillo m ‖ ~**n** f pl, [Schrauben]bolzen m pl (allg) / tornillos m pl y pernos, tornillería f ‖ ~ f

(Luftf, Schiff) / hélice f [de propulsión] ‖ ~ , **deren Gewindeaußendurchmesser gleich dem Bolzendurchmesser ist** / tornillo m cuyo diámetro de vástago es igual al exterior de la rosca ‖ ~**n an-, nachziehen** / apretar o reapretar tornillos ‖ ~**n eindrehen** / atornillar, introducir un tornillo [girándolo] ‖ ~**n** f pl **für den Zusammenbau** / tornillos m pl y pernos de ensamblaje ‖ ~**n lösen** (o. losmachen) / des[a]tornillar ‖ ~ **mit Ansatz** (z.B. DIN 923) / tornillo m de collar ‖ ~ **mit blankem Kopf** / tornillo m de cabeza blanca o brillante ‖ ~ f **mit Bund** / tornillo m con cabeza de arandela ‖ ~ **mit Dehnschaft** / tornillo m de vástago elástico o reducido ‖ ~**n mit dem Hammer einschlagen** / introducir o hincar tornillos a martillazos ‖ ~ f **mit Flachgewinde** / tornillo m con rosca cuadrada o rectangular o plana ‖ ~ **mit geriffeltem Ansatz** / tornillo m de collar moleteado ‖ ~ **mit gestauchtem Kopf** / tornillo m de cabeza recalcada ‖ ~ **mit [Halb]rundkopf** / tornillo m de cabeza redonda ‖ ~ f **mit kleinerem Bolzen- als Gewinde-Durchmesser** (gewalzt o. geschnitten) / tornillo m con diámetro de vástago inferior al de la rosca (laminada o tallada) ‖ ~ **mit Kopf in Bedienungsform** / tornillo m de cabeza ‖ ~**n** f pl **mit Kopf in Halteform** / tornillo m de cabeza cuadrada o hexagonal ‖ ~ f **mit Mutter** / tornillo m con tuerca ‖ ~ **mit Rundgewinde** / tornillo m de rosca redonda ‖ ~ **mit scharfgängigem Gewinde** / tornillo m de rosca triangular ‖ ~ **mit unverlierbaren Unterlegteilen** / tornillo m de arandela imperdible ‖ ~ f **mit Vollschaft** / tornillo m de vástago sin rebajar ‖ ~ **mit Zylinderkopf u. Flachschaft**, Federschraube f / tornillo m para muelles ‖ ~ f **ohne Ende** / tornillo m sin fin o sinfín ‖ ~**n u. Muttern** f pl (allg) / tornillería f, elementos m pl de fijación ‖ ~ **[n] überdrehen** / torcer o forzar tornillos ‖ ~ f **zum Zusammenziehen von Steckerhälften** (Elektr) / tornillo m de apretar (clavija) ‖ **gedrehte** ~ / tornillo m torneado ‖ **geschlagene, maschinengeschmiedete** ~ / tornillo m forjado
Schraub[einsatz]sicherung, -[stöpsel]sicherung f (Elektr) / tapón m o cartucho fusible
schrauben vt / atornillar, enroscar ‖ ~ , festschrauben / fijar con tornillo
Schrauben•... s. auch Schraub... ‖ ~**ansatz** m, -ende n / extremo m del tornillo, punta f del tornillo ‖ ~**anstellvorrichtung** f (Walzw) / cierre m de husillo ‖ ~**ausdreher** m (Wz) / sacatornillos m, extractor m de tornillos ‖ ~**automat** m (Wzm) / torno m automático de tornillos ‖ ~**befestigung** f / fijación f por tornillo[s] ‖ ~**bewegung**, Schraubung f (DIN) / movimiento m en hélice ‖ ~**blatt** n (Schiff) / pala f de hélice ‖ ~**bolzen** m / perno m o bulón roscado o fileteado ‖ ~**bolzen mit abgesetztem Schaft** (DIN 2510) (Masch) / tornillo m de vástago reducido ‖ ~**brunnen** m (Schiff) / pozo m o vano de hélice ‖ ~**bund** m / collar m del tornillo ‖ ~**draht**, -stahl m / alambre m para tornillos
Schraubendreher, Schraubenzieher m / destornillador m, atornillador m, desatornillador m, (localismo): tornillador m, desarmador m (LA) ‖ ~ m **für Innensechskantschrauben** / destornillador m hexagonal ‖ ~ **für Innenvierkantschrauben** / llave f de muletilla con cabeza cuadrada ‖ ~ **für Kreuzschlitzschrauben** / destornillador m cruciforme ‖ ~ **für Schlitzschrauben** / destornillador m para tornillos de cabeza ranurada ‖ ~ **mit Einstecksatz** / destornillador m con juego de bits ‖ ~ **mit Vierkantklinge**, [vollisolierter Klinge, runder Klinge] / destornillador m de hoja cuadrada [hoja totalmente aislada, hoja redonda] ‖ **kurzer** ~ **mit Kugelgriff** / destornillador m de mango esférico ‖ **kurzer** ~ / destornillador m corto o de hoja corta

1158

Schraubklemme

Schraubendrehereinsatz m, Bit m / bit m, punta f recambiable de destornillador ‖ ⁓ **für Kreuzschlitzschrauben** / punta f cruciforme recambiable de destornillador, bit m cruciforme ‖ ⁓ **mit Außensechskant** / punta f recambiable hexagonal de destornillador ‖ ⁓ **mit Außensechskant für Innensechskant** / punta f recambiable [o bit] de destornillador con espiga hexagonal para hexágono interior ‖ ⁓ **mit Drillschraubendreherschaft** / punta f recambiable de destornillador espiral ‖ ⁓ **mit Innenvierkant** / punta m recambiable de destornillador cuadrada interior o para cuadrado interior
Schraubendreherschneide f, -klinge f, -blatt n / hoja f o espiga del destornillador
Schrauben•drehung f, Schlag m (Schiff) / rotación f de la hélice ‖ ⁓**druckfeder** f / resorte m helicoidal de compresión ‖ ⁓**eindrehmaschine** f / máquina f atornilladora ‖ ⁓**ende** n / extremo m del tornillo ‖ ⁓**fabrik** f / fábrica f de tornillos ‖ ⁓**feder** f (zylindrisch) / muelle m o resorte helicoidal (cilíndrico) ‖ ⁓**federkupplung** f / embrague m de resorte helicoidal ‖ ⁓**feder-Wickelautomat** m / enrolladora f automática de resortes helicoidales ‖ ⁓**fläche** f / superficie f helicoidal ‖ ⁓**förderer** m / transportador m de tornillo sin fin, rosca f transportadora ‖ ~**förmig**, -artig / helicoidal, helicoideo, helico... ‖ **sich ~förmig winden** / enrollarse [en espiral] ‖ **~förmige Interpolation** / interpolación f de líneas helicoidales ‖ **~förmiger Pinch** (Plasma) / pinza f o estricción helicoidal ‖ ⁓**förmiges** n / hélice f, estructura f helicoidal ‖ ⁓**gang** m (Masch, Math) / paso m de rosca o de filete ‖ ⁓**gang**, Gewindegang m / filete m ‖ ⁓**gangzähler**, -radzähler m (Wasser) / contador m de [de agua] de rueda helicoidal, contador m de Woltmann ‖ ⁓**gebläse** n (Masch) / ventilador m helicoidal ‖ ⁓**getriebe** n / engranaje m de tornillo sin fin, engranaje m de visinfín ‖ ⁓**gewinde** n, Außengewinde n / rosca f exterior o de tornillo, filete m de tornillo ‖ ⁓**gewinde herstellen**, gewinden / roscar, filetear ‖ ⁓**gewinde-Schneideisen** n, Außengewinde-Schneideisen n / terraja f para roscas exteriores, cojinete m para roscas exteriores ‖ ⁓**hals** m / cuello m del tornillo ‖ ⁓**haltevermögen** n (Holz) / resistencia f al arrancamiento ‖ ⁓**kappe** f s. Schraubkappe ‖ ⁓**kompressor** m / compresor m de hélice ‖ ⁓**kopf** m / cabeza f de tornillo ‖ ⁓**kopf in Bedienform** (DIN) (Masch) / cabeza f de tornillo ‖ ⁓**kopf in Halteform** / cabeza f de tornillo cuadrada o hexagonal ‖ ⁓**kopf mit Innensechskant** / cabeza f de tornillo con hexágono interior ‖ ⁓**kopf-Anstauchmaschine** f / máquina f de recalcar cabezas de tornillos ‖ ⁓**kopffeile** f (Wz) / lima f de ranurar ‖ ⁓**kopfschlitzfräser** m / fresa f de ranurar cabezas de tornillos ‖ ⁓**kranz** f (z.B. an Flanschen) / corona f de tornillos ‖ ⁓**kreis** m (Luftf, Schiff) / disco m de la hélice ‖ ⁓**krümler** m (Landw) / cultivador m helicoidal ‖ ⁓**kupplung** f (Bahn) / acoplamiento m o enganche de husillo o de tornillo ‖ ⁓**kurve**, Kochleoide f / cocleoide f ‖ ⁓**lehre** f / calibre m para tornillos ‖ ⁓**leistung** f (Schiff) / rendimiento m de la hélice ‖ ⁓**lenkung** f (Kfz) / dirección f de tuerca y tornillo ‖ ⁓**linie**, Wendel f (Math) / hélice f ‖ ~**los** / sin tornillo ‖ ~**lose Klemme** (Elektr) / borne m sin tornillo ‖ ⁓**matrix** f (Getriebe) / matriz f helicoidal ‖ ⁓**mikrometer** n (Mess) / micrómetro m de tornillo ‖ ⁓**mischer** m / mezclador m de hélice ‖ ⁓**mutter** f / tuerca f ‖ ⁓**nabe** f (Luftf) / cubo m de hélice ‖ ⁓**nut** f / ranura f helicoidal ‖ ⁓**presse** f, Spindelpresse f / prensa f de tornillo o de husillo ‖ ⁓**presse** (Wzm) / prensa f de (o para) tornillos ‖ ⁓**propeller** m (Schiff) / propulsor m de hélice ‖ ⁓**pumpe** f / bomba f helicoidal

Schraubenrad n / rueda f helicoidal ‖ ⁓ (Kreiselpumpe) / rotor m o rodete o impulsor helicoidal ‖ ⁓-**Abwälzfräser** m (Wzm) / fresa f espiral para ruedas por el sistema envolvente (E) o por el procedimiento creador (LA), fresa f madre para ruedas helicoidales ‖ ⁓**getriebe**, Schrägradgetriebe n / engranaje m helicoidal, engranaje m de tornillo sin fin ‖ ⁓**pumpe** f / bomba f de rueda helicoidal ‖ ⁓**verdichter** m / compresor m de rueda helicoidal de desplazamiento positivo ‖ ⁓**wasserzähler** m s. Schraubengangzähler
Schrauben•rührer m, -quirl m / agitador m helicoidal ‖ ⁓**schaft** m / vástago m del tornillo, caña f de tornillo ‖ ⁓**schaufler** m, -pumpe f / bomba f helicoidal de alta capacidad ‖ ⁓**schieberpumpe** f / bomba f helicoidal de corredera ‖ ⁓**schlitz** m / ranura f de tornillo ‖ ⁓**schlüssel** m / llave f [de tornillos] ‖ ⁓**schlüssel 16 mm** / llave f [de] 16 mm ‖ ⁓**schneiden** n, Gewindeschneiden n / roscado m, fileteado m ‖ ⁓**schub** m (Luftf, Schiff) / empuje m de la hélice ‖ ⁓**schutz** m (Schiff) / listón m guardahélice, protector m de la hélice ‖ ⁓**sicherung** f / dispositivo m de retención de tornillos, freno m de tornillo ‖ ⁓**sicherung** (abgewinkeltes Blech), Mutternsicherung f / chapa-freno f de tuerca ‖ ⁓**sinn** m, Helizität f (Math) / dirección f de hélice, sentido m de hélice ‖ ⁓**spannvorrichtung** f / dispositivo m de sujeción por tornillo[s] ‖ ⁓**spindel** f / husillo m roscado ‖ ⁓**spindelpumpe** f / bomba f helicoidal de baja capacidad ‖ ⁓**spurverfahren** n (Videoband) / registro m de pista helicoidal ‖ ⁓**stahl** m (Hütt) / acero m para tornillos ‖ ⁓**steigung** f (Masch) / paso m de rosca (o de filete) de tornillo ‖ ⁓**steigung** (Schiff) / paso m de hélice ‖ ⁓**stellkeil** m / cuña f reguladora de tornillo ‖ ⁓**steven** m (Schiff) / codaste m de la hélice ‖ ⁓**strahl**, -wind m (Luftf) / viento m de hélice ‖ ⁓**strahl**, Nachstrom m (Luftf) / estela f de la hélice ‖ ⁓**strecke** f (Spinn) / gill m de tornillos o de barretas ‖ ⁓**strudel** m (Schiff) / olla f de hélice, remolino m de hélice ‖ ⁓**tunnel** m (Schiff) / túnel m del árbol portahélice ‖ ⁓**überstand** m / saliente m del tornillo ‖ ⁓**[um]steuerung** f / inversión f de marcha por tornillo ‖ ⁓**- und Mutternschlüssel** m s. Schraubenschlüssel ‖ ⁓**verbindung** f (mit Durchsteckschrauben) / ensamblaje m por tornillos ‖ ⁓**verdichter** m / compresor m helicoidal ‖ ⁓**versetzung** f (Krist) / dislocación f helicoidal ‖ ⁓**verzahnung** f / dentado m helicoidal ‖ ⁓**wasserzähler** m s. Schraubengangzähler ‖ ⁓**welle** f (Schiff) / árbol m portahélice o de la hélice ‖ ⁓**wellentunnel** m / túnel m del árbol portahélice ‖ ⁓-**Werkstoff** m / material m para tornillos ‖ ⁓**wind**, -strahl m (Luftf) / viento m de hélice ‖ ⁓**winde** f / gato m de tornillo ‖ ⁓**windung** f, -gang m / espira f helicoidal ‖ ⁓**zieher** (Österreich, Schweiz), (DIN:) Schraubendreher m (Wz) / destornillador m ‖ ⁓**zirkel** m (Zeichn) / compás m de tornillo o de muelle ‖ ⁓**zug** m (Luftf, Schiff) / tracción f de hélice
Schrauber m, Kraftschrauber m / equipo m de atornillado, atornilladora f mecánica f ‖ ⁓ s. auch Schraubendreher
Schraub•fassung f (Elektr) / portalámparas m o boquilla de rosca ‖ ⁓**fassung für Schläuche** / racor m roscado para mangueras ‖ ⁓**flasche** f / botella f de tapón roscado ‖ ⁓**getriebe** (DIN), Schrägverzahnungsgetriebe n / engranaje m helicoidal ‖ ⁓**gewinde** n / rosca f ‖ ⁓**glas** n / frasco m con tapa [en]roscada, vasija f con rosca, tarro m de vidrio roscado ‖ ⁓**hahn** m / grifo m con rosca ‖ ⁓**haken** m, Hakenbolzen m / gancho m o cáncamo roscado ‖ ⁓**kappe** f / tapa f roscada, tapón m roscado ‖ ⁓**kappe** (Sicherung) / portafusible[s] m ‖ ⁓**kern** m, Gewindekern m / núcleo m en forma de tornillo ‖ ⁓**klemme** f (Bahn) / ancla f roscada de carriles ‖ ⁓**klemme** (Elektr) / borne m o terminal roscado ‖

1159

Schraubkloben

⁓**kloben** m / tornillo m de mano (E), morsa f de mano (LA) ‖ ⁓**kontakt** m / contacto m de rosca ‖ ⁓**kopf** m / cabezal m atornillador ‖ ⁓**kupplung** f (Bahn) / enganche m o acoplamiento de husillo o de tornillo ‖ ⁓**lehre** f / micrómetro m, pálmer m, tornillo m micrométrico ‖ ⁓**locher** m (Wz) / punzonadora f espiral ‖ ⁓**maschine** f **für Schwellenschrauben** (Bahn) / máquina f de clavar tirafondos, atornilladora f de tirafondos ‖ ⁓**muffe** f, -muffenverbindung f (Rohr) / manguito m roscado ‖ ⁓**muffenverbindung** f (DIN 28501) / unión f por manguito roscado ‖ ⁓**nagel** m / tornillo m para madera, clavo-tornillo m, clavo m de rosca ‖ ⁓**niet** m / remache m ciego con freno de rosca ‖ ⁓-**Passeinsatz** m (Sicherung) / anillo m roscado de ajuste ‖ ⁓**patrone** f (Elektr) / cartucho m de fusible roscado ‖ ⁓**pfahl** m (Pfahl mit Schraubenschuh) / palo m o pilote de rosca ‖ ⁓**quetschhahn** m / pinza f apretadora con rosca ‖ ⁓**rad** m (DIN) / rueda f de dentado helicoidal ‖ ⁓**radpaar** n, Hypoidradpaar n, -getriebe n / engranaje m hipoide ‖ ⁓**rahmen** m (Druck) / chasis m de tornillo ‖ ⁓-**Räumwerkzeug** n / herramienta f de brochar helicoidal ‖ ⁓**ring** m / anillo m roscado ‖ ⁓-**Schlauchbinder** m / abrazadera f o grapa de tornillo para manguera ‖ ⁓**sicherung** f (DIN) / freno m de tornillo ‖ ⁓-**[sicherungs]stöpsel** m (Elektr) / cartucho m de fusible roscado ‖ ⁓**sockel** m, Edisonsockel m (Elektr) / casquillo m de rosca, zócalo m de Edison ‖ **kleiner** ⁓**sockel** (1/2") (Elektr) / casquillo m 1/2" de rosca ‖ ⁓**stahl** n s. Strähler ‖ ⁓**steckdose** f (für Lampenfassungen) / enchufe m hembra para portalámpara ‖ ⁓**steckdose u. -stecker**, Schraubverbinder m (Eltronik) / enchufe m hembra y macho de rosca ‖ ⁓**stecker** m / enchufe m macho de rosca ‖ ⁓**stempel** m (Bergb) / puntal m de rosca ‖ ⁓**stock** m (Masch) / tornillo m de banco (E), torno m [de banco], morsa f (LA) ‖ ⁓**stockbacke** f / mandíbula f del tornillo [de banco] (E) o de la morsa (LA), mordaza f ‖ ⁓**stockmaul** n / boca f del tornillo de banco (E) o de la morsa ‖ ⁓**stockspindel** f / husillo m roscado del tornillo, barra f de rosca del tornillo [de banco] (E) o de la morsa [LA] ‖ ⁓**stollen** m / taco m de rosca ‖ ⁓**stöpsel** m, -stopfen m / tapón m roscado ‖ ⁓-**[stöpsel]sicherung**, -[einsatz]sicherung f (Elektr) / fusible m de cartucho roscado ‖ ⁓**stutzen** m / manguito m o racor roscado ‖ ⁓**stutzen** m (Kfz) / tubuladura f roscada ‖ ⁓**triebanlasser** m, -starter m, Bendix-Anlasser m, A-Anlasser m (der Fa. Bosch) (Kfz) / arrancador m de piñón deslizante
Schraubung (DIN), Schraubenbewegung f / movimiento m en hélice
Schraub•verbinder m, Schraubsteckdose u. -stecker (Elektr) / conectador m de rosca, enchufe m hembra y macho de rosca, clavija f y base de enchufe [macho y hembra] con rosca ‖ ⁓**verbindung** f (mittels Schrauben) / unión f por tornillos, unión f roscada ‖ ⁓**verbindung**, Verschraubung f / atornilladura f, racor m ‖ ⁓**verbindung** f (für Rohre) / atornilladura f de tubos, unión f atornillada de tubos ‖ ⁓**verriegelung** f (Stecker) / enclavamiento m de rosca ‖ ⁓**verschluss** m / cierre m roscado ‖ ⁓**verschluss**, -stopfen m / tapón m roscado, tapa f roscada ‖ ⁓**verschluss** (Kraftstofftank) / tapón m roscado del depósito de gasolina ‖ ⁓**werkzeuge** n pl / destornilladores y llaves pl ‖ ⁓**zwinge** f (Zimm) / gato m, cárcel f, sargento m, grapa f (LA) de tornillo ‖ ⁓**zwinge**, -kloben, m, Leimzwinge f (Tischl) / prensa f de tornillo, sargento m, tornillo m de apriete
schrecken vt, abschrecken (Hütt) / templar
Schreck•platte f, -schale f (Gieß) / placa f o coquilla de enfriamiento ‖ ⁓**schicht** f (Gieß) / capa f de temple ‖ ⁓**schusspistole** f / pistola f detonadero o de fogueo o de alarma ‖ ⁓**sekunde** f (Kfz) / segundo m de reacción o de[l] susto ‖ ⁓**wirkung** f (Hütt) / efecto m enfriador

Schredder m / trituradora f, desmenuzadora f ‖ ⁓**anlage** f / planta f trituradora
schreddern vt (Hütt) / triturar
Schrei m (Zinn) / grito m ‖ ⁓ (Seide) / crujido m
Schreib•... / gráfico ‖ ⁓**abteil** n (Bahn) / departamento m (E) o compartimiento (LA) de correspondencia ‖ ⁓**anweisung** f (DV) / instrucción f de escritura ‖ ⁓**arbeit**, Büroarbeit f / trabajo m de oficina, correspondencia f ‖ ⁓**arm** m (Instr) / brazo m registrador ‖ ⁓**art** f (Magn.Bd) / modo m de registro ‖ ⁓**befehl** m (DV) / instrucción f [de] escritura ‖ ⁓**block** m / bloc m [de notas], bloque m o taco de apuntes ‖ ⁓**breite** f / anchura f de escritura ‖ ⁓**breite** (Instr) / anchura f de grabación o de registro ‖ ⁓**datum** n (DV) / fecha f de generación de un programa ‖ ⁓**dichte** f / densidad f de grabación o de registro ‖ ⁓**empfang** m / recepción f impresora o por escrito
schreiben vt (allg) / escribir ‖ ⁓, aufzeichnen (Messinstr) / registrar ‖ ⁓ (DV) / registrar información, memorizar ‖ **mit der Maschine** ⁓ / escribir a (o con) máquina, dactilografiar, mecanografiar ‖ ⁓ n (allg) / escritura f ‖ ⁓ (Instr) / grabación f, registro m
schreibend, Schreib... / registrador ‖ ⁓**es Oberflächenmessgerät** / perfilógrafo m ‖ ⁓**er Regler**, Schreiber m / registrador-regulador m, regulador-registrador m
Schreiber m, schreibendes Gerät (Instr) / registrador m, aparato m registrador o grabador o trazador ‖ ⁓, Diagrammschreiber m / registrador m de curvas o de diagramas ‖ ⁓ m, Schreibspitze f / estilete m[insciptor]
Schreib•fehler n (DV) / error m de grabación ‖ ⁓**fleck** (Kath.Str) / punto m [luminoso] explorador o móvil ‖ ⁓**freigabe** f (DV) / autorización f de escritura ‖ ⁓**gerät**, -instrument m / aparato m registrador, registrador m ‖ ⁓**gerät** m, Logger m (DV) / registrador m de datos, explorador m automático de datos ‖ ⁓**geschützt** / protegido contra escritura ‖ ⁓**geschwindigkeit** f (Schreibm) / velocidad f de escritura ‖ ⁓**gestört** (DV) / con error[es] de grabación ‖ ⁓**hebel** m (Instr) / palanca f o varilla registradora ‖ ⁓**impuls** m (DV) / impulso m de escritura ‖ ⁓**kluft** f (Magnetkopf) / entrehierro m de grabación ‖ ⁓**kopf** m (Magn.Bd) / cabeza f de escritura o de registro, cabeza f registradora o grabadora ‖ ⁓**kopf** (Schreibm) / cabeza f o esfera o bola portatipos, cabeza f esférica portatipos ‖ ⁓**kraft** f / mecanógrafa f, dactilógrafa f ‖ ⁓**kraft**, Erfassungskraft f (DV) / teclista m f ‖ ⁓**leinen** n / tela f impregnada de escribir ‖ ⁓-**Leseeinheit** f (DV) / unidad f escritura-lectura ‖ ⁓-**Lesekopf** m (DV) / cabeza f de escritura-lectura o de lectura/escritura, cabeza f de registro y de lectura ‖ ⁓-**Lesespeicher** m (DV) / memoria f escritura-lectura ‖ ⁓-**Lese-Zykluszeit** f / tiempo m del ciclo escritura-lectura ‖ ⁓**magnet** m (Fernm) / imán m registrador ‖ ⁓**marke** f, Cursor m (DV) / cursor m, índice m móvil
Schreibmaschine f / máquina f de escribir ‖ **mit der** ⁓ **schreiben** / escribir a (o con) máquina, dactilografiar, mecanografiar
Schreibmaschinen•[farb]band n / cinta f mecanográfica, cinta f de máquina de escribir ‖ ⁓**papier** n / papel m para máquina de escribir
Schreib•materialien pl, Büromaterial n / artículos m pl o objetos de escritorio ‖ ⁓**nachimpuls** m (DV) / impulso m parásito postimpresión o después de escritura ‖ ⁓**papier** n / papel m de escribir ‖ ⁓**pegel** m (Instr) / nivel m de grabación ‖ ⁓**pegel** m, schreibender Pegel / registrador m de nivel ‖ ⁓**projektor** m, Overhead-Projektor m (Foto) / retroproyector m, proyector m con espejo ‖ ⁓**prüfung** f (DV) / verificación f de registro ‖ ⁓**prüfungsbefehl** m / instrucción f verificación de registro ‖ ⁓**ring** m, -sicherungsring m (Magn.Bd) /

anillo *m* de protección de registro ‖ ˜**satz** *m* (Büro) / juego *m* de hojas o formularios ‖ ˜**schrift** *f*, Handschrift *f* / escritura *f*[a mano], letra *f* ‖ ˜**schrift** (Druck) / tipo *m* escritura, escritura *f* o letra inglesa, inglesa *f* ‖ ˜**schrift**, Kursivschrift *f* / letra *f* cursiva, letra *f* bastardilla o itálica ‖ ˜**schutz** *m* (DV) / protección *f* de registro ‖ ~**schützen** *vi* (DV) / proteger contra escritura repetida ‖ ˜**setzmaschine** *f* / máquina *f* de escribir y componer ‖ ˜**sperre** *f* / inhibición *f* de escribir ‖ ˜**sperre-Index** *m* (DV) / índice *m* de lectura solamente ‖ ˜**sperren-Fehler** *m* (DV) / error *m* de inhibición de escribir ‖ ˜**spirale** *f* **des Empfängers** (Faksimile) / hélice *f* de impresión ‖ ˜**spitze** *f* (Instr) / estilete *m* de zafiro ‖ ˜**station** *f* (DV) / terminal *m* de impresión ‖ ˜**stelle** *f* / posición *f* de impresión o de escritura ‖ ˜**stift** *m* / estilete *m*, estilo *m* inscriptor ‖ ˜**strahl** *m* (Drucker, DV) / chorro *m* de tinta ‖ ˜**strahlerzeuger** *m* (Röhre) / cañón *m* inscriptor, proyector *m* de inscripción ‖ ˜**tisch** *m* / escritorio *m*, mesa *f* de despacho, pupitre *m* ‖ ˜**tischmanagement** *n* (DV) / gerencia *f* de escritorio ‖ ˜**tischtest** (eines Programms) (DV) / precontrol *m* ‖ ˜**trommel** *f* / tambor *m* registrador ‖ ˜**unterdrückung** *f*, Nicht-Schreiben *n*, NS (DV) / supresión *f* de impresión ‖ ˜**unterdrückungscode** *m* (DV) / código *m* de anulación de impresión, código *m* de no imprimir ‖ ˜**verfahren** (Magn.Bd) / modo *m* de registro ‖ ˜**verfahren ohne Rückkehr zum Bezugspunkt** (DV) / registro *m* sin retorno a cero ‖ ˜**verstärker** *m* (DV) / amplificador *m* de registro ‖ ˜**waren** *f pl* / material *m* de escritorio o de escribir ‖ ˜**weise** *f* (DV, Math) / notación *f* ‖ ˜**weise**, Schreibung *f* (Orthographie) / deletreo *m* ‖ ˜**werk** *n* / mecanismo *m* registrador de escritura, mecanismo *m* grabador
schreien *vt* (Seide) / crujir ‖ ˜ *n* (Draht, Zinn) / grito *m*
schreiend, grell (Farbe) / chillón
Schreiner (süddeutsch), Tischler *m* / ebanista *m*, carpintero *m* de blanco
Schreinerappretur *f* (Tex) / apresto *m* Schreiner ‖ **mit** ˜ **versehen**, geschreinert (Tex) / similizado, schreinerizado
Schreinerei *f*, Schreinern *n* / carpintería *f* de blanco ‖ ˜, Schreinerwerkstatt *f* / ebanistería *f*, taller *m* de ebanista
Schreiner•hammer *m* / martillo *m* de ebanista ‖ ˜**-Kalander** *m* (Tex) / calandra *f* Schreiner o de similizado ‖ ˜**meister** *m* / maestro *m* carpintero
schreinern *vt* (Tex) / similizar, schreinerizar ‖ ~ *vi* (Tischl) / carpintear, hacer obra de carpintero de blanco ‖ ˜ *n* (Tex) / similizado *m*, schreinerizado *m*
schreitend (Ausbau) (Bergb) / mecanizado (entibación) ‖ ~ (Bagger) / ambulante, sobre patines ‖ ~**er Ausbau** (Bergb) / entibación *f* mecanizada
Schreitmaschine *f* (Roboter) / máquina *f* sobre patines
Schrenz *n* (Pap) / estraza *f* ‖ ˜**papier** *n* / papel *m* de estraza ‖ ˜**pappe** *f*, -karton *m* / cartón *m* de estraza
Schrift *f*, Type *f* (Druck) / tipo *m*, tipos *m pl*, carácter *m*, letra *f* de imprenta ‖ ˜ **[en]** *f[pl]* (Drucker) / tipos *m pl*, familia *f* o póliza (E) o fuente (LA) de tipos ‖ ˜ ... / gráfico ‖ ˜..., Runen... (Geol) / rúnico ‖ ˜ **SC** (Strichcode) (DV) / código *m* de barras ‖ ˜**art** *f* (Druck) / especie *f* de tipo, tipo *m* de letra ‖ ˜**bild** *n* (allg, DV) / aspecto *m* de la escritura ‖ ˜**bild**, Buchstabenbild *n* (Druck) / ojo *m* o estilo del tipo o de la letra, cara *f* del tipo o de la letra ‖ ˜**bild**, Insert *n* (TV) / leyenda *f* ‖ ˜**blatt** *n* (Taxameter) / carátula *f* ‖ ˜**darstellung** *f* / presentación *f* de caracteres ‖ ˜**einblendung** *f* (TV) / inserción *f* de leyenda
Schriften•leser *m* / lectora *f* de escritura ‖ ˜**satz** *m* / juego *m* de caracteres
Schrift•erz *n*, -tellur *n* (Min) / silvanita *f* (telururo de oro y plata), telurio *m* gráfico ‖ ˜**familie**, -garnitur *f* (Druck) / familia *f* tipográfica o de tipos, familia-tipo *f* ‖ ˜**feld** *n* (Zeichn) / cuadrito *m* de los caracteres ‖

˜**fernübertrager** *m* / teleimpresor *m*, teletipo *m*, teleescritor *m* ‖ ˜**flasche** *f* (Chem) / frasco *m* rotulado o con rótulo ‖ ˜**fundament** *n* (Druck) / plato *m* de impresión ‖ ˜**gießer** *m* / fundidor *m* de tipos de imprenta ‖ ˜**gießerei** *f* / taller *m* de fundición de tipos de imprenta ‖ ˜**gießmaschine** *f* / fundidora *f* de tipos de imprenta ‖ ˜**grad** *m* (in Punkten) / cuerpo *m* de las letras de imprenta, fuerza *f* de cuerpo ‖ ˜**gradunterschied** *m* (Druck) / diferencia *f* de cuerpo ‖ ˜**granit** *m* (Geol) / granito *m* gráfico ‖ ˜**größe** *f* / tamaño *m* de letra ‖ ˜**guss** *m* (Druck) / fundición *f* tipográfica o de caracteres ‖ ˜**gut** *n* / documentos *m pl*, documentación *f*, escritos *m pl*, material *m* escrito ‖ ˜**gutbehälter** *m pl* / recipiente *m* para documentación, carpeta *f* ‖ ˜**gutvernichter** *m*, Aktenwolf *m* / trituradora *f* de documentos ‖ ~**hoch** / a la altura de tipo ‖ ˜**höhe** *f* (Deutschland 66 2/3 p. = 23,567 mm, USA = 0,9186") (Druck) / altura *f* del tipo ‖ ˜**höhe**, Zeichenhöhe *f* (Display) / altura *f* de letras ‖ **auf** ˜**höhe** (Druck) / a la altura de tipo ‖ ˜**höhenmesser** *m* (Druck) / tipómetro *m* ‖ ~**kasten**, Setzkasten *m* (Druck) / caja *f* tipográfica ‖ ˜**kastenunterteil** *m* (Druck) / caja *f* baja ‖ ˜**kegel** *m* (Druck) / cuerpo *m* de letra ‖ ˜**kennung** *f* (Magn.Bd) / ráfaga *f* de identificación ‖ ˜**lesen** *n* (DV) / lectura *f* de caracteres
schriftlich•es Dokument (DV) / copia *f* impresora ‖ ~**e Form**, Schriftform *f* / forma *f* escrita ‖ ~**er Nachweis** *m* / comprobante *m*, prueba *f* escrita
Schrift•linie *f* (Druck) / alineamiento *m*, línea *f* del tipo ‖ ˜**material** *n* (Druck) / composición *f* ‖ ˜**matrize** *f* / matriz *f* de tipos ‖ ˜**metall**, Letternmetall *n* / metal *m* tipográfico o de imprenta, aleación *f* tipográfica ‖ ˜**prägegerät** *n* / aparato *m* para estampar letras ‖ ˜**qualität** *f* / calidad *f* de escritura, calidad *f* de impresión ‖ ˜**satz** *m* (allg) / escrito *m*, documento *m* ‖ ˜**satz**, Satz *m* (Druck) / composición *f* tipográfica ‖ ˜**schablone** *f* (Zeichn) / plantilla *f* de letras ‖ ˜**scheibe** *f* (Druck) / disco *m* de caracteres ‖ ˜**setzen**, Setzen *n* (Druck) / composición *f* tipográfica ‖ ˜**setzer**, Setzer *m* / cajista *m*, tipógrafo *m* ‖ ˜**speicher** *m* (DV) / memoria *f* de texto ‖ ˜**stand** *m* / alineación *f* de tipos ‖ ˜**stärke** *f* / fuerza *f* de cuerpo ‖ ˜**stempel** *m* / sello *m* de letras ‖ ˜**stift** *m* (Form, Plast) / punzón *m* grabador ‖ ˜**struktur**, Runenstruktur *f* (Geol) / estructura *f* gráfica ‖ ˜**stück** *n*, Liste *f* / escrito *m*, lista *f* ‖ ˜**stücke** *n pl*, Dokumente *n pl* / documentos *m pl* ‖ ˜**tellur** *m* / silvanita *f*, telururo *m* de oro y plata
Schrifttum *n* / literatura *f*
Schrifttumskarte *f* / ficha *f* bibliográfica
Schrift•type *f*, -zeichen *n* (Druck) / tipo *m* de imprenta, carácter *m*, letra *f* ‖ **alle** ˜**typen einer Schriftgattung** (Druck) / familia *f* o póliza (E) o fuente (LA) de tipos ‖ ˜**verkehr** *m* / correspondencia *f* ‖ ˜**zeichen** *n*, Graphikzeichen *n* (DV) / carácter *m* gráfico ‖ ˜**zeichenablesespulen** *f pl* (Display) / yugo *m* o collar deflector o de desviación ‖ ˜**zeichengenerator** *m* / generador *m* de caracteres
schrill, grell (Akust) / agudo ‖ ~, durchdringend (Geräusch) / estridente, penetrante ‖ ~**er Ton** / tono *m* agudo ‖ ~ **tönen**, schrillen / repiquetear, producir un sonido agudo o estridente
schrinken *vt* (Tex) / mojar, humectar, humedecer
Schrinkverfahren *n* (Tex) / acabado *m* de encogido fijo
Schritt *m* (allg, DV) / paso *m* ‖ ˜, Etappe *f* / etapa *f* ‖ ˜ (als Maß) / paso *m* ‖ ˜, Maßnahme *f* / medida *f* ‖ ˜, Inkrement *n* (Math, Phys) / incremento *m* ‖ ˜ (Fernm) / elemento *m* ‖ ˜ (DV, Signal) / elemento *m* de señal, intervalo *m* unitario o elemental ‖ ˜**e/Sekunde** *m pl* / movimientos/segundo *m pl* ‖ ˜**fahren!** (Kfz) / ¡ir al paso! ‖ **im** ˜, sehr langsam / al paso
Schritt•antrieb *m* (Eltronik) / propulsión *f* paso a paso ‖ ˜**antwort** *f*, Übergangsfunktion *f* (Regeln) / respuesta *f* indicial ‖ ˜**fehlerquote** *f* (Fernm) / proporción *f* de errores de elementos unitarios ‖

1161

≈-für-Schritt-Prüfen, Signalverfolgen n (Eltronik) / rastreo m o seguimiento de señales, análisis m punto por punto, análisis m por investigación de la señal ‖ ≈geschwindigkeit f (Kfz) / velocidad f de peatón ‖ ≈geschwindigkeit (DV) / velocidad f de modulación ‖ ≈getriebe n (Kinematik) / mecanismo m paso a paso ‖ ≈gruppe f (Fernschreiber) / grupo m de impulsos ‖ ~haltend (DV) / en tiempo real ‖ ~haltendes System (DV) / sistema m de funcionamiento en tiempo real ‖ ~haltender Verbindungsaufbau (Fernm) / selección f paso a paso ‖ ~haltendes Wählsystem (Fernm) / sistema m de conmutación en tiempo real ‖ ≈kamera f / cámara f planetaria ‖ ≈kopiermaschine f (Foto) / copiadora f intermitente o paso a paso ‖ ≈länge f (Fernm) / intervalo m unitario ‖ ≈macher m, Herzschrittmacher m (Med) / marcapasos m, estimulador m cardiaco ‖ ≈macherofen m (Hütt) / horno m de viga galopante ‖ ≈-Magnetbandgerät n / registrador m de cinta magnética incremental ‖ ≈motor m / motor m [de] paso a paso ‖ ≈periode f (Fernm) / ciclo m de punto telegráfico ‖ ≈puls m (DV) / impulso m de reloj ‖ ≈regler m, -regelung f (Regeln) / sistema m de control de datos intermitentes ‖ ≈schalter m / conmutador m paso a paso ‖ ≈[schalt]motor m / motor m paso a paso ‖ ≈schaltrad n / rueda f de avance paso a paso ‖ ≈schaltrelais n / relé m paso a paso ‖ ≈schaltung f (Film) / alimentación f intermitente ‖ ≈[schalt]wähler m (Fernm) / selector m paso a paso ‖ ≈schaltwerk n, -system n / mecanismo m de movimiento intermitente ‖ ≈spannung f (Elektr) / tensión f en un paso de arrollamiento ‖ ≈steuerung f (Wzm) / mando m paso a paso ‖ ≈ströme m pl (Elektr) / corrientes f pl intermitentes ‖ ≈-Takt m (DV) / ritmo m paso a paso ‖ ~weise / paso a paso ‖ nicht ~weise / continuo ‖ ~weise, nach und nach / gradualmente ‖ ~weise, fortschreitend / progresivo ‖ ~weise durchführen / realizar en fases sucesivas ‖ ~weise einführen / introducir en (o por) fases sucesivas ‖ ~weise Fräserverschiebung (Wzm) / avance m incremental de la fresa [de rodadura], avance m paso a paso de la fresa ‖ ~weise verringern / disminuir paso a paso ‖ ~weiser Vorschub (Wzm) / avance m intermitente ‖ ≈weite f (DV, Plotter) / anchura f de paso (E), ancho m de paso (LA) ‖ ≈weite des Gitters (Brennelemente) / paso m de la celosía espacial ‖ ≈weitenparameter m (DV) / parámetro m de incrementos ‖ ≈zähler m (allg) / podómetro m, cuentapasos m ‖ ≈zähler m (DV) / contador m de pasos

Schrödingersche Schwingungsgleichung f (Phys) / ecuación f de Schrödinger

schroff, plötzlich, unvermittelt / brusco ‖ ~, steil, jäh, abschüssig / escarpado ‖ ~er Temperaturwechsel (Mat.Prüf) / choque m térmico, termochoque m

Schrot m n (Mühle) / trigo m triturado ‖ ≈ (Brau) / malta f molida, molienda f ‖ ≈, Feingehalt m (Münzw) / ley f ‖ ≈, Jagdschrot m n / perdigones m pl, plomo m de caza ‖ feinstes ≈ (Jagd) / mostacillas f pl ‖ ≈blei n / plomo m para perdigones ‖ ≈bohren n (Öl) / sondeo m con granalla de acero ‖ ≈effekt m, Schottkyeffekt m, Schrotrauschen n (Eltronik) / ruido m de granalla, ruido m granular de descarga, ruido m Schottky ‖ ungeschwächter ≈effekt / ruido m de granalla pleno

schroten (Malz, Mehl) / triturar, moler ‖ ~ (Schm) / cincelar, cortar con tajadera ‖ Weizen ~ / triturar trigo ‖ ≈ n / trituración f

Schrot•feile f (Wz) / lima f de desbastar ‖ ≈hammer m (Schm) / martillo m cincel, tajadora f ‖ ≈hobel m (Zimm) / garlopa f ‖ ≈kleie f (Landw) / salvado m grueso ‖ ≈kugel f, -korn n (Hütt) / grano m de plomo, granilla f de plomo ‖ ≈lauf m (Gewehr) / cañón m de perdigones

Schrötling m (Münzw) / rodaja f

Schrot•mehl n (Nahr) / harina f gruesa ‖ ≈meißel m (Schm) / cincel m tajador, cortafrío m, tajadera f, cortadera f ‖ ≈mühle f (Mehl) / molino m triturador, triturador m de granos ‖ ≈mühle, Malzbrecher m (Brau) / triturador de malta ‖ ≈mühle für Futter (Landw) / molino m triturador de pienso ‖ ≈patrone f / cartucho m de perdigones ‖ ≈säge f / sierra f de leñador o de tronzar ‖ ≈sägefeile f (Wz) / lima f [de cuchillo] para sierra de leñador ‖ ≈schusskrankheit f, Clasterosporium carpophilum (Landw) / mal m de munición, cribado m aperdigonado ‖ ≈strom m (Eltronik) / corriente f de granalla ‖ ungeschwächter ≈strom (TV) / corriente f de granalla plena ‖ ≈stuhl m (Mühl) / molino m triturador

Schrott m / chatarra f ‖ ≈, Alteisen n / chatarra f de hierro, hierro m viejo o de desperdicio, desechos m pl o despejos de hierro ‖ ≈, Metallabfall m / chatarra f de metal, metal m viejo ‖ ≈ (Pulv.Met) / barro m ‖ ≈, Ausschuss m / desperdicios m pl, desechos m pl ‖ schwerer ≈ / chatarra f pesada ‖ ≈annahme f, -sammlung f / aceptación f de chatarra ‖ ≈anode f / ánodo m de chatarra ‖ ≈aufbereitung f / preparación f de chatarra ‖ ≈aufkohlung f / carburización f de chatarra ‖ ≈aufkommen n / procedencia f de la chatarra ‖ ≈auto, -fahrzeug n / coche m para la chatarra, cacharro m [para desguace] ‖ ≈bündelmaschine f / empacadora f de chatarra ‖ ≈bunker m / cajón m o depósito de chatarra ‖ ≈fahren n (Walzw) / marcha f de chatarra ‖ ≈hacker m, Schrottzerhacker / cortadora f o trituradora de chatarra ‖ ≈handel m / comercio m de chatarra ‖ ≈händler m / chatarrero m, desguacista m ‖ ≈haufen m / montón m de chatarra ‖ ≈kohlung f / carburización f de chatarra ‖ ≈kugel f, Fallgewicht m (Hütt) / pera f machacadora [de chatarra], pera f rompechatarra ‖ ≈[lager]kran m, -platzkran m / grúa f para chatarra, grúa f de parque de chatarra ‖ ≈magnetkran m / grúa f magnética para chatarra ‖ ≈mühle f / trituradora f de chatarra ‖ ≈mulde f (Hütt) / caja f de carga de chatarra ‖ ≈mulde im Ofen / lingotera f para chatarra ‖ ≈muldenkran m (Hütt) / grúa f para cajas de carga de chatarra ‖ ≈paket n / paquete m de chatarra ‖ ≈paketierpresse f / prensa f para empaquetar chatarra, prensa f empaquetadora de chatarra ‖ ≈platz m, -lager n / parque m o depósito de chatarra, desguazadero m ‖ ≈presse f für Karosserien / prensa f para empaquetar carrocerías ‖ ≈recycling n / reciclaje m de chatarra ‖ ≈reif / para [el] desguace ‖ ≈-Roheisen-Verfahren n (Hütt) / procedimiento m chatarra/arrabio ‖ ≈schere f / cizalla[s] f[pl] para chatarra ‖ ≈scher- und -paketierpresse f / prensa f para cizallar y empaquetar chatarra ‖ ≈-Schlagwerkskran m / grúa f rompechatarra ‖ ≈verhüttung f / fusión f o fundición de chatarra, tratamiento m metalúrgico de la chatarra ‖ ≈verwertung f (Hütt) / reciclaje m de chatarra ‖ ≈-Vorwärmer, Preheater m / precalentador m de chatarra ‖ ≈wert m / valor m residual o de chatarra ‖ ≈wickler m / enrolladora f de chatarra ‖ ≈zerhacker m / cortadora f de chatarra ‖ ≈zerkleinerung f / trituración f de chatarra, troceado m de chatarra ‖ ≈zufuhr f / alimentación f de chatarra ‖ ≈zusatz m (Gieß) / adición f de chatarra

Schrotung f (Getreide), Schroten n / trituración f ‖ ≈ (Mech) / movimiento m helicoidal instantáneo

Schrubbelmaschine f (Wolle) / carda f abridora

schrubben vt / fregar con escobilla ‖ ~ (Schiff) / limpiar con el lampazo

Schrubber m, Schrubbürste f / escobilla f ‖ ≈ (Schiff) / lampazo m

Schrühbrand m (Keram) / cochura f de bizcocho, cocción f doble

schrühen vt, vorglühen (Porzellan) / cocer en horno [de bizcocho]

Schrühware f / porcelana f bizcocho
schrumpeln vi (Fehler, Lack) / arrugarse ‖ ~ (Stoff) / arrugarse, encogerse ‖ **unregelmäßig** ~ (Lack) / formar piel de cocodrilo
Schrumpf m (Tex) / encogimiento m ‖ ~**band** n, -ring m (Schm) / anillo m de contracción o forzado en caliente, zuncho m ‖ ~**blase** f (Gieß) / cavidad f de (o por) contracción, rechupe m ‖ ~**echt**, -frei, -fest (Tex) / inencogible, resistente al encogimiento
schrumpfen vi / encogerse, contraerse ‖ ~, zusammenfallen (z.B. Hülle) / hundirse (p.ej. envoltura) ‖ ~ n, Schrumpfung f / contracción f, encogimiento m ‖ ~ (beim Aushärten) (Plast) / contracción f de curado ‖ ~ **beim Härten** (Hütt) / contracción f de temple
Schrumpf•faden m (Tex) / hilo m encogible ‖ ~**fähig** / encogible, contraíble ‖ ~**folie** f (Plast) / hoja f de contracción, hoja f encogible o de encogimiento ‖ ~**fuge** f (Bau) / junta f [abierta] de contracción ‖ ~**kapsel** f / cápsula f de cierre por contracción ‖ ~**kraft** f / fuerza f contractora o de contracción ‖ ~**lack** m / laca f [de efecto] arrugante ‖ ~**leder** n / cuero m crispado o contraído ‖ ~**maß** m (Gieß) / medida f de contracción ‖ ~**maß**, -zugabe f beim Aufschrumpfen / demasía f para contracción o zunchado, tolerancia f de contracción ‖ ~**muffe** f (Elektr) / manguito m enforzado en caliente ‖ ~**packanlage** f / planta f envasadora o embaladora en hoja encogible ‖ ~**packung** f / envase m o embalaje en hoja encogible ‖ ~**passung** f / ajuste m de contracción ‖ ~**prüfer** m (Tex) / aparato m para determinar el encogimiento ‖ ~**ring** m, -band n / anillo m de contracción, anillo m forzado en caliente, zuncho m ‖ ~**riss** m (Masch) / grieta f de contracción ‖ ~**riss** (Holz) / herida f o partidura por contracción ‖ ~**rohr** n, -ring m (Kanone) / tubo m exterior colocado en caliente ‖ ~**schlauch** m / manguera f encogible en caliente ‖ ~**sitz** m, -passung f / ajuste m por contracción, ajuste m en caliente ‖ ~**sitz**, aufgeschrumpfter Sitz / ajuste m zunchado, ajuste m empotrado en caliente ‖ ~**spannung** f (Hütt) / tensión f por contracción ‖ ~**stück** n, -vorrichtung f (Plast) / conformador m, bloque m conformador, plantilla f de contracción
Schrumpfung f, Setzen n (Bau) / asiento m ‖ ~ (Plast) / contracción f ‖ ~, eingefallene Stelle (Plast) / depresión f superficial, rechupe m
Schrumpfungsgrad m (Tex) / grado m de encogimiento
Schrumpf•verbindung f / junta f de contracción, unión f por contracción o por calado ‖ ~**wasser** f (Keram) / agua f de contracción ‖ ~**wickel** m (Tex) / devanado m encogible
Schrunde f / grieta f, raja f
schrundig / agrietado, hendido
Schrupp•arbeit f / trabajo m de desbastado, desbastado m ‖ ~**drehmaschine** f / torno m de desbastado o para desbastar ‖ ~**drehmeißel** m (Wzm) / cuchilla f de (o para) desbastar
schruppen vt (Wzm) / desbastar ‖ **Holz** ~ (o. abhobeln) / cepillar en grueso ‖ ~ n (Masch) / desbastado m, desbaste m
Schrupp•feile f (Wz) / lima f gruesa o basta ‖ ~**fräser** m (Wzm) / fresa f desbastadora o de desbastar ‖ ~**hobel**, Langhobel m von 16" Länge / garlopa f ‖ ~**hobeln** vt, schruppen / cepillar con garlopa ‖ ~**meißel** m (Dreh) / cuchilla f para (o de) desbastar ‖ ~**Schlichtwerkzeug** n (Dreh) / cuchilla f de desbastar y acabar ‖ ~**schliff** m (Wzm) / rectificado m desbastador ‖ ~**stahlhalter** m, -stichelhaus m (Wzm) / portaútil m para cuchilla de desbastar, torreta f ‖ ~**vorschub** m / avance m de desbaste ‖ ~**zahn** m (Räumwz) / diente m de desbaste
Schub m, Schublade f / cajón m ‖ ~, Stoß m / empuje m ‖ ~, Scheren f (Mech) / cizallamiento m ‖ ~ m, Scherkraft f (Mech) / fuerza f de cizallada o cizallamiento ‖ ~ (Bau, Bergb) / empuje m horizontal ‖ ~, Posten m / lote m ‖ ~ m (Luftf, Raumf) / empuje m ‖ ~ (unter Normalbedingungen) (Luftf) / empuje m (bajo condiciones normales) ‖ ~ **in Meereshöhe** / empuje m a[l] nivel del mar ‖ **mit** ~ **- und Zugmotor** (Luftf) / con motores propulsores y tractores
Schub•abbau m (Raumf) / reducción f del empuje ‖ ~**abfall** m (Rakete) / descenso m de empuje ‖ ~**abschalter** m / dispositivo m de interrupción de empuje ‖ ~**abschaltung** f (Getriebe) / desconexión f en la marcha por inercia ‖ ~**abschaltung** (Kfz) / corte m de suministro de gasolina en la fase de empuje, corte m de la alimentación en marcha por empuje ‖ ~**abschaltung** (Raumf) / apagado m de empuje ‖ ~**abstützung** f / pata f de apoyo contra empujes laterales f (Luftf) / eje m de empuje ‖ ~**achse** f (Luftf) / eje m de empuje ‖ ~**angriffspunkt** m (Luftf) / centro m de empuje ‖ ~**anker** m (Elektr) / inducido m corredizo o deslizable ‖ ~**ankeranlasser**, -starter m, B-Anlasser m (der Fa. Bosch) (Kfz) / arrancador m de inducido corredizo ‖ ~**antrieb** m **an Armaturen** / accionador m lineal, servomotor m de desplazamiento lineal ‖ ~**aufgabe[vorrichtung]** f / alimentador m de empuje ‖ ~**ausgleich** m / compensación f de empuje ‖ ~**beanspruchung** f (Bau, Phys) / esfuerzo m cortante o de cizallamiento ‖ ~**belastung** f (axial) (Masch) / carga f de empuje axial ‖ ~**belastung** (Luftf) / carga f por unidad de empuje ‖ ~**bewegung** f (Mech) / movimiento m de traslación ‖ ~**bewehrung** f (Bau) / armadura f de cizallamiento ‖ ~**boot** m (Schiff) / barco m de empuje ‖ ~**bruch** m, Gleitbruch m / rotura f de cizallamiento ‖ ~**bugsierer** m (Schiff) / remolcador m de empuje ‖ ~**decke**, Überschiebungsdecke f (Geol) / manto m sobreescurrido ‖ ~**deflektor** m (Luftf) / deflector m de empuje ‖ ~**dübel** m, Verbundanker m (Stahlbau) / clavija f de cizallamiento ‖ ~**düse** f (Rakete), Antriebsdüse f / tobera f de propulsión ‖ ~**düse** (Luftf) / tobera f de empuje ‖ ~**düsenkegel** m / cono m central de tobera ‖ ~**einheit** f (Schiff) s. Schubverband ‖ ~**elastizität** f / elasticidad f de cizallamiento ‖ ~**ende** n (Raumf) / descenso m de empuje
Schuber m, Schutzkarton m (Druck) / estuche m, caja f o capa estuche
Schub•erhöhung f (Luftf) / aumento m de empuje ‖ ~**fach** n (Möbel) / cajón m, gaveta f ‖ ~**fahrt** f (Schiff) / navegación f de empuje ‖ ~**fahrzeug** n (Bau) / empujador m ‖ ~**Falschrichtung** f, Schubversatz m (Rakete) / desalineamiento m de empuje ‖ ~**festigkeit** f, Scherfestigkeit f / resistencia f al cizallamiento ‖ ~**fließgrenze** f / límite m de fluencia en cizalladura ‖ ~**fließspannung** f / esfuerzo m de deformación plástica por cizallamiento ‖ ~**formänderung** f / deformación f por cizallamiento ‖ ~**gabel** f (Flurförderer) / horquilla f retráctil ‖ ~**gabel**, -schaltgabel f (Getriebe, Kfz) / horquilla f (de engranaje, de embrague etc.) ‖ ~**gabelstapler** m / carretilla f elevadora con horquilla retrátactil ‖ ~**gabel- u. -rahmenstapler** m pl / carretillas f pl con horquilla retráctil ‖ ~**gelenk** n (Mech) / junta f de elementos deslizantes, articulación f de elementos deslizantes ‖ ~**gelenkbus** m (Kfz) / autobús m articulado con motor trasero ‖ ~**gerüst** m (Raumf) / armazón de empuje m f ‖ ~**getriebe** n, Schieberädergetriebe n / mecanismo m de ruedas corredizas ‖ ~**gewicht** n, spezifischer Schub (Luftf, Raumf) / razón f empuje/peso ‖ ~**glied** n (Kfz) s. Schubgabel ‖ ~**kabel** m (Luftf) / cable m de empuje ‖ ~**kammer** f (Rakete) / cámara f de empuje ‖ ~**karren** m, -karre f / carretilla f ‖ ~**karren**, [Hand]kippkarren m / carretilla f volquete, carretilla f con caja basculante ‖ ~**kastengriff** m / tirador m de cajón ‖ ~**kastenschalung** f (Bau) / encofrado m tipo tirador ‖ ~**koeffizient** m, -größe f (Mech) / coeficiente m de cizallamiento ‖ ~**kolbenpumpe** f / bomba f de émbolo

Schubkomponente

alternativo ‖ ⁓**komponente** f / componente m f de empuje ‖ ⁓**konus** m (Raumf) / cono m de empuje ‖ ⁓**kraft** f, Scherkraft f (Mech) / fuerza f de cizallamiento ‖ ⁓**kraft**, Schub m (Luftf) / empuje m ‖ ⁓**kraftfläche** f, -ebene f (Mech) / plano m de cizallamiento ‖ ⁓**kraftmessstand** m (Raumf) / banco m de medición de empuje ‖ ⁓**kugel** f (Kfz) / rótula f de empuje ‖ ⁓**kugelgelenk** n (Kfz) / junta f cardán esférica ‖ ⁓**kurbel** f / manivela f de empuje ‖ ⁓**kurbelgetriebe** n / mecanismo m de biela [y] manivela [de empuje] ‖ ⁓**kurbelverschluss** m (Mil) / cierre m de cuña con palanca de maniobra ‖ ⁓**lade** f, -fach n, -kasten m, Zug m (Möbel) / cajón m ‖ ⁓**lade des CD-Spielers** / portadisco m ‖ ⁓**ladenentwickler** m (Schw) / generador m de caída de agua en cal pastosa ‖ ⁓**ladensystem** n (Schw) / sistema m de cajones ‖ ⁓**lader** m (Bau) / rascador m sobre orugas ‖ ⁓**lehre** f, Messschieber m (Mess) / pie m de rey ‖ ⁓**leichter** m, -kahn m (Schiff) / gabarra f o chalana o lancha de empuje, bongo m (LA) ‖ ⁓**leistung** f / poder m de empuje ‖ ⁓**mähmaschine** f (Landw) / segadora f empujada ‖ ⁓**maschine**, -lokomotive f (Bahn) / locomotora f de refuerzo por (o en) cola, refuerzo m por cola, máquina f de cola ‖ ⁓**maß** n, Schub-, Gleitmodul m / módulo m de cizallamiento, módulo m de elasticidad transversal ‖ ⁓**mast** m, -rahmen m (Flurförderer) / mástil m retráctil ‖ ⁓**mast-Gabelstapler** m / carretilla f elevadora con mástil retráctil ‖ ⁓**mittelpunkt** m / centro m de esfuerzos de cizallamiento ‖ ⁓**modul** m (Mech) s. Schubmaß ‖ ⁓**modulierung** f (Rakete) / modulación f de empuje ‖ ⁓**motor** m (Luftf) / motor m de empuje ‖ ⁓**ofen** m (Hütt) / horno m de empuje ‖ ⁓**pfosten** m (Schiff) / palo m de empuje ‖ ⁓**programm** n (Rakete) / programa m de empuje ‖ ⁓**räder-Wechselgetriebe** n / cambio m de ruedas corredizas ‖ ⁓**rahmen** m (Bulldozer, Laderaupe) / bastidor m de empuje ‖ ⁓**rakete** f (Luftf) / cohete m de despegue ‖ ⁓**raupe** f (Straß) / cargador-empujador m sobre orugas ‖ ⁓**reduzierung** f (Raumf) / reducción f del empuje ‖ ⁓**riegel** m (Fenster) / aldabilla f ‖ ⁓**riegel**, [Vor]schiebriegel m (Schloss) / cerrojo m corredizo ‖ ⁓**riegelschloss** n (federlos) / cerradura f de cerrojo corredizo ‖ ⁓**rohr** n (fälschlich für: Gelenkwellenrohr) (Kfz) / tubo m de árbol cardán ‖ ⁓**rohr**, Schmidtrohr n (Luftf) / pulsorreactor m ‖ ⁓**schalter** m (Elektr) / interruptor m pulsador ‖ ⁓**[ab]schaltung** f (Kfz) / corte m de combustible en las deceleraciones (o durante los empujes) ‖ ⁓**schiff** n, -bugsierer m, -selbstfahrer m / remolcador m de empuje, bombote m (LA), batelón m(LA) ‖ ⁓**schifffahrt** f / navegación f de empuje ‖ ⁓**schiffverband** m / remolcador m de empuje y la[s] gabarra[s] ‖ ⁓**schild** (Straß) / pala f de empuje ‖ ⁓**schlepper** m, -trecker m (Schiff) / remolcador m de empuje, bombote m, batelón m ‖ ⁓**schraube** f, Druckschraube f (Luftf) / hélice f propulsora ‖ ⁓**schraubtriebanlasser** m, -starter m, Bosch-E-Anlasser m (Kfz) / arrancador m de piñón corredizo [forzado] con movimiento helicoidal ‖ ⁓**schwellfestigkeit** m / resistencia f a los esfuerzos de cortadura intermitentes ‖ ⁓**schwinge** f (Kinematik) / manubrio m de impulsión oscilante ‖ ⁓**schwingungsart** f (Eltronik) / modo m de cizalla de oscilaciones y vibraciones ‖ ⁓**-Selbstfahrer** m (Schiff) / barco m [motorizado] de empuje ‖ ⁓**sicherung** f, -verankerung f (durch eine Nase) (Masch) / talón m de retención ‖ ⁓**spannung**, -beanspruchung f / tensión f de cizallamiento, esfuerzo m cortante o de cizallamiento ‖ [spezifische] ⁓**spannung** / carga f de cizallamiento por unidad f ‖ ⁓**spannungsgeschwindigkeit** f (Mech) / velocidad f de frotamiento ‖ ⁓**stange**, Pleuelstange f (Dampfm, Mot) / biela f ‖ ⁓**stange**, Hinterachs-Schubstrebe f (Kfz) /

biela f de empuje ‖ ⁓**stangen-Entmistungseinrichtung** f (Landw) / barras f pl de evacuación de estiércol ‖ [**kolbenseitiger**] ⁓**stangenkopf** (Mot) / pie m de biela ‖ **pleuelseitiger** ⁓**stangenkopf** / cabeza f de biela ‖ ⁓**stangenriegel** m (Fenster) / cremona f ‖ ⁓**steuerungssystem** n (Raumf) / sistema m de mando del empuje ‖ ⁓**stufe** f (Rakete) / etapa f de empuje ‖ ⁓**taste** f / tecla f corrediza ‖ ⁓**trägergerüst** n (Raumf) / armazón f soporte del empuje ‖ ⁓**traktor** m (Drucker) / oruga f de alimentación por empuje ‖ ⁓**transformator** m (Elektr) / transformador m corredizo ‖ ⁓**trennschalter** m / seccionador m corredizo o deslizante ‖ ⁓**triebanlasser** m, -triebstarter m, Bosch-C-Anlasser m (Kfz) / arrancador m de piñón corredizo [forzado] ‖ ⁓**umformen** n (DIN 8587) (Wzm) / conformaación f plástica por empuje ‖ ⁓**umlenker** m, -umkehrer m (Luftf) / inversor m de[l] empuje ‖ ⁓**umlenkung** f, -umkehr f (Luftf) / inversión f de[l] empuje ‖ ⁓**vektorregelung** m, -vektorsteuerung f (Rakete) / control m o mando de vector de empuje, inclinación f de las toberas ‖ ⁓**verankerung** f (durch eine Nase), -sicherung f (Masch) / talón m de retención ‖ ⁓**verarbeitung** f (DV) / procesamiento m por lotes ‖ ⁓**verband** m, -einheit f (Schiff) / remolcador m de empuje y la[s] gabarra[s] ‖ ⁓**verbinder** m (Bau) / conectador m de cizallamiento ‖ ⁓**verformung** f (Mech) / deformación f por cizallamiento ‖ ⁓**-Versatz** m, Schub-Falschrichtung f (Rakete) / desalineamiento m de empuje ‖ ⁓**verzögerung** f (Mech) / demora f de cizallamiento ‖ ⁓**vorrichtung** f / dispositivo m de empuje ‖ ⁓**wagen** m / vagoneta f de empuje ‖ ⁓**wagenspeiser** m (Keram) / alimentador m con movimiento de vaivén ‖ ~**weise** / por lotes, agrupado ‖ ~**weises Verarbeiten** (DV) / procesamiento m por lotes ‖ ⁓**welle** f (Ultraschall) / onda f de torsión o de rotación, onda f transversal ‖ ⁓**wellengeschwindigkeit** f (Ultraschall) / velocidad f de la onda de torsión ‖ ⁓**widerstand**, Schiebewiderstand m (Mech) / resistencia f al empuje, resistencia f a la fricción de deslizamiento ‖ ⁓**wirkung** f (Mech) / empuje m ‖ ⁓**zahl** f (cm^2 kg^{-1}) (Mech) / valor m recíproco del coeficente de rigidez

Schuchardtit m, Chrysopraserde f (Min) / eschuchardita f (mineral de niquel)

Schuh m (Bekleidung) / zapato m, calzado m ‖ ~ (Hydr) / empujador m ‖ ⁓, eiserner Beschlag (Masch) / herradura f ‖ ~, Ablenkschuh m (Seilb) / silla f de desviación ‖ ~, Stützenschuh m (Seilb) / silla f ‖ ⁓**doppelmaschine** f **für Sohlen** / máquina f para montar suelas ‖ ⁓**futterstoff** m / tejido m para forro de zapatos ‖ ⁓**industrie** f / industria f del calzado ‖ ⁓**kappe** f / puntera f ‖ ⁓**krem** m, -creme f / crema f para el calzado, betún m ‖ ⁓**nähmaschine** f / máquina f de coser calzado ‖ ⁓**pappe** f / cartón m para calzado ‖ ⁓**schrank** m / zapatero m, mueble-zapatero m ‖ ⁓**schwärze** f / tinta f de zapatero [para ennegrecer] ‖ ⁓**sohle** f / suela f, planta f ‖ ⁓**spray** m / pulverizador m de zapatos, aerosol m para zapatos ‖ ⁓**steife** f, Absatzstück n / contrafuerte f ‖ ⁓**stift** m, -tack m / clavo m de zapato, punta f ‖ ⁓**waren** f pl / calzado m

Schuilingit m (Min) / escuilingita f

Schuko·material m, Stecker und Dosen mit Schutzkontakt pl (Elektr) / enchufes m pl machos y hembras con puesta a tierra tipo Schuko ‖ ⁓**-Steckdose** f / enchufe m hembra con puesta a tierra tipo Schuko ‖ ⁓**stecker**, Schutzkontaktstecker m (Elektr) / enchufe m macho con puesta a tierra tipo Schuko

Schulbus m / bus m o autobús escolar
Schuldzuweisungstabelle f (Kfz) / baremo m de responsabilidad
schulen vt, trainieren / adiestrar, entrenar, enseñar

Schuler•-Abstimmung f (Trägh.Nav) / sintonización f Schuler ‖ ⁓**röhre** f (mit Hohlkathode) (Eltronik) / tubo m de Schuler

Schul•fernsehen n, Schul- und Studienfernsehen n / televisión f eductiva, televisión f aplicada a la enseñanza ‖ ⁓**flugzeug** n / avión m de enseñanza, avión-escuela m ‖ ⁓**flugzeug**, Ab-initio-Flugzeug n / avión m de entrenamiento elemental ‖ ⁓**funk** m / radiodifusión f de programas educativos, emisión f o radio escolar ‖ ⁓**gleiter** m (Luftf) / planeador m escuela o de enseñanza

Schülpe f (Gieß) / darta f, soja f, costra f

Schülpen n (Vorgang) (Gieß) / formación f de darta

Schul•reißzeug n / estuche m de compases escolar ‖ ⁓**schiff** n / buque-escuela m ‖ ⁓**steuerung** f (Luftf) / pilotaje m por el alumno, mando m de entrenamiento, segundo timón m (del alumno)

Schulter f (allg, Masch) / hombro m ‖ ⁓, Absatz m, Ansatz m (Masch) / talón m, espalda f, espaldilla f, resalto m ‖ ⁓ (des Achsschenkels), Bund m (Masch) / reborde m de la mangueta, bordo m de la muñequilla ‖ ⁓ (des Reifens) / borde m de la banda de rodadura ‖ ⁓**abstand** m, Einbaumaß n (Kegelrad) / distancia f de referencia ‖ ⁓**bogen** m (Bau) / arco m adintelado ‖ ⁓**bohrung** f / taladro m escalonado ‖ ⁓**decker** m (Luftf) / monoplano m de ala alta ‖ ⁓**eisen** n (Kaminkehrer) / raspador m ‖ ⁓**fläche** f, Anlagefläche f (Kegelrad) / superficie f de referencia ‖ ⁓**freiheit** f (Kfz) / ancho m interior a la altura de los hombros ‖ ⁓**gelenk** n (Roboter) / articulación f de hombro ‖ ⁓**gestützt** (Rakete) (Mil) / apoyado en el hombro ‖ ⁓**höhe** f (Buchstabe) / altura f del hombro ‖ ⁓**höhe** (Lager) / altura f del [re]borde ‖ **in** ⁓**höhe** / a la altura de la espalda ‖ ⁓**kugellager** n / rodamiento m desmontable de bolas, rodamiento m semiabierto de bolas ‖ ⁓**lager** n / cojinete m de talón ‖ ⁓**mauer** f / murete m ‖ ⁓**meißel** m (Wzm) / peine m de roscar con talón ‖ ⁓**nadel** f (Zeichn) / aguja f de punta con talón ‖ ⁓**riemen** m (Mil) / bandolera f, correa f del hombro ‖ ⁓**ring** m / anillo m de apoyo ‖ ⁓**schraube** f / tornillo m de resalto o de hombro ‖ ⁓**stativ** n (Foto) / soporte m de hombro ‖ ⁓**stütze** f (Gewehr) / culata f de apoyo en el hombro ‖ ⁓**walzwerk** n, Asselwalzwerk n / tren m de laminación Assel

Schulung f / enseñanza f, instrucción f, adiestramiento m

Schulungs•kurs, Lehrgang m / curso m de formación o de adiestramiento, cursillo m de formación o de capacitación ‖ ⁓**-Software** f / software m de instrucción

Schumann•gebiet n (Spektrum, ca. 1200 Å) (Phys) / región f de Schumann ‖ ⁓**platte** f, gelatinfreie Platte (Foto) / placa f de Schumann

Schund, Ausschuss m (Masch) / baratija f, pacotilla f, trasto m, producto[s] m[pl] de desecho ‖ ⁓ m, schlechte Arbeit / chapuza f, chapucería f

Schungit (Min) / schungita f

Schuppe f, Flocke f / escama f, copo m ‖ ⁓**n und Schalen** f pl (Stahl) / escarpado m

schuppen (sich), abblättern / escamarse, exfoliarse

Schuppen m (Bau) / cobertizo m(E), galpón m(LA), cubierto m, tinglado m, tejavana f ‖ ⁓ (überdacht) / sotechado m ‖ ⁓ (Luftf) / hangar m

Schuppen•anleger m (Druck) / ponepliegos m por escalas ‖ ⁓**becher** m (Becherwerk) / cangilón m continuo ‖ ⁓**bildung** f (Gummi) / formación f de escalas ‖ ⁓**bildung** (Hütt) / formación f de escamas ‖ ⁓**eis** n (Meteo) / escamas f pl de hielo ‖ ⁓**falzziegel** m (Dach) / teja f de encaje con borde imbricado ‖ ⁓**förderer** m (Hütt, Keram) / transportador m de tiras delgadas ‖ ⁓**förmig** [übereinander liegend] / imbricado ‖ ⁓**förmiges Blech** / chapa f imbricada ‖ ⁓**förmig überlappen** (sich) / imbricarse ‖ ⁓**formulare** n pl / formularios m pl imbricados ‖ ⁓**geflecht** n / escamado m ‖ ⁓**glätte** (Bleimonoxid), Bleiglätte f (Chem) / litargirio m, almártaga f ‖ ⁓**graphit** m / grafito m escamoso o en escamas ‖ ⁓**paraffin** (Öl) / escamas f pl de parafina ‖ ⁓**span** m (Spanplatten) / escama f delgada ‖ ⁓**stanzung** f (Pap) / perforación f incompleta ‖ ⁓**transporteur** m (Förd) / transportador m de tiras delgadas ‖ ⁓**werk** n, Dachziegelverband m (Bau) / trabazón f imbricada ‖ ⁓**ziegel** m (Dach) / teja f imbricada

schuppig, schuppenförmig / escamoso ‖ ⁓, blättchenförmig / lamelar ‖ ⁓, schieferig (Bergb) / esquistoso, pizarroso ‖ ⁓, schalig (Hütt) / conchudo

Schur f, Scheren n (Landw) / esquileo m, esquila f (LA)

Schüreisen n / atizador m, hurgón m

schüren vt, stoche[r]n / atizar, hurgonear, hurgar

Schurf m (Bergb) / foso m de busca o de exploración, calicata f

Schürf•... (Bergb) / de prospección ‖ ⁓**arbeit** f, Schürfen n / prospección f, exploración f, sondeo m, cateo m (LA) ‖ ⁓**befugnis**, Konzession f (Bergb) / permiso m de exploración ‖ ⁓**bohrer** (Bergb) / barrena f sacamuestras ‖ ⁓**bohrloch** n / perforación f de exploración ‖ ⁓**bohrmaschine** f / perforadora f de exploración

schürfen, prospektieren (Bergb) / explorar, catear (LA), tantear el terreno en busca de minerales (E) ‖ ⁓ n, Schürfbetrieb m (Bergb) / prospección f, exploración f, sondeo m, cateo m (LA), cata f (LA)

Schürfer, Prospektor m / prospector m

Schürf•feld n / terreno m de prospección ‖ **zugewiesenes** ⁓**feld** (Bergb) / concesión f minera, loca[liza]ción f de sondeo ‖ ⁓**gangschubmaschine** f (Bau) / empujador-rascador m ‖ ⁓**leichtes** ⁓**gerät** (Bau) / calfdozer m ‖ ⁓**graben** m (Bergb) / trinchera f de exploración o de sondeo, calicata f ‖ ⁓**grat**, Streifhaufen m (Straß) / cordón m ‖ ⁓**grube** f (Bergb) / pozo m de exploración o de sondeo ‖ ⁓**kübel**, Kratzer m / cubeta f de arrastre ‖ ⁓**kübel mit Heckmotor** m (Straß) / escarificadora f o traílla con motor trasero ‖ ⁓**kübelbagger** m / draglina f ‖ ⁓**kübelraupe** f s. Schürfraupe ‖ ⁓**[kübel]wagen**, -bagger m (Straß) / mototraílla f con tractor [de dos ruedas] ‖ ⁓**lader** m / cargadora f excavadora ‖ ⁓**leiste** f (Schneepflug) / listón m de arrastre ‖ ⁓**marke** f / estría f o raya longitudinal ‖ ⁓**probe** f, Schurf m (Bergb) / foso m de busca, cala f (MEJ) ‖ ⁓**raupe**, -einrichtung f, -gleiskettengerät n, -pflug m / oruga f excavadora con cubeta de arrastre ‖ ⁓**recht** n / permiso m de exploración ‖ ⁓**schacht** m / pozo m de exploración o de sondeo

Schürfung, Schürfstelle f / sitio m de exploración

Schürfwagen m (Bergb) / excavadora f rascadora

Schürloch n / boca f o aspillera de hogar, atizadero m

Schurre f, Rutsche f (Förd) / canal m o vertedor inclinado, lanzadero m, resbaladero m, tolva f

Schurrenverschluss m, Schüttklappe f / trampa f de descarga

Schursamt m (Tex) / terciopelo m cortado

Schürvorrichtung f, mechanischer Stoker / cargador m mecánico del hogar

Schurwolle f (Tex) / lana f esquilada o de esquileo ‖ **ungewaschene** ⁓ / lana f grasa o de churre

Schürze f (allg, Schürfbagger) / delantal m, mandil m ‖ ⁓ (Luftkissenfahrzeug) / faldón m ‖ ⁓ **eines Fahrzeugs** (Bahn) / carenado m de la parte inferior de un vehículo

Schurzeit f (Landw) / esquileo m

Schürzenstoff m (Tex) / tejido m para delantales

Schuss m, Abschuss m, Schießen n (Mil) / tiro m, disparo m ‖ ⁓, Knall m / estallido m, detonación f ‖ ⁓ m, Momentaufnahme f (Foto) / instantánea f ‖ ⁓, **Schießen** n (Bergb) / tiro m, voladura f ‖ ⁓ (Kessel) / virola f ‖ ⁓ f, Spritzvorgang m, Spritzung f (Kunststoff), embolada f ‖ ⁓ m, Schuss-, Einschlagfaden m (Web) / trama f, hilo m de trama ‖ ⁓, Schlag m (einzelner

Schuss

Schuss) (Web) / golpe *m*, batida *f*, picada *f* ‖ ~ *m*,
Schusslänge *f* (Web) / trayecto *m* de la lanzadera ‖ ~,
Durchschuss, Einschuss *m* (Fädengruppe) (Web) /
trama *f*, pasada *f* ‖ ~ *m pl* **je Zoll** (Web) / picadas *f pl*
por pulgada ‖ ~ **spulen** (Web) / devanar la trama ‖
~**atlas** *m* (Seide) / satén *m* de efecto trama ‖ ~**atlas**
(Baumwolle) / raso *m* ligero o por trama ‖ ~**band** *n*
(Fehler, Web) / barra *f* por trama ‖ ~**bandig** (Web) /
barrado por trama ‖ ~**bandigkeit** *f* (Web) / barras *f pl*
por trama ‖ ~**beobachtung** *f* (Mil) / observación *f* de
tiro ‖ ~**bereich** *m* (Bergb) / portada *f* de tiro ‖ ~**boden**
m (Hydr) / fondo *m* de caída ‖ ~**bolzen** *m* (Schlachthaus)
/ perno *m* percutor, percutor *m* ‖ ~**bruch** *m* (Web) /
rotura *f* de trama ‖ ~**dichte** *f* (Tex) / densidad *f* de
trama ‖ ~**drehung** *f* (Zwirnen) / torsión *f* a la
izquierda ‖ ~**effekt** *m* (Tex) / efecto *f* por trama ‖
~**einschlag** *m* (Fehler, Web) / inserción *f* de trama ‖
~**eintrag** *m* **durch Düsen** (Web) / inserción *f* de trama
por toberas ‖ ~**eintragautomat** *m* (Web) / autómata *m*
de inserción de trama ‖ ~**eintragen** *n*, -eintrag *m* /
inserción *f* de trama
Schüssel, Schale *f* / escudilla *f*, fuente *f* ‖ ~ *f* (Masch) /
caja *f*, taza *f*, cubo *m*, bandeja *f* ‖ ~**klassierer** *m*
(Bergb) / clasificador *m* de vasija o de taza ‖ ~**zinn** *n*
(Hütt) / estaño *m* duro
Schussfaden *m* (Web) / hilo *m* de trama ‖ ~ **ausziehen** /
sacar el hilo de trama ‖ ~**führer** / guía *f* de hilo de
trama ‖ ~**loses Band** / cinta *f* sin trama ‖ ~**richter** *m* /
enderezador *m* de los hilos de trama ‖ ~**-Richtgerät** *n*
für Schräge / enderezador *m* de trama oblicua ‖
~**-Richtgerät für Verzug** / enderezador *m* de trama
torcida ‖ ~**wächter-Einrichtung** *f* / mecanismo *m* de
paratramas ‖ ~**zahl** *f* / cantidad *f* de hilos de trama
Schuss • **fehler** *m* (Web) / trama *f* falsa, pasada *f*
equivocada ‖ ~**fehler**, Nest *n* (Web) / escarabajo *m*,
nido *m* ‖ ~**fertig**, -bereit (Mil) / listo para tirar ‖ ~**fest**,
-sicher / a prueba de balas ‖ ~**flottung** *f* (Tex) / basta *f*
de trama ‖ ~**folge** *f* (Mil) / cadencia *f* de disparos ‖
~**folge** (Plast) / cadencia *f* de inyecciones ‖ ~**folge**,
-muster *n* (Tex) / efecto *m* de haz por trama ‖ ~**führer**
m / pulsador *m* o palpador *o* tactor de trama ‖ ~**garn**
n (Spinn) / hil[ad]o *m* de trama ‖ ~**garnspule** *f*, Garn-,
Schussspule *f*, Kannette *f*, Kanette *f*, Canette *f*, Hülse
f (Web) / canilla *f* de trama ‖ ~**gerinne** *n* (Hydr) / canal
m derecho ‖ ~**gewicht** *n* (Plast) / peso *m* por embolada
‖ ~**kammgarn** *n* (Web) / trama *f* de estambre ‖ ~**köper**
m (Tex) / sarga *f* ligera, sarga *f* de (o por) trama ‖
~**kötzer** *m* (Web) / canilla *f* de trama ‖ ~**ladung** *f*
(Bergb) / carga *f* de tiro ‖ ~**länge** *f* (Web) / largo *m* de
trama ‖ ~**leistung** *f* (Plast) / capacidad *f* de inyección ‖
~**leistung** (Mil) / rendimiento *m* de tiro ‖ ~**linie**,
Fluglinie *f* (Ballistik) / trayectoria *f*, línea *f* de tiro ‖
~**loch** *n*, Schießloch *n* (Bergb) / barreno *m* ‖
~**löcherkrankheit** *f* (Landw) / cribado *m*,
apertigonado *m*, mal *m* de munición ‖ ~**muster** *n*,
-folge *f* (Tex) / efecto *m* de haz por trama ‖ ~**punkt** *m*
(Waffe) / punto *m* de disparo ‖ ~**rapport** *m* (Tex) /
raporte *m* de trama ‖ ~**richtung** *f* (Web) / en
dirección de trama ‖ ~**ring** *m* (Web) / anillo *m* para
canilla de trama ‖ ~**ringspinner** *f* / continua *f* de
anillos para trama ‖ ~**rinne** *f* (Hydr) / canal *m*
escarpado ‖ ~**rips** (Tex) / reps *m* de trama ‖ ~**samt**
m, Velvetin *m* / terciopelo *m* por trama ‖ ~**schwaden**
m pl (Mil) / vapores *m pl* de tiro ‖ ~**schweißung** *f* /
soldadura *f* por tiro ‖ ~**seide**, Trame *f* (Tex) / seda *f*
trama, trama *f* de seda ‖ ~**spulautomat** *m* /
encanilladora *f* automática de trama, canillera *f*
automática ‖ ~**spule** *f* (Web) / canilla *f* de trama ‖
~**spulen** *n* / encanillado *m* de trama ‖
~**spulenbehälter** *m* / caja *f* de canillas ‖ ~**spulerin** *f* /
encarretadora *f* de trama ‖ ~**spul-Magazin** *n* /
depósito *m* de canillas ‖ ~**spulmaschine** *f* / canillera *f*
o encanilladora de trana ‖ ~**streifen** (Fehler, Web) /
rayo *m* de trama, barra *f* de trama ‖ ~**verzug** *m* (Web) /

distorsión *f* de trama ‖ ~**wächter** *m* (Web) /
paratramas *m* ‖ ~**wächtergabel** *f* / horquilla *f* de
paratramas ‖ ~**wächtergitter** *n* / rejilla *f* de
paratramas ‖ ~**waffe** *f*, Feuerwaffe *f* / arma *f* de fuego
‖ ~**wechsel** *m* (Tex) / cambio *m* de canillas ‖
~**wechselautomat** *m* / cambiador *m* automático de
trama ‖ **auf** ~**weite** / a tiro ‖ ~**weite** *f* (Mil) / alcance *m*
de fuego o de tiro ‖ ~**zahl** *f* (Druckguss, Plast) / cadencia
f de moldeo, número *m* de emboladas por unidad de
tiempo ‖ ~**zahl** (Web) / cantidad *f* de tramas o pasadas
‖ ~**zähler** *m* (Tex) / contador *m* de pasadas,
cuentapasadar *m*
Schusterpech *n* / pez *f* de zapatero
Schute *f*, Leichter *m* (Schiff) / gabarra *f*, chalana *f*, lancha
f, barcaza *f*
Schuten • **sauger** *m*, pneumatische
Schutenleervorrichtung / draga *f* de succión para
gabarras, aspirador *m* de gabarras ‖ ~**träger** *m*,
LASH-Schiff *n* / buque *m* portagabarras
Schutt *m*, Trümmer *pl* (Geol) / escombros *m pl* ‖ ~ (Bau) /
cascotes *m pl*, escombros *m pl* ‖ ~, Trümmerschutt *m* /
ruinas *f pl* ‖ **mit** ~ **bedeckt** / cubierto de escombros
Schütt..., Kipp... / basculante, volcador
Schutt • **abfuhr** *f*, -entsorgung *f* (Bau) / recogida *f* de
escombros ‖ ~**abladeplatz** *m* / escombrera *f*
Schütt • **bereich** *m* (Bergb) / radio *m* de volqueo ‖ ~**beton** *m* /
hormigón *m* colado o de relleno ‖ ~**boden** *m* (Bau) /
terreno *m* de material vertido ‖ ~**damm** *m* (Bahn,
Straßb) / terraplén *m* ‖ ~**dichte** *f* / densidad *f* aparente
[de carga] a granel ‖ ~**dichte** (Plast) / densidad *f* de
polvo apilado
Schütte *f*, Rutsche *f* / vertedero *m*, vertedor *m* inclinado
Schüttel • **apparat** *m*, -vorrichtung *f* / sacudidor *m*,
vibrador *m* ‖ ~**apparat zur Herstellung von**
Kristalleis / agitador *m* de hielo ‖ ~**aufgeber** *m* (allg) /
alimentador *m* o cargador oscilante ‖ ~**belastung** *f*
(Luftf) / vibraciones *f pl*, sacudidas *f pl* ‖ ~**bewegung** *f* /
movimiento *m* vibratorio, sacudida *f* ‖ ~**bewegung**,
Schütteln *n* (Bahn, Fahrzeug) / zarandeo *m* ‖ ~**eis** *n* /
hielo *m* agitado transparente ‖ ~**fest** / resistente a
sacudidas ‖ ~**fest**, nicht vibrierend / sin vibraciones ‖
~**förderer** *m* / transportador *m* oscilante o vibrador ‖
~**herd** *m* (Aufb) / mesa *f* oscilante ‖ ~**herdofen** *m* /
horno *m* de mesa de sacudidas ‖ ~**knotenfänger** *m*
(Pap) / depurador de vaivén o con sacudidor ‖
~**maschine** *f* (Chem) / sacudidora *f*
schütteln, rütteln *vt* / agitar, vibrar, sacudir, remecer ‖
~ *vi*, stoßen (Luftf) / dar sacudidas ‖ ~ (zu viel Spiel
haben) / hacer juego ‖ **Flüssigkeiten** ~, rütteln /
agitar o menear líquidos ‖ **[leicht]** ~ / sacudir
ligeramente ‖ **vor Gebrauch** ~ **!** / i agítese antes de
usarlo! ‖ ~ *n*, Rütteln *n* / sacudimiento *m*, agitación *f*
Schüttel • **pfanne** *f* (Hütt) / cuchara *f* vibratoria ‖
~**pfannenmischer** *m* (Hütt) / mezclador *m* de cuchara
vibratoria ‖ ~**rinne** *f*, -rutsche *f* (Förd) / transportador
m vibratorio ‖ ~**rost** *m* / emparrillado *m* vibratorio,
parilla *f* de vaivén, parrilla *f* vibratoria ‖ ~**schreiber**,
-rekorder *m* / estilo *m* vibratorio ‖ ~**sieb** *n*, -rätter *m*
(Bergb) / criba *f* vibratoria o de sacudidas, clasificador
m vibrante ‖ ~**sieb** (Zuck) / tamiz *m* oscilante ‖ ~**tisch**
m / mesa *f* oscilante ‖ ~**tisch**, -vorrichtung *f* (Mat.Prüf)
/ mesa *f* sacudidora ‖ ~**tisch** (Bergb) / distribuidor *m*
de sacudidas ‖ ~**trichter** *m* / tolva *f* vibrante ‖
~**verteilerrinne** *f* (Förd) / distribuidor *m* oscilante,
canal *m* [distribuidor] vibratorio ‖ ~**vorrichtung** *f*,
-apparat *m* / dispositivo *m* sacudidor
schütten *vt* / echar, verter, tirar ‖ **auf den Boden** ~ /
echar al suelo
Schutter *n*, Haufwerk *n* (Bergb) / rocas *f pl* sueltas de
voladura
Schütter *m* (Straßb) / volcador *m* ‖ **makroseismisches**
~**gebiet**, Epizentralgebiet *n* (Geol) / área *f* epicentral,
área *f* de mayor vibración sísmica, zona *f* de sacudidas
macrosísmicas

Schuttern n **im Stollenbau** (Bergb) / evacuación f de rocas sueltas de voladura
Schutterwagen m (Bergb) / vagón m para rocas sueltas
Schüttfeuerung f / hogar m con carga continua
Schuttfließen n, -strom m (Geol) / corriente f de escombros
Schütt•gelb n (gelbe Lackfarbe) / amarillo m de espino cerval ‖ ⁓**gewicht** n / peso m a granel, peso m específico aparente ‖ ⁓**gewicht** (Plast) / densidad f aparente, peso m aparente
Schuttgrube f / pozo m de escombros
Schütt•gut n / producto m a granel, carga f a granel ‖ **als ⁓gut lagern** / apilar carga a granel ‖ ⁓**gut-Container** m / container m para producto[s] a granel ‖ ⁓**güter** n pl, Massengüter n pl / mercancía f a granel ‖ ⁓**gutfrachter** m (Schiff) / carguero m de mercancía a granel ‖ ⁓**gutwagen** m / vagón m para carga a granel
Schutt•halde f (Geol) / talud m detrítico ‖ ⁓**halde**, -berg m (Bau) / montón m de escombros, escombrera f, escorial m ‖ ⁓**halde** (Bergb) / escorial m
Schütthöhe f / altura f de carga volcada, altura f de apilado ‖ ⁓ (Bagger) / altura f de vaciado o de apilado
Schuttkegel m (Geol) / cono m de cantos rodados ‖ ⁓ **des Vulkans** / cono f de masa volcánica, cono m de erupción
Schütt•klappe f, Schurrenverschluss m / trampa f de descarga ‖ ⁓**koeffizient** m (Hydr) / coeficiente m de caudal
Schutt•kübel m / cubo m para cascote ‖ ⁓**lawine** f, Mure f (Geol) / avalancha f de barro y piedras
Schüttler m (Aufb) / mesa f sacudidora ‖ ⁓ **für Stroh** (Landw) / sacapajas m
Schütt•rinne f / vertedero m, lanzadero m ‖ ⁓**schicht** f (Chem) / lecho m apilado ‖ ⁓**sintern** n, Sintern n von losem Pulver / sinterización f de polvo suelto ‖ ⁓**stelle** f (Förderer) / puesto m de descarga
Schuttstrom m (Geol) / talud m de cantos rodados
Schütt•trichter m / tolva f de [des]carga ‖ ⁓**- und Rütteldichte** f (Pulver) / densidad f aparente antes y después de sacudir [el polvo]
Schüttung f (Bahn, Straßb) / acción f de balastrar, balastado m, balastaje m, terraplenado m ‖ ⁓, Aufschüttung f, Auftrag m / apilamiento m, terraplén m ‖ ⁓, Verteilung f / distribución f ‖ ⁓ (Brau) / carga f de materias primas [utilizada en cada fabricación] ‖ ⁓, Volumenzunahme f zwischen gewachsenem u. gebrochenem Zustand (Bergb) / esponjamiento m ‖ ⁓ f **einer Quelle** / caudal m o gasto de una fuente ‖ **in loser** ⁓ / a granel
Schütt•volumen, Volumen n je Gewichteinheit / volumen m aparente ‖ ⁓**waage** f / báscula f pesa-graneles ‖ ⁓**wagen** m (Straßb) / esparcidora f automotriz
Schuttwandern n (Geol) / fluencia f de talud
Schütt•weite f / alcance m o radio de apilamiento ‖ ⁓**wichte** f / densidad f a granel ‖ ⁓**winkel** m / ángulo m de talud
Schutz m / protección f ‖ ⁓, Erhaltung f / conservación f ‖ ⁓, Schutzvorrichtung f / dispositivo m protector o de protección ‖ ⁓, Panzer m / blindaje m, coraza f ‖ ⁓ m (ein Teil) (Wzm) / guarda f ‖ ⁓ **gegen unberechtigten Zugriff** (DV) / protección f de acceso ‖ ⁓ **der Privatsphäre** (DV) / protección f de la vida privada ‖ ⁓ m **von Daten** (gegen Auslegung als Befehle) (DV) / protección f de datos contra uso en programas
Schütz n, Schaltschütz n (Elektr) / contactor m [electromagnético], conyuntor m ‖ ⁓, Schütze f (Hydr) / compuerta f
Schutz•abdeckung f **für rotierende Teile** (Elektr) / caperuza f de protección ‖ ⁓**abstand** m (Eltronik) / intervalo m de protección ‖ ⁓**abstand** m (Bahn, Kompass) / distancia f de protección ‖ ⁓**anstrich** m / pintura f

protectora o de protección, capa f protectora ‖ ⁓**anstrich**, Antifäulnisfarbe f (Schiff) / pintura f de carena, capa f protectora antivegetal ‖ **mit ⁓anstrich versehen** / proteger por capa de pintura ‖ ⁓**anzug** m, -kleidung f / traje m protector o de protección, vestiduras f pl de protección ‖ ⁓**armatur** m (Freileitung) / cuerno m de protección ‖ ⁓**art** f (z.B. IP44) (Elektr) / modo m de protección ‖ ⁓**art für Maschinen** / grado m de protección ‖ ⁓**atmosphäre** f (Eltronik, Schw) / atmósfera f inerte o controlada ‖ ⁓**auskleidung** f (Rakete) / forro m interior ‖ ⁓**backen** f pl (Schraubstock) / mordazas f pl de protección ‖ ⁓**balg** m / fuelle m protector ‖ ⁓**band**, Sicherheitsband n (zwischen beiderseits zugeteilten Kanälen) (Eltronik) / banda f de guarda o de seguridad o de separación ‖ ⁓**behälter** m, Sicherheitshülle f (Nukl) / confinamiento m, cubierta f hermética, envoltura f de seguridad ‖ ⁓ **[beiz]druck** m (Tex) / imprimación f con reservas ‖ ⁓**beize** f (Färb) / reserva f ‖ ⁓**belag** m / cubierta f protector, recubrimiento m protector ‖ ⁓**bereich** (allg) / alcance m de protección, área f de protección ‖ ⁓**bereich**, -abstand m, -zone f (um feuergefährliche Objekte) / zona f de protección de fuego (alrededor de objetos inflamables) ‖ ⁓**beschlag** m / blindaje m de protección ‖ ⁓**bezug** m / cubierta f protectora ‖ ⁓**blech** n, -platte f / chapa f protectora ‖ ⁓**blech** (Fahrrad) / parafango m, guardabarros m, salvabarros m ‖ ⁓**bleiglas** n (Nukl) / vidrio m protector de plomo ‖ ⁓**blende** f / panel m de protección ‖ ⁓**brett** n / plancha f de protección ‖ ⁓**brille** f / gafas f pl de protección ‖ ⁓**brille** (mit Seitenschutz) / antiparras f pl de seguridad ‖ ⁓**brücke** f (Seilb) / puente m protector ‖ ⁓**bügel** m / asa f o brida de protección ‖ ⁓**bügel** (Schornstein) / aro m de escalera ‖ ⁓**bügel** (Elektr) / estribo m de protección ‖ ⁓**bühne** f (Bergb) / plataforma f de protección ‖ ⁓**dach** n, Wetterdach n (Bau) / tejado m de protección, sobradillo m ‖ ⁓**dach**, offener Schuppen / tinglado m, cobertizo m ‖ ⁓**dach** (Schlepper) / arco m de seguridad, protección f anticapotar ‖ ⁓**dach**, Vordach n / alero m ‖ ⁓**damm** m / dique m de contención o de abrigo ‖ ⁓**damm**, Deich m (mit dichtem Kern) (Hydr) / dique m protector (con núcleo compactado) ‖ ⁓**deck** n (Schiff) / cubierta f de abrigo ‖ ⁓**decke** f / cubierta f protectora ‖ ⁓**deckel** m / tapa f de protección ‖ ⁓**decker** (Schiff) / buque m con cubierta de abrigo ‖ ⁓**decker mit wahlweiser Einrichtung** / buque m con cubierta de abrigo cambiable ‖ ⁓**deich** m, (spez:) Uferdamm m / dique m de contención o de abrigo, presa f ‖ ⁓**diode** f (Eltronik) / diodo m de protección ‖ ⁓**draht**, Fangdraht m / alambre m de protección ‖ ⁓**-Dränung** f (Wassb) / drenaje m de protección ‖ ⁓**drossel** f (Elektr) / bobina f de inductancia protectora, inductancia f de protección ‖ ⁓**drossel gegen Wanderwellen** (Elektr) / bobina f de choque, inductancia f de protección contra las sobrecorrientes
Schütze (Hydr) / compuerta f
schützen vt, sichern / proteger ‖ ⁓ **[vor]** / preservar [de] ‖ ⁓ **[vor]**, abdecken [gegen] / resguardar [de la luz etc.] ‖ **vor Nässe zu** ⁓ **!** / ¡presérvese de la humedad! ‖ **vor Wärme [zu]** ⁓ / ¡presérvese del calor!
Schützen m (Web) / lanzadera f
Schützen•anlasssteuerung f (Elektr) / mando m de arranque por contactor[es] ‖ ⁓**antrieb** m (Web) / empuje m lanzaderas ‖ ⁓**auge** n (Web) / ojal m de la lanzadera ‖ ⁓**bahn** f (Web) / camino m de lanzadera, carrera f o trayectoria f de lanzadera ‖ ⁓**boden** m (Web) / fondo m de la caja de lanzadera
schützend, erhaltend, Schutz... / preservador, conservador, preservativo ‖ ⁓, Schutz... / protector, de protección
Schützen•fach n (Web) / caja f de lanzadera ‖ ⁓**fänger** m (Web) / guardalanzaderas m ‖ ⁓**flug** m / vuelo m o paso de lanzadera ‖ ⁓**gruppe** f (Elektr) / grupo m de

contactores ‖ ⁓**hinterwand** f (Web) / pared f trasera de la caja de lanzadera ‖ ⁓**kasten** m (Web) / caja f de lanzaderas ‖ **~los** (Tex) / sin lanzadera ‖ ⁓**panzer** m (Mil) / carro m blindado para transporte de soldados ‖ ⁓**schlag** m (Tex) / picada f de lanzadera ‖ ⁓**schlag** (Fehler, Web) / golpe m de la lanzadera ‖ ⁓**schleuse** f (Wassb) / esclusa f de compuertas ‖ ⁓**siel** n / esclusa f de dique con compuertas, acueducto m con compuertas ‖ ⁓**spindel** f (Web) / husillo f para lanzadera ‖ ⁓**spitze** f / punta f de lanzadera ‖ ⁓**steuerung** f (Elektr) / mando m por contactores ‖ **automatisches ⁓tor** (Hydr) / compuerta f de cierre automático ‖ ⁓**treiber** m (Web) / empuja lanzaderas m ‖ ⁓**-Umlenkstift** m / clavija f guialanzadera ‖ ⁓**vorderwand** f (Web) / pared f delantera de la caja de lanzaderas ‖ ⁓**webstuhl** m / telar m de lanzaderas ‖ ⁓**wechsel** m (Web) / cambio m de lanzaderas ‖ ⁓**wechselsteuerung** f (Web) / mando m de cambio de lanzaderas ‖ ⁓**wechsler** m (Web) / cambialanzaderas m ‖ ⁓**wehr** n (Wassb) / presa f de compuertas ‖ ⁓**wurf**, Schlag m (Web) / picada f de lanzadera

Schutz•erdung, -erde f (Elektr) / protección f por puesta a tierra, tierra f de protección ‖ ⁓**farbe** f / pintura f de protección ‖ ⁓**farbenanstrich** m gegen Sicht / pintura f encubridora o de camuflaje ‖ ⁓**film** f, -haut f / película f protectora ‖ ⁓**filter** m n / filtro m protector ‖ ⁓**filter** (Turboreaktor) / alcachofa f o cesta de aspiración ‖ ⁓**folie** f (Plast) / hoja f o lámina de protección ‖ ⁓**folie** (Repro) / hoja f antiabrasión ‖ ⁓**-Führungsrohr**, Führungsrohr n (Öl) / primer tubo revestidor m ‖ ⁓**funkenstrecke** f (Elektr) / descargador m de chispas de protección ‖ ⁓**gas** n, Inertgas n (Schw) / gas m inerte o protector, atmósfera f protectora ‖ ⁓**gas** (Reaktor) / gas m de cubierta ‖ ⁓**gas** (Ofen) / atmósfera f controlada ‖ **gas beim Gießen** / gas m inerte o protector durante la colada ‖ ⁓**gasatmosphäre** f (Schw) / atmósfera f gaseosa protectora ‖ ⁓**gasbereitung** f (Ofen) / generación f de gas inerte ‖ ⁓**gasflammen** n, -gasglühen n / recocido m en atmósfera gaseosa protectora ‖ ⁓**gas[hart]löten** / soldeo m fuerte en atmósfera gaseosa protectora ‖ ⁓**gaskontakt** m (Elektr) / contacto m bajo gas protector, contacto m de lámina flexible ‖ ⁓**gas-Lichtbogenschweißung** f / soldadura f de arco voltaico en atmósfera protectora ‖ ⁓**gasmantel** m (Schw) / envolvente m de gas protector ‖ ⁓**gasofen** m / horno m con atmósfera protectora ‖ ⁓**gaspolster** n, -gaspuffer m (Nukl) / capa f de gas protector ‖ ⁓**gasschweißung** f / soldadura f en atmósfera protectora ‖ ⁓**gegenstand** m (allg, Patent) / objeto m de protección ‖ ⁓**gehäuse** n / cárter m protector ‖ ⁓**geländer** n (Bau) / barandilla f, guardacuerpo m ‖ ⁓**geräte** n pl / aparatos m pl de protección ‖ ⁓**geräte** (Elektr) / dispositivos m pl protectores ‖ ⁓**gerüst** n (Bau) / andamio m de protección ‖ ⁓**gitter** n / rejilla f protectora ‖ ⁓**gitter** (zw. Ladung u. Fahrer) (Flurförderer) / reja f de protección ‖ ⁓**gitter** (Funk) / rejilla f de control o de mando ‖ ⁓**glas** n / cristal m o vidrio protector ‖ ⁓**glocke** f (Elektr) / campana f de protección ‖ ⁓**hafen** m / puerto m de refugio ‖ ⁓**handschuh** m / guante m de protección, manopla f ‖ ⁓**haube** f / cubierta f o cofia protectora o de protección ‖ ⁓**haube für Rollen** / cubierta f de poleas ‖ ⁓**helm** m (Bau, Kfz) / casco m protector ‖ ⁓**helm für Rollerfahrer** / casco m de scooterista ‖ ⁓**horn** n (Elektr) / cuerno m descargador, electrodo m de guarda ‖ ⁓**hülle** f / envoltura f o funda protectora ‖ ⁓**hülle des Kabels** / envoltura f o envuelta de cable ‖ ⁓**hülle für Kabel**, Durchführungstülle f / manguito m protector o de protección ‖ ⁓**hütte** f / refugio m de montaña ‖ ⁓**insel** f, Verkehrsinsel f (Straß) / isla f de refugio, refugio m [de peatones], burladero m ‖ **~isoliert** (Elektr) / a prueba de choques eléctricos, a prueba de sacudidas eléctricas ‖ ⁓**isolierung** f / aislamiento m de protección ‖ ⁓**kabine** f (Flurförderer) / cabina f protectora ‖ ⁓**kammer** f, Handschuhkasten m (Nukl) / caja f de manipulación con guantes, cámara f de guantes ‖ ⁓**kanal** m (Fernm) / canal m protector o de protección ‖ ⁓**kappe** f / caperuza f o tapa protectora ‖ ⁓**kappe** (Foto) / tapalente m, tapa f de objetivo ‖ ⁓**kasten** m (Masch) / caja f de protección, cárter m ‖ ⁓**kegel** (Blitzableiter), -kreis m, -zone des Blitzableiters f / zona f [protectora] de pararrayos ‖ ⁓**kennlinie** f (Relais) / característica f de selección [de un relé] ‖ ⁓**kleidung** f / ropa f protectora, vestiduras f pl de protección ‖ ⁓**-Kleinspannung** f (Elektr) / tensión f baja de protección ‖ ⁓**kolloid** n (Chem) / coloide m protector ‖ ⁓**kolloid in einem lyophoben Sol**, Inhibitionsphase f / fase f inhibitoria ‖ ⁓**kontakt** m (Elektr) / contacto m de puesta a tierra ‖ ⁓**kontaktschalter** m / conmutador m de seguridad ‖ ⁓**kontaktsteckdose** f / caja f de enchufe con puesta a tierra o con tomatierra ‖ ⁓**kontaktstecker**, Schukostecker m (Elektr) / ficha f con puesta a tierra, clavija f bipolar con tomatierra ‖ ⁓**korb** m / cesta f de protección ‖ ⁓**lack** m / barniz m protector ‖ ⁓**lack**, Resist n (Tex) / reserva f ‖ ⁓**abreißbarer ⁓lack** / barniz m protector pelable ‖ ⁓**lack gegen Gleitfunkenbildung** (Elektr) / barniz m antiflash ‖ ⁓**lack gegen Schwamm- und Pilzbefall** / barniz m fungicida ‖ ⁓**leiste** f, -schiene f (Kfz) / barra f lateral de protección ‖ ⁓**leiste** (Elektr) / listón m protector ‖ ⁓**leiter** m, PE / conductor m protector ‖ ⁓**leiter**, SL m / conductor m de puesta a tierra ‖ ⁓**manschette** f (Ventil) / fuelle m protector ‖ ⁓**manschette** (Nukl) / funda f protectora, manguito m de protección ‖ ⁓**mantel** m / envuelta f protectora ‖ ⁓**mantel** (Reaktor) / pantalla f biológica ‖ ⁓**mantel** (Sicherheitslampe) (Bergb) / cesta f de protección (lámpara de minero) ‖ ⁓**marke** f / marca f registrada ‖ ⁓**markierung** f (DV) / rótulo m de protección ‖ ⁓**maske**, Gesichtsmaske f / máscara f o careta protectora o de protección ‖ ⁓**masse**, -beize f (Textildruck) / reserva f ‖ ⁓**maßnahmen** f pl / medidas f pl de protección ‖ ⁓**maßnahmen**, -handlung f (Nukl) / acción f de protección ‖ ⁓**maßnahmen** (Mil) / anticontramedidas f pl ‖ ⁓**mauer** f (Brüstung) (Bau) / muro m de defensa o de contención ‖ ⁓**mauer gegen Lawinen** / muro m derivador de avalanchas ‖ ⁓**mittel** n, Präservativ n / preservativo m ‖ ⁓**muffe für Kabel** / manguito m de protección para empalme de cables ‖ ⁓**muffe gegen Abrieb** f / manguito m antiabrasivo ‖ ⁓**netz** n (Hochsp.Ltg) / red f protectora o de protección

Schütznische f (Hydr) / pozo m de compuerta

Schutz•öl n / aceite m protector ‖ ⁓**ort** n (Bergb) / abrigo m, refugio m ‖ ⁓**panzer** m (Nukl) / blindaje m de plomo ‖ ⁓**papier** n (für Haftetiketten) / papel m de protección ‖ ⁓**papp** m, -masse f (Tex) / reserva f ‖ ⁓**pfeiler** m (Bergb) / pilar m protector ‖ ⁓**platte** f, -blech n / chapa f protectora o de defensa ‖ ⁓**platte der Feuertür** / placa f interior de la puerta del hogar ‖ ⁓**raum** m (Mil, Nukl) / abrigo m, refugio m ‖ ⁓**reagens**, -reagenz n (Flotation) / agente m preservador ‖ ⁓**relais** f (Elektr) / relé m de protección ‖ ⁓**relais gegen Spannung** / relé m de tensión ‖ ⁓**riegel** m (Bau) / barandilla f de andamiaje ‖ ⁓**rille** f (Schallplatte) / surco m final ‖ ⁓**ring** m, Sprühschutzwulst m f (Elektr) / anillo m guarda o de protección ‖ ⁓**ring** (Lager) / anillo m o collar protector ‖ ⁓**ringkondensator** m (Eltronik) / capacitor m del anillo guarda ‖ ⁓**rohr** n / tubo m protector ‖ ⁓**rohr** (Thermometer) / tubo m protector para termómetros de inmersión ‖ ⁓**rohr an einem Bohrungsknick** (Öl) / tubo m de desgaste ‖ ⁓**rohrkontakt** m (Elektr) / contacto m de láminas flexibles o magnéticas ‖ ⁓**rohrkontaktkoppler** m (Fernm) / acoplador m con relé de láminas flexibles ‖ ⁓**schalter** m (Elektr) /

interruptor *m* de protección, disyuntor *m*[de protección) ‖ ⁓**schalter**, Schalter *m* mit Berührungsschutz / conmutador *m* con puesta a tierra ‖ ⁓**schaltung** *f* (Elektr) / circuito *m* protector ‖ ⁓**schaltung**, -art *f* (Elektr) / sistema *m* de protección ‖ ⁓**scheibe** *f* / vidrio *m* protector, vidriera *f* o luna protectora ‖ ⁓**scheibe** (TV) / pantalla *f* de protección ‖ ⁓**schicht** *f* / capa *f* protectora ‖ ⁓**schicht**, Deckschicht *f* / capa *f* cubriente ‖ ⁓**schicht**, Isolierschicht *f* / capa *f* aislante ‖ ⁓**schicht** (Bau) / capa *f* antiabrasiva ‖ **natürliche** ⁓**schicht bei Blei usw.** **gegen Korrosion** / capa *f* de autoprotección ‖ ⁓**schiene** *f* (Bahn) / contracarril *m* (E), contrarriel *m* (LA), guardarriel *m* (LA) ‖ ⁓**schienenzwinge** *f* (Bahn) / tornillos *m* *pl* de contracarril ‖ ⁓**schiff** *n*, [seitliches] Schutzschiff für Schubschiffzüge / gabarra *f* de protección para convoy de empuje ‖ ⁓**schild** *m* / escudo *m* o casco de protección ‖ ⁓**schild** (Hochsp.Isolator) / pantalla *f* estática de alta tensión ‖ ⁓**schild bei Sprengungen** (z.B. vorgelagertes Haufwerk) (Bergb) / amortiguador *m* ‖ ⁓**schirm** *m* (Kath.Str) / pantalla *f* protectora ‖ **mit** ⁓**schirm** (Elektr) / protegido ‖ ⁓**schlauch** *m* (Plast) / tubo *m* plástico de aislamiento ‖ ⁓**schleuse** *f* (Hydr) / esclusa *f* protectora ‖ ⁓**seite** *f*, Leerseite *f* (Druck) / página *f* en blanco ‖ ⁓**sicherung** *f* (Nukl) / fusible *m* de seguridad ‖ ⁓**software** *f* (DV) / software *m* protector ‖ ⁓**spirale** *f* / espiral *f* protectora ‖ ⁓**spule** *f* (Elektr) / bobina *f* de protección ‖ ⁓**stoff** *m*, Antikörper *m* / anticuerpo *m* ‖ ⁓**stoff** (Öl) / inhibidor *m* ‖ ⁓**strecke** *f* (Fernm) / sección *f* enteramente protegida ‖ ⁓**strecke** (Bahn) / espaciamiento *m* de seguridad ‖ ⁓**strecke** (Fahrleitung) / sección *f* neutra ‖ ⁓**streckensignal** *n* (Bahn), señal *f* preventiva de sección neutra ‖ ⁓**streifen** *m*, -gürtel *m* (aus Bäumen) (Landw) / bosque *m* de protección, franja *f* arbolada ‖ ⁓**streifen** (Straß) / franja *f* de seguridd ‖ ⁓**streifen** (für Fußgänger) (Verk) / refugio *m* ‖ ⁓**streifen [mit Gras] zwischen Feldern** (Landw) / lindero *m*, linde *m* ‖ ⁓**stromkreis** *m* (Fernm) / circuito *m* de guarda o de seguridad ‖ ⁓**stulpe** *f*, Armschützer *m* (Strahlen) / puño *m* protector ‖ ⁓**stumpf** *m*, -stumpen *m* (Schweiz) (Bahn) / vía *f* de seguridad, estrellero *m* ‖ ⁓**system** *n* (Elektr) / sistema *m* de protección ‖ ⁓**transformator** *m*, -trafo *m* / transformador *m* de protección ‖ ⁓**trenner** *m* / seccionador *m* de fusible ‖ ⁓**tülle** *f*, Durchführungstülle *f* (Kabel) / tubo *m* de protección de cables, pasamuro *m* ‖ ⁓**überzug** *m* / recubrimiento *m* protector ‖ ⁓**überzug**, Schutzhülle *f* (gespritzt, für Transport) (Verp) / envoltura *f* de protección tipo blister ‖ ⁓**überzug** (Galv) / capa *f* protectora ‖ ⁓**umschlag** *m* (Druck) / sobrecubierta *f*, camisa *f* ‖ ⁓**vakuum** *n* / vacío *m* de protección ‖ ⁓**verdeck** *n* (Kfz) / capota *f* o cubierta de protección ‖ ⁓**verkleidung** *f* / revestimiento *m* protector ‖ ⁓**vermerk** *m* / nota *f* de protección ‖ ⁓**verpackung** *f* / embalaje *m* protector ‖ ⁓**verstärker** *m* (Eltronik) / amplificador *m* de trampa ‖ ⁓**vorhang**, Kettenvorhang *m* / cortina *f* de cadena[s] ‖ ⁓**vorrichtung** *f* / dispositivo *m* protector o de protección ‖ ⁓**vorrichtung**, Sicherheitsvorrichtung *f* / dispositivo *m* de seguridad ‖ ⁓**vorrichtung**, -abdeckung *f* / cubierta *f* ‖ ⁓**vorrichtung** *f* **zur Unfallverhütung** / dispositivo *m* para la prevención de accidentes ‖ ⁓**wagen** *m* (Bahn) / vagón *m* intermedio o de choque o de seguridad ‖ ⁓**wall** *m* (Öl) / terraplén *m* de protección ‖ ⁓**wand** *f* (Bau) / muro *m* protector, pared *f* de protección ‖ ⁓**wand**, -gitter *n* (Bau) / reja *f* de protección ‖ ⁓**wand gegen Überschläge** (Elektr) / pantalla *f* antiarco o cortaarcos ‖ ⁓**wanne** *f* (z.B. einer Leuchte) / cubeta *f* de protección ‖ ⁓**wehr** *n* (Wassb) / presa *f* de protección ‖ ⁓**weiche** (Bahn) / cambio *m* de vía de seguridad ‖ ⁓**wert** *m* (Nukl) / factor *m* de protección de

precipitación radiactiva ‖ ⁓**wert** (Galv) / valor *m* de protección ‖ ⁓**widerstand**, Vorwiderstand *m* (Elektr) / resistor *m* de protección ‖ ⁓**wirkung** *f*, -effekt *m* / eficacia *f* de protección ‖ ⁓**zahl**, Goldzahl *f* (Kolloid) / número *m* de oro ‖ ⁓**ziffer** *f* (DV) / dígito *m* de protección ‖ ⁓**zone** *f* (um feuergefährliche Objekte), -abstand *m* / zona *f* [protectora] de parrarayos
Schwabbel·bock *m* / banco *m* de pulir con disco de paño ‖ ⁓**maschine** *f* / pulidora *f* con disco de paño
schwabbeln *vt* (Galv) / pulir con disco de trapo o de paño, pulir con rueda de trapos ‖ ⁓ *n* / pulido *m* con rueda de trapos, pulido *m* con disco de trapo o de paño
Schwabbel·paste *f* / pasta *f* de pulido con disco de trapo ‖ ⁓**[scheibe]** *f* (Galv) / disco *m* pulidor de trapo o de paño
schwach, dünn / delgado, fino, tenue ‖ ~, nicht widerstandsfähig / débil, poco resistente o robusto ‖ ~, verdünnt (Lösung) / diluido, desleído, flojo ‖ ~, leicht (Geruch) / ligero ‖ ~ (der Gehalt) / bajo, poco, ligero ‖ ~ (Gas) / pobre ‖ ~ (Opt) / de baja potencia ‖ ~, kraftlos / débil, endeble, flojo, sin fuerza o vigor ‖ ~, geringfügig / poco, ligero, insignificante ‖ ~, klein, wenig / poco, bajo ‖ ~, dünn (Linien) / fino, delgado ‖ ~, dünn (Blech) / fino, de poco espesor ‖ ~, dünn (Flüssigkeit) / flojo, diluido ‖ ~, dünn (Bier) / flojo ‖ ~, trübe (Licht) / oscuro, débil, mortecino ‖ ~ (Elektr) / débil ‖ ~, unzulänglich / insuficiente ‖ **- stark** (Brenner) / bajo - fuerte ‖ **aktiv** (Nukl) / débilmente radiactivo, de baja radiactividad ‖ ~**er Amtston** (Fernm) / tono *m* de la central de nivel bajo ‖ ~ **angereichert** / poco enriquecido ‖ ~ **basisch** (Chem) / débilmente básico ‖ ~ **beheizt**, Spar... (Eltronik) / de baja temperatura (emisor) ‖ ~**e Brise** (Windstärke 3) (Meteo) / brisa *f* ligera, airecillo *m*, vientecillo *m* (LA) ‖ ~ **flüchtig** / de baja volatilidad ‖ ~ **gedämpft** / débilmente amortiguado ‖ ~ **gedreht** (Spinn) / poco torcido ‖ ~ **geleimt** (Pap) / débilmente encolado, ligeramente encolado ‖ ~ **geschränkt** (Säge) / poco triscado ‖ ~ **geworden** / debilitado ‖ ~**er Impuls** / impulso *m* débil ‖ ~ **ionisiert** / ligeramente ionizado ‖ ~**e Konvergenz** (Math) / convergencia *f* débil ‖ ~**e Kopplung** (Nukl) / acoplamiento *m* débil o flojo ‖ ~**e Kraft** (Nukl) / interacción *f* débil ‖ ~ **löslich** (Chem) / débilmente soluble ‖ ~**e Lösung** / solución *f* ligera ‖ ~**es Lösungsmittel** / solvente *m* débil ‖ ~**es Magnetfeld** / campo *m* magnético débil ‖ ~ **maschinenglatt** / débilmente alisado en la máquina ‖ ~ **säuerlich** / débilmente ácido, ligeramente ácido ‖ ~ **versilbern** / platear ligeramente ‖ ~**e Wechselwirkungen** *f* *pl* (Atom) / interacciones *f* *pl* débiles ‖ **Aufnahmekamera** *f* **für** ~ **leuchtende Sterne** / cámara *f* fotográfica para astros de luz débil
schwach·basisch / débilmente básico ‖ ⁓**beregnung** *f* (Landw) / riego *m* por aspersión ligera ‖ ⁓**brand** *m* (Keram) / cochura *f* insuficiente ‖ ⁓**brandstein** *m* (Hütt) / ladrillo *m* débilmente cocido
Schwäche *f* (allg) / debilidad *f* ‖ ⁓ (Licht, Ton) / baja intensidad *f*
Schwacheinstellung *f* (Bremse) / selección *f* baja
schwächen *vt* / debilitar, atenuar ‖ ~, brüchig machen / hacer frágil ‖ ~, dämpfen (Eltronik, Fernm) / atenuar
schwächer machen, schwächen / debilitar, reducir, disminuir, atenuar ‖ ~ **werden**, nachlassen *vi* / aflojarse ‖ ~ **werden**, sich verjüngen / estrecharse, disminuir ‖ ~ **werden** *n* (Säule) / adelgazamiento *n* ‖ ⁓**werden**, Einziehen *n* (Bau) / estrechamiento *m*, disminución *f*
Schwach·feld... (Phys) / de campo débil ‖ ⁓**feld-Magnetscheidung** *f* / separación *f* magnética de baja intensidad ‖ ⁓**gas**, Armgas *n* / gas *m* pobre ‖ ⁓**gas**, Hochofengas *n* / gas *m* de alto horno ‖ ⁓**holz** *n* (Forstw) / madera *f* débil ‖ ~**körnige Einformung** *f* (Hütt) / esferoidización *f* quebradizada ‖ ⁓**ladung** *f* /

Schwachlast

carga f débil ǁ ~last f / carga f ligera o baja o reducida ǁ ~lastprüfung f / ensayo m sobre carga ligera ǁ ~lastzeit f (Verkehr) / horas f pl de poco tráfico, período m valle ǁ ~lastzeit (Fernm) / período m de tráfico escaso ǁ ~legiert, niedriglegiert / de baja aleación, de aleación pobre ǁ ~motorig, Niederleistungs... / de baja potencia ǁ ~stelle f / punto m débil ǁ ~stellenprüfung f / examen m de puntos débiles
Schwachstrom m (Elektr) / corriente f de bajo voltaje, corriente f de baja intensidad ǁ ~kabel n / cable m de bajo voltaje ǁ ~kabel, Fernmeldekabel n / cable m de telecomunicación ǁ ~relais n / relé m de baja potencia ǁ ~technik f / técnica f de bajo voltaje, técnica f de corrientes de baja intensidad ǁ ~technik, Nachrichten-, Fernmeldetechnik f / técnica f de telecomunicación
Schwächung f, Abschwächung f (allg, Opt) / debilitación f, debilitamiento m ǁ ~ (Funk, Phys) / atenuación f ǁ ~, Extinktion f (Phys) / extinción f ǁ ~ **der Triebkraft** (z.B. durch Bakterien) (Bot) / atenuación f
Schwächungs•faktor m (Rauschen) / factor m de reducción ǁ **[materieller]** ~**faktor** (Nukl) / factor m de atenuación ǁ ~**glied** n (Eltronik) / atenuador m ǁ ~**koeffizient**, -exponent m (Chem) / coeficiente m de extinción ǁ ~**widerstand** m (Elektr) / resistor m amortiguador de excitación ǁ ~**widerstand** (Fernm) / potenciómetro m de un repetidor telefónico
Schwach•versilberung f / plateado m de capa delgada ǁ ~**wandig**, dünnwandig / de pared[es] delgada[s]
Schwaddrusch m (Landw) / trilla f de cordones
Schwaden m, Schwade f, Schwad m (Landw) / gavilla f, cordón m, camba f, hilera f ǁ ~, Dampf m / vapor m[denso] ǁ ~, Stickwetter n (Bergb) / mofeta f, humpe m, bochorno m (MEJ) ǁ ~ **Heu** (Landw) / tajo m de heno, ringlera f de heno segado ǁ **auf** ~ **ziehen**, schwaden / rastrillar en cambas, agavillar, acordonar, hilerar, andanar ǁ ~**förderer** m / cargadora f de gavillas ǁ ~**kondensator** m / condensador m de vapor ǁ ~**zeiger**, Wetterzeiger m (Bergb) / detector m de grisú, gasoscopio m
Schwad•leger, -former m (Landw) / rastrillo m hilerador ǁ ~**lüfter**, -verleger m (Landw) / aireador m de cordones ǁ ~**mäher** m (Heu) (Landw) / guadañadora-hileradora f, segadora-hileradora o agavilladora f ǁ ~**rechen** m (Mähmaschine) / reja f de alineadora, rastrillo m de gavillas ǁ ~**wender** m / volteadora f de gavillas
schwalben vt, mit Schwalbenschwanz-Überblattung verbinden (Tischl) / ensamblar a cola de milano ǁ ~**nest** n (ein Wasserablauf) (Schiff) / cofa f
Schwalbenschwanz m, Zinke f (Tischl) / cola f de milano ǁ ~ (Schiff) / cola f de pato ǁ **verdeckter** ~ (Tischl) / cola f de milano cubierta ǁ ~**einschnitt** m / entalla f de cola de milano ǁ ~**förmig** / en forma de cola de milano ǁ ~**keil** m (Masch) / chaveta f en cola de milano ǁ ~**überblattung** f, -blatt n (Tischl) / ensambladura f a media madera en cola de milano ǁ ~**verbindung** f, -zinkung f (Tischl) / ensambladura f en cola de milano ǁ ~**zwilling** m (Krist) / macla f en cola de golondrina, ortopinacoide m
Schwalgloch n (Hydr) / cavidad f de infiltración
Schwall m, Guss Wasser m / chorro m de agua ǁ ~ (Flamme) / torrente m ǁ ~**blech** n / chapa f protectora contra chorro[s] de agua ǁ ~**-Löten** / soldadura f en ola de estaño ǁ ~**raum** m, Wasserschloss n (Hydr) / cámara f o chimenea de equilibrio, pozo m de oscilación ǁ ~**wand** f (Kesselwagen) / tabique m rompeolas ǁ ~**wasser** n / salpicaduras f pl de agua ǁ ~**wassergeschützt** (Elektr) / a prueba de salpicaduras de agua, protegido contra los chorros de agua ǁ ~**wasserschutz** m (gegen Abspritzen mit Schlauch) (Elektr) / protección f contra los chorros de agua ǁ ~**welle** f (Hydr) / ola f de choque

Schwamm m / esponja f ǁ ~, Pilz m (Bot) / hongo m, seta f ǁ ~, Hausschwamm, Holzschwamm m, trockene Fäulnis (Bau) / moho m, hupe f ǁ ~**artig** / fungiforme ǁ ~**artige Erstarrung** (Gieß) / solidificación f esponjosa ǁ ~**blei** n / plomo m esponjoso ǁ ~**eisen** n, Eisenschwamm m (Hütt) / hierro m esponjoso, esponja f de hierro ǁ ~**elektrode** f (Galv) / electrodo m esponjoso
schwämmen vt, verschwammen (Keram) / esponjar
Schwamm•gummi n m / goma f esponjosa o macrocelular ǁ ~**gummidichtungsstreifen** m / tira f de guarnición de goma macrocelular
schwammig, pilzig, Pilz... (Bot) / fungoso, fúngico ǁ ~, locker / poroso ǁ ~, schwammförmig / esponjoso ǁ ~ (Holz) / de pudrición fungosa, enmohecido ǁ ~, aufsaugend (Pap) / esponjoso, absorbente ǁ ~**er Aluminiumguss** (Hütt) / fundición f esponjosa de aluminio ǁ ~**es Fett**, Schwammfett n / grasa f esponjosa ǁ ~**er Kopf** (Hütt) / cabeza f esponjosa ǁ ~**e Masse** / masa f esponjosa
Schwamm•kunststoff m / plástico m esponjoso o macrocelular ǁ ~**pulver** n (Sintern) / polvo m esponjoso
Schwanenhals m (Rohr, Spritzform) / cuello m de cisne ǁ ~**förmig** / en [forma de] cuello de cisne ǁ ~**isolator** m (Elektr) / aislador m con soporte en forma de cuello de cisne ǁ ~**lichtleiter** m / conductor m de luz en forma de cuello de cisne ǁ ~**lüfter** m (nach unten zurückgebogenes Abluftrohr) (Schiff) / ventilador m en cuello de ganso ǁ ~**mikrophon** n / micrófono m en cuello de cisne ǁ ~**spindel** f (Fernm) / soporte m en U de tornillo
schwängern vt, tränken (Chem) / impregnar (de), saturar (de)
schwanken vt / vacilar, oscilar ǁ ~, schaukeln, wanken / tambalear[se], bambolear[se] ǁ ~, fluktuieren / fluctuar ǁ ~, sich hin u. her bewegen / balancearse ǁ **innerhalb weiter Grenzen** ~ / fluctuar o variar dentro de límites extensos ǁ ~ n, Schwankung f, schwankende Bewegung / oscilación f, vacilación f ǁ ~, Taumeln n / tambaleo m ǁ ~, Schaukeln n / balanceo m, bamboleo m ǁ ~ n, Vibrieren n, Rattern n / cimbreo m ǁ ~, Rollen n (Bahn) / balanceo m, rolido m (LA) ǁ ~, langsames Einschwingen / libración f ǁ ~, Unbeständigkeit f / variabilidad f, inestabilidad f ǁ ~, [Bedarfs]schwankungen f pl / variación f, variabilidad f
schwankend, taumelnd / vacilante, tambaleante ǁ ~, variabel / variable ǁ ~, kippend / basculante ǁ ~, unbeständig / inestable, inconstante ǁ ~, schwingend / oscilante ǁ ~, transient (Phys, Werte) / transitorio ǁ ~**e Wasserführung** / flujo m variable
Schwankhalle f (Brau) / sala f de limpieza de barriles
Schwankung f, Fluktuation f / fluctuación f ǁ ~, statistische Streuung (Nukl) / dispersión f estadística, variación f aleatoria o casual, fluctuación f ǁ ~, Schwingung f / balanceo m, oscilación f ǁ ~ f, Veränderung f / variación f ǁ ~, Libration f (Astr) / libración f ǁ ~, Betrag m der Schwankung / valor m de cresta a valle
Schwankungs•..., Variations... / variacional, de variación ǁ ~**bereich** m / alcance m de variación, amplitud f de variación ǁ ~**freier Strom** / corriente f de precisión ǁ ~**welligkeit** f / factor m de ondulación de cresta, factor m de rizado de cresta
Schwanz m / cola f ǁ **über den** ~ **abgleiten** (Luftf) / hacer un resbalamiento (o patinado) de cola ǁ ~**abschneider** m (Zuck) / separador m de radicelas o de colas ǁ ~**ende** n (Zuck) / punta f de radicela ǁ ~**fläche** f (Luftf) / superficie f de cola ǁ ~**flosse** f (Luftf) / estabilizador m de cola ǁ ~**gesteuert** (Luftf) / gobernado por la cola ǁ ~**hammer** m (Wz) / martinete m estiriano o de cola ǁ ~**lastig** (Luftf) / pesado de cola, apopado ǁ ~**lastige Trimmung** / equilibrado m

pesado de cola ‖ ⁓**lastigkeit** f / pesadez f de cola ‖ ⁓**leitwerk** n / empenaje m de cola ‖ ⁓**los** (Luftf) / sin cola ‖ ⁓**rad** n / rueda f de cola ‖ ⁓**rotor** m (Luftf) / rotor m de cola, rotor m compensador o antipar ‖ ⁓**ruder** n (Luftf) / timón m de cola ‖ ⁓**schwimmer** m (Flugboot) / flotador m de cola ‖ ⁓**sporn** m, -kufe f (Luftf) / patín m de cola ‖ ⁓**steuerung** f / mando m de cola ‖ ⁓**strom** m (Eltronik) / corriente f de cola ‖ ⁓**trimmer** m (Luftf) / equilibrador m de cola ‖ ⁓**welle** f (Luftf) / onda f posterior o de popa ‖ ⁓**welle** (Schiff) / cola f del árbol ‖ ⁓**wolle** f (Tex) / lana f de la cola
Schwappdämpfung f (Raumf) / amortiguación f o estabilización de traqueteo
Schwappen n (von Flüssigkeit in einem Behälter) (allg) / oscilaciones f pl de nivel ‖ ⁓ (Schwingungen flüssiger Treibstoffe mit freier Oberfläche) (Luftf) / traqueteo m
Schwapp•schutz m (Akku) / deflector m ‖ ⁓**schutz** (Tank) / tabique m de traqueteo
Schwarm m (Teilchen) / enjambre f ‖ ⁓**bildung** f (Moleküle) / formación f de un enjambre de moléculas
schwärmen vi (Insekten) / enjambrar
Schwärmer m (Zool) / esfinge f ‖ ⁓ (Feuerwerk) / buscapiés m
Schwarmwasser n / agua f de hidratación
Schwarte f, **Schwartenbrett** n (Zimm) / tabla f costera, costero m ‖ ⁓ (Speck) / corteza f de tocino ‖ ⁓ (Bergb) / costero m ‖ ⁓ (Gieß) / corteza f
Schwarten•absägen n (Holz) / aserrado m de costeros ‖ ⁓**schälmaschine** f (Holz) / descortezadora f de tablas
Schwartzschild-Richtantenne f (Radar) / antena f de Schwartzschild
schwarz / negro ‖ ~**er Absorberstab** (Nukl) / barra f absorbedora negra ‖ ~**er Diamant** / carbonado m, diamante m negro ‖ ~**es Ebenholz** / ébano m negro ‖ ~**er Fleck** / ennegrecimiento m, mancha f negra ‖ ~**er Fleck** (Kaffee) / punto m negro ‖ ~**er Halo** (Astr) / halo m negro ‖ ~**er Kaltschweißstelle** / pegadura f negra ‖ ~**er Körper** (Phys) / cuerpo m negro ‖ ~**es Loch** (Astr) / agujero m negro ‖ ~ **machen o. werden** / ennegrecer[se] ‖ ~**er Maulbeerbaum** / moral m ‖ ~**er Porphyr** (Min) / porfido m negro ‖ ~**es Pünktchen** (Stärke) / punto m negro ‖ ~**es Ränderemail** / esmalte m negro de bordear ‖ ~**es Roheisen** (Hütt) / arrabio m negro ‖ ~**er Sand** (Gieß) / arena f negra ‖ ~**e Strahler** (Phys) / radiador m negro o de Planck ‖ ~**e Strahlung** (Phys) / radiación f del cuerpo negro ‖ ~**e Temperatur**, **Schwarzkörpertemperatur** f / temperatura f del cuerpo negro ‖ ~**er Temperguss** (Hütt) / fundición f maleable negra, fundición f de corazón negro ‖ ~**e Zelle** / fotopila f negra ‖ ⁓ n, **Schwärze** f / negro m ‖ ⁓ **auf Schwarz** (TV) / negro m sobre negro ‖ ⁓ **hinter Weiß** (Fehler, TV) / negro m detrás de blanco, blanco m seguido de negro
Schwarz•abhebung f (TV) / fijación f del nivel de pedestal ‖ ⁓**anodisieren** n / anodización f negra o [en] negro ‖ ⁓**anteil** (Farben) / contenido m de negro ‖ ⁓**arbeit** f (F.Org) / trabajo m ilícito, trabajo m clandestino, trabajo m sumergido ‖ ⁓**aussteuerung** f, Schwarz n (TV) / nivel m de negro ‖ ⁓**automatik** f (TV) / balance m de negro ‖ ⁓**beinigkeit** f, Erwinia atroseptica (Kartoffeln) / pierna f negra, gangrena f (LA) ‖ ⁓**beinigkeit** (Getreide) / pietín m, mal m del pie, enfermedad f del pie ‖ ⁓**beinigkeit des Kohls** / podredumbre f seca de las coles ‖ ⁓**beize** f, Eisenbeize f (Hütt) / nitrato m férrico ‖ ⁓**beizen** n (Hütt) / decapado m en negro ‖ ⁓**bereich** m (schadstoffbelastet) / recinto m contaminado f o ~**blau** (RAL 5004) / negro m férrico, palastro m ‖ ⁓**blech** n (Ggs.: Weißblech) (Hütt) / chapa f negra ‖ ⁓**blech** f **in Weißblechgröße** / chapa f negra en formatos de hojalata ‖ ⁓**blechdose** f / lata f de chapa negra, bote m de chapa negra ‖ ⁓**blechtafel** f / plancha f de chapa negra ‖ ⁓**bleierz** n (ein Cerussit) (Min) / cerusita f carbonífera, plomo m carbonatado negro ‖ ~**braun** / castaño oscuro, moreno ‖ ⁓**brennen** n (Stahl) / recocido m negro ‖ ⁓**bruch** m (Hütt) / fragilidad f negra ‖ ⁓**decke** f (Straß) / firme m bituminoso ‖ ⁓**deckenfertiger** m (Straß) / acabadora f de firmes bituminosos, acabadora f para el recubrimiento de negro, bituminadora f ‖ ⁓**decken-Mischanlage** f / instalación f mezcladora de bitumen para firmes ‖ ⁓**deckenstraße** f / carretera f en negro ‖ ⁓**dehnung** f (TV) / extensión f del negro ‖ ⁓**dehnungsverstärkung** f / amplificación f en el negro ‖ ⁓**doppeldruckwerk** n (Druck) / mecanismo m de retiración del negro ‖ ⁓**druck** m (Druck) / impresión f en negro
Schwärze f / negro m, negrura f ‖ ⁓, Graphitschwarz n (Min) / negro m de grafito, plombagina f ‖ ⁓ (Druck) / tinta f negra, negro m de imprenta, tinta f de imprenta ‖ ⁓ (Gieß) / negro m para moldes ‖ ⁓**grad** m / grado m de negrura o de ennegrecimiento
schwärzen vt, schwarz machen / ennegrecer ‖ ~ (Druck) / tintar, entintar ‖ **das Modell** ~ / dar plombagina al molde, dar grafito al molde ‖ ⁓ n (allg, Gieß, Tätigkeit) / ennegrecimiento m ‖ ⁓ (Druck) / entintado m
Schwärzer-als-schwarz n (TV) / ultranegro m, zona f de ultranegro
Schwarz•erde (Geol, Landw) / tierra f negra de las estepas, chernozem m ‖ ⁓**erle** f, Roterle, Alnus glutinosa (Bot) / aliso m común
"**Schwarzfall**" (totaler Stromausfall) / apagón m total
Schwarz•färben (Tex) / teñido m en negro ‖ ⁓**färben**, Schwärzen (Galv) / acabado m negro ‖ ⁓**fäule** f (Weinstock) / roña f negra, black-rot m ‖ ⁓**fernseher** m (TV) / telespectador m o televidente clandestino o ilícito ‖ ⁓**fichte** f, Pinus laricia (Bot) / pino m cascalbo o negral o pudio, pino m salgareño ‖ ⁓**gesprenkelt** / salpicado de negro ‖ ⁓**glas** n (Opt) / vidrio m de Wood ‖ ~**glühen** vt (Draht) / hacer el recocido negro ‖ ⁓**glühen** n / recocido m de chapa negra ‖ ⁓**grau** / gris negruzco, negro grisáceo ‖ ⁓**grün** (RAL 6012) / negro verdoso ‖ ⁓**guss** (Hütt) / fundición f maleable negra ‖ ⁓**gut-Mischanlage** f (Straß) / instalación f mezcladora de bitumen para firmes ‖ ⁓**hören** (Radio) / escuchar clandestinamente ‖ ⁓**hörerin** m f / radioyente m o radioescucha clandestino, [clandestina] ‖ ⁓**kiefer** f, -föhre f, Pinus nigra (Bot) / pino m negro de Córcega, pino m laricio ‖ ⁓**kollektor** m (Heliotechnik) / colector m negro ‖ ⁓**kompression** f, Überschwinger m (coll) (TV) / compresión f del negro ‖ ⁓**körpertemperatur** f (Phys) / temperatura f del cuerpo negro ‖ ⁓**kreide** f / arenilla f ferruginosa, jugua f ‖ ⁓**krümmung** f (TV) / no-linearidad f del negro ‖ ⁓**kugelthermometer** n / termómetro m de radiación ‖ ⁓**kultur** f (Landw) / laboreo m de suelo pantanoso ‖ ⁓**kupfer** m (98,5 - 99,5% Cu), Rohkupfer n (Hütt) / cobre m negro, cobre m sin refinar ‖ ⁓**lack** m / laca f negra, barniz m negro ‖ ⁓**lauge** f (Pap) / lejía f negra
schwärzlich / renegrido ‖ ~ / negruzco
Schwarz•licht n (Phys) / luz f negra ‖ ⁓**lichtbereich** m (322 bis 400 nm) / alcance m de luz negra ‖ ⁓**lichtlampe** f (Chem) / lámpara f der Wood ‖ ⁓**-Maximum** m, -spitze f (TV) / cresta f del negro ‖ ⁓**mehl**, Roggenmehl n (Nahr) / harina f de centeno ‖ ⁓**öl** n (Bindemittel) / aceite m negro ‖ ⁓**öl** (Tex) / aceite m negro de colza ‖ ~**oliv** (RAL 6015) / negro oliva ‖ ⁓**pappel** m, Populus nigra (Bot) / álamo m negro, chopo m ‖ ⁓**pappelholz** n / madera f de álamo negro ‖ ⁓**pause** f / fotocalque m [en] negro ‖ ⁓**pech** n / pez f negra ‖ ⁓**pegel**, -wert m (TV) / nivel m de negro ‖ ⁓**pegelfrequenz** f / frecuencia f de nivel de negro ‖ [**einfache**] ⁓**pegelhaltung** (TV) / fijación f o alineación del nivel de negro ‖ ⁓**pegelregler** m / control m del nivel del negro ‖ ⁓**pulver** (Bergb) / pólvora f negra ‖ ~**rändern** vt / bordear de negro ‖

~rot (RAL 3007) / rojo negro ‖ **~sättigung** f (TV) / saturación f del negro
Schwarzsche Ungleichung f (Math) / desigualdad f de Schwarz
Schwarzschild-Radius m (Phys) / radio m de Schwarzschild
Schwarz•schmelz m, Niello n (Hütt) / niel m, esmalte m negro ‖ **~schulter** f (TV) / meseta f, rellano m, umbral m, pórtico m [posterior o anterior] ‖ **~schulterklemmung** f (TV) / enclavamiento m del umbral, fijación f del nivel de umbral ‖ **~seher** m (TV) / telespectador m o televidente clandestino ‖ **~sender** m (Eltronik) / radioemisora f clandestina o ilegal, emisora f clandestina o ilícita o pirata ‖ **~signal** n (TV) / señal f del (o correspondiente al) negro ‖ **~spießglanz** m (Min) / antimonio m negro ‖ **~spitze** f, -Maximum n (TV) / cresta f de negro ‖ **~start** m (Gasturbine) / arranque f autónoma ‖ **~steuerdiode** f (TV) / diodo m fijador de nivel ‖ **~steuerung** f (Vorgang) (TV) / reinserción f o reinyección o restauración o restitución de la componente continua ‖ **~steuerung** (Einrichtung) / restituidor m o restaurador de la componente continua ‖ **~strahlung** f / radiación f negra ‖ **~tastung** f (TV) / extinción f o supresión del haz negro, borrado m u o[b]scurecimiento del haz negro ‖ **~-Testsignal** n (TV) / señal f del negro nominal ‖ **~treppe** s. Schwarzschulter
Schwärzung f, **Schwärzen** n / ennegrecimiento m ‖ **~** (Opt) / densidad f óptica ‖ **~**, Farbvertiefung f (Pap) / ennegrecimiento m
Schwärzungs•band n (Filmlabor) / cinta f gama ‖ **~feld** n (Foto, Repro) / campo m de ennegrecimiento ‖ **~grad** m, -dichte f (Foto) / densidad f ‖ **~kurve** f (Foto) / curva f característica ‖ **~maximum** n (Radiol) / ennegrecimiento m máximo ‖ **~messer** m, Densitometer n (Foto) / densitómetro m ‖ **~messung** f / densitometría f ‖ **~photometer** n / fotómetro m de ennegrecimiento ‖ **~stufe** f (Opt) / grado m o valor de ennegrecimiento ‖ **~umfang** (Opt) / gama f de densidad, extensión f densitométrica ‖ **~wert**, Dichtewert m (Foto) / valor m de densidad
Schwarz•vernickelung f (Hütt) / niquelado m negro ‖ **~vorläufer** m (TV) / borde m anterior (o precedente) ennegrecido ‖ **~wasser** n (Abwasser) / aguas f pl negras ‖ **~wasser** (Aufb) / agua f fangosa
schwarzweiß (Druck) / en blanco y negro ‖ **~** (TV) / monocromo, monocr[om]ático ‖ **~e Würfelmusterung** (Web) / dibujo m a cuadros blancos y negros ‖ **~-Arbeitskopie** f (für Schnitt) (Film) / copión m ‖ **~aussage** f (Phys) / información f todo o nada ‖ **~bild** n (TV) / imagen f monocroma, imagen f en blanco y negro ‖ **~-Bildröhre** f / tubo m de imagen monocroma ‖ **~-Empfänger o. -Fernseher** m (TV) / televisor m monocromo, televisor m de blanco y negro ‖ **~fernsehen** n / televisión f monocroma, televisión f en blanco y negro ‖ **~film** m / película f en blanco y negro, película f en B/N ‖ **~grenze** f (Geol) / línea f límite del blanco ‖ **~-Gruppe** f, Farbgruppe f / grupo m de blanco y negro ‖ **~-Negativmaterial** n / material m negativo en blanco y negro ‖ **~norm** f (TV) / norma f de TV en blanco y negro ‖ **~raster** m (TV) / imagen f de tablero de damas en blanco y negro, trama f en blanco y negro ‖ **~sprung** m / transición f del negro al blanco ‖ **~-Steuerung** f, Flicker-Steuerung f (Fernlenk) / telemando m por todo o nada ‖ **~streifen** m pl, periodische Störungen f pl (TV) / ruido m [por distorsión] de la mira ‖ **~übertragung** f (TV) / transmisión f monocroma, emisión f en blanco y negro ‖ **~verfahren** n (Aufzeichnung) / método m de área variable
Schwarz•werden n (Glühlampe) / ennegrecimiento m ‖ **~wert** m (TV) / nivel m del negro ‖ **~wert von Pigmenten** / nivel m del negro de pigmentos de negro de carbón ‖ **~[wert]abhebung** f (TV) / fijación f del nivel de pedestal ‖ **~wert-Automatik** f (TV) / control m automático del nivel del negro ‖ **~wert-Bezugspegel**, -Vergleichspegel m (TV) / nivel m de referencia del negro ‖ **~wertempfang** m (Faksimile) / registro m [de la señal] negro ‖ **~werthaltung** f (TV) / fijación f o alineación del nivel del negro ‖ **~wertimpuls** m (Radar) / impulso m de extinción o de supresión ‖ **~wertstauchung** f / compresión f del negro ‖ **~wertübertragung** f (TV) / transmisión f del registro negro o negativo ‖ **~ziehen** n (TV) / descolorimiento m, descoloramiento f, descoloración f
Schwatzit m (Min) / schwatzita f
Schweb, **Schwebstoff** m / materia f o su[b]stancia en suspensión
Schwebe f (Chem) / suspensión f ‖ **in der ~ sein**, schweben / estar suspendido o en suspenso ‖ **in der ~ sein** (fig) / estar en suspenso, estar pendiente ‖ **in vollkommener ~** (Chem) / en suspensión ‖ **~achse** f (Kfz) / eje m flotante o bailador ‖ **~bahn** f (auf Schienen) / ferrocarril m aéreo o suspendido ‖ **~bahn**, Drahtseilbahn f / funicular m aéreo ‖ **~ballon** m / globo m de nivel constante ‖ **~bett** n (Chem) / lecho m fluidizado o flotante ‖ **~bettfilter** m n / filtro m de lecho fluidizado o flotante ‖ **~bühne** f (Bau) / plataforma f suspendida ‖ **~bühne der Fähre** / plataforma f del transbordador aéreo ‖ **~bus** m (eine Seilbahn), Aerobus m / aerobús m (un funicular) ‖ **~düsentrockner** m / secador m con el género pasando entre toberas ‖ **~fähre** f / transbordador m aéreo, ferry m aerosuspendido, puente m transbordador, balsa f aérea (LA) ‖ **~fahrzeug** n, Luftkissenfahrzeug n (Schiff) / aerodeslizador m, vehículo m aerosuspendido ‖ **~flug** m / vuelo m estacionario, vuelo m de planeo ‖ **~gaswärmeaustauscher** m (Zement) / termocambiador m de lecho fluidizado ‖ **~gestell** n / caballete m levitante por efecto del suelo ‖ **~gut** n (Aufb) / materia f en suspensión ‖ **~kolben** m (Mot) / émbolo m flotante ‖ **~körper** m, -feststoffteilchen n / partícula f en suspensión ‖ **~krackanlage** f (Öl) / horno m de crácking catalítico ‖ **~lufttrockner** m / secador m "lay-on-air" ‖ **~mantelmatrize** f (Plast) / matriz f flotante ‖ **~methode** f (Chem) / método m de suspensión ‖ **~mittel** n (Farbe) / agente m suspensor o de suspensión ‖ **~motor** m (Bahn) / motor m flotante
schweben / flotar (en el agua, en el aire) ‖ **~**, hängen / estar suspendido, colgar ‖ **~** [über] / pender [sobre] ‖ **[schwereloses] ~** (Bahn, Phys) / levitación f
schwebend, hängend / suspendido, colgante ‖ **~** (Luftf) / en vuelo a vela ‖ **~** (im Wasser, in der Luft) / flotante (en el agua o en el aire) ‖ **~** (in der Luft) / aeroportado ‖ **~** (Bergb) / montante ‖ **~er Ausbau** (Bergb) / entibación f montante ‖ **~e Flamme** (Brenner) / llama f flotante ‖ **~er Grundwasserspiegel** / superficie f flotante del agua subterránea ‖ **~ halten** / suspender, mantener en suspensión ‖ **~e Matrize**, Schwebemantelmatrize f (Sintern) / matriz f flotante ‖ **~er Ring** (Bahn) / anillo m flotante (E) o bailador (LA) ‖ **~e Spannung** (Elektr) / tensión f flotante ‖ **~er Stoß** (Bahn) / junta f [de carril] suspendida o al aire ‖ **~er Streb** (Bergb) / tajo m montante ‖ **~e Strecke**, Schwebende f (Bergb) / galería f montante
Schwebende f (Bergb) / vía f montante
Schwebe•rahmen m / bastidor m suspendido ‖ **~reflektor** m (Radar) / reflector m antirradar suspendido de una cometa ‖ **~rösten** n (Bergb) / calcinación f en suspensión ‖ **~sandglühofen** m / horno m de recocido con lecho fluidizado ‖ **~schlamm** m, Trübeteilchen n pl (Bergb) / líquido m denso turbio ‖ **~schmelzen**, Flash-Smelting n (Hütt) / fusión f en suspensión ‖ **~spannung** f (Halbl) / tensión f flotante ‖ **~stoffe**, Schwebstoffe m pl (in Wasser) /

materias *f pl* o sustancias en suspensión ‖ ~**stoffhaltige Luft**, Aerosol *n* (Meteo) / aerosol *m* ‖ ~**teilchen** *n* / partícula *f* flotante, partícula *f* suspendida ‖ ~**tor** *n* (Garage) / portalón *m* suspendido ‖ ~**trockner** *m* / secador *m* de suspensión ‖ ~**tür** *f* / puerta *f* suspendida ‖ ~**unruh** *f* (Uhr) / volante *m* flotante ‖ ~**zonenverfahren** *n* (Halbl) / técnica *f* de la zona flotante ‖ ~**zonenverfahren** (Chem) / refinación *f* por fusión en suspensión ‖ ~**zustand** *m*, Gleichgewicht *n* / equilibrio *m*
Schweb•spannung, Leerlaufgleichspannung *f* (Halbl) / tensión *f* flotante ‖ ~**staub** *m*, Schwebestaub *m* / emisión *f* de polvo en suspensión, macropartículas *f pl* en suspensión [en el aire] ‖ ~**stoff** *m* / materia *f* o sustancia *f* en suspensión ‖ ~**stoffilter** *m n* / filtro *m* para sustancias en suspensión [en el aire]
Schwebung *f*, Pendelschwingung *f* (Phys) / oscilación *f* del péndulo ‖ ~, Überlagerung *f*, Interferenz *f* (Phys) / heterodinación *f*, interferencia *f* ‖ ~ (Frequenzschwankung bis 6 Hz) / gimoteo *m*, lloriqueo *m*, lloro *m* ‖ ~**en** *f pl* **von Resonanzspektrometern** / ondulaciones *f pl*, meneos *m pl*
Schwebungs•dauer *f* (Fernm) / período *m* de batidos ‖ ~**empfänger** *m* / receptor *m* heterodino ‖ ~**frequenz** *f* (Eltronik) / frecuencia *f* heterodina o de batido ‖ ~**schaltung** *f*, Heterodynschaltung *f* / acoplamiento *m* heterodino ‖ ~**summer** *m* (Eltronik) / oscilador *m* heterodino o de batido ‖ ~**ton** *m* / nota *f* pulsante o de batido, sonido *m* de heterodinaje
Schweden•greifer *m* (Holz) / pinzas *f pl* orientables, garra *f* orientable ‖ ~**reuter**, Drahtreuter *m* (Trockengerüst für Gras) (Landw) / secador *m* de alambre, caballete *m* sueco, secadero *m* sueco ‖ ~**stahl** *m* / acero *m* sueco o de Suecia ‖ ~**zange** *f*, Schwede, Stillsonschlüssel *m* (Wz) / llave *f* de tubos Stillson
schwedische Norm / norma MPR-II *f*
Schwedischgrün *n* / verde *m* de arsenita de cobre
Schwefel *m*, S (Chem) / azufre *m* ‖ ~**...** / de azufre, tio...., sulfo... ‖ ~**...** / azufrero *adj* ‖ ~ *m* **in Pulverform**, Schwefelblüte *f* / harina *f* de azufre, flor *f* de azufre ‖ β-~ / azufre *m* β o monoclínico ‖ **den ~ entziehen** / desulfurar ‖ **plastischer o. kolloidaler o.** μ-~ / azufre *m* μ o plástico ‖ ψ-~, kolloidaler Schwefel / azufre *m* γ o coloide
Schwefel•abdruck *m* / impresión *f* o réplica de azufre, prueba *f* Baumann, estampa *f* de azufre ‖ ~**abspaltung** *f* **durch Reduktion** / desulfuración *f* [por reducción] ‖ ~**ammonium** *n* / sulfuro *m* amónico ‖ ~**arm** (Hütt) / pobre en azufre, poco sulfurado, de poco azufre ‖ ~**artig** / sulfuroso ‖ ~**ausblühung** *f*, -ausschlag *m* / eflorescencia *f* de azufre ‖ ~**bad** *n* (Foto) / baño *m* de sulfuro ‖ ~**bakterien**, Thiobakterien *f pl* / tiobacterias *f pl*, bacterias *f pl* de azufre ‖ ~**base** *f* / sulfobase *f* ‖ ~**bestimmung** *f* / determinación *f* de azufre ‖ ~**bildung** *f* / formación *f* de azufre ‖ ~**bleiche** (Färb) / blanqueo *m* con ácido sulfuroso ‖ ~**bleich-Geräte** *n pl* / dispositivos *m pl* para blanqueo en fase gaseosa ‖ ~**blumen** *f pl*, -blüte *f* / flor *m* de azufre, azufre *m* sublimado ‖ ~**calcium** *f* / sulfuro *m* o polisulfuro de calcio ‖ ~**chlorid** *n* / cloruro *m* de azufre ‖ **mit ~ [-dämpfen] behandeln** / sulfurar, azufrar, tratar con [vapores de] azufre ‖ ~**dichlorid** *n* / dicloruro *m* de azufre ‖ ~**dioxid**, Schwefligsäureanhydrid *n* / dióxido *m* de azufre, anhídrido *m* sulfuroso ‖ ~**echt** (Färb) / a prueba de ácido sulfúrico, a prueba de azufrado ‖ ~**eisen** *n* (Chem) / sulfuro *m* ferroso o de hierro ‖ ~**eisen** *s*. auch Schwefelkies ‖ ~**elend** *n* (Fehler, Hütt) / exceso *m* de azufre ‖ ~**erzeugend**, schwefelbildend / tiogénico ‖ ~**ether**, Schwefeläther *m* / éter *m* sulfúrico ‖ ~**faden** *m* / mecha *f* azufrada ‖ ~**farbig** (Bot) / de color de azufre ‖ ~**farbstoff** *m*, Sulfidfarbe *f* (Färb) /

colorante *m* azufrado o al azufre ‖ ~**frei** (Kohle) / exento de azufre ‖ ~**freies Rohöl** / crudo *m* dulce ‖ ~**gehalt** *m* / contenido *m* en o de azufre ‖ ~**gehaltsbestimmung** *f* / determinación *f* del contenido de azufre ‖ ~**gelb** (RAL 1016) / amarillo azufre ‖ ~**grube** *f* / mina *f* de azufre, azufrera *f* ‖ ~**haltig** / azufrado, sulfurífero, sulfuroso, que contiene azufre ‖ ~**haltiges Benzin** / gasolina *f* (E) o nafta (LA) sulfurosa ‖ ~**haltige Erze**, Pyrite *n pl* (Min) / piritas *f pl* ‖ ~**haltiges Rohöl** / crudo *m* sulfuroso o agrio (ARG) ‖ ~**harnstoff** *m* (Chem) / tiocarbamida *f*, tiourea *f* ‖ ~**hexafluorid**, SF$_6$ / hexafluoruro *m* de azufre ‖ ~**hexafluoridmesser** *m* / medidor *m* de hexafluoruro de azufre
schwefelige Säure / ácido sulfuroso
Schwefel•inhaltsstoff *m* (Benzol) / materia *f* sulfurífera ‖ ~**injektor** *m*, -kohlenstoffinjektor *m* / inyector *m* de bisulfuro de carbono ‖ ~**kadmium** *n*, Kadmiumsulfid *n* / sulfuro *m* de cadmio ‖ ~**kalium**, Kaliumsulfid *n* / sulfuro *m* de potasio ‖ ~**kalk** *m*, -kalkbrühe *f* (Chem, Landw) / caldo *m* sulfocálcico ‖ ~**kammer** *f* (Tex) / cámara *f* de azufrar, azufrador *m* ‖ ~**kammer-Bleichen** *n* (Web) / blanqueo *m* en cámara de azufre ‖ ~**-Kautschuk-Mischung** *f* / mezcla *f* caucho-azufre ‖ ~**kies**, Pyrit *m* (Min) / pirita *f* [de hierro] ‖ ~**kies führende Kohle** / carbón *m* piritífero ‖ ~**kiesabbrand** *m* / residuos *m pl* de piritas tostadas ‖ ~**kohlensäure**, Thiokohlensäure *f* / ácido *m* sulfocarbónico o tiocarbónico ‖ ~**kohlenstoff** *m* / sulfuro *m* de carbono, sulfocarbono *m* ‖ ~**kuchen** *m* (Bergb) / torta *f* de azufre ‖ ~**kupfer** *n* / sulfuro *m* de cobre ‖ ~**leber** *f* / hígado *m* de azufre, hepar *m* sulfuris, sulfuro *m* potásico crudo ‖ ~**milch** *f* / leche *f* de azufre, azufre *m* precipitado ‖ ~**molybdän** *n*, Molybdänglanz *m* (Min) / molibdenita *f* ‖ ~**monochlorid** *n*, Chlorschwefel *m* / monocloruro *m* o cloruro *m* de azufre
schwefeln *vt*, einschwefeln / sulfurar, azufrar ‖ ~ (Wein) / tratar con sulfito ‖ ~, vulkanisieren / vulcanizar ‖ ~, mit Schwefel ausräuchern / sulfatar, fumigar con azufre ‖ ~, reduzierend bleichen (Tex) / azufrar ‖ ~ *n*, Schwefelung *f* / azufrado *m*, sulfuración *f* ‖ ~, **Schwefelung** *f* (Chem) / sulfuración *f*
Schwefel•nickel *n* / pirita *f* capilar ‖ ~**ofen** *m* (Lebensmittel) / azufrador *m* ‖ ~**oxid** *n* / óxido *m* de azufre ‖ ~**(VI)-oxid** *n* / trióxido *m* de azufre ‖ ~**phosphor** *m* / fósforo *m* de azufre ‖ ~**pocken** *f pl* (Fehler, Hütt) / picaduras *f pl* sulfurosas ‖ ~**punkt** *m* (444,6°C) (Chem) / punto *m* de evaporación del azufre ‖ ~**reserve** *f* (Tex) / reserva *f* de azufre ‖ ~**salz** *n*, Sulfat *n* / sulfato *m* ‖ ~**sauer**, Schwefel... / sulfúrico ‖ ~**saures Bad**, Schwefelsäureflotte *f* (Färb) / baño *m* de ácido sulfúrico
Schwefelsäure *f* (Chem) / ácido *m* sulfúrico ‖ **rauchende ~** / ácido *m* sulfúrico fumante, óleum *m* ‖ ~**alkylierung** *f* / alquilación *f* con ácido sulfúrico ‖ ~**anhydrid**, Schwefeltrioxid *n* / anhídrido *m* sulfúrico, trióxido *m* de azufre ‖ ~**dämpfe** *m pl* / vapores *m pl* de ácido sulfúrico ‖ ~**hydrat** *n* / ácido *m* sulfúrico hidratado ‖ ~**kammer** *f* / cámara *f* para ácido sulfúrico, cámara *f* de plomo ‖ ~**-Kontaktprozess** *m* / proceso *m* de contacto con ácido sulfúrico ‖ ~**-Natriumbichromat-Beizverfahren** *n* / proceso *m* de decapado de aluminio ‖ ~**raffination** *f*, -süßung *f* (Öl) / tratamiento *m* con ácido sulfúrico ‖ ~**test** *m* (Benzol) / prueba *f* de lavado con ácido sulfúrico ‖ ~**wäsche** (Benzol) / lavado *m* con ácido sulfúrico
Schwefel•schmelzofen *m* / horno *m* de fusión de azufre ‖ ~**schwarz** / negro *m* sulfuroso ‖ ~**stange** *f*, Schwefel *m* in Stangen / caña *f* de azufre ‖ ~**trioxid** *n*, Schwefelsäureanhydrid *n* / trióxido *m* de azufre, anhídrido *m* sulfúrico

Schwefelwasserstoff *m* / sulfuro *m* de hidrógeno, ácido *m* sulfhídrico ‖ ~**gruppe** *f* / grupo *m* de sulfuro de hidrógeno ‖ ~**messer** *m* / sulfohidrómetro *m* ‖ ~**rest** *m* / residuo *m* de sulfuro de hidrógeno ‖ ~**säure** *f*, Hydrothionsäure *f* / ácido *m* hidrosulfúrico o tiosulfúrico ‖ ~**verbindungen** *f pl* / hidrosulfuros *m pl* ‖ ~**vergiftung** *f* (Med) / intoxicación *f* por sulfuro de hidrógeno ‖ ~**wascher** *m* (Kokerei) / lavador *m* de ácido sulhídrico ‖ ~**wasser** *n* / agua *f* sulfhídrica
Schwefel•zement, -kitt *m* (Bau) / cemento *m* de azufre ‖ ~**zink** *n* / zinc *m* sulfurado, sulfuro *m* de zinc ‖ ~**zinkweiß** *n*, Lithopone *f* (Farb) / litopona *f* ‖ ~**zufuhr** *f* (Kokerei) / entrada *f* de ácido sulfúrico ‖ ~**zusetzung** *f* (Tex) / adición *f* de ácido sulfúrico
schweflig, schwefelhaltig / sulfuroso, sulfurífero ‖ ~**e Säure** / ácido *m* sulfuroso ‖ ~**säureanhydrid**, Schwefeldioxid *n* / anhídrido *m* sulfuroso, dióxido *m* de azufre
Schweif *m* (allg, Astr) / cola *f* ‖ ~, Schleppe *f* / estela *f* (p.ej. de cohete)
schweifen *vt*, ausbogen / contornear
Schweif•hammer *m* (Wz) / martillo *m* de abombar ‖ ~**säge** *f* (Wz) / sierra *f* de contornear ‖ **kleine** ~**säge** / sierra *f* de escotadura ‖ ~**sägemaschine** *f* / sierra *f* eléctrica de contornear
Schweifung, Ausschweifen *n* (Tischl) / contorneo *m* ‖ ~, Ausbauchung *f* (Rohr) / abombado *m*
Schweige•kegel, Nullkegel *m* (Radar) / cono *m* de silencio ‖ ~**zone** *f* (Radio) / zona *f* saltada o de silencio
Schweine•... / porcuno *adj* ‖ ~**fett** *n*, [Schweine]schmalz *n* / manteca *f* de cerdo ‖ ~**futter** *n* (Landw) / pasto *m* para cerdos
Schweinfurter Grün *n* / verde *m* de Schweinfurt
Schweins•borste *f*, Schweineborste *f* / cerda *f* ‖ ~**leder** *n* / cuero *m* de cerdo, piel *f* de cerdo, piel *f* porcina
Schweiß *m*, Transpiration *f* (Physiol) / sudor *m*, transpiración *f* ‖ ~ (Gieß) / exudación *f* ‖ ~ (Wolle) / suarda *f*, juarda *f*, churre *m*
Schweiß•... (Masch) / de soldeo, de soldadura ‖ ~**aggregat** *n*, -satz *m* (Elektr) / grupo *m* de soldadura ‖ ~**apparat** *m*, -gerät *n* / puesto *m* de soldadura ‖ ~**arbeit** *f*, Schweißen *n* / trabajo *m* de soldadura ‖ ~**argon** *n* / argón *m* calidad soldeo ‖ ~**arm** *n* / brazo *m* de soldar ‖ ~**automat** *m* / máquina *f* para soldadura automática ‖ ~**bad** *n* (Masch) / baño *m* de soldadura en fusión ‖ ~**bad** (Wolle) / baño *m* de deschurrado ‖ ~**bahn** *f* (Bau) / cartón *m* alquitranado para soldadura por fusión
schweißbar / soldable ‖ ~**er Stahlguss** (Hütt) / acero *m* colado soldable
Schweißbarkeit *f*, -fähigkeit *f* / soldabilidad *f*
Schweiß•bart *m* / exceso *m* de penetración, rebaba *f* de raíz ‖ ~**beständigkeit** *f* (Färb) / solidez *f* al sudor ‖ ~**blatt** *n* (Tex) / sobaquera *f* ‖ ~**brenner** *m*, -apparat *m* / soplete *m* [oxhídrico o para soldar], antorcha *f* de soldar (LA) ‖ ~**dämpfe** *m pl* / humos *m pl* de soldadura ‖ ~**draht** *m* / alambre *m* fundente o para soldar ‖ ~**draht**, -elektrode *f* / varilla *f* soldadora o de aporte ‖ ~**druck** *m* / presión *f* de soldadura ‖ ~**düsen** *f pl* / boquillas *f pl* de soldar [para soplete]
Schweiße *f* / soldadura *f*, unión *f* soldada
schweiß•echt (Färb) / sólido al sudor ‖ ~**echtheit** *f* (Färb) / solidez *f* al sudor ‖ ~**elektrode** *f*, -stab *m* / electrodo *m* para soldar o de soldadura
schweißen *vt*, ver-, auf-, an-, zusammenschweißen / soldar ‖ ~ *vi* (Hütt) / soldarse, entrar en fusión ‖ **im Feuer** ~ / soldar al fuego, soldeo *m* por forja ‖ ~ *n* / soldeo *m*, soldadura *f* [directa u homogénea] ‖ ~, Schweißarbeit *f* / trabajo *m* de soldadura ‖ ~, Schweißverbindung *f* / unión *f* soldada ‖ ~ **mit Acetylen** / soldadura *f* oxiacetilénica ‖ ~ **mit Hochfrequenz** / soldadura *f* de alta frecuencia ‖ ~ **mit Netzfrequenz** / soldadura *f* con frecuencia de la red ‖ ~ **mit Phasenanschnitt** / soldadura *f* con retraso de fase ‖ ~ **mit Stromprogramm, [Kraftprogramm]** / soldadura *f* con variación de programa [de fuerza] ‖ ~ **nach links** / soldadura *f* hacia la izquierda o a izquierdas ‖ ~ **nach rechts** / soldadura *f* hacia la derecha o a derechas ‖ ~ **und Löten** / soldadura *f* directa e indirecta, soldadura *f* homogénea y heterogénea ‖ ~ **von Behältern**, Dichtungsschweißen *n* / soldadura *f* estanca ‖ ~ **von Konstruktionen**, Festigkeitsschweißen *n* / soldadura *f* resistente ‖ ~ **von Kunststoff** / soldadura *f*, soldeo *m*
Schweißer *m* / soldador *m* ‖ ~**brille** *f* / gafas *f pl* de soldador
Schweißerei, Schweißerwerkstatt *f* / taller *m* de soldadura
Schweißer•hammer *m*, Schweißhammer *m* / martillo *m* de soldador ‖ **mit dem** ~**hammer abklopfen** / ensayar el cordón golpeándolo, golpear el cordón ‖ ~**helm** *m* / casco *m* de soldador ‖ ~**prüfung** *f* / examen *m* de soldador ‖ ~**schild** *m*, -schirm *m* / vidrio *m* protector, careta *f* de soldador ‖ ~**schürze** *f* / mandil *m*, delantal *m* de cuero
Schweiß•fachmann *m* / perito *m* de soldadura ‖ ~**fähigkeit** *f*, -barkeit *f* / soldabilidad *f* ‖ ~**fase** *f* / bisel *m* de soldadura ‖ ~**fehler** *m* / defecto *m* de soldadura ‖ ~**fest** (Tex) / sólido al sudor ‖ ~**filz** *m* (Wolle) / fieltro *m* graso o grasiento ‖ ~**flamme** *f* / llama *f* de soldadura ‖ ~**flansch** *m* **mit Ansatz** / brida *f* de soldeo con cuello ‖ ~**flecken** *m* (Email, Fehler) / mancha *f* de exudación ‖ ~**fuge** *f* / ranura *f* o junta soldada, junta *f* con bordes en V ‖ ~**gang** *m* / pasada *f* ‖ ~**gase** *n pl* / gases *m pl* para soldadura y corte térmico ‖ ~**generator** *m* / generador *m* para soldar o soldadura ‖ ~**generator** (fahrbar) / motosoldadora *f* ‖ ~**gerecht** / soldable ‖ ~**gleichrichter** *m* / rectificador *m* de soldadura ‖ ~**graben** *m* (Hydr) / zanja *f* para agua de infiltración ‖ ~**grat** *m* / rebaba *f* de soldadura ‖ ~**gut** *n* / metal *m* de aporte [depositado] ‖ **aufgetragenes** ~**gut** / cordón *m* de metal depositado ‖ ~**gutprobe** *f*, Probe *f* aus dem Schweißgut (Mat.Prüf) / probeta *f* preparada con metal depositado ‖ ~**härten** (Hütt) / templar por soplete ‖ ~**herd**, Ausgleichsherd *m* (Hütt) / hogar *m* de soldar, fragua *f* de soldador ‖ ~**hitze** *f*, -glühe, -wärme *f* / calor *m* soldante ‖ ~**hitze**, Entzunderungswärme *f* / calda *f* de lavado para limpiar lingotes ‖ ~**kabine** *f* / célula *f* de soldadura ‖ ~**kante** *f* / borde *m* de soldadura ‖ ~**kantenbesäumschere** *f* / cizalla *f* circular para [re]cortar los bordes de soldadura ‖ ~**kantenschnitt** *m* / corte *m* de bisel ‖ ~**kern** *m* / botón *m* o punto de soldeo ‖ ~**kolben** *m*, -pistole *f* / pistola *f* de soldar por puntos ‖ ~**konstruktion** *f* / construcción *f* soldada ‖ ~**kontroller** *m* / aparato *m* de mando de soldadura ‖ ~**kopf** *m* / cabeza *f* de soldadura ‖ ~**körper** *m* / pieza *f* soldada ‖ ~**korrosion** *f* / corrosión *f* producida por soldeo ‖ ~**kraftprüfung** *f* **von Schmierstoffen** (DIN 51350) / ensayo *m* de la carga de lubricantes líquidos ‖ ~**lage** *f* / posición *f* o colocación de la soldadura ‖ ~**lage** (Metallauftrag) / pasada *f* de soldadura ‖ ~**leder** *n* (Hut) / badana *f*, tafilete *m* ‖ ~**lichtbogen** *m* (Elektr) / arco *m* voltaico de soldeo ‖ ~**linse** *f* / punto *m* de soldadura ‖ ~**löten** *n* / soldadura *f* fuerte ‖ ~**manipulator** *m* / posicionador *m* de soldeo ‖ ~**maschine** *f* / máquina *f* de (o para) soldar, máquina *f* soldadora ‖ ~**muffe** *f* / manguito *m* de soldar ‖ ~**mundstück** *n* / boquilla *f* del soplete ‖ ~**mutter** *f* / tuerca *f* para soldar
Schweißnaht *f* / soldadura *f*, cordón *m* de soldadura, costura *f* soldada ‖ **dichte** ~ / junta *f* hermética de soldadura ‖ **die** ~ **hämmern** / ensayar el cordón golpeándolo ‖ **leichte** ~ / soldadura *f* cóncava ‖ ~**abtastgerät** *n* (Ultraschall) / explorador *m* de soldadura ‖ ~**breite** *f* / ancho *m* del cordón de la soldadura ‖ ~**grund** *m* / fondo *m* de la soldadura ‖ ~**prüfer** *m* / controlador *m* de la soldadura ‖

≃**prüfung** f / examen m de la soldadura ‖ ≃**rissigkeit** f / fisuración f de la soldadura ‖ ≃**vorbereitung** f (Schw) / preparación f de los bordes ‖ ≃**wurzel** f / raíz f de la soldadura ‖ ≃**zerfall** / desmoronamiento m de la soldadura

Schweiß • ofen m (Hütt) / horno m de soldar o de recalentamiento ‖ ≃**paste** f / pasta f para soldar ‖ ≃**perle** f / perla f de soldadura ‖ ≃**pistole** f, -**kolben** m / pistola f de soldar por puntos ‖ ≃**plattieren** n / plaqueado m por soldeo ‖ ≃**probe** f, -**versuch** m / prueba f de soldadura, ensayo m de soldadura ‖ ≃**probe**, -**probestück** n / probeta f de soldadura ‖ ≃**pulver** n (UP-Schweißen) / polvo de soldadura m ‖ ≃**punkt** m / punto m pegado o soldado ‖ ≃**querschnitt** m / tamaño m de soldadura ‖ ≃**rad** n, -**rolle** f / rodillo m de soldadura ‖ ≃**raupe** f / cordón m de soldadura, cordoncillo m de soldadura ‖ ≃**rinne** f (Bau) / conducto m para el agua de condensación ‖ ≃**riss** m / grieta f de soldadura, fisura f de soldadura ‖ ≃**rissempfindlichkeit** f / sensibilidad f a las grietas de soldadura ‖ ≃**rissigkeit** f, -**rissneigung** f / inclinación f o propensidad a la fisuración de soldadura ‖ ≃**roboter** m / robot m para soldeo o de soldadura ‖ ≃**satz** m, -**aggregat** n / grupo m [electrógeno] de soldadura ‖ ≃**schlacke** f / escoria f de soldeo ‖ ≃**schlauch** m / manguera f para soldeo ‖ ≃**schraube** f / tornillo m para soldar ‖ ≃**schutzschild** m s. Schweißerschild ‖ ≃**spannung** f (Elektr) / tensión f de soldadura (del arco) ‖ ≃**spannung** (Mech) / esfuerzo m [interno] producido por la soldadura ‖ ≃**spiel** n / ciclo m de soldadura ‖ ≃**spratzer** m / chisporroteo m de soldadura ‖ ≃**spritzer** m / salpicadura f de soldadura ‖ ≃**stab** m / varilla f soldadura o para soldar, varilla f de aportación o de fusión ‖ ≃**ständer** m (für Rohre) / caballete m (p. tubos a soldar) ‖ ≃**stelle** f / lugar m o punto de soldadura ‖ ≃**stelle** (im Spritzguss) / marca f de colada (fundición inyectada) ‖ ≃**stoß** m / junta f soldada a tope ‖ ≃**straße** f / tren m automático de soldar en cadena ‖ ≃**strecke** f (Walzw) / taller m de soldeo ‖ ≃**strom** m / corriente f para soldadura ‖ ≃**stromregler** m, Schweißdrossel f / inductancia f de regulación [y de estabilización] de la corriente para soldadura ‖ ≃**stück** n / pieza f para o a soldar, pieza f soldada, pieza f que se ha de soldar ‖ ≃**stutzen** m (DIN 7637) / racor m para soldar ‖ ≃**-T** n (Rohr) / T m para conexiones soldadas ‖ ≃**technik** f / técnica f de la soldadura ‖ ~**technisch** / de o para la técnica de la soldadura ‖ ≃**technologie** f / tecnología f de soldeo ‖ ≃**tisch** m / mesa f de soldadura ‖ ≃**transformator**, -umspanner m / transformador m de soldadura ‖ ≃**trupp** m (Arbeiter) / equipo m de soldadores ‖ ≃**umformer** m, -**maschine** f / convertidor m [rotativo] de soldadura, inversor m de soldadura ‖ ≃**- und Schneidbrenner** m / soplete m para soldar y cortar

Schweißung f, Schweißen n / soldeo m, soldadura f ‖ ≃**abwärts** / soldeo m vertical descendente ‖ ≃**aufwärts** (o. mit Aufwärtsführung) / soldeo m vertical ascendente

schweiß[ungs]hindernd / que imposibilita la soldadura

Schweiß • unterlage f / contraplaca f de soldadura ‖ ≃**verbindung** f / unión f soldada ‖ ≃**verbund** m / ensamblaje m soldado ‖ ≃**verfahren** n / procedimiento m de soldar ‖ ≃**versuch** m / ensayo m de soldadura ‖ ≃**vorhang** m / cortina f de soldar ‖ ≃**vorrichtung** f (Vorrichtung beim Schweißen) / posicionador m para soldar ‖ ≃**vorrichtung**, Einrichtung f zum Schweißen / aparato m para soldar ‖ ≃**vorrichtung**, Wendegestell m / dispositivo m de volteo ‖ ≃**wachs** m (Wolle) / cera f de suarda o de churre ‖ ≃**walzwerk** n / laminador-soldador m ‖ ≃**wandler** m (Elektr) / transformador m de soldeo trimonofásico doblador de frecuencia ‖ ~**warm machen**, schweißglühend machen / encandecer,

poner incandescente, hacer ascua ‖ ≃**wasser** n (Wolle) / agua f de churre ‖ ≃**wasser** (Bau) / agua f de condensación ‖ ≃**widerstand** m (Schw) / reóstato m de regulación ‖ ≃**wolle** f / lana f juardosa o sucia o asuardada ‖ ≃**zange** f (Schw) / pinza f portaelectrodos ‖ ≃**zubehör** n / accesorios m pl ((E) o implementos (LA) de soldeo ‖ ≃**zusatzwerkstoff** m (Schw) / material m de adición o de aportación o aportado de soldadura

Schweizerdegen m (Druck) / cajista-prensista m

Schweizerisch • e Feinheit f (Spinn) / número m suizo ‖ ≃**e Normenvereinigung**, SNV / Asociación f Suiza de Normalización, SNV

Schweizers Reagens, Kupferoxidammoniak n (Chem) / reactivo m de Schweizer (óxido cuproamoniacal)

Schwel • anlage f, Tieftemperaturkoksanlage f / instalación f de destilación (o de carbonización) lenta o a baja temperatura ‖ ≃**brand** m (Bergb, F'wehr) / incendio m sin llama ‖ ≃**[braun]kohle** f / lignito m para carbonización lenta ‖ ≃**brennanlage** f (Pyrolyse) / instalación f de pirolisis ‖ ≃**brennverfahren** n (Müll) / procedimiento m de combustión lenta

schwelen vt, trocken destillieren / carbonizar a baja temperatura ‖ ~ vi, glimmen, glosen / arder sin llama, quemarse lentamente

Schwel • gas n / gas m de destilación lenta ‖ ≃**kammer** f (Teer) / cámara f de destilación lenta

schwelken (Brau) / marchitarse ‖ ≃, Trocknen n (Brau) / marchitada

Schwelkmalz n, abgeschwelktes Malz (Brau) / malta f marchitada

Schwelkoks m / semi-coke m, semicoque m

Schwell • beanspruchung f (Mat.Prüf, Mech) / solicitación f pulsante, esfuerzo m pulsante ‖ ≃**bereich** m (Mech) / banda f de esfuerzo pulsante ‖ ≃**boden** m / suelo m expansivo ‖ ≃**dauer** f (Bremse) / duración f de amplificación de frenado

Schwelle f, Barriere f (Geol) / barrera f ‖ ≃, Grundmauer f (Bau) / muro m de fundación ‖ ≃, Grundschwelle f (Zimm) / traviesa f de tablero ‖ ≃, Türschwelle f (Bau) / umbral m ‖ ≃ f, Querrinne f (Straß) / badén m, canalete f transversal ‖ ≃, Querschwelle f (Bau) / traviesa f ‖ ≃, Querschwelle f (Bahn) / traviesa f (E), durmiente m (LA) ‖ ≃ f, Längs-, Langschwelle f (Bahn) / larguero m ‖ ≃ (Physiol) / umbral m ‖ ≃ **am Einstieg** (Kfz) s. Schweller ‖ ≃ f **eines Rostes** / travesaño m principal del emparrillado ‖ ≃**n stopfen** (Bahn) / batear las traviesas, calzar la vía o los durmientes (LA), ramear los durmientes (CHILE, PERU)

schwellen vi, anschwellen / hincharse ‖ ~ (Hydr) / crecer ‖ ~ **lassen** / hinchar ‖ ~ (Hydr) / crecida f, subida f ‖ ≃ (Fusionsreaktor) / hinchamiento m ‖ **zum** ~ **bringen** / hinchar ‖ ≃**abstand** m (Bahn) / espaciamiento m de traviesas, distancia f entre traviesas ‖ ≃**bedingung** f (Phys) / condición f de umbral ‖ ≃**befeuerung** f (Luftf) / luces f pl de umbral o de entrada o de acceso ‖ ≃**bett** n, -mulde f (Bahn) / huella f o caja de la traviesa ‖ ≃**binden** f (Bahn) / zunchado m de traviesas

schwellende Beanspruchung (Masch, Phys) / solicitación f pulsante

Schwellen • dosis f (Nukl) / dosis f umbral ‖ ≃**dübel** m, -**pflock** m (Bahn) / estaquilla f para traviesas ‖ ≃**einschnitt** m, Kappung f (Bahn) / cajeado m (E) o entallado (LA) de traviesas ‖ ≃**energie** f (Nukl) / energía f umbral ‖ ≃**fach** n (Bahn) / caja f entre traviesas ‖ ≃**feld** n (Bahn) / distancia f entre dos traviesas ‖ ≃**feuer** f (Luftf) / luz f de umbral ‖ ≃**gerade** f (Eltronik) / línea f de umbral ‖ ≃**glied** n (Analogrechner) / elemento m de umbral ‖ ≃**kennzeichnung** f (Luftf) / marcación f del umbral de la pista ‖ ≃**kopf** m (Bahn) / cabeza f de traviesa f ‖ ≃**kreis** m, -tor n (DV) / compuerta f de umbral ‖ ≃**legemaschine** f (Bahn) / máquina f para colocar traviesas ‖ ≃**operation** f (Eltronik) / operación f umbral

Schwellenröhre

|| ~röhre f (Radar, TV) / tubo m de umbral || ~rost m (Bau) / enrejado m de traviesas || ~schaltung f (Eltronik) / circuito m de umbral || ~schraube f (Bahn) / tirafondo m || ~schrauben-Ausreißgerät n (Bahn) / arrancadora f de tirafondos || ~schrauben-Eindrehmaschine f (Bahn) / clavadora f de tirafondos, máquina f de clavar o colocar tirafondos || ~schraubenschlüssel m (Bahn) / llave f de tirafondos || ~spannung U_s, Schleusenspannung U_s f (Diode) / tensión f umbral o crítica || ~stopfer m (Arbeiter) (Bahn) / bateador m de traviesas (E), rameador m de durmientes (LA) || ~stopfmaschine f / bateadora f de traviesas (E), rameadora f de durmientes (LA) || ~strom m (Laser) / corriente f umbral || ~träger m (Brücke) / larguero m apoyante para traviesas || ~wechselmaschine f (Bahn) / máquina f para cambiar traviesas || ~wert m (Biol, Phys) / valor m umbral o liminal || ~wert, Wahrnehmungsschwelle f (Phys) / diferencia f apenas perceptible, umbral m o limen diferencial || ~wertdetektor m (Nukl) / detector m de umbral || ~wertdosis f (Nukl) / dosis f umbral || ~wertfunktion f (Math) / función f umbral || ~wertglied n / elemento m umbral || ~wertreaktion f (Nukl) / reacción f umbral || ~zahl f je km (Bahn) / número m de traviesas por km
Schweller m (Orgel) / rodilleras f pl || ~ (Kfz) / apoyapié m
Schwell•farbe f (Gerb) / jugo m de hinchamiento || ~färben n (Gerb) / teñido m de hinchamiento || ~festigkeit f (Mat.Prüf) / resistencia f a la solicitación pulsante, resistencia f a la fatiga por cargas pulsatorias || ~koeffizient m (Hütt) / razón f de hinchado [de pellets] || ~kraft f (Leder) / fuerza f de hinchazón o de hinchamiento || ~rost m (Bau) / traviesas f pl de madera, enrejado m de traviesas
Schwellung f / hinchazón f || ~, Wachsen n / crecimiento m || ~, Aufgehmaß n (Hütt) / dilatación f, expansión f, crecimiento m || ~ (Nukl) / hinchamiento m, aumento m de volumen
Schwell•vermögen n (Gestein) / poder m de hinchamiento || ~wert m (z.B. der Farbart) / valor m umbral || ~wert-Funktion f (Regeln) / función f umbral || ~wertgeber m (Opt) / regulador m de umbral || ~wertlogik f (DV) / lógica f umbral || ~wertpunkt m (Halbl) / punto m umbral || ~wert-Überschreitung f / exceso m del valor umbral || ~zeit f (Pneum) / tiempo m de aumento de presión
Schwel•ofen m (Kokerei) / horno m para carbonización a baja temperatura, horno m de destilación lenta || ~schacht m / pozo m de destilación a baja temperatura || ~stadium n / estado m de combustión || ~stoffe m pl / sustancias f pl de combustión lenta || ~teer m / alquitrán m obtenido por destilación lenta || ~wasser n / aguas f pl residuales de la destilación lenta
Schwemm•abbau m (Bergb) / explotación f hidráulica || ~delta n (Geol) / delta m [en abanico], bocana f (LA)
Schwemme f, Rübenwäsche f (Zuck) / canal m de flotación
schwemmen (Zuck) / flotar remolachas
Schwemm•filterung f (Abwasser) / filtración f de aguas residuales o negras || ~kanal m (Hydr) / canal m de agua corriente || ~kanal, -rinne f (Zuck) / canal m de flotación || ~kanalisation f [nach dem Mischsystem] (Abwasser) / alcantarillado m unitario, canalización f mixta, sistema m combinado || ~kanalisation nach dem Trennverfahren (Abwasser) / alcantarillado m separado, sistema m separado || ~kegel m (Geol) / cono m de aluviones, dique m || ~land n, Alluvionen f pl, Landbildung f durch Anschwemmung (Geol) / tierra f aluvi[on]al, aluviones m pl || ~land, Flussaue f (Geo) / vega f, avenida f || ~land, neugewonnenes Land (Bau) / tierra f recuperada || ~leitung f (Abwasser) / conducto m de evacuación || ~-Mist m (Landw) / estiércol m licuado, licuame m || ~rinne f, -förderer m

|| ~sand m (Geol) / arena f aluvial || ~stein, Bimsbetonstein m (Bau) / ladrillo m de pómez || ~sumpf m (Aufb) / depósito m de decantación
Schwengel m (allg) / palanca f oscilante || ~, Klöppel m (Glocke) / badajo m || ~ (Ölbohrung) / balancín m
Schwenk•absetzer m (Tagebau) / escombradora f orientable || ~achse f, -bolzen m / eje m pivotante || ~-Antenne f / antena f orientable || ~arm m / brazo m giratorio u oscilante || ~arm (für Telefon) / brazo m orientable || ~arm (Waschbecken) / grifo m orientable || ~armbefestigung f (Kfz) / fijación f por brazo giratorio || ~armkran m / grúa f de brazo giratorio, grúa f de pluma giratoria || ~aufreißer f (Straßb) / escarificador m giratorio || ~ausleger m (Kran) / pluma f giratoria, pescante m orientable || ~bagger m / excavadora f giratoria || ~bandförderer m / transportador m orientable
schwenkbar / orientable, giratorio, rotatorio, virable || ~ (um einen Zapfen) / pivotante || ~, der Richtung folgend (Röllchen) / pivotante || ~er Anschlag / tope m orientable || ~er Aufwickler (Färb) / enrollador m orientable || ~er Auslegerkran / grúa f de pluma giratoria || ~e Düse (Rakete) / tobera f orientable || ~e Düse (Raumf) / tobera f cardánica || ~e Entladeklappe (Bahn) / trampilla f abatible de descarga || ~e Frässpindel (Wzm) / husillo m portafresa inclinable || ~es Mikroskop / microscopio m a charnela || ~er Schleifspindelkopf (Wzm) / cabeza f portamuela inclinable || ~e Schraube, Schwenkschraube f (Luftf) / hélice f orientable || ~er Umschlagtisch (Wzm) / mesa f universal || ~e Verbindungsplatte f / placa f de unión o de juntura montada sobre pivote || um beliebige Achse ~es Fenster (Bau) / ventana f pivotante || um beliebige waagerechte Achse ~es Fenster / ventana f basculante
Schwenkbarkeit f / inclinación f posible, orientabilidad f, virabilidad f
Schwenk•bereich m (Wzm) / gama f de inclinación o de rotación || ~bereich (TV) / gama f de giro sobre pivote || ~bereich (Bagger, Kran) / círculo m de giro, alcance m de giro || ~bereich (Kran) / radio m de giro o de orientación || ~betrieb m (Bagger) / explotación f radial || ~bewegung f / movimiento m oscilante, movimiento m de vaivén || ~bewegung (Kran) / movimiento m giratorio || ~bewegung (Rotorflügel) / oscilación f del rotor || ~bewegung des Schultergelenks (Roboter) / movimiento m pivotante de la articulación del hombro || ~biegemaschine f (früher: Abkantmaschine) (Wzm) / máquina f plegadora, plegadora f || ~bohrmaschine f / taladradora f giratoria o radial || ~bolzen m (Bergb) / pasador m pivote || ~brecher m / triturador m de brazo giratorio || ~bug m (Zimm) / codillo m de ángulo || ~bühne f / plataforma f orientable || ~bühne, drehbare Plattform / plataforma f giratoria || ~dach n (Bahn) / techo m pivotante || ~dach (seitlich) n (Bahn) / techo m móvil en sentido lateral || ~deckel m (Ofen) / tapa f virable || ~düse f (Landw) / boquilla f giratoria o inclinable
schwenken vt, herumdrehen / girar, tornar || ~, richten [auf] / apuntar, dirigir [sobre] || ~, schwingen / agitar || ~, schaukeln / balancear || ~, spülen / lavar, enjuagar || ~ vi, sich drehen / virar, girarse || ~ [um] / pivotear || [die Kamera] ~, nachführen (Film, TV) / panoramizar || sich ~ [um...], sich auf der Stelle drehen, sich drehen [um...] / girarse [sobre] || ~ n / orientación f, viraje m, giro m, pivotaje m || ~ der Charakteristik (Radar) / orientación f de la antena de dirección || ~ des Handgelenks (Roboter) / orientación f de la muñeca || ~ einer Düse (Raumf) / orientación f de una tobera
Schwenk•fenster n, Ausstellfenster n (Kfz) / ventanilla f giratoria || ~flügel m (Luftf) / plano m de sustentación

1176

giratorio, ala f de geometría variable ‖ ~**flügelflugzeug** n / avión m convertible o de alas variable, convertíplano m ‖ ~**gabelstapler** m / estibadora f de horquilla orientable ‖ ~**geschwindigkeit** f / velocidad f de giro ‖ ~**getriebe** n (Kran) / mecanismo m de giro ‖ ~**griff** m / empuñadura f orientable ‖ ~**hahn** m, Schwenkventil n / grifo m giratorio u orientable ‖ ~**hebel** m / palanca f giratoria ‖ ~**kettenförderer** m / cadena f transportadora de eslabones giratorios ‖ ~**kopf** m (Foto) / cabeza f panorámica ‖ ~**korrektur** f / ajuste m angular ‖ ~**kran**, Ladebaum m (Bahn) / serviola f, pescante m ‖ ~**kran** m, Drehkran m / grúa f giratoria ‖ ~**kristall** m (Röntgenanalyse) / cristal m oscilante ‖ ~**[lade]baum** m (Förd) / grúa f derrick giratoria ‖ ~**[lade]schaufel** f (Bahn) / pala f de carga orientable ‖ ~**lager** n / cojinete m giratorio ‖ ~**motor** m (Hydr, Vakuum) / motor m oscilante ‖ ~**motor** (Elektr) / motor m móvil o basculante ‖ ~**motor** (Kran) / motor m para el giro ‖ ~**motor** m (Radar) / motor m para exploración rápida ‖ ~**pflug** m (Landw) / arado m reversible ‖ ~**platte** f (Wzm) / placa f inclinable ‖ ~**rad** n / rueda f orientable o giratoria ‖ ~**radius** m (Kran) / radio m de giro ‖ ~**radius** (Kfz) / radio m de viraje ‖ ~**rahmen** m (Elektr) / chasis m pivotante ‖ ~**rinne** f (Hütt) / canal m de colada giratorio ‖ ~**rohr** n, drehbares Rohr / tubo m articulado o giratorio ‖ ~**rohr**, Spülrohr n / tubo m de lavado ‖ ~**rohr** n (Brau) / brazo m de enjuagar, tubo m de enjuague, brazo m de enjuague ‖ ~**rohr-Regner** m (Landw) / aspersor m oscilante ‖ ~**rolle** f (Möbel) / roldana f pivotante, rollete m ‖ ~**rührwerk** n / agitador m pendular ‖ ~**sattel-Scheibenbremse** f (Kfz) / freno m de disco con pinza flotante ‖ ~**schalter** m (Elektr) / interruptor m de maneta basculante ‖ ~**schaufellader** m (Bau) / cargadora f frontal con pala orientable ‖ ~**scheibe** f (DIN 6371) / arandela f en [forma de] C ‖ ~**schiebetür** f (Bahn) / puerta f corrediza y pivotante ‖ ~**schild** m (Schürfkübelbagger) / escudo m oblicuo, pala f orientable o inclinable ‖ ~**schildplanierraupe** f / angledozer m ‖ ~**spindel** f (Dreh) / husillo m orientable ‖ ~**sucher** m (Filmkamera) / visor m orientable ‖ ~**taste** f / tecla f sin enclavar ‖ ~**tisch** m (Wzm) / mesa f pivotante ‖ ~**tisch** m, Drehtisch m (Wzm) / mesa f giratoria ‖ ~**tür** f / puerta f oscilante o de vaivén ‖ ~**- und Neigekopf** m (Foto) / plataforma f de giro y inclinación
Schwenkung f / vuelta f ‖ ~, Schwenken n / viraje m ‖ ~ **der Kamera** (Luftbild) / toma f panorámica
Schwenk • ventil n s. Schwenkhahn ‖ ~**verschraubung** f (DIN 71430) / atornilladura f orientable ‖ ~**vorrichtung** f / mecanismo m basculante o pivotante ‖ ~**werk** n / mecanismo m de giro o de rotación ‖ ~**werkzeughalter** m / portaherramientas m giratorio ‖ ~**wickler** m (Tex) / enrollador m orientable ‖ ~**winkel** m / ángulo m de giro
schwer (Gewicht) (Phys) / pesado, de gran peso ‖ ~ (Boden) / muy barroso ‖ ~ (Fehler) / grave ‖ ~, dicht (Chem) / denso ‖ ~ (Wzm) / para servicio pesado o intenso, robusto ‖ ~, solid, massiv / macizo, sólido ‖ ~ (Tuch) / sólido, fuerte ‖ ~, schwierig / difícil, dificultoso ‖ ~**er als Luft** (Phys) / más pesado que el aire ‖ ~ **arbeiten** / hacer trabajos muy duros o rudos ‖ ~ **bearbeitbar** (Stein) / difícilmente labrable ‖ ~ **bespult** (Fernm) / pupinizado fuertemente ‖ ~**e Bestandteile** m pl (Abwasser) / materia f de gran peso ‖ ~**er Boden** (Landw) / tierra f pesada ‖ ~ **brennbar** / poco combustible, apiro ‖ ~**e Drehmaschine** (Wzm) / torno m para servicio pesado, torno m de fuerte construcción ‖ ~**es Elektron** / electrón m pesado ‖ ~ **entflammbar** / poco inflamable ‖ ~ **flüchtiger oder schwer siedender Brennstoff** (Chem) / combustible m pesado ‖ ~**e Form** (Druck) / forma f pesada o densa ‖ ~**er Formstahl** (Hütt) / perfil m pesado, acero m estructural pesado ‖ ~**es Heizöl** / fuel-oil m pesado (E), combustóleo m de calefacción (LA) ‖ ~**eres Isotop** / isótopo m pesado ‖ ~ **löschbar** / difícilmente borrable ‖ ~ **löslich** / difícilmente soluble ‖ ~**er machen**, beschweren / cargar ‖ ~ **reduzierbar** (Hütt) / difícilmente reduc[t]ible ‖ ~ **schmelzbar** / difícilmente fusible ‖ ~**es Schmiedestück** / pieza f forjada de gran peso ‖ ~**er Sturm** (Windstärke 10) (Meteo) / tempestad f ‖ ~**es Teilchen** (Phys) / partícula f pesada ‖ ~ **verständlich** / difícil de comprender ‖ ~**es Wasser**, Schwerwasser n (Phys) / agua f pesada ‖ ~**er Wasserstoff**, Deuterium n, ²H / hidrógeno m pesado ‖ ~**e Wasserstoffmasse** / masa f de deuterón ‖ ~ **zugänglich** / de difícil acceso
Schwer • achse, -linie f (Phys) / eje m de gravedad ‖ ~**arbeit** f / trabajo m duro o rudo ‖ ~**arbeiter** m / obrero m que realiza trabajos rudos ‖ ~**atom** n / átomo m pesado ‖ ~**benzin** n / gasolina f (E) o nafta (LA) pesada, bencina f pesada ‖ ~**benzinfraktion** f / fracción f de bencina pesada ‖ ~**benzol** m (Siedelage 100-200° C) / benzeno m pesado ‖ ~**beton** (Bau) / hormigón m cargado ‖ ~**chemikalien** f pl / productos m pl químicos pesados ‖ ~**drehmaschine** f (Wzm) / torno m para servicio pesado, torno m de fuerte construcción
Schwere f, Gewicht n / pesantez f ‖ ~, Schwerkraft f (Phys) / gravedad f ‖ ~**...** / gravitacional, gravitatorio, gravífico f ‖ ~**abscheider** m (Öl) / tanque m asentador ‖ ~**anomalie** f (Phys) / anomalía f de gravedad ‖ ~**beschleunigung** f / aceleración f de la gravedad ‖ ~**feld** n, Gravitationsfeld n / campo m gravitacional o de gravitación o de gravedad ‖ **im** ~**feld** / en campo gravitacional ‖ ~**feldgebundene Übergangsbahn**, Umschwenkbahn f (Raumf) / trayectoria f de efecto gravitacional ‖ ~**feldkurve** f (Raumf) / trayectoria f de incidencia nula ‖ ~**gefühl** n / sensación f del peso ‖ ~**linie** f (Phys) / eje m baricéntrico ‖ ~**los** / desprovisto de gravedad, ingrávido ‖ ~**los**, im Schwebezustand / en levitación ‖ ~**los**, gegen die Schwerkraft wirkend / anti-g ‖ ~**loser Raum** / espacio m de gravedad nula o cero ‖ ~**lose Rückflugphase** (Raumf) / fase f de retorno de gravedad nula ‖ ~**loser Punkt** / punto m ingrávido o abárico ‖ ~**losigkeit** f / ingravidez f, ausencia f de gravedad ‖ ~**messung** f (Phys) / gravimetría f
Schwererz n / mineral m pesado
Schwerewellen f pl (Phys) / ondas f pl de gravedad
Schwer • fahrzeug n / vehículo m o camión pesado ‖ ~**fällig**, plump / tardo ‖ ~**flintglas** n / vidrio m flint pesado, flintglass m pesado ‖ ~**flüchtig** / poco volátil ‖ ~**flüchtiger Brennstoff** / combustible m poco volátil ‖ ~**flüssig**, dickflüssig, viskos / viscoso, de poca fluidez ‖ ~**flüssigkeit** f (Aufb) / líquido m o medio denso ‖ **von** ~**flüssigkeit befreien** / eliminar el medio denso ‖ ~**flüssigkeits-Abtropfsieb** n / criba f de escurrimiento de líquido denso ‖ ~**flüssigkeits-Sinkscheidung**, Sinkscheidung f (Bergb) / flotación f gravimétrica ‖ ~**gängig** (Lenkung) / pesado ‖ ~**gängig** (Masch) / duro ‖ ~**gängigkeit** f / dureza f ‖ ~**gasturbine** (Schiff) / turbina f de gas de fuerte construcción ‖ ~**getreidefraktion** f (Landw) / fracción f de cereales pesadas ‖ ~**gewebeartikel** f pl (Tex) / artículos m pl de tejido pesado ‖ ~**gewicht** n (Schiff) / peso m muerto ‖ ~**gewichtsanker** m (Schiff) / ancla f pesada ‖ ~**gewichtsventil** n / válvula f de seguridad de contrapeso ‖ ~**gut** n (Schiff) / carga f pesada, mercancía f de mucho peso ‖ ~**gut** (Aufb) / producto m pesado ‖ ~**gutbaum** m (Schiff) / mástil m de carga de gran capacidad, pluma f para grandes pesos ‖ ~**gut-Container** m / semi-container m ‖ ~**gutfördergerät** n / equipo m de manejo de cargas pesadas ‖ ~**gutfrachtschiff** n, -gutfrachter m / buque m de cargas pesadas ‖ ~**gutgeschirr** (Schiff) / aparejo m para cargas pesadas ‖ ~**gutpfosten** m

(Schiff) / mástil *m* bipodo || ⁓**holzkiefer** *f*, Goldkiefer *f* (Bot) / pino *m* ponderoso o real || ⁓**hörig** (Physiol) / hipoacúsico, duro o tardo de oído
Schwerhörigen•brille *f* / gafas *f pl* auditivas o para dureza de oído || ⁓**gerät** *n*, Hörgerät *n* / aparato *m* auditivo o para sordos, prótesis *f* auditiva, auxiliar *m* auditivo
Schwer•industrie *f* / industria *f* pesada || ⁓**ion** *n* / ion *m* pesado || ⁓**ionen-Beschleuniger** *m* (Phys) / acelerador *m* de iones pesados || ⁓**ionenfusion** *f* / fusión *f* de iones pesados || ⁓**ionen-Linearbeschleuniger** *m* / acelerador *m* lineal de iones pesados || ⁓**ionenphysik** *f* / física *f* de los iones pesados || ⁓**kochen** *n* (Zuck) / cocción *f* lenta
Schwerkraft *f*, Erdanziehungskraft *f* (Phys) / fuerza *f* de [la] gravedad || ⁓... / gravitacional, gravitatorio, gravífico, gravimétrico, por gravedad || **gegen die** ⁓ **wirkend** / anti-g || ⁓**abscheider** *m* / separador *m* gravitacional || ⁓**antrieb** *m* / accionamiento *m* por gravedad || ⁓**aufbereitung** *f* (Bergb) / preparación *f* gravimétrico o por gravedad || ⁓**bahn** *f* (Seilb) / funicular *m* aéreo por gravedad (E), alambrecarril *m* por gravedad (LA) || ⁓**bremssystem** *n* (Kfz) / sistema *m* de frenado por gravedad || ⁓**davit** *m* (Schiff) / pescante *m* por gravedad, serviola *f* por gravedad || ⁓**-Entleerung** *f* / descarga *f* por gravedad || ⁓**förderer** *m* / transportador *m* por gravedad || ⁓**füllstutzen** *m* (Luftf) / sonda *f* de llenado de combustible por gravedad || ⁓**gegenstromsichter** *m* (Aufb) / clasificador *m* de contracorriente por gravedad || ⁓**gradient** *m* / gradiente *m* de gravedad || ⁓**gradienten-Ausleger** *m* (Raumf) / pluma *f* de gradiente de gravedad || ⁓**gradienten-Stabilisierung** *f* (Raumf) / estabilización *f* por gradiente de gravedad || ⁓**hemmung** *f* (für Turmuhren) (Uhr) / escape *m* de gravedad || ⁓**lichtbogenschweißen** *n* / soldadura *f* por arco voltaico de gravedad || ⁓**mühle** *f* / trituradora *f* de gravedad || ⁓**sichtung** *f* (Aufb) / separación *f* por gravedad || ⁓**speiser** *m* (Gieß) / bebedero *m* gravitacional || ⁓**system** *n* / sistema *m* por gravedad || ⁓**umlauf** *m* (Wasser) / circulación *f* por termosifón || ⁓**umlaufheizung** *f* / calentamiento *m* tipo termosifón || ⁓**unterstützung** *f* (Raumf) / ayuda *f* por gravedad || ⁓**zuführung** *f* (Wzm) / alimentación *f* por gravedad || ⁓**zuführung** (Kfz) / alimentación *f* [de combustible] por gravedad
Schwer•lastbahn *f* / funicular *m* aéreo de gran capacidad || ⁓**lastfahrzeuge** *n pl* / camiones *f pl* de carga, vehículos de carga pesados *m pl* || ⁓**last-Handkarren** *m* / carretilla *f* (E, LA) o zorra (LA) para carga pesada || ⁓**lasthubschrauber** *m*, fliegender Kran / helicóptero *m* para cargas pesadas || ⁓**lastkran** *m* / grúa *f* de cargas pesadas || ⁓**lastrolle** *f* / rodillo *m* para cargas pesadas || ⁓**lastwagen** *m* / camión *f* pesado o para carga pesada || ⁓/**Leichtgut** *n* / pesos *m pl* grandes/pequeños || ⁓**linie** *f*, -achse *f* (Mech) / eje *m* de los centros de gravedad || ⁓**maschinen** *f pl* (Wzm) / máquinas *f pl* pesadas || ⁓**maschinenbau** *m* / construcción *f* de máquinas pesadas || ⁓**metall** *n* (Hütt) / metal *m* pesado || ⁓**metallabgabe** *f* (Glasur) / salida *f* de metal pesado || ⁓**metall-Atomabbrand** *m*, FIMA-Wert *m* (= fissions per initial metal atom) (Nukl) / valor FIMA *m* || ⁓**metallguss** *m* / fundición *f* de metales pesados || ⁓**metallegierung** *f* / aleación *f* de metal pesado || ⁓**metallsalz** *n* / sal *f* de metales pesados || ⁓**mineral** *n* (Geol) / mineral *m* pesado || ⁓**öl** *n* / aceite *m* denso o viscoso || ⁓**öl** (aus Erdöl o. Teer, Fraktion zw. 230 u. 270 ° C) / productos *m pl* pesados, crudo *m* pesado || ⁓**öl** (Kraftstoff) / fuel oil *m*, combustóleo *m* (LA) || ⁓**ölförderpumpe** *f* (Diesel) / bomba *f* de alimentación de carburante Diesel || ⁓**ölmotor** *m* / motor *m* de aceite denso

Schwerpunkt *m* (Phys) / centro *m* de gravedad || **auf den** ⁓ **bezogen**, Schwerpunkts... / baricéntrico || **mit tiefem** ⁓ / de centro bajo de gravedad || ⁓**-Aufhängung** *f* (Astr) / montaje *m* astático || ⁓**-Bezugspunkt** *m* (Luftf) / centro *m* de gravedad de referencia || ⁓**laststation** *f* (Elektr) / banco *m* de capacitores || ⁓**satz** *m* (Phys) / teorema *m* de la velocidad del centro de gravedad
Schwerpunkts•moment, Unbalanzmoment *n* (Phys) / par *m* desequilibrado || ⁓**system** *n* (Nukl) / sistema *m* del centro de masa || ⁓**verlagerung** *f* / desplazamiento *m* del centro de gravedad || ⁓**waage** *f*, statische Auswuchtmaschine / equilibradora *f* por gravedad || ⁓**wellenlänge** *f* (Opt) / longitud *f* de onda efectiva
schwer•radioaktiv, heiß (Nukl) / altamente radiactivo, de gran radiactividad, caliente || ⁓**schaum** *m* (F'wehr) / esponja *f* pesada || ⁓**schmelzend** / difícilmente fusible || ⁓**schrott** *m* (Hütt) / chatarra *f* pesada || ⁓**schwarz** *n* (Färb) / negro *m* cargado || ⁓**siedend** / de alto punto de ebullición || ⁓**siedender Kraftstoff** / fuel-oil *m* (E), combustóleo *m* (LA) || ⁓**spannstift** (DIN 1481) / pasador *m* de montaje elástico || ⁓**spat**, Baryt *m*, Bariumsulfat *n* (Min) / espato *m* pesado, baritina *f* || ⁓**stange** *f*, Meißelschaft *m* (Öl) / barra *f* de peso o de lastre, vástago *m* pesado, sinker *m*, barra *f* maestra (LA)
Schwerstbeton *m* (Bau) / hormigón *m* de baritina superpesado
Schwerstein, Tungstein *m* (Min) / scheelita *f*, esquelita *f*
Schwerstgutfrachter *m* (Schiff) / carguero *m* [para productos muy pesados]
Schwer•stoff *m* (Aufb) / medio *m* pesado o denso || ⁓**stoff-Fracht** (Hydr) / acarreo *m* de sedimentos
Schwerstöl *n* / aceite *m* muy denso
Schwert *n*, Diagonale *f* an einem Gerüst / diagonal *f* || ⁓, Seitenschwert *n* (Schiff) / orza *f* lateral || ⁓, Mittelschwert *n* (Schiff) / orza *f* central || ⁓ (Aufb) / cuchilla *f* de lavadora || ⁓ (Bb) / cuchilla *f* || ⁓**antenne** *f* (Luftf) / antena *f* ensiforme || ⁓**falzmaschine**, Messerfalzmaschine *f* (Druck) / dobladora *f* con cuchillo || ⁓**feile** *f* (Wz) / lima *f* piñón || ⁓**förmig**, -artig / ensiforome, en forma de espada
Schwertrübe, Trübe *f* (Aufb) / medio *m* denso o pesado || ⁓**aufbereitung** *f* / preparación *f* en medio denso || ⁓**-Wiedergewinnung** *f* / recuperaciión *f* de medio denso || ⁓**zyklon** *m* / ciclón *m* de medio denso
Schwert•säge *f* (Wz) / sierra *f* de piedras || ⁓**trommelwäsche** *f* (Tex) / lavadora *f* de cuchillas de tambor || ⁓**wäsche** *f* (Aufb) / lavadora *f* de cuchillas
Schwerverkehr *m* / tráfico *m* pesado
Schwerwasser *n*, schweres Wasser (Chem) / agua *f* pesada || ⁓**-Destillationskolonne** *f* / columna *f* de destilación de agua pesada || ⁓**gitter** *n* / rejilla *f* de agua pesada || ⁓**moderierter gasgekühlter Leistungsreaktor** (Nukl) / reactor *m* moderado por agua pesado y refrigerado por gas || ⁓**reaktor** *m*, SWR / reactor *m* de agua pesada
schwer•wiegend (Fehler, Qual.Pr.) / grave, muy serio || ⁓**wiegend** (DV, Fehler) / no reparable || ⁓**zerspanung** *f* (Wzm) / mecanización *f* con gran arranque de viruta
Schwester•schiff *n* / buque *m* gemelo || ⁓**werkzeug** *n* (Wzm) / herramienta *f* gemela
Schwibbogen *m* (Bau) / arbotante *m*
schwierig, schwer / difícil || ⁓ **herstellbar** (o. geformt) / de formas difíciles
Schwierigkeit *f* / dificultad *f* || ⁓**en beseitigen**, verringern / allanar dificultades || ⁓**en haben**, versagen / fracasar || ⁓**en überwinden** / salvar dificultades || **auf** ⁓**en stoßen** / chocar con dificultades, encontrar dificultades || **versteckte** ⁓, "Haken" *m* / intrígulis *m pl*
Schwierigkeitsgrad *m* / grado *m* de dificultad
Schwimm•abdeckung *f* (Öltank) / cubierta *f* flotante || ⁓**achse** *f* (Hydr) / eje *m* de flotación || ⁓**apparat**,

Rettungsapparat *m* (Schiff) / equipo *m* salvavidas ‖ ⁓**aufbereitung** *f*, Flotation *f* / flotación *f* ‖ ⁓**aufbereitung durch Öl** / flotación *f* por aceite ‖ ⁓**aufbereitungsverfahren** *n*, Flotation *f* / procesamiento *m* de flotación ‖ ⁓**ausstattung** *f* (Schiff) / equipo *m* flotante ‖ ⁓**bad**, -becken *n* (Sport) / piscina *f* de natación ‖ ⁓**bad** *n* (Reaktor) / piscina *f* ‖ ⁓**bad**, Freibad, Swimming Pool *m* [im Freien] / establecimiento *m* de baños o de natación, piscina *f* no cubierta ‖ ⁓**badreaktor** *m* (Nukl) / reactor *m* piscina ‖ ⁓**bagger** *m* / draga *f* flotante ‖ ⁓**becken** *n*, -bassin *n* (Sport) / piscina *f* (E), pileta *f* de natación, alberca *f* (LA) ‖ ⁓**beckenreiniger** *m* / limpiafondos *m* ‖ ⁓**berge** *m pl* (Aufb) / escombros *m pl* de flotación ‖ ⁓**brücke** *f* / puente *m* flotante ‖ ⁓**container** *m* (LASH) / gabarra *f* de buque portagabarras, contenedor *m* flotante ‖ ⁓**dachtank** *m* (Öl) / tanque *m* de cubierta flotante ‖ ⁓**decke** *f* (Abwasser) / espuma *f* de superficie ‖ ⁓**decke**, schwimmende Platte (Flachdach) / techo *m* flotante ‖ ~**dicht** (floating) / flotante ‖ ⁓**dichtung** *f* / cierre *m* de anillo flotante ‖ ⁓**dichtungsring** *m* / anillo *m* flotante ‖ ⁓**dock** *n* (Schiff) / dique *m* flotante
schwimmen / nadar ‖ – *vi*, treiben (Gegenstand) / flotar ‖ **zum** ⁓ **bringen** / hacer flotar
schwimmend, beweglich eingehängt / flotante ‖ ~**er Abstichverschluss** (Hütt) / cierre *m* de sangría flotante ‖ ~**e Befestigung** (Stecker) / montaje *m* flotante ‖ ~**e Bohrinsel**, Halbtaucher *m* (Öl) / plataforma *f* de perforación semisumergible ‖ ~**e Brücke** / puente *m* flotante ‖ ~**er Estrich** (Bau) / solado *m* flotante, pavimento *m* intermedio flotante ‖ ~**es Gebirge** (Geol) / terreno *m* suelto ‖ ~**er Getreideheber** / elevador *m* de granos flotante ‖ ~**e Gründung**, Flachgründung *f* (Bau) / fundación *f* continua ‖ ~**er Kolben** (Mot) / émbolo *m* flotante ‖ ~**er Kolbenbolzen** (Mot) / bulón *m* o perno de émbolo flotante ‖ ~**e Lagerung** / colocación *f* flotante ‖ ~**er Magnetkopf** / cabeza *f* magnética flotante ‖ ~**er Mitnehmer** (Wzm) / tope *m* de arrastre de ajuste automático ‖ ~**e Rohrplatte** (Wärmeaustauscher) / cabeza *f* flotante ‖ ~**er Stopfen** (Hütt) / tapón *m* flotante ‖ ~**e Umschlagsanlage** (Schiff) / instalación *f* de transbordo cerca de la costa ‖ ~**e Ventilspindel** / husillo *m* flotante de válvula
Schwimmer *m* (allg, Luftf) / flotador *m* ‖ ⁓ **im Spülkasten** / flotador *m* o nivel del depósito de retrete ‖ ⁓**flugzeug** *n* / hidravión *m* de flotadores ‖ ⁓**gehäuse** *n*, -kammer *f* (Vergaser) / caja *f* de flotador ‖ ⁓**gestell** *n* (Luftf) / tren *m* de amarraje de flotadores ‖ ⁓**hahn** *m* (Öl) / grifo *m* de flotador ‖ ⁓**haut** *f* (Luftf) / camisa *f* del flotador ‖ ⁓**hebewerk** *n* (Schiff) / elevador *m* de barcos con flotador ‖ ⁓**kondenstopf** *m* / colector *m* (E) o purgador (LA) de agua condensada con flotador ‖ ⁓**kugel** *f* / flotador *m* esférico ‖ ⁓**nadel** *f* (Vergaser) / aguja *f* de flotador ‖ ⁓**nadelventil** *n* (Vergaser) / válvula *f* de aguja ‖ ⁓**pegel** *m* (Hydr) / medidor *m* de nivel con flotador ‖ **Ampèresche** ⁓**regel** (Elektr) / regla *f* del flotador de Ampère ‖ ⁓**regler** *m* / regulador *m* con flotador ‖ ~**reguliert** / controlado o regulado por flotador ‖ ~**reguliertes Gespeist** / alimentado controlado por flotador ‖ ⁓**schacht** *m* (Hydr) / pozo *m* del flotador ‖ ⁓**schalter** *m* (Elektr) / interruptor *m* de flotador ‖ ⁓**schleuse** *f* / esclusa *f* de flotador ‖ ⁓**stand** *n* / nivel *m* del flotador ‖ ⁓**topf** *m* / bote *m* de flotador ‖ ⁓**ventil** *n* / válvula *f* de flotador ‖ ⁓**vergaser** *m* / carburador *m* tipo flotador
schwimm•fähig / flotable ‖ ~**fähig machen** (Flotation) / activar ‖ ⁓**fähigkeit** *f*, Auftrieb *m* (Phys) / flotabilidad *f* ‖ ⁓**fett** *n* / grasa *f* no cargada ‖ ⁓**floß** *n* (Schiff) / almada *f* flotante, balsa *f* (PERU) ‖ ⁓**gerste** *f* (Brau) / cebada *f* flotante ‖ ⁓**gürtel** *m*, Rettungsgürtel *m* / cinturón *m* de nadar, cinturón *m* salvavidas ‖ ⁓**haus** *n* / casa *f* flotante ‖ ⁓**haut** *n* **beim Spritzgießen** / rebaba *f* ‖ ⁓**kabel** *n* / cable *m* flotante ‖ ⁓**kasten** *m*, Senkkasten *m* (Hydr) / cajón *m* flotante ‖ ⁓**kompass** *m* / compás *m* líquido, brujula *f* magnética ‖ ⁓**kopf** *m* (Wärmeaustauscher) / cabeza *f* flotante ‖ ⁓**körper** *m* / cuerpo *m* flotante ‖ ⁓**körper** (Luftf) / flotador *m* ‖ ⁓**kraft**, -fähigkeit *f* / flotabilidad *f* ‖ ⁓**kraft** *f*, Tragvermögen *n* [schwimmender Körper] / potencia *f* flotante ‖ ⁓**kran** *m* / grúa *f* flotante ‖ ⁓**kranponton** *m* / pontón *m* de grúa flotante ‖ ⁓**kreisel** *m* (Instr) / girocompás *m* flotante ‖ ⁓**leuchtzeichen** *n* / antorcha *f* flotante ‖ ⁓**linie** *f* (Schiff) / línea *f* de flotación ‖ ⁓**löffelbagger** *m* / excavadora *f* de cuchara flotante ‖ ⁓**magnet** *m* / imán *m* flotante ‖ ⁓**panzer** *m* (Mil) / carro *m* blindado anfibio ‖ ⁓**plattform** *f* / plataforma *f* flotante ‖ ⁓**rauchzeichen** *n* (Schiff) / señal *f* de humo flotante ‖ ⁓**sand** *m*, Triebsand *m* (Geol) / arena *f* movediza ‖ ⁓**sattel** *m* (Scheibenbremse) / pinza *f* flotante ‖ ⁓**schlamm** *m* (Abwasser) / barro *m* flotante ‖ ⁓**schleppnetz** *n* (Schiff) / red *f* pelágica ‖ ⁓**seife** *f* / jabón *m* flotante ‖ ⁓**-Sinkverfahren** *n* (Aufb) / procedimiento *m* de sumersión y flotación ‖ ⁓**stein** *m*, -ziegel *m* (Bau) / ladrillo *m* flotante ‖ ⁓**stoff** *m*, -stoffe *m pl* (Abwasser) / materia *f* flotante ‖ ⁓**stopfen** *m* (Hütt) / tapón *m* flotante ‖ ⁓**system** *n* (Kreiselkompass) / sistema *m* flotante ‖ ⁓**tor** *n* (Dock) / puerta *f* flotante (E), barco-puerta *m* (LA) ‖ ⁓**- und Sinkanalyse**, Wichteanalyse *f* (Aufb) / análisis *m* por flotantes y depósitos ‖ ⁓**- und Sinkversuch** *m* / ensayo *m* por flotantes y depósitos ‖ ⁓**verfahren** *n*, Flotation *f* / procesamiento *m* de flotación, flotación *f* ‖ ⁓**wagen** *m* (Kfz) / vehículo *m* anfibio ‖ ⁓**werk** *n*, Schwimmergestell *n* (Luftf) / tren *m* de flotadores, tren *m* de amarraje de flotadores ‖ ⁓**weste** *f* / chaleco *m* salvavidas, salvavidas *m* ‖ ⁓**weste** (luftgefüllt) / chaleco *m* salvavidas neumático ‖ ⁓**weste**, Korkweste *f* / chaleco *m* salvavidas de corcho
Schwinde *f* (Hydr) / infiltración *f* (E), escurrimiento *m* (LA)
schwinden *vi*, kleiner werden / decrecer ‖ ~, abnehmen / disminuir ‖ ~, schrumpfen / encogerse, contraerse ‖ ~ (Eltronik) / desvancerse ‖ ~ *n*, Schwindung *f* / disminución *f*, decrecimiento *m* ‖ ~, Schwimmerschwindung *f* (Funk) / desvanecimiento *m*
Schwind•fuge *f* (Bau) / junta *f* de contracción ‖ ⁓**maß** *n* / medida *f* de contracción ‖ ⁓**maße** *m pl* / dimensiones *f pl* de contracción ‖ ⁓**maßstab** *m* (Gieß) / regla *f* de medida de contracción, escala *f* de contracción, metro *m* de contracción ‖ ⁓**maßzeichnung** *f* / dibujo *m* de medidas de contracción ‖ ⁓**riss** *m* / grieta *f* debida a una contracción, grieta *f* de contracción ‖ ⁓**riss** (Holz) / herida *f* o partitura por contracción
Schwindungs•aufmaß *n* / sobremedida *f* de contracción ‖ ⁓**[haar]riss** *m* / grieta *f* capilar de contracción ‖ ⁓**hohlraum**, Lunker *m* (Hütt) / cavidad *f* de contracción, rechupe *m* ‖ ⁓**kennwert** *m* / valor *m* característica de contracción ‖ ⁓**krümmung** *f* (Gieß) / alabeo *m* de contracción ‖ ⁓**spalt** *m* / hendidura *f* de contracción ‖ ⁓**wärme** *f* / calor *m* de contracción
Schwing•..., schwingend / oscilante, vibratorio, de vibración ‖ ⁓**achse** *f* (Kfz) / eje *m* oscilante ‖ ⁓**anker** *m* (Uhr) / áncora *f* oscilante ‖ ⁓**anlage** *f* (Druck) / guía *f* o margenera oscilante ‖ ⁓**anschlag** *m* / tope *m* giratorio ‖ ⁓**arm** *m* (Mech) / brazo *m* oscilante, balancín *m* ‖ ⁓**audion**, Autoheterodyn *n* (Eltronik) / autoheterodino *m*, autodino *m* ‖ ⁓**aufgeber** *m* / alimentador *m* vibratorio ‖ ⁓**balken** *m* (Ölbohrung) / balancín *m* ‖ ⁓**baum** *m* (Web) / guíahilos *m* o portahílos oscilante ‖ ⁓**beanspruchung durch Vibration** (ISO/R 194-1961) / esfuerzo *m* vibratorio ‖ ⁓**beiwert** *m*, Stoßzahl *f* (Bau) / coeficiente *m* dinámico ‖ ⁓**bereich** *m* (Eltronik) / modo *m* ‖ ⁓**bereichänderung** *f* (Magnetron) / transición *f* de modo ‖ ⁓**blende** *f* (Opt) / diafragma *m* oscilante ‖

Schwingbruch

≈**bruch** m / rotura f debida a fatiga por vibración ‖
≈**bühne** f / plataforma f oscilante ‖ ≈**diode** f / diodo m
oscilador ‖ ≈**drossel** f (Eltronik) / choque m o reactor
de inductancia variable, inductor m saturable ‖
≈**durchmesser** m (Dreh) / diámetro m máximo
admisible
Schwinge f, Kulisse f (Bahn, Wzm) / corredera f, sector m
‖ ≈ (Masch) / biela f oscilante ‖ ≈, Wippe f / balancín m
‖ ≈ f, Flügel m / ala f ‖ ≈ (Brecher) / quijada f ‖ ≈
(Flachs) / espadilla f
schwingen vt, schwenken / agitar ‖ ~, poken (Flachs) /
espadar ‖ ~ vi, oszillieren (Eltronik, Phys) / oscilar,
vibrar ‖ ~, pulsieren / pulsar, tener pulsaciones ‖ ~
lassen / hacer oscilar ‖ ~ vi vt [**machen**] / hacer pulsar
o pulsante
Schwingenbrecher m (Bau) / trituradora f o
machacadora oscilante o de quijadas
schwingend / oscilante ‖ ~, pulsierend / pulsante,
pulsátil, pulsatorio, pulsativo ‖ ~, pendelnd /
pendular, oscilante ‖ ~, sich hin- und herbewegend /
basculante, oscilante ‖ ~, vibrierend / vibratorio,
vibrante, vibrátil ‖ ~, Resonanz erzeugend (Akust) /
resonante ‖ ~**e Bewegung** / movimiento m oscilante ‖
in ~e Bewegung versetzen / hacer vibrar ‖ **~e
Doppelkurbel** (Wzm) / manivela f doble oscilante ‖ **~e
Entladung** (Eltronik) / descarga f oscilante ‖ **~es
Gebilde** (Nukl) / estructura f vibrante ‖ **~ hängen** /
oscilar ‖ **~e Massen** f pl (Kfz) / masas f pl oscilantes ‖
~er Meißelhalter (Dreh) / portaherramientas m
flotante ‖ **~e Nadelstange** (Nähm) / barra f de aguja
oscilante ‖ **~e Sperre** (Plast) / barrera f de vaivén ‖ **~er
Verschluss**, Pendelverschluss m (Bahn) / cerrojo m
oscilante ‖ **~er Warenabzug** (Web) / enrollamiento m
de tejido oscilante ‖ **~e Welle**, Schwingwelle f (Masch)
/ árbol m oscilante
Schwingen • flugzeug n, Schlagflügelflugzeug n /
ornitóptero m ‖ ≈**kurbel** f / contramanivela f ‖
≈**lager**, Kulissenlager n, -träger m / apoyo f de la
corredera ‖ ≈**pendel** n, Wiegenpendel n (Bahn,
Drehgestell) / vástago m de suspensión, biela f de
suspensión ‖ ≈**stange** f (Dampfm) / biela f de mando de
la corredera ‖ ≈**stein** m, Nuten-, Kulissenstein m
(Masch) / taco m de sector ‖ ≈**stein** (Dampfm) / taco m
de corredera ‖ ≈**steuerung**, Kulissensteuerung f
(Dampfm) / distribución f por corredera
Schwingentladung f (Eltronik) / descarga f oscilante
Schwinger, Schwingkreis m (Akust, Eltronik) / oscilador m
‖ ≈, Wandler m (Ultraschall) / transductor m
[magnético] ‖ ≈ m, Kristall m (Ultraschall) / cristal m
[piezoeléctrico], vibrador m ‖ ≈ **aus Nickellamellen**
(Ultraschall) / transductor m de láminas de níquel ‖
[**auf Eigenfrequenz schwingender**] ≈ (Phys) /
resonador m ‖ ≈**dämpfungskörper** m / amortiguador
m del cristal ‖ ≈**wirkungsgrad** m (Ultraschall) /
actividad f del cristal
Schwing • festigkeit f, Dauerfestigkeit f / resistencia f a la
fatiga por vibración ‖ ≈**feuergerät** n (Luftf) /
pulsorreactor m ‖ ≈**flügel** m (Tür, Fenster) /
oscilobatiente m ‖ ≈**flügel** (um waagerechte
Mittelachse) (Fenster) / batiente m pivotante ‖
≈**flügelfenster** n / ventana f pivotante ‖ ≈**förderer** m /
transportador m vibrante ‖ ≈**form** f, Schwinge f,
Affenschaukel f (koll.) (Plast) / molde m oscilante ‖
≈**frequenz** f (Phys) / frecuencia f de oscilaciones ‖
≈**fundament** n (Masch) / fundación f amortiguadora
de vibraciones ‖ ≈**greifer** m (Druck) / pinza f oscilante
‖ ≈**grenzfrequenz** f / frecuencia f máxima de
oscilaciones ‖ ≈**gummielement** n / tapón m
caucho-metal ‖ ≈**güte** f, Laufruhefaktor m (Masch) /
factor m de calidad vibracional ‖ ≈**halbmesser** m
(Radialbohrm) / radio m del brazo f de la taladradora
radial ‖ ≈**hanf** m / cañamo m espadado ‖ ≈**hebel**,
einarmiger Hebel m / palanca f oscilante ‖ ≈**hebel** m
(Mot) / balancín m [empujaválvulas], empujaválvulas

m, levantaválvulas m ‖ ≈**hebel** (Lenkung) / palanca f
oscilante de mando ‖ ≈**hebelachse** f (Kfz) / eje m de
balancín empujaválvulas ‖ ≈**hebelantrieb** m (für
Schüttelrinnen) / accionamiento m por palanca
oscilante ‖ ≈**hebelbock** m (Mot) / soporte m de
balancín empujaválvulas ‖ ≈**hebel-Regner** m (Landw) /
aspersor m oscilante ‖ ≈**herd** m (Aufb) / suela f
oscilante ‖ ≈**kompressor** m, -verdichter m /
compresor m con motor de émbolos de movimiento
opuesto ‖ ≈**kondensator** m (Eltronik) / capacitor m
oscilante ‖ ≈**kontaktgleichrichter** m / rectificador m
de lámina vibrante ‖ ≈[**kraft**]**mühle** f / molino m
vibratorio ‖ ≈**kreis** m (Eltronik) / circuito m oscilante ‖
≈**kreis**, Resonanzkreis m (Eltronik) / circuito m
resonante ‖ ≈**kreis** m (Radio) / circuito m de
amplificador sintonizado ‖ ≈**kreis aus
konzentrierten Schaltelementen** (Eltronik) / circuito m
de parámetros concentrados o de constantes
concentradas ‖ ≈**kreis mit hohem Q** m (o. von hoher
Qualität) / circito m de sintonización de alta calidad ‖
≈**kreisspule** f / bobina f autoinductora o de
autoinducción ‖ ≈**kristallmethode** f (Röntgenspektrosk)
/ método m de cuarzo oscilante ‖ ≈**kugelmühle** f
(Aufb) / molino m de bolas oscilantes ‖ ≈**läppen** n
(Wzm) / lapeado m ultrasónico ‖ ≈**leistung** f (Elektr) /
potencia f fluctuante ‖ ≈**linie** f (Eltronik) /
característica f en corriente alterna ‖ ≈**masse** f,
Schwungrad n (aut. Uhr) / rotor m ‖
≈**meißel-Stemmmaschine** f (Wzm) / mortajadora f de
buril oscilante, cajeadora f de cuchilla oscilante ‖
≈**membran** f (Lautsprecher) / placa f vibrante ‖
≈**messer** n / cuchilla f oscilante ‖ ≈**metall** n,
Gummimetallverbindung f / conexión f caucho-metal
‖ ≈**metall-Lagerung** f / montaje m caucho-metal ‖
≈**motor** m / motor m de movimiento alternativo ‖
≈**mühle** f / molino m vibratorio ‖ ≈**neigung** f (allg) /
inestabilidad f inherente ‖ ≈**neigung**,
Verstärkerschwingen n / oscilaciones f pl parásitas ‖
≈**nutsäge** f (Tischl) / sierra f oscilante para labrar
ranuras ‖ ≈**pflug** m (Landw) / arado m de maceras ‖
≈**prüfmaschine** f (Mat.Prüf) / máquina f de ensayos de
fatiga ‖ ≈**prüfung** f, Schüttelprüfung f / prueba f de
vibraciones ‖ ≈**quarz** m, Quarzoszillator m (Eltronik) /
cuarzo m oscilante, resonador m de cuarzo ‖ ≈**quarz**
(als Baugruppe) / cápsula f de cristal ‖ ≈**quarz**,
Piezoquarz, Quarzoszillator m / cristal m o cuarzo
piezoeléctrico ‖ ≈**quarzbecher** m (Eltronik) / caja f del
cuarzo ‖ ≈**quarzschaltung** f / circuito m de cuarzo ‖
≈**quarz-Thermometer** n / termómetro m de cuarzo ‖
≈**rahmenschleifmaschine** f (Wzm) / rectificadora f de
bastidor oscilante ‖ ≈**rinne** f / canal m oscilante ‖
≈**rohr** n, Luftansaugrohr n (Kfz, Mot) / tubo m
aspirante ‖ ≈**rohr**, Schwenkrohr n / tubo m articulado
‖ ≈**röhre**, Generatorröhre f (Eltronik) / tubo m
oscilante ‖ ≈**rost** m / parrilla f oscilante ‖ ≈**rührwerk**
n / agitador m oscilante ‖ ≈**rutsche** f / plano m
inclinado vibratorio ‖ ≈**säge** f / sierra f oscilante ‖
≈**sattel** m (Motorrad) / sillín m móvil ‖
≈**scheibenviskosimeter** n (Phys) / viscosímetro m de
disco vibratorio ‖ ≈**schere**, Pendelschere f (Walzw) /
tijera f de péndulo ‖ ≈**schiff** n (Nähm) / lanzadera f
recta ‖ ≈**schleifen** vt, kurzhubhonen (Wzm) /
superfinir, dar un superacabado (LA) ‖ ≈**schleifer** m
(Holz) / lijadora f orbital o vibratoria, lijador m
vibrante ‖ ≈**schleifgerät** n (Wzm) / dispositivo m de
superfinir ‖ ≈**schmiedemaschine** f / forjadora f
vibratoria ‖ ≈**schmieden** n / forjadura f vibratoria ‖
≈**schnitt** m (Stanz) / herramienta m vibratorio de
repasar ‖ ≈**-Setzmaschine** f (Aufb) / criba f vibratoria ‖
≈**sieb** n / criba f vibratoria ‖ ≈**siebförderer** m /
transportador m vibrocribador ‖ ≈**siebroder** m
(Landw) / arrancadora f de criba oscilante ‖
≈**siebschleuder** f / centrifugadora f de criba vibratoria
‖ ≈**spannung** f / tensión f oscilante ‖ ≈**spule** f

(Eltronik) / bobina f oscilatoria ‖ ≈spule, Tauchspule f (Elektr) / bobina f móvil ‖ ≈spul-Spannungsregler m (Elektr) / regulador m de bobina móvil ‖ ≈stärke f (Phys) / amplitud f de oscilaciones ‖ ≈strom m / corriente f oscilante ‖ ≈system n / sistema m oscilante ‖ ≈tor n (nach oben öffnend) / puerta f basculante ‖ ≈trog m (Goldwäsche) / lavadero m de oro ‖ ≈trommel f (Gieß) / tambor m vibratorio ‖ ≈tür f (Bau) / puerta f de vaivén ‖ ≈- und Brechmaschine f (Tex) / espagadora-agramadora f

Schwingung, Oszillation f (Elektr, Eltronik, Phys) / oscilación f ‖ ≈, Pulsierung f / pulsación f ‖ ≈, Vibration f / vibración f ‖ ≈ f, Wellenbewegung f / movimiento m ondulatorio ‖ ≈, Pendelbewegung f / movimiento m vaivén, oscilación f ‖ ≈, Pendelbewegung f (Uhr) / oscilación f del péndulo ‖ ≈ durch Koppeln des Brennkammerdruckes mit dem Einspritzsystem (Gasturbine) / combustión f pulsada inestable ‖ durch ≈en angeregt / excitado por vibración ‖ gedämpfte ≈ [an der Nyquistflanke] (Eltronik) / oscilación f amortiguada al flanco de Nyquist ‖ in ≈en versetzen / hacer oscilar

Schwingungs•... / vibrante, vibratorio, vibrátil ‖ ≈abbild n (Impulse) / forma f de onda ‖ ≈absorber m / absorbedor m o amortiguador m de vibraciones ‖ ≈amplitude f (Phys) / amplitud f de oscilaciones o vibraciones ‖ ≈analyse f / análisis m de vibraciones ‖ ≈anfachung f, Anschwingen n / excitación f de vibraciones ‖ ~arm (Mot) / de vibraciones reducidas ‖ ≈art f, -typ m (Krist, Mech) / modo m de oscilación ‖ ≈aufnehmer m / captador m o receptor de vibraciones ‖ den ≈ausschlag vermindern (Uhr) / limitar la oscilación del péndulo ‖ ≈bahn f / campo m de oscilación ‖ ≈bauch m (Phys) / vientre m de oscilación ‖ ≈bauch (Elektr) / amplitud f máxima ‖ ≈beanspruchung f / esfuerzo m por vibraciones o oscilaciones ‖ ≈beanspruchung, dynamische Beanspruchung / esfuerzo m dinámico ‖ ≈belastung f / carga f oscilante, ambiente m vibrante ‖ ≈bild n / osciloграма m ‖ ≈bogen m, -weite f (Phys) / arco m de oscilación o vibración ‖ ≈bogen (Uhr) / arco m del volante ‖ ~dämpfend (Fundament) / antivibratorio ‖ ~dämpfender Käfig (Wälzlager) / jaula f amortiguadora de oscilaciones ‖ ≈dämpfer m / amortiguador m de vibraciones ‖ ≈dämpfer (Kfz) / amortiguador m ‖ ≈dämpfung f / amortiguación f o atenuación f de vibraciones ‖ ≈dauer f / duración f de una vibración u oscilación ‖ ≈ebene f, Polarisationsebene f (Laser) / plano m de polarización ‖ ≈eigenschaften f pl / propiedades f pl vibratorias ‖ ≈einsatz m, -beginn m / comienzo m de oscilaciones ‖ ≈energie f, Vibrationsenergie f / energía f de oscilaciones o vibraciones, energía f vibratoria ‖ ≈energie, Wellenenergie f / energía f de ondulaciones ‖ ≈ermüdung f / fatiga f debida a las vibraciones ‖ ~erregend / que excita vibraciones u oscilaciones ‖ ≈erregung f, -impuls m / impulso m oscilatorio ‖ ≈erregung durch ungeeignete Dampfzuführung (Turbine) / excitación f de vibraciones por el vapor ‖ ≈erscheinungen f pl / fenómeno m de oscilación ‖ ≈erzeuger, -erreger, Vibrator m / generador m de oscilaciones, oscilador m ‖ ~fähig / oscilatorio, vibratorio, oscilante, vibrante ‖ ~fest (Bau) / resistente a las vibraciones ‖ ≈festigkeit f (Dauerfestigkeit) / resistencia f a la fatiga por vibraciones u oscilaciones ‖ ≈form f (Quarz) / modo m de oscilación ‖ ~frei / exento de vibraciones, antivibratorio ‖ ≈frequenz f / frecuencia f de oscilaciones ‖ ≈fühler m / detector m de vibraciones ‖ ≈gehalt m einer Mischspannung (Elektr) / factor m de pulsación ‖ ≈gleichung f (Phys) / ecuación f de oscilación ‖ ≈hammer m, Ticker m (Eltronik) / tremblador m ‖ ≈impuls m / impulso m oscilatorio ‖ ≈knoten[punkt] m / nudo m de oscilaciones ‖

≈konstante f / constante f de oscilaciones ‖ ≈kontroller m / analizador m de oscilaciones ‖ ≈kreis m (Elektr) / circuito m oscilante ‖ ≈kreis (Funk) / circuito m de oscilaciones de alta frecuencia ‖ ≈kurzschluss m (elektr. Leitungen) / cortocircuito m debido a las oscilaciones ‖ ≈marke f an der Bruchfläche (Mech) / estrías f pl de la superficie de fractura ‖ ≈messgerät n / medidor m de vibraciones, vibrómetro m ‖ ≈mittelpunkt m / centro m de oscilaciones ‖ ≈moment n / momento m de oscilación ‖ ≈prüfer m / analizador m de oscilaciones ‖ ≈prüfmaschine f / máquina f para ensayos vibratorios o cíclicos o alternativos ‖ ≈quantenzahl f / número m cuántico de oscilaciones ‖ ≈reibverschleiß m, Reibkorrosion f / corrosión f de fricción ‖ ≈risskorrosion f / corrosión f vibracional ‖ ≈schreiber m / vibrógrafo m, registrador m de vibraciones ‖ ≈selbstregelung f / autorregulación f de oscilaciones ‖ ≈spektrum n / espectro m de vibraciones ‖ ≈stärke, -heftigkeit f / intensidad f de vibraciones ‖ ≈teller m (Horn, Kfz) / disco m de resonancia ‖ ≈term m / termo m vibracional ‖ ≈tilger m (Horn, Kfz) / amortiguador m o absorbedor de oscilaciones ‖ ≈trudeln n (Phys) / barrena f oscilatoria ‖ ≈typ m, -art f (Krist, Mech) / modo m de oscilación ‖ ≈überlagerung f (Elektr) / superposición f de oscilaciones ‖ ≈umsetzer m / transductor m de vibraciones, vibrocaptor m ‖ ≈verdichter m (Beton) / vibrador m o compactador de hormigón ‖ ≈versuch m, Dauerschwingversuch m (Mat.Prüf) / ensayo m de fatiga por vibraciones ‖ ≈vorgang f / fenómeno m oscilatorio ‖ -Wechselbeanspruchung f / esfuerzo m de vibraciones alternantes ‖ ≈weite f, Schwingungsamplitude f (Phys) / amplitud f de oscilación ‖ ≈welle f (Eltronik) / ondulación f ‖ ≈winkel, Gangwinkel m (Uhr) / ángulo m de oscilación ‖ ≈zahl f / número m de oscilaciones ‖ ≈zahl, Wechselzahl f (Elektr) / frecuencia f ‖ ≈zustand m / estado m ondulatorio o vibratorio

Schwing•verdichter m (Straßb) / compactador m vibratorio ‖ ≈verdichter, -kompressor m / compresor m con motor de émbolos de movimiento opuesto ‖ ≈walze, Pendelwalze f (Druck) / rodillo m tensor o compensador ‖ ≈weite f (Phys) / amplitud f de una oscilación o vibración ‖ ≈weite (Mess) / sobredesviación f ‖ ≈weite, -amplitude f (Sieb) / amplitud f de oscilaciones de una criba vibratoria ‖ ≈zapfen m für die Nebentreibstange (Mot) / muñón m de pie de biela articulada

Schwirrbewegung f, wahllose od. ungeordnete Bewegung (Elektr) / movimiento m errático

schwitzen vi (Physiol) / sudar, transpirar, exudar ‖ ~, auslaufen / derramarse ‖ ~ (Asphalt, Mauer) / rezumar ‖ ~, anlaufen / empañarse ‖ ≈ n, Transpirieren n / sudor m, transpiración f ‖ ≈, Ausschwitzen n von Impregnations-Teeröl (Holz) / sudación f de creosota

schwitz•fähig / transpirable ‖ ~fest (Tex) / resistente al sudor ‖ ≈kühlung f (Chem) / enfriamiento m por exudación ‖ ≈röste f (Flachs) / enriamiento m por vapor ‖ ≈wasser n (Bau) / agua f condensada ‖ ≈wasserklima n (Mat.Prüf) / atmósfera f húmeda saturada ‖ ≈wasserkorrosion f (Bau, Masch) / corrosión f por agua condensada ‖ ≈wasserrinne f (Bau) / goterón m para agua de condensación ‖ ≈wasser-Wechselklima n (Mat.Prüf) / atmósfera f húmeda saturada alternante

Schwödebrei m (Gerb) / pasta f de cal o para pelar
schwöden, äschern (Gerb) / badurnar para apelambrar
schwoien (Schiff) / bornear
schwül (Meteo) / sofocante, bochornoso
Schwüle f / calor m sofocante
Schwund m, Schrumpfen n / contracción f, encogimiento m ‖ ≈, Verschwinden n / disminución f ‖ ≈ m, Verlust m / pérdida f ‖ ≈, Gewichtsverlust m /

Schwund

merma f, pérdida f de peso ‖ ≃, Sickerverlust m / pérdida f por rezuma ‖ ≃ m, Schwinden n (Eltronik) / desvanecimiento m ‖ ≃, Leerraum m (Lagertank) / pérdida f por derrame ‖ ≃ m s. auch Schwinden u. Schrumpfen ‖ ≃**ausgleich** m (Funk) / compensación f de ganancia ‖ ≃**maß** n (Eltronik) / razón f de desvanecimiento ‖ **~mindernd**, -kompensierend (Eltronik) / antidesvanecimiento m ‖ **~mindernde Antenne** / antena f de radiación zenital reducida ‖ ≃**regelung** f / control m automático de ganancia ‖ ≃**zone** f (Radio) / área f de desvanecimiento
Schwung m, Schwingen n / oscilación f, vibración f ‖ ≃ (Phys) / fuerza f viva, brío m ‖ ≃, Bogen m (Bau) / alzado m de un arco ‖ ≃, Energie f / energía f ‖ ≃... s. auch Schwing... ‖ ≃**bewegung** f (Phys) / movimiento m rotatorio ‖ ≃**energie** f / energía f del volante ‖ ≃**gewicht** n **des Reglers** / bola f del regulador ‖ ≃**hebel** m (Schraubenpresse) / barra f de la prensa de tornillo ‖ ≃**kanal** m (Hydr) / canal m oscilante ‖ ≃**kraft** f, Zentrifugalkraft f (Phys) / fuerza f centrífuga ‖ ≃**kraft**, Schwung m / fuerza f viva ‖ ≃**kraftanlasser** m (Kfz) / arrancador m por inercia ‖ ≃**kranz**, -ring m / llanta f de volante ‖ ≃**kugel** f / bola f volante ‖ ≃**magnetzünder** m (Kfz) / volante m magnético ‖ ≃**maschine** f, Zentrifugalmaschine f / máquina f centrífuga ‖ ≃**masse** f (Phys) / masa f centrífuga o volante ‖ ≃**masse**, Ausgleichsmasse f (Mot) / masa f de equilibrio ‖ ≃**masse** (Masch) / masa f móvil o de inercia ‖ ≃**massen-Bremsprüfstand** m / dinamómetro m de inercia ‖ ≃**moment** n (in kg m²) / momento m de inercia
Schwungrad n / volante m, rueda f volante ‖ ≃, Schwingmasse f (aut. Uhr) / volante m de reloj automático ‖ ≃ **mit Anlasszahnkranz** / volante m de llanta dentada ‖ ≃ **mit Flüssigkeitskupplung** (Kfz) / embrague m hidráulico ‖ ≃**schweres** / volante m pesado o de gran peso ‖ ≃**abstimmung** f / mando m de sintonía con [efecto de] volante ‖ ≃**anlasser** m (Kfz) / arrancador m de volante ‖ ≃**drehkranz** m (Mot) / llanta f dentada de volante ‖ ≃**drehmotor** m / motor m de girar el volante ‖ ≃**effekt** m (Eltronik) / efecto m de volante ‖ ≃**energie** f (Phys) / energía f almacenada en el volante ‖ ≃**flansch** m (Mot) / brida f del volante ‖ ≃**gehäuse** n (Mot) / cárter m de volante, caja f o carcasa f de volante ‖ ≃**generator** m (Elektr) / generador m volante ‖ **~los** / sin volante ‖ ≃**markierung**, Totpunkt[s]marke f (Kfz) / marca f de puesta a punto, índice m de puesta a punto ‖ ≃**regulator** m **des Logs** (Schiff) / regulador m de volante de la corredera ‖ ≃**reibschweißen** n / soldadura f por fricción con ayuda de volante ‖ ≃**schaltung** f (Eltronik) / circuito m de volante ‖ ≃**seite** f (Mot) / lado m del volante ‖ ≃**spindelpresse** f / prensa f de husillo con volante ‖ ≃**synchronisierung** f (TV) / sincronización f en (o con efecto de) volante, sincronización f compensada [con efecto de inercia] ‖ ≃**umformer** m (Elektr) / grupo m convertidor de volante
Schwungscheibe f (Kfz) / disco m volante
Scinti... s.a. Szinti...
Scintigramm n (Med, Phys) / escintigrama m
Scintigraphie f (Phys) / escintigrafía f
Scintillation f (Nukl) / centelleo m, escintilación f
Scintillations•chemikalien n pl / sustancias f pl químicas para contadores de escintilación ‖ ≃**kristall** n / cristal m centelleador o escintillador ‖ ≃**spektrometer** n / espectrómetro m de centelleos ‖ ≃**-Strahlungsmesser** m **für Prospektionszwecke** (Bergb) / radiómetro m de escintilación para busca de minerales ‖ ≃**zähler** m (Nukl) / contador m de centelleo o de escintilación
Scintillator m (ein Phosphor) / centellador m
scintillieren, funkeln / centellear

Scintillometer n (Nukl, Phys) / centellómetro m, escintilómetro m, contador m de centelleo
Scintilloskop n / scintiloscopio m
Scoop•-Kondensor m (Opt) / condensador m de Scoop ‖ ≃**-Zirkulation** f (Phys) / circulación f de Scoop
Scopolamin n, Hyoscin n (Pharm) / scopolamina f
Scorching n (Gummi) / prevulcanización f, tendencia f de quemar
Scotchlite n (Rückstrahler) / Scotchlite m
Scotch-Tape (ein Klebstreifen) / cinta f adhesiva marca Scotch Tape
Scotofor (Schwärzungsstoff mit durch Bestrahlung verringerbarer Durchlässigkeit), -phor n / escotóforo m
Scottschaltung f (für Trafos) (Elektr) / conexión f Scott
SC-Papier n / papel Sc m
Scram m, Notabschaltung f (Reaktor) / parada f de emergencia, interrupción f instantánea o de urgencia, paro m brusco, paralización f rápida
Scramble-Descramble n / telefonía f cifrada o secreta
Scrambler, Verwürfler m (Fernm) / codificador m [para transmisión secreta], escamoteador m ‖ **digitaler** ≃ / codificador m numérico
Scramjet m, Überschallverbrennungs-Staustrahltriebwerk n / scramjet m
Scraper m (Straßb) / traílla f
Scratch•filter m n (Audio) / filtro m de ruido de aguja, filtro m para discos ruidosos ‖ ≃**-Pad** n (DV) / memoria f de apuntes
Screaming, Kreischen n (Luftf, Raketen) / chirrido m, aullido m
Screening n / cribado m, clasificación f
Scrim n, Glasgarngelege n / scrim m
Script-Girl n (Film) / anotadora f
Scroll-Rad n (bei der Maus) (DV) / ruedecita scroll
Scrubber, Gaswascher m (Chem) / lavador m de gas
Scud-Rakete f (Mil) / misil m scud
SCV, software-kompatible Zulieferanten / abastecedor m con programación compatible
SDC-Felge f (= semi drop center) (Kfz) / llanta SDC f
SDH (= synchrone digitale Hierarchie) (DV) / jerarquía f síncrona digital numérica
SDI, Raketenabwehr f im Weltraum, strategische Verteidigungsinitiative / SDI m (sistema anticohético)
S-Draht m, S-Drehung f (Tex, Wollgarn) / retorcido m a la izquierda, torsión S f
SE = seltene Erden ‖ ≃ = Solarenergie
Seaborgium n (Chem) / seaborgium m
Sealed-Beam-Scheinwerfer m (Kfz) / faro m tipo sealed-beam, faro m sellado
Seale-Seil n / cable m metálico tipo Seal
Seaskimmer m, tiefstfliegender Seezielflugkörper (Mil) / seaskimmer m
SEAT (span. Automobilfabrik) / SEAT (= Sociedad Española de Automóviles de Turismo)
Sebacinsäure, Sebacylsäure f (Chem) / ácido m sebácico
Sebum n, Talg m (Biochem) / sebo m
Secam-System n (= séquentiel à mémoire) (Frankreich, TV) / sistema m Secam
Secans hyperbolicus m (Math) / secante m hiperbólico
SECANT-System n (Flugsicherung) / sistema m SECANT
Sech n, Pflugmesser n, Kolter n (Landw) / cuchilla f [recta] del arado, punzón m ‖ ≃**klinge** f / hoja f de cuchilla del arado ‖ ≃**pflug** m, Vorschälerpflug m / arado m de reja raedera
sechs•atomig (Chem) / hexatómico ‖ ≃**-Bit Byte** n (DV) / sexteto m ‖ ≃**eck** n / hexágono m, exágono m ‖ ≃**eckbasiszelle** f (Mobilfunk) / célula f madre hexagonal ‖ ≃**eckhaspel** m f (Spinn) / devanadera f hexagonal ‖ **~eckig**, hexagonal / hexagonal, seisavado, sextavado ‖ **~eckige Fliese** / baldosa f hexagonal ‖ ≃**eckmaschendraht** m / tela f metálica de

triple torsión ‖ ⁓eckschaltung f (Elektr) / conexión f hexagonal ‖ ⁓eckspannung f (Elektr) / tensión f hexafásica ‖ ⁓elektrodenröhre f (Eltronik) / hexodo m
Sechserring m (Chem) / cadena f cerrada de seis miembros
Sechserstich m **im Köper** (Tex) / tejido m en diagonales de a seis
sechsfach / séxtuplo ‖ ⁓-**Meißelhalter** m (Dreh) / portaherramientas m para seis útiles ‖ ⁓**revolverkopf** m / cabezal m revólver para seis útiles, torreta f hexagonal (LA) ‖ ⁓**schalter** m (Fernm) / conmutador m de seis direcciones ‖ ⁓**schreiber** m (Instr) / registrador m de seis estilos
Sechs•flach n (Geom) / hexaedro m ‖ ~**flächig**, hexaedrisch, kubisch / hexaédrico ‖ ~**flächner** m, Würfel m / cubo f ‖ ~**gliedriges Kurbelgetriebe** / mecanismo m de seis cigüeñales
Sechskant m / hexágono m ‖ ⁓... (Masch) / hexagonal ‖ ⁓-**Bundmutter** f / tuerca f hexagonal de cuello ‖ ⁓-**Einsatz** m (Wz) / casquillo m adaptador hexagonal ‖ ⁓**holzschraube** f / tirafondo f de cabeza hexagonal ‖ ⁓-**Hutmutter** f / tuerca f hexagonal de sombrerete ‖ ⁓**kopf** m / cabeza f hexagonal ‖ ⁓-**Kronenmutter** f / tuerca f hexagonal almenada ‖ ⁓**maschinenschraube** f (DIN 558) / tornillo m bruto (o de máquina) con cabeza hexagonal ‖ ⁓**mutter** f / tuerca f hexagonal ‖ ⁓**mutter mit Klemmteil** / tuerca f prisionera hexagonal ‖ ⁓-**Passschraube** f / tornillo m hexagonal de ajuste ‖ ⁓**profil** n (Walzw) / perfil m hexagonal ‖ ⁓-**Räumwerkzeug** n / brocha f hexagonal ‖ ⁓**schlüssel** m / llave f hexagonal ‖ ⁓**schneidschraube** f / tornillo m [de rosca] cortante con cabeza hexagonal ‖ ⁓**schraube** f (DIN 931) / tornillo m de cabeza hexagonal ‖ ⁓**schraube**, -**bolzen** m / bulón m roscado de cabeza hexagonal ‖ ⁓**stahl** m / acero m hexagonal ‖ ⁓**stange** f / barra f hexagonal ‖ ⁓**steckschlüssel** m / llave f de cabeza hueca hexagonal ‖ ⁓-**Steckschlüssel** m **mit Drehstift** / llave f de cabeza hueca hexagonal con volvedor ‖ ⁓**winkel** m / escuadra f hexagonal
Sechs•komponentenwaage f / báscula f de seis componentes ‖ ⁓**phasen...** (Elektr) / hexafásico ‖ ⁓**phasennetz** n (Elektr) / red f hexafásica ‖ ⁓**phasenschaltung** f / conexión f hexafásica ‖ ⁓**pol** m (Fernm) / hexapolo m ‖ ~**polige Klinke** (Fernm) / jack m de seis direcciones ‖ ⁓**polröhre** f, Sechselektrodenröhre f, Hexode f / hexodo m ‖ ⁓**rad-angetriebenes Fahrzeug** n (Kfz) / vehículo m de seis ruedas motrices ‖ ⁓**radantrieb** m (Kfz) / tracción f sobre seis ruedas ‖ ⁓**radbremse** f / freno m de seis ruedas ‖ ⁓**radwagen**, Dreiachser m (Kfz) / camión m de seis ruedas ‖ ⁓**ring** m (Chem) / cadena f cerrada de seis miembros, anillo m hexagonal ‖ ⁓**ring...** / hexagonal ‖ ~**seitige Doppelpyramide** (Geom) / dihexaedro m ‖ ⁓**spindelautomat** m (Wzm) / torno m automático de seis husillos ‖ ~**teilig** / sexpartido ‖ ⁓-**teller-Film-und-Ton-Schneidetisch** m (Film) / mesa f de montaje sonoro de seis platos ‖ ~**wertig** (Chem) / hexavalente ‖ ⁓**zylinder...** (Mot) / hexacilíndrico ‖ ⁓**zylindermotor** m / motor m de seis cilindros
Sechzehnerleitung f (Fernm) / circuito m fantasma cuádruple
Sechzehnmillimeter-Kamera f / cámara f de 16 mm
Sechzehntelnote f (Musik) / semicorchea f
SEC-Röhre f (Nachtfernsehen) / tubo m de conducción por electrones secundarios, tubo m de toma de vistas nocturnos
Sedezformat n (Druck) / formato m en dieciseisavo
sedezimal, hexadezimal (Math) / hexadecimal ‖ ⁓**system** n (Math) / sistema m de numeración hexadecimal
Sediment, Präzipitat n (Chem) / sedimento m, poso m, asiento m ‖ ⁓ n (Geol) / sedimento m
sedimentär, klastisch, katogen (Geol) / sedimentario
Sedimentation f, Sedimentablagerung, Sedimentierung f / sedimentación f

Sedimentations•analyse f / análisis m de sedimentación ‖ ⁓**potential** n / potencial m de sedimentación
Sedimentgestein n, Sedimentit m / roca f sedimentaria
sedimentieren vt, ablagern, absetzen / sedimentar
Sedimentier•glas, -gefäß n (Chem) / vaso m de sedimentación ‖ ⁓**glas** n **nach Imhoff** / cono m de sedimentación de Imhoff
Sedimentschlamm m (Geol) / fango m o barro de sedimentación
SED-Technik f / electrocodeposición f de sedimentación
See[1] m, Binnensee m (Geo) / lago m ‖ ⁓**n** m pl (Geo) / aguas f pl lacustres
See[2] f, Meer n / mar m f ‖ ⁓, einzelner Wellenberg / cima f de ola
See•... / marítimo ‖ ⁓**...**, nautisch / náutico ‖ **festes** ⁓**zeichen**, Bake f (Schiff) / baliza f ‖ **in** ⁓ **stechen**, auslaufen / tomar la mar, hacerse a la mar ‖ ⁓**alge** f (Bot) / alga f marina ‖ ⁓**amt** n / tribunal m marítimo ‖ ⁓**anker**, Treibanker m / ancla f flotante ‖ ⁓-**Asphalt** m (Min) / asfalto m de lago ‖ ⁓**beben** n (Geol) / sismo m oceánico, maremoto m
Seebeck•-Effekt m, thermoelektrischer Effekt / efecto m Seebeck, efecto m termoeléctrico ‖ ⁓-**Leerlaufspannung** f (Halbl) / tensión f de Seebeck
Seedeich m (Wasb) / dique m marítimo o de mar
Seeding n, Körnerbildung f (Farbe) / granulación f
See•-Erdung f **von Kabeln** (Elektr) / puesta f a tierra de cables cerca de costa ‖ ⁓-**Erz** n, Limonit m (Min) / mena f lacustre ‖ ⁓**fahrt-Funkfeuer** n / radiofaro m [de servicio] marítimo ‖ ⁓**flugwesen** n / tecnología f de hidroaviones, aviación f naval ‖ ⁓**flugzeug** n / hidroavión m, hidroplano m ‖ ⁓**funk** m / radio f marítima ‖ ⁓**funk[dienst]** / servicio m de radio marítimo ‖ ⁓**funkortung** f / radiolocalización f marítima ‖ ⁓**funksatellit** n / satélite m de telecomunicación marítima ‖ ⁓**gang** m / oleaje m ‖ ⁓**gangecho** m, Seegang m (Radar) / ecos m pl o reflejos del mar ‖ ⁓**gangschwundeffekt** m (Radar) / devanecimiento m por balanceo del buque ‖ ⁓**gangreflex** m, Wellenreflex m (Radar) / reflejos m pl del mar, ecos m pl del mar, eco m marino ‖ ⁓**gangstörung** f (Radar) / ecos m pl parásitos del mar
Seegerring m (Masch) / anillo m de rentención Seeger
see•gestützte Raketen (Mil) / misiles m pl lanzados desde el mar ‖ ⁓**gras** n (Bot) / crin f vegetal ‖ ⁓**graszupfmaschine** f / carda f de crin vegetal ‖ ~**grün** / verdemar ‖ ⁓**hafen** m / puerto m marítimo ‖ ⁓**handbuch** n / derrotero m
seeing-begrenztes System n (Opt) / sistema m de visión limitada
See•kabel n, Unterseekabel n / cable m submarino ‖ ⁓**kabelverstärker** m (Fernm) / repetidor m subacuático o sumergido ‖ ⁓**kanal** m (Geo) / canal m marítimo ‖ ⁓**karte** f, hydrographische o. nautische Karte / carta f marina ‖ ⁓**kennung** f (Schiff) / inteligencia f de sondeo ‖ ⁓**klima** n / clima m marítimo ‖ ⁓**kompass** m (Nav) / compás m marino ‖ ⁓**küste** f / costa f, litoral m
Seele f (Mil) / ánima f ‖ ⁓ (Seil) / alma f ‖ ⁓ f, Kern m (Masch) / núcleo m ‖ ⁓ **des Hochofens** (Hütt) / chimenea f interior del alto horno
Seelen•achse f (Mil) / eje m de ánima ‖ ⁓**elektrode** f, -schweißdraht m (Schw) / electrodo m hueco o con alma ‖ ⁓**faden** m (Tex) / hilo m de fondo, hilo m [de] ánima ‖ ⁓**garn**, Core-spun-Garn n (Tex) / hilo m con alma ‖ ⁓**lotdraht** m / alambre m de aportación con núcleo de fundente ‖ ⁓**rohr**, Kernrohr m (Mil) / tubo m ánima ‖ ⁓**wand** f (Mil) / superficie f del ánima ‖ ⁓**wicklung** f (Kabel) / atatado m de conductores
See•lot n (Schiff) / escandillo m ‖ ⁓**luftkorrosion** f / corrosión f por aire de mar ‖ ~**mäßig verpackt** / en embalaje marítimo ‖ ⁓**meile** f (GB = 6000 ft = 1,8282 km, Admiralty measured mile = 6080 ft =

Seemeile

1,853181 km, international mile = 1,852 km, US = 6080,27 ft = 1,85329 km) (Schiff) / milla *f* náutica o marina ‖ **spanische ~meile** (= 5,5555 km) (hist.) / legua *f* marina o marítima ‖ **~meile** *f* **je Stunde**, Knoten *m* (international = 1852 m/h, Engl. = 1853,181 m/h) (Schiff) / nudo *m* ‖
~navigationsfunkdienst *m* / servicio *m* de radionavegación marítima
Seenot *f* / peligro *m* marítimo ‖ **in ~** / en peligro de naufragar ‖ **~dienst** *m* / servicio *m* de salvamento de náufragos ‖ **~frequenz** *f* / frecuencia *f* de peligro ‖ **~funk** / SARCOM (= Search and Rescue Communication) ‖ **~hubschrauber** *m*, SAR / helicóptero SAR *m* ‖ **~kreuzer** *m* / crucero *m* de salvamento de alta mar ‖ **~leitung** *f* / MRCC (= Maritime Rescue Coordination Centre) ‖ **~leitung** (für Hubschrauberinsatz) / centro *m* de coordenación de salvamento de los helicópteros SAR ‖ **~meldedienst** *m* (Luftf, Schiff) / servicio *m* de peligro ‖ **~rettungsdienst** *m* / servicio *m* de salvamento (de náufragos) ‖ **~ruf** *m* (SOS) / llamada *f* de peligro, señal *f* [marítima] de socorro ‖ **~schiff** *n* (Luftf) / buque *m* de salvamento de amaraje forzado ‖ **~signal** *n* / MAYDAY *m*, señal *f* [marítima] de socorro ‖ **~welle** *f* / onda *f* de peligro
See • rückhalt *m*, -retention *f* (Hydr) / retención *f* de lago ‖ **~salz** *n* / sal *f* marina ‖ **~sand** *m* (Geol) / arena *f* de mar ‖ **~sand-Verfahren** *n* (Kaffeeprüfung) / método *m* de arena de Fontainebleau ‖ **~schaden** *m*, Havarie *f* / avería *f* marítima ‖ **~schiff** *n* / buque *m* de alta mar o de navegación marítima ‖ **~schifffahrt** *f* / navegación *f* marítima ‖ **~schlag** *m* / oleaje *m* de mar ‖ **~schlagblende** *f* (Schiff) / tapa *f* de escotilla ‖ **~schlepper** *m* / remolcador *m* de mar ‖ **~schleuse** *f* / esclusa *f* marítima o de mar ‖ **~schubboot** *n* / barco *m* marítimo de empuje ‖ **~strandkiefer** *f*, Pinaster seu Maritima (Bot) / pino *m* marítimo o rodeno ‖ **~straßenordnung** *f* / reglamento *m* para evitar abordajes, reglamento *m* para rutas marítimas ‖ **~tang** *m* (Bot) / fuco *m*, corbela *f*, sargazo *m*, algas *f pl* marinas ‖ **~tonne** *f*, Boje *f*, Tonne *f* / boya *f* ‖ **~tüchtig**, Hochsee... / en [perfecto] estado de navegar, marinero ‖ **~tüchtigkeit** *f* / navegabilidad *f* ‖ **~untüchtig** / incapaz par navegar, innavegable ‖ **~untüchtigkeit** *f* / inhabilitación *f* para navigar, innavegabilidad *f* ‖ **~ventil**, Flutventil *n* (Schiff) / válvula *f* de toma de agua, válvula *f* Kingston ‖ **~verkehrs- und Hafenwirtschaft** *f* (Studienfach) / tráfico marítimo y economía portuaria ‖ **~verkehrsordnung** *f* / reglamento *m* de vías marítimas ‖ **~verladung** *f*, Transport *m* / transporte *m* marítimo ‖ **~warte** *f* / observatorio *m* marítimo ‖ **~wärts** (Schiff) / mar adentro ‖ **~wasser** *n*, Meerwasser *n* / agua *f* de mar ‖ **~wasserbeständig** / resistente al agua de mar ‖ **~wasserechtheit** *f* (Färb) / solidez *f* al agua de mar ‖ **~wasserelement** *n* (Phys) / pila *f* de agua de mar ‖ **~wasserfestes Sondermessing** (59 bis 62 % Cu, 0,5-1,5% Sn, Rest Zn) / latón α-β *m* ‖ **~weg** *m* / vía *f* o ruta marítima ‖ **~weg** [nach] / ruta [de] ‖ **auf dem ~wege** / por mar, por vía marítima ‖ **~wesen**, Marinewesen *n* / náutica *f* ‖ **~wetterdienst** *m* / servicio *m* meteorológico marítimo ‖ **~wind** *m* (Meteo) / viento *m* del mar ‖ **~zeichen** *n* / señal *f* marítima o de navegación ‖ **~zeichen**, Farb-Markierung *f* (Luftf) / tinte *m* marcador usado en el mar ‖ **~zielflugkörper** *m* (Mil) / misil *m* antimarítimo
SEF = Sekundäremissionsfaktor
S-Effekt *m* (Eltronik) / efecto S *m*
SEG = Synthese-Erdgas ‖ **~** (Nukl) = schnelles Einsatzgitter
Segel *n* (Schiff) / vela *f* ‖ **~fliegen** *vi* (Luftf) / volar a vela, planear ‖ **~flieger/in** *m/f* / volovelista *m f*, planeador/a *m f* ‖ **~flug** *m* / vuelo *m* a vela, vuelo *m* sin motor ‖ **~fluglehre** *f* / ciencia *f* del vuelo a velo ‖ **in**

~flugstellung bringen (Luftf) / poner en bandera (la hélice) ‖ **~flugwesen**, -fliegen *n*, -fliegerei *f*, -flug *m* / volovelismo *m* ‖ **~flugzeug** *n* / planeador *m* ‖ **statisches ~flugzeug**, Hangwindsegler *m*, Hangsegelflugzeug *n* / planeador *m* estático, planeador *m* de sustentación por el viento ascendente orográfico ‖ **dynamisches ~flugzeug** / planeador *m* dinámico ‖ **~flugzeugschlepp** *m* / remolque *m* de planeadores ‖ **~karte** *f*, Kurskarte *f* (Schiff) / mapa *f* de ruta ‖ **~kurve**, Kettenlinie *f* (Math) / catenaria *f* ‖ **~macher** *m* / maestro *m* velero
segeln *vi*, gleiten (Luftf) / planear
Segel • schiff *n* **mit [Hilfs]motor** / motovelero *m*, velero *m* con motor auxiliar ‖ **~steif** (Schiff) / duro ‖ **~stellung** *f* (Propeller) / posición *f* en bandera ‖ **~tuch** *n*, -leinen *n* (Tex) / lona *f* de vela ‖ **~tuchüberzug** *n* / recubrimiento *m* de lona de vela ‖ **~tuchverdeck** *n* (Kfz) / capota *f* de lona
Seger • fallpunkt *m* / punto *m* de ablandamiento del cono Seger ‖ **~kegel** *m*, SK *m*, Brennkegel *m* / cono *m* pirométrico, cono *m* Seger
Segment *n*, Kreisabschnitt *m* (Math) / segmento *m* ‖ **~**, Abschnitt *m* (DV) / segmento *m* de rutina ‖ **~ eines Kommutators** (Elektr) / delga *f* de colector ‖ **sich in ~e teilen** / segmentarse ‖ **~antenne** *f* / antena *f* en rectos cilíndricos, antena *f* con parábola achatada, antena *f* en (o tipo) queso ‖ **~antrieb** *m* (Raumf) / propulsor *m* segmentado
segmentär, aus Segmenten gebildet / segmental, segmentario
Segmentation *f* (Biol) / segmentación *f*
Segment • aufruf *m* (DV) / llamada *f* de sobreposición ‖ **~-Axialgleitlager** *n* / cojinete *m* axial de segmentado de empuje ‖ **~blech** *n*, zusammengesetztes Ankerblech (Elektr) / chapa *f* segmentaria ‖ **~bogendach**, Lamellendach *n* (Bau) / tejado *m* de arco bombeado ‖ **~fenster** *n* / ventana *f* con frontón curvo ‖ **~halter** *m* (Masch) / portasegmentos *m* ‖ **~horn** *n* (Eltronik) / cuerno *m* segmental
segmentieren *vt* (COBOL) / segmentar
segmentiert • e Aufzeichnung (TV) / grabado *m* segmentado ‖ **~es Saatgut** (Landw) / semillo *m* segmentado
Segmentierung *f*, Aufteilen *n* (COBOL) / segmentación *f*
Segment • kennzeichnung *f* (DV) / identificador *m* de segmento ‖ **~kopf** *m* (DV) / cabeza *f* de segmento ‖ **~krispelmaschine**, Krispel-, Gräniermaschine *f* (Leder) / máquina *f* para levantar el grano [de la parte de la carne] ‖ **~lager** *n* / cojinete *m* segmentario ‖ **~modell** *n* (Gieß) / modelo *m* segmental ‖ **~pumpe** *f* / bomba *f* de segmento ‖ **~rand** *m* (DV) / borde *m* de segmento ‖ **~sägeblatt** *n* / hoja *f* de sierra de segmentos [postizos] ‖ **~schaltung** *f*, Durchzugsschaltung *f* (Kfz) / cambio *m* de velocidades progresivo ‖ **~scheibe** *f* (Galv) / muela *f* de segmentos ‖ **~tor** *n* (Hydr) / compuerta *f* de segmento ‖ **~träger** *m* (Stahlbau) / viga *f* radial o de segmento ‖ **~-Verschlusskorb** (Hütt) / cesta *f* de carga con cierre tipo gajas de naranja ‖ **~wehr** *n*, -schütz *n*, Sektorwehr *n* (Hydr) / presa *f* de segmento ‖ **~welle**, Lenkwelle *f* (Kfz) / árbol *m* del sector de dirección ‖ **~zahl** *f* **pro Pol** (Elektr) / paso *m* polar
Segnac-Effekt *m* / efecto *m* Segnac
Segnerssches Wasserrad, Reaktionsrad *n* / torniquete *m* hidráulico
Segregation *f* / segregación *f*
Segregations • linie *f* (Hütt) / banda *f* de segregación ‖ **~prozess** *m* (Bergb) / segregación *f* de minerales pobres de cobre
Seh • ... / óptico, visual ‖ **~achse** *f*, optische Achse (Opt) / eje *m* óptico o visual
sehen *vi*, blicken / mirar ‖ **~** *vt*, wahrnehmen / ver, percibir ‖ **~**, ansehen, betrachten / mirar ‖ **im Fernsehen ~** / ver por televisión ‖ **~** *n* (Physiol) / vista *f*,

visión f ‖ ⁓, Sehvermögen n / facultad f visual ‖ ⁓ n, Gesichtssinn m / vista f
Seh•fehler m (Physiol) / defecto m visual ‖ ⁓**feld**, Gesichtsfeld n (Opt) / campo m visual ‖ ⁓**feld** n (Film) / campo m de vista o de visión ‖ ⁓**feldbegrenzung** f / limitación f o restricción del campo visual ‖ ⁓**feldblende** f (Opt) / diafragma m de campo visual ‖ ⁓**feldzahl** f / coeficiente m del campo visual ‖ ⁓**hilfe** f, -hilfsmittel n / ayuda f de visión ‖ ⁓**kraft** f, -vermögen n (Physiol) / potencia f visual, potencia f visiva ‖ ⁓**kreis** m, Horizont m / horizonte m ‖ ⁓**leistung** f / capacidad f o agudeza visual ‖ ⁓**linie**, Sichtlinie f / línea f visual ‖ ⁓**loch**, Visierloch n / agujero m de visión
Sehne f, Kreissehne f (Math) / cuerda f ‖ ⁓, Walzfaser f (Hütt) / fibra f ‖ **durch eine** ⁓ **verbinden** (Geom) / subtender
Sehnen•kraft f (Luftf) / reacción f del aire según la cuerda de ala ‖ ⁓**länge** f (Geom) / longitud f de cuerda ‖ ⁓**schnitt** m (Holz) / corte m tangencial ‖ ⁓**vieleck** n, einbeschriebenes Vieleck (Geom) / polígono m inscrito en el círculo ‖ ⁓**wicklung** f (Elektr) / arrollamiento m de cuerdas, devanado m de paso fraccionario
Sehnerv m (Physiol) / nervio m óptico o visual
sehnig (Hütt) / fibroso ‖ ~**er Bruch** / fractura f fibrosa
Sehnungsfaktor m (Wicklung) (Elektr) / factor m de paso
Seh•purpur m, Rhodopsin n (Physiol) / púrpura f visual, rhodopsina f ‖ ⁓**reiz** m (Physiol) / estímulo m visual ‖ ⁓**ritze** f (Quadrant) / visera f, mirilla f ‖ ⁓**rohr** n (U-Boot), Periskop n / periscopio m ‖ ⁓**schärfe** f, Visus m (Physiol) / agudeza f o acuidad f visual ‖ ⁓**schlitz** m / rendija f de mirilla ‖ ⁓**schlitz** (Mil) / visera f, ranura f visual ‖ ⁓**spalte** f, Diopter n (Opt, Verm) / dioptra f, pínula f ‖ ⁓**strahl** m / rayo m visual ‖ ⁓**strahl**, Gesichtslinie f (Fernrohr) / línea f visual ‖ ⁓**vermögen** n, -kraft f (Physiol) / poder m visual ‖ ⁓**violett** n (Opt) / iodopsina f ‖ ⁓**weite** f, Sichtweite f / alcance m de vista, distancia f visual ‖ **außer** ⁓**weite**, außer Sicht[weite] / fuera del alcance de la vista, más allá del alcance óptico ‖ ⁓**winkel** m / ángulo m visual ‖ ⁓**zeichen** n, Testobjekt n, Optotype f / optotipo m ‖ ⁓**zeichenprojektor** m / proyector m de la señal óptica ‖ ⁓**zelle** f (Biol) / célula f visual
Seiche f, Schaukelwelle f (Hydr) / seiche f
seicht, flach / poco profundo ‖ ~, vados (Geol) / vadoso ‖ ~**es Wasser** (allg) / agua f poco profunda
Seide f (Tex) / seda f ‖ **echte** ⁓ (Tex) / seda f d e morera [bombyx], seda f cultivada ‖ **reine** ⁓ / seda f pura ‖ **rohe o. ungekochte** ⁓, Rohseide f / seda f cruda, seda f no desgrasada ‖ ⁓**fasern** f pl / fibras f pl de seda
seiden, von Seide / de seda ‖ ⁓**abfälle** m pl, Flockseide f / desperdicios m pl de seda, cadarzo m ‖ ~**artig**, seidig / sedoso, sedeño, sedalino ‖ ⁓**asbest** m (Min) / amianto m sedoso ‖ ⁓**atlas** m, Satin m / raso m de seda, satén m ‖ ⁓**band** f / cinta f de seda ‖ ⁓**band** [schmales] / sedano m ‖ ⁓**bandriemen** m (Wzm) / correa f de cinta de seda ‖ ⁓**bart** m (Tex) / barba f de fibras de seda, mechón m de fibras de seda ‖ ⁓**bast** m, -leim m / sericina f, goma f de seda, barniz m de la seda ‖ ⁓**batist** m / batista f de seda, batista f fina de algodón mercerizado ‖ ⁓**bau** m, -zucht f / seri[ci]cultura f, cría f del gusano de seda ‖ ~**besponnen**, -umsponnen / cubierto o recubierto o aislado o forrado de seda ‖ ⁓**ei** n, -same m / huevo m o grano o simiento del gusano de seda ‖ ⁓**ernte** f / cosecha f de los capullos ‖ ⁓**erschwerung** f / carga f de seda ‖ ⁓**faden** m, -garn n / hilo m de seda ‖ ⁓**farbband** / cinta f de máquina de escribir de seda ‖ ⁓**-Finish** n, Schreiner-Finish n (Tex) / acabado m similizado o similiseda, acabado m Schreiner ‖ ⁓**finish-Kalander** m (Tex) / calandra f Schreiner o de similizado, calandra f para efecto silk-finish ‖ ⁓**garn**

n / hil[ad]o m de seda ‖ ⁓**gaze** f, -stramin m / estameña f ‖ ⁓**gaze** (Siebdruck) / gasa f de seda ‖ ⁓**gewebe** n / tejido m de seda ‖ ⁓**glanz** m (allg) / brillo m o lustre sedoso ‖ ⁓**glanz** (Lack) / brillo m cáscara de huevo ‖ ⁓**glanz-Ausführung** f (Galv) / acabado m satén ‖ ~**glänzend** / de lustre sedoso ‖ ⁓**glanzpapier** n / papel m seda glaseado o satinado ‖ ⁓**grün** n / verde m de cromo ‖ ⁓**haspel** m f (Tex) / devanadora f de seda ‖ ⁓**industrie** f / industria f sedera ‖ ⁓**kokon** m / capullo m f ‖ ⁓**krachgriff** m, -griff m / tacto m de seda ‖ ⁓**krepp** m / crepé m de seda, crespón m de seda ‖ ⁓**leim** m, Serizin n / goma f de la seda, sericina f, barniz m de la seda ‖ ~**mattglänzend bearbeiten** / satinar ‖ ⁓**moiré** m (Tex) / muaré m de seda ‖ ⁓**musselin** m / muselina f de seda ‖ ⁓**noppen** f pl (Tex) / botones m pl de seda ‖ ⁓**nummer** f, -titer m / título m de seda ‖ ⁓**papier** n / papel m de seda ‖ ⁓**plüsch** m / felpa f de seda, peluche m de seda ‖ ⁓**rasterdruck** m / impresión f con trama de seda ‖ ⁓**raupe** f, -wurm m (Zool) / gusano m de seda ‖ ⁓**samtartiger** ⁓**rips** (Tex) / reps m de seda ‖ ⁓**samt** m / terciopelo m de seda ‖ ⁓**schablone** f (Färb) / estarcido m de serigrafía ‖ ⁓**schirm** m (Film) / pantalla f de seda ‖ ⁓**schnur** f / cuerda f de seda ‖ ⁓**schnur** (Fernm) / cordón m forrado de seda ‖ ⁓**schrei** m, Knirschen n (Tex) / crujido m de seda ‖ ⁓**shoddy** n / regenerado m de seda ‖ ⁓**spinner** m, Bombyx mori (Zool) / bómbice m sedífero ‖ ⁓**spinnerei** f, -spinnen n / hilatura f de seda ‖ ⁓**spinnerei**, -fabrik f / hilandería f de seda ‖ ⁓**stoffe** m pl / tejidos m pl de seda ‖ ⁓**taf[fe]t** m, Foulard m / tafetán m de seda, foulard m, fular m ‖ ⁓**umspinnung** f / capa f o cubierta de seda, forro m o revestimiento de seda ‖ ~**umsponnen** / cubierto o recubierto o forrado de seda, aislado con seda ‖ ⁓**waren** f pl / géneros m pl de seda ‖ ⁓**weberei** f / tejeduría f de seda, sedería f ‖ ~**weich** (Lauf des Motors) / de marcha suave ‖ ~**weich**, -ähnlich / sedoso, suave como seda ‖ ⁓**werg** n / estopa f de seda ‖ ⁓**zucht...** / sericícola adj ‖ ⁓**zucht** f / seri[ci]cultura f, cría f del gusano de seda ‖ ⁓**züchter** m / seri[ci]cultor m ‖ ⁓**zwirn** m / torcido m de seda ‖ ⁓**zwirnmaschine** f (Tex) / retorcedera f de seda
seidig / sedoso, sedeño ‖ ~**er Bruch** / fractura f sedosa
Seife f / jabón m ‖ ⁓, Seifenerz n, Wascherz n (Hütt) / aluvión m ‖ ⁓ **in Riegeln**, Riegelseife f / pastillas f pl de jabón ‖ ~**gezogener Draht** / alambre m estirado con jabón
seifen, einseifen / enjabonar ‖ ~ (Bergb) / lavar ‖ ⁓ n (Tex) / enjabonado m, enjabonadura f ‖ ⁓**...** / jabonoso, jabonáceo
Seifen•ablage f (Bad) / porta-jabonera m ‖ ~**artig** (Chem) / jabonoso, saponáceo ‖ ⁓**bau** m (Bergb) / explotación f de minerales aluviales ‖ ⁓**baum** m, [auch:] Seifenrinde f (Bot) / quillay m (LA) ‖ ⁓**bildung**, Verseifung f (Chem) / saponificación f ‖ ⁓**blase** f / burbuja f o pompa de jabón ‖ ⁓**blasentest** m, Neckaltest m (Gas) / prueba f de burbuja de jabón ‖ ⁓**echtheit** f (Tex) / solidez f al jabón ‖ ⁓**erde** f / tierra f jabonosa, greda f de batán, esmectita f ‖ ⁓**erz** n, Wascherz n / mineral m aluvial ‖ ⁓**fabrik**, -siederei f / jabonería f, fábrica f de jabón ‖ ⁓**flocken** f pl / copos m pl de jabón ‖ ⁓**freies Schmierfett** / grasa f sin jabón ‖ ⁓**gebirge** (Bergb) / aluvión m ‖ ⁓**gerüst** n (Chem) / estructura f saponácea ‖ ⁓**gold** n / oro m aluvial ‖ ~**haltige Kühlflüssigkeit** (Wzm) / agua f de jabonaduras refrigerantes ‖ ⁓**haut** f / película f de jabón ‖ ⁓**knoten** m (Drahtziehen) / nódulo m de jabón ‖ ⁓**lauge** f, -brühe f / jabonaduras f pl, lejía f jabonosa o de jabón ‖ ⁓**leim** m / pasta f de jabón ‖ ⁓**lösung** f / jabonadura f ‖ ⁓**pulver** n / polvo m de jabón, jabón m en polvo ‖ ⁓**schaum**, Schaum m / espuma f de jabón ‖ ⁓**späne** m pl / jabón m en virutas ‖ ⁓**spender** m / distribuidor m de jabón ‖ ⁓**stein** m, Saponit m (Min) / piedra f de jabón, saponita f, esteatita f, jaboncillo m

Seifenstein

de sastre, jabón *m* de sastre ‖ ≃**stein**, Ätznatron *n* (Chem) / mezcla *f* de hidróxido sódico y de sosa ‖ ≃**ton** *m* / arcilla *f* jabonosa ‖ ≃**walke** *f* (Tex) / batanado *m* con jabón ‖ ≃**wasser** *n* / agua *f* jabonosa ‖ ≃**zinn** *n* (Bergb) / estaño *m* aluvial
seiger (Bergb) / perpendicular ‖ ≃**blei** *n* / plomo *m* de licuación ‖ ≃**förderer** *m* (Bergb) / transportador *m* perpendicular ‖ ≃**herd** *m* (Hütt) / horno *m* de licuación ‖ ≃**höhe** *f* (Bergb) / distancia *f* perpendicular entre dos puntos ‖ ≃**krätze** *f* (Hütt) / escorias *f pl* de licuación ‖ ≃**linie** *f* (Bergb) / perpendicular *f*
seigern *vt*, herausschmelzen (Hütt) / licuar, segregar, segregar por fusión ‖ ~ (Bergb) / determinar por la perpendicular ‖ ~ *vi* (Hütt) / licuar ‖ ~, auskristallisieren (Gieß, Hütt) / segregar ‖ ≃ **u. Raffinieren** *n* (Blei) / licuación *f* y refinación
Seiger•ofen *m* (Hütt) / horno *m* de licuación ‖ ≃**riss** *m* (Bergb) / elevación *f* perpendicular ‖ ≃**rückstand** *m*, -schlacke *f* (Hütt) / escorias *f pl* de licuación ‖ ≃**schacht** *m* (Bergb) / pozo *m* perpendicular ‖ ≃**teufe** *f* (Bergb) / profundidad *f* perpendicular
Seigerung *f*, Seigerarbeit *f*, -vorgang, -prozess *m*, Seigern *n* / licuación *f* ‖ ≃, Entmischung *f* (Fehler, Hütt) / segregación *f* ‖ ≃ *f* **in den Blockecken** / segregación *f* en las esquinas del lingote
seigerungs•arm (Hütt) / poco segregado, de pequeña segregación ‖ ≃**ausgleich** *m* (Hütt) / igualación *f* de la segregación ‖ ≃**linie** *f*, Schattenstreifen *m* (Hütt) / banda *f* de segregación ‖ ≃**stufe** *f* (Nukl, Wiederaufarbtg) / etapa *f* de partición ‖ ≃**zeilen** *f pl* (Hütt) / venas *f pl* o líneas de segregación ‖ ≃**zone** *f* / zona *f* de segregación
Seigerwand *f* (Hütt) / pared *f* del horno de licuación
Seignette•-Elektrizität, Ferro-Elektrizität *f* / ferroelectricidad *f* ‖ ≃**salz** *n* (Chem) / sal *f* de Seignette, sal *f* de Rochelle, tartrato *m* sodicopotásico
seihen *vt*, filtern / filtrar, colar
Seiher *m* / colador *m*, filtro *m*
Seihetuch *n*, -sack *m* / filtro *m* de estameña
Seihrückstand *m*, Durchgeseihtes *n* / coladura *f*
Seihtrichter *m* / embudo *m* de filtrar
Seil *n*, Tau *n* / cuerda *f* ‖ ≃ (Schiff) / cabo *m*, cable *m*, jarcia *f* ‖ ≃ (Elektr) / conductor *m* ‖ ≃, Hanfseil *n* / cuerda *f* de cáñamo, soga *f*, maroma *f* ‖ ≃... s. auch Drahtseil... ‖ ≃ *n* **für Steinsägen** / cable *m* para cortar piedras ‖ ≃**e [an]spannen** / tender cables ‖ **drallarmes** ≃ / cable *m* de torsión delgada ‖ **dünnes** ≃, Leine *f* / cuerda *f*, cordaje *m*
Seil•abbindung *f* / aforrado *m* o forrado de un cable ‖ [größter] ≃**ablenkungswinkel** (Kabeltrommel) / ángulo *m* límite de desviación del cable ‖ ≃**antrieb** *m* / accionamiento *m* por cable ‖ ≃**ausgleichsrolle** *f* / polea *f* compensadora de cable ‖ ≃**bagger** *m* (Bau) / excavadora *f* de cuchara arrastradora, cable *m* de arrastre, dragalina *f*
Seilbahn *f*, Luftseilbahn *f* (Förd) / funicular *m* aéreo (E), cablevía *f* (LA), alambrecarril *m* (LA), cable *m* carril (LA) ‖ ≃, Standseilbahn *f* / ferrocarril *m* de cable, funicular *m* ‖ ≃**betrieb** *m*, -förderung *f* / tracción *f* por cable ‖ ≃**gehänge** *n* / suspensión *f* de funicular aéreo ‖ ≃**kuppler** *m* / acoplador *m* ‖ ≃**laufwerk** *n* / carretilla *f*, carretón *m* corredizo ‖ ≃**stütze** *f* / pilón *m* sustentador de cable ‖ ≃**unterwagen** *m* / trole *m* de funicular ‖ ≃**wagen** *m* / vagoneta *f* de funicular aéreo
Seil•beanspruchung *f* (Freileitung) / esfuerzo *m* de cable ‖ ≃**betrieb**, Seil[an]trieb *m* (Masch) / accionamiento *m* por cable ‖ ≃**betrieb**, -antrieb, -zug *m* / tracción *f* por cable ‖ ≃**bohren** *n* (Bergb) / perforación *f* a percusión ‖ ≃**bremse** *f* / freno *m* de cable ‖ ≃**bruch** *m* / rotura *f* de cable ‖ ≃**bruchlast** *f* / carga *f* de rotura de cable ‖ ≃**dehnung**, -reckung *f* / extensión *f* del cable, alargamiento *m* del cable (LA) ‖ ≃**draht** *m* / alambre *m* de (o para) cable ‖ ≃**drall** *m* / torsión *f* de cable ‖

≃**durchhang** *m* / flecha *f* de cable ‖ ≃**ebene** *f* (Bergb) / plano *m* inclinado ‖ ≃**eck**, -polygon *n*, -zug *m* (Mech) / polígono *m* de cable ‖ ≃**einband** *m* / revestimiento *m* de cable ‖ ≃**einband** (Bergb) / sujetacable *m* ‖ ≃**ende** *n*, Teil eines Seils / tramo *m* o ramal del cable
Seiler *m*, Seilmacher *m* / cordelero *m*, soguero *m*
Seilerei *f* / cordelería *f*
Seilerwaren *f pl* / cordelerías *f pl*
Seil•fähre *f* (Schiff) / balsa *f* de cuerda ‖ ≃**fahrt**, Mannschaftsfahrung *f* (Bergb) / cordada *f* ‖ ≃**fahrt...** (Bergb) / de cordada ‖ ≃**fahrtbühne** *f* / nivel *m* para personal ‖ ≃**fallschirm** *m* / paracaídas *m* del cable ‖ ≃**federbüchse** *f* / grampa *f* de cable con muelle ‖ ≃**flaschenzug** *m* / garrucha *f* de cable, aparejo *m* de cable ‖ ≃**flechtmaschine** *f* / trenzadora *f* de cables ‖ ≃**förderanlage** *f* / instalación *f* de transporte por cable ‖ ≃**förderband** *n* / cinta *f* transportadora con tracción por cable
Seilförderung *f* (Bergb) / extracción *f* por cable ‖ ≃ **mit endlosem o. geschlossenem Seil** / tracción *f* por cable sin fin ‖ ≃ **mit offenem Seil** / tracción *f* por cable-cabeza ‖ ≃ **mit schwebendem Seil** / tracción *f* por cable flotante ‖ ≃ **mit Vorder- und Hinterseil** / tracción *f* por cable-cabeza y cable-cola
Seil•führung *f* / guía *f* de cable ‖ ≃**führung** (des Korbes) (Bergb) / guía *f* de la jaula por cable ‖ ≃**geschirr**, -lashing *n* (Container) / trinca *f* o maroma del container, lazo *m* ‖ ≃**greifer** *m* / cuchara *f* autoprensor de cable ‖ ≃**hängebrücke** *f* / puente *m* colgado de cables ‖ ≃**hängedach** *n* (Bau) / tejado *m* de suspensión de cables ‖ ≃**haspel** *m* *f* / devanadora *f* de cuerdas ‖ ≃**hülse** *f* s. Seilmuffe ‖ ≃**kausche** *f* / guardacabos *m* (E, LA), gramete *m* (LA) ‖ ≃**kernrohr** *n* (Bergb) / tubo *m* estuche para núcleos de cable ‖ ≃**klemme**, -klammer *f* (Seilb) / grampa *f* o trinca de cable, sujetacables *m* ‖ ≃**kloben** *f* / garrucha *f* ‖ ≃**kran** *m* **zum Holzabtransport** / grúa *f* de cable para troncos de madera ‖ ≃**kreisförderer** *m* / transportador *m* circular de cable ‖ ≃**kupplung** *f*, -hülse, -muffe *f* / enchufe *m* o encastre o grillete de cable ‖ ≃**kupplung**, Zwischenkupplung *f* (Seilb) / acoplamiento *m* de cables ‖ ≃**kurve** *f*, -linie *f* (Geom, Masch) / catenaria *f* ‖ ≃**lage** *f* (auf der Trommel) / capa *f* de cable ‖ ≃**lage** (Windung) / vueltas *f pl* de cable ‖ ≃**lage**, -anordnung *f* (Bergb) / colocación *f* de cables ‖ ≃**lashing**, -geschirr *n* (Container) / trinca *f* o maroma del container, lazo *m* ‖ ≃**last** *f* / carga *f* de cable ‖ ≃**laufkatze** *f* (Kabelkran) / carro *m* de grúa de cable ‖ ≃**leuchte** *f* (Straß) / farol *m* suspendido por cable ‖ ≃**liniengewölbe** *n* (Bau) / bóveda *f* de cadena ‖ ≃**litzenspinnmaschine** *f*, Litzenschlagmaschine *f* / trenzadora *f*, torceadora *f* ‖ ≃**muffe** *f*, -hülse, -casquillo *m* sujetacable ‖ ≃**öse** *f*, Hundsfott *n* (Schiff) / ojete *m* de cable ‖ ≃**polygon** *n* (Mech) / polígono *m* funicular ‖ ≃**prüfmaschine** *f* / máquina *f* para ensayar cables, comprobadora *f* de cables ‖ ≃**prüfung** *f* (Seilb) / inspección *f* de cables ‖ ≃**rangierwinde** *f* (Bahn) / torno *m* de cable para maniobras ‖ ≃**reibung** *f* / fricción *f* de cable ‖ ≃**reiter** *m* (Kabelkran) / jinete *m* o caballete de cables ‖ ≃**rettungsgerät** *n* / aparato *m* de salvamento por cables ‖ ≃**riese** *f* (Förd) / cable *m* de transporte inclinado sin cable de tracción ‖ ≃**rille** *f* (auf der Scheibe) / garganta *f* de polea ‖ ≃**ring** *m* / anillo *m* de formar un haz de cables ‖ ≃**rolle** *f* / polea *f* de cable ‖ ≃**rolle**, Wickel *m* / rollo *m* de cable ‖ ≃**rolle des Flaschenzugs** / polea *f* del aparejo ‖ ≃**rolle für Stützen**, Schutzrolle *f* (Seilb) / polea *f* de protección ‖ ≃**rutsch** *m* / derrumbamiento *m* o resbalamiento de cable ‖ ≃**schaden** *m* / defecto *m* de cable ‖ ≃**schäkel** *m* / grillete *m* [giratorio] ‖ ≃**scheibe** *f* / polea *f* de cable ‖ ≃**scheibe** (Bergb, Förderm) / polea *f* alta o de castillete ‖ ≃**scheibenbühne** *f* (Bergb) / plataforma *f* de poleas de castillete ‖ ≃**scheibenkegel** *m* / cono *m* de polea alta ‖ ≃**scheibenschwungrad** *n* / polea *f* de cable tipo

volante ‖ ⁓schelle s. Seilklemme ‖ ⁓schlag m / torsión f de cable ‖ ⁓schlag, Schlagrichtung, -länge f / cableado m ‖ ⁓[schlag]bohren n (Bergb) / perforación f a percusión ‖ ⁓schlagbohrer m (Bergb) / barrena f de percusión ‖ ⁓schlagen n / cableado m ‖ ⁓schlagrichtung f / dirección f de cableado ‖ ⁓schlepper m (Bau, Bergb) / remolcador m de cable ‖ ⁓schließe f / cuerda f de seguridad ‖ ⁓schlinge f, Heiß-Stropp n (Schiff) / lazo m de cable ‖ ⁓schloss n / garra f de unión de cable (E), casquillo m sujetacable (LA) ‖ ⁓schmiere f / grasa f para cable ‖ ⁓schmierung f / engrase m de cable ‖ ⁓schnellschlagbohrgerät n / perforación f a percusiones rápidos ‖ ⁓schrämgerät n (Bergb) / rozadora f de cable ‖ ⁓schrapper m (Bau) / rascador m de cable ‖ ⁓schuh m (Seilb) / soporte m del cable portante ‖ ⁓schutz m / cabezal m de cable ‖ ⁓schwebebahn f, Drahtseilbahn f / funicular m aéreo ‖ ⁓spanner m (Bahn, Elektr) / arrollador m de cable ‖ ⁓spleiße, -spleißung f / empalme m de cable ‖ ⁓start, Zugstart m (Segelflugzeug) / lanzamiento m por cable ‖ ⁓steifigkeit f / rigidez f de cable ‖ ⁓steigungswinkel m, Flechtwinkel m / ángulo m de torsión de cable ‖ ⁓steuerung f (Aufzug) / mando m por cable ‖ ⁓strang m / ramal m de cable ‖ ⁓tragrolle f (Aufzug) / polea f alta ‖ ⁓trenner m (auf Seiltrommeln) / separador m de cables ‖ ⁓trieb m / transmisión f por cable ‖ ⁓trieb (für Skalen usw) / accionamiento m por cuerda ‖ ⁓trift, -führung f (Bergb) / guía f de la jaula por cables ‖ ⁓trommel f / tambor m de cable ‖ ⁓trommel (Bergb) / tambor m de cable de extracción ‖ doppelkegelige ⁓trommel / tambor m bicónico de cable ‖ offene ⁓trommel mit Kreuzversteifungen / tambor m abierto con crucetas ‖ ⁓trum m, Hängeschacht m (Bergb) / pozo m de cable ‖ ⁓trumm n, -ende n (Flaschenzug) / ramal m de cable ‖ ⁓überspannt (Balken) / jabalconado por cable ‖ ⁓ummantelung f / revestimiento m de cable ‖ ⁓verbinder, Hülsenverbinder m (Elektr) / manguito m de unión ‖ ⁓verbindung f / unión f de cables ‖ ⁓verspannte Balkenbrücke, Schrägseilbrücke f / puente m de cables oblicuos ‖ ⁓verspannung f / arriostramiento m de cable ‖ ⁓werk n / cuerdas f pl ‖ ⁓winde f / torno m de cable ‖ motorisch betriebene ⁓winde / torno m de cable motorizado ‖ ⁓zerreißmaschine f (Mat.Prüf) / máquina f de ensayos de rotura de cables ‖ ⁓zug m, Bowdenzug m / cable m Bowden ‖ ⁓zug, -spannung f / tensión f de cable ‖ ⁓zug n, Seilpolygon m (Mech) / polígono m funicular ‖ ⁓zug, Betätigungsseil n / cable m de accionamiento ‖ ⁓zugbremse f / freno m por cable ‖ ⁓zugkatze f / carro m de grúa movido por cable ‖ ⁓zugleiter f / escala f extensible por cable ‖ ⁓zugrücken n (Forstw) / arrastre m por polipasto ‖ ⁓zustand m / estado m del cable ‖ ⁓zwischengeschirr n / acoplado m intermedio
seimig / mucilaginoso, viscoso ‖ ~ werden / quedar mucilaginoso
Seinszeichen n, Partikularisator m (Math) / cuantificador m existencial
Seismik f (Geol) / sismicidad f, seismicidad f
seismisch / sísmico ‖ ~e Bodenforschung / exploración f sísmica
Seismo•gramm n / sismograma m ‖ ⁓graph m / sismógrafo m ‖ ⁓logie, Seismik f / sismología f ‖ ⁓meter n / sismómetro m
Seite f (allg) / lado m ‖ ⁓, Richtung f / dirección f ‖ ⁓, Seitenfläche f / cara f ‖ ⁓ (Druck) / página f ‖ ⁓n abgleichen / ajustar o arreglar páginas ‖ ⁓ f des Dreiecks (Geom) / lado m del triángulo ‖ ⁓ einer Gleichung (Math) / miembro m de una ecuación ‖ ⁓ einer Grammophonplatte / lado m de un disco ‖ ⁓ eines Körpers / costado m de un cuerpo ‖ auf beiden ⁓n / a ambos lados, a uno y otro lado ‖ auf der

falschen ⁓ (Aussteigen) / a contramano ‖ heiße, [kalte] ⁓ (Resonator) / cara f no común, [común]
Seiten•..., seitlich / lateral ‖ ⁓... (Radar) / azimutal ‖ ⁓ablagerung, -deponie, Aufstürzung f (Bau) / caballero m ‖ ⁓abrutschanzeiger m (Lufft) / indicador de resbalamiento [lateral] ‖ ⁓abstand m / distancia f lateral ‖ ⁓abstand, -staffelung f (Lufft) / separación f lateral ‖ ⁓abweichung f (Stat) / fluctuación f marginal ‖ ⁓abweichung, Querabweichung f / desviación f lateral ‖ ⁓abweichung, Derivation f (Mil) / desviación f ‖ ⁓abzug m (Druck) / prueba f de página ‖ ⁓adressierung f, Paging n (Programm-Umbruch in Seiten zu je 1024 Wörtern) (DV, Programmierung) / paginación f ‖ ⁓-Airbag m (Kfz) / airbag m lateral ‖ ⁓amt, Unteramt n (Fernm) / central f subordinada ‖ ⁓-Anbaumähwerk n (Landw) / barra f segadora suspendida de costado ‖ ⁓anker-Relais n (Fernm) / relé m de armadura lateral ‖ ⁓anschnitt m (Plast) / entrada f [de inyección] lateral ‖ ⁓ansicht f (Bau) / vista f lateral ‖ ⁓ansicht (Zeichn) / vista f lateral o de lado, perfil m ‖ ⁓ansicht-Radarbild n (Luftf) / imagen f de radar con antenas dirigidas hacia los lados ‖ ⁓arm m (Hydr, Masch) / brazo m lateral ‖ ⁓ast m (Holz) / rama f lateral ‖ ⁓auffrischung f (DV) / refrescamiento m de una página ‖ ⁓aufprall m (Kfz) / colisión f lateral ‖ ⁓aufprallschutz m (Kfz) / sistema m de protección lateral, paddings m pl de absorción de impactos laterales ‖ ⁓bahn, -linie f (Bahn) / ramal m, vía f lateral ‖ ⁓bahnsteig m (Bahn) / andén m lateral ‖ ⁓balken m (Lufft, Pistenbefeuerung) / barra f de ala ‖ ⁓band n (Eltronik, TV) / banda f lateral ‖ unteres ⁓band (TV) / banda f lateral inferior ‖ ⁓bandbetrieb m / utilización f de la banda lateral ‖ ⁓bandrauschen n / ruido m de la banda lateral ‖ ⁓band-Spitzenleistung f (Eltronik) / potencia f de cresta de bandas laterales ‖ ⁓bandstörung f (Fernm, TV) / interferencia f debida a una banda lateral ‖ ⁓bandunterdrückung f / supresión f de banda lateral ‖ ⁓[band]welle f (TV) / onda f lateral ‖ ⁓[band]wellenfrequenz f (TV) / frecuencia f [de banda] lateral ‖ ⁓beamtraktor m (Öl) / tractor m para colocar tubos ‖ ⁓begrenzung f (DV) / limitación f de página ‖ ⁓beplankung f (Kfz) / chapas f pl protectoras laterales ‖ ⁓beplattung f (Nav) / forro m lateral de planchas de hierro ‖ ⁓beschreibungssprache f (DV) / XML (= Extended Markup Language) ‖ ⁓bestimmungsantenne f (Orten) / antena f [determinadora] del sentido ‖ ⁓bestimmungsschalter m (Antenne) / conmutador m de antena de sentido ‖ ⁓bett n (Wzm) / bancada f lateral ‖ ⁓beweglichkeit f (Bahn) / movilidad f lateral ‖ ⁓bezeichnung f (Web) / definición f de lado ‖ ⁓blickradar m n (Lufft) / radar m [de avión] con antenas dirigidas hacia los lados ‖ ⁓blockprofil m (Kfz, Reifen) / perfil m con bloques laterales ‖ ⁓bord m (Schiff) / banda f ‖ ⁓browse f (DV) / browser m de páginas ‖ ⁓bund m (Leitungsdraht) / ligadura f lateral ‖ ⁓davit f (Schiff) / pescante m de costado ‖ ⁓drehmeißel m (Wzm) / cuchilla f [de torno] de costado ‖ ⁓druck, -schub m / presión f lateral ‖ ⁓drucker m (DV) / impresora f de páginas ‖ ⁓echo n (Radar) / eco m lateral ‖ ⁓entlader, -entladewagen, -entleerer m (Bahn, Bergb) / descargador m lateral ‖ ⁓entleerer m (nach beiden Seiten kippend) (Bahn) / descargador m bilateral ‖ ⁓entnahme f, seitliche Entleerung / toma f a media ladera ‖ ⁓entnahme, seitliche Abtragung (Straßb) / préstamo m ‖ ⁓falte f eines Beutels (Verp) / pliegue m lateral ‖ ⁓faltenbeutel m (Beutel) / bolsa f de plegado lateral ‖ ⁓fase f (Beitel) / bisel m lateral ‖ ⁓feintrieb m (Verm) / tornillo m de nonio de rotación ‖ ⁓fenster f / ventana f lateral ‖ ⁓fenster, -licht n (Schiff) / portilla f, ventanillo m ‖ drehbares ⁓fenster (Kfz) / ventanilla f giratoria ‖ ⁓fenster n (Luftf) / ventan[ill]a f lateral ‖ ⁓fläche f / superficie f lateral, costado m lateral ‖ ⁓flanschlager

Seitenflosse

n / cojinete *m* de brida lateral ‖ ~**flosse** *f* (Luftf) / aleta *f* de dirección ‖ ~**flügel**, Nebenflügel *m* (Bau) / ala *f* lateral ‖ ~**format** *n* (DV) / formato *m* de página ‖ ~**fräser** *m* (Wzm) / fresa *f* lateral ‖ ~**freiwinkel** *m* (Wzm) / ángulo *m* de incidencia (o de despullo) lateral ‖ ~**frequenz** *f* (Eltronik) / frecuencia *f* [de banda] lateral ‖ ~**front** *f* (Bau) / fachada *f* lateral ‖ ~**führmagnet** *m* (Transrapid) / imán *m* de guía lateral ‖ ~**führung[skraft]** *f* (Kfz, Reifen) / fuerza *f* de desviadora lateral ‖ ~**führungskraft** *f*, -stabilität *f* (Kfz) / estabilidad *f* lateral ‖ ~**fuß** *m* (Druck) / fin *m* de página ‖ ~**gang** *m*, -ader *f* (Bergb) / veta *f* lateral ‖ ~**gang**, Nebenstollen *m* (Bergb) / galería *f* lateral ‖ ~**gang** (Bau) / galería *f* lateral ‖ ~**gang** (Bahn) / pasillo *m* lateral ‖ ~**gang** (Schiff) / traca *f* ‖ ~**gangwagen** *m* (Bahn) / coche *m* con pasillo lateral ‖ ~**gebäude** *n*, -flügel *m* (Bau) / edificio *m* anexo, anexo *m* ‖ ~**geschwindigkeit** *f* (Phys) / componente *f* lateral de velocidad ‖ ~**giebel** *m* (Bau) / frontón *m* lateral ‖ ~**gleich** (Geom) / equilateral ‖ ~**gleicher Stoff** (Web) / tejido *m* reversible, reversible *m* ‖ ~**gleis** *n* (Bahn) / apartadero *m*, desvío *m*, vía *f* apartadera ‖ ~**graben**, Straßengraben *m* (Straßb) / cuneta *f* ‖ ~**graben** *m* (Hydr) / zanja *f* lateral [de evacuación] ‖ ~**grenze** *f* (DV, Teletex) / límite *m* de página ‖ ~**halbierende** *f* (Geom) / mediana *f* ‖ ~**halter**, Spurhalter *m* (Bahn) / brazo *m* de atirantado ‖ ~**halter** *m* **für Druckbeanspruchung** (Bahn) / brazo *m* de atirantado exterior ‖ ~**halter für Zugbeanspruchung** (Bahn) / brazo *m* der atirantado interior ‖ ~**höhe** *f* (Pyramide) (Math) / altura *f* inclinada ‖ ~**höhe** (Schiff) / puntal *m* ‖ ~**höhe über Oberkante Kiel** (Schiff) / puntal *m* sobre quillo ‖ ~**holm** *m* (Raumf) / larguero *m* lateral ‖ ~**kanal** *m* (Wassb) / canal *m* lateral o de derivación ‖ ~**kanal**, Abzugskanal *m* / contracanal *n* ‖ ~**kanalpumpe** *f* / bomba *f* periférica ‖ ~**kanalpumpe**, Regenerativpumpe *f* / bomba *f* regenerativa ‖ ~**kante** *f* / arista *f* lateral ‖ ~**kapillare** *f* (Laborgerät) / tubo *m* lateral capilar ‖ ~**kette** *f* (Chem) / cadena *f* lateral ‖ ~**ketten-Substitution** *f* (Chem) / sustitución *f* de la cadena lateral ‖ **vertikale** ~**keule** (Luftf) / lóbulo *m* lateral (o secundario) vertical ‖ ~**keulenantenne** *f* / antena *f* dirigida hacia los lados ‖ ~**kiel** *m* (Schiff) / quilla *f* lateral ‖ ~**kippen** *n* (Kfz) / vuelque *m* lateral, descarga *f* lateral ‖ ~**kipper** *m* (Bahn, Kfz) / vagón *m* [o camión] basculante de descarga lateral, volcador *m* o volquete lateral ‖ ~**kipper-Aufbau** *m* (Kfz) / carrocería *f* para vuelque lateral ‖ ~**kipplader** *m* (Straßb) / cargadora *f* de vuelque lateral ‖ ~**klappe** *f* (Bahn) / trampa *f* lateral ‖ ~**klemme** *f* (Verm) / tuerca *f* de rotación ‖ ~**klüse** *f* (Schiff) / escoben *m* de cubierta ‖ ~**komponente** *f* **der Geschwindigkeit**, Seitengeschwindigkeit *f* / componente *f* lateral de velocidad ‖ ~**kontakt** *m* (Elektr, Lampe) / contacto *m* de casquillo ‖ ~**kopf** *m* (Druck) / cabeza *f* de página ‖ ~**kopf** (DV) / grupo *m* de informe ‖ ~**kraft** *f* / fuerza *f* lateral ‖ ~**kraft**, -komponente *f* / componente *f* lateral de fuerza ‖ ~**kraft** (Luftf) / fuerza *f* transversal ‖ ~**kraft** (Reifen) / reacción *f* transversal en la curva de un camino ‖ ~**kran** *m* (Pipeline) / grúa *f* para colocar tubos ‖ ~**lader** *m* / cargador *m* lateral ‖ ~**lastigkeit** *f* (Luftf, Schiff) / pesadez *f* lateral ‖ ~**laterne** *f* (Schiff) / luz *f* de costado ‖ ~**layout** *n* (DV) / boceto *m* de páginas ‖ ~**lehne** *f*, Armlehne *f* / brazo *m* de sillón ‖ ~**lehne**, Kopfbacke *f* (Bahn) / orejas *f pl* del respaldo ‖ ~**leiste** *f* (Kfz) / moldura *f* lateral ‖ ~**leitwerk** *n*, vertikaler Stabilisator (Luftf) / timón *m* de dirección ‖ ~**leitwerkshöhe** *f* (Luftf) / altura *f* del timón de dirección ‖ ~**leser** *m* (DV) / lector *m* de páginas ‖ ~**leserpapier** *n* / papel *m* para lectura de páginas ‖ ~**leuchte** *f*, Kotflügelleuchte *f* (Kfz) / luz *f* de la aleta delantera ‖ ~**licht** *n* (Luftf, Schiff) / luz *f* de costado ‖ ~**licht** (Bahn) / luz *f* lateral, señal *f* de costado ‖ ~**linie**, -bahn *f* (Bahn) / ramal *m*, vía *f* lateral ‖ ~**locher** *m*

(Stanz) / punzonador *m* de costados ‖ ~**luke** *f* (Schiff) / portalón *m* ‖ ~**meißel** *m* (Dreh) / cuchilla *f* de torno de costado ‖ ~**moräne** *f* (Geol) / mor[r]ena *f* lateral ‖ ~**neigung**, Krängung *f* (Schiff) / escora *f*, escoraje *m* ‖ ~**nummer** *f* (Druck) / número *m* de página ‖ ~**nummer im Registerbuch** / número *m* de folio del libro de registro ‖ ~**nummerung, -nummerierung** *f* (Druck) / compaginación *f* ‖ ~**oberlicht** *n*, hohes Seitenlicht (Bau) / claraboya *f* alta ‖ ~**öffnung** *f* (Brücke) / luz *f* o abertura lateral ‖ ~**peilung** *f*, Peilwinkel *m* (Radar) / marcación *f* relativa ‖ ~**perforation** *f* (DV) / perforación *f* de margen ‖ ~**pfette** *f*, Rähm *n* (Bau) / cabio *m* lateral ‖ ~**pforte** *f* (Schiff) / lumbrera *f* lateral ‖ ~**produkt** *n* (Destillation) / derivado *m* lateral ‖ ~**produktenentnahme** *f* (Chem) / toma *f* lateral de productos ‖ ~**puffer** *m* (Bahn) / tope *m* lateral ‖ ~**rahmen** *m* (DV) / cuadro *m* de página ‖ ~**rahmen** (Container) / armazón *m* lateral ‖ ~**rammschutz** *m* (LKW) / barra *f* protectora lateral (contra empotramiento) ‖ ~**rampe** *f* / andén *m* lateral de carga ‖ ~**rand** *m* (Druck) / margen *m* de página ‖ ~**register** *n* (DV) / registro *m* de páginas ‖ ~**reihenbefeuerung** *f* (Luftf) / luces *f pl* de filas laterales ‖ ~**richtig** (Foto, Opt) / de vista correcta ‖ ~**richtig** (Druck) / al directo ‖ ~**richtungsanzeiger** *m* (Luftf) / indicador *m* de marcación lateral ‖ ~**ring** *m* (Kfz) / aro *m* lateral de llanta ‖ ~**ring-Felge** *f* (Kfz) / llanta *f* con un aro lateral fijo y otro desmontable ‖ ~**riss** *m* (Zeichn) / alzado *m* lateral ‖ ~**riss**, Profil *n* / perfil *m* ‖ ~**riss** (Holz) / herida *f* lateral ‖ ~**riss** (Schiff) / plan *m* longitudinal, plano *m* lateral ‖ ~**rollieren** *n* (DV) / scrolling *m* de páginas ‖ ~**ruder** *n* (Luftf) / timón *m* de dirección ‖ ~**ruder mit Ausgleichfläche** (Luftf) / timón *m* de mando compensado ‖ ~**ruderausgleich** *m* (Luftf) / compensación *f* del timón de mando ‖ ~**ruderausschlag** *m* (Luftf) / ángulo *m* de desviación del timón de mando ‖ ~**rudermaschine** *f* (Luftf) / servomando *m* del timón de dirección ‖ ~**ruder-Trimmklappe** *f* / aleta *f* compensador del timón de mando ‖ ~**schale** *f* (Motorrad) / panel lateral *m* ‖ ~**schalung** *f* (Zimm) / encofrado *m* lateral ‖ ~**schieber** *m* / resbaladera *f* lateral ‖ ~**schieber**, -schubgerät *n* (Flurförderer) / carretilla *f* de horquilla lateral ‖ ~**schiff** *n* (Bau) / nave *f* lateral ‖ ~**schild** *m* (Wehr) / chapa *f* lateral ‖ ~**schlag** *m* (Kfz) / alabeo *m* de una rueda ‖ ~**schlitten**, Werkzeugträger *m* am [Seiten]ständer (Wzm) / portaútil *m* lateral ‖ ~**schneider** *m* (Wz) / alicates *f pl* [de] corte diagonal ‖ ~**schneider** (Teil der Kombizange) / corte *m* de alicate universal ‖ ~**schneider am Folgeschnitt** (Stanz) / punzón *m* de posicionamiento ‖ ~**schneider am Stanzwerkzeug** / punzón *m* de recorte ‖ ~**schnitt** *m* (Destillation) s. Seitenprodukt ‖ ~**schrift** *f* (Audio) / grabación *f* lateral u horizontal ‖ ~**schub** *m*, horizontaler Druck (Bau) / empuje *m* horizontal de una bóveda ‖ ~**schub** (Bau) / empuje *m* lateral ‖ ~**schüttung** *f* **am Abhang** / terraplenado *m* a media ladera ‖ ~**schutz** *m* (Brille) / protección *f* lateral ‖ ~**schutzleiste** *f* / listón *m* lateral de protección ‖ ~**schweller** *m* (Kfz) / protector *m* lateral ‖ ~**schwert** *n* (Schiff) / orza *f* [de deriva] ‖ ~**schwimmer** *m* (Luftf) / flotador *m* lateral ‖ ~**sektionaltor** *n* (Garage) / portalón *m* seccional de cierre lateral ‖ ~**sichtradar** *m n* / radar *m* [de avión] con antenas dirigidas hacia los lados ‖ ~**spanwinkel** *m* (Wz) / ángulo *m* de corte lateral ‖ ~**speicher** *m* (DV) / memoria *f* auxiliar de páginas ‖ ~**speiser** *m* (Gieß) / bebedor *m* lateral ‖ ~**spiegel** *m* (Kfz) / retrovisor *m* lateral ‖ ~**spiegel** (Druck) / página-caja *f* ‖ ~**spiel** *n* (Masch) / juego *m* lateral ‖ ~**spiel im Lager haben** (Masch) / tener juego lateral ‖ ~**stabilität** *f* (Luftf) / estabilidad *f* direccional ‖ ~**stabilität**, -führungskraft *f* (Kfz) / estabilidad *f* lateral ‖ ~**staffelung** *f*, -abstand *m* (Luftf) / separación

f lateral ‖ ~**staffelung** (Räumwz) / progresión *f* lateral ‖
~**stapler** *m* / carretilla *f* elevadora de horquilla lateral
‖ ~**steifigkeit** *f* / rigidez *f* lateral ‖ ~**steifigkeit** (Reifen)
/ estabilidad *f* lateral ‖ ~**straße** *f* (Stadt) / calle *f* lateral
‖ ~**straße**, -weg *m* (Land) / camino *m* lateral ‖
~**streifen** *m* (Straßb) / banqueta *f*, banquete *m* ‖
~**strom** *m* / corriente *f* lateral ‖ ~**strom**, Seitenschnitt
m (Destillation) / derivado *m* lateral o intermedio ‖
~**stromabnehmer** *m* (Elektr) / tomacorriente *m* lateral
‖ ~**stück**, Gegenstück *n* / compañero *m*, pareja *f* ‖
~**stütze** *f* / apoyo *m* lateral ‖ ~**support** *m* (Wzm) /
carro *m* lateral ‖ ~**tank** *m* (Schiff) / tanque *m* lateral,
cajón *m* vertical ‖ ~**teil**, -stück *n* / parte *f* lateral,
costado *m* ‖ ~**teil** *n*, Quartier *n* (Schuh) / parte *f*
lateral, caña *f* ‖ ~**träger** *m* (Schiff) / sobrequilla *f*
lateral ‖ ~**tragrahmen** *m* (Web) / testera *f* enrolladera
‖ ~**tragrahmen** (Wirkm) / bancada *f* lateral ‖ ~**trawler**
m (Schiff) / buque *m* de pesca de arrastre ‖ ~**trogfilter**
n / filtro *m* de alimentación lateral ‖ ~**tür** *f*, -tor *n* /
puerta *f* lateral ‖ ~**turm**, Stripper *m* (Öl) / torre *f*
rectificadora ‖ ~**überlauf** *m* (DV) / capacidad *f*
excedida de página ‖ ~**überschrift** *f* (Zeitung) / titular
m de la página interior ‖ ~**überschrift** (DV) / título *m*
de página ‖ ~**umbruch** *m* (Druck) / compaginación *f* ‖
~**umkehr** *f* (TV) / inversión *f* lateral ‖
~**unterfahrschutz** *m* (LKW) / barra *f* protectora
lateral (contra empotramiento) ‖ ~**verhältnis** *n*
(Math) / relación *f* de los lados ‖ ~**verhältnis** (Luftf) /
proporción *f* dimensional ‖ ~**verhältnis** (Repro) /
formato *m* ‖ ~**verkehrt** / de lados opuestos ‖
~**verkehrt**, spiegelbildlich (Foto) / de imagen
invertida ‖ ~**verkehrt** (Druck) / de o al revés ‖
~**verkehrtes Bild**, Kehrbild *n* / imagen *f* invertida ‖
~**verladung** *f* (Bahn) / carga *f* por los laterales ‖
~**verschieblichkeit**, Kurvenbeweglichkeit *f* (Bahn) /
movimiento *m* transversal de los ejes ‖
~**verschiebung** *f*, -verstellung *f* / desplazamiento *m*
lateral ‖ ~**verschiebung**, Zickzack *m* (Fahrdraht) /
disposición *f* en zigzag del hilo de contacto ‖
~**versteifung** *f* (Stahlbau) / refuerzo *m* lateral ‖
~**verstellung** *f* / ajuste *m* lateral ‖ ~**vorschub** *m* (DV) /
salto *m* de página[s] ‖ ~**wagen** *m* (Motorrad),
Beiwagen *m* (Kfz) / sidecar *m* ‖ ~**wagengespann** *n* /
moto *m* con sidecar ‖ ~**wall-Schneefräse** *f* /
quitanieves *m* de eyección lateral ‖ ~**wand** *f* (allg) /
pared *f* lateral ‖ **herunterklappbare** ~**wand** (Bahn) /
pared *f* abatible ‖ ~**wand** *f* (Durchlass) / muro *m* de
pared ‖ ~**wand**, Wand[ung] *f* (Gefäß) / pared *f* ‖
~**wand** *f* (Kfz) / panel *m* lateral ‖ ~**wandbord** *m* (Bahn)
/ borde *m* lateral ‖ ~**wand-Drehtür** *f* (Bahn) / puerta *f*
giratoria de la pared lateral ‖ ~**wandgummi** *m*
(Reifen) / goma *f* de flanco o costado ‖ ~**wandneigung**
f (Container) / inclinación *f* de las paredes [laterales] ‖
~**wandplange** *f* (Bahn) / friso *m* de un vagón ‖
~**wasserabzug** *m* (Straßb) / alcantarilla *f* lateral,
cuneta *f* del talud ‖ ~**wechselanforderung** *f* (DV) /
llamada *f* de cambio de página ‖ ~**wechselbar**,
auswechselbar (DV) / paginable ‖ ~**wechselspeicher**
m (DV) / memoria *f* de cambio de páginas ‖
~**wechselverfahren** *n* (DV) / cambio *m* de página ‖
~**weg** *m* (für Streckenbegehung) (Bahn) / paseo *m* de
la plataforma de vía ‖ ~**weg**, Nebenstraße *f* / carretera
f secundaria ‖ ~**weg**, Nebenweg *m* / camino *m* lateral
‖ ~**wegerung** *f* (Schiff) / forro *m* lateral interior de la
bodega ‖ ~**weiser Druck** (Druck) / impresión *f* de
páginas ‖ ~**weise einlagern** (DV) / almacenar páginas
‖ **nicht** ~**weise organisiert** (DV) / no organizado en
páginas ‖ ~**welle** *f* s. Seitenbandwelle ‖ ~**wind** *m* (Kfz) /
viento *m* de costado ‖ ~**wind** (Luftf) / viento *m* de
través ‖ ~**winkel** *m* (Mil) / ángulo *m* acimutal ‖
~**winkelabtastung** *f* / exploración *f* del acimut ‖
~**winkelauflösung** *f*, -winkelauflösungsvermögen *n* /
poder *m* de resolución angular ‖ ~**zahl** *f*, Anzahl *f* der
Seiten (Druck) / número *m* de páginas ‖ ~**zahl**, -ziffer *f*

(Druck) / número *m* de la página o del folio ‖ ~**zahlen
festlegen** / paginar ‖ ~**zipfel** *m*, -keule *f* (Antenne) /
lóbulo *m* lateral o secundario ‖ ~**zuführung** *f* (Tex) /
alimentación *f* lateral ‖ ~**zug** (Mech, Phys) / tracción
f lateral ‖ ~**zweig**, -teil *m*, -stück *n* / parte *f* lateral
seitlich, Seiten... / lateral, de costado ‖ ~
(Bewegungsrichtung) / transversal ‖ ~ *adv* / al lado
[de], lateralmente ‖ ~**verschoben** / desviado,
desalineado, desplazado ‖ ~**e Abtragung** (Straßb) /
desmonte *m* lateral ‖ ~ **angesetzter Booster** (Raumf) /
motor *m* reforzador o impulsor lateral ‖ ~**es
Aufschütten des Aushubs** (Bau) / terraplenado *m*
lateral ‖ ~ **ausrichten** / alinear lateralmente ‖ ~**es
Ausweichen des Erdkörpers** (Bahn) / deslizamiento *m*
lateral del terraplén ‖ ~**es Blasen** (Hütt) / soplado *m*
lateral ‖ ~**e Blickfeldbegrenzung** (Kfz) / limitación *f*
lateral del campo visual ‖ ~**e Brennstoffeinspritzung**
/ inyección *f* lateral de combustible ‖ ~**e Entladung**
(Bahn, Kfz) / descarga *f* lateral ‖ ~ **entnehmend** / de
toma a media ladera ‖ ~**er Erdaushub** (Bau) /
préstamo *m* lateral ‖ ~**er Kolbendruck** (Kfz) / presión *f*
lateral del émbolo ‖ ~**er Schallschirm** (Mikrofon) /
alumbrado lateral ‖ ~**er Schallschirm** (Mikrofon) /
pantalla *f* antisonora lateral ‖ ~ **stehend** (Ventile) /
vertical lateral ‖ ~**e Steuergriffe** *m pl* / palancas *f pl* de
mando laterales ‖ ~**er Stromabnehmerbügel** (Elektr) /
arco *m* lateral ‖ ~**es Verschieben** / desplazamiento *m*
lateral, dislocación *f* lateral ‖ ~ **versetzt arbeitend**
(Bagger) / desalineado ‖ ~ **versetzte Messstation**
(Raumf) / estación *f* de telemedida lateral ‖ ~**e
Windschutzscheibe** (Kfz) / parabrisas *m* de costado ‖
~**er Zug**, Seitenzug *m* (Masch, Phys) / tracción *f* lateral
‖ ~**e Zusammendrängung** (Anamorphot) (Foto) /
coeficiente *m* de anamorfosis ‖ ~**e
Zusammenschnürung** (Strömung) / contracción *f*
lateral ‖ ~**er Zusammenstoß** (Kfz) / alcance *m* o
choque de costado ‖ **mit** ~**en Federabstützungen** / de
resortes laterales
seitlich-parallel / paralelo
seitwärts *adv* / sesgadamente, oblicuamente ‖ ~, nach
der Seite / hacia un lado, al través ‖ ~, schief / al o de
soslayo ‖ ~ **drehen** / girar o pivotear horizontalmente
Seitwärts•einschneiden *n* (Verm) / intersección *f* hacia
un lado ‖ ~ **radar** *m n*, SLAR / radar *m* de avión
con antenas dirigidas hacia el lado ‖ ~**rücken** *n* (Gleis)
/ ripado de la vía ‖ ~**schleudern** *n* (Kfz) / patinazo *m*
lateral ‖ ~**ziehen** *n* (Kfz) / tracción *f* lateral, tiro *m*
lateral
Sekans *m*, sec (Geom) / secante *m*, sec
Sekante *f* (Math) / secante *f*
Sekanten•-Kegelprojektion *f* / proyección *f* cónica
secante ‖ ~**winkel** *m* / ángulo *m* de secantes
Sekret *n* / secreción *f*
Sektion *f* / sección *f* ‖ **in** ~**en teilen** / seccionar, dividir en
secciones
sektional, Sektions... / seccional ‖ ~**tor** *n* / portalón *m*
seccional
Sektionsschwimmdock, **[verschraubtes]** ~,
Sektionsdock *n* (Schiff) / dique *m* flotante seccional
Sektor, Kreisausschnitt *m* (Math) / sector *m* ‖ ~... /
sectorial ‖ **in** ~**en teilen** / dividir en sectores ‖
~**abtastung** *f* (Radar) / exploración *f* sectorial, barrido
m sectorial ‖ ~**adresse** *f* (DV) / dirección *f* de sector
Sektoraldraht *m* (Spinn) / alambre *m* triangular con una
cara convexa, alambre *m* sectorial
Sektor•-Anzahl-Überlagerung *f* (DV) / recubrimiento *m*
segmental de recuento ‖ ~**artiges Maschinenteil**,
Bogenstück *m* (Masch) / sector *m* ‖ ~**darstellung** *f*
(Radar) / presentación *f* sectorial
Sektoren•austastung *f* (Radar) / supresión *f* de sectores
‖ ~**blende** *f* (Film) / diafragma *m* de sectores ‖
~**scheibe** *f* (Synchronisierungs-Lichtschranke) / disco *m*
sectorial ‖ ~**skala** *f* (Filmgerät) / escala *f* de sector ‖
~**verschluss** *m* (Foto) / obturador *m* de sectores

Sektor•feld n / campo m de sector ‖ ~**feld**, homogenes Magnetfeld / campo m magnético homogéneo ‖ ~**förmiges Schalttafelinstrument** / instrumento m en forma de sector ‖ ~**horn** n (Antenne) / bocina f aplanada o sectorial o de sector, antena f de embudo sectorial
sektorieren vt (DV) / sectorizar
Sektorierung f (DV) / sectorización f, formación f de sectores
Sektor•leiter m (Elektr) / conductor m de sección sectorial ‖ ~**leiterkabel** n / cable m de conductores de sección sectorial ‖ ~**motor** m (Elektr) / motor m sectorial ‖ ~**schütz** n (Hydr) / compuerta f de sector ‖ ~**wehr** n / presa f de sector ‖ ~**zählung** f (DV) / recuenta f de sector ‖ ~**zeiger** m (des Deccagerätes) (Radar) / aguja f de sector
Sekunda•garn n (Tex) / hilo f de segunda calidad, segundas f pl ‖ ~**-Kraftpapier** n / papel m kraft secundario
sekundär, untergeordnet / secundario ‖ ~, induziert (Elektr) / inducido, secundario ‖ ~, abgeleitet / derivado, derivativo ‖ ~ (z.B. Alkohol) (Chem) / secundario (p.ej. alcohol) ‖ ~**es Amin** (Chem) / amina f secundaria ‖ ~**e Anreicherung**, Zementation f (Geol) / cementación f secundaria ‖ ~**e Aufschließung durch Gas-, Luft- o. Dampfeinpressen** (Öl) / restauración f de la presión en un yacimiento por inyección (o anegación) [de] ‖ ~**e Gaseinspritzung** (Raumf) / inyección f o anegación de gas, empuje m por gas ‖ ~ **geregelt** (Elektr) / de regulación secundaria ‖ ~**e Ionisation** / ionización f secundaria ‖ ~**er Kompensationsfehler**, Dentsche Anomalie f (Uhr) / anomalía f de Dent ‖ ~**e Korpuskularstrahlung** (Atom, Nukl) / emisión f corpuscular asociada ‖ ~**es Kriechen** (Mech) / fluencia f lenta secundaria ‖ ~**er Lunker** (Hütt) / rechupe m secundario ‖ ~**er Nitrokörper** (Chem) / compuesto m nitro secundario ‖ ~**er radioaktiver Niederschlag** (Atom, Nukl) / depósito m radiactivo seco ‖ ~**e Restölgewinnung**, Sekundärgewinnung, -förderung f (Öl) / producción f secundaria, segunda recuperación f (ARG), recobro m secundario (VEN) ‖ ~**er Träger**, Kanalträger m (Eltronik) / portadora f de canal ‖ ~**es Xylem** (Bot) / xilema m secundario
Sekundär•aluminium n / aluminio m secundario ‖ ~**anforderung** f (DV) / llamada f secundaria ‖ ~**aufprall** m (Kfz) / colisión f secundaria ‖ ~**ausdruck** m (Math) / secundario m ‖ ~**auslöser** m (Elektr) / disyuntor m indirecto de máxima ‖ ~**dateigruppe** (DV) / grupo m de ficheros secundarios ‖ ~**datenerfassung** f (DV) / registro m de datos secundarios ‖ ~**druck** m (Druckregler) / presión f secundaria ‖ ~**durchbruch** m (Halbl) / disrupción f secundaria ‖ ~**echo** n (Radar) / eco m secundario, eco m de traza secundaria ‖ ~**elektron** n / electrón m secundario ‖ ~**elektronen-Emission** f / emisión f electrónica secundaria ‖ ~**elektronenvervielfacher**, SEV m (TV) / multiplicador m de electrones secundarios, fototubo m multiplicador, multiplicador m fotoeléctrico ‖ ~**element** n / pila f secundaria ‖ ~**emission** f / emisión f secundaria ‖ ~**emissionsausbeute** f, -emissionskoeffizient m / tanto f o coeficiente de emisión secundaria ‖ ~**emissionsfaktor** m / factor m de emisión secundaria ‖ ~**emissionskathode** f (Elektr) / dínodo m ‖ ~**farbe** f (Färb) / color m secundario ‖ ~**fokuseinrichtung** f (Opt) / dispositivo m de enfoque secundario ‖ ~**förderung**, -gewinnung f, sekundäre Restölgewinnung (Öl) / producción f secundaria, segunda recuperación f (ARG), recobro m secundario (VEN) ‖ ~**gestein** n, Sedimentgestein n (Geol) / rocas f pl sedimentarias ‖ ~**gruppe** f, Übergruppe f (Fernm) / grupo m secundario, supergrupo m ‖ ~**härtung** f (Hütt) / temple m

secundario ‖ ~**ionen-Massenspektroskopie** f, SIMS / espectroscopia f de masa por iones secundarios ‖ ~**kammer** f (Bremse) / cámara f secundaria ‖ ~**konstante**, Fortpflanzungskonstante f (Fernm) / constante f secundaria ‖ ~**kreis** m (Elektr) / circuito m inducido o secundario ‖ ~**kühlkreis** m (Nukl) / circuito m secundario de enfriamiento ‖ ~**kühlmittel** n (Nukl) / agente m de enfriamiento secundario, enfriador m secundario ‖ ~**luft** f, Zusatzluft f (Hütt, Kfz) / aire m complementario ‖ ~**lufteinblasung** f (Kfz) / inyección f de aire complementario ‖ ~**luftlöcher** n pl (Gasturbine) / agujeros m pl secundarios para aire ‖ ~**luftsaugsystem** n, SLS-System n (Kfz) / sistema m de admisión de aire ‖ ~**luftzugabe** f (Kfz) / adición f de aire complementario ‖ ~**lunker** m (Hütt) / rechupe m secundario ‖ ~**metallurgie** f / metalurgia f secundaria ‖ ~**neutralteilchen-Massenspektrometrie** f, SNMS / espectrometría f de masa por partículas neutras secundarias ‖ ~**-Radar** m / radar m secundario ‖ ~**reaktion** f (Chem) / reacción f secundaria ‖ ~**reaktor** m (Nukl) / reactor m secundario ‖ ~**rekristallisation** f / recristalización f secundaria ‖ ~**relais** n / relé m secundaria ‖ ~**retarder** m (Kfz) / retardador m secundario ‖ ~**rohstoff** m / materia f prima recuperada o reciclada ‖ ~**schutz** m / protección f secundaria ‖ ~**seite** f (Elektr) / secundario m ‖ ~**spannung** f, induzierte Spannung / tensión f secundaria o inducida ‖ ~**spannung** (Mech) / esfuerzo m secundario ‖ ~**speicher** m (DV) / memoria f secundaria ‖ ~**spektrum** n (Phys) / espectro m secundario ‖ ~**spiegel** m (Astr) / espejo m secundario ‖ ~**spule** f (Elektr) / bobina f secundaria ‖ ~**strahlen** m pl, -strahlung f (Phys) / radiación f secundaria ‖ ~**strahlenblende** f (Radar) / pantalla f antidifusora [de Bucky] ‖ ~**strahler** m (Eltronik) / radiador m secundario ‖ ~**strahler** (Antenne) / elemento m secundario o pasivo ‖ ~**streuung** f (Elektr) / fuga f secundaria, escape m secundario ‖ ~**strom** m (Elektr) / corriente f inducida o secundaria ‖ ~**strom**, Mantelstrom m (Turbine) / corriente f secundaria, flujo m secundario ‖ ~**strömung** f / corriente f secundaria ‖ ~**teilchen** n / partícula f secundaria ‖ ~**teilchen-Gleichgewicht** n (Nukl) / equilibrio m de partículas cargadas ‖ ~**träger** m, -trägerwelle f (TV) / onda f portadora secundaria ‖ ~**uhr** f / reloj m secundario ‖ ~**ummantelung** f (opt.Faser) / protección f secundaria ‖ ~**verlust** m (Turbine) / pérdidas f pl secundarias ‖ ~**welle** f / onda f secundaria ‖ ~**wicklung** f (Elektr) / arrollamiento m secundario ‖ ~**widerstand** m (Elektr) / resistencia f secundaria ‖ ~**wirkung** f, -effekt m / efecto m secundario ‖ ~**zeilengefüge** n (Hütt) / estructura f secundaria en bandas
Sekunde f / segundo m ‖ ~ (Zahl am Bogenanfang) (Druck) / segunda f signatura, signatura f con asterisco ‖ **1/1000** ~ / milésima f de segundo
Sekunden•anzeige f **des elektrischen Weckers** / registro m de los segundos, lectura f de los segundos ‖ ~**rad** m (Uhr) / rueda f de segundos ‖ ~**tachymeter** n (Verm) / taquímetro m legible con exactitud de un segundo ‖ ~**theodolit** m (Verm) / teodolito m universal ‖ ~**thermometer** n / termómetro m de lectura inmediata ‖ ~**zähler** m, -messer m / cuentasegundos m ‖ ~**zeiger** m (Uhr) / segundero m ‖ ~**zeigerzapfen** m / espiga f de segundero ‖ **eingesetztes** ~**zifferblatt** (Uhr) / segundos m pl aplicados
seladongrün / verdeceladón, celadón
Seladonit m (Min) / seladonita f
SELAM = solar-elektrischer Antriebsmodul
selbst gemacht, im eigenen Betrieb gemacht / hecho en el taller ‖ ~ **zerstören** (sich) (Raumf) / cometer autodestrucción ‖ **von** ~ **anlaufen** / arrancar automáticamente

selbstfahrend

Selbst•... / self..., auto... ‖ **⁓...**, automatisch / auto..., automático ‖ **⁓...**, [betriebs]eigen / propio ‖ **~abdichtend** / autosellador, autoobturante ‖ **⁓abgleich** *m* (Eltronik) / autoequilibrado *m* ‖ **~abgleichend** / autoequilibrado[r], autoequilibrante ‖ **⁓ablesung** *f* / autolectura *f* ‖ **⁓abschaltung** *f* (Elektr) / desconexión *f* automática ‖ **~abschirmend** / de autoblindaje ‖ **⁓abschirmfaktor** *m* (Nukl) / factor *m* de autoblindaje ‖ **⁓abschirmung** *f* (Nukl) / autoblindaje *m* ‖ **~absorbierend** (Nukl) / autoabsorbente ‖ **⁓absorption** *f* (Nukl) / autoabsorción *f* ‖ **⁓absteller** *m* (Audio) / dispositivo *m* de parada automática ‖ **⁓absteller** (Spinn) / mecanismo *m* de paro automático, disparo *m* automático ‖ **⁓abstellung**, -auslösung *f* / desconexión *f* o parada automática ‖ **⁓abstich** *m* (Hütt) / sangría *f* automática ‖ **~abstimmend**, -optimierend (Regeln) / autooptimizante ‖ **~adjungiert** (Math) / autoadjunto ‖ **⁓alterung** *f* / envejecimiento *m* natural **selbständig** / independiente ‖ **~** (Beruf) / establecido por su cuenta, independiente ‖ **~**, autonom / autónomo ‖ **~**, in sich widerspruchsfrei / autoconsistente ‖ **~** (Entladung, Reaktion) / automantenido ‖ **~er Betrieb** (DV) / explotación *f* autónoma ‖ **~es Unternehmen** / empresa *f* autónoma **Selbst•anlasser** *m*, -starter *m* (Mot) / arrancador *m* automático, autoarrancador *m* ‖ **⁓anlauf** *m* / arranque *m* automático ‖ **~anlaufend**, -angehend / autoarrancador ‖ **~anlaufender Synchronmotor** / motor *m* autosincrónico ‖ **~anpassend**, -abstimmend, -einstellend (Regeln) / de ajuste automático ‖ **~anpassender Rechner** (DV) / ordenador *m* autoadaptivo ‖ **⁓anpassprogramm** *n* / programa *m* autoadaptativo ‖ **~ansaugend** (Pumpe) / autoaspirante ‖ **~ansaugend**, nicht aufgeladen (Mot) / no sobrecargado ‖ **~anschluss** *m* (Fernm) / teléfono *m* automático ‖ **⁓anschluss** (Gespräch) / comunicación *f* automática ‖ **⁓anschluss...** s. auch Selbstwähl... ‖ **⁓ansteuerung** *f* (Rakete) / autoguiado *m* ‖ **⁓antrieb** *m* / autopropulsión *f* ‖ **mit ⁓antrieb** / autopropulsor, automotor (-triz) ‖ **~aufblasbar**, selbstaufblasend / autoinflable ‖ **⁓aufheizkathode** *f* (Eltronik) / cátodo *m* de calentamiento iónico ‖ **⁓aufleger** *m* (Spinn) / cargadora *f* automática ‖ **⁓auflösung** *f* / disolución *f* espontánea ‖ **⁓aufnehmende Heubündelpresse** (Landw) / recogedora-empacadora *f* de heno ‖ **~aufnehmende Kehrmaschine** / barredera *f* autoaspirante ‖ **~aufrechterhaltender Prozess** / proceso *m* autoentretenido ‖ **~aufrichtend** (Kran) / autoelevador ‖ **⁓aufrichter** *m* (Schiff) / barco *m* de salvamentp de verticalización automática ‖ **~aufrollend** (Gurt) / autoarrollador ‖ **~aufrollende Kabeltrommel** / tambor *m* o carrete de cable autoarrollador ‖ **⁓aufschaukelung** *f* / autoexcitación *f* ‖ **~aufziehend** (Uhr) / de cuerda automática ‖ **⁓aufzug** *m* (Uhr) / pulsera *f* o cuerda automática ‖ **⁓aufzug** (Foto) / cuerda *f* automática ‖ **~ausfahrbar** (Baukran) / autoelevador ‖ **⁓ausgleich m der Massen** / autoequilibrado *m* de masas ‖ **⁓auslöser** *m* (Foto) / autodisparador *m* ‖ **⁓auslöser**, -lösung *f* (Foto) / disparador *m* automático, retardador *m* ‖ **⁓auslösung** *f*, -trennung *f* / desenganche *m* automático, desconexión *f* automática ‖ **~ausrichtend**, -einstellend / autoalineante, autoalineador, autoalineable, de alineación propia ‖ **⁓ausrichtung** *f* **der Köpfe** (Magn.Bd) / autoalineamiento *m* de cabezas ‖ **~ausschaltend** / autodesconectante ‖ **⁓ausschalter** *m* (Elektr) / disyuntor *m* o interruptor automático ‖ **⁓ausschalter**, Überstromautomat *m* / disparador *m* de sobreintensidad ‖ **⁓ausschaltung** *f* (Masch) / disparo *m* automático ‖ **~backend** (Elektrode) / de autococción ‖ **⁓bau** *m*, Eigenbau *m* / fabricación *f* propia ‖ **⁓bauprofil** *n* (Walzw) / sección *f* ranurada ‖

⁓bauprofil für Regale / perfil *m* ranurado ‖ **⁓bedienung** *f* / autoservicio *m* ‖ **~begrenzend** (DV, OSI) / de limitación propia, autolimitador ‖ **⁓berührungspunkt** *m* (Math) / punto *m* de osculación ‖ **~betätigt**, ohne Hilfsenergie / de funcionamiento independiente ‖ **sich ~bewegend** / automático ‖ **~bezogene Adresse** (DV) / dirección *f* autorrelativa ‖ **⁓bindemaschine** *f*, -binder *m* (Landw) / segadora *f* agavilladora ‖ **⁓block** *m* (Bahn) / bloqueo *m* automático ‖ **⁓block mit Lichtsignalen** (Bahn) / bloque *m* automático luminoso ‖ **~blockierend** / de cierre automático, autobloqueante ‖ **~bohrend** (Dübel) / autotaladrador ‖ **~codieren** *vt* (DV) / autocodificar ‖ **⁓codiergerät** *n* / autocodificador *m* ‖ **⁓codierung** *f* (DV) / autocodificación *f* ‖ **~dämpfend** / autoamortiguado ‖ **~definierend** / definido en sí mismo ‖ **~deutendes Symbol**, Literal *m* (DV, Programm) / literal *m* ‖ **⁓diagnose** *f* (DV) / autodiagnostico *m* ‖ **~dichtend** / autosellador ‖ **⁓diffusión** *f* / autodifusión *f* ‖ **~dockendes Schwimmdock** (Schiff) / dique *m* flotante de entrada automático ‖ **⁓drehung** *f* / autorrotación *f* ‖ **~durchschreibendes Papier** / papel *m* Sc, papel *m* autocopiante ‖ **~einfädeln** (Tex) / de enhebrado automático ‖ **~einfädeln** (Film) / de carga automática ‖ **⁓einleger** *m*, -zuführer *m* / alimentador *m* automático ‖ **~einrückende Kupplung** (Masch) / embrague *m* automático ‖ **sich ~einschaltende Einrichtung** (DV) / dispositivo *m* de puesta en marcha automático ‖ **~einspielend** (Waage) / de equilibrio automático ‖ **~einstellend**, -ausrichtend / de ajuste automático ‖ **~einstellend**, -ausrichtend / autoalineante, autoalineador, autoalineable, de alineación propia ‖ **~einstellende Blende** (Foto) / diafragma *m* automático ‖ **~einstellendes Lager** / cojinete *m* o rodamiento autoalineador ‖ **~einstellende Regelung** / sistema *m* autoadaptable o autoadaptador ‖ **~emulgierend** (Chem) / autoemulsificante ‖ **⁓energie** *f* (Nukl) / energía *f* propia ‖ **~entfaltend** (Raumf) / autodesplegante ‖ **~entflammbar** / autoinflamable, de autoencendido ‖ **~entflammung** *f* (ISO) (Mot) / autoignición *f*, encendido *m* espontáneo, autoignición *f* ‖ **⁓entlader** *m* / carro *m* de descarga automática ‖ **⁓entlader**, -entladewagen *m* (Bahn) / vagón *m* de descarga espontánea ‖ **⁓entlader** (Bergb) / vagoneta *f* autobasculante ‖ **⁓entladung** *f* (Akku) / descarga *f* espontánea, acción *f* local ‖ **⁓entladung in Gasen** (Elektr) / descarga *f* autónoma ‖ **~entladend**, -entladend / autodescargador ‖ **⁓entleerer** *m* **mit Sattelboden** (Bahn) / vagón *m* tolva con vertederos laterales, vagón *m* tolva con suelo en lomo de asno ‖ **⁓entmagnetisierungsfeld** *n* / campo *m* de desmagnetización espontánea ‖ **~entschlackend** (Hütt) / autodesescoriando ‖ **~entzündliche Stoffe** (Chem) / materias *f pl* inflamables espontáneas, materias *m pl* autoinflamables o susceptibles de inflamación espontánea ‖ **⁓[ent]zündung** *f* / autoinflamación *f* ‖ **⁓[ent]zündung** (Kohle) / inflamación *f* espontánea ‖ **⁓entzündungstemperatur** *f* / temperatura *f* de inflamación espontánea ‖ **~erlöschend** / autoextinguible, autoextintor, de extinción automática ‖ **~erregende Röhre** (Eltronik) / tubo *m* oscilador ‖ **~erregt** (Eltronik) / autoexcitado ‖ **~erregte Schwingung** (Phys) / oscilación *f* de arranque automático ‖ **⁓erregung** *f* (Elektr) / autoexcitación *f*, excitación *f* propia ‖ **mit ⁓erregung** / autoexcitador, -excitatriz, autoexcitatorio ‖ **⁓erregungsmechanismus** *m* (Schwingung) / mecanismo *m* de arranque automático ‖ **⁓erwärmung** *f* / calentamiento *m* espontáneo ‖ **⁓erwärmungs...** / autotérmico ‖ **~fahr...** (Kfz) / propietario, de conducción propia ‖ **~fahrend** / automotor, -triz, autopropulsado, automóvil ‖

1191

selbstfahrend

~fahrend (Rasenmäher) / autoportado ‖ **~fahrende Heuerntemaschine** (Landw) / motohenificadora f ‖ **≈fahrer** m, Motorgüterschiff n (Schiff) / automotor m fluvial ‖ **≈fahrer** (Aufzug) / ascensor m de mando por teclas ‖ **≈fangspule** f (Foto) / bobina f para enrollado automático ‖ **≈farbe** f / color m propio ‖ **~färbender Stempel** / sello m autoentintador ‖ **≈farbstoff** m (Färb) / colorante m directo ‖ **≈finanzierung** f / autofinanciación f ‖ **~führend** / de guía automática ‖ **≈führung** f (Eltronik) / autoconmutación f ‖ **≈fütterer** m (Landw) / comedero m automático ‖ **≈gang** m, Kraftverstellung f (Wzm) / avance m o desplazamiento automático ‖ **≈gang**, automatische Zuführung / alimentación f automática ‖ **~gängiger Sinter** (Hütt) / sinterizado m autofundente ‖ **~gängige Entladung** (Elektronen) / descarga f autoentretenida ‖ **≈gangplanzug** m (Wzm) / avance m transveral automático ‖ **≈gebrauch** m / uso m personal ‖ **~gefertigt**, **-gemacht** / hecho personalmente o en casa ‖ **~geführter Stromrichter**, convertidor m de conmutación automática ‖ **~gehend** (Hütt) / autofundente ‖ **~gehendes Erz** / mineral m autofundente ‖ **~gewindend** (Schraube) / autorroscante ‖ **≈glanzemulsion** f / emulsión f de brillo directo ‖ **≈glanzwachs** n / cera f autobrillantadora ‖ **~glättend** (Antifoulingfarbe) / autopulidor ‖ **≈greifer** m (Kran) / cuchara f automática ‖ **~haftend** (Klebband) / autoadhesivo adj ‖ **≈haft-Etikett**, Haft-Etikett n / etiqueta f o rótula autoadhesiva ‖ **≈haltekette** f (Pflug) / cadena f para guía automática ‖ **≈haltekontakt** m (Relais) / contacto m autoenclavador ‖ **~haltend** (Relais) / autoenclavador ‖ **~haltend** (Taste) / autosujetador, autoenganchador ‖ **~haltendes Relais**, Sperr-Relais / relé m autoenclavador o autoenganchador ‖ **~haltender Schalter** (Elektr, Eltronik) / conmutador m enganchador ‖ **≈haltung** f (Relais) / autoenclavamiento m ‖ **~härtend** / de autotemple, autotemplante ‖ **~härtend** (Elastomer) / de autoendurecimiento, autoendurecible ‖ **~härtend** (Zement) / de autocurado ‖ **~härtestahl** m (Hütt) / acero m de autotemple ‖ **~heilend** (Kondensator) / autorregenerativo, autocicatrizante ‖ **~heilender MP-Kondensator** (Elektr) / capacitor m Mansbridge ‖ **≈heilung** f (Galv) / autocuración f ‖ **≈heizung** f / autocalentamiento m ‖ **~hemmend** / autoenclavador, autobloqueante, de retención automática ‖ **vollkommen ~hemmende Lenkung** (Kfz) / dirección f irreversible ‖ **~hemmendes Steuerwerk** (Luftf) / sistema m de control irreversible ‖ **≈hemmung**, **-sperrung** f / frenado m automático, parada f automática ‖ **~horizontierend** (Verm) / de nivelación automática, autonivelador ‖ **≈induktanz** f / inductancia f propia, autoinductancia f, selfinductancia f (LA) ‖ **≈induktion** f (Elektr) / autoinducción f, inducción f propia, selfinducción f (LA) ‖ **≈induktionskoeffizient** m, -induktivität f, L / coeficiente m de autoinducción o de inducción propia ‖ **≈induktionspotential** n / inductancia f normal ‖ **≈induktionsspule** f / bobina f de autoinducción ‖ **≈induktionsspule mit Eisenkern** / bobina f de autoinducción de núcleo de hierro ‖ **≈induktionsspule mit Luftkern** / bobina f de autoinducción de núcleo de aire o sin núcleo ‖ **~induziert** (de inducción propia, autoinductivo ‖ **≈ionisierung** f / autoionización f ‖ **~justierend** / autorregulador, autoajustador, de ajuste propio ‖ **~justierend**, -einstellend (Verm) / autoajustador de nivel ‖ **≈kipper** m (Bahn) / vagón m basculante automático ‖ **≈klärung** f (Abwasser) / purificación f natural ‖ **≈klebeband** n, -klebestreifen m / cinta f autoadhesiva, tira f adhesiva ‖ **~klebend** / autoadhesivo, autoadherente, autopegante ‖ **~klebend** (dauernd) / autosellador ‖ **~klebendes**

Isolierband / cinta f aisladora autoadhesiva ‖ **~klebend sein** / pegar ‖ **≈kleber**, Haftklebestoff m / materia f autoadhesiva ‖ **≈klebeverschluss** m (Kuvert) / autopegado m, tirilla f autoadhesiva ‖ **~klemmend** / autoenganchador ‖ **~klemmender Anschluss** (Elektr) / borne m de conexión autoenganchador ‖ **≈kontrolle** f (DV) / prueba f automática ‖ **≈kontrolle** (F.Org) / inspección f por el trabajador mismo, autocontrol m ‖ **~konvergierend** (TV) / autoconvergente ‖ **~kopierend** / autocopiante, autocopiador ‖ **~korrigierend** / autocorrector, de corrección automática ‖ **~korrigierender Code** (DV) / código m corrector de errores ‖ **≈kostenberechnung** f / cálculo m del precio de coste ‖ **≈kühlung** f / autorrefrigeración f, autoenfriamiento m ‖ **≈ladegerät** n (Elektr) / cargador m automático ‖ **≈ladegewehr** n / fusil m automático ‖ **~ladend** (DV) / de autocarga ‖ **~ladende Routine** / rutina f de autocarga ‖ **≈ladepistole** f / pistola f [de carga] automática ‖ **≈lader** m / autocargador m ‖ **≈lauf** m / marcha f automática ‖ **≈laufgrenze** f / límite m de marcha automática ‖ **~lenkende Hinterachsbrücke** (Kfz) / tren m trasero autodireccional ‖ **~lenkrakete** f (Mil) / cohete m autoguiado ‖ **~lenzend** (Schiff) / de achique automático ‖ **~lernend** (DV) / autoadaptativo [por su misma memoria] ‖ **~leuchtend**, leuchtend / autoluminoso ‖ **~leuchtend**, phosphoreszierend / fosforescente ‖ **~leuchtend**, luminiszierend / luminiscente ‖ **≈leuchter** m, Primärlichtquelle f / fuente f primaria de luz ‖ **~lochend** / autoperforante, autotaladrante ‖ **~löschen von Kalk** (Chem) / apagamiento m de cal por aire ‖ **~löschend** (allg) / autoextinguible, autoapagante ‖ **~löschend** (DV, Speicher) / volátil ‖ **≈löschung** f, Energieabhängigkeit f (DV) / volatilidad f ‖ **~lüftend** (Met) / autoventilado ‖ **≈lüftung** f / autoventilación f ‖ **≈magnetisierung** f (Magn.Bd) / autoimantación f ‖ **~meldend** / de señalización automática ‖ **≈montage** f / automontaje m ‖ **~multiplizierend** (Nukl) / automultiplicador, autopropagante ‖ **~nachführende Antenne** / antena f de autoseguimiento ‖ **~nachstellend** / autorregulador, autoajustador ‖ **≈neutralisation** f (Eltronik) / autoneutrodinaje m ‖ **~nivellierende Aufhängung** (Kfz) / suspensión f autonivelante ‖ **~öffnend** / de abertura automática ‖ **≈öler** m (Masch) / engrasador m mecánico, autolubricador m ‖ **~optimierend**, -abstimmend (Regeln) / autooptimizante ‖ **~organisierend** / autoorganizador ‖ **~organisierender Rechner** (DV) / ordenador m autoorganizador ‖ **≈organisierprogramm** n / programa m autoorganizador ‖ **≈oxidierung** f, Autoxidation f (Chem) / autooxidación f ‖ **~parken** n, unbewachtes Parken (Kfz) / estacionamiento m no vigilado ‖ **~passivierende Metalle** n pl / metales m pl pasivos ‖ **≈positionierung** f (bei der Offshore-Bohrung) (Öl) / posicionamiento m dinámico, ubicación f dinámica (LA) ‖ **~programmierbarer Halbleiter-Lesespeicher**, PROM m (DV) / memoria f fija programable por el usario ‖ **≈programmierung** f (DV) / programación f automática ‖ **~prüfender Code** (DV) / código m detector de errores ‖ **~prüfende Nummernanzeige** / indicador m de números autoverificador ‖ **~prüfende Zahlen** (DV) / números m pl autoverificadores ‖ **~prüfendes Zeichen** (DV) / carácter m redundante ‖ **≈prüfung** f / autoverificación f, prueba f automática ‖ **≈prüfung** (F.Org) / inspección f por el trabajador mismo, autocontrol m ‖ **~regelnd**, -regulierend / autorregulador, de regulación automática ‖ **~regelnd** (Verstärker) / de control automático de volumen ‖ **~regelnde Bremse** (Kfz) / freno m autorregulador ‖ **~regelnder Ölbrenner** / quemador m de fuel-oil autorregulador ‖ **~regelnder Reaktor** (Nukl) / reactor m autorregulador ‖ **~regelnder Vorwiderstand** /

selbsttätig

resistor *m* regulador o autorregulador o compensador *m* ‖ ~**regelung** *f* (Elektr) / regulación *f* automática, autorregulación *f* ‖ ~**regelung**, Nachlauf *m* (DV) / búsqueda *f* de equilibrio ‖ ~**regelungsschutz** *m* (Trafo) / protección *f* autoequilibradora ‖ ~**registrierend** / autorregistrador ‖ ~**regler** *m* / regulador *m* automático ‖ ~**regler** (Elektr) / regulador *m* automático de voltaje ‖ ~**reinigend** (allg) / autolimpiador, autolimpiante ‖ ~**reinigender Austauscher** (Kälte) / cambiador *m* reversible, cambiador *m* de inversión de marcha ‖ ~**reinigender Kontakt** (Eltronik, Fernm) / contacto *m* autolimpiante ‖ ~**reinigung** *f* (allg) / autolimpieza *f* ‖ ~**reinigung** (Hydr) / purificación *f* natural ‖ ~**reinigungsvermögen** *n* / propiedades *f pl* autolimpiantes ‖ ~**rettung** *f* / autosalvamento *m* ‖ ~**rollende Beregnungsanlage** (Landw) / dispositivo *m* de riego rodante ‖ ~**rücklauf** *m* (Magn.Bd) / inversión *f* de marcha automática ‖ ~**rücksetzend** (DV) / de reposición automática, de autorreposición ‖ ~**sättigend** (Elektr) / autosaturante ‖ ~**schaltend** / automático ‖ ~**schalter** *m* (Elektr) / disyuntor *m* o interruptor automático ‖ ~**schärfung** *f* / autoafilado *m* ‖ ~**schließend** / de cierre automático ‖ ~**schließend** (durch Schwerkraft) / de cierre por gravedad ‖ ~**schließend** (durch Feder) / de cierre por muelle o resorte ‖ ~**schließend** (Kugellager) / de cierre automático ‖ ~**schließender Schutzschalter** (Elektr) / interruptor *m* de protección de reconexión automática ‖ ~**schlussstromkreis** *m* / circuito *m* de cierre automático ‖ ~**schlussventil**, Rohrbruchventil *n* / válvula *f* de seguridad contra rotura de tubos ‖ ~**schmelzig** (Hütt) / autofundente ‖ ~**schmierend** / autolubri[fi]cante, autoengrasador ‖ ~**schmierung** *f* / autolubri[fi]cación *f*, autoengrase *m* ‖ ~**schneidend** (Gewinde) / de rosca cortante, autorroscante ‖ ~**schneidende Blechschraube** / tornillo *m* roscachapa, tornillo *m* autorroscante ‖ ~**schneidende Gewindeschraube**, Schneidschraube *f* (DIN) / tornillo *m* autorroscante o de rosca cortante, ignidor *m* pirotécnico ‖ ~**schneidende Mutter** / tuerca *f* autorroscante o de rosca cortante ‖ ~**schreibend** / autorregistrador ‖ ~**schutz** *m* / autoprotección *f* ‖ ~**schwingend** (Eltronik) / autodino, autoheterodino ‖ ~**schwingend** (Kath.Str) / libre, autónomo ‖ ~**schwingend**, frei stehend, -tragend (Mast) / no arriostrado ‖ ~**schwingende Zeitablenkung** (Eltronik) / base *f* de tiempo libre ‖ ~**sichernd** / autocerrador, de cierre automático ‖ ~**sichernd** (Mutter) / autofijador (tuerca) ‖ ~**sicherung** *f* **mit Seil** / amarre *m* de seguridad ‖ ~**spannend** (Mil) / que se monta automáticamente ‖ ~**speisend** / autoalimentador ‖ ~**speisung** *f*, -zuführung *f* / autoalimentación *f* ‖ ~**sperrend** / autocerrador, de bloqueo automático ‖ ~**sperrend** (Ausgleichgetriebe) (Kfz) / autoblocante ‖ ~**sperrung** *f* / bloqueo *m* automático ‖ ~**spinner** *m*, Selfaktor *m* (Tex) / selfactina *f* ‖ ~**spinnervorspinnmule** *f*, Vorspinnselfaktor *m* / selfactina *f* para hiladas gruesas ‖ ~**spülend** (Abwasser) / de enjuague automático ‖ ~**spülende Spule** (Foto) / bobina *f* automática ‖ ~**stabilisierend** (Eltronik) / autoestabilizador, autoestabilizante ‖ ~**stabilisierungsgerät** *n* (Luftf) / estabilizador *m* automático ‖ ~**start** *m* **nach Fehlerprüfung** (DV) / reanudación *f* automática ‖ ~**startend** (Programm) / de lanzamiento automático ‖ ~**starter** *m* s. Selbstanlasser ‖ ~**steuergerät** *n* (Schiff) / giropiloto *m* ‖ ~**steuergerät** (Luftf) / autopiloto *m*, piloto *m* automático ‖ ~**steuerkompass** *m* / compás *m* de pilotaje automático ‖ ~**steuernd**, unabhängig / autónomo ‖ ~**steuersystem** *n* / sistema *m* de autopilotos ‖ ~**steuerung** *f* / mando *m* automático ‖ ~**steuerung** (Dampfm) / distribución *f* automática ‖ ~**steuerventil** *n* / válvula *f* de control automático ‖ ~**stoß** *m*, -kollision *f* (Nukl) / autocolisión *f* ‖ ~**strahlende Dipolebene**

(Antenne) / cortina *f* radiante ‖ ~**streuung** *f* (Nukl) / autodispersión *f*, autodifusión *f* ‖ ~**symmetrierend** / autoequilibrador ‖ ~**synchronisierend** (Elektr) / autosincronizador, de sincronización automática ‖ ~**synchronisierender Motor für Fernanzeige** (Elektr) / motor *m* selsyn ‖ ~**synchronisiervorrichtung** *f* (Elektr) / sincronizador *m* automático ‖ ~**taktend** / de sincronización automática ‖ ~**taktung** *f* / sincronización *f* automática
selbsttätig, automatisch / automático ‖ ~ **abgleichen** / autoequilibrar, autoestabilizar ‖ ~**e Ablaufanlage** (Bahn) / estación *f* de clasificación automática ‖ ~**e Ablaufsteuerung** / mando *m* de secuencia automático ‖ ~**e Anflugaufschaltung** (Luftf) / mando *m* automático de aproximación ‖ ~**er Anlasser** (Kfz) / arrancador *m* automático ‖ ~**es Anlaufen** / arranque *m* automático ‖ ~**e Aufziehlinie** (Fallschirm) / cuerda *f* de apertura automática ‖ ~**er Auslöser** / desenganchador *m* automatico ‖ ~**e Befehlsauflösung** (Bahn) / anulación *f* automática de un mando ‖ ~ **e Bremse** / freno *m* automático ‖ ~**es Druckregulierventil** / válvula *f* automática reguladora de presión ‖ ~**es Einlassventil** (Mot) / válvula *f* automática de admisión ‖ ~**e Einstellung** / ajuste *m* automático, regulación *f* automática ‖ ~**er Entfernungsmesser** (Foto, Verm) / telémetro *m* automático ‖ ~**e Feinzustellung** (Wzm) / avance *m* fino automático ‖ ~**er Feuermelder** / avisador *m* automático de incendio ‖ ~**e Feuerung** / hogar *m* automático ‖ ~**e Hemmvorrichtung** (Bahn) / frenado *m* automático ‖ ~**e Kabelklemme** (Elektr) / borne *m* de conexión autoenganchador ‖ ~**e Kupplung** (Kfz) / embrague *m* automático ‖ ~**e Kupplung** (Bahn) / enganche *m* o acoplamiento automático ‖ ~**e Kupplung für Anhänger** (Kfz) / enganche *m* automático de remolque ‖ ~**e Nachspannvorrichtung** (Bahn) / tensor *m* automático ‖ ~**er Planzug** (Wzm) / avance *m* transversal automático ‖ ~**e Regelung** / regulación *f* automática ‖ ~**er Ruf** (Fernm) / llamada *f* automática ‖ ~**e Rufwiederholung** (Fernm) / llamada *f* automática intermitente ‖ **mit** ~**er Scharfeinstellung** (Foto) / de enfoque automático ‖ ~**e Schlusszeichen** (Fernm) / señal *f* automática de fin ‖ ~**e Schützenauswechselung** (Tex) / cambio *m* automático de lanzaderas ‖ ~**es Seenot-Alarmgerät** / autoalarma *m* ‖ ~**e Servobremse** (Kfz) / servofreno *m* automático ‖ ~**er Speiseapparat** (Masch) / autoalimentador *m* ‖ ~**e Steuerung von Apparaten** (Bahn) / mando *m* automático de aparatos ‖ ~**e Stopf-Nivelliermaschine** (Bahn) / niveladora-bateadora *f* automática ‖ ~**e Teilezuführung** (Wzm) / alimentación *f* mecánica o automática ‖ ~**e Umsteuerung des Winderhitzers** (Hütt) / cambio *m* automático de estufa Cowper ‖ ~**er Unterstromausschalter** (Elektr) / disyuntor *m* automático de mínimo de corriente ‖ ~**e unverzögerte Schwundsteuerung** (Radar) / control *m* automático de ganancia instantánea ‖ ~**e Verbrauchssperre** (Elektr) / limitador *m* horario ‖ ~**e Weißgipfelbegrenzung** (TV) / limitación *f* automática de cresta ‖ ~**e Wiedereinregelung** / regulación *f* intrínseca, autorregulación *f* ‖ ~**e Zielführung** (Radar) / seguimiento *m* automático ‖ ~**e Zuführung** (Masch) / alimentación *f* automática ‖ ~**e Zugbeeinflussung** (Bahn) / dispositivo *m* de parada automática de los trenes, mando *m* automático de parada automática de los trenes ‖ ~**e Zugdeckung** / protección *f* automática de la circulación de los trenes ‖ ~**e Zugleitung** / regulación *f* automática de la circulación de los trenes ‖ ~**e Zugsteuerung** (Bahn) / mando *m* automático de los trenes ‖ ~**e Zugvormeldung** / anuncio *m* automático de un tren

1193

Selbsttätigkeit

Selbst•tätigkeit f / automatismo m ‖ ⁓**test** m (DV) / autoverificación f, autocomprobación f, autochequeo m ‖ ⁓**tönen** n (Verstärker) / chillido m, aullido m ‖ ⁓**tonend** (Foto) / autovirador
selbsttragend (Karosserie) / autoportante, monocasco ‖ ⁓**er Anhänger** / remolque m autónomo ‖ ⁓**er Aufbau** (z.B. Außenwand) (Bau) / construcción f autorresistente o autoportante ‖ ⁓**es Bauelement** / miembro m estructural autoportante ‖ ⁓**e Bauweise mit örtlichen Versteifungen** (Luftf) / construcción f semimonocasco ‖ ⁓**es Kabel** / cable m autosustentador ‖ ⁓**e Karosserie** (Kfz) / carrocería f monocasco ‖ ⁓**e Konstruktion** / construcción f autorresistente o autoportante ‖ ⁓**e Konstruktion o. Schalenbauweise** (Bau) / construcción f monocasco ‖ ⁓**er Rumpf** (o. Schalenrumpf) (Luftf) / fuselaje m monocasco ‖ ⁓**e Schale** (Bau) / revestimiento m resistente ‖ ⁓**er Stahlmast** (Elektr) / mástil m autoestable, torre f autoestable ‖ ⁓**e Zwischenwand** (Bau) / tabique m autoportante
Selbst•tränke f (Landw) / bebedero m o abrevadero automático ‖ ⁓**trennung** f, -auslösung f / desenganche m automático, desconexión f automática ‖ ⁓**trimmer** m (Schiff) / carguero m a granel con dispositivo automático de estabilización ‖ ⁓**überlagerungsgerät** n (Eltronik) / receptor m auto[hetero]dino ‖ ⁓**überwachend** / autorregulador ‖ ⁓**umkehr** f (Spektrum) / inversión f automática de un rayo ‖ ⁓**umrüstend** (Wzm) / de reajuste mecánico ‖ ⁓**unterbrecher**, -schalter m (Elektr) / disyuntor m o interruptor automático ‖ ⁓**unterbrechung** f (Elektr) / autointerrupción f ‖ **[sich]** ⁓ / automantenido, autosustentado, autosostenido, autoentretenido, autónomo ‖ ⁓**unterstützend** (Bremse) / autocerrador ‖ ⁓**verankerung** f / autoanclaje m ‖ ⁓**verbrauch** m (Masch) / consumo m propio ‖ ⁓**verbrennung** f / combustión f espontánea ‖ ⁓**verdampfung** f / evaporación f espontánea ‖ ⁓**verdichtender Beton SVB** (Bau) / hormigón m autocompactante ‖ ⁓**verdichtung** f / autocompactación f ‖ ⁓**vergiftung** f / autointoxicación f ‖ ⁓**verkäufer** m, Automat m / distribuidor m automático ‖ ⁓**verladung** f (Bahn) / carga f por el remitente ‖ ⁓**verlaufend** (Farbe, Bitumen etc.) (Bau) / autonivelante adj ‖ ⁓**verlöschend** (Plast) / autoextinguible, autoextintor ‖ ⁓**vermehrend** (Nukl) / automultiplicador, autopropagante ‖ ⁓**vernetzend** (Chem, Web) / batotónico ‖ ⁓**vernichtung** f / autodestrucción f ‖ ⁓**verriegelung** f (durch Bewegung über den größten Abstand hinweg) (Masch) / parada f automática, bloqueo m automático ‖ ⁓**versatz** m / autorrelleno m, autoterraplén m ‖ ⁓**verschieblich** (Programm) / autorreubicable ‖ ⁓**verschweißend** / de soldeo espontáneo ‖ ⁓**versorger** m / abastecedor m desí mismo ‖ ⁓**versorgung** f (Landw) / autoabastecimiento m, autarquía f ‖ ⁓**verstärkend** / automultiplicador de fuerza adj ‖ ⁓**versteller** m (Kfz) / regulador m automático de encendido ‖ ⁓**verstellung** f (Kfz, Zündung) / autorregulación f de avance de encendido ‖ ⁓**verzehrende Elektrode**, Consutrode f / electrodo m consumible o fusible ‖ ⁓**vulkanisation** f / autovulcanización f ‖ ⁓**vulkanisierend** (Reparaturgummi) / autosellador m ‖ ⁓**wahl** f, -anschlusssystem n, -technik f (Fernm) / sistema m automático ‖ ⁓**wahl** (Tätigkeit) (Fernm) / discado m, discadura f, acción f de marcar, marcación f
Selbstwähl•amt n (Fernm) / central f automática ‖ ⁓**amt mit Handvermittlung** n / central f magistral ‖ ⁓**apparat** m (Fernm) / teléfono m automático ‖ ⁓**bereich** m, -netz n / red f automática ‖ ⁓**betrieb** m (Fernm) / servicio m automático, explotación f automática ‖ ⁓**einrichtung** f (Fernm) / autoconmutador m ‖ ⁓**ferndienst** m, Durchwahl f (Fernm) / selección f o llamada directa, discado m

automático ‖ ⁓**ferndienst nach dem Ausland** / servicio m automático internacional ‖ ⁓**-Ortsamt** n / central f automática local ‖ ⁓**system** n (Fernm) / sistema m telefónico automático ‖ ⁓**-Tastentelefon** n / teléfono m automático con teclado ‖ ⁓**verkehr** m, -betrieb m / telefonía f automática
Selbst•wechselwirkung f (Nukl) / autointeracción f ‖ ⁓**wirkend** / autodinámico adj ‖ ⁓**zentrierend** / autocentrador, autocentrante ‖ ⁓**zentrierendes Dreibackenfutter** (Wzm) / plato m de tres mordazas autocentrante ‖ ⁓**zentrierendes Spannfutter** (Wzm) / plato m autocentrante ‖ ⁓**zerlegungs-Entfernung** f (Flugkörper) / distancia f de destrucción ‖ ⁓**zersetzung** f / descomposición f espontánea ‖ ⁓**zerstörend** (Plast) / autodescomponible ‖ ⁓**zerstörungsbefehl** m (Raumf) / instrucción f de destrucción ‖ ⁓**zug**, natürlicher Luftstrom o. -zug m / tiro m natural ‖ ⁓**zünder** m (Diesel) / motor m de autoignición ‖ ⁓**zündung** f (Diesel) / motor m de autoignición ‖ ⁓**zündung** (Mot) / encendido m espontáneo, autoencendido m ‖ ⁓**zustellung** f (Wzm) / avance m automático
Selcal-System n (Flugfunk) / sistema m Selcal, sistema m de llamada selectiva
Select-Abfrage f (ob Terminal empfangsbereit) (DV) / llamada f selectiva
Selected Area f, Kapteynsches Eichfeld n (Astr) / área f selecionada de Kapteyn
Selektion f, Auslese f / selección f ‖ ⁓ (Biol) / selección f [natural] ‖ ⁓, Trennschärfe f (Funk) / selectividad f ‖ ⁓ **von Signalen** (bei Trägerfrequenz) (Fernm) / discriminación f
selektiv / selectivo, escogedor ‖ ⁓**e Absorption** (Opt) / absorción f selectiva o específica ‖ ⁓**e Absorption** (Biol) / absorción f selectiva ‖ ⁓**er Ausdruck** (DV) / impresión f selectiva ‖ ⁓**es Brechen** (Aufb) / trituración f selectiva ‖ ⁓**er Empfänger** (Eltronik) / receptor m selectivo ‖ ⁓**e Korrosion** / corrosión f selectiva ‖ ⁓**e Kühlung** (Hütt) / enfriamiento m selectivo ‖ ⁓**e o. fraktionierte Extraktion** (Öl) / extracción f selectiva ‖ ⁓**e Oberfläche** (Wärme) / superficie f selectiva ‖ ⁓**es Protokollprogramm** (DV) / rutina f de instantánea, rutina f fotográfica ‖ ⁓**e Schwimmaufbereitung** (Aufb) / flotación f selectiva ‖ ⁓**er Verstärker** (Eltronik) / amplificador m selectivo o de resonancia ‖ ⁓**er Vervielfältiger** / multicopista m selector
Selektiv•antwort f (Fernm) / respuesta f selectiva ‖ ⁓**filter** n (Radar) / filtro m supresor de ecos fijos
Selektivität f (Eltronik) / selectividad f ‖ ⁓ **des Empfängers** / selectividad f de un receptor
Selektiv•nährboden m, Differentialnährboden m (Biol) / terreno m de cultivo selectivo ‖ ⁓**ruf** m (Fernm) / llamada f selectiva ‖ **mit** ⁓**[an-, -ab]ruf** (DV, Fernm) / selectivo ‖ ⁓**schutz** m (Elektr) / protección f selectiva ‖ ⁓**schütz**, -schutzrelais n / relé m discriminador o selector o diferenciador ‖ ⁓**schutz mit einzeln abgeschirmten Leitungen** (Elektr) / protección f selectiva de conductores blindados ‖ ⁓**schwund** m (Eltronik) / desvanecimiento m selectivo ‖ ⁓**störung** f (Radar) / interferencia f selectiva ‖ ⁓**strahlung** f (Phys) / radiación f selectiva
Selektor m, Auswahlvorrichtung f / seleccionador m ‖ ⁓ (DV) ⁓ selector m ‖ ⁓**kanal** m / canal m selector
Selen n, Se (Chem) / selenio m, Se ‖ ⁓... / de selenio ‖ ⁓**(VI)...** / selénico ‖ ⁓**at** n, Seleniat n / selenato m ‖ ⁓**base** f / selenibase f ‖ ⁓**blei** n / seleniuro m de plomo ‖ ⁓**dämpfe** m pl / vapores m pl de dióxido de selenio ‖ ⁓**diode** f / diodo m de selenio ‖ ⁓**-Diodentablette** f (Eltronik) / pastilla f de selenio ‖ ⁓**erz** n / zorgita f ‖ ⁓**gleichrichter** m (Eltronik) / rectificador m de selenio ‖ ⁓**haltig** / selenífero, seleniado ‖ ⁓**id** n / seleniuro m
selenig•e Säure / ácido m selenioso ‖ ⁓**säureanhydrid** n / anhídrido m selenioso

Selenit *m*, [farbloser kristalliner] Gips (Min) / selenita *f*, espejuelo *m*, yeso *m* especial ‖ ⁓ *n* (Salz der selenigen Säure) (Chem) / selenito *m*
selenitisch (Wasser) / selenítico
Selen•kupfer *n* / seleniuro *m* cuproso o de cobre ‖ ⁓**-Metallverbindung** *f* / seleniuro *m* ‖ ⁓**nitrid** *n* / seleniuro *m* de nitrógeno ‖ ⁓**ographie**, Mondbeschreibung *f* / selenografía *f* ‖ ⁓**ologie** *f*, Mondkunde *f* / selenodesia *f*, selenología *f* ‖ ⁓**säure** *f* / ácido *m* selénico ‖ ⁓**schlamm** *m* / fango *m* de selenio ‖ ⁓**silber** *n* / seleniuro *m* de plata ‖ ⁓**sperrschicht-[Foto]zelle** / célula *f* [fotorresistente] de selenio ‖ ⁓**wasserstoff** *m* / seleniuro *m* de hidrógeno ‖ ⁓**zelle** *f* (Elektr) / pila *f* de selenio ‖ ⁓**zelle** / célula *f* de sellénio
Selfaktor *m* (Tex) / selfactina *f* ‖ ⁓**kettgarn** *m* / hilado *m* de selfactina para urdimbre ‖ ⁓**wagen** *m* / carro *m* de selfactina
Self-Contained-Bauweise *f* (Deckswinden, Schiff) / construcción *f* independiente
Selfoc-Linse *f* (Opt) / lente *f* autofocadora
Selfservice... / de autoservicio
Selleriefliege *f* (Zool) / mosca *f* del apio
Sellers•gewinde *n* / rosca *f* Sellers ‖ ⁓**kupplung** *f* / acoplamiento *m* de doble cono
Selsyn *n* (Mil, Regeln) / repetidor *m* de fase, selsyn *m*, selsín *m*
selten, rar / raro ‖ ⁓ **e Erden** *pl* (Chem) / tierras *f pl* raras ‖ ⁓ **e Erdmetalle**, Seltenerdmetalle *n pl* / metales *m pl* alcalinos raros ‖ **mit ⁓en Erdmetallen dotiert** (Hütt) / dotado de tierras raras
seltsam, sonderbar / raro, curioso, extraño ‖ ⁓**keit**, Strangeness *f* (Nukl) / extrañeza *f*
SEM (= stochastisch-ergodische Messtechnik) / técnica *f* de medición estocástico-ergódica
Semantem *n* (DV) / semantema *m*
Semantik, Wortbedeutungslehre *f* / semántica *f* ‖ ⁓**fehler** *m* (DV) / error *m* semántico
semantisch (DV) / semántico ‖ ⁓**er Gehalt** (DV) / sentido *m* ‖ ⁓**e Lücke** / vacío *m* semántico
Semaphor *m*, Armsignal *n* (Bahn, Schiff) / semáforo *m*
Sematem *n* (Fernm) / sematema *m* ‖ ⁓**bildung** *f* (Fernm) / semación *f*, formación *f* de un sematema
Semator *m* (Fernm) / semator *m*
semi•additiv (Galv) / semiaditivo ‖ ⁓**-Additivverfahren** *n* (IC) / procesamiento *m* semiaditivo ‖ ⁓**aktivlenkung** *f* (Rakete) / dirección *f* semiactiva ‖ ⁓**carbazid** *n* / semicarbacida *f* ‖ ⁓**carbazon** *n* / semicarbazona *f* ‖ ⁓**chinon** *n* / semiquinona *f* ‖ ⁓**containerschiff** *n* (Schiff) / buque *m* container mixto ‖ ⁓**convergent** (Math) / semiconvergente ‖ ⁓**cyclisch**, -zyklisch (Chem) / semicíclico ‖ ⁓**diesel** *m*, Halbdieselmaschine *f* / motor *m* semi-Diesel ‖ ⁓**duktor** *m* (Eltronik) / semiductor *m* ‖ ⁓**duplex** (Fernm) / semidúplex ‖ ⁓**graphisch** (Plotter) / semigráfico ‖ ⁓**-Hämatit** *m* (Min) / semihematites *m* (E), semihematita *f* (LA) ‖ ⁓**homogen** (Reaktor) / semihomogéneo ‖ ⁓**invariant** (Math) / semiinvariable ‖ ⁓**-isolierend** (Halbl) / semiaislador, semiconductor ‖ ⁓**kolon** *n* (Druck) / punto *m* y coma ‖ ⁓**modular** / semimodular
Seminar *n*, Arbeitstagung *f* / grupo *m* de curso práctico, sesión *f* de estudio
Semiotik *f* (Lehre der Zeichen) / semiótica *f*
semipermeabel, halbdurchlässig / semipermeable ‖ **semipermeable Membran** (Chem) / diafragma *m* semipermeable, membrana *f* o pared semipermeable
semiplastisches Verfahren, steifplastisches Verfahren / conformación *f* en pasta espesa
semipolar (Chem) / semipolar ‖ ⁓**e Bindung** (Chem) / enlace *m* semipolar ‖ ⁓**e Doppelbindung** (Chem) / enlace *m* doble semipolar

Semi-Quick-Look *m* (Übertragung der Messergebnisse nach Zwischenspeicherung, während der Satellit nicht im Sichtfeld war) (Raumf) / semi-quick-look *m*
Semislick-MTB-Bereifung *f* / neumáticos semislick
semi•sphäroidisch (Geom) / semiesferoídico ‖ ⁓**takonit** *m* (Min) / semitaconita *f* ‖ ⁓**transparent** (Spiegel) / semitransparente ‖ ⁓**urban** (bezogen auf Städte mit 5.000 bis 50.000 Einwohner) / semiurbano ‖ ⁓**verter** *m*, statischer Frequenzumrichter mit Gleichstromzwischenkreis (Elektr) / circuito *m* inversor de semiconductores ‖ ⁓**zyklisch**, -cyclisch (Chem) / semicíclico
Senarmontit *m* (Min) / senarmontita *f* (óxido natural de antimonio)
Sénarmont-Prisma *n* (Opt) / prisma *m* de Sénarmont
Sende•... (Eltronik) / emisor, de emisión ‖ ⁓**abruf** *m* (DIN), Polling *n* (DV) / interrogación *f* ‖ ⁓**anlage** *f*, Sender *m* (Eltronik) / estación *f* emisora, emisor *m*, transmisor *m* ‖ ⁓**antenne** *f* / antena *f* emisora o transmisora, antena *f* de emisión o de transmisión ‖ ⁓**apparat** *m* s. Sender ‖ ⁓**art**, Betriebsart *f* (Funksender) / modo *m* de emisión o transmisión ‖ ⁓**-Ausfallzeit** *f* (Radio) / tiempo *m* fuera de aire ‖ ⁓**band** *n* (Eltronik, TV) / canal *m* de emisión ‖ ⁓**band**, Frequenzband *n* (Sender) / banda *f* de frecuencia ‖ ⁓**befehl** *m* (Aufzug) / orden *f* de enviar ‖ ⁓**bereich** *m* / gama *f* de transmisión ‖ ⁓**betrieb** *m* (Regeln) / modo *m* de transmisión ‖ ⁓**-Bezugsäquivalent** *n*, -Bezugsdämpfung *f* (Fernm) / equivalente *m* de referencia de emisión ‖ ⁓**bezugsverzerrung** *f* / distorsión *f* arítmica de salida ‖ ⁓**buchse** *f* (Eltronik) / jack *m* emisor ‖ ⁓**daten** *pl* / datos *m pl* de transmisión ‖ ⁓**dauer** *f* (Radio, TV) / duración *f* de las emisiones ‖ ⁓**diagramm** *n* / diagrama *m* de transmisión ‖ ⁓**diode** *f* / diodo *m* emisor ‖ ⁓**diplexer** *m* (Fernm) / diplexor *m* emisor ‖ ⁓**-Empfänger** *m*, Sender-Empfänger *m* / transceptor *m*, emisor-receptor *m* ‖ ⁓**-Empfangs...** / emisor-receptor *adj* ‖ ⁓**-Empfangsantenne** *f* / antena *f* emisora-receptora ‖ ⁓**-Empfangsgerät** *n*, SSR (Radar) / interrogador-receptor *m* ‖ ⁓**-Empfangsschalter** *m* / conmutador *m* de transmisión-recepción, conmutador *m* TR, duplexor *m* ‖ ⁓**-Empfangsschalter** (Antenne) / conmutador *m* [de cambio] de antena ‖ ⁓**-Empfang-Weiche** *f*, Duplexer *m* (Antenne) / unidad *f* de conmutación de antena ‖ ⁓**fenster** *n* / ventana *f* de transmisión ‖ ⁓**fleck-Nullstellspur** *f* (Radar) / impulso *m* transmitido o piloto ‖ ⁓**folge** *f*, -programm *n* / programa *m* de la emisión ‖ ⁓**-Freigabezeichen** *n* (Fernm) / señal *f* para transmitir, señal *f* de invitación a transmitir, señal *f* de comienzo de impulsos numéricos ‖ ⁓**frequenz** *f* (Radio) / frecuencia *f* del transmisor o de emisión ‖ ⁓**frequenz von 460 bis 470 MHz** (USA) / banda *f* de radiocomunicación ciudadana ‖ ⁓**frequenzen** *f pl* **von 54 bis 88 MHz** (TV) / banda *f* baja ‖ ⁓**gebiet** *n* (Radio) / zona *f* servida o útil o de recepción, cobertura *f*, alcance *m* ‖ ⁓**impuls** *m* / impulso *m* de emisión ‖ ⁓**impuls** (Ultraschall) / impulso *m* original ‖ ⁓**impulsanzeige** *f* / indicación *f* de la señal de comienzo ‖ ⁓**kanal** *m* (Eltronik) / canal *m* de emisión ‖ ⁓**keule** *f* (Antenne) / lóbulo *m* de radiación ‖ ⁓**kopie** *f* (TV) / copia *f* para radiodifusión ‖ ⁓**kreis** *m*, Senderkreis *m* (Funk) / circuito *m* de transmisión ‖ ⁓**leistung** *f*, -stärke *f*, Ausgangsleistung *f* / potencia *f* de emisión o de transmisión ‖ ⁓**leiter** *m* (Radio) / director *m* de la emisión ‖ ⁓**leitung** *f* / línea *f* de salida ‖ ⁓**mikrophon** *n* / micrófono *m* emisor
senden *vt*, schicken / enviar, remitir ‖ ⁓, übertragen (Eltronik, Radio, TV) / emitir, transmitir, radiodifundir ‖ ⁓ *vi* (Eltronik, Radio, TV) / estar en antena, estar en el aire (col) ‖ **durch Hohlleiter ⁓** / transmitir por guiaondas ‖ **ein Programm ⁓** (Rundfunk, TV) / transmitir un programa ‖ **im Fernsehen ⁓** (o. übertragen o. bringen) / televisar ‖

senden

Modulationssignale ~ / despachar las señales de modulación ‖ ⁓ *n* (Fernm) / transmisión *f*
Sendepause *f* (Eltronik) / pausa *f* ‖ ⁓ **machen**, nicht senden / ser fuera de aire (col)
Sendepegel *m* (HF) (Eltronik) / nivel *m* de emisión
Sender *m*, Sendegerät *n* (Eltronik) / estación *f* emisora, radioemisora *f*, emisor *m* ‖ ⁓ s. auch Sendestelle ‖ ⁓ **bekommen** / recibir emisores ‖ ⁓ **einstellen o. suchen** (Radio, TV) / buscar o sintonizar emisores ‖ ⁓ *m* **für drahtloses Fernsprechen** / estación *f* radiotelefónica
Sender•abstand *m* / intervalo *m* entre las frecuencias de dos emisores ‖ ⁓**abstimmung** *f* / sintonía *f* de emisores ‖ ⁓**anflug** *m* (Luftf) / recalada *f* por radio
Senderaum *m* (Eltronik) / sala *f* de emisiones, estudio *m*
Senderbereich *m* s. Sendegebiet
Sendereihe *f* / serie *f* de emisiones
Sender•einstellung *f* / búsqueda *f* o sintonización *f* de emisores ‖ ⁓**-Empfänger**, Sende-Empfänger *m* / transceptor *m* ‖ ⁓**kette** *f*, -netz, -system *n* (Eltronik) / red *f* de emisores ‖ ⁓**-Kontrollgerät** *n* (Radar) / monitor *m* de potencia de emisión ‖ ⁓**leistung** *f* / potencia *f* del emisor ‖ ⁓**logo** *n* (in der Bildecke) / mosca *f* (TV)
Senderöhre *f* / tubo *m* de transmisión
Sender•reichweite *f* s. Sendegebiet ‖ ⁓**seite** *f*, Geberseite *f* (Fernm) / extremo *m* de transmisión ‖ ~**seitig** / del lado de emisor ‖ ⁓**speicher** *m* (Radio) / selector *m* de memoria ‖ ⁓**sperrröhre** *f* / tubo *m* ATR, tubo *m* anti-transmitir-recibir ‖ ⁓**sperrschalter** *m* (Radar) / célula *f* ATR ‖ ⁓**suchlauf** *m* / búsqueda *f* automática de emisores ‖ ⁓**system** *n* (Eltronik) / cadena *f* de estaciones, red *f* de difusores ‖ ⁓**-Warteschaltung** *f* (Fernm) / circuito *m* de espera de emisores
Sende•signal *n* / señal *f* de emisión ‖ ⁓**stärke** *f* / potencia *f* del emisor ‖ ⁓**station** *f* (Terminal) (DV) / terminal *m* transmisor ‖ ⁓**station** (Zentrale) (DV) / estación *f* maestra o principal ‖ ⁓**station** (Fernm) / estación *f* emisora o transmisora ‖ ⁓**stoppsignal** *n* (Fernm) / señal *f* de fin de emisión ‖ ⁓**system** *n* / cadena *f* de emisores ‖ ⁓**turm** *m* (Eltronik, TV) / torre *f* de [re]transmisión ‖ ⁓**umsetzer** *m* / traductor *m* de emisión, repetidor *m* ‖ ⁓**verbot** *n* **für Ortungs- u. Leitdienste** / silencio *m* electrónico ‖ ⁓**Videomagnetband** *n* (TV) / copia *f* original o matriz ‖ ⁓**welle** *f* / onda *f* de emisión ‖ ⁓**-Wellenmesser** *m* / ondámetro *m* de emisión ‖ ⁓**zeichen** *n* / indicativo *m* ‖ ⁓**zeit** *f* / tiempo *m* de emisión ‖ ⁓**zentrale** *f* (Radio) / centro *m* de radiodifusión, centro *m* de despacho de modulación ‖ ⁓**zuordner** *m* (TV) / distribuidor *m* de emisiones
Sendung *f*, Lieferung *f* / envío *m* ‖ ⁓ (Eltronik) / emisión *f*, transmisión *f* ‖ ⁓ **im Freien** (Eltronik, TV) / reportaje *m* radiofónico o de televisión
Sendzimir-Planetenwalzwerk *n* (Hütt) / laminador *m* planetario o Sendzimir
Sendzimir-verzinkt / con cincado Sendzimir
Senegal•ebenholz *n* / madera *f* de grenadillo ‖ ⁓**gummi** *m* / goma *f* arábiga
Senf•gas *n* (Chem, Mil) / gas *m* mostaza, diclorodibutilsulfuro *m*, iperita *f* ‖ ⁓**öl** *n* / esencia *f* de mostaza
sengen *vt*, an-, versengen / chamuscar ‖ ~, gasiear (Web) / chamuscar, gasear
sengern *vt* (Bergb) / cavar a plomo
Sengmaschine *f* (Tuch) / chamuscadora *f*, gaseadora *f*
Senk•antrieb *m* (Stromabnehmer) / mando *m* de descenso ‖ ⁓**bewegung** *f* / descenso *m*, movimiento *m* de descenso ‖ ⁓**blechschraube** *f* / tornillo *m* avellanado para chapa ‖ ⁓**blei**, Lot *n* (Bau) / sonda *f*, plomada *f* ‖ ⁓**blei** *n* (Schiff) / escandallo *m* ‖ ⁓**bremsschaltung** *f* (Elektr) / frenado *m* de descenso o de caída ‖ ⁓**brunnen** *m* (Dränung) / pozo *m* absorbente ‖ ⁓**brunnen** *m*, Schachtbrunnen *m* (Bau) / pozo *m* de cimentación ‖ ⁓**brunnen** (aus Stahl) / cajón *m* cilíndrico sumergible ‖ ⁓**brunnengründung** *f* / cimentación *f* por pozos ‖ ⁓**bühne** *f* (Hütt) / plataforma *f* descendente ‖ ⁓**durchmesser** *m* (Schraube) / diámetro *m* de avellanado
Senke *f*, Bodensenke *f*, Senkung *f* (Geol) / depresión *f* del terreno, hundimiento *m*, terreno *m* bajo ‖ ⁓ (Phys) / absorbedor *m* o sumidor de energía ‖ ⁓, Kathode *f* (MOS-FET) / cátodo *m*, fuente *f* ‖ ⁓ *f*, Schwinde *f* (Geol) / infiltración *f* ‖ ⁓ **im Vektorfeld** / punto *m* de anulación
senken, absenken / bajar ‖ ~ (Brunnen, Schacht) / profundizar, ahondar ‖ ~ (mit Spitzensenker), ansenken / avellanar, abocardar ‖ ~ (mit Stirnsenker), ansenken / abocardar con fondo plano ‖ **den Grundwasserspiegel** ~ / bajar el nivel del agua subterránea ‖ **die Sohle** ~ (Bergb) / bajar la solera ‖ **in die Erde** ~ (Pfähle) / hincar (palas) ‖ **sich** ~ (Mauer) / asentarse ‖ **sich** ~ (Geo) / hundirse ‖ **sich** ~, sich biegen (Bau) / combarse, flexionarse ‖ **sich** ~, nachgeben / hundirse, rebajar ‖ **[sich]** ~, sich neigen / inclinarse ‖ ~ *n*, Herablassen *n* / descenso *m* ‖ ⁓ (Wasserspiegel) / depresión *f* ‖ ⁓ **mit Spiralsenker** / abocardado *m*, avellanado *m*
Senker *m*, Spiralsenker *m* (Wzm) / avellanador *m* ‖ ⁓, Spitzsenker *m* / broca *f* avellanadora ‖ ⁓, Stirnsenker *m* / contrataladro *m*, contramecha *f* ‖ ⁓ *m*, Zapfen-, Anschneidsenker *m* / broca *f* de centrar
Senk•erodieren *n* / avellanado *m* por electroerosión ‖ ⁓**erodiermaschine** *f* / máquina *f* de electroerosión para avellanado ‖ ⁓**faschine** *f*, -walze *f* (Bau) / fajina *f* inmergida ‖ ⁓**geschwindigkeit** *f* / velocidad *f* de descenso ‖ ⁓**grube** *f* (für Grundwasser) (Bau) / pozo *m* de drenaje, sumidero *m* ‖ ⁓**grube**, Kloake *f*, Versitzgrube *f* / pozo *m* negro ‖ ⁓**holzschraube** *f* **mit Längsschlitz**, [mit Kreuzschlitz] / tirafondo *m* avellanado con ranura longitudinal, [con mortaja cruzada] ‖ ⁓**kasten** *m* (Bau) / cajón *m* sumergible ‖ ⁓**kasten**, Schwimmkasten *m* / cajón *m* flotante ‖ **oben offener** ⁓**kasten** / cajón *m* abierto ‖ **beweglicher** ⁓**kasten** / cajón *m* móvil ‖ **ortsfester** ⁓**kasten** / cajón *m* fijo ‖ **[betongefüllter]** ⁓**kasten** (Hydr) / cajón *m* rellen[ad]o de hormigón ‖ ⁓**kastenausmauerung** *f*, -ausfütterung *f* / mampostería *f* de cajón ‖ ⁓**kerbnagel** *m* (DIN 1477) / remache *m* avellanado estriado ‖ ⁓**kopf** (Schraube) / cabeza *f* avellanada (E, LA), cabeza *f* perdida o embutida (LA) ‖ ⁓**kopfnagel** *m* / clavo *m* de cabeza perdida ‖ ⁓**kopfschraube** *f* / tornillo *m* de cabeza avellanada ‖ ⁓**kraftschaltung** *f* (Kran) / descenso *m* mandado por motor ‖ ⁓**kurbel** *f* / manivela *f* escamotable ‖ ⁓**loch** *n* / agujero *m* avellanado ‖ ⁓**loch** (Hütt) / agujero *m* de descarga ‖ ⁓**lochdränung** *f* / drenaje *m* por sumidero ‖ ⁓**matte** *f*, -stück *n* (Hydr) / pallete *m* de fajinas ‖ ⁓**nadel**, Sonde *f* / sonda *f* ‖ ⁓**nagelschraube** *f* / clavo *m* roscado de cabeza avellanada ‖ ⁓**niet** *m n* / remache *m* de cabeza avellanada, remache *m* embutido ‖ ⁓**nietung** *f* / remachado *m* o roblonado de superficie llana ‖ ⁓**pumpe** *f*, -satz *m* (Bergb) / bomba *f* para profundizar un pozo
senkrecht / vertical, perpendicular ‖ ~ [zu] / vertical [a], perpendicular [a] ‖ ~**e Ablenkung** (TV) / barrido *m* vertical ‖ ~ **abstürzend** (Ufer) / acantilado ‖ ~ **aufeinander** / rectangular ‖ ~**e Aufzeichnung** (Repro) / registro *m* en columna ‖ ~ **beschnitten** (Rohrende) / cortado a escuadra ‖ ~**e Bewegung des Rades** (Kfz) / movimiento *m* vertical de la rueda ‖ ~**er Durchlauf-Koksofen** / horno *m* vertical de destilación continua ‖ ~ **gelagert** (Steinverband) (Bau) / a contralecho ‖ ~**er Gichtaufzug** (Hütt) / montacargas *m* vertical de tragante ‖ ~**e Kettenfahrleitung** (Bahn) / línea *f* catenaria vertical ‖ ~**e Komponente** / componente *f* vertical ‖ ~**e Lageabweichung**, -schwankung, Tanzeffekt *m* (TV) / inestabilidad *f* vertical, desplazamiento *m* vertical lento de la imagen

‖ ~ **nach oben, (unten)** / verticalmente hacia arriba, [abajo], ascendente, [descendente] ‖ **~e Richtung** (o. Stellung o. Haltung) / perpendicularidad f ‖ **~er Riss** (Bergb) / fisura f vertical ‖ **~er Schiebeflügel mit Gewichtsausgleich** (Bau) / ventana f de guillotina, ventana f vertical corrediza ‖ **~er Schlitz o. Kerb** (Bergb) / roza f vertical ‖ **~er Schnitt** (Zeichn) / sección f vertical ‖ **~e Schweißung** / soldadura f vertical ‖ **~e Schwenkung der Kamera** (Film) / toma f panorámica vertical ‖ **~er Startschacht** (Flugkörper) / tubo m de lanzamiento vertical ‖ **~ stehend** [auf] / verticalmente ‖ **~ stoßen** (Wzm) / ranurar verticalmente ‖ **~er Strahlantrieb**, Hubtriebwerk n (Luftf, VTOL) / reactor m de sustentación ‖ **~er Trichtereinlauf** (Hütt) / bebedero m vertical ‖ **~er Verband** (Stahlbau) / celosia f vertical, arriostrado m vertical ‖ **~ verstellbar** / ajustable verticalmente ‖ **~ verstellbarer Support** (Wzm) / carro m de desplazamiento vertical ‖ **~e Welle** (Masch) / árbol m o eje vertical o derecho ‖ **~er Zeichenversatz** (Drucker) / defecto m de alineación vertical ‖ **~es Zeilenabtasten** (TV) / explotación f vertical, barrido f vertical ‖ **~ zueinander polarisiert** / de polarización vertical ‖ **~e Zugstange** (Stahlbau) / tirante m vertical ‖ **~ zur Tangente** (Geom) / normal a la tangente ‖ **nicht ~ auf der Basis stehen**, aus dem Lote weichen / estar fuera de la vertical
Senkrecht•antriebskopf m (Fräsm) / cabeza f de accionamiento vertical ‖ **⁓auflösung** f (TV) / definición f vertical ‖ **⁓-Außenräummaschine** f (Wzm) / máquina f vertical para brochar las superficies exteriores ‖ **⁓bewegung** f, Höhenverstellung f / movimiento m vertical ‖ **⁓bild** n (Luftf) / foto f cuasivertical ‖ **echtes ⁓bild** (Luftf) / foto f verdaderovertical ‖ **geteiltes ⁓bild** (Luftf) / foto f vertical dividida ‖ **⁓bohrmaschine** f (Wzm) / perforadora f vertical ‖ **⁓-Bohr-[und Dreh]werk** n, Karusseldrehmaschine f (DIN) / máquina f vertical para alesar y tornear
Senkrechte f, Lot n (Bau, Geom) / perpendicular f, vertical f, tranquil m ‖ **⁓, Normale** f (Math) / línea f normal (perpendicular a la tangente de una curva), normal f ‖ **~ f des Ortes** / vertical f local ‖ **aus der ⁓n** / fuera de la vertical ‖ **eine ⁓ fällen** (o. ziehen o. errichten), ein Lot fällen / bajar o levantar o trazar una vertical
Senkrecht•-Einschallung f (Akust) / incidencia f normal de sonido ‖ **⁓-Einstellung** f (TV) / control m de centrado (o de escuadra) vertical ‖ **⁓flug** m / vuelo m vertical ‖ **⁓förderer** m / elevador m [vertical] ‖ **⁓fräskopf** m (Wzm) / cabezal m vertical de fresar ‖ **⁓fräsmaschine** f / fresadora f vertical ‖ **⁓frässpindel** f / husillo m vertical de fresar ‖ **⁓führung** f **nach oben** (Rohrstrang) / curva f hacia arriba ‖ **⁓gatter** n (Sägemaschine) / marco m vertical ‖ **⁓-Innenräummaschine** (Wzm) / máquina f vertical para brochar superficies interiores ‖ **⁓-Rücklauf** m (TV) / retorno m vertical ‖ **⁓-Säulenbohrmaschine** f (Wzm) / taladradora f vertical de columna ‖ **⁓schleifmaschine** f / rectificadora f vertical ‖ **⁓schwenkung** f (Foto) / inclinación f de la cámara [en sentido vertical] ‖ **⁓-Ständerbohrmaschine** f (Wzm) / taladradora f de montante vertical ‖ **⁓start** m (Luftf) / despegue m vertical ‖ **⁓starter** m (Luftf) / avión m de despegue y aterrizaje verticales, avión m VTOL ‖ **⁓stoßmaschine** f (Wzm) / mortajadora f vertical ‖ **⁓strahler** m (Antenne) / radiador m vertical ‖ **⁓-Stranggussanlage** f / instalación f de colada continua vertical ‖ **⁓verlegung** f (Leitung) / colocación f vertical ‖ **⁓-Verschiebungsregelung** f (TV) / control m de centrado (o escuadre) vertical
Senk•schacht m (Abteufen) (Bergb) / pozo m perforado por anillo cortante ‖ **⁓schacht** (Wasserhaltung) (Bergb) / pozo m absorbante con bomba ‖ **⁓schneidenring** m, -schuh m (Schachtabteufen) / zapata f cortante ‖ **⁓schneidschraube** f / tornillo m avellanado de rosca cortante ‖ **⁓schraube** f / tornillo m avellanado ‖ **⁓schraube** (Bolzen) / perno m de cabeza avellanada ‖ **für ⁓schrauben** / avellanado ‖ **⁓sinn** m, -richtung f (Kran) / dirección f de descenso ‖ **⁓spindel** f (Chem, Phys) / areómetro m ‖ **erste, zweite ⁓stellung** (Gieß) / primera, segunda posición de descenso f ‖ **⁓stellung** f **des Kontrollers** (Elektr) / posición f de descenso ‖ **⁓stoffablagerung** f / lodo m precipitado, sedimentación f ‖ **⁓tiefe** f (Schraube) / profundidad f de avellanado
Senkung f, Senken n / descenso m ‖ **⁓**, Setzung f / asiento m ‖ **~ f**, Vertiefung f / depresión f ‖ **⁓**, Neigung f / inclinación f ‖ **⁓**, Sackung f (Boden) / hundimiento m del suelo ‖ **⁓**, Sackung f (durch Eigengewicht) (Bau) / hundimiento m por preso propio ‖ **~ f der Herstellkosten** / reducción f de costes de producción ‖ **⁓ für Senkschrauben** / avellanado m cónico ‖ **⁓ für Zylinderschraube** / avellanado m cilíndrico, contrataladro m ‖ **bleibende ⁓** (Bau, Brück) / hundimiento m permanente
Senkungs•kurve f (Hydr) / curva f de depresión ‖ **⁓mäß** n (Bau) / medida f de hundimiento
Senk•vorrichtung f / dispositivo m de descenso ‖ **⁓waage**, Spindel f (Chem, Phys) / areómetro m ‖ **⁓waage für Alkohol-Wasser-Gemische nach Sikes** / alcoholómetro m de Sikes ‖ **⁓weg** m (Kran) / recorrido m de descenso (grúa) ‖ **⁓winkel** m (Schraube) / ángulo m de avellanado
Sense f (Landw) / guadaña f
Sensenbaum m (Landw) / mango m de guadaña, asta f de guadaña
Sensibilisation f, Sensibilisierung f / sensibilización f, activación f
Sensibilisator m (allg, Chem, Foto) / sensibilizador m
sensibilisieren vt, lichtempfindlich machen (Foto) / sensibilizar, activar
sensibilisierend / sensibilizador adj
sensibilisierte Fluoreszenz / fluorescencia f por impacto
Sensibilisierungsbad n / baño m de sensibilización
Sensibilität f, leichte Bewegung (Phys) / sensibilidad f ‖ **⁓**, Empfindlichkeit f (einer Waage) (Phys) / sensibilidad f, precisión f
Sensibilitätssteigerung, Hypersensibilisierung f (Foto) / hipersensibilización f
Sensistor m (Heißleiter) / Sensistor m
sensitiv, sensibel / sensible
sensitivieren vt / sensibilizar, activar
Sensitivierung f / sensibilización f
Sensitivität, Empfindlichkeit "S" f (Foto) / fotosensibilidad f, rapidez f
Sensogramm n (Foto) / sensitograma m
Sensometer m (Foto) / sensitómetro m, medidor f de fotosensibilidad ‖ **⁓teststreifen** m / tira f sensitométrica
Sensitometrie f (Foto) / sensitometría f
sensitometrisch•e Kurve / curva f sensitométrica ‖ **~e Lichtart** / iluminante m sensitométrico
Sensor m (Mess) / sensor m, captador m, elemento m sensible ‖ **⁓** (Raumf) / sensor m ‖ **⁓einheit** f (Regeln) / unidad f sensible, elemento m sensible ‖ **⁓geführt** (Roboter) / guiado por sensor
Sensorik f / análisis m sensorio ‖ **⁓** (Eltronik) / tecnología f de los sensores o captadores
sensorisch (Prüfen) / organoléptico ‖ **~e Prüfung** / prueba f organoléptica
SEN-Zeit f (Öl) / número m de emulsificación a vapor
separabel / separable
separat / separado ‖ **~e o. externe o. Netz-Stromversorgung** (Eltronik) / abastecimiento m externo de corriente
Separatabdruck m (Druck) / tirada f aparte, separada f
Separation f, Aufbereitung f (Bergb) / separación f

Separationsmenge

Separations•menge f / cantidad f de separación ‖ ≃**trommel** f / tambor m separador ‖ ≃**werk** n, Trennbuhne f (Hydr) / espigón m de separación
Separator m, Trennschleuder f / hidroextractor m ‖ ≃, Trenner m (Chem, TV) / separador m ‖ ≃ m, Trennsymbol, -zeichen n (DV) / símbolo m de separación ‖ ≃, Fadentrenner m (Tex) / separador m de hilos ‖ ≃, Scheider m (Akku) / separador m de placas ‖ ≃ m (Pap) / separador m
separieren vt, scheiden / separar ‖ ~, sichten (Bergb) / cribar ‖ ~, aufbereiten / preparar
SEPI (span. Staatsholding für Industriebeteiligungen) / SEPI
Sepia•abzug m (Foto) / copia f en sepia, impresión f sepia ‖ ≃**schalter** m (TV) / conmutador m para imagen en sepia
Sepia[tusche] f (Zeichn) / sepia f
Sepiolith, Meerschaum m (Min) / sepiolita f, espuma f de mar
Septarsockel m (Eltronik) / base f de septar
Septe, Scheide-, Trennwand f, Septum n (Bot, Zool) / septo m, séptum m, tabique m
septiert, durch Scheidewand getrennt / tabicado
Septillion f, 10^{42} (Math) / septillón m
septisch, unrein (Med) / séptico
Septum n (Wellenleiter) / tabique m, septo m, diafragma f
Sequential•system n (TV) / sistema m secuencial, sistema m de sucesión de colores ‖ ≃**test** m (Radar) / método m secuencial
sequentiell, Serien... (DV) / secuencial, secuente, sucesivo ‖ ~**e Adressierung** (mit aufeinander folgenden aufsteigenden Adressen) (DV, Regeln) / direccionamiento m secuencial ‖ ~**er Betrieb** (Fernm) / explotación f secuencial ‖ ~**e Datei** (DV) / fichero m secuencial ‖ ~**es Getriebe** (Kfz) / cambio m de velocidades secuencial ‖ ~ **indiziert** (DV) / puesto en índice secuencial ‖ ~**er Job** (DV) / secuencia f de trabajos apilados ‖ ~ **mit Sprungablauf** / de secuencia arbitraria ‖ ~ **ordnen** / poner en secuencia ‖ ~**e Schaltung** (Eltronik) / circuito m secuencial ‖ ~**er Zugriff** (DV) / acceso m secuencial
Sequentiell•rechner m (DV) / ordenador m secuencial ‖ ≃**rechner mit Konsekutivablauf** / ordenador m consecutivo secuencial ‖ ≃**rechner mit Sprungablauf** / ordenador m secuencial-arbitrario ‖ ≃**speicher** m / memoria f secuencial
Sequenz f, Folge f / secuencia f
Sequenzer m (DV, Genetik) / secuenciador m
Sequenzguss m (Hütt) / fundición f secuencial
sequenziell s. sequentiell
sequenzieren vt / secuenciar
Sequenzierung f (Genetik) / secuenciación f
Sequenzschaltung f (Kfz) / cambio m secuencial
sequestrieren vt (Chem) / secuestrar
Sequestriermittel n, Komplex[salz]bildner m (Färb) / secuestrante m
Sequestrierung f (Tensid) / secuestrado m
Sequoia f (Bot) / secoya f, secuoya f (gigante)
SER (span. Rundfunkgesellschaft) / SER (= Sociedad Española de Radiofusió)
Serbersche Theorie (Nukl) / teoría f de Serber
SERCOS-Steuerung f (Wzm) / mando SERCOS
Serge, Sersche, Sarsche f (Web) / sarga f ‖ ~**artig** (Tex) / asargado adj ‖ ≃**bindung** f / ligamento m sarga
serial, reihenweise / de serie ‖ ~**es System** / sistema m serial o en serie ‖ ≃**drucker** m (DV) / impresor m [de caracteres] en serie
serialisieren vt, in bitserielle Form bringen (DV) / serializar
Serialschnittstelle f, SBI (DV) / interfaz f serial o serie
Sericin n, Seidenleim m (Bot, Chem) / sericina f, cola f de seda
Sericit, weißer Kaliglimmer (Min) / sericita f

Serie, Reihe[nfolge] f / serie f ‖ **in** ≃, hintereinander (Elektr) / serial ‖ **in** ≃ **angeordnet** / conectado en serie ‖ **in** ≃ **schalten**, hintereinander schalten / conectar en serie
seriell (DV, Math) / serial, en serie, secuencial, consecutivo ‖ ~**es Addieren** (Math) / adición f serial ‖ ~**er Analogspeicher** (DV) / memoria f analógica en serie ‖ ~**er Bus** (Steckernorm für alle PCs) / USB (= Universal Serial Bus) ‖ ~**e digitale Schnittstelle**, SDS / interfaz f numérica serial ‖ ~**e Organisation** (DV) / organización f secuencial ‖ ~**er Rechner** / calculador m serial ‖ ~**e Übertragung**, Serienübertragung f (DV) / transferencia f en serie ‖ ~**e Verarbeitung** (DV) / procesamiento m en serie ‖ ~ **wiederbenutzbar, -verwendbar** / reutilizable en serie
Seriell-Parallel-Seriellspeicher m (DV) / memoria f en serie-paralelo-serie
Serien•anlauf m (F.Org) / lanzamiento m de la serie ‖ ≃**ausführung** f / producto m fabricado en serie, modelo m de fabricación corriente ‖ ≃**ausführung**, endgültige Ausführung / modelo m de producción ‖ ≃**ausstattung** f / equipamiento m de serie ‖ ≃**bau** m / construcción f en serie ‖ ≃**betrieb** m (DV) / funcionamiento m en serie ‖ ≃**charakteristik** f (Elektr) / característica f serie ‖ ≃**feld**, Hauptfeld n (Elektr) / campo m [debido al devanado en] serie ‖ ≃**fertigung** f / fabricación f o producción f en serie ‖ ≃**flugzeug** n / avión m de fabricación corriente ‖ ≃**funkenstrecke** f / explosor m múltiple ‖ ≃**grenze** f / límite m de serie ‖ ≃**grenzkontinuum** n (Spektrum) / espectro m continuo contiguo al límite de una serie ‖ ≃**hebelschalter** m (Luftf) / conmutador m serie de palanca ‖ ≃**herstellung**, -fabrikation, -fertigung f / producción f o fabricación en serie ‖ ≃**[induktions]spule** f (Eltronik) / bobina f de inductancia en serie ‖ ≃**induktivität** f / inductancia f en serie ‖ ≃**kondensator** m (Eltronik) / capacitor m en serie ‖ ≃**kopie** f (Film) / copia f de serie o de explotación o de distribución ‖ ≃**-Leiterplatte** f (gedr.Schaltg) / tablilla f de producción ‖ ≃**maschine** f (Elektr) / máquina f [devanada] en serie ‖ ≃**maschinen** f pl / máquinas f pl de fabricación corriente
serienmäßig, seriengefertigt, Serien... / de la serie ‖ ~ / de o en serie ‖ ~, Standard... / usado, estándar, normalizado ‖ ~, vom Band / de cinta sin fin ‖ ~**e Ausstattung** / equipamiento m de serie ‖ ~**e Hebezeuge** n pl / aparejos m pl de serie
Serien•modell n / modelo m de fabricación corriente o en serie ‖ ≃**modulation** f / modulación f en serie ‖ ≃**motor** m (Kfz, Luftf) / motor m de fabricación corriente ‖ ≃**nummer** f / número m de identificación o de serie
Serien-Parallel•... (Elektr) / de serie en paralelo, en serie-paralelo ‖ ≃**-Betrieb** m (DV) / funcionamiento m en serie-paralelo ‖ ≃**-Fahrschalter** m (Bahn) / conmutador m de la conexión ‖ ≃**schalter** m (Elektr) / conmutador m serie-paralelo ‖ ≃**schaltung** f (Bahn) / conmutador m de conexión ‖ ≃**schaltungsbrücke** f / barra f de conexión en serie-paralelo ‖ ≃**-Umsetzer** m (DV) / convertidor m de serie en paralelo o serie-paralelo ‖ ≃**wicklung** f / devanado m en serie-paralelo o serie-derivación
Serien•prüfung f / ensayo m en serie o de series ‖ ≃**rechner** m (DV) / ordenador m serial ‖ ~**reif** (F.Org) / seriable ‖ ≃**resonanz** f (Funk) / resonancia f serie ‖ ≃**-Resonanzanhebung** f (Eltronik) / agudización f por bobina y resistencia en serie ‖ ≃**-Resonanzfrequenz** f / frecuencia f de la resonancia serie ‖ ≃**resonanzkreis** m (Eltronik) / circuito m de resonancia en serie ‖ ≃**schalter** m (DIN) (Elektr) / conmutador m múltiple ‖ ≃**schaltung** f (Elektr, Masch) / conexión f en serie ‖ ≃**-Serien-Betrieb** m (DV) / funcionamiento m serie-serie ‖ ≃**speicher** m (DV) / memoria f en serie ‖ ≃**störspannung** f (Instr) / tensión f parásita en serie ‖

²**stromkreis** m (Instr) / circuito m de tensión en serie ‖ **~tauglich** (Erfindung, Entwicklung) / apto para [producción] en serie[s] ‖ ²**teil** m n / pieza f de fabricación corriente o en serie ‖ **Nicht-**²**teil** / pieza f fuera serie ‖ ²**trimmer** m / trim[m]er m, compensador m o corrector de sintonía ‖ ²**übergabe** f (Info) / transmisión f serial o en serie ‖ ²**verarbeitung** f (DV) / procesamiento m en serie ‖ ²**versuch** m / ensayo m en serie ‖ ²**wagen** m (Kfz) / vehículo m de serie ‖ **~weise** / en serie ‖ **~weise**, in Mengen / en cantidades ‖ **~weise geformt** (Gieß) / moldeado por lotes ‖ **[Bereitstellung der]** ²**werkzeuge und -vorrichtungen** (Kfz) / herramientas f pl de producción ‖ ²**widerstand** (Elektr) / resistencia f adicional o en serie ‖ ²**widerstand** (Schwingquarz) / resistor m en serie
Serife f (Druck) / remate m, bigotello m, rasgo m ‖ ² **am Fuß des Buchstabens** (Druck) / trazo m de pie
serifen•betont (Druck) / con remate, en bigotello ‖ **~betonte Linear-Antiqua** / Mecanos m pl ‖ **~los** / sin palo de bastón ‖ **~lose Linear-Antiqua**, Grotesk f (Druck) / lineales m pl
Serigraphie f, Siebdruck m / serigrafía f
Serin n (Chem) / serina f
Serpentin m (Min) / serpentina f ‖ ²**beton** m (Bau) / hormigón m de serpentina
Serpentine f (Straß) / serpentina f ‖ **in** ²**n** (Straß) / en serpentinas
Serpentinenspeicher m (CCD, DV) / memoria f en serpentina
Serpentinit, Serpentinschiefer m, -gestein n (Geol) / serpentinita f
Serrurier-Struktur f / estructura f de Serrurier
Serum n (Latex) / suero m ‖ ²**...** / sérico ‖ ²**-Albumin** n (Biochem) / s[u]eroalbúmina f, albúmina f sérica
Server m (DV) / servidor m, server m
Service, Kundendienst m, (DIN:) Bedienung f / servicio m de cliente o al cliente, servicio m de asistencia o postventa ‖ ²**abteilung** f / departamento m de servicio ‖ ²**-Antriebssystem** n (Raumf) / sistema m auxiliar de propulsión ‖ ²**-Büro** n (DV) / departamento m de servicio [de contabilidad] ‖ ²**drucker** m (DV) / impresora f de servicio
Service-Geräte n pl / enseres m pl de servicio
Service•-Indikator m, Kennzeichnung f des Anrufers (Fernm) / indicador m de servicio ‖ ²**insel** f (mit Staubsauger u. Reifenfüllgerät) (Kfz) / islote m de servicio ‖ ²**-Qualität** f (quality of Service) (Fernm) / calidad f del servicio ‖ ²**roboter** m (Kfz) / robot m de servicio ‖ ²**-Stützpunkt** m / punto m de servicio ‖ ²**tank** m, Betriebsbehälter vor dem Motor (Schiff) / depósito m de servicio ‖ ²**-Techniker** m / técnico m de servicio postventa
Serviettenpapier n / papel m para servilletas
Serving f (Schiff) / baderna f
Servo•..., Hilfs... / servo..., ...asistido ‖ ²**antrieb** m / servoaccionamiento m ‖ ²**antrieb** (Luftf) / servomando m ‖ ²**betätigt** / servoayudado, servoaccionado, con servomotor ‖ ²**betätigung** f / servomando m ‖ ²**bremse** f / servofreno m ‖ ²**einheit** f (Wzm) / unidad f con servomecanismo ‖ ²**faktor** m (Kfz) / factor m de zapata de freno ‖ ²**gerät** n, -einrichtung f, -mechanismus m / servomecanismo m ‖ ²**-Integrierer** m (DV) / integrador m incremental ‖ ²**-Koordinatenwandler** m (Eltronik) / servocoordinador m de coordenadas ‖ ²**lenkung** f (Kfz) / servodirección f, dirección f asistida ‖ ²**manipulator** m / servomanipulador m ‖ ²**mechanismus** m, Folgeregelsystem n / servomecanismo m ‖ ²**motor** m / servomotor m ‖ **~motorisch betätigt** / servomotorizado, servomandado, servoaccionado, accionado por servomotor ‖ **motorisch betätigter Fahrschalter** (Bahn) / combinador m con motor ‖ ²**regelung** f / servorregulación f ‖ ²**schaltventil** n (Pneum) / válvula f de servomando ‖ ²**spur** f / servopista f ‖ ²**stabilisierung** f / estabilización f servoayudada ‖ ²**stellwerk** n (NC) / servoposicionador m ‖ ²**stempel** m (Bergb) / servopuntal m ‖ ²**steuerung**, Folgeregelung f (Regeln) / servocontrol m, servomando m ‖ ²**-System** n / servosistema m, sistema m de control automático con reacción ‖ ²**technik** f / servotecnia f
Servotronik f (elektron. gesteuerte Servolenkung) (Kfz) / servotrónic[a] f, dirección f asistida [sensible a la velocidad]
Servo•ventil n / servoválvula f ‖ **mit** ²**wirkung**, Servo... / servoayudada
Sesam m (Bot) / sésamo m, ajonjolí m ‖ ² **in** n / sesamina f ‖ ²**öl** n (Pharm) / aceite m de sésamo
Sesqui•oxid n (Chem) / sesquióxido m ‖ ²**terpene** n pl / sesquiterpenos m pl
Sessel m (Büro) / sillón m ‖ ² **mit Gasdruck-Höhenverstellung** / sillón m con elevación a gas ‖ ²**form** f (Chem, Molekülaufbau) / forma f de silla ‖ ²**lift** m (Förd) / telesilla m
Session f (ein Zustand im Teletexverkehr) / sesión f
Sessionsschicht f (Fernm) / capa f de sesión
Seston n (Biol, Wasser) / sestón m
Set m, Satz m / juego m, conjunto m, set m
SET (französ. Norm) (Standard d'Echange et de Transfer) / SET m
SETE, Überschall-Wegwerfturbine / turbina f supersónica gastable
Set•instruktion, Setzinstruktion f (DV) / instrucción f de puesta a 1 ‖ ²**-Symbol** n (DV) / símbolo m de puesta a 1 ‖ ²**-Trommel** f, Ausschlusstrommel f (Druck) / bombo m de justificación
Setz•abteilung f (Aufb) / compartim[i]ento m de lavado ‖ ²**arbeit** f (Bergb) / lavado m sobre criba ‖ ²**arbeit im Gasstrom** (Aufb) / levigación f por gas ‖ ²**bett** m (Bergb) / capa f filtrante ‖ ²**block** m (Karde, Tex) / bloque m para las agujas ‖ ²**board** m (Schiff) / falca f ‖ ²**bottich** m (Brau) / tina f de sedimentación ‖ ²**dehnungsmesser** m (Mech) / medidor m de tensiones libres ‖ ²**-Eingangssignal** n (Pneum) / señal f de entrada X ‖ ²**eisen** n, Schrotmeißel m (Schm, Wz) / escoplo m en caliente, martillo m cincel
setzen (allg, DV) / poner [en o sobre] ‖ **~**, stellen / sitiar, colocar, poner ‖ **~**, waschen (Aufb) / lavar ‖ **~**, ein Manuskript absetzen (Druck) / componer ‖ **einen Zähler ~** / poner a 1 un contador ‖ **mit dem Winkelhaken ~** (Druck) / componer con la cazuela ‖ **sich ~** (Chem, Pharm) / reposarse ‖ **sich ~**, sich abscheiden (Chem) / precipitarse ‖ **sich ~** (Bau) / asentarse ‖ **~**, Sacken n (Bau) / asiento m de terreno, hundimiento m de las tierras ‖ **~** (Werkstoff) / asentamiento m (material) ‖ **~**, Sackmaß n (Bau) / medida f de asiento ‖ **~**, Setzarbeit f (Bergb) / lavado m ‖ **~**, Satzherstellung f (Druck) / composición f ‖ **~ Sie auf Sicherheit!** / ¡ apueste por lo seguro ! ‖ **~** n **von Federn** / compresión f [remanente] de resortes
Setzer, Schriftsetzer m / cajista m, tipógrafo m
Setzerei f, Setzsaal m / taller m de composición
Setz•fehler m / error m tipográfico, errata f de imprenta ‖ ²**gesenk** n (Schm) / estampa f ‖ ²**graupen** f pl (Bergb) / minerales m pl lavados sobre criba ‖ ²**hammer** m (Schm) / destajador m, asentador m, repartidor m ‖ ²**hammeroberteil**, -stempel m (Schm) / cabeza f de matriz ‖ ²**impuls** m (DV) / impulso m de disposición ‖ ²**kasten**, -maschine f (Bergb) / criba f ‖ ²**kasten**, Schriftkasten m (Druck) / caja f de imprenta ‖ ²**kasten** m **für Großbuchstaben** / caja f alta o para mayúsculas ‖ ²**kasten für Kleinbuchstaben** (Druck) / caja f bajo o para minúsculas ‖ ²**kastenabschnitt** m (Aufb) / compartimiento m de lavado ‖ ²**kastenoberteil** m (Druck) / contracaja f ‖ **Fach des** ²**kastens** (Druck) / cajetín m ‖ ²**kastenzulaufkante** f (Aufb) / reborde m

1199

de alimentación de criba || ~keil *m* (Masch) / chaveta *f* de sujeción || ~kopf, Nietkopf *m* / cabeza *f* de remache || ~kübel *m* (Hütt) / cubeta *f* de carga || ~latte *f*, Richtscheit *n* (Verm) / nivel *m*, regla *f* para nivelar || ~libelle *f* (Verm) / nivel *m* sentado || ~linie *f* (Druck) / regleta *f*, filete *m* sacalíneas || ~maschine *f*, -sieb *n* (Bergb) / criba *f* hidráulica || ~maschine, Buchstabensetzmaschine *f* (Druck) / componedora *f* de tipos || ~maschine *f*, Linotype *f* / linotipia *f* || ~maschine (TV) / generador *m* de leyendas o subtítulos || ~maschine (Spinn) / máquina *f* de insertar guarniciones || ~maschine mit bewegtem Sieb (Aufb) / criba *f* de mesa móvil, criba *f* vibrante o vibratoria || ~maschinenhub *m* (Aufb) / carrera *f* de la criba || ~maschinensortierung *f* / lavado *m* por criba vibrante || ~maschinenzeile *f* (Druck) / lingote *m* || ~maß *n* (Bau) / asiento *m* de terraplén || ~maß (Beton) / asiento *m*, asentamiento *m*, aplastamiento *m*, (localismo:) revenimiento *m* || ~meißel *m* (zum Stemmen) (Wz) / formón *m* || ~mutter *f* / tuerca *f* empotrable || ~packlage *f* (Hütt) / vertedero *m*, escombrera *f* || ~regal *m* (Druck) / chibalete *m*, comodín *m* || ~rost *m* (Bergb) / parrilla *f* de criba || ~-Rücksetz-Abhängigkeit *f* (Eltronik) / dependencia *d* de disposición/reposición || ~schiff *n* (Druck) / galera *f* || ~schlag *m* (Schm) / golpe *m* fuerte || ~schwelle *f* (Prozessrechn) / umbral *m* de posición || ~sieb *n* (Bergb) / criba *f* hidráulica || ~-Sprunganweisung *f* (DV) / instrucción *f* de salto asignado || ~stock *m*, Lünette *f* (feststehend) (Dreh) / luneta *f* fija || mitgehender ~stock (Dreh) / luneta *f* seguidora || ~stockbett *n* (Dreh) / banco *m* de luneta || ~stock-Ständer *m* (Dreh) / columna *f* de luneta || ~stufe der Treppe, Futterstufe *f* (Bau) / tabica *f* || ~tank *m* (Schiff) / depósito *m* de decantación de aceite || ~tisch *m* (Druck) / mesa *f* de composición || ~- und Ablegemaschine *f* (Druck) / máquina *f* para componer y distribuir las letras || ~- und Gießmaschine für Einzelbuchstaben, Monotypemaschine *f* (Druck) / monotipia *f* (E), monotipo *m* (LA) || ~- und Gießmaschine für Zeilen, Linotypemaschine *f* / linotipia *f* (E), linotipo *m* (LA)
Setzung *f* (Bau, Bergb) / asiento *m*, hundimiento *m* || ~ (durch Eigengewicht) (Bau) / asiento *m* por peso propio || ~ s. Senkung u. Setzen
Setzungs•erscheinung *f* / fenómeno *m* de asiento || ~messer, -indikator *m* / indicador *m* de asiento
Setz•versuch *m* (Bergb) / ensayo *m* de criba vibrante || ~waage *f* (Bau) / nivel *m* del albañil || ~wäsche *f* / lavado *m* sobre criba
Seuche *f*, Viehseuche *f* (Landw, Zool) / enzootia *f*
Seuchenmatte *f* (Landw) / estera *f* de desinfección
SEV (Eltronik) = Sekundärelektronenvervielfacher || ~ (Elektr) = Schweizerischer Elektrotechnischer Verein
sexagesimal (Math) / sexagesimal
Sextant *m* (Schiff, Verm) / sextant *m*
Sextett *n* (Chem) / grupo *m* de seis elementos
Sextil *n* (Stat) / sextil[o] *m*
Sextillion *f*, 10^{36} (Math) / sextillón *m*
sezernieren *vt*, sekretieren (Biol) / segregar
SF$_6$ *n*, Schwefelhexafluorid *n* (Chem) / SF$_6$, hexafluoruro *m* de azufre
SFERT *n* (Fernm) / SFERT *m* (Sistema Fundamental Europeo de Referencia para la Transmisión Telefónica)
SFK, synthesefaserverstärkter Kunststoff / plástico *m* reforzado por fibras sintéticas
S-förmig / en forma de S || ~e Linie (Geom) / curva *f* en S
SF$_6$•-Rohrleiter *m* (Elektr) / conducto *m* tubular aislado de S$_6$ || ~-Technik *f* (Chem) / técnica *f* de hexafluoruro de azufre
S-Gemisch, -Signal *n* (TV) / señal *f* de sincronización compuesta
S-Gerät *n*, Sonar *m n* (Nav) / sonar *m*, radar *m* ultrasónico

SGHWR = Schwerwasserreaktor (steam generating heavy water reactor)
Sgraffitoarbeit *f* (Bau) / esgrafiado *m*
S-Grat Köper *m* (Tex) / sarga *f* S
Shading *n*, Bildschirmdarstellung *f* statt Modell / representación *f* visual de un proyecto
S-Haken *m* / gancho *m* en S
Shakertrommel, Lumpen-Entstaubungstrommel *f* (Tex) / sacudidor *m* para trapos (E), diablo *m* desempolvador (LA)
Shantungseide *f* / shantung *m*
Shapingmaschine *f*, Schnellhobler *m* (Wzm) / cepillo-limador *m*, limadora *f*
Shareware *f* (DV) / programas *m pl* compartidos
Shawverfahren *n* (Hütt) / procedimiento *m* [de fundición] de Shaw
Shed *n* eines Sheddaches (Bau) / diente *m* de tejado shed || ~dach *n* / shed *m*, tejado *m* en diente de sierra || ~-Hallenbau *n* / edificio *m* de tejado en dientes de sierra
Sheet, Fell *n* (Gummi) / hoja *f* de caucho, sheet *m* || ~ *n* minderer Güte (Gummi) / sheet *m* no conforme a las calidades comerciales
Shefferfunktion *f*, NAND-Funktion o. Verknüpfung *f* (DV) / NY *m*, inversa *f* de Y
Shell *f*, Schale *f* (DV) / envoltura *f* || ~-Maskengießverfahren *n* (Gieß) / procedimiento *m* de moldeo en cáscara || ~-Vierkugelapparat *m* (Schmieröl) / aparato *m* de cuatro bolas de Shell
Shelter•deck *n* (Schiff) / cubierta *f* de abrigo || ~decker *m* (Schiff) / buque *m* de cubierta de abrigo
sherardisieren *vt* (Hütt) / sherardizar || ~ *n* / sherardización *f*
Sherwood-Zahl *f* (Rheologie) / índice *m* de Sherwood
Shibata-Nadel *f* (Audio) / estilo *m* de Shibata
Shiften *n* (DV) / desplazamiento *m* o corrimiento de datos
Shift-in *n* (DV) / código *m* normal, corrimiento *m* de datos desde fuera
Shift-out *n* (DV) / código *m* special, corrimiento *m* de datos hacia fuera
Shiftregister *n*, Schiebespeicher *m* / registro *m* de corrimiento o de desplazamiento, registro *m* paso a paso
Shippington *f* (USA) / tonelada *f* de 1.1326 m$_3$
Ship[s]tainer, Bordlader *m* (Schiff) / shiptainer *m*
Shirting *n* (Web) / género *m* para camisería
Shmoo, Schmoo *m* (Halbl) / zona *f* de funcionamiento de un circuito
shock-proof, -protected (Uhr) / resistente a los choques
Shoddy *n*, Shoddy- und Mungowolle *f* (Tex) / shoddy *m* || ~seide *f*, Seidenshoddy *n* / regenerado *m* o shoddy de seda || ~spinnerei *f* / hilatura *f* de shoddy || ~tuch *n* / tejido *m* de shoddy
Shop-Primer *m*, Werkstattgrundierung *f* (Anstrich) / pintura *f* reactiva de fondo para taller
Shoranradar *m n* / shoran *m* (short range navigation)
Shorehärte *f* (Hütt) / dureza *f* Shore
Shortton *f* (Masseeinheit) / tonelada *f* de mar (= 907.185 kg)
Showerdeck *n* (Raffinierboden) / cubierta *f* de regar
Shrink•-Fabric-Presse *f* (Tex) / prensa *f* de tela encogible || ~-Version *f* (Halbl) / tipo *m* encogido
SH-Schreiber, Siemens-Hell-Schreiber *m* (Fernm) / impresor *m* Hell
Shuffle-Taste *f* (Audio) / tecla *f* shuffle
Shunt, Nebenschlussstromkreis *m* (Elektr) / shunt *m*, derivación *f*
shunten *vt*, in Nebenschluss legen / derivar, shuntar, poner o conectar en derivación
Shutter *m* (Steckdosenschutz) / dispositivo *m* de seguridad para cajas de enchufe
Shuttle (Raumf) s. Space Shuttle
SHZ = Sulfathüttenzemment

SI = Système International ‖ ≈ = Silikon ‖ ≈ (Kfz) = severity index
SIA = Schweizerischer Ingenieur- u. Architekten-Verein
Sial *n* (Zone der Erdkruste) (Geol) / sial *m*
Sichdecken *n* **von Löchern** / coincidencia *f* de agujeros
Sich-Einschalten *n* (Fernm) / intrusión *f*
Sichel *f* (Mähmaschine) / hoz *f* ‖ ≈**düne** *f*, Barchan *m* (Geol) / duna *f* en forma media luna ‖ ≈**flügel** *m* (Luftf) / ala *f* en media luna ‖ ~**förmig** / en forma de hoz, falciforme ‖ ≈**mäher** *m* (Landw) / cortadora *f* rotativa ‖ ≈**träger** *m* (Stahlbau) / viga *f* en forma de media luna
sicher, zuverlässig / seguro, de seguridad ‖ ~ [gegen] / protegido [contra] ‖ ~ [vor] / al abrigo [de], a cubierto [de], asegurado [contra] ‖ ~, mäßig (Geschwindigkeit) / admisible ‖ ~**es Erz** / mineral *m* seguro ‖ ~**e Flugdauer** / autonomía *f* ‖ ~**e Geschwindigkeit** (Luftf) / velocidad *f* de seguridad ‖ ~**e Handhabung** / manejo *m* seguro ‖ ~**e Last** (Luftf) / carga *f* admisible o límite o de seguridad ‖ ~**e Lebensdauer** / vida *f* cierta ‖ ~**e Reisegeschwindigkeit** (Luftf) / velocidad *f* segura de crucero ‖ ~**e Reserve** (Naturschätze) / reserva *f* segura
Sicherheit *f*, Gewissheit *f* / certeza *f*, certidumbre *m* ‖ ≈ [vor, gegen] (Gefahrlosigkeit) / seguridad *f* [contra], ausencia *f* de peligro [de] ‖ ≈ (Schutz) [gegen, vor] / protección *f* o defensa [de] ‖ ≈ **der Verkehrswege** / seguridad *f* vial ‖ ≈ **gegen Zug** (Seil) / firmeza *f* de tracción ‖ ≈ **im Fernmeldeverkehr** / seguridad *f* de telecomunicación ‖ ≈ **im Flug** / seguridad *f* durante el vuelo ‖ ≈ **im Straßenverkehr** / seguridad *f* del tráfico [rodado] ‖ **in** ≈ **bringen** [vor] / poner a salvo [de] ‖ **mit dreifacher** ≈ / de triple seguridad
Sicherheits•... / de seguridad ‖ ≈**...**, Vorsichts... / de precaución ‖ ≈**absperrorgan** *n* / dispositivo *m* de cierre de seguridad ‖ ≈**abstand** *m*, -faktor *m* / margen *m f* de seguridad ‖ ≈**abstand**, -lücke *f* / distancia *f* de seguridad ‖ ≈**abstand** (Kfz) / distancia *f* segura o de seguridad, distancia *f* prudencial ‖ ≈**abstand am Schornstein** (Bau) / distancia *f* segura de la chimenea ‖ ≈**abstand der Verstärkung gegen Selbsterregung** / margen *f* de ganancia ‖ ≈**anschlag** *m* (Masch) / tope *m* de seguridad ‖ ≈**ausrückung** *f* (Stanz) / parada *f* de seguridad ‖ **im Flugzeug eingebaute** ≈**ausrüstung** / equipo *m* de seguridad a bordo ‖ ≈**ausschalter** *m* (Elektr) / disyuntor *m* automático ‖ ≈**band**, Schutzband *n* (zwischen beiderseits zugeteilten Kanälen) (Eltronik) / banda *f* de guarda o de seguridad, banda *f* de protección o de separación ‖ ≈**beauftragter** *m* (F.Org) / agente *m* de seguridad ‖ ≈**behälter** *m* (Nukl) / confinamiento *m*, recinto *m* de seguridad, recipiente *m* de contención ‖ ≈**behälter** (Brutreaktor) / depósito *m* de seguridad ‖ ≈**behälter für Transport** (Reaktor) / recipiente *m* blindado ‖ ≈**beleuchtung** *f* / alumbrado *m* de seguridad o de emergencia ‖ ≈**bereich** *m* / área *f* de seguridad ‖ ≈**bindung** *f* (Ski) / fijación *f* de seguridad del esquí ‖ ≈**blech** *n* / chapa *f* de seguridad ‖ ≈**bolzen**, Schmelzpfropfen *m* (Kessel) / tapón *m* fusible ‖ ≈**bremse** *f*, Notbremse *f* (Bahn) / freno *m* de socorro ‖ ≈**bucht** *n* (Tunnel) / nicho *m* de seguridad ‖ ≈**bügel** *m* / abrazadera *f* de seguridad ‖ ≈**bügel der Notleiter** / aro *m* de seguridad de la escalera de incendio ‖ ≈**bühne** *f* / plataforma *f* de protección ‖ ≈**check** *m* / comprobación *f* de seguridad ‖ ≈**code** *m* / código *m* redundante ‖ ≈**doppel** *n* (DV) / duplicado *m* para seguridad ‖ ≈**ebene** *f* (NC) / plano *m* de distancia ‖ ≈**einrichtung** *f*, -vorrichtung *f* / dispositivo *m* de seguridad, aparato *m* protector ‖ ≈**-Endausschalter** *m* (Nukl) / elemento *m* de seguridad ‖ ≈**-Endausschalter** *m* / interruptor *m* final ‖ ≈**endschalter** *m*, zweiter Endschalter / interruptor *m* de límite final ‖ ≈**erdung** *f* (Elektr) / puesta *f* a tierra de protección ‖ ≈**faden** *m* (Geldschein) / hilo *m* de seguridad ‖ ≈**fadenführer** *m* (Wirkm) / guiahílos *m* de seguridad ‖ ≈**fahrschaltung**,

Sifa *f* (Bahn) / dispositivo *m* o control de hombre muerto, dispositivo *m* de seguridad ‖ ≈**faktor** *m* / factor *m* de seguridad ‖ ≈**faktor gegen Kanalüberhitzung** (Nukl) / coeficiente *m* de trabajo de canal caliente ‖ ≈**faktor gegen Rate-Überschreitung** (Atom, Nukl) / factor *m* de seguridad de calentamiento ‖ ≈**fangnetz** *n* (Luftf) / barrera *f* de seguridad ‖ ≈**felge**, Humpfelge *f* (Kfz) / llanta *f* hump ‖ ≈**film**, Acetatfilm *m* / película *f* de seguridad o de acetato ‖ ≈**fläche** *f* (NC) / superficie *f* de distancia ‖ ≈**forderungen** *f pl* / condiciones *f pl* de seguridad ‖ ≈**fühlschiene** *f* (Bahn) / pedal *m* de seguridad (E), barra *f* de seguridad (LA) ‖ ≈**funkdienst** *m* / servicio *m* de radiodifusión de seguridad ‖ ≈**funkenstrecke** *f* / distancia *f* explosiva de seguridad ‖ ≈**geschirr** *n* / arnés *m* de seguridad ‖ ≈**glas** *n* / cristal *m* de seguridad, vidrio *m* inastillable ‖ ≈**glas** (Einscheibenglas) / cristal *m* de seguridad templado ‖ ≈**glas** (Verbundglas) / vidrio *m* compuesto o compound ‖ ≈**glas** *f* **mit Drahteinlage** / vidrio *m* armado ‖ ≈**grad** *m*, -koeffizient *m* / coeficiente *m* de seguridad ‖ ≈**grenzschalter** *m* / interruptor *m* de límite final ‖ **aus** ≈**gründen** / .por razones de seguridad (E), por motivos de seguridad ‖ ≈**gurt** *m*, Haltegurt *m* (Kfz, Luftf) / cinturón *m* de seguridad ‖ ≈**gurt mit Aufrollautomatik** / cinturón *m* automático ‖ ≈**haken** *m* / gancho *m* de seguridad ‖ ~**halber** / por vía de seguridad ‖ ≈**-Höchstfahrt** (Luftf) / velocidad *f* crítica ‖ ≈**höhe** *f* (Luftf) / altitud *f* de seguridad ‖ ≈**hülle** *f*, Containment *n* (Reaktor) / confinamiento *m* ‖ ≈**kennzeichnung** *f* / etiqueta *f* de seguridad ‖ ≈**kette** *f* (allg) / cadena *f* de seguridad ‖ ≈**kette** (Luftf) / corona *f*, remote *m* ‖ ≈**kette am Seilkorb** (Bergb) / cadena *f* de seguridad de la jaula ‖ ≈**kettenbremse** *f* (Motorsäge) / freno *m* de seguridad para la cadena de motosierra ‖ ≈**-Kinefilm** *m* / película *f* cinematográfica de seguridad ‖ ≈**klinke** *f* / gatillo *m* de seguridad ‖ ≈**koeffizient** *m* / coeficiente *m* de seguridad ‖ ≈**kontakt** *m* (Elektr) / contacto *m* de seguridad ‖ ≈**kontrolle** *f* / control *m* de seguridad ‖ ≈**kupplung** *f* / acoplamiento *m* de seguridad ‖ ≈**kupplung** (Bahn) / cadenas *f pl* de seguridad ‖ ≈**lampe**, Kopflampe *f* (Bergb) / lámpara *f* de minero o de seguridad ‖ ≈**leine** *f* (Raumf) / cuerda *f* de seguridad ‖ ≈**leiter** *f* / escalera *f* de seguridad ‖ ≈**linie** *f* (Geldschein) / raya *f* de seguridad ‖ ≈**luftfahrzeugführer** *m* / piloto *m* de seguridad ‖ ≈**luftventil** *n* (für Kessel) / válvula *f* atmósferica o inversa ‖ ≈**maßnahme** *f* / medida *f* de seguridad ‖ ≈**nadel** *f* / alfiler *m* de seguridad, imperdible *m*, seguro *m* (MEJ) ‖ ≈**norm** *f* / norma *f* de seguridad ‖ ≈**-Originalkopie** *f* / copia *f* original de protección ‖ ≈**paket** *n* (Kfz) / paquete *m* de seguridad, conjunto *m* de medidas de seguridad ‖ ≈**papier** *n* / papel *m* de seguridad ‖ ≈**papierdruck** *m* / impresión *f* de seguridad ‖ ≈**pfeiler** *m*, Wehrstoß *m* (Bergb) / macizo *m* de seguridad ‖ ≈**prüfung** *f* (SP) / examen *m* de seguridad ‖ ≈**rad** *n*, Zwischenrad *n* / rueda *f* loca ‖ ≈**reifen** *m* (Kfz) / neumático *m* indeshinchable ‖ ≈**reißleine** *f* (Luftf) / cuerda *f* de desgarre (globos) ‖ ≈**riegel** *m* (Schloss) / cerrojo *m* de seguridad ‖ ≈**rohr** *n* (Chem, Labor) / válvula *f* de seguridad ‖ ≈**rücklaufleitung** *f* (Heizung) / tubería *f* descensional de seguridad ‖ ≈**rutschkupplung** *f* / embrague *m* a fricción de seguridad ‖ ≈**schaltung** *f*, Fail-Safe-Prinzip *n* / seguridad *f* positiva, técnica *f* fail-safe ‖ ≈**schieber** *m*, Preventer *m* (Öl) / obturador *m* ‖ ≈**schleuse** *f* (KKW) / esclusa *f* de seguridad ‖ ≈**schleuse** (Hydr) / esclusa *f* de protección ‖ ≈**schloss** *n*, -verschluss *m* / cerradura *f* de seguridad ‖ ≈**schloss mit Bartstufen**, Chubbschloss *n* / cerradura *f* tipo Chubb ‖ ≈**schlüssel** *m* / llave *f* de seguridad, sobrellave *f* ‖ ≈**schmelzbolzen** *m* (Raumf) / tapón *m* fusible ‖ ≈**schuh** *m*, -stiefel *m* / zapato *m* de seguridad ‖ ≈**schwelle** *f*, -stufe *f* / umbral *m* de seguridad ‖ ≈**seil** *n* / cuerda *f* de seguridad ‖ ≈**spanne** *f* / margen *m f* de

seguridad ‖ ⁓sperrklinke f / gatillo m de seguridad ‖
⁓sprengstoff m (Bergb) / explosivo m de seguridad
(con poco efecto de explosión) ‖ ⁓stab m (Nukl) /
barra f de seguridad ‖ ⁓steiger, Wettersteiger m
(Bergb) / capataz m de ventilación ‖ ⁓stift m, -messer
n (Uhr) / dardo m ‖ ⁓stopfen m (Kessel) / tapón m
fusible ‖ ⁓streichholz, -zündholz n / fósforo m de
seguridad ‖ ⁓stromkreis m / circuito m telemandado
de seguridad ‖ ⁓studie f (F.Org) / análisis m de
seguridad ‖ ⁓stumpf m, -stumpen m (Bahn) / vía f de
seguridad, estrelladero m ‖ ⁓technik f (Theorie) /
tecnología f de seguridad ‖ ⁓technik (Praxis) /
ingeniería f de seguridad ‖ ⁓technisch / en razón de
la seguridad ‖ ⁓technische Anforderungen f pl /
especificaciones f pl en razón de la seguridad ‖
⁓[transport]verpackung f (Nukl) / jaula f de
transporte ‖ ⁓trieb n (Uhr) / piñón m de seguridad ‖
⁓türverschluss m (Waschmaschine) / pestillo m de
seguridad ‖ ⁓ventil n / válvula f de seguridad ‖
⁓ventil, Überlaufventil n / válvula f de rebose ‖
⁓ventilbelastung f, -ventilgewicht n / carga f de la
válvula de seguridad ‖ ⁓verdeck n (Schlepper) / arco m
de seguridad de la cabina ‖ ⁓verkehr m (Fernm) /
comunicación f relativa a (o relacionada con) la
seguridad ‖ ⁓verriegelung f / cerrojo m de seguridad
‖ ⁓verschluss m, -schloss n / cierre m de seguridad ‖
⁓vorhang m (Kino) / pantalla f de seguridad,
cortafuegos m ‖ ⁓vorlage, Vorlage f (Schw) /
obturación f de agua ‖ ⁓vorlaufleitung f (Heizung) /
tubería f de expansión ‖ ⁓vorrichtung f, -einrichtung
f / dispositivo m de seguridad, seguridad f ‖
⁓vorrichtung (koll.) z. Festhalten u. Ä. / quitamiedos
m (col.) ‖ ⁓vorschriften f pl / reglamentos m pl de
seguridad, normas f pl o instrucciones de seguridad ‖
⁓-Wettertür f (Bergb) / puerta f de aeramiento de
seguridad ‖ ⁓winkel m (Elektr) / margen m f de
conmutación de un ondulador ‖ ⁓zahl, -ziffer f /
factor m o índice de seguridad ‖ ⁓zeichen n,
Grenzzeichen n (Bahn) / señal f límite de apartadero ‖
⁓zertifikat n / certificado m de seguridad (de la
máquina) ‖ ⁓zünder m (Bergb) / detonador m de
seguridad ‖ ⁓zündschnur f / mecha f de seguridad ‖
⁓zuschlag m / sobretasa f al factor de seguridad
sichern [gegen] / segurar [contra] ‖ ~, schützen /
proteger, preservar [de] ‖ ~, kontrollieren / verificar ‖
~, festhalten / retener ‖ ~ (Handwaffe) / asegurar ‖ ~
(Geschütz) / cerrar la culata ‖ ~, in Sicherheit bringen
[vor] / poner a salvo [de], poner en seguridad [de] ‖ ~
(m. Eisen, Stäben etc.) / barretear ‖ ~ vi (Elektr) /
proveer de o proteger por cortacircuitos, fusiblear ‖
~ (Bergb) / consolidar ‖ **eine Sprechverbindung** ~
(Fernm) / mantener ocupado un circuito
Sicherstellungsbereich m (DV) / área f segura
Sicherung f (allg) / dispositivo m de seguridad, aparato
m protector ‖ ⁓, Garantie (allg) / garantía f ‖ ⁓
(Schraube) / frenado m de tornillo o de tuerca ‖ ⁓
(Elektr) / cortacircuito m, fusible m, plomo m ‖ ⁓,
Konsolidierung / consolidación f ‖ ⁓ (Waffe) (Mil) /
fiador m, seguro m ‖ ⁓ (Bergb) / mantenimiento m del
techo ‖ ⁓ **des Radreifens durch Sprengring** (Bahn) /
montaje m del casquillo ‖ **die ⁓en auslösen** (Elektr) /
fundir o quemar el fusible ‖ **unter Öl arbeitende** ⁓ /
cortacircuito m en aceite
Sicherungs•anlage f (Bahn) / instalación f de seguridad ‖
⁓archiv n (DV) / fichero m de seguridad ‖ ⁓automat
m (Elektr) / fusible m automático ‖ **thermischer**
⁓automat (Elektr) / interruptor m o cortacircuito
térmico, termointerruptor m ‖ ⁓blättchen n (Elektr) /
lámina f fusible ‖ ⁓blech n (Masch) / chapa f de
seguridad ‖ ⁓blech (mit Lappen) (rund) / arandela f
de seguridad con solapas ‖ ⁓blech mit Außennase,
[mit Innennase] / frenado m de tuerca con pestaña
exterior, [interior] ‖ ⁓blech mit 2 Lappen
(rechteckig) / frenado m de tuerca con dos solapas ‖

⁓bügel (DIN), -ring m (Kfz) / circlip m ‖ ⁓dose f,
-kasten m (Elektr, Kfz) / caja f de cortacircuitos, cajetín
m de fusibles ‖ ⁓draht m (Elektr) / fusible m de cable ‖
⁓draht für Plomben / alambre m de sujetar precintos
‖ ⁓druckknopf m (Elektr) / pulsador m automático,
chivato m ‖ ⁓einsatz m, Schmelzstöpsel m / tapón m
o cartucho de fusible ‖ ⁓faden m (Fallschirm) / hilo m
de seguridad ‖ ⁓feder f / muelle m o elástico de
detención ‖ ⁓flügel m, Feststellhebel m / pestillo m
de seguridad de un manipulador ‖ ⁓flügel (Waffe) /
aleta f del seguro ‖ ⁓-Gegenmutter f s. Sicherungsmutter
‖ ⁓halter, -träger, -körper, -griff m (Elektr) /
portafusible m ‖ ⁓halter m mit Schraubverschluss /
portafusible m roscado ‖ ⁓kasten m (Elektr) / caja f de
fusibles ‖ ⁓keil m eines Bolzens, einer Feder / chaveta
f de seguridad ‖ ⁓kette f (für Deckel u. dergl.) /
cadena f de sujeción ‖ ⁓klappe f des Kranhakens /
lengüeta f de gancho de grúa ‖ ⁓klemme f (Elektr) /
borne m de fusible ‖ ⁓kontrollrelais, Kontrollrelais
für die Sicherungen n / relé m de supervisión de
cortacircuito ‖ ⁓leiste f (Elektr) / regleta f de fusibles ‖
⁓leuchte f (Kfz) / luz f intermitente amarilla ‖ ⁓loch n
(Sechskantmutter) / agujero m para el precinto ‖
⁓maßnahmen f pl / medidas f pl de seguridad ‖
⁓mutter f, Gegenmutter f / tuerca f de seguridad,
contratuerca f ‖ ⁓napf m / cápsula f de seguridad
para tornillos cilíndricos embutidos ‖ ⁓nennstrom m
(Elektr) / corriente f nominal de fusible ‖
⁓passeinsatz m / calibre m atornillado de fusibles ‖
⁓patrone f / cartucho m de fusible ‖ ⁓posten m (an
Baustellen) (Bahn) / vigilante m o agente que cubre la
vía (durante obras), centinela m (LA), abanderado m
(CHILE), banderista m (CHILE) ‖
⁓programmierung f (DV) / programación f de
fusibles ‖ ⁓radar m n / radar m de vigilancia ‖ ⁓raste
f / trinquete m de seguridad ‖ ⁓riegel m / pasador m
de seguridad ‖ ⁓ring m (Masch) / anilla f de seguridad,
anillo m de seguridad ‖ ⁓ring, Dichtungsring m /
anillo m de empaquetadura ‖ ⁓ring, Seegerring m für
Wellen / circlip m exterior ‖ ⁓ring (DIN),
Benzingsicherung f / circlip m ‖ ⁓ring für Bohrungen
/ circlip m interior ‖ ⁓ring-Zange f / alicate m para
circlips ‖ ⁓scheibe f / arandela f de seguridad ‖
⁓scheibe (gegen seitliches Verschieben) / arandela f
de empuje o de presión ‖ ⁓scheibe mit Innenlappen /
frenado m de tuerca con pestaña interior ‖
⁓[schmelz]streifen m (Elektr) / cinta f o lámina
fusible ‖ ⁓schraubautomat m (Elektr) / automático m
de seguridad de tornillo, interruptor m automático ‖
⁓schraube f / tornillo m de retención o de fijación ‖
⁓schraubkappe f (Elektr) / portafusible m ‖ ⁓sockel
m (Elektr) / bloque m portafusible, base f del fusible ‖
⁓splint m / pasador m de aletas de seguridad ‖ ⁓stab
m (gegen Diebstahl) (Kfz) / barra f antirrobo ‖ ⁓stab
(Nukl) / barra f de seguridad ‖ ⁓stecker m (Elektr) /
cortacircuito m de dos espigas ‖ ⁓stift m / punta f de
seguridad ‖ ⁓stift, Schwerspannstift m / pasador m
de montaje elástico ‖ ⁓tafel f (Elektr) / panel m o
tablero o cuadro de fusibles ‖ ⁓- und
Verbindungsschicht f, Schicht 2 f (DV, OSI) / nivel m de
enlace, nivel m 2 ‖ ⁓unterlage f für
On-Line-Übertragungen (DV) / duplicado m para
seguridad ‖ ⁓vorrichtung, Festhaltevorrichtung f /
dispositivo m de retén
Sicht f, Blick m (Opt) / vista f ‖ ⁓ / visión f ‖ ⁓ s. auch
Sichtweite ‖ ⁓..., Sortier... / clasificador adj ‖ **außer**
⁓weite / fuera de alcance de la vista ‖ **beste** ⁓, beste
Sichtigkeit der Luft, Sichtigkeit 9 f / claridad f
excelente del aire ‖ **gegen** ⁓ **schützen** / disimular,
encubrir, camuflar
Sicht•abdeckung f / pantalla f ‖ ⁓analyse f (Bergb) /
análisis m por separación neumática ‖ ⁓anflug m
(Luftf) / aproximación f visual ‖
⁓anflug-Neigungszeiger m / indicador m visual de

pendiente de aproximación ‖ ⁓**anflugpiste** f / pista f para aproximación visual ‖ ⁓**anlage** f, Sortieranlage f (Aufb) / instalación f de clasificación ‖ ⁓**anzeige** f / indicación f visual ‖ ⁓**anzeige**, -anzeigegerät n (DV, Radar) / presentación f visual ‖ ⁓**ausschnitt** m / recorte m de vista
sichtbar / visible ‖ ⁓, wahrnehmbar / visual, visivo ‖ ⁓, sichtlich / aparente ‖ ⁓**es Erz** (für Berechnung von Erzreserven) (Bergb) / mineral m aparente ‖ ⁓**e Fuge** (Bau) / junta f abierta ‖ ⁓**e Fuge** (Sperrholz) / junta f abierta visible ‖ ⁓**es Gebiet** (Opt) / región f visible, dominio m espectral de la radiación visible ‖ ⁓ **gemachte Sprache** (DV) / palabra f visible, lenguaje m visible ‖ ⁓**er Horizont** (Nav) / horizonte m visible o sensible ‖ ⁓ **machen** / visibilizar, mostrar, hacr visible ‖ ⁓ **machen**, darstellen (DV) / visualizar ‖ ⁓**e Schrift** (Schreibm) / escritura f visible ‖ ⁓**es Signal** / señal f visible ‖ ⁓**es Spektrum** (Phys) / espectro m visible o de luz [visible] ‖ ⁓**er Strahl** (Kath.Str) / rayo m visible ‖ ⁓ **werden** / aparecer ‖ **mit bloßem Auge nicht** ⁓ / imperceptible a simple vista
Sichtbarkeit f / visibilidad f
sichtbar-kristallinisch, phanerocristallin / fanerocristalino
Sichtbarmachung f, Anzeige f (DV) / presentación f visual, visualización f
Sicht•begrenzung f / limitación f de vista ‖ ⁓**behinderung** f / obstáculo m a la visibilidad, vista f impedida ‖ ⁓**bereich** m / alcance m visual ‖ ⁓**beton** m (Bau) / hormigón m liso [no revestido, sin retocar] ‖ ⁓**bild** n (Radar) / representación f en perspectiva ‖ ⁓**blende** f, -schutz m (Bau) / pantalla f
sichten vt, separieren (Bergb) / separar ‖ ⁓, sortieren / clasificar ‖ ⁓, erkunden / explorar ‖ ⁓, prüfen / examinar ‖ ⁓ (Bergb) / clasificar ‖ ⁓ (Schiff) / avistar ‖ ⁓, sieben / cribar, tamizar ‖ **pneumatisch** ⁓ (Bergb) / separar neumáticamente ‖ ⁓ n, Sichtung f / clasificación f
Sichter m / separador m, clasificador m ‖ ⁓**mühle** f (Bergb) / molino m separador, molino m de bolas para separación por aire
Sichte•tisch m / mesa f de clasificación ‖ ⁓**trommel** f (Bergb) / tambor m de clasificación
Sicht•feld n (Foto) / campo m visual o de visión ‖ ⁓**fenster** n (DV) / ventana f ‖ ⁓**fenster aus Achat** / ventana f de ágata ‖ ⁓**fenstertechnik** f (DV) / técnica f de ventanas múltiples ‖ ⁓**fläche** f / superficie f visible ‖ ⁓**fläche**, Verkleidung f / paramento m ‖ ⁓**flug** m (Luftf) / vuelo m visual, vuelo m con visibilidad ‖ ⁓**flug-Regeln**, VFR-Regeln f pl (Luftf) / reglas f pl de vuelo visual ‖ ⁓**funkpeiler** m / radiofaro m visual, radiofaro m direccional de indicación visual ‖ ⁓**gerät** n (Radar) / presentación f panorámica, pantalla f panorámica, indicador m de posición en el plano ‖ ⁓**gerät** (DV) / presentación f visual ‖ ⁓**gerätausgabe** f, Soft-Copy f (DV) / presentación f o visualización f transitoria ‖ ⁓**gesteuert** (Flugkörper) / guiado ópticamente
sichtig, klar (Meteo) / claro
Sicht[igkeit der Luft] f (Meteo) / visibilidad f
Sicht•kontrolle f / control m visual ‖ ⁓**linie**, Sehlinie f / línea f visual, visual, f ‖ ⁓**maschine** f (Tex) / máquina f de escogimiento o de selección o de surtido ‖ ⁓**mauerwerk** n (Bau) / mampostería f de ladrillos f [sin revoque] ‖ ⁓**messer** m (Luftf) / instrumento f para medir la visibilidad ‖ ⁓**öler** m / engrasador m de gasto visible ‖ ⁓**peiler** m / indicador m de dirección óptico ‖ ⁓**peilgerät** n **mit Kathodenstrahlröhre** / radiogoniómetro m catódico o de rayos catódicos ‖ ⁓**prüfung** f, -probe f / examen m visual, prueba f visual ‖ ⁓**scheibe** f (Mot) / ventana f de inspección ‖ ⁓**schutz** m (allg) / protección f visual ‖ ⁓**schutz durch Bäume** / línea f de árboles ‖ ⁓**signal** n / señal f visible ‖ ⁓**speicherröhre** f (TV) / tubo m de imagen (o de

presentación visual) del tipo acumulador ‖ ⁓**tabelle** f (Hütt) / tabla f de cribas ‖ ⁓**tiefe** f (Hydr) / profundidad f de visibilidad ‖ ⁓**trübung** f / o[b]scurecimiento m de visión
Sichtung, Klassifikation f / clasificación f ‖ ⁓, Sortierung f / selección f ‖ ⁓ f (Bergb) / clasificación f neumática
Sicht•verbindung f / comunicación f óptica o visual ‖ ⁓**verhältnisse** n pl / condiciones f pl de visibilidad ‖ ⁓**verkleidung** f (Bau) / paramento m ‖ ⁓**verpackung** f / envase m transparente ‖ ⁓**weite**, Sicht f / distancia f de visibilidad, alcance m de la vista ‖ ⁓**weite 0/0** (Luftf, Schiff) / visibilidad f cero ‖ ⁓**weitemesser** m / instrumento m para medir la visibilidad ‖ ⁓**weitenmesser** (für große Entfernungen), Skopograph m (Luftf) / escopógrafo m ‖ ⁓**weitenmesser** (für kurze Entfernungen), Videograph m (Luftf) / videógrafo m ‖ ⁓**wetterbedingungen** f pl / condiciones f pl meteorólogicas de vuelo visual ‖ ⁓**winkel** m / ángulo m de visión
Sicke f (Masch) / acanaladura f, moldura f, canaleta f (LA) ‖ **Verbindung durch** ⁓ **n**, Versicken n / unión f por acanaladura
sicken vt / acanalar ‖ ⁓, bördeln (Blech) / rebordear ‖ ⁓**-,Bördel- und Drahteinlegemaschine** f / máquina f para enchapar, acanalar y rebordear ‖ ⁓**eisen** n, -form f, -zug m / engarzador m ‖ ⁓**fass** n / barril m con aros entallados (E), tambor m canaleta (LA) ‖ ⁓**maschine** f (Stanz) / acanaladora f ‖ ⁓**stock** m (Schm) / bigornia f para formar bordes ‖ ⁓**walze** f / cilindro m para acanalar
Sicker•anlage f (Abwasser) / sumidero m ‖ ⁓**beton** m / hormigón m filtrante ‖ ⁓**bohrung** f / agujero m de drenaje o de desagüe ‖ ⁓**brunnen** m (Hydr) / pozo m seco ‖ ⁓**dole** f, -wasserrohr n (unterird) / arqueta f de drenaje ‖ ⁓**ebene**, Sättigungsebene f (Grundwasser) / nivel m de saturación ‖ ⁓**filter** n (Abwasser) / filtro m de grava ‖ ⁓**graben** m, -kanal m / zanja f de drenaje o de grava ‖ ⁓**grube** f (für Entwässerung) (Bau) / pozo m de drenaje, pozo m u hoyo de fondo permeable, sumidero m ‖ ⁓**linie** f (Hydr) / línea f freática ‖ ⁓**loch** n, -grube f, -schacht m (unausgemauerte Versitzgrube) (Abwasser) / pozo m absorbente ‖ ⁓**loch in einer Mauer** / orificio m de desagüe
sickern vi (Feuchtigkeit) / rezumar, filtrarse gota a gota ‖ ⁓, lecken (Gefäß) / tener fuga ‖ **durch Filter** ⁓ / filtrarse
sickernd, tröpfelnd / goteando
Sicker•packung f (Bau) / pozo m de grava ‖ ⁓**rohr**, Entwässerungsrohr n (Bahn, Straß) / tubo m de drenaje ‖ ⁓**saft** m (Landw, Silieren) / jugo m de filtración ‖ ⁓**schacht** m, Versickerungsschacht m (Bau) / pozo m filtrante, sumidero m ‖ ⁓**schacht**, -grube f / pozo m de caída ‖ ⁓**schacht** (durch undurchlässige Schicht) / pozo m absorbente ‖ ⁓**schicht** f (Bau) / lecho m de grava ‖ ⁓**schlitz** m (Straß) / orificio m de drenaje ‖ ⁓**steindränung** f, -steindrain m / zanja f de grava ‖ ⁓**stollen** m (Bergb) / galería f de infiltración o de drenaje ‖ ⁓**strahlung** f, Leckstrahlung f (Nukl) / radiación f primaria ‖ ⁓**strömung** f, Grundwasserstrom-Sickerung f / corriente f de infiltración ‖ ⁓**verlust**, Schwund m / pérdida f por fuga ‖ ⁓**verlust** m (Hydr) / pérdida f por infiltración ‖ **Größe des** ⁓**verlustes** / razón m de pérdida por infiltración ‖ ⁓**wasser** n / agua f de infiltración ‖ ⁓**wasser** (tropfend) / gotas f pl de agua de infiltración ‖ ⁓**wasser** (in engen Hohlräumen sinkend) (Hydr) / agua f de gravitación ‖ ⁓**wasserableitung** f / evacuación f de agua de infiltración
Sicrozem n (braungraue Erde) (Geol) / sicrozém m
SiC-Whisker m (Verstärkerfaser) (Plast) / triquita f de SiC

1203

Sideboard

Sideboard n, Kredenz f (Möbel) / credenza f, aparador m, seibo m (LA)
Siderin-Gelb n (Färb) / amarillo m de siderina
siderisch (Astr) / sidéreo, sideral ‖ ~**es Jahr** / año m sidéreo ‖ ~**er Monat** (= 27,32166 d) / mes m sidéreo
Siderit (von Heidinger), Spateisenstein m (Min) / siderita f, hierro m espático ‖ ~ m (von Pinkerton) (Min) / hornablenda f, anfibolita f ‖ ~ (von Daubrée), Eisenmeteorit m / holosiderit m, meteorito m holosídero
Sidero•..., Eisen... / sidero... ‖ ~**chromit** / siderocromita f ‖ ~**graphie** f, Stahlstichdruck m (Druck) / siderografía f ‖ ~**lith** m (Min) / siderolita f ‖ ~**phil** / siderófilo (con tendencia de absorber hierro) ‖ ~**sis** f (der Lunge) (Med) / siderosis f ‖ ~**stat** m (Astr) / siderostato m
Sidescan-Verfahren n (mit U-Schall) (Geol) / procedimiento m Side Scan
Sidestick m (Luftf) / palanca m de mando lateral
Sieb n, Durchwurf m / criba f, pasador m ‖ ~ (Bergb) / criba f, maritata f (LA) ‖ ~, Durchschlag m, Seiher m (Küche) / colador m, coladero m ‖ ~ (Pap) / tamiz m, tela f metálica ‖ ~ (Landw) / criba f ‖ ~, Filter n (Eltronik) / filtro m ‖ ~ **[feines]** ~ / tamiz m ‖ **[grobes]** ~ / criba f, cedazo m, harnero m (LA) ‖ **feines** ~, Filtertuch n (Chem) / tela f filtrante ‖ ......**-mesh-**~ / criba f de ... mallas
Sieb•analyse f (Chem) / análisis m granulométrico ‖ ~**anlage** f (Aufb) / instalación f de cribado ‖ ~**austrag** m (der Abfall) / rechazo m de criba ‖ ~**austrag** (die Ausbeute) / rendimiento m de cribado ‖ ~**band** n **des Kartoffelroders**, cinta f transportadora de la arrancadora de patatas ‖ ~**bar** / tamizable ‖ ~**belag** m / fondo m de criba ‖ ~**bespannung** f / tela f para cedazos, tejido m de criba ‖ ~**blech** n / chapa f perforada, chapa-tamiz f ‖ ~**boden** (Chem) / fondo m perforado ‖ ~**deck** n (Aufb) / platillo m de tamiz ‖ ~**drossel** f (Eltronik) / inductancia f de filtro ‖ ~**druck...** m, Seidendruck... (Druck) / serigráfico adj ‖ ~**druck** m, Serigraphie f, Seidendruck m (Verfahren) / serigrafía f ‖ ~**druck** (Erzeugnis) / serigrafía f ‖ ~**druckeinrichtung** f / equipo m de serigrafía ‖ ~**drucken** vt / hacer serigrafías ‖ ~**drucker** m / aparato m de serigrafía ‖ ~**druckfarbe** f / tinta f de serigrafía ‖ ~**druckgaze** f / tela f o gasa para serigrafía ‖ ~**druck-Lötpaste** f / pasta f de soldadura para serigrafía ‖ ~**druckschablone** f / plantilla f de serigrafía ‖ ~**durchfall** m, Siebfeines n, Unterkorn n / finos m pl menudos de cribado ‖ ~**durchgangs-Fläche** f / área f vacía de criba ‖ ~**einguss** m (Gieß) / bebedero m filtrante ‖ ~**einsatz** m / tejido m metálico
sieben vt, ab-, durchsieben / cribar, tamizar ‖ ~, rättern (Bergb) / clasificar, tamizar ‖ ~ (Mehl) / cerner ‖ ~ (Eltronik, Funk) / filtrar ‖ ~ n / cribado m, tamizado m ‖ ~, Trennen n, Klassieren n (Aufb) / clasificación f, separación f por cribado
Sieben-Bit Byte n (DV) / septeto m
Sieben•eck n, -flach n (Geom) / heptágono m ‖ ~**eckig** / heptagonal, heptangular
Siebener•alphabet n (DV) / código m de siete elementos ‖ ~**gruppe** f / septena f, septenario m
sieben•fach / séptuplo, septenario ‖ ~**fach gelagert** / de siete apoyos o cojinetes ‖ ~**gelenkgetriebe** n (Mech) / mecanismo m de siete varillas articuladas ‖ ~**polig** / heptapolar ‖ ~**polige Anhänger-Steckvorrichtung** (Kfz) / caja f de enchufe de remolque de siete polos ‖ ~**ring** m, siebengliedriger Ring (Chem) / combinación f cíclica heptagonal o de siete miembros ‖ ~**sitzige Limousine** / limusina f de siete asientos ‖ ~**stelliger Logarithmus** (Math) / logaritmo m de siete cifras ‖ ~**tagescheiben** f pl, Siebentagebündel n (Tachograph) / paquete m de discos para 7 días
Siebentschlammung f (Aufb) / desfangado m de criba

siebenwertig (Chem) / heptavalente
Sieber m (Person) / tamizador m
Sieberei, Trennung f (Bergb) / separación f ‖ ~**feinkohle** f (Bergb) / finos m pl menudos de cribada
Sieber-Zahl f (für Bleichbarkeit) (Pap) / índice m de Sieber
Sieb•faktor m (Eltronik) / inverso m del factor de reducción ‖ ~**feines** n / finos m pl de cribado ‖ ~**feinheit** f / finura f de las mallas de tamiz ‖ ~**filter** m n / tamiz m de filtraje ‖ ~**filter** n (Kfz) / filtro-tamiz m ‖ ~**fläche** f / área f filtrante ‖ ~**folge**, -skala f (Bergb) / escala f de finura ‖ ~**fraktion** f (Pulv.Met) / fracción f granulométrica de tamizaje ‖ ~**führung** f (Pap) / guía f de la tela metálica ‖ ~**geflecht**, -gewebe n / tela f metálica para tamices ‖ ~**gerüst** n / armazón m de criba ‖ ~**gewebe** n, feines Drahtgewebe, Drahtgaze f / gasa f metálica ‖ ~**glied** n (Eltronik) / elemento m de filtro ‖ ~**größe** f / número m de tamiz ‖ ~**kern** m (Gieß) / macho m filtrante ‖ ~**kette** f (Eltronik) / cadena f de filtros ‖ ~**kette** (Landw) / cadena f cribadora ‖ ~**kettenroder** m / arrancadora f de cadena cribadora ‖ ~**klassierung** f (Bergb) / clasificación f por criba ‖ ~**koeffizient** m / razón f de tamizado ‖ ~**kohle** f / carbón m cribado ‖ ~**kollergang** m / molino m de rulos perforado ‖ ~**kondensator** m (Eltronik) / capacitor m de filtraje ‖ ~**konus** m / cono m perforado ‖ ~**korb** m (Bau, Pumpe) / alcachofa f ‖ ~**korb** (Zentrifuge) / tambor m perforado ‖ ~**korbbelag** m (Zentrifuge) / revestimiento m del tambor ‖ ~**körnung** f / clasificación f granulométrica ‖ ~**kreis** m (Eltronik) / circuito m filtrante o de filtraje ‖ ~**kugelmühle** f (Keram) / molino m de bolas con criba ‖ ~**laufregler** m (Pap) / regulador m de marcha de la tela ‖ ~**leistung** f, -ausbringen n / rendimiento m de tamizado ‖ ~**leistung**, -leistungsfähigkeit f / capacidad f de cribado o tamizado ‖ ~**linie** f, -kurve f (Beton) / curva f granulométrica ‖ ~**lose Schleudertrommel** (Zentrifuge) / tambor m no perforado ‖ ~**mantel** m (Zentrifuge) / tambor m perforado ‖ ~**markierung** f (Pap) / marcación f de tela ‖ ~**maschine** f / máquina f de cribar ‖ ~**maschine** (Aufb) / mesa f de percusión ‖ ~**-Nummer** f / número f de malla ‖ ~**packung** f (Extruder) / paquete m de filtros ‖ ~**partie** f (Pap) / sección f de tamices ‖ ~**platte** f / placa f perforada ‖ ~**presse** f / extrusionadora f de agujeros ‖ ~**radroder** m (Landw) / arrancadora f de patatas sobre ruedas ‖ ~**rahmen** m / chasis m o cerco de criba ‖ ~**reihe**, -skala f (Sieb) / escala f de malla ‖ ~**rohr** n (Öl) / tubería f hendida ‖ ~**rost** m (Aufb) / emparrillado m de criba ‖ ~**rückstand** m, -überkorn n / residuos m pl de criba ‖ ~**rückstandskurve** f (Aufb) / curva f granulométrica cumulativa de residuos de criba ‖ ~**satz** m / juego m de cribas ‖ ~**sauger** m (Pap) / aspirador m del tamiz ‖ ~**schaltung** f (Elektr) / red f de filtro ‖ ~**schleuder** f / hidroextractor m de tamiz ‖ ~**schwierig** / difícil de cribar ‖ ~**seite** f (Pap) / lado m tamiz ‖ ~**serie** f / serie f de tamices ‖ ~**setzmaschine** f, Jigger m (Bergb) / criba f oscilante o de vaivén ‖ ~**sprung** m (Bergb) / paso m de agujeros redondos a agujeros rectangulares ‖ ~**staub** m / cribaduras f pl pulverulentes ‖ ~**test** m (Aufb) / tamizado f de comprobación ‖ ~**trennung** f / separación f por tamizado ‖ ~**trichter** m / embudo m para tamizar ‖ ~**trommel** f (Aufb) / tambor m cribador, criba f giratoria, trómmel m ‖ ~**trommel** (Spinn) / cilindro m de aspiración ‖ ~**trommeltrockner** m (Tex) / secador m de tambor cribador ‖ ~**trommelzentrifuge** f / centrifugadora f de tambor perforado ‖ ~**tuch** n (für Flüssigkeiten) / tela f para tamizar ‖ ~**tuch** (Draht) / tela f metálica para tamiz ‖ ~**übergang** m (bei kontinuierlicher Siebung) (Bergb) / residuos m pl de cribado continuo ‖ ~**- und Sichtverlust** m / pérdida f de tamizado y de clasificación

Siebung f, Sieben n / cribado m, tamizado m, tamizaje m ‖ ⁓, Sieben n (Eltronik) / filtrado m, filtraje m, filtración f
Sieb•verfahren n der Halbbild-Trennung (Stereo) / método m sustractivo de separación de imágenes ‖ ⁓**wäsche** f, -arbeit f (Hütt) / lavado m por criba ‖ ⁓**waschmaschine** f (Tex) / lavadora f de tamiz sin fin ‖ ⁓**wasser** n (Pap) / aguas f pl coladas de la tela, aguas f pl blancas ‖ ⁓**weberei** f (Pap) / fabricación f de tela metálica ‖ ⁓**weite**, -größe f (Sieb) / tamaño m de la malla ‖ [ganze] ⁓**weite** / abertura f de criba ‖ ⁓**weite** f des Spaltsiebes / anchura f del intersticio de barras de la criba de barras ‖ ⁓**-Wirkungsgrad** m / rendimiento m de cribado ‖ ⁓**wuchtrinne** f (Aufb, Förd) / canal m de criba vibrante ‖ ⁓**zentrifuge**, -schleuder f / hidroextractor m de tamiz ‖ ⁓**zentrifuge** f mit konischer Trommel / hidroextractor m de tambor perforado cónico ‖ ⁓**zulauf**, -einguss m (Gieß) / bebedero m filtrante ‖ ⁓**zylinder** m / cilindro m perforado
Siede•analyse f (Chem) / análisis m por ebullición ‖ ⁓**anteil** m / fracción f destilable ‖ ⁓**apparat** m / aparato m de punto de ebullición ‖ ⁓**barometer**, Hypsometer n (Phys) / hipsómetro m ‖ ⁓**beginn** (Verdampfung) / ebullición f incipiente ‖ ⁓**beginn**, Anfangspunkt m / punto m inicial de ebullición ‖ ⁓**bereich** m / límite m o intervalo de ebullición ‖ ⁓**diagramm** n / diagrama m de los puntos de ebullición ‖ ⁓**ende** n, -endpunkt m / punto m de ebullición final ‖ ⁓**ende**, -schluss m / fin m de ebullición ‖ ⁓**fläche** f (Phys) / parte f plana de la curva de puntos de ebullición ‖ ⁓**gefäß** n / vaso m de ebullición ‖ ⁓**grenzen** f pl / límites m pl de ebullición ‖ ⁓**grenzenbenzin** n (Chem) / gasolina f de límite definido de ebullición ‖ ⁓**hitze** f / temperatura f de ebullición ‖ ⁓**kapillare** f (Chem) / tubo m capilar de ebullición ‖ ⁓**kennziffer** f (Öl) / punto m de ebullición mediano ‖ ⁓**kessel** m (Zuck) / caldera f de hervir ‖ ⁓**kessel** (Salz) / caldera f de salina ‖ ⁓**krisis** f (Nukl) / calentamiento m crítico ‖ ⁓**kühlung** f / enfriamiento m por evaporación ‖ ⁓**kühlung** (Hütt) / refrigeración f por evaporación ‖ ⁓**kurve** f, -linie f (Phys) / curva f de destilación ‖ ⁓**lücke** f (schärferer Schnitt der Groß- als der DIN-Destillation) (Destillation) / intervalo m de destilación ‖ ⁓**maximum** n (Phys) / presión f maxima de vapor ‖ ⁓**minimum** n (Phys) / presión f mínima de vapor
sieden, kochen vi / hervir, estar en ebullición ‖ ⁓, kochen vi, brodeln / borbotar ‖ ⁓ vt, kochen vt / [hacer] hervir ‖ ⁓, weißsieden (Silber) / recocer al blanco ‖ ⁓ (Zuck) / refinar ‖ Seife ⁓ / hacer jabón ‖ zu ⁓ anfangen / romper el hervor ‖ ⁓ n, Aufwallen n, Sprudeln n (Chem, Phys) / ebullición f ‖ zum ⁓ bringen / hacer hervir
Siedenachweis m / detección f de ebullición
siedend / hirviendo, en ebullición ‖ hoch ⁓er Anteil / fracción f de alta ebullición ‖ niedrig ⁓er Anteil / fracción f de baja ebullición
Siede•pfanne f (Zuck) / caldera f de evaporación ‖ ⁓**punkt** m des Schwefels / punto m de ebullición del azufre ‖ ⁓**[punkt]diagramm** n, -kurve f / curva f de puntos de ebullición ‖ ⁓**punktserhöhung** f / elevación f del punto de ebullición ‖ ⁓**[punkts]methode** f / método m de punto de ebullición ‖ ⁓**reaktor** m / reactor m de agua hirviente, pila-caldera f
Siederei f (Zuck) / refinería f ‖ ⁓ (Seife) / jabonería f ‖ ⁓ (Salz) / salina f
Siede•rohr, Destillierrohr n (Chem) / tubo m de destilación ‖ ⁓**rohr** n, Rauch-, Heizrohr n (Kessel) / tubo m hervidor ‖ ⁓**rohrkessel** m / caldera f multitubular o con tubos hervidores ‖ ⁓**salz** n, Küchensalz m / sal f refinada ‖ ⁓**schwanz** m (Analyse) / cola f de destilación ‖ ⁓**stäbchen** n pl (Chem) / bastoncitos m pl retardadores de la ebullición ‖

⁓**steinchen** n pl (Labor) / piedrecitas f pl retardadoras de la ebullición, perlas f pl de ebullición ‖ ⁓**temperatur** f / temperatura f de ebullición ‖ ⁓**thermometer** n, Thermobarometer n / hipsómetro m ‖ ⁓**verhalten** n (Verdünner) / retención f de ebullición ‖ ⁓**verlauf** m, Destillationsverlauf m / marcha f de destilación ‖ ⁓**verlauf** (Öl) / fases f pl de ebullición ‖ ⁓**verlust** m (Öl) / pérdidas f pl de ebullición ‖ ⁓**verzug** m (Phys) / retardo m de ebullición ‖ ⁓**wasserreaktor** m (Nukl) / reactor m de agua hirviente, pila-caldera f
Siedlung, Niederlassung f / establecimiento m ‖ ⁓ f, Ortschaft f / población f, poblado m ‖ **Arbeiter-**⁓ f / poblado m obrero
Siedlungs•abfall m, Privatmüll m (Umw) / basura f normal ‖ ⁓**genossenschaft** f (Bau) / cooperativa f colonizadora ‖ ⁓**wesen** n, -angelegenheiten f pl / urbanología f
Siegbahn-Einheit, -X-Einheit f (Radiol) / unidad f Siegbahn o X
Siegel n, Stempel m / sello m
Siegelfähigkeit f / sellabilidad f
Siegelgerät n / sellador m
siegeln, versiegeln / sellar
SI-Einheiten f pl / unidades f pl S.I.
Siel m n, Deichschleuse f (Hydr) / esclusa f de dique ‖ ⁓, Dole f (Hydr) / arqueta f ‖ ⁓**schacht** m, Gully n (Bau, Straß) / sumidero m, boca f de alcantarilla
Siemens (Einheit des elektr. Leitwerts), S n (1 S = $1s_2A_2m_2kg$) / siemens m, S m (1 S = 1 ohmio$_{-1}$), mho m ‖ ⁓**-Dynamometer** n / dinamómetro m de Siemens ‖ ⁓**-Hell-Schreiber**, SH-Schreiber (Fernm) / teleimpresor m Hell ‖ ⁓**-Martinofen** m (Hütt) / horno m Siemens-Martin ‖ ⁓**-Martin-Roheisen** n / arrabio m de horno Siemens-Martin, arrabio m S.M. ‖ ⁓**-Martinstahl** m, SM-Stahl m / acero m S.M. ‖ ⁓**-Martinwerk** n, -Martinbetrieb m / acería f S.M. ‖ ⁓**-Niederschachtofen** m / horno m eléctrico S.M. de cuba baja
Siena f (Farb) / siena f ‖ ⁓**erde** f, gebrannte Siena / tierra f de Siena
Sievert n, Sv (1 Sv = 100 rem) (Nukl) / sievert m, unidad f Sievert
Sifa, Sicherheitsfahrschaltung f (Bahn) / dispositivo m de hombre muerto o de seguridad
SI-Format n (DV) / formato m SI o de código normal
Sigel n, Abkürzung f (Druck) / sigla f, abreviatura f taquigráfica ‖ ⁓, Bildzeichen n (Druck) / símbolo m
Siggeis n (in Flüssen), Grundeis n / hielo m de fondo
Sigma n (griech. Buchstabe) / sigma f, σ ‖ ⁓**hyperon**, -teilchen n, Σ (Nukl) / partícula f sigma o Σ, hiperón m sigma ‖ ⁓**meson** n, -stern, σ-Stern m (Phys) / mesón m sigma ‖ ⁓**phase** f (Hütt) / fase f sigma ‖ ⁓**phasen-Ausscheidung** f (Hütt) / segregación f de fases sigma ‖ ⁓**phasen-Versprödung** f (Hütt) / acritud f de la fase sigma ‖ ⁓**schweißung** f / soldadura f de arco con electrodo metálico y gas inerto, soldadura f sigma ‖ ⁓**tron** n (Nukl) / sigmatron m ‖ ⁓**verstärker** m (Nukl) / amplificador m sigma
Sigmet-Meldung f (Meteo) / información f SIGMET
Signal n, Zeichen n (allg, Bahn, Eltronik, Fernm) / señal f ‖ ⁓, Richtpunkt m (Verm) / punto m fijo o de referencia ‖ ⁓, Armsignal n (Bahn) / semáforo m ‖ ⁓, Mastsignal n (Bahn) / señal f elevada ‖ ⁓**...** / de señal[es], de señalización, señalizador ‖ ⁓ **geben** (ein Heulton) (Bahn) / dar silbido ‖ ⁓ n mit Kennlicht (Bahn) / señal f luminosa con luces de posición ‖ ⁓ **mit selbstständiger Rückstellvorrichtung** (Bahn) / señal f semiautomática ‖ **das** ⁓ **auf Fahrt stellen** (Bahn) / poner la señal en posición de vía libre ‖ **das** ⁓ **auf Halt stellen** / poner la señal en posición de alto ‖ **hohes, [niedriges]** ⁓ (Bahn) / señal f elevada, [enana o baja] ‖ **verdecktes** ⁓ (Bahn) / señal f oculta

signal•abhängig (Bahn) / enclavado ‖ **~abhängige Weiche** (Bahn) / cambio *m* (E) o desviador (LA) enclavado, aguja *f* enclavada (E) ‖ **~abstand** *m* (Bahn) / distancia *f* de situación (o de colocación) de señales ‖ **~-Abtast-Schaltung** *f*, Sampling *n* (Eltronik) / muestreo *m* de una señal ‖ **~amplitudenfehler** *m*, Landing *n* (TV) / error *m* de amplitud de la señal ‖ **~analysator** *m* / analizador *m* de señales ‖ **~angepasstes Filter** / filtro *m* adaptado a la señal ‖ **~anlage** *f* (allg) / instalación *f* de señales ‖ **~anlagen** *f pl* (Bahn) / señalización *f* ‖ **~antrieb** *m* (Bahn) / accionamiento *m* de las señales ‖ **~antrieb**, -[antriebs]motor *m* (Bahn) / motor *m* de señal ‖ **~anzeige** *f*, Tageslichtsignal *n* (Bahn) / posición *f* o indicación de una señal, aspecto *m* de una señal (LA) ‖ **~anzeige eines Tageslichtsignals** (Bahn) / aspecto *m* de la señal luminosa ‖ **optische ~** (TV) / señal *f* de indicación óptica, señal *f* luminosa ‖ **~apparat** *m*, Melder *m* (Elektr) / avisador *m* ‖ **~arm** *m* (Bahn) / brazo *m* de semáforo ‖ **~aufbereitung** *f* / regeneración *f* de la señal ‖ **~ausfall**, Aussetzfehler *m*, Drop-out *n* (Magn.Bd) / caída *f* de señal, falla *f* momentánea de registro ‖ **~auswahl** *f* / selección *f* de señales ‖ **~auswertung** *f* (Radar) / selección *f* de señales ‖ **~bake** *f* (Bahn) / baliza *f* de vía ‖ **~ball** *m* (ein Signalkörper) (Schiff) / balón *m* de señalización ‖ **~band** *m* (Vorausexemplar) (Druck) / ejemplar *m* anticipado [a la puesta en venta] ‖ **~begrenzer** *m* (Eltronik) / limitador *m* de volumen ‖ **~begriff** *m*, -bild *n* (Bahn) / posición *f* o indicación de una señal, aspecto *m* de una señal (LA) ‖ **~betätigung** *f* (Bahn) / maniobra *f* de señal ‖ **~brücke** *f* (Bahn) / puente *m* de señales ‖ **~buch** *n* (Bahn) / reglamento *m* de señales ‖ **~buch** (Nav) / código *m* de señales ‖ **~diode** *f* / diodo *m* para señales ‖ **~drahtzug** *m* (Bahn) / hilo *m* o alambre de transmisión para señales ‖ **~/Echo-Verhältnis** *n* / relación *f* señal/eco ‖ **~eingabeglied** *n* (Regeln) / captador *m* ‖ **~einrichtungen** *f pl* / señalización *f* ‖ **~einspeisung** *f* / entrada *f* de señal ‖ **~elektrode**, Signalplatte *f* (Ikonoskop, TV) / placa *f* colectora o de señal ‖ **~element** *n* (CD-Scheibe) (DV) / elemento *m* de imagen, pit *m* ‖ **~empfänger** *m* / receptor *m* de señales ‖ **~fahne**, -flagge *f* / bandera *f*, banderín *m* ‖ **~feld** *n*, -platz *m* (Luftf) / área *f* de señales terrestres ‖ **~feuer** *n* (Schiff) / luz *f* advertidora ‖ **~flagge** *f* / bandera *f* de señales ‖ **~flügel** *m* (Bahn) / brazo *m* de semáforo ‖ **~flussbild**, -flussdiagramm *n*, -flussdarstellung *f* (Regeln) / diagrama *m* de flujo (o de aparición) de señales ‖ **~formendes Glied** (Fernm) / red *f* de formación de la señal, red *f* correctora de la onda de señal ‖ **~formung** *f* (Fernm) / acondicionamiento *m* de señales ‖ **~freigabe** *f* (TV) / disparo *m* de señal ‖ **~frequenzwandler** *m* (Eltronik) / convertidor *m* de las frecuencias de señales ‖ **~gast** *m* (Schiff) / señalador *m* ‖ **~gebender Drehmomentenschlüssel** / llave *f* de tuercas torsiométrica con emisión de señales ‖ **~geber** *m* / emisor *m* de señales ‖ **~gebung**, Zeichengebung *f* / señalización *f* ‖ **~gemisch** *n* (TV) / señal *f* vídeo compuesta ‖ **~gerüst** *n* (Verm) / torre *f* de señalización ‖ **~glocke** *f* (Akust) / campanilla *f* señalizadora o de señales ‖ **~gruppe** *f* (Radar) / grupo *m* de señales codificadas ‖ **~halt-Überprüfung** *f* (Bahn) / comprobación *f* de señal a cierre ‖ **~hebel** *m* (Bahn, Stellwerk) / palanca *f* de señales ‖ **~horn** *n* (Akust) / bugle *m* [se señales] ‖ **~horn** (Bahn) / bocina *f*, claxón *m* ‖ **~horn** (F'wehr) / sirena *f* ‖ **~hub** *m* / desviación *f* de señal ‖ **~hupe** *f*, -horn *n* / bocina *f*, claxón *m* ‖ **~-Interferenz-Verhältnis** *n* (Mobilfunk) / relación *f* señal a interferencia

signalisieren *vt*, Signal geben / señalar, hacer señales ‖ **~** *n*, Signalisierung *f* / señalización *f*, señalamiento *m*

Signal•kabel *n* / cable *m* de señalización ‖ **~kasten** *m* (Bahn) / caja *f* de señalización ‖ **~kegel** *m* (Schiff) / cono *m* de señalización ‖ **~kompression** *f* / compresión *f* de la señal ‖ **~kontaktschiene** *f* (Bahn) / pedal *m* de cierre de contacto ‖ **~lampe** *f*, -leuchte *f* / lámpara *f* indicadora ‖ **~lampe**, Ruflampe *f* / lámpara *f* de llamada ‖ **~lampe für Zählzwecke** / lámpara *f* testigo ‖ **~laterne** *f* (Bahn) / linterna *f* de señal, farol *m* de señal ‖ **~laterne** (Schiff) / farol *m* de señales ‖ **~laterne mit beweglicher Blende** (Bahn) / unidad *f* luminosa de pantalla móvil ‖ **~leine** *f* (Schiff) / driza *f* de las banderas de señales ‖ **~leitung** *f* (Fernm) / línea *f* de señal ‖ **~licht** *n* (Bahn) / luz *f* de señal ‖ **~mast** *m* (Bahn) / poste *m* de señal ‖ **~mast** (Schiff) / palo *m* o mástil de señales ‖ **~meldelämpchen** *n*, Lichtwiederholer *m* (Bahn) / repetidor *m* de control de luz de señales ‖ **~mischgerät** *n* (TV) / mezclador *m* de señales ‖ **~mischung** *f* (TV) / mezcla *f* de señales ‖ **~-Nebensprechverhältnis** *n* / relación *f* diafónica, relación *f* señal/diafonía ‖ **~optik** *f* / sistema *m* óptico de señales ‖ **~ordnung**, -buch *n* (Bahn) / reglamento *m* de señales ‖ **~parameter** *m* (Eltronik) / parámetro *m* de la señal ‖ **~pegel** *m* / nivel *m* de señal ‖ **~pfad** *m*, -weg *m* / camino *m* o curso de la señal, camino *m* de circulación de las señales ‖ **~pfeife** *f* (Dampfm) / silbato *m* (E) o pito (LA) de vapor ‖ **~pistole**, Leuchtpistole *f* / pistola *f* de señales ‖ **~platte**, Signalelektrode *f* (Ikonoskop, TV) / placa *f* colectora o de la señal ‖ **~preis** *m* / precio *m* que llama la atención ‖ **~prozessor** *m*, Analogprozessor *m* (DV) / procesador *m* analógico ‖ **~rakete** *f* / cohete *m* de señales ‖ **~-Rauschverhältnis** *n* (Funk) / relación *f* señal/ruido ‖ **~rechner** *m* / calculador *m* de señales ‖ **~relais** *n* / relé *m* de transmisión ‖ **~rot** *n* / rojo *m* signalizante ‖ **~rücklicht** *n* (Rücklicht des Lichtsignals) (Bahn) / luz *f* posterior de la señal luminosa ‖ **~rückmelder** *m* (Bahn) / repetidor *m* de señales ‖ **~schalter** *m* (Bahn) / conmutador *m* de señal ‖ **~scheibe** *f* (Bahn) / disco *m* de señal ‖ **~schwanz** *m*, -schleppe *f* (TV) / cola *f* de señal ‖ **~sender** *m* (Fernm) / emisor *m* de señales ‖ **~speicherröhre** *f* / tubo *m* almacenador o acumulador de señales ‖ **~spule** *f* (für Selbstwählbetrieb) (Fernm) / bobina *f* de señal para marcar, bobina *f* de tono para marcar ‖ **~spur** *f* (Videobildplatte) / pista *f* señal ‖ **~stärke** *f* (Elektr) / intensidad *f* de la señal ‖ **~stärke-Messgerät** *n* (Eltronik) / medidor *m* de intensidad de la señal ‖ **~stellung** *f*, -begriff *m* (Bahn) / posición *f* de la señal ‖ **~stellwerk** *n* (Bahn) / cabina *f* de señalización ‖ **~stern** *m* (Schiff) / señal *f* Very ‖ **~steuereinheit** *f* (Verkehr) / regulador *m* de señalización ‖ **~steuerung** *f* / mando *m* de las señales ‖ **~-Stör-Verhältnis** *n* (Fernm) / relación *f* señal a ruido ‖ **~streifen** *m* am Boden (Luftf) / tira *f* de balizaje en el suelo ‖ **~strom** *m* (Fernm) / corriente *f* de trabajo ‖ **~stromkontakt** *m* (Fernm) / contacto *m* de marca ‖ **~system** *n* (allg) / sistema *m* de señal o de señalización ‖ **~system mit Fahrweganzeige** (Bahn) / sistema *m* de señalización de itinerario ‖ **~technik** *f* / técnica *f* de señalización ‖ **~transformation** *f* (DV) / formación *f* de la señal, corrección *f* de forma de onda de la señal ‖ **~übergangsstelle** *f* / interfaz *f* de señales ‖ **~übermittlung** *f* (Regeln) / transmisión *f* de señal ‖ **~übertragung** *f* auf die Lokomotive (Bahn) / transmisión *f* de señales sobre trenes en marcha ‖ **~überwachung** *f* (Bahn) / comprobación *f* de señal ‖ **~umformer** *m* (Regeln) / dispositivo *m* de transformación de señales, transductor *m* ‖ **~umformung** *f* / transformación *f* de una señal ‖ **~umsetzer** *m*, Modem *n* (DV, Fernm) / modem *m* ‖ **~umwandler** *m* (Regeln) / convertidor *m* de señales ‖ **~unterhaltungsbeamter** *m* (Bahn) / agente *m* de conservación de la señalización ‖ **~verarbeitung** *f* / procesado *m* o tratamiento de señales ‖ **~verfolgen**,

Schritt-für-Schritt-Prüfen n (Eltronik) / rastreo m o seguimiento de señales, análisis m dinámico de averías, análisis m punto por punto para la localización de averías ‖ ⁓**verfolger** m (Eltronik) / rastreador m de señales ‖ ⁓**verknüpfung** f (Regeln) / combinación f de señales ‖ ⁓**verschiebungsverfahren** n (TV) / método m de desplazamiento de señales ‖ ⁓**verschluss** m (Bahn) / enclavamiento m de bloqueo ‖ ⁓**verteilungskasten** m (Radar) / dispositivo m mezclador de señales ‖ ⁓**wahl** f (Antiblockiersystem) / selección f de señales ‖ ⁓**wärter**, Betriebswart St m (Bahn) / semaforista m ‖ ⁓**wegenetz** n / red f de señales ‖ ⁓**weiche** f / divisor m de señal ‖ ⁓**wesen** n (Bahn) / señalización f ‖ ⁓**wiederholungssperre** f (Bahn) / cierre m de repetición de maniobra de señal ‖ ⁓**zug** m, Semantem m / semantema m ‖ ⁓**zustand** m Eins (Fernm) / impulso m de trabajo, condición f activa o de trabajo ‖ ⁓**zustand Null** (Fernm) / impulso m de reposo, condición f inactiva o de reposo

Signatur f, Bogenzeichen n (Druck) / signatura f ‖ ⁓ (Landkarte) / signo m convencional ‖ ⁓**analyse** f (DV) / análisis m de signatura

Signatur[rinne] f (Schriftgieß) / cran m

Signet n, Verlagszeichen n (Druck) / logotipo m, marca f del editor, pie m editorial

Signier•apparat m / marcador m ‖ ⁓**farbe**, -tinte f / tinta f para marcar

signiert (Druck) / autografiado

Signierung f von Kisten / marcación f de cajas

signifikant, kennzeichnend / significativo

Signifikanz f (Stat) / significado m, significancia f ‖ ⁓**niveau** n (Stat) / nivel m de significancia ‖ ⁓**zahl**, Irrtumswahrscheinlichkeit f / probabilidad f de error

Signumelement n (Math) / función f signo

SI-Grundeinheit f / unidad f de base del sistema internacional, unidad f SI de base

Sikkativ n, Trockenmittel n (Chem) / desicante m, secante m, secativo m, sustancia f higroscópica

Silage f, Ensilage f, Gärfutterbereitung f / ensilado m ‖ ⁓, Gärfutter n (Landw) / forraje m ensilado ‖ ⁓**entnahme** f / desensilaje m, descarga f del silo ‖ ⁓**fräse** f (Landw) / desencargador m de silo, desensilador m ‖ ⁓**-Schneidgebläse** n (Landw) / sopladora-picadora f de ensilaje

Silan n, Siliziumwasserstoff m (Chem) / silano m, compuesto m hidrogenado de silicio

silanisieren vt (Chem) / silanizar

Silan•ol n (Chem) / silanol m ‖ ⁓**on** n / silanona f

Silbe f (Lin) / sílaba f

Silben•schrift f / escritura f silábica ‖ ⁓**trennung** f / separación f de las sílabas, división f en sílabas ‖ **automatische** ⁓**trennung** (DV) / silabeo m automático ‖ ⁓**umkehrung** f / inversión f de sílabas ‖ ⁓**verständlichkeit** f (Fernm) / inteligibilidad f de sílabas ‖ ⁓**verständlichkeit**, Logatomverständlichkeit f (Fernm) / nitidez f en (o para los) logátomos

Silber n, Ag (Chem) / plata f, Ag ‖ ⁓ **in Barren**, Barren-, Stangensilber n / plata f en barras ‖ ⁓**amalgam** n / amalgama f de plata ‖ ~**artig**, -ähnlich / argentino, plateado ‖ ⁓**auflage** f / plateado m, plateadura f ‖ ⁓**azid**, Knallsilber n / azida f de plata ‖ ⁓**bad** n (Foto) / baño m de plata ‖ ⁓**barren** m / barra f de plata ‖ ⁓**beize** f, -beizbad n, Quickbeize f (Galv) / baño m de amalgama de plata ‖ ⁓**belegung** f, -belag m / capa f de plata ‖ ⁓**beschlag** n / guarnición f de plata ‖ ~**besponnen**, -umsponnen / revestido m de alambre de plata ‖ ⁓**bestecke** n pl / cubiertos m pl de plata ‖ ⁓**blech** n / chapa f o lámina de plata ‖ ⁓**blei** n, Werkblei n / plomo m de obra ‖ ⁓**blende** f (Opt) / reflector m plateado ‖ ⁓**blick** m (Hütt) / vuelta f de plata ‖ ⁓**bromid**, Bromsilber n (Chem) / bromuro m de plata ‖ ⁓**bronze** f (Legierung) / bronce m plata o blanco ‖ ⁓**bronze**, Silber-Metallpigment n (Anstrich) / pigmento m de plata en polvo ‖ ⁓**chlorid** n (Chem) / cloruro m de plata ‖ ⁓**coulometer** m n (Phys) / coulómetro m o voltámetro de plata ‖ ⁓**cyanid** n / cianuro m de plata ‖ ⁓**draht** m / alambre m de plata ‖ ⁓**draht zum Umspinnen** / alambre m delgado de plata ‖ ⁓**erz** n / mineral m argentífero o de plata, petanque (MEJ) ‖ ⁓**fahlerz** n / cobre m gris argentífero ‖ ⁓**farbe** f / color m de plata ‖ ~**farben**, Silber... / plateado ‖ ⁓**fischchen** n (Insekt) / lepisma f ‖ ⁓**fleckentest** m (Gummi) / prueba f de la mancha de plata ‖ ⁓**folie** f, Blattsilber n / hoja f de plata ‖ ~**führend**, -haltig / argentífero ‖ ⁓**fulminat**, Knallsilber n / plata f fulminante ‖ ⁓**gehalt** m / contenido m de plata ‖ ⁓**glanz** m / brillo m o lustre argénteo ‖ ⁓**glanz**, Argentit m (Min) / argentita f ‖ ⁓**glanzkassette** f (Geschirrspül) / cesta f para platería ‖ ⁓**glätte** f (Min) / litargirio m de plata ‖ ~**grau** / gris argentado ‖ ⁓**halogene** n pl (Min) / cerargiritas f pl ‖ ⁓**halogenid** n (Chem) / halogenuro m de plata ‖ ~**haltig**, -führend (Bergb, Min) / argentífero ‖ ~**haltig** (Legierung) / con plata, que contiene plata ‖ ~**haltiger Bleiglanz** / galena f argentífera ‖ ⁓**hornerz** n, Cerargyrit m (Min) / cerargirita f ‖ ⁓**hütte** f / fundería f de plata ‖ ⁓**hydroxid** n (Chem) / hidróxido m de plata ‖ ⁓**iodid** n / ioduro m de plata ‖ ⁓**iodidverbindung** f / iodoargentado m ‖ ⁓**-Kadmium-Akkumulator** m / acumulador m de plata y cadmio ‖ ⁓**kies** m / pirita f blanca arsenical ‖ ⁓**korn**, Probierkorn n / gránulo m de plata ‖ ⁓**lahn** n (Hütt) / tinsel m de plata ‖ ⁓**legierung** f / aleación f de plata ‖ ⁓**lot** n / soldadura f de plata ‖ ⁓**migration** f / migración f de la plata [en un medio aislante] ‖ ⁓**mine**, -grube f / mina f de plata ‖ ⁓**münze** f / moneda f de plata

silbern, Silber... / de plata, plateado ‖ ⁓, silbergefertigt, aus Silber / argénteo, de plata

Silber•nitrat n (Chem) / nitrato m de plata ‖ ⁓**oxid** n (allg) / óxido m de plata ‖ ⁓**papier** n (coll) / papel m de plata (col) ‖ ⁓**papier** (Verp) / papel m para envolver artículos de plata ‖ ⁓**papier** (Foto) / papel m sensibilizado con solución de sales de plata ‖ ⁓**pappel** f (Bot) / álamo m temblón ‖ ⁓**platte** f (Audio) / disco m CD ‖ ~**plattiert** / chapado m con plata, plateado ‖ ⁓**plattierung** f / plateado m, plateadura f ‖ ⁓**punkt** m (960,5 ° C) (Phys) / punto m de plata ‖ ⁓**raffination** f / refinación f de plata ‖ ⁓**salz** n (Chem) / sal f de plata ‖ ⁓**sand** m (Gieß) / arena f de dunas ‖ ⁓**scheideanstalt**, -raffinerie f / refinería f de plata ‖ ⁓**scheidung** f, -raffinieren n / refinación f de plata ‖ ⁓**schlaglot** n / soldadura f fuerte de plata ‖ ⁓**schmied** m (Gießerei) ‖ ⁓**schutzlot** n / plata f de aportación de soldadura para protección ‖ ⁓**seidenpapier** n / papel m de seda para envoltura de artículos de plata ‖ ⁓**spat** m (Min) / cerargirita f ‖ ⁓**spiegel** m / espejo m plateado ‖ ⁓**spritzverfahren** n (zwecks Galvanisieren von Plasten) (Galv) / técnica f de proyección de plata ‖ ⁓**stahl**, Präzisionsrundstahl m (Hütt) / acero m plata ‖ ⁓**streifenprüfung** f (Öl) / ensayo m de lámina de plata ‖ ⁓**streifensicherung** f (Elektr) / fusible m de lámina de plata ‖ ⁓**stufe** f (Hütt) / espécimen m de mineral argentífero ‖ ⁓**sulfid**, Schwefelsilber n (Chem) / sulfuro m de plata ‖ ⁓**tanne** f, Abies grandis (Linde), Abies excelsior (Franco) (Bot) / abeto m blanco o argentado ‖ ⁓**tiegel** m / crisol m de plata ‖ ~**umsponnene Saite** / cuerda f revestida de alambre de plata ‖ ⁓**verbindung** f (Chem) / compuesto m de plata ‖ ⁓**voltameter** n (Elektr) / voltámetro m de plata ‖ ⁓**waren** f pl / platería f, artículos m pl de plata ‖ ⁓**weide** f (Bot) / sauce m blanco ‖ ~**weißes Roheisen** (Hütt) / fundición f especular ‖ ⁓**wismutglanz** m (Min) / bismutita f de plata ‖ ⁓**zeichnung** f (Holz) / color m plateado ‖ ⁓**-Zink-Akkumulator** m / acumulador m plata-cinc

silbrig / argénteo, argentado

Silentbloc *m* / silentbloc *m*, casquillo *m* o soporte elástico
Silhouette *f*, Schattenriss *m* / silueta *f* ‖ **eine ~ zeichnen** / siluetar
Silicium *n*, Silizium *n*, Si (Chem) / silicio *m*, Si ‖ **~ auf Isolator**, SOI (Halbl) / silicio *m* sobre el aislador ‖ **~blech** *n* / chapa *f* de silicio ‖ **~bromid** *n* / bromuro *m* de silicio ‖ **~bronze** *f* / bronce *m* silicioso ‖ **~carbid** *n*, **-kohlenstoff** *m* / carburo *m* de silicio ‖ **~carbid-Erzeugnis** *n* (feuerfest) / material *m* refractario de carburo de silicio ‖ **~carbidstein** *m* / ladrillo *m* de carburo de silicio ‖ **~-Chip** *m* (DV) / pastilla *f* (E) o lasquita (LA) de silicio ‖ **~chlorid** *n* (Chem) / cloruro *m* de silicio ‖ **~diode** *f* / diodo *m* de silicio ‖ **~[di]oxid** *n* / dióxido *m* o anhídrido de silicio, sílice *m* ‖ **~eisen** *n*, Ferrosilizium *n* (Hütt) / ferrosilicio *m* ‖ **~fluorid** *n* / fluoruro *m* de silicio ‖ **~fluorwasserstoff** *m*, -fluorwasserstoffsäure *f* / ácido *m* fluosilícico ‖ **~gel** *n* / gel *m* de silicio ‖ **~gesteuerter Gleichrichter** / rectificador *m* de silicio controlado ‖ **~gleichrichter** *m* (Eltronik) / rectificador *m* de silicio ‖ **~grenzschicht** *f* / capa *f* barrera de silicio ‖ **~-Halbleiter** *m* / semiconductor *m* de silicio ‖ **~haltig** / silicioso ‖ **~karbid** *n* / carburo *m* de silicio ‖ **~-Leistungshalbleiter** *m* / semiconductor *m* de potencia de silicio ‖ **~manganstahl** *m* (Hütt) / acero *m* al silicomanganesio ‖ **~[metall]verbindung** *f* (Chem) / siliciuro *m* ‖ **~nitrid** *n* / nitruro *m* de silicio ‖ **~reich**, rico en silicio ‖ **~scheibe** *f* (Halbl) / pastilla *f* (E) o lasquita (LA) de silicio ‖ **~-Sonnenenergiezelle** *f* / célula *f* solar al silicio ‖ **~stahl** *m* / acero *m* al silicio ‖ **~tetrafluorid** *n* / tetrafluoruro *m* de silicio ‖ **~-Transistor** *m* / transistor *m* de silicio ‖ **~verbindung** *f* / compuesto *m* de silicio ‖ **~-Vidikon** *n*, Photokathoden-Aufnahmeröhre *f* (Fernm, TV) / vidicón *m* al silicio ‖ **~wasserstoff** *m*, Silan *n* / silano *m*, compuesto *m* hidrogenado de silicio
Silicochromat *n* / silicocromato *m*
Silicon Valley *n* (USA) / Valle *m* del Silicio
silieren *vt*, einsäuern (Landw) / ensilar ‖ **~**, Einsäuern *n* (Landw) / ensilado *m*
Silierschneider *m* (Landw) / cortador *m* de ensilado
Silika•erzeugnis *n* (< 0,7% Flussmittelgehalt) (Keram) / material *m* de alta refractariedad ‖ **~-Erzeugnis** *n*, material *m* refractario ‖ **~erzeugnisse** *n pl* / artículos *m pl* de sílice ‖ **~gel** *n* / silicagel *m*, gel *m* de sílice, sílice *f* gelatinada o gelatinosa ‖ **~gel-Luftentfeuchter** *m* (Trafo) / secador *m* de aire de silicagel ‖ **~gelpatrone** *f*, -geleinsatz *m* / cartucho *m* de silicagel ‖ **~reich**, sauer (Geol) / ácido ‖ **~stein** *m* (Hütt) / ladrillo *m* de sílice ‖ **~stein aus Flint** (Hütt) / ladrillo *m* de sílex
Silikat, Silicat *n* / silicato *m* ‖ **~bindung** *f* (Schleifsch) / aglomerante *m* de silicato ‖ **~farbe**, Wasserglasfarbe *f* / pintura *f* al silicato sódico o potásico (según el caso) ‖ **~gestein** *n* (Geol) / rocas *f pl* de silicato ‖ **~glas** *n* / vidrio *m* de sílice ‖ **~modul** *m* (Keram) / módulo *m* de silicatol ‖ **~schmelzlösung** *f* (Hütt) / solución *f* de silicato fundido ‖ **~zement** *m* (Dental) / cemento *m* de silicato
Silika•waren *f pl* / artículos *m pl* de sílice ‖ **~wolle** *f* / lana *f* de sílice
Siliko•ethan, Disilan *n* / silicoetano *m* ‖ **~fluorid**, Fluor[o]silikat, Fluat, löslisches Kieselflusssäuresalz *n* / silicofluoruro *m*, fluorosilicato *m* ‖ **~methan**, [Mono]silan *n* / silicometano *m*, monosilano *m*
Silikon (= Siliziumketon), Silicon *n*, Silikone *f* (Organosiloxan) (Plast) / silicona *f* ‖ **~.../** silicónico, de silicona ‖ **~-Ausrüstung** *f* (Tex) / aprestado *m* de silicona ‖ **~elastomer** *f* / elastómero *m* de silicona ‖ **~elastomer-Polymer** *n* / elastómero *m* polímero de silicona ‖ **~entschäumer** *m* / antiespumante *m* de silicona ‖ **~fett** *n* / grasa *f* silicónica o de silicona ‖ **~flüssigkeit** *f* / aceite *m* de silicona ‖ **~-Gate-Technik**

f (Halbl) / técnica *f* de compuertas de silicio ‖ **~glas** *n* / vidrio *m* silicónico ‖ **~glasseide** *f* / fibra *f* de vidrio siliconado ‖ **~gummi** *m*, -kautschuk *m* / caucho *m* silicónico, goma *f* silicónica ‖ **~harz** *n* / resina *f* silicónica
silikonisieren *vt* / siliconar
silikonisiert (Pap) / tratado con silicona
Silikon•isolation *f* / aislamiento *m* silicónico ‖ **~kunststoff** *m* / plástico *m* silicónico ‖ **~öl** *n* / aceite *m* silicónico
Siliko•phosphat *n* / silicofosfato *m* ‖ **~-Phosphat-Zement** *m* / cemento *m* sílico-fosfato
Silikose, Gesteinsstaublunge *f* (Med) / silicosis *f*
Silitwiderstand *m* (Elektr) / resistor *m* de carburo de silicio
Silizide *n pl*, Silizium-[Metall-]Verbindungen *f pl* (Chem) / siliciuros *m pl*
Silizid-Feuerfesterzeugnis *n* (Keram) / material *m* refractario de siliciuro
silizieren *vt* (Eltronik) / siliciar, silicificar, siliconizar
Silizierung *f* / silicación *f*, silicificación *f* ‖ **~ von Metallen über dem Schmelzpunkt** / siliconización *f* ‖ **~ von Metallen unter dem Schmelzpunkt** / siliciuración *f*
Silizium *n* s. Silicium
Sillimanit *m* (Min) / silimanita *f* ‖ **~erzeugnis** *n* / materia *f* refractaria de silimanita ‖ **~stein** *m* / ladrillo *m* de silimanita
Silo *m n* (Bau, Landw) / silo *m* ‖ **~ *m***, Flachsilo *m* / silo *m* tipo bunker ‖ **~**, Hochsilo *m* / silo *m* tipo torre ‖ **Einlagerung im ~** (Landw) / ensilado *m*, ensilaje *m* ‖ **im ~ aufbewahren** / ensilar
Silo•anlage *f* / silería *f* ‖ **~auflieger** *m* (Kfz) / semirremolque-silo *m* ‖ **~austrag** *m* (Landw) / extracción *f* del silo ‖ **~entleerer** *m* / descargador *m* del silo ‖ **~form** *f* **für Häcksel** / molde *m* de silo para forraje picado ‖ **~futter** *n* (Landw) / forraje *m* ensilado ‖ **~gärung** *f* (Landw) / fermentación *f* en el silo ‖ **~häcksler** *m* (Landw) / cortaforrajes *m* y ensilador, picadora-forrajes *f* y ensilador ‖ **~lastzug** *m* (Kfz) / camión-silo *m* ‖ **~mais** *m* (Landw) / maíz *m* ensilado o para el ensilaje, maíz *m* forrajero ‖ **~tank** *m* **für Milch** / tanque *m* de leche ‖ **~verschluss** *m* / cierre *m* de silo ‖ **~wagen** *m* (Bahn) / vagón-silo *m*
Siloxan *n* (Chem) / siloxano *m*
Silozelle *f*, Schachtspeicherzelle *f* (Landw) / compartimiento *m* de silo
Silsbeestrom *m* (Kryotechn) / corriente *f* de Silsbee
Silt *m* (ein Sedimentgestein), Feinstsand zwischen 0.002 u. 0,1 mm (Bergb, Hydr) / silt *m*, sedimentación *f* clástica, lodos *m pl* de aluvión ‖ **~...** / barroso, limoso, fangoso, con cieno
Silumin *n* (DIN 1713) (Hütt) / silumin *m*
Silur *n*, Silurische o. Silurformation (Geol) / silúrico *m*
Silurisch, Silur... / silúrico *adj*
Silverdisk-Pyrheliometer *n* (Phys) / pirheliómetro *m* de disco de plata
Sima *n* (Zone der Erdkruste) (Geol) / sima *f*
SIMD (= simple instruction / mulltiple data) (DV) / instrucción *f* sencilla / múltiples datos
Similisieren *n* (Tex) / imitación *f* de mercerizado, simili-mercerizado *m*
Similistein *m* / piedra *f* falsa o imitada
Similographie *f* (Faksimile) / similografía *f*
SIM-Karte (Handy), Subscriber Identity Module / tarjeta SIM
Simmerring *m*, Wellendichtring *m* / aro *m* de retención Simmering
SIMOX-Wafer *f* (= separation by implanted oxygen) (Halbl) / plaquita *f* (E) o rodaja (LA) SIMOX
simplex, halbduplex (abgelehnt) (Fernm) / símplex, explotado en alternativa ‖ **~...** / símplex ‖ **~betrieb** *m* / servicio *m* símplex, explotación *f* u operación (en)

símplex ‖ ⁓bremse f (Kfz) / freno m símplex ‖ ⁓brenner m (Gasturbine) / quemador m símplex
Simplexe pl (Math) / símplices m pl
Simplex•haken m / mosquetón m símplex ‖ ⁓**kanal** m (jeweils nur in einer Richtung) (Fernm) / canal m símplex (de transmisión unidireccional) ‖ ⁓**menge** f / cantidad f símplex ‖ ⁓**methode** f (Repro) / método m símplex ‖ ⁓**papier** n / papel m símplex ‖ ⁓**telegrafie** f / telegrafía f símplex o unidireccional ‖ ⁓**verkehr** m, wechselseitiger Richtungsverkehr (Fernm) / comunicación f [en] símplex o simple o [en] sencillo
Simpson-Planetensatz m (Kfz) / engranaje m planetario Simpson
Simpsonsche Regel (Math, Verm) / regla f de Simpson
SIMS, Sekundärionen-Massenspektroskopie f / espectroscopia f de masa por iones secundarios ‖ ⁓, Sekundärionen-Massenspektroskopie f (Phys) / espectroscopia f de masa por iones secundarios
Sims m n (Bau) / moldura f ‖ ⁓ **einer Tür** / moldura f de puerta ‖ ⁓**brett**, Fensterbrett n / solera f ‖ ⁓**hobel** m (Tischl) / cepillo m bocel o de moldura ‖ ⁓**werk**, vorspringendes Band, Gesims n (Bau) / cornisa f
Simulation f (Software) (DV) / simulación f
Simulationssprache f / lengüaje m de simulación
Simulator (DIN), Nachbildner m, Analogmodell n / simulador m ‖ ⁓**programm**, Simulationsprogramm n (DV) / programa m simulativo o de simulación, simulador m ‖ ⁓**training** n (Luftf) / entrenamiento m con simulador, simulación f
simulierend / simulativo, de simulación
Simulierung, Nachahmung f / simulación f
simultan, Simultan... / simultáneo ‖ ⁓**e Gleichung** (Math) / ecuación f simultánea ‖ ⁓**-Antenne** f (Antenne) / duplexor m ‖ ⁓**arbeit** f (DV) / simultaneidad f ‖ ⁓**betrieb** m (Fernm) / explotación f simultánea ‖ ⁓**betrieb** (DV) / trabajo m simultáneo ‖ ⁓**[dolmetsch]anlage** f / instalación f de traducción simultánea
Simultaneität, Gleichzeitigkeit f / simultaneidad f
Simultan•empfang m / recepción f simultánea ‖ ⁓**empfänger** m / receptor m para traducción simultánea ‖ ⁓**farbfernsehen** n / televisión f policroma de colores simultáneos ‖ ⁓**leitung** f (Fernm) / circuito m para telegrafía y telefonía simultáneas, circuito m mixto ‖ ⁓**rechner**, Parallelrechner m / ordenador m paralelo ‖ ⁓**schaltungsbildung** f (Fernm) / formación f del circuito mixto ‖ ⁓**sendung** f, -übertragung f (Eltronik, TV) / transmisión f simultánea [por emisoras de distinta clase] ‖ ⁓**spektrometer** n (Phys) / espectrómetro m simultáneo ‖ ⁓**technik** f, Paralleltechnik f (DV) / ingeniería f simultánea ‖ ⁓**telegrafie** f (Fernm) / circuito m fantasma con vuelta por tierra ‖ ⁓**-Thermoanalysengerät** n, STA n / aparato m para análisis termal simultáneo ‖ ⁓**übersetzung** f (Dolmetscher) (Lin) / traducción f simultánea ‖ ⁓**übertragung** f (Vortrag) / interpretación f simultánea ‖ ⁓**verarbeitung** f (DV) / procesamiento m simultáneo ‖ ⁓**wahl** f (Fernm) / selección f simultánea ‖ ⁓**zündung** f (Raumf) / encendido m simultáneo
SIN = Schweizerisches Institut für Nuklearforschung
Sinalbin n (Chem) / sinalbina f
Sinclair-Baker-Kellog-Reformerprozess m (Öl) / reformación f catalítica SBK
Singen n **von Zahnrädern** / zumbido m de ruedas dentadas
Single f (Schallplatte) / sencillo m ‖ ⁓**-Chip Computer** m (DV) / microordenador m de una pastilla o trinquita ‖ ⁓**-Garn** n, Einfachgarn n (Tex) / hilo m sencillo
Single-8-Kassette f (Film) / cartucho m de película 8 mm
Single-Point-Einspritzanlage f (Kfz) / equipo m de inyección por un solo punto
Singlett n (Chem) / singulete m ‖ ⁓**bindung** f (Chem) / enlace m por singulete

singulär•e Lösung, singuläres Integral (Math) / solución f singular ‖ ⁓**er Punkt**, singuläre Stelle, Singularität f (Astr, Math) / punto m singular
Singularitäten•methode f, Integralgleichungsmethode f (Math) / método m de singularidad ‖ ⁓**verfahren** n (Turbo) / flujo m singular
Singulett n (Nukl, Spektrum) / singulete m ‖ ⁓**niveau** m / nivel m singulete
Singulosilikat n, Monosilikat n (Chem) / monosilicato m
Sinigrin n (Chem) / sinigrina f
Sink n (Eltronik) / sumidero m, drenaje m
sinken (Druck, Spannung usw) / bajar vi ‖ ~, niedriger werden / descender ‖ ~, untergehen (Schiff) / hundirse, irse a pique ‖ ⁓ n, Ein-, Zusammensinken, -fallen n / hundimiento m ‖ ⁓ **des Luftdrucks** / caída f de la presión atmosférica ‖ ⁓ **des Wasserspiegels** / rebajamiento m del nivel de agua
Sink•flug m (Luftf) / descenso m, vuelo m des cendente ‖ ⁓**geschwindigkeit** f (Luftf) / velocidad f de descenso vertical ‖ ⁓**geschwindigkeit**, Absitzgeschwindigkeit f (Aufb, Chem Verf) / velocidad f de sedimentación ‖ ⁓**geschwindigkeit des Wasserspiegels** / velocidad f de rebajamiento del nivel de agua ‖ ⁓**geschwindigkeitssignal** n (Luftf) / señal f de descenso ‖ ⁓**gut** n / materia f depositada (en el fondo) ‖ ⁓**kasten**, Gully m (Straß) / sumidero m, cogefangos m, alcantarilla f ‖ ⁓**kastenanschlussleitung** f (Straße) / acometida f de la alcantarilla ‖ ⁓**kastenaufsatz** m / rejilla f del sumidero ‖ ⁓**kraft** f / fuerza f de descenso ‖ ⁓**lage** f (Hydr) / fajinada f de enraigamiento, plataforma f fajinada ‖ ⁓**matte** f (Hydr) / pallete f de fajinas ‖ ⁓**mittel** n (Flotation) / agente m de depresión ‖ ⁓**scheider** m (Aufb) / lavadero m por flotación en líquido denso ‖ ⁓**scheidung** f, Schwerflüssigkeitsscheidung f / separación f por líquido denso, flotación f ‖ ⁓**stoff** m (Aufb, Chem Verf) / materia f en suspensión ‖ abgelagerter ⁓**stoff** / sedimento m ‖ ⁓**stoffbeseitigung** f (Abwasser) / eliminación f de sedimentos ‖ ⁓**- und Schwebestoffe** m pl / materias f pl en suspensión y sedimentos ‖ ⁓**verfahren** n (Aufb) / separación f en líquido denso, flotación f ‖ ⁓**verfahren**, Anflug-Sinkverfahren (Luftf) / descenso m de aproximación ‖ ⁓**wasser** n (in weiten Hohlräumen sinkend) / agua f gravitacional
Sinn m, Richtung f / dirección m, sentido m ‖ ⁓, Sinnesfunktion f, -vermögen n (Physiol) / sentido m ‖ ⁓ **für richtige Verhältnisse** / sentido m de proporciones ‖ **im weiten** ⁓**e** / en un sentido más amplio
Sinnbild, Symbol n (DV) / símbolo m
sinnbildlich, symbolisch (DV) / simbólico
Sinnenprobe f (Chem) / análisis m organoléptico
Sinnesorgan n / órgano m sensorial
sinn•fällig / manifiesto, evidente ‖ ⁓**gemäß**, analog / conforme al sentido ‖ ⁓**losigkeit** f (Math) / falta f de sentido, absurdidad f ‖ ⁓**reich** (Einrichtung) / ingenioso ‖ ⁓**reich** (Einrichtung) / artimaña f, truco m ‖ ⁓**verständlichkeit** f (DV, Fernm) / inteligibilidad f ‖ ~**voll** (Markierung) / eficiente, significativo ‖ ~**widrige Korrelation** (Math) / correlación f absurda
Sinter m, Kalktuff m (Geol) / tufa f, concreción f calcárea ‖ ⁓ (Hütt) / escoria f de hierro ‖ ⁓ **...** / sinterizante, de sinterización ‖ ⁓**aktivität**, -freudigkeit f (Pulv.Met) / actividad f de sinterización ‖ ⁓**aluminium** n / aluminio m sinterizado ‖ ⁓**anlage** f (Hütt) / planta f de sinterización o de aglomeración ‖ ⁓**anode** f (Kondensator) / ánodo m poroso ‖ ⁓**atmosphäre** f / atmósfera f de sinterización ‖ ⁓**band** m (Hütt) / cinta f de sinterización ‖ ⁓**boden** m (Martinofen) / fondo m aglomerado ‖ ⁓**bremse** f (Pulv.Met) / inhibidor m de sinterización ‖ ⁓**bronze** f / bronce m sinterizado ‖ ⁓**brunnen** m (Walzw) / pozo m de cascarilla ‖ ⁓**-Cu Pb** n, Sinter-Bleibronze f / bronce m al plomo sinterizado ‖ ⁓**-Cu Sn** n, Sinterbronze f / bronce m

sinterizado ‖ ˜-Cu Zn n, Sintermessing n / latón m
sinterizado ‖ ˜dauer f / duración f de sinterización ‖
˜dichte f / densidad f de sinterizado ‖ ˜dolomit m /
dolomita f calcinada o sinterizada ‖ ˜eisen n / hierro
m sinterizado ‖ ˜elektrode f / electrodo m de
autococción ‖ ˜erzeugnis n (Hütt) / pieza f sinterizada
‖ ˜ferrit m / ferrito m sinterizado ‖ ˜festigkeit f /
resistencia f del sinterizado ‖ ˜folienplatte f (Akku) /
placa f delgada sinterizada ‖ ˜formteil n / pieza f
compacta sinterizada ‖ ˜freudigkeit, -aktivität f
(Pulv.Met) / actividad f de sinterización ‖ ˜gemisch
krümeln / granular f mezcla de sinterización ‖
˜genauteil n / pieza f sinterizada precisa ‖ ˜glas n /
vidrio m sinterizado ‖ ˜glas-Metalldurchführung f
(Röhre) / sellado m vidrio-metal ‖ ˜grad m / grado m
de sinterización ‖ ˜grube f (Walzw) / fosa f de
cascarilla ‖ ˜hartmetall n / metal m duro sinterizado
‖ ˜haut f (Pulv.Met) / película f de sinterización ‖
˜hemmend / inhibidor de sinterización ‖ ˜hitze f /
temperatura f de sinterización ‖ ˜kalk m, Kalkstuff
m / toba f calcárea ‖ ˜karbid, -hartmetall n / metal m
duro sinterizado ‖ ˜kasten m / caja f de sinterización
‖ ˜keramik f / cerámica f sinterizada ‖ ˜kohle f /
hulla f semigrasa de llama larga ‖ ˜kontaktwerkstoff
m / material m sinterizado para contactos ‖ ˜körper,
-formteil n, Sinterling m (Pulv.Met) / pieza f compacta
sinterizada ‖ ˜korund m / corindón m sinterizado ‖
˜kuchen m / torta f de sinterizado ‖ ˜kühlturm m
(Gieß) / torre f de enfriamiento (o de refrigeración) de
mineral sinterizado ‖ ˜kupfer n / cobre m sinterizado
‖ ˜lager n / cojinete m sinterizado ‖ ˜magnesit m,
Schmelzmagnesit m / magnesita f sinterizada ‖
˜magnet m / imán m de polvo sinterizado ‖
˜magnetwerkstoff m / material m magnético
sinterizado ‖ ˜messing m, Sinter-Cu Zn n / latón m
sinterizado ‖ ˜metall n / metal m sinterizado ‖
˜metallfilter n / filtro m de metal sinterizado ‖
˜metall-Legierung f / aleación f sinterizada ‖
˜[metall]teile n pl / pieza f de metal sinterizado ‖
˜metallurgie f / metalurgia f de los polvos,
pulvimetalurgia f
sintern vt [vi] / sinterizar, aglomerar ‖ ~
(Erzaufbereitung) (Hütt) / aglomerar por
sinterización ‖ ~ (Keram) / concrecionar, aglomerar ‖
~, schmelzsintern (Keram) / vitrificar, fritar ‖ ˜ n
(Tätigkeit) (Chem, Hütt) / sinterización f, sinterizado m
‖ ˜ (Glas) / vitrificación f ‖ ˜ (Keram) / concreción f,
aglomeración f ‖ ˜ des Ofenfutters / vitrificación f del
revestimiento de horno ‖ ˜ im Füllzustand /
sinterización f sin presión ‖ ˜ mit flüssiger Phase
(Pulv.Met) / aglomeración f con fase líquida ‖ ˜
[un]gepresster Pulver / sinterización f de polvo [no]
comprimido ‖ ˜ von losem Pulver / sinterizado m de
polvo sin presión
Sinter•ofen m / horno m para sinterizar o de
sinterización ‖ ˜pfanne f / paila f para sinterizar o de
sinterización ‖ ˜presse f / prensa f de sinterización ‖
˜probe f / probeta f sinterizada ‖ ˜pulver n / polvo m
de sinterizar ‖ ˜punkt m / punto m de aglomeración
o de sinterización ‖ ˜rost, Verblaserost m (Hütt) /
parrilla f de aglomeración o de sinterización ‖
˜röstung f (Hütt) / calcinación f por sinterización ‖
˜säule f (Geol) / columna f de concreaciones
calcáreas ‖ ˜schmieden n / forjado-sinterizado m ‖
˜schmiedeteil n / pieza f sinterizada-forjada ‖
˜skelett n / esqueleto m sinterizado ‖ ˜stahl m /
acero m sinterizado ‖ ˜stein m / ladrillo m de escoria
de hierro ‖ ˜technik f, Pulvermetallurgie f /
metalurgia f de los polvos, pulvimetalurgia f ‖ ˜teil,
-erzeugnis n / pieza f obtenida por sinterización ‖
˜temperatur f (Keram) / temperatura f de
aglomeración ‖ ˜terrasse f (Geol) / terraza f de
geiserita ‖ ˜tränktechnik f / técnica f de sinterización
y infiltración

Sinterung f s. Sintern
sinterungs•fördernd / promovedor m de la
sinterización ‖ ~fördernde Atmosphäre f / atmósfera
f promovedora de la sinterización ‖ ~hemmend /
inhibidor del proceso de sinterización
Sinter•verfahren n, -technik f / proceso m de
sinterización ‖ ˜verzug m, Verwerfung f /
deformación f debida a la sinterización ‖
˜walzenbrecher m / trituradora f de cilindros para
escorias de hierro ‖ ˜wasser n (Bergb) / aguas f pl
incrustantes ‖ ˜wasser (Hütt) / aguas f pl de batiduras
‖ ˜werkstoff m / material m sinterizado ‖ ˜zeit f,
-dauer f / duración f de sinterización ‖ ˜zone f (Keram)
/ zona f de aglomeración ‖ ˜zustand m / estado m
sinterizado
Sinus m (Math) / seno m ‖ ˜..., sinusverwandt, -förmig,
senoidal, sinusoidal ‖ ˜ m φ (Elektr) / seno m φ, factor
m de potencia activa ‖ ˜ rectus / seno m recto ‖ ˜
versus (Math) / seno m verso ‖ halber ˜ versus / 1-cos
α ‖ Abbesche ˜bedingung (Opt) / condición f del seno
‖ ˜feld n / campo m sinusoidal ‖ ˜-φ-Messer m
(Elektr) / contador m de potencia activa ‖ ˜förmig,
-verwandt, Sinus... / sinusoidal, senoidal ‖ nicht
~förmig (Welle) / distorsionado ‖ ˜förmige Bewegung
/ movimiento m armónico o sinusoidal ‖ ~förmig
wechseln (Elektr) / alternar ‖ ~förmige
Stromversorgung (Schw) / impulsos m pl eléctricos
completamente sinusoidales ‖ ˜funktion f (Math) /
función f del seno ‖ ˜galvanometer n, -bussole f /
brújula f de senos ‖ ˜generator m (Eltronik) /
generador m de ondas sinusoidales ‖ ˜halbwelle f /
semisinoide f ‖ ˜kompensator m, -potentiometer n
(Eltronik) / potenciómetro m de ley sinusoidal ‖
˜-Kosinus E-Matrix-Verriegelungsschleife f (Elektr) /
bucle m de cierre de fase a matriz E de seno y de
coseno ‖ ˜kurve, -linie f (Math) / sinusoide f, senoide
m ‖ ˜lauf m (Bahn) / movimiento m de lazo, serpenteo
m ‖ ˜leistung f (Elektr) / potencia f sinusoidal ‖
˜lineal n / regla f de senos ‖ ˜satz m (Math) / ley f de
seno ‖ ˜schaltung f (Elektr) / circuito m de seno ‖
˜schwingung f / oscilación f sinusoidal ‖ ˜spannung
f / tensión f sinusoidal ‖ ˜spirale f (Math) / espiral f
sinusoidal ‖ ˜strom m / corriente f sinusoidal o
senoidal ‖ ˜test m (Wz) / prueba f seno ‖ ˜tisch m
(Wzm) / mesa f seno ‖ ˜-Ton m (Akust) / tono m
sinusoidal ‖ ˜welle f (Elektr) / onda f sinusoidal o
senoidal, sinusoide f
Sionon n (Pharm) / sionona f
SiO_2-reich (feuerfest) / semisílica... ‖ ˜es
Schamotteerzeugnis / material m refractario
semisílica
Siphon m (Hütt) / sifón m ‖ ˜, Geruchsverschluss m
(Sanitär) / sifón m inodoro ‖ mit Hilfe eines ˜s
entleeren / sifonar, vaciar líquidos por sifón ‖
˜pfanne f (Gieß) / cuchara f sifón ‖ ˜überlauf m
(Hydr) / sifón m de rebose ‖ ˜verschluss m (Bau) /
sifón m de cubeta
Sirene f (Bahn, Schiff) / sirena f
Siriometer n (Astr) / siriómetro m
Sirup m, Zuckerdicksaft m / jarabe m ‖ dick
eingekochter ˜ / jarabe m concentrado por cocción ‖
weißer ˜ (Zuck) / jarabe m claro ‖ ˜ablaufrinne f /
canal m de jarabe
sirupös / jarabeado
Sirup•spindel f / pesajarabe m ‖ ˜trennung f (Zuck) /
separación f de la melaza
Sisal m, Aloefaser f (Bot, Tex) / sisal m, henequén m
(LA), (localismo:) pita f ‖ ˜faser f / fibra f de sisal o
de agave ‖ ˜hanf m / cáñamo m de sisal ‖
˜kraftpapier n / papel m kraft de henequén
SI-System, Système International d'Unités n / Sistema
m Internacional de Unidades, sistema m SI
Sitosterin n (Chem) / sitosterina f

Skelettierung

Situation f, Lage f / situación f, posición f, ubicación f, localización f ‖ **seine ~ festlegen od. ausmachen** (Schiff) / situarse
Situationsplan m, Übersichtsplan m (Bau) / plano m general o de ubicación
Sitz m, Stuhl m / silla f ‖ **~**, Bank f / banco m ‖ **~** m, Wohnsitz m / domicilio m ‖ **~**, Aufnahme f (Masch) / asiento m ‖ **~**, Sohle f (Bau) / base f ‖ **~**, Herd m / centro m ‖ **~**, Passung f (Masch) / ajuste m ‖ **~**... (Flurförderer) / con asiento ‖ **~** m **der Auflagerplatten** (Bahn) / asiento m de las placas de apoyo ‖ **~ des Rades auf der Welle** / asiento m de la rueda en el árbol ‖ **~ des Sprengrings** (Radreifen) / ranura f para el anillo de retención ‖ **~ eines Balkens** (Bau) / apoyo m de una viga
Sitz•anordnung f (Bahn, Luftf) / disposición f de los asientos ‖ **~arbeitsplatz** m / puesto m de trabajo con asiento ‖ **~art** f (Passung) / tipo m de ajuste ‖ **~bad** n / baño m de asiento ‖ **~badewanne** f / bañera f de asiento ‖ **~bank** f (für Fahrer u. Beifahrer) (Motorrad) / sillín m de dos asientos ‖ **~bezug** m (Kfz) / funda f de asiento
sitzen / estar asentado ‖ **~** [auf] / dominar ‖ **~**, festsitzen / estar fijo ‖ **auf Grund ~**, festsitzen (Schiff) / estar encallado
sitzende Tätigkeit / actividad sedentaria
Sitz•fläche f (allg) / superficie f del asiento ‖ **~fläche**, Passfläche f / asiento m ‖ **~fläche**, Befestigungsfläche f (Masch) / superficie f de apoyo ‖ **~fläche** f (Lagerung) / superficie f portante o de contacto ‖ **~fräser** m **für Wasserhahn** / fresa f de asiento de grifos de agua ‖ **~-Gabelstapler** m (Förd) / estibadora f con horquilla con asiento ‖ **~garnitur** f (Möbel) / tresillo m ‖ **~gestell** n, -rahmen m (Kfz) / armadura f de asiento ‖ **~heizung** f (Kfz) / calefacción f de asiento ‖ **~-Höhenverstellung** f / ajuste m de altura de asiento ‖ **~hubwagen** m (Förd) / carretilla f elevadora con asiento ‖ **~indexpunkt** m (Traktor) / punto m de referencia de asiento ‖ **~kissen** n (Bahn) / almohadón m de asiento ‖ **~[kissen]fallschirm** m (Luftf) / paracaídas m de asiento ‖ **~kontakt** m (Kfz) / contacto m de asiento ‖ **~ladefaktor** m (Luftf) / factor m de ocupación ‖ **~lehne** f (Kfz) / respaldo m de asiento ‖ **~pflug** m (Landw) / arado m con asiento ‖ **~platz** m (Platz zum Sitzen) / plaza f sentada ‖ **~plätze bieten** (o. haben) / asentar ‖ **~polster** n (Kfz) / almohadillado m de asiento ‖ **~raum** m, -zahl f / número m de asientos ‖ **~raum** m (Cockpit u. Fluggäste) (Luftf) / carlinga f ‖ **~rohr** n, Sattelstützrohr n (Fahrrad) / tubo m [soporte] del sillín ‖ **~stapler** m (Förd) / estibador m con asiento ‖ **~streik** m / huelga f de brazos caídos, sentada f
Sitzung f (DV) / sesión f
Sitzungs•bericht m, -protokoll n / acta f de la sesión ‖ **den ~bericht anfertigen** / redactar el acta de la sesión
Sitz•ventil n / válvula f de asiento ‖ **~verstellung** f (Abstand u. Neigung) (Kfz) / ajuste m de asiento (en distancia y en inclinación) ‖ **~waschbecken** n, Bidet n / bidé m ‖ **bodenstehendes ~waschbecken** / bidé m sobre pedestal ‖ **~zahl** f, -raum m / número m de asientos
Size f (Size 20/0 = 12,73 mm, 2/0 = 27,94 mm, 0 = 29,63 mm) (= 0,8466 mm = 1/30 inch, Uhr) / size m (= 0.8466 mm = 1/30 inch) ‖ **~laufzeit** f (Pap) / duración f de la tela ‖ **~markierung** f (Pap) / marcas f pl producidas por la tela
Sizepresse f, Leimpresse f (Pap) / prensa f para desencolar
SK (Nukl) = Saturationskern ‖ **~** = Segerkegel ‖ **~** = scharfkantig
Skala f / escala f ‖ **~** (Instr) / cuadrante m ‖ **~** (Radio) / dial m ‖ **~**, Stufenleiter f / escala f graduada ‖ **~ der Farbtöne** / gama f de control del matiz ‖ **~ mit gradlinig bewegtem Zeiger** (Eltronik) / cuadrante m rectilíneo o de escalas rectas ‖ **gleitende ~** / escala f variable ‖ **~lineal** n / regla f graduada o de escala
Skalalogie f, Treppenkunde f, -lehre f (Bau) / escalalogía f
skalar, Skalar... (Math) / escalar adj ‖ **~er Ausdruck** / expresión f escalar ‖ **~e Flussdichte** (Phys) / densidad f de flujo escalar ‖ **~e Größe**, Skalargröße f / magnitud f escalar ‖ **~es magnetisches Potential** / potencial m magnético escalar ‖ **~e Multiplikation** (Math) / multiplicación f vectorial ‖ **~es Potential** (Phys) / potencial m escalar ‖ **~e Variable** / variable f escalar ‖ **~er Vektor** / vector m escalar
Skalar m, Tensor m nullter Stufe / escalar, magnitud f escalar ‖ **~feld** n / campo m escalar ‖ **~funktion** f / función f escalar ‖ **~operator** m (Math) / operador m escalar ‖ **~produkt**, inneres Produkt (Math) / producto m escalar o interior ‖ **~rechner** m / ordenador m escalar
Skalen•..., mit Skaleneinteilung o. -ablesung / graduado, con graduación ‖ **~ablesung** f / lectura f de escala ‖ **~antrieb** m (Eltronik) / mando m de cuadrante ‖ **~beleuchtung** f / alumbrado m de escala ‖ **~bereich** m / extensión f de la escala ‖ **~bogen** m, Gradbogen m / arco m graduado ‖ **~einstellung** f puesta f a punto del cuadrante ‖ **~endwert** m (Instr) / valor m final de escala ‖ **~faktor**, -exponent m (DV) / factor m de escala ‖ **~intervall** n, Teilstrichabstand m / división f de escala, intervalo m de la graduación ‖ **~lampe** f / lámpara f de escala ‖ **~marke** f / trazo m de escala, marca f de escala ‖ **~mikroskop** n (Opt) / microscopio m de escala ‖ **~mitte** f / centro m de escala ‖ **~nullpunkt** m / cero m de escala
Skalenoeder (Krist) / escalenoedro m
Skalen•rad n (Radio) / tambor m impulsor ‖ **~reiter** m (Radio) / indicador m de emisores ‖ **~ring** m / anillo m graduado ‖ **~scheibe** f / cuadrante m, esfera f ‖ **~schnur** f (Radio) / cuerda f para el cuadrante ‖ **~schraube** f (DIN 58450) / tornillo m graduado ‖ **~stelle** f (COBOL) / posición de escala f ‖ **~strich** m, -teilstrich m / trazo m de escala, marca f de escala ‖ **~striche** m pl **je mA** (Elektr) / número m de trazos de escala por mA ‖ **~tafel** f, Skala f / tabla f graduada ‖ **~teilmaschine** f / máquina f divisora de cuadrantes ‖ **durch Messung ermittelter ~teilstrich** (Instr) / línea f de fe, marca f fiducial ‖ **~teilung** f / graduación f de la escala ‖ **~teilungswert** m, SKW / valor m de una división de escala ‖ **~zeiger** m (Radio) / indicador m de sintonía o de sintonización
skalierbar (DV) / escalable
Skalierbarkeit f / escalabilidad f
skalieren vt (DV) / escalar f
Skalierfaktor m (FORTRAN) (DV) / factor m de escala
Skalierung f, Normierung f / escalada f
Skalpell n (Med) / bisturí m, escalpelo m
Skamp f (Eltronik, Schiff) / plataforma f mantenida en posición y móvil
Skaphander, Druckanzug m / escafandro m
Skapolith, Wernerit m (Min) / escapolita f, vernerita f
skarifizieren vt (Opt) / escarificar
Skarnerz n (Min) / skarn m
Skating n (Schallplattenspieler) / empuje m lateral
Skatol m (Chem) / escatol m
SKE, Steinkohleneinheit f / unidad f de hulla
Skelett n (allg, Tex) / esqueleto m ‖ **~**, Gerippe n (Stahlbau) / armazón m, esqueleto m ‖ **~...** / esquelético, entramado m o esqueleto rígido ‖ **starres ~** (Bau) / entramado m o esqueleto rígido ‖ **~bau** m / edificio m en esqueleto o en armazón ‖ **~bauweise** f, Stahlgerippebau m / construcción f esquelética o en esqueleto o en armazón
Skelettierung, Verdünnung f (Zeichenerkennung) / adelgazamiento m

1211

Skelettlinie

Skelett•linie f (Tragflügel) / mediana f de un perfil ‖ ≃**modell** n / modelo m esquelético ‖ ≃**trommel** f (Tex) / tambor m de listones ‖ ≃**uhr** f / reloj m transparente
Skew m, Verzögerung f bei der Signalübertragung / retardo m de propagación
Skew-Alterung f (Magn.Schicht) / envejecimiento m alabeado
Skia•meter n (Radiol) / esquiámetro m ‖ ≃**skop**, Handrefraktometer n (augenärztl. Instrument) / esquiascopio m ‖ ≃**tron** n, Dunkelschriftröhre f (TV) / eskiatrón m, tubo m catódico de pantalla absorbente o de trazo obscuro
Skibildung f (Walzw) / curvado m hacia arriba o abajo del material a laminar
Skidder m (Forstw) / tractor m de troncos, skidder m
Skiddometer n, Rutschigkeitsprüfer m (Straßb) / deslizómetro m
Skid-Number f (Straßb) / coeficiente m de patinaje
Skilift m, Schlepplift m / telesquí m, teleskí m, remonte m
Skimmer m, Öllaufsauger m / absorbedor m de aceite
Skin•bildung f (Walzw) / formación f de película de laminación ‖ ≃**blech** n, Hautblech m / chapa f plastificada ‖ ≃**-Effekt** m, Stromverdrängung f (Elektr) / efecto m pelicular o superficial, efecto m Kelvin ‖ ~**effektarmer Leiter** / conductor m Millikan ‖ ≃**-Effekt-Widerstand** m / resistencia f debida al efecto pelicular ‖ ≃**-pass** m (Hütt) / laminación f de acabado
Skip m, Schachtfördergefäß n (Bergb) / depósito m colgante, skip m ‖ ≃, Übersprung m (DV) / salto m ‖ ≃**-Begichtung** f (Hütt) / carga f del horno por skip ‖ ≃**förderung** f, Gefäßförderung f (Bergb) / extracción f por skip
Ski•sprungüberfall m über die Krafthausdecke / evacuador m tipo salto de esquí ‖ ≃**träger** m, -halter m (Kfz) / portaesquís m
Skizze f / esbozo m, bosquejo m, croquis m ‖ ≃, Plan m / dibujo m ‖ ≃, Außenlinie f (Bau) / dibujo m de contorno
Skizzenblech n / placa f o plancha cortada según croquis, chapa f de figura
skizzieren vt / bosquejar ‖ ~, entwerfen / proyectar ‖ ~, umreißen / dibujar a trazos
sklavische Nachahmung / imitación f servil
Sklero•meter n, Ritzhärtemesser, -prüfer m (Mat.Prüf) / esclerómetro m ‖ ≃**meterhärte** f / dureza f esclerométrica ‖ ≃**protein** n (Biochem) / escleroproteína f ‖ ≃**skop** n, Fallhärteprüfer m / escleroscopio m
Sklerotiniakrankheit f (Bot, Landw) / esclerotina f, esclerotiniosis f
SK-Magnetometer m, SK-Sonde f (SK = Saturationskern) (Nukl) / magnetómetro m de saturación o de flujo mandado
Skooper, Ladebagger m / excavador-cargador m
Skooter m (Kfz) / scooter m
Skopograph, Sichtweitenmesser m (für große Entfernungen) (Luftf) / [e]scopógrafo m
Skot n, Dunkelleuchtdichte-Einheit f, sk / skot m
Skotographie f (Foto) / escotografía f
Skrubber, Ammoniakwäscher m (Chem Verf) / lavador m de gases
Skt-Venant s. St. Venant
Skullcracker m, Schlagwerk n, (Eisenkugel für Abbrucharbeiten) (Bau) / mazo m de martinete
S-Kurve f (Straßb) / curvatura f doble ‖ ≃ (Geom) / curva f en S
Skutterudit, Tesseralkies m (Min) / eskuterudita f, esmaltina f
Skylab n (früher AAP = Apollo Application Program) (Raumf) / skylab m, estación f orbital experimental ‖ ≃**-Inbetriebnahme** f / activación f del skylab

Skylight, Oberlicht n (Schiff) / lumbrera f, claraboya f ‖ ≃**-Filter** n (Foto) / filtro m skylight
Skyline f (Stadt) / horizonte m, silueta f
Sk-Zahl f (Ölprüfung, DIN 51553) / índice m Sk
SL (Elektr) = Schutzleiter
Slab m (Gummi) / slab m
SLAB-Laser m / láser m SLAB
Slalom•-Filzführung f (Pap) / sistema m slalom (o unirun) de conducción de filtros secaderos ‖ ≃**verstärker** m (Eltronik) / amplificador m de pared ondulada
Slap Back, Rückwandecho n (Akust) / eco m de fondo
Slat m, ausfahrbarer Vorflügel (Luftf) / pico m de seguridad móvil
Slat-Boden m (Chem) / plataforma f de rejilla
Slater-Determinante f / determinante f de Slater
SLB (Luftf) = Start- und Landebahn
SLBM-Flugkörper m / cohete m balístico lanzado pot un submarino
Slick m, profilloser Reifen (Kfz) / neumático m sin perfil
Slim-Hole-Bohrtechnik f (Öl) / perforación f para hoyos de diámetro reducido
Slingshot-Effekt m (Hinausschießen über die Mond- in eine Sonnenumlaufbahn) (Raumf) / efecto m honda
Slip m, Aufschleppe f (Schiff) / varadero m ‖ ≃, Schlupf m (Luftf, Schiff) / deslizamiento m, retroceso m de la hélice ‖ ≃ n (Garnmaß = 1645,905 m) (Tex) / slip m
Slipemaster-Wolle f / lana f de piel
Sliphaken m (Schiff) / gancho m de escape
Slippen n, Schiebeflug m (Luftf) / resbalamiento m lateral
Slip-Stick-Effekt m (Luftf) / efecto m slip-stick
Slopsöl n, Slops n pl / mezcla f de contacto [en el oleoducto]
Slot m, Steckplatz m (DV) / slot m ‖ ≃ (Start- bzw. Landefenster, Recht auf Start- bzw. Landezeit) (Luftf) / slot m
SL/RN-Verfahren n (zur direkten Stahlerzeugung) (Hütt) / proceso m SL/RN
SLR-Technik (Spiegelreflexkamera) (Foto) / técnica SLR
SLS-Ventil n, Pulsairventil n (Kfz) / válvula f aspiradora
SLT (= solid logic technology), Technik der integrierten Schaltkreise / técnica f de los circuitos integrados ‖ ≃**-Karte** f / tablilla f o tarjeta de circuitos integrados
Sludge, Schlamm m (Öl) / cieno m, lodo m, residuo m de petróleo ‖ ≃**test** m (Transform.Öl) / ensayo m de formación de cieno
Slug n (= Masse, von 1 lb um 1 ft/s^2 beschleunigt) (Phys) / slug m, unidad f de masa
Slumptest m, Kegelprüfverfahren n (Beton) / ensayo m de expansión del mortero de cemento por unidad de tiempo
SM (Raumf) = Service Modul
Smalte f (Glas) / esmalte m, vidrio m de cobalto
Smaltin, Smaltit, Speiskobalt, Skutterudit m (Min) / esmaltina f, esmaltita f
smaragdgrün, -farbig / verde esmeralda
Smart Card f (DV, Fernm) / tarjeta f inteligente o electrónica
SMC n, Harzmatte f (Plast) / fieltro m o mat de resina ‖ ≃ (= Sheet Moulding Compound) / compuesto m en forma de lámina moldeable
SMD, oberflächenbefestigtes Bauteil / dispositivo m de montaje exterior ‖ ≃**-Technik** f (surface mounted devices) (Eltronik) / tecnología f SMD, técnica f de montaje exterior de los componentes
Smekal-Ramaneffekt m (Phys) / efecto m Raman
smektisch (Chem, Krist) / esméctico
Smektit m (Geol) / esmectita f
SM-Haupttriebwerk n (Raumf) / propulsor m principal del modulo de servicio

Smithsches Leitungsdiagramm, Generatordiagramm *n* (Eltronik) / diagrama *m* de Smith
Smithsonit *m* (Min) / smithsonita *f*
SM-Ofen *m* (Hütt) / horno *m* S.M. o Siemens-Martin
Smog *m* / smog *m*, esmog *m*, humo *m* y niebla, niebla *f* con humo ‖ ⁓**warnung** *f* / alarma *f* de humo y niebla
Smoked sheets *pl* (Gummi) / hojas *f pl* ahumadas, caucho *m* ahumado en hojas
SMP, oberflächenbefestigte Teile (Eltronik) / piezas *f pl* de montaje exterior
SM-Roheisen *n* (Hütt) / arrabio *m* S.M.
SMS (= Short Message Service) (Fernm) / SMS, Servicio *m* de Mensajes Cortos
SM-Stahl *m* / acero *m* S.M.
SMTI-Gerät *n* (Luftf) / indicador *m* selectivo de blancos móviles
Snaking *n* (Gierschwingung) (Luftf) / tambaleo *m*, guiñada *f*
Snap *m* (Raumf) / sistema *m* de potencia nuclear auxiliar
Snap-Back-Formieren *n*, Aufschrumpfen *n* im Vakuum (Rad) / zunchado *m* en vacío
SnBz = Zinnbronze
S/N-Diagramm *n*, Wöhlerkurve *f* / curva *f* esfuerzo/número de ciclos
Snelliussches Brechungsgesetz *n* (Opt) / ley *f* de Snell
s-Niveau *n* (Spektrum) / nivel *m* s
S-Nockenbremse *f* (Kfz) / freno *m* de levas S
Snoek-Effekt *m* (Eltronik, Phys) / efecto *m* Snoek
Snooper *m* (Horchgerät) (Eltronik) / snooper *m*
Snowcat *m*, Schneemobil *n* / moto *f* de nieve
Snurrewade *f* (Netzart) (Schiff) / jabega *f* (red para atunes o sardinas)
SNV = Schweizerische Normenvereinigung
SO *m* (= Südost[en]) / SE *m* (= Sudeste) ‖ ⁓ (Bahn) = Schienenoberkante
SoBz = Sonderbronze
Sockel *m* (Bau) / zócalo *m*, base *f* ‖ ⁓ (Säule) / contrabasa *f* ‖ ⁓ (Hochofen) / base *f* ‖ ⁓ (Lampe) (Elektr) / portalámparas *m*, casquillo *m* ‖ ⁓ (Relais, Transistor) / placa *f* pasahílos, cabezal *m* estanco ‖ ⁓ (Geol) / plataforma *f* continental ‖ ⁓ **Ba 16** / casquillo *m* de bayoneta 16 mm ‖ **auf** ⁓ / montado *m* sobre pie o zócalo
Sockel•bauweise *f* (Roboter) / construcción *f* de pedestal ‖ ⁓**blech** *n* (Elektr) / chapa *f* para portalámparas ‖ ⁓**gesims** *n*, -sims *m*, -gliederung *f* (Bau) / moldura *f* del zócalo ‖ ⁓**hülse** *f* (Elektr) / camisa *f* de casquillo ‖ ⁓**impuls** *m* (TV) / impulso *m* de extinción o de supresión ‖ ⁓**kitt** *m* (Elektr) / masilla *f* de portalámparas ‖ ⁓**leiste** *f* (Bau) / listón *m* del zócalo, rodapié *m* de madera ‖ ⁓**leistenkanal** *m* (Elektr) / conducto *m* en el rodapié ‖ ⁓**los** (Glühlampe) / sin portalámparas, sin casquillo (LA) ‖ ⁓**lose Röhre**, Quetschfußröhre *f* (Eltronik) / tubo *m* con soporte interno ‖ ⁓**mauer** *f* / muro *m* de pie
sockeln *vt* (Elektr) / poner [los] portalámparas
Sockel•platte *f* (Bau) / embaldosado *m* de zócalo ‖ ⁓**schutzbrett** *n* (Bau) / pasarela *f* ‖ ⁓**stift** *m* (Eltronik) / espiga *f* de contacto o de la base ‖ ⁓**täfelung** *f*, Lambris *m* (aus Holz, Marmor, Fliesen usw) (Bau) / entrepaño *m* ‖ ⁓**verstellschraube** *f* / tornillo *m* de nivelación
Sockenmaschine *f* (Wirkm) / máquina *f* para tejer calcetines
Soda *f*, Natriumkarbonat *n* (Chem) / sosa *f*, soda *f*, carbonato *m* sódico ‖ ⁓**auszug** *m* / extracción *f* por sosa ‖ ⁓**fabrik** *f* / fábrica *f* de sosa ‖ ⁓**gehalt** *m* / concentración *f* de sosa ‖ ⁓**haltig**, Soda... / sodado, de soda, de sosa ‖ ⁓**haltiger Salzsee** / lago *m* salino sodado ‖ ⁓**kochecht** (Tex) / sólido a la cocción o al hervido en sosa ‖ ⁓**kraut** *n* (Bot) / salicaria *f* ‖ ⁓**küpe** *f* (Färb) / tina *f* de sosa ‖ ⁓**lauge** *f* / lejía *f* de sosa
Sodalith *m* (Min) / sodalita *f*
Sodamin *n* (Chem) / sodamina *f*

Sodar *m n* (Meteo) / sodar *m*
Soda•rückgewinnung *f* (Pap) / recuperación *f* de soda ‖ ⁓**rückstände** *m pl* (Chem, Leblanc) / residuos *m pl* de sosa ‖ ⁓ **[schmelz]ofen** *m* (Chem) / horno *m* de (o para) sosa ‖ ⁓**seife** *f* / jabón *m* de sosa ‖ ⁓**wasser** *n* / agua *f* gaseosa, gaseosa *f*
Soden *m*, Plagge *f* (Landw) / pan *m* de césped ‖ ⁓**pflug**, Rasenpflug *m* / arado *m* de césped
Söderbergelektrode *f* (Hütt) / electrodo *m* de Soederberg
Sodwasser *n* (Schiff) / agua *f* de sentina
SOFC (= Solid Oxide Fuel Cell), Festoxid-Brennstoffzelle *f* (Elektr) / pila *f* quimoeléctrica de óxido sólido
Soffitten•fassung *f* (Elektr) / casquillo *m* de lámpara de sofito ‖ ⁓**lampe**, Röhrenlampe *f* / lámpara *f* de sofito
SO-Format *n* (DV) / formato *m* de código especial
Sofort•auslösung *f* / desenganche *m* rápido, escape *m* de acción instantánea ‖ ⁓**bild-Kamera** *f* / cámara *f* Polaroid ‖ ⁓**bild-Photographie** *f* / foto *f* Polaroid ‖ ⁓**-Durchschlagsfestigkeit** *f* (Elektr) / resistencia *f* disruptiva instantánea
sofortige Prüfpunktschreibung (DV) / escritura *f* instantánea del punto de comprobación
Sofort•kontakt *m* / contacto *m* instantáneo ‖ ⁓**ruf** *m* (Fernm) / llamada *f* inmediata ‖ ⁓**start** *m* **auf Befehl** (Raumf) / lanzamiento *m* inmediato sobre comando ‖ ⁓**verarbeitung** *f* (IBM) (DV) / procesamiento *m* en tiempo real ‖ ⁓**verkehr** *m* (Fernm) / servicio *m* inmediato o sin demora o a la orden ‖ ⁓**vorschub** *m* (DV) / salto *m* vertical inmediato ‖ ⁓**wirkung** *f* / efecto *m* immediato ‖ ⁓**zugriff** *m* (DV) / acceso *m* inmediato
Soft-Air-Waffe *f* (z.B. Pumpgun) / arma *f* Soft-Air
Soft Copy (DV) / datos *m pl* de visualización transitoria
Softener *m*, Weichmacher *m* / ablandante *m*
Soft Failure (DV) / error *m* transitorio ‖ ⁓**glättung** *f* (Pap) / alisado *m* suave
Soft-Key *m* (CNC) / tecla *f* individual
Soft-Nose-Design *n* (Kfz) / diseño *m* de contornos suaves
Soft•rindleder *n* / cuero *m* flexible ‖ ⁓**satinage** *f* (Pap) / supercalandrado *m* (o satinado) suave ‖ ⁓**scheibe** *f* (Foto) / filtro *m* suavizador o de ablandamiento ‖ ⁓**sektoriert** (Speicher) / sectorizado por programa ‖ ⁓**vorsatz** *m*, Weichzeichnerlinse *f* / suplemento *m* suavizador o de ablandamiento
Software *f* (DV) / software *m*, soporte *m* o equipo lógico, logical *m*, logicial *m* ‖ ⁓**-betrieben** / ejecutado por soporte lógico ‖ ⁓**-Diebstahl** *m*, Piratería *f* de soporte lógico ‖ ⁓**-firma** *f*, -unternehmen *n* / empresa *f* de soporte lógico ‖ ⁓**-Ingenieur** *m* / ingeniero *m* de programática o de software ‖ ⁓**-kompatibel** / compatible al soporte lógico ‖ ⁓**-Lokalisierung** *f* / localización *f* de software ‖ ⁓**-Paket** *n* (DV) / paquete *m* de software ‖ ⁓**piraterie** *f* / pirateo *m* de software ‖ ⁓**-Technik** *f* / técnica *f* de soporte lógico ‖ ⁓**techniker** *m* / técnico *m* en software ‖ ⁓**-Urheber** *m*, -Verfasser *m* / autor *m* de soporte lógico
Sog, Strudel *m* (Schiff) / remolino *m* ‖ ⁓ *m* (Aufb) / succión *f*, aspiración *f* ‖ ⁓ (Luftf) / succión *f* ‖ ⁓, Heckwiderstand *m* (Luftf) / resistencia *f* de base o de fondo ‖ ⁓, Kielwasser *n* / estela *f* ‖ ⁓ **und Schub** (Schiff) / remolino *m* y empuje ‖ ⁓ **von Brechern** (Hydr) / corriente *f* de fondo, contracorriente *f* ‖ ⁓**welle** *f* / ola *f* de resaca ‖ ⁓**wirkung** *f* / efecto *m* aspirador
Sohl•bank, Fensterbank *f* (Bau) / apoyo *m* de ventana, solera, alféizar *m* ‖ ⁓**befestigung** *f* (Hydr) / afirmado *m* del cauce ‖ ⁓**breite** *f* (Kanal) / anchura *f* de base de un canal ‖ ⁓**breite** (Damm) / anchura *f* de base de un dique ‖ ⁓**druck** *m* (Bau) / presión *f* de la base
Sohle *f* (des Staubeckens) / tablero *m* del embalse ‖ ⁓, Unterfläche *f* (allg, Bau) / base *f* ‖ ⁓ (Schuh) / suela *f* ‖ ⁓ (Strumpf) / soleta *f*, plantilla *f* ‖ ⁓, Abbausohle *f* (Bergb) / nivel *m* o piso de arranque ‖ ⁓, Streckensohle *f*,

Sohle

Liegendes *n* (Bergb) / solera *f*, planta *f*, fondo *m* ‖ ~,
Unterlage *f*, Schwelle *f* (Bau) / durmiente *m*, solera *f*
inferior ‖ ~ *f* (nach unten gewölbt) (Kanalrohr, Stollen) /
suelo *m* invertido ‖ ~ (Kanal) / suelo *m* de canal ‖ ~
(Ofen) / solera *f* de horno ‖ ~ (Schleusenkammer) / fondo
m ‖ ~ (Tal) / vaguada *f*, talweg *m* ‖ ~, Schleifsohle *f*
(Pflug) / cabeza *f*, talon *m* ‖ ~ (Hobel) / suela *f*, talón *m*
‖ ~ **eines Flözes** (Bergb) / fondo *m* del filón
Sohlebereich *m* (Funk) / área *f* de fondo
Sohlen•abstand *m* (Bergb) / distancia *f* entre soleras ‖
~**auftrieb** *m* (Bergb, Tunnel) / hinchazón *m* de fondo ‖
~**bauwerk** *n*, -befestigung *f* (Hydr) / construcción *f* de
protección del fondo de un río ‖ ~**blockierung** *f*
(Bergb) / bloqueo *m* de soleras ‖ ~**druck**, -auftrieb *m*
(Bergb, Tunnel) / hinchazón *m* del fondo ‖ ~**leder** *n* /
cuero *m* para suelas ‖ ~**neigungswinkel** *m* (Hütt) /
ángulo *m* de inclinación de la solera ‖ ~**schuss** *m*
(Bergb) / tiro *m* desde el fondo ‖ ~**stein** *m* (Hütt) /
ladrillo *m* de solera ‖ ~**strecke** *f* (Bergb) / galería *f* de
fondo ‖ ~**tal** *n* (Geol) / valle *m* de depresión o en
forma de U ‖ ~**verstärkung** *f* (Strumpf) / refuerzo *m* de
soleta ‖ ~**wasserdruck** *m* (Bergb) / subpresión *f*
söhlig, waagerecht (Bergb) / horizontal ‖ ~**e
Abbaustrecke** (Bergb) / galería *f* de extracción
horizontal ‖ ~**e Schichtung** (Bergb) / estratificación *f*
horizontal ‖ ~**e nicht** ~ / fuera de agua ‖ ~**bohrung** *f*
(Bergb) / sondeo *m* horizontal
Sohl•kanal *m* (Hütt) / canal *m* de solera ‖ ~**leder** *n*,
Bodenleder *n*, Vacheleder *n* / vaqueta *f* de cuero
doméstico ‖ ~**loch** *n* (Bergb, Sprengung) / barreno *m* de
pie ‖ ~**platte** *f* (Masch) / placa *f* de solera ‖ ~**platte**,
Plattenfundament *n* (Bau) / placa *f* de fundación ‖
~**schuss** *m* (Bergb) / tiro *m* de pie ‖ ~**stück** *n*,
Fußpfette *f* (Bau) / correa *f* de base
SOI, Silizium *n* auf Isolator (Halbl) / silicio *m* sobre
aislador, principio *m* silicio - aislador
Soil•erosion *f* / erosión *f* del suelo ‖
~**-Release-Ausrüstung** *f* (Tex) / apresto *m* de lavado
facilitado
SO-I-Natriumdampflampe *f* / lámpara *f* de vapor de
sodio tipo SO-I
SOI-Technik *f* / técnica *f* de silicio sobre aislador
Soja (Bot, Landw) / soja *f*, soya *f* (LA) ‖ ~**bohne** *f* /
semilla *f* o haba de soja ‖ ~**fettsäure** *f* / ácido *m* graso
de soja ‖ ~**öl** *n* / aceite *m* de soja
Sol *n*, kolloidale Lösung (Chem) / sol *m*
Solanin *n* (Biochem) / solanina *f* ‖ ~**base**, Solanumbase *f*
(Chem) / base *f* de solanina
solar•es Protonenereignis / erupción *f* o fulguración o
llamarada o protuberancia solar ‖ ~**es Testzentrum**
(in Spanien) / PSA = Plataforma Solar de Almería ‖
~... / solar *adj*
solar•angetrieben, -betätigt / alimentado o accionado
por energía solar ‖ ~**architektur** *f* / arquitectura *f*
solar ‖ ~**batterie** *f* / batería *f* solar, pilas *fpl* de células
solares, heliopila *f* ‖ ~**brennstoff** *m* / combustible *m*
solar ‖ ~**chemisches Produkt** / producto *m* de
química solar ‖ ~**dach** *n* / cubierta *f* con colectores
solares ‖ ~**dachplatte** *f* / teja *f* solar ‖ ~**destillator** *m* /
destiladora *f* solar ‖ ~**elektrisch** / solareléctrico ‖
~**elektrischer Antriebsmodul**, SELAM / módulo *m*
de propulsión solareléctrico ‖ ~**elektrische
Oberstufe** (Raumf) / etapa *f* de propulsión
solareléctrica ‖ ~**farm** *f*, Solarpark *m* / parque *m* solar
‖ ~**folie** *f* / hoja *f* plástica con elementos solares ‖
~**gepumpt** (Laser) / bombeado [por energía] solar o
con luz solar, de bombeo solar
Solari•meter *n* (Phys) / solarímetro *m* ‖ ~**sation** *f*,
Umkehrerscheinung der Platte (Foto) / solarización *f*
solarisationsfähig (Foto) / reversible
Solarium *n* / solario *m*
Solar•kollektor *m* / colector *m* solar ‖ ~**konstante** *f* (=
1,94 cal cm^{-2} min^{-1}) / constante *f* solar ‖ ~**konverter** *m*
/ transformador *m* de energía solar, convertidor *m*
solar ‖ ~**kraftwerk** *n* / central *f* solar, plataforma *f*
solar (Almería) ‖ ~**modul** *n* / módulo *m* solar ‖ ~**öl** *n* /
aceite *m* solar ‖ ~**[zellen]panel** *n*, Solarbatterie *f* /
panel *m* de pilas o células solares, panel *m* solar,
heliopila *f* ‖ ~**physik** *f* / física *f* solar, heliofísica *f* ‖
~**-Pond** *m*, Salzwasser-Kollektorbecken *n* / estanque
m solar ‖ ~**stearin** *n* (Chem) / estearina *f* solar ‖
~**strom** *m* / corriente *f* [de energía] solar ‖ ~**technik** *f*
/ técnica *f* solar ‖ ~**thermie** *f* / técnica *f* termosolar ‖
~**thermisch** / termosolar ‖ ~**turmkraftwerk** *n* /
central *f* solar de torre ‖ ~**wasserstoff** *m* / hidrógeno
m solar ‖ ~**wind** *m* (Astr) / viento *m* solar ‖ ~**zelle** *f* /
pila *f* o célula solar, heliopila *f* ‖ ~**zellenkette** *f* /
cadena *f* de células de una heliopila ‖ ~**zellenlaken** *n* /
manta *f* de heliopilas ‖ ~**zellen-Packungsdichte** *f* /
densidad *f* de colocación de células solares ‖
~**zellenpaddel** *n*, -zellenausleger *m* (Raumf) / paleta *f*
portadora de células solares, paleta *f* colectora de
energía solar ‖ ~**zellen-Tragarm** *m* / brazo *m*
portador de células solares ‖ ~**zellenträger** *m* (Raumf)
/ portador *m* de células solares
Solbildung *f* (Chem) / formación *f* de un sol
Sole *f*, Salzlösung *f*, -wasser *n* / agua *f* salina o salobre o
[cargada] de sal ‖ ~, Salzquelle *f* / salina *f* ‖ ~,
Salzlake *f* (Nahr) / salmuera *f* ‖ ~**graben** *m*,
Sol[e]kanal *m*, -rinne *f* / canal *m* de agua salobre
Soleil *m* (Web) / sol[eil] *m* ‖ ~**bindung** *f* (Web) /
ligamento *m* sol[eil]
Solenoid *n* (Elektr, Phys) / solenoide *m* ‖ ~**bremse** *f* /
freno *m* electromagnético o de solenoide ‖ **in** ~**form** /
solenoidal
Sole•pumpe *f* / bomba *f* de agua salobre o de salmuera ‖
~**schacht** *m* / pozo *m* de extracción de agua salobre ‖
~**waage** *f* / areómetro *m* de agua de sal
Solex•messgerät *n* / instrumento *m* de medición Solex ‖
~**vergaser** *m* (Kfz) / carburador *m* Solex
Solfatare *f* (Geol) / solfatara *f*
Sol•-Gel-Verfahren *n* (Chem) / proceso *m* sol-gel ‖ **nach
dem** ~**-Gel-Verfahren hergestellt** / fabricado por el
proceso sol-gel
solide, schwer / sólido, pesado, macizo ‖ ~, kräftig /
sólido, fuerte, robusto ‖ ~, fest (Mauer) / compacto
Solidensieren *n* (Kondensation eines Dampfes zu
einem Feststoff) (Phys) / solidensificación *f*
Solidizer *m* (Trockner) / solidificador *m*
Solidus•fläche *f* (Hütt) / área *f* solidus ‖ ~**linie** *f* / línea *f*
solidus
Solifluktion *f*, Erd-, Bodenfließen *n* (Geol) / soliflucción
f, solifluxión *f*
Soligen *n* (Harzseife) (Chem) / soligén *m*
Solion *n* (elektrochemisches Steuerelement) (Elektr) /
solión *m*
solitäre Welle, Einzelwelle *f* (Phys) / onda *f* solitaria
Solkautschuk *m* (Chem) / caucho *m* sol
Soll *n* (F.Org) / cuota *f* de producción asignada o fijada ‖
~..., / nominal, teórico ‖ ~..., planmäßig / previsto ‖
~**adresse** *f* (DV) / dirección *f* de referencia ‖
~**bestand** *m* / plantilla *f* nominal ‖ ~**bruch** ... / de
rotura controlada ‖ ~**bruchdorn** *m* **im Blindniet** /
mandril *m* de rotura controlada ‖ ~**bruchglied** *n* /
elemento *m* de rotura controlada ‖ ~**-Bruchstelle** *f* /
sitio *m* o punto de rotura controlada ‖ ~**-daten** *pl* /
datos *m pl* previstos ‖ ~**-Erfassungsbereich** *m* /
cobertura *f* nominal ‖ ~**fahrplan** *m* (Bahn) / gráfico *m*
teórico de marcha de los trenes ‖ ~**form** *f* / forma *f*
nominal ‖ ~**frequenz** *f* / frecuencia *f* nominal ‖
~**-Geschwindigkeit** *f* / velocidad *f* teórica ‖ ~**gewicht**
n / peso *m* teórico o deseado ‖ ~**größe** *f* / tamaño *m*
deseado ‖ ~**-Ist-Vergleich** *m* / comparación *f* de la
variación o fluctuación, comparación *f* de los valores
teóricos y reales ‖ ~**korn**, Normalkorn *n* (Bergb) /
dimensión *f* deseada de granos ‖ ~**kosten** *pl* (F.Org) /
costes *m pl* normalizados ‖ ~**kurs** (Lufft, Schiff) /
rumbo *m* deseado ‖ ~**kurs-Einsteller** *m* / piloto *m*

Sondermüll

automático ‖ ⁓-**Leistung** f, Sollleistung f /
rendimiento m nominal o teórico o previsto ‖
⁓-**Leistung** (Produktion) / producción f nominal ‖
⁓**maß** n, Nennmaß n / cota f teórica ‖ ⁓**maß** (Holz) /
dimensión f prevista ‖ ⁓**maß** (Mess) / tapón m bueno o
de aceptación ‖ ⁓**maß** (Passung) / cota f teórica ‖
⁓**maß** (Bau) / dimensión f de base ‖ ⁓**position** f (NC) /
posición f deseada ‖ ⁓**reichweite** f / autonomía f
teórica ‖ ⁓**spannung** f / tensión f nominal ‖
⁓**stellungs-Beibehaltung** f (Satellit) / mantenimiento
m de órbita o de posición
Sollwert m, Aufgabenwert m / valor m nominal o
teórico o prescrito o prefijado ‖ ⁓ (NC) / cota f
deseada ‖ ⁓, Badkonstante f (Galv) / contenido m
deseado ‖ ⁓ (Relais) / valor m obligado ‖ ⁓ (der
Regelgröße) (Regeln) / valor m de consigna de la
cantidad regulada ‖ ⁓ **der Regelgröße** (Endwert) /
valor m de consigna de salida ‖ ⁓-**Abweichung** f
(Regeln) / desviación f del valor de consigna ‖
⁓**aufnehmer** m (Regeln) / transmisor m del valor de
consigna ‖ ⁓**einsteller** m, -geber m (Regeln) /
ajustador m del valor de consigna ‖ ⁓**einstellung** f
(Regeln) / ajuste m del valor de consigna ‖
⁓**einstellung-Führungsgröße** f (Regeln) / magnitud f
de referencia del valor deseado ‖ ⁓**geber** m /
indicador m del valor teórico ‖ ⁓**integrator** m /
integrador m del valor de consigna ‖
⁓-**Istwert-Differenz** f (Regeln) / diferencia f entre el
valor efectivo y el deseado ‖ ⁓-**Stellbefehl** m
(Fernsteuern) / orden f de valor de consigna ‖ ⁓**steller**
m / ajustador m del punto de regulación ‖ ⁓**vorgabe** f
/ fijación f previa de valores teóricos ‖ ⁓**zähler** m (NC)
/ contador m de cota deseada o prescrita ‖
einstellbarer ⁓**zeiger** (Instr) / índice m regulable
Sollzustand m / estado m deseado o prescrito
Solnhofener Schiefer, Lithographie-Schiefer m /
esquisto m litográfico o de Solnhofen
Solomaschine f (Motorrad) / máquina f individual, moto f
sin side
Sol•quelle f / manantial m de aguas salinas ‖ ⁓**salz** n /
sal f de manantial salino
solubilisieren vt / solubilizar ‖ ⁓ n (Chem) /
solubilización f
solubilisierend / solubilizante
Soluble Blue n (Färb) / azul m soluble
Solutierprozess, Solutizerprozess m (Öl) / proceso m
solutizer
Solutizer m, Lösungsmittel n / disolvente m, solvente m
Solvat n (Schmieröl) / solvato m
Solva[ta]tion f (Chem) / solvatación f
solvatisieren / solvatizar
solvatisiert (Kolloid) / solvatizado
Solvatochromie f (Chem) / solvatocromismo m
Solvay•soda f / sosa f de Solvay ‖ ⁓**verfahren** n (zur
Sodagewinnung) / procedimiento m Solvay
Solvent, Lösungs-, Lösemittel n (Chem) / disolvente m,
solvente m ‖ ⁓-**Extraktion** f, Ausschütteln n /
extracción f por disolvente ‖ ⁓**karbon-Farbband** n /
cinta f de solvente de carbono ‖ ⁓**naphtha** f n,
Testbenzin n / nafta f disolvente ‖ ⁓**raffinat**,
Lösungsmittelraffinat n (Schmieröl) / solvato m ‖
⁓**raffination**, Lösungsmittelraffination f / refinación f
de solvente
Solvo•lyse, Lyolysis f (Chem) / solvólisis f ‖ ⁓**system** n /
sistema m solvo
Somatographie f (F.Org) / somatografía f
Somatometer n / somatómetro m
Sommer•deich m (Hydr) / dique m auxiliar o de verano ‖
⁓**diesel** m (Kfz) / gasóleo m de verano ‖ ⁓**eiche** f,
Stieleiche f, Quercus robur seu pedunculata (Bot) /
quercia f pedunculada, roble m fresnal, quejigo m
Sommerfeld•sches Atommodell (Phys) / átomo m de
Sommerfeld ‖ ⁓**sche Konstante**,

Feinstruktur-Konstante f / constante f de Sommerfeld
de estructura fina
Sommer•freibord-Tiefgang m (Schiff) / calado m de
verano ‖ ⁓**gerste** f (Landw) / cebada f de verano ‖
⁓**getreide** n (Landw) / cereales m pl de primavera o de
verano ‖ ⁓**holz** n (Forstw) / madera f de apeo de
verano, madera f de corte estival
sommern (Ziegl) / madurar en verano ‖ ~ (Reifen) /
reperfilar (neumáticos)
Sommer•öl n (Kfz) / aceite m de verano ‖ ⁓**pflanze** f
(Bot) / planta f estival ‖ ⁓**reifen** m (Kfz) / neumático m
de verano ‖ ⁓**sonnenwende** f (Astr) / solsticio m estival
o de verano ‖ ⁓**tiefladelinie** f (Schiff) / línea f de
máxima carga de verano, línea f de calado de verano ‖
⁓**weizen** m / trigo m tremesino, trigo m marzal ‖
⁓**wolle** f (Tex) / lana f de segunda esquila
Sonar m n, S-Gerät n (Nav) / sonar m, (a veces:)
ecogoniómetro m, localizador m o radar ultrasónico ‖
⁓**impuls** m / impulso m sonárico o de sonar
Sonde f, Fühler m / sonda f ‖ ⁓ (Elektr) / sonda f de
acoplamiento ‖ ⁓ (Ultraschall) / detector m ultrasónico
o ultrasonoro o de ultrasonidos ‖ ⁓, Lambdasonde f
(Kfz) / sensor m de oxígeno
Sonden•fänger m (Bergb) / atrapasondas m (E),
pescasondas m (LA) ‖ ⁓**kennlinie** f (Röhre) /
característica f de sonda o probeta ‖ ⁓**keramik** f (Kfz)
/ cuerpo m cerámico de probeta ‖ ⁓**laser** m / láser m
de sondeo ‖ ⁓**öffnung** f (Reaktor) / orificio m de sonda
‖ ⁓**rakete** f / cohete m de sonda ‖ ⁓**röhre** f (TV) / tubo
m disector de imagen ‖ ⁓**spannung** f / tensión f de
sonda ‖ ⁓**spule**, Suchspule f / bobina f exploradora o
sondeadora ‖ ⁓**störung** f (Reaktor) / interferencia f
debida a una sonda
Sonder•..., Extra... / extra, especial ‖ ⁓..., besonderer /
particular, especial ‖ ⁓..., Neben... / separado,
auxiliar ‖ ⁓ [**ab**]**druck**, Abdruck m (Druck) / tirada f
aparte (E), reproducción f especial (LA) ‖ ⁓**abteil** n
(Bahn) / compartim[i]ento m reservado ‖ ⁓**anschliff**
m (Wz) / afilado m especial ‖ ⁓**antrieb** m / mando m
especial ‖ ⁓**antrieb**, getrennter Antrieb / mando m
independiente, accionamiento m separado ‖
⁓**aufbau** m (Kfz) / carrocería f especial ‖
⁓**ausführung** f / ejecución f o construcción f especial,
tipo m especial ‖ ⁓**ausrüstung** f (Kfz,
Wzm) / equipamiento m especial
sonderbar, seltsam / extraño
Sonder•bauart f / tipo m especial ‖ ⁓**baustahl** m / acero
m de construcción especial ‖ ⁓**begriff** m / noción f
especial, concepto m especial ‖ ⁓**belüftung** f,
-bewetterung f / ventilación f auxiliar o seccional ‖
⁓**berechnung** f / cuenta f o facturación f especial o
adicional ‖ ⁓**breite** f (DV) / anchura f especial [para
clientes] ‖ ⁓**bronze** f (Hütt) / bronce m especial ‖
⁓**bronze seewasserfest** / bronce m calidad marina ‖
⁓**buchstabe** m / letra f especial ‖ ⁓**drehmaschine** f
(Wzm) / torno m especial ‖ ⁓**druck** m (Druck) / tirada f
aparte (E), separata f, reproducción f especial (LA) ‖
⁓**einrichtung** f / facilidad f especial ‖ ⁓**erzeugnisse** n
pl (Hütt) / productos m pl especiales ‖ ⁓**fahrt** f (Bahn) /
marcha f especial ‖ ⁓**fahrt** (Bus) / servicio m
discrecional (E) ‖ ⁓**fahrzeug** n / vehículo m [para fin]
especial ‖ ⁓**fall** m / caso m especial o excepcional ‖
⁓**fertigungsmittel** n / herramientas f pl especiales,
medios m pl de producción especiales ‖ ⁓**gewinde** n /
rosca f especial ‖ ⁓**gewinde UNS** n (US) / rosca f
especial UNS ‖ ⁓-**Gewindereihe** f / serie f de roscas
especiales ‖ ⁓**größe** f / tamaño m especial ‖ ⁓**guss** m /
fundición f especial ‖ ⁓**maschine** f (Wzm) / máquina f
[para uso] especial ‖ ⁓**maschine der spanlosen
Formung** / máquina f especial sin arranque de
viruta[s] ‖ ⁓**seewasserfestes** ⁓**messing** / latón m
alfa-beta ‖ ⁓**messing Cu Zn 40 Al 2** / latón m de alta
resistencia Cu 58 Zn 40 AL 2 ‖ ⁓**messing ME 95** /
latón m Me 95 ‖ ⁓**müll** m (Umw) / basura f especial

1215

sondern

sondern *vt*, sichten / clasificar ‖ ~, sortieren / apartar, seleccionar, separar
Sonder•name *m* (DV) / indicativo *m* especial ‖ ~**nummer** *f* (Druck) / número *m* especial o extraordinario, edición *f* especial ‖ ~**öl** *n* (Chem) / aceite *m* especial ‖ ~**prüfverfahren** *n* / método *m* de ensayos especiales ‖ ~**roheisen** *n* (Hütt) / arrabio *m* especial ‖ ~**schicht** *f* / turno *m* extraordinario ‖ ~**schutzart** *f* (Elektr) / tipo *m* de protección especial ‖ ~**speicher** *m* (DV) / memoria *f* reservada ‖ ~**stab** *m* (F.Org) / equipo *m* especial ‖ ~**stahl** *m* / acero *m* especial ‖ ~**stein** *m* (Hütt) / ladrillo *m* especial ‖ ~**stempel** *m* (Post) / matasellos *m* especial ‖ ~**tastatur** *f* (DV) / teclado *m* de funciones programadas ‖ ~**tiefziehblech** *n* / chapa *f* especial de embutición profunda ‖ ~**typen** *f pl* (Druck) / caracteres *m pl* preferidos ‖ ~**untersuchung** *f* / examen *m* especial ‖ ~**-VFR-Flug** *m* (VFR = visual flight rules) / vuelo *m* especial de reglas de vuelo visual ‖ ~**wagen** *m* (Bahn) / vagón *m* especial ‖ ~**wagen** (Typ Sümz), (früher:) Salonwagen (Bahn) / coche *m* de lujo ‖ ~**wagen** [gepanzert] (Kfz) / coche *m* especial [blindado] ‖ ~**wunsch** *m* / deseo *m* especial [del cliente], extra *m* ‖ [auf] ~**wunsch** / opcional ‖ ~**zeichen** *n* (DV) / carácter *m* especial ‖ ~**zubehör** *n* / accesorios *m pl* especiales ‖ ~**zug** *m* (Bahn) / tren *m* especial ‖ ~**zug**, Einsatzzug *m* / tren *m* direccional ‖ ~**zweckbohrmaschine** *f* (Wzm) / taladradora *f* [para fin] especial ‖ ~**[zweck]maschine** *f*, Einzweckmaschine *f* (Wzm) / máquina *f* de una sola aplicación
sondierbar, auslotbar / sondable
Sondier•bohrung *f* (Boden) / sondeo *m* por perforación ‖ ~**eisen** *n*, -nadel *f* (Bergb) / varilla *f* de sondeo
sondieren *vt*, untersuchen / sondear
Sondiergerät *n* / sondeador *m*
Sondierung *f* **der Ionosphäre** (Raumf) / sondeo *m* ionosférico ‖ ~ **der Ionosphäre vom Boden aus,[von einem Satelliten aus]** (Raumf) / sondeo *m* ionosférico desde el suelo,[desde un satélite]
Sone *n* (phonometr. Einheit) / sonio *m*
Sonne *f* / Sol *m*, sol *m* ‖ **der** ~ **aussetzen** / exponer al Sol, insolar, solear
Sonnen•..., Helio... / helio... ‖ ~**...** / solar ‖ ~**...** s. auch Solar... ‖ ~**-Ausbruch** *m* / erupción *f* solar ‖ ~**bahn** s. Sonnenumlaufbahn ‖ scheinbare ~**bahn** / curso *m* aparente del Sol ‖ ~**balkon** *m* (Bau) / balcón-solario *m* ‖ ~**batterie** *f*, Solarzelle *f* / batería *f* solar, pila *f* de energía solar ‖ **mit** ~**batterien betrieben** / alimentado o accionado por energía solar ‖ ~**beständig**, -fest (Tex) / sólido a la luz solar ‖ ~**bestrahlung**, -einstrahlung, Insolation *f* / irradiación *f* por el sol, insolación *f* ‖ ~**bleichung** *f*, -bleichen *n* (Tex) / blanqueo *m* por el Sol ‖ ~**blende** *f* / parasol *m* ‖ äußere ~**blende** (Kfz) / visera *f* quitasol o parasol, parasol *m* ‖ ~**blende** *f* (Foto) / parasol *m* ‖ ~**blume** *f* (Bot) / girasol *m* ‖ ~**blumenöl** *n* / aceite *m* de girasol ‖ ~**blumensame** *m*, -blumenkern *m* / grano *m* de girasol, semilla *f* o pipa de girasol ‖ ~**breithalter** *m* (Tex) / templazo *m* de discos horizontales con púas ‖ ~**brille** *f*, Lichtschutzbrille *f* / gafas *f pl* de sol ‖ ~**chemie** *f* / helioquímica *f* ‖ ~**-Coudé-Refraktor** *m* (Phys) / refractor *m* solar Coudé ‖ ~**dach** *n* (Bau) / toldo *m*, marquesina *f* ‖ ~**dach** (Kfz) / techo *m* solar ‖ ~**deck** *n* (Schiff) / cubierta *f* de sol ‖ ~**einstrahlung** *f* / irradiación *f* solar, irradiación *f* por el Sol, admisión *f* del calor ‖ ~**einstrahlung auf die Erde**, Insolation *f* (Phys) / insolación *f* ‖ ~**einstrahlungs-Verringerung** *f* / disminución *f* de insolación ‖ ~**elektrisch** / solareléctrico, helioeléctrico ‖ ~**energie** *f* / energía *f* solar ‖ ~**energie-Anlage** *f* / instalación *f* [de energía] solar ‖ ~**energie[aus]nutzung** *f* / aprovechamiento de la energía solar ‖ ~**energie-Satellit** *m* / satélite *m* de energía solar ‖ ~**energie-Telefon** *n* / teléfono *m* alimentado por energía solar ‖ ~**energie-Umwandlung** *f* **durch den Sperrschichtphotoeffekt** / conversión *f* de energía solar por efecto fotovoltaico ‖ ~**fackel** *f*, solares Protonenereignis (Astr) / erupción *f* o fulguración o llamarada o protuberancia solar, erupción *f* [solar] cromosférica, centelleo *m* solar ‖ ~**falle** *f* (Gartenbau) / cajonera *f* del semillero ‖ ~**farm** *f* (Elektr) / granja *f* solar ‖ ~**ferne** *f* (Astr) / afhelio *m* ‖ ~**finsternis** *f* / eclipse *m* solar ‖ ~**fleck** *m* (Astr) / mancha *f* solar ‖ ~**flecken-Aktivität** *f* / actividad *f* solar o de las manchas solares ‖ ~**forschung** *f* / investigación *f* del Sol ‖ ~**geblendet** / deslumbrado por el Sol ‖ ~**granulation** *f* (Astr) / granulación *f* del Sol ‖ ~**gürtel** *m* (der Erde) / cinturón *m* solar ‖ ~**hang** *m*, -seite *f* (Bau) / lado *m* expuesto al Sol, lado *m* del mediodía ‖ ~**höhe** *f* (Astr) / altura *f* del Sol ‖ ~**impuls** *m* / impulso *m* [del captador] solar ‖ ~**jahr** *n* / año *m* solar ‖ ~**kollektor** *m* (Raumf) / colector *m* [de radiación] solar ‖ ~**konzentrator** *m* (Raumf) / concentrador *f* de energía solar ‖ ~**kraftmaschine** *f* / generador *m* helioeléctrico, electrogenerador *m* alimentado por radiación solar ‖ ~**kraftwerk** *n* / central *f* (E) o usina (LA) helioeléctrica o heliotérmica, central *f* solar ‖ ~**kraftwerkselement** *n* / colector *m* de la central solar ‖ ~**licht** *n* / luz *f* solar ‖ ~**-Magnetron** *n* / magnetrón *m* de sol naciente ‖ ~**magnetsturm** *m* (Astr) / tormenta *f* [magnética] solar ‖ ~**motor** *m* / motor *m* [alimentado por energía] solar ‖ ~**nähe** *f*, Perihel *n* (Astr) / perihelio *m* ‖ **durch** ~**nähe verfinstert** (Astr) / eclipsado por proximidad del Sol ‖ ~**naher Raum** / espacio *m* circunsolar ‖ [**umlaufendes**] ~**observatorium** / observatorio *m* solar orbital ‖ ~**observatorium-Satellit** *m* / satélite *m* de observatorio solar ‖ ~**ofen** *m* / horno *m* solar ‖ ~**paddel** *n* / paleta *f* portadora de células solares, paleta *f* colectora de energía solar ‖ ~**parallaxe** *f* / paralaje *m* solar ‖ ~**partikel** *n pl* / partículas *f pl* solares ‖ ~**peilung** *f* / arrumbamiento *m* por el Sol ‖ ~**proton** *m* (Phys) / protón *m* solar ‖ ~**protuberanz** *f*, -fäden *m pl* / protuberanoia *f* solar, filamentos *m pl* solares ‖ ~**rad** *n*, Planetenträger *m* (Masch) / piñón *m* satélite, rueda *f* satélite o principal ‖ ~**rand** *m* / limbo *m* solar ‖ ~**rauschen** *n* (Eltronik) / ruido *m* solar ‖ ~**reflex auf dem Wasser** *m pl* / reflejo *m* solar de agua ‖ ~**richtungsfühler** *m* / detector *m* de la dirección del Sol ‖ ~**riss** *m* (Bauholz) / herida *f* de insolación ‖ ~**rosennöl** *n*, -blumenöl *n* (Nahr) / aceite *m* de girasol ‖ ~**scheibe** *f* (Astr) / disco *m* solar, esfera *f* solar ‖ ~**scheinautograph** *m* (Meteo) / solarígrafo *m* ‖ ~**scheinmesser** *m* / heliógrafo *m* ‖ ~**schirm** *m* / sombrilla *f* ‖ ~**schirm**, -schutz *m*, -blende *f* (Opt) / parasol *m*, quitasol *m* ‖ ~**schmelzofen** *m* / horno *m* solar para fusión ‖ ~**schutzanstrich** *m* / pintura *f* antisolar ‖ ~**schutzdach** *n* (Straßb) / toldo *m* antisolar ‖ ~**schutzfilter** *m n* (Opt) / filtro *m* antisolar ‖ ~**schutzglas** *n* (Opt) / cristal *m* protector contra los rayos solares ‖ ~**schutzrolle** *f* (Bau, Kfz) / persiana *f* antisolar ‖ ~**schutzschirm** / parasol *m*, quitasol *m* ‖ ~**segel** *n* (Schiff) / toldo *m* ‖ ~**segel** (Raumf) / vela *f* solar desplegable ‖ ~**segler** *m*, Solarflugzeug *n* / planeador *m* con paneles solares ‖ ~**seite** *f* / lado *m* expuesto al Sol ‖ ~**seite**, -hang *m* (Bau) / lado *m* de mediodía ‖ ~**sensor** *m* / sensor *m* solar ‖ ~**sensorpuls** *m* (Raumf) / impulso *m* del sensor solar ‖ ~**simulator** *m* / simulador *m* solar ‖ ~**spektrum** *n* (Phys) / espectro *m* solar ‖ ~**spiegel** *m*, Heliostat *m* / helióstato *m* ‖ ~**spule** *f*, zylindrische Kreuzspule mit kurzem Hub (Spinn) / bobina *f* cruzada plana, bobina *f* con el queso ‖ ~**stand** *m* / altura *f* del Sol ‖ ~**stands-Diagramm** *n* (Sun Orbit Diagram) / diagrama *m* de órbita solar ‖ ~**stäubchen** *n* / corpúsculo *m* aéreo ‖ ~**stein** *m* (Geol) / oligoclasa *f* u ortoclasa ‖ ~**strahl** *m* / rayo *m* solar o del Sol ‖ ~**strahler** *m* (Elektr) / lámpara *f* [de luz] solar

‖ ~strahlung f / radiación f solar ‖ ~strecke f (für Kammgarn) (Tex) / gill m circular o solar ‖ ~synchron / heliosincrónico ‖ ~system n / sistema m solar ‖ von außerhalb des ~systems / extrasolar ‖ ~tag m (Astr) / día m solar ‖ ~teleskop n / telescopio m solar ‖ ~terrasse f (Bau) / solario m ‖ ~-Thermionikelement n (Phys) / célula f termiónica solar ‖ ~tubus m (Foto) / parasol m, visera f de cámara ‖ ~turm (Teleskop) / torre f solar ‖ ~turmkraftwerk n / central f solar de torre ‖ ~turmteleskop n / telescopio m solar de torre ‖ ~typ-Magnetron, Sonnenstrahl-Magnetron n / magnetrón m de sol naciente ‖ ~uhr f / reloj m de Sol ‖ ~uhrzeiger m / gnomon m ‖ ~umlaufbahn f (Astr) / órbita f heliocéntrica ‖ ~verfolger m, -anpeiler m / seguidor m del Sol ‖ ~wärme f / calor m solar ‖ durch ~wärme betrieben / accionado por calor solar ‖ ~wärme-Ausnutzung f zum Heizen / calefacción f solar, calentamiento m solar ‖ ~wärme-Einfang m / captación f de calor solar ‖ ~wärme-Kollektor m / colector m [de radiación] solar ‖ ~wärme-Konzentrationsspiegel m / espejo m concentrador de calor solar ‖ ~wärme-Konzentrator m / concentrador m de calor solar ‖ ~wärme-Kraftwerk n / estación f (E) o usina (LA) heliotérmica ‖ ~wärts / dirigido hacia el Sol ‖ ~wende f, Solstitium n (Astr) / solsticio m ‖ ~wendespiegel, Heliotrop n (Verm) / heliótropo m ‖ ~wind m / viento m solar ‖ ~wind-Strömungswiderstand m / arrastre m debido al viento solar ‖ ~zeit f / hora f solar, tiempo m solar ‖ ~zelle f / célula f solar ‖ ~zellen-Fläche f (Raumf) / tablero m para células solares ‖ ~ziegel m (Sonnenenergie) / colector m o ladrillo solar, placa f o teja solar
sonnig / soleado, expuesto al Sol
Sonntagseisen n (Hütt) / hierro m de fin de semana
Sono•boje f (Schiff) / sonoboya f, boya f radiohidrofónica, radioboya f hidrofónica ‖ ~lumineszenz f (Ultraschall) / sonoluminiscencia f
sonstige Nutzzeit (DV) / tiempo m de actividades imprevistas
Sonstiges n / otras cosas
Sophoretin n, Quercetin m (Chem) / soforetina f, quercetina f
Sorbat n, sorbiertes Gas / sorbato m
Sorbens n (pl.: Sorbentien), Sorptionsmittel n / sorbente m, absorbente m, adsorbente m
sorbieren vt / sorber, absorber, adsorber
Sorbinose f (Chem) / sorbosa f, sorbinosa f
Sorbinsäure f (Chem, Nahr) / ácido m sórbico
Sorbit m (Hexit) (Chem) / sorbita f (alcohol hexavalente) ‖ ~, Temperit m (Hütt) / sorbita f (textura perlítica)
sorbitisieren vt (Stahl) / sorbitizar
Sorbose f (Chem) / sorbosa f, sorbinosa f
Sorelzement m (ein Magnesitbinder) (Bau) / cemento m Sorel
Soret-Effekt m (Chem) / efecto m Soret
Sorgfalt f (F.Org) / cuidado m, esmero m
sorgfältig / cuidadoso, esmerado ‖ ~ [aus]gearbeitet / elaborado con esmero ‖ sehr ~ / meticuloso
Sorgho m, Sorghum m (Bot) / sorgo m, sorgum m ‖ ~papier n / papel m sorgo ‖ ~stärke f (Nahr) / proteína f de sorgo
Sorosilikat n, Gruppensilikat n (Geol) / sorosilicato m
Sorption f (Chem, Pap) / sorción f
Sorptions•falle f / trampa f de sorción ‖ ~mittel n, Sorbens n / sorbente m, absorbente m, adsorbente m ‖ ~pumpe f / bomba f de sorción
Sorte f, Klasse f / clase f, calidad f ‖ ~, Art f / especie f ‖ ~, Marke f / marca f ‖ ~, Größenklasse f / dimensión f, grupo m de clasificación o de tamaño ‖ ~, Varietät f / variedad f ‖ ~ f, Type f / tipo m, categoría f
Sorten•anfall m (allg) / producción f de varias categorías ‖ ~anfall (Bergb) / composición f granulométrica ‖

~einteilung f / clasificación f ‖ ~problem n / problema m de calidades ‖ ~schlüssel m / índice m de especies
Sortier•abfall m / desechos m pl de clasificación ‖ ~-Ablagefach n (Drucker) / casilla f de clasificación ‖ ~anlage f / instalación f de clasificación ‖ ~anlage (Bergb) / instalación f de separación ‖ ~arbeit f (nach dem Wert) / trabajo m de escoger ‖ ~begriff m (DV) / noción f de clasificación ‖ ~datei f (DV) / fichero m de clasificación
sortieren vt / clasificar ‖ ~, zusammentragen / compilar ‖ ~, aussuchen / escoger, seleccionar, entresacar, triar (galicismo) ‖ ~, klauben (Kohle) / separar, escoger, apartar ‖ ~, reinigen (Faserstoff) / limpiar ‖ ~, dem Wert nach aussondern / clasificar según valor ‖ ~, einordnen / ordenar ‖ der Größe nach ~ / clasificar según tamaño ‖ nach Feinheit ~ / clasificar según finura ‖ nach Qualität (o. Stapel) ~ (Wolle) / clasificar según calidad ‖ Schrott ~ / segregar chatarra ‖ ~ n (DV) / clasificación f ‖ ~ (Pap) / clasificación f, escogido m del papel o de las hojas
Sortierer m, Sortiermaschine f / clasificadora f, seleccionadora f ‖ ~, Zuordner m (DV) / coordenador m
Sortier• [reihen]folge f / secuencia f de ordenamiento ‖ ~folge f (DV) / secuencia f de clasificación ‖ ~folgeklausel f (COBOL) / indicación f de clasificación ‖ ~förderanlage f / instalación f de transporte y clasificación ‖ ~gerät n / aparato m de clasificación, dispositivo m clasificador ‖ ~lauf m (DV) / pasada f de clasificación ‖ ~maschine f / clasificadora f ‖ ~maschine (Bergb, Masch) / máquina f para triar ‖ ~merkmal n / distintivo m de clasificación ‖ ~plansichter m / planchíster m ‖ ~polter n (Sägewerk) / montón m de rollizos seleccionados ‖ ~programm n, Sortprogramm n / programa m de clasificación ‖ ~[programm]anweisung f (COBOL) / instrucción f "clasificar" ‖ ~routine f / rutina f de clasificación ‖ ~sieb n / criba f clasificadora
sortierte Förderkohle (Bergb) / carbón m al pie de la mina clasificado
Sortier•tisch m (Obst) / mesa f para clasificación ‖ ~trommel f (Kohle, Steine) / tambor m clasificador o de clasificación ‖ ~trommel für Hackspäne (Pap) / tambor m cribador ‖ ~- u. Umgurtvorrichtung f (für Bestückung von gedr. Schaltungen) / secuenciador m para circuitos impresos ‖ ~- u. Verleseanlage f / instalación f para clasificación y escogido
Sortierung f, Sichtung f / clasificación f ‖ ~ (DV) / clasificación f, ordenación f ‖ ~, Auswahl f / selección f ‖ ~ (Aufb) / depuración f ‖ ~ nach Farben / clasificación según color, escogido m según color ‖ ~ nach Gruppen (DV) / separación f por grupos ‖ ~ nach Klassen (.) / clasificación f ‖ ~ o. Verteilung von Daten (DV) / ordenación f de datos ‖ ~ von Baumwolle nach Stapellänge (Tex) / selección f según longitud de fibras
Sortier•waage f / balanza f clasificadora ‖ ~waage, Garnwaage f (Tex) / balanza f de hilados ‖ ~weife f (Spinn) / aspa f de prueba ‖ ~zylinder m / cilindro m de clasificación
Sortiment n / surtido m
Sortimentstiefe f (F.Org) / [gran]variedad de un producto determinado
SOS (Silizium auf Saphir) (Halbl) / SOS, silicio m sobre zafiro
soßieren vt, beizen (Tabak) / aderezar
SOS•-Technologie f (Halbl) / técnica f SOS, tecnología f SOS ‖ ~-Zeichen n, SOS-Ruf m (Schiff) / señal f S.O.S. o de socorro, llamada f de socorro
Sound•karte f, Audiokarte f (DV) / tarjeta f de sonido ‖ ~system n (Radio) / sistema m de sonido
Soupleseide f (Tex) / seda f media cocida, seda f suavizada

souplieren, geschmeidigmachen (Seide) / suplir, desgomar parcialmente, suavizar ‖ ~ *n* (Seide) / desgomación *f* parcial, desgomado *m* parcial
Source *f*, Source-Elektrode, -Zone *f*, -Anschluss *m* (Halbl) / cátodo *m*, surtidor *m*, fuente *f* ‖ ~**-Code** *m*, Quellcode *m* (DV) / código *m* fuente ‖ ~**-Schaltung** *f* (Halbl) / fuente *f* común ‖ ~**-Strom** *m* (Halbl) / corriente *f* de cátodo o de fuente
Soutachefuß *m* (Nähm) / pie *m* para sutás
Souterrain *n* (Bau) / sótano *m* ‖ ~**vorplatz** *m* (Bau) / vestíbulo *m* de sótano
Sova•fining *n* (Öl) / proceso *m* Sovafining ‖ ~**forming** *n* (Öl) / proceso *m* Sovaforming
Soxhlet• [apparat] *m* (Chem) / soxhlet *m*, aparato *m* [extractor de] Soxhlet ‖ ~**-Extraktor** *m* (Chem) / tubo *m* extractor de Soxhlet ‖ ~**-Kühler** *m* / refrigerador *m* [de] Soxhlet
Soya *f* s. Soja
SOZ = Straßenoktanzahl
sozial•er Wohnungsbau / construcción *f* de viviendas protegidas [de renta limitada] o de protección oficial ‖ ~**lasten** *f pl* / cargas *f pl* sociales ‖ ~**leistungen** *f pl* (F.Org) / prestaciones *f pl* sociales ‖ ~**partner** *m* / interlocutores sociales *m pl*, patronos y asalariados *mpl* ‖ ~**versicherungsausweis** *m* (BRD) / tarjeta *f* de afiliación a la Seguridad Social ‖ ~**wohnung** *f* / vivienda *f* de protección oficial
Sozionik *f* (Transfer menschlichen sozialen Verhaltens auf technische Systeme) / sociónica *f*
Sozius• [fahrer] (auf Motorrad) *m* / ocupante *m* del asiento trasero, acompañante *m* en el asiento trasero, paquete *m* (coll) ‖ ~**sitz**, -sattel *m* (Kfz) / asiento *m* trasero
SP, Sp (Phys) = Siedepunkt
Space Shuttle *n*, wiederverwendbares Pendelfahrzeug (Raumf) / lanzadera *f* [espacial], nave *f* espacial de vaivén reutilizable ‖ ~**lab** *n* / spacelab *m*, laboratorio *m* espacial ‖ ~**shuttle-Orbiter** *m* / nave *f* espacial Orbiter ‖ ~**-Tug** *m* (Raumf) / remolque *m* espacial
Spachtel (pl: Spachteln), Spatel *m f*, Spachtelmesser *n* (Wz) / espátula *f* ‖ ~**auftrag** *m* (Anstrich) / emplastadura *f*, emplastamiento *m* ‖ ~**boden**, PVC-Fußboden *m* (Bau) / piso *m* de polivinilcloruro ‖ ~**kelle** *f* (Wz) / paleta *f* de emplastecer, espátula *f* de marmolista ‖ ~**lack** *m* (Anstrich) / barniz *m* tapaporos ‖ ~**masse** *f* (DIN 55945), Spachtel *m* / emplaste *m*, masilla *f* tapaporos, pasta *f* para emplastecer ‖ ~**masse** (Gips u. Leim) / pasta *f*
spachteln / emplastecer, plastecer
Spachtelschliff *m* / alisado *m* de espátula
Spacistor *m* (Eltronik) / espacistor *m*
SPADE-System *n* (Vielfachzugriff im Frequenzmultiplex mit bedarfsweiser Kanalzuteilung) (Fernm) / sistema *m* SPADE
Spagat *m*, Bindfaden *m* / bramante *m* (E), piolín *m* (LA)
Spähpanzer *m* (Mil) / carro *m* blindado explorador
Spake *f* (Schiff) / espeque *m*, barra *f*
Spalier-Latte, Latte, Leiste *f* / listón *m* de espaldera
Spallation *f*, Kernzertrümmerung *f* (Nukl) / espalación *f*
Spallations-Neutronenquelle *f* / fuente *f* de neutrones de espalación
Spalling *n* (Ofen) / astilladura *f*
Spalt *m*, Riss, Sprung *m* / hendidura *f*, hendedura *f*, grieta *f*, fisura *f*, raja *f* ‖ ~, Schlitz *m* (Masch, Opt) / ranura *f*, rendija *f* ‖ ~, Luftspalt *m* (Elektr) / entrehierro *m* ‖ ~ (Elektroerosion) / distancia *f* de salto de la chispa ‖ ~, Riss *m* in Längsrichtung (Holz) / partidura *f*, herida *f*, raja *f*, grieta *f* ‖ ~ (Bergb, Geol) / fisura *f*, grieta *f* ‖ ~ (Tonkopf) / entrehierro *m* de cabeza ‖ ~... (Chem) / de craqueo, de cracking ‖ ~ *m* (Gerb) / costra *f* ‖ ~, Türspalt *m* / resquicio *m* ‖ ~ (Lichtton) / línea *f* de sonido ‖ **mit** ~**en durchsetzt** / fisurado ‖ **tiefer** ~ (Geol) / soplado *f*

Spalt•antenne *f* / ranura *f* radiante ‖ ~**arbeit** *f* (Leder) / trabajo *m* de hendido o de división ‖ ~**ausbeute** *f* (Nukl) / rendimiento *m* de fisión ‖ ~**ausleuchtung** *f* (Opt) / iluminación *f* de la ranura ‖ ~**axt** *f* (Wz) / hacha *f* de rajar ‖ ~**band** *n* (Hütt) / banda *f* de corte o hendidura longitudinal, banda *f* cortada ‖ ~**bandcoil** *n* (Walzw) / rollo *m* de banda de corte longitudinal, rollo *m* de banda cortada
spaltbar / hendible ‖ ~ (Nukl) / fisionable, físil, fisible, escindible ‖ ~ (Chem) / disociable, desintegrable ‖ ~**er Kern** / núcleo *m* físil o fisionable ‖ ~**er Rückstand** (Nukl) / residuo *m* fértil ‖ ~**e Stoffe** *m pl* / materia *f* físil, material *m* fisible
Spaltbarkeit, Spaltfähigkeit, -neigung *f* / hendibilidad *f* ‖ ~ *f* (Atom) / fisibilidad *f*, fisionabilidad *f*, desintegrabilidad *f* ‖ ~, (früher:) Blatterbruch *m* / hendibilidad *f* ‖ ~ (Laminat) / despegabilidad *f*, pelabilidad *f*
Spalt•beleuchtungslampe *f* (Film) / lámpara *f* excitadora o fónica ‖ ~**benzin** *n* / gasolina *f* reformada o de crácking ‖ ~**bild** *n* (Opt) / imagen *f* hendida o de hendidura ‖ ~**bildphotographie** *f* / fotografía *f* de imagen hendida ‖ ~**bildung** *f* / formación *f* de fisuras o hendiduras, fisuración *f*, agrietamiento *m* ‖ ~**blende** *f* (Opt) / diafragma *m* de hendidura (E) o de rendija (LA) ‖ ~**blende** (Spektroskop) / diafragma *m* de compuerta ‖ ~**breite** *f* (Opt) / anchura *f* de la ranura ‖ ~**breite** (Magn.Bd) / longitud *f* de entrehierro (en dirección de grabación) ‖ ~**bruch** *m* (Hütt) / fractura *f* transcristalina ‖ ~**brüchigkeit** *f* (Min) / fragilidad *f* de despegue ‖ ~**bruchstücke** *n pl* (Nukl) / fragmentos *m pl* de fisión ‖ ~**dämpfung** *f* (Magn.Bd) / pérdida *f* en el entrehierro ‖ ~**destillation** *f* (Öl) / cr´acking *m*, craqueo *m* ‖ ~**dichte** *f* (Nukl) / densidad *f* de fisión ‖ ~**dichtung** *f* (Turbine) / empaquetadura *f* laberíntica ‖ ~**dichtung** (Lager) / obturación *f* por intersticio
Spalte *f*, Öffnung *f* / fisura *f*, grieta *f* ‖ ~ (Druck, DV) / columna *f* ‖ **tiefe** ~, Kluft *f* (Geol) / abismo *m*, grieta *f*
Spalt•effekt *m* (Tontechnik) / efecto *m* de entrehierro ‖ ~**einrichtung** *f*, Spalter *m* (Bergb) / dispositivo *m* de hender
spalten *vt*, ab-, aufspalten / hender, partir ‖ ~, zersprengen / reventar ‖ ~, kracken (Chem) / craquear ‖ ~ (Brennholz) / partir ‖ ~ (Chem) / disociar, desintegrar ‖ ~ (Nukl) / fisionar, desintegrar ‖ **Band** ~ (Hütt) / cortar o hender longitudinalmente ‖ **eine Bindung** ~ (Chem) / separar un enlace ‖ **in Blätter** ~ / deslaminar ‖ **in zwei Teile** ~ / desdoblar ‖ **Leder** ~ / hender, dividir, desdoblar ‖ **mit Keilen** ~ / cortar o hender o separar con cuña ‖ **sich** ~, platzen / reventar ‖ **sich** ~ / henderse ‖ **sich** ~ (Laminat) / deslaminarse, desestratificarse, pelarse ‖ **sich** ~ (o. zersetzen) (allg, Chem) / descomponerse ‖ ~ *n* / hendimiento *m* ‖ ~ (Brennholz) / acción *f* de partir leña ‖ ~ (Glimmer) / laminación *f* de mica
Spalten•ausbruch *m* (Geol) / erupción *f* fisural ‖ ~**bildung**, Abbruchstelle *f* (Bergb, Geol) / formación *f* de fisuras, fisuración *f* ‖ ~**binär** (DV) / binario por columna ‖ ~**binärdarstellung** *f*, Dualkartendarstellung *f* / representación *f* por columna ‖ ~**bitcode** *m* / código *m* binario de progresión horizontal ‖ ~**boden** *m* (Landw) / pavimento *m* de rendijas [en el establo] ‖ ~**einteilung** *f* (DV) / selector *m* de columnas divididas ‖ ~**frost** *m* (Bau) / gelifracción *f*, gelivación *f* ‖ ~**linie** *f*, Scheidestrich *m* (Druck) / filete *m* de la columna ‖ ~**satz** *m* (Druck) / composición *f* de ancho o de columna ‖ ~**steller**, Tabulator *m* (Schreibm) / tabulador *m* ‖ ~**überschrift** *f* (Druck) / título *m* de la columna ‖ ~**weise** / por columnas
Spalter *m* / divisor *m*
Spalt•ereignis *n*, Spaltakt *m* (Nukl) / incidente *m* o evento de fisión ‖ ~**ermüdungsbruch** *m* / fallo *m* de

Span

fractura por fatiga ‖ ~**erwartung** *f* (Nukl) / espera *f* de fisión ‖ ~**fähigkeit**, -neigung, Spaltbarkeit *f* / hendibilidad *f* ‖ ~**faktor** *m*, thermische Spaltneutronenausbeute (Nukl) / factor *m* de fisión térmica ‖ ~**faktor** (Eltronik) / factor *m* de entrehierro ‖ ~**feld** *n* (Elektr) / campo *m* dividido ‖ ~**festigkeit** *f* (Plast) / resistencia *f* a la deslaminación o a la desestratificación o a la exfoliación ‖ ~**festigkeit** (Pap) / resistencia *f* a la separación de las capas, adherencia *f* de las capas ‖ ~**festigkeit** (Pappe) / resistencia *f* a la deslaminación o a la exfoliación ‖ ~**festigkeit** (Holz) / impartibilidad *f* ‖ ~**film** *m* / film *m* dividido ‖ ~**filter** *m* (Mot) / filtro *m* de discos ‖ ~**fläche** *f* (Krist) / superficie *f* de despegue ‖ ~**flächenzeichnung** *f* (Krist) / marcación *f* de la superficie de despegue ‖ ~**fliese** *f* (Bau) / losa *f* hendida ‖ ~**flügel** *m* (Luftf) / ala *f* ranurada o con ranura ‖ ~**fragmente** *n pl* (Nukl) / fragmentos *m pl* de fisión ‖ ~**gas** *n* (Chem) / gas *m* de descomposición ‖ ~**gas** (Nukl) / gas *m* de fisión ‖ ~**gas vom Reformieren** (Chem) / gas *m* de reforming de vapor/nafta ‖ ~**gasplenum** *n*, -gassammelraum, -gasspeicherraum *m* (Nukl) / espacio *m* de acumulación del gas de fisión ‖ ~**gift** *n* (Nukl) / veneno *m* de fisión ‖ ~**glimmer** *m* (Min) / mica *f* laminada ‖ ~**hammer**, Ziegelhammer *m* (Wz) / martillo *m* de tejador ‖ ~**hammer** *m* (Forstw) / martillo *m* de hender ‖ ~**holz** *n* / madera *f* rajada o de raja, leña *f*, troncos *m pl* partidos ‖ ~**intensität** *f* (Chem) / intensidad *f* de craqueo ‖ ~**kapsel** *f* (Bot) / cápsula *f* dehiscente o loculicida ‖ ~**kavitation** *f* (Phys) / cavitación *f* en grietas ‖ ~**keil** *m* / cuña *f* abridora de partir ‖ ~**klappe** *f* (Luftf) / flap *m* de ranuras ‖ ~**klinge** *f* (Wz) / cuchilla *f* para hender ‖ ~**klinker** *m* (Bau) / ladrillo *m* vitrificado hendido ‖ ~**korrosion** *f* / corrosión *f* en fisuras ‖ ~**lagenstreuung** *f* (Magn.Bd) / desalineamiento *m* de entrehierros ‖ ~**lampe** *f*, -lampengerät *n* (Opt) / lámpara *f* de rendija ‖ ~**länge** *f* (Magn.Bd) / altura *f* de entrehierro (perpendicular a la dirección de grabado) ‖ ~**leder** *n* / cuero *m* desdoblado o partido o hendido ‖ ~**leitwert** *m* (Eltronik) / admitancia *f* de espacio de interacción ‖ ~**lötverbindung** *f* / junta *f* capilar de soldadura ‖ ~**-Magnetron** *n* / magnetrón *m* de ranuras radiales ‖ ~**maschine** *f* (Leder) / máquina *f* desdobladora o de dividir o de hender ‖ ~**maschine** (Holz) / máquina *f* para partir madera, aserradora *f* ‖ ~**material** *n*, -stoff *m* (Nukl) / materia *f* físil, combustible *m* nuclear ‖ ~**neutron** *n* / neutrón *m* de fisión ‖ ~**niet**, -niete *f* / remache *m* bifurcado ‖ ~**niet mit kurzem Spalt** / remache *m* entallado ‖ ~**ölfilter** *m* (Chem) / filtro *f* de discos ‖ ~**optik** *f* (Mikroskop) / óptica *f* de ranura ‖ ~**platte** *f* (DIN) (Bau) / baldosa *f* hendida ‖ ~**polmotor** *m* (Elektr) / motor *m* de fase dividida o partida o auxiliar, motor *m* de arranque por fase auxiliar ‖ ~**polumformer** *m* / convertidor *m* de fase dividida ‖ ~**probe** *f* / ensayo *m* de desconchado ‖ ~**produkt** *n* (Chem) / producto *m* de disociación o de desdoblamiento o de escisión ‖ ~**produkt** (Nukl) / producto *m* de fisión ‖ ~**produktbeseitigung** *f* / eliminación *f* de los productos de fisión ‖ ~**produktvergiftung** *f* (Med) / envenenamiento *m* originado por productos de fisión ‖ ~**querruder** *n* (Luftf) / alerón *m* de ranura ‖ ~**querschnitt** *m* (Nukl) / sección *f* eficaz de fisión ‖ ~**raum** *m* (Nukl) / núcleo *m* del reactor ‖ ~**raumverriegelung** *f* (Nukl) / enclavamiento *m* con la fuente ‖ ~**ring** *m* (Masch) / anillo *m* partido ‖ ~**rohr** *n* (Elektr) / diafragma *m* de un motor ‖ ~**rohr des Spektroskops** (Phys) / colimador *m* del espectroscopio ‖ ~**rohrmotor** *m* / motor *m* provisto de diafragma ‖ ~**rohrmotorpumpe** *f* / bomba *f* con motor provisto de diafragma ‖ ~**ruß** *m* (Chem Verf) / negro *m* termal o de humo térmico ‖ ~**säge** (früher Brett-, Dielen-, Längensäge), Blattspaltsäge *f* (Wz) / sierra *f* de leñador, sierra *f* de sacar tablas ‖ ~**schere** *f* / tajadera-cizalla *f* ‖ ~**schweißen** *n* (IC) / soldadura *f* capilar ‖ ~**segment** *n* (Astr) / contraventana *f* de la cúpula movible ‖ ~**sieb** *n* / criba *f* de agujeros oblongos ‖ ~**sieb**, -rost *m*, Stangensieb *n* / criba *f* de barras ‖ ~**spektrum** *n* (Nukl) / espectro *m* de fisión ‖ ~**stoff** *m*, -material *n* / combustible *m* nuclear, material *m* fisible ‖ ~**stoff**, Brutstoff *m* (Nukl) / materia *f* fértil ‖ ~**stoff-Abbrand** *m*, FIFA-Wert *m* (FIFA = fissions per initial fissile atom) / valor *m* FIFA, valor *m* de fisiones por átomo inicial físil ‖ ~**stoffanordnung** *f* (Reaktor) / disposición *f* del conjunto combustible ‖ ~**stoffaufarbeitung** *f* (Nukl) / reelaboración *f* del combustible, reprocesamiento *m* del combustible ‖ ~**stoffeinsatz** *m*, Spaltstoffinventar *n* / inventario *m* de combustible ‖ ~**stoffelement**, Brennelement *n* (Nukl) / elemento *m* combustible ‖ ~**stoffgitter** *n* (Nukl) / retículo *m* del reactor ‖ ~**stoffhülse** *f*, -stab *m* (Nukl) / cartucho *m* de combustible, vaína *f* de combustible ‖ ~**stoffklotz** *m* (Nukl) / pieza *f* combustible ‖ ~**stoffkreislauf**, -stoffzyklus *m* (Nukl) / ciclo *m* de los combustibles ‖ ~**stoffstab** *m* (Nukl) / barra *f* combustible o activa, varilla *f* de combustible ‖ ~**stoffzone** *f* (Nukl) / sección *f* de materia físil ‖ ~**stück** *n* (Schm) / preforma *f* cortada ‖ ~**stück** (allg) / pieza *f* hendida o partida ‖ ~**tiefe** *f* (Tonkopf) / espesor *m* de picos del entrehierro

Spaltung *f*, Spalten *n* / hendidura *f*, hendedura *f*, rajadura *f* ‖ ~ (Biol, Phys) / fisión *f*, escisión *f* ‖ ~ (Chem) / disociación *f*, desdoblamiento *m* ‖ ~ (z.B. Schiefer) / separación *f* ‖ ~ **des Fahrwassers** (Schiff) / bifurcación *f* del canal de navegación ‖ ~**en je Anfangs-Metallatom** *f pl*, FIMA (Nukl) / fisiones *f pl* por átomo inicial de metal ‖ ~ *f* **je cm³ Kern** (Nukl) / fisiones *f pl* por cm₃ del núcleo ‖ ~**en je spaltbarem Ausgangsatom**, FIFA / fisiones *f pl* por átomo inicial físil ‖ ~ *f* **mit thermischen Neutronen** / fisión *f* inducida por neutrones térmicos, fisión *f* térmica ‖ ~ **von Atomen** / fisión *f* de átomos ‖ ~ **von Erdgas** / reformación *f* de gas natural ‖ ~ **von Fettstoffen** (Chem) / disociación *f* de materia grasa ‖ ~ **von Kristallen** / despegue *m* de cristales

Spaltungs•einfang *m* / captura *f* por fisión ‖ ~**energie** *f* (Nukl) / energía *f* de fisión ‖ ~**-Energieschwelle** *f* / energía *f* umbral o mínima de fisión ‖ ~**fläche**, -ebene *f* (Krist) / plano *m* de despegue ‖ ~**-Ionisationskammer** *f* (Nukl) / cámara *f* de fisión ‖ ~**isomer** *n* (Nukl) / isómero *m* de fisión ‖ ~**kette** *f* / reacción *f* en cadena de fisión, cadena *f* de fisión ‖ ~**neutron** *n* / neutrón *m* de fisión ‖ ~**produkt** *n* / producto *m* de fisión ‖ ~**reaktion** *f* / reacción *f* de fisión ‖ ~**rückstand** *f* / residuos *m pl* de fisión ‖ ~**störzone** *f* (Nukl) / punta *f* de fisión ‖ ~**weglänge** *f* (Nukl) / recorrido *m* medio libre de fisión ‖ ~**zone** *f* (Geol) / zona *f* de fisuras

Spalt•veloursleder *n* / cuero *m* aterciopelado desdoblado ‖ ~**verfahren** *n* (Chem) / craqueo *m*, crácking *m* ‖ ~**vergaser** *m* (Kfz) / carburador *m* de craqueo ‖ ~**verlust** *m* (allg) / pérdida *f* en la hendidura o fisura, pérdida *f* en el intersticio ‖ ~**verlust** (Elektr) / pérdida *f* en el entrehierro ‖ ~**versuch** *m*, -probe *f* / ensayo *m* de desconchado ‖ ~**weite** *f*, Spalt *m* / anchura *f* del intersticio (E), ancho *m* de la rendija (LA) ‖ ~**weite** (Rost) / intersticio *m* entre los barrotes del emparrillado ‖ ~**weite** (Elektr) / anchura *f* del entrehierro ‖ ~**werkzeug** *n*, -klinge *f* / rajador *m* ‖ ~**widerstand** *m* (Pap) s. Spaltfestigkeit ‖ ~**zone** *f* (Nukl) / núcleo *m* del reactor, zona *f* de fisión ‖ ~**zünder** *m*, Funkenzünder *m* (Bergb) / cebo *m* de chispa

Spam *f n* (DV) / spam *m*, correo *m* electrónico "Spam"
Spammer *m* / persona que envía spam-mail
Span *m* / viruta *f* ‖ ~, Splitter *m* / astilla *f*, raja *f* ‖ ~ *m*, Schnitzel *n* / retajina *f* ‖ ~**spanstärke** *f* (Dreh) / espesor *m* de la viruta ‖ ~, Bohrspan *m* / viruta *f* de perforado o de barrenado ‖ ~, Drehspan *m* / viruta *f*

Span

de torneado ‖ ≈, Feilspan *m* / limadura *f* ‖ ≈,
Hobelspan *m* / acepilladura *f* ‖ ≈, Steg *m* (Druck) /
regleta *f* ‖ **~abhebend**, -gebend (Wzm) / con arranque
de viruta[s], con desprendimiento de viruta[s] ‖
~abhebend (o. maschinell) bearbeiten / mecanizar
con arranque o desprendimiento de viruta[s] ‖
~abhebende Metallbearbeitung / maquinado *m*,
corte *m* de metales, virutaje *m* ‖ **~abhebend
verformbar** / maquinable, mecanizable con
desprendimiento de viruta[s] ‖ **~abhebende
Verformbarkeit** / maquinabilidad *f* ‖ **~abhebend
verformen** / conformar o mecanizar con (o por)
arranque de viruta[s], maquinar ‖ **~abhebendes
Werkzeug** / herramienta *f* de maquinar, útil *m*
cortante ‖ **≈abhebung**, -abnahme *f* (Wzm) /
desprendimiento *m* o arranque de viruta[s], corte *m*
de viruta[s], levante *m* de viruta ‖ **≈ablauf** *m* /
arranque *m* de viruta[s], salida *f* de la viruta ‖
≈abmessungen *f pl*, -größen *f pl* / dimensiones *f pl* de
virutas ‖ **≈abstreifer** *m* (Wzm) / frotador *m* de virutas
‖ **~bar** (Metall) / maquinable ‖ **≈bildung** *f* /
formación *f* de viruta ‖ **≈brecher** *m* s. Spänebrecher ‖
≈brechernut *f* (Wzm) / ranura *f* rompevirutas, muesca
f rompeviruta[s] ‖ **≈breitenstauchung** *f* (Wzm) /
recalcado *m* de la anchura de la viruta ‖ **≈bröckelung**
f / fragmentación *f* de virutas
Spandex *n*, Elastomergarn *n* (Tex) / hilo *m* spandex
Span•dicke *f* (Wzm) / espesor *m* de la viruta ‖
≈dickenstauchung *f* (Wzm) / recalcado *m* del espesor
de la viruta ‖ **≈druck** *m* (Wzm) / presión *f* de viruta ‖
≈durchgang *m* (Hobel) / lumbrera *f* del cepillo
Späne•abfuhr *f* (Wzm) / evacuación *f* de virutas ‖
≈absauggebläse *n* / aspirador *m* de virutas ‖
≈auswurf *m* (Holzbearb) / eyector *m* de virutas,
colector *m* de virutas con aspirador ‖ **≈blasrohr** *n*
(Schloss) / tubo *m* quitalimaduras ‖ **≈brecher** *m* /
triturador *m* o machacador de virutas, rompevirutas
m ‖ **≈fall**, -durchlass *m* (Wzm) / espacio *m* de virutas ‖
≈fang *m*, -schale *f* (Wzm) / colector *f* de virutas,
bandeja *f* de virutas ‖ **≈förderer** *m* / transportador *m*
de virutas
spanen *vt*, abspanen / arrancar virutas ‖ ≈ *n* (DIN 8589)
(Wzm) / maquinado *m*, mecanizado *m* con arranque
de virutas
spanend, spangebend, spanabhebend (Wzm) / con o por
arranque de viruta[s], con desprendimiento de
viruta[s] ‖ **~e Bearbeitung** (Wzm) / virutaje *m* (LA),
maquinado *m* (MEX) ‖ **~es Werkzeug** / herramienta *f*
de arranque de viruta[s], útil *m* cortante ‖ **~e
Werkzeugmaschine** / máquina-herramienta *f* de
arranque de virutas
Spänepresse *f* / prensa *f* de virutas
Spaner *m*, [Zer]spanmaschine *f* / máquina *f* de arranque
de virutas ‖ ≈ **für Spanplattenfabrikation** /
fibrofragmentadora *f*
Späne•sichter *m* (Spanplattenherstellung) / escogedora *f*
de virutas ‖ **≈zentrifuge** *f* (Wzm) / centrifugadora *f* de
virutas ‖ **≈zerkleinerer** *m* s. Spänebrecher ‖ **≈zerreißer**
m / rompevirutas *m*
Span•fang *m* / colector *m* de virutas, bandeja *f* de
virutas ‖ **≈fläche** *f* (Dreh) / superficie *f* de
desprendimiento ‖ **≈flächenfase** *f* / chaflán *m* de la
superficie de desprendimiento ‖ **≈former** *m* (Wzm) /
rompevirutas *m* ‖ **≈führung** *f*, -lenker *m* / guíavirutas
m
Spange, Schnalle *f* / hebilla *f* ‖ ≈, Schließhaken *m* /
abrazadera *f* ‖ ≈ *f* (eine Umgehung) (Straßb) /
desviación *f*, empalme *m*
span•gebend s. spanabhebend ‖ **~glänzen** (Galv) / pulir
con virutas
Spangolit *m* / espangolita *f*
Span•größen, -abmessungen *f pl* / dimensiones *f pl* de
virutas ‖ **≈hobelmaschine**, Spanschneidmaschine *f*,

Furnier[schneid]maschine *f* / máquina *f* de hacer
chapa de madera
Spanische Tanne, Abies pinsapo (Bot) / abeto *m* pinsapo
Span•kammer *f* (Wzm) / caja *f* de virutas ‖ **≈kammer**
(Räumwz) / espacio *m* entre dientes ‖ **≈knäuel** *n* (Wzm)
/ ovillo *m* de virutas ‖ **≈komma** *n*, Kommaspan *m*
(Wzm) / viruta *f* en forma de coma ‖
≈längenstauchung *f* / relación *f* de la longitud de
viruta ‖ **≈leistung** *f* (Wzm) / producción *f* de virutas ‖
zulässige o. vorhandene ≈leistung / capacidad *f* de
corte de virutas ‖ **≈loch**, Maul *n* (Hobel) (Tischl) /
lumbrera *f* del cepillo ‖ **≈loch** *n* (Schneideisen) /
agujero *m* para viruta[s] ‖ **≈locke** *f* (Dreh, Wzm) /
viruta *f* helicoidal
spanlos / sin arranque de viruta[s] ‖ **~ formen** /
conformar sin arranque de viruta[s] ‖ **~e
Formgebung o. Verformung** / conformado *m* sin
arranque de viruta[s] ‖ **~ verformen** / prensar
Spann•backe *f* / mordaza *f* de sujeción ‖ **≈balken** *m*
(Zimm) / viga *f* principal ‖ **≈band** *n* / cinta *f* de sujeción
‖ **≈bandaufhängung** *f*, -bandlagerung *f* (Instr) /
suspensión *f* por cinta de sujeción ‖
≈bandbefestigung *f* (Kfz, Lichtmaschine) / fijación *f* por
cinta de sujeción ‖ **≈bandschraube** *f* / tornillo *m*
tensor ‖ **~bar** / atirantable, que puede ser tendido ‖
≈bereich *m* (Wzm) / capacidad *f* de sujeción ‖
≈bereich (Schraubstock) / alcance *m* de sujeción,
distancia *f* máxima entre mordazas ‖ **≈beton** *m* (Bau) /
hormigón *m* pretensado ‖ **≈betonbehälter** *m*
(Reaktor) / recipiente *m* de hormigón pretensado,
vasija *f* de hormigón pretensado ‖ **≈betondraht** *m* /
alambre *m* de pretensión [de hormigón] ‖
≈beton-Druckgefäß *n* (Nukl) / recipiente *m* a presión
de hormigón pretensado, vasija *f* a presión de
hormigón pretensado ‖ **≈beton-Schrägseilbrücke** *f* /
puente *m* de cables oblicuos de hormigón pretensado
‖ **≈betonstahl** *m* / acero *m* para hormigón pretensado
‖ **≈betonstraßenbau** *f* / construcción *f* de carretera
de hormigón pretensado ‖ **≈bettanlage** *f* (Beton) /
banco *m* de pretensión ‖ **≈bettvorspannung** *f* (Bau) /
pretensión *f* ‖ **≈bewehrung** *f*, -stahl *m* (Bau) / acero *m*
de pretensión ‖ **≈bock** *m* / caballete *m* tensor o de
tensión ‖ **≈bolzen** *m* (Bau) / perno *m* de tensión ‖
≈bolzen (DIN) (Landw) / perno *m* hueco hendido ‖
≈breite *f* (Web) / ancho *m* de tejido bajo tensión ‖
≈büchse *f*, -patrone *f* (Dreh) / manguito *m* de sujeción
‖ **≈bügel** *m*, -zwinge *f* / estribo *m* de sujeción ‖ **≈bügel**
(Spinn) / estribo *m* de tensión ‖ **≈bügel**, Schelle *f* /
abrazadera *f* ‖ **≈bügelvorrichtung** *f* / dispositivo *m* de
cinta tensa ‖ **≈draht** *m* / alambre *m* tensor ‖ **≈draht**,
Abspanndraht *m* / alambre *m* de amarre o de riostra ‖
≈draht, Aufhängedraht *m* (Oberleitung) / alambre *m*
tensor ‖ **≈draht** *m* **für Beton** (Bau) / tensor *m* ‖
≈durchmesser *m* **der Spannpatrone** / capacidad *f* del
mandril de pinza, capacidad *f* de la pinza portapieza ‖
≈dynamometer *n* / dinamómetro *m* de tensión
Spanne *f*, Bereich *m* / margen *m* *f*, alcance *m* ‖ ≈,
[Spann]weite *f* / abertura *f* ‖ ≈, Abstand *m* / distancia *f*
‖ ≈ **der Hand** / palmo *m*
Spann•einrichtung *f* s. Spannvorrichtung ‖ **≈eisen** *n* /
hierro *m* de sujeción ‖ **gekröpftes ≈eisen** (Wz) / hierro
m de sujeción en cuello de cisne
spannen *vt* (Feder, Seil) / tender ‖ **~** (Web) / tensar, tender
‖ **~**, einspannen (Wzm) / sujetar ‖ **~**, anziehen, unter
Zugspannung setzen / tensar, apretar ‖ **~** (Foto,
Gewehr) / armar, montar ‖ **~**, richten unter
gleichzeitigem Recken / extender, distender,
enderezar estirando ‖ **Dampf ~** / elevar la presión del
vapor ‖ **die Feder ~** / armar el resorte ‖ **in das Futter
~** (Dreh) / sujetar en el mandril ‖ **in den Schraubstock
~** / sujetar en el tornillo de banco (E), sujetar en la
morsa (LA) ‖ **~**, Anziehen *n* / apriete *m* ‖ **~ auf
dem Spannrahmen** (Tex) / tendido *m* sobre la rama
tensora ‖ **~ von Blechen** / aplanamiento *m* de chapas

Spannung

Spannenmitte *f* (Qual.Pr.) / medio *m* de margen
Spanner *m* (Masch) / tensor *m* ‖ ~, Gegenwinder *m* (Spinn) / grúa *f* ‖ ~, Schaftspanner *m* (Web) / tensor *m* de los lizos ‖ ~, Falter *m* (Zool) / geómetra *m*, falena *f*
Spann•faden *m* (Fehler, Web) / hilo *m* en tensión ‖ ~**feder** *f* (allg) / muelle *m* o resorte tensor o de tensión ‖ ~**feder im Schloss** / fiador *m* ‖ ~**feld** *n*, Abstand der Hochspannungsmaste (Elektr) / vano *m* ‖ ~**finger** *m* (Wzm) / dedo *m* de sujeción ‖ **[Ein- o. Auf]** ~**fläche** (Wzm) / superficie *f* de sujeción ‖ ~**-Flaschenzug** *m* / aparejo *m* tensor ‖ ~**führung** *f* (Lager) / guiado *m* bajo tensión ‖ ~**futter** *n* (Wzm) / mandril *m*, plato *m* de sujeción ‖ ~**futter** *m* **für Werkbankarbeiten** / plato *m* de sujeción para banco de trabajo ‖ ~**gerät** *n* **für Seile** / enrollador *m* de cuerda ‖ ~**gewicht** *n* / peso *m* tensor ‖ ~**gewicht** (Seilb) / peso *m* tensor, contrapeso *m* tensor ‖ ~**gewichtsschacht** *m* (Seilb) / foso *m* del contrapeso ‖ ~**gitterröhre** *f* (TV) / tubo *m* de rejilla de cuadro ‖ ~**glied** *n* (Beton) / elemento *m* de pretensión ‖ ~**haken** *m*, Kluppe *f* (Tex) / pinza *f* de rama ‖ ~**hals** *m* **der Handbohrmaschine** / cuello *m* de sujeción ‖ ~**hammer**, Schlichthammer *m* (Wz) / martillo *m* de extender ‖ ~**hammer** *m* (Klempner) / martillo *m* de aplanamiento ‖ ~**hebel** *m* (allg) / palanca *f* tensora, tensor *m* ‖ ~**hebel** (Wzm) / palanca *f* de sujeción ‖ ~**hebel** (Gewehr) / gatillo *m* percutor ‖ ~**hebel** (Foto) / palanca *m* de reserva ‖ ~**holz** *n* (Säge) / tarabilla *f* ‖ ~**holz**, -stock *m* (Tuch) / rama *f* tensora ‖ ~**hülse** *f* / manguito *m* de sujeción o de fijación o de montaje ‖ ~**hülse** (Lager) / manguito *m* de sujeción ‖ ~**hülse**, Klemmhülse *f* (Masch) / manguito *m* adaptador, casquillo *m* de apriete ‖ ~**isolator** *m* (Elektr) / aislador *m* tensor ‖ ~**kanal** *m* (Beton) / canal *m* del acero de pretensión ‖ ~**keil** *m* / cuña *f* o chaveta de apretar ‖ ~**keil** (zum Einspannen) / cuña *f* de sujeción ‖ ~**kette** *f* / cadena *f* tensora o de tensión ‖ ~**kette** (Bahn, Kfz) / cadena *f* de sujeción [por tensión] ‖ ~**klaue** *f* / garra *f* de sujeción ‖ ~**klinke** *f* (Uhr) / trinquete *m* de ajuste o de sujeción ‖ ~**kloben** (Dreh) / garra *f* o grapa de sujeción ‖ ~**kluppe** *f*, -kopf *m* / mordaza *f* tensora ‖ ~**kluppe** (Tex) / pinza *f* de rama ‖ ~**kopf** *m* / cabeza *f* de sujeción ‖ ~**kopf** (Förderband) / estación *f* de retorno con dispositivo tensor ‖ ~**kopf** (Spannbeton) / cabeza *f* de pretensión ‖ ~**kopf der Spannzange** (Wzm) / manguito *m* cónico de la pinza [portapieza] ‖ ~**körper** *m* **für Schleifhülsen** (DIN 69180) / garra *f* de sujeción para manguitos abrasivos ‖ ~**kraft** *f* / esfuerzo *m* tensor, fuerza *f* tensora ‖ ~**kraft**, Schnellkraft *f*, fuerza *f* elástica, elasticidad *f* ‖ ~**kraft**, Expansivkraft *f* / fuerza *f* de expansión ‖ ~**kraft** *f* **der Spannpatrone** (Wzm) / fuerza *f* de sujeción o de apriete de la pinza portapieza ‖ ~**kraft des Dampfes** (Phys) / expansibilidad *f* del vapor ‖ ~**kraft einer Spannvorrichtung** / fuerza *f* de sujeción ‖ ~**kreuz**, Fadenkreuz, Kreuz *n* (Web) / cruzamiento *m* (E), encruzamiento *m* (LA), cruz *f* (LA) ‖ ~**lack** *m* (Anstrich) / laca *f* de tensión ‖ ~**lager** *n* / rodamiento *m* bajo [pre]carga o bajo tensión ‖ ~**länge** *f* (Wzm) / longitud *f* de apriete ‖ ~**leichtbeton** *f* (Bau) / hormigón *m* ligero pretensado ‖ ~**leiste** *f* (Web) / barra *f* tensora ‖ ~**maschine** *f* (Web) / rama *f* tensora ‖ ~**maschine**, Richtmaschine *f* / enderezadora *f* por tensión ‖ ~**mutter** *f* / tuerca *f* de regulación ‖ ~**mutter mit Rechts- u. Linksgewinde**, Spannschlossmutter *f* / tuerca *f* tensora o de apriete ‖ ~**nagel** *m* (Bahn) / grapón *m*, escarpín *m* de carril, clavo *m* de vía (LA) ‖ ~**-Nute** (Wzm) / ranura *f* de sujeción o en T ‖ ~**nute** *f* / ranura *f* de sujeción o en T ‖ ~**packung** *f* (Gummi) / embalaje *m* bajo tensión ‖ ~**patrone** *f*, -zangeneinsatz *m* (Wzm) / boquilla *f* de sujeción, pinza *f* portapieza ‖ **auf Druck wirkende** ~**patrone** (Wzm) / pinza *f* portapieza de empuje ‖ ~**patronenbacke** *f* / mordaza *f* de pinza portapieza ‖ ~**plan** *m* (NC) / dibujo *m* de sujeción ‖ ~**platte** *f*,

Aufspannplatte *f* / placa *f* de sujeción ‖ ~**platte** (Druckguss) / contraplaca *f* ‖ ~**platte mit Schlitzen** / placa *f* con ranuras de sujeción ‖ ~**pratze** *f* / garra *f* o uña de sujeción ‖ ~**presse** *f* (Beton) / gato *m* de pretensión ‖ ~**prisma** *n* (Masch) / prisma *m* de sujeción ‖ ~**rad** *n* (Uhr) / rueda *f* de sujeción ‖ ~**rahmen** *m* (allg) / marco *m* o bastidor tensor ‖ ~**rahmen**, -bügel *m* (Säge) / bastidor *m* tensor (E), armazón *m* (LA), arco *m* tensor ‖ ~**rahmen** *m* (Tuch) / rama *f* tensora ‖ ~**rahmen** (Bb) / travesaño *m* ‖ ~**rahmentrockner** *m* / rama *f* secadora y tensora ‖ ~**riegel** *m* (Zimm) / pestillo *m* tensor ‖ ~**riegel**, -balken *m* (Bau) / viga *f* de trabazón ‖ ~**riegel** (Tex) / travesaño *m* tensor ‖ ~**ring** *m* (allg) / anillo *m* tensor, aro *m* de apriete, apresadera *f* ‖ ~**ring an Zangen** / collarín *m* de apriete ‖ ~**ring für Ringverspannung** (Stahlbau) / anillo *m* tensor para arriostrado anular ‖ ~**ring mit Hebelverschluss** / anillo *m* tensor con cierre de palanca ‖ ~**ringlager** *n* / rodamiento *m* con anillo [de sujeción] ‖ ~**ringverschluss** *m* (Verp) / cierre *m* por anillo elástico ‖ ~**rohr** *n* **der Spannzange** (Dreh) / tubo *m* para la pinza portapieza ‖ ~**rolle** *f* (Film, Masch) / rodillo *m* tensor ‖ ~**rolle** (Förderband) / tambor de tensión ‖ ~**rolle**, -scheibe *f* / polea *f* tensora ‖ ~**rolle**, Leitrad *n* (Traktor) / rodillo *m* tensor de oruga ‖ ~**rolle durch Eigengewicht wirkende** ~**rolle** / polea *f* tensora por gravedad ‖ ~**rolle** *f* **des Ringspinners** (Tex) / polea *f* de tensión de la continua de hilar de anillos ‖ ~**rolle für Riementriebe**, Riemenspannrolle *f* / polea *f* tensora de correa ‖ ~**rollensatz** *m* / juego *m* de poleas tensoras ‖ ~**säge** (DIN), Rahmensäge *f* (Wz) / sierra *f* de bastidor ‖ ~**säule** *f* (Bergb) / columna *f* neumática ‖ ~**schacht** *m* s. Spanngewichtsschacht ‖ ~**scheibe** *f* (DIN 6796) / arandela *f* de resorte ‖ ~**scheibe**, Planscheibe *f* (Dreh) / plato *m* de[l] torno o de garras, disco *m* de mordazas ‖ ~**scheibe** (Masch) / plato *m* o disco de arrastre, polea *f* tensora ‖ ~**scheibe** (Uhr) / arandela *f* de frotamiento ‖ ~**schieber** *m* (Waffe) (Mil) / palanca *f* para cargar el arma ‖ ~**schiene**, Stellschiene *f* (Elektr) / carril *m* tensor ‖ ~**schlitz** *m* / ranura *f* o rendija de sujeción ‖ ~**schloss** *n* / tensor *m* (E), torniquete *m* (LA) ‖ ~**schloss** (Bahn, Böttcher) / tensor *m* ‖ ~**schlossmutter**, -hülse *f* / tuerca *f* tensora o de torniquete ‖ ~**schlossverbindung** *f* / unión *f* por tensor o torniquete ‖ ~**schlüssel** *m* (Drehmaschinenfutter) / llave *f* de mandril ‖ ~**schraube** *f* / tornillo *m* tensor ‖ ~**schraube**, Klemmschraube *f* / tornillo *m* de apriete ‖ ~**schraube** (Luftf) / extremo *m* de ojo ‖ ~**schraube des Untergesenks** (Schm) / tornillo *m* de la matriz inferior ‖ ~**schraube mit Gabel** (Luftf) / extremo *m* de horquilla ‖ ~**schuss** *m* (Fehler, Tex) / trama *f* en tensión ‖ ~**seil** *n*, Verspannungskabel *n* / tirante *m* ‖ ~**seil** (Seilb) / cable *m* tensor o de tensión ‖ ~**stab** *m* (Tex) / templazo *m* [a mano] ‖ ~**stahl** *m* (Bau) / acero *m* de pretensión ‖ ~**stange** *f* / tirante *m* ‖ ~**stange**, -glied *n*, -stück *m* / tensor *m*, elemento *m* tensor, pieza *f* tensora ‖ ~**station** (Seilb) / estación *f* tensora ‖ ~**stelle** *f* (Fehler, Web) / enganchón *m* de urdimbre ‖ ~**stift** *m*, -bolzen *m* / clavija *f* de sujeción, pasador *m* de sujeción ‖ ~**stift** (hohl, geschlitzt) / pasador *m* elástico (hueco, ranurado) ‖ ~**stift**, Passstift *m* / perno *m* prisonero, pasador *m* de ajuste ‖ ~**stift** *m*, -hülse *f* / manguito *m* del torno con mango ‖ ~**stock** *m* (Tischl) / tornillo *m* del torno con mango ‖ ~**stück** *n* (Gewindeschneidm) / bloque *m* de sujeción ‖ ~**stück**, -glied *n*, -stange *f* / tensor *m* ‖ ~**tisch** *m* (Wzm) / mesa *f* de sujeción ‖ ~**trockenmaschine** *f* / ensanchadora-secadora *f*, rama *f* de tendido y de secado ‖ ~**tuch** *n* (Foto) / tela *f* de presión o de tensión ‖ ~**turm** *m* (Bau) / torre *f* de amarre o de riostra

Spannung *f* (Elektr) / tensión *f*, voltaje *m*, potencial *m* eléctrico *f* ‖ ~, Tension *f* (Gas) / tensión *f* de gas, presión *f* ‖ ~ *f* (Mech) / esfuerzo *m*, tensión *f*, solicitación *f* ‖ ~,

Spannung

Ziehen n (Mech, Phys) / fuerza f de tracción ‖ ⁓, Spannweite f, Öffnung f / abertura f, luz f, vano m ‖ ⁓ **einer Feder** / tensión f de un muelle ‖ ⁓ **gegen Neutralleiter** (Sternschaltung) (Elektr) / tensión f entre fases y neutro, tensión f en estrella ‖ ⁓ **in Fluss- o. Durchlassrichtung** (Eltronik) / tensión f directa ‖ ⁓ **in Sperrrichtung** (Funk) / tensión f inversa ‖ ⁓ **in Volt**, Potential n (Elektr) / voltaje m ‖ ⁓ **infolge von Zentrifugal- o. Fliehkräften** / esfuerzo m debido a fuerzas centrifugas ‖ ⁓ **von Gleichstrom** / tensión f continua ‖ ⁓ **von Wechselstrom** / tensión f alterna ‖ ⁓ **zwischen Phasen**, Leiterspannung f / tensión f entre fases ‖ **durch Übermaß erzielte** ⁓ (Masch, Presssitz) / esfuerzo f por ajuste prensado ‖ **für zwei** ⁓**en** / de dos voltajes ‖ **unter** ⁓, Spannung führend (Elektr) / que se halla bajo tensión o bajo corriente, activo, vivo ‖ **unter** ⁓ **setzen** (Elektr) / activar ‖ **[zu] hohe** ⁓ (Elektr) / tensión f excesiva o sobrante

Spannungs • abfall m / caída f de tensión ‖ ⁓**abfall**, -**gefälle** n (Elektr) / diferencia f de potencial ‖ ⁓**abfall** (o. -gefälle in der Leitung) (Elektr) / caída f o pérdida en la línea ‖ ⁓**abfall bei Belastung** / caída f de tensión bajo carga ‖ ⁓**abfall bei [Selbst]entladung** (Akku) / caída f de tensión por descarga espontánea ‖ ⁓**abfall in einem Verbraucher** / caída f de tensión en un consumidor ‖ ⁓**abfall infolge Übergangswiderstand** / caída f de tensión de los contactos ‖ ⁓**abfall-Temperaturkoeffizient** m (Röhre) / coeficiente m de temperatura de caída de tensión ‖ ⁓**abfrage** f (DV, Regeln) / exploración f del nivel de tensión ‖ ⁓**abgriff** m (Elektr) / toma f de tensión, derivación f [de un devanado] para variación de tensión ‖ ⁓**abhängig** (Widerstand) / alineal (resistor) ‖ ⁓**abhängiger Widerstand** / VDR (= voltage dependent resistor) ‖ ⁓**abhängigkeits-Koeffizient** m / coeficiente m de tensión ‖ ⁓**absinken** n (Elektr) / caída f de tensión ‖ ⁓**achse** f / eje m de esfuerzo ‖ ⁓**aktiv** (Chem) / tensioactivo, surfactivo ‖ ⁓**amplitude** f, -ausschlag m / amplitud f de tensión ‖ ⁓**änderung** f / variación f de tensión ‖ ⁓**änderung bei gleich bleibender Drehzahl** (Generator) / autorregulación f ‖ ⁓**anhäufung** f, -konzentration f / concentración f de [los] esfuerzos ‖ ⁓**anstieg** m / crecimiento m de tensión ‖ ⁓**anstieg bei Entlastung** / crecimiento m de tensión en descarga ‖ ⁓**anstieg durch Blindwiderstand** / crecimiento m de tensión por reactancia ‖ ⁓**anzeiger** m (Elektr) / indicador m de tensión ‖ ⁓**arm**, drallarm (Seil) / de torsión moderada ‖ ⁓**armglühen** n (Hütt) / recocido m de eliminación de tensiones ‖ ⁓**ausfall** m (Elektr) / falta f de corriente, apagón m ‖ ⁓**ausfallrelais** n / relé m de ausencia de corriente ‖ ⁓**ausgleich** m / compensación f de tensiones ‖ ⁓**ausgleich** (Elektr) / compensación f de tensión ‖ ⁓**ausgleichend** / compensador m de tensión ‖ ⁓**ausgleicher** m (Masch) / resorte m regulador de tensión ‖ ⁓**ausgleichschaltung** f (TV) / circuito m compensador o igualador ‖ ⁓**ausgleichverbindung** f (Elektr) / conexión f equipotencial ‖ ⁓**auslöser** m / aparato m de máximo de tensión ‖ ⁓**ausschlag** m (Dauerversuch) / amplitud f de tensiones ‖ ⁓**ausschlag**, -amplitude f / amplitud f de tensión alternativa ‖ ⁓**bauch** m (Elektr) / vientre m de tensión ‖ ⁓**begrenzer** m / limitador m de tensión ‖ ⁓**begrenzungsdiode** f / diodo m limitador de tensión ‖ ⁓**begrenzungshebel** m (Lochstreifen) / brazo m amortiguador de cinta ‖ ⁓**bereich** m (Mech) / alcance m de tensión ‖ ⁓**-Dehnungs-Beziehungen** f pl / relaciones f pl tensión/alargamiento ‖ ⁓**-Dehnungsbeziehungen** f pl **im plastischen Bereich** / relaciones f pl tensión/alargamiento en la zona plástica ‖ ⁓**-Dehnungsdiagramm** n, -Dehnungslinie f / diagrama m de tensión/alargamiento ‖ ⁓**diagramm** n (Mech) / diagrama m de esfuerzos ‖ ⁓**differenz** f (Elektr) / diferencia f de potencial ‖ ⁓**doppelbrechung**

f / birrefringencia f por esfuerzos ‖ ⁓**doppler** m (Elektr) / doblador m de tensión ‖ ⁓**durchbruch** m (Halbl) / disrupción f en avalancha ‖ ⁓**durchschlag** m (Elektr) / ruptura f de tensión ‖ **mechanische** ⁓**einheit**, Nm^{-2} / unidad f de tensión mecánica: Nm^{-2} ‖ ⁓**einleitendes Neutron** (Nukl) / neutrón m útil, neutrón m cuya captura provoca una fisión ‖ ⁓**ellipse** f (Mech) / elipse f de esfuerzos ‖ ⁓**empfindlichkeit** f (Masch) / susceptibilidad f a los esfuerzos ‖ ⁓**erhöhend**, Aufwärts... (Elektr) / elevador de tensión adj ‖ ⁓**erhöhender Transformator** / transformador m elevador de tensión ‖ ⁓**erhöher**, Druckdynamo m (Elektr) / elevador m de tensión ‖ ⁓**erhöher** m (Mech) / elevador m de esfuerzo ‖ ⁓**erhöhung** f / aumento m de tensión ‖ ⁓**ermittelung** f (Mech) / determinación f de esfuerzos ‖ ⁓**erniedrigend**, Abwärts... (Elektr) / reductor de tensión, devoltor m ‖ ⁓**erniedrigender Transformator** / transformador m reductor, reductor m ‖ ⁓**-Erregerstrom-Kennlinie** f **bei konstantem Blindstrom** (Elektr) / característica f en corriente reactiva ‖ ⁓**erzeugendes Gewebe** (Zool) / tejido m eléctrico ‖ ⁓**fehler** m pl (Hütt) / defectos m pl de temple ‖ ⁓**feld** n / campo m de tensiones ‖ ⁓**fest** / de tensión estable ‖ ⁓**festigkeit** f (Mech) / rigidez f mecánica ‖ [**elektrische**] ⁓**festigkeit** / rigidez f dieléctrica ‖ ⁓**frei** (Mech) / sin esfuerzo[s] ‖ ⁓**frei** (Pap) / sin tensión ‖ ⁓**frei glühen** (Hütt) / recocer para eliminar las tensiones interiores, estabilizar por recocido ‖ ⁓**freier nichtisolierter [Strecken]abschnitt** (Bahn) / sección f de vía neutra ‖ ⁓**freier Porenanteil** (Boden) / porosidad f no capilar ‖ ⁓**freiglühen** n (Eisen) / recocido m de estabilización ‖ ⁓**freimachen** n / alivio m de esfuerzos internos, eliminación f de esfuerzos internos ‖ ⁓**-Frequenz-Umsetzer** m (Elektr) / convertidor f tensión-frecuencia ‖ ⁓**fühler** m (Elektr) / sonda de tensión ‖ ⁓**fühler** (Spinn) / indicador m de la tensión ‖ ⁓**führend** (Eltronik) / conectado, vivo, activo, con energía aplicada ‖ ⁓**funktion** f (Mech) / función f de esfuerzos ‖ ⁓**geber** m (Elektr) / transmisor m de tensión ‖ ⁓**gefälle** n (entlang einem Leiter) / caída f de tensión o de potencial ‖ ⁓**-Gegenkopplung** f (Elektr) / reacción f o realimentación de tensión ‖ ⁓**geregelter Schwinger** / oscilador m controlado o regulado por tensión, oscilador m de regulación [de frecuencia] por tensión ‖ ⁓**gespeiste Antenne** / antena f alimentada o excitada en tensión ‖ ⁓**gesteuert** (Eltronik) / controlado o mandado por tensión ‖ ⁓**gestuft** (Netz) / de tensión escalonada ‖ ⁓**grad** m (Mech) / intensidad f de tensión ‖ ⁓**gradient** m (Potentialgefälle je Längeneinheit) / gradiente m de tensión ‖ ⁓**herabsetzung** f (Elektr) / reducción f de tensión ‖ ⁓**höhe** m, -wert m (Elektr) / nivel m de tensión ‖ ⁓**intensitätsfaktor** m, K_{IC}-Faktor m / factor m de intensidad de esfuerzos ‖ ⁓**knoten** n / nudo m de tensión ‖ ⁓**koeffizient** m (Gas) / coeficiente m temperatura-presión ‖ ⁓**konstanthalter**, -konstanter m (Eltronik) / estabilizador m de tensión ‖ ⁓**konzentration** f (Mech) / concentración f de esfuerzos ‖ ⁓**kopf** m (Nähm) / bloque-tensión m ‖ ⁓**korrosion** f (Mech) / corrosión f interna o con esfuerzo, tensiocorrosión f, corrosión f química acelerada por fuertes concentraciones de esfuerzos, corrosión f bajo carga estática ‖ ⁓**korrosion** (Plast) / fisuración f por tensiones ‖ ⁓**korrosionsprüfung** f / ensayo m de corrosión bajo tensión ‖ ⁓**korrosionsriss** m / fisura f por corrosión interna ‖ ⁓**kreis**, Messkreis m (Elektr) / circuito m derivado o en derivación o en shunt, circuito m de tensión ‖ ⁓**kurve** f / curva f de tensión ‖ ⁓**linien** f pl / líneas f pl de tensiones internas ‖ ⁓**los**, schlaff / flojo, relajado, aflojado, despretado (LA), holgado (LA) ‖ ⁓**los**, -frei (Elektr) / inactivo, sin corriente ‖ ⁓**los** (Seil) / flojo ‖ ⁓**loses Krumpfen** (Tex) / encogimiento m de relajación ‖ ~lose Trennstrecke (Bahn) / sección f neutra ‖ ~-Magnetisierungsstrom-Kennlinie f / característica f de saturación ‖ ~melderelais n / relé m avisador de tensión ‖ ~messer m (Mech) / medidor m o indicador de esfuerzos ‖ ~messer, Voltmeter n (Elektr) / medidor m de tensión, voltímetro m ‖ ~nachlass m (Mech) / relajación f de esfuerzo ‖ ~nachweis m (Mech) / comprobación f o verificación de esfuerzos ‖ ~normal n / fuente f de tensión calibrada ‖ ~-Nulllinie f (Mech) / eje m neutro ‖ ~optik f / fotoelasticimetría f, elastoóptica f, elasticimetría f óptica ‖ ~optisch / fotoelástico ‖ ~optischer Koeffizient (Glas) / coeficiente m fotoelástico por tracción ‖ ~optische Untersuchung / investigación f fotoelástica, examen m fotoelástico ‖ ~pegel m (Elektr) / nivel m de tensión ‖ ~pegelabstand m / diferencia f de nivel de tensión ‖ ~pfad m (Elektr) / circuito m derivado o en derivación ‖ ~prüfer m, Polarisationsgerät n (Mech) / polariscopio m ‖ ~prüfer (Elektr) / comprobador m o detector de electricidad o de tensión, palpador m de corriente ‖ ~prüfer-Schraubendreher m / destornillador m detector de tensión ‖ ~prüfgerät m (Mech) / verificador m de esfuerzos ‖ ~prüflack m / barniz m de verificación de esfuerzos ‖ ~quelle f (Elektr) / fuente f de tensión ‖ ~querschnitt m (Gewinde) / sección f sometida a [los] esfuerzos ‖ ~referenzdiode f (Eltronik) / diodo m de tensión de referencia, diodo m de fijación de tensión ‖ ~regelnde Lichtmaschine (Kfz) / generatriz f con regulación de tensión ‖ ~regelröhre f, Stabilisator m (Eltronik) / tubo m de mu variable ‖ ~reg[e]lung f (Kfz) / regulación f de la tensión ‖ ~regler m (Masch) / resorte m regulador de tensión ‖ ~regler (Spinn) / regulador de voltaje o de tensión ‖ ~regler m de tensión ‖ nachgiebiger ~regler (Elektr) / regulador m de tensión con devanado compound ‖ [elektromotorische] ~reihe f (Elektr) / serie f electromotriz ‖ ~relais n / relé m de tensión ‖ ~relaxation f (Mech) / relajación f de tensiones ‖ ~relaxation (Plast) / relajación f de esfuerzo ‖ ~resonanz f (Elektr) / resonancia f serie ‖ nur eine ~richtung / polaridad f única o unidireccional ‖ nur für eine ~richtung / unipolar ‖ ~riss m (allg) / grieta f de tensión o por tensiones ‖ ~riss (Plast) / fisura f por esfuerzos ‖ ~riss (im Block) (Hütt) / grieta f o fisura en el metal ‖ ~riss (im Stahl), Flockenriss m (Hütt) / fisura f o grieta de copos ‖ ~riss (Gieß) / grieta m de enfriamiento, costura f fría ‖ ~riss bei Abkühlung (Hütt) / tensofisuración f, grieta f de enfriamiento ‖ ~rissanfälligkeit f (Plast) / susceptibilidad f a fisuras de esfuerzos ‖ ~risskorrosion f (Mech) / corrosión f interna por fisuras ‖ ~rückgangsauslöser m (Elektr) / disparador m por falta de tensión, desenganchador m a tensión mínima ‖ ~-Rückgewinnung f / recuperación m de tensión ‖ ~rückkopplung f (Eltronik) / reacción f de tensión ‖ ~scheibe f (Glas) / disco m de esfuerzo ‖ ~scheibe (Nähm) / disco m de tensión ‖ ~schreiber m / voltímetro m registrador ‖ ~schwankung f / fluctuación f de tensión ‖ ~sicherung f, -begrenzer m (Elektr) / limitador m de tensión ‖ ~sollwertgeber m / ajustador m de tensión ‖ ~speisung, Fußpunktspeisung f (Antenne) / alimentación f por el extremo ‖ ~spitze f (Elektr) / punta f de tensión, valor m pico de [la] tensión ‖ ~sprung m (Eltronik) / salto m de tensión ‖ ~spule f / bobina f de tensión ‖ ~stabilisator m (Elektr) / estabilizador m de tensión ‖ ~stabilisatordiode f / diodo m regulador de tensión ‖ ~stabilisiert (Eltronik) / estabilizado de tensión ‖ ~-Stabilisierungs-Batterie f (Elektr) / batería f de carga equilibrada, batería f estabilizadora de tensión ‖ ~steigerung f, -erhöhung f / aumento m de tensión ‖ ~steilheit f (Halbl) / velocidad f de aumento de tensión ‖ ~steilheit in Schaltrichtung (Eltronik) / velocidad f de aumento de tensión en estado de no-conducción ‖ ~stoß m (Elektr) / sacudida f eléctrica ‖ ~stoß, Stoßspannung f / sobretensión f transitoria ‖ ~stress m (Dielektrikum) / esfuerzo m dieléctrico [por diferencia de potencial] ‖ ~stufe f / escalón m de tensión ‖ ~sucher m / comprobador m o detector de electricidad o de tensión ‖ ~teiler m (Elektr) / potenciómetro m, divisor m de tensión ‖ ~teiler, Mittelpunktstransformator m (Elektr) / bobina f equilibradora ‖ ~teiler m (Widerstandskette) (Eltronik) / resistor m de drenaje ‖ ~teilermaschine, Dreileitermaschine f / generatriz f trifilar ‖ ~teilertransformator m / autotransformador m regulador de tensión ‖ ~tensor m (Mech) / tensor m de esfuerzo ‖ ~theorie f (Chem) / teoría f de tensiones ‖ ~trajektorie f (Mech) / trayectoria f de tensión o de esfuerzos ‖ ~-Übertragungspegel m (Elektr) / nivel m de transmisión en tensión ‖ ~umkehr f / inversión f de tensión ‖ ~umschalter m (Elektr) / selector m de tensión ‖ ~umwandler m / transformador m de tensión o de potencial ‖ ~- und Durchgangsprüfer m / comprobador m de tensión y de continuidad eléctrica ‖ ~unterbrechung f / interceptación f de tensión ‖ ~unterschied m, -differenz f, Potentialdifferenz f (Elektr) / diferencia f de potencial ‖ ~unterschied (entlang einem Leiter) / caída f de potencial o de voltaje ‖ ~unterschied zwischen zwei Leitern, Potentialdifferenz f / tensión f entre conductores de un sistema polifásico ‖ ~verbindung f (Mech) / transmisión f de fuerzas por chavetas cónicas ‖ ~[ver]doppler m (Elektr) / doblador m de tensión ‖ ~verdopplung f (Elektr) / doblado m de tensión ‖ ~-Verformungskurve f / curva f tensión-deformación, curva f de esfuerzos y deformaciones ‖ ~verhältnis n (Mech) / razón f entre esfuerzo mínimo y esfuerzo máximo, relación f tensión mínima - tensión máxima ‖ ~verlauf m (Mech) / difusión f de esfuerzos o tensiones ‖ ~verlauf (Elektr) / curva f de tensión ‖ ~verlust m (Elektr) / pérdida f de tensión ‖ ~verlustprüfung f (Elektr) / prueba f de caída de tensión ‖ ~verminderungsfaktor m (Mech) / factor m de reducción de esfuerzos ‖ ~versorgung f / suministro m de corriente, alimentación f de corriente ‖ ~versorgung für Potentiometer (Eltronik) / tensión f de referencia del potenciómetro ‖ ~verstärker m / amplificador m de tensión ‖ ~verstärkungs-Faktor m / razón f de amplificación de tensión ‖ ~verteilung f (Mech) / distribución f de esfuerzos o de tensiones ‖ ~verteilung (Elektr) / distribución f del potencial ‖ ~vervielfacher m (Elektr) / multiplicador m de tensión ‖ ~-Verzerrungs-Beziehung f (Mech) / relación f tensión-deformación ‖ ~waage f (Elektr) / electrómetro m absoluto ‖ ~wächter m (Elektr) / relé m de control de tensión ‖ ~wächter, -fühler m (Web) / indicador m de la tensión ‖ ~wähler m (Elektr) / selector m de tensión ‖ ~wandler m, Messwandler m (Elektr) / transformador m de tensión ‖ ~wandler abwärts / reductor m de tensión ‖ [stehende o. wandernde] ~welle (Elektr) / onda f entretenida ‖ ~wert m, -höhe f (Elektr) / tensión f, nivel m de tensión ‖ ~wert bei vorgegebener Dehnung (Gummi) / esfuerzo m de tensión para una extensión dada ‖ ~-Wirkungsgrad m (Akku) / rendimiento m en relación a la tensión ‖ ~zählpfeil m (Halbl) / flecha f de cuenta de tensión ‖ ~-Zeit-Durchschlagkurve f (Elektr, Kabel) / curva f de tensión disruptiva (o de ruptura) asintótica ‖ ~-Zeit-Durchschlagkurve f [bei Kurzzeitbelastung] (Kabel) / curva f tiempo-tensión de ruptura ‖ ~zeitflächengesteuert (Transduktor) / mandado por la superficie tiempo-tensión ‖ ~-Zeit-Kurve f (Mech) / gráfico m tensión-tiempo ‖ ~zone f (Bergb) / zona f de esfuerzos ‖ ~zunahme f /

aumento *m* de tensión || ⁓**zunahme bei Ladung** (Akku) / aumento *m* de tensión durante la carga || ⁓**zustand** *m* / estado *m* de tensión[es]
Spannunterlage *f* (Wz) / bloque *m* escalonado de sujeción
Spannut[e] *f* (Wz) / ranura *f* receptora de la viruta || **mit ⁓ versehen** (Wz) / con ranura receptora de la viruta
Spann•verschluss *m*, Kniehebelverschluss *m* / cierre *m* acodado || ⁓**vorrichtung** *f*, Befestigungsvorrichtung *f* / dispositivo *m* de sujeción || ⁓**vorrichtung** (Wzm) / dispositivo *m* de sujeción o de apriete || ⁓**vorrichtung** (an der Maschine befestigt) (Wzm) / portapieza *m*, portatrabajo *m* || ⁓**vorrichtung**, Streckvorrichtung *f* (Masch) / dispositivo *m* de alargamiento o de estiramiento || ⁓**vorrichtung** *f* (Seilb) / dispositivo *m* tensor || ⁓**vorrichtung am Rübenelevator** (Landw) / dispositivo *m* de tensión del elevador de remolachas || ⁓**vorrichtung des Fahrdrahtes** (Bahn) / aparato *m* tensor de la línea de contacto || ⁓**vorrichtung mit Futter** (Wzm) / dispositivo *m* de aprieto con mandril || ⁓**vorrichtung zum Kuppeln** (Bahn) / tensor *m*, tornillo *m* de acoplamiento || ⁓**wagen** *m* (Sägewerk) / carro *m* de presa || ⁓**walze** *f* (Kalander) / cilindro *m* tensor || ⁓**walze**, Tänzerwalze *f* (Druck) / rodillo *m* tensor o compensador || ⁓**weg** *m* (Spannbeton) / alargamiento *m* del acero || ⁓**weite** *f* (Luftf) / envergadura *f* || ⁓**weite**, lichte Weite (Bau) / vano *m*, luz *f*, anchura *f* interior || ⁓**weite der Öffnung** (Brücke) / abertura *f*, luz *f*, vano *m* || ⁓**weite des Drahtes** (Bahn) / luz *f* del alambre, vano *m* del alambre || ⁓**weite des Spannfutters** (Wzm) / capacidad *f* del mandril, diámetro *m* máximo [posible] de sujeción || ⁓**weite eines Gewölbes** (Bau) / luz *f* de una bóveda || ⁓**weiten- und Tiefenrichtung** *f* (Aerodynamik) / dirección *f* a lo largo de la envergadura y de la profundidad del ala || ⁓**weitenbelastung** *f* (Luftf) / carga *f* [por unidad] de la envergadura, carga *f* sobre la envergadura || ⁓**werk** *n* (Bahn, Drahtleitung) / tensor *m* de línea de contacto || ⁓**werk** (Mech) / mecanismo *m* tensor || ⁓**werk einer Drahtleitung** (Bahn) / contrapeso *m* compensador de transmisión funicular || ⁓**werkgestell** *n* (für Signaldrähte) (Bahn) / armadura *f* del aparato tensor || ⁓**[werk]zeug**, Ein-, Aufspannwerkzeug *n* / herramienta *f* de sujeción || ⁓**wirbel** *m* (Klavier) / clavija *f* tensora || ⁓**wirkung** *f* / esfuerzo *m* de anclaje || ⁓**zange** *f* (Wzm) / mandril *m* de pinza, pinza *f* portapieza || **auf Zug wirkende** ⁓**zange** (Wzm) / pinza *f* portapieza de tracción || **auf Druck wirkende** ⁓**zange** / pinza *f* portapieza de empuje || ⁓**zange** *f* (Sägewerk) / pinzas *f* pl de sujeción || ⁓**zangenhülse** *f* (Wzm) / manguito *m* de la pinza portapieza || ⁓**zangenkopf** *m* / cabeza *f* de pinza portapieza || ⁓**zeit** *f*, Aufspannzeit *f* (Wzm) / tiempo *m* de montaje, tiempo *m* de sujeción || ⁓**zeug**, -werkzeug *n* / herramienta *f* de apriete o de sujeción || ⁓**zwinge**, -bügel *m* / estribo *m* de sujeción || ⁓**zylinder** *m* (Wzm) / cilindro *m* [hidráulico] de sujeción
Span•pfanne *f* / caja *f* de virutas || ⁓**platte** *f* (Holz) / plancha *f* de virutas, tablero *m* de virutas, tablero *m* de madera aglomerada || ⁓**platte** (Wzm) / colector *m* de virutas || ⁓**plattenpresse** *f* (Holz) / prensa *f* de planchas (o tableros) de virutas || ⁓**presse** *f*, Spänepresse *f* / prensa *f* de virutas || ⁓**presse** (Web) / prensa *f* de cartones || ⁓**presse**, Presse *f* zur Herstellung von Presspan / prensa *f* para prespan || ⁓**presse für Holz** *f*, Verleimpresse *f* / prensa *f* de virutas de madera || ⁓**querschnitt** *m*, -stärke *f* (Wzm) / sección *f* de viruta || ⁓**querschnitt**, -leistung *f* (Wzm) / capacidad *f* de corte de virutas || ⁓**raum** *m* (Wz) / caja *f* de virutas || ⁓**raumvolumen** *n* (Wzm) / volumen *m* de la caja de virutas || ⁓**schneidemaschine** *f* (Holz) / máquina *f* de hacer virutas planas || ⁓**schütteinrichtung** *f* (Holz) / instalación *f* para la distribución de virutas || ⁓**stärke** *f* / espesor *m* de viruta || ⁓**stauchung** *f* (Wzm) / recalcado *m* de la viruta
Spant (Schiff: das, Luftf: der) (Luftf, Schiff) / cuaderna *f* || ⁓ *m*, Versteifungsring *m* (Bahn) / anillo *m* de refuerzo || **in** ⁓**en stehend** (Schiff) / con cuadernas montadas
Spanten•riss *m* (Schiff) / plano *m* de cuadernas, plano *m* transversal || ⁓**schmiegemaschine** *f* (Schiff) / máquina *f* curvadora de cuadernas || ⁓**werk**, Gerippe *n* (Schiff) / costillaje *m*, armazón *f*
Span•tiefe *f* / espesor *m* de la viruta || ⁓**tiefe** (Wzm) / sección *f* de corte || ⁓**transportband** *n* / cinta *f* transportadora de virutas
Spanungs•breite *f* (Räumwz) / anchura *f* de corte || ⁓**breite** (Wzm) / anchura *f* de viruta no deformada || ⁓**dicke** *f* (Räumwz) / espesor *m* de la viruta || ⁓**geometrie** *f* (Wzm) / geometría *f* de corte
Spanwinkel *m* / ángulo *m* de desprendimiento
Spar⁓... / de ahorro, de mínimo consumo, economizador, ahorrador || ⁓**bad**, Vorspülbad *n* (Galv) / baño *m* de prelavado || ⁓**becken** *n* (Hydr) / cuenca *f* de ahorro || ⁓**beize** *f* (Hütt) / inhibidor *m*, restringente *m* || ⁓**beizwirkung** *f* / efecto *m* inhibidor del mordiente económico || ⁓**beton** *m* (Bau) / hormigón *m* magro || ⁓**betrieb** *m* / régimen *m* de consumo reducido || ⁓**brenner** *m*, -flamme *f* (Gas) / mechero *m* economizador o de mínimo consumo || ⁓**buch** *n*, -kassenbuch *n* (DV) / libreta *f* de ahorros || ⁓**buchdruck** *m* (DV) / impresión *f* de libreta || ⁓**deck** *n* (Schiff) / spardeck *m*, espárdec *m* || ⁓**diode** *f* (TV) / diodo *m* economizador o reforzador o de recuperación en shunt || ⁓**düse** *f* (Kfz) / tobera *f* económica || ⁓**einstellung** *f* / regulación *f* económica
sparen, schonen / ahorrar, economizar, conservar || **Raum o. Platz** ⁓ / ocupar poco espacio || **Zeit** ⁓ (o. gewinnen) / ganar tiempo || ⁓ *n*, Spar... / ahorro *m*
Spar•flamme *f* (Gas) / llama *f* pequeña || ⁓**gang** *m* (Kfz) / velocidad *f* económica o de crucero
Spargel•dammpflug *m* (Landw) / arado *m* aporcador para espárragos || ⁓**stein** *m* (Min) / esparraguina *f* (fosfato de cal cristalizado)
Spar•gips *m* / yeso *m* espejuelo calcinado, escayola *f* || ⁓**herd** *m*, -feuerung *f* / hogar *m* económico (E), cocina *f* económica (LA) || ⁓**kalk** *m*, Gipskalk *m* (Bau) / yeso *m* calcinado || ⁓**kammer** *f* (Hydr) / depósito *m* de ahorro, pantano *m* lateral || ⁓**kapsel** *f* (Keram) / vasija *f* económica || ⁓**kathode** *f* (Eltronik) / cátodo *m* economizador o de baja temperatura || ⁓**lack** *m* / barniz *m* económico || ⁓**lampe** *f*, -birne *f* (Licht) / bombilla *f* económica, lámpara *f* de bajo consumo, lámpara *f* compacta || ⁓**maßnahme** *f* / medida *f* economizadora o de economía || ⁓**packung** *f* / envase *m* ahorro || ⁓**rad** *n* (Tex) / rueda *f* de trinquete o de gatillo
Sparren *m*, Dachsparren *m* (Bau) / cabrio *m*, cabio *m* || ⁓, Spiere *f* (Schiff) / barlenga *f* || ⁓**dach** *n* / tejado *m* de cabrios || ⁓**dach** (Flachdach) / tejado *m* plano de cabrios || ⁓**feld** *n* (Dach) / área *f* entre cabrios || ⁓**gesims** *n* / cornisamento *m* de cabrio || ⁓**halter** *m* (Stahlbau) / soporte *m* de cabrios || ⁓**kopf** *m* (Zimm) / cabeza *f* del cabrio || ⁓**kopf** (eine Steinkonsole) (Bau) / modillón *m* || ⁓**lage** *f*, Dachgleiche *f*, Dachbalkenlage *f* / envigado *m* de tejado || **wirkliche** ⁓**länge** / largo *m* efectivo de cabrio || ⁓**länge** *f* **in der Horizontalen gemessen** (Bau) / largo *m* horizontal de cabrio || ⁓**schwelle** *f* / correa *f* inferior || ⁓**werk**, Gespärre *n* (Bau, Zimm) / maderaje *m*, armazón *f* del tejado
sparsam, wirtschaftlich / económico || ⁓, mäßig / moderado [en los gastos] || ⁓ (Person) / ahorrativo, poco gastador, parsimonioso || ⁓ **e Ausführung** / ejecución *f* económica || ⁓ **er Umgang mit Rohstoffen** / utilización *f* económica de materias primas || ⁓ **umgehen** [mit], schonen / utilizar económicamente
Sparsamkeit, Wirtschaftlichkeit *f* / economía *f*
Sparschaltung *f* (Eltronik) / circuito *m* económico

Spartalith *m* (Min) / espartalita *f*
Spartein *n*, Lupinidin *n* (Chem) / esparteína *f*
Spartgras *n*, Alfa *n*, Stipa tenacissima, Esparto *m*, Espartogras *n* (Bot) / esparto *m*, atocha *f*
Spar•transduktor *m* (Elektr, Eltronik) / autotransductor *m* ǁ ⁓**transformator** *m*, -umspanner *m* (Elektr) / autotransformador *m* ǁ ⁓**ventil** *n* / válvula *f* económica ǁ ⁓**verbrauch** *m* / consumo *m* económico ǁ ⁓**wässerungsgerät** *n* (Halbl) / dispositivo *m* antipolución de lavado ǁ ⁓**widerstand** *m* (Elektr) / resistor *m* económico ǁ ⁓**zinklegierung** *f* / aleación *f* económica de cinc
SPASUR *n* (= space surveillance system) (Raumf) / sistema *m* de supervisión espacial
spät / tarde ǁ ⁓... / tardío, retardado ǁ ⁓**erer Ausbau** (DV) / ampliación *f* posterior ǁ ⁓**est erlaubt** (PERT) / a más tarde ǁ ⁓**es Lesen** (DV) / lectura *f* retardada
Spat *m* (Math) / paralelepípedo *m* ǁ ⁓ (Min) / espato *m*
Spätdüngung *f* (Landw) / abonado *m* tardío
Spateisenstein, Siderit *m* (Min) / hierro *m* espático, siderita *f* ǁ **toniger** ⁓ / hierro *m* espático arcilloso
Spatel *m f*, Spachtel *m f*, Spachtelmesser *n* (Wz) / espátula *f* ǁ ⁓**verfahren** *n* (Lebensmittel) / método *m* con espátula
Spaten *m* / laya *f*, pala *f* ǁ ⁓ **mit gebogenem Tritt** / laya *f* con reborde ǁ **einen** ⁓ **voll** / palada *f* ǁ **mit dem** ⁓ **bearbeiten** / layar ǁ ⁓**fräse** *f* (Landw) / fresadora *f* azadonadora ǁ ⁓**hammer** *m* / martillo-pala *m*, pala *f* neumática ǁ ⁓**maschine** *f* (Landw) / máquina *f* o cavadora de azadas rotativas ǁ ⁓**rollegge** *f* / grada *f* rotativa de paletas ǁ ⁓**scheibe** *f* (Egge, Landw) / disco *m* dentado o ranurado de la grada rotativa ǁ ⁓**stich** *m* / layada *f*, golpe *m* con la laya ǁ **tiefe** *f* (beim Graben) (Landw) / profundidad *f* o penetración de la laya
spat[halt]ig, Spat... (Min) / espático
Spätholz *n*, Engholz *n*, Sommerholz *n* (Forstw) / leño *m* de otoño, leño *m* tardío o estrecho
Spatien s. Spatium ǁ ⁓ **ausheben** (Druck) / hacer compacto ǁ ⁓ **einfügen**, spatiieren, spationieren (Druck) / espaciar ǁ ⁓**keil** *m* (Druck) / espacio *m* movible o de cuña, espaciador *m*
spatig (Min) / espático
spationieren *vt* (Druck) / espaciar ǁ ⁓ *n* / espaciado *m*, separación *f*, palabra *f* espacionada
Spatiopyrit *m* (Min) / saflorita *f*
Spatium *n* (pl: Spatien), Ausschlussstück *n* (Druck) / espacio *m* ǁ **breites** ⁓ / espacio *m* fuerte
Spät•saat *f* (Landw) / tardíos *m* pl ǁ ⁓**schicht** *f* (F.Org) / turno *m* tardío ǁ ⁓**zünder** *m*, -zündung *f* (Bergf) / detonador *m* retardado ǁ ⁓**zündung** *f*, Nachentflammung *f* (Mot) / encendido *m* retardado
Spaxschraube *f* / tornillo Spax *f*
Spaziergang, Ausflug *m*, EVA *f* (Raumf) / paseo *m* espacial, actividad *f* extravehicular
Speck•glanz *m* (Anstrich) / brillo *m* graso ǁ ⁓**käfer** *m* (Schädling) / dermesto *m*, lardero *m* ǁ ⁓**öl** *n* (Chem) / oleína *f* ǁ ⁓**stein** *m* (eine Art Steatit) (Min) / jaboncita *f*, esteatita *f*, saponita *f*, jabón *m* de sastre, jaboncillo *m* de sastre ǁ ⁓**steinbrenner** *m* / mechero *m* de esteatita
spedieren, schicken / expedir, despachar
Spediteur *m*, Frachtführer *m* / agente *m* de transportes
Speditionsbetrieb, Fuhrunternehmer *m* / agencia *f* de transportes
Speerkies *m* (Min) / marcasita *f*
Speibecken *n* (Sanitär) / escupidera *f*
Speiblech *n* (Spinn) / boca *f* de salida
Speiche, Radspeiche *f* / radio *m* o rayo de la rueda, brazo *m* (de la llanta) ǁ **mit** ⁓**n versehen** / enrayar, montar [los] rayos
speichen•förmig / radial ǁ ⁓**nippel** *m n* / tensor *m* de radios ǁ ⁓**rad** *n* / rueda *f* de rayos o de radios ǁ ⁓**schloss** *n* (Fahrrad) / cerradura *f* de radios ǁ ⁓**stern** *m*, Radstern *m* / estrella *f* de rueda

Speicher *m*, Dachboden *m* (Bau) / desván *m* ǁ ⁓, Reservoir *n* (Wassb) / embalse *m* ǁ ⁓, Lagerhaus *n* / almacén *m*, depósito *m*, bodega *f* (CHILE) ǁ ⁓ (DV) / memoria *f* (según IEEF.), almacenamiento *m* (según IBM) ǁ ⁓, Speicherung *f* / almacenamiento *m* ǁ ⁓, Register *n* (Fernm) / registrador *m*, contador *m* de conversación ǁ ⁓, Zisterne *f* (Nukl) / depósito *m* de agua ǁ ⁓ s. auch Speicherbecken ǁ ⁓ **einer Steuerung** / memoria *f* de un dispositivo de mando ǁ ⁓ **für 1 Bit** (DV) / báscula *f* biestable ǁ ⁓ **für Druckwasser o. Dampf** / acumulador *m* de agua (o de vapor) a presión ǁ ⁓ **löschen** (Pneum) / reponer al estado cero ǁ ⁓ *m* **mit schnellem Zugriff** (DV) / memoria *f* rápida ǁ ⁓ **mit Steinfüllung**, Steinspeicher *m* (Sonnenenergie) / acumulador *m* a piedras ǁ ⁓ **mit unmittelbarem Zugriff** (DV) / memoria *f* de acceso inmediato ǁ ⁓ **mit Wortstruktur** (DV) / memoria *f* de palabras ǁ ⁓ **setzen** (Pneum) / poner en estado 1 ǁ ⁓ **zuordnen** (o. verteilen) (DV) / asignar [localizaciones en] la memoria ǁ **den inneren** ⁓ **auffüllen** (DV) / cargar la memoria ǁ **in den** ⁓ **bringen** / almacenar
Speicher•abbild *n* (DV) / imagen de la memoria ǁ ⁓**abzug** *m*, -ausdruck *m* (DV) / vaciado *m*, volcado *m* de memoria, descarte *m* de memoria ǁ ⁓**abzugprogramm** *n* (DV) / programa *m* de vaciado de memoria ǁ ⁓**abzugschlüssel** *m* (COBOL) / criterio *m* de vaciado ǁ ⁓**adressregister** *n* (DV) / registro *m* de direcciones de la memoria ǁ ⁓**anlage** *f* (z.B. für Biogas) (Landw) / instalación *f* de depósitos o tanques (por ej: para biogás) ǁ ⁓**anordnung** *f* / disposición *f* de la memoria ǁ ⁓**ausdrucken** *n* / impresión *f* de los datos de la memoria ǁ ⁓**ausnutzung** *f* (DV) / utilización *f* o eficacia de la memoria ǁ ⁓**austausch** *m* (zwischen Haupt- u. Plattenspeicher), Memory Swapping *n* (DV) / transferencia *f* de datos de la memoria sobre discos ǁ ⁓**auszug** *m* / vaciado *m* selectivo de la memoria ǁ ⁓**auszug der Änderungen** / vaciado *m* de las modificaciones ǁ ⁓**band** *n* (DV) / cinta *f* de almacenamiento ǁ ⁓**bar** / memorizable ǁ ⁓**batterie** *f* (Elektr) / acumulador *m*, batería *f* de acumulación ǁ ⁓**baustein** [dynamischer], DRAM (DV) / acceso *m* dinámico al azar ǁ ⁓**becken**, Speisebecken *n* (Hydr) / depósito *m* acumulador de la presa ǁ ⁓**befehl** *m* (DV) / instrucción *f* de operación memoria a memoria ǁ ⁓**bereich** *m* / área *f* o zona de memoria ǁ ⁓**bett** *n* (Öl) / estrato *m* productivo ǁ ⁓**binärzelle** *f* (DV) / célula *f* binaria ǁ ⁓**block** *m*, -paket *n* / bloque *m* de memoria ǁ ⁓**blockanweisung** *f* (FORTRAN) / instrucción *f* bloque de memoria ǁ ⁓**bremsung** *f* (Elektr) / frenado *m* con almacenamiento de energía ǁ ⁓**bunker** *m* (Hütt) / depósito *m* de almacenamiento ǁ ⁓**bus** *m* (DV) / barra *f* ómnibus o colectiva de memoria ǁ ⁓**chip** *n* / pastilla *f* memoria, chip *m* de memoria ǁ ⁓**damm** *m* (Wassb) / dique *m* de presa ǁ ⁓**dampfturbine** *f* / turbina *f* de vapor acumulado ǁ ⁓**dichte** *f* (DV) / densidad *f* de almacenamiento ǁ ⁓**druck** *m* (Druckluft) / presión *f* del acumulador ǁ ⁓**druckanlage** *f* (Druckluft) / instalación *f* acumuladora de presión ǁ ⁓**-Drucken** *n* (DV) / impresión *f* del contenido de la memoria ǁ ⁓**dump** *m* / volcado *m* de memoria ǁ ⁓**ebene** *f* (allg) / nivel *m* de almacenamiento ǁ ⁓**ebene der Fahrstraßeneinstellung** (Bahn) / posición *f* de almacenamiento ǁ ⁓**ebene des Kernspeichers** (DV) / plano *m* de cifras ǁ ⁓**-Ein/Ausgabekanal** *m* (DV) / canal *m* de entrada/salida de memoria ǁ ⁓**eingabemeldung** *f*, SEM (DV) / aviso *m* de entrada de memoria ǁ ⁓**einheit** *f* (DV) / unidad *f* de memoria ǁ ⁓**element** *n*, -zelle *f* (Elektr) / elemento *m* acumulador o secundario ǁ ⁓**energie** *f*, gespeicherte Energie / energía *f* acumulada o almacenada ǁ **völlige** ⁓**entleerung** (DV) / vuelco *m* de memoria ǁ ⁓**-Erweiterung** *f* (DV) / ampliación *f* de capacidad de la memoria ǁ ⁓**fähiger Analogrechner** / calculadora *f*

Speicherfähigkeit

analógica con memoria dinámica || ~**fähigkeit** f **von Wärme** (Bau, Phys) / capacidad f de acumulación de calor || ~**fahrzeug** n (Bahn) / vehículo m de acumuladores || ~**feder** f (Bremse) / resorte m acumulador || ~**feuchte** f, Feldkapazität f (Hydr) / capacidad f de campo || ~**folgekodierung** f (DV) / codificación f específica || ~**format** n (DV, Kernspeicher) / formato m de la imagen de memoria de núcleos || ~**füllen** n (DV) / relleno m de la memoria || ~**gasanlage** f (Kfz) / instalación f para gas combustible || ~**gestein** n (Öl, Wasser) / roca f depósito, roca f almacén, roca f productiva || ~**gesteuert** / mandado por programa almacenado || ~**getriebe** n, Spannwerk n / mecanismo m de resortes para almacenamiento de energía, almacenamiento m de energía || ~**getriebe**, Sprungwerk n / mecanismo m de resortes para desenclavamiento rápido || ~**glied** n (DV) / elemento m de memoria, célula f de almacenamiento || ~**glied** (Pneum) / memoria f || ~**größe**, -kapazität f, -umfang m (DV) / capacidad f de memoria o de almacenamiento || ~**grube** f (Hütt) / foso m de almacenamiento || ~**heizgerät** f / radiador m termoeléctrico de acumulación || ~**heizung** f / calefacción f por acumulación térmica || ~**heizung mit Nachtstrom** / calefacción f termoeléctrica de tarifa de noche || ~**horizont** m (Gas) / estrato m de almacenamiento subterráneo || ~**inhalt** m (DV) / contenido m de memoria || ~**inhalt** (Hydr) / capacidad f de la presa o del embalse || ~**kapazität** f (DV) / capacidad f de almacenamiento o de memoria || ~**kapazität** (Lager) / capacidad f de[l] almacén || ~**karte** f, -platine f (DV) / tarjeta f de memoria || ~**-Kat** m (Kfz) / catalizador m acumulador || ~**kern** m (DV) / núcleo m magnético de memoria || ~**kollektor** m (Solartechnik) / colector m solar almacenador || ~**kompensator** m (Web) / compensador m acumulador || ~**konfiguration** f (DV) / configuración f de memoria || ~**kraftwerk** n, Pumpkraftwerk n / central f hidroeléctrica acumuladora por bombas || ~**kreis** m (DV) / circuito m de memoria || ~**laden** n (DV) / carga f de memoria || ~**lokomotive** f (Bahn) / locomotora f de acumuladores || ~**los** (DV) / sin memoria || ~**matrix** f (DV) / matriz f de memoria || ~**medium** n (Laser) / medio m de almacenamiento || ~**modul** m / módulo m de memoria

speichern vt, ansammeln / acumular || ~, auf Lager legen o. halten / almacenar, acumular || ~ (DV) / almacenar, memorizar || ~, sichern (DV) / guardar || ~ (Fernm) / apilar, registrar || ~, archiveren / archivar || ~ n (DV) / almacenamiento m || ~ **auf Magnetband o. -platte** / encodificación f || ~ **und für Übertragung Serialisieren** (Raumf) / modo m estirado || ~ **unter Maske** (DV) / almacenamiento m bajo máscara

speichernd (allg) / acumulador adj || ~**es Potentiometer** / potenciómetro m retransmisor || ~**e Tastatur** (Eltronik) / teclado m con memoria

Speicher•ofen m / radiador m termoeléctrico acumulador, estufa f de acumulación || ~**ofen** (für Nachtstrom) / estufa f [termoeléctrica] de acumulación de tarifa de noche || ~**organisation** f (DV) / organización f de la memoria || ~**oszilloskop** n (Eltronik) / osciloscopio m de memoria || ~**paket** n, -block m (DV) / bloque m de memoria || ~**platte** f (TV) / blanco m de almacenamiento || ~**platte** (Kühleinr) / placa f eutéctica || ~**platz** m (DV) / posición f o ubicación (LA) de almacenamiento, posición f de memoria || ~**platzfreigabe** f / desasignación f de memoria || ~**platzzuteilung**, -zuweisung f (DV) / asignación f de memoria || ~**polder** m (Hydr) / pólder m de acumulación || ~**programmierter Rechner** (DV) / ordenador m de programa almacenado || ~**programmierte Steuerung**, SPS / mando m de programa almacenado || ~**programmiertes System**, SPS / sistema m de programa almacenado ||

~**protokoll** n (DV) / análisis m selectivo de la memoria || ~**prüfung** f (DV) / exploración f de la memoria || ~**pumpe** f / bomba-turbina f reversible, bomba f acumuladora || ~**pumpwerk** m (Elektr) / puesto m de acumulación por bombeo || ~**raum** m (Hydr) / volumen m retenido o de presa || ~**reaktor** m (Nukl) / reactor m de reciclaje || ~**register** n (DV) / registro m de memoria || ~**relais** n / relé m de memoria || ~**resident** (DV) / residente en la memoria || ~**ring** m (Nukl) / anillo m de almacenamiento || ~**ringe** m pl **mit sich kreuzenden Protonenstrahlen** (Nukl) / anillos m pl de almacenamiento de intersección || ~**röhre** f (Eltronik) / tubo m acumulador o de acumulación, tubo m de almacenamiento || ~**röhre mit Langzeitspeicherung** / tubo m de almacenamiento a largo plazo || ~**schaltdiode** f / diodo m de conmutación de memoria electrostática || ~**schaltdiode**, -varaktor m (Eltronik) / varactor m de memoria || ~**schaltglied** n (Pneum) / conmutador m de memoria || ~**schicht** f (Gas) / estrato m de almacenamiento subterráneo || ~**schirm** m (TV) / pantalla f persistente || ~**schleuse** f / esclusa f de acumulación || ~**schutz** m, -schreibsperre f (DV) / protección f de memoria, protección de memoria, protección f del almacenamiento || ~**sichtgerät** n, Zeicheneinrichtung f (Radar) / trazador m [de curvas] || ~**sortierung** f / clasificación f de la memoria || ~**stein** m (Kernsteinträger) **für Nachtspeicheröfen** / ladrillo m para estufas termoeléctricas de acumulación || ~**stelle** f, -platz m (IBM) (DV) / posición f o ubicación (LA) del almacenamiento || ~**steuereinheit** f (DV) / unidad f de mando de la memoria || ~**stoff** m (Wärme) / material m de acumulación de calor || ~**stoffe** m pl, Reservestoffe m pl (Biol) / materias f pl o sustancias de reserva, material m de reserva || ~**takt** m (DV) / ciclo m de memoria || ~**tank** m, Lagertank m / depósito m o tanque de almacenamiento || ~**taste** f (DV) / tecla f de la memoria || ~**teilchen** n (Wärme) / canto m rodado acumulador de calor || ~**treppe** f (Bau) / escalera f de desván || ~**triebwagen** m (Bahn) / automotor m de acumuladores || ~**trommel für Solarzellenträger** f (Raumf) / tambor m del portador de células solares || ~**überlappung** f / solapamiento m de memorias || ~**überlauf** m (DV) / rebose m o derrame de memoria || ~**- und Zugriffsystem** n (DV) / sistema m de recuperación de datos de la memoria

Speicherung f / acumulación f || ~, Einlagerung f / almacenamiento m || ~ f (DV) / almacenamiento m, retención de datos f, registro m de informaciones || ~ s. auch Speichern || ~ **eines kompletten Programms** f[**auf einem einzigen Träger**] (DV) / transcripción f

Speicherungs•dichte f (Magn.Bd) / densidad f de grabación || ~**mischer** m / mezclador m de retención || ~**zeitraum** m (DV) / período m de retención [en la memoria]

Speicher•varaktor m (Halbl) / varactor m de memoria || ~**verhalten** n (Eltronik) / comportamiento m der la memoria || ~**vermittelungstechnik** f (Fernm) / técnica f de conmutación de mensajes || ~**vermittlung** f (DV) / conmutación f de mensajes, sistema m de escala por almacenamiento y reexpedición || ~**vermittlung**, Nachrichtenweiche, -vermittlungsstelle f (DV) / centro m de conmutación de mensajes || ~**vermittlung** f (Fernschreiber) / registrador m repetidor || ~**vermittlungsnetz** n (Fernm) / red f de conmutación de mensajes || ~**vermögen** n (Hydr) / capacidad f de acumulación || ~**verschachtelung** f (DV) / intercalación f de memoria || ~**verteilung** f (DV) / asignación f [de alimentación] || ~**verwaltung** f / manejo m de memoria || ~**verwaltung für virtuelle Adresszuteilung**, MMU / unidad f de manejo de memoria || ~**Vorrang** m (DV) / prioridad f de acceso a la memoria || ~**wärme** f (Bau, Holz) / calor m acumulado || ~werk n, Speicherkraftwerk n / central f hidroeléctrica de acumulación || addierendes ~werk (DV) / totalizador m || ~werksmatrix f / matriz f de memoria || ~winde f / torno m de almacén (E), güinche m de depósito (LA) || ~wort n (DV) / palabra f de almacenamiento || ~wort-Bündigkeitsklausel f (COBOL) / indicación f de sincronización || ~wurzel f (Bot) / raíz f nutrtífera || ~zeit f (DV) / período m de retención || ~zeit (TV) / persistencia f de pantalla || ~zelle f (Akku) / elemento m de acumulador || ~zelle (DV) / célula f o posición de memoria, emplazamiento m de memoria, celda f de almacenamiento || ~zelle für ein Wort, Register n (DV) / registro m || ~zone f (Roboter) / área f de las piezas acumuladas || ~zone für Daten / zona f de almacenamiento de datos || ~zugriff m (DV) / acceso m a la memoria || ~zugriffskontrolle f / control m del acceso a la memoria || ~zuordnung f (DV) / asignación f de almacenamiento || ~-zu-Speicherverkehr m / modo m de almacenamiento y retransmisión || ~zykluszeit f / tiempo m del ciclo de almacenamiento

Speigatt n (Schiff) / imbornal m || ~zulauf m / conducto m de desagüe

Speiröhre f (Dachrinne) / gárgola f de la gotera

Speise f, Nahrung f (Nahr) / alimento m || ~, Speis m (Bau) / mortero m || ~ f (Hütt) / speiss m || ~... / alimentador adj || ~aggregat n (Elektr) / grupo m de alimentación || selbsttätiger ~apparat / regulador m alimentador || ~apparat m (Masch) / aparato m alimentador || ~band n / cinta f de alimentación || ~becken n / depósito m (E) o vaso m (LA) de alimentación || ~becken, Speicherbecken n / depósito m acumulador de la presa || ~brücke f (Fernm) / puente m de alimentación || ~drossel, Abzweigreaktanzspule f (Elektr) / bobina f de [reactancia de] alimentación || ~eis n / helado m || ~eisbereiter m / heladora f || ~fett n / grasa f alimenticia || ~flotte f (Färb) / licor m de alimentación || ~graben m (Hydr) / zanja f de alimentación || ~hahn m, Füllhahn m / grifo m de alimentación || ~kabel n (Elektr) / cable m de alimentación || ~kabel (Rakete) / cable m umbilical || ~kammer f (Bau) / despensa f || ~kanal, Zubringer m (Hydr) / canal m de alimentación || ~kartoffeln f pl (Landw) / patatas f pl (E) o patas (LA) de consumo || ~kasten m, Stromzuführungskasten m (Elektr) / caja f de alimentación || ~kopf m (Gieß) / mazarota f, bebedero m de alimentación || ~leitung f (Elektr) / línea f de alimentación, feeder m o fíder || ~leitung f, Verstärkungsleitung f (Bahn) / feeder m o fíder, arteria f alimentadora, cable m alimentador || ~leitung f eines Dreileitersystems (Elektr) / conductor m neutro || ~lösungseinstelltank m (Nukl) / depósito m de regulación de alimentación || ~mulde f (Spinn) / tolva f de alimentación

speisen vt, Material zuführen / alimentar || ~, laden (Elektr) / cargar || ~aufzug m / montaplatos m || ~automat m / distribuidor m automático de comidas || ~durchgabe f, -klappe f / pasaplatos m || ~gefach n / casillero m de comidas || ~wärmer m / calientaplatos m

Speise•öffnung f (des Hochofens) / dragón m || ~öl n (Nahr) / aceite m de mesa || ~pumpe f / bomba f de alimentación || ~punkt m (Elektr) / punto m de alimentación || ~punkt, Eingangspunkt m (Elektr) / origen m de una instalación

Speiser m, Speisungs-, Speisegraben m (Hydr) / zanja f de alimentación || ~, verlorener Kopf (Gieß) / mazarota f || ~ m (Eltronik) / feeder m, fíder m, alimentador m

Speise•regler m (Tex) / regulador m de alimentación || ~rinne f / canal m de alimentación

Speiser•kopf m, -mundstück n (Glasofen) / distribuidor m || ~los (Gieß) / sin bebedero || ~massel f (Gieß) / mazarota f

Speiserohr n (Dampfm) / tubo m de alimentación

Speiser•seite, Eintragseite f (Karde) / lado m de alimentación || ~technik f (Gieß) / mazarotaje m

Speise•rüben f pl (Landw) / remolachas f pl de consumo o de comida, nabos m pl || ~rufer m (Bahn, Dampfm) / indicador m de falta de alimentación || ~saal m, Esszimmer / comedor m || ~sammelschiene f (Elektr) / barra f colectora de alimentación, barra f ómnibus || ~schiene, Stromzuführungsschiene f / barra f de alimentación || ~schnecke f (Förd) / rosca f transportadora de alimentación || ~seite f (Elektr) / lado m generador || ~spannung f / tensión f de entrada o de alimentación, voltaje m || ~stelle f, -quelle f / punto m de alimentación, nudo m de red de distribución || ~stromkreis m (Elektr) / circuito m alimentador || ~system n (SAT TV) / sistema m de alimentación || ~system, Zuführsystem n / sistema m de alimentación || ~tisch m (Spinn) / mesa f de alimentación || ~transformator, -trafo m / transformador m de distribución o de alimentación || ~trichter m (ein Bunker) / tolva f de alimentación || ~tuch n (endloses Zuführtuch) (Tex) / tablero m de alimentación || ~ventil n / válvula f de alimentación || ~vorrichtung f / alimentador m || ~wagen m (Bahn) / coche-restaurante m (E), vagón restaurante m (LA), coche-comedor m || ~wagen mit Aussichtsdom (Bahn) / vagón-restaurante m con domo o con piso superior (LA) || ~walze f (Tex) / cilindro m [porcupina] alimentador o de alimentación || ~walze (Masch) / cilindro m de alimentación || ~walzenreiniger m (Tex) / desborrador m del cilindro alimentador || ~wasser n (Dampfmaschine) / agua f de alimentación || ~wasseraufbereitung f / preparación f del agua de alimentación || ~wasserbehälter m (Dampfm) / depósito m del agua de alimentación || ~wasser-Dampf-Kreislauf m / circuito m secundario, circuito m de vapor y del agua de alimentación || ~wasserenthärtung f / adulzamiento m del agua de alimentación, desmineralización m del agua de alimentación || ~wasserentlüfter, -wasserentgaser m / evacuador m de aire del agua de alimentación, purgador m de aire del agua de alimentación || ~wasserpumpe f / bomba f de[l] agua de alimentación || ~wasserreinigung f / depuración f del agua de alimentación || ~wasservorwärmer m / precalentador m del agua de alimentación, economizador m, ECO || ~wasserzusätze m pl / antiincrustantes m pl || ~zylinder m (Spinn) / cilindro m de alimentación

Speiskobalt, Smaltin m (Min) / esmaltina f, eskuterudita f (arseniuro de cobalto)

Speispfanne f, Mörtelpfanne f (Bau) / balsa f o amasadera del mortero

Speisung f, Zuführung f (Hydr) / conducción f || ~, Versorgung f / alimentación f, abastecimiento m || ~ (Elektr) / alimentación f, suministro m de energía || ~ im falschen Zeitpunkt / alimentación f intempestiva || ~ nach Gewicht / alimentación f por ponderosidad

Speitüte f (Lufft) / bolsa f para caso de mareo

spektral / espectral || ~e Auflösung (Opt) / dispersión f || ~e Auflösung des Tons im Ohr / resolución f espectral || ~er Durchlassgrad / transmitancia f espectral, factor m de transmisión espectral || ~e Durchlässigkeit (Foto) / transmisión f espectral || ~e Emissionsrate f (Nukl) / frecuencia f de emisión espectral || ~e Empfindlichkeit (Photozelle) / característica f espectral || ~er Farbanteil (Opt, TV) / pureza f de excitación || ~e Farbdichte (Phys) / pureza f colorimétrica || ~e Härtung / endurecimiento m espectral || ~er Hellempfindlichkeitsgrad / eficacia f luminosa efectiva, rendimiento m luminoso efectivo ||

spektral

~e Hellempfindlichkeitskurve / curva f de sensibilidad espectral ‖ ~e Leistungsdichte, Spektraldichte f (Nukl) / densidad f espectral de potencia ‖ ~e Luminanz / intensidad f radiante espectral ‖ ~e Neuverteilungsfunktion (Fernm) / función f de redisposición espectral ‖ ~e Reflexion / factor m de reflexión espectral, factor m espectral de reflexión ‖ ~e Verteilungscharakteristik (Leuchtschirm) / característica f de respuesta espectral ‖ ~er Winkelquerschnitt, spektraler raumwinkelbezogener Wirkungsquerschnitt (Nukl) / sección f eficaz espectro-angular ‖ ~er Wirkungsquerschnitt (Nukl) / sección f eficaz diferencial de energía

Spektral•analyse f / análisis m espectral ‖ ~analytisch / espectroanalítico, espectroscópico ‖ ²apparat m / espectroscopio m ‖ ²bereich m / zona f espectral, región f del espectro ‖ außerhalb des ²bereichs / fuera de la zona espectral ‖ ²bild n / foto[grafía] f espectral ‖ ²dichte f der Leistung / densidad f espectral de potencia ‖ ²dispersion f (Heliotechnik) / dispersión f espectral de radiación ‖ ²drift f (Nukl) / corrimiento m espectral ‖ ²eigenschaft[en] f[pl] / respuesta f espectral ‖ ²farbe f / color m espectral ‖ ²farben f pl, Spektrum n (Opt) / espectro m ‖ ²farbenzug m (Farblehre) / lugar m espectral, lugar m geométrico de radiaciones monocromáticas ‖ ²fluorometer n / espectrofluorómetro m ‖ ²klassen, -typen f pl (Astr) / clases f pl espectrales ‖ ²kurve f [höchster Reinheit o. Sättigung] (TV) / lugar m de colores monocromáticos ‖ ²lampe f / lámpara f espectral ‖ ²linie f / raya f o línea espectral ‖ ²linie / F (= una raya del espectro solar) ‖ ²linie d. Eisens / e (= raya espectral) (Fe) ‖ ²linienserie f / serie f espectral ‖ ²photometer n / espectrofotómetro m ‖ ²photometrie f / espectrofotometría f ‖ ~photometrisch / espectrofotométrico ‖ ²platte f / placa f espectroscópica ‖ ²polarimeter n / espectropolarímetro m ‖ ²pyrometer n / pirómetro m espectral ‖ ²radiometer n / radiómetro m espectral ‖ ²rauschzahl f / factor m de ruido espectral o puntual ‖ ²regelung f, -steuerung f (Nukl) / control m por corrimiento espectral ‖ ~rein, rauscharm (Eltronik) / de poco ruido, de ruido débil ‖ ²serie, -reihe f / serie f espectral ‖ ²tafel f / tabla f espectral ‖ ²typen, -klassen f pl (Astr) / clases f pl espectrales ‖ ²verfahren n (Farbmessung) / espectrofotometría f ‖ ²verkämmung f (TV) / intercalación f de frecuencias, entrelazamiento m de frecuencias ‖ ²verschiebung f (Nukl, Phys) / corrimiento m espectral ‖ ²wert, Farbwert der Spektralreize m / coeficiente m de distribución, valor m triestímulo del espectro ‖ ²wertkurve f / función f de distribución, curva f de mezcla de colores ‖ ²zerlegung f, -analyse f / análisis m espectral

Spektro•bolometer n, Sternstrahlungs-Messgerät n (Astr) / espectrobolómetro m ‖ ~chemisch / espectroquímico ‖ ²fluoreszenz f / espectrofluorescencia f ‖ ²gramm n / espectrograma m ‖ ²graph m / espectrógrafo m ‖ ²graphie f / espectrografía f ‖ ²heliogramm n / espectroheliograma m ‖ ²heliograph m (Foto) / espectroheliógrafo m ‖ ²helioskop n (Astr) / espectrohelioscopio m ‖ ²komparator m / espectrocomparador m ‖ ²meter n / espectrómetro m ‖ 180°-²meter / espectrómetro m de semicírculo ‖ ²metrie f / espectrometría f ‖ ~metrisch / espectrométrico

Spektrophon n, photoakustisches Spektrometer / espectrómetro m fotoacústico

Spektro•photometer n / espectrofotómetro m ‖ ²photometrie f / espectrofotometría f ‖ ²radiometer n / espectrorradiómetro m ‖ ²skop n / espectroscopio m ‖ ²skopie f / espectroscopia f ‖ ²skopieplatte f / placa f espectroscópica ‖ ~skopisch / espectroscópico ‖ ~skopischer Doppelstern (Astr) / estrella f binaria espectroscópica ‖ ~skopisch rein / espectroscópicamente puro ‖ ²stratoskop n / espectro[e]stratoscopio m

Spektrum n (pl: Spektren) (Math, Phys) / espectro m ‖ ²analysator m / analizador m panorámico o de espectro ‖ ²-Analysator m / espectroanalizador m ‖ ²härtung f (Nukl) / endurecimiento m del espectro de neutrones

Spektrumsglättung f (Fernm) / nivelación f del espectro

Spelz m, Dinkel m, Triticum spelta (Landw) / espelta f, escanda f, escaña f mayor

Spelze f, Getreidehülse f / cascarilla f, barba f, gluma f

Spelzenbestimmung f (Brau) / determinación f de la cantidad de gluma

Spender m, Ausgabegerät n / distribuidor m

Spengler, Flaschner m (Süddeutschland) / hojalatero m, fontanero m, plomero m (LA)

Spenglerei f, Klempnerei f / hojalatería f, plomería f (LA)

Spermazet n, Walrat m (Zool) / espermaceti m, esperma m o blanco de ballena

Spermöl, Walratöl n (Pharm) / aceite m de espermaceti

Sperradresse f (DV) / dirección f no estación

Sperrbalken m / tranca f

Sperr•band n (Eltronik) / banda f de supresión ‖ ²bauwerk n (Hydr) / muro m de contención, presa f ‖ ²becken n (Hydr) / pantano m artificial, embalse m ‖ ²befehl m (DV) / instrucción f de bloqueo ‖ ²bereich m (allg) / zona f prohibida ‖ ²bereich (Mil) / zona f barreada ‖ ²bereich (Eltronik, Filter) / banda f suprimido o de bloqueo ‖ ²bereich (Nukl) / zona f de exclusión ‖ ²bereich (Halbl) / región f del estado bloqueado ‖ ²beton m (Bau) / hormigón m impermeable al agua ‖ ²betondach n / azotea f con hormigón impermeable al agua ‖ ²bit n (DV) / bit m inhibidor ‖ ²bolzen m / perno m de parada o de bloqueo ‖ ²bolzen, Schaltzapfen m (Revolverkopf) / perno m de posicionamiento ‖ ²brücke f im Gießpfanne-Ausguss / esclusa f en la boca de cuchara [para retener la escoria] ‖ ²buhne f (Hydr) / espigón m a través del río ‖ ²charakteristik f (Halbl) / característica f del estado bloqueado ‖ ²damm m, -mauer f (Hydr) / presa f ‖ fester ²damm (Hydr) / presa f fija ‖ ²damm des Gezeitenkraftwerks / presa f de la central mareomotriz ‖ ²damm mit Schützen / presa f móvil ‖ ²dampf m / vapor m de cierre ‖ ²differential, Sperrausgleichgetriebe n (DIN) (Kfz) / diferencial m de bloqueo ‖ ²druck m (Druck) / composición f espaciada

Sperre f, Sperrvorrichtung f / bloqueo m, cierre m, retranca f ‖ ², Behinderung f / inhibición f ‖ ², Straßensperre f (Straße) / barrera f, cierre m de carretera ‖ ² (Hydr) s. Sperrdamm ‖ ², Sperrstift m, -organ n, -klinke, -vorrichtung f / perno m de trinquete, trinquete m ‖ ², Sperr-Anschlagstift m / perno m de retén, tope m ‖ ² (Eltronik) / amortiguación f ‖ ² (TV) / rechazo m, supresión f ‖ ² (DV) / bloqueo m ‖ ², Hemmung f, Sperrstift m (Uhr) / tope m ‖ ² f für Betriebsbereitschaft (DV) / bloqueo m para la disponibilidad de servicio ‖ ² für wilde Schwingungen (Fernm) / supresor m o eliminador de oscilaciones parásitas

Sperreingang m (DV) / entrada f inhibidora

sperren vt, blockieren, verriegeln / bloquear ‖ ~, zu-, ab-, versperren / cerrar ‖ ~, gesperrt setzen (Druck) / espaciar ‖ ~ (Straße) / cortar [al tráfico], barrear ‖ ~, austreiben (Druck) / distanciar, dar blancos ‖ ~, stauen (Hydr) / retener ‖ ~, die Flugerlaubnis entziehen (Luftf) / suspender la licencia de vuelo ‖ ~ (DV) / inhibir ‖ ~ vi, klemmen vi / atascarse ‖ ein Fahrwasser ~ (Schiff) / barrear un canalizo ‖ eine Strecke ~ (Bahn) / enclavar ‖ einen Anschluss ~

Sperrträgheit

(Fernm) / cortar, suspender ‖ ⁓ *n* (Druck) / espaciado *m*, interspaciado *m* ‖ ⁓**kraftwerk** *n* / central *f* eléctrica de presa

Sperr•feder *f* / resorte *m* de retención, muelle *m* de trinquete ‖ ⁓**feder**, Schlagsperre *f* (Uhr) / bloqueo *m* de la sonería ‖ ⁓**fett** *n* (Lager) / grasa *f* de bloqueo o de cierre ‖ ⁓**filter** *n*, -kreis *m* (Eltronik) / circuito *m* filtro o filtrador o de bloqueo ‖ ⁓**filter für die 2. Harmonische** / filtro *m* de octava ‖ ⁓**filterflansch** *m* (Wellenleiter) / brida *f* de choque ‖ ⁓**filtermessung** *f* (Opt) / medición *f* con filtro supresor ‖ ⁓**finger** *m* / uñeta *f* ‖ ⁓**flüssigkeit** *f* / líquido *m* obturante u obturador, líquido *m* de cierre ‖ ⁓**frist** *f* (DV) / plazo *m* de suspensión o de espera ‖ ⁓**furnier** *n* (Holz) / chapas *f pl* de madera cruzadas ‖ ⁓**gas** *n* (Nukl) / gas *m* de sellado ‖ ⁓**gebiet** *n* (Mil) / zona *f* barreada o prohibida ‖ ⁓**getriebe** *n* / mecanismo *m* o engranaje de trinquete ‖ ⁓**gewebe** *n* (Tex) / tejido *m* estanqueizador ‖ ⁓**gitter** *n* (Speicherröhre) / rejilla *f* barrera, barrera *f* de rejilla ‖ ⁓**gitterröhre** *f* / tubo *m* de rejilla barrera ‖ ⁓**glied** *n* (Eltronik) / impedancia *f* unilateral ‖ ⁓**griff** *m*, Knarre *f* (für Schraubenschlüssel) / palanca *f* de trinquete o de carraca, trinquete *m* ‖ ⁓**gut** *n* / mercancía[s] *f pl* de gran o mucho bulto, mercancías *f pl* voluminosas, géneros *m pl* voluminosos ‖ ⁓**haken**, -kegel *m* (Uhr) / fiador *m*, trinquete *m*, retén *m* ‖ ⁓**haken** *m*, Dietrich *m* / ganzúa *f* ‖ ⁓**hebel** *m* / palanca *f* de bloqueo o de trinquete

Sperrholz *n* (Schm) / madera *f* contrachapeada, madera terciada ‖ **dreilagiges** ⁓ / madera *f* terciada ‖ **parallel verleimtes** ⁓ / madera *f* estratificada ‖ ⁓**beplankung**, -haut *f* / cubierta *f* de madera contrachapeada ‖ ⁓**eigentümlicher Fehler** / defecto *m* inherente a la madera contrachapeada, defecto *m* propio de la madera contrachapeada ‖ ⁓**platte** *f* / tablero *m* contrachapeado, placa *f* contrachapeada, plancha *f* de madera contrachapeada ‖ ⁓**presse** *f* / prensa *f* para madera contrachapeada, prensa *f* enchapadora ‖ ⁓**-Verbundplatte** *f* / madera *f* contrachapeada con alma

Sperrhorn *n* (Schm) / bigorneta *f*, bigornia *f* de cuerno redondo

sperrig (z.B. Werkstück) / embarazoso ‖ ⁓ / voluminoso, de mucho bulto ‖ ⁓**es Stück** (Walzw) / pieza *f* de cierre ‖ ⁓**es Werkstück** / pieza *f* embarazosa

Sperr•kegel *m* (Jacquard) / gatillo *m* ‖ ⁓**kegel** (Uhr) s. Sperrhaken ‖ ⁓**kennlinie** *f* (Thyristor) / característica *f* del estado no conducción ‖ ⁓**kennwert** *m* (Halbl) / característica *f* tensión/corriente en estado de no conducción ‖ ⁓**kette** *f*, Sperrung *f* / retenida *f* ‖ ⁓**kette** (Tür) / cadena *f* de seguridad ‖ ⁓**kette**, -filter *n* (Eltronik) / filtro *m* de supresión ‖ ⁓**klinke** *f* / trinquete *f* de parada o de retenida, uñeta *f* [de trinquete], uña *f* del trinquete ‖ ⁓**klinkeneinrichtung** *f*, Gesperre *n* / dispositivo *m* de trinquete ‖ ⁓**klinkenrad** *n*, Sperrrad / rueda *f* de trinquete ‖ ⁓**klotz** *m*, Gleissperre *f* (Bahn) / taco *m* o calce móvil de parada ‖ ⁓**kondensator** *m* (Eltronik) / capacitor *m* eliminador de banda ‖ ⁓**kontakt** *m* / contacto *m* de cerrojo ‖ ⁓**kreis**, Wellenfalle *f* (Eltronik) / circuito *m* trampa o tapón ‖ ⁓**kreis**, -filter *n* (Eltronik) / circuito *m* filtro o filtrador o de bloqueo, filtro *m* eliminador de banda ‖ ⁓**leitung** *f* (Fernm) / línea *f* ocupada ‖ ⁓**leitwert** *m* (Eltronik) / conductancia *f* inversa ‖ ⁓**magnet** *m* / electroimán *m* de bloqueo ‖ ⁓**matte** *f* (Bau) / tapiz *m* aislador, estera *f* aislante ‖ ⁓**mauer**, Talsperre *f* (Wassb) / muro *m* de contención, presa *f* ‖ ⁓**modus** *m*, Inhibitbetriebsart *f* (DV) / modo *m* inhibidor ‖ ⁓**mörtel** *m* (Bau) / mortero *m* a prueba de agua ‖ ⁓**muffe** *f* (Kabel) / empalme *m* de retención ‖ ⁓**müll** *m* / muebles *m pl* y enseres domésticos fuera de uso, basura *f* engorrosa, residuos *m pl* voluminosos ‖

⁓**müllschere** *f* / trituradora *f* de basura engorrosa ‖ ⁓**patent** *n* / patente *f* defensiva ‖ ⁓**periode** *f* (DV) / período *m* de retención ‖ ⁓**platte** *f* **im Getriebe** (Kfz) / placa *f* de bloqueo ‖ ⁓**polarität** *f* (Fernm) / polaridad *f* de parada ‖ ⁓**rad** *n* / rueda *f* catalina o de trinquete ‖ ⁓**rad** (Uhr) / rochete *m* ‖ ⁓**radkloben** *m*, -radbrücke *f* (Uhr) / puente *m* de rochete ‖ ⁓**raste** *f* / trinquete *m* de parada ‖ ⁓**relais** *n* (o. selbsthaltendes Relais) / relé *m* enclavador o enganchador ‖ ⁓**relais** (Geräusche) / relé *m* amortiguador ‖ ⁓**richtung** *f* (Eltronik) / dirección *f* no conducción o de bloqueo ‖ **in** ⁓**richtung polen** / polarizar inversamente ‖ ⁓**riegel** *m* (Tür), Sicherheitsriegel *m* / cerrojo *m* de seguridad, pestillo *m* de bloqueo ‖ ⁓**röhre** *f* (Eltronik) / tubo *m* o duplexor TR y ATR ‖ ⁓**-Sättigungsstrom** *m* (Eltronik) / corriente *f* de saturación en estado de no conducción ‖ ⁓**satz** *m* (Druck) / composición *f* espaciada ‖ ⁓**schalter** *m* (Bahn) / cerrojo *m* conmutador ‖ ⁓**schaltung** *f* (Kath.Str) / circuito *m* de bloqueo ‖ ⁓**schaltung** (DV) / circuito *m* inhibidor ‖ ⁓**schaltung** (Zählrohr) / circuito *m* de bloqueo (tubo contador)

Sperrschicht *f* (Halbl) / capa *f* [de] barrera o infranqueable o de detención ‖ ⁓, Dipolschicht *f* (Halbl) / capa *f* en zona dipolo, zona *f* bipolar, junción *f* ‖ ⁓ (Bau) / capa *f* a prueba de agua ‖ ⁓ (Hydr) / capa *f* de impermeabilización ‖ ⁓ (Photozelle) / capa *f* [de] barrera ‖ ⁓ (Pap) / capa *f* [de] barrera o de protección ‖ ⁓ (Schmierung) / capa *f* de parada ‖ ⁓**berührungsspannung**, Durchgreifspannung *f* (Halbl) / tensión *f* de penetración ‖ ⁓**dicke** *f* (Halbl) / espesor *m* de la capa de detención o de junción ‖ ⁓**-Feldeffekttransistor** *m* / transistor *m* de efecto de campo y de capa de detención, FET *m* de unión ‖ ⁓**gleichrichter** *m* / rectificador *m* de capa barrera ‖ ⁓**kapazität** *f* (Halbl) / capacitancia *f* de la capa de detención ‖ ⁓**papier** *n* / papel *m* de capa barrera ‖ ⁓**photoeffekt** *m* / efecto *m* fotovoltaico ‖ ⁓**photozelle** *f*, Photoelement *n* / célula *f* fotovoltaica, fotocélula *f* con capa barrera ‖ ⁓**temperatur** *f* (Halbl) / temperatura *f* de la unión o junción ‖ ⁓**transistor** *m* / transistor *m* de capa de agotamiento, transistor *m* de tiempo de transición mínimo ‖ ⁓**wirkung** *f* (Schmierung) / efecto *m* de bloqueo ‖ ⁓**zelle** *f*, Gleichrichterelement *n* (Eltronik) / elemento *m* rectificador

Sperr•schieber *m* (Masch) / compuerta *f* o válvula de cierre ‖ ⁓**schieber** (Pumpe) / émbolo *m* rotatorio ‖ ⁓**schieberpumpe** *f* (Vakuum) / bomba *f* de émbolo rotatorio ‖ ⁓**schleuse** *f*, Schutzschleuse *f* (Hydr) / esclusa *f* de seguridad ‖ ⁓**schrift** (Druck) / escritura *f* espaciada ‖ ⁓**schrift-Taste** (Schreibm) / tecla *f* expansora ‖ ⁓**schritt** *m*, -stromschritt *m* / impulso *m* de parada ‖ ⁓**schuh** *m* (Bahn) / calce *m*, cuña *f* ‖ ⁓**schwinger** *m* (Eltronik) / oscilador *m* de bloqueo, autobloqueador *m* ‖ ⁓**segment** *n* (Bremse) / segmento *m* de bloqueo ‖ ⁓**signal** *n* (allg) / señal *m* de bloqueo ‖ ⁓**signal** (DV) / señal *f* de inhibición ‖ ⁓**spannung** *f* (Gleichrichter) / tensión *f* de estado de "no conducción" ‖ ⁓**spannung** (Bildschirm) / tensión *f* de bloqueo ‖ ⁓**stift** *m* / perno *m* de trinquete, pasador *m* de bloqueo ‖ ⁓**stoff** *m* (Bau) / material *m* a prueba de agua ‖ ⁓**strom** *m* (Halbl) / corriente *f* en estado de "no conducción" ‖ ⁓**strom in Rückwärtsrichtung** (Halbl) / corriente *f* inversa en estado de "no conducción" ‖ ⁓**strom in Vorwärtsrichtung** / corriente *f* directa en estado de "no conducción" ‖ ⁓**stromschritt** *m* / impulso *m* de parada ‖ ⁓**strom-Verstärker** *m* (DV) / amplificador *m* inhibidor ‖ ⁓**system**, Blocksystem *n* (Bahn) / bloqueo *m*, block-system *n* ‖ ⁓**taste** *f*, Taste mit Rastung (Fernm) / tecla *f* de enclavamiento o con retención ‖ ⁓**topfantenne** *f* / antena *f* de radiación horizontal bloqueada ‖ ⁓**topf-Koaxialantenne** *f* / antena *f* de dipolo con tubo coaxial ‖ ⁓**trägheit** *f*

Sperrtür

(Halbl) / efecto *m* de recuperación || ~tür *f*, Sperrholztür *f* / puerta *f* de madera contrachapeada
Sperrung *f*, Blockierung *f* / bloqueo *m* || ~, Hemmung *f* / enclavamiento *m* || ~, Gesperre *n* / mecanismo *m* de trinquete || ~, Sperren *n* (Druck) / espaciado *m* || ~ (Druck) / letra *f* espaciada || ~ **der Räder** (Bahn) / bloqueo *m* de las ruedas, inmovilización *f* de las ruedas || ~ **von Selbstwähl-Ferngesprächen** (Fernm) / bloqueo *m* de línea principal || ~ **wegen Frostschäden** (Verkehr) / cierre *m* por daños causados por las heladas
Sperr•ventil *n* (allg) / válvula *f* de cierre || ~**ventil** (als Rückschlagventil) / válvula *f* de retención o de seguridad || ~**ventil** (Bremse) / válvula *f* de bloqueo || ~**verlustleistung** *f* (Halbl) / pérdida *f* de potencia en estado de "no conducción" || ~**verzögerung** *f* (Eltronik, Empfänger) / tiempo *m* de corte ||
~**verzögerungsladung** *f*, -verzugsladung *f* (Halbl) / carga *f* recuperada || ~**verzögerungsstrom** *m* (Halbl) / corriente *f* de recuperación inversa ||
~**verzögerungszeit** *f* (Halbl) / tiempo *m* de recuperación en sentido inverso || ~**vorrichtung** *f*, -organ *n* / dispositivo *m* de bloqueo || ~**vorrichtung** (Bahn) / aparato *m* de parada || ~**vorrichtung mit Sperrklinken** / dispositivo *m* de bloqueo con trinquetes || ~**-Vorspannung** *f* (Eltronik) / polarización *f* inversa || ~**walze** *f* (Waffe) / rodillo *m* de retenida || ~**wandler** *m* (Eltronik) / convertidor *m* con oscilador de bloqueo || ~**wasser** *n* (Masch) / agua *f* de cierre || ~**werk** *n* (Hydr) / presa *f* || ~**widerstand** *m* (Halbl) / resistencia *f* en estado de "no conducción" || ~**wirkung** *f* (Eltronik) / conductividad *f* unidireccional || ~**wirkung** (Pap) / efecto *m* [de] barrera
Sperrylith *m* (Platinmineral, Min) / esperrilita *f* (mena de platino)
Sperr•zahn *m* / diente *m* de parada o de bloqueo || ~**zahnmutter** *f* / tuerca *f* autotrabante con apoyo de dientes de bloqueo || ~**zahnrad mit Sperrklinke** *n* / rueda *f* con diente de parada o uñeta || ~**zapfen** (am Schaltmechanismus), -bolzen *m* / perno *m* de posicionamiento || ~**zeichen** *n* (Fernm) / señal *f* de enclavamiento || ~**zeit** *f* (Gleichrichter) / tiempo *m* de bloqueo || ~**zeit** (DV, Fernm) / tiempo *m* de reposo || ~**zeit** (TV) / tiempo *m* de retención || ~**zeit** (Zählrohr) / tiempo *m* de bloqueo || ~**zeitbasis**, sägezahnförmige Kippablenkung *f* (TV) / base *f* de tiempo de retención || ~**zustand** *m* (Web) / estado *m* de "no conducción" || ~**zustand** (Diode) (Eltronik) / estado *m* de bloqueo o de corte || ~**zustandsbedingungen** *f pl* (Eltronik) / condiciones *f pl* en estado de "no conducción"
Spesenvergütung *f* / reembolso *m* de [los] gastos
Spessartin *m* (Min) / espesartina *f*
Spessartit *m* (Geol) / espesartita *f*
Spezial•..., Sonder... / especial || ~**...**, für besondere Zwecke / especializado, de aplicación especial, para fines especiales || ~**...**, Einzweck... (Masch) / para un solo empleo, de una sola función, monofuncional || ~**ausführung** *f*, Sonderausführung *f* / construcción *f* particular || ~**behälter z. Transport von radioaktivem Material** (Nukl) / Castor *m* (Cask for Storage and Transport of Radioactive Material) || ~**benzine** *n pl* (Chem) / gasolinas *f pl* especiales || ~**container** *m* / contenedor *m* de aplicación especial || ~**fach** *n*, -gebiet *n* / especialidad *f*, asignatura *f* especial || ~**hieb** *m* (Feile) (Wz) / picadura *f* especial (lima) || ~**index** *m* (COBOL) / índice *m* || ~**indizierung** *f* (COBOL) / indicación *f*
spezialisieren, [sich] ~ [auf] / especializar[se] [en]
Spezialisierung *f* / especialización *f*
Spezialist, Fachmann *m* / especialista *m*, perito *m*, experto *m* || ~, Facharbeiter *m* / obrero *m* especializado || ~**en** *m pl*, Schlüsselkräfte *f pl* / empleados *m pl* clave
Spezialität, Besonderheit *f* / especialidad *f*

Spezial•-Ledge-Felge *f* (Kfz) / llanta *f* "special-ledge" || ~**maschine** *f* (Wzm) / máquina-herramienta *f* especial || ~**rechner** *m* (DV) / ordenador *m* de aplicación especial, computadora *f* especializada || ~**verankerungsmutter** *f* / tuerca *f* de anclaje especial || ~**wissen** *n* / conocimientos *m pl* especiales
speziell, besonderer / propio, particular || ~ **angefertigt o. gebaut** / de construcción especial, para aplicaciones especiales, fabricado o construido a la orden, fabricado según especificaciones del comprador || ~**e Eigenschaften** *f pl* / características *f pl* funcionales || ~ **gebaut** / hecho a [la] medida, hecho sobre demanda || ~**e Relativität** (Phys) / relatividad *f* restringida || ~**e Relativitätstheorie** / teoría *f* de la relatividad restringida || ~**er Wert einer Variablen** (Math) / variante *f*
Spezies *f*, Rechnungsart *f* / regla *f* || ~ (Biol) / especie *f* || **die 4** ~, die vier Grundrechnungsarten (Math) / las cuatro reglas u operaciones fundamentales
Spezifikation *f* / especificación *f* || **den** ~**en nicht entsprechend** / fuera de especificaciones
Spezifikations•anforderungen *f pl* / condiciones *f pl* del pliego || ~**anweisung** *f* (DV) / instrucción *f* de especificación || ~**symbol** *n* (DV) / especificador *m*
Spezifikum *n*, spezifisches Mittel / específico *m*
spezifisch, eigentümlich, kennzeichnend / específico *adj*, especificado || ~**er Abbrand** (Nukl) / grado *m* de quemado específico, nivel *m* de irradiación del combustible || ~**e Adresse** (DV) / dirección *f* absoluta || ~**e Aktivität** (Nukl) / actividad *f* específica || ~**e Ausstrahlung an einem Punkt einer Fläche** (Licht) / excitancia *f* radiante en un punto de una superficie || ~**e Austragsleistung** (Sieb) / descarga *f* por unidad de superficie y unidad de tiempo || ~**e Belastung** (Ionenaustauscher) / carga *f* específica || ~**er Bereich** (Plotter) / área *f* calificada || ~**er Bremsverlust** (Elektronen) / pérdida *f* específica de energía de electrones || ~**e Brennstoffbelastung** (Nukl) / carga *f* específica de combustible || ~**e Brennstoffleistung** (Nukl) / potencia *f* específica || ~**er Brennstoffverbrauch** *m* / consumo *m* específico de combustible || ~**es Brennstoffvermögen** (Nukl) / capacidad *f* específica || ~**er Brennwert**, (früher:) oberer Heizwert / valor *m* calorífico máximo || ~**e Brucharbeit** (o. Zerreißarbeit) / trabajo *m* unitario de ruptura || ~**e Codierung** (DV) / codificación *f* absoluta o específica || ~**e Dehnung** / alargamiento *m* específico o unitario || ~**e dielektrische Festigkeit** / rigidez *f* dieléctrica específica || ~**e Drehung** (Polarisation) / rotación *f* específica || ~**e Drehzahl** / velocidad *f* específica o característica || ~**e Durchlässigkeit** (Opt) / transmitividad *f*, transmisibilidad *f* || ~**e Einfärbung** / tintura *f* específica || ~**e elektrische Leitfähigkeit** / conductividad *f* eléctrica || ~**er [elektrischer] Volumen-Widerstand o. Durchgangswiderstand** (Elektr) / resistencia *f* cúbica o volúmica || ~**er [elektrischer] Widerstand**, Leitungswiderstand *m* (Elektr) / resistividad *f*, resistencia *f* específica || ~**er Fahrwiderstand** (Bahn) / resistencia *f* específica en t/kg || ~**er Fahrwiderstand in Kurven** / resistencia *f* específica debida a las curvas, resistencia *f* en curvas || ~**e Festigkeit** / resistencia *f* específica || ~**er Flächendruck** / presión *f* específica o unitaria || ~**e Förderarbeit** (von Pumpen) / rendimiento *m* específico de bomba || ~**e Formänderung** (Schm) / deformación *f* lineal relativa || ~**e Formänderungsarbeit** / trabajo *m* específico de conformación || ~**e Gammastrahlenkonstante** (Nukl) / constante *f* específica de radiación [de un núcleo emisor gamma] || ~**e Gebläseleistung in cbft/Watt** (Lüfter) / poder *m* específico en pies cúbicos/vatios, potencia *f* específica || ~**e Gefrierpunktserniedrigung**

(Phys) / descenso *m* específico del punto de congelación ‖ ~es **Gewicht**, (jetzt:) volumenbezogene Masse, Dichte *f* / peso *m* específico o relativo, densidad *f* ‖ ~er **Heizwert**, (früher:) unterer Heizwert / poder *m* calorífico mínimo, valor *m* ‖ ~er **Impuls** (Rakete) / impulso *m* específico ‖ ~e **innere Spannung** (o. Beanspruchung), Reaktionskraft *f* / fuerza *f* de recuperación específica, esfuerzo *m* específico ‖ ~e **Ionisation**, Ionisierungsstärke *f* (Phys) / ionización *f* específica ‖ ~er **Kollektorwiderstand** (Halbl) / resistividad *f* del colector ‖ ~er **Kraftstoffverbrauch** (10 miles/gal: USA = 23,5 l/100 km, Engl = 28,2 l/100 km) (Kfz) / consumo *m* de gasolina específico o por 100 km ‖ ~e **Ladung** (Nukl) / carga *f* específica ‖ ~e **Ladung des Elektrons** / carga *f* específica del electrón ‖ ~e **Leistung** (z.B. kW/kg), Leistungskonstante *f* / potencia *f* específica, poder *m* específico ‖ ~e **Leistung o. Brennstoffleistung** (Nukl) / potencia *f* específica ‖ ~es **Leistungsgewicht** / razón *f* poder/peso, potencia *f* específica ‖ ~er **Leistungsverbrauch** (in Wh/ton-km) (Bahn) / consumo *m* específico de energía ‖ ~e **Leitfähigkeit** / conductividad *f* ‖ ~e **Lichtausstrahlung** / emitancia *f* luminosa ‖ ~e **Lichtausstrahlung an einem Punkt einer Fläche** / excitancia *f* luminosa de un punto ‖ ~es **Lichtbrechungsvermögen** (Opt) / refringencia *f* específica ‖ ~e **Mo[leku]larrefraktion** (Chem) / refracción *f* específica ‖ ~er **Oberflächenwiderstand** (Phys) / resistividad *f* superficial o de superficie ‖ ~e **organische Belastung**, S.O.B. (Ionenaustauscher) / carga *f* orgánica específica ‖ ~e **Reaktion** (Chem) / reacción *f* específica ‖ ~e **Reaktionsgeschwindigkeit** (Chem) / constante *f* de velocidad ‖ ~e **Schallimpedanz** / impedancia *f* acústica específica ‖ ~er **Schnittdruck** (Wzm) / presión *f* de corte específica ‖ ~e **Spannung** (Mech) / esfuerzo *m* por unidad de superficie, tensión *f* específica ‖ ~er **Strömungswiderstand** / resistencia *f* hidráulica específica ‖ ~er **Treibstoffverbrauch** (Raumf) / índice *m* estructural ‖ ~er **Verbrauch** / consumo *m* específico ‖ ~es **Volumen**, rezíproke Dichte (Phys) / volumen *m* específico ‖ ~es **Volumen** (Pap) / volumen *m* específico ‖ ~er **Vortrieb** (bezogen auf verbrauchte Treibstoffmenge) / impulso *m* específico de densidad ‖ ~e **Wärme** / calor *m* específico ‖ ~e **Wärmekapazität** / capacidad *f* de calor específico ‖ ~er **Wärmeverbrauch** / consumo *m* térmico específico ‖ ~e **Wasseraufstiegsgeschwindigkeit** (Holz) / conductividad *f* específica de madera ‖ ~er **Wasserabfluss eines Flusses** / nivel *m* específico de un río ‖ ~er **Wert**, innerer Wert / valor *m* intrínseco
Spezifität *f* / especificidad *f*
spezifizieren *vt* / especificar ‖ ~, detaillieren / detallar
Spezimen, Muster *n* / espécimen *m*, muestra *f*
S-Pfanne (Dach) / teja *f* acanalada
Sphalerit *m*, Zinkblende *f* (Min) / esfalerita *f*, blenda *f* de cinc
Sphäre *f*, Bereich *m* / alcance *m*, esfera *f* ‖ ~, Kugel *f* (Math) / esfera *f*, globo *m*
sphärisch, kugelig / esférico, redondo, globoso ‖ ~e **Aberration** (Opt) / aberración *m* esférica o de esfericidad ‖ ~er **Achromatismus** / acromatismo *m* esférico ‖ ~e **Antenne** / antena *f* esférica o isótropa o isotrópica ‖ ~es **astronomisches Grunddreieck** (Nav) / triángulo *m* fundamental esférico-astronómico ‖ ~es **Dreieck** (Geom) / triángulo *m* esférico ‖ ~e **Evolvente** / evolvente *f* esférica ‖ ~er **Exzess** (Math) / exceso *m* esférico ‖ ~e **Gestalt** / esfericidad *f* ‖ ~er **Kolben**, Kugelkolben *m* (Ölhydraulik) / émbolo *m* esférico ‖ ~er **Koordinatenwandler** (Math) / transformador *m* de coordenadas esférico ‖ ~e **tonnenförmige Aberration** (Opt) / distorsión *f* en barrilete (E) o de tonel (LA) esférica ‖ ~e **Trigonometrie** (Geom) / trigonometría *f* esférica

Sphäro•guss *m*, Kugelgraphitguss *m* / fundición *f* esferoidal o nodular ‖ ~**id** *n* (Geom) / esferoide *m* ‖ ~**idisch** / esferoidal ‖ ~**kolloid** *n* (Chem) / esferocoloide *m* ‖ ~**lith** *m* (Geol) / esferolito *m* ‖ ~**lithisch** (Geol) / esferolítico ‖ ~**lithisch** (Gieß) / nodular ‖ ~**logie** *f* (Geom) / esferología *f* ‖ ~**meter** *n* (Opt) / esferómetro *m* ‖ ~**siderit** *m* (Min) / esferosiderita *f* ‖ **toniger** ~**siderit** / arcilla *f* ferruginosa, mineral *m* de hierro arcilloso
Sphen *m* (Titanitform) (Min) / esfena *f*
Sphenoid *n* (Krist) / esfenoide *m*
sphenoidal, keilförmig / esfenoidal *adj*
Spheralsolartechnik *f* / técnica *f* solar esferal
Spherics, Atmospherics *pl* (Eltronik) / atmosféricos *m pl*, parásitos *m pl* atmosféricos, perturbaciones *f pl* atmosféricas
Spheroidverzahnung *f* / dentado *m* esferoidal
Sphygmomanometer *n*, Blutdruckmesser *m* / esfigmomanómetro *m* (med.)
Spickelement, Saatelement *n* (Nukl) / semen *m*, medio *m* activo
spicken *vt*, schmälzen (Wolle) / ensimar, engrasar ‖ ~, [eng] besetzen / llenar ‖ ~ *n* (Nukl) / siembra *f*
Spicköle *n pl* (Tex) / aceites *m pl* para engrasar la lana
Spiculum *n*, Flammenzunge *f* (Sonne) / espículo *m* del Sol
Spiegel *m* (Opt) / espejo *m*, reflector *m* ‖ ~, Flüssigkeitsspiegel *m* / nivel *m* de líquido ‖ ~ (Schiff) / espejo *m* de popa ‖ ~, Spiegelsignal *n* (Radio) / señal *f* imagen ‖ ~, Innengrat *m* (Schm) / rebaba *f* interna ‖ ~ *m* (Web) / superficie *f* de tejido ‖ ~ (Rossleder) / culata *f* de potro, anca *f* ‖ ~ (SM-Ofen) / superficie *f* del baño ‖ ~ **der Sonnenblende** (Kfz) / espejo *m* de visera parasol, espejo *m* de cortesía ‖ ~ **des Holzes** / lustre *m* de madera ‖ ~ **des Magnetkopfs** / espejo *m* de la cabeza magnética ‖ ~ **mit zusätzlicher Rückseitenverspiegelung** / espejo *m* de azogamiento secundario ‖ **feststehender** ~ **des Sextanten**, kleiner Spiegel (Schiff) / espejo *m* fijo del sextante
Spiegel•ablesung *f* / lectura *f* por espejo ‖ ~**antenne**, Reflektor *m* / antena *f* reflectora ‖ ~**apparat**, -instrument *n* / instrumento *m* o aparato de espejo ‖ ~**band** *n* (Eltronik) / banda *f* [de] imagen ‖ ~**belag** *m*, -belegung *f* (Material) / capa *f* especular o reflectora o de azogue ‖ ~**belegung** *f* (Tätigkeit) / azogamiento *m*, plateado *m* ‖ ~**bild** *n* (Opt) / imagen *f* invertida o reflejada (E) o especular (LA) ‖ **im** ~**bild** / reflejado ‖ ~**bild-Antenne** *f* / antena *f* imagen o virtual ‖ ~**bild-Fräseinrichtung** *f* (Wzm) / dispositivo *m* de fresar según imagen invertida ‖ ~**bildlich**, seitenverkehrt (Opt) / de imagen invertida ‖ ~**bildlich**, enantiomorph (Krist) / de simetría complementaria, enantiomorfo ‖ ~**bildverfahren** *n* (Eltры) / método *m* de imágenes eléctricas ‖ ~**blank** / reluciente o limpio o terso como un espejo ‖ ~**blech** (b. Filmen) / espejo *m* o reflector metálico ‖ ~**block** *m* (Druck) / grupo *m* de espejos ‖ ~**bogenlampe** *f* (Projektor) / lámpara *f* reflectora de arco ‖ ~**drehfeuer** *n* (Schiff) / faro *m* con reflectores rotatorios ‖ ~**drehturm** *m* (Luftf) / antena *f* reflectora rotatoria ‖ ~**einrichtung** *f* **für seitenrichtige Aufnahmen** (Repro) / espejo *m* para la entrada correcta de las imágenes ‖ ~**eisen** *n* (Hütt) / fundición *f* especular, hierro *m* especular, spiegel *m* ‖ ~**fasern** *f* (Biol) / rayos *m pl* medulares ‖ ~**feinmessgerät** *n* **von Martens** / instrumento *m* de medida de precisión con espejo de Martens ‖ ~**feld** *n*, Rückblockmelder *m* (Bahn) / piloto *m* indicador de control del desbloqueo ‖ ~**frei** (Opt) / no reflejante, no reflector, sin reflexión ‖ ~**frequenz**, -welle *f* (Eltronik) / frecuencia *f* imagen ‖ ~**frequenzabstimmung**, Zweipunktabstimmung *f* (Eltronik) / sintonía *f* repetida ‖ ~**frequenzgang** *m* /

respuesta *f* de frecuencia imagen ‖ **⁓frequenzstörung** *f* (Eltronik) / interferencia *f* imagen, interferencia *f* por doble recepción ‖ **⁓frequenz-Verhalten** *n* (DV) / respuesta *f* de frecuencia imagen ‖
⁓frequenz-Verwerfungsgrad *m*,
-frequenz-Sicherheit, -Unterdrückung *f* / rechazo *m* de frecuencia imagen, supresión *f* de frecuencia imagen ‖ **[unerwünschte]** **⁓frequenzwiedergabe** (Superhet) / respuesta *f* de frecuencia imagen ‖
⁓furnier *n* (Holz) / chapa *f* lustrosa ‖ **⁓galvanometer** *n* / galvanómetro *m* de espejo ‖ **⁓gewölbe** *n* (Bau) / bóveda *f* de caveto o de esgucio, bóveda *f* esquifada ‖
⁓glanz *m* / brillo *m* especular o del espejo ‖
~glanzpoliert / pulido de (o con) brillo especular ‖
⁓glas *n* / cristal *m* de espejo ‖ **⁓glas** (für Verglasung) / vidrio *m* de espejo o de luna, luna *f* ‖ **[beiderseits geschliffenes u. poliertes]** **⁓glas** (Glas) / vidrio *m* plano pulido por ambas caras ‖ **planparalleles** **⁓glas** / vidrio *m* de luna de caras planoparalelas ‖
⁓glasmanometer *n* (Phys) / manómetro *m* de espejo ‖
~glatt / liso como un espejo ‖ **⁓gleichheit** *f* (Phys) / simetría *f* ‖ **⁓halter** *m* / apoyoespejo *m*, sujetaespejo *m* ‖ **⁓halterung** *f*, Schüssel *f* (TV) / antena *f* parabólica ‖ **⁓heck** *n* (Schiff) / popa *f* de espejo, popa *f* cuadrada ‖
⁓holz *n* / madera *f* de corte cuarteado ‖ **⁓instrument** *n* (Opt) / aparato *m* de espejo, instrumento *m* catóptrico ‖ **⁓kerne** *m pl* (Isobare) (Phys) / núcleos *m pl* especulares (isobara) ‖ **⁓kompass** *n* / compás *m* de espejo ‖ **⁓kreuz** *n* / escuadra *f* de reflexión ‖
⁓kreuz, Winkelspiegel *m* (Verm) / goniómetro *m* con espejo ‖ **⁓krümmung** *f* (Opt, Teleskop) / curvatura *f* de superficie del espejo ‖ **⁓leuchte** *f* / lámpara *f* metalizada, lámpara *f* con reflector incorporado ‖
⁓linsenobjektiv *n* (Opt) / objetivo *m* de lente de espejo ‖ **⁓linsenscheinwerfer** *m* (Theater) / reflector *m* de lente de espejo ‖ **⁓manganeisen** *n* (Hütt) / hierro *m* especular o spiegel al manganeso ‖
⁓maschinenanordnung *f* (Nukl) / configuración *f* de espejo[s] magnético[s] ‖ **⁓messgerät** *n* / micromedidor *m* de espejo ‖ **⁓mikroskop** *n* / microscopio *m* con reflector ‖ **⁓monochromator** *m* / monocromador *m* con reflector
spiegeln *vt* / crear simetría ‖ ~, widerspiegeln / reflejar, espejear ‖ ~, glänzen / brillar ‖ ~ *n*, Reflektieren *n* / reflejo *m*, reflexión *f*
spiegelnd, spiegel[art]ig / especular, reflejante ‖ **~e Oberfläche** / superficie *f* reflejante ‖ **~e Reflexion** / reflexión *f* especular o regular o directa ‖ **~ verchromt** / cromado especular ‖ **~e Wasserfläche** / superficie *f* de agua reflejante
Spiegel • nivelliergerät *n* (Verm) / nivelador *m* de espejo ‖
⁓nuklide, Wignernuklide *n pl* (Nukl) / nuclidos *m l* especulares o en espejo, nucleidos *m pl* de Wigner ‖
⁓objektiv *n* (Foto) / objetivo *m* de espejo ‖ **⁓oktant** *m* / octante *m* de reflexión ‖ **⁓optik** *f* / óptica *f* de espejos, catóptrica *f* ‖ **⁓oszillograph** *n* / osciló grafo *m* de espejo o de Duddell ‖ **⁓plattenkonzept** *n* (DV) / reserva *f* del 100 % (del disco espejo) ‖ **⁓pol** *m* (Mech) / polo *m* invertido ‖ **⁓poliert** / con pulido especular ‖
⁓politur *f* (Galv) / pulido *m* especular ‖ **⁓prisma** *n* (Opt) / prisma *m* reflector ‖ **⁓rad** *n* / rueda *f* de espejos ‖ **⁓-Rasterelektronenmikroskop** *n* / microscopio *m* electrónico de espejo con barrido ‖ **⁓reaktor** *n* (Nukl) / reactor *m* de espejos ‖ **~recht**, symmetrisch / simétrico ‖ **⁓reflektor** *m* / espejo *m* de visión ‖
⁓reflexblende *f* / diafragma *m* reflex ‖ **⁓reflexión** *f* / retrorreflexión *f*, reflexión *f* catadióptrica ‖
⁓reflexkamera *f* (Foto) / cámara *f* reflex ‖ **⁓roheisen** *n* (Hütt) / hierro *m* especular ‖ **⁓samt** *m* (Tex) / terciopelo *m* [de seda] brillante ‖ **⁓schauloch** *n* (Hütt) / mirilla *f* en la pared ‖ **⁓scheibe** *f* (Glas) / luna *f* de espejo ‖ **⁓scheinleitwert** *m* (Elektr) / admitancia *f* imagen ‖ **⁓scheinwerfer** *m* / proyector *m* de espejo ‖
⁓schleifen *n* (Glas) / pulido *m* de vidrio ‖ **⁓schnitt** *m*
(Holz) / corte *m* cuarteado ‖ **⁓schraube** *f* (TV) / tornillo *m* de espejos ‖ **⁓schrift** *f* / escritura *f* invertida o en espejo ‖ **⁓schweißen** *n*, Stumpfschweißen *n* mit Heizspiegeln (Plast) / soldadura *f* a tope con reflectores térmicos ‖ **⁓sextant** *m* (Schiff) / sextante *m* de reflexión ‖ **⁓skala** *f* / escala *f* de espejo ‖ **⁓teilchen** *n* (Phys) / partícula *f* reflejada ‖ **⁓teleskop** *n*, Reflektor *m* / telescopio *m* catadióptrico o reflector o de reflejo, reflector *m* ‖ **⁓teleskop für streifenden Einfall** *n* / reflector *m* de incidencia rasante
Spiegelung *f* (Opt) / reflejo *m*, reflexión *f* ‖ ⁓, regelmäßige o. gerichtete Reflexion / reflexión *f* especular ‖ **durch ⁓ auf den Kopf stellen** / invertir por retrorreflexión
Spiegelungsachse *f*, Affinitätsachse *f* / eje *m* de afinidad
spiegel • verkehrte Darstellung / representación *f* en caracteres matriciales ‖ **⁓wand** *f* / pared *f* de cristal ‖
⁓wand (SM-Ofen) / pared *f* frontal de la cabeza ‖
⁓[wellen]selektion *f* (Eltronik) / rechazo *m* de la frecuencia imagen, supresión de la frecuencia imagen *f*
Spiel *n*, Arbeitsspiel *n* / fase *f* de trabajo, ciclo *m* de trabajo ‖ ~, hin- u. hergehendes Arbeitsspiel / movimiento *m* alternativo o de vaivén ‖ ~, Zahnspiel *n* / juego *m*, movimiento *m* inútil o muerto, luz *f* entre dientes ‖ ~ (Bergb) / ciclo *m* de operaciones ‖ ~, Spielraum *m*, Luft *f* (Masch) / juego *m*, holgura *f*, huelgo *m* ‖ ~, Totgang *m* / movimiento *m* muerto ‖ ~ **einer Maschine** / funcionamiento *m* ‖ ~ **einer Mutter** / juego *m* de una tuerca ‖ ~ **einer Welle in Achsrichtung** / juego *m* axial del árbol ‖ ~ **haben** (Masch) / tener juego ‖ ~ **im Getriebe** / movimiento *m* inútil del engranaje ‖ ~ *n* **im Lager** / juego *m* en el cojinete ‖ ~ **e in der Minute** / ciclos *m pl* por minuto ‖
~ *n* **zwischen Brennstoffstäben** (Nukl) / juego *m* entre barras ‖ **zu viel ⁓ habend** / que tiene juego en exceso ‖ **zulässiges ⁓** / juego *m* tolerable o admisible
Spiel • art, Abart *f* / variedad *f* ‖ **⁓ausgleich** *m* (Masch) / compensación *f* de juego ‖ **⁓automat** *m* / tragaperras *m*(E), máquina *f* recreativa, tragamoneda *m*(LA) ‖
⁓beseitigung, -verringerung *f* (Zahnräder) / eliminación *f* o compensación de juego ‖ **⁓dauer** *f* / duración *f* de un ciclo
spielen *vi* (Reflexe) / brillar ‖ ~, Spiel haben / tener juego ‖ ~ [nach] (Färb) / tirar [a]
Spielerei, mit technischen ⁓en ausstatten / dotar o proveer de aparatillos o artificios ‖ **technische ⁓** / artefacto *m*, artificio *m*, aparatillo *m*
Spiel • film *m* / película *f* de largo metraje, largometraje *m* ‖ **⁓frei** / sin o exento de juego, sin huelgo ‖
⁓freiheit *f* / ausencia *f* de juego ‖ **⁓kreisel**, Kreisel *m* / peonza *f* ‖ **⁓passung**, Laufpassung *f* / ajuste *m* holgado o con huelgo o con juego ‖ **⁓programme** *n pl*, Computerspiele *n pl* / programas *m pl* lúdicos ‖
⁓raum *m* / espacio *m* libre, juego *m* ‖ **⁓raum** (für Belichtung usw.) (Foto) / margen *m* ‖ **mit zu viel ⁓raum** (Passung) / holgado, suelto ‖ **⁓raum** *m* **zwischen Schiffsboden und Schleusenboden** / francobordo *m* entre fondos de buque y de esclusa ‖
⁓reduzierung *f* (Lager) / disminución *f* o reducción del juego [interno] ‖ **⁓sitz** *m* (Masch) / ajuste *m* con juego ‖ **⁓theorie** *f* (Math) / teoría *f* de los juegos ‖ **⁓toleranz** *f* (Lager) / tolerancia *f* del juego interno ‖ **⁓uhr** *f* / reloj *m* de música ‖ **⁓verringerung** *f* / reducción *f* de juego ‖ **⁓würfel**, Würfel *m* / dado *m* ‖ **⁓zahl** *f* (Mot) / número *m* de ciclos ‖ **⁓zahl**, Umlaufzahl *f* (DV) / número *m* de iteraciones ‖ **⁓[zahl]anzeiger**, Schleifenindex *m* (DV) / índice *m* de iteraciones ‖
⁓zähler *m* / contador *m* de ciclos ‖ **⁓zeugeisenbahn** *f*, Modelleisenbahn *f* / tren *m* de juguete, tren *m* [en] miniatura ‖ **⁓zeugmotor** *m* / motor *m* de juguete
Spiere *f*, Sparren *m* (Schiff) / percha *f*, berlenga *f*
Spierentonne *f*, -boje *f* / boya *f* de asta, boya-percha *f* ‖ ~ (einlaufend backbordseitig) / boya-percha *f* roja

Spieß *m* (Gieß) / lanza *f* ‖ ⁓, Schmutzbuchstabe *m* (Druck) / letra *f* sucia ‖ ⁓ *m* (Letternguss) / rebaba *f* de fundición, pelito *m*, pelo *m*
Spießen *n*, Hochgehen *n* (Druck, Fehler) / levantamiento *m* de blancos o espacios, alzamiento *m*
Spieß•gang *m* [von Wagen] (Bahn) / marcha *f* oblicua ‖ ⁓**glanz** *m*, gediegenes Antimon (Min) / antimonio *m* virgen o nativo ‖ ⁓**glanzerz** *n* / antimonita *f*, valentinita *f* ‖ ⁓**kant** *m*, Raute *f* (Geom) / diamante *m*, rombo *m*, losange *m* ‖ ⁓**kantkaliber** *n* (Walzw) / calibre *m* diamante
Spike *m* (Kfz) / clavo *m*[para neumático], púa *f*[para neumático] ‖ ⁓ (Laser) / punta *f*
spiken *vi* (Laser) / operar en el régimen de puntas
Spike-Reifen *m* (Kfz) / neumático *m* claveteado o con clavos o púas
Spiköl, Lavendelöl *n* / esencia *f* de espliego o de lavanda
Spilit *m* (Geol) / espilita *f* ‖ ~-**artig** / espilítico
Spill *n* (senkrecht) (Bahn, Masch) / cabrestante *m* ‖ ⁓, Ankerspill *n* (waagerechte Achse) (Schiff) / molinete *m* ‖ ⁓**kopf** *m* / tambor *m* de cabrestante ‖ ⁓**kopf** (Schiff) / sombrero *m* de cabrestante ‖ ⁓**maschine** *f* (Schiff) / máquina *f* de cabrestante ‖ ⁓**-over**, Nebenerzeugnis *n* / subproducto *m* ‖ ⁓**spake** *f* (Schiff) / barra *f* de cabrestante ‖ ⁓**trommel** *f* / tambor *m* de cabrestante ‖ ⁓**vorrichtung** *f* (Bahn) / mecanismo *m* de arrastre
Spin *m* (Phys) / espín *m*, spin *m* (pl.: espines, spines) ‖ ⁓ (Raumf) / rotación *f* ‖ ⁓ **eins, zwei usw.** / espín *m* uno, dos etc. ‖ ⁓**-Bahn-Kopplung** *f* (Nukl) / acoplamiento *m* espín-órbita ‖ ⁓**-Bremssystem** *n* (Raumf) / dispositivo *m* de contrarrotación
Spind *m n* / armario *m* estrecho, alacena *f*, taquilla *f*
Spindel *f* (Spinn, Wzm) / husillo *m*, broca *f*, huso *m* ‖ ⁓ (Uhr) / husillo *m*, varilla *f* ‖ ⁓, Welle *f* / torno *m* ‖ ⁓ (Schloss) / barra *f* de rosca ‖ ⁓, Senkwaage *f* / areómetro *m* ‖ ⁓ **der Spindeltreppe** (Bau) / eje *m*, árbol *m*, bolo *m*, nabo *m* ‖ ⁓ **in der Druckschraube** / huso *m* ‖ **hohle** ⁓ **der Wendeltreppe** (Bau) / árbol *m* o eje abierto de la escalera [de caracol] ‖ **massive** ⁓ **der Wendeltreppe**, massive Spindel der Wendeltreppe / eje *m* cerrado o macizo de la escalera [de caracol]
Spindel•anstellung *f* (Walzw) / regulación *f* del huso ‖ ⁓**antrieb** *m* (Spinn) / mando *m* de los husos, accionamiento *m* o de los husos ‖ ⁓**antriebscheibe** *f* (Spinn) / disco *m* de fricción enfilado en la broca ‖ ⁓**band** *n* (Tex) / cinta *f* de accionamiento de los husos ‖ ⁓**bank** *f* (Spinn) / portahusos *m* ‖ ⁓**bohrer** (DIN), Kanonenbohrer *m* / broca *f* de cañón ‖ ⁓**bremse** *f* (Bahn) / freno *m* de husillo ‖ ⁓**buchse** *f* (Spinn) / casquillo *m* de la púa ‖ ⁓**drehmaschine** *f* (Wzm) / torno *m* de huso ‖ ⁓**drehmoment** *m* / momento *m* de torsión de husillo ‖ ⁓**drehung** *f* / vuelta *f* o rotación de huso ‖ ⁓**drehung**, -drehzahl *f* (NC) / número *m* de revoluciones del husillo, velocidad *f* de giro del husillo ‖ ⁓**drehzahl** *f* (Wzm) / velocidad *f* de rotación de la broca ‖ ⁓**drehzahl** (Spinn) / número *m* de vueltas del huso ‖ ⁓**durchgang** *m* (Wzm) / paso *m* del huso ‖ ⁓**einheit** *f* (Wzm) / unidad *f* [de] husillo ‖ ⁓**ende** *n* (Wzm) / cabeza *f* del husillo, extremo *m* del husillo ‖ ⁓**endschalter** *m* / interruptor *m* final de huso y tuerca ‖ ⁓**flügel** *m* (Tex) / aleta *f* de huso ‖ ~**förmig** / fusiforme, ahusado ‖ ⁓**führung** *f* **für Ventile** (Mot) / guía *f* del vástago de válvula ‖ ⁓**garn**, Handgarn *n* (Spinn) / hilo *m* hecho a mano ‖ ⁓**haken** *m* / gancho *m* del huso ‖ ⁓**halslager** *n* (Spinn) / collar *m* de huso ‖ ⁓**hemmung** *f*, -gang *m* (Uhr) / escape *m* de rueda de encuentro, escape *m* de varilla ‖ ⁓**kasten** *m*, -stock *m* (Dreh) / cabezal *m* fijo ‖ ⁓**kasten** (Wzm) / caja *f* portabroca ‖ **mit einfachem** ⁓**kasten** (Dreh) / de cabezal [fijo] sencillo ‖ ⁓**kasten** *m* **mit doppeltem Getriebe** (o. Vorgelege) (Dreh) / cabezal *m* fijo de contramarcha doble ‖ ⁓**kern** *m*, Kernspindel *f* (Gieß) / broca *f* de macho ‖ ⁓**kopf** *m* (Wzm) / cabeza *f* de husillo, cabezal *m* de husillo ‖ ⁓**kopf** (Spinn) / testa *f* de la broca ‖ ⁓**kopf** (Web) / cabeza *f* de huso ‖ ⁓**krone** *f*, Aufsteckkopf *m* (Spinn) / corona *f* de púa ‖ ⁓**lager** *n* (Wzm) / cojinete *m* del husillo ‖ ⁓**lagerung** *f* (Wzm) / asiento *m* o apoyo del husillo, alojamiento *m* del husillo ‖ ⁓**lenkung** *f* (Kfz) / dirección *f* con husillo ‖ ~**lose Rollenlagerung** (Druck) / portabobinas *m* sin mandril ‖ ⁓**mäher** *m* (Gras) / cortacésped *m* con cilindro de corte ‖ ⁓**motor** *m* (Wzm) / motor *m* para el husillo, motor *m* integrado del husillo ‖ ⁓**mutter** *n* (Wzm) / tuerca *f* del husillo
spindeln *vt* (Chem, Zuck) / ensayar con el areómetro
Spindel•nase *f* / talón *m* del husillo ‖ ⁓**öle** *n pl* / lubrificantes *m pl* para ejes, aceites *m pl* para hus[ill]os ‖ ⁓**presse** *f* / prensa *f* de husillo ‖ ⁓**rahmen** *m*, -gestell *n* (Spinn) / silleta *f* para el huso ‖ ⁓**schaft** (Spinn) / caña *f* del huso ‖ ⁓**schiene** *f* (Spinn) / portapúas *f* ‖ ⁓**schlagpresse** *f* / prensa *f* de percusión de husillo ‖ ⁓**schlitten** *m* (Wzm) / carro *m* portahusillo ‖ ⁓**spitze** *f* (Spinn) / punta *f* del huso ‖ ⁓**stahl** *m* / acero *m* para hus[ill]os ‖ ⁓**stock** *m* (Fräsm) / cabezal *m* portafresa ‖ ⁓**stock**, Spindelkasten *m* (Dreh) / cabezal *m* [de husillo] fijo ‖ ⁓**stock** (Bohrmaschine) / cabezal *m* portabroca ‖ ⁓**stock mit Rädervorgelege** / cabezal *m* de engranaje ‖ ⁓**stock [zum Planschleifen]** (Schleifm) / carro *m* portamuela [para rectificado plano] ‖ ⁓**[stock]kasten** *m* (Wzm) / caja *f* [de cambios] del cabezal ‖ ⁓**stockspitze** (Dreh) / centro *m* de cabezal fijo, punta *f* del cabezal fijo ‖ ⁓**stopp** *m* (NC) / parada *f* de rotación de husillo ‖ ⁓**teilung** *f* (Spinn) / distancia *f* entre [los] husos ‖ ⁓**teller** *m* (Spinn) / plato *m* de los husillos ‖ ⁓**treppe** *f*, Wendeltreppe *f* (Bau) / escalera *f* de caracol ‖ ⁓**treppe**, Wendeltreppe mit vollem Auge / escalera *f* de eje (o árbol) cerrado ‖ ⁓**treppe mit hohler Spindel** / escalera *f* de eje (o árbol) abierto ‖ ⁓**trommel** *f* (Wzm) / tambor *m* portahusillo, tambor *m* para husillo[s] ‖ ⁓**trommel** (Spinn) / linterna *f* ‖ ⁓**[um]drehung** *f* / vuelta *f* o rotación del husillo ‖ ⁓**verstellung**, -regulierung *f* / regulación *f* del huso, ajuste *m* del huso ‖ ⁓**vorgelege** *n* (Dreh) / engranaje *m* del cabezal fijo ‖ ⁓**vorschub** *m* / avance *m* del hus[ill]o ‖ ⁓**waage** *f* (Chem) / areómetro *m* ‖ ⁓**waage** (Spinn) / plomada *f* de los husos ‖ ⁓**wagen** *m* (Selfaktor) (Tex) / carro *m* portahusos ‖ ⁓**wert** *m* / lectura *f* de areómetro, valor *m* indicado por el areómetro ‖ ⁓**wirbel** *m* (Spinn) / pivote *m* del huso
Spin•Drehimpuls *m* (Phys) / momento *m* rotativo de espín ‖ ⁓**-Dublet** *n* / dublet *m* espín ‖ ⁓**düse** *f* (Raumf) / tobera *f* de puesta en rotación ‖ ⁓**-Echo** *n* (Phys) / eco *m* del espín
Spinell *m* (Min) / espinela *f*
Spin•-entartet (Phys) / degenerado en espín ‖ ⁓**-Flip-Raman-Laser** *m* / láser *m* de Raman spin-flip ‖ ⁓**geschwindigkeit** *f* / velocidad *f* de espín ‖ ⁓**glas** *n* / vidrio *m* con espín ‖ ⁓**-Hall-Effekt** *m* / efecto *m* Spin-Hall ‖ ⁓**magnetisch** / magnético de espín
Spinn•- und Zwirndrehung *f* (Tex) / torsiones *f pl* de hilado y de torcido ‖ ⁓**abgangsstrecke** *f* (Tex) / bastidor *m* para eliminar desechos
Spinnaker *m* (Schiff) / spinnaker *m*
Spinn•bad *n* (Tex) / baño *m* de coagulación ‖ ⁓**band** *n* / cinta *f* de hilatura ‖ ~**bar**, Spinn… / hilable ‖ ⁓**draht** *m* / alambre *m* de guipado ‖ ⁓**drehung** *f* / torsión *f* de hilatura ‖ ⁓**drüse** *f* (Zool) / hilera *f* o glándula hiladora o sericígena ‖ ⁓**düse** *f* (Chemiefasern) / hilera *f*, tobera *f* de hilar
Spinne *f* (Zool) / araña *f* ‖ ⁓ (Lautsprecher) / araña *f* de centrado, centrador *m* ‖ ⁓ (Anguss) / pedúnculo *m*
spinnen *vt* (Tex) / hilar ‖ ~ (coll) (DV) / volverse loco (irón.) ‖ ⁓ *n*, Spinnerei *f* (Tex) / hilatura *f*, hilado *m*, hilandería *f*, hilanza *f*, arte *f* de hilar ‖ ⁓ **ohne**

Fadenballon / hilado *m* sin balón de hilo ‖ ⁓ **ohne Nachdraht** / hilado *m* sin torsión suplementario
Spinner *m* (Tex) / hilador *m*, hilandero *m* ‖ ⁓, **Propellernabenhaube** *f* (Luftf) / casquete *m* de la hélice
Spinnerei *f* (Fabrik) / hilandería *f*, fábrica *f* de hilados ‖ ⁓**abfall** *m* / cabos *m pl* duros, borras *f pl* de hilatura ‖ ⁓**flug** *m* / evaporación *f* de hilatura ‖ ⁓**maschine** *f* / máquina *f* hiladora o de hilar
Spinnerin *f* (Tex) / hiladora *f*, hilandera *f*
Spinnerstapel *m* / mechón *m* [de hilador]
Spinn•faden *m* (Chem) / filamento *m*, hilo *m*, hilado *m* ‖ ⁓**fähig**, spinnbar / en condición de ser hilado, hilable ‖ ⁓**fähigkeit** *f* / capacidad *f* de ser hilado, hilabilidad *f* ‖ ⁓**faktor** *m* / factor *m* de hilatura ‖ ⁓**färben** *n* / tintura *f* en la masa líquida ‖ ⁓**faser** *f* / fibra *f* a hilar ‖ ⁓**faser**, Stapelfaser *f* / fibra *f* cortada o del mechón ‖ ⁓**faserballen** *m* / bala *f* de fibras textiles ‖ ⁓**fasergarn** *n* / hilado *m* ‖ ⁓**faserpflanzen** *f pl* (Bot) / plantas *f pl* de fibras [finas] ‖ ⁓**flammengarn** *n* / hilo *m* con partes gruesas y finas ‖ ⁓**flug** *m* / evaporación *f* de hilatura ‖ ⁓**flügel** *m* / aleta *f* de la continua de hilar ‖ ⁓**flüssigkeit** *f* / solución *f* para hilar ‖ ⁓**granulat** *m* (Plast, Tex) / granulado *m* para hilado ‖ ⁓**gut** *n* / materia *f* hilable o para hilar
"Spinning"-Reserve *f*, ständig mitlaufende Reserve (Elektr) / reserva *f* conectada y lista para su utilización
Spinn•kabel *n* (Tex) / cable *m* de hilatura o de filamentos ‖ ⁓**kanne** *f* (Baumwolle, Wolle) / bote *m* de hilatura o para hilar ‖ ⁓**kapsel** *f* (Pap) / caja *f* para hilar ‖ ⁓**kötzer** *m* (Tex) / canilla *f* ‖ ⁓**kuchen** *m* / corona *f* de rayón ‖ ⁓**linie**, Klothoide *f* (Math) / clotoide *f* ‖ ⁓**lösung** *f* / solución *f* de hilar o de hilatura ‖ ⁓**maschine** *f* / máquina *f* de hilar, hiladora *f* ‖ ~**[masse]gefärbt** (Tex) / teñido en la masa ‖ ⁓**mattierung** *f* / mateado *m* en pasta o en la masa ‖ ⁓**milbe** *f*, Tetranychus telarius (Zool) / ácaro *m*, Tetranychus telarius ‖ ⁓**organ** *n* (Tex) / órgano *m* de hilar ‖ ⁓**papier** *n* / papel *m* hilable ‖ ⁓**pumpe** *f* (Tex) / bomba *f* de hilatura ‖ ⁓**rad** *n* / torno *m* de hilar ‖ ⁓**rechwender** *m* (Landw) / rastrillo *m* de horquillas rotativas ‖ ⁓**regler** *m* / regulador *m* de hilado ‖ ⁓**ring** *m* / aro *m* de hilado ‖ ⁓**ringläufer** *m* / cursor *m* de hilatura ‖ ⁓**saal** *m* / sala *f* de [máquinas de] hilar ‖ ⁓**schacht** *m* (Tex) / columna *f* refrigerante ‖ ⁓**spulautomat** *m* / bobinadora *f* automática de hilados o filamentos ‖ ⁓**stoff** *m* / tejido *m* ‖ ⁓**stoff**, -gut *n*, Fasergut *n* / materia *f* hilable o para hilar ‖ ⁓**stoffe** *m pl* / productos *f pl* textiles, textiles *m pl*, materia *f* textil ‖ ~**stoffartig** / fibroso ‖ ⁓**streckmaschine** *f* / hiladora *f* estiradora ‖ ~**texturiert** (Tex) / texturado con hiladora estiradora ‖ ⁓**topf** *m* / bote *m* de hilatura o de hilar ‖ ⁓**- und Zwirnhülse** *f* (Tex) / tubo *m* para hilatura y retorcedura ‖ ⁓**- und Zwirn-Schlichtemaschine** *f* / encoladora *f* para hilado y torcido ‖ ⁓**vlies** *n* (Tex) / velo *m* de hilatura, napa *f* de hilatura ‖ ⁓**vliesmatte** *f* / tela *f* no tejida "spunbonded", estera *f* ‖ ~**webenartig** / en forma de telaraña, en tela de araña ‖ ⁓**zentrifuge** *f* / centrífuga *f* de hilar ‖ ⁓**zusatz** *m* / apresto *m* de hilado ‖ ⁓**zylinderschleif- und -aufziehmaschine** *f* (Tex) / máquina *f* para rectificar y montar guarniciones de los cilindros de estiraje
spinodal (Legierung) / cuspidal, espinodal ‖ ~**er Zerfall** / descomposición *f* espinodal
Spinode *f* / curva *f* cuspidal
Spinoff•-Produkt *n* / producto *m* "spin-off" (de desarrollo indirecto) ‖ ⁓**-Technik** *f* / tecnología *f* "spinoff"
Spinoperator *m* (Phys) / operador *m* del espín
Spinor, Spinvektor *m* (Phys) / espinor *m* ‖ ⁓**feld** *n* (Nukl) / campo *m* espinoral
Spin•ortskorrelation *f* / interacción *f* de espín orbital, interacción *f* atómica ‖ ⁓**quantenzahl** *f* / número *m* cuántico de espín ‖ ⁓**rakete** *f* (Mil) / cohete *m* giroscópico ‖ ⁓**richtung** *f* / orientación *f* del espín ‖ ⁓**-Spin-Wechselwirkung** *f* / interacción *f* espín-espín ‖ ~**stabilisiert** (Raumf) / estabilizado por rotación ‖ ⁓**thariskop** *n* (Nukl) / espintariscopio *m* ‖ ⁓**thermometer** *m n* / espintermómetro *m*
Spintronik *f* (Drehimpuls der Elektronen) / espintrónica *f*
Spin•umkehr *f* / inversión *f* de espín ‖ ⁓**verzögerung** *f* (Raumf) / retardación *f* de rotación ‖ ⁓**welle** *f* (Phys) / onda *f* espín ‖ ⁓**-Wellen-Kopplung** *f* / acoplamiento *m* de onda de espín ‖ ⁓**wellenspektrum** *n* / espectro *m* de ondas espín
Spion *m* (coll), Dickenlehre *f* (Mess) / calibre *m* de espesor, galga *f* de espesor ‖ ⁓, Seiten- o. Rückspiegel *m* / espejo *m* móvil de ventana ‖ ⁓ (Tür), Guckloch *n* / mirilla *f*
Spionage•satellit *m* / satélite *m* de espía ‖ ⁓**software** *f*, Spyware *f* / software *m* de espionage
Spionbohrung *f* (Tunnel) / perforación *f* exploradora
Spiral•... / espiralado, de espiralación ‖ ⁓**...**, Schrägzahn... (Getriebe) / helicoidal ‖ ⁓**abtastung** *f* (TV) / exploración *f* en espiral, barrido *m* en espiral ‖ ⁓**antenne** *f* / antena *f* helicoidal o bobinada ‖ **angeflachte aperiodische** ⁓**bewegung** (Luftf) / divergencia *f* espiral ‖ ⁓**bewehrung** *f* (Bau) / armadura *f* en espiral ‖ ⁓**bindung** *f* (Druck) / encuadernación *f* [en] espiral ‖ ⁓**bohrer** *m* (Wz) / broca *f* espiral ‖ ⁓**bohrer mit Gewindebohrer kombiniert** / broca *f* roscadora ‖ ⁓**bohrernut** / ranura *f* helicoidal de la broca espiral ‖ ⁓**bohrer-Schleifmaschine** *f* / afiladora *f* de brocas espirales ‖ ⁓**bohrmesser** *n* / broca *f* plana espiral de taladrar ‖ ⁓**brechmaschine** *f* (Web) / máquina *f* rompedora de espirales ‖ ⁓**chronograph** *m* / cronógrafo *m* de espiral[es] ‖ ⁓**dichtung** *f* / empaquetadura *f* en espiral ‖ ⁓**diffusor** *m* (Kreiselpumpe) / difusor *m* espiral de la bomba centrífuga ‖ ⁓**draht** *n* / alambre *m* en espiral ‖ ⁓**drahtseele** *f* (Kabel) / alma *f* de alambres espiralados o en espiral ‖ ⁓**drahtseil** *n* / cable *m* helicoidal o espiral
Spirale *f*, Spirallinie *f* (Geom) / espiral *f* ‖ ⁓, Feder *f* (Uhr) / pelo *m*, muelle *m* en espiral, espiral *f* ‖ ⁓ (Bau) / voluta *f* ‖ ⁓ **der Glühkerze** (Mot) / filamento *m* de la bujía incandescente ‖ ⁓**n fliegen** (Luftf) / descender en espiral ‖ ⁓ *f* **zum Bündeln von Leitungen** / espiral *f* para agrupación de hilos ‖ **mit** ⁓ (z.B. Schlauch) / protegido por espiral
Spiralelektrode *f* / elctrodo *m* [en] espiral
Spiralenzirkel *m* (Zeichn) / compás *m* de espirales o para trazar espirales
Spiral•faserstruktur *f* (Tex) / estructura *f* en forma de fibras espirales ‖ ⁓**feder** *f* / resorte *m* helicoidal o [en] espiral o en hélice cilíndrica, muelle *m* espiral ‖ ⁓**federrolle** *f* (Uhr) / virola *f*, casquillo *m* ‖ ⁓**förmig** / en forma [de] espiral, espiral, espiraloide ‖ ⁓**förmig**, schraubenförmig / helicoidal ‖ ⁓**förmig drehen**, ringeln / enrollar en espiral ‖ ⁓**förmig gewunden**, enrollado en hélice o en espiral ‖ ~**förmige Riefe** / ranura *f* helicoidal ‖ ~**förmig steigend gewickelt** (Draht) / bobinado con diámetro creciente ‖ ~**förmig steigende Windungen des Drahtrings** / espirales *f pl* crecientes al levantar los rollos ‖ ~**förmig verlaufen** (o. sich bewegen) / ir en espiral ‖ ⁓**fräseinrichtung** *f* (Wzm) / aparato *m* para fresar en espiral ‖ ⁓**fräser** *m* / fresa *f* con dientes en espiral ‖ ⁓**gang** *f* / espira *f* ‖ ⁓**garn** *n* (Spinn) / hilo *m* en espiral ‖ ⁓**gehäuse** *n* (Turbine, Pumpe) / caja *f* espiral ‖ ⁓**gehäusepumpe** *f* / bomba *f* de caja espiral ‖ ⁓**genutet** / ranurado en espiral o en hélice, con ranuras espirales ‖ ~**genuteter Gewindebohrer** / macho *m* ranurado en espiral ‖ ⁓**geschweißt** (Rohre) / soldado en espiral ‖ ⁓**gewickelt** (z.B. Rohr) / enrollado en espiral o en hélice ‖ ⁓**hefter** *m* (Bb) / encuadernador *m* en espiral

[de alambre] || ~**heftung** f (Druck) / encuadernación f [en] espiral || ~**hülse** f (Pap) / tubo m enrollado en espiral
spiralig, sich ~ einrollen (Garn) / retorcerse || **sich ~ windend** / en hélice
Spiral•kabel n / cable m helicoidal || ~**kanalkollektor** m (Sonnenwärme) / colector m espiral || ~**kegelrad** n / rueda f cónica helicoidal o de dentadura espiral || ~**klassierer** m (Bergb) / clasificador m espiral || ~**klötzchen** n (Uhr) / pitón m || ~**kneter** m / mezclador m espiral || ~**krümler** m (Landw) / grada f desterronadora en hélice || ~**kufe** f (Tex) / tina f en espiral || ~**linie** f, Spirale f / espiral f || ~**litze** f (Elektr) / cordón m espiralado m || ~**messer** m (Uhr) / espiralómetro m || ~**nebel** m (Astr) / nebulosa f en espiral || ~**nut** f / ranura f helicoidal || ~**nutlager** n / cojinete m de ranura helicoidal || ~**nutung** f (Fräser) / ranura f helicoidal || ~**pumpe** f / bomba f espiral o helicoidal || ~**rad** n / rueda f helicoidal o de dentadura espiral || ~**ratsche** f (Wzm) / destornillador m helicoidal de trinquete o carraca || ~**räumer** m (Wzm) / escariador m helicoidal o de acanaladuras en espiral || ~**-Reiß- und Klopfwolf** m (Spinn) / batuar m o lobo o diablo abridor y batidor con líneas de dientes en espiral || ~**rillenlager** n / cojinete m de ranura helicoidal || ~**rippen-Rohr** n / tubo m de aletas helicoidales || ~**rohr**, Schlangenrohr n / serpentín m || ~**rolle** f (Uhr) / virola f || ~**rückenzyklotron** n (Phys) / ciclotrón m con resaltes interiores helicoidales || ~**scheider** m (Bergb) / clasificador m espiral || ~**schlauch** m / tubo m flexible con espiral, mang[uer]a f con refuerzo espiral || ~**schweißen** n / soldadura f en espiral || ~**seil** n / cable m helicoidal || **geschlossenes ~seil** / cable m helicoidal cerrado || ~**senken** n / avellanado m en espiral || ~**senker** m, Senker m (Wz) / avellanador m helicoidal || ~**senker**, Aufbohrer m / avellanador m helicoidal || ~**span** m (Wzm) / viruta f espiral || ~**spannstift** (DIN 7343) / pasador m espiral de sujeción || ~**spurverfahren** n (Videoband) / sistema m de grabación en pista helicoidal || ~**steigung** f / paso m helicoidal || ~**strecke**, Pressionsstrecke f (Tex) / manuar m espiral || ~**-Sturzflug** m (Luftf) / vuelo m en picado espiral || ~**trimmer** m (Eltronik) / capacitor m ajustable en espiral || ~**tuner** m (Eltronik) / sintonizador m de bobinas en espiral || ~**turbine** f / turbina f espiral || ~**verlust** m (Pumpe) / pérdida f en la espiral || ~**verzahnt** / dentado en espiral, con dientes en espiral || ~**verzahnung** f (Fräser) / dentado m en espiral || ~**wattenmaschine** f (Tex) / napadora f espiral || **eine ~windung** (in der Ebene), eine Schraubenwindung (im Raum) / espiral f, espira f || ~**wolken** f pl (Meteo) / nubes f pl en espiral || ~**zeitbasis** f / base f de tiempo en espiral || ~**zugfeder** f / resorte m de tracción helicoidal
Spirituosen f pl / bebidas f pl alcohólicas o espirituosas
Spiritus m (gewerblich) / alcohol m || ~, Sprit, Weingeist m / espíritu m de vino || ~**beize** f / mordiente m o cáustico a base de alcohol || ~**brennerei** f / fábrica f de alcoholes, destilería f || ~**glühlicht** n / luz f incandescente de alcohol || ~**kocher**, -brenner m / infiernillo m de alcohol || ~**lack**, -firnis m / barniz m de alcohol || ~**lampe** f / lámpara f de alcohol || ~**waage** f / pesalicores m, pesalcohol m, alcoholímetro m
Spirletofen m (Elektr) / horno m Spirlet
Spirolakton n (Chem) / espirolactona f
Spirometer n (Med) / espirómetro m
SPI-Test m (Ermittlung der exothermen Wärmeentwicklung eines Reaktionsgemisches) (Chem) / ensayo S.P.I. m
spitz, scharf / puntiagudo, agudo, afilado, buido || ~, mit Spitzen / apuntado, aguzado, punzante || ~, spitzig, spitzzulaufend / terminado en punta || ~ (Winkel) /

agudo ||~, winkelförmig, eckig / angular ||~, dornenartig / espinoso, con espinas, con púas || ~ (Schraube) / de punta cónica || ~**e Klammern** (Druck) / paréntesis m angular || ~ **konisch** / cónico agudo, de conicidad aguda || ~**er Nietkopf** / cabeza f de remache aguda || ~**er Winkel** (Geom) / ángulo m agudo || ~ **zulaufen** / terminar en punta || ~ **zulaufend**, zugespitzt / cónico, coniforme, ahusado, afilado, terminado en punta || ~**- und Flachhacke** f (Bahn) / zapapico m
Spitz•ahorn m (Bot) / arce m real || ~**amboss** m (Schm) / bigornia f || ~**axt** f (Wz) / pico m || ~**befahrene Weiche** (Bahn) / aguja f abordada (o tomada) de punta || ~**boden** m **des Hauses** (Bau) / desván m superior || ~**bogen** m (Bau) / arco m ojival o apuntado, arco m gótico, ojiva f || ~**bogen...**, Eselsrücken... / conopial || ~**bogenfenster** n / ventana f ojival, ventana f de arco ojival || ~**bogenförmig** / ojival || ~**bogenkaliber** n (Hütt) / calibre m de arco gótico || ~**bogenkuppel** f (Bau) / cúpula f ojival || ~**bogenprofil** m (Hütt) / perfil m gótico || ~**bohrer** m / broca f (E) o mecha (LA) de punta, puntilla f || ~**boje** f (Schiff) / boya f cónica || ~**boje**, -tonne f (einlaufend steuerbordseitig) / boya f cónica negra || ~ **[kegel]dach** n / cubierta f cónica || ~**docke** f (Dreh) / punta f fija || ~**dübel** m (Tischl) / espiga f de madera de punta[s]
Spitze f (allg, Dreh) / punta f || ~, Ende n (eines langen Gegenstandes) / extremo m || ~, Turmspitze f / aguja f || ~ (Zange) / punta f de tenazas || ~ (Giebel) / remate m || ~, Dorn m, Stachel m / pica f || ~, Sp (Schraubenende, DIN 78) / extremo m agudo || ~ f (Math) / ápice m, vértice m || ~ (der Schreibfeder, des Brecheisens usw) / punta f (de pluma etc.) || ~, Scheitelwert m (Math) / cresta f, valor m de cresta, máximo m || ~, Gipfel, Höhepunkt m (allg) / punto m culminante || ~ f, Gipfel[punkt] einer Kurve (Math) / cúspide f, punto m de retroceso || ~, Kappe f (Schuh) / puntera f || ~, Spitzengewebe n (Tex) / encaje m, puntillas f pl || ~ f s. auch Spitzenleistung || ~ **der Ankerfluke** (Schiff) / punta f de la uña de ancla || ~ **der Nadel** / punta f de aguja || ~ **des Berges** / pico m de montaña, cima f o cúspide o cumbre de montaña || ~ **des Dreiecks** / vértice m del triángulo || ~ **des Zentrumbohrers** / punta f de la broca de centrar || ~ **eines Zuges** / cabeza f de un tren || ~ **zu Null** (Eltronik) / cresta f a cero || **die ~ abbrechen o. abkneifen** / despuntar || **die ~ genähte ~** (Tex) / encajes m pl cosidos || **mit der ~ voran** / con la punta entrante || **mit einer ~ versehen**, die Spitze beschlagen / poner una punta, proveer de una punta || **mit trockener ~** / puntiseco || **zu ~n umbilden** (Impulse) / agudizar
Spitzeisen n (Bau, Wz) / punzón m, pica f, puntero m || ~ (Bergb, Steinmetz) / punzón m
spitzen vt, ~, zuspitzen / aguzar || ~, spitz schleifen / afilar || ~ (Bleistift) / sacar punta
Spitzen•... / de punta, de cresta, máximo || ~**abschneider** m (Forstw) / herramienta f para cortar las puntas || ~**abstand** m, -entfernung f (Wzm) / distancia f entre puntas || ~**anzeiger** m (Eltronik) / indicador m de crestas || ~**arbeit** f (Dreh) / trabajo m entre puntas || ~**aufhängung**, -lagerung f (Masch) / suspensión f entre puntas || ~**ausgleich** m (Elektr) / nivelación f de crestas || ~**ausleger** m (Kran) / brazo m superior de la pluma, pluma f de punta || ~**band** n (Tex) / cinta f puntillas || ~**bedarf** m / demanda f máxima || ~**bedarfbegrenzung** f / limitación f de demanda máxima || ~**begrenzer** m (Eltronik) / limitador m de picos o de crestas || ~**begrenzung** f (Fernm) / limitación f de corriente de irrupción || ~**belastung**, -last f (Elektr) / carga f máxima o de punta || ~**belastungszeit** f / horas f pl [de carga de] punta || ~**bildung** f (Kontakt) / formación f de puntas sobre los contactos || ~**blockzug** m (Sägewerk) / transportador m

Spitzenbreite

de trozas ‖ ~breite f (Flachzange) / espesor f de puntas ‖ ~dämpfung f (Eltronik) / amortiguación f de crestas ‖ ~deckend / compensador de puntas ‖ ~deckung f (Elektr) / compensación f de puntas ‖ ~diode f / diodo m de punta ‖ ~drehen n / torneado m entre puntas ‖ ~dreher m / tornero m de torno de puntas ‖ ~drehmaschine f / torno m de puntas ‖ ~druckmesser m / medidor m de presiones máximas ‖ ~durchmesser m (Gewinde) / diámetro m exterior de rosca ‖ ~effekt m, -wirkung f (Elektr) / efecto m de punta ‖ ~einsatz m (Zirkel) / unión f de las puntas ‖ ~elektrode f / electrodo m puntiforme o de punta ‖ ~entfernung f, -abstand m (Wzm) / distancia f entre puntas ‖ ~entladung f (Elektr) / descarga f por la[s] punta[s] ‖ ~erzeugnis n / producto m estrella ‖ ~faktor m (Elektr) / factor m de cresta ‖ ~figur f (Porzellan) / figura f de encaje ‖ ~förmig, spitzig / apuntado, puntiforme, puntiagudo ‖ ~fraktion f (Öl) / productos m pl de evaporación ‖ ~funkenstrecke f (Elektr) / distancia f explosiva entre puntas ‖ ~geschoss n (Mil) / proyectil m en punta ‖ ~geschwindigkeit f (Kfz) / velocidad f máxima o de cresta o de punta ‖ ~gewebe n (Tex) / tejido m de encaje ‖ ~gleichrichter m (Elektr) / rectificador m de punta de contacto, rectificador m de contacto puntiforme o por punta ‖ ~grund, -besatz m, Einsatzspitzen f pl (Web) / fondo m de tul ‖ ~gruppe f, -teil n (Bahn) / parte m de la cabeza de un tren ‖ ~hartwinden n (Spinn) / plegado m fuerte de la punta de la husada ‖ ~haube f (Raumf) / caperuza f, capuchón m ‖ ~helligkeit f (TV) / brillo m máximo ‖ ~höhe f (Dreh) / altura f de puntas ‖ ~höhe (Flachzange) / anchura f de puntas ‖ ~klasse f (Qualität) / clase f de vanguardia ‖ ~klöppelmaschine f / máquina f de hacer encajes de bolillo[s] ‖ ~kontakt, Punktkontakt m (Transistor) / contacto m puntual o puntiforme o de punta ‖ ~kraftwerk n (Elektr) / central f de punta[s] [E] o de pico [LA], central f para horas punta ‖ ~lager n, Steinlager n (Instr) / cojinete m de rubí ‖ ~lagerung f (Masch) / apoyo m en puntas ‖ ~last, Belastungsspitze f / carga f [de] punta o máxima ‖ ~last f (Elektr) / carga f máxima o [de] punta, pico m de carga (LA) ‖ ~lastpunkt m (Reaktor) / punto m de sobrecalentamiento ‖ ~lastturbine f / turbina f [de carga de] punta o para horas punta ‖ ~leistung f / potencia f máxima o [de] punta ‖ ~leistung, hervorragende Leistung / rendimiento m máximo o de punta ‖ ~leistung (bei voller Modulation) (Eltronik) / potencia f de cresta ‖ geplante ~leistung / capacidad f de punta del proyecto ‖ [verfügbare] ~leistung / capacidad f máxima ‖ ~leistung f, Rekord m / récord m, marca f máxima ‖ ~leistung (Fertigung) / récord m de producción ‖ ~leistung eines Impulses (Elektr) / potencia f máxima de impulso ‖ ~leistungstechnik f, Spitzentechnologie f / tecnología f punta ‖ ~lieferleistung f (Kraftwerk) / potencia f [máxima posible] en las horas de mayor comsumo ‖ ~lohn m / salario m máximo o tope spitzenlos / sin punta ‖ ~ (Wzm) / sin puntos o puntas, de avance pasante ‖ ~e Drehmaschine / torno m sin puntas ‖ ~es Einstechschleifen / rectificado m sin puntas con muelas profundizantes ‖ ~e Schleifmaschine / rectificadora f sin centros o sin puntos
Spitzen•los-Rundschleifmaschine f / rectificadora f cilíndrica sin puntos ‖ ~maschine f (Tex) / máquina f de encajes o de puntillas ‖ ~modell n (Kfz) / modelo m estrella ‖ ~modell, -gerät n / modelo m sin par, modelo m de primerísima calidad ‖ ~nadel f (Wirkm) / aguja f de pico o de resorte o de puntilla ‖ ~nadelmaschine f / máquina f con agujas de puntillas ‖ ~pegelsuchlauf m (Audio) / búsqueda f de pico ‖ ~produkt n, -erzeugnis n / producto m cumbre ‖

~rückwärtsspannung f (Halbl) / tensión f de cresta inversa ‖ ~seide f (Tex) / seda f para puntillas o blonda ‖ ~signal n (Bahn) / señal f o linterna de locomotora ‖ ~signalisierung f (Fernm) / señalización f de tráfico de cresta ‖ ~spannung f (Elektr) / tensión f de cresta o de pico o de punta ‖ ~spannung eines Senders (bei voller Modulation) (Eltronik) / tensión f de cresta de la envolvente ‖ ~spannung in Vorwärtsrichtung / tensión f directa de cresta ‖ ~spannungsmesser m / voltímetro m [indicador del valor] de cresta ‖ ~sperrstrom f (Halbl) / corriente f de cresta en estado de "no conducción" ‖ ~spiel n (Schraubengewinde) / juego m de cresta o en el vértice ‖ ~steuerstrom m (Halbl) / corriente f de cresta de la compuerta ‖ ~strom (Elektr) / corriente f de cresta o de pico o de punta, corriente f máxima [instantánea] ‖ ~stuhl m (Tex) / telar m de encajes ‖ ~stunde f (Elektr) / hora f [de] punta, hora-punta f ‖ ~technologie f / tecnología f [de] punta o puntera, tecnología f de vanguardia ‖ ~technologie..., Hochtechnologie..., High Tech... / de alta tecnología ‖ ~teilzirkel m (Zeichn) / compás m divisor (o de reducción) de puntas ‖ ~transistor m / transistor m de puntas ‖ ~unterdrückung f (Eltronik) / descrestado m, recorte m de crestas ‖ ~verkehr m / cresta f de tráfico, tráfico m de cresta o de intensidad máxima, tráfico m de horas punta, tráfico m de mayor densidad ‖ ~verkehr (Bahn) / transportes m pl masivos ‖ ~verkehrstag m (Bahn) / día m de punta de tráfico ‖ ~verkleidung f (Rakete) / carena f de ojiva ‖ ~verschluss m (Weiche) / cerrojo m de aguja [con articulación] ‖ ~weiß, Weiß-Maximum n (TV) / cresta f de blanco ‖ ~weite f, -abstand m (Dreh) / distancia f entre puntas ‖ ~wert m, -betrag m / valor m máximo ‖ ~wert der Spannung / cresta f de tensión ‖ ~wert der Sprechleistung (Fernm) / cresta f de potencia vocal ‖ ~wertanzeiger m (Fernm) / indicador m de potencia máxima ‖ ~wertbildung f / ajuste m al punto de valor máximo, maximación f ‖ ~winkel m (Math) / ángulo m en el vértice ‖ ~winkel (Dreh) / ángulo m de punta ‖ ~winkel des Kegels (Geom) / ángulo m en el vértice del cono ‖ ~wirbel m (Luftf) / vórtice m de la extremidad ‖ ~wirkung f, -effekt m (Elektr) / efecto m de puntas, acción f de puntas ‖ ~zähler m (Nukl) / tubo m contador de punta ‖ ~zähler (Elektr) / registrador-contador m de energía demandada ‖ ~zeit f / horas f pl [de] punta ‖ ~zeiten f pl (Verkehr) / horas f pl punta, período m pico (LA) ‖ ~zirkel m (Zeichn) / compás m de puntas ‖ ~zündung f (Schw) / cebado m por punta ‖ ~zwirn m (Spinn) / hilo m [torcido] para encajes
Spitze-Platte-Gleichrichter m (Elektr) / rectificador m punta-placa
Spitzer-Leitfähigkeit f / conductibilidad f de Spitzer
Spitze-Spitze (Eltronik) / [de] punta a (o por) punta, de cresta a cresta ‖ ~-Bildsignal n / señal f de imagen de punta a punta ‖ ~-Wert m (Eltronik, TV) / valor m de cresta a cresta
Spitz•feile f (Wz) / lima f puntiaguda o de punta ‖ ~gatteck n (Schiff) / popa f de crucero ‖ ~gewinde n / filete m triangular, rosca f triangular ‖ ~gezahnt / de dientes aguzados o en punta ‖ ~glas m / copa f alta ‖ ~hacke f, Pickel m (beiderseits spitz) (Bau) / pico m, picachón m, picota f (CHILE), barreta f (LA), barretón m ‖ ~hammer m (zum Ausbeulen) (Kfz) / martillo m [apuntado] de desabollar ‖ ~hammer (Maurer) / martillo m apuntado o de puntas ‖ ~hammer, Latthammer m (Zimm) / hacha f de enlistonar, martillo m de carpintero ‖ ~hede f (Tex) / estopa f de la punta o de la cabeza ‖ ~hochferse f (Strumpf) (Tex) / talón m alto puntiagudo o en punta
spitzig, spitz[laufend] / terminado en punta
Spitz•kasten m (Bergb) / caja f piramidal o puntiaguda ‖ ~kegel m (Geom) / cono m puntiagudo ‖ ~kegel,

Ogive f / ojiva f || ⁓kegel-Frässtift m (Wzm) / buril m de fresar puntiagudo || ⁓kehre f (Bahn) / retroceso m, retorno m brusco || ⁓kehre, Wendeplatte f (Straßb) / punto m de viraje || in ⁓kehren fahren (Bahn) / travesar por retrocesos || ⁓keil (Hütt) / cuña f (un ladrillo) || ⁓kelle f (Bau) / rejuntador m, palustrillo m || ⁓kerbe f / entalla f en V || ⁓kerbprobe f (Mat.Prüf) / probeta f con entalla en V || ⁓kolben m (Löten) / soldador m de punta || ⁓kolben (Chem) / matraz m cónico || ⁓-Köper m (Tex) / sarga f en zig-zag || ⁓kopf m (Niet) / cabeza f cónica || ⁓kratze f (Wz) / azada f [a mano] triangular || ⁓kühler m (Kfz) / radiador m cortaviento || ⁓kuppel f (Bau) / cúpula f apuntada || ⁓malz n (Brau) / malta f poco germinada || ⁓meißel m (Bau) / cincel m puntiagudo para ladrillos || ⁓meißel (Dreh) / cuchilla f puntiaguda || ⁓meißel, Einzelgewindestahl m (Dreh) / cuchilla f de filetear de punta única || ⁓meißel m (Schloss) / cincel m puntiagudo || ⁓nadel f (Zeichn) / aguja f de punta sencilla || ~oval / ojival || ⁓pfahl m (Bau) / estaca f, pilote m puntiagudo || ⁓säge f, Stichsäge f (Wz) / sierra f de calar o de punta, serrucho m de calar o de punta || ⁓schaufel f / pala f de punta || ⁓senken n, kegelige Senkung (z.B. für Schraubenköpfe) / avellanado m de punta ⁓senker m, Entgrater m / avellanador m de punta || ⁓senker zum Kantenbrechen von Rohren / fresa f cónica de rebabar || ⁓stichel m / buril m de contornear || ⁓stöckel m (Schm) / tas m de punta || ⁓tonne f, -boje f (Schiff) / boya f cónica o de punta || ⁓tüte f (Pap) / cucurucho m, alcatraz m || ~wink[e]lig, scharfeckig, -kantig / en ángulo agudo || ~wink[e]lig (Dreieck) / acutángulo m || ~winkliges Dreieck / triángulo m acutángulo || ~winklige Kreuzung (Bahn) / cruzamiento m oblicuo, esviajamiento m (MEJ) || ~winklige Mauerecke (Bau) / esquina f de muro en ángulo agudo || ~winklige Muffe (Kabel) / manguito m tangencial || ⁓zange f (Wz) / tenazas f pl de puntas || ⁓zirkel m / compás m de puntas || ⁓zulaufen n, Konizität f / conicidad f || ⁓zyklon m (Bergb) / hidrociclón m de punta

Spleiß m (Kabel, Seil) / empalme m, ajuste m, empate m || **mechanischer, [thermischer]** ⁓ (Chemiefasern) / empalme m mecánico, [térmico] || ⁓**dorn** m / mandril m de empalmar

spleißen vt, an-, ver-, zusammenspleißen (Seile) / empalmar, ayustar, unir || ⁓n, (auch:) Spleißstelle:f., Klebstelle f (Pap) / empalme m

Spleiß•gerät n / dispositivo m de empalme || ⁓**muffengehäuse** n (Kabel) / caja f de empalmes || ⁓**stelle**, Spleiße, Spleißung f (Seil) / empalme m, ayuste m, unión f

Spleißbindung f (LWL) / conexión f por empalme

Spließ m (Dach) / eclisa f || ⁓**dach** n (Bau) / tejado m con eclisa[s]

Splint m (Masch) / clavija f hendida, pasador m de aletas, grupilla f, chaveta f partida || ⁓, Splintholz n (Bot) / albura f, alborno f, sámago m || **doppelter, falscher** ⁓, Ringfäule f / albura f falsa || ⁓**bolzen** m / perno m de chaveta

splinten vt, versplinten / fijar por grupilla (E) o chaveta (LA)

Splint•fäule f (Holz) / carcoma f de albura, bajo m de albura || **dunkler** ⁓**fleck** (Holz) / mancha f oscura de albura || ⁓**käfer** m (Schädling) / escarabajo m de albura || ⁓**loch** n (Masch) / agujero m para grupilla || ⁓**lochabstand** m (Masch) / distancia f entre agujero para grupilla y extremo de vástago || ~**rissig** (Holz) / desgarrado, agrietado de la albura || ⁓**treiber** m (DIN 6450), Splintentreiber m / punzón m para grupilla, extractor m de pasadores || ⁓**verschlussglied** n (Rollenkette) / eslabón m de cierre con grupilla ||

⁓**zapfen** m, Spz (Schraube DIN 78) / tetón m con agujero para grupilla || ⁓**zieher** m / sacapasadores m, sacaclavijas m

Split m (Magn.Bd) / corte m de palabras || ⁓**ferse** f (Tex) / talón m de color || ⁓**level-Wohnung** f (Bau) / vivienda f de dos pisos || ⁓**platine** f / platina f partida o de Split || ⁓**-Screen** f (DV) / pantalla f dividida || ⁓**sohle** f / suela f de Split

Splitt, Kleinschlag m (Straßb) / gravilla f [triturada], almendrilla f || ⁓ **ausbreiten**, absplitten / esparcir gravilla || ⁓**asphalt** m / asfalto m mezclado [de gravilla] || ⁓**asphaltdecke** f (Straßb) / firme m bituminoso [con gravilla] || ⁓**bewurf** m (Straßb) / esparcido de gravilla || ⁓**decke** f (Straßb) / firme m de gravilla

splitten (Straßb) / esparcir gravilla || ~ (DV) / dividir [las] palabras, cortar [las] palabras || ⁓ n (DV) / división f de palabras

Splitter, Span m / astilla f || ⁓ m pl, Bruchstücke n pl / cascos m pl, fragmentos m pl, añicos m pl || ⁓ m (Fraktionierung) / columna f de separación || ⁓ **in der Haut** / esquirla f || ⁓ **von Stein** / casco m de piedra || **~bildende Verglasung** (Bau, Kfz) / acristalamiento m astillable || ⁓**bombe** f (Mil) / bomba f de dispersión o de racimo || ⁓**bruch** m (Min) / fractura f astillada || ⁓**eis** n (Kälte) / hielo m en escamas o a granel || ⁓**fänger** m (Pap) / colador m para astillas o nudos || **~frei** (Glas) / sin astillas, inastillable || **~freies Glas** / vidrio m inastillable

splitterig (Bergb) / lleno de astillas || ~, splitternd (Holz) / astillado

Splitterkohle f / hulla f esquistosa

splittern vt / hacer astillas, hacer saltar en pedazos || ~ vi / astillarse, rajarse, soltar en pedazos || ⁓ n / astillado m, astilladura f, desconchado m

Splitter•schutzfolie f / hoja f o lámina protectora contra astillas o cascos || ⁓**sicher** / a prueba de cascos || ⁓**suchgerät** n (für Metall in Holz) / detector m de cascos de metal en la madera || **~weise abhauen** (Forstw) / astillar || ⁓**wirkung** f / efecto m de fragmentos o de fragmentación o de astillado

Splitt•lage f, Sandlage f / capa f de gravilla o de arena || **~reicher Asphaltbeton** (Straßb) / hormigón m asfaltoso lleno de gravilla

splittrig (Pulver) / astilloso || ~ (Bruch) / astillado || ~ (Holz) / astillado

Splittstreuer m (Straßb) / esparcidor m de gravilla

Spm, Seiten/min f pl (DV) / páginas f pl por minuto

SPM-Boje f (Anlegestelle für einen einzelnen Tanker) (Schiff) / boya f de amarre para un solo petrolero

Spodium n, Aktivkohle f (Chem) / carbón m de huesos activ[ad]o

Spodumen m (Min) / espodúmeno m (augita monoclínica)

Spoiler m, Störklappe f (Kfz, Luftf) / spoiler m, alerón m trasero || ⁓**kante** f / borde m del spoiler || ⁓**klappe** f (Luftf) / freno m aerodinámico

Spongiose f (Fehler, Gieß) / corrosión f grafítica

Spongit m (Geol) / espongita f

spontan, unwillkürlich / espontáneo || ~ **spalten** vi (Nukl) / producirse una fisión espontánea || **~e Spaltung** (Nukl) / fisión f espontánea

Sponung f (Schiff) / alefriz m

Spooler m (Textverarbeitung) / programa m de impresión no sincronizada

SPOOL-Programm n (Arbeiten der Ein-Ausgabe gleichzeitig mit einem rechenintensiven Programm) (DV) / programa m SPOOL (operaciones simultáneas periféricas y en línea de un mismo sistema)

sporadisch / esporádico, aislado || **~e E-Schicht**, E_s-Schicht (Phys) / capa f E esporádica

Spore f (Bot) / espora f || ⁓**n bilden** / esporular, formar esporas || ⁓**n bildend**, sporogen (Bot) / esporógeno, esporogénico

Sporn *m* (Luftf) / patín *f* de cola ‖ ≃, **Rammsporn** *m* (Schiff) / espolón *m* ‖ ≃, Herdmauer *f* (eines Staudamms) / muro *m* de separación ‖ ≃**federung** *f* (Luftf) / amortiguador *m* del patín de cola ‖ ≃**rad** *n* (Luftf) / rueda *f* [de patín] de cola ‖ ≃**rädchen** *n* / ruedecita *f* estrellada ‖ ≃**radfahrgestell** *n* (Luftf) / tren *m* de aterrizaje con rueda de cola ‖ ≃**wagen** *m* (Luftf) / tractor *m*, vehículo *m* de remolque
Sport•artikel *m*, -gerät *n* / artículo *m* de deporte ‖ ≃**boden** *m* (Bau) / suelo *m* para actividades deportivas ‖ ≃**coupé** *n* (Kfz) / cupé *m* deportivo ‖ ≃**fahrwerk** *n* (Kfz) / chasis *m* deportivo ‖ ≃**flugzeug** *n* / avioneta *f* [de deporte] ‖ ≃**halle** *f* / pabellón *m* de deportes, sala *f* de deportes, pista *f* cubierta ‖ ≃**lenker** *m* (Fahrrad) / manillar *m* deportivo
sportlich abgestimmtes Fahrwerk (Kfz) / chasis *m* de adaptación deportiva
Sportlichkeit *f*, sportliche Aufmachung / deportividad *f* (de un coche)
Sport•taucher/in *m/f* / submarinista *m f* ‖ ≃**wagen** *m*, -modell *n* (Kfz) / vehículo *m* [de] sport, coche *m* deportivo ‖ ≃**zentrum** *n*, Mehrzwecksportanlage *f* / centro *m* polideportivo ‖ ≃**zentrum** / centro *m* deportivo o de deportes, centro *m* polideportivo ‖ **offener** ≃**zweisitzer** (Kfz) / roadster *m*, convertible *m* de dos plazas
Spot *m*, Werbespot *m* (TV) / cuña *f*, anuncio *m* comercial ‖ ≃**-Beleuchtung** *f* / alumbrado *m* concentrado o puntiforme, iluminación *f* concentrada o de enfoque ‖ ≃**light** *n*, Strahlerleuchte *f* / proyector *m* de haz concentrado ‖ ≃**markt** *m* (Öl) / mercado *m* spot ‖ ≃**messer** *m* (Foto) / fotómetro *m* parcial
Spotted *m* **Gum** (Holz) / eucalipto *m* citriodoro
Spotter *m* (Mann, der einwinkt) (Luftf) / espóter *m*, spótter *m*
Spotvergoldung *f* / dorado *m* parcial
Sprach•amplitude *f* (Fernm) / amplitud *f* de sonidos vocales ‖ ≃**analysator** *m* (DV) / analizador *m* de palabra ‖ ≃**anweisung** *f* (DV) / instrucción *f* de lenguaje ‖ ≃**audiometer** *n* / audiómetro *m* para sonidos vocales ‖ ≃**aufnahme** *f* / registro *m* de la voz, grabación *f* de la palabra ‖ ≃**aufzeichnung** *f* / registro *m* de la voz ‖ ≃**ausgabe** *f*, akustische Ausgabe (DV) / respuesta *f* auditiva, respuesta *f* de audio ‖ ≃**ausgabe** (DV) / unidad *f* de respuesta hablada ‖ ≃**band** *n* / cinta *f* de grabación de la palabra ‖ ≃**band** s. auch Sprachfrequenzband ‖ ≃**beschneidung** *f* (Fernm) / limitación *f* de las crestas de modulación telefónica, limitación *f* de las señales vocales ‖ ≃**betätigung** *f* (Diktiergerät) / mando *m* por la voz ‖ ≃**bit** *n* (DV) / bit *m* vocal ‖ ≃**dehner** *m* (Fernm) / dilatador *m* de palabra ‖ ≃**-Dynamikregler** *m*, Sprach-Kompander *m* / compresor-expansor *m* de voz
Sprache *f* / idioma *m*, lengua *f*, lenguaje *m* ‖ ≃, Sprachausgabe *f* (DV) / salida *f* de lenguaje ‖ ≃ **SQL 2** (DIN 66 315) / lenguaje *m* de banco de información SQL 2 ‖ **offene** ≃, Klarsprache *f* / lenguaje *m* no cifrado
Spracheingabe *f* / entrada *f* de lenguaje
Sprachen•bank *f* (DV) / banco *m* lingüístico ‖ ≃**name** *m* (DV) / nombre *m* de lenguaje
Sprach•erkennung *f* (der Sprache) / reconocimiento *m* de la palabra ‖ ≃**erkennung** (der Stimme) / reconocimiento *m* de la voz, identificación *f* de la voz ‖ ≃**erkennungsgerät** *n* / reconocedor *m* de voz ‖ ≃**erkennungssystem** *n* / sistema *m* de reconocimiento de la voz ‖ ≃**frequenz** *f* (ca. 16 bis 20000 Hz, Hauptgebiet 300-3500 Hz, in USA 100-2000 Hz) (Fernm) / frecuencia *f* vocal o de la voz ‖ ≃**frequenzband** *n* / banda *f* fónica o de las frecuencias vocales ‖ ≃**generator** *m* / sintetizador *m* de sonidos vocales ‖ ~**gesteuert**, -betätigt / mandado por la voz, accionado por la voz ‖ ~**gesteuerter** Verstärkungsregler, Vogad *m* / vogad *m*, regulador *m* vocal, dispositivo *m* regulador de ganancia mandado por la voz ‖ ≃**gütemessung** *f* / medición *f* de la calidad de las frecuencias vocales ‖ ≃**industrie** *f*, Sprachverarbeitungs- u. Übersetzungsindustrie *f* / industria *f* lingüística o de la lengua ‖ ≃**inverter** *m* / inversor *m* telefónico o para la telefonía secreta ‖ ≃**kanal** *m* / canal *m* telefónico, vía *f* de comunicación telefónica ‖ ≃**kommunikation** *f* / comunicación *f* vocal o hablada ‖ ≃**kompression** *f* (DV) / compresión *f* de la voz o de la palabra ‖ ≃**labor** *n* / laboratorio *m* de idiomas ‖ ≃**-Laut** *m* (Fernm) / sonido *m* vocal ‖ ~**modulieren** *vt* / modular por la voz o por la palabra *vi* ‖ ~**moduliert** / modulado por la voz ‖ ≃**multiplex** *n* (Fernm) / múltiplex *m* de canales telefónicos ‖ ~**neutral** / independiente del lenguaje ‖ ≃**pegel** *m* / nivel *m* de conversación, nivel *m* de las corrientes vocales ‖ ≃**rohr** *n*, Sprechrohr *n* (Akust) / bocina *f*, megáfono *m* ‖ ≃**schale** *f* (DV) / procesamiento *m* de la frecuencia vocal ‖ ≃**schutz** *m* (Fernm) / circuito *m* de protección de la voz ‖ ≃**schutzfaktor** *m* (Fernm) / sensibilidad *f* relativa del circuito de protección y del circuito de señalización ‖ ≃**schwingung** *f* / oscilación *f* vocal ‖ ≃**signal** *n*, -zeichen *n* (Eltronik) / señal *f* vocal ‖ ≃**speicher** *m*, Voice Recorder *m* / grabador *m* de la voz ‖ ≃**spektrum** *n* / espectro *m* fónico o vocal o de la palabra o de la voz ‖ ≃**sperre** *f* (Fernm) / dispositivo *m* de audiosupresión ‖ ≃**steuerung** *f* (DV, Fernm) / control *m* por la voz ‖ ≃**stoß** *m* (Fernm) / impulso *m* vocal ‖ ≃**synthese** *f* / síntesis *f* de sonidos vocales o de voz ‖ ≃**synthesizer** *m* / sintetizador *m* de sonidos vocales ‖ ≃**telefonie** *f* / telefonía *f* de frecuencia vocal ‖ ≃**ton** *m* / tono *m* [de frecuencia] vocal ‖ ≃**treue** *f* / fidelidad *f* de tonos vocales ‖ ≃**trichter** *m* (Fernm) / boquilla *f* o embocadura del micrófono ‖ ≃**übersetzer** *m* (DV) / traductor *m* de lenguaje ‖ ≃**übertragung** *f* (Fernm) / transmisión *f* vocal o de la voz ‖ ≃**-Übertragungsleitung** *f* (Fernm) / vía *f* de comunicación telefónica ‖ ≃**umhüllende** *f* / envolvente *f* de señales vocales ‖ ≃**- und Daten-Übermittlung** *f* / transmisión *f* de voz y datos ‖ ≃**- u. Zeichenerkennung** *f* (DV) / identificación *f* de palabra y de configuraciones ‖ ≃**verschleierung** *f* (Fernm) / secrafonía *f* ‖ ≃**verschlüsseler** *m* (Fernm) / inversor *m* telefónico o de frecuencias vocales, inversor *m* [de banda] para telefonía secreta ‖ ≃**verschlüsselungssystem** *n* (Fernm) / sistema *m* de telefonía secreta ‖ ≃**verständlichkeit** *f* / inteligibilidad *f* de la voz ‖ ≃**verwürfeler** *m* / codificador *m* para telefonía secreta ‖ ≃**wähler** *m* (Simultananlage) / selector *m* de idioma ‖ ≃**zerhackung** *f* / corte *m* [periódico] de palabras
spratzen *vi* (Flamme) / chisporrotear ‖ ~, spucken (Chem) / crepitar
Spratzer *m* / chisporroteo *m*
spratzig (Pulver) / de fragmentos irregulares
Spratzprobe (Hütt) / ensayo *m* de chisporroteo
Spray *n*, Zerstäubungsmittel *n* / spray *m*, aerosol *m*, rocío *m* (LA) ‖ ≃ *n*, Haarspray *n* / laca *f* ‖ ≃**[apparat]** *m* (Kosmetik) / rociador *m* ‖ ≃**-Coat-Technik** *f* / recubrimiento *m* por proyección ‖ ≃**dose** *f* (Aerosol) / bote *m* rociador, envase *m* aerosol, salpicadera *f* ‖ ≃**düse** *f* / pulverizador *m*
sprayen *vt*, sprühen (Kosmetik) / pulverizar
spray•getrocknet / desecado por rociado ‖ ≃**packfüllung** *f* (Kolonne) / material *m* de relleno para rociado ‖ ≃**trockner** *m* / secador *m* por rociado
Spreader *m*, Container-Anschlaggeschirr *n* (Cont.Brücke) / spreader *m*, aparejo *m* portacontenedores *m* ‖ ≃ (Ausbreiter) (Straß) / distribuidor *m*, esparcidor *m*, extendedor *m*, esparcidora *f* ‖ ≃**feuerung** *f* (Kessel) / hogar *m* con regulador de la capa de carbón [sobre la parrilla]
Spread-Spectrum-Verkehr *m* (Fernm) / transmisión *f* de espectro extendido o de banda ancha

Sprech•ader f / alambre m de conversación ‖ **⁓anlage** f / interfono m ‖ **⁓apparat** m (Fernm) / teléfono m ‖ **⁓band** n, Tonband n / cinta f magnética o magnetofónica ‖ **⁓dauer** f **in s für eine Gebühreneinheit** (Fernm) / período m tasable o de tasación
sprechend, der ⁓e Teilnehmer / interlocutor m activo, persona f que habla, abonado m que habla
Sprecher m, Wortführer m / portavoz m ‖ **⁓abhängig** (Sprachanweisung) / dependiente del locutor ‖ **⁓unabhängig** (Sprachanweisung) / independiente del locutor
Sprech•frequenz f s. Sprachfrequenz ‖ **⁓funk** m / radiotelefonía f ‖ **durch ⁓funk** / por radiotelefonía, radiotelefónico ‖ **⁓funkgerät** n / radioteléfono m ‖ **tragbares ⁓funkgerät** / radioteléfono m ambulante o portátil ‖ **⁓funkgerät im öffentlichen beweglichen Landfunk o. im ÖbL** (amtlich), Autotelefon n / teléfono m de coche ‖ **⁓funkhörer**, -teilnehmer m (Eltronik) / [radi]oyente m ‖ **⁓funknetz** n / red f radiotelefónica ‖ **⁓funkverkehr** m / radiocomunicación f hablada, tráfico m radiotelefónico ‖ **⁓hörer** m (Bahn) / microteléfono m ‖ **⁓-Hörkopf** m / cabeza f grabadora-lectora ‖ **⁓kanal** m (Fernm) / canal m vocal o de voz ‖ **⁓kapsel** f **des Handapparates** / cápsula f del micrófono ‖ **⁓kopf** m (Diktiergerät) / cabeza f grabadora ‖ **⁓kreis** m (Fernm) / circuito m telefónico o de conversación ‖ **⁓kreis**, der gesamte Stromkreis (Fernm) / malla f ‖ **⁓kreisadresse** f / número m de identificación del circuito ‖ **⁓leistung** f (Funk) / potencia f vocal ‖ **⁓leitung** f (Bahn) / hilo m telefónico ‖ **⁓muschel** f / bocina f acústica ‖ **⁓pause** f (Fernm) / descanso m ‖ **⁓probe** f (Fernm) / examen m de la voz ‖ **⁓sekunde** f (Fernm) / segundo m de conversación ‖ **⁓stelle** f (Fernm) / puesto m telefónico, teléfono m público ‖ **⁓stellendichte** f (Fernm) / densidad f de puestos telefónicos ‖ **⁓strom** m / corriente f telefónica o de conversación ‖ **⁓strom** (Magn.Bd) / corriente f registradora o de grabación ‖ **⁓strom**, Mikrophonstrom m (Mikrofon) / corriente f [de excitación] del micrófono ‖ **⁓taste** f (Fernm) / botón m de conversación ‖ **⁓umschalter** m (Fernm) / llave f de escucha y conversación ‖ **⁓verbindung** f / comunicación f telefónica ‖ **⁓verbindung über Satelliten** / enlace m de telecomunicaciones por satélite ‖ **⁓verkehr** m, Telefonie f / telefonía f ‖ **wechselseitiger ⁓verkehr** / intercomunicación f ‖ **⁓verständigung** f (Fernm) / claridad f o calidad de palabra ‖ **⁓weg** m (Fernm) / canal m [radio]telefónico, vía f [radio]telefónica ‖ **⁓weite** f (Fernm) / alcance m telefónico ‖ **⁓zelle** f, Telefonzelle f (Fernm) / cabina f telefónica
Spreißelholz n / astillas f pl, tablillas f pl
Spreit-Dipol, V-Dipol m (Antenne) / dipolo m V, dípolo m [en] V
Spreite f, Blattspreite f (Bot) / limbo m
spreiten vt / extender
Spreitung, Ausbreitung f / dispersión f, esparcimiento m, diseminación f, difusión f
Spreitungsprozess m (Viskose) / dispersión f, esparcimiento m
Spreiz•anker m (Bau) / ancla f expansible ‖ **⁓dorn** m / mandril m expansible o de expansión ‖ **⁓dübel** m (Bau) / tarugo m expansible o de expansión ‖ **⁓dübel für Verankerung** (Bau) / grapa f de empotramiento, ancla f de expansión
Spreize f, Spreizholz n / madero m de separación ‖ **⁓**, Stütze f / apoyo m, entibo m ‖ **⁓** f, Strebe f (Bau) / pie m derecho, puntal m, riostra f, codal m ‖ **⁓**, Strebe f, Windverstrebung f (Bau) / contraviento m, contraventeamiento m, refuerzo m con riostras ‖ **⁓ eines Stativs** / tirante m de trípode ‖ **⁓ für Baugruben** / puntal m de zanja, riostra f de separación

spreizen / esparrancar, separar ‖ **⁓** (Bleche) / levantar y separar chapas ‖ **⁓**, weiten / extender, dilatar ‖ **⁓kopf** m / cabeza f de puntal
Spreizer, Abstandshalter m / separador m, distanciador m
Spreiz•fahrwerk n / carro m de transporte esparrancado ‖ **⁓feder** f (Wz) / muelle m extensor o separador ‖ **⁓haspel** m f (Hütt) / bobina f expansible o de diámetro variable ‖ **⁓hebel** m / extensor m ‖ **⁓hülse** f / casquillo m extensible ‖ **⁓hülsenanker** m (Bau) / bulón m o perno de expansión ‖ **⁓kamera** f (Foto) / cámara f de fuelle arriostrado ‖ **⁓kasten** m, Abschlagkasten m, -rahmen m (Gieß) / caja f de rebarbar ‖ **⁓keil** m / cuña m extensible, calce m ‖ **⁓kern** m (Wzm) / mandril m de expansión ‖ **⁓klappe** f (Luftf) / alerón m de intradós ‖ **⁓kolbenplatte** f (Plast) / placa f de alojamiento del émbolo de transferencia ‖ **⁓niet** m / remache m expansible o de expansión ‖ **⁓räumwerkzeug** n / herramienta f de brochar extensible ‖ **⁓reibahle** f (Wz) / escariador m extensible o ajustable o de diámetro regulable ‖ **⁓ring** m / anillo m extensible ‖ **⁓ringkupplung** f / acoplamiento m o embrague de anillo[s] extensible[s] ‖ **⁓schraube** f / tornillo m de ajuste ‖ **⁓schrift** f, Breitschrift f (Druck) / escritura f extendida o espaciada ‖ **⁓stütze** f / puntal m inclinado y ahorquillado
Spreizung f (Mech) / cambio m de distancia de dos puntos ‖ **⁓ der Vorderräder**, Neigung f der Achsschenkelbolzen (Kfz) / inclinación f de los pivotes [de manguetal] ‖ **⁓ des Frequenzbandes** (Radio) / extensión f de la banda de frecuencia[s] ‖ **⁓ von Übersetzungen** (Masch) / extensión f de la relación de transmisión
Spreiz•verfahren n **der Halbbild-Trennung** (Stereo) / método m aditivo de separación de imágenes ‖ **⁓zylinder** m / cilindro m extensible o de expansión
Spreng•apparat, Sprinkler m (Landw) / aparato m regador m de lluvia artificial, aspersor m, rociador m ‖ **⁓arbeit** f, Sprengen n (Bergb) / trabajos m pl de minar y volar, voladura f, trabajo m con explosivos ‖ **⁓bedarf** m (Bergb) / explosivos m pl ‖ **⁓bolzen** m (Raumf) / perno m explosivo ‖ **⁓bolzenschweißen** n / soldadura f por pernos explosivos ‖ **⁓düse** f (Landw) / tobera f regadora o rociadora o aspersora
Sprengelpumpe f (Vakuum) / bomba f Sprengel
sprengen, [durch Sprengmittel] explodieren lassen / estallar, reventar, explotar, explosionar, dinamitar ‖ **⁓**, schießen (Bergb) / volar, hacer saltar, petardear ‖ **⁓** (mit Gewalt), aufsprengen / forzar ‖ **⁓**, besprengen (Landw) / rociar ‖ **⁓**, überhöhen (Bau) / peraltar ‖ **⁓** (Glas) / cortar ‖ **⁓** vt (Rasen) / regar ‖ **in der Luft ⁓** / volar, hacer saltar ‖ **mit Dynamit ⁓** / dinamitar, volar con dinamita ‖ **⁓** n, Spritzen n / riego m, jeringazo m
Sprenger m (Landw) / regador m [de aspersión], aspersor m
Spreng•feder f, Sprengring m / arandela f de muelle de sujeción ‖ **⁓flüssigkeit** f / líquido m explosivo ‖ **⁓folie** f / diafrágma m de estallido ‖ **⁓gefechtskopf** m (Mil) / cabeza f [de combate] explosiva ‖ **⁓gelatine**, -gallerte f / gelatina f explosiva ‖ **⁓granate** f (Mil) / granada f explosiva, obús m explosivo, proyectil m explosivo ‖ **⁓kammer** f / cámara f de mina ‖ **⁓kapsel** f / cápsula f explosiva o detonante o fulminante ‖ **⁓kopf** m **eines Geschosses** (Mil) / espoleta f, cabeza f explosiva, ojiva f explosiva ‖ **⁓körper** m / petardo m, artefacto m ‖ **⁓kraft**, Brisanz f / fuerza f explosiva ‖ **⁓ladung** f, -satz m / carga f explosiva ‖ **⁓ladung**, Knallsatz m / sustancia f fulminante ‖ **⁓lanze** f (Hütt) / lanza f con cartucho ‖ **⁓loch** n (Bergb) / barreno m [para voladura], agujero m de mina ‖ **⁓lochbohren** n / perforación f para el barreno de voladura ‖ **⁓luftanlage** f (Anlage für flüssige Luft zum Sprengen) / instalación f de voladura por aire líquido ‖ **⁓meister** m (Bergb) / petardero m, pegador m ‖

Sprengmeister

⁓**meister** (Steinbruch) / dinamitero *m*, polvorero *m*, artificiero *m*, barrenero *m* ‖ ⁓**mittel** *n* s. Sprengstoff ‖ ⁓**niet** *m* / remache *m* explosivo ‖ ⁓**öl** *n* / aceite *m* explosivo ‖ ⁓**patrone** *f* (Bergb) / cartucho *m* explosivo ‖ ⁓**pfahl** *m* (Bau) / pilote *m* explosivo ‖ ⁓**plattieren** *n*, Explosionsplattieren *n* / chapeado *m* con explosivos ‖ ⁓**pulver** *n* (Bergb) / pólvora *f* explosiva o de mina ‖ ⁓**pumpe** *f* (Bergb) / gato *m* hidráulico de estallido ‖ ⁓**ring** *m* (Masch) / anillo *m* de sujeción, aro *m* de retención o fijación ‖ ⁓**ring** (Glas) / anillo *m* de estallido ‖ ⁓**ring für Reifen** (Bahn) / cerquillo *m* ‖ ⁓**ring-Einwalzmaschine** *f* / máquina *f* para el montaje de cerquillos ‖ ⁓**ringnut** *f* / ranura *f* [circular] para anillo de sujeción ‖ ⁓**rohr** *n*, -schlauch *m* (Landw) / tubo *m* [flexible] regador o de riego ‖ ⁓**rohrregner** *m* (Landw) / aspersor *m* oscilante ‖ ⁓**salpeter** *m* (Chem) / pólvora *f* de nitro, salitre *m* explosivo ‖ ⁓**satz** *m*, Sprengladung *f* / carga *f* explosiva ‖ ⁓**schärfe** *f* (Mühlstein) / estría *f* de molienda ‖ ⁓**schlamm** *m* (Gesteinssprengstoff) / lodo *m* explosivo ‖ ⁓**schnur** *f* / cuerda *f* o mecha explosiva o detonante ‖ ⁓**schuss** *m* (Bergb) / tiro *m* de mina ‖ ⁓**schwaden** *m* / vapores *m pl* de voladura ‖ ⁓**schweißen** *n* / soldadura *f* por explosión ‖ ⁓**seismik** *f* (Geol) / exploración *f* o prospección sísmica para voladuras

Sprengstoff *m*, -**mittel** *n* / explosivo *m*, materia *f* explosiva ‖ ⁓ **des Sprengeltyps** (Bergb) / explosivo *m* de seguridad ‖ ⁓ **durch Gießen aktiviert** / explosivo *m* activado por colada ‖ ⁓ **geringer Brisanz** / explosivo *m* poco severo ‖ **brisanter** ⁓ / explosivo *m* detonante ‖ **für Kohlengruben nicht zugelassener** ⁓ / explosivo *m* no admitido ‖ **für Kohlengruben zugelassener** ⁓ (Bergb) / explosivo *m* de seguridad permisible ‖ **gefrierfester** ⁓ / explosivo *m* antigel ‖ **gelatinöser** ⁓ s. Springgelatine / explosivo *m* gelatinizado ‖ **kräftiger** ⁓ / explosivo *m* fuerte ‖ **schiebender** ⁓ / explosivo *m* lento ‖ **schwacher** ⁓ / explosivo *m* poco fuerte ‖ **schwer gefrierbarer** ⁓ / explosivo *m* antigel ‖ ⁓**lager** *n* / polvorín *m*, almacén *m* pirotécnico

Spreng•strebe *f* (Sprengwerk) / jabalcón *m* ‖ ⁓**träger** *m* / viga *f* jabalconada ‖ ⁓**trichter** *m* / cráter *m* de explosión ‖ ⁓**- und Kehrmaschine** *f* / barredera-regadora *f*, regadora-barredora *f*

Sprengung *f* / voladura *f*, explosión *f* ‖ ⁓, Überhöhung *f* (Bau) / peralte *m*

Spreng•wagen *m* / camión *m* de riego, regadera *f* automóvil, autorregadora *f* ‖ ⁓**wedel** *m* / hisopo *m* ‖ ⁓**werk** *n* (Holzbau) / armadura *f* sobre puntales, estructura *f* con pendolones jabalconados ‖ ⁓**werk** (Güterwagen) / armadura *f* de larguero ‖ ⁓**werkbalken** *m* / viga *f* con armadura sobre puntales, viga *f* jabalconada ‖ ⁓**werkstrebe** *f* (Bahn) / tirante *m* de bastidor ‖ ⁓**wirkung** *f* / efecto *m* explosivo o de [la] explosión ‖ [**vernichtende**] ⁓**wirkung** / detonación *f*, estallido *m* ‖ ~**wirkungshemmend** / que inhibe el efecto explosivo ‖ ⁓**wolke** *f* / nube *f* de explosión ‖ ⁓**zünder** *m* / detonador *m*

sprenkeln, flecken / manchar, salpicar ‖ ~, tüpfeln / motear, puntear ‖ ~, marmorieren (Pap) / jaspear

Sprenkelung, Fleckigkeit *f* / jaspeado *m*

Spreu (Landw) / cáscaras *m pl* de grano, granzas *f pl*, paja *f* menuda ‖ ⁓**fleckigkeit** *f* / manchas *f pl* de paja ‖ ⁓**gebläse** *n* / aventador *m* o soplante de granzas ‖ ⁓**sichter** *m* (Landw) / separador *m* de granzas, criba *f* de granzas

Spriegel *m* (Kfz) / contracercho *m* de techo ‖ ⁓, Dachspriegel *m* (Bahn) / cercha *f* de techo o de pabellón

Sprieß *m*, Grabensteife *f* (Bau) / madera *f* de acodamiento ‖ ⁓, Kopfstütze *f* (Zimm) / puntal *m* del extremo o de encabezamiento

Spring•bild *n* (Uhr) / componentes *m pl* de salto ‖ ⁓**-Bildwand** *f* (Film) / pantalla *f* con resorte ‖ ⁓**blende** *f* (Foto) / diafragma *m* automático ‖ ⁓**brunnen** *m* / surtidor *m* (E), surtidero *m*, puquio *m* (LA) ‖ ⁓**duo-Walzwerk**, Vorsturz-Walzwerk *n* (Hütt) / tren *m* [laminador] dúo para desbastar llanta

springen *vi* (allg, DV) / saltar ‖ ~, hüpfen / brincar ‖ ~, tanzen / oscilar ‖ ~, zerspringen (allg) / romperse, partirse, estallar ‖ ~ (Glas) / rajarse, resquebrajarse ‖ ~, platzen / reventar ‖ ~ (Audio) / saltar el surco ‖ **bei der Landung** ~ (Luftf) / rebote *m* ‖ ⁓ *n* / salto *m* ‖ ⁓, Sprudeln *n* / borbollón *m*, burbujeo *m*, borboteo *m*, borbor *m* ‖ ⁓ (Audio) / mal seguimiento *m* ‖ ⁓ **des Bildes** (TV) / salto *m* de imágenes ‖ ⁓ **des Stromabnehmers** (Bahn) / despegue *m* del pantógrafo ‖ ⁓ **von Rädern** (Kfz) / despegue *m* de ruedas

springend, mit ~en Zahlen (Zähler) / con cifras de movimiento a saltos

Springer *m*, sprudelnde Ölquelle / pozo *m* brotante ‖ ⁓ (F.Org) / obrero *m* de reserva, suplente *m f*

Spring•flut *f*, -tide *f*, -gezeit *f* (Ozean) / marea *f* viva o máxima o de sicigia ‖ ⁓**frequenzmagnetron** *n* (Eltronik) / magnetrón *m* de agilidad de frecuencia ‖ ⁓**hochwasser** *n* (Ozean) / marea *f* alta (o pleamar) de mareas vivas ‖ ⁓**körper** *m* (Sicherung) / indicador *m* de fusión ‖ ⁓**messer** *n* / navaja *f* automática ‖ ⁓**niedrigwasser** *n* (Ozean) / marea *f* baja (o bajamar) de mareas vivas ‖ ⁓**quelle** *f* (Geol) / géiser *m*, surtidor *m* termal ‖ ⁓**rollo** *m* (Bau) / persiana *f* automática, persiana *f* con resorte ‖ ⁓**schaltung** *f* (Wzm) / avance *m* intermitente o arrítmico ‖ ⁓**schloss** *n* (Tür) / cerradura *f* de pestillo ‖ ⁓**schreiber** *m* (Fernm) / impresor *m* arrítmico ‖ ⁓**schuss**, Überspringer *m* (Fehler, Web) / hilo *m* de tramo saltado ‖ ⁓**steuerung** *f* (DV) / mando *m* de salto ‖ ⁓**stift-Detonationsprüfer** *m* (Kraftstoff) / medidor *m* de estallido con aguja de rebote ‖ ⁓**zeit** *f* (Gezeiten) / cuadratura *f* ‖ ⁓**zeitebbe** *f* / marea *f* baja de cuadratura

Sprinkler *m* (Feuerschutz) / rociador *m*, sprinkler *m*, aspersor *m* ‖ ~, Regner *m* (Landw) / regador *m* giratorio, rociadora *f* ‖ ⁓**düse** *f* / cabeza *f* automática de extinción

Sprit *m* (Chem) / alcohol *m* ‖ ⁓ (coll), Benzin *n* (Kfz) / gasolina *f*, gasofa *f* (coloq.) ‖ ⁓**druck** *m* (Tex) / estampación *f* con alcohol ‖ ⁓**drucken** *n*, Zinnbeizendruck *m* (Tex) / estampación *f* con mordientes de estaño ‖ ⁓**lack** *m* / barniz *m* de alcohol

Spritz•alitieren *n* / alitación *f* por proyección ‖ ⁓**alumin[is]ieren** *n* (Anstrich) / aluminizado *m* con pistola o por pulverización ‖ ⁓**anlage** *f* / instalación *f* de pulverización ‖ ⁓**anlage**, Einspritzanlage *f* (Kfz) / instalación *f* de inyección ‖ ⁓**anlage für Gussstücke** / dispositivo *m* lanzachorros ‖ ⁓**apparat** *m* / aparato *m* de pulverización ‖ ⁓**apparat** (Druck) / aerógrafo *m*, pistola *f* aerográfica ‖ ⁓**apparat zum Bestäuben** (Druck) / aparato *m* pulverizador antimácula ‖ ⁓**appretur** *f* (Tex) / apresto *m* por rociamiento

spritzbar / que puede ser tratado por proyección ‖ ~, spritzfähig (Feuerfest) / apto para ser proyectado por cañón o pistola

Spritz•barkeit *f* (Gummi) / extrusionabilidad *f* ‖ ⁓**barmacher** *m* (Plast) / adyuvante *m* de extrusión ‖ ⁓**behälter** *m* (Landw) / depósito *m* del pulverizador ‖ ⁓**belag** *m* (Pflanzenschutz) / capa *f* de pulverización ‖ ⁓**beton** *m* (Bau) / hormigón *m* proyectado ‖ ⁓**bewurf**, Rohputz *m* (Bau) / enlucido *m* basto [por pistola] (E), revoque *m* grueso (LA) ‖ ⁓**bitumen** *n* / betún *m* proyectado o para proyectar ‖ ⁓**blasen** (Plast) / moldeln *m* por inyección y soplado ‖ ⁓**blech** *n* (Ölschmierung), Spritzscheibe *f* / chapa *f* dispersora del aceite ‖ ⁓**blech** (Masch) / chapa *f* protectora contra salpicaduras, paragotas *f* ‖ ⁓**brühe** *f* (Landw) / caldo *m* de pulverización ‖ ⁓**dorn** *m* / mandril *m* de extrusionadora ‖ ⁓**druck** (Tex) / presión *f* de inyección ‖ ⁓**druck** (Tex) / estampación *f* con pistola ‖ ⁓**druck auf das Formteil** (Plast) / presión *f* sobre el

molde ‖ ⁓düse f (Anstrich) / tobera f o boquilla pulverizadora ‖ ⁓düse (Gieß) / tobera f lanzachorros ‖ ⁓düse (Plast) / tobera f de inyección, inyector m
Spritze f (Med) / jeringa f, jeringuilla f ‖ ⁓, Feuerspritze f / bomba f de incendios ‖ ⁓, Kraftspritze f / motobomba f de incendios ‖ ⁓, Gartenspritze f / bomba f de pulverizar o de riego ‖ ⁓, Injektion f / inyección f
Spritzemulsion f (zum Bestäuben von Druckbogen) (Druck) / emulsión f antimácula
spritzen vt, ab-, be-, anspritzen / regar, rociar, asperjar ‖ ⁓, farbspritzen / pulverizar o proyectar barniz, pintar al duco (col) ‖ ⁓ (Obst) / pulverizar ‖ ⁓ vi, aus-, hervorspritzen / salir a chorro, brotar, surtir ‖ ⁓, spritzgießen / moldear por inyección ‖ ⁓ vi (Schmutz) / salpicar ‖ ⁓ vt (F'wehr) / manejar la bomba de incendios, bombear agua ‖ ⁓, auftragen (eine Auflage) / recubrir por pulverización ‖ ⁓ vi, sprühen (Tropfen o. Teilchen) / salir a gotas ‖ ⁓ vt (Gieß) / tratar con chorro ‖ **mit der Spritze** ⁓ / jeringar ‖ **mit Schmutz [be]**⁓ / salpicar ‖ ⁓ n, Hervorspritzen n / salida f a chorro ‖ ⁓, Sprengen n / riego m, aspersión f ‖ ⁓, Spritzlackieren n / pintura f con pistola [pulverizadora], pintura f al duco (col) ‖ ⁓, Spritzer m / salpicadura f ‖ ⁓ n, Spritzguss m (Plast) / moldeo m por inyección, inyección f ‖ ⁓ (Bau) / proyección f con pistola ‖ **luftloses** ⁓ / pulverización f sin aire
Spritzentfettung f (Galv) / desengrase m por proyección o al chorro
Spritzer m (Flüssigkeit) / gota f proyectada, chispa f ‖ ⁓, Fleck m / salpicadura f, borrón m ‖ ⁓ m (Arbeiter) / pintor m de pistola ‖ ⁓ (Schw) / proyección f, gotita f de metal líquido
Spritz•erzeugnis n (Plast) / artículo m moldeado por inyección ‖ ⁓fähig, spritzbar (Plast) / inyectable ‖ ⁓fähig s. spritzbar ‖ ⁓fehler m (Plast) / defecto m de moldeo ‖ ⁓flasche f (Chem) / frasco m lavador, matraz m de lavado ‖ ⁓form f (Plast) / molde m de (o para) inyección ‖ ⁓formen n (Plast) / moldeo m por inyección ‖ ⁓funken m pl (Hütt) / chispas f pl fundentes ‖ ⁓gerät, Anstreichgerät n (Bau) / pistola f de pulverización ‖ ⁓gerät n, Heißspritzgerät n (Plast) / aparato m de moldeo por inyección [en caliente] ‖ ⁓gießmaschine f / máquina f para moldear por inyección ‖ ⁓gießverfahren n, -pressverfahren n / moldeo m por transferencia ‖ ⁓gießwerkzeug n / molde m de inyección, molde m para fundición inyectada ‖ ⁓guss m, Spritzen n (Plast) / fundición f inyectada o por inyección, moldeo m por inyección ‖ ⁓guss, -gussstück n / pieza f moldeada por inyección ‖ ⁓gussform f / molde m de inyección ‖ ⁓[guss]masse f / masa f para moldeo por inyección ‖ ⁓[guss]teil n (Plast) / pieza f moldeado por inyección ‖ ⁓hahn m / grifo m de proyección
spritzig (Kfz) / ágil y rápido
Spritz•kabine f / cabina f de pintura [a pistola o al duco], cabina f para proyección de barnices, cubículo m para proyección de barnices ‖ ⁓kanne f, Ölkännchen n / aceitera f plana ‖ ⁓kanone f (Feuerfest) / cañón m para inyectar ‖ ⁓klappe f (Kfz) / faldilla f [guardabarros] ‖ ⁓kolben m (Plast) / émbolo m de inyección ‖ ⁓kopf m (Plast) / cabezal m de inyección ‖ ⁓kopf m (Strangpressen) / cabezal m de extrusión ‖ ⁓kranz m (Brau) / anillo m de pulverización, corona f de aspersión ‖ ⁓kühlen n (Hütt) / enfriamiento m por proyección de agua ‖ ⁓lackieren n / pintado m o barnizado a pistola o al duco ‖ ⁓lackierer m / pintor m a pistola ‖ ⁓lackierung f, -lackierverfahren n / pintura f a pistola ‖ **elektrostatische** ⁓**lackierung** / pintura f electrostática a pistola, barnizado m electrostático con pistola
Spritzling m (Plast) / pieza f moldeada [por inyección]

Spritz•maschine f / máquina f o prensa de inyección, inyectadora f ‖ ⁓maschine (Gieß) / máquina f lanzachorros ‖ ⁓maschine für Gummi / budinadora f, máquina f de extrusión ‖ ⁓maschine für Schläuche und Rohre, Schlauchmaschine f (Plast) / extrusionadora f de tubos ‖ ⁓masse f (Plast) / masa f para fundición inyectada ‖ ⁓masse feuerfest / masa f refractaria para proyectar por cañón ‖ ⁓metallisierung f / metalización f por proyección ‖ ⁓mittel n, Spray m (Landw) / insecticida m para proyección ‖ ⁓mörtel m (Bau) / mortero m proyectado ‖ ⁓mundstück n (Extruder) / boquilla f de extrusión ‖ ⁓ölung f / lubrificación f por proyección o por borboteo ‖ ⁓pistole f / pistola f pulverizadora o de atomizar, pistola f para pintar al duco ‖ ⁓pistolen-Schwenkvorrichtung f / mecanismo m de giro de la pistola pulverizadora ‖ ⁓plakette f (Anguss mit Spritzgussteilen) (Plast) / pedúnculo m ‖ ⁓presse f, -pressmaschine f (Plast) / prensa f de transferencia ‖ ⁓presse, Strangpresse f / extrusionadora f ‖ ⁓pressen n (Plast) / moldeo m por transferencia ‖ ⁓presswerkzeug n (Materialbewegung entgegen der Stempelbewegung) / molde m de transferencia ‖ ⁓pulver (Landw) / polvo m humectable para aspersión ‖ ⁓putz m (Bau) / revoque m o enlucido proyectado por pistola ‖ ⁓quellung f (Plast) / hinchamiento m después de la inyección ‖ ⁓retusche f (Foto) / retoque m con pistola aerográfica ‖ ⁓rille f / ranura f deflectora ‖ ⁓ring m, Ölspritzring m / anillo m dispersor de lubri[fi]cación por aceite ‖ ⁓ringdichtung f / obturación f por anillos deflectores ‖ ⁓rohr n (Pap) / tubo m pulverizador ‖ ⁓rohr für Insektizide (Landw) / tubo m de aspersión, lanza f de aspersión para insecticidas ‖ ⁓rückstand m (Landw) / residuo m de aspersión ‖ ⁓schaum (Bau, Plast) / espuma f para pulverización ‖ ⁓scheibe f (Ölschmierung) / chapa f dispersora de aceite o de engrase ‖ ⁓schmierung / lubri[fi]cación f centrífuga o por proyección, engrase m por proyección ‖ ⁓schutz m (Masch) / protección f contra salpicaduras ‖ ⁓schutz (Wzm) / protección f contra el refrigerante, pantalla f protectora ‖ ⁓schutzmatte f (LKW) / faldilla f (de guardabarros) ‖ ⁓sieb n (Druck) / tamiz m de graneado ‖ ⁓spachtel m (Bau) / masilla f de pistola ‖ ⁓streckblas-Automat m / moldeadora f automática por proyección con soplado y distensión ‖ ⁓teil m (Plast) / artículo m moldeado por inyección, pieza f moldeada por inyección ‖ ⁓turm m, Sprühkondensationsturm m (Chem) / torre f prilling ‖ ⁓überzug m (Anstrich) / recubrimiento m con pistola o pulverización
Spritzung f, Spritzvorgang, Schuss m (Plast) / inyección f ‖ ⁓, Spritzvorgang m (Farbe) / pulverización f
Spritz•ventil n (Pap) / válvula f de pulverización ‖ ⁓verfahren n / pulverización f pintura por pistola ‖ ⁓vergaser m (Mot) / carburador m de pulverización ‖ ⁓versteller m (Mot) / mecanismo m de avance de inyección ‖ ⁓verzinkung f / galvanización f a pistola, galvanizado m por proyección ‖ ⁓wagen m / camión-manguera m ‖ ⁓wasser n / roción m, salpicadura f de agua, agua f proyectada ‖ ⁓wassergeschützt (Leuchte) / a prueba de salpicaduras ‖ ⁓wassergeschützt (Motor) / protegido contra los chorros de agua ‖ ⁓wasserschutz m (Elektr) / protección f contra los chorros de agua ‖ ⁓werkzeug n (Plast) / molde m de inyección ‖ ⁓zone (Schiff) / zona f de salpicaduras ‖ ⁓zylinder m (Plast) / cilindro m compresor de inyección
Sprödbruch m / rotura f frágil ‖ ⁓empfindlich / sensible a la rotura frágil ‖ ⁓prüfung f / ensayo m de fragilidad ‖ ⁓sicherheit f / seguridad f contra fragilidad ‖ ⁓-Übergangstemperatur f / temperatura f de transición de rotura frágil ‖ ⁓unempfindlich / no sensible o no susceptible a la rotura frágil

1241

Sprödbruchunempfindlichkeit

~**unempfindlichkeit** f / insensibilidad f a la rotura frágil
spröde / frágil ‖ ~, glashart / duro como el vidrio ‖ ~, kurz (Metall) / frágil, bronco ‖ ~, brüchig, bröcklig, zerbrechlich / quebradizo, resquebrajado, friable, agrio ‖ ~ (Haut) / áspero ‖ ~ **werden** / resquebrajar[se]
spröd•faserig (Holz) / de fibras frágiles ‖ ~**glaserz** n (Min) / estefanita f ‖ ~**glimmer** m / mica f frágil
Sprödigkeit f / fragilidad f, acritud f ‖ ~ (Hütt) / bronquedad f, fragilidad f
Sprosse f (Leiter) / escalón m, peldaño m ‖ ~ (Magn.Bd) / hilera f ‖ ~ (Fenster) / baquetilla f, baqueta f, baquetón m ‖ ~, Querholz n / cruceta f, pieza f en cruz
Sprossen•balken, -baum m / barandilla f ‖ ~**belag** m, Lattenrost m / emparrillado m de listones ‖ ~**eisen** n, Steigsprosse f / peldaño m de hierro ‖ ~**fenster** n / ventana f de baquetillas ‖ ~**geländer** n / parapeto m en celosía ‖ ~**leiter** f, -anlegeleiter f / escalera f de mano, escala f, burro m (LA) ‖ ~**schrift** f (Film) / registro m de densidad variable ‖ ~**stehleiter** f / escalera f de tijeras con peldaños ‖ ~**teilung** f (Magn.Bd) / paso m de hileras ‖ ~**tisch** m (Gieß) / mesa f de listones ‖ ~**zahnstange** f, Leiterzahnstange f (Bahn) / cremallera f sistema Riggenbach o Strub
Sprosspilz m, Hefepilz m, Blastomyzet m (Bot, Brau) / sacaromiceto m, blastomiceto m
Spruch-Ende n (Fernm) / fin m de comunicación, fin m de conversación
Sprudel•badgerät n (Sanitär) / equipo m de baño de remolinos ‖ ~**bett** n (Hütt) / lecho m efervescente [con partículas sólidas sopladas en la base]
sprudeln vi, aufwallen (Wasser) / hervir, borbotar, bullir ‖ ~, perlen / borboll[e]ar, borbollonear ‖ ~, Sieden m / ebullición f, borbor m, burbujeo m ‖ **zum** ~ **bringen** (z.B. mit Luft) (Flüssigkeit) / hacer burbujear, aerar, gasificar
sprudelnd, kochend / burbujeante, hirviente ‖ ~**e Ölquelle** (Öl) / pozo m brotante o surgente
Sprudelstein m (Min) / pisolita f
Sprüh•apparat m / pulverizador m, atomizador m ‖ ~**arm** m (Geschirrspül) / brazo m rociador ‖ ~**belüfter** m (Abwasser) / aireador m de chorro ‖ ~**beschichtung** f (Anstrich) / recubrimiento m por rociadura o por aspersión ‖ ~**boden** m (Chem) / plataforma f de pulverización ‖ ~**dose** f / bote m pulverizador, envase m aerosol, spray m ‖ ~**druck** m (Tex) / estampación m con pistola o con pulverizador ‖ ~**düse** f / pulverizador m, boquilla f rociadora ‖ ~**düse** (F'wehr) / tobera f pulverizadora ‖ ~**düsenbrenner** m / quemador m de tobera pulverizadora ‖ ~**elektrode** f / electrodo m de emisión
sprühen vt, stäuben / rociar ‖ ~ vi, glitzern / centellear ‖ ~, spritzen (Eltrik) / chisporrotear, echar chispas ‖ **Aerosol** ~ / difundir o aplicar aerosol
Sprüh•entladung f (Elektr) / efluvio m en corona ‖ ~**entwicklung** f (Repro) / revelado m por aspersión ‖ ~**entwicklungsmaschine** f (Film) / revelador m por aspersión ‖ ~**gerät** (Landw) / pulverizador m ‖ ~**gerät**, Befeuchter m / humectador m ‖ ~**getrocknet** (Nahr) / desecado por pulverización ‖ ~**gips** m (Bau) / yeso m para proyección ‖ ~**härten** n (Hütt) / temple m por aspersión ‖ ~**kalzinierung** f (Chem) / calcinación f por pulverización ‖ ~**kautschuk** m / caucho m en polvo ‖ ~**kegel** m (Anstrich) / cono m de atomización ‖ ~**kleber** m / pegamento m de aerosol ‖ ~**kolonne** f (Chem) / columna f de destilación por pulverización ‖ ~**kompaktieren** n (Hütt) / conformación f por metalización ‖ ~**kondensationsturm**, Prill-Turm m (Chem) / torre f de lluvia ‖ ~**kondensator** m (Nukl) / condensador m de lluvia ‖ ~**kopf** m / cabeza f pulverizadora o atomizadora ‖ ~**kristallisation**, -kondensation f (Chem) / condensación f de lluvia ‖ ~**kühler** m (SO$_2$-Reinigung), -wäscher m (Pap) /

enfriador m de lluvia o de mezcla ‖ ~**kühlung** f / enfriamiento m por rociado o por pulverización ‖ ~**kupfer** n (Met) / cobre m de riego ‖ ~**lack** m / barniz m de rociar o de chorrear con pistola ‖ ~**leiste** f (Wasserflugzeug) / desviador m de roción ‖ ~**lichtbogen** m (Schw) / arco m [voltaico] de rociadura ‖ ~**mischgerät** n / mezclador m pulverizador ‖ ~**mittel** n **zur Insektenvernichtung** (Landw) / insecticida m a pulverizar ‖ ~**nebel** m / niebla f meona, niebla f de gotitas finas ‖ ~**nebelprüfung** f / ensayo m de niebla ‖ ~**nebler** m (Landw) / pulverizador m de niebla ‖ ~**öl** n / aceite m de pulverización ‖ ~**pistole** f (Landw) / pistola f pulverizadora ‖ ~**probe** f (Hütt) / ensayo m a la chispa ‖ ~**punkt** m (van de Graaf) / punto m de inducción ‖ ~**reagenzien** n pl (Chem) / reactivos m pl de pulverización ‖ ~**regen** m (Meteo) / lluvia f fina, llovizna f, garúa f, calabobos m, mejabobos m ‖ **als** ~**regen niedergehen** / llovizar ‖ ~**regenartiger Werkstoffübergang** (Schw) / fusión f dividida o en rociado ‖ ~**reiniger** m (Anlage) / aparato m limpiador por pulverización ‖ ~**rohr** n / varilla f o boquilla f de aspersión, tubo m de aspersión ‖ ~**rösten** n (Hütt) / tostación f por pulverización ‖ ~**schaum** m, Spritzschaum m / espuma f de líquido para pulverización ‖ ~**schutz** m, -schirm m (Elektr) / pantalla f contra efluvios en corona ‖ ~**schutzisolator** m / aislador m protector contra efluvios ‖ ~**schutzwulst** m f, Schutzring m (Elektr) / anillo m de protección ‖ ~**tisch** m / mesa f de rociado ‖ ~**trockner** m (Nahr) / secador m de pulverización ‖ ~**trocknung** f / secado m por pulverización ‖ ~**verfahren** n, Aerosoltechnik f / técnica f de los aerosoles ‖ ~**wäscher** m (Chem) / columna f de lavado por pulverización ‖ ~**wäscher**, -kühler m (SO$_2$-Reinigung) (Pap) / enfriador m de lluvia o de mezcla ‖ ~**wäscher** (Gas) / scrubber m ‖ ~**wasser** n / agua f de pulverización ‖ ~**wasserprüfung** f / ensayo m con agua de rociado [pulverizada] ‖ ~**zerstäuber** m (Kosmetik) / pulverizador m, atomizador m
Sprung m, Riss m (allg) / raja f, rotura f, fisura f, grieta f, hendidura f ‖ ~, feiner Anriss / rajadura f, resquebra[ja]dura f ‖ ~, [Brenn]riss m (Feuerfest) / defecto m [de refractario] ‖ ~ (Glas) / raja f ‖ ~, Satz m / salto m ‖ ~ m (Eltronik, Spannung) / variación f brusca de tensión ‖ ~ (DV) / salto m, bifurcación f ‖ ~, Springen n (Tabulation) / salto m ‖ ~, Bruch m (Bergb, Geol) / falla f ‖ ~ m (Radiowellen) / salto m, trayectoria f de reflexión, trayecto m de onda reflejada ‖ ~ (Zahnräder) / alcance m de [de]multiplicaciones ‖ ~ m (Schrägstirnrad) / longitud f de recubrimiento ‖ ~, Fach n (Web) / calada f, paso m ‖ ~ (Programmierung) / cortocircuito m ‖ ~, Längsschiffskrümmung f (Schiff) / arrufo m, arrufadura f ‖ ~ **der Elektronen von einer Bahn in die andere** (Atom, Phys) / salto m de los electrones de una trayectoria u órbita a otra ‖ ~ **einer Kurve** (Math) / discontinuidad f de una curva ‖ ~ **in der Mauer** (Schiff) / arrufado
Sprung•adresse f (DV) / dirección f de transferencia o de bifurcación, punto m de destino de la bifurcación ‖ ~**antwort** f (DV) / respuesta f gradual ‖ ~**anweisung** (FORTRAN) (DV) / instrucción f de salto, instrucción f GO TO ‖ ~**artig ansteigen** (Spannung) / aumentar bruscamente ‖ ~**ausfall** m (Elektr) / falta f imprevista o repentina ‖ ~**befehl** m (DV) / instrucción f de salto ‖ ~**dämpfer** m (Luftf) / amortiguador m de aterrizaje ‖ ~**deckel** m / tapa f elástica ‖ ~**deckeluhr** f / saboneta f ‖ ~**effekt** m **bei Kurzwellenausbreitung** / efecto m de salto, reflexión f en la ionosfera ‖ ~**entfernung** f (Eltronik) / distancia f de salto o de silencio ‖ ~**feder** f (Matratze) / muelle m de somier ‖ ~**feder** / muelle m elástico ‖ ~**feder mit Schlangenhals**, Rollfeder f / muelle m de caracol ‖ ~**förmige Reaktion** (Nukl) / reactividad f en etapa ‖ ~**fräsen** n (Wzm) / fresado m pendular o con intermitencia ‖ ~**funktion** f (DV) /

función f de bifurcación ‖ ∼**funktion** (Math) / función f escalonada o [en] escalón ‖ ∼**funktion**, Heaviside-Funktion f / función f de Heaviside ‖ ∼**größe** f (einer Funktion) (Math) / valor m de discontinuidad de una función
sprunghaft (Math) / discreto, discontinuo ‖ ∼, regellos / errático, inconstante ‖ ∼, plötzlich / brusco ‖ ∼**er Vollausfall** (DV) / falla f catastrófica o total
Sprunghaftigkeit f / inconstancia f, discontinuidad f ‖ ∼ **der Anzeige** (Instr) / discontinuidad f de la indicación
Sprung•höhe f (Web) / altura f de calada ‖ ∼**höhe** (Geol) / salto m de falla ‖ ∼**kennlinie** f (TV) / respuesta f transitoria o en régimen transitorio ‖ ∼**kluft** f (Geol) / paraclasa f ‖ ∼**kontakt** m (Elektr) / contacto m de ruptura brusca ‖ ∼**punkt** m, -temperatur f (Supraleiter) / temperatura f de transición de superconductividad, punto m crítico ‖ ∼**rettungsgerät** n, -tuch n (F'wehr) / lona f salvavidas o de salto ‖ ∼**rohr**, S-Rohr, S-Stück n / tubo m en S, cañ[erí]a f en S ‖ ∼**rohr** n (Abflussrohr) / codo m doble o en S ‖ ∼**rücken** (Druck) / lomo m destacado o despegado o libre, lomera f despegada ‖ ∼**schalter** m (Elektr) / conmutador m de acción rápida o a salto ‖ ∼**schaltung** f (Wzm) / conexión f intermitente, avance m intermitente ‖ ∼**schaltung** (Elektr) / interrupción f o ruptura brusca ‖ ∼**schanze** f / trampolín m [de esquí], saltadero m ‖ ∼**spannung** f (Gasentl.Röhre) / tensión f inicial inversa ‖ ∼**staffelung** f (Räumwz) / progresión f de dientes a saltos ‖ ∼**stelle** f (Wellenleiter) / punto m de discontinuidad ‖ ∼**tischschaltung** f (Wzm) / avance m intermitente de la mesa, avance m de la mesa a saltos ‖ ∼**tuch** n (F'wehr) / lona f de bomberos o de salto, lona f salvavidas ‖ ∼**überdeckung** f (Zahnrad) / grado m de recubrimiento ‖ ∼**überdeckungwinkel** m (Zahnrad) / ángulo m de recubrimiento ‖ ∼**verzerrung** f (Eltronik) / distorsión f transitoria o en régimen transitorio ‖ ∼**vorschub** m (Wzm) / avance m discontinuo o intermitente o a saltos ‖ ∼**weise** / discontinuo, a saltos ‖ ∼**weiser Einzug** (Jacquard) / remetido m pasado ‖ ∼**weiser Papiervorschub** (DV) / avance m discontinuo del papel ‖ ∼**weise verzweigte Struktur** (DV) / estructura f ramificada a saltos ‖ ∼**weiser Wiedereinflug** (Raumf) / entrada f a saltos ‖ ∼**welle** f (Elektr) / onda f de sobretensión ‖ ∼**welle**, Sturzwelle f, Bore f (Ozean) / macareo m (turgencia producida por las mareas máximas) ‖ ∼**werk** n (Speichergetriebe) / mecanismo m de pasaje brusco ‖ ∼**wert** m (Regeln) / valor m de conmutación [de una acción escalonada] ‖ ∼**zeit** f (Nukl) / tiempo m de transición de electrones ‖ ∼**ziel** n (DV) / blanco m de transferencia ‖ ∼**ziffernzählwerk** n / minutería f de cifras de movimiento a saltos
SPS = speicherprogrammierte Steuerung
SPS-Speicher m (= series-parallel-series) (DV) / memoria f serie-paralelo-serie
spucken vi, sprudeln (Dampfm) / arrastrar agua por el vapor ‖ ∼, spratzen (Chem) / chisporrotear ‖ ∼ (Mot) / toser, petardear
Spuckstoff m (Pap) / rechazo m
SPU-Einheit f (Raumf) / unidad f de propulsión normalizada
Spül•abort m (Sanitär) / retrete m con descarga de agua, inodoro m ‖ ∼**anlage** f (Bergb) / instalación f de relleno hidráulico ‖ ∼**anlage** (Hütt) / instalación f de lavado ‖ ∼**apparat**, Spüler m / aparato m de enjuagar
Spul•apparat (Nähm) / mecanismo m de bobinado ‖ ∼**arbeit** f (Tex) / trabajo m de bobinado
Spül•bad n (Galv) / baño m de enjuague o de lavado ‖ ∼**bad** (Tex) / baño de enjuague ‖ ∼**bagger** m / draga f de relleno hidráulico ‖ ∼**becken** n (Klosett) / taza f (del inodoro) ‖ [einfaches o. doppeltes] ∼**becken des Spültisches**, Doppelspüle f (Bau) / cubeta f de enjuagar, fregadero m [de doble seno], pila f ‖ ∼**becken** n **mit Überlauf** / cubeta f de derrame ‖

∼**bohren** n (Öl) / perforación f con limpieza por inundación ‖ ∼**bohrer** m (Bergb) / barrena f con chorro de agua ‖ ∼**bohrstange** f (Öl) / vástago m de perforación con limpieza por inundación ‖ ∼**dampf** m / vapor m de barrido ‖ ∼**druck** m (Mot) / presión f de barrido ‖ ∼**düse** f **der Saugpumpe** / boquilla f de la bomba de succión
Spule f, Wicklung f (Elektr) / bobina f, arrollamiento m, solenoide m ‖ ∼, Garnspule f (Tex) / bobina f, carrete m ‖ ∼, Drahtrolle f (Hütt) / rollo m de alambre ‖ ∼ f (Film, Magn.Bd) / carrete m ‖ ∼, Induktionsspule f (Elektr) / bobina f de inducción, carrete m de inducción ‖ **in der** ∼ **gefärbt** (Tex) / teñido en la bobina ‖ ∼ **mit verschiebbarem Kern** (Elektr) / bobina f de núcleo móvil ‖ ∼ f **Nr 127** (Röntgen) / bobina f del formato 127 ‖ ∼ [voll] **Garn** / bobina f llena ‖ ∼ **für Unterfaden** (Nähm) / canilla f del hilo inferior ‖ ∼ **mit Dose für Filme** / bobina f con caja (para película) ‖ **mit** ∼ **n versehen**, bespulen (Tex) / colocar bobinas, enhusar, guarnecer ‖ **zylindrische** ∼ **aus nur einem Leitungsdraht** / hélice f
Spüle f, Spültisch m (Bau) / fregadero m, pila f
Spul•einheit f, Spulkopf m, Wickelkopf m (Spinn) / cabeza f de bobinado ‖ ∼**einrichtung** f (Nähm) / mecanismo m de bobinado
spulen vt, aufspulen / bobinar, enrollar, devanar en carrete ‖ ∼, haspeln / bobinar, devanar, arrollar, enrollar ‖ **Schuss** ∼ (Tex) / bobinar o encanillar la trama ‖ ∼ n (Sammelbegriff) (Tex) / bobinado m ‖ ∼ **auf konischen Hülsen** (Spinn) / bobinado m en canillas cónicas
spülen (WC) / expulsar el agua de bombillo, descargar el depósito ‖ ∼, ab-, auswaschen, wässern / enjuagar, lavar, fregar ‖ ∼, mit Wasser überschütten / regar ‖ ∼ (Mot) / barrer, efectuar el barrido ‖ ∼, entfetten (Färb) / desengrasar, quitar la materia grasa ‖ **an Land** ∼ / arrojar o arrastrar a la orilla ‖ **Wäsche** ∼ / aclarar la ropa ‖ ∼ n / lavado m, enjuagado m ‖ ∼ (Mot) / barrido m, expulsión f de los gases quemados ‖ ∼ **durch Gebläse** (Mot) / barrido m por soplante ‖ ∼ **[mit Gas]** (Chem) / barrido m por gas
Spulen•abstand m (Fernm, Pupinisierung) / paso m de pupinización ‖ ∼**abstand** (Spinn) / distancia f entre canillas o carretes ‖ ∼**abstreifer** m (Walzw) / escurridor m de rollos ‖ ∼**antenne** f / antena f de cuadro ‖ ∼**antrieb** m (Lautsprecher) / excitación f por bobina ‖ ∼**antriebswagen** m (Spinn) / bancada f portabobinas ‖ ∼**anzapfung** f (Elektr) / toma f de bobina ‖ ∼**arm** m (Projektor) / brazo m portabobina[s], brazo m portacarrete ‖ ∼**aufbau** m (Tex) / formación f de husada ‖ ∼**aufstecker** m (Web) / tablero m portabobinas ‖ ∼**aufsteckgatter** n (Spinn) / fileta f de [las] bobinas, rastrellera f ‖ ∼**behälter** m (Web) / caja f de canillas ‖ ∼**beschichtung** f (Galv) / recubrimiento m de rollos ‖ ∼**brett** n (Spinn) / estante m para bobinas, tablero m portacanillas ‖ ∼**dichte** f (Garn) / densidad f de carrete ‖ ∼**dose** f (Film) / portacarrete m ‖ ∼**draht** m / alambre m a bobinar ‖ ∼**druckmaschine** f / máquina f para imprimir bobinas ‖ ∼**durchmesser** m (Tex) / diámetro m del carrete o de la bobina ‖ ∼**einheit** f, -kopf m (Spinn) / cabeza f de la canilla ‖ ∼**ende** n (DV, Film) / extremidad f de cinta, fin m de carrete ‖ ∼**endmarke** f (für Spulenwechsel) (Film) / marca f de fin de carrete ‖ ∼**etikett** n (Magn.Bd) / etiqueta f de cinta ‖ ∼**faden** m, Unterfaden m (Nähm) / hilo m de canilla ‖ ∼**färbung** f (Tex) / teñido m en la bobina ‖ ∼**feld** n (Fernm) / sección f de pupinización ‖ ∼**feld** (Magnet) / campo m magnético de un solenoide ‖ ∼**feld-Ergänzung** f (Fernm) / complemento m de la sección pupinizada ‖ ∼**flansch** m (Tex) / brida f de bobina ‖ ∼**fluss** m (Elektr) / acoplamiento m inductivo de bobina ‖ ∼**folgenummer** f (Magn.Bd) / número m de secuencia del carrete ‖ ∼**fuß** m (Tex) / pie m de bobina ‖ ∼**galvanometer** n / galvanómetro m de cuadro móvil

1243

Spulengatter

|| ~**gatter**, -gestell n (Tex) / fileta f de bobinas ||
~**gehäuse** n, -kapsel f (Nähm) / cápsula f portacanilla ||
~**gewicht** n / peso m del hilo o de la bobina || ~**güte** f /
factor m Q de bobina || ~**halter** m (Elektr) / cuadro m
de bobina || ~**halter** (DIN), Spulenträger m
(Kreuzspulen, Spinn) / portabobina m || ~**halter** m,
Hülsenaufnehmer m (Schussspulen) / portacanillas m ||
~**halter** (Bb) / portabobinas m || ~**hülse** f (Elektr) /
tubo m de bobina || ~**hülse**, Kanette f (Web) / canilla f,
tubo m de la canilla || ~**kapsel** f (Nähm) / cápsula f
portacanilla || ~**kapselklappe** f, Kapselklappe f
(Nähm) / tapa f de la cápsula portacanilla || ~**kasten** m
(Elektr) / caja f de bobinas || ~**kasten**,
Pupinspulenkasten m (Fernm) / caja f de bobinas
Pupin || ~**kasten** m, -körper, m -träger für Feldspulen
(Elektr) / armazón m de bobina || ~**kasten** (Spinn) /
estante m para bobinas || ~**kern** m (Eltronik) / núcleo
m de bobina || ~**kern** (Elektr) / núcleo m de
inductancia || ~**kette**, -leitung f (Fernm) / filtro m
pasabajos o de paso bajo || ~**klemme** f (Webschützen) /
pinza f sujetacanillas || ~**klemme** (Elektr) / borne m de
arrollamiento || ~**knopf** m (Foto) / botón m de bobina
|| ~**kopf** m (der einzelnen Spule) (Elektr) / cabeza f de
bobina || ~**kopf**, Wicklungskopf m (Elektr) / conexión f
frontal || ~**kopf** (Tex) / cabeza f de bobina || ~**körper**,
-kern m (Elektr) / núcleo m de bobina ||
~**körperantrieb** m (Spinn) / mando m de bobinas ||
~**nachfüllen** n (Web) / relleno m de bobinas o carretes
|| ~**nachsatz** m (DV) / etiqueta f de fin de cinta ||
~**plan** m (Fernm) / esquema m de pupinización ||
~**potentiometer** n / potenciómetro m inductivo ||
~**punkt** m (Fernm) / punto m de carga o de
pupinización || ~**rahmen** m, -gatter n, -register n (Tex)
/ portabobinas m || ~**rand**, -scheibe f (Tex) / valona f
|| ~**rolle** f (Lager) / rodillo m cilíndrico elástico || ~**satz**
m (Elektr) / juego m de bobinas || ~**satz** (Fernm) /
unidad f de carga || ~**seiten-Zwischenlage** f (Elektr) /
separador m de lados de bobinas || ~**stift** m (Spinn) /
husillo m || ~**telefon** n (Fernm) / receptor m de bobina
móvil || ~**tisch**, -wagen m (Spinn) / carro m
portabobinas, balancín m || ~**tisch** m (Stetigspinner)
(Spinn) / mesa f de fileta || ~**tonband** n / cinta f
magnetofónica || ~**tonbandgerät** n / magnetófono m
[de cinta], grabadora f de cinta || ~**topf** m (Eltronik) /
bobina f blindada || ~**träger** m (Film, Foto) /
portacarrete[s] m || ~**träger** (Kabelherst) / soporte m
devanador || ~**träger**, Spulenhalter m (DIN) (Spinn) /
portabobinas m || ~**trommel** f (Elektr) / tambor m de
bobina[s] || ~**vorsatz** m (DV) / etiqueta f de inicio de
cinta || ~**vorwiderstand** m (Instr) / resistor m
amortiguador de carga || ~**wagen** m (Tex) / carro m
portabobinas, balancín m || ~**wäsche** f (Tex) / lavado m
de [las] bobinas || ~**wechsel** m (DV) / cambio m de
carretes || ~**wechsel** (Web) / cambio m de bobinas ||
~**wechselautomat** m (Tex) / telar m de cambio
automático de canillas || ~**wechsler** m (Tex) /
cambiabobinas m, cambiador m de bobinas || ~**weite** f
in Nutteilungen (Elektr) / paso m en la bobina ||
räumliche ~**weite** (Elektr) / alcance m de bobinas ||
~**wickel** m, -kern m / núcleo m de bobina ||
~**wickelmaschine** f / bobinadora f ||
~**wickelschablone** f / molde m de bobinado, formero
m para devanar bobinas || ~**wicklung**, Drahtspule f
(Elektr) / bobina f de alambre, arrollamiento m ||
~**widerstand** m / resistencia f inductiva || ~**windung** f
/ vuelta f o espira de bobina || ~**zuführung** f (Tex) /
alimentación f de bobinas

Spuler m, Spulerin f (Arbeiter) / bobinador m,
bobinadora f || ~ (Nähm) / mecanismo m de bobinado

Spulerei, Wickelei f (Spinn) / sala f de bobinado ||
~**abfall** m (Spinn) / desperdicios m pl de bobinar

Spül•fahrzeug n / vehículo m enjuagador || ~**flotte** f
(Färb) / agua f de enjuague, baño m de enjuague ||
~**flüssigkeit** f (Öl) / fluido m (E) o flúido m (LA) de

limpieza, lodo m (LA) || ~**gas** n (Hütt) / gas m de
circulación || ~**gas** (Mot) / gas m de lavado o de
barrido || ~**gas** (Nukl) / gas m lavador o de lavado ||
~**gebläse** n (Mot) / soplante m de barrido || ~**grad** m
(Mot) / tasa f de barrido || ~**gut** n (Bergb) / material m
para relleno hidráulico || ~**gut** (Färb) / material m
para enjuagar || ~**hebel** m (WC) / palanca f de
descarga o de la cisterna || ~**hub** m (Mot) / carrera f de
barrido o de escape o de expulsión

Spülicht, Küchenabwasser n / lavazas f pl, enjuagaduras
f pl, agua f de lavar

Spül•kanal m (Hydr) / canal m de flujo rápido || ~**kasten**
m (WC) / depósito m del retrete, depósito m de
descarga de agua || **aufgesetzter** ~**kasten** (WC) /
tanque m || **tiefhängender** ~**kasten** (WC) / depósito m
de descarga bajo || ~**kasten** m **unter Putz** (WC) /
depósito m de descarga empotrado ||
~**kasten-Klosett** n (Sanitär) / inodoro m con depósito
|| ~**kippanlage** f (Bergb) / instalación f de relleno
hidráulico (E) o de refulado (LA) || ~**kippe** f (Bergb) /
vaciadero m de purga, lugar m de acarreo hidráulico ||
~**klappe** f (Kanalisation) / válvula f de enjuagadura ||
~**klosett** n (Sanitär) / inodoro m, wáter[-closet] m, WC
m || ~**kopf** m (Bergb) / cabeza f de inyección de agua ||
~**kopf**, -wirbel m (Öl) / eslabón m giratorio, unión f
giratoria || ~**kopf für Tiefbohrung** / cabeza f de
lavado, cabeza f de sondeo hidráulico ||
~**-undKühlgebläse** n (Mot) / soplante m de barrido y
de aire de refrigeración || ~**leitung** f (Mot) / tubo m de
barrido || ~**leitung** (Bau) / conducto m de lavazas o de
descarga || ~**leitung** (Öl) / tubo m de extracción del
fango || ~**luft** f (Mot) / aire m de barrido o de soplado ||
~**[luft]schlitz** m (Mot) / lumbrera f de barrido

Spul•maschine f (Spinn) / bobinadora f || ~**maschine**,
Kettenspulmaschine f (Spinn) / máquina f de bobinar,
bobinadora f de urdimbre || ~**maschine**,
Schussspulmaschine f (Web) / encanillera f o
encanilladora [de trama]

Spül•maschine f (Tex) / máquina f de enjuagar ||
~**maschine**, Geschirrspüler m / lavavajillas m,
lavaplatos m || ~**maschine für Flaschen** / lavadora f o
enjuagadora de botellas || ~**maschinenfest** / apto
para lavaplatos || ~**mittel** n / agente m de lavado,
abrillantador m || ~**mittel** (Ölbohrung) / fluido m (E)
o flúido (LA) para pozo de petróleo || ~**motor** m
(Masch) / motor m con barrido || ~**öl** n / aceite m de
lavado o de enjuague

Spulöl n (Spinn) / aceite m de bobinado

Spül•ölleitung f / tubo m de recorrido de aceite ||
~**ölschmierung** f / lubrificación f forzada || ~**platz** m
(Bau) / fregadero m, lavaplatos m (CHILE) ||
~**programm** n (Geschirrspülm) / programa m de lavado
|| ~**programm** (Waschmaschine) / programa m de
aclarar || ~**pumpe** f (Mot) / bomba f de barrido ||
~**pumpe** (Bergb) / bomba f de inyección de agua ||
~**pumpe** (Ölbohrung) / bomba f de extracción del
fango || ~**rinne** f (Hydr) / canal m de enjuagadura ||
~**rohr**, Schwenkrohr n / tubo m giratorio de lavado ||
~**rohr** n (WC) / tubo m de descarga o de vaciado ||
~**schieber** m, -klappe f / compuerta f de enjuagadura
o de lavado || ~**schlamm** (Drehbohren) / fango m o
lodo de perforación || ~**schlamm-Pumpe** f (Rot.
Bohren) / bomba f de fango [de perforación] ||
~**schleuse**, Einflussschleuse f / esclusa f de
enjuagadura || ~**schlitz** m (Mot) / lumbrera f de
barrido o de escape || ~**stange** f (Öl) / kelly m

Spulstelle f (Tex) / cabeza f de bobinado

Spül•tisch m (Bau) / mesa f fregadera, fregadero m ||
~**tischeinsatz** m (Bergb) / seno m de fregadero || ~**trichter** f
(Bergb) / embudo m mezclador || ~**trog** n (Tex) / cuba f
de aclarado || ~**tropfkörper** m (Abwasser) / filtro m
percolador (o de escurrimiento) de alta actividad ||
~**trübe** f (Öl) / lodo m de perforación (E), inyección f
(LA), barro m o flúido de perforación (VEN)

Spülung f / enjuague m, enjuagadura f, lavado m ‖ ~, Spülverfahren n (Mot) / barrido m, expulsión f de los gases ‖ ~ (Ölbohrung) / fluido m (o flúido (LA)) de perforación ‖ ~, Spülvorrichtung f (Klosett) / instalación f de descarga
Spülungsfachmann m (Ölbohrung) / especialista m de lodo (E) o de inyección (LA) o de perforación
Spül•ventil n / válvula f de limpieza ‖ ~**versatz** m (Bergb) / relleno m hidráulico ‖ ~**versatzleitung** f / tubería f de relleno hidráulico ‖ ~**vorrichtung** f (WC) / dispositivo m de descarga de agua, irrigación f del inodoro ‖ ~**wanne** f (Foto) / cubeta f de lavado ‖ ~**wasser** n (WC) / agua f de irrigación o de expulsión, agua f de descarga ‖ ~**wasser** (für Reinigung) / agua f de limpieza ‖ ~**wasser** (Bergb, Bohren) / agua f de limpieza por inundación ‖ ~**wasser**, Spülicht n, Abwasser n / lavazas f pl, enjuaguaduras f pl, aguas f pl sucias ‖ ~**wasser** (Wäsche) / agua f de aclarar o enjuagar, agua f de lavar ‖ ~**wasser** (Spinn) / agua f de enjuagar ‖ ~**wasser**, Abwasser n / aguas f pl sucias (E) o servidas (LA) ‖ ~**wasser** n, Transportwasser n (Aufb) / agua f de arrastre ‖ ~**wasserbehälter** m (bes. für automatisches Spülen) / depósito m de agua de descarga ‖ ~**wasser[bohr]kopf** m (Bergb) / cabeza f de perforación de agua de limpieza ‖ ~**wirbel** m, -kopf m (Öl) / unión f giratoria (E), cabeza f giratoria (LA)
spunbonded Vlies, Spinnvlies n (Plast) / tela f no tejida 'spunbonded'
Spund m, Verschluss m / tapadera f ‖ ~ (Fass) / tapón m, bitoque m ‖ ~ (Gieß, Hütt) / tapón m, tapadera f ‖ ~**bohle** f / tablestaca f ‖ ~**bohrer** m (Fass) / taponadora f
spunden vt, mit Nut u. Spund verbinden (Tischl) / ensamblar, machihembrar
Spund•futter n (Drechsler) / mandril m de agujero simple ‖ ~**hobel** m (Tischl) / cepillo m para machihembrar ‖ ~**kopf** m (Fräsen Holz) / tupí m machihembrador ‖ ~**loch** n (Brau) / ojo m de barril, canillero m ‖ ~**maschine** f (Zimm) / máquina f de machihembrar ‖ ~**pfahl** m (Wassb) / montante m acanalado ‖ ~**profil** m (Walzw) / perfil m para ensamblar
Spundung f, Nut und Feder f (Tischl) / machihembrado m
Spundwand f, Spundpfahlwand f (Wassb) / hilera f o pared f de tablestacas, ataguía f, tablestacado m ‖ ~, Larssenwand f / tablestacado m sistema Larssen ‖ runde ~ / tablestacado m circular ‖ ~**bohle** f / tablestaca f ‖ ~**fangdamm** f / ataguía f de tablestacas ‖ ~**holm** m / larguero m de tablestacado ‖ ~**kasten** m / caja f de tablestacas ‖ ~**poller** f / bolardo m de tablestacas ‖ ~**ramme** f / martinete m hincatablestacas ‖ ~**schürze** f / cercado m de tablestacas ‖ ~**stahl** m / acero m para tablestacas ‖ ~**stahl**, -wandprofil m / tablestaca f de acero, perfil m de tablestaca ‖ ~**zelle** f / célula f de tablestacas
Spundzapfen m (Fass) / canilla f, espiche m, tapón m
Spur f (allg) / traza f, huella f ‖ ~, Merkmal n / marca[ción] f ‖ ~, Indizium n / indicio m, vestigio m ‖ ~ (Färb) / indicio m ‖ ~, Rad-, Wagenspur f / rodada f, carrilada f, carrilera f ‖ ~, Fahrspur f (Straßb) / faja f, carril m, pista f ‖ ~, Eindruck m, Abdruck m / impresión f ‖ ~, Fährte f / rastro m, huella f ‖ ~, Spurweite f (Bahn) / ancho m de vía, vía f, trocha f (LA) ‖ ~ f (Chem, Math) / traza f ‖ ~ (Radar) / traza f radial ‖ ~ (Magn.Bd) / pista f, canal m ‖ ~ **einer Matrix** (Math) / traza f de la matriz ‖ ~**en** f pl **je Zoll** / pistas f pl por pulgada ‖ ~ **mit veränderlicher Breite u. Dichte** (Audio) / pista f compresible ‖ ~ **vorn [,hinten]** (Kfz) / vía f delantera [,trasera] ‖ **doppelte** ~ / vía f doble ‖ **eine** ~ **einteilen** (Magn.Bd) / preparar la pista **einer** ~ **folgen o. nachgehen** (allg) / seguir la traza ‖ **hinterlassene** ~, Rest m / vestigio m [residual o quedado], residuo m, resto m

Spur•abnutzung f (Straßb) / desgaste m de faja ‖ **seitlicher** ~**abstand**, Spurteilung f (DIN) (Magn.Bd) / paso m transversal ‖ ~**adresse** f (DV) / dirección f de pista ‖ ~**anzeiger** m (Landw) / indicador m de surco ‖ ~**arbeit** f (Hütt) / concentración f ‖ ~**assistent** m (Kfz) s. Spurhalteassistent ‖ ~**berichtigung** f (Bahn) / rectificación f del ancho de vía ‖ ~**differenzwinkel**, Ackermanneffekt m (Kfz) / ángulo m relativo al doblar las ruedas delanteras ‖ ~**einstellmutter** f (Kfz) / tuerca f de regulación de la barra de acoplamiento ‖ ~**einstellung** f (Tonband) / alineamiento m de la cabeza ‖ ~**element** n (Bereich eines Bits) (DV) / punto m
spuren vi, das Geleise halten / seguir la faja o la pista o el carril ‖ ~ n, Spurschreiben n, Tintenstrahlschreiben n, Spurschreiben n (DV) / grabado m por chorro de tinta ‖ ~ (Hubschrauber) / alineamiento m de palas
spüren vt, aufspüren / detectar, captar
Spuren•analyse f (Chem) / análisis m de vestigios o trazas ‖ ~**autoradiographie** f (Nukl) / autorradiografía f por trazas ‖ ~**chemie** f / microquímica f ‖ ~**element** n (Chem) / elemento m traza, oligoelemento m ‖ ~**elementedünger** m (Landw) / abono m de oligoelementos ‖ **~förmige Verschmutzung** / traza f de contaminación ‖ **~haft**, -weise / en vestigios o trazas ‖ ~**kammer** f (Nukl) / cámara f de trazas ‖ ~**messgerät** n / registrador m de trazas ‖ ~**metall** n (Hütt) / metal-traza m ‖ ~**nachweis** m / comprobación f de trazas ‖ ~**prüfer** m (Gas) / detector m de trazas de gas ‖ **~weise**, in Spuren / en vestigios, en trazas
Spur•erweiterung f (Bahn) / ensanchamiento m de vía, ampliación f del escantillón (MEJ) ‖ ~**erweiterung** (Betrag) (Bahn) / sobreancho m de vía ‖ ~**erweiterung in Kurven** (Bahn) / sobreancho m en las curvas ‖ ~**fahren** (Verkehr) / seguimiento m de fajas o por carril ‖ ~**fehler** m (Luftf, Propeller) / malalineado m, defecto m de alineación ‖ **automatische** ~**folgeregelung**, DTF (TV) / seguimiento m dinámico ‖ ~**führung** f, Spuren, Spurhalten n / alineamiento m ‖ **elektronische** ~ (Bus) / guía f electrónica de pista
Spürgas n (Chem) / gas m testigo, gas m detector o de detección
spur•gebunden (Fahrzeug) / vinculado a los rieles, rodante sobre carriles ‖ **~gebundenes Luftkissenfahrzeug** / aerodeslizador m guiado ‖ ~**gerade** f (Math) / traza f de superficie
Spürgerät n (allg, Mil) / aparato m detector o de detección
Spur•gruppe f (Magn.Bd) / banda f multipista ‖ ~**halteassistent** m (Kfz) / ayudante m estabilizador de la dirección ‖ ~**haltedraht** m (Fahrleitung) / barra f de arriostramiento de la línea de contacto ‖ ~**halter** m, Seitenhalter m (Bahn) / brazo m de atirantado exterior ‖ ~**halter**, Ankerarm m (Bahn, Fahrleitung) / brazo m de atirantado, atirantando m, brazo m de retención o de fijación ‖ ~**halter**, -stange f (Bahn, Schienen) / barra f de arriostramiento de carriles ‖ ~**haltigkeit** f, -haltung f / estabilidad f de dirección ‖ ~**index** f (DV) / índice m de pista ‖ ~**kontroll-Informationsbereich** m (DV) / gama f de descripción ‖ ~**kranz** f (Bahn) / pestaña f, reborde m, ceja f (MEJ) ‖ ~**kranzabstand** m / separación f (E) o trocha (LA) entre las caras interiores de las pestañas ‖ ~**kranzanlauf** m / contacto m de la pestaña con el carril ‖ ~**kranzloses Rad** (Bahn) / rueda f sin pestaña ‖ ~**kranzmessung** f / medición f del paralelismo de las ruedas ‖ ~**kranzreibung** f (Bahn) / rozamiento m de pestañas ‖ ~**[kranz]rille** f (im Gleis) (Bahn) / garganta f para el paso de las pestañas, canaleta f (LA), canal m (PERU) ‖ ~**kranzschmierung** f / engrase m de la pestaña ‖ ~**kreisdurchmesser** m (Kfz) / diámetro m del círculo de dirección ‖ **kleinster** ~**kreisdurchmesser** (Kfz) / diámetro m mínimo del

Spurlage

círculo de dirección ‖ ⁓**lage** f, -lageneinstellung f (Magn.Bd) / alineamiento m de la pista ‖ ⁓**lager** n / quicionera f, tejuelo m, rangua f, crapodina f (LA) ‖ ⁓**latte** f (Bergb) / guía f de madera ‖ ⁓**latte** (Aufzug) / guía f de cabina ‖ ⁓**lehre** f (Bahn) / gálibo m de ancho de vía ‖ ⁓**leser** m / lectora f de trazas ‖ ⁓**lockerer** m (Landw) / abridor m o mullidor de rodadas ‖ ⁓**messgerät** n (Bahn) / medidor m de ancho de vía ‖ ⁓**messgerät** (Bahn) / aparato m de medida del ancho de vía, plantilla f del ancho de vía, calibre m de vía (LA) ‖ ⁓**messung** f (Kfz) / medición f de la convergencia ‖ ⁓**ofen** m (Hütt) / horno m de canalón
Spürpanzer m (Mil) / carro m blindado detector
Spur•plan-Drucktastenstellwerk n (Bahn) / puesto m de mando por pulsadores y con esquema de vías ‖ ⁓**plättchen** n (zum Ausrichten) / plaquita f de ajuste ‖ ⁓**platte** f (Masch) / placa f de tope ‖ ⁓**punkt** m (Math) / traza f, punto m de encuentro ‖ ⁓**punkt**, Subsatellitenpunkt m (Raumf) / punto m subsatélite ‖ ⁓**reißer** m (Landw) / disco m trazador o marcador ‖ ⁓**richter** m (Bahn) / dispositivo m de corrección del ancho (de la vía) ‖ ⁓**rille**, Rillenweite f in der Kreuzung (Bahn) / garganta f en un cruzamiento ‖ ⁓**ring** m (Lager) / anillo m móvil [de lubri[fi]cación] ‖ ⁓**rinne**, -rille f (Straßb) / ranura f de la vía
Spurrit m (Min) / espurrita f
Spur•rolle f (Bergb) / rodillo m conductor ‖ ⁓**schacht** m, Fahrgasse f (Landw) / calle f de pista ‖ ⁓**scheibe** f (Lager) / placa f de tope ‖ ⁓**schreiben** n, Spuren n (DV) / grabado m por chorro de tinta ‖ ~**stabilisierend** (Kfz) / estabilizador de la trocha ‖ ⁓**stange** f (Kfz) / barra f de acoplamiento ‖ ⁓**stange**, Schutzschienenzwinge f (Bahn) / tornillos m pl de contracarril ‖ ⁓**stangenhebel** m (Kfz) / pivote m de mangueta, palanca f de la barra de acoplamiento ‖ ⁓**stangenkopf** m (Kfz) / cabeza f de la barra de acoplamiento ‖ ⁓**stein** m (eisenfreier Kupferstein) (Hütt) / mata f concentrada ‖ ⁓**steuerung** f (Magn.Bd) / ajuste m exacto de seguimiento de pista ‖ ⁓**teilung** f (DIN), seitlicher Spurabstand (Magn.Bd) / paso m transversal ‖ ⁓**überschreitung** f (Plattenspeicher) / descarrilamiento m ‖ ⁓**umschaltung** f (Magn.Bd) / conmutación f de pista ‖ ⁓**- und Sturzmessung** f (Kfz) / medición f o comprobación de la convergencia y de la inclinación ‖ ⁓**verengung** f, -zusammenziehung f (Bahn) / estrechamiento m de la vía ‖ ⁓**verfolgung** f / seguimiento m ‖ ⁓**verfolgungsdiagramm** n / diagrama m de seguimiento ‖ ⁓**verstellung** f (Landw) / variación f de vía ‖ ⁓**verteilung** f (Audio) / paso m de surco ‖ ⁓**verzerrung** f (Plattensp.) / distorsión f de seguimiento ‖ ⁓**wagen** m, Lore f (Bahn) / vagoneta f, carrillo m de vía, diplory m, zorra f (LA) ‖ ⁓**wahl** f (Magn.Bd) / selección f de pista ‖ ⁓**wechsel** m (Kfz) / modificación f de paralelismo ‖ ⁓**wechsel beim Fahren** (Kfz) / cambio m de carril ‖ ⁓**wechselbahnhof** m / estación f de tránsito con línea de distinto ancho de vía, estación f para cambio de ejes ‖ ⁓**wechselradsatz** m (Bahn) / eje m [montado] para ancho de vía variable ‖ ⁓**wechselwarnsystem** n (Kfz) / monitor m de cambio de carril ‖ ⁓**weite** f, Spur f (Bahn) / ancho m de vía, trocha f (LA), entrevía f, escantillón m (MEJ) ‖ ⁓**weite** (Kfz, Luftf) / anchura f del eje o distancia entre ruedas ‖ ⁓**weitenverringerung** f (Kfz) / reducción f de vía ‖ ⁓**wiederherstellung** f (DV) / retorno m a la pista ‖ ⁓**winkel** m (Kfz) / ángulo m de convergencia o divergencia ‖ ⁓**zapfen** m (Masch) / gorrón m de apoyo ‖ ‖ ⁓**zustandskontrolle** f (Magn.Bd) / control m de pista
Sputter•-Ätzen n (für IC) / grabado m por chisporroteo ‖ ⁓**kathode** f / cátodo m de chisporroteo
Sputtern n / pulverización f catódica de metales ‖ ⁓, Zerstäuben n (Nukl) / desalojo m o desprendimiento de átomos por bombardeo iónico

Sputter•target n / [material del] blanco m ‖ ⁓**-Technik** f (Nanotechnologie) / tecnología f de chisporroteo
Spyware f (DV) s. Spionagesoftware
SQK = statistische Qualitätskontrolle
Squalen n (Chem) / escualeno m
Squawker m, Mitteltöner m (Lautsprecher) / altavoz m squawker
Squelch m, Geräuschsperre f (Eltronik) / silenciador m de ruido de fondo
Squid n (superconducting quantum interference device), Quanteninterferometer n / interferómetro m cuántico ‖ ⁓ m n, Schluckform f (Fallschirm) / forma f de amortiguación
SR = Sicherheitstechnische Richtlinien
SRAM-Chip m (= statisches RAM) (DV) / pastilla f SRAM (= memoria de acceso aleatorio estática)
SR-Benzin f, Top-Benzin n (Chem) / gasolina f destilada a presión atmosférica, gasolina f íntegra
SRG-Methode f (= Sommers-Ruhrgas) / método m SRG de conversión de mecheros de gas
S-Ring, Ölschlitzring m (Mot) / segmento m rascador [de aceite] hendido, anillo m escurridor de aceite hendido
SRK, Spannungsrisskorrosion f / corrosión f de fisuración a causa de tensiones
SRK-Riss m / fisura f de corrosión interna
S-Rohr, S-Stück, Sprungrohr n (Klempner) / codo m doble o en S ‖ ⁓, Schwanenhals m / cuello m de cisne
SR-Reifen m (bis 180 km/h) (Kfz) / neumático m SR
SS (DV) = Schnittstelle
S-Säure f (Färb) / ácido m S
SS-Format n (= storage-storage) (DV) / formato m memoria-memoria
SSI f (= small-scale integration), geringe Integration (Halbl) / integración f en pequeña escala
S-Signal, -Gemisch n (TV) / señal f de sincronización
SSME, Hauptantrieb m des Space Shuttle (Raumf) / propulsor m principal del "Space Shuttle" (lanzadera)
SS-Qualität, von ⁓, naturhart (Stahl) / de temple natural
SSR-Störunterdrücker m (Radar) / circuito m de supresión de respuestas asincrónicas
SS-Stahl m, Schnellschnittstahl m / acero m [de corte] rápido
S[S]VO = Strahlenschutzverordnung
S.-S.-Wert, Wert Spitze-Spitze (Eltronik, TV) / valor m de cresta a cresta, valor m entre crestas
staatliche Bauten pl / edificios m pl públicos o del Estado
Staats•bahn f (in Spanien) / RENFE (Red Nacional de Ferrocarriles Españoles), ferrocarril m del Estado, Ferrocarriles m pl Nacionales (LA) ‖ ⁓**straße** f / carretera f o ruta (LA) nacional
Stab m, Stange f / vara f, varilla f ‖ ⁓, Pfahl m (für Pflanzen) / tutor m ‖ ⁓, Metallstab m / barra f metálica ‖ ⁓, Stecken m / bastón m ‖ ⁓, Sprosse f / escalón m ‖ ⁓, Glied n (Stahlbau) / barra f ‖ ⁓ (Regenschirm) / varilla f ‖ ⁓ (Zerreißversuch) / barra f de ensayo de tracción, probeta f de ensayo de tracción ‖ ⁓ (Sonnenuhr) / índice m ‖ ⁓ (Nukl) / barra f ‖ ⁓... ‖ auch Stabstahl ‖ ⁓ m **an Gittern** / barrote m, barra f de rejilla ‖ ⁓ **des Rechenschiebers** (Math) / regleta f de la regla de cálculo ‖ ⁓ **des Thermometers** / tubo m del termómetro ‖ ⁓ **einer Jalousie** / tablilla f de persiana ‖ **dünner** ⁓ / varilla f
Stab•abschnitt m (Walzw) / corte m de barra, barra f tronzada ‖ ⁓**achse** f (Stahlbau) / eje m de barra ‖ ⁓**anker**, -läufer m (Elektr) / inducido m de barras ‖ ⁓**anschluss** m (Stahlbau) / unión f de barras ‖ ⁓**antenne** f / antena f de varilla ‖ ⁓**ausdehnungsthermometer** n / termómetro m de dilatación de varilla ‖ ⁓**auswurf** m, -ausstoß m (Nukl) / eyección f de la barra de control ‖ ⁓**band** n (Förd) / transportador m de rejilla ‖ ⁓**bank** f (Reaktor) / banco m de la barra de control ‖ ⁓**batterie** f (Elektr) / batería

f cilíndrica ‖ ~**block** m (Bahn) / bastón m piloto con enclavamiento eléctrico ‖ ~**blockwerk** n (Bahn) / distribuidor m de bastones pilotos
Stäbchen n / varilla f, varita f, bastoncito m ‖ ~ (Bakteriol.) / bacilo m ‖ ~**förmig** / en forma de varilla ‖ ~**platte** f (Tischl) / tablero m contrachapeado con tacos interiores
Stab•drucker m (DV) / impresora f de barra ‖ ~**elektrode** f (Schw) / varilla f para soldar ‖ ~**element** n (Reaktor) / barra f ‖ ~**element in schmaler Form** (Elektr) / pila f para linterna miniatura, pila f en forma de barra
stäben vt, profilieren (Holz) / perfilar
Stab•erder m (Elektr) / varilla f de puesta a tierra ‖ ~**fall** m (Nukl) / caída f de barra ‖ [**Dreh**]~**federung** / suspensión f por o en barras de torsión ‖ ~**förmig**, in Stäben o. Stabform / en forme de barra ‖ ~**förmiges Thermoelement** / pila f termoeléctrica en forma de aguja, par m termoeléctrico en forma de aguja ‖ ~**fußboden** m, Bandparkett n (Bau) / suelo m de tiras o de tabletas ‖ ~**gitter** n / reticulado m de barras, reja f de barrotes ‖ ~**hobel** m, Rund[stab]hobel m (Tischl) / cepillo m para palos redondos
stabil (allg) / estable ‖ ~ (Ausführung) / robusto, sólido ‖ ~, standfest / firme, seguro, sólido ‖ ~, beständig (Chem) / estable ‖ ~ **durch elektrische Ladung** / estabilizado por carga eléctrica ‖ ~**es Gleichgewicht** (Phys) / equilibrio m estable ‖ ~**es Indikatorisotop** (Chem) / isótopo m trazador estable ‖ ~**er Käfig** (Wälzlager) / jaula f rígida ‖ ~**e [Kreis]bahn** (Teilchen) / órbita f de equilibrio ‖ ~**er Zustand** (Phys) / estado m estable ‖ ~**er Zustand** (Elektr) / estado m estacionario o permanente
Stabil•folie f, Polyesterfilm m, Mylar n / hoja f Mylar ‖ ~**glühen** n (Hütt) / recocido m de estabilización
Stabilisations•fläche f (Projektor) / superficie f de estabilización ‖ ~**röhre** f (Eltronik) / tubo m regulador o estabilizador del voltaje
Stabilisator m (allg) / estabilizador m ‖ ~, Stabilisierungsmittel n (Chem) / estabilizante m ‖ ~ (Kfz) / barra f estabilizadora, barra f antibalanceo ‖ ~, Inhibitor m (Öl) / inhibidor m de gomosidad ‖ ~**diode** f / diodo m regulador de tensión ‖ ~**röhre** f / tubo m estabilizador
stabilisieren vt / estabilizar ‖ ~, phlegmatisieren / estabilizar explosivos ‖ ~ n, Stabilisierung f / estabilización f
stabilisierende Rückführung (Eltronik) / realimentación f o retroalimentación estabilizadora
Stabilisierkreis m / circuito m estabilizador o de estabilización
stabilisiert • er Latex (Chem) / látex m estabilizado ‖ ~**es Netzteil** (Elektr) / bloque m de alimentación estabilizado ‖ ~**e Plattform** (Raumf) / plataforma f estabilizada ‖ ~**e Spannungsquelle** (Eltronik) / fuente f de alimentación estabilizada ‖ ~**er Steuersender** (Eltronik) / oscilador m maestro o piloto o principal estabilizado
Stabilisierung f, Stabilisation f / estabilización f ‖ ~ **durch Regelung, [durch Steuerung]** (Stromversorgg) / estabilización f por bucle cerrado, [abierto] ‖ ~ **einer Bindung** (Chem) / estabilización f de un enlace ‖ ~ **u. Lageänderung durch kleine Triebwerke** (Raumf) / estabilización f por motopropulsores auxiliares
Stabilisierungs•anlage f (Öl) / instalación f estabilizadora ‖ ~**drossel** f (Elektr) / bobina f de reactancia estabilizada, choque m de estabilización ‖ ~**fallschirm** m (Luftf) / paracaídas m estabilizador ‖ ~**fläche**, -flosse f (Rakete) / ala f o aleta de estabilización ‖ ~**flosse** f (Hubschrauber) / plano m fijo de estabilización ‖ ~**glühen** n (Stahl) / recocido m de estabilización ‖ ~**glühen** (Leichtmetall) / procesamiento m de estabilización ‖ ~**kern** m (Bau) / núcleo m central firme ‖ ~**mittel** n, Stabilisator m

(Chem) / estabilizante m ‖ ~**paneel** n (Fallschirm) / alerón m estabilizador ‖ ~**rotor** m (Hubschrauber) / hélice f antipar [de cola] ‖ ~**schwungrad** n (Raumf) / giroscopio m estabilizador ‖ ~**teich** m (Abwasser) / estanque m de estabilización ‖ ~**triebwerk** n (Raumf) / motor m propulsor estabilizador ‖ ~**wicklung** f (Elektr) / devanado m estabilizador ‖ ~**widerstand** m / resistencia f reguladora o autorreguladora o compensadora
Stabilität f / estabilidad f ‖ ~, Festigkeit f / estabilidad f, resistencia f ‖ ~ f **der Erregeranordnung** (Elektr) / estabilidad f de un sistema de excitación ‖ ~ **eines Servosystems o. Regelkreises** / estabilidad f de un servosistema o. ~ **nach Einknicken erreicht** (Mech) / autoequilibrio m de pandeo
Stabilitäts•arm, -hebel m (Luftf) / brazo m de estabilidad ‖ ~**bedingung** f / condición f de estabilidad ‖ ~**-Derivativ[um]** n (Luftf) / derivativo m de estabilidad ‖ ~**faktor** m (Radio) / factor m de estabilidad ‖ ~**grenze** f (Phys) / límite m de estabilidad ‖ ~**kontrolle** f (Kfz) / control m de estabilidad ‖ ~**kriterium** n / criterio m de estabilidad ‖ ~**problem** n / problema m de [in]estabilidad ‖ ~**zahl** f, SZ (Öl) / índice m de estabilidad
Stab•isolator m (Elektr) / aislador m de vástago ‖ ~**kraft**, -spannung f (Stahlbau) / esfuerzo m en la barra ‖ ~**lampe** f / lámpara f de pilas, linterna f [eléctrica] de bolsillo ‖ ~**läufer** m (Elektr) / inducido m de barras ‖ ~**leistung** f (Nukl) / potencia f de una barra ‖ **lineare** ~**leistung**, Stableistungsdichte f (Nukl) / densidad f lineal de potencia ‖ ~**leuchte** f (Elektr) / linterna f de bolsillo, linterna f cilíndrica ‖ ~**magnet** m / imán m de barra, barra f magnética o imanada ‖ ~**mittellage** f (Sperrholz) / capa f interior de bastones ‖ ~**mittellinie** f, -achse f / eje m de barra ‖ ~**mühle** f (zum Zerkleinern) / molino m de barras ‖ ~**parkett** n (Bau) / entarimado m de barritas, suelo m de tiros o de tabletas ‖ ~**platte** f (eine Tischlerplatte) / tablero m contrachapeado con tacos interiores ‖ ~**profil** m (Holz) / bastón m perfilado ‖ ~**rechen** m (Hydr) / reja f de barras ‖ ~**rohrmühle** f (Bergb) / molino m tubular de barras ‖ ~**rost** m / parrilla f de barras o barrotes ‖ ~**rost** (Spinn) / rejilla f ‖ ~**spannung**, -kraft f (Stahlbau) / esfuerzo m de barra ‖ ~**stahl** m, Stangenmaterial n (Hütt) / acero m en barras ‖ ~**stahl in Ringen** / barras f pl en bobinas ‖ ~**[stahl]schere** f (Wzm) / cizallas f pl de barras ‖ ~**stahlstraße** f (Walzw) / tren m laminador de barras ‖ ~**[stahl]walzwerk** n / tren m laminador de barras [pequeña sección] ‖ ~**strahler** m (Antenne) / antena f de varillas dieléctricas, antena f dieléctrica de varillas ‖ ~**thermometer** n / termómetro m de varilla ‖ ~**tuch** n, Lattentuch n (Tex) / tablero m sin fin ‖ ~**vertauschung** f (Mech) / cambio m de barras ‖ ~**walze** f (eine Ackerwalze) (Landw) / rulo m de jaula ‖ ~**wälzegge** f, Stegwälzegge f (Landw) / grada f rodante con aspas o listones ‖ ~**wandler** m (Elektr) / transformador m tipo barra ‖ ~**weite** f **des Spaltsiebes** / distancia f entre barras de criba ‖ ~**werk** n (Mech) / viga f de apoyos fijos y móviles ‖ ~**wicklung** f (Elektr) / devanado m de barras ‖ ~**ziehbank** f (Hütt) / banco m de estirado de barras ‖ ~**ziehen** n / estirado m de barras
Stachel m (Bot) / espina f, aguijón m ‖ ~, Dorn m (Masch, Zool) / púa f, punta f, espiga f ‖ ~, Schnallendorn m / hebijón m, púa f de la hebilla, clavillo m de la hebilla ‖ ~ m **des Stacheldrahtes** / púa f, espino m ‖ ~**bandeinrichtung**, -rad-, -walzeneinrichtung f (DV) / dispositivo m de alimentación pernos ‖ ~**bandvorschub** m (DV) / avance m del papel por cinta de espigas ‖ ~**dichte** f (Ballenöffner) / densidad f de puntas ‖ ~**draht** m / alambre m espinoso o de espino o de púas, espino m artificial ‖ ~**drahtzaun** m / cerca f o valla de púas
stachelig, stachelförmig, dornig / erizado, espinoso

1247

Stachellattentuch

Stachel•lattentuch n (Spinn) / tablero m de puntas ‖ ⁓**rad** n (DV) / rueda f de alimentación a pernos ‖ ⁓**radtransport** m **für Formulare** / alimentación f a pernos o espigas ‖ ⁓**-Traktor** m, Stiftraupe f (Drucker) / tractor m de puntas
Stachelwalze f (Kammwolle) / cilindro m con guarnición de dientes de sierra ‖ ⁓, Zuführ-, Speisewalze f (Spinn) / cilindro m de puntas de alimentación ‖ ⁓, Reißwalze f (Spinn) / cilindro m de puntas ‖ ⁓ (Landw) / rodillo-erizo m, rodillo m de púas ‖ ⁓ (Drucker) / rodillo m de alimentación a pernos ‖ ⁓ (als Ganzes), -band n (DV) / rodillo m con alimentación a pernos
Stachel•walzenantrieb m (DV) / alimentación f a pernos ‖ ⁓**walzenbrecher** m (Bergb) / quebrantadora f con cilindro de puntas ‖ ⁓**walzwerk** n (Hütt) / tren m laminador de cilindros dentados
Stachyose f (Chem) / estaquiosa f
Stack m, Kellerspeicher m (DV) / memoria f de retención temporal ‖ ⁓ (Paket von Brennstoffzellen) / stack m, bloque m (de fuel-cells)
stacken vt (Luftf) / escalonar aviones
Stacksegment n / segmento m de pila
Stadium n, Stand m / estadio m, estado m, fase f ‖ ⁓ (F.Org) / etapa f
Stadt•autobahn f, -schnellstraße f / autopista f urbana, autovía f urbana ‖ ⁓**bahn** f, S-Bahn f / ferrocarril m urbano o metropolitano ‖ ⁓**bauplanung** f, -bebauungsplan m / plan[o] m de urbanización (para una ciudad) ‖ ⁓**bauwesen** n / urbanística f ‖ ⁓**bus** m / autobús m
Städte•bau m / urbanismo m, arquitectura f urbana ‖ ⁓**bauer** m / urbanista m
städtebaulich / urbanístico, urbanista adj ‖ ⁓**e Neugestaltung** / reacondicionamiento m urbanístico, remodelación f urbanística ‖ ⁓**e Planung** / planificación f urbana o de urbanización, ordenación f urbana, urbanística f
Stadtentsorgung f, Städtereinigung f / limpieza f pública, servicio m municipal de limpieza
Städte•sanierung f / saneamiento m [de los barrios viejos] ‖ ⁓**schnellverbindungen** f pl, Intercity-Verkehr m (Bahn) / comunicaciones f pl rápidas interurbanas ‖ ⁓**schnellverkehr** m / tráfico m rápido interurbano ‖ ⁓**zug** m / tren m rápido interurbano
Stadt•fahrt f (Kfz) / viaje m por la ciudad, ciclo m urbano ‖ ⁓**gas** / gas m de ciudad ‖ ⁓**gebiet** n / término m municipal, área f urbana ‖ ⁓**gespräch** m (Fernm) / llamada f o conferencia o conversación local o urbana ‖ ⁓**gestaltung** f / diseño m urbano ‖ ⁓**heizung** f / calefacción f urbana o a distancia
städtisch / urbano ‖ ⁓**e Abwässer** n pl (Umw) / aguas f pl residuales urbanas ‖ ⁓**e Berufsfeuerwehr** / cuerpo m de bomberos municipal ‖ ⁓**e Betriebe**, Stadtwerke n pl / empresas f pl municipales, servicios m pl municipales ‖ ⁓**en Charakter verleihen** (Bau) / urbanizar ‖ ⁓**er Innenraum** / casco m o centro urbano, área f centrourbana ‖ ⁓**es Wasserwerk** / central f municipal de abastecimiento de aguas ‖ ⁓**e Werke**, Stadtwerke n pl / servicios m pl municipales
Stadt•kern m / centro m de la ciudad, casco m urbano ‖ ⁓**licht** n (Kfz) / luz f de ciudad o de población ‖ ⁓**mauer** f, Ringmauer f (hist.) / muralla f ‖ ⁓**omnibus** m / autobús m ‖ ⁓**-Omnibusbahnhof** m (für Flughafenverkehr), Stadt-Terminal m / terminal m urbano ‖ ⁓**plan** m / plano m de la ciudad, mapa f de la ciudad ‖ ⁓**planung** f / planificación f urbana o urbanística, urbanismo m, ordenación f urbana ‖ ⁓**schnellbahn** f / red f de trenes rápidos de cercanía, ferrocarril m rápido urbano ‖ ⁓**umland** n / región f extramuros, extrarradio m, afueras f pl ‖ ⁓**verbrauch** m (von Kraftstoff) (Kfz) / consumo m en ciclo urbano o para la conducción urbana ‖ ⁓**verkehr** m / tráfico m urbano, transportes m pl urbanos, circulación f

urbana ‖ ⁓**verschönerung** f / reacondicionamiento m estético de la ciudad, amenización f (del aspecto urbano) ‖ ⁓**viertel** n / barrio m ‖ ⁓**zentrum** m, Innenstadt f / centro m de la ciudad ‖ ⁓**zyklus** m (Kfz) / ciclo m urbano
Staffel f (allg) / escalón m ‖ ⁓, gestaffelte Stellung / escalonamiento m ‖ ⁓ (Luftf) / escuadrilla f ‖ ⁓ (Walzw) / escalonado m ‖ ⁓ (Südd., Stufenweg) / escalera f ‖ ⁓**betrieb** m, Staffelung f (Fernm) / servicio m escalonado ‖ ⁓**bruch** m, Treppenwerfung f (Geol) / falla f en escalera o distributiva o múltiple ‖ ⁓**flussausbau** m (Wassb) / acondicionamiento m de un río por presas sucesivas ‖ ⁓**form** f / forma f escalonada ‖ ⁓**loch** n (Schablone) / agujero m de referencia ‖ ⁓**methode** f (DV) / cálculo m compuesto de los intereses
staffeln vt, abstufen / escalonar ‖ ⁓ (Fernm) / escalonar, clasificar ‖ ⁓ n **der Arbeitszeit** (F.Org) / escalonamiento m de la jornada (horas de trabajo) ‖ ⁓ **der Stöße** (Bahn) / escalonamiento m de uniones o juntas
Staffeltarif m (F.Org) / tarifa f escalonada
Staffelung f, Staffel... / escalonamiento m ‖ ⁓, Abstufung f / graduación f ‖ ⁓, Seiten- o. Längen- o. Höhenstaffelung (Luftf) / separación f ‖ ⁓ **der Tragflächen** / decalación f de las alas, decalaje m de [las] superficies sustentadoras ‖ **zeitliche** ⁓ / escalonamiento m en tiempo, decalado m cronológico
Staffelungsplan m (Fernm) / diagrama m de escalonamiento
Staffel•walze f (Walzw) / cilindro m escalonado ‖ ⁓**walze für Flachstahl** (Walzw) / cilindro m escalonado para llantas ‖ ⁓**zone** f (Geol) / zona f de fallas múltiples
staffieren vt, appretieren (Tex) / aprestar, dar apresto
Stag n (Schiff) / estay m
stagnieren vi, stocken / estancarse, paralizarse ‖ ⁓ n, Stagnation f / estancamiento m, estacionamiento m, paralización f
stagnierend, stillstehend / estancado, parado, paralizado
Stagoskopie f, Tropfenschau f (Chem) / estagoscopia f
Stahl m (Hütt) / acero m ‖ ⁓, Abziehstahl m (Wz) / chaira f ‖ ⁓, Drehmeißel m / cuchilla f de torno ‖ ⁓**...** / de acero ‖ ⁓**...**, bewehrt (Beton) / armado ‖ ⁓ m **mit mehr als 0,3% C** / acero m duro ‖ ⁓ **mit eingewalztem Muster** / acero m laminado con dibujos o imágenes ‖ ⁓ **mit geringer Hysterese** / acero m de baja histéresis ‖ ⁓ **mit 0,005 % C** / acero m extradulce ‖ **aus Erzpulver erstellter** ⁓ (Hütt) / cicloacero m ‖ **durch Aufwalzen plattierter** ⁓ / acero m chapeado o cubierto por laminado ‖ **durch Verdrillen kaltgereckter** ⁓ / acero m estirado mediante torsión en frío ‖ **in** ⁓ **verwandeln** / acerar, convertir en acero ‖ **mit** ⁓ **belegen** / recubrir de acero ‖ **saurer** ⁓ / acero m ácido ‖ **unvollständig desoxidierter** ⁓ (Hütt) / acero m semicalmado
Stahl•akku[mulator] m (Elektr) / acumulador m alcalino ‖ ⁓**-Alu[minium]-Seil** n / cable m aluminio-acero ‖ ⁓**anwendungsgebiete** n pl / campos m pl de aplicación o de utilización de acero ‖ ⁓**armierung** f (Bau) / armadura f de (o por) acero ‖ ⁓**artig**, -ähnlich / acerado ‖ ⁓**artigkeit**, -härte f / carácter m acerado ‖ ⁓**ausbau** m (Bergb) / apuntalado m metálico ‖ ⁓**ausbaubogen** m **in Hufeisenform** (Bergb) / apuntalado m de herradura en acero ‖ ⁓**ausbau-Rundbogen** m (Bergb) / apuntalado m semicircular en acero ‖ ⁓**balg-Kompensator** m (Gasleitung) / compensador m de dilatación con fuelle de acero ‖ ⁓**band** m (Hütt) / fleje m de acero, banda f o cinta f de acero ‖ ⁓**band für Waagen** / cinta f de acero para balanzas ‖ ⁓**bandage** f, -reifen m / bandaje m de acero ‖ ⁓**bandagiert** / con bandaje de acero ‖ ⁓**bandbewehrung** f (Kabel) / armadura f de cinta de

1248

acero ‖ ⁓**bandförderer** m, **-förderband** n / transportador m de cinta de acero ‖ ⁓**bandkupplung** f / acoplamiento m de cinta de acero ‖ ⁓**bandleichtbau** m / técnica f de construcción con cinta[s] de acero formado en frío ‖ ⁓**bandmaß** n (Verm) / cinta f métrica de acero ‖ ⁓**bandsäge** f (Wzm) / sierra f de cinta para metales

Stahlbau m (pl.: -bauten) (Gebäude) / estructura f de acero, edificio m de esqueleto metálico ‖ ⁓ (Tätigkeit) / construcción f metálica o mecánica ‖ ⁓ (Technik) / ingeniería f de [la] construcción metálica ‖ ⁓**firma** f / empresa f de construcciones metálicas o de acero ‖ ⁓**halle** f / nave f en construcción metálica ‖ ⁓**monteur** m / montador m de construcciones metálicas ‖ ⁓**profil** n / sección f de acero estructural ‖ ⁓**schlosser** m / cerrajero m de taller de acero ‖ ⁓**stahl** m / acero m para estructuras metálicas ‖ ⁓**teile** n pl (Bau) / elementos m pl de acero estructural ‖ ⁓**werkstatt** f / taller m de construcciones metálicas

Stahl•begleitelement n / elemento m acompañante o traza [de acero] ‖ ⁓**behälter** m (Akku) / recipiente m de acero ‖ ⁓**beratungsstelle** f / centro m consultivo de acero, asesoría f de acero, centro m de asesoramiento técnico para acero

Stahlbeton m (Bau) / hormigón m armado ‖ ⁓**balken** m, **-träger** m / viga f de hormigón armado ‖ ⁓**bau** m, **-konstruktion** f / construcción f en hormigón armado ‖ ⁓**bogen** m (Brücke) / arco m de hormigón armado ‖ ⁓**decke** f, **-platte** f / techo m de hormigón armado ‖ ⁓**kern** m (Hydr) / núcleo m de hormigón armado ‖ ⁓**mast** m / poste m o pilón de hormigón armado ‖ ⁓**pfahl** m / pilote m de hormigón armado ‖ ⁓**platte** f / placa f de hormigón armado ‖ ⁓**rahmen** m (Bau) / bastidor m de hormigón armado ‖ ⁓**rippendecke** f / techo m nervado de hormigón armado ‖ ⁓**skelett** n / estructura f de hormigón armado ‖ ⁓**ständer** m (Brücke) / pilar m de hormigón armado ‖ ⁓**sturz** m (Bau) / dintel m de hormigón armado ‖ [**senkrechte**] ⁓**stützwand** (Bau) / muro m de contención en hormigón armado ‖ ⁓**träger** m / viga f de hormigón armado

stahl•bewehrt, armiert (Bau) / armado ‖ ⁓**bewehrung** f / armaduras f pl de acero, refuerzo m de acero ‖ ⁓**bildung** f, Verwandlung in Stahl f (Hütt) / aceración f ‖ ⁓**blau** (RAL 5011) / azul acero

Stahlblech n / chapa f de acero ‖ dickes ⁓, Grobblech n / chapa f de acero gruesa, plancha f de acero, palastro m de acero ‖ **dünnes** ⁓, Feinblech n / chapa f delgada o fina, lámina f de acero ‖ ⁓**bramme** f (Hütt) / desbaste m plano para chapa ‖ ⁓**emails** n pl / esmaltes m pl para chapa de acero ‖ ⁓**gehäuse** n / alojamiento m o cárter de chapa de acero, caja f de chapa de acero ‖ ⁓**kern** m / núcleo m de chapa de acero ‖ ⁓**mantel** m, -ummantelung f / camisa f o envoltura f de chapa de acero ‖ ⁓**mulde** f, Kippmulde f aus Stahl (Lkw) / caja f basculante de chapa de acero ‖ ⁓**panzer** m / blindaje m de chapa de acero ‖ ⁓**platte** f, -tafel f / plancha f de acero, palastro m de acero ‖ ⁓**rahmen** m (Kfz) / bastidor m de chapa de acero ‖ ⁓**-Werkstattwagen** m (für Werkzeuge) / armario m metálico sobre rollos para herramientas

Stahl•block (Hütt) / lingote m o tocho o desbaste o macho de acero ‖ ⁓**blockwalzwerk** n (Hütt) / tren m [laminador] de desbastes ‖ ⁓**boden** m (Uhr) / fondo m de acero ‖ ⁓**bogenausbau** m (Bergb) / entibación f por arcos de acero ‖ ⁓**bolzenkette** f (DIN 654) / cadena f con pasadores (o bulones) de acero ‖ ⁓**bombe** f **für Gas** / botella f de acero, cilindro m de acero ‖ ⁓**brücke** f / puente m metálico ‖ ⁓**bürste** f / cepillo m metálico ‖ ⁓**draht** m / alambre m de acero ‖ ~**drahtbewehrtes Kabel** / cable m con armadura de alambre de acero ‖ ⁓**drahtbürste** f / cepillo m de alambre de acero ‖ ⁓**drahtkorn** f / granalla f de alambre de acero ‖ ⁓**drahtlitze** f (Tex) / cordón m de

alambre de acero ‖ ⁓**[draht]seil** n / cable m de acero ‖ ⁓**druck** m (Keram) / impresión f [en placas] de acero ‖ ⁓**einlage** f (Bau) / armadura f de acero ‖ ⁓**einsatzliste** f / lista f o tabla de aplicaciones de acero ‖ ⁓**einziehband** n (Elektr) / cinta f de acero para introducir o pasar el conductor ‖ ⁓**eisen** n (Hütt) / arrabio m básico o de afino ‖ ⁓**-Eisen-Prüfblatt** n / especificación f o norma de ensayo de acero ‖ ⁓**entgasung** f / desgasificación f del acero

stählern, von Stahl / de acero ‖ ~**er Leitungsmast** (Elektr) / poste m o mástil metálico

Stahl•erzeugung, -**fabrikation** f / fabricación f o producción f de acero ‖ ⁓**fach** n, Safe m / caja f fuerte, caja f de caudales o de seguridad ‖ ⁓**fachwerk** n / estructura f metálica ‖ ~**farben**, -**farbig** / de color de acero ‖ ⁓**faserbeton** m (Bau) / hormigón m de fibras de acero ‖ ⁓**fass** n / barril m de acero ‖ ⁓**feder** f / resorte m o muelle de acero ‖ ⁓**federung** f (Kfz) / suspensión f por muelles de acero ‖ ⁓**fenster** n / ventana f de acero metálica ‖ ⁓**fensterprofil** n / perfil m de acero para ventanas ‖ ⁓**fittings** n pl / racores m pl de acero ‖ ⁓**fittings zum Einschweißen** / grifería f para soldar ‖ ⁓**flachstraße** f (Straßb) / carretera f [provisional] de planchas de acero ‖ ⁓**flasche** f / botella f de acero, cilindro m de acero ‖ ⁓**folie** f / lámina f de acero ‖ ⁓**förderband** n / transportador m de cinta de acero ‖ ⁓**form** f (Gieß) / molde m metálico o de acero ‖ ⁓**[form]guss** (Tätigkeit) / fundición f de [piezas de] acero ‖ ⁓**[form]guss** (Erzeugnis) / acero m moldeado o fundido ‖ ⁓**formmasse** f / mezcla f para moldes de fundición de acero ‖ ⁓**in**-, **gehäuse** / acorazado, forrado o revestido de acero, blindado, protegido por alojamiento o caja o carcasa de acero ‖ ⁓**gelenkkette** f / cadena f de eslabones de acero ‖ ~**gepanzert**, mit Stahl bedeckt o. bekleidet / blindado de acero ‖ ⁓**gerippe** n, -gerüst n (Bahn) / armazón m de caja ‖ ⁓**gerippebau** m / armazón m de acero estructural, construcción f de esqueleto metálico ‖ ~**gestrahlt** / chorreado con granalla de acero, granallado ‖ ⁓**gießerei** f / taller m de fundición de acero ‖ ⁓**gießpfanne** f / cuchara f de colada de acero ‖ ⁓**gießwagen** m / carro m de colada para acero ‖ ⁓**gitterbrücke** f / puente m de entramado metálico ‖ ⁓**gittermast** m / poste m de acero en [estructura de] celosía ‖ ⁓**gliederband** n (Förd) / cinta f transportadora de placas articuladas de acero ‖ ~**grau** / gris acero o acerado ‖ ⁓**gummifederung** f / suspensión f por muelles de acero y amortiguadores ‖ ⁓**gürtelreifen** m (Kfz) / neumáticos m pl radiales con armadura metálica ‖ ⁓**guss** m, -formguss m (Tätigkeit) / fundición f de acero, moldeo m de acero, colada f de[l] acero ‖ ⁓**guss**, -**gussstück** n / acero m moldeado o fundido, pieza f fundida de acero ‖ ⁓**guss** (als Gattung) / acero m colado o fundido ‖ ⁓**gussform** f / molde m para acero colado o fundido ‖ ⁓**gussherzstück** n (Bahn) / corazón m de acero colado ‖ ⁓**gusslegierung** f / aleación f de acero colado ‖ ⁓**güte** f / calidad f de acero ‖ ⁓**halter** m, Meißelhalter m (Wzm) / portaherramientas m, porta-útil m ‖ ⁓**hammerschlag** m (Hütt) / batiduras f pl de acero ‖ ~**hart** / duro como [el] acero ‖ ⁓**härte**, -artigkeit f / carácter m acerado ‖ ⁓**härte** f / dureza f de[l] acero ‖ ⁓**härtung** f / temple m del acero ‖ ⁓**hochbau** m (Bauwerk) / construcción f metálica [encima del nivel del suelo], superestructura f de acero, estructura f metálica elevada ‖ ⁓**hochbau** (Technik) / ingeniería f de estructuras metálicas [de acero] ‖ ⁓**hochstraße** f (Straßb) / carretera f elevada [provisional] de elementos metálicos ‖ ⁓**hüttenwerk** n / acería f, acerería f, fábrica f de acero, planta f siderúrgica ‖ ⁓**industrie** f / industria f del acero ‖ ⁓**kabel** n / cable m de acero ‖ ⁓**kammer** f, Tresor m / cámara f acorazada ‖ ⁓**kante** f (Ski) / canto m de acero ‖ ⁓**kappe** f / tapa f o cubierta f de acero ‖ ⁓**kappe** (Abbau,

Stahlkarde

Bergb) / prolongación *f* metálica ‖ ~**karde** *f* (Spinn) / carda *f* metálica ‖ ~**kern**... / de núcleo de acero ‖ ~**kies**, -sand *m*, -korn *n* / granalla *f* de acero ‖ ~**kiesstrahlen** *n* / chorreado *m* con granalla de acero, soplado *m* con chorro de granalla de acero ‖ ~**klasse** *f*, Stahlsorte *f* / grado *m* o tipo de acero, clase *f* de acero ‖ ~**kocher** *m* (Arbeiter) / acerista *m* ‖ ~**kohlen** *vt* / carbonizar [el] hierro, convertir el hierro en acero por carbonización ‖ ~**kohlen** *n* / carbonización *f* del hierro ‖ ~**konstruktion** *f*, -fachwerk *n* / construcción *f* en acero, entramado *m* de acero ‖ ~**konstruktion** (Gebäude) / estructura *f* metálica ‖ ~**-Kordgewebe** *n* (Kfz) / tela *f* cord de alambre [de acero] ‖ ~**kordkarkasse** *f* (Kfz) / carcasa *f* cord de alambre, armadura *f* metálica [del neumático] ‖ ~**kordreifen** *m* / neumático *m* [de carcasa] cord de alambre ‖ ~**krone** *f* (Bergb) / corona *f* de acero ‖ ~**kugel** *f* / bola *f* de acero ‖ ~**kugel** (Kugellager) / bola *f* de acero ‖ ~**kupfer** *n*, Staku (Elektr) / acero-cobre *m*, acero *m* cobreado ‖ ~**kupferdrahtverbindung** *f* (Bahn) / conexión *f* o liga (LA) en hilo de acero-cobre ‖ ~**-Kupfer-Leiter** *m*, Staku-Leiter *m* / conductor *m* de acero-cobre o de acero cobreado ‖ ~**leichtbau** *m* / estructura *f* ligera de acero, carpintería *f* metálica ‖ ~**leichtprofil** *n* / perfil *m* ligero de acero ‖ ~**leitplanke** *f* (Straßb) / bordillo *m* guía metálico, valla *f* protectora de acero ‖ ~**lineal** *n* (Zeichn) / regla *f* de acero ‖ ~**mantel** *m*, -umhüllung *f* / camisa *f* o envoltura de acero ‖ ~**mantelstein** *m* (Hütt) / ladrillo *m* blindado con acero ‖ ~**mantelwalze** *f* (Straßb) / rodillo *m* compresor metálico ‖ ~**maßstab** *m* (Mess) / regla *f* graduada de acero ‖ ~**mast**, Hochspannungsmast *m* (Elektr) / poste *m* metálico de línea de alta tensión, mástil *m* de acero ‖ ~**mast** *m* (Schiff) / palo *m* de acero ‖ ~**mast in Teilen** / mástil *m* seccional de acero ‖ ~**messkluppe** *f* (Forstw) / gran pie de rey *m*, terraja *f* de medir de acero ‖ ~**möbel** *n pl* / muebles *m pl* metálicos o de acero ‖ [**rundköpfiger**] ~**nagel** / clavo *m* de acero de cabeza redonda ‖ ~**ofen**, Zementierofen *m* (Hütt) / horno *m* de cementación o de carburación ‖ ~**panzer** *m* / blindaje *m* de acero ‖ ~**panzer[isolier]rohr** *n* (Elektr) / tubo *m* blindado (o con blindaje) de acero ‖ ~**panzerrohr-Gewinde** *n* / rosca *f* de tubo blindado de acero ‖ ~**platine** *f* (Walzw) / llanta *f* para chapa fina, llantón *m* ‖ ~**plättchen** *n* [zum Verstählen des Eisens] / plaquilla *f* de acero ‖ ~**plattenband** *n* / cinta *f* de placas de acero ‖ ~**plattenheizkörper** *m* / radiador *m* de placas metálicas ‖ ~**plattiert** (Walzw) / chapeado o enchapado *adj* (LA) de acero ‖ ~**pressklemme** *f* (Seil) / manguito *m* de empalme de acero ‖ ~**probe** *f* / muestra *f* de acero ‖ ~**profil** *n* / perfil *m* de acero ‖ ~**pulver** *n* / polvo *m* de acero ‖ ~**rad** *n* (Fahrzeug) / rueda *f* de acero ‖ ~**rad**, -rädchen *n* / ruedecita *f* de acero ‖ ~**rad-Glasschneider** *m* (Wz) / cortavidrios *m* de disco de acero ‖ ~**rammpfahl** *n* (Bau) / pilote *m* de acero, estaca *f* de acero ‖ ~**regal** *n* / estantería *f* de acero ‖ ~**reifen** *m*, -bandage *f* / llanta *f* de acero ‖ ~**roheisen** *n* / arrabio *m* no fosforoso ‖ ~**rohr** *n* / tubo *m* de acero ‖ ~**rohrbau** *n* / construcción *f* en tubos de acero ‖ ~**röhre** *f* (Eltronik) / tubo *m* metálico ‖ ~**rohrgerüst** *n* / andamio *m* de tubos de acero ‖ ~**rohrmast** *m* (Seilb) / castillete *m* o pilón de tubos de acero, apoyo *m* tubular de acero ‖ ~**rohrmöbel** *n pl* / muebles *m pl* de tubo[s] de acero ‖ ~**rohrstütze** *f* (Bau) / columna *f* tubular, puntal *m* tubular de acero ‖ ~**rollladen** *m* / persiana *f* metálica o de acero ‖ ~**runge** *f* (Bahn) / telero *m* de acero ‖ ~**säge** *f* (Wz) / sierra *f* para metales ‖ ~**saite** *f* / cuerda *f* de piano o de acero ‖ ~**saitenbeton** *m* (Bau) / hormigón *m* con cuerdas de piano o de acero ‖ ~**sand** *m* / granalla *f* de acero ‖ ~**sanden** *vt* / chorrear con granallas de acero ‖ ~**sanden** *n*, -sandblasen *n* / soplado *m* con chorro de granalla de acero, chorreado *m* con granalla de acero ‖ ~**scheibe** *f* zum

~**Diamantenschleifen** / disco *m* de acero para pulir diamantes ‖ ~**schiebedach** *n* (Kfz) / techo *m* corredizo de acero ‖ ~**schiene** *f* / carril *m* o riel de acero ‖ ~**schlauch** *m* / tubo *m* flexible de acero ‖ ~**schmelzofen** *m* / horno *m* de fusión para acero ‖ ~**schornstein** *m* (Bau) / chimenea *f* de acero ‖ ~**schrank** *m* (ein Garderobenschrank) / ropero *m* de chapa ‖ ~**schrott** *m* / chatarra *f* de acero ‖ ~**schwelle** *f* (Bahn) / traviesa *f* de acero (E), durmiente *m* de acero (LA) ‖ ~**seele** *f* / alma *f* metálica o de acero ‖ ~**seil** *n* / cable *m* de acero ‖ ~**seilfördergurt** *m* / cinta *f* transportadora de cable de acero ‖ ~**seilgurt** *m* / correa *f* cableada de acero, cinta *f* de alambre de acero ‖ ~**seilreifen** (Kfz) / neumático *m* con aro de alambre ‖ ~**seilreifenfelge**, Geradseitfelge *f* / llanta *f* straight-side ‖ ~**skelett**, -gerippe *n* / entramado *m* metálico, armazón *f* de acero, esqueleto *m* de acero ‖ ~**skelettbau** *m* (Bauwerk) / construcción *f* en (o de) estructura metálica, construcción *f* en armazón de acero ‖ ~**sorte** *f* / clase *f* de acero ‖ ~**späne** *m pl* / recortes *m pl* de acero, virutas *f pl* de acero ‖ ~**spiegel** *m* (Hütt) / nivel *m* de acero líquido ‖ ~**spritzer** *m* (Hütt) / salpicadura *f* de acero [líquido] ‖ ~**spundwand** *f* (Bau) / tablestacados *m pl* de acero ‖ ~**stab** *m*, -stange *f* / barra *f* de acero ‖ ~**stege** *m pl* (Druck) / regletas *f pl* o imposiciones de acero ‖ ~**steindecke** *f* (Bau) / techo *m* de ladrillos armados ‖ ~**stempel** *m* (Büro) / punzón *m* de acero ‖ ~**stempel** (Bergb) / puntal *m* o estemple de acero ‖ ~**stempel zum Signieren** / hierro *m* o troquel de acero o para numeraciones ‖ ~**stich** *m* (Kunst) / grabado *m* en acero, talla *f* dura ‖ ~**stichprägedruck** *m* / estampado *m* en relieve ‖ ~**strahlanlage** *f* / instalación *f* de chorrear o soplar con granalla de acero ‖ ~**straße** *f* (Straßb) / carretera *f* [provisional] de elementos metálicos ‖ ~**streifenkolben** *m* (Mot) / émbolo *m* autotérmico ‖ ~**stütze** *f* (Seilb) / pilón *m* de acero ‖ ~**träger** *m* (Bau) / viga *f* de acero ‖ ~**transportband** *n* (Förd) / cinta *f* transportadora de acero ‖ ~**trosse** *f* (Schiff) / maroma *f* de acero ‖ ~**überbau** *m* / superestructura *f* de acero, estructura *f* suuperior de acero ‖ ~**übergabewagen** *m* (Hütt) / vagón *m* para transferir acero ‖ ~**- und Metallschleifer** *m*, Galvaniseur *m* / galvanizador *m* ‖ ~**unterlage** *f* (Plattierung) / base *f* de acero ‖ ~**verarbeitende Industrie** / industria *f* utilizadora o transformadora del acero ‖ ~**verarbeitung** *f* / transformación *f* del acero ‖ ~**verbrauch** *m* / consumo *m* de acero ‖ ~**verbraucher** *m* / usuario *m* de acero ‖ ~**verbundbauweise** *f* / construcción *f* en acero y hormigón ‖ ~**verkleidung** *f* / revestimiento *m* de acero ‖ ~**verwendungsgebiete** *n pl* / campos *m pl* de aplicación de[l] acero ‖ ~**walzwerk** *n* / tren *m* laminador de acero ‖ ~**waren** *f pl* / artículos *m pl* de acero ‖ ~**wasserbau** *m* / construcciones *f pl* hidráulicas de acero ‖ ~**wellmantel** *m* (Kabel) / camisa *f* ondulada de acero ‖ ~**werk** *n* / fábrica *f* de acero, acería *f*, acerería *f* ‖ ~**werker** *m* / acerista *m* ‖ ~**werksfrischerz** *n* / mineral *m* de afino para acero ‖ ~**werksgebläse** *n* / soplante *m* de acería ‖ ~**werkshalle** *f* / nave *f* de acería ‖ ~**werksschlacke** *f* / escoria *f* siderúrgica ‖ ~**werksteer** *m* / alquitrán *m* para acerías ‖ ~**werksverschleißmaterial** *n* / refractarios *f pl* del foso de colada ‖ ~**werkzeuge** *n pl* / herramientas *f pl* de acero ‖ ~**winkel** *m* (Zeichn) / escuadra *f* metálica o de chapa ‖ ~**wolle** *f*, -späne *m pl* / lana *f* o estopa de acero, virutas *f pl* finas de acero ‖ ~**wollefilter** *m n* (Magnetscheidg) / filtro *m* de estopa de acero ‖ ~**zellenverbundbau** *m* (Reaktor) / construcción *f* celular compuesta ‖ ~**zementierung** *f* / cementación *f* de[l] acero

Stake *f*, Staken *m* (Schiff) / pértiga *f*, bichero *m*, percha *f* para hincar ‖ ~ (Korbmacher) / montante *m*
staken (Schiff) / hincar, empujar con pértiga

Staket n, Lattenzaun m / estacada f, valla f del huerto o de listones, empalizada f
Stakholz n, Stake f (Bau) / tabla f basta
Stalag•mit m (nach oben wachsender Tropfstein), Bodenzapfen m (Geol) / estalagmita f || ~**mometer** n / estalagmómetro m || ~**mometrie**, Oberflächenspannungsanalyse f / estalagmometría f
Stalaktit m (herabhängender Tropfstein), Deckenzapfen m (Geol) / estalactita f
Stall m (Landw) / establo m, cuadra f || ~**bucht**, -box f (Landw) / compartimiento m, box[e] m || ~**dung** m, [-]mist m, -dünger m / estiércol m[animal] || ~**dungstreuer** m / distribuidora f de estiércol || ~**einrichtung** f, -geräte n pl (Landw) / equipo m de establo, aperos m pl para establo[s] || ~**fütterung** f (Landw) / alimentación f en establo || ~**haltung** f (Landw) / estabulación f permanente, explotación f en estabulación || ~**klinker**, Kanalziegel m / ladrillo m abordado para alcantarillo
Stalo m (Stable Local Oscillator), Lokaloszillator m (Radar) / oscilador m local estable
Stalo-Coho-Prinzip n / principio m stalo-coho
Stalpeth-Mantel m (Stahl-Al-PE-Schichtenmantel) (Kabel) / camisa f Stalpeth
Stalum m, Alu-ummantelter Stahl / acero m con envoltura de aluminio
Stalu-Seil n, Stahlaluminium-Seil n / cable m de aluminio con alma de acero
Stamm, Baum m (Bot) / árbol m, tronco m, rollizo m (LA) || ~ m (Bakt) / cepa f[de cultivo], estirpe f || ~ (Bot, Zool) / tipo m || ~**band** n (DV) / cinta f maestra || ~**baum** (Aufb) / hoja f de sucesión de operaciones || ~**belegschaft** f / plantilla f fija, núcleo m, personal m fijo o permanente || ~**bruch** m (Math) / fracción f unitaria || ~**datei** f (DV) / fichero m maestra || ~**element** n (Nukl) / elemento m de arranque || **unteres** ~**ende** (Baum) / pie m de tronco || **oberes** ~**ende**, Wipfelende n, Zopf m / cima f de tronco, copa f || ~**farbe** f (Tex) / solución f madre de color || ~**funktion** f (Math) / antiderivativa f, función f primitiva || ~**gesenk** n, -platte f (Spritzwerkzeug) / placa f de sujeción || ~**gleichung**, -funktion f (Fernm) / función f [característica] de Heaviside || ~**gleis** n (Bahn) / vía f directa || ~**gruppe** f (Bahn) / composición f principal || ~**haus** n, -firma f / casa f central o matriz || ~**holz** n (Forstw) / rollizos m pl || ~**holz** (nicht entrindet) / madera f de tronco || ~**holz**, Holz n auf dem Stamme / madera f [de fuste] en pie || ~**kreis** m, -leitung f (Ggs.: Phantom) (Fernm) / circuito m físico o metálico o real o combinante || ~**küpe** f (Tex) / tina f madres || ~**-Küpenfarbstoff** m (Tex) / colorante m de tina madres || ~**leitung** f / conducto m principal || ~**leitung**, Hauptleitung f (Elektr) / línea f principal || ~**leitungs-Übertrager** m (Fernm) / transformación f de circuito físico o combinante || ~**linie** f, Hauptlinie f (Fernm) / línea f principal || ~**lösung** f (Chem) / solución f original o madre, solución f matriz || ~**patent** n / patente f principal || ~**personal** n, -belegschaft f / personal m de plantilla, personal m de planta (LA) || ~**platte** f (Plast) / placa f de sujeción || ~**spule** f, -pupinspule f (Fernm) / bobina f de carga del circuito combinante || ~**substanz** f / su[b]stancia f madres || ~**umfang** m **am obersten nutzbaren Ende** (Forstw) / circunferencia f de cima || ~**wender** m **mit Gelenkhaken** (Forstw) / gancho m tornatroncos || ~**würze** f (Brau) / mosto m original || ~**würzegehalt** m / contenido m en mosto original || ~**zange** f (Forstw) / gancho m para troncos || ~**zelle** f (Biol) / célula f madre || ~**zelle** (Akku) / elemento m principal || ~**zug** m (Bahn) / tren m regular
Stampfanzeiger, [Kreiselschlinger- und] ~ / registrador m giroscópico de cabeceo y balanceo
Stampf•asphalt m (Bau) / asfalto m apisonado || ~**auskleidung** f (Hütt) / revestimiento m apisonado ||
~**beton** m (Bau) / hormigón m apisonado || ~**bewegung** f, Stampfen n (Bahn, Schiff) / movimiento m de cabeceo, cabeceo m, arfada f || ~**bohle** f (Bau) / viga f apisonadora || ~**dichte** f / densidad f de masa apisonada || ~**dolomit** m (Hütt) / dolomía f apisonada || ~**düse** f (Raumf) / tobera f anticabeceo
stampfen vt, feststampfen / apisonar, compactar || ~, zerkleinern, zerstampfen / machacar, triturar, quebrantar || ~ vi (Bahn, Luftf, Schiff) / cabecear, arfar
Stampfer m (Chem) / mano f del mortero
Stampf•herd m (Hütt) / solera f apisonada || ~**lehmpackung** f (Straßb) / capa f de arcilla apisonada || ~**maschine** f (Koksofen) / apisonadora f || ~**maschine** (Appretur) / apisonadora f || ~**masse** f (Hütt) / masa f apisonada || ~**moment** n (Luftf, Schiff) / momento m de cabeceo || ~**periode** f (Schiff) / período m de cabeceo || ~**platte** f (Bergb) / placa f apisonadora || ~**schicht** f (Bau) / capa f apisonada || ~**schwingung** f (Schiff) / movimiento m rítmico de cabeceo || ~**verdichten** n (Bau) / compactación f por apisonado || ~**werk** n (Bergb) / bocarte m
Stand m, Lage f / estado m, condición f || ~, Zustand m, Lage f / situación f, estado m || ~, Bedienungsstand m / puesto m de mando || ~, Standort m / sitio m, lugar m || ~ (des Zeigers, Thermometers usw) / Anzeige f / lectura f || ~ (Verkauf, Ausstellung) / puesto m, stand m || ~ m (Wasser) / nivel m de agua || ~ **der Küpe** (Färb) / estado m de la tina || ~ **der Technik** / estado m [actual] de la técnica o de conocimientos, fase f [actual] del desarrollo de la técnica || ~ **der Technik** (Patent) / estado m de la técnica || ~ **im Stall** (Landw) / box[e] m, compartimiento m (de establo) || **auf dem neuesten** ~ **sein** / estar a la última || **auf den neuesten** ~ **bringen** (allg, DV) / actualizar, poner al día || **aus dem** ~ / desde la posición cero || **bisheriger** ~ (Patent) / estado m anterior || **nach dem** ~**e** [vom] / según el estado [del ...]
Stand-alone... (DV) / autónomo
Standanzeiger m (Flüssigkeit) / indicador m de nivel
Standard m / standard m, norma f || ~ ... / standard adj, estándar, normal[izado], típico, tipo || ~**abweichung** f (Stat) / desviación f standard o típica, desviación f tipo || ~**abweichung**, Streuung f / error m repetido || ~**atmosphäre** f (DIN) (Phys) / atmósfera f normal o típica || ~**attribut** m (DV) / atributo m implícito || ~**aufbereitung** f (DV) / edición f de base || ~**ausführung** f / ejecución f tipo o standard o convencional || ~**ausstattung**, -ausrüstung f / dotación f corriente, equipo m standard o de norma || ~**ballen** m (Tex) / bala f comprimida normal [de algodón] || ~**breite f einer Bahn** (Tex) / ancho m normal || ~**einrichtung** f, Normalausstattung f / equipo m normal o standard || ~**-Einschub** m (19 Zoll) (Eltronik) / chasis m intercambiable normalizado, unidad f enchufable standard || ~**farbtiefe** f, ST (Farbe) / intensidad f standard del color || ~**fehler** m (Math, Stat) / error m típico o estándar || ~**fehlerprozedur** f (DV) / procesamiento m de errores estándar || ~**funktion** f / función f estándar || ~**fuß** m (Kubikmaß für Holz) / pie m cúbico standard || ~**gewebe** n (Tex) / tejido m testigo || ~**güte** f, -qualität f / calidad f estándar
standardisieren vt / normalizar, estandar[d]izar
standardisierte Zufallsvariable (Math) / variable f aleatoria normal
Standardisierung f / estandar[d]ización f, normalización f
Standard•kabel n (Fernm) / cable m de referencia || ~**-Kalomelelektrode** f (Chem) / electrodo m de calomel[anos] normal || ~**kennsatz** m (COBOL) / rótulo m standard (COBOL) || ~**kurve** f **Zeit-Temperatur** (Feuerbekämpfg) / curva f estándar tiempo-temperatura || ~**-Längenmaß** n / patrón m de medida lineal || ~**-Leistungsgrad** m (F.Org) / eficiencia

1251

Standard-Leitfähigkeit

f estándar ‖ ~-**Leitfähigkeit nach IEC** (Intern. Elektrotechn. Kommission) / conductibilidad *f* IEC ‖ ~-**Leitstrahl-Anflug** *m*, S.B.A. (Luftf) / aproximación *f* normalizada de haz ‖ ~**lösung** *f* (Chem) / solución *f* standard o de referencia ‖ ~-**Manganinwiderstand** *m* **nach Thomas** / resistor *m* Thomas ‖ ~**modul** *m* (Zahnrad) / módulo *m* normalizado ‖ ~-**Prüfkonsistenz** *f* (Mat.Prüf) / consistencia *f* de ensayo normalizada ‖ ~**qualität** *f*, -güte *f* / calidad *f* estándar ‖ ~-**Raschelmaschine** *f* (Tex) / máquina *f* Raschel estándar ‖ ~-**Rauschfaktor** *m*, -Rauschzahl *f* (Eltronik) / factor *m* de ruido normalizado ‖ ~**reaktor** *m* (Nukl) / reactor *m* patrón ‖ ~**reflektor** *m* (Opt) / reflector *m* normalizado ‖ ~-**Software** *f* (DV) / soporte *m* lógico standard, servicios *m pl* auxiliares estándar ‖ ~**spindel** *f* (Spinn) / huso *m* modelo ‖ ~**sprache** *f* (DV) / lenguaje *m* común ‖ ~-**Spreader** *m* (Container) / travesaño *m* normalizado ‖ ~-**Strömungsmesser** *m* (Hydr) / fluidómetro *m* patrón ‖ ~-**Tonaufnahme-Schlüssel** *m* / código *m* normalizado de grabación ‖ ~-**Wasserstoffelektrode** *f* (Chem) / electrodo *m* de hidrógeno normal ‖ ~-**Wasserverdrängung** *f* (Schiff) / desplazamiento *m* standard ‖ ~**werk** *n* (ein Buch) / obra *f* tipo, obra *f* de referencia [obligatoria] ‖ ~**zeit** *f* (allg) / hora *f* normal u oficial ‖ ~**zellen-IC** *m* / CI *m* de células estándar

Stand•bahn *f* (Gieß) / vía *f* fija ‖ ~**barometer** *n* (Meteo, Phys) / barómetro *m* estacionario ‖ ~**batterie** *f* (Sanitär) / grifo *m* mezclador para montaje sobre superficie horizontal ‖ ~**beutel** *m* (Verp) / bolsa *f* de fondo plano ‖ ~**bild** *n* (Film, Foto) / imagen *f* fija ‖ ~**bogen** *m* (Druck) / hoja *f* modelo ‖ ~**bremse** *f* (Kfz) / freno *m* de estacionamiento

Standby•-Betrieb *m* (von Geräten) / régimen *m* de standby o de reservo ‖ ~-**Schaltung** *f* (TV) / circuito *m* de reserva ‖ ~-**Taste** *f* (Eltronik) / tecla *f* sleep ‖ ~-**Verlust** *m* / pérdida *f* en vacío o en régimen de reserva

Stand•dauer *f* (eines Geräts) / duración *f* de empleo o de aplicación ‖ ~**drehwerk** *n* (Pflug) / mecanismo *m* básculante o de bascula, arado ‖ ~**ebene** *f* / plano *m* de nivel ‖ ~**entwicklung** *f* (Foto) / revelado *m* en cubeta

Ständer *m*, Stütze *f* (Bau, Masch, Schiff) / soporte *m* ‖ ~, Pfosten *m*, Stütze *f* / poste *m*, puntal *m*, montante *m*, estemple *m* ‖ ~ (Motorrad) / soporte *m*, patilla *f*, caballete *m* ‖ ~, Kastenständer *m* (Wzm) / montante *m* con sección de cajón ‖ ~, Säulenständer *m* (Wzm) / columna *f* ‖ ~ (Fenster, Tür) / montante *m* ‖ ~, Wandstiel *m*, -säule *f* (Bau) / columna *f* de pared ‖ ~ (Walzw) / bastidor *m* o castillete de laminación, caja *f* o jaula de laminación ‖ ~, Fuß *m* (Wzm) / pie *m* ‖ ~, Stator *m* (Elektr) / estator *m* ‖ ~**anlasser** *m* (Elektr) / arrancador *m* estatórico [de resistencia] ‖ ~**blech** *n* (Elektr) / chapa *f* del estator ‖ ~**bohrmaschine** *f* (Wzm) / taladradora *f* de montante ‖ ~**bohrmaschine** (mit Handvorschub) / taladradora *f* de columna [con avance manual], drill-press *m*, sensitiva *f* ‖ ~**durchgang** *m* (Presse) / paso *m* entre montantes ‖ ~-**Einheit** *f* (Wzm) / unidad *f* de montante ‖ ~**eisen** *n* (Elektr) / hierro *m* estatórico ‖ ~**fachwerk** *n* (Stahlbau) / entramado *m* en N, celosía *f* de montantes verticales ‖ ~**fräsmaschine** *f* (Wzm) / fresadora *f* de montante ‖ ~**gehäuse** *n* (Elektr) / carcasa *f* cerrada del estator ‖ ~**gespeist** (Elektr, Motor) / de alimentación o excitación estatórica, excitado por el estator ‖ ~**gespeister Repulsionsmotor** (Elektr) / motor *m* de repulsión alimentado o excitado por el estator ‖ ~**gleitfläche** *f* (Wzm) / vía *f* de deslizamiento del montante ‖ ~**holm** *m* (Walzw) / larguero *m* de castillete o bastidor ‖ ~**lampe** *f* / lámpara *f* de pie ‖ ~**loses Fachwerk** (Stahlbau) / celosía *f* sin montantes verticales ‖ ~**manipulator** *m*, Roboter *m* in Ständerausführung / robot *m* de columna ‖

~**mikrometer** *n* (Mess) / micrómetro *m* de pie ‖ ~**mikrophon** *n* / micrófono *m* de pie ‖ ~**rolle** *f* (Walzw) / rollo *m* de la caja de laminación ‖ ~**schaltung** *f* (Elektr) / conexión *f* de estator ‖ ~**schleifmaschine** *f* (Wzm) / rectificadora *f* de montante ‖ ~**schlitten** *m* (Fräsm) / base *f* del montante ‖ ~**speisung** *f* (Elektr) / alimentación *f* o excitación del estator ‖ ~**strom** *m* (Elektr) / corriente *f* estatórica ‖ ~**support** *m* (Wzm) / carro *m* lateral ‖ ~**telefon** *n* / teléfono *m* sobre pedestal ‖ **3- o. 5-** ~**walzwerk** / tren *m* laminador de 3 o 5 castilletes ‖ ~**wand** *f*, einfache Bohlenwand (Bau) / pared *f* sencilla de tablones ‖ ~**wicklung** *f*, Statorwicklung *f* (Elektr) / arrollamiento *m* del estator ‖ ~**wicklung**, -wicklungszweig *m* (Elektr) / bobina *f* del estator

Stand•fähigkeit, Stabilität *f* / estabilidad *f* ‖ ~**fernrohr** *n* (Opt) / telescopio *m* estacionario ‖ ~**fest**, ortsfest / estacionario ‖ ~**fest**, feststehend / estable, fijo, involcable ‖ ~**fest** (Geol) / firme, sólido ‖ ~**festigkeit** *f*, Stabilität *f* / estabilidad *f* ‖ ~**festigkeit** (gegen Fließen) / resistencia *f* a la fluencia ‖ ~**festigkeit**, -sicherheit *f*, Stabilität *f* (Bau) / estabilidad *f* o resistencia de una obra ‖ ~**festigkeit**, Belastbarkeit *f* (Mech) / estabilidad *f* bajo carga ‖ ~**festigkeit** *f* **des Sandes** (Gieß) / estabilidad *f* de la arena ‖ ~**fläche** (Kfz) / superficie *f* contenida en la batalla ‖ ~**fläche** (z.B. einer Wzm) / espacio *m* ocupado ‖ ~**gefäß** *n*, -flasche *f* (Chem, Pharm) / recipiente *m* o frasco de fondo plano ‖ ~**gerät** *n* (TV) / televisor *m* sobre pie[s] ‖ ~**geräusch** *n* **von Straßenfahrzeugen** / ruido *m* de vehículos estacionarios ‖ ~**gestell**, -gerüst *n* (Messinstr) / armazón *m* *f* ‖ ~**getriebe** *n* / engranaje *m* estacionario ‖ ~**glas** *n* (Chem) / probeta *f*, recipiente *m* cilíndrico de fondo plano ‖ ~**glasversuch** *m* (Abwasser) / ensayo *m* de probeta de decantación ‖ ~**größe** *f* **des Werkzeugs** / parámetro *m* de duración de la herramienta ‖ ~**guss** *m* (Gieß) / colada *f* vertical ‖ ~**hahn** *m* (Hydrant) / grifo *m* del tubo vertical ‖ ~**hahn** (Wasserstand usw) / grifo *m* de nivel ‖ ~**hahnmutterschlüssel** *m* / llave *f* de grifo del tubo vertical ‖ ~**hahnmutterzange** *f* (Wz) / tenazas *f pl* de puntas redondas ‖ ~**halten** *vi* / resistir [a] ‖ ~**heizung** *f* (Kfz) / calefacción *f* auxiliar ‖ ~**hochbahn**, Hochbahn *f* (Bahn) / ferrocarril *m* elevado

ständig / permanente ‖ ~, beständig, stetig / continuo ‖ ~, ununterbrochen / continuo, incesante, ininterrumpido ‖ ~**e Bereitschaft** (Fernm) / vigilancia *f* continua ‖ ~**er Fehler** / error *m* persistente ‖ ~**mitlaufende Reserve**, "Spinning"-Reserve *f* (Elektr) / reserva *f* conectada y lista para su utilización ‖ ~**e Wiederholung** / repetición *f* incesante o continua

Stand•kondensator *m* / capacitor *m* de montaje vertical ‖ ~**kondensator** (in Röhrenform) / capacitor *m* tubular vertical ‖ ~**lampe** *f*, -leuchte *f* / lámpara *f* de pie ‖ ~**lauf** *m* (Luftf) / ensayo *m* estático ‖ ~**leitung** *f* (DV) / línea *f* arrendada, circuito *m* alquilado ‖ ~**leitung**, (amtlich:) *m* Hauptanschluss für Direktruf, HfD (Fernm) / circuito *m* de servicio fijo ‖ ~**licht** *n* (Kfz) / luz *f* de población o de ciudad, luz *f* de posición o de estacionamiento ‖ ~**lichtlampe** *f* (Kfz) / bombilla *f* de luz de población o de posición ‖ ~**linie** *f*, Grundlinie *f* (Verm) / línea *f* de base ‖ ~**linie**, Visierlinie *f* (Verm) / línea *f* visual ‖ ~**linie** *f* (Nav) / línea *f* de posición ‖ ~**[lese]lupe** *f*, Tischlupe *f* / lupa *f* de mesa ‖ ~**maß** *n* (Masch) / regla *f* vertical con pie ‖ ~**menge** *f* (Wz) / producción *f* durante la vida ‖ ~**mixer** *m* (Haushalt) / batidora *f*, máquina *f* batidora ‖ ~**motor** *m*, ortsfester Motor / motor *m* fijo o estacionario ‖ ~**motor**, aufrechtstehender Motor / motor *m* derecho ‖ ~**nennschub** (Luftf) / empuje *m* nominal estático ‖ ~**öl** *n* / aceite *m* de linaza cocido, standoil *m*

Standort, -punkt, -platz *m* / sitio *m*, emplazamiento *m*, situación *f*, ubicación *f*, lugar *m* ‖ ~ *m* (Bot) / habitat *m*

‖ ~ (Nav) / posición f ‖ ~ **des Beobachters** / emplazamiento m o lugar del observador ‖ ~ **eines Werkes** / sitio m de una empresa, ubicación f ‖ ~ **nach Funkpeilung** (Luftf, Schiff) / punto m de posición determinado, posición f determinada por radiogoniometría, marcación f radioeléctrica ‖ ~ **über Grund** (Luftf) / posición f proyectada sobre el suelo ‖ **den** ~ **bestimmen** (Schiff) / determinar la posición ‖ ~**bestimmung** f / determinación f de la posición ‖ ~**bestimmung**, Besteck n (Schiff) / posición f definida, punto m de intersección de marcaciones ‖ ~**gefertigt**, standortmontiert / montado en el lugar de destino ‖ ~**-Identifizierung** f / identificación f de posición ‖ ~**-Identifizierungssignal** n / señal f de posición ‖ ~**kriterium** n (F.Org) / criterio m del lugar ‖ ~**meldung** f (Schiff) / señalización f de la posición ‖ ~ **probleme** n pl (F.Org) / problemas m pl de emplazamiento ‖ ~**vorteil** m / ventaja f de un emplazamiento ‖ ~**wahl**, -festlegung, -bestimmung f / estudio m y elección de emplazamiento

Standpunktkorrektur f (Verm) / corrección f de puesta

Standrohr n / tubo m vertical ‖ ~ (Regenrinne) / bajante m, tubo m de desagüe ‖ ~ (Pap) / tubo m vertical de los depuradores centrífugos ‖ ~ f (Öl) / tubo m vertical de revestimiento ‖ ~ n, Hydrant m, (amtlich:) Feuerlöschwasserständer m (F'wehr) / tubo m vertical de la boca de riego, boca f de riego o de incendio ‖ ~ **der Teleskopgabel** (Motorrad) / tubo m de la horquilla telescópica ‖ ~**ventil** n (Waschbecken) / grifo m de lavabo ‖ ~**-Wasserzähler** m / contador m de agua para tubo vertical

Stand•schub (Triebwerk) / empuje m de chorro estático ‖ ~**schub** (Propellermasch) / empuje m estático ‖ ~**schub** (unter Normalbedingungen) (Luftf) / empuje m de chorro estático ‖ ~**seilbahn** f (Förd) / ferrocarril m de cable, funicular m terrestre ‖ ~**sicherheit** f, -festigkeit f, Stabilität f / estabilidad f ‖ ~**spur** f (Autobahn) / carril m de estacionamiento, arcén m de servicio ‖ ~**uhr** f / reloj m vertical o de pie, reloj m de antesala ‖ ~**-Urinal** n (Sanitär) / urinario m con pie ‖ ~**ventil** n (Sanitär) / grifo m de lavabo ‖ ~**verbindung**, Streckenverbindung f (Fernm) / unión f directa ‖ ~**vermögen** n (z.B. von Pasten) / resistencia f a la fluidez (p.ej. de pastas) ‖ ~**versuch** m (bei normalen o. erhöhten Temperaturen) (Mat.Prüf) / ensayo m de fluencia ‖ ~**versuch**, Prüfstandversuch m / ensayo m en el banco de pruebas ‖ ~**visier**, Rückwärtseinschneiden n (Verm) / intersección f hacia atrás ‖ ~**visier** n (Mil) / alza f fija, viso m fijo ‖ ~**wasser** n (Bergb) / acumulación f de agua subterránea ‖ ~**wechsel** m (Mech) / inversión f cinemática ‖ ~**weg** (Wz) / carrera f de duración de la herramienta ‖ ~**zeit** (Masch) / período m en servicio ‖ ~**zeit** (Wz) / duración f [de la herramienta] ‖ ~**zeit**, Topfzeit f (Plast) / período f de aplicación ‖ ~**zeit** (Kfz) / tiempo m fuera de circulación ‖ ~**zeit**, Verweilzeit f (Ofen) / tiempo m de exposición, tiempo m de permanencia en el horno ‖ ~**zeit-Weg-Versuch** m (Wzm) / ensayo m de duración/recorrido ‖ ~**zylinder** m, -glas n (Chem) / probeta f con pie, recipiente m cilíndrico de fondo plano

Stange f, Stab m / vara f, varilla f, vástago m ‖ ~ (für Kleider usw.) / percha f ‖ ~ (Eisen usw.) / barra f, varilla f, cabilla f, varal m ‖ ~, Stangenform f (Plast) / varilla f ‖ ~, Stock m, Stecken m / bastón m, varilla f ‖ ~ (elektr. Leitungen) / poste m para líneas aéreas ‖ ~ (Landw) / estaca f, rodrigón m ‖ ~**n einziehen** (Wzm) / cargar el torno automático ‖ ~ **für Treppenläufer** / barra f para la alfombra de escalera ‖ ~**n kuppeln** (Fernm) / acoplar postes ‖ ~ **Schwefel** (Chem) / barra f de azufre, azufre m cañón ‖ ~ **f und Schnecke** (Mech) / cremallera f y tornillo sinfín ‖ **[kleine metallische]** ~ / varilla f [metálica]

Stängel m (Bot) / tallo m ‖ **ohne** ~, stängellos (Bot) / acaule adv ‖ ~**älchen** n, Ditylenchus dipsaci / anguílula f del tallo ‖ ~**faser** f (Tex) / fibra f de tallo ‖ ~**gefüge** n (Krist) / estructura f columnar

stängelig, stänglig (Min) / entallecido, cauliforme, columnar

Stängel•knicker m (Landw) / acondicionadora f, quebratallos m ‖ ~**korn** n (Nukl) / grano m columnar ‖ ~**kristall** m / cristal m columnar ‖ ~**quetscher** m (Landw) / aplastatallos m, estrujatallos m

Stangen•..., stängelig (Min) / basal, columnar ‖ ~**abschnitt** m, Blöckchen n (Schm) / barra f corta ‖ ~**anker**, Zuganker m, -band n / tirante m ‖ ~**anschlag** m (Wzm) / tope m de barra ‖ ~**antrieb** m (Bahn) / transmisión f por bielas ‖ ~**arbeit** f (Wzm) / trabajo m en barra[s] ‖ ~**automat** m (Wzm) / torno m automático de barras ‖ ~**bild**, Leitungsmastenbild n, -plan m (Elektr) / diagrama m de los postes de líneas ‖ ~**blitzableiter** m / pararrayos m de poste ‖ ~**blitzableiter** m (für Leitungsmasten) / descargador m de poste ‖ ~**bohrer** m (Zimm) / barrena f de cola, broca f ‖ ~**bohrer** (Bergb) / barrena f de minero, varilla f de sondeo ‖ **größter** ~**durchlass** (Wzm) / capacidad f de barras ‖ ~**ende** (Abfall) (Wzm) / extremo m de [la] barra ‖ **[unteres]** ~**ende** (Fernm) / base f del poste, coz f ‖ ~**fallhammer**, -reibhammer m / martinete m de fricción por palo ‖ ~**flucht** f (Verm) / hilera f de miras ‖ ~**förmig**, in Stangen[form] / en forma de barra ‖ ~**führung** f / guía f por barra ‖ ~**gerüst** n **mit Netzriegeln** (Bau) / andamio m de palos y riostras ‖ ~**greifer** m (Kran) / cuchara f de varillas ‖ ~**greifer-Webmaschine** f / telar m de vara prensil ‖ ~**griff** m / empuñadura f de barra ‖ ~**holz** n / palos m pl ‖ ~**kohle** m, -anthrazit m (Bergb) / hulla f bacilar ‖ ~**kupfer** n, Barrenkupfer n (Hütt) / cobre m en barras ‖ ~**kupplung** f / acoplamiento m de vástago ‖ ~**lager** n (Fernm) / almacén m de postes ‖ ~**leitung** f (Fernm) / ruta f de postes, ruta f de líneas sobre postes ‖ ~**linie** f, -leitung f (Fernm) / línea f de postes, postería f ‖ ~**lot** n [für Weich- o. Hartlöten] / almacén m de barras ‖ ~**material** n (Masch) / material m en barras ‖ ~**material** (Dreh) / barras f pl ‖ ~**presse** f, Strangpresse f / extrusionadora f de barras ‖ ~**puffer** m (Bahn) / tope m de vástago ‖ ~**register** n, Stützpunktnachweis m (Fernm) / lista f de postes ‖ ~**riegel** m (ohne Drehbewegung) (Bau) / cremona f ‖ ~**rost** m (Aufb) / parrilla f [de barrotes] ‖ ~**salpeter** m (Chem) / salitre m en barras ‖ ~**satz** m, Treib- u. Kuppelstangen f pl (Bahn) / conjunto m de bielas, bielaje m ‖ ~**schälerei** f / taller m de desconchado (o de pelado) de barras ‖ ~**schalter** m (Elektr) / interruptor m de varilla (E) o de pértiga ‖ ~**scharnier** n, Klavierband n / bisagra f o charnela en banda ‖ ~**schieber** m (Wzm) / alimentador m de barras ‖ ~**-Schlangenbohrer** m (DIN 6449) / barrena f retorcida ‖ ~**schneckenbohrer** m / barrena f de caracol ‖ ~**schneider** m / cortabarras m, tronzadora f de barras ‖ ~**schrämmaschine** f (Bergb) / rozadora f de vástago ‖ ~**schwefel** m / azufre m en barras o en cañas (LA), azufre m cañón ‖ ~**sieb** n / criba f de barras ‖ ~**silber** n / plata f en barras ‖ ~**spat** m (Min) / barita f sulfatada bacilar ‖ ~**stahl** m / acero m en barras ‖ ~**steuerung** f / dirección f por palanca ‖ ~**stromabnehmer** m (Elektr) / trole m ‖ ~**verbindung** f / unión f (de o por) barras ‖ ~**gabelförmige** ~**verbindung** / cabeza f en forma de horquilla ‖ ~**vorschub** (Dreh) / avance m de barras ‖ ~**vorschub** (mittels Stangen) (Wzm) / avance m por vástago[s] ‖ ~**wähler** m (Fernm) / panel m de selectores, selector m panel ‖ ~**wechsler** m, automatische Stangenzufuhrvorrichtung f (Wzm) / alimentador m automático de barras ‖ ~**widerlager** n (Rohrwalzw) / apoyo m de la barra ‖ ~**ziehen** n / estirado m de barras ‖ ~**zinn** n / estaño m en barras ‖

Stangenzirkel

⁓**zirkel** *m* (Zeichn) / compás *m* de varas ‖ ⁓**zuführung** *f* (Wzm) / alimentación *f* de barras
Stannan *n*, Zinnwasserstoff *m* (Chem) / estannano *m*
Stannat *n* / estannato *m*
Stanni•..., Zinn(IV)-... / estánnico ‖ ⁓**chlorid** *n* / cloruro *m* estánnico
Stannin *m* (Min) / estannina *f*(sulfuro de estaño natural)
Stanniol *n*, Zinnfolie *f* / hoja *f* de estaño ‖ ⁓**belag** *m* / capa *f* de hoja de estaño ‖ ⁓**kapsel** *f* / cápsula *f* de plomo estañada
Stannit *n* (Chem) / estannito *m* ‖ ⁓ *m* (Min) / estannita *f*
Stanno..., Zinn(II)-... / estañoso, estannoso
Stanton-Zahl *f*, St (Phys) / índice *m* de Stanton
Stanz•abfälle *m pl* (Stanz) / retales *m pl* o recortes de estampación, recortaduras *f pl* ‖ ⁓**artikel** *m* (Stanz) / pieza *f* estampada ‖ ⁓**automat** *m* (Wzm) / prensa *f* automática estampadora, estampadora *f* automática ‖ ⁓**automat** (für Locharbeiten) / punzonadora *f* automática ‖ ⁓**barkeit**, -fähigkeit *f* / calidad *f* de estampado ‖ ⁓**blech** *n* / chapa *f* para estampar ‖ ⁓**block** *m* (Schweiz), Führungsgestell *n* / bastidor *m* [de] guía ‖ ⁓**bördeln**, Gesenkbördeln *n* (Stanz) / rebordeado *m* entre matrices ‖ ⁓**butzen** *m*, -putzen *m* (Stanz) / tapón *m* punzonado, taco *m*, pipa *f*
Stanze, Presse *f* / estampadora *f* ‖ ⁓ *f*, Lochstanze *f* / punzonadora *f* ‖ ⁓, Prägemaschine *f* / troqueladora *f*
Stanzeinrichtung *f* / dispositivo *m* de punzonar agujeros
stanzen *vt*, lochen / punzonar ‖ ⁓, ausstanzen / estampar, cortar ‖ ~, prägen / troquelar ‖ ~ **und biegen** / estampar y curvar ‖ ⁓ *n*, Stanzung *f* / estampación *f* ‖ ⁓ / troquelado *m* ‖ ⁓, Stanzarbeit *f* (allg) / estampado *m* y punzondo y cortado
Stanzer *m* (Arbeiter) / punzonador *m*, estampador *m*
Stanzerei *f* / taller *m* de estampación
Stanz[erei]•maschine *f* (Stanz) / prensa *f* de estampar ‖ ⁓**technik** / técnica *f* de estampado
Stanzereiwerkzeug *n* / herramienta *f* de estampar y punzonar y cortar
Stanz•fläche *f* (die Wand der Ausstanzung) / pared *f* del agujero punzonado ‖ ⁓**geschwindigkeit** *f* / velocidad *f* de estampación ‖ ⁓**gitter** *n* / rejilla *f* estampada ‖ ⁓**grat** *m* / rebaba *f* de estampado o punzonado ‖ ⁓**karton** *m* / cartón *m* de estampar ‖ ⁓**kopf** *m* / cabeza *f* punzonadora ‖ ⁓**lack** *m* / barniz *m* especial para estampar ‖ ⁓**loch** *n* / agujero *m* punzonado ‖ ⁓**maschine** *f* / troqueladora *f* ‖ ⁓**maschine** / estampadora *f* ‖ ⁓**maschine**, Lochstanze *f* / punzonadora *f* ‖ ⁓**maschine für Zuschnitte** (Tex) / recortadora *f* para capas múltiples ‖ ⁓**messer**, Lochmesser *n* (Wz) / sacabocados *m* [de percusión] ‖ ⁓**-Oberseite** *f* (Sieb) / superficie *f* de entrada del punzón ‖ ⁓**presse** *f* (Stanz) / prensa *f* estampadora o punzonadora o cortadora (según el caso) ‖ ⁓**presse**, Prägepresse *f* / prensa *f* troqueladora ‖ ⁓**-Pressteil** *n* / pieza *f* estampada ‖ ⁓**putzen** *m*, -butzen *m* (Stanz) / tapón *m* punzonado ‖ ⁓**qualität** *f* (Blech) / calidad *f* de estampado ‖ ⁓**rippe** *f*, Sicke *f* / nervadura *f* troquelada, nervio *m* troquelado ‖ ⁓**schnitzel** *n m* (Pap) / retales *m pl* de perforación ‖ ~**sicken** *vt* (Stanz) / nervurar por troquel ‖ ⁓**steg** *m* (zwischen Stanzteilen) / puente *m* de chatarra ‖ ⁓**stempel** *m* (Stanz) / punzón *m*, estampa *f* ‖ ⁓**technik** *f* / técnica *f* de estampado y punzonado y corte ‖ ⁓**teile** *n pl*, Stanzereiteile *n pl* / piezas *f pl* estampadas ‖ ⁓**- und Presswerk** *n* / taller *m* de estampación ‖ ⁓**- und Schermaschine** *f* / prensa *f* de estampación y corte ‖ ⁓**- und Scherwerkzeug** *n* / herramienta *f* de estampación y corte ‖ ⁓**werkzeug** *n*, Prägestanzwerkzeug *n* / herramienta *f* de troquelar ‖ ⁓**werkzeug** (zum Ausstanzen) / herramienta *f* de [estampado y] corte ‖ ⁓**werkzeug**, Lochwerkzeug *n* / herramienta *f* de punzonar ‖ ⁓**werkzeug mit Schiebern** / herramienta *f* de corredera[s] ‖

⁓**werkzeug-Rüstwagen** *m* / carretilla *f* para herramientas de estampación
Stapel *m*, Haufen *m* / pila *f*, montón *m* ‖ ⁓ (Schiff) / grada *f*, paral *m* ‖ ⁓ (Nukl) / montón *m* ‖ ⁓ (DV) / lote *m* ‖ ⁓, Faser, Fiber *f* (Qualitätsbegriff) (Tex) / fibra *f*, hebra *f* ‖ ⁓, Blind-, Zwischenschacht *m* (Bergb) / pozo *m* interior ‖ ⁓ (Plattenspeicher) / pila *f* de discos ‖ ⁓ (DV) / por lotes ‖ **auf** ⁓ **schneiden** (Tex) / cortar en mechas, cortar la fibra ‖ **durch** ⁓ **stützen** (Schiff) / apoyar por picadores ‖ **vom** ⁓ [**laufen**] **lassen**, ablaufen lassen (Schiff) / botar, echar o lanzar al agua, soltar ‖ **vom** ⁓ **laufen**, aufschwimmen / ser botado
Stapel•abfrage *f*, Batchabfrage *f* (DV) / interrogación *f* por lotes ‖ ⁓**ablage** *f* (Druck) / salida *f* en pilas ‖ ⁓**abnahme** *f* (Stanz) / toma *f* de rodajas del montón ‖ ⁓**anleger** *m* (Druck) / alimentador *m* por succión ‖ ⁓**artikel** *m pl*, -ware *f* / artículos *m pl* estándar ‖ ~**bar**, -fähig / apilable, amontonable ‖ ⁓**behälter** *m* (Förd) / caja *f* de apilamiento ‖ ⁓**betrieb** *m* (DV) / procesamiento *m* por lotes ‖ ⁓**betrieb mit zeitlichem Vorrang** (DV) / procesamiento *m* diferido por prioridad ‖ ⁓**block** *m*, -klotz *m* (Schiff) / picadero *m* ‖ ⁓**brücke** *f* (Förd) / plataforma *f* elevadora o levadiza ‖ ⁓**diagramm** *n* (Tex) / diagrama *m* de fibras ‖ ⁓**drahtgefüge** *n*, NS-Gefüge *n* / estructura "non-sag" *f* ‖ ⁓**ebene** *f* (Hochlager) / nivel *m* de apilamiento ‖ ⁓**effekt** *m* (summierte Unebenheiten) / efecto *m* de apilamiento ‖ ⁓**einrichtung** *f* / apiladora *f*, amontadora *f* ‖ ⁓**faser** *f* (Tex) / fibre *f* [artificial] corta o cortada ‖ ⁓**faserband** *n* (Spinn) / cinta *f* de fibra cortada ‖ ⁓**fehler** *m* (Krist) / defecto *m* de apilamiento ‖ ⁓**fehlerausscheidung** *f* (Hütt) / precipitación *f* de defectos de apilamiento ‖ ⁓**fernverarbeitung** *f* (DV) / procesamiento *m* remoto de lotes ‖ ⁓**förderer**, Sackstapler *m* / transportador *m* apilador, estibadora *f* ‖ ⁓**gitterbehälter** *m*, Gitterbox[palette] *f* / container *m* apilable con pared de rejilla ‖ ⁓**glasseide** *f* (Tex) / seda *f* de vidrio cortada ‖ ⁓**guss** *m* / colada *f* en racimo ‖ ⁓**haspel** *f m* (Bergb) / torno *m* de pozo interior ‖ ⁓**höhe** *f* / altura *f* de apilamiento ‖ ⁓**holz** *n* / madera *f* del depósito ‖ ⁓**job** *m* (DV) / trabajo *m* por lotes ‖ ⁓**karre** *f* / carretilla *f* apiladora ‖ ⁓**karren** *m*, [Gabel]stapler *m* / carro *m* elevador, carretilla *f* elevadora ‖ ⁓**kasten** *m* / caja *f* apilable ‖ ⁓**kasten für Flaschen** / caja *f* de transporte de botellas ‖ ⁓**klötze** *m pl* (Schiff) / picaderos *m pl*, puntales *m pl* ‖ ⁓**kran** *m* / grúa *f* apiladora ‖ ⁓**last** *f* (Container) / carga *f* sobrepuesta ‖ **zulässige** ⁓**last** (Container) / límite *m* de carga sobrepuesta ‖ ⁓**lauf** *m* (Schiff) / botadura *f*, botada *f*, lanzamiento *m* ‖ ⁓**laufett** *m* (Schiff) / grasa *f* de botadura ‖ ⁓**lauf-Gleitbahnen** *f pl* (Schiff) / parales *m pl*, vía *f* de deslizamiento, anguilas *f pl* ‖ ⁓[**lauf**]**keil** *m* (Schiff) / cuña *f* de botar ‖ ⁓**laufschlitten**, Ablaufschlitten *m* (Schiff) / cuna *f* de botadura
stapeln *vt*, aufschichten / apilar, amontonar ‖ ~, ansammeln / acumular ‖ ⁓ *n*, Stapelung *f* / apilado *m*, apilamiento *m*, amontonado *m*
Stapel•napf *m* (an Behältern usw.) / cazolita *f* de apilar ‖ ⁓**palette** *f* / paleta *f* de apilar ‖ ⁓**platte** *f* / bandeja *f*, tablero *m* de apilar, placa *f* estibadora ‖ ⁓**plattenförderer** *m* / transportador *m* de tableros o de paletas ‖ ⁓**platz** *m* / lugar *m* de apilamiento, depósito *m* ‖ ⁓**prüfung** *f* (Baumwolle) / prueba *f* de [hacer el] diagrama de fibras ‖ ⁓**register** *n* (DV) / memoria *f* de retención temporal ‖ ⁓**richter** *m* (Holz) / dispositivo *m* de alinear pilas de madera ‖ ⁓**sortierapparat** *m* (Tex) / analizador *m* de longitud de fibras ‖ ⁓**speicher** *m*, Kellerspeicher *m* (DV) / memoria *f* stack ‖ ⁓**stuhl** *m* / silla encajable *adj* ‖ ⁓**stütze** *f* (Schiff) / escora *f* ‖ ⁓**tasche** *f* (Walzw) / compartim[i]ento *m* de apilar
Stapelung *f* **von Anforderungen** (DV) / apilamiento *m* de requerimientos o pedidas

Stapel • verarbeitung f, -betrieb m (DV) / procesamiento m por lotes, tratamiento m por lotes o diferido ||
~**verarbeitungs-Terminal** n / terminal m de lotes ||
~**vorrichtung** f / dispositivo m para apilar ||
~**vorrichtung** (Container) / dispositivo m de apilamiento || ~**zellwolle** f (Tex) / viscosilla f, fibra f corta de rayón, fibrana f || ~**zuführung** f (von Belegen) (DV) / alimentación f por lotes ||
~**zugmaschine**, Strecke f (Tex) / aparato m desenredador || ~**-Zwischensumme** f (DV) / total m de control
Stapler m (Arbeiter) / amontonador m || ~, Stapelkarren m / carretilla f apiladora o estibadora || ~, Hochhubwagen m, Gabelstapler m / apilador m, apiladora f || ~ **auf Raupenketten** / carretilla f apiladora sobre orugas || ~ **für Auftragszusammenstellung** (Lager) / recogepedidos m || ~ **für Hochregale** / carretilla f elevadora para estanterías altas
STAR = Satellit für Telekommunikation, Anwendung und Raumforschung
"**Starenkasten**" m (Verkehr) / cámara f invisible [para control radárico]
stark (Material), kräftig, derb / recio || ~, kraftvoll / vigoroso, fuerte, potente || ~, heftig / violento || ~ (Mot) / potente, de gran potencia || ~, massiv, solid / sólido, resistente, macizo || ~, groß (Hitze) / intenso || ~, dick / grueso, espeso || ~, plump / grosero || ~, gehaltreich / sustancial, cargado || ~, laut (Geräusch) / ruidoso || ~ (Ggs: schwach) (Brenner) / alto (contr.dist: bajo) || ~, mit starker Vergrößerung (Opt) / de muchos aumentos || ~ **beansprucht** (Mech) / muy o altamente solicitado, cargado, a fuerte esfuerzo, bajo gran esfuerzo || ~ **belastete Strecke** (Bahn) / arteria f de tráfico intenso o denso, trayecto m de mucho tráfico || ~**e Belastung** / carga f fuerte || ~**er Elektrolyt** / electrolito m fuerte || ~**e Erschütterung** u. Schwingung / vibración f intensa || ~**es Fernglas** / prismáticos m pl de muchos aumentos || ~ **gebündelter Richtstrahler** (Eltronik) / antena f de gran [factor de] directividad, antena f de efecto direccional, antena f emisora de haz fuertemente concentrado || ~ **gekrümmte Kurve** / curva f de radio pequeño || ~ **er Geruch des Lösungsmittels** (Chem) / olor m fuerte del solvente || ~ **gezwirntes Garn** / hilo m de torsión fuerte, hilo m fuertemente torcido || ~**er Glanz** / brillo m intenso || ~**e Kraft** (Atom) / fuerza f nuclear || ~**er Krepp** (Pap) / papel m cresponado espeso || ~**es Mikroskop** / microscopio m de muchos aumentos || ~ **oxidierende Säure** (Chem) / ácido m altamente oxidante || ~ **rösten** / retostar || ~**e Säure** / ácido m fuerte || ~**e Strömung** (Hydr) / corriente f rápida o fuerte || ~ **verbrannt** / requemado || ~**er Verkehr** / tráfico m fuerte o intenso || ~ **verschmutzt** / muy ensuciado || ~**e Wand** (Rohr) / pared f espesa || ~**er Wind** (Stärke 6) (Luftf) / brisote m || ~**er Windstoß** (Meteo) / ráfaga f de viento || ~ **wirkend** (Entwickler) / vigoroso || ~**e Zwirnung** (Spinn) / torsión f fuerte || **3 mm dick od.** ~ / de 3 mm de grueso
stark • basisch (Chem) / fuertemente básico ||
~**beregnung** f (20-50 mm/h) (Landw) / aspersión f fuerte || ~**bier** n (Brau) / cerveza f fuerte o doble ||
~**brenner** m / mechero m de alta capacidad
Stärke, [mechanische] Kraft f (Mech) / fuerza f, vigor m || ~, Ausdauer f / perseverancia f || ~, Dicke f / espesor m, grosor m, grueso m || ~, Festigkeit f / solidez f, robustez f, rigidez f || ~, Zuverlässigkeit f / seguridad f || ~ (Garn) / espesor m o diámetro de hilo || ~ (Pap) / espesor m || ~, Dauerhaftigkeit f (Wollfasern) / resistencia f de fibras de lana || ~, Amylum n (Getreide) / almidón m || ~ f, Wäschestärke f / almidón m || ~, Stärkemehl n / fécula f || ~ **der Form** (Gieß) / espesor m del molde || ~ **der Schweißnaht** / espesor m de la soldadura || ~ **einer Säure** / fuerza f de un ácido || ~ **einer Strahlungsquelle** / intensidad f de una fuente de radiación || ~ **einer Welle** (Masch) / diámetro m de árbol || **anionische, [kationische]** ~ / fécula f aniónica, [catiónica] || **mit halber** ~ (z.B. Lampe) (Elektr) / semirreducido (p.ej. bombilla) || **von** ~ **lebend** (Bakterien) / sacarolítico
Stärkeabbau m / degradación f del almidón
stärkeähnlich / amiloide(o) adj
stärke • artig, -ähnlich / feculento || ~**blau**, Neublau n / azul m de fécula || ~**einheit** f (Chem) / unidad f de almidón || ~**ester** m / éster m de almidón || ~**fabrik** f, (auch:) -industrie f / fábrica f o industria de fécula, fecularía f || ~**fermentation**, -fermentierung f / amilofermentación f
Starkeffekt m (Phys) / efecto m de Stark (desdoblamiento de las líneas espectrales]
Stärke • gel n / gel m de almidón || ~**grad** m, Intensität f / intensidad f, grado m de intensidad || ~**gummi** m, Dextrin n / dextrina f || ~**haltig**, -führend (Lebensmittel) / -artig / amiláceo || ~**haltige Pflanze** / planta f amilácea || ~**hydrolysat** n / oligoholósido m || ~**industrie** f, -fabrik f / industria f fecularía
Starkeinstellung f (Bremse) / selección f alta
Stärke • kalander m / calandra f para almidonar ||
~**kartoffel** f (Bot) / patata f de fécula || ~**kleister** m / engrudo m de almidón || ~**korn**, -körnchen n / grano m de almidón || ~**lösung** f (Tex) / solución f de almidón || ~**maschine** f, -kalander m (Tex) / máquina f para el tratamiento con almidon[es] || ~**maschine für Kette** (Web) / encoladora f de urdimbre || ~**mehl** n / harina f de almidón, almidón m, fécula f en polvo || ~**milch** f / lechada f amilácea
stärken vt, verbessern, ausbauen / potenciar || ~, verstärken / fortificar, fortalecer, robustecer, reforzar || ~, festigen / consolidar || ~, steifen (Tex) / almidonar || **die Kette** ~ (Web) / encolar la urdimbre
Stärke • nitrat n, Nitrostärke f (Chem) / nitroalmidón m || ~**phosphat** n / fosfato m de almidón || ~**pulver** n / fécula f en polvo || ~**sirup** m / jarabe m de glucosa o de almidón, glucosa f líquida || ~**sulfat** n / sulfato m de almidón || ~**trog** m (Appretur, Tex) / tina f de encolado || ~**verdickung** f (Tex) / espesamiento m de almidón || ~**wert** m / equivalente m de almidón ||
~**zellulose** f / amilosa f || ~**zucker** m, Dextrose f / azúcar m de fécula, glucosa f, dextrosa f
Stark • feldscheidung f (Hütt) / separación f magnética de alta intensidad || ~**gas** n / gas m rico || ~**ladung** f (Akku) / carga f con (o de) alta intensidad || ~**licht** n, Jupiterlampe f (Film) / luz f intensa o fuerte ||
~**motorig** / potente, de gran potencia
Starkoppler m (Optoelektronik) / acoplador m en estrella
Stark • pappe f / cartón m duro o compacto || ~**rippiges Werkstück** / pieza f nervuda || ~**sauer** / fuertemente ácido || ~**saurer Kationenaustauscher** / cambiador m de cationes fuertemente ácido || ~**-schwach** / todo o poco, alto-bajo || ~**-Schwach-Regelsystem** n / sistema m [regulador] todo o poco || ~**-Schwach-Regelung** f / regulación f todo o poco
Starkstrom m, Hochspannungsstrom m / corriente f [de] alta tensión || ~, Netzstrom m / corriente f del sector o de la red, corriente f fuerte || ~, Strom hoher Stromstärke (Elektr) / corriente f intensa o fuerte o de alta intensidad || ~**anlage** f / instalación f de fuerza ||
~**anlage 380 V** / instalación f de alta intensidad de 380 V || ~**beleuchtung** f (Bergb) / alumbrado m de línea de alimentación || ~**entladung** f (Akku) / descarga f con alta intensidad || ~**geräusch** n (Fernm) / ruido m inducido || ~**glocke** f / campana f alimentada por corriente fuerte || ~**-Halbleitergeräte** n pl / dispositivos m pl semiconductores de corriente fuerte, dispositivos m pl de potencia semiconductores || ~**industrie** f / industria f de la energía eléctrica, industria f energética || ~**kabel** n / cable m de fuerza

Starkstrom-Kleinrelais

motriz o de energía eléctrica, cable *m* para corriente de alta intensidad || ⁓**-Kleinrelais** *n* / relé *m* miniatura para corriente de alta intensidad || ⁓**kreis** *m* (Elektr) / circuito *m* de corriente fuerte || ⁓**leitung** *f*, -freileitung *f* / línea *f* de alta intensidad o tensión || ⁓**netz** *n*, elektrisches Verteilungsnetz / red *f* [de distribución] de energía eléctrica || ⁓**relais** *n* / relé *m* de potencia || ⁓**technik** *f* (Elektr) / técnica *f* de las corrientes fuertes || ⁓**-Trennfilter** *n* (Fernm) / filtro *m* separador de corriente fuerte
Stark•tonhorn *n* (Kfz) / bocina *f* supersonica o de alta intensidad || ⁓**tonsummer** *m* (Elektr) / zumbador *m* de sonido fuerte
Stärkung, Verstärkung *f* / refuerzo *m*
Stark•verzinkung *f* / galvanización *f* gruesa o considerable || ⁓**wandig** / de pared gruesa
starr (allg, chem Bindung) / rígido || ~, unbiegsam / inflexible || ~, unbeweglich / fijo, inmóvil || ~ (Fett) / tieso, muy consistente || ~, unelastisch / no elástico, inelástico || ~, bestimmt / positivo || ~**e Automatisierung** / automación *f* rígida || ~**e Fahrdrahtaufhängung** (Bahn) / suspensión *f* rígida (catenaria) || ~ **fortlaufend** (DV) / consecutivo || ~ **fortlaufende Verarbeitung** (DV) / procesamiento *m* secuencial || ~ **geerdet** (Elektr) / rígidamente puesto a tierra || ~ **kuppeln** (Bahn) / enganchar rígidamente || ~**er Rahmen** (Bau) / estructura *f* rígida || ~**e Rückführung** (Regeln) / reacción *f* rígida || ~**e Verweisung auf Normen** / referencia *f* a normas con identificación exacta
Starr•achse *f* (Kfz) / eje *m* rígido || ⁓**fett** *n*, Stauffferfett *f* / grasa *f* consistente || ⁓**flügler** *m* (Luftf) / avión *m* de alas rígidas
Starrheit *f* / rigidez *f*
Starr•körperverschiebung *f* (Mech) / desplazamiento *m* de cuerpos rígidos || ⁓**leinen** *n* (Web) / bucrán *m*, bocací *m* || ⁓**luftschiff** *n* / dirigible *m* rígido || ⁓**-plastisch** (Werkstoff) / rígido-plástico || ⁓**-Schalenbauweise** *f* (Bahn) / construcción *f* en casco rígido || ⁓**schaum** *m* (Chem) / espuma *f* endurecida || ⁓**schmiere** *f* s. Starrfett || ⁓**verbunden** / unido o montado rígidamente, de unión rígida || ⁓**verstellbar** (Bergb, Stempel) / rígido-extensible || ⁓**zinkengrubber** *m* (Landw) / cultivador *m* de dientes o brazos rígidos, cultivador *m* de púas rígidas
Start *m*, Anlauf *m*, Ingangsetzung *f* / comienzo *m*, inicio *m*, arranque *m*, salida *f* || ⁓, Abfahren *n* / arranque *m*, puesta *f* en marcha || ⁓, Abflug *m* / despegue *m* || ⁓, Abschuss *m* (Rakete) / lanzamiento *m* || ⁓ *m* (Satellit) / despegue *m* || ⁓ **eines Reaktors** / arranque *m* de un reactor || ⁓ **für einen Wartungsflug** (Satellitennetz) / despegue *m* para conservación || ⁓ **in Bandmitte** (Video) / arranque *m* a mitad de la cinta || ⁓ **mit Anrollen** (Luftf) / despegue *m* volante || ⁓ **mit Magnetkarte** (Kfz) / arranque *m* con tarjeta || ⁓ **mit Zielablage** (Flugkörper) / lanzamiento *m* fuera del eje || ⁓ **Unterprogramm** (DV) / arranque *m* de subrutina || ⁓ **vom Flugzeug** (Flugkörper) / lanzamiento *m* de a bordo de un avión
Start•abbruch *m* / aborto *m* de lanzamiento || ⁓**ablauf** *m* (Flugkörper) / sucesión *f* de lanzamiento || ⁓**ablaufsteuergerät** *n* (Flugkörper) / secuenciador *m* de lanzamiento || ⁓**anlage** *f*, -komplex *m* (Rakete) / complejo *m* de lanzamiento || ⁓**anreicherung** *f* (Kfz) / enriquecimiento *m* de la mezcla para arranque || ⁓**assistent** *m* (Kfz) / asistente *m* de arranque || ⁓**-Aufladedruck** *m* (Luftf) / sobrealimentación *f* de despegue || ⁓**bahn** *f* (Luftf) / pista *f* de despegue [y de aterrizaje] || ⁓**bahn-Endfeuer** *n* (Luftf) / luz *f* de fin de pista || ⁓**bahn-Leuchtfeuer** *n* (Luftf) / luz *f* de pista || ⁓**band** *n*, -streifen *m* (Film) / cola *f* de comienzo [de la película] || ⁓**bedingung** *f* (Regeln) / condición *f* de iniciación del ciclo || ⁓**bereich** *m* (Luftf) / área *f* de despegue || ⁓**bereich** (Raumf) / polígono *m* de

lanzamiento || ⁓**bereit** (Programm) / listo para arrancar || ⁓**bereitschaft** *f* / disposición *f* de arranque || ⁓**bit** *n* (DV) / bit *m* de arranque || ⁓**block** *m* (Sport) / taco *m* de salida || ⁓**dauer** *f* (Luftf) / tiempo *m* de despegue || ⁓**deck** *n* (Schiff) / cubierta *f* de despegue || ⁓**einleitung** *f*, ITL (= intent to launch) (Raumf) / intención *f* de lanzamiento || ⁓**einrichtung** *f* / dispositivo *m* de arranque o de puesta en marcha
starten, abwassern / desamarar || ~ *vt*, anlaufen lassen, in Bewegung setzen / poner en marcha || ~ (Rakete) / lanzar || ~, abfliegen (Luftf) / despegar, decolar (LA) || ~ *vi*, an-, abfahren (Fahrzeug) / arrancar, ponerse en marcha || **mit dem Katapult** ~ (Luftf) / catapultar
Starter *m* (Eltronik, Zündelektrode) / encendedor *m*, cebador *m* || ⁓, Anlasser *m* (Kfz) / arrancador *m* || ⁓**batterie** *f* (Kfz) / batería *f* de arranque
Startereignis *n* **der Tätigkeit** (PERT) / evento *m* de iniciación
Starter•-Elektrode *f* (Röhre) / electrodo *m* de cebado || ⁓**fassung** *f* (Leuchte) / boquilla *f* del arrancador de la lámpara fluorescente || ⁓**getriebe** *n* (Kfz, Mot) / piñón *m* del arrancador || ⁓**kabel** *n* (Kfz) / cable *m* de arranque || ⁓**klappe** *f* (Kfz) / palomilla *m* de arranque [en frío], stárter *m*, estrangulador *m*
Starterlaubnis, -freigabe *f* (Luftf) / autorización *f* para despegar, permiso *m* de despegue
Starter•lösung *f* (Repro) / solución *f* de puesta en marcha || ⁓**zahnkranz** *m* (Kfz) / corona *f* dentada del volante [para arranque] || ⁓**zug** *m* (Kfz) / cable *m* de mando del estrangulador
Start•-Fenster *n* (Raumf) / intervalo *m* de lanzamiento || ⁓**fläche** *f* (Luftf) / superficie *f* de despegue || ⁓**fläche** (Raumf) / área *f* de lanzamiento || ⁓**freigabe-Einrichtung** *f* (Raumf) / dispositivo *m* liberador del lanzador || ⁓**freudig** (Motor) / de arranque fácil || ⁓**gerät** *n* (Flugkörper) / lanzador *m* || ⁓**sichere** ⁓**geschwindigkeit** (Luftf) / velocidad *f* de despegue sin peligro || ⁓**geschwindigkeit** *f* **vor/nach dem Abheben** (Luftf) / velocidad *f* antes/despues del despegue || ⁓**gestell** *n* (Raumf) / rampa *f* de lanzamiento || ⁓**gewicht** *n* (Luftf) / peso *m* de despegue || ⁓**grenztemperatur** *f* (Mot) / temperatura *f* límite de arranque || ⁓**hilfe** *f* (Kfz) / ayuda *f* de arranque || ⁓**hilfekabel** *n* / cable *m* de empalme para puesta en marcha || ⁓**hilfsanlagen** *f* *pl* (Kfz) / auxiliares *m* *pl* de arranque || ⁓**hilfsrakete** *f* (Raumf) / cohete *m* lanzador auxiliar || ⁓**impuls**, Steuerimpuls *m* / impulso *m* piloto || ⁓**katalysator** *m* / convertidor *m* catalítico primario || ⁓**katapult** *m* *n* (Luftf) / catapulta *f* de lanzamiento || ⁓**klar**, flugklar / listo para el vuelo, listo para despegar || ⁓**klar** (Flugkörper) / listo para [el] lanzamiento || ⁓**knopf** *m* (DV) / botón *m* de activación || ⁓**komplex** *m* (Raumf) / instalaciones *f* *pl* de lanzamiento || ⁓**kreis** *m* (Regeln) / circuito *m* de puesta en marcha || ⁓**kriterium** *n* / criterio *m* de arranque || ⁓**länge** *f* (Luftf) / longitud *f* de despegue || ⁓**leistung** *f* (Luftf) / potencia *f* máxima o de despegue || ⁓**Leitsystem** *n* (Luftf) / monitor *m* de despegue || ⁓**masse** *f* (Raumf) / peso *m* de lanzamiento || ⁓**mindestdrehzahl** *f* / velocidad *f* de rotación mínima al despegue || ⁓**moment**, Nullzeitpunkt *m* (Count-down) / tiempo *m* cero || ⁓**-Nennleistung** *f* (Luftf) / potencia *f* de despegue homologada || ⁓**-Nennleistungsverhältnis** *n* / razón *f* de potencia de despegue || ⁓**phase** *f* (Raumf) / fase *f* de despegue || ⁓**phase** (Plasma) / cebado *m* del plasma || ⁓**plattform** *f* (waagerecht), -tisch *m* (Rakete) / plataforma *f* de lanzamiento, pedestal *m* de lanzamiento || ⁓**programm** *n* (DV) / programa *m* de arranque || ⁓**punkt** *m* (Luftf) / punto *m* de despegue || ⁓**rakete**, -stufe, Trägerrakete *f* (Raumf) / lanzador *m*, cohete *m* portador || ⁓**rampe** *f* (geneigt) / rampa *f* de lanzamiento || ⁓**rampe ohne Führungen** (Raketen) / lanzacohetes *m* *pl* de longitud cero || ⁓**reagens** *n*

statisch

(Chem) / reactivo m de inducción ‖ ~**reaktion** f (Chem) / reacción f de iniciación ‖ ~**routine** f / rutina f de arranque ‖ ~**routine in das Ladeprogramm** (DV) / subrutina f de entrada, rutina f de cebado ‖ ~**routinespeicher** m (DV) / memoria f de la subrutina de entrada ‖ ~**schiene** f (Raumf) / riel m de lanzamiento ‖ ~**schleuder** f (Luftf) / catapulta f de lanzamiento ‖ ~**schub** m (Luftf, Rakete) / empuje m de despegue ‖ ~**-Schubleistung** f (Luftf) / empuje m de despegue homologado ‖ ~**schuss** m / pistoletazo m de salida ‖ ~**stellung** f (Flugkörper) / posición f de lanzamiento
Start-Stopp•-Betrieb m / explotación f arrítmica ‖ ~**-Einrichtung** f (DV) / dispositivo m arrítmico ‖ ~**-Lücke** f, Satzzwischenraum m (DV) / espacio m entre bloques [de registro magnético] ‖ ~**-Schreiber** m, -Einrichtung f (Fernm) / aparato m arrítmico ‖ ~**-Verzerrungsgrad** m / grado m de distorsión arrítmica ‖ ~**-Vrkehr** m / tráfico m "stop and go" ‖ ~**-Zeichen** n / carácter m arrítmico
Start•strecke f (Luftf) / recorrido m de despegue ‖ ~**stufe**, Trägerrakete f (Raumf) / cohete m o vehículo de lanzamiento ‖ ~**tisch** m (Raumf) / pedestal m de lanzamiento, plataforma f de lanzamiento ‖ ~**triebwerk** n (Fernlenkgeschoss) / motor m de lanzamiento ‖ ~**turm** m (Raumf) / torre f de lanzamiento ‖ ~**- und Endband** n (Film) / cola f de comienzo y de fin [de la película] ‖ ~**- und Landebahn**, SLB, Piste f (Luftf) / pista f de despegue y de aterrizaje ‖ ~**- und Landebahn-Mittellinienfeuer** n pl (Luftf) / luces f pl de eje de pista ‖ ~**- und Landebahn-Sichtzeichen** n (Luftf) / marca f visual de la pista ‖ ~**- und Landebereich** m (Luftf) / área f o zona de aterrrizaje ‖ **[unbefestigter]** ~**-und Landestreifen** (Luftf) / pista f aérea ‖ ~**ventil** n (Kfz) / válvula f de arranque en frío ‖ ~**-Vorheizung** f (Lampe) / precalentamiento m para el arranque en frío ‖ ~**vorrichtung** f (Mot) / dispositivo m de arranque ‖ ~**vorrichtung** f (Luftf) / dispositivo m de lanzamiento ‖ ~**vorspann** m (Film) / cola f de comienzo ‖ ~**weg** m (Magn.Bd) / distancia f de arranque ‖ ~**wiederholsperre** f (Kfz) / bloqueo m de repetición de arranque ‖ ~**zählung** f (Raumf) / cronología f de lanzamiento ‖ ~**zählung**, Countdown m / cuenta f atrás, conteo m descendente o al revés o a la inversa o a cero, descuento m, deconteo m ‖ ~**zeichen** n **für Nullschreibung** (DV) / carácter m de comienzo de significación ‖ ~**zeit** f (Reaktor) / hora f de arranque ‖ ~**zeit** (Luftf) / hora f de despegue ‖ ~**zeitplan** m (Raumf) / cronología f de lanzamiento ‖ ~**zusatzrakete** f / cohete m suplementario
Stassano-Ofen m (Elektr) / horno m Stassano
Staßfurtit m (Min) / stassfurtita f
Statement n (DV, PL-Sprache) / instrucción f ‖ ~**marke** f (DV) / marca f de instrucción
Statik f, Gleichgewichtslehre f / estática f ‖ ~, statische Auflandung / estáticos m pl ‖ ~, statische Berechnung / cálculo m estático ‖ ~ **der Baukonstruktionen** / cálculo m estático de construcción ‖ ~ **der festen Körper** / estática f de cuerpos rígidos ‖ ~**-Entlader** m (Elektr) / descargador m de cargas estáticas ‖ ~**-Entlader** (Luftf) / descargador m de electricidad estática
Statiker m / especialista m en cálculos estáticos, estático m
Station f (allg) / estación f ‖ ~, Bahnhof m / estación f de ferrocarril ‖ ~, Stelle f / puesto m ‖ **bewegliche o. fahrbare** ~ (Fernm) / estación f telefónica móvil ‖ **nicht auf** ~ f / fuera de estación
stationär, bleibend / estacionario, fijo ‖ ~ (Prozess) / en estado estacionario o permanente ‖ ~**e Gasturbine** / turbina f de gas industrial ‖ ~**e Informationsquelle** / fuente f de información estacionaria ‖ ~**e Kapazität** f / capacidad f concentrada o localizada ‖ ~**es Potential** (Korrosion) / potencial m estacionario ‖ ~**er Punkt** (Astr) / punto m estacionario ‖ ~**er Satellit** / satélite m estacionario ‖ ~**er Sperrstrom** (Halbl) / corriente f inversa resistiva ‖ ~**e Strömung** (Phys) / flujo m uniforme ‖ ~**e Telefonie** / telefonía f básica ‖ ~**e Umlaufbahn** (Satellit) / órbita f [geo]estacionaria ‖ ~**e Welle** (Phys) / onda f estacionaria ‖ ~**er Zustand** (Math) / estado m estacionario
stationieren vt, aufstellen / estacionar, apostar, posicionar
Stationierungszeichen n (statt Kilometersteinen) (Straßb, Verm) / signo m de referencia
Stations•abruf m (DV) / llamada f de puestos ‖ ~**barometer** n (Meteo) / barómetro m de estación ‖ ~**bestimmung**, Einzeladressierung f (Datenfernverarb) / identificación de [una] estación ‖ ~**buchstabe** m (Eltronik) / distintivo o indicativo de llamada ‖ ~**index** m, -kennziffer f / índice m de estación ‖ ~**kennzeichen** n (Eltronik) / señal f de código ‖ ~**kontrolle** f (DV) / control m de estación ‖ ~**name** m (aus 3 o. 4 Buchstaben) (Eltronik) / prefijo m de llamada, letras f pl de llamada ‖ ~**pfahl** m (Verm) / jalón m de origen ‖ ~**prüfer** m (Eltronik) / circuito m verificador de recepción ‖ ~**stellung** f **des Empfängers** (Fernm) / posición f de recepción ‖ ~**taste** f (Radio) / tecla f de búsqueda de estación ‖ ~**verzeichnis** n (Radio) / registro m de estaciones ‖ ~**vorwahl** f / preselección f o presintonización de estaciones ‖ ~**wähler** m / selector m de emisoras ‖ ~**wecker** m (Fernm) / timbre m de aparato telefónico ‖ ~**zeichen**, Pausenzeichen n (Eltronik) / firma f o señal de identificación, tema m o indicativo musical
statisch, ruhend (Phys) / estático, inmóvil ‖ ~ (Elektr) / estático ‖ ~**er Arbeitspunkt**, Ruhepunkt, -zustand m (Eltronik) / punto m de reposo, punto m de trabajo estático ‖ ~**e [Auf]ladung** / acumulación f de carga ‖ ~**e Auflandung**, Reibungselektrizität f / electricidad f estática engendrada por frotamiento, triboelectricidad f ‖ ~**er Auftrieb** (Phys) / fuerza f ascensional estática ‖ ~**es Auswuchten** (Kfz, Masch) / equilibración f estática, equilibrado m estático, equilibraje m estático ‖ ~**e Auswuchtmaschine** / equilibradora f estática ‖ ~**e Beanspruchung** / esfuerzo m estático ‖ ~ **berechnen** / determinar estáticamente, hacer calculos estáticos ‖ ~**e Berechnung** / cálculo m estático ‖ ~ **bestimmbar** / estáticamente determinable ‖ ~ **bestimmt** / estáticamente determinado ‖ ~**e Bruchsicherheit** / factor m de seguridad final ‖ ~**e Distanzkurvenanordnung** (Verm) / diagrama m de distancias fijas ‖ ~**es Drehmoment** (Mot) / par m inicial de arranque ‖ ~**er Druck** (Luftf) / presión f estática ‖ ~**es Druckmessrohr** (Luftf) / tubo m de (o para medir la) presión estática [del aire] ‖ ~**e Elektrizität** (Elektr) / electricidad f estática ‖ ~**e Festigkeit** / resistencia f estática ‖ ~**er Gesamtfehler** / error m medio cuadrático ‖ ~**e Hochfrequenz-Leistungsquelle** / fuente f de potencia de alta frecuencia estática ‖ ~**e Höhe** (Luftf) / techo m estático ‖ ~**e Kennlinie** (Elektr) / característica f estática o en cortocircuito ‖ ~**e Konvergenz** (TV) / convergencia f estática ‖ ~**es Luftloch** (Luftf) / agujero m de aire estático ‖ ~**er [Massen]ausgleich** (Luftf) / equilibrio m estático ‖ ~**er Mindestgesamtfehler** (Stat) / error m medio cuadrático mínimo ‖ ~ **mitwirkend** / activo estáticamente ‖ ~**es Moment** (Masch) / momento m estático ‖ ~**er Niveaumesser** (Nukl) / medidor m de nivel estático ‖ ~**e Prüfung** / prueba f estática, ensayo m estático ‖ ~**es Querfeld** (Eltronik) / campo m transversal estático ‖ ~**es RAM**, SRAM n (DV) / memoria f estática de acceso arbitrario o libre o directo ‖ ~**e Redundanz** (Phys) / redundancia f estática ‖ ~**e Reichweite** (von Rohstoffen) / disponibilidad f estática (de materias

1257

statisch

primas) ‖ ~**er Reifenhalbmesser** (Kfz) / radio *m* de neumático cargado [en reposo] ‖ ~**er Rollradius** (Kfz) / radio *m* estático de rodadura ‖ ~**er Schräglauf des Bandes** (Magn.Bd) / sesgo *m* estático ‖ ~**er Schub** (Luftf) / empuje *m* estático, tracción *f* estática ‖ ~**e Sinkkraft** / fuerza *f* descensional estática ‖ ~**er Speicherauszug** (DV) / vaciado *m* estático ‖ ~**e Stabilität** (Luftf) / estabilidad *f* estática ‖ ~**er Test mit Balancier** / ensayo *m* estático con balancín ‖ ~**e Tragzahl** / carga *f* estática de base ‖ ~ **überbestimmt** (Phys) / estáticamente indeterminado ‖ ~**er Umrichter** (Elektr) / convertidor *m* estático ‖ ~ **unbestimmbar** (Phys) / estáticamente indeterminable ‖ **zweifach** ~ **unbestimmt** / doblemente indeterminado por la estática ‖ ~ **unbestimmt oder überbestimmt** / estáticamente indeterminado ‖ ~**e Unbestimmtheit o. Überbestimmtheit** / redundancia *f* estática ‖ ~ **unstabil**, labil (Bau) / inestable, lábil ‖ ~**er Unterbrecher** / interruptor *m* estático ‖ ~**es Vakuumsystem** (Phys) / sistema *m* de vacío estático ‖ ~**e Vermehrung** (Nukl) / multiplicación *f* estática ‖ ~**er Wechselrichter** (Elektr) / inversor *m* estático ‖ ~**e Zähigkeit** / tenacidad *f* estática ‖ ~**er Zug**, Standzug *m* (Kfz) / tracción *f* estática ‖ ~**er Zustand**, untätiger Zustand (Fernm) / entropía *f* total
Statistik, Zahlenaufstellung *f*, (zugleich:) statistische Wissenschaft / estadística *f*, dato[s] estadístico[s] *m* [pl]
statistisch / estadístico ‖ ~**e Abtastung** (Eltronik) / exploración *f* estadística ‖ ~**e Angabe** / dato *m* estadístico ‖ ~**er Anteilsbereich** / intervalo *m* estadístico de dispersión ‖ ~ **auszählen** / contar estadísticamente ‖ ~**er Fehler**, Zufallsfehler *m* / error *m* estadístico o aleatorio ‖ ~**e Gesamtheit o. Masse** / población *f* estadística ‖ ~**es Gewicht** / peso *m* estadístico ‖ ~**es Gewicht** (Nukl) / factor *m* estadístico ‖ ~**es Gleichgewicht** / equilibrio *m* estadístico ‖ ~**e Größen** *f pl* / parámetros *m pl* estadísticos ‖ ~**e Mechanik** / mecánica *m* estadística ‖ ~**e Messzahl** / dato *m* estadístico ‖ ~**es Modell** (Nukl) / modelo *m* estadístico ‖ ~**er Multiplexer** / multiplexor *m* estadístico ‖ ~**e Probenahme** / toma *f* de muestras estadística, muestreo *m* estadístico ‖ ~**e Qualitätskontrolle** / control *m* estadística de calidad ‖ ~**es Rauschen**, weißes Rauschen (Eltronik) / ruido *m* blanco ‖ ~**er Rückschluss** / inferencia *f* o deducción estadística ‖ ~**e Streuung** / dispersión *f* estadística ‖ ~**er Test** / prueba *f* estadística ‖ ~**e Toleranzgrenzen** *f pl* / límites *m pl* estadísticos de tolerancia ‖ ~**e Tolerierung** (DIN 7186) / especificación *f* de tolerancias según criterios estadísticos ‖ ~**e Verteilung** / distribución *f* estadística
Stativ *n* (Foto, Verm) / soporte *m* ‖ ~ (dreibeinig) / trípode *m* ‖ ~, Bürettenständer *m* (Labor) / soporte *m* de buretas ‖ **zusammenschiebbares** ~ / trípode *m* telescópico ‖ ~**anschluss** *m*, -gewindeanschluss *m* (Foto) / tuerca *f* del pie ‖ ~**apparat** *m* (Foto) / cámara *f* sobre pie ‖ ~**arm** *m* (Repro) / brazo *m* portador de la cámara ‖ ~**bildwand** *f* (Foto) / pantalla *f* de proyección sobre trípode ‖ ~**gewinde** *n* / rosca *f* para trípode ‖ ~**klemme** *f* (chem.Labor) / pinza *f* de bureta ‖ ~**kopf** *m* / cabeza *f* de trípode ‖ ~**platte** *f* (Foto) / placa *f* base del soporte ‖ ~**platte** (chem. Labor) / base *f* de soporte ‖ ~**säule** *f* (Mikrosk) / columna *f* de pie ‖ ~**scheinwerfer** *m* (Film) / foco *m* [supletorio] sobre trípode
Stator *m*, Ständer *m* (Elektr) / estator *m* ‖ ~**loser Phasenkompensator** / compensador *m* o corrector de fase sin estator ‖ ~**platte** *f* (Kondensator) / lámina *f* fija del capacitor giratorio ‖ ~**schaufeln** *f pl* (Düsentriebwerk) / palas *f pl* del estator
Statoskop *n* (Luftf) / estatoscopio *m*
Statuenmarmor, feinkörniger ~ / mármol *m* para estatuas [de grano fino]

Status, Zustand *m* (DV) / estado *m* ‖ ~ **Nascendi** *m* (Chem) / estado *m* naciente ‖ **im** ~ **Nascendi**, naszierend / naciente ‖ ~**register** *n* (DV) / registro *m* de estados ‖ ~**-Veränderungsbit** *n* / bit *m* modificador de estado ‖ ~**wort** *n* (DV) / palabra *f* estádica o de estado
Stau *m* (Verkehr) / atasco *m* [circulatorio], congestión *f* de tráfico, embotellamiento *m*, retención *f* ‖ ~, Wasserstau *m* / embalse *m*, remanso *m* ‖ ~, Speicherung *f* / estancada *f* de agua, contención *f* de agua ‖ ~, gestauter Wasserspiegel / nivel *m* de agua estancada o embalsada ‖ ~ (durch ein Abflusshindernis) / retención *f* ‖ **hydrostatischer** ~ / nivel *m* hidrostático ‖ **totaler** ~ (Verkehr) / paralización *f* del tráfico, parada *f* (tráfico)
Stauanlage *f*, Stauwerk *n* (Hydr) / embalse *m* ‖ ~ s. auch Staubeckenanlage
Staub *m* (Pl.: Stäube) / polvo *m* ‖ ~, Kohlenstaub *m* / polvo *m* de carbón, cisco *m*, carbonilla *f* ‖ ~, Holzmehl *n* / harina *f* de madera ‖ ~ **in der Luft** / polvo *m* en suspensión en el aire ‖ **in** ~ **verwandeln** / pulverizar, reducir a polvo
Staub·ablagerung *f* / depósito *m* de polvo ‖ ~**absauger** *m* (Holz) / aspirador *m* de harina de madera ‖ ~**[absaug]kanal** *m* / canal *m* de aspiración de polvo ‖ ~**absaugung** *f* / aspiración *f* de polvo[s] ‖ ~**absaugung[sanlage]** / grupo *m* despolvoreador ‖ ~**abscheider** / separador *m* de polvo[s] ‖ ~**abscheider**, Zyklon *m* / ciclón *m* ‖ ~**abscheidung** *f* / separación *f* o captación de polvo[s] ‖ ~**anfall** *m* / razón *f* de polvo[s] ‖ ~**anfeuchter** *m* (Gieß) / humectador *m* de polvo ‖ ~**ansammlung** *f* **durch die Erde** / acreción *f* terrestre de polvos interplanetarios ‖ ~**anteil** *m* / contenido *m* de (o en) polvo ‖ ~**aufwirbelung** *f* / levantamiento *m* de polvo [en torbellinos] ‖ ~**auswurf** *m* / emisión *f* de polvo ‖ ~**bedeckt** / cubierto de polvo ‖ ~**bedeckt**, staubig, verstaubt / polvoriento ‖ ~**behälterwagen** *m* (Bahn) / vagón-silo *m* para mercancías pulverulentas ‖ ~**bekämpfung** *f* / lucha *f* contra el polvo, lucha *f* antipolvo ‖ ~**belästigung** *f* / molestia *f* por polvo ‖ ~**beseitigung** *f*, -austrag *m* / evacuación *f* de polvo, eliminación *f* de polvo ‖ ~**beutel** *m* (Gieß) / cisquero *m* ‖ **elektrisches** ~**bild** / imagen *f* eléctrica de Lichtenberg ‖ ~**bildung** *f*, Flaumbildung *f* (Pap) / formación *f* de polvo, desprendimiento *m* de polvo ‖ ~**bindemittel** *n* / aglutinante *m* del polvo ‖ ~**bindeöl** *n* / aceite *m* aglutinante del polvo ‖ ~**brille** *f* / gafas *f pl* protectoras contra el polvo ‖ ~**bunker** *m* (Kessel) / tolva *f* de polvo de carbón
Stäubchen *n* / polvillo *m*, partícula *f* de polvo
Staub·deckel *m* (Uhr) / guardapolvo *m* ‖ ~**detektor** *m* (Nukl) / detector *m* de polvo ‖ ~**dichtes Gehäuse** / caja *f* a prueba de polvo ‖ ~**dicht [geschlossen]** / a prueba de polvo, al abrigo de polvo, herméticamente cerrado o estanco al polvo, resguardado del polvo ‖ ~**dichtmachen** *n* / acción *f* de protección contra el polvo ‖ ~**dichtung** *f* / guarnición *f* protectora contra el polvo
Stau·becken *n* (Hydr) / embalse *m* o pantano artificial ‖ ~**beckenanlage** *f* / presa *f* (E) con embalse, represa *f* (LA) ‖ ~**beckenanlage** (Elektr) / presa *f* hidroeléctrica
Stäubegerät *n*, Stäuber *m* (Landw) / espolvoreadora *f*, espolvoreador *m*
stauben *vi* / levantar[se] polvo ‖ ~ *n* (Fehler, Pap) / formación *f* de pelusa ‖ ~ **des Papiers beim Druck** (Druck) / repelón *m*
stäuben *vi*, sprühen / rociar *vi* ‖ ~ *vt*, bestauben / empolvorar, empolvar, empolvorizar ‖ ~, einstäuben / cubrir de polvo ‖ ~, abstäuben / espolvorear
Staub·entwicklung *f* / formación *f* de polvo, desprendimiento *m* de polvo ‖ ~**erzeugend** / que produce polvo, productor de polvo, pulvígeno
Stäubeschwefel *m* (Landw) / azufre *m* para espolvorear

Staub•explosion f / explosión f de polvo ‖ ~**fang**, -**fänger** m / captador m o recogedor o separador de polvo ‖ ~**farbe** f, fein gepulverte Farbe / color m en polvo ‖ ~**farbe**, Einstäubfarbe f / color m para empolvorar, tinta f para empolvorar ‖ ~**fein** / fino como polvo ‖ ~**feuerung** f / hogar m de polvo de carbón, hogar m para carbón pulverizado ‖ ~**filter** m n / filtro m de polvo ‖ ~**fließbett** n (Hütt) / lecho m fluidizado de polvo ‖ ~**flocken** f pl, Flaum m (Pap) / pelusa f ‖ ~**förmig** / en polvo, pulverulento ‖ ~**frei** / sin polvo, exento de polvo ‖ ~**freier Raum**, Reinraum m / sala f protegida contra el polvo, sala f blanca o limpia ‖ ~**gehaltsmesser** m (Bergb) / medidor m del contenido en polvo ‖ ~**gehaltsprüfer** m (Umw) / contador m de polvo [en la atmósfera], pulvímetro m ‖ ~**geschützt** / protegido contra polvo, al abrigo de polvo ‖ ~**grau** adj (RAL 7037) / gris polvos ‖ ~**güter** n pl (Bahn) / mercancías m pl pulverulentas o en polvo ‖ ~**haltig**, -beladen, Staub... / pulverulento, cargado de polvo ‖ ~**hefe** f (Brau) / levadura f pulverulenta o en polvo
staubig, verstaubt / cubierto de polvo ‖ ~, staubförmig, Staub... / pulverulento, polvoroso, polvoriento ‖ ~**e Wolle** (Tex) / lana f polvorosa
Staub•kalk m, luftgelöschter o. abgestandener o. verwitterter Kalk (Bau) / cal f apagada al aire ‖ ~**kalk**, gemahlenes Kalziumhydroxid / cal f en polvo, polvo m de cal ‖ ~**kammer**, -haube f (Pap) / cámara f colectora de polvo ‖ ~**kappe** f (Kfz, Ventil) / tapa f guardapolvo, capuchón m de la válvula ‖ ~**kappe** (Lager) / caperuza f o tapa guardapolvo o contra el polvo, caperuzón m guardapolvo ‖ ~**kohle** f, Steinkohlengrus m / carbón m en polvo ‖ ~**kohle für Feuerung** / polvo m de carbón, cisco m, carbón m pulverizado ‖ ~**korn** n / grano m de polvo, partícula f de polvo ‖ ~**lawine** f / alud m de [nieve en] polvo
Staublech n, -scheibe, -platte f / orificio m de medida
Staub•löschfahrzeug n / vehículo-bomba m [con depósito] de polvo ‖ ~**lunge** f (Med) / neumoconiosis f, silicosis f ‖ ~**manschette** f (Kfz) / retén m o manguito guardapolvo ‖ ~**mehl** n, Mühlenstaub m / flor f de harina ‖ ~**niederschlag** m, Rauchniederschlag m / decantación f o precipitación de polvo ‖ ~**niederschlag in der Luft** (Meteo) / polvo m atmosférico recogido por sedimentación ‖ ~**niederschlagung** f / precipitación f de polvo ‖ ~**niederschlagung** (an stellenweise erwärmten Wänden) / traza f de polvo sobre paredes ‖ ~**öl** n, staubbindendes Öl / aceite m aglutinante de polvo ‖ ~**pinsel** m / pincel m quitapolvo o para el polvo ‖ ~**rückhaltevermögen** n (Filter) / capacidad f de retención de polvo ‖ ~**sack** m (Hütt) / recolector m de polvo, botellón m ‖ ~**sammler** m / colector m de polvo ‖ ~**sauger** m (Haushalt) / aspiradora f, aspirador m [de polvo] ‖ ~**sauger**, Bodenstaubsauger m / aspiradora f horizontal sobre rodillos o patines ‖ ~**sauger in Stielform**, Handstaubsauger m / aspirador m de mano ‖ ~**schicht** f / capa f de polvo ‖ ~**schutz** m / protector m del polvo, guardapolvo m, protección f contra el polvo ‖ ~**schutzhelm** (Bau) / casco m protector contra el polvo ‖ ~**schutz-Manschette** f, -Balg m (Masch) / funda f guardapolvo, fuelle m o retén guardapolvo ‖ ~**schutzschild** m / pantalla f protectora de polvo ‖ ~**technik** f / tecnología f de los polvos ‖ ~**trocken** (Farbe) / seco al polvo ‖ ~**verhindernd** / que previene el polvo ‖ ~**wirbel** m / remolino m de polvo ‖ ~**zähler** m (Meteo, Umw) / contador m de polvo ‖ ~**zucker**, Puderzucker m (Nahr) / azúcar m en polvo (E) o impalpable (LA), azúcar m de lustre ‖ ~**gegen** ~**zündung geschützt** (Elektr) / protegido contra la explosión de polvo
Stauch•alterung f, Reckalterung f / envejecimiento m por [los] esfuerzos de recalcado ‖ ~**-Dehn-Former** m (Wzm) / máquina f formadora por recalcado y dilatación ‖ ~**draht** m (Hütt) / alambre m recalcado ‖ ~**druck** m / presión m de recalcado ‖ ~**druck** (beim Nieten) / presión f de aplastamiento ‖ ~**druckprüfung** f (Verp) / ensayo m de apilamiento
stauchen vt, auf-, anstauchen / recalcar ‖ ~, ausbreiten / aplastar ‖ ~ (Stanz) / comprimir, recalcar ‖ ~, stauchformen / formar por recalcado ‖ ~ (Garn) / abatanar a lo largo ‖ **Niete** ~ / aplastar remaches ‖ ~ n (Glas) / engrosamiento m
Stauchentfestigung f, -enthärtung f / destemplado m por deformación
Staucher m (Walzw) / recanteador m
Stauch•faktor m (Dreh) / factor m de recalcado ‖ ~**falzmaschine** f (Druck) / máquina f de plegar con bolsillas ‖ ~**gerüst** n (Walzw) / caja f recanteadora o para recantear ‖ ~**härtung** f / endurecimiento m por deformación ‖ ~**kaliber** n (Schm) / matriz f de recalcar ‖ ~**maschine**, -presse f / recalcadora f ‖ ~**matrize** f (Stanz) / matriz f de recalcar ‖ ~**schmieden** n / forjado m por recalcado ‖ ~**[setz]maschine** f, -siebsetzmaschine f (Aufb) / criba f hidráulica móvil o de inmersión ‖ ~**sieb** n / criba f de recalcado ‖ ~**stempel** m, Stößelgesenk n (Schm) / punzón m de recalcar ‖ ~**stich** m (Walzw) / pasada f de canto ‖ ~**stich für Schienen** m (Walzw) / pasada f plana de carriles ‖ ~**stumpfschweißen** n / soldadura f a tope por recalcado ‖ ~**- und Messerfalzmaschine** f (Bb) / máquina f de plegar con cuchilla y bolsas
Stauchung f, Stauchen f / recalcado m, recalque m ‖ ~, Druckverformung f, Stauchverformung f / deformación f por recalcado
Stauch•versuch m (Hütt) / ensayo m de recalcar ‖ ~**weg** m / recorrido m de recalcar ‖ ~**werkzeug** n (Stanz) / herramienta f para recalcar ‖ ~**widerstand** m / resistencia f al recalcado ‖ ~**zylinder** m (Ballistik) / cilindro m de aplastamiento
Staudamm m (Hydr) / presa f, dique m de contención ‖ ~, -**mauer** f / muro m de embalse
Staude f, Perenne f (Bot) / planta f vivaz o perenne
Staudinger•-Einheit, Grundeinheit f (Plast) / unidad f estructural ‖ ~**zahl**, -größe f (in Gramm je Milliliter) (Phys) / coeficiente m de viscosidad, coeficiente m de Staudinger
Staudruck m (Aerodynam) / presión f dinámica o debida al choque ‖ ~ (Hydr) / presión f de retención o de remanso ‖ ~**durchflussmesser** m (Luftft) / tubo m [de] Pitot, pitot m ‖ ~**fahrtschreiber** m (Luftft) / registrador m de la velocidad por presión dinámica o de impacto, tubo m estático de Pitot ‖ ~**luft** f (Luftft) / aire m bajo presión dinámica ‖ ~**lufteinlass** m (Luftft) / toma f de aire dinámico ‖ ~**messer** m (Luftft) / tubo m [de] Pitot ‖ ~**turbine** f (Luftft) / turbina f de presión dinámica
Staudüse f (Luftft) / tubo m de Prandtl, Tobera f de Pitot-Prandtl
stauen, aufstauen / estancar, embalsar, rebalsar ‖ ~, laden (Schiff) / estibar ‖ **sich** ~ (Verkehr) / congestionarse ‖ ~ n (Hydr) / estancamiento m, remanso m, embalse m ‖ ~, Aufstauen n / rebalse m ‖ ~ (Schiff) / arrumaje m, arrumazón m
Stauer m, Schauermann m (Hafen, Schiff) / estibador m, cargador m de muelle, alijador m (LA)
Staufaktor m, -koeffizient m, Räumte f (in m^3/t) (Schiff) / capacidad f de bodegas
Stauffer•buchse f (Masch) / engrasador m Stauffer ‖ ~**fett** f / grasa f consistente, grasa f Stauffer
Stau•förderer m / transportador m de acumulación ‖ ~**frei** (Lufteinlass, Luftft) / sin presión dinámica ‖ ~**gebiet** n (Hydr) / zona f embalsada o de embalse ‖ ~**höhe** f / altura f de embalse o de remanso ‖ ~**holz**, Füllholz n (Schiff) / madera f para la estiba ‖ ~**kapazität** f (Kfz) / volumen m del maletero, capacidad f del maletero ‖ ~**klappe** f (Stauwehr) / compuerta f de retención ‖ ~**kraft** f (Luftft) / fuerza f

dinámica || ≈**kraftwerk** *n* / central *f* eléctrica de embalse || ≈**latten** *f pl* **am Stoffeinlauf**, Seitenbegrenzungslatten *f pl* am Papiermaschinensieb (Pap) / caja *f* de entrada de pasta con reglas de nivel || ≈**linie**, -kurve *f* (Hydr) / curva *f* de remanso || ≈**luftturbine** *f* / turbina *f* de presión dinámica || ≈**mauer** *f* (Hydr) / muro *m* de contención || ≈**menge** *f* (Hydr) / cantidad *f* de agua de contención, caudal *m* || ≈**nässe** *f* (Boden) / saturación *f* del suelo de agua || ≈**platte**, -scheibe *f*, -blech *n* / placa *f* desviadora o de desviación || ≈**punkt** *m* (Luftf) / punto *m* de estancamiento o de remanso, punto *m* neutro || ≈**rand** *m*, Drosselscheibe *f* (Hydr) / diafragma *m* || ≈**raum** *m* (Hydr) / capacidad *f* de embalse || ≈**raum** (Schiff) / pañol *m*, bodega *f* || ≈**rille** *f* **für Material** (Presse) / retén *m* de rebaba *f* || ≈**ring** *f* (Extruder) / anillo *m* regulador, gobierno *m*, control *m* || ≈**rohr** *n* (Windmessung) / percha *f* anemométrica, tubo *m* de Pitot
Staurolith *m* (basisches Alu-Eisen-Silikat) (Min) / estaurolita *f*
Staurollenförderer *m* / transportador *m* de acumulación con rodillos
Stauroskop *n* (zur optischen Prüfung von Kristallen) / estauroscopio *m*
Stau•schalter *m* (DV) / interruptor *m* de atascamiento || ≈**scheibe** *f* / diafragma *m*, orificio *m* de medida, disco *m* de retención || ≈**scheibenförderer** *m* (Bergb) / transportador *m* de retardo con discos || ≈**schleuse** *f* (Wassb) / esclusa *f* de retención || ≈**schütz** *n* / compuerta *f* de esclusa || ≈**schwelle**, Grundschwelle *f* (Hydr) / solera *f* || ≈**see** *m* / embalse *m*, pantano *m* [artificial], pantanero *m* (COL) || ≈**spiegel** *f* / nivel *m* de embalse || ≈**stoff** *m*, Reaktionsbremse *f* (Nukl) / retardador *m* || ≈**strahlflugzeug** *n* / avión *m* athodyd o autorreactor o estatorreactor || ≈**strahl-Triebwerk**, Lorin-Triebwerk *n* (Luftf) / athodyd *m*, autorreactor *m*, estatorreactor *f* || ≈**stufe** *f* (Hydr) / represa *f*(LA)
Stauung *f*, Stockung *f* / estancamiento *m* ||≈, Anstauung *f* (Wasser) / estiba[ción] *f*, embalse *m*, estancamiento *m* || ≈, (Fernm, Verkehr) / congestión *f*, embotellamiento *m*, paralización *f*, atasco *m* circulatorio, retención *f* || ≈, Aufstauen *n* (Hydr) / contención *f*, embalse *m*, acumulación *f*, retención *f* || ≈, Gegenströmung *f* (Hydr) / contracorriente *f*
Stau•vermögen *n* (Schiff) / capacidad *f* de estibación || ≈**vermögen** (Hydr) / capacidad *f* de retención || ≈**vorrichtung** *f* (der Papiermaschine) / reglas *f pl* de nivel de la máquina papelera || ≈**wand** *f* (Pneum) / muro *m* de contención (E), plancha *f* de foro (MEJ) || ≈**warngerät** *n* (Verkehr) / avisador *m* de congestiones [de tráfico] || ≈**wasser** *n*, aufgestautes Wasser / agua *f* represada o remansado o embalsada || ≈**wasser**, Rückwasser *n* (Hydr) / repunto *m* de la marea || ≈**wasserdruck** *m* / presión *f* del agua represada || ≈**wassermenge** *f* (Schleuse) / esclusada *f* || ≈**wehr** *n* (Hydr) / presa *f* || ≈**werk** *n* (Hydr) / presa *f*, represa *f* (LA), embalse *m*, pantano *m* || ≈**widerstand** *m* (Luftf) / arrastre *m* por presión dinámica de admisión || ≈**ziel** *n* (Hydr) / nivel *m* máximo de retención
Stay-down-Zeit, Haltezeit *f* (des Hochvakuums) / tiempo *m* de mantenimiento del vacío alto
Steam•-Crack-Verfahren *n* (Öl) / descomposición *f* térmica por vapor || ≈**-lift** *m*, Dampfeinpressen *n* (Öl) / inyección *f* de vapor || ≈**-Reforminganlage** *f* (Erdgas) / instalación *f* de reformación por vapor
Stearat *n* (Chem) / estearato *m*
Stearin *n* / estearina *f* || ≈**kerze** *f* / vela *f* o bujía *f* de estearina || ≈**säure** *f* / ácido *m* esteárico || ≈**werk** *n*, -fabrik *f* / fábrica *f* de estearina
Stearolsäure *f* / ácido *m* estearólico
Stearopten, Menthol *n* / estearopteno *m*, mentol *m*
Steatit *m* (Min) / esteatita *f*, jaboncillo *m*

Stech•beitel *m* **DIN 5139** (Wz) / formón *m* de carpintero || ≈**drehmeißel** (DIN), Abstechstahl *m* (Wzm) / cuchilla *f* [de torno] para tronzar || ≈**eisen** *n* (Wz, Zimm) / escalpelo *m*
stechen *vt*, durchstechen / pinchar, picar || ~ (in Kupfer), radieren, gravieren (Kunst) / grabar, tallar || ~, durchziehen (Stanz) / formar valonas (**mit einer Nadel**) ~ / picar, pinchar (con la aguja) || **in der Stechuhr** ~ / registrar o fichar o timbrar la presencia o la entrada o salida, marcar en el reloj de control || **in See** ~, auslaufen / tomar la mar, hacerse a la mar || **Torf** ~ / excavar turba || ≈ *n*, Einstechen *n* / punzada *f* || ≈, Einstempeln *n* (F.Org) / registración *f* de la entrada o salida o de la presencia || ≈ **der Form** (Hütt) / inclinación *f* de la tobera
stechend, beißend (Geruch) / penetrante, picante
Stecher *m* (Web) / pulsador *m*, palanca *f* pulsadora, protector *m* de la urdimbre, trinca *f* (LA)
Stech•heber *m* / sifón *m*, pipeta *f* || ≈**karre** *f*, -karren *m* (Förd) / carretilla *f* [de sacos], carreta *f* para balas || ≈**karre** (Bahn) / carretilla *f* de estación || ≈**karre hier nicht ansetzen!** / i no poner carretilla aquí! || ≈**karte** *f* (F.Org) / tarjeta *f* de timbrar (la entrada y salida), tarjeta *f* o ficha *f* de control horario || ≈**maschine** *f*, Petinet-, Ausschlagmaschine *f* (Tex) / máquina *f* de leer y de perforar || ≈**rasen** *n* / césped *m* cuadriculado || ≈**schaufel** *f* / pala *f* de cortar || ≈**uhr** *f*, Stempeluhr *f* (F.Org) / reloj *m* para fichar, registrador *m* de presencia, reloj *m* de tiempo de trabajo, reloj *m* de control || ≈**werkzeug** *n* (Stanz) / herramienta *f* para formar valonas || ≈**zirkel** *m* (Zeichn) / compás *m* de puntas || ≈**zirkel mit Mitteltrieb** *m* / compás *m* de puntas con tornillo central
Steck•..., Einsteck... (Elektr) / enchufable || ≈**achse** (Kfz) / palier *m*, semieje *m*, eje *m* de quita y pon || ≈**achse** (Motorrad) / eje *m* delantero || ≈**anschluss** *m* (Elektr) / conexión *f* de enchufe || ≈**armatur** *f* (Schlauch) / conector *m* enchufable
steckbar (allg) / enchufable, de enchufe, conectable mediante enchufe || ~**e Lampe** / lámpara *f* de clavijas
Steck•baugruppe *f* (Eltronik) / unidad *f* enchufable || ≈**blende** (Foto) / diafragma *m* de ficha o de enchufe || ≈**blende** (Rohr) / brida *f* ciega || ≈**block** *m* (Elektr) / bloque *m* enchufable || ≈**bohrbuchse** *f*, -buchse *f* / casquillo *m* de inserción || ≈**bolzen** *m* (DIN 80403) / perno *m* enchufable || ≈**brett** *n* (DV) / panel *m* de enchufes || ≈**buchse** *f* (Elektr) / hembrilla *f*, jack *m* para clavijita terminal || ≈**buchsenleiste** *f* (Eltronik) / regleta *f* de hembrillas || ≈**dose** *f* (Elektr) / tomacorriente *m*, toma *f* de corriente, enchufe *m* [hembra], enchufe *m* eléctrico, caja *f* de enchufe, tomada *f* (LA) || ≈**dose für Handlampe** (Kfz) / enchufe *m* para lámpara portátil || ≈**dose für mehrere Stecker** / enchufe *m* [hembra] múltiple || ≈**dose mit Schutzkontakt, wasserdicht** / enchufe *m* [hembra] estanca [al agua] con tomatierra || ≈**dosenleiste** *f* / regleta *f* con varias cajas de enchufe || ≈**einheit** *f*, -brett *n* (DV) / panel *m* de conexiones || ≈**einheit**, Einschub *m* (Eltronik) / unidad *f* enchufable || ≈**einsatz** *m*, -patrone *f* (Masch) / cartucho *m* enchufable
Steckelwalzwerk *n*, Ziehwalzwerk *n* (Hütt) / tren *m* [de laminación] Steckel
stecken *vi*, festsitzen / estar fijado o pegado || ~ *vt*, einstecken / introducir, meter, poner || ~ (Elektr) / enchufar || ~ (mit Nadeln) / prender || ~, durch Steckschnüre verbinden (Eltronik, Fernm) / contactar o empalmar por cordón || ~ **bleiben**, festsitzen / estar o quedar fijado, estar bloqueado o detenido || ~ **bleiben**, festfahren / calarse, atascarse, quedar[se] parado || ~ **bleiben** (Kfz) / quedar detenido, (esp.) quedar atascado en el barro || ~ **gebliebener Block** (Hütt) / lingote *m* bloqueado || **in eine Öffnung** ~ / introducir || **Platten** ~ (Eltronik) / enchufar || ≈ *n* (Steckverbindung herstellen) / enchufe *m*, acción *f* de

enchufar ‖ ~bleiben *n* der Kolbenringe, Ring Sticking *n* (Mot) / adherencia *f* de segmentos
Stecker *m* (Eltronik) / clavija *f* de enchufe, clavija *f*, macho *m* de enchufe, ficha *f* (galicismo) ‖ ~ **mit Schirmerde** (Fernm) / clavija *f* con tomatierra antiparásito ‖ **den** ~ **ausziehen** / sacar o quitar la clavija ‖ ~**belegung** *f* (DV, Elektr) / asignación *f* de los alfileres ‖ ~**gehäuse** *n* (Eltronik) / caja *f* del tomacorriente ‖ ~**hülse** *f*, -buchse *f* (Elektr) / hembrilla *f*, conector *m* hembra ‖ ~**hülse** (in der Steckdose) / manguito *m* ‖ **federnde** ~**hülse** / manguito *m* elástico ‖ ~**kompatibel**, -verträglich (DV) / de configuración compatible de los alfileres ‖ ~**leitung** *f* (DV) / cordón *m* de interconexión ‖ ~**muffe** *f* (Elektr) / pieza *f* cilíndrica de conexión (macho y hembra) ‖ ~**netzteil** *n*, Stecktrafo *m* / transformador *m* de enchufe ‖ ~**schnur** *f* (Elektr) / cordón *m* de clavija ‖ ~**stift** *m* / ficha *f* monopolar ‖ ~- **und Buchsen-Verbindung** *f* / conexión *f* de clavijas y hembrillas
Steck•fassung *f* / portalámpara *m* de enchufe ‖ ~**fassung** (DV) / portaenchufe *m* ‖ ~**fertig** / listo para ser enchufado ‖ ~**fuß** *m* (Turbine) / pie *m* enchufable de pala ‖ ~**fuß** (Foto) / pie *m* [de sujeción] de accesorios, zapata *f* para accesorios ‖ ~**griff** *m* (für Schraubendreher-Einsätze) (Wz) / mango *m* para puntas destornilladoras hexagonales ‖ ~**griff** (DIN 3122), Drehstift *m* (Wz) / volvedor *m* ‖ ~**griff mit Außenvierkant**, Drehstift *m* mit Außenvierkant / mango *m* con cuadrado macho ‖ ~**griff mit Innensechskant** / mango *m* con hexágono interior o hembra ‖ ~**hülse** *f* **für Flachstecker** (Elektr) / manguito *m* enchufable para lengüetas de contacto ‖ ~**hülse für seitlichen Leiteranschluss** / manguito *m* enchufable para contactos laterales ‖ ~**karte** *f* (DV, Eltronik) / tablilla *f* o tarjeta enchufable ‖ ~**kerbstift** *m* (DIN 1474) / pasador *m* estriado [con espiga cilíndrica], clavija *f* entallada de ajuste ‖ ~**klemme** *f* / borne *m* de enchufe ‖ ~**kontakt** *m* (Elektr) / contacto *m* enchufable, contacto *m* de clavija ‖ ~**kontakt** (in einer Wandung) (Elektr) / contacto *m* enchufable mural o de pared ‖ ~**kontaktleiste** *f* (Eltronik) / regleta *f* de contactos enchufables ‖ ~**kraft** *f* (Stecker) / fuerza *f* de enchufe ‖ ~**lager** *n* / cojinete *m* cerrado ‖ ~**leiter** *f* (F'wehr) / escalera *f* enchufable
Steckling *m* (Landw) / esqueje *m*, plantón *m*
Steck•mast *m* (Antenne) / mástil *m* desmontable ‖ ~**matrix** *f* (Eltronik) / matriz *f* enchufable ‖ ~**nadel** *f* / alfiler *m* ‖ ~**patrone** *f*, -einsatz *m* (Masch) / cartucho *m* enchufable ‖ ~**patronensicherung** *f* (Elektr) / fusible *m* de tapón, tapón *m* fusible o eléctrico ‖ ~**plan** *m* (Eltronik) / esquema *m* de conexiones [del cuadro] [por clavijas] ‖ ~**platte** *f* (Eltronik) / cuadro *m* de contactos enchufables, tablilla *f* o tarjeta enchufable ‖ ~**platz** *m*, -sockel *m*, Slot *m* (DV) / ranura *f* ‖ ~**pointer** *m* (Taxi) / vector *m* de pila ‖ ~**pult**, Bedienungspult *n* (DV) / panel *m* de conmutaciones o combinaciones, panel *m* de conexiones ‖ ~**regal** *n* (im Baukastensystem) / estantería *f* de componentes enchufables (sistema kit.) ‖ ~**relais** *n* / relé *m* de clavijas ‖ ~**rübe**, Kohlrübe *f* (Bot, Landw) / colinabo *m* ‖ ~**scheibe** *f* (z.B. für Ölleitungen) (Masch) / brida *f* ciega ‖ **doppelte** ~**scheibe** (in Achterform) (Rohrleitung) / brida *f* ciega en forma de ocho ‖ ~**schlüssel** *m* (Wz) / llave *f* de caja o de cubo o de vaso, llave *f* de enchufe ‖ **gebogener** ~**schlüssel** / llave *f* de pipa acodada ‖ ~**schlüssel** *m* **aus Rohr** / llave *f* tubular ‖ ~**schnur** *f* (Fernm) / cordón *m* de conmutación o de transferencia o de interconexión, cordón *m* para conexiones o empalmes ‖ ~**schriftkasten** *m* (Druck) / caja *f* colocada en el chibalete ‖ ~**schuh** *m* (Foto) / zapata *f* para accesorios ‖ ~**spule** *f* (Eltronik) / bobina *f* intercambiable o desmontable o de inserción ‖ ~**stelle** *f* (DV) / receptáculo *m*, punto *m* de conexión ‖ ~**stift**, Führungsstift *m* (Gieß) / espiga *f* de guía ‖ ~**tafel** *f*, -brett *n*, Schalttafel *f* (DV) / panel *m* de conmutación por cordones ‖ ~**tafelprogrammierung** *f* / programación *f* sobre cuadros enchufables ‖ ~**verbinder** *m* (Elektr) / conectador *m* [macho-hembra] enchufable, acoplamiento *m* de enchufe ‖ **vielpoliger** ~**verbinder** / conectador *m* enchufable múltiple o multipolar ‖ **fest angebrachter** ~**verbinder** / conectador *m* fijo ‖ ~**verbinder** *m* **für die Einschubtechnik** / conectador *m* de enchufe ‖ **rechteckiger** ~**verbinder für gedruckte Schaltungen** / conectador *m* rectangular de enchufe para tableros de circuitos impresos ‖ ~**verbinder** *m* **für kräftefreies Stecken** / conectador *m* de enchufe sin fuerza ‖ ~**verbinder für Mutter-Tochter-Leiterplatte** / conectador *m* para tablilla madre y tablilla hija ‖ ~**verbinder zum Schalten u. Prüfen für gedruckte Schaltungen** / conectador *m* enchufable para conectar y comprobar circuitos impresos ‖ ~**verbindersatz** *m* / juego *m* de conectadores acoplados ‖ ~**verbindung** *f* (Eltronik) / conexión *f* de enchufe, conectador *m* tipo macho y hembra ‖ ~**verbindung**, Schaltader *f* / hilo *m* de puente o de empalme ‖ **die** ~**verbindung lösen** / desenchufar ‖ ~**verbindung[sschnur]** *f* (DV) / cordón *m* de [inter]conexión ‖ ~**verschluss** *m* (Fahrrad) / articulación *f* de bisagra ‖ ~**vorgang** *m* (Verbinder) / operación *f* de enchufe y desenchufe ‖ ~**zapfen** *m* (Opt) / perno *m* enchufable ‖ ~**zyklus** *m* / ciclo *m* de enchufe y desenchufe
Steek *m*, Knoten *m* (Schiff) / vuelta *f* de cabo
Steenstrupin *m* (Thoriummineral) / steenstrupina *f*
Steer-by-wire-System *n* (Kfz, Luftf) / sistema *m* "steer by wire"
Stefan-Boltzmannsches Gesetz (Phys) / ley *f* de Stefan-Boltzmann
Steffen-Brühverfahren *n* (Zuck) / procedimiento *m* Steffen de escaldar
Steg *m* (am Ufer) / pasadera *f* ‖ ~ (Hohlziegel usw, Profileisen, Schiene, Spiralbohrer) / alma *f* ‖ ~, Rippe *f* / nervio *m* ‖ ~ (Kette) / contrete *m* o travesaño [del eslabón], mallete *m* ‖ ~ (Mus.Instr) / puente *m* ‖ ~ (Schneideisen) / parte *f* plana entre agujeros ‖ ~, Pfad *m* (Straß) / sendero *m* ‖ ~ (Brücke) / puentecillo *m* ‖ ~, Laufplanke (Schiff) / pasarela *f* ‖ ~ (Brille) / puente *m*, arco *m* (gafas) ‖ ~ (Akku) / conect[ad]or *m* de elementos, puente *m* entre elementos ‖ ~, Grat *m* (Audio) / camellón *m*, paso *m*, superficie *f* entre surcos ‖ ~ *m* (Wellenleiter) / resalte *m*, resalto *m* ‖ ~, Setzsteg *m*, -linie *f* (Druck) / regleta *f*, lingote *m*, imposición *f* ‖ ~**e** *m* (Druck) / imposiciones *f pl* ‖ ~ *m* **an Schleusen**, Brücke *f* / pasarela *f* ‖ ~ **der Kannelierung** (Bau) / filete *m* ‖ ~ **des Raupenkettengliedes** / nervio *m* de los patines de oruga ‖ ~ **zwischen Löchern** (Stanz) / espacio *m* entre agujeros, puente *m* (entre agujeros)
Stegabstand *m*, Spaltbreite *f* (Schw) / separación *f* de bordes, distancia *f* entre bordes
Steganografie *f* (Text im Bild versteckt) / esteganografía *f*
Steg•ausbiegung *f* (Stahlbau) / curvatura *f* del alma ‖ ~-**Außermittigkeit** *f* (Stahlbau) / excentricidad *f* del alma ‖ ~**blech** *n* (Stahlbau) / chapa *f* de alma ‖ ~**blechfeld** *n* (Stahlbau) / panel *m* de alma ‖ ~**blechstoß** *m* (Stahlbau) / junta *f* a tope del alma ‖ ~**breite** *f* **am Spiralbohrer** / anchura *f* del alma ‖ ~**breite der Schnecke** (Masch) / anchura *f* del filete, módulo *m* ‖ ~**diele[nplatte]** *f* (Bau) / baldosa *f* con nervios ‖ ~**ebene** *f* (Stahlbau) / plano *m* del alma ‖ ~**flanke** *f* (unabgeschrägter Teil der Schweißkante) / borde *m* plano de raíz, talón *m* ‖ ~**glied** *n*, Kettenglied mit Steg / eslabón *m* con contrete o travesaño ‖ ~**höhe** *f* (Walzw) / altura *f* del alma ‖ ~**höhe**

Steghohlleiter

(Höhe des unabgeschrägten Teils) (Schw) / altura f del talón ‖ ~**hohlleiter** m (Wellenleiter) / guíaondas m con resalte[s] ‖ ~**käfig** m (Lager) / jaula f con malletes ‖ ~**kette** f / cadena f de malletes ‖ ~**kettenförderer** m / transportador m de cadena de malletes ‖ ~**leitung** f (Elektr) / cable m plano de dos o tres hilos para instalaciones interiores, cable m empotrado ‖ ~**lochung** f / punzonado m con puentes o espacios entre agujeros
stegloser Käfig (Lager) / jaula f sin almas
Steg•magnetron, Fahnenmagnetron n / magnetrón m [con ánodo] de aletas ‖ ~**platte** f (Tischl) / placa f o plancha con nervios ‖ ~**platte** (Traktor) / zapata f con nervio, patín m con nervio ‖ ~**regal** o (Druck) / lingotero m, armario m o estante para imposiciones ‖ ~**rippe** f / nervio m del alma ‖ ~**verbunden** (Stahlbau) / conectado por almas ‖ ~**verlaschung** f / cubrejunta m de almas ‖ ~**versteifung** f / enderezador m o refuerzo del alma
Steh•achse f (Theodolit) / eje m vertical ‖ ~**bild** n (Foto) / imagen f o vista fija ‖ ~**bildprojektion** f, -wurf m (Opt) / proyección f fija o de vistas fijas, proyección f de diapositivas ‖ ~**bildwerfer** m / proyector m de vistas fijas, proyector m de diapositivas ‖ ~**blech** n, Stegblech n (Stahlbau) / chapa f de alma ‖ ~**blechaussteifung** f / refuerzo m de alma ‖ ~**blechstoß** m / junta f de alma ‖ ~**bolzen** m, Gewindebolzen m / espárrago m ‖ **beweglicher** ~**bolzen**, Gelenkstehbolzen m / virotillo m articulado, tirante m o perno (LA) flexible ‖ ~**bolzen** m, Abstandsbolzen m, Stützbolzen m / perno m de anclaje o de puntal ‖ ~**bolzen** (Bahn, Feuerbüchse) / virotillo m [roscado] de caldera ‖ ~**bolzenschraube** f / tornillo m distanciador, estay m de tornillo
stehen vi / estar de o en pie o en posición vertical ‖ ~, stehen bleiben, stocken / quedarse parado, estar parado ‖ ~ (Sand) (Gieß) / no correr ‖ ~ (Schichten) (Bergb) / estar inclinado [en más de 45 °] ‖ ~ (Holz, Tischl) / no alabearse ‖ ~ [auf], anzeigen (Instr) / señalar, marcar, indicar ‖ ~ (Grubenbau) (Bergb) / estar explotado a una profundidad determinada ‖ ~ (Verkehr) / estar paralizado ‖ ~ **bleiben**, absterben (Mot) / calarse ‖ ~ **lassen** (Chem) / dejar reposar ‖ ~ n, Stillstand m / estacionamiento m, parada f ‖ ~, Stand m / posición f vertical o en pie ‖ **zum** ~ **bringen** (Bewegung) / parar, detener ‖ ~**bleiben** n **des Lichtbogens** / inmovilidad f del arco voltaico
stehend, aufrecht / en o de pie, derecho ‖ ~, stationär (Wellen) / estacionario ‖ ~ (Mot) / vertical ‖ ~, haltbar (Färb) / sólido ‖ ~, stagnierend / estancado ‖ ~**e Appretur** (Tex) / apresto m fuerte ‖ ~**e Falzverbindung** (Blech) / unión f engrapada o engatillada con bordes levantados ‖ ~**er Fensterflügel** (Bau) / hoja f de ventana dormida ‖ ~**e Figur** (Kath.Str) / imagen f estacionaria ‖ ~**es Gewässer** / agua f estancada ‖ ~**es Gut o. Tauwerk** (Schiff) / jarcia f muerta o fija ‖ ~**es Holz**, Holz n auf dem Stamm / madera f [de fuste] en pie ‖ **[senkrecht]** ~**er Motor** (Elektr) / motor m vertical ‖ ~**e Naht** (Schw) / soldadura f vertical ‖ ~**e Platine** (Web) / platina f vertical, leva f de desprendimiento ‖ ~**e Schwingung** (Phys) / oscilación f estacionaria ‖ ~**e Strömung** / corriente f estacionaria o uniforme, flujo m uniforme ‖ ~**es Ventil** (Mot) / válvula f lateral o vertical ‖ ~**es Wasser**, Totarm m (Hydr) / resaca f, aguas f pl muertas ‖ ~**e Welle** (Phys) / onda f estacionaria ‖ ~**e Welle** (Masch) / árbol m vertical ‖ **gesondert** ~ (DV) / en gabinete separado
Stehenlassen n, Ruhe f / reposo m
Steh•faden (Wirkm) / hilo m fijo o estacionario ‖ ~**falz** m (Dach) / engrapada f con bordes levantados ‖ ~**feldbestrahlung** f / irradiación f estática ‖ ~**feldstärke** f (Elektr) / intensidad f de campo no disruptiva ‖ ~**festigkeit** f, -vermögen n / rigidez f ‖ ~**film** m (für Unterricht) / tira f o cinta de vistas fijas, rollo m de proyección fija ‖ ~**höhe** f / altura f libre o de techo ‖ ~**kessel** m (Bahn) / caldera f vertical ‖ ~**kessel**, Feuerbüchsmantel m (Bahn) / caja f de fuego ‖ ~**kolben** m (Chem) / matraz f de fondo plano, recipiente m de fondo plano ‖ ~**kondensator** m (Eltronik) / capacitor m de pie ‖ ~**lager**, Bocklager n (Masch) / soporte m recto o de silla, descanso m, cojinete m de eje, cajera f de eje ‖ ~**lagergehäuse** n **für Wälzlager** / soporte m del rodamiento, caja f del rodamiento ‖ ~**lampe** f / lámpara f talla o de pie ‖ ~**leiter** f / escalera f plegable o doble o de tijeras ‖ ~**platine** f (Tex) / platina f vertical, leva f de desprendimiento ‖ ~**platz** m (Bahn) / plaza f de pie ‖ ~**platzraum** m (Bahn) / plaza f sin asiento, sitio m para estar de pie, pasillo m ‖ ~**pult** n / pupitre m (para escribir de pie) ‖ ~**satz** m (Druck) / composición f conservada, recado m ‖ ~**sieb** n, Durchwurf m (Bau) / criba f de apoyo, zaranda f ‖ ~**spannung** f (Elektr, Isolation) / tensión f no disruptiva ‖ ~**stoßspannung** f / tensión f de choque soportable ‖ ~**tank** m / depósito m vertical ‖ ~**vermögen** n, -festigkeit f / rigidez f ‖ ~**wechselspannung** f (Elektr) / tensión f alterna soportable, tensión f de resistencia al choque a la frecuencia industrial ‖ ~**welle** f (Phys) / onda f estacionaria ‖ ~**wellen-Verhältnis** n, Welligkeitsfaktor m (Antenne) / relación f de ondas estacionarias de tensión, ROET m, relación f de tensión (o de amplitud) de ondas estacionarias ‖ ~**zeit** f (Plast) / tiempo m de moldeo ‖ ~**zeit**, Verweilzeit f (Chem) / tiempo m de espera ‖ ~**zeit** f (Durchschlagsprüfung) / tiempo m de resistencia a la carga disruptiva
steif, unbiegsam, stabil / rígido, inflexible ‖ ~, pastig / espeso, consistente, pastoso ‖ ~, gestärkt (Wäsche) / almidonado ‖ ~, segelsteif (Schiff) / a tumbar, de aguante, duro ‖ ~**er Anschluss** (Stahlbau) / junta f rígida ‖ ~**er Beton** (Konsistenz k 1) (Bau) / hormigón m espeso ‖ ~ **werden** (Chem) / volverse espeso, volverse muy viscoso ‖ ~**er Wind** (Stärke 7) (Meteo) / viento m muy fresco, viento m fuerte
Steif•appretur f (Tex) / apresto m rígido ‖ ~**bewehrung** f (Bau) / armadura f rígida
Steife f, Stempel m (Maurer, Zimm) / puntal m ‖ ~, Aussteifung f (Stahlbau) / apuntalado m, tornapunta f ‖ ~, Steifigkeit f / rigidez f
steifen vt, versteifen (allg) / atesar, atiesar, poner tieso ‖ ~, leimen / encolar ‖ ~, stärken (Wäsche) / almidonar ‖ ~, mit Steifleinwand aussteifen (Tex) / reforzar por entretela
Steif•gaze f (Druck, Tex) / bucarán m, bocací m ‖ ~**gaze**, Tarlatan m (Tex) / tarlatana f
Steifigkeit, Steifheit, Steife f / rigidez f
Steifigkeits•faktor m / factor m de rigidez ‖ ~**kriterium** n (Luftf) / criterio m de rigidez ‖ ~**matrix** f / matriz f de rigidez ‖ ~**messer** m (Mat.Prüf) / instrumento m de medición de flexibilidad ‖ ~**reaktanz** f (Akust) / reactancia f debida a la rigidez
Steif•leinen n, -leinwand f (Tex) / entretela f, zangala f ‖ ~**plastisch**, -bildsam (Keram) / de pasta dura ‖ ~**rahmen** m (Bahn) / bastidor m rígido ‖ ~**rahmen** (Stahlbau) / pórtico m rígido ‖ ~**säge** f (Wz) / sierra f tronzadora ‖ ~**-stabil** / rígido y estable ‖ ~**werden**, Festwerden n, Gelieren n / gelificación f
Steig•bö f (Meteo) / ráfaga f vertical ‖ ~**docke** f (Spinn) / enrollado m ascendente ‖ ~**dockenwickler** m (Tex) / enrollador m con rollo ascendente
Steige f (Verp) / bandeja f, jaula f de embalaje, huacal m, cajón m esqueleto (LA) ‖ ~, Stiege f / escalera f
Steigeisen n pl (Fernm) / ganchos m [articulados] de trepar, garfios m pl, trepadores m pl, trepaderas f pl ‖ ~ n **am Schornstein** / escalón m de chimenea ‖ ~**gang** m (im Mannloch) / escalones m pl del agujero de hombre, peldaños m pl de hierro

Steigeleiter f (Schleuse) / escala f
steigen vi, zunehmen, ansteigen / aumentar, subir, crecer, acrecentarse ‖ ~, ansteigen / ascender [una montaña] ‖ ~, klettern / subir, escalar, ascender ‖ ~ (Wasser) / crecer ‖ ~ (Thermometer) / subir ‖ ~ (Stahl) / subir, hervir ‖ ~ n, Anstieg m / subida f, crecimiento m, aumento m ‖ ~ (Schm) / desplazamiento m hacia arriba ‖ ~, Auf-, Anstieg m, -steigen n / ascensión f, subida f ‖ ~, Steigflug m (Luftf) / vuelo m ascensional ‖ ~ **des Hochwassers** / crecida f o venida de las aguas
steigend, aufsteigend / ascendente ‖ ~ (Gewässer) / creciente ‖ ~ (Stahl) / efervescente ‖ ~**e Belastung** / carga f creciente ‖ ~**er Bogen** (o. einhüftiger Bogen) (Bau) / arco m inclinado ‖ ~**e Funktion** (Math) / función f creciente ‖ ~ **gießen** (Hütt) / colar en sifón ‖ ~**er Guss** / colada f en sifón ‖ ~**e Potenz** (Math) / potencia f ascendente ‖ ~**e Reihe** (Math) / progresión f ascendente ‖ ~ **vergossen**, unberuhigt (Hütt) / efervescente ‖ ~, [fallend] (Nummerierung nS) / ascendente, [descendente]
Steiger m, Steigtrichter m (Gieß) / mazarota f ‖ ~ (Monteur f. Hochspannungsleitungen) / trepador m ‖ ~ (Bergb) / capataz m de minas ‖ ~**bemessung** f (Gieß) / dimensionado m de mazarota
steigern vt, erhöhen / aumentar, subir, alzar, elevar ‖ ~, vergrößern / agrandar, engrandecer, engrandar ‖ ~, intensivieren / intensificar ‖ ~ (z.B. Drehzahl) / aumentar (p.ej. el número de rev.) ‖ **die Geschwindigkeit** ~ / forzar o acelerar o aumentar la velocidad
steigernd, sich ~ / acumulativo
Steigertrichter m (Gieß) / respiradero m
Steigerung f / aumento m, subida f, incremento m ‖ ~ **der Reaktionsfähigkeit** (Chem) / activación f ‖ **allmähliche** ~ / aumento m gradual o progresivo
Steigerwald-Elektronenstrahl-Schweißkanone f / cañón m de soldadura de Steigerwald
Steig•fähigkeit f (Kfz) / capacidad f ascensional ‖ ~**filz** m (Pap) / fieltro m aspirador ‖ ~**flug** m / vuelo m ascensional ‖ ~**fluggradient** m / ángulo m de inclinación del vuelo ascensional ‖ ~**förderer** m / transportador m ascendente ‖ ~**geschwindigkeit** f (Luftf) / velocidad f ascensional ‖ ~**geschwindigkeitsmesser** m / indicador m de la velocidad de subida, indicador m de la rapidez de ascenso ‖ ~**höhe** f / altura f de subida ‖ ~**höhe** (Hygroskopie) / altura f de aspiración, ascensión f capilar ‖ ~**höhe** (Stahl) / altura f de hervor ‖ **maximale** ~**höhe** (Luftf) / techo m absoluto ‖ ~**höhe** f **eines Geschosses** / altura f alcanzada de un proyectil ‖ ~**kasten** m (Tex) / caja f ascendente ‖ ~**lattentuch** n (Tex) / tablero m elevador, telera f elevadora ‖ ~**leiter** f / escalera f doble o de cajeras ‖ ~**leiter**, Dachleiter f (Bau) / escalera f del tejado ‖ ~**leiter** (Bau) / escalera f para obras de construcción ‖ ~**leitung** f (Pumpe) / tubería f elevadora ‖ ~**leitung**, Steigrohrleitung f / tubo m ascendente o montante, tubería f ascensional ‖ ~**leitung** (Elektr) / conducto m vertical, línea f ascendente ‖ ~**leitung** ["nass"] (Fwehr) / tubo m ascendente [bajo presión] ‖ ~**leitung** f (Öl) / columna f ascendente ‖ ~**mast** m (Antenne) / mástil m de antena accesible ‖ ~**rad**, Hemmungsrad m (Uhr) / rueda f de escape
Steigrohr n / tubo m ascendente o montante ‖ ~ (Pumpe) / tubo m elevador ‖ ~, Aufsteigrohr n (Hütt) / tubo m de ascensión ‖ ~, Fallrohr n (Bau) / columna f ascendente ‖ ~ (Gieß) / tubo m de alimentación ‖ ~ (Erdgasgewinnung) / tubería f de producción ‖ ~ (Gasverteilung) / tubería f ascensional de gas ‖ ~ (Öl) / tubo m elevador ‖ ~**kopf** m (Öl) / árbol m de conexiones, juego m de válvulas de cabezal de pozo, cruz f (VEN), árbol m de Navidad (MEJ) ‖ ~**leitung** f / tubería f ascendente o de subida ‖
~**wärmeaustauscher** m / [inter]cambiador m de calor de tubos verticales ‖ ~**wasserschloss** n, Differentialwasserschloss n / pozo m de oscilación diferencial
Steig•sprosse f, Sprosseneisen n / peldaño m de acero ‖ ~**stromvergaser** m (Kfz) / carburador m vertical ‖ ~**[mittel]technik** f (Leitern usw.) / técnica f de [los medios de] escalar ‖ ~**trichter** m (Gieß) / embudo m ascendente, mazarota f ‖ ~**typzyklon** m / ciclón m tipo subido ‖ ~**- und Sinkgeschwindigkeitsmesser** m (Luftf) / indicador m de la velocidad de subida y de descenso
Steigung f / elevación f, subida f ‖ ~, Neigung f / inclinación f, pendiente f, declive m, cuesta f ‖ ~ f (Bahn) / rampa f, pendiente f ‖ ~, Ganghöhe f (eines ein- o. mehrgängigen Gewindes) / altura f de paso ‖ ~, Schlagart, -länge f (Seil) / paso m de cableado ‖ ~ f, Stufenhöhe f (Bau) / altura f de escalón o de huella ‖ ~ (senkrechter Teil von Treppenstufen), Setzstufe f / tabica f, contrahuella f del escalón ‖ ~ f (IC) / pendiente f ‖ ~ **einer Kurve** (Math) / pendiente f de una curva, coeficiente m angular ‖ ~ f **eines Kegels** / conicidad f ‖ ~ **in %** (Bahn) / razón f de rampa en % ‖ ~ **in Axialrichtung** (Schraube) / paso m axial ‖ **die** ~ **hinauffahren** / subir la cuesta ‖ **maßgebende** ~ (Bahn) / rampa f característica ‖ **steile** ~ / elevación f escarpada, subida f empinada ‖ **zunehmende** ~ (Schraube) / paso m creciente
Steigungs•abweichung f (Radar) / desviación f del declive ‖ ~**änderung** f (z.B. Seil) / modificación f del paso (p.ej. cableado) ‖ ~**einstellung** f (Hubschrauber) / calaje o ajuste del paso ‖ ~**fehler** m (Schraube) / error m de paso ‖ ~**höhe** f (Schraubengetriebe) / altura f de paso ‖ ~**kurve** f (Masch) / leva f de paso ‖ ~**messer** m, -anzeiger m / clinómetro m, eclímetro m, indicador m de pendiente ‖ ~**prüfer** m (Gewinde) / comprobador m de paso ‖ ~**richtung** f (Schnecke) / dirección f de hélice ‖ ~**steuerung** f (Hubschrauber) / control m del paso de la hélice ‖ **nichtperiodische, [periodische]** ~**steuerung** / control m de paso colectivo, [cíclico] ‖ ~**tafel** f (Bahn) / indicador m de declividad ‖ ~**umkehr** f (Luftf, Propeller) / inversión f de paso ‖ ~**verhältnis** n, Tritthöhe f (Treppe) / razón f de huella y contrahuella ‖ ~**winkel** m (Masch) / ángulo m de inclinación ‖ ~**winkel**, Flechtwinkel m (Drahtseil) / ángulo m de torsión ‖ ~**winkel** (Schraubenlinie) / ángulo m de hélice ‖ ~**winkel** (Propeller) / ángulo m de paso ‖ ~**winkel** (Schraubengetriebe) / inclinación f ‖ ~**winkel** (Gewinde) / ángulo m de paso
Steig•vermögen n (Kfz, Luftf) / capacidad f ascensional ‖ ~**wechsel** m (Wirkm) / cambio m de capas descendentes ‖ ~**wind** m (Meteo) / corriente f de aire ascendente, viento m de inclinación del vuelo ascensional ‖ ~**winkel** m (Luftf) / ángulo m de inclinación del vuelo ascensional ‖ ~**winkel** (Rakete) / ángulo m de ascensión ‖ ~**zeit**, Anklingzeit f (Luminesenz) / tiempo m de subida
steil / escarpado, empinado ‖ ~ (Lagerung) (Bergb) / escarpado, inclinado (estratificación) ‖ ~ (Kegel) (Geom) / de ángulo agudo (cono) ‖ ~, überhöht (Kurve) / peraltado ‖ ~, abschüssig / escarpado, precipitoso ‖ ~ (Eltronik, Röhre) / de alta transconductancia ‖ ~ **abfallend** (Geo) / tajado ‖ ~**e Böschung** / talud m escarpado o de gran inclinación, escarpa f ‖ ~**es Flöz** (Bergb) / filón m de gran inclinación ‖ ~**e Steigung** / pendiente f pronunciada ‖ **Impulsflanken** ~**er machen** / escarpar los flancos de impulsos
Steil•abbruch m, -abfall m (Geol) / declive m escarpado, despeñadero m, precipicio m ‖ ~**abfall** m **einer Kurve** / pendiente f de una curva ‖ ~**aufzug** f (Hütt) / montacargas m escarpado ‖ ~**aushebung** f (des Pfluges) (Landw) / elevación f vertical del arado ‖ ~**bahn** f (Ballistik) / trayectoria f curva ‖ ~**bodenzentrifuge** f / centrífuga f de fondo escarpado

|| ⁓dach n (Bau) / techo m de gran inclinación || ⁓fallend (Kurve) / de gran pendiente, de pendiente fuerte || ⁓feuergeschütz n (Mil) / cañón m de tiro curvo || ⁓flankiger Bandbegrenzer (Fernm) / limitador m de banda pasante de frente escarpada || ⁓flug m (Luftf) / vuelo m escarpado o [casi] vertical || im ⁓flug o. im Sturzflug niedergehen (Luftf) / picar || ⁓förderband n / cinta f transportadora escarpada || ⁓förderer m / elevador m o transportador escarpado || ⁓gängig (Gewinde) / de paso empinado || ⁓[gang]gewinde n / rosca f de paso empinado o grande || ⁓hang m / ladera f, pendiente f, pendiente f escarpada, declive m escarpado, acantilado m, farallón m, falda f abrupta (LA), precipicio m Steilheit f (Geo) / escarpadura f || ⁓ (Halbl) / pendiente f || ⁓ (Foto) / [factor] gamma || ⁓ der Röhre (Eltronik) / conductancia f mutua, transconductancia f, pendiente f [de la característica dinámica], inclinación f de la curva dinámica || ⁓ des Impulsanstieges / velocidad f de subida del impulso
Steilheitskennlinie f (Röhre) / característica f de transferencia
Steil•kegel m (Wz) / cono m de gran inclinación || ⁓kegel für Gewindeanzug (Wz) / cono m de conicidad 7/24 || ⁓kegelrefiner m (Pap) / refinador m cónico || ⁓kegelrollenlager n / rodamiento de rodillos cónicos con gran ángulo de contacto || ⁓kegelschaft m / mango m cónico 7/24 || ⁓köperbindung f (Tex) / ligamento m de sarga inclinada o de ángulo agudo || ⁓kurve f (Straßb) / curva f escarpada || ⁓küste f / acantilado m || ⁓rampe f (Bahn) / fuerte rampa f || ⁓rohrkessel m / caldera f de tubos [de humo casi] verticales, caldera f tubular vertical || ⁓rohr-Vorwärmer m / economizador m de tubos [casi] verticales || ⁓schrämmaschine f (Bergb) / rozadora f para estratificación inclinada || ⁓schrift f / escritura f vertical, letra f vertical || ⁓schulterfelge f (Kfz) / llanta f de pestañas inclinadas (en 15°) || ⁓sichtokular, -prisma n (Opt) / prisma m de dirección visual inclinada || ⁓-Start- und Landesystem n (Luftf) / despegue m y aterrizaje cortos, sistema m STOL || ⁓strecke f (Bahn) / línea f de fuertes rampas, línea f de pendiente fuerte || ⁓trudeln n (Luftf) / barrena f normal || ⁓ufer m (Geo) / acantilado[s] m [pl], ribera f precipitosa || erodiertes ⁓ufer (Geol) / acantilado m erosionado || ⁓uferstraße f / carretera f ribereña [alcantilado] || ⁓wand f (Geol) / pendiente f escarpada, tajo m || ⁓welle f (Eltronik) / onda f de frente escarpado
Stein m / piedra f || ⁓, Fels[en] m / roca f || ⁓ m, Kern m (Früchte) / hueso m (E), carozo m (LA) || ⁓, Kulissenstein m (Wzm) / taco m de corredera || ⁓, Lech m (Hütt) / mata f || ⁓ m (Rückstand) (Hütt) / residuo m sulfurado || ⁓, Rubin m (Uhr) / piedra f [de cojinete], rubí m [sintético] || ⁓e brechen (o. gewinnen) / cantear, explotar canteras, sacar o extraer piedra de una cantera || ⁓ m einer Kugelmühle / canto m [rodado] || ⁓ mit großem Loch (Instr) / piedra f de gran agujero || ⁓ mittlerer Größe (Geol) / guijarro m || ⁓e sprengen (o. spalten) / hendir o partir piedras || ⁓e u. Erden pl / piedras f pl y tierras || ein ⁓ starke Mauer / muro m del espesor de un ladrillo || einen ⁓ stark (Bau) / un ladrillo || einen halben ⁓ stark (Bau) / semiladrillo || in ⁓ meißeln ⁓ künstlicher ⁓ / piedra f aglomerada, ladrillo m
Stein•anker m (Bau) / perno m de anclaje || ⁓-auf-Stein-Bauweise f (Ggs.: Fertigbauweise) / método m de piedra sobre piedra || ⁓auskleidung f / revestimiento m de piedras || ⁓ausleser m (Mühle) / separador m de piedras, despedradora f, descantadora f || ⁓auslöser m, -sicherung f (Landw) / seguro m antichoque || ⁓bank f (Bergb) / banco m de piedra || ⁓bau m / estructura f de piedras ||

⁓bekleidung, -verkleidung f / revestimiento m de piedras || ⁓bestürzung f, -deckwerk n / capa f de piedras de protección || ⁓bett n (Druck) / cama f de piedras || ⁓bettung f (aus losen Steinen) (Hydr) / encachado m || ⁓block m / bloque m de piedra, piedra f en bruto [sin labrar] || ⁓bohrer m (Bergb) / barrena f para roca || ⁓bohrer, -bohrmaschine f / barrenadora f para roca || ⁓bohrer, Stoßbohrer m (Bergb) / barreno m para piedras || ⁓bohrer m, Meißelbohrer m / broca f de cincel || ⁓böschung f / talud m de piedras || ⁓brand m, Stinkbrand m (Landw) / tizón m del trigo || ⁓brecher m (Arbeiter) / cantero m || ⁓brecher, Brecher m (Maschine) / quebrantadora f, machacadora f || ⁓brecher, Backenbrecher m / quebrantadora f de mandíbulas, machacadora f de quijadas || ⁓brocken m pl (Bau) / fragmentos m pl de piedras, cascajos m pl || ⁓bruch m / cantera f, pedrera f || ⁓brucharbeit f, -betrieb m / explotación f de una cantera || ⁓brucharbeiter, Steinbrecher m / picapedrero m || ⁓bruchaufbau (mit schrägen Seitenwänden, Kipp[er]mulde f (Kfz) / caja f de cantera, caja f dumper || ⁓bruchsohle f / fondo m de cantera || ⁓bruchsplitter m pl / cascajos m pl || ⁓brücke f / puente m [de arcos] de piedra || ⁓brücke [gemauert], Massivbrücke f / puente m de fábrica
Steinchen n (Glas, kristalliner Einschluss) / inclusión f cristalina || ⁓ von 2 bis 5 mm Durchm. / piedrecita f
Stein•damm m, Deich m (Wassb) / dique m de piedra, pedraplén m || gepackter ⁓damm / presa f de mampostería en seco || geschütteter ⁓damm s. Steinfülldamm / presa f de rocas vertidas, presa f de roca suelta || ⁓decke f, obere Steinschicht, erste Bank von oben (Steinbruch) / techo m de cantera || ⁓deckwerk n, Stein[ab]deckung f / capa f de piedras de protección || ⁓drainage f, -drain m / desagüe m o drenaje por piedras || ⁓druck m / grabado m en piedra || ⁓druck, Lithographie f / litografía f || ⁓drucker, Lithograph m / litógrafo m || ⁓druckerei f, lithografische Anstalt / taller m de litografía || ⁓druckpresse f / prensa f litográfica || ⁓eiche f, Quercus ilex (Holz) / roble m carrasqueño
steinern, Stein... / de piedra
Steinersche Kurve f, dreispitzige Hypozykloide (Geom) / curva f tricúspida
Stein•fabrik f (Hütt) / fábrica f de ladrillos || ⁓fall m (Straßb) / caída f de bloques o de piedra[s], desprendimiento m de piedras || ⁓fänger m, -fangmulde f (Zuck) / dispositivo m de eliminación de piedras || ⁓fertigungsmaschine f (Beton) / máquina f de bloques || ⁓filz m (Tex) / fieltro m pegamoide || ⁓fliese f (Bau) / azulejo m (de pared), baldosa f (de suelo) || ⁓frucht f (Bot) / drupa f [dehiscente], fruto m de hueso o de carozo || ⁓früchtigkeit f (Birnen) / piedra f del peral || ⁓fugenschnitt m, Behauen der Steine n / labra f de piedras || ⁓führung, Kulisse f (Wzm) / colisa f || ⁓fülldamm m (Hydr) / dique m cimentado sobre rocas, presa f de escollera (LA), (localismos:) f cortina de enrocamiento, presa f de roca suelta || ⁓füllung f zwischen Mauerschalen (Bau) / relleno m de piedras || ⁓fußboden m, -decke f / piso m de piedra || ⁓gabel f (Steinbruch) / horca f de rocas || ⁓grau (RAL 7030) / gris piedra || ⁓graviergerät n / incisógrafo m (para grabar piedra) || ⁓greifer m, -zange f (Wz) / horca f para piedras || ⁓grün n / verde m de tierra || ⁓grund m (Hydr) / fondo m pedregoso || ⁓grundlage f (Straßb) / plataforma f de piedras
Steingut•fabrik f / fábrica f de loza || ⁓isolator m (Elektr) / aislador m de loza || ⁓röhre, Tonröhre f / tubo m de loza || ⁓ton m / arcilla f de loza
Stein•hammer m (Wz) / martillo m de cantero, almádena f, marra f || ⁓hauerkrönel m (Wz) / escoda f || ⁓holz n (Bau) / xilolita f || ⁓holzfußboden m / pavimento m magnesiano
Steinieform f (Flaschen) / botella f Steinie

steinig / pedrizo, pedregoso ‖ ~, **steinhart** / pétreo, duro como una piedra

Stein•imitation f (Gipsarbeit) (Bau) / estuco m, escayola f ‖ ~**kasten** m (Hydr) / cajón m de piedras ‖ ~**keil** m / cuña f para piedra ‖ ~**kitt** m / masilla f de piedra[s], litocola f ‖ ~**klammer** f / grapa f para piedras ‖ ~**klammer**, Steinklemmgabel f (Flurförderer) / grapa f de ladrillos

Steinkohle f / hulla f, carbón m de piedra ‖ **magere** ~ / hulla f magra o pobre

Steinkohlen•... / hullero, de hulla o de carbón de piedra ‖ ~**asche** f / ceniza[s] f/pl] de hulla ‖ ~**aufbereitung** f / preparación f de la hulla ‖ ~**-Bergarbeiter** m / minero m de hulla ‖ ~**bergbau** m / industria f hullera, explotación f minera de hulla ‖ ~**bergwerk** n / mina f hullera o de hulla, mina f de carbón de piedra ‖ ~**brikett** n / briqueta f de hulla ‖ ~**einheit** f, SKE (= 29,3076 Megajoule) / unidad f de carbón, equivalente m de carbón ‖ ~**feuerung** f / calefacción f de hulla ‖ ~**flöz** n, -ader f, -schicht f / filón m de hulla ‖ ~**formation** f (Geol) / formación f carbonífera o de hulla ‖ ~**gas** n / gas m de hulla ‖ ~**gebirge** n (Geol) / terreno m de hulla ‖ ~**grube** f s. Steinkohlenbergwerk ‖ ~**grus** m, Staubkohle f / carbonilla f, cisco m, polvo m de hulla, carbón m en polvo ‖ ~**hauer** m / picador m de hulla ‖ ~**klein** n, Feinkohle f, (Durchfall bei 1/8" Maschenweite) / menudos m pl de hulla ‖ ~**kraftwerk** n / central f térmica a base de hulla ‖ ~**lager**, -flöz n (Geol) / yacimiento m de hulla ‖ ~**lager** n (Handel) / almacén m de hulla, carbonería f (LA) ‖ ~**pech** n / brea f de hulla ‖ ~**teer** m (Chem) / alquitrán m de hulla ‖ ~**teerfarbe** f, -teerfarbstoff m / colorante m de alquitrán o de anilina ‖ ~**teer-Fettöle** n pl / lubri[fi]cantes m pl de alquitrán de hulla ‖ ~**teeröl** n / aceite m de alquitrán de hulla ‖ ~**teerpech** / brea f de alquitrán de hulla ‖ ~**teersäure** f, Rosolsäure f / ácido m rosólico

Stein•kunde f, Mineralogie f / mineralogía f ‖ ~**lager** n (Instr) / cojinete m de rubí ‖ ~**lawine** f (Geol) / avalancha f de piedras ‖ ~**leistung** f (Drahtziehen) / toneladas f pl producidas por una hilera ‖ ~**leitwerk** n (Hydr) / malecón m de escollera ‖ ~**malz** m (Brau) / malta f vidriosa ‖ ~**mauer** f, Trockenmauer f (Bau) / albarrada f ‖ ~**mehl** (Kalzium-Karbonat), Bergmehl m (Min) / polvo m de cal natural, cal f natural en polvo ‖ ~**mehl** n (Bergb) / piedra f pulverizada ‖ ~**meißel** m (Wz) / escoplo m de cantería ‖ ~**meteorit**, Mesosiderit m (Geol) / meteorito m pétreo, siderita f meteórica, siderolito m ‖ ~**metz** m / picapedrero m, cantero m, tallista m de piedra ‖ ~**metzarbeit** f / trabajo m de picapedrero, obra f de cantería

Steinmetzkoeffizient, Hysteresekoeffizient m (Elektr) / coeficiente m de Steinmetz

Stein•metzwerkzeug n / herramientas f pl de cantero ‖ ~**mole** f (Hafen) / espigón m de piedra, malecón m ‖ ~**mörtel** m (Bau) / orgamasa f ‖ ~**nuss**, Elfenbeinnuss f (Bot) / corozo m ‖ ~**obst** n / fruta f de hueso, drupa f ‖ ~**öl** n / petróleo m bruto ‖ ~**öl**, Brenn-, Leuchtöl n / aceite m mineral ‖ ~**packung** f, trockene Futtermauer (Bau) / muro m de mampostería en seco ‖ ~**packung** (Deich) / revestimiento m de piedras ‖ ~**packung** (Straßb) / empedrado m ‖ ~**packung**, -bettung f (Hydr) / encachado m, pedraplén m ‖ ~**pappe** f (Pap) / cartón m piedra ‖ ~**pappe**, Dachpappe f / cartón m asfaltado para tejados ‖ ~**pflaster** m (Straßb) / adoquinado m, empedrado m ‖ ~**platte**, -tafel f / losa f, baldosa f, lastra f ‖ ~**plattenbelag** m / pavimento m de losas ‖ ~**porzellan** n, Hartporzellan m / porcelana f dura ‖ ~**presse** f (Bau, Hütt) / prensa f de ladrillos ‖ **ununterbrochene** ~**reihe** (Bau) / hilada f o hilera continua de piedras ‖ ~**riff** n (Geol) / arrecife m ‖ ~**säge** f (Wz) / sierra f para piedra ‖ ~**salz** n / sal f gema ‖ ~**salzgitter** n (Krist) / rejilla f de cloruro de sodio ‖ ~**sammler** m (Landw) / recogedora f de piedras ‖ ~**schicht** f (Bau) / capa f de piedras ‖ ~**schicht** (Bergb) / banco m de piedra ‖ ~**schlag**, Schotter m (Straßb) / balasto m ‖ ~**schlag** m, Brechschotter m (Bahn) / balasto m de piedra machacada ‖ ~**schlag** s. auch Steinfall ‖ ~**schlaggefahr** f / peligro m de caída de piedras ‖ ~**schlaghammer** m (Wz) / martillo m de cantero, almádena f, marra f ‖ ~**schlag-Schotterbett** n (Bahn) / lecho m de gravilla ‖ ~**schlagschutzschicht** f (Kfz) / capa f protectora contra piedras ‖ ~**schleifen** / esmerilar la piedra ‖ ~**schleifer** m / lapidario m pulidor, biselador m de piedras preciosas ‖ ~**schnitt** m (Gewölbe) / montea f ‖ ~**schnitt**, -fugenschnitt m (Bau) / labra f de piedras ‖ ~**schraube**, Klauenschraube f (Bau) / tornillo m para piedra, perno m de anclaje ‖ ~**schraube** f (für Wände) / tornillo m para empotrar ‖ ~**schraube** (Instr) / tornillo m con piedra ‖ ~**schrift** f (Druck) / letras f pl unciales, caracteres m pl lapidarios ‖ ~**schutt** m (Bau, Geol) / escombros m pl de piedras ‖ ~**schüttdamm** m s. Steinfülldamm ‖ ~**schüttung** f, Packwerk n / capa f de piedras, relleno m de piedras ‖ ~**schüttung**, -bettung f (Hydr) / encachado m ‖ ~**setzer** m, Pflasterer m (Straßb) / empedrador m, embaldosador m, solador m ‖ ~**setzhammer** m, Pflasterhammer m (Wz) / martillo m de empedrador ‖ ~**sicherung** f, -auslöser m (Landw) / seguro m antichoque ‖ ~**spalthammer** m (Wz) / martillo m de partir piedras ‖ ~**splitter** m / lasca f ‖ ~**stapel** m (Bau) / montón m de los bloques, pila f de ladrillos ‖ ~**stopfen** m (Chem) / tapón m de gres ‖ ~**strahlofen** m (Hütt) / horno m de reverbero o de radiación ‖ ~**ton** m (Farbe, Keram) / color m de piedra ‖ ~**transport-Aufbau** m (Kfz) / caja f de cantera, caja f dumper ‖ ~**trennsäge** f / sierra f de partir piedras ‖ ~**verband** m (Bau) / trabazón f de piedras, aparejo m de piedras ‖ ~**verklammerung** f (Bau) / engrapado m o engrapación (LA) de piedras ‖ ~**verkleidung**, -bekleidung f / revestimiento m de piedras ‖ ~**verkleidung** f **der Böschung** / revestimiento m en seco ‖ ~**vorlage** (handgesetzt), Packlage f (Straßb) / sentado m de piedras (E), pavimento m telford (LA) ‖ ~**walze** f / rodillo m de piedra ‖ ~**wolf** m, Keilklaue f (Steinmetz) / argolla f, lova f ‖ ~**wolle** f (Bau, Min) / lana mineral ‖ ~**zange** f (Wz) / argolla o lova de tenazas ‖ ~**zange**, Steinklemmgabel f (Bau) / horca f de rocas ‖ ~**zement** m (Bau) / cemento-piedra m

Steinzeug n (verglaster Scherben) (Ggs. Steingut) / gres m ‖ ~ **für Kanalisation** / gres m para alcantarillado ‖ ~**ablauf** m / tubo m de drenaje de gres ‖ ~**fliese** f / baldosa f de gres ‖ ~**formstück** n / conector m de tubería de gres ‖ ~**isolator** m (Elektr) / aislador m de gres ‖ ~**-Kanalisationsröhre** f / tubo m de alcantarillado de gres ‖ ~**platte** f (DIN 1230) / baldosa f de gres ‖ ~**rohr** n / tubo m de gres ‖ ~**sohlschale** f / fondo m de gres para alcantarilla ‖ ~**wanne** f / tina f de gres

Stell..., Regulier... / de ajuste
Stellage f, Gestell n / estante m, rack m, bastidor m
Stellantrieb m (Regeln) / accionamiento m del regulador
stellar (Astr) / estelar
Stellarator m (Plasma) / estelerator m
Stellarinterferometer n / interferómetro m estelar
Stellarit m (ein Asphalt) / estelarita f
Stellarmatur f / grifo m de ajuste
Stellarwind m (Astr) / viento m estelar
stellbar, ein-, verstellbar / ajustable, reglable, regulable ‖ ~**e konstante [,variable] Drehzahl** / velocidad f ajustable constante, [variable]
Stell•befehl m (Regeln) / orden f o instrucción f de regulación ‖ ~**bereich** m (Regeln) / alcance m de regulación, margen m de ajuste, gama f de ajuste ‖ ~**blech** n / placa f ajustable ‖ ~**bogen** m, -bügel m

Stellbreite

(Pflug) / yugo m, estribo m ‖ ⁓**breite** f (Dimension) / espacio m necesario a lo ancho
Stelle f, Platz m, Ort m / lugar m, sitio m ‖ ⁓, Station f / estación f ‖ ⁓ f (DV, Math) / posición f ‖ ⁓, Stellenwert m (Math) / valor m de posición ‖ ⁓, [Stellen]ziffer f (Math) / dígito m de posición ‖ ⁓ f (im Text) / pasaje m ‖ ⁓, Posten m / puesto m, plaza f ‖ ⁓, Abteilung f (Bahn) / servicio m, departamento m, sección f ‖ ⁓ **hinter dem Komma**, Dezimale f / decimal f ‖ ⁓**n** f pl **hinter dem Komma** (DV) / parte f fraccional ‖ ⁓ f **in einem Wort** / posición f en una palabra ‖ ⁓ **in einer Ziffer** / posición f en una cifra ‖ **an die** ⁓ **setzen** [von] / sustituir [a], su[b]stituir ‖ **auf 1** ⁓ **nach dem Komma** / hasta la primera decimal ‖ **auf 1** ⁓ **vor dem Komma** / hasta la unidad ‖ **auf 2** ⁓**n nach dem Komma** / hasta la segunda decimal ‖ **bis zur dritten** ⁓ **hinter dem Komma berechnet** / calculado hasta la tercera decimal ‖ **magnetisierte** ⁓ **auf Magnetband** / punto m magnetizado o imantado ‖ **matte** ⁓ (Kunststoffteil) / superficie f mate ‖ **offene** ⁓ (Arbeitsplatz) / vacante f ‖ **schlechte** ⁓ (Tuch) / punto m defectuoso
Stell•einheit f (Walzw) / unidad f de regulación o de ajuste ‖ ⁓**einrichtung** f **für Trennschalter** (Elektr) / mando m del interruptor ‖ ⁓**eisen** n **an der Karde** (Tex) / barra f de serreta
stellen vt, setzen / colocar, poner ‖ ~, ein-, anstellen (Masch) / ajustar ‖ ~, regeln / ajustar, reglar, arreglar, regular ‖ ~, richten (Uhr) / poner en hora ‖ **den Schlicker** ~ (Keram) / estabilizar la suspensión de arcilla ‖ **die Weichen** ~ (Bahn) / poner o cambiar las agujas ‖ **eine Aufgabe** ~ / plantear una tarea ‖ ⁓ n (Eltronik) / control m, reglaje m, regulación f ‖ ⁓ **durch elektronischen Widerstand** (Eltronik) / control m por resistor de gran disipación
Stellen•abbruch m (DV) / corte m de dígitos ‖ ⁓**anzeige** f (DV) / indicación f de dígitos o de cifras ‖ ⁓**anzeige**, -angebot n / anuncio m de empleo, oferta f de empleo ‖ ⁓**anzeiger** m (DV) / indicador m de dígitos o de cifras ‖ ⁓**auswahl** f (DV) / selección f de cifras ‖ ⁓**besetzungsplan** m (F.Org) / plan m de ocupación de plazas vacantes ‖ ~**bewertet**, gewichtet (Code) / ponderado ‖ ⁓**bit** n (Magn.Bd) / bit m de posición ‖ ⁓**impuls** m (DV) / impulso m de posición ‖ ⁓**schreibimpuls** m (DV) / impulso m preparador ‖ ⁓**schreibweise** f (DV) / notación f posicional ‖ ⁓**setzen** n **und Runden** (Progr) / desplazamiento m y redondeo ‖ ⁓**sohle** f (Schuh) / piso m block ‖ ⁓**sperrimpuls** m (DV) / impulso m inhibidor ‖ ⁓**spur** f (Magn.Bd) / canal m de avance ‖ ⁓ **[takt]zeit** f (DV) / período m de dígito ‖ ⁓**verschiebung** f (Math) / desplazamiento m de cifra o de dígito ‖ ⁓**verschiebung** (DV) / desplazamiento m aritmético, corrimiento m de cifra ‖ ⁓**vertauschungsfehler** m (DV) / error m por inversión de dos cifras ‖ ~**weise** / a trechos, en parte, en algunas partes ‖ ~**weise Abnutzung** (Reifen) / desgaste m de trechos ‖ ~**weise adressierbar** / apto de ser dirigido por posición ‖ ⁓**wert** m (Math) / valor m de posición, importancia f, rango m ‖ ⁓**wert**, Rang m / importancia f, rango m ‖ ⁓**wertebene** f (DV) / plano m de cifra ‖ ⁓**wertschreibung** f (DIN) (DV) / notación f con base ‖ ⁓**wertsystem** n, Positionssystem n (Zahlensystem) / sistema m de numeración decimal ‖ ⁓**wertsystem, Positionssystem** n / sistema m posicional ‖ ⁓ **[wert]verschiebung** f (Math) / desplazamiento m aritmético ‖ ⁓ **[wert]ziffer** / cifra f de posición, dígito m de posición ‖ ⁓**zahl** f (Math) / número m de cifras o de dígitos ‖ **mit geringer** ⁓**zahl** (DV) / precisión f sencilla ‖ **doppelte** ⁓**zahl** (DV) / precisión f doble ‖ ⁓**zeichen** n (DV) / carácter m selector de cifra ‖ ⁓**zeit** f (DV) / período m de dígito ‖ ⁓**zulage** f (F.Org) / indemnización f (p.ej. por reemplazo), sobresueldo m (p.ej. por trabajo responsable)

Steller, Stellantrieb m, -glied n (Regeln) / accionador m ‖ ⁓ m (Regeln) / regulador m
Stellerit m (Min) / estelerita f
Stell•faktor, Verstärkungsfaktor m (Regeln) / ganancia f ‖ ⁓**feder** f / resorte m de ajuste ‖ ⁓**fläche** f (Bau) / espacio m necesario para muebles ‖ ⁓**geräte** n pl (Gas) / válvulas f pl y elementos de regulación ‖ ⁓**geschwindigkeit** f (Regeln) / velocidad f de regulación ‖ ⁓**gewicht** n (Bahn) / contrapeso m ‖ ⁓**glied** n (Regeln) / elemento m de regulación o de ajuste ‖ ⁓**glied**, -antrieb m (Regeln) / accionador ‖ ⁓**glied** (Eltronik) / componente m de regulación, servocomponente m ‖ ⁓**glied** (Kfz) / modulador m ‖ ⁓**grad** / razón f de regulación ‖ ⁓**größe** f (Regeln) / magnitud f de ajuste ‖ ⁓**größe**, geregelte Größe / magnitud f dirigida ‖ ⁓**hebel** m / palanca f reguladora o de maniobra ‖ ⁓**hebelfeder** f **in Brückenform** (Uhr) / puente m de muelle flexible ‖ ⁓**hülse** f (Wz) / manguito m de ajuste
Stelling, Gangway f (Schiff) / pasarela f, puente m volante ‖ ⁓ f (ein Gerüst) / andamiaje m, andamio m
Stellit n (ein Schneidmetall) / estelita f ‖ **mit** ⁓ **bestücken** / recargar de estelita ‖ ⁓-**Bestückung** f / punta f recargada de estelita
Stell•kasten m, Steuerschrank m / armario m [de aparatos] de mando ‖ ⁓**keil** m / cuña f de ajuste ‖ ⁓**keil**, Gegenkeil m, -feder f (Masch) / contrachaveta f ‖ ⁓**klappe** f (Vergaser) / válvula f reguladora o de admisión o de estrangulación o de mariposa ‖ ⁓**kraft** f / fuerza f de regulación ‖ ⁓**kraft**, -moment n / par m de mando ‖ ⁓**Lehre** f (Tex) / galga f para carga ‖ ⁓**lehre** f (Tex) / galga f para carga ‖ ⁓**leiste** f (Masch) / listón m de ajuste ‖ ⁓-**Leiste** f (Masch) / listón m de ajuste ‖ ⁓**macherei** f / carretería f, trabajo m del aperador ‖ ⁓**magnet** m / imán m de mando ‖ ⁓**mechanismus** m, -werk n (Regeln) / mecanismo m de mando, posicionador m ‖ ⁓**mittel** n (Regeln) / órgano m de mando, medio m de ajuste ‖ ⁓**mittel**, Aufstellungsmittel n (Email) / agente m de fijación ‖ ⁓**moment** n, -kraft f / par m de ajuste ‖ ⁓**motor**, Servomotor m (Regeln) / servomotor m ‖ ⁓**mutter** f / tuerca f de ajuste ‖ ⁓**öl** n **[für Viskositätsänderung]** / aceite m rebajador de la viscosidad ‖ ⁓**organ** (Regeln) / unidad f de ajuste ‖ ⁓**ort** m (Regeln) / lugar m de ajuste ‖ ⁓**platz** m (Kfz) / plaza f de estacionamiento, aparcadero m ‖ ⁓ **rad** n (Masch) / rueda f de ajuste ‖ ⁓**ring** m (Masch) / anillo m de ajuste, anillo m prisionero ‖ ⁓**rose** f (Kompass) / rosa f ajustable de la brújula ‖ ⁓**säge** f, Gestellsäge f (Wz) / sierra f de bastidor (E) o de armazón (LA) ‖ ⁓**schalter** m (Ggs: Tastschalter) (Elektr) / conmutador m (contrario: palpador) ‖ ⁓**schalter** (Eltronik) / unidad f de control de potencia ‖ ⁓**schiene**, Spannschiene f (Elektr) / carril m tensor ‖ ⁓**schmiege** f (Zimm) / falsa escuadra f ‖ ⁓**schraube**, Einstellschraube f / tornillo m de ajuste o de regulación ‖ ⁓**schraube** f, Klemmschraube f, Verblockungsschraube f / tornillo m de inmovilización o de apriete ‖ ⁓**schraube mit Kegelkuppe** / tornillo m de inmovilización con extremo achaflanado ‖ ⁓**spindel** f / husillo m de ajuste ‖ ⁓**stab** m (Nukl) / barra f de control ‖ ⁓**stange** f, Steuerstange f / tirante m de accionamiento, barra f de accionamiento ‖ ⁓**stange** (Weiche) (Bahn) / tirante m de ajuste ‖ ⁓**stift** m, Justierstift m / espiga f de ajuste ‖ ⁓**tafel** f (Bahn, Spurplanstellwerk) / cuadro m de maniobra ‖ ⁓**teil** n (Sammelbegriff) / elemento m u órgano m de mando ‖ ⁓**teile** n pl (Regeln) / elementos m pl de control del operador ‖ ⁓**tisch** m (Bahn, Spurplanstellwerk) / pupitre m de mando ‖ ⁓**transformator** m / transformador m de regulación o de ajuste
Stellung f, Haltung f / comportamiento m, actitud f ‖ ⁓, Beschäftigung f / puesto m, cargo m ‖ ⁓ f, Lage f /

1266

posición f ‖ ~ (z.B. eines Ventils) / posición f (p.ej. de una válvula) ‖ ~ (des Schützen) (Mil) / posición f de tiro ‖ ~ **[am Kontroller]** (Elektr) / posición f del controler ‖ ~ **eines Sterns** / posición f de una estrella ‖ ~ "**Ganz-ein**" / posición f "totalmente conectado" ‖ ~ **im Beruf** / categoría f [profesional] ‖ ~ **nehmen**, beurteilen / enjuiciar, valorar
Stellungs•... / posicional ‖ ~**anzeige** f / indicación f de posición ‖ ~**anzeiger** m (allg) / indicador m de posición ‖ ~**anzeiger**, Drehfahnenrelais n (Elektr) / relé m de aleta ‖ ~**ferngeber** m (Eltronik) / teletransmisor m sincro o selsyn o de posición ‖ ~**fühlen** n / detección f de posición ‖ ~**geber**, -melder m (Regeln) / transmisor m de posición ‖ ~**geber** m (für Veränderungen) / transductor m de desplazamiento ‖ ~**isomer** (Chem) / isómero m de posición ‖ ~**isomerie** f (Chem) / isomería f de posición ‖ ~**licht** n (Luftf) / luz f de navegación o de posición o de situación ‖ ~**-Lichtsignal** n / señal f luminosa de posición ‖ ~**reglung** f / regulación f de posición ‖ ~**rückkopplung** f (Regeln) / reacción f de puesta en posición ‖ ~**rückmelder** m (Regeln) / respondedor m de posición
Stell•ventil n (Regeln) / servoválvula f, válvula f de control ‖ ~**ventil für Prozessregelung** / servoválvula f de proceso industrial ‖ ~**vorrichtung** f, Reguliervorrichtung f / dispositivo m de ajuste o de regulación ‖ ~**vorrichtung** (für Weichen o. Signale) (Bahn) / mecanismo m de maniobra de las agujas y las señales ‖ ~**weg** m (Regeln) / recorrido m de regulación
Stellwerk n, -mechanismus m (Regeln) / mecanismo m de control o de regulación ‖ ~, Signalstellwerk n / cabina f de señalización ‖ ~ (für Weichen) (Bahn) / puesto m de maniobra o de enclavamiento, sala f de agujas ‖ ~ **mit Fahrstraßenhebeln** (Bahn) / puesto m con palancas de itinerario ‖ ~ **mit freibeweglichen Ein- u. Ausfahrhebeln** (Bahn) / puesto m de palancas libres de entrada o salida
Stell•werksanlage f (Weichen) (Bahn) / instalación f de enclavamiento[s] ‖ ~**widerstand** m (Elektr) / resistor m variable ‖ ~**winkel** m (Zeichn) / falsa escuadra f, falsa regla f, saltarregla f ‖ ~**zeiger** m (Instr) / indicador m de referencia ‖ ~**zeit** f (Regeln) / tiempo m de ajuste ‖ ~**zeug** n (Regeln) / actuador m ‖ ~**zeuge**, Stative n pl / soportes m pl
STEL-Wert m (Short Term Exposure Limit) / valor STEL
Stelze f (Bau) / pilote m elevado ‖ ~, Spange f (Bau) / tirante m de tope
Stelzen• fundament n, -unterbau, -rost m (Bau) / pilotaje m elevado ‖ ~**straße** f, gestelzte Straße / carretera f elevada
Stelz•pflug m, -radpflug m (Landw) / arado m con rueda soporte ‖ ~**radschlepper** m (Landw) / tractor m a horcajada, tractor m de caballete
Stelzung f (Bau) / sobreelevación f
STEM-Abtragungsmethode f (Shaped Tube Electrolytic Machining) (Wzm) / mecanizado m electrolítico por tubo perfilado
Stemm•apparat m, Kettenfräse f (Wzm) / escopleadora f, fresadora f de cadena cortante ‖ ~**arbeit** f (Tischl) / trabajos m pl con escoplo ‖ ~**eisen** n (Tischl) / escoplo m de alfajía ‖ ~**eisen** (Schloss) / formón m
stemmen vt, einstemmen (Zimm) / escoplear ‖ ~, verstemmen / retacar, calafatear
Stemmer m, Verstemmer m / retacador m
Stemm•fuge f / junta f calafateada o retacada ‖ ~**hammer** m, Meißelhammer m zum Stemmen (Wz) / martillo m de retacar ‖ ~**kante** f (Schw) / bisel m de retacar ‖ ~**kloben** m (Streckenbau) (Bahn) / tope m de parada ‖ ~**loch** n (Tischl) / mortaja f ‖ ~**maschine** f, Stemmapparat m / mortajadora f, escopleadora f ‖ ~**muffe** f (Rohre) / manguito m para retacar ‖ ~**nagel** m (DIN 1161) / punta f de punzón ‖ ~**naht** f (Nieten) /

costura f retacada ‖ ~**naht**, Dichtnaht f (Schw) / soldadura f para calafatear ‖ ~**stichel** m (Wz) / bedano m para labrar muescas ‖ ~**stück**, eingestemmtes Stück n / pieza f calafateada ‖ ~**stück** n (Bahn) / pieza f de detención ‖ ~**tor** n (Schleuse) / puerta f en espolón ‖ ~**-Zapfenloch** n / mortaja f
Stempel m (Gegenstand und Abdruck) / sello m ‖ ~ (Metall) (Bergb) / puntal m, estemple m, callapo m (Andal.), pie m ‖ ~, Kolben m / émbolo m [buzo], pistón m ‖ ~, Abdruck m / timbre m ‖ ~, Poststempel m / matasellos m ‖ ~, Prägestempel m (Wz) / troquel m ‖ ~ m, Patrize f (Plast) / molde m macho ‖ ~ (Stanz) / punzón m ‖ ~, Pressenstößel m / portamachos m, portapunzón m ‖ ~, Druckpumpenkolben m / émbolo m buzo [de la bomba impelente] ‖ ~ m **für Absicherung** (Autokran) / gato m ‖ ~ **für Eindruckversuch** (Asphalt) / penetrador m ‖ ~ **für Lettern** / cuño m, punzón m ‖ ~ **für Schreitausbau** (Bergb) / puntal m para entibación progresiva ‖ ~ **eingebrannter** ~ / marca[ción] f por hierro candente
Stempel•aufnahmeplatte f, -halteplatte f (Stanz) / placa f portapunzón ‖ ~**bild** n (Post) / sellado m ‖ ~**druck** m / fuerza f de émbolo ‖ ~**druckversuch** m (Glas) / ensayo m de presión por punzón ‖ ~**durchdrücken** n (Versuch an Textilien) / prueba f de estampado a presión ‖ ~**eisen** n (Wz) / timbrador m ‖ ~**farbe** f / tinta f de sellar ‖ ~**frei** (Bergb) / sin puntal, no apuntalado ‖ ~**führungsplatte** f (Stanz) / placa f guiapunzón ‖ ~**gespann** n, -schlag m (Bergb) / hilera f de puntales ‖ ~**guss** m, Druckguss m (Hütt) / fundición f en coquilla ‖ ~**hammer** m (Masch) / martillo m para marcar, martillo m de estampar ‖ ~**hobler** m (Wzm) / acepilladora f de punzones ‖ ~**karte** f (F.Org) / tarjeta f de tiempos ‖ ~**kissen** n / tampón m de tinta, almohadilla f de tinta ‖ ~**kopf** m (Stanz) / cabeza f de punzón ‖ ~**maschine** f / máquina f de timbrar, matasellos m automático
stempeln vt, bestimmte Markierung anbringen / marcar ‖ ~, Papier abstempeln / sellar, poner un sello [en], timbrar, estampillar ‖ ~ (F.Org) / fichar (la entrada o la salida), registrar la presencia, marcar en el reloj de control ‖ **Datum** ~ / fechar con sello ‖ **Gold** ~ / marcar oro
Stempel•plättchen n (DIN 1932) (Eichung) / marca f de contraste de plomo ‖ ~**platte** f (Stanz) / placa f portapunzón ‖ ~**platte** (Plast) / placa f portamatriz ‖ ~**presse** f (Druck) / prensa f de mano ‖ ~**rauber** m, -zieher m (Bergb) / desentibador m, rescatador m de puntales ‖ ~**raubvorrichtung** f (Bergb) / desentibadora f ‖ ~**richtpresse** f (Bergb) / prensa f de enderezar puntales ‖ ~**schlag** m, -gespann m (Bergb) / hilera f de puntales ‖ ~**schneider** m (Münzw) / grabador m de punzones para monedas ‖ ~**setzer** m (Bergb) / entibador m, ponedor m de puntales ‖ ~**uhr** f (F.Org) / reloj m para fichar [el tiempo de trabajo], registrador m de presencia, marcadora f
Stempelung f / sellado m, estampillado m, selladura f
STEM-Verfahren n (Shaped Tube Electrolytic Machining) (Wzm) / mecanizado m electrolítico por tubo perfilado
Stenisation f (Verfestigung von Kunstseidenfäden) (Tex) / estenozación f
steno•graphisch / taquigráfico, estenográfico ‖ ~**päisch** (Opt) / estenopeico ‖ ~**top** / estenotópico ‖ ~**typie** f / estenotipia f
Stentorphon n (Druckluftlautsprecher) / Stentor m, altavoz m estentóreo
Stephanit m, Sprödglaserz n (Min) / estefanita f, psaturosa f (mineral de plata)
Stepp•... (Tex) / de pespunte[ar] ‖ ~**decke** f / colcha f guateada, edredón m
Steppe f (Geo) / estepa f ‖ ~, Ödland n / landa f, yermo m, terreno m baldío

steppen *vt*, durchnähen / pespunt[e]ar ‖ ~ *n* / pespunte *m*

Steppen•..., versteppt (Geo) / estepario, estepizado ‖ **~bleicherde** *f*, Solod *m* / tierra *f* de blanqueo de estepa, solod *m*

Stepper *m* (Elektr) / relé *m* de progresión, relé *m* de avance paso a paso ‖ ~ (Tex) / pespuntador *m* ‖ ~ (Sport) / stepper *m*

Stepperei *f* (Schuh) / taller *m* de cosido

Stepper-Motor *m*, Schritt[schalt]motor *m* / motor *m* paso a paso

Stepp•maschine *f* (Schuh) / pespuntadora *f* ‖ **~naht** *f* / pespunte *m* ‖ **~nahtschweißmaschine** *f* / máquina *f* para soldeo por puntos en línea continua ‖ **~nahtwiderstandsschweißung** *f* / soldadura *f* por puntos en línea continua ‖ **~schweißen** *n* / soldadura *f* pespunteada o al hilván ‖ **~stich** *m* (Nähm) / pespunte *m*, punto *m* atrás ‖ **~stichnähmaschine** *f* / máquina *f* pespuntadora

Ster *m n*, Raummeter *m* (Holz) / estéreo *m*

Sterad[iant] *m* (Raumwinkeleinheit), sr (Math) / esterorradiante *m*

Steran *n* (Chem) / esterano *m*

"**Sterben**" *n* (Halbl) / destrucción *f* por el calor

Sterblichkeit, Mortalität *f*, Sterblichkeitsziffer *f* (Stat) / mortalidad *f*

Sterblingswolle *f* (Tex) / lana *f* muerta o mortecina

Sterculiagummi, Karayagummi *n m* / goma *f* de Caraya

Stereo *n* (Druck) / estereo[tipo] *m*, estereotipia *f*, clisé *m* estereotípico, plancha *f* estereotípica ‖ ~..., 3D... (Akust, Opt) / tridimensional ‖ **~akustik** *f* / estereoacústica *f* ‖ **~akustisch** / estereofónico (a veces: estereoacústico) ‖ **~anlage** *f* (Audio) / equipo *m* estereofónico, equipo *m* de sonido estéreo[fónico] ‖ **~apparat** *m*, -kamera *f* / cámara *f* estereoscópica ‖ **~aufnahme** *f*, -bild *n* / estereofotografía *f* ‖ **~aufnahme** (Radiol) / estereorradiografía *f* ‖ **~aufzeichnung** *f* (Audio) / grabación *f* estereofónica, registro *m* estereofónico ‖ **~auswertegerät** *n* (Verm) / instrumento *m* para evaluaciones estereoscópicas ‖ **~autograph** *m* / estereoautógrafo *m* ‖ **~band** *n* / estereocinta *f* ‖ **~betrachter** *m* (Foto) / estereoscopio *m* ‖ **~[bild]** *n* / estereoscopia *f* ‖ **~box** *f* / altavoz *m* estereofónico, baffle *m* ‖ **~cephaloidmikrophon** *n* / micrófono *m* estereocefaloide ‖ **~chemie** *f* / estereoquímica *f* ‖ **~chemisch** / estereoquímico ‖ **~chemische Forderungen** *f pl* (Chem) / teoría *f* del espacio ‖ **~chemische Spezifität** / estereoespecifidad *f* ‖ **~effekt** *m* (Opt) / efecto *m* estereoscópico ‖ **~fähig** (Audio) / idóneo para la estereofonía ‖ **~film** *m* / película *f* estereoscópica ‖ **~gießgerät** *n*, -guss *m* / fundición *f* de estereotipos ‖ **~grafisch** / estereográfico ‖ **~grafische Projektion** (Geo) / proyección *f* estereográfica ‖ **~graphie** *f*, perspektivische Darstellung (Zeichn) / estereografía *f* ‖ **~isomer** *n* (Chem) / estereoisómero *m* ‖ **~isomerie** *f* / estereoisomería *f* ‖ **~kamera** *f* (Foto) / cámara *f* estereoscópica o estereofotográfica ‖ **~kartografische Auswertungsmaschine**, Stereokartiergerät *n*, -messgerät *n* / máquina *f* para evaluaciones estereoscópicas ‖ **~-Kassetten-Deck** *f* (Audio) / cassette *m* estereofónico, platina *f* de cassette estéreo ‖ ‖ **~kautschuk** *m* / estereocaucho *m* ‖ **~komparator** *m* (Opt) / estereocomparador *m* ‖ **~kopfhörer** *m* / auriculares *m pl* estéreo[s], cascos *m pl* estereofónicos ‖ **~logie** *f* / estereología *f* ‖ **~logisch** / estereológico ‖ **~magnetband** *n* / cinta *f* estereofónica ‖ **~mater** *f* (Druck) / estereomatriz *f*, flan *m* estereotípico ‖ **~messkammer** *f* (Verm) / cámara *f* estereométrica ‖ **~metall** *n* (Pb-Sb-Sn-Legierung) (Druck) / aleación *f* estéreo ‖ **~meter** *n* / estereómetro *m* ‖ **~metrie** *f*, Geometrie der räumlichen Gebilde / estereometría *f*, medida *f* de los sólidos ‖ **~metrisch** / estereométrico ‖ **~mikrometer** *n* (Verm) / estereomicrómetro *m* ‖ **~mikrophon** *n* / estereomicrófono *m* ‖ **~mikroskop** *n* / estereomicroscopio *m* ‖ **~phonie** *f*, plastisches Hören / estereofonía *f*, estereofónica *f* ‖ **~phonisch** / estereofónico ‖ **~photogrammetrie** *f* / estereofotogrametría *f* ‖ **~photographie** *f* / estereofotografía *f* ‖ **~planigraph** *m* / estereoplanígrafo *m* ‖ **~platte** *f* (Ton) / disco *m* estereofónico ‖ **~platte** (Druck) / plancha *f* estereotípica, clisé *m* estereotípico ‖ **~prüfmikroskop** *n* / estereomicroscopio *m* de ensayos ‖ **~radiographie** *f*, -radiogramm *n* / estereorradiografía *f* ‖ **~selektivität**, -spezifität *f* (Chem) / estereoselectividad *f*, estereoespecifidad *f* ‖ **~skop** *n* (Opt) / estereoscopio *m* ‖ **~[skop]bild** *n* / estereograma *m* ‖ **~skopisch**, räumlich (Opt) / estereoscópico ‖ **~skopisches Fernsehen**, Stereofernsehen *n* / televisión *f* estereoscópica o en relieve ‖ **~skopische Sehschärfe** (Opt) / agudeza *f* visual estereoscópica ‖ **~spezifisch** (Chem) / estereoespecífico ‖ **~spezifische Polymerisation** / polarización *f* estereoespecífica ‖ **~telemeter** *n* / telémetro *m* estereoscópico ‖ **~ton** *m* / sonido *m* estereofónico ‖ **~tonfilm** *m* / película *f* estereofónica ‖ **~tonkamera** *f* / cámara *f* estereofónica ‖ **~top** *m n* (Verm) / estereotopo *m* ‖ **~typ** / estereotípico ‖ **~typdruck** *m* (Tätigkeit) / estereotipo *m*, impresión *f* estereotípica ‖ **~typdruck** (Erzeugnis) / estereotipia *f* ‖ **~typeur** *m* / estereotipador *m* ‖ **~typeur und Galvanoplastiker** *m* / estereotipador *m* y electrotipador, clisador *m* y electrotipista ‖ **~typgießerei** *f* / fundería *f* o fundición de estereotipias ‖ **~typie** *f* (Druck) / estereotipia *f*, estereotipo *m* ‖ **~typie**, Klischieren *n* / estereotipia *f*, clisado *m* ‖ **~typiepappe** *f* / cartón *m* matriz o de estereotipia, cartón *m* para matrizar ‖ **~typieplatte** *f*, Klischee *n* / clisé *m* estéreo ‖ **~typieren** *vt*, in Stereotyp drucken / estereotipar, clisar ‖ **~typplatte** *f* (Druck) / plancha *f* estereotípica, estereotipo *m*, clisé *m* estereotípico ‖ **~umsetzer** *m* (Radio) / reemisor *m* estereofónico ‖ **~umsetzer für Breitwand** (Film) / desdoblador *m* panorámico ‖ **~wiedergabe** *f* / reproducción *f* estereofónica

steril, aseptisch (Med) / aséptico ‖ ~, unfruchtbar (Biol) / estéril ‖ **~gut** *n* / material *m* estéril[izado], productos *m pl* esterilizados o asépticos

Sterilisation *f*, Sterilisierung *f* / esterilización *f*

Sterilisationspapier *n* / papel *m* aséptico

Sterilisator *m* (Zuck) / esterilizador *m*

sterilisieren *vt* / esterilizar ‖ ~, pasteurisieren (Lebensmittel) / paste[u]rizar

Sterilisier•gerät *n*, Sterilisator *m* / paste[u]rizador *m* ‖ **~lampe** *f* / lámpara *f* esterilizadora ‖ **~mittel** *n* / esterilizante *m*

steril[isiert], keimfrei / esterilizado

Sterilisiertrommel *f* / tambor *m* esterilizador

Sterilraumtechnik *f* / técnica *f* de sala blanca

Sterin *n* (Chem) / esterina *f*, esterol *m*

sterisch (Chem) / estérico ‖ **~e Hinderung** (Chem) / impedimento *m* estérico

Sterlingit *m* (Min) / esterlingita *f*

Sterling•prozess *m* (Zink) / proceso *m* Sterling ‖ **~silber** *n* (925 fein) / plata *f* sterling

Stern *m* / estrella *f* ‖ ~ (Druck) / asterisco *m* ‖ ~... / estrellar, estelar ‖ **im ~ schalten** (Elektr) / conectar en estrella o en Y ‖ **veränderlicher ~** (Astr) / estrella *f* variable ‖ **~abtaster** *m* / explorador *m* de estrellas ‖ **~anisol** *n* (Pharm) / esencia *f* de anís estrellado, esencia *f* de badiana ‖ **~anker** *m* (Elektr) / inducido *m* en estrella ‖ **~anpeilgerät** *n*, -folgegerät *n* (Raumf) / dispositivo *m* para seguimiento de estrellas ‖ **~assoziation** *f* (Astr) / asociación *f* estrellar o de estrellas ‖ **~atmosphäre** *f* / atmósfera *f* estrellar ‖ **~beben** *n* / seismo *m* de estrella

Sternbergit m (Min) / esternbergita f (sulfuro de plata y de hierro)
Stern•beschreibung f, Sternkartenherstellung f / astrografía f ‖ ~**bestimmung** f (Raumf) / orientación f con ayuda de estrellas ‖ ~**bildung** f (Fehler, Keram) / formación f de estrellas ‖ ~**brenner** m (Labor) / mechero m en estrella
Sternchen n (Druck) / asterisco m, estrella f, estrellita f
Stern•dämpfer m (Tex) / vaporizadora f de estrella ‖ ~**-Dreieck-Anlauf** m (Elektr) / arranque m de estrella-triángulo ‖ ~**dreieckschalter** m / conmutador m estrella-triángulo ‖ ~**dreieckschaltung** f (Elektr) / conexión f estrella-triángulo, conexión f Y-delta ‖ ~**-Dreieck-Umwandlung** f (Elektr) / transformación f estrella-triángulo ‖ ~**druck** m (DV) / impresión f de asteriscos ‖ ~**durchgang** m (Astr) / paso m o tránsito de estrella
sternen vt (Masch) / estrellar ‖ ~ n (Regulus) / estrellamiento m
Stern•faltenbildung f (Sperrholz) / formación f de pliegues en estrella ‖ ~**färbemaschine** f (Tex) / máquina f de teñidura en estrella ‖ ~**färberei** f (Tex) / teñidura f en estrella ‖ ~**federscheibe** f (Masch) / arandela f elástica dentada ‖ ~**ferne** f (Apsiden) (Astr) / apastrón m ‖ ~**folgegerät** n, -anpeilgerät n (Raumf) / dispositivo m para seguimiento de estrellas ‖ ~**form** f / forma f de estrella ‖ ~**förmig**, -artig, Stern... / en forma de estrella, en estrella, estrellado ‖ ~**förmig anordnen** / arreglar en [forma de] estrella ‖ ~**förmige Feder** / muelle m en estrella ‖ ~**förmiger Körper** / estrella f, cruz f ‖ ~**gebiet** n (Math) / recinto m estrellado
Stern-Gerlach-Versuch m (Nukl) / ensayo m Stern-Gerlach
Stern•getriebe n (unechtes Umlauf- o. Planetengetriebe) / engranaje m en estrella ‖ ~**gewölbe** n (Bau) / bóveda f estrellada ‖ ~**griff** m (DIN 6336) (Wzm) / empuñadura f en estrella, mando m estrellado ‖ ~**griffmutter** f / tuerca f insertada en la empuñadura (en estrella) ‖ ~**haufen** m (Astr) / grupo m de estrellas ‖ ~**haus** n (Bau) / casa f en estrella ‖ ~**helligkeit**, -größe f / magnitud f de estrella ‖ ~**holz** n (Sperrholz) / madera f contrachapeada en estrella ‖ ~**kabel** n (Elektr) / cable m de pares en estrella ‖ ~**karte** f (Astr) / mapa m celestial o de estrellas, planisferio m ‖ ~**keilwelle** f / árbol m de chavetas múltiples o en estrella ‖ ~**kette** f (Nav) / cadena f o red en estrella ‖ ~**-Konfiguration** f (Fernwirk) / red f de telemando de varios puntos ‖ ~**konstellation** f / constelación f de estrellas ‖ ~**koppler** m (Optoelektronik) / acoplador m en estrella ‖ ~**kopplernetz** n / red f de acopladores en estrella ‖ ~**krümelwalze** f, -krümler m (Landw) / grada f desterronadora con estrellas de acero, rodillo m de estrellas ‖ ~**kunde** f, Astronomie f / astronomía f ‖ ~**kurve**, Ast[e]roide f (Math) / astroide f, epicicloide m ‖ ~**motor** m / motor m radial o en estrella ‖ ~**nähe** f (Apsiden) (Astr) / periastrón m ‖ ~**netz** n (Fernm) / red f en estrella ‖ ~**netz** (DV) / red f estrellada o en estrella ‖ ~**photographie** f, Astrophotographie f / astrofotografía f ‖ **mit** ~**prägung** (Masch) / estrellado ‖ ~**punkt**, Neutralpunkt m (Elektr) / punto m neutro ‖ **im** ~**punkt geerdetes Netz** / sistema m con neutro a tierra ‖ ~**punkterdspannung** f / tensión f neutro-tierra ‖ ~**punktklemme** f (Elektr) / terminal m o borne neutro ‖ ~**punktleiter** m (Drehstrom) / conductor m neutro ‖ ~**punkt-Transformator** m / transformador m con punto neutro ‖ ~**rad** n (Masch) / volante m en estrella ‖ ~**radgetriebe** n / mecanismo m de cruz de Malta, mecanismo m de rueda estrella ‖ ~**rad-Heumaschine** f, -rad-Rechwender m (Landw) / rastrillo m con discos estrellados ‖ ~**ringelwalze** f (Landw) / rodillo m Cambridge ‖ ~**riss** m, Strahlenriss m (Holz) / hendidura f estrellada o del duramen ‖ ~**schaltung**, Y-Schaltung f (Elektr) / conexión f en estrella o en Y, montaje m en Y ‖ ~**schauzeichen** n (Fernm) / indicador m en estrella ‖ ~**schlacke** f (Hütt) / fundente m de antimonio ‖ ~**schnuppe** f (Astr) / estrella f fugaz ‖ ~**schnuppen-Erzeuger** m / meteorito m ‖ ~**schnuppenschwarm**, Meteorschwarm m / riego m meteórico ‖ ~**sensor** m (Raumf) / detector m de estrellas ‖ ~**spannung**, Phasenspannung f (Elektr) / tensión f entre fases o en estrella ‖ **unsymmetrische** ~**spannungen** (Elektr) / tensión f asimétrica de la fase ‖ ~**spektrum** n (Astr) / espectro m estelar ‖ ~**stein** m (Min) / asterita f ‖ ~**sucher** m, -nachlaufgerät n (Astr) / dispositivo m electrónico para seguimiento de estrellas ‖ ~**system** n / sistema m estelar ‖ ~**systeme** n pl, Galaxien f pl (Astr) / galaxias f pl ‖ ~**verbindung** f (Elektr) / conexión f frontal ‖ ~**verseilung** f (Kabel) / cableado m en estrella ‖ ~**viererkabel** n (Elektr) / cable m de cuadretes en estrella ‖ ~**warte** f, Observatorium n / observatorio m ‖ ~**weite** f, pc (Astr) / parsec m, pc ‖ ~**wicklung** f (Elektr) / devanado m en estrella ‖ ~**zeit** f (Astr) / hora f sideral o sidérea
Steroid n (Chem) / esteroide m
Sterol n (Plast) / esterol m
Sterrometall, Eichmetall n (60% Cu, 38% Zn, 2% Fe) / metal m de contraste
Sterz m (Pflug) (Landw) / mancera f, esteva f
Stethoskop n, Hörrohr n (Med) / estetoscopio m
stetig, ständig / constante, permanente, continuo ‖ ~, unveränderlich / invariable ‖ ~ (allg, Math) / continuo ‖ ~, stabil / estable ‖ ~ (Funktion) (Math) / continuo m (función) ‖ ~, analog / análogo, analógico ‖ ~ (Regler) / de acción progresiva ‖ ~**er Förderer** / transportador m continuo ‖ ~**e Regelung o. Steuerung** / acción f o regulación progresiva ‖ ~**e Signalübertragung** (linienförmig) (Bahn) / señalización f continua ‖ ~**e Teilung** (Math) / sección f áurea, división f en media y extrema razón ‖ ~**er Verlauf**, Stetigkeit f / continuidad f, constancia f ‖ ~ **verteilter Entstörwiderstand** (Elektr) / resistencia f distribuida ‖ ~**er Wind** (Meteo) / viento m constante ‖ ~**e Zufallsvariable** (Stat) / variable f aleatoria continua
Stetig•antrieb m (Masch) / accionamiento m continuo ‖ ~**bahnsteuerung** f (NC) / mando m o control continuo
stetigen vt, lagefest machen / estabilizar
Stetig•förderer m / transportador m continuo ‖ ~**förderer für Schüttgut**, [für Stückgut] / transportador m continuo para productos a granel, [para bultos] ‖ ~**förderung** f / transporte m continuo
Stetigkeit f (allg, Math) / continuidad f ‖ ~, Dauer[haftigkeit] f / permanencia f
Stetigkeitsbedingung f / condición f de continuidad
Stetig•kocher m (Pap) / lejiador m o digestor continuo ‖ ~**schleifer** m (Pap) / trituradora f continua ‖ ~**spinner** m, Ringspinner m (Tex) / hiladora f continua o anular ‖ ~**ventil** n (Pneum) / válvula f proporcional y servo
Steuer, Steuerruder, -rad, Ruder n (Schiff) / timón m ‖ ~ n, Steuerpinne f, Ruderpinne f (Schiff) / barra f o caña del timón, gobernalle m (gal.) ‖ ~, Lenkrad (Kfz) / volante m ‖ ~**aggregat** n (Masch) / grupo m de control ‖ ~**anlage** f / instalación f de mando ‖ ~**anlage**, Ruderanlage f (Schiff) / timonería f ‖ ~**anschluss** m (Thyristor) / terminal m de compuerta ‖ ~**antenne** f / antena f de [tele]mando ‖ ~**antrieb** m (Masch) / mecanismo m de impulsión o de control o de mando ‖ ~**antrieb** (Raupenschlepper) / accionamiento m de dirección ‖ ~**anweisung** f (DV) / sentencia f de control ‖ ~**anweisung für den Übersetzer** (DV, Progr) / instrucción f de mando del procesador ‖ ~**apparat** (Schiff) / aparato m de timonería ‖ ~**apparat**, -mechanismus m, Steuerung f (Masch) / mecanismo m de mando ‖ ~**ausbeute** f (Eltronik, Röhre) / factor m de mando ‖ ~**band** n, Steuerstreifen m (DV) / cinta f de control

steuerbar, lenkbar / gobernable, dirigible ‖ ~**e Rechenfolge** (DV) / secuencia f selectiva ‖ **gut** ~ (Schiff) / de fácil gobernabilidad
Steuerbarkeit f / controlabilidad f, maniobrabilidad f ‖ ~, Lenkwilligkeit f (Fahrzeug) / dirigibilidad f, orientabilidad f ‖ **leichte** ~ / dirigibilidad f o gobernabilidad fácil
Steuer•batterie f (hydr. Presse) / batería f de control ‖ ~**befehl** m (DV) / instrucción f de mando ‖ ~**[befehls]speicher** m, -register n (DV) / registro m de programa ‖ ~**behälter** m (Bahn, Bremse) / depósito m de mando del freno ‖ ~**bereich** m, Regelbereich m / alcance m o margen de control, dominio m de regulación ‖ ~**blatt** n (Schiff) / pala f del timón ‖ ~**block** m (DV) / bloque m de control ‖ ~**bord** n, -bordseite f (Schiff) / estribor m, Er, costado m de estribor ‖ ~**bordboje** f, -tonne f / boya f de estribor negra ‖ ~**bord-Positionslaterne** f / luz f de estribor [verde] ‖ ~**bord-Seitenlaterne** f / luz f de estribor de navegación ‖ ~**bremse** f (Traktor) / freno m de dirección ‖ ~**bühne** f (Hütt) / plataforma f de control o de mando ‖ ~**bürste** f (Elektr) / escobilla f de mando ‖ ~**bus** m (DV) / bus m de mando o de control ‖ ~**byte** n (DV) / byte m de control ‖ ~**daten** pl / datos m pl de control ‖ ~**deichsel** f **des Flurförderers** / barra f de dirección ‖ ~**differentialgeber** m (Regeln) / transmisor m diferencial de control ‖ ~**draht** m, -leitung f (Bahn) / alambre m o hilo de mando ‖ ~**draht am Leuchtstoffschirm** (TV) / hilo m de rejilla ‖ ~**drähte** ~ m pl (TV) / malla f de desviación periódica ‖ ~**drehmelder** m (Elektr) / sincro m de control ‖ ~**druck** m (Luftf) / presión f de accionamiento del timón ‖ ~**druckanzeiger** m (Luftf) / indicador m de la presión del timón ‖ ~**druckgefühl** n (Luftf) / reacción f de la palanca ‖ ~**düse** f (Raumf) / tobera f de control ‖ ~**dynamo** m, -maschine f (Leonardschaltung) / generatriz f de tensión variable ‖ ~**einheit** f / UG (= unión de gobierno) ‖ ~**einheit**, -kapsel f (Raumf) / módulo m de mando ‖ **zentrale** ~**einheit** / unidad f central de mandos ‖ ~**einheit** f (DV) / unidad f de mando ‖ ~**einheit für Plotter** (DV) / unidad f de mando de la trazadora ‖ ~**einrichtung** f s. Steuergerät und Steuerapparat ‖ ~**elektrode** f (Elektr) / electrodo m de mando o de control ‖ ~**elektrode**, Emitter m (Transistor) / emisor m ‖ ~**elektrode**, Wehnelt-Elektrode f, -Zylinder m (Kath.Str) / electrodo m piloto o Wehnelt ‖ ~**elektrode** f, Zündelektrode f (Funk) / electrodo m de cebado ‖ ~**elektrode** (MOS-FET) (Eltronik) / electrodo f de compuerta ‖ ~**elektronik** f (DV) / controlador m ‖ ~**element** n (Nukl) / elemento m de control ‖ ~**empfänger** m (Regeln) / sincrorreceptor m ‖ ~**erder** m (Elektr) / conductor m auxiliar de puesta a tierra ‖ ~**exzenter** m / excéntrica f de distribución ‖ ~**[fahr]schalter** m (Bahn) / controler m o combinador a mano ‖ ~**fallschirm** m (Raumf) / paracaídas m estabilizador de reentrada ‖ ~**feld** n (Elektr) / panel m de mando ‖ ~**fläche** f (Luftf) / superficie f de timón ‖ ~**flugzeug** n (Fernlenkung) / avión m director ‖ ~**formel** f (Kfz) / fórmula f de potencia fiscal ‖ ~**frei** (Kfz) / libre de impuestos, no imponible, exento de impuestos ‖ ~**frequenz** f (Eltronik) / frecuencia f de accionamiento o de ataque ‖ ~**frequenz** (Fernm) / frecuencia f piloto o de mando ‖ ~**funke[n]** m / chispa f de mando ‖ ~**funktion** f, Kontrollfunktion f / función f de mando o de control ‖ ~**geber** m (Eltronik) / emisor m de mando ‖ ~**geber** (Regeln) / sincrotransmisor m, sincrogenerador m ‖ ~**gehäuse** n (Ventile) (Kfz) / caja f o cámara de válvulas ‖ ~**gehäuse**, Lenkgehäuse n (Kfz) / cárter m de dirección ‖ ~**gehäusedeckel** m (Kfz) / tapa f de la caja de válvulas ‖ ~**generator** m / generador m de frecuencia piloto ‖ ~**gerät** n (im Haushalt) / gestor m domótico ‖ ~**gerät**, -organ n, -einrichtung f / mecanismo m o aparato de mando ‖ ~**gerät**, Kontroller m (Elektr) / controler m o combinador maestro ‖ ~**gerät** (Eltronik) / amplificador-sintonizador m ‖ ~**gerät** s. auch Steuerapparat ‖ ~**gerät eines Antiblockiersystems** (Kfz) / regulador m de un sistema antibloqueo ‖ ~**gestänge** n (Mot) / varillaje m de mando ‖ ~**getriebe**, -gestänge n / mecanismo m de distribución ‖ ~**gitter** n (Eltronik) / rejilla f de control o de mando ‖ ~**gitter-Einsatzspannung** f (Eltronik) / tensión f de cebado de rejilla de control ‖ ~**gitterphotozelle** f / fotocélula f de tres electrodos ‖ ~**glied** n (Regeln) / elemento m de control ‖ ~**größe** f / variable f activa ‖ ~**haus** n (Schiff) / caseta f del timón ‖ ~**hebel**, -griff m / palanca f de mando ‖ ~**hebel** m (Wzm) / palanca f de cambio de marcha ‖ ~**horn** n, -griff m, -knüppel m (Luftf) / palanca f de mando ‖ ~**impuls** m (f. Torschaltungen) (Eltronik) / impulso m de mando ‖ ~**impuls** / impulso m de mando ‖ ~**impuls**, Startimpuls m / impulso m de arranque ‖ ~**impuls**, Triggerimpuls m (Eltronik) / impulso m de disparo ‖ ~**impuls** m **für Taktgabe** / impulso m cronizador o de reloj ‖ ~**impulsgenerator** m (Radar) / circuito m activador o gatillador ‖ ~**joch** n (Schiff) / cruceta f del timón ‖ ~**kabel** n (DV) / bus m de entrada en memoria ‖ ~**kabel** (Aufzug) / cable m de mando del ascensor ‖ ~**kabel** (Elektr) / cable m de control ‖ ~**kanal**, Fernwirkkanal m (Raumf) / canal m de telemando ‖ ~**kanal** m (Fernm, Funk) / canal m piloto ‖ ~**kapsel** f, -einheit f (Raumf) / módulo m de mando ‖ ~**kennlinie** f (Regeln) / característica f de mando ‖ ~**kennlinie** (Eltronik) / característica f de tranferencia ‖ ~**kette** f (Regeln) / mando m en bucle abierto o en ciclo abierto ‖ ~**kette**, Ruderkette f (Schiff) / cadena f del timón ‖ ~**kette** f (Mot) / cadena f de distribución ‖ ~**knagge** f (Masch) / leva f de mando ‖ ~**knüppel** m (Wzm) / palanca f de mando ‖ ~**knüppel** (Luftf) / bastón m, palanca f de mando (E), palo m de mando (LA) ‖ ~**knüppel**, Joystick m (DV, Plotter) / palanca f de accionamiento o de mando, escoba f ‖ ~**kolben** m (Masch) / émbolo m distribuidor ‖ ~**kompass** m (Schiff) / brújula f o aguja de derrota, compás m de gobierno ‖ ~**kontroller** m (Bahn, Schweiz) / combinador m de mando ‖ ~**kopf** m (Videoband) / cabeza f de mando ‖ ~**kopfrohr** m (Fahrrad) / tubo m portahorquilla ‖ ~**kraft** f (Luftf) / fuerza f sobre la palanca de mando ‖ ~**kreis** m (Elektr) / circuito m de mando ‖ ~**kreis** (Regeln) / sistema m de mando en bucle cerrado ‖ ~**kreisel** m (Schiff) / giroscopio m de mando ‖ ~**kristall** m (Eltronik) / oscilador m piloto o maestro ‖ ~**kulisse** f (Bahn) / corredera m de distribución ‖ ~**kupplung** f (Traktor) / embrague m de dirección ‖ ~**kupplung** (Bahn) / acoplador m eléctrico ‖ ~**kurs** m (Luftf, Schiff) / rumbo m proa ‖ ~**kursanzeiger** m / indicador m del rumbo proa ‖ ~**kursbezugswert** (Luftf) / señal f de referencia del rumbo proa ‖ ~**kursvorwahl** f / control m preseleccionado del rumbo [de] proa ‖ ~**kurve** f (Wzm) / leva f ‖ ~**lagenanzeiger** m (Luftf) / indicador m de la posición del timón ‖ ~**lastig** (Luftf) / cargado de cola ‖ ~**lastig** (Schiff) / empopado, apopado, cargado de popa ‖ ~**lastigkeit** f (Schiff) / apopamiento f ‖ ~**leine** f (Fallschirm) / cuerdo m de mando (paracaídas) ‖ ~**leine des Bootes** / guardín m ‖ ~**leistung** f, Steuer-kW n pl (PS) (Kfz) / potencia f fiscal ‖ ~**leistung** (Elektr) / potencia f de mando ‖ ~**leitung** f (Bahn) / alambre m o hilo piloto ‖ ~**leitung** (Elektr) / línea f piloto ‖ ~**leitung** (Hydr) / conducto m piloto ‖ ~**loch** n (Schablone) / agujero-guía m ‖ ~**lochband** n (DV) / cinta f piloto de alimentación ‖ ~**luft** f (Regeln) / aire m de ajuste ‖ ~**magnet** m (Oberleitung) / imán m de mando ‖ ~**mann** m (Schiff) / piloto m ‖ ~**marke**, Banderole f (Tabak) / sello m fiscal o de impuestos, sello m o timbre de la Tabacalera (E) ‖ ~**marke** f (DV)

/ índice *m* de sincronización ‖ ⁓**marke** (Kfz) / timbre *m* fiscal, marca *f* de puesta a punto ‖ ⁓**markenprüfung** *f* (DV) / verificación *f* del índice de sincronización ‖ ⁓**maschine** *f* (Luftf) / servomotor *m* del timón ‖ ⁓**mechanismus** *m* / mecanismo *m* de mando ‖ ⁓**mechanismus**, Umkehrmechanismus *m*, Umsteuerung *f* (Dampfm) / mecanismo *m* de inversión de marcha ‖ ⁓**modus** *m* (DV) / modo *m* de mando ‖ ⁓**motor** *m* / servomotor *m*, motor *m* piloto ‖ ⁓**motor** (Leonardschaltung) / motor *m* de mando del sistema Ward-Leonard

steuern *vt*, führen / dirigir ‖ ~, regulieren / ajustar, maniobrar ‖ ~, betätigen / maniobrar, accionar, mandar ‖ ~ (Luftf) / pilot[e]ar ‖ ~, lenken (Kfz) / conducir, pilot[e]ar ‖ ~, lenken (Luftf, Schiff) / gobernar, dirigir, timonear ‖ ~, bedienen, fahren (Masch) / manejar, manipular ‖ ~ (bei offenem Wirkungskreis einwirken) / controlar ‖ ~ *vi*, schiffen [nach] / navegar [hacia] ‖ **die Produktion** ~ / manejar o conducir la producción ‖ ⁓ *n* (Nav) / gobierno *m* ‖ ⁓ **nach Voraussage** (Luftf) / control *m* predictivo

Steuer•netz *n* (Elektr) / red *f* piloto ‖ ⁓**nocken** *m*, -kurve *f* / leva *f* radial ‖ ⁓**organ** *n* s. Steuergerät ‖ ⁓**organe** *n pl* (Luftf) / órganos *m pl* de gobierno ‖ ⁓**oszillator** *m* (Eltronik) / oscilador *m* [de] LC ‖ ⁓**oszillator** (Radio) / oscilador *m* maestro ‖ ⁓**programm** *n*, Organisations... (DV) / programa *m* de control, rutina *f* ejecutiva o maestra ‖ ⁓**programm-Verwalter** *m* / planificador *m* ‖ ⁓**pult** *n* (Eltronik, Masch) / mesa *f* de manejo, pupitre *m* de mando o de conducción ‖ ⁓**pult** (DV) / consola *f* de control ‖ ⁓**quarz** *m* (Eltronik) / cuarzo *m* de mando, cristal *m* piloto ‖ ⁓**quittungsrelais** *n* (Regeln) / relé *m* de confirmación, relé *m* de acuse de recibo ‖ ⁓**quittungsschalter** *m* (Elektr) / conmutador *m* de mando y de confirmación ‖ ⁓**rad** *n* (Schiff) / rueda *f* del timón ‖ ⁓**rad**, Lenkrad *n* (Kfz) / volante *m* (E), timón *m* (LA), volanta *f* (COL) ‖ ⁓**rakete** *f* (Raumf) / cohete *m* de control ‖ ⁓**raketensatz** *m* (Raumf) / cohetes *m pl* de maniobra o de pilotaje ‖ ⁓**raum** *m*, Einkoppelstrecke *f* (Eltronik) / espacio *m* de modulación ‖ ⁓**undRegeltechnik** *f* / técnica *f* de mando y control, técnica *f* de regulación y control ‖ ⁓**relais** *n* (Elektr) / relé *m* accionador o disparador ‖ ⁓**relais**, Kontrollrelais *n* (Fernm) / relé *m* piloto ‖ ⁓**rohr** *n* (Fahrrad) / tubo *m* de dirección (portahorquilla), barra *f* de dirección ‖ ⁓**röhre** *f*, Vorröhre *f* (Funk) / tubo *m* regulador o de control ‖ ⁓**rotor** *m* (Luftf) / rotor *m* de cola ‖ ⁓ **[ruder]** *n* (Schiff) / timón *m* ‖ ⁓**ruder-Regelkreis** *m* (Luftf) / bucle *m* de mando de dirección ‖ ⁓**satz** *m* (Foto) / unidad *f* de mando ‖ ⁓**satz für Stromrichter** (Elektr) / dispositivo *m* de disparo para convertidor estático de potencia ‖ ⁓**satz für Wechselrichter** / dispositivo *m* de disparo para onduladores ‖ ⁓**säule** *f* / palanca *f* de mando o de accionamiento, escoba *f* ‖ ⁓**säule** (Kfz) / columna *f* de dirección ‖ ⁓**schalter** *m* (Elektr) / combinador *m* de mando ‖ ⁓**schalter**, Fahrschalter *m* (Bahn) / controler *m*, manipulador *m* regulador, combinador *m* contactor o de mando ‖ ⁓**schalter** (Fernm) / llave *f* de combinador ‖ **indirekt angetriebener** ⁓**schalter** (Bahn) / combinador *m* piloto ‖ ⁓**schalter** (Schiff) / conmutador *m* del timón ‖ ⁓**scheibe**, Nockenscheibe *f* / disco *m* de maniobra o de mando ‖ ⁓**schieber** *m*, Steuerung *f* (Dampfm) / corredera *f* de distribución ‖ ⁓**schieber** (Turbine) / válvula *f* piloto ‖ ⁓**schlitz**, Kolbenschlitz *m* (Mot) / lumbrera *f* de distribución ‖ ⁓**schlitz** (Luftf) / abertura *f* de dirección ‖ ⁓**schrank** *m* (Wzm) / armario *m* [de aparatos] de mando ‖ ⁓**schraube** *f* (Bahn, Dampfm) / husillo *m* o tornillo de cambio de marcha ‖ ⁓**schraube** (Hubschrauber) / rotor *m* de cola, hélice *f* de dirección, rotor *m* antipar trasero ‖ ⁓**schütz** *n* / contactor *m* de mando ‖ ⁓**seil** *n* (Aufzug) / cable *m* de control ‖ ⁓**sender** *m* (Eltronik) / transmisor *m* de mando ‖ ⁓**sender**, -stufe *f* / oscilador *m* maestro o principal ‖ ⁓**signal** *n* / señal *f* de control o de mando ‖ ⁓**signal für automatischen Flug** / señal *f* de mando de la trayectoria de vuelo ‖ ⁓**sitz** *m* **im Boot** / asiento *m* del timonel ‖ ⁓**spannung** *f* (Eltronik) / tensión *f* excitadora o de ataque ‖ ⁓**spannung** (Halbl) / tensión *f* de compuerta ‖ ⁓**spannung** (Regeln) / tensión *f* de control o de mando ‖ ⁓**speicher** *m* (DV) / memoria *f* de control ‖ ⁓**sprache** *f* (DV) / lenguaje *m* de control de trabajo ‖ ⁓**spur** *f* (Videoband) / pista *f* de control ‖ ⁓**spur für Taktgabe** (DV) / pista *f* de reloj o de sincronización ‖ ⁓**stab** *m* (Nukl) / barra *f* absorbente o de mando o de control ‖ ⁓**stabantrieb** *m* (Nukl) / accionamiento *m* de la barra absorbente ‖ ⁓**stabwirksamkeit** *f* (Nukl) / eficacia *f* de la barra absorbente ‖ ⁓**stand**, Schaltbühne *f* / mesa *f* de control, puesto *m* de mando ‖ ⁓**stand** (Elektr) / puesto *m* de mando ‖ ⁓**stange** *f*, Stellstange *f* / tirante *m* de accionamiento ‖ ⁓**stellenbereich** *m* (Bahn) / zona *f* de puesto de mando [automático de la marcha de los trenes] ‖ ⁓**strecke** *f* (Regeln) / sistema *m* controlado ‖ ⁓**streifen** *m* (DV) / cinta *f* de mando ‖ ⁓**strich** *m* (Kompass) / línea *f* de fe ‖ ⁓**strichfehler** *m* (Kompass) / error *m* de fe

Steuerstrom *m* (Elektr) / corriente *f* de control o de mando ‖ ⁓ (Regeln) / corriente *f* de mando ‖ ⁓ (Halbl) / corriente *f* de compuerta ‖ ⁓ **für Relais** / corriente *f* de excitación ‖ ⁓**-Batterie** *f* / batería *f* de excitación ‖ ⁓**impuls** *m* / impulso *m* de polarización ‖ ⁓**kreis** *m* (Elektr) / circuito *m* de mando ‖ ⁓**kreis**, Pilotkreis *m* (Regeln) / circuito *m* piloto ‖ ⁓**kupplung** *f* (Bahn) / acoplador *m* eléctrico, cable *m* de interconexión ‖ ⁓**stoß** *m* / impulso *m* de mando ‖ ⁓**taste** *f* (Eltronik) / tecla *f* [de corriente] de mando

Steuer•stufe *f* (Eltronik) / oscilador *m* maestro o principal ‖ ⁓**symbol** *n* (DV) / código *m* de control o de [con]validación ‖ ⁓**system** *n* (Ggs: Regelsystem) / sistema *m* de mando de bucle abierto ‖ ⁓**tisch** *m*, -tafel *f* (Eltronik, Masch) / mesa *f* de manejo o de control ‖ ⁓**tor** *n* (Halbl) / compuerta *f* de mando ‖ ⁓**transformator** *m* / transformador *m* de control ‖ ⁓**triebwerk** *n* (Raumf) / propulsor *m* vernier ‖ ⁓**umrichter** *m*, Hüllkurvenumrichter *m* (Eltronik) / cicloconvertidor *m* ‖ ⁓ **und Kontrolleinrichtung** *f* (Bahn, Elektr) / dispositivo *m* de mando y de control ‖ ⁓**- und Regelteil** *n* (Zentrale) (Elektr) / los controles para los generadores ‖ ⁓ **und Überwachungsleitungen** *f pl* / cableado *m* de control, circuitos *m pl* de control

Steuerung *f* (Eltronik, Masch) / mando *m*, mandos *m pl*, control *m*, maniobra *f* ‖ ⁓, Lenkung *f* (Kfz) / conducción *f* ‖ ⁓, Ventilsteuerung *f* (Mot) / distribución *f* por válvulas ‖ ⁓, Steuer *n* (Luftf, Schiff) / aparato *m* de gobernar, timonaje *m* ‖ ⁓, Steuerungstechnik *f* / conducción *f* operativa ‖ ⁓ (DV) / mando *m*, control *m* ‖ ⁓ (bei offenem Wirkungskreis) (Ggs: Regelung) / control *m* de circuito abierto ‖ ⁓ (Elektr) / control *m*, mando *m* ‖ ⁓ (Dampflok) (Bahn) / cambio *f* de marcha ‖ ⁓ (Satellit) / pilotaje *m* ‖ ⁓ **des Aufzugs** / botones *m pl* de mando del ascensor ‖ ⁓ **durch Absorption** (Nukl) / mando *m* por absorción ‖ ⁓ **durch Brennstoff** (Nukl) / mando *m* por combustible ‖ ⁓ **durch flüssiges Neutronengift** (Nukl) / mando *m* por veneno fluido ‖ ⁓ **durch Rückstoßdüsen** (Raumf) / mando *m* por reacción ‖ ⁓ **für Datensuchen o. -kanal** (DV) / dispositivo *m* de barrido ‖ ⁓ **mit vollem Vorrang** (DV) / programa *m* de más alta prioridad ‖ ⁓ **über Funk** / telemando *m* por radio ‖ **elektrische** ⁓ / mando *m* eléctrico

Steuerungs•ablauf *m* (Eltronik, Masch) / secuencia *f* de control ‖ ⁓**ablauf** (DV) / orden *m* de ejecución de las instrucciones ‖ ⁓**art** *f* (Regeln) / sistema *m* de mando ‖ **drahtlose** ⁓**automatik** / telemando *m* radioeléctrico ‖

Steuerungsbefehl

≈**befehl** *m*, -anweisung *f* (DV) / instrucción *f* de mando ‖ ≈**dämpfer** *m* (Motorrad) / amortiguador *m* de dirección ‖ ≈**daten** *pl* (Masch) / datos *m pl* de control ‖ ≈**diagramm** *n* (Mot) / esquema *m* de control, esquema *m* de puesta a punto ‖ ≈**diagramm** (Dampfm) / diagrama *m* de distribución ‖ ≈**ebene** *f* (Eltronik) / nivel *m* de mando ‖ ≈**einrichtung** *f* (Regeln) / dispositivo *m* de mando ‖ ≈**größe** *f* (Regeln) / magnitud *f* de control, parámetro *m* de control ‖ ≈**hierarchie** *f* (Eltronik) / jerarquía *f* de mandos ‖ ≈**konsole** *f* (DV) / terminal *m* maestro o principal, consola *f* de control ‖ ≈**marke** *f* (DV) / índice *m* de sincronización ‖ ≈**programm** *n* / rutina *f* ejecutiva o maestra ‖ ≈**technik** *f* / técnica *f* de control ‖ ≈**toleranz** *f* (Regeln) / resolución *f* de mando [en un sistema de control con reacción] ‖ ≈**umkehr** *f* (Luftf) / inversión *f* de mando ‖ ≈**vorgang** *m* / maniobra *f* de mando o de control ‖ ≈**zacke** *f* (Oszillogr) / punto *m* de mando
Steuer•ventil *n* (Regeln) / válvula *f* de control ‖ ≈**ventil der Bremsen** (Bahn) / triple válvula *f*, distribuidor *m* de freno ‖ ≈**ventilschieber** *m* / válvula *f* corredera de distribución ‖ ≈**verlustleistung** *f* (Halbl) / disipación *f* [de potencia] de compuerta ‖ ≈**vermögen** *n* (Schiff) / gobernabilidad *f* ‖ ≈**verriegelung** *f* / enclavamiento *m* del aparato de maniobra ‖ ≈**verstärker** *m* (Eltronik) / amplificador *m* de excitación ‖ ≈**verteiler** *m* (Regeln) / distribuidor *m* de mando ‖ ≈**vorrichtung** *f* s. Steuergerät ‖ ≈**wagen** *m* (Bahn) / coche-piloto *m*, vagón-piloto *m* ‖ ≈**wähler** *m* (Eltronik) / conmutador *m* selector de mando ‖ ≈**walze** (Schützensteuerung), Schaltwalze *f* (Elektr) / combinador *m* ‖ ≈**walze** *f*, Walzenanlasser *m* (Bahn, Kran) / tambor *m* o cilindro de mando ‖ ≈**walze**, [Umkehr-]Walzenanlasser *m* (Elektr) / combinador *m* inversor ‖ ≈**warte** *f* (Kraftwerk) / sala *f* de mando, puesto *m* de mando ‖ ≈**welle** *f* (Kfz) / árbol *m* de mando ‖ ≈**welle** (für Richtungswechsel) / árbol *m* del cambio de marcha ‖ ≈**welle**, Nockenwelle *f* / árbol *m* de levas ‖ ≈**welle** (Fernm) / piloto *m* de referencia, onda *f* piloto o de referencia ‖ ≈**werk** *n* (Luftf) / sistema *m* de pilotaje, timonería *f* (gal.), timonaje *m* ‖ ≈**werk** (DV) / unidad *f* de control ‖ ≈**werkbefehlsspeicher** *m* (DV) / registro *m* de instrucciones ‖ ≈**wicklung** *f* (Magnetverst.) / devanado *m* de control o de mando ‖ ≈**wicklung** (Kernspeicher) / devanado *m* de excitación, memoria de núcleos ‖ ≈**winkel** *m* (Thyristor) / ángulo *m* de retraso de mando ‖ ≈**zapfen** *m* / gorrón *m* de mando o de control ‖ ≈**zeichen** *n* (DV) / carácter *m* de control ‖ ≈**zeichen** *n pl* / comillas *f pl* angulares ‖ ≈**zeichen** *n* **für Übermittlung** (Eltronik) / carácter *m* de control de transmisión ‖ ≈**zeichenfolge** *f* (Datenübertragung) / secuencia *f* de los caracteres de mando ‖ ≈**zeile** *f*, zweite Zeile (Fernm) / línea *f* segunda ‖ ≈**zentrale** *f* (eines bemannten Satelliten) (Raumf) / central *f* de mando ‖ ≈**zylinder** *m* (Kath.Str) / pantalla *f* del cátodo ‖ ≈**zylinder** (Bremsanlage) / cilindro *m* maestro
Steven *m*, Hintersteven *m* (Schiff) / codaste *m* popel o proel ‖ ≈, Vordersteven *m* (Schiff) / roda *f* ‖ ≈**log** *n* (Schiff) / corredera *f* de codaste ‖ ≈**rohr** *n* (Schiff) / tubo *m* de codaste
STG = Schiffbautechnische Gesellschaft
Stg, StG = Stahlguss
Stiazähler *m* (Elektr) / coulómetro *m* de mercurio
Stibin *n*, Antimonwasserstoff *m* (Chem) / estibina *f*, hidruro *m* de antimonio
Stibitzcode *m* (DV) / código *m* de exceso de tres
Stibnit *m*, Antimonglanz *m* (Min) / estibnita *f* (sulfuro natural de antimonio)
Stich *m*, Einstich *m* / picadura *f* ‖ ≈, Nadelstich *m* / puntada *f*, punta *f* de aguja, pinchazo *m* ‖ ≈ (Tischl, Zimm) / entalla *f* ‖ ≈, Durchgang *m* (Walzw) / pasada *f* ‖ ≈, Kupferstich *m* / grabado *m* en cobre ‖ ≈ (Fehler, Schm) / grieta *f* de forja ‖ ≈, Farbstich *m* (DIN) / matiz *m* de color ‖ ≈, Knoten *m* (Schiff) / nudo *m* marinero ‖ ≈ (Nähen) / punto *m*, puntada *f* ‖ ≈, Teilung *f* (Web) / división *f* ‖ ≈, Walzenkaliber *n* (Hütt) / calibre *m* de cilindro ‖ ≈, Anflug *m* (Färb) / matiz *m* ‖ ≈ *m* (Höhe einer Treppenstufe) (Bau) / altura *f* de contrahuella ‖ ≈, Pfeilhöhe *f* (Bau) / flecha *f* ‖ ≈ (Bau) s. auch Stichhöhe ‖ ≈ *m* **ins Grüne**, Grünstich *m* / matiz *m* verdoso ‖ **ein** ≈ **ins Braune** (Färb) / matiz *m* parduzco ‖ **einen** ≈ **bekommen o. haben**, umschlagen (Milch, Wein) / agriarse
Stich•abnahme *f* (Walzw) / disminución *f* por pasada ‖ ≈**anker** *m*, Schlauder *f* (Bau) / tirante *m* ‖ ≈**anstellung** *f* (Walzw) / ajuste *m* de pasada ‖ ≈**ausreißwiderstand** *m* (Filz) / resistencia *f* de arrancamiento de los puntos ‖ ≈**axt** *f* (Wz) / hacha *f* de carpintero ‖ ≈**bahn** *f* (Bahn) / ramal *m* ferroviario ‖ ≈**balken** *m* (Zimm) / cabestrillo *m* ‖ ≈**balkenträger** *m* / viga *f* coja
Stichel *m* (Kupferstecher) / buril *m* [de acero] ‖ ≈, Drehmeißel, -stahl *m* (Dreh) / cuchilla *f* de torno ‖ ≈ (Audio) / estilete *m* ‖ ≈**haar** *n* (Tex) / pelo *m* canino, pelo *m* corto y duro ‖ ≈**haus** *n*, -halter *m* (Wzm) / portaútil *m*, portaherramienta *m*, torreta *f*
stich•fest (Schlamm) / consistente ‖ ≈**flamme** *f* / dardo *m* de llama, llama *f* [muy] viva ‖ ≈**flamme**, Zündflamme *f* / piloto *m*, llama *f* delgada, llama *f* de encendido ‖ ≈**folge** *f* (Walzw) / secuencia *f* de las pasadas ‖ ≈**höhe**, Wölbhöhe *f* (Bau) / flecha *f* ‖ ≈**kabel** *n* (Elektr) / cable *m* de empalme ‖ ≈**kanal** *m*, Seitenkanal *m* (Hydr) / canal *m* de empalme, ramal *m* ‖ ≈**kappe** *f* (Bau) / luneta *f* ‖ ≈**kompass** *m* / brújula *f* de ruta ‖ ≈**längenstellhebel** *m* (Nähm) / regulador *m* de la longitud de puntada ‖ ≈**leitung** *f*, Blindschwanz *m* (Antenne) / tetón *m* adaptador ‖ ≈**leitung**, Abzweigkabel *n* (Elektr) / cable *m* de derivación ‖ ≈**leitungsantenne** *f* / antena *f* corta ‖ ≈**leitungsträger** *m* (Wellenleiter) / soporte *m* del tetón ‖ ≈**loch**, Ofenloch *n*, Stichöffnung *f* (Hütt) / piquera *f*, agujero *m* para la sangría ‖ ≈**loch** *n* (Obst) / picadura *f* ‖ ≈**lochlehm** (Hütt) / arcilla *f* de tapar ‖ ≈**lochpfropf** *m* (Hütt) / tapa *f* de arcilla, tapón *m* de arcilla ‖ ≈**lochschweißen** *n* / soldadura *f* de tapa ‖ ≈**lochstopfmaschine** *f* (Hütt) / tapapiquera *f*, cañón *m* tapapiquera ‖ ≈**lochstopfstange** *f* (Hütt) / barra *f* tapapiquera ‖ ≈**maß** *n* / plantilla *f*, calibre *m* de puntas ‖ ≈**ofen** (Hütt) / horno *m* de sangría ‖ ≈**pfropf**, Lehmpfropf *m* (Hütt) / tapón *m* de arcilla, tapa *f* de arcilla ‖ ≈**platte** *f* (Nähm) / placa *f* de aguja
Stichprobe *f*, Sample *n* / muestra *f* [sacada] al azar ‖ ≈ (Erz) / parte *f* alícuota ‖ ≈, -probenahme *f* / muestreo *m* [al azar], verificación *f* al azar ‖ ≈**n machen** / sacar o tomar muestras al azar
Stichproben•anteil *m* / porción *f* de muestras al azar ‖ ~**artig** / al azar, aleatorio, randomizado ‖ ≈**behälter** *m* / depósito *m* de muestras ‖ ≈**entnahme** *f* / muestreo *m* ‖ ≈**erhebung** *f* (Stat) / muestreo *m* ‖ ≈**fehler** *m* / error *m* en el muestreo [al azar] ‖ ≈**häufigkeit** *f* / frequencia *f* de muestreo, ritmo *m* de muestreo ‖ ≈**kenngröße** *f* (Qual.Pr) / parámetro *m* del muestreo [al azar] ‖ ≈**kontrolle** *f* (beim Lieferanten) / muestreo *m* en la casa del proveedor ‖ ≈**kontrolle** (beim Empfänger) / muestreo *m* de recepción ‖ ≈**parameter** *m* / parámetro *m* del muestreo [al azar] ‖ ≈**plan** *m* / plan *m* para el muestreo [al azar] ‖ ≈**prüfung**, -kontrolle *f* / inspección *f* de muestras ‖ ≈**prüfung** *f*, -untersuchung *f* (Vorgang) / ensayo[s] *m[pl]* de muestras ‖ ≈**punkt** *m* / punto *m* de muestreo ‖ ≈**rahmen** *m* / chasis *m* de muestreo ‖ ≈**teil** *n*, -muster *m* / muestra *f* ‖ ≈**theorie** *f* / teoría *f* del muestreo ‖ ≈**umfang** *m* / tamaño *m* de la muestra ‖ ≈**verfahren** *n* / procedimiento *m* del muestreo [al azar] ‖ ~**weise** (Chem) / por muestreo
Stich•rinne (Hütt) / canal *m* de sangría ‖ ≈**säge** *f* (Wz) / serrucho *m* de calar o de punta, sierra *f* de calar, sierra *f* sable ‖ ≈**schaden** *m* (Obst) / daño *m* de

picadura ‖ ⁓seite f (des Ofens) (Gieß) / lado m de sangría ‖ ⁓steller m (Nähm) / regulador m de puntadas, mecanismo m de graduar la puntada ‖ ⁓tabelle f (Walzw) / tabla f de pasadas ‖ ⁓tag m / día m fijado, plazo m fijo, fecha f tope ‖ ⁓tag, Fälligkeitstag m / fecha f de vencimiento ‖ ⁓torf m / turba f cortada ‖ ⁓wähler m (Nähm) / selector m de puntada ‖ ⁓wort n (Druck) / voz f guía, palabra f clave o de referencia ‖ ⁓wörter maschinell suchen (DV) / hacer un resumen automático ‖ ⁓zeit f (Walzw) / tiempo m de manipulación
sticken vt (Tex) / bordar ‖ ⁓ n / bordado m
Sticker m (Person) / bordador m
Stickerei f / bordado m
Stick[erei]maschine f / bordadora f
Stick•fuß m (Nähm) / pie m de bordar ‖ ⁓garn n / hilo m para bordar ‖ ⁓gas n (Bergb) / mofeta f, emanaciones f pl mefíticas
stickig (Luft) / sofocante, asfixiante ‖ ⁓, schlecht (Luft) / viciado
Stick•muster n (Tex) / patrón m de bordado ‖ ⁓nadel f / aguja f de bordar ‖ ⁓oxid n, NO$_x$ (Chem) / óxido m de nitrógeno ‖ ⁓rahmen m (Nähm) / bastidor m de bordar ‖ ⁓rahmen m (Tex) / tambor m, bordador m ‖ ⁓seide, Plattseide f / seda f de bordar
Stick-Slip-Bewegung f, ruckendes o. Ruck-Gleiten (Masch) / movimiento m stick-slip, movimiento m relativo no elástico, movimiento m con trabazones o retenciones
Stickstoff m, N (Chem) / nitrógeno m, ázoe m (obsol.) ‖ ⁓... (2-wertig) / nitroso ‖ ⁓... (3- o. 5-wertig) / nítrico ‖ ⁓-Äquivalentdruck m / presión f equivalente de nitrógeno ‖ ⁓bakterien f pl, -sammelnde Bakterien, -bindende Bakterien (Biol) / bacterias f pl fijadoras de nitrógeno ‖ ⁓bestimmung f / análisis m de nitrógeno ‖ ⁓brücke f / puente m de nitrógeno ‖ ⁓dioxid n, NO$_2$ / dióxido m de nitrógeno ‖ ⁓dünger m / abono m nitrogenado ‖ ⁓entziehend / de[s]nitrificante ‖ ⁓-Fabrik f / fábrica f [de fijación] de nitrógeno ‖ ⁓frei / exento de nitrógeno ‖ ⁓füllung f / llenado m de nitrógeno ‖ ⁓gefüllt (Kabel) / bajo presión de nitrógeno ‖ ⁓gehalt m / contenido m de (o en) nitrógeno ‖ ⁓gekühlt (Reaktor) / enfriado o refrigerado por nitrógeno o por N ‖ ⁓gewinnung f aus Luft (Bot) / fijación f del nitrógeno atmosférico, nitrogenación f [del aire] ‖ ⁓gewinnung nach dem Ammoniak- (o. Haber-Bosch-) Verfahren (Chem) / procedimiento m Haber-Bosch ‖ ⁓gewinnung nach dem Kalkstickstoffverfahren / fijación f del nitrógeno atmosférico por cianamida ‖ ⁓haltig, Stickstoff... / nitrogéneo, nitrogenado, azoico, azoado ‖ ⁓haltig (bei Verbindungen) / nitrogenado ‖ ⁓haltige organische Substanz (Biochem) / prótido m ‖ ⁓kabel n (Elektr) / cable m bajo presión de nitrógeno ‖ ⁓-Kohlenstoff-Kreislauf m (Chem) / ciclo m del carbono ‖ ⁓kreislauf m (Chem) / ciclo m del nitrógeno ‖ ⁓laser m, Gaspulslaser m (Eltronik) / láser m de nitrógeno ‖ ⁓legiert (Hütt) / aleado con nitrógeno ‖ ⁓leitung f / tubería f de nitrógeno, gasoducto m de nitrógeno ‖ ⁓mehrer m pl, -sammler m pl, -binder m pl, Nitrifikanten m pl (Biol) / bacterias f pl nitrificantes, bacterias f pl fijadoras de nitrógeno ‖ ⁓monoxid n, NO (Chem) / monóxido m de nitrógeno ‖ ⁓oxid n, óxido m nitroso ‖ ⁓(V)-Oxid n, Stickstoffpentoxid n / nitrógeno(V)-óxido m, pentóxido m de nitrógeno ‖ ⁓(IV)-oxid, -dioxid n / nitrógeno(IV)-óxido m, tetróxido m de nitrógeno ‖ ⁓peroxid n / peróxido m de nitrógeno ‖ ⁓punkt m / temperatura f del nitrógeno líquido ‖ ⁓reich / rico en nitrógeno ‖ ⁓säuren f pl / ácidos m pl nítricos ‖ ⁓spülanlage f / instalación f de barrido por nitrógeno ‖ ⁓tetroxid n / tetr[a]óxido m de nitrógeno ‖ ⁓trichlorid / tricloruro m de nitrógeno ‖ ⁓trioxid, Salpetrigsäureanhydrid n /

trióxido m de nitrógeno ‖ ⁓wasserstoffsäure f, Azoimid n / ácido m nitrhídrico o hidrazoico, azoimida f
Stick•wetter n pl (Bergb) / gas m asfixiante, mofeta f, emanaciones f pl mefíticas ‖ ⁓wetterprüfer m (Bergb) / respirador m antimefítico
stieben vi, umherfliegen / disiparse, dispersarse rápidamente
Stiefel m / bota f [alta] ‖ ⁓schaft m (Schuh) / caña f [de la bota] ‖ ⁓schaft (Fehler, Hütt) / caña f de bota ‖ ⁓-Scheibenlochwalzwerk n / tren m punzonador de discos tipo Stiefel ‖ ⁓walzwerk n, -lochwalzwerk n (Walzw) / tren m punzonador tipo Stiefel
Stiel, Griff m / mango m ‖ ⁓, Heft m (Wz) / puño m ‖ ⁓ (z.B. Besen) / palo m, mango m (p.ej. de escoba) ‖ ⁓ m (Luftf) / montante m ‖ ⁓, Stängel (Bot) / tallo m ‖ ⁓ (Frucht) / pezón m ‖ ⁓, Pfosten m (Bau, Masch, Schiff) / puntal m ‖ ⁓, Ständer m (Bau) / montante m, pilar m, poste m ‖ ⁓ (eines Trichters) (Chem) / caña f de un embudo ‖ ⁓ m (Axt) / mango m, astil m ‖ ⁓ des Blattes (Bot) / pecíolo m ‖ ⁓antenne f / antena f de varillas dieléctricas, antena f dieléctrica de varillas ‖ ⁓durchschlag m (Schm) / punzón m de mango ‖ ⁓eiche f, Sommereiche f, Quercus robur o pedunculata (Bot) / roble m fresnal, quejigo m
stielen vt, Stiele ansetzen / enmangar
Stiel•faser f (Tex) / hilo m rígido ‖ ⁓fäule f des Weins (verursacht von Botrytis cinerea), Grauschimmel m, Sauerfäule f des Weins / podredumbre f ácida de la vid, botritis f ‖ ⁓[feil]kloben m (Wz) / tornillo m de mano con mango (E), morsa f de mano con mango (LA) ‖ ⁓hammer m (ein Maschinenhammer) / martinete m de palanca ‖ ⁓loch, Helmloch n / ojo m de martillo ‖ ⁓lupe f (Opt) / lupa f con mango ‖ ⁓pfanne f (Hütt) / cuchara f con mango ‖ ⁓- und Kerntrenner m, Kerntrenner m (Wein) / separador m de pezones
Stift m / espiga f, clavija f, perno m, pasador m ‖ ⁓, Drahtstift m / tachuela f ‖ ⁓, Blei-, Farbstift m / lápiz m ‖ ⁓, Scharnierstift m / perno m o pasador de bisagra, fiador m de charnela ‖ ⁓ (Glaser) / alfiler m de espiga ‖ ⁓, Vorsteckstift m / pasador m, clavija f ‖ ⁓computer m (DV) / ordenador m estilográfico ‖ ⁓draht m (Glaser) / alambre m de espiga
Stiften•anker m (Uhr) / áncora f de clavijas ‖ ⁓[anker]hemmung Typ Roskopf f / escape m de clavijas sistema Roskopf ‖ ⁓dreschmaschine f (Landw) / trilladora f con tambor de dientes o púas ‖ ⁓feile f (Wz) / lima f de púas ‖ ⁓gang m, -hemmung f (Uhr) / escape m de clavijas ‖ ⁓klöbchen m (Uhr) / mandril m de mano
Stiftesteckbrett n, Stöpselfeld n (Elektr) / cuadro m de clavijas
Stift•gatter n (Tex) / fileta f de clavijas ‖ ⁓hammer m (Glaser) / martillo m de pico ‖ ⁓kabelschuh m / terminal m de cable monopolar o tipo alfiler ‖ ⁓lagerung f / soporte m en clavija ‖ ⁓loch n (Masch) / agujero m para clavija [cónica] ‖ ⁓lochbohrer m (konisch) (Wz) / taladro m cónico, broca f espiral cónica ‖ ⁓lochreibahle f / escariador m (E) o calisuar (LA) para agujeros cónicos ‖ ⁓loser Kontakt-Sockel (Eltronik) / casquillo m de contacto lateral ‖ ⁓mühle f / molino m de clavijas ‖ ⁓nietung f / remachado m con clavijas ‖ ⁓-Platte-Gleichrichter m (Elektr) / rectificador m punta-placa ‖ ⁓plotter m (DV) / trazador m estilográfico o de estilete ‖ ⁓rohrmühle f / molino m tubular con púas ‖ ⁓schlüssel m, Steckschlüssel m (Wz) / llave f de pipa, llave f de espigón ‖ ⁓schraube f / espárrago m ‖ ⁓schraube, Schraubenbolzen m, (auch:) Stehbolzen (coll.) m / perno m roscado, espárrago m gemelo ‖ ⁓schraube, Gewindestift m / tornillo m prisionero, punta f con filete ‖ ⁓schraube für T-Nutensteine / espárrago m para tuercas en T ‖ ⁓schraube mit Dehnschaft /

1273

Stiftschraube

espárrago *m* gemelo de vástago reducido ‖ ~**schraube mit Linsenkuppe** / espárrago *m* con extremo abombado ‖ ~**schreiber** *m* (Instr) / registrador *m* estilográfico ‖ ~**sockel** *m* (Elektr) / casquillo *m* de patillas ‖ ~**-Stecker** *m* (Eltronik) / enchufe *m* macho, ficha *f* macho ‖ ~**verbindung** *f* / unión *f* de clavija[s] ‖ ~**walze** *f* (Spinn) / cilindro *m* desprendedor ‖ ~**wandler** *m* (Wellenleiter) / transformador *m* sonda ‖ ~**zylinder** *m* (Schloss) / cilindro *m* de espigas o de púas
Stigmaria-Boden *m* (Geol) / suelo *m* de estigmarios
stigmatisch (Opt) / estigmático
Stigmator *m* (Opt) / estigmador *m*
Stil *m*, Bauart, Stilart *f* / estilo *m*
Stilb *n* (Einheit der Leuchtdichte = 1 cd/cm²), sb (veraltet) (Opt) / estilb *m*, stilb *m*
Stilben *n* / estilbeno *m* ‖ ~**farbstoff** *m* / colorante *m* estilbénico ‖ ~**gruppe** *f* / grupo *m* estilbénico
Stilbit *m*, Desmin *m* (Min) / estilbita *f*, desmina *f*, heulandita *f*
Stilelemente *n pl* / elementos *m pl* de estilo
Stiles-Crawford-Effekt *m*, Richtungseffekt *m* (Opt) / efecto *m* de Stiles-Crawford
Stilist, Designer *m* / estilista *m*
still, bewegungslos / tranquilo, inmóvil ‖ ~, geräuschlos / silencioso, sin ruido ‖ ~, tot (Wasser) / manso, estancado ‖ ~, nicht schäumend o. moussierend (Getränk) / no gaseoso ‖ ~**e Abstimmung** (Eltronik) / sintonización *f* silenciosa ‖ ~**er Alarm** / alarma *f* secreta ‖ ~**e Entladung** (Elektr) / descarga *f* silenciosa ‖ ~**e Zone** (Radio) / zona *f* de silencio (parte de la zona saltada)
Stillabstimmungseinrichtung *f* / dispositivo *m* silenciador de sintonización
Stille *f* (Meteo) / calma *f* ‖ ~, Funkstille *f* (Funk) / silencio *m* radiotelegráfico
Stillengürtel *m* (Geo) / zona *f* de calmas
still•gelegtes Salzbergwerk / mina *f* de sal abandonada ‖ ~**gelegte Strecke** (Bahn) / línea *f* cerrada al tráfico ‖ ~**haltebremsung** *f* (Bahn) / frenado *m* de escapes ‖ ~**halten** *vt*, festhalten *vt* / retener
stilllegen (Kfz) / inmovilizar (un coche) ‖ ~ (Bahn) / cerrar [una línea] al tráfico ‖ ~ (Nukl) / desactivar ‖ **eine Fabrik** (ein Bergwerk) ~ / cerrar una fábrica (una mina)
Stilllegung *f* (Bergb) / cerrojazo *m* ‖ ~, Außerbetriebsetzung *f* / paro *m* ‖ ~ (F.Org) / cierre *m*, suspensión *f* del trabajo ‖ ~ (Bahn) / cierre *m* al tráfico ‖ ~, Überwinterung *f* (Schiff) / invernadura *f*, hibernación *f* ‖ ~ **nach Störfall** (Nukl) / puesta *f* fuera de servicio (después de un fallo)
Still•legungsstufe *f* **1** (Nukl) / etapa *f* 1 de puesta fuera de servicio ‖ ~**liegen** *vi*, stillstehen / no moverse, estar parado ‖ ~**setzen** *vt*, stilllegen / parar, detener, poner fuera de servicio ‖ ~**setzung** *f*, Stopvorrichtung *f* / dispositivo *m* de parada ‖ ~**setzung zur Wartung** (Nukl) / parada *f* de mantenimiento
Stillsonschlüssel, Schwede *m*, Schwedenzange *f* (Wz) / llave *f* tipo Stillson, llave *f* para tubos, caimán *m*
Stillstand *m* / parada *f*, reposo *m*, detención *f* ‖ ~ (Maschine) / inacción *f* ‖ ~ (Raumf) / punto *m* estacionario ‖ ~, Abstellen *n* (Bahn) / estacionamiento *m* ‖ ~, Ausfall *m* (DV) / fallo *m* ‖ ~ **von Fahrzeugen wegen Reparatur** (Bahn) / inmovilización *f* o paralización de vehículos ‖ ~ **von Maschinen** (wegen Defekt) / interrupción *f* de servicio, parada *f* de o por avería ‖ **im** ~ (Versuch) / en parada (ensayo) ‖ **kurzer regelmäßiger** ~ / parada *f* momentánea regular ‖ **zum** ~ **bringen** / parar, detener
Stillstands•korrosion *f* / corrosión *f* durante las paradas de servicio ‖ ~**leistungsfaktor** *m* (Nukl) / factor *m* de potencia de parada ‖ ~**melder** *m* / indicador *m* de averías ‖ ~**periode** *f* (Filmproj) /

período *m* estacionario ‖ ~**zeit** *f* / tiempo *m* muerto o de parada ‖ ~**zeit** (DV) / período *m* de parada o de interrupción, tiempo *m* de inactividad o de demora ‖ ~**zeiten** *f pl* / tiempos *m pl* de inmovilización
stillstehen, stillliegen / estar parado o inmovilizado ‖ ~ (vor Kentern der Gezeit) (Schiff) / reputnar
stillstehend, stationär / estacionario ‖ ~, unbeweglich / inmóvil ‖ ~, außer Betrieb (Masch) / parado, fuera de servicio, inútil ‖ ~, stagnierend / estancado ‖ ~**e Luft** / aire *m* quieto
Stillwasser *n* (Nav) / repunte *m* de la marea
Stilpno•melan *m* (Min) / estilpnomelano *m* ‖ ~**siderit** *m* (Min) / estilpnosiderita *f*
Stilwandel *m* / cambio *m* de estilo
Stimmabdruck mittels Stimmenspektrographs *m* (Eltronik) / espectrograma *m* de la voz
stimmen *vt* (Klavier) / afinar ‖ ~ *vi*, richtig sein / estar exacto o bien, ser exacto ‖ ~, aufgehen (Math) / no dejar resto ‖ **höher, [tiefer]** ~ / alzar,[bajar] de tono ‖ ~ *n*, Einstimmen *n* / afinación *f*
Stimmen•aufzeichnungsgerät *n*, Voice Recorder *m* (Luftf) / grabadora *f* de radiocomunicación [hablada] ‖ ~**spektrograph** *m* / espectrógrafo *m* de la voz
Stimmgabel *f* (Musik) / diapasón *m*, templador *m* ‖ ~**frequenz** *f* / frecuencia *f* del diapasón ‖ ~**frequenzhaltung**, -frequenzsteuerung *f* (Eltronik) / mando *m* de frecuencia por diapasón ‖ ~**frequenzprüfer** *m* / multivibrador *m* de diapasón ‖ ~**normal** *n* / patrón *m* de diapasón ‖ ~**oszillator** *m* / oscilador *m* de diapasón o de cuarzo ‖ ~**prinzip** *n* (Uhr) / principio *m* de diapasón ‖ ~**schwebung** *f* (Phys) / batido *m* de diapasón ‖ ~**ton-Modulation** *f* / modulación *f* del sonido o del tono de diapasón
stimm•hafter Laut (Lin) / sonido *m* sonoro ‖ ~**loser Laut** / sonido *m* afónico ‖ ~**pfeife** *f* (Akust) / afinador *m* ‖ ~**recoredr** *m*, Voice Recorder *m* (Luftf) / grabador *m* de la voz ‖ ~**ton**, Kammerton *m* (USA: 432, ISA: 440 Schwingungen je sek) / diapasón *m* normal
Stimulans, Reizmittel *n* (Med) / estimulante *m*
Stimulation *f* (Pflanzenzucht) / estimulación *f* ‖ ~ (Vakuum) / excitación *f* ‖ ~**s...** (Vakuum) / excitado
Stimulierbarkeit *f* (Physiol) / estimulabilidad *f*, excitabilidad *f*
stimulieren *vt* / estimular
stimulierend, anreizend / estimulante
stimuliert (Emission) / estimulado ‖ ~**e o. erzwungene Emission** (Laser) / emisión *f* estimulada ‖ ~**e Streuung** / dispersión *f* o difusión estimulada
Stimulus *m*, Reiz *m* (Physiol) / estímulo *m*, excitación *f* ‖ ~ (Regeln) / excitación *f*
Stinkbrand *m*, Tilletia tritici (Landw) / tizón *m* del trigo, caries *f* del trigo
stinken [nach] / oler mal, heder [a], apestar [a]
Stink•fluss[spat] *m* (Min) / espato *m* flúor fétido ‖ ~**kalk** (Geol) / caliza *f* bituminosa hedionda o fétida ‖ ~**kohle** *f* (Bergb) / hulla *f* fétida o sulfurosa ‖ ~**mergel** *m*, -schiefer *m* (Geol) / marga *f* fétida, esquisto *m* hediondo
stippen (Färb) / puntillar ‖ ~ *pl*, Stippigkeit *f* (Fehler, Tex) / manchas *f pl*, motas *f pl*, lunares *m pl* ‖ ~**bildung** *f* (Hütt) / formación *f* de puntillas ‖ ~**bildung** *f* (Beschichtung) / picaduras *f pl*
Stippigkeit *f* (Fruchtkrankheit) (Bot) / manchas *f pl* amargas, corazón *m* amargo ‖ ~, Stippen *f pl* (Färb) / punteado *m*, moteado *m*
Stirling•kessel, Dreitrommelsteilrohrkessel *m* / caldera *f* Stirling ‖ ~**maschine** *f* (Mot) / motor *m* Stirling
Stirn•..., stirnseitig / frontal ‖ ~ *f*, Vorderfläche *f* / frente *m*, cara *f* anterior ‖ ~ (Leder) / superficie *f* ‖ ~ **eines Durchlasses**, Haupt *n* (Bau) / cabeza *f* de alcantarilla ‖ ~**abschreckversuch** *m* (Hütt) / ensayo *m* Jominy ‖ ~**band** *n* (Bergb) / cinta *f* transportadora frontal ‖ ~**blatt** *n* **für Papierrollen** / tapa *f* redonda ‖

⁓**brenner** *m* (Hütt) / quemador *m* frontal ‖ ⁓**brett** *n* (Dach) / sofito *m* ‖ ⁓**drehmeißel** *m* (Wzm) / cuchilla *f* para mecanizado frontal ‖ ⁓**eingriffswinkel** *m* (Stirnrad) / ángulo *m* frontal de engrane, ángulo *m* real de presión ‖ ⁓**eingriffswinkel** (Kegelrad) / ángulo *m* transversal (o aparente) de presión ‖ ⁓**elektrode** *f* (Zündkerze) / electrodo *m* frontal
stirnen *vt* (Wzm) / refrentar ‖ ⁓ *n* (Wzm) / refrentado *m*
Stirn•fläche *f*, Kopfseite *f* (Zahnrad) / superficie *f* frontal, frente *m* del diente ‖ ⁓**fläche**, Stirnwand *f* / cara *f* frontal, testero *m* ‖ ⁓**fläche**, Haupt *n* (Stein) / superficie *f* exterior ‖ **die** ⁓**fläche bearbeiten** (Wzm) / refrentar ‖ ⁓**flächen fräsen** / fresar el frente ‖ ⁓**flächenkopplung** *f* (LWL) / junta *f* a tope ‖ ⁓**fluss** *m* (Hydr) / flujo *m* frontal ‖ ⁓**fräsen** *n* (Wzm) / fresado *m* frontal ‖ ⁓**fräser** *m* / fresa *f* frontal ‖ ⁓**kante**, Lastkante *f* (des Luftschraubenblattes) (Luftf) / borde *m* de ataque ‖ ⁓**kehlnaht** *f* (Schw) / soldadura *f* de ángulo sobre borde ‖ ⁓**kipper** *m* (Bahn) / vagón *m* basculante frontal ‖ ⁓**kipper**, Frontkipper *m* (Kfz) / volquete *m* o basculador frontal ‖ ⁓**kollektor** *m*, Scheibenkommutator *m* (Elektr) / conmutador *m* en disco ‖ ⁓**kühler** *m* (Kfz) / radiador *m* frontal ‖ ⁓**kurbel** *f* / manivela *f* frontal ‖ ⁓**lager** *n* / cojinete *m* frontal ‖ ⁓**lampe** *f* **am Schutzhelm** / lámpara *f* del casco ‖ ⁓**lastverteilungsfaktor** *m* (Zahnrad) / factor *m* de distribución transversal de carga ‖ ⁓**laufabweichung** *f* **der Auflagefläche** (Gewinde) / desviación *f* frontal de la superficie de apoyo ‖ ⁓**leiste** *f* (Kiste) / listón *m* frontal ‖ ⁓**leiste**, Nasenleiste *f* (Luftf) / largarillo *m* del borde de ataque ‖ ⁓**leuchte** *f* (Bergb) / lámpara *f* frontal ‖ ⁓**lochschlüssel** *m* (Wz) / llave *f* de espigas ‖ ⁓**mauer** *f* (Bau) / muro *m* frontal, tímpano *m* (albañilería) ‖ ⁓**modul** (Stirnrad) / módulo *m* real ‖ ⁓**modul** (Schrägverzahnung) / módulo *m* de paso oblicuo ‖ ⁓**naht** *f* (Schw) / soldadura *f* sobre borde ‖ ⁓**planradpaar** *n* / engranaje *m* recto plano ‖ ⁓**profil** *n* (Zahnrad) / perfil *m* frontal ‖ ⁓**quader** *m* (Bau) / sillar *m* frontal ‖ ⁓**rad** *n* (Masch) / engranaje *m* recto, rueda *f* cilíndrica de dientes rectos ‖ ⁓**rad** (Kfz) / piñón *m* recto ‖ ⁓**rad-Ausgleichgetriebe** *n*, -Differential *n* / diferencial *m* recto ‖ ⁓**rädergetriebe**, -radgetriebe, -rädervorgelege *n* / engranaje *m* recto ‖ ⁓**räderwechselgetriebe** *n* / engranaje *m* recto de cambio de marcha ‖ ⁓**radgetriebemotor** *m* / motor *m* reductor de engranajes rectos ‖ ⁓**radpaar** *n* / par *m* de ruedas [cilíndricas] de dientes rectos ‖ ⁓**schleifen** *n* / rectificado *m* frontal ‖ ⁓**schneider** *m* (Wz) / alicate *m* corte frontal ‖ **im** ⁓**schnitt** (Schrägstirnrad) / aparente ‖ ⁓**[seite]**, Front *f* / cara *f* frontal, lado *m* frontal, superficie *f* frontal ‖ ⁓**seite**, Außenseite *f* (Mauer) / superficie *f* de un muro ‖ ⁓**seite** *f* (Schleifscheibe) / superficie *f* de ataque ‖ ⁓**seitenabbrand** *m* (Raumf) / combustión *f* frontal ‖ ⁓**seitenschlag** *m* (Lager) / salto *m* lateral ‖ ⁓**seitig** / del lado frontal, de la cara frontal ‖ ⁓**seitige räumliche Steuerkurve** / leva *f* frontal ‖ ⁓**senken** *n* / avellanado *m* plano ‖ ⁓**senker** *m* (Wz) / avellanador *m* plano ‖ ⁓**stoß** *m* (Schw) / unión *f* o junta a tope ‖ ⁓**streuung** *f* (Elektr, Masch) / pérdidas *f pl* al frente ‖ ⁓**teilung** *f* (Stirnrad) / paso *m* real ‖ ⁓**teilung** (Schrägrad) / paso *m* aparente ‖ ⁓**trieb**, *m*, Geradstirn-Ritzel *n* / piñón *m* recto ‖ ⁓**verbindung** *f* (Elektr, Maschine) / devanado *m* frontal, conexión *f* frontal ‖ **Hirthsche** ⁓**verzahnung** / dentado *m* Hirth
Stirnwand, -mauer *f* (Bau) / pared *m* frontal ‖ ⁓ *f* (Kfz) / cubretablero *m* ‖ ⁓ (Güterwagen) / testero *m* del vagón, pared *f* de testero ‖ ⁓, Kopfwand *f* (Hütt) / pared *f* frontal ‖ **umlegbare o. abklappbare o. aushebbare** ⁓ (Bahn) / borde *m* de testero rebatible ‖ **verlängerte** ⁓ **des [Hinter]kippers** (Kfz) / salvacabina *f* del volquete ‖ ⁓**klappe** *f* (Bahn) / borde *m* de testero ‖ ⁓**oberrahmen** *m* (Bahn) / traviesa *f* superior del testero de caja ‖ ⁓**säule** *f* (Bahn) / montante *m* de testero ‖ ⁓**strebe** *f* (Bahn) / diagonal *f* de testero ‖ ⁓**tür** *f* (Bahn) / puerta *f* [corredera] de la pared frontal
Stirn•widerstand *m* (Luftf) / resistencia *f* retardadora del movimiento, resistencia *f* frontal ‖ ⁓**zahn** *m* (Fräser) / diente *m* frontal ‖ ⁓**zapfen**, Schildzapfen *m* / gorrón *m* de patín ‖ ⁓**zeit** *f* (Welle) / tiempo *m* del frente ‖ ⁓**ziegel** *m* (Bau) / antefija *f* ‖ ⁓**zugversuch** *m* (Kleber) / ensayo *m* de adherencia bajo tracción frontal
Stirrholz *n* (Chem) / paleta *f* de madera
Stochastik *f* (Math) / estocástica *f*
stochastisch, zufällig (DV) / estocástico *m* ‖ ⁓**e Kurvenermittlung** (Analogrechner) / ajuste *m* de curvas ‖ ⁓**es Verfahren** (Stat) / procedimiento *m* estocástico
Stoch[er]eisen *n* (Hütt) / atizador *m*, hurgón *m*, hurgador *m*, furgonero *m*
stochern *vt*, das Feuer anschüren / atizar, hurgar
Stöchio•metrie *f* (Chem) / estequiometría *f* ‖ ⁓**metrisch** (Chem) / estequiométrico
Stock *m*, Baumstamm *m* / tronco *m* ‖ ⁓, Stecken *m* / palo *m*, bastón *m*, taco *m* ‖ ⁓ *m*, Wurzelstock *m* / tocón *m*, cepo *m*, tueca *f* ‖ ⁓, Stockwerk *m* (Bau) / piso *m*, planta *f* ‖ ⁓, Massiv *n* (Geol) / macizo *m* ‖ ⁓ **des Stockankers** (Schiff) / cepo *m* ‖ ⁓**älchen** *n*, Ditylenchus dipsaci (Landw, Zool) / anguílula *f* del tallo ‖ ⁓**anker** *m* (Schiff) / ancla *f* de cepo ‖ ⁓**eisen** *n* (Steinmetz) / bujarda *f*, escoda *f*
Stöckel *m* (Amboss) (Schm) / tas *m* o tajo de yunque
stocken *vi*, aufhören / cesar ‖ ⁓, langsamer werden / retardarse ‖ ⁓ (Verkehr) / pararse ‖ ⁓ *vt*, krönelen (Steinmetz) / escodar, abujardar ‖ ⁓, schimmeln, modern / enmohecerse ‖ ⁓ (Holz) / podrirse ‖ ⁓ *n*, plötzliches Anhalten (Masch) / parada *f* brusca ‖ ⁓ (Öl) / coagulación *f*, solidificación *f*, congelación *f*
Stock•ende *f* (Baum) / extremidad *f* más gruesa, extremo *m* más grueso [del tronco] ‖ ⁓**fäule** *f* (Holz) / putrefacción *f* del tronco ‖ ⁓**fleck** *m* (Tex) / mancha *f* de moho ‖ ⁓**flecken** *pl* (Pap) / mancha *f* de humedad o de envejecimiento ‖ ⁓**fleckig**, moderfleckig (Pap) / mohoso, con mancha de humedad ‖ ⁓**getriebe** *n*, Laterne *f* (Masch) / engranaje *m* de linterna ‖ ⁓**hammer** *m* (Bau) / bujarda *f*, escoda *f* [para labrar piedras]
Stockholmer Wellenplan *m* (Eltronik) / plan *m* de Stockholm [de repartición de ondas]
Stockholz *n* (Forstw) / madera *f* de tocón
stockig, brandig, angestockt (Getreide, Holz) / mohoso
Stock•lack *m* / goma *f* laca en barra ‖ ⁓**loser Anker** (Schiff) / ancla *f* sin cepo ‖ ⁓**pflug** *m*, Räderpflug *m* (Landw) / arado *m* con avantrén ‖ ⁓**presse** *f* (Bb) / prensa *f* de tornillo ‖ ⁓**punkt** *m* (Öl) / punto *m* de solidificación, punto *m* de congelación ‖ ⁓**punkt** *m* (Paraffin) / punto *m* de solidificación ‖ ⁓**punkt** *m* (Mineralöl) / punto *m* de fluidez ‖ ⁓**punkterniedriger** *m* (Mineralöl) / depresor *m* [para descenso] del punto de fluidez ‖ ⁓**schere** *f*, Bankschere (Wz) / cizalla *f* de banco, tijeras *f pl* de banco ‖ ⁓**schiene** *f* (Weiche) / contraaguja *f*, contracuchilla *f* (PERU) ‖ ⁓**thermometer** *n* / termómetro *m* recto con escala protegida, termómetro *m* de vástage [alargado]
Stockung *f*, Unterbrechung *f* / interrupción *f* ‖ ⁓, Stauung *f* (Fernm, Verkehr) / congestión *f* ‖ ⁓ *f* (Hydr) / estancamiento *m*, remanso *m*
Stockwerk *n*, Stock *m*, Geschoss *n* (Bau) / piso *m*, planta *f* ‖ ⁓ (Förderkorb) / plataforma *f* ‖ ⁓, Erzstock *m* (Geol) / yacimiento *m* sólido del mineral ‖ ⁓**anschlag** *m* (Aufzug) / tope *m* de detención en los pisos ‖ ⁓**anzeiger** *m* (Aufzug) / indicador *m* del piso ‖ ⁓**bau** *m* (Bergb) / explotación *f* en pisos ‖ ⁓**rahmen** *m* (Stahlbau) / bastidor *m* principal ‖ ⁓**rost** *m*, Etagenrost *m* / emparrillado *m* de piso ‖ ⁓**schalter** *m* (Aufzug) / conmutador *m* de piso

Stockwerks•grundriss *m* (Bau) / planta *f* de piso, proyección *f* horizontal de piso ‖ ~**höhe** *f* (Bau) / altura *f* de piso ‖ ~**leitung** *f* / conducto *m* de distribución en un piso ‖ ~**podest** *n* / descansillo *m* ‖ **durchgehende** ~**stützung** (Bau) / columna *f* continua por todos los pisos ‖ ~**tür** *f* (Aufzug) / puerta *f* [de] ascensor de piso ‖ ~**wohnung** *f* (Bau) / apartam[i]ento *m*, piso *m*
Stock•zahn, M-Zahn *m* (Säge) / diente *m* en M ‖ ~**zange** *f*, Schmiedezange *f* (Wz) / tenazas *f pl* de herrero ‖ ~**zwinge** *f* / contera *f*, virola *f*
Stoddardsolvent *n* (Öl) / disolvente *m* de Stoddard
Stoff *m*, Materie *f* (Phys) / materia *f* ‖ ~ (Chem) / su[b]stancia *f* ‖ ~, Grundstoff *m*, Rohstoff *m* / materia *f* prima ‖ ~ *m*, Material *n* / material *m* ‖ ~, Gewebe *n* / tejido *m* ‖ ~ (gewebt, gewirkt, aus Fasern o. Haaren jeder Art, aus Filz) (Tex) / tela *f*, paño *m*, material *m* tejido o no tejido ‖ ~ *m*, Wollstoff *m* (Web) / tela *f* de lana ‖ ~ (Pap) / pasta *f*, pulpa *f* ‖ ~, Inhalt *m* / tema *m* ‖ ~**e bedrucken** (Tex) / estampar tejidos ‖ ~ *m* **normaler Elastizität** / medio *m* elástico ‖ **aufgelöster** ~ / sustancia *f* disuelta, soluto *m* ‖ **mit** ~ **umwickeln** (o. einwickeln o. beziehen) / vestir, recubrir de tejido
Stoff•-Abflussnute *f* (Plast) / ranura *f* de escape de exceso de material ‖ ~**anhäufung** *f* (Gieß) / acumulación *f* de metal ‖ ~**aufbereitung** *f* (Pap) / preparación *f* de materiales, tratamiento *m* de materiales ‖ ~**auflauf** *m* (Pap) / alimentación *f* de pasta ‖ ~**auflauf[kasten]** (Pap) / caja *f* de aflujo de pasta, caja *f* de entrada ‖ ~**auflöser** *m* (Pap) / deshilachadora *f* ‖ ~**auflösung** *f* **im Hydrapulper** (Pap) / desintegración *f* de la pasta ‖ ~**aufroller** *m* (Web) / arrollador *m* de tela ‖ ~**ausbreiter** *m* (Tex) / extendedor *m* de tejido ‖ ~**ausgabe** *f*, Materialausgabe *f* / distribución *f* de materiales ‖ ~**austausch** *m* (Nukl) / transferencia *f* de masa, traspaso *m* de masa ‖ ~**bahn** *f* (Tex) / ancho *m* o corte de tejido, tiro *m* ‖ ~**ballen** *m* (Web) / bala *f* de paño o de tela (E), fardo *m* de tela (LA) ‖ ~**batzen** *m*, Klumpen *m* (Pap) / grumo *m* de pasta ‖ ~**bespannung** *f* (Tex) / revestimiento *m* de tela ‖ ~**bilanz** *f* / balance *m* de materias ‖ ~**bindungen** *f pl* (Web) / ligamentos *m pl* de tejidos ‖ ~**brei** *m* (Pap) / pasta *f* ‖ ~**breithalter** *m* (Tex) / extendedor *m* de tejido ‖ ~**bütte** *f*, -kufe *f* (Pap) / tina *f* para pasta ‖ ~**dichte** *f* (Plast) / densidad *f* aparente ‖ ~**dichte** (in Prozent) (Pap) / consistencia *f* ‖ ~**dichte** (Web) / densidad *f* de tejido ‖ ~**dichteregler** *m* (Pap) / regulador *m* de consistencia ‖ ~**druck** *m* (Tex) / estampación *f* de tejido (E), estampado *m* de tejido (LA) ‖ ~**druck**, Blockdruck *m* (Tex) / estampación *f* de (o por) bloques ‖ ~**[drücker]fuß** (gelenkig), Nähfuß *m* (Nähm) / prensatelas *m* [articulado] ‖ ~**drückerstange** *f* (Nähm) / barra *f* prensatelas ‖ ~**druckmuster** *n* (Tex) / dibujo *m* para la estampación ‖ ~**durchgangzahl** *f* (bezogen auf einen von zwei Stoffen) (Phys) / coeficiente *m* de transferencia de masas ‖ ~**eingabe** *f* (Post) / introducción *f* de la correspondencia ‖ ~**einteilung** *f*, clasificación *f* de la materia ‖ ~**eintrag** *m* (Pap) / carga *f* de pasta ‖ ~**fänger** *m* (Pap) / recuperador *m* de pasta, recogepastas *m* ‖ ~**fänger-Ausbeute** *f* / rendimiento *m* de recuperación de pasta ‖ ~**filter** *m n* / filtro *m* de tejido ‖ ~**fluss** *m* / flujo *m* de materias ‖ ~**flussbild**, Fließschema *n* / diagrama *m* de flujo ‖ ~**flussverfolgung** *f* (F.Org) / seguimiento *m* del flujo de materias ‖ ~**fracht** *f* (Hydr) / carga *f* de materia ‖ ~**geleimt** (Pap) / encolado en la pasta ‖ ~**handel** *m* / comercio *m* de tejidos ‖ ~**kasten** *m* (Pap) / caja *f* de pasta ‖ ~**kasten**, Maschinenbütte *f* (Pap) / tina *f* alimentadora de la máquina, tina *f* de cabeza ‖ ~**kette** *f* (Chem) / cadena *f* de materia ‖ ~**konstante** *f* (Phys) / constante *f* de materia ‖ ~**kunde** *f*, Material[ien]kunde *f* / conocimiento *m* de materiales ‖ ~**lagen** *f pl* (Tex) / colchón *m* de tejido ‖

~**lagen-Markierungsbohrer** *m* (Tex) / herramienta *f* de corte ‖ ~**länge** *f* / pieza *f* de tejido ‖ ~**legemaschine** *f* / plegadora *f* de tejido ‖ ~**legen** *n* / plegado *m* del tejido ‖ ~**lich**, materiell / material ‖ ~**liste** *f* / lista *f* de materiales ‖ ~**los**, immateriell / inmaterial ‖ ~**löser**, Zerfaserer *m* (Pap) / deshilachadora *f* ‖ ~**mangel** *m* **[im Block]** (Hütt) / subalimentación *f*, falta *f* de material ‖ ~**menge** *f* / cantidad *f* de sustancia o de materia ‖ ~**mengenanteil** *m* X (früher: Molprozent) (Chem) / fracción *f* molar, contenido *m* de moles ‖ ~**mengendurchfluss** *m*, molarer Durchfluss / caudal *m* o flujo molar ‖ **[Kegel]~mühle**, Jordanmühle *f* (Pap) / refinador *m* de pasta, molino *m* de Jordan ‖ ~**norm** *f* / norma *f* de material ‖ ~**nummer** *f* (Norm) / número *m* de material ‖ ~**paar** *n* (Reibung) / combinación *f* de materiales ‖ ~**portion** *f* (DIN 32629) / porción *f* de sustancia ‖ ~**pumpe** *f* (Pap) / bomba *f* de pasta ‖ ~**rahmen** *m* (des Filters) / marco *m* de filtro ‖ ~**rauer** *m* (Tex) / perchadora *f* ‖ ~**rest** *m* (Tex) / cupón *m* o recorte de tejido, retal[es] *m [pl]* ‖ ~**rutsche** *f* (Tex) / deslizamiento *m* del tejido ‖ ~**schauer** *m* (Tex) / revisor *m* o inspector de tejidos ‖ ~**schieber** *m*, Transporteur *m* (Nähm) / transportador *m*, propulsor *m* de tela ‖ ~**schieber** (Pap) / válvula *f* de compuerta para la pasta ‖ ~**schutz** *m* (Patent) / protección *f* de una sustancia ‖ ~**streifen** (o. Farbstreifen) (Webfehler) / barra *f* de tintura ‖ ~**ströme** *m pl* (Materie, die hindurchgeleitet wird) / corrientes *f pl* materiales o de materia ‖ ~**suspension** *f*, -brei *m* (Pap) / pulpa *f* líquida ‖ ~**teilchen** *n* (Phys) / partícula *f* de materia ‖ ~**transport** *m* / transporte *m* de sustancias ‖ ~**trennung** *f*, -übergang *m* (Chem) / transferencia *f* de materia ‖ ~**übergangszahl** *f* / coeficiente *m* de transferencia de materia ‖ ~**überschuss** *m* / exceso *m* de material ‖ ~**überschuss** [im Block] (Hütt) / sobrealimentación *f* ‖ ~**übertragung** *f* / transferencia *f* de materia ‖ ~**umsatz** *m* (Chem) / reacción *f* de la masa, intercambio *m* de materias ‖ ~**verbindung** *f* (Patent) / composición *f* de materia ‖ ~**verteiler** *m* (Pap) / distribuidor *m* del flujo de pasta ‖ ~**vorrat** *m* / provisión *f* de material ‖ ~**wärme** *f*, spezifische Wärme (Phys) / calor *m* específico ‖ ~**wasser** *n* (Pap) / agua *f* de la pasta ‖ ~**wechsel** *m* (Biol) / metabolismo *m* ‖ ~**wechselprodukt** *n* (Biol) / producto *m* de metabolismo ‖ ~**wert** *m* / característica *f* física ‖ ~**zentrale** *f* (Pap) / central *f* de dosificación ‖ ~**zuführungsstrecke** *f* (Post) / transportador *m* mecánico de alimentación ‖ ~**zusammensetzung** *f* (Pap) / composición *f* de materia
Stoker *m*, automatische Rostbeschickungsanlage (Hütt) / carcagador *m* mecánico del hogar, stoker *m*
Stokes *n*, St (Einheit d.kinem.Viskos) / stokes *m* ‖ ~**sche** *f* **[Fluoreszenz-]Regel** (Phys) / ley *f* de Stokes ‖ ~**scher Integralsatz** (Math) / teorema *m* de Stokes ‖ ~**sches Reibungsgesetz**, Stokessche Formel (Phys) / ley *f* de fricción de Stokes
Stol•flugplatz *m* / aeropuerto *m* STOL ‖ ~**flugzeug** (= short takeoff and landing), Kurzstartflugzeug *n* / avión *m* STOL (despegue y aterrizaje en terrenos cortos)
Stolle *f* (Wz) / zurradera *f*
stollen *vt* (Leder) / zurrar ‖ ~ *n* / zurrado *m* ‖ ~ *m*, Galerie *f* (Bergb) / galería *f*, socavón *m* ‖ ~, Stollensohle *f* (Bergb) / fondo *m* de galería ‖ ~, Eisspitze *f* / callo *m* ‖ ~, Spannute *f* (Gewindebohrer) / ranura *f* receptora de la viruta ‖ ~ (Schuh) / taco *m* ‖ ~ (Reifen) / taco *m* ‖ ~, Greifer *m* (auf dem Kettenglied) (Traktor) / nervio *m* de zapata o de patín ‖ ~ *m* **des Abwälzfräsers** (Wzm) / diente *m* de la fresa madre ‖ **aufsteigender (o. streichender)** ~ (Bergb) / galería *f* en dirección
Stollen•arbeit *f*, -trieb *m* (Bergb) / avance *m* de galerías ‖ ~**arbeiter** *m* / socavonero *m* (LA) ‖ ~**ausbau** *m* /

apuntalado *m* de galería, entibación *f* de galería ‖ ~**bagger** *m* (Bergb) / excavador *m* de galerías ‖ ~**bau** *m* (Methode) / explotación *f* por galerías ‖ ~**bau,** **-trieb** *m*, **-arbeit** *f* (Bergb) / avance *m* de galerías ‖ ~**durchschlag** *m* / perforación *f* de galería ‖ ~**ende** *n* (Bergb) / frente *m* de galería ‖ ~**firste** *f* (Bergb) / techo *m* de [la] galería ‖ ~**gestänge** *n* (Bergb) / vía *f* de galería ‖ ~**holz,** Grubenholz *n* / madera *f* de mina ‖ ~**mund** *m*, -mundloch *n* (Bergb) / entrada *f* o boca de mina, bocamina *f* ‖ ~**ort** *n* (Bergb) / frente *m* de mina, testera *f* de trabajo ‖ ~**profil** *n* (Kfz, Reifen) / perfil *m* de la grampa ‖ ~**reifen** *m* / neumático *m* de grampas ‖ ~**schacht** *m* (Bergb) / pozo *m* de galería ‖ ~**sohle** *f* (Bergb) / fondo *m* de galería ‖ ~**strecke** *f* (Bergb) / galería *f* de pozo ‖ ~**zimmerung** *f* (Bergb) / entibación *f* de galería
stollig, grobstollig (Reifen) / con tacos, con tacos gruesos
Stoll • maschine *f* (Gerb) / zurradora *f* ‖ ~**rad** *n* (Gerb) / tambor *m* de zurrar
Stolzit *m* (Min) / estolcita *f* (tungstato de plomo)
stop ! (Verkehrszeichen) / ¡ alto !, ¡ STOP ! ‖ ~ *m* s. auch Stopp
Stopf • arm *m*, Freiarm *m* (Nähm) / brazo *m* libre ‖ ~**bit** *n* (DV) / bit *m* de llenar
Stopfbüchse *f*, -buchse *f* / caja *f* de estopas, prensaestopas *m* ‖ ~ (Ölbohrg) / prensaestopas *m*, estopera *f* (MEJ), cabeza *f* de empaque (VEN) ‖ ~ (für Leitungseinführung) (Elektr) / caja *f* estancadora para boquillo de paso, caja *f* de empaquetadura
Stopfbüchsen • brille *f* / casquete *m* del prensaestopas ‖ ~**deckel** *m*, -brille, -muffe *f* / tapa[dera] *f* del prensaestopas, casquete *m* del prensaestopas ‖ ~**flansch** *m* / brida *f* de prensaestopas ‖ ~**kabeleinführung** *f* (Elektr) / entrada *f* por prensaestopas ‖ ~**mutter** *f* / tuerca *f* [de] prensaestopas ‖ ~**packung** *f*, -einsatz *m* / empaquetadura *f* para prensaestopas ‖ ~**schott** *n* (Schiff) / mamparo *m* de bocina ‖ ~**schraube** *f* / perno *m* de prensaestopas
stopfbuchslos (Schiff) / sin prensaestopas
Stopfdichte *f* (Plast) / densidad *f* aparente o de embutido
stopfen *vt*, voll-, ausstopfen / llenar, rellenar ‖ ~, zustopfen / tapar, taponar ‖ ~ (Tex) / repasar, remendar, zurcir ‖ ~ (Gleis) / compactar (el balasto) ‖ **ein Leck** ~ / obturar una vía de agua ‖ **ein Loch** ~ / tapar un agujero ‖ **mit Werg** ~ / estopar ‖ **Polster** ~ / acolchar, tapizar ‖ **[Schwellen]** ~ (Bahn) / batear traviesas (E), calzar la vía (LA) ‖ ~ (Bergb) / taponado *m* de barrenos ‖ ~ **der Schwellen** (Bahn) / bateado *m* de las traviesas, rameado *m* de los durmientes (CHILE, PERU)
Stopfen *m*, Stöpsel *m* / tapón *m*, obturador *m* ‖ ~, GAZ-P-Stück *n* (Rohr) / tapador *m* ‖ ~ (Hütt) / punzón *m*, tapón *m* ‖ ~ **für Rohrfertigung** / mandril *m* para fabricar tubos
Stopfen • läufer *m* (Hütt) / tapón *m* con fuga ‖ ~**pfanne** *f* (Hütt) / caldero *m* con buza y tapón ‖ ~**regelung** *f* (Hütt) / regulación *f* de tapón ‖ ~**stange** *f* (Hütt) / barra *f* o varilla [de] tapón o de punzón ‖ ~**stangenrohr** *n* (Hütt) / manguito *m* de la barra de tapón, ladrillo *m* para varilla *f* de tapón ‖ ~**stangenverschluss** *m* (Hütt) / control *m* de cierre de la barra de tapón ‖ ~**verschluss** *m* (Gieß) / cierre *m* tapón ‖ ~**walzwerk** *n*, -walzstraße *f* / tren *m* de laminar tubos con punzón ‖ ~**weg** *m* / recorrido *m* del tapón ‖ ~**ziehen** / estirado *m* con mandril
Stopf • fuß *m* (Nähm) / pie *m* de remendar ‖ ~**garn** *n* (Tex) / hilo *m* de zurcir ‖ ~**hacke** *f*, -spitzhacke *f* (Bahn) / bate *m*, pico *m* de bateo, rama *f* carrilana (CHILE), calzador *m* de balasto (MEJ) ‖ ~**maschine** *f* (Hütt) / máquina *f* de taponar ‖ ~**maschine** (Bahn) / bateadora *f*, compactadora *f* de balasto ‖ ~**material für Schießlöcher** (Bergb) / masa *f* para taponar ‖ ~**nadel** *f* (Tex) / aguja *f* de zurcir ‖ ~**nivelliermaschine** *f* (Bahn) /

máquina *f* de batear y nivelar, bateadora-niveladora *f* ‖ ~**platte** *f* (Nähm) / placa *f* de zurcir ‖ ~**schaufel** *f* (Bahn) / pala *f* de recalzar ‖ ~**schläger** *m* (Bahn) / bate *m* recto ‖ ~**stange** *f* (Bahn) / bate *m* acodado ‖ ~**stelle** *f* (Tex) / zurcidura *f* ‖ ~**- und Stickfuß** *m* (Nähm) / pie *m* de zurcir y bordar ‖ ~**versatz** *m* (Bau) / relleno *m* por apisonado ‖ ~**werg** *n* / estopa *f*
Stopp Belegzufuhr (DV) / desenganche *m* o desacoplado de alimentación de comprobantes ‖ ~**anweisung** *f* (DV) / instrucción *f* de parada ‖ ~**anzeige** *f* (DV) / indicación *f* de parada ‖ ~**bad** *n* (Foto) / baño *m* de paro ‖ ~**bahn** *f* (Flugplatz) / zona *f* de parada ‖ ~**bahnfeuer** *n* (Luftf) / luz *f* de zona de parada ‖ ~**befehl** *m* (DV) / instrucción *f* de parada ‖ **[bedingter]** ~**befehl** (DV) / instrucción *f* de interrupción ‖ ~**bit** *n* (DV) / bit *m* de parada
Stoppe *f*, Knoten *m*, Batzen *m* (Pap) / pastilla *f*
Stoppel • feld *n* (Landw) / rastrojo *m*, rastrojera *f* (E), campo *m* de rastrojo (LA) ‖ ~**grubber** *m* (Landw) / cultivador *m* para rastrojo ‖ ~**pflug**, Schollenwender *m* (Landw) / arado *m* [para alzado] de rastrojo ‖ ~**rübe** *f*, Wasserrübe *f* (Landw) / nabo *m* [gallego] ‖ ~**rübenernter** *m* / arrancadora *f* de nabos ‖ ~**saat** *f* (Landw) / siembra *f* sobre rastrojo ‖ ~**schälen** *n*, -stürzen *n* (Landw) / alzado *m* de rastrojo
stoppen, Halt machen / pararse, detenerse ‖ ~ *vt*, anhalten *vt* / parar, detener, hacer parar ‖ ~ (Gärung) / detener ‖ ~, **die Zeit nehmen** / cronometrar, tomar el tiempo, contrastar con el cronómetro ‖ ~ (Programm) / parar[se] ‖ **die Ankerketten** ~ / estopar la cadena, detener la cadena del ancla ‖ **eine Reaktion** ~ / interrumpir una reacción ‖ ~, Einfangen *n* (Halbl) / atrapamiento *m*, captura *f* ‖ ~ *n* (Gärung) / detención *f*
Stopper *m*, Anschlag *m* / tope *m* ‖ ~, Kettenstopper *m* (Schiff) / estopor *m* de cadena ‖ ~, Stößer *m* (Wirkm) / clavija *f*, punzón *m* ‖ ~**knoten** (Schiff) / nudo *m* de boza
Stopp • härtebad *n* (Foto) / baño *m* de parada ‖ ~**lack** *m* (gedr.Schaltg) / reserva *f* de soldadura ‖ ~**licht** *n*, Bremsleuchte *f* (Kfz) / luz *f* de parada o de paro (LA), luz *f* de fren[ad]o ‖ ~**mutter** *f* / tuerca *f* autofrenable ‖ ~**schraube** *f* / tornillo *m* autofrenable ‖ ~**signal** *n* / señal *f* de parada o de alto ‖ ~**stelle** *f* (Hängebahn) / estación *f* de parada ‖ ~**straße** *f* / calle *f* sin prioridad ‖ ~**strecke** *f* (Schiff) / distancia *f* de inercia ‖ ~**taste** *f* (Funk) / tecla *f* de parada ‖ ~**uhr** *f* / cronómetro *m*, reloj *m* de trinquete ‖ ~**vorrichtung** *f* / dispositivo *m* de detención ‖ ~**weg** *m* (Magn.Bd) / distancia *f* de parada ‖ ~**zustand** *m* / estado *m* de parada ‖ ~**zylinderpresse** *f* (Druck) / prensa *f* de parada de cilindro
Stöpsel *m*, Stopfen *m* / tapón *m*, corcho *m* ‖ ~, Stecker *m* (Elektr) / clavija *f*, enchufe *m* macho, ficha *f* ‖ ~... (Fernm) / de enchufe ‖ ~**ausschalter**, -umschalter *m* (Elektr) / cortacircuito de tapón ‖ ~**feld** *n* (Fernm) / panel *m* de interconexiones, tablero *m* de conmutación ‖ ~**flasche** *f* (Chem) / matraz *m* o frasco con tapón esmerilado ‖ ~**kondensator** *m* (Elektr) / capacitor *m* de enchufe ‖ ~**kontakt** *m* / contacto *m* de clavija ‖ ~**messbrücke** *f* / puente *m* de medida con clavijas
stöpseln (Fernm) / enchufar, insertar una clavija
Stöpsel • rheostat *m* / reóstato *m* de clavijas ‖ ~**schalter** *m* / conmutador *m* de clavijas, interruptor *m* de ficha ‖ ~**schnur** *f* (Fernm) / cordón *m* de clavija ‖ ~**sicherung** *f* / fusible *m* de tapón ‖ ~**widerstand** *m* (Elektr) / caja *f* de resistores o reóstatos, resistor *m* de clavija
Stör • ablaufanalyse *f* (F.Org) / análisis *m* del transcurso de una perturbación ‖ ~**ablaufdiagramm** *n* / diagrama *m* del transcurso de una perturbación ‖ ~**abstand** *m* (in dB) (Eltronik) / razón *f* o relación señal/ruido ‖ ~**amplitudenmodulation** *f* / modulación *f* de la amplitud de interferencia ‖ ~**analysator** *m* /

störanfällig

analizador *m* de averías o de perturbaciones ‖ **~anfällig** (Eltronik) / propenso o sujeto a averías o fallos ‖ **~anfälligkeit** *f* (Masch) / propensión *f* a perturbaciones o fallos, propensión *f* a [tener] dificultades ‖ **~anfälligkeit** (Eltronik) / susceptibilidad *f* o propensión a parásitos ‖ **~anteil** *m* (Eltronik) / componente *f* perturbadora ‖ **~-Antwort-Rückführung** *f* (Regeln) / reacción *f* perturbación-respuesta ‖ **~austastschaltung** *f* (Eltronik) / supresor *m* de interferencia ‖ **~austastung** *f* / supresión *f* de interferencias
Storax *m* (Pharm) / estoraque *m* ‖ **~öl** *n* / resina *f* de estoraque, benjuí *m*
Stör•begrenzer *m*, -filter *m n* (Eltronik) / limitador *m* o amortiguador o supresor de ruidos ‖ **~begrenzung** *f* (TV) / limitación *f* de ruidos o parásitos ‖ **~bereich** *m* (Regeln) / margen *m* de perturbación ‖ **~beseitigung** *f* (Radar) / polarización *f* automática ‖ **~bild** *n* (Faksimile) / muaré *m* ‖ **~bild**, (früher:) Rest-, Geisterbild *n* (TV) / imagen *f* fantasma ‖ **~bild** s. auch Störmuster ‖ **~block** *m* (Magn.Bd) / bloque *m* parásito ‖ **Storchschnabel**, Pantograph *m* (Zeichn) / pantógrafo *m*
Stör•echo *m* / eco *m* parásito o falso ‖ **~einfluss** *m* / inducción *f* parásita ‖ **~einrichtung** *f* **gegen Bildwirkung** (Tex) / dispositivo *m* para evitar el enrollamiento coincidente ‖ **~empfang** *m* (Eltronik) / recepción *f* ruidosa ‖ **~empfindlichkeit** *f* / susceptibilidad *f* a interferencias
stören *vt* / perturbar, estorbar ‖ **~**, durcheinander bringen / desordenar, trastornar ‖ **~**, störend eingreifen / interferir ‖ **~** (Elektr, Eltronik, Fernm) / perturbar ‖ **~**, überlagern (Eltronik) / superponer
störend / nocivo ‖ **~e Rückwirkung im Netz** / perturbación *f* de la red ‖ **~es Seitenband** / banda *f* lateral espuria ‖ **~e Strahlung** / radiación *f* perturbadora ‖ **gegenseitiges ~es Berühren** / colisión *f*
Störer *m*, Störquelle *f* / fuente *f* de parásitos
Stör•faktor *m* / factor *m* perturbador o de interferencia, índice *m* de deficiencia ‖ **~fall** *m* / caso *m* de avería o de perturbación, fallo *m*, accidente *m*, evento *m* perturbador ‖ **~fall-Ablauf-Analyse** *f* / análisis *m* del transcurso de un evento perturbador ‖ **~fallbedingt** / casual, a causa de accidente ‖ **~fallzustand** *m* / condiciones *f pl* de accidente ‖ **~feld** *n* (Eltronik) / campo *m* parásito o de ruido, campo *m* perturbador ‖ **~feld durch Streuungen** / campo *m* parásito o de dispersión, flujo *m* de fuga magnética ‖ **~feldabstand** *f* / razón *f* señal/campo parásito ‖ **~festigkeit** *f* (Eltronik) / resistencia *f* a interferencias ‖ **~filter** *m n*, -begrenzer *m* / filtro *m* limitador de ruidos ‖ **~flecke** *m* (Radar) / ecos *m pl* parásitos o espurios, señales *f pl* parásitas ‖ **~frei** (Eltronik) / exento de parásitos o interferencias ‖ **~frei** (Antenne) / antiparásito ‖ **~freiheit** *f* (Eltronik) / ausencia *f* de parásitos o de interferencias ‖ **~frequenzmodulation** *f* (Klystron) / modulación *f* de frecuencia residual ‖ **~gebiet** *n* (Radar) / zona *f* de interferencia o de perturbación, zona *f* afectada por parásitos ‖ **~generator** *m* / generador *m* de parásitos ‖ **~geräusch** *n*, Störung *f* (Fernm) / ruido *m* parásito, parásitos *m pl* ‖ **~geräusche** *n pl*, Störungen *f pl* (Eltronik) / interferencia *f* o perturbación radioeléctrica ‖ **allgemeine ~geräusche**, Störungen *f pl* / ruidos *m pl* ‖ **alle ~geräusche** (im Empfänger) / ruidos *m pl* del receptor ‖ **~geräusche** *n pl* (Akust) / perturbación *f*, ruidos *m pl* perturbadores ‖ **bei der Aufnahme übernommene ~geräusche** / ruidos *m pl* imputables al grabado ‖ **durch ~geräusche überdeckt** (Fernm) / cubierto por ruidos ‖ **~geräuschgenerator** *m* (Eltronik) / generador *m* de interferencias, simulador *m* de [ruidos] atmosféricos ‖ **~gewicht** *n* (Akust) / peso *m* sofométrico ‖ **~größe** *f* (Regeln) / magnitud *f* perturbadora ‖ **~größe** (Fernm) / magnitud *f* de influencia ‖ **~größe** (DV) / magnitud *f* de perturbación ‖ **~größenaufschaltung** *f* (Regeln) / aportación *f* de una magnitud perturbadora ‖ **~impuls** *m* (Eltronik) / impulso *m* parásito, impulso *m* perturbador ‖ **~impulsbeseitigung** *f* (DV) / eliminación *f* de impulsos parásitos ‖ **~inverter** *m* (TV) / diodo *m* inversor antiparásitos, diodo *m* inversor de interferencias ‖ **~klappe** *f*, Spoiler *m* (Lufft) / spoiler *m* ‖ **~klappe**, Bremsklappe *f* (Luftf) / trampilla *m* de freno ‖ **~leitung** *f* (Halbl) / conducción *f* por imperfecciones ‖ **~licht** *n* / luz *f* parásita ‖ **~lichtblende** *f* / pantalla *f* contra luz parásita ‖ **~lückentechnik** *f* (Mil) / pausas *f pl* de comprobación ‖ **~masse** *f* / masa *f* parásita ‖ **~meldung** *f* (DV) / indicación *f* de fallos
Störmer-Einheit *f* (Astr) / unidad *f* de Störmer
Stör•messplatz *m* (Fernm) / equipo *m* de medición de interferencias ‖ **~moden-Schwingung** *f* (Eltronik) / oscilación *f* de modos espurios ‖ **~modulation** *f* / modulación *f* espuria o perturbadora ‖ **~momente** *n pl* **aus der Weltraumumgebung** (Raumf) / pares *m pl* perturbadores del ambiente espacial ‖ **~muster** *n* (TV) / mira *f* de interferencia, imagen *f* patrón de interferencia ‖ **~muster** (Akust) / diagrama *m* de interferencia, espectro *m* interferencial ‖ **~muster** s. auch Störbild ‖ **~pegel** *m* (Akust) / nivel *m* de ruido ‖ **~pegel**, -spiegel *m* (Eltronik) / nivel *m* de interferencia ‖ **~pegel** *m* **im Schwarz** (TV) / negro *m* perturbado, alteración *f* del negro por parásitos o por ruidos ‖ **~pegel im Sprachfrequenzbereich** (600-1200, 1600-2400, 2400-4800 Hz) (Fernm) / nivel *m* de interferencia con la voz, nivel *m* de perturbación de la conversación ‖ **~quelle** *f* / fuente *f* de interferencias ‖ **~reflex** *m* (Radar) / reflejo *m* parásito ‖ **~resonanzen** *f pl* (Quarz) / respuestas *f pl* indeseadas, resonancias *f pl* parásitas ‖ **~ringe** *m pl* (Radar) / anillos *m pl* parásitos ‖ **~satellit** *m* / satélite *m* perturbador ‖ **~schall** *m* (Eltronik) / ruido *m* ‖ **~schicht** *f* (Radio) / capa *f* de bloqueo ‖ **~schutz** *m* (Eltronik) / protección *f* contra parásitos ‖ **~schutz**, Entstörer *m* / dispositivo *m* antiparasitario ‖ **~schutz...** / antiparasitario, antiparásito ‖ **~schutzdrossel** *f* / bobina *f* de reactancia antiparasitaria ‖ **~schutzfilter** *n* (Eltronik) / filtro *m* antiparásito ‖ **~schutzschaltung** *f* / circuito *m* de rechazo de interferencias ‖ **~schutzstecker** *m* (Kfz) / clavija *f* antiparásita [para bujía] ‖ **~schwingung** *f* (Eltronik) / oscilación *f* parásita o espuria ‖ **~schwingungen** *f pl* **am Ausgang** (Eltronik) / salida *f* parásita ‖ **~sender** *m*, -gerät *n* (Mil) / emisor *m* perturbador, perturbador *m* ‖ **~sicherheit** *f* (Eltronik) / inmunidad *f* a parásitos ‖ **~sicherheit** (Mil) / invulnerabilidad *f* a las perturbaciones intencionales ‖ **~signal** *n* / señal *f* parásita ‖ **~signal**, Drop-in *n* (Magn.Bd) / inclusión *f*, información *f* espuria ‖ **~signal** *n* (Elektr, Masch) / señal *f* de aviso de averías ‖ **vom Rechner akzeptiertes ~signal** (z.B. aus der Übertragungsleitung) (DV, Fernm) / chasquido *m*, perturbación *f* momentánea ‖ **~signale** *n pl* (Radar) / señales *f pl* parásitas, ecos *m pl* espurios o parásitos ‖ **~simulator** *m* / simulador *m* de perturbaciones ‖ **~spannung** *f* (Eltronik) / tensión *f* parásita ‖ **~spannungsabstand** *f* / razón *f* señal/tensión parásita ‖ **~spannungs-Unterdrückung** *f* (Eltronik) / supresión *f* de tensión parásita ‖ **~spannungs-Verhalten** *n* / característica *f* señal/ruido ‖ **~sperre** *f* (TV) / trampa *f* de interferencia ‖ **~spitze** *f* (Eltronik) / cresta *f* de interferencias ‖ **~spitze** (auf Impulsen) / impulso *m* parásito, sobreimpulso *m* ‖ **~stelle** *f*, Lockerungsstelle *f* (Krist) / imperfección *f* ‖ **~stelle**, Fangstelle *f* (Halbl) / centro *m* de recombinación ‖ **~stelle** *f* (Wellenleiter) / irregularidad *f* ‖ **~stelle** (Atom) / imperfección *f* de la red [cristalina], impureza *f* ‖ **~stelle** (Nukl) / imperfección *f* ‖ **~stellenhalbleiter** *m* / semiconductor *m*

1278

extrínseco, semiconductor *m* de impurezas ‖ ⁓**stellenleitung** *f* (Halbl) / conductancia *f* extrínseca ‖ ⁓**stellensucher** *m* / localizador *m* o buscador de irregularidades ‖ ⁓**stellenübergang** *m* (Halbl) / unión *f*, junción *f* ‖ ⁓**strahlung** *f* / radiación *f* perturbadora ‖ ⁓**streifen** *m* (TV) / barra *f* de interferencia ‖ ⁓**strom** *m* / corriente *f* parásita ‖ ⁓**strom-Unanfälligkeit** *f* (DV) / estabilidad *f* de cómputo ‖ ⁓**suchaufgabe** *f* (DV) / problema *m* de localización de averías o de fallas ‖ ⁓**übergangsfunktion** *f* **der Regelstrecke** (Regeln) / curva *f* de recuperación o de restablecimiento ‖ ⁓**unempfindlichkeit** *f* (Eltronik) / inmunidad *f* a parásitos

Störung *f*, Hindernis *n* (allg) / obstáculo *m* ‖ ⁓ / trastorno *m* ‖ ⁓, Rundfunkstörung *f* / perturbación *f* radioeléctrica, radioperturbación *f* ‖ ⁓, Störsignal *n* (Funk) / interferencia *f*, parásitos *m pl* ‖ ⁓, Linien-, Leitungsstörung *f* (Elektr, Fernm) / fallo *m* de la línea ‖ ⁓, Versagen *n* / fallo *m*, mal *m* funcionamiento ‖ ⁓ (Geol) / falla *f*, dislocación *f* ‖ ⁓, Verwerfung *f* des Flözes (Bergb) / dislocación *f* ‖ ⁓ (Elektr, Masch) / desorden *m*, desarreglo *m* ‖ ⁓, Unterbrechung *f* / interrupción *f* ‖ ⁓, Fehler *m* / defecto *m* ‖ ⁓, Belästigung *f* / molestia *f*, importunidad *f* ‖ ⁓, Panne *f* / avería *f* ‖ ⁓ *f*, Beunruhigung *f* / perturbación *f* ‖ ⁓ *f*, unerwünschte Störanzeige (Radar) / ecos *m pl* parásitos o extraños o espurios ‖ ⁓**en** *f pl* (Fernm) / ruido *m* parásito ‖ ⁓ *f* **aus dem gleichen Kanal** / interferencia *f* de canal común o en canal compartido ‖ ⁓**en** *f pl* **aus dem System selbst** (DV) / interferencia *f* de su propio sistema ‖ ⁓ *f* **der Arbeit** (F.Org) / interrupción *f* (p. ej. por errores del personal) ‖ ⁓ **des Flözes** (Bergb) / dislocación *f* del filón ‖ ⁓**en** *f pl* **durch (o. zwischen) Nachbarwellensendern** / interferencia *f* entre estaciones ‖ ⁓ *f* **durch nichtsynchrone Antworten** (Radar) / perturbación *f* por respuestas no sincronizadas ‖ ⁓ **durch Starkstromanlagen** (Eltronik, Fernm) / interferencia *f* por circuito de potencia ‖ ⁓ **durch Übersprechen** (Fernm) / diafonía *f*, superposición *f* de sonidos ‖ ⁓**[en] in Stromnetzen** / polución *f* armónica ‖ ⁓ *f* **nach dem Schreibvorgang** (Magn.Bd) / interferencia *f* después de grabado ‖ ⁓**en** *f pl* **von den Rädern** (o. Bremsen) (Kfz) / parásitos *m pl* debidos al frotamiento de ruedas (o frenos) ‖ **eine** ⁓ **eingrenzen** / localizar un fallo ‖ **eine** ⁓ **suchen** / seguir un fallo ‖ **geplante** ⁓, H.F. Störung *f* (Mil) / perturbación *f* intencional ‖ **infolge technischer** ⁓**en** / debido a una avería, a causa de una avería

Störungs•... / disturbador, perturbador, parásito ‖ ⁓**anfälligkeit** *f* / propensión *f* a fallos, tendencia *f* a fallas ‖ ⁓**anzeigelampe** *f* / piloto *m* de avería ‖ ⁓**anzeiger** *m* (DV) / indicador *m* de mal funcionamiento ‖ ~**arm**, geräuscharm / antiestático, antiparásito, antiparasitario ‖ **bedingte Brachzeit** (F.Org) / tiempo *m* de paro forzado, tiempo *m* inactivo o perdido [debido a fallos] ‖ ⁓**beseitigung** *f* (Masch) / reparación *f* de avería ‖ ⁓**beseitigung**, Entstörung *f* (Eltronik) / eliminación *f* de parásitos, rechazo *m* de parásitos ‖ ⁓**dauer** *f* / tiempo *m* o período muerto o de parada ‖ ⁓**dienst** *m* (Fernm) / servicio *m* de averías ‖ ⁓**einkreisung** *f* / localización *f* del defecto ‖ ~**fest** (Eltronik) / blindado ‖ ~**frei** (Masch) / sin fallos, sin averías ‖ ~**frei** (Eltronik) / exento de parásitos ‖ ~**freier Kanal** (Fernm) / canal *m* despejado ‖ ⁓**freiheit** *f* (Masch) / ausencia *f* de fallos o averías ‖ ⁓**geräusch** *n* (Fernm) / ruido *m* ‖ ⁓**hilfe** *f* / servicio *m* de averías ‖ ⁓**karte** *f* / ficha *f* de reparaciones ‖ ⁓**melder** *m* (Elektr) / indicador *m* de fallos ‖ ⁓**[melde]stelle** *f* (Fernm) / servicio *m* de averías ‖ ⁓**methode** *f* (Akust) / método *m* de perturbación ‖ ⁓**quelle** *f* / fuente *f* de fallo o de perturbación ‖ ⁓**rauschen** *n* (Eltronik) / ruido *m* de interferencia ‖ ⁓**signal** *n* (Fernm) / señal *f* de avería, tono *m* indicador de avería ‖ ⁓**stelle** *f* (Elektr, Fernm) / averías (coloq.) ‖ ⁓**suche**, Fehlersuche *f* (Fernm, Masch) / diagnóstico *m* de fallos, investigación *f* o localización de fallos o de averías ‖ ⁓**sucher** *m* (Fernm) / buscador *m* [y reparador] de fallos ‖ ⁓**theorie** *f* (Math) / cálculo *m* o cómputo de perturbaciones, teoría *f* de perturbaciones ‖ ⁓**trupp** *m* / equipo *m* de localización y reparación de averías, equipo *m* de reparaciones ‖ ⁓**überwachung** *f* / control *m* de averías ‖ ⁓**zeichen** *n* (TV) / señal *f* no deseada, señal *f* parásita ‖ ⁓**zone** *f* (Geol) / zona *f* de fallos

Stör•unterdrücker *m* (Antenne) / dispositivo *m* antiparásito ‖ ⁓**untergrund** *m* (Ultraschall) / ruido *m* de fondo, hierba *f* ‖ ⁓**verhältnis** *n* / razón *f* de perturbaciones ‖ ⁓**welle** *f* (Eltronik) / onda *f* perturbadora o de interferencia, onda *f* parásita ‖ ⁓**welle** (Nukl) / onda *f* deformada ‖ ⁓**wertaufzeichnung** *f* / registro *m* de los valores perturbadores ‖ ⁓**wertspeicher** *m* (DV) / memoria *f* anormal o fuera de lo normal ‖ ⁓**zählungen** *f pl* (Nukl) / unidades *f pl* de cómputo espurias causadas por unidades de cómputo anteriores ‖ ⁓**zeichen** *n pl* (Radar) / señales *f pl* parásitas en la pantalla ‖ ⁓**zone** *f* (Nukl) / región *f* perturbada ‖ ⁓**zone** (Eltronik) / zona *f* parásita

Stoß *m* (Phys) / percusión *f* ‖ ⁓, Schlag *m* / golpe *m* ‖ ⁓, Schub *m* / empuje *m* ‖ ⁓, Aufprall *m* / choque *m*, impacto *m* ‖ ⁓, Ruck *m* / empujón *m* ‖ ⁓, Wucht *f* / impulso *m*, impulsión *f* ‖ ⁓, Rütteln *n* / sacudida *f* ‖ ⁓ (z.B. Teilchen) (Nukl) / colisión *f* (p.ej. de partículas), choque *m* ‖ ⁓ (vorübergehende Temperatur- o. Spannungsspitze) / fenómeno *m* transitorio ‖ ⁓, Luftstoß *m* / chorro *m* de aire ‖ ⁓, Haufen *m* / montón *m*, pila *f* ‖ ⁓, -öffnung *f* (Kolbenring) / hendidura *f* ‖ ⁓, Schienenstoß *m* / junta *f* de carril (E) o de riel (LA), maestra *f* (CHILE) ‖ ⁓, Verbindungsstelle *f* / juntura *f*, unión *f* ‖ ⁓ (die Angriffsfäche) (Bergb) / frente *m* de galería ‖ ⁓ (die seitliche Begrenzung) (Bergb) / pared *f* lateral ‖ ⁓ **auf Gehrung** (Zimm) / junta *f* de inglete ‖ ⁓ **erster Ordnung** (Phys) / colisión *f* de primer orden ‖ ⁓ **Papiere** (o. Briefe usw) / legajo *m* ‖ ⁓ **auf** ⁓ **arbeitend**, Stoß... (Wzm) / por empuje ‖ ⁓ **auf den** ⁓ **gestellt** (Sägezähne) / de dientes escalenos ‖ ⁓ **gerader** (o. **stumpfer**) ⁓ (Zimm) / junta *f* a (o de) tope, junta *f* plana ‖ ⁓ **schwebender** ⁓ (Bahn) / junta *f* suspendida o al aire ‖ **Stöße, Zerrungen** *pl* (Bahn) / reacciones *f pl* o sacudidas en un tren ‖ **Stöße, Rucke** *m pl* / sacudidas *f pl* ‖ **Stöße aufnehmen o. [ab]dämpfen** / absorber choques

Stoß•abscheider *m* / separador *m* por choques ‖ ~**absorbierende Elemente** (in Kfz-Türen) / paddings *m pl* de difusión de impactos (en las puertas) ‖ ⁓**absorption** *f* (Gummi) / amortiguación *f* de choques ‖ ⁓**anfälligkeit** *f* / sensibilidad *f* a los golpes o choques ‖ ⁓**anlassen** *n* (Stahl) / revenido *m* mecánico ‖ ⁓**anregung** *f* (Phys) / excitación *f* por choques o colisiones ‖ ⁓**ansprechspannung** *f* (Elektr) / tensión *f* de cebado por choque ‖ ⁓**-Ansprechspektrum** *n* / espectro *m* de respuesta por choque ‖ ⁓**antwort** *f* (Regeln) / respuesta *f* por impulsión ‖ ⁓**arbeit** *f* (Phys) / trabajo *m* de percusión ‖ ⁓**arbeit** (Wzm) / trabajo *m* de ranurado ‖ ⁓**arten** *f pl* (Schw) / tipos *m pl* de uniones o juntas ‖ ~**artig** / por o sacudidas, a empujones ‖ ~**artig**, intermitierend / intermitente ‖ ~**artig**, heftig / vehemente, violento ‖ ~**artig**, plötzlich o. momentan wirkend / impulsivo ‖ ⁓**aufgabevorrichtung** *f* / alimentador *m* a sacudidas ‖ ⁓**aufheizung** *f* (Plasma) / calentamiento *m* por choque ‖ ⁓**aufnehmer** *m* / absorbedor *m* de choques ‖ ⁓**ausbildung** *f* (Stahlbau) / conformación *f* de junta ‖ ⁓**ausführung** *f* (Rohre) / unión *f* a tope ‖ ⁓**ausgleicher** *m* / compensador *m* de choque ‖ ⁓**axt** *f*, Stichaxt *f* (Zimm) / escoplo *m*, hacha-formón *f* ‖ ⁓**bank** *f* (Walzw) / banco *m* de tracción ‖ ⁓**bank-Luppe** *f* (Hütt) / desbaste *m* para el banco de tracción ‖

Stoßbankverfahren

⁓**bankverfahren** n (Hütt) / procedimiento m Ehrhardt ‖ ⁓**bau** m (Bergb) / explotación f por tajos rectos ‖ **flacher** ⁓**bau**, Strebbau m (Bergb) / explotación f por grandes tajos ‖ **steiler** ⁓**bau**, Firstenbau m (Bergb) / explotación f por labores de testeros y por tajos diagonales ‖ ⁓**beanspruchung** f / esfuerzo m por choques, solicitación f a choque[s] ‖ ~**behaftet**, -bestimmt (Plasma) / colisional ‖ ⁓**beiwert** m (Mech) / coeficiente m de choques ‖ ⁓**belastung** f / carga f por choques, carga f de impacto, carga f instantánea ‖ ⁓**belastung** (Akku) / descarga f instantánea ‖ ⁓**betrieb** m (DV) / modalidad f de ráfagas ‖ ⁓**bett-Ionenaustauscher** m (Phys) / cambiador f de iones sobre lecho pulsado ‖ ⁓**bewegung** f / movimiento m de choque ‖ ⁓**blech** n, Decklasche f (Stahlbau) / cubrejuntas m ‖ ⁓**blech**, Prallblech n / plancha f parachoques ‖ ~**bohren** (Bergb) / sondear por percusión ‖ ⁓**bohren**, Schlagbohren n (Bergb) / sondeo m por percusión ‖ ⁓**bohrer**, Steinbohrer m (Bergb) / barrena f de percusión ‖ ⁓**bohrmaschine** f (Bergb) / perforadora f de percusión ‖ ⁓**bremse** f / amortiguador m hidráulico ‖ ⁓**brenner** m (Ofen) / quemador m de impacto ‖ ⁓**brücke** f (Bahn) / apoyo m de junta de carril ‖ ⁓**dämpfer** m / amortiguador m [de choques] ‖ [**hydraulischer**] ⁓**dämpfer** / amortiguador m hidráulico ‖ ⁓**dämpferbock** m (Kfz) / soporte m de amortiguador ‖ ⁓**dämpferfeder** f / resorte m de amortiguador ‖ ⁓**dämpfung** f (Wellenleiter) / pérdida f de transición ‖ ⁓**dauer** f (Atom) / duración f de colisión ‖ ⁓**dichte** f (Atom) / densidad f de colisión ‖ ⁓**durchschlag** m (Elektr) / ruptura f dieléctrica en régimen de impulsos ‖ ⁓**einrichtung** f (Bahn) / aparato m de choque, topes m pl ‖ ⁓**eisen** n, Ausfleischmesser n (Gerb) / cuchilla f para descarnar
Stößel m (Wz) / carnero m ‖ ⁓, Ventilstößel m (Mot) / taqué m (pl.: taqués), botador m, empujador m, varilla ‖ ⁓ m, Mörserkeule f (Labor) / mano f de almirez ‖ ⁓, Pressenstößel m / portapunzón m ‖ ⁓ (Ramme) / pisón m de martinete ‖ ⁓, Plunger m, Tauchkolben m / émbolo m buzo ‖ ⁓ (Jacquard, Tex) / aguja f ‖ ⁓ **der Stoßmaschine** (Wzm) / portacuchilla m, portaherramienta[s] m, carretilla f [de la mortajadora], carro m portaherramienta[s]
Stoßelastizität f (Phys) / elasticidad f de impacto
stößel • betätigt / actuado por varilla o por empujador ‖ ⁓**einstellschraube** f **mit Gegenmutter** (Mot) / tornillo m de ajuste del taqué con contratuerca ‖ ⁓**führung** f (Schnellhobler) / guía f de portacuchillas ‖ ⁓**führung** (Mot) / guía f de taqué ‖ ⁓**gesenk** n, Stauchstempel m (Schm) / punzón m de recalar ‖ ⁓**hub** m (Schnellhobler) / carrera f del portaherramienta[s] ‖ ⁓**niedergang** m (Presse) / descenso m de portapunzón ‖ ⁓**rolle** f (Mot, Ventil) / rodillo m de taqué ‖ ⁓**schlitten** m (Schnellhobler) / carretilla f, carro m portaherramienta[s] ‖ ⁓**spiel** n (Ventil) / juego m de taqué[s] ‖ ⁓**stange** f (Mot) / levantaválvulas m, empujador m ‖ ⁓**verstellschraube** f (Presse) / tornillo m de ajuste del portapunzón ‖ ⁓**verstellung** f (Presse) / ajuste m de portapunzón ‖ ⁓**vorlauf** m (Presse) / avance m de portapunzón
stoßempfindlich / sensible a los choques o golpes
stoßen vt / empujar ‖ ~, aneinander fügen / juntar a tope, topar ‖ ~, zerreiben (Chem) / pulverizar ‖ ~ (Wzm) / mortajar ‖ ~ (Stahlbau) / colocar a tope ‖ ~ vt vi, schieben / empujar ‖ ~, reißen / tirar ‖ ~ vi, holpern / dar choques o sacudidas ‖ ~, rütteln / sacudir ‖ ~ vi, rütteln vi (Luftf) / vibrar ‖ ~, klopfen / golpear ‖ ~ [auf] / encontrar, dar [con] ‖ ~ (an) / chocar [contra] ‖ **heftig** ~ / chocar ‖ **stumpf** ~ / poner a tope, topar ‖ **waagerecht** ~, hobeln / ranurar ‖ ⁓ n (Masch) / ranurado m, mortajado m
stoßend, ruckend / por sacudidas, a empujones ‖ ~ (Bohren) / por percusión

Stoß • energie f (Phys) / energía f de choque ‖ ⁓**entladung** f (Akku) / descarga f de alta intensidad
Stößer m, Stopper m (Wirkm) / clavija f, punzón m ‖ ⁓, Stempel, Stampfer m (Bergb) / pulsador m, pisón m, mazo m
Stoß • erregung f (Eltronik) / excitacción f impulsiva o por choque o por impulsión ‖ ⁓**faktor** m (Mech) / coeficiente m de impactos ‖ ⁓**fänger** m (DIN) (Kfz) / paragolpes m, parachoques m, defensor m (LA), defensa f (LA) ‖ **integrierter** ⁓**fänger** / paragolpes m incorporado o integrado, parachoques m incorporado ‖ ⁓**fängerhorn** n, -fängerkreuz n (Kfz) / escudo m de paragolpes, contratope n, tope m de parachoques ‖ ~**fest**, -sicher / resistente a choques, antichoque ‖ ~**feste Lampe** / lámpara f reforzada ‖ ⁓**festigkeit** f / resistencia f a los choques o golpes, resistencia f al choque ‖ ⁓**firste** f (Bergb) / límite m de la pared ‖ ⁓**fläche** f, Stirnfläche f / superficie f de tope ‖ ⁓**fläche**, dem Stoß ausgesetzte Fläche / superficie f de choque ‖ ⁓**fläche**, Aufschlagfläche f (Schm) / área f de choque ‖ ⁓**fluoreszenz** f (Phys) / fluorescencia f por impacto ‖ ~**frei**, gleichmäßig, ruhig / sin choques, sin golpes, suave ‖ ~**frei**, gleitend / libre de impactos, deslizable ‖ ~**frei**, sanft / sin sacudidas, suave ‖ ~**freier Anlauf** / arranque m suave o sin choques ‖ ~**freie Bremsung** (Bahn) / frenado m sin reacciones ‖ ~**freies Einkuppeln** / embrague m sin choques ‖ ~**frei laufen** / marchar o rodar suavemente ‖ ⁓**front** f (der Explosion) / frente m de choque de una explosión ‖ ⁓**fuge** f (Bau) / junta f [de tope] ‖ ⁓**fuge**, Zwischenraum m / hueco m de junta ‖ ⁓**fuge**, offene gestoßene Fuge / junta f abierta de tope ‖ ⁓**fuge**, Dehnfuge f / junta f de expansión ‖ ⁓**funktion** f (Mech) / función f de impulso ‖ ⁓**galvanometer** n (Elektr) / galvanómetro m balístico ‖ ⁓**generator** f (Elektr) / generador m de impulsos o de sobrecorrientes ‖ ⁓**gerät** n, Stoßapparat m (Wzm) / aparato m mortajador ‖ ⁓**heber** m, hydraulischer Widder / ariete m hidráulico ‖ ⁓**herd**, Rüttelherd m (Hütt) / mesa f de percusión
stoßig (Fahrwerk, Federung) / poco elástico
Stoß • impuls m (Phys) / impulso m de choque ‖ ~**induziert** (Nukl) / inducido por colisión ‖ ⁓**ionisation** f (Phys) / ionización f por colisión, ionización f por impacto ‖ ⁓**kante** f (Bau) / reborde m ‖ ⁓**kante** (Tex) / orla f ‖ ⁓**klemme** f (Bahn, Fahrdraht) / grifa f de unión ‖ ⁓**klinke** f / trinquete m o gatillo de empuje ‖ ⁓**koeffizient** m (Mech) / coeficiente m de restitución ‖ ⁓**koeffizient**, -beiwert m (Stahlbau) / coeficiente m de choques ‖ ⁓**kraft** f, Vorstoßkraft f / fuerza f propulsiva o de propulsión o de impulsión ‖ ⁓**kräfte** f pl (Bahn) / fuerzas f pl de las reacciones ‖ ⁓**kreis** m (Elektr) / circuito m de impulso ‖ ⁓**kurzschluss** m (Elektr) / cortocircuito m brusco o de choque ‖ ⁓**kurzschlussstrom** m / corriente f máxima asimétrica de cortocircuito ‖ ⁓**kurzschlussversuch** m (Elektr) / ensayo m de cortocircuito de choque ‖ ⁓**lade** f (Tischl) / caja f de ingletes, ensamblador m de ingletes ‖ ⁓**läppen** n / mecanizado m por ultrasonidos ‖ ⁓**lasche** f (Stahlbau) / cubrejunta f, platabanda f ‖ ⁓**last** (Phys) / carga f instantánea, carga f por choques o golpes ‖ ⁓**lücke**, Dehnungsfuge f (Bahn) / juego m de dilatación ‖ ⁓**lückenmesser** m (Bahn) / cala f graduada ‖ ⁓**lüftung** f (Bau) / ventilación f instantánea completa ‖ ⁓**magnetisierung** f / imanación f por impulsos ‖ ⁓**maschine** f (Wzm) / ranuradora f ‖ ⁓**maschine** (Holz, Wzm) / mortajadora f, amortajadora f ‖ ⁓**meißel** m (Wzm) / cuchilla f para ranurar o mortajar ‖ ⁓**messer** n (für Verzahnungen) (Wzm) / cuchilla f en forma de piñón ‖ ⁓**messer**, Samtmesser n (Tex) / cuchilla f de impulsión, tallarola f ‖ ⁓**messgerät** n / registrador m de choques ‖ ⁓**mittelpunkt** m (Phys) / centro m de impacto o de percusión ‖ ⁓**naht** f, -saum m (Schw) / costura f a tope

|| ⁓**ofen** *m* (Hütt) / horno *m* empujador o de empuje || ⁓**oszillator** *m* (Eltronik) / oscilador *m* autointerruptor || ⁓**parameter** *m* (Nukl) / parámetro *m* de impacto || ⁓**presse** *f* (Schmierung) / bomba *f* de engrase [por empuje] || ⁓**probe** *f* (Hütt, Mat.Prüf) / ensayo *m* de choque || ⁓**prüfer** *m* / aparato *m* para ensayos de choque || ⁓**prüfspannung** *f* / tensión *f* de ensayo por choque || ⁓**prüfung** *f*, Schocken *n* (Mat.Prüf) / ensayo *m* de choque || ⁓**puffer** *m* / amortiguador *m* de choque || ⁓**querschnitt** *m* (Nukl) / sección *f* de choque || ⁓**radius** *m* / radio *m* de choque || ⁓**rate** *f* / frecuencia *f* de choques || ⁓**ratendichte** *f* (Nukl) / densidad *f* de choques o de colisión || ⁓**räummaschine** *f* (Wzm) / brochadora *f* de empuje || ⁓**reaktanz** *f* (Elektr) / reactancia *f* transitoria o momentánea || ⁓**regulierung** *f* (Bahn) / rectificación *f* de las juntas || ⁓**reiniger** *m* / separador *m* de placas desviadoras || ⁓**riegel** *m* (Brücke) / miembro *m* de unión || ⁓**rohr** *n*, Stoßwellenrohr *n* (Phys) / tubo *m* de ondas de choque || ⁓**rüttelmaschine** *f* (Gieß) / máquina *f* sacudidora y vibradora || ⁓**schaufellader** *m* / pala *f* cargadora de percusión || ⁓**schmieden** *n* / forjado *m* por golpes || ⁓**-Schmierpresse** *f* s. Stoßpresse || ⁓**schweißung** *f* / soldadura *f* a tope || ⁓**schwelle** *f* (Bahn) / traviesa *f* de junta || ⁓**sicher** (Uhr) / antichoque, a prueba de choques, a prueba de golpes || ⁓**sicherung** *f* (Uhr) / absorbedor *m* de choques, amortiguador *m* de choque || ⁓**sieb** *n* (Bergb) / criba *f* de percusión || ⁓**spannung** *f* (Elektr) / tensión *f* transitoria o momentánea, impulso *m* de tensión || ⁓**spannung** (Halbl) / sobretensión *f* en estado de no conducción || ⁓**spannungsfestigkeit** *f* / resistencia *f* a sobretensión || ⁓**spannungsgenerator** *m* (Elektr) / generador *m* de tensión transitoria || ⁓**spannungsprüfung** *f*, -spannungs-Vergleichsprüfung *f* (Elektr) / ensayo *m* de tensión transitoria || ⁓**stahl**, -meißel *m* (Wzm) / cuchilla *f* de mortajar || ⁓**stahl** *m* **für Keilnuten** (Wzm) / cuchilla *f* para ranurar [chavetas] || ⁓**stange** (Kfz) s. Stoßfänger || ⁓**stange**, Anschlagstange *f* (Wzm) / varilla *f* de tope || ⁓**stelle** (Schw, Tischl) / juntura *f*, junta *f* || ⁓**stelle** (Mech) / centro *m* de impacto || ⁓**stelle** (Wellenleiter) / desigualdad *f* || ⁓**stellendämpfung** *f* (Fernm) / atenuación *f* por discontinuidad o por reflexión || ⁓**stellenverstärkung** *f* (Fernm) / ganancia *f* por reflexión || ⁓**strahl** *m* (Seismik) / propagación *f* de la sonda || ⁓**strahlung** (Phys) / radiación *f* debida al impacto || ⁓**strebe** *f* [des Landegestells] (Luftf) / montante *m* amortiguador || ⁓**strom** *m* (Triac) / sobrecorriente *f* momentánea directa || ⁓**strom** (Elektr) / corriente *f* de sobrecarga momentánea, sobrecorriente *f* momentánea || ⁓**strom** (Batterieprüfung) / corriente *f* de descarga de alta intensidad || ⁓**strom**, pulsierender Strom / corriente *f* de impulsos || ⁓**strom** (Halbl) / sobrecorriente *f* no repetitiva || ⁓**stromerzeuger** *m* / generador *m* de impulsos por capacitores || ⁓**strom-Grenzwert** *m* (Halbl) / límite *m* máximo de sobrecorriente momentánea directa || ⁓**tränkung** *f* (Bergb) / inyección *f* de agua en la frente de arranque || ⁓**überschlagsspannung** *f* (Elektr) / tensión *f* disruptiva de impulso || ⁓**verbindung** *f* (Masch) / unión *f* a tope || ⁓**verbindung** (Schienen) / unión *f* o junta de carriles || ⁓**verformung** *f* / deformación *f* por sacudidas o golpes || ⁓**verkehr** *m*, Spitzenverkehr *m* / tráfico *m* de punta || ⁓**verkehrszeit** *f* / tiempo *f* de tráfico de punta, hora *f* punta || ⁓**verschleiß** *m* / desgaste *m* por golpes || ⁓**versuch** *m* (Plast) / ensayo *m* de choque multiaxial || ⁓**vorrichtung** *f*, Puffer *m* / tampón *m* || ⁓**vorrichtung** (Wzm) / dispositivo *m* de ranurar || ⁓**vorrichtung** (Ofen) / mecanismo *m* de empuje || ⁓**wahrscheinlichkeit** *f* (Nukl) / probabilidad *f* de colisión

stoßweise, ruckartig / a golpes, a choques, a sacudidas || ⁓, schubweise / por lotes || ⁓, pulsierend / a pulsaciones || ⁓ **ablassen** / descargar por lotes || ⁓ **arbeitend** (Plasma) / por impulsos || ⁓ **Beanspruchung**, Stoßbeanspruchung *f* / esfuerzos *m pl* por choques || ⁓ **sprudeln** / brotar por golpes || ⁓ **wirkender Strom** / corriente *f* pulsatoria u ondulatoria

Stoß•welle *f* / onda *f* de choque || ⁓**welle im stoßfreien Plasma**, stoßfreie Stoßwelle / onda *f* de choque sin colisión || ⁓**wellenbereich** *m* / zona *f* de onda de choque || ⁓**wellenerhitzung** *f* (Nukl) / calentamiento *m* por onda de choque || ⁓**wellen-Formung** *f* (Sintern) / conformación *f* por explosión || ⁓**wellenkanal** *m* (Phys) / túnel *m* de onda de choque || ⁓**wellenmetamorphose** *f* (Geol) / metamorfosis *f* por ondas de choque || ⁓**wellenrohr** *n* (Gasdynamik) / tubo *m* de onda de choque || ⁓**wellentherapie** *f*, Lithotripsie *f* (Med) / terapia *f* con ondas de choque, litotricia *f* || ⁓**widder** *m* (Hydr) / ariete *m* hidráulico || ⁓**winkel** *m* (Mech) / ángulo *m* de impacto || ⁓**winkel** *m*, Anschlusswinkel *m* (Stahlbau) / escuadra *f* de junta || ⁓**wirkung** *f* / efecto *m* de choque || ⁓**zahl** *f* (Nukl) / número *m* de colisiones || ⁓**zahl**, -wahrscheinlichkeit *f* (Gas) / probabilidad *f* de colisión || ⁓**zahl** *f* (Stahlbau) / índice *m* de choques || ⁓**zeit** *f* (Verkehr) / horas *f pl* de gran afluencia, horas *f pl* punta || ⁓**ziffer**, -zahl *f* (Mech) / coeficiente *m* de choques || ⁓**zug** *m* (Bahn) / tren *m* empujado || ⁓**zuschlag** *m* / coeficiente *m* de seguridad contra choques

Stotterbremse *f* (ABS) / freno *m* de acción intermitente
stottern *vi* (Mot) / funcionar irregularmente
Stoutbier *n*, Stout *m* (Brau) / stout *m*
Stovain *n*, Amylocain *n* (Chem) / estovaína *f*, amilocana *f*
straff, gespannt / tirante *adj*, tenso || ⁓, steif / rígido, tieso || ⁓ **anspannen** (o. anziehen) (Seil) / entesar, estirar || ⁓ **anziehen** (Schraube) / apretar fuertemente un tornillo || ⁓ **gespannt** / fuertemente tensado || ⁓**e Hülle** / envoltura *f* rígida || ⁓ **werden** / ponerse tirante
straffen *vt* (Seil), straffziehen / tesar
Straffer, Deckbogen *m* (Druck) / pliego *m* de cubrir, cubretímpano *m*, cubierta *f* del arreglo, hoja *f* interior de la cama
Straffheit *f* / rigidez *f*, tiesura *f*, tirantez *f*
Straffunktion *f* (Regeln) / función *f* de penalización
Straggling *n* (Phys) / dispersión *f*, variación *f* aleatoria, fluctuación *f*
Strahl *m* (Geom) / radio *m* || ⁓, Lichtstrahl *m* (Opt) / rayo *m* || ⁓ (Flüssigkeit) / chorro *m* || ⁓, Halbgerade *f* (Geom) / semirradio *m* || ⁓ (Laser, TV) / haz *m* de rayos || dünner ⁓ (Flüssigkeit) / chorro *m* delgado || **durch** ⁓**en hervorgerufen**, aktinisch (Opt) / actínico
Strahl•-Ablenkeinheit *f* (Laser) / explorador *m* || ⁓**ablenker** *m* (für Richtungsänderung) (Raumf) / deflector *m* || ⁓**ablenker** (Wasserturb.) / desviador *m* o deflector de chorro || ⁓**ablenker** (Rakete) / deflector *m* de chorro || ⁓**ablenkung** *f* (TV) / desviación *f* del haz || ⁓**ablenkung** (Luftf) / desviación *f* del chorro || ⁓**ablenkung** (Laser) / exploración *f* del haz || ⁓**abtastung** *f* / exploración *f* por el haz || ⁓**achse** *f* (Einspritzung) / eje *m* del chorro de inyección || ⁓**antrieb** *m* (Luftf) / propulsión *f* por chorro o por reacción || **mit** ⁓**antrieb** / propulsado por chorro o reacción || ⁓**antriebsflugzeug** *n*, Düsenflugzeug *n* / avión *m* [con motores] de reacción, avión *m* reactor || ⁓**apparat** *m* / aparato *m* de reacción || ⁓**asbest** *m* / amianto *m* en plumas || ⁓**auffangkammer** *f* (Eltronik) / captador *m* o colector con haz de radiación || ⁓**auftreffpunkt** *m* / punto *m* de incidencia del chorro || ⁓**auftrieb** *m* (Luftf) / empuje *m* ascensional por reacción || ⁓**aufweitung** *f* (Laser) / ensanche *m* del haz || ⁓**austastung** *f* (TV) / supresión *f* del haz || ⁓**austastung beim Rücksprung** (TV) / supresión *f* del haz al retorno || ⁓**austrittsfenster** *n* (Radiol) / ventana

Strahlausweitung

f de tubo X ‖ ⁓**ausweitung** *f* / expansión *f* del haz ‖ ⁓**bohren** *n* (Bau, Bergb) / perforación *f* por chorreo ‖ ⁓**breite** *f* (Radar) / abertura *f* [angular] del haz ‖ ⁓**breite** (Wasserturbine) / ancho *m* de la boca de entrada, ancho *m* de la vena ‖ ⁓**bremse** *f* (Luftf) / freno *m* de chorro ‖ ⁓**brenner** *m* (Gas) / quemador *m* de chorro ‖ ⁓**dämpfer** *m* / rompechorro *m* ‖ ⁓**dämpfer** (Tex) / vaporizador *m* de toberas ‖ ⁓**dichte** *f* (Opt) / intensidad *f* específica de radiación, radiancia *f* ‖ ⁓**dichteverteilung** *f*, (jetzt:) Strahlungsfunktion *f* (Phys) / distribución *f* espectral de energía ‖ ⁓**direktor** *m* (Laser) / director *m* del haz ‖ ⁓**drahtkorn** *n* (Hütt) / granalla *f* de alambre de acero ‖ ⁓**düse** *f* (allg) / tobera *f* del chorro ‖ ⁓**düse** (Luftf) / estatorreactor *m* ‖ ⁓**düsenbohren** *n* (Bergb) / sondeo *m* por chorro ‖ ⁓**düsen-Mischverfahren** *n* (Hütt) / procedimiento *m* [de fabricación de acero] con lanza ‖ ⁓**effekt** *m* (Hohlladung, Mil) / efecto *m* Munroe ‖ ⁓**einschnürung** *f* (Fluid) (Hydr) / vena *f* contracta, contracción *f* de la vena líquida, [localismo:] *m* chorro contraído ‖ ⁓**einstellung**, -führung *f* (TV) / guía *f* del haz
strahlen *vi*, ausstrahlen, sich strahlenförmig ausbreiten / emitir o lanzar o arrojar rayos, radiar ‖ ~, leuchten / brillar, dar luz, lucir ‖ ~, blenden / deslumbrar (E), encandilar (LA) ‖ ~, glänzen / brillar ‖ ~, sandstrahlen / soplar o limpiar con chorro de arena, arenar ‖ ⁓ *n* (Phys) / radiación *f* ‖ ~, Strahlbehandlung *f* (Masch) / granallado *m*, soplado *m* con granalla ‖ ⁓..., radiologisch / radiológico ‖ ⁓ **mit Sand** / soplado *m* con chorro de arena ‖ ⁓ **mit [Stahl]kies** / soplado con granalla [de acero] ‖ **reinigendes** ⁓ / limpieza *f* por chorro de arena
strählen *vt* / roscar con o por peine ‖ ~ (Wz) s. a. strehlen
Strahlen•aussendung *f*, Ausstrahlung *f* (Phys) / emisión *f* de rayos, radiación *f* ‖ ⁓**bahn** *f*, -gang *m*, -weg *m* / trayectoria *f* de rayos ‖ ⁓**behandlung** *f* s.
Strahlentherapie ‖ ⁓**belastung** *f* / exposición *f* a la radiación ‖ **für Personen zugelassener** ⁓**bereich** (Nukl) / zona *f* ocupada, espacio *m* ocupado ‖ ⁓**biologie** *f* / radiobiología *f* ‖ ⁓**brechend** (Opt) / refractivo ‖ ⁓**brechung**, Refraktion *f* / refracción *f* ‖ ⁓**brechungskunde** *f*, Dioptrik *f* (Opt) / dióptrica *f* ‖ ⁓**brechungsmesser** *m* / refractómetro *m* ‖ ⁓**bündel** *n* / haz *m* de rayos ‖ ⁓**bündel**, Lichtbündel *n* / haz *f* de luz ‖ ⁓**bündelung**, -konzentration *f* (TV) / concentración *f* del haz ‖ ⁓**büschel** *n* (Elektr) / penacho *m* ‖ ⁓**büschel** (Math) / haz *m* de líneas ‖ ⁓**büschel** (Licht) / pincel *m* luminoso, haz *m* o cono de rayos luminosos, haz *m* de luz ‖ ⁓**chemie** *f* / radioquímica *f* ‖ ~**chemische Wärmespaltung** (Öl) / craqueo *m* por radiación térmica
strahlend / radiante ‖ ~, leuchtend, glänzend / brillante, luminoso, radioso ‖ ~**e Oberfläche** / superficie *f* radiante ‖ ~**e Wärme** / calor *m* radiante
Strahlen•dermatitis *f* (Med) / radiodermatitis *f* ‖ ⁓**dosimeter** *n* / dosímetro *m* de rayos ‖ ⁓**dosis** *f* / dosis *f* de [ir]radiación ‖ ⁓**durchlässig** (besonders für Röntgenstr) / transparente a los rayos ‖ ⁓**durchlässigkeit** *f* / transparencia *f* a los rayos ‖ ⁓**emission** *f* (Phys) / radiación *f*, emisión *f* de rayos ‖ ⁓**erzeugungssystem** *n* (Opt) / sistema *m* de producción de la radiación ‖ ⁓**falle** *f* (Nukl) / trampa *f* de rayos ‖ ⁓**feld** *n* / campo *m* de radiación ‖ ⁓**festigkeit** *f* / radiorresistencia *f*, resistencia *f* a la radiación ‖ ⁓**festigkeits-Verbesserer** *m* / componente *f* de mejora de la radiorresistencia ‖ ⁓**filter** *m n* (Radar) / rejilla *f* antidifusora ‖ ⁓**förmig** (Opt) / radial ‖ ⁓**förmig**, strahlig / radiado, estrellado ‖ **sich** ⁓**förmig ausbreiten** (Pharm) / radiar ‖ ⁓**gang** *m* (Opt) / trayectoría *f* de los rayos ‖ ⁓**gangteilung** *f* (Opt) / descomposición *f* del haz luminoso ‖ ~**gefährdeter Bereich** / zona *f* de peligro de radiación ‖ ⁓**gefährdung** *f* / riesgo *m* de radiación ‖ ~**geschützt**, -sicher / protegido contra las radiaciones ‖ ⁓**gewölbe** *n*, Fächergewölbe *n* (Bau) / bóveda *f* de nervaduras radiantes ‖ ⁓**gleise** *n pl* (Bahn, Drehscheibe) / vías *f pl* radiales de acceso ‖ ⁓**härtemesser** *m* (Radiol) / radioesclerómetro *m* ‖ ⁓**hygiene** *f* / higiene *f* de radiación ‖ ⁓**kegel** *m* (Opt) / cono *m* de rayos luminosos ‖ ⁓**kegel**, -bündel *n* / haz *m* de rayos ‖ ⁓**konvergenz** *f* (TV) / convergencia *f* de haces ‖ ⁓**krankheit** *f* (Nukl) / radiopatía *f* ‖ ⁓**messer** *n* (Phys) / instrumento *m* de medida de radiación, contador *m* de radiación ‖ ⁓**messgerät**, Aktinometer *n* / actinómetro *m* ‖ ⁓**messung** *f* / medida *f* de radiación, actinometría *f* ‖ ⁓**netz** *n* (Elektr) / red *f* de alimentación radial ‖ ⁓**optik** *f* (Ggs.: Wellenoptik) / óptica *f* geométrica o de Newton ‖ ⁓**physik** *f* / física *f* radiológica ‖ ⁓**riss** *m*, Sternriss *m* (Holz) / hendidura *f* estrellada ‖ [**physikalisch-chemischer**] ⁓**schaden** / deterioro *m* [físico-químico] por radiación ‖ **biologischer** ⁓**schaden** / deterioro *m* biológico por radiación, lesión *f* causada por las radiaciones ‖ ⁓**schädigung** *f* / daño *m* por irradiación, lesión *f* por irradiación, radiolesión *f* ‖ ⁓**schädigung der Haut** (Med) / radiodermatitis *f* ‖ ⁓**schleuse** *f* / trampa *f* de radiación ‖ ⁓**schliff** *m* (Masch) / rectificación *f* con estrías paralelas
Strahlenschutz *m* / protección *f* contra la radiación o contra las irradiaciones ‖ ⁓, -schirm *m* (Nukl) / pantalla *f* protectora ‖ ⁓ *m* (für Personen) / protección *f* sanitaria de personas contra la irradiación ‖ ⁓ (für Material) / protección *f* contra la radiación ‖ ⁓**amt** *n* (Madrid) / CSN (= Consejo de Seguridad Nuclear) ‖ ⁓**beauftragter** *m* / encargado *m* de la protección sanitaria contra la irradiación ‖ ⁓**glas** *n* (Opt) / vidrio *m* antisolar ‖ ⁓**kasten**, Handschuhkasten *m* (Nukl) / caja *f* de [manipulación con] guantes ‖ ⁓**kopf** *m* (Nukl) / escudo *m* protector de la radiación ‖ ⁓**mauer** *f* (Nukl) / pared *f* de protección contra las radiaciones ‖ ⁓**messgerät** *n* (Nukl) / monitor *m* de irradiación ‖ ⁓**physik** *f* / física *f* o radiofísica sanitaria, física *f* radiológica ‖ ⁓**plakette** *f*, Filmdosimeter *n*, Filmplakette *f* (Atom, Nukl) / dosímetro *m* de película, dosímetro *m* fotográfico personal ‖ ⁓**raum** *m* / abrigo *m* de protección contra precipitación radiactiva ‖ ⁓**röhre** *f* / tubo *m* autoprotector ‖ ⁓**tür** *f* / puerta *f* de protección contra la radiación ‖ ⁓**überwachung** *f* / evaluación *f* de la protección de radiación ‖ ⁓**zelle** *f* (Nukl) / recinto *m* radiactivo
strahlen•sicher / a prueba de radiación ‖ ⁓**stein** *m* (Min) / radiolita *f* ‖ ⁓**taille** *f* (Laser) / contracción *f* del haz ‖ ⁓**teiler** *m* (Laser) / divisor *m* de haz ‖ ⁓**teiler**, -teilungsprisma *n* (Opt) / separador *m* de rayos, prisma *m* de división de rayos ‖ ⁓**teilung**, Strahlzerlegung *f* (Opt) / separación *f* de haces ‖ ⁓**teilungssystem** *n* (Opt) / sistema *m* de descomposición de haz ‖ ⁓**therapie** *f* (Med) / radioterapia *f*, radioterapéutica *f*, terapia *f* por radiación ‖ ⁓**therapie** (Radium) / terapia *f* por radio ‖ ⁓**tierchen** *n*, Radiolarium *n* (Zool) / radiolario *m* ‖ ⁓**transformator** *m* (Nukl) / betatrón *m*
Strahlentrinder *m* (Pap) / descortezadora *m* de chorro
Strahlentrockner *m* / secador *m* por radiación
Strahlentzundern *n* (Hütt) / chorreo *m* de granalla
Strahlen•überwachung *f* / control *m* radiológico ‖ ~**undurchlässig** / radio[o]paco, impermeable a los rayos ‖ ⁓**vereinigung** *f* (Opt) / concentración *f* de los rayos de luz ‖ ⁓**vereinigungsteil** *m* (Laser) / elemento *m* de concentración de rayos ‖ ⁓**verlauf** *m*, -gang *m* / marcha *f* de los rayos ‖ ~**vernetzt** (Chem) / reticulado por irradiación ‖ ⁓**vernetzung** *f* / reticulación *f* por irradiación ‖ ⁓**weg** *m*, -gang *m*, -bahn *f* (Phys) / trayectoria *f* de rayos ‖ ⁓**zähler** *m*, Verseuchungsmessgerät *n* / monitor *m* de contaminación *f* ‖ ⁓**zerfall** *m* / desintegración *f* de los rayos ‖ ⁓**zersetzung** *f*, Radiolyse *f* (Chem, Nukl) / radiólisis *f*

Strahler *m* (Akust, allg, Antenne) / radiador *m* ‖ ⁓ (Nukl) / emisor *m* de radiaciones ‖ ⁓, Wärmestrahler *m* / radiador *m* de calor ‖ ⁓, Leuchte, Lampe *f* (Elektr) / proyector *m* ‖ *α*-, *β*-, usw. ⁓ (Phys) / radiador *m* o emisor [de partículas] *α*, *β* etc. ‖ **aktiver** ⁓ (Antenne) / antena *f* activa, antena *f* excitada directamente
Strähler *m* (Wz) / peine *m* para roscado
Strahler•ebene *f* (Antenne) / sección *f* de antena ‖ ⁓**fläche** *f* / superficie *f* de radiación ‖ ⁓**gruppe**, Schallzeile *f* (Akust) / hilera *f* horizontal de radiadores ‖ ⁓**gruppe** *f*, Mehrfachantenne *f* (Antenne) / antena *f* múltiple ‖ ⁓**horn** *n* (Eltronik) / bocina *f* excitadora o alimentadora ‖ ⁓**lampe** *f* / lámpara *f* con reflector ‖ ⁓**öffnung** *f* (Antenne) / abertura *f* del radiador ‖ ⁓**schlange** *f* / serpentín *m* radiante ‖ ⁓**system** *n* (Antenne) / red *f* de antenas, sistema *m* o grupo de antenas
Strahl•erz *n* (Min) / abichita *f* (arseniato de cobre hidratado) ‖ ⁓**erzeuger** *m* (Funk) / cañón *m* electrónico ‖ ⁓**flugzeug** *n* / avión *m* a reacción o de chorro ‖ ⁓**führung**, -einstellung *f* (TV) / posicionamiento *m* del haz ‖ ⁓**führung** *f* (Eltronik) / focalización *f* del haz ‖ ⁓**gebläse** *n* (Dampf) / soplador *m* de chorro ‖ ⁓**geführt** (Mot) / con chorro guiado ‖ ~**geführtes Brennverfahren** *n* (Kfz) / proceso *m* de combustión con chorro guiado ‖ ⁓**geschwindigkeit** *f* / velocidad *f* de chorro ‖ ⁓**geschwindigkeit** (Eltronik) / velocidad *f* del haz ‖ ~**getragen** (Luftf, VTOL) / portado por reacción ‖ ⁓**hämmern**, Strahlverfestigen *n* (Hütt) / granallado *m* de endurecimiento ‖ ⁓**helm** *m* / casco *m* para de granallado ‖ ⁓**honverfahren** *n*, Honen mit Druckstrahl (Wzm) / honing *m* líquido o por chorro de vapor
strahlig (allg) / radiado, estrellado ‖ ~ (Krist) / radiado-cristalino ‖ ~**es Gefüge** (Min) / estructura *f* radiada ‖ ~**er Quarz** (Min) / cuarzo *m* fibroso
Strahl•kanal *m* (Nukl) / abertura *f* de paso de haz, canal *m* de experimentación ‖ ⁓**kies** *m*, strahliger Markasit (meist Pyrit) (Min) / marcasita *f* radiada, hierro *m* sulfurado radiado ‖ **runder** ⁓**kies** / granalla *f* redondeada ‖ ⁓**klappe** *f* (Luftf) / flap *m* de chorro ‖ ⁓**kondensator** *m* / condensador *m* de chorro ‖ ⁓**konzentration** *f*, Fokussierung *f* (TV) / concentración *f* o focalización *f* del haz ‖ ⁓**kopf** *m* (El. Mikroskop) / cabeza *f* de radiación ‖ ⁓**läppen** *n* / lapeado *m* hidráulico o por abrasivos líquidos ‖ ⁓**maschine** *f* / soplador *m* ‖ ⁓**mischer** *m* (Chem) / mezclador *m* por chorro ‖ ⁓**mittel** *n* (Wzm) / abrasivo *m* ‖ ⁓**mittel** (Gieß) / granalla *f* para limpieza con chorro ‖ ⁓**mühle** *f* (Chem) / molino *m* de chorro ‖ ⁓**mühle** (mit Flüssigkeit) / desintegrador *m* por chorro líquido ‖ ⁓**pumpe** *f*, Injektor *m* (Dampfm) / bomba *f* inyectora, inyector *m* ‖ ⁓**pumpe**, Treibmittelpumper *f* (Vakuum) / bomba *f* de arranque ‖ ⁓**pumpe** *f*, Exhaustor *m* / exhaustor *m* ‖ ⁓**putzen** *n* **mit Stahlsand** (Hütt) / chorreo *m* con arena ‖ ⁓**qualitätszahl** *f* (Laser) / índice *m* de calidad de radiación ‖ ⁓**querschnitt** *m*, -breite *f* (Phys) / abertura *f* [angular] del haz, anchura *f* del haz ‖ **engster** ⁓**querschnitt hinter einer Blende** (Hydr) / contracción *f* de la vena líquida, vena *f* contracta ‖ ⁓**radiator** *m*, -heizkörper *m* / radiador *m*[radiante del calor] ‖ ⁓**regler** *m*, -dämpfer *m* / rompechorro *m* ‖ ⁓**regler** (Regner) / regulador *m* del chorro ‖ ⁓**richtungsfehler** *m* (Raumf) / desalineamiento *m* del haz ‖ ⁓**rohr** *n* (Luftf) / tubo *m* de chorro ‖ ⁓**rohr** (Masch) / boquilla *f* de tubo elástico ‖ ⁓**rohr** (F'wehr) / boquilla *f* de la manga, lanza *f* de incendio ‖ ⁓**rohr** (Hütt) / lanza *f* de oxígeno ‖ ⁓**rohr** (Reaktor) s. Strahlkanal ‖ ⁓**rohr gegen Schädlinge** (Landw) / tubo *m* del chorro, lanza *f* del chorro ‖ ⁓**rohr-Durchlauf-Blankglühofen** *m* (Hütt) / horno *m* continuo con tubos de radiación para el cocido blanco ‖ ⁓**röhre** *f* (Eltronik) / tubo *m* [de potencia] de haz electrónico ‖ ⁓**rohrheizung** *f* (Gieß) / calentamiento *m* con tubo de radiación ‖ ⁓**rücklauf** *m* (TV) / retorno *m* de haz ‖ ⁓**ruder** *n* (Raumf) / timón *m* de chorro de gas ‖ ⁓**ruder** (Schiff) / timón *m* de chorro ‖ ⁓**sand** *m*, Stahlkies *m* / granalla *f* ‖ ⁓**sauger** *m* / eyector-aspirador *m* ‖ ⁓**schärfe** *f* (TV) / concentración *f* del haz ‖ ⁓**schärfung** *f* (Radar) / concentración *f* del haz ‖ ⁓**schweißen** *n* / soldadura *f* por radiación ‖ ⁓**schwenkung** *f* (Radar) / exploración *f* del haz ‖ ⁓**sender** *m* (TV) / emisor *m* dirigido de haz concentrado ‖ ⁓**spannung** *f* (Eltronik) / tensión *f* del haz ‖ ⁓**spoiler** *m* (Einspritzpumpe) / desviador *m* del chorro ‖ ⁓**stärke** *f* (Phys) / intensidad *f* [específica] de radiación, radiancia *f* ‖ ⁓**steuerelektrode** *f* / electrodo *m* de mando del haz ‖ ⁓**steuergerät** *n* (Rakete) / desviador *m* del chorro ‖ ⁓**steuerung[seinrichtung]** *f* (Laser) / dispositivo *m* de gobernar el haz ‖ ⁓**strom** *m* (auf dem Leuchtschirm wirksamer Elektronenstrom) (TV) / corriente *f* del haz ‖ ⁓**strom**, Jet[stream] *m* (Luftf, Meteo) / corriente *f* de (o en) chorro, chorro *m* de viento ‖ **gesamter** ⁓**strom** (Kath.Str) / corriente *f* del cañón ‖ ⁓**system** *n*, Elektronenkanone, -schleuder *f* (Kath.Str) / cañón *m* electrónico ‖ ⁓**teiler** *m*, Teilerplatte *f* (Laser) / divisor *m* de haz ‖ ⁓**teilung** *f* (Laser) / separación *f* o descomposición del haz ‖ ⁓**theorie** *f*, Luftf, Schiff (Luftf) / teoría *f* del torbellino de la hélice ‖ ⁓**triebwerk** *n* (Luftf) / motor *m* turborreactor o a reacción ‖ ⁓**turbine** *f*, Peltonturbine *f* / turbina *f* Pelton ‖ ⁓**turbine** (Luftf) / turborreactor *m* ‖ ⁓**umkehroptik** *f* (TV) / sistema *m* óptico de inversión del haz ‖ ⁓**umlenker** *m* (Raumf) / desviador *m* del chorro ‖ ⁓**umlenkung** *f* (Laser) / desviación *f* del haz, conmutación *f* del haz
Strahlung *f* (Phys) / radiación *f*, irradiación *f* ‖ ⁓, Ausstrahlung *f* (Vorgang) / emisión *f* de rayos ‖ ⁓ **des schwarzen Körpers** / radiación *f* del cuerpo negro ‖ ⁓ **im fernen Infrarot** / radiación *f* en el infrarrojo extremo ‖ ⁓ **in Frequenzen außerhalb der gewünschten (o. zugelassenen) Frequenz** / radiación *f* parásita o espuria ‖ ⁓ **mit hohem Energieniveau** / radiación *f* de alta intensidad ‖ *α*- o. *β*- o. *γ*-⁓ / radiación *α* o *β* o *γ* ‖ **sekundäre** ⁓ (Nukl) / emisión *f* asociada ‖ **umgekehrt gerichtete (o. umgekehrte)** *γ*-⁓ / radiación *f γ* retrofundida
Strahlungs•... / radiativo, radiante, de radiación ‖ ⁓**absorption** *f* / absorción *f* de radiación ‖ ⁓**äquivalent** *n* **des Dunkelstroms** (Photodiode) / equivalente *m* energético de la corriente o[b]scura ‖ ⁓**arbeit** *f* / energía *f* radiante ‖ ⁓**arm** (DV) / de baja radiación ‖ ⁓**armut** *f* (DV) / reducción *f* de radiación, baja radiación *f* ‖ ⁓**ausbeute** *f*, G-Wert *m* / rendimiento *m* radioquímico ‖ ⁓**beiwert** *m* / coeficiente *m* de radiación ‖ ⁓**bewertung** *f* / evaluación *f* de la radiación ‖ ⁓**bilanz** *f* / balance *m* de radiación ‖ ⁓**breite** *f* / anchura *f* de la radiación ‖ ⁓**brenner** *m* / quemador *m* radiante ‖ ⁓**bündler** *m* (Sonnenwärme) / espejo *m* concentrador ‖ ⁓**charakteristik** *f*, -diagramm *n* (Antenne) / característica *f* de radiación, diagrama *m* de radiación ‖ ⁓**detektor** *m* / detector *m* de radiación ‖ ⁓**dichte** *f* / densidad *f* de flujo radiante, irradiancia *f* ‖ ⁓**dichte** (Reaktor) / intensidad *f* específica de radiación ‖ ⁓**dosis** *f* (Med) / dosis *f* de [ir]radiación ‖ ⁓**druck** *m*, Repulsivkraft *f* / presión *f* radiativa o de radiación ‖ ⁓**druck-Rakete** *f* / cohete *m* propulsado por radiación ‖ ⁓**druck-Wattmeter** *n* / watímetro *m* o vatiómetro *m* de paleta ‖ ⁓**durchgang** *m* / transmisión *f* de radiación ‖ ⁓**durchlässig** / transparente a radiaciones ‖ ⁓**effekt** *m* / efecto *m* de radiación ‖ ⁓**einfang** *m* (Nukl) / captura *f* radiativa o radiante o de radiación ‖ ⁓**einheit** *f* / unidad *f* de radiación ‖ ⁓**eintritt** *m* (Opt) / punto *m* de entrada del rayo de luz ‖ ⁓**element** *n*, -glied *n* (Antenne) / elemento *m* radiante ‖ ⁓**empfänger** *m* / receptor *m* sensible a las

radiaciones || **~empfindlich** / radiosensible || **~empfindlich** (Foto) / fotosensible || **~empfindliches Organ** (Nukl) / órgano *m* crítico || **⁼energie**, -intensität *f* / energía *f* de radiación || **~erregt**, -gekoppelt (Antenne) / excitado por radiación || **~exponierte Person** / persona *f* encargada de trabajos bajo radiación, persona *f* expuesta a radiación || **⁼feld** *n* / campo *m* de radiación || **~fest**, -gehärtet / resistente a las radiaciones || **⁼festigkeit** *f* / resistencia *f* [relativa] a los efectos nocivos de radiación, radiorresistencia *f* || **⁼fläche** *f* (Antenne) / área *f* de absorción || **⁼fluss** *m* / flujo *m* de radiación || **⁼flussdichte** *f* / densidad *f* del flujo de radiación || **~frei** / no radiativo, exento de radiaciones || **⁼funktion** *f*, (früher:) relative spektrale Strahldichteverteilung (Phys) / distribución *f* espectral relativa de energía || **~gefährdeter Bereich** / zona *f* de peligro de irradiación || **⁼gefährdung** *f* / riesgo *m* de radiación || **~gehärtetes Polymer** (Chem) / polímero *m* endurecido por radiación || **~gekoppelt**, mittelbar [gespeist] (Antenne) / excitado o alimentado indirectamente || **⁼gesetz** *n* / ley *f* de radiación || **⁼gewinn** *m* (Eltronik) / ganancia *f* de antena || **⁼gleichgewicht** *n* (Astr) / equilibrio *m* de radiación || **⁼glied** *n* (Antenne) / elemento *m* radiante || **⁼gürtel** *m* / cinturón *m* de radiación || **⁼haushalt** *m* / régimen *m* de radiación || **⁼heizkörper** *m* (Bau) / elemento *m* radiador || **⁼heizofen** *m* / estufa *f* radiante || **⁼heizung**, Flächenheizung *f* / calefacción *f* por superficies radiantes || **⁼heizung** *f*, -heizkörper *m* / panel *m* radiante || **⁼hitzemesser** *m*, Strahlungs- o. optisches Pyrometer *n* (Hütt) / pirómetro *m* de radiación || **⁼höhe** *f* (Antenne) / altura *f* de radiación || **⁼höhe**, äquivalente Höhe (Antenne) / altura *f* equivalente || **⁼impedanz** *f* (Akust) / impedancia *f* de radiación || **⁼intensität**, -stärke *f* / intensidad *f* de radiación || **⁼ionisation** *f* / ionización *f* por radiación || **⁼kammer** *f* / cámara *f* de irradiación || **⁼kegel** *m* (Feuerung) / cono *m* de radiación || **⁼kessel** *m* / caldera *f* de radiación || **⁼keule** *f* (Antenne) / lóbulo *m* de radiación || **⁼kontrolle** *f* (Radioaktivität) / control *m* o monitoreo de radiación || **⁼kontrollgeräte** *n pl* / instrumentos *m pl* monitores de la radiación || **⁼kühlung** *f* (Phys) / enfriamiento *m* por radiación, refrigeración *f* por radiación || **⁼länge** *f* / distancia *f* de radiación || **⁼laser** *m* / láser *m* de radiación || **⁼leistung** *f* (einer Strahlungsquelle) / capacidad *f* de radiación || **⁼leistung** (Antenne) / rendimiento *m* de radiación || **⁼leistung** (Radio) / potencia *f* radiada o de radiación || **~los** / no radiativo, sin radiación || **⁼menge** *f*, -arbeit *f* / cantidad *f* radiada || **⁼messgerät** *n* (Nukl) / detector *m* o contador de irradiación || **⁼messgerät für Bohrloch** / equipo *m* de radiosondeo || **⁼messkanal** *m* / canal *m* de control de una radiación || **⁼messstift** *m* (Nukl) / estilo *m* dosimétrico || **⁼monitor** *m* / monitor *m* de radi[o]actividad || **⁼nachweisgerät** *n* / detector *m* de radiación || **⁼ofen** *m* (Gas) / estufa *f* de radiación || **⁼ofen mit Reflektor** / estufa *f* con reflector || **⁼physik** *f* / física *f* de las radiaciones || **⁼physik im optischen Bereich** / física *f* de radiaciones ópticas || **~physikalisch** / radiofísico || **⁼polymerisation** *f* (Chem) / radiopolimerización *f* || **⁼punkt** *m* / punto *m* de radiación || **⁼pyrometer** *n* (Hütt) / pirómetro *m* de radiación || **⁼quelle** *f* / fuente *f* de radiación || **~reflektiv** / reflectivo de radiación || **~resistenz** *f* / radiorresistencia *f* || **⁼rohrofen** *m* (Hütt) / horno *m* tubular radiante || **⁼schatten** *m* (Nukl) / sombra *f* de radiación || **⁼schleuse** *f*, Abschirmungslabyrinth *n* (Nukl) / laberinto *m* de radiación || **⁼schutz** *m*, Strahlenschutz *m* / protección *f* contra radiaciones || **~schützend** / radioprotectivo, radioprotector || **⁼schutzrohr** *n* (Meteo) / tubo *m* protector de los rayos solares || **⁼schutzwert** *m* / factor *m* de protección contra precipitación radiactiva || **⁼sensor** *m* / sensor *m* o captador de radiación || **⁼spektrum** *n* / espectro *m* de radiación || **~technische Größe** / cantidad *f* radiométrica || **⁼teilerwürfel** *m* (Opt) / prisma *m* separador de haces || **⁼temperatur** *f* / temperatura *f* de radiación || **⁼thermometer** *n* / termómetro *m* de radiación || **⁼thermometrie** *f* / termometría *f* de radiación || **⁼trocknung** *f* / desecación *f* por radiación infrarroja || **⁼übergang** *m* (Nukl) / transición *f* radiativa || **⁼überhitzer** *m* / sobrecalentador *m* de radiación || **⁼übertragung** *f* **der Wärme** (Phys) / transporte *m* calorífero por radiación || **⁼überwachung** *f* / control *m* de radiación || **~undurchlässig** / radi[o]opaco || **~unempfindlich** / insensible a radiaciones || **⁼verbrennung** *f* (Med) / quemadura *f* por irradiación || **~vergleichender Sensor** / sensor *m* comparativo de radiaciones || **⁼verlust** *m* / pérdida *f* por radiación || **~vermögen** *n* (Akust) / poder *m* radiante || **~verträglich**, -sicher (Eltronik) / tolerante a las radiaciones || **⁼wandler** *m* (Opt) / convertidor *m* de radiaciones || **⁼wärme** *f* / calor *m* radiante || **⁼widerstand** *m* (Antenne) / resistencia *f* de radiación || **⁼winkel** *m* (Antenne) / ángulo *m* de abertura del haz || **⁼wirkungsgrad** *m* (Antenne) / rendimiento *m* de antena || **⁼zahl** *f* (Thermodynamik) / termoconductividad *f* unitaria || **⁼zählrohr** *n* (Nukl) / tubo *m* contador de radiación || **⁼zone** *f* (Wärme) / sección *f* radiante

Strahl • unterdrückung *f* (TV) / supresión *f* del haz || **⁼vektor** *m* (Phys) / vector *m* de Poynting || **⁼verbreiterung** *f* / ensanche *m* de haz || **⁼verdichtung** *f* (Eltronik) / razón *f* de concentración del haz || **⁼verfestigen** *n*, Strahlhämmern *n* (Hütt) / granallado *m* de endurecimiento || **⁼verschleiß** *m* / desgaste *m* de soplado || **⁼-Verschleißprüfung** *f* / ensayo *m* de desgaste debido al soplado || **⁼verschlucker** *m* (Phys) / trampa *f* de rayos || **⁼versetzung** *f* (Bildaufnahmeröhre) / desviación *f* del haz || **⁼verstellung** *f* (Landw) / regulación *f* del chorro || **⁼wandofen** *m* (Hütt) / horno *m* de paredes radiantes || **~wassergeschützt** (Elektr) / protegido contra los chorros de agua || **⁼werfer** *m*, Richtstrahler *m* / antena *f* dirigida o de haces dirigidos || **⁼widerstand** *m* (Eltronik) / resistencia *f* equivalente al haz electrónico || **⁼wobbeln** *n* (Kath.Str) / baileoteo *m* del haz || **⁼zentrierung** *f* (TV) / alineación *f* del haz || **⁼zeolith** *m* (Min) / desmina *f* || **⁼zerkleinerung** *f* (Bergb) / trituración *f* por chorro de agua || **⁼zerlegung** *f* (Opt) / descomposición *f* del haz || **⁼zittern** *n* (Radar) / vibración *f* del haz

Strähne *f*, Strähn *m* (Spinn) / madeja *f* || **abgebundene (o. abgefitzte) ⁼** / madeja *f* devanada en troquillones

strähnen *vt* (Spinn) / formar madejas

Strähnezerteilen *n* (Seide) / división *f* de madejas

Strähn • garn *n* / madeja *f* de hilo || **⁼gebinde** *n* (Tex) / madejas *f pl* ligadas || **⁼hanf** *m* / cáñamo *m* espadado

strähnig / espadado

Straight-Run • ..., Destillations... (Öl) / de destilación a presión atmosférica || **⁼-Benzin** *n*, SR-, Top-Bezin *n* / gasolina *f* destilada a presión atmosférica, gasolina *f* íntegra || **⁼-Destillation** *f* (Öl) / destilación *f* a presión atmosférica, destilación *f* íntegra

Strainer *m*, Refiner *m* (Gummi) / refinador *m* acabador || **⁼**, Refiner *m* (Pap) / criba *f*, tamiz *m*

Strak *m* (Schiff) / traca *f* o hilada de planchas

Stramin *m* (Web) / estameña *f*, estraperlo *m* || **⁼papier** *n* / papel *m* de estrameña

stramm, schwer drehbar o. beweglich (Masch) / apretado, estrecho || **~er Sitz** *m* (Masch) / asiento *m* rígido

Strammheit *f* (Gummi) / rigidez *f*

stranden *vi* (Schiff) / encallar, varar, zabordar

Strand • geröll *n* (Geol) / guijarros *m pl*, rocalla *f* || **⁼kies** *m* / grava *f* de playa || **⁼linie** *f* (Geo) / contorno *m* de playa o de ribera

Strang *m*, Strick *m* / cuerda *f*, soga *f* ‖ ≃, Schienenstrang *m* (Bahn) / tramo *m* de vía, vía *f* férrea ‖ ≃ (Elektr) / fase *f* ‖ ≃ (Strangguss) / barra *f* ‖ ≃, Tour *f* (Öl) / sarta *f* de tubería (p.ej. de revestimiento) ‖ ≃ (Spinn) / madeja *f* ‖ ≃ (Web) / cuerda *f* ‖ ≃**ausbreiter** *m* (Web) / desplegador *m* de tejido en cuerda ‖ ≃**einlegeapparat** *m* (Web) / introductor *m* de tejido en cuerda
strängen *vt* (Spinn) / dividir en madejas
Strangeness, Seltsamkeit *f* (Nukl) / extrañeza *f*
Strang•falte *f* (Web) / pliegue *m* de cuerda ‖ ≃**falzziegel** *m* (Bau) / teja *f* de encaje longitudinal, teja *f* de encaje de galletera ‖ ≃**färbemaschine** *f* (Spinn) / máquina *f* para teñir en madeja ‖ ≃**färben** *n* **unter Druck** (Spinn) / teñido *m* de madejas bajo presión ‖ ≃**färberei** *f* (Web) / tintura *f* en cuerda ‖ ≃**förderwalze** *f*, Abziehwalze *f* (Strangguss) / rodillo *m* extractor ‖ ≃**führung** *f* (Tex) / guía-cuerda *m* ‖ ≃**fuß** *m* (Strangguss) / pie *m* de la barra ‖ ≃**garn** *n* (Spinn) / hilo *m* en madejas ‖ ≃**garndruckmaschine** *f* / máquina *f* estampadora para hilo en madeja ‖ ≃**garnmerzerisierung** *f* / mercerizado *m* en madeja ‖ ≃**garnwaschmaschine** *f* / lavadora *f* de hilo en madeja ‖ ~**gefärbt** / teñido en madeja ‖ ~**gegossen** (Gieß) / colado en continuo ‖ ~**gepresst** (Plast) / extruido ‖ ~**gepresstes Band** (Plast) / cinta *f* extruida ‖ ~**gepresstes Hohlprofil** / perfil *m* hueco extruido ‖ ~**gepresstes Rohr**, extrudiertes Rohr / tubo *m* extruido ‖ ~**gepresste Spanplatte** / plancha *f* de partículas extruida ‖ ≃**geschwindigkeit** *f* (Fließpressen) / velocidad *f* de extrusión ‖ ≃**gießen** *n*, -guss *m* (Hütt) / colada *f* continua ‖ ≃**gießen zwischen Bändern** / colada *f* continua entre cintas sin fin ‖ ≃**granulat** *n* (Plast) / granulado *m* para extrusión ‖ ≃**gussanlage** *f* **in Kreisbogenbauart** / instalación *f* de colada continua tipo S con coquilla curvada, máquina *f* construida según un arco de círculo ‖ ≃**gussanlage vertikaler Bauart mit Strangabbiegung** / máquina *f* de colada continua de construcción vertical con doblado de la barra ‖ ≃**guss-Ovalbogenanlage** *f* / instalación *f* de colada continua tipo curvatura oval, máquina *f* construida según un arco de óvalo ‖ ≃**gussschale** *f* / camisa *f* de colada continua, piel *f* de la barra ‖ ≃**gussverfahren** *n* **der American Refining Co.** / procedimiento *m* Asarco (Spinn) / devanadera *f* de madejas ‖ ≃**haut** *f* (Gieß) / cáscara *f* o corteza de la barra ‖ ≃**hochumformungsanlage** *f* / tren *m* de alta reducción para colada continua ‖ ≃**klemme** *f* (Elektr) / terminal *m* de fase ‖ ≃**öffner** *m* (Web) / abridora *f* de tejido en cuerda ‖ ≃**press-Bolzen**, -Rohling *m* (Hütt, Plast) / pieza *f* bruta de extrusión, desbaste *m* para extrusión ‖ ≃**presse** *f* / extrusora *f*, extrusionadora *f*, prensa *f* de extrusión ‖ ≃**presse**, -rohrpresse *f* / extrusora *f* de tubos ‖ ~**pressen** *vt* / extruir, prensar por extrusión ‖ ≃**pressen**, -pressverfahren *n* / extrusión *f* ‖ **gemeinsames** ≃**pressen mehrerer Metallarten** / coextrusión *f* ‖ ≃**pressen** *n* **über gekühlte Rollen** (Plast) / extrusión *f* sobre rodillos refrigeradas ‖ ≃**pressen von Metall** / extrusión *f* de metal ‖ ≃**pressfolie** *f* / hoja *f* extruida ‖ ≃**pressform** *f*, -matrize *f* / boquilla *f* de extrusión ‖ ≃**pressform für Folien** / boquilla *f* de ranura ancha ‖ ≃**presskopf** *m* / cabeza *f* de extrusión ‖ ≃**pressmischung** *f* / mezcla *f* de extrusión ‖ ≃**pressmundstück** *n* / troquel *m* de extrusión ‖ ≃**pressplatte** *f* (Holz) / plancha *f* de partículas extruida ‖ ≃**pressprofil** *n* / perfil *m* extruido ‖ ≃**pressprofil aus Alu** / perfil *m* extruido de aluminio ‖ ≃**pressrohling** *m* / desbaste *m* para extrusión ‖ ≃**pressschnecke** *f* / tornillo *m* sin fin de la prensa de extrusión ‖ ≃**presswerkzeug** *n* / herramienta *f* de extrusión, troquel *m* de extrusión ‖ ≃**pressziegel** *m* (Keram) / ladrillo *m* extruido ‖ ≃**schale** *f* (Gieß) / camisa *f* de colada continua, piel *f* de la barra ‖ ≃**schlichten** *n* (Tex) / encolado *m* de madeja ‖ ≃**spannung** *f* (Elektr) / tensión *f* entre fases ‖ ≃**walze** *f* (Walzw) / cilindro *m* de la caja intermedia ‖ ≃**wäsche** *f* (Web) / lavado *m* en cuerda ‖ ≃**waschmaschine** *f* / máquina *f* de lavar en cuerda
strapazieren *vt*, grob o. rau (Masch) / exponer a duros trapos ‖ ~, ermüden / fatigar ‖ ~, abnutzen / gastar
strapazierfähig (Tex) / resistente
Strapazierfähigkeit *f*, D-Faktor *m* (Tex) / resistencia *f* al desgaste, resistencia *f* al uso forzado
Strap-Down•-System *n* (Raumf) / sistema *m* strap-down ‖ ≃**-Trägheitslenkung** *f* (Raumf) / guiado *m* por inercia sistema strap-down
Strass, Glas-Similistein *m* (Glas) / estrás *m*, strass *m*
Straße *f* (Stadt) / calle *f* ‖ ≃, Land-, Fahrstraße *f* / carretera *f*, ruta *f* (PARAGUAY) ‖ ≃, Weg *m* / camino *m* ‖ ≃ *f* (Fertigungs- usw.) / tren *m* de producción, cadena *f* o línea de producción ‖ ≃ (Walzw) / tren *m* de laminación ‖ ≃ (Nav) / ruta *f* ‖ ≃ **erster Ordnung** / carretera *f* principal o de primer orden ‖ ≃ **im Auftrag** / carretera *f* en terraplén ‖ ≃ **im Einschnitt** / carretera *f* en trinchera ‖ ≃ **mit getrennten Fahrbahnen**, (spez.:) autobahnähnliche Bundesstraße / carretera *f* de cuatro calzadas o plataformas o pistas o plataformas, autovía *f* ‖ ≃ **mit Steinschüttung** / carretera *f* balastada ‖ ≃ **mit Unterbau** / carretera *f* con fundación ‖ ≃**n reinigen** / barrer o limpiar calles ‖ **auf die** ≃ **gehend** (Fenster) / que da a la calle ‖ **befestigte** ≃ / camino *m* empedrado ‖ **eigentliche** ≃, Fahrdamm *m* / calzada *f* ‖ **eine** ≃ **bauen** (o. anlegen) / construir una calle o carretera
Straßen•..., Verkehrs... / vial *adj*, viario ‖ ≃**ablauf** *m* / sumidero *m* ‖ ≃**abschnitt** *m*, Strecke *f* / tramo *m* de carretera ‖ ≃**anbindung** *f* (Ort, Fabrik) / conexión *f* a la vía pública ‖ ≃**anlage** *f* / trazado *m* de una calle o carretera ‖ ≃**arbeiten** *f pl* / trabajos *m pl* camineros, obras *f pl* ‖ ≃**arbeiter** *m* (Straßb) / peón *m* caminero ‖ ≃**aufbruch** *m* (Winterschaden) / daño *m* causado por las heladas ‖ ≃**aufbruch** (wegen Versagens des Bindemittels) (Straßb) / erosión *f* ‖ ≃**aufreißen** *n* / escarificado *m* ‖ ≃**aufreißmaschine**, -egge *f*, -pflug *m* / escarificador *m*, arrancador *m* ‖ ≃**aufschüttung** *f* / terraplén *m* ‖ ≃**aufseher** *m* / agente *m* de inspección de carreteras ‖ ≃**ausbau** *m* / acondicionamiento *m*
Straßenbahn *f* / tranvía *m* ‖ ≃... / tranviario *adj* ‖ ≃ **auf eigenem Bahnkörper** / ferrobús *m* ‖ ≃**depot** *n* / cochera *f* de tranvía
Straßenbahner *m* / tranviario *m*
Straßenbahn•führer, -fahrer *m* / conductor *m* de tranvía ‖ ≃**-Gelenkzug** *m* / ferrobús *m* articulado ‖ ≃**generator** *m* / generador *m* para tranvía ‖ ≃**haltestelle** *f* / parada *f* de tranvía ‖ ≃**linie** *f* / línea *f* de tranvía ‖ ≃**mast** *m* / mástil *m* de tranvía ‖ ≃**motor** *m* / motor *m* de tranvía ‖ ≃**schaffner** *m* / cobrador *m* (E) o guarda (LA) de tranvía ‖ ≃**schiene** *f*, Rillenschiene *f* / carril *m* o riel de tranvía, riel *m* de garganta ‖ ≃**triebwagen** *m*, Motorwagen *m* / coche *m* motor de tranvía ‖ ≃**wagen** *m* / tranvía *f*, coche *m* de tranvía ‖ ≃**weiche** *f* / aguja *f* de tranvía
Straßen•bau *m* / construcción *f* de carreteras ‖ ≃**bauamt** *n* / oficina *f* [estatal] de construcción de carreteras ‖ ≃**bauarbeiten** *f pl* (Landstraße) / trabajos *m pl* de carretera, obras *f pl* viales ‖ ≃ **[städtische]** ≃**bauarbeiten** / trabajos *m pl* de construcción de calles ‖ ≃**bau-Bitumen** *n* / betún *m* caminero ‖ ≃**bauer**, -bauingenieur *m* / ingeniero *m* [constructor] de caminos ‖ ≃**baumaschine** *f* / máquina *f* para la construcción de carreteras ‖ ≃**baumaterial** *n* / material *m* para la construcción de carreteras ‖ ≃**baunorm** *f* / norma *f* de la construcción de carreteras ‖ ≃**bauschlacke** *f* / escoria *f* para la construcción de carreteras ‖ ≃**bautechnik** *f* / ingeniería *f* de carreteras ‖ ≃ **- od. Wegebauwesen** *n* / vialidad *f* ‖ ≃**befestigung** *f* / afirmado *m* de carreteras ‖ ≃**belag** *m* / revestimiento *m* de la calzada, pavimento *m* ‖ ≃**beleuchtung** *f* /

iluminación f de la calle ‖ ~benutzer m / usuario m de calle o carretera ‖ ~benutzungsgebühr f, Maut f / peaje m ‖ selbstfahrende ~betoniermaschine, Paver m (Straß) / acabadora f de firmes con hormigón ‖ ~bezeichnungsschild n / letrero m de carretera ‖ ~biegung f, Kurve f (Straß) / curva f de calle o carretera ‖ ~brücke f / puente m carretero o de la carretera, viaducto m ‖ ~damm m, Fahrbahn f / calzada f ‖ ~damm, Straße f im Auftrag / carretera f en terraplén ‖ ~decke f, -belag m / revestimiento m de la calzada, pavimento m, firme m ‖ gedichtete ~decke / pavimento m apisonado, pavimento m compactado ‖ schwere ~decke, Schwarzdecke f / recubrimiento m de negro, pavimento m de asfalto ‖ ~durchbruch m / abertura f de calle ‖ ~einlauf, -kanal m / sumidero m ‖ ~einmündung f / desembocadura f de calle ‖ ~einschnitt m (Straß) / trinchera f, corte m (CHILE) ‖ ~fahrzeug n / vehículo m de carretera ‖ für ~fahrzeuge / para vehículos de carretera ‖ ~fahrzeugwaage f / báscula f pesa-camiones ‖ ~fernverkehr m / servicio m de transporte por carretera a gran distancia ‖ ~fertiger m / acabadora f de carreteras ‖ ~festiger m (Beton) / vibroacabador m ‖ ~fläche f, Höhe f der Erdoberfläche / nivel m de calle o carretera ‖ ~front, Fassade f / fachada f ‖ ~gabelung f / bifurcación f ‖ ~gebunden, Straßen... / caminero ‖ ~glätte f / estado m resbaladizo ‖ ~graben, Seitenwasserabzug m / cuneta f ‖ ~güterverkehr m / transportes m pl de mercancías por carretera o por camión ‖ ~hobel, Grader m / escarificadora f, niveladora f ‖ ~instandsetzung f / reparación f de calles o carreteras ‖ ~kanal m, Abwasserkanal m / alcantarilla f ‖ ~kanal, -einlauf m / sumidero m ‖ ~kappe f / tapa f de sumidero ‖ ~kappe (Gas) / tapa f para compuerta de gas ‖ ~kappe für Hydrant f (DIN 3580) / tapa f de válvula o de boca de riego ‖ ~karte f / mapa m de carreteras, itinerario m de carreteras ‖ ~kehricht m, -schmutz m / basura f de calles, barreduras f pl ‖ ~kehrmaschine f / barredera f, vehículo m barredor ‖ [selbstaufnehmende] ~kehrmaschine / barredera f aspiradora ‖ ~kehr- und Sprengmaschine f / barredera f regadera ‖ ~kontakt m (Kfz) / contacto m con el suelo ‖ ~kontrolle f, -überwachung f / control m vial ‖ ~kreuzung f / cruce m de carreteras ‖ ~lage f, Fahreigenschaften f pl (Kfz) / comportamiento m en marcha (de un vehículo), estabilidad f en la carretera, adaptación f a la carretera ‖ ~laterne f, -leuchte f / farola f ‖ ~leitungen f pl / canalización f o tubería principal, red f de alimentación o de distribución ‖ ~markierung f / señalización f [horizontal] de calles o carreteras ‖ ~meister m / agente m de inspección de carreteras ‖ ~mitte f / centro m de carretera ‖ ~nagel m / clavo m [reflector] de calle ‖ ~nägel m pl / topes m pl (MEJ) ‖ ~nahverkehr m (Straß) / servicio m de transporte por carretera a pequeña distancia ‖ ~netz n / red f caminera o de carreteras, red f vial ‖ ~niveau n / nivel m de carretera ‖ ~oberbau m, -befestigung f / superestructura f de carretera ‖ ~oberbauarbeit, Straßenbefestigung f / afirmado m de carretera ‖ ~oberfläche f / superficie f de calzada ‖ ~oberflächenmessgerät n (Straß) / verificador m de la superficie de calzada ‖ ~oberkante f / rasante f de la calzada ‖ ~oktanzahl f (Kfz) / número m octano de carretera ‖ ~pech n / alquitrán m de carretera ‖ ~pflaster n, Pflasterung f / pavimento m, empedrado m, adoquinado m de calles ‖ ~pflug m, -egge f / escarificadora f ‖ ~plan m / plano m de la ciudad ‖ ~planierer m (Straß) / niveladora f de carreteras ‖ ~rand m, -seite f / borde m de la carretera ‖ ~rand für Fußgänger / borde m de peatones, acera f ‖ dem ~rand näher / en la proximidad del borde de carretera ‖ ~randmarkierung f / marcación f del borde de carretera ‖ ~reifen m (Kfz) / neumático m para carreteras ‖ ~reinigung f (Behörde) / servicio m de limpieza callejera ‖ ~reinigung (Tätigkeit) / limpieza f pública o de calles, recogida f de basuras ‖ ~reinigungsmaschine f / máquina f de limpieza de calles, barredera f ‖ ~reinigungswagen m / vehículo m [del servicio] municipal ‖ innerer ~ring / ronda f interior, cinturón m interior ‖ ~roller m (Bahn) / remolque m portavagón, carretón m para transporte de vagones ‖ ~sammler m (Straß) / colector m de cieno ‖ ~schild n / placa f de calle, letrero m de calle ‖ ~schilder anbringen / señalizar ‖ ~schlepper m, -traktor m / tractor m de carretera ‖ ~schotter m / balasto m de carretera ‖ ~schwellen f pl (zwingen zum Langsamfahren) / policía m acostado (LA) ‖ ~seite, -front f (Bau) / fachada f ‖ ~siedlung f (entlang einer Straße), Reihendorf n / colonia f (E) o colonización (LA) en línea ‖ ~spediteur m / empresa f de acarreo ‖ ~sperrung f / cierre m de la circulación o al tránsito, cierre m de la carretera ‖ ~sprengung f / riego m municipal ‖ ~tankwagen m, -tankfahrzeug n / camión m cisterna ‖ ~teer m, (jetzt:) Straßenpech m / alquitrán m para carreteras ‖ ~teer-Ausflussgerät n, -Konsistometer n (Mat.Prüf) / viscosímetro m estándar de alquitrán [para carreteras] ‖ ~teermaschine f / alquitranadora f de carreteras ‖ ~teppich m aus Schwarzdeckenmischung / revestimiento m de negro ‖ ~test m, -Tauglichkeitsprüfung f (Kfz) / ensayo m en carretera ‖ ~träger m (Brücke) / viga f portacalzada ‖ ~transport m / transporte m por carretera ‖ ~transportgewerbe n / industria f de transportes por carretera ‖ ~transport-Unternehmer, -verkehrs-Unternehmer m (Kfz) / transportista m por carretera ‖ ~tunnel m / túnel m de carretera ‖ ~überführung f (Bahn) / paso m superior o por encima ‖ ~überführung (statt Kreuzung), Kreuzungsbauwerk n (Straß) / paso m elevado ‖ ~unterbau m / fundación f de calzada ‖ ~unterführung f / paso m inferior o por debajo ‖ ~-Untergrund m / subsuelo m de calle o carretera ‖ ~unterhaltwagen m / camión m de reparaciones de carretera, patrulladora f de entretenimiento (LA) ‖ ~verbreiterung f / ensanche m de la calle ‖ ~verhalten n (Benzin, Kfz) / comportamiento m funcional en la carretera ‖ ~verkehr m / tráfico m rodado ‖ innerstädtischer ~verkehr / circulación f por calles ‖ lebhafter ~verkehr / circulación f viva ‖ ~verkehrschild n / placa f de señalización de carretera ‖ ~verkehrsordnung, StVO f / Reglamento m de Circulación (E) ‖ ~verkehrsregeln f pl / reglas f pl de la circulación ‖ ~verkehrsseite f (Kfz) / lado m de circulación ‖ ~verkehrssignal n / señal f de carretera (p.ej.: indicadora de paso a nivel) ‖ ~verkehrssystem n, -linie f (Straßenbahn o. Omnibus) / sistema m de comunicación o de transporte rodado ‖ ~-Verkehrs-Zulassungs-Ordnung f, StVZO / código m de permiso de circulación, decreto m sobre las condiciones para circular ‖ ~verkehrunternehmen n / empresa f de transportes por carretera ‖ ~verlegung f / desplazamiento m de una carretera ‖ ~waage f / báscula f pesa-vehículos ‖ ~wachtwagen m (Kfz) / coche m [de] patrulla ‖ ~walze f / apisonadora f [de rulos] para obras viales ‖ ~waschmaschine f / lavadora f de calles ‖ ~welle f (zur Geschwindigkeitsbegrenzung), Aufpflasterung f / firme m ondulado ‖ ~wettbewerb m, Konkurrenz f der Straße / competencia f de la carretera ‖ ~zugmaschine f (Kfz) / tractor m de carretera ‖ ~zustand m / estado m de [las] calles o carreteras ‖ ~zustandsbericht m (Radio, Telefon) / teleruta f
Straße•-Schiene... / de carretera-ferrocarril ‖ ~-Schienefahrzeug n / vehículo m carretera-ferrocarril
Strategie f / estrategia f
strategisch / estratégico

Stratifikation f, Aufschichtung (Geol) / estratificación f
strati•grafisch, schichtenkundlich / estratigráfico ‖
⁓graphie f, Schichtenkunde f (Geol) / estratigrafía f
Strato•kumulus m, Haufenschichtwolke f (Meteo) / estratocúmulo m, cumuloestrato m ‖ **⁓pause** f (50-55 km Höhe) / estratopausa f ‖ **⁓sphäre** f (10-50 km Höhe) / estratosfera f ‖ **⁓sphärenballon** m / globo m estratosférico ‖ **⁓sphärendetonation** f / explosión f estratosférica ‖ **⁓sphärenflugzeug** n / avión m estratosférico ‖ **⁓vision** f, Satellitenfernsehen n (TV) / estratovisión f
Stratus m, Schichtwolke f (Meteo) / estrato m
Strauchwerk n (Bot) / matorral m, maleza f
Strazza f, Haspelabfall m (Seide) / hilaza f
Strazzen, Hadern pl (Pap, Tex) / trapos m pl
Stream-Digitalisieren n (DV, Eltronik) / digitalización f en flujo
Streamer m (Öl) / streamer m ‖ **⁓** (ein Magnetband-Kassettenlaufwerk) (DV) / desenrollador m continuo ‖ **⁓[funken]kammer** f (Phys) / cámara f de canalización
Streb m (Bergb) / tajo m [largo], gran corte m (en caso de arranque por corte) ‖ **⁓ in flacher, [steiler] Lagerung** / corte m horizontal, [vertical]
Streb•ausbau m (Bergb) / entibación f del tajo ‖ **⁓[aus]bau** m, -abbau m (Bergb) / explotación f por grandes cortes, explotación f por tajos largos ‖ **schreitender ⁓ausbau**, Strebvorbau m (Bergb) / entibación f deslizante de tajos largos o en grandes cortes ‖ **⁓band** n, -förderband n / cinta f transportadora de corte ‖ **⁓bogen**, Strebepfeiler m (Bau) / contrafuerte m ‖ **⁓bruchbau** m (Bergb) / explotación f de cortes con hundimiento
Strebe f (des Auslegers eines Bootes) / escálamo m ‖ **⁓**, Steife, Spreize f (Bau) / puntal m, travesaño m, tornapunta f, pie m derecho ‖ **⁓ f**, Rahmenträger m (Bahn) / riostra f de bastidor ‖ **⁓** (Luftf) / puntal m ‖ **⁓**, Diagonale f (Stahlbau) / diagonal f ‖ **auf ⁓** (Bergb) / con inclinación ‖ **[auf Zug arbeitende] ⁓** (Bau) / tirante m ‖ **mit ⁓n abstützen** / jabalconar
Strebe•bogen m (Bau) / arbotante m, botarel m ‖ **⁓kraft** f, Zentripetalkraft f (Phys) / fuerza f centrípeta ‖ **⁓mauer** f / contrafuerte m
streben, an-, hinstreben / tender [a] ‖ **⁓** n, Anstreben n / tendencia f [a, hacia]
Streben•bolzen m / perno m de unión ‖ **⁓diagonalen** f pl / miembros m pl diagonales ‖ **⁓fachwerk** n (Stahlbau) / celosía f de diagonales ‖ **⁓kreuz** n, -diagonales f pl, Verstrebung f / cruz f de tornapuntas
Strebe•pfeiler m (Bau) / contrafuerte m, estribo m ‖ **⁓pfosten** m, Stiel m / puntal m ‖ **⁓werk** n (Bau) / sistema m de soportes exteriores
Streb•förderer m (Bergb) / transportador m de tajo o de corte ‖ **⁓front** f (Bergb) / frente m de arranque, frente de corte (solamente en caso de arranque por corte) ‖ **⁓fuß** m (Bergb) / base f de arranque o de corte ‖ **⁓leistung** f / rendimiento m de corte [por hombre y turno] ‖ **⁓panzer** m / transportador m de arranque con cadena de arrastre ‖ **⁓rückbau** m (zum Schacht hin) / explotación f del corte en retrada ‖ **⁓schrämmaschine** f / rozadora f de corte ‖ **⁓stempel** m (Bergb) / puntal m de corte ‖ **⁓steuerstand** m / puesto m de mando de corte ‖ **⁓stoß** m (Bergb) / pared f frontal de corte ‖ **[noch anstehender] ⁓stoß** s. Strebflügel / parapiedras m ‖ **⁓strecke** f / galería f de corte
Streck•band n (Spinn) / cinta f de manuar ‖ **⁓bandlunte** f (Spinn) / mecha f condensada por frotación
streckbar, dehnbar / extensible, estirable ‖ **⁓**, plastisch verformbar (Metall) / maleable, dúctil
Streckbarkeit f, Dehnbarkeit f / extensibilidad f, alargabilidad f, estirabilidad f ‖ **⁓**, Hämmerbarkeit f (Metall) / maleabilidad f, ductilidad f

Streck•bereich m (Mech) / zona f elástica de extensibilidad ‖ **⁓biegerichten** n / enderezado m por tracción y flexión ‖ **⁓blasformen** n (Plast) / conformación f con soplado y distensión ‖ **⁓-Blasziehen** n / conformación f sobre molde positivo ‖ **⁓bremse** f (Kfz) / freno m de mantenimiento de línea ‖ **⁓draht** m / alambre m estirado o trefilado
Strecke f, Abstand m / distancia f ‖ **⁓** (Bergb) / galería f ‖ **⁓**, Weg m / trayecto m, recorrido m, trecho m ‖ **⁓**, Laufstrecke f (z.B. Torpedo) / corrida f (p.ej. torpedo) ‖ **⁓** (Math) / segmento m rectilíneo ‖ **⁓**, Eisenbahnlinie f / línea f [ferroviaria] ‖ **⁓** f, Streckenstück n (Bahn) / sección f de línea ‖ **⁓**, Trasse f / trazado m ‖ **⁓** (Tex) / estirado m, manuar m ‖ **⁓**, Stapelzugmaschine f (Tex) / desenredador m ‖ **⁓** f (für Wolle) / manuar m para lana ‖ **⁓ besetzt** (Bahn) / línea f ocupada ‖ **⁓ frei** (Bahn) / línea f libre ‖ **⁓ f in km** / kilometraje m ‖ **[begrenzte] ⁓** (Math) / segmento m rectilíneo limitado ‖ **eine ⁓ ablaufen** (Nav) / percorrer una distancia ‖ **eine ⁓ auffahren** (Bergb) / avanzar una galería ‖ **eine ⁓ zurücklegen** (o. laufen o. fahren) / recorrer una distancia
Streckeisen n, Schlichteisen n (Gerb) / estira f, cuchillo m sin corte para estirar
strecken vt, recken / estirar, extender, dilatar ‖ **⁓**, schmieden / estirar por forjado ‖ **⁓** (Chem) / diluir, extender ‖ **⁓**, ausziehen (Spinn) / estirar ‖ **[Arbeit] ⁓** / demorar ‖ **sich ⁓** / extenderse, alargarse, estirarse ‖ **zu stark ⁓** / extender excesivamente ‖ **zum ersten Mal ⁓** (Walzw) / laminación f de desbaste ‖ **⁓** n (Spinn) / estiraje m
Strecken•abschnitt m, Teilstrecke f (Bahn) / sección f de línea, ramo m de vía ‖ **⁓abschnitt** (ohne Zw.landung) (Luftf) / sección f ‖ **⁓abzweigung** f (Bahn) / bifurcación f ‖ **⁓arbeiter** m / obrero m de [la] vía ‖ **⁓auffahren** n (Bergb) / avance m de galería ‖ **⁓aufseher**, Bahnwärter m, Streckenwärter m (Bahn) / vigilante m de vía (E), guardavía m, supervisor m caminero mayor (CHILE) m de vía [LA] ‖ **⁓ausbau** m (Bergb) / entibación f de las galerías ‖ **stählerner ⁓ausbau** / entibación f metálica ‖ **⁓ausbauprofile** n pl (Bergb) / perfiles m pl para entibación ‖ **⁓ausrüstung** f (Bahn) / equipo m de línea ‖ **⁓band** n (Spinn) / cinta f de estiraje ‖ **⁓band** (Bergb) / cinta f transportadora de galería ‖ **⁓begehung** f (Bahn) / ronda f de vigilancia ‖ **⁓belastung**, -leistung f (Bahn) / carga f de la línea, intensidad f de la circulación ‖ **⁓besetzungsplan** m (Bahn) / gráfico m o diagrama de ocupación de vías ‖ **⁓betrieb**, Untertagebau m (Bergb) / explotación f por galería ‖ **⁓block** m (Bahn) / bloqueo m [de tramos o de secciones], block-system m ‖ **⁓block mit Zugeinwirkung** (Bahn) / bloqueo m con accionamiento de paso ‖ **⁓bogen** m (Bergb) / arco m metálico de galería ‖ **⁓brahmen** n / triangulación f de galería ‖ **⁓dämpfung** f (Eltronik) / atenuación f de propagación, atenuación f [a lo largo] de la trayectoria ‖ **⁓-Diesellok** f / locomotora f Diesel de línea ‖ **⁓durchgang** m, -passage f (Spinn) / pasaje m de estirado ‖ **⁓element** n (Math) / elemento m lineal ‖ **⁓ende** n (Bergb) / fondo m de galería ‖ **⁓ende**, Teilstück n (Bergb) / sección f de galería ‖ **⁓endschalter** m (Bergb) / interruptor m final de seguro ‖ **⁓fahrdienstleiter** m (Bahn) / agente m encargado de la regulación del tráfico ‖ **⁓fenster** n (Seilb) / ventana f de línea ‖ **⁓fernmeldekabel** n / cable m de telecomunicación ferroviaria ‖ **⁓fernsprecher** (Fernm) / teléfono m portátil para los guardavías ‖ **⁓fernsprechleitung** f (Bahn) / línea f ómnibus ‖ **⁓firste** f (Bergb) / techo m de la galería ‖ **⁓flugplatz** m / aeropuerto m regular ‖ **⁓[förder]band** (Bergb) / cinta f transportadora de galería ‖ **⁓förderung**, Förderung f unter Tage (Bergb) / transporte m en la galería ‖ **⁓förderung** (Bergb) / transporte m de las

1287

galerías de extracción ‖ ⁓**führung** f / trazado m de líneas ‖ ⁓**funkfeuer** n (Luftf) / radiobaliza f [fija] de alineación ‖ ⁓**gefälle** n (Bahn) / pendiente m de la vía ‖ ⁓**gestell** n (Bergb) / caballete m metálico ‖ ⁓**gleis** n (Bahn) / vía f de circulación ‖ ⁓**isolator** m (Elektr) / aislador m de sección ‖ ⁓**kanne** f (Spinn) / bote m de estiraje o de manuar ‖ ⁓**karte** f (Luftf) / mapa m de radionavegación ‖ ⁓**kennung** f (Luftf) / balizamiento m de rutas aéreas ‖ ⁓**kilometer** m pl (Bahn) / kilómetros m pl recorridos ‖ ⁓**lademaschine** f (Bergb) / cargadora f de galería ‖ ⁓**länge** f / longitud f de la vía ‖ ⁓**last** f (Mech) / carga f lineal ‖ ⁓**leistung**, -belastung f (Bahn) / recorrido m diario ‖ **monatliche** ⁓**leistung** (Bahn) / recorrido m mensual ‖ ⁓**leitstrahl** m (Luftf) / rayo-guía m de ruta ‖ ⁓**lokomotive** f (für Hauptstrecken) (Bahn) / locomotora f [de servicio] de línea ‖ ⁓**messgerät** n (Opt) / aparato m [electroóptico] para medir las distancias ‖ ⁓**messtheodolit** m (Verm) / teodolito m taquimétrico ‖ [**vollständige**] ⁓**messung** / medición f a punta a punta ‖ ⁓**navigation** f (Luftf, Schiff) / navegación f de distancia ‖ ⁓**netz** n (Bergb) / sistema m de galerías ‖ ⁓**netzplan** m (Bahn) / plano m de la red ferroviaria ‖ ⁓**ort** n (Bergb) / fondo m de galería ‖ ⁓**passage** f, -**durchgang** m (Spinn) / pasaje m de estirado ‖ ⁓**personal** n (Bahn) / personal m de vigilancia de la vía ‖ ⁓**pfeiler** m (Bergb) / pilar m entre cortes ‖ ⁓**positionierung** f (NC) / posicionamiento m lineal ‖ ⁓**profil** n / perfil m de línea ‖ ⁓**querschnitt** m (Bergb) / sección f transversal de una galería ‖ ⁓**raubgerät** n, **Raubmaschine** f / recuperadora f hidráulica de estemples, rescador m de puntales ‖ ⁓**räumer** m (Bergb) / desescombrador m de galería ‖ ⁓**-Richtungswechsel** m (Bergb) / cambio m de dirección de la galería ‖ ⁓**schacht** m, **blinder Schacht** (Bergb) / pozo m interior ‖ ⁓**schalter** m, -**unterbrecher** m (Bahn, Elektr) / aislador m de sección ‖ ⁓**schalter mit Hornableitern** / seccionador de cuernos ‖ ⁓**schaltkasten** m / caja f del seccionador ‖ ⁓**schild** n, **Richtungstafel** f (Bahn) / indicador m de dirección ‖ ⁓**schutz** m (Relais) / protección f piloto ‖ ⁓**signal** n (Bahn) / señal f en plena vía ‖ ⁓**sohle** f (Bergb) / nivel m de galería ‖ ⁓**-Spannvorrichtung** f (Seilb) / dispositivo m doble de tensión ‖ ⁓**stelltafel** f (Bahn) / cuadro m de mando centralizado ‖ ⁓**stellwerk** n (Bahn) / puesto m de mando centralizado ‖ ⁓**steuerung** f (NC) / sistema m de mando lineal ‖ ⁓**steuerung** (Regeln) / mando m paraxial [de movimiento] ‖ ⁓**stillegung** f (Bahn) / cierre m de líneas al servicio ‖ ⁓**stoß**, **Ortsstoß** m (Bergb) / frente m de derriba o de galería, testera f de trabajo ‖ ⁓**strecke** n, Strecke f (Bahn) / sección f de vía ‖ ⁓**teilung** f (Geom) / división f de segmentos rectilíneos ‖ ⁓**trenner**, -**isolator** m (Bahn) / aislador m de sección ‖ ⁓**trennung** f (Bahn, Elektr) / seccionamiento m de línea de contacto ‖ ⁓**trennung** (Lufttrennung) (Bahn) / seccionamiento m de lámina de aire ‖ ⁓**überholungsgleis** n (Bahn) / vía f de alcance en marcha, desvío m de paso (LA) ‖ ⁓**- und Pfeilerabbau** m (Bergb) / explotación f por galerías y pilares ‖ ⁓**- und Pfeilerabbau in [geschlossenen Bau]abteilungen** (Bergb) / explotación f por pilares y compartimientos aislados ‖ ⁓**verbindung**, Standverbindung f (Fernm) / conexión f de punto a punto ‖ ⁓**verlauf** m / curso m, trayecto m ‖ ⁓**vortrieb** m (Bergb) / avance m de galerías ‖ ⁓**vortriebmaschine** f (Bergb) / máquina f para avanzar (o cortar) galerías, máquina f de propulsión para los trazados, máquina f para hacer túneles ‖ ⁓**vortriebsleistung** f (Bergb) / rendimiento m de avance de galería, rendimiento m de trazado ‖ ⁓**wärter**, -**aufseher** m (Bahn) / vigilante m de la vía ‖ ⁓**wärter** m (Spinn) / manualar m, guardahílos m ‖ ⁓**zimmerung** f (Bergb) / entibación f de galería

Strecker m, **Binder** m (Bau) / tizón m, ladrillo m colocado a tizón ‖ ⁓, **Richtapparat** m (Walzw) / enderezador m ‖ ⁓ m (Spinn) / manualar m ‖ ⁓**schicht**, -**lage** f (Bau) / ladrillos m pl colocados a tizón ‖ ⁓**verband** m (Bau) / aparejo m de ladrillos colocados a tizón

Streck•festigkeit f (Mech) / resistencia f a la elongación o al alargamiento ‖ ⁓**formen** n (Met) / conformado m por estirado ‖ ⁓**formen, -ziehen**, Reckziehen n (Blech) / conformado m por distensión ‖ ⁓**gerüst** n (Walzw) / caja f desbastadora o blooming ‖ ⁓**gesenk** n (Schm) / estampa f de embutición ‖ ⁓**gesenk**, Rollgesenk n (Schm) / matriz f para rodar ‖ ⁓**gitter** n (DIN 791) (Hütt) / metal m desplegado o déployé ‖ ⁓**grad** m (Walzw) / razón f de estirado ‖ ⁓**grenze**, Dehnungsgrenze f / límite m [elástico o] de estricción o de fluencia ‖ **untere** ⁓**grenze** / límite m elástico inferior ‖ **obere** ⁓**grenze** / límite m elástico superior ‖ **konventionelle o. technische** ⁓**grenze**, 0,2% Dehngrenze f / límite m elástico convencional ‖ ⁓**grenzenabfall** m / disminución f del límite de estricción ‖ ⁓**grenzenverhältnis** n / relación f límite de fluencia/resistencia a la tracción ‖ ⁓**gurtwinkel** m (Stahlbau) / ángulo m de la cabeza horizontal ‖ ⁓**härtung** f / endurecimiento m por deformación ‖ ⁓**kaliber** n (Walzw) / calibre m o paso de desbaste ‖ ⁓**kopf** m (Spinn) / cabeza f de pasaje ‖ ⁓**leisten** m (Schuh) / horma f extensible ‖ ⁓**maschine** f (Leder) / máquina f para estirar ‖ ⁓**maschine** (Spinn) / banco m de estiraje ‖ ⁓**maschine**, Spannwerk n (Spinn) / máquina f de estirar ‖ ⁓**maschine** (Blech) / máquina f enderezadora por estirado ‖ ⁓**maschine für Sieb** (Pap) / estiradora f ‖ ⁓**metall** n (Hütt) / metal m desplegado o déployé ‖ ⁓**metall mit rhombischen Öffnungen** / metal m desplegado en losange ‖ ⁓**metalleinlage** f (Straßb) / metal m fenestrado ‖ ⁓**mittel** n, Füller m (Farbe, Plast) / larga f ‖ ⁓**mittel**, Verdünner m (Chem) / dilu[y]ente m, extensor m ‖ ⁓**ofen** m (Glas) / horno m de extender ‖ ⁓**ortstein**, Ortstein m (Dach) / pizarra f del copete o de frontis ‖ ~**planieren** vt / entallar por estirado ‖ ⁓**platte** f (Glas) / placa f de extender ‖ ~**reduzier-Walzwerk** n / tren m reductor-desbastador ‖ ~**richten** vt (Hütt) / enderezar por estirado ‖ ⁓**richten** n / estirado-enderezado m ‖ ⁓**richtmaschine** f / enderezadora f por estirado ‖ ⁓**richtmaschine** / estiradora-enderezadora f ‖ ⁓**säge**, (jetzt:) Zugsäge f (Wz) / sierra f tronzadora ‖ ~**schären** (Web) / estirar y urdir ‖ ⁓**schicht** f (Bau) / ladrillos m pl colocados a tizón ‖ ~**schmieden** / forjar por estirado ‖ ⁓**schmieden** n (Schm) / forjado m de lingotes por estirado ‖ ⁓**schrägwalzwerk** n (Hütt) / tren m laminador de desbaste y de cilindros cruzados ‖ ⁓**spannung** f / tensión f de fluencia ‖ ~**spinnen** vt (Tex) / hilar y estirar ‖ ⁓**spinnen** n (Tex) / hilado m con estiraje ‖ ⁓**stahl** m (Hütt) / acero m estirado ‖ ⁓**stein** m (Bau) / tizón m, ladrillo m colocado a tizón ‖ ⁓**stich**, Vorstich m (Walzw) / pasada f de desbaste ‖ ~**texturieren** vt (Web) / texturar y estirar

Streckung f, Ausdehnung f, -dehnen n / extensión f ‖ ⁓ **der Kette** (Web) / alargamiento m de la urdimbre, extensión f de la urdimbre

Streckungs•mittel n (Chem) / dilu[y]ente m ‖ ⁓**verhältnis**, Schlankheitsverhältnis n / razón f de esbeltez ‖ ⁓**verhältnis** f (Spinn) / relación f de estiraje

Streck•vlies n (Spinn) / cinta f de manuar ‖ ⁓**walze** f, Ausziehwalze f (Spinn) / cilindro m de estiraje ‖ ⁓**walze** (Walzw) / cilindro m de desbaste ‖ ~**walzen** vt, vorwalzen / desbastar por laminación ‖ ⁓**walzwerk** n / tren m laminador de desbaste ‖ ~**weite** f (Spinn) / distancia f entre los cilindros alimentadores y los de estiraje ‖ ⁓**werk** n (Plast) / dispositivo m de orientación ‖ ⁓**werk** (Spinn) / banco m de estiraje, manuar m ‖ ⁓**werkabdeckung** f / recubrimiento m de los cilindros de estiraje ‖ ⁓**werkzeug** n (Hütt) / herramienta f de estirado ‖ ~**ziehen** vt (Blech) / estirar sobre molde [positivo] ‖ ⁓**ziehmaschine** f (Plast) /

estiradora-embutidora f ‖ ⁓zug m beim Tiefziehen / embutido m con estirado ‖ ⁓zwirnen n (Tex) / retorcido con estiraje ‖ ⁓zwirnmaschine f (Tex) / estiradora-retorcedora f ‖ ⁓zylinder m, Unterzylinder m (Tex) / cilindro m de estiraje inferior
strehlen vt (Gewinde) / roscar con peine
Strehler m / peine m roscador o de roscar ‖ ⁓backe f / mordaza f de peine roscador ‖ ⁓backenkopf m / cabeza m portapeine ‖ ⁓schleifmaschine f / afiladora f para peines de roscar, afilapeines m
Streich•... (Pap) / de estucado ‖ ⁓anlage f (Pap) / instalación f de estucado [en dos caros] ‖ ⁓balken m (Hydr) / viga f raedera sumergida ‖ ⁓balken (Zimm) / viga f de retallo, solera f ‖ ⁓barkeit, -fähigkeit f (Farbe) / brochabilidad f, extensibilidad f por pincel ‖ ⁓baum m (Web) / cilindro m guíahilos, portahílos m ‖ ⁓blech n (Pflug) / vertedera f ‖ ⁓blech, Abstreicher m (Bandförderer) / rascador m, vertedera f ‖ ⁓brett n (Schablone) (Gieß) / calibre m de moldeo ‖ ⁓bürste f (Web) / cepillo m de encolado ‖ ⁓bürste (Bau) / brocha f de recubrir ‖ ⁓dalbe f (Schiff) / pilote f de defensa, duque m de alba ‖ ⁓eisen n, Fugenkelle f (Bau, Wz) / llana f (E) o cuchara (LA) de rejuntar
streichen vt, anstreichen / pintar, dar una mano de pintura ‖ ~, reiben / rozar, pasar la mano [por], frotar ‖ ~ (z.B. Leim) / encolar ‖ ~, ausstreichen (Schrift) / tachar, borrar, cancelar ‖ ~ (Pap) / estucar ‖ ~, annullieren / cancelar ‖ ~, ausradieren / borrar ‖ ~, kardieren (Tex) / cardar ‖ ~ vi (Geol) / orientarse ‖ **einen Zug** ~ / suprimer un tren ‖ **frisch gestrichen!** / ¡recién pintado! ‖ **von einer Liste** ~ / tachar (de o en una lista) ‖ **Ziegel** ~ / moldear ladrillos ‖ ⁓ n (Geol) / orientación f de las capas o estratificaciones ‖ ⁓ (Pap) / estucado m ‖ ⁓, Rückgängigmachen n / anulación f, cancelación f ‖ ⁓ **des Ganges**, Streichrichtung f (Bergb) / dirección f del filón
streichend (Geol) / en dirección ‖ **~er Ausbau** (Bergb) / explotación f en dirección ‖ **~er Streb** (Bergb) / corte m en dirección ‖ **~e Strecke** (Bergb) / galería f en dirección
streich•fähig / untable ‖ ⁓**farbenwanne** f (Pap) / tina f ‖ **~fertig** (Farbe) / listo o preparado para aplicar (con pincel) ‖ ⁓**garn** n, Streichwolle f (Wolle) / hilo m de lana cardada ‖ ⁓**garn**, -baumwollgarn n / hilo m de algodón cardado ‖ ⁓**garngewebe** n / tejido m de hilados cardados ‖ ⁓**garngewebe-Veredlung** f / apresto m de tejidos de hilos cardados ‖ ⁓**garnkratze** f / carda f de hilo cardado ‖ ⁓**garnspinnerei** f (Tätigkeit und Fabrik) / hilatura f de lana cardada ‖ ⁓**garnwagenspinner** m / selfactina f para hilo de lana cardada ‖ ⁓**garnwolle** f (Rohmaterial) / lana f de carda ‖ ⁓**harz** n (Plast) / resina f para extender, resina f líquida ‖ ⁓**holz** n / cerilla f, cerillo, mixto m, fósforo m, (BOL:) pajuela f ‖ ⁓**holz**, Abstreichlineal n, Richtscheit n (Bau) / rascador m f ‖ ⁓**holzschachtel** f / cajita f de cerillas, cerilladora f ‖ ⁓**instrument** n / instrumento m de cuerda o de arco ‖ ⁓**lack** m / barniz m para pincel ‖ ⁓**linie** f (Straßb) / rasante f [línea de una carretera respecto al plano horizontal] ‖ ⁓**maschine** f (Baumwolle) / carda f ‖ ⁓**maschine** f (Plast) / máquina f de extender ‖ ⁓**maschine** (Pap) / estucadora f, máquina f de estucar ‖ ⁓**maschine mit Abquetschwalze** (Pap) / estucadora f con rodillo exprimidor ‖ ⁓**maß** n (Stahlbau) / distancia f entre centro [de agujero] y borde ‖ ⁓**maß** (Holz) / gramil m ‖ ⁓**masse** f (allg) / masa f para extender ‖ ⁓**masse** (Pap) / masa f de estucado ‖ ⁓**messer** n (Wz) / cuchilla f extendedora ‖ ⁓**messer**, Rakel f / rasqueta f ‖ ⁓**pfahl** m s. Streichdalbe ‖ ⁓**richtung** f (Bergb) / dirección f del filón ‖ ⁓**rohpapier** n / papel m soporte para estucado ‖ ⁓**spachtel** f / empaste m de brocha ‖ ⁓**stange** f / barra f extensora ‖ ⁓**stange** (Gerüst) / carrera f ‖ ⁓**stein** n, Probierstein m / piedra f de toque ‖ ⁓**trommel** f, Abnehmer m (Tex) / llevador m

Streichung f (DV) / tachado m, borrado m, cancelación f ‖ ⁓, Kürzung f (Math) / reducción f
Streichungs•meldung f (DV) / mensaje m de tachado ‖ ⁓**zeichen** n (Druck) / dele m
Streich•wehr n (parallel zur Fließrichtung) (Wassb) / presa f lateral ‖ ⁓**winkel** m (Bergb) / ángulo m formado por la línea de dirección y el meridiano ‖ ⁓**wolle** f (Tex) / lana f cardada ‖ ⁓**wollkrempel** f / carda f para lana cardada
Streifband n, Buchbinde f (Druck) / faja f
streifen vt, abstreifen / quitar ‖ ~, leicht berühren / rozar, rasar, tocar ligeramente ‖ ~, mit Streifen versehen / rayar ‖ ~ (Randstein) (Kfz) / gridar
Streifen m, Kratzer m / estría f ‖ ⁓ / faja f, tira f, lista f ‖ ⁓ (Pap) / tira f ‖ ⁓ [gürtelähnlicher] / zona f ‖ ⁓ m, schmales Stück / banda f ‖ ⁓ m pl, Streifenmaterial n (Stanz) / tiras f pl ‖ ⁓ m, Bandstahl m / fleje m ‖ ⁓, Licht-, Farbstreifen m / faja f ‖ ⁓, Pressfehler m pl (Plast) / traza f de flujo ‖ ⁓ m (Decca) / calle f, casillo m ‖ ⁓, Flurstreifen m / cinta f, película f ‖ ⁓ (im Tuch) / vareta f ‖ ⁓, Striemen m (Glas) / estría f ‖ ⁓ (Fehler, Web) / raya f ‖ ⁓ **bilden bzw. einweben** / varetear vt ‖ ⁓ **im Druck** (Druck) / barra f, franja f ‖ ⁓ **Landes**- / faja f (E) o franja (LA) de tierra ‖ **[biegsamer]** ⁓ (aus Holz o. Metall) / cercha f, regla f flexible ‖ **in** ⁓ **schneiden** (Leder) / retobar (LA) ‖ **[langer schmaler]** ⁓ / estela f
Streifen•abschwächer, Tauchteiler m (Wellenleiter) / atenuador m de lámina o de tabique ‖ ⁓**abstand** m (Interferenz) / distancia f entre franjas ‖ ⁓**abtaster** m (Eltronik) / analizador m o explorador de cinta ‖ ⁓**abtastung** f (TV) / exploración f rectilínea ‖ ⁓**abtastung**, partielle Bildaufnahme (TV) / exploración f parcial ‖ ⁓**ansaugevorrichtung** f (Wzm) / dispositivo m aspirador de tiras ‖ ⁓**anzeige** f (Druck) / plafón m horizontal ‖ ⁓**aufnahme** f (Luftbildverm) / levantamiento m aéreo de fajas ‖ ⁓**ausgleichung** f (Verm) / compensación f por fajas ‖ ⁓**beleimung** f (Bb) / encolado m en tiras ‖ ⁓**beleuchtung** g (Luftf) / iluminación f de franjas o fajas ‖ ⁓**bild** n (Stanz) / dibujo m de estampado ‖ ⁓**bild**, einzelnes Filmbild / fotograma m ‖ ⁓**bildung** f (Hütt) / formación f de bandas ‖ ⁓**bildung**, Riefenbildung f (Masch) / formación f de estrías ‖ ⁓**bildung** f (Spinn) / formación f de rayas ‖ ⁓**bildung** (Videoband) / formación f de bandas ‖ ⁓**bildung durch schlecht justierten Kopf** (Videoband) / formación f de bandas por la cabeza mal ajustada
streifend / rasante ‖ **~er Einfall** (Phys) / incidencia f rasante ‖ **~er Schlag** / golpe m rasante
Streifen•-Display n (DV) / presentación f visual de una línea ‖ ⁓**doppler** m (Eltronik) / reproductora f de cintas ‖ **~druckend** (DV) / impresor de cintas adj ‖ ⁓**drucker** m / impresor m de cinta ‖ ⁓**entladung** f (Elektr) / descarga f estratificada ‖ **~förmig** / fajado, bandeado ‖ ⁓**förmiges Ätzmuster**, Striation f (Fehler, Halbl) / estriación f ‖ **~frei** (Färb) / exento de barras ‖ ⁓**fundament** n, Streifengründung f (Bau) / fundación f continua ‖ ⁓**geber** f / emisor m sobre cinta ‖ ⁓**gefüge** n (Walzw) / estructura f en bandas ‖ ⁓**gefüge**, Schicht-, Blättchengefüge n / estructura f laminar ‖ ⁓**gesteuert** (DV) / controlado por cinta ‖ ⁓**halter**, Abstreifer m (Tiefziehen) / portatiras m, portaláminas m ‖ ⁓**hobelmesser** n (Tischl) / cuchilla f para cepillar tiras ‖ ⁓**kassette** f / cajita f de cintas ‖ ⁓**kennung** f (Schiff) / identificación f de la zona equiseñal ‖ ⁓**krankheit** f (Gerste), Helmintosporiumkrankheit f (Landw) / rayado m de la cebada, estriado m de las hojas, estría f morena de la hoja, mancha f listada de la cebada [LA] ‖ ⁓**kühler**, Lamellenkühler m (Kfz, Luftf) / radiador m de aletas ‖ ⁓**last** f / carga f lineal ‖ ⁓**leiter** m (Wellenleiter) / microcinta f, microbanda f, guíaondas m de banda ‖ ⁓**leitung** f / línea f de cinta, línea f de bandas paralelas ‖ ⁓**leser** m / lector m de cinta ‖

Streifenlocher

≈**locher** *m* / perforador *m* de cinta ‖
≈**-Magnetband-Umsetzer** *m* / convertidor *m* de cinta perforada en banda magnética ‖ ≈**muster** *n* (TV) / mira *f* de barras ‖ ≈**muster** (Web) / dibujo *m* listado o rayado ‖ ≈**nachlauf** *m* (Lochstreifen) / cola *f* de cinta ‖ ≈**pulver** *n* (Chem) / polvo *m* lamelar ‖ ≈**richtung** *f* (Interferenz) / orientación *f* de franjas ‖ ≈**schere** *f*, -schneider *m* (Wzm) / cizalla *f* para tiras ‖ ≈**schere mit mehreren Messern** / cizalla *f* para tiras de cuchillas múltiples ‖ ≈**schreiber** *m* (Eltronik) / registrador *m* sobre banda ‖ ≈**sicherung** *f* (Elektr) / lámina *f* o tira fusible, fusible *m* de cinta *f*
≈**verschiebungs-Interferogramm** *n* (Phys) / interferograma *m* de desplazamiento de franja ‖ ≈**wagen** *m* (Kfz) / coche *m* patrulla ‖ ≈**walzwerk** *n* / tren *m* laminador de flejes ‖ ≈**wellenleiter** *m* s. Streifenleiter ‖ ≈**zeiger** *m* (Decca Radar) / vernier *m* ‖ ≈**zickzackschere** *f* (Wz) / cizalla *f* de fleje en zig-zag ‖ ≈**zuführer** *m* (Stanz) / alimentador *m* de tiras
streifig / rayado, barrado ‖ ~, ungleich gefärbt / rayado, barrado, listado ‖ ~**e Färbung** / defecto *m* de barrado en tintura ‖ ~ **machen**, streifen *vt* / rayar ‖ ~**er Perlit** (Gieß) / perlita *f* lamelar
Streifigkeit *f* (Pap) / rayas *f pl* en el papel ‖ ≈ (Fehler, Tex) / defecto *m* de barrado o en la urdimbre, rayado *m*
streifig-lamellar / rayado laminar
Streiflicht *n* (Foto) / luz *f* rasante
Streifstange *f* (Web) / barra *f* guía
Streik *m* (F.Org) / huelga *f*, paro *m* ‖ **wilder** ≈ / huelga *f* no organizada o espontánea ‖ ≈**brecher** *m* (F.Org) / esquirol *m*
streiken (F.Org) / estar en huelga, declararse en huelga
Streikender *m* (F.Org) / huelguista *m*
Streikposten *m* / piquete *m* (de huelga)
STR-Einheit *f* (= synchronous transmitter-receiver) (Fernm) / unidad *f* transmisor-receptor sincronizada
Streitkräfte *f pl* (Mil) / FF.AA. (= Fuerzas Armadas)
streng, genau / estricto, exacto ‖ ~, schwergängig (Masch) / duro ‖ ~**e Prüfung** / prueba *f* vigorosa
Strenge *f*, [auch:] Akribie *f* / rigor *m*
streng•flüssig (Gieß) / tenaz ‖ ~**flüssig**, schwer schmelzbar (Hütt) / refractario
Strepto•kokkus *m* (Biol) / estreptococo *m* ‖ ≈**mycin** *n* (Pharm) / estreptomicina *f*
Stress *m*, Druck bei der Dislokationsmetamorphose (Geol) / esfuerzo *m* elástico ‖ ≈ (z.B. am Arbeitsplatz) (Med) / estrés *m* (p.ej. en el puesto de trabajo) ‖
≈**fläche** *f* (Min) / superficie *f* de esfuerzos elásticos ‖
≈**minerale** *n pl* (Geol) / minerales *m pl* formados por esfuerzos elásticos
Stretch•garn *n* (Tex) / hilo *m* de elasticidad conferida ‖ ≈**limousine** *f* (Kfz) / berlina *f* extensible ‖ ≈**-out** *n*, Verlängerung *f* der Betriebszeit (Nukl) / estirado *m* de la duración de explotación ‖ ≈**-Strumpf** *m* (Tex) / media *f* elástica ‖ ≈**ware** *f*, -gewebe *n pl* (Tex) / tejido *m* de punto elástico
Streu•..., Ableitung... / de fuga ‖ ≈**...** (Akust) / no especial, anespecular ‖ ≈**...** (Opt) / de dispersión, de difusión ‖ ≈**aggregat** *n* (Landw) / dispositivo *m* de esparcimiento o de distribución ‖ ≈**akt** *n* (Nukl) / incidente que causa una difusión ‖ ≈**amplitude** *f* (Quanten) (Phys) / amplitud *f* de difusión ‖
≈**ausbreitung** *f* / propagación *f* por difusión ‖
≈**ausbreitungsübertragung** *f* (Radio) / propagación *f* por dispersión frontal, propagación *f* por difusión hacia adelante ‖ ≈**baumwolle** *f* / línteres *m pl* ‖
≈**bereich** *m* (Phys) / banda *f* de dispersión ‖ ≈**bereich**, Vergleichs- o. Wiederholstreubereich *m* (DIN 51849) / reproducibilidad *f* ‖ ≈**bereich** (NC) / alcance *m* de dispersión ‖ ≈**bereich** (Stat) / límite *m* de error ‖
≈**blech** *n* (Elektr) / chapa *f* de dispersión ‖ ≈**bombe** *f* (Mil) / bomba *f* clúster ‖ ≈**borax** *m* (Schw) / bórax *m* en polvo ‖ ≈**breite** *f* (Stat) / margen *m* de error ‖ ≈**breite** (Radio) / extensión *f* de difusión ‖ ≈**breite** (NC, Versuch

usw) / dispersión *f* ‖ ≈**breite der Toleranzen** (Messen) / dispersión *f* de tolerancias ‖ ≈**dienst** *m* (Straßb) / servicio *m* de esparcimiento ‖ ≈**düse** *f* (für Pulver) / tobera *f* pulverizadora ‖ ≈**echo** *n* (Akust) / eco *m* difundido ‖ ≈**effekt** *m*, Streuung *f* (Eltronik, Nukl) / difusión *f* ‖ ≈**effekt** (Elektr) / efecto *m* de fuga
streuen *vt* / esparcir, dispersar ‖ ~ (Chemikalien) / empolvar ‖ ~ (Dünger) / esparcir ‖ ~ *vi* / dispersarse, difundirse ‖ ~ (Elektr) / echar fuga ‖ ~, vagabundieren (Elektr) / vagabundear ‖ ~ (Schüsse) / divergir ‖ ≈ *n*, Verteilen *n* / distribución *f* ‖ ≈ (Ergebnisse) / dispersión *f*
streuend, zerstreuend / dispersor, dispersivo
Streuer *m*, Streugerät *n* (Landw) / repartidora *f* ‖ ≈ (Nukl) / difusor *m*
Streu•fähigkeit, -kraft *f*, -vermögen *n* (Galv) / poder *m* de penetración ‖ ≈**fahrzeug** *n* / vehículo *m* esparcidor (de arena o sal) ‖ ≈**faktor**, -koeffizient *m*, -zahl *f* / coeficiente *m* de dispersión ‖ ≈**feld** *n* (Elektr) / campo *m* de dispersión ‖ ≈**feld** (Versuche) (Stat) / dispersión *f* de resultados ‖ ≈**feldenergie** *f* / energía *f* del campo de dispersión ‖ ≈**feldtrafo** *m* / transformador *m* de dispersión ‖ ≈**flugzeug** *n* (Forstw, Landw) / avión *m* fumigador ‖ ≈**fluss** *m* (Magnet) / flujo *m* de dispersión ‖ ≈**flussinduktion** *f* / inductancia *f* parásita ‖
≈**fortpflanzung**, -ausbreitung, -übertragung *f* / radiación *f* difusa ‖ ≈**frequenz** *f* (Eltronik) / frecuencia *f* de dispersión ‖ ≈**glas** *n* / vidrio *m* dispersivo ‖
≈**grenze** *f* (Math, Phys) / límite *m* de dispersión ‖
≈**grenze** (Qual.Pr.) / límite *m* de tolerancias ‖ ≈**gut** *n*, -mittel *n pl* (Straßb) / abrasivos *m pl*, gravilla *f* ‖
≈**induktivität** *f* (Elektr) / inductancia *f* de dispersión o de fuga ‖ ≈**-Integralkern** *m* (Nukl) / núcleo *m* de dispersión ‖ ≈**kammer** *f* (Nukl) / cámara *f* de difusión [por colisión] ‖ ≈**kapazität** *f* (Eltronik) / capacitancia *f* o capacidad parásita o distribuida o dispersa o repartida ‖ ≈**kegel** *m* / cono *m* de dispersión o de difusión ‖ ≈**kern** *m* (Nukl) / núcleo *m* de dispersión ‖ ≈**klappe** *f* (Landw) / aleta *f* esparcidora ‖ ≈**koeffizient** *m* (Elektr) / coeficiente *m* de dispersión ‖ ≈**kopplung** *f* (Eltronik) / acoplo *m* o acoplamiento parásito ‖ ≈**kreis** *m* (Opt) / círculo *m* de aberración ‖ ≈**kupfer** *n* (Met) / lluvia *f* de cobre ‖ ≈**licht** *n*, Lichtstreuung *f* / luz *f* dispersa o difusa, luz *f* parásita ‖ ≈**lichtfrei** (Objektiv) / exento de luz difusa ‖ ≈**lichtmelder** *m* (Feuerschutz) / detector *m* de incendio por dispersión de luz ‖
≈**lichtphotometer** *n* / fotómetro *m* de dispersión ‖
≈**lichtschirm** *m* (Foto) / pantalla *f* difusiva ‖
≈**lichtschreiber** *m* (Luftf) / registrador *m* de luz difusa ‖ ≈**linie** *f* (Magnetismus) / línea *f* de dispersión ‖ ≈**linie** (Ultraschall) / línea *f* susceptible de difundir la luz ‖
≈**linse** *f*, Zerstreuungslinse *f* (Opt) / lente *f* divergente o cóncava ‖ ≈**matrix** *f* (Fernm) / matriz *f* de dispersión ‖ ≈**mittel** *n pl*, -gut *n* (Straßb) / abrasivos *m pl*, gravilla *f* ‖ ≈**neutron** *n* (Phys) / neutrón *m* disperso o vagabundo ‖ ≈**pulver** *n* / polvo *m* para dispersar o esparcir ‖
≈**querschnitt** *m* (Nukl) / sección *f* eficaz de dispersión ‖ ≈**reaktanz** *f* (Elektr) / reactancia *f* parásita ‖
≈**salz** *n* (Straßb) / sal *f* para esparcir ‖ ≈**sand** *m* (Gieß, Straßb) / arena *f* para esparcir ‖ ≈**scheibe** *f* (Opt) / vidrio *m* dispersor ‖ ≈**scheibe** (Scheinwerfer) / cristal *m* de dispersión ‖ ≈**schirm** *m* (Film) / pantalla *f* difusora ‖ ≈**schutz** *m* (Gieß) / defensa *f* de la piedra arenisca ‖ ≈**siedlung** *f* / asentamiento *m* diseminado ‖ ≈**sintern** *n* / sinterizado *m* por dispersión ‖ ≈**spalt** *m* (Opt) / hendidura *f* de dispersión ‖ ≈**spannung** *f* (Elektr) / tensión *f* de dispersión ‖ ≈**strahlen** *m pl*, -strahlung *f* (Phys) / rayos *m pl* difusos ‖ ≈**strahlenblende** *f* / pantalla *f* antidifusora ‖ ≈**strahlenraster** *m* (Röntgen) / rejilla *f* osciladora, antidifusor *m* contra radiaciones parásitas ‖ ≈**strahlung** *f* (Phys) / radiación *f* de fuga, radiación *f* difusa o dispersa o derramante, scattering *m* ‖ ≈**strahlungsmesser** *m* / escaterómetro *m* ‖ ≈**strahlungs-Technik**, Scatter-Technik *f* / técnica *f*

de los enlaces por dispersión ‖ ~strom m, vagabundierender Strom / corriente f vagabunda o de fuga ‖ ~stromableitung f (Korrosion) / drenaje m eléctrico polarizado ‖ ~stromkorrosion f / corrosión f por corrientes vagabundas ‖ ~trafo m / transformador m de dispersión
Streuung f (Funk, Opt, Phys, TV) / dispersión f ‖ ~, Streubreite f, Straggling n (Daten) / dispersión f estadística, variación f aleatoria, fluctuación f ‖ ~, Unsicherheit f (DV) / incertidumbre f ‖ ~ (Schüsse) / dispersión f de impactos ‖ ~ f, Streuverlust m (Elektr) / pérdidas f pl por dispersión ‖ ~, Scattering n (Nukl) / difusión f ‖ ~ **der Ergebnisse** (Stat) / dispersión f de resultados ‖ ~ **der Kraftlinien** (Elektr) / dispersión f magnética ‖ ~ **der Signallaufzeit** / dispersión f de los tiempos, dispersión f de tránsito ‖ ~ **einer Peilung** (Eltronik) / diferencia f de marcación ‖ ~ **von Scheinwerfern** / dispersión f de haz ‖ ~ **von Versuchswerten** (Stat) / dispersión f de los resultados de ensayos ‖ **mit hoher** ~ (Lautsprecher) / de alta dispersión ‖ **statistische** ~, Schwankung f / dispersión f estadística
Streuungs•amplitude f (Nukl) / amplitud f de dispersión ‖ ~**bild** n, -diagramm n (Phys) / diagrama m de dispersión ‖ ~**gesetz** n (Atom, Nukl) / ley f de difusión ‖ ~**grad** m **der Zeiten** (F.Org) / razón f de incertidumbre de cronometraje ‖ ~**kurve**, Dispersionskurve f (Geol, Opt) / curva f de dispersión ‖ ~**lichthof** m (Opt) / halo m de difusión ‖ ~**winkel** m (Opt) / ángulo m de divergencia ‖ ~**wolke** f (Nukl) / nube f de difusión ‖ ~**zahl** f, -faktor m (Phys) / coeficiente m de dispersión ‖ ~**zerlegung** f (Stat) / análisis m de variancia o de dispersión
Streu•verlust, Kriechverlust m (Elektr) / pérdida f por corriente de fuga ‖ ~**verlust** m **im Stromerzeuger** / potencia f pérdida en el generador ‖ ~**verluste haben**, streuen (Elektr) / tener pérdidas por fuga ‖ ~**vorrichtung** f / dispositivo m esparcidor ‖ ~**walze** f, Verteilwalze f / cilindro m distribuidor ‖ ~**weglängen** f pl (Nukl) / trayectoria f libre de difusión ‖ ~**wert** m (Messung) / valor m errático o de dispersión ‖ ~**wertverfahren** n / método m del valor de dispersión ‖ ~**winkel** m (Opt) / ángulo m de dispersión ‖ ~**winkel** (Nukl) / ángulo m de difusión ‖ ~**zahl** f, Streufaktor m (Elektr) / coeficiente m de dispersión ‖ ~**zentrum** n (Nukl) / centro m de difusión ‖ ~**zucker** m / azúcar m en polvo
Striation f, streifenförmiges Ätzmuster (Fehler, Halbl) / estriación f, estriadura f, estría f
Strich m, Linie f / raya f, línea f ‖ ~, Querstrich m / raya f transversal, barra f ‖ ~, Markierung f / marca f ‖ ~, Morsestrich m (Fernm) / raya f del alfabeto Morse ‖ ~ (Stoff) / cepillado m, dirección f del pelo ‖ ~, Schrägstrich m (Druck) / trazo m oblicuo, raya f de quebrados ‖ ~, Bindestrich m (Druck) / guión m ‖ ~ (hochgesetzt, z.B. a') / signo m de prima ‖ ~ m, Anführungsstrich m / signo m de virgulilla, comilla[s] f[pl] ‖ ~ (Prüfung von Mineralien) / estría f ‖ ~, Steuerstrich m (Nav) / línea f de fe ‖ ~ **als Überstreichung** (Druck, DV) / vínculo m, barra f (sobre una letra) ‖ ~ m **am Kompass** (11° 15') (Nav) / cuarta f ‖ ~ **mit der Bürste** / acepilladura f, cepilladura f, cepillado m ‖ ~ **mit der Feile**, Feilstrich m / limadura f, pasada f (con la lima) ‖ **der** ~ **blinkt** (Audio) / la rayita parpadea ‖ **einen** ~ **mit dem Lineal ziehen** / trazar una línea (con la regla) ‖ **gegen den** ~ (Tex) / a contrapelo ‖ **kurzer** ~ / rayita f ‖ **mit dem** ~ (Tex) / en el sentido de pelo ‖ **n [zwei]** ~, n" / doble signo de prima
Strich•appretur f, -ausrüstung f (Tex) / acabado m de cepillado del pelo ‖ ~**artige Verzerrung von Punkten** (Oszillograph) / distorsión f de puntos en trazos ‖ ~**ätzung** f (Druck) / grabado m de trazo, grabado de línea m ‖ ~**code** (DV) / código m de barras,

ortocódigo m ‖ ~**codeleser** m / lector m de código de barras ‖ ~**codeschrift** f / escritura f de código de barras ‖ ~**codierung** f / codificación f por barras ‖ ~**druck** m (Drucker) / impresión f de raya de quebrado ‖ ~**[ein]teilung** f (Instr) / graduación f
stricheln vt (Linie) / rayar un trazo
Strichelung f / trazo m rayado
Strich•endmaß n / medida f de límite graduada ‖ ~**farbe** f (Min) / color m de estría ‖ **Foucaultsche** ~**figur** (Phys) / figura f de trazo [de Foucault] ‖ ~**fokus** m (Opt) / foco m de línea ‖ ~**gitter** f / rejilla f reglada ‖ ~**gitter**, Beugungsgitter m (Opt) / red f de difracción, retículo m de difracción ‖ **mit** ~**index** (z.B. A') (Math) / con signo de prima ‖ ~**klischee** n (Druck) / fotograbado m pluma o de línea o de trazo, cincografía f ‖ ~**kreuz** n, Fadenkreuz n (Opt) / retícula f ‖ ~**linie** f / trazo m rayado ‖ ~**liste** f (F.Org) / nomenclatura f ‖ ~**loden** m (Tex) / paño m cepillado ‖ ~**marke** f / marca f (p.ej. un nivel de agua), marca-índice f ‖ ~**marke**, Teilstrich m / raya f o marca de graduación ‖ ~**markierung** f / trazo m marcado ‖ ~**markierungsleser** m (DV) / lector m de código de barras ‖ ~**maßstab** m (Wz) / regla f graduada ‖ ~**negativ** n (Druck) / negativo m de línea o trazo ‖ ~**perforierung** f / perforación f a rayas ‖ ~**platte** f (Opt) / placa f reticulada o de retículos ‖ ~**platteneinschub** m (Opt) / dispositivo m portarretículos ‖ ~**probe** (Gold) / prueba f de toque ‖ ~**punkt** m, Semikolon n (Druck) / punto m y coma ‖ ~**-Punkt...**, strichpunktiert / de trazos y puntos ‖ ~**punktieren** vt / puntear y rayar alternativamente ‖ ~**punktierte Linie** / línea f de trazos y puntos ‖ ~**punktsystem** n (Fernm) / sistema m de puntos y rayas ‖ ~**-Punktsystem** n (Kath.Str) / sistema m trazos-puntos ‖ ~**-Raster-Ätzung** f (Druck) / grabado m de continuación, clisé m combinado o mixto o compuesto, clisé m de línea y trama ‖ ~**rasterbild** n (TV) / imágen f patrón de franjas o barras ‖ ~**rose** f (Kompass) / rosa f graduada en cuartas ‖ ~**skale** f, Sks (Instr) / escala f graduada ‖ ~**stärke**, Linienstärke f (Zeichn) / espesor m de trazo ‖ ~**teilung** f / graduación f ‖ ~**vorlage** f (Druck) / original m o modelo de pluma, original m de dibujo a la pluma ‖ ~**weise** / a rayas ‖ ~**zeichnung** f / dibujo m a rayas ‖ ~**ziehgerät** n (Zeichn) / dispositivo m de rayar
Strick m, starke Schnur / cuerda f ‖ ~, Seil n (aus Espartogras) / liaza f, lía f ‖ ~**eisen** n (f. Rohre) (Wz) / cincela f para calafatear con cable
stricken vt, wirken m / hacer labores de punto, tricotar, tejer (LA)
Strickerei f, Stricken n / punto m de aguja o de media, labor m de punto, tricotaje m
Strick•garn n / hilo m [para labores] de punto ‖ ~**gewebe** n, Trikot m, Gestrick n / tejido m de punto, tricot m, genero m tejido ‖ ~**heber** m (Tex) / elevador m del tejido de punto ‖ ~**leiter** f / escala f de cuerda ‖ ~**maschine** / tricotosa f, máquina f para tejidos de punto ‖ ~**nadel** f / aguja f [para labores] de punto, aguja f de fontura (máquina) ‖ ~**schloss** n (Tex) / cerrojo m de la máquina de género de punto ‖ ~**stellung** f, Einschlussstellung f (Wirkm) / posición f de tejer [de cerrojo o de agujas] ‖ ~**waren** f pl / géneros m pl de punto ‖ ~**werk** n (Schiff) / cordaje m, jarcia f, cuerdas f pl ‖ ~**wolle** f / lana f de labores, estambre m
Striemen m (Glas) / raya f, banda f, estría f
Striktion f (Phys) / estricción f, constricción f
Striktions•antrieb m (Raumf) / propulsión f por estricción ‖ ~**spule** f (Phys) / bobina f de estricción
String m (fadenförmiges Objekt) (Phys) / objeto m filiforme entendido ‖ ~ (DV) / cadena f ‖ ~**bildung** f / formación f de cadenas
Stringer, Stützbalken m (Schiff) / palmejar m, larguero m, trancanil m ‖ ~ m (Luftf) / puntal m longitudinal

1291

String•länge f (DV) / longitud f de cadena o cadencia ‖ ⁓**operator** m / operador m de cadena ‖ ⁓**theorie** f (Gravitation) / teoría f de "string" ‖ ⁓**verarbeitung** f (DV) / procesamiento m de cadena o en string ‖ ⁓**verkettung** f / concadenación f de cadenas
Strioskop n (Luftf, Phys) / estrioscopio m
Strip, Filmstreifen m (Foto) / banda f de película ‖ ⁓**dampf** m (Öl) / vapor m de destilación ‖ ⁓**film**, Abziehfilm m (Druck) / película f desplegable, film m peliculable ‖ ⁓**line** f, Streifenleitung f (Eltronik) / línea f de conductores planos, microcinta f, microbanda f ‖ ⁓**line-Dämpfungsglied** n / atenuador m de línea
Strippe f, Schnur f / bramante m, cordel m ‖ ⁓ (Rohhaut) / marca f
strippen vt (Hütt) / deslingotar, desmoldear ‖ ⁓ (Öl) / operar la destilación estabilizadora ‖ ⁓, vom Atomrumpf abtrennen (Nukl) / despojar el átomo ‖ ⁓, abreichern (Chem, Nukl) / agotar ‖ ⁓ n (Öl) / destilación f estabilizadora ‖ ⁓, Abtrennung vom Atomrumpf (Chem, Nukl) / despojado m del átomo ‖ ⁓, Rollenanriss m (Druck) / desprendimiento m del rezago ‖ ⁓, Ausbrechen m de Platte (Druck) / descartonado m, repulsión f de los recortes ‖ ⁓, Stripfilmbenutzung f (Druck) / peliculado m, inversión f de la película
Stripper m (Druck) / peliculador m ‖ ⁓ (Hütt) / deslingotador m, sacalingotes m ‖ ⁓, Seitenturm m (Öl) / torre f rectificadora, rectificador m ‖ ⁓ **[kran]**, Zangenkran m (Hütt) / grúa f stripper o para deslingotar ‖ ⁓-**Laufkran** m / puente-grúa m para deslingotar ‖ ⁓**stempel** m, -stößel m (Hütt) / maza f para deslingotar ‖ ⁓**zange** f / pinza f para deslingotar
Stripping n, Rückwaschung f (Chem) / destilación f estabilizadora, reextracción f ‖ ⁓, Abstreifreaktion f (Nukl) / reacción f stripping ‖ ⁓**film** m (Foto) / película f separable, emulsión f desmontable o peliculable
Strips pl (Baumwollabfall) / mermas f pl o descargas de los chapones
Strobe•generator m (Eltronik) / generador m de impulsos selectores o estroboscópicos ‖ ⁓**[impuls]** m (Eltronik) / impulso m de selección, impulso m estroboscópico
stroben vt / seleccionar una señal en el tiempo ‖ ⁓ (Radar) / hacer una selección estroboscópica ‖ ⁓ n (Eltronik) / selección f estroboscópica
Stroboskop n / estroboscopio m ‖ ⁓**blende**, Umlaufblende f (Foto) / diafragma m rotatorio ‖ ⁓-**Effekt** m / efecto m estroboscópico
stroboskopisch / estroboscópico
Stroboskopscheibe f (Opt) / disco m estroboscópico
Stroh n (Landw) / paja f ‖ ⁓ **zum Abdecken** (Landw) / paja f para encolchado ‖ **mit** ⁓ **abdecken** (Landw) / encolchar con paja ‖ ⁓**abdeckung** f **des Bodens** / encolchado m ‖ ⁓**aufschließung** f (Pap) / lejiado m de paja, cocción f ‖ ⁓**ballen** m (Landw) / paca f de paja ‖ ⁓**ballen**, Rundballen m (Landw) / paca f redonda ‖ ⁓**brecher**, -schläger m (Dreschmasch) / quebrantador m de paja ‖ ⁓**dach** n, Rohrdach n (Bau) / cubierta f de paja, tejado m encañizado, tejado m de paja ‖ ⁓**farben** / pajizo ‖ ⁓**faser** f (Juteersatz) (Tex) / fibra f de paja ‖ ⁓**flachs** m, Flachsstroh n / paja f de lino ‖ ⁓**gelb** / amarillo pajizo ‖ ⁓**halm** m / brizna f de paja ‖ ⁓**halm**, Trinkhalm m / pajita f [para beber] ‖ ⁓**papier** n / papel m de paja ‖ ⁓**pappe** f / cartón m de paja ‖ ⁓**presse** f (Landw) / prensa f para paja ‖ ⁓**schneidegebläse** n (Landw) / cortapajas m con elevador neumático ‖ ⁓**schneidemaschine** f (Landw) / cortapajas m ‖ ⁓**schüttler** m / sacudidor m de paja ‖ ⁓**schwad** m / rastrojo m ‖ ⁓**seil** n / vencejo m ‖ ⁓**stoff** m (Pap) / pulpa f de paja ‖ ⁓**stoffpappe** f / cartón m de pasta de paja
Strom m, Strömung f / corriente f ‖ ⁓ m, Wasserlauf m / río m ‖ ⁓ m (Eltrik) / corriente f [eléctrica], CE ‖ ⁓ **aus Kernenergie** / electricidad f nuclear ‖ ⁓ **bei**

festgebremsten Läufer / corriente f con rotor enclavado o bloqueado o calado, corriente f con rotor en reposo ‖ ⁓ **bei offenem Stromkreis** / corriente f en circuito abierto ‖ ⁓ **entnehmen** / tomar corriente ‖ ⁓ **führend**, unter Spannung stehend / portador de corriente, bajo corriente, bajo tensión [eléctrica] ‖ ⁓ **führend**, stromdurchflossen / bajo o con corriente, conduciendo corriente ‖ ⁓ **führender Leiter** (Elektr) / alambre m con corriente o bajo tensión ‖ ⁓ **führendes Metallteil** / pieza f metálica bajo tensión ‖ ⁓ m **in Durchlassrichtung**, Durchlassstrom m (Eltronik) / corriente f en estado conductivo ‖ ⁓ **in einem geschlossenen Stromkreis** / corriente f de circulación ‖ ⁓ **liefern o abgeben** / suministrar corriente ‖ ⁓ **liefern o. erzeugen**, in Betrieb sein (Kraftwerk) / generar corriente ‖ ⁓ **verbrauchen** (o. ab- o. aufnehmen o. konsumieren) / consumir corriente ‖ ⁓ m **von Luft, Gemisch usw. im Vergaser** (Kfz) / corriente f de aire o de gas ‖ **der** ⁓ **ist ausgefallen** (Elektr) / la corriente falla ‖ **elektrischer** ⁓ / fluido m eléctrico (CUB) ‖ **Ströme aus einer symmetrischen Leitung** / corrientes f pl paralelas en fase ‖ **unter** ⁓, Strom führend / bajo tensión [eléctrica], conduciendo corriente ‖ **unter** ⁓ **setzen** / energizar
Strom•abfall m / disminución f de la intensidad de corriente, caída de corriente m ‖ ⁓**abgabe** f / suministro m de corriente ‖ ⁓**abgabe**, -verbrauch m / gasto m o consumo de corriente ‖ ⁓**abhängig** (Elektr) / dependiente de corriente ‖ ⁓**ableitung** f, -abzweigung f (Elektr) / derivación f de corriente ‖ ⁓**abnahme** f / toma f o captación de corriente ‖ ⁓**abnahme[stelle]** f / punto m de toma de corriente
Stromabnehmer m (Elektr) / colector m ‖ ⁓ (Bahn) / tomacorriente m, trole m, pantógrafo m ‖ ⁓, Bezieher m, Stromkunde m / abonado m, usuario m de corriente, consumidor m ‖ ⁓ (Obus) / pértiga f del trole ‖ **seitlicher** ⁓ / arco m lateral ‖ ⁓**bock** m (Bahn) / soporte m de pantógrafo ‖ ⁓**bügel** m, Kontaktbügel m / arco m de contacto o de tomacorriente ‖ ⁓**fänger** m (Bahn) / recuperador m de la pértiga ‖ ⁓**gestell** n, Schere f / armazón m de pantógrafo ‖ ⁓ **horn**, Auflaufhorn n (Bahn) / cuerno m de pantógrafo ‖ ⁓**kopf** m / cabeza f de trole ‖ ⁓**leiste** f / llanta f de desgaste o de rozamiento del pantógrafo, frotador m, pletina f de frotamiento ‖ ⁓**rolle** f (Bahn) / polea f (E) o ruedilla (LA) de contacto ‖ ⁓**schere** f, -gestell n (Bahn) / armazón m de pantógrafo ‖ ⁓**schlitten**, Stromschienenschlitten m (Bahn) / frotador m de tercer carril ‖ ⁓**schuh** m / zapata f de tomacorriente ‖ ⁓**signal** n / señal f de maniobra del pantógrafo ‖ ⁓**stange** f, Kontaktstange f (Bahn) / pértiga f de trole ‖ ⁓**wippe** f (Bahn) / arco m de pantógrafo
Strom•abschaltung f / interrupción f de corriente ‖ ⁓**abwärtiger Flusslauf** / curso m río abajo o aguas abajo ‖ ⁓**abwärts**, unterstromig / río abajo, aguas abajo, con la corriente ‖ ⁓**abwärts fahren** (Schiff) / navegar río abajo ‖ ⁓**abweiser** m (Hydr) / desviador m de corriente ‖ ⁓**abzweigung** f (Elektr) / derivación f de [la] corriente ‖ ⁓**achse** f (Hydr) / eje m de corriente ‖ ⁓**aggregat** n / grupo m generador o electrógeno ‖ ⁓**aggregat** (Luftf) / grupo m de alimentación de corriente ‖ ⁓**anker** m, Wurfanker m (Schiff) / anclote m ‖ ⁓**anlegezange** f (Elektr) / electropinza f, instrumento m de medida de pinza ‖ ⁓**anschluss** m, -anschlussstelle f, -klemmen f pl / toma f de corriente ‖ ⁓**anschlusswert** m / consumo m total de potencia ‖ ⁓**apparat** m (Bergb) / hidroclasificador m ‖ ⁓ **art** f (Elektr) / tipo m de corriente ‖ ⁓**atlas** m (Nav) / atlas m de mareas ‖ ⁓**aufbringung** f (Österr.) / conjunto m de kilovatios suministrado ‖ ⁓**aufnahme** f / consumo m de corriente, absorción f de corriente ‖ ⁓**aufnahme**, -entnahme f / saca f de corriente, toma f de corriente ‖ ⁓**aufwärtiger Flusslauf** / curso m río arriba o contra la corriente ‖ ⁓**aufwärts**, oberstromig / río arriba,

contra la corriente ‖ ˜**ausbeute** *f* (Elektr) / rendimiento *m* de corriente, eficiencia *f* de corriente ‖ ˜**ausfall** *m* / falta *f* de corriente, corte *m* de corriente, apagón *m* (coloquial) ‖ ˜**ausgleich** *m* / compensación *f* de corriente ‖ ˜**auslöser** *m* / disyuntor *m* de máximo, interruptor *m* de sobreintensidad ‖ ˜**bahn** *f*, -pfad *m* (Elektr) / vía *f* de ciruclación de la corriente ‖ ˜**bahn**, -rinne *f* (Hydr) / lecho *m* de río ‖ ˜**bahn** *f* [der Teilchen] (Phys) / trayectoria *f* de partículas ‖ **biegsames** ˜**band** (Elektr) / cinta *f* de cobre [tejido de hilos], trenza *f* de cobre ‖ ˜**bauch** *m* (stehende Welle) / vientre *m* o antinodo de corriente ‖ ˜**bedarf** *m* (Elektr) / consumo *m* de corriente, demanda de energía eléctrica. *f*. ‖ ~**begrenzend** / limitador de corriente *adj* ‖ ~**begrenzende Hochspannungs-Sicherung** / fusible *m* limitador de corriente ‖ ˜**begrenzer** *m* (Elektr) / limitador *m* de intensidad ‖ ˜**begrenzerlampe** *f* / lámpara *f* limitadora de intensidad ‖ ˜**begrenzungsdrossel**, Reaktanzspule *f* / bobina *f* de reactancia ‖ ˜**begrenzungsventil** *n* (Pneum) / válvula *f* limitadora de caudal ‖ ˜**belag** *m*, spezifische Stromdichte / densidad *f* específica de corriente, amperio-vueltas *f pl* por centímetro ‖ ˜**belastbarkeit** *f* (Kabel) / intensidad *f* de corriente máxima admisible ‖ ˜**belastung** *f* / densidad *f* de corriente, carga *f* eléctrica ‖ ˜**[be]lieferung** *f* (Elektr) / suministro *m* de corriente ‖ ˜**betriebsart** *f* / modo *m* de corriente ‖ ˜**bett** *n* (Hydr) / cauce *m* o lecho *m* de río ‖ ˜**bremse**, Widerstandsbremse *f* (Bahn, Elektr) / freno *m* reostático ‖ ˜**dichte** *f* (Elektr) / densidad *f* de corriente ‖ ˜**dichte...** (Nukl) / de densidad superficial ‖ ˜**dichtemodulation** *f* / modulación *f* de densidad de corriente ‖ ~**durchflossen**, -führend / que conduce corriente o electricidad, bajo o con corriente, conduciendo corriente ‖ ˜**durchgang** *m*, Stromdurchfluss *m* / paso *m* de corriente ‖ ˜**durchgang** (Fehler) / descarga *f* de corriente ‖ ˜**eindeichung** *f* (Hydr) / encauzamiento *m* ‖ ˜**einspeisung** *f* (Elektr) / entrada *f* de corriente ‖ ˜**einspeisung** / alimentación *f* de corriente ‖ ˜**eintrittszone** *f* (Streustrom) / zona *f* negativa, corriente *m* de fuga ‖ ˜**element** *n* (Nukl) / detector *m* de neutrones con alimentación propia, colectrón *m* ‖ ˜**element** (Elektr) / elemento *m* de corriente ‖ **strömen** *vi*, rinnen / correr, fluir ‖ ~ (Gas) / pasar ‖ ~ (Elektr) / circular, fluir ‖ ~ (Licht) / fluir ‖ ˜, Fließen *n* / flujo *m* ‖ **strömend•er Regen**, Platzregen *m* (Meteo) / aguacero *m*, chubasco *m*, chaparrón *m* ‖ **frei** ~ (Bergh) / de flujo libre ‖ **in gleicher Richtung** ~, Gleichstrom... (Elektr) / equicorriente, de corrientes paralelas ‖ **Strom•entnahme** *f* / toma *f* de corriente ‖ ˜**ersparnis** *f* / economía *f* de corriente ‖ ˜**erzeuger** *m*, Generator *m* / generador *m* eléctrico, generatriz *f* eléctrica ‖ ˜**erzeuger**, Dynamomaschine *f*, Dynamo *m* / dínamo *f* ‖ ˜**erzeuger auf Kohle- o. Erdölbasis** / central *f* eléctrica de combustible fósil ‖ ˜**erzeuger für Wechselstrom** / alternador *m* ‖ ˜**erzeugersatz** *m* (Elektr) / grupo *m* electrógeno ‖ ~**erzeugtes Magnetfeld** / campo *m* magnético generado por corrientes ‖ ˜**erzeugung** *f* / producción *f* o generación de corriente ‖ ˜**erzeugung für Industrie und Netz gleichzeitig** / generación *f* simultánea para la industria y la red general ‖ ˜**erzeugungsreaktor** *m* (Nukl) / reactor *m* [generador] de potencia ‖ **Stromeyerit** *m* (Min) / stromeyerita *f* ‖ **Strom•faden** *m* (Luftf) / filamento *m* de flujo ‖ ˜**faden** (Hydr) / hilo *m* de corriente ‖ ˜**fahne** *f* (Akku) / talón *m* conductor (de las placas) ‖ ˜**fähre** *f* (Schiff) / balsa *f* del río ‖ ˜**festigkeit** *f* (Kabel) / capacidad *f* de carga eléctrica ‖ ˜**fluss** *m* (Elektr) / continuidad *f* de corriente ‖ ˜**flusszeit** *f* (Elektr) / tiempo *m* de conducción, parte *f* de período en conducción ‖

˜**flusszeit** (Gleichrichter) / tiempo *m* de conducción ‖ ˜**förderer** *m* / transportador *m* continuo ‖ ˜**fresser** *m* (Gerät) / aparato *m* de gran consumo (de energía eléctrica) ‖ ˜**fühler** *m* (Elektr) / detector de corriente ‖ ˜**führungsdauer** *f* (Elektr) / tiempo *m* bajo corriente ‖ ˜**gebiet** *n* (Geo) / cuenca *f* de un río ‖ ˜**gegenkopplung** *f* (Elektr) / contrarreacción *f*, reacción *f* negativa, realimentación *f* negativa ‖ ˜**geschwindigkeit** *f* / velocidad *f* de corriente ‖ ˜**geschwindigkeitsmesser**, Strömungsmesser *m* (Hydr) / molino *m* de Woltmann, velocímetro *m* de corriente tipo Woltmann ‖ ~**gespeist** (Elektr) / alimentado con corriente ‖ ˜**impuls** *m* (Elektr) / impulso *m* de corriente ‖ ˜**kabbelung** *f* (Schiff) / resaca *f* ‖ ˜**kabel** *n* / cable *m* eléctrico ‖ ~**klassieren** *vt* (Bergh) / clasificar por corriente de agua ‖ ˜**klassierer** *m* (Bergh) / clasificador *m* hidráulico, hidroseparador *m* ‖ ˜**klassierung** *f* (im Wasser) / clasificación *f* hidráulica ‖ ˜**klassierung** (in Luft) / clasificación *f* neumática ‖ ˜**klemme** *f* (Bahn, Fahrdraht) / grifa *f* de alimentación ‖ ˜**klemme** (Freileitung) / pinza *f* con grifa ‖ ˜**knoten** *m* (stehende Welle) / nodo *m* de corriente ‖ ˜**koinzidenz-Auswahl** *f* (Eltronik) / selección *f* por coincidencia de corriente ‖ ˜**korrektion** *f*, Flussregulierung *f* (Hydr) / corrección *f* de un río ‖ ˜**kreis** *m* / circuito *m* eléctrico ‖ ˜**kreis**, -weg *m* (Elektr) / combinación *f* de circuitos, circuitería *f* ‖ ˜**kreis** *m*, Verdrahtung *f* (Elektr) / cableado *m* ‖ ˜**kreis**, Sprechkreis *m* (Fernm) / anillo *m*, circuito *m* telefónico ‖ **in sich geschlossener** ˜**kreis** (Elektr) / circuito *m* cerrado ‖ ˜**kreis der Hilfsbetriebe** / circuito *m* de servicios auxiliares ‖ **in den** ˜**kreis einschalten** / intercalar en el circuito ‖ ˜**kreis** *m* **mit kleinster (o. "trockener") Belastung** / circuito *m* con carga mínima o sin carga ‖ **den** ˜**kreis öffnen o. unterbrechen** / interrumpir el circuito ‖ **den** ˜**kreis schließen** / cerrar el circuito ‖ ˜**kreisregelung** *f* (Ofen) / control *m* de energía en circuito cerrado ‖ ˜**kreisunterbrecher** *m* / seccionalizador *m* ‖ ˜**kunde** *m*, Stromverbraucher *m* / consumidor *m* de corriente eléctrica, abonado *m* ‖ ˜**lauf**, -strich *m*, -achse *f* (Hydr) / eje *m* de corriente ‖ ˜**lauf** *m* (Elektr) / trayectoria *f* de corriente, camino *m* de corriente ‖ ˜**laufplan** *n* (Elektr) / esquema *m* del conjunto o de los circuitos ‖ ˜**laufplan** (DV) / diagrama *m* secuencial ‖ ˜**leistung** *f* / potencia *f* eléctrica o de corriente ‖ ~**leitend** / conductivo *adj*, conductor *adj* ‖ ~**leitender Graphitstift** / lápiz *m* conductor ‖ ˜**leiter** *m* / conductor *m* ‖ ˜**leitung** *f* / conducción *f* de corriente ‖ ˜**leitung in Gas** / conducción *f* en un medio gaseoso ‖ ˜**lieferung** *f* / suministro *m* de corriente ‖ ˜**linie** *f* (Kfz, Luftf) / línea *f* aerodinámica, correntilínea *f*, currentilínea *f* ‖ ˜**linie** (Hydr) / línea *f* hidrodinámica o de flujo ‖ ˜**linie** (Schm) / línea *f* de flujo ‖ ˜**linie** (Math) / línea *f* de flujo en el campo vectorial ‖ **Stromlinien•aufbau** *m*, -karosserie *f* (Kfz) / carrocería *f* aerodinámica o fuselada ‖ ˜**bild**, Strömungsbild, -gebilde *n* / representación *f* de flujo aerodinámico ‖ ˜**form** *f* / forma *f* aerodinámica o fuselada, forma *f* currentilínea *f*, ‖ ~**förmig**, aerodinámico, carenado, fuselado, currentilíneo ‖ ~**förmig** (Hydr) / hidrodinámico, de forma hidrodinámica ‖ ~**förmig machen** (Luftf, Schiff) / fuselar, dar forma aerodinámica ‖ ~**förmiger Querschnitt**, Stromlinien-Querschnitt *m* / sección *f* aerodinámica o fuselada o carenada ‖ ~**förmig verkleiden od. gestalten** (Kfz, Luftf) / carenar ‖ ~**förmige Verkleidung**, Stromlinienverkleidung *f* / carenado *m*, revestimiento *m* aerodinámico ‖ ˜**krümmung** *f* / curvadura *f* de líneas aerodinámicas ‖ ˜**querschnitt** *m*, Querschnitt *m* mit geringstem Luftwiderstand / sección *f* transversal de mínima resistencia al aire,

sección f aerodinámica o currentilínea ‖ ~**ruder** n (Schiff) / timón m hidrodinámico
stromlos (Elektr) / sin corriente ‖ ~ (Leuchte) / autoalimentado ‖ ~ (Galv) / autocatalítico, sin corriente ‖ ~**es Hauchvergolden** / dorado m sin corriente ‖ ~**e Herstellung von Überzügen** / revestido m metálico por inmersión ‖ ~**er Metallauftrag** / metalización f sin corriente ‖ ~**e Zeit** (Eltronik) / tiempo m de reposo
Strom•losigkeit f (Elektr) / falta f de corriente ‖ ~**mangel** m (Elektr) / escasez f de corriente ‖ ~**messer** m / amperímetro m, contador m de amperaje, amperímetro m de pinza ‖ ~**messer** (Hydr) / reómetro m ‖ ~**- u. Spannungsmessung** / voltamperometría f ‖ ~**mittelwert** m (Elektr) / valor m medio de corriente ‖ ~**modulation** f (Magnetron) / modulación f de densidad ‖ ~**mündung** f (Geo) / desembocadura f de un río ‖ ~**netz** n / red f eléctrica o de distribución ‖ ~**netz mit Eigenerzeugung** (Elektr) / red f eléctrica activa ‖ ~**pegel** m (Elektr) / nivel m de intensidad de corriente ‖ ~**pendelung** f (Elektr) / pulsación f de corriente ‖ ~**pfeiler** m (Brücke) / pilar m, pila f en corriente de agua ‖ ~**quadrant** m, hydrometrisches Pendel / péndulo m hidrométrico ‖ ~**quelle** f (Elektr) / fuente f de corriente ‖ ~**rauschen** n / ruido m de corriente ‖ ~**rechnung** f / recibo m del consumo de electricidad ‖ ~**regelung**, Dreibürstenregelung f (Kfz) / regulación f por la tercera escobilla ‖ ~**regler** m / regulador m de corriente ‖ ~**regulierung** f (Elektr) / regulación f de corriente ‖ ~**relais** n / relé m o relevador de intensidad ‖ ~**resonanz**, Parallelresonanz f / resonancia f paralela o en paralelo, antirresonancia f, asonancia f ‖ ~**richten** n, Umrichten m (Eltronik) / conversión f de potencia ‖ ~**richter** m / convertidor m estático o de potencia, convertidor m de corriente ‖ ~**richter netzseitig** / convertidor m de fuente ‖ ~**richtergeregelt** (mit Thyristoren) / regulado por tiristores ‖ ~**richtergespeist** / alimentado por convertidor estático ‖ ~**richterlokomotive** f / locomotora f de convertidor estático ‖ ~**richtermotor** m / motor m sin escobillas ‖ ~**richtersatz** m / grupo m convertidor de potencia ‖ ~**richterschaltung** f / conexión f de convertidor[es] ‖ ~**richtgrad** m / factor m de conversión ‖ ~**richtung** f (Elektr) / sentido m de corriente ‖ ~**richtung**, -umrichtung f / conversión f de corriente ‖ ~**richtungsanzeiger** m / indicador m de sentido de corriente, indicador m de polaridad ‖ ~**rinne** f (Hydr) / lecho m o cauce m de río ‖ ~**rückgewinnung** f (Bahn, Elektr) / recuperación f de corriente ‖ ~**rückgewinnungsschalter** m (Bahn) / combinador m de de recuperación ‖ ~**rückkopplung** f (Eltronik) / reacción f o realimentación f de corriente ‖ ~**rückleitung** f / conductor m de retorno de corriente ‖ ~**rückleitungsschiene**, vierte Schiene f (Bahn) / carril m de retorno, cuarto carril m ‖ ~**schicht** f (Ziegel) (Mauer) / hilada f en espiga ‖ ~**schiene** f, Sammelschiene f (Elektr) / barra f conductora o colectora, barra f ómnibus ‖ ~**schiene**, dritte Schiene (Bahn) / carril m conductor o de contacto, tercer carril m (E) o riel (LA), riel f de marcha (MEJ) ‖ ~**schiene für Glühkerzen** (Mot) / barrita f de conexión ‖ ~**schiene mit seitlicher Schleiffläche** (Bahn) / carril m de contacto lateral ‖ ~**schiene mit Stromabnahme oben**, [unten] (Bahn) / carril m conductor de contacto por encima, [por abajo] ‖ ~**schienenanker** m (Bahn) / ancla f de carril conductor ‖ ~**schienensäule** f / pórtico m de carril conductor ‖ ~**schienensystem** n (Bahn) / sistema m de carril conductor ‖ ~**schlag** m (Med) / electrocución f ‖ ~**schnelle** f (Hydr) / rápido m, catarata f, rabión m, correntón m, recial m ‖ ~**schnittstelle** f (Elektr) / interfaz f de corriente ‖ ~**schreiber** m / amperímetro m registrador ‖ ~**schritt** m (Fernm) / elemento m de señal, intervalo m unitario ‖ ~**schritt** (DV) / impulso m de corriente ‖ ~**schwankung** f (Elektr) / variación f de la corriente ‖ ~**seil** n / cable m de conducción de corriente ‖ ~**setzmaschine** f (Aufb) / criba f hidráulica de cascada ‖ ~**sichter** m (Bergb) / separador m por corriente de aire ‖ ~**spannung** f / tensión f de corriente, voltaje m ‖ ~**-Spannungskennlinie** f (Halbl) / característica f corriente/tensión ‖ ~**sparer** m / economizador m de corriente ‖ ~**sparschaltung** f (Eltronik) / circuito m economizador de corriente eléctrica ‖ ~**sperre** f (Elektr) / corte m de corriente, restricción f de corriente ‖ ~**spitze** f / punta f [del consumo] de corriente, consumo m máximo de corriente ‖ ~**spule** f (Regler) / bobina f amperimétrica ‖ ~**stabilisiert** (Eltronik) / estabilizado en corriente, de corriente estabilizada ‖ ~**stabilisierungsdiode** f / diodo m estabilizador de corriente ‖ ~**stärke** f (Elektr) / intensidad f de corriente, amperaje m ‖ ~**stärke** (Hydr) / fuerza f de la corriente ‖ ~**steilheit** f (Halbl) / velocidad f de subida de corriente ‖ ~**steuerung** f (Halbl) / excitación f por corriente de fuente ‖ ~**störer** m (Rührwerk) / placa f de desviación ‖ ~**stoß** m (Elektr) / golpe m de corriente, salto m de corriente ‖ ~**stoß** (Fernm) / impulso m de corriente ‖ ~**stoßgabe** f / emisión f de impulsos ‖ ~**stoßkontakt** m (Fernm, Wählscheibe) / contacto m de impulsos ‖ ~**stoßrelais** n, -stoßschalter m / relé m de impulsión ‖ ~**stoßsender** m / emisor m de impulsos ‖ ~**stoß-Spitzenmesser** m (Elektr) / amperímetro m para crestas de sobreintensidad ‖ ~**stoßübertrager** m (Fernm) / repetidor m de impulsos ‖ ~**strich** m, -schlauch m (Hydr) / curso m del río ‖ ~**strich** (Kanal) / línea f del canal ‖ ~**system** n / tipo m de corriente ‖ ~**system-Wahlschalter** (Bahn) / selector m de tipo de corriente ‖ ~**tarif** m / tarifa f de corriente ‖ ~**tarifumschaltung** f / conmutación f de tarifa de corriente ‖ ~**teiler** m (Trafo) / inductancia f de paso ‖ ~**teiler** (Gleichrichter) / divisor m de corriente ‖ ~**teilerventil** n (Hydr) / divisor m de caudal ‖ ~**tor** n, Thyratronröhre f / tiratrón m ‖ ~**tor**, Thyristor m (Halbl) / tiristor m ‖ ~**trichter** m (Apparatebau) / embudo m de flujo ‖ ~**übergang** m (zwischen 2 Leitern) / conducción f de corriente entre dos conductores ‖ ~**übernahme**, -übergabe f (Elektr) / transferencia f de corriente ‖ ~**übernahmeschalter** m / conmutador m de distribución de corriente ‖ ~**übersetzung**, -verstärkung f (Halbl) / transferencia f de corriente ‖ ~**übertragungsfaktor** m (Akust) / respuesta f a la corriente ‖ ~**umkehrung** f (Elektr) / inversión f de corriente ‖ ~**umschaltung** f / conmutación f de corriente ‖ ~**- und Spannungsmesser** m / voltamperímetro m ‖ ~**unfall** m, Elektrotrauma n (Med) / accidente m eléctrico o por electrocución
Strömung f (Hydr) / circulación f, flujo m ‖ ~ (Elektr, Lufft) / corriente f ‖ ~ (Hydr) / corriente f ‖ ~ **im Überschallbereich** / corriente f ultrasónica ‖ ~ **im Unterschallbereich** / corriente f infrasónica ‖ ~ **in offenem Gerinne** (Hydr) / flujo m libre
Strömungs•ablenkplatte f (Nukl) / tabique m distribuidor de la circulación ‖ ~**abriss** m, Grenzschichtablösung f (Lufft) / desprendimiento m o despegue del flujo o de la vena fluida ‖ ~**analyse** f (Phys) / análisis m de flujo ‖ ~**bild**, -gebilde, Stromlinienbild n / diagrama m de flujo ‖ ~**blockade** f (Nukl) / obstrucción f ‖ ~**bremse** f (Kfz) / freno m hidrodinámico ‖ ~**diagramm** n (Hydr) / diagrama m de circulación ‖ ~**doppelbrechung** f / birrefringencia f de flujo ‖ ~**druck** m (Phys) / presión f de corriente ‖ ~**energie** f / energía f hidrodinámica o aerodinámica ‖ ~**erscheinungen** f pl / fenómenos m pl de flujo ‖ ~**feld** n (Regeln) / campo m de flujo ‖ ~**gebilde**, -bild, Stromlinienbild n / imágen f del flujo de los hilos de corriente ‖ ~**geschwindigkeit** f / velocidad f de

circulación ‖ ⁓getriebe n, -wandler m / transmisión f hidrodinámica, transmisión f hidráulica ‖ ⁓kraftwerk n, Unterwasserkraftwerk n / central f hidráulica (de flujo subacuático) ‖ ⁓kupplung f / acoplamiento m hidráulico o hidrodinámico, engranaje m hidráulico o hidrodinámico ‖ ⁓lehre f, Mechanik f der flüssigen und gasförmigen Körper, Strömungsmechanik f (Phys) / dinámica f de los fluidos, hidrodinámica y aerodinámica ‖ ⁓leitwert m (Vakuum) / conductancia f ‖ ⁓machzahl f / número m Mach de corriente ‖ ⁓maschine f (Kompressor) / compresor m del tipo dinámico ‖ ⁓maschine, Turbomaschine f / turbomáquina f, turbomotor m, turbina f, máquina f del tipo hidro y aerodinámico ‖ ⁓mechanik f (Phys) / mecánica f de las corrientes, mecánica f de los fluidos ‖ ~mechanisch / de la mecánica de las corrientes ‖ ~mechanischer Verstärker / amplificador m fluido, amplificador m hidromecánico ‖ ⁓melder m (Hydr) / monitor m caudalométrico ‖ ⁓-Messdüse f, Normdüse f / tobera f normalizada de flujo ‖ ⁓messer m, Stromgeschwindigkeitsmesser m (Hydr) / medidor m de corriente o de flujo, reómetro m, hidrómetro m [para medir la velocidad de los líquidos] ‖ ⁓messer m für viskose Flüssigkeiten / reómetro m para líquidos viscosos ‖ ⁓mittel n (Phys) / fluido m, fluente m ‖ ⁓mittellinie f (Hydr) / eje m de corriente, eje m del curso de río ‖ ⁓modellversuch m / estudio m aerodinámico [o aerohidráulico] con modelos ‖ ⁓potential n (Chem) / potencial m de gasto de líquido ‖ ⁓querschnitt m / sección f del flujo ‖ ⁓regler m / regulador m de flujo ‖ ⁓richtung f (Hydr) / dirección f de corriente ‖ ⁓schalter m (Elektr) / conmutador m de flujo ‖ ⁓sichten n (Aufb) / elutriación f ‖ ⁓sichten (Sintern) / elutriación f ‖ ⁓technik f / técnica f mecánica de los fluidos ‖ ~technisch / reotécnico ‖ ⁓umschlag m / cambio m de flujo ‖ ~ungünstig / que perjudica la corriente o el flujo ‖ ⁓verhältnisse n pl / condiciones f pl reotécnicas o del flujo ‖ ⁓verlauf m, Stromstrich m (Hydr) / corriente f, curso m del río ‖ ⁓vorgänge m pl / fenómenos m pl reotécnicos ‖ ⁓wandler m (Masch) / transmisión f hidrodinámica ‖ ⁓weiser m (Hydr) / indicador m de la corriente ‖ ⁓widerstand m (Gas) / resistencia f al flujo ‖ äußerer ⁓widerstand (eines Schallabsorptionsstoffes) / impedancia f acústica Strom • unterbrecher m (Elektr) / interruptor m ‖ ⁓unterbrechung f / interrupción f del circuito, corte m de corriente, discontinuidad f de corriente ‖ mit ⁓unterbrechung / con corte, con interrupción, discontinuo ‖ ohne ⁓unterbrechung / sin corte, sin interrupción, continuo ‖ ⁓unterbrechungsrelais n / relé m de corte de corriente ‖ ⁓- u. Wasserversorgung / alimentación f de corriente y de agua ‖ ⁓ventil n (früher Mengenventil) (Hydr) / regulador m del caudal ‖ ⁓verband m (Ziegel) / trabazón m en espiga ‖ ⁓verbrauch m (Elektr) / consumo m de corriente ‖ ⁓verbrauch in Ampere / amperaje m ‖ ⁓verbraucher m (Elektr) / consumidor m de corriente ‖ ⁓verbrauchsspitze f / punta f de consumo de corriente ‖ ⁓verbrauchszähler m (Elektr) / contador m de corriente ‖ ⁓[verbrauchs]zähler, integrierender o. Integralzähler m (Elektr) / contador m integrador de corriente ‖ ⁓verbund m / interconexión f de redes ‖ ⁓verdrängung f, Skin-Effekt m (Phys) / efecto m Kelvin o superficial ‖ ⁓verdrängungsläufermotor m (Elektr) / motor m con rotor de corriente desplazada ‖ ⁓verdrängungsmotor m, Wirbelstromläufermotor m / motor m de inducido de efecto Kelvin ‖ ⁓vergleichsschutz m (Elektr) / protección f diferencial ‖ ⁓verlauf, -weg m (Elektr) / recorrido m de la corriente ‖ ⁓verlauf m (z.B. in einem Messinstrument) / circuito m de corriente ‖ ⁓verlust m (Elektr) / pérdida f de corriente ‖ ⁓verlust durch

Ableitung an den Stützpunkten (Elektr) / pérdida f de corriente por los soportes ‖ ⁓verlust m durch Wärme / pérdida f [por efecto] Joule ‖ ⁓verlust über Bettung (Bahn) / pérdida f [de corriente] por el balasto ‖ ⁓versetzung f (Schiff) / deriva f o desviación o abatimiento por la corriente ‖ ⁓versorgung f / suministro m o abastecimiento de corriente, alimentación f de energía eléctrica ‖ ⁓versorgung, -versorgungsteil m n, Netzgerät n / bloque m de alimentación ‖ öffentliche ⁓versorgung / suministro m público de corriente ‖ ⁓versorgung f am Boden (Lufft) / alimentación f al suelo ‖ ⁓versorgung von der Decke (Fabrikbau) / alimentación f de corriente desde el techo ‖ ⁓versorgungsanlage f / grupo m electrógeno ‖ ⁓versorgungsgeräte n pl / equipos m pl de suministro de corriente ‖ ⁓versorgungsgeräusch n (Fernm) / ruido m de alimentación ‖ ⁓versorgungsleitung f (Elektr) / línea f [principal] de alimentación por la red ‖ ⁓versorgungsnetz n, -system n / red f de suministro de corriente o de potencia, sistema m de alimentación de energía ‖ ⁓versorgungsteil n aus Batterien (Eltronik) / circuito m de alimentación por batería ‖ ⁓verstärkung f / amplificación f de la corriente ‖ ⁓verstärkung (Transistor) / ganancia f por transistor ‖ ⁓verstärkungsfaktor m (Transistor) / razón f de transferencia directa de la corriente en cortocircuito ‖ ⁓verstimmung f (Eltronik) / corrimiento m atrasado (de la frecuencia) ‖ ⁓verstimmungsmaß n (Eltronik) / índice f o factor de corrimiento de la frecuencia ‖ ⁓verteilung f (Elektr) / distribución f de corriente ‖ ⁓verteilung (Eltronik) / reparto m de corriente ‖ ⁓verteilungs-Leitungsnetz n / red f de distribución ‖ ⁓verteilungsrauschen n (Eltronik) / ruido m de reparto ‖ ⁓verteilungssteuerung f (Eltronik) / control m de la corriente de reparto ‖ ⁓verzweigung, -abzweigung f / derivación f de corriente ‖ ⁓vorwiderstand m (Instr) / resistencia f de compensación en serie ‖ ⁓waage f (Elektr) / balanza f electro-dinámica o Kelvin ‖ ⁓waage mit Messbereich 1-100 A / balanza f electrodinámica dec[a]amperiométrica ‖ ⁓wächter m (Elektr) / relé m de sobrecarga o de máxima ‖ ⁓wächter, Schütz n / contactor m ‖ ⁓wächtersteuerung f (Elektr) / mando m por contactores ‖ ⁓wandler m (für Instrumente) / transformador m de corriente o de intensidad ‖ ⁓wandler mit Hilfswicklung / transformador m de corriente compensada o con devanado auxiliar ‖ ⁓wärme f / calor m o efecto Joule, calor m de corriente ‖ ⁓wärmeverlust m / pérdida f Joule ‖ ⁓wechsel m (Elektr) / alternación f de corriente ‖ ⁓weg, -verlauf m / recorrido m de la corriente ‖ ⁓wender, Umschalter m / inversor m de corriente, conmutador m inversor ‖ ⁓wender m, Kommutator m / colector m (de delgas) ‖ ⁓wender, Schleifring m / conmutador m ‖ dreipoliger ⁓wender o Umschalter / inversor m tripolar ‖ ⁓wendermotor m / motor m con colector ‖ ⁓wenderschritt m / paso m de colector ‖ ⁓wendersteg m / segmento m de colector ‖ ⁓wendung f / conmutación f de corriente ‖ ⁓wippe f (Elektr) / conmutador m de báscula ‖ ⁓zähler m / contador m eléctrico ‖ ⁓zeiger m (Elektr) / indicador m de corriente ‖ ⁓zeiglampe f (DIN) / lámpara f indicadora de corriente ‖ ~ziehend, -verbrauchend (DV) / con consumo de corriente ‖ ⁓zinn n, Waschzinn m (Hütt) / estaño m aluvial ‖ ⁓zufuhr f, -zuführung f / alimentación f eléctrica, acometida f de la corriente ‖ ⁓zuführung f, -zu[führungs]leitung f, -zuführung f / llegada f de corriente, cable m de conexión ‖ ⁓zuführung f, Einspeisung f / entrada f de corriente ‖ ⁓zuführung durch dritte Schiene (Bahn) / acometida f de corriente por tercer carril ‖ ⁓zuführungskabel n (Elektr) / cable m de alimentación de corriente ‖ ⁓zuführungskabel,

Stromzuführungsleitung

Schleppkabel *n* (Kran) / cable *m* arrollado de alimentación ‖ ⁓zuführungsleitung *f*, -zuführungskabel *n* / cable *m* principal de alimentación ‖ ⁓zuführungsschiene, Speiseschiene *f* / barra *f* de alimentación de corriente ‖ ⁓zuleitung *f* s. Stromzuführung ‖ ⁓zunahme *f* / aumento *m* de corriente ‖ ⁓zweig, Ankerzweig *m* (Elektr) / circuito *m* de inducido
Strontian *m*, Strontiumoxid *n* (Chem) / estronciana *f*, óxido *m* de estroncio ‖ ⁓entzuckerung *f*, -verfahren *n* / extracción *f* del azúcar por estronciana ‖ ⁓it *m* (Min) / estroncianita *f*
Strontium *n*, Sr (Chem) / estroncio *m*, Sr ‖ ⁓alter *n* (Geol) / edad *f* de estroncio ‖ ⁓carbonat *n* (Chem) / carbonato *m* de estroncio ‖ ⁓chromat, -gelb *n* / cromato *m* de estroncio ‖ ⁓chromatpigment *n* / pigmento *m* a base de cromato de estroncio ‖ ⁓-Einheit *f* (Nukl) / unidad *f* de estroncio (= 1 picocurie por gramo de calcio) ‖ ⁓kontrolle *f* / control *m* por estroncio ‖ ⁓oxid *n* / óxido *m* de estroncio
Strophoide *f*, Fußpunktkurve *f* der Parabel (Geom) / estrofoide *f*
Stropp *m*, Rundstropp *m* (Kran) / eslinga *f*, estrobo *m* ‖ ⁓, Schlinge *f* (Schiff) / estrobo *m*, gaza *f*, alvachia *f* ‖ ⁓ mit 2 Ösen / eslinga *f* de dos ojetes
Strosse, Abbaufront *f* (Tagebau) / frente *m* de arranque, banco *m*
Strossen•band *n* (Tagebau) / cinta *f* transportadora de frente de banco ‖ ⁓bau *m* (Tagebau) / explotación *m* en bancos, banqueo *m*
Strubzahnschiene *f* (Bahn) / cremallera *f* de Strub
Strudel *m* (Hydr) / remolino *m*, torbellino *m*, vorágine *f* ‖ ⁓, Sog *m* (Schiff) / estela *f* ‖ ⁓bewegung *f* (Luftf) / turbulencia *f* en aire límpido
strudeln *vi* / remolinar
Struktogramm *n* (DV) / estructograma *m*
Struktur *f* (allg, Geol, Pap) / estructura *f* ‖ ⁓ (Chem) / constitución *f* ‖ ⁓, Gewebe *n* (Tex) / textura *f* ‖ ⁓ (Krist) / trabazón *m* cristalino ‖ ⁓..., strukturell / estructural ‖ ⁓ **f der Materie** / constitución *f* de la materia ‖ **innere** ⁓ **des Atomkerns** / estructura *f* nuclear
Struktur•analyse *f*, Bestimmung der Kristallstruktur (Krist) / análisis *m* estructural ‖ ⁓**bedingte Leitfähigkeit** (Phys) / conductividad *f* anisotrópica ‖ ⁓**breitenmessgerät** *n* / aparato *m* para medir anchos de estructura[s]
strukturell, Struktur... / estructural, de construcción ‖ ⁓ **ähnlich** / estructuralmente semejante ‖ ⁓**e Dämpfung** (Luftf) / amortiguación *f* estructural ‖ ⁓**e Härtung** (Hütt) / temple *m* estructural
Struktur•erkennung *f* (DV) / exploración *f*, seguimiento *m* de los contornos ‖ ⁓**ermüdung** *f* / fatiga *f* estructural ‖ ⁓**faktor** *f* (Raumf) / índice *m* de construcción ‖ ⁓**farbe** *f*, physikalische Farbe / color *m* estructural ‖ ⁓**fehler** *m* (Krist) / defecto *m* de la red cristalina, defecto *m* reticular ‖ ⁓**festiger** *m* (Chem) / agente *m* reforzador de textura ‖ ⁓**formel** *f* (Chem) / fórmula *f* estructural o constitucional
strukturieren *vt* / estructurar
Struktur•isomerie *f* (Chem) / isomerismo *m* de constitución ‖ ⁓**körper** *m* (Laser) / cuerpo *m* estructural ‖ ⁓**los**, amorph / amorfo ‖ ⁓**modell** *n* / modelo *m* estructural ‖ ⁓**plan** *m*, Bebauungsplan *m* / plano *m* de urbanización ‖ ⁓**programm** *n* (DV) / programa *m* estructurado ‖ ⁓**schaum** *m* (Plast) / espuma *f* estructural ‖ ⁓**speicher** *m* (DV) / memoria *f* permanente ‖ ⁓**typen** *f pl* (Krist) / tipos *m pl* de estructura ‖ ⁓**viskos** / de viscosidad intrínseca ‖ ⁓**viskosität** *f* (Anstrich) / viscosidad *f* intrínseca ‖ ⁓**wandel** *m*, -wandlung *f* (Hütt) / modificación *f* estructural ‖ ⁓**werkstoff** *m* (Luftf) / material *m* para la estructura de aviones ‖ ⁓**zerstörer** *m*, Gegenmesser *n* (Extrud, Keram) / herramienta *f* de incidir o entallar

Strumpf *m* (Tex) / media *f*, calceta *f* ‖ ⁓**fabrik** *f* / fábrica *f* de medias ‖ ⁓**form** *f* / forma *f* u horma para medias ‖ ⁓**formmaschine** *f* / máquina *f* para formar medias ‖ ⁓**formofen** *m* / estufa *f* para formar medias o de fijación de medias ‖ ⁓**fuß** *m* / pie *m* de media ‖ ⁓**garn** *n* / hilo *m* de punto o para medias ‖ ⁓**hose** *f* / leotardos *m pl*, medias *f pl* pantalón, pantalón-media *m*, colán *m*, calza *f* ‖ ⁓**industrie** *f* / industria *f* / calcetera ‖ ⁓**sohle** *f* / suela *f* de la media ‖ ⁓**waren** *f pl* / calcetería *f*, medias *f pl*, calzado *m* de punto, calcetas *f pl* ‖ ⁓**wirkerei** *f* / calcetería *f* ‖ ⁓**[wirk]maschine** *f* / máquina *f* calcetera
Strunk *m* (Isolator) / fuste *m* de aislador
Strupfe *f*, Zugknoten *m* (Tex) / nudo *m* corredizo
struppig, grob (Wolle) / erizado
Struvit *m* (Min) / estruvita
Strychnin *n* (Chem) / estricnina *f* ‖ ⁓**base** *f* / base *f* estrícnica
StSi = Siliziumstahl
Stubben *m*, Stumpen *m*, Baumstumpf *m* mit Wurzel (Forstw) / tocón *m*, cepa *f*
Stuck *m* (Bau) / estuco *m*, escayola *f*
Stück *n* (allg, Web) / pieza *f* ‖ ⁓, Bruchstück *n* / fragmento *m* ‖ ⁓ (Zuck) / terrón *m* ‖ ⁓ (Seife) / pastilla *f* ‖ ⁓**e** *n pl* (Erz) / trozos *m pl*, pedazos *m pl*, terrones *m pl* ‖ ⁓ **für Stück** / parte *f* por parte ‖ ⁓ **je** *n pl*[**Arbeits]stunde**, Stundenleistung *f* (F.Org) / rendimiento *m* hombre/hora ‖ **abgetrenntes** ⁓ / pedazo *m*, trozo *m* ‖ **aus einem** ⁓ / de una sola pieza, macizo ‖ **aus einem** ⁓ [mit] / que forma cuerpo [con], solidario [a o con] ‖ **aus einem** ⁓ **bestehen** [mit] / formar cuerpo [con] ‖ **aus einem** ⁓ **gefertigt** / hecho o trabajado de una sola pieza ‖ **im** ⁓ **gefärbt** / teñido en pieza
Stückanalyse *f* / análisis *m* al azar
Stuckarbeit, Stuckatur (Bau) / trabajo *m* de estuco, obra *f* de estuquista
Stückarbeit *f*, Akkordarbeit *f* (F.Org) / destajo *m*
Stuckarbeiter, Stuckateur, Gipsarbeiter *m* (Bau) / estucador *m*, estuquista *m*
Stückarbeiter *m*, Arbeiter *m* nach dem Stück, Akkordarbeiter *m* / destajista *m*
Stuckateur *m*, Stukkateur *m* (alte Rechtschreibung) (Bau) / estucador *m*, estuquista *m*
stuckatieren *vt* / estucar
Stuckatur, Stuckarbeit *f* / estucado *m*, obra *f* de estuquista ‖ ⁓**matte** *f* / encañizado *m*
Stückchen *n* / pedacito *m*
Stuckdecke *f* (Bau) / techo *m* estucado, cielo *m* raso de escayola ‖ ⁓, Gipsputzdecke *f* / techo *m* de revoque de yeso
Stückeanfall *m* (Bergb) / rendimiento *m* de pedazos ‖ ⁓ (in Nussgröße) (Bergb) / rendimiento *m* de galleta menuda
stückeln *vt*, in Stücke teilen / seccionar ‖ ⁓, in Stücke teilen, in Stücken abtrennen / pedazar, partir en pedazos ‖ ⁓, anstückeln / añadir una pieza [a]
Stuckerneigung *f* (Kfz) / tendencia *f* a sacudidas
Stück•erz *n* / mineral *m* en trozos o en terrones ‖ ⁓**färberei** *f* / tintorería *f* en piezas ‖ ⁓**gehalt** *m* / proporción *f* de pedazos ‖ ⁓**gewicht** *n* / peso *m* unitario o por pieza o por bulto, peso *m* por unidad
Stuckgips *m* (Bau) / yeso *m* de estucar o del escultor, escayola *f*
Stückgut *n* (allg) / bultos *m pl* sueltos, fardos *m pl*, carga *f* general, mercancías *f pl*, mercancía *f* en fardos ‖ ⁓ (Bahn) / bulto *m* o paquete de detalle, mercancías *f pl* de detalle ‖ **unitisiertes** ⁓ / mercancía *f* en fardos unitarios ‖ ⁓**container** *m* (für Trockenladung) / container *m* para mercancías de detalle ‖ ⁓**frachtschiff** *n* / carguero *m* de mercancías [en fardos] ‖ ⁓**kurswagen** *m* (Bahn) / vagón *m* de recorrido fijo, vagón *m* colector ‖ ⁓**ladekran** *m* (Schiff) / grúa *f* [de a bordo] para bultos sueltos ‖ ⁓**ladung** *f* (Schiff) / cargamento *m* general ‖

stufenlos

≈scheider m, -abscheider m (Bergb) / criba f para partir piedra ‖ ≈schuppen m (Hafen) / almacén m de tránsito de mercancías ‖ ≈sendung f / expedición f de detalle (E), carga f por lotes (LA) ‖ ≈verladung f, -umschlag m / transbordo m de bultos ‖ ≈waage f / báscula f para bultos sueltos
stückig, in Stückform / en pedazos, en trozos, en piezas ‖ ~ (Kohle) / en galletas ‖ ≈keit f / presentación f en pedazos ‖ ~machen vt (Hütt) / aglomerar, briquetar, formar pedazos ‖ ~machen, pelletisieren / peletizar ‖ ≈machen n, Sintern n (Hütt) / sinterizado m
Stück•kalk m (Bau) / cal f en pedazos o en terrón ‖ ≈kohle f / cribado m, hulla f gruesa, galleta f ‖ ≈kosten pl (F.Org) / costes m pl por pieza o por unidad ‖ ≈länge f (Tex) / longitud f de pieza ‖ ≈leistung f (Wzm) / capacidad f en piezas/hora ‖ ≈liste f (Masch) / lista f de piezas, catálogo m de piezas ‖ ≈liste für Holz (Bau) / lista f de piezas de madera ‖ ≈listenauflösung f (DV) / descomposición f de la lista de piezas ‖ ≈listennummer f / número m de artículo ‖ ≈lohn, -satz m (F.Org) / salario m por unidad, pago m o salario a destajo o a tarea ‖ ≈lohnarbeiter m / destajista m
Stuck-Marmor m, Scaliogla f (Bau) / mármol m artificial
Stückmerzerisierung f (Tex) / mercerizado m en pieza
Stuckmörtel m, Gipsmörtel m / mortero-estuco m
Stück•nummer-Anzeige f (Audio) / indicador m de número de piezas musicales ‖ ≈preis m / precio m por unidad ‖ ≈produktion f / producción f de pieza por pieza ‖ ≈prüfung f / ensayo m individual ‖ ~reiche Förderkohle / carbón m en bruto rico en pedazos ‖ ≈schlacke f (Hütt) / escoria f en pedazos ‖ ≈schrott m / chatarra f troceada ‖ ≈vermessung, Parzellen-, Parzellarvermessung f / agrimensura f parcelar ‖ ≈ware f (Tex) / género m en pieza
stückweise, einzeln / pieza por pieza, por piezas, individual ‖ ~ / a trozos ‖ ~s Schalten / conmutación f paso por paso
Stück•werk n, schlechte Arbeit / obra f imperfecta, trabajo m mal hecho, frangollo m (coll), chapucería f ‖ ~wolle f (Tex) / loquetas f pl, despojos m pl de lana, chilla f (LA) ‖ ≈zahl f / número m de piezas ‖ große ≈zahlen / fabricación f en gran escala ‖ ≈zählvorrichtung f / cuentapiezas m ‖ ≈zeichen n (Web) / marca de pieza[s] f ‖ ≈zeichnung f, Einzelteilzeichnung f / dibujo m de piezas sueltas, dibujo m de detalle ‖ ≈zeit f (Wzm) / tiempo m [de elaboración] por pieza, tiempo m para mecanizar una pieza ‖ ≈zeit, Hauptzeit f (F.Org) / tiempo m por pieza o por unidad ‖ ≈zeit, Hauptzeit f (F.Org) / tiempo m de producción ‖ ≈zeit f (Plast) / tiempo m de ciclo ‖ ≈zeit einschl. Auf- und Abspannen (Wzm) / tiempo m total de una operación ‖ ≈zeitermittlung f / cronometraje m por pieza ‖ ≈zucker m / azúcar m en terrones
Student•-Test m (Stat) / prueba f de Student ‖ ≈-Verteilung f, T-Verteilung f (Stat) / distribución f de Student
Studie, Entwurfzeichnung f / estudio m
Studien•gang m (Univ.) / itinerario m ‖ ≈gruppe f, Entwicklergruppe f / equipo m de estudios ‖ ≈punkte m pl (Uni, TU) / créditos m pl (E) ‖ **Diplom-Ingenieur** / ingeniería f superior
Studio n, Rundfunkaufnahmeraum, -senderaum m (Radio, TV) / estudio m ‖ ≈sendung f (Funk, TV) / transmisión f desde el estudio
stufbar (Bremse) / regulable
Stufe f, Grad m / grado m ‖ ≈ (Funk, Rakete) / etapa f ‖ ≈ (Turbine) / grado m, expansión f, paso m ‖ ≈, Drehzahl-, Geschwindigkeitsstufe f / velocidad f ‖ ≈, Schaltstufe f / grado m de conexión, plot m ‖ ≈, Etappe f / etapa f ‖ ≈, Abschnitt m / corte m, sección f ‖ ≈, Absatz m (Masch) / escalón m ‖ ≈, Stufentritt m (Bau) / escalón m, peldaño m ‖ ≈, Probe f (Bergb) / probeta f ‖ ≈, Passage f (Spinn) / pasaje m, cabeza f ‖

≈, Ordnung f (DV) / nivel m ‖ ≈ f der Bearbeitung / etapa f o fase de mecanizado ‖ ≈ des Anzapftrafos (Elektr) / toma f de un transformador ‖ ≈ einer Funktion (Math) / valor m de discontinuidad ‖ ≈ eines Vorgangs / etapa f de un proceso ‖ ≈ mit allseits abgerundeten Ecken (Bau) / peldaño m con cantos redondeados ‖ auf gleicher ≈ (o. Höhe) [mit] / a nivel [de] ‖ gewendelte ≈, Wendelstufe f / peldaño m de escalera de caracol ‖ in ≈n [von] / en etapas [de] ‖ letzte ≈, Niederdruckstufe f (Turbine) / etapa f baja presión
stufen vt, abstufen / graduar, escalonar ‖ ~ (Bergb) / excavar por gradas rectas
Stufen•..., treppenförmig (Außenform) / en escaleras, escalonado ‖ ≈anker m (Elektr) / inducido m de doble arrollamiento ‖ ≈anlegeleiter f / escalera f sencilla graduada ‖ ≈anschlag m (Masch) / tope m graduado ‖ ≈anschnitte m pl (Gieß) / entrada f escalonada ‖ ≈ausbeute f (elektron. Verstärk) / rendimiento m por etapas ‖ ≈bank f (Bergb) / banco m graduado ‖ ≈bau m, Strossenbau m (Tagebau) / explotación f en bancos, banqueo m ‖ ≈belichtung f (Foto) / exposición f escalonada ‖ ≈bezeichner m (DV) / indicador m de nivel ‖ ≈blende f (Opt) / diafragma m graduado ‖ ≈boot n (Schiff) / hidroplano m con redientes ‖ ≈bremsung f (Kfz) / frenado m progresivo, aprieto m graduado del freno ‖ ≈dämpfer m (Fernm) / atenuador m variable por pasos ‖ ≈diagramm n (Math) / diagrama m escalonado ‖ ≈drehprobe f, -drehversuch m (Mat.Prüf) / ensayo m de torsión escalonada ‖ ≈drehschalter m (Elektr) / conmutador m rotativo de galletas ‖ ≈drehstift m (für Schraubwz) (DIN 900) / volvedor m escalonado ‖ ≈druck m (Siebdruck) / posterización f ‖ ≈enteilung f, -folge f / escalonamiento m ‖ ≈erz n, Stufferz n (Bergb) / mineral m puro o de primer orden ‖ ≈faktor m (Motorstarter) / coeficiente m de graduación ‖ ≈fallschirm m (Luftf) / paracaídas m escalonado ‖ ≈faser f, Stufenprofilfaser f, -indexfaser f (Opt) / fibra f óptica de salto de índice ‖ ≈folge, -leiter f / graduación f ‖ ≈folge f einer Entwicklung / desarrollo m gradual o progresivo ‖ ~förmig, -weise / por escalones ‖ ~förmige Aufstellung / colocación f ‖ ~förmige Reaktivitätserhöhung (Nukl) / inserción f de reactividad por escalones ‖ ≈form-Plotter (DV) / trazador m incremental ‖ ≈fundament n (Bau) / fundación f escalonada ‖ ≈funktion f (Math) / función f escalonada o [en] escalón ‖ ≈futter (Dreh) / mandril m escalonado ‖ ≈gesetz n, -regel f / ley f de etapas ‖ ≈getriebe n / engranaje m reductor escalonado o de velocidades escalonadas ‖ ≈getriebe, abgestuftesGetriebe / contramarcha f de velocidades escalonadas ‖ ≈gewinde n / rosca f escalonada ‖ ≈gitter, Echelon n (Opt) / rejilla f [de difracción] en escalones ‖ ≈graukeil m, Grauleiter f (Opt) / escala f de grises ‖ ≈härten n (Hütt) / temple m escalonado o interrumpido ‖ ≈heck n (Kfz) / notchback m, parte f trasera escalonada, trasero m escalonado ‖ ≈höhe f (Bau) / altura f de peldaño ‖ ≈hülse f / casquillo m escalonado ‖ ≈index[glas]faser f (Wellenleiter) / fibra f [óptica] de salto de índice, fibra f de índice en escalón ‖ ≈keil m (zum Abstützen) / cuña f escalonada ‖ ≈keil m (Foto) / cuña f fotométrica de absorción escalonada ‖ ≈kolben m (Masch) / émbolo m diferencial ‖ ≈kurve f (Math) / curva f escalonada ‖ ≈leiter f / escalera f de peldaños ‖ ≈leiter, -folge f, Abstufung f / graduación f ‖ ≈leiter, Bereich m / gama f ‖ ≈linse f, Ringlinse f (Opt) / lente f escalonada concéntrica de Fresnel ‖ ≈linse, Gürtellinse f / lente f escalonada tipo tambor de Fresnel ‖ ≈linsen-Kleinscheinwerfer m (Film) / foco m o proyector miniatura ‖ ~los, kontinuierlich regelbar / sin escalones, sin escalonamiento, continuo ‖ ~los

1297

stufenlos

(Regeln) / con progresión continua ‖ ~**loser Antrieb** / accionamiento *m* continuo ‖ ~**loses Getriebe** / engranaje *m* de regulación continua ‖ ~**los regelbar** (Leistg.) / con regulación continua ‖ ~**lose Regelung** / regulación *f* [con progresión] continua ‖ ~**los verstellbar** / variable con progresión continua ‖ ~**messmarke** *f* (Radar) / marcador *m* estroboscópico en escalón ‖ ~**nummer** *f* (DV) / número *m* de nivel ‖ ~**pflanzung** *f* (Forstw) / plantación *f* en gradas ‖ ~**photometer** *m n*, Pulfrichphotometer *m n* (Opt) / fotómetro *m* graduado ‖ ~**pratzen** *f pl* (Masch) / garras *f pl* escalonadas ‖ ~**presse** *f* / prensa *f* de múltiples punzones ‖ ~**prinzip** *n* (Rakete) / principio *m* de etapas ‖ ~**profilfaser** *f*, Stufenfaser *f* (Opt) / fibra *f* óptica *f* de salto de índice ‖ ~**rad** *n* / engranaje *m* escalonado ‖ ~**radgetriebe** *n* / engranaje *m* de ruedas escalonadas ‖ ~**rakete** *f* / cohete *m* de varios cuerpos o etapas, cohete *m* de propulsión escalonada, cohete *m* de fases escalonadas de propulsión ‖ ~**reaktion** *f* (Chem) / reacción *f* en etapas ‖ ~**regel** *f*, -gesetz *n* / ley *f* de etapas ‖ ~**reihe**, Ordnung *f* / secuencia *f* ‖ ~**reiniger** *m* (Spinn) / limpiadora *f* escalonada ‖ ~**reinigung** *f*, stufenweise Reinigung / limpieza *f* escalonada ‖ ~**relais** *n* / relé *m* graduado ‖ [**erste**] ~**rolle** (Block-Walzw) / primer rodillo de la caja de laminación ‖ ~**rost** *m* (Hütt) / emparrillado *m* de escalones ‖ ~**schalter** *m*, -schaltgerät *n* (allg) / conmutador *m* graduado ‖ ~**schalter** (Elektr) / conmutador *m* de contactos o de plots, interruptor *m* de contactos escalonados ‖ ~**schalter** (Bahn, Elektr) / combinador *m* de regulación en carga, graduador *m* de toma ‖ ~**schalthebel** *m* (Wzm) / palanca *f* selectora de alcances ‖ ~**schaltung** *f*, Kaskadenschaltung *f* (Elektr) / conexión *f* en cascada ‖ ~**schaltung** (Trafo) / cambio *m* de tomas ‖ ~**schaltung**, stufenweises Schalten (Elektr) / puesta *f* en circuito progresiva, mando *m* contacto por contacto ‖ ~**schaubild** *n* (Math) / histograma *m* ‖ ~**scheibe** *f* (Masch) / polea *f* escalonada ‖ ~[**scheiben**]**antrieb** *m* / mando *m* por poleas escalonadas ‖ ~**scheibenantrieb** *m* (Dreh) / mecanismo *m* conopolea ‖ ~**schneidmaschine** *f* / cortadora *f* progresiva ‖ ~**schütz** *n* (Elektr) / contactor *m* de toma ‖ ~**senker** *m* (Wz) / avellanador *m* escalonado ‖ ~**sieb** *n* / criba *f* escalonada ‖ ~**spannblock** *f* (Wzm) / garras *f pl* escalonadas ‖ ~**spannfutter** *n* (Dreh) / mandril *m* [de sujeción] escalonado ‖ ~**spannung** *f* (Dynode) / tensión *f* de etapa ‖ ~**sprung** *m* (z.B. Durchmesser, Drehzahlen) / progresión *f* por etapas, salto *m* de escalonamiento ‖ ~**spule** *f*, abgestufte Spule (Elektr) / bobina *f* de enrollamiento superpuesto ‖ ~**stehleiter** *f* / escalera *f* de tijeras con peldaños ‖ ~**tarif** *m* / tarifa *f* escalonada ‖ ~**titration** *f* (Chem) / titulación *f* fraccionada, titraje *m* fraccionado ‖ ~**trainieren** *n* **zur Verbesserung der Dauerfestigkeit** (Mech) / entrenamiento *m* escalonado para aumentar la resistencia a la fatiga ‖ ~**transformator** *m* (Elektr) / transformador *m* con tomas ‖ ~**trennretrorakete** *f* (Raumf) / retrocohete *m* de separación por etapas ‖ ~**trennung** *f* (Raumf) / separación *f* de etapas ‖ ~**trommel** *f* (Karde) / cono *m* de poleas ‖ ~**turbine** *f* (z.B. 3-Stufen-) / turbina *f* de (3) pasos ‖ ~**turm** *f* (Bau) / torre *f* de escalones ‖ ~**umschaltung** *f* (Trafo) / cambio *m* de tomas ‖ ~**-Verbindungsglied** *n*, -Trennglied *n* (Raumf) / conectador *m* o separador de etapas ‖ ~**versetzung** *f* (Hütt) / dislocación *f* en cuña ‖ ~**verstärkung** *f* (Röhre) / ganancia *f* por etapa ‖ ~**versuche** *m pl* (Qual.Pr.) / ensayos *m pl* escalonados ‖ ~**vervielfachung** *f* (Dynode) / factor *m* de multiplicación de etapas ‖ ~**-Vielfachschalter** *m* (Eltronik) / conmutador *m* múltiple de etapas ‖ ~**vorwahl** *f* / preselección *f* en etapas ‖ ~**vorwärmung** *f* / precalentamiento *m* escalonado ‖ ~**walze** *f* / cilindro *m* escalonado

stufenweise *adv* / en escalones, gradualmente, progresivamente ‖ ~ *adj*, abgestuft (Bahn, Bremsen) / progresivo ‖ ~ **Aufschließung** (Bergb) / quebrantado *m* y lavado en [múltiples] etapas ‖ ~**r Ausbau** (Hydr) / acondicionamiento *m* hidroeléctrico sucesivo ‖ ~ **Bahnverfolgung** (Raumf) / seguimiento *m* paso a paso ‖ ~ **beenden** / discontinuar [una operación] por pasos graduales y según un plan ‖ ~**s Bremsen** / frenado *m* progresivo, aprieto *m* graduado del freno ‖ ~ **Destillation** (Chem) / fraccionamiento *m* ‖ ~ **durchführen** / poner en práctica por pasos graduales ‖ ~ **einführen** / introduir por pasos graduales ‖ ~ **Flotation** (Aufb) / flotación *f* diversificada ‖ ~ **fortschreitend** / progresivo, gradual ‖ ~ **Geschwindigkeitsänderung** / cambio *m* de velocidad gradual ‖ ~ **lösbare Bremse** / freno *m* moderable (o graduable) al aflojar ‖ ~**s Lösen der Bremse** (Bahn, Kfz) / aflojamiento *m* graduable o moderable del freno, aflojado *m* regulable ‖ ~ **Prüfung** / prueba *f* paso por paso ‖ ~**s Rösten** (Hütt) / calcinación *f* por lotes ‖ ~**s Schalten** (Elektr) / conmutación *f* escalonada ‖ ~ **sortiert** (Aufb) / calibrado ‖ ~**r Übergang** / transición *f* gradual ‖ ~**s Verfahren** (Polyurethan) / espumado *m* con prepolimerización ‖ ~**r Verschleiß** / desgaste *m* gradual ‖ ~ **wegnehmen** / eliminar por pasos graduales ‖ ~**s Zerkleinern** / trituración *f* escalonada

Stufen•werkzeug *n* / herramienta *f* escalonada ‖ ~**widerstand** *m* (Elektr) / reóstato *m* de variación discontinua, resistor *m* escalonado ‖ ~**winkel** *m* (Math) / ángulo *m* correspondiente ‖ ~**wirtel** *m* (Spinn) / polea *f* escalonada ‖ ~**zahl** *f* (Bau) / número *m* de peldaños ‖ ~**ziehen** *n* (Krist) / crecimiento *m* con variación periódica de la rapidez

Stufferz *n* (direkt verkäufliches Erz) / mineral *m* puro o de primer orden

Stufung *f* / graduación *f*, escalonamiento *m*

Stuhl *m* / silla *f* ‖ ~, Hocker *m* / taburete *m*, escabel *m* ‖ ~, Sitz *m* / asiento *m* ‖ ~, Webstuhl *m* (Tex) / telar *m* ‖ ~**arbeit** *f* (Glas) / soplado *m* sin molde ‖ ~**flug** *m* (Tex) / borrilla *f* de telar ‖ ~**lehne** *f* / respaldo *m* ‖ ~**platte** *f*, Sattel *m* (Bahn, Doppelkopfschiene) / cojinete-silla *m* ‖ ~**rohr** *n* (Bot) / junco *m*, junquillo *m* ‖ ~**rolle** *f* / rodaja *f* de silla, rodillo *m* para muebles ‖ ~**rollenversuch** *m* (Teppich) / ensayo *m* al sillón rodante ‖ ~**säule** *f* (Zimm) / pie *m* derecho ‖ ~ **säule**, Hängesäule *f* im zweisäuligen Hängewerk (Zimm) / pendolón *m* ‖ ~**schiene** *f* (Bahn) / carril *m* montado con cojinetes, carril *m* de doble cabeza, carril *m* de doble hongo ‖ ~**schienengleis** *n* / vía *f* montada con cojinetes ‖ ~**sitz** *m* / asiento *m* de silla ‖ ~**ware** *f* / género *m* listo del telar

Stukkateur, stukkatieren, Stukkatur (Bau) s. Stuckateur, stuckatieren, Stuckatur

Stülp•decke *f*, gestülpte Holzdecke (Bau) / techo *m* amoldado ‖ ~**deckel** *m* / tapa *f* tipo campana o caperuza ‖ ~**deckelschachtel** *f* (mit tiefem Deckel) (Verp) / caja *f* [de cartón] telescópica

Stulpdichtung, Ledermanschette *f* / guarnición *f* de cuero embutido, cazoleta *f* embutida, anillo *m* obturador de falda, retén *m* [obturador] con guarnición de cuero

stülpen *vt*, umstülpen / volver boca abajo, invertir ‖ ~, umstülpen (Seitenmarke bleibt, Vordermarke wechselt) (Druck) / retirar a la voltereta ‖ ~ **stülpziehen** (Stanz) / embutir en sentido inverso ‖ ~ *n* (Druck) / retiro *m* de pie con cabeza, impresión *f* a blanco y vuelta (o volterata)

Stülp•schalung *f* (Bau) / solapadura *f* de tablas ‖ ~**schalungsbrett** (einseitig zugeschärft), Deckbrett *n* (Bau) / tabla *f* solapada o de chilla[do] ‖ ~**wand** *f*, überlappte Bretterwand (Zimm) / ataguía *f* con cubrejuntas ‖ ~**zug** *m* (Stanz) / embutido *m* inverso

stumm (allg, Film) / mudo ‖ ˜**abstimmregler** *m* (Eltronik) / regulador *m* de supresión del ruido entre estaciones ‖ ˜**abstimmung** *f* (Radio) / sintonía *f* silenciosa ‖ ˜**aufnahme** *f* (Tonfilm) / toma *f* de vista muda ‖ ˜**dia** *n* / diapositiva *f* [de publicidad] muda o sin texto
Stummel *m* / cabo *m* ‖ ˜, Stützflosse *f* (Luftf) / estabilizador *m* lateral ‖ ˜**block**, Blockrest *m* (Hütt) / lingote *m* corto ‖ ˜**bürste** *f* / cepillo *m* corto (lavacoches)
Stumm•film *m* / película *f* muda, cine *m* mudo ‖ ˜**kopie** *f* / copia *f* muda ‖ ˜**-Positiv** *n* (Film) / positivo *m* mudo ‖ ˜**schaltung** *f* (Radio) / supresión *f* del sonido
Stumpen *m*, Stubben, Stock, Baumstumpf *m* (Holz) / tocón *m* ‖ ˜, Hutstumpen *m* (Tex) / capucha *f* [de sombrero] ‖ ˜**ausreißer** *m* (Forstw) / arrancador *m* de tocones [con raíz]
Stümperei *f*, Pfusch[arbeit] *f* / chapucería *f*, chapuza *f*
stümperhaft / chapucero, defectuoso
stümpern / chapucear, frangollar
stumpf (Kegel) / truncado ‖ ~ (Wz) / sin filo, despuntado ‖ ~ (Verbindung) / a tope ‖ ~ (Kante) / romo ‖ ~ (beiderseits ohne Einzug) (Druck) / sin sangría ‖ ~, abgestumpft (Math) / obtuso ‖ ~ (Farbe) / apagado ‖ ~ **ausgehen lassen** (Druck) / terminar con línea llena, llenar la última línea ‖ ~ **befahren** (Weiche) / tomar o abordar de talón ‖ ~ **gestoßen** (o. angefügt) / puesto a tope ‖ ~**e Kante** / arista *f* roma ‖ ~**er Körper** / cuerpo *m* romo ‖ ~ **machen** (o. werden) (Wz) / embotar(se) ‖ ~ **stoßen** / juntar o poner a tope ‖ ~**es Weiß** / blanco *m* apagado ‖ ~ **werden** (Farbe) / apagarse ‖ ~**er Winkel** (Geom) / ángulo *m* obtuso ‖ ~**er Winkel** (Abschrägung) / bisel *m* romo ‖ ~**er Zeilenanfang** (Druck) / título *m* alineado o sin sangría
Stumpf *m*, Stummel *m* / cabo *m* ‖ ˜, Baumstumpf *m* (Forstw) / tocón *m* ‖ ˜, Kegelstumpf *m* (Geom) / cono *m* troncado
Stumpf•fuge (Sperrholz) / junta *f* a tope ‖ ~**geschweißt** / soldado a tope ‖ ˜**gleis** *n*, Stumpengleis *n* (Schweiz) (Bahn) / vía *f* muerta ‖ ~**kantig** / de aristas romas ‖ ˜**naht** *f* (Schw) / costura *f* a tope ‖ ˜**nahtschweißung** *f*, -schweißung *f* / soldadura *f* a tope o de contacto ‖ ˜**-Schmelzschweißung** *f* / soldadura *f* por fusión a tope ‖ ~**schweißen** (Rohre) / soldar a tope ‖ ˜**schweißen von Drähten** (Elektr) / soldadura *f* eléctrica a tope de alambres ‖ ˜**schweißmaschine** *f* / máquina *f* de soldar a tope ‖ ˜**stoß** *m*, stumpfer Stoß / unión *f* o junta a tope, junta *f* plana ‖ ˜**tonne** *f* (Nav) / boya *f* achaflanada ‖ ˜**verzahnung** *f* (Masch) / engranaje *m* de dentado bajo, dentadura *f* baja ‖ ~**wink[e]lig** (Geom) / obtusángulo ‖ ~**wink[e]lige Mauerecke** (Bau) / esquina *f* obtusa de muro ‖ ˜**zahn** *m* (Masch) / diente *m* romo
Stunde *f*, h / hora *f*
Stunden•..., stündlich / por hora, a cada hora, unihorario ‖ ˜**achse** *f* (Phys) / eje *m* horario ‖ **24-**˜**-Anzeige** / indicación *f* de 24 horas ‖ ˜**betrieb** *m*, stündlicher Verkehr (Bahn) / servicio *m* unihorario ‖ **24-**˜**-Betrieb** (F.Org) / 24 horas de trabajo *f pl*, trabajo *m* [en régimen] continuo, servicio de 24 horas ‖ ˜**durchschnitt** *m* / media *f* horaria, media *f* por hora, promedio *m* por hora ‖ ˜**geschwindigkeit** *f* / velocidad *f* [media] por hora ‖ ˜**kilometer** *m pl* (coll) / kilómetros *m pl* por hora ‖ ˜**knopf** *m* (Uhr) / pulsador *m* para las horas ‖ ˜**kreis** *m* (Astr) / círculo *m* horario ‖ ˜**kreis**, Deklinationskreis *m* (Astr) / círculo *m* de declinación ‖ ˜**leistung** *f*, stündliche Leistung (Masch) / potencia *f* horaria, rendimiento *m* por hora ‖ ˜**leistung**, Stück je *n pl* [Arbeits]stunde / rendimiento *m* hora-hombre ‖ ˜**-Leistung** *f* (Elektr, Mot) / potencia *f* unihoraria ‖ ˜**lohn** *m* (F.Org) / salario *m* por hora, salario *m* horario ‖ ˜**lohnsatz** *m* (Ggs.: Akkord) (F.Org) / remuneración *f* horaria ‖ ˜**plan** *m* / horario *m* ‖ ˜**rad** *m* (Uhr) / rueda *f* de horas ‖ ˜**rechen** *m* (Uhr) / rastrillo *m* de horas ‖ ˜**satz** *m* (F.Org) / tasa *f* por hora ‖ ˜**schlag** *m* (Uhr) / toque *m* de la hora ‖ ˜**schlagrad** *n* / rochete *m* de horas ‖ ˜**schlagsperre** *f* (Uhr) / rochete *m* de remontar ‖ ˜**schlagwerk** *n* (Uhr) / sonería *f* de horas ‖ ˜**speicher** *m* / memoria *f* [uni]horaria ‖ ˜**strom** *m* / corriente *f* unihoraria ‖ ˜**verdienst** *m* (F.Org) / sueldo *m* horario ‖ ˜**winkel** *m* (Astr) / ángulo *m* horario ‖ ˜**zähler** *m* / contador *m* horario, cuentahoras *m* ‖ ˜**zeiger** *m* (Uhr) / horario *m*, aguja *f* horaria
stündlich / por hora ‖ ~ (z.B. Zugverkehr) / unihorario ‖ ~, alle Stunden / [de] cada hora, una vez por hora
Stupfbürste *f* (Maler) / brocha *f* para motear
Stupp *f*, Quecksilberruß *m* (Hütt) / lodo *m* u hollín mercurial ‖ ˜**fett** *n* / grasa *f* de hollín mercurial
Sturm *m* (Windstärke 9) (Meteo) / viento *m* muy duro, viento *m* fuerte, galerna *f*, ventarrón *m* ‖ ˜**schwerer** ˜ (Windst. 10) / temporal *m*, tempestad *m* ‖ ˜**ball** *m*, señal *f* de temporal ‖ ˜**bö** *f* / chubasco *m*, turbonada *f* ‖ ˜**deck** *n* (Schiff) / cubierta *f* de abrigo ‖ ˜**deckschiff** *n* / buque *m* con cubierta de abrigo ‖ ˜**deich** *m* (Wassb) / dique *m* de seguridad ‖ ˜**flut** *f* (Ozean) / marea *f* viva o tormentosa, gran marea
stürmisch (Meteo) / tempestuoso, borrascoso ‖ ~ (Chem, Reaktion) / tumultuoso, tempestuoso, efervescente ‖ ~**e Gärung** (Brau) / fermentación *f* tumultuosa o efervescente ‖ ~**er Wind** (Windst. 8) (Meteo) / viento *m* duro, frescachón *m*
Sturm•landung *f* (Luftf) / aterrizaje *m* con temporal ‖ ˜**latte** *f* (Bau) / riostra *f* de contraviento (E), refuerzo *m* de contraviento (LA) ‖ ˜**sicherheit**, Windfestigkeit *f* / estabilidad *f* al viento ‖ ˜**tief** *n* (Meteo) / borrasca *f* ‖ ˜**warnung** *f* / aviso *m* de temporal ‖ ˜**wolke** *f* / nube *f* de tormenta ‖ ˜**zentrum** *n*, -auge *n* / ojo *m* de la tempestad
Sturz *m* / caída *f* ‖ ˜ (Bau) / dintel *m* ‖ ˜ (Blechpaket) (Walzw) / paquete *m* de chapas ‖ ˜ *m* (Kfz) / inclinación *f* (de las ruedas)
Stürz..., Kipp... / volcador *adj*
Sturz•acker (Landw) / campo *m* roturado ‖ ˜**bach** *m* (Geo) / torrente *m* ‖ ˜**bahn** *f*, Absturzbahn *f* / vía *f* elevada de descarga ‖ ˜**bett** *n*, -boden *m* (Wehr) / fondo *m* de la presa ‖ ˜**bewehrung** *f* (Bau) / armadura *f* del dintel ‖ ˜**bügel** *m* (Motorrad) / arco *m* de protección ‖ ˜**bühne**, Kippbühne *f* (Bergb) / plataforma *f* [de descarga] basculante
stürzen *vt*, umkippen *vt* / descargar volcando ‖ ~, kippen / volcar ‖ ~, [auf Halde] kippen / volcar [sobre un terreno] ‖ ~ *vi* / caer ‖ **nicht** ~ ! / i no volcar !, i tapa arriba ! ‖ ~ **in der Gicht** (Hütt) / caída *f* de la carga ‖ ~ **der Linien** (Foto) / convergencia *f* [de líneas] ‖ ~ **des Möllers** (Hütt) / caída *f* de la carga
stürzender Satz (Druck) / echado *m*, caída *f*, composición *f* echada o inclinada o ladeada o tombada
Sturzen•glühen *n* (Walzw) / recocido *m* de paquetes ‖ ˜**wärmeofen** *m* (Hütt) / horno *m* para calentar paquetes
Sturz•festigkeit *f* (Bergb) / resistencia *f* a la [quiebra por] caída ‖ ˜**festigkeit** (Kohle, Versuch) / resistencia *f* a la caída ‖ ˜**festigkeitsprüfung** *f* (Kohle) / ensayo *m* de resistencia a la caída ‖ ˜**flug** *m* (Luftf) / vuelo *m* en picado, picado *m* vertical ‖ ˜**flugklappe**, -flugbremse *f* / trampilla *f* del freno [de vuelo en picado], aerofreno *m* ‖ ˜**guss** *m* (Gieß) / colada *f* con inversión ‖ ˜**helm** *m*, Fliegerhelm *m* / casco *m* de aviador ‖ ˜**helm** (Motorrad) / casco *m* de motorista ‖ ˜**karren** *m*, Kippwagen *m* (Bergb) / carro *m* de vuelco ‖ ˜**kocher** *m* (Pap) / lejiador *m* de volquete ‖ ˜**rolle** *f* (Förderband) / rodillo *m* de vuelta ‖ ˜**rolle** (Bergb) / chimenea *f* de evacuación ‖ ˜**schacht**, Rollschacht *m* (Bergb) / pozo *m* de rodadura ‖ ˜**see** *f* (Ozean) / marejada *f*, golpe *m* de mar, oleada *f*
Stürzsiebtrommel *f* (Bergb) / quebrantador *m* Bradford

Sturz•träger m (Stahlbau) / viga f de dintel ‖ **~versatz** m (Bergb) / atibación f volcada ‖ **~welle** f, Springwelle f, Bore f (Ozean) / macareo m (turgencia producida por las mareas máximas) ‖ **~winkelanzeiger** m (Luftf) / indicador m del ángulo de picado

Stütz•arm m (Masch) / brazo m de apoyo ‖ **~balken** m (Bau) / viga f de apoyo, puntal m ‖ **~balken**, Schere f (Zimm) / cuchillo m ‖ **~basis** f / base f de sustentación ‖ **~batterie** f (bei Netzausfall) / pila f de emergencia ‖ **~bein** n **für Behälter** / patín m de apoyo para contenedores ‖ **~bock** m / caballete m de apoyo o de soporte, asnillo m ‖ **~bogen** m (Bau) / arco m de (o en) descarga ‖ **~bord** m (Lager) / pestaña f fija, reborde m de apoyo ‖ **~brücke** f / puente m apoyado por debajo ‖ **~draht** m / alambre m soporte

Stütze f / apoyo m, soporte m ‖ **~**, Untergestell n, -lager n / sustentáculo m ‖ **~** (provisorische) / tentemozo m ‖ **~** f, Stempel m (Bergb) / puntal m, estemple m, entibo m ‖ **~**, Stützpfeiler m (Bau) / pilar m de sostén[imiento] ‖ **~** (Seilb) / castillete m de apoyo, pilón m sustentador ‖ **~**, Bock m / caballete m ‖ **~**, Säule f (Bau) / columna f ‖ **~**, Strebe f (Maurer, Zimm) / puntal m, apoyo m ‖ **~**, Spreize f / pie m derecho ‖ **~** f, Tragarm m (Masch) / brazo m de apoyo ‖ **~** (Wellenleiter) / soporte m dieléctrico ‖ **~**, Deckstütze f (Schiff) / candelero m ‖ **~ für Radlenker** (Bahn) / cojinete m de contracarril ‖ **auf zwei ~n** (Mech) / apoyado libremente por dos soportes

Stützeinrichtung f **für Sattelschlepper**, Stützfuß m / pata f de semirremolque

stutzen vt, kappen, ab-, verkürzen (allg) / cortar, acortar, recortar ‖ **~** (Felle, Forstw) / podar ‖ **~** (Seil) / cortar a medida exacta ‖ **~** n **einer Kette** (Math) / truncamiento m de una cadena

Stutzen m, Anschluss-, Rohrstutzen m / pieza f de conexión, tubuladura f (E), empalme m (LA) ‖ **~**, Muffe f / manguito m (E), cupla f (LA) ‖ **~** (Chem) / tubula f dura o tobera de un aparato

Stutzen m (Waffe) / carabina f

stützen vt / apoyar ‖ **~**, unterstützen / apuntalar, apear ‖ **~** (Bergb) / entibar, apuntalar ‖ **~** [auf] (fig) / basar o fundar [en], descansar [sobre] ‖ **~** [auf], lehnen / apoyar [en], descansar [sobre] ‖ **~** (gegen Umfallen) / apoyar, sostener

Stützenabsenkung, [planmäßige] **~** / desnivelado m de soportes

Stützenabstand m, -weite f / distancia f entre soportes

Stutzenbereich m **des Druckgefäßes** (Nukl) / zona f de tubuladuras

stützend, Stütz... / portador, de soporte

Stützendruck m (Bau) / reacción f de los apoyos

Stutzenflasche f, Tubusflasche f (Labor) / frasco m de tubuladura

Stützen•fundament n (Seilb) / cimientos m pl del pilón ‖ **~galgen** m (Seilb) / horca f del pilón ‖ **~isolator** m (Elektr) / aislador m rígido [sobre perno] ‖ **~los** / sin soporte ‖ **~los** (Seilb) / sin castilletes, sin pilones ‖ **~moment** n / momento m en los apoyos ‖ **~schalung** f (Bau) / encofrado de puntales ‖ **~schuh** m (Seilb) / soporte m de cable portante ‖ **~senkung** f (nicht vorgesehen) (Bau) / descenso m de soporte ‖ **~transformator**, -stromwandler m / transformador m [de intensidad] de soporte ‖ **~verstärkung** f / refuerzo m de pilar

Stutzenweite f (Pumpe) / diámetro m de tubuladura

Stützer m, Stützisolator m (Elektr) / aislador m rígido [sobre perno], aislador m [de] soporte ‖ **~ für Freiluftanlagen** (Elektr) / aislador m rígido exterior o al aire libre

Stütz•fläche f, Auflagefläche f / superficie f de apoyo ‖ **~flosse** f, Seitenflosse f (Luftf) / estabilizador m lateral ‖ **~fuß** m (Kfz) / patín m de apoyo ‖ **~fuß** (Reaktor) / pie m de apoyo ‖ **~gerüst** n (Bau) / armazón m de apoyo ‖ **~gestell** n **mit Rädern** (Sattelauflieger) / tren m

de ruedas auxiliares ‖ **~gewebe** n (Tex) / tejido m de basamento ‖ **~gewölbe** n (Bau) / bóveda f de (o en) descarga ‖ **~gitter** n (Akku) / rejilla f de placa ‖ **~hebel** m / [contra]palanca f de soporte ‖ **~holz** n, Stützbalken m (Bau) / alma f ‖ **~isolator** m / aislador m rígido ‖ **~isolator der Fahrleitung** (Bahn) / aislador m de caperuza con vástago de la línea de contacto ‖ **~isolator des Stromabnehmers** / aislador m soporte del pantógrafo ‖ **~knagge** f / brida f de apoyo ‖ **~knagge** (Bahn) / tope m de aguja ‖ **~konstruktion** f / construcción f de soporte, infraestructura f ‖ **~kraft** f / fuerza f de apoyo ‖ **~lager** n / soporte m de apoyo ‖ **~seitliches ~** / apoyo m lateral ‖ **~linie** f, Drucklinie f (Mech) / línea f de presión[es] ‖ **~masse** f (Raketenantrieb) / masa f estabilizante ‖ **~mauer** f (Bau) / muro m de contención, muro m de sostenimiento, alma f ‖ **~mauer der Böschung** / muro m de revestimiento de un terraplén ‖ **~motor** m, Servomotor m / servomotor m ‖ **~motorsteuerung** f (Luftf) / mando m indirecto o por servomotor ‖ **~pfahl** m (für Baugrubenwände) (Bau) / pilote m de sostenimiento ‖ **~pfeiler**, Pfeiler m / pilar m de sostén ‖ **~pfeiler**, Strebpfeiler m / contrafuerte m ‖ **~platte** f / placa f de apoyo o de sostén ‖ **~punkt**, Ruhepunkt m / punto m de apoyo ‖ **~punkt** (Mil) / base f ‖ **~punkt**, Drehpunkt m / centro m de rotación ‖ **~punkt** (DV) / punto m de reanudación ‖ **~punkt einer Freileitung** / soporte m o poste de línea aérea ‖ **~punkt für Ersatzteile** / almacén m central de recambios ‖ **~punktprogramm** n (DV) / rutina f post-mortem ‖ **~rad** n (für Caravan) (Kfz) / rueda f de soporte (caravana) ‖ **~rad für Einachser** (Landw) / rueda f de soporte ‖ **~rahmen** m / armazón m ‖ **~relais**, Verriegelungsrelais n / relé m de enclavamiento ‖ **~relais** n pl (Fernm) / relé m enganchador o de bloqueo ‖ **~ring** m, Tragring m / aro m o anillo de apoyo ‖ **~rippe** f (Mot) / nervio m de rigidez, nervadura f de soporte ‖ **~rohr** n / poste m tubular ‖ **~rolle**, -walze f / cilindro m o rodillo de apoyo, roldana f de soporte ‖ **~rolle** f (Raupenkette) / rodillo m de apoyo de oruga ‖ **~säule** f (Bau) / columna f de soporte ‖ **~schaufel** f (Turbine) / álabe m intermedio ‖ **~scheibe** f (DIN 988) / anillo m de soporte para arandela elástica ‖ **~scheibe** (Lager) / disco-guía m, disco m de apoyo ‖ **~schenkel m der Leiter** / apoyo m de la escalera ‖ **~schleifen** n (Wzm) / rectificación f sobre apoyo ‖ **~schulter** f (Lager) / borde m de apoyo, pestaña f de apoyo ‖ **~stein** m (Ofen) / bloque m de asiento ‖ **~strumpf** m / media f elástica de soporte, media f quirúrgica ‖ **~substanz** f (Biol) / sustancia f de sostén ‖ **schräger ~träger** (Bau) / viga f de apoyo inclinada

Stutzuhr f / reloj m de sobremesa

Stützung f, Halt m / sustentamiento m, apoyo m

Stütz•walze f (Walzw) / cilindro m de apoyo ‖ **~walzenroller** m / bobinadora f cortadora en contraposición del sistema Duo-Roller ‖ **~wand** f (an einer Wasserfront) (Bau) / muro m ribereño de contención ‖ **~weite** f, -öffnung f / distancia f entre los apoyos ‖ **freie ~weite** / luz f, abertura f ‖ **~werk**, -gerüst n / refuerzo m de un muro ‖ **~winkel** m, Abstützwinkel m / escuadra f de apoyo ‖ **~winkel der Leitschiene** (Bahn) / cojinete m de contracarril ‖ **~zapfen** m (Masch) / gorrón m de apoyo

St. Venantscher Körper m / cuerpo m de St. Venant

St. Venantsches (Hirschfeld) **o. Saint-Venantsches** (Parkus) **o. Saint-Venant** (Flügge, Prager) **Torsionsproblem** (Mech) / torsión f de St. Venant

StVO = Straßenverkehrs-Ordnung

StVZO = Straßenverkehrs-Zulassungsordnung

St.W. = Statistisches Warenverzeichnis

StW (Brau) = Stammwürzegehalt ‖ **~** (Chem, Landw) Stärkewert

Stw (Bahn) = Stellwerk

subtransient

Styling *n* / styling *m*, diseño *m*, outfit *m*
Stypticum *n*, Adstringens *n* (Med) / estíptico
Styroflexkabel *n* (Elektr) / cable *m* en styroflex
Styrol *n* (Chem) / estirol *m*, estireno *m* ‖
 ⁓**-Acrylnitril-Copolymerisat** *n*, SAN / copolímero *m* estirol-acrilonitrilo ‖ ⁓**-Butadien** *n*, SB *n* / estireno-butadieno *m* ‖ ⁓**-Butadien-Kautschuk** *m*, SBR / caucho *m* de estireno-butadieno ‖
 ⁓**-Butadien-Plaste** *m pl* / plásticos *m pl* de estireno-butadieno ‖ ⁓**harze** *n pl* / resinas *f pl* de estireno ‖ ⁓**kautschuk** *m* / caucho *m* estirénico o de estireno
Styron *n* / estirona *f*
Styropor *n* / icopor *m*
sub • additiv (Math) / subaditivo ‖ ⁓**atomar** (Phys) / subatómico ‖ ⁓**atomares Teilchen** / partícula *f* subatómica ‖ ⁓**audiofrequenz** *f* / frecuencia *f* infraacústica o infraaudible o infrasónica ‖
 ⁓**cadmisch** (z.B. Neutron) / subcádmico ‖
 ⁓**cadmium-Neutron** *n* / neutrón *m* subcádmico ‖
 ⁓**determinante** *f* (Math) / subdeterminante *f* ‖
 ⁓**duktion** *f*, Verschluckung *f* (Geol) / subducción *f*
Suberin *n* (Bot) / suberina *f* (celulosa de corcho) ‖
 ⁓**säure** *f*, Korksäure *f* (Chem) / ácido *m* subérico
Sub • gravitation *f* (Astr) / subgravedad *f* ‖
 ⁓**halogenidverfahren** *n* (Alu) / procesamiento *m* subhaloide ‖ ⁓**harmonisch** (Math) / subarmónico ‖
 ⁓**harmonische** *f*, Unterharmonische *f*, Unterton *f* / subarmónica *f*
subjektiv / subjetivo ‖ ⁓**e Lautstärke** / nivel *m* de intensidad auditiva o sonora, nivel *m* sonoro o de sonoridad, nivel *m* de sensación auditiva ‖ ⁓**e Stärke des Geräusches** / intensidad *f* subjetiva del ruido, nivel *m* subjetivo del ruido
Subjunktion *f* (Math) / subjunción *f*
Sub • kontrahieren *n* / subcontratación *f* ‖ ⁓**kontraktor** *m* / subcontratista *m* ‖ ⁓**lemma** *n* (DV) / sublema *m* ‖
 ⁓**lichtmikroskopie** *f* / microscopia *f* subfotónica
Sublimat *n*, Sublimationsprodukt *n* (Chem) / sublimado *m* ‖ ⁓, Rauchniederschlag *m* (Sintern) / sublimado *m* ‖
 ⁓, Quecksilber(II)-chlorid *n* / sublimado *m*, mercurio(II)-cloruro *m*
Sublimation *f*, Sublimieren *n* (Chem, Phys) / sublimación *f*
Sublimations • ... / sublimatorio ‖ ⁓**düse** *f* (Raumf) / tobera *f* de sublimación ‖ ⁓**pumpe** *f* (Vakuum) / bomba *f* de sublimación ‖ ⁓**wärme** *f* / calor *m* de sublimación
Sublimatverstärker *m* (Foto) / reforzador *m* de mercurio
sublimierbar / sublimable
sublimierecht / resistente a la sublimación
sublimieren *vt*, durch Sublimation gewinnen (Chem) / sublimar
sublimierend (Chem) / sublimador ‖ ⁓**er Treibstoff** (Rakete) / polvo *m* sublimador
Sublimierofen *m* / horno *m* de sublimación
sublimiert / sublimado
sub • marin, unter Wasser / submarino, subacuático, subáceo, subacual, sumergido ‖ ⁓**mikron** *n* (50-2000 Å) (Mess) / submicrón *m*, submicra *f* ‖
 ⁓**mikronbereich** *m* / margen *m* submicrónico ‖
 ⁓**mikron-Technologie** *f* / tecnología *f* submicrónica ‖
 ⁓**mikroskopisch** / submicroscópico ‖
 ⁓**mikrostruktur** *f* / estructura *f* submicroscópica ‖
 ⁓**millimeterbereich** *m* (Wellen) / gama *f* submilimétrica (ondas) ‖
 ⁓**millimeterwellenspektrometer** *n* / espectrómetro *m* de ondas submilimétricas ‖ ⁓**miniatur...** / subminiatura *adj*, de muy pequeñas dimensiones ‖
 ⁓**miniaturisierung** *f* (Eltronik) / subminiaturización *f* ‖
 ⁓**miniaturröhre** *f* (Eltronik) / tubo *m* miniatura tipo Bantam ‖ ⁓**mission** *f* (öffentliche Ausschreibung) / sumisión *f* (E), licitación *f* (LA) ‖ ⁓**modul** *n* (Eltronik) / submódulo *m* ‖ ⁓**modulator** *m* / submodulador *m* ‖
 ⁓**munition** *f*, Untermunition *f* / submunición *f* ‖

⁓**normale** *f* (Math) / subnormal *f* ‖ ⁓**nukleare Prozesse** / procesos *m pl* subnucleares ‖ ⁓**nukleon** *n* (hypothetisch) / subnucleón *m* ‖ ⁓**optimal** (Regeln) / subóptimo *adj* ‖ ⁓**orbital** (Raumf) / suborbital ‖
⁓**ordinierung** *f* / subordinación *f* ‖
⁓**routine** *f* (DV) / subrutina *f* ‖
⁓**routinen-Unterprogramm** *n* (DV) / subprograma *m* de subrutina ‖ ⁓**satellitenpunkt**, Spurpunkt *m* (Raumf) / punto *m* de traza de un satélite ‖ ⁓**sektor** *m* (Platte) (DV) / subsector *m* ‖ ⁓**solarpunkt** *m* (Astr) / punto *m* subsolar ‖ ⁓**solarregion** *f* / región *f* subsolar ‖ ⁓**sonisch**, unter Mach 1 (Luftf) / subsónico ‖
⁓**sonisches Filter** / filtro *m* subsónico ‖
⁓**standardkraftstoff** *m* (Kfz) / combustible *m* de referencia
substantiv, Direkt... (Färb) / su[b]stantivo, directo ‖ ⁓**er Baumwollfarbstoff** / colorante *m* su[b]stantivo o directo
Substantivität *f* (Färb) / afinidad *f*
Substanz, Masse *f* / sustancia *f*, substancia *f*, materia *f* ‖
 ⁓, Stoff *m* (Chem) / sustancia *f*, cuerpo *m* ‖
⁓**blockpolymerisation** *f* / polimerización *f* en masa sin solvente ‖ ⁓**polymer** *n* / polímero *m* en masa ‖
⁓**polymerisation** *f* / polimerización *f* en masa ‖
⁓**pulverpolymerisation** *f* / polimerización *f* en polvo sin solvente ‖ ⁓**verlust** *m* / pérdida *f* de sustancia
Substate *m*, Teilzustand *m* (Nukl) / subestado *m*
Substatus *m* (DV) / subestado *m*
Substituent *m* (Chem) / su[b]stituyente *m*
substituieren *vt* (Chem) / su[b]stituir ‖ ⁓ (DV) / extraer
substituiertes Fremdatom / átomo *m* de substitución
Substitution *f* [für, gegen] (Chem) / su[b]stitución *f* [a, por] ‖ ⁓ (DV) / carácter *m* substituyente
Substitutions • befehl *m* / instrucción *f* de substitución ‖
⁓**isomerie** *f* (Chem) / isomería *f* de substitución ‖
⁓**leitung** *f* (Phys) / conducción *f* de (o por) substitución ‖ ⁓**methode** *f* (Elektr, Math) / método *m* de substitución ‖ ⁓**modus** *m* (DV) / modo *m* de substitución ‖ ⁓**produkt** *n* / su[b]stituto *m*, sustitutivo *m*, suplente *m*
Substrat *m* (Chem) / su[b]strato *m*, material *m* de base ‖
 ⁓, Chip-Carrier *m* (IC) / cuadrito *m* menudo, substrato *m* ‖ ⁓, Grundlage *f* (Anstrich) / sub[e]strato *m*, capa *f* inferior ‖ ⁓**strom** *m* (FET) / corriente *f* de substrato ‖ ⁓**zerteiler** *m* (IC) / aparato *m* de cortar cuadritos
sub • synchron / subsíncrono, subsincrónico ‖
⁓**synchronsatellit** *m* (Raumf) / satélite *m* subsíncrono ‖ ⁓**system** *n* / subsistema *m* ‖ ⁓**tangente** *f* (Geom) / subtangente *f* ‖ ⁓**task** *n* (DV) / subtarea *f* ‖
⁓**thermisch** (z.B. Neutron) / subtérmico
Subtrahend *m* (Math) / substraendo *m*, sustraendo *m*
subtrahieren *vt*, abziehen / su[b]straer, restar ‖ ⁓ *n*, Abziehen *n* / resta *f*
Subtraktion, Differenzbildung *f* / su[b]stracción *f*
Subtraktions • anweisung *f* (DV) / instrucción *f* de su[b]stracción ‖ ⁓**farbe** *f* / color *m* su[b]stractivo ‖
⁓**zeichen** *n*, Minuszeichen *n* / signo *m* de sustracción
subtraktiv (Math, Opt, TV) / su[b]stractivo ‖ ⁓**e Farbmischung** / mezcla *f* sustrativa de colores ‖ ⁓**e Grundfarbe** / color *m* su[b]stractivo primitivo ‖ ⁓**e Modulation** / modulación *f* descendente
Subtraktiv • filter *m* (Foto) / filtro *m* su[b]stractivo ‖
⁓**verfahren** *n* (IC) / proceso *m* su[b]stractivo
subtransient (Elektr) / subtransitorio, submomentáneo ‖ ⁓**er Kurzschlusswechselstrom**, Anfangs-Kurzschlusswechselstrom *m* / corriente *f* inicial simétrica de cortocircuito [trifásico], corriente *f* subtransitoria de cortocircuito [trifásico] ‖ ⁓**e** (o. subtransitorische) **Längs-EMK** / componente *f* longitudinal de la fuerza electromotriz subtransitoria ‖ ⁓**e Quer-EMK** / componente *f* transversal de la fuerza electromotriz subtransitoria

1301

Subtropen

Sub•tropen pl (Geo) / subtrópicos m pl ‖ **~tropisch** / subtropical ‖ **~tropischer Kalmengürtel**, Rossbreiten / zonas f pl de calmas subtropicales ‖ **~unternehmer** m (F.Org) / subcontratista m, subcontratante m ‖ **~vulkan** m / volcán m subterráneo
Subwoofer m, Basswürfel m (Akust, Eltronik) / altavoz m de bajos cúbico
Subzeile f (= 6 Mikrozeilen) (DV) / sublínea f
Succinimid n (Chem) / succinamida f, amida f succínica
Succinit, Bernstein m (Min) / succino m, ámbar m
Succinsäure f / ácido m succínico
Succinyl... (Chem) / succinílico
Such•..., zielanstrebend (Flugkörper) / buscador adj ‖ **~adresse** f (DV) / dirección f de búsqueda ‖ **~anker** m, Dregganker m, Draggen m (Schiff) / arpeo m ‖ **~anlage**, Rufanlage f / instalación f de busca de personas, instalación f buscapersonas ‖ **~antenne** f / antena f de exploración ‖ **~aräometer** n (Phys) / densímetro m o areómetro buscador ‖ **~baum** n (DV) / esquema m de acceso ‖ **~bewegung** f (Regeln) / movimiento m buscador ‖ **~code** m (DV) / código m explorador
Suche f (allg) / busca f, búsqueda f ‖ **~** (DV) / escrutinio m, análisis m ‖ **~ in der Entfernung** (Radar) / exploración f a distancia
suchen, aufsuchen (allg, Bergb) / buscar ‖ **~**, finden / localizar ‖ **~** (Math) / buscar ‖ **~ u. unschädlich machen** (Mine) / buscar y hacer inofensivas minas ‖ **~** n (allg, DV) / busca f, búsqueda f ‖ **~**, [Auf]finden n / localización f ‖ **~ n in geketteter o. verknüpfter Liste** (DV) / busca f en cadena
Sucher m, (nicht: Suchscheinwerfer) (Kfz) / faro m [de enfoque] móvil, proyector m orientable ‖ **~** (Foto, Opt, TV) / visor m ‖ **~** (Fernm) / selector m final de centralita particular ‖ **~** (Stanz) / piloto m, posicionador m ‖ **~ unbewegter Konten**, Kontensucher m (DV) / detector m de cuentas no movilizadas ‖ **~ausblick** m (Foto) / ventana f del visor ‖ **~bild** n (Foto) / imagen f del visor ‖ **~einblick** m (Foto) / ventanilla f del visor ‖ **~fuß** m (Foto) / zapata f del visor ‖ **~kamera** f / cámara f con visor ‖ **~lichtschacht** m (Foto) / visor m de capuchón ‖ **~objektiv** n (Foto) / objetivo m de enfoque ‖ **~okular** n (Foto) / ocular m del visor ‖ **~schirm** m / pantalla f de visor
Such•feld n (DV) / campo m de exploración ‖ **~fernrohr** n (Opt) / anteojo m buscador, buscador m ‖ **~filter** n (Eltronik) / filtro m conjuntado ‖ **~funktion** f / función f de exploración ‖ **~gerät** n (allg) / localizador m, detector m ‖ **~gerät**, Ortungs-, Peilgerät n (Luftf, Schiff) / radiogoniómetro m ‖ **~gerät** n (Raumf) / detector m ‖ **~impuls**, Startimpuls m (Radar) / impulso m iniciador o piloto o transmitido ‖ **~kegel** m, -stift m (Stanz) / cono m de introducción ‖ **~kopf** m / cabeza f buscadora ‖ **~lampe** f, Lampensucher m (Elektr) / lámpara f detectora ‖ **~lauf** n (NC) / busca f de datos particulares ‖ **~lauf** (Radio) / detección f de emisores ‖ **~lauf** (DV) / busca f acelerada de programas ‖ **~laufautomatik** f (Radio, TV) / detector m automático de emisores ‖ **~marke** f (Film) / marca f de conteo ‖ **~maschine** f (DV) / máquina f de búsqueda, buscador m ‖ **~maske** f (DV) / palabra f de mando de busca ‖ **~objektiv** n (Opt) / objetivo m de exploración ‖ **~operation** f, Suchen n (DV) / operación f de busca, busca f, búsqueda f ‖ **~radar** m n / radar m explorador o detector ‖ **~routine** f (DV) / rutina f de búsqueda ‖ **~schalter** m (Fernm) / conmutador m buscador, buscador m ‖ **~scheinwerfer** m / foco m direccional ‖ **~schleife** f (DV) / ciclo m de exploración ‖ **~schlüssel** m / criterio m de busca o de exploración ‖ **~spindel** f (Chem) / hidrómetro m verificador ‖ **~spule** f, Sondenspule f (Elektr) / bobina f de exploración ‖ **~steuerwort** n (DV) / palabra f de mando de busca ‖ **~stift** m (Stanz) / piloto m, posicionador m ‖ **~ton** m (Akust) / tono m sinusoidal, señal f sinusoidal ‖ **~- und Rettungsdienst** m, SAR / búsqueda f y salvamento ‖ **~vorgang** m / busca f, búsqueda f ‖ **~wahl** f (Fernm) / busca f libre ‖ **~wähler**, Sucher m (Fernm, TV) / buscador m o selector de línea ‖ **~zeit** f (Magn.Bd) / tiempo m de busca ‖ **~zeit für Datenzugriff** (DV) / tiempo m de acceso
Sucrose f, Saccharose f (Chem) / sucrosa f
Sud m (Brau) / cocción f, cocimiento m, calderada f ‖ **~**, Beizmittel n (Färb) / mordiente m ‖ **~** (Zuck) / jugo m defecado ‖ **~**, Abkochung f (Chem) / decocción f
Süd... / sud, sur...
Süden m (Geo) / sur m
Südfrüchte f pl / frutos m pl meridionales y/o tropicales
Sudhaus n (Brau) / sala f de cocción
südlich, südländisch (Geo) / meridional ‖ **~es Polarlicht**, Südlicht n / aurora f austral ‖ **~e Poldistanz** (Astr) / distancia f polar austral
Süd•magnetismus m / magnetismo m sur o del polo austral ‖ **~osten** m (Geo) / sudeste m, SE
Sudpfanne f (Brau) / caldera f de cocción
Südpol m (Geo) / polo m sur ‖ **~ der Magnetnadel** / polo m sur o austral de la brújula ‖ **~ des Magnets** / polo m sur del imán
Sud•salz m / sal f de salina ‖ **~vergoldung** f / dorado m por ebullición ‖ **~vernickelung** f / niquelado m por ebullición ‖ **~versilberung** f / plateado m por ebullición
Südwesten m, SW / suroeste m, sudoeste m, SO
Suedingmaschine f, Velours-Ausrüstungsmaschine f (Tex) / máquina f para dar aspecto de gamuza
Suffix n / sufijo m ‖ **~-Schreibweise** f (DV) / notación f de sufijos
Suffosion f, innere Erosion (Hydr) / sufosión f
Suhl-Effekt m (umgekehrter Hall-Effekt) (Eltronik) / efecto m Suhl
sukzessiv / sucesivo
Sulf... s. auch Schwefel...
Sulfamat•bad n (Galv) / baño m al sulfamato ‖ **~elektrolyt** m / electrólito m al sulfamato
Sulf•aminsäure f, -amidsäure f (Chem) / ácido m sulfam[ín]ico ‖ **~anilamid** n, Sulfonamid n (Pharm) / sulf[on]amida f, sulfanilamida f ‖ **~anilsäure** f (Chem) / ácido m sulfanílico
Sulfat n / sulfato m ‖ **~ablauge** f / lejía f de sulfato de desecho ‖ **~asche** f (Öl) / cenizas f pl de sulfato ‖ **~ascheprüfung** f (Öl) / ensayo m sobre las cenizas de sulfato
Sulfatation, Sulfatierung f, Sulfatieren n (Chem) / sulfatación f
Sulfat•ausscheidung f, -befall m (Email, Fehler) / segregación f de sulfato ‖ **~fest** (Tex) / resistente o sólido al sulfato ‖ **~hüttenzement**, Gipsschlackenzement (Bau) / cemento m de escoria de alto horno y sulfato de calcio, cemento m siderúrgico sulfatado
sulfatieren vt (Landw) / sulfatar
sulfatierend / sulfatante ‖ **~es Rösten** (Hütt) / tostación f sulfatante
Sulfatierung f (Akku) / sulfatación f
sulfatisieren vt / sulfatar, convertir en sulfato
Sulfatisierofen m (Hütt) / horno m para tostación sulfatante
sulfat•sauer (Hütt) / con o de sulfato ácido ‖ **~stoff**, -zellstoff, Kraftzellstoff m (Pap) / pasta f o celulosa al sulfato, pasta f kraft ‖ **~verfahren** n, -aufschluss m, -kochung f (Pap) / procedimiento m al sulfato ‖ **~zellulose** f, Kraft[zell]stoff m / celulosa f al sulfato
Sulf•carbaminsäure f (Chem) / ácido m tiocarbámico ‖ **~carbanilid** f / tiocarbanilida f ‖ **~hydrat** f / sulfhidrato m ‖ **~hydroxyl** n / sulfhidroxilo m ‖ **~hydryl** n / sulfhidrilo m

Sulfid *n* / sulfuro *m* ‖ ⁓**farbe** *f*, Schwefelfarbstoff *m* (Färb) / colorante *m* sulfuroso o al azufre
Sulfidieren *n* (Chem, Tex) / sulfidización *f*
sulfidisch (Chem) / sulfurado ‖ ~**e Erze** *n pl* / minerales *m pl* sulfurosos
Sulfidität *f* (prozentuales Verhältnis von Natriumsulfid zu den wirksamen Alkalien (Europa) o. zur gesamttitrierbaren Menge (USA) (daher in USA 5% niedriger)) (Pap) / sulfididad *f*
Sulfid-Leuchtstoff *m* (Chem) / sustancia *f* luminiscente de sulfuro
sulfinisieren *vt* (Art Zementation) (Hütt) / sulfinizar ‖ ⁓ *n* / sulfinización *f*
Sulfinsäuren *f pl* (Chem) / ácidos *m pl* sulfínicos
Sulf-Inuzieren *n* (Masch) / sulfinuzación *f*
sulfnuziert / sulfinuzado
Sulfit *n* (Chem) / sulfito *m* ‖ ⁓**ablauge** *f* (Pap) / lejía *f* sulfítica de desecho
Sulfitation *f*, Sulfitierung *f* (Zuck) / sulfitación *f*
Sulfitieren *n* (Oberfl.behandl.) / sulfitación *f* [de superficies metálicos]
Sulfit•kochung *f*, -aufschluss *m*, -verfahren *n* (Pap) / cocción *f* al bisulfito, lejiada *f* al bisulfito ‖ ⁓**lauge** *f* / lejía *f* sulfítica ‖ ⁓**zellstoff** *m*, -zellulose *f* / pasta *f* o celulosa al bisulfito ‖ ⁓**-Zellstoff-Packpapier** *n*, ZP-Papier *n* / papel *m* de embalaje al bisulfito
Sulfo•base *f*, -basis *f* (Chem) / sulfobase *f* ‖ ⁓**chlorid** *n* / tiocloruro *m*, sulfocloruro *m* ‖ ⁓**chlorierung** *f* (Paraffin) / sulfocloración *f*, clorosulfonación *f* ‖ ⁓**cyanat** *n*, Thiozyanat *n* (Chem) / tiocianato *m*, sulfocianato *m* ‖ ⁓**cyaneisen** *n* / tiocianato *m* de hierro, sulfocianuro *m* férrico ‖ ~**cyansauer** / sulfociánico ‖ ⁓**cyansäure** *f*, Rhodanwasserstoffsäure *f* / ácido *m* sulfociánico o tiosulfánico ‖ ⁓**cyanverbindung** *f* / compuesto *m* sulfocianurado ‖ ⁓**fettsäure** *f* / ácido *m* sulfosebáceo ‖ ⁓**gruppe** *f* / radical *m* sulfónico ‖ ⁓**harnstoff** *m* / tiocarbamida *f* ‖ ⁓**leinsäure** *f* / ácido *m* sulfoleico
Sulfonal *n* / sulfonal *m*
Sulfon•amid *n* (Pharm) / sulf[on]amida *f*, sulfanilamida *f* ‖ ⁓**amidharz** *n* / resina *f* sulfonamídica
sulfonieren *vt*, sulfurieren (Öl) / sulfonar, sulfurar
sulfoniert•es Öl / aceite *m* sulfonado ‖ ~**es Polystyrol** / poliestireno *m* sulfonado
Sulfonierung, Sulfurierung *f* / sulfonación *f*, sulfuración *f*
Sulfonierungszahl *f* (Öl) / índice *m* de sulfonación
Sulfo•nitrieren *n* (Chem) / sulfonitruración *f* ‖ ⁓**niumverbindung** *f* / compuesto *m* de sulfonio
Sulfonyl•harnstoff *m* / urea *f* sulfonílica ‖ ⁓**radikal** *n*, Sulfurylradikal *n* / radical *m* sulfonílico
Sulfo•propyl *n* / sulfopropilo *m* ‖ ⁓**salizylsäure** *f* / ácido *m* sulfosalicílico ‖ ⁓**salz** *n* / sulfosal *f* ‖ ⁓**säure**, (veraltet:) Sulfonsäure *f* / ácido *m* sulfónico ‖ ⁓**seife** *f* / jabón *m* sulfónico
Sulf•oxid *n* / sulfóxido *m* ‖ ⁓**oxylsäure** *f*, H_2SO_2 / ácido *m* sulfoxílico
sulfurieren *vi* / ser sulfurado o sulfonado ‖ ~ *vt*, sulfonieren / sulfurar, sulfonar
Sulfurierung, Sulfonierung *f* / sulfurización *f*, sulfonación *f*
sulfurisieren *vt*, mit Schwefelsäure behandeln / sulfurizar
Sulfurylchlorid *n* / cloruro *m* de sulfurilo
Süll *n*, Süllrand *m* (Schiff) / brazolas *f pl*
Sulvanit *m* (Kupfer-Vanadiumkies) (Min) / sulvanita *f*
Sulze *f*, Salzlauge *f* (Bergb) / agua *f* salina
Sulzeis *n*, Eisbrei *m* / hielo *m* mezclado con agua
Sumach *n* (Bot) / zumaque *m*
Summand *m* (zu dem addiert wird), Augend *m* (Math) / consumando *m* ‖ ⁓ (der addiert wird), Addend *m* / sumando *m* ‖ ⁓ (DV) / sumando *m*
summarisch, zusammengefasst / sumario *adj* ‖ ~**e Wirkungs- und Stoffkenngrößen** *f pl* (Abwasser) / cantidades *f pl* características generales de los efectos y de las materias
Summation *f*, Addierung *f* (DV) / adición *f*
Summations•lautstärke *f* (Akust) / intensidad *f* sonora suma, sonoridad *f* total ‖ ⁓**operator** *m*, Summationssymbol *n* (DV) / operador *m* de adición ‖ ⁓**probe** *f* (Math) / prueba *f* de suma, comprobación *f* o verificación por suma ‖ ⁓**ton** *m* (Phys) / tono *m* suma o de adición ‖ ⁓**wirkung** *f* / efecto *m* sumador
Summator *m* / totalizador *m*, sumador *m*
Summe *f* (Math) / suma *f*, total *m* ‖ ⁓ **bis Unendlich** (o. der unendlichen Reihe) / suma *f* de una serie infinitesimal ‖ ⁓ **der Abweichungen** / suma *f* de desviaciones ‖ ⁓ **der Abweichungsquadrate** / suma *f* de los cuadrados de dispersión ‖ ⁓ **der Fehlerquadrate** / suma *f* de errores cuadráticos ‖ ⁓ **der Quadrate**, Quadratsumme *f* / suma *f* de cuadrados ‖ ⁓ **modulo 2, [10]** / suma *f* módulo 2, [10]
summen *vi* (Akust) / zumbar ‖ ⁓ *n*, Summlaut *m* (Fernm) / zumbido *m*
Summen•bildung *f* (Math) / sumación *f*, adición *f* ‖ ⁓**diagramm** *n* (Antenne) / diagrama *m* de sumas ‖ ⁓**erfassung** *f* (Fernm) / totalización *f* ‖ ⁓**fehler** *m* (Math) / errores *m pl* acumulados ‖ ⁓**-Fernzählgerät** *n* / telémetro *m* sumador o totalizador telecontador *f* ‖ ⁓**-Fernzählung** *f* (Elektr) / telecuenta *f* totalizadora ‖ ⁓**formel** *f*, Bruttoformel *f* (Chem) / fórmula *f* aditiva ‖ ⁓**häufigkeit** *f* (Stat) / frecuencia *f* acumulada ‖ ⁓**kanal** *m* (Stereoton) / canal *m* suma ‖ ⁓**klausel** *f* (COBOL) / indicación *f* suma ‖ ⁓**koinzidenz** *f* (DV) / coincidencia *f* suma ‖ ⁓**kontrolle** *f* s. Summationsprobe ‖ ⁓**kurve** *f* (Stat) / curva *f* de frecuencias acumuladas, curva *f* de las acumulaciones ‖ ⁓**kurve bei Normalverteilung** (Stat) / curva *f* de acumulaciones en la distribución normal ‖ ~**leistungsgeregelt** / con regulación de suma de potencia ‖ ⁓**peak** *m* (Nukl) / cresta *f* de suma ‖ ⁓**prüfziffer** *f* (DV) / dígito *m* de verificación por totalización ‖ ⁓**regel** *f* (Math) / regla *f* de sumas ‖ ⁓**regelung** *f* / regulación *f* por totalización ‖ ⁓**regler** *m* / controlador *m* integrado ‖ ⁓**schaltung** *f* (Regeln) / circuito *m* compuesto ‖ ⁓**spektrum** *f* (Phys) / espectro *m* suma ‖ ⁓**taste** *f* (Eltronik) / tecla *f* de suma ‖ ⁓**teilungsfehler** *m* (Zahnrad) / error *m* acumulado de paso ‖ ⁓**übertrag** *m*, -übertragung *f* / transporte *m* de suma, suma *f* y sigue ‖ ⁓**verteilung** *f*, -häufigkeitsverteilung *f* (Stat) / distribución *f* de la frecuencia acumulada ‖ ⁓**wahrscheinlichkeit** *f*, kumulative Wahrscheinlichkeit / probabilidad *f* acumulativa ‖ ⁓**wert** *m* / valor *m* acumulativo o de acumulaciones ‖ ⁓**zähler** *m* (DV) / totalizador *m* ‖ ⁓**zählertafel** *f* (Elektr) / panel *m* de totalizadores ‖ ⁓**zeichen** *n*, Σ (Math) / signo *m* o símbolo sumatorio o de sumación ‖ ⁓**zeile** *f* (DV) / línea *f* de totales
Summer *m* / zumbador *m* ‖ ⁓, Oszillator *m* (Akust, Eltronik) / oscilador *m*, vibrador *m* ‖ ⁓**erregung** *f* / excitación *f* por zumbador ‖ ⁓**zeichen** *n*, -ton *m* / zumbido *m*, señal *f* de zumbador
summierbar / sumable
summieren *vt* / sumar, adicionar, encontrar sumas, totalizar ‖ **grafisch o. zeichnerisch** ~ / sumar gráficamente ‖ **sich** ~ / sumarse ‖ **sich** ~ **oder anhäufen** / acumularse, cumularse
summierend, Summier... / sumador ‖ ~, integrierend / integrador ‖ ~**er Frequenzzähler** / frecuencímetro *m* integrador ‖ ~**es Instrument** / instrumento *m* sumador o integrador
Summierer *m* (Analogrechner) / sumador *m* analógico
Summier•integrator *m* (Eltronik) / integrador *m* sumador ‖ ⁓**stufe** *f* (TV) / etapa *f* mezcladora
Summierung *f* (Math) / sumación *f*, suma *f*, adición *f* ‖ ⁓, Kumulierung *f* / acumulación *f*, cumulación *f* ‖ ⁓ (DV) / acumulación *f* ‖ ⁓ **von Toleranzen** / acumulación *f* de tolerancias

Summierungsregelung f (Regeln) / regulación f compuesta
Summierverstärker m / amplificador m sumador
Summton m / zumbido m ‖ ~, -zeichen n (Fernm) / tono m de control de llamada
Sumpf m, Morast m (Geo) / pantano m, ciénaga f, popal m (MEJ) ‖ ~, Absetzbecken n / depósito m de decantación ‖ ~, Ölwanne f, Ölsumpf m (Mot) / caja f de aceite, cárter m [inferior] ‖ ~, Schachtsumpf m (Bergb) / pozo m perdido ‖ ~, Pumpensumpf m (Bergb) / foso m colector o de bomba ‖ ~, Untertage-Wasserspeicher m (Bergb) / depósito m subterráneo de sedimentación ‖ ~ m (Strangguss) / cráter m o núcleo líquido, resto m líquido caliente
Sumpf ~... / palúdico m ‖ ~**ablassschraube** f (Mot) / tornillo m de purga de aceite (cárter)
sumpfen vt, mauken (Keram) / almacenar en húmedo, sazonar
sümpfen vt, trockenlegen (Bergb) / desaguar, drenar ‖ ~ n (Bergb) / drenaje m
Sumpf ~**erz** n, Sumpfeisenerz n (Min) / limonita f ‖ ~**gas** n (Chem) / metano m ‖ ~**gebiet** n, Sumpfland n (Geo) / terreno m pantanoso ‖ ~**haus** n (Keram) / pudridero m de arcilla
sumpfig / pantanoso, cenagosos, encharcado, uliginoso
Sumpf• kiefer f (Pinus palustris Mill.) (Bot) / pino m palustre o pantano o tea o del sur ‖ ~**phasenhydrierung** f (Chem) / hidrogenación f en fase lodosa ‖ ~**produkt** n (Chem) / producto m residual, residuo m de fondo ‖ ~**pumpe** f (Bergb) / bomba f de agotamiento ‖ ~**schmierung** f (Mot) / lubrificación f en el cárter ‖ ~**strecke** f, -ort n (Bergb) / galería f para la colección de aguas, albraque m ‖ ~**tiefe** f (Gieß) / profundidad f del cráter
Sunk m (Hydr) / descenso m del nivel
Sunn m (Hanf) / sunn m, cáñamo m de Bengala
Sun-Protect-Windschutzscheibe f (Kfz) / parabrisas m con protección antisolar
Super m (Radio) s. Superheterodynempfänger
Super n (Kfz) s. Superbenzin
Super• -acht-Film m, Film 8 S m / película f súper 8 [S], película f estrecha ‖ ~**aerodynamik** f / superaerodinámica f ‖ ~**archiv** n (DV) / superarchivo m ‖ ~**auto[matik]**... / sobreautomático ‖ ~**azidität**, Übersäuerung f (Chem) / hiperacidificación f ‖ ~**bananenregime** n (Nukl) / régimen m superbanana ‖ ~**[benzin]** n, Superkraftstoff m / gasolina f súper ‖ ~**brechung** f (Radar) / superrefracción f ‖ ~**cargo** m (Schiff) / supercargo m ‖ ~**charge**, Peculiarity, Charming-Quantenzahl f (Phys) / supercarga f, peculiaridad f ‖ ~**chip** m (DV) / superpastilla f ‖ ~**compound** / supercompuesto m ‖ ~**datenautobahn** f (DV) / superautopista f ‖ ~**-Dry Qualität** (Akku) / calidad f super-dry ‖ ~**eisen** n (Batterie) / superhierro m ‖ ~**fein** / hiperfino ‖ ~**-8-Film** m **mit Tonspur** / película f súper 8 sonora ‖ ~**finieren** vt, schwingschleifen (Wzm) / superfinir, dar un superacabado ‖ ~**finish** n (Wzm) / superacabado m ‖ ~**flach** (Gerät, PC) / superplano ‖ ~**flacher Bildschirm** (TV) / pantalla f plana cuadrada ‖ ~**flüssig**, -fluid (Phys) / superfluido ‖ ~**fraktionierung** f (Öl) / superfraccionamiento m ‖ ~**-Giantsockel** (Eltronik) / casquillo m supergigante ‖ ~**granulation** f (Sonne) / supergranulación f ‖ ~**het[erodyn]empfänger** m (Eltronik) / receptor m superheterodino ‖ ~**hetoszillator** m / oscilador m heterodino o de batido ‖ ~**holzschliff** m (Pap) / superpasta f mecánica ‖ ~**-Ikonoscop** n (TV) / supericonoscopio m ‖ ~**-Jumbosockel** m (Eltronik) / casquillo m superjumbo ‖ ~**kalander** m (Pap) / supercalandra f ‖ ~**kommutiert** (Eltronik) / superconmutado ‖ ~**kontrastfilm** m (Foto) / película f de máximo contraste ‖ ~**kraftstoff** m, Super[benzin] n / supercarburante m ‖ ~**kritisch** (Luftf) /

supercrítico ‖ ~**legierung** (hochtemperaturfest) (Hütt) / superaleación f ‖ ~**-LSI** (DV) / integración f en muy gran escala ‖ ~**markt-Verpackung** f / embalaje m para supermercado ‖ ~**mikro...** / supermicro ‖ ~**mikroskop** n, Übermikroskop n / supermicroscopio m ‖ ~**minicomputer** m, Laptop m, Supermini m (DV) / laptop m, supermini m ‖ ~**nieren...** (Mikrofon) / supercardioide ‖ ~**novae** pl (Astr) / supernovas f pl ‖ ~**-Orthikonkamera** f (TV) / cámara f con superorticón, cámara f de tubo analizador superorticón ‖ ~**oxid** n (Chem) / peróxido m ‖ ~**phosphat** n / superfosfato m ‖ ~**plastizität** f (z. B. Nickel) / superplasticidad f ‖ ~**polyamid** n (Chem) / superpoliamida f ‖ ~**polymer** n (Chem) / superpolímero m ‖ ~**ponierung** f, Überlagerung f (TV) / superposición f ‖ ~**position** f, Über[einander]lagerung f / superposición f, sobreposición f ‖ ~**positionsprinzip** n, Überlagerungssatz m (Math) / principio m o teorema de la superposición ‖ ~**-Präzision** f / superprecisión f ‖ ~**programm** n (DV) / rutina f ejecutiva o maestra ‖ ~**progressiv** (Feder) / superprogresivo ‖ ~**refraktion** f (Funk) / superrefracción f ‖ ~**regenerativempfang** m (Radio) / recepción f superregenerativa o superreactiva o con superreacción ‖ ~**regenerativkopplung**, Pendelrückkopplung f (Radio) / acoplamiento m superregenerativo ‖ ~**-Richtmikrophon** n / micrófono m superdirectivo o superdireccional ‖ ~**schmiermittel** n / lubri[fi]cante m superior ‖ ~**schweres Element** (Chem) / elemento m superpesado ‖ ~**strahlend** / superradiante ‖ ~**strahlung** f (Opt) / superradiancia f, superradiación f ‖ ~**strahlungslaser** m / sobreintensidad f de emisión ‖ ~**struktur** f, Überbau m / superestructura f ‖ ~**tanker** m (Schiff) / superpetrolero m, supertanquero m, buque m [de] cisterna gigante ‖ ~**turnstileantenne** f / antena f supermolinete o supertorniquete, antena f de molinete o torniquete múltiple, antena f de mariposas, antena f múltiple en cruz ‖ ~**typhoon** m (Schiff) / supertifón m ‖ ~**visor** m (COBOL) / supervisor m ‖ ~**wasser** n, Derjaginwasser n (Chem) / agua f de Derjagin ‖ ~**weitwinkelobjektiv** n, Überweitwinkelobjektiv n / objetivo m supergranangular
Supfinieren n, Supfinition f (Masch) / superacabado m
supfiniert, feinstbearbeitet / superacabado adj
Suppenteller m / plato m sopero u hondo
Supplement n, Ergänzung f, Beilage f / suplemento m
supplementär / suplementario, supletorio, suplemental
Supplement• sehne f (Math) / cuerda f suplementaria ‖ ~**winkel** m / ángulo m suplementario
Support m, Schlitten m, Werkzeugschlitten m (Wzm) / carro m [portaherramientas] ‖ ~, Kreuzschlitten m (Dreh) / carro m principal o cruzado, carro m de movimiento en cruz ‖ ~ (Langdrehen) / carro m de cilindrado ‖ ~ **der Hobelmaschine** / carro m de la [a]cepilladora ‖ **einfacher** ~ (mit nur einer Bewegungsrichtung) (Dreh) / carro m sencillo ‖ ~**anschlag** m (Wzm) / tope m de carro ‖ ~**drehmaschine** f / torno m paralelo ‖ ~**drehteil** m / portaherramientas m giratorio ‖ ~**schleifer**, Schleifkopf m / aparato m rectificador para tornos ‖ ~**schloss** (Wzm) / tuerca f de carro
supra• fazial (Prozess) (Chem) / suprafacial ‖ ~**fluid**, supraflüssig (Phys) / suprafluido, superfluido ‖ ~**flüssig**, -fluid (Phys) / superfluido ‖ ~**flüssiges Helium**, Helium II (Chem, Phys) / helio m superfluido, helio m II ‖ ~**hohe Frequenz** (3000 bis 30 000 MHz, 10 bis 1 cm) (Phys) / frecuencia f supra[a]lta ‖ ~**ionenleiter** m / conductor m supraiónico ‖ ~**leitend** / supraconductor, superconductor adj ‖ ~**leiter** m (Phys) / supraconductor m, superconductor m, hiperconductor m ‖ ~**leitfähigkeit** f / supraconductividad f, superconductividad f,

hiperconductividad *f* ‖ ⁓**leitmagnet** *m* / imán *m* supraconductor ‖ ⁓**leitung** *f* (Phys) / supraconducción *f*, superconducción *f* ‖ ⁓**leitungskabel** *n* / cable *m* supraconductor ‖ ⁓**leitungsspeicher** *m* (DV) / memoria *f* criogénica
supralleitende Maschine (Elektr) / máquina *f* supraconductora
Supramid *n* (Chem) / supramida *f*
Suprarefraktion *f* (Opt) / suprarrefracción *f*
Suprarenin *n*, Adrenalin *n* (Pharm) / suprarrenina *f*
Supra•schall, Ultraschall *m* (Phys) / ultrasonido *m* ‖ ⁓**strom** *m* / corriente *f* de supraconductividad ‖ ⁓**thermische Strahl-Plasma-Experimente** *n pl* / métodos *m pl* de interacción con haces no maxwellianos ‖ ⁓**vital** (Färbemethode) / supravital
supremal (Regeln) / superior
Supremum *n* (Kybernetik) / extremo *m* superior, cota *f* superior mínima
Surah, Seidenköper *m* (Tex) / seda *f* surah
Surface-Barrier•... (Halbl) / de barrera superficial o de superficie ‖ ⁓**-Transistor** *m* / transistor *m* de barrera superficial
Surfactant *n* (Chem) / tensioactivo *m*
Surfbrett *n* (Sport) / tabla *f* a vela [o de surf], plancha *f* a vela
surfen *vi* (im Internet) (DV) / navegar (por el Internet) ‖ ⁓ *n* (im Internet) (DV) / navegación *f*
Surfer *m* (Sport) / surfista *m* ‖ ⁓ **im Internet**, Internetter *m* (DV) / internauta *m f*, cibernavegante *m*
Surgistor *m* (Elektr) / limitador *m* de sobretensión transitoria
surinamisches Grünherzholz, Pau *n* d'Arco, Serratifolia Nicholz (Bot) / palo *m* de arco, tabebura *f*, ipé *m*, roble *m* amarillo
surjektiv (Math) / sobre
surren *vi* (Mot) / zumbar
Surrogat *n*, Ersatzmittel *n* / sucedáneo
Surround sound *m* (Audio, TV) / efecto *m* envolvente
suspendieren *vt*, in Suspension halten (Chem) / suspender
Suspendiervermögen *n* (Chem) / capacidad *f* de suspender
Suspension *f* (Chem) / suspensión *f* ‖ **in** ⁓, ungelöst (Chem) / en suspensión
Suspensions•farbstoff *m* / colorante *m* de dispersión ‖ ⁓**gießen** *n* / colada *f* en suspensión ‖ ⁓**kolloid** *n* / coloide *m* de suspensión ‖ ⁓**mittel** *n* / agente *m* de suspensión ‖ ⁓**polymerisation** *f* / polimerización *f* en suspensión ‖ ⁓**reaktor** *m* (Nukl) / reactor *m* de combustible en suspensión ‖ ⁓**röstung** *f* (Hütt) / tostación *f* en suspensión ‖ ⁓**strom** *m* (Hydr) / corriente *f* de turbidez
Suspensoid *n* (Chem) / coloide *m* en suspensión
süß (allg) / dulce ‖ ⁓, schwefelfrei (Öl) / no corrosivo ‖ ⁓, gesüßt / dulcificado, azucarado, edulcorado ‖ ⁓, mit geringem Anteil von Schwefelverbindungen (Gas, Öl) / dulce, desulfurado, desazufrado
süßen *vt* / endulzar, dulcificar, azucarar, edulcorar
Süß•holz *n* (Bot) / regaliz *m*, palo *m* dulce, orozuz *m* ‖ ⁓**kartoffel** *f* / papa *f* dulce ‖ ⁓**kraft** *f* / poder *m* dulcificante ‖ ⁓**mittel** *n*, Süßungsmittel *n* / dulcificante *m*, edulcorante *m* ‖ ⁓**öltank** (Schiff) / depósito *m* de aceite vegetal ‖ ⁓**rahmbutter** *f* / mantequilla *f* de nata dulce ‖ ⁓**stoff** *m* (allg) / edulcorante *m* ‖ ⁓**stoff**, Saccharin solubile, lösliches Saccharin / sacarina *f* soluble
Süßung *f* (Öl) / acción *f* de desazufrar o desulfurar o edulzar o destufar el petróleo
Süßungsmittel *n* / endulzante *m*, dulcificante *m*, edulcorante *m*
Süßwasser *n* / agua *f* dulce ‖ ⁓, Trinkwasser *n* / agua *f* potable ‖ ⁓..., Binnensee... / lacustre ‖ ⁓**gewinnungsanlage** *f* / instalación *f* o planta desalinizadora ‖ ⁓**kalk** *m* / caliza *f* de agua dulce ‖

⁓**plankton** *n* (Zool) / limnoplancton *m* ‖ ⁓**quarzit** *m* (Geol) / cuarcita *f* lacustre
SU-Symmetrie *f* (von Gell-Mann) (Nukl) / simetría *f* unitaria
Suszeptanz *f*, Blindleitwert *m* (Elektr) / susceptancia *f*
Suszeptibilität *f* / susceptibilidad *f*
Suszeptometer *n* (Phys) / susceptómetro *m*
SUZ (Schiff) = Schiffswellenumdrehungsanzeiger
SVB, selbstverdichtender Beton / hormigón *m* autocompactante
S-Verzeichnung *f* (TV) / distorsión *f* en S
SV-Material, Stahlwerksverschleißmaterial *n* (Hütt) / refractarios *m pl* de foso de colada
sw (Fernm) = schwarz
SW *m* (= Südwest[en]) / SO *m* (= Sudoeste) ‖ ⁓ (Masch) = Schlüsselweite
Swappingroutine *f* (DV) / rutina *f* de transferencia
Sweeprate *f*, Abtastgeschwindigkeit *f* (Eltronik) / velocidad *f* de barrido o de exploración ‖ ⁓, Wobbelgeschwindigkeit *f* / velocidad *f* de vobulación
Swelling *n*, Schwellen *n* (Nukl) / hinchamiento *m* [del combustible] durante la irradiación
S-Wert *m* (Nukl) / valor *m* S
SWFD (Fernm) = Selbstwählferndienst
Swimming Pool *m* (Nukl, Sport) / piscina *f* [artificial], alberca *f* (MEJ) ‖ ⁓**-Pool-Reaktor** *m* / reactor *m* de (o tipo) piscina
Swing-By *n* (Benutzen des Schwerefelds eines Planeten A für den Anflug an Planet B) (Raumf) / gravidesviación *f*
Swing-by ausnutzen / relanzar ‖ ⁓**-Technik** *f* (Raumf) / técnica *f* de gravidesviación
SWOP *n* (Öl) / sistema *m* de producción por pozo de petróleo sencillo
SWR = Siedewasserreaktor
Syenit *m* (Geol) / sienita *f*
Syllogismus *m* (Math) / silogismo *m*, razonamiento *m* deductivo
Sylvanit, Schrifttellur *m*, Schrifterz *n* (Min) / silvanita *f*
Sylvin *m* (KCl) (Min) / silvina *f*
Sylvinit *m* (Min) / silvinita *f*
Symbiose *f* (Biol) / simbiosis *f*
symbiotisch, in Symbiose lebend / simbiótico
Symbol, Sinnbild *n* / símbolo *m* ‖ ⁓ *n*, Schaltzeichen *n* (Elektr) / símbolo *m* de conexión ‖ ⁓, Sonderzeichen *n* (DV) / carácter *m* especial ‖ ⁓, Piktogramm *n* / pictograma *m* ‖ ⁓ *n* **für Funktionssteuerung** (PERT) / codificación *f* de las transacciones ‖ **ein** ⁓ **mit neuen Adressen versehen** (DV) / revaluar un símbolo ‖ ⁓**druck** *m* / impresión *f* de símbolos
symbolisch, sinnbildlich / simbólico ‖ ⁓**e Adresse** (DV) / dirección *f* simbólica ‖ ⁓**er Befehl**, Pseudobefehl *m* (DV) / seudoinstrucción *f* ‖ ⁓**e Codierung** / codificación *f* simbólica o mnemotécnica ‖ ⁓**e Darstellung**, symbolische Schreibweise / notación *f* simbólica ‖ ⁓**es Programm** / programa *m* simbólico ‖ ⁓**e Programmsprache**, Symbolsprache *f* / lenguaje *f* de programación simbólica ‖ ⁓**es Verfahren** (Elektr) / método *m* simbólico
Symbol•kette *f* (DV) / cadena *f* de símbolos ‖ ⁓**logik** *f* / lógica *f* simbólica ‖ ⁓**schrift** *f*, Piktographie *f* / escritura *f* pictográfica ‖ ⁓**steuerwarte** *f* (Eltronik) / tablero *m* sinóptico ‖ ⁓**tabelle** *f* (DV) / tabla *f* de símbolos ‖ ⁓**taste** *f* (DV) / tecla *f* de símbolos
Symmetrie, Spiegelgleichheit *f* (Geom) / simetría *f* ‖ ⁓**achse** *f* / eje *m* de simetría ‖ ⁓**ebene** *f* / plano *m* de simetría ‖ ⁓**element** *n* / elemento *m* de simetría ‖ ⁓**klasse** *f* (Krist) / clase *f* de simetría ‖ ⁓**linie** *f*, Winkelhalbierende *f* (Math) / bisectriz *f* ‖ ⁓**los** / asimétrico, disimétrico, no simétrico
Symmetrier•einrichtung *f* (Elektr) / equilibrador *m*, compensador *m*, máquina *f* de equilibrar ‖ ⁓**einrichtung für Spannungen bei unsymmetrischer Belastung** (Elektr) / compensador *m* de cargas

Symmetrierglied

asimétricas ‖ ≃glied n (Elektr) / transformador m simétrico-asimétrico ‖ ≃glied (Fernm) / red f equilibradora o de equilibrio, equilibrador m ‖ ≃leitung f / línea f equilibradora
Symmetrierung f (Fernm) / equilibrado m de circuitos
symmetrisch, spiegelgleich (Geom) / simétrico ‖ ~ (Fehler) / equilibrado (error) ‖ ~ (Elektr) / equilibrado, simétrico ‖ **streng ~e Anordnung** (Film, TV) / disposición f bisimétrica ‖ **~e Antenne** / antena f simétrica ‖ **~er Aufbau** (Sperrholz) / construcción f equilibrada ‖ **~er Ausgang** (DV) / salida f simétrica ‖ **~e Belastung der 3 Phasen** (Elektr) / carga f equilibrada entre las fases ‖ **~er Binärcode** (DV) / código m binario simétrico ‖ **~er Binärkanal** / canal m simétrico binario ‖ **~e Brückenschaltung** (Elektr) / puente m equilibrado, equilibrador m en puente ‖ **~e doppelte Gleisverbindung**, Weichenkreuz n (Bahn) / escape m o enlace doble entre vías paralelas, bretel m doble ‖ **~er Eingang** (DV) / entrada f doble ‖ **~e Erdung** (Elektr) / puesta f a tierra del punto medio ‖ **~er Fehler** (DV) / error m equilibrado ‖ **~er Fehlerbereich** (DV) / alcance m de error equilibrado ‖ **~e Komponente im Vektordiagramm** (Elektr) / componente f homopolar ‖ **~er Lauf** (Masch) / marcha f simétrica ‖ **~e Leitung** (Fernm) / línea f bifilar equilibrada, par m equilibrado ‖ **~ machen od. gestalten** / simetrizar ‖ **~es Netz** (bezogen auf Mittelleiter) (Elektr) / red f equilibrada ‖ **~es Netzwerk** (Fernm) / red f de secciones en tándem ‖ **~e Rauschbandbreite** (Eltronik) / ancho m de la banda de ruido simétrico ‖ **~e Schnellkupplung** (Rohre) / acoplamiento m rápido simétrico ‖ **~e Störspannung** (DV) / tensión f perturbadora (o de ruido) de modo normal ‖ **~er Verstärker** (Elektr) / amplificador m simétrico ‖ **~ vertauscht** (Fehler) / permutado simétricamente ‖ **~ verteilen** / distribuir simétricamente ‖ **~e Weiche** (Bahn) / cambio m sencillo simétrico ‖ **~e [Zu]leitung** (Elektr) / línea f de alimentación equilibrada, feeder m equilibrado ‖ **~-zyklisch-magnetisierter Zustand** / estado m de imantación cíclico-simétrico
Symonsbrecher m / quebrantador m de cono o tipo Symons
sympathetisch / simpático ‖ **~es Pendel** (Phys) / péndulo m simpático ‖ **~e Schwingung** / vibración f simpática o por simpatía o por resonancia ‖ **~e Tinte** / tinta f simpática
sympathomimetisch (Chem) / simpatomimético
Symposium n / simposio m, simposium m, coloquio m
Symptom, [An]zeichen n / síntoma m
symptomatisch / sintomático
Syn•..., Sym... / sin... ‖ ≃**apsis** f (Biol) / sinapsis f ‖ ~**aptisch** / sináptico ‖ ≃**ärese** f (Chem) / sinéresis f ‖ ~**artetisch** (Chem) / sinartético
Synchro n s. Synchrongerät ‖ ≃**-Kontakt** m (Foto) / contacto m de sincronización ‖ ≃**motor** m / sincromotor m
synchron, gleichlaufend / sincrónico, síncrono ‖ **~e Drehzahl** / velocidad f sincrónica o de sincronismo ‖ **~ gehen** (o. laufen) (Elektr, Masch) / marchar sincrónico o en sincronismo ‖ **~e Impedanz** (Elektr) / impedancia f sincrónica ‖ **~e Längsimpedanz** / impedancia f sincrónica longitudinal ‖ **~er Lauf** / funcionamiento m sincrónico, marcha f sincrónica ‖ **~ laufen** / marchar o girar en sincronismo ‖ **~e Modulation** (Eltronik) / modulación f sincrónica ‖ **~es Pumpen** / bombeo m síncrono ‖ **~e Steuerung** / mando m sincronizado o temporizado ‖ **~es Time-Division-Multiplexing** / multiplexión f por división de tiempo sincrónica ‖ **~e Übertragung** (Fernm) / transmisión f sincrónica ‖ **~ umlaufende (o. synchrone) Funkenstrecke** / explosor m sincrónico ‖ **~e Verarbeitung** (DV) / funcionamiento m sincrónico, sincronismo m ‖ **~ werden** [mit] / sincronizarse,

engancharse, enclavarse ‖ **~er Zähler** (Regeln) / contador m sincrónico
Synchron•... s. auch Synchronisier... ‖ ≃**abtastung** f (TV) / exploración f sincrónica, barrido m sincrónico ‖ ≃**bahn** f (Satellit) / órbita f sincrónica ‖ ≃**betrieb** m (Sender) / radiodifusión f por frecuencia común o por canal compartido ‖ ≃**-Blindleistungsmaschine** f / compensador m o condensador sincrónico o rotatorio ‖ ≃**blitz** m (Foto) / destello m o flash sincronizado ‖ ≃**datenanschluss** m (DV) / adaptador m síncrono de datos ‖ ≃**detektor** m (TV) / detector m o demodulador sincrónico ‖ ≃**digitalhierarchie** f, SDH f / jerarquía f digital sincrónica ‖ **für doppelte** ≃**drehzahl** (Elektr) / bisincrónico ‖ ≃**-Feder** f (Kfz) / muelle m sincronizador ‖ ≃**generator** m, -maschine f (Elektr) / alternador m sincrónico ‖ ≃**gerät**, Synchro n, Gleichlaufeinrichtung f / sincro m, síncrono m, dispositivo m [auto]sincrónico ‖ ≃**geräusch** n (Film) / ruido m de sincronización ‖ ≃**geschwindigkeit**, -drehzahl f / velocidad f sincrónica o de sincronismo ‖ ≃**getriebe** n (Kfz) / transmisión f sincronizada, sistema m o cambio sincronizado, sincronizador m ‖ ≃**-Induktionsmotor** m / motor m asíncrono sincronizado
Synchronisation f, Synchronisierung f / sincronización f ‖ ≃ (Film) / doblaje m, sincronización f, traducción f de diálogos ‖ ≃ **in Grundstellung** (DV) / sincronización f en reposo
Synchronisations•-Annäherung f / aproximación f de sincronización ‖ ≃**fehler** m, Zittern n (TV) / inestabilidad f o vibración de la imagen, sacudidas f pl de la imagen ‖ ≃**fehler**, Schaukeln n (TV) / inestabilidad f [de sincronismo] horizontal ‖ ≃**geschwindigkeit "M"** (Foto) / velocidad f de sincronización "M" ‖ ≃**röhre** f / tubo m sincronizador o de sincronización ‖ ≃**stellen** f pl (DV) / posiciones f pl de sincronización ‖ ≃**störung** f / perturbación f de sincronización
Synchronisator m (TV) / sincronizador m
synchronisierbar / sincronizable
Synchronisier•bereich m, Haltebereich m (TV) / margen m de sincronización ‖ ≃**bereich** (Elektr) / alcance m de sincronización ‖ ≃**einheit** f (Info) / generador m de sincronización ‖ ≃**einrichtung** f, -gerät n / dispositivo m de sincronización
synchronisieren vt / sincronizar ‖ ~, in Phase bringen (Elektr) / poner en fase, sincronizar, fasar, enfasar ‖ ~ (Film) / doblar, sincronizar ‖ ~ (Schwinger) / enclavar, enganchar, sincronizar
synchronisierendes Moment (Elektr) / par m de enganche
Synchronisier•impuls m (TV) / impulso m sincronizador o de sincronismo o de sincronización ‖ ≃**impulsgenerator**, Taktgeber m / generador m de sincronismo, reloj m ‖ ≃**impulsstauchung**, -impulskompression f / compresión f de la señal de sincronización ‖ ≃**selbsttätige** ≃**schaltung** (TV) / circuito m de retención automática ‖ ≃**signal** n (TV) / señal f de sincronización ‖ ≃**signal [am Zeilenende]** (TV) / señal f de sincronismo horizontal y vertical ‖ ≃**spur** f (Magn.Bd) / pista f de sincronización
synchronisiert, synchron [gemacht] / sincronizado ‖ ~, zeitlich abgestimmt / temporizado ‖ **~er Asynchronmotor** / motor m asíncrono sincronizado ‖ **~es Getriebe** s. Synchrongetriebe ‖ **~er Verstärker** (Eltronik) / amplificador m síncrono ‖ **durch Taktimpulse ~** (DV) / sincronizado por impulsos de reloj
Synchronisierung f, Synchronisation f / sincronización f ‖ ≃ (Film) / doblaje m, postsincronización f, postsonorización f, sonorización f, traducción f de diálogos ‖ **[erzwungene]** ≃ (Eltronik) / enclavamiento m, enganche m

Synchronisierungs•atelier *n*, Synchronstudio *n* (Film) / estudio *m* o taller de doblaje o de sincronización ‖ **≃bereich** *m* (TV) / margen de sincronización;.m. ‖ **≃einrichtung** *f* (Elektr) / dispositivo *m* de sincronización, sincronizador *m* ‖ **≃kabel** *n* / cable *m* de sincronización, cable *m* del sonido piloto ‖ **≃marke** *f* / marca *f* de sincronización ‖ **≃nutzeffekt** *m* (TV) / efecto *m* útil de sincronización ‖ **≃regelung** *f* / control *m* de sincronización ‖ **≃zeichen** *n* (TV) / señal *f* de sincronización ‖ **≃zeichen**, SYN-Zeichen *n* (DV) / carácter *m* de sincronización
Synchronisier- zu Videosignal *n* / razón *f* señal de sincronización/señal vídeo
Synchronismus *m* (Phys) / sincronismo *m* ‖ **≃anzeiger** *m*, Synchronoskop *n* (Mess) / indicador *m* de sincronismo, sincronoscopio *m*
Synchronizer *m*, Taktgeber *m* (Eltronik) / sincronizador *m*
Synchron• kamera *f* (Foto) / cámara *f* sincrónica ‖ **≃kegel** *m* (Kfz) / cono *m* de sincronización ‖ **≃-Kippmoment** *n* (Elektr) / par *m* de desenganche ‖ **≃klappe** *f* (Film) / claqueta *f* sincrónica ‖ **≃-Kleinstmotor** *m* / micromotor *m* sincrónico ‖ **≃kopf** *m* (Audio) / cabeza *f* de sincronización ‖ **≃kugel** *f* (Kfz) / bola *f* sincronizadora ‖ **≃-Kupplung** *f* (Elektr) / acoplamiento *m* sincrónico ‖ **≃maschine** *f* (Elektr) / máquina *f* sincrónica ‖ **≃modem** *n* (DV) / módem *m* sincrónico ‖ **≃motor** *m* / motor *m* sincrónico ‖ **≃orbit** *m* (Raumf) / órbita *f* sincrónica
Synchronoskop *n*, Phasenlampe *f* (Elektr) / sincronoscopio *m*
Synchron• -Phasenschieber *m* / compensador *m* o condensador sincrónico o rotatorio ‖ **≃pilot** *n* (Trägerfrequenz) / piloto *m* de sincronización ‖ **≃puls** *m* / impulso *m* de sincronización ‖ **≃rechner** *m* (DV) / ordenador *m* sincrónico, computadora *f* sincrónica ‖ **≃riegel** *m* (Kfz) / cerrojo *m* de sincronización ‖ **≃satellit** *m* (Raumf) / satélite *m* geosincrónico ‖ **≃schalter** *m* (Foto) / interruptor *m* sincronizado ‖ **≃scheibe** *f* (Kfz) / disco *m* de sincronización ‖ **≃-Schiebehülse** *f* (Kfz) / manguito *m* corredizo de sincronización ‖ **≃-Servomechanismus** *m*, -Servoantrieb *m* (Radar) / servosincronizador *m* automático ‖ **≃signal** *n*, Synchron-Signalgemisch *n* (TV) / señal *f* de sincronización ‖ **≃signalregenerator** *m* / regenerador *m* de señales de sincronización ‖ **≃spur** *f* (Magn.Bd) / pista *f* de sincronización ‖ **≃start** *m* (Film) / sincronización *f*, comienzo *m* de la sincronización ‖ **≃steuergerät** *n* (Film) / dispositivo *m* de sincronización ‖ **≃uhr** *f* / reloj *m* [eléctrico] sincronizador ‖ **≃-Umrichter** *m* (Elektr) / convertidor *m* [rotativo] sincrónico o síncrono, conmutatriz *f* sincrónica ‖ **≃verschluss** *m* (Foto) / obturador *m* de sincronización integral ‖ **≃wert** *m* / nivel *m* de sincronización ‖ **≃zeitschaltuhr** *f* / sincronizador *m* ‖ **≃zerhacker** *m* (Eltronik) / vibrador *m* sincrónico
Synchro•phasotron *n* (Phys) / sincrofasotrón *m*, protonsincrotrón *m* ‖ **≃-Transformator** *m* / sincrotransformador *m* ‖ **≃tron** *n* (Phys) / sincrotrón *m* ‖ **≃tron-Strahlung** *f* / radiación *f* sincrotrónica o tipo sincrotrón ‖ **≃-Zyklotron** *n* / sincrociclotrón *m*, ciclotrón *m* de frecuencia modulada
Syndets *n pl*, synthetische Detergentien (o. Waschmittel) / detergentes *m pl* sintéticos
Syn• diazoverbindung *f* (Färb) / compuesto *m* sindiazo ‖ **~diotaktisch** (Plast) / sindiotáctico ‖ **≃entropie** *f* (DV) / información *f* mutua, transinformación *f*
Synergetik *f* / sinergética *f*
synergetisch, zusammenwirkend (Chem) / sinergético, sinérgico
Synergie *f*, synergistischer Effekt / efecto *m* sinergético, sinergismo *m*, sinergia *f*
Synergist *n* (Chem) / sinergisto *m*
Synfuel *m* (Kfz) / combustible *m* sintético

Syngas *n*, synthetisches Gas / gas *m* sintético
syngenetisch (Min) / singenético
Syngonie *f* (Krist) / singonía *f*
synklin[al] (Geol) / sinclinal *adj*
Synklin[al]e, Mulde *f* (Geol) / sinclinal *m*, hoya *f*
synodisch (Astr) / sinódico
Synonym *n*, sinnverwandtes Wort / sinónimo *m* ‖ **~e** *n pl*, Sätze *m pl* mit gleicher Adresse (DV) / sinónimos *m pl*
synoptisch, umfassend / sinóptico
syntaktisch (DV) / sintáctico ‖ **~er Fehler** (DV) / error *m* sintáctico ‖ **~er Schaumstoff** / plástico *m* celular sintáctico
Syntax *f* / sintaxis *f* ‖ **≃regel** *f* (DV) / regla *f* sintáctica o de sintaxis
Syntexie *f* (Chem) / sintexía *f*
Synthesator *m* (DV) / generador *m* de lenguaje sintético
Synthese *f*, Aufbau *m* / síntesis *f* ‖ **≃ optisch aktiver Verbindungen** (Chem) / síntesis *f* asimétrica ‖ **≃benzin** *n* (Kfz) / gasolina *f* sintética ‖ **≃benzin** (Chem) / bencina *f* sintética ‖ **≃faser** *f* / fibra *f* sintética ‖ **≃faserpapier** *n* / papel *m* de fibras sintéticas ‖ **~faserverstärkter Kunststoff**, SFK / plástico *m* reforzado por fibras sintéticas ‖ **≃fluid** *n*, -öl *n* (Chem, Kfz) / fluido *m* o aceite sintético ‖ **≃gas** *n* / gas *m* de síntesis ‖ **≃gips** *n* / yeso *m* sintético ‖ **≃gummi** *m* / caucho *m* sintético ‖ **≃latex** *m* / látex *m* de síntesis ‖ **≃öl** *n* / aceite *m* sintético ‖ **≃-Stapelfaser** *f* (Tex) / fibra *f* artificial cortada
Synthesizer *m* (Eltronik) / sintetizador *m*
Synthetic Vision System, SVS, künstliches Sichtsystem (Cockpit) (Luftf) / sistema *m* de visión sintética o artificial
Synthetics *pl* (Tex) / sintéticos *m pl*, géneros *m pl* sintéticos
Synthetik-Apertur-Radar *m n* / radar *m* de síntesis de abertura
synthetisch, künstlich / sintético ‖ **~e Adresse** (DV) / dirección *f* sintética ‖ **~es Ammoniak** (Chem) / amoníaco *m* sintético ‖ **~er Brennstoff** / combustible *m* sintético ‖ **~e Detergentien** (o. Waschmittel), Syndets *n pl* / detergentes *m pl* sintéticos ‖ **~e Displaydarstellung**, synthetisches Schirmbild / generación *f* de presentaciones sintéticas ‖ **~er Edelstein** / piedra *f* preciosa sintética o artificial ‖ **~es Erdgas** / gas *m* su[b]stitutivo de gas natural ‖ **~e Fasern** *f pl* (Tex) / fibra *f* sintética ‖ **~e Fettsäure** (Chem) / ácido *m* graso sintético ‖ **~e Gerbstoffe** *m pl* / taninos *m pl* o curtientes sintéticos ‖ **~es Harz** / resina *f* sintética ‖ **~ herstellen**, synthetisieren / sintetizar ‖ **~er Kampfer** / alcanfor *m* sintético ‖ **~er Kraftstoff** / combustible *m* sintético ‖ **~es kristallines Mineral** / mineral *m* cristalino sintético ‖ **~es Papier** / papel *m* sintético ‖ **~es Rohöl** / crudo *m* sintético ‖ **~er Sand** (Gieß) / arena *f* [de moldeo] sintética ‖ **~es Schmieröl** / aceite *m* lubri[fi]cante sintético ‖ **~e Sprache** (DV) / lenguaje *f* sintética ‖ **~er stromleitender nichtmetallischer Werkstoff** / sinmetal *m* ‖ **~es Traubenkernöl** (Chem) / aceite *m* sintético de granos de uva ‖ **~es Video** / vídeo *m* sintético ‖ **~e Waschmittel** *n pl* / detergentes *m pl* sintéticos
synthetisierbar, [künstlich] darstellbar / sintetizable
Syntonisier... / sintonizador
syntonisieren *vt* (Eltronik, TV) / sintonizar
Syntonisierlampe *f* (Eltronik) / lámpara *f* de sintonización
Syrosem *m* (Bodenart) / sirosém *m*
Sysserskit *m* (Min) / sisersquita *f*, iridosmina *f*
System *n*, Anordnung *f* / sistema *m* ‖ **≃**, Bauart *f* / manera *f*, modo *m* ‖ **≃ erster, [zweiter] Ordnung** (Regeln) / sistema *m* de primer, [segundo] orden ‖ **≃ First-in First-out**, Fifo / sistema *m* primera entrada-primera salida ‖ **≃ Last-in First-out** (Lager) / sistema *m* última entrada-primera salida ‖ **≃ mit**

System

geregeltem Bus (DV) / sistema *m* de barra regulada ‖ ≈ **mit I-Verhalten** (Regeln) / sistema *m* de acción integral ‖ ≈ **mit mehreren o. n Freiheitsgraden** / sistema *m* de múltiples grados de libertad ‖ ≈ **mit örtlich verteilten Parametern** (Regeln) / sistema *m* de parámetros distribuidos o repartidos ‖ ≈ **mit Sammelnummer** (Regeln) / sistema *m* rotatorio ‖ ≈ **mit tragender Außenwand** / sistema *m* de revestimiento monocasco ‖ **in ein** ≈ **bringen** / sistematizar
system•abhängiger Fehler / error *m* siste[mát]ico ‖ ≈**absturz** *m* (DV) / caída *f* del sistema, aborto *m* del sistema ‖ ≈**analyse** *f* / análisis *m* de sistemas ‖ ≈**analytiker** *m* / analista *m* de sistemas ‖ ≈**anwendungs-Architektur** *f*, SAA / arquitectura *f* de aplicación de sistema
Systematik *f*, [systematische] Klassifizierung / sistemática *f* ‖ ≈, Ordnungslehre *f* / taxonomía *f*, taxinomía *f*
Systematiker *m* / sistemático *m* ‖ ≈ / hombre *m* metódico
systematisch / sistemático ‖ ~**e Begriffsauflistung** / lista *f* sistemática de notaciones ‖ ~**es Changieren** (Färb) / teñidura *f* arreglada ‖ ~**er Code** (DV) / código *m* ponderado ‖ ~**er Fehler** (DV) / error *m* sistemático
System•-Aufruf *m* (DV) / llamada *f* de sistema ‖ ≈**ausgabe** *f* (DV) / salida *f* del sistema ‖ ≈**ausgabeprogramm** *n* / programa *m* de salida ‖ ≈**auslegung** *f* (DV) / análisis *m* orgánico ‖ ≈**band** *n* (DV) / cinta *f* de sistema ‖ ≈**bau** *m*, Fertigbau[weise] in Großelementen (Bau) / construcción *f* en piezas [extensas] prefabricadas, construcción *f* en grandes piezas modulares prefabricadas ‖ ~**bedingte Ausfallzeit** (DV) / tiempo *m* de paralización debida al sistema ‖ ≈**betreuung** *f* / entretenimiento *m* de sistema[s] ‖ ≈**bibliothek** *f* (DV) / biblioteca *f* de sistema ‖ ≈**bus** *m* (DV) / barra *f* común del sistema ‖ ≈**darstellung** *f*, Organigramm *n* / representación *f* del sistema ‖ ≈**daten** *pl* (DV) / datos *m pl* del sistema ‖ ≈**definition** *f* (DV) / definición *f* del sistema ‖ ≈**durchsatz** *m* (DV) / rendimiento *m* del sistema ‖ ≈**dynamik** *f* / dinámica *f* de los sistemas ‖ ~**eigen**, -inherent / inherente al sistema ‖ ≈**eingabe** *f* (DV) / entrada *f* del sistema ‖ ≈**element** *n* (Betriebssystem) (DV) / recurso *m* del sistema operativo ‖ ≈**entwicklung**, Methodik *f* (Masch) / ingeniería *f* de sistemas ‖ ≈**entzerrer** *m* (Eltronik) / igualador *m* de sistema ‖ ≈**fluss** *m* (DV) / flujo *m* de datos de un sistema ‖ ≈**forschung** *f* / investigación *f* de sistemas ‖ ~**fremd** (DV) / no residente [en el sistema] ‖ ≈**generator** *m* (DV) / generador *m* de un sistema ‖ ≈**generierung** *f* (DV) / generación *f* de sistemas ‖ ≈**haus** *n* (DV) / empresa *f* de ingeniería de sistemas ‖ ≈**hierarchie** *f* (DV) / jerarquía *f* del sistema ‖ ≈**identifizierung** *f* (Regeln) / identificación *f* del sistema ‖ ~**implementiert** (DV) / implementado o realizado en el sistema ‖ ≈**implementierung** *f* (DV) / implementación *f* o realización de un sistema ‖ ≈**ingenieur/in** *m/f*, -techniker/in *m/f* / sistemista *m f*, ingeniero *m* de sistema ‖ ≈**integration** *f* / integración *f* del sistema ‖ ~**interne Emulation** / emulación *f* en un circuito
systemisch (Biol, Chem, Physiol) / sistémico ‖ ~**es Insektizid** (Landw) / insecticida *m* sistémico
System•kamera *f* (Foto) / cámara *f* con objetivos intercambiables ‖ ≈**ladeprogramm** *n* / cargador *m* de sistema ‖ ≈**linie** *f*, Netzlinie *f* / trazo *m* de un sistema ‖ ≈**literal** *n* (DV) / literal *m* de sistema ‖ ≈**losigkeit** *f* (Math) / ausencia *f* de sistema ‖ ≈**management** *n* (DV) / gestión *f* de sistema ‖ ≈**operation** *f* (DV) / operación *f* del sistema ‖ ≈**optimierung** *f* (DV) / optimización *f* del sistema ‖ ~**orientiert** (DV) / orientado al sistema ‖ ≈**planung** *f*, -entwurf *m* (DV) / proyecto *m* de sistema ‖ ≈**programm** *n* (DV) / sistema *m* operacional ‖

≈**programmbibliothek** *f* (DV) / biblioteca *f* de programas de sistema, programoteca *f* de sistema ‖ ≈**punkt** *m* (Mech) / punto *m* nodal ‖ ≈**-Rauschtemperatur** *f* (Eltronik) / temperatura *f* de ruido del sistema ‖ ~**resident** (DV) / residente en el sistema ‖ ≈**residenz** *f* (DV) / residencia *f* en el sistema ‖ ≈**residenz-Plattenspeicher** *m* / memoria *f* de discos del sistema ‖ ≈**routine** *f* / rutina *f* de sistema ‖ ≈**schalter** *m* (DV) / interruptor *m* del procesador ‖ ≈**schlepper** *m* (Landw) / tractor *m* de sistema, tractor *m* portaaperos ‖ ≈**schutz** *m*, Geräteschutzsystem *n* / sistema *m* de protección del equipo ‖ ≈**-Software** *f* (DV) / software *m* de sistemas ‖ ≈**stabilität** *f*, Anpassungsfähigkeit *f* (DIN 40042) / seguridad *f* de funcionamiento de un sistema ‖ ≈**-Stammband** *n* (DV) / cinta *f* maestra del sistema ‖ ≈**stapel** *m* (DV) / bloque *m* sistema ‖ ≈**stillstand** *m*, Absturz *m* (DV) / parálisis *f* del sistema, aborto *m* del sistema ‖ ≈**-Task** *n* (DV) / tarea *f* de sistema ‖ ≈**taste** *f* (DV) / tecla *f* "sistema" ‖ ≈**technik** *f* (DV) / ingeniería *f* de sistemas ‖ ≈**techniker** *m* s. Systemingenieur ‖ ≈**teile** *n pl* / piezas *f pl* del sistema ‖ ≈**theorie** *f* (Kybernetik) / teoría *f* de los sistemas ‖ ≈**überwachung** *f* (Raumf) / control *m* del sistema ‖ ≈**umschaltung** *f* (Bahn) / conmutación *f* de un vehíclo bicorriente ‖ ≈**verhalten** *n* (Regeln) / comportamiento *m* del sistema ‖ ≈**verwaltung** *f* (DV) / gestión *f* de sistema ‖ ≈**verwaltungs-Kontrollpunkt** *m* / centro *m* de control de sistemas de servicio ‖ ≈**-Verwaltungsprogramm** *n* (DV) / programa *m* de gestión de sistema ‖ ≈**wechselbahnhof** *m* (Bahn) / estación *f* de transición de corriente ‖ ≈**wirksamkeit** *f* / rendimiento *m* de un sistema ‖ ≈**zubehör** *n* (Foto) / accesorios *m pl* del sistema
systolisch (DV, Med) / sistólico
Syzygie *f* (Astr, Math) / sicigia *f*
SZ = Säurezahl
Szenenbild *n* (TV) / decorado *m* [de fondo]
S-Zinken-Kultivator *m* (Landw) / cultivador *m* tipo danés con brazos en S
Szintigraphie *f* (Med, Phys) / escintigrafía *f*
Szintillation *f*, Scintillation *f* (Astr, Phys) / escintilación *f*
Szintillations... s. Scintillations...
szintillieren *vi* / centellar
Szintillometer *n* (Nukl) / escintilómetro *m*, centellómetro *m*
Szintiscanner *m* (Med) / escintiscán[n]er *m*
S-Zustand *m* (Nukl) / estado *m* S
SZ-Verseilung *f* (Kabel) / cableado *m* SZ

T

t f (= Tonne) / t f (= tonelada)
T, Tesla n (magnetische Induktion) (Elektr) / T, tesla
T (= Temperatur[koeffizient]) / T (= temperatura)
T n (= Tritium) (Chem) / T (= tritio)
T, Tera... (1 Billion) / T (= tera)
TA, technische Anleitung / instrucción f técnica
Ta, Tantal n (Chem) / tantalio m, tántalo
TAB (Elektr) = Techn. Anschlussbedingungen für Starkstromanlagen ‖ ≈ (allg) = Tech. Aufsichtsbehörde
Tab m, Tabulator m / tabulador m
Tabak•ballen m / bala f de tabaco, fardo m de tabaco ‖ ≈**bau** m (Landw) / cultivo m de[l] tabaco ‖ ≈**beize** f / salsa f de tabaco, salmuera f de tabaco ‖ ≈**blasenfuß** m, Thrips tabaci (Zool) / trips m de la cebolla, projillo m del tabaco ‖ ≈**docke** f / manojo m de tabaco ‖ ≈**entrippmaschine** f / máquina f desvenadora de hojas de tabaco ‖ ≈**erzeugnis** n / producto m de tabaco ‖ ~**farben** / tabaco adj ‖ ≈**industrie** f / industria f tabaquera ‖ ≈**mosaikvirus** n (Bot) / virus m des mosaico de tabaco ‖ ≈**pflanzung** f / tabacal m ‖ ≈**reißmaschine** f / máquina f desgarradora de tabaco ‖ ≈**rippenwalzwerk** n / laminadora f de venas de hojas de tabaco ‖ ≈**rolle** f, Rolltabak m / tabaco m en rollos ‖ ≈**saatöl** n / aceite m de semillas de tabaco
T-Abbau m (Bergb) / explotación en T f
tabellarisch, in Tabellenform / en forma de tabla, en forma de cuadro ‖ ~ / tabular (diferencia logarít.) ‖ ~**e Darstellung** / presentación f tabular ‖ ~ **zusammenstellen** / enlistar
tabellarisieren vt / tabular
Tabelle f, Übersichtstabelle f / cuadro m sinóptico ‖ ≈, Aufzeichnung f / tabla f, tabulación f, lista f ‖ ≈, Zahlentafel f (Druck) / tablero m numérico, tabla f numérica ‖ ≈ f (DV) / tabla f de consulta, tabla de guía ‖ ≈ **des periodischen Systems** (Chem) / tabla f periódica, tabla f de Mendeleev, clasificación f de los elementos químicos, sistema periódico de los elementos
Tabellen•arbeit f, Tabellenlesen n, Tabellensuchen n (DV) / búsqueda f en tablas, busca f en tablas, consulta f de tabla, obtención f de datos en tablas ‖ ≈**form** f / forma f tabular ‖ ≈**funktion** f (DV) / función f de tabla ‖ ≈**generator** m (DV) / generador m de tablas ‖ ~**gesteuert** (DV) / mandado por tabla ‖ ≈**kalkulationsprogramm** n (DV) / hojas electrónicas f pl, planilla f de cálculo ‖ ≈**kopf** m (Druck) / encabezamiento m ‖ ≈**satz** m (Druck) / composición f tabular, composición f de tablas, composición f estadística, composición f de estados, cuadro m, estado m (E) ‖ ≈**satz machen** / componer tablas, componer cuadros ‖ ≈**suchbefehl** m (DV) / instrucción f de búsqueda en tabla, instrucción f de busca en tabla (LA) ‖ ≈**suchen** n (DV) / búsqueda f en tablas, busca f en tablas, consúlta f de tabla ‖ ≈**werk** n (DV) / trabajo m de tabla[s] ‖ ≈**zeile** f / línea f de la tabla ‖ ≈**zeitwert** m (F.Org) / tiempo m predeterminado
tabellieren vt (DV) / tabular vt
Taber-Abnutzungszahl f / índice m de abrasión de Taber
Table-look-up m, Tabellensuchen n (DV) s. Tabellenarbeit
Tablett n / bandeja f
Tablette f, Vorpressling m (Plast) / preforma f ‖ ≈ (Strangpresse) / cigarro m, paquete m ‖ ≈, (Halbl, Plast) / pastilla f, plaquita f ‖ ≈, Pastille f (Pharm) / comprimido m, tableta f, pastilla f ‖ ≈**n formen**, tablettieren (Plast) / empastillar ‖ **gepresste** ≈ (Plast) / pastilla f preformada
Tabletten•-Kautschuk m / caucho m granulado ‖ ≈**maschine** f, -**presse** f (Plast) / pastilladora f, máquina f pastilladora ‖ ≈**maschine**, -**presse** f, Tablettierautomat m (Pharm) / prensa f para comprimidos, prensa f para empastillar ‖ **stoßförmig arbeitende** ≈**maschine** (Plast) / pastilladora f de troquelado
tablettieren vt, Tabletten pressen (Pharm) / tabletear ‖ ≈ n / pastillado m, tableteado m
Tablettier•maschine f (Pharm) / tableteadora f, pastilladora f ‖ ≈**werkzeug** n (Plast) / herramienta f para preformar
Tabulation f, Tabulieren n (Schreibm) / tabulación f
Tabulationszeichen n (DV) / carácter de tabulación m
Tabulator (DV, Schreibm) / tabulador m, tabuladora f ‖ ≈**schreibweise** f (DV) / tabulación f secuencial ‖ ≈**setztaste** f, Kolonnensteller m (Schreibm) / tecla f fija-tabulador ‖ ≈**taste** f (DV) / tecla f del tabulador ‖ ≈**zeichen** n (DV) / carácter m de tabulación
tabulieren vt (DV, Schreibm) / tabular vi
Tabulierung f (DV) / tabulación f
T-Abzweigung f (Elektr) / T m de derivación
Tacansystem n (Radar) / sistema m de radionavegación tacán, tacán m
TAC-Gehalt m, Gesamtgehalt m an inorganischem Kohlenstoff (Abwasser) / contenido total de carbono inorgánico m
Tacho m n (coll) (Kfz) / tacómetro m ‖ ≈**dynamo** m / dínamo f tacométrica ‖ ≈**generator** m (Kfz) / generador m tacométrico, tacogenerador m ‖ ≈**graph**, Fahrtschreiber m (Kfz) / tacógrafo m ‖ ≈**graphenscheibe**, Diagrammscheibe f / disco m de diagrama [del tacógrafo] ‖ ≈**meter** n m, Geschwindigkeitsmesser, -anzeiger m / tacómetro m, taquímetro m, velicímetro ‖ ≈**meter mit Kilometerzähler** n m (Meilenzähler) / tacómetro m con cuentakilómetros (o con cuentamillas), cuentakilómetros m, cuentamillaṦ m ‖ ≈**meterantrieb** m (Kfz) / accionamiento del tacómetro m ‖ ≈**[meter]welle** f (Kfz) / árbol m flexible del tacómetro ‖ ≈**meterzähler** m, Wegstrecken-, Kilometerzähler m / odómetro m, hodómetro m ‖ ≈**signalgeber** m (Videoband) / tacogenerador m
Tachy•..., Tacho... / taqui..., taco... ‖ ≈**graph** m (Verm) / taquímetro registrador m ‖ ≈**metertheodolit** m, Tachymeter n (Verm) / taquímetro m, taqueómetro m ‖ ≈**metrie** f, Tachymeterzug m (Verm) / taquimetría f ‖ ≈**on** n (Nukl) / taquión m
tack (onom.) / tac ‖ ≈, **Täck** m (Schuh) / tachuela f
Tacker m (Heftapparat) / grapadora f, engrapadora f
TAE = Telekommunikations-Anschluss-Einheit
Taenit m (Min) / tenita f
Tafel f, Platte f / placa f, tabla f ‖ ≈, dünne Platte f / lámina f, hoja f ‖ ≈, stärkere Platte / tablero m ‖ ≈ f (Glas) / plancha de vidrio f, luna f ‖ ≈ (Stein) / lápida f ‖ ≈ (Metall) / placa metálica f ‖ ≈ (Schokolade) / tablilla f (E), tableta f (LA), pastilla f ‖ ≈ f, Wandverkleidung f (Bau) / panel m ‖ ≈ f, Schild n ‖ ≈ f, letrero m, rótulo m, placa f ‖ ≈ **der Kreisfunktionen** (Math) / tabla de las funciones trigonométricas o circulares ‖ ≈ **der möglichen Fahrstraßenkombinationen** (Bahn) / cuadro de combinaciones posibles de itinerarios m ‖ **[Wand]** ≈ / tablero m[mural]
Tafel•antenne f (Raumf) / antena-placa f ‖ ≈**berg** m (Geo) / meseta f ‖ ≈**blech** n (Walzw) / plancha f, chapa f ‖ ≈**[blech]schere** f (Wzm) / cizalla para chapas f, guillotina f ‖ ≈**blechwalzwerk** n / laminador de chapa m ‖ ≈**druck**, Handdruck m (Tex) / estampación a mano f ‖ ≈**farbe** f / color de aplicación m ‖ ≈**feld** n (Schalttafel) / panel m de distribución ‖ **zur** ≈**form**

ausbreiten (Glas) / aplanar ‖ **~förmig** / en forma de tabla, tabular ‖ **~förmiger Rohstoff** (Plast) / hojas *f pl* ‖ **≈geschirr** *n* / juego *m* de mesa, servicio *m* de mesa ‖ **≈glas** *n* / vidrio plano *m*, cristal *m* plano ‖ **poliertes ≈glas**, Spiegelglas *n* / cristal de *m*(o para) espejo ‖ **≈glasfabrik** *f* / fábrica de cristal de espejo *f* ‖ **≈land** *n*, flaches Hochland (Geo) / mesa *f*, meseta *f*(E), altiplanicie *f*(LA) ‖ **≈leim** *m* (Tischl) / cola en placas *f*
täfeln *vt* (Wand) (Bau) / revestir de madera, enmaderar ‖ **~**, parkettieren (Fußboden) / entarimar ‖ **~** (Decke) / artesonar
Tafeln *n* (Nadelfilz) / empilamento *m*
Tafel•waage *f* / balanza de Roberval *f* ‖ **≈öl** *n* (Nahr) / aceite *m* de mesa ‖ **≈paraffin** *n* (Öl) / parafina refinada *f* ‖ **≈parkett** *n* (Bau) / parquet *m* en tablas ‖ **≈salz**, Kochsalz *n* / sal de cocina o de mesa *f* ‖ **≈schere**, Schlagschere *f* (Wzm) / cizalla-guillotina *f*, cizalla *f* para planchas ‖ **≈schere *f* mit ziehendem Schnitt** / cizalla-guillotina *f* con corte efectuado por presión progresiva ‖ **≈schiefer** *m* (Geol) / pizarra *f* en tablas ‖ **≈silber** *n* / cubiertos *m pl* de plata, cubertería *f* ‖ **≈stift** *m*, -schreiber *m* / lápiz *m* de pizarra
Täfelung *f* (Decke) / artesonado *m* ‖ **≈**, Paneel *n* (Tischl) / entrepaño *m* ‖ **≈**, Wandbekleidung *f* / revestimiento de madera *m*
Tafel•waage *f*, Tischwaage *f* / balanza de platos superiores *f* ‖ **≈waage**, Straßenwaage *f* / báscula *f* pesa-camiones ‖ **≈ware** *f* (Plast) / hojas *fpl* ‖ **≈wasser** *n* (Nahr) / agua *f* potable o para beber
TAF-Hypoidöl *n*, Trans-axle fluid *n* (Kfz) / aceite *m*[hipoide) TAF
Taft *m*, Taffet *m* (Tex) / tafetán *m* ‖ **≈ changeant**, Schillertaft *m* / tafetán *m* batido ‖ **bunt bedrucktes ≈** / fular *m* ‖ **≈bindung** *f*, einfache Gewebebindung, glatte Tuchbindung / ligamento *m* [de] tafetán, punto tela tafetán *m*
Tag *m* / día *m* ‖ **≈**, grüner Rasen (Bergb) / superficie *f*[de tierra] ‖ **≈ der Anmeldung** (Patent) / día de la solicitud *m* ‖ **≈ der Offenen Tür** / Día *m* de Puertas Abiertas, jornada *m* de puerta[s] abierta[s] ‖ **≈ der Veröffentlichung** (Patent) / día de la publicación *m* ‖ **≈ des Inkrafttretens** / día de entrada en vigor *m*, fecha de puesta en vigor *f* ‖ **an den ≈ legen** / manifestar, evidenciar, hacer patente ‖ **über ≈e**, übertägig (Bergb) / a flor de tierra, al raso, en la superficie, exterior (LA) ‖ **unter ≈[e]** (Bergb) / subterráneo, bajo tierra ‖ **während des ≈es** / de día ‖ **zu ≈e liegen** (o. treten) (Bergb) / aflorar
Tagatose *f* (Chem) / tagatosa *f*
Tagdienst *m* / servicio *m* diurno ‖ **≈ haben** / estar de servicio diurno
Tagebau *m* (Verfahren) (Bergb) / explotación *f* a cielo abierto, explotación a tajo abierto ‖ **≈** (Anlage) / mina *f* de explotación a cielo abierto ‖ **≈** (Braunkohle) / mina de lignito a cielo abierto ‖ **im ≈** / a cielo abierto, a tajo abierto ‖ **≈bagger** *m* / excavadora *f* de (o para) explotación a cielo abierto ‖ **≈kohle** *f* / carbón *m* explotado a cielo abierto ‖ **≈lokomotive** *f* / locomotora *f* para explotación a cielo abierto ‖ **≈strosse** *f* (Bergb) / banco *m* de explotación a cielo abierto
Tage•buch *n* / diario *m* ‖ **≈geld** *n* / dieta *f* ‖ **≈lohn** *m* / jornal *m* ‖ **im ≈lohn arbeiten** / trabajar a jornal ‖ **≈lohnarbeit** *f* / trabajo *m* a jornal ‖ **≈löhner** *m* / jornalero *m* (E), bracero *m* (LA)
Tages•... / diario, diurno ‖ **≈anlage** *f* (Bergb) / instalación *f* en la superficie ‖ **≈arbeit** *f*, Tagschicht *f* / trabajo *m* de día ‖ **≈arbeiter** *m* (Bergb) / obrero *m* al raso ‖ **≈aufnahme** *f* (Strahlung) / absorción *f* diurna, irradiación diurna ‖ **≈ausbeute** *f* (F.Org, Film) / producción *f* diaria ‖ **≈ausbringen** *n*, Tagesförderung *f* (Bergb) / extracción *f* diaria ‖ **≈behälter** *m*, -tank *m* (Schiff) / depósito *m* o tanque de consumo diario ‖ **≈betrieb** *m* (Bergb) / actividades *f pl* en la superficie ‖ **≈bruch** *m* (Bergb) / hundimiento *m* hasta el raso ‖ **≈daten** *pl* / datos del día *mpl* ‖ **≈förderung** *f* (Bergb) / extracción *f* diaria o por día ‖ **≈kilometerzähler** *m* (Kfz) / cuentakilómetros *m* parcial ‖ **≈lastkurve**, -belastungskurve *f* (Elektr) / curva *f* diaria de carga ‖ **≈leistung** *f* (F.Org) / rendimiento *m* por día, producción diaria ‖ **≈leistung**, -förderung *f* (Bergb) / extracción *f* diaria ‖ **≈lenkzeit** *f* (Kfz) / período *m* de conducción diario ‖ **≈leuchtfarbe** *f* / colorante *m* luminoso a la luz diurna
Tageslicht *n* / luz *f* natural, luz *f* diurna, luz *f* del día ‖ **bei ≈** / a la luz del día, a plena luz ‖ **künstliches ≈** / luz *f* diurna artificial ‖ **≈beleuchtung** *f* / iluminación *f* natural ‖ **≈einspuldose** *f* (Foto) / caja *f* de carga a plena luz ‖ **≈entwicklungsgerät** *n* / aparato de revelado a la luz diurna ‖ **≈faktor** *m* (Bau) / factor *m* de luz diurna ‖ **≈film** *m* / película *f* de luz diurna, película *f* para luz de día ‖ **≈kassette** *f* (Foto) / cassette *f* de película de (o para) luz diurna, estuche *m* para la luz de día ‖ **≈lampe** *f* / lámpara *f* de luz diurna, lámpara del día ‖ **≈leuchtstoffröhre** *f* / tubo *m* fluorescente de luz natural ‖ **≈projektor** *m* / proyector a [la] luz diurna ‖ **≈schirm** *m* (TV) / pantalla *f* utilizable a la luz del día ‖ **≈signal** *n* (Bahn) / señal *f* luminosa diurna ‖ **≈spule** *f* (Foto) / carrete *m* de carga a plena luz
Tages•oberfläche *f* (Bergb) / cielo *m* abierto, tajo abierto *m*, flor *m* de tierra, raso *m* ‖ **≈produktion** *f* (F.Org) / producción *f* diaria ‖ **≈reichweite** *f* (Funk) / alcance *m* diurno ‖ **≈reisezug** *m* / tren de viajeros de día ‖ **≈ruhezeit** *f* (Kfz) / período *m* de reposo diario ‖ **≈schacht** *m* (Bergb) / pozo *m* de ventilación ‖ **≈schau** *f* (TV) / telediario *m* ‖ **≈schicht** *f* (F.Org) / turno *m* de día ‖ **≈seezeichen** *n* (Schiff) / marca *f* de mar [visible a la luz] del día ‖ **≈sehen** *n* / visión *f* fotópica ‖ **≈speicher** *m* (Elektr) / accumulador *m* de día ‖ **≈spitze** *f* / punta *f* diurna, cresta del día ‖ **≈start-Routine** *f* / rutina *f* de comienzo de día ‖ **≈stempel** *m* / timbre *m* fechador, sello fechador ‖ **≈stempel** *m* (Post) / matasellos *m*, fechador *m* ‖ **≈strecke** *f* (Bergb) / pozo *m* horizontal ‖ **≈strecke** (Luftf) / línea *f* aérea de día ‖ **≈tank** *m* (Schiff) / depósito *m* de consumo diario ‖ **≈tarif** *m* (Elektr) / tarifa *f* diurna ‖ **≈tonnen** *fpl* / toneladas *f* diarias ‖ **≈umsatz** *m* / venta *f* diaria ‖ **≈verbrauchskurve** *f* / curva *f* de consumo diario ‖ **≈wasser** *n* (Hydr) / agua *f* de superficie ‖ **≈zeichen** *n* (Bahn) / señal *f* diurna ‖ **≈zeit** *f* / hora *f* del día
Tagewerk *n*, Arbeit *f* einer Schicht (F.Org) / trabajo *m* de un día ‖ **≈**, Tagesleistung *f* / tajo *m*
Tagfahrlicht *n* (Kfz) / luz *f* de carretera durante el día
Tag-Flammpunktsprüfer *m* (= Tagliabue) (Chem) / comprobador *m* del punto de inflamación tipo Tag[liabue]
taggern *vt* / fijar por grabadora
täglich, ständig / diario, cotidiano, de todos los días ‖ **~**, im Laufe eines Tages beendet / diurno ‖ **~e Aberration** (Astr) / aberración *f* diurna
Tag•schicht *f* / turno *m* de día ‖ **≈signal** *n* (Bahn) / señal *f* diurna ‖ **≈strom** *m* (Elektr) / corriente *f* diurna ‖ **≈tarif** *m* (Elektr) / tarifa *f* diurna ‖ **≈- und Nachtbetrieb** *m* (F.Org) / servicio *m* permanente, servicio de 24 horas, marcha *f* de día y de noche ‖ **≈undnachtgleiche** *f* (Astr) / equinoccio *m*, punto *m* equinoccial
Tagungsbericht *m*, Protokoll *n* / acta *f*, protocolo *m*(de una reunión)
Tag•wasser, Oberflächenwasser *n* (Hydr) / agua *f* de superficie ‖ **≈[e]werk** *n* (altes Feldmaß) / obrada *f*, jornal *m*, yugada *f* ‖ **≈zug** *m* (Bahn) / tren *m* de día
Taifun *m*, Orkan *m* (Meteo) / tifón *m*
Tailend *n*, Endreinigung *f* (Nukl) / tratamiento *m* final
Taille *f* (Tex) / talle *m* ‖ **≈ des Kühlturms** (Nukl) / cuello *m* de la torre de refrigeración

Taillen•-Draht, I-Draht *m* (Kabel) / alambre *m* en I ‖ ⁓**schraube** *f* / tornillo *m* de cuello reducido, tornillo *m* de dilatación
Tailpipe *n* (Öl) / apéndice *m* de la tubería de producción
Tails *pl* (abgereichertes Uran 235) / tails *m pl* (uranio 235 desenriquecido)
Takamahakgummi *n* / tacamaca *f*, tacamacha *f*, tacamanaca *f*
Take *n* (Film) / toma *f*
Takel *n*, Talje *f* (Schiff) / aparejo *m*, guindaste *m* (E)
Takelage, Takelung *f*, Takelwerk *n* (Schiff) / jarcia *f*, cordaje *m*, aparejo *m*, roldana (CUB), f.
Takelmeister *m* / aparejador *m*
takeln *vt* (Schiff) / aparejar
Takonit *m* (Min) / taconita *f*, óxido *m* de hierro magnético
Takt *m*, Zeittakt (Fernm) / paso *m* ‖ ⁓, Arbeitstakt *m* (F.Org) / ritmo *m* de trabajo ‖ ⁓ *m*, Arbeitstakt *m* (Mot) / fase *f* de trabajo, tiempo [de trabajo] ‖ ⁓, Rhythmus *m* / ritmo *m*, cadencia *f* ‖ ⁓ (Pneum) / fase *f* ‖ ⁓ (DV) / ciclo *m* ‖ ⁓ (Musik) / compás *m*, medida *f* ‖ **im** ⁓ / a compás, acompasado ‖ ⁓**bandwaage** *f* / pesadora *f* de cinta de avance intermitente ‖ ⁓**-zeit** *f* (F.Org) / intervalo *m* del ciclo, tiempo del ciclo ‖ ⁓**diagramm** *n* (NC) / diagrama *m* temporal de ciclos
takten *v* / sincronizar ‖ ⁓, Taktgeben *n* (Eltronik) / sincronización *f*
Takt•feuer *n* (Schiff) / luz *f* periódica, luz *f* rítmica ‖ ⁓**frequenz** *f* (DV) / frecuencia *f* de reloj ‖ ⁓**funke[n]** *m* (Elektr) / chispa *f* cíclica ‖ ⁓**geber** *m* (DV) / reloj *m*, secuenciador *m*, generador *m* de sincronismo, generador de impulsos ‖ ⁓**geber**, TG (TV) / generador de ritmo *m* ‖ ⁓**geberbetrieb** *m* (DV) / operación *f* de ciclo fijo ‖ ~**gebunden** (DV) / mandado por impulso de reloj ‖ ⁓**generator** *m* (DV) s. Taktgeber
Taktik *f* (allg, Mil) / táctica *f*
taktil, Tast... (Biol) / táctil ‖ ~**er Sensor** (Roboter) / elemento *m* sensible al contacto, sensor *m* táctil
Takt•impuls *m* (DV, Eltronik) / impulso *m* de reloj ‖ ⁓**[im]puls** *m* (Sichtanzeige) / impulso *m* de señal en el tiempo ‖ ⁓**impulsfolge** *f* / frecuencia *f* de repetición de los impulsos de reloj ‖ ⁓**impulsgipfel** *m* (DV) / punta *f* de impulso de reloj
taktisch (allg, Mil) / táctico
Taktizität *f* (Plast) / tacticidad *f*
Takt•kette *f* (Pneum) / secuenciador *m* ‖ ⁓**loch** *n* (Lochstreifen) / agujero *m* de avance ‖ ⁓**marke** *f* (DV) / marca *f* de sincronización ‖ ⁓**maschine** *f* (Produktion) / máquina-herramienta *f* sincronizada ‖ ⁓**messer** *m*, Metronom *n* (Musik) / metrónomo *m*
Taktoid *n* (Kolloidchem) / tactoide *m* ‖ ~**freies Sol**, Taktosol *n* / atactosol *m*
Takt•periode *f* (DV) / período elemental *m* ‖ ⁓**presse** *f* (Plast) / prensa *f* de alimentación intermitente ‖ ⁓**[im]puls** *m* (Elektr, Masch) / impulso *m* de mando ‖ ⁓**scheibe** *f* (DV) / disco *m* de sincronización ‖ ⁓**schiebeverfahren** *n* (Brücke) / empujado *m* en adelante temporizado ‖ ⁓**sequenz** *f* (Elektr) / secuencia *f* de reloj ‖ ⁓**signal** *n* (Eltronik) / señal *f* de sincronización ‖ ⁓**speicherbaustein** *m* (Pneum) / módulo *m* de fase ‖ ⁓**spur** *f* (Magn.Bd) / pista *f* de reloj ‖ ⁓**spur** (Lochstreifen) / pista *f* de avance ‖ ⁓**-Start-Stopp-System** *n* (Fernm) / sistema *m* arrítmico con arranque sincrónico, sistema *m* arrítmico con señales de arranque regularmente espaciadas ‖ ⁓**wiederherstellung** *f* (Eltronik) / restablecimiento *m* de sincronización ‖ ⁓**zeit** *f* (Eltronik) / tiempo *m* del ciclo ‖ ⁓**zeit**, -dauer *f* (Wzm) / duración *f* del ciclo ‖ ⁓**zyklus** *m* (DV) / frecuencia *f* de reloj
TAL = Technische Anleitung zum Schutz gegen Lärm
Tal *n* (Geo) / valle *m*, quebrada *f* (PERU) ‖ ⁓ **der Sinuskurve** (Math) / mínimo de la curva senoidal ‖ ~**abwärts**, unterstromig (Geo) / valle abajo ‖

~**aufwärts**, oberstromig / valle arriba ‖ ⁓**bremse** *f* (Bahn) / freno *m* de pie de lomo de asno, freno *m* secundario ‖ ⁓**brücke**, Viadukt *m* / puente *m* a través de un valle, viaducto *m* ‖ ⁓**fahrt** *f* (Bergb) / avance *m* [de la máquina de extracción] en el sentido de transporte ‖ ⁓**fahrt** (Bahn) / marcha *f* en bajada o en descenso ‖ ⁓**fahrt** (Schiff) / navegación *f* aguas abajo ‖ ⁓**flanke** *f* (Geo) / pendiente *f*, gradiente *f*
Talg, Unschlitt *m* / sebo *m* ‖ ⁓**...** / sebáceo ‖ **pflanzlicher, vegetabilischer** ⁓ / sebo vegetal *m* ‖ ~**artig** / seboso ‖ ~**artig** (Chem) / sebáceo ‖ ⁓**holz**, Tallowwood *n* (Bot) / eucalipto *m* microcorys
Talgo[zug] *m* (Spanien) / [tren] Talgo *m* (E)
Talje *f* (Schiff) / aparejo *m*, tecle *m* ‖ ⁓**block** *m*, Gienläufer *m*, Taljenläufer *m* / beta *f* del aparejo ‖ ⁓**reep** *n* (Schiff) / cuerda *f* de aparejo
Talk *m* (Min) / talco *m*
Talker *m* (DV) / emisor *m*
Talkerde, Bittererde *f*, Magnesia *f* (Min) / tierra *f* talcosa, magnesia *f*
Talkessel *m* (Geo) / circo *m* (de montañas), caldera *f* (E)
talk•[halt]ig, talkartig, Talk... / talcoso, tálcico ‖ ⁓**-Listenadresse** *f* (DV) / dirección *f* habla-escucha ‖ ⁓**schiefer** *m*, Schiefertalk *m* (Min) / esquisto *m* talcoso, talquita *f* ‖ ⁓**spat** *m*, Magnesit *m* / magnesita *f*
Talkum *n* / polvos *m pl* de talco ‖ **aus** ⁓ **o. Talk**, talkhaltig, -artig / talcoso ‖ **mit** ⁓ **bestreuen** / escarchar *vt* ‖ **mit** ⁓ **einpudern** / talcar
Talkumieren *n* (Gummi) / empolvoramiento de talco *m*
Talkumiermaschine *f* / máquina *f* para talcar, pulverizador de talco *m*
Talkumpuder *m* / polvos de talco *mpl*, talco *m* en polvo *m*
Tallage *f* (Geo) / ubicación de valle
Tallharz *n* (Chem) / resina *f* de tall, resina de talol *f*
Tallöl *n* / talol *m*, tall-oil *m* ‖ ⁓**-Fettsäure** *f* / ácido *m* graso de talol
Tallymann *m*, Ladungskontrolleur *m* (Schiff) / apuntador *m*, medidor *m*
Talmi *n* (Metall) / similor *m*, oro falso *m*
Talmi-Integral *n* (Math) / integral *f* de Talmi
Tal•mulde *f* (Geo) / valle *m* hondo, hondonada *f* ‖ ⁓**öffnung** *f* (Geo) / boca *f* de valle ‖ ⁓**punkt** *m* (Tunneldiode) / fondo *m* de valle, mínimo *m* ‖ ⁓**sohle** *f* (Geo) / fondo *m* del valle, vaguada *f* ‖ ⁓**spannung** *f* (Tunneldiode) / tensión *f* del fondo de valle, voltaje *m* de mínima corriente ‖ ⁓**sperre** *f*, Staubecken *n* (Hydr) / pantano *m*, embalse *m*, pantanero *m* (COL) ‖ ⁓**sperre**, Sperrmauer *f* / presa *f*, tupia *f* (COL), represa *f* (LA) ‖ ⁓**sperre** *f*, Stauwerk *n* / salto *m* ‖ ⁓**sperrenkraftwerk** *n*, Sperrenkraftwerk *n* (Elektr) / central *f* de pie de presa ‖ ⁓**station** *f* (Seilb) / estación *f* de valle o de abajo, estación *f* inicial ‖ ⁓**weg** *m*, Schifffahrtsrinne *f* (Fluss) / talweg *m* ‖ ⁓**weg**, -lauf *m* (Hydr) / t[h]alweg *m* ‖ ⁓**wind** *m* (Luftf) / brisa *f* de los valles
Talysurfgerät *n* (Mess) / aparado *m* Talysurf (para medir superficies)
Tamarindenbaum *m* (Bot) / tamarindo *m*
Tambour *m* (Pap) / rodillo *m* arrollador, tambor *m* ‖ ⁓ (fertig gestrichene Papierrolle) / rollo *m* de papel [acabado de extender] ‖ ⁓ **Tambur** *m* (Spinn) / gran tambor *m*, bota *f* ‖ ⁓ **der Kuppel** (Bau) / tambor de la cúpula ‖ ⁓**-Anwurfvorrichtung** *f* (Pap) / dispositivo *m* de arranque del rodillo arrollador ‖ ⁓**mulde** *f* (der Karde) (Spinn) / bandeja *f* inferior ‖ ⁓**putzwalze** *f* (Spinn) / cilindro *m* desborrador o limpiador del tambor
Tamburier•maschine *f* / máquina *f* para punto de tambor ‖ ⁓**stich** *m* / punto *m* de tambor
Tamman-Temperatur *f* (Phys) / temperatura *f* de Tamman
Tamp[en] *m* (Schiff) / chicote *m* de un cabo
Tamper *m* (Nukl) / reflector *m*

Tampiko•hanf *m*, Ixtlefaser *f* (Bot) / cáñamo *m* de Tampico, tampico *m* ‖ ⁓**[-Jalape]harz** *n* / resina *f* de Tampico
Tampon *m* (Druck, Med) / tapón *m*, tampón *m* ‖ ⁓**galvanisierung** *f* / galvanización *f* por tapón
tamponieren *vt* (Steindruck) / taponar
tan (= tangens) (Geom) / tg
TAN *f* (total acid number) (Chem) / cifra *f* de acidez total
Tandem *n* (Masch) / tándem *m* ‖ **in** ⁓ **anordnen** (Masch) / disponer en tándem ‖ **in** ⁓ **verbinden** (Masch) / acoplar en tándem, conectar en tándem ‖ ⁓**achse** *f* (Kfz) / eje *m* tándem ‖ ⁓**anordnung** *f*, -betrieb *m* (Masch) / disposición *f* en tándem, montaje en tándem ‖ ⁓**anordnung** (Elektr) / conexión *f* en cascada o en serie o en tándem ‖ ⁓**bauart** *m* / construcción *f* en tándem, ejecución *f* en tándem ‖ ⁓**beschleuniger** *m*, -generator *m* (Nukl) / acelerador *m* [de partículas] tándem ‖ ⁓**betrieb** *m* (Fernm) / explotación *f* en serie, servicio *m* en tándem, servicio con centrales de tránsito *m* ‖ ⁓**betrieb** (Eltronik) / conmutaciones en alternativa *fpl*, operación *f* flip-flop ‖ ⁓**fahrgestell** *n* (Luftf) / tren *m* de aterrizaje con ruedas en tándem ‖ ⁓**generator** *m* (Teilchenbeschl) / acelerador *m* tándem ‖ ⁓**-Hubschrauber** *m* / helicóptero *m* con rotores en tándem ‖ ⁓**-Propeller** *m*, -Schiffsschraube *f* (Schiff) / hélices en tándem *fpl* ‖ ⁓ **[rad]** *n* (Fahrrad) / tándem *m* ‖ ⁓**-Walzwerk** *n* (Hütt) / laminador *m* tándem
Tandjung, Bukal *n* (Holzart) / tandjung *m*, bukal *m*
Tang *m*, Seetang *m* (Bot) / varec *m*
Tangens *m* (Math) / tangente *f* ‖ ⁓ **des Fehlwinkels** (Dielektrikum) / tangente *f* del ángulo de pérdidas ‖ ⁓**skala** *f* (Instr) / escala *f* tangencial
Tangent-Cone-Verfahren *n* (Aerodynamik) / método *m* tangente-cono
Tangente *f* (Geom) / recta *f* tangente, tangente *f* ‖ ⁓ (Straßb) / arteria *f* periférica ‖ ⁓ **mit Berührungspunkt** (Geom) / tangente *f* en el punto de contacto ‖ **eine** ⁓ **ziehen** / tangentear, trazar una tangente
Tangenten•abstand *m* (Verm) / distancia *f* tangencial ‖ ⁓**[berührungs]punkt** *m* (Verm) / punto *m* de tangencia ‖ ⁓**bussole** *f* (Elektr) / galvanómetro *m* de tangentes, brújula de tangentes *f* ‖ ⁓**ellipse** *f* / elipse *f* tangencial ‖ ⁓**-Kegelprojektion** *f* (Karte) / proyección *f* cónica tangencial de Lambert ‖ ⁓**-Näherungsverfahren** *n* (Math) / método *m* iterativo de Newton, método de aproximación de Newton ‖ ⁓**satz** *m* (Geom) / teorema *m* de la tangente ‖ ⁓**schar** *f* (Math) / haz *m* de tangentes ‖ ⁓**schnittpunkt** *m* / punto *m* de intersección de tangentes ‖ ⁓**verbindung** *f* (Straßb) / carretera *f* periférica ‖ ⁓**vieleck** *n* (Geom) / polígono *m* tangencial
tangential [zu], Tangential... / tangencial [a] ‖ ~ **an zwei verschiedenen Punkten**, doppeltangential ‖ **bitangential** ‖ ⁓**e Eiformbrikettpresse** (Bergb) / prensa *f* tangencial para la fabricación de briquetes ovoides
Tangential•beschleunigung *f* (Phys) / aceleración *f* tangencial ‖ ⁓**brenner** *m* (Hütt) / quemador *m* tangencial ‖ ⁓**drescher** *m* (Landw) / cosechadora *f* tangencial ‖ ⁓**druck** *m* (Phys) / presión *f* tangencial ‖ ⁓**ebene** *f* (Math) / plano *m* tangente ‖ ⁓**feld** *m* / campo *m* tangencial ‖ ⁓**feuerung** *f* (Hütt) / disposición *f* tangencial de quemadores ‖ ⁓**filtration** *f* / filtración *f* tangencial ‖ ⁓**fräsen** *n* (Wzm) / fresado *m* generatriz tangencial ‖ ⁓**gebläse** *n*, -lüfter *m* / soplador *m* tangencial ‖ ⁓**guss** *m* / colada *f* tangencial ‖ ⁓**keil** *m* (Masch) / chaveta *f* tangencial ‖ ⁓**kipplager** *n* / apoyo *m* de oscilación tangencial ‖ ⁓**kraft**, Schwungkraft *f* (Phys) / fuerza *f* tangencial ‖ ⁓**kraftdiagramm**, T-Diagramm *n* / diagrama *m* de la fuerza tangencial ‖ ⁓**kreis** *m* (Mech) / círculo *m* de Bresse ‖ **[innerer]** ⁓**kreis des Dreiecks** (Geom) / círculo *m* tangencial interior ‖ **äußerer** ⁓**kreis eines Dreiecks** / círculo *m* tangencial exterior, círculo circunscrito ‖ ⁓**lagerung** *f* (Stahlbau) / apoyo *m* autocentrante ‖ ⁓**meißel** *m* (Bergb) / cortador *m* tangencial, pico *m* tangencial ‖ ⁓**moment** *m* (Phys) / momento *m* [debido a la fuerza] tangencial ‖ ⁓**muffe** *f* (Elektr) / manguito *m* tangencial ‖ ⁓**plattenspieler** *m* / tocadiscos *m* de acción tangencial ‖ ⁓**probe** *f* (Hütt) / probeta *f* tangencial ‖ ⁓**punkt** *m* (Verm) / punto *m* de tangencia, contacto *m* ‖ ⁓**radholländer** *m* (Pap) / pila *f* de rueda tangencial ‖ ⁓**schnitt** *m* (Opt) / foco *m* tangencial ‖ ⁓**spannung** *f* / tensiones *f pl* tangenciales ‖ ⁓**strahler** *m* (Landw) / eyector tangencial *m* ‖ ⁓**wasserzähler** *m* / contador *m* tangencial de agua
Tangent•keile *m pl* (Masch) / chavetas tangenciales *fpl* ‖ ⁓**modul** *m* (Mech) / módulo *m* tangente
tangieren *vt* (Math) / ser tangente
tangierend / tangente, tangencial
Tangier•fell *n*, -film *m* (Druck) / lámina *f* o película bendéi o de grisar, tinta mecánica *f* ‖ ⁓**verfahren** *n* (Druck) / procedimiento *m* [de grisado] bendéi, grisado bendéi
tanh, Hyperbeltangens (Math) / tangente *f* hiperbólica
Tank *m*, Behälter *m*, Reservoir *n* / tanque *m*, depósito *m*, cisterna *f*, aljibe *m* (CUB), cuba *f* ‖ ⁓ (Reaktor) / depósito *m* ‖ ⁓ (Schiff) / tanque *m* ‖ ⁓, Heizöltank *m* / depósito *m* de aceite combustible ‖ ⁓, Kraftstoffbehälter *m* (Kfz) / depósito de combustible o de gasolina (E) o de nafta (LA), tanque *m* (LA) ‖ ⁓, Speichertank *m* (DV) / tanque *m* ‖ ⁓ *m* (Mil) / carro blindado o de asalto, tanque *m* ‖ ⁓ **des Straßentankzuges** / cisterna *f*, depósito *m* ‖ ⁓**-Abschleppfahrzeug** *m* (Mil) / remolcador *m* de tanques, remolcador *m* de vehículos superpesados ‖ ⁓**anlage** *f* (Öl) / patio *m* de tanques ‖ ⁓**anschluss** *m* (Raumf) / manguito *m* de reabastecimiento *m* ‖ ⁓**auflieger** *m* (Kfz) / semirremolque-cisterna *m*, cisterna *f* semirremolque ‖ ⁓**belüftung** *m* / aeración *f* de depósitos o tanques ‖ ⁓**bodenventil** *m* (Öltank) / válvula *f* de fondo del depósito ‖ ⁓**bodenwachs** *n* (Öl) / parafina *f* ‖ ⁓**boot** *n*, -leichter *m* (Hafen) / gabarra-tanque *f* ‖ ⁓**container** *m* / contenedor-cisterna *m*, contenedor-tanque *m* ‖ ⁓**decke** *f* (Schiff) / cubierta *f* del tanque ‖ ⁓**deckel** *m*, Tankverschluss *m* / tapa *f* del depósito ‖ **verschließbarer** ⁓**deckel** (Kfz) / tapa *f* [del depósito] antirrobo ‖ ⁓**einbaupumpe** *f* (Kfz) / bomba *f* de gasolina sumergida ‖ ⁓**einfüllstutzen** *m* (Kfz) / boca *f* del depósito
tanken *vt*, betanken / repostar gasolina etc., echar gasolina, tanquear ‖ ~, nachtanken / reabastecer[se] o reaprovisinar[se] de combustible, tomar gasolina (E) o nafta (LA), repostar[se] ‖ ⁓ *n* / reabastecimiento *m* o reaprovisionamiento de combustible ‖ ⁓ **in der Luft** / alimentación *f* en vuelo
Tank•entlüftung *f* / ventilación *f* del depósito ‖ ⁓**entlüftungsrohr** *n* / tubo *m* de ventilación del depósito, respiradero *m* ‖ ⁓**entwicklung** *f* (Film) / revelado *m* en cuba
Tanker *m*, Öltanker *m* (Schiff) / petrolero *m*, buque cisterna o tanque, barco cisterna *m* ‖ ⁓ (coll), Tankfahrzeug *n*, -wagen *m* (Kfz) / camión cisterna ‖ ⁓ **für Raffinerieprodukte** / petrolero *m* de productos refinados ‖ ⁓ **mit über 175000 to** / petrolero gigante ‖ ⁓**flotte** *f* / flota *f* petrolera ‖ ⁓**laderaum** *m* / cisterna *f* de petrolero ‖ ⁓**unfall** *m* / accidente *m* de petrolero
Tank•farm *f*, -lager *n* (Öl) / patio *m* de tanques ‖ ⁓**flugzeug** *n* (zum Auftanken in der Luft) / avión *m* nodriza, avión *m* cisterna ‖ ⁓**frachtkahn** *m* (Schiff) / barco *m* cisterna ‖ ⁓**füllung** *f*, Tankfüllen *n* / relleno *m* del depósito ‖ **eine** ⁓**füllung** (Mot) / contenido *m* del depósito ‖ ⁓**hafen** *m*, Ölhafen *m* / puerto petrolero *m* ‖ ⁓**inhalt** *m* / capacidad *f* del depósito, volumen *m* del depósito ‖ ⁓**insel** *f* (in der Tankstelle)

/ burladero m de la estación de gasolina ‖ ~**laderaum** m (Kapazität) (Schiff) / capacidad f del petrolero ‖ ~**lager** n, Benzinlager n / almacén m de gasolina ‖ ~**lager**, -farm f (Öl) / patio m de tanques ‖ ~**lager an Rohrleitungen** / depósito m junto a un oleoducto ‖ ~**lagerung** f / tancaje m ‖ ~**leichter** m, Tankboot n / gabarra-tanque f ‖ ~**leitungsnetz** n (Flugplatz) / red f de tubería de carburante ‖ ~**löschfahrzeug** n (F'wehr) / camión m cisterna contra incendios, camión-tanque de extinción ‖ ~**mischer** m / mezcladora f de cuba ‖ ~**ofen** m, Wannenofen m (Glas) / horno m de cubeta ‖ ~**peilung** f, -pegeln n / medición f del nivel de un depósito ‖ ~**pumpe** f (Kfz) / bomba f de combustible ‖ ~**randplatte** f (Schiff) / plancha f marginal del tanque ‖ ~**raum** m (Luftf) / compartimento m de depósito de combustible ‖ ~**raum** (Kapazität) (Schiff) / capacidad f del tanque ‖ ~**reaktor** m (Nukl) / reactor m de tanque ‖ ~**reinigungsanlage** f / instalación f de limpieza de tanques y depósitos ‖ ~**roboter** m / robot m de repostar gasolina ‖ ~-**Rückstände** m pl (Öl) / residuos mpl de tanques ‖ ~-**Sattelanhänger** m (Kfz) / cisterna f semirremolque ‖ ~**säule**, Zapfsäule / distribuidor m o surtidor de gasolina ‖ ~**schlämme** m (Öl) / lodos m pl de tanque ‖ ~**schlauch** m / goma f del surtidor ‖ ~**stelle** f, -station f, Zapfstelle f / estación f de servicio, gasolinera f, surtidor de gasolina m, gasolinería f (MEJ), puesto de gasolina (Sto. Domingo) ‖ ~**stelle mit Ladengeschäft** / gasolinera f con tienda ‖ ~**stutzen** m (Kfz) / boca f del depósito ‖ ~**tainer**, Flüssigkeits-Container m / contenedor-tanque m ‖ ~**transportanhänger** m (Mil) / remolque para el transporte de tanques, remolque portatanques m ‖ ~**transportfahrzeug** n (Mil) / camión m para al transporte de tanques, camión portatanques m ‖ ~**überlauf** m / rebosadero m de depósito ‖ ~**uhr** f, Kraftstoff-Vorratsanzeiger m (Kfz) / indicador m del nivel de gasolina ‖ ~**verschluss** m, Tankdeckel m / tapa f del depósito ‖ ~**wagen** m (Kfz, Luftf) / camión-cisterna m, carricuba f, pipa f (MEJ) ‖ ~**wagen**, Kesselwagen m (Bahn) / vagón-cisterna m ‖ ~**wall** m, -umwallung f (Raffinerie) / muro m contra incendio ‖ ~**wart** m / gasolinero m, expendedor de gasolina m, empleado de gasolinera m, naftero m (ARG) ‖ ~**zug** m (Kfz) / camión m cisterna [con remolque], gondola f (VEN), carrotanque m (VEN) ‖ ~**zuleitung** f (Raketenbasis) / tubo m de alimentación
Tannalbin n (Pharm) / tanalbina f
Tanne f, Weißtanne f, Edeltanne f, Abies alba (Miller) (Bot) / abeto m ‖ ~, Rottanne f, Fichte f, Picea ábies (Kersten) o. excélsa (Link) / pino m, abeto rojo m
Tannen•baumantenne f / antena f en espina de pescado ‖ ~**baumverzweigung** f (Schaltung) / transferencia f en espina de pescado ‖ ~**brett** n / tabla f de abeto ‖ ~**grün** (RAL 6009) / verde abeto ‖ ~**holzbohle** f (Tischl) / plancha f de abeto ‖ ~**nadel** f (Bot) / aguja f de abeto, hoja f acicular ‖ ~**nadelöl** n, Fichtennadelöl n / esencia f de hojas de abeto ‖ **kanadisches** ~**öl** / bálsamo m del Canadá ‖ ~**wald** m, -anpflanzung f / bosque m de abetos, abetal m
tannieren vt (Tex) / tratar con tanino
Tannin n, Gallusgerbsäure f (Chem) / tanino m ‖ ~... / tánico ‖ ~**druckfarbe** (Tex) / colorante m al tanino ‖ ~**reserve** f (Tex) / reserva f de tanino ‖ ~-**Solutizerprozess** m (Öl) / proceso m Solutizer del tanino
T-Anordnung f / disposición f en T
Tantal n, Ta (Chem) / tántalo m, tantalio m, TA ‖ ~**(III)-**... / tantalio ~**(V)-**... / tantálico
Tantalat n (Chem) / tantalato m
Tantal•-Chip-Kondensator m (Eltronik) / condensador m o capacitor de chips de tántalo ‖ ~**gleichrichter** m / rectificador m de tántalo
Tantalit m, [Schwer]tantalerz n (Min) / tantalita f

Tantal•karbid n (TaC) (Wz) / carburo m tantálico ‖ ~**kondensator** m, Elektrolytkondensator m (Eltronik) / condensador m o capacitor electrolítico de tántalo ‖ ~**lampe** f / lámpara f [incandescente con filamento] de tántalo ‖ ~**pentoxid** n, -(V)oxid n (Chem) / tántalo m (V)-ácido, anhídrido m de ácido tantálico ‖ ~**säure** f, -erde f / ácido m tantálico ‖ ~-**Trockenkondensator** m / condensador m o capacitor seco de tántalo
T-Antenne f / antena f en T
Tanteuxenit m, Dolorenzit m (Min) / dolorenzita f
Tanzeffekt m, senkrechte Lageschwankung (TV) / inestabilidad f vertical
tanzen, springen (allg, Lichtbogen) / oscilar ‖ ~, hüpfen / saltar ‖ ~ n **der Leiterseile** (Elektr) / acción de saltar de los conductores ‖ ~ **des Bildes** (TV) / inestabilidad f vertical
Tänzer•rolle f / rodillo m bailador ‖ ~**walze** f (allg, Druck, Tex) / rodillo m compensador o tensor
Tape-Deck n (Eltronik) / platina f cinta, chasis m magnetofónico
Tapelegen n (Plast) / colocación f de cintas
Tapete f, Papiertapete f / papel m pintado, papel m de pared ‖ **gepresste oder gaufrierte** ~ / papel m pintado gofrado
Tapeten•ablöser m / agente m para despegar papeles pintados ‖ ~**andrückwalze** f / rodillo m para papel pintado ‖ ~**bahn** f / tira f de papel pintado ‖ ~**borte** f, -kante f / borde m de papel pintado ‖ ~**druckform** f / molde m [de imprenta] para papeles pintados ‖ ~**druckmaschine** f / máquina f para imprimir papeles pintados ‖ ~**fabrik** f / fábrica f de impresión de papeles pintados ‖ ~**fabrikant** m / fabricante de papeles pintados ‖ ~**gewebe** n / tejido m para papeles pintados ‖ ~**herstellung** f / fabricación f de papeles pintados ‖ ~**leiste** f / listón m para papel pintado ‖ ~**muster** n (als Untergrund) (Druck) / color m de papel de empapelar ‖ ~**prägemaschine** f / gofradora f o estampadora de papeles pintados ‖ ~**rohpapier** n / papel m soporte para papeles pintados para empapelar ‖ ~**rolle** f, -stück n / rollo m de papel pintado
Tapezier•..., Tapisserie... / tapicero adj ‖ ~**arbeiten** f pl (Bau) / trabajos m pl de empapelar, tapicería f
tapezieren vt / empapelar, forrar de papel ‖ ~ n / empapelado m
Tapezier[er] m / empapelador m ‖ ~, Polsterer m / tapicero m, decorador m de interiores
Tapeziernagel m / tachuela f o aguja de tapicero, clavo m de tapicería
Tapioka f, brasilianisches Arrowroot (Bot) / tapioca f, mañoco m ‖ ~**stärke** f (Nahr) / fécula f de [la raíz de] mandioca
Tapiolit m (Min) / tapiolita f
Tapisserie f (Tex) / tapicería f
Taprogge-Rohrreinigungssystem n (Pipeline) / sistema m Taprogge para la depuración de oleoductos
Tara f (Verp) / tara f
Tarar, Windsichter m (Landw) / aventador m
Tararöhrchen n (Chem) / tubito m de tara
Tarbuttit m (Min) / tarbutita f
Target n (Kath.Str, Nukl) / blanco m ‖ ~**element** n, elemento m blanco ‖ ~**kapazität** f (TV) / capacitancia f del blanco ‖ ~**kern** n (Nukl) / nucleo-blanco m ‖ ~**material** n (Kath.-Zerstäubung) / material m del blanco
tarieren vt (Verp) / tarar, determinar la tara ‖ ~, auf Null einstellen (Instr) / graduar o poner a cero ‖ ~, austarieren / equilibrar ‖ ~ n / taraje m, equilibrado m, determinación f de [la] tara
Tarierschrot m n / granalla f de plomo para taraje
tarierte Feder / muelle m equilibrado
Tarier•waage f / balanza f de tarar ‖ ~**widerstand** m (Elektr) / resistor m de taraje, resistencia f de taraje

1313

Tarif

Tarif *m* / tarifa *f*, tasa *f* ‖ ≃ (Tabelle) / tabla *f* tarifaria o de trarifas ‖ ≃, Lohntarif *m* / tarifa *f* de salarios ‖ ≃, Tarifabkommen *n*, Trafifvertrag (F.Org) / convenio *m* colectivo ‖ ≃ **basierend auf Grund- u. Arbeitspreis**, Zweikomponententarif *m* (Elektr) / tarifa *f* binomia ‖ ≃ *m* **für geschlossene Züge**, Grenzzugtarif *m*, Tarif *m* für Blockzüge (Schweiz) (Bahn) / tarifa *f* de trenes completos ‖ ≃ **mit Einheitsgebühren** (Elektr) / tarifa *f* única ‖ **den** ≃ **festsetzen** / tarifar
Tarif•berechnungsart *f* / modo *m* de tarificación ‖ ≃**erhöhung** *f* / aumento *m* de tarifas, subida *f* o elevación de las tarifas ‖ ≃**-Festsetzung** *f*, Tarifierung *f* / tarificación *f* ‖ ≃**gruppe** *f* / categoría *f* tarifaria ‖ ≃**lohn** *m* / salario *m* tarifario o según tarifa ‖ ≃**lohntabelle** *f* / baremo *m* tarifario o según tarifa ‖ ~**mäßig**, tariflich / tarifario, según tarifa ‖ ≃**schaltuhr** *f* / reloj *m* conmutador de tarifas ‖ ≃**scheibe** *f*, Taxscheibe *f*. (Taxameter) / indicador *m* de tarifa ‖ ≃**system** *n* / sistema *m* tarifario o de tarificación ‖ ≃**tabelle** *f* / tabla tarifaria o de tarifas ‖ ≃**-Umschaltuhr** *f* (Elektr) / reloj *m* de tarifa variable ‖ ≃**umschaltung** *f* (Taxameter) / conmutación *f* de tarifas ‖ ≃**vertrag** *m* (F.Org) / acuerdo *m* o convenio tarifario, convenio *m* colectivo
Tarlatan *m*, Steifgaze *f* (Tex) / tarlatana *f*
Tarmac *n* (Bitumengemisch, USA) (Straßb) / macadam *m* alquitranado
tarnen *vt* / camuflar, enmascarar, disfrazar
Tarnkappenbomber *m pl* (STEALTH) (Mil) / avión *m* invisible, bombardero *m* invisible o camuflado
Tarnung *f* (Mil) / camuflaje *m*, enmascaramiento *m*
Tartramid *n*, Weinsäurediamid *n* (Chem) / tartramida *f*
Tartrat *n* / tartrato *m*
Tartrazin *n* (Färb) / tartrazina *f*
Tasche *f*, Beutel *m* / bolsa *f* ‖ ≃ (Tex) / bolsillo *m* ‖ ≃, Ausschnitt *m* (Wzm) / escotadura *f* ‖ ≃, Fülltrichter *m* (Bunker) / tolva *f* ‖ ≃, Nische *f* / nicho *m*, abertura *f*, bolsa *f* ‖ ≃ (Lagerkäfig) / alvéolo *f* de la jaula ‖ ≃ **der Schleifmaschine** (Pap) / bolso *m* de la desfibradora ‖ ≃ **des Reifens** / brazalete *m* ‖ ≃ **für Kamera u. Zubehör** / saco *m* o estuche para cámara y accesorios, funda *f*
Taschen•... / de bolsillo ‖ ≃ **fräsen** (Wzm) / vaciar escotaduras ‖ ≃**amperemeter** *n* (Elektr) / amperímetro *m* de bolsillo ‖ ≃**atlas** *m* (Tex) / molesquín *m* ‖ ≃**buch** *n* / libro *m* de bolsillo ‖ [**technisches**] ≃**buch** / manual *m* [técnico] de bolsillo ‖ ≃**-Dosismeter** *m* (Nukl) / dosímetro de bolsillo ‖ ≃**falz** *m* (Druck) / bolsa *f* [plegada] ‖ ≃**fäule** *f* (Holz) / pudrición *f* de bolsillo ‖ ≃**format** *n* / tamaño *m* de bolsillo ‖ ≃**format** (Druck) / tamaño *m* o formato de bolsillo ‖ ≃**futter** *n*, Pocketing *m* (Tex) / forro *m* de bosillo ‖ ≃**ionisations-Messkammer** *f* (Nukl) / cámara *f* de ionización de bolsillo ‖ ≃**käfig** *m* (Lager) / jaula *f* abierta ‖ ≃**kompass** *m* / brújula *f* de bolsillo ‖ ≃**lampe** *f* / linterna *f* o lámpara de bolsillo ‖ ≃**lupe** *f* / lupa *f* plegable ‖ ≃**messer** *n* / navaja *f* [de bolsillo] ‖ ≃**platte** *f* (Akku) / placa *f* de alvéolos ‖ ≃**radio** *n* / radio *f* de bolsillo, radiobolsillo *f* ‖ ≃**rechner** *m* / ordenador *m* de bolsillo, calculadora *f* portátil o de bolsillo ‖ ≃**refraktometer** *n* (Opt) / refractómetro *m* de bolsillo ‖ ≃**sextant** *m* (Schiff) / sextante *m* de bolsillo ‖ ≃**uhr** *f* **mit Schlagwerk** / reloj *m* de bolsillo con sonería ‖ ≃**uhrwerk** *n* / mecanismo *m* del reloj de bolsillo ‖ ≃**umlaufförderer** *m* / elevador *m* con bolsas de lona ‖ ≃**wecker** *m* / despertador *m* de bolsillo o de viaje
Täschner•karton *m* (Pap) / cartón *m* de portafolios o de cartera ‖ ≃**leder**, Portefeuilleleder *n* / cuero *m* para maroquinería, cuero *m* para portafolios o de cartera
TASI (= time assignment speech interpolation) (Fernm) / interpolación *f* de la palabra mediante la asignación de tiempos
Tasimeter *n* / tasímetro *m*, termómetro *m* de presión
TASI-Verfahren *n* (Fernm) / método *m* TASI

Task *f n* (kleinste Arbeitseinheit) (DV) / tarea *f* ‖ ≃**-Management** *n* / gobierno *m* de tarea ‖ ≃**-Steuerblock** *m* (DV) / bloque *m* de control de tarea ‖ ≃**-Switching Supervisor** *m*, Task-Scheduler (DV) / maniobra *f* de tarea
Tasmanit *m* (ein Ölschiefer) (Geol) / tasmanita *f*
Tasse *f* / taza *f* ‖ ≃, Wassertasse *f* (Gas) / cierre *m* hidráulico
Tassen•scheibe *f*, Topfscheibe *f* (Schleifm) / muela *f* de vaso *m* o de copa ‖ ≃**stößel** *m* (Mot) / empujador *m* de taza ‖ ≃**ventil** *n* / válvula *f* hemisférica o de copa
Tast... / palpador
Tastart *f* / régimen *m* o modo de manipulación
Tastatur *f*, Tasten *f pl* (DV, Schreibm) / teclado *m* ‖ ≃ **mit Bildschirm** / teclado *m* con presentación visual ‖ ≃ **umschaltbar von alpha auf numerisch** (DV) / teclado *m* con sobreposición ‖ **flache od.** ≃ (DV) / teclado de bajo relieve ‖ ≃**abfrage** *f* (DV) / consulta *f* mediante el teclado ‖ ~**betrieben** / accionado por teclado ‖ ≃**eingabe** *f* / entrada *f* por teclado ‖ ~**gesteuert** / mandado por teclado ‖ ~**orientiert** / orientado al teclado ‖ ≃**schnittstelle** *f* (DV) / interfaz *f* de teclado
tast•bar (Gefahrenhinweis) / táctil ‖ ≃**bolzen** *m*, Fühler *m* / palpador *m*, pulsador *m* ‖ ≃**-Dehnungsmesser** *m* / extensómetro *m* palpador
Taste (DV, Schreibm) / tecla *f* ‖ ≃ [**für Eintasten**] (DV) / tecla *f* de entrada ‖ ≃ **Drucken** / tecla "imprimir" ‖ ≃ **mit Rastung**, Sperrtaste *f* / tecla *f* con retención ‖ **die** ≃ **ist verriegelt** / la tecla está bloqueada ‖ **die** ≃ **springt zurück** / la tecla resalta ‖ **eine** ≃ **betätigen o. drücken o. anschlagen** / pulsar una tecla
tasten *vt*, fühlen / tocar, palpar ‖ ~, morsen (Fernm) / manipular ‖ ~, abtasten / palpar ‖ ~, eintasten / teclear ‖ ≃ *n* (Fernm) / manipulación *f*, modulación *f* ‖ ≃**anschlag** *m* / pulsación *f* de una tecla, golpe *m* de tecla ‖ ≃ [**an**]**wahl** *f* (DV) / selección *f* por teclas o por botones ‖ ≃**bedienung** *f* / pulsación *f*
tastend (Vorgehen) / a tiento, a tientas
Tasten•druck *m* / opresión *f* o pulsación de una tecla ‖ **erforderlicher** ≃**druck** / presión *f* a ejercer sobre la tecla ‖ ≃**einheit** *f*, -gerät *n* (Eltronik) / teclado *m*, unidad *f* de teclear ‖ ≃**feld** *n* (DV) / teclado *m*, tipario *m* ‖ **aktives** ≃**feld** / teclado *m* activo ‖ ≃**fernsprecher** *m* / aparato *m* de teclado, teléfono *m* de teclas ‖ ≃**folie** *f* (Eltronik) / membrana *f* de teclado ‖ ≃**geber** *m* / manipulador *m* [de teclas] ‖ ~**gesteuert** (DV) / mandado por teclas ‖ ≃**knopfzange** *f* (Wzm) / pinzas *f pl* para insertar teclas ‖ ≃**mechanik** *f* (Klavier) / mecánica *f* de las teclas ‖ ~**programmiert** (Maschinentyp) / programado por teclado ‖ ≃**reihe** *f* (DV, Eltronik) / serie *f* de teclas ‖ ≃**satz** *m* / teclado *m*, botonera *f* ‖ ≃**schaft** *m* / vástago *m* de tecla, barra *f* de tecla ‖ ≃**sperre** *f* / cerradura *f* de la tecla, cierre *m* de la tecla ‖ ≃**streifen** *m* (Fernm) / regleta *f* de teclas ‖ ≃**wahl** *f* (Eltronik) / selección *f* de estaciones por teclas ‖ ≃**wahl** (DV, Eltronik, Fernm) / selección *f* por teclas, selección *f* por botones pulsadores ‖ ≃**wahl betreiben** (Fernm) / seleccionar por teclas
Taster *m*, Tast[er]zirkel *m* / compás *m* de exteriores, palpador *m* ‖ ≃, Tastknopf *m* / botón *m* de mando ‖ ≃ (Messen) / cabezal *m* palpador ‖ ≃, Abtaststift *m* (Wzm) / punta *f* palpadora o de toque, pivote *m* o vástago palpador, palpador *m* ‖ ≃, Tastgerät *n* (Radar) / modulador *m*, manipulador *m* ‖ ≃ *m*, Fühler *m* / palpador *m* ‖ ≃ **der Kopierfräse**, Fühler *m* (Wzm) / espiga *f* de guía de la fresadora-copiadora ‖ ≃**gerät** *n* (Lichtsatz) / unidad *f* de teclado (para fotocomposición) ‖ ≃**lehre** *f* / calibre *m* de compás ‖ ≃**sender** *m* (Fernm) / transmisor *m* de llave ‖ ≃**wechselmagazin** (Wzm) / almacén *m* de palpadores intercambiables
Tast•gefühl *n* (Physiol) / tacto *m*, sentido *m* del tacto ‖ ≃**gerät** (Fernm) / manipulador *m* ‖ ≃**hebel** *m* / palanca *f* palpadora ‖ ≃**knopf** *m*, Taster *m* / botón *m*

1314

de mando ‖ ~**kontakt-Tastatur** f / teclado m de contacto sensitivo ‖ ~**kopf** m (Kath.Str) / sonda f ‖ ~**organ** n (Biol) / órgano m de tacto ‖ ~**organ**, -**werkzeug** n / dispositivo m palpador ‖ ~**punkt** m (o. Abnehmepunkt) bei Messungen / punto m de contacto ‖ ~**rad** n (am Rübenköpfer) (Landw) / rueda f direccional ‖ ~**relais** n / relé m palpador ‖ ~**rolle** f / rodillo m tensor [de palanca oscilante] ‖ ~**schalter** m, Kontakt-Taste f / tecla f de toque manual ‖ ~**schalter** (Ggs: Stellschalter) / pulsador m, botón m pulsador ‖ **durch** ~**sensor gesteuert** (Roboter) / mandado por palpador ‖ ~**sinn** m (Physiol) / sentido m del tacto ‖ ~**speicherverstärker** m (Regeln) / amplificador m de muestreo y de retención ‖ ~**spitze** f / punta f de sonda, punta f palpadora ‖ ~**spule** f (Elektr) / bobina f exploradora ‖ ~**stift** m, Fühler m / palpador m, vástago m palpador ‖ ~**stifthalter** m / porta-palpador m

Tastung f (Eltronik, Fernm) / manipulación f
Tast•verhältnis, Zeichen/Pause-Verhältnis n (Fernm) / relación f duración-período ‖ ~**verhältnis**, Impuls-Tastverhältnis n (NC) / factor m de trabajo de los impulsos ‖ ~**verhältnis** n (Laser) / tasa f de impulsiones ‖ ~**wahl** f s. Tastenwahl ‖ ~**welle**, Zeichenwelle f (Eltronik, Fernm) / onda f de manipulación ‖ ~**zirkel** m / compás m de exteriores, palpador m ‖ ~**-Zirpen** n (Fernm) / variaciones f pl de tono con (o en) la manipulación
tätig, aktiv / activo ‖ ~ (DV) / ocupado
Tätigkeit, Wirksamkeit f / actividad f, acción f ‖ ~ f, Beschäftigung f / ocupación f ‖ ~, Handeln n / acto m, hecho m ‖ **außer** ~ (Masch) / fuera de servicio ‖ **in** ~ (Mot) / en marcha, en movimiento
Tätigkeits•bit / bit[io] m de actividad ‖ ~**gebiet** n, -**feld** n, -**bereich** m / campo m de operaciones, zona f de operación ‖ ~**orientiert** (PERT) / orientado o bit[ios] ‖ ~**wechsel** m / cambio m de empleo o de trabajo ‖ **planmäßiger** ~**wechsel** (F.Org) / rotación f de ocupaciones ‖ ~**zeit** f (DV) / tiempo m productivo
Tato, Tagestonnen / toneladas f pl por día
tatsächlich, effektiv / efectivo, real ‖ ~, auf Tatsachen beruhend / fundado en hechos ‖ ~**e Adresse** (DV) / dirección f absoluta ‖ ~**e Betriebsdauer** / duración f real de servicio ‖ ~**e Bruchlast** / carga f medida de ruptura ‖ ~**e Leistung** (Masch) / potencia f efectiva ‖ ~**er Wert**, Effektivwert m / valor m efectivo o real
Tatsfunktion f / función f palpadora
Tatze f / garra f ‖ ~ (Motorboot) / flotador m, llanta f ‖ ~ **des Dreipunktbootes** / flotador m del hidroplano de tres puntos
Tatzenklemme f (Elektr) / borne m en forma de garra
Tatz•lager n / suspensión f elástica ‖ ~**lagermotor** m (Bahn) / motor m suspendido por la nariz
Tau n / T (= tau) (letra griega) ‖ ~ m (Meteo) / rocío m ‖ ~, Seil n / cable m, soga f, maroma f, cabo m, amarra f, cuerda f ‖ **ein** ~ **schießen lassen**, nachlassen / arriar o largar un cable
taub (Physiol) / sordo ‖ ~ (Bergb) / estéril adj ‖ ~, arm (Erz) / bajo de ley, de baja ley ‖ ~**er Gang** (Bergb) / estéril m, escombros m pl ‖ ~**es Gestein o. Mittel**, Gangart, -masse f (Bergb) / ganga f, rocas f pl esteriles, zafras f pl ‖ ~**es Haufwerk** (Bergb) / rocas f pl sueltas estériles de voladura
taubenblau (RAL 5014) / azul m colomba
Taubung f, Sättigung f / saturación f
Tauch•anker m (Magnet) / macho m de solenoide, núcleo m buzo ‖ ~**apparat** m (Masch) / dispositivo de inmersión ‖ ~**appretur** f (Tex) / apresto m por inmersión ‖ ~**bad** n / inmersión f, tratamiento m de inmersión ‖ ~**bad**, Einweichbad n (Tex) / baño m de inmersión o de remojo ‖ **im** ~**bad oder Tauchverfahren** / por inmersión ‖ ~**badschmierung** f / lubri[fi]cación por inmersión o por baño de aceite ‖ ~**bahn** f (Nukl) / órbita f de inmersión ‖ ~**batterie** f (Elektr) / batería f de inmersión ‖ ~**behälter**, -tank m, -gefäß n / cuba f de inmersión, depósito m o tanque de inmersión ‖ ~**beschichtung** f / recubrimiento m por inmersión ‖ ~**blasdorn** m (Plast) / mandril m de inmersión ‖ ~**blasverfahren** n (Plast) / soplado m con mandril de inmersión ‖ ~**boot** n / sumergible m, submarino m ‖ ~**boot**, Bathyscaph n / batíscafo m ‖ ~**brenner** m, Unterwasserbrenner m (Schw) / soplete m para cortar debajo de agua ‖ ~**brett** f, -wand f (Abwasser) / muro m de retención [para cuerpos flotantes] ‖ ~**brille** f / gafas f pl de buceo ‖ ~**brünieren** n / pavonado m por inmersión en caliente ‖ ~**buhne** f (Hydr) / espigón m sumergido ‖ ~**einsatz** m (Galv) / jaula f porta-piezas ‖ ~**elektrode**, getauchte [Schweiß]elektrode / electrodo m con revestimiento por inmersión ‖ ~**emaillierung** f / esmaltación f en frío
tauchen vt, ein-, untertauchen / inmergir, sumergir, mojar ‖ ~ vi / sumergirse ‖ ~, Email durch Tauchen auftragen (Email) / inmergir y dejar escurrirse ‖ ~ vi (U-Boot) / sumergirse ‖ ~ n / sumersión f ‖ ~, Ein-, Untertauchen n / inmersión f ‖ ~ n, Tauchformen n (Gummi) / conformación f por inmersión ‖ ~, Nicken n (Bahn) / movimiento m de galope, galope m ‖ ~ n **mit Heliumgemisch** / buceo m con mezcla de helio-oxígeno
tauchende Untertasse (Tiefseeforschung) / platillo m sumergible
Tauchentmetallisieren n (Galv) / eliminación f [de un revestimiento metálico] por inmersión, eliminación f química
Taucher m / escafandrista m, buzo m ‖ ~**anzug** m, Tauchanzug m / escafandra f, traje m de buzo ‖ ~**ausrüstung** f, -gerät n, Tauchapparat m / equipo m de buceo o de buzo ‖ ~**brille** f / gafas f pl de inmersión ‖ ~**glocke** f / campana f de buzo ‖ ~**helm** m / casco m de buzo
Taucherhitzer m / calentador m de inmersión
Taucher•krankheit f (Med) / enfermedad f de buzo ‖ ~**schiff** n / embarcación f o lancha de buzo, barco m buzo ‖ ~**sohle** f / suela f de plomo ‖ ~**uhr** f / reloj m de buzo o de escfandrista
tauch•fähig / sumergible ‖ ~**fahrt** f (U-Boot) / viaje m submarino, marcha f bajo [el] agua ‖ ~**fahrt**, getauchter Zustand (Schiff) / navegación f en estado sumergido ‖ ~**fahrzeug** n (allg) / sumergible m ‖ ~**färben** n (Tex) / teñido m por inmersión ‖ ~**färbung** f (Pap) / coloración f por inmersión o en la tinta ‖ ~**formverfahren** n (General Electric) (Draht) / conformación f por inmersión ‖ ~**fräsen** n (Wzm) / fresado m con útil profundizante ‖ ~**gefärbt** (Pap) / colorado en la tinta ‖ ~**gefäß** n s. Tauchbehälter ‖ ~**gefäß**, -tank m, -behälter m / cubeta f de inmersión ‖ ~**gelötet** / soldado por inmersión ‖ ~**gerät** n / pulmón m acuático, equipo m de inmersión o de buceo ‖ ~**gestrichenes Papier** / papel m estucado por inmersión ‖ ~**geteert** / embreado por inmersión ‖ ~**getter** n (Glühlampen) / afinador m de vacío por inmersión ‖ ~**gewicht** n / peso m en estado inmergido ‖ ~**glocke** f (Gieß) / campana f de inmersión ‖ ~**härten** n (Hütt) / temple m por inmersión ‖ ~**heizkörper** m / calentador m de inmersión ‖ ~**honen** n / honing m por inmersión ‖ ~**kammer** f (Plast) / cámara f de inmersión ‖ ~**kernmagnet** n / electroimán m con núcleo buzo o móvil ‖ ~**[kern]relais** n / relé m con núcleo buzo o móvil ‖ ~**klar** (U-Boot) / listo para sumergirse ‖ ~**kolben** m (Mot) / émbolo m buzo ‖ ~**kolbenmotor** m / motor m con émbolo buzo ‖ ~**kondensator** m (Elektr) / condensador m o capacitor m de inmersión ‖ ~**körper** m (Mat.Prüf) / cuerpo m sumergido ‖ ~**[er]kugel** f / batisfera f ‖ ~**lack** m / barniz m de inmersión ‖ ~**lackieren** vt / barnizar por inmersión ‖ ~**lampe** f / lámpara f de inmersión ‖ ~**lötbad** n / baño m de soldadura por inmersión ‖

~**löten** vt (weichlöten) / soldar por inmersión ‖
~**löten** n mit Hartlot / cobresoldadura f por inmersión, latonado por inmersión ‖ ~**lötung** f (Vorgang) / soldadura f por inmersión ‖ ~**lötung** (Verbindung) / unión f soldada por inmersión ‖
~**magnet** s. Tauchkernmagnet ‖ ~**masse** f / material m para el baño de inmersión ‖ ~**motor** m, Unterwassermotor m / motor m sumergible ‖
~**motorpumpe** f / motobomba f sumergible ‖
~**netzvermögen** n (Tensid) / poder m humectante por inmersión ‖ ~**patentieren** n (Draht) / patentización f por inmersión ‖ ~**plunger** m (Plast) / émbolo m buzo ‖
~**probe** f (Galv) / prueba f de eliminación del revestimiento metálico ‖ ~**prüfung** f / prueba f de (o por) inmersión ‖ ~**pumpe** f, Unterwasserpumpe f / bomba f sumergible ‖ ~**retter** m (Schiff) / equipo m de buceo para salvamento ‖ ~**rettungsboot** n / submarino m de salvamiento ‖ ~**roboter** m / robot m submarino ‖ ~**rohr** n (Gieß) / tubo m inmergido o de inmersión ‖ ~**rohrgießen** n / fundición f o colada sumergida ‖ ~**rüttler**, Innenvibrator m (Bau) / vibrador m interior o de inmersión ‖
~**schichtverfahren** n (Opt) / obtención f de capas por inmersión ‖ ~**schleifen** n, -schliff m (Wzm) / rectificado m con muelas profundizantes ‖
~**schmierung** (Mot) / lubri[fi]cación f por barboteo o por salpicadura o por salpique, lubri[fi]cación f por baño de aceite, lubri[fi]cación f por inmersión ‖
~**schmierung** (Bahn) / engrase m por salpicadura ‖
~**schwimmer** m, -glocke f / flotador m [en] forma de campana ‖ ~**schwinger** m (Ultraschall) / transductor m sumergible ‖ ~**schwingung** f, Stampfen n (Schiff) / cabeceo m ‖ ~**sieder** m (Elektr) / calentador m o hervidor de inmersión ‖ ~**siedereaktor** m (Nukl) / reactor m [de o tipo] piscina ‖ ~**spule** f (Elektr) / bobina f móvil ‖ ~**spul[en]...**, Schwingspul[en]... (Eltronik, Lautsprecher, Mikrofon) / dinámico, de bobina móvil ‖ ~**spul[en]mikrophon** n, dynamisches Mikrophon / micrófono m dinámico o de bobina móvil ‖ ~**stab** m (Tex) / varilla f de inmersión ‖
~**stampfen**, Porpoising n (Wasserflugz) / encabritamiento m y picado sucesivo ‖
~**standversuch** m, Dauertauchversuch m (Korrosion) / ensayo m de inmersión continua ‖ ~**streichverfahren** n (Pap) / estucado m por inmersión ‖ ~**teiler**, Streifenabschwächer m (Wellenleiter) / atenuador m de aleta o de guillotina ‖ ~**thermoelement** n / termopar m de inmersión ‖ ~**tiefe** f (z.B. des Siphons) / profundidad f de inmersión (p.ej. del sifón) ‖
~**tränken** n (Sintern) / infiltración f por inmersión ‖
~**trommel** f / tambor m de inmersión ‖ ~**tropfkörper** m pl (Abwasser) / filtro m sumergido percolador o de escurrimiento ‖ ~**überzug** m (Hütt) / recubrimiento m de inmersión ‖ ~**überzug** m, (spez.:) Feuerverzinken n / galvanización por inmersión en caliente, galvanización f al fuego ‖ ~**verfahren** n / método m o procedimiento de inmersión ‖ ~**vernickelung** f / niquelado m por inmersión ‖ ~**verzinken** vt, feuerverzinken / galvanizar por inmersión en caliente, galvanizar al fuego ‖ ~**verzinnen** / estañado por inmersión en caliente ‖
~**wägeverfahren** n (Mat.Prüf) / método m de inmersión y de pesada ‖ ~**walze** f (Druck) / rodillo m o cilindro inmersor ‖ ~**walze** (Spinn) / cilindro m de inmersión ‖ ~**wand** f, -brett n (Abwasser) / muro m de retención [para cuerpos flotantes] ‖ ~**wand** (Hütt) / muro m sumergido ‖ ~**weichlöten** n / soldadura f [blanda] por inmersión ‖ ~**zustand** m (Schiff) / estado m sumergido
tauen vi, schmelzen (Eis) / deshelarse ‖ ~ (von Tau) (Meteo) / caer rocío, estar rociando ‖ ~ n (Eis usw.) / deshielo m
tauen vt, schleppen (Schiff) / remolcar
tauen, weißgerben / curtir o adobar en blanco

Tauende n (Schiff) / chicote m, rebenque m
Tauenpapier n / papel m de cuerda
Taufe f (Zuweisung einer logischen Adresse an jeden Wagen), Zugtaufe f (Bahn) / bautizo m
Taufliege f, Drosophila melanogaster (Schädling) / mosca f de vinagre
taugen, tauglich oder brauchbar sein / ser útil, servir [para]
tauglich / calificado, apto, idóneo ‖ ~ [für] / útil, bueno [para]
Tauglichkeit f / utilidad f, aptitud f, idoneidad f
Taumel • bewegung f / nutación f ‖ ~**bewegung** (Raumf) / tambaleo, bamboleo m ‖ ~**dämpfung** f (Raumf) / estabilización f, atenuación f del tambaleo ‖ ~**düse** f (Rakete) / tobera f de estabilización ‖ ~**fehler** m (Masch) / tambaleo m ‖ ~**kreisel** m (Schiff) / giroscopio m oscilante ‖ ~**lager** n / rodamiento m de tambaleo ‖ ~**mischer** m / mezclador m de movimiento asimétrico
taumeln vi, schwanken / bambolearse, tambalearse ‖ ~, schaukeln / vacilar, titubear ‖ ~, Schwanken n / bamboleo m, tambaleo m
taumelnd, unrund (Rotationskörper) / descentrado, en nutación ‖ ~**e Kreisbewegung** / movimiento m giratorio tambaleante
Taumel • nietmaschine f (Wzm) / remachadora f oscilante ‖ ~**säge**, Wanknutsäge f / sierra f oscilante para labrar ranuras ‖ ~**satellit** m (Raumf) / satélite m tambaleante ‖ ~**scheibe** (statt Kurbeltrieb), Schrägscheibe f / disco m oscilante ‖
~**scheibengetriebe** n (Mech) / engranaje m con disco oscilante ‖ ~**scheibenmotor** m / motor m de disco oscilante ‖ ~**scheibenzähler** m / contador m de disco oscilante ‖ ~**tisch** m / mesa f tambaleante ‖
~**zellenwalze** f (Landw) / separador m oscilante ‖ ~**zentrifuge** f / centrífuga f oscilante
Tau-Meson n, Tauon n (Phys) / mesón m tau
Taumesser m, Drosometer n (Phys) / rocíometro m
Taupunkt m (Phys) / punto m de rocío o de condensación ‖ ~**bestimmung** f / determinación f del punto de rocío ‖ ~**erniedrigung** f / descenso m del punto de rocío ‖ ~**fühler** m / palpador m del punto de rocío ‖
~**hygrometer** n, Taupunkt-Spiegelhygrometer n / higrómetro m de punto de rocío ‖ ~**temperatur** f / temperatura f del punto de rocío
Taurin n (Chem) / taurina f
Täuschecho, Scheinecho f (Eltronik, Radar) / eco m fraudulento
täuschend, trügerisch / ilusorio
Tausch • motor m, Austauschmotor m (Kfz) / motor m de intercambio ‖ ~**palette** f (Transp) / europaleta f estandarizada
Täuschreflektor m (Mil) / señuelo m
tausend Kubikfuß je Tag (Gas) / mil pies cúbicos por día ‖ ~ n, 1000 Stück / millar m
Tausenderstelle f (Math) / lugar m de los miles
Tausend • -Hertz-Ton m, -Hertz-Signal n (Eltronik) / tono m de referencia ‖ ~**korngewicht**, TKG (Landw) / peso m de mil granos
tausendstel Millimeter, Mikron n / micra f, micrón m ‖ ~ n / [una] milésima [parte], un milésimo ‖
~**masseneinheit** f, TME (Nukl) / unidad f milimasa
tauto • chron (Math, Phys) / tautócrono f ‖ ~**chrone** (Kurve) (Geom) / tautócrona f ‖ ~**mer** (Chem) / tautómero ‖ ~**mer** n / cuerpo m tautómero ‖ ~**merie** f (Chem) / tautomería f ‖ ~**merisation** f (Chem) / tautomerización f ‖ ~**morph[isch]** / tautomorfo, isomorfo
Tau • wasser n, Kondenswasser n / agua f de condensación ‖ ~**wasser-Auffang** m / colector m de agua de condensación ‖ ~**wasserschale** f (Kühlschrank) / bandeja colectora para agua de condensación ‖
~**werk** n (Seil) / cordelería f ‖ ~**werk** (Schiff) / jarcias f pl, cordaje m ‖ ~**[werk]fender** m, Schamfilkissen n

technisch

(Schiff) / defensa *f* de jarcia ‖ ⁓**wetter** *n* (Meteo) / deshielo *m* ‖ ⁓**zyklusmethode** *f* (Korros.Prüfg) / método *m* de ciclos de rocío
Tavorit *m* (Min) / montebrasita *f*
Tawaholz *n* (Bot) / tawa *m*
Taxameter *n*, Fahrpreisanzeiger *m* (Kfz) / taxímetro *m* ‖ ⁓**konstante** *f* / constante K de taxímetro[s]
Taxation *f* (Forstw) / ordenación *f* de montes
Taxdaten *pl* (Taxameter) / datos *m* de tarifa
Taxi *n*, Taxe, Kraftdroschke *f* / taxi *m*
Taxierung *f*, Schätzung *f* / tasación *f*
Taxi • fahrer *m* / taxista *m* ‖ ⁓**-Minicomputer** *m* / miniordenador *m* para taxis, minicomputadora *m* para taxis ‖ ⁓**sideral** *n* / mochila *f* propulsora ‖ ⁓**stand** *m* / parada *f* de taxis ‖ ⁓**way** *m* (Luftf) / pista *f* de rodaje
Taxonomie *f* (Math) / taxonomía *f*
Taxscheibe *f*, Tarifscheibe *f* (Taxameter) / indicador *m* de tarifa
Taxusholz *n*, Eibenholz *n* (Bot) / madera *f* de tejo
Taylor • sche Formel *f*, Taylorscher Satz *m* (Math) / fórmula *f* de Taylor ‖ ⁓**sche Reihe** *f* (Math) / serie *f* de Taylor ‖ ⁓**system** *n* (F.Org) / taylorismo *m* ‖ ⁓**wasserzähler** *m* / contador *m* de agua de tres émbolos
TB (Masch) = Technisches Büro ‖ ⁓ km s. Terabit-Kilometer
T-Band *n* (Zimm) / gozne *m* en T ‖ ⁓ (Fernm) / banda *f* T
T-Blende *f*, transmissionsgerechte Blende (Foto) / diafragma *m* T
TBN *f* (Total Base Number) (Chem) / índice *m* o numero de base total
TBO (Fernm) = Telegrafenbauordnung
TBP-Destillation *f* (true-boiling-point) (Chem) / destilación *f* TBP
T.B.T.O., Tributyl-Zinnoxid *n* / óxido *m* de estaño tributil
TC (Schiff) = Transcontainer
TCA =Trichloressigsäure
TCF, 10^{18} Kubikfuß (=2,8317 x 10^{16} m^3 / trillón *m* de pies cúbicos
TCL (= Schlupf- u. Spurkontrollsystem) (Kfz) / sistema *m* TCL
TCP-Theorem *n*, Lüders-Pauli-Theorem *n* (Phys) / teorema *m* de Lüders-Pauli
TCU, Timing-Steuereinheit *f* / unidad *f* de control de tiempo
TD = Tiefendosis
Td (Tex) = legaler Titer (in Denier)
T-Diagramm, Tangentialkraftdiagramm *n* / diagrama *m* de la fuerza tangencial
TDMA-System *n* (Satellit) / sistema *m* múltiplex de acceso por división de tiempo
T-Dose *f* (Elektr) / caja *f* de conexión en T
TDW, tdw (Schiff) = tons deadweight
Te *n* (= Tellur[ium]) (Chem) / Te *m* (= telurio)
TE (Elektr) = Teilentladung
Teach-in • -Programmierung *f* (NC) / programación *f* "teach-in" ‖ ⁓**-Verfahren** *n* (Roboter) / método *m* o procedimiento "teach-in"
Teakholz *n* (Bot) / madera *f* de teca, teca *f*
TEA-Laser *m* / láser *m* TEA
Team *n*, Arbeitsgruppe *f*, Mannschaft *f* / equipo *m*, colectivo *m* de trabajo, team *m* ‖ ⁓**arbeit**, Zusammenarbeit *f* / trabajo *m* en equipo o en grupo, trabajo *m* aunado o cooperativo o mancomunado ‖ ⁓**programmieren** *n* / programación *f* en equipo
TECE (Bahn) = Trans-Europ-Container-Express
Technetium *n*, Tc, (früher:) Masurium, Eka-Mangan *n* (Chem) / tecnecio *m*
Technical Writing *n* / redacción *f* de textos técnicos
Technicolorverfahren *n* / proceso *m* Technicolor
Technik *f* (als Wissenszweig) / ciencia *f* técnica ‖ ⁓, [technische] Ausführungsart o. Methode *f* / técnica *f*, método *m* ‖ ⁓, Lehre *f* von der Technik / tecnología *f* ‖

⁓ *f*, die technische Bearbeitung [eines Projekts] / realización *f*, puesta *f* a punto, ingeniería *f* ‖ ⁓ **und Handwerk** / técnica *f* y artesanía ‖ **III-V-**⁓ (Chem) / técnica *f* de los elementos de los órdenes III y V del sistema periódico ‖ **wegen seiner nicht zu überbietenden** ⁓ (Kfz) / por su inmejorable mecánica
Techniker *m*, technische Fachkraft / técnico *m* ‖ ⁓, (in Spanien:) technischer Fachmann ohne TU / perito *m* industrial, técnico *m* superior (E) ‖ ⁓ *m*, Mechaniker *m* / mecánico *m* ‖ **staatlich geprüfter** ⁓ **für Metallbearbeitung** / bachiller *m* profesional en mecánica (Chile)
Technik • filme *m pl* / filmes *m pl* técnicos ‖ ⁓**folgen-Abschätzung** *f* / evaluación *f* tecnológica [de las consecuencias] ‖ ⁓**front** / vanguardia *f* tecnológica o de la tecnología ‖ ⁓**-Normen** *fpl* / normas *f pl* o especificaciones técnicas
Technikum *n* / escuela *f* técnica
Technikwissenschaft *f* / tecnociencia *f*
technisch / técnico *adj*, mecánico ‖ ⁓, kommerziell (Chem, Elektr, Gas) / comercial, del comercio ‖ ⁓, mathematisch / técnico-matemático *adj*, matemático ‖ ⁓**e Abteilung** / departamento *m* técnico, servicio *m* técnico ‖ ⁓**e Änderung** / modificación *f* técnica ‖ ⁓**e Angaben** / datos *m pl* o detalles técnicos ‖ ⁓**e Anleitung zum Schutz gegen Lärm**, TAL / instrucciones *f pl* técnicas para la protección contra ruidos ‖ ⁓**e Arbeitsfähigkeit** (Phys) / exergía *f* ‖ ⁓**e Atmosphäre** (1 at = 98066,5 Pa) / atmósfera *f* técnica ‖ ⁓**er Ausdruck o. Begriff** / término *m* técnico, tecnicismo *m* ‖ ⁓ **ausführbar** / técnicamente viable o posible ‖ ⁓**e Ausführbarkeit** / posibilidad *f* técnica de realización, viabilidad *f* técnica ‖ ⁓ **ausgereift** / de alto nivel tecnológico ‖ ⁓**e Ausrüstung** / equipo *m* técnico, instalación *f* técnica ‖ ⁓**e Benzole** *n pl* (Chem) / bencenos *m pl* de comercio ‖ ⁓**er Berater** / asesor *m* técnico, ingeniero *m* asesor, ingeniero-consultor *m* ‖ ⁓**e Beschreibung** / descripción *f* técnica ‖ ⁓**es Büro**, Ingenieurbüro *n* / oficina *f* técnica ‖ ⁓**er Charakter** / carácter *m* técnico ‖ ⁓**e Chemie** / química *f* técnica o industrial ‖ ⁓**e Daten** *pl* / datos *m pl* técnicos ‖ ⁓**e Einrichtungen** *f pl* / instalaciones *f* técnicas ‖ ⁓ **einwandfreie Weise** / modo *m* conforme a las reglas ‖ ⁓**es Eisen** (Hütt) / hierro *m* comercial ‖ ⁓**es Eisen(II)-sulfat** (Chem) / sulfato *m* ferroso ‖ ⁓**e Entwicklung** / desarrollo *m* técnico, evolución *f* técnica ‖ ⁓**e Erfindung** / invención *f* técnica, invento *m* técnico ‖ ⁓**e Errungenschaften** / logros *m pl* o adelantos técnicos o de la Técnica ‖ ⁓**e Fahrzeugüberprüfung** (TÜV) (Kfz) / revisión *f* técnica de vehículos ‖ ⁓**e Funkstörung** / ruido *m* industrial ‖ ⁓**e Gase** *npl* / gases *m pl* industriales ‖ ⁓**e Gewebe** *n pl* / tejidos *m pl* técnicos o industriales ‖ ⁓**e Grenzen** *f pl* / límites *m pl* técnicos ‖ ⁓**e Gummiwaren** *f pl* / artículos *m pl* industriales de goma ‖ ⁓**e Gütevorschriften** *f pl* / prescripciones *f pl* técnicas de calidad ‖ ⁓**es Handbuch** / manual *m* técnico ‖ ⁓**es Heptan** (Chem) / heptano *m* de comercio ‖ ⁓**e Herstellung** / fabricación *f* o producción industrial ‖ ⁓**er Hilfsdienst** / servicio *m* de asistencia técnica ‖ ⁓**e Informationen** *f pl* / informaciones *f pl* o documentaciones técnicas ‖ ⁓**es Informationssystem** / sistema *m* de información técnica ‖ ⁓**er Kundenberater** / asesor *m* técnico a clientes ‖ ⁓**er Leiter** / director *m* técnico, ingeniero-jefe *m* ‖ ⁓**e Lieferanforderungen**, -bedingungen *f pl* / condiciones *f pl* técnicas de entrega o de suministro ‖ ⁓**er Maßstab** / escala *f* industrial ‖ ⁓**es Material zum Schutz gegen Terrorakte** / material *m* antiterrorista ‖ ⁓**e Mechanik** / mecánica *f* técnica ‖ ⁓**e Mehrgrößen-Regelsysteme** *n pl* / sistema *m* de regulación de múltiples variables ‖ ⁓**e Merkmale** *n pl* / características *f pl* técnicas [salientes] ‖ ⁓**es Niveau** / nivel *m* técnico ‖ ⁓**e Oberfläche** / superficie *f* técnica ‖

1317

technisch

~es Personal / personal *m* técnico ‖ ~e Physik / física *f* técnica ‖ ~e Raffinesse / sofisticación *f* ‖ ~es Reaktorexperiment / reactor *m* experimental o de ensayo ‖ ~es reines Eisen / hierro *m* comercial puro ‖ ~e Richtlinien für Flüssiggasanlagen *f pl*, TRF / reglamentos *m pl* técnicos para instalaciones de gas licuado ‖ ~er Sauerstoff (Hütt) / oxígeno *m* para uso industrial ‖ ~e Schutzbarriere / barrera *f* de protección técnica ‖ ~e Solvay-Soda (Chem) / sosa *f* Solvay ‖ ~e Spielerei, Trick *m*, überflüssige Zutat / artimaña *f*, treta *f*, truco *m* ‖ ~e Störung / fallo *m* técnico, avería *f*, irregularidad de índole mecanica ‖ ~e Strahlenoptik / óptica *f* geométrica ‖ ~e Textilien *f pl* / textiles *m pl* técnicos ‖ ~e Überwachung / supervisión *f* técnica ‖ ~e Unterlage / documento *m* técnico ‖ ~e Unterlagen *f pl*, Dokumentation *f* / documentación *f* técnica ‖ ~e Vorschriften / instrucciones *f pl* técnicas ‖ ~es Wörterbuch / diccionario *m* técnico ‖ ~er Zeichner / dibujante *m* industrial ‖ ~e Zeichnung [in 3 zueinander senkr. Schnitten] / dibujo *m* técnico o industrial ‖ ~es Zelluloseazetat (Chem) / acetato *m* de celulosa industrial o de comercio ‖ ~e Zwischenlandung (Luftf) / escala *f* técnica ‖ ~e Einheit im Eisenbahnwesen, U.T. / Unidad Técnica de Ferrocarriles, U.T. ‖ ~es Hilfswerk, THW *n* / Servicio *m* de Ayuda Técnica ‖ ~e Hochschule / Escuela *f* Técnica Superior, Universidad *f* Técnica ‖ ~e Nothilfe / asistencia *f* técnica de emergencia ‖ ~e Regeln für Trinkwasserinstallationen *f pl*, TRWI / direcciones *f pl* técnicas para instalaciones de agua potable ‖ ~e Universität od. Hochschule, TU bzw. TH / universidad *f* [poli]técnica
technisieren *vt* / tecnificar
Technisierung *f* / tecnificación *f*, mecanización *f*
Technoklima *n* / tecnoclima *m*
Technologie *f*, Technikanwendung *f*, angewandte Technik / tecnología *f* ‖ ⁓bank *f* / banco *m* de tecnología ‖ ⁓führer *m* (Spitzenprodukt in seiner Klasse) / líder *m* tecnológico ‖ ⁓-Insel *f* / isla *f* de tecnología ‖ ⁓-Transfer *m* / transferencia *f* de tecnología
technologisch / tecnológico ‖ ~er Abfall (Raumf) / spin-off *m* ‖ ~ bedingt / condicionado tecnológicamente, operatorio ‖ ~er Biegeversuch (Schw) / ensayo *m* de plegado tecnológico ‖ ~e Grenzen *f pl* / límites *m pl* tecnológicos ‖ ~ und menschlich bedingt / condicionado por consideraciones tecnológicas y humanas ‖ ~e Unterstützung od. Hilfe[stellung] / soporte *m* tecnológico ‖ ~er Vorreiter / líder *m* tecnológico
Techno•mathematik *f* / tecnomatemáticas *f pl* ‖ ⁓struktur *f* / tecno[e]structura *f* ‖ ⁓textilien *f pl*, intelligente Kleidung / ropa *f* inteligente
Teclu-Brenner *m* (Chem) / mechero *m* de Teclú
TED-Bildplattensystem *n* / sistema *m* de videodisco
Teer *m* / brea *f*, alquitrán *m* [de hulla o mineral] ‖ ⁓[ab]scheider, -wäscher *m* / separador *m* o lavador de alquitrán ‖ ⁓anstrich, -überzug *m* / alquitranado *m* ‖ ~artig, teerig, aus Teer, geteert / alquitranado *adj*, alquitranoso, de alquitrán ‖ ⁓asphalt *m* (Straßb) / betún *m* asfáltico ‖ ⁓asphaltbeton *m* (Bau) / hormigón *m* de alquitrán y betún ‖ ⁓band *n* / cinta *f* alquitranada ‖ ⁓beton *m* / hormigón *m* de alquitrán alquitranada ‖ ⁓bitumen *n* / betún *m* de alquitrán ‖ ⁓dachbahn *f* / rollo *m* de cartón alquitranado ‖ ⁓[dach]pappe *f* / cartón *m* alquitranado o embreado o embetunado ‖ ⁓dachpappe *f* mit Abstreuung / cartón *m* alquitranado y enarenado ‖ ⁓dachpappe, beiderseits besandet (o. nackt) / cartón *m* alquitranado enarenado en ambos lados ‖ ⁓dampf *m* / vapor *m* de alquitrán ‖ ⁓destillation, -gewinnung *f* / destilación *f* de alquitrán ‖ ⁓dolomit *m* (Hütt) / dolomía *f* alquitranada ‖ ⁓dolomitstein *m* / ladrillo *m* de dolomía alquitranada
teeren, an-, beteeren, mit Teer anstreichen / alquitranar, embrear ‖ ⁓ *n*, Teerung *f* / alquitranado; *m*.
Teer•fabrik *f* / fábrica *f* de alquitrán, alquitranería *f* ‖ ⁓farbe *f*, -farbstoff *m* / colorante *m* [a base] de alquitrán ‖ ⁓gebunden (Straßb) / alquitranado ‖ ~getränkt / impregnado de alquitrán ‖ ~getränktes Dolomiterzeugnis (Bau) / ladrillo *m* de dolomía alquitranado ‖ ⁓gewinnung *f* / extracción *f* u obtención del alquitrán ‖ ~haltig / alquitranoso ‖ ~haltig oder bituminös (Sammelbegriff) (Straßb) / bituminoso ‖ ~haltiges o. bituminöses Bindemittel (Straßb) / aglomerante *m* bituminoso ‖ ⁓hydrierung *f* / hidratación *f* de alquitrán ‖ ⁓[koch]kessel *m*, -blase *f*, -kocher *m* / caldera *f* de alquitrán, calderón *m* de brea, hornillo para brea *m*, marmita *f* de alqitrán ‖ ⁓korrosionsschutz *m*, -schutzlösung *f* / solución *f* anticorrosiva a base de alquitrán ‖ ⁓leinwand *f* / tela *f* alquitranada ‖ ⁓makadam *m* (Straßb) / macadam *m* alquitranado ‖ ⁓maschine *f* / alquitranadora *f* ‖ ⁓öl *m* / aceite *m* de alquitrán, creosota *f* de hulla ‖ ⁓öl von Buchenholz / creosota *f* de haya ‖ ⁓papier *n* / papel *m* alquitranado, papel *m* embreado ‖ ⁓-Pappdach *f* (Bau) / cubierta *f* de cartón alquitranado ‖ ⁓pappe *f* / cartón *m* alquitranado, cartón *m* embetunado o embreado ‖ ⁓pech *n* / pez *f* de brea ‖ ⁓präparat *n* / preparado *m* de brea ‖ ⁓-Rückstand *m* / residuo *m* de alquitrán ‖ ⁓sammler *m* / colector *m* de alquitrán ‖ ⁓sand *m* (Geol) / arena *f* alquitranosa ‖ ⁓schiefer *m* / pizarra *f* bituminosa ‖ ⁓schwelapparat *m*, -destillationsapparat *m* / aparato *m* para la destilación del alquitrán ‖ ⁓spaltanlage *f* / instalación *f* de cracking del alquitrán ‖ ⁓spritzen *n* (Straßb) / rociado *m* de alquitrán ‖ ⁓spritzmaschine *f* (Straßb) / bituminadora-alquitranadora *f*, rociadora *f* de alquitrán ‖ ⁓trockner *m* / aparato *m* de deshidratación del alquitrán ‖ ⁓überzug, -anstrich *m* / alquitranado *m*
Teerung *f* (Straßb) / alquitranado *m*
Teer•wäscher *m* / lavador *m* o extractor de alquitrán ‖ ⁓wasser, Gaswasser *n* (Gaswerk) / agua *m* amoniacal
Teflon *n* (Plast) / Teflon *m* (marca reg.), teflón *m*
teflonisieren, mit Teflon überziehen / teflonizar
teflon•-isolierter Draht / alambre *m* aislado o revestido de teflón ‖ ⁓pfanne *f* (Küche) / sartén *f* antiadherente ‖ ⁓-Plasmabeschleuniger *m* (Raumf) / acelerador *m* de plasma de teflón
Tegument *n*, Samenhaut *f* (Bot) / tegumento *m*
Teich, Weiher *m* / estanque *m* ‖ kleiner ⁓, Tümpel *m* / pantano *m*
Teig *m* / masa *f*, pasta *f* ‖ ⁓ säuern od. mit Hefe versetzen / leudar ‖ ~artig, teigig / pastoso *m* ‖ ⁓-Knetmaschine *f*, -Knetwerk *n* / amasadora *f* [mecánica] ‖ ⁓mischer *m*, -mischmaschine *f* / mezcladora *f* de la masa ‖ ⁓rührmaschine *f* / agitadora *f* de la masa ‖ ⁓rundwirkmaschine *f* / máquina *f* para redondear la masa ‖ ⁓teilmaschine *f* / máquina *f* para cortar la masa ‖ ⁓waren *f pl* (Nahr) / pastas *f pl* alimenticias
Teil *m n* / parte *f* ‖ ⁓ *m*, Abschnitt *m* / sector *m* ‖ ⁓ (des Programms) / división *f* ‖ ⁓, Anteil *m* / porción *f*, ración *f*, cuota *f*, parte *f*, lote *m* ‖ ⁓, Bestandteil *m* / componente *m*, elemento *m* ‖ ⁓, Glied *n* (Kinematik) / miembro *m* ‖ ⁓ *n*, Bruchstück *n* / fragmento *m* ‖ ⁓, Werkstück *n* / pieza *f* [de trabajo o a trabajar] ‖ ⁓, Organ *n* / órgano *m* ‖ ⁓, Stück *n* / trozo *m*, pedazo *m* ‖ ⁓ *e n pl*, Ersatzteile *n pl* (Kfz) / piezas *f pl* de recombio ‖ ⁓..., teilend / divisor *adj* ‖ ⁓..., Abschnitt... / seccional *adj*, parcial ‖ ⁓ *m* einer zusammenhängenden Wortgruppe (DV) / subgrupo *m* de palabras ‖ ⁓ eines zusammengesetzten Werkzeugs (Plast) / componente *m* de un molde compuesto ‖ bewegte ⁓e / piezas *f pl* móviles o en

movimiento ‖ **einen** ⁓ **bildend** / constituyente, que forma una parte ‖ **in** ⁓**e auflösen** (o. zerlegen) (Math) / desintegrar ‖ **zu gleichen** ⁓**en** / por partes iguales
Teil • abgeleitete f (Math) / derivada f parcial ‖
~**abgeschirmt** (Eltronik) / blindado en parte ‖
~**abgeschirmt** (Leuchte) / semipantallado ‖
⁓**abschnitt** m, -strecke f, -feld n / tramo m ‖
⁓**abtastung** f / exploración f parcial ‖ ⁓**amt** n **mit Überbrückungsverkehr** (Fernm) / estación f parcialmente satélite ‖ ⁓**amt ohne Überbrückungsverkehr** (Fernm) / estación m completamente satélite ‖ ⁓**ansicht** f / vista f parcial ‖ ⁓**apparat**, -kopf m (Wzm) / divisor m, aparato divisor m ‖ ⁓**arbeit** f (F.Org) / trabajo m parcial ‖ ~**assoziative Abbildung** (DV, Speicher) / representación f parcialmente asociativa ‖ ⁓**aufgabe** f, Jobstep m (DV) / etapa f de tarea, subpaso m de tarea ‖ ⁓**auflage** f (Druck) / edición f o tirada parcial ‖ ⁓**ausdruck** m (DV) / impresión f parcial ‖ ⁓**ausfall** m / fallo m parcial ‖ ⁓**ausführung** f / ejecución f parcial ‖ ⁓**aussage** f / información f parcial ‖ ⁓**ausschnitt** m (Zeichn) / detalle m de un dibujo
teilbar (allg, Math) / divisible ‖ ~, aufteilbar / partible ‖ ~ (Tablette) / separable ‖ ~**e Rücksitze** (Kfz) / asientos m pl traseros fraccionables ‖ ~ **sein** (Math) / ser divisible ‖ **[durch kleine ganze Zahlen]** ~ (Math) / conmensurable
Teilbarkeit f / divisibilidad f
Teil • baum m (Trikot) / plegador m seccional, plegador de distribución ‖ ⁓**beaufschlagung** f (Turbine) / admisión f parcial ‖ ⁓**begriff** m / noción f parcial ‖ ⁓**belastung**, -last f / carga f parcial ‖ ⁓**belüftet** (Container) / ventilado parcialmente ‖ ⁓**bereich** m (Math) / subdominio m ‖ ~**beschichtet** / recubierto parcialmente, con recubrimiento parcial ‖ ⁓**bestrahlung** f / irradiación f parcial ‖ ⁓**betrag** m / importe m parcial, suma f parcial ‖ ⁓**-Betriebsleiter** m (F.Org) / jefe m de taller, subjefe m ‖ ⁓**betriebszeit** f / tiempo parcial de funcionamiento;.m. ‖ ⁓**bewegung** f (Wzm) / submovimiento m
Teilbild n / imagen f parcial ‖ ⁓ (TV) / cuadro m, trama f ‖ ⁓**ablenkung** f (TV) / desviación f [vertical] del cuadro o de la trama ‖ ⁓**abtastung** f (TV) / exploración f de campo, barrido m vertical ‖ ⁓**austastung** f, -unterdrückung f / supresión f vertical o del cuadro o de la trama, borrado m vertical ‖ ⁓**dauer** f / duración f del cuadro o de la trama ‖ ⁓**entfernungsmesser** m / telémetro m con imágenes seccionadas
Teilbilder-Aufnahme f (Mikrofilm) / reproducción f parcial
Teilbild • flimmern n (TV) / centelleo m o parpadeo de cuadro ‖ ⁓**frequenz** f (TV) / frecuencia f vertical o de cuadro ‖ ⁓**-Höhenregelung** f (TV) / control m de altura de cuadro, mando m de amplitud vertical de exploración ‖ ⁓**impuls** m / impulso m de cuadro o de trama ‖ ⁓**kontrolle** f / control m de amplitud vertical ‖ ⁓**synchronisierimpuls** m (TV) / impulso m de sincronismo (o de sincronización) vertical ‖ ⁓**synchronsignal** n / señal f de sincronismo (o de sincronización) vertical ‖ ⁓**unterdrückung** f / supresión f vertical o de cuadro o de la trama, borrado m vertical ‖ ⁓**verriegelung** f (TV) / enganche m con la red, enclavamiento m [de la frecuencia de campo] con la frecuencia de la red ‖ ⁓**verzerrung** f, -verzeichnung f / distorsión f del cuadro o de la trama ‖ ⁓**zahl** f (TV) / frecuencia f de exploración entrelazada, frecuencia f de cuadro ‖ ⁓**-Zeitbasis** f (TV) / base f de tiempos de cuadro o de trama
Teil • blockkühler m (Kfz) / radiador m dividido en bloques separados ‖ ~**breite Papierbahn** (Druck) / bobina f de papel de una [sola] página, bobina m de ancho reducido ‖ ⁓**-Bremsprobe** f (Bahn) / ensayo m parcial del freno ‖ ⁓**bremsung** f / frenado m parcial

Teilchen n (allg) / partícula f ‖ ~, Korpuskel f n / partícula f, corpúsculo m ‖ ⁓ **je Billion** n pl, ppb / partes f pl por billón, ppb ‖ ⁓ **je Sekunde** (Strahlung) / partículas f pl por segundo, impactos m pl por segundo ‖ **ionisierende** ⁓ / partículas f pl ionizantes ‖ **[kleinstes]** ⁓ , Stäubchen n / corpúsculo m ‖ ⁓**absorption** f (Nukl) / absorción f de partículas ‖ ⁓**anzahldichte** f, volumenbezogene Teilchenanzahl / número m de partículas por unidad de volumen, densidad f numérica de moléculas ‖ ⁓**bahn** f / órbita f de partículas ‖ ⁓**beschleuniger** m / acelerador m de partículas, acelerador m electroestático ‖ ⁓**detektor** m / detector m de partículas ‖ ⁓**dichte** f (Nukl) / densidad f de [las] partículas ‖ ⁓**fluss** m, -fluenz f (Nukl) / fluencia f de partículas, flujo m ‖ ⁓**flussdichte** f (Nukl) / densidad f de flujo de partículas ‖ ⁓**furchung** f (Korrosion) / estrías f pl de partículas ‖ ⁓**größe** f / tamaño m de partícula ‖ ⁓**größenanalysator** m (Opt) / analizador m de tamaño de partículas ‖ ⁓**größenanalyse** f / análisis m de tamaño de partículas ‖ ⁓**[größen]klasse** f (Pulv.Met) / clase f o categoría de partículas [según tamaño] ‖ ⁓**größenverteilung** f / distribución f de partículas de tamaño diferente, repartición f granulométrica ‖ ⁓**klasse** f (Sintern) / clase f granulométrica ‖ ⁓**klassierung** f (Pulv.Met) / clasificación f de partículas ‖ ⁓**physik** f (Nukl) / física f de partículas ‖ ⁓**schleuder** f (Superbeschleuniger) (Nukl) / LHC = Large Hadron Collider) ‖ ⁓**strahlen** m pl / rayos m pl corpusculares ‖ ⁓**strahlung** f (Nukl) / radición f corpuscular ‖ ⁓**stromdichte** f (Nukl) / densidad f de flujo de partículas ‖ ⁓**strömungsleitwert** m / conductancia f molecular ‖ ⁓**verschiebung** f / desplazamiento m de partículas ‖ ⁓**wolke** f (Phys) / enjambre m de partículas ‖ ⁓**zahloperator** m (Nukl) / operador m de número de partículas
Teil • -Containerschiff n / buque m semi-container ‖ ⁓**containment** n (Nukl) / confinamiento m parcial ‖ ⁓**datenbasis** f (DV) / subbase f de datos ‖ ⁓**dosis** f / dosis f parcial ‖ ⁓**druck** m, Partialdruck m / presión f parcial ‖ ~**durchlässiger Spiegel** / espejo m semiplateado, espejo semitransparente ‖ ⁓**durchprüfung** f **im Bocksprungprogramm** (DV) / prueba f de comprobación interna parcial, rutina f de prueba parcial del funcionamiento interno
Teile • -Ansaugvorrichtung f (Wzm) / dispositivo m de aspiración de piezas ‖ ⁓**begleitkarte**, Arbeitskarte f (F.Org) / carta f de acompañamiento de las piezas ‖ ⁓**bezeichnung** f / designación f de piezas ‖ ⁓**brett**, Werkstück[aufnahme]brett n (F.Org) / tabla f [para el transporte] de piezas sueltas ‖ ⁓**familie** f / familia f de piezas ‖ ⁓**hersteller** m / fabricante m de piezas
Teileinheit f / submúltiplo m de la unidad
Teilekasten, Werkstückkasten m (F.Org) / caja f [para el transporte] de piezas
teil-elastohydrodynamisch / parcialmente elastohidrodinámico
Teile • lieferant, -lieferer m (Kfz) / suministrador m de partes ‖ ⁓**montage** f / premontaje m
teilen vt, ein-, zerteilen / dividir, partir ‖ ~, aufteilen / repartir ‖ ~, trennen / separar ‖ ~, splitten (DV) / dividir, fraccionar ‖ **in vier gleiche Teile** ~ / dividir en cuatro partes, cuartear ‖ **sich** ~ (o. gabeln) / bifurcarse ‖ ⁓ n, Dividieren / división f ‖ ⁓ **der Kette** (Web) / separación f de la urdimbre
Teilenorm f / norma f de piezas sueltas
Teil • entladung f (Elektr) / descarga f parcial ‖ ⁓**entladungs-Einsatzprüfung** f / ensayo m de comienzo de la descarga parcial ‖ ⁓**entladungskanalbildung** f, Treeing n (Isolation) / arborescencia f, treeing m ‖ ⁓**entladungsprüfung** f / ensayo m de descarga parcial

Teile•nullpunkt m (NC) / punto m cero (o de origen) de las medidas ‖ ⁓**nummer** f (Masch) / número m de la pieza ‖ ⁓**programm** n (NC) / programa m de pieza
Teiler, Divisor m (Math) / divisor m ‖ ⁓ m, Reihkamm m (Web) / peine m de tejas ‖ **größter gemeinsamer** ⁓, G.G.T. / divisor m máximo común ‖ ⁓**fremd**, relativ prim (Math) / primos entre sí (números) ‖ ⁓**platte** f, Strahlteiler m (Laser) / lámina f separatriz ‖ ⁓**takt** m (DV) / frecuencia f de reloj
Teile•silo m n / silo m de piezas ‖ ⁓**zeichner** m / dibujante m de detalles ‖ ⁓**zuführung** f (Stanz) / dispositivo m de alimentación ‖ **automatische** ⁓**zuführung** / alimentación f por fuente vibratoria
Teil•fahrstraßen-Auflösung f (Bahn) / liberación f de itinerarios por secciones ‖ ⁓**farbenandruck** m (Druck) / prueba f progresiva o de estado o de gama o de tricromía ‖ ⁓**fehler** m (Math) / error m de división ‖ ⁓**fehler**, teilweiser Fehler (Instr) / error m parcial ‖ ⁓**feld** n, -strecke f, -abschnitt m / sección f ‖ ⁓**flach** n, Hemieder m (Krist) / hemiedro m ‖ ⁓**fläche** f (Zahnrad) / superficie f de referencia, superficie f primitiva ‖ ⁓**fuge** f (der Matrize) (Schm) / junta f divisora, plano m de separación ‖ ⁓**gebiet** n / sector m ‖ ⁓**gebiet**, Zone f (Transistor) / región f ‖ ⁓**genauigkeit** f (Wzm) / precisión f de división ‖ ⁓**gesamtheit** f (Stat) / subpoblación f ‖ ⁓**geschirmt** (Eltronik) / blindado en parte, con blindaje parcial ‖ ⁓**gruppe** f (Informatik) / unidad f ‖ ⁓**haber** m (DV) / utilizador m de repartición de tiempo ‖ ⁓**haberbetrieb**, -nehmerbetrieb m (Datenendstation führt die Arbeit anhand der im Zentral-Rechner gespeicherten Programme durch) / régimen m con repartición de tiempo, servicio m de tiempo compartido ‖ ⁓**halogeniert** (Chem) / parcialmente halogenado ‖ ⁓**härten** vt / templar selectivamente la superficie ‖ ⁓**härtung** f / temple m parcial o selectivo ‖ ⁓**hologramm** n / holograma m parcial ‖ ⁓**intervall** n / subintervalo m, subgama f, intervalo m parcial ‖ ⁓**isolierter Steckerstift** (Elektr) / clavija f con aislamiento parcial ‖ ⁓**kamm** m (Web) / peine m divisor o separador ‖ ⁓**kammer** f (Kessel) / cámara f parcial, depósito m parcial ‖ ⁓**kammerkessel** m / caldera m seccional o de cámaras parciales ‖ ⁓**kapazität** f (Röhre) / capacidad f parcial ‖ ⁓**kegel** m (Getriebe) / cono m de referencia, cono m primitivo ‖ ⁓**kettbaum** m (Web) / plegador m seccional, sección f de plegador, rollo m seccional (LA) ‖ ⁓**kettbaum-Schärmaschine** f / urdidora f de enjulio seccional ‖ ⁓**kette** f (DV) / subserie f ‖ ⁓**kompatibilität** f (TV) / compatibilidad f parcial ‖ ⁓**kopf** m, Teilvorrichtung f (Wzm) / cabezal m divisor ‖ ⁓[**kopf**]**spindel** f / vástago m del cabezal divisor ‖ ⁓**kraft**, Komponente f (Phys) / fuerza f parcial, componente m f ‖ ⁓**kreis** m, Limbus m, Gradbogen m / círculo m o limbo graduado ‖ ⁓**kreis** (Zahnrad) / círculo m de referencia, círculo m primitivo ‖ ⁓**kreisdurchmesser** m (Zahnrad) / diámetro m primitivo ‖ ⁓**kreisdurchmesser** (Lichtbogenofen) / diámetro m del círculo de eletrodos ‖ ⁓**kreisendspiel** n / juego m circunferencial [del círculo primitivo] ‖ ⁓**kreislinie** f / línea f de referencia ‖ ⁓**kreisradius** m (Zahnrad) / radio m primitivo o de referencia ‖ ⁓**kreisregner** m (Landw) / aspersor m para sector ‖ ⁓**kreisteilung** f (Getriebe) / paso m transverso ‖ ⁓**kristallin** / semicristalino ‖ ⁓**ladung** f (Bahn) / carga f parcial, cargamento m parcial ‖ ⁓**last** f / carga f parcial ‖ ⁓**last** (Mot) / carga f baja o reducida, baja f carga, carga f parcial o media ‖ ⁓**lastbetrieb** m / servicio m a carga parcial ‖ ⁓**lastnadel** f (Vergaser) / aguja f de carga reducida o de baja carga ‖ ⁓**lieferung** f (Tätigkeit) / entrega f parcial, suministro m parcial ‖ **in** ⁓**lieferungen** (Druck) / por entregas ‖ ⁓**linie**, Wälzbahn f (Zahnstange) / línea f primitiva ‖ ⁓**löslichkeit** f / solubilidad f parcial ‖

⁓**mantelgeschoss** n (Mil) / bala f semiblindada ‖ ⁓**maschine** f (Masch) / máquina f para dividir ‖ ⁓**mechanisierung** f / mecanización f parcial ‖ ⁓**menge** f (Math) / subconjunto m ‖ ~**modular** (Bau) / parcialmente modular ‖ ⁓**montage** f / montaje m parcial ‖ ⁓**nadel**, -spitze f (Masch) / punta f divisora
teilnehmen vi [an] / participar [en] ‖ ~, -haben [an] / tener parte [en]
Teilnehmer m (Wettbewerb) / participante [en] ‖ ⁓, Anschlussinhaber m (Fernm) / abonado m, su[b]scriptor m (LA) ‖ ⁓ m (Gespräch) (Fernm) / usuario m, interlocutor m ‖ ⁓ **antwortet nicht** (Fernm) / abonado no contesta ‖ ⁓ m **mit mehreren Anschlussnummern** (Fernm) / abonado m de varios números ‖ ⁓**anschluss** m (Fernm) / conexión f del abonado ‖ ⁓**anschluss**, -apparat m / teléfono m, aparato m telefónico ‖ ⁓**anschluss** (DV) / estación f terminal ‖ ⁓-**Anschlusskabel** n / cable m de abonado ‖ ⁓-**Anschlussleitung** f (Fernm) / circuito m de abonado, línea f de abonado ‖ ⁓-**Apparat** m, -Einrichtung, -Sprechstelle f / aparato m de abonado ‖ ⁓**außenstelle** f (Fernm) / estación f distante o lejana ‖ ⁓**betrieb** m, Timesharing n (DV) / repartición f o distribución de[l] tiempo, servicio m [de trabajo] en tiempo compartido, compartimiento m de (o en el) tiempo ‖ ⁓**dienst** m (Fernm) / servicio m para [los] abonados ‖ ⁓-**Einführungsleitung** f (Fernm) / alambre m para acometidas ‖ ⁓**information** f / información f para [los] abonados ‖ ⁓**kabel** n (Fernm) / cable m de abonado ‖ ⁓**leitung** f / línea f de abonado ‖ ⁓-**Messung** f, Einschaltquote f (TV) / índice m de audiencia o de acoplación ‖ ⁓**nummer** f (Fernm) / número m del abonado ‖ ⁓-**Rechensystem** n (DIN) (zeitlich verzahnte Arbeit mehrerer Rechenprogramme) (DV) / sistema m de compartición en el tiempo, sistema m de tiempo compartido f, -**station** f, -stelle f (DV) / estación f abonada o del abonado ‖ ⁓**verzeichnis**, Fernsprechverzeichnis n / guía telefónica f, directorio m telefónico o de teléfonos, lista f de abonados al teléfono, listóin m (coll) ‖ ⁓**vielfachklinke** f / jack m general, jack m de conmutador múltiple ‖ ⁓**wahl** f (Fernm) / selección f por el abonado
Teil•netz n, Subnetz n (Fernm) / subred f ‖ ⁓**netz** (Netzplan) / subgrafo m, subárea f ‖ ⁓**niveau** n (Phys) / subnivel m ‖ ⁓**niveaubreite** f (Nukl) / ancho m del nivel parcial ‖ ⁓**norm** f / norma f parcial ‖ ⁓**nummer**, Positionsnummer f (Stückliste) / número m de pieza ‖ ⁓-**Parabolspiegel** m (Antenne) / reflector m parabólico asimétrico ‖ ~**permanent** (DV) / semipermanente ‖ ⁓**probe** f (Stat) / prueba f dividida ‖ ⁓**produkt** n / subproducto m ‖ ⁓**programm** n (DV) / subrutina f, subprograma; ‖ ⁓**rad** n (Wzm) / rueda f divisora ‖ ⁓**radwälzfräsmaschine** f / fresadora f por el sistema envolvente con rueda divisora ‖ ⁓**reaktion** f, reacción f parcial ‖ ⁓-**Regressionskoeffizient** m (Stat) / coeficiente m de regresión parcial ‖ ⁓**satz** m (DV) / juego m parcial ‖ ⁓**schablone** f / plantilla f graduada ‖ ⁓**schaden** m / siniestro m parcial ‖ ⁓**schären** m (Web) / urdido m parcial ‖ ⁓**scheibe** f / disco m divisor, disco m graduado ‖ ⁓**scheibe** (Wirkw) / arandela f del plegador de distribución ‖ ⁓**schere** f (Wz) / tijera f para partir ‖ ⁓**schiene** f, Trennschiene f, Kreuzschiene f (Web) / barra f divisora, cruz f ‖ ⁓**schirm** m (Nukl) / pantalla f parcial ‖ ⁓**schmierung** f / lubricación f parcial ‖ ⁓**schnitt** m (Wzm) / corte m parcial ‖ ⁓**schnitt** (Vortrieb) (Bergb) / perforación f de diámetro parcial ‖ ⁓**schnitt**, Ausbruch m (Zeichn) / sección f parcial ‖ ⁓**schnittmaschine** f (Bergb) / rozadora f de corte selectivo, máquina f de arranque con corte parcial ‖ ⁓**schnittvortriebsmaschine** f (Bergb) / perforadora f de galería parcial ‖ ⁓**schritt** m (Elektr) / paso m parcial ‖ ⁓**sohle** f (Bergb) / galería f de subnivel, subnivel m ‖ ⁓**sohlenbau**, Abbau m in

horizontalen Bänken (Bergb) / explotación *f* en subniveles || ˜**spannung** *f* / tensión *f* parcial || ˜**spindel** *f* / husillo *m* divisor || ˜**spiralwalze** *f* **zum Breitstrecken des Filzes** (Pap) / rodillo *m* con recubrimiento parcial en espiral || ˜**spitze, -nadel** *f* (Masch) / estilo *m* divisor || ˜**spule** *f* (Elektr) / sección *f* de un devanado || ˜**stab** *m* (Web) / varilla *f* de separación, varilla *f* de cruz o de encruzamiento || ˜**steigung** *f* (mehrgängiger Schnecken) / paso *m* parcial || ˜**strahlungs-Pyrometer** *n* / pirómetro *m* de radiación parcial || ˜**strähne** *f*, Unterband *n* (Tex) / madeja *f* parcial || ˜**strecke**, Etappe *f* / sección *f*, etapa *f* || ˜**strecke** *f* (Bahn) / recorrido *m* parcial || ˜**strecke** (Bergb) / subgalería *f* || ˜**strecke** (U-Bahn) / sección *f* || **zusammenhängende** ˜**strecke** (Bahn) / tramo *m* discontinuo de vía || ˜**streckennetz** *n* (DV) / red *f* de almacenamiento y reexpedición || ˜**streik** *m* / huelga *f* parcial || ˜**strich** *m*, Trennungsstrich *m* (Druck) / guión *m* || ˜**strich**, Trennlinie *f* / línea *f* divisora o de separación || ˜**strich**, Strichmarke *f* (Instr) / marca *f*, división *f*, trazado *m* de división || ˜**strich** (Zifferblatt) / marca *f* o raya de graduación || **mit** ˜**strichen versehen** / graduar || ˜**strom** *m* / corriente *f* parcial || ˜**stück** *n* / sección *f*, fragmento *m* || ˜**summe** *f* / subtotal *m*, total *m* parcial || ˜**system** *n* / subsistema *m* || ˜**ton** *m*, Partialton *m* (Akust) / parcial *m* || ˜**turbine** *f* / turbina *f* parcial || ˜**übertrag** *m* (Math) / acarreo *m* parcial
Teilung *f*, Abtrennung *f* / separación *f*, partición *f*, desmembración *f* || ˜, Division *f* (Math) / división *f* || ˜ (Gewinde, Zahnrad) / paso *m*, pitch *m* || ˜, Gradeinteilung *f* (Skala) / división *f* de escala, graduación *f* || ˜, Spaltung *f* / hendedura *f*, hendidura *f*, hendimiento *m* || ˜, Spaltung *f* (Geol, Krist) / despegue *m* || ˜ *f* (zwischen 2 hintereinander liegenden Taktlöchern) (Lochstreifen) / paso *m* de avance o de progresión || ˜ **der Zahnspitzen, Zahnteilung** *f* (Säge) / espacio *m* entre los dientes || ˜ *f* **in Stücke** / troceo *m* || **feine [grobe]** ˜ / graduación *f* fina [gruesa] || **lineare** ˜ (Dreh) / división *f* lineal
Teilungs • **ebene** *f* (Gieß) / plano *m* de separación || ˜**ebene**, Berührungsebene *f* (Mech) / plano *m* osculador o tangencial || ˜**fehler** *m* (Math) / error *m* de división || ˜**fehler** (Kette, Zahnrad) / error *m* de paso || ˜**fehler der Kompassrose** (Schiff) / error *m* de graduación || ˜**gerät** *n* **für Probenahme** / aparato *m* de división para toma de muestras || ˜**koeffizient** *m* (Nukl) / coeficiente *m* de partición || ˜**kreis** *m*, Gürtellinie *f* (Geo) / ecuador *m* || ˜**kreuz** *n* / cruz *f* para dividir las pruebas || ˜**kurve** *f* **nach Tromp** (Aufb) / curva *f* de error de Tromp || ˜**linie** *f* (Gieß) / línea *f* de separación || ˜**linie**, Pressgrat *m* an der Abquetschfläche (Plast) / línea *f* de rebaba || ˜**-Spannenabweichungen** *f pl* (Zahnrad) / errores *m pl* acumulativos del paso circular por un sector || ˜**strecke** *f*, schwebende Strecke (Bergb) / galería *f* divisora o separadora || ˜**strich**, Divis *m* / guión *m*, división *f*, raya *f*, rayita *f* || ˜**weiche** *f* (Bahn) / cambio *m* de paso de vía única a doble vía || ˜**wichte** *f*, Trennwichte *f* (Phys) / densidad *f* de partición || ˜**winkel** *m* (Zahnrad) / paso *m* angular || ˜**zahl** *f*, Dividend *m* (Math) / dividendo *m* || ˜**zahl nach Tromp** (Aufb) / factor *m* de partición según Tromp || ˜**zeichen** *n*, Divisionszeichen *n* (Druck, Math) / signo *m* de división, signo *m* "dividido por"
Teil • **vakuum** *n* (Phys) / vacío *m* parcial || ˜**verbrennung** *f* / combustión *f* parcial || ˜**vermittlungsstelle** *f* (Fernm) / subcentro *m* || ˜**vielfachfeld** *n* (Fernm) / panel *m* de seccionamiento particular || ˜**vierpol** *m* (Fernm) / sección *f* de la red recurrente || ˜**vorrichtung** *f* (Wzm) / mecanismo *m* divisor
teilweise, partiell, Teil... / parcial || ˜**r Fehler**, Teilfehler *m* (Instr) / error *m* parcial || ˜**r [galvanischer] Überzug** / depósito *m* limitado || ˜ **konstant**
(Strömung) / parcialmente estable || ˜ **löschen** (o. ausladen) (Schiff) / descargar o alijar en parte || ˜**s Rösten** (Hütt) / calcinación *f* parcial || ˜**r Speicherabzug** (DV) / vaciado *m* selectivo de información || ˜**r Strömungsabriss** / entrada *f* en pérdida parcial
Teil • **wert** *m*, Quotient *m* (Math) / cociente *m* || ˜**wicklungsschritt** *m* (Elektr) / paso *m* parcial [de un devanado] || ˜**winkel** *m* (Zahnrad) / paso *m* angular, ángulo *m* de paso || ˜**wirbel** *m* (Pneum) / torbellino *m* parcial || ˜**wort** *n* (DV) / palabra *f* parcial, parte *f* de palabra || ˜**zeichensatz** *m* (Druck) / juego *m* parcial de letras || ˜**zeichnung**, Einzelteilzeichnung *f* / dibujo *m* de un componente, dibujo *m* o plano de una pieza || ˜**zeichnung** *f* (in größerem Maßstab) / dibujo *m* de detalle || ˜**zeitarbeit** *f* (F.Org) / trabajo *m* de jornada parcial o reducida, trabajo *m* de tiempo parcial || ˜**zirkel** *m* (Zeichn) / compás *m* divisor || ˜**zuführungseinrichtung** *f* (Wzm) / dispositivo *m* de alimentación de componentes [por gravedad] || ˜**zusammenstellungszeichnung** *f* / dibujo *m* de subgrupo o de subconjunto || ˜**zustand** *m* (Nukl) / subestado *m* || ˜**zylinder** *m* (Zahnrad) / cilíndro *m* primitivo o de referencia
Tein *n* (Pharm) / teína *f*
Teinochemie *f* / teinoquímica *f*
T-Eisen *n* (Hütt) / hierro *m* en T
Teknetron *n* (Feldeffekttransistor) / tecnetrón *m*
Tektit *n* (Geol) / tectita *f*
Tektonik *f* (Geol) / tectónica *f* || ˜, Struktur *f* (Bau) / arquitectura *f*
tektonisch (Geol) / tectónico || ˜**es Beben** / terremoto *m* tectónico
Tektonosphäre *f* (mehrere 100 km Tiefe) / tectonosfera *f*
Tektosilikat *n*, Gerüstsilikat *n* (Geol) / tectosilicato *m*
TEL = Tetraethylblei
Telamon *m* (figürlicher Gebälkträger) (Bau) / telamón *m*, atlante *m*
Telautograph *m* (Schrift-Übertrager) / teleautógrafo *m*
Tele *n* s. Teleobjektiv || ˜**analyse** *f*, -untersuchung *f* / teleanálisis *f* || ˜**ansatz** *m* (Foto) / adaptador *m* para teleobjetivo || ˜**arbeit** *f* / teletrabajo *m* || ˜**aufnahme** *f*, Telebild *n* (Foto) / telefoto *f* || ˜**box** *f* (DV) / telebox *m* || ˜**brief** *m* / carta telemandada *f*, carta *f* telecopiada, fax *m*
teledynamisch, durch Fernwirkung / teledinámico
Telefax *m*, Faksimile-Telegraphie, -Ubertragung *f* / telefax *m*, [sistema] telecopiador *m* || ˜**-Terminal** *n m* / terminal *m* telefax
Telefon *n*, Fernsprecher *m* / teléfono *m* || ˜, Hörer *m* / auricular *m* || ˜ s. auch Fernsprech... || ˜ **für Sprach-u. Datenübertragung mit Modem** / dataphone *m*, datáfono *m* || ˜ **im Auto** / autoteléfono *m* || ˜ **mit Festnetzanschluss** / teléfono *m* fijo || *f* **anruf** *m*, Telefonat *n* / llamada *f* telefónica, telefonazo *m* || ˜**anrufaufzeichner** *m* / teléfono *m* con grabador [automático] || ˜**anschluss** *m* / conexión *f* o instalación telefónica, -verbindung *f* / enlace *m* telefónico, comunicación *f* telefónica || ˜**antwortgeber**, -anrufbeantworter *m*, -antwortgerät *n* / aparato *m* de contestación automática de llamadas telefónicas, contestador *m* automático de llamadas
Telefonat *n* s. Telefongespräch
Telefon • **ausgangsstation** *f* / estación *f* de origen de teléfono || ˜**automat** *m*, Münzfernsprecher *m* / teléfono *m* [público] automático || ˜**benutzer** *m*, Teilnehmer *m* / usuario *m* del teléfono, abonado *m* || ˜**bildschirm** *m* / pantalla *f* del videoteléfono || ˜**buch** s. Teilnehmerverzeichnis || ˜**endstation** *f* / terminal *m* telefónico || ˜**gebühr** *f* / tarifa *f* telefónica || ˜**gehäuse** *n* / caja *f* del aparato telefónico || ˜**gesellschaft** *f* (Spanien) / Telefónica *f* || ˜**gesellschaft** / empresa *f* de

1321

explotación, empresa f de servicio público, compañia f telefónica || ⁓gespräch n, Ferngespräch n, Telefonat n / llamada f telefónica, comunicación f o conversación o conferencia telefónica, telefonema m (LA) || kurzes ⁓gespräch, Anruf m / golpe m de teléfono, telefonazo m || ⁓hörer m, Hörer m / auricular m del teléfono, microteléfono m || ⁓hörer einschl. Mikrophon / receptor m telefónico, auricular m
Telefonie f, Sprechverkehr m / telefonía f || drahtlose ⁓ / radiotelefonía f, telefonía f sin alambre || ⁓puffer m (DV) / tampón m sincrónico de datos
telefonieren, fernsprechen / telefonear, comunicar o llamar o hablar por teléfono, hacer una llamada [telefónica] || ~ o. sprechen [mit] / dar un telefonazo [a]
Telefonierender m, sprechender Teilnehmer / llamador, demandante m, abonado m que llama
Telefonie•sender m (Eltronik) / transmisor m radiotelefónico || ⁓trägerstrom m / corriente f portadora telefónica
Telefon-Informationsumsetzer m (z.B. Data-Phone) / conversor m, modem m
telefonisch, fernmündlich / telefónico, por teléfono || ~e Verkaufsabwicklung, Telemarketing n / telemercado m
Telefonist m / telefonista m, operador m
Telefonistin f / telefonista f, operadora f
Telefon•kabel n, Fernsprechkabel n / cable m telefónico || ⁓kabine f, Fernsprechkabine, -zelle f / caseta f o casilla o cabina telefónica o de teléfono || ⁓karte f / teletarjeta f || ⁓konferenz f, Fernspechkonferenz f / teleconferencia f || ⁓leitung f / línea f telefónica || ⁓lichtruf m / luz f de aviso del teléfono || ⁓mast, Leitungsmast m / poste m telefónico || ⁓membran f / membrana f del auricular || ⁓modem n (DV) / equipo m conversor, modem m telefónico || ⁓mundstück n / boquilla f del microteléfono || ⁓netz n / red f telefónica || ⁓-Notruf m, Notruf m / llamada f de emergencia || ⁓nummer f / número m del abonado, número m de teléfono || ⁓reihenanlage f / instalación f de comunicación en serie || ⁓schnur f / cordón m [conductor] de teléfono, flexible m telefónico || ⁓schwenkarm m / brazo m giratorio de teléfono || ⁓signal n / señal f telefónica || ⁓störfaktor m / factor m TIF || ⁓teilnehmer m / abonado m || ⁓tischchen f, telefonera f || ⁓verbindung f / comunicación f telefónica, enlace m telefónico || eine ⁓verbindung herstellen / conectar, poner en comunicación || ⁓vermittlung f, -zentrale f / central f telefónica, conmutador m (LA) || ⁓verstärker m / repetidor m telefónico || ⁓zelle f s. Telefonkabine || ⁓zentrale f / central f telefónica
Telefoto n, Telebild n / telefoto f
Telegabel f s. Teleskopgabel
telegen, fernsehphotogen / telegénico, fotogénico por televisión
Telegraf m / telégrafo m
Telegrafen•amt n / central f u oficina telegráfica o de telégrafos || **öffentliches** ⁓**amt** / despacho m de telégrafos, oficina f telegráfica pública || ⁓**apparat** m / aparato m telegráfico || ⁓**arbeiter**, Leitungsleger m (Fernm) / montador m de líneas telegráficas || ⁓**bau** n / construcción f de líneas telegráficas, construcción f de telégrafos || ⁓**linie**, -leitung f / línea f telegráfica || ⁓**stange** f, Leitungsmast m (Fernm) / poste m telegráfico || ⁓**technik** f / ingeniería f o técnica telegráfica || ⁓**übertrager** m / repetidor m telegráfico, traslator m (LA)
Telegrafie f / telegrafía f || ⁓ **im Sprachband** (auf Telefonleitung) / telegrafía f intrabanda || ⁓ **im Sprachband in einer Richtung** / equipo m univocal || ⁓ **mit automatischem Sender** / telegrafía f automática || ⁓ **mit ungedämpften Wellen** / telegrafía f por ondas entretenidas || ⁓ **tönend**, A_2-Telegrafie f / telegrafía f por onda entrenida modulada || **drahtlose** ⁓ / telegrafía f sin hilos (T.S.H.) || ⁓**kreis** m **über Telefonkabel** / circuito m mixto || ⁓-**Modulation** f (Fernm) / manipulación f por modulación telegráfica
telegrafieren vt vi / telegrafiar, transmitir por telégrafo, poner un telegrama || **drahtlos** ~ / radiotelegrafiar
Telegrafier•frequenz f / frecuencia f de señalización || ⁓**geräusche** n pl / ruidos m pl telegráficoso o de telégrafo o de telegrafía || ⁓**geschwindigkeit** f / velocidad f telegráfica, rapidez f de modulación || ⁓**-Rundschreibeinrichtung** f / repetidor m o retransmisor de difusión, traslator m (LA)
Telegrafie•sender m / transmisor m o emisor radiotelegráfico || ⁓-**Stromkreis** m / circuito m telegráfico || ⁓**tastung** f / modulación f telegráfica || ⁓**überlagerer** m / generador m u oscilador de frecuencia intermedia || ⁓-**Wählvermittlungsstelle** f / central f automática de telegrafía || ⁓-**[Zeichen]entzerrer** m / repetidor m regenerativo o de regeneración, traslator m rectificador (LA)
tele•grafisch / telegráfico || ⁓**grafist** m / telegrafista m
Telegramm n / telegrama m || **telefonisch aufgegebenes** ⁓ / telegrama m por teléfono, telefonema m || **überseeisches** ⁓, Kabel[telegramm] n / cable[grama] m || ⁓**annahme** f, -schalter m / ventanilla f o taquilla para telegramas || ⁓**aufnahme** f (Fernm) / servicio m de telegramas por teléfono || ⁓**dienstsystem** n, TDS / sistema m de servicios telegráficos || ⁓**laufzeit** f / tiempo m de transmisión de telegramas || ⁓**schlüssel** m, -code m / código m telegráfico || ⁓**übermittlungsdienst** m **durch Fernschreiber** / servicio m de telegramas por teleimpresor || ⁓**wort** n / palabra f telegrafica
Tele•graph... s. Telegraf... || ⁓**informatik** f (DV) / teleinformática f || ⁓**kino** n, TV-Kino / telecine m || ⁓**kommunikation** f / telecomunicación f, teleco f (= telecomunicación)(argot) || ⁓**kommunikations-Anschluss-Einheit** f, TAE f / equipo m de adaptación de telecomunicación || ⁓**konferenz** f / teleconferencia f || ⁓**kopie** f / telecopia f || ~**kopieren** vt, faxen (coll.) / telecopiar || ⁓**kopierer** m / telecopiadora f || ⁓**management** n, -verwaltung f / telegestión f
Telematik f (= Telekommunikation + Informatik)(DV) / tele[infor]mática f
Telematiknetz n (z.B. Internet) / red f telemática o telematizada
Tele•medizin f / telemedicina f || ⁓**meter**, Entfernungsmesser m (Opt, Verm) / telémetro m, medidor m de distancia, distanciómetro m || ⁓**meter** n (Elektr) / telemedidor m || ⁓**metrie**, Entfernungsmessung f / telemetría f || ⁓**metrie** f, Messwert-Fernübertragung f / telemedición f || ~**metrisch**, Fernübertragungs... / telemétrico || ⁓**mikrophon** n / telemicrófono m || ⁓**motor**, Fernsteuerungsapparat m / telemotor m, motor de telemando m || ⁓**müll** m / telebasura f || ⁓**objektiv** n (Foto) / teleobjetivo m
Teleologie f (Biol) / teleología f
Tele•operator m, ferngesteuerter Manipulator (Eltronik) / telemanipulador m || ⁓**port** m (ein Telekommunikationszentrum) / centro m de telecomunicación || ⁓**portation** f (Phys) / teleportación f
Teleporter m / teleportador m (de cuantos)
tele•portieren vt / teleportar || ⁓**präsenz** f, virtuelle Präsenz / telepresencia f || ⁓**prozessor** m (DV) / teleprocesador m
Teleran-Navigationsverfahren n (Luftf) / sistema telerán, telerán m
Tele•röntgenographie, Fernaufnahme f (Radiol) / telerradiografía f || ⁓**script-Gerät** n, Schreibtelefon n

für Gehörlose / aparato telescript || ⁓**shopping** *n* (mit PC) / telecompra *f*
Teleskop *n* (Opt) / telescopio *m* || ⁓**antenne** *f* / antena *f* telescópica || ⁓**ausleger** *m* (Kran) / pluma *f* telescópica, brazo *m* telescópico || ⁓**federung** *f* (Kfz) / amortiguador *m* telescópico, suspensión *f* telescópica || ⁓**flügel** *m* (Luftf) / ala *f* teslescópica || ⁓**-Fluggastbrücke** *f*, -brücke *f* / pasarela *f* telescópica o de tipo telescópico || ⁓**gabel** *f* (Kraftrad) / horquilla *f* telescópica || ⁓**-Gangway** *f* (Luftf) / pasarela *f* de tipo telescópico || ⁓**greifer** *m* / pinza *f* telescópica
teleskopierbarer Gurtförderer / cinta *f* transportadora telescópica
teleskopisch / telescópico, de extensión
Teleskop•kran *m* / grúa *f* telescópica || ⁓**lader** *m* / cargador *m* telescópico || ⁓**libelle** *f* (Verm) / nivel *m* de burbuja del telescopio || ⁓**mast** *m* / mástil *m* telescópico o de extensión || ⁓**-Plattform** *f* (Raumf) / plataforma *f* telescópica || ⁓**-Spreader** *m* (Container) (Container) / travesaño *m* telescópico || ⁓**waage** *f* (zum Nivellieren) (Verm) / nivel *m* con telescopio || ⁓**-Wagenheber** *m* (Kfz) / alzacoches *m* o levantacoches telescópico || ⁓**welle** *f* / árbol *m* telescópico || ⁓**zylinder** *m* (Druckluft) / cilindro *m* telescópico
Tele•spiel *n*, Videospiel *n* / videojuego *m*, juego *m* video || ⁓**tex** *n*, Videotext *m*, Teletext *m* (Österreich) (TV) / teletex *m*, teletexto *m*, videotexto *m* || ⁓**tron-Fernsehempfangsröhre** *f* / teletrón *m* || ⁓**-Trust-System** *n* (ein Sicherungssystem) (DV) / sistema *m* teletrust || ⁓**typesetter** *m*, Fernsetzmaschine *f* (Druck) / aparato *m* de telecomposición || ⁓**verarbeitung** *f* / teleproces[amient]o *m* || ⁓**vision** *f* (Schweiz) / televisión *f* || ⁓**vorsatz** *m* (Foto) / adaptador *m* para teleobjetivo || ⁓**werkstatt** *f* / teletaller *m*
Telex *n* / télex *m* || ⁓**system** *n*, Europäisches Fernschreib[wähl]system / sistema *m* télex || ⁓**-Teletex-Umsetzer** *m*, TTU / convertidor *m* télex-teletex
telezentrisch (Zeichn) / telecéntrico
Telfener Zahnstange *f* (Bahn) / cremallera *f* tipo Telfer
Teller *m* / plato *m*, platillo *m* || ⁓, Platte *f*, Scheibe *f* / placa *f*, plancha, disco *m* || ⁓ *m* **des Kollerganges** (Hütt) / plato *m* de la molina de rulos || ⁓**ablauf** *m* (Kabelherst) / disco *m* giratorio desarrollador || ⁓**ansatz** *m* (Schraube) / saliente *m* de asiento || ⁓**artig** (Pulver) / con películas en forma de discos || ⁓**aufgabeapparat** *m*, -aufgeber *m* / alimentador *m* de plato rotativo || ⁓**besen** *m* / escoba *f* circular || ⁓**bohrer** *m*, Erdbohrer *m* (Bau) / barrenador *m* de suelo || ⁓**druckfilter** *m* / filtro *m* a presión de platos || ⁓**elektrode** *f* / electrodo *m* tipo disco || ⁓**feder** *f* / muelle *m* Belleville, resorte *m* de disco || ⁓**federscheibe** *f* / arandela *f* elástica cónica || ⁓**förmig** / en forma de disco o plato || ⁓**fräser** *m* (Wz) / fresa *f* de disco || ⁓**fuß** *m* (Möbel) / pie *m* de disco || ⁓**hammer** *m* (Wz) / martillo *m* plano || ⁓**mischer** *m* (Beton) / mezcladora *f* de platos || ⁓**mühle** *f*, pulverizador *m* en forma de disco || ⁓**ofen** *m* (Hütt) / horno *m* de solera giratoria || ⁓**rad** *n* (Masch) / corona *f* dentada || ⁓**rad** (Hinterachse) (Kfz) / corona *f* del diferencial || ⁓**säge** *f* (Wz) / sierra *f* cóncava || ⁓**scheibe** *f*, Spannscheibe *f* / arandela *f* elástica bombeada || ⁓**scheibe** (Schleifm) / muela *f* en disco, muela *f* plato || ⁓**scheibe zur Befestigung von Bauteilen an Gurten** (DIN 15237) / arandela *f* de platillo || ⁓**schleifpapier** *n* / disco *m* lijador || ⁓**schraube** *f* (DIN 15237) / tornillo *m* de platillo con prisioneros || ⁓**separator** *m* / separador *m* en forma de disco || ⁓**sockel** *m* (Glühlampe) / casquillo *m* prefocus || ⁓**speiser** *m* / alimentador *m* de solera giratoria || ⁓**spinnmaschine** *f* / máquina *f* de hilar de plato || ⁓**spule** *f*, Randspule *f* (Spinn) / bobina *f* plana ||

⁓**trockner** *m* / secador *m* de platos || ⁓**uhr** *f*, runde flache Wanduhr / reloj *m* de pared (plano y redondo) || ⁓**ventil** *n* / válvula *f* de disco o de plato || ⁓**ventil**, auf- und abgehendes Ventil *n* (Mot) / válvula *f* de elevación o de vástago || ⁓**wärmer** *m* (Küche) / calientaplatos *m* || ⁓**wäscher** *m* (Gas) / lavador *m* de platillos || ⁓**wickler** *m* (Hütt) / bobinadora *f* de plato || ⁓**zentrifuge** *f* / centrifugadora *f* de placas cónicas || ⁓**zuteiler** *m* / alimentador *m* con disco giratorio
Tellur *n*, Te (Chem) / telurio *m* || ⁓ **(II)-...** / teluroso || ⁓**(IV)-...**, Tellur(VI)-... / telúrico || ⁓**at** *n* / telurato *m* || ⁓**dichlorid** *n* / dicloruro *m* de telurio || ⁓**dioxid** *n* / dióxido de telurio, anhídrido *m* teluroso || ⁓**goldsalz** *n* / aurato *m* telúrico || ⁓**id** *n* / tellururo *m* || ⁓**ige Säure** / ácido *m* teluroso || ⁓**isch**, Erd... / telúrico || ⁓**it** *m*, Tellurocker *m* (Min) / telurita *f* || ⁓**it** *n* (Chem) / telurito *m* || ⁓**ometer** *m* (ein Entfernungsmesser) / telurómetro *m* || ⁓**säure** *f* (Chem) / ácido *m* telúrico || ⁓**silber** *n*, Hessit *m* (Min) / telururo *m* de plata, hessita *f* || ⁓**tetrachlorid** *n* (Chem) / tetracloruro *m* de telurio || ⁓**trioxid** *n* / trióxido *m* de telurio || ⁓**wasserstoff** *m* / telururo *m* de hidrógeno || ⁓**wismut** *n*, Tetradymit *m* (Min) / tetradimita *f*, bismuto *m* telúrico
Telomer *n* (Plast) / telómero *n*
Teltex-Dienst *m* (Fernm) / servicio *m* teltex
TEM-Modus *m* (Wellenleiter) / modo *m* TEM, modo *m* eléctrico y magnético transversal
Tempel *m* (Web) / templo *m*
Tempera *f*, Temperafarbe *f* / templa *f*, color *m* al temple || ⁓**malerei** *f* / pintura *f* al temple
temperamentvoll (Motor) / brioso
Temperatur *f* / temperatura *f* || ⁓ **...** / térmico, de temperatura, termo... || ⁓ *f* **am Verdunstungsthermometer** / temperatura *f* de termómetro húmedo || ⁓ **bei 100% rel. Feuchte** / temperatura *f* al punto de rocío || ⁓ **bei ungesättigter Luft** / temperatura *f* de bola seca || ⁓ **der Strahlung schwarzer Körper** / temperatura *f* de brillo o de luminancia || ⁓ **des kondensierten Quecksilbers** / temperatura *f* del mercurio condensado || ⁓ **gemessen an der Oberfläche verdunstenden Wassers** / temperatura *f* del punto de condensación de agua || ⁓ **im Schatten** / temperatura *f* a la sombra || ⁓ **en um ...** (Meteo) / temperaturas *f* alrededor de ... || ⁓ *f* **unter Null** / temperatura *f* bajo cero || ⁓ **zwischen den Schweißgängen** / temperatura *f* entre fases de soldeo || ⁓ **auf** ⁓ **bringen** (Masch) / calentar, recalentar || **für niedrige** ⁓**en** / para bajas temperaturas
Temperatur•abbau *m* / reducción *f* de temperatura || ⁓**abfall** *m*, -abnahme *f* / descenso *m* de temperatura, caída *f* de temperatura || ⁓**abhängig** / dependiente de la temperatura, termosensible || ⁓**abhängiger Kristall** (Eltronik) / cristal *m* de corte AT || ⁓**abhängigkeit** *f* / variación *f* en función de la temperatura, dependencia *f* de la temperatura || ⁓**angabe** *f* / indicación *f* de la temperatura || ⁓**angleicher** *m* / dispositivo *m* de corrección de la temperatura || ⁓**anstieg** *m*, Erwärmung *f* / calentamiento *m*, elevación *f* o subida de la temperatura, aumento *m* de la temperatura || ⁓**anstieg** (Hütt) / recalescencia *f* || ⁓**anstiegsrate** *f* (Reaktor) / rapidez *f* o respuesta térmica || ⁓**anzeigebereich** *m* / zona *f* de indicación de temperatura || ⁓**anzeiger** *m* / indicador *m* de temperatura, termómetro *m* || ⁓**anzeigestift** *m* / lápiz *m* indicador de temperatura || ⁓**ausgleich** *m* / compensaciión *f* [del efecto] de [la] temperatura || ⁓**ausgleich**, -ausgeglichenheit *f*, -gleichgewicht *n* / equilibrio *m* térmico de temperatura || ⁓**ausgleichs-Widerstand** *m* (Instr) / resistor *m* compensador de temperatura || ⁓**bad** *n* / baño *m* termostático, baño *m* controlado por termómetro || ⁓**begrenzt** / limitado por la temperatura || ⁓**beiwert** *m*, -koeffizient *m* / coeficiente *m* térmico o de

Temperaturbereich

temperatura ‖ ⁓**bereich** m / gama f de temperatura ‖ ⁓**bereich der Betriebsfähigkeit** / gama f de temperatura operable o manejable ‖ ~**beständig** / resistente a la temperatura ‖ ⁓**beständigkeit** f / estabilidad f de (o respecto a) la temperatura, resistencia f térmica ‖ ⁓**bild** n / termograma m ‖ ⁓**differenz** f / diferencia f de temmperaturas ‖ ⁓**einfluss** m / influencia f térmica o de la temperatura ‖ ⁓**-Entropie-Diagramm** n, TS-Diagramm n / diagrama m de temperatura-entropía ‖ ⁓**erhöhung**, -zunahme f, -anstieg m / aumento m o incremento de la temperatura, elevación f de la temmperatura, calentamiento m ‖ ⁓**farbe** f / termocolor m ‖ ⁓**feld** n / campo m térmico o de temperatura[s] ‖ ⁓**fühler** m / sonda f térmica o termosensible, sonda f de temperatura ‖ ⁓**fühler für hohe Temperaturen** / sonda f pirométrica, pirómetro m ‖ ⁓**fühler mit Schutzrohr** / bastón pirométrico m ‖ ⁓**gefahrenkurve** f / curva f de temperaturas críticas ‖ ⁓**gefälle** n, -gradient m / caída f de temperatura, enfriamiento m ‖ ~**geregelt** / de temperatura regulada o controlada, con regulación de temperatura, termorregulado ‖ ⁓**geschwindigkeit** f (Eltronik) / velocidad f térmica ‖ ⁓**gleichgewicht** n / equilibrio m térmico ‖ ⁓**grad** m / grado m de temperatura ‖ ⁓**gradient** m (Meteo) / gradiente m de temperatura ‖ **senkrechter** ⁓**gradient** / gradiente m térmico vertical, régimen m de descenso o de disminución ‖ ⁓**grenze** f (Elektr) / límite m de temperatura, temperatura f límite ‖ ⁓**grenze der Magnetisierungsfähigkeit** / límite m de temperatura para imanación ‖ ⁓**kanal** m / canal m de temperatura ‖ ⁓**koeffizient**, Wärmebeiwert m / coeficiente m de temperatura ‖ ⁓**koeffizient** m **der Offsetspannung**, TKO (Operationsverstärker) / coeficiente m de temperatura de desnivel ‖ ⁓**koeffizient der Reaktivität** (Nukl) / coeficiente m de temperatura de reactividad, coeficiente m de reactividad por temperatura, corete m ‖ ⁓**kompensation** f / compensación f [del efecto] de temperatura ‖ ~**kompensiert** / compensado en temperatura, con compensación térmica, termocompensado ‖ ⁓**konstanz**, -beständigkeit f / constancia f de temperatura ‖ ⁓**korrektur** f / corrección f de (o por) temperatura ‖ ⁓**kurve** f / curva f de temperatura[s] ‖ ⁓**lack** m / barniz m indicador de temperatura ‖ ⁓**leitfähigkeit**, -leitzahl f / conductividad f térmica, difusividad f térmica ‖ ⁓**melder** m / avisador m de temperatura ‖ ⁓**messfarbstift** m / lápiz m termocolor ‖ ⁓**messgerät** n / termómetro m, instrumento m medidor de la temperatura ‖ ⁓**messkegel** m / cono m pirométrico estandard ‖ ⁓**messung** f / medición f de temperatura, toma f de temperatura ‖ ⁓**messung [mittels Thermometer]** / termometría f ‖ ⁓**messung** f **[mittels Pyrometer]** / pirometría f ‖ ⁓**messung** f **mittels der Kernquadrupol-Resonanzfrequenz** / termometría m de resonancia nuclear cuadripolar ‖ ⁓**messung mittels Widerstand** / termometría f mediante resistencia, medición f óhmica de la temperatura ‖ ⁓**profil** n (Wärmeübertragung) / perfil m de [las] temperaturas ‖ ⁓**rauschen** n (Eltronik) / ruido m térmico, ruido m de agitación térmica ‖ ⁓**regelung** f / control m de temperatura, regulación f de temperatura ‖ ⁓**regelung** / regulación f de la temperatura ‖ ⁓**regelwiderstand** m / termorreostato m ‖ ⁓**regler** m / regulador m de temperatura, termorregulador m ‖ ⁓**regler**, Thermostat m / termostato m, termóstato m ‖ ⁓**regler** m, Gärbottichkühler m (Brau) / serpentín m de refrigeración de la cuba de fermentación ‖ ⁓**regler für Wasser** (ein Sicherheitsorgan) / aquastato m ‖ ⁓**regler mit Temperaturfühler** (Regeln) / termorregulador m, regulador m de la temperatura ‖ ⁓**rückgang** m / descenso m de temperatura,

disminución f de temperatura ‖ ⁓**rückgang in der Höhe** s. Temperaturgradient, senkrechter ‖ ⁓**schalter** m (Elektr) / termostato m automático, termo[inte]rruptor m ‖ ⁓**schaubild** n / diagrama m de temperaturas ‖ ⁓**schreiber** m / termógrafo m, registrador m de temperatura ‖ ⁓**schwankung** f / variación f u oscilación o fluctuación de la temperatura ‖ ⁓**sensor** m / sonda f termosensible, detector m de temperatura, transductor m o sensor termoeléctrico ‖ ⁓**sicherung** f, thermische Sicherung / protector m contra sobretemperatura ‖ ⁓**skala** f / escala f de temperaturas ‖ ⁓**spannung** f / solicitación f debida a la temperatura, tensión f causada por la temperatura ‖ ⁓**spitze** f / temperatura f punta ‖ ⁓**stabilität** f, -standfestigkeit f / estabilidad f respecto a la temperatura ‖ ⁓**-Standzeit-Versuch** m (Wz) / ensayo m de duración de la herramienta bajo temperaturas elevadas ‖ ⁓**strahler** m / radiador m térmico ‖ ⁓**strahler** (Landw, Med) / lámpara f de termorradiación ‖ ⁓**strahlung** f / radiación f térmica ‖ ⁓**stufe** f / grado m de temperatura ‖ ⁓**sturz** m / descenso m brusco de [la] temperatura ‖ ⁓**umkehr** (Meteo) / inversión f de temperatura ‖ ⁓**umkehrpunkt** m (Krist) / coeficiente m cero de la temperatura ‖ ⁓**umschlag** m / cambio m repentino de temperatura ‖ ~**unabhängig** / independiente de la temperatura ‖ ~**unempfindlich** / insensible a las variaciones de temperatura ‖ ⁓**unterschied** m / diferencia f de temperatura[s] ‖ ⁓**-Unterschied** m (Schalter) / temperatura f compensada ‖ ⁓**verhalten** n / comportamiento m térmico ‖ ⁓**verhältnisse** n pl / condiciones f pl térmicas ‖ ⁓**verlauf** m / marcha f de temperatura ‖ ⁓**verteilung** f / distribución f de la temperatura ‖ ⁓**waage** f (Phys) / termobalanza f ‖ ⁓**wächter** m / dispositivo m de control de la temperatura, controlador m de temperatura ‖ ⁓**wähler** m / selector m de temperatura ‖ ⁓**wechsel** / cambio m de temperatura ‖ **plötzlicher** ⁓**wechsel** (Mat.Prüf) / choque m térmico ‖ ⁓**wechselbeanspruchung** f (Mat.Prüf) / solicitación f por ciclaje térmico o por choques térmicos ‖ ~**wechselbeständiges Glas** / vidrio m resistente a los choques térmicos ‖ ⁓**wechselbeständigkeit** f / resistencia f a los choques térmicos ‖ ⁓**welligkeit** f (Quarz) / ondulación f térmica, rizado m térmico ‖ ⁓**-Zeit-Folge** f, -zyklus m (Mat.Prüf) / ciclo m térmico ‖ ⁓**-Zeitgrenze** f (DIN 53746) / límite m de temperatura-tiempo ‖ ⁓**zunahme** f, -steigerung f / aumento m o incremento de la temperatura

Temper•erz n (Gieß) / mineral m maleabilizante o de fundición maleable ‖ ⁓**guss** m / fundición f maleable

temperieren vt, mäßigen / temperar, templar ‖ ~, auf gleichmäßige Temperatur bringen / temperar, regular la temperatura

temperiert (Flüssigkeit) / templado ‖ ~**e Stimmung o. Tonskala**, gleichschwebende Temperatur (Akust) / gama f templada

Temperierung f (Zuck) / igualación f de la temperatura

Temperit, Sorbit m (Hütt) / sorbita f

Temper•kohle f / carbón m de maleabilización ‖ ⁓**kohleabscheidung**, Graphitisation f (Hütt) / grafitización f

tempern, glühfrischen (Gusseisen) / maleabilizar ‖ ~ (in der Form) (Plast) / recocer, hacer el recocido ‖ ~ (Glas) / calentar o enfriar lentamente ‖ ~ (Leichtmetall) / mejorar por envejecimiento ‖ **bei erhöhter Temperatur** ~ (Leichtmetall) / envejecer artificialmente ‖ ⁓ n (Gieß) / maleabilización f, recocido m con disminución de carbono ‖ ⁓ **außerhalb der Form** (Plast) / templado m ‖ ⁓ **innerhalb der Form** (Plast) / recocido m

Temper•ofen m (Hütt) / horno m de maleabilización o de recocido ‖ ⁓**roheisen** n / arrabio m maleable ‖ ⁓**stahlguss** m / acero m fundido maleable

Tempo n, Geschwindigkeit f / rapidez f, velocidad f, ritmo m ‖ ~, Gangart f / marcha f ‖ **in schnellem** ~ / a [una] velocidad elevada, a un ritmo pronunciado o acelerado ‖ ~**limit** n / límite m de velocidad, velocidad f máxima admisible
Tempomat m (Kfz) / limitador m automático de la velocidad
temporär, vorübergehend / temporal, temporario, provisional, temporáneo ‖ ~**e Ausfallhäufigkeit** / frecuencia f de fallos temporales ‖ ~**e Ausfallwahrscheinlichkeit** / probabilidad f de fallos temporales ‖ ~**e Diversity** (Mobilfunk) / diversity f temporal ‖ ~**e Härte** (Wasser) / dureza f temporal de agua
Temporär-Retarder m (Färb) / retardador m temporario
Temporegulierung f / regulación f en la marcha
TEM-Welle f (Wellenleiter) / onda f electromagnética transversal, onda f TEM
TEN, Triethylamin n / trietilamina f
Tenazität f (Material) / tenacidad f
Tendenz [zu], Neigung f / tendencia f [a], propensión f [a]
Tender, Kohlenwagen m (Bahn) / ténder m ‖ ~ m, Begleitschiff n (Schiff) / aviso m, ténder m, buque-escolta m ‖ ~**lokomotive** f (Bahn) / locomotora f ténder o tanque
tendieren vi [nach, zu] / inclinarse [hacia], tender [a]
tendierend, neigend [zu] / tendente [a]
Teniferbehandlung f, Weichnitrieren n (Hütt) / nitruración f en baño de sales fundidas
Tennantit m, Arsenfahlerz n (Min) / tenantita f (sulfo-arseniuro de cobre)
Tenne f (Landw) / era f
Tennenfläche f (Sportplatz) / era f apisonada
Tenorit m, Kupferschwärze f (Min) / tenorita f, melaconita f
Tensid n, grenzflächenaktiver Stoff (Chem) / agente m tensioactivo o surfactivo
Tensimeter n (Dampfdruckmesser) (Chem) / tensiómetro m
Tension, Spannung f (Gas) / tensión f
Tensionsthermometer n / termómetro m de presión de vapor
Tensometer n, Dehnungsmesser m / extensímetro m, extensómetro m
Tensor, Affinor m (Math) / tensor m ‖ ~... (Math) / tensorial adj ‖ ~ m **nullter Größe** / tensor m de grado cero ‖ ~ **2. Stufe** / tensor m de segundo grado ‖ ~**kraft** f (Nukl) / fuerza m tensorial
Tentakel m n (Zool) / tentáculo m
Tepera f, Vulkanasche f (Geol) / tepera f
Tephigramm n (Meteo) / tefigrama m
Tephrit m (Geol) / tefrita f
Tephroit m (Min) / tefroita f
Tepp, Tetraethylpyrophosphat n (Chem) / tetraetilpirofosfato m
Teppich m / alfombra f ‖ ~, Wandteppich m / tapiz m ‖ ~, Badeteppich m / tapete m ‖ ~ **für den Objektbereich** / alfombra f comercial ‖ ~ **für den Wohnbereich** / alfombra f doméstica
Teppich•boden m / moqueta f, piso m alfombra, pavimento m textil, alfombrado m (LA) ‖ ~**bodenreiniger** m (auch Person) / lavamoquetas m ‖ ~**fabrik[ation]** f / fábrica[ción] f de alfombras ‖ ~**fliese** f / loseta f o losa de alfombra ‖ ~**förderband** n / cinta f transportadora de alfombra ‖ ~**garn** n / hilo m para alfombras o para tapices ‖ ~**grund** m (Polteppich) / tejido m de fondo ‖ ~**kehrmaschine** f / máquina f de barrer alfombras, rodillo m limpiaalfombras (E) ‖ ~**störung** f (Störung auf mehreren Frequenzbändern) (Radar) / interferencia f o perturbación multibanda ‖ ~**stuhl** m (Tex) / telar m de (o para tejer) alfombras ‖ ~**unterlage** f / fieltro m protector para alfombra ‖ ~**unterlagenpapier** n / papel m para forrar alfombras ‖ ~**weberei** f / fábrica f de tapices, tapicería f ‖ ~**wirker** m / tapicero m

Tera•... (Billion), 10^{12}..., T. / tera... ‖ ~**bit** n (DV) / terabit[io] m ‖ ~**bit-Kilometer** m (Impulsübertragung) / terabit-kilómetro m ‖ ~**flop** (10^{12} Rechneroperationen pro s) (DV) / teraflop m ‖ ~**hertz-Scanner** m (zum Aufspüren von Waffen und Sprengstoff) / escáner m de terahertzios para detectar armas y explosivos ‖ ~**hertz-Technik** f / técnica f de terahertzios ‖ ~**watt** n / teravatio m, terawatt m ‖ ~**wellen** f pl / ondas T f pl
Terbium n, Tb (Chem) / terbio m ‖ ~**erde** f, -oxid n / terbia f
Terebinthe f, Terpentinpistazie f (Bot) / terebinto m
Teredowurm m, Teredo navalis, Bohrwurm m (Zool) / broma f
Terephthalsäure f (Chem) / ácido m tereftálico ‖ ~**ester** m / éster m tereftálico ‖ ~**salz** n / tereftalato m
Terindosolfarbstoff m / colorante m terindosol
Term, Energieterm m (Phys) / término m ‖ ~ m, Benennung f (DV) / término m
TermEsp (span. Terminologiebank) / TermEsp
Termin m, Frist f / plazo m, vencimiento m, término m ‖ **letzter** ~ / última f fecha [posible]
Terminal (Verkehr) / terminal m, edificio m terminal
Terminal n, Datenendeinrichtung f, Fernbetriebseinheit f (DV) / terminal m [de datos] ‖ ~**antwortmodus** m / modo m de respuesta del terminal ‖ ~**drucker** m / impresora f terminal ‖ ~**emulator** m / emulador m de terminal
terminal-lokal (DV) / terminal-local
Terminator m, Nachbereiter m / acabador m ‖ ~, Lichtgrenze f (Astr) / terminador m, límite m de iluminación ‖ ~ (DV) / terminador m
Terminbüro n, (jetzt:) Produktionssteuerung f (F.Org) / distribución f de las órdenes de trabajo, control m de la producción
Terminer, Terminjäger m (F.Org) / empleado m controlador de fechas o plazos
termingemäß / en la fecha prevista, en el plazo previsto, conforme a la fecha fijada
terminieren vt / fijar o establecer plazos o fechas
Terminierung f / establecimiento m de plazos, cronometraje m
Terminkalender m / agenda f
Terminographie f / terminografía f
terminographische Karte / ficha f terminográfica
Terminologie f / terminología f ‖ ~**-Datenbank** f, -Datenbasis f / banco m de informaciones terminológicas
terminologische Daten pl / datos m pl terminológicos
Termin • plan m / plan m de vencimientos, calendario m de ejecución ‖ ~**plantafel** f (F.Org) / panel m para el plano terminado, planning m mural
terminus m **technicus** / término m técnico ‖ ~, Ausdruck m / término m
Termin•verfolger m (F.Org) / empleado m controlador de fechas ‖ ~**verfolgung** f (F.Org) / observación f de plazos ‖ ~**verschiebung** f / aplazamiento m, desviación f de tiempo
Termi-Point-Verfahren n (für Rückseitenverdrahtung) (DV) / método m Termi-Point
Termite f (Zool) / comején m (E), termita f, termes m, hormiga f blanca (LA)
Termiten•schäden m pl / daños m pl por comejenes ‖ ~**schutzschicht** f (Bau) / capa f resistente los comejenes
Term•schema, Energieschema n (Phys) / diagrama m energético de termes ‖ ~**system** n (Nukl) / sistema m de termes
ternär (DV) / ternario ‖ ~, dreistoffig (Chem) / ternario ‖ ~**e Farben** f pl (Tex) / colores m pl ternarios ‖ ~**e Legierung** / aleación f ternaria ‖ ~**e Logik** (DV) / lógica f ternaria ‖ ~**e Spaltung** (Nukl) / fisión f ternaria
Ternärcode m (DV) / código m ternario o trivalente

Terne•band *n* (Hütt) / banda *f* emplomada ‖ ⁓**blech** *n*, Ternblech *n* (Hütt) / chapa *f* emplomada
Terpadien *n* (Chem) / terpadieno *m*
Terpen *n* / terpeno *m* ‖ ⁓**alkohol** *m* / alcohol *m* terpénico ‖ ~**frei** / exento de terpeno ‖ ⁓**gruppe** *f* / serie *f* de terpenos ‖ ⁓**harz** *n* / resina *f* terpénica
Terpentin *m n* / trementina *f*, aguarrás *m*, terebentina *f* (gal.) ‖ **kanadischer** ⁓, Kanadabalsam *m* / bálsamo *m* del Canadá ‖ ⁓**alkohol** *m* / alcohol *m* de trementina ‖ ⁓**beize** *f* / mordiente *m* a base de trementina ‖ ⁓**ersatz** *m*, Mineralterpentinöl *n* / espíritu *m* de petróleo ‖ ⁓**farbe** *f* / pintura *f* a base de trementina ‖ ⁓**harz** *n* / resina *f* de trementina ‖ ⁓**harz**, Kolophonium *n* / colofonia *f* ‖ ⁓**kiefer** *f*, P. taeda (Bot) / pino *m* de incienso ‖ ~**lack**, -firnis *m*, -farbe *f* / barniz *m* de trementina ‖ ⁓**öl** *n* / esencia *m* de trementina, aguarrás *m*
Terpin *n* (Chem) / terpina *f*
Terpinen *n* / terpineno *m*
Terpineol *n* (Chem) / terpineol *m*
Terpinolen *n* / terpinoleno *m*
Terpolymer *n* / terpolímero *m*
Terra di Siena *f* (Farb) / tierra *f* de Siena ‖ ⁓ **fusca** (Geol) / terra *f* fusca ‖ ⁓ **japonica**, Gambir[-Catechu] *m* (Gerb) / gambir *m* [catecú], cato *m*
Terrain *n*, Gelände *n* / terreno *m* ‖ ⁓**aufnahme** *f* (Verm) / levantamiento *m* topográfico de un terreno ‖ ⁓**skizze** *f* / esbozo *m* [topográfico] del terreno, croquis *m* del terreno
Terrakotta *f* (Keram) / terracota *f*, barro *m* cocido, tierra *f* cocida
Terrarium *n* (Bot, Zool) / terrario *m*
Terrasse *f* (Bau) / terraza *f* ‖ ⁓, Geländestufe *f* (Geol) / terraza *f*, rellano *m*
Terrassen•bruch *m* (Hütt) / desgarre *m* lamelar ‖ ⁓**dach** *n*, Flachdach *n* (unter 8%) (Bau) / terrado *m*, cubierta *f* con azotea ‖ ~**förmig** / en [forma de] terraza[s] ‖ ~**förmig abstufen**, terrassieren / abancalar, formar bancos ‖ ⁓**haus** *n* / casa *f* en terrazas ‖ ⁓**trenner** *f* (Bau) / tabique *m* de terraza
terrassieren *vt*, abstufen / abancalar
Terrassierung *f* / banqueo *m*
Terrazzo *m*, Terrazzoestrich *m* (Bau) / terrazo *m*
terrestrisch / terrestre, terreno, telúrico ‖ ~**es Digitalfernsehen** / TDT (= televisión digital terrestre) ‖ ~**es Fernrohr** / telescopio *m* terrestre ‖ ~**e Lenkung** (Flugkörper) / guía *f* con referencia terrestre ‖ ~**es Richtfunksystem** / relé *m* hertziano terrestre, sistema *m* de relé radioeléctrico terrestre
tertiär, Tertiär... / terciario ‖ ~**e Abwasserbehandlung** / tratamiento *m* terciario de [los] aguas de desecho ‖ ~**er Amylalkohol** / alcohol *m* amílico terciario ‖ ~**e Nitroverbindung** (Chem) / nitrocompuesto *m* terciario ‖ ~**e Restölgewinnung**, Tertiärgewinnung *f* / extracción *f* terciaria de petróleo, recuperación *f* terciaria (LA) ‖ ⁓ *n*, Tertiärformation *f* (Geol) / terciario *m*, era *f* terciaria, sistema *m* terciario
Tertiär•farbe *f* / color *m* terciario ‖ ⁓**gruppe** *f* (Trägerfrequenz) / grupo *m* terciario o maestro [de canales] ‖ ⁓**gruppenbetrieb** *m* / explotación *m* por grupo terciario o maestro ‖ ⁓**kreislauf** *m* (Reaktor) / circuito *m* terciario ‖ ⁓**luft** *f* (Brenner) / aire *m* terciario ‖ ⁓**strahlen** *m pl* (Phys) / rayos *m pl* terciarios ‖ ⁓**wicklung** *f* (Elektr) / devanado *m* terciario
Terz *f* (Mus.Instr) / tercera *f* ‖ **große** ⁓ / tercera *f* mayor ‖ **kleine** ⁓ / tercera *f* menor
Tesafilm *m* / celo *m*, cinta *f* celo (E)
Tesakrepp *m*, Abdeckkrepp *m* / papel *m* cresponado (o crepé (E)) autopegante Tesa
Tesla *n*, T (= 1 Wb m^{-2} = 10^4 G = 1 kgs^{-2}A^{-1}) (Phys) / tesla *m* (= un weber[io] por metro cuadrado), T. ‖ ⁓**strom** *m* (Elektr) / corriente *f* de Tesla o de coagulación ‖ ⁓**-Transformator** *m* / transformador *m* de Tesla, transformador *m* de corriente oscilante

Tesseral•-Harmonische *f* (Math) / armónico *m* tes[s]eral ‖ ⁓**kies**, Skutterudit *m* (Min) / escuterudita *f*, skutterudita *f*, esmaltina *f* ‖ ⁓**system** *n* (Krist) / sistema *m* cúbico o isométrico
Test *m* (pl: Tests) / prueba *f*, ensayo *m*, test *m* ‖ ⁓, Indikator *m* (Chem) / indicador *m* ‖ ⁓, Austesten *n* (DV) / comprobación *f* [final], verificación *f* final, checkout *m* ‖ ⁓, Ansiedescherben *m* (Dokimasie) / cubeta *f* para ensayo de escorificación ‖ ⁓**baugruppe** *f* (DV) / tablero *m* o panel de pruebas [y medidas] ‖ ⁓**benzin** *n*, Solventnaphtha *f n* (Chem) / gasolina *f* (E) o nafta (LA) de comprobación, espíritu *m* de petróleo ‖ ⁓**bericht** *m* / informe *m* de prueba[s] ‖ ⁓**bild** *n* (TV) / carta *f* de ajuste, mira *f*, imagen *f* patrón o piloto o de control o de prueba, patrón *m* de pruebas o de ajuste ‖ ⁓**bildgenerator** *m* (TV) / generador *m* de mira ‖ ⁓**buchse** *f* / conector *m* de pruebas ‖ ⁓**computer** *m* / ordenador *m* de prueba ‖ ⁓**daten** *pl* / datos *m pl* de prueba ‖ ⁓**datenprogramm** *n*, -programmgenerator *m* / programa *m* de generación de datos de prueba
testen / probar, ensayar, comprobar, someter a un test, testar, testear (LA) ‖ ~, ausprüfen (DV) / comprobar, verificar
Tester *m*, Prüfer *m* (Öl) / probador *m*, comprobador *m*, ensayador *m*
Test•fahrer *m* (Kfz) / piloto *m* de pruebas ‖ ⁓**feld** *n* (Landw, Luftf) / campo *m* de pruebas ‖ ⁓**figur** *f* (Foto) / mira *f* ‖ ⁓**film** *m*, Probefilm *m* (TV) / película *f* de prueba o para pruebas ‖ ⁓**fische** *m pl* (Biol) / peces *m pl* testigo ‖ ⁓**flieger**, -pilot *m* / piloto *m* de pruebas ‖ ⁓**funktion** *f* / función *f* de prueba ‖ ⁓**gas** *n* (Vakuum) / gas *m* explorador ‖ ⁓**gegenstand** *m* / objeto *m* de ensayo ‖ ⁓**gerät** *n* / aparato *m* de prueba(s) ‖ ⁓**größe** *f* / valor *m* estadístico a comprobar ‖ ⁓**haus** *n* (Energie) / casa *f* para ensayos energéticos ‖ ⁓**hilfe** *f*, Diagnostikprogramm *n* (DV) / rutina *f* de diagnóstico ‖ ⁓**hilfe** (Programm) / rutina *f* de verificación ‖ ⁓**-Isotop** *n*, Tracer-Isotop *n*, Indikator *m* (Nukl) / átomo *m* marcador o trazador ‖ ⁓**kammer** *f* / cámara *f* de prueba[s] ‖ ⁓**karte** *f* (Repro) / imagen *f* patrón para pruebas de definición ‖ ⁓**-Kit** *n*, Analysenkoffer *m*. (Chem) / equipo *m* o kit de análisis, caja *f* de análisis ‖ ⁓**kopie** *f* (Film) / copia *f* rápida ‖ ⁓**lauf** *m* (DV) / pasada *f* de prueba ‖ ⁓**lösung** *f* (Chem) / disolución *f* o solución testigo ‖ ⁓**muster** *n* (DV) / mira *f* ‖ ⁓**negativ** *n* (Foto) / negativo *m* de prueba ‖ ⁓**objekt** *n*, Sehzeichen *n* / optotipo *m*
Testosteron *n* (Biochem) / testosterona *f*
Test•paket *n* (DV) / juego *m* de tarjetas para depuración ‖ ⁓**papier** *n*, Indikatorpapier *n* (Chem) / papel *m* indicador, papel *m* reactivo ‖ ⁓**pflanze** *f* (Biol) / planta *f* testigo ‖ ⁓**pilot** *m* (Kfz, Luftf) / piloto *m* de pruebas ‖ ⁓**programm** *n* (DV) / programa *m* comprobatorio, rutina *f* de verificación ‖ ⁓**pult** *n* (DV) / pupitre *m* de pruebas ‖ ⁓**punkt** *m*, Prüfpunkt *m* / punto *m* de (o para) prueba ‖ **dreidimensionale** ⁓**puppe** (Kfz) / maniquí *m* antropomórfico, monigote *m* ‖ ⁓**sand** *m* (Gieß) / arena *f* estandard ‖ ⁓**satellit** *m* (Raumf) / satélite *m* de ensayos ‖ ⁓**schalter** *m* (DV) / conmutador *m* de prueba ‖ ⁓**schlitten** *m* (Kfz) / trineo *m* de prueba ‖ ⁓**sendungen** *f pl* (TV) / emisiones *f pl* en prueba ‖ ⁓**signal** *n* (TV) / señal *f* de mira ‖ ⁓**signal für Schwarz, [für Weiß]** (TV) / señal *f* artificial de negro, [de blanco] ‖ ⁓**streifen** *m* / cinta *f* de prueba ‖ ⁓**vektor** *m* (DV) / vector *m* de prueba ‖ ⁓**verbrauch** *m* (Kfz) / consumo *m* [de gasolina] en prueba ‖ ⁓**verfahren** *n* **mit Wasserorganismen** (Abwasser) / prueba *f* biológica ‖ ⁓**vorlage** *f* (allg) / mira *f* ‖ ⁓**wagen** *m*, -fahrzeug *n* / coche *m* de prueba[s] ‖ ⁓**zeit** *f* / duración *f* de [la] prueba ‖ ⁓**zentrum** *n* (DV) / centro *m* de ensayos
Tetartoeder *n*, Viertelsflächner *m* (Krist) / tetartoedro *m*
Tetmajersche Gleichung (Mech) / ecuación *f* de Tetmajer

Tetra, Tetrakol, -form n, Tetrachlorkohlenstoff m (Chem) / tetracloruro m de carbono, tetra f
Tetra•..., Vier... || ⁓**borsäure** f / ácido m tetrabórico || ⁓**brombiphenol-A** n / TBBPA m || ⁓**calciumphosphat** n / fosfato m tetracálcico || ⁓**carbinol** n / tetracarbinol m || ⁓**chlor** n / tetracloruro m || ⁓**chlorethan**, Acetylentetrachlorid n / tetraclor[o]etano m, tetracloruro m de acetileno || ⁓**chlorethylen** n / tetracloroetileno m || ⁓**chlorkohlenstoff** m s. Tetra || ⁓**chlorogoldsäure** f / ácido m tetracloráurico
Tetrade f (DV, Math) / tetrada f
Tetradencode m (DV) / código m binario de cuatro bits
Tetra•dymit m, Tellurwismut n (Min) / tetradimita f || ⁓**eder**, Vierflach n (Geom) / tetraedro m || ⁓**ederkoordinaten** f pl / coordenadas f pl tetraédricas || ⁓**ederwinkel** m / ángulo m tetraedro o tetraédrico || ⁓**edrit** m, Antimonfahlerz n (Min) / tetraedrita f, cobre m gris || ⁓**ethylammonium, TEA** n / tetraetilamonio m || ⁓**ethylblei, TEL**, Bleifluid n / tetraetilo m [de] plomo, plomo m tetraetilo || ⁓**ethylenglykol** n / tetraetilenglicol m || ⁓**ethylpyrophosphat**, Tepp n / tetraetilpirofosfato m, T.E.P. m || ⁓**fluordichlorethan** n, F 114 / tetrafluorodicloroetano m || ⁓**fluorethylen** n / tetrafluo[ro]etileno m || ~**funktionell** (Chem) / tetrafuncional || ~**gonal**, viereckig, -seitig (Geom) / tetrágono, tetragonal || ~**gonales System** (Krist) / sistema m tetragonal || ⁓**hydrocannabinol** n (Pharm) / THC (= tetrahidrocanabinol) || ⁓**hydrofuran**, Diethylen-, Tetramethylenoxid n / tetrahidrofurano m || ⁓**hydrofuranharz** n / resina f de tetrahidrofurano || ~**iod...** / tetraiódico, tetraioduro m [de] || ⁓**kisazofarbstoff** m / colorante m tetraquisazoico || ⁓**lin**, Tetrahydronaphthalin n / tetralina f || ⁓**löscher** m (Feuerwehr) / extintor m de tetracloruro de carbono || ⁓**mel**, Tetramethylblei n (Klopfmittel) / plomo m tetrametilo || ⁓**methylen**, Cyclobutan n / tetrametileno m, ciclobutano m || ⁓**methylmethan** n / tetrametilmetano m || ⁓**mix** n / tetramezcla f || ~**morph** (Krist) / tetramorfo || ⁓**pode** m (Bau, Hydr) / tetrápodo m || ⁓**sauerstoff** m (₄) / tetraoxígeno m || ⁓**silan** (Chem) / tetrasilano m, silicometano m, silicobutano m || ⁓**thionsäure** f / ácido m tetratiónico
Tetrazin n / tetracina f
Tetrazofarbe f, -farbstoff m / colorante m tetrazo
Tetrazol n / tetrazol m || ⁓**blau** m / azul m [de] tetrazol || ⁓**purpur** m / púrpura f [de] tetrazol
Tetrode f, Vierpolröhre f (Eltronik) / tetrodo m
Tetrose f (Chem) / tetrosa f
Tetryl, Tetranitromethylanilin, Nitroamin, Tetralit n (Detonator) / tetrilo m, tetramina f, tetranitrometilanilina f, tetralita f
TEU (= twenty feet equivalent unit), 20-Fuß-Einheit f (Container) / contenedor m TEU
Teufe f (Bergb) / profundidad f
teufen vt (Bergb) / abrir pozos
Teufenanzeiger, Tiefenmesser m (Bergb) / indicador m de nivel [de carga]
TeV (= 1 Billion Elektronenvolt) / tev o TeV
Tevatron (Beschleuniger im Fermilabor) (Nukl) / tevatrón m
TE-Welle f (Wellenleiter) / modo m H o TE, modo m eléctrico transversal
tex n, Feinheit f im Tex-System (Tex) / tex m || ~**-Nummerierung** f, -System f (Tex) / sistema m tex
Text m (in Büchern) / texto m || ~ (CLDATA) (NC) / letra f || ⁓ (DV) / datos m pl textuales || ⁓**abbildung** f / ilustración f en el texto || ~**abhängig** (DV, PL/1) / contextual || ⁓**anfang** m, STX / (= start of text) (DV) / comienzo m de texto || ⁓**anfangszeichen** n / carácter m comienzo de texto || ⁓**angaben** f pl (DV) / declaraciones f pl textuales || ⁓**aufbereitungssystem** n, Texteditor / editor m de texto || ⁓**ausgabe** (z.B. auf Papier) / salida f de texto || ⁓**band** m (Druck) / volumen m de texto || ⁓**band** n (TV) / cinta f de texto || ⁓**baustein** m / texto m fijo [de glosario] || ⁓**einblendung** f (TV) / inserto m || ⁓**ende** n (DV) / ETX m (= fin de texto) || ⁓**endezeichen** n, Nachrichtenendezeichen n / carácter m fin de texto
Texter m, Werbetexter m / redactor m de textos de publicidad
Textfeld n (DV) / zona f de descripción, cuadro m de texto
textil•e Ausrüstung / apresto m o acabado textil || ~**es Flächengebilde** / tejido m textil || ~**er Fußbodenbelag** / pavimento m textil, recubrimiento m textil del suelo
Textil•..., Spinn..., Web... / textil adj || ⁓**abfälle** m pl / desperdicios m pl textiles, desechos m pl textiles || ⁓**band** n (Elektr) / cinta f textil || ⁓**beton** m, textilbewehrter Beton (Bau) / hormigón m de fibras textiles || ⁓**cordreifen** m / neumático m con refuerzo de cordón textil || ⁓**druck** m / estampación f textil o de telas, estampado m textil || ⁓**druck**, Modeldruck m / estampación f de plancha || ⁓**druckmaschine** f / máquina f para el estampado textil || ⁓**einlage** f / capa f textil || ⁓**erzeugnis, -fabrikat** n, Ware f / género m textil, producto m fabricado textil || ⁓**facharbeiter** m (f. Plüsch usw.) / vellutero m || ⁓**faser** f / fibra f textil || ⁓**faserstoff** m (Pap) / pasta f o pulpa de fibras textiles || ⁓**fördergurt** m / cinta f transportadora con capa[s] textil[es] || ⁓**gewebe** n / tejido m textil, tela f textil
Textilglas n (Chem, Plast) / vidrio m textil o tejido || ⁓**fasern** f pl / fibras f pl de vidrio textil || ⁓**filamentgewebe** n / tejido m de siliona || ⁓**flechtschlauch** f / tubo m flexible trenzado de vidrio textil || ⁓**garn** n / hilo m de vidrio textil || ⁓**gelege** n / capa f de hilos de vidrio textil || ⁓**gewebe** n / tejido m de vidrio textil || ⁓**Kurzfaser** f / fibra f corta[da] de vidrio textil || ⁓**matte** f / estera f de vidrio textil || ⁓**-Prepreg** n / vidrio m textil preimpregnado || ⁓**schlauch** m / tubo m flexible de vidrio textil || ⁓**-Stapelfasererzeugnis** n / producto m de fibra de vidrio textil cortada || ⁓**Vliesstoff** m / material m no tejido de vidrio textil || ⁓**webschlauch** m / tubo m flexible tejido de vidrio textil || ⁓**-Wirkschlauch** m / tubo m flexible tricotado de vidrio textil
Textilhilfsmittel m / auxiliar m para la manufactura y el acabado de textiles, auxiliar m textil
Textilien pl / productos m pl textiles, tejidos m pl
Textil•industrie f / industria f textil || ⁓**ingenieur** m, ingeniero m textil || ⁓**maschinen** f pl / maquinaria f textil || ⁓**maschinenlärm** m / ruido m de máquinas textiles || ⁓**mechaniker** m / mecánico m para maquinaria textil || ⁓**öl** n (zum Spicken der Wolle) / aceite m para ensimaje
Textilosegarn n / hilo m de textilosa
Textil•pflanze f, Faserpflanze f (Bot) / planta f textil || ⁓**reinigung** f (früher: Chemischreinigung) / limpieza f en seco || ⁓**schlichte und -schmälze** f / producto m para encolado y ensimaje || ⁓**schmälze** f / su[b]stancia f suavizadora, ensimaje m, ensimaje m || ⁓**-Stapelfaser-Erzeugnis** n / producto m de fibra textil cortada || ⁓**tapete** f / tapiz m || ⁓**verbundstoff** m, gebondeter Stoff / tela f doble || ⁓**veredelung** f / acabado m textil o de los textiles || ⁓**veredler** m (Beruf) / acabador m de textiles || ~**verstärkt** (Pap) / entelado, con refuerzo textil
Text•kommunikation f, Textverkehr m (DV) / comunicación f de texto[s] || ⁓**kommunikation** (Teletex) / comunicación f teletex || ⁓**konserve** f (DV) / texto m estándar || ⁓**marker** m (Büro) / rotulador m || ⁓**modus** m (DV, Fernm) / modalidad f de texto || ⁓**oberfläche** f / ambiente m de texto, entorno m de texto || ~**orientierte Ablenkung** (TV) / barrido m respecto al texto || ⁓**teil** m (Druck) / texto m, parte f redaccional

Textur f (allg, Pap) / textura f ‖ ≃, **Struktur** f (eines Gewebes) / tejido m, textura f ‖ ≃, **Vorzugsorientierung** f (Krist) / orientación f preferente o preferencial
texturieren vt (Zwirn) / texturizar
Texturiermaschine f (Tex) / máquina f para texturizar
texturiert / texturizado ‖ **~es Garn**, Bauschgarn n / hilo m texturizado ‖ **~e Oberfläche** / superficie f texturizada ‖ **~es Pflanzenprotein**, TVP n / proteína f vegetal texturizada
Texturierung f, Texturieren n / texturización f
Textverarbeitung f (DV) / proceso m o tratamiento de textos, procesamiento m de textos
Textverarbeitungsprogramm n / procesador m de textos
Textverwaltung f (DV) / manejo m de texto
tex-Zahl f (Masse in g von 1000 m) (Tex) / unidad f tex, número m tex
TF (= Trägerfrequenz) (Eltronik) / frecuencia f portadora
T-F-Emission f, gemischte Emission / emisión f mixta
TFH = Trägerfrequenznachrichtenübermittlung auf Hochspannungsleitungen / telefonía f por ondas portadoras en líneas de alta tensión
T-förmig•es Anschlussstück / T m de conexión ‖ **≃er Fluchtstab** m (Verm) / mira f en T ‖ **≃es Türband** (Tischl) / hoja f de bisagra en T ‖ **≃er Windrichtungsanzeiger** (Luftf) / veleta f en T, T m de aterrizaje
TFT = Trägerfrequenztelefonie (nS) / telefonía f por ondas portadoras
TFU, 20-Fuß-Einheit f (Container) / contenedor m TFU (unidad de 20 pies)
TG = Taktgeber ‖ ≃ = Thermogravimetrie ‖ ≃ m, Glaspunkt m / punto m de vidrio
T-Glied n, -Schaltung f (Fernm) / red f forma (o en) T, red f en Y
T-Griff m / empuñadura f en T
TGV-Zug m (= train à grande vitesse) / tren m TGV (tren de gran o alta velocidad)
TH (Film) = Theaterkopie
Thallium n, Tl (Chem) / talio m, Tl ‖ **≃(I)**-..., Thallo... / talioso, talo... ‖ **≃(III)**-..., Thalli... / tálico, tali...
²³⁰**Th-Alter** n, Ionium-Alter n / edad f ²³⁰Th, edad f de ionio
Thb (Ozean) = Tidehub
Theater•bau m / construcción f de teatros ‖ **≃kopie** f, TH (Film) / copia f de serie o de explotación ‖ **≃maschine** f, Bühnenmaschine f / tramoya f
Thebain n, Paramorphin n (Pharm) / tebaína f, paramorfina f
Thein n / teína f
Theisenwäscher m (Hütt) / desintegrador m Theisen
Theke f, Ladentisch m / mostrador m ‖ ≃, Tresen m (z.B. Schanktisch) / barra f, mostrador m
thematisch / temático
Themen•kreis m, -liste f / temario m ‖ **≃park** m / parque m temático
Thenardsblau n (Chem) / azul m de Thenard
Theobromin n, Dimethylxanthin n / teobromina f
Theodolit m (Verm) / teodolito m ‖ **≃kreisel** m / teodolito m giroscópico
Theorem n, Lehrsatz m / teorema f ‖ **≃rechnung** f / cálculo m de teoremas
theoretisch, hypothetisch / teórico, teorético, en teoría ‖ ~, rechnerisch / de cálculo, calculado ‖ **~ angemessene Zeit** / tiempo m teórico adaptado ‖ **~ behandeln** / teorizar ‖ **~e Belastung** / carga f calculada o teórica ‖ **~er Boden** (Chem) / plataforma f teórica ‖ **~e Chemie** / química f teórica ‖ **~ ermittelte Zeit** / tiempo m calculado ‖ **~e Festigkeit** / resistencia f teórica ‖ **~es Gewichtsausbringen** (Aufb) / rendimiento m en peso teórico ‖ **~e Leistung**, errechnete Leistung / rendimiento m teórico o calculada ‖ **~e Leistungsaufnahme** (Kompressor) /

energía f absorbida teórica ‖ **~es Maß** / medida f calculada ‖ **~e Mechanik** / mecánica f teórica ‖ **~e Physik** / física f teórica ‖ **~es Radarbild** / imagen f PPI teórica
Theorie f / teoría f ‖ ≃ **des Spaltpoles** (Elektr) / teoría f del polo sombreado o blindado ‖ **eine ≃ aufstellen** / teorizar
Theralit m, Essexit m (Min) / teralita f, essexita f
therapeutisch / terapéutico
Therapie f, Therapeutik f / terapia f, terapéutica f
Therblig n (Bewegungselement nach Gilbreth) (F.Org) / therblig m
thermaktin (Phys) / termactínico
thermal, thermisch, termal ‖ **≃container** m / contenedor m térmico ‖ **≃härten** n, -härtung f (auf Martensitgefüge) (Hütt) / temple m martensítico
Thermalisieren n (Halbl) / termalización f
Thermalisierung, Neutronenabbremsung f (Nukl) / termalización f [neutrónica], atemperamiento m
Thermalloy n (Legierung) / Thermalloy m
Thermal•nebelgerät n / nebulizador m termal ‖ **≃öl** n (Chem) / aceite m térmico ‖ **≃quelle**, warme [Heil]quelle, Therme f / fuente f termal ‖ **≃ruß** m / negro m de humo térmico, negro m termal ‖ **≃wind** m (Meteo) / viento m térmico
Thermik f, thermischer Aufwind (Luftf) / térmica f, corriente f térmica ascendente, ascendencia f térmica ‖ ≃... / térmico ‖ **≃flug** m (Luftf) / vuelo m [a vela] térmico ‖ **≃schlauch** m (Luftf) / corriente f de convección ascendente
Thermion, Thermo-Elektron n (Chem, Phys) / termoión m, termión m
Thermionen•aussendung, -emission f / emisión f termoiónica ‖ **≃relais** n / relé m termoiónico ‖ **≃röhre** f (Eltronik) / relevador m o tubo termoiónico ‖ **≃strom** m (Eltronik) / corriente f termoiónica ‖ **≃verstärker** m / amplificador m termoiónico o de tubos termoiónicos
Thermionik f / termoiónica f, termiónica f ‖ **≃element** n / convertidor m o transformador termoiónico ‖ **≃-Reaktor** m (Nukl) / reactor m termoeléctrico o termoiónico
thermionisch, Röhren... / termoiónico, termiónico ‖ **~e Elektronenemission** / emisión f termoiónica o termoelectrónica, efecto m termoiónico ‖ **~er Generator**, Thermionikgenerator m (aus Thermionikelementen) / generador m termoiónico ‖ **~er Konverter** (o. Energiewandler) / convertidor m o transformador termoiónico ‖ **~e Leitung** (Phys) / conducción f termoiónica ‖ **flammengeheizter ~er Konverter** / convertidor m termoiónico calentado internamente (por llama)
thermisch / térmico, termal ‖ ≃ **abgebaut** / degradado térmicamente ‖ **~e Abschirmung**, thermischer Schild (Nukl) / blindaje m térmico ‖ **~e Abschirmung**, Hitzeschild m (Raumf) / pantalla f térmica ‖ **~e Abstimmung** (Radio) / sintonización f térmica ‖ **~e Analyse** / análisis m térmico ‖ **~e Anregung** (Nukl) / excitación f térmica, agitación f térmica ‖ **~er Anwendungsbereich** / margen m f de temperaturas [dentro del cual funciona un dispositivo], gama f de temperaturas ‖ **~e Attrappe** / maniquí m térmico, modelo m térmico ficticio ‖ **~er Aufwind** s. Thermik ‖ **~er Auslöser** (Elektr) / dispositivo m de disparo térmico o por temperatura ‖ **~e Beanspruchung** / esfuerzo m térmico ‖ **~er Beharrungszustand** / equilibrio m térmico ‖ **~ beständig** / termoestable, térmicamente estable ‖ **~er Blinker** (Bimetall, Hitzdraht) / contactor m (o ruptor) térmico periódico ‖ **~es Bohren**, in-situ-Verbrennung f (Öl) / empuje m térmico, combustión f in situ ‖ **~er Brüter** (Nukl) / reactor m reproductor térmico o por neutrones térmicos ‖ **~er Dämmstoff** / material m termoaislante ‖ **~e Deformation** / deformación f térmica ‖ **~e**

1328

Diffusion (Vakuum) / difusión *f* térmica ‖ **~e Dissoziation**, Thermolyse *f* (Chem) / termólisis *f*, pirolisis *f* ‖ **~er Durchbruch** (Eltronik) / falla *f* por embalamiento térmico ‖ **~e Elektronenemission** / emisión *f* termoelectrónica ‖ **~e Emission** / emisión *f* térmica ‖ **~e Energie** / energía *f* térmica o calorífica ‖ **~e Entgratmethode, TEM** (Wzm) / método *m* térmico para desbarbar ‖ **~er Entkommfaktor** (Nukl) / factor *m* de escape de neutrones térmicos ‖ **~e Ersatzschaltung** (Halbl) / circuito *m* equivalente térmico ‖ **~e Feld-Elektronenemission** / emisión *f* electrónica por campo [eléctrico] ‖ **~e Geschwindigkeit** (Nukl) / velocidad *f* térmica ‖ **~ gespritzte Schicht** / capa *f* revestida por llama ‖ **~es Gleichgewicht** / equilibrio *m* térmico ‖ **~er Grenzstrom** (Elektr) / intensidad *f* límite térmica ‖ **~e Instabilität**, thermischer Runaway / embalamiento *m* térmico ‖ **~er Isolierstoff** / aislante *m* térmico ‖ **~e Kathode** / cátodo *m* termoiónico ‖ **~er Kernbrennstoff** / combustible *m* nuclear térmico ‖ **~e Kontraktion** / contracción *f* térmica ‖ **~e Kontrollfarbe** / pintura *f* pirométrica, termocolor *m* ‖ **~es Kracken** (Öl) / crácking *m* o craqueo térmico, disociación *f* térmica ‖ **~er Kreislauf** / ciclo *m* térmico ‖ **~e Leistungsgrenze** (Elektr) / límite *m* térmico ‖ **~e Leitfähigkeit** / conductividad *f* o conductibilidad térmica ‖ **~es Neutron** / neutrón *m* térmico ‖ **~er Nutzungsfaktor**, thermische Nutzung (Nukl) / factor *m* de utilización térmica ‖ **~es Proton** / protón *m* térmico ‖ **~e Radiofrequenzstrahlung** / radiación *f* térmica de radiofrecuencia ‖ **~es Rauschen** (Eltronik) / ruido *m* térmico, ruido *m* de agitación térmica ‖ **~er Reaktor** / reactor *m* de neutrones térmicos ‖ **~e Reaktorleistung** / potencia *f* térmica de un reactor ‖ **~er Reduzierkoeffizient** (Halbl) / factor *m* de reducción debida a la temperatura ‖ **~es Relais** / relé *m* térmico ‖ **~er Ruß**, inaktiver Ruß / negro *m* de humo térmico ‖ **~e Säule** (Nukl) / columna *f* térmica ‖ **~e Schädigung** / deterioración *f* térmica ‖ **~er Schild** (Nukl, Raumf) / blindaje *m* térmico, pantalla *f* térmica ‖ **~er Schutzschalter** / disyuntor *m* térmico ‖ **~ schwarzer Körper** / cuerpo *m* negro para neutrones térmicos ‖ **~e Sicherung** / fusible *m* térmico ‖ **~ spaltbar** (Nukl) / físil, fisible, fisionable (LA) ‖ **~er Spaltfaktor**, Produktionsfaktor *m* (Nukl) / factor *m* de fisión térmica ‖ **~e Spaltung** (Nukl) / fisión *f* térmica ‖ **~es Spritzen** (Oberflächenbeschichtung) / proyección *f* térmica de barnices ‖ **~e Stabilität o. Beständigkeit** / estabilidad *f* térmica, termoestabilidad *f* ‖ **~e Störzone** (Nukl) / punta *f* térmica ‖ **~er Teil** (Lok) / parte *f* térmica (de una locomotora) ‖ **~e Trennung von ³He und ⁴He in flüssigem Helium** (Nukl) / relumbrón *m* térmico [para la separación de ³He y ⁴He], relámpago *m* de calor ‖ **~e Unstabilität**, inestabilidad *f* térmica, termoinestabilidad *f* ‖ **~er Unterbrecher** (Elektr) / interruptor *m* térmico ‖ **~e Verstimmung** (Eltronik) / deriva *f* térmica ‖ **~e Verzögerungseinrichtung** / dispositivo *m* de retardo térmico ‖ **~er Wind** (Meteo) / viento *m* térmico ‖ **~ wirksame Masse** / masa *f* térmica ‖ **~er Wirkungsgrad** / rendimiento *m* térmico ‖ **~er Wirkungsquerschnitt** / sección *f* eficaz térmica ‖ **~e Zersetzung**, Pyrolyse *f* (Chem) / pirolisis *f* ‖ **~e Zerstörung** (Halbl) / embalamiento *m* térmico

Thermistor, Heißleiter *m* (Elektr) / termistor *m*, (a veces:) termistancia *f* ‖ **⁻-Bolometer** *n* (Phys) / bolómetro *m* de termistor

Thermit *n* (Schw) / termita *f* ‖ **⁻reaktion** *f* (Schw) / reacción *f* aluminotérmica ‖ **⁻schweißung** *f* / soldadura *f* con termita, soldeo *m* aluminotérmico ‖ **⁻verfahren** *n* / procedimiento *m* aluminotérmico

thermo•akustisch / termoacústico ‖ **⁻analyse** *f* (Chem) / análisis *m* térmico ‖ **~analytisch** / termoanalítico ‖ **⁻ausschalter** *m* (Elektr) / disyuntor *m* térmico ‖ **~barisch** (Bombe) / termobárico ‖ **⁻barometer** *n* / termobarómetro *m*, hipsómetro *m* ‖ **⁻batterie** *f* (Elektr) / batería *f* termoeléctrica ‖ **⁻bimetall** *n* / bimetal *m* térmico ‖ **⁻bindung** *f* (Bb) / encuadernación *f* térmica ‖ **⁻block** *m* (bestehend aus Heizschlange u. Luftgebläse) / calefactor *m* unitario, aerotermo *m* (localismo) ‖ **⁻chemie** *f* / termoquímica *f* ‖ **~chemisch** / termoquímico ‖ **~chemische Diffusion** / difusión *f* termoquímica ‖ **⁻chromie** *f* (Chem) / termocromía *f* ‖ **~chromisch** / termocrómico ‖ **⁻chrose**, Warmfärbung *f* (durch infrarote Strahlen) / termocrosía *f*, termocrosis *f* ‖ **⁻colorstift**, -kolorstift, -chromstift *m* / lapiz *m* termocolor ‖ **⁻desorption** *f* (Chem) / termodesorción *f* ‖ **⁻detektor** *m* / termodetector *m*, detector *m* térmico ‖ **⁻diffusion** *f* / termodifusión *f* ‖ **⁻diffusionsanlage** *f* (Nukl) / instalación *f* de difusión térmica ‖ **⁻draht** *m* / alambre *m* para termopares, filamento *m* del par termoeléctrico ‖ **⁻druck** *m* / termoimpresión *f* ‖ **⁻drucker** *m* (DV) / termoimpresora *f*, impresora *f* térmica ‖ **⁻dynamik** *f* / termodinámica *f* ‖ **⁻dynamiker** *m* / termodinamicista *m*

thermodynamisch / termodinámico ‖ **~e Funktion** / función *f* termodinámica ‖ **~es Gleichgewicht** / equilibrio *m* termodinámico ‖ **~e Konzentration** / concentración *f* termodinámica ‖ **~e Temperatur**, Kelvintemperatur *f* / temperatura *f* termodinámica o de Kelvin ‖ **~e Wahrscheinlichkeit** / peso *m* estadístico [de un estado macroscópico], probabilidad *f* termodinámica ‖ **~er Wirkungsgrad** / rendimiento *m* termodinámico ‖ **erster ~er Hauptsatz** / primera ley de la termodinámica, primer principio de la termodinámica

Thermo•effekt *m* / efecto *m* térmico ‖ **⁻elastizität** *f* / termoelasticidad *f* ‖ **⁻elektrika** *n pl* (Phys) / material *m* termoeléctrico

thermoelektrisch / termoeléctrico ‖ **~es Amperemeter** / termoamperímetro *m*, amperímetro *m* térmico o termoeléctrico o de termopar ‖ **~er Antrieb mit Lichtbogenkammer** (Raumf) / propulsor *m* termoeléctrico con cámara de arco voltaico ‖ **~er Antrieb mit Widerstandsheizung** (Raumf) / propulsor *m* electrotérmico ‖ **~er Effekt**, Seebeck-Effekt *m* / efecto *m* termoeléctrico, efecto *m* Seebeck ‖ **~e Energieerzeugung** / generación *f* de energía por efecto Seebeck ‖ **~er Energiewandler** / convertidor *m* termoeléctrico ‖ **~es Galvanometer**, Thermokreuz, -galvanometer *n* / termogalvanómetro *m* ‖ **~e Kälteerzeugung o. Kühlung** / refrigeración *f* termoeléctrica, enfriamiento *m* termoeléctrico ‖ **~es Messinstrument** / instrumento *m* de medida de termopar ‖ **~e Sonnenenergie-Umwandlung** / conversión *f* termoeléctrica de energía solar ‖ **~e Spannungsreihe** / serie *f* termoeléctrica

Thermo•elektrizität *f* / termoelectricidad *f* ‖ **~elektromotorisch** / termoelectromotor *adj* ‖ **⁻Elektron**, Thermion *n* / termoelectrón *m*, termoión *m* negativo *f* ‖ **⁻element** *n* / termoelemento *m*, elemento *m* termoeléctrico, termopar *m* ‖ **⁻elemente-Anschlusspunkt** *m* / contacto *m* de termopar ‖ **⁻emission** *f* / termoemisión *f* ‖ **⁻farbe** *f*, auf Wärme ansprechende Farbe / termocolor *m* ‖ **⁻fernsehen** *n* / televisión *f* térmica ‖ **~fixieren** *vt*, heißfixieren (Tex) / termofraguar, termoendurecer, fraguar por calor ‖ **⁻fixieren** *n* (Tex) / termofraguado *m*, termoendurecimiento *m*, fraguado *m* térmico o por calor

Thermofor-Katalyt-Kracken *n* (Öl) / crácking *m* o craqueo catalítico termofor

Thermo•form-Maschine *f* (Plast) / máquina *f* de termoconformado ‖ **⁻galvanometer** *n* / termogalvanómetro *m* ‖ **⁻gramm**, Temperaturbild *n* / termograma *m* ‖ **⁻graph** *m*, registrierendes

Thermometer / termógrafo m, termómetro m registrador ‖ ⁓**graphie** f (Foto) / termografía f, fotografía f con luz infrarroja ‖ ⁓**gravimetrie** f, TG (Chem) / termogravimetría f ‖ ~**gravimetrisch** / termogravimétrico ‖ ~**härtbar** (Plast) / endurecible por calor ‖ ⁓**kinetik** f (Phys) / termocinética f ‖ ⁓**kompressions-Schweißung** f (IC) / unión f por termocompresión ‖ ⁓**kontakt** m / contacto m térmico, termocontacto m ‖ ⁓**kopierverfahren** n / termografía f ‖ ⁓**kraft**, Thermo-E.M.K. f / fuerza f termoelectromotriz ‖ ⁓**kreuz** n, thermoelektrisches o. Thermogalvanometer / termogalvanómetro m ‖ ⁓**kreuz zur Messung von Gasdrücken** / vacuómetro m de termopar ‖ ~**labil**, wärmeunbeständig (Chem) / termoinestable, termolábil ‖ ⁓**lumineszenz** f, TL f / termoluminiscencia f ‖ ⁓**lyse** f, thermische Dissoziation / termólisis f, disociación f térmica ‖ ~**magnetisch** / termomagnético, piromagnético ‖ ⁓**magnetschalter** m / interruptor m termomagnético ‖ ⁓**manometer** n / termomanómetro m ‖ ~**mechanisch** / termomecánico ‖ ~**mechanischer Druckeffekt**, Springbrunneneffekt m / efecto m termomecánico
Thermometer n / termómetro m ‖ ⁓ **für Feuchtigkeitsmessung** / termómetro m de ampolleta (o de bola) húmeda y seca, sicrómetro m ‖ ⁓**faden** m / columna f de termómetro ‖ ⁓**kapillare** f / tubo m capilar del termómetro, bastón m pirométrico ‖ ⁓**kapsel** f, Quecksilberkapsel f / cubeta f del termómetro ‖ ⁓**kugel** f / bola f o ampolleta del termómetro ‖ ⁓**röhre** f, -hals m / tubo m del termómetro ‖ ⁓**schacht** m / pozo m termométrico ‖ ⁓**skala** f / escala f termométrica ‖ ⁓**stand** m / indicación f del termómetro, nivel m del líquido
thermo•**metrisch**, mittels Thermometer / termométrico ‖ ⁓**metrograph** m / termometrógrafo m, termómetro m registrador ‖ ⁓**niet** m, Sprengniet m / remache m térmico
thermo**nuklear** / termonuclear ‖ ~**e Energie** / energía f termonuclear ‖ ~**e Reaktion**, Kernfusion f / reacción f termonuclear
Thermo•**osmose** f / termoósmosis f ‖ ~**oxidativ** / termooxidativo ‖ ⁓**paar** n / termopar m, par m o elemento termoeléctrico o térmico, pila f termoeléctrica, termocupla f (LA) ‖ ⁓**paneglas** n (Bau) / cristal m Thermopane ‖ ⁓**pane-Isolierverglasung** f / doble acristalamiento de Thermopane ‖ ~**phil** (Bakterien) / termófilo ‖ ⁓**phon** n (Akust) / termófono ‖ ⁓**photochemie** f / termofotoquímica f ‖ ⁓**phototropismus** m / termofototropismo m ‖ ~**physikalisch** / termofísico ‖ ⁓**plast** m / termoplástico m ‖ ~**plastisch** / termoplástico adj ‖ ~**plastische Aufzeichnung**, TPR / registro m termoplástico ‖ ~**plastisches Elastomer**, TPE / elastómero m termoplástico ‖ ~**plastische Kunstharze** n pl / termoplásticos m pl ‖ ⁓**plastizität**, Warmbildsamkeit f (Plast) / termoplasticidad f ‖ ⁓**plast-Schaumguss** m, TSG / moldeo m de termoplásticos esponjados por inyección ‖ ⁓**plast-Spritzgießmaschine** f / máquina f para inyección de termoplásticos ‖ ⁓**reaktor** m (Kfz) / reactor m térmico ‖ ⁓**reaktor** (Nukl) / reactor m de fusión ‖ ⁓**regelung** f / termorregulación f ‖ ⁓**regulator** m, Thermostat m / termorregulador m, termostato m, termóstato m ‖ ⁓**relais** n / termorrelé m, termorrelevador m ‖ ~**remanent** / termorremanente
Thermos**anhänger** m / remolque m isotermo
Thermo•**säule** f / termopila f, pila f termoeléctrica ‖ ⁓**schalter** m, Bimetallschalter m / interruptor m bimetálico ‖ ⁓**schock** m / choque m térmico, termochoque m
Thermos-**Container** m (Bahn) / contenedor m calorífico
Thermo**sensorik** f / tecnología f termosensorial

Thermos•**flasche**, Isolierflasche f / botella f aislante o termos, termo m ‖ ⁓**flascheneinsatz** m / ampolla f de vidrio para termo
Thermo•**sicherung** f / termofusible m ‖ ⁓**siphon** m (Phys) / termosifón m, sifón m térmico ‖ ⁓**siphonkühlung**, Wärmeumlaufkühlung f (DIN) / enfriamiento m por termosifón ‖ ⁓**skop** n (Phys) / termoscopio m ‖ ⁓**solieren** n, Thermosolprozess m (Färb) / procesamiento m termosol ‖ ⁓**sol-Thermofixier-Verfahren** n, TT-Verfahren n (Färb) / teñidura f por procesamiento termosol/termoendurecimiento ‖ ⁓**sonde** f (Halbl) / detector m termoeléctrico ‖ ⁓**spannung** f / tensión f termoeléctrica ‖ ⁓**sphäre** f (zwischen 100 u. 1000 km Höhe) / termosfera f ‖ ~**stabil**, wärmebeständig / termorresistente, termoestable ‖ ~**stabilisiert** (Quarz) / estabilizado térmicamente, termoestabilizado ‖ ⁓**stabilität** f / termoestabilidad f, estabilidad f térmica ‖ ⁓**stat** m, Temperaturregler m / termostato m, termóstato m ‖ ~**statgeregeltes Wärmerohr** / tubo m isotérmico (o de calor) controlado por termostato ‖ ~**statisch** / termostático ‖ ~**statisieren** / termostatizar ‖ ⁓**stat-Luftfilter** m n (Kfz) / aerofiltro m térmico ‖ ⁓**stat-[Regel]ventil** n / válvula f de gobierno termostático ‖ ⁓**steinschliff** m (Verfahren) (Pap) / proceso m de termodesfibrado ‖ ⁓**steinschliff (Erzeugnis)** (Pap) / pasta f mecánica termodesfibrada ‖ ⁓**strom** m / corriente f termoeléctrica ‖ ⁓**sublimationsdrucker** m (DV) / impresora f de sublimación térmica ‖ ⁓**tintenstrahldrucker** m (DV) / impresora f de tinta térmica ‖ ⁓**transferdrucker** m / impresora f de transferencia térmica ‖ ⁓**transmitter** m (Regeln) / transmisor m de temperatura por termopar ‖ ⁓**umformer** m (Messinstr) / convertidor m termoeléctrico ‖ ⁓**vakuum** n (Raumf) / vacío m térmico ‖ ⁓**ventil** n (Heizung, Kfz) / válvula f térmica ‖ ⁓**vision** f, Sichtbarmachen von Wärme n / termovisión f ‖ ⁓**waage** f / termobalanza f ‖ ⁓**wagen** m (Hütt) / vagón m para transporte de lingotes calientes ‖ ⁓**zeitschalter** m (Kfz) / interruptor m horario térmico
Thesaurus m (allg, DV) / tesauro m, tesoro m
Thesigraphie f (Nachweis der Veränderung von Lebensmitteln mittels Kupferchlorid) / tesigrafía f
Theta•**funktion** f (Math) / función f theta ‖ ⁓**linie** f (Mech) / línea f de velocidades lineales ‖ ⁓**-Pinch** (Plasma) / estricción f o autoconcentración acimutal u ortogonal
Thévenin-Theorem n / teorema m de Thévenin
Thiamid n (Chem) / tiamida f
Thiamin n / tiamina f
Thiaminase f / tiaminasa f
Thiamintriphosphat n / tiaminatrifosfato m
Thianthren n, Diphenylendisulfid n / tiantreno m
Thiazid n / tiazida f, tiacida f
Thiazin n / tiazina f, tiacina f ‖ ⁓**farbstoff** m Thionin / colorante m tionina/tiazina ‖ ⁓**farbstoffe** m pl / colorantes m pl de tiazina
Thiazol n / tiazol m, tiazole m ‖ ⁓**farbstoffe** m pl / colorantes m pl tiazólicos
Thio•... s. auch Schwefel ‖ ⁓**alkohol** m, Merkaptan n / tioalcohol m, mercaptano m ‖ ⁓**bakterien**, Schwefelbakterien f pl (Biol) / tiobacterias f pl ‖ ⁓**carbamid** n (Chem) / tiocarbamida f, tiourea f ‖ ⁓**carbonat** n / tiocarbonato m ‖ ⁓**cyan** n / tiocianógeno m ‖ ⁓**cyanat**, Rhodanid n / tiocianato m ‖ ⁓**cyansäure**, Rhodanwasserstoffsäure f / ácido m tiociánico ‖ ⁓**ether** m, Alkylsulfid n / tioéter m ‖ ⁓**glykolsäure**, Mercaptoessigsäure f / ácido m tioglicólico ‖ ⁓**harnstoff** m / tiourea f, tiocarbamida f ‖ ⁓**indigorot** n (Färb) / rojo m de tioíndigo ‖ ⁓**kohlensäure**, Schwefelkohlensäure f / ácido m [tri]tiocarbónico ‖ ⁓**kol**, Perduren n (Plast) / tiocol m
Thiol, Thiofuran, -phen n / tiol m, tiofeno m

Thionin, Lauth's Violett *n* / tionina *f*
Thionophosphorsäure *f* / ácido *m* tionofosfórico
Thionsäure *f* / ácido *m* tiónico
Thio•nyl *n* / tionilo *m* ǁ ≃**phenol** *n* / tiofenol *m*, fenilmercaptán *m* ǁ ≃**plast** *m* / tioplástico *m* ǁ ≃**säure** *f* / tioácido *m* ǁ ≃**schwefelsäure** *f* / ácido *m* tiosulfúrico ǁ ≃**sulfat** *n* / tiosulfato *m*
thixo•trop / tixotrópico, tixótropo *adj* ǁ ~**tropes Gel** (Chem) / tixótropo *m* ǁ ~**trope Verdickung** (Farbe) / espesamiento *m* tixotrópico ǁ ≃**tropie** *f* (Chem) / tixotropía *f* ǁ ≃**tropiermittel** *n* / agente *m* tixotrópico
Tholerit *m* (Min) / tolerita *f*
Thomas•... (Hütt) / básico, Thomas... ǁ ≃**birne** *f*, -konverter *m* / convertidor *m* básico o Thomas ǁ ≃**kalk** *m* / cal *f* básica ǁ ≃**mehl** *n*, -phosphat *n*, gemahlene Thomasschlacke (Landw) / escoria *f* básica en polvo, harina *f* Thomas, escorias *f pl* Thomas ǁ ≃**roheisen** *n* (Hütt) / arrabio *m* básico o Thomas ǁ ≃**schlacke** *f* / escoria *f* básica o Thomas ǁ **gemahlene** ≃**schlacke** s. Thomasmehl ǁ ≃**stahl** *m* / acero *m* básico o Thomas ǁ ≃**stahlwerk** *n* / acería *f* (o planta siderúrgica) básica o Thomas ǁ ≃**verfahren** *n* / procedimiento *m* Thomas
Thomson•brücke, Doppelbrücke *f* (Elektr) / puente *m* [doble] de Thomson ǁ ≃**it** *m* (Min) / tomsonita *f* (ceolita sódico-cálcica) ǁ ≃**-Joule-Effekt** *m* (Elektr) / efecto *m* Thomson ǁ ≃**streuung** *f* (Nukl) / dispersión *f* de Thomson ǁ ≃**wärme** *f* / calor *m* de Thomson
Thor *n*, Thorium *n* (Chem) / torio *m*, Th ǁ ≃**erde** *f*, Thoriumoxid *n* / toria *f*, dióxido *m* o bióxido *m* de torio, anhídrido *m* tórico
Thorianit *m* (Min) / torianita *f*
Thorid *n* (ein Element) (Nukl) / tórido *m*
thorieren *vt* (Chem, Phys) / toriar
Thorintitration *f* / titulación *f* de torina
Thorit *m* (Min) / torita *f*
Thorium *n*, Thor, Th (OZ = 90) (Chem) / torio *m*, Th ǁ ≃**brüter** *m* (Nukl) / reactor *m* autorregenerador de torio ǁ ≃**-Hochtemperatur-Reaktor** *m*, THTR *m* / reactor *m* de torio de alta temperatura, THTR *m* ǁ ~**legiert**, thoriert / toriado, con torio ǁ ≃**oxid** *n* s. Thorerde ǁ ≃**oxid- dispersionsgehärtetes Nickel**, TD-Nickel *n* (Hütt) / níquel *m* TD ǁ ≃**oxid-Erzeugnis** *n* / producto *m* refractario de torio ǁ ≃**-Plutonium-Kreislauf** *m* (Nukl) / ciclo *m* [de] torio-plutonio ǁ ≃**reihe** *f* (Nukl) / serie *f* torio ǁ ≃**silikat** *n* (Min) / torita *f* ǁ ≃**-Spaltdetektor** *m* / detector *m* de fisión de torio
Thorogummit *m* (Min) / torogumita *f*
Thoron *n*, Thoriumemanation *f*, Radonisotop 220 *n* (Nukl) / torón *m*, emanación *f* de torio
Thorouraninit *m* (Min) / torouraninita *f*
Threonin *n* (Chem) / treonina *f*
Thuja *f* (Bot) / tuya *f*
Thulium *n*, Tm (OZ = 69) (Chem) / tulio *m*, Tm *m* ǁ ≃**(III)-oxid** / óxido *m* de tulio
Thunfischfang-Gefrierschiff *n* / atunero *m* congelador
Thuringit *m* (Geol) / turingita *f*
Thury•Gewinde *n* / rosca *f* Thury ǁ ≃**regler**, Trägregler *m* (Elektr) / regulador *m* Thury
T-Hybride *f* (Wellenleiter) / te *f* o T diferencial o mágica o híbrida
Thymian *n* (Bot) / tomillo *m* ǁ ≃**öl** *n* / esencia *f* de tomillo
Thymin *n* (Chem) / timina *f*
Thymol *n*, Thymiankampfer *m* (Chem) / timol *m* ǁ ≃**blau**, -sulfophthalein *n* (Chem) / azul *m* timol, timolsulfoftaleína *f* ǁ ≃**phthalein** *n* / timolftaleína *f*
Thyratron•röhre *f*, Stromtor *n* (Eltronik) / tiratrón *m* ǁ ≃**-Zündwinkel** *m* / ángulo *m* de encendido del tiratrón
Thyristor *m* (Halbl) / tiristor *m* ǁ ≃**-Antrieb** *m* / mando *m* por tiristor, mando *m* tiristorizado ǁ ≃**diode** *f* / diodo *m* de tiristor ǁ ~**gespeist** / alimentado por tiristor ǁ ~**gesteuert** / mandado por tiristor ǁ ≃**-Triode** *f* / triodo *m* de tiristor ǁ ≃**ventil** *n*, -umrichter *m* / convertidor *m* de tiristor

Thyrit *n* (Min) / tirita *f*
Tibet *n* (eine Reißwolle) (Tex) / tibet *m* ǁ ≃**garn** *n* / hilo *m* tibet ǁ ≃**wolle** *f* / pelo *m* de cabra del Tibet
ticken (Uhr) / hacer tic-tac
Ticker *m*, Schwingungshammer *m* (Eltronik) / cebador *m* ǁ ≃**zeichen** *n*, Knackgeräusch *n* / chasquido *m*, crujido *m*, repiqueteo *m*
Tide•[erscheinung] *f*, Gezeit *f* (Ozean) / marea *f* ǁ ≃**ablauf** *m* / bajamar *f*, reflujo *m* ǁ ≃**becken** *n* / depósito *m* de marea ǁ ≃**hafen**, Fluthafen *m* / puerto *m* de marea, puerto *m* abierto sin esclusas ǁ ≃**hochwasser** *n* / marea *f* alta, pleamar *f* ǁ **höchstes** ≃**hochwasser** / marea *f* viva ǁ ≃**-Hochwasserlinie** *f* / línea *f* de [la] marea alta ǁ ≃**hub** *m*, Thb / diferencia *f* entre marea alta y baja, altura *f* de la marea ǁ ≃**marke** *f* / marca *f* de la marea
Tidenanstieg *m* / marea *f* ascendente o entrante
Tideniedrigwasser *n*, -wasserstand *m* / bajamar *f*, marea *f* baja
Tidentor *n* / puerta *f* de marea
Tide•rückgang *m* / marea *f* descendente ǁ ≃**schleuse** *f* (Hydr) / esclusa *f* de marea ǁ ≃**strom** *m*, -strömung *f* / corriente *f* de marea ǁ ≃**welle** *f* / onda *f* de marea
TI-Diagramm *n* (Phys) / diagrama *m* temperatura/calor total
tief / profundo, hondo ǁ ~ (Ton) / bajo, grave ǁ ~, hohl / hueco ǁ ~, niedrig / bajo ǁ ~**er Einzelriss** (Hütt) / grieta *f* profunda ǁ ~ **färben** (Färb) / teñir intensamente ǁ ~ **gehend** (Schiff) / con mucho o gran calado ǁ ~ **gekröpfter Doppelringschlüssel** (Wz) / llave *f* de dos bocas estrelladas de codos profundos ǁ ~ **greifendes Gutachten** / dictamen *m* profundo ǁ ~**er legen** / rebajar, bajar ǁ ~ **liegende Fuge** (Bau) / junta *f* rebajada ǁ ~ **liegende Sichtanzeige** (Luftf) / indicación *f* "head-down" ǁ ~ **liegende Wand** (feuerfest) / pared *f* sumergida ǁ ~ **liegender Pfahlrost** (Bau) / emparrillado *m* bajo de pilotes ǁ ~**e Schachtbohrung** / pozo *m* profundo ǁ ~ **stehend** (Hobeleisen) / profundo ǁ ~ **er stimmen** / bajar el tono ǁ ~**ster Teil** / fondo *m* ǁ ~**ster Wert**, niedrigster Wert / nadir *m* ǁ **10 cm** ~ **einlassen** / empotrar 10 cms ǁ **einen Meter** ~ / un metro de profundidad, de un metro de profundo ǁ **im** ~**en Wasser befindlich** / en aguas profundas ǁ **zu** ~ **liegend** (Bau) / a un nivel demasiado bajo, enterrado ǁ ≃ *n* (Meteo) / zona *f* o área de baja presión, depresión *f* atmosférica ǁ ≃ (Schiff) / agua *f* profunda
Tief•ackern *n* (Landw) / labor *f* profunda o desfonde ǁ ~**ätzen** *vt* / atacar o grabar en hueco ǁ ≃**ätzung** *f* (Druck) / ataque *m* profundo o [en] hueco, grabado *m* [en] hueco ǁ ≃**aufreißer** *m* (Straßb) / escarificadora *f* ǁ ≃**bagger** *m* (Bau) / excavadora *f* de desfonde
Tiefbau *m* (Zweig des Bauwesens) / construcción *f* de caminos, canales y puertos ǁ ≃, Schachtbetrieb *m* (Bergb) / explotación *f* subterránea ǁ ≃**arbeiten** *f pl*, Tiefbauten *m pl* / obras *f pl* públicas ǁ ≃**ingenieur** *m*, Tiefbauer *m* / ingeniero *m* de caminos, canales y puertos ǁ ≃**schacht**, Pumpenschacht *m* (Bergb) / pozo *m* de [las] bombas ǁ ≃**sohle** *f* (Bergb) / nivel *m* principal ǁ ≃**unternehmen** *n*, -firma *f* / empresa *f* de obras públicas ǁ ≃**unternehmer** *m* / contratista *m* de obras públicas
Tief•behälter *m* / depósito *m* subterráneo ǁ ≃**behälter** (Heizöl) / depósito *m* soterrado ǁ ≃**bettfelge** (Kfz) / llanta *f* de garganta (o base) profunda ǁ ≃**blasen** *n* (Hütt) / soplado *m* por abajo ǁ ≃**blau** / azul oscuro ǁ ≃**bohren** (Bergb) / perforación *f* profunda, sondeo *m* profundo ǁ ≃**bohren** (Wzm) / taladrado *m* profundo ǁ ≃**bohrgerät** *n*, -bohrwerkzeuge *n pl* (Bergb) / aparato *f* de perforación profunda, herramientas *f pl* de sondeo profundo ǁ ≃**bohrlochpumpe** *f* (Öl) / bomba *f* de pozo

Tiefbohrlochschießen

petrolífero ‖ ˜**bohrlochschießen** *n* / voladura *f* para perforación profunda ‖ ˜**bohrpumpe** *f* / bomba *f* para pozos profundos ‖ ˜**bohrzement** *m* (Öl) / cemento *m* para pozos profundos ‖ ˜**böschung** *f*, Abrageböschung *f* / talud *m* de aplanamiento ‖ ˜**brandschweißung** *f* / soldadura *f* de penetración profunda ‖ ˜**brunnen** *m* / pozo *m* profundo ‖ ˜**brunnenpumpe** *f* / bomba *f* para pozos profundos ‖ ˜**bunker** *m* / tolva *f* baja ‖ ˜**bunker** (unterirdisch) / depósito *m* soterrado o subterráneo ‖ ˜**decker** *m* (Luftf) / avión *m* de ala[as] baja[s]
Tiefdruck *m* (Rotations-, Kupfer-, Rakeltiefdruck) / impresión *f* en huecograbado, huecograbado *m*, rotograbado *m* ‖ ˜, Tief *m* (Meteo) / baja presión *f* ‖ ˜, Sturmtief *n* / borrasca *f* ‖ ˜**ätzer** *m* / huecograbador *m* ‖ ˜**bogenmaschine** *f* / máquina *f* de huecograbado en hojas ‖ ˜**farbe** *f* / tinta *f* de huecograbado ‖ ˜**form** *f* / molde *m* de huecograbado ‖ ˜**gebiet** *n* (Meteo) / área *f* de depresión, zona *f* baja presión [atmosférica], ciclón *m* ‖ ˜**gebiete** *n pl*, Minima *n pl* / mínimos *m pl* meteorológicos o barométricos ‖ ˜**papier** *n* / papel *m* para huecograbado o rotograbado o heliograbado ‖ ˜**raster** *m* / trama *f* de huecograbado ‖ ˜**rotationsmaschine** *f* / rotativa *f* para huecograbado ‖ ˜**verfahren** *n*, Kupfertiefdruck *m* (Druck) / huecograbado *m* ‖ ˜**verfahren** (tiefenvariabel) / huecograbado *m* convencional ‖ ˜**verfahren** (flächenvariabel) / huecograbado *m* autotípico ‖ ˜**zylinder** *m* / cilindro *m* grabado en hueco
Tiefe *f* / profundidad *f* ‖ ˜, Sattheit *f* (Farben) / intensidad *f* ‖ ˜, Tiefenausdehnung *f* / profundidad *f* (p.ej. de un bosque), extensión *f* ‖ ˜ (Ton) / gravedad *f* ‖ ˜**n** *f pl*, tiefe Tonlagen / bajos *m pl*, sonidos *m pl* graves, graves *m pl* ‖ ˜ *f* **des Aushubs** (Bau) / profundidad *f* de la zanja ‖ ˜ **des bestellten Bodens** (Landw) / profundidad *f* de la tierra cultivada ‖ ˜ *f* **eines Geräts** (TV) / profundidad *f* del televisor
Tief•ebene *f*, -land *n* (Geo) / tierra [s] *f[pl]* baja[s] (E), llanura *f*, pampa *f* (ARG), llano *m* (VEN) ‖ ˜**einbrand** *m* (Schw) / penetración *f* profunda ‖ ˜**einbrandschweißung** *f* / soldadura *f* de penetración profunda, soldeo *m* de gran penetración
tiefen *vt*, treiben / repujar, abollar, abollonar ‖ ˜ *n*, Streckformen *n* (Stanz) / estiramiento *m* (o conformado) sobre molde positivo ‖ ˜, Tiefziehen *n* (Stanz) / embutición *f* profunda
Tiefen•..., Tiefsee... / abisal ‖ ˜**...**, in die Tiefe gehend (z.B. Studie) / penetrante, profundo ‖ ˜**abschwächung** *f* (Akust) / atenuación *f* de graves ‖ ˜**absorber** *m* (Eltronik) / absorbedor *m* de graves ‖ ˜**abstimmung** *f* (Audio) / regulación *f* de graves ‖ ˜**anhebung**, -regelung *f* / acentuación *f* de graves, refuerzo *m* de tonos bajos, refuerzo *m* de las bajas frecuencias ‖ ˜**anschlag** *m* (Wzm) / tope *m* de profundidad ‖ ˜**anzeiger** *m* (Bergb) / indicador *m* de profundidad ‖ ˜**ausdehnung** *f* / extensión *f* en profundidad
Tief-Endlagerung *f* (Nukl) / almacenamiento *m* definitivo [de residuos radiactivos] a gran profundidad
Tiefen•dosis *f* (eine Ionendosis), TD / dosis *f* [de penetración] profunda ‖ **relative** ˜**dosis** / porcentaje *m* de la dosis profunda, rendimiento *m* en profundidad ‖ ˜**düngung** *f* (Landw) / abonado *m* en desfonde ‖ ˜**einstellung** *f* (Wzm) / ajuste *m* en profundidad ‖ ˜**einstellung einer Zugvorrichtung** (Landw) / ajuste *m* de altura de enganche ‖ ˜**filter** *m n* (Chem, Kfz) / filtro *m* de lecho profundo ‖ ˜**geothermie** *f* / geotermia *f* de profundidad ‖ ˜**gestein** *n*, plutonisches Gestein (Geol) / roca *f* plutónica ‖ ˜**gesteine** *n pl* / rocas *f pl* de profundidad ‖ ˜**gravierung**, -schrift *f* (Audio) / grabación *f* en profundidad, registro *m* vertical ‖ ˜**information** *f* (Laser) / información *f* referente a la rugosidad ‖

˜**lautsprecher** *m* / altavoz *m* (E) o altoparlante (LA) de bajos o para graves ‖ ˜**lehre** *f*, -maß *n* (Instr) / calibre *m* de profundidad ‖ ˜**linie** *f* (Kartographie) / curva *f* de nivel submarina o del fondo del mar, línea *f* isobática ‖ ˜**lockerer** *m*, Untergrundlockerer *m* (Landw) / subsolador *m*, arado *m* de subsuelo ‖ ˜**lot** *n*, -lotapparat *m* (Schiff) / sonda *f* de alta mar ‖ ˜**lupe** *f* (Ultraschall) / barrido *m* ensanchado ‖ ˜**maß** *n s*. Tiefenlehre ‖ ˜**maßstab**, Verjüngungsmaßstab *m* / escala *f* de reducción ‖ ˜**messer** *m* (für Wassertiefen) / batímetro *m* ‖ ˜**messer**, Teufenanzeiger *m* (Bergb) / indicador *m* de profundidad ‖ ˜**messung** *f* (Wasser) / batimetría *f* ‖ ˜**mikrometer** *n*, -messschraube *f* (DIN) / micrómetro *m* de profundidad ‖ ˜**parallaxe** *f* (Opt) / paralaje *m* de profundidad ‖ ˜**pumpe** *f* (Öl) / bomba *f* de pozo profundo ‖ ˜**regelung** *f s*. Tiefenanhebung ‖ ˜**ruder** *n* (U-Boot) / timón *m* de profundidad ‖ ˜**schärfe**, Bildschärfe *f* (Foto, Opt) / definición *f*, nitidez *f* en profundidad ‖ ˜**schärfe** *f*, Schärfentiefe *f* (Foto) / profundidad *f* de foco o de campo ‖ ˜**schieblehre** *f* (Mess) / pie *m* de rey de profundidad ‖ ˜**schleifen** *n*, Einstechschleifen *n* (Wzm) / rectificación *f* con muelas profundizantes ‖ ˜**schraublehre** *f* (Mess) / micrómetro *m* de profundidad ‖ ˜**schrift** *f s*. Tiefengravierung ‖ ˜**schurf** *m* (Hydr) / erosión *f* profunda ‖ ˜**sickerungsanlage** *f* (Straßb) / drenaje *m* del subsuelo ‖ ˜**sperrfilter** *n*, -sperre *f* (Eltronik) / filtro *m* de bloqueo (o de rechazo) de bajos
Tiefentladung *f* (Akku) / descarga *f* total
Tiefen•verdichtung *f* (Bau) / compactación *f* en profundidad ‖ ˜**vergrößerung** *f*, Längsvergrößerung *f* (TV) / aumento *m* axial o longitudinal ‖ ~**verkehrt**, pseudoskopisch (Opt) / pseudoscópico, seudoscópico ‖ ~**verschleiß** *m* (Anstrich) / desgaste *m* subsuperficial ‖ ~**verstellbar** (Lenkrad) / regulable en profundidad ‖ ˜**verteilung** *f* (allg) / distribución *f* en profundidad ‖ ˜**vorschub** *m* (Wzm) / avance *m* en profundidad ‖ ˜**winkel** *m* (Verm) / ángulo *m* de depresión ‖ ˜**wirkung** *f* / acción *f* profunda, efecto *m* de penetración, efecto *m* en profundidad ‖ ˜**wirkung**, -streuung *f* (Galv) / poder *m* cubriente o de penetración
tiefer, niedriger / más bajo, inferior ‖ ~**bohren** *vt* / profundizar el taladrado ‖ ~**bohren** (Bergb) / aumentar la profundidad del pozo ‖ ~**legen** (Tunnelsohle) / rebajar el suelo de túnel ‖ ~**legen** (Straßb) / abajar ‖ ~**legen** *n* (Chassis) (Kfz) / bajada *f* ‖ ~**liegend** / a un nivel más bajo ‖ ~**siedend** (de punto de ebullición más bajo) ‖ ~**stehend** (Index) / inferior
Tief•fach *n* (Tex) / calada *f* de descenso o de bajo ‖ ˜**fachmaschine** *f* / máquina *f* de descenso o de bajo ‖ ˜**flöz** *n* (Bergb) / filón *m* profundo ‖ ˜**flug** *m* / vuelo *m* rasante o a baja altura o a baja cota (E), vuelo *m* bajo (LA) ‖ ˜**flug-Marschphase** *f* (Flugkörper) / crucero *m* a bajo nivel ‖ ˜**flugrakete** *f* / misil *m* en vuelo rasante ‖ ˜**fußnadel** *f* (Tex) / aguja *f* de talón bajo ‖ ˜**gang** *f* (Schiff) / calado *m*, cala *f* ‖ ˜**gang beladen** (Schiff) / calado *m* cargado ‖ ˜**gang über Oberkante Kiel** / calado *m* proyectado ‖ **einen** ˜**gang von ... Meter haben** / tener...metro[s] de calado, calar...metros ‖ ˜**gangsmarke** *f* (Schiff) / marca *f* de calado ‖ ˜**gangsunterschied** *m* (Schiff) / calazón *m* ‖ ˜**garage** *f* / garaje *m* o aparcamiento subterráneo ‖ ~**geätzt** (Druck) / corroído ‖ ~**gebaut** (Schiff) / profundo, con bodega profunda ‖ ~**gefrier...**, Tieffrier... / congelador *adj*, ultracongelado ‖ ~**gefrier...** s. auch Tiefkühl... ‖ ˜**gefrieranlage** *f* / instalación *f* de [ultra]congelación ‖ ~**[ge]frieren** *vt* / ultracongelar ‖ ˜**gefrieren** *n* / ultracongelación *f*, sobrecongelación *f* ‖ ˜**gefrierkonserve** *f* / conserva *f* congelada ‖ ˜**gefrierkost** *f* / alimentos *m pl* ultracongelados ‖ ˜**gefrierschrank** *m*, Tiefkühlschrank *m* / congelador *m*, armario *m* congelador ‖ ˜**[ge]friertechnik** *f* (für

Lebensmittel) / técnica *f* de ultracongelación ‖ ~**gefrierverfahren**, Gefrierverfahren *n* (Bergb) / perforación *f* por congelación ‖ ~**gefroren** / congelado, sobrecongelado ‖ ~**gekröpft** / acodado profundo ‖ ~**gekröpfter Ring-Maulschlüssel** *m* (Wz) / llave *f* combinada con codos profundos ‖ ~**gesetzt** (Zahl - z.B. 0_2 - o. Buchstabe) / inferior, bajo ‖ ~**gesetzt** s. auch tiefstehend ‖ ~**gezogen** (Stanz) / embutido ‖ ~**gezogene Teile** *n pl* (Plast) / piezas *f pl* embutidas ‖ ~**grubbern** *n* (Landw) / trabajo *m* profundo con cultivador ‖ ~**gründung** *f* (Bau) / cimentación *f* profunda ‖ ~**kalt** / ultracongelado ‖ ~**kippe** *f* (Bau) / vaciadero *m* en fosa
Tiefkühl • ... / refrigerativo, refrigerante, refrigerador, frigorífico a baja temperatura ‖ ~... s. auch Tiefgefrier... ‖ ~**anhänger** *m* (Kfz) / remolque *m* refrigerante ‖ ~**anlage** *f* / planta *f* refrigeradora a baja temperatura, instalación *f* frigorífica a baja temperatura, heladera *f* ‖ ~**aufbau** *m* (Kfz) / carrocería *f* frigorífica ‖ ~**box** *f* / congelador *m*
tiefkühlen *vt*, stark kühlen / refrigerar a baja temperatura, enfriar subcero, ultra congelar ‖ ~ (Hütt) / enfriar subcero ‖ ~ *n* / enfriamiento *m* subcero
Tiefkühl • **fach** *n* / compartimiento *m* de congelación, congelador *m* ‖ ~**kost** *f* / alimentos *m pl* congelados ‖ ~**packung** *f* (Nahr) / estuche *m* (de un producto congelado) ‖ ~**raum** *m* / cámara *f* o bodega de temperaturas muy bajas ‖ ~**schrank** *m* / frigorífico *m* congelador, congelador *m* vertical ‖ ~**technik** *f* / técnica *f* de [ultra] congelación ‖ ~**truhe** *f* / arca *f* congeladora, mostrador *m* frigorífico, ultracongelador *m*
Tiefkühlung *f* (allg) / refrigeración *f* a baja temperatura ‖ ~ (Lebensmittel) / congelación *f* ‖ ~ **auf 180 K** / ultracongelación *f* hasta 180 K
Tief • **kühlwasser** *n* / agua *f* refrigerada a temperatura muy baja ‖ ~**kulturpflug** *m* (Landw) / arado *m* de desfonde, desfondadora *f* ‖ ~**lade-Anhänger**, Tieflader *m* (Kfz) / remolque *m* de plataforma baja ‖ ~**ladefahrzeug** *n* (Kfz) / vehículo *m* de plataforma baja ‖ ~**ladelinie**, Ladewasserlinie, Lademarke *f* (Schiff) / línea *f* de carga máxima, línea *f* de flotación bajo carga ‖ ~**lader**, -ladewagen *m* (Kfz) / camión *m* de plataforma baja ‖ ~**lader für Bagger** / semirremolque *m* portaexcavadora ‖ ~**ladewagen** *m* (Bahn) / vagón *m* de plataforma rebajada (E), vagón *m* pozo (LA), carro *m* de centro deprimido (MEJ) ‖ ~**lage** *f* **eines Kurvenastes** / zona *f* inferior de una curva ‖ ~**land** *n* (Geo) s. Tiefebene ‖ ~**lauf**, Schlingenkanal *m* (Walzw) / canal *m* de bajada ‖ ~**liegend** / bajo, de bajo nivel ‖ ~**lochbohrer** *m* (Wz) / barrena *f* o broca para agujeros profundos ‖ ~**lochbohrmaschine** *f* / taladradora *f* para agujeros profundos ‖ ~**lockerungsentwässerung** *f* (Landw) / drenaje *m* por subsolado ‖ ~**löffel** *m* (Bau) / cuchara *f* [de arranque] hacia abajo ‖ ~**löffelbagger** *m* / excavadora *f* de cuchara hacia abajo ‖ ~**[löffel]bagger** *m* **für Gräben** / excavadora *f* zanjadora ‖ ~**lot** *n* (Stab) (Schiff) / calón *m* ‖ ~**matt** / mate intenso ‖ ~**ofen** (Hütt) / horno *m* de foso, horno *m* de cuba baja, horno *m* pit ‖ ~**ofen**, Ausgleichgrube *f* / horno *m* de foso de homogenización ‖ **[geheizter]** ~**ofen** / horno *m* de foso calentado ‖ **ungeheizter** ~**ofen** / horno *m* pit sin calentamiento ‖ ~**ofenkran** *m* / grúa *f* para el horno de foso ‖ ~**ofenzelle** *f* (Hütt) / célula *f* de horno de foso ‖ ~**pass** *n*, -passfilter *m n* (Eltronik) / filtro *m* pasabajos o de paso bajo ‖ ~**pass...** / pasabajos ‖ ~**pegel** *m* (Eltronik) / nivel *m* bajo ‖ ~**pflug** (Landw) / arado *m* de subsuelo, desfondadora *f* ‖ ~**pflügen** *n* / labor *f* profunda o de desfonde ‖ ~**pumpbohrloch** *n* (Öl) / pozo *m* a bomba ‖ ~**punkt** *m* (Kurve) / bajo *f* de una curva ‖ ~**raum** *m* (Raumf) / espacio *m* interestelar ‖ ~**raumfahrzeug** *n* (Raumf) / vehículo *m* interestelar ‖ ~**reißer** *m* (Straßb) / escarificadora *f* profunda, desgarrador *m* profundo ‖ ~**rot**, hochrot / rojo subido ‖ ~**schacht** *m* (Bergb) / pozo *m* profundo ‖ ~**schäftig** (Web) / de lizo de baja ‖ ~**schaftstuhl** *m* (Web) / telar *m* de lizo de baja ‖ ~**schleifen** *n*, Vollschritt-, Schleifgang-, Kriechgangschleifen *n* (Wzm) / rectificación *f* profunda ‖ ~**schnitt** *m* (Tagebau) / corte *m* bajo nivel ‖ ~**schnitt** (Landw) / corte *m* danés o raso ‖ ~**schnittbalken** *m* (Landw) / barra *f* de corte danés o raso ‖ ~**schwarz** (RAL 9005) / negro intenso ‖ ~**schwarz**, -matt / mate intenso ‖ ~**schweißung** *f* / soldadura *f* [de penetración] profunda
Tiefsee *f* (Ozean) / mar *m* profundo, aguas *f pl* abisales ‖ ~..., Tiefen... / abisal, abismal, abísico ‖ **in der** ~**lebend** / batófilo ‖ ~**ablagerung** *f* / depósito *m* en aguas abisales ‖ ~**bagger** *m* / draga *f* oceánica o de gran fondo ‖ ~**bergbau** *m* / minería *f* en aguas abisales ‖ ~**forschung** *f* / investigación *f* abisal u oceanográfica, batigrafía *f* ‖ ~**graben** *m* (Geol) / fosa *f* submarina ‖ ~**kabel** *n* / cable *m* submarino [de fondo o de profundidad], cable *m* de alta mar ‖ ~**lot** *n* / sonda *f* de alta mar, sondaleza *f* de mar para grandes profundidades, batómetro *m*, batímetro *m* ‖ ~**tafel** *f* / fondo *m* oceánico, plataforma *f* submarina inferior ‖ ~**tauchboot** *n* / batíscafo *m* ‖ ~**wasser** *n* / aguas *f pl* profundas de la mar
tief • **senken** (Wzm) / avellanar profundo ‖ ~**siedend** / de bajo punto de ebullición ‖ ~**silberglanz** *m* (Min) / acantita *f* ‖ ~**spülklosett** *n* / inodoro *m* de taza profunda ‖ ~**stand** *m* / nivel *m* más bajo, depresión *f* ‖ ~**stehend** (Druck) / inferior ‖ ~**stehende Zahlen** *f pl* (Druck) / inferiores *m pl*, letras *f pl* bajas, subletras *f pl*, subnúmeros *m pl* ‖ ~**stellungskennzeichen** *n* (DV) / flecha *f* bacia abajo
Tiefstes *n* (Bergb) / fondo *m* de la mina
Tiefstpunkt *m*, Minimum *n* (Math) / punto *m* de mínima
Tiefstrahler *m* (Licht) / proyector *m* para alumbrado de lo alto, lámpara *f* de difusión vertical
Tiefst • **temperatur** *f* / temperatura *f* criogénica o ultrabaja ‖ ~**temperatur...**, Kryo... / crio..., criogénica ‖ ~**temperaturfett** *n* / grasa *f* para muy bajas temperaturas ‖ ~**temperaturtechnik** *f*, -temperaturerzeugung *f*, Kryogenie *f* / técnica *f* de temperaturas muy bajas, criotécni[c]a *f*, criogenia *f* ‖ ~**wert** *m*, Kleinstwert *m* / valor *m* mínimo
Tief • **tauchgerät** *n* [**der 2. Generation**] / equipo *m* [perfeccionado] de buzos ‖ ~**tauchrettungsfahrzeug** *n* / vehículo-escafandro *m* submarino de salvamento
Tieftemperatur • ..., Kälte... / de bajas temperaturas ‖ ~**beständigkeit**, Kältebeständigkeit *f* / resistencia *f* al frío ‖ ~**brechen** *n*, -zerkleinern *n* / trituración *f* criogénica ‖ ~**fest** / resistente a las temperaturas bajas ‖ ~**fett** *n* / grasa *f* para temperaturas bajas ‖ ~**gas** *n* / gas *m* criogénico ‖ ~**-Isolierung** *f* / aislamiento *m* para temperaturas bajas ‖ ~**kautschuk** *m*, Cold Rubber *m* / caucho *m* de baja temperatura, cold rubber *m* ‖ ~**ofen** *m* / horno *m* para la carbonización (o destilación) lenta o a baja temperatura ‖ ~**physik** *f* / criofísica *f* ‖ ~**stahl** *m* / acero *m* resistente a bajas temperaturas ‖ ~**technik** *f* / criogenia *f*, técnica *f* criogénica, técnica *f* de las bajas temperaturas ‖ ~**teer** *m* / brea *f* de destilación lenta, alquitrán *m* de destilación lenta ‖ ~**verkokung** *f* / carbonización *f* o destilación *f* lenta o a baja temperatura, coquización *f* a baja temperatura ‖ ~**-Windkanal** *m* (USA) / túnel *m* para pruebas aerodinámicas a bajas temperaturas ‖ ~**zerkleinerung** *f*, kryogene Zerkleinerung / trituración *f* criogénica ‖ ~**zerlegung** *f* / separación *f* criogénica
Tiefton • ... (Funk, TV) / de bajas frecuencias ‖ ~**lautsprecher** *m* / altavoz *m* para bajas frecuencias ‖

≃**regler** *m* (Eltronik) / control *m* de graves o de los bajos
Tiefung *f*, Tiefen *n* / empujado *m*, embutido *m*, embutición *f*
Tiefungs•versuch (DIN), Napfziehversuch *m* / ensayo *m* de embutición ‖ ≃**wert** *m* / índice *m* de embutición
Tief•wasser, Grundwasser *n* (Bergb) / agua *f* subterránea ‖ ≃**wasserhafen** *m* / puerto *m* de agua profunda ‖ ≃**zahl** *f* (Math) / subíndice *m* ‖ ≃**zementieren** *n* (Hütt) / cementación *f* profunda
Tiefzieh•arbeit *f* (Hütt) / trabajo *m* de embutición profunda ‖ ≃**band** *n* / banda *f* para embutición profunda
Tiefziehbarkeit *f*, -ziehfähigkeit *f* (Hütt) / aptitud *f* para embutición profunda, embutibilidad *f* ‖ ≃ (nach Erichsen) / índice *m* de embutición Erichsen
Tiefziehblech, Karosserieblech *n* (Hütt) / chapa *f* para embutición profunda
tiefziehen *vt* / embutir a profundidad ‖ ~, napfziehen (Stanz) / embutir a la copa ‖ ~ (Plast) / conformar por embutición profunda ‖ ≃ *n*, -zug *m* / embutición *f* profunda ‖ ≃, Napfziehen *n* / embutición *f* a la copa ‖ ≃ **im Anschlag** (Stanz) / embutición *f* primaria ‖ ≃ **im Weiterschlag** (Stanz) / reembutición *f* ‖ ≃ **u. Abstreckziehen**, D+I-Verfahren *n* / embutición *f* y estiraje, procedimiento *m* D+I ‖ ≃ **u. Weiterziehen**, D+R-Verfahren / embutición *f* y reembutición, procedimiento *m* D+R
Tiefzieh•fähigkeit *f*, -ziehbarkeit f. / aptitud *f* para embutición profunda, embutibilidad *f* ‖ ≃**folie** *f* (Plast) / hoja *f* o lámina para embutición profunda ‖ ≃**güte** *f*, -ziehqualität *f* (Stahl) / calidad *f* para embutición profunda ‖ ≃**presse** *f* / prensa *f* para embutir ‖ ≃**probe** *f* / probeta *f* o muestra de embutición profunda ‖ ≃**stahl** *m* / acero *m* para embutición profunda ‖ ≃**versuch** *m* / ensayo *m* de embutición profunda ‖ ≃**werkzeug** *n* / matriz *f* para embutir a profundidad, matriz *f* para embutición profunda
Tiegel *m*, Pfanne *f*, pfannenartige Vertiefung / cazoleta *f* ‖ ≃, Topf *m* (allg) / cacerola *f*, tarro *m* ‖ ≃, Konverter *m* (Hütt) / convertidor *m* ‖ ≃, Schmelztiegel *m* (Chem, Hütt) / crisol *m* ‖ ≃, Platte *f* (Druck) / platina *f* ‖ geschlossener ≃ (Flammpunkttest) / vaso *m* cerrado ‖ ≃**druck** *m* (Druck) / impresión *f* de platina ‖ ≃**druckautomat** *m* / máquina *f* (o prensa) automática de platina ‖ ≃**drucker/in** *m/f* / minervista *m f* ‖ ≃**[druck]presse** *f* (Druck) / máquina *f* de platina, máquina *f* de presión plana ‖ **kleine** ≃**[druck]presse für Akzidenzdruck** (Druck) / minerva *f* ‖ ≃**-Elektronenstrahlschmelzen** *n* / fusión *f* por rayos electrónicos en crisol ‖ ≃**form** *f* / molde *m* de crisol ‖ ~**freies Schmelzen** (Krist) / fusión *f* de zona flotante ‖ ≃**gussstahl** *m* (Hütt) / acero *m* fundido al crisol ‖ ~**loses Gießen** / fusión *f* sin envase ‖ ≃**ofen** *m* / horno *m* de crisol ‖ ≃**ring** *m* (Chem) / anillo *m* de crisol ‖ ≃**schleuder** *f* / centrifugadora *f* de crisol[es] ‖ ≃**schlichte** *f* (Gieß) / plombagina *f* para crisol ‖ ≃**schmelzverfahren** *n* / fusión *f* en crisol ‖ ≃**stahl** *m* (eigentlicher Gussstahl) / acero *m* al crisol ‖ ≃**stahldraht** *m* / alambre *m* de acero al crisol ‖ ≃**zange**, Bauchzange *f* (Hütt) / tenazas *f pl* para el crisol ‖ ≃**zange** *f* (Chem) / pinzas *f pl* de crisol
Tiemannit *m*, Selenquecksilber *n* (Min) / tiemanita *f*
Tier•..., Zoo... / zoo... ‖ ≃**ärztlich** / veterinario ‖ ≃**gift** *n* / veneno *m* animal, ponzoña *f* ‖ ≃**haar** *n* / crin *f* animal
tierisch, animalisch / animal ‖ ~**e Elektrizität** / electricidad *f* animal ‖ ~**es Fett** / grasa *f* animal ‖ ~**er Magnetismus** / zoomagnetismo *m* ‖ ~**e Stärke**, Glykogen *n* / almidón *m* animal, glucógeno *m*
Tier•kohle *f* (Chem) / carbón *m* animal ‖ ≃**körperbeseitigungsanlage** *f* / planta *f* eliminadora de cadáveres (de animales) ‖ ≃**[körper]mehl** *n* (Landw) / harina *f* animal ‖ ≃**kraft** *f*, tierische Kraft /

poder *m* animal ‖ ≃**leim** *m* / cola *f* animal ‖ ≃**reich** / reino *m* animal
Tiglinsäure *f* (Chem) / ácido *m* tíglico
TIG-Schweißen *n*, Wolfram-Inertgas-Schweißen *n* / soldadura *f* por arco en atmósfera gaseosa con electrodo de wolframio
Tikurmehl *n* (Bot) / arrurruz *m*, arrow-root *m*
Tilde *f* (Druck) / tilde *m f* ‖ ≃ (als Satzzeichen) / signo *m* de repetición
Tillandsiafaser *f* (Bot, Tex) / tillandsia *f*, crin *m* vegetal, musgo *m* americano, barba *f* larga o de viejo o de palo (VEN), igan (ARG)
Tilt•container *m* / tiltainer *m*, contenedor *m* inclinable ‖ ≃**dozer** *m* (Bau) / tiltdozer *m* ‖ ≃**-top Container** *m* / contenedor *m* abierto o tilt-top ‖ ≃**winkel** *m* / ángulo *m* de inclinación
Time-out *n*, Zeitsperre *f* (DV) / tiempo *m* de cierre
Timer *m* / temporizador *m*, cronómetro *m*, contador *m* de tiempo ‖ ≃, Schaltuhr *f* / reloj *m* conmutador
Time-Sharing *n*, Teilnehmerverkehr *m* (DV) / repartición *f* de tiempo, compartimiento *m* de (o en el) tiempo, tiempo *m* compartido ‖ ≃**-System** *n* / TSS = sistema de tiempo compartido ‖ ≃**-Terminal** *n* (DV) / terminal *m* de repartición de tiempo
Timing *n* (DV) / sincronización *f* ‖ ≃**-Steuereinheit** *f*, TCU / unidad *f* de control de tiempo, unidad *f* de regulación en [el] tiempo
Timkentester *m* (Fett) / comprobador *m* Timken
Tineiden *pl*, Motten *f pl* (Zool) / polillas *f pl*
tingieren *vt* (Färb) / teñir
Tinkal *m*, natürlicher Borax (Min) / tincal *m*, borato *m* sódico natural
Tinktur *f*, alkoholischer Auszug (Pharm) / tintura *f*
Tinosolfarbstoffe *m pl* / colorantes *m pl* tinosol
Tinte *f* / tinta *f*
Tinten•schreiber *m*, -strahldrucker *m* / impresora *f* de [chorro de] tinta ‖ ≃**stift** *m* / lápiz *m* de tinta o de copiar ‖ ≃**strahl** *m* / chorro *m* de tinta ‖ ≃**strahldrucker** *m* (DV) / impresora *f* de inyección (de tinta) ‖ ≃**strahlplotter** *m* (DV) / trazzador *m* de curvas a chorro de tinta
Tintometer *n*, Farbvergleichsmesser *m* / comparador *m* de matices
tippen, leicht klopfen / tocar [ligeramente] ‖ ~, Maschine schreiben / escribir a máquina, mecanografiar ‖ ~ *vt* (DV) / teclear, tipear (LA) ‖ **auf die Hörgabel** ~ (Fernm) / pulsar el soporte
Tippingtank *m* (Schiff) / depósito *m* basculante o volcador
Tippkontakt *m* (Elektr) / contacto *m* de impulso
Tipp-Shift-Funktion *f* (Wählhebel) / función *f* de pulsador
Tipp•steuerung *f* (Wzm) / mando *m* por pulsador [en régimen discontinuo] ‖ ≃**taste** *f* / tecla *f* de pulsación, pulsador *m*
Tip-Relais *n* (tiny and protected) (Fernm) / relé *m* tip
Tiptank, Flügelspitzentank *m* (Luftf) / depósito *m* en el extremo del ala
TIR (Kfz) = Transports Internationaux Routiers
TIROS = television and infrared observation satellite / tiros *m*, TIROS *m*
Tisch *m* / mesa *f*, platina *f* ‖ ≃ (Wzm) / mesa *f*, tablero *m* ‖ ≃, Nähplatte *f* (Nähm) / plataforma *f* ‖ **fest am Maschinenkörper angebrachter** ≃ (Druck) / platina *f* de una prensa, padrón *m* (CHILE) ‖ ≃**anschlag** *m* (Wzm) / tope *m* de mesa ‖ ≃**apparat** *m*, -telefon *n* (Fernm) / teléfono *m* de [sobre]mesa ‖ ≃**auszug** *m* / corredera *f*, tarima *f* ‖ ≃**bandsäge** *f* / sierra *f* de cinta a tablero ‖ ≃**bauart** *f*, Tisch... / de banco, de mesa, de sobremesa ‖ ≃**besteck** *n* / cubierto *m* ‖ ≃**bestecke** *n pl*, Tafelbestecke *n pl* / cubertería *f* ‖ ≃**bett** *n* (Fräsm) / bancada *f* de mesa ‖ ≃**bewegung** *f* (Wzm) / movimiento *m* de la mesa ‖ ≃**blatt** *n* s. Tischplatte ‖ ≃**bohrmaschine** *f* / taladradora *f* de sobremesa ‖ ≃**-Bohr- und**

Fräswerk *n* / mandrinadora-fresadora *f* horizontal, fresadora-mandrinadora *f* de montante fijo, fresadora *f* punteadora horizontal ‖ ˜**drehbank** *f*, -**drehmaschine** *f* / torno *m* de sobremesa ‖ ˜**empfänger** *m*, -**gerät** *n* (Funk, TV) / televisor *m* (o receptor) de mesa ‖ ˜**fernsprecher** *m* / aparato *m* de mesa, teléfono *m* de escritorio o de sobremesa ‖ ˜**fläche** *f* (Wzm) / área *f* de mesa ‖ ˜**fräsmaschine** *f*, -**fräse** *f* (Holz) / fresadora *f* de mesa, tupí *m* ‖ ˜**gerät** *n* (Radio, TV) / aparato *m* de [sobre]mesa ‖ ˜**gestell** *n* / armazón *m* de sustentación [para mesa] ‖ ˜**gießmaschine** *f* (Gieß) / máquina *f* de fundición con mesa giratoria ‖ ˜**gleitbahn, -führung** *f* / vía *f* de deslizamiento de la mesa ‖ ˜**hobelmaschine** *f* (Tischl) / cepilladora *f* de mesa ‖ ˜**hub** *m* (Wzm) / carrera *f* de la mesa ‖ ˜**kante** *f* / borde *m* o canto de la mesa ‖ ˜**klappe** *f* / tablero *m* plegable de la mesa ‖ ˜**kocheinrichtung** *f*, -kochgerät *n* / cocedor *m* de sobremesa ‖ ˜**kreissäge** *f* / sierra *f* circular de mesa ‖ ˜**lampe, -leuchte** *f* / lámpara *f* de [sobre]mesa

Tischler *m*, (süddeutsch:) Schreiner *m* / carpintero *m* [de blanco] ‖ ˜, Kunsttischler *m* / ebanista *m* ‖ ˜**arbeit** *f*, Schreinerarbeit *f* / obra *f* de carpintería o de ebanistería ‖ ˜**bandsäge** *f* / sierra *f* de cinta para carpinteros

Tischlerei *f*, Tischlerwerkstatt *f* / taller *m* de carpintero o de ebanista ‖ ˜, Tischlerhandwerk *n* / carpintería *f*, ebanistería *f*

Tischler•hammer *m* / martillo *m* sacaclavos o de carpintero o de uña ‖ ˜**leim** *m* / cola *f* fuerte ‖ ˜**platte** *f* / tablero *m* de madera estratificada ‖ ˜**winkel** *m* / escuadra *f* de carpintero

Tisch•leuchte *f* / lámpara *f* de [sobre]mesa ‖ ˜**lupe** *f* (Opt) / lupa *f* de mesa ‖ ˜**mikrophon** *n* / micrófono *m* de [sobre]mesa o de escritorio ‖ ˜**modell** *n* / modelo *m* de sobremesa ‖ ˜**ofen** *m* / infiernillo *m* de mesa ‖ ˜**öffnung** *f* (Wzm) / agujero *m* de mesa ‖ ˜**platte** *f*, -blatt *n* / tablero *m* de la mesa, tabla *f* de la mesa ‖ ˜**plotter** *m*, Flachbettplotter *m* (DV) / trazador *m* plano de curvas, trazadora *f* horizontal de gráficos ‖ ˜**pult** *n* (Eltronik) / pupitre *m* inclinado ‖ ˜**rechner** *m* / calculadora *f* de escritorio, ordenador *m* de sobremesa ‖ ˜**rücklauf** *m* (Wzm) / retroceso *m* de la mesa ‖ ˜**schlitten** *m* (Wzm) / carro *m* de mesa ‖ ˜**schraubstock** *m* / tornillo *m* de sobremesa, tornillo *m* de banco ‖ ˜**-Schwenkplatte** *f* / mesa *f* giratoria ‖ ˜**selbstgang** *m* (Wzm) / avance *m* automático de la mesa ‖ ˜**stativ** *n* / trípode *m* o pie de [sobre]mesa ‖ ˜**steuerung** *f* (Wzm) / mando *m* de la mesa ‖ ˜**telefon** *n* / teléfono *m* de [sobre]mesa o de escritorio ‖ ˜**umkehranschlag** *m* (Wzm) / tope *m* de retorno de mesa ‖ ˜**ventilator** *m* / ventilador *m* de sobremesa ‖ ˜**waage** *f* / balanza *f* de mesa ‖ ˜**wagen** *m* (Flurförderer) / carro *m* transportador sobre mesa

Tissue *n* (Pap) / papel *m* muy fino y transparente, papel *m* tisú

Titan *n*, Ti (Chem) / titanio *m*, Ti ‖ ˜**(III)-...** / titanoso ‖ ˜**(IV)-...** / titánico ‖ **mit** ˜ / titanado ‖ ˜**at** *n* / titanato *m* ‖ ˜**carbonitrid** *n* / carbonitruro *m* de titanio ‖ ˜**chlorid** *n* / cloruro *m* de titanio ‖ ˜**(IV)-chlorid** *n*, Titantetrachlorid *n* / tetracloruro *m* de titanio, titanio(IV)-cloruro *m* ‖ ˜**deuterid** *n* / deuteruro *m* de titanio ‖ ˜**dioxid**, -(IV)-oxid *n*, Titanweiß *n* / dióxido *m* de titanio, titanio(IV)-óxido *m*, blanco *m* de titanio ‖ ˜**eisen[erz]** *n*, Ilmenit *m* (Min) / espato *m* ferrotitánico, ilmenita *f* ‖ ˜**haltig**, -führend / titanífero ‖ ˜**hornblende** *f* (Min) / enigmatita *f*

titanisieren, Metall mit Titan überziehen / titanizar

Titan•it *m*, Sphen *m* (Min) / titanita *f*, esfeno *m* ‖ ˜**it** *n* (Hartmetall) (Wzm) / titanita *f* ‖ ˜**karbid** *n* / carburo *m* de titanio ‖ ˜**ometrie** *f* (Chem) / titanometría *f* ‖ ˜**(III)-oxid** *n*, Titantrioxid *n* / trióxido *m* de titanio, titanio(III)-óxido *m* ‖ ˜**sand** *n* / arena *f* titanífera ‖ ˜**säure** *f* / ácido *m* titánico ‖ ˜**säure-Elektrode** *f* (Hütt) / electrodo *m* con revestimiento de rutilo ‖ ˜**schwamm** *m* / esponja *f* de titanio ‖ ˜**trinitrid** *n* / trinitruro *m* de titanio ‖ ˜**tritid** *n* / tritiuro *m* de titanio ‖ ˜**weiß** *n* / blanco *m* de titanio ‖ ˜**-Zirkonium- Molybdän-Legierung**, TZM-Legierung *f* / aleacióon *f* TZM

Titel *m* (allg) / título *m* ‖ ˜, Überschrift *f* (Druck) / titular *m* ‖ ˜**...** / titular *adj* ‖ ˜**angaben** *f pl* (Druck) / bibliografía *f*, datos *m pl* bibliográficos ‖ ˜**band** *n* (Film) / cinta *f* de título ‖ ˜**bild** *n* / ilustración *f* de portada ‖ ˜**blatt** *n*, -seite *f* (Druck) / frontispicio *m*, portada *f*, carátula *f* (LA), primera plana ‖ ˜**bogen** *m*, Titelei *f* (Druck) / hojas *f pl* del título, páginas *f pl* preliminares, pliego *m* de principio ‖ ˜**buchstaben** *m pl* / letras *f pl* de titulación ‖ ˜**feld** *n* (Zeichn) / casilla *f* para títulos ‖ ˜**gerät** *n* (Film) / tituladora *f* ‖ ˜**satz** *m* (Druck) / composición *f* de portada (E) o de carátula (LA) ‖ ˜**schrift** *f*, Akzidenzschrift *f* / tipos *m pl* para remiendos o para titulares, tipos *m pl* grandes, letras *f pl* de epígrafe, capitulares *m pl* ‖ ˜**setzmaschine** *f* / máquina *f* tituladora ‖ ˜**vorspann** *m* (Film) / títulos *m pl* de crédito

Titer *m* (Chem) / título *m* ‖ ˜, T (Gewichtsnummerierung von Garnen) (Tex) / título *m*, número *m* ‖ ˜ **von Fetten** (Chem) / título *m* de ácidos grasos ‖ **legaler** ˜ **in Denier** (Tex) / título *m* (o número legal] en denier ‖ ˜**lösung** *f*, Maßflüssigkeit *f* (Chem) / solución *f* volumétrica

Titration *f*, Titrierung *f*, Titrieren *n* (Chem) / titraje *m*, titulación *f*, titración *f*, análisis *m* volumétrico, valoración *f*

Titrierapparat *m* (Chem) / aparato *m* de titraje, aparato *m* de análisis volumétrico

titrieren *vt*, titern (Chem) / titular, titrar, valorar

Titrier•methode, -analyse *f* / análisis *m* volumétrico ‖ ˜**säure** *f* / ácido *m* de valoración o de titraje

Titrierung, Garnnummer *f* (Seide) / numeración *f*

Titrierwaage *f* (Spinn) / balanza *f* de titraje

titrimetrisch, volumetrisch / volumétrico

Titulierung *f*, Betitelung *f*, Beschriftung *f* / titulaje *m* (LA)

TK = Telekommunikation ‖ ˜ = Tiefkühlkost ‖ ˜ (Chem) = totale Kapazität

TKGW = Tonnen-Kohle-Gleichwert

TKO *f* = Telekommunikationsordnung

TL (Luftf) = Turbinen-Luftstrahl-Triebwerk

T-Laufschiene *f* / riel-guía *m* en T

T-Leitwerk *n* (Luftf) / conjunto *m* de cola en T, empenaje *m* en T

TL•-Strahlumlenkungsflugzeug *n* / avión *m* de turborrector con desviación de chorro ‖ ˜**-Triebwerk** *n*, Turbinen-Luftstrahl-Triebwerk *n* / turborreactor *m*

TLV-Werte *m pl*, Treshold Limit Values / valores TLV

Tm, Thulium *n* (OZ 69) (Chem) / tulio *m*

TM = Tonmodulation

TMD = Tagesmaximaldosis

TME = Tausendstelmasseneinheit

TM-Modus o. -Typ *m* (Eltronik, Mikrowellen) / modo *m* TM, modo *m* E, modo *m* magnético transversal

TMP-Anlage *f* (Pap) / instalación *f* de pasta termomecánica

TMS (Schiff) = Tankmotorschiff ‖ ˜ = Turbinenmotorschiff

T-Muffe *f* (Elektr) / derivación *f* [en T], junta *f* en T

TM-Welle *f* / onda *f* TM, onda *f* magnética transversal

T-Netz *n* (Fernm) / red *f* en (o forma) T

TNT = Trinitrotoluol

T-Nut *f* / ranura *f* de fijación o en T

T-Nuten•fräsen *n* (Wzm) / fresado *m* de ranuras en T ‖ ˜**fräser** *m* / fresa *f* para ranuras en T ‖ ˜**schraube** *f* (DIN 787) / tornillo *m* de retención en T ‖ ˜**stein** *n* / tuerca *f* para ranura[s] en T

TO (Fernm) = Telegrafenordnung

Toaster *m*, Brotröster *m* / tostador *m* de pan

TOC-Gehalt *m* (total organic carbon) (Abwasser) / contenido TOC
Tochter•band *n* (DV) / copia *f* de cinta ‖ ⁓**boot** *n* (eines Seenotkreuzers) / bote *m* anejo (E), panga *f* (LA) ‖ ⁓**gesellschaft** *f* / compañía *f* o sociedad afiliada o filial o subsidiaria, filial *f* ‖ ⁓**kompass** *m* / aguja *f* o brújula repetidora, repetidor *m* giroscópico ‖ ⁓**maschine** *f* / máquina *f* telemandada ‖ ⁓**nuklid**, -**produkt**, Folgenuklid *n* (Nukl) / producto *m* radi[o]activo ‖ ⁓**sender**, Nebensender *m* (Decca) / estación *f* [emisora] controlada ‖ ⁓**station** *f* (Fernm) / estación *f* esclava o secundaria o satélite ‖ ⁓**substanz** *f* (Nukl) / sustancia *f* radiactiva ‖ ⁓**uhr** *f* / reloj *m* secundario
Tocopherol, δ-⁓ (Biochem) / δ-tocoferol *m*
TOC-Wert *m* (= total organic carbon) (Abwasser) / contenido *m* total de carbono orgánico
tödlich, giftig / mortal, mortífero ‖ ~, schädlich / deletéreo ‖ ~, letal / letal
Tödlichkeitsprodukt *n* (Chem, Mil) / producto *m* mortífero
toe, Tonne *f* Öläquivalent (1 to Öl o. 1000 m³ Gas) / toe *m*
TO/FROM-Zeichen *n*, Leitweganzeiger *m* (Luftf) / indicador *m* de sentido, indicador *m* "entrada-salida" o "hacia-desde" o "TO-FROM"
TO5-Gehäuse *n* (Transistor) / bote *m* TO5
Toile *f* (Tex) / toile *f*
Toilette *f* (WC) / excusado *m*, retrete *m*, baño *m* (PER,CHILE)
Toiletten•papier *n* / papel *m* higiénico ‖ ⁓**schüssel** *f* / taza *f* de inodoro o de retrete ‖ ⁓**seife** *f* / jabón *m* de tocador ‖ ⁓**sitz** *m*, -**brille** *f* / asiente *m* de retrete
Tokamak *m* (Plasma) / tokamak *m*
Token Ring, TR (DV) / arcilla *m* de testigos ‖ ⁓**bus** *m* (DV) / token bus *m* ‖ ⁓**bus-lokales Netzwerk** (DV) / red *f* urbana con token bus
Toleranz *f*, zulässige Abweichung o. Ungenauigkeit (Masch) / tolerancia *f* ‖ ⁓, Plus- und Minusabmaß *n* (Mess) / tolerancia *f* en más y menos, diferencia *f* superior e inferior ‖ ⁓ [in Bezug auf] / tolerancia *f* [referida a] ‖ ⁓ **der Maschine zwischen Soll und Ist** (NC) / precisión *f* ‖ ⁓ **des Kolbenringspalts** (Mot) / tolerancia *f* de la hendidura del segmento de émbolo ‖ ⁓ **für Schwindung** / juego *m* de contracción ‖ ⁓ *f* **für Wärmedehnung** / juego *m* de expansión térmica ‖ ⁓ **nur im Plus- oder Minus-Gebiet** (Masch) / tolerancia *f* unilateral ‖ **1 mm** ⁓ **auf 500 mm** / tolerancia *f* de 1 mm sobre 500 mms ‖ **eingeengte** ⁓ / tolerancia *f* más estricta ‖ **enge** ⁓ / tolerancia *f* fina (o restringida)
Toleranz•abweichung *f* / fluctuación *f* de la tolerancia ‖ **ohne ⁓angabe** / sin tolerancias definidas ‖ ⁓**begrenzung** *f* / limitación *f* de la tolerancia ‖ ⁓**berechnung** *f* / cálculo *m* de tolerancias ‖ ⁓**bereich** *m* / gama *f* de tolerancia, margen *m* de tolerancia ‖ ⁓**dosis** *f* (Nukl) / dosis *f* de tolerancia ‖ ⁓**einheit** *f* / unidad *f* de tolerancia ‖ ⁓**eintragung** *f* (Zeichn) / inscripción *f* de tolerancias ‖ ⁓**feld** *n* / zona *f* de tolerancia[s], campo *m* de tolerancia[s] ‖ ⁓**feld**, Zwischenraum *m* / margen *m* *f* de tolerancia, zona *f* de tolerancia ‖ ⁓**grenze** *f* / límite *m* de tolerancia ‖ ⁓**haltigkeit** *f* / exactitud *f* de las dimensiones limitadas por tolerancias ‖ ⁓**messbrücke** *f* (Elektr) / puente *m* indicador de tolerancias ‖ ⁓**prüfung** *f* (DV) / prueba *f* marginal, control *m* marginal ‖ ⁓**system** *n* / sistema *m* de tolerancias ‖ ⁓**weite** *f* / envergadura *f* de tolerancia, gama *f* de tolerancia, zona *f* de tolerancia ‖ ⁓**[kurz]zeichen** *n* / símbolo *m* de tolerancia ‖ ⁓**zuordnung** *f* / coordinación *f* de tolerancias
Toleranzring *r* / anillo *m* de ajuste
tolerieren *vt*, Toleranzen angeben (Zeichn) / inscribir las tolerancias
toleriert•e Qualitätslage / nivel *m* tolerado de calidad ‖ **eng** ~ / dentro de estrechos márgenes o límites [de tolerancia]

Tolubalsam *m* (von Myroxylum balsamum) (Pharm) / bálsamo *m* de Tolú
Toluen *n* (Chem) / tolueno *m*
Toluidin, Aminotoluol *n* / toluidina *f*
Toluol, Methylbenzol *n* / tolueno *m*, toluol *m* ‖ ⁓**diisocyanat** *n*, TDI *n* / diisocianato *m* de Tolueno ‖ ⁓-**Unlösliches** *n* / sustancia *f* insoluble en [el] tolueno
Toluylen *n*, Stilben *n* / toluileno *m*, estilbeno *m*
Toluylenrot, Neutralrot *n* / rojo *m* de toluileno
Tomaten•mark *n* (Nahr) / pulpa *f* de tomate ‖ ⁓**welkagens** *n* (Bot) / agente *m* de marchitez (o de gangrena) bacteriana del tomate
Tombak *m* (Hütt) / tumbaga *f*, tombac *m*, tumbago *m* (LA) ‖ ⁓**schlauch** *m*, Röhrenfeder f. / tubo *m* elástico de tumbaga
Tomographie, Schichtbildaufnahme *f* (Radiol) / tomografía *f*
Tomonaga-Darstellung *f* (Nukl) / representación *f* de Tomonaga o de interacción
Tomovision *f* (TV) / tomovisión *f*
Tomssches Phänomen *n* (Rheologie) / fenómeno *m* de Toms
Ton *m* (Geol) / arcilla *f*, argila *f* ‖ ⁓, Tonerde *f*, Töpfererde *f*, Letten *m* / arcilla *f*, arcilla *f* figulina, barro *m* ‖ ⁓, weißer Bolus (Glas, Pap) / bol *m* [arménico], rúbrica *f* lemnia ‖ ⁓ *m*, Farbton *m* (Färb) / ton *m*, matiz *m* ‖ ⁓, Klang *m* / tono *m*, sonido *m* ‖ ⁓ *m*, Tonstärke *f* / intensidad *f* del sonido ‖ ⁓ (Fernm) / tonalidad *f* ‖ ⁓..., tonal / tonal ‖ ⁓..., Audio... / audio... ‖ ⁓ **bearbeiten** / trabajar arcilla ‖ ⁓ **formen** / conformar arcilla ‖ ⁓ *m* **für Adoben** / barro *m* para adobes ‖ ⁓ **im Bild**, Tonstreifen *m* *pl* (TV) / sonido *m* sobre imagen (una perturbación) ‖ ⁓ **mittlerer Plastizität** (Keram) / arcilla *f* semiplástica ‖ ⁓ **[nachträglich] unterlegen** (Film) / sincronizar [las imágenes con los sonidos] ‖ ⁓ **schlämmen** / decantar la arcilla, diluir la arcilla [para la fabricación de cemento] ‖ **feiner** ⁓ (Keram) / arcilla *f* pura ‖ **hochfeuerfester** ⁓ / arcilla *f* refractaria ‖ **hoher o. tiefer** ⁓ / sonido *m* agudo o grave ‖ **kurzer** ⁓ (Keram) / arcilla *f* arenosa ‖ **plastischer** ⁓, Kapselton *m* / arcilla *f* plástica ‖ **reiner** ⁓ (Akust) / tono *m* puro o sinusoidal
Ton•abnehmer *m* (Audio) / fonocaptor *m*, fonocaptador *m*, lector *m*, captor *m* o transcriptor fonográfico, pick-up *m*, cabeza *f* de lectura ‖ ⁓ **[abnehmer]arm** *m* / brazo *m* [del] fonocaptor o transcriptor o de pick-up ‖ ⁓**abnehmerbuchse** *f* (Radio) / clavijero *m* de conexión, jack *m* para fonocaptor ‖ ⁓**abnehmereinsatz** *m*, -system *m* (Audio) / cápsula *f* o cabeza fonocaptora *f* de pick-up, (localismos:) pastilla *f*, cartucho *m* ‖ ⁓**abnehmernadel** *f* / aguja *f* reproductora ‖ ⁓**abtaster** *m* (Film) / lector *m* de banda ‖ ⁓**abtastkopf** *m* (Eltronik) / cabeza *f* lectora, fonocaptor *m*
Tonalit *m* (Geol) / tonalita *f*
Tonalität *f* (Akust) / tonalidad *f* ‖ **die** ⁓ **betreffend** / tonal
Ton•analyse *f* / análisis *m* de sonido ‖ ⁓**angel** *f* (Film, TV) / girafa *f*, jirafa *f* ‖ ⁓**anlage** *f* / instalación *f* de registro sonoro ‖ ⁓**apparatur** *f* / equipo *m* sonoro o de sonido ‖ ⁓**arm** *m* (Audio) s. Tonabnehmerarm ‖ ⁓**art** *f* (Musik) / modo *m* ‖ ~**artig**, -haltig (Geol) / arcilloso ‖ ⁓**assistent** *m* / ayudante *m* del sonido ‖ ⁓**audiometrie** *f* / audiometría *f* para tonos puros ‖ ⁓**aufnahme**, -aufzeichnung *f* / registro *m* sonoro o de sonido, grabación *f* o impresión sonora ‖ ⁓**aufnahme** *f* **auf Band**, Bandaufnahme *f* / registro *m* de sonido en cinta magnética ‖ ⁓**aufnahme auf dem Film** *f* / grabación *f* del sonido en película, registro *m* sonoro en cinta cinematográfica ‖ ⁓**aufnahmeraum** *m* (Film) / sala *f* de registro sonoro ‖ ⁓**aufnahme- und Wiedergabegerät** *n* / equipo *m* de grabación y de reproducción de sonido ‖ ⁓**aufnahmevorrichtung** *f* / registrador *m* de sonido ‖ ⁓**ausgangsübertrager** *m* (TV) / transformador *m* de salida sonora *f* ‖ ⁓**ausscheider** *m* (Bau) / eliminador *m* de arcilla,

separador *m* de arcilla ‖ ~**aussteuerung** *f* / control *m* del nivel de grabación del sonido ‖ ~**bad** *n* (Foto) / baño *m* de virar
Tonband *n* / cinta *f* sonora o magnetofónica ‖ ~**aufnahme** *f* s. Tonaufnahme auf Band ‖ ~**[frequenz]breite** *f* (TV) / ancho *m* de la banda de audiofrecuencia ‖ ~**gerät** *n* / magnetófono *m*, magnetofón *m*, grabadora *f* magnetofónica ‖ ~**kassette** *f* / cassette *f m* de cinta magnetofónica ‖ ~**monitorschalter** *m* / pulsador *m* de reproducción de cinta ‖ ~**überspielschalter** *m* / pulsador *m* para mezcla de sonidos ‖ ~**unterricht** *m* / enseñanza *f* por cinta magnetofónica ‖ ~**wahlschalter** *m* / pulsador *m* selector de cinta
Ton•bereich *m* / alcance *m* del sonido ‖ ~**bereich der menschlichen Stimme** / alcance *m* de frecuencias de la voz humana ‖ ~**-Bild-Bandgerät** *n* / grabador *m* de cinta magnética sonido e imagen ‖ ~**bildprojektor**, -bildwerfer *m* / proyector *m* de película sonora ‖ ~**blende** *f*, Entzerrer *m* (Radio) / filtro *m* de tonalidad ‖ ~**blende** (Film) / atenuador *m* [gradual] de sonido ‖ ~**blende** (ein Schalter) (Radio) / conmutador *m* de tonalidad ‖ ~**boden** *m* (Geol) / suelo *f* arcilloso ‖ ~**brei** *m* (Keram) / pasta *f* de arcilla ‖ ~**brief** *m* (Eltronik) / carta *f* sonora ‖ ~**charakter** *m* / tonalidad *f* ‖ ~**codierung** *f* / codificación *f* del sonido ‖ ~**dämpfer**, Dämpfer *m* / sordina *f*, amortiguador *m* ‖ ~**digitales Fernwirken** (Raumf) / telemando *m* digital por subportadora ‖ ~**dinasstein** *n* (Hütt) / ladrillo *m* dinas arcilloso ‖ ~**dreieck** *n* (Chem) / triángulo *m* de barro cocido ‖ ~**effekt** *m* / efecto *m* sonoro o de sonido ‖ ~**eisenstein** *m* (ein Brauneisenstein) (Min) / mineral *m* de hierro arcilloso
tonen *vt* (Foto) / virar ‖ ~ *vi* (Fehler) (Repro) / taparse, tupirse, llenarse, empastarse, borrarse, engrasarse ‖ ~ *n* (Mitdruck anderer Stellen, Fehler) (Repro) / engrasado *m* ‖ ~ (Foto) / viraje *m*, virado *m*
tönen *vi*, schallen / sonar ‖ ~ *vt*, mit Farbe ausmalen / colorar ‖ ~, leicht färben / matizar, dar matices ‖ ~ *n* **des Holzes** (Akust) / sonoridad *f* de madera
tönend, klingend / sonante ‖ ~, schallend / sonoro, resonante, retumbante
Tonendstufe *f* (TV) / paso *m* de sonido final
Toner *m* (Drucker, DV) / tóner *m* ‖ ~, klarer organischer Farbstoff / pigmento *m* orgánico
Tonerde *f*, Aluminiumoxid *n* (Chem) / óxido *m* de aluminio, alúmina *f* ‖ ~**-Abbaustelle** *f* (Bergb) / cantera *f* de alúmina ‖ ~**beize** *f*, Alaunbeize *f* (Färb) / mordiente *m* de alumbre ‖ ~**haltig** / aluminífero, que contiene alúmina ‖ ~**hydrat**, -oxidhydrat, -hydroxid *n*, -brei *m* / hidrato *m* o hidróxido de alúmina ‖ ~**kalk-Alkaliglas** *n* / vidrio *m* para botellas ‖ ~**klinker** *m* (Bau) / clinker *m* aluminífero ‖ ~**reicher Hochofenzement** / cemento *m* [aluminífero] de alto horno ‖ ~**reicher Ton** / arcilla *f* aluminífera ‖ ~**schamotte** *f* (Hütt) / chamota *f* aluminífera ‖ ~**schmelzzement** *m* / cemento *m* fundido de alúmina, cemento *m* aluminoso ‖ ~**seife** *f*, Aluminiumstearat *n* (Chem) / estearato *m* de aluminio ‖ ~**silikat** *n* / silicato *m* de alúmina ‖ ~**stein** *m* (Hütt) / ladrillo *m* de alúmina ‖ ~**zuschlag** *m*, tonerdiger Fluss (Hütt) / fundente *m* aluminoso
tönern, von Ton, irden / arcilloso, de arcilla
Tonerwalze *f* (Kopierer) / rodillo *m* de tintaje
Ton•falle *f* (TV) / trampa *f* para la señal de sonido ‖ ~**farbe** *f*, Klangfarbe *f* / timbre *m* ‖ ~**feder** *f* (Uhr) / timbre *m* ‖ ~**film** *m* / película *f* sonora ‖ ~**film mit Lichtspur** (Codewort) / comopt *m* ‖ ~**film mit Magnetspur** (Codewort) / commag *m* ‖ ~**filmkamera** *f* / cámara *f* de película sonora ‖ ~**filmprojektor** *m* / proyector *m* sonoro o de película sonora ‖ ~**filmspur** *f* / pista *f* o banda sonora o de sonido o de registro sonoro ‖ ~**filter** *n*, akustisches Filter / filtro *m* de tono, filtro *m* corrector de tonalidad, filtro *m* acústico ‖ ~**fixierbad** *n* (Foto) / baño *m* virofijador, virofijador *m* ‖ ~**fraktion** *f* (Boden) / fracción *f* de arcilla ‖ ~**frei** (Keram) / libre de arcilla ‖ ~**frequent** / de frecuencia de tono, de audiofrecuencia ‖ ~**frequente Verzerrung** (Radio) / distorsión *f* de audiofrecuencia[s]
Tonfrequenz (ca. 30 bis 20000 Hz), Audiofrequenz *f* / audiofrecuencia *f*, frecuencia *f* audible o audio o acústica ‖ ~ *f* (ca. 16 bis 20000 Hz, Hauptgebiet 300-3500 Hz, in USA 100-2000 Hz), Sprachfrequenz *f* (Fernm) / frecuencia *f* vocal o de voz ‖ ~ **oberhalb 20 kHz** / frecuencia *f* ultrasonora o ultraacústica o supraacústica ‖ ~**generator** *m* (Akust) / oscilador *m* de radiofrecuencia ‖ ~**gesteuerter Schalter** / conmutador *m* electrosintónico ‖ ~**maschine** *f*, -prüfgenerator *m* / generador *m* u oscilador de audiofrecuencia ‖ ~**messung** *f* / audiometría *f* ‖ ~**relais** *n* (Fernm) / relé *m* de frecuencia vocal ‖ ~**rundsteuerung**, Zentralsteuerung *f* (Elektr) / telemando *m* por frecuencia vocal ‖ ~**strom** *m* / corriente *f* de llamada (o de señalización) de frecuencia vocal ‖ ~**telefonie** *f* / telefonía *f* por frecuencias vocales o microfónicas ‖ ~**telegrafie** *f* / telegrafía *f* armónica o por frecuencias armónicas, telegrafía *f* de (o en o por) frecuencia vocal, telegrafía *f* por corrientes (o tonos) de frecuencia vocal ‖ ~**-Telegrafie** *f* **mit verschachtelten Frequenzen** / telegrafía *f* armónica en frecuencias intercaladas ‖ ~**verstärker** *m* / audioamplificador *m*, amplificador *m* de audiofrecuencia ‖ ~**-Vielkanal-Telegrafie** *f* / telegrafía *f* armónica multicanal ‖ ~**wahl** *f* (Fernm) / selección *f* a distancia por frecuencia vocal, teleselección *f* por frecuencia vocal ‖ ~**wähler** *m* (Fernm) / selector *m* por frecuencia vocal
Ton•fülle-Verstärkung *f* / amplificación *f* del sonido o de sonoridad ‖ ~**gebunden** (Gieß) / ligado por arcilla ‖ ~**gebundener Natursand** / arena *f* natural ligada por arcilla ‖ ~**gefäß** *n* (Keram) / vasija *f* de barro ‖ ~**gehalt** *m* **im Formsand nach AFS** (Am. Foundrymen's Society) (Gieß) / arcilla *f* estándar AFS ‖ ~**gemisch** *n* (Akust) / mezcla *f* de sonidos ‖ ~**gestein** *n* (Geol) / roca *f* de arcilla, roca *f* arcillosa ‖ ~**gleich**, Ton in Ton (Färb) / en igual tono ‖ ~**glimmerschiefer** *m* (Geol) / micacita *f* arcillosa ‖ ~**-Graphit-Erzeugnis** *n* (Hütt) / producto *m* de material refractario grafitado ‖ ~**-Graphit-Tiegel** *m* (Hütt) / crisol *m* de arcilla grafitada ‖ ~**grube** *f* (für Töpferton) / hoyo *m* de arcilla, gredal *m* ‖ ~**gut** *n*, Tongutwaren *f pl*, poröse Tonwaren *f pl* (Keram) / loza *f* [porosa] ‖ ~**haltig**, lehmig, Ton... / arcilloso ‖ ~**haltiger Sandboden** (Geol) / terreno *m* arenoso arcilloso ‖ ~**haltig und kalkhaltig** / arcilloso calcáreo ‖ ~**haltiger Spateisenstein** (Min) / siderita *f* arcillosa ‖ ~**haltigkeit** *f* **von Geräuschen** / elementos *m pl* tonales de ruidos ‖ ~**höhe** *f* (Phonetik) / altura *f* de sonido ‖ ~**höhe-Empfinden** *n* / percepción *f* de altura de sonido ‖ ~**höhenabstimmung** *f* (Radio) / sintonización *f* de altura de sonido ‖ ~**höhenregler** *m* (Radio) / control *m* de tono, corrector *m* de tonalidad ‖ ~**höhenschwankung** *f* / variación *f* de altura de sonido o de tono ‖ ~**höhenschwankung durch ungleichmäßigen Bandlauf** / gimoteo *m* o lloriqueo y centelleo [por variaciones de velocidad], lloro *m f* y tremolación ‖ ~**höhenschwankungsmesser** *m* (Eltronik) / medidor *m* de gimoteo y centelleo, medidor *m* de lloro y tremolación ‖ ~**hohlkörper** *m* (Bau) / ladrillo *m* hueco para bóvedas, ladrillo *m* de hourdis
tonig / arcilloso ‖ ~, kreidig / gredoso ‖ ~, lehmig / barroso ‖ ~**es Erz** / mineral *m* arcilloso
Tonikum *n*, Stärkungsmittel *n* (Pharm) / tónico *m*
Ton•industrie *f*, Industrie *f* der Tone und Erden / industria *f* cerámica ‖ ~**ingenieur** *m* / ingeniero *m* o técnico de sonido, sonidista *m* ‖ ~**-in-Ton-Färbung** *f* / tintura *f* en igual tono

Tonka f (Bot) / tonca f
Tonkabine f, -raum m / cabina f o sala de registro de sonido
Tonka•bohne f (Bot) / haba f tonca ‖ ⁓**bohnenkampfer** m, Kumarin n (Pharm) / cumarina f
Ton•kalk m (Geol) / cal f arcillosa ‖ ⁓**kalkstein** m / piedra f caliza arcillosa ‖ ⁓**kamera**, -aufnahmegerät n (Film) / cámara f sonora o para películas habladas ‖ ⁓**kanal** m (TV) / canal m de audiofrecuencia, canal m de sonido ‖ ⁓**kern** m (Gieß) / macho m refractario ‖ ⁓**knetmaschine** f (Keram) / amasadora f de barro ‖ ⁓**kontrolle** f / corrección f de tonalidad ‖ ⁓**kopf** m (Eltronik) / cabeza f magnética de lectura ‖ ⁓**kopf** (Videoband) / cabeza f fonocaptora o sonora o de sonido o de lectura, lector m fónico o de sonido ‖ ⁓**kopfgehäuse** n / caja f de la cabeza magnética ‖ ⁓**lage** f / tono m, altura f de un sonido ‖ ⁓**lage einer Stimme** / tesitura f ‖ ⁓**lager** n (Geol) / yacimiento m de arcilla ‖ ⁓**lampe**, Erregerlampe f (Film) / lámpara f excitadora o fónica ‖ ⁓**leiter** f (Musik) / escala f, gama f ‖ ⁓**leitung**, Musikübertragungsleitung f (Radio) / línea f de programa ‖ ⁓**linse** f (Film) / lente f del lector de sonido ‖ ~**los** / sin sonido ‖ ⁓**masse** f (Geol) / masa f de arcilla ‖ ⁓**masse** (Keram) / pasta f cerámica ‖ **geschlämmte** ⁓**masse** / barbotina f ‖ ⁓**matrix** f / matriz f de arcilla ‖ ⁓**mehl** n / polvo m de arcilla ‖ ⁓**meister**, -ingenieur m (Eltronik) / ingeniero m de mezcla de sonido, sonidista m ‖ ⁓**mergel** m (Geol) / arcilla f margosa ‖ ⁓**messer** m, Volumenmesser m (Eltronik) / indicador m de volumen, vúmetro m (que indica las unidades de volumen) ‖ ⁓**messer**, Schallmesser m / medidor m de nivel acústico, sonómetro m (para comparar los sonidos) ‖ ⁓**mineral** n (Geol) / mineral m arcilloso ‖ ⁓**mischpult** n, -tafel f (TV) / mezclador m de audio[frecuencia] ‖ ⁓**mischpult** (Radio) / pupitre m mezclador ‖ ⁓**mischung** f / mezcla f de sonidos ‖ ⁓**möbel** n / mueble m radio ‖ ⁓**modul** m (Rundfunk) / módulo m de sonido ‖ ⁓**modulation** f / modulación f de tono ‖ ~**moduliert** / modulado por tono ‖ ⁓**montage** f (Film) / montaje m de sonido ‖ ⁓**motor** m (Bandgerät) / eje m motor o impulsor, cabrestante m ‖ ⁓**mühle**, Ton[reinigungs]maschine f (Keram) / molino m de arcilla
Tonnage f, Tonnengehalt m (Schiff) / arqueo m, tonelaje m
Tönnchen n, Fässchen / tonelete m, barrilete m ‖ ⁓**spule** f (Nähm) / carrete m en forma de barrilete
Tonne f, Fass n / tonel m, barril m ‖ ⁓, Blechtonne f / tarro m (LA) ‖ ⁓, Boje f (Nav) / boya f ‖ ⁓, Registertonne f, RT, Reg.T = 100 cbft = 2.832 m³ / tonelada f de arqueo o de registro, tonelada f Moorsom, arqueo m neto ‖ ⁓ (= 1000 kg), metrische Tonne / tonelada f [métrica] ‖ ⁓ **von ca. 250 l** / borrica f ‖ ⁓ **von 40 cbft** (= 1.13268 m³) / tonelada f ‖ **amerikanische** ⁓ (Masse von 2000 lbs = 907,185 kg) / tonelada f americana ‖ **englische** ⁓ (Masse von 2240 lbs o. ca. 1016 kg) / tonelada f inglesa ‖ **sehr kleine** ⁓, Fässchen / tonelete m, barrilete m ‖ **stumpfe** ⁓ (Nav) / boya f cilíndrica
Tonnegativ n (Eltronik) / cinta f sonora negativa
Tonnen•..., halbkreisförmig (Gewölbe) / de medio punto, semicircular, en cañón ‖ ⁓**anker** m (Boje) / piedra f de boya, ancla f de piedra ‖ ⁓**blech** n / chapa f bombeada o arqueada ‖ ⁓**bug** (Schiff) / proa f en barril ‖ ⁓**dach** n (Bau) / tejado m en forma de tonel ‖ ⁓**feder** f / resorte m bombeado ‖ ~**förmig** / en forma de barril, en forma de tonel ‖ ~**förmige Verzeichnung**, Tonnenverzeichnung f (Opt, TV) / distorsión f en barrilete o en tonel ‖ ⁓**gehalt** m, Vermessung f (Schiff) / arqueo m [bruto] ‖ ⁓**gehalt**, Tonnage f / tonelaje m de arqueo ‖ ⁓**gehalt unter dem Vermessungsdeck** / tonelaje m bajo el puente de arqueo ‖ ⁓**gewölbe** n (Bau) / bóveda f en cañón ‖ **ringförmiges** ⁓**gewölbe** / bóveda f anular en cañón ‖ ⁓**kilometer** m (Luftf) / tonelada-kilómetro f ‖ ⁓**-Kohle-Gleichwert** m, TKGW / equivalente m de tonelada de carbón ‖ ⁓**lager** n, Tonnenrollenlager n / rodamiento m oscilante de rodillo-tonel, rodamiento m oscilante de barrilete o de tonelete, rodamiento m oscilante con una hilera de rodillos ‖ ⁓**leger** m (Schiff) / buque-balizador m, balizador m, balicero m ‖ ⁓**meile** f / tonelada-milla f ‖ ⁓**-Öl-Gleichwert** m, TÖGW / equivalente m de tonelada de petróleo ‖ ⁓**retortenofen** m (Chem) / horno m con retorta de tonel ‖ ⁓**rolle** f (Lager) / rodillo-tonel m ‖ ⁓**verzeichnung** f (Opt) / distorsión f en barrilete, distorsión f positiva o en tonel
Tonn•hölzer n pl (Bergb) / traviesas f pl de un pozo de mina inclinado ‖ ⁓**lage**, Neigung f (Bergb) / inclinaciíon f de un filón ‖ ⁓**lagerschacht** m, tonnlägiger Schacht (Bergb) / pozo m inclinado ‖ ~**lägig** (Bergb) / inclinado
Tonometer m, Blutdruckmesser m (Med) / tonómetro m
Ton•pegel m / nivel m acústico o sonoro ‖ ⁓**pegelmesser** m / sonómetro m, fonómetro m, medidor m de nivel acústico o sonoro ‖ ⁓**platte** f (Keram) / losa f de barro [cocido], baldosín m de gres ‖ ⁓**platte** (Druck) / plancha f para fondo plana, plancha f de tinta plana ‖ ⁓**positiv** n (Magn.Bd) / cinta f positiva ‖ ⁓**projektor** m (Film) / proyector m sonoro ‖ ⁓**projektorlampe** f / lámpara f excitadora o fónica ‖ ⁓**raum** m, -kabine f / sala f de registro de sonido ‖ ⁓**regler** m / botón m de control de tono ‖ ⁓**regulierung** f (Diktiergerät) / regulación f de tono ‖ ⁓**relief** n (Eltronik) / imagen f de tono ‖ ⁓**rille** f (Audio) / surco m [modulado] de sonido ‖ ⁓**rohr** n, Stein[gut]rohr n (Keram) / tubo m de barro [cocido], caño m de gres, tubo de terracota ‖ ⁓**rohr** (Kabel) / tubo m de gres, tubo m de barro cocido ‖ ⁓**rolle** f, Tonwelle f (Magn.Bd) / eje m motor o impulsor, cabrestante m ‖ ⁓**rundfunk...** / de radio, radiofónico ‖ ⁓**rundfunk** m / radiodifusión f sonora, radio f ‖ ⁓**rundfunkempfänger** m (DIN), Radio n / radio f ‖ ⁓**sandstein** m (Geol) / gres m arcilloso, arenisca f arcillosa ‖ ⁓**säule** f (Eltronik) / columna f acústica ‖ ⁓**schamotte** f (Keram) / tierra f refractaria arcillosa ‖ ⁓**schärfe** f / definición f de sonido ‖ ⁓**schicht** f, -lager n (Geol) / capa f arcillosa, yacimiento m arcilloso ‖ ⁓**schicht des Nehmerpapiers** (Pap) / capa f de arcilla ‖ ⁓**schiefer**, Schieferton m (Geol) / arcilla f esquistosa, esquisto m arcilloso, lutita f floja ‖ ⁓**schlamm**, Töpferbrei m (Keram) / barbotina f ‖ ⁓**schlämmanlage**, -schlämmaschine f (Zementfabrik) / instalación f de lavar la arcilla ‖ ⁓**schlämmen** n / lavado m de la arcilla ‖ ~**sendend** / emisor de sonido adj ‖ ⁓**sender** m / emisor m de sonido, audioemisor m ‖ ⁓**signal** n / señal f de audiofrecuencia, señal f audio ‖ ⁓**skala** f, -stimmung f / escala f musical ‖ ⁓**spalt-Spur** f (Testfilm) / pista f sonora de ruido ‖ ⁓**speise** f, -brei m (Keram) / pasta f de arcilla ‖ ⁓**spülung** f (Bergb) / lavado m de perforación con arcilla ‖ ⁓**spur** f (Film) / pista f sonora ‖ ⁓**spur** (Videoband) / pista f audio ‖ ⁓**spur veränderlicher Dichte u. Breite** (Audio) / pista f sonora de densidad y de área variable ‖ ⁓**spuraufzeichnung** f / traza f acústica ‖ ⁓**stärke** f / intensidad f sonora ‖ ⁓**stein** m (Geol) / piedra f arcillosa ‖ ⁓**stimmung** f / escala f musical ‖ ⁓**stopfen** m **für Stichlöcher** (Hütt) / tapón m de arcilla ‖ ⁓**strang** m (Ziegl) / tren m de arcilla, columna f de arcilla ‖ ⁓**streifen** m (Film) / banda f sonora ‖ ⁓**studio** n / estudio m fototécnico, estudio m de grabación ‖ ⁓**stufe** f, Intervall n (Akust) / intervalo m ‖ ⁓**technik** f / ingeniería f acústica ‖ ⁓**technik**, Akustik f / acústica f ‖ ⁓**techniker** m (Film) / ingeniero m de sonido, jefe m operador de sonido ‖ ⁓**techniker** (TV) / técnico m de sonido, sonidista m ‖ ⁓**teil** m (Film, TV) / sección f de

sonido ‖ ⁓teller *m* (Chem) / plato *m* poroso ‖ ⁓teller (Film) / plato *m* del sonido ‖ ⁓tiegel *m*, feuerfester Tiegel / crisol *m* de arcilla ‖ ⁓träger *m* / portadora *f* de sonido, soporte *m* del sonido ‖ ⁓träger für Schallaufzeichnung / medio *m* de registro sonoro ‖ ⁓trägersperre *f* (TV) / trampa *f* para la señal de sonido ‖ ⁓treppe *f* (TV) / atenuación *f* de la portadora de sonido ‖ ⁓trick *m* (Film) / truco *m* sonoro ‖ ⁓überblendung *f* / transición *f* gradual de sonido ‖ ⁓übertragerkabel *n* (Eltronik) / cable *m* para la transmisión de sonido ‖ ⁓überwachung *f* / control *m* o monitoreo de sonido ‖ ⁓umfang *m* / gama *f* de sonido ‖ ⁓-und-Bild... / sonido y imagen
Tonung *f* (Foto) / viraje *m*
Tönung, Nuancierung *f* (Färb) / matiz *f*, matizado *m* ‖ ⁓*f*, Farbton *m* / tono *m* de color
Ton•unterdrückung *f* (TV) / suspresión *f* [de la portadora] del sonido ‖ [chromatische] ⁓veränderung, Modulation *f* (Musik) / inflexión *f* ‖ ⁓verschiebung *f* (Färb) / cambio *m* de tono ‖ ⁓verstärker *m* (TV) / amplificador *m* de[l] sonido ‖ ⁓wahl *f* (Fernm) s. Tonfrequenzwahl ‖ ⁓welle *f* (TV) / onda *f* sonora o de sonido ‖ ⁓welle s. Tonrolle ‖ ⁓wiedergabe *f* / reproducción *f* sonora o del sonido ‖ ⁓zeile *f* (Akust) / fila *f* de altavoces ‖ ⁓zelle *f*, -zylinder *m* (porös) (Elektr) / vaso *m* poroso ‖ ⁓-Zement-Beton *m* (Bau) / hormigón *m* de cemento aluminoso ‖ ⁓zeug *n*, dichte Tonwaren *f pl* (Keram) / alfarería *f* impenetrable ‖ ⁓ziegel *m* / ladrillo *m* de arcilla ‖ ⁓-zu-Bild-Versetzung *f* / desplazamiento *m* sonido-imagen ‖ ⁓zwischenfrequenz *f* (TV) / frecuencia *f* intermedia del sonido ‖ poröser ⁓zylinder (Phys) / vaso *m* poroso
Tool *n* (DV) / herramienta *f* de software ‖ ⁓-Hersteller *m* (DV) / fabricante *m* de herramientas de software
Top... / de alto o elevadísimo nivel, óptimo
TOP (ein Betriebssystem, Ergänzung zu MAP), technical office protocol (DV) / sistema *m* TOP
Topas *m* (Min) / topacio *m* ‖ ⁓fluss *m* (Glas) / imitación *f* de topacio
Topbenzin, SR-Benzin *n* (Chem) / gasolina *f* destilada a presión atmosférica, gasolina *f* integra
Topcase *n* (Motorrad) (Kfz) / topcase *m*
Top-Down-Testen *n* (DV) / prueba *f* de arriba abajo
Topf *m* / pote *m*, tarro *m* ‖ ⁓, Tiegel *m* (Hütt) / marmita *f*
Topfasenring, Gleichfasen-Ölschlitzring *m* (Mot) / anillo *m* escurridor (o aro rascador) de aceite con biseles simétricos
Topf•bauart *f* von Kompressoren / tipo *m* tubular de compresores ‖ ~eben / absolutamente plano
Töpfer *m* (Keram) / alfarero *m*, alcaller *m*, ceramista *m*, adobero *m* (ARG)
Töpferei *f* (Handwerk) / alfarería *f*, oficio *m* de alfarero ‖ ⁓, Töpferwerkstatt *f* / taller *m* de alferero ‖ ⁓-, -wesen *n* / cerámica *f*
Töpfer•glasur *f* / vidriado *m* para alfarería ‖ ⁓gut, -geschirr *n* / loza *f* ‖ ⁓schablone *f* / plantilla *f* de alfarero ‖ ⁓scheibe, Drehscheibe *f* (Keram) / torno *m* de alfarero, rueda *f* ‖ ⁓ton *m*, -erde *f* / tierra *f* de alfareros ‖ ⁓ton, Letten *m* / arcilla *f* figulina ‖ ⁓ware *f* / cacharrería *f*, loza *f*, cerámica *f* ‖ ⁓waren *f pl* / cacharros *m pl* de loza, vajilla *f* de barro
Topf•gießerei *f* (Gieß) / fundición *f* de marmitas ‖ ⁓glasur *f* / vidriado *m* ‖ ⁓glühen *n* (Hütt) / recocido *m* en potes ‖ ⁓glühofen *m* / horno *m* de recocido en potes ‖ ⁓kern *m* (Eltronik) / núcleo *m* [del tipo] envolvente ‖ ⁓kreis *m* (Eltronik) / cavidad *f* resonante ‖ ⁓kreisverstärker *m* (Eltronik) / amplificador *m* de cavidad ‖ ⁓magnet *m* / electroimán *m* de núcleo buzo o móvil ‖ ⁓manschette *f* / guarnición *f* de forma embutida ‖ ⁓ölschalter *m* (Elektr) / interruptor *m* en baño de aceite ‖ ⁓räumen / brochado *m* de superficies exteriores ‖ ⁓scheibe, Schleiftasse *f* (Wzm) / muela *f* de copa o de vaso, muela *f* hueca ‖ nach

außen konische ⁓scheibe (Wzm) / taza *f* cónica ‖ ⁓scherbe *f*, -scherben *m* / pedazo *m* ‖ ⁓spinnen *n* (Tex) / hilatura *f* centrífuga o en botes ‖ ⁓spinnmaschine *f* / máquina *f* de hilar en botes ‖ ⁓spule *f* (Eltronik) / bobina *f* para núcleo envolvente ‖ ⁓strecke *f* (Tex) / vacia-botes *m*, gill *m* de botes ‖ ⁓wagen *m* (Bahn) / vagón *m* con recipientes especiales (para ciertos líquidos) ‖ ⁓wandler *m* (Elektr) / transformador *m* tipo aislador ‖ ⁓zeit *f*, Potlife *n* (Plast) / vida *f* útil, período *m* de aplicación
Top•gas *n* (Öl) / gas *m* ligero (acumulado en la cima de la columna) ‖ ⁓gas (Hütt) / gas *m* de horno alto
Topinambur *f*, Helianthus tuberosus (Bot) / topinambur *m*
topische Farbe (Färb) / color *m* tópico
Toplader *m* (Waschmaschine) / lavadora *f* a cargar desde arriba
Top-Level-Domain *f* (Internet) / dominio *m* de primer nivel
Top-Manager *m* / alto ejecutivo
Topo•chemie *f* / topoquímica *f* ‖ ~chemische Reaktion / reacción *f* topoquímica ‖ ~grafisch / topográfico ‖ ~grafische Aufnahme / levantamiento *m* topográfico, cartografía *f* ‖ ~grafische Karte / plano topográfico, mapa *o* carta topográfica ‖ ~grafische Karte (1:25000), (früher:) Messtischblatt *n* / plano *m* de plancheta ‖ ~graph *m* / topógrafo *m* ‖ ~graphie *f* (Geo, Meteo, Verm) / topografía *f* ‖ ~graphie (o. Topologie) der Moleküle / topografía *f* molecular ‖ ~graphische Zeichnung od. Aufnahme / dibujo *m* topográfico ‖ ~klima *n*, Mikroklima *n* / microclima *m* ‖ ⁓logie *f* (Math) / topología *f* ‖ ⁓logie der Netzwerke (Elektr) / topología *f* de las redes ‖ ~logisch (Math) / topológico ‖ ~taktisch (Krist) / topotáctico ‖ ⁓taxie *f* / topotaxia *f*, topotactismo *m*
Topp *m n* (Schiff) / tope *m*
toppen *vt* (Öl) / someter el crudo a destilación primaria profunda, descabezar ‖ ⁓ *n*, leichte Destillation (Chem) / destilación *f* primaria profunda, destilación *f* inicial, descabezamiento *m*
Topping *n*, Erstdestillation *f* (Öl) / topping *m*
topp•lastig, kopflastig (Schiff) / falso, celoso ‖ ⁓laterne *f*, -licht *n* (Schiff) / farol *m* de tope ‖ ⁓zeichen *n* (bezeichnet Spaltung des Fahrwassers) (Schiff) / marca *f* o señal de tope
Top•rückfluss *m* (Fraktionierung) / reflujo *m* de la destilación primaria profunda ‖ ⁓rückstand *m* (Öl) / residuo *m* surtido
TOP-Störfall *m*, Überlaststörfall *m* (Nukl) / accidente *m* transitorio de sobrecarga
Topversion *f*, Spitzenversion *f* (Kfz) / versión *f* punta
Tor *n*, schmale Durchfahrt (Bau) / portal *m*, puerta *f* ‖ ⁓, Steuertor *n* (Halbl) / puerta *f* [electrónica], compuerta *f* ‖ ⁓, Klemmenpaar *n* (Netzwerk) / par *m* de terminales o de bornes en una red, acceso *m* a una red ‖ ⁓ des Zirkulators (Fernm) / puerta *f* del circulador ‖ zweiteiliges ⁓, Falttor *n* (Bau) / puerta *f* plegadiza o de dos batientes
Torbanit *m* (Art Ölschiefer) (Min) / torbanita *f*, torbonital *m* (LA)
Torbernit *m*, Kupferuranit *m* (Min) / torbernita *f*, chalcolita *f*
Torbogen *m* (Bau) / arco *m* [de portal]
tordieren *vt*, verdrehen / torsionar, retorcer
Tordierstrecke *f* (Seil) / sección *f* de torsión
tordiertes Garn, Torque-Garn *n* (Tex) / hilo *m* torcido
Toreinfahrt *f* (Bau) / puerta *f* cochera
Torf *m* (Geol, Landw) / turba *f*, musgo *m* (PERU) ‖ ~artig, vertorft, Torf... / turboso ‖ ⁓boden *m* / suelo *m* turboso, turbal *m* ‖ ⁓dolomit *m* (Geol) / hematites *f* botrividal
Torfdolomitknollen *m* (Geol) / nódulo *m* dolomítico, coalball *m*

1339

Torf•erde f / tierra f turbosa ‖ **schwarze ~erde** (Geol) / tierra f turbosa negra, fango m ‖ **~gewinnung** f, -stechen n / extracción f de la turba, corte m de la turba ‖ **~koks** m, -kohle f / coque de turba f, carbón m de turba ‖ **~kraftwerk** n / central f termoeléctrica a base de turba ‖ **~lager** n, -schicht f / turbera f, turbal m
Tor•flügel m (Bau) / hoja f de puerta, media puerta f, batiente m de puerta ‖ **~flügel**, Schleusentor n / media f puerta de esclusa
Torf•moor, (süddeutsch:) Moos, Ried n (Geo) / pantano m de turba ‖ **~mull** m (Landw) / serrín m de turba ‖ **~mullballen** m / bala f o paca de turba ‖ **~stich** m (der Ort) / turbera f ‖ **~streu** f (Landw) / cama f de serrín de turba ‖ **~teer** m / alquitrán m de turba
Tor•gestellpresse f (Wzm) / prensa f de dos montantes ‖
~gesteuert (Eltronik) / controlado por puerta ‖
~gesteuerter Thyristor, GCS-Thyristor m (Halbl) / tiristor m controlado por puerta ‖ **~hebevorrichtung** f (Hütt) / dispositivo m para levantar la puerta ‖
~hubwagen m, -stapler m (Förd) / carretilla f a horcajadas, carretilla f de caballete ‖ **~impedanz** f (Eltronik) / impedancia f de compuerta ‖ **~impuls** m (DV) / impulso m gatillador o de compuerta o de mando ‖ **~impuls-Multivibrator** m (Eltronik) / multivibrador m generador de tensiones de mando
torisch, wulstförmig (Geom) / tórico, toroidal ‖ **~** (Opt) / no esférico ‖ **~e Wölbung** (Opt) / superficie f toroidal
Torkran, Volltorkran m / grúa f de pórtico
torkretieren vt, Zement nach dem Torkretverfahren [ein- o. auf]spritzen (Bau) / aplicar o inyectar cemento por proyección, gunitar ‖ **~** n / aplicación f de cemento por proyección, "torcretado" m
Tor•lader m / grúa f de pórtico para contenedores ‖
~lader s. auch Torhubwagen ‖ **~-Monitor** m, Eingangs-Monitor m, automatischer Portier / videoportero m
Törn m (Schiff) / turno m
Tornado m, Wirbelsturm m / tornado m, trompa f de viento (LA)
Tornister•-Funksprechgerät n / equipo m de mochila ‖
~sender m (TV) / emisora f portátil
Törnmaschine f (Schiff) / güincho m, torno m
Toroid n, ringförmiger Körper (Geom) / toroide m
toroidal / toroidal, en toroide ‖ **~e Eintrittsleitschaufel** (Luftf) / paleta f directriz toroidal de entrada ‖ **~er Theta-Pinch** (Nukl) / estricción f acimutal (u ortogonal) en toroide
Toroide f (Math) / toroide f
Toroidgetriebe n / engranaje m toroidal
toroid[isch] (Geom) / toroidal
Toroid•kammer f, Torus m, Toroid n (Nukl) / toro m ‖
~kern m (DV) / núcleo m toroidal o anular ‖
~-Mittelebene f (Geom) / plano m medio del toroide ‖
~spule f (Elektr) / bobina f toroidal
torpedieren / torpedear
Torpedo m (Mil, Plast) / torpedo m ‖ **~[ausstoß]rohr**, Lancierrohr n (Schiff) / tubo m lanzatorpedos ‖ **~bahn** f, Blasenbahn f / trayectoria f de torpedo ‖ **~boot** n / torpedero m, lancha f torpedera ‖
~kreiselgeradlaufgerät n / giroscopio m de torpedo ‖
~pfanne f (Hütt) / caldero m torpedo, cuchara f torpedo
Torpfosten m (Bau) / poste m del portalón
Torr n (= 1,333 x 10^2 Nm^{-2}) (veraltet) (Phys) / torr m
Torricellische Leere (Phys) / vacío m de Torricello
Torschaltsäule f / columna f de mando para acceso al garaje
Torschaltung f / circuito m de compuerta, puerta f electrónica ‖ **~**, UND-Schaltung f (Eltronik) / circuito Y m, circuito f de coincidencia o de conjunción o de simultaneidad, [com]puerta Y f
Torse f (Math) / superficie f desarrollable
Torsen-Ausgleichgetriebe n / diferencial m Torsen

Torsiograph m, Verdrehungsschreiber m / aparato m registrador de torsión, torsiógrafo m
Torsion f, Verdrehung f / torsión f, torcedura f
Torsions•aufhängung f (Instr) / suspensión f de torsión ‖
~beanspruchung f / solicitación f torsional o a la torsión, esfuerzo m torional o de torsión ‖
~elastizität f / elasticidad f torsional o a la torsión ‖
~faden m / hilo m de torsión ‖ **~feder** f, Dreh[stab]feder f / muelle m o resorte de torsión ‖
~festigkeit f (Mech) / resistencia f a la torsión, rigidez f torsional ‖ **~galvanometer** n / galvanómetro m [de cuerda] de torsión ‖ **~knicken** n (Mech) / pandeo m torsional (E), flambeo m torsional (LA) ‖ **~kritische Drehzahl** / velocidad f crítica o límite a la torsión ‖
~kurve f (Math) / curva f alabeada ‖ **~modul**, Drehmodul m / módulo m [de cizallamiento] torsional, módulo m de torsión ‖ **~moment** n / momento m de torsión ‖ **~nase** f (Luftf) / alerón m de curvatura, flap m estabilizador ‖ **~pendel** n (Uhr) / péndola f torsional ‖ **~radius** m **einer Raumkurve** (Geom) / radio m de torsión de una curva esférica ‖
~schwingmaschine f, Drehschwingmaschine f / máquina f para vibraciones de torsión ‖ **~schwingung** f / oscilación f o vibración torsional o de torsión ‖
~schwingungsversuch m (DIN 53520) / ensayo m de vibraciones (o de oscilaciones) de torsión ‖ **~stab** m (Kfz, Masch) / barra f de torsión ‖ **~standversuch** m, ensayo m de fluencia por torsión ‖ **~steif**, verwindungssteif / rígido a la torsión ‖ **~steife** f / rigidez f a la atorsión ‖ **~stück** n (Wellenleiter) / sección f revirada, hélice f ‖ **~versuch** m, Verdrehungsversuch m / ensayo m de torsión ‖
~waage, Drehwaage f / balanza f de torsión
Torsonde f (zur Personenkontrolle) / sonda f de portería
TOR-Stahl m (Bau) / acero m grabado, acero m de armadura, acero m reforzado por torsión
Tor•stapler m / carretilla f de horcajadas, carretilla f de caballete ‖ **~stütze** f (Seilb) / pórtico m
Tortenschachtelantenne f / antena f en rectos cilíndricos, antena f con parábola achatada, antena f en queso
Torus m, Ringfläche f (Geom) / toro m ‖ **~** (Schneckengetr) / engranaje m toroidal ‖ **~**, Toroidkammer f (Nukl) / toro m ‖ **~baffle** m (Vakuum) / trampa f toroidal ‖
~schale f (Bau) / cascarón m toroidal
Tor•wagen m / carro m o transportador de caballete ‖
~widerstand m (Eltronik) / resistencia f de compuerta
Tosbecken n (Hydr) / depósito m amortiguador, zona f de caída
tot, leblos / muerto, sin vida ‖ **~**, schalldämpfend (Akustik/Raum) / sordo, sin ecos, sin reflexiones ‖ **~**, unfruchtbar (Landw) / árido ‖ **~** (Abwasser) / estancado ‖ **~**, still (Wasser) / manso ‖ **~** (Bergb) / estéril ‖ **~** (Akustik/Ton) / apagado ‖ **~er Draht** (Elektr) / hilo m libre ‖ **~e Ecke** / rincón m muerto ‖ **~es Ende** (Rohrleitung) / terminación f ‖ **~er Gang** (Masch) / holgura f inútil, juego m perdido, huelgo m inútil ‖
~es Gleis (Bahn) / vía f muerta ‖ **~e Haare** (Tex) / cabellos m pl muertos ‖ **~es Holz** / madera f muerta ‖
~e Lamelle (Elektr, Kommutator) / delga f o lámina muerta ‖ **~e Leitung** (Elektr, Fernm) / línea f muerta ‖
~er Mann (Hochofen) / hombre m muerto ‖ **~e Phase** (Lichtbogenofen) / fase f inactiva ‖ **~er Punkt**, Totpunkt m (Masch) / punto m muerto ‖ **~er Punkt**, empfangsfreier Punkt (Akust) / punto m muerto ‖ **~er Punkt** (Vergaser) / punto m muerto ‖ **~er Raum** (Mot) / espacio m nocivo o muerto ‖ **~e Spule** (Elektr) / bobina f inactiva ‖ **~er Weg** (Masch) / movimiento m perdido ‖ **~es Werk**, Oberschiff n (Schiff) / obras f pl muertas ‖ **~e Wetter** n pl (Bergb) / aires m pl tóxicos ‖
~e Windung (Elektr) / espira f inactiva ‖ **~er Winkel** (Bau) / ángulo m muerto, esquina f muerta ‖ **~er Winkel** (Kfz) / ángulo m muerto ‖ **~e Zone** (NC) / zona f muerta ‖ **~e Zone** (Radar) / sector m muerto ‖ **~e**

Zone (Radio) / zona f muerta o de silencio || ~**e Zone** (Analogrechner) / zona f no utilizada || ~**e Zone** (Instr) / banda f muerta, gama f de insensibilidad
total, gänzlich, vollständig, gesamt / total, absoluto, entero || ~**e Absüßung** (Zuck) / lavado m total || ~**es Differential** (Math) / diferencial m total || ~**e Elektronenbindungsenergie** / energía f total de enlace (o de ligadura) de los electrones || ~**e Kapazität**, TK (Chem) / capacidad f total || ~**reflektierend** / de reflexión total || ~**e Sonnenfinsternis** (Astr) / eclipse m total del sol || ~**er Wirkungsquerschnitt** (Nukl) / sección f específica de choque o de colisión
Total•ausfall m (Elektr) / pérdida f total de potencia || ⁓-**Energie-System** n (Phys) / sistema m total de energía || ⁓**reflexion** f (Opt) / reflexión f total || ⁓**schaden** m (Kfz) / daño m o siniestro total || ⁓**synthese** f (Chem) / síntesis f total || ⁓**verlust** m (Schiff) / pérdida f total
Tot•arm m, stehendes Wasser (Hydr) / agua f estancada || ⁓**bereich**, Leerbereich m (Eltronik) / zona f o gama muerta || **Kalk ~brennen** / calcinar a fondo la cal
TOTEM m, Totem m, Total-Energie-Modul m (Mot) / agregado m combinado de acoplamiento de energía térmica
Totempfahl-Ausgangsschaltung f (DV) / ramificación f en pilar totémico
töten, die Haare ~ (Gerb) / des[en]granar la piel || **Kokons ~** / ahogar o asfixiar o destruir las crisálidas o capullos
Tot•gang m (Gewinde) / juego m o movimiento o huelgo inútil o muerto || ⁓**gewicht** n, totes Gewicht, Totlast f / peso m muerto || ⁓**holz** m (Schiff) / durmientas f pl || **~kochen** / hervir en exceso || ⁓**lage** f (Mech) / posición f en punto muerto || ⁓**last** f / carga f muerta || ⁓**liegendes**, Liegenden n (Bergb) / yacente m, muro m || **~mahlen** vt / moler en exceso || **~mahlen** (Pap) / refinar la pasta muerta, refinar la pasta demasiado corta || ⁓**mahlen** n (Pap) / refinado f excesiva || ⁓**manneinrichtung** f, -knopf m, (jetzt:) Sicherheitsfahrschalter m (Bahn) / control m o dispositivo de hombre muerto || ⁓**mannwarner** m (F'wehr) / avisador m de hombre muerto || **Gummi ~mastizieren** / masticar a muerte || **~pumpen** vt (Öl) / dominar o matar un pozo || ⁓**punkt** m (Mot) / punto m muerto || **vor unterem** ⁓**punkt** / delante del punto muerto inferior || **innerer o. unterer** ⁓**punkt**, UT / punto m muerto inferior || **äußerer o. oberer** ⁓**punkt**, OT / punto m muerto superior || ⁓**[punkts]lage** f / posición f en punto muerto || ⁓**punkt[s]marke** f / Schwungradmarkierung f (Kfz) / marca f de puesta a punto || ⁓**raum** m, toter Raum (Mot) / espacio m muerto o nocivo || **~recken** vt, -ziehen (Draht) / estirar en exceso || ⁓**rösten** n (Hütt) / calcinación f a fondo || ⁓**speicher** m (DV) / memoria f de lectura, memoria f de datos fijos || ⁓**spritzen** n (Landw) / destrucción f por pulverización || ⁓**taste** f (Schreibm) / tecla f muerta o no-tabulación || **Gummi ~walzen** s. totmastizieren ||
⁓**wasser** n, Sog m (Strömung) / resaca f || ⁓**wasser**, Kielwasser n (Schiff) / estela f || ⁓**wassergebiet** n / zona f de aguas muertas || **~weich** (Hütt) / extrablando || **~weichglühen** n (Hütt) / recocido m total || ⁓**zeit** f, Leerlaufzeit f / tiempo m de marcha en vacío || ⁓**zeit**, Verzögerungszeit f (Regeln) / tiempo m de retardo || ⁓**zeit** (Wzm) / tiempo m inactivo o muerto || ⁓**zeit** (sowohl Warte- wie Brachzeit) (F.Org) / tiempo m de reposo, tiempo m inactivo o de inactividad || ⁓**zeitregelsystem** n (Regeln) / sistema m de control por tiempo de retardo || ⁓**zone** f, neutrale Zone (NC) / zona f neutra o de indiferencia
Touchier... s. Tuschier ...
touchieren vt (Lagerschalen) / entintar
Touchscreen m, Berührungsbildschirm m (DV) / pantalla f de contacto o sensible al tacto

Touch-Tone-Telefon n (US) / teléfono m de botonera, teléfono m de llamada por tonos
Tour f (Färb) / pasaje m || ⁓, Treiben n (Bergb) / cordada f || ⁓ (2 bis 3 Rohre) (Öl) / sarta f de tubería [de revestimiento] || ⁓**en** f pl, Umdrehungen f pl, Umläufe m pl / revoluciones f pl || **auf** ⁓**en kommen** (Mot) / alcanzar el número de revoluciones [de régimen], alcanzar su pleno rendimiento, embalarse || **auf** ⁓**en sein** / girar a toda máquina, haber alcanzado la velocidad de régimen || **volle** ⁓**en** / a pleno rendimiento, a todo gas, a toda máquina
Touren•lenker m (Fahrrad) / manillar m de paseo || ⁓**rad** n / bicicleta f de paseo || ⁓**wagenaufbau** m (Kfz) / carrocería f de turismo || ⁓**zahl** f, Drehzahl f / número m de revoluciones || ⁓**zähler** m, Drehzahlmesser m / contador m de revoluciones, cuentarrevoluciones m, cuentavueltas m, cuentagiros m
Touristenklasse f (Luftf) / clase f turista o de turismo
Tournaiteppich m, Velourssteppich m (Tex) / alfombra f de Tournay
Tournantöl n (Tex) / aceite m de rojo turco
Tower m, Towergehäuse n (DV) / torre f
Towgarn n (Schiff) / hilo m de estopa
Townsend•-Entladung f (Phys) / descarga f o conducción de Townsend || ⁓**-Lawine** f (Phys) / avalancha f [de Townsend]
Toxi•ferin n [I] (Chem) / toxiferina f [I] || ⁓**kologie** f / toxicología f || **~kologisch** / toxicológico || ⁓**kose** f, -konose f, Toxonose f (Med) / toxicosis f
Toxin n, Gift n, -stoff m / toxina f
toxisch, vergiftend / tóxico
Toxizität, Giftigkeit f / toxicidad f
TPA (= trans-1,5-Polypentenamer, ein Synthesekautschuk) / caucho m sintético TPA
T-Profil n **aus Schichtstoff** / perfil m T estratificado
T-Profile n pl (allg, Hütt) / perfiles m pl en T
TPS-Stahl m / acero m TPS, acero m de aristas vivas laminado en caliente con caras de alas y del alma paralelas
TP-Triebwerk n, Turbinen-Propellertriebwerk n (Luftf) / propulsor m de turbo-hélice, turbopropulsor m
TQ = Tageslichtquotient
TQC, Total Quality Control / Control m de Calidad Total
TR = Technische Richtlinien
Trabant m, Satellit m (Astr) / satélite m || ⁓ (TV) / impulso m igualador o de igualación, impulso m compensador || ⁓**en** m pl, Raman-Linien f pl (Phys) / líneas f pl de Raman
Trabantenstadt f (Urbanisation) / ciudad f satélite
Trabantenstation f (DV) / estación f tributaria o satélite
Trace-Programm n (DV) / programa m de vaciado selectivo
Tracer m, Indikatoratom n (Nukl) / trazador m o indicador radiactivo || ⁓**technik**, Leitisotopentechnik f / técnica f de los elementos trazadores || ⁓**zugabe** f, Spicken n (Atom, Nukl) / adición f de indicador
Trachat n (Geol) / traquita f
Trachee f, Holzgefäß n (Bot) / tráquea f
Tracht f (Krist) / forma f de cara o de plano de un cristal
trächtig (Ader, Bergb) / metalífero
Trachydolerit m (Geol) / traquidolerita f
Trachyt•basalt m (Geol) / basalto m traquílico || ⁓**lava** f / lava f traquítica || ⁓**struktur** f / estructura f traquítica
Tracing n / seguimiento m, rastreo m
Tracing[-Programm] n (IBM) (DV) / rutina f trazadora, rutina f de comprobación de programa
Track m, Schiffahrtsroute / derrota f, rumbo m, ruta f
Tracker m (Solar) / seguidor m, mástil m con módulo de seguimiento
Tracking n (Raumf) / seguimiento m
TRAC-Rotor m (= telescoping rotor aircraft) (Hubschr) / rotor m TRAC
traditionell / tradicional

Trafo *m* (Elektr) / transformador *m* ‖ ≃**blech** *n* (Elektr) / chapa *f* para transformadores ‖ ≃**draht** *m* / alambre *m* para devanados ‖ ≃**haus** *n*, -kasten *m* / caseta *f* de transformación o de transformador ‖ ≃**station** *f* / estación *f* de los transformadores
träg s. träge
Trag•... / portador *adj*, de soporte ‖ ≃**achse** *f* (Bahn) / eje *m* portador ‖ ≃**anteil** *m* (Getriebe) / porcentaje *m* del área de contacto
Tragant[gummi] *m* / goma *f* del adraganto o de tragacanto
Trag•arm *m*, Stütze *f* (Masch) / asiento *m*, talón *m*, brazo *m* portante o de soporte ‖ ≃**balken**, Träger *m* (Bau) / viga *f* maestra o de soporte ‖ ≃**band** *n*, -riemen *m* / cinta *f* transportadora ‖ ≃**band** (Luftkabel) / presilla *f* de suspensión
tragbar, transportabel / portátil, transportable ‖ ~**er Bandförderer** / cinta *f* transportadora portátil ‖ ~**e Empfänger** *m pl*, Henkelware *f* / receptores *m pl* portátiles ‖ ~**er Fernseher** / televisor *m* portátil ‖ ~**e Fernsehkamera** / videomisor *m* ambulante (cámara y emisor), transmisor *m* portátil de TV ‖ ~**es [Funk-]Sprechgerät** / radioteléfono *m* portátil o ambulante, transceptor *m* portátil ‖ ~**er Mikrocomputer** (DV) / portátil *m* ‖ ~**er PC**, Minicomputer *m* / ordenador *m* portátil ‖ ~**es Telefon** / zapatófono *m*
Trag•bild *n* (Getriebe) / diagrama *m* de contacto ‖ ≃**binder** *m* (Dach) / cercha *f* principal ‖ ≃**bock** *m* / caballete *m* de soporte ‖ ≃**bogen** *m* (Bau) / arco *m* portante ‖ ≃**bolzen** *m* / pivote *m* portador ‖ ≃**bolzen** (Treppe) / bulón *m* portador ‖ ≃**bügel** *m* (Funk, TV) / estribo *m* portante ‖ ≃**draht** *m* / hilo *m* de suspensión ‖ ≃**draht**, -kabel *n* (Fernm) / cable *m* portador
träge / lento, perezoso, inerte ‖ ~, neutral (Chem, Phys) / indiferente ‖ ~, untätig / pasivo ‖ ~ **Gärung** (Biol) / fermentación *f* lenta ‖ ~ **Masse** (Phys) / masa *f* inerte ‖ ~ **Sicherung** (Elektr) / fusible *m* de acción lenta ‖ ~ **Strömung** / flujo *m* lento, corriente *f* lenta ‖ ~ **wirkendes Relais** / relé *m* retardado o de retardo
Trage *f*, Tragbahre *f* / angarillas *f pl*, andas *f pl*, parihuela[s] *f [pl]* ‖ ≃ (Bier) / paquete *m* de cerveza
tragecht (Färb) / sólido al uso
Tragegriff *m* / asa *f* de transporte
Tragelement *n* / estructura *f* de soporte, miembro *m* de soporte
tragen *vt*, stützen / soportar, apoyar ‖ ~, halten / sostener ‖ ~ (z.B. Kleidung) / llevar ‖ ~ *vi* (Schall) / portar
tragend (Masch) / de soporte, portante, sustentador ‖ ~ (Bau) / portante, sustentante ‖ ~ (Mech) / que soporte la carga ‖ ~**e [Außen]haut** (Luftf) / revestimiento *m* resistente ‖ ~**e Aussteifung** / apuntalado *m* portante ‖ ~**e Bauteile** (Luftf) / estructura *f* principal ‖ ~**es Element** s. Tragelement ‖ ~**e Fläche** / superficie *f* portante o de soporte ‖ ~**e Fläche** (Luftf) / superficie *f* sustentadora ‖ ~**e Haut des Flügels** (Luftf) / revestimiento *m* sustentadora del ala ‖ ~**e Konstruktion** / estructura *f* portante o de soporte ‖ ~**e [Mittel]wand o. [Zwischen]mauer** (Bau) / muro *m* de carga, tabique *m* de carga ‖ ~**er Rahmen** / bastidor *m* de soporte ‖ ~**e Stütze** / apoyo *m* de carga ‖ ~**es Teil** / elemento *m* portante o sustentador ‖ ~**er Wirbel** / vórtex *m* portante ‖ ~**e Zahnflanke** (Masch) / flanco *m* de diente portante ‖ **Bauweise mit** ~**er Außenhaut** (Luftf, Schiff) / estructura *f* monocasco ‖ **sich gut** ~, dauerhaft (Tuch) / durable ‖ ~**es [Bau]element** / sustentante *m*
Träger•gas *n*, Schleppgas *n* (Chem) / gas *m* portador ‖ ≃-**Geräusch-Abstand** *m* o. **-Verhältnis** / razón *f* portadora/ruido, relación *f* portadora/ruido ‖ ~**gesteuert** / gobernado por la portadora ‖ ≃**gewebe** *n*, -material *n*, (spez:) Teppichgrund *m* (Web) / substrato *m*, material *m* de base ‖ ≃**höhe** *f* (Stahlbau) / altura *f* de viga ‖ ≃**injektion** *f* (Halbl) / inyección *f* del

Träger *m* (allg, Chem) / portador *m* ‖ ≃ (eines Kleides usw.) (Tex) / tirante *m* ‖ ≃, Tragebalken *m* (Bau, Stahlbau) / viga *f* ‖ ≃, Stütze *f* (Bau, Masch) / soporte *m*, apoyo *m* ‖ ≃, Binder *m* (Bau) / cercha *f* ‖ ≃ *m*, Auflage *f* (Masch) / soporte *f*, consola *f*, ménsula *f* ‖ ≃ (Funk, TV) / portadora *f* ‖ ≃ (Plast) / base *f* de soporte ‖ ≃,

Basismaterial *n* (Halbl) / substrato *m*, material *m* de base ‖ ≃, Unterlagsschicht *f* / respaldo *m* ‖ ≃, Farbträger *m* / vehículo *m*, base *f* pigmentaria o de pigmento ‖ ≃, Fassung *f* (Opt) / montura *f* ‖ ≃ (für Spurenmengen) (Nukl) / portador *m* ‖ ≃ (Raumf) s. Trägerrakete ‖ ≃ **auf zwei Stützen** / viga *f* sobre dos apoyos ‖ ≃ **aus ausgestanzten Normalprofilen zusammengeschweißt** / viga *f* encastellada (o alveolar) de soldadura ‖ ≃ **der Palette** / refuerzo *m* de la paleta ‖ ≃ **der Wischeranlage** (Kfz) / soporte *m* del limpiaparabrisas ‖ ≃ **einer Lichtquelle** / fotóforo *m* ‖ ≃ **für alle Arten von Fluggerät** (Schiff) / portaaeronaves *m* ‖ ≃ **für das Hängegerüst** (Bau) / viga *f* para colgar andamios ‖ ≃ **für Schwingsystem** / portador *m* de masas oscilantes ‖ ≃ **gleicher Festigkeit** (Bau) / viga *f* de igual resistencia ‖ ≃ **im Dreiecksverband** (Stahlbau) / viga *f* Warren ‖ ≃ **mit durchbrochenem Steg** (Bau) / viga *f* encastellada o alveolar ‖ ≃ **mit fester und beweglicher Auflagerung** / viga *f* de un apoyo fijo y un apoyo móvil ‖ ≃ **mit oben-[o. unten]liegender Fahrbahn** / viga *f* [maestra] con tablero superior [o inferior]
Träger•abstand *m* (Stahlbau) / distancia *f* entre vigas ‖ ≃**amplitude** *f* (Eltronik) / amplitud *f* de la portadora ‖ ≃**amplituden-Abweichung** *f*, -Ausschlag *m* / desplazamiento *m* de la portadora, desviación *f* de portadora ‖ ≃**analyse** *f* (Chem) / análisis *m* de la [sustancia] portadora ‖ ≃**auffrischung**, -wiederherstellung *f* (Eltronik) / regeneración *f* de la portadora ‖ ≃**beweglichkeit** *f* (Halbl) / movilidad *f* de carga ‖ ≃**-Biege- und Richtmaschine** *f* / máquina *f* para curvar y enderezar vigas ‖ ≃**brücke** *f* / puente *m* de vigas ‖ ≃**bügel** *m* (Beton) / brida *f* para vigas ‖ ≃**diffusion** *f* (Halbl) / difusión *f* de carga ‖ ≃**-Einheit** *f* (Wzm) / unidad *f* portadora ‖ ≃**einheit** *f* **für Mehrspindelköpfe** / unidad *f* portadora para cabezal[es] multihusillos ‖ ≃**-Einheit** *f* **mit Vorgelege** (Wzm) / unidad *f* portadora con contramarcha ‖ ≃**flugzeug** *n* / avión *m* para port[a]aviones ‖ ≃**folie** *f* (Repro) / lámina *f* de soporte o de base ‖ ~**frei** (Nukl) / sin portador ‖ ~**frequentes System** / sistema *m* con frecuencia portadora
Trägerfrequenz *f* (Funk) / frecuencia *f* de [la] portadora, frecuencia *f* portadora, portadora *f* ‖ ≃ (AM-Faksimileübertr.) / frecuencia *f* portadora [de la modulación] de imagen ‖ ≃**bespulung** *f* / carga *f* [inductiva] de portadora ‖ ≃**durchschlag** *m* / descarga *f* disruptiva de la portadora ‖ ≃**-Fotographie** *f* / fotografía *f* por frecuencia portadora ‖ ≃**generator** *m* / generador *m* de portadora ‖ ≃**-Grundleitung** *f* (Fernm) / enlace *m* por línea de portadora ‖ ≃**-Hilfsvoramt** / estación *f* subdirectriz de frecuencia portadora ‖ ≃**kanal** *m* / canal *m* de frecuencia portadora ‖ ≃**-LAN** *n* / red *f* local de banda ancha, red *f* de zona urbana de banda ancha ‖ ≃**-Nachrichtenübertragung** *f* **auf Hochspannungsleitungen**, TFH-Telefonie *f* / comunicación *f* por portadora sobre líneas de transporte de energía ‖ ≃**rest** *m* / portadora *f* residual, residuo *m* de [corriente] portadora ‖ ≃**system** *n*, TF-System *n* / sistema *m* de onda portadora, sistema *m* de corrientes portadoras, sistema *m* de comunicación sobrepuesta ‖ ≃**technik** *f* / técnica *f* de frecuencia portadora ‖ ≃**telefonie** *f*, CWT / telefonía *f* por onda portadora ‖ ≃**übertragung** *f* / transmisión *f* por onda portadora ‖ ≃**unterdrückung** *f* / supresión *f* de la portadora

portador ‖ ⁓kontakt m (Chem) / catalizador m de contacto ‖ ⁓lage f (Lage aus mehreren Trägern) / envigado m ‖ ⁓laufkatze f / carro m portapolipasto ‖ ⁓laufzeit f (Halbl) / tiempo m de propagación del portador ‖ ⁓lawine f, Elektronenlawine f / avalancha f electrónica ‖ ⁓lawine, Ionenlawine f / avalancha f iónica ‖ ⁓lebensdauer f (Halbl) / vida f media volúmica, vida f media de los portadores minoritarios ‖ ⁓leistung f (Eltronik) / potencia f del portador ‖ ⁓-Leiterplatte f (gedr.Schaltg) / tablero m madre ‖ ~los (Chem) / sin portador ‖ ~lose Folie (Plast) / hoja f sin soporte o no reforzada ‖ ⁓material n (für Beschichtung) (Laser, Repro) / material m de base ‖ ⁓modul m, -kapsel f (Raumf) / módulo m portador ‖ ⁓null n, Nullamplitude f (Eltronik) / cero m de la portadora, amplitud f nula de la portadora, ausencia f de portadora ‖ ⁓puls m (Modulation) / portadora f de impulso, (poco us.:) pulsoportadora f ‖ ⁓rakete, Startrakete, -stufe f (Raumf) / vehículo m de lanzamiento de satélites, cohete m portador ‖ ⁓/Rauschabstandsleistung f (Eltronik) / razón m de potencia portadora/ruido ‖ ⁓rauschen n / ruido m de portadora ‖ ⁓/Rauschverhältnis n (Fernm) / razón m portadora/ruido ‖ ⁓rest m (Trägerfrequenz) / portadora f residual ‖ ⁓rost m, Kreuzwerk n (Stahlbau) / emparrillado m de vigas ‖ ⁓schere f (Wz) / cizalla f para vigas ‖ ⁓schiff n, Schuten-Träger m / buque m portagabarras ‖ ⁓schwebung f (Eltronik) / batido m de portadora ‖ ⁓schwund m (Eltronik) / desvanecimiento m o fading de portadora ‖ ⁓seite f (Film) / lado m de soporte o de base ‖ ⁓signal n / señal f de portadora ‖ ⁓spannung f / tensión f de portadora ‖ ⁓steg m (Bau) / alma f de viga ‖ ⁓steuerungsmodulation, HAPUG-Modulation f / modulación f de portadora flotante ‖ ⁓stift m (Kompass) / pivote m de soporte ‖ ⁓stoff m (Pflanzenschutz) / vehículo m ‖ ⁓straße f (Walzw) / tren m laminador de vigas ‖ ⁓strom m (Eltronik) / corriente f portadora ‖ ⁓stromtechnik f, -frequenztechnik f / técnica f de corriente (o frecuencia) portadora ‖ ⁓stromverstärker m / amplificador m o repetidor de corriente (o de onda) portadora ‖ ⁓substanz f (Katalysator) / portador m de catalizador ‖ ⁓substanz (Xerox) / portador m ‖ ⁓systeme n pl (Stahlbau) / sistemas m pl de vigas ‖ ⁓telefonie f (Eltronik) / telefonía f por corriente (u onda) portadora ‖ ⁓telefonie mit Trägerunterdrückung in den Gesprächspausen / telefonía f de modulación con interrupción de [la] portadora, telefonía f con intervalos sin emisión, telefonía f con supresión de la portadora en los silencios ‖ ⁓telefonie, tonlos f (Eltronik) / ondas f pl entretenidas manipuladas ‖ ⁓unterdrückung f / supresión f de la portadora ‖ ⁓unterkante f (Bau) / arista f inferior de la viga ‖ ⁓verkleidung f / revestimiento m de una viga ‖ ⁓versorgung f (Eltronik) / fuente f de corrientes portadoras ‖ ⁓walzwerk n (Hütt) / laminador m de vigas ‖ ⁓welle f (Eltronik) / onda f portadora ‖ ⁓welle s. auch Trägerfrequenz ‖ ⁓wellenamplitude f / amplitud f de la portadora ‖ ⁓wellenamplitude für Maximum-Weiß, Weißpegel m (TV) / nivel m del blanco ‖ ⁓wellenfilter m n (Fernm) / filtro m de portadora ‖ ~wellengesteuerter Geräuschunterdrücker / dispositivo m antirruido gobernado por la portadora ‖ ⁓wellenoszillator m / oscilador m de la onda portadora ‖ ⁓wiederherstellung, -auffrischung f (Eltronik) / regeneración f de la portadora ‖ ⁓zufuhrung f (Eltronik) / portador m local

Trage•spannung f (Plast) / tensión f de (o de la) carga ‖ ⁓stäbe m pl (der Dachreling) (Kfz) / varillas f pl transversales

tragfähig, gut (Bau) / firme, estable ‖ ~ (Boden) / resistente ‖ ~ (Schiff) / de una capacidad de cargamento [de...]

Tragfähigkeit f, -kraft f, -vermögen n / capacidad f de carga, fuerza f portante ‖ ⁓ (Fahrzeug) / límite m de carga, carga f límite ‖ ⁓, Ladungsfähigkeit f (Schiff) / capacidad f de cargamento ‖ ⁓ f (Baugrund) / resistencia f del suelo, carga f que puede soportar el terreno ‖ ⁓ (Reifen) / capacidad f de porte, fuerza f de carga ‖ ⁓, -kraft, Belastbarkeit f (Hebezeug) / fuerza f [de levantamiento]
Tragfähigkeits•berechnung f / cálculo m de la resistencia, cálculo m de la capacidad de carga ‖ ⁓zahl f (Flugplatz) / número m LCN
Trag•feder f / muelle m o resorte de soporte de suspensión ‖ ⁓federbolzen m / bulón m de suspensión de muelle
Tragfläche f, Auflagerfläche f (Masch) / superficie f de apoyo ‖ ⁓ (Lager) / superficie f de contacto ‖ ⁓, -flügel m (Luftf) / plano m sustentador, ala f ‖ ⁓ (Raumf) / superficie f de sustentación ‖ ⁓ **des Tragflügelbootes** / aleta f portante, hidroaleta f
Tragflächen•abstand m (Luftf) / distancia f interalar, entreplano m ‖ ⁓belastung f / carga f alar o del ala ‖ ⁓boot n (Hydrofoil) / aliscafo m ‖ ⁓gerippe n / armadura f del ala ‖ ⁓kühler m / radiador m de ala ‖ ⁓längsholm m / larguero m de ala ‖ **vorderer ⁓rand** (Luftf) / borde m de ataque ‖ ⁓theorie f / teoría f de la superficie portante ‖ ⁓wurzel f (Luftf) / raíz f del ala, arranque m del ala ‖ ⁓zelle f / célula f de ala
Trag•flügelboot n, -flächenboot n / hidroala m, acuaplano m, hidrofoil m, aliscafo m ‖ ⁓gabel f (Gieß) / horquilla f portacaldero ‖ ⁓gabelpfanne f (Gieß) / caldero m portátil ‖ ⁓gas m (Luftf) / gas m de sustentación ‖ ⁓gerüst n / armazón m f portante ‖ ⁓gerüst (Förderband) / armazón f m ‖ ⁓gestell n / bastidor m portante ‖ ⁓griff m / asa f ‖ ⁓gurt m (allg) / correa f o cinta portadora ‖ ⁓gurt (Fallschirm) / tirante m

Trägheit f, Beharrungsvermögen n (Mech, Phys) / inercia f ‖ ⁓, Trägheitskraft f / fuerza f de inercia ‖ ⁓ f, [mittlerer] Zeitabstand (Instr) / retardo m de tiempo, tiempo m de retardo, [período de] retraso m ‖ ⁓, Inertanz f (Mech) / inertancia f
Trägheits•... (Mech) / inercial, de o por inercia ‖ ⁓achse f (Phys) / eje m de inercia ‖ ⁓achsenkreuz n / sistema m de ejes de inercia ‖ ⁓arm m / radio m de giro o de inercia ‖ ⁓beanspruchung f / solicitación f por inercia ‖ ⁓betätigung f (Bremse) / accionamiento m por inercia ‖ ⁓einschluss m (Plasma) / confinamiento m por inercia ‖ ⁓ellipse f (Phys) / elipse f de inercia ‖ ⁓ellipsoid n / elipsoide m de inercia ‖ ⁓führung f (Raumf) / guía f inercial, guiado m por inercia ‖ ⁓gesetz n, 1.Newtonsches Axiom (Phys) / ley f de inercia, ley f del movimiento de Newton ‖ ⁓halbmesser m, -radius m / radio m de giro o de inercia ‖ ⁓konstante f (Elektr) / constante f de inercia, constante f de energía cinética ‖ ⁓kopplung f (Raumf) / acoplamiento m por inercia ‖ **integrierender ⁓kreisel** (Schiff) / giroscopio m inercial integrador ‖ ⁓lenkung f (Raumf) / control m inercial ‖ ~los / libre de o sin inercia ‖ ⁓losigkeit f / ausencia f de inercia ‖ ⁓-Messsystem n (Raumf) / telemetría f inercial ‖ ⁓moment m (Mech) / momento m de inercia ‖ ⁓moment der hydrodynamischen Massen (Hydr) / inercia f aparente ‖ ⁓navigation, -ortung f (Luftf) / navegación f por inercia ‖ ⁓navigations-Leitwerk n / unidad f inercial ‖ ⁓plattform (Luftf) / plataforma f inercial ‖ ⁓polkurve f (Kinematik) / trayectoria f de la curva de inercia ‖ ⁓produkt m (Flugmech) / producto m de inercia ‖ ⁓punkt m / punto m inercial ‖ ⁓raum m / espacio m inercial ‖ ⁓richtgerät n / instrumento m de guía inercial ‖ ⁓schalter m (Elektr) / interruptor m o conmutador de inercia ‖ ⁓vermögen n, Trägheit f (Phys) / fuerza f de inercia ‖ ⁓widerstand m / resistencia f por inercia ‖ ⁓zeichen n (Sicherung) /

símbolo *m* de retardo ‖ ⁓**zentrum** *n* / centro *m* de inercia o de masa

Trag•kabel *n*, **-draht** *m* (Fernm) / cable *m* portador o de sustentación ‖ ⁓**kabel für Brücken** / péndola *f* ‖ ⁓**karren** *m* (Bahn) / carretilla *f* transportadora ‖ ⁓**katze** *f* / carretillo *m* de carga ‖ ⁓**kette** *f* / cadena *f* portadora ‖ ⁓**kissen** *n* / cojín *m* portador o de sustentación ‖ ⁓**knagge, -pratze** *f* / garra *f* portadora ‖ ⁓**konstruktion** *f*, Tragwerk *n* (Bau) / construcción *f* portante o de sustentación ‖ ⁓**korb** *m* (Hütt) / soporte *m* para cucharas de escoria ‖ ⁓**körper** *m* (elek. Widerstand) / soporte *m* ‖ ⁓**körper**, Hülle *f* (Luftf) / carena *f* ‖ ⁓**kraft** *f* / fuerza *f* portante o de sustentación de apoyo, fuerza *f* portante, capacidad *f* de carga ‖ ⁓**kraftspritze** *f* (Feuerwehr) / motobomba *f* [de incendios] portátil ‖ ⁓**kranz** *m* / anillo *m* [so]portador o de soporte ‖ ⁓**kranz** (Hochofen) / madrastra *f*, corona *f* de soporte ‖ ⁓**kranz** s. auch Tragring ‖ ⁓**kreuz** *n* (Elektr) / estrella *f* del inducido ‖ ⁓**lager** *n* / cojinete *m* de apoyo ‖ ⁓**lager von Wellenzapfen** (Masch) / cojinete *m* liso, chumacera *f* ‖ ⁓**last**, Auflast, Last *f* (Mech) / carga *f* ‖ ⁓**last** *f* (Mech) / carga *f* última o límite ‖ ⁓**last nach der Fließtheorie** / carga *f* aplastada ‖ ⁓**lastgrenze** *f* (Knicken) / carga *f* o límite de (o al) pandeo ‖ ⁓**lastverfahren** *n* (Bau, Stahlbau) / diseño *m* plástico ‖ ⁓**lufthalle** *f* / hangar *m* o pabellón neumático o hinchable, nave *f* sistema módulo hinchable, nave *f* neumática hinchable ‖ ⁓**magnet** *m* (Magnetschwebebahn) / imán *m* sustentador ‖ ⁓**mast** *m* / mástil *m* de soporte ‖ ⁓**mulde** *f* **im Doppelstockwagen** (Bahn) / canalón *m* portador ‖ ⁓**nase** *f* (z.B. an einer Platte) / talón *m* de suspensión ‖ ⁓**öse**, Klammer *f* (Elektr) / ojete *m* ‖ ⁓**pfosten** *m* / puntal *m*, estribo *m* ‖ ⁓**platte** *f* / placa *f* portadora o de apoyo ‖ ⁓**pratze, -knagge** *f* / garra *f* o uña de soporte ‖ ⁓**rahmen** *m* (Bergb) / bastidor *m* portante ‖ ⁓**rahmen** (Traktor) / armazón *f* fija, bastidor *m* fijo ‖ ⁓**riemen**, -gurt *m*, -band *n* / correa *f* portadora, correa *f* del hombro ‖ ⁓**ring** *m* / anillo *m* portador ‖ ⁓**ring**, Fadenführer *m* (Spinn) / aro *m* interior sin pestañas, soporte *m* de guiahílos ‖ ⁓**ring** [des Läufers] (Elektr) / anillo *m* retenedor o de retención, aro *m* o cerco de retención ‖ ⁓**ring** (Schlackentopf) / anillo *m* soporte ‖ ⁓**ring** [mit Schneide] (Bergb) / anillo *m* de cuchillo ‖ ⁓**ring** (Hochofen) / reborde *m* ‖ ⁓**ring für die Spulenträger** (Spinn) / columna *f* soporte ‖ ⁓**ring für Luftkabel** (Fernm) / presilla *f* de suspensión para cable[s] aéreo[s] ‖ ⁓**ring mit hängender Last** / aro *m* de suspensión ‖ ⁓**rohr** *n* / tubo *m* de soporte ‖ ⁓**rohr** (zwischen Düse u. Flügel) (Luftf) / pilón *m*, estructura *f* rígida ‖ ⁓**rohr**, Zentralrohr *n* (Kfz) / tubo *m* [central] del chasis ‖ ⁓**rolle** *f* / rodillo *m* portador, rodillo *m* de apoyo ‖ **gerade** ⁓**rolle** (Gurtband) / rodillo *m* portador de derecho ‖ **muldenförmige** ⁓**rolle**, Muldenrolle *f* / rodillo *m* portador en forma de artesa ‖ ⁓**rost** *m* **für Schienen** (Bahn) / enrejado *m* sustentador para rieles ‖ ⁓**schere** *f*, Tiegelschere *f* (Gieß) / horquilla *f* del crisol ‖ **untere** [,**obere**] ⁓**schicht** (Straßb) / capa *f* adhesiva inferior, [superior] ‖ ⁓**schichtbinder** *n* (Straßb) / aglomerante *m* de capa de base ‖ ⁓**schiene** *f* (EN 50024) (Elektr) / regleta *f* de montaje, canaleta *f* portatubo ‖ ⁓**schlaufe** *f* (Foto) / lazo *m* de muñeca ‖ ⁓**schlepper** *m* (Landw) / tractor *m* para cultivo de escarda ‖ ⁓**schnabel**, Schwanenhals *m* (Bahn) / cuello *m* de cisne ‖ ⁓**schnabelwagen** *m* / vagón *m* de pico portante ‖ ⁓**schneide** *f* **des Drehgestells** (Bahn) / traviesa *f* central fija del bogie ‖ ⁓**schraube** *f*, nicht angetriebene Hubschraube (Luftf) / hélice *f* sustentadora ‖ ⁓**schraubenflugzeug** *n* / autogiro *m*, giroavión *m* ‖ ⁓**schrauber** *f* **mit Zugschraube** / girodino *m* ‖ ⁓**schrauberzustand** *m* (Hubschrauber) / autorrotación *f* de la hélice ‖ ⁓**seil** *n* (Fahrleitg) / cable *m* portador o

sustentador ‖ ⁓**seil** (Seilb) / cable *m* carril o portante o portador ‖ ⁓**seilauflager** *n*, -schuh *m* (Seilb) / apoyo *m* de cable carril ‖ ⁓**seilbremse** *f* (Seilb) / freno *m* de cable carril ‖ ⁓**seilübersp annung** *f* (Bahn) / cruce *m* de un transportador aéreo ‖ ⁓**seite** *f* (Förderband) / lado *m* de carga ‖ ⁓**seite** (Tex) / cara *f* de uso, cara *f* expuesta al desgaste ‖ ⁓**spritze** *f* / bomba *f* portátil ‖ ⁓**stein** *m* (Bau) / cartela *f*, ménsula *f* para estructuras saledizas ‖ ⁓**stempel** *m* / puntal *m*, estemple *m* ‖ ⁓**stiel** *m* **der Gießpfanne** / barra *f* de transporte del caldero ‖ ⁓**tasche** *f*, -beutel *m* / bolsa *f* para compras ‖ ⁓**tier** *n* / animal *m* de carga, bestia *f* de carga ‖ ⁓**trommel** *f* (Pap) / tambor-soporte *m* ‖ ⁓**trommelroller**, Poperoller *m* (Pap) / enrolladora *f* de tambor-soporte ‖ ⁓**verhalten** *n* (Transp) / comportamiento *m* en transporte ‖ ⁓**verhalten** (Bau) / comportamiento *m* a la solicitación por carga ‖ ⁓**vermögen** *n* (Luftf) / potencia *f* de sustentación ‖ ⁓**vermögen** s. auch Tragkraft u. Tragfähigkeit ‖ ⁓**vermögen [schwimmender Körper]**, Schwimmkraft *f* / potencia *f* flotante, flotabilidad *f* ‖ ⁓**wagen** *m* **für Großbehälter** (Bahn) / vagón *m* portacontenedores ‖ ⁓**walze** *f* (Kalander) / cilindro *m* portador ‖ ⁓**wand** *f* (Stahlbau) / alma *f* de viga ‖ ⁓**weg** *m* (Hütt) / arrastre *m* ‖ ⁓**weite** *f*, Reichweite *f* / alcance *m* ‖ ⁓**werk** *n* (Bau) / estructura *f* portante ‖ ⁓**werk** (Luftf) / alas *f pl* ‖ ⁓**werkzelle**, Flügelzelle *f* (Luftf) / celda *f* de ala ‖ ⁓**wirkung** *f* (Bau, Stahlbau) / estado *m* estructural ‖ ⁓**zahl** *f* / capacidad *f* de carga ‖ ⁓**zange** *f* (Gieß) / horquilla *f* portadora ‖ ⁓**zapfen** *n* / gorrón *m* de apoyo

trailer•bar (Boot) / remolcable (con trailer) ‖ ⁓**-Etikett** *n* (DV) / rótulo *m* final ‖ ⁓**-Schiff** *n* / buque *m* tipo Ro-Ro

trainieren *vt*, üben *vi* / ejercitar, entrenarse ‖ ~, schulen / entrenar, adiestrar

Training *n*, Übung *f* / ejercicio *m*, entrenamiento *m* ‖ ⁓, Ausbildung *f* / formación *f* ‖ ⁓ (Supraleiter) / training *m*, acondicionamiento *m*

Trainingsflugzeug *n* / avión *m* de adiestramiento

Trajekt *m n*, Eisenbahnfähre *f* (Schiff) / barco *m* transbordador, ferry *m*, ferro-barco *m* (LA)

Trajektorie *f* (Math, Raumf) / trayectoria *f*

Trakt *m* (Bau) / ala *f*, sección *f*

Traktion *f* (Kfz) / tracción *f*, adherencia *f* por rozamiento

Traktionskontrolle *f* (Kfz) / control *m* de tracción

Traktor *m*, Trecker *m* (Landw) / tractor *m* ‖ ⁓ (Drucker) / oruga *f* de alimentación de formularios ‖ **mit dem** ⁓ **[be]arbeiten** / tractorear ‖ ⁓**erdschaufel**, Erdschaufel *f* (Landw) / pala *f* de tractor ‖ ⁓**-Grader** (Straßb) / niveladora *f*, aplanadora *f*

Traktorie *f* (Math) / trayectoria *f*

Traktor•pflug *m* (Landw) / arado *m* para tractor ‖ ⁓**schütz** *n* (Hydr) / compuerta *f* de orugas

Traktrix *f*, Schleppkurve *f* (Math) / tractriz *f*

Trambahn *f*, Straßenbahn *f* / tranvía *m*

Trampeleffekt *m* (Bergb) / destrucción *f* del techo por (o debido a) la fijación de estemples

Trampolin *n* (Sport) / cama *f* elástica

Tramp•schiff *n* / tramp *m*, buque *m* vagamundo ‖ ⁓**schiffahrt** *f* / navegación *f* tramp

Tram[seide] *f* (Web) / seda *f* de trama, trema *f* de seda

Tran, Fischtran *m* / aceite *m* de pescado ‖ ⁓ *m* (Gerb) / degras *m*

Träne *f* (Fehler, Walzw) / burbuja *f* reventada, pezón *m* ‖ ⁓, Tropfen *m* (Glas) / lágrima *f* de vidrio

Tränen•bildung *f*, Tropfnasenbildung *f* (Lack) / formación *f* de lágrimas ‖ ⁓**blech** *n* (Walzw) / chapa *f* apezonada, chapa *f* con bulbo ‖ ⁓**gas** *n*, Reizgas *n*, Weißkreuzgas *n* / gas *m* lacrimógeno ‖ ~**reizend** (Gas) / lacrimógeno

tranig / aceitoso

Tranjuchten, ⁓**leder** *n* / cuero *m* pasado por el aceite de ballena

Tränk•bad n (Holz, Tex) / baño m de impregnación ‖ ~**behälter** m, -trog m, Imprägniertrog m / cuba f de impregnación
Tränkebecken n, Tränke f (Landw) / abrevadero m, pilón m de abrevar, bebedero m (LA)
tränken vt, imprägnieren (Holz, Tex) / impregnar ‖ ~, sättigen [mit] (Färb) / saturar [de], impregnar, reentintar ‖ ~, eintränken / empapar [en], imbuir [de], poner en infusión ‖ ~ (Bergb) / inyectar agua ‖ ~ (Sintern) / infiltrar ‖ ~ (Vieh) / abrevar ‖ **mit Kreosot** ~ / creosotar ‖ **mit Wasser** ~ / meter en el agua, mojar ‖ **Schwellen** ~ (Bahn) / impregnar [las] traviesas
Tränk•hartmetall n (Hütt) / metal m duro infiltrado ‖ ~**harz** n / resina f impregnadora ‖ ~**harzmasse** f / masa f de impregnación ‖ ~**kessel** m / caldera f de impregnación ‖ ~**kessel für Kreosot** (Holz) / caldera f para impregnación de creosota ‖ ~**lack** m, dickflüssiger Lack, Träufelharz n / barniz f de impregnación ‖ ~**makadamdecke** f (Straß) / firme m macadamizado impregnado y de betún ‖ ~**masse** f, -mittel n, -stoff m, Imprägniermasse f / masa f de impregnación ‖ ~**pumpe** f (Bergb) / bomba f de inyección ‖ ~**rinne** f (Landw) / abrevadero m, bebedero m ‖ ~**skelett** n (Sintern) / esqueleto m impregnador ‖ ~**tiegel** m / crisol m de impregnación
Tränkung f, Imprägnierung f (Holz, Tex) / impregnación f ‖ ~ (Sintern) / infiltración f ‖ ~ (Chem) / imbibición f, reentintaje m ‖ ~ **mit Kohlensäure** (Wasser) / carbonización f de agua
Tränkungswert m / coeficiente m de impregnación
Tränkwerkstoff m (Sintern) / material m de infiltración
Tranleder s. Tranjuchten
Trans•..., [Hin]über..., Durch... / trans... (v.tb.: tras...) ‖ ~**actinid** n (Chem) / transactínido m ‖ ~**admittanz** f, Vorwärtsscheinleitwert m (Elektr) / transadmitancia f, admitancia f de transferencia
Transaktion f (allg) / transacción f ‖ ~ (DV) / transacción f, movimiento m
Transaktions•monitor m (DV) / monitor m de transacción ‖ ~**register** n / registro m de movimiento ‖ ~**strömung** f, Parallelströmung f / corriente f paralela ‖ ~**verarbeitung** f (DV) / procesamiento m de datos por transacción
Trans•aminase f (Biochem) / transaminasa f ‖ ~**aminierung** f (Biochem) / transaminación f ‖ ~**atlantik-Kabel** n (Fernm) / cable m transatlántico ‖ ~**ceiver** m (Eltronik) / transceptor m ‖ ~**codierung** f (DV) / conversión f del código ‖ ~**container** (DIN), Großbehälter m / transcontenedor m ‖ ~**curium** n (Chem) / transcurio m, elemento m transcuriano o transcúrico ‖ ~**diode** f / transdiodo m ‖ ~**ducer**, Messgrößenumformer m (DIN) (Eltronik, Fernm) / transductor m ‖ ~**duktor**, Magnetverstärker m / transductor m ‖ ~**duktorverstärker** m / amplificador m magnético ‖ ~**-104-Element** n, superschweres Element (Chem) / elemento m superpesado ‖ ~**-Faseroptik** f / sistema m de transmisión por fibras ópticas
Transfer m / transferencia f, transfer m ‖ ~ **von Ladungsträgern** (Eltronik) / transferencia f de portadores de carga o de portadores electrizados ‖ ~**-Admittanz** f / admitancia f de transferencia
Transferase f (Biochem) / transferasa f
Transfer•befehl m (DV) / instrucción f de transferencia ‖ ~**druck** m / impresión f por transferencia ‖ ~**-Druckkammer** f (Plast) / pote m para transferencia ‖ ~**geschwindigkeit** f (DV) / velocidad f de transferencia (o de movimiento) de datos
transferieren vt (DV, Phys) / transferir, transferizar
Transfer•-Impedanz f (Fernm) / impedancia f de transferencia ‖ ~**-Line**, Überweisungsleitung f (Öl) / línea f de transferencia ‖ ~**maschine** f (Wzm) / transferidora f, máquina f de transferencia

Transferometer n (Atom, Nukl) / transferómetro m, medidor m de funciones de transferencia
Transfer•-Orbit m (Raumf) / órbita f de transferencia ‖ ~**presse** f (Plast) / prensa f para transferencia ‖ ~**pressen** n, Pressspritzen n (Plast) / moldeo m por transferencia ‖ ~**-Ribonukleinsäure** f, Transfer-RNS f, Träger-RNS f, t-RNS f (Biochem) / ácido m ribonucléico de transferencia, ARN m de transferencia, ARN-t ‖ ~**straße** f (Wzm) / tren m de transferencia, vía f de transferidora[s], línea f automática ‖ ~**straßendrehmaschine** f (Wzm) / torno m de transferencia ‖ ~**verlust** m (Ultraschall) / pérdida f de transferencia
Trans•fette n pl (Biochem) / ácidos m pl grasos sintéticos ‖ ~**finit** (Mengenlehre) / transfinito ‖ ~**finite Menge** (Math) / conjunto m transfinito ‖ ~**fluxer** m, Rechteckferrit m mit Löchern (Eltronik) / transfluxor m ‖ ~**fokator** m (Opt) / zoom m, objetivo m de distancia focal variable o reglable ‖ ~**form** f (Chem) / forma f trans
Transformation f (Math) / transformación f ‖ ~, Umspannung f (Elektr, Krist) / transformación f
Transformations•-EMK f / fuerza f electromotriz o FEM estática o de transformación ‖ ~**punkt** m / punto m de transformación ‖ ~**stück** n (Wellenleiter) / sección f adaptadora o de transformación ‖ ~**stück**, E-H-Anpassungsglied n (Wellenleiter) / sintonizador E-H m ‖ ~**stufe** f (Instr) / sección f de transformación ‖ ~**technologie-Schnittstelle** f, TT-SS / interfaz f de técnica de transformación ‖ ~**temperatur** f, -punkt m (Glas) / temperatura f de [la] transformación ‖ ~**theorie** f (von Jordan u. Dirac) (Phys) / teoría f de transformación ‖ ~**verhältnis** n / relación f de transformación
Transformator m, Trafo m (Elektr) / transformador m ‖ ~ **für Beleuchtungszwecke**, Lichttransformator m / transformador m para alumbrado ‖ ~ **für Kraftzwecke**, Krafttransformator m / transformador m de fuerza o de potencia o de poder ‖ ~ **mit beweglicher Sekundärwicklung** / transformador m de bobina móvil ‖ ~ **mit Ölumlaufkühlung** / transformador m refrigerado por aceite ‖ ~ **mit 90° Phasenverschiebung des Sekundärstroms** / transformador m de cuadratura, transformador m de intensidad desfasador
Transformator•anzapfung f / toma f o derivación de transformador ‖ ~**durchführung** f / boquilla f de paso de transformador
Transformatoren•anlage f, -werk n / estación f de transformación ‖ ~**blech** n, -stahl m (DIN 46400) (Hütt) / plancha f o chapa para transformadores ‖ ~**haus** n / caseta f o cabina de transformadores ‖ ~**öl** n / aceite m para transformadores ‖ ~**öl mit 0,1% Schlamm bis 80° C zulässig** / aceite m categoría A ‖ ~**öl mit 0,8% Schlamm bis 75° C zulässig** / aceite m categoría B ‖ ~**prüfung** f im Rückarbeitsverfahren (Elektr) / ensayo m de Sumpner ‖ ~**säule** f / pilar m o poste m de transformador ‖ ~**schnitt** m / chapa f estampada para transformador ‖ ~**station** f, Unterwerk n / subestación f de transformación
Transformator•gefäß n, -kessel m / caja f o cuba de transformador, envoltura f de transformador ‖ ~**joch** n / culata f de transformador ‖ ~**kern** m / núcleo m de transformador ‖ ~**kopplung** f / acoplamiento m por transformador ‖ ~**los** (Eltronik) / sin transformador ‖ ~**-Verstärker** m (Eltronik) / amplificador m acoplado (o con acoplamiento o con acoplo) por transformador ‖ ~**wicklung** f / arrollamiento m de transformador ‖ ~**zelle** f / cubículo m de transformador
trans•formieren, umspannen (Elektr) / transformar ‖ ~**formierte Matrix** (Math) / matriz f transformada ‖ ~**formierte** f (Math) / transformada f

transgen (z.B. Pflanzen), genmanipuliert (Bot) / transgénico
Transgression f, übergreifende Auflagerung (Geol) / transgresión f
Transieder m / fundidor m de aceite de pescado
transient, schwankend (Elektr, Phys, Werte) / transiente, transitorio ‖ ~**e Längs-, [Quer]spannung** / tensión f transitoria longitudinal, [transversal] ‖ ~**er Strom** / corriente f transitoria o momentánea ‖ ~**er Wärmewiderstand** (Halbl) / impedancia f térmica transitoria
Transienten•messtechnik f / técnica f de medición de fenómenos transitorios ‖ ~**recorder** m / registrador m de transientes ‖ ~**-Störspannung** / tensión f de ruido de fenómenos transitorios
Transient•-Kurzschluss-Zeitkonstante f / constante f de tiempo de cortocircuito transitorio ‖ ~**-Längs,** f [Quer]**reaktanz** / reactancia f transitoria longitudinal, [transversal]
Trans•information f (DV) / transinformación f ‖ ~**informationsbelag** m (DV) / razón m de transinformación por unidad de tiempo ‖ ~**informationsrate** f (DV) / razón m de transinformación
Transistor m / transistor m ‖ ~**...**, transistorisiert / transistorizado ‖ **pnip o. pnin-**~ / transistor m de unión PNIP o PNIN ‖ ~**bestückt** / transistorizado
Transistorenempfänger m / receptor m [de radio] transistorizado, radio f de transistores, radiorreceptor m transistorizado
Transistor•gehäuse n / caja f de transistor ‖ ~**gerät** n / transistor m, aparato m transistorizado
transistorisieren vt, mit Transistoren bestücken / transistorizar
Transistor•laufzeit f (Halbl) / tiempo m de tránsito del transistor ‖ ~**parameter** m / parámetro m de transistor ‖ ~**prüfer** m, -prüfgerät n / probador m de transistores ‖ ~**schwinger** m / oscilador m con transistor ‖ ~**technologie** f / tecnología f de transistores ‖ ~**-Transistor-Logik** f / lógica f transistor-transistor ‖ ~**-Verstärker** m / amplificador m transistorizado o de transistores ‖ ~**-Wechselrichter** m / inversor m transistorizado ‖ ~**-Zuleitung** f / conexión f exterior del transistor ‖ ~**zündanlage** f (Kfz) / instalación f de encendido transistorizada ‖ ~**zündung** f (Kfz) / encendido m transistorizado ‖ ~**-[Spulen]zündung** f (Kfz) / encendido m por bobina transistorizado
Transistron n (TV) / transistrón m
Transit m / tránsito m ‖ ~**bereich** m (Flughafen) / área f de tránsito directo ‖ ~**frequenz** f (Halbl) / frecuencia f de transición o de cruce ‖ ~**hafen** m (Schiff), Durchgangshafen m / puerto m de tránsito
Transitions•flug m (VTOL) / vuelo m de transición ‖ ~**strecke** f (VTOL) / distancia f de transición
Transitivität f (Math) / transitividad f
Transitleitung f (Fernm) / circuito m de tránsito
transitorisch (Bot) / transitorio, de transición ‖ ~**e Längs-EMK** / fuerza f electromotriz transitoria longitudinal
Transitron n (Eltronik) / transitrón m ‖ ~**oszillator** m, -pentode f / oscilador m [de] transitrón
Transit•system n (DV) / sistema m intermedio de relé ‖ ~**-Tarif** m (Fernm) / tarifa f de tránsito
transkontinentale Funkverbindung / radioenlace m transcontinental
transkristallin / transcristalino
Transkristallisation f / cristalización f en forma de columna
Transkritdruck m (schwarzer Rückseitendruck zum Durchschreiben) (Druck) / impresión f de formularios con anverso carbonado
translatieren vt, verschieben (Mech) / trasladar, efectuar un movimiento de traslación

Translation, Parallelverschiebung f, Translationsbewegung f (Mech) / traslación f, movimiento m de traslación, desplazamiento m ‖ ~ f (Roboter) / recorrido m lateral ‖ ~ **in der Horizontalebene** (Roboter) / movimiento m de traslación en el plano horizontal
Translations•... (Phys) / traslacional, de traslación ‖ ~**energie** f / energía f de desplazamiento ‖ ~**fläche,** -ebene f (Krist) / plano m de corrimiento, plano m de deslizamiento ‖ ~**gitter** n, einfaches Gitter (Krist) / rejilla f de traslación ‖ ~**schale** f (Bau) / bóveda f delgada de traslación
Translator, Übertrager m (Fernm) / repetidor m
translierend, Translations... (Kinematik) / traslacional, de traslación, de desplazamiento
transliterieren vt (DV) / transliterar
Translokation f, Verfrachtung f (Biol) / translocación f
trans•lunar[isch] (Astr) / translunar ‖ ~**luzent** / translúcido, transluciente ‖ ~**marin**, überseeisch / de ultramar, ultramarino ‖ ~**methylierung** f (Chem) / transmetilación f
Transmission f, Durchlassung f (Opt) / transmitancia f, transparencia f ‖ ~, Wellenleitung f (Masch) / transmisión f ‖ ~ f (Kfz, Laser) / transmisión f
Transmissions•-Elektronenmikroskop n / microscopio m electrónico de transmisión ‖ ~**faktor,** Lichtdurchlassgrad m (Opt) / transmitancia f, transparencia f ‖ ~**faktor** m (Verdampfung) / factor m de evaporación ‖ ~**farbe** f / color m de transmisión ‖ ~**gerechte Blende**, T-Blende f (Foto) / diafragma T m ‖ ~**grad** m (Phys) / coeficiente m o grado o factor de transmisión ‖ ~**grad** (Opt) / factor m de transmisión, transmitancia f, transparencia f ‖ ~**koeffizient** m (Energie) / coeficiente m de transmisión ‖ ~**-Rasterelektronenmikroskop** n / microscopio m electrónico con barrido por transmisión ‖ ~**riemen** / correa f de transmisión ‖ ~**wärmeverluste** m pl / pérdidas f pl de calor por transmisión ‖ ~**welle** f / árbol m de transmisión ‖ ~**wirkungsgrad** m (Eltronik) / rendimiento m de transmisión, efecto m útil de transmisión
Transmissometer n (Meteo) / transmisómetro m ‖ ~**wert** m / índice m de transmisómetro
Transmittanz, Kurzschlussadmittanz vorwärts f (Elektr) / admitancia f directa [por transmisión] en cortocircuito
Transmitter, Messwertgeber m / transmisor m
Transmutation f (Nukl) / transmutación f
Transom m (Schiff) / yugo n o peto de popa, bovedilla f de popa
Transpalette f / transpaleta f
transparent, durchsichtig / transparente ‖ ~, durchscheinend / diáfano, transparente, translúcido ‖ ~**er Modus** (DV) / modo m transparente ‖ ~**e Übertragung** (DV) / transmisión f transparente ‖ ~ n / transparente m
Transparent•auflage f (Zeichn) / hoja f transparente ‖ ~**beschichtung** f / revestimiento m transparente ‖ ~**[bild]**, Leuchtbild n / transparencia f, letrero m transluciente
transparentieren vt, pergamentieren (Pap) / hacer transparente
Transparent•kopie f / copia f transparente ‖ ~**lack** m / barniz m transparente ‖ ~**papier** n / papel m transparente ‖ ~**pause** f, Zweitoriginal n / copia f transparente ‖ ~**vorlage** f / original m transparente ‖ ~**-Zeichenpapier** n / papel m transparente para dibujos
Transparenz f (allg, Pap) / transparencia f ‖ ~, Durchscheinen n / transparencia f, calidad f de ser diáfano ‖ ~**funktion** f / función f de transparencia ‖ ~**messer** m (Pap) / diafanómetro m
trans•passiv (Korrosion) / transpasivo ‖ ~**passiver Bereich** (Stahl) / zona f transpasiva

1346

Transphosphatase *f* (Chem) / transfosfatasa *f*
Transpiration *f*, Pflanzenverdunstung *f* (Bot) / transpiración *f* ‖ **[thermische]** ⁓ **von Gasen** / transpiración *f* térmica de gases
Transpirationskühlung *f* / enfriamiento *m* por transpiración o por sudación
transpolar... (Phys) / transpolar
Transponder *m*, Antwort[sende]gerät *n* (Eltronik) / respondedor *m*, contestador *m*, retransmisor *m*, transpondedor *m* ‖ ⁓**antwort** *f* / respuesta *f* de respondedor ‖ **ungewollte** ⁓**-Auslösung** (Radar) / disparo *m* o funcionamiento del respondedor accidental o sin interrogación ‖ ⁓**bake** *f* (Luftf) / radiofaro *m* respondedor o de respuesta ‖ ⁓**mitnahme** *f* (Radar) / captura *f* de respondedor
transponieren *vt*, vertauschen (Fernm, Math) / transponer, trasponer, transladar ‖ ⁓ *n* (Math) / tra[n]sposición *f*, translado *m*
transponierte Matrix (Math) / transpuesta *f* o traspuesta de una matriz
Transponierungs•..., Superheterodyne... (Funk) / superheterodino *adj* ‖ ⁓**empfänger**, (coll:) Super *m* / receptor *m* superheterodino
Transport *m*, Beförderung *f*, Transportieren *n* / transporte *m*, acarreo *m* ‖ ⁓ (F.Org) / transporte *m* interno, manutención *f* ‖ ⁓... / de transporte ‖ ⁓ *m* **in Rohrleitungen** / transporte *m* en tuberías ‖ ⁓ **mit mehreren Verkehrsmitteln** / transporte *m* combinado ‖ ⁓ **zu Lande o. Wasser** / transporte *m* terrestre o por buque
transportabel, tragbar / transportable, móvil, portátil ‖ ⁓, fahrbar / móvil, desplazable, sobre ruedas ‖ **transportables Gleis** / vía *f* portátil ‖ **transportabler Reaktor** / reactor *m* transportable ‖ **transportabler [Radio]sender** / transmisor *m* [de radio] portátil
Transport•anhänger (niedriger) (Kfz) / carretilla *f* remolcada ‖ ⁓**anlage**, -einrichtung *f* / instalación *f* de transporte ‖ ⁓**arbeit** *f* (F.Org) / trabajo *m* de transporte ‖ ⁓**arbeiter** *m* / obrero *m* de transporte[s], transportista *m* ‖ ⁓**automatik** *f* (Foto) / mecanismo *m* de transporte (o de alimentación) automático ‖ ⁓**band** *n*, Bandstraße *f* / vía *f* de cinta ‖ ⁓**band**, Förderband *n* / cinta *f* transportadora ‖ ⁓**befehl** *m* (DV) / instrucción *f* de transferencia ‖ ⁓**behälter** *m*, Container *m* / contenedor *m*, container *m* ‖ ⁓**behälter**, -kasten *m* (für Innen-Werksverkehr) (F.Org) / bandeja *f* para piezas ‖ ⁓**behälter** *m* **für radioaktive Stoffe** / recipiente *m* blindado ‖ ⁓**beton** *m*, Fertigbeton *m* / hormigón *m* acabado o de transporte ‖ ⁓**betonmischer** *m* / hormigonera *f* de camión, mezclador *m* móvil, camión-hormigonera *m* o mezclador ‖ ⁓**bühne** *f* (Bergb) / plataforma *f* de transporte ‖ ⁓**dauer** *f* **von Blöcken** (Hütt) / duración *f* de acarreo o de transporte
Transporter *m* (Kfz) / camión *m* cerrado, furgón *m*, camioneta *f* ‖ ⁓ (Schiff) / buque *m* de transporte, transporte *m* ‖ ⁓ (Luftf) / avión *m* de transporte ‖ ⁓ **f. Flüssigstahl** (Hütt) / carro *m* transferidor de acero líquido ‖ ⁓ **mit Lastaufhängung zwischen den Rädern**, Sulky *n* (Forstw) / carro *m* de caballete para troncos, avantrén *m* de saca
Transporteur, Förderer *m* / transportador *m*, cinta *f* transportadora ‖ ⁓ *m*, Stoffschieber *m* (Nähm) / transportador *m*, propulsor *m* de tela ‖ ⁓, Gradbogen *m*, Winkelmesser *m* (Math) / transportador *m*, semicírculo *m* graduado, limbo *m* para medir ángulos
transport•fähig / transportable ‖ ⁓**fahrzeug** *n* / vehículo *m* de transporte ‖ ⁓**faktor** *m* (Halbl) / factor *m* de transporte ‖ ⁓**fehler** *m* (DV) / alimentación *f* defectuosa (p.e. tarjetas) ‖ ⁓**filz** *m* (Pap) / fieltro *m* transportador ‖ ⁓**flugzeug** *n* / avión *m* de transporte ‖ ⁓**führer** *m* (Luftf) / transportador *m* ‖ ⁓**geschirr** *n* / equipo *m* transportador ‖ ⁓**gestell** *n* / bastidor *m* para transporte ‖ ⁓**gleichung** *f* (Nukl) / ecuación *f* de transporte o de Boltzmann ‖ ⁓**gleis** *n* (Trafostation) / vía *f* de transporte
transportierbar / transportable
transportieren *vt* / transportar, acarrear, conducir ‖ ⁓ *n*, Fördern *n* (F.Org) / transporte *m* de material
Transport•industrie *f*, -gewerbe *n* / industria *f* de transporte ‖ ⁓**karren** *m*, Tragwagen *m* / carro *m* de transporte ‖ ⁓**kasten** (für Innen-Werksverkehr), -behälter *m* (F.Org) / bandeja *f* para piezas ‖ ⁓**kette** *f* (Fördermittel) / transportador *m* de cadena, cadena *f* transportadora ‖ ⁓**kette** (Serie von Transportmitteln) / cadena *f* de transportadores ‖ ⁓**kette** (als Bauteil) / cadena *f* del transportador ‖ ⁓**kosten** *pl* / gastos *m pl* de transporte, flete *m* ‖ ⁓**lattentuch** *n* (Spinn) / telera *f* sin fin de alimentación ‖ ⁓**leistung** *f* (eines Netzes) (Elektr) / capacidad *f* de transporte de una red ‖ ⁓**leistung eines Fördermittels** / cantidad *f* o capacidad *f* de transporte ‖ ⁓**luftschiff** *n*, Cargolifter *m* / cargoflyer *m* ‖ ⁓**mittel** *n*, Fördermittel *n* / medio *m* de transporte ‖ ⁓**mittel** (F.Org) / aparato *m* de manutención ‖ ⁓**mittel für Schüttgüter [für Stückgüter]** / transportador *m* para mercancías a granel, [en bultos] ‖ ⁓**mutter** *f*, Ringmutter *f* / tuerca *f* anular o de cáncamo ‖ ⁓**öse** *f*, Aufhängeöse *f*, -ring *m* / corcheta *f* para el transporte, ojo *m* de suspensión ‖ ⁓**pfanne** *f* (Hütt) / caldero *m* de transporte ‖ ⁓**querschnitt** *m* (Nukl) / sección *f* eficaz de transporte ‖ ⁓**raumschiff** *n* / astronave *f* de transporte ‖ ⁓**reifen**, Leicht-LKW-Reifen *m* (Kfz) / neumático *m* para camioneta ‖ ⁓**roboter** *m* / robot *m* de transporte ‖ ⁓**rolle** *f* (Förd) / rodillo *m* transportador ‖ ⁓**rolle** (Film) / rodillo *m* dentado o de alimentación ‖ ⁓**rolle** (Strangguss) / rodillo *m* de arrastre ‖ ⁓**rollgang** *m* (Walzw) / camino *m* de rodillos de transporte ‖ ⁓**rollwagen** *m* (Roboter) / mototractor *m* ‖ ⁓**schaden** *m* / daño *m* o siniestro de transporte ‖ ⁓**schaltung** *f* (Diaprojektor) / mecanismo *m* transportador de dispositivos ‖ ⁓**schicht** *f*, Schicht *f* H (Informatik, OSI) / capa H *f* ‖ ⁓**schnecke** *f*, Förderschnecke *f* / tornillo *m* [sin fin] transportador, transportador *m* sin fin ‖ ⁓**schutz** *m* (Instr) / bloqueador[es] *m [pl]* para transporte ‖ ⁓**spur** *f* (DV) / pista *f* de alimentación ‖ ⁓**spur** (Elektr) / canal *m* de transporte ‖ ⁓**theorie** *f* (Nukl) / teoría *f* del transporte ‖ ⁓**-Totzeit** *f* (NC) / retardo *m* de transporte ‖ ⁓**unternehmen** *n*, -gesellschaft *f* / empresa *f* o casa o agencia de transportes, mensajería *f* (LA) ‖ ⁓**unternehmer**, Autotransport-Unternehmer *m* / transportador *m* o transportista de camión, empresa *f* de transportes por camión ‖ ⁓**verschluss** *m* **für Kabel** (Elektr) / extremidad *f* [de cierre] provisional ‖ ⁓**wagen** *m* (z.B. für Pferde) (Kfz) / van *m* ‖ ⁓**wagen**, Handwagen *m* / carro *m*, carretilla *f* [de mano] ‖ ⁓**walze** *f*, Zuführwalze *f* (Wzm) / cilindro *m* de alimentación o de avance ‖ ⁓**weg** *m* / vía *f* de transporte ‖ ⁓**weg** (für Aushub) (Bau) / distancia *f* de transporte de tierra excavada ‖ ⁓**weglänge** *f* (Nukl) / recorrido *m* libre medio de transporte ‖ ⁓**werk** *n* (Schreiber) / mecanismo *m* de transporte ‖ ⁓**wesen** *n* / transportes *m pl* ‖ ⁓**innerbetriebliches** ⁓**wesen** (F.Org, Förd) / movimiento *m* de materiales en la fábrica, manipulación *f* interna ‖ ⁓**wirt** *m*, zweiter Zwischenwirt (Parasit) / huésped *m* o hospedero intermedio *f* ‖ ⁓**zahl** *f* / número *m* de transporte de los iones
Transposition, Vertauschung *f* (Math) / transposición *f*
Transpositions•fehler *m* (DV) / error *m* de transposición *f* ‖ ⁓**manöver**, Wendemanöver *n* (Raumf) / maniobra *f* de transposición
Transputer *m* (DV) / transputer *m*, transputador *m*
Trans•schall.. (975 bis 1450 km/h), transsonisch, schallnahe / transónico ‖ ⁓**shipper** *m*, (schwimmende) Umschlaganlage *f* / instalación *f* de transbordo ‖ ⁓**sonik-Laufrad** *n* (Verdichter) / rodete *m*

transónico || ˜**sonik-Störungen** f pl / perturbaciones f pl transónicas || ˜**sonik-Verdichter** m / compresor m
transónico || ~**sonischer Windkanal** (Luftf) / túnel m aerodinámico transónico || ˜**sulfatase** f (Chem) / transsulfatasa f
Transtainer, Mobil-Portalkran m / grúa m de pórtico móvil, transtainer m
Trans•uran... (Chem) / transuránico, transuranio, transuraníaco || ˜**urane** n pl / elementos m pl transuranios, transuranios m pl
transversal, quergerichtet / transversal || ~**er Mode** / modo m transversal || ~**es Pumpen** (Laser) / bombeo m transversal || ˜**achse** f (Geom) / eje m transverso o focal || ˜**drehung** f (Foto) / descentración f horizontal
Transversale f (Math) / transversal f
Transversal•-Fluss-Linearmotor m (Elektr) / motor m lineal de flujo transversal || ˜**-Leuchtkörper** m (Elektr) / lámpara f con filamento transversal || ~**-magnetisch** (Welle) / magnético transversal || ˜**schermaschine** f (Tex) / tundidora f transversal, cizalladora f transversal || ˜**welle** f (Phys) / onda f transversal || **elektrische** ˜**-Welle** (Wellenleiter) / onda f eléctrica transversal
transzendent (Math) / transcendente, trascendental || ~**e Zahl** / número m transcendente
Trap n, Haft-, Fangstelle f (Halbl) / trampa f
Trapatt-Diode f / díodo m TRAPPAT
Trapez n, Paralleltrapez n, Viereck n mit zwei parallelen Seiten (Geom) / trapecio m || **gleichschenkliges, [rechtwinkliges]** ˜ / trapecio m isósceles, [rectangular] || ˜**blech** n (Hütt) / chapa f con ondas (E) o canaletas (LA) trapezoidales || ˜**effekt** m / efecto m trapecial o de trapecio, efecto m de adovelamiento || ˜**feder** f / muelle m de sección trapezoidal || ˜**fehler** m, Schlusssteinverzerrung f (Kath.Str) / distorsión f trapecial o en trapecio || ˜**flügel** m (Luftf) / ala f trapecial o trapezoidal || ~**förmig** (Geom) / trapecial, trapeciforme, en trapecio, trapezoidal || ˜**gewinde** n (Masch) / rosca f trapezoidal, rosca f trapecial || ˜**last** f (Mech) / carga f trapecial
Trapezoeder, Ikositetraeder n (Krist) / trapezoedro m
Trapezoid n, unregelmäßiges Viereck (Geom) / trapezoide m, cuadrilátero m irregular || ~**förmig**, unregelmäßig viereckig / trapezoidal
Trapez•regel f (Math, Verm) / regla f del trapecio || **doppelseitiger** ˜**ring** (Kolben) / segmento m en trapecio || **einseitiger** ˜**ring** (Kolben) / segmento m cuneiforme || ˜**sprengwerk** n (Bau) / estructura f jabalconada trapecial || ˜**tafel** f (Bahn) / placa f trapezoidal || ˜**träger** m, abgeschrägter Parallelträger (Stahlbau) / viga f paralela con montantes extremos inclinados
Trapp m (Geol) / trap m, tufo m, toba f || ˜**tuff** m (Geol) / tufo basáltico;.m.
Trapzentrum n (Halbl) / centro m de captura
Trass m (Geol) / trass m, piedra f de trass || ˜**beton** m (Bau) / hormigón m de trass
Trasse f, Linie f, Trassé n (Schweiz) (Verm) / línea f || ˜, Linienführung f (Bahn) / traza f, trazado m
Trassen•nivellierung, Längennivellierung f, -nivellement n (Verm) / nivelación f longitudinal || ˜**schäler** m (Straßb) / angledozer m
trassierbar / trazable
trassieren vt (Terrain) / replantear || ~ (Straßb) / trazar un camino || ˜ n, Trassierung f (Bahn, Seilb) / trazado m
Trassierung f (Terrain) / replanteo m
Trass•mörtel m (Bau) / mortero m de trass || ˜**papier**, graues Packpapier n / papel m de trass || ˜**zement** m / cemento m de trass
Traube f, Weintraube f (Bot) / uva f || ˜ (Dolde) (Bot) / racimo m || ˜ (Gieß, Plast) / racimo m
Trauben•... / uveso adj || ˜**blei** n (Min) / piromorfita f || ˜**eiche**, Wintereiche f, Quercus petraea / roble m albar o de invierno || ˜**fäule** f / podredumbre f de la vid || ~**förmig**, traubig / uviforme, en forma de uva || ~**förmig** (Geol) / botrioidal || ˜**kern** m / grano m de uva || ˜**kernöl** n / aceite m de granos de uva || ˜**mühle** f / pisadora f, trituradora f, estrujadora f de uvas || ˜**öl**, Kognaköl n / esencia f de coñac || ˜**presse** f / pisadora f o estrujadora de uvas || ˜**schimmel** m (Wein) / botritis f || ˜**wickler** m (Schädling) / piral m de la vid, polilla f de las uvas || **einbindiger** ˜**wickler**, Clysia f ambiguella (Zool) / gusano m de las uvas, conchilis m, conchylis m || **bekreuzter** ˜**wickler**, Polychrosis botrana / arañuelo m, hilandero m de la vid, mariposa f de las uvas || ˜**zucker** m (Nahr) / dextrosa f, azúcar m de uva glucosa, d-glucosa f
Traufbrett, Stirnbrett n (Zimm) / saledizo m
Traufe f, Dachtraufe f (Bau) / canalón m || ˜, Dachfuß m / alero m del tejado
Traufel f (Bau, Wz) / llana f, trulla f, cuchara f (LA)
Träufelharz n, Tränklack m / resina f de goteo
träufeln vt / echar o verter gota a gota, gotear || ~ vi / caer gota a gota
Träufelverfahren n / aplicación f gota a gota
Traufenwascheinrichtung f (synth. Fasern) / instalación f de lavado por aspersión
Trauf•gebinde n (Bau) / remate m del alero || ˜**rinne** f, Dachrinne f / gotera f || ˜**schicht**, Bordschicht f (Dach) / remate m del alero || **unterste** ˜**schicht**, Traufstreifen m / alero m, socarrén m || ˜**stein** m, -platte f / teja f de alero, bocateja f
Traveller m, Fliege f (Spinn) / cursor m, corredor m
Traverse f, Verbindungsriegel m (Masch, Zimm) / travesaño m || ˜, Querbalken m, -holz m / traversa f || ˜ (für Isolatoren) (Fernm) / travesaño m, traviesa f, cruceta f || ˜ (Fräsm) / travesaño m, cabezal m superior fijo
Traversengleitstück n, gleitendes Querhaupt (Wzm) / cabezal m transversal
Travertin m (Geol) / travertino m, toba f calcárea || ˜**ablagerung** f (in fließenden Gewässern) (Geol) / depósito m de travertino
Travis-Detektor, Gegentakt-Demodulator m (Fernm) / demodulador m en push-pull o en contrafase
Trawler m (Schiff) / barco m barredero, arrastrero m
Trawlnetz n, -grundschleppnetz n / red f de arrastre, traina f
Traxcavator, Caterpillar-Lader m (ein Raupenkettenbagger der Caterpillar Tractor Co.) (Bau) / Traxcavator m
Treating n, chemische Raffination / tratamiento m del petróleo
Treber m pl (Trauben) / orujo m de uvas || ˜ (Brau) / hez m de la cebada || ˜**kasten** m / silo m de heces
Trecker m (Landw) / tractor m
Treeing n (Isolation) / descarga f ramificada, descarga f superficial dendriforme, efecto m de arborescencia
Treeinggas n (Isolation) / gas m de arborescencia
treffen, erreichen / alcanzar, llegar [a] || ˜ (z.B ein Ziel) / dar en el blanco, hacer blanco [en] || ˜ [auf] / trapezar [con], hallar, encontrar || ˜ n, Zusammentreffen n / encuentro m || ˜ n, Zusammenkunft f / reunión f
Treffer, Schlag m / golpe m || ˜ m (Mil) / impacto m || **einen** ˜ **machen oder landen** / dar en el blanco, hacer blanco || ˜**bild** n (Mil) / diagrama m de impactos
Treff•genauigkeit f / precisión f de tiro || ˜**gerade** f (Math) / transversal f || ˜**platte** f (Nukl) / blanco m || ˜**plattenintensität** f (Akust) / intensidad f de blanco || ˜**punkt**, Auftreffpunkt m / punto m de impacto || ˜**punkt** m (Opt) / punto m de encontrado, punto m de convergencia || ˜**sicherheit** f (Mil) / acierto m en el tiro, buena f puntería || ˜**stift**, Rapportstift m (Färb) / clavija f de repetición || ˜**wahrscheinlichkeit** f (Atom) / probabilidad f de colisión || ˜**weite** f (Mil) / distancia f máxima de impacto || ˜**winkel** m / ángulo de impacto m

T-Regler *m* (Eltronik) / atenuador *m* tipo T
Trehalose *f* (Chem) / trehalosa *f*, micosa *f*
Treib•... s. auch Trieb... || ⁓**achse**, Antriebsachse *f* (Masch) / eje *m* motor o propulsor || ⁓**achswelle** *f* / cuerpo *m* [de eje] del eje motor, eje *m* de figura del eje motor || ⁓**anker** *m* (Schiff) / ancla *f* flotante || ⁓**arbeit** *f*, getriebene Arbeit / obra *f* repujada || ⁓**arbeit** (Hütt) / cupelación *f* || ⁓**dampfpumpe** *f* (Vakuum) / bomba *f* de chorro de vapor, bomba *f* difusora o de difusión || ⁓**dauer** *f* (Bergb) / ciclo *m* de extracción || ⁓**druck** *m* (Koks) / presión *f* de hinchamiento || ⁓**eis** *n* / hielos *m pl* o témpanos flotantes, hielo *m* movedizo || ⁓**eisgeschiebe** *n* / acarreo de hielos flotantes || ⁓**eisscholle** *f* / témpano *m* de hielo flotante

treiben *vt* (Akust, DV, Eltronik) / excitar, impulsar || ~, antreiben / accionar, impeler, impulsar, imprimir movimiento [a] || ~, vorwärts-, antreiben / propulsar || ~ (Blasform, Plast) / hinchar || ~ *vt*, eintreiben *vt* / hincar (p.e. pilotes) || ~, betreiben, tun / practicar, ejercer || ~, hämmern / repujar, aballonar || ~, bombieren / abombar, alabear || ~ *vt*, aufblähen (Hütt) / hinchar *vt* || ~, kupellieren (Hütt) / copelar || ~ *vi*, anschwellen (Klebstoff, Koks) / hincharse (en volumen) || ~ (Bot, Landw) / echar, brotar || ~, fördern (Bergb) / extraer || ~, gehen (Teig) / ser arrastrado || ~, getrieben werden / ser arrastrado || **einen Keil** ~ / introducir o hincar una cuña || **einen Stollen** ~ **o. auffahren** (Bergb) / avanzar una galería || **zu weit** ~ **o. eintreiben** / introducir o hincar en demasía || ~ *n*, magnetische Erregung von Kernen in Amperewindungen (o.AW) (DV) / excitación *f* [magnética de núcleos] || ~, Schwellen *n* / hinchamiento *m* || ~ (Metall) / repujado *m* || ~, Kupellation F (Hütt) / copelación *f* || ~ **der Blöcke** (Hütt) / subida *f* de lingotes

treibend / impulsor, propulsor, accionador || ~, wirkend / activo, operante || ~, blähend (Kohle) / hinchante || ~, schwimmend / flotante || ~**es Zahnrad** / rueda *f* [dentada] motriz o conductora

Treiber (DV) / excitador *m* || ⁓ *m* (Software) / excitador *m* de los elementos de programación || ⁓**-stufe** *f* (Funk) / etapa *f* de excitación || ⁓, Schneller *m* (Web) / taco *m* || ⁓**brennstoff** *m* (Nukl) / combustible *m* [para la zona] de alimentación || ⁓**impuls** *m* (Eltronik) / impulso *m* de excitación || ⁓**kette** *f* (Funk) / cadena *f* excitadora || ⁓**kreis** *m* (DV) / circuito *m* de excitación, circuito *m* oscilatorio || ⁓**leistung** *f* (Eltronik) / potencia *f* de excitación || ⁓**leitung** *f* (DV) / hilo *m* de excitación || ⁓**transistor** *m* / transistor *m* excitador || ⁓**zone** *f* (Nukl) / zona *f* de alimentación

Treib•fäustel *m*, schwerer Schlägel (Bergb) / mazo *m* || **kleiner** ⁓**fäustel**, Handfäustel *m* (Bergb) / maceta *f* || ⁓**gas** *n* (allg) / gas *m* propelente, gas *m* impulsor, propelente *m* || ⁓**gas** (zum Austreiben des Brennstoffes) (Raumf) / gas de expulsión;.m. || ⁓**gas** (Brennstoff) / gas *m* combustible o motor, carburante *m* gaseoso || ⁓**gas** (Rakete) / agente *m* oxidante || ⁓**hammer** *m* / martillo *m* para repujar, martillo de embutir || ⁓**haus** *n* (Bot, Landw) / invernadero *m*, invernáculo *m*, estufa *f* [de plantas] || ⁓**hauseffekt** *m* (Atmosphäre) / efecto *m* [de] invernadero || ⁓**hausgas** *n* / gas *m* invernadero || ⁓**haushitze** *f* (Landw) / calor *m* de invernadero || ⁓**holz** *n* / madera *f* flotante, madera *f* arrojada a la costa || ⁓**keil** *m*, schräger Keil / chaveta *f* inclinada o embutida || ⁓**keil** (für Verschalungen) (Bau) / cuña *f* de ajuste (para encofrados) || ⁓**kette** *f*, Antriebskette *f* / cadena *f* impulsora o motriz || ⁓**kette**, Kraftübertragungskette *f* / cadena *f* de transmisión || ⁓**kraft** *f*, Triebkraft *f*, Antriebskraft *f* / fuerza *f* motriz || ⁓**kraft**, Vortriebskraft *f* / fuerza *f* propulsiva || ⁓**kurbel** *f* / manivela *f* motriz || ⁓**ladung** *f* (Mil, Rakete) / carga *f* propulsiva o propulsora || ⁓**laufsatz** *m* (Kran) / juego *m* de ruedas accionadas || ⁓**mine** *f* (Mil) / torpedo *m* flotante || ⁓**mittel** *n*,

-pulver, -gas *n*, -stoff *m* (Chem) / agente *m* de propulsión, propulsante *m* || ⁓**mittel** (Chem) / agente *m* expansor || ⁓**mittel** (Backwaren) / gasificante *m* || ⁓**mittel** (z.B. in Aerosolpackung) / agente *m* propulsor || ⁓**mittel** (Strahlpumpe) / fluido *m* activo o motor o de arrastre || ⁓**mittel** (Gummi) / hinchante *m* || ⁓**mittel** (Rakete) / propergol *m* líquido, carga *f* propulsora || ⁓**mittel** (Teig) / levadura *f*, fermento *m* || ⁓**mittel**, Spray *m* / propelente *m* || ⁓**mittel**, Antriebsmittel *n* / agente *m* motor || ⁓**mittel** (für Schaumstoff) / porógeno *m*, agente *m* expansivo o esponjante || ⁓**mittelpumpe**, Strahlpumpe *f* (Vakuum) / bomba *f* de chorro || ⁓**netz** (Schiff) / red *f* de arrastre || ⁓**ofen** *m* (Hütt) / horno *m* de copelación || ⁓**öltank** (Schiff) / depósito *m* de combustible || ⁓**punze** *f*, -punzen *m* / punzón *m* de embutir || ⁓**rad** *n* (Bahn) / rueda *f* motriz || ⁓**richtmaschine** *f* (Strangguss) / máquina *f* extractora y enderezadora, rodillos *m pl* extractores y enderezadores || ⁓**riemen** *m* (Masch) / correa *f* de transmisión || ⁓**riss** *m* (Plast) / fisura *f* de expansión || ⁓**rolle** *f* / polea *f* motriz o de impulsión o de arrastre || ⁓**rolle** (Strangguss) / rodillo *m* extractor o de arrastre || ⁓**rolle** (Magn.Bd) / cabrestante *m* [de arrastre], eje *m* motor o impulsor || ⁓**sand** *m* (Geol) / arena *f* movediza || ⁓**satz** *m* (Mil, Rakete) / carga *f* propulsora || ⁓**satz** (Feststoffrakete) / bloque *m* de combustible sólido || ⁓**schacht**, Förderschacht *m* (Bergb) / pozo *m* de extracción || ⁓**scheibe** *f* / polea *f* o rueda conductora o motriz || ⁓**scheibe**, Koepescheibe *f* (Bergb) / polea *f* Koepe o de fricción || ⁓**scheiben-Fördermaschine** *f* / torno *m* de extracción con polea de fricción || ⁓**scheibenförderung** *f*, Koepebetrieb *m* / extracción *f* por polea de fricción || ⁓**scheibenfutter** *n* / forro de fricción para polea Koepe || ⁓**schraube** *f*, Blechschraube *f* (Masch) / tornillo *m* roscachapa || ⁓**schraube**, Triebschraube *f* / tornillo *m* de avance || ⁓**schraube** (mit grober Steigung) (Masch) / tornillo *m* Parker || ⁓**signal** *n* (Eltronik) / señal *f* excitadora o de excitación || ⁓**stange** *f* (Lokomotive) / biela *f* [motriz], brazo *m* (PER) || ⁓**stempel** *m* (Wz) / repujador *m*

Treibstoff *m* (allg) / combustible *m* || ⁓ (Luftf) / queroseno *m*, kerosina *f*, (localismos:) keroseno *m*, kerosén *m* (Raumf) / ergol *m*, propergol *m* || ⁓ (auf Kohlenwasserstoffbasis), Motorkraftstoff *m*, Vergaserkraftstoff *m* (Kfz) / carburante *m* || ⁓ *m* s. auch Treibmittel || ⁓**alkohol** *m* / etanol *m* carburante || ⁓**-Behälterentleerung** *f* (Rakete) / expulsión *f* del propergol || ⁓**-Druckpumpe** *f* (Schiff) / bomba *f* de refuerzo para alimentación de fueloil || ⁓**-Fehlmenge** *f* (Raumf) / volumen *m* residual || ⁓**-Förderpumpe** *f* (Schiff) / bomba *f* de alimentación de fueloil || ⁓**lager** *n* / depósito *m* de combustible, depósito *m* de carburantes || ⁓**lager** (Luftf) / depósito *m* de queroseno || ~**optimal** (Regeln) / de consumo mínimo de combustible || ⁓**rückstände** *m pl*, Ergol-Bodensatz *m* (Rakete) / costra *f* de restos, depósito *m* de fondo de ergol || ⁓**schwappen** *n* (Rakete) / fluctuación *f* de la carga propulsora || ⁓**speisung** *f* (Raumf) / alimentación *f* de propergol || ⁓**tank** *m* / depósito *m* de combustible

Treib•strahl *m* (Luftf) / chorro *m* propulsor o de propulsión || ⁓**stufe** *f* (Eltronik) / etapa *f* de excitación o de ataque || ⁓**- u. Mitlaufsätze** *m pl* (Kran) / juegos *m pl* de árboles accionados y no accionados || ⁓**verfahren**, Kupellieren *n* (Hütt) / copelación *f* || ⁓**wasser** *n* / agua *f* motriz || ⁓**wasserpumpe** *f* (Saugbagger) / bomba *f* de agua de arrastre || ⁓**zugführer des ICE** (Bahn) / jefe *m* de rama automotriz tipo ICE

treideln *vt* (Schiff) / sirgar || ~ *vi* / navegar a la sirga || ⁓ *n* / sirga *f*

Trekking-Bike *n* / bici[cleta] *f* trekking
Trema *n* (2 Punkte) (Druck) / diéresis *f*, trema *f*
Tremolit, Grammatit *m* (Min) / tremolita *f*, gramatita *f*

1349

Trend

Trend *m*, Richtung *f* / tendencia *f* [a], propensión *f* [a] ‖ ~**beeinflusst** / influido por o sometido a una tendencia
Trenn•..., trennend / seccionador *adj* ‖ ~**anforderung** *f* (DV) / pedido *m* de disconexión ‖ ~**anlage** *f*, Scheideanlage *f* (Aufb) / instalación *f* de separación ‖ ~**arbeit** *f* (Nukl) / trabajo *m* de separación ‖ ~**bandsägemaschine** *f* (Tischl) / sierra *f* de cinta para cortar tablones
trennbar (Chem) / separable
Trennbarkeit *f* / separabilidad *f*
Trenn•**becken** *n* (Nukl) / pileta *f* de separación ‖ ~**bruch** *m*, Sprödbruch *m* / ruptura *f* frágil ‖ ~**buhne** *f*, Separationswerk *n* (Hydr) / espigón *m* de separación ‖ ~**dichte** *f* (Aufb) / densidad *f* de separación ‖ ~**dichtekurve** *f*, D-Kurve (Aufb) / curva *f* de separación de Tromp ‖ ~**diffusion** *f* (Halbl) / difusión *f* de separación ‖ ~**diode** *f* / diodo *m* separador ‖ ~**düse** *f* (Nukl) / tobera *f* para difusión térmica, tobera *f* de separación ‖ ~**düsenverfahren** *n* (Nukl) / procedimiento *m* de difusión [térmica] por tobera ‖ ~**ebene** *f* (Form) / plano *m* de separación ‖ ~**effekt** *m* (Nukl) / efecto *m* de separación ‖ ~**einheit** *f* (Isotopentrennung) / unidad *f* de separación ‖ ~**element** *n* (Nukl) / elemento *m* separador
trennen *vt* / separar, desprender ‖ ~, abtrennen / segregar ‖ ~, durchtrennen / seccionar ‖ ~, unterbrechen (Elektr, Fernm) / desconectar, cortar ‖ ~, zerfasern (Tex) / deshilachar ‖ ~, absondern (Chem) / desagregar, disociar, disgregar ‖ ~, fraktionieren (Chem) / fraccionar ‖ ~, isolieren / apartar, aislar, separar ‖ **eine Naht** ~ (Tex) / descoser, deshacer ‖ **eng verbundenes** ~ / disyuntar, desunir ‖ **gepaarte Dinge** ~, vereinzeln / individualizar ‖ **Schichtstoffe** ~ / deslaminar ‖ **sich** ~ [von], sich loslösen [von] / deshacerse [de], desprenderse [de] ‖ [**sich**] ~ / partir [se] ‖ **Silben** ~ (Druck) / dividir las palabras en sílabas ‖ ~ *n*, Sieben *n*, Klassieren *n* (Aufb) / clasificaión *f*, cribado *m* ‖ ~ **durch Zentrifugieren** (Ausschleudern) / separación *f* por centrífuga
trennend / separador *adj*
Trenner, Trennschalter *m* (Elektr) / seccionador *m* ‖ ~ *m* (Bewässerung) / derivador *m*
Trenn•**erfolg** *m* (Aufb) / rendimiento *m* de clasificación ‖ ~**faktor** *m* (Nukl) / factor *m* de separación ‖ ~**federn** *f pl* (Raumf) / resortes *m pl* de separación ‖ ~**festigkeit** *f*, Kohäsionsfestigkeit *f* / solidez *f* por cohesión ‖ ~**filter** *n* (Eltronik) / filtro *m* de separación o de banda ‖ ~**fläche** *f*, Grenzfläche *f* / superficie *f* de separación ‖ ~**fläche**, Spalte *f* (Geol) / diaclasa *f*, fisura *f*, grieta *f* ‖ ~**fläche** *f* **fest-flüssig** (Chem, Phys) / interface *f* sólido-líquido ‖ ~**flüssigkeit**, Scheideflüssigkeit *f* / líquido *m* de separación ‖ ~**folie** *f* / hoja *f* separadora ‖ ~**fuge** *f*, -linie *f* / juntura *f* de separación ‖ ~**fuge** (Form) / junta *f* de molde ‖ ~**furche** *f*, Mittelfurche (Landw) / surco *m* central o vado o encerradero ‖ ~**glied** ~ / separador *m*, elemento *m* separador ‖ ~**glied**, Trenner *m* (Masch) / disyuntor, desconectador *m* ‖ ~**grenze** *f* (Aufb) / límite *m* de corte ‖ ~**gruppe** *f* (Nukl) / unidad *f* de separación ‖ ~**gruppe** (Isotopentrennung) / celda *f* de separación ‖ ~**gut** *n* (Aufb) / materia *f* separada ‖ ~**güte** *f* (Nukl) / rendimiento *m* de separación ‖ ~**hilfe** *f* (DV) / guionado *m*, división *f* de palabras ‖ ~**hüpfer** *m* (Schweiz) (Bahn) / contactor *m* separador ‖ ~**isolator** *m* (Elektr) / aislador *m* seccionador ‖ ~**kalorimeter** *n* (Phys) / calorímetro *m* de separación ‖ ~**kammer** *f* (Brennstoffprüfung) / cámara *f* de separación ‖ ~**kanalisation** *f* (Abwasser) / alcantarillado *m* separado ‖ **klemme** *f* (Elektr) / borne *m* disconectador ‖ ~**klinke** *f* (Fernm) / conjuntor *m* de corte o de ruptura ‖ ~**kondensator** *f* / capacitor *m* de protección ‖ ~**korngröße** *f* (Aufb) / tamaño *m* de grano de separación ‖ ~**korngröße HP** *f*,

Ausgleichskorngröße *f* (Aufb) / tamaño *m* de grano equivalente ‖ ~**kreissäge** *f* **mit Walzenvorschub** / sierra *f* circular para desdoblar con alimentación por rodillos ‖ ~**lasche** *f* / brida *f* aislante (E), eclisa *f* aislante (LA) ‖ ~**leistung** *f* (Nukl) / poder *m* separador ‖ ~**linie** *f* / línea *f* divisoria o de separación ‖ ~**linie**, -fuge (Plast) / línea *f* de separación ‖ ~**linie** (Film) / divisoria *f* de cuadros, línea *f* de cuadro ‖ ~**linie**, Spaltenlinie *f* (Druck) / filete *m* divisor ‖ ~**linienrauschen** *n* (Film) / ruido *m* de divisoria de cuadros ‖ ~**maschine** *f* (Wzm) / máquina *f* cortadora o tronzadora ‖ ~**maschine mit Reibtrennscheibe** / máquina *f* cortadora con disco de fusión ‖ ~**mauer** *f*, Innenmauer *f* (Bau) / muro *m* de separación, medianería *f*, muro *m* medianero ‖ ~**mauer**, Isoliermauer *f* / muro *m* aislante ‖ ~**mauer** (zur Unterteilung) / muro *m* de división ‖ **gemeinsame** ~**mauer** / muro *m* de separación común ‖ ~**meißel** *m* (Dreh) / útil *m* para tronzar, cuchilla *f* tronzadora ‖ ~**membran** *f* (Nukl) / membrana *f* de separación ‖ ~**messer** *n* (Nähte) / cuchilla *f* o navaja para descoser ‖ ~**messer** (Elektr) / cuchilla *f* de seccionadora ‖ ~**mittel** *n* (allg, Chem) / agente *m* separador ‖ ~**mittel** (Plast) / antiadherente *m* ‖ ~**mittel** (Gieß) / polvo *m* de separación ‖ ~**mittel** (Abwasser) / disgregante *m* ‖ ~**mittel für Formen** (Druckguss) / desmoldeador *m* ‖ ~**molch** *m* (Öl) / diablo *m* separador ‖ ~**muffe** *f* (Elektr) / manguito *m* separador ‖ ~**müllabfuhr** *f* / recogida *f* selectiva de basuras ‖ ~**nahtschweißen** *n* (Plast) / soldadura *f* con alambre caliente o incandescente ‖ ~**öl** *n* (Bau) / aceite *m* de separación para moldes encofrados ‖ ~**papier** *n* / papel *m* antiadhesivo ‖ ~**pappe** *f* (Druck) / cartón *m* de separación ‖ ~**potential** *n* (Nukl) / potencial *m* de separación ‖ ~**reihe** *f* (Ziegel) / hilera *f* separadora de ladrillos ‖ ~**relais** *n* / relé *m* de ruptura ‖ ~**relais** (ganzer Stromkreise) / relé *m* de desconexión ‖ ~**rohr** *n* (Nukl) / tubo *m* separador o de separación ‖ ~**säge** (Holz) / sierra *f* para dividir ‖ ~**säge** (Hütt) / sierra *f* para tronzar ‖ ~**säge**, Reib-, Schmelzsäge *f* / sierra *f* de fusión ‖ ~**sand** (Gieß) / arena *f* de separación ‖ ~**säule** *f* (Chem) / columna *f* de fraccionamiento ‖ ~**schalter** *m* (Elektr) / seccionador *m*, desconector *m* ‖ ~**schalter**, Überlastungsschalter *m* (Elektr) / descontactor *m* ‖ ~**scharf** / selectivo ‖ ~**schärfe** *f* (Eltronik) / selectividad *f* ‖ ~**schärfe** (Aufb) / precisión *f* de separación ‖ ~**schärfe gegen Nachbarkanal** (Eltronik) / selectividad *f* de canal adyacente ‖ ~**scheibe** *f* (Taxi) / mampara *f* ‖ ~**scheibe** (Schleifm) / muela *f* de tronzar, disco *m* lija ‖ ~**schere** *f* (für Nähte) / tijeras *f pl* para descoser ‖ ~**schicht** *f* (Atmosphäre, Elektr) / capa *f* de separación ‖ ~**schichtanzeiger** *m* (zw. flüssigen Phasen) (Chem, Phys) / indicador *m* del nivel interfacial ‖ ~**schichtpapier** *n* (Klebeetikett) / papel *m* con capa divisora o de separación ‖ ~**schieber** *m* / válvula *f* compuerta de aislamiento ‖ ~**schleife** *f* (Eltronik) / sección *f* aisladora, bucle *m* aislador ‖ ~**schleifen** / tronzar con la muela ‖ ~**schleifen** *n* / tronzamiento *m* con la muela ‖ ~**schleifmaschine** *f*, Trennschleifer *m* / tronzadora *f* a muela ‖ ~**schleuder** *f* (Labor) / hidroextractor *m*, centrifugadora separadora *f* ‖ ~**schleuder** (Gieß) / centrifugadora *f* de separación ‖ ~**schneidwerk** *n* **für Raps** (Landw) / barra *f* de corte divisor de colza ‖ ~**schnitt** *m* / corte *m* de separación ‖ ~**schnitt**, Grobschnitt *m* (Schw) / corte *m* previo o de desbaste ‖ ~**schritt** *m* **bei Doppelstrom** (Fernm) / señal *f* marcadora o de trabajo ‖ ~**schutzschalter** *m* (Elektr) / seccionador *m* de protección ‖ ~**sicherung** *f* (Elektr) / cortacircuito *m* seccionador ‖ ~**sieb** *n*, Klassiersieb *n* (Aufb) / criba *f* de clasificación ‖ ~**sieb**, Rüttelsieb *n* (Bahn) / cribadora *f*, tamizadora *f* ‖ ~**stärke** *f* (Mikrographie) / poder *m* resolutivo o de resolución ‖ ~**station** *f* (Belegverarb) / estación *f* de separación ‖

≃**stecker** m (Elektr) / ficha f desconectadora ‖ ≃**stelle** f / punto m de corte o de ruptura ‖ ≃**stelle** (Fahrleitg) / puesto m de seccionamiento ‖ ≃**stift** m, Klebstift m (Relais) / tope m de entrehierro ‖ ≃**strecke** f (zw. unterschiedlichen Spannungen) (Fahrleitung) / sección f de separación ‖ ≃**strecke** (spannungslos) (Bahn) / sección f neutra ‖ ≃**strecke** (Schalter) / espacio m de aire, espacio m entre contactos ‖ ≃**strich** m (Math) / línea f de separación ‖ ≃**strich**, Trennungsstrich m (Druck) / raya f o línea de separación, línea f de sección ‖ ≃**strich**, Abteilungszeichen n (Druck) / guión m, división f, rayita f ‖ ≃**strom-Überhang** m / exceso m de corriente de reposo, señal f de espacio excesiva, polarización f de reposo ‖ ≃**stromwelle** f (Fernm) / onda f residual o de reposo, onda f parásita de intervalo ‖ ≃**stück** n, Distanzstück n / espaciador m, pieza f separadora ‖ ≃**stufe** f (Eltronik) / etapa f separadora o intermedia ‖ ≃**stufe** (TV) / circuito m separador ‖ ≃**stufe** (Brennstoff, Nukl) / etapa f de separación ‖ ≃**symbol** n, -zeichen n, Separator m (DV) / carácter m separador ‖ ≃**system** n (Kanalisation) / sistema m de alcantarillado separado ‖ ≃**taste** f (Fernm) / tecla f de corte ‖ ≃**trafo** m (Elektr) / transformador m aislante o de aislamiento o de separación ‖ ≃**trommel** f (zusätzliche Dampftrommel) (Kessel) / tambor m de separación ‖ ≃**trübe** f (Aufb) / líquido m denso de separación ‖ ≃**- und Steuertransformator** m / transformador m de separción y de control

Trennung f / separación f ‖ ≃, Abtrennung f / secesión f ‖ ≃, Ablösung f, Loslösung f / despegadura f ‖ ≃, Isolierung f / aislamiento m, apartamiento m ‖ ≃ f (Eltronik, TV) / separación f ‖ ≃, Sieberei f (Bergb) / clasificación f, separación f ‖ ≃, Fällung, Ausscheidung f (Chem) / precipitación f, segregación f ‖ ≃ f (Verkehr) / desvío m ‖ ≃ **bei Auflegen des letzten Teilnehmers** (Fernm) / desconexión f provocada por el último abonado que comunica ‖ ≃ **durch Absitzen** (Chem) / separación f por precipitación ‖ ≃ **durch Auflösung** (Chem) / separación f por disolución ‖ ≃ **durch Losewerden** / separación f por desprenderse ‖ ≃ **durch Stromausfall** (Fernm) / separación f por falta de corriente ‖ ≃ **einer Verbindung durch den zuerst auflegenden Teilnehmer** (Fernm) / reposición f unilateral o por un abonado ‖ ≃ **in 2 Klassen** (DV) / dicotomía f ‖ ≃ **von der Trägerstufe** (Raumf) / separación f del satélite, separación f del portador ‖ **mit galvanischer** ≃ (Elektr) / desacoplado m **ohne galvanische** ≃ (Elektr) / con o de acoplamiento de CC ‖ **zur** ≃ **neigend** / separativo

Trennungs•arbeit f, -energie f (Nukl) / trabajo m de separación ‖ ≃**bahnhof** m / estación f de bifurcación ‖ ≃**bruch** m (Mech) / fractura f por hendimiento ‖ ≃**chromatographie** f **in der Kolonne** (Chem) / cromatografía f por partición en la columna ‖ ≃**falte** f (Blechdach) / unión f engrapada (o engatillada) con bordes levantados ‖ ≃**fläche** f (allg) / superficie f de separación ‖ ≃**fläche**, Unstetigkeitsfläche f (Hydr) / superficie f de discontinuidad ‖ ≃**flächen** f pl (Krist) / junta f natural ‖ ≃**flüssigkeit** f (Aufb) / líquido m de separación ‖ **chemischer** ≃**gang** / extracción f o separación por análisis ‖ ≃**grad** m (Aufb) / rendimiento m de concentración ‖ ≃**kaskade** f (Nukl) / cascada f de separación ‖ ≃**leuchten** f (Chem, Phys) / triboluminescencia f ‖ ≃**linie** f (Druck) s. Trennstrich (Trennungsstrich) ‖ ≃**weiche** f (Bahn) / aguja f de bifurcación ‖ ≃**zeichen** n (Math) / signo m de separación ‖ ≃**zeichen** (Druck) s. Trennstrich (Abteilungszeichen)

Trenn•ventil n / válvula f de desconexión ‖ ≃**verfahren** n (Chem) / procedimiento m de separación ‖ ≃**verfahren** (Kanalisation) / sistema m de alcantarillado separado ‖ ≃**vermögen** n (Massenspektrometer) / poder m separar o resolver ‖ ≃**vermögen** (Nukl) / poder m separador ‖ ≃**verstärker** m (Eltronik) / amplificador m separador ‖ ≃**verstärker**, Antennenverstärker m / amplificador m de distribución ‖ ≃**versuch** m (Laminate) / ensayo m de deslaminación ‖ ≃**vorrichtung** f **für den Raketenkopf** (Raumf) / dispositivo m de separación de la cabeza ‖ ≃**vorrichtung für Flüssigkeiten in einer Rohrleitung** / diablo m de separación ‖ ≃**wand** f (allg) / pared f de separación, cámara f de separación ‖ ≃**wand** (Bau, Kfz) / tabique m [de separación] ‖ ≃**wand** (niedrig) / colaña f ‖ ≃**wand** f (Elektr) / pared f divisoria ‖ ≃**wand** (Biol, Foto) / septo m ‖ ≃**wand im Büro** / tabique m, mampara f de separación ‖ ≃**wandfenster** n (Kfz) / ventana f de tabique ‖ ≃**werkzeug** n / útil m para tronzar ‖ ≃**wichte** f (Aufb) / densidad f de separación ‖ ≃**widerstand** m (Mat.Prüf) / resistencia f de cohesión ‖ ≃**widerstand** (Spundwand) / resistencia f de separación de tablestacas ‖ ≃**winde** f **für Rohre** (Öl) / gato m para separar tubos ‖ ≃**wirkung** f, Selektion f / selección f ‖ ≃**wirkung**, -schärfe f (Chem) / poder m separador o de extracción ‖ ≃**wirkung** (Bergb) / tasa f de separación ‖ ≃**wirkungscharakteristik** f (Flotation) / curva f de errores de separación de Tromp ‖ ≃**zahlkurve** f (Flotation) / curva f de Tromp ‖ ≃**zeichen** n (Fernm) / señal f de corte ‖ ≃**zeichen** (DV) / carácter m de separación, delimitador m ‖ ≃**zeichen**, -symbol n, Begrenzungszeichen n (DV) / separador m, SEP ‖ ≃**zeichen in Zahlen** / punto, m. ‖ ≃**zeichen von Formatangaben** (DV) / carácter m de separación de zonas, separador m de campos ‖ ≃**zwirntexturieren** n (Tex) / texturación f por retorcido-destorcido

Trepanation f (Schweiz), Tropfenprobe f (Schw) / control m por sondeo

Treppe f / escalera f ‖ ≃, schlechte Schur (Tuch) / tundición f o tunda escalonada ‖ ≃ **mit gewendelten Laufteilen**, Treppe f mit Wendelstufen, [halb]gewendelte Treppe / escalera f de cuarto de conversión ‖ **aufgesattelte** ≃ / escalera f de peldaños sentados ‖ **eingeschobene (o. eingestemmte)** ≃ , Leitertreppe f / escalera f de peldaños encastrados ‖ **gebrochene** ≃ / escalera f truncada ‖ **unterwölbte** ≃ / escalera f abovedada

Treppen•absatz m, Podest n m (Bau) / descansillo m, meseta f, rellano m ‖ ≃**absatz** (innerhalb des Treppenlaufs), Zwischenpodest n (Bau) / descansillo m intermedio ‖ **oberer** ≃**absatz** (Bau) / descansillo m alto ‖ ≃**arm** m, -lauf m / tramo m de escalera, volada f / **Abstand zwischen parallelen** ≃**armen** f / distancia f entre tramos paralelos ‖ ≃**aufzug** m (auf Treppenwangen gleitend) / ascensor m sobre la escalera ‖ ≃**auge**, Treppenloch n / centro m abierto de la escalera de caracol ‖ ≃**automat** m (Elektr) / conmutador m automático de alumbrado de escalera, minutería f para escaleras ‖ ≃**beleuchtung** f / alumbrado m de escalera ‖ ≃**block** m (Wzm) / bloque m de sujeción escalonado ‖ ≃**breite** f / longitud f de escalones ‖ ≃**durchlass** m, treppenförmiger Durchlass (Hydr) / alcantarilla f escalonada ‖ ≃**effekt** m (TV) / efecto m de escalón ‖ ≃**fenster** n (Bau) / ventana f [de la caja] de escalera ‖ ≃**fenster mit Brüstung in Treppenneigung** / ventana f [de escalera] con alféizar inclinada ‖ ≃**form** f (Chem) / forma f de silla ‖ ≃**förmig** / escalonado, escaleriforme ‖ ≃**füllung** f (Bau) / panel m o entrepaño [de escalera] ‖ ≃**funktion** f (Math) / function f escalonada o [en] escalón ‖ ≃**geländer** n / pasamano[s] m, barandilla f de escalera, baranda f ‖ ≃**generator** m (Elektr) / generador m de escalones o de onda escalonada ‖ ≃**giebel** m (Bau) / frontón m escalonado ‖ ≃**haus** n, Treppenraum f (DIN) / caja f de [la] escalera, hueco m de la escalera ‖ ≃**hauskern** m / núcleo m de la caja de escalera ‖ ≃**hausmauer**, Wangenmauer f (Bau) / muro m de la caja de la escalera ‖ ≃**kern** m (Wendeltreppe) / núcleo m de la escalera de caracol ‖

Treppenkopf

~kopf, -absatz *m* / descansillo *m* ǁ ~kurve *f*, Stufenanschlag *m* / bloque *m* de tope escalonado ǁ ~kurve (Diagramm) / curva *f* en escalera ǁ ~lauf, -arm *m* (Bau) / tramo *m* de escalera, volada *f* de escalera ǁ ~läufer *m* (Tex) / alfombra *f* de [la] escalera ǁ ~läuferstange *f* / barra *f* para la alfombra de escalera ǁ ~lauflinie *f* / línea *f* de la volada de escalera ǁ ~leiter *f* / escalera *f* de tijeras o de mano (E), burro *m* (LA) ǁ kleine ~leiter, Schemel *m* / taburete *m* escalera ǁ ~loch, Treppenauge *n* / centro *m* abierto de la escalera [de caracol] ǁ ~loch *n* (im Fußboden) / hueco *m* de la escalera ǁ ~pfosten *m* / pilarote *m* ǁ ~podest *n m* / descansillo *m*, meseta *f* ǁ ~polygon, Histogramm *n* (Stat) / histograma *m* ǁ ~raum *m* (DIN) s. Treppenhaus ǁ ~raum-Umfassung *f* / paredes *f pl* y pisos de la escalera ǁ ~raupe *f* (für Rollstuhl) / trepa -escalera[s] *m* ǁ ~rost *m* / parrilla *f* escalonada, emparrillado *m* de escalones ǁ ~rostfeuerung *f* / hogar de parrilla de escalones *m* ǁ ~säule *f* (Endsäule des Geländers) / pilar *m* o poste de llegada ǁ ~schalter *m*, Dreiwegeschalter *m* (Elektr) / interruptor *m* de escalera o de tres circuitos ǁ ~schliff *m* / rectificación *f* en escalones ǁ ~signal *n* (TV) / señal *f* escalonada ǁ ~spannung *f* (Elektr) / tensión *f* escalonada ǁ ~spindel, -säule *f* (Bau) / árbol *m* de la escalera ǁ ~spindel *f* der hohlen Wendeltreppe / caracol *m* ǁ ~stab, Geländerpfosten *m*, Staket *n* / balaustre *m*, pilar *m* de barandilla o de balaustrada ǁ ~steiggerät *n* (Fitness-Stepper) / sube-escaleras *m*, montaescaleras *m* ǁ ~steigung *f* (Bau) / inclinación *f* de escalera ǁ ~stufe *f*, Tritt *m* / escalón *m*, peldaño *m*, grada *f* de escalera ǁ unterste ~stufe / primer *m* peldaño, peldaño *m* de arranque ǁ gewendelte ~stufe (auf einen Punkt zusammenlaufend) / peldaño *m* de escalera de caracol ǁ ~stufenpolarographie *f* (Chem, Elektr) / polarografía *f* tipo escalera ǁ ~teil *n*, -stück *n* (Zimm) / tiro *m* ǁ ~tritt *m*, -trittfläche *f* (Bau) / huella *f*, paso *m* (col) ǁ ~tritt von Kante bis Setzstufe / anchura *f* de huella ǁ ~unterkante *f* / arista *f* inferior de peldaño ǁ ~verwerfung *f*, Staffelbruch *m* (Geol) / falla *f* escaleriforme ǁ ~visier *n* (Waffe) (Mil) / alza *f* escalonada ǁ ~vorplatz *m* (Bau) / descansillo *m* ǁ ~wagen *m* (Standseilbahn) / coche *m* con compartimientos escalonados ǁ ~wange, -zarge *f* (Bau) / zanca *f* de escalera ǁ ~wicklung *f* (Elektr) / devanado *m* escalonado
Tresen *m* (Ladentisch), Theke *f* / mostrador *m*, barra *f*
Tresorfach *n* / cámara *f* acorazada, caja *f* fuerte
Tresse, Litze *f* (Tex) / trencilla *f*, pasamano *m* ǁ ~, Borte *f* / galón *m* ǁ mit ~n versehen / galonear
Trester *m pl* (Trauben) / orujo *m* ǁ ~schleuder *f* / desmenuzadora *f*, centrifugadora *f* de orujo ǁ ~wein *m* / vinaza *f*
Tret•anlasser, Kickstarter *m* (Kfz) / arrancador *m* de pedal o de pie, kickstarter *m* ǁ ~boot *n* / velomar *m*, hidropedales *m* ǁ ~eimer *m* / cubo de pedal
treten *vi*, schreiten / marchar, andar, dar pasos, ir, caminar ǁ ~ [auf] / pisar [en], poner el pie [sobre] ǁ ~ (Fahrrad) / pedalear ǁ an die Stelle ~, ersetzen / sustituir, reemplazar, remplazar ǁ auf die Bremsen ~ / pisar el pedal de freno, dar un frenazo ǁ über das Ufer ~ (Hydr) / desbordarse
Tret•gebläse *n* / máquina *f* soplante de pedal ǁ ~kontakt, -schalter *m* (Elektr) / contacto *m* de pedal ǁ ~kurbel *f* (Fahrrad) / manivela *f* de pedal ǁ ~[kurbel]lager *n* (Fahrrad) / rodamiento *m* de bolas del eje pedalier o del eje de los pedales ǁ ~kurbelrad *n* (Fahrrad) / plato *m*, rueda *f* delantera de la cadena ǁ ~nähmaschine *f* (Tex) / máquina *f* de coser de pedal ǁ ~rad *n*, Trittrad *n* / rueda *f* de pedal ǁ ~radgerät *n* (zur Erprobung von Bodenbelägen) (DIN 54322) / dispositivo *m* de ensayo con ruedas de pedal ǁ ~schalter *m* s. Tretkontakt ǁ ~vorrichtung *f* / dispositivo *m* de pedal ǁ ~wippe *f* (Walzw) / mesa *f* basculante
treu (Wiedergabe) / fiel
Treueprämie *f* / prima *f* de fidelidad
trezeliert (Porzellan) / resquebrajado
Trezelierung *f* / resquebrajadura *f*, resquebrajamiento *m*
TRF = Technische Richtlinien für Flüssiggasanlagen
Tri s. Trichlorethylen
Triac *n*, Zweiweg-, Zweirichtungs-Thyristortriode *f* (bidirektionaler Wechselstrom-Thyristor) / triac *m*, tiristor *m* bidireccional de c.a.
Triacetat *n* (Chem) / triacetato *m*
Triacetatseide *f* / seda *f* de triacetato
Triade, Dreiergruppe *f* (Math) / tríada *f*, grupo *m* de tres
triadisch / triádico, triple, tríplice
Triakis•oktaeder *n* (Krist) / triakisoctaedro *m* ǁ ~tetraeder *n* (Krist) / triakistetraedro *m*
Tri•alkylzinn *n* (Chem) / trialquilestaño *m* ǁ ~amin *n* (Chem) / triamina *f* ǁ ~aminotoluol *n* / TAT (= triaminotolueno)
Triangel *m* (Riss) / sieto *m*
Triangulationsnetz *n* / red *f* de triangulación
triangulieren *vt* (Verm) / triangular *v*, efectuar una triangulación
Triangulierung *f*, Triangulation, Dreiecksaufnahme *f* / triangulación *f* ǁ ~ I., II., usw Ordnung / triangulación *f* de 1ero, 2o orden
Triangulierungs-Photographie *f* / fotografía[s] para triangulación *f* [*pl*]
Trias, Dreizahl *f* (Math) / tríada *f*, grupo *m* de tres ǁ ~[formation] *f* (Geol) / trias *m*, triásico *m*, formación *f* triásica ǁ ~kalk *m* / caliza *f* triásica
triassisch (Geol) / triásico
Tri•ax *n* (Eltronik) / conductor *m* con dos blindajes aislados, cable *m* triax ǁ ~axial (Stecker) / triaxil, triaxial *m* ǁ ~axialversuch *m* (Boden) / ensayo *m* triaxi[a]l ǁ ~azin *n* (Chem) / triacina *f* ǁ ~azofarbstoffe *m pl* / colorantes *m pl* triazo ǁ ~azol *n* / triazol *m* ǁ ~azon *n* (Tex) / triazona *f* ǁ ~bit *n* (3 Bits) (DV) / tribit *m*
Tribo•chemie *f* / triboquímica *f* ǁ ~elektrizität *f* (Phys) / triboelectricidad *f* ǁ ~korrosion *f* / tribocorrosión *f* ǁ ~logie *f*, Tribotechnik *f* / tribología *f* ǁ ~logische Beanspruchung (durch Kontakt und Relativbewegung) / solicitación *f* tribológica ǁ ~lumineszenz *f* / triboluminiscencia *f* ǁ ~meter *n*, Reibungsmesser *m* / tribómetro *m* ǁ ~oxidation *f* (durch plastische Verformung von Metallen) / tribooxidación *f* ǁ ~physik *f* / tribofísica *f* ǁ ~technisch / tribotécnico
tribrid (System Ozon-Wasserstoff-Beryllium) (Raumf) / tríbrido ǁ ~-Treibstoff *m*, Triergol *n* / propulsante *m* o propelente tríbrido, triergol *m*
Tribromid *n* (Chem) / tribromuro *m*
Tribüne *f* / tribuna *f* (E), palco *m* (LA) ǁ ~, Haupttribüne *f* / tribuna *f* principal
Tri•butyl... (Chem) / TB... ǁ ~butylzinn *n* / tributilestaño *m* ǁ ~butyl-Zinnoxid *n*, T.B.T.O / óxido *m* de tributilestaño ǁ ~calciumphosphat *n* / fosfato *m* tricálcico ǁ ~charakteristische Verteilung (Stat) / distribución *f* tricaracterística
Trichetrelektrode *f* / electrodo *m* embudiforme
Trichinoskop *n* (Landw) / triquinoscopio *m*
Tri•chit *m* (Geol) / triquita *f* ǁ ~chlorethan *n* (Chem) / tricloroetano *m* ǁ ~chloreth[yl]en, Trilen, Tri, Chlorylen *n* / triclor[o]etileno *m* ǁ ~chlorid *n* / tricloruro *m* ǁ ~chlormethan *n*, Chloroform *n* / triclorometano *m*, cloroformo *m* ǁ ~chlormonofluormethan *n*, F 11 *n* / tricloromonofluorometano *m* ǁ ~chlorsilan *n* / triclorosilano *m*, silicocloroformo *m*
Trichotomie *f* / tricotomía *f*

Tri‧chroismus m, Dreifarbigkeit f (Opt) / tricroismo m ‖ ⁓**chromasie** f / tricromía f ‖ ⁓**chromatisch**, Dreifarben..., dreifarbig / tricromático ‖ ⁓**chromatischer Farbkoeffizient** / coeficiente m tricromático ‖ ⁓**chromatisches System** / sistema m tricromático ‖ ⁓**chromoskop** n, Dreifarbenröhre f (TV) / tricromoscopio, tubo m o cinescopio tricolor ‖ **Trichter** m / embudo m ‖ ⁓, Schalltrichter m / pabellón m, bocina f ‖ ⁓ m (Hochofen) / tolva f del tragante, cebadera f ‖ ⁓, Rumpf m / tolva f ‖ ⁓ m, Pinge f (Bergb) / embudo m ‖ ⁓ (Gieß) / embudo m de colada, bebedero m ‖ ⁓, Sprengtrichter m / cráter m de explosión ‖ ⁓**antenne** f, Hornantenne f / antena f en pirámide invertida, antena f en cono invertido ‖ ⁓**aufheizmittel** n (Gieß) / agente m exotérmico para el bebedero ‖ ⁓**auslauf** m / salida f de la tolva ‖ ⁓**bau**, Pingenbau m (Bergb) / explotación f por embudos, explotación f con poros vertederos ‖ ⁓**bildung** f (Fließpressen) / formación f de rechupes ‖ ⁓**boden** m / fondo m cónico ‖ ⁓**einlauf** (senkrechter Teil), Einguss m (Gieß) / bebedero m ‖ ⁓**falz** m (Druck) / pliego m longitudinal ‖ ⁓**falzwalzen** f pl (Druck) / rodillos m pl de entrada ‖ ⁓**förmig**, en forma de embudo, embudiforme ‖ ⁓**förmige Gaseinschlüsse** m pl (Schw) / sopladuras f pl vermiculares ‖ ⁓**hals** m (Lautsprecher) / boca f [de salida] de la bocina ‖ ⁓**haube** (Gieß) / caperuza f del bebedero ‖ ⁓**kanne** f / bidón m de pico cónico ‖ ⁓**kopf** m (Gieß) / cono m de colada ‖ ⁓**kübel** m / tolva f receptora, cangilón m ‖ ⁓**kübel** (Hochofen) / cuba f de la tolva ‖ ⁓**lautsprecher** m / altavoz m de bocina ‖ ⁓**loser Lautsprecher** / altavoz m con radiación directa ‖ ⁓**lunker**, Saugtrichter m (Gieß) / bola f de contracción ‖ ⁓**mühle** f / molino m cónico, trituradora f de tolva ‖ ⁓**mündung** f (Strangpresse) / embocadura f de embudo ‖ ⁓**nase** f, -spitze f (Druck) / nariz f del embudo o del triángulo, nariz f de la horma, cabo m del embudo ‖ ⁓**öffnung** f (Lautsprecher) / embocadura f de la bocina ‖ ⁓**rohr** n (Gieß) / bebedero m central ‖ ⁓**rohr** (Chem) / cuello m de embudo ‖ ⁓**röhre** f / tubo m de embudo ‖ ⁓**spinnverfahren** n / hilatura f por embudo ‖ ⁓**spulmaschine** f (Tex) / canilla f de vaso ‖ ⁓**ständer** m / soporte m de embudos ‖ ⁓**stoffänger** m (Pap) / recogepastas m de cono o de embudo, recuperadora f de pasta de cono o de embudo ‖ ⁓**stopfen** m (Akku) / tapón m de embudo ‖ ⁓**technik** f, -anbringen n (Gieß) / disposición f de bebederos ‖ ⁓**wagen** m (Bahn) / vagón m tolva, carro m tolva (MEJ)

Trick m, Kunstgriff m / truco m, artificio m, artimaña f ‖ ⁓, technische Spielerei / artimaña f ‖ ⁓, -aufnahme f (Film) / efectos m pl especiales, trucaje m ‖ ⁓**bild** n, -zeichnung f (Film) / dibujo m animado, truco m de animación ‖ ⁓**film** m / película f de dibujos animados o de animación, película f trucada ‖ ⁓**film** (spez. für Werbung) / película f de acrobacias

Trickle-Prozess m (Öl) / proceso m Trickle

Trick‧maschine f (Film) / truca f ‖ ⁓**mischgerät** n (TV) / mezclador m de efectos especiales ‖ ⁓**taste** f (für Mischung) (Tonband) / tecla f de truco ‖ ⁓**überblendung** f (Film) / superposición f de animación ‖ ⁓**Verstärker** m (TV) / amplificador m de efectos especiales ‖ ⁓**zeichner** m / animador m

Tri‧duktor m (Frequenzverdreifacher) (Eltronik) / triductor m ‖ ⁓**dymit** m (Min) / tridimita f

Trieb m, Antrieb m / accionamiento m, impulso m ‖ ⁓, Zahntrieb m (Masch) / piñón m ‖ ⁓ m, Lebhaftwerden n (Bier) / efervescencia f ‖ ⁓ (Hefe) / fuerza f fermentativa ‖ ⁓, Schössling m (Landw) / brote m, retoño m ‖ ⁓ (Uhr) / piñón m ‖ ⁓..., Transmissions... / transmisor m ‖ ⁓..., Treib... / accionador adj ‖ ⁓**achse** f (Bahn) / eje m motor ‖ ⁓**drehgestell** n (Bahn) / bogie m motor ‖ ⁓**einheit** f (Bahn) / unidad f motriz ‖ ⁓**fahrzeug** n (Bahn) / máquina f motriz, vehículo m motor o tractor ‖ ⁓**fahrzeugbestand** m (Bahn) / parque m motor o de tracción ‖ ⁓**fahrzeugpersonal** n (Bahn) / personal m de conducción ‖ ⁓**feder**, Gangfeder f / resorte m motor ‖ ⁓**gestell** n (Diesel), Zusatzmaschinenwagen m (Bahn) / carretón m o bogie motor ‖ ⁓**knopf** m (Instr) / botón m de puesta en marcha ‖ ⁓**kopf** m (Bahn) / unidad f motriz de un tren, cabeza f motriz ‖ ⁓**kopf** (Spinn) / testera f de mando ‖ ⁓**kraft** f (allg) / fuerza f motriz ‖ ⁓**kraft**, Stoßkraft f / fuerza f de impulsión, impulso m ‖ ⁓**kraft**, Propulsionskraft f (Phys) / fuerza f propulsiva ‖ ⁓**kranz** m (Dreibackenfutter) / corona f dentada ‖ ⁓**motor** m / motor m tractor o propulsor ‖ ⁓**poliereinrichtung** f (Uhr) / wig-wag m ‖ ⁓**rad** n, Trieb im Getriebe m / rueda f motriz ‖ ⁓**radhacke** f (Landw) / binadora f con rueda motriz ‖ ⁓**sand** m, Treib-, Flugsand m (Geol) / arena f movediza ‖ ⁓**schraube** (Masch) / tornillo m de avance ‖ ⁓**schraube**, Trieb m (Opt) / tornillo m tangencial de movimiento lento ‖ ⁓**seite** f (Elektr, Motor) / lado m de accionamiento o de mando ‖ ⁓**stahl** m (Uhr) / acero m para piñones ‖ ⁓**stange** f, Lenker m (Masch) / biela f ‖ ⁓**stange**, Treibstange f (Landw) / barra f ‖ ⁓**stock**, Hohltrieb m (Uhr) / huso m ‖ ⁓**stock** m (Spinn) / testera f de mando ‖ ⁓**stockgetriebe** n / engranaje m de linterna ‖ ⁓**stockrad** n / rueda f de linterna, piñón m de linterna ‖ ⁓**wagen** m (Bahn) / autovía m (E), automotor m, coche m [auto] motor, autorriel m (LA) ‖ ⁓**wagen** (Straßenbahn) / coche m automotor, automotor m tranvía ‖ ⁓**wageneinheit** f / unidad f automotor ‖ ⁓**wagenzug** m (Bahn) / tren m automotor, rama f automotriz ‖ ⁓**wagenzug, dreiteilig** / tren m automotor de tres elementos ‖ ⁓**wasser** n (Kraftwerk) / agua f motriz de la central hidroeléctrica ‖ ⁓**wasserkanal** (DIN), Werkkanal m / canal m para agua motriz ‖ ⁓**welle** f, Antriebswelle f / árbol m de mando, árbol m motor

Triebwerk, Antrieb m / mecanismo m de accionamiento o de mando ‖ ⁓, Bewegungsmechanismus m / mecanismo m de propulsión ‖ ⁓, Motor m (Mech) / mecanismo m motor, motor m ‖ ⁓, Triebwerks-Einheit f, (auch:) Stellsystem n (Raumf) / módulo m propulsor ‖ ⁓, Getriebe n (Masch) / engranaje m, transmisión f ‖ ⁓, Antriebsmaschinenanlage f (Luftf) / grupo m motor o motopropulsor ‖ ⁓ n (Uhr) / mecanismo m de reloj[ería], movimiento m ‖ ⁓ **mit Innenverzahnung**, inneres Vorgelege / engranaje m interior ‖ ⁓**bremse** f / freno m sobre la transmisión ‖ ⁓**drehzahl** f (Luftf) / velocidad f de hélice ‖ ⁓**leergewicht** n (Luftf) / peso m en vacío del grupo motor

Triebwerks‧abschaltfühler m (Raumf) / sensor m de parada de los propulsores ‖ ⁓**anlage**, Motorenanlage f / unidad f motriz, grupo m motopropulsor ‖ ⁓**bündelung** f / haz m de motores cohéticos ‖ ⁓**einheit** f (Jet, Luftf) / unidad f propulsiva ‖ ⁓**gondel** f (Luftschiff) / barquilla f de grupo motopropulsor ‖ ⁓**lärm** m (Luftf) / ruido m del grupo motopropulsor ‖ ⁓**rumpf** m (Luftf) / fuselaje m de grupo motor ‖ ⁓**stufe** f (Rakete) / etapa f de propulsión ‖ ⁓**teil** n, Teil n des Triebwerkes / pieza f o parte del grupo motor ‖ ⁓**teil** m n (als Ganzes) / unidad f propulsiva / motriz ‖ ⁓**teil** n (Luftf) / mecanismo m turbopropulsor ‖ ⁓**teil** m (Raumf) / unidad f propulsiva ‖ ⁓**verkleidung** f / carenado m del grupo motor, envoltura f del grupo motor ‖ ⁓**zündung** f (Raumf) / encendido m de disparo o de lanzamiento

Trieb‧wirtel, Wirtelglocke f (Spulmaschine, Tex) / nuez f de la púa ‖ ⁓**zahn** m / diente m de impulsión ‖ ⁓**zahn** (Uhr) / diente m de piñón ‖ ⁓**zahnrad** n (Zahnradbahn) / rueda f dentada motriz ‖ ⁓**zug** m (Bahn) s. Triebwagenzug

Tri‧eder, Dreiflach n, Dreiflächner m (Math) / triedro m ‖ ⁓**edrisch**, dreiflächig, Trieder... / triedro adj, (incorr.:) triédrico

triefen / chorrear
Triergol *n* (Rakete) / triergol *m*
Tri•ethanolamin *n* (Chem) / trietanolamina *f* ‖ ⁓**ethylamin** *n* / trietilamina *f* ‖ ⁓**ethylenglykol** *n* / trietilenglicol *m*, glicol *m* de trietileno
Trieur *m* (Landw) / separador *m* de trigo ‖ ⁓, Gesämeausleser *m* (Mühle) / triadero *m*
Trifluor•chlorethylen *n* (Chem) / trifluorocloroetileno *m* ‖ ⁓**monochlormethan** *n*, F 13 / trifluoromonoclorometano *m* ‖ ⁓**trichlorethan** *n*, F 113 *n* / trifluorotriclorometano *m*
tri•fokal, mit drei Brennpunkten (Opt) / trifocal ‖ ⁓**frequenzofen** *m* (Gieß) / horno *m* de tres frecuencias
Trift, Richtung *f*, Drift *f* / sentido *m*, dirección *f* ‖ ⁓ *f* (Schiff) / deriva *f* ‖ ⁓ (Hydr) / canal *m* o pasaje de flotación
triften *vt* (Holz) / [hacer] flotar *vt* ‖ ⁓ *n* **der Kontinente**, Kontinentaldrift *f* (Geol) / deriva *f* de continentes
Trift•raum *m* (Eltronik) / espacio *m* de corrimiento o de agrupación, espacio *m* de tránsito libre ‖ ⁓**röhre** *f*, Klystron *m* (Eltronik) / clistrón *m*, klistrón *m*, tubo *m* de modulación de velocidad
trifunktionell / trifuncional
Trigatron *n* (Eltronik) / trigatrón *m*, explosor *m* de chispa piloto
Trigger *m*, Auslöseimpuls *m* / impulso *m* de disparo ‖ ⁓**bare Zeitablenkeinrichtung** (Kath.Str) / base *f* de tiempo gatillado ‖ ⁓**impuls**, Auslöseimpuls *m* (Eltronik, Radar) / impulso *m* disparador o de disparo, impulso *m* activador o iniciador, impulso *m* gatillo o de mando
triggern, [an]⁓ (Funk) / gatillar, disparar, poner en acción, iniciar, mandar
Trigger•schaltung *f* (Eltronik) / circuito *m* disparador o gatillo o gatillador, circuito *m* activador o excitador, circuito *m* de mando, báscula *f* ‖ **bistabile** ⁓**schaltung** (DV) / basculador *m* biestable, circuito *m* disparador biestable ‖ ⁓**signal** *n* / señal *f* gatillo o de disparo ‖ ⁓**spannung** *f*, Anstoßpegel *m* (Radar) / nivel *m* de disparo o de activación ‖ ⁓**status** *m* (DV) / estado *m* de disparo o gatillado
Tri•gistor *m* (Eltronik) / trigistor *m* ‖ ⁓**glycerid** *n* (Chem) / triglicérido *m* ‖ ⁓**glykol** *n* (Chem) / triglicol *m* ‖ ⁓**gonal**, dreieckig / trigonal, triangular ‖ ⁓**gonal** (Krist) / trigonal
Trigonometrie, Dreieckslehre *f* (Geom) / trigonometría *f* ‖ **ebene** ⁓ / trigonometría *f* plana
trigonometrisch / trigonométrico ‖ ⁓**e Funktion** / función *f* trigonométrica, razón *f* trigonométrica, función *f* circular ‖ ⁓**e Höhenmessung** (Verm) / altimetría *f* trigonométrica ‖ ⁓**es Netz** / red *f* trigonométrica
Tri•gramm *n* (DV) / grupo *m* de tres dígitos ‖ ⁓**isobutylphosphat** *n*, TiBP (Chem) / triisobutilfosfato *m*, fosfato *m* triisobutílico ‖ ⁓**kaliumzitrat** *n* / citrato de potasio *f*
Trike *n* (dreirädriges offenes Kfz) / triciclo *m* motorizado
tri•klin [isch] (Krist) / triclínico, triclino, triclinal ‖ ⁓**kline Dispersion** (Krist) / dispersión *f* triclínica
Trikoline *f* (Tex) / tricolina *f*
Trikosan *n* (Chem) / tricosano *m*
Trikot *m* (Gewebe) (Web) / tejido *m* de punto o de malla, tricot *m* ‖ ⁓ *n* **für Sportler** / camiseta *f*, maillot *m* (galicismo), tricota *f* (LA)
Trikotagen *f pl* / géneros *m pl* de punto o de malla ‖ ⁓**fabrik** *f* / fábrica *f* de géneros de punto
Trikot•bindung *f*, T / ligamento *m* de tejido de punto ‖ ⁓**futter** *n* (Schuh) / forro *m* de tejido de punto ‖ ⁓**garn** *n* / hilo *m* de género de punto ‖ ⁓**hemd** *n* / tricot *m*, camiseta *f*
Trikotin *n* (Tex) / tricotina *f*

Trikot•kalander *m* / calandria *f* para tejido de punto tubular ‖ ⁓**stuhl** *m* / tricotosa *f* ‖ ⁓**weberei** *f* / tejeduría *f* de géneros de punto
Tri•kresol *n* (Chem) / tricresol *m* ‖ ⁓**kresylphosphat** *n* / fosfato *m* de tricresilo
Trilateration, Funkentfernungsmessung *f* (Verm) / trilateración *f*
Trilen *n*, Trichlorethylen *n* (Chem) / triclor[o]etileno *m*
Trillerpfeife *f* / pito *m*
Trilliarde *f*, 10^{21} (Math) / mil trillones, sextillón *m*
Trillion *f*, 10^{18} / trillón *m*, quintillón *m* (LA, USA), millón de billones
Tri•maran *m* (Schiff) / trimarán *m* ‖ ⁓**mer** (Chem) / trimero *adj* ‖ ⁓**mer** *n* (Chem) / trimero *m* ‖ ⁓**metallplatte** *f* (Druck) / plancha *f* trimetálica ‖ ⁓**methylamin** *n* (Chem) / trimetilamina *f* ‖ ⁓**methylen**, Cyclopropan *n* / trimetileno *m*, ciclopropano *m* ‖ **N-**⁓**methylglycin**, Betain *n* / N-trimetilglicina *f*, betaína *f* ‖ ⁓**methylglycocoll** *n* / trimetilglicocola *f* ‖ ⁓**methylsylil** *n* / trimetilsililo *m* ‖ ⁓**metrisch** (Zeichn) / trimétrico, ortorrómbico ‖ ⁓**metrisch** (Krist) / trimétrico, rómbico
Trimm *m* (Kfz) / adornos *m pl* ‖ ⁓ (Luftf) / equilibrio *m* aerodinámico, centrado *m* [aerodinámico] ‖ ⁓ (Schiff) / asiento *m* [longitudinal], actitud *f* respecto a un plano horizontal ‖ ⁓**...** (Eltronik) / de ajuste ‖ ⁓**behälter** *m* (Schiff) / tanque *m* de estibado ‖ ⁓**element** *n* (Nukl) / elemento *m* de compensación
trimmen *vt* (Luftf, Schiff) / equilibrar, compensar ‖ ⁓, stutzen / podar, truncar ‖ ⁓ (Schiff) / asentar, estibar, distribuir la carga, arrumar, lastrar ‖ ⁓ (Kohle) / llevar carbón ‖ ⁓ (Eltronik) / ajustar, arreglar ‖ ⁓ *n*, Stauen *n* (Schiff) / estibación *f* ‖ ⁓, Feinabgleich *m* (Eltronik, Radio) / ajuste *m* o reglaje fino ‖ ⁓ (Nukl) / compensación *f*, ajuste *m* ‖ ⁓ **von Widerständen** / ajuste *m* de resistencias o resistores
Trimmer, Stauer *m* (Schiff) / estibador *m*, estivador *m* ‖ ⁓ **[kondensator]** *m* (Eltronik) / trim[m]er *m*, compensador *m* o corrector de sintonía, condensador *m* de compensación o de corrección o de ajuste ‖ ⁓**widerstand** *m* (fest) / resistencia *f* de ajuste ‖ ⁓**widerstand** (regelbar), -potentiometer *n* / potenciómetro *m* de ajuste o de regulación
Trimm•gerät *n* (Sport) / aparato *m* de musculación ‖ ⁓**klappe** *f* (Luftf) / flap *m* estabilizador ‖ ⁓**lage** *f* (Schiff) / asiento *m* [longitudinal] ‖ ⁓**-Regelung** *f* (Luftf) / mando *m* de centrado o de compensación ‖ ⁓**ruder** *n* (Luftf) / aleta *f* compensadora o de centrado ‖ ⁓**stab** *m* (Nukl) / barra *f* de compensación ‖ ⁓**stabilität** *f* (Schiff) / estabilidad *f* de asiento ‖ ⁓**tank** *m* (Schiff) / tanque *m* de compensación, tanque *m* de estibado de trimado ‖ ⁓**- u. Ausgleichbunker** *m* (Schiff) / tanque *m* de asiento y de compensación ‖ ⁓**vorrichtung** *f* / dispositivo *m* de corrección de asiento ‖ ⁓**winkel** *m* (zwischen Längsachse und Waagerechter) (Luftf) / asiento *m* longitudinal
tri•modal (Hafen) / trimodal ‖ ⁓**molekular** (Chem) / trimolecular ‖ ⁓**morph**, dreigestaltig (Krist) / trimorfo ‖ ⁓**natriumphosphat** *n* (Chem) / fosfato *m* trisódico
T-Ring, Trapezring *m* (Mot) / segmento *m* trapezoidal
Tringles•platine *f* (Tex) / platina *f* de las rejillas, regla *f* de platina ‖ ⁓**prisma** *f* (Tex) / cilindro *m* o prisma de las rejillas, pequeño cilindro *m* ‖ ⁓**vorrichtung** *f* (Tex) / pasado *m* o remetido con dispositivo de rejillas
Tri•nitrat *n* (Chem) / trinitrato *m* ‖ ⁓**nitrin** *n* / trinitroglicerina *f* ‖ ⁓**nitr[o]anilin**, Pikramid *n* / trinitroanilina *f* ‖ ⁓**nitrobenzol** *n* / trinitrobenceno *m* ‖ ⁓**nitrophenol** *n*, Pikrinsäure *f* / trinitrofenol *m*, ácido *m* pícrico ‖ ⁓**nitrotoluol** *n*, Trotyl *n*, TNT *n* / trinitrotolueno *m*, TNT ‖ ⁓**nitrouranyl** *n* / trinitrouranilo *m* ‖ ⁓**nitroxylol** *n* / trinitroxileno *m*
trinkbar (Wasser) / potable ‖ ⁓ **machen**, Trinkwasserqualität geben (Wasser) / potabilizar
Trinkbarkeit *f* / potabilidad *f*

Trinkbarmachung f, [auch:] Entsalzung (von Meerwasser) f / potabilización f
Trink•branntwein m / aguardiente m potable ‖ ˜**brunnen** m / pozo m de agua potable
Trinkwasser n / agua f potable ‖ ˜ **aufbereiten** / tratar o elaborar [el] agua potable ‖ ˜ **aufbereitend** / potabilizador adj ‖ ˜**anlage** f / instalación f de abastecimiento de agua potable ‖ ˜**aufbereitung** f / acondicionamiento f del agua potable ‖ ˜**aufbereitungsanlage** f / potabilizadora f, instalación f o planta potabilizadora ‖ ˜**filter** n m / filtro m purificador de agua potable ‖ ˜**leitung** f / tubería f de agua potable ‖ ˜**speicher** m, -wasserreservoir n / depósito m de agua potable ‖ ˜**versorgung** f / abastecimiento m de agua potable
Tri•nom n (Math) / trinomio m ‖ ~**nomisch**, dreigliedrig (Math) / trinomio adj, que consta de tres términos
Trioblechstraße f (Walzw) / tren m trío para chapa
Triode, Dreielektrodenröhre f (Eltronik) / triodo m o tríodo ‖ ˜-[**Misch**]**hexode** f / triodo-hexodo m conversor de frecuencia, conversor m de frecuencia triodo-hexodo
Triodengenerator m (Eltronik) / triodo m oscilador, oscilador m triodo
Trio•fertigstraße f (Walzw) / tren m trío acabador ‖ ˜**gerüst** n (Walzw) / caja f trío ‖ ˜**haus** n (Bau) s. Dreispänner
Triol n (Chem) / triol m
Triolein n, normales Ölsäureglycerid / trioleína f
Trioreversierwalzwerk n / laminador m trío reversible
Triorganostannyl-Amin n (Chem) / triorganostanilamina f
Triose f (Chem) / triosa f
Trio•straße f (Walzw) / tren m trío ‖ ˜**vorgerüst** n, -vorwalzwerk n / tren m trío de desbaste ‖ ˜**walzwerk** n, Drillingswalzwerk n / laminador m trío
Trioxid n (Chem) / trióxido m
Tripel m, -erde f (Min) / trípolo m, tierra f de infusorios
Tripel n (Math) / trío m, triplete m, tripleta f ‖ ˜, Triplett n (Chem, Phys) / triplete m ‖ ˜ n (TV) / triado m, trío m ‖ ˜**prisma** n (Rückstrahler) / prisma m triple ‖ ˜**punkt** m (Chem) / punto m triple ‖ ˜**salz** n (Chem) / sal f triple ‖ ˜**spiegel** m (Opt) / espejo m triple ‖ ˜**wellblech** n (Hütt) / chapa f ondulada triple
Triphenyl•methan n (Chem) / trifenilmetano m, metano m de trifenilo ‖ ˜**methanfarbstoff** m / colorante m de trifenilmetano ‖ ˜**phosphat** n / trifenilfosfato m, fosfato m de trifenilo ‖ ˜**tetrazoliumchlorid** n / cloruro m de trifeniltetrazolio
Triplett n, dreifache Spektrallinie (Phys) / triplete m ‖ ˜, Cookesches o. Taylorsches Triplett (Opt) / triplete m de Taylor ‖ ˜-**Zustand** m (Laser) / estado m triplet
Triplex•glas n, Dreischichtenglas n / vidrio m triplex ‖ ˜**karton** n / cartulina f triplex ‖ ˜**telegrafie** f / telegrafía f triplex ‖ ˜**verfahren** n (Hütt) / procedimiento m triplex
Triplit m (Min) / triplita f
Tripol m (Funk) / tripolo m
Triptan, Trimethylbutan n (Chem) / triptano m, trimetilbutano m
Tri•saccharid n / trisacárido m ‖ ˜**sauerstoff** m (Chem) / ozono m ‖ ˜**sektion** f (Math) / trisección f ‖ ˜**sektrix** f (Math) / trisectriz f ‖ ˜**silan** n (Chem) / trisilano m
Trisoktaeder n (Krist) / trioctaedro m
tritanopisch, blaublind (Med) / tritanópico
Tri-Tauchlack m / barniz m de inmersión de triclorometano
Triticin n ($C_{12}H_{22}O_{11}$) (Chem) / triticina f
Tritid m (Chem) / trituro m
tritiieren vt / tritiar
Tritium n, T (Chem) / tritio m ‖ ˜**abtrennung** f / separación f de tritio ‖ ˜**einheit** f (Chem) / unidad f de tritio ‖ ˜**wasser** n / agua f tritiada
Tritol s. Trinitrotoluol

Triton n, t (Tritium-Atomkern) (Nukl) / tritón m, núcleo m de tritio
Tritt m, Trittstufe f / peldaño m, escalón m, huella f ‖ ˜, Pedal n (Masch) / pedal m ‖ ˜ (auf das Pedal) / golpe m de pedal ‖ ˜ **am Fahrerhaus** (Kfz) / estribo m de la cabina del conductor ‖ ˜ **am Fenster** (Bau) / estrado m, tarima f ‖ ˜ **ins Pedal** (Fahrrad) / pedalada f ‖ **außer** ˜ **fallen** (Elektr) / desincronizarse, perder el sincronismo ‖ **im** ˜ (Elektr) / en sincronismo ‖ **in** ˜ **bleiben** (Elektr) / permanecer en sincronismo
Tritt•blech n (Hütt) / chapa f para estribo ‖ ˜**blech mit eingewalztem Muster** (Walzw) / chapa f gofrada ‖ ˜**brett** n (Kfz) / estribo m ‖ ˜**brett**, Laufsteg m / pasarela f ‖ ˜**brettlenkung** f / direción f por estribo ‖ ˜**drehbank** f / torno m accionado por pedal ‖ ˜**eisen** n (Bau) / escalón m de un pozo ‖ ˜**fest** (Teppich) / resistente a las pisadas ‖ ˜**fläche** f, Oberfläche f der Stufe, Trittbreite f, Auftritt m (Bau) / huella f, paso m (coll) / máquina f soplante de pedal ‖ ˜**gebläse** n / máquina f soplante de pedal ‖ ˜**hocker** n / taburete m escalera ‖ ˜**höhe** f (Treppe) / altura f del escalón ‖ ˜**leiter** f / escalera f de tijeras (E), burro m (LA) ‖ ˜**platten-Bremsventil** n (Kfz) / válvula f de freno accionado por pedal ‖ ˜**schall** m (Bau) / ruido de pasos ‖ ˜**schalldämmung** f / aislamiento m acústico al ruido de choques o pasos ‖ ˜**schutzleiste** f (Kfz) s. Schweller ‖ ˜**stange** f (Näm) / biela f ‖ ˜**stufe** f (Bau) / eslabón m ‖ ˜**stufe** (ohne Setzstufe) / eslabón m esquelético ‖ ˜**umschalter**, Fußschalter m (Elektr) / conmutador m de pedal ‖ ˜**webstuhl** m / telar m de pedales
triturieren vt, pulverisieren (Chem) / triturar
trivalenter Code (Fernm) / código m trivalente
Trivial•name m (Bot, Chem) / denominación f trivial ‖ ˜**patent** n / patente m trivial
Trixel n, Pixel (DV) / trixel m
TRK-Werte m pl (Technische Richtkonzentrationen) / concentraciones f pl técnicas de orientación
Trochangelenk f / junta f de platillos
Trochoide f (Math) / trocoide f
Trochoiden•... / trocoide, trocoidal ‖ ˜-**Massenspektrometer** n (Nukl) / espectrómetro m de masas trocoidal, espectrómetro m de trayectoria trocoide
Trochotron n, Magnetfeld[zähl]röhre f (Eltronik) / trocotrón m, tubo m [contador] de conmutación por haz electrónico
trocken / seco ‖ ~, unbewässert / no irrigado ‖ ~ (Geol) / árido ‖ ~, dürr (Landw) / árido ‖ ~, abgelagert (Holz) / desecado, curado ‖ ~, Trocken... / desecado ‖ ~ **(o. ohne Mörtel) verlegen** (Bau) / poner en seco ‖ ~ **aufbereitet** (o. klassiert) (Kohle) / clasificado por vía seca, preparado en seco ‖ ~ **aufbewahren !** / ¡almacenar seco!, ¡conservar en lugar seco!, ¡guardar seco! ‖ ~**es Bohrloch** (Öl) / pozo m seco o agotado o improductivo ‖ ~**e Destillation** (Chem) / destilación f seca ‖ ~**e Druckschale** (Reaktor) / casco m seco de la central ‖ ~**es Erz** / mineral m duro ‖ ~ **fallen** (Stäbe) (Nukl) / caer secas ‖ ~**e Fäulnis**, Hausschwamm m (Bau) / merulio m ‖ ~**e Futtermauer**, trockene o. kalte Mauer / muro m de revestimiento en seco ‖ ~**er Gasbehälter** / recipiente m de gas seco ‖ ~**er Gasmesser o. -zähler** / gasómetro m seco o con fuelle ‖ ~**es Gelände** / sequedal m ‖ ~ **gesättigter Dampf** / vapor m seco ‖ ~**er Reedkontakt** / relé m o relevador con armaduras de lengüeta ‖ ~**e Reibung**, Grenzreibung f (Phys) / rozamiento m seco, fricción f seca ‖ ~**er Sand** (Gieß) / arena f secada en estufa ‖ ~ **schaltend** (Relais) / en circuito seco, sin corriente ‖ ~**es Verfahren** / procedimiento m seco o por vía seca ‖ ~**e Vergoldung** / dorado m en hojas ‖ ~ **verlegt**, Trockenmauer... (Bau) / puesto en seco ‖ ~**e Zwischenlagerung** (Nukl) / almacenamiento m [en] seco ‖ ~**e Zylinderbüchse** (Mot) / camisa f seca de

1355

trocken

cilindro ‖ ⁓**im** ⁓**en Zustand** / seco, en estado seco ‖ **mit** ⁓**er Spitze** / puntiseco
Trocken•..., **Dörr...**, getrocknet (Obst) / paso *adj* ‖
⁓**abnutzung** *f* / desgaste *m* seco ‖ ⁓**abort** *m* (Sanitär) / excusado *m* seco ‖ ⁓**abziehbild** *n* / calcomanía *f* seca ‖
⁓**änderung** *f* **des Farbtons** / cambio *m* del matiz por secado ‖ ⁓**anlage** *f*, Trockner *m* / planta *f* secadera, secadero *m* ‖ ⁓**apparat** *m*, -vorrichtung *f* / dispositivo *m* secador, secadero *m* ‖ ⁓**apparat** (Zuck) / secadero *m* ‖ ⁓**appretiermittel** *n* / producto *m* para el apresto en seco ‖ ⁓**appretur** *f* (Tex) / aparato *m* o acabado en seco ‖ ⁓**ästung** *f* (Forstw) / poda *f* en seco ‖
⁓**aufbereitung** *f* / preparación *f* en seco ‖
⁓**aufbereitung** (Bergb) / clasificación *f* en seco ‖
⁓**aufstellung** *f* (Pumpe) / montaje *m* en [pozo] seco ‖
⁓**ausschuss** *m* (Pap) / recortes *m pl* secos ‖ ⁓**auszug**, -extrakt *m* (Chem) / extracción *f* seca, extracto *m* seco ‖
⁓**automat** *m* (Haushalt) / secador *m* automático, secadora *f* eléctrica con aire de salida ‖ ⁓**bagger** *m* / excavadora *f* ‖ ⁓**batterie** *f* (Elektr) / batería *f* de pila[s] seca[s], batería *f* seca, pila *f* seca ‖ ⁓**bau** *m* (Bau) / construcción *f* en seco ‖ ⁓**beize** (Landw) / desinfección *f* seca de semillas ‖ ⁓**beizen** *vt* (Landw) / desinfectar por vía seca ‖ ⁓**bestäuber** *m* (Druck) / pulverizador *m* antirreprinte ‖ ⁓**bestäubung** *f* (Schädlingsbek.) / espolvoreo *m* de pesticidas ‖
⁓**bewirtschaftung** *f* (Landw) / agricultura *f* en seco ‖
⁓**binder** *m* (Chem) / aglutinante *m* en seco ‖ ⁓**biotop** *n* / habitación *f* árida ‖ ⁓**boden** (Tex) / secadero *m*, tendedero *m* ‖ ⁓**boden** (Bau) / tendedero *m* ‖ ⁓**boden** (Keram) / suelo *m* calentado para secar ‖ ⁓**boden**, (Champagne:) Kreideboden *m* (Geol) / tierra *f* cretácea o gredosa ‖ ⁓**bohrer** *m* (Bergb) / barrena *f* para perforación en seco ‖ ⁓**bruch** *m* (Keram) / pérdidas *f pl* de secado ‖ ⁓**chloren** *n* (Bleichen) / clorinación *f* en seco ‖ ⁓**dampf** *m* / vapor *m* seco ‖
⁓**dampfanteil** *m* (Dampf) / razón *f* de vapor seco ‖
⁓**dekatieren** *vt* (Tex) / decatizar en seco ‖ ⁓**dekatieren** *n* / decatizado *m* en seco ‖ ⁓**destillation** *f* (Chem) / destilación *f* seca ‖ ⁓**dock** *n* (Schiff) / dique *m* seco, cala *f* seca, carenero *m* ‖ ⁓**dock**, Reparaturdock *n* / dique *m* para reparaciones ‖ ⁓**dunkelfeldkondensor** *m* (Opt) / condensador *m* en seco de fondo negro
Trocken *f*, Zustand *m* der Trockenheit (Chem) / sequedad *f*, estado *m* seco ‖ **bis zur** ⁓ (Chem) / hasta la sequedad ‖ **zur** ⁓ **eindampfen** / evaporar hasta la sequedad
Trockene *n* / materia *f* seca ‖ **auf dem** ⁓ **n** (Schiff) / encallado, varado
Trocken•ei *n*, Eipulver *n* (Nahr) / huevo *m* en polvo ‖
⁓**einrichtungen** *f pl* / instalaciones *f pl* de secado, secadores *m pl* ‖ ⁓**einwaage** *f*, Einwaage *f* (Konserve) / porción *f* seca pesada ‖ ⁓**eis** *n*, feste Kohlensäure / hielo *m* seco, anhídrido *m* (ó acido) carbónico sólido ‖ ⁓**elektrolyt** *m* / electrólito *m* seco ‖ ⁓**element** *n* (Elektr) / pila *f* seca ‖ ⁓**elko**, -elektrolytkondensator *m* / condensador *m* o capacitor electrolítico seco ‖
⁓**entwickler** *m* (Schw) / generador *m* de caída de agua en cal seca ‖ ⁓**entwicklung** *f* (Foto) / revelado *m* en seco ‖ ⁓**essig** *m* / vinagre *m* en polvo ‖ ⁓**extrakt**, -auszug *m* (Chem) / extracto *m* seco ‖ ⁓**fallout** *m* (Nukl) / precipitación *f* radi[o]activa seca ‖ ⁓**farbe** *f* / color *m* seco o en polvo ‖ ⁓**farmsystem** *n* (Landw) / agricultura *f* en seco ‖ ⁓**fäule** *f*, Vermorschen *n* (Holz) / putrefacción *f* o pudrición seca ‖ ⁓**fäule**, Weißfäule *f*, Fusarium caeruleum (Kartoffel) (Bot) / podredumbre *f* seca o en seco, fusariosis *f* de la patata, pudrición *f* seca ‖ ⁓**fäule** *f*, Herzfäule *f* (Rüben) / pudrición *f* del corazón ‖ **schwarze** ⁓**fäule**, Schwarzfäule *f*, Black-Rot *n* des Weinstocks (Bot) / roña *f* negra de las uvas, black-rot *m*, podredumbre *f* negra de la vid ‖
⁓**festigkeit** *f* **des Sandes** (Gieß) / resistencia *f* seca de la arena ‖ ⁓**filterelement** *n* (Chem) / elemento *m* filtrante seco ‖ ⁓**filz** *m* (Pap) / filtro *m* o paño secador

‖ ⁓**firnis** *m* / barniz *m* secante o secativo ‖ ⁓**flasche** *f* (Chem) / frasco *m* lavador o secador ‖ ⁓**flasche** (Chem) / temperatura *f* de bola seca ‖ ⁓**flussbett** *n* (Geo) / cauce *m* seco (de un río) ‖ ⁓**form** *f*, Masseform *f* (Gieß) / molde *m* de arena seca ‖ ⁓**fracht** *f*, Schüttfracht *f* (Schiff) / mercancias *f pl* secas, carga en granel ‖ ⁓**frachtschiff** *n* / buque *m* de carga seca ‖
⁓**futter** *n* (Landw) / forraje *m* o pasto seco, pienso *m* ‖
⁓**fütterung** *f* (Landw) / alimentación *f* en seco ‖
⁓**gebiet** *n* (Geo) / zona *f* seca o árida ‖ ⁓**gehalt** *m* (Chem) / contenido *m* seco o de (o en) materia seca ‖
⁓**gehalt** (Pap) / sequedad *f* ‖ ⁓**gelenk** *n* (Kfz) / articulación *f* elástica, junta *f* flexible (sin engrase) ‖
⁓**gemisch** *n* (Plast) / mezcla *f* seca o en polvo ‖
⁓**gemüse** *n* / verduras *f pl* deshidratadas, hortalizas *f pl* o legumbres secas ‖ ⁓**gepresst** (Keram) / prensado en seco ‖ ⁓**gestell** *n* / secadero *m* ‖ ⁓**gestell**, Abtropfgestell *n* / escurridero *m*, escurridor *m* ‖
⁓**gewicht** *n* / peso *m* [en] seco ‖ ⁓**gewicht**, Endgewicht *n* (Tex) / peso *m* final o acondicionado ‖
⁓**gewicht** (betriebsbereit ohne Kraftstoff, Öl, Wasser) (Luftf) / peso *m* en seco, peso *m* sin combustible ni lubricante ‖ ⁓**gezwirnt** (Tex) / torcido en seco ‖ ⁓**glättwerk** *n* (Pap) / lisa *f* seca ‖
⁓**gleichrichter** *m* (Elektr) / rectificador *m* [de disco] seco ‖ ⁓**gleitfläche** *f* / superficie *f* de deslizamiento en seco ‖ ⁓**grad** *m* / grado *m* de sequedad ‖ ⁓**gründung** *f* (Bau) / fundación *f* seca o en seco ‖ ⁓**gürtel** *m*, -gebiete *n pl* (Geo) / zona *f* seca, zonas *f pl* áridas ‖
⁓**guss** *m* (in Trocken-Sandform) (Hütt) / fundición *f* en arena seca ‖ ⁓**haube** *f* (Frisör, Pap) / casco *m* secador ‖ ⁓**haus** *n*, Darre *f* (Brau) / tostadero *m* ‖
⁓**hefe** *f* (Nahr) / levadura *f* seca
Trockenheit *f* (allg) / sequedad *f* ‖ ⁓, Dürre *f* (Landw, Meteo) / sequía *f*, aridez *f* ‖ ⁓ (trockener Zustand) / sequedad *f*, estado *m* seco ‖ ⁓, Trockenperiode *f* (Meteo) / período *m* de sequía ‖ **absolute** ⁓ (Tex) / sequedad *f* absoluta del hilo
trocken • heizen *vt* / secar por calefacción ‖
⁓**hitzeechtheit** *f* (Tex) / solidez *f* al calor seco ‖
⁓**hitzefixierechtheit** *f* / solidez *f* de fijación al calor seco ‖ ⁓**hitzeplissierechtheit** *f* (Tex) / solidez *f* de plisado al calor seco ‖ ⁓**[hohl]maß** *n* / medida *f* de capacidad seca ‖ ⁓**horde** *f* / bandeja *f* enrejillada para secar, cañizo *m* para secar ‖ ⁓**kabel** *n* / cable *m* seco ‖
⁓**kalk** *m* (Bau) / cal *f* hidratada seca ‖ ⁓**kalkung** *f* (Zuck) / defecación *f* por cal viva ‖ ⁓**kalkungspfanne** *f* / defecador *m* ‖ ⁓**kammer** *f* / cámara *f* secadora, secadero *m* ‖ ⁓**kammer**, -schrank *m* / armario *m*, estufa *f* u horno de secar ‖ ⁓**kanal** *m* (Pap) / canal *m* de secado ‖ ⁓**kartoffeln** *f pl* / patatas *f pl* deshidratadas ‖ ⁓**kasten** *m* / caja *f* secadora, cámara *f* de secamiento ‖ ⁓**klassierung** *f* (Bergb) / clasificación *f* en seco ‖ ⁓**klebpresse** *f* (Film) / empalmadora *f* en seco ‖ ⁓**klebrigkeit** *f* (Gummi) / pegajosidad *f* en seco ‖
⁓**klima** *n* / clima *m* seco ‖ ⁓**klosett** *n* (Sanitär) / retrete *m* seco, wáter *m* con depósito séptico ‖
⁓**kolbenkompressor** *m* / compresor *m* con émbolo seco ‖ ⁓**kollergang** *m* / molino *m* seco de rulos ‖
⁓**kollerstoff** *m* (Pap) / pasta *f* molida seca ‖ ⁓**kolonne** *f* (Chem Verf) / columna *f* secadora ‖ ⁓**kompass** *m* (Schiff) / brújula *f* seca ‖ ⁓**kondensor** *m* (Opt) / condensador *m* seco ‖ ⁓**kopie** *f* / copia *f* seca ‖
⁓**kopiergerät** *n* / copiadora *f* seca ‖ ⁓**kreppen** *n* (Tex) / cresponado *m* seco ‖ ⁓**kugel-Temperatur** *f*, -thermometer-Temperatur *f* (Phys) / temperatura *f* al termómetro de bola seca ‖ ⁓**kühlturm** *m* / torre *f* refrigerante seca, columna *f* refrigerante en seco ‖
⁓**kupplung** *f* (Kfz) / embrague *m* [en] seco ‖ ⁓**ladung** *f* (Schiff) / carga *f* seca ‖ ⁓**lager** *n* (Nukl) / almacén *m* seco ‖ ⁓**lattentrommel** *f* (Web) / tambor *m* secador de listones ‖ ⁓**läufer** *m* (Messinstr) / rotor *m* seco ‖
⁓**läufer** (Wasserzähler) / contador *m* de agua tipo seco ‖
⁓**laufkompressor** *m* / compresor *m* con émbolo seco

‖ ~laufsicher (Lager) / resistente a la marcha en seco, protegido contra la marcha en seco ‖ ⁓-[Leclanché]-Zelle f / pila f seca de Leclanché ‖ ~legen vt, entwässern (Landw) / desaguar, avenar ‖ ~legen, sümpfen (Bergb) / drenar, palear ‖ ~legen (Gelände) / ganar terreno ‖ ⁓legung, Drainage f (Landw) / drenaje f, avenamiento m ‖ ⁓legung f (Bau) / desecación f, saneamiento m ‖ ⁓lichtechtheit f (Tex) / solidez f a la luz en seco ‖ ⁓löschen n (Koks) / apagado m seco ‖ ⁓löschen (Kalk) / apagamiento m en seco ‖ ⁓löscher m (Feuerwehr) / extintor m (E) o matafuego (LA) [con polvo] seco ‖ ⁓löschfahrzeug n (F'wehr) / vehículo m extintor (E) o matafuego (LA) con polvo ‖ ⁓-Luftwandler m (Elektr) / transformador m al aire ‖ ⁓mahlen n (Pulv.Met) / molido m en seco, molienda f en seco ‖ ⁓mansarde f (Tex) / mansarda f secadora, cámara f de secado ‖ ⁓maschine f, -gerät n / secadora f ‖ ⁓maß n / medida f seca, medida f para áridos ‖ ⁓masse f / masa f o materia seca ‖ ⁓masse (Rakete) / peso m en vacío ‖ ⁓masse [von Butter] / materia f seca [no grasa] ‖ ⁓mater f (Druck) / matriz f seca de cartón, flan m estereotípico o de estereotipia ‖ ⁓mauer f (Bergb) / muro m seco ‖ ⁓mauer..., trocken verlegt (Bau) / puesto en seco, sin argamasa ‖ ⁓mauerwerk n / mampostería f en seco, jorfe m ‖ ~mechanische Vorsortierung (von Abfällen) (Umw) / clasificación f mecánica previa en seco ‖ ⁓milch f / leche f en polvo ‖ ⁓mittel n (allg) / secante m, desecante m ‖ ⁓mittel (Chem) / agente m secador, agente m de deshidratación ‖ ⁓mittel, Sikkativ n (Chem) / secativo m, desecador m, desecante m ‖ ⁓mittel für Verpackung / deshidratante m para embalajes ‖ ⁓mittelbeutel m / bolsa f deshidratante ‖ ⁓muser m (Mahlgerät) (Landw) / mezclador m de material seco ‖ ⁓nährboden m / terreno m de cultivo seco ‖ ⁓ofen m / horno m secadero o de secar, estufa f desecadora o de secar ‖ ⁓ofen, Formenofen m (Gieß) / estufa f de moldes ‖ ⁓ofen m (Offset) (Druck) / unidad f de secado, dispositivo m de secado ‖ ⁓offset[druck] m (Druck) / tipo-offset m, tipooffset m, impresión f tipográfica indirecta, tipografía f indirecta ‖ ⁓öl n, trocknendes Öl / aceite m [de]secante ‖ ⁓papierisolation f (Elektr) / aislamiento m por papel seco ‖ ⁓partie f (Pap) / batería f de secadores, sequería f ‖ ⁓patrone f / cartucho m desecante ‖ ⁓pause f (Zeichn) / calco m diazo seco ‖ ⁓periode f (Klima) / período m de sequía ‖ ⁓pflanze f (Bot) / planta f xerófila ‖ ⁓platte f (Foto) / placa f seca ‖ ⁓platte f (zum Trocknen) / plancha f secadora ‖ ⁓platz m / secadero m ‖ ⁓plissierechtheit f (Tex) / solidez f al plisado seco ‖ ~polieren vt / pulir en seco ‖ ⁓präparat n (Chem) / preparación f seca ‖ ⁓presse f / prensa f seca ‖ ⁓presse (zum Trocknen) / prensa f para secar ‖ ~pressen vt, im trockenen Zustand pressen / prensar en estado seco ‖ ~pressen (Pap) / desecar por presión ‖ ⁓probe f (Metall) / prueba f en seco ‖ ⁓prozess m / procedimiento m o tratamiento en seco ‖ ⁓pulver n / polvo m seco ‖ ⁓punkt m bei der Destillationsanalyse (Chem) / punto m seco de destilación ‖ ⁓rahmen m (Tex) / cuadro m secador ‖ ⁓rasierer m / afeitadora f o maquinilla f eléctrica, rasuradora f eléctrica (LA) ‖ ⁓reibung f (Phys) / fricción f seca ‖ ⁓reiniger m (Chem) / agente m lavador en seco ‖ ⁓reinigung f, chemische Reinigung (Chem) / lavado m en seco, limpieza f en seco ‖ ⁓reinigung (Aufb) / depuración f con vía seca ‖ ⁓reinigungsmaschine f / limpiadora f en seco ‖ ⁓riss m (Holz) / hendidura f de secado o de encogimiento ‖ ⁓riss, Windkluft f, -riss m (Holz) / desgarro m debido al viento ‖ ⁓rübe f (Landw) / remolacha f azucarera desecada ‖ ⁓[rüben]schnitzel n pl / cosetas f pl desecadas de remolacha, recortes m pl de remolacha, pulpa f desecada de remolacha ‖ ⁓rückstand m / residuo m seco ‖ ⁓sanden n (Hütt) / soplado m con

arena seca ‖ ⁓schlamm m (Abwasser) / fango m o lodo o barro seco ‖ ⁓schlamm (Zuck) / barro m de defecación desecado ‖ ⁓schleifen n (Metall) / rectificado m en seco ‖ ⁓schleuder, -zentrifuge f / hidroextractor m, centrifugadora f desecadora, secadora f centrífuga ‖ ⁓schleuder f für kontinuierlichen Betrieb / hidroextractor m continuo ‖ ⁓schliff m (Holz, Pap) / lijado m en seco ‖ ⁓schliff (Metall) / rectificado m en seco ‖ ⁓schmiermittel n / lubri[fi]cante m seco ‖ ⁓schmierung f / lubri[fi]cación f en seco ‖ ⁓schnitzel pl (Zuck) / pulpa f desecada o seca, recortes m pl desecadas ‖ ⁓schnitzellager n (Zuck) / depósito m de pulpa seca ‖ ⁓schrank m (Chem) / armario m de secado, armario m estufa, estufa f de armario ‖ ⁓schrank (Nukl) / caja f seca ‖ ⁓schwimmdock m / dique m flotante ‖ ⁓schwund m, -schwindung f / pérdida f o concentración debida al secado ‖ ⁓sieb n (Pap) / tamiz m o fieltro secador, tela f secadora ‖ ⁓siebtrommel f (Pap) / tambor m con tamiz secador ‖ ⁓silberverfahren n (Galv) / procedimiento m de plata seca ‖ ⁓spannrahmen f (Tex) / rama f secadora ‖ ⁓spinnen n / hilado m en seco ‖ ⁓spinnmaschine f / hiladora f en seco ‖ ⁓spiritus m, Hartspiritus m (Chem) / alcohol m solidificado, tabletas f pl de metaldehido ‖ ⁓stampfmasse f (Gieß) / masa f a apisonar en seco ‖ ⁓ständer m (Labor etc.) / escurridor m ‖ ⁓ständer, -gestell n (Foto, Labor) / secador m ‖ ⁓sterilisator m (Med, Pharm) / esterilizador m en seco ‖ ⁓stoff m, -mittel, Sikkativ n / secativo m, secante m ‖ ⁓stoff (Pap) / pulpa f seca ‖ ⁓stoffnachlieferer, Futtertrockner m (Landw) / secador m de forraje ‖ ⁓substanz f / su[b]stancia f seca, materia f seca ‖ die ⁓substanz bestimmen / determinar la [cantidad de] materia seca ‖ ⁓substanzgehalt m, -anteil m / contenido m de (o en) su[b]stancia o materia seca ‖ ⁓sumpfschmierung f (Mot) / engrase m por cárter seco (E), lubricación f por cárter seco [LA] ‖ ⁓system n (Opt) / lentes f pl secas ‖ ⁓tal n (Geol) / valle m seco ‖ ⁓technik f, trockene Technik (Chem) / técnica f [por vía] seca ‖ ⁓teilfeld n (Spinn) / trozo m seco ‖ ⁓temperatur f (Bergb) / temperatura f del aire seco ‖ ⁓thermometer n / termómetro m [de depósito] seco, termómetro m de bola seco ‖ ⁓transformator m, transformador m enfriado por aire, transformador m seco o al aire ‖ ⁓trommel f, -walze f, -zylinder m / tambor m secador ‖ ⁓trommel (Waschmaschine) / tambor m de secado ‖ ⁓trommel und Nasssauger, Allzwecksauger m (Haushalt) / aspiradora f para todo uso ‖ ⁓tunnel m / túnel m de secado ‖ ⁓turm m / torre f secadora ‖ ⁓turm, -kolonne f / columna f secadora ‖ ⁓turm (Chem, Labor) / columna f de absorción ‖ ⁓turm zum Abtropfen / torre f escurridera ‖ ⁓überschlagspannung f (Elektr) / tensión f disruptiva en seco, tensión f de salto de arco con aislador seco ‖ ⁓- und Spannmaschine f (Web) / máquina f secadora y tensora ‖ ⁓verfahren n, trockenes Verfahren / procedimiento m o tratamiento en seco ‖ ⁓verfahren, -vorgang m / procedimiento m de secado o de desecación ‖ ⁓vermahlung f (Bergb) / trituración f seca ‖ ~vernetztes Polyethylen, VPE (Plast) / polietileno m reticulado en seco ‖ ⁓versatz m (Bergb) / relleno m o terraplén seco ‖ ⁓verzinkung f (im ZnCl-Bad bei 180° C) / galvanización f en seco ‖ ⁓vorlage f (Chem) / recipiente m secador ‖ ⁓walkmaschine f (Tex) / máquina f de batanar en seco ‖ ⁓walze f, -zylinder m / tambor m secador ‖ ⁓wäsche f (Bergb) / lavado m en seco, depuración f en seco ‖ ⁓wetterabfluss m (Hydr) / salida f en tiempo seco ‖ ⁓zelle f, -element n (Elektr) / pila f seca ‖ ⁓zelle (Bau) / celda f seca ‖ ⁓zentrifuge s. Trockenschleuder ‖ ⁓ziehen n (Draht) / trefilado m en seco ‖ ⁓zuckerung f (Wein) / chaptalización f, adición f de

azúcar al mosto ‖ ⁓zylinder *m* (Pap) / cilindro *m* secador
Trockne s. Trockene
trocknen *vt*, abtrocknen *vt* / secar ‖ ~ (Formkerne, Leim) / cocer ‖ ~, austrocknen / desecar ‖ ~ *vi* / secarse ‖ **Heu** ~ (Landw) / desecar el heno ‖ **im Wärmeofen** ~ / secar en estufa, estufar ‖ **in Lösungsmittel** ~ / secar en solvente ‖ **Öl** ~ / desecar aceite ‖ **scharf** ~ / desecar rápidamente ‖ ~, Ab-, Aus-, Eintrocknen *n* / secado *m*, desecación *f* ‖ ~ *n* (Chem) / desecación *f* ‖ ~ **bis zum absoluten wasserfreien Gewicht** / desecación *f* absoluta o completa o al peso absoluto ‖ ~ **durch Erwärmen** / estufado *m* ‖ **völliges** ~ **der Teile** (Galv) / desecación *f* total
trocknend / secante *adj* ~, austrocknend / desecante ‖ ~**es Öl**, Trockenöl *n* / aceite *m* [de]secante ‖ **schnell** ~ / de secado rápido
Trockner *m* / secadero *m*, secador *m*
Trocknung *f* (allg) / secado *m*, desecación *f* ‖ ~, Trockenlegung *f* (Bau, Landw) / drenaje *m* ‖ ~ **mit ruhender Produktschicht** (Vakuum) / desecación *f* estática ‖ ~ *f* **von Dampf** / secado *m* de vapor ‖ ~ **von Teer** / deshidratación *f* de alquitrán
Trocknungs•anlage *f* / planta *f* secadora ‖ ~**durchsatz** *m*, Feuchtedurchsatz *m* (Vakuum) / cantidad *f* de humedad emitida ‖ ~**düse** *f* (Tex) / tobera *f* de desecación ‖ ~**feld** *n* (Tex) / zona *f* de desecación ‖ ~**kammer** *f* / cámara *f* de secado ‖ ~**leistung** *f* / velocidad *f* de secado ‖ ~**maschine** *f*, Karbonisiermaschine *f* (Tex) / carbonizadora *f* ‖ ~**maschine** (spez. für Kaffee) / vaporadora *f* (LA) ‖ ~**mittel** *n* (Chem) / secante *m*, desecante *m* ‖ ~**technik** *f* / técnica *f* de secado ‖ ~**verlust** *m* / pérdida *f* debida al secado ‖ ~**verzögerungsmittel** *n* (Farbe) / retardador *m* de desecación
Trog *m*, Bottich *m* / artesa *f*, tina *f*, cuba *f*, cubeta *f*, pila *f*, dornajo *m* ‖ ~ (Schleuse) / cámara *f* ‖ ~, Karteikartentrog *m* / caja *f* de fichero ‖ ~, Mulde *f* / artesa *f*, amasadora *f* ‖ ~ **für Batterien** (Elektr) / recipiente *m* para baterías ‖ **kippbarer** ~ / artesa *f* basculante
Trog•amalgamierung *f* (Bergb) / amalgación *f* en el mortero ‖ ~**bandförderer** *m* / cinta *f* transportadora con artesa ‖ ~**blech** *n* (Hütt) / chapa *f* en forma de artesa ‖ ~**brücke** *f* / puente *m* en forma de artesa ‖ ~**endverschluss** *m* **für Kabel** / terminal *m* de cable en forma de artesa ‖ ~**förderband** *n*, -förderer *m*, Kratzförderer *m* / transportador de rascadores o por cajones rascadores ‖ ~**förmig** / en forma de artesa ‖ ~**galvanisierung** *f* (Galv) / galvanización *f* en tina ‖ ~**kettenförderer** *m* / transportador *m* de cadena con cajones ‖ ~**platte** *f* (Bau) / losa *f* [de hormigón armado] en forma de artesa ‖ ~**schwelle** *f* (Bahn) / traviesa *f* [de acero] doblada en forma de artesa ‖ ~**träger**, offener Kastenträger *m* (Stahlbau) / viga *f* cuadrangular abierta
T-Rohr *n* / tubo *m* en T
Troilit *n* (Min) / troilita *f*
Trojaner *m* (Programm, das z.B. Spionagesoftware enthält) (DV) / troyano *m*
Troland *n* (eine Einheit) (Opt) / troland *m*
Trolitul *n* / Trolitul *m*
Trolleybus *m*, Oberleitungs[omni]bus *m*, Obus *m* / trolebús *m*, filobús *m*, ómnibus *m* de trole
Troluoil *n* (Lösungsmittel auf Erdölbasis) (Chem) / troluoil *m*
Trombe *f*, Sandhose *f*, Windhose *f* (Meteo) / tromba *f* de arena ‖ ~, Wasserhose *f* / tromba *f* de agua, manga *f* ‖ ~, Tornado *m* / tornado *m*
Trombe-Wand *f* (Sonnenenergie) / pared *f* Trombe
Trommel *f* / tambor *m*, cilindro *m*, caja *f* ‖ ~, Seiltrommel *f* / tambor *m* de cable ‖ ~ (Bagger) / tambor *m*, prisma *m* ‖ ~, Haupttrommel *f* (Spinn) / gran tambor de carda *m* ‖ ~, Federhaustrommel *f* (Großuhr) / barrilete *m*, cubo *m* ‖ ~ **der Bügelmessschraube** (Mess) / tambor *m* graduado ‖ ~ **der Säule** (Höhe kleiner als der Durchmesser) (Bau) / tambor *m* de columna ‖ ~ **der Zentrifuge** / tambor *m* perforado, cesto *m* metálico ‖ ~ **für Kabel** / tambor *m* de cables
Trommel•abfall, -ausputz *m*, -wolle *f* (Baumwolle, Tex) / descargas *f pl* del tambor ‖ ~**abtaster** *m*, Bandabtaster *m* (TV) / analizador *m* o explorador de cilindro ‖ ~**anker** *m* (Elektr) / inducido de tambor ‖ ~**antrieb** *m* / accionamiento *m* por tambor, tambor *m* motor ‖ ~**aufgeber** *m* / tambor *m* alimentador ‖ ~**beize** *f* (Hütt) / decapado *m* en tambor ‖ ~**bremse** *f* (Kfz) / freno *m* de tambor (E) o de campana (LA) ‖ ~**dämpfer** *m* (Tex) / vaporizador *m* de tambor ‖ ~**dehnung** *f* (Bremse) / expansión *f* del tambor ‖ ~**entfettung** *f* (Galv) / desengrasado *m* en tambor ‖ ~**färbemaschine** *f* (Tex) / máquina *f* de tintura con tambor ‖ ~**festigkeit** *f* (Kohle) / resistencia *f* en tambor [normalizado] ‖ ~**filter** *m n* / filtro *m* de tambor ‖ ~**flug** *m* s. Trommelabfall ‖ ~**galvanisieren** *vt* / galvanizar en tambor ‖ ~**galvanisierung** *f* / galvanización en tambor ‖ ~**gaszähler** *m* / contador *m* de gas hidráulico o de volante ‖ ~**gescheuert** / tamboreado ‖ ~**getrocknet** / secado en tambor ‖ ~**heuwender** *m*, -rechwender *m* (Landw) / rastrillo *m* henificador ‖ ~**kamera** *f* / cámara *f* de tambor ‖ ~**kanter** *m* (Walzw) / volteador *m* de tambor ‖ ~**konverter** *m* (Kupferhütte) / convertidor *m* tipo tambor ‖ ~**kreissäge** *f*, Zylinderkreissäge *f* (Wzm) / sierra *f* cilíndrica ‖ ~**kühler** *m* / radiador *m* tipo tambor ‖ ~**lackieren** / lacar o barnizar en tambor ‖ ~**läufer** *m* (Elektr) / inducido *m* de tambor ‖ ~**läufer** (Luftt, Turbo) / rotor *m* de compresor (en forma de tambor) ‖ ~**läufer-Maschine** *f* (Elektr) / máquina *f* con inducido de tambor ‖ ~**magazin** *n* (Gewehr) / depósito *m* giratorio de cilindro ‖ ~**magnetscheider**, Walzenscheider *m* (Aufb) / separador *m* electromagnético de tambor ‖ ~**malzdarre** *f* (Brau) / secadero *m* o tostadero de malta de tambor ‖ ~**mantel** *m* (Zentrifuge) / envuelta o camisa del cesto ‖ ~**mischer** *m* (Aufb) / mezclador *m* de tambor ‖ ~**mischer** (Beton) / hormigonera *f* de tambor ‖ ~**motor** *m*, Axialzylindermotor *m* / motor *m* de tambor ‖ ~**mühle** *f* / molino *m* de tambor ‖ ~**mühle** (Keram) / molino *m* cilíndrico
trommeln *vt*, trommelpolieren / pulir en tambor ‖ ~, in der Trommel behandeln (Galv) / tamborear ‖ ~, scheuern (Masch) / limpiar en tambor ‖ ~ *n* / tratamiento *m* en tambor, tamboreado *m* ‖ ~ (Elektr, Eltronik) / ensayo *m* en tambor
Trommel•ofen *m* (Gieß) / horno *m* rotativo o de tambor ‖ ~**öffner** *m* (Spinn) / abridora *f* de cilindro ‖ ~**pfanne** *f* (Hütt) / caldero *m* tipo tambor ‖ ~**plotter** *m* (DV) / trazador *m* o plóter de tambor ‖ ~**polieren** *n*, (jetzt:) Gleitpolieren / pulido *m* en tambor ‖ ~**probe** *f* (Bergb, Hütt) / ensayo *m* de tambor ‖ ~**prüfung** *f* (Sintern) / prueba *f* en tambor ‖ ~**putzwalze** *f*, Schnellwalze *f* (Spinn) / volante *m* ‖ ~**rad** *n* (Großuhr) / barrilete *m*, cubo *m* ‖ ~**rechen** *m* (Abwasser) / rejilla *f* de tambor ‖ ~**rechwender** *m* (Landw) / rastrillo *m* henificador ‖ ~**revolverkopf** *m* (Wzm) / cabezal *m* revólver en forma de tambor ‖ ~**rost** *m* **der Karde** (Spinn) / rejilla *f* del tambor ‖ ~**säule** *f* (Säule aus Walzen niedriger als der Durchmesser) (Bau) / columna *f* de tambores ‖ ~**schaltung** *f* (Wzm) / posicionamiento *m* por tambor ‖ ~**schälversuch** *m* (Sandwich) / ensayo *m* de descascarillado por tambor ‖ ~**scheider** *m* (Bergb) / separador *m* de tambor ‖ ~**schere** *f* (Walzw) / cizalla *f* de tambor ‖ ~**schneidmaschine** *f*, -schnitzelmaschine *f* (Zuck) / cortarraíces *m* de tambor ‖ ~**schöpfer** *m* (Wzm) / alimentador *m* de tolva vibrante ‖ ~**schreiber** *m* / registrador *m* de tambor ‖ ~**schütze** *f*, -wehr *n* (Hydr) /

presa *f* de tambor ‖ ⁓**sieb** *n* / criba *f* de tambor, tambor *m* cribador ‖ ⁓**sieb** (Aufb) / trómel *m* cribador, tambor *m* clasificador ‖ ⁓**siebbrecher** *m* (Bergb) / tambor *m* Bradford ‖ ⁓**sinkscheider** *m* (Aufb) / tambor *m* de lavado en líquido denso ‖ ⁓**sinterofen** *m* / horno *m* de tambor para sinterizar ‖ ⁓**skala** *f* (Instr) / escala *f* cilíndrica ‖ ⁓**spulmaschine** *f* (Tex) / bobinadora *f* de tambor ‖ ⁓**stuhl** *m* (Web) / telar *m* de tambor ‖ ⁓**teilung** *f* (Instr) / graduación *f* de tambor ‖ ⁓**trieur** *m* (Mühle) / triarvejonero *m* de tambor ‖ ⁓**trockner** *m* (allg) / tambor *m* desecador ‖ ⁓**trockner** (Tex) / desecador *m* de tambor ‖ ⁓**trockner,** **Granulator** *m* (Zuck) / granulador *m* ‖ ⁓**turbine** *f* / turbina *f* tipo tambor ‖ ⁓**vernickelung** *f* (Galv) / niquelado *m* en tambor ‖ ⁓**verzinken** *n* / galvanización *f* en tambor ‖ ⁓**wascher** *m* (Aufb) / lavador *m* de tambor ‖ ⁓**waschmaschine** *f* (Tex) / lavadora *f* de tambor ‖ ⁓**wehr** *n* (Hydr) / presa *f* de tambor ‖ ⁓**weiche** *f* (Walzw) / aguja *f* de tambor ‖ ⁓**wender** *m* (Landw) / volteadora *f* de tambor ‖ ⁓**wicklung** *f* (Elektr) / arrollamiento *m* de tambor ‖ ⁓**winde** *f* / torno *m* de tambor ‖ ⁓**zellenfilter** *m n* / filtro *m* celular de tambor ‖ ⁓**zetter** *m* (Landw) / revolvedor *m* de heno de tambor ‖ ⁓**ziehmaschine** *f* (Draht) / trefiladora *f* con tambor ‖ ⁓**zuführung** *f* **für Kleinteile** (Wzm) / alimentación *f* por tolva vibrante ‖ ⁓**zyklus** *m* (Galv) / ciclo *m* de tamboreado

Trompe *f* (Bau) / trompa *f*

Trompete *f* (Mus.Instr) / trompeta *f*

trompeten•förmig / en bocina ‖ ~**förmige Ausbauchung** (Rohr), Trompetenform *f* / abocinamiento *m*, abocinado *m* ‖ ⁓**gewölbe** *n* (Bau) / bóveda *f* voladiza de trompa ‖ ⁓**gewölbe** (Abwasser) / bóveda *f* abovinada ‖ ⁓**zapfen** *m* (Uhr) / espigón *m* cónico, pivote *m* cónico

Trona *f*, natürliche Soda (Min) / trona *f* (carbonato de sosa cristalizado)

Troostit, Hartperlit *m* (Hütt) / troostita *f* ‖ ⁓**härtung** *f* (Hütt) / temple *m* troostítico

Tropäolin *n* (Chem) / tropeolina *f*

Tropasäure *f* / ácido *m* trópico

Tropen, in den ⁓ / en los países tropicales ‖ ⁓**ausführung** *f* / ejecución *f* para los trópicos ‖ ~**fest,** **-beständig** / resistente al clima tropical ‖ ~**fest machen**, tropikalisieren / tropicalizar ‖ ⁓**isolation** *f*, **-isolierung** *f* (Elektr) / aislamiento *m* para los trópicos ‖ ⁓**klima** *n* / clima *m* tropical ‖ ⁓**länder** *n pl*, Tropen *pl* / países *m pl* tropicales, trópicos *m pl* ‖ ⁓**prüfung** *f* / ensayo *m* de trabajo en clima tropical ‖ ⁓**wald** *m*, Urwald *m* / selva *f* tropical

tropfbar / fluido ‖ ~**-flüssig** / líquido

Tropfbarkeit *f* / liquidez *f*

Tropf•becher *m*, Auffangschale *f* / bandeja *f* o cubeta colectora ‖ ⁓**blech** *n*, -brett *n* / bandeja *f* escurridora, escurridero *m*

Tröpfchen *n* / gotita *f*, gotícula *f* ‖ ⁓**abscheider** *m* / separador *m* de gotitas ‖ ⁓**kondensation** *f* / condensación *f* en gotitas ‖ ⁓**modell** *n* (Nukl) / modelo *m* de la gota líquida ‖ ~**weise** (Tintendrucker) / drop-on-demand

tropf•dicht / a la prueba de gotas ‖ ⁓**düse** *f* / boquilla *f* cuentagotas

tröpfeln *vi*, tropfen / gotear, pingar ‖ ~, herabtropfen / escurrir

tröpfelnd / que gotea

tropfen *vi* / gotear ‖ ⁓ *n*, Tröpfeln *n* / goteo *m*

Tropfen *m* / gota *f* ‖ ⁓ *m* (Glas) / lágrima *f* ‖ ⁓ *m pl* **auf fester Unterlage** (Chem) / procedimiento *m* de la gota sésil ‖ **vor** ⁓ **schützend** / paragotas

Tropfen•abscheider *m*, -fänger *m* (Chem) / colector *m* de gotas ‖ ⁓**bildung** *f* **durch Schwerkraft** (Öl) / formación *f* de gotas por gravedad ‖ ⁓**fall** *m* / caída *f* de gota[s], goteo *m* ‖ ⁓**fänger** *m* (Filter) / colector *m* de gotas, recogegotas *m* ‖ ⁓**form** *f* / forma *f* de gotas ‖ ~**förmig** / en forma de gota[s] ‖ ~**förmig,** stromlinienförmig / aerodinámico ‖ ⁓**-Frässtift** *m* (Wzm) / barrita *f* de fresar ovalada ‖ ⁓**größe** *f* / tamaño *m* de gota ‖ ⁓**kondensation** *f* (Phys) / condensación *f* en gotas ‖ ⁓**lampe** *f* (DIN Form B) (Elektr) / lámpara *f* de llama de gota ‖ ⁓**modell** *n* (Atom) / modelo *m* de la gota líquida ‖ ⁓**probe, -reaktion** *f* (Galv) / reacción *f* de goteo ‖ ⁓**probe** *f* (Korrosion) / ensayo *m* a la gota ‖ ⁓**schau** *f* (Chem) / estagoscopia *f* ‖ ⁓**schlag** *m* (Hütt) / golpeo *m* de gotas ‖ ⁓**schmierung** *f* / lubri[fi]cación *f* por goteo ‖ ⁓**schutz** *m* / paragotas *m* ‖ ~**weise** / gota a gota, a gotas ‖ ⁓**zähler** *m* / cuentagotas *m* (E), gotero *m* (LA)

Tropf•flasche *f*, Tropfenzähler *m* (Chem, Pharm) / frasco *m* cuentagotas ‖ ⁓**glas** *n*, Pipette *f* / pipeta *f* cuentagotas ‖ ⁓**körperanlage** *f* (Abwasser) / filtro *m* bacteriológico, filtro *m* de goteo ‖ ⁓**nase** *f* (Bau) / goterón *m* ‖ ⁓**nase**, Träne *f* (Lack) / lágrima *f* ‖ ⁓**nasenbildung** *f* (Farbe) / formación *f* de lágrimas *f* ‖ ~**nass** / empapado, muy húmedo ‖ ⁓**neigung** *f* / tendencia *f* al goteo ‖ ⁓**öler** *m* / engrasador *m* (E) o lubricador (LA) por goteo de aceite ‖ ⁓**platte** *f*, -blech *n* / placa *f* escurridora ‖ ⁓**punkt** *m* (Phys) / punto *m* de goteo ‖ ⁓**punkt** (Fett) / temperatura de derretimiento ‖ ⁓**ring** *m* / anillo *m* escurridor ‖ ⁓**schale**, Auffangschale *f* / recogegotas *m*, cogegotas *m* ‖ ⁓**schale** *f* **für Öl** / recogedor *m* de aceite (E), platillo *m* para aceite (LA) ‖ ⁓**schlauch** *m* (Landw) / manguera *f* de goteo, manga *f* de goteo ‖ ⁓**schmierung** *f*, -ölung *f* / lubrificación *f* por goteo de aceite, engrase *m* por goteo de aceite ‖ ⁓**sieb** *n*, Abtropfsieb *n* / criba *f* de goteo o de escurrimiento ‖ ⁓**stein** *m* (Geol) / concreción *f* calcárea ‖ **hängender** ⁓**stein**, Stalaktit *m* / estalactita *f*, achichicle *m* (MEJ, CHI) ‖ **stehender** ⁓**stein**, Stalagmit *m* / estalagmita *f* ‖ ⁓**trichter** *m* (Chem, Labor) / embudo *m* de goteo ‖ ⁓**vorrichtung** *f* / dispositivo *m* goteador ‖ ⁓**wasser** *n* / agua *f* de goteo ‖ ⁓**wasser**, Wassertropfen *m pl* / gotas *f pl* de agua ‖ ~**wassergeschützt** (Elektr) / resguardado o protegido contra goteo

tropikalisiert (Elektr, Masch) / tropicalizado

Tropin, 3-Tropanol *n* (Chem) / tropina *f* ‖ ⁓**säure** *f* / ácido *m* trópinico

tropisch, Tropen... (allg) / tropical ‖ ~**es Jahr** / año *m* trópico

Tropismus *m* (Biol) / tropismo *m*

Tropo•pause *f*, obere Troposphärengrenze (8-14 km Höhe) (Geophys) / tropopausa *f* ‖ ⁓**-Scatter-Station**, Überhorizont-Richtfunkstation *f* (Eltronik) / puesto *m* de comunicación por dispersión troposférica, estación *f* de difusión troposférica ‖ ⁓**sphäre** *f* (0-10 km Höhe) (Geophys) / troposfera *f* ‖ ~**sphärisch** / troposférico ‖ ~**sphärische leitende Schicht**, Dukt *m*, Troposphärenkanal *m* (Eltronik) / conducto *m* o canal troposférico, guía *f* troposférica ‖ ~**sphärische Schwingungsart** / modo *m* troposférico

Trosse *f* (Schiff) / cabo *m* ‖ ⁓, Schlepptrosse *f* / remolque *m* ‖ ⁓, Schleppkabel *n* (Bagger) / cable *m* remolcado de alimentación ‖ **stärkste** ⁓ (zum Vertäuen) (Schiff) / calabrote *m*, amarra *f*

Trossel *f* (Spinn) / continua *f* de hilar ‖ ⁓**kops** *m* (Spinn) / husada *f*

Trossen•kraft *f*, -zug *m* / esfuerzo *m* de tracción de cabo ‖ **im** ⁓**schlag geschlagen** (Seil) / en colchadura de calabrote

Trotyl *n*, Trinitrotoluol *n* (Chem) / trotil *m*, trinitrotolueno *m*

Troutons Regel *f* (Chem) / regla *f* de Trouton

Troy *n*, Edelmetallgewicht (USA, GB) / troy *m*

Tr.P. = Transformationspunkt

TR-Reifen *m* (bis 190 km/h) (Kfz) / neumático *m* TR

TRSB-Mikrowellen-Landesystem *n* (TimeReference Scanning Beam) (Lufft) / sistema *m* TRSB de aterrizaje a microondas

TR-Sperr-Röhre f / tubo m TR, duplexor m TR
Truarc-Ring m / arandela f truarc
Trub m (Brau) / turbio m, precipitado m ||
~ausscheidung f (Brau) / separación f de los residuos
Trübbier n / cerveza f de fondo
trüb[e], verschwommen / borroso, vago || ~, blind (Glas) / opaco || ~, schwach (Licht) / con poco brillo || ~, dunstig (Wetter) / lleno de vahos, vaporoso, sombrío || ~, bedeckt, wolkig (Wetter) / nub[l]oso, nublado, cubierto || ~, glanzlos, matt (allg, Metall) / deslustrado, mate, deslúcido, apagado || ~ (Flüssigkeit, Wolken) / turbio || ~ (Himmel) / nublado || ~s **schmutziges Wasser** / agua f sucia o turbia
Trübe, Schwertrübe f (Aufb) / líquido m denso, pulpa f || **~dichtemesser** m (Bergb) / densímetro m para líquidos turbios || **~kreislauf** m / líquido m denso de circulación
trüben vt, trübe machen / enturbiar || ~, glanzlos machen (Metall) / deslustrar || **sich ~**, beschlagen / empañarse || **sich ~**, trübe werden (Chem) / enturbiarse
Trübe • regeneration f (Aufb) / regeneración f del líquido denso || **~stammbaum** m (Aufb) / diagrama m de circulación del líquido denso || **~strom** m (Bergb) / corriente f de líquido denso || **~teilchen** n pl, Schwebeschlamm m (Bergb) / lodo m en suspensión
Trübglas n / vidrio m opalescente
Trub • presse f (Brau) / filtro-prensa f para turbio || **~sack** m (Brau) / manga f para turbio, saco m de precipitado || **~stoffe** f (Brau) / turbios m pl, precipitados m pl
Trübung f (Zustand) / opacidad f, turbiedad f, turbidez f || ~, Trübwerden n (Chem) / enturbiamiento m || ~, Schleier m (Plast) / turbidez f interior || ~, Milchigkeit f / lechosidad f || ~ f, Regenstörungen f pl (Radar) / ecos m pl de lluvia, parásitos m pl debidos a la lluvia || ~ (Diamant) / opacidad f
Trübungs • analyse, Nephelometrie f (Chem) / análisis m turbidimétrico o nefelométrico, nefelometría f || **~messer** m (Chem) / nefelómetro m || **~messer für Feststoffe** / opacímetro m || **~messer für Flüssigkeiten** / turbidímetro m || **~mittel** n (Glas) / opacificante m || **~punkt** m, BPA (= Beginn der Paraffinausscheidung) (Öl, Paraffin) / punto m de opacidad || **~punkt** (Tensid) / temperatura f de opacidad || **~Titrationszahl** f (Chem) / índice m de punto de opacidad
Trübwerden n / enturbiamiento m
Trubwürze f (Brau) / mosto m turbio
Truck-to-Truck-Methode f (von Gabelstapler auf Gabelstapler) (Schiff) / transbordo m horizontal de los contenedores por carretilla elevadora de horquilla, sistema m de carga por medio de carretillas
Trudel • fallschirm m (Luftf) / paracaídas m antibarrena || **~kanal** m (Luftf) / túnel m aerodinámico vertical
trudeln (Luftf) / entrar o caer en barrena o en tirabuzón || ~ n (Luftf) / barrena f, tirabuzón m
trudelsicher, nicht trudelnd (Luftf) / a prueba de barrena o de tirabuzón
True-Motion-Radargerät n / radar m indicador de movimiento verdadero
"Trüffel"-Dreier, Leuchtstoffpunkt-Dreier m (TV) / trío m de puntos de fósforo
Trugziel n (Radar) / blanco m fantasma
Truhe f (allg, Kältetechnik) / arca f || ~, Truhengehäuse n (Radio) / mueble m
Truhenschrank m (Büro) / armario m
Trulay-Seil n, drallarmes Seil / cable m Trulay
Trum m n (eines Schachtes) (Bergb) / compartimento m de un pozo || ~ m (Geol) / apófige f || ~ **des Riemens o. Seils** m, Leertrum m n, gezogenes Trum / ramal m arrastrado o conducido || **ziehendes** ~ / ramal m conductor
Trümmer pl, Schutt m (Geol) / escombros m pl || ~, Bruchstücke n pl / fragmentos m pl, destrozos m pl ||

~achat m (Min) / ágata m brechiforme || **~beseitigung** f (Bau) / desescombro m || **~gestein** n / conglomerado m || **~haufen** m / montón m de escombros || **~masse** f, Flussgeschiebe n (Geol) / morrillos m pl ||
~schutzzylinder m (Reaktor) / cilindro m protector contra misiles || **~verwertung** f / aprovechamiento m de escombros
Trummsäge f (Wz) / sierra f tronzadora
Trumpfbalken m, Wechselbalken m (Bau) / viga f secundaria, brochal m
Trupp, Bautrupp m / brigada f o cuadrilla de obreros, equipo m
Trust m (Wirtsch) / trust m
Truxmischer m, Liefermischer m (Bau) / camión-hormigonera m
Trypaflavin n (Pharm) / tripaflavina f
Tryptophan n (Chem) / triptófano m
TS (Schiff) = Tankschiff, = Turbinenschiff
T-Schaltung f, -Glied n (Fernm) / red f o célula en T o forma T
Tscherenkow • -Effekt m (Nukl) / efecto m Cherenkov || **~-Strahlung** f / radiación f de Cherenkov
T-Schiene f, Breitfußschiene f (Bahn) / carril m o riel 'Vignol', carril m de patín, carril m Stevenson (LA)
Tschilpen n (Radar) / chirrido m, barrido m de frecuencia
T-Schlitz m, -nute f / ranura f en [forma de] T
TS-Diagramm n (Phys) / diagrama m temperatura-entropía, diagrama m TS
Tsetsefliege f (Zool) / tsetsé f, mosca f tsetsé
TSG-Verfahren n (thermoplastisches Schaumgussverfahren) / procedimiento m de colada de espuma termoplástica
T-Spule f (Instr) / bobina f en T, cuadro m en T
T-Stahl m (Hütt) / perfil m en T
T-Stoß m (Schw) / unión f en T
T-Streb m, zweiflügliger Streb (Bergb) / tajo m doble
T-Stück n, -Profil n, -Röhre f / pieza f en T || ~, Muffenstück n / pieza f T con manguitos || ~, Reinigungs-T-Stück / té m de limpieza
Tsunameter n / tsunámetro m
Tsunami f, Seebebenwelle f (Ozean) / tsunami m
TSV = Technische Sicherheitsvorschriften
TT (Schiff) = Turbinentanker
TT-Färbeverfahren, Thermosol/Thermofixierverfahren n / procedimiento m termosol termofijación
TTL (= through the lens) (Foto) / através de la lente (objetivo) || **~-Logik** f / lógica f transistor-transistor
T-Träger m (Stahlbau) / viga f en T
TTS-Maschine f (Druck) / máquina f de telecomposición
TT-Stück n (DIN 28544), Kreuzstück n / cruz f
TU = Technische Universität || ~ = Technische Unterlagen
Tübbing m (Bergb) / tubbing m, dovela f, anillo m de pozo
Tube f (als Behälter) / tubo m [de envase] || ~ (Wellenleiter) / tubo m
Tuben • farbe f / color m en tubo, pintura f en tubo || **~füllmaschine** f / máquina f llenadora de tubos || **~verschluss** m / tapón m del tubo
Tubimeter n / tubímetro m
Tubus m (Opt) / tubo m || **~auszug** m / alargadera f de tubo, elemento m telescópico del tubo || **~deckel** m (Chem) / tapa f con un tubo ajustado || **~flasche** f / fasco de dos (o tres) bocas, frasco m de aspiración || **~-Räumen** n (Wzm) / brochado m o escariado con herramienta tubular
Tuch n, Stoff m / tela f, paño m || ~, Wisch-, Putztuch n / trapo de limpiar || **~e** n pl (Wolle) / tejidos m pl de lana duraderos || **~...**, tuchen / de paño || ~ **mit baumwollener Kette**, halbwollenes Tuch / tejido m con urdimbre de algodón || ~ [schräg zur Fadenrichtung] **schneiden** / sesgar || **dichtes (o. starkes o. schweres)** ~ / paño m duradero || **ein Stück** ~ / pieza f de tela

Tuch • ausrüstung f (Tex) / acabado m o apresto de tela ‖ ∼**ballen** m / pieza f de tela o de paño ‖ ∼**baum** m (Web) / cilindro m enrollador de tela ‖ ∼**bezug** m / guarnición f de paño ‖ ∼**bindung** f, Leinwandbindung f / ligamento m de tafetán, ligamento m a la plana, armadura f de tafetán ‖ ∼**filter** m n / filtro m de tela o de estameña ‖ ∼**kratze** f, -karde f / carda f de paños ‖ ∼**legmaschine** f / plegadora f de paños ‖ ∼**lutte** f (Bergb) / conducto m de lona para aire ‖ ∼**noppen** n (Tex) / desmotado m, despinzado m de botones ‖ ∼**rauen** n / perchado m, frisado m (LA) ‖ ∼**samt**, Pelzsamt m / pana f, terciopelo [de lana] ‖ ∼**scheibe** f, Schwabbelscheibe f. (Galv) / disco m [pulidor] de trapo o de paño, bonete m de lana para pulir ‖ ∼**schere** f (Wz) / tijera f de tundidor ‖ ∼**schermaschine** f (Web) / tundidora f de paños ‖ ∼**senger** m / chamuscadora f, gaseadora f de paños ‖ ∼**streifen** m, Streifen m im Tuch / gaya f

tüchtig / eficaz

Tuch • walke f (Tex) / batán m ‖ ∼**weber** m / tejedor m de paños ‖ ∼**weberei** f / manufactura f o fabricación de paño ‖ ∼**webstuhl** m / telar m para paño

Tucker • falzapparat m (Druck) / plegadora f Tucker ‖ ∼**falzmesser**, Räderfalzmesser n (Druck) / cuchilla f plegadora Tucker o de ruedas

Tudorbogen m (Bau) / arco m ojival rebajado, arco m Tudor

Tuff m, vulkanischer Tuff (Geol) / toba f [volcánica], tufo m ‖ ∼, Kalktuff m / toba f calcárea o caliza, travertino m ‖ ∼ m, Tuffstein m / tosca f ‖ ∼**artig** / tobáceo

Tuffit m / tufita f

Tuff • kalk, Sinter m (Geol) / cal f tobácea o de toba ‖ ∼**stein** m, Duckstein m (Geol) / trass m

Tufftriding n (Stahl) / tratamiento m Tufftriding

Tuffwall m (Vulkan) (Geol) / depósito m de toba

tuften vt (Teppiche) / hacer el tufting

Tufting n, Tuften n (Tex) / tufting m ‖ ∼**-Maschine**, Nadelflormaschine f (Tex) / máquina f tufting ‖ ∼**rohr** n (für Tuftings) / tubo m de tufting ‖ ∼**-Teppich**, Nadelflor-Teppich m / alfombra f tufting

Tug m (Raumf) / remolque m espacial

Tugmaster m für Ro-Ro-Verkehr (Schiff) / capataz m de cargo rodante

Tulametall n (Hütt) / metal m Tula

Tüll m (Web) / tul m ‖ ∼ **aus Baumwolle** / tul m de algodón

Tülle f (Kabeldurchführung) / manguito m de introducción, pasamuro m, boquilla f de paso ‖ ∼ (Elektr) / manguito m, buje m ‖ ∼, Schnauze eines Topfes / pico m de un jarro ‖ ∼, Schlüsselrohr n / tija f de llave ‖ ∼ **für Fahrradspeichen** / cazoleta f

Tüll • grund m (Tex) / fondo m de tul ‖ ∼**maschine** f / telar m de tul ‖ ∼**spitze** f / puntilla f de tul, encaje m de tul ‖ ∼**weberei** f / tejeduría f de tul

Tulpennaht f (Schw) / chaflán m en U o en tulipa

Tümpel m, Eingusssumpf m (Gieß) / cubeta f de colada

Tünche, Kalk[anstrich]farbe f (Bau) / blanqueo m, revoque m, jalbegue m, enlucido m, lechada f

tünchen vt, weiße[l]n (Bau) / blanquear, revocar, enlucir, enjalbegar, jalbegar ‖ ∼, kalken / tender con cal ‖ ∼ n (Bau) / enjalbegado m, enjalbegadura f

Tüncher m (Bau) / blanqueador m, enjalbegador m

Tünchschicht, Vertünchung f (Maurer) / capa f de blanqueo o de enjalbegadura

Tundish m, Gießwanne f (Gieß) / artesa f de colada, plistribuidor m ‖ ∼**-Gießen** n / colada f en artesa

tunen vt / trucar ‖ ∼ n, Frisieren n (Mot) / trucado m, afinación f, templadura f

Tuner m (Radio, TV) / sintonizador m ‖ ∼**verstärker** m (Video) / conjunto m de sintonizador y amplificador

Tungar-Röhrengleichrichter m / rectificador m tungar

Tung-Öl n, Holzöl n (Chem) / aceite m de tung

Tungstat, Wolframat, Wolframsalz m / tungstato m, wolframato m

Tungstein, Schwerstein m, Scheelit m (Min) / tungstita f, wolframita f, scheelita f

Tungsten n, Wolfram n (Chem) / Tu (= tungsteno)

Tungstit m s. Tungstein

Tuning n (Kfz) / puesta f a punto, afinación f

Tunnel m, Durchstich m (Bau) / túnel m ‖ ∼, Unterführung f (Bahn) / paso (E) o pasaje (LA) subterráneo entre andenes;.m. ‖ ∼ (Nukl) / cañón m para trabajos radioquímicos ‖ ∼ **anlegen** / construir o perforar o abrir o excavar un túnel ‖ **durch einen** ∼ **führen** (Straße) / pasar por un túnel ‖ **waagerechter** ∼ **für Sprengungen** (Bergb) / cámara f de voladura

Tunnel • auskleidung, -einfassung f / revestimiento m de [un] túnel ‖ ∼**bau** m / construcción f de túneles, obras f pl de túnel ‖ ∼**bohrmaschine** f, Tunnelmaulwurf m / máquina perforadora o fresadora de túneles, topo m ‖ ∼**-Bohrwagen** m (Bau) / jumbo m (para túneles) ‖ ∼**brenner** m (Gas) / quemador m de túnel ‖ ∼**diode**, Esakidiode f (Halbl) / diodo m túnel, diodo m tipo Esaki ‖ ∼**dioden-Kennlinie** f / característica f tensión/corriente del diodo túnel ‖ ∼**durchstich** m / abertura f o perforación de un túnel ‖ ∼**effekt** m (Nukl) / efecto m túnel, filtración f čuántica ‖ ∼**effekt-Mikroskop** n / microscopio m de efecto túnel ‖ ∼**erosion** f (Geol) / erosión f de túnel ‖ ∼**gang**, unterirdischer Gang / paso m inferior o subterráneo ‖ ∼**heck** n (Schiff) / popa f [de] túnel ‖ ∼**kalotte** f / corona f del túnel ‖ ∼**klinker** m / clinker m para túneles ‖ ∼**korn** n (Waffe) / punto m de mira túnel ‖ ∼**kühlofen** m (Glas) / galería f de refrigeración ‖ ∼**lager** m (Schiff) / chumacera f intermedia del árbol

Tunnellieren n, Tunnellierung f / construcción f de túnel[es]

Tunnel • maulwurf m, Tunnelbohrmaschine f / topo m ‖ ∼**mund** m, -mündung f, -ende n / boca f de túnel, portal m de túnel

tunneln vt (Halbl) / hacer un túnel

Tunnel • nische f / burladero m, salvavidas m, nicho m de túnel ‖ ∼**nut** f (Elektr) / ranura f cerrada o túnel ‖ ∼**ofen** m (Keram) / horno m túnel ‖ ∼**ofenwagen** m / vagoneta f de horno túnel ‖ ∼**ring** m / virola f de túnel ‖ ∼**röhre** f / túnel m [tubular] ‖ ∼**schacht** m (Bergb) / pozo m [de acceso] de un túnel ‖ ∼**schalung** f / encofrado m de túnel ‖ ∼**schild** m, Vortriebsschild m / escudo m [de avance], troquel m ‖ ∼**sohle** f / suelo m o fondo de túnel, grada f de túnel ‖ ∼**strosse** f / banco m de túnel, grada f de túnel ‖ ∼**transistor** m, -triode f / transistor m o triodo [de efecto] túnel ‖ ∼**untersuchungswagen** m / vehículo m de inspección de túneles ‖ ∼**vorgang** m, Tunnelung f (Eltronik) s. Tunneleffekt ‖ ∼**vortriebsmaschine** f (Bau, Bergb) / máquina f para avanzar [túneles y galerías] ‖ ∼**welle** f (Schiff) / árbol [intermedio] en túnel ‖ ∼**zimmerung**, -auskleidung f / entibación f de túnel

Tupfeffektlack m, Tupflack m / laca f con efecto granular

Tüpfelanalyse f (Chem) / análisis m por gotas o a la gota

Tüpfelchen n / puntito m, manchita f

Tüpfelmaschine f (Web) / máquina f punteadora, picadora f

tüpfeln / puntear, salpicar

Tüpfelprobe, -reaktion f (Galv) / prueba f de gotas o a la gota

Tüpfelung f (allg, Hütt) / punteado m

tupfen vt, leicht berühren / tocar ligeramente ‖ ∼**interferometrie** f (Phys) / interferometría f de máculas

Tupper-Ware f (Plast) / productos Tupper

Tür f / puerta f ‖ ∼, Wagen-, Autotür f / portezuela f, puerta f ‖ ∼ **Fahrerseite** (Kfz) / puerta f del piloto ‖ ∼ f **mit eingeschobenen Leisten**, gespundete Tür (Bau) / puerta f machihembrada ‖ ∼ **mit glatten Türblättern** / puerta f de hoja[s] lisas ‖ ∼ **mit Türstock** / puerta f con [su] marco ‖ ∼ **mit Vortür**, Doppeltür / puerta f doble ‖ ∼ **mit Zahnstange** (Hütt) / puerta f con

Tür

cremallera ‖ ~ (o. Einlass) in (o. neben) dem Tor (Bau) / postigo m, portezuela f, portillo m ‖ ~ zur Luftregulierung (Bergb) / puerta f reguladora de ventilación, portillo m regulador del tiro ‖ beweglicher Teil der ~ / parte móvil de la puerta ‖ dritte o. fünfte ~, Heckklappe f (Pkw) / puerta f posterior, portón m trasero, [la] 3ª ó 5ª puerta ‖ eingeschobene (o. ein- o. zusammengestemmte) ~ (Bau) / puerta f con bastidor y cuarterones ‖ fester Teil der ~ / marco m de puerta
Tür•abdeckstein m (Hütt) / ladrillo m de dintel ‖ ~abhebeeinrichtung f (Hütt) / dispositivo m para levantar la puerta ‖ ~ablage f (Kfz) / bandeja f de la puerta ‖ ~angel f, Haspe f / gozne m, pernio m ‖ ~anschlag m / tope m para la puerta ‖ ~anschlag am Fußboden, Bodenstopper m / tope m en el suelo ‖ ~anschlagleiste f / batiente m
Turas, Kettenstern m (für Antrieb von Eimerketten o. Plattenbändern) (Bagger) / tambor m, prisma m, rueda f de inversión de oruga ‖ ~ des Getreidehebers landseitig (Hafen) / sistema m de carga ‖ ~ des Getreidehebers wasserseitig (Hafen) / elevador m de cala
Tür•aufzugsvorrichtung f (Hütt) / mecanismo m de puerta levadiza ‖ ~ausmauerung f (Ofen) / mampostería f de la puerta ‖ ~außengriff m (Kfz) / tirador m o puño exterior de la puerta ‖ ~band n (Schloss) / pernio m [de bisagras] ‖ ~beschlag m (Bau) / herraje m de puerta ‖ ~betätigungszylinder m (Kfz) / cilindro m para abrir y cerrar la puerta
Turbidimeter m n, Trübungsmesser m (Chem, Opt) / turbidímetro m
Turbidimetrie f, Trübungsmessung f / turbidimetría f
Turbine f (Masch) / turbina f ‖ ~ für Anzapfbetrieb, Entnahmeturbine f / turbina f con extracción intermedia ‖ ~ für Frischdampf / turbina f para vapor vivo ‖ ~ mit äußerer Beaufschlagung / turbina f [de admisión] centrípeta ‖ ~ mit axialer Strömung / turbina f [con circulación] axial ‖ ~ mit Axialverdichter (Luftf) / turborreactor m axial ‖ ~ f mit innerer Beaufschlagung / turbina f [de admisión] centrífuga ‖ ~ mit mehreren Geschwindigkeitsstufen / turbina f múltiple, turbina f de expansión múltiple ‖ ~ mit mehrfacher Beaufschlagung / turbina f de admisión múltiple ‖ ~ mit Verbrennungskammer / turbina f con cámara de combustión ‖ partiell o. [voll] beaufschlagte ~ / turbina f de admisión parcial, [total]
Turbinen•andrehmotor m / motor m arrancador para turbinas ‖ ~antrieb m / turbopropulsión f, propulsión f par turbina[s] ‖ ~beschaufelung f / alabeado m de turbinas ‖ ~bohren, Turbobohrverfahren m (Bergb) / turboperforación f ‖ ~bohrer m (Bergb) / perforadora f de turbina hidráulica ‖ ~deckband n (Luftf) / corona f de álabes de turbina ‖ ~durchfluss m, Turbinendurchsatz m / caudal m de una turbine ‖ ~effekt m (Luftf) / autorrotación f de hélice, molinete m ‖ ~einlauf m (Hydr) / canal m de la turbina ‖ ~gebläse n / ventilador m centrífugo ‖ ~gehäuse n, -mantel m, -trommel f / cilindro m o armazón de turbina, carcasa f de turbina, envuelta f, cuerpo m, caja f ‖ ~getrieben / accionado par turbina, turbopropulsado ‖ ~grube f, -schacht m (Hydr) / pozo m de turbina ‖ ~halle f, -haus n / sala f de turbinas ‖ ~läufer m / rotor m de turbina ‖ ~laufrad n (mit Schaufeln) (Luftf) / rotor m del turborreactor ‖ ~leistung f / potencia f de una turbina (al árbol) ‖ ~leitkranz m / corona f de paletas directrices ‖ ~leitrad n / rueda f fija de turbina, distribuidor m de turbina ‖ ~leitung, Druck[rohr]leitung f (Hydr) / tubería f bajo presión, tubería f forzada ‖ ~luftstrahl-Triebwerk n, TL-Triebwerk n (Luftf) / turborreactor m, estatorreactor m ‖ ~nachbrenner m (Luftf) / postquemador m ‖

~propeller-Luftstrahltriebwerk, Turboprop-Triebwerk n / turbopropulsor m, [propulsor de] turbohélice m, grupo m turbohélice (LA) ‖ ~pumpe f / turbobomba f, bomba f de turbina ‖ ~rad n / rueda f de turbina ‖ ~regner m (Landw) / aspersor m o rociador tipo turbina ‖ ~rohrleitung f / tubería f de turbina ‖ ~rotor, -läufer m, -scheibe f / rotor m de turbina, rodete m ‖ ~rührer m (Chem Verf) / agitador m tipo turbina, turbomezclador m ‖ ~schaufel f / álabe m ‖ ~schaufel (Pelton) / paleta f ‖ ~schiff n / vapor m o buque de turbina, turbonave m ‖ ~-Staustrahl-Triebwerk n (Luftf) / turboautorreactor m, turboestatorreactor m ‖ ~streuwerk n (Landw) / esparcidor m de abono con turbina ‖ ~stufe f / grado m, expansión f ‖ ~treibstoff m / combustible m para aviones de reacción ‖ ~-Triebwagen m (Bahn) / automotor m de turbina ‖ ~trockner m (Tex) / turbosecador m ‖ ~trommel f s. Turbinengehäuse ‖ ~zug m, -triebzug m (Bahn) / turbotrén m
Tür•blatt n (Bau) / hoja f de puerta ‖ ~block m (Fertighaus) / bloque-puerta m
Turbo•anker, Glattanker m (Elektr) / rotor m o inducido liso ‖ ~antrieb m (Luftf) / turbopropulsión f ‖ ~aufladung f (mit Abgas) (Mot) / turbosobrealimentación f, turbocompresión f ‖ ~bohren n, Turbinenbohren (Bergb) / turboperforación f ‖ ~bohrmaschine f / perforadora f de turbina hidráulica ‖ ~brenner m / turboquemador m ‖ ~diesel... / turbodiesel ‖ ~elektrisch (Antrieb, Schiff) / turboeléctrico ‖ ~emulgator m (Chem) / turboemulsor m ‖ ~fan-Flugzeug n / avión m de turborreactor con soplante, avión m turbofan ‖ ~fan-Triebwerk n / turborreactor con soplante o de doble flujo ‖ ~gebläse n, -exhaustor m / turboextractor m, turboaspirador m, turboeductor m ‖ ~gebläse, -kompressor m / turbosoplador m, turbosoplante m, turboventilador m, turbocompresor m
Türbogen, Entlastungsbogen m (Bau) / arco m de descarga
Turbo•generator m / turbogenerador m ‖ ~generatorsatz m (Gleichstrom) / turbodínamo m ‖ ~generatorsatz m (Wechselstrom) / turboalternador m ‖ ~gridboden m (Öl) / plataforma f Turbogrid ‖ ~hubschrauber m (Luftf) / turbohelicóptero m ‖ ~-Jet m / turborreactor m ‖ ~jet-Flugzeug n / avión m de turborreactor ‖ ~kompressor m, -verdichter m, -gebläse n / turbocompresor m ‖ ~kompressor (Gasturbine) / turbina f alimentadora, turboalimentadora f, turbocompresor m de alimentación ‖ ~kraftstoff, Flugturbinenkraftstoff m / combustible m para aviones de reacción ‖ ~kupplung f / embrague m hidráulico ‖ ~lader m (Kfz, Luftf) / turbosobrealimentador m, supercargador m, turbocargador m ‖ ~läufer m / turborrotor m ‖ ~lüfter m / turboventilador m ‖ ~luftstrahltriebwerk, TL-Triebwerk n (Luftf) / turborreactor m ‖ ~maschine f / turbomáquina f ‖ ~maschinen f pl / turbomaquinaría f ‖ ~maschinensatz m (Elektr) / turbogenerador m ‖ ~mischer m (Chem Verf) / turbomezclador m ‖ ~molekularpumpe f (Vakuum) / bomba f turbomolecular ‖ ~motor m / turbomotor m ‖ ~plan, Hubstrahler m, "fliegendes Bettgestell" (Luftf) / turboplano m ‖ ~prop-Flugzeug n / avión m turbohélice ‖ ~prop-Triebwerk n, Turboproppellertriebwerk n, Turbo-Prop n (Luftf) / motor m de turbopropulsión, grupo m turbohélice, turbohélice f, turbopropulsor m ‖ ~pumpe f / turbobomba f, bomba f de turbina ‖ ~rakete f (Luftf) / turbocohete m ‖ ~reinigungsfilter n / filtro m purificador por turbulencia ‖ ~rührer m, Schaufelrührer m / turboagitador m ‖ ~satz m (Elektr)

/ grupo *m* turbogenerador ‖ ~**sieb** *n* (Aufb) / turbocriba *f* ‖ ~**triebwagen** *m* / automotor *m* de turbina ‖ ~**triebwerk** *n* (Luftf) / turbopropulsor *m* ‖ ~**umformer** *m* (Elektr) / turboconvertidor *m* ‖ ~**umrichter** *m*, -wechselrichter *m* (Elektr) / turboconvertidor c.c./c.a. ‖ ~**vakuumpumpe** *f* / turbobomba *f* de vacío ‖ ~**verdichter** *m* / turbocompresor *m* ‖ ~**wandler** *m* (Bahn, Kfz) / transmisión *f* hidráulica o fluida, convertidor *m* hidráulico de par ‖ ~**wäsche** *f* (Bergb) / turbolavador ‖ ~**zug** *m* (Bahn) / turbotrén *m*
turbulent, wirbelnd / turbulento ‖ ~**es Ablösen** (Luftf) / apartamiento *m* turbulento, separación *f* turbulenta ‖ ~**e Grenzschicht** (Luftf) / capa *f* límite turbulenta ‖ ~**strömen** / fluir con turbulencias ‖ ~**e Strömung** / flujo *m* turbulento
Turbulenz *f* / turbulencia *f* ‖ ~**aufheizung** *f* (Plasma) / calentamiento *m* turbulento ‖ ~**brenner** *m* / quemador *m* turbulento ‖ ~**energie** *f*, Wirbelenergie *f* / energía *f* de turbulencia ‖ ~**störung** *f* (TV) / degradación *f* turbulenta ‖ ~-**Strömung** *f* / corriente *f* turbulenta ‖ ~**verstärker** *m* / intensificador *m* de turbulencia
Tür•drücker *m*, Türklinke *f* / manija *f* de puerta, picaporte *m* ‖ ~**einfassung** *f* (Gummi) (Kfz) / burlete *m*, junta *f* de puerta ‖ ~**falz**, Anschlag *m* / rebajo *m* ‖ ~**feld** *n*, -nische *f* (Bau) / vano *m* de la puerta ‖ ~**fenster** *n* (Kfz) / ventanilla *f* de puerta ‖ ~**fernsprecher**, -lautsprecher *m* (mit Türöffner), Türfreisprecheinrichtung *f* / interfono *m* de puerta, portero *m* automático o eléctrico ‖ ~**flügel** *m*, Flügelrahmen *m* (Bau) / batiente *m*, hoja *f* ‖ ~**flügel** (Falttür) / hoja *f* de una puerta plegadiza ‖ ~**führung** *f* / guía *f* de puerta ‖ ~**füllung** *f*, Fach, Feld *n*, (der gestemmten Tür) / entrepaño *m* de puerta ‖ ~**futter** *n*, -einfassung, -zarge *f*, -stock *m* (Bau) / cerco *m* o marco de [la] puerta, jambaje *m* ‖ ~**gerüst** *n*, -stock *m* (Bergb) / cuadro *m* de galería, portada *f* de galería ‖ ~**gesims** *n* (Bau) / cornisa *f* de puerta
Turgeszenz *f* (Bot) / turgescencia *f*
Türgiebel *m*, Fenstergiebel *m* / frontón *m* de puerta
Turgit, Hydrohämatit *m* (Eisenerz) / turgita *f*, hidrohematita *f*
Türgitter *n* / reja *f* de puerta
Turgordruck *m* (Bot, Physiol) / turgor *m*
Tür•griff *m* / puño *m* de la puerta, manija *f* de puerta ‖ ~**griff** (Bahn, Kfz) / tirador *m* de puerta ‖ ~**halter** *m*, -sperre *f* (Kfz) / sujetapuertas *m* ‖ ~**heber** *m* / gato *m* alzapuerta ‖ ~**hebewinde** *f* (Ofen) / gato *m* alzapuerta
Turing-Maschine *f* (Math) / máquina *f* de Turing
Türinnengriff *m* (Kfz) / tirador *m* interior de la puerta
Türkis *m* (Min) / turquesa *f*
Türkisch•rot, Alizarinrot *n* (Galv, Tex) / rojo *m* turco ‖ ~**rotöl** *n* / aceite *m* de rojo turco
Türkisfarbstoff *m* / colorante *m* turquí
Tür•klinke *f*, -griff *m* / picaporte *m*, manija *f* de puerta ‖ ~**knopf**, -olive *f* / pomo *m* de puerta ‖ ~**kontakt** *m* (Kfz) / contacto *m* de puerta ‖ ~**kontaktschalter** *m* (Aufzug) / interruptor *m* automático de puerta ‖ ~**kühlrahmen** *m* (Hütt) / marco *m* para refrigeración de puerta ‖ ~**laufschiene** *f* / carril *m* de rodadura de puerta ‖ ~**lautsprecher** *m* **mit Türöffner** / interfono *m* y abrepuertas combinados ‖ ~**leibung** *f* (Bau) / derrame *m* ‖ ~**luft** *f* / holgura *f* de puerta
Turm *m* (Luftsport) / torre *f* ‖ ~ **des Sonnenkraftwerks** / torre *f* solar de la central solar ‖ ~ **mit Ausleger**, Auslegerturm *m* (Kran) / torre *f* de pluma o de pescante
Turmalin *m* (Min) / turmalina *f* ‖ ~**zange** *f* (Opt) / pinzas *f* *pl* de turmalina
Türmatte *f*, Abtreter *m* / limpiabarros *m*, felpudo *m*
Turm•bahnhof *m* / estación *f* en varios niveles ‖ ~**bohrgerüst** *n* (Gas, Öl) / torre *f* de perforación o de sondeo, cabria *f* (VEN), faro *m* (MEJ)

Türmchen *n*, Erkerturm *m* (Bau) / torrecilla *f*, torreta *f*, pináculo *m*
Turm•dach, Pyramidendach *n* / tejado *m* piramidal ‖ ~**diffusion** *f* (Zuck) / difusión *f* en tubo vertical ‖ ~**drehkran** *m* / grúa *f* giratoria de torre ‖ ~**fahrwerk** *n* / mecanismo *m* de traslación de torre ‖ ~**falzziegel** *m* / teja *f* de encaje para torres ‖ ~**fördergerüst** *n* (Bergb) / castillete *m* de extracción ‖ ~**fördermaschine** *f* (Bergb) / máquina *f* de extracción instalada en el castillete ‖ ~**haus** *n* / vivienda *f* tipo torre ‖ ~**knopf** *m* / botón *m* del chapitel ‖ ~**kran** *m* / grúa *f* de torre ‖ ~**kran** (Bau) / grúa-torre *f* de construcción ‖ ~**lauge** *f* (Pap) / lejía *f* de torre ‖ ~**ofen** *m* / horno *m* tipo torre ‖ ~**pfeiler** *m* (Stahlbau) / pilar *m* en forma de torre ‖ ~**rolle** *f* (Öl) / travesero *m* o caballete portapolea[s], portapoleas *m* de corona, bloque *m* de corona (VEN), corona *f* (ARG) ‖ ~**silo** *m* (Landw) / silo *m* de torre ‖ ~**sonnenkraftwerk** *n* / torre *f* solar, central *f* solar en torre ‖ ~**spitze** *f* (Bau) / aguja *f* o flecha de torre ‖ ~**teleskop** *n* / telescopio *m* de torre ‖ ~**trockner** *m* / secadero *m* de torre ‖ ~**uhr** *f* / reloj *m* de torre ‖ ~**verfahren** *n* (Chem) / proceso *m* de torre ‖ ~**wagen** *m* (Bahn) / vagón *m* de plataforma móvil ‖ ~**wagen** (Kfz) / camión *m* de torre telescópica
Turnbulls Blau / azul *m* de Turnbull
Turnerit *m* (Min) / turnerita *f*
Tür-Notschalter *m* (Aufzug) / interruptor *m* de sobrepaso o derivante
turnusmäßig / conforme al turno, por o según turno[s] ‖ ~**e Überholung** (DV) / revisión *f* conforme al turno
Tür•oberlicht *n* / lumbrera *f* de puerta ‖ **elektrischer öffner** / abrepuertas *m* eléctrico, portero *m* o abridor automático ‖ ~**öffner** *m* **und -schließer** (mit Fernbedienung) / mando *m* a distancia de apertura de puertas ‖ ~**öffnung** *f* / gálibo *m* de puerta ‖ ~**öffnung** (zu Räumen) / entrada *f* ‖ ~**öffnung** (Fahrzeug) / hueco *m* de puerta ‖ ~**pfosten** (Bau) / jamba *f* de puerta ‖ ~**pfosten der Schließseite** / batiente *m* ‖ ~**rahmen** *m*, -zarge *f* / marco *m* o cerco de [la] puerta ‖ ~**rahmen mit Anschlag** / marco *m* con batiente ‖ ~**rahmen mit Füllungen** / bastidor *m* con entrepaños ‖ ~**rahmenleiste** *f* / punazo *m* ‖ ~**raste**, Schlossplatte *f* (Kfz) / cerradero *m* ‖ ~**riegel** *m* / pasador *m* o pestillo de puerta ‖ ~**riegel** (in Bolzenform) / falleba *f* ‖ ~**riegel**, Querholz *m* der Tür / peinazo *m* ‖ ~**rosette** *f* / roseta *f* de puerta ‖ ~**säule** *f*, -pfosten *m* (Bahn) / montante *m* de puerta ‖ ~**schalter** *m* / interruptor *m* de puerta ‖ ~**scharnier** *n* (Kfz) / bisagra *m*, gozne *m* ‖ ~**scharniersäule** *f* (Kfz) / montante *m* portabisagras ‖ ~**schließanlage** *f* / cierrapuertas *m*, cerrador *m* de puerta automático ‖ ~**schließer** *m* (Aufzug) / aparato *m* cierrapuerta ‖ ~**schließfernsteuerung** *f* (Kfz) / mando *m* a distancia de apertura de puertas ‖ ~**schließzylinder** *m* (Kfz) / cilindro *m* cierrapuerta ‖ ~**schloss** *n* / cerradura *f* de puerta ‖ ~**schlosssäule** *f* (Kfz) / montante *m* de la cerradura ‖ ~**schnapper** *m* / picaporte *m* ‖ ~**schoner** *m* / chapa *f* de aseo ‖ ~**schwelle**, -bank *f* / umbral *m* de puerta ‖ ~**schwelle** *f* (Kfz) / chapa *f* de umbral ‖ ~-**Seitenfach** *n* (Kfz) / guardaobjetos *m* ‖ ~**sicherheitsleuchte** *f* (Kfz) / lámpara *f* de seguridad en las puertas ‖ ~**spalt** *m* (zwischen Zarge u. Blatt) / juego *m* entre marco y hoja de puerta, resquicio *m* ‖ ~**sprechanlage** *f* / interfono *m* de puerta, portero *m* automático o eléctrico ‖ ~**ständer** *m* / jamba *f* de puerta ‖ ~**stein** *m* (Hütt) / ladrillo *m* de puerta ‖ ~**stock** *m*, -zarge *f*, -futter *n* (Bau) / marco *m* o cerco de puerta ‖ ~**stock**, Geviert *n* (Bergb) / portada *f* de galería, cuadro *m* de galería ‖ ~**stockausbau** *m*, -zimmerung *f* (Bergb) / entibación *f* por cuadros o portadas ‖ ~**sturz** *m* (Bau) / dintel *m* de puerta, platabanda *f* ‖ ~**taster** *m*, Druckschalter *m* (Elektr) / pulsador *m* contmutador de puerta, pulsador *m* de timbre ‖ ~**überwurf** *m* (Bahn) / falleba *f* de cierre de puerta ‖ ~- **und Fensterbeschlag**

m (Schloss) / ferretería *f* para puertas y ventanas, herrajes *m pl* para puertas y ventanas || ⁓- **und Fenstergummi** *m* (Kfz) / burlete *m* || ⁓**verkleidung** *f* (Kfz) / paneles *m pl* de la puerta || ⁓**verriegelung** *f* (Kfz) / bloqueo *m*, cerradura *f* || ⁓**verriegelung aller Türen**, Zentralverriegelung *f* (Kfz) / cerraduras *f pl* eléctricas centralizadas || ⁓**winde** *f* (Koksofen) / gato *f* alzapuerta || ⁓**zarge** *f* / marco *m* de puerta || ⁓**ziehgriff** *m* (Kfz) / tirador *m* de puerta
Tusche *f* (Zeichn) / tinta *f* china || ⁓**füllereinsatz** *m* (Zeichn) / suplemento *m* tubular de tinta china
tuschen, austuschen, mit Tusche malen / sombrear o lavar con tinta china
Tusche•patrone *f* (Zeichn) / tintero *m* de tinta china || ⁓**schreib- u. Tuschezeichengeräte** *n pl* / aparatos *m pl* de escritura y de dibujo con tinta china
Tuschfarbe *f* / color *m* para aguada
tuschieren *vt*, Flächen einpassen / entintar (p.e. cojinetes) || ~ (Schweiz) / marmolear || ⁓ *n* / entinte *m*
Tuschier•lineal *n* / regla *f* de filo recto || ⁓**paste** *f* / pasta *f* de entintar || ⁓**platte** *f* (= Anreißplatte) / mármol *m* para trazar || ⁓**presse** *f* / prensa *f* para entintar
Tuschzeichnung *f* / aguatinta *f*, dibujo *m* a la aguada
Tussahseide *f* (Tex) / seda *f* tussah [de la China]
Tütenschrenz *m*, Tütenschrenzpapier *n* / papel *m* de estraza para saquitos
TÜV = Technischer Überwachungsverein / Inspección Técnica de Vehículos, ITV
TV = Fernsehen || ⁓, Textverarbeitung *f* / tratamiento *m* o proceso de texto[s]
TV-Decke *f*, teilvorgefertigte Decke (Bau) / techo *m* parcialmente prefabricado
TV-Dialognetz *n* (TV) / red *f* de telediálogo
TVE, Spanisches Fernsehen ⁓ / TVE = Televisión Española
T-Verbinder *m* (Elektr) / derivación *f* en T
T-Verschraubung *f* / atornilladura *f* en T, racor *m* en forma de T
T-Verteilung *f*, Student-Verteilung *f* (Stat) / distribución *f* de Student
T-Verzweigung *f* **in E-Ebene** (Hohlleiter) / unión *f* T en E
TV•-Fuß *m* / soporte *m* TV || ⁓**-Gerät** *n*, Monitor (Satelliten-TV) / monitor *m* || ⁓**-Werbung** *f* / publicidad *f* televisiva
TW (Kfz) = Tankwagen || ⁓ (Fernm) = Teilnehmerwählbetrieb || ⁓ (Elektr) = Terawatt
Twaddle-Skala *f* (o. T.-Skala) (für Schwefelsäure) (Chem) / escala *f* Twaddle
TWA-Wert (Time Weighted Average) / valor TWA
Tweed *m* (Tex) / tweed *m*
Tweeter *m*, Hochtonlautsprecher *m* / altavoz *m* de agudos o para notas agudas (o altas)
Twill *m*, Feinköper *m* (Web) / twill *m*, serga *f* fina || ⁓ (Baumwolle) / milanesa *f* || ⁓ (Wolle) / serga *f* de estambre
TWIN-Aufzug *m* / ascensor *m* de dos cabinas
Twin•drive *m* (Walzw) / accionamiento *m* gemelado || ⁓**glas** *n* (Glas) / cristal *m* gemelado || ⁓**plexverfahren** (Fernm) / telegrafía *f* díplex de cuatro frecuencias, twinplex *m*, duoplex *m*
Twist *m*, Maschinengarn *m* (Tex) / hilo *m* de algodón || ⁓**bindung** *f* / ligamento *m* con doble trama
Twisted-Paar-Kabel *n* (DV, Eltronik) / cable *m* de par [re]torcido, cable *m* de conductor doble [re]torcido
Twistlock *n* (Container) / conector *m* que traba al darle vuelta
Twistor *m* (Speicherelement) (Eltronik) / twistor *m*
Twistwert *m*, Betrag *m* der Drehung (Spinn) / valor *m* de torsión
Twitchell-Fettspaltung *f* (Chem) / descomposición *f* de grasa según Twitchell
TWV = Technisch-Wissenschaftliche Vereine

Tylose, Methylzellulose *f* / tilosa *f*, celulosa *f* metílica, matilcelulosa *f*
Tyndall-Effekt *m* (Opt) / efecto *m* Tyndall
tyndallisieren *vt* (Art sterilisieren) / tyndalizar
Tyndall•kegel *m* (Opt) / cono *m* de Tyndall || ⁓**ometer** *n* (Opt) / tyndalómetro *m*
Typ *m* / tipo *m* || ⁓, Bauart *f* / tipo *m*, modelo *m* || ⁓, Ausführung *f* / ejecución *f*
Type, Drucktype, Letter *f* (Druck) / tipo *m* de imprenta, letra *f* [de molde]
Typen•abstand *m* (DV) / espaciado *m* de caracteres || ⁓**bahn** *f* (Schreibm) / trayectoria *f* de tipos || ⁓**beschränkung** *f*, (jetzt:) Typnormung *f* / limitación *f* o normalización de tipos || ⁓**bezeichnung** *f*, denominación *f* o designación de tipo[s] || ⁓**blatt** *n* / hoja *f* normalizada de tipo[s] || ⁓**druck** *m* (Druck) / impresión *f* tipográfica || ⁓**drucker** *m* (DV) / impresor [de caracteres] || ⁓**-Druckrolle** *f* / rueda *f* [impresora] de tipos || ⁓**führung** *f* (Schreibm) / guiatipos *m* || ⁓**gießmaschine** *f* (Druck) / fundidora *f* de tipos || ⁓**größe** *f* / tamaño *m* de tipo || ⁓**größe**, Schrifthöhe *f* (Druck) / altura *f* tipográfica o de los tipos || ⁓**hammer** *m* (Schreibm) / martillo *m* de tipos || ⁓**hebel** *m* (Schreibm) / palanca *f* portatipo[s], barra *f* de tipos || **aufeinander schlagende** ⁓**hebel** / palancas *f pl* portatipos atascadas || ⁓**hebeldruckwerk** *n* / impresora *f* con palancas portatipos || ⁓**hebelkorb** *m* (Schreibm) / segmento *m* || ⁓**hebelschreibmaschine** *f* / máquina *f* de escribir con palancas portatipo[s] || ⁓**liste** *f* (DV) / lista *f* de tipos || ⁓**metall** *n*, Schriftmetall *n* / metal *m* para tipos de imprenta || ⁓**nummer** *f* / número *m* de tipo || ⁓**programm** *n* / programa *m* de tipos || ⁓**prüfung** *f* (Elektr, Kfz) / homologación *f* || ⁓**rad** *n*, -rolle *f* / rueda *f* de tipos, rueda *f* de impresión, rueda *f* portatipos || ⁓**raddruckwerk** *n*, -drucker *m* / impresora *f* con ruedas de tipos, impresora *f* de ruedas || ⁓**radschreibmaschine** *f* / máquina *f* de escribir con rueda[s] de tipos || ⁓**reihe** *f* / serie *f* de tipos || **obere** ⁓**reihe** (Schreibm) / caja *f* alta, letras *f pl* mayúsculas || **untere** ⁓**reihe** (Schreibm) / caja *f* baja, letras *f pl* minúsculas || ⁓**reiniger** *m* / limpiador *m* de tipos || ⁓**satz** *m* / surtido *m* de tipos, tipario *m* || ⁓**scheibe** *f* / disco *m* de tipos, margarita *f* || ⁓**scheibendrucker** *m* / impresora *f* con disco de tipos || ⁓**scheibendrucker** (waagerecht rotierend) (DV) / impresora *f* de margarita || ⁓**schild** *n*, Typschild *n* (allg) / placa *f* indicadora de tipo || ⁓**schild** (Mot) / placa *f* de características, placa *f* indicadora || ⁓**schild am Fahrzeug** (Kfz) / placa *f* identificadora o de identificación || ⁓**spektrum** *n* (Druck) / surtido *m* de tipos || ⁓**spezifisch**, -gebunden / característico del tipo o de la especie, específico de la especie || ⁓**träger** *m* / portatipos *m* || ⁓**variante** *f* (Kfz) / variante *f* de tipos || ⁓**verwilderung** *f*, Verwilderung *f* von Typen / abundancia *f* o proliferación de tipos || ⁓**walze** *f* (Zeilendrucker) / tambor *m* portatipos
Typfärbung *f* / tintura *f* tipo standard
Typhon *n* (Schiff) / tifón *m*, sirena *f*
typisch, repräsentativ / típico || ⁓**e Form o. Gestalt** / forma *f* típica || ⁓**er Geruch** / olor *m* típico
typisieren *vt*, in Typen einteilen / tipificar
Typisierung *f* / tipificación *f*, estandarización *f*
typ•normen *vt* / estandardizar, normalizar, tipificar || ⁓**[norm]ung** (DIN), (früher:) Typenbeschränkung, Typisierung *f* / normalización *f* de tipos
typo•grafisch / tipográfico || ⁓**grafischer Punkt** (= 0.376mm) (in USA: 0,352mm) / punto *m* tipográfico, unidad *f* tipográfica, punto *m* || ⁓**graph** *m* (Druck) / tipógrafo *m* || ⁓**graphie** *f* / tipografía *f* || ⁓**graphischer Befehl** (DV) / instrucción *f* tipográfica || ⁓**metall** *n* **für typografische Arbeiten** / metal *m* tipográfico || ⁓**meter** *m* (Druck) / tipómetro *m*, lineómetro *m*, escala

ƒ o medida tipográfica ‖ ᠆skript *n* (Druck) / manuscrito *m*
typ•prüfen *vt* (Kfz) / homologar ‖ ᠆**prüfung** *f* / homologación *f*, prueba *f* de prototipo ‖ ᠆**schein** *m* / certificado *m* de homologación, certificado *m* tipo ‖ ᠆**schiff** *n* / embarcación *f* tipo
Typus *m* / tipo *m*
Typ•vereinbarung *f* (DV) / declaración *f* de tipo ‖ ᠆**zeichnung** *f* / dibujo *m* tipo ‖ ᠆**zuordnung** *f* (FORTRAN) / asociación *f* de tipo
Tyramin *n* (Chem) / tiramina *f*
Tyro•sin *n* / tirosina *f* ‖ ᠆**sinase** *f* (Biochem) / tirosinasa *f*
Tysonit *m* (Min) / tisonita *f*
Tyton-Muffe *f* (DIN 28516) / manguito *m* Tyton
TZM-Legierung, Titan-Zirkonium-Molybdän-Legierung *f* / aleación *f* TZM

U

U, Uran *m* (Chem) / U, uranio *m*
U, 1 μmol/min = 16,67 nkal (Einheit) / U
U$_{AK}$ (= Anoden-Kathoden-Spannung) / V$_{AC}$ (= tensión ánodo-cátodo)
U-Antenne *f* / antena *f* en U
UART *n* (Universal Asynchronous Receiver-Transmitter - eine Kommunikations-Schnittstelle) (DV) / U.A.R.T. *m* ‖ ~-Format *n* / formato *m* U.A.R.T.
UBA *n* = Umweltbundesamt
U-Bahn *f*, Untergrundbahn *f* / ferrocarril *m* metropolitano, metro *m* (E), subterráneo *m* (LA), subte *m* (ARG) ‖ ~-Eingang *m* / entrada *f* al metro ‖ ~-Station *f* / estación *f* de metro
Ubbelohde-Viskosimeter *n* (Phys) / viscosímetro *m* de Ubbelohde
UBC-Schiff *n*, Massengutfrachter *m* / carguero *m* UBC, carguero *m* [de mercancía] a grandel
U$_{BEI}$V$_{BE}$ (= Basis-Emitter-Spannung) / U$_{BEI}$V$_{BE}$ = tensión base-emisor
übel riechend / hediondo, maloliente ‖ ~ riechend, stinkend / fétido ‖ ~ riechend, faulig, verfault, pútrido ‖ ~ riechendes Gas / gas *m* mefítico ‖ ~stand *m* / inconveniente *m*, defecto *m*, calamidad *f*
üben, trainieren *vi* / ejercitar, entrenar[se]
über, via (+ Ortsangabe) / vía *f* ‖ ~, betreffend / sobre, encima [de], referente [a], relativo [a] ‖ ~..., super... / sobre..., super..., supra... ‖ ~ Alles [gemessen] / longitud *f* total o máxima ‖ ~ Tag, übertage (Bergb) / a tajo abierto, a cielo abierto, al descubierto
Über•abfrage *f* (Fernm) / piloto *m* de sincronización ‖ ~abfrageregelung *f* (Radar) / reglaje *m* automático de sobrecarga ‖ ~abzählbar, nicht abzählbar (Mengenlehre) / innumerable ‖ ~aktiniden *pl* (Elemente 122-153) (Chem) / superactínidos *m pl* ‖ ~altert / demasiado viejo, muy viejo, anticuado, sobreenvejecido ‖ ~altertes Holz, über-, rückständiges Holz / madera *f* sobremadurada ‖ ~alterung *f* / envejecimiento *m* [excesivo], sobreenvejecimiento *m* ‖ ~angebot *n* / oferta *f* excesiva, exceso *m* de oferta[s] ‖ ~anstrengen *vt* / sobreesforzar, forzar excesivamente, someter a un esfuerzo excesivo, someter a una fatiga excesiva, fatigar ‖ ~arbeiten *vt*, verbessern, nachbessern / retocar, enmendar, perfeccionar ‖ ~arbeiten, -prüfen / revisar, retocar ‖ ~arbeitung *f* / revisión *f*, retoque *m* ‖ ~atmosphärendruck *m* (Phys) / presión *f* hiperbárica ‖ ~bau *n*, Hochbau *m* (Bau) / superestructura *f*, sobreestructura *f* ‖ ~bau, Vorsprung *m*, Auskragung *f* (Bau) / saledizo *m* ‖ ~bauen *vt* / sobreedificar ‖ ~bauung *f* von Bahnhöfen / cubrimiento *m* de la vías de estación ‖ ~beanspruchen *vt*, -belasten / sobrecargar, cargar excesivamente, someter a un esfuerzo excesivo ‖ ~beanspruchung *f*, -belastung *f* / sobrecarga *f*, exceso *m* de carga, carga *f* excesiva, esfuerzo *m* excesivo ‖ ~beanspruchung *f* / sobreutilización *f* ‖ ~beizen *n* (Hütt) / sobredecapado *m* ‖ ~belasten *n* (SM-Ofen) / marcha *f* forzada, sobrecarga *f* ‖ ~belastungsversuch *m* (Brücke) / ensayo *m* de sobrecarga ‖ ~belegt / saturado, completo, agotado ‖ ~belichten *vt* (Foto) / sobreexponer ‖ ~belichtet (Foto) / sobreexpuesto, pasado de luz ‖ ~belichtung *f* (Foto) / sobreexposición *f*, exceso *m* de exposición ‖ ~bemessen *vt* /

sobredimensionar ‖ ~benutzen / sobreutilizar ‖ ~beschleunigung *f* (Raumf) / sobreaceleración *f* ‖ ~beschwert (Tex) / cargado excesivamente ‖ ~besetzung *f* (z.B. Band) / sobrepoblación *f* (p.ej. de una banda) ‖ ~bestimmt (Mech) / estáticamente indeterminable ‖ ~bestimmt, redundant (DV) / redundante ‖ ~beton *m* (Bau) / capa *f* superior [de hormigón] ‖ ~betrieblich / supraempresarial ‖ ~birne *f* (Foto) / bombilla *f* roja ‖ ~blähen *vt* / sobreinflar ‖ ~blasen *vt* (Hütt) / sobresoplar ‖ ~blatten *vt*, zusammenblatten (Zimm) / ensamblar a media madera ‖ ~blattung *f* (Zimm) / ensamble *m* a media madera ‖ ~bleibsel *n pl* / residuos *m pl*, restos *mpl* ‖ ~blenden (Film, TV) / superponer, fundir ‖ ~blenden *n*, Überblendung *f* (Film, TV) / transición *f* [gradual de una imagen a la siguiente], superposición *f* ‖ scharfe ~blendung (Film, TV) / transición *f* brusca ‖ weiche ~blendung (Foto, TV) / transición *f* gradual ‖ ~blendungsblende *f* (Foto) / obturador *m* para superposición o desvanecimiento ‖ ~blendverstärker *m* / amplificador *m* de mezcla ‖ ~blick *m* / vista *f* de conjunto, resumen *m*, sumario *m* ‖ schneller ~blick / golpe *m* de vista, ojeada *f* general ‖ ~blick *m* (über Gehörtes) / recapitulación *f* ‖ allgemeiner ~ / sinopsis *f*, vista *f* general ‖ ~borsäure *f* (Chem) / ácido *m* perbórico ‖ ~breite *f*, seitlich überhängende Ladung (Kfz) / ancho *m* excesivo de la carga ‖ ~brennen, zu hoch brennen (Feuerfest) / sobrecocer ‖ ~bruch *m* (Bergb) / coladero *m* ‖ ~brücken *vt* / pontear, puentear, hacer puente, echar o tender un puente ‖ ~brücken (Elektr) / shuntear, conectar en shunt o en derivación o en paralelo, puentear ‖ zeitlich ~brücken / cubrir el intervalo ‖ Schwierigkeiten ~brücken / vencer dificultades ‖ ~brücktes T-Glied (Elektr) / circuito *m* en T puenteado, red *f* en T puenteado ‖ ~brückung *f* (Bau) / construcción *f* de un puente [sobre]
Überbrückungs•kabel *n*, Schienenverbinder *m* (Bahn) / cable *m* de puentear ‖ ~klemme *f* (Elektr) / borne *m* conector o de puente ‖ ~kondensator *m* / condensador *m* de puente[o] ‖ ~kontakt *m* / contacto *m* de puente[ado] ‖ ~kupplung *f* / acoplamiento *m* de transición ‖ ~schalter *m* (Elektr) / interruptor *m* de sobrepresión ‖ ~schaltung *f* (allg) / conexión *f* en puente ‖ ~schaltung (Fernm) / selector-repetidor *m* de conmutación ‖ ~widerstand *m* (Elektr) / resistor *m* de puente, resistencia *f* en puente
Über•buchung *f* (Luftf) / sobrerreserva *f*, sobreventa *f* ‖ ~chlorsäure *f* (Chem) / ácido *m* [hi]perclórico ‖ ~dach *n* (Bau) / sobradillo *m*, alero *m* ‖ ~dachen *vt* / cubrir [con un tejado o techo], techar ‖ ~dachmontage *f* (Solar) / montaje *m* encima del tejado ‖ ~dachung *f* / construcción *f* de una cubierta ‖ ~dargebot *n* (Hydr) / excedente *m* de agua, aguas *f pl* sobrantes ‖ ~dauern / durar más tiempo [que], sobrevivir [a], perdurar ‖ ~deckbar / superponible ‖ ~decken *vt*, bedecken / cubrir, recubrir [de], revestir ‖ ~decken (Geom) / superponer ‖ ~decken, [teilweise] übereinander fügen (Bau) / solapar, imbricar ‖ ~decken, ab-, verdecken / tapar, cubrir, revestir, recubrir ‖ ~decken (Geräusch, Geruch) / enmascarar ‖ sich ~decken / sobreponerse la sich ~decken, -lappen / solaparse ‖ ~deckte Naht (Bau) / junta *f* cerrada ‖ ~deckter Saum (Nähm) / costura *f* rebatida ‖ ~deckter Teil der Dachplatte (Bau) / parte *f* cubierta de la teja solapa ‖ ~deckung, Deckung *f* (Masch) / recubrimiento *m*, revestimiento *m* ‖ ~deckung *f* (Geräusch, Geruch) / enmascarado *m* ‖ ~deckung, Überlappung *f* / solapa[dura] *f*, solape *m*, solapamiento *m*, recubrimiento ‖ ~deckung (Foto) / superposición *f* ‖ ~deckung (Geom) / superposición *f* ‖ ~deckung (bei Rollenscheren) / recubrimiento *m* de cizallas de rodillos ‖ mit regelmäßiger ~deckung anordnen (z.B. Schieferplatten) / imbricar

Überdeckungs•bogen m (Getriebe) / arco m de recubrimiento ‖ ⁓**faktor** m (Zahnrad) / factor m de [relación de] contacto ‖ ⁓**fuge** f (Bau) / junta f de recubrimiento ‖ ⁓**regler** m, Überlappungsregler m (Foto) / regulador m de superposición ‖ ⁓**-Transistor**, Overlay-Transistor m / transistor m de sobrecapa o de capa sobrepuesta, transistor m de emisor multiple
über•dehnen vt / extender o alargar o elongar excesivamente, hiperextender ‖ ⁓**dicht** (Astr) / superdenso ‖ ⁓**dicke** f / espesor m excesivo, sobreespesor m, exceso m de espesor ‖ ⁓**dimensionaler Würfel** (Math) / cubo m sobredimensionado ‖ ⁓**dimensioniert**, zu groß / sobredimensionado, superdimensionado, hiperdimensional ‖ ⁓**dimensionierung** f / sobredimensionamiento m, sobredimensionado m ‖ ⁓**dosis** f / sobredosis f, dosis f excesiva, exceso m de dosis ‖ ⁓**drehen**, verdrehen / torcer excesivamente ‖ ⁓**drehen** (Uhr) / dar demasiada cuerda ‖ ⁓**drehen**, nachdrehen (Dreh) / repasar en el torno ‖ ⁓**drehen**, hochdrehen, -treiben (Mot) / rebasar el régimen máximo de un motor, embalar ‖ **ein Gewinde** ⁓**drehen** / forzar en el giro de apriete, reforzar la rosca ‖ ⁓**drehtes Garn** (Fehler, Spinn) / hilo m sobretorcido ‖ ⁓**dreht sein** vt, nicht mehr fassen (Gewinde) / estar pasado de rosca ‖ ⁓**drehzahl** f / velocidad f [de rotación] excesiva ‖ ⁓**drehzahl-Absperrventil** n / válvula f de cierre contra velocidad excesiva
Überdruck m (allg) / sobrepresión f, presión f excesiva ‖ ⁓ (Behälter) / sobrepresión f interior ‖ ⁓ (Phys) / presión f hiperatmosférica ‖ ⁓ (Gasballon) / sobrepresión f interna ‖ ⁓, Aufdruck m, Deckdruck m (Druck, Färb) / sobreimpresión f, reporte m ‖ ⁓ **in psi** / presión f manométrica en psi ‖ **unter inneren** ⁓ **gesetzt** / presionizado, presurizado, a presión
Überdruckanzug m (Raumf) / escafandra f [espacial], traje m de sobrepresión
überdrucken vt (Druck) / sobreimprimir ‖ ⁓ (Tex) / sobreestampar
Überdruck•feuerungskessel m / caldera f presurizada ‖ ⁓**kabine** f (Luftf) / cabina f presionizada o presurizada, cabina f a (o de) presión ‖ ⁓**kapselung** f (Elektr) / encapsulado m contra sobrepresión ‖ ⁓**-Klimaanlage** f / instalación f de aire acondicionado insuflado a presión ‖ ⁓**messgerät** n / manómetro m de sobrepresión ‖ ⁓**pumpe** f (für Kraftstoff) (Luftf) / bomba f de sobrealimentación (de combustible) ‖ ⁓**schalter** m, -wächter m / interruptor m de sobrepresión, presóstato m ‖ ⁓**schleuse** f / esclusa f de aire a sobrepresión ‖ ⁓**[schnellschluss]ventil** n / válvula f de disparo o de escape rápido ‖ ⁓**schutz** f (Turbine) / etapa f de reacción ‖ ⁓**turbine** f, Reaktionsturbine f (Dampf, Hydr) / turbina f de reacción ‖ **mehrstufige** ⁓**turbine**, Parsonsturbine f / turbina f [de] Parsons ‖ ⁓**ventil** n / válvula f de seguridad o de sobrepresión o de alivio ‖ ⁓**wächter** m / presóstato m, manóstato m automático de sobrepresión ‖ ⁓**Wasserturbinenpumpe** f / bomba-turbina f hidráulica de sobrepresión ‖ ⁓**[wind]kanal** m (Luftf) / túnel m [aerodinámico] de sobrepresión ‖ **geschlossener** ⁓**-Windkanal** (Luftf) / túnel m aerodinámico cerrado
Über•düngung f (Landw) / sobrefertilización f, fertilización f excesiva, uso m excesivo de fertilizantes ‖ ⁓**durchschnittlich** / superior al promedio, fuera de lo normal
übereck, quer durch / diagonalmente, en diagonal ‖ ⁓ **liegen** / estar en diagonal ‖ ⁓**maß** n (Sechskant) / distancia f diagonal (hexágono)
übereinander / uno sobre otro, uno encima de otro, superpuestos ‖ ⁓ **angeordnet**, gestockt (Antenne) / superpuesto f, sobrepuesto ‖ ⁓ **gelegte Fugen** f pl (Bau) / juntas f pl pasantes ‖ ⁓ **gerollt**, -gewickelt / en espiras superpuestas ‖ ⁓ **geschichtet**, Sandwich... / de tipo sandwich, en capas, estratificado ‖ ⁓ **greifen** / cruzarse, solaparse ‖ ⁓ **legen**, -schichten, -setzen, -stellen / superponer, poner uno sobre (o encima de) otro, apilar ‖ ⁓ **liegend** / superpuesto ‖ ⁓**greifen** n / solape m, solapo m, solapa f, superposición f ‖ ⁓**kopieren** n / doble impresión ‖ ⁓**lagerung**, Superposition f / superposición f ‖ ⁓**lagerung**, Flözschichtung f (Bergb) / estratificación f
Übereinklang m / concordancia f, coincidencia f
Übereinkommen n / acuerdo m, convenio m, conformidad f
übereinstimmen vi, passen / ajustarse, encajar, cuadrar [con] ‖ ⁓ (z.B. Aufzeichnungen) / concordar, coincidir, corresponder [con] ‖ ⁓ (Geom) / ser congruente ‖ **in Phase** ⁓ / estar en fase ‖ **nicht** ⁓ / diferir
übereinstimmend, koinzident / coincidente, concordante, idéntico ‖ ⁓**e Zustände** m pl (Chem) / estados m pl correspondientes
Übereinstimmung f / concordancia f, coincidencia f ‖ ⁓, Verträglichkeit f (Math) / coherencia f ‖ ⁓ f, Kompatibilität f (DV, Math) / compatibilidad f ‖ ⁓ **mit den technischen Spezifikationen** / conformidad f con las especificaciones técnicas ‖ ⁓ **mit einem Muster** / concordancia f con la muestra o con el modelo ‖ ⁓ **oder Nicht[-Übereinstimmung]** (DV) / correspondencia f o no correspondencia f ‖ **in** ⁓ [mit] / en conformidad [con], deacuerdo con ‖ **in** ⁓ **bringen** / poner de acuerdo, poner en armonía, armonizar
Übereinstimmungskontrolle f (DV) / prueba f de consistencia
über•elastisch (Mech) / más allá del límite de elasticidad ‖ ⁓**elastische Durchbiegung** / deformación f permanente ‖ ⁓**elastische Spannung** / tensión f más allá del límite de elasticidad ‖ ⁓**elemente** n pl (Chem) / transuranios m pl ‖ ⁓**empfindlich** / ultrasensible, supersensible, hipersensible ‖ ⁓**empfindlichkeit** f / ultrasensibilidad f, hipersensibilidad f, sensibilidad f excesiva ‖ ⁓**entwickeln** vt (allg) / sobredesarrollar ‖ ⁓**entwickelt** (Foto) / sobrerrevelado adj ‖ ⁓**entwicklung** f (Foto) / sobrerrevelado m ‖ ⁓**erregt** / sobreexcitado ‖ ⁓**erregung** f (Elektr) / sobreexcitación f ‖ ⁓**erregungsversuch** m (Elektr) / ensayo m de potencia cero ‖ ⁓**erzeugung** f / sobreproducción f ‖ ⁓**eutektisch** (Hütt) / hipereutéctico ‖ ⁓**eutektoid** / hipereutectoide
Überfahr•bogen m (Rohrpost) / codo m de transconexión ‖ ⁓**brücke**, Ladebrücke f (Bahn) / pasarela f de carga elevable
überfahren vt, queren / atravesar, cruzar ‖ ⁓ (allg, Endschalter, Signal) / pasar, no respetar una señal, saltar [se] ⁓, niederstoßen (Österr.) (Fußgänger) / arrollar, atropellar ‖ ⁓ vi, hinausschießen [über] (Luftf, Wzm) / sobrepasar, pasar por encima ‖ **die Last** ⁓ (Kran) / pasar a horcajadas sobre la carga ‖ **ein Rotlicht** ⁓ (Verkehr) / pasar el semáforo [en] rojo ‖ ⁓ **n der Zielposition**, Überlauf m (NC) / sobrepasada f ‖ ⁓ **eines Haltesignals** (Bahn) / rebase m de una señal de alto
Überfahrt f (Nav) / travesía f, pasaje m, paso m (río)
Überfall m (Schloss) / portacandado m, pestillo m ‖ ⁓, Überlauf m (Hydr) / vertedero m, aliviadero m, rebosadero m ‖ **freier** ⁓ (Hydr) / aliviadero m libre ‖ **gesteuerter** ⁓ / aliviadero m dirigido ‖ ⁓**gewindestern** m (Opt) / tapón m estrellado roscado
überfällig / retrasado, atrasado, en retraso
Überfall•kanal m, Hochwasserentlastungskanal m / canal m de evacuación ‖ ⁓**krone** f (Hydr) / corona f o cresta de aliviadero ‖ ⁓**rohr** n / tubo m de rebose o de rebosamiento ‖ **senkrechtes** ⁓**rohr** / tubo m vertical

Überfallwasser

de rebose ‖ ˜**wasser** *n* / aguas *f pl* sobrantes ‖ ˜**wehr** *n* / presa *f* de vertedero, aliviadero *m*
Über•faltung *f* (Bergb) / recubrimiento *m* ‖ ˜**falz** *m* (Druck) / falso doblez *m* ‖ ˜**fangen** *vt*, plattieren (Glas) / plaquear, chapear, revestir ‖ ˜**fangglas** *n* / vidrio *m* plaqué o de dos capas ‖ ˜**farbe** *f* (Tex) / sobretintura *f* ‖ ˜**farbeechtheit** *f* / solidez *f* a la sobretintura ‖ ~**färben** *vt* (Tex) / sobreteñir ‖ ˜**färbung** *f* / sobretintura *f* ‖ ~**feine Phase** (Nukl) / fase *f* hiperfina ‖ ~**fettet** (Seife) / sobreengrasado (jabón) ‖ ˜**fettungsmittel** *n* / superengrasante *m* ‖ ~**firnissen** *vt* / rebarnizar ‖ ˜**fischen** *n* / pesca *f* excesiva ‖ ~**fliegen** *vt* / sobrevolar, volar sobre o por encima [de] ‖ ˜**fliegen** *n*, -flug *m* / sobrevuelo *m* ‖ ˜**fliegen der Landebahnschwelle** / sobrevuelo *m* del umbral de la pista de aterrizaje ‖ ~**fließen** *vi* / desbordarse, derramarse, rebosar ‖ ˜**fließen** *n*, Überlauf *m* (DV, Zahlen) / exceso *m*, rebasamiento *m* de capacidad ‖ **[aus Formen]** ~**fließendes Material** (Gieß) / material *m* de rebose ‖ ~**flink** (Sicherung) / muy rápido ‖ ˜**flur...** (Leuchtfeuer) / de superficie ‖ ˜**flurhydrant** *m*, (amtlich:) Feuerlöschwasserständer *m* / boca *f* de riego [con tubo] vertical ‖ ˜**flurinstallation** *f* / instalación *f* no cubierta ‖ ˜**flurlichtsignal** *n* / señal *f* luminosa sobre piso ‖ ˜**flurmotor** *m* / motor *m* sobrepiso ‖ ˜**flur-Schleppkettenförderer** *m* **kurvengängig** / transportador *m* por cadena de arrastre apto para curvas ‖
˜**flurstartbahnbefeuerung** *f* (Luftf) / balizamiento *m* para pistas de despegue de tipo elevado ‖ ˜**fluss**, Reichtum *m* / abundancia *f*, superabundancia *f* ‖ ˜**fluss**, Überschuss *m* / superávit *m*, exceso *m* ‖ ˜**fluss** *m*, Übermaß *n* / sobreabundancia *f* ‖ ~**flüssig** (allg) / superfluo, innecesario, inútil ‖ ~**flüssig**, redundant (Math) / redundante ‖ ~**flüssige Zutat** / aditivo *m* superfluo ‖ ~**fluten** *vt* / inundar ‖ ˜**flutung** *f* / inundación *f* ‖ ˜**flutung der Kolonne** (Chem) / inundación *f* de una columna fraccionadora ‖ ˜**flutungsbecken** *n* (Hydr) / pileta *f* colectora ‖ ˜**flutungsebene** *f* (Geo) / plano *m* o terreno de inundación ‖ ˜**flutungsräume** *m pl*, Hochwasserrückhalteräume *m pl* / espacios *m pl* inundables ‖ ˜**flutungsschmierung** *f* / lubri[fi]cación *f* por inundación, engrase *m* por barboteo ‖ ~**flutungssicher** / a prueba de inundación, seguro contra inundaciones ‖ ~**fordern** *vt*, -anstrengen / solicitar excesivamente, pedir o exigir demasiado [a alguien] ‖ ˜**form** *f* (Gieß) / sobremolde *m* ‖ ˜**frequenz** *f* (Eltronik) / sobrefrecuencia *f* ‖ ~**frischen** *vt* (Hütt) / sobreoxidar ‖ ˜**frischen** *n* (Hütt) / sobreoxidación *f*
überführen *vt* [in] (Chem) / transformar [en], convertir [en] ‖ ~ [in], reduzieren [zu] (Chem) / reducir [a] ‖ ~, transportieren / transportar, trasladar, conducir o llevar [a], transferir ‖ ~ (DV) / transmitir
Überführpresse *f* (Pap) / prensa *f* de paso de la hoja
Überführung *f*, Transport *m* / transporte *m* ‖ ˜, -tragung *f* / traslado *m*, transferencia *f* ‖ ˜ *f*, Umwandlung *f* (Chem) / transformación *f*, conversión *f* ‖ ˜ (Pap) / paso *m* o enganche de la hoja, transporte *m* de la hoja ‖ ˜ (über die Eisenbahn) / paso *m* superior, paso *m* por encima ‖ ˜**en** *f pl* (Straßb) / pasos *m pl* elevados ‖ ˜ *f* **von Elektronen** / transporte *m* de electrones ‖ ˜ **von Roheisen in Stahl im Konverter** (Hütt) / conversión *f* de arrabio en acero en el convertidor
Überführungs•bauwerk *n* / obra *f* de paso superior ‖ ˜**draht** *m* (Fernm) / alambre *m* de distribución, latiguillo *m* ‖ ˜**endverschluss** *m* (von Kabel auf Freileitung) (Elektr) / caja *f* de distribución de cable ‖ ˜**fahrt** *f* (Kfz) / viaje *m* de transporte ‖ ˜**fahrt im Bahnhof**, Überfuhr *f* (Bahn) / transporte *m* de removido en una estación ‖ ˜**flug** *m* (Luftf) / vuelo *m* de transferencia ‖ ˜**gleis** *n* (Bahn) / vía *f* de removido ‖

˜**mast** *m* (Elektr) / mástil *m* o poste de distribución ‖ ˜**rinne** *f* (Gieß) / canal *m* de transferencia ‖ ˜**zahl** *f* (Chem) / número *m* de transporte
Überführwalze *f* (Pap) / rodillo *m* enganchador o para pasar la hoja, rodillo *m* de paso de la hoja
überfüllen *vt*, überladen (zu viel einfüllen o. laden) / sobrecargar ‖ ~, voll stopfen / abarrotar, repletar, rellenar ‖ ~ (Flüssigkeit) / sobrellenar, llenar demasiado ‖ ~ en exceso, sobrerrellenar, sobrealimentar ‖ ~ (Druck) / rellenar ‖ ˜ *n* / sobrecarga *f*, sobrealimentación *f*
überfüllt (Bus) / abarrotado, repleto
Überfüllung *f* (Verkehr) / congestión *f* ‖ ˜, Gedränge *n* / aglomeración *f* [de gente] ‖ ˜, Gedränge *n*, Blockierung *f* / atasco *m*, embotellamiento *m* ‖ ˜ (Pressform) / llenado *m* excesivo
Übergabe *f*, Aushändigung (Waren) / entrega *f* ‖ ˜**bahnhof** *m* / estación *f* de [inter]cambio ‖ ˜**band** *n* (Förd) / cinta *f* transferidora o de transferencia ‖ ˜**leistung** *f* (Elektr) / potencia *f* de entrega ‖ ˜**punkt** *m*, Übernahmepunkt *m* (Roboter) / punto *m* de transferencia ‖ ˜**punkt an Fernsehleitungen** / punto *m* de interconexión (cable TV) ‖ ˜**rutsche** *f* (Bunker) / resbaladero *m* de transferencia ‖ ˜**seite** *f* (Bildschirmtext) / página *f* de transferencia ‖ ˜**station** *f* (Elektr) / estación *f* de interconexión ‖ ˜**station** (Ferngas) / puesto *m* de entrega ‖ ˜**stelle** *f* (an der Grenze) (Bahn) / oficina *f* de transmisión ‖ ˜**stelle** (Datenübertragung) / punto *m* de intercambio ‖ ˜**stelle** (Förderband) / punto *m* de descarga ‖ ˜**stellen** *f pl* (Tagebau) / puntos *m pl* o terminales de manipulación *f* ‖ ˜**walzwerk** *n* (Hütt) / tren *m* dúo irreversible ‖ ˜**zeit** *f* (Hütt) / tiempo *m* de acarreo ‖ ˜**zug** *m* (Bahn) / tren *m* de devolución de material
Übergang *m* (allg) / transición *f* ‖ ˜ (Färb, Foto) / matiz *m*, gradación *f* [de color] ‖ ˜, Umschlag *m* / transición *f* ‖ ˜ (von einem Zustand in den anderen), Zustandswechsel *m* / transición *f*, paso *m* (de un estado a otro) ‖ ˜ *m* (Halbl) / unión *f* ‖ ˜ (Bahn) / paso *m*, cruce *m* [a nivel] ‖ ˜ (Laser) / transición *f* ‖ ˜, Umwandlung *f* (Chem) / transformación *f*, conversión *f* ‖ ˜ **Erde-Raum** (Raumf) / transición *f* Tierra-espacio ‖ ˜ **in die kreisförmige Umlaufbahn** (Raumf) / transición *f* a una órbita circular, entrada *f* en una órbita circular ‖ ˜ **vom Steg zum Kopf der Schiene** (Bahn) / acuerdo *m* alma-cabeza del carril
Übergangs•..., Zwischen... / transitorio, provisional, interino ‖ ˜**bahn** *f* (Raumf) / órbita *f* de transición ‖ ˜**bahn in die Höhe der geostationären Satelliten** / órbita *f* de transición a la altura de satélites geoestacionarios ‖ ˜**bahnhof** *m*, Knotenbahnhof *m* (Bahn) / estación *f* de empalme ‖ ˜**bahnhof** s. auch Übergangspunkt ‖ ˜**bereich** *m* (Halbl) / región *f* o zona de transición ‖ ˜**bestimmungen** *f pl* / disposiciones *f pl* transitorias ‖ ˜**betrieb** *m* / régimen *m* o servicio transitorio ‖ ˜**bogen** *m* (Rohr) (Bau) / codo *m* de enlace, arco *m* de enlace ‖ **[senkrechter]** ˜**bogen** (Bahn) / curva *f* vertical ‖ ˜**bogen** (Straßb) / clotoide *f* ‖ ˜**bogen** (Bahn, Straßb) / curva *f* de transición ‖ ˜**brücke** *f* (zwischen Wagen) (Bahn) / pasarela *f* (entre vagones), intercomunicación *f* ‖ ˜**brücke mit Gummiwulst** (Bahn) / intercomunicación *f* con burlete de goma ‖ ˜**dauer** *f* (Impulse) / duración *f* de transición ‖ ˜**dichtkegel** *m* / cono *m* obturador de transición ‖ ˜**doppelnippel** *m* (Rohre) / racor *m* reductor doble ‖ ˜**dose**, Anschlussdose *f* (Elektr) / caja *f* [de enchufe o de contacto] ‖ ˜**düse** *f* (Vergaser) / tobera *f* de transición ‖ ˜**effekt** *m* / efecto *m* de transición ‖ ˜**-Einschraubstutzen** *m* (DIN 7631) / racor *m* [h]exagonal ‖ ˜**eisen** *n* (Hütt) / hierro *m* de transición ‖ ˜**element** *n*, -metall *n* (Chem) / elemento *m* o metal de transición ‖ ˜**ellipse** *f* (Raumf) / elipse *f* de transición ‖ ˜**erscheinung** *f* / fenómeno *m* de transición ‖ ˜**farbe** *f* / color *m* intermedio ‖ ˜**fläche** *f*,

Grenzfläche f (zwischen zwei Medien) / superficie f de contacto, superficie f separadora o de separación ‖ ~fläche am Boden (Luftf) / superficie f de transición ‖ ~fläche im Flugbetrieb / nivel m de transición ‖ ~formstück n / pieza f de conexión para tubos, pieza f de reducción ‖ ~frequenz f (Akust) / frecuencia f de transición ‖ ~funktion f (allg) / función f transitoria o de transición ‖ ~funktion (Regeln) / respuesta f transitoria ‖ ~gebiet n zwischen L- u. H-Bereich (Eltronik) / zona f de transición entre la región L (baja) y la región H (alta) ‖ ~gebirge n (Geol) / terreno m de transición ‖ ~gestaltung f (Straßb) / conformación f de curvas ‖ ~gleichgewicht n (Nukl) / equilibrio m [radiactivo] transitorio ‖ ~heizung f, Zusatzheizung f / calefacción f de entretiempo ‖ ~höhe f (Luftf) / altura f de transición ‖ ~kalk, Grauwackenkalk m (Geol) / grauvaca f calcárea ‖ ~kasten n von offenen zu explosionsgeschützten Installationen (Elektr) / caja f de separación ‖ ~konus m, -rohr n / cono m de paso ‖ ~kurve f / curva f de transición ‖ ~lasche f (Bahn) / brida f mixta o de reducción, eclisa f de zapata o de patín, eclisa f de escuadra o de ángulo (LA) ‖ ~los / sin transición ‖ ~los, ohne Übergang / abrupto, brusco ‖ ~lösung f (allg) / solución f transitoria o provisional ‖ ~maßnahme f / medida f transitoria o provisional ‖ ~matrix f (Math) / matriz f de transferencia ‖ ~metall n (Hütt) / metal m de transición ‖ ~muffe f / manguito m de juntura o de reducción ‖ ~muffe, Dreileiterendverschluss m (Elektr) / manguito m de trifurcación ‖ ~muster n, Zwischenausführung f / modelo m de transición ‖ ~nippel m für Rohre / racor m reductor para tubos ‖ ~nuancen f pl (Färb) / matices m pl de transición ‖ ~passung, Ruhepassung f (Masch) / ajuste m indeterminado o de paso ‖ ~periode, -zeit f / período m de transición ‖ ~phase f / fase f de transición ‖ ~punkt m (Chem) / punto m de transición o de transformación ‖ ~punkt m [o. -bahnhof] / estación f de empalme o de transmisión, punto m de intercámbio (LA) ‖ ~radius m / radio m de transición ‖ ~reaktanz f (Elektr) / reactancia f transitoria o momentánea ‖ ~reduzierstück n (Install) / reducción f macho-hembra ‖ ~rohr n (Abwasser) / tubo m excéntrico de reducción ‖ [rohr]stück n, konisches Rohr / tubo m [cónico] de paso ‖ ~schalter m (Bahn) / aparato m de transición ‖ ~schicht f (Luftf) / capa f de transición ‖ ~schicht (Halbl) / zona f o región o capa de transición ‖ ~sehen, Dämmerungssehen n (Physiol) / visión f mesópico ‖ ~spannung f / tensión f o voltaje de transición ‖ ~stadium n / estado m transitorio, fase f de transición ‖ ~stange f (elektr. Leitung) / poste m de bifurcación ‖ ~stecker m (zwischen unterschiedlichen Leitungen) (Elektr) / clavija f de adaptación ‖ ~stelle f (DV) / conector m ‖ ~stellung f / posición f de transición ‖ ~strahlung f (Phys) / radiación f de transición ‖ ~streifen m (Flugplatz) / franja f de transición ‖ ~strom m, Ausgleichsstrom m (Elektr) / corriente f igualadora ‖ ~struktur f einer Startrakete (Raumf) / falda f de un chohete ‖ ~stück n, Verbindungsstück n / pieza f de empalme, pieza f de reducción, empalme m [para tubos], pieza f de acoplamiento, pieza f de unión ‖ ~stufe f (Raumf) / etapa f intermedia ‖ ~stufe / etapa f de transición ‖ ~system n (Graph, Math) / sistema m [gráfico] de transición ‖ ~teil n mit Innen- u. Außenvierkant (für Schraubwerkzeuge) (DIN 3123) / pieza f de adaptación con cuadrado interior y exterior (para herramientas atornilladoras) ‖ ~temperatur f (Nukl) / temperatura f de transición ‖ ~-T-Stück n / T m reductor o de reducción ‖ ~typus, -zustand m (Phys) / tipo m o estado m de transición ‖ ~verbindung f (Rohr) / racor m de reducción, reductor m ‖ ~verlust m / pérdida f por transición ‖ ~versuch m (Nukl) / experimento m de transmisión ‖

~wahrscheinlichkeit f (Nukl) / probabilidad f de transición ‖ ~welle f (Elektr) / onda f intermedia ‖ ~widerstand m (Elektr) / resistencia f de contacto o de paso ‖ ~widerstand, Spannungsverlust m beim Übergang (Elektr) / pérdida f de tensión durante el paso ‖ ~winkel m (Install) / codo m reductor ‖ ~wirkungsquerschnitt m (Atom) / sección f eficaz de transición ‖ ~zeit f / tiempo m o período transitorio o de transición ‖ ~zeit, Zeitabstand m zwischen Zügen (Bahn) / intervalo m de tiempo entre trenes ‖ ~zone f (Halbl) / región f o zona de unión ‖ ~zone, Bindezone f (CH) (Schw) / zona f de unión ‖ ~zustand m / estado m transitorio o de transición

über•gar, -raffiniert (Metall) / superafinado, sobreafinado ‖ ~gas n (Kfz) / superaceleración f, kickdown m ‖ ~gasschalter m, -hebel m (Kfz) / superacelerador m ‖ ~geben vt / entregar, remitir ‖ dem Verkehr ~geben / abrir o entregar al tráfico o a la circulación, inaugurar ‖ ~geflossene Schlacke (Hütt) / escoria f desbordada ‖ ~gehen vt, auslassen / omitir, pasar por alto, dejar aparte ‖ allmählich ineinander ~gehen (Film) / desvanecer, fundirse ‖ [stufenweise ineinander] ~gehen / compenetrarse [gradualmente] ‖ ~gehen vt (DV, Speicherorganis) / eliminar, barrar ‖ ~gehen vi [in] / convertirse [en] ‖ ~gehen [in] (Chem) / transformarse [en] ‖ ~gehen [zu etwas] / pasar [a algo] / ineinander ~gehen / mezclarse ‖ ~geordnet (DV) / sobrepuesto, de orden superior ‖ ~geordnetes Netz (Elektr) / red f superior ‖ ~geordnetes n, Höheres (DV) / superjuego m ‖ ~gerbung f (Leder) / curtición excesiva ‖ ~gerissenes Wasser (Dampfm) / agua f arrastrada ‖ ~geschlossen (Mech) / con vínculo redundante ‖ ~geschlossenes Getriebe / mecanismo m cerrado ‖ ~geschwindigkeit f / velocidad f excesiva, hipervelocidad f ‖ ~gewicht, Mehrgewicht n / sobrepeso m, exceso m de peso, sobrecarga f ‖ das ~gewicht haben / predominar ‖ ~gießen vt / verter [sobre], perfundir ‖ ~gießen [in] (Chem) / trasegar, transfundir, trasvasar ‖ [mit etwas] ~gießen / verter [algo] sobre, regar, rociar [con] ‖ ~gitter n (Krist) / sobrerrejilla f ‖ ~gittern vt / enrejar ‖ ~glasurfarbe f (Keram) / color m sobre vidriado ‖ ~glühen vt / recocer excesivamente ‖ ~greifen, überlappen vi / solapar, traslapar ‖ ~greifen [auf] / invadir [u/c, u/p.] ‖ ~greifen [auf] (Feuer) / pasar [a], extenderse [a], propagarse [a] ‖ ~greifen n der Schichten (Geol) / transgresión f ‖ ~greifung f (Bau, Treppe) / recubrimiento m, solapa f ‖ ~greifungsstoß m / junta f de recubrimiento ‖ ~griff m, -deckung f (Tür) / recubrimiento m ‖ ~groß / muy grande, demasiado grande, supergrande ‖ ~größe f (Abmessung) / dimensión f excesiva, sobredimensión f ‖ ~größe f (Reifen) / tamaño m extragrande (neumático) ‖ ~größen-Kolben m / pistón m o émbolo sobredimensionado ‖ ~gruppe, Sekundärgruppe f (Fernm) / supergrupo m, grupo m secundario ‖ ~hang m, einseitige Neigung f (Geol) / inclinación f unilateral ‖ ~hang, Vorsprung m (Bau) / saledizo m, voladizo m ‖ ~hang m, Unerledigtes n / asuntos m pl pendientes ‖ ~hang (Luftf) / proyección f de ala ‖ ~hang m an Buchstaben (Druck) / parte f sobresaliente del tipo ‖ ~hang der Leiterbreite (= Überwuchs plus Unterätzung) (gedr.Schaltg) / proyección f ‖ ~hängen vi, vorkragen (Bau) / sobresalir [de], estar en voladizo, colgar [sobre] ‖ ~hängen, schief hängen o. stehen / estar fuera de la vertical, no estar a plomo, estar desplomado ‖ ~hängen n, Vorstehen n (z.B. aus einer Fläche) / prominencia f ‖ ~hängen, Ausladung f / desplomo m, saliente m ‖ ~hängen des Stevens (Schiff) / lanzamiento m de la roda ‖ ~hängend, vorstehend (Bau) / sobresaliente, prominente ‖ ~hängend, vorkragend (Bau) / voladizo, saledizo, desplomado ‖ ~hängender Stoß (Bahn) / junta f sobresaliente ‖ seitlich ~hängende Ladung, Überbreite f (Kfz) /

ancho *m* excesivo de la carga ‖ **hinten ~hängende Ladung** / carga *f* más larga que el vehículo, carga *f* sobresaliente ‖ **~hangwinkel** *m* / ángulo *m* de desplomo ‖ **~härten** *vt* (Plast) / sobrecurar ‖ **~härtung** *f* (Hütt) / temple *m* excesivo ‖ **~härtung** (Plast) / sobrecurado *m* ‖ **~häufen** *vt* [mit] / colmar [de] ‖ **Walzgut ~heben** (Walzw) / levantar la pieza por encima [de] ‖ **~hebetisch** *m*, -hebevorrichtung *f* (Walzw) / tablero *m* re-elevador, mesa *f* de elevación ‖ **~hebe-Walzwerk** *n* (Walzw) / laminadora *f* "pass-over" ‖ **~heften** *n* (seitliche Fadenheftung) (Druck) / sobrehilado *m*, sobrecostura *f*, cosido *m* a diente de perro ‖ **~heizen** *vt*, -hitzen / sobrecalentar, calentar demasiado o excesivamente
überhitzen (bes. Dampf) (Dampf, Stahl) / recalentar ‖ **~ beim Trocknen** (Lack) / sobrecurar
Überhitzer *m* (Dampfm) / recalentador *m* ‖ **~fläche** *f* (Dampfm) / superficie *f* de recalentador o de sobrecalefacción ‖ **~reaktor** *m* / reactor *m* de vapor recalentado ‖ **~schlange** *f* / serpentín *m* de recalentador o de sobrecalefacción
überhitzt (Schmelze) / sobrecalentado ‖ **~er Dampf, Heißdampf** *m* / vapor *m* recalentado ‖ **~es sprödes Eisen** / hierro *m* recalentado y quebradizo ‖ **~e Stelle** (allg) / punto *m* sobrecalentado
Überhitzung *f* (Dampf) / recalentamiento *m*, sobrecalentamiento *m*, sobrecalefacción *f* ‖ **~ der Kesselwand** (Dampfm) / sobrecalentamiento *m* de la pared de la caldera
Überhitzungs•detektor *m* (Reaktor) / detector *m* de sobrecalentamiento ‖ **~empfindlichkeit** *f* (Hütt) / sensibilidad *f* al sobrecalentamiento o a sobretemperatura[s] ‖ **~schutz** *m* / protección *f* contra [el] sobrecalentamiento ‖ **~stelle** *f* (Plast) / marca *f* de sobrecalentamiento ‖ **~wärme** *f* / calor *m* de recalentamiento ‖ **~wärme abführen** / disipar el calor de recalentamiento
überhöhen *vt* (Bahn, Straßb) / peraltar
überhöht (Math) / excesivo ‖ **~** (Bogen) / peraltado ‖ **~** (Schw) / recrecido ‖ **~**, verzerrt (Verm) / con alturas aumentadas ‖ **~** (Bahn, Straßb) / peraltado ‖ **~** (Stahlbau) / sobreelevado ‖ **~**, angehoben (Eltronik) / acentuado, incrementado ‖ **~er Bogen** (Bau) / arco *m* peraltado ‖ **~er Spitzbogen** (Bau) / arco *m* apuntado, arco *m* ojival, arco *m* lanceolado ‖ **~er Träger** / viga *f* sobreelevada
Überhöhung *f* (Bahn, Straßb) / peralte *m* ‖ **~** (Verm) / aumento *m* de las alturas ‖ **~** (Brücke) / contraflecha *f*
Überhöhungs•faktor *m* (Nukl) / factor *m* de ventaja ‖ **~rampe** *f* (Bahn) / rampa *f* de acuerdo de peralte, rampa *f* de sobreelevación ‖ **~schablone** *f* (Straßb) / plantilla *f* de peralte
überholen *vt*, nachbessern / retocar ‖ **~**, auffrischen / reparar ‖ **~** (die Maschine), -prüfen / dar un recorrido a [la máquina] ‖ **~** (im Dock) (Schiff) / carenar ‖ **~**, wiederinstandsetzen / reacondicionar, reconocer y reparar, revisar, repasar, poner a punto ‖ **~**, vorbeifahren / adelantar [a] (E), pasar [a] (LA) ‖ **~** *vi*, krängen (Schiff) / dar la banda [a estribor o babor, escorar ‖ **~** *n*, Krängen *n* (Schiff) / bandazo *m*, escora *f* ‖ **~**, Vorbeifahren *n* / adelantamiento *m*, adelanto *m* ‖ **zum ~ ansetzen** (Kfz) / iniciar el adelantamiento
Überhol•klauenschaltung *f* (Kfz) / cambio *m* de marchas con embrague de [garras de] sobrerrevolucionado ‖ **~kupplung** *f* / embrague *m* de sobrerrevolucionado o de adelantamiento ‖ **~spur** *f* (Straßb) / carril *m* de adelantamiento
überholt, veraltet / anticuado, obsoleto, sobrepasado ‖ **~ sein** [durch] / estar pasado [de moda] [por]
Überholung *f* (Masch) / revisión *f*, repaso *m*, reparación *f*
Überholungs•arbeit *f* / trabajo *m* de revisión ‖ **~bedürftig** / que requiere o necesita revisión ‖ **~gleis** *n* (Bahn) / vía *f* de paso

Überholverbot *n* (Verkehr) / prohibición *f* de adelantar, prohibición *f* de adelantamiento
über•hörfrequent (> 20 kHz) / ultraaudible, ultrasónico ‖ **~hörfrequenz** (> 20 kHz) / frecuencia *f* ultrasónica ‖ **troposphärische ~horizontausbreitung von Wellen** (Eltronik) / propagación *f* transhorizonte (o sobre el horizonte o más allá del horizonte), propagación *f* por dispersión troposférica ‖ **~horizont-Richtfunkstation**, Tropo-Scatter-Station *f* (Eltronik) / estación *f* de radioenlace transhorizonte [dirigido], estación *f* de dispersión troposférica ‖ **~horizont-Streuung** *f* / dispersión *f* o difusión troposférica ‖ **~horizont-Verbindung** *f* / radioenlace *m* transhorizonte, enlace *m* hertziano de difusión troposférica ‖ **~hub** *n* (Mot) / carrera *f* excesiva ‖ **~industrialisiert** / sobreindustrializado ‖ **~kalken** *vt* / revestir de cal, encalar ‖ **~kapazität** *f* / sobrecapacidad *f*, supercapacidad *f* ‖ **~kippt** (Geol) / invertido ‖ **~kippte Faltung** (Geol) / plegamiento *m* invertido ‖ **~kippung** *f* (Geol) / inversión *f* ‖ **~kleben** *vt* [mit] / pegar sobre [con], pegar encima, tapar ‖ **~klotzen** *vt* (Färb) / sobreimpregnar ‖ **~kochen**, -laufen / salirse, rebosar hirviendo ‖ **~kochzeit** *f* (Färb) / tiempo *m* de migración por hervido ‖ **~kohlung** *f* (Hütt) / sobrecarburación *f* ‖ **~kompensation**, -regulierung *f* / sobrecompensación *f* ‖ **~kompensieren** *vt* / sobrecompensar ‖ **~kompoundiert** (Elektr) / hipercompuesto ‖ **~kompoundierung** *f* (Elektr) / excitación *f* hipercompuesta ‖ **~kompression** *f*, Hyperkompression *f* (Mot, Phys) / sobrecompresión *f* ‖ **~komprimiert** (Mot) / sobrealimentado
Überkopf•... (Spinn) / a la défilée ‖ **~abzug** *m* (Tex) / desenrollamiento *m* axial o a la défilée ‖ **~arbeit** *f* / trabajo *m* [por] encima de la cabeza ‖ **~lader** *m*, -schaufler *m* (Straßb) / cargador *m* bifrontal, cargador *m* por encima de la cabeza, cargador *m* por el testero, retroexcavadora *f* ‖ **~manipulator** *m* (Eltronik) / telemanipulador *m* de techo ‖ **~ofen** *m* / horno *m* elevado ‖ **~schweißen** *n* / soldadura *f* de techo ‖ **~verglasung** *f* (Bau) / acristalamiento *m* de techo
über•kopieren *vt* (Foto) / sobrecopiar ‖ **~koppeln** *vt* (Fernm) / sobreacoplar ‖ **~koppeln** (LWL) / transmitir ‖ **~korn** *n* (Aufb) / grano *m* retenido ‖ **~korn** (Dekantierung) / reborde *m* de decantación ‖ **großes ~korn** (Aufb, Bergb) / pedazo *m* retenido, granzón *m* ‖ **~korn** (Beton) / granulación *f* superior ‖ **~korrektion** *f* (Opt) / hipercompensación *f*, hipercorrección *f* ‖ **~kragend** / saledizo, voladizo, sobresaliente ‖ **~kreuz** / en cruz ‖ **~kreuz gearbeitet** (Web) / cruzado ‖ **~kreuzt** / en cruz, cruzado ‖ **~kreuzungspunkt** *m* (Elektr, Stahlbau) / punto *m* de cruce ‖ **~kreuzungspunkt** (Eltronik) / encrucijada *f*, primera convergencia ‖ **~kreuzversuch** *m* / ensayo *m* cruzado ‖ **~kritisch** (Dampf) / supercrítico, por encima del punto crítico ‖ **~kritisch** (Nukl) / supercrítico, divergente ‖ **~kritische Dämpfung** / amortiguamiento *m* excesivo, sobreamortiguamiento *m*, hiperamortiguamiento *m* ‖ **~kritische Reaktion** (Nukl) / reacción *f* supercrítica o divergente ‖ **~kühlt** / sobreenfriado ‖ **~lackieren** *vt*, -malen, -streichen / sobrepintar
Überlade•band *n* (Tagebau) / cinta *f* transportadora de transbordo ‖ **~brücke** *f* (Bahn) / puente *m* de transbordo ‖ **~-Faltenbalg** *m* (Förd) / fuelle *m* de transbordo ‖ **~höhe** *f* (Bagger) / altura *f* útil ‖ **~kran** *m* / grúa *f* de transbordo ‖ **~methode** *f* (Klopffestigkeit) / método *m* F_4
überladen *vt*, -lasten, zu viel laden / sobrecargar ‖ **~** (Akku) / sobrecargar ‖ **~** (in ein anderes Fahrzeug), umladen / transbordar ‖ **~**, überfüllen (Druck) / rellenar ‖ **~** *adj* (mit Schmuck) (Bau) / sobredecorado
Überlade•rumpf, -trichter, Füllrumpf *m* (Bau, Bergb) / tolva *f* [de llenado], tolva *f* de transbordo ‖ **~schurre**,

Überlastungsschutz

-laderutsche f / plano m inclinado de transbordo ‖ ⁓turm m, Auswurfturm m (Feldhäcksler) / tubo m de eyección
Überladung f (Akku) / sobrecarga f
Überlagerer m (Radio) / superheterodino m
überlagern vt / superponer, sobreponer ‖ ⁓, Interferenz erzeugen (Eltronik) / heterodinar ‖ ⁓, stören (Sender) / paralizar [mediante ondas perturbadoras], bloquear ‖ ⁓, vorrangig sein (DV) / superponer, tener la prioridad [sobre]
überlagernd (Geol) / sobreyacente ‖ ⁓ (Bergb) / superpuesto ‖ ⁓es Definieren (DV) / definición f prioritaria ‖ ⁓e Schichten f pl (Bergb) / capas f pl encima del criadero, montera f ‖ ⁓e Wirkung / efecto m sobrepuesto ‖ sich ⁓, zusätzlich / aditivo
überlagert / superpuesto, sobrepuesto ‖ ⁓, kombiniert / combinado, mixto ‖ ⁓, vorrangig (DV) / invalidante, de prioridad ‖ ⁓e Abänderung eines Programms (DV) / modificaciones f pl de prioridad ‖ ⁓e Regelung / control m o mando en cascada ‖ ⁓e Wechselspannung / tensión f de la componente alterna
Überlagerung f (Fernm, Kräfte, Schwingungen) / superposición f ‖ ⁓ (Radio) / heterodinación f, heterodinaje m, batido m heterodino ‖ ⁓, Interferenz f (Eltronik) / interferencia f ‖ ⁓ (von Sendern), -deckung f (Eltronik) / bloqueo m ‖ ⁓ f (TV) / sobreimpresión f de imagen ‖ ⁓ (DV) / superposición f de programa, sobreposición f ‖ ⁓, Decke f (Bergb, Geol) / techo m ‖ ⁓en f pl (Stromversorgung) / desviaciones f pl periódicas o aleatorias
Überlagerungs•bereich m (DV) / zona f de superposición ‖ ⁓empfang m (Eltronik) / recepción f [super]heterodina, recepción f por batido o por batimiento o por pulsaciones ‖ ⁓empfänger m (Eltronik) / receptor m [super]heterodino, receptor m cambiador de frecuencia ‖ ⁓frequenz f (Eltronik) / frecuencia f heterodina o de batido o de batimiento ‖ ⁓-Frequenzmesser m / frecuencímetro m heterodino ‖ ⁓interferenz f / interferencia f heterodina, efecto m heterodino ‖ ⁓oszillator m (Radar) / oscilador m local o heterodino ‖ ⁓-Pfeifen n / silbido m heterodino o interferencial, autosilbido m ‖ ⁓rauschen n / ruido m superpuesto ‖ ⁓routine f, Overlayroutine f / rutina f de recubrimiento ‖ ⁓satz m, Superpositionsprinzip n (Math) / principio m o teorema de superposición ‖ ⁓segment n (DV) / segmento m de superposición ‖ ⁓steilheit f (Röhre) / transconductancia f de conversión ‖ ⁓tastatur f / teclado m superpuesto ‖ ⁓telegrafie f / telegrafía f ultraacústica o supraacústica ‖ ⁓ton m / sonido m de batido o de batimiento ‖ ⁓verfahren n, Interferenzverfahren n / procedimiento m de interferencia ‖ ⁓verstärkung f (Eltronik) / ganancia f de conversión ‖ ⁓vorsatzgerät n / convertidor m [de] superheterodino ‖ ⁓welle f / onda f superpuesta
Überland•leitung f (Elektr) / línea f de transmisión [de larga distancia] ‖ ⁓leitung (Fernm) / ruta f o vía terrestre, recorrido m terrestre ‖ ⁓netz n (Elektr) / red f de transmisión ‖ ⁓omnibus m / autocar m interurbano, coche m de línea ‖ ⁓strecke f (Luftf) / ruta f sobre tierra ‖ ⁓verkehr m / tráfico m interurbano ‖ ⁓werk, -kraftwerk n, -zentrale f / central f (E) o usina (LA) eléctrica interregional
Über•länge f / longitud f excesiva, sobrelongitud f, exceso m de longitud, sobremedida f en longitud ‖ ⁓lappen vt / solapar, recubrir, asolapar, traslapar ‖ ⁓lappen (DV) / entrelazar, intercalar para operación simultánea ‖ ⁓lappen (DV) / superposicionar ‖ ⁓lappen (sich) / solaparse, traslaparse ‖ schuppenförmig ⁓lappen (sich) / imbricarse ‖ ⁓lappen n zweier Tätigkeiten (DV) / superposición f de dos operaciones ‖ ⁓lappend / a solapa, solapante, solapado, traslapado ‖ ⁓lappende Anordnung (DV) / disposición f imbricada ‖ ⁓lappnaht f (Schw) / soldadura f de solape ‖ ⁓lappnahtwiderstandsschweißung f / soldadura f de resistencia de costura solapada ‖ ⁓lappstoß m, -lappungsstoß m / junta f de recubrir, junta f solapada ‖ ⁓lappt, Überlappungs... / solapado, por recubrimiento, por o a la solapa ‖ ⁓lappt (Verbindung) / unido por recubrimiento ‖ ⁓lapptes Suchen (DV) / búsqueda f entrelazada ‖ ⁓lappt-Anschlag m (DV) / pulsación f solapada ‖ ⁓lapptschweißen vt / soldar a solapa, soldar por recubrimiento, soldar por superposición ‖ ⁓lapptschweißung f / soldadura f solapada o de solape ‖ ⁓lappt-Schweißung f (mit abgeschrägten Stößen) / soldadura f por recubrimiento (de solapas biseladas)
Überlappung f (allg) / recubrimiento m [parcial], solapa f, solape m, solapadura f, solapo m, traslapo m ‖ ⁓, Schale f (Schm) / lengüeta f, cáscara f ‖ ⁓ (Fehler, Sperrholz) / junta f ‖ ⁓ (DV) / simultaneidad f de operaciones ‖ einseitig glatte ⁓ (Blech) / unión f por solape enrasado ‖ mit 50% ⁓ / medio recubierto o solapado
Überlappungs•anschnitt m (Gieß) / ataque m directo ‖ ⁓methode f (Fehlerortsuche, Kabel) / método m de recubrimiento ‖ ⁓nietung f / remachado m por recubrimiento o solapado ‖ ⁓regler m (Luftverm) / regulador m de solapa[dura] ‖ ⁓stoß m / junta f solapada o de solapa ‖ ⁓winkel m (Eltronik) / ángulo m de solapa
Über•lappverbindung f (Schw) / unión f por solapa ‖ ⁓laschen vt / colocar una cubrejunta ‖ ⁓laschung f / unión f con cubrejunta ‖ ⁓lassene Mietleitung (Fernm) / línea f alquilada o arrendada
Überlast f / sobrecarga f ‖ ⁓, zusätzliche Belastung / sobrecarga f, carga f excesiva, exceso m de carga ‖ ⁓, Mehrgewicht n / peso m excesivo, sobrecarga f ‖ ⁓ (Kran) / carga f de atascamiento ‖ ⁓anzeiger m / indicador m de sobrecarga ‖ ⁓auslöser m (Elektr, Masch) / desconectador m o disparador de sobrecarga, disyuntor m de máxima ‖ ⁓auslösung f (Elektr) / desconexión f por sobreintensidad ‖ ⁓barkeit, Überlastungsfähigkeit f / capacidad f de sobrecarga, capacidad f de admitir sobrecargas
Überlastbegrenzer m / limitador m de sobrecarga[s]
Überlast, bei ⁓betrieb / en régimen de sobrecarga ‖ ⁓drehzahl f / número m de revoluciones bajo sobrecarga
überlasten vt / sobrecargar
überlastet (Masch) / sobrecargado ‖ ⁓ sein (Person) / estar agobiado ‖ ⁓ sein (Balken) / sufrir una sobrecarga ‖ das Netz ist ⁓ / hay saturación en la red (o en la línea)
überlast•fest (Masch) / resistente a sobrecarga[s] ‖ ⁓kontrolle f / control m de la sobrecarga ‖ ⁓schalter m / interruptor m de sobrecarga o de máxima ‖ ⁓-Schnellabschaltung f / desconexión f de emergencia por sobrecarga o interrupción ‖ ⁓sicherheit f / seguridad f de sobrecarga ‖ ⁓skala f (Elektr) / escala f de sobrecorriente ‖ ⁓-Störfall m (Nukl) / accidente m transitorio de sobrecarga ‖ ⁓strom m / corriente f de sobreintensidad, sobrecorriente f, corriente f excesiva ‖ ⁓strom bei Rückzündung (o. Kurzschluss) (Elektr) / corriente f anormal de electrodo
Überlastung, -beanspruchung f / sobrecarga f ‖ ⁓ f der Geräte und der Leitungen (Fernm) / sobrecarga f de aparatos y de líneas ‖ ⁓ im Telefonnetz / saturación f de la línea
Überlastungs•grad m / factor m o grado de [sobre]carga ‖ ⁓kupplung f / acoplamiento m de [seguridad contra] sobrecarga[s] ‖ ⁓probe f / prueba f de sobrecarga, ensayo m de sobrecarga ‖ ⁓schutz m (Elektr, Masch) / protección f contra sobrecargas o sobretensiones ‖ ⁓schutz, Abscherbolzen m / perno

Überlastungsschutz

m de corte o de cizallamiento || ~**schutz** *m*, Überstromschütz *n* (Elektr) / interruptor *m* automático de sobreintensidad || ~**schutzrelais** *n* (Elektr) / relé *m* de sobrecarga o de máxima || ~**stromstoß** *m* / corriente *f* de sobrecarga momentánea || ~**zähler** *m* (Fernm) / contador *m* de sobrecarga
Überlastversuch *m* (Elektr) / ensayo *m* de sobrecarga
Überlauf *m* (Vorrichtung) / rebosadero *m*, vertedero *m* de superficie || ~ (Flüssigkeit) (Vorgang) / rebose *m*, rebosadura *f*, derrame *m* || ~, Überlaufwehr *n* (Hydr) / aliviadero *m*, evacuador *m*, vertedero *m* de embalse, presa *f* de vertedero || ~ (Wasser) / sobrante *m* || ~ (Messen) / derrame *m* || ~ (Fernm) / desbordamiento *m* || ~ (Sieben) / residuo[s] *m[pl]*, rechazo *m* || ~, Abflusskanal *m* / canal *m* de descarga o de derrame || ~, Überfließen *n* (Zahlen) (DV) / capacidad *f* excedida || ~ *m*, Überfahren *n* der Zielposition (NC) / sobrepaso *m* || ~ **des Hobelstahls** (Wzm) / movimiento *m* perdido || ~**anzeiger** *m* (DV) / indicador *m* de capacidad excedida || ~**band** *n* (Magn.Bd) / cinta *f* auxiliar de exceso || ~**becken** *n*, -behälter *m* / depósito *m* [de] rebosadero, recipiente *m* de rebosamiento || ~**bereich** *m* (DV) / área *f* de desborde || ~**betrieb** *m* (Fernm) / tráfico *m* de desbordamiento || ~**bit** *n* (DV) / bit *m* excedente || ~**bohrer**, Maschinengewindebohrer *m* (Wzm) / macho *m* pasante para roscar a máquina || ~**brunnen** *m* / pozo *m* artesiano || ~**bunker** *m* / tolva *f* de derrame || ~**damm** *m* (Staubecken) / presa *f* de descarga || ~**daten** *n pl* (DV) / datos *m pl* excedentes || ~**deich** *m* / dique *m* de descarga
überlaufen, -strömen (Flüssigkeit) / derramarse, desbordarse, salir de los bordes, rebosar [hirviendo], abantar || ~ (über die Dammkrone) (Hydr) / rebosar (la corona de la presa) || ~ (DV) / exceder de la capacidad || ~ (Fernm) / rebosar la capacidad || ~, hinweglaufen [über] / pasar [por] || ~ *n* (allg) / derramamiento *m*, derrame *m*, rebosamiento *m*, desbordamiento *m* || ~ (DV) / desbordamiento *m* || **zum** ~ **bringen** / hacer rebosar
Überlauf•form *f*, Abquetschform *f* (Plast) / molde *m* de rebaba || ~**gefäß** *n*, Expansionsgefäß *n* / recipiente *m* o depósito de expansión || ~**kammer** *f* (Druckguss) / cámara *f* de rebose || ~**kanal** *m* (Staudamm) / canal *m* vertedor o de paso || ~**kante** *f* / borde *m* de rebose || ~**konus** *m* / cono *m* de rebose || ~**leistung** *f* (Hydr) / capacidad *f* de evacuación || ~**register** *n* / registro *m* de derrame || ~**rinne** *f* (am Steiger) (Gieß) / canal *m* de rebose || ~**rohr** *n*, -stutzen *m* / tubo *m* de derrame, tubo *m* [de] rebosadero o de rebose, tubo *m* ladrón || ~**rohr** (Behälter) / tubo *m* de sobrante, tubo *m* de desagüe del agua sobrante || ~**rohr** (Heizanlage) / rebosadero *m* || ~**rücken** *m* (Talsperre) / lomo *m* de rebose || ~**schleuder** *f* / hidroextractor *m* de rebosadero || ~**schutz** *m* (Kfz-Tank) / sistema de antidesbordamiento || ~**standrohr** *n* / tubo *m* vertical de rebose || ~**stange** *f* (Ringzwirnmasch.) / vástago *m* deflector || ~**stollen** *m*, Hochwasserstollen *m* / galería *f* de avenidas || ~**tank** *m* (Schiff) / tanque *m* de rebose || ~**ventil** *n*, Sicherheitsventil *n* / válvula *f* de rebose o de derrame || ~**verkehr** *m* (Fernm) / tráfico *m* de desbordamiento || ~**wasserschloss** *n* / cámara *f* de equilibrio || ~**wasserstandmelder** *m* / avisador *m* o indicador del nivel máximo de agua || ~**wehr** *n* (Hydr) s. Überlauf || ~**wehr** (Öl) / presa *f* de superflujo
Überlebens•ausrüstung *f* / equipo *m* de sobrevivencia || ~**fähigkeit** *f* (Raumf) / capacidad *f* de sobrevivencia || ~**kurve** *f* (Nukl) / curva *f* de sobrevivencia || ~**wahrscheinlichkeit** *f* (allg, Masch) / probabilidad *f* de sobrevivencia
Überlegenheit *f*, Vorteil *m* / ventaja *f* || ~ **eines Systems** / superioridad *f* de un sistema

über•leiten *vt* / conducir, hacer pasar [de una parte a otra] || ~**leitrille** *f* (Audio) / surco *m* intermedio o de paso || ~**leitung** (zwischen Flüssen) (Hydr) / trasvase *m* (E) || ~**leitung** *f* / transferencia *f* || ~**leitung**, Wechsel *m*, Übergang *m* / transición *f* || ~**leitung auf die andere Fahrbahn** (Straßb) / transición *f* entre carriles || ~**leitung des Stromes durch Nässe von einer Leitung zur anderen** (Elektr) / contacto *m* por humedad || ~**leitungsamt** *n* (Fernm) / central *f* de transito || ~**leitungsgerüst** *n* (Färb) / soporte *m* de transmisión || ~**leitungskanal** *m* (Talsperre) / canal *m* de trasvase || ~**leitungsprogramme** *n pl* (DV) / programas *m pl* de transición || ~**leitungsrohr** *n* / tubo *m* de trasvase || ~**leitungs-Software** *f* (DV) / soporte *m* lógico de transición || ~**lichtgeschwindigkeit** *f* (Phys) / velocidad *f* superior a la de la luz, velocidad *f* superlumínica || ~**lichtschnell** / más rápido que la luz || ~**liefern** *vt*, zu viel / suministrar en exceso || ~**liegegeld** *n* (Schiff) / sobreestadía *f*, sobrestadía[s] *f[pl]*, costo *m* de sobrestadía || ~**liegen** *vi*, krängen (Schiff) / dar el costado, inclinarse || ~**liegezeit** *f*, -tage *m pl* (Schiff) / días *m pl* de sobrestadía, sobrestadías *f pl* || ~**malen** *vt*, -streichen, auffrischen / sobrepintar, repintar, pintar encima || ~**mangansauer** / permangánico || ~**mangansaures Kali** (veraltet), Kaliumpermanganat *n* / permanganato *m* potásico
Übermaß *n* / sobremedida *f*, sobretamaño *m*, supermedida *f* || ~, -fülle *f* / exceso *m*, sobrante *m* || ~ **für die Bearbeitung** / sobreespesor *m* || ~ **haben** (Pass) / presentar sobremedida || ~ **mit** [etwas] ~ (Masch) / con sobremedida || **zulässiges** ~ / medida *f* máxima tolerable, diferencia *f* superior tolerable
übermäßig *adj* / excesivo || ~ *adv* / demasiado, con exceso || ~**e Auslastung** / suprautilización *f*, utilización *f* excesiva || ~**er Nachhall** (Akust) / reverberación *f* excesiva || ~ **staubig** / cargado excesivamente de polvo
über•mauern *vt* (Bau) / revestir con mampostería || ~**metallisierung** *f* (gedr.Schaltg) / depósito *m* excesivo || ~**mikroskop** *n* (Opt) / ultramicroscopio *m* || ~**mitteln** *vt* (Fernm) / transmitir, retransmitir, comunicar || ~**mittlung**, -tragung *f* (Fernm) / transmisión *f*, retransmisión *f* || ~**mittlung** *f* **von Daten** / comunicación *f* o transmisión de datos || ~**mittlung von Einzelpaketen** / selección *f* rápida || ~**mittlungsabschnitt** *m* (DV) / enlace *m* para la transmisión de datos || ~**moderiert** (Nukl) / sobremoderado || ~**modulierung** *f* (Eltronik) / sobremodulación *f* || ~**molekular** / supramolecular || ~**möllerung** (Hütt) / sobrecarga *f* de mineral || ~**müdung** *f* / sobrefatiga *f* || ~**nächster Kanal** (Eltronik, TV) / canal *m* secundario
Übernahme *f* / recepción *f*, aceptación *f* || ~ **des Gewichts** / toma *f* de la carga || ~ **eines Neubaus** / recepción *f* de un edificio [de nueva planta] || ~ **von Ladungsträgern** (Eltronik) / transferencia *f* de portadores de carga || ~**-Flanschanschluss** *m* (Schiff) / racor *m* de rellenado [con brida] || ~**kennlinie** *f* / característica *f* de transferencia || ~**versuch** *m* / ensayo *m* de recepción
über•nehmen *vt* / encargarse [de], tomar a su cargo || ~**nehmen** (Leitung, Schiff) / tomar el mando [de] || ~**nehmen** (Radioprogramm) / retransmitir || ~**nehmen** (Ladung) / recibir (también: a bordo) || ~**nehmen** (Methode) / adoptar, recibir, aceptar, tomar || ~**normal** / supernormal || ~**nutzung** *f* / uso *m* excesivo, práctica *f* abusiva || ~**örtlicher Verkehr** / tráfico *m* interurbano || ~**oxidation** *f* (Chem) / sobreoxidación *f* || ~**perlitisch** (Hütt) / superperlítico || ~**poltes Kupfer** / cobre *m* sobreafinado || ~**potential** *n* / potencial *m* excesivo || ~**produktion** *f* / sobreproducción *f*, producción *f* excesiva, superproducción *f*, exceso *m* de producción ||

≈**produktionsanlage** f (Nukl) / sistema m de derivación de turbina || ≈**produktionsdampf** m (Nukl) / vapor m de derivación || ≈**profil** n (Kfz) / sobreperfil m || **~proportional** / sobreproporcional || **~prozentig** (Alkohol) / sobretitulado || **~prüfen** vt / controlar, examinar, verificar, inspeccionar, supervisar || **~prüfen**, durchsehen / rever || **~prüfen**, überholen (Masch) / revisar, repasar || **auf gut Glück ~prüfen** (DV) / revisar por azar || ≈**prüfen** n, Check-out n (Raumf) / comprobación f final || ≈**prüfen mit halber Rechengeschwindigkeit** (DV) / control m en escala de tiempo || ≈**prüfung**, Untersuchung f / examen m, revisión f, comprobación f, inspección f, repaso m || ≈**prüfung** f **der Endstellung der Weichenzungen** (Bahn) / comprobación f de la posición de aguja || ≈**prüfung der Übereinstimmung** / comprobación f de concordancia || **~pumpen** vt / trasegar por bombeo || **~quadratisch**, langhubig (Mot) / de larga carrera de pistón || **~quer** / a o de través, en diagonal, diagonalmente || **~quer verleimen** / encolar en sentido opuesto al de las fibras || ≈**querung** f / travesía f, paso m || ≈**querung**, Leitungskreuzung f (Elektr) / cruce m, travesía f || **~raffiniertes Kupfer** (Hütt) / cobre m sobreafinado || **~ragen** vt [über] / sobresalir || ≈**raum** m (Geom) / hiperespacio m || **~regeln** vt, -steuern / sobrerregular || **~regional** / suprarregional || ≈**regulierung**, -kompensation f / regulación f o compensación excesiva || **~reichlich** / superabundante || ≈**reichweite** f (Wellenfortpflanzg) / sobrealcance m, alcance m excesivo || ≈**reichweite...** (Eltronik) / más allá del horizonte, transhorizonte, sobre el horizonte || **~reif** / sobremaduro, demasiado maduro || **~reif** (Obst) / pasado || **~reißen** vt (Destillation) / arrastrar || **~reißen** n (Wasser) / arrastre m || ≈**resonanz** f (Phys) / sobrerresonancia f || ≈**rest** m / resto m, residuo[s] m[pl] || ≈**riese** m (Astr) / supergigante m || **~rieseln** vt, berieseln (Landw) / irrigar, rociar, regar || ≈**rollbügel** m (Kfz) / barra f antivuelco || **~rollen** vt, umdrehen vt / volcar || ≈**rollfeuer** n (Luftf) / luz f enterrada || ≈**rollkäfig** m (Kfz) / jaula f antivuelco || ≈**rollschutz** m (Kfz) / protección f antivuelco || ≈**rollstrecke** f (Luftf) / tramo m de rodadura de rebase || ≈**rolltest** m (Luftf) / ensayo m de capotaje || ≈**rollzone** f (Wälzlager) / zona f de paso de los cuerpos rodantes || ≈**rüben** f pl (Zuck) / remolachas f pl en exceso || **~sät** / salpicado [de], sembrado [de] || **~sättigt** (Chem) / sobresaturado, supersaturado || **~sättigte Lösung** / solución f sobresaturada || ≈**sättigung** f (Chem) / sobresaturación f, supersaturación f || **den Saft ~saturieren** (Zuck) / sobresaturar o supersaturar el jugo || **~säuern** vt (Chem) / hiperacidificar, acidular en exceso || ≈**säuerung**, Superazidität f (Vorgang) / hiperacidificación f, acidificación f excesiva || ≈**säuerung** f (Ergebnis) / hiperacidez f
Überschall m / ultrasonido m, supersonido m, frecuencia f supersónica || ≈**...** (naher Überschall, bis 1450 km/h) / transsónico || ≈**...** (mehrfacher Überschall) / hipersónico || ≈**...** (bis Mach 5) / supersónico || ≈**bereich** m / zona f supersónica || ≈**flugkörper** m **für niedrige Höhen**, SLAM / misil m supersónico para alturas bajas || ≈**flugzeug** n / avión m supersónico || ≈**geschwindigkeit** f / velocidad f supersónica || ≈**-Holographie** f / olografía f ultrasónica || ≈**jäger** m (Luftf, Mil) / supercaza m || ≈**kanal** m, -windkanal m (Luftf) / túnel m aerodinámico para velocidades supersónicas || ≈**knall** m / estampido m o estallido o bang supersónico || ≈**teil** m **der Düse** / porción f supersónica || ≈**verbrennungs-Staustrahltriebwerk** n, Scramjet m (Luftf) / estatorreactor m de combustión supersónica || ≈**verdichter** m / compresor m supersónico || ≈**vorderkante** f (Luftf) / borde m de ataque supersónico || ≈**welle** f (Phys) / onda f

ultrasónica o ultrasonora || ≈**wissenschaft** f / supersónica f || ≈**zone** f **einer Düse** / zona f supersónica de una tobera
Über•schaltdrossel f (Elektr) / inductancia f de paso || **~schalten** (Elektr) / conmutar [a], pasar [a] || ≈**schaltstrom** m / corriente f de transición || ≈**schaltwiderstand** m (Bahnmotor) / resistencia f de paso || **~schärfte Küpe** (Färb) / cuba f sobreafilada || **~schätzen** vt / sobreestimar || ≈**schäumen** n / desbordamiento m de espuma || **~scheren** vt (Tuch) / sobretundir || ≈**schicht** f (F.Org) / turno m prolongado || **~schichten** vt [mit] / recubrir [de] || ≈**schieben** vt, hinüberschieben / hacer deslizar || ≈**schiebmuffe** f / manguito m de empalme || ≈**schiebmuffe**, U-Stück (DIN 28624) / collar m, pieza f en U || ≈**schiebrohr** n / tubo m abrazadero, manchón m (CHIL) || ≈**schiebung** f, Verwerfung f, Paraklase f (Geol) / falla f de dislocación normal, falla f oblicua inversa || ≈**schiebungsdecke**, Schubdecke f (Geol) / manto m sobreescurrido
Überschlag m (Kfz, Luftf) / vuelco m, voltereta f || ≈, Entladung f (Elektr) / salto m o paso de chispas, descarga f eléctrica || ≈, Schätzung f / cálculo m aproximativo o aproximado, estimación f, presupuesto m || ≈, Umschlag m / recubrimiento m, sobre m, envoltura f || ≈ (Nähen) / dobladillo m || **[unfreiwilliger]** ≈ (Kfz, Luftf) / capotaje m || ≈ **einen [am Boden] machen** (Luftf) / capotar
überschlagen adj, lauwarm / tibio
überschlagen vi (Funken) / saltar || ~ (Waage) / inclinarse [a] || ~ vt, auslassen / omitir, hacer caso omiso, pasar por alto ~, veranschlagen / estimar, hacer un cálculo aproximativo || ~, falten / plegar, replegar || ~ (sich) (Kfz, Luftf) / capotar || **sich ~** / dar una vuelta de campana
Überschlagfestigkeit f (Elektr) / resistencia f al salto de chispas, resistencia f a las descargas
überschlägige Prüfung / control m aproximado
Überschlagschutz m (Kfz) / dispositivo m de protección contra vuelcos
Überschlags•formel f / fórmula f aproximada || ≈**funke** m (Elektr) / chispa f de descarga || ≈**rechnung** f / cálculo m aproximado o aproximativo, cálculo m de tanteo || ≈**spannung** f / tensión f disruptiva o de salto || ≈**spannung am nassen Isolator** / tensión f disruptiva en el aislador húmedo || ≈**spannung im Dauerversuch** (Elektr, Kabel) / tensión f de ruptura asintótica
über•schleifen vt / repasar rectificando, esmerilar superficialmente || **~schließen** vt, aufbauen (Druck) / amortiguar || ≈**schluss-Resonanzintegral** n / exceso m de integral de resonancia || ≈**schmiedeter Grat** / grieta f de pliegue de forja || **nach der ersten** ≈**schmiedung** / después de la primera pasada || ≈**schmierung** f / lubri[fi]cación f excesiva || **~schmolzen** / cubierto de una capa fundida || **~schnappen** (Feder) / saltar (resorte) || **~schneiden** (sich), sich schneiden / cortarse, cruzarse || **~schneiden** (sich) (zeitlich) / coincidir || **[sich] ~schneiden**, überlappen / solaparse || ≈**schneiden von Linien**, Kreuzen n (Bahn) / intersección f de itinerarios || ≈**schneidung** f (Geom) / intersección f, corte m || ≈**schneidung** / entrecruzamiento m || ≈**schneidung** (zeitlich) / coincidencia f || ≈**schneidung von Flächen** (Math) / solapadura f || ≈**schneidungsfrequenz** f / frecuencia f de cruce o de recubrimiento, frecuencia f de transición || ≈**schneidungsgebiet** n (Radar) / zona f equifase || **~schnell** / superrápido || **~schreiben** (z.B. einen Buchstaben) (Schreibm) / sobreimprimir || ≈**schreiben** n (DV) / sobreescritura f || ≈**schreiben** (Daten) / recubrir datos || ≈**schreibsperre** (DV) / bloqueo m de sobreimpresión || **~schreiten** vt, -steigen, hinausgehen [über] (allg) / pasar, sobrepasar,

überschreiten

traspasar || ~**schreiten** (Geschwindigkeit) / exceder || ~**schreiten** (Zeit) / exceder, rebasar || ~**schreiten**, kreuzen / atravesar, cruzar || ~**schreiten** *n* **der Gleise** (Bahn) / paso *m* de la vía || ~**schreiten der zulässigen Geschwindigkeit** / exceso *m* de la velocidad máxima admisible, exceso *m* de la velocidad autorizada || ~**schreitung** *f* (Krist) / transgresión *f* || **zulässige** ~**schreitung** (Maß) / exceso *m* admisible || ~**schrift** *f*, Titel *m* (Druck) / título *m*, encabezamiento *m* || **über die Spaltenbreite gehende** ~**schrift** (Druck) / título *m* que llena la [anchura de la] columna || **mit** ~**schrift** (Druck) / con título || ~**schriftzeile** *f* (DV) / línea *f* de encabezamiento, rótulo *m* inicial || ~**schubfeuerung** *f* / hogar *m* con propulsión superior || ~**schubrost** *m* / parrilla *f* con carga mecánica por arriba
Überschuss *m* / excedente *m*, exceso *m* || ~ (Wirtschaft) / superávit *m*, sobrante *m* || ~, Gewinn *m* / beneficio *m*, ganancia *f* || ~, Überfluss *m* / abundancia *f*, superabundancia *f*, profusión *f* || ~, Rest *m* / resto *m* || ~, überschüssiges Garn (Web) / hilo *m* sobrante (encima del plegador de urdimbre) || ~ *m* **von Arbeitskräften** (F.Org) / exceso *m* de mano de obra || ~**-3-Code** *m* (DV) / código *m* de exceso de tres, código *m* Stibitz || **64-**~**code** (DV) / código *m* de exceso de 64 || ~**defektelektron** *n* (Halbl) / agujero *m* de exceso || ~**elektron** *n* / electrón *m* excedente || ~**energie** *f* / exceso *m* de energía || ~**gas** *n* / gas *m* sobrante, exceso *m* de gas || ~**halbleiter** *m* / semiconductor *m* tipo N
überschüssig / excedente, sobrante, excedentario, restante, remanente, en exceso [de] || ~, oben stehend (Chem) / supernatante, sobrenatante, sobrenadante || ~ **sein** / sobrar || ~**er Stab** (Stahlbau) / barra *f* excedente
Überschuss•leitung *f* (Halbl) / conducción *f* por electrones de tipo N || ~**minoritätsträger** *m* / portador *m* minoritario excedente || ~**reaktivität** *f* (Nukl) / reactividad *f* excedente, exceso *m* de reactividad || ~**strom** *m* (Tunneldiode) / corriente *f* excedente || ~**vermehrung** *f*, -faktor *m* (Nukl) / factor *m* de multiplicación en exceso || ~**wärme** *f* (Raumf) / calor *m* excedente
über•schütten *vt* / cubrir [de], rociar [de] || ~**schütten**, übergießen / verter [sobre] || ~**schüttung** *f* (Beton) / sobrecarga *f* || ~**schüttungshöhe** *f* (Beton) / altura *f* de sobrecarga, sobreespesor *m* || ~**schweißtes Rohr** / tubo *m* recargado por soldeo || ~**schwemmen** / inundar *m*, arriar, apantanar || ~**schwemmung** *f* / inundación *f* || ~**schwemmungsgebiet** *n* / zona *f* de inundación, región *f* inundada || ~**schwer** (Blech, Phys) / sobrepesado, extrapesado, ultrapesado || ~**schwer** (Nukl) / superpesado || ~**schwere o. Über-Elemente**, Transurane *n pl* (Chem) / elementos *m pl* superpesados o transuránicos, transuranios *m pl* || ~**schweres Wasser**, T$_2$O / agua *f* superpesada, óxido *m* de tritio || ~**schwerer Wasserstoff** / hidrógeno *m* superpesado, tritio *m* || ~**schwingamplitude** *f* (TV) / amplitud *f* de sobreoscilación || ~**schwingen** *n* (TV) / sobreoscilación *f*, sobremodulación *f* || **kurzes** ~**schwingen**, Unterschwung *n* (ins Negative) (TV) / sobreoscilación *f* || ~**schwingen** *n*, Hinausschießen *n* [über] (Phys) / sobrepaso *m* || ~**schwingen** (Instr) / exceso *m* balístico, sobredesviación *f* inicial || ~**schwinger** *m* (coll), Schwarzkompression *f* (TV) / compresión *f* del negro || ~**schwingerfrequenz** *f* (TV) / frecuencia *f* de oscilaciones parásitas || ~**schwingfaktor** *m* (Elektr) / factor *m* de amplitud || ~**schwingspitze** *f* / cresta *f* de impulsión || ~**schwingung** *f* (Instr) / factor *m* balístico || ~**seefunk** *m* (hist.) / transradio *m*
überseeisch, Übersee... / de ultramar, ultramarino, transoceánico, transatlántico, transpacífico, intercontinental
Übersee•kabel *n* (Elektr) / cable *m* submarino, cable *m* transoceánico || ~**luftverkehr** *m* / servicio *m* o tráfico aéreo intercontinental o de ultramar || ~**schiff** *n* / transatlántico *m* || ~**verpackung** *f*, Exportverpackung *f* / embalaje *m* marítimo
über•sehbar, -blickbar / al alcance de la vista, previsible || ~**sehen** *vt*, vernachlässigen / omitir, descuidar, desatender
übersetzen *vt*, hinüberschaffen / llevar o pasar a la otra orilla || ~, mit Getriebe versehen (Masch) / multiplicar con engranajes || ~, übermöllern (Hütt, Ofen) / sobrecargar || ~ (Sprache) / traducir || ~, überfärben (Tex) / sobreteñir || ~ *vi* / cruzar o atravesar (un río) || **1 : 1** ~ / transmitir en la relación 1 : 1 || **ins Langsame** ~ / demultiplicar, submultiplicar || **ins Schnelle** ~ / multiplicar
Übersetzer *m*, Kombinator *m* (Fernm) / combinador *m* || ~, technischer Fachübersetzer / traductor *m* técnico [especializado] || ~ (DV) / traductor *m* de lenguaje || **hydraulischer** ~ / intensificador *m* de la presión hidráulica || ~**-Arbeitsstation** *f* (DV) / TWE = Translator's Workbench || ~**phase** *f* (DV) / fase *f* de traducción
Übersetzfenster *n* (Bahn) / ventana *f* que se abre en la mitad superior
übersetzt (Masch) / multiplicado || ~**er Guss** (Gieß) / pieza *f* de fundición desplazada || ~**es Programm** (DV) / programa *m* absoluto || **[ins Schnelle]** ~ / multiplicado
Übersetzung *f* (Fahrrad) / multiplicación *f* || ~ (DV, Sprache) / traducción *f* || ~, Getriebe *n*, Übersetzungsgetriebe *n* / engranaje *m* de multiplicación, transmisión *f* || ~ (ins Schnelle) / multiplicación *f* || ~ *f* (ins Langsame) (Masch) / de[s]multiplicación *f*, submultiplicación *f*, reducción *f* || ~, Relativgeschwindigkeit *f* / relación *f* de transmisión, velocidad *f* relativa || ~ **im Bremsgestänge** / efecto *m* de palanca en el varillaje de freno || ~ *f* **von Programmen** (DV) / compilación *f* || ~ **von Zoll- in metrisches Gewinde** (Dreh) / translación *f* entre rosca métrica e inglesa || **eine höhere** ~ **einschalten** (Fahrrad) / poner una velocidad o marcha superior || **hydraulische** ~ **des Pressdruckes** / intensificación *f* de la presión hidráulica
Übersetzungs•anweisung *f* (COBOL) / instrucción *f* de compilación || ~**anweisung** (an einen Übersetzer) (DV) / [p]seudoinstrucción *f*, directiva *f* || ~**faktor** *m* (Gleichstrom-Umrichter) / factor *m* de transsferencia || ~**fehler** *m*, -getriebe *n* (Trafo) / error *m* de multiplicador, [engranaje] multiplicador *m* || ~**-Handgerät** *n* (Sprache) / receptor *m* [portátil] para traducción simultánea || ~**lauf** *m* (DV) / pasada *f* de compilación || ~**maschine** *f* (Sprache) / máquina *f* de traducir || ~**phase**, Assemblerphase *f* (DV) / fase *f* de montaje || ~**phase**, Kompilierphase *f* (DV) / fase *f* de compilación || ~**programm** *n* (DV) / programa *m* de traducción, rutina *f* traductora || ~**protokoll** *n* **des Assemblers** (DV) / lista *f* de montaje || ~**rad**, Wechselrad zwischen metrischem und Zollgewinde *n* (Dreh) / rueda *f* [dentada] de traslación entre rosca métrica e inglesa || ~**rechner** *m*, -anlage *f* (DV) / máquina *f* de compilación || ~**schlüssel** *m* **für Klemmenbezeichnungen** / código *m* de asignación, identificación *f* || ~**stufe** *f* / grado *m* de transmisión || ~**verhältnis** *n* (Masch) / relación *f* de transmisión || ~**-Verhältnis** *n* (Trafo) / relación *f* de transformación, relación *f* entre espiras || ~**verhältnis** *n* (Fahrrad) / relación *f* de multiplicación || ~**verhältnis der Gänge** (Kfz) / relación *f* de cambio de velocidades || ~**verhältnis ins Langsame**, [Schnelle] / relación *f* de demultiplicación [multiplicación] || ~**zahnrad** *n* / engranaje *m* de transmisión o de reducción || ~**zeit** *f* (DV) / tiempo *m* de compilación
Übersichbrechen *n* (Bergb) / trabajo *m* [por] encima de la cabeza

Übersicht f (Zeichn) / plano m sinóptico, sinopsis f, cuadro m sinóptico ‖ ⁓, Gesamtanordnung f / visión f o vista general o de conjunto ‖ ⁓, Plan m / esquema m ‖ ⁓, Abriss m / resumen m, síntesis f ‖ ⁓, Zusammenfassung f (Druck) / resumen m, sumario m ‖ **[periodische]** ⁓ (F.Org) / crónica f
übersichtig, hypermetrop, weitsichtig (Med) / hipermétrope ‖ ⁓, altersbedingt weitsichtig / présbite
Übersichtigkeit f, Hypermetropie f (Opt) / hipermetropía f ‖ ⁓ (altersbedingt), Altersweitsichtigkeit f (Med) / presbicia f [senil], presbiopía f
übersichtlich / sinóptico ‖ ⁓ / de fácil orientación, fácil de comprender ‖ ⁓ (Gelände) / abierto ‖ ⁓ **[angeordnet]** / claramente dispuesto ‖ **⁓e Anordnung**, Übersichtlichkeit f / disposición f clara o sinóptica, buena disposición, claridad f
Übersichts•aufnahme f (Foto) / fotografía f del conjunto, macrofotografía f ‖ ⁓**karte** f / mapa m sinóptico ‖ ⁓**plan** m (allg) / plan[o] m sinóptico o de conjunto ‖ ⁓**plan**, Situationsplan m (Bau) / plano m del conjunto, plano m de situación ‖ ⁓**schaltbild** n (für Schaltwarten) / diagrama m o esquema sinóptico ‖ ⁓**tabelle** f / tabla f sinóptica ‖ ⁓**zeichnung** f / dibujo m general o de conjunto
übersintert (Pulv.Met) / sobresinterizado
überspannen vt, zu stark spannen / estirar demasiado, extender demasiado ‖ ⁓ [mit etwas] / cubrir, recubrir, revestir [de] ‖ ⁓, überbrücken (Straßb) / echar o tender un puente [sobre], salvar ‖ **[im Reitsitz]** ⁓ / pasar [a horcajadas]
Überspannung f (Elektr) / sobretensión f, sobrevoltaje m ‖ ⁓, Konzentrationspolarisation f (Chem) / excedente m de potencial ‖ ⁓ **durch eine Fernleitung** (Bahn) / travesía f por una línea aérea ‖ **kurzzeitige** ⁓ (im Netz) (Elektr) / sobretensión f transitoria
Überspannungs•ableiter m, Funkenstrecke f (Elektr) / descargador m de sobretensión ‖ ⁓**ableiter**, -schutz, Wellenschlucker m (Elektr) / absorbedor m de ondas ‖ ⁓**-Ableiter** m (Blitz) / pararrayos m de sobretensión ‖ ⁓**auslöser** m / aparato m de máximo de tensión ‖ ⁓**auslösung** f / disconexión f por máximo de tensión ‖ ⁓**fest**, -sicher / a prueba de sobretensión, resistente a la sobretensión ‖ ⁓**leuchte** f (am Querseil aufgehängt) (Straßb) / farol m o reverbero suspendido [en el centro de la calle] ‖ ⁓**relais** n / relé m de máximo de tensión, relé m de sobretensión ‖ ⁓**schutz** m / protección f contra sobretensiones ‖ ⁓**sicherung** f / cortacircuito m o fusible de sobretensión ‖ ⁓**spitzen** f pl / picos m pl de [sobre]tensión ‖ ⁓**stoß** m (Halbl) / sobretensión f transitoria, impulso m de tensión ‖ ⁓**verhältnis** n / coeficiente m de sobretensión
Über•speisungsanlage f, -station f (Gas) / estación f de entrega (gas natural) ‖ ⁓**spielen**, abdecken (Magn.Bd) / cubrir ‖ ⁓**spielen** vt (Recorder) / regrabar, doblar ‖ ⁓**spielen** n (Recorder) / regrabación f, doblado m de cinta ‖ ⁓**spielen**, Umspielen n (auf einen anderen Tonträger) / regrabación f (en otro soporte) ‖ ⁓**spielen** n (auf Band) / regrabación f (en cinta) ‖ **teilweises** ⁓**spielen** / regrabación f parcial ‖ ⁓**spinnmaschine** f (Elektr) / máquina f para recubrir hilos conductores ‖ ⁓**sprechdämpfung** f (Fernm) / atenuación f de diafonía ‖ ⁓**sprechen** n (Fernm) / diafonía f ‖ ⁓**sprechen mit Löschen** (Magn.Bd) / nueva grabación (con supresión simultánea) ‖ ⁓**sprechkopplung** f (Fernm) / acoplamiento m diafónico ‖ ⁓**springbar** / saltable ‖ ⁓**springbefehl** m (DV) / instrucción f de salto ‖ ⁓**springen** / sobresaltar, saltar por encima [de] ‖ ⁓**springen**, auslassen / omitir, saltar ‖ **einen Faden** ⁓**springen** (Web) / estar fuera de paso ‖ ⁓**springen** vi (Funken) / saltar ‖ ⁓**springen** n / salto m, omisión f ‖ ⁓**springen von Funken** / paso m o salto de chispas ‖ ⁓**springen von Gängen**, Skipping n (Kfz) / salto m de velocidades ‖

⁓**springende Vertauschung** (z.B. 135 in 531) / error m de inversión ‖ ⁓**springer** m (Fehler, Web) / hilo m saltado o flotante ‖ ⁓**springerrapport** m (Tex) / repetición f de los saltos, curso m de los saltos ‖ ⁓**springfunktion** f (Audio) / supresión f ‖ ⁓**spritzen** vt (etc., Farbe) / proyectar [por encima], sobrepistolear ‖ ⁓**sprung** m (DV) / salto m automático ‖ ⁓**spülen** vt / bañar ‖ ⁓**spült** (Hydr) / a flor de agua ‖ ⁓**stand** m (Länge/Breite) (Zimm) / sobrancero m ‖ ⁓**stand**, überstehendes Ende / extremo m [saliente], saliente m ‖ ⁓**stand** (z.B. Schraube) (Masch) / proyección f, saliente m por encima de la tuerca ‖ ⁓**stand**, Überkragung f (Bau) / saliente m, voladizo m, resalto m, visera f ‖ ⁓**stand der Buchdecken** (Druck) / cejas f pl ‖ ⁓**stand hinten**, [vorn] (Kfz) / resalto m trasero [delantero] ‖ ⁓**standardbrechung** f (Radar) / superrefracción f ‖ ⁓**stander** m (Forstw) / árbol m de reserva ‖ ⁓**ständiges Holz** / madera f sobremadura[da] ‖ ⁓**standlänge** f (Schraube, DIN 78) / longitud f del extremo saliente ‖ ⁓**stau** m (Hydr) / agua f represada (que rebasa el nivel normal) ‖ ⁓**stauen** vt (Hydr) / represar agua por encima del nivel normal ‖ ⁓**stauung** f, Überschwemmung f / inundación f ‖ ⁓**stehen** vi (z.B. zu lang/breit sein) / sobrar ‖ ⁓**stehen**, auskragen / salir, sobresalir, resaltar ‖ ⁓**stehen**, oben schwimmen / sobrenadar ‖ ⁓**stehend** (Ziegellage, als Schmuck) (Bau) / sobresaliente ‖ ⁓**stehend**, heraus-, -vorragend / saliente ‖ ⁓**stehender Balken** / viga f saliente o en voladizo ‖ ⁓**stehendes Dach** (unten offen) / tejado m ‖ ⁓**steigen** vt, -schreiten / exceder, rebasar, sobrepasar ‖ ⁓**steiger** m (Zuck) / calorizador m ‖ ⁓**steuern** vt (Eltronik) / sobreexcitar, sobremodular ‖ ⁓**steuern** (Mikrophon) / sobrexcitar ‖ ⁓**steuern** (Kfz) / sobrevirar ‖ ⁓**steuern** (Regeln) / sobrerregular ‖ **weiß** ⁓**steuern** (TV) / sobremodular los blancos ‖ **dunkel** ⁓**steuern neigend** /, con tendencia a deslizar curvas ‖ ⁓**steuernd** (Kfz) / sobrevirador ‖ ⁓**steuert** (Kfz) / sobredirigido ‖ ⁓**steuerter Ton** / tono m sobremodulado ‖ ⁓**steuerung** f (Mikroskop) / sobreexcitación f ‖ ⁓**steuerung** (Kfz) / sobrevirado m ‖ ⁓**steuerung** (Halbl) / saturación f ‖ ⁓**steuerungsfaktor** m (Halbl) / factor m de saturación ‖ ⁓**steuerungssignal** n (Radar) / señal f de saturación ‖ ⁓**steuerungsstrom** m (Halbl) / corriente f de saturación ‖ ⁓**strahlenbrechung** f (Radar) / superrefracción f ‖ ⁓**strahlendes Weiß** (TV) / blanco m dominante ‖ ⁓**strahlung** f (TV) / hiperluminosidad f del punto explorador ‖ ⁓**strahlung**, Irradiation f (Opt) / irradiación f ‖ ⁓**strecken** vt / sobreextender ‖ ⁓**streichen** vt (Anstrich) / pintar ‖ ⁓**streichen**, abtasten (Radar) / explorar, barrer ‖ **erstmalig** ⁓**streichen**, grundieren (Anstrich) / dar la primera capa, imprimar ‖ ⁓**streifkolbenring** m / segmento m de émbolo elástico
Überstrom m, Überlaststrom m (Elektr) / sobreintensidad f de corriente ‖ ⁓ (Oberbegriff zu Überlaststrom) (Elektr) / sobrecorriente ‖ ⁓ (Halbl) / corriente f de sobrecarga directa ‖ ⁓**auslöser** m (Elektr) / disparador m de sobrecorriente, aparato m de máximo de corriente ‖ ⁓**auslösung** f / disparo m de sobrecorriente
überströmen, -laufen (Flüssigkeit) / derramarse, desbordarse, salir de los bordes ‖ ⁓, -fließen / reverter, rebosar
Überström•kanal m (Zweitaktmotor) / conducto m, canal m de carga ‖ ⁓**leitung** f / tubería f de flujo de retorno ‖ ⁓**leitung** (Turbine) / tubería f de sobrante
Überstrom -Nullspannungsauslösung f (Elektr) / desconexión f por exceso de intensidad y mínima de tensión ‖ ⁓**-Nullspannungsschalter** m, -Nullspannungsauslöser m / interruptor m de sobreintensidad y mínima de tensión ‖ ⁓**relais** n / relé m de sobrecorriente o de máxima ‖ ⁓**relais mit**

Überströmrohr

Wiedereinschaltautomatik / relé *m* de sobrecorriente y de reconexión automática
Überströmrohr *n*, -stutzen *m* / tubo *m* de derrame o de rebose ‖ ≃, -**steigrohr** *n* / tubo *m* vertical de derrame o de rebose
Überstromschalter, -selbstschalter *m* (Elektr) / cortacircuito *m* o disyuntor de sobrecorriente
Überströmschlitz *m* (Mot) / lumbrera *f* de carga
Überstrom•sicherung *f* (Elektr) / fusible *m* de sobrecorriente ‖ ≃-**Unterspannungsausschalter** *m* / disyuntor *m* de sobrecorriente y de tensión mínima
Überströmventil *n* / válvula *f* de rebose
Überstromziffer *f* (Elektr) / factor *m* de sobrecarga o de saturación
Über•struktur *f* (Krist) / superreticulado *m*, red *f* superpuesta ‖ ~**stumpf**, konkav, hohl (Winkel) / cóncavo ‖ ≃**stunde** *f*, -zeit *f* (F.Org) / hora *f* extra[ordinaria] o suplementaria o adicional ‖ ≃**stunden machen** *f pl* / trabajar horas extraordinarias, hacer extras ‖ ~**stürzen** *vt* (Bergb) / cubrir de escombreros ‖ ≃**stürzen** *n* **von Wellen**, Brecher *m pl*, Brandung *f* / olas *f pl* rompientes ‖ ~**sulfatiert** (Zement) / sobresulfatado ‖ ~**synchron** (Elektr) / supersíncrono, supersincrónico, hipersíncrono ‖ ~**synchrone Bremsung** / frenado *m* supersincrónico ‖ ≃**tage-Anlagen** *f pl* (Bergb) / instalaciones *f pl* en la superficie ‖ ≃**tagearbeiter** *m* (Bergb) / obrero *m* en la superficie ‖ ~**tagig**, Übertage... / a cielo abierto, al descubierto, al raso, a tajo abierto ‖ ≃**telefonie...** (Frequenz) / ultratelefónico ‖ ≃**temperatur** *f* / sobretemperatura *f*, exceso *m* de temperatura, temperatura *f* excesiva o de exceso ‖ ≃**temperatur**, Temperaturanstieg *m* (Elektr) / ascenso *m* o aumento de temperatura ‖ ≃**temperatur** (kurzzeitig) / excursión *f* de temperatura ‖ ~**tippen** *vt* (Schreibm) / escribir encima [de] ‖ ~**tönen** *vt* / cubrir sonidos o el ruido ‖ ≃**tönen** *n* (Eltronik, Sender) / efecto *m* de captura ‖ ≃**touren** *n* (Mot) / sobrevelocidad *f*
Übertrag *m* (Math) / transporte *m*, suma *f* anterior ‖ ≃ **von der höchsten auf die niedrigste Stelle** (DV) / transporte *m* cíclico o de contorno
übertragbar (z.B. Leistung) / transferible ‖ ~ (TV) / transmisible por TV, televisible
Übertragbarkeit *f* / transferibilidad *f*
übertragen (z.B. Daten) / transmitir, transferir ‖ ~, vermitteln / retransmitir ‖ ~, verleihen (Eigenschaften) / conferir, comunicar [a] ‖ ~, senden / transmitir, retransmitir, radiodifundir (LA) ‖ ~, Übertrag machen (Math) / llevar la suma anterior ‖ ~, auftragen (Zeichn) / transponer ‖ ~ *adj* (Bedeutung, Sinn) / figurado (sentido) ‖ ~ **e Information** / información *f* transmitida ‖ **er Träger** (Fernm, Radio) / portadora *f* transmitida ‖ **auf das Material ~e Energie** (Nukl) / energía *f* comunicada a la materia ‖ **durch Zwischenverstärker ~** (Fernm) / retransmitir por repetidor ‖ **eine Kraft ~** / transmitir una fuerza ‖ **im Fernsehen ~** / radiotelevisar ‖ **nicht mehr ~** (Raumf) / parar las transmisiones ‖ **sich ~**, sich auswirken [in, als] / traducirse [en, por] ‖ **[unverändert] ~** (DV) / copiar, duplicar ‖ ≃ *n* (DV) / transferencia *f*
Übertrager *m*, Translator *m* (Fernm) / repetidor *m* ‖ ≃ (Eltronik) / transformador *m* ‖ ≃ **in der Leitungsnachbildung** / transformador *m* [del] equilibrador ‖ ≃ **mit unterteiltem Eisenkern** (Eltronik) / transformador *m* con núcleo dividido o con entrehierro ‖ ≃**paar** *n* (Fernm) / transformador *m* doble
übertraglose Addition (DV) / adición *f* sin transporte
Übertragsbit *n* / bit *m* de transporte
Übertragung *f*, Fortpflanzung *f* (Phys) / propagación *f* ‖ ≃ (Radio, TV) / transmisión *f* ‖ ≃, Leitung *f* (Phys) / conducción *f* ‖ ≃, Nachricht *f* / comunicación *f*, mensaje *m* ‖ ≃, -führung *f* / transferencia *f* ‖ ≃,

Vermittlung *f* / retransmisión *f* ‖ ≃ *f* (z.B. Abziehen von Steindrucken auf Zink) (Druck) / reporte *m*, transporte *m* de imagen ‖ ≃ (Patent) / cesión *f* de patente ‖ ≃ **aus dem Speicher** (DV) / copia *f* ‖ ≃ **des Pigmentpapiers** (Druck) / reporte *m* del papel pigmento, aplicación *f* del papel pigmento ‖ ≃ **durch Mondreflexion** / transmisión *f* por reflexión en la Luna ‖ ≃ **in beiden Richtungen**, bidirektionaler Fluss, Zweiwegfluss *m* (DV) / flujo *m* bidireccional ‖ ≃ **in den Speicher** (Magn.Bd, Platte) / vaciado *m* de cinta o de disco ‖ ≃ **mit unabhängigen Seitenbändern** (Eltronik) / transmisión *f* de (o con) bandas laterales independientes ‖ ≃ **mit unterdrückter Trägerwelle** (Fernm) / transmisión *f* sin ondas portadoras, transmisión *f* con supresión de onda portadora ‖ ≃ **mit 600 Zeilen und 25 Bildern** (TV) / transmisión *f* de 600 líneas y 25 cuadros ‖ ≃ **mittels Gelenkwellen** / transmisión *f* por árboles articulados ‖ ≃ **von u. zu Innenspeichern**, radiale Übertragung (DV) / transferencia *f* radial ‖ ≃ *f* **zwischen mehreren Stationen** (DV) / transmisión *f* entre varios puntos, transmisión *f* multipunto
Übertragungs•..., Konvektions... / convectivo, de convección ‖ ≃**admittanz** *f* (Regeln) / admitancia *f* de transferencia ‖ ≃**anlage**, Lautsprecheranlage *f* / sistema *m* audiodifusor o de audiodifusión, sistema *m* de altavoces para audiciones públicas, instalación *f* de refuerzo acústico ‖ ≃**dämpfung** *f* (Fernm) / pérdida *f* de transmisión ‖ ≃**eigenschaften** *f pl* **des Kardanrahmens** / ganancia *f* de junta cardánica ‖ ≃**element** *n* (Masch) / órgano *m* o elemento de transmisión ‖ ≃**endezeichen** *n* (Fernm) / carácter *m* fin de transmisión ‖ ≃**exponent** *m*, Gamma *n* (Röhre) / gamma *f* ‖ ≃**fähigkeit** *f* / aptitud *f* de transferencia de carga ‖ ≃**faktor** *m* (Regeln) / factor *m* de estado estacionario ‖ ≃**faktor** (Elektr) / relación *f* de transferencia ‖ ≃**fehler** *m* / error *m* de transmisión ‖ ≃**fehler** (Getriebe) / error *m* de coeficiente de transmisión ‖ ≃**funktion** *f* (Math) / función *f* de transmisión ‖ ≃**funktion** (Nukl) / función *f* de transferencia ‖ ≃**funktion eines geschlossenen Regelkreises** (Regeln) / función *f* de transferencia regresiva ‖ ≃**geschwindigkeit** *f* (von Daten) / velocidad *f* de transferencia de datos ‖ ≃**geschwindigkeit** (Fernschreiber) / velocidad *f* de transmisión telegráfica ‖ ≃**geschwindigkeit in Bit/s** (Fernm) / velocidad *f* [de transferencia] de bit[io]s por segundo ‖ ≃**gewinn** *m* (Eltronik) / ganancia *f* transductiva o de transducción ‖ ≃**gewinn** (Fernm) / ganancia *f* de transmisión ‖ ≃**glied** *n* (Regeln) / elemento *m* de transmisión ‖ ≃**glied** (Fernm) / enlace *m* de vía ‖ ≃**güte** *f* (Fernm) / calidad *f* de transmisión ‖ ≃**güte aus Rückfragehäufigkeit** / equivalente *m* de transmisión efectiva ‖ ≃**gütekennwert** *m* (Fernm) / evaluación *f* de la calidad de transmisión, apreciación *f* cuantitativa de la calidad de transmisión, índice *m* de la calidad de transmisión ‖ ≃**güteminderung** *f* **durch Frequenzbandbeschneidung** (Fernm) / pérdida *f* de calidad de transmisión debida a la limitación de la banda de frecuencias transmitidas ‖ ≃**kabel** *n* / cable *m* de transmisión ‖ ≃**kanal** *m* (Fernm) / canal *m* de transmisión ‖ ≃**kanäle** *m pl* **bündeln** (o. vielfach ausnutzen), multiplexen (DV) / multiplexar, efectuar o realizar una transmisión multiplex ‖ ≃**kennlinie** *f* (Digitalschaltung) / característica *f* de transferencia ‖ ≃**kennlinie**, Steilheitskennlinie *f* (Röhre) / característica *f* mutua ‖ ≃**kennlinie** (Photokathode) / característica *f* de transferencia luz/señal ‖ ≃**kette** *f* (TV) / cadena *f* televisiva o de televisión ‖ ≃**kompass** *m* / compás *m* transmisivo ‖ ≃**konstante** *f*, -maß *n*, Fortpflanzungskonstante *f* (Fernm) / constante *f* de propagación ‖ ≃**kontrolle**, -prüfung *f* (DV) / prueba *f* o comprobación de transferencia ‖ ≃**kreisel** *m* (Schiff) / giroscopio *m* transferente ‖ ≃**ladung** *f* (Bergb) / relé

m pirotécnico ‖ ∼**leitung** *f* (Elektr) / línea *f* de transmisión ‖ ∼**leitung mit mehreren Stationen** (DV) / circuito *m* multipunto o para varios puntos ‖ ∼**leitwert** *m* (Elektr) / transadmitancia *f* de haz ‖ ∼**leitzeichen** *n* (DV) / carácter *m* de control de transmisión ‖ ∼**maß** *n* (Vierpoltheorie) (Fernm) / constante *f* de transferencia o de transmisión ‖ ∼**maß, -konstante** *f*, Fortpflanzungskonstante *f* (Fernm) / constante *f* de propagación ‖ [**elektroakustisches**] ∼**maß eines Senders** / eficacia *f* absoluta de un sistema emisor o receptor (a una frecuencia cualquiera) ‖ ∼**matrix** *f* (Regeln) / matriz *f* de transición ‖ ∼**mittel**, Arbeitsmittel *n* / medio *m* de transmisión ‖ ∼**netz** *n*, -system *n* (Fernm) / sistema *m* de transmisión ‖ ∼**papier** *n* (Foto) / papel *m* para duplicar ‖ ∼**parameter** *m* (Fernm) / parámetro *m* de comunicación ‖ ∼**pegel** *m* (Fernm) / nivel *m* de transmisión, nivel *m* relativo [de potencia] ‖ ∼**prüfung, -kontrolle** *f* (DV) / prueba *f* de transferencia ‖ ∼**satz** *m* (DV) / registro *m* de transmisión ‖ ∼**selektor** *m* (DV) / selector *m* de transmisión ‖ ∼**signal** *n* (Fernm) / señal *f* de transmisión ‖ ∼**strecke** *f* (Fernm) / enlace *m* de vía ‖ ∼**syntax** *f* (DV, OSI) / sintaxis *f* de transferencia ‖ ∼**verfahren D2-Mac** *m* (D2 = duobinär codiert, Mac = multiple analog component) (DV) / método *m* D2-Mac ‖ ∼**vergleichssystem** *n* (Fernm) / sistema *m* de referencia de transmisión ‖ ∼**verhalten** *n* (Regeln) / comportamiento *m* de (o con) transferencia ‖ ∼**verlust** *m* (Elektr) / pérdida *f* de transmisión ‖ ∼**verstärkung** *f* (Fernm) / ganancia *f* de transmisión ‖ ∼**verzögerung** *f* / retardo *m* de tránsito o de transmisión ‖ ∼**wagen** *m* (TV) / unidad *f* móvil (E) o rodante (LA), camión *m* de tomas exteriores, vehículo *m* de reportaje ‖ ∼**weg** *m* (Funk) / trayectoria *f* de transmisión, trayecto *m* de transmisión ‖ ∼**weg** (Fernm) / circuito *m* de comunicación ‖ ∼**weg,** Vielfachleitung *f* (DV) / barra *f* ómnibus, línea *f* [común] de transferencia ‖ ∼**weg über Satelliten** / vía *f* por satélite ‖ ∼**welle** *f* (Masch) / árbol *m* de transmisión ‖ ∼**widerstand** *m* (Fernm) / impedancia *f* de transferencia ‖ ∼**winkel** *m* (Fernm) / ángulo *m* de transmisión ‖ ∼**winkel** (Mech) / ángulo *m* de transmisión ‖ ∼**wirkungsgrad** *m* (Fernm) / rendimiento *m* de transmisión ‖ ∼**zeit** *f* (DV) / tiempo *m* de transferencia
Übertragzylinder *m* (Druck) / rodillo *m* distribuidor
über•treffen *vt*, -bieten / superar, exceder ‖ ∼**treffen,** -steigen / sobrepasar, rebasar ‖ **an Zahl** ∼**treffen** / exceder ‖ ∼**treiben** *vt* (Bergb) / sobrepasar el fin de carrera ‖ ∼**treibgas** *n* / gas *m* de escape ‖ ∼**treibkühler**, Abflusskühler *m* / condensador *m* de salida ‖ ∼**tritt** *m* **von unverbranntem Gemisch ins Kurbelgehäuse** (Mot) / penetración *f* de la mezcla no quemada en el cárter ‖ ∼**trittskonstante** *f* (Nukl) / constante *f* de transferencia ‖ ∼**tünchen** *vt*, anweißen (Anstrich) / blanquear, enyesar, enlucir ‖ ∼**-Überriese** *m* (Astr) / astro *m* extrasupergigante ‖ ∼**- und Unterspannungsrelais** *n* (Elektr) / relé *m* de tensión máxima y mínima ‖ ∼**verbrauch** *m* (Elektr) / consumo *m* excedente o excesivo ‖ ∼**verbrauchstarif** *m* / tarifa *f* de consumo excesivo ‖ ∼**verbrauchs- und Gesamtzähler** *m* (Elektr) / contador *m* de exceso y de consumo total ‖ ∼**verbrauchszähler** *m* / contador *m* de exceso ‖ ∼**verbund...**, Überkompound... (Elektr) / hipercompuesto ‖ ∼**verbunderregung** *f* (Elektr) / excitación *f* hipercompuesta ‖ ∼**verdichtend,** überkomprimierend (Mot) / sobrealimentado ‖ ∼**verdichter** *m* (Mot) / sobrealimentador *m*, compresor *m* de sobrealimentación ‖ ∼**verdichtungsmotor** *m* / motor *m* sobrealimentado ‖ ∼**vergüten** *vt* (Hütt) / envejecer excesivamente ‖ ∼**vulkanisieren** *vt* (Kautschuk) / vulcanizar excesivamente ‖ ∼**wachen** *vt* (allg, DV) / vigilar, controlar, monitorizar, sobrevisar, inspeccionar,

supervisar (LA) ‖ ∼**wachen**, beobachten / observar ‖ ∼**wacherprogramm** *n* (DV) / rutina *f* trazadora, rutina *f* de comprobación de programa ‖ ∼**wacherprogramm mit schrittweiser Routine** / rutina *f* de rastreo ‖ **mit Vegetation** ∼**wachsen** (Bot) / recubrir de vegetación ‖ ∼**wachsung** *f* (Krist) / crecimiento *m* cristalino ‖ ∼**wacht werden,** Überwachung unterliegen / estar vigilado o bajo control ‖ ∼**wachung** *f*, Kontrolle *f* / control *m* ‖ ∼**wachung,** Betriebsüberwachung *f* (F.Org) / monitoreo *m*, control *m* por monitores, monitorización *f* ‖ **ausgedehnte o. weitgehende o. strenge** ∼**wachung** / control *m* severo, supervisión *f* o vigilancia o inspección intensificada ‖ ∼**wachung** *f* **und Instandhaltung** / entretenimiento *m* preventivo
Überwachungs•anlage *f* (für den Betrieb) / control *m* operacional ‖ ∼**bohrloch** *n* / pozo *m* monitorio ‖ ∼**einrichtung** *f* (Fernm) / aparato *m* supervisor ‖ ∼**funkstelle** *f* / estación *f* monitoria o de control, estación *f* de observación y de comprobación ‖ ∼**gerät** *n* (allg) / dispositivo *m* o aparato *m* de vigilancia ‖ ∼**inspektor** *m* (Nukl) / inspector *m* de salvaguardia ‖ ∼**lampe** *f* / lámpara *f* testigo ‖ ∼**leitung** *f* (Elektr) / circuito *m* de guarda ‖ ∼**netz** *n* (auch Umwelt) / red *f* de vigilancia ‖ ∼**organ** *n* / equipo *m* u órgano monitor ‖ ∼**organ** (Nukl) / inspector *m* ‖ ∼**programm** *n* (Raumf) / rutina *f* de seguimiento ‖ ∼**programm** (DV) / rutina *f* trazadora o de comprobación, programa *m* supervisor ‖ ∼**pult** *n* (Fernm) / pupitre *m* monitorio o supervisor ‖ ∼**radar** *m* *n* / radar *m* de vigilancia ‖ ∼**strategie** *f* (DV) / estrategia *f* monitoria ‖ ∼**stromkreis** *m* / circuito *m* de control ‖ ∼**tafel** *f*, Hauptschalttafel *f* (Elektr) / tablero *m* de control ‖ ∼**tisch** *m* (Fernm) / mesa *f* de vigilancia ‖ ∼**- u. Nachrichtensystem** *n* (Radar) / sistema *m* de vigilancia ‖ ∼**zustand** *m* (DV) / estado *m* monitorio
Über•wallung *f* (Holz) / recubrimiento *m* ‖ ∼**wallung** (Hütt) / doble costra *f* ‖ ∼**walzen** *vt* / aplastar por rodadura ‖ ∼**walzung,** Blockschale *f* (Fehler, Walzw) / pliegue *m* de la costra ‖ ∼**walzung** *f* **auf Feinblech** / defecto *m* de pliegue ‖ ∼**walzung beim Dressieren,** Walzfalte *f* / pliegue *m* de laminación ‖ **mit** ∼**walzungen,** rissig (Hütt) / con pliegues ‖ ∼**wasser** *n*, Überdargebot *n* (Hydr) / excedente *m* de agua ‖ ∼**wasser...** (Schiff) / de o en superficie ‖ ∼**wasserfahrt** *f* (Schiff) / marcha *f* o navegación en superficie ‖ ∼**wasserschiff** *n* / buque *m* de superficie ‖ ∼**wasserstart** *m* (Flugkörper) / lanzamiento *m* de superficie ‖ ∼**wasserteil** *m* **des Schiffes** / parte *f* encima de la línea de flotación ‖ ∼**weg** *m* (Straßb) / paso *m* de peatones ‖ ∼**weg** (NC) / sobrecarrera *f*, sobrerrecorrido *m*
Überweisungs•fernamt *n*, -vermittlung[sstelle] *f* (Fernm) / centro *m* de grupo o de distribución ‖ ∼**leitung,** Transfer Line *f* (Öl) / línea *f* o tubería de transferencia ‖ ∼**leitung** *f* (Fernm) / línea *f* intermedia ‖ ∼**-Meldeleitung** *f* (Fernm) / línea *f* de anotadora o de llamada de las anotadoras, línea *f* de registro de las llamadas, enlace *m* de anotaciones o de inscripción
Überweitwinkellinse *f* (Foto) / lente *f* extra-granangular
überwendlich (Näh) / con punto de sobrehílo, por encima ‖ ∼ **nähen** (Näh) / sobrehilar, orillar, hacer dobladillos, coser con gancho orillador ‖ ∼**nähen** *n*, Umnähen *n* / sobrehilado *m*
Überwendlingsstich *m* / punto *m* de encima
Über•werfung *f* (Bahn) / salto *m* de carnero ‖ ∼**wiegen** / predominar [sobre], prevalecer [sobre] ‖ ∼**wiegen** *n* **nach der Zeichenseite** (Fernm) / polarización *f* de trabajo ‖ ∼**wiegend** (allg) / por la mayor parte, preponderante[mente] ‖ ∼**windbar** (Hindernis) / superable ‖ ∼**winden** *vt* / superar ‖ **den Potentialwall** ∼**winden** (Eltronik) / penetrar la barrera de potencial ‖ **die Anziehungskraft** ∼**winden** (Phys) / vencer la fuerza centrípeta o de gravedad, vencer la atracción

terrestre ‖ ˜windungs-Wahrscheinlichkeit f (Nukl) / probabilidad f de penetración ‖ ˜wintern (Bau) / conservar durante el invierno ‖ ˜wölben vt (Bau) / abovedar ‖ ˜wölbte Kehlnaht (Schw) / soldadura f de rincón con sobreespesor ‖ ˜wuchs m (Galv) / excrecencia f

Überwurf m, Schließband n (Schloss) / cinta f de cierre ‖ ˜flansch m / brida f suelta ‖ ˜mutter f (als Verschluss) / tuerca f tapón ‖ ˜mutter (Rohr) / tuerca f [de] racor o de unión ‖ ˜mutter für Stecker / anillo m retén

überzählig / supernumerario, sobrante, excedente ‖ ˜e n pl **Minoritätslöcher** (Halbl) / lagunas f pl minoritorias excedentes ‖ ˜e o. **unechte Lösung**, Oszillation f (Math) / solución f espuria ‖ ˜er **Stab** (Stahlbau) / miembro m redundante, barra f redundante o superflua

Überzeiten n (Hütt) / tiempos m pl de exceso

überziehen vt, ausschlagen / cubrir, recubrir, revestir, forrar [de] ‖ ˜, übersintern / sinterizar en exceso ‖ ˜, -streichen / cubrir [con pintura] ‖ ˜ (Draht) / trefilar excesivamente ‖ ˜ (Luftf) / perder sustentación, entrar en pérdida ‖ ˜ **mit Stoff** / tapizar, enfundar ‖ **die Kapazität** ˜ / rebasar la capacidad, sobrecargar ‖ **eine Schraube** ˜ o. **überdrehen** / forzar el filete ‖ **mit einer Pb-Sn-Legierung** ˜ (Hütt) / revestir con una aleación de plomo y estaño ‖ **mit Zink** ˜, sherardisieren (Hütt) / sherardizar ‖ **sich** ˜ [mit] / cubrirse [de]

Über•ziehgeschwindigkeit f (Luftf) / velocidad f de [entrada en] pérdida, velocidad f crítica o de desplome ‖ ˜zirkulation f (Luftf) / sobrecirculación f

überzogen•es Pulver (Sintern) / polvo m revestido ‖ ˜es **Sperrholz** / madera f contrachapeada revestida ‖ ˜es **Teilchen** (Sintern) / partícula f revestida ‖ ˜er **Zustand** (Luftf) / sustentación f perdida ‖ **unkontrollierter** ˜er **Flugzustand** (Luftf) / estado m crítico o de desplome

überzuckern vt, mit Puderzucker überziehen / espolvorear con azúcar

Überzug, Auftrag m (Anstrich, Plast) / capa f ‖ ˜, **Schutzüberzug** m / capa f protectora ‖ ˜ m, Verkleidung f (Bau) / flashing m (CUB) ‖ ˜, Bekleidung f (Tex) / revestimiento m, forro m, cobertura f, guarnición f ‖ ˜, Häutchen n / película f ‖ ˜ (Förderband) / forro m de protección ‖ **[dünner]** ˜ (z.B. Kunstharz) / capa f delgada ‖ **dünner** ˜, Tünche f (Anstrich) / jalbegue m, lechada f de cal ‖ **nicht galvanischer** ˜ / recubrimiento m no galvánico ‖ **ohne** ˜ (Galv) / sin recubrimiento galvánico, sin depósito ‖ ˜**masse** f, Kuvertüre f (Schokolade) / chocolate m de cubierta

Überzugs•dicke f (Galv) / espesor f del recubrimiento ‖ ˜**kalander** m (Plast) / calandria f de revestimiento ‖ ˜**lack** m / segunda f mano de barniz ‖ ˜**material** n / material m de recubrimiento ‖ ˜**material beim Aufwalzen** (Walzw) / material m de chapeado o de plaqueado

Über•zwirnen n (Tex) / sobrerretorcido m ‖ ˜**zwirnung** f (Fehler, Spinn) / formación f de cargolís o de rizos

Ubichinon, Koenzym Q n (Biochem) / ubiquinona f, coenzima Q f

U-Biegewerkzeug n (Stanz) / útil m de doblador en U

üblich, gewöhnlich, normal / usual, corriente, normal, común ‖ ˜e **Ausführung** / tipo m o modelo corriente ‖ ˜e **Größe** / tamaño m normal ‖ ˜e **Leistung**, Bezugsleistung f (F.Org) / rendimiento m de referencia ‖ ˜**es Material**, Normalwerkstoff m / material m normal o corriente ‖ ˜e **Route** (Schiff) / rumbo m normal, ruta f normal

U-Bogen m (Rohr) / codo m en U, curva f en U

U-Bolzen m, Bügelschraube f / bulón m o perno en U, grampa U f

U-Boot, Unterseeboot n / submarino m, sumergible m

U-Bootsrakete MSBS f / misil m balístico estratégico submarino-tierra

übrig, restlich / sobrante, restante, residual ‖ ˜e **Eigenschaften** f pl / propiedades f pl restantes

U-Bügel m **mit Gewinde** / estribo m fileteado

Übung f, Gewohnheit f / uso m, costumbre f ‖ ˜, Training n / ejercicio m, entrenamiento m, práctica f

Übungs•..., Trainings... / de ejercicio ‖ ˜**flug** m (Luftf) / vuelo m de entrenamiento o de prácticas ‖ ˜**flugzeug** n, Schulflugzeug n (Luftf) / avión-escuela m, avión m de entrenamiento, avión m de prácticas ‖ ˜**flugzeug** (2. Stufe) / avión-escuela m secundario ‖ ˜**handgranate** f (Mil) / granada f de mano de foguero ‖ ˜**munition** f (Mil) / munición f de ejercicio ‖ ˜**strecke** f (Kfz) / pista f de pruebas ‖ ˜**turm** m (Feuerwehr) / torre f de prácticas ‖ ˜**ziffer**, Kennziffer f (Fernm) / coeficiente m de práctica experimental

UCS-System n (= uniform chromaticity scale) (Farblehre) / sistema UCS m

UDK, universelle Dezimalklassifikation / clasificación f decimal universal

Uebler-Effekt m (Viskosität) / efecto m Uebler

UEG = untere Explosionsgrenze von Gemischen

Uehling-Effekt m (Phys) / efecto m Uehling

UER (Eltronik) = Union Européenne de Radiodiffusion (Europ. Rundfunkunion) / Unión Europea de Radiodifusión

UF6, Uranhexafluorid n (Nukl) / hexafluoruro m de uranio

UF (Chem) = Harnstoffformaldehyd / urato m de formaldehído

ÜF (Eltronik) = Überlagerungsfrequenz / frecuencia f heterodina

Ufer n, Küste f (Geo) / orilla f, costa f, litoral m ‖ ˜ (Fluss) / ribera f, orilla f, margen f ‖ ˜ (See), Strand m / playa f ‖ ˜..., Küsten..., litoral / litoral adj, costero ‖ **über die** ˜ **treten** / desbordarse, salirse [de madre, del lecho] ‖ ˜**abbruch** m / parte f desplomada de la orilla ‖ ˜**bau** m, Eindämmung, -deichung f (Hydr) / diques m pl ‖ ˜**befestigung** f, -bau m, -schutz m, -deckwerk n / afirmado m de orillas, protección m o consolidación de orillas ‖ ˜**bestand** m / configuración f de ribera ‖ ˜**böschung** f / talud m de orilla ‖ ˜**damm** m / terraplén m, dique m ‖ ˜**einfassung**, Wassermauer f (Brücke) / muro m en ala ‖ ˜**gelände**, -land, Litoral n / litoral m ‖ ˜**kran** m, Kaikran m / grúa f de muelle ‖ ˜**linie** f (Hydr) / línea f de ribera ‖ ˜**mauer** f (Hafen) / pared f del muelle ‖ ˜**mauer** (Fluss) / pared f de ribera, muro m de contención ‖ ˜**schutz** m / diques m pl, defensas f pl ‖ ˜**schutzbauung** f, lockere Steinlage (Hydr) / consolidación f de la orilla, revestimiento m de piedras [sin compactar] ‖ ˜**straße** f / carretera f ribereña

Ufertit m (Min) / ufertita f

UFO (unbekanntes fliegendes Objekt), fliegende Untertasse f (coll) / objeto m volante sin identificar o no identificado, ovni m

U-förmig / en forma de U ‖ ˜er **Bügel** / estribo m en U ‖ ˜e **Dichtung** / junta f o guarnición en U ‖ ˜e **Doppelstütze** (Fernm) / apoyo m doble en U ‖ ˜er **Haken** / gancho m en U ‖ ˜er **Halter** / estribo m o apoyo en U ‖ ˜e **Häufigkeitsverteilung** (Stat) / distribución f de frecuencia en U ‖ ˜e **Isolatorenstütze** (Fernm) / perno m en U con rosca en ambos extremos ‖ ˜e **Resonanzleitung** (Eltronik) / circuito m resonante en U ‖ ˜er **Umkehrtunnelofen** / horno m túnel en U

U-förmiger Zughaken / gancho m de tracción en U

U-Formstahl m / perfil m o acero en U

ufr-Technik f (Frankreich) (Bahn) / transporte m "ufr"

U-Galenit m (Min) / galena f uranífera

U_{235}-**Gehalt** m (Nukl) / contenido m en uranio 235

ug-Kern m / núcleo m par-impar

Ultramaringrün

UHF (Eltronik) = Ultrahochfrequenz ‖ ~-**Antenne** *f* / antena *f* UHF ‖ ~-**Converter** *m* (Eltronik) / convertidor *m* UHF ‖ ~-**Kanalwähler** *m* / selector *m* de canal UHF ‖ ~-**Verbindung** *f* / conexión *f* UHF ‖ ~-**Wellen** *f pl* / ondas *f pl* de frecuencia ultraalta
UHP•-Elektrostahlofen *m* (Hütt) / horno *m* eléctrico de acero de potencia ultraelevada ‖ ~-**Widerstandsofen** *m* / horno *m* de resistencia de potencia ultraelevada
Uhr *f*, Zeitmesser *m* / reloj *m*, cronómetro *m* ‖ ~, Kleinuhr *f* (bis 25 mm Dicke) / reloj *m* de bolsillo (de hasta 25 mm de espesor) ‖ ~, Großuhr *f* (über 25 mm Dicke) / reloj *m* grande ‖ ~ *f*, Zeit *f* / hora *f* ‖ ~, Zählwerk *n* / contador *m* ‖ ~**en** *f pl* (Sammelbegriff) / marcadores *m pl* de tiempo ‖ ~ *f* **mit springenden Zahlen** (DV) / reloj *m* numérico, reloj *m* [de indicación] digital ‖ **eine** ~ **richten** (o. stellen o. regulieren) / poner [en hora] el reloj
Uhren•... / relojero *adj* ‖ **elektrische** ~**anlage** / instalación *f* de relojes eléctricos ‖ ~**fabrik** *f* (Kleinuhren) / fábrica *f* de relojes ‖ ~**gehäuse** *n* / caja *f* de reloj ‖ ~**industrie** *f* / industria *f* relojera ‖ ~**öl** *n* / aceite *m* para relojes ‖ ~**stoßsicherung** *f* / parachoques *m* ‖ ~**takt** *m* / ritmo *m* de reloj
Uhr•feder *f* / muelle *m* de reloj ‖ ~**feder** (Taschenuhr) / resorte *m* de reloj ‖ ~**gewicht** *n* / pesa *f* de reloj ‖ ~**glas** *n* / cristal de reloj, vidrio *m* de reloj ‖ **gewöhnliche flache** ~**glasform** / paso *m* de línea ‖ ~**macher** *m* / relojero *m* ‖ **schlechter** ~**macher**, "Uhrenschinder" *m* / charanguero *m* ‖ ~**macherei** *f*, Uhrenbau *m* / relojería *f* ‖ ~**pendel** *n* / péndola *f* ‖ ~**schild** *n* / esfera *f* ‖ ~**spur** *f* (Magn.Bd) / pista *f* de sincronización ‖ ~**werk** *n* (Großuhr) / ruedas *f pl*, rodaje *m*, movimiento *m* ‖ ~**werk**, Uhrwerksgetriebe *n* (Taschenuhr) / mecanismo *m* de reloj[ería] ‖ ~**werk** *n*, Räderwerk *n* / ruedas *f pl* ‖ **durch** ~**werk angetrieben** / accionado por mecanismo (o movimiento) de relojería ‖ ~**werk** *n* **mit Federantrieb** / movimiento *m* con resorte ‖ ~**werk mit Gewichtsantrieb** / movimiento *m* con pesas ‖ ~**werksmotor** *m*, Federmotor *m* / motor *m* de resorte ‖ ~**werk[zeit]zünder** *m* (Mil) / espoleta *f* de relojería ‖ ~**zeiger** *m* / aguja *f* o manecilla de reloj, saeta *f* ‖ ~**zeigerfeile** *f* (Wz) / lima *f* para manecillas ‖ ~**zeigersinn** *m* / sentido *m* de las agujas del reloj ‖ **im** ~**zeigersinn**, mul / en el sentido de las agujas del reloj ‖ **gegen den** ~**zeigersinn**, edul / en el sentido contrario de las agujas del reloj, contra el sentido de las agujas del reloj ‖ **sich im** ~**zeigersinn drehen** / rotar o girar en el sentido de las agujas del reloj ‖ ~**zeit** *f* / hora *f* ‖ ~**zeitgeber** *m*, Echtzeituhr *f* (DV) / reloj *m* de tiempo real
UHV = Ultrahochvakuum
UIC, Benutzerkennung *f* (DV) / código *m* de identifación del usuario ‖ ~ (Bahn) = Union Internationale des Chemins de Fer (Intern. Eisenbahnverband) / Unión Internacional de Ferrocarriles, U.I.C. ‖ ~ (Chem) = Union Int. de Chimie
UIE = Union Internationale d'Electrothermie (= Intern. Union for Electroheat)
Uintait, Gilsonit *m* (Asphaltart) (Min) / uintanita *f*, gilsonita *f*
UIT (Fernm) = Union Internationale des Télécommunications (Intern. Fernmeldeunion) / Unión Internacional de Telecomunicaciones, UIT
U-Kabel, nicht pupinisiertes Kabel / cable *m* no cargado
U-Kerbe *f* / entalla *f* o muesca en U
U-Kern *m* / núcleo *m* en U
U-Klammer *f* / abrazadera *f* en U
UKML (Eltronik) = Ultrakurz-, Kurz-, Mittel-, Langwellenbereich
UKR (Elektr) = Umkehrstromrichter
U-Krümmer *m* (Wellenleiter) / codo *m* en U
UKW (Ultrakurzwelle) / FM = frecuencia modulada ‖ ~ *n*, Ultrakurzwellen *f pl* (1-10m) / ondas *f pl*

ultracortas o métricas ‖ ~-**Drehfunkfeuer** *n*, VOR (Luftf) / radiofaro *m* omnidireccional de muy alta frecuencia o de onda métrica o de VHF ‖ ~-**Leitstrahler** *m*, -Bake *f* / radiobaliza *f* de onda métrica o de VHF ‖ ~-**[voll]entstört** / con eliminación de parásitos en ondas métricas
UL, ultraleicht / ultraligero
ULA *n*, programmierbares Logiknetz (DV) / red *f* lógica programable
UL-Bauvorschriften *f pl* (Elektr, Eltronik) / especificaciones *f pl* UL
Ulbrichtsches Kugelphotometer *n* (Foto) / esfera *f* fotométrica o de Ulbricht, fotómetro *m* esférico de Ulbricht
ULCC-Schiff *n* (Ultra Large Crude Carrier)(Tanker von über 300 000 t) / superpetrolero *m* (de más de 300000 toneladas)
U-Leitung, unbespulte Leitung (Fernm) / cable *m* no cargado, línea *f* no cargada
Ulexit, Boronatrokalzit *m* (Min) / ulexita *f*
Ullmanit *m*, Antimonnickelglanz *m* (Min) / ulmanita *f*, níquel *m* antimonio brillante
Ulme *f*, Rüster *f*, Ulmus carpinifolia (Bot) / olmo *m* ‖ ~ (Stollenbau) / pared *f* lateral de un túnel
Ulmenverbrämung *f* (Tunnel) / revestimiento *m* de la pared
Ulrichit *m* (Min) / ulrichita *f*
Ulsterstoff *m* (Web) / úlster *m*
ultra•..., Ultra..., äußerst, Höchst... / ultra... ‖ ~**audion** *n* (Elektr) / ultra-audión *m* (E), ultraaudión *m* (LA) ‖ ~**basit** *m* (Geol) / ultrabasita *f* ‖ ~**chromatographie** *f* (Chem) / ultracromatografía *f* ‖ ~**dünne Schicht** (Phys) / capa *f* monomolecular ‖ ~**dynempfänger** *m* (Eltronik) / receptor *m* ultradino ‖ ~**fast Imaging** / formación *f* ultrarrápida de imágines ‖ ~**feinfokusröntgentechnologie** *f* / tecnología *f* radiológica de enfoque ultrafino ‖ ~**feinkorn** *n* (Foto) / grano *m* ultrafino ‖ ~**feinschneiden** / corte *m* ultrafino ‖ ~**filter** *m* (Chem Verf) / ultrafiltro *m* ‖ ~**filtration** *f* / ultrafiltración *f* ‖ ~**fining** *n* (Öl) / ultrafining *m* ‖ ~**flach** / ultraplano ‖ ~**formingverfahren** *n* (Öl) / ultraforming *m* ‖ ~**glatt** / ultraliso ‖ ~**hochdruck** *m* (Phys) / presión *f* ultraelevada ‖ ~**hocherhitzt** (Nahr) / tratado a temperatura ultraelevada ‖ ~**hochfrequenz** *f*, Höchstfrequenz *f*, UHF, HHF (Elektronik: 300-3000 MHz) / frecuencia *f* ultraalta o ultraelevada, UHF *m* ‖ ~**hochmolekular** / ultraaltomolecular ‖ ~-**Hochspannung** *f* / tensión *f* ultraalta o ultraelevada ‖ ~**hochvakuum** *n*, UHV / vacío *m* ultraalto o ultraelevado, ultraalto vacío *m* ‖ ~**hoher Integrationsgrad** / ultraalta integración *f*, integración *f* ultraalta ‖ ~**kalt** (Gase) / ulrtrafrío (gases) ‖ ~**kompaktkamera** *f* / cámara *f* ultracompacta ‖ ~**kondensor** *m* (Opt) / ultracondensador *m* ‖ ~**kurze Hocherhitzung** (Nahr) / calefacción *f* superelevada ultracorta ‖ ~**kurzwelle** *f*, UKW (1 bis 10m) (Eltronik) / onda *f* ultracorta o métrica ‖ ~**kurzwellen-Bereich** *m* (Bereich 8), Meterband *n* (Eltronik) / gama *f* de frecuencias ultraaltas (banda 8) ‖ ~**kurzwellen-Drehfunkfeuer** *n*, VOR (Luftf) / radiofaro *f* omnidireccional de onda métrica o de VHF ‖ ~**kurzwellenempfang** *m* / recepción *f* de ondas métricas ‖ ~**kurzwellen-Sender**, UKW-Sender *m* / emisora *f* (E) de ondas ultracortas, transmisor *m* (LA) de ondas ultracortas o métricas ‖ ~**langstreckenflugzeug** *n* / avión *m* para distancias extralargas ‖ ~-**Large-Scale-Integration** / integración *f* en escala ultragrande ‖ ~**leicht** (Pap) / superligero, ultraligero ‖ ~**leichtflugzeug** *n* / avión *m* ultraligero, ultraligero *m* ‖ ~**linear** / ultralineal ‖ ~**marin** *n* / ultramarino *m*, azul *m* ultramar ‖ **gelbes** ~**marin** / amarillo *m* [de] ultramar ‖ ~**marinblau** *n* / azul *m* ultramar ‖ ~**maringrün** *n* / verde *m* [de] ultramar ‖

1379

≈marinpigment n / pigmento m de ultramar ‖
≈mikroanalyse f (Chem) / ultramicroanálisis m ‖
≈mikroskop n (Opt) / ultraamicroscopio m ‖
~mikroskopisch / ultramicroscópico ‖
≈-Mikrowaage f (Chem) / ultramicrobalanza f ‖
≈mikrowellen f pl (300-3000 GHz) (Bereich 12) / ultramicroondas f pl (banda 12) ‖ ≈pasteurisierung f, Uperisation f (Nahr) / ultrapasteurización f, uperización f ‖ ≈pore, Feinpore f / ultraporo m ‖
≈präzision [s]... / de ultraprecisión ‖
≈präzisionstechnik f / técnica f de ultraprecisión ‖
≈puls-Schweißen n / soldadura f por impulsos ultracortos

Ultrarot, Infrarot n (Phys) / ultrarrojo m, infrarrojo m ‖
≈absorptionsschreiber, Uras m (Chem) / registrador m de absorción de ultrarrojo ‖ ≈analysator m (Phys) / analizador m de ultrarrojo ‖ ≈detektor m / detector m de infrarrojo ‖ ≈durchlässigkeit f / permeabilidad f al infrarrojo ‖ ≈kamera f / cámara f [fotográfica] de infrarrojo ‖ ≈photographie f / fotografía f infrarroja ‖
≈-Radiometer n / radiómetro m infrarrojo

Ultraschall m (20 bis 100 kHz) / ultrasonido[s] m [pl], sonido m silencioso, ultrasonica f, ultraacústica f, acústica f de las frecuencias ultrasonoras ‖ ≈, Überschall m (über Mach 1) / supersónica f ‖ ≈... (bis Mach 5) / supersónico ‖ ≈-Autofokus-Methode f (Foto) / enfoque m automático ultraacústico ‖
≈bearbeitung f / mecanizado m (E) o maquinado (LA) por ultrasonido ‖ ≈-Bilderzeugung f / generación f de imágenes de ultrasonidos ‖
≈-Bildwandler m, Schallsichtgerät n / convertidor m de imágenes ultraasónicas ‖ ≈bohren n / taladrado m por ultrasonido ‖ ≈chemie f / fonoquímica f ‖
≈detektor m / detector m ultraásonico o ultrasonoro ‖
≈echographie f / ecografía f ultrasónica ‖
≈echolotung f (Ozean) / sondeo m ultrasónico o ultrasonoro ‖ ≈empfänger m / receptor m ultrasónico o de ultrasonidos ‖ ≈-Emulgator m / emulsionadora f ultrasónica ‖ ≈entfettung f (Galv) / limpieza f ultrasónica o por ultrasonidos ‖ ≈erosion f, -bohren n / taladrado m (E) o maquinado (LA) por ultrasonido ‖ ≈erosion / erosión f por ultrasonido ‖ ≈erzeuger, -generator m / generador m ultrasónico o ultrasonoro o de ultrasonidos ‖ ≈-Fernbedienung f / telemando m inalámbrico por ondas ultrasónicas ‖ ≈frequenz f / frecuencia f ultrasónica o ultrasonora ‖ ≈-Lot n / sonda f ultrasónica, sondador m ultrasonoro ‖
≈maschine f (Wzm) / máquina f ultrasonora ‖
≈mikroskop n / microscopio m ultrasonoro ‖ ≈motor m / motor m ultrasónico ‖ ≈ortung f (Ozean) / localización f por ultrasonidos (en el mar) ‖
≈prüfgerät n (Mat.Prüf) / aparato m ultrasónico de comprobación ‖ ≈prüfung f, Beschallung f / prueba f ultrasónica, ensayo ultrasónico m ‖ ≈reinigung f / limpieza f ultrasónica o por ultrasonidos ‖
≈-Reinigungsgerät n / aparato m de limpieza ultrasónica ‖ ≈-Schweißen n / soldadura f por ultrasonidos ‖ ≈schwinger m, -wandler m, -strahler m / emisor m de ultrasonidos ‖ ≈sirene f (zur Entnebelung von Flugplätzen) / sirena f ultrasonora ‖
≈speicher m (DV) / célula f de almacenamiento ultrasónica ‖ ≈technik f / ultrasónica f, ultraacústica f ‖ ≈therapiegerät n / aparato m de terapia ultrasónica ‖ ≈welle f / onda f ultrasónica o ultraasonora ‖
≈wellen-Prüfgerät n / aparato m ultrasónico para ensayos de materiales

ultra•schwarz (TV) / ultranegro ‖ ≈strahlung f (Phys) / ultrarradiación f ‖ ≈strahlung, kosmische Strahlung / radiación f cósmica ‖ ≈vakuum n s. Ultrahochvakuum

ultraviolett, UV / ultravioleta, ultraviolado, u.v. ‖ ≈ n / ultravioleta m ‖ ≈bestrahlung f / irradiación f ultravioleta, tratamiento m por rayos ultraviolados ‖
≈-Flammenmelder m / detector m de llamas UV o ultravioletas ‖ ≈-Inhibitor m (Plast) / inhibidor m

ultravioleta ‖ ≈lampe f / lámpara f de rayos ultravioletas ‖ ≈licht n / luz f o radiación ultravioleta ‖ ≈photographie f / fotografía f ultravioleta ‖
≈photozelle f / célula f sensible al ultravioleta ‖
≈spektroskopie f / espectroscopia f [por luz] ultravioleta ‖ ≈strahlen m pl / rayoss m pl ultraviolados o de luz ultravioleta ‖ ≈strahlung f / radiación f ultravioleta ‖ ≈-Strahlung f (A, B, C) (Med, Phys) / UVA, UVB, UVC

Ultra•waage f (Chem) / ultrabalanza f ‖ ~weiß (TV) / ultrablanco ‖ ≈zentrifuge f (Chem) / ultracentrifugadora (E), ultracentrifuga f (LA) ‖
~zentrifugieren vt / ultracentrifugar ‖
≈zoom-Kamera f / cámara f ultrazoom

Umachsung f, Achsenwechsel m (Bahn) / cambio m de ejes

umackern vt, umpflügen (Landw) / labrar, [re]arar, roturar

U-Maische f (Zuck) / cristalizador m en U

Umaminierung f, Transaminierung f (Chem) / transaminación f

umändern vt, abändern, bereinigen / modificar, corregir

umarbeiten vt / rehacer ‖ ~, -ändern / modificar, reformar, cambiar ‖ ~, wiederaufarbeiten / regenerar, reprocesar

Umarbeitung f, Änderung f / reforma f

Umbandelungsmaschine f (Verp) / encintadora f

Umbau m (Bau) / reconstrucción f, reformas f pl, reedificación f ‖ ≈, Modernisierung f / modernización f, reforma f ‖ ≈ **auf den neuesten Stand** / modificación f actualizante ‖ ≈**anleitung** f / instrucciones f pl de modificación

umbauen vt (allg) / modificar, reconstruir, remodelar, convertir ‖ ~, mit Mauern umgeben / cercar de muros ‖ ~ (Walzw) / cambiar los cilindros ‖ **[für andere Zwecke]** ~ / retransformar ‖ **mit Gebäuden** ~ / rodear de [otros] edificios

Umbausatz m / juego m o kit de modificación o actualización ‖ ≈ (auf den neuesten Stand) / juego m de modificación actualizante

umbauter Raum / espacio m bajo tejado, volumen m de edificación

Umbenennung f (DV) / cambio m de denominación, redesignación f

Umber m, Umbra f / tierra f de sombra, sombra f

umbeschrieben (Geom) / circunscrito ‖ ~**er Umkreis** / circunferencia f circunscrita ‖ ~**es Vieleck** / polígono m circunscrito

umbiegen vt / doblar, acodar, curvar, encorvar ‖ **sich** ~ / doblarse ‖ **völlig** ~ / plegar [por completo], doblar en 180°

Umbild[e]gerät n (Luftbild) / transformador m

umbilden vt, -wandeln / transformar ‖ **einen Zug** ~ (Bahn) / recomponer un tren

Umbildung f / transformación f, conversión f

Umblenden n (TV) / transición f gradual

umblocken vt, neu blocken (DV) / modificar el bloque

umbördeln vt / rebordear

Umbördelung f / borde m levantado, bordeado m

Umbra f, Umber m / tierra f de sombra, sombra f ‖ ≈, Kern m von Sonnenflecken (Astr) / umbra f ‖ ~**grau** (RAL 7022) / gris obscuro

Umbralglas n (Opt) / vidrio m Umbral

umbrechen vt, -pflügen (Landw) / labrar, roturar, voltear la tierra ‖ ~ vi / romperse, quebrarse ‖ **erstmals** ~ (Landw) / arar, roturar ‖ **zu Seiten** ~ (Druck) / ajustar las páginas, compaginar, armar, confeccionar, formar

Umbrecher m (Druck) / armador m, confeccionador m, compaginador m, emplanador m (U), encargador m de armadura (PER)

Umbruch m (Druck) / compaginación f, ajuste m, montaje m ‖ ≈ (Landw) / tierra f roturada ‖ ≈, Umfahrungsstrecke f (Bergb) / galería f de desvío ‖
≈festigkeit f (Isolator) / resistencia f a la rotura por

Umformtechnik

flexión ‖ ⁓**pflug** m (Landw) / arado m de rescate ‖ ⁓**tisch** m (Druck) / tablero m portamoldes
umcodieren vt (DV) / recodificar
Umcodierer m / convertidor m de código
umdecken vt (Dach) / retejar
Umdockkammer f (Bleichen, Tex) / cámara f de trascanado
umdrehen vi, wenden / volverse (E), darse vuelta (LA) ‖ ⁓ (Kfz) / virar, dar vuelta ‖ ⁓ vt, die Richtung umkehren / voltear, volver, girar, dar vuelta ‖ ⁓ (Vorder- und Seitenmarke wechseln) (Druck) / retirar en molinete ‖ **[sich] um sich selbst** ⁓ / dar media vuelta ‖ **sich** ⁓, sich wälzen / rodearse, revolverse ‖ ⁓ n, Wenden n / volteo m
Umdrehung f, Achsdrehung f / rotación f ‖ ⁓ / revolución f, giro m, vuelta f ‖ ⁓**en** f pl **je min**, min⁻¹, Drehzahl f (Masch, Mot) / revoluciones f pl por minuto
Umdrehungs•... (Math) / de revolución ‖ ⁓**achse** f / eje m de rotación ‖ ⁓**bewegung** f / rotación f ‖ ⁓**ellipsoid** n (Geom) / elipsoide m de revolución ‖ **gestrecktes o. verlängertes** ⁓**ellipsoid** / elipsoide m de revolución alargado ‖ **abgeplattetes** ⁓**ellipsoid** / elipsoide m de revolución achatado ‖ ⁓**fläche** f, Rotationsfläche f (Math) / superficie f de revolución ‖ ⁓**geschwindigkeit** f / velocidad f de rotación o de giro ‖ ⁓**hervorbringend** / rotatorio ‖ ⁓**hyperboloid** n (Geom) / hiperboloide m de revolución ‖ ⁓**kegel** m / cono m de revolución ‖ ⁓**körper** m / sólido m o cuerpo m de revolución ‖ ⁓**paraboloid** n, Rotationsparaboloid n / paraboloide m de revolución ‖ ⁓**wartezeit** f (z.B. beim Walzendrucker) (DV) / tiempo m de retardo de rotación ‖ ⁓**zahl** f, Drehzahl f / número m de revoluciones, velocidad f de giro ‖ **[minutliche]** ⁓**zahl**, Umdrehungen f pl pro Minute / número m de revoluciones por minuto ‖ ⁓**zähler** m / cuentarrevoluciones m, contador m de revoluciones
Umdruck m / transferencia f de impresión ‖ ⁓, Auto[litho]graphie f (Druck) / reporte m o transporte litográfico, auto[lito]grafía f
umdrucken vt / reportar
Umdruck•gerät n, Vervielfältigungsgerät n / multicopista f (E), policopiador m (LA) ‖ ⁓**papier** n / papel m de copias o de reporte
Umesterung f (Chem) / transesterificación f
umfahren vt / dar una vuelta [alrededor de], dar la vuelta [a] ‖ ⁓, umgehen, ausweichen / sortear, evitar un obstáculo, dejar aparte
Umfahrgleis n, Umgehungsgleis n (Bahn) / vía f de circunvalación o de contorno ‖ ⁓ **des Ablaufberges** (Bahn) / vía f de escape de la vía de lanzamiento o de la albardilla
umfallen vi, -kippen / caer[se], desplomarse, tumbarse
Umfallkrankheit f (Verfaulen von Jungpflanzen) (Landw) / caída f de almáciga, enfermedad f de los plantones, podredumbre f de las plántulas
Umfang m, Länge f der Begrenzungslinie / perímetro m ‖ ⁓, Ausmaß n / importancia f, volumen m, dimensión f ‖ ⁓, Bedeutung f / envergadura f, Maß n (Geom) / circunferencia f ‖ ⁓, Größe f / tamaño m ‖ ⁓, Inhalt m, Fassungsvermögen n / capacidad f, contenido m, cabida f ‖ ⁓, Bereich m / alcance m, amplitud f ‖ ⁓, Umkreis m, Peripherie f / periferia f ‖ ⁓ m (z.B. von Bäumen) / perímetro m ‖ ⁓ **in Brusthöhe** (Forstw) / perímetro m a la altura del pecho ‖ ⁓ **von Bauarbeiten** / importancia f de la obra ‖ **an** ⁓ **zunehmen** / aumentar en volumen ‖ **von großem** ⁓ **sein** / tener grandes dimensiones, presentar un volumen importante ‖ ⁓**fräsen** f / fresado m de contorno ‖ ⁓**last** f / carga f circunferencial o periférica ‖ ⁓**reich**, massig / voluminoso ‖ ⁓**reich**, zahlreich / numeroso, copioso, importante ‖ ⁓**reich** (Prüfung) / extenso ‖ ⁓**reiches Programm von Erzeugnissen** / gama f importante de productos, rico surtido de productos m

Umfangs•... (Geom) / circunferencial ‖ ⁓..., peripherisch / periférico, tangencial ‖ ⁓**antrieb** m / mando m periférico
Umfangschleifen n (Wzm) / rectificación f periférica o circunferencial
Umfangsdrittel, unteres ⁓ (Pipeline) / tercio m inferior del perímetro
Umfangs•geschwindigkeit f / velocidad f periférica o circunferencial o tangencial ‖ ⁓**gleich** (Math) / isoperimétrico ‖ ⁓**kraft** f (Phys) / fuerza f tangencial ‖ ⁓**kraft an den Reifen** (Kfz) / fuerza f tangencial de los neumáticos ‖ ⁓**magnetisierung** f / iman[t]ación f circular o periférica, magnetización f circular ‖ ⁓**-Nut** f / ranura f o acanaladura periférica o circunferencial ‖ ⁓**-Querschnitt-Verhältnis** n (Hütt) / relación f periferia/sección ‖ ⁓**räumen** n (Wzm) / brochado m de las superficies exteriores ‖ ⁓**register** n (Druck) / registro m circunferencial ‖ ⁓**register-Einstellung** f (Druck) / puesta f a punto del registro circunferencial ‖ ⁓**riss** m / grieta f debida a la tensión circunferencial ‖ ⁓**schweißung**, Rundnaht f (Röhre) / soldadura f circular ‖ ⁓**schwingungen** f pl / oscilaciones f pl circunferenciales ‖ ⁓**spannung** f (Druckgefäß) / tensión f circunferencial ‖ ⁓**teilung** f (Zahnrad) / paso m circunferencial ‖ ⁓**wicklung** f, Umwicklung f (Masch) / devanado m circunferencial ‖ ⁓**winkel** m (Geom) / ángulo m periférico
umfärben vt (Tex) / reteñir
umfassen vt, beinhalten / comprender, contener, abarcar, entrañar ‖ ⁓, einschließen / encerrar, cercar, incluir ‖ ⁓, umklammern / empuñar, agarrar ‖ **[topfartig]** ⁓, umhüllen / envolver
umfassend, weit / extenso, amplio ‖ ⁓, ausführlich / detallado, completo
Umfassungs•mauer f, Außenmauer f (Bau) / muro m exterior ‖ ⁓**winkel** m (der Polschuhe) (Elektr) / ángulo m polar ‖ ⁓**winkel** (Schneckengetriebe) / ángulo m de anchura
Umfeld n / campo m circundante, entorno m ‖ ⁓, Ambiente n / ambiente m, medio m ambiente ‖ ⁓ **der Erde**, Erdumgebung f / medio m ambiente terrestre o de la Tierra
umflechten vt, umspinnen (Elektr) / trenzar
umflochtener Schlauch / manga f con cubierta trenzada
Umfluter m, Flutkanal m (Hydr) / canal m de descarga
Umform•arbeit f (Schm) / trabajo m de conformación ‖ ⁓**barkeit** f, -vermögen n / conformabilidad f ‖ ⁓**bild** n (Fließpressen) / imagen f o malla de deformación
umformen vt (Wzm) / conformar ‖ ⁓, wiederverformen / remodelar ‖ ⁓ (Math) / transformar ‖ ⁓ (DV, Elektr) / convertir ‖ ⁓ n (Elektr) / conversión f ‖ ⁓, Formgebung f / conformación f ‖ ⁓, Neugestaltung f / remodelación f ‖ ⁓ **in superplastischem Zustand** / conformación f en estado superplástico
umformend / transformador adj ‖ ⁓, spanlos (Wzm) / sin arranque de virutas
Umformenergie f (Wzm) / energía f de conformación
Umformer m (von Signalen usw) (Regeln) / transformador m ‖ ⁓ **für Blindleistung** (Elektr) / condensador m giratorio o sincrónico ‖ ⁓ **in gleiche Stromart** / transformador m de intensidad ‖ **rotierender** ⁓, Motorgenerator m (Elektr) / conmutatriz f [giratoria], convertidor m giratorio o rotativo o sincrónico ‖ ⁓**-Lokomotive** f / locomotora f de convertidores ‖ ⁓**[satz]** m, -aggregat n / grupo m convertidor ‖ ⁓**station** f (Elektr) / estación f (o de subestación) de conversión
Umform•festigkeit f / resistencia f a punto cedente, límite m [aparente] de elasticidad ‖ ⁓**geschwindigkeit** f (Schm) / velocidad f de deformación ‖ ⁓**grad** m / grado m de deformación, grado m de solicitación ‖ ⁓**kraft** f (Schm) / fuerza f de conformación ‖ ⁓**maschine** f (Schm) / máquina f para conformación de metales ‖ ⁓**technik** f / técnica f de

1381

conformación de metales ‖ ≈**temperatur** *f* (Plast) / temperatura *f* de conformación
Umformung, Umarbeitung *f* / conformación *f* ‖ ≈ *f* (Elektr) / conversión *f* ‖ ≈, Umformarbeit *f*, -prozess *m* (Schm, Wzm) / operación *f* de conformación ‖ ≈ *f* (Fließpressen) / deformación *f* [por extrusión]
Umformungsverlust *m* (Halbl) / pérdida *f* de conversión
Umform•-Verhältnis *n* (Schm) / grado *m* de deformación ‖ ≈**verhältnis** *n* (Fließpressen) / razón *f* de extrusión ‖ ≈-**Widerstand** *m* (Schm) / resistencia *f* a la deformación
Umfriedungsmauer *f* (Bau) / muro *m* de cerramiento, muro *m* exterior
umführen *vt* (beim Walzen) (Walzw) / doblar
Umführrolle, -scheibe *f* / polea *f* de retorno, rollo *m* de retorno
Umführung *f*, Umgehung *f* / contorneo *m* ‖ ≈ (Öl) / desvío *m*, derivación *f* (LA) ‖ ≈ (Vorrichtung) (Walzw) / volvedor *m*
Umführungs•kanal *m* (Hydr) / canal *m* de retorno ‖ ≈**leitung** *f* / línea *f* de desvío o de derivación ‖ ≈**walzwerk** *n* / laminador *m* de doblar
Umfüllapparat *m* / transfusor *m*
umfüllen *vt*, abfüllen / trasegar, trasvasar ‖ ≈ *n*, Umgießen *n* / transfusión *f*, trasiego *m*, trasvase *m*
Umgang *m*, Gang um ein Gebäude *m* (Bau) / galería *f* ‖ ≈ [mit], Handhabung *f* / manejo *m*, manipulación *f* ‖ ≈ **der Wicklung** (Elektr) / espira *f* ‖ **gefahrloser** ≈ [mit] / manipulación *f* segura
Umgangsschieber *m* (Hütt) / válvula *f* de derivación
umgeben *vt* [mit], umringen [mit] / rodear [de], circundar, cercar [de] ‖ ~, einhüllen / envolver ‖ ~, umschließen / encerrar, englobar
umgebend (Ökologie) / ambiental ‖ ~**e Luft** / aire *m* ambiente
Umgebung *f* (Math) / vecindad *f*, cercanía *f*, entorno *m*, proximidad *f* ‖ ≈ (einer Stadt) / alrededores *m pl* ‖ ≈, Umgegend *f* / periferia *f* ‖ ~, Milieu *n* (Biol, Chem) / medio *m* ‖ ≈ *f* (Ökologie) / ambiente *m* ‖ ≈ *s.* auch Umwelt ‖ **engere** ≈ **der Erde** / medio *m* espacial de la Tierra
Umgebungs•..., Umwelt... / ambiente (invar), ambiental ‖ ~**abhängiger temperaturgesteuerter Zeitschalter** / interruptor *m* térmico con retardo variable ‖ ~**bedingt** / condicionado por el medio ambiente ‖ ~**bedingte Ausfallzeit** (DV) / tiempo *m* de parada debido a factores ambientales o al ambiente ‖ ≈**bedingung** *f* / condición *f* externa (p.e. calor, humedad etc), condición *f* ambiente o ambiental ‖ ≈**belastung** *f* (Reaktor) / carga *f* del ambiente por irradiación, contaminación *f* del medio [ambiente] ‖ ≈**druck** *m* (Phys) / presión *f* ambiente ‖ ≈**einflüsse** *m pl* / influencias *f pl* del medio, efectos *m pl* del ambiente ‖ ≈**faktoren** *m pl* / factorees *m pl* ambientales o del ambiente ‖ ≈**gefährdung** *f* / riesgos *m pl* o peligros ambientales ‖ ≈**geräusch** *n* / ruido *m* ambiente ‖ ≈**konditionieren** *n* (Elastomer) / acondicionamiento *m* al ambiente ‖ ≈**remission** *f* (Pap) / remisión *f* del ambiente, reflectancia *f* de fondo ‖ ≈**temperatur** *f* / temperatura *f* [del aire] ambiente
umgefallener Buchstabe (Druck) / letra *f* inclinada
umgefalzt, -gebogen / doblado
umgeformt (Regeln) / elaborado ‖ ~**e Regelabweichung** (Regeln) / desviación *f* elaborada ‖ ~**e Regelgröße** (Regeln) / magnitud *f* de regulación elaborada ‖ ~**es Sperrholz** / madera *f* contrachapeada transformada
umgehen *vt*, vermeiden / dar una vuelta [alrededor de], pasar por alto, evadir ‖ ~, esquivar / esquivar ‖ ≈ *m* libre retiro [de] (Installation) (Elektr) / poner en derivación ‖ ~ *vi* [mit] / manipular, manejar, maniobrar ‖ **eine Schwierigkeit** ~ / evadir una dificultad
Umgehungs•... / de paso, de sobrepaso, de desviación ‖ ≈**kabel** *f* / cable *m* de derivación ‖ ≈**leitung** *f* (Öl) / desvío *m*, tubería *f* de derivación, by-pass *m* ‖ ≈**ring**

m (Straßb) / cinturón *m*, avenida *f* de circunvalación, ronda *f* (E) ‖ ≈**schalter** *m* / interruptor *m* de derivación ‖ ≈**straße** *f* / carretera *f* de circunvalación ‖ ≈**straße**, Umleitung *f* / carretera *f* de desvío o desviación ‖ ≈**vorrichtung** *f* / dispositivo *m* de derivación
umgekehrt / viceversa *adv* ‖ ~ / invertido, inverso ‖ ~, reziprok (Math) / recíproco ‖ ~**es Bild**, Negativbild *n* (Foto) / imagen *f* negativa ‖ ~**e Blaupause**, positive Zyanotypie (Zeichn) / cianotipia *f* [positiva] ‖ ~**er Bogen**, Entlastungsbogen *m* (Bau) / arco *m* de (o en) descarga ‖ ~**e Dialyse** (von niedriger in höhere Konzentration) (Chem) / diálisis *f* inversa ‖ ~**er Hartguss** / fundición *f* dura inversa ‖ ~**e Magnetostriktion** (Phys) / magnetostricción *f* inversa ‖ ~**es Mikroskop**, Plankton-Mikroskop *n* / microscopio *m* invertido o de plancton ‖ ~**e Netzwerke** *n pl* (Eltronik) / redes *f pl* inversas ‖ ~**e Osmose** (Biol, Phys) / ósmosis *f* inversa ‖ ~**e Polarität** / polaridad *f* invertida ‖ ~ **proportional** (Math) / inversamente proporcional ‖ ~**e Proportionen** *f pl* (Chem) / proporciones *f pl* recíprocas ‖ ~**e Richtung** / sentido *m* inverso o contrario ‖ ~**e Seigerung** (am Mantel) (Hütt) / segregación *f* inversa ‖ ~**e Seite** / lado *m* inverso, reverso *m* ‖ ~**es Spülbohrverfahren** (Bau, Bergb) / perforación *f* con circulación inversa ‖ ~**e V-Antenne** / antena *f* en V invertida ‖ ~**es Verhältnis**, Reziprozität *f* (Math) / razón *f* inversa, relación *f* recíproca, reciprocidad *f* ‖ ~**er Wert** / valor *m* recíproco ‖ ~**e**, **dachförmige Führungsbahn** (Wzm) / corredera *f* en V invertida ‖ **im** ~**en Verhältnis** [zu] / en proporción o razón inversa [a] ‖ **sich** ~ **verhalten** [wie] (Math) / estar en razón inversa [a] ‖ ~-**konischer Kopf** (Wz) / cabeza *f* cónica invertida
umgelegter Ruf (Fernm) / llamada *f* transferida
umgeschaltete Tastenfunktion (DV) / tecla *f* cambiada
umgeschlagenes Nagelende / punta *f* de clavo rebatida
umgeschmolzen / refundido
umgesetztes Rauschen (TV) / ruido *m* de transmodulación
umgestalten *vt* / modificar ‖ ~, neugestalten / reformar ‖ ~, umformen / transformar, remodelar, rediseñar ‖ **von Grund auf** ~ / refundir
Umgestaltung *f* / transformación *f*, remodelación *f*
umgestellte klammerfreie Schreibweise (DV) / notación *f* polaca inversa
umgestochen, musiert (Buchstabe) / adornado
umgestülpt (Plasma) / vuelto boca abajo o al revés
umgestürzter Baum (Forstw) / árbol *m* caído
umgetastet, kommutiert (Antenne) / conmutado
umgewandelt, -geformt / convertido
umgießbar / transfusible
umgießen [mit] / fundir [con] al rededor de ‖ ~ *vt*, wieder einschmelzen (Gieß) / refundir ‖ ~ (in ein anderes Gefäß) / trasegar, trasvasar ‖ ≈ *n*, Umfüllen *n* / trasvase *m*, trasiego *m*
umgleisen *vt* (Bergb) / cambiar la [o de] vía
Umgleiser *m* (Bergb) / transbordador *m*
umgraben *vt*, umbrechen (Landw) / revolver la tierra, cavar, remover ‖ ~, abstechen / layar
umgreifen (z.B. eine runde Scheibe) / envolver
umgreifend (Stoßfänger) (Kfz) / envolvente (parachoques)
umgrenzen *vt* / circunscribir
umgrenztes Feld (Zeichn) / encuadre *m*
Umgrenzung *f* **des lichten Raumes** (Bahn) / gálibo *m* de paso libre, espacio *m* libre límite (MEJ)
Umgrenzungsmarker *m* (Luftf) / radiobaliza *f* límite o limítrofe, marcador *m* límite
Umgriff *m* (Masch) / vuelta *f* ‖ ≈ (Grenzen des Planungsgebietes) (Bau) / límites *m pl* de la zona proyectada
umgruppieren *vt* / reagrupar

Umhänge•lupe f / lupa f para colgar del cuello ‖ ⁓**mikrofon** n / micrófono m Lavalier
umhaspeln vt / reaspear, redevanar
umhüllen vt / envolver [con, en] ‖ ⁓, verkleiden / revestir, recubrir ‖ ⁓, verhüllen / cubrir, velar ‖ ⁓ (Plast) / recubrir, forrar (p.e. cables) ‖ ⁓, schützen / proteger ‖ ⁓ (Reaktorbrennstoff) / encamisar, revestir
Umhüllende f (Math) / envolvente f
umhüllt•er Draht / alambre m forrado o con forro, hilo m recubierto ‖ ⁓**e Elektrode** (Schw) / electrodo m revestido
Umhüllung, Verkleidung f (allg, Masch) / envoltura f, envuelta f, camisa f, armadura f ‖ ⁓, Ver-, Einpackung f / envoltorio m, embalaje m ‖ ⁓ f, Mantel m (Kabel) / revestimiento m, forro m ‖ ⁓ **der Stäbe** (Nukl) / vaina f, revestimiento m, encamisado m
Umhüllungs•linie f, Um-, Einhüllende f (Geom) / envolvente f, curva f envolvente ‖ ⁓**masse** f, Isoliermasse f (Kabel) / vaina f, envainado m
U/min, min⁻¹ / r.p.m.
umkanten vt / cantear ‖ **Blech** ⁓ (o. umlegen) / plegar
Umkehr f, Rückkehr f / regreso m, vuelta f ‖ ⁓, Umkehrung f, Umkehren n / retroceso m ‖ ⁓...(Foto) / invertible, reversible, de reversión ‖ ⁓ f (Drehrichtung, el. Strom) / inversión f del sentido de giro, inversión f [de la marcha] ‖ ⁓... / inversor, inverso ‖ ⁓...(Walzw) / reversible ‖ ⁓ f **der Anstellung** (Luftf) / inversión f de la incidencia ‖ ⁓**anlasser** m / arrancador m inversor o reversible ‖ ⁓**antrieb** m / mando m reversible ‖ ⁓**aufrollmaschine** f / arrolladora f en sentido contrario ‖ ⁓**auslöser** m / disparador m reversible ‖ ⁓**auslöser für Signaltechnik** (DIN 41566 T1) / bobina f térmica de señalización ‖ ⁓**bad** n (Foto) / baño m de inversión
umkehrbar (Chem) / reversible ‖ ⁓**e Hydrolyse** / hidrólisis f reversible ‖ ⁓**e Reaktion** (Chem) / reacción f reversible ‖ ⁓**e Turbinenpumpe** / bomba-turbina f reversible ‖ ⁓**e Umwandlung** / transformación f reversible ‖ ⁓**er Wandler** (Schwingungen) / transductor m bilateral
Umkehrbarkeit f (Chem, Phys) / reversibilidad f
Umkehr•behandlung f / procesamiento m de inversión ‖ ⁓**beschichter** m (Galv) / dispositivo m de revestimiento inverso ‖ ⁓**beschleunigung** f / aceleración f de marcha en sentido contrario ‖ ⁓**betrieb** m (Walzw) / marcha f reversible ‖ ⁓**bewegung** f / movimiento m alternativo ‖ ⁓**bild**, Negativbild n (Foto) / imagen f negativa ‖ ⁓**bogen** n (Rohr) / codo m en U ‖ ⁓**emulsion** f (Foto) / emulsión f de inversión
umkehren vt / invertir ‖ ⁓ vi / volver vi [atrás], dar[se] vuelta (LA) ‖ **die Drehrichtung** ⁓ / invertir la marcha ‖ **ein Verhältnis** ⁓ (Math) / invertir una proporción
umkehrende Bewegung / retroceso m, marcha f atrás
Umkehr•entwicklung f (Foto) / revelado m de inversión ‖ ⁓**erscheinung** f, Solarisation f (Foto) / solarización f ‖ ⁓**film** m / película f reversible ‖ ⁓**flammenbeheizt** (Hütt) / calentado por llamas de retorno ‖ ⁓**fluss-Verbrennungskammer** (Hütt) / cámara f de combustión con flujo reversible ‖ ⁓**funktion** f (Math) / función f inversa ‖ ⁓**getriebe** n / engranaje m reversible ‖ ⁓**glied** n (Regeln) / elemento m inversor ‖ ⁓**grenzpunkt** m (Raumf) / punto m límite de retorno, punto m de no retorno ‖ ⁓**kopie** f (TV) / copia f por inversión ‖ ⁓**kupplung** f (Masch) / acoplamiento m reversible ‖ ⁓**linse** f (Opt) / lente f erectriz de imagen ‖ ⁓**luftschraube** f / hélice f de paso reversible ‖ ⁓**mechanismus**, Steuer[ungs]mechanismus m, Umsteuerung f (Masch) / mecanismo m de inversión ‖ ⁓**motor** m / motor m reversible, motor m de inversión [rápida] de marcha ‖ ⁓-**Ofen** (Hütt) / horno m en U ‖ ⁓**osmose** f (Phys) / ósmosis f de inversión ‖ ⁓**palette** f (Förd) / paleta f reversible ‖ ⁓**papier** n (Foto) / papel m reversible ‖ ⁓**pflug** m, Wendepflug m (Landw) / arado m reversible ‖ ⁓**prisma** n (Opt) / prisma m inversor (o enderezador) de imágenes ‖ ⁓**prozess** m (Foto) / proceso m de inversión ‖ ⁓**punkt** m (Hütt) / punto m de detención ‖ ⁓**punkt** (Math) / arista f de retroceso, punto m de retroceso ‖ ⁓**punkt** (Raumf) / punto m especular ‖ ⁓**punkt** (Geom, Masch) / punto m de inflexión, punto m de inversión ‖ ⁓**rolle** f (Bandförderer) / polea f de inversión o de retroceso ‖ ⁓**schalter** m (Elektr) / interruptor m reversor o de inversión ‖ ⁓**schaltung** f (Vierpol) / circuito m de inversión ‖ ⁓**schaltung** (Luftf) / inversor m de empuje ‖ ⁓**schaltung** (Elektr) / conexión f de inversión ‖ ⁓**schraube** f, -propeller m (Schiff) / hélice f reversible ‖ ⁓**schub** m (Luftf) / empuje m inversor ‖ ⁓**spanne** f (Messinstr) / anchura f del movimiento inútil de inversión ‖ ⁓**spannung** f (Halbl) / tensión f de inversión ‖ ⁓**spiegel** m (Opt) / espejo m de inversión ‖ ⁓**spiel** n (Wzm) / juego m de inversión ‖ ⁓**spülung** f (Mot) / barrido m invertido o de inversión ‖ ⁓**station** f (Förd) / estación f de retorno ‖ ⁓**station** (Bahn) / estación f de retroceso ‖ ⁓**steuerwalze** f, Schaltwalzen[umkehr]anlasser m (Bahn) / cilindro m de arranque inversor ‖ ⁓**straße** f (Walzw) / tren m reversible ‖ ⁓**straße** (Galv) / instalación f reversible ‖ ⁓**stromrichter** m, UKR (Elektr) / grupo m reversible de convertidores, rectificador-inversor m [de la corriente] ‖ ⁓**temperatur** f (Phys) / temperatura f de inversión ‖ ⁓**trommel** f (Förderer) / tambor m de inversión o de retroceso
Umkehrung f (allg, Math) / inversión f, reversión f ‖ ⁓, Umkehrbewegung f / retroceso m, contramarcha f ‖ ⁓ f **der Drehrichtung** / inversión f de [la] marcha o del sentido de giro, retroceso m, marcha f atrás ‖ ⁓ **des Steuerungsmomentes** (Luftf) / inversión f del par de control
Umkehr•verfahren n (Druck) / procedimiento m de inversión, proceso m reversible ‖ ⁓**walze** f, -trommel f / cilindro m o tambor inversor ‖ ⁓**walzen** n / laminación f reversible ‖ ⁓-**Walzenbeschichtung** f (Plast) / revestimiento m por cilindro en sentido inverso ‖ ⁓**walzmotor** m (Hütt) / motor m reversible de laminación ‖ ⁓**walzwerk** n, Reversierwalzwerk m / tren m laminador reversible ‖ ⁓**wärme** f (Walzw) / calor m de cambio de marcha ‖ ⁓**zeit** f (DV) / tiempo m de inversión
umkippen vi, kippen / perder el equilibrio ‖ ⁓, -kanten / inclinarse, ladearse ‖ ⁓ (Behälter) / verterse ‖ ⁓ (Kfz, Luftf) / dar una vuelta, volcar ‖ ⁓, kentern (Schiff) / zozobrar ‖ ⁓ vt / tumbar, voltear, volcar, derribar ‖ ⁓ n / vuelco m, vuelta f ‖ ⁓, Umkehren n (z.B. der Kräfte) / inversión f (de fuerzas) ‖ ⁓, Auskippen n / volqueo m, volteo m
Umkipp-Prüfung f (Verp) / ensayo m de vueltas
umklammern vt / engrapar ‖ ⁓, umfassen / abrazar
Umklapp m (Phys) / fustigación f
umklappbar (Sitz) / de báscula
umklappbar, [in Fahrtrichtung] ⁓**e Lehne** (Bahn) / asiento m reversible
umklappen vt / doblar, plegar ‖ ⁓ (um eine Achse) / abatir, hacer girar ‖ ⁓ n (Geom) / rebatimiento m ‖ ⁓ **des Gitters** (Krist) / transformación f de la red o rejilla
Umklappprozess m (Ferromagnetismus) / proceso m de fustigación
Umkleidekabine f / caseta f
umkleiden vt, umhüllen / revestir
Umkleideraum m (in der Fabrik) / vestuario m
Umkleidung f / revestimiento m
umklemmen vt (Elektr) / cambiar las conexiones
Umklöppelmaschine f (Tex) / máquina f para trenzar o de revestimiento
umklöppeln vt / trenzar
umknicken vt / doblar, plegar, quebrar
umkommen, verderben vi / echarse a perder, perderse
Umkörnen n (Hütt) / recocido m regenerativo

umkörnendes Weichglühen (Hütt) / recocido *m* suave transformador del grano
Umkreis, Umfang *m* (Geom) / circunferencia *f*, perímetro *m*, circuito *m* ‖ ~, um[be]schriebener Kreis *m* / círculo *m* circunscrito ‖ ~ *m*, Umgebung *f* / recinto *m*, ámbito *m* ‖ **im** ~ [von] / en un circuito [de o dentro]
umkreisen *vt* / rodear, girar o volar [alrededor de] ‖ ~ *vt vi* (Astr, Raumf) / orbitar circunvalar
Umkreismittelpunkt *m* (Math) / centro *m* del círculo circunscrito
Umkreisung *f* (Satellit) s. Umlauf
umkrempeln *vt*, bördeln / bordear
umkristallisieren *vt* / recristalizar ‖ ~ *n* (Hütt) / recristalización *f*
Umlade•behälter *m* (Nukl) / recipiente *m* blindado ‖ ~**gleis** *n* (Bahn) / vía *f* de transbordo ‖ ~**-Hochkipper** *m* (Landw) / remolque *m* de caja basculante para transbordo ‖ ~**maschine** *f* (Nukl) / máquina *f* de manejo de combustible
umladen *vt* (neu beladen) / recargar ‖ ~ (in ein anderes Fahrzeug) / tra[n]sbordar ‖ ~ *n* (Schiff) / tra[n]sbordo *m*
Umlade•stelle *f*, -platz *m* (Bahn) / vía *f pl* o instalaciones de tra[n]sbordo ‖ ~**wagen** *m* (Bahn) / vagón *m* de tra[n]sbordo
Umladung *f*, Ladungsumkehr *f* (Phys) / inversión *f* de carga ‖ ~ (Ionenaustausch beim Ionendurchgang durch Materie) / cambio *m* de carga
Umladungsstreuung *f* (Nukl) / dispersión *f* por cambio de carga
umlagern *vt* (allg, Chem) / reagrupar
Umlagerung *f* (Chem) / transposición *f* ‖ ~ (Hydr) / desplazamiento *m*
Umlauf *m*, kreisförmige Bewegung, Rotieren *n*, Umdrehung *f* / vuelta *f*, revolución *f*, rotación *f* ‖ ~, Zirkulation *f* (allg, Biol, Chem) / circulación *f* ‖ ~, Zyklus *m* / ciclo *m* ‖ ~ (F.Org) / partes *f pl* en movimiento ‖ ~ (Astr) / revolución *f* ‖ ~ (Satellit) / circunvalación *f*, vuelta alrededor (p.e. de la Tierra) ‖ ~..., kreisend / rotatorio, rotativo ‖ ~..., Recycling... / de reciclado o reciclaje ‖ ~... (Raumf) / orbital ‖ ~ *m* **mit konstanter Sonneneinstrahlung** (Raumf) / órbita *f* con insolación constante ‖ ~**apparat** *m* / dispositivo *m* de paso o de desvío ‖ ~**aufzug**, Paternoster *m* (Bau) / ascensor *m* en rosario, rosario *m* ‖ ~**bahn** *f* (Astr, Eltronik) / órbita *f* ‖ **stark geneigte** ~**bahn** (Raumf) / órbita *f* de alta latitud ‖ ~**bahn** *f*, Drahtseilbahn mit Umlaufbetrieb / teleférico *m* de circulación continua ‖ **sich auf einer** ~**bahn bewegen** (Raumf) / orbitar ‖ **in die** ~**bahn bringen** / poner o colocar en órbita, satelizar ‖ ~**bahn des Elektrons im Zyklotron** / trayectoria *f* del electrón en el ciclotrón ‖ **in die** ~**bahn einlenken** / entrar en [una] órbita ‖ ~**bahn** *f* **mit längster Dunkelzeit** / órbita *f* de ocultación máxima ‖ **die** ~**bahn verlassen** (Raumf) / salir de la órbita ‖ ~**bahnwerkstatt** *f*, Space-Lab *n* (Raumf) / taller *m* orbital ‖ ~**bewegung** *f* (Masch, Phys) / movimiento *m* rotatorio o giratorio, movimiento *m* de rotación o de revolución ‖ ~**biegeversuch** *m* (Mat.Prüf) / ensayo *m* de [fatiga por] flexión rotativa ‖ ~**blende** *f* (Foto) / obturador *m* giratorio o rotativo ‖ ~**dauer** *f* (Astr) / período *m* de revolución ‖ ~**durchmesser** (DIN), Drehdurchmesser *m* (Dreh) / diámetro *m* de torneado o a tornear, altura *f* de puntas ‖ ~**ebene** *f* (Geom) / plano *m* de rotación
umlaufen *vi*, zirkulieren / circular ‖ ~, rotieren / girar
umlaufend, Umlauf... / rotativo, giratorio, rotatorio ‖ ~, zirkulierend / circulatorio, de circulación ‖ ~, in Karusselform / de carrusel ‖ ~, kreisend (Astr) / en órbita, orbitante ‖ ~, rotierend, mitlaufend (Spindel, Wzm) / giratorio ‖ ~, wechselnd (Wind) / variable ‖ ~**er Anker**, Drehanker *m* (Elektr) / inducido *m* rotativo ‖ ~**er Anschlag** / tope *m* giratorio ‖ ~**es**

astronomisches Observatorium / observatorio *m* astronómico orbitante ‖ ~**es astrophysikalisches Laboratorium** / laboratorio *m* astrofísico satelizado ‖ ~**er Bruch** / ruptura *f* circunferencial ‖ ~**er Dampferzeuger** / caldera *f* giratoria ‖ ~**es Elektron** (Nukl) / electrón *m* giratorio o rotatorio ‖ ~**es geophysikalisches Observatorium** / observatorio *m* geofísico en órbita ‖ ~**er Leitstrahlpeiler**, Robinson-Adcock-Peiler *m* (Nav) / radiogoniómetro *m* Robinson ‖ ~**er Pol** / polo *m* móvil ‖ ~**e Retorte** (Chem) / retorta *f* giratoria ‖ ~**e Sandsiebmaschine** (Gieß) / criba *f* giratoria de arena ‖ ~**e Schneidscheibe** (Wzm) / placa *f* de corte rotatoria ‖ ~**es Sonnenobservatorium** (Astr) / observatorio *m* solar satelizado ‖ ~**e Spitze** (Wzm) / punta *f* giratoria del torno ‖ ~**er Synchronsatellit** / satélite *m* síncrono en órbita circunterrestre ‖ ~**e Türzarge** (Bau) / cerco *m* de puerta que rodea a la puerta ‖ ~**e Wandertische** *m pl* / mesas *f pl* transportadoras en carrusel ‖ ~**es Wasser**, Umlaufwasser *n* / agua *f* de circulación ‖ ~**e Wicklung** (Mot) / devanado *m* distribuido ‖ **mit** ~**en Werkstücken** (Wzm) / de piezas rotatorias ‖ **mit** ~**en Werkzeugen** / de herramientas rotatorias
Umlauf•ende *n* (Förderband) / final *m* ‖ ~**entgasung** *f* (Hütt) / desgasificación *f* de (o por) circulación ‖ ~**flügel** *m* (Luft) / ala *f* rotatoria ‖ ~**förderer** *m* / elevador-transportador *m* de circulación continua ‖ ~**frequenz** *f* / frecuencia *f* de rotación ‖ ~**gas** *n*, Kreislauf-, Recyclegas *n* / gas *m* recirculado o de reciclado ‖ ~**gebläse** *n*, Rotationsgebläse *n* / soplante *m* rotativo ‖ ~**geschwindigkeit** *f* / velocidad *f* periférica o de rotación ‖ ~**getriebe** *n*, Planetengetriebe *n* / engranaje *m* planetario o epicicloidal ‖ ~**greifer** *m* (Nähm) / lanzadera *f* rotativa ‖ ~**heizung** *f* / calefacción *f* en circuito cerrado o de circulación
Umläufigkeit *f* (Durchtreten v. Wasser durch die seitlichen Talanschlüsse einer Stauanlage) / infiltración *f* lateral
Umlauf•kabine *f* (Seilb) / cabina *f* de circulación ‖ ~**kessel** *m*, umlaufender Dampferzeuger / caldera *f* [de vapor] giratoria ‖ ~**kessel** (mit Zwangsumlauf) / caldera *f* de circulación forzada ‖ ~**kolbenmotor** *m* (Kfz) / motor *m* de émbolo giratorio ‖ ~**[kolben]verdichter** *m* / compresor *m* de émbolo giratorio ‖ ~**kühler** *m* (Öl) / refrigerador *m* de circulación ‖ ~**kühlung** *f* / refrigeración *f* por circulación ‖ ~**lenkung** *f* (Kfz) / dirección *f* por tornillo sin fin ‖ ~**luft** *f* / aire *m* circulante o de circulación ‖ ~**menge** *f* / cantidad *f* en circulación ‖ ~**motor**, Rotationsmotor *m* / motor *m* rotativo ‖ ~**pumpe** *f* / bomba *f* de circulación ‖ ~**quantenzahl** *f* (Phys) / número *m* cuántico secundario ‖ ~**rad** *n* / piñón *m* satélite, rueda *f* satélite ‖ ~**[räder]getriebe** *n* s. Umlaufgetriebe ‖ ~**regler** *m* / regulador *m* de circulación ‖ ~**relais** *n* / relé *m* rotatorio o rotativo, relé *m* de progresión ‖ ~**satellit** *m* (Raumf) / satélite *m* en órbita ‖ ~**schmierung** *f* / engrase *m* por circulación ‖ ~**schrott** *m* (Hütt) / chatarra *f* propia o de reciclo ‖ ~**seil** *n* (Seilb) / cable *m* sin fin de teleférico monocable ‖ ~**sichtung** *f* (Aufb) / separación *f* en circuito ‖ ~**spannung** *f* / tensión *f* de circulación ‖ ~**speicher** *m* (DV) / memoria *f* circulante ‖ ~**spülung** *f* (Bergb) / lavado *m* circulatorio ‖ ~**spülung** (Offsetmasch) / lavado *m* por circulación ‖ ~**system** *n*, Kreislauf, -system *n* (Nukl) / lazo *m* ‖ ~**trockner** *m*, Schwebetrockner *m* (Aufb) / secador *m* de partículas en suspensión ‖ ~**trübe** *f* / líquido *m* denso reciclado ‖ ~**verdichter** *m* / compresor *m* rotatorio o rotativo ‖ ~**verschluss** *m* (Foto) / obturador *m* giratorio o rotativo ‖ ~**zahl**, Drehzahl *f*, Umdrehungszahl *f* / número *m* de revoluciones, velocidad *f* de giro ‖ ~**zahl**, Spielzahl *f* (DV) / número *m* de iteraciones ‖ ~**zähler**, Orbitzähler *m* (Raumf) / contador *m* de

órbitas || ~**zeit** f (Masch) / tiempo m de una revolución || ~**zeit** (Teil der Wartungszeit) (DV) / tiempo m de [reparación y] devolución || ~**zeit** f (Bahn) / duración f del ciclo || ~**zeit eines Gestirns** (Astr) / período m sidéreo || ~**zeit eines Satelliten** / período m orbital
Umlaut m (Phonetik) (Lin) / vocal f modificada
Umleerbehälter m (Müll) / contenedor m de basura para el sistema de descarga
umlegbar / plegable, rebatible, abatible || ~**es Geländer** (Schiff) / pasamano m plegable
umlegen vt, anders legen / cambiar (de posición), colocar (de otro modo) || ~, niederlegen / colocar (p.ej. en el suelo) || ~, neigen / inclinar || ~ (Hebel) / mover (una palanca) || ~ (Weichen, Fördermittel) / cambiar (p.ej. agujas) || ~ (Gespräch) (Fernm) / transferir la llamada || ~, falten (Blech) / doblar || ~, bördeln / bordear || ~ vi, wenden (Schiff) / variar, cambiar la caña || [**Schienen**] ~ / colocar de nuevo (rieles) || ~ n (Fernm) / transferencia f de llamada
Umlegung f (Stadt) / reagrupación f urbana
Umlegungszeichen n (Fernm) / señal f de transferencia
Umleimer m (Tischl) / perfil m [de encolar] para rebordes
umleiten, -lenken / desviar, contornear || ~ (Verkehr) / desviar || ~, ableiten (Hydr) / derivar || ~ (Fernm) / apartar, desviar
Umleitung f (Strecke), **Umleitungsstraße** f (Verkehr) / desviación f || ~ (Fernm) / desviación f, desvío m || ~, Ablenkung f (Bahn) / desviación f de itinerario, desvío m || ~ f (Zustand) / desviación f || ~ (Öl) / desvío m (E), derivación f (LA) || ~ **um ein Hindernis** (Straß) / desviación f, circuito m
Umleitungs•straße f / carretera f de desviación || ~**wähler** m (Fernm) / selector m de desviación
Umleit•ventil n / válvula f de paso || ~**vermerk** m / indicador m de desviación
Umlenk•blech n, **Prallblech** n / chapa f de rebotamiento, pantalla f de choque || ~**blech**, **Leitblech** n / chapa f deflectora, deflector m || ~**blech** (Lufttechnik) / álabe m deflector || ~**bogen** f (Rakete) / trayectoria f programada
umlenken vt / volver vt, desviar || ~ vi / cambiar [de dirección]
Umlenker m (Pumpspeicher) / difusor m (de la central de acumulación por bombas)
Umlenk•hebel m / palanca f de cambio || ~**klappe** f / aleta f deflectora || ~**manöver** f **in Umlaufbahn** (Raumf) / maniobra f o acción de poner en órbita || ~**platte**, -**scheibe** f, -**blech** n / placa f desviadora o deflectora || ~**prisma** n (Opt) / prisma m de desviación || ~**rolle**, -**scheibe** f / polea f de inversión || ~**spiegel** m / espejo m de desviación || ~**spiegel** (Antenne) / reflector m pasivo || ~**spiegel des Teleskops** / espejo m secundario del telescopio || ~**trommel** f (Förderband) / tambor f de inversión
Umlenkung f (allg) / desvío f || ~ **von Lichtstrahlen** (Laser) / difracción f de rayos de luz
Umlicht n / luz f [del] ambiente
Umluft f / aire m circulante o de circulación || ~, umgebende Luft / aire m ambiente
Umlüfter m / ventilador m de circulación
Umluft•erhitzer m (Warmluftheizung) / generador m de aire caliente por aire pulsado || ~**heizung** f, Luftumlaufheizung f / calefacción f por aire de circulación || ~**kanal** m (Klimaanlage) / conducto m de aire de recirculación || ~**kühlung** f (Kühlschrank) / refrigeración f sin escarcha || ~**ofen** m / estufa f de ventilación forzada
ummagnetisieren vt / invertir la polaridad magnética
Ummagnetisierung f / inversión f magnética
Ummagnetisierungsverlust m (Elektr) / pérdida f por histéresis magnética

ummanteln vt / revestir || **einen Kessel** ~ / encamisar una caldera || **mit Beton** ~ / recubrir de hormigón || ~ **von Drähten** / revestimiento m de alambres
ummantelt (Sprengstoff) / en vaina || ~**er Propeller** (Schiff) / hélice f encerrada || ~**e Schweißelektrode** / electrodo m revestido || [**blech**]~**e Elektrode** / electrodo m blindado
Ummantelung f, Mantel m (Masch) / revestimiento m, camisa f, envoltura f
ummauern vt, umbauen / cercar con un muro
UMO-Brennelement n (Uranlegierung mit etwas Molybdän u. körnig eingebettet in Alu) / elemento m fisible UMO
umordnen vt / volver a arreglar o a ordenar, reordenar, reorganizar || ~ **in der Brennstäbe** (Atom, Nukl) / reagrupación f de las barras de combustible
U-Motor m / motor m tipo U
Umpackbetrieb m / empresa f de reempaquetado
umpacken vt / reempaquetar, cambiar el embalaje, empaquetar de nuevo || ~ [mit] / envolver [de]
umpflanzen vt (Landw) / trasplantar, transplantar || ~, umsetzen / replantar
umpflastern vt / reempedrar (E), repavimentar (LA)
umpflügen vt, -brechen (Landw) / labrar arar, roturar || ~ n, -brechen n / vuelta f
umplanen vt, neu planen / replanificar
umpolen vt (Elektr) / invertir la polaridad || ~, [**Strom**] wenden (Elektr) / conmutar
Umpol•schalter m / inversor m de polaridad || ~**spannung** f (Kondensator) / tensión f inversa
Umpolung, Polumkehr f / inversión f de polaridad
Umpolungsgleichrichter m (Eltronik) / rectificador m conmutador
umpressen, mit Gummi ~ / recubrir de caucho [por presión]
umpresst•er Draht (Elektr) / alambre m revestido || ~**e Elektrode** / electrodo m con revestimiento por extrusión || ~**er Widerstand** / resistor m moldeado
umprogrammierbar (DV) / reprogramable
Umprogrammierung f / reprogramación f
umpumpen vt / trasegar o trasvasar por bomba
umrahmen vt (allg) / encuadrar
Umrahmung f / marco m, encuadramiento m || **weite** ~ (TV) / encuadrado m holgado
umranden vt (Druck) / encasillar, encabezar
Umrandung f, Rand m / borde m
Umrandungsfeuer n (Luftf) / luz f delimitadora o limítrofe, baliza f luminosa de límite
Umraum m (Raumf) / espacio m ambiente
umrechnen [auf o. in] (Werte) / convertir [en] || **auf eine Zufallszahl** ~ (DV) / aleatorizar, hacer aleatorio, randomizar || ~ n (Math) / cálculo m de transformación
Umrechner m (Fernm) / convertidor m de código || ~**feld** n (Fernm) / campo m de selección || ~**zählwerk** n (Fernm) / contador m convertidor de código
Umrechnung f (Math) / conversión f, transformación f || ~ **auf Zufallszeichen** (DV) / aleatorización f, randomización f
Umrechnungs•faktor m (Math) / factor m de conversión || ~**faktor für Einheiten** (Phys) / factor m de conversión de unidades || ~**faktor nach Potier** (Elektr) / coeficiente m de equivalencia de Potier || ~**tabelle**, -**tafel** f / tabla f de conversión || ~**winkel** m (Nav) / ángulo m de conversión
umreifen vt / zunchar
Umreifung f / aros m pl (de un tonel), montaje m de aros || ~, **Umreifungsband** n (Verp) / fleje m para bandaje
Umreifungsmaschine f / máquina f para cercar
umreißen vt, skizzieren / esbozar, perfilar
umrichten, -rüsten (Wzm) / reajustar
Umrichter m, Wechselumrichter m (Elektr) / cambiador m o convertidor m de frecuencia || ~, Gleichumrichter m / convertidor m de voltajes de c.c.

Umrichtezeit f (Wzm) / tiempo m de reajuste
Umrichtgrad m (Elektr) / factor m de conversión
Umriss m, Kontur f, Umrisslinie f (Zeichn) / contorno m ‖ **in großen Umrissen** / a grandes rasgos ‖ **scharf begrenzter** ⁓ / contorno m nítido ‖ ⁓**fräsen** (Wzm) / fresado m al contorno o de contornos ‖ ⁓**linie** f / contorno m ‖ ⁓**schablone** f / plantilla f de contorno ‖ ⁓**taster**, -fühler m (Wzm) / compás m de perfil
Umroll·apparat, Umroller m (Pap) / rebobinadora f ‖ ⁓**-Rüttelformmaschine** f (Gieß) / máquina f de moldeo basculante por sacudidas ‖ ⁓**tisch** m (Film) / mesa f rebobinadora o de rebobinado
umrühren vt, aufrühren / agitar, remover
umrunden, einen Stern ⁓ (Raumf) / circunvolar una estrella
umrüstbar [auf moderne Technologie] / actualizable [a tecnología moderna]
umrüsten vt (allg) / reequipar ‖ ⁓ (Mil) / reorganizar el armamento ‖ ⁓, -richten (Wzm) / reajustar ‖ ⁓ n / cambio m de útiles, reensamblaje m y reajuste
Umrüst·satz m / juego m de piezas para reequipar ‖ ⁓**teil** n / pieza f de reequipo ‖ ⁓**zeit** f (F.Org) / tiempo m de reajuste ‖ ⁓**zeit** (Wzm) / tiempo m de cambio de herramienta
umsacken vt / cambiar de saco (E) o de bolsa (LA)
umsägen vt, fällen (Forstw) / talar o cortar con la sierra
Umsatz, Umschlag m / cifra f de ventas, volumen m de negocios, transacciones fpl ‖ ⁓ m, Umwandlung f (Chem) / conversión f ‖ ⁓**analyse**, -statistik f / análisis m de ventas ‖ ⁓**koeffizient** m, Ausbringen n (Schrottverbrauch je to Rohstahl) (Hütt) / rendimiento m, consumo m de chatarra por tm de acero bruto
umsäumen vt (Tex) / orlar, ribetear
umschaltbar, umsteuerbar / reversible ‖ ⁓ (Elektr) / conmutable ‖ ⁓ (Lader, Luftf) / de velocidades múltiples ‖ ⁓**e Hinterachse** (Kfz) / engranaje m diferencial de dos velocidades (del eje trasero) ‖ ⁓**es Vorschaltgerät** (Leuchtröhre) / choque m de dos voltajes
Umschalt·betrieb m (Akku) / funcionamiento m por conmutación ‖ ⁓**code** m (DV) / código m de corrimiento ‖ ⁓**einheit** f (DV) / unidad f de conmutación
umschalten vt, umkehren (Masch) / invertir, dar contramarcha, dar marcha atrás ‖ ⁓ (Getriebe), schalten (Gang) / cambiar de marcha o de velocidad ‖ ⁓ (Revolverkopf) / revolver ‖ ⁓ (Elektr) / conmutar ‖ ⁓ (Radio) / cambiar de onda ‖ ⁓ n **der vorderen Schwarztreppe** / conmutación f del rellano (o pórtico) anterior
Umschalter m (Elektr) / conmutador m ‖ ⁓, Zweiwegeumschalter m / conmutador m de dos direcciones o vías ‖ ⁓, Regelschalter m (Bahn, Elektr) / combinador m
Umschalt·-Feststeller m (Schreibm) / tecla f fija-mayúsculas, tecla f fijadora de mayúsculas, tecla f sujeta-mayúsculas ‖ ⁓**filter** m / filtro m divisor de frecuencias ‖ ⁓**frequenz** f / frecuencia f de conmutación ‖ ⁓**gabel** f / horquilla f de inversión ‖ ⁓**getriebe** n (Vor- u. Rückwärtslauf = Wechselgetriebe) / engranaje m de inversión ‖ ⁓**hahn** m (Kfz) / llave f de conmutación ‖ ⁓**hebel** m (Elektr) / palanca f de conmutación ‖ ⁓**hebel** (Masch) / palanca f de cambio o de inversión ‖ ⁓**hebel** (mit 2 Stellungen) / palanca f de dos posiciones ‖ ⁓**hebel für Richtungsumkehr** (Elektr) / palanca f del conmutador de dos direcciones ‖ ⁓**klinke** f (Fernm) / jack m o conyuntor de transferencia ‖ ⁓**kontakt** m / contacto m inversor o de conmutación ‖ ⁓**kontakt mit Unterbrechung** (Relais) / contacto m de cortar antes de cerrar ‖ ⁓**kontakt m ohne Unterbrechung**, contacto m a hacer antes de cortar, contacto m de transferencia sin reposo ‖ ⁓**relais** n / relé m de inversión ‖ ⁓**relais mit Unterbrechung** / relé m de cortar antes de cerrar ‖ ⁓**schütz** n (Elektr) / contactor m inversor, contactor m de cambio de marcha ‖ ⁓**spindel** f (Wzm) / husillo m de inversión ‖ ⁓**stromverhältnis** n (Eltronik) / tasa f o razón de la corriente transitoria ‖ ⁓**taste** f (DV, Schreibm) / tecla f de mayúsculas ‖ ⁓**taste** (Fernm) / inversor m, llave f de inversión de corriente ‖ ⁓**taste für Großbuchstaben** (DV) / tecla f de [las] mayúsculas
Umschaltung f / inversión f, conmutación f ‖ ⁓ **groß-klein** (DV, Schreibm) / cambio m [de mayúsculas] a minúsculas ‖ ⁓ **von Drehzahlstufen** / cambio m de velocidad ‖ ⁓ **von Serien- zu Parallelschaltung** (Bahnmotor) (Bahn) / conmutación f de la conexión (motores de tracción)
Umschalt·ventil n / válvula f de inversión ‖ ⁓**walze** f (Elektr) / combinador-inversor m ‖ ⁓**zahl** f / número m de inversiones ‖ ⁓**zeichen** n **für andere Schriftart** (DV) / carácter m de cambio de clase ‖ ⁓**zeichen für Code** (DV) / carácter m de cambio de código ‖ ⁓**zeit** f (Fernm) / tiempo m de bloqueo ‖ ⁓**zeit** (Schalter) / tiempo m de tránsito
umschaufeln vt (Bau) / traspalear ‖ ⁓ (Schüttgut) / palear, apalear
umschichten vt / apilar de nuevo, reagrupar
umschichtig, abwechselnd / alternante, alternativamente, por turno
Umschichtung f / reagrupación f, redisposición f, reordenación f
Umschlag m, Übergang m / transición f ‖ ⁓, Wechsel m, Änderung f / cambio m ‖ ⁓, Hülle f / envoltura f, funda f ‖ ⁓ (Bb) / cubierta f, tapa f, forro m, sobrecubierta f ‖ ⁓, Briefumschlag m / sobre m ‖ ⁓ (Blech) / repliegue m ‖ ⁓ (Hafen) / trasbordo m, transbordo m ‖ ⁓**anlage** f, -betrieb m / instalación f de carga y descarga, instalación f de transbordo ‖ ⁓**biegen** (Stanz) / doblar, plegar en U ‖ ⁓**biegen** n (Stanz) / repliegue m
umschlagen vi (Wetter) / cambiar vi ‖ ⁓ (Chem) / cambiar de color etc ‖ ⁓, einen Stich bekommen o. haben / agriarse, acedarse ‖ ⁓, kentern (Schiff) / zozobrar ‖ ⁓ (Seitenmarke wechselt, Vordermarke bleibt) (Druck) / efectuar la retiración normal ‖ ⁓ vt, -legen, -biegen / rebatir ‖ ⁓ (Verm) / cambiar de frente ‖ ⁓ (Güter) / transbordar ‖ ⁓ (Blatt) / volver la hoja ‖ **im Kaliber** ⁓ (Walzw) / caer ‖ **ins Gegenteil** ⁓ / resultar contraproducente ‖ ⁓ n **des Fernrohrs** (Verm) / rotación f del telescopio
Umschlag·fernrohr n (Verm) / telescopio m de tránsito ‖ ⁓**hafen** m / puerto m de tra[n]sbordo ‖ **zweiseitiger** ⁓**hebel** (Bahn) / palanca f de movimiento bilateral ‖ **hintere,** [vordere] ⁓**klappe** (Druck) / solapa f posterior [anterior] de la sobrecubierta ‖ ⁓**papier** n, -karton m (Druck) / papel m o cartón para la cubierta ‖ ⁓**platte** f (Gieß) / placa f [de] modelo reversible ‖ ⁓**punkt** m (Chem) / punto m final de la reacción o titraje ‖ ⁓**punkt von laminarer zu turbulenter Strömung** (Luftf) / punto m de transición [del régimen laminar al turbulento] ‖ ⁓**stelle** f, -platz m (für Güter) / lugar m de tra[n]sbordo ‖ ⁓**verkehr** m (Bahn, Schiff) / tráfico m de tra[n]sbordo ‖ ⁓**winkel** m (bei Abkantmaschine) / ángulo m de doblado ‖ ⁓**zeit** f (Relais) / tiempo f de conmutación ‖ ⁓**zeit** (für eine Arbeit) (DV) / duración f de un trabajo
umschließen vt / cercar, encerrar
Umschließung f (Nukl) / encapsulación f
umschlingen vt / abrazar, entrelazar, envolver
Umschlingung f / enlazamiento m
Umschlingungs·getriebe n (Kfz), CVT (= Continuous Variable Transmission) / transmisión f continuamente variable, TCV ‖ ⁓**winkel** m, -bogen m, umschlungener Winkel o. Bogen (Masch) / arco m abrazado

umschlossen (Nukl) / de cierre hermético ‖ **~er radioaktiver Strahler** (o. Stoff) (Nukl) / fuente *f* hermética
Umschmelze *f* (Hütt) / colada *f* refundida
umschmelzen *vt*, -gießen (Gieß) / efectuar la refusión, refundir
Umschmelz•metall *n* / metal *m* de refusión ‖ ≃**ofen** *m* (Hütt) / horno *m* de refusión ‖ ≃**werk** *n* / refinería *f* de metales ‖ ≃**zink** *n* / zinc *m* metalúrgico
umschnallen, den Fallschirm ~ / ponerse el paracaídas
umschnappen *vi*, -springen / saltar
Umschnitt *m*, Kopie *f* (Audio) / regrabación *f*, rerregistro *m*
umschnüren *vi* / atar
Umschnürseil *n* (Bau) / cable *m* de zunchado
umschnürt (Beton) / armado en hélice (hormigón)
Umschnürung *f* / atadura *f*
umschreiben *vt* (Math) / circunscribir ‖ **~**, kopieren (allg, DV, Magn.Bd) / transcribir ‖ **~**, nochmals schreiben / escribir de nuevo
umschrieben•er Kegel (Geom) / cono *m* circunscrito ‖ **~er Kreis** / círculo *m* circunscrito
Umschrift *f* / transcripción *f* ‖ ≃ (Münzw) / leyenda *f* marginal de moneda
umschulen / readaptar profesionalmente, reciclar
Umschulung *f* / readaptación *f* profesional ‖ ≃, Rehabilitierung *f* / rehabilitación *f*
Umschulungskurs *m* / curso *m* de readaptación
umschütteln *vt* / sacudir, agitar
umschütten *vt*, umfüllen / tra[n]svasar o trasegar, verter en otro vaso ‖ **~**, -kippen / derramar, volcar
umschwenken *vi* / girar, virar
umseitig / al dorso, a la vuelta
umsetzbar / trasladable, desplazable
umsetzen *vt* (an andere Stelle) / cambiar de sitio, colocar en otro lugar, trasladar ‖ **~**, umpflanzen (Landw) / trasplantar ‖ **~** [in] / transformar [en], convertir [en] ‖ **~** (Wetter) (Bergb) / cambiar la ventilación ‖ **~** (Aufb) / hacer hidrófobo ‖ **~**, -stecken (Räder) / cambiar [diagonalmente] ‖ **den Förderkorb ~** (Bergb) / cambiar de nivel ‖ **in Energie ~** / transformar en energía ‖ ≃ *n* (Personal) / rotación *f* de empleos ‖ ≃ (Reaktor) / relocación *f* del combustible ‖ ≃ **der Räder** (Kfz) / permutación *f* de ruedas ‖ ≃ **einer Schrämmaschine** (Bergb) / cambio *m* de posición o de puesto de una rozadora
Umsetzer *m* (nicht: Wandler) (DV, NC) / convertidor *m* ‖ ≃ (Radio) / remisor *m*, retransmisor *m* ‖ ≃, Transponder *m* (Eltronik) / respondedor *m*, contestador *m*, transpondedor *m* ‖ ≃ (TV) / repetidor *m*, retransmisor *m*, remisor *m* ‖ ≃ (Fernm) / estación *f* retransmisora o repetidora o amplificadora
Umsetz•maschine *f* (Reaktor) / máquina *f* de transferencia ‖ ≃**programm** *n* (DV) / programa *m* de conversión
Umsetzung, Umstellung *f* / cambio *m* de sitio o de posición ‖ ≃ *f*, Transposition *f* / transposición *f* ‖ ≃, Umwandlung, Konvertierung *f* (DV) / conversión *f* ‖ ≃ *f* (Chem) / transformación *f* ‖ ≃ **von Arbeitskräften** (F.Org) / permutación *f* de mano de obra
Umsetzungs•dauer *f* **von Brems- auf Gaspedal** (Kfz) / tiempo *m* de paso ‖ ≃**tabelle** *f* (DV) / tabla *f* de conversión ‖ ≃**wärme** *f* (Phys) / calor *m* de conversión ‖ ≃**zahl** *f* (eines Brüters) (Nukl) / relación *f* de conversión
Umsichgreifen *n* (Brand) / propagación *f* (incendio, fuego)
Umspannanlage, -station *f*, -werk *n* (Elektr) / puesto *m* de transformación, central *f* transformadora
umspannen *vt* (Werkstück) / recambiar ‖ **~**, transformieren (Elektr) / transformar [la tensión]
Umspanner, Wandler *m* (DIN) (Elektr) / transformador *m*

Umspannung, Transformation *f* (Elektr) / transformación *f*
Umspann•werk, Unterwerk *n* (Elektr) / subestación *f*, subcentral *f* transformadora, subusina *f* (localismo) ‖ ≃**zeit** *f* (Wzm) / tiempo *m* de recambio
umspeichern *vt* (DV) / cambiar de memoria ‖ ≃ *n* (DV) / operación *f* de transferencia de una memoria a una otra
Umspielen, Überspielen *n* (auf einen anderen Tonträger) / transferencia *f* de registro
umspinnen *vt* / revestir por hilado ‖ ≃ *n* (Elektr) / trenzado *m*, guipado *m* (LA), revestimiento *m* por hilado
Umspinn- und Umwickelmaschine *f* (Kabel) / máquina *f* para recubrir y revestir
Umspinnungs•draht *m* (Klaviersaite) / hilo *m* para revestir cuerdas ‖ ≃**zwirn** *m* / hilo *m* torcido para revestimiento
umsponnen (Draht) (Elektr) / forrado *m* ‖ **~er Gummifaden** / hilo *m* elástico revestido o recubierto
umspringen (Wind) / cambiar [brucamente] de dirección ‖ ≃ *n* **der Frequenzen** (Magnetron) / deslizamiento *m* de frecuencia, inconstancia *f* de frecuencia ‖ ≃ **der Wellenart** / salto *m* de modo ‖ ≃ *n* **des Windes** (Meteo) / cambio *m* brusco de dirección [del viento]
umspritzen *vt* / recubrir por extrusión ‖ **Einlegeteile ~** / moldear por inyección alrededor de insertos o encastres ‖ ≃ *n* **von Kabeln** / extrusión *f* de cables
Umspritzform *f* (für Kabel) / matriz *f* de extrusión
umspulen *vt* / rebobinar ‖ ≃ *n* **auf Kopse** (o. Kanetten) (Tex) / bobinado *m* de canillas
Umspultaste *f* (Bandgerät) / tecla *f* de rebobinado
Umspulung *f*, Umwickeln *n* / rebobinaje *m*
Umspurachse *f* (Bahn) / eje *m* para ancho de vía variable
umspuren *vt*, umsetzen (Bahn) / cambiar de ancho de vía
Umstapeln *n* **von Paletten** / depaletización *f*
umsteckbar / desmontable, cambiable, reversible ‖ **~er Schraubendreher** (Wz) / destornillador *m* reversible
umstecken *vt* (Stecker) / transponer ‖ **~**, wechseln (Räder) / cambiar
Umsteck•rad *n* (Wzm) / rueda *f* de cambio ‖ ≃**walzwerk** *n* (Walzw) / tren *m* laminador semicontinuo
Umsteige•-Aufenthalt *m* (Luftf) / escala *f* [de transbordo], parada-estancia *f* ‖ ≃**flughafen** *m* / aeropuerto *m* de transbordo
umsteigen (Bahn, Bus) / cambiar de tren, cambiar de autobús ‖ ≃ *n* **im All für Fernflug** / transbordo *m* en espacio exterior
Umsteiger *m* (IC) / cruce aislado de conductores ‖ **~frei** (IC) / sin cruce de conductores
Umstellbahnhof *m*, Rangierbahnhof *m* / estación *f* de maniobra
umstellbar•er Brenner / quemador *m* de cambio de régimen ‖ **~er Scheibenpflug** (Landw) / arado *m* de discos reversible
Umstellbrandkessel *m* / caldera *f* de cambio de combustibles
umstellen *vt*, -setzen / colocar en otro sitio, cambiar de lugar o de sitio, colocar de otro modo ‖ **~** (Wzm) / reajustar ‖ **~** [auf] / adaptar [a] ‖ **~** *vi* [auf] / adaptarse [a], readaptarse [a] ‖ **~** (sich) / reorientar[se] ‖ **den Betrieb ~** / reorientar o reorganizar la empresa ‖ **den Werkzeugplan ~** / reequipar ‖ **die Regelung ~** / cambiar el reglaje ‖ **Ziffern ~** / transponer o trasponer números ‖ ≃ *n* **auf Gas** (Winderhitzer) / cambiar a gas
Umsteller *m* (Trafo) / cambiador *m* o conmutador de toma[s]
Umstell•griff *m* / empuñadura *f* de maniobra ‖ ≃**hahn** *m* (Bremse) / válvula *f* de cambio de régimen ‖ ≃**hebel** *m* / palanca *f* de cambio (p.e. de marcha) ‖ ≃**hebel** (Bahn) / palanca *f* de maniobra ‖ ≃**hebel mit 2 Stellungen** / palanca *f* de dos posiciones ‖ ≃**kupplung** *f* **für 2 Gasflaschen** / conector-inversor *m* para dos

Umstellspindel

botellas de gas ‖ ~**spindel** *f* (Walzw) / husillo *m* de cambio
Umstellung *f* [auf] / transferencia *f* [a] ‖ ~ (auf ISO-Profil) (Gewinde) / adaptación *f* al perfil ISO ‖ ~ **[auf einen früheren Zustand]** / reconversión *f*, retransformación *f* ‖ ~ **auf** (od. Einführung der) **Kernenergie** / nuclearización *f* ‖ ~ **auf Maschinen** / mecanización *f* ‖ ~ **auf metrisches Maßsystem** / conversión *f* al sistema métrico decimal
umstellungsfähig / transpositivo
Umstell[ungs]zeit *f* (allg) / tiempo *m* de [re]adaptación ‖ ~ (Winderhitzer) (Hütt) / tiempo *m* de inversión
Umstell • vorrichtung *f* **Ebene-Gefälle** (Bahn) / dispositivo *m* llano-montaña del freno ‖ ~**vorrichtung für den Lösevorgang** (Bahn, Bremse) / dispositivo *m* de variación del régimen de aflojado
umstempeln *vt* / cambiar el sello(de control) *m*
Umsteueranschlag *m* / tope *m* de inversión
umsteuerbar, umschaltbar / reversible ‖ ~**e Luftschraube** / hélice *f* de paso reversible o variable
Umsteuerbarkeit *f* / reversibilidad *f*
Umsteuer • einrichtung *f* (DV) / equipo *m* de conmutación ‖ ~**größe** *f* (DV) / modificador *m* ‖ ~**-Gruppenwähler** *m* (Fernm) / selector *m* de grupo de encaminamiento ‖ ~**hebel** *m* / palanca *f* de inversión ‖ ~**knagge** *f*, -anschlag *m* (Wzm) / tope *m* de inversión, leva *f* de reenvío ‖ ~**motor** *m* / motor *m* de inversión [rápida] de marcha
umsteuern *vt*, umlenken / cambiar de sentido ‖ ~ *vt [vi]*, umkehren / invertir[se] ‖ ~ (Lok) / invertir la marcha
umsteuernd / reversible, inversor, de cambio de marcha, de retroceso
Umsteuer • organ *n* / mecanismo *m* de cambio de marcha o de retroceso, mecanismo *m* de marcha atrás ‖ ~**taste** *f*, Rücklauftaste *f* / tecla *f* de rebobinado [rápido]
Umsteuerung *f*, Richtungsumkehr *f* (Maschine) / cambio de marcha, retroceso *m*, marcha *f* atrás, inversión *f* de marcha
Umsteuerungs • getriebe *n* / mecanismo *m* de inversión de marcha ‖ ~**welle** *f*, Steuerwelle *f* / árbol *m* de cambio de marcha
Umsteuer • ventil *n* / válvula *f* de inversión ‖ ~**verkehr** *m* (DV) / cambio *m* automático de canal o enrutado ‖ ~**verlust** *m* (Walzw) / pérdida *f* por cambio de marcha ‖ ~**wähler** *m*, Wähler zur Kennzahlausscheidung (Fernm) / conmutador *m* o selector discriminador ‖ ~**wähler mit Umrechnung** (Fernm) / selector *m* de código ‖ ~**zeit** *f* (Mot) / tiempo *m* de cambio de marcha
umstoßen *vt*, umstürzen / volcar, voltear, echar al suelo, derribar
umstrukturieren *vt* / reestructurar
umstülpen *vt* / volver [al revés], revolver, dar vuelta [a], invertir, volcar ‖ ~ (Druck) / retirar a la voltereta ‖ ~ *n* (Druck) / retiro *m* de pie con cabeza, impresión *f* a blanco y vuelta (o voltereta) ‖ ~ **beim Ziehen** / inversión *f* del fondo
umstürzen *vi* / tumbarse, derrumbarse, volcar ‖ ~ (Kfz) / volcar ‖ ~ *n* (Verpackung) / ensayo *m* de hacer rodar ‖ ~, Umkippen *n* / vuelco *m*
Umtaster *m*, Umtastgerät *n* (Eltronik) / trasladador *m*
Umtastung *f* (Eltronik) / traslado *m*, manipulación *f*, modulación *f*
umtelegrafieren *vt* (Fernm) / retransmitir un mensaje, darle escala a un mensaje
UMTS = Universal Mobile Telecommunications System
Umverpackung *f* / embalaje *m* exterior
Umverteilung *f* / redistribución *f*
umwalzen (Walzw) / laminar en tren semicontinuo
umwälzen *vt* (Flüssigkeit) / hacer circular ‖ ~, wenden / revolver ‖ **Luft** ~ / circular aire ‖ **Werte durch ein Register** ~ / revolver datos ‖ ~ *n*, Endübertrag *m* (DV) / transporte *m* cíclico o de contorno

Umwälz • luft *f* / aire *m* de circulación ‖ ~**pumpe** *f* / bomba *f* de circulación
Umwälzung *f* (Mech) / revolución *f* ‖ ~, Umlauf *m* / circulación *f*
umwandelbar / convertible, transformable
Umwandelbarkeit *f* / transformabilidad *f*, transmutabilidad *f*
umwandeln *vt*, verwandeln / transformar ‖ ~, -schreiben (Math) / reordenar términos en una expresión, transponer términos en una ecuación ‖ ~, umsetzen (Akust) / reproducir ‖ ~ [in] / convertir [en] ‖ ~ (Code, DV) / traducir el código ‖ ~ (Nukl) / transmutar ‖ ~ **in der Bainitstufe** (Hütt) / convertir durante el estado de bainita ‖ **Daten** ~ **o. umsetzen** / convertir datos ‖ **Eisen in Stahl** ~ / convertir hierro en acero ‖ ~ **in Bitumen** ~ / bituminizar ‖ **in Nitrat** ~ / nitratar ‖ ~ *n* **und Ausführen** (DV) / carga *f* y ejecución consecutiva
Umwandler *m* / convertidor *m* ‖ ~ **dynamischer in statischer Größen** (DV) / estatificador *m* ‖ ~ **in Digitalschreibweise** (DV) / cuantificador *m*
Umwandlung *f* (Zustand) (Phys) / cambio *m* del estado ‖ ~ (Chem, Hütt, Nukl) / transformación *f*, conversión *f* ‖ ~, Übergang *m* (Chem, Nukl) / transmutación *f*, transición *f* ‖ ~ (Biol) / renovación *f* [de constituyentes biológicos], recambio *m* ‖ ~, Konversion *f* (Brüter) / conversión *f* ‖ ~ **in Rechteckwellen** (Eltronik) / transformación *f* en señal cuadrada o en ondas cuadradas ‖ ~ **von Energie** / transformación *f* de energía ‖ **[radioaktive]** ~ / desintegración *f* radiactiva ‖ **nicht umkehrbare** ~ / transformación *f* irreversible o no reversible ‖ **umkehrbare** ~ / transformación *f* reversible
Umwandlungs • ... / conversivo *adj* ‖ ~**bereich** *m*, Haltezeit *f* (Hütt) / banda *f* o zona de transformación ‖ ~**diagramm** *n* (Hütt) / diagrama *m* de transformación ‖ ~**elektronen** *n pl* (Nukl) / electrones *m pl* de conversión ‖ ~**geschwindigkeitskurve** *f* (Chem) / curva *f* de velocidad (o de ritmo) de reacción ‖ ~**härtung** *f* (Hütt) / temple *m* de transformación ‖ ~**koeffizient** *m* (Nukl) / coeficiente *m* de conversión ‖ ~**punkt**, Haltepunkt *m* (Hütt) / punto *m* crítico ‖ ~**punkt** *m* (Chem) / punto *m* de transformación ‖ ~**punkt** (Keram) / punto *m* de inversión, temperatura *f* de inversión ‖ ~**temperatur** *f*, Curie-Punkt *m* (Phys) / punto *m* de Curie ‖ ~**temperatur**, kritische Temperatur (Hütt) / temperatura *f* de transformación ‖ ~**temperatur** (Plast) / temperatura *f* de inversión ‖ ~**überzug** *m* (Galv) / revestimiento *m* de inversión ‖ ~**verstärkung** *f* / refuerzo *m* de transformación ‖ ~**wärme** *f* / calor *m* latente de transformación
Umweg (Verkehr) / desvío *m* ‖ ~ (Bahn) / rodeo *m* ‖ ~**echo** *n* (Radar) / eco *m* múltiple ‖ ~**lenkung** *f*, Leitwegbestimmung *f* / encaminamiento *m* alternativo
Umwehrung, Schutzvorrichtung *f* / dispositivo *m* de protección
Umwelt, Umgebung *f* / ambiente *m*, medio *m* ambiente o circundante, medio *m* ‖ ~**...** / ambiental, circundante, ambiente (invar), medioambiental ‖ **natürliche** ~ / contorno *m* natural ‖ ~**bedingt**, ökologisch / ecológico ‖ ~**bedingte Beanspruchung**, solicitación *f* exigida por el ambiente ‖ ~**bedingungen** *f pl*, -verhältnisse *n pl* / condiciones *f pl* ambiente o ambientales o ecológicas o exteriores ‖ ~**behörde** *f* / autoridad *f* medioambiental ‖ ~**belastend**, -schädigend, -schädlich, -feindlich / foboecológico ‖ **Umweltbelastung** / impacto *m* contaminante ‖ ~**belastung** *f* / carga *f* [del] ambiente, impacto *m* ambiental ‖ ~**beobachtung** *f* / observación *f* del ambiente ‖ ~**bewusst** / consciente del ambiente ‖ ~**bewusstsein** *n* / conciencia *f* ecológica ‖ ~**biologie** *f* / biología *f* ecológica o medio ambiente ‖ ~**einfluss-Technik** *f*, Umweltgestaltung *f* / ingeniería *f*

ambiental ‖ ⁓faktor m, ökologischer Faktor / factor m ambiental o relativo al ambiente, factor m ecológico ‖ ⁓feindlich / antiambiental, contaminante [del medio ambiente], peligroso al ambiente ‖ ⁓-Forschung f / investigación f del medio ambiente ‖ ⁓freundlich / filoecológico, filoambiental, no contaminante, de contaminación [atmosférica] reducida ‖ ⁓freundliches Auto / coche m (E) o carro (LA) limpio o antipolución ‖ ⁓freundlichkeit f (Kfz), -verträglichkeit f / ecología f (de un coche) ‖ ⁓freundlichkeit / carácter m filoecológico, propiedad f filoambiental ‖ ⁓geräusch n / ruido m ambiente ‖ ⁓gesetz n / ley f de protección del medio ambiente, legislación f sobre el medio ambiente ‖ ⁓gutachter m, -prüfer m (Person) / verificador m medioambiental ‖ ⁓güte f, Umweltqualität f / calidad f del medio ambiente ‖ ⁓hygiene f / higiene f ambiental o del medio ambiente ‖ ⁓katastrophe, Ökokatastrophe f / catástrofe f ecológica ‖ ⁓kontamination f / contaminación f del medio ambiente ‖ ⁓ministerium n / Ministerio m de Medio Ambiente (E) ‖ ⁓organisation der UN / UNEP ‖ ⁓problem n / problema m ambiental ‖ ⁓prüfung f / ensayo m ecológico ‖ ⁓prüfung (Elektr) / ensayos m pl de resistencia al ambiente o a las condiciones ambiente ‖ ⁓qualität f / calidad f ambiental o del medio ambiente ‖ ⁓sanierung f / saneamiento m del [medio] ambiente ‖ ⁓schaden m / daño ambiental o ecológica o al medio ambiente ‖ ⁓schädigung f / deterioro m del [medio] ambiente, depreciación f del [medio] ambiente ‖ ⁓schädlich / contaminante, que daña al medio ambiente ‖ ⁓schonend s. umweltfreundlich ‖ ⁓schutz m / protección f del [medio] ambiente, defensa f del medio ambiente ‖ ⁓schützer m / ecologista m, defensor m del medio ambiente, ambientalista m (LA) ‖ ⁓schutzgerät n / equipo m de control de polución ‖ ⁓schutzpapier n / papel m de un ciento por ciento de desecho ‖ ⁓-Spezifikation f / especificación f ambiental o relativa a los efectos del ambiente ‖ ⁓technik f / técnica f ecológica o de ecología ‖ ⁓techniker m / técnico m ecológico o en medio ambiente ‖ ⁓überwachung f, Umweltkontrolle f / control m ecológico o del medio ambiente, vigilancia f ambiental ‖ ⁓verbesserung f / mejora f del ambiente ‖ ⁓vergehen n / delito m ecológico ‖ ⁓verhältnisse n pl, -bedingungen f pl / condiciones f pl ambiente ‖ ⁓verschmutzend / que poluciona el ambiente ‖ ⁓verschmutzer m / contaminador m o contaminante del medio ambiente, autor m de la polución ‖ ⁓verschmutzung f, Umweltverseuchung f / polución f del medio ambiente, contaminación f ambiental ‖ ⁓verschmutzungswissenschaft f / ciencia f de la polución ‖ ⁓verträglichkeitsprüfung f, Öko-Audit n / ecoauditoría f ‖ ⁓-Verunstaltung f / desfiguración f del ambiente ‖ ⁓wissenschaft f / ciencias f pl ambientales, ecociencia f ‖ ⁓zerstörung f / destrucción f del [medio] ambiente
umwenden vt, umdrehen vt / dar la vuelta [a] ‖ ⁓, nach unten drehen / volver [hacia abajo]
umwerfen vt / hacer caer, derribar, tumbar ‖ ⁓, -stürzen / volcar vt
Umwerfer m (Fahrrad) / cambiador m (de cadena)
umwerten vt (Fernm) / traducir vt
Umwerter, Zuordner m (Eltronik, Fernm) / traductor m
Umwertung f (Fernm) / traslación f
Umwickel• faden m / hilo m para envolver ‖ ⁓maschine f (mit Band) / máquina f de envolver ‖ ⁓maschine (um Kabel zu umwickeln) / encintadora f, aforradora f ‖ ⁓maschine für Draht / redevanadora f de alambre
umwickeln vt, umwinden / envolver ‖ ⁓ (isolierend) (Elektr) / encintar, recubrir [de] ‖ ⁓, nochmals aufwickeln / redevanar, rebobinar ‖ ein Seil mit Draht ⁓ o. abbinden / aforrar, forrar ‖ [mit Band] ⁓ / forrar o envolver con cinta, encintar
umwickelt• er Draht / alambre m forrado o recubierto ‖ ⁓e Elektrode (Schw) / electrodo m con revestimiento de cordón enrollado alrededor del alma
umzäunen vt / cercar, vallar
Umzäunung f / cercado m, cerca f, vallado m
unabgebunden (Beton) / no fraguado
unabgefedert (Kfz) / sin muelle, sin resorte
unabgekürzt (Math) / no abreviado
unabgeputzt (Bau) / no enlucido, en fábrica
unabgeschirmt, nicht entstört (Eltronik) / no blindado
unabgestimmt (Antenne, Eltronik) / no sintonizado ‖ ⁓e Antenne, aperiodische Antenne, nicht abgestimmte Antenne / antena f aperiódica
unabhängig / independiente ‖ ⁓, autonom, in sich abgeschlossen / autónomo ‖ ⁓, individuell / individual ‖ ⁓ (DV) / no consecutivo ‖ ⁓, unbedingt (DV) / incondicional ‖ ⁓, off-line (DV) / fuera de línea, independiente de la línea ‖ ⁓e Einheit / unidad f autónoma o independiente ‖ ⁓er Fehler / error m independiente ‖ ⁓es Seitenband / ISB, banda f lateral independiente ‖ ⁓er Stromkreis / circuito m flotante o aislado ‖ ⁓e Veränderliche (Math) / variable f independiente ‖ ⁓ verstellbar, einzeln verstellbar / de ajustabilidad independiente, ajustable individualmente ‖ ⁓ verzögert (Elektr) / de retardo constante ‖ ⁓e Vorderrad-Aufhängung (Kfz) / suspensión f independiente de las ruedas delanteras ‖ elektrisch ⁓ / eléctricamente independiente
Unabhängige-Variable-Geber m (o. UV-Geber) (Eltronik) / generador m de impulsos sincronizadores, generador m de sincronismo primario
Unabhängigkeitsprinzip n (Phys) / teorema m o principio de la superposición
unachtsam / desatento, inadvertido
unähnlich, verschieden / desemejante, diferente
Unakit m (Min) / unakita f
unangebaut (Landw) / inculto, sin cultivar, yermo
unangenehm riechend / maloliente, que despide un olor desagradable
unangepasst (Elektr) / no adaptado
Unannehmlichkeit f / desagradabilidad f
unanwendbar / inaplicable
unär, unitär / unario, monario
unaufbereitete Daten, Ursprungsdaten pl (DV) / datos m pl sin procesar o no procesados
unauffindbar / ilocalizable
unaufgelöst (in Flüssigkeit) / no disuelto, indisuelto
unaufgeschlossen (Pap) / sin desintegración
unaufhörlich, fortwährend / continuo, incesante, constante ‖ ⁓ adv, fortlaufend, ohne Unterlass / sin cesar, incesantemente
unauflösbar (Math) / insoluble
un[auf]löslich, -lösbar (Chem) / indisoluble, insoluble
unausdehnbar / inextensible
unausführbar, undurchführbar / impracticable, irrealizable, inviable ‖ ⁓er Befehl (DV) / instrucción f inoperante
unausgeglichen, außer Gleichgewicht / desequilibrado
Unausgeglichenheit f / desequilibrio m, falta f de equilibrio
unausgerichtetes Grubenfeld (Bergb) / reservas f pl
Unausgewuchtetheit f (Räder) / estado m de desequilibrio
unauslöschlich, -löschbar / imborrable, inextinguible ‖ ⁓, -löschbar, nicht zu entfernen (Fleck), echt (Farbe) / indeleble ‖ ⁓e Tinte / tinta f indeleble
unauswechselbar (untereinander) / no intercambiable
Unbalanz f / desequilibrio m ‖ ⁓kraft f / fuerza f de desequilibrio ‖ ⁓masse f / masa f de desequilibrio ‖ ⁓moment, Schwerpunktsmoment n / par m de desequilibrio ‖ ⁓-Relais n / relé m de desequilibrio
unbauwürdig (Bergb) / no explotable, inexplotable

unbeabsichtigt / no intencional, sin intención ‖ ~**er Nebenschluss** (Elektr) / cortocircuito no intencional, circuito (shunt) no intencionado
unbeanstandet adj / impecable ‖ ~ / sin objeción, sin reparo
unbearbeitet (Material), roh / crudo, bruto ‖ ~, roh (Masch) / no labrado o trabajado, bruto, sin manufacturar ‖ ~ (Wzm) / no mecanizado
unbeaufsichtigt / no vigilado, sin vigilancia o control
unbebaubar (Gelände) / no apto para la edificación ‖ ~ (Landw) / incultivable
unbebaut (Gelände) / sin edificar ‖ ~, brach (Landw) / inculto, sin cultivar, yermo, no cultivado, baldío ‖ ~**es Land**, Brachland n / terreno m inculto o no cultivado, tierra f sin labrar
unbedenklich (Lebensmittelzusatz) / inofensivo (aditivo de víveres), admisible
Unbedenklichkeit f (Chem) / calidad f inofensiva
Unbedenklichkeitsgrenze f (DV) / límite m de no objeción
unbedeutend, geringfügig / insignificante, de poca importancia ‖ ~, vernachlässigbar / despreciable ‖ ~, unwichtig (Detail) / no esencial
unbedient / inatendido, desatendido
unbedingt, unabhängig (DV) / incondicional ‖ ~**e Abhängigkeit** / dependencia f absoluta ‖ ~**er Block** (Bahn) / bloqueo m absoluto ‖ ~**es Blocksystem mit Nachfahrmöglichkeit** / bloqueo m permisivo absoluto ‖ ~ **divergent** (Math) / propiamente divergente ‖ ~**es Haltsignal** (Bahn) / señal f de parada absoluta ‖ ~**er Sprung**, unbedingte Verzweigung, Einschleusung f (DV) / salto m incondicional ‖ ~ **stabil** (Fernm) / incondicionalmente estable
unbeeinflussbar (Zeit) (F.Org) / no influenciable (tiempo)
unbeeinflusst [von], fest [gegen] / no influenciado [por], no influido [por] ‖ ~, neutral / imparcial, neutral ‖ ~**er Strom** (Elektr) / corriente f propia
unbefahrbar (Straßb) / intransitable, impracticable ‖ ~ (Wasserweg) / innavegable
unbefestigt•er Fahrweg / camino m [de tierra] para carros ‖ ~**er Fußboden** (Bau) / piso m de tierra ‖ ~**er Seitenstreifen** (Straßb) / banqueta f suelta o sin firme ‖ ~**e Straße** (Straßb) / carretera f sin firme
unbefugt, unberechtigt / no autorizado, sin autorización, sin permiso
unbegrenzt, grenzenlos / ilimitado, sin límites ‖ ~**e Impulsreaktion** (Elektr) / respuesta f infinita a un impulso ‖ ~**es Wasser** / fluido m ilimitado
unbehandelt, roh / no tratado, sin tratar
unbehauen (Stein) / tosco, bruto, sin labrar
unbeheizter Tiefofen (Hütt) / horno pit (E) o de foso (LA) sin recalentamiento
unbehindert, frei / libre, no impedido
unbekannt / desconocido ‖ ~**es Flugobjekt** / objeto m volador no identificado (E), OVNI m, objeto m volante sin identificación (LA) ‖ **neue** ≃ / desconocidos m pl no anticipados ‖ ≃**e** f, unbekannte Größe (Math) / incógnita f
unbeladen (Kfz) / sin carga
unbelastet, entspannt / sin esfuerzo ‖ ~ (Elektr, Kfz) / sin carga, no cargado ‖ ~ (Mot) / en vacío ‖ ~ (Antenne) / no cargado ‖ ~**er Zustand** / condición f en vacío, condición f de carga nula, ausencia f de carga
unbelebt / desanimado, sin vida
unbelegt (Glas) / sin azogue, no azogado
unbeleuchtet, finster / sin luz, oscuro
unbelichtet (Foto) / no expuesto, sin impresionar ‖ ~, Roh... (Film) / virgen
unbemannt (Lufft, Raumf, Schiff) / sin tripulación, no tripulado ‖ ~ (Roboter) / inatendido ‖ ~**es Bearbeitungszentrum** (Wzm) / centro m de mecanización sin operador o inatendido ‖ ~**er Flugkörper**, (spez:) Fernlenkflugzeug n / aerodino m telemandado o teleguiado, avión m telemandado ‖ ~**er Versuchsflug** (Raumf) / vuelo [de prueba] sin tripulación ‖ ~**e Werkstatt** (Raumf) / taller m orbital sin tripulación
unbemerkt / inadvertido
unbenannt, absolut (Math, Zahl) / abstracto ‖ ~, dimensionslos (Math) / adimensional, sin dimensión ‖ ~**es Datenwort** (DV) / rellenador m ‖ ~**er Koeffizient** (Math, Phys) / coeficiente m adimensional
unbenutzbar (allg, Tür) / inutilizable, inservible
unbenutzt / sin utilizar ‖ ~ (Masch) / inutilizado ‖ ~**es Band** (Magn.Bd) / cinta f virgen ‖ ~**es Ende** (Wicklung) / extremo m sin corriente
unberechenbar (Math) / incalculable
unberechtigt (DV) / no autorizado, sin autorización
unberuhigt, steigend vergossen (Hütt) / efervescente
unbesandete Dachpappe (Bau) / cartón m alquitranado no enarenado
unbesäumt (Holz) / sin cantear ‖ ~, ungesäumt (Web) / sin dobladillo
unbeschädigt, heil / salvo adj ‖ ~, unversehrt / no averiado, intacto
unbeschaltet (Eltronik) / virgen
unbeschichtet / no revestido ‖ ~**es Papier** / papel m bruto
unbeschnitten (Druck) / no recortado, sin recortar ‖ ~**e Kante** (Walzw) / borde m no recortado o no cizallado
unbeschrankter Bahnübergang / paso m a nivel sin barreras
unbeschränkt / ilimitado, no limitado, sin límite[s], sin restricción ‖ ~ **haltbar** / de durabilidad ilimitada
unbeschrieben (Pap) / en blanco
unbeschriftet (Zifferblatt) / en blanco (esfera)
unbeschwert (Tex) / no cargado ‖ ~ (Plast) / sin carga
unbesetzt, ohne Bedienung / inatendido, sin operador ‖ ~, frei / libre ‖ ~, leer / vacío ‖ ~ (Bahnhof) / sin dotación de personal ‖ ~ (Fernm) / inatendido, sin personal ‖ ~**es Band** (Transistor) / banda f vacía
unbespielt / virgen, sin grabar
unbespult (Fernm) / no cargado
unbeständig, schwankend / inestable, inconstante ‖ ~ (Farbe) / alterable ‖ ~ (Meteo) / inseguro, variable ‖ ~, labil (Chem, Phys) / lábil, inestable ‖ ~, inkonstant / inconstante ‖ ~ (Wetter) / variable, inseguro
Unbeständigkeit f, Instabilität f, Labilität f (allg, Phys) / inestabilidad f
Unbeständigkeitsschicht f (Halbl) / capa f limítrofe
unbestimmbar (Math) / indeterminable, indefinible
unbestimmt, nicht eindeutig (Math) / indeterminado, indefinido ‖ ~, vage / vago ‖ ~, zweideutig / ambiguo ‖ ~ (Math) / indeterminado ‖ ~ (Integral) (Math) / indefinido (integral) ‖ ~**er Algorithmus** / algoritmo m borroso ‖ ~**es Zeichen** (DV) / carácter m de incertidumbre
Unbestimmtheit f (Math) / indeterminación f ‖ ≃, Zweideutigkeit f / ambigüedad f
Unbestimmtheits•prinzip n (Phys) / principio m de incertidumbre o de indeterminación ‖ ≃**relation** f / relación f de incertidumbre o de indeterminación
unbestückt (IC) / sin componentes
unbetätigt / inactivo, en reposo
unbewacht (Bahn, Kreuzung) / sin guarda ‖ ~**es Parken**, Selbstparken n (Kfz) / aparcamiento m inatendido o sin guarda
unbewaffnet (Auge) / a simple vista
unbewässertes Land (Landw) / secano m, sequío m
unbeweglich / inmóvil, inmovible, fijo, rígido, estacionario
Unbeweglichkeit f, Bewegungslosigkeit f / inmovilidad f
unbewegt, ruhig / con calma, tranquilo, inactivo ‖ ~ (Konto) / inactivo
unbewehrt (Bau) / no armado, no reforzado
unbewertet / no ponderado, sin ponderación
unbewiesen / no probado

unbewohnbar / inhabitable
unbewohnter Dachstock (= Dachgeschoss) / ático *m* inhabitable
unbewusste Wahrnehmung (Film) / percepción *f* subliminal
unbezogen, frei, spezifisch (Math) / intrínseco
unbiegsam / inflexible || ~, steif / rígido
unbrauchbar, unverwendbar / inservible, inutilizable, inaprovechable || ~, unnütz, nutzlos / inútil || ~, zerstört / destruido || ~ **machen** / inutilizar, hacer inservible
Unbrauchbarkeit *f* / inutilidad *f*, inservibilidad *f*
Unbrauchbarmachung *f* / inutilización *f*
unbrennbar / incombustible
unbunt (Farblehre) / acromático || **~e Farbvalenz** / estímulo *m* de color acromático
Unbunt • einstellung *f* (TV) / arrastre *m* de escala de grises || ≃**gebiet** *n* (Phys) / lugar *m* geométrico planckiano
uncodiert / no codificado, sin codificar
UND *n* (DV) / Y *m*, producto *m* lógico
Undation *f* (Bewegungsvorgang der Erdkruste) / movimientos *m pl* epirogénicos
Undecyl *n* (Chem) / undecilo *m* || ≃... / undecílico
Undecylen *n* / undecileno *m*
undefinierbar / indefinible
undefiniert / indefinido
undekadisch / no decimal
Undekan *n* (Chem) / undecano *m*
undeutlich / indistinto || ~ (Fernm) / no articulado || ~, unscharf (Bild) / borroso, poco nítido, confuso || ~ **werden** / obscurecerse
UND • -Funktion o. -Verknüpfung, Konjunktion *f* (Eltronik) / conjunción *f* || ≃**-Glied** *n*, **-Schaltung** *f*, **-Gatter** *n* / elemento *m* Y, compuerta *f* Y
undicht, leck / no estanco, que pierde, permeable, que no cierra herméticamente, con fugas, no hermético || ~ **sein** (Behälter) / perder || **~e (o. lecke) Stelle**, Leck *n* / vía *f* de agua
Undichtheit, Undichtigkeit *f* / escape *m*, fuga *f*, permeabilidad *f*, falta *f* de estanqueidad, inestanqueidad *f* || ≃ *f*, Undichtigkeit *f* (Vakuum) / pérdida *f* de estanqueidad
Undichtheitsrate *f* (Vakuum) / cantidad *m* de flujo gaseoso a través de fugas
Undichtigkeit *f* **am Sitz** (Ventil) / fuga *f* en el asiento de válvula
undissoziiert / no disociado
UND • -NICHT (DV) / EXCEPTO || ≃**-NICHT-Schaltung** *f* (Eltronik) / compuerta *f* de excepción || ≃**-ODER-Schaltung** *f* / compuerta *f* Y-O || ≃**-Operation** *f* / operación *f* lógica AND o Y || ≃**-Schalter** *m* (DV) / operador *m* Y || ≃**-Schaltung**, UND-Tor *n*, Koinzidenzschaltung *f* (Eltronik) / circuito *m* Y
Undulationstheorie, Wellentheorie *f* (Phys) / teoría *f* de ondulación o de las ondas
Undulator *m* (zum Abbremsen von Elektronen) / ondulador *m*
Undulatorstrahlung (Nukl) / radiación *f* ondulatoria
undurchdringlich, undurchlässig / impenetrable, impermeable || ~ **machen**, dichten / hacer impenetrable, impermeabilizar
Undurchdringlichkeit *f* / impenetrabilidad *f*, hermeticidad *f*, impermeabilidad *f*
undurchführbar / irrealizable, inviable
undurchlässig, dicht / impenetrable, estanco, hermético, impermeable || **für bestimmte Wellenlängen** ~ / opaco a determinadas radiaciones
Undurchlässigkeit *f*, Dichtheit *f* / impenetrabilidad *f*, hermeticidad *f*, estanqueidad *f*, impermeabilidad *f*
undurchschossen (Druck) / no espaciado, sin regletear || ~, ohne Papiereinlagen / sin interfoliar

undurchsichtig / opaco || ~ **[gemacht]** (Glas) / opacificado, o[b]scurecido, esmerilado
Undurchsichtigkeit *f* / opacidad *f*
UND-Verknüpfung *f* (DV) / conjunción *f*
Und-Zeichen *n*, & (Druck) / signo *m* &
UNE (spanische Norm) / norma *f* UNE (E)
uneben / desigual || ~ (Gelände) / accidentado, quebrado, escabroso || ~ (Boden u. Ä.) / desparejo (LA) || ~, wellig (Straß) / áspero
Unebenheit, Beule *f* / abolladura *f* || ~, Vertiefung *f* / depresión *f* || ≃, Rauheit *f* / aspereza *f*, defecto *m* de lisura o de planicidad, irregularidad *f* || ≃, Ungleichheit *f* / desigualdad *f*, desnivel *m*, desnivelación *f* || ≃ *f* (Gelände) / escabrosidad *f* || ≃**en**, Erhöhungen und Vertiefungen *f pl* (Geo) / accidentes *m pl* del terreno, relieve *m* del terreno || **voll** ≃**en**, löcherig / agujer[e]ado
Unebenmäßigkeit *f* / disimetría *f*, asimetría *f*
unecht, nachgemacht / imitado || ~, falsch / falso || ~ (Bruch) (Math) / impropio || ~, Schein... (Bau) / ficticio, falso, imitado || ~, künstlich (Min) / falso || ~, nicht natürlich / artificial || ~, unbeständig (Färb) / poco o no sólido / **~e Farbe** (Färb) / colorante *m* no sólido || **~er Impuls** (Eltronik) / impulso *m* parasítico || **~er Sprung** (Geol) / dislocación *f* falsa || **~es Wasserzeichen** (Pap) / filigrana *f* artificial
unedel (Metall) / común, no precioso
uneffizient / ineficaz, sin eficacia
unegal (Färb) / desigual
uneigentlich (Math) / impropio || **~er Punkt** / punto *m* ideal
uneinheitlich, heterogen / heterogéneo, inhomogéneo || ~ (Färb) / desigual, heterogéneo || ~ (Chem) / inhomogéneo, no uniforme
unelastisch / no elástico, inelástico || ~, starr / rígido || **~e Streuung** (Nukl) / dispersión *f* inelástica || **~e Streuung thermionischer Neutronen** / dispersión *f* inelástica térmica
unempfindlich [gegen] / insensible [a], inmunizado [contra] || ~ **machen** (Foto) / desensibilizar || ~ **machen gegen raue Behandlung** / reforzar, hacer robusto o sólido, hacer mecánicamente fuerte || **weitgehend** ~ [gegen] / apenas sensible [a]
Unempfindlichkeit *f* [gegen] / insensibilidad *f* [a] || ≃ **gegen Störungen** (Eltronik) / insensibilidad *f* a interferencias
Unempfindlichkeits • bereich *m* (Regeln) / banda *f* o zona muerta || ≃**zeit** *f* (Nukl, Radar, Regeln) / tiempo *m* muerto
unendlich / infinito || ~ [groß] (Math) / infinitamente grande || ~ **ausgedehnt** (Opt) / infinitamente extenso, infinito || **~e Dezimalzahl** (Math) / número *m* decimal periódico, decimal *m* periódico || ~ **große Dämpfung** (Fernm, Filter) / atenuación *f* infinita || ~ **große Größe**, unendliche Menge o. Zahl (Math) / cantidad *f* infinitamente grande, infinito *m*, infinitud *f*, infinidad *f* || ~ **hohes Q** (o. hohe Güte) (Mat.Prüf) / Q *m* infinito || ~ **klein** (Math) / infinitamente pequeño || ~ **kleine Größe** / cantidad *f* infinitamente pequeña || ~ **kleines Flächenteilchen**, Flächenelement *n* / elemento *m* superficial || ~ **lange Leitung** (Elektr) / línea *f* infinita || **~e Menge** (Math) / conjunto *m* infinito || ~ **periodisch** (Math) / recurrente, cíclico, periódico || **~er periodischer Dezimalbruch** (Math) / fracción *f* decimal recurrente || **~e Platte** (Nukl) / placa *f* infinita || **~e Reihe** (Math) / serie *f* infinita || ~ **schmal** (Math) / infinitamente estrecho || ~ **verdünnt** / infinitamente diluido || **~er Widerstand** (Elektr) / clavija *f* de infinidad o de corte o de circuito abierto, clavija *f* de resistencia infinita
Unendlich-Einstellung *f* (Foto) / enfoque *m* para infinito
Unendlichkeitszeichen *n* (Math) / signo *m* de infinidad
unentbastet (Seide) / no desengomado

unentbehrliche Arbeitskraft / ocupante *m* de un puesto clave
unentflammbar, unentzündlich / ininflamable, no inflamable, ignífugo ‖ **~ machen** / hacer ininflamable
Unentflammbarkeitsgrad *m* / grado *m* de no-inflamabilidad
unentgeltlich befördert (Bahn) / transportado sin tasa
unentwickelt, implizit (Math) / implícito
unerfahren / sin experiencia, inexperto
unergiebig / improductivo ‖ **~**, unbauwürdig (Bergb) / inexplotable
unerlaubt (DV) / prohibido
unerledigt (Anruf) (Fernm) / de turno, pendiente
unermesslich, unmessbar / inmenso, incomensurable
unerregt (Relais) / desexcitado, desactivado, inactivo
unerreichbar (Fernm) / inaccesible
unerschlossen, unerforscht / no explorado ‖ **~** (Bau) / no urbanizado
unerschöpfbar (Luftbremse) / inagotable
Unerschöpfbarkeit *f* (Luftbremse) / inagotabilidad *f*
unerschöpflich / inagotable
unersetzlich, unersetzbar / irremplazable
unerwünscht / no deseado, indeseable ‖ **~** (Begriffe) / no recomendado ‖ **~e Ausstrahlung** (Phys) / radiación *f* espuria o parásita ‖ **~e Bodenechos** *n pl* (Radar) / ecos *m pl* [parásitos] de tierra, emborronamiento *m* debido al suelo ‖ **~er Speicherinhalt** (DV) / residuo *m*, información *f* inservible ‖ **~e Verschiebung eines Uraniumstabs** (Nukl) / movimiento *m* de vaivén
Unfall *m* **auf dem Weg zur Arbeitsstätte** / accidente *m* en el camino de trabajo ‖ **≃ mit Schmelzen der Spaltzone** (Nukl) / accidente *m* de fusión de la zona activa ‖ **kleiner ≃**, **Panne** *f* / accidente *m*, avería *f*, pana *f* (CHIL) ‖ **leichter ≃** / contratiempo *m* ‖ **schwerer ≃** / accidente *m* grave
unfall•bedingt / debido a un accidente ‖ **~frei** / sin accidente[s] ‖ **≃gefahr** *f* / riesgo *m* de [un] accidente ‖ **≃geschädigter** *m*, Verunfallter *m* / accidentado *m* ‖ **≃häufigkeit** *f* / frecuencia *f* de accidentes ‖ **≃meldeanlage** *f* / sitema *m* de señalización de accidente ‖ **≃schreiber** *m* / registrador *m* de accidentes ‖ **≃schutz** *m* / protección *f* contra accidentes ‖ **≃schwerpunkt** *m* (Verkehr) / punto *m* esencial o "negro" de accidentes ‖ **≃station** *f* / puesto *m* de socorro ‖ **≃stelle** *f* / lugar del accidente ‖ **~trächtig**, -anfällig / propenso a accidentes, con riesgo de accidente ‖ **≃verhütung** *f* / prevención *f* de accidentes ‖ **≃verhütungsschuh** *m* / zapato *m* de seguridad ‖ **≃verhütungsvorrichtung** *f* / dispositivo *m* de prevención de accidentes ‖ **≃verhütungsvorschriften** *f pl* / instrucciones *f pl* o prescripciones para prevenir [los] accidentes ‖ **≃wagen** *m*, verunfallter Wagen (Schweiz) (Kfz) / coche *m* accidentado o siniestrado
unfertig / no acabado
unformiert / no conformado
unfreiwillig, ungewollt / involuntario
unfruchtbar (Landw) / estéril, árido ‖ **~**, tot (Biol, Landw) / infecundo ‖ **~er Boden** / tierra *f* estéril o árida
ungar (Kalk) / no cocido suficientemente
Ungarische Eiche, Quercus frainetto (Bot) / roble *m* de Hungría
ungeändert, unmodifiziert / sin modificación
ungeätzt (Schliff) / no grabado
ungebleicht, roh, Roh... (Pap, Tex) / no blanqueado, sin blanquear ‖ **~es Leinengarn** / hilo *m* de lino sin blanquear
ungebleit, bleifrei (Kraftstoff) / sin plomo
ungeblockt (DV) / no agrupado, no bloqueado
ungebrannt (keramische Masse) / sin cocer ‖ **~** (Ziegl) / crudo, no cocido ‖ **~**, ungeröstet, ungeglüht (Hütt) / no calcinado ‖ **~** (Kaffee) / crudo, no tostado ‖ **~es Aluminiumoxid** / alúmina *f* cruda ‖ **~e Reste im Kalkofen** / residuos *m pl* no calcinados

ungebremst, ohne Bremse / sin freno
ungebunden (Chem) / no combinado ‖ **~**, in Bögen (Druck) / no encuadernado, en hojas, sin alzar ‖ **~**, broschiert (Druck) / en rústica ‖ **~**, ungebündelt (z.B. Zuckerrohr) / suelto, sin atar ‖ **~e Arbeit** (F.Org) / trabajo *m* libre ‖ **~e Energie** (Phys) / energía *f* libre ‖ **~e Wärme** / calor *m* libre
ungedämpft / no amortiguado ‖ **~e Eigenfrequenz** / frecuencia *f* natural sin amortiguación ‖ **~e Schwingung** / oscilación *f* continua ‖ **~e Welle** / onda *f* no amortiguada, onda *f* entretenida ‖ **~es Zeichen** / señal *f* entretenida
ungedreht, ungezwirnt (Spinn) / no retorcido
ungeeichte o. ungezeichnete [Getränke-] Flasche (Verp) / botella *f* sin contrastar
ungeeignet / impropio, poco apropiado [para]
ungeerdet (Elektr) / desconectado o aislado de tierra, sin conexión a tierra o masa
ungefähr, angenähert / aproximado, aproximativo ‖ **~** *adv* / aproximadamente, más o menos ‖ **~e Abmessung** / dimensión *f* aproximada ‖ **~e Schätzung** / cálculo *m* aproximado
ungefährlich / no peligroso, sin peligro ‖ **~**, unschädlich / inofensivo, in[n]ocuo ‖ **~er Niederschlag** (Nukl Explosion) / depósito *m* radiactivo secundario
Ungefährzeichen *n* / signo *m* de aproximación
ungefalzt (Druck) / en plano
ungefärbt (Glas) / incoloro ‖ **~** (Tuch) / no teñido, sin teñir, de color natural
ungefasst (Edelstein, Brillenglas) / sin montar ‖ **~** (Edelstein) / suelto
ungefedert / sin muelle, sin resorte, no suspendido
ungeformt / no conformado
ungefüllt, aschefrei (Pap) / no cargado
ungegerbt, grün, roh (Leder) / sin curtir
ungeglättet (Pap) / sin satinar, no satinado ‖ **~e Seite** (Pap) / lado *m* no satinado
ungeglüht / no recocido
ungegoren / no fermentado, sin fermentar
ungehärtet, weich (Stahl) / sin temple, sin templar ‖ **~** (Plast) / sin endurecer ‖ **~es o. nichtvorgespanntes Glas** / vidrio *m* no templado o sin templar
ungeheizter Tiefofen (Hütt) / horno *m* pit (E) o de foso (LA) sin recalentamiento
ungehindert, ungehemmt / sin ser detenido, sin obstáculo, sin impedimento
ungehobelt / sin cepillar
ungekämmt (Wolle) / sin cardar
ungekocht (Milch) / sin cocer ‖ **~** (Seide) / crudo (seda)
ungekoppelte Schwingungen *f pl* (Fernm) / modos *m pl* no acoplados
ungekürzt / no abreviado, completo
ungeladen (Elektr) / sin carga [eléctrica], neutro
ungelegen, zu ungelegener Zeit / a destiempo, inoportuno
ungeleimt, schlecht geleimt (Pap) / no encolado, sin encolar
ungelenkter Flugkörper / cohete *m*, misil *m* no guidado
ungelernt, Hilfs... / no calificado, sin calificación ‖ **~er Arbeiter** / trabajador *m* no c[u]alificado, trabajador *m* no especializado, bracero *m*, peón *m*
ungelöscht (Kalk) / vivo, no apagado
ungelöst (Chem) / no disuelto
ungemünztes Gold o. Silber / oro *m* en barras, plata *f* en barras
ungemustert, glatt (Tex) / sin dibujos
ungenadeltes Filztuch / tejido *m* de fieltro sin agujar
ungenau / inexacto, impreciso
Ungenauigkeit *f* / inexactidud *f* ‖ **≃**, Unklarheit *f*, Verschwommenheit *f* / imprecisión *f*
Ungenauigkeitswinkel *m* (Radar) / zona *f* de sombra
ungenießbar (Speise) / incomestible, incomible ‖ **~** (Getränk) / impotable, imbebible
ungenoppt, glatt (Tuch) / raso, sin piel

ungenügend, mangelhaft / insuficiente ‖ ~ **aufladen** / cargar insuficientemente ‖ **~er Luftdruck** (Kfz) / presión *f* de inflado insuficiente
ungeordnet, regellos / desordenado, en desorden, aleatorio, sin orden ‖ ~ **abgelegt** (Roboter) / distribuido en desorden ‖ **~e Lagen** *f pl* (Ringe, Walzw) / espiras *f pl* irregulares ‖ **~e Netzwerkstruktur** / estructura *f* reticular (E) o celular o aleatoria (LA) ‖ **~e Teile** (Roboter) / partes *f pl* desordenadas
ungepaart (Elektron) / no apareado
ungepackt, entpackt (DV) / desempaquetado, sin comprimir ‖ **~e Dezimale** / decimal *f* desempaquetada ‖ **~es Format** (IBM) (DV) / formato *m* dividido en zonas
ungepanzert (Kabel) / no armado, sin armadura
ungepolt (Elektr) / no polarizado
ungeprüft (DV) / sin comprobar, sin verificar
ungepuffert (DV) / sin almacenamiento intermedio
ungerade (Math) / impar ‖ ~ **Parität** (DV) / paridad *f* impar ‖ **~r Term** (Nukl) / término *m* [atómico] impar ‖ ~ **Zahl** / número *m* impar o non ‖ **~-gerade Kerne**, ug-Kerne *m pl* (Phys) / núcleos *m pl* par-impar ‖ **~-ungerade Kerne** *m pl* (Phys) / núcleos *m pl* impar-impar
Ungeradheit *f* (Math) / imparidad *f*, defecto *m* de rectitud
ungeradzahlig, ungerade (Math) / impar ‖ **~es Bit** (DV) / bit *m* impar ‖ **~e harmonische o. Oberschwingung** (Phys) / armónica *f* [de orden] impar ‖ **~e Parität** (DV) / paridad *f* impar ‖ **~es Raster** (TV) / exploración *f* con entrelazamiento que empieza con las líneas impares
ungeregelt • er Katalysator (Kfz) / catalizador *m* con bucle abierto ‖ **~e Röhre** (Eltronik) / tubo *m* de corte rápido
ungereinigt (Baumwolle) / bruto ‖ ~ (Chem) / sin refinar ‖ ~, roh, Roh... / sin purificar, no purificado ‖ **~e Baumwolle** *f* (Tex) / algodón *m* en bruto, algodón *m* sucio
ungerichtet (Eltronik) / adireccional, no direccional, omnidireccional ‖ ~ (Wellen) / esférico ‖ **~es Funkfeuer**, NDB (= nondirectional beacon) (Schiff) / radiofaro *m* no direccional u omnidireccional ‖ **~e Geschwindigkeit** (Nukl) / velocidad *f* aleatoria o irregular ‖ **~es Mikrophon** / micrófono *m* no direccional u omnidireccional ‖ **~er Strahler** / emisor *m* omnidireccional
ungeröstetes Erz (Hütt) / mineral *m* no calcinado o no tostado
ungesammelte Produktion (Druck) / tiro *m* doble o corriente, tirada *f* de doble producción
ungesättigt (Chem, Phys) / no saturado, insaturado ‖ **~es Kohlenwasserstoffgas**, Ethylen *n* / etileno *m*, gas *m* de hidrocarburo no saturado ‖ **einfach ~es Polyester** / poliéster no saturado ‖ **einfach ~es Fett** / grasa *f* monoinsaturada ‖ **einfach (o. einmal) ~** (Chem) / monoinsaturado ‖ **mehrfach ~** / poliinsaturado
Ungesättigtheit *f* / estado *m* no saturado
ungesäuert (Brot) / sin levadura
ungesäumt, unbeschnitten (Zimm) / sin cantear ‖ ~ (Web) / sin dobladillo
ungeschält, unpoliert (Reis) / sin pelar, sin mondar, con cáscara ‖ **~er o. roher Reis** / arroz *m* sin pelar, arroz *m* sin mondar, arroz *m* con cáscara
ungeschichtete Zufallsprobe, ungeschichtete Probenahme (Qual.Pr.) / muestreo *m* aleatorio a granel
ungeschickt, unpraktisch / con poca habilidad, poco práctico, poco diestro
ungeschlagen (Jacquardkarte) / no perforado, sin perforación
ungeschliffen (Klinge) / no afilado, sin afilar ‖ ~, roh (Diamant) / no tallado, sin tallar ‖ ~ (z.B. Marmor) / sin pulir (p.ej. mármol)

ungeschmiert / no engrasado, no lubrificado, sin engrasar
ungeschützt / no protegido ‖ ~, offen (Elektr, Mot) / abierto, no blindado ‖ ~, unisoliert (Elektr) / sin aislamiento ‖ **~e Lage**, Aussetzung *f* / exposición *f* a la intemperie
ungeschwächt • er Schroteffekt (Eltronik) / efecto *m* de ruido Schottky ‖ **~er Schrotstrom** (TV) / corriente *f* de granalla plena
ungeschweißter Flächenriss (Hütt) / grieta *f* superficial
ungesicherte Systemverbindung (DV) / conexión *f* física
ungesiebt / sin cribar, no cribado ‖ ~ **Kohle** (Bau) / grava *f* [de gravera] sin cribar ‖ **~e Kohle** / carbón *m* no cribado ‖ **~es** *n* / material *m* sin cribar
ungesintert / sin sinterizar
ungespannt • es Grundwasser / agua *f* subterránea no encerrada ‖ **~es Trumm** (o. Leertrumm) / ramal *m* conducido o arrastrado
ungestauter Wasserspiegel / nivel *m* de agua sin represar o embalsar
ungesteckt (Stecker) / no enchufado
ungesteuert, unbeherrscht, ungelenkt / no controlado, sin control, sin mando, ingobernado, no gobernado, sin gobierno ‖ **~er Anforderungsbetrieb** (DV) / modo *m* de demanda ingobernado ‖ **~es Ventil** / válvula *f* automática
ungestört / sin ser estorbado ‖ **~e Bodenprobe** / muestra *f* de tierra intacta ‖ **~e Sonne** (Astr) / sol *m* tranquilo o en calma, sol *m* con poca actividad ‖ **~e Umlaufbahn** (Raumf) / órbita *f* no estorbada, órbita *f* no perturbada ‖ **~er Wasserspiegel** / nivel *m* de agua sin represar o embalsar
ungestrichen (Pap) / sin estucar, no estucado
ungesund (F.Org, Meteo) / malsano, poco saludable
ungeteilt / no dividido ‖ ~ (Spurstange) (Kfz) / de una sola pieza (barra de acoplamiento) ‖ **~e Form** (die ganz im Unterkasten liegt) (Gieß) / molde *m* de fundición no partido en la caja inferior ‖ **~es Ringlager** / cojinete *m* de manguito [interior], cojinete *m* liso, chumacera *f* de camisa ‖ **~er Tragflügel** (Luftf) / ala *f* de una sola pieza
ungetempert (Leichtmetall) / no envejecido ‖ ~ (Stahl) / no maleabilizado
ungewalkt (Tex) / no abatanado
ungewaschen / no lavado, sin lavar ‖ ~, fettig (Wolle) / en grasa, sucio ‖ ~ **färben** (Wolle) / teñir en grasa ‖ **~e Feinkohle** (Bergb) / carbón *m* menudo no lavado ‖ **~er Kies** (Bau) / grava *f* de gravera
ungewässert / no remojado ‖ ~, nicht moiriert (Tex) / sin muarar
ungewiss / incierto ‖ ~, zweideutig (DV) / ambiguo
Ungewissheitsstufe, Alarmstufe I (Luftf) / fase *f* de incertidumbre
ungewöhnlich, abnorm / desusado, poco común, anormal, anómalo ‖ **~es Ende** (DV) / fin *m* anormal ‖ **~e Größe** / tamaño *m* anormal ‖ ~ **stark** (Bestrahlung) / anormal
ungewollt / sin intención, involuntario, no intencionado ‖ **~e Bremsung** (Bahn) / frenado *m* intempestivo ‖ **~er Lichteinfall** (Foto) / velo *m*, luz *f* parásita
ungezahnt (Masch) / no dentado, sin dientes
Ungeziefer *n*, Insekten *n pl* (Landw) / sabandijas *f pl*, insectos perjudiciales, bichos *m pl* (LA) ‖ **~bekämpfung** *f* / lucha *f* antiparasitaria, lucha *f* contra las sabandijas ‖ **~mittel** *n* / insecticida *m* ‖ **~mittel** / producto *m* para la desinsectación ‖ **~vernichtung** *f* / destrucción *f* de sabandijas, desinsectación *f* ‖ **~vernichtung** (durch Flugzeuge) / fumigación *f* con productos de desinsectación (desde el avión) ‖ **~vernichtung durch Spritzen** / destrucción *f* de sabandijas por pulverización o rociado
ungiftig / no venenoso, sin veneno, no tóxico
unglasiert (Keram) / sin esmaltar

ungleich

ungleich, verschieden / diferente [de] ‖ ~ (Math) / desigual ‖ ~, ungleichmäßig / desigual ‖ ~, unegal (Färb) / desigual ‖ ~, unegal (Wollstoff) / irregular ‖ ~ (Terrain) / accidentado (terreno) ‖ ~ **ausfallen** / diferir ‖ **~e Breite** (Fehler, Web) / anchura *f* irregular ‖ **~ hoch**, uneben / desnivelado ‖ **~e Höhe o. Dicke haben**, hervorstehen / desnivelarse ‖ ~ **Null** (Math) / no nulo, distinto de cero ‖ **~e Phase haben** / diferir en fase ‖ **~e Schussdichte** (Webfehler) / densidad *f* irregular de trama ‖ **~e Teilung** (Masch) / paso *m* no uniforme, paso *m* irregular ‖ **~e Verdichtung** (Gieß) / compactación irregular ‖ **von** ~ **er Höhe** / de altura desigual

ungleich • achsig (Krist) / no equiaxial ‖ **~armig** (Hebel) / de brazos desiguales, disimétrico, asimétrico ‖ **~[artig]** / diferente, dispar ‖ **~artig**, heterogen / heterogéneo ‖ **~artig bei gleicher Zusammensetzung** (Chem) / isomérico, isómero ‖ **~artigkeit** *f* / heterogeneidad *f*

ungleichförmig / de forma diferente ‖ ~, unterschiedlich / desigual ‖ ~ (Sintern) / irregular, de polvo heterogéneo ‖ **~ beschleunigt** (Phys) / de o con aceleración variable ‖ **~e Bewegung** / movimiento *m* variable ‖ **~e Geschwindigkeit** / velocidad *f* variable o regulable ‖ **~ übersetzendes Getriebe** / engranaje *m* con reducción o multiplicación variable

Ungleichförmigkeit *f* / irregularidad *f* ‖ **~ der Drehzahl** / irregularidad *f* cíclica ‖ **~ der Fahrbahn** / irregularidad *f* del pavimiento o del firme ‖ **~ des Wellenwiderstandes**, Z-Faktor *m* (Elektr) / irregularidad *f* de impedancia

Ungleichförmigkeitsgrad *m* / grado *m* de irregularidad

Ungleichgewicht *n* / falta *f* de equilibrio, desequilibrio *m*

Ungleichheit, Verschiedenheit *f* / desigualdad *f*

Ungleichheitszeichen *n* (Math) / signo *m* de la no identidad, signo de no igualdad, signo *m* "no igual"

Ungleichimpuls *m* (Eltronik) / impulso *m* de desigualdad

ungleichmäßig, uneben / desigual ‖ **~e (o. bucklige) Kurve** (Straßb) / curva *f* abollada ‖ **~e Strömung** / flujo *m* no uniforme ‖ **~e Verbrennung** (Aussetzen in Sekundenlänge) (Rakete) / combustión *f* inestable ‖ **~er Verschleiß** (Reifen) / desgaste *m* no uniforme

Ungleich • mäßigkeit *f* (Pap) / desigualdad *f*, desuniformidad *f*, irregularidad *f* ‖ **~mäßigkeitsfaktor** *m* (Licht) / factor *m* de variación

ungleichnamig, entgegengesetzt gepolt (Elektr, Pole) / de polaridad contraria, de nombre o signo contrario ‖ **~e Brüche** *m pl* (Math) / fracciones *f pl* de denominaciones diferentes ‖ **~es Feld** (Elektr) / campo *m* de polaridad contraria ‖ **~e Flanken** *f pl* (Zahnrad) / flancos *m pl* opuestos ‖ **~e Pole** *m pl* (Phys) / polos *m pl* opuestos o contrarios

ungleichschenklig (Dreieck) / escaleno ‖ ~, -flanschig (Winkelstahl) / de alas desiguales ‖ **~er rundkantiger Winkelstahl** / angular *m* de lados desiguales y de cantos redondos ‖ **~er Winkelstahl** / angular *m* de lados desiguales

ungleichseitig, mit ungleichen Seiten / de lados desiguales ‖ ~, -schenklig (Math) / escaleno

Ungleichung *f* (Math) / inecuación *f*

ungleich • wertig, -artig / heterogéneo, desemejante ‖ **~winkeligkeit** *f* (Geom) / defecto *m* de isogonalidad o de equiangularidad ‖ **~winklig** / de ángulos desiguales

Ungras *n* (Bot, Landw) / malas plantas gramíneas

ungültig / inválido, no válido, sin validez ‖ ~, gestrichen / cancelado, anulado ‖ **~er Empfang** (DV) / recepción *f* inválida ‖ **~ machen** / invalidar ‖ **~ machen**, streichen / anular, cancelar ‖ **~ werden**, verfallen / caducar, perder su validez

Ungültigkeits • befehl *m* (DV) / instrucción *f* de omisión ‖ **~zeichen** *n*, Andreaskreuz *n* (Bahn) / cruz *f* de San Andrés (señal de "fuera de servicio")

ungünstig, widrig (Wetter) / contrario, desfavorable ‖ **~e Geometrie** (Nukl) / geometría *f* desfavorable ‖ **~es Verhalten** / comportamiento *m* desfavorable

unhaltig, taub (Bergb) / estéril

unhandlich / poco manejable, difícil de manejar

unheilbar, nicht wieder gutzumachen / irremediable, irreparable

unhygienisch / no higiénico, antihigiénico

unhörbar / imperceptible al oído, inaudible

uni, einfarbig (Tex) / liso, unicolor ‖ **~charakteristische Verteilung** (Stat) / distribución *f* de (o según) una variable ‖ **~cracken** *n* (Öl) / unicraqueo *m* ‖ **~direktional verstärkt** (Plast) / reforzado unidireccionalmente ‖ **~direktionalgelege-Prepreg** *n* (Plast) / producto *m* unidireccional preimpregnado ‖ **~farbe** *f* (Färb) / color *m* único ‖ **~färberei** (Tex) / teñido *m* unicolor ‖ **~farbstoffe** *m pl* / colorantes *m pl* únicos ‖ **~filar**, eindrähtig (Elektr) / unifilar ‖ **~filaraufhängung** *f*, Einfadenaufhängung *f* / suspensión *f* unifilar

Unifining-Verfahren *n* (Öl) / proceso *m* Unifining

Uniformtuch *n* (Tex) / paño *m* militar

Unigarn *n* / hilo *m* de un solo color

Unijunktions-Transistor *m*, Doppelbasisdiode *f* / transistor *m* uniunión o de unión única

Unikracken *n*, Unicracken *n* (Öl) / proceso *m* Unicracking o unicraqueo

Uni • lack (Ggs.: Metalliclack) / laca *f* lisa (término opuesto: laca metálica) ‖ **~modular** (DV, Math) / unimodular

unimolekular (Chem) / monomolecular

Unionspriorität *f* (Patent) / prioridad *f* de Convención

UNIPEDE = Union Internationale des Producteurs et Distributeurs d'Energie (= International Union of Producers and Distributors of Electric Energy) / UNIPEDE, Unión Internacional de Productores y Distribuidores de Energía

unipolar (Elektr) / unipolar ‖ **~er Impuls** / impulso *m* unipolar

Unipolar • bogen *m* (Plasma) / arco *m* unipolar ‖ **~maschine** *f* (Elektr) / dínamo *f* unipolar ‖ **~transistor** *m* / transistor *m* unipolar [de efecto de campo]

unique verboten (Nukl) / únicamente prohibido

unisoliert, blank / no aislado

Unisolverfahren *n* (Öl) / proceso *m* Unisol

unitär, Einheits... (Math) / unitario ‖ **~e Matrix** (Math) / matriz *f* unitaria ‖ **~es System**, Einstoffsystem *n* (Chem) / simetría *f* unitaria

Uniteppich *m* / alfombra *f* de color único

Unit • load, Einheitsladung *f* (Schiff) / carga *f* unitaria ‖ **~-Load-Carrier** *m* (Schiff) / buque *m* ULC

Uniton *m* (Phys) / unitono *m*

Unitöne *m pl* (Färb) / tonos *m pl* de color único

Unit • -Operation *f* (Chem) / operación *f* unitaria ‖ **~-Process** *m* (Chem) / proceso *m* unitario

Uni • -Tunneldiode *f* (Eltronik) / diodo *m* Esaki (o de efecto túnel) de característica especial de corriente inversa ‖ **~variant**, mit einem Freiheitsgrad, mit einer Freiheit (Chem) / univariante, monovariante

universal bewegliches Kettenglied o. Gelenk / eslabón *m* universal giratorio, articulación *f* universal giratoria ‖ **~...**, universal... / universal, de aplicación múltiple ‖ **~...**, Mehrband... (Eltronik) / de toda onda, multibanda ‖ **~ Mobile Telecommunications System** / UMTS *m* ‖ **~abkantmaschine** *f* (Wzm) / plegadora *f* universal ‖ **~abkantmaschine** (zum Kantenbrechen) / máquina *f* universal de biselar, achaflanadora *f* universal ‖ **~ausführung** *f* / ejecución *f* [para uso o montaje] universal ‖ **~bagger** *m* (Wassb) / draga *f* universal o de aplicación universal ‖ **~-Blech- und Profilstahlschere** *f* / cizalla *f* universal para planchas y perfiles ‖ **~brenner** *m* / quemador *m* universal, quemador *m* adaptable a todos los gases ‖

≈**drehbank** f, -**drehmaschine** f. (Wzm) / torno m universal ‖ ≈**drehtisch** m (Mikrosk) / portaobjetos m giratorio universal ‖ ≈**[dreibacken]futter** n (Wzm) / mandril m (E) o plato (LA) universal [de tres mordazas] ‖ ≈**echtheit** f (Färb) / solidez f universal o general ‖ ≈**fahrzeug** n / vehículo m universal o de aplicaciones o usos múltiples ‖ ≈**fernsehen** n (Farben u. Schwarz) / televisión f en colores o compatible ‖ ≈**fräser** m (Arbeiter) / fresador m de fresadora universal ‖ ≈**-Fräs- und Bohrmaschine** f (Wzm) / fresadora-taladradora f universal, punteadora-fresadora f universal, fresadora-mandrinadora f universal ‖ ≈**futter** n (Wzm) / mandril m (E) o plato (LA) universal ‖ ≈**gelenk** n / articulación f o junta universal ‖ ≈**gestell** n (Fernm) / rack m universal ‖ ≈**gewinde** n / rosca f universal ‖ ≈**gleichstrommotor** m / motor m universal de corriente continua (cc) ‖ ≈**greifer** m, Greifhand f (Roboter) / mano-pinza f universal ‖ ≈**hobelmaschine** f **für Vor- u. Rückwärtsschnitt** (Wzm) / acepilladora f universal ‖ ≈**indikator** m (Chem) / indicador m universal ‖ ≈**instrument** n, -messinstrument n / multímetro m, instrumento m de medición universal ‖ ≈**instrument**, Theodolit m (Verm) / teodolito m ‖ ≈**kopierfräsmaschine** f (Wzm) / fresadora-copiadora f universal ‖ ≈**kupplung** f (mit Kreuzschlitzen u. Zwischenstück, junta f [de] Oldham, acoplamiento m Oldham ‖ ≈**manipulator** m / telemanipulador m universal ‖ ≈**maschine** f (allgemein brauchbare Maschine) / máquina f universal o de aplicaciones múltiples ‖ ≈**menge** f, Allmenge f (Math) / conjunto m universal, universal m ‖ ≈**messgerät** n / multímetro m, multimedidor m, medidor m universal, polímetro m ‖ ≈**motor** m (Elektr) / motor m universal ‖ ≈**niet** m (Masch) / remache m de cabeza redonda ‖ ≈**prüfmaschine** f / máquina f universal para ensayos ‖ ≈**roboter** m / robot m universal ‖ ≈**-Rund- und Profilschleifmaschine** f (Wzm) / rectificadora f cilíndrica y de perfiles universal ‖ ≈**-Schärf- und Schleifautomat** m / afiladora-rectificadora f o aguzadora-rectificadora automática universal ‖ ≈**schild** m (Straßenaufreißer) / escudo m universal ‖ ≈**schleifmaschine** f (Wzm) / rectificadora f universal ‖ ≈**[schrauben]schlüssel** m, (jetzt:) Rollgabelschlüssel m / llave f universal o ajustable, llave f inglesa ‖ ≈**-Schwenkbiegemaschine** f / plegadora f universal ‖ ≈**spannpatrone** f (Dreh) / mandril m de pinza universal, pinza f portapieza universal ‖ ≈**spreader** m, -traverse f (Container) / travesaño m telescópico ‖ ≈**stahl** m (Walzw) / acero m universal ‖ ≈**stahlwalzwerk** n (Walzw) / laminador m [de acero] universal ‖ ≈**steuerung** f **für Hub- und Fahrwerk** (Kran) / mando m universal, dispositivo m universal de maniobra ‖ ≈**steuerwalze** f (Kran) / controler m universal ‖ ≈**typensatz** m (DV) / juego m universal de caracteres ‖ ≈**wechselstrommotor** m / motor m universal de corriente alterna ‖ ≈**werkzeug** n / herramienta f universal ‖ ≈**-Werkzeugfräs- und Bohrmaschine** f (Wzm) / fresadora-taladradora f universal para herramientas ‖ ≈**werkzeugschleifmaschine** f / afiladora f universal de herramientas ‖ ≈**wickler** m (Walzw) / bobinadora f universal ‖ ≈**zange** f / alicates m pl universales
universell, allgemein [verbreitet o. üblich] / universal, general ‖ ~, Vielzweck... / universal, para aplicaciones múltiples, multiuso ‖ **~e Konstante** (Phys) / constante f universal
Univibrator m, monostabiler Multivibrator (Eltronik) / multivibrador m [de relajación] monoestable
Unix n (Progr.Sprache AT & T Bell) (DV) / Unix m
unjustiertes Endlosband (Druck) / cinta f no justificada, cinta f boba
unkalandert (Pap) / sin calandrar

unkalziniert, roh, Roh... (Hütt) / no calcinado, sin calcinar
unklar, verschwommen / indistinto, borroso, turbio ‖ ~ (Schiff) / enredado (p.e. ancla) ‖ **~es Bild** (infolge Dämpfung im Videoverstärker) (TV) / borrosidad f de la imagen ‖ **~ werden**, nachdunkeln vi (Färb) / oscurecer, ponerse oscuro
Unklarheit f, Verschwommenheit f / imprecisión f
unklassiert / sin clasificar
unkontrollierte Reaktion / reacción f fuera de control
unkorreliert / sin correlación
unkorrigiert / no corregido, sin corrección ‖ **~er Parabolreflektor** / reflector m parabólico no corregido
Unkosten pl / gastos m pl ‖ **allgemeine** ~ / gastos m pl generales
Unkraut n (Landw) / malas f pl hierba[s], hierba f inútil, yuyo m (LA), maleza[s] f pl ‖ ≈ **beseitigen** / desherbar, yerbar, escardar ‖ **landwirtschaftliches** ≈, Adventivpflanzen f pl / plantas f pl adventicias
Unkraut•bekämpfung f / lucha f contra las malas hierbas, escarda f, empleo m de herbicidas ‖ ≈**bekämpfungsmittel**, -vertilgungsmittel n, Herbizid n / herbicida m, matayuyos m (LA) ‖ ≈**egge** f, -striegel m / grada f para desherbar, desherbador m ‖ ≈**jätmaschine** f, -egge f, -striegel m / extirpador m de malas hierbas, escarificadora f ‖ ≈**vernichtung** f / extirpación f de malas hierbas, desherbaje m
unkristallisierbar / no cristalizable, incristalizable
unkritisch / no crítico
unkürzbar (Math) / irreducible
unlauterer Wettbewerb / competencia f desleal
unlegiert (Hütt) / no aleable, inaleable
Unlegierbarkeit f / inaleabilidad f
unlegiert / no aleado ‖ **~er Baustahl** / acero m al carbono no aleado de construcción ‖ **~er Kohlenstoffstahl** / acero m al carbono no aleado ‖ **~er Manganstahl** / acero m C-Mn o al carbono-manganeso sin alear o no aleado ‖ **~er Werkzeugstahl** / acero m para herramientas no aleado
unlenkbar / no dirigible
unlinear / no lineal, alineal
unlin[i]iert / sin rayar
unlogarithmiert (Math) / natural
unlösbar (Math) / irresoluble, insoluble, no soluble ‖ ~, nicht ablösbar / no desprendable ‖ **~ sein** (Math) / no tener solución ‖ **~e Verbindung** / unión f fija o no desmontable ‖ **~e Verbindung** (Elektr) / ligazón f [eléctrica] íntima
unlöschbar, dokumentenecht (Tinte) / indeleble ‖ ~ (DV) / imborrable, no borrable
unlöslich, unlösbar (Chem) / insoluble adj ‖ **~e Anode** / ánodo m insoluble ‖ **~ in Normalbenzin** / insoluble en bencina de petróleo
Unlösliches n (Chem) / insoluble m ‖ **R12-**≈ / insoluble m en R12
unlötbar / no soldable
unmagnetisch / no magnético, amagnético, antimagnético, diamagnético ‖ **~ machen** / desiman[t]ar, desmagnetizar
unmerkbar für das Auge / imperceptible al ojo
unmessbar, unausmessbar / inmensurable
unmischbar, unvermischbar / inmezclable, inmiscible, no miscible
Unmischbarkeit f / inmezclabilidad f, inmiscibilidad f
unmittelbar, direkt / directo ‖ ~ [angrenzend] (Land) / colindante ‖ ~, produktiv (F.Org) / productivo ‖ **~ (o. ohne Zeitverlust) erfolgend**, augenblicklich / inmediato, instantáneo ‖ **~e Adresse** (DV) / dirección f inmediata ‖ **~ an der Baustelle** (Bau) / al pie de la obra ‖ **~er Antrieb** / accionamiento m directo ‖ **mit ~em Antrieb** (Bahn) / con transmisión directa ‖ **~er aufeinander folgend** / inmediatamente seguido ‖ **~er**

1395

Befehl (DV) / instrucción *f* inmediata ‖ **~e Belastung** / carga *f* directa ‖ **~ bevorstehend** / inminente ‖ **~ daranliegend** / contiguo [a] ‖ **~e Kupplung** (Masch) / acoplamiento *m* directo ‖ **~e Leseprüfung** (Magn.Bd) / comprobación *f* de lectura después de la grabación ‖ **~es Messen** / medición *f* directa ‖ **~e Verarbeitung** (DV) / tratamiento *m* inmediato ‖ **~er Zugriff** (DV) / acceso *m* directo
unmodern / fuera de moda, pasado de moda, anticuado
unmodifiziert, ungeändert / sin modificación ‖ **~er Befehl** / instrucción *f* supuesta
unmoduliert (Eltronik) / no modulado, sin modulación ‖ **~e Trägerwelle** / onda *f* portadora no modulada ‖ **~e Welle** / onda *f* entretenida pura
unnachgiebig / inflexible
unnötigen Aufwand betreiben / gastar inútilmente material y tiempo
Unordnung, Regellosigkeit *f* (Phys) / desorden *m*
unpaarig (DV) / no apareado, no emparejado ‖ **~** (Elektron) / sin emparejar, no emparejado
Unpaarigkeit *f*, ungeradzahlige Parität (DV) / paridad *f* impar
unpalettiert, nicht palettisiert (Förd) / no paletizado, sin paletizar
unparallel / no paralelo
Unparallelität *f* (Geom, Masch) / defecto *m* de paralelismo, no paralelidad
unpassend / poco conveniente, impropio ‖ **im ~en Augenblick**, zur falschen Zeit / inoportuno, a destiempo
unplastisch / no plástico
unpolar, homöopolar (Chem) / homopolar ‖ **~e Bindung** (Chem) / enlace *m* covalente, unión *f* homopolar
unpolarisiert (Phys) / impolarizado, no polarizado ‖ **~es Relais** / relé *m* neutro o no polarizado
unpoliert / no pulido, sin pulir
unpraktisch / poco práctico ‖ **~**, unratsam / inoportuno
Unpräzision *f* / imprecisión *f*
unproduktiv / no productivo, improductivo ‖ **~**, Hilfs..., Neben... (F.Org) / indirecto ‖ **~e Zeit** / tiempo no productivo o de inactividad
unrealisierbar / no realizable
unregelmäßig / irregular ‖ **~**, unstetig / inestable, inconstante ‖ **~**, zufällig / aleatorio ‖ **~**, erratisch / errático ‖ **~e Abtastgeschwindigkeit** (Bildfunk) / salto *m*, exploración *f* irregular, velocidad *f* irregular de barrido ‖ **~ arbeiten** / funcionar a sacudidas o erráticamente ‖ **~e Faserrichtung** (Holz) / dirección *f* irregular de la fibra ‖ **~e Oberfläche** / superficie *f* áspera o rugosa ‖ **~e Verbrennung** / combustión *f* irregular ‖ **~es Viereck** (Geom) / cuadrilátero *m* irregular
Unregelmäßigkeit *f* / irregularidad *f*
unreguliert (Uhr) / no regulado
unrein, schmutzig / impuro, sucio ‖ **~er Alkohol** (Chem) / alcohol *m* bruto ‖ **~e Kohle** / carbón *m* sucio ‖ **~er Saft** (Zuck) / jugo *m* de difusión
Unreinheit *f*, Verunreinigung *f* (Halbl, Hütt) / impureza *f*
unrentabel / no rentable
unretuschiert (Foto) / no retocado, sin retocar
unrichtig, fehlerhaft / incorrecto
Unrichtigkeit *f* / incorrección *f*
Unruh *f* (Uhr) / volante *m* ‖ **~anreißfeder** *f* / muelle *m* de arranque del volante ‖ **~brücke** *f*, -kloben *m* (Uhr) / puente *m* de volante, coq *m* ‖ **~feder** *f* (Uhr) / muelle *m* del volante
unruhig / inquieto ‖ **~**, laut / bullicioso, ruidoso ‖ **~**, flackernd / vacilante ‖ **~** (Lauf) / inestable ‖ **~** (Meer) / agitado (mar) ‖ **~**, Kabbel... (Schiff) / rizado ‖ **~ arbeiten** (Mot) / funcionar erráticamente ‖ **~e Schmelze** (Hütt) / fusión *f* efervescente no calmado ‖ **~ vergossen** (Hütt) / efervescente, no calmado
Unruh-Stopphebel *m* (Uhr) / látigo *m* de volante

unrund / no redondo, ovalado ‖ **~** (Dreh) / no circular, descentrado, excéntrico ‖ **~**, taumelnd (Rotationskörper) / tambaleante ‖ **~er Lauf** / marcha *f* excéntrica ‖ **~ laufen** / girar ovalado o descentrado ‖ **~ machen** / ovalizar ‖ **~ werden** / ovalizarse ‖ **~ *n*** / deformación *f* circunferencial ‖ **~** (Ovalflansch) / brida *f* ovalada
Unrundheit *f*, Schlag *m* (Masch) / falta *f* de redondez, defecto *m* o error de redondez ‖ **~**, Schlag *m* (Rad) / excentricidad *f* ‖ **~** (z.B. infolge Verschleiß) / ovalización *f* (por ej.: por desgaste)
Unrundheits•toleranz *f* / tolerancia *f* de ovalización ‖ **~verhältnis** *n* **des Strahlungsdiagramms** (Antenne) / grado *m* de exactitud de circularidad
Unrundwerden *n* / ovalización *f*
unsachgemäß (Behandlung) / inadecuado ‖ **~** (Konstruktion) / no apropiado ‖ **~e Handhabung** / manejo *m* inadecuado
unsatiniert (Pap) / sin satinar, no satinado
unsauber, schmutzig / impuro, sucio ‖ **~ abziehen** (Druck) / empastar ‖ **~er Druck** (Druck) / impresión *f* empastada
unschädlich / inofensivo, in[n]ocuo, no perjudicial ‖ **~ machen** / hacer inofensivo ‖ **~ machen**, neutralisieren / neutralizar
Unschädlichkeit *f* / in[n]nocuidad *f*, carácter *m* inofensivo
unscharf, stumpf / sin filo, romo, desafilado ‖ **~** (Opt) / poco nítido ‖ **~**, verschwommen (Foto) / borroso ‖ **~** (Eltronik) / indistinto ‖ **~** (Phys) / incierto, indeterminado ‖ **~**, nicht im Brennpunkt (Opt) / desenfocado, fuera de foco ‖ **~e Abstimmung** / sintonía *f* plana o poco aguda ‖ **~e Verstärkerregelung** *f* / control *m* plano de ganancia
Unschärfe *f* (Opt, TV) / falta *f* de nitidez, desenfoque *m*, borrosidad *f* ‖ **~**, Unsicherheit *f* (Nukl) / incertidumbre *m*, indeterminación *f* ‖ **~** *f* **durch Ablenkung** (Leuchtpunkt) (Kath.Str) / desenfoque *m* por desviación ‖ **~relation** *f*, -beziehung *f* (Nukl, Phys) / relación *f* de incertidumbre o de indeterminación
Unschlitt *m*, Talg *m* / sebo *m*
unschmelzbar / infusible
unsegementiert (DV) / no segmentado
unselbständig (Entladung, Reaktion) / no autónomo, no entretenido
unsicher / poco seguro, incierto, inseguro ‖ **~**, labil (Mech) / poco estable, inestable
Unsicherheit *f* (allg) / inseguridad *f*, poca seguridad ‖ **~**, Ungewissheit *f*, Zufall *m* / incertidumbre *m* ‖ **~**, Unschärfe *f* (Nukl) / incertidumbre *f*, indeterminación *f* ‖ **~** (Nachrichtentheorie) / entropía *f* negativa
Unsicherheitsmaß *n* (DV) / medida *f* de incertidumbre
unsichtbar / invisible ‖ **~** (Strahl, Vektor usw.) / suprimido (rayo, vector etc) ‖ **~e Luftwirbelung**, Höhenwirbel *m*, -turbulenz *f* (Meteo) / turbulencia *f* en aire claro
unsinkbar, -[ver]senkbar / insumergible
Unsinn..., Schein... (Math) / ilusorio
unsinnige Daten (DV) / residuos *m pl*, información *f* inservible, datos *m pl* sin significado
Unsinnskorrelation *f* (Math) / correlación *f* ilusoria
unsolide (Arbeit) / mal hecho, chapucero ‖ **~ bauen**, nachlässig bauen (Bau) / construir poco sólido
unsortiert / no clasificado, sin clasificar, no ordenado
unspaltbar (Nukl) / no fisionable ‖ **~ machen**, denaturieren / desnaturalizar material fisible
unspezifisch / poco específico, no específico
unstabil, instabil, labil (allg, Chem, Phys) / inestable
Unstabilität *f* / inestabilidad *f*
unstarres Luftschiff, Prallluftschiff *n* / aeronave *f* fláccida o no rígida
unstationär / débilmente estacionario
unstetig, aussetzend / discontinuo ‖ **~**, diskret (Math) / discreto ‖ **~ arbeitende Steuerung** / mando *m*

unterbrechen

intermitente, regulación *f* intermitente ‖ ~e **Funktion** (Math) / función discontinua ‖ ~ **regelnd** / de control de cierre-apertura, de control intermitente ‖ ~e **Veränderliche** / variable *f* discreta ‖ ~e **Verbrennung** (Aussetzen mit 100 Hz Frequenz) (Rakete) / combustión *f* discontinua
Unstetigkeit *f*, Diskontinuität *f* (Phys) / discontinuidad *f* ‖ ⸚, Schwanken *n* / inconstancia *f*
Unstetigkeits•fläche, Diskontinuitätsfläche (Phys) / superficie *f* de discontinuidad ‖ ⸚**punkt** *m*, -stelle *f* / punto *m* de discontinuidad ‖ ⸚**punkt** (Kurve) / punto *m* de inflexión ‖ ⸚**welle** *f* (Eltronik) / onda *f* de discontinuidad
Unstetigmachung *f* (Math) / acción *f* de hacer discreto
unstrukturiert (DV) / no estructurado
Unsulfatiertes *n* (Chem) / materia *f* no sulfatada
unsulfonierbar / insulfonable
Unsulfoniertes *n* / materia *f* no sulfonada
Unsymmetrie *f*, Asymmetrie *f* (Geom) / asimetría *f*, disimetría *f* ‖ ⸚ (Belastung) (Elektr) / desequilibrio *m* de carga
unsymmetrisch, asymmetrisch / asimétrico, disimétrico ‖ ~ [belastet] (Elektr, Fernm) / desequilibrado ‖ ~ (Fehler) / asimétrico ‖ ~er **Ausgang** (Elektr) / salida *f* asimétrica ‖ ~e **Belastung** (Elektr) / carga *f* asimétrica o desequilibrada ‖ ~es **Dimethylhydrazin, UDMH** (Raumf) / dimetilhidracina *f* asimétrica ‖ ~es **Seitenband** (Eltronik) / banda *f* lateral asimétrica ‖ ~er **Stromkreis** (Eltronik) / circuito *m* asimétrico o desequilibrado
unsystematisch, planlos / sin sistema
untätig, träge / inactivo, pasivo ‖ ~ (Vulkan) / inactivo, en reposo ‖ ~er **Zustand**, statischer Zustand (Fernm) / entropía *f* total
untauglich / inservible, no utilizable
unteilbar, Prim... (Math) / primo, indivisible
unten / abajo *adv* ‖ ~ (Gefäß, Wasser) / al fondo ‖ ~, in einem tieferen Stockwerk (Bau) / en una planta inferior ‖ ~ !, diese Seite nach unten! / ieste lado hacia abajo! ‖ ~ **liegend** / abajo, inferior ‖ ~ **liegende Fahrbahn** (Brücke) / tablero *m* inferior
Unten•dreher *m* (Turmdrehkran) / grúa *f* de torre giratoria por la base ‖ ~**gesteuert**, stehend (Mot) / de o por válvulas laterales ‖ ~**laufende Stromabnehmerrolle** / trolé *m* de debajo
unter / debajo [de] ‖ ~es **Abmaß** / diferencia *f* inferior ‖ ~er **Bereich eines binären Signals** (DV) / gama *f* inferior de una señal binaria ‖ ~ **der Erde** [liegend], unterirdisch / subterráneo, bajo tierra ‖ ~ **Druck** [stehend] / bajo presión ‖ ~er **Eckbeschlag** (Container) / herraje *m* inferior ‖ ~es **Ende, Fuß** *m* / pie *m* ‖ ~e **Entscheidungsgrenze** / límite *m* inferior de control ‖ ~e **Erdumlaufbahn** (Raumf) / órbita *f* terrestre inferior ‖ ~e **Explosionsgrenze von Gasgemischen, UEG** / límite *m* inferior de explosividad de mezclas de gas ‖ ~e **Fließspannung** (Mech) / límite *m* inferior de deformación ‖ ~ **Glas** / bajo cristal ‖ ~e **Grenzfrequenz** (Photoelektr) / frecuencia *f* umbral o crítica ‖ ~e **Grenzfrequenz** (Elektr) / frecuencia *f* inferior de corte ‖ ~es **Grenzmaß** / medida *f* inferior límite ‖ ~e **Grenzwellenlänge** / longitud *f* de onda umbral o crítica ‖ ~er **Grenzwert** (Math) / límite *m* inferior ‖ ~es **Gurtungsblech** (Stahlbau) / platabanda *f* inferior ‖ ~er **Index** (o. Zeiger) (Math) / subíndice *m* ‖ ~e **kritische Geschwindigkeit** (Fallschirm) / velocidad *f* crítica de cierre ‖ ~ **1 mm** / submilimétrico ‖ ~ **5 mm** / menos de 5 mm ‖ ~ **Null** (Temperatur) / bajo cero ‖ ~er **Pressennock** (Wzm) / mesa *f* inferior de prensa ‖ ~ **Putz** (Bau, Elektr) / empotrado, bajo revoque ‖ ~er **Rand der Seite** (Druck) / margen *m* inferior de pie, pie *m* de página ‖ ~e **Schranke** (Mech) / límite *m* inferior ‖ ~ **Spannung** (Elektr) / bajo tensión, vivo ‖ ~ **Strom**, Strom führend / que conduce corriente, con o bajo corriente ‖ ~ **Tage**, untertägig (Bergb) / subterráneo ‖ ~ **Terrain** (Bau) / bajo nivel ‖ ~e **Toleranzgrenze** / límite *m* de tolerancia inferior ‖ ~er **Totpunkt, UT** (Mot) / punto *m* muerto inferior, P.M.I. *m* ‖ ~e **Tragschicht** (Straßb) / capa *f* de base ‖ ~e **Warngrenze** / límite *m* de aviso inferior ‖ ~ **Wasser** / bajo agua, subacuático, submarino ‖ ~er **Wertbereich, L-Bereich** *m* (Halbl) / gama *f* baja ‖ ~es **Zwischenstufengefüge** (Hütt) / estructura *f* bainítica inferior ‖ ~er **Keuper** (Geol) / keuper *m* o triásico inferior, margas *f pl* abigarradas ‖ ⸚er **Muschelkalk** (Geol) / caliza *f* de conchas inferior
Unter•ablauf *m* (DV) / operación *f* predeterminada ‖ ⸚**abteilung** *f*, Abschnitt *m* / subdivisión *f* ‖ ~**ackern**, unterpflügen (Landw) / enterrar con el arado ‖ ⸚**amt** *n* (Fernm) / centro *m* telefónico secundario, central *f* secundaria ‖ ⸚**anpassung** *f* (Eltronik) / adaptación *f* insuficiente ‖ ⸚**ansicht** *f* / vista *f* de abajo ‖ ⸚**anspruch** *m* (Patent) / subreivindicación *f*, reivindicación *f* secundaria ‖ ⸚**antrieb** *m* / accionamiento *m* desde abajo, mando *m* por la parte inferior ‖ ~**-aperiodische Dämpfung** (Fernm) / amortiguación *f* insuficiente ‖ ⸚**art** *f*, Subspezies *f* (Biol) / subespecie *f* ‖ ⸚**ätzung** *f* (gedr.Schaltg) / socavación *f* ‖ ⸚**band** *n*, Teilsträhne *f* (Tex) / troquillón *m* ‖ ⸚**band** (Förd) / cinta *f* inferior ‖ ⸚**bandförderer** *m* / transportador *m* de cinta inferior ‖ ⸚**bandrolle** *f*, rodillo *m* de cinta inferior ‖ ⸚**bandstation** *f* / estación *f* de descarga de cinta inferior ‖ ⸚**bank** *f* **des Flözes** (Bergb) / banco *m* inferior ‖ ⸚**bau**, Gründung *f* (Bau) / infraestructura *f* de la vía ‖ ⸚**bau**, Basis *f* (Bau) / fundación *f*, cimiento *m* ‖ ⸚**bau**, Planum *m* (Straßb) / plataforma *f*, plano *m* de formación (LA) ‖ gemauerter ⸚**bau** / cimiento *m* ‖ ⸚**bau** *m* (Masch) / infraestructura *f* ‖ ⸚**bau** (Reifen) / armadura *f*, carcasa *f* ‖ **geschütteter** ⸚**bau** / fundación *f* amontonada ‖ ~**bauen** *vt* (z.B. eine Beobachtung) / corroborar (p.ej. una observación) ‖ ~**bauen**, auszimmern (Bergb) / apuntalar ‖ ~**bauen**, -stützen, -mauern / socalzar, cimentar ‖ ~**baufähig** (Spülmasch) / montable en muebles de cocina ‖ ⸚**baukrone** *f* (Bahn) / plataforma *f* de la vía, plano *m* de formación (LA), cama *f* (MEJ), corona *f* (MEJ) ‖ ⸚**beck** *n* (Schere) / hoja *f* inferior ‖ ⸚**belastung**, -last *f* / carga *f* baja o reducida, baja *f* carga ‖ ⸚**belastung**, -last *f*, Teilbelastung *f* / carga *f* parcial o incompleta ‖ ⸚**belastung**, Herabsetzung *f* der Betriebswerte (Eltronik) / disminución *f* (de la corriente, de la potencia etc) ‖ ~**belichten** *vt* (Foto) / subexponer ‖ ~**belichtet** (Foto) / subexpuesto, expuesto insuficientemente ‖ ~**belichtet**, kontrastarm, flach, unterentwickelt, flau (Foto) / pobre en contraste ‖ ⸚**belichtung** *f* (Foto) / subexposición *f*, exposición *f* insuficiente ‖ ⸚**beschäftigung** *f* (F.Org) / subempleo *m*, subocupación *f*, ocupación *f* insuficiente ‖ ~**bestimmt** (Mech) / indeterminado ‖ ⸚**beton** *m* (Bau) / hormigón *m* de base, lecho *m* de hormigón ‖ ~**bewerten** / subvalorar ‖ ⸚**blattspritzung** *f* (Landw) / pulverización *f* subfoliar o del envés ‖ ⸚**boden**, -grund *m* (Geol, Landw) / subsuelo *m* ‖ ⸚**boden** *m* (Bau) / suelo *m* ‖ ⸚**boden** (Kfz) / parte *f* inferior de la carrocería, bajos *m pl* ‖ ⸚**bodenschutz** *m* (Kfz) / protección *f* anticorrosiva de los bajos ‖ ⸚**bodenspiegel** *m* / espejo *m* para inspección de los bajos ‖ ⸚**boden-Versiegelung** *f* (Kfz) / aplicación *f* de una capa anticorrosiva, protectora *f* anticorrosiva ‖ ⸚**bogen** *m*, Innenfläche *f* des Bogens (Bau) / intradós *m* ‖ ⸚**brechbarkeitsregister** *n* (DV) / registro *m* de interrupción
unterbrechen *vt* / interrumpir, interceptar ‖ ~ (zeitweilig) / suspender ‖ ~, trennen (Elektr, Fernm) / cortar, desconectar ‖ **den Stromkreis** ~ / abrir el circuito ‖ **die Gärung** ~ **o. stoppen** (Wein) /

interrumpir la fermentación ‖ **Stromzufuhr** ~ ! / ¡córtese la corriente!, ¡desconéctese la corriente!
unterbrechend / suspendedor ‖ ~, schubweise / por lotes, discontinuo
Unterbrecher m (DV) / interrupción f de programa ‖ ~ (Elektr) / ruptor m, disyuntor m ‖ ~ (Kfz) / ruptor m ‖ ~**amboss** m (Kfz) / soporte m de contacto ‖ ~**bad** n (Foto) / baño m interruptor de revelado ‖ ~**empfänger** m, Tickerempfänger m (Eltronik) / ticker m, tikker m, vibrador m ‖ ~**hebel**, -hammer m (Kfz) / palanca f del ruptor ‖ ~**kontakt** m (Kfz) / contacto m del ruptor ‖ ~**kontakt**, Kontaktschraube f / tornillo m de contacto del ruptor ‖ ~**kontakte** m pl (Kfz) / platinos m pl ‖ ~**nocke** f, -nocken m (Kfz) / leva f del ruptor ‖ ~**schalter** m **fernbetätigt** / interruptor m telemandado ‖ ~**seitig** (Kfz) / en el lado del ruptor ‖ ~**sender** m (Eltronik) / emisor m [con interruptor] tipo rueda fónica ‖ ~**summer** m / zumbador-interruptor m
Unterbrechung f / interrupción f ‖ ~, Pause f / pausa f, descanso m ‖ ~ f, Nachlassen n, Aussetzen n / intermitencia f ‖ ~ (DV) / interrupción f ‖ ~, Lücke f / vacío m, laguna f ‖ ~, Sperrung f / bloqueo m, cierre m ‖ ~, Zwischenruf m (Fernm) / corte m ‖ ~ f **der Funkverbindung** (Raumf) / interrupción f de las comunicaciones ‖ ~ **der Kontinuität** / interrupción f de continuidad ‖ ~ **der Stromversorgung**, interrupción f de suministro de corriente ‖ ~ **der Stromversorgung** (zeitweilige) / interceptación f, suspensión f ‖ ~ **des Umkehrganges** (DV) / bloqueo m del ciclo de conversión ‖ ~ **im Stromkreis** (Elektr) / discontinuidad f ‖ ~ **wegen Anforderung eines Gerätes** (DV) / interrupción f por pedido de un equipo periférico ‖ **mit** ~**en** / interrumpido ‖ **ohne** ~ f / ininterrumpido adj, sin interrupción
Unterbrechungs•analyse f (DV) / análisis m de las interrupciones ‖ ~**anforderung** / pedido m de interrupción ‖ ~**bad** n (Foto) / baño m interruptor de revelado ‖ ~**frei** (Elektr) / sin interrupción ‖ ~**freie Stromversorgung**, USV / suministro m de corriente sin interrupción ‖ ~**freigabe** f (DV) / autorización f de interrupción ‖ ~**funke[n]** m (Elektr) / chispa f de ruptura ‖ ~**gesteuert** (ein Microcomputer-System) (DV) / mandado por interrupción ‖ ~**impuls** m / impulso m de interrupción ‖ ~**isolator** m, Trennisolator m. / aislador m de seccionamiento ‖ ~**[licht]bogen** m (Elektr) / arco m de ruptura ‖ ~**marke** f (DV) / bandera f de interrupción ‖ ~**maske** f (DV) / máscara f de interrupción ‖ ~**melder** m (Elektr) / avisador m de ruptura ‖ ~**relais** m / relé m de ruptura o de desconexión ‖ ~**routine** (F.Org) / rutina f de interrupción ‖ ~**sperre** f (DV) / inhibición f de interrupción ‖ ~**stelle** f / punto m o lugar de ruptura ‖ ~**steuerungsprogramm** / programa m de mando de interrupción ‖ ~**strom**, Öffnungsstrom m (Elektr) / corriente f de ruptura ‖ ~**system** n (Messen) / sistema m de interrupciones ‖ ~**taste** f (DV) / tecla f de interrupción ‖ ~**tastung** f / manipulación f en circuito abierto
Unterbrennerkoksofen m (Hütt) / horno m de coque de mechero inferior
unterbringen vt, versorgen, einbringen / acomodar ‖ ~, einbauen / instalar, incorporar, empotrar ‖ ~, verstauen / colocar, alojar, almacenar, ubicar, posicionar f ‖ ~ **[Lokomotiven]** ~ (Bahn) / encerrar [locomotoras]
Unterbringung f, Versorgung f, Anordnung f / acomodación f, ubicación f, aislación f ‖ ~ **auf engem Raum** (Eltronik) / montaje m cerrado
Unterbringungsraum m / espacio m de alojamiento
unterbrochen / interrumpido ‖ ~, aussetzend / intermitente ‖ ~ (Leuchtfeuer) (Schiff) / de destellos (faro) ‖ ~**es Altern** (Hütt) / envejecimiento m interrumpido ‖ ~**er Arbeitslauf** (DV) / ciclo m

intermitente ‖ ~**es Fließpressen** / extrusión f incremental ‖ ~**e gedämpfte Wellen** f pl (Eltronik) / ondas f pl entretenidas interrumpidas, ondas f pl continuas intermitentes ‖ ~**er Guss** / colada f interrumpida ‖ ~**e Linie** (Straßb) / línea f interrumpida ‖ ~**er Schnitt** (Wzm) / corte m interrumpido ‖ ~**e Schweißnaht** / cordón m [de soldadura] discontinuo ‖ ~**e Wendel** (Lampe) / filamento m discontinuo ‖ ~ **werden**, abreißen / ser interrumpido, sufrir una interrupción
unter•chlorige Säure (Chem) / ácido m hipocloroso ‖ ~**dachtrocknung** f (Landw) / desecación f de heno a cubierto o en henil ‖ ~**deck** n (Schiff) / cubierta f inferior o baja, puente m inferior ‖ ~**deck** (Raumf) / primer m puente ‖ ~**deck** (Kfz) / primer m piso, piso m bajo ‖ ~**determinante** f, Minor f (Math) / subdeterminante f [de una matriz] ‖ ~**dicke** f (Hütt) / falta f de espesor ‖ ~**dimensioniert** / insuficientemente dimensionado, subdimensionado ‖ ~**-Dischwefelsäure** f, Dithionsäure, $H_2S_2O_6$ f (Chem) / ácido m ditiónico ‖ ~**dosierung** f (Plast) / alimentación f insuficiente ‖ ~**dosis** f, zu geringe Dosis (Pharm) / dosis f débil o insuficiente
Unterdruck m (Phys) / depresión f, vacío m parcial, presión f negativa ‖ ~, Unteratmosphärendruck m / presión f subatmosférica o inferior a la atmosférica ‖ ~ (Walzw) / presión f inferior ‖ ~... (Kfz) / por depresión, por vacío ‖ ~**behälter** m (Kfz) / depósito m de vacío ‖ ~**dampfheizung** f (Bau) / calefacción f por vapor
unterdrücken vt / suprimir ‖ ~, mildern / suavizar ‖ ~, dämpfen / estrangular ‖ ~, dämpfen (Eltronik, Fernm) / atenuar
Unterdruck-Entlüfterventil n / válvula f para presión negativa
Unterdrücker m **für Harmonische** (Fernm) / filtro m de armónicas
Unterdruck•feuerungskessel m / caldera f al vacío ‖ ~**förderer** m / transportador m por vacío ‖ ~**förderer** (Kfz) / alimentador m por vacío ‖ ~**gebläse** n / ventilador m aspirante ‖ ~**heizung** f (Bau) / calefacción f de depresión ‖ ~**kammer** f, -raum m, -prüfstand m (Luftf) / cámara f de depresión ‖ ~**-Kanal** m (Luftf) / túnel m de depresión ‖ ~**leitung** f (Kfz) / tubería f de depresión ‖ ~**messer** m, Vakuummeter n (DIN) (Phys) / vacuómetro m, vacuímetro m, indicador m o manómetro de vacío ‖ ~**messer** (Dampfm) / indicador m de vacío, deprimómetro m ‖ ~**messer** (Schornstein) / manómetro m de tiro (chimenea) ‖ ~**messer in mm-Wassersäule geeicht** (Masch) / manómetro m indicador de la presión negativa en mm de columna de agua ‖ ~**presse**, Unterkolbenpresse f / prensa f de plato inferior móvil ‖ ~**prüfer** m (Kfz) / depresímetro m ‖ ~**prüfstand** / cámara f de ensayos de vacío ‖ ~**pumpe** f / bomba f de (o al) vacío ‖ ~**regler** m (Einspritzpumpe) / regulador m de depresión ‖ ~**scheibenwischer** m (Kfz) / limpiaparabrisas m por depresión ‖ ~**servoeinrichtung** f (Kfz) / servomecanismo m por depresión
Unter-Druck-Setzung f, Druckbeaufschlagung f / presurización f
Unterdruckspannvorrichtung f / dispositivo m de sujeción por depresión
unterdrückt•es Komma (DV) / coma f decimal suprimida ‖ ~**e Trägerwelle** (Eltronik) / onda f portadora suprimida ‖ **mit ~em Nullpunkt** (Instr) / con punto cero suprimido ‖ **teilweise ~e Seitenbänder** (Eltronik) / bandas f pl laterales reducidas
Unterdrucktester m / comprobador m de depresión
Unterdrückung f, -drücken, Niederhalten n / supresión f ‖ ~ **der führenden Nullen** (DV) / supresión f de ceros ‖

⁓ **der Zwischenräume** (DV) / supresión f de espacios ‖ ⁓ **von Wählimpulsen** (Fernm) / absorción f de cifras, absorción f o supresión de impulsos
Unterdrückungs•begrenzer m / limitador m del número de supresión ‖ ⁓**kreis** m (TV) / circuito m antirresonante, circuito m tapón o eliminador o supresor o repulsor, circuito m resonante paralelo
Unterdruck•ventil n (Dampfkessel) / válvula f de depresión ‖ ⁓**ventil** / válvula f de aspiración ‖ ⁓**verdampfer** m / evaporador m en [el] vacío ‖ ⁓**verstellung** f, -zündverstellung f (Kfz) / avance m al encendido por depresión ‖ ⁓**wächter** m / manóstato m o presostato de apertura por presión mínima ‖ ⁓**zuführung** f / alimentación f por depresión
unter•dükern (Hydr) / instalar un sifón o un conducto subfluvial ‖ ⁓**dükerung** f (Hydr) / instalación f de un sifón ‖ ⁓**dükerung** (eines Tals) / sifón m invertido
untereinander auswechselbar / intercambiable ‖ ~**verbunden**, gegenseitig bezogen / de relación recíproca ‖ ~ **zusammenhängend** / interconectado
Unter•einheit f / subunidad f ‖ ⁓**entwickeln** vt (Foto) / revelar insuficientemente ‖ ~**entwickelt** (Foto) / de revelado insuficiente ‖ ~**entwickeltes bzw. Notstandsgebiet** / zona f marginada ‖ ⁓**entwicklung** f (Foto) / revelado m insuficiente ‖ ~**erregt** (Elektr) / subexcitado, insuficientemente excitado ‖ ~**eutektisch** (Hütt) / hipoeutéctico ‖ ~**eutektoidisch** / hipoeutectoide ‖ ⁓**fach**, -gelese n (Web) / calada f inferior, paso m inferior ‖ ⁓**faden** m (Nähm) / hilo m inferior ‖ ~**fadenspannung** f / tensión f del hilo inferior ‖ ~**fahrbare Palette** (Förd) / paleta f de uso general ‖ ~**fahren** vt (Bergb) / socavar, rozar ‖ ⁓**fahren**, -fangen n (Bau) / apuntalado m, apuntalamiento m ‖ ⁓**fahrhöhe** f / altura f libre ‖ ⁓**fahrschutz** m (Kfz) / barra f protectora trasera (contra empotramiento) ‖ ⁓**fahrung** f (Bergb) / socava f, roza f, regadura f ‖ ⁓**familie** f, Zweig m, Zerfallsanteil m (Nukl) / bifurcación f (producto resultante de un modo de desintegración) ‖ ~**fangen** vt, -fahren (Bau) / apuntalar, sostener ‖ ⁓**feld**, Teilfeld n (Assembler, DV) / subzona f ‖ ⁓**feuer** n (Nav) / luz f de dirección inferior ‖ ⁓**feuerung** f / hogar m inferior ‖ ⁓**fläche** f / superficie f inferior ‖ ⁓**fläche**, Sitz m (Bau) / base f ‖ ⁓**fläche**, Innenfläche f (Bogen) / intradós m ‖ ⁓**flansch** m (Stahlbau) / brida f inferior ‖ ⁓**flansch-Laufkatze** f (Förd) / carro m de la brida inferior ‖ ⁓**flasche** f (Kran) / grupo m móvil de poleas ‖ ⁓**flasche** (Flaschenzug) / aparejo m inferior ‖ ⁓**flügeltank** m (Luftf) / tanque m [debajo] del ala
Unterflur• ... / subterráneo, bajo [el] piso o suelo o nivel ‖ ⁓... (Leuchten) / de cubierta saliente, encastrado ‖ ⁓**befeuerung** (Luftf) / faros m pl subterráneos de cubiertas salientes ‖ ⁓**bus** m (Kfz) / autobús m con motor bajo la cabina del conductor ‖ ⁓**container** m (Luftf) / contenedor m para puente inferior ‖ ⁓**-Gepäckraum** m (Kfz) / compartimiento m de equipaje[s] bajo el piso, bodega f del autobús bajo el piso ‖ ⁓**haspel** f (Tex) / bobinadora f bajo nivel ‖ ⁓**hydrant** m (Feuerwehr) / boca f de riego subterránea ‖ ⁓**motor** m (Bahn) / motor m bajo la caja o bajo el piso ‖ ⁓**motor** (Kfz) / motor m bajo [el] piso ‖ ⁓**station** f (Bergb) / puesto m subterráneo ‖ ⁓**steckdose** f (Elektr) / caja f de enchufe empotrable o empotrada en el suelo ‖ ⁓**straße** f / calle f o carretera subterránea ‖ ⁓**-Stromabnehmer** m (Bahn) / toma f de corriente subterránea
Unter•flusskabel n / cable m subfluvial ‖ ⁓**form** f (Plast) / semimolde m inferior ‖ ⁓**form**, Matrize der Abquetschform (Plast) / matriz f inferior del molde de rebaba ‖ ⁓**fräsmaschine** f, -fräse f (Holz) / tupí m ‖ ⁓**frequenz** f (Eltronik) / subfrecuencia f ‖ ⁓**führte Wetterkreuzung**, -brücke f (Bergb) / tiro m inferior, conducto m inferior de ventilación ‖ ⁓**führung** f (für Fußgänger) (Straßb) / paso m inferior, paso m bajo nivel, paso m subterráneo ‖ ⁓**führung** (der Straße) (Bahn, Straßb) / paso m [de una carretera] por debajo o bajo nivel ‖ ⁓**führung**, Tunnel m / paso m subterráneo, túnel m ‖ ⁓**füllung** f (Flüssigkeit) / relleno m insuficiente ‖ ⁓**funktion** f (Physiol) / subactividad f ‖ ⁓**furnier** m (Tischl) / chapa f de madera inferior ‖ ⁓**fütterung** f / relleno m inferior o interior ‖ ~**gärig** (Brau) / de fermentación baja ‖ ~**gärige Hefe** / levadura f de fermentación baja ‖ ⁓**gärung** f / fermentación f baja ‖ ⁓**gattung** f (Biol) / subgénero m ‖ ⁓**gedinge** n (Bau) / subcontrato m ‖ ⁓**gefüge** n (Hütt) / subestructura f ‖ ~**gehen**, absacken, sinken (Schiff) / hundirse, irse a pique ‖ ~**gehen**, verschwinden / desaparecer, perderse ‖ ~**geordnet** / subordinado ‖ ~**geordnet**, abgeleitet, Neben... / secundario, inferior, derivado ‖ ~**geordnet** (Fehler) / menor ‖ ~**geordnete Station**, Slave m (DV) / subsidiario m ‖ ⁓**geschoss** n (Bau) / piso m bajo ‖ ⁓**gesenk** n (Hütt), Matrize f (Schm) / matriz f inferior, estampa f [inferior] ‖ ⁓**gestell** n (eines Fahrzeugs), Fahrgestell n / chasis m ‖ ⁓**gestell**, Rahmen m (Bahn) / bastidor m, marco m, chasis m ‖ ⁓**gestell** (Wagen) / bastidor m ‖ ⁓**gestell** (Wzm) / zócalo m, armazón f inferior ‖ ⁓**gestell**, Fahrgestell n (Kran) / bastidor m de grúa ‖ ⁓**gestell** n (Hütt) / base f, entramado m inferior ‖ ⁓**gestell für Tischempfänger** / mueble m de consola, consola f ‖ ⁓**gewebe** n (Tex) / tejido m inferior ‖ ⁓**gewicht** n / falta f de peso, peso m insuficiente ‖ ~**gießen mit Beton** (Bau) / rellenar con hormigón, enlechar ‖ ⁓**glasur** f (Keram) / subvidriado m ‖ ⁓**glasurfarbe** f (Keram) / color m bajo vidriado ‖ ⁓**glasurmalerei** f / pintura f debajo de vidriado ‖ ~**gliedern** vt / subdividir ‖ ~**gliederte Datei** (DV) / fichero m o archivo particionado ‖ ~**graben** vt, unterhöhlen / socavar, minar, zapar ‖ ~**graben**, fortwaschen, unterspülen (Bau) / socavar ‖ ~**grädig** (Branntwein) / de porcentaje bajo, de graduación baja ‖ ⁓**grenze** f, unterer Grenzwert m (Math) / límite m inferior ‖ ⁓**griff** m **am Radreifen**, Radreifenansatz m (Bahn) / talón m de bandaje ‖ ⁓**größe** f, -maß n / subtamaño m
Untergrund m (Bau, Landw) / subsuelo m ‖ ~ (Bau) / prepiso m (LA) ‖ ~ (Geol) / sub[e]strato m, capa f inferior ‖ ~ (Spektroskop) / fondo m ‖ ~ (Anstrich, Färb) / fondo m ‖ ~, Vordruck m (Färb) / primera f impresión ‖ ⁓... / subterráneo ‖ **festgefahrener** ~ (Landw) / subsuelo m compactado o solidificado por tractores ‖ ⁓**absorption** f (Opt) / absorción f por el fondo ‖ ⁓**bahn** f / ferrocarril m subterráneo, subterráneo m, subte m (ARG) ‖ ⁓**bahn** (in einigen Städten) / metro m [politano] ‖ ⁓**düngung** f (Landw) / abonado m del subsuelo ‖ ⁓**erosion** f (Geol) / erosión f del subsuelo ‖ ⁓**geräusch** n / ruido m de fondo ‖ ⁓**lockerer**, Bodenmeißel m (Landw) / subsoladora f, subsolador m ‖ ⁓**lockerung** f (Landw) / subsolado m ‖ ⁓**merkmale** n pl, -qualität f (Bau) / características f pl del prepiso ‖ ⁓**packer** m, Bodenverdichter m (Landw) / rodillo m de subsuelo para comprimir el subsuelo, rodillo m compactador o de presión ‖ ⁓**pflug** m (Landw) / arado m de subsuelo ‖ ⁓**schwärzung** f (Spektr) / ennegrecimiento m del fondo ‖ ⁓**strahlung** f (eine Störstrahlung) (Nukl) / radiación f de fondo ‖ ⁓**verbesserung** f (Landw) / mejoramiento m del subsuelo ‖ ⁓**vorbehandlung** f (Tapezierer) / preparación de superficies ‖ ⁓**walze** f (Landw) / rodillo m de subsuelo o para comprimir el subsuelo
Untergruppe f (DV, Fernm) / subgrupo m ‖ ~ (Masch) / subconjunto m, subgrupo m ‖ ~ (Math) / subclase f, subconjunto m, conjunto m parcial
Unter•gurt m (Stahlbau) / cabeza f inferior, cordón m inferior ‖ ⁓**gurt des Förderbandes** / ramal m inferior, cinta f inferior ‖ ⁓**gurtrolle** f (Förderer) / rodillo m de cinta inferior ‖ ⁓**gurtstab** (Stahlbau) / barra f de la cabeza inferior

unterhalb [von] / debajo [de], por debajo [de] ‖ ~ (Hydr) / más abajo [de], aguas abajo ‖ ~ **der Normanforderung** / substandard, subestándar
Unterhalt *m* (Bau, Kfz) / mantenimiento *m*
Unterhaltbarkeit *f*, Wartbarkeit *f* / entretenibilidad *f*, facilidad *f* de conservación técnica
unterhalten *vt*, instandhalten / entretener, conservar, mantener ‖ ~, warten / atender, cuidar
Unterhaltung *f*, Wartung *f* / mantenimiento *m*, entretenimiento *m*, conservación *f*
Unterhaltungs•arbeiten *f pl* / trabajos *m pl* de mantenimiento, ajustes *pl* y reparaciones ‖ ⁻**arbeiten** (Öl) / rehabilitación *f* de un pozo, reperforación *f*, limpieza *f* de pozo ‖ ⁻**elektronik** *f* / electrónica *f* recreativa o de entretenimiento ‖ ⁻**industrie**, Vergnügungsindustrie *f* / industria *f* de entretenimiento ‖ ⁻**kosten** *f pl* / gastos *m pl* de mantenimiento o de conservación, costes *m pl* o costos de entretenimiento ‖ ⁻**zustand** *m* / estado *m* de mantenimiento
Unter•hängeeisen *n* (Bergb) / hierro *m* suspendido ‖ ~**härten** *vt* (Plast) / curar o endurecer insuficientemente ‖ ⁻**härtung** *f* (Plast) / curado *m* incompleto, endurecimiento *m* incompleto ‖ ⁻**haupt** *n* (Kanal) / morro *m* inferior ‖ ⁻**haupt eines Durchlasses, einer Schleuse** (Hydr) / descarga *f* de una esclusa ‖ ⁻**hautzellgewebe** *n* (Gerb) / tejido *m* subcutáneo ‖ ⁻**hefe** *f*, Bodenhefe *f* (Brau) / levadura *f* [de fermentación] baja ‖ ⁻**hieb** *m*, Grundhieb *m* (Feile) / picadura *f* inferior ‖ ⁻**hitze** *f* (Hütt) / calefacción *f* de solera ‖ ⁻**hitze** (Herd) / caldeo *m* inferior ‖ ~**höhlen** *vt*, auswaschen / socavar, erosionar, minar ‖ ~**höhlen**, bloß-, freilegen (Bau) / descubrir ‖ ⁻**höhlung** *f*, Auswaschung *f* / socavación *f* ‖ ⁻**holz** *n* (Forstw) / monte *m* bajo ‖ ⁻**holz**, Gestrüpp *n* / malezal *m*
unterirdisch / subterráneo, bajo tierra ‖ ~, erdverlegt / enterrado ‖ ~**er Abzugskanal** (Hydr) / canal *m* subterráneo de descarga ‖ ~**e Entwässerung** / desagüe *m* o drenaje subterráneo ‖ ~**er Gang**, Tunnelgang *m* / paso *m* subterráneo ‖ ~**er Kanal** / canal-túnel *m* ‖ ~**er Kanal** (Elektr) / conducto *m* para cables, canaleta *f* para cables ‖ ~**e Kernexplosion** / explosión *f* nuclear subterránea ‖ ~**e Leitung** (Fernm) / línea *f* subterránea ‖ ~**e Stromzuführung** / alimentación *f* subterránea de corriente ‖ ~ **verlegen** (Kabel, Rohr) / soterrar ‖ ~**es Wasser** (Sammelbegriff) / aguas *f pl* subterráneas o freáticas
Unter•kanal *m* (DV) / subcanal *m* ‖ ⁻**kanal** (Hydr) / canal *m* de desagüe ‖ ⁻**kante** *f* / borde *m* inferior ‖ ⁻**kante**, untere Fläche *f* (Stahlbau) / superficie *f* inferior ‖ ~**kantenbündig** / a nivel de arista inferior ‖ ⁻**kasten** *m* (Gieß) / caja *f* inferior ‖ ~**keilen** *vt* / asentar por cuña, calzar ‖ ~**kellert** (Bau) / asotanado, con [un] sótano ‖ **nicht ~kellertes Haus** / casa *f* sin sótano ‖ ⁻**kette** *f*, Grundkette *f* (Web) / urdimbre *f* de fondo ‖ ⁻**klasse** *f* (Math) / subclase *f*, subconjunto *m*, conjunto *m* parcial ‖ ⁻**kleber** *m* (Film) / empalme *m* ‖ ~**klotzen** *vt* / calzar ‖ ⁻**kolben** *m* / émbolo *m* inferior ‖ ⁻**kolbenpresse** *f* / prensa *f* de plato inferior móvil ‖ ~**kompensiert** / subcompensado, insuficientemente compensado ‖ ~**kopieren** *vt* (Foto) / copiar insuficientemente ‖ ⁻**korn** *n*, Sieb-Feines *n* (Aufb, Hütt) / cernido *m* ‖ ⁻**korn** (Beton) / granulación *f* inferior ‖ ⁻**korn** (Sintern) / grano *m* que pasa la criba, grano *m* inferior ‖ ⁻**korn-Kontrollsieb** *n* / criba *f* para eliminar los granos inferiores ‖ ⁻**kritikalität** *f* (Nukl) / subcriticalidad *f* ‖ ~**kritisch** (Nukl) / subcrítico ‖ ~**kritischer Reaktor** / reactor *m* subcrítico ‖ ~**kritische Anordnung** (Nukl) / montaje *m* subcrítico ‖ ~**kritische Ballung** (o. Paketierung) (Geschwind.Modulation) / subagrupamiento *m*, agrupamiento *m* inferior al óptimo ‖ ~**kritischer Modus** (Phys) / modo *m* subcrítico ‖ ~**kritischer**

Multiplikationsfaktor, Quellenverstärkung *f* (Nukl) / factor *m* de multiplicación subcrítica ‖ ~**kritische Reaktion** / reacción *f* subcrítica ‖ ~**kritische Verstärkung** (Nukl) / multiplicación *f* subcrítica ‖ ~**kühlen** *vt* (allg, Kfz) / subenfriar ‖ ~**kühlen** (Chem) / sobreenfriar ‖ ~**kühltes Sieden** (Phys) / ebullición *f* subenfriada ‖ ⁻**kühlung** *f* (Hütt) / subenfriamiento *m* ‖ ⁻**kühlung** (Chem) / sobreenfriamiento *m* ‖ ⁻**kühlung** (Met, Phys) / sobrefusión *f* ‖ ⁻**kühlungs...** / sobrefusible *adj* ‖ ⁻**kühlungsgraphit** *m* (Gieß) / grafito *m* subenfriado ‖ ⁻**kupfer** *n* (Schw) / placa *f* soporte de cobre no soldada ‖ ~**kupfern** *vt* (Galv) / precobrear ‖ ⁻**lackierung** *f* / barnizado *m* de fondo
Unterlage *f*, Grundlage *f* / base *f* ‖ ⁻, -schicht *f* (Geol) / substrato *m*, subestrato *m* ‖ ⁻, Stütze *f* (Masch) / apoyo *m*, soporte *m*, descanso *m* ‖ ⁻, Keilholz *n*, Unterlegkeil *m* / calzo *m* ‖ ⁻, Unterschicht *f*, Untergrund *m* (Straßb) / obras *f* básicas (LA); f., pl. ‖ ⁻, Verstärkung *f* / refuerzo *m* ‖ ⁻ *f* (z.B. aus Löschpapier), Schreibunterlage *f* / carpeta *f* ‖ ⁻ (aus Blech), Zwischenlage *f* (Masch) / espaciador *m*, chapa *f* separadora ‖ ⁻, -gestell *n* (Masch) / bastidor *m* ‖ ⁻ *f*, Unterlegplatte *f* (Masch) / placa *f* de asiento ‖ ⁻, Konsole *f* (Bau) / consola *f* ‖ ⁻ *f* (Anstrich) / base *f*, capa *f* de fondo ‖ ⁻, Grundierung *f* (Anstrich) / imprimación *f* ‖ ⁻, Zwischenschicht *f* (Galv) / capa *f* intermedia ‖ ⁻ *f* (Schw) / placa *f* soporte no soldada ‖ ⁻, Druckunterlage *f* (Druck) / almohadilla *f* ‖ ⁻ *f* (Dokument) / documento *m*, comprobante *m* ‖ ⁻**n** *f pl*, Daten *pl* / datos *m pl* ‖ ⁻**n** (DV) / documentación *f* ‖ ⁻ *f* (Teppich) / base *f* de alfombra ‖ **nähere** ⁻**n**, (spez:) technische Unterlagen *f pl* / material *m* descriptivo o informativo ‖ ⁻**klotz** *m* / taco *m* para calzar
Unterlagen•-Bewegung *f* (DV) / actividad *f* ‖ **kompletter** ⁻**satz**, "alle Unterlagen" *f pl* (für die Fertigung) (F.Org) / documentación *f*
Unter•lager *n*, unteres o. Fußlager (Masch) / tejuelo *m*, rangua *f*, palier *m* (galicismo) ‖ ~**lagerte Regelung** / reglaje *m* en cascada
Unterlagerungs•fernwahl *f* (Fernm) / selección *f* a distancia con impulsos de corriente de frecuencia infraacústica ‖ ⁻**telegrafie** *f* / telegrafía *f* infraacústica
Unterlags•balken *m* (Zimm) / viga *f* de apoyo ‖ ⁻**blech** *n* / chapa *f* de asiento, chapa *f* intermedia
Unterlagscheibe *f* s. Unterlegscheibe ‖ ⁻ **g** (= grob), **mg** (= mittelgrob), **m** (= mittel)] (Schweizerische Normen) / arandela g (= grueso), [mg = semigrueso, m = medio] (normas suizas)
Unterlags•papier *n* (Bau) / papel *m* impermeable ‖ ⁻**platte** *f* / placa *f* de asiento, platina *f* ‖ ⁻**platte** (Bahn) / placa *f* de asiento del carril, silleta *f* de riel (LA), plaqueta *f* (MEJ)
Unter•länge *f* (Druck) / longitud *f* inferior ‖ ⁻**länge**, ungenügende Länge / longitud *f* insuficiente ‖ ⁻**länge des Buchstabens** / palo *m* hacia abajo ‖ ⁻**laschenverbinder** *m* (Bahn) / conexión *f* bajo brida, liga *f* de riel bajo eclisa (LA) ‖ ⁻**last** *f* / carga *f* baja o reducida, baja *f* carga ‖ ⁻**lastung** (Elektr) / reducción *f* de la carga ‖ ⁻**lastungsgrad** *m* / factor *f* de reducción de carga ‖ ⁻**lauf** *m*, Bodenströmung *f* (Hydr) / corriente *f* de fondo ‖ ⁻**lauf**, Stevenanlauf *m* (Schiff) / brión *m*, pie *m* de roda ‖ ⁻**lauf** (Fluss) / curso *m* inferior ‖ ⁻**lauf**, Bereichsunterschreitung *f* (DV) / valor *m* inferior al mínimo aceptable ‖ ~**laufen** *vi*, sich einschleichen (Fehler) / deslizarse, introducirse, ser introducido ‖ ⁻**läufer** *m* (Tex) / tela *f* acompañadora ‖ ⁻**läufigkeit** *f* **von Sperrmauern** (Hydr) / infiltración *f* ‖ ⁻**leder** *n* (Schuh) / cuero *m* para suelas
Unterlegbogen *m* (Druck) / hoja *f* debajo del papel de impresión
Unterlege•holz, Quetschholz *n* (Bergb) / madera *f* de apretar ‖ ⁻**keil** *m* (Kfz) / calce *m*

unterlegen vt, darunter legen / colocar o poner debajo ‖ ~ (Geräusch) (Film) / sonorizar ‖ ~, füttern, auskleiden [mit] / forrar, guarnecer [de] ‖ ~ (Druck) / parangonar (letras), calzar o nivelar (la forma)
Unterleg•klotz, Keil m (Maurer, Zimm) / taco m para calzar ‖ ⁓**platte** f, -keil m (Masch) / espaciador m
Unterlegscheibe f, U-Scheibe f / arandela f, guacha f ‖ ⁓ (Lager) / contraplaca f, placa f de apoyo ‖ ⁓ **für Wellblech** / arandela f para chapa ondulada ‖ ⁓ **mit Fase** / arandela f biselada ‖ ⁓ **mit Vierkantloch** / arandela f con agujero cuadrado ‖ ⁓ **Produktklasse A**, U-Scheibe f mittel / arandela f semiacabada ‖ **blanke** ⁓ / arandela f bruñida ‖ **rohe unbearbeitete** ⁓ / arandela f bruta
Unter•legstreifen m / cinta f de refuerzo ‖ ⁓**licht** n (Film, Foto) / luz f por debajo ‖ ⁓**lieferant** m / revendedor m, intermediario m ‖ ⁓**lieferant** (für Teile o. Zubehör) / abastecedor m o suministrador o proveedor de componentes ‖ **einer ständigen Feuerüberwachung ~liegen** / estar bajo vigilancia anti[i]ncendios permanente ‖ ⁓**lippe** f (Stoffauflauf) (Pap) / labio m inferior ‖ ⁓**litze** f (Web) / malla f inferior ‖ ⁓**lizenz** f / subconcesión f o sublicencia ‖ **~löst** (Brau, Malz) / poco desagregado (malta) ‖ ⁓**maß** n / dimensión f inferior a la medida especificada ‖ **mit ~maß** (Zeichn) / con diferencia inferior ‖ **zulässiges** ⁓**maß** / diferencia f inferior admisible ‖ **~mauern** vt, -bauen (Bau) / recalzar, cimentar ‖ **~mauern** (z.B. eine Beobachtung) / corroborar (p.ej. una observación) ‖ **~mauert** (Treppe) / sustentado por mampostería ‖ ⁓**mauerung** f (Bau) / recalzamiento m, recalce m ‖ ⁓**menge** f, Teilmenge f (Math) / subconjunto m, conjunto m parcial ‖ ⁓**messer** n (Schere) / cuchilla f u hoja inferior ‖ ⁓**messer** (Siebdruck) / contrarrasqueta f ‖ ⁓**messerhalter** m / portacuchillas m inferior ‖ **~minieren** vt, untergraben, -höhlen / minar, socavar ‖ **~moderiert** (Nukl) / submoderado ‖ **~moduliert** / submodulado, modulado incompletamente ‖ **~möllern** (Hütt) / mezclar insuficientemente ‖ ⁓**nahtriss** m (Schw) / fisura f bajo el cordón
Unternehmen n / empresa f
Unternehmens•berater m / asesor m o consultor de empresas ‖ ⁓**beratung** f / asesoramiento m de empresas ‖ ⁓**forschung**, Optimalplanung f, Operations Research n / investigación f operativa ‖ ⁓**führung** f (F.Org) / gerencia f de empresa, cúpula f ‖ ⁓**führung** (Tätigkeit) / dirección f o gestión o administración de una empresa ‖ ⁓**führung mittels Rechner** / gerencia f con ayuda de ordenadores ‖ ⁓**leitung** f (F.Org) / administración f, dirección f de empresa ‖ ⁓**politik** f / política f empresarial
Unternehmer m (allg) / empresario m, ejecutivo m ‖ ⁓, Arbeitgeber m / patrono m (E), patrón m (LA) ‖ ⁓ (im juristischen Sinne) / contratista m ‖ ⁓..., unternehmerisch / empresarial ‖ ⁓**arbeiten** f pl (Bau) / trabajos m pl de contratista ‖ ⁓**tum** n, Stellung o. Bedeutung als Unternehmer / empresariado m ‖ ⁓**verband** m / organización f o asociación patronal
Unter•netz n (Netzplan) / red f parcial ‖ **~normal** subnormal ‖ ⁓**ölmotor** m / motor m bajo aceite ‖ ⁓**pegel** m (Eltronik) / nivel m inferior ‖ ⁓**pegel** (Hydr) / nivel m aguas abajo ‖ ⁓**pflanze**, Schattenpflanze, schattenliebende Pflanze f (Bot) / planta f umbrófila o esciófila, planta f de sombra ‖ ⁓**pflaster-Straßenbahn** f / tranvía m subterráneo ‖ ⁓**pflaster-Stromabnehmer** m (Bahn) / tomacorriente m subterráneo ‖ **~pflügen** vt, unterackern (Landw) / enterrar con el arado ‖ **~phosphorig** (Chem) / hipofosforoso ‖ ⁓**phosphorsäure** f / ácido m hipofosfórico ‖ ⁓**produktion** f (Bergb, F.Org) / producción f insuficiente o deficitaria ‖ ⁓**programm** n (DV) / subprograma m, subrutina f ‖ ⁓**programm-Aufruf** m / demanda f o llamada de un subprograma ‖ **~proportional** / proporcionalmente inferior ‖ ⁓**protektor** m (Reifen) / subcapa f de banda de rodamiento ‖ ⁓**pulverschweißen**, UP-Schweißen n / soldadura f por arco sumergido [bajo fundente electroconductor]
Unterputz m (Bau) / enlucido m ‖ ⁓... (Install) / empotrado, bajo envoque ‖ ⁓ **aufbringen**, berappen (Bau) / enlucir ‖ ⁓**dose** f, -abzweigkasten m (Elektr) / caja f [de distribución] empotrada ‖ ⁓**schalter** m / interruptor m empotrado ‖ ⁓**steckdose** f (Elektr) / caja f de enchufe empotrada ‖ ⁓**verlegung** f / colocación f o instalación empotrada
unter•quadratisch (Mot) / subcuadrático ‖ ⁓**rasenpflug** m (Landw) / arado m subsuelo
Unterricht m, Ausbildung f / instrucción f, enseñanza f, formación f
Unterrichts•fach n / asignatura f, disciplina f ‖ ⁓**fernsehen** n / televisión f escolar o de enseñanza ‖ ⁓**gegenstand** m / materia f de enseñanza ‖ ⁓**material** n / material m didáctico ‖ ⁓**raum** m / aula, [sala f de] clase ‖ ⁓**reaktor** m (Nukl) / reactor m de adiestramiento ‖ ⁓**stufe** f / grado m, curso m ‖ ⁓-/**Wissenschaftsministerium** n / Ministerio m de Educación y Ciencia (E) (ahora: Ministerio de Educación, Cultura y Deporte), Ministerio m de Instrucción Pública (LA)
Unter•riegel m (Bau) / travesaño m o durmiente inferior ‖ ⁓**riegel** (Fernm) / travesaño m subterráneo ‖ ⁓**riemchen** n (Spinn) / manguito m inferior ‖ ⁓**riese** m (Astr) / hipogigante m ‖ ⁓**rohr** n (Fahrrad) / tubo m inferior (bicicleta) ‖ ⁓**sättigt** (Phys) / insuficientemente saturado ‖ ⁓**sättigung** f / saturación f insuficiente o deficitaria ‖ ⁓**satz** m, -setzer, Sockel m / base f, sostén m, zócalo m, soporte m, pedestal m ‖ ⁓**satz**, Sockel m (Bau) / zócalo m ‖ ⁓**satz** m, Fuß m / pie m ‖ ⁓**schall**... / subsónico, infraacústico ‖ ⁓**schallfrequenz** f / frecuencia f infraacústica ‖ ⁓**schallgeschwindigkeit** f / velocidad f subsónica
unterscheidbar / distinguible, discernible, diferenciable ‖ ⁓**keit** f / distinguibilidad f, diferenciabilidad f
unterscheiden vt, auseinander halten / distinguir, diferenciar, discernir, diferir ‖ **[scharf]** ⁓ / discriminar ‖ **sich** ~, (auch:) einen Unterschied machen / diferenciar[se]
unterscheidend, Unterscheidung... / distintivo, característico ‖ ~, diskriminierend / discriminante, discriminador
Unterscheidung f, Diskriminierung f / discriminación f ‖ ⁓ / distinción f, diferenciación f ‖ ⁓ **von Markierungen** (DV) / discriminación f de marcas
Unterscheidungs•kraft f (Patent) / carácter m distintivo, fuerza f distintiva ‖ ⁓**matrix** f (DV) / matriz f diferencial ‖ ⁓**merkmal** n / característica f [distintiva], rasgo m o signo distintivo ‖ ⁓**schwelle** f / umbral m o limen diferencial
Unter•schicht (Straßb) / capa f inferior, obras f pl básicas ‖ ⁓**schicht** f (Geol) / substrato m, subestrato m, subhorizonte m ‖ ⁓**schicht** (z.B. Unterkupferung) (Galv) / capa f de base ‖ ⁓**schichten** vt (Brau) / inyectar agua por debajo o por el fondo
Unterschied m, Differenz f / diferencia f ‖ **ohne** ⁓ **von Geschlecht** / sin desigualdad, sin distinción de sexo
unterschiedlich adj / diferente, distinto ‖ ~ adv / diferentemente de modo distinto ‖ ~ [in, durch] / que varía [por], distinto, diferente [de o en], a diferencia [de] ‖ ~ **dicke Verzinnung auf den zwei Seiten eines Bandes** (Hütt) / revestimiento m diferencial ‖ **zu ~en Malen** / varias veces
Unterschieds•empfindlichkeit f / sensibilidad f diferencial o de contraste ‖ ⁓**prüfung** f / ensayo m de comparación ‖ ⁓**schwelle** f (Akust) / umbral m o limen diferencial

Unterschienenschweißen

Unter•schienenschweißen n / soldadura f por arco con electrodo inmóvil interpuesto ‖ **~schlächtig** (Hydr) / de admisión inferior ‖ **~schlag** m (Druck) / línea f de blancos o en blanco ‖ **~schlag** (Web) / expulsión f inferior ‖ **~schlagwebmaschine** f (Tex) / máquina f de tejer de expulsión inferior o con expulsión por espada, telar m con mecanismo de espada ‖ **~schließen** vt (Druck) / amortiguar ‖ **~schlinge** f (Web) / bucle m inferior ‖ **~schlitten** m (Dreh) / carro m de la bancada ‖ **~schneiden** vt (Bau) / socavar ‖ **~schneiden** (Druck) / efectuar la saledizia ‖ **~schneidung** f (Druck) / saledizia f, saliente m, sobresaliente m, desbordante m ‖ **~schneidung**, Wassernase f (Bau) / goterón m ‖ **~schneidung** f (Stufe) / saliente m del escalón ‖ **~schnitt** m, -schneidung f / socavación f ‖ **~schnitt** (Getriebe) / destalonado m por fresado ‖ **~schnitt**, Hinterschneidung f (Masch) / destalonado m ‖ **~schnitt**, Signatur[rinne] f (Druck) / cran m ‖ **~schram** m (Bergb) / corte m de costado ‖ **~schrämen** vt (Bergb) / cortar o rozar de costado ‖ **~schrank** m / armario m de base ‖ **~schreiten** vt, nicht erreichen / no alcanzar, quedar debajo [de] ‖ **~schreiten** (z.B. einen Wert) / pasar a un nivel inferior, bajar por debajo [de] ‖ **~schreitung** f / paso m a un nivel inferior ‖ zulässige **~schreitung** (Maß) / diferencia f inferior admisible ‖ **~schriftsmappe** f / portafirmas m ‖ **~schubfeuerung** f / hogar m con alimentación por debajo ‖ **~schuss** m (Tex) / pasada f de fondo o de envés ‖ **~schwefligsauer** (Chem) / ditiónico, hiposulfuroso ‖ **~schwellige Wahrnehmnung** / percepción f subliminal ‖ **~schwung** m, kurzes Überschwingen (ins Negative) (Fernm) / hiperoscilación f o sobreoscilación negativa ‖ **~schwung**, Einschwung m (der Rückflanke) (TV) / distorsión f por submodulación ‖ **~see...**, unterseeisch / submarino adj ‖ **~seeboot**, U-Boot n / submarino m, sumergible m ‖ **~seeisches Kabel**, Seekabel n / cable m submarino ‖ **~seeische Ölleitung** / oleoducto m submarino ‖ **~seeverstärker** m (Fernm) / repetidor m subacuático o submarino ‖ **~seil** n (Koepebetrieb) (Bergb) / cable m de equilibrio o de compensación ‖ **~seilgeschirr** n (Bergb) / suspensión f del cable de equilibrio ‖ **~seite** f, Bauch m / lado m inferior, cara f inferior ‖ **~seite**, linke Seite (Web) / dorso m o envés del tejido ‖ **~sender** m (Funk) / reemisora f, retransmisor m, repetidor m, relevo m ‖ **~setzen** vt / colocar o poner debajo ‖ **~setzen** (Getriebe) / de[s]multiplicar, reducir [la velocidad] ‖ **~setzer** m (Hütt) / posacrisoles m ‖ **~setzer 2 : 1** (DV) / circuito m binario ‖ **~setzer 3 : 1** (DV) / circuito m ternario ‖ **~setzer einer Ringschaltung** m (ein Zählgerät) / circuito m de escalímetro anular, circuito m de escala anular ‖ **~setzt** / de[s]multiplicado ‖ **~setzung**, Räderuntersetzung f / reducción f, desmultiplicación f, deceleración f

Untersetzungs•getriebe n, Reduktionsgetriebe n / engranaje m reductor ‖ einstufiges **~getriebe** / engranaje m reductor monoetápico o de etapa única ‖ **~getriebekopf**, Getriebekopf m / cabezal m de engranajes ‖ **~verhältnis** n, Untersetzung f / relación f de reducción o de submultiplicación

Unter•sicherung f (Elektr) / fusible m secundario ‖ **~sicht** f, -ansicht f / vista f de (o desde) abajo ‖ **~sintert** (Pulv.Met) / sinterizado insuficientemente

Unterspannung f (Elektr) / subtensión f, subvoltaje m

Unterspannungs•auslösung f / desconexión f a tensión mínima, desenganche m a tensión mínima ‖ **~auslösung mit Einschaltsperre** / desenganche m a tensión mínima y con cierre de reconexión ‖ **~durchführung** f (Elektr) / pasamuros m o manguito de baja tensión

Unterspannungsetzen n / activación f, conexión f a la red

Unterspannungs•relais n (Elektr) / relé m de tensión mínima ‖ **~schutz** m / protección f contra baja tensión o contra reducción de tensión ‖ **~seite** f (Trafo) / lado m baja tensión ‖ **~wicklung** f / devanado m de baja tensión

unter•spülen vt (Geol) / socavar, ir socavando, derrubiar ‖ **~spülung** f, Auskolkung f / socavación f, derrubio m

unterster Teil / la parte más baja

Unter•standardbrechung, Infrabrechung f (Radar) / subrefracción f ‖ **~ständig** (Anker, Elektr) / del tipo por debajo ‖ **~station** f / subestación f ‖ **~station**, gesteuerte Station (Fernwirk) / puesto m remoto telemandado ‖ **~station** (für Frequenzwandlung), Umformerwerk n / estación f de transformación de frecuencia ‖ **~stellen** vt (Kfz) / estacionar bajo cubierta ‖ **~stellheber** m (Kfz) / elevador m de coches, cric m, alzacoches m ‖ **~stempel** m (Presse) / émbolo m inferior ‖ **~stempel**, -stanze f, Matrize f, Untergesenk n (Schm) / matriz f o estampa inferior ‖ **~stempeln** vt (Bergb) / apuntalar

Unterstes n (Bergb) / debajo m

unter•steuern vt (Kfz) / sotavirar ‖ **~steuerung** f (Kfz) / sotavira f, subvirado m, subviraje m ‖ **~stock** m, [Bier]grant n (Brau) / depósito m ‖ **~streichen** vt / subrayar ‖ **~streichen**, hervorheben (fig) / acentuar, recalcar [la importancia], poner de relieve, hacer resaltar ‖ **~streichungszeichen** n (DV) / carácter m de subrayar ‖ **~strom**, Minimalstrom m (Elektr) / corriente f mínima, mínimo m de corriente ‖ **~strom** m, zu schwacher Strom (Elektr) / subcorriente f ‖ **~stromauslöser** m (Elektr) / desconectador m a mínimo de corriente ‖ **~stromig** adv, strombawärts / río abajo, aguas abajo ‖ **~stromige Strecke**, Unterwasser n (Hydr) / aguas f pl abajo ‖ **~stromselbstschalter** m, Minimalautomat m / desconectador m automático a mínimo de corriente ‖ **~strömung** f (Hydr) / corriente f de fondo ‖ **~strömung** (Staudamm) / infiltración f ‖ **~strömung des Flussbettes** / corriente f subálvea ‖ **~strömung im Meer** (Hydr) / corriente f submarina ‖ **~struktur** f / estructura f menor ‖ **~stück** m, -teil m n / parte f inferior

unterstützen (Kunden) / flanquear (al cliente) ‖ **~** vt, helfen / ayudar, auxiliar, secundar ‖ **~** (z.B. eine Beobachtung) / apoyar ‖ **~**, abstützen (Bau) / apuntalar, soportar ‖ **~**, abfangen / sustentar ‖ **~**, abstreben (Bau) / arriostrar, rostrar

unter•stützend, zusätzlich / suplementario ‖ **~stützend**, tragend / sustentador ‖ **~stützt**, ruhend [auf] / descansado [sobre] ‖ **~stützt** (durch Hilfsstützen) / apuntalado ‖ **nicht ~stützt**, freitragend / en voladizo

Unterstützung f / apoyo m, sostén m ‖ **~**, Verstärkung f / reforzamiento m ‖ **~** f **für den Flug in der Umlaufbahn** (Raumf) / ayuda f para el vuelo orbital

Unterstützungs•fläche f / base f de sustentación ‖ **~punkt** m / punto m de apoyo ‖ **~punkt**, Stützpunkt m, Hebelunterlage f (Mech) / fulcro m, calzo m o apoyo de palanca ‖ **~vieleck** n / polígono m de sustentación

untersuchen vt, prüfen / examinar, comprobar ‖ **~** (Chem) / analizar ‖ **~**, inspizieren / inspeccionar, controlar ‖ **~**, ermitteln / averiguar ‖ **~**, studieren / investigar, estudiar ‖ **~ auf Richtigkeit ~** / verificar ‖ **genau o. eingehend ~** / estudiar a fondo, escudriñar ‖ **vergleichend ~** / contrastar ‖ **wissenschaftlich ~ ~**, analizar, explorar

Untersuchung f, Prüfung f (Chem) / análisis m ‖ **~** (auf Zusammensetzung, Gewicht usw.) / contraste m ‖ **~**, Überprüfung f / examen m ‖ **~**, Erforschung f / exploración f ‖ **~**, Ermittlung f / investigación f ‖ **~**, Forschung f / estudio m ‖ **~**, Prüfung f / comprobación f, prueba f, control m, inspección f ‖ **~**, Kontrolle f / averiguación f, verificación f ‖ **~ en anstellen o.**

durchführen / investigar, averiguar ‖ ≈ *f* **bei Unfällen** / encuesta *f*, información *f* ‖ ≈ **durch Röntgenstrahlen** / radioscopia *f* ‖ ≈ **durch Sachverständige** / examen *m* por peritos o expertos ‖ ≈ **mit Grundüberholung u. Modernisierung** (Bahn, E-lok) / gran *f* reparación general ‖ **zeichnerische (o. grafische o. bildliche)** ≈ / análisis *m* mediante construcciones gráficas, análisis *m* gráfico
Untersuchungs•anstalt *f* / laboratorio *m* [analítico] ‖ ≈**arbeit** *f* / labor *f* de investigación ‖ ≈**ausschuss** *m* / comisión *f* investigadora o interventora o de investigación ‖ ≈**bohrung** *f* / pozo *m* o sondeo de exploración ‖ ≈**brunnen** *m* (Fernm) / caja *f* de pruebas o de corte ‖ ≈**chemiker** *m*, Analytiker *m* / analista *m* ‖ ≈**grube** *f* (Kfz) / foso *m* de inspección ‖ ≈**kammer** *f*, Prüfraum *m* (Windkanal) / cámara *f* de experimentación ‖ ≈**klemme** *f* (Elektr) / pinza *f* o presilla [para conexiones] de prueba ‖ ≈**labor** *n*, Forschungsanstalt *f* / laboratorio *m* de investigación ‖ ≈**schild** *n* (Bahn) / tapa *f* de visita ‖ ≈**station** *f* (z.B. biologische), Versuchsgut *n*, -betrieb *m* (Landw) / granja *f* experimental [p.ej. biológica], estación *f* experimental agrícola ‖ ≈**strecke** *f* (Bergb) / galería *f* de investigación ‖ ≈**verfahren** *n* / método *m* o proceso de investigación ‖ ≈**verfahren** (Luftf) / encuesta *f*
Unter•support *m* (Wzm) / carro *m* de bancada ‖ ~**synchron** (Elektr) / subsíncrono, subsincrónico ‖ ≈**synchron-Reluktanzmotor** *m* (Elektr) / motor *m* de reluctancia subsíncrono ‖ ≈**systembus** *m* (DV) / línea *f* colectiva o común de subsistema
Untertage•... / subterráneo ‖ ≈**arbeiter** *m* / obrero *m* subterráneo, minero *m* [de fondo] ‖ ≈**betrieb** *m*, -bau *m* / explotación *f* subterránea ‖ ≈**-Elektrifizierung** *f* / electrificación *f* subterránea ‖ ≈**-Fernüberwachung** *f* / telecontrol *m* de la explotación subterránea ‖ ≈**lagerung** *f*, -speicherung *f* (Gas, Öl) / almacenamiento *m* subterráneo ‖ ≈**vergasung** *f* / gasificación *f* subterránea ‖ ≈**versuch** *m* (Bergb) / ensayo *m* práctico o in situ ‖ ≈**-Wagenförderung** *f*, -Wagenumlauf *m* / acarreos *m pl* subterráneos ‖ ≈**-Wasserspeicher**, Sumpf *m* (Bergb) / depósito *m* de sedimentación subterráneo
unter•tauchen *vt* / sumergir, meter debajo del agua ‖ ~**tauchen** *vi* / sumergirse ‖ ≈**teil** *n* / parte *f* inferior ‖ ≈**teil einer Maschine** (Masch) / estructura *f* inferior, mitad *f* inferior ‖ ~**teilt** / subdividido, dividido ‖ ~**teilt** (Antenne) / dividido en secciones, subdividido ‖ ~**teilt** (Qual.Pr.) / subdividido ‖ **in Zonen** ~**teilt** / dividido en zonas ‖ ~**teilte Funkenstrecke** / descargador *m* (E) o explosor (LA) múltiple ‖ ~**teilter Stempel** (Sintern) / punzón *m* múltiple ‖ ≈**teilung** *f*, Aufgliederung *f* / subdivisión *f* ‖ ≈**teilung** (Bau) / partición *f*, repartición *f* ‖ ≈**teilung**, Klassifikation *f* / clasificación *f* ‖ ≈**teilung durch Teilstriche** / graduación *f* por rayas o marcas ‖ ≈**temperatur** *f* / temperatura *f* insuficiente ‖ ≈**temperatur**, niedrige[re] Temperatur / temperatura *f* baja o inferior o insuficiente ‖ ≈**tischbatterie** *f* (Waschbecken) / grifería *f* mezcladora debajo del lavabo, grifo *m* mezclador debajo del lavabo ‖ ≈**tischkappsäge** *f* / sierra *f* oscilante (o con movimiento de vaivén) bajo la mesa, sierra *f* circular a péndulo por debajo de la mesa ‖ ≈**tisch-Standbatterie** *f* / grifería *f* mezcladora, montada ó sobre superficies horizontales ‖ ≈**titel** *m* (Film) / subtítulo *m*, rótulo *m* ‖ **mit** ≈**titeln versehen** / rotular, subtitular ‖ ~**ton** *m* (Akust) / tono *m* concomitante bajo, tono *m* armónico inferior ‖ ≈**tor** *n* (Hydr) / compuerta *f* de aguas abajo ‖ ≈**touren** *n* (Masch, Mot) / marcha *f* en régimen bajo ‖ ≈**träger** *m* (Modulation) / subportadora *f*, portadora *f* media o secundaria ‖ ≈**trägerschwingung** *f* (Eltronik) / oscilación *f* de subportadora ‖ ≈**tuch** *n* (Tex) / tela *f*

acompañadora ‖ ~**tunneln** *vt* / construir o abrir un túnel [debajo de], perforar una montaña ‖ ≈**türblech** *n* (Kfz) / chapa *f* lateral inferior ‖ ≈**verbunderregung** *f* (Elektr) / excitación *f* hipocompound ‖ ≈**vergebung** *f*, -vergabe *f* / subadjudicación *f* ‖ ≈**verkupferung** *f* (Galv) / precobreado *m* ‖ ≈**verteilung** *f* / subdistribución *f* ‖ ≈**verzeichnis** *n* (DV) / subdirectorio *m* ‖ ~**vulkanisiert** / vulcanizado insuficientemente ‖ ≈**wagen** *m*, Chassis *n* / chasis *m* ‖ ≈**wagen**, Rollwagen *m* / carro *m* [de rodadura] ‖ ≈**walze** *f* (Walzw) / cilindro *m* inferior ‖ ≈**ware** *f* (Tex) / tejido *m* inferior o de envés ‖ ≈**wäsche** *f* (Tex) / ropa *f* interior ‖ ≈**wäsche** (Kfz) / lavado *m* de bajos ‖ ~**waschen** (Geol, Hydr) / socavar
Unterwasser *n*, unterstromige Strecke (Hydr) / aguas *f pl* abajo ‖ ≈ (Aufb) / agua *f* debajo de la criba (E) o del crible (LA) ‖ ≈**...** / submarino, bajo el agua, subacuático, en inmersión, sumergido, subácueo (LA) ‖ ≈**...** (Elektr) / sumergible ‖ ≈**...**, unterstromig / aguas abajo ‖ ≈**...** (z.B. Foto) / submarino, subacuático (p.e.foto) ‖ ≈**anstrich** *m* (Schiff) / pintura *f* submarina, capa *f* protectora antivegetal ‖ ≈**antenne** *f* / antena *f* sumergida o submarina ‖ ≈**archäologe** *m* / arqueonauta *m* ‖ ≈**-Atemgerät** *n*, Aqualunge *f* / respirador *m* submarino, pulmón *m* acuático, scuba *m*, máquina *f* pulmonar ‖ ≈**aufheizung** *f* / calefacción *f* sumergida, calentamiento *m* bajo el agua ‖ ≈**bau** *m* / construcciones *f pl* bajo el agua ‖ ≈**blitzgerät** *n* (Foto) / flash *m* submarino, antorcha *f* ‖ ≈**-Boden-Rakete** *f* (Mil) / misil *m* o cohete submarino-superficie ‖ ≈**bohrung** *f* (Öl) / perforación *f* submarina ‖ ≈**bombe** *f* / bomba *f* submarina ‖ ≈**brenner** *m* / quemador *m* sumergido ‖ ≈**brenner** (Schw) / soplete *m* para corte bajo el agua ‖ ≈**einlauf** *m* (Hydr) / entrada *f* bajo el agua ‖ ≈**-Erzgewinnung** *f* (Bergb) / minería *f* submarina, extracción *f* de minerales bajo el agua ‖ ≈**fahrt** *f* / marcha *f* en inmersión ‖ ≈**fahrt** (Zustand) / inmersión *f*, sumersión *f* ‖ ≈**fernsehen** *n* / televisión *f* subacuática o submarina ‖ ≈**frachtschiff** *n* / buque *m* de carga submarino ‖ ≈**gehäuse** *n* (Kmera) / caja *f* submarina (cámara) ‖ ≈**gründung** *f* (Bau) / cimentación *f* bajo el agua ‖ ≈**härtend**, hydraulisch (Zement) / hidráulico ‖ ≈**härtende Eigenschaften** *f pl* / hidraulicidad *f*, propiedades *f pl* hidráulicas ‖ ≈**-Horchgerät** *n*, -Schallempfänger *m* (Akust) / hidrófono *m*, receptor *m* submarino ‖ ≈**kabel** *n* / cable *m* subacuático o submarino ‖ ≈**kamera** *f* / cámara *f* submarina, tomavistas *m* subacuático ‖ ≈**kanal** *m* (Hydr) / socaz *m* ‖ ≈**kommunikation** *f* / radiocomunicación *f* subacuática ‖ ≈**kraftwerk** *n*, Strömungskraftwerk *n* / central *f* hidráulica de flujo subacuático ‖ ≈**leuchte** *f* / lámpara de buzo ‖ ≈**-Luft-Rakete** *f* (Mil) / cohete submarino-aire ‖ ≈**mäher** *m* / segadora *f* subacuática ‖ ≈**ortung** *f* **von Explosionen** / localización *f* acústica de explosiones submarinas ‖ ≈**ortungsgerät** *n*, Sonar / sonar *m* ‖ ≈**-Pipeline** *f* / oleoducto *m* submarino [para petróleo crudo], tubería *f* (E) o cañería (LA) submarina [para productos petrolíferos] ‖ ≈**pumpe** *f* / bomba *f* sumergible ‖ ≈**schallanlage**, -telegrafie *f* / señalización *f* acústica submarina ‖ ≈**schallanlage** *f*, S-Gerät *n* / sonar *m* ‖ ≈**schallempfänger** *m*, -horchgerät *n* / receptor *m* de sonidos subacuáticos, hidrófono *m* ‖ ≈**schallgeber** *m* / emisor *m* de sonidos debajo del agua, generador *m* de impulsos acústicos bajo el agua ‖ ≈**schallimpuls** *m* / impulso *m* acústico submarino ‖ ≈**-Schallortung** *f* / localización *f* acústica submarina, fonolocalización *f* submarina ‖ ≈**schallpeiler** *m* / radar *m* acústico submarino, sonar *m* ‖ ≈**schiff** *n*, Schiffskörper *m* unter der Wasserlinie / parte *f* sumergida del buque, parte *f* debajo de la línea de flotación ‖ ≈**schweißen** *n* / soldadura *f* bajo [el] agua ‖ ≈**schwimmer** (Masch) / flotador *m* subsuperficial ‖ ≈**setzen** *n* / sumersión *f* ‖ ≈**signal** *n* /

1403

señal f submarina ‖ ≃**spiegel** m (Hydr) / nivel m de aguas abajo ‖ ≃**sprechverbindung** f / comunicación f hablada subacuática ‖ ≃**start** m (z.B. vom U-Boot aus) (Flugkörper) / lanzamiento m bajo el agua ‖ ≃**strahler** m / radiador m electromagnético subacuático ‖ ≃**stromapparat** m (Bergb) / hidroseparador m ‖ ≃**technik** f / ingeniería f submarina ‖ ≃**tragflügelboot** n (Schiff) / hidroplaneador m, hidrodeslizador m, hidrofoil m, hidroala m ‖ ≃**-Trennen** n (Schw) / oxicorte m bajo agua o submarino ‖ ≃**tunnel** m (Bahn) / túnel m subacuático o bajo el agua ‖ ≃**übertrager** m, -verstärker m (Fernm) / repetidor m subacuático o sumergido ‖ ≃**-Unterwasser-Rakete** f (Mil) / misil m o cohete submarino-submarino
Unter•wegsverstärker m (Fernm) / repetidor m de vía ‖ ≃**weisung** f / instrucción f, enseñanza f [de] ‖ ~**werfen** vt / someter [a] ‖ ≃**werk**, Unterstation f, Umspannwerk n (Elektr) / subcentro m de distribución o de transformación, subestación f ‖ ≃**werk** n, Unterwerksbau m (Bergb) / trabajos m pl debajo de una galería ‖ ≃**wind** m / viento m de abajo ‖ ≃**windfeuerung** f / hogar m con soplador por debajo del emparrillado ‖ ≃**windgebläse** n / soplador m por debajo del emparrillado, ventilador m bajo para [a] rejilla ‖ ≃**windkettenrostfeuerung** f / hogar m con parrillas de cadena soplado por debajo ‖ ≃**windseite**, Lee[seite] f (Schiff) / costado m de sotavento, sotavento m ‖ ~**wölbt** (Bau) / abovedado, apoyado por una bóveda ‖ ~**worfen**, neigend [zu] / propenso [a], inclinado [a] ‖ ~**worfen**, abhängig [von] / sometido [a], dependiente [de], sujeto [a] ‖ ≃**zelle** f (DV) / subcélula f ‖ ~**ziehen** vt / someter [a]
Unterzug m (Bau) / viga f maestra, jácena f ‖ ≃ (Palette) / miembro m horizontal ‖ ≃ (Ofen) / viento m de abajo ‖ ≃**schalung** f (Bau) / encofrado m de la viga maestra
Unter•-Zulieferant m / subabastecedor m de nivel inferior ‖ ≃**zwerg** m (Astr) / subenano m ‖ ≃**zylinder** m (Spinn) / cilindro m inferior o de estiraje, cilindro m ranurado
Untiefe f (Schiff) / bajo m, bajo m fondo, bajío m ‖ ≃, Sandbank f / restinga f ‖ ≃**n** f pl (Schiff) / peligros m pl
untrennbar [von] / inseparable [de]
unübersichtlich•er Fehler / error m no definido ‖ ~**e Kreuzung** (Straßb) / cruce m de poca visibilidad
unüberziehbar, nicht überziehbar (Luftf) / que no puede entrar en pérdida, no encabritable
unumkehrbar / irreversible
ununterbrochen, ständig / continuo, ininterrumpido, sin interrupción ‖ ~, andauernd / sostenido, persistente ‖ ~**er Abstich** (Hütt) / sangría f continua ‖ ~**er Betrieb** (Elektr) / servicio continuo ‖ ~**e Lenkzeit** (Kfz) / tiempo m de conducción ininterrumpida ‖ ~ **produzierte Menge** (o. Länge), Ausstoß m (Masch, Tex) / producción f ininterrumpida ‖ ~**es Stranggießen** (Hütt) / colada f continua
unveränderlich / invariable, inmutable ‖ ~, konstant / inalterable ‖ ~**e Größe** (Math, Phys) / constante f ‖ ~**e Spannung** / tensión f constante, voltaje m constante
Unveränderlichkeit, Konstanz f / invariabilidad f
unverändert / inalterado, sin cambiar ‖ ~**e Neuauflage** (Druck) / reimpresión f
unverarbeitet / sin labrar, tosco ‖ ~, roh / bruto ‖ ~**er Zustand** (Leichtmetall) / estado m bruto
unverbaubar (Bau) / que no quita o no impide la vista [de]
unverbaut (Bergb) / no apuntalado
unverbindlich / sin compromiso
unverbleit (Kraftstoff) / sin plomo
unverbrannt / inquemado, sin quemar ‖ ≃**es** n / materia f sin quemar, inquemados m pl ‖ **durch CO** ≃**es** / incombustión f mecánica
unverbraucht / no gastado, bien conservado

unver•brennbar, -brennlich / incombustible ‖ ≃**brennbarkeit** f / incombustibilidad f ‖ ≃**brennbarkeitsgrad** m / grado m de incombustibilidad ‖ ≃**brennliches** n (Kohle) / materia f incombustible
unverbunden / no conectado, sin conectar ‖ ~, unkorreliert / sin correlación ‖ ~, ohne Beziehung / sin relación
unverderblich, unzerstörbar / incorruptible, resistente, inalterable, indestructible
unverdünnt, unvermischt, unverfälscht / no diluido, sin diluir ‖ ~, absolut (Chem) / absoluto ‖ ~**er Alkohol** / alcohol m absoluto o anhidro
unvereinbar, disparat / disparatado ‖ ~, unverträglich / incompatible
unverfälscht, unvermischt / puro, genuino ‖ ~, rein / no adulterado, no falsificado, puro, auténtico, natural ‖ ~, unverzerrt (Ergebnis) / imparcial ‖ ~**e Schätzfunktion** (Stat) / insesgado, sin sesgo
unverformbar / no deformable
unverhältnismäßig adj / desproporcionado
unverhüttbar / no beneficiable
unverkäufliches Muster / muestra f no destinada a la venta
unverkettetes Zweiphasensystem (Elektr) / sistema m bifásico a cuatro hilos
unverkittet / sin enmasillar
Unverkoktes n **im Koksofen** / materia f no coquizada o no coqueficada
unverlesen (Bergb) / sin clasificar
unverletzt, unbeschädigt / intacto, indemne
unverlierbar (Scheibe) / imperdible ‖ ~ **befestigen** / fijar imperdible
unvermischbar / inmiscible
unvermischt, rein / sin mezcla, puro
unverpackt, lose, offen / no embalado, sin embalaje ‖ ~ (von größeren Mengen) / a granel
unverputzt, unabgeputzt (Bau) / sin revocar, sin enlucir
unverritzt (Bergb) / virgen, inexplotado
unver•rückbar / inmovible, inmóvil, fijo, firma ‖ ~**schalt** (Bau) / sin encofrado ‖ ~**schiebbar** / fijo, inmóvil, estacionario, no desplazable
unverschiebliches Programm (DV) / programa m no reubicable
unverschlüsselt (DV) / absoluto, claro
unversehrt, ganz / íntegro, intacto
Unversehrtheit f, Unverfälschtheit f / integridad f
unverseifbar (Chem) / insaponificable ‖ ≃**es** n, Nichtverseifbares n / materia f insaponificable
Unverseiftes n / materia f no saponificada
unversenkbar / insumergible
unversenkt•e Drehscheibe (Bahn) / placa f o plataforma giratoria a nivel, puente m giratorio a nivel ‖ ~**e Schiebebühne** (Bahn) / carro m transbordador a nivel
unverspannt / sin arriostramiento, no atirantado ‖ ~ (Mech) / no sometido a tensiones [internas]
unverständlich (Fernm) / ininteligible, incomprensible ‖ ~**es Nebensprechen** / diafonía f ininteligible o no inteligible
unversteift / sin refuerzo
unverstellbar / no regulable, no ajustable, fijo ‖ ~**er Schnabel** (Schieblehre) / pico m fijo
unverstemmt / no recalcado
unverstopfbar (Pumpe) / sin obstruir, no obstruible
unverstreckt (Spinn) / sin estirar, inestirado
unverträglich / incompatible
Unverträglichkeit f / incompatibilidad f
unverwandelbar, nicht konvertierbar / inconvertible
unverwechselbar / inconfundible ‖ ~, unvertauschbar (Stecker) / no intercambiable
unverwertbarer Ausschuss / desperdicios m pl no recuperables
unverwischbar / imborrable

unverworfen (Geol) / sin fallas, sin dislocaciones, sin paraclasas
unverwüstlich / indestructible, robusto, muy resistente
unverzerrt (allg, Opt) / no distorsionado, sin distorsión
unverzinkt•e Fläche / superficie *f* sin galvanizar, superficie *f* no galvanizada ‖ **~e Stelle** (Fehler) / mancha *f* negra
unverzögert / no retardado ‖ **~e automatische Verstärkungsregelung** (Radar) / control *m* automático de ganancia instantánea ‖ **~e Phasenhubregelung** (Eltronik) / regulación *f* instantánea de desviación
unverzweigte (o. gerade) Molekülkette (Chem) / cadena *f* molecular lineal
unvollkommen / imperfecto, defectuoso ‖ **~**, teilweise / incompleto, parcial ‖ **~** *adv*, teilweise / parcialmente ‖ **~er Erdschluss** (Elektr) / contacto *m* a tierra imperfecto o defectuoso ‖ **~e Schmierung** / lubrificación *f* imperfecta
Unvollkommenheit *f* / imperfección *f* ‖ **≃**, Verlust *m*, Fehlen *n* / defectuosidad *f*
unvollständig / incompleto ‖ **~**, unvollkommen / fragmentario ‖ **~e (o. unvollständig verlaufende) Reaktion** (Chem) / reacción *f* incompleta ‖ **~e Verbrennung** / combustión *f* parcial
unvorbereiteter Datenträger (DV) / medio *m* o soporte virgen
unvorhergesehen, außerplanmäßig / sin arreglo a un plan ‖ **~e Belastung**, Stoßlast *f* / carga *f* accidental o fortuita, carga *f* de choque ‖ **~es Ende** (DV) / fin *m* imprevisto
Unvorhergesehenes *n* / imprevistos *m pl*, gastos *m pl* imprevistos o imprevisibles
unwägbar / imponderable
Unwandlungsgewinn *m* (Nukl) / ganancia *f* de conversión
unwesentlich, unwichtig / de poca importancia, insignificante, no esencial ‖ **~**, nebensächlich / secundario, accidental
unwiderbringlich / irrecuperable
unwiderlegbar / irrefutable
unwiderruflich, -bar / irrevocable
unwirksam / ineficaz ‖ **~** (Chem, Phys) / inerte ‖ **~** (Pharm) / inactivo ‖ **~ machen** (DV) / anular ‖ **~ werden** (Bad) / agotarse
Unwirksamkeit *f*, Durchlässigkeit *f* (Dichtung) / ineficacia *f*
unwirtschaftlich / de escaso rendimiento ‖ **~** / poco económico, poco racional, de escaso rendimiento
Unwucht *f* (unausgewuchtete Masse) / masa *f* centrífuga excéntrica, masa *f* no equilibrada o desequilibrada ‖ **≃** (Masch) / desequilibrio *m* ‖ **≃**, Schlag *m* / descentrado *m*, descentración *f* ‖ **≃-anzeiger** *m* / indicador *m* de desequilibrio ‖ **-erregte Förderrinne** / canal *m* transportador vibratorio
unwuchtig, nicht ausgewuchtet (Räder) / desequilibrado ‖ **~ machen**, die Auswuchtung verderben (Räder) / desequilibrar
Unwucht•[igkeit] *f* (Räder) / desequilibrio *m* ‖ **≃[igkeits]betrag** *m* / grado *m* de desequilibrio ‖ **≃kraft** *f* / fuerza *f* de desequilibrio ‖ **≃moment** *n* / momento *m* o par de desequilibrio, momento *m* de descompensación ‖ **≃motor** *m* (Elektr) / motor *m* desequilibrado ‖ **≃scheibe** *f* (Vibrator) / disco *m* volante desequilibrado ‖ **≃-Toleranz** *f* / tolerancia *f* de desequilibrio ‖ **≃-Vibrator** *m* / generador *m* de vibraciones por masa excéntrica ‖ **≃winkel** *m* / ángulo *m* de desequilibrio
unzählig / innumerable, incontable, sin cuenta
Unze *f* / onza *f* (= 28,3495 gramos)
unzeitige Bremsung (Bahn) / frenado *m* intempestivo
unzer•brechlich / inquebrantable, irrompible ‖ **~legbar**, irreduzibel (Math) / irreducible, irreductible ‖ **~legbar** (Chem) / no descomponible, que no puede descomponerse ‖ **~legbar** (Nukl) / no desintegrable ‖

~legbar (Masch) / no desmontable, que no puede desmontarse ‖ **~legt** (Masch) / no desmontado, sin desmontar ‖ **~legtes Netzwerk** / red *f* conexa ‖ **~reißbar** / indesgarrable, que no se desgarra ‖ **~setzt** (Chem) / no descompuesto ‖ **~störbar**, unverwüstlich / indestructible
Unzialschrift *f* (Druck) / escritura *f* uncial
unzugänglich / inaccesible
unzulänglich / deficiente, insuficiente ‖ **~**, unfähig / incapaz, inepto
Unzulänglichkeit *f* / insuficiencia *f* ‖ **≃** (einer Maschine) / deficienca *f* (de una máquina)
unzulässig, nicht mehr akzeptabel / inadmisible ‖ **~** (DV) / no válido ‖ **~e Abnutzung eines Getriebes** / desgaste *m* inadmisible de un engranaje ‖ **~e** *m pl* **Ausfälle** / fallas *f pl* inadmisibles ‖ **~e Kombination** / combinación *f* prohibida ‖ **~es Zeichen** (DV) / carácter *m* inaceptable o inválido
unzureichend, unzulänglich / insuficiente
unzusammengedrängtes Bild / imagen *f* no anamorfótica
unzusammenhängend / no coherente, incoherente
unzuverlässig / poco seguro, inseguro
Unzuverlässigkeit *f* / falta *f* de confiabilidad, desconfiabilidad *f*
unzweckmäßig / poco conveniente, no apropiado, no adecuado
unzweideutig / inequívoco
UO₂-Brennstoff (Nukl) / combustible *m* de dióxido de uranio
U-Ofen, Umkehrofen *m* / horno *m* en U
UOP•-Alkylierung *f* (UOP = Universal Oil Product) (Öl) / alcoilación *f* o alquilación U.O.P. ‖ **≃-Süßung** *f* (Öl) / desulfuración *f* con cloruro de cobre por U.O.P.
UPC-Strichcode *m* / código *m* universal de productos
Updaten *n* (DV) / actualización *f*, reactualización *f*, acción *f* de actualizar o de poner al día
Updateroutine *f*, Aktualisierungsroutine *f* / rutina *f* de actualización
Uperisation *f* (Milch) / uperización *f*, ultrapaste[u]rización *f*
UP-Harze *n pl* (Chem) / resinas *f pl* no plastificadas
Upper Memory (DV) / U.M.
U-Presse für Rohre / prensa *f* de doblar en U los tubos
U-Profil *n*, -Querschnitt, -Formstahl, -Stahl *m* (Hütt) / perfil *m* en U ‖ **≃-Chassis** *n* (Kfz) / chasis *m* de perfil en U ‖ **≃walze** (Hütt) / cilindro *m* para perfiles en U
UP-Schweißen = Unterpulverschweißen
Upsilon *n* (ein Quark) (Nukl) / úpsilon *m*
UPU = Union Postale Universelle, Weltpostverein / Unión Postal Universal
Ur *n* (Pl.: Ure)(kleinste Materieteilchen o. Quanteninformationen) / urio *m*
UR = ultrarot ‖ **≃** (Elektr) = Umrichter
Uracil *n*, Urazil *n* (Chem) / uracilo *m*
Uraconit (Min) / uraconita *f*
U-Rahmen *m* (Wzm) / bastidor *m* en U
Uralit *m* (Min) / uralita *f*
Uraltanlagen *f pl* / instalaciones *f pl* o plantas muy antiguas
Uran *n*, U (Chem) / uranio *m*, U ‖ **≃(IV)-...**, Urano... / uranoso ‖ **≃(VI)-...**, Urani... / uránico ‖ **≃abfall** *m* / colas *f pl* de enriquecimiento ‖ **≃at** *n* (Chem) / uranato *m* ‖ **≃brüter** *m* (Nukl) / reactor *m* reproductor de uranio ‖ **≃carbid** *n* / carburo *m* de uranio ‖ **≃chalzit** *m* (Min) / uranocalcita *f* ‖ **≃(IV)-chlorid** *n*, Uranchlorid / cloruro *m* uranoso ‖ **≃dioxid** *n*, -(IV)-oxid *n* / dióxido *m* de uranio ‖ **≃dioxidtablette** *f* / plaquita *f* de dióxido de uranio ‖ **≃erz** *n* (Nukl) / Yellow Cake *m* (mineral de uranio) ‖ **≃fluorierung** *f* / fluoración *f* de uranio ‖ **≃gelb**, Natriumdiuranat *n* / amarillo *m* de uranio, diuranato *m* sódico ‖ **≃glas** *n* / vidrio *m* de uranio ‖ **≃glimmer** *m* / uranita *f*, uranio *m* micáceo ‖ **≃graphitgitter** *n* (Nukl) / rejilla *f* (E) o

celosía (LA) espacial de uranio y grafito ‖
≃**graphitreaktor** m / reactor m de uranio y grafito ‖
~**haltig**, Uran... / uranífero, que contiene uranio ‖
≃**hexafluorid** n / hexafluoruro m de uranio, fluoruro m de uranio, UF_6
Uranide n pl / uránidos m pl
Uranin•gelb n, Uranin n, Fluoreszein-Natrium n / fluoresceína f de sodio ‖ ≃**it** m, Uranopissit m (Min) / uraninita f (E), pec[h]blenda f, pechurana f (LA)
Uranit m / uranita f, fosfito m uránico-cálcico
Uranium-Auslaugung f (Chem) / lixiviación f de uranio
Uran•[kern]spaltung f / fisión f del uranio ‖
≃**konversion** f (festes Uran in Uranhexafluorid) / conversión f o transformación del uranio ‖
≃**konzentrat** n (Yellow Cake) / concentrado m de uranio ‖ ≃**metalle** n pl / uranios m pl metálicos
Uranocircit m (Min) / urancircita f
Uranoid n / uranoide m
Uran•ophan, -otil m (Min) / uranófano m, uranotilo m ‖
≃**opilit**, Uranocker, Zippeit m / uranopilita f
Uranopinit m (Min) / uranopinita f
Uran•(IV)-oxid, Urandioxid n / dióxido m o bióxido de uranio ‖ ≃**oxidkonzentrat** n, U_3O_8 (Bergb) / concentrado m de óxido de uranio ‖ ≃**pecherz** n, U_3O_8 s. Uranit ‖ **natürliches** ≃**pecherz**, Triuranoctoxid n / pec[h]blenda f natural ‖ ≃**-Plutonium-Mischoxid** n (Chem) / óxido m mezclado de uranio y plutonio ‖
≃**reaktor** m (Nukl) / reactor m de uranio ‖ ≃**reihe** f (Chem) / uránidos m pl ‖ ≃**ring** n (Nukl) / anillo m de uranio ‖ ≃**salz** n / uranato m, sal f de uranio ‖ ≃**säure** f / ácido m uránico ‖ ≃**silizid** n / siliciuro m de uranio ‖ ≃**spaltstoff** m (Nukl) / combustible m de uranio ‖ ≃**stab** m (Reaktor) / barra f de uranio ‖ ≃**trennarbeit** f / trabajo m de separación de uranio ‖ ≃**trioxid**, Uran(VI)-oxid n / trióxido m de uranio ‖
≃**vorkommen** n (Min) / yacimiento m uranífero o de uranio ‖ ≃**wiederaufbereitung** n (Nukl) / reprocesamiento m del uranio
Uranyl•acetat n (Chem) / acetato m de uranilo o de uranio ‖ ≃**gruppe** f / uranilo m ‖ ≃**nitrat**, Uraninitrat n / nitrato m de uranio
Urao, Trona f (Chem) / urao m (carbonato de sosa natural)
Uras, Ultrarotabsorptionsschreiber m (Chem) / registrador m de absorción del ultrarrojo
Urat n (Chem) / urato m
Urbanisierung f / urbanización f
Urbanistik f (Wissenschaft vom Städtebau) / urbanística f
urbar (Landw) / cultivable, arable (tb. cultivado)
Urbarmachen, Roden n (Landw) / desbroce m, desbrozo m, roturación f, artiga f
Urbarmachung f (Landw) / puesta f en cultivo
Urbeleg m (DV) / documento m de origen
Urbild n (Math) / antecedente m ‖ ≃ (für Symbole) / símbolo m original
Urdoxwiderstand m (Funk) / resistencia f de dióxido de uranio
Urea f, Harnstoff m (Biochem) / urea f, carbamida f
Urease f (Chem) / ureasa f
Uredineen pl, Rostpilze m pl (Biol) / uredinales f pl
Ureichkreis m (CCIF) (Fernm) / sistema m patrón de referencia para la transmisión telefónica
Ureid n (Chem) / ureido m
Urein n / ureína f
Ureingabe f (DV) / entrada f inicial (E), comando m de entrada (LA) ‖ ≃**programm** n (DV) / rutina f de entrada [inicial]
Urena, Aramina, Kongo-Jute f (Bot) / fibra f de urena [sinuata]
Urethan n (Plast) / uretano m ‖ ≃**kautschuk** m / caucho m de uretano ‖ ≃**kunststoff** m / plástico m de uretano
Urethroskop n (Med) / uretroscopio m
Urfarbe f / color m primario o elemental o fundamental

Urfarbe f (Färb) / matriz f
Urformgebung f / conformación f primaria u originaria
Urgebirge, Archäikum, Archaikum n (Geol) / terreno m primario o primordial, formación f arqueana, arcaico m
Urgestein n, Urfels m (Geol) / roca f primitiva
UR-Glas n (Opt) / vidrio m de absorción infrarroja
Ur•gneis m (Geol) / gneis m primitivo ‖ ≃**granit** m (Geol) / granito m primitivo
Urheber•rechtsverletzung f / violación f del derecho de autor ‖ ≃**schutz** m / protección f de la propiedad intelectual
Urikuriwachs n (Bot) / cera f uricuri
Urinal n (Bau) / urinario m, urinal m, orinal m ‖
≃**spülkasten** m / caja f de agua del urinario o urinal
Urkalk[stein] m, körniger Kalk (Geol) / caliza f permiana o primitiva
Urknall m, Big Bang m (Phys) / bigbang m
Urkunde f / documento m, escritura f
urladen, durch Ureingabe laden (DV) / iniciar
Urlader m, System-Eröffnungsprogramm n / rutina f de entrada inicial
Urlaub m / vacaciones f pl ‖ **bezahlter** ≃ / vacaciones f pl pagadas o retribuidas
Urlaubsgeld n (F.Org) / suplemento m por vacaciones
Ur•lehre f, Urnormal n (Mess) / calibre m patrón, patrón m ‖ ≃**lösung** f (Chem) / solución f primaria u original ‖
≃**maßstab** m (Mess) / regla f graduada patrón ‖
≃**materie** f, Urstoff m, Urplasma n (Astr, Phys) / ylem m, plasma m primordial ‖ ≃**meter** n (Mess) / metro m patrón ‖ ≃**modell** n, Muttermodell n (Gieß) / modelo m patrón ‖ ≃**muster**, Original n / prototipo m ‖
≃**normal** n (Mess) / patrón m
U-Rohr n / tubo m en U ‖ ≃ (Verm) / nivel m hidrostático ‖ ≃**-Viskositätsmessung** f / viscosimetría f por tubo en U
Ur•-Oszillator m (Eltronik) / oscilador m patrón ‖
≃**pause** f (Zeichn) / dibujo m original sobre papel de calco
Ursache, die ≃ **sein** [für] / ser la causa [de], ser el porqué [de]
URSI = Union Radio-Scientifique Internationale (= Intern. Scientific Radio Union) / Unión Radiocientífica Internacional
Ursprung m / origen m, procedencia f ‖ ≃, **Anfangspunkt** m / punto m de partida ‖ **seinen haben** [in] / proceder [de], tener su origen [en], resultar [de]
ursprünglich / original, originario, primitivo ‖ ~**e Länge** / longitud f inicial ‖ ~**er Ölinhalt**, OOIP / petróleo m original in situ ‖ ~**es Signal** / sematema m ‖ **in der** ~**en Lage** (Geol) / in situ
Ursprungs•block m (DV) / fuente f, bloque m emisor ‖
≃**daten** pl (DV) / datos m pl originales ‖ ≃**daten**, unaufbereitete Daten pl (DV) / datos m pl sin procesar ‖ ≃**festigkeit** f (Mat.Prüf) / límite m de resistencia a la fatiga por esfuerzos repetidos ‖ ≃**gebiet** n / región f de origen ‖ ≃**genauigkeit** f / precisión f primitiva o de estado nuevo ‖ ≃**koordinaten** f pl (Math) / coordenadas f pl de origen ‖ ≃**land** n / país m de origen o de procedencia ‖ ≃**länge** f (Kabel) / longitud f inicial ‖ ≃**masse** f (Phys) / masa f inicial ‖ ≃**programm** n (DIN) (DV) / programa m fuente u original ‖
≃**sprache** f (COBOL, DV) / lenguaje f original ‖
≃**vermittlungsstelle** f (Fernm) / estación f de origen, central f de origen (teléfono) ‖ ≃**verzerrung** f (TV) / efecto m [de] umbral ‖ ≃**zeugnis** n / certificado m de origen
Urstart m (DV) / comienzo m inicial
Urstoff, Grundstoff m / primera f materia, materia f prima
Urteer, Schwelteer m / prot[o]alquitrán m, alquitrán m de baja temperatura

Urtiter *m* (Chem) / prototítulo *m* ‖ ⁓**substanz** *f* / su[b]stancia *f* titrimétrica fundamental
Urzeugung *f*, Abiogenese *f* (Biol) / generación *f* espontánea, abiogénesis *f*
US *m* (= Ultraschall) / us *m* (= ultrasonido)
Us⁻¹, Umdrehungen *f pl* je sec / r.p.s.
USA-Farbfernsehsystem NTSC *n* / Comité Nacional de Sistemas de Televisión (EE.UU.), N.T.S.C.
USASI = United States of America Standards Institute (now ANSI = American National Standards Institute)
USA-Spezifikationen *f pl* / especificaciones *f pl* en vigor en los EE.UU.
U-Scheibe *f* s. Unterlegscheibe
U-Schelle *f* (Elektr, Klempner) / abrazadera *f*
U-Schiene *f* / carril *m* o riel en U
U-Schweißen *n* s. Unterschienenschweißen
US•-Fernmelde-Verwaltung *f*, FCC (Fernm) / Comisión Federal de Comunicaciones ‖ ⁓**-Luftfahrtbehörde** *f*, FAA / Organismo Federal de la Aviación ‖ ⁓**-Maßsystem** *n* / sistema *m* de medidas de los EE.UU.
Usninsäure *f* (Chem) / ácido *m* úsnico
U-Spule *f* (Elektr) / bobina *f* en horquilla
US-Schweißen *n*, Unterschienenschweißen *n* / soldadura *m* por arco con electrodo inmóvil interpuesto
U-Stabstahl *m* (Hütt) / barras *f pl* [de acero] en U
U-Stahl *m* / acero *m* en U, perfil *m* en U
Usterwert *m* (Tex) / valor *m* Uster
UST-Gewinde *n* / UST *f* (= unified screw thread) tosca
Ustilaginales *pl*, Brandpilze *m pl* (Bot) / ustilaginales *f pl*
USV, unterbrechungsfreie Stromversorgung (Elektr) / fuente *f* de corriente (E) o de poder (LA) a prueba de interrupción
Utensilien *n pl*, Gerät *n* / utensilios *m pl*, útiles *m pl*, enseres *m pl*, aperos *m pl*
U-Träger *m* / viga *f* en U
U-Treppe *f* (Bau) / escalera *f* en U
uu-Kern *m*, Ungerade-ungerade-Kern *m* (Nukl) / núcleo *m* impar-impar
U-Umrichter *m* (Elektr) / convertidor *m* atacado por corriente
uu-Nuklid *n* / nucleido *m* impar-impar
UV, ultraviolett / ultravioleta, ultraviolado
UVA-Strahlen *m pl* / rayos *m pl* ultravioletas A
UV-beständig / inalterable a los rayos UV
UVB-Strahlen *m pl* / rayos *m pl* ultravioletas B
UVC-Strahlen *m pl* / rayos *m pl* ultravioletas C
UV-Filter *m n* (Foto) / filtro *m* de rayos ultravioletas
UV-Fotografie *f* / fotografía *f* ultravioleta
UV•-Geber *m* (o. Unabhängige-Variable-Geber) (Eltronik) / generador *m* de sincronismo primario (E), generador *m* de impulsos cronizadores (LA) ‖ ⁓**-Glas** *n* / vidrio *m* diáfano a los rayos ultravioletas ‖ ⁓**-Lampe** *f* / lámpara *f* ultravioleta
UVP, Umweltverträglichkeitsprüfung *f* / ecoauditoría *f*
UV•-Spektroskopie *f* / espectroscopia *f* [en la región] ultravioleta ‖ ⁓**-Sperrfilter** *n* / filtro *m* bloqueador de rayos ultravioletas ‖ ⁓**-Trockner** *m* / secadero *m* por rayos ultravioletas
UVV = Unfallverhütungsvorschrift
UW (Elektr) = Umspannwerk ‖ ⁓ (Hydr) = Unterwasserstand
UZG, untere Zündgrenze / límite inferior de inflamabilidad

V

V, Volumen *n* / v, volumen *m*
V (= Vanadium) (Chem) / v (= vanadio)
V (= Volt) (Elektr) / v (= voltio)
V$_N$, Normvolumen *n* (Phys) / volumen *m* normalizado o estándar
VA (Elektr) = Voltampere
V-Abtastung *f* **von Binärskalen** / exploración *f* doble de escalas binarias
Vacheleder *n* / vacas *f pl* para suelas
Vachettenleder *n* / vaqueta *f*
Vacu-Pressverfahren *n* (Gieß) / moldeado *m* por vacío
Vac-Vac-Verfahren *n* (Holzkonserv) / procedimiento *m* VAC-VAC
vados, versickert (Geol) / vadoso ‖ ~**es Wasser**, versickertes Oberflächenwasser / agua *f* vadosa
vagabundieren, streuen (Elektr) / vagabundear
vagabundierend (Elektr) / vagabundo, vagabundeante ‖ ~**er Strom** / corriente *f* vagabunda o de fuga
Vakanz *f* (Halbl, Krist) / vacante *f*
Vakat *n* (Druck) / guarda *f*, hoja *f* blanca ‖ ≈**seite** *f* (Druck) / página *f* blanca
Vakublitz *m* (einmal verwendbar) (Foto) / fotoflash *m* (bombilla de un solo uso), lámpara *f* relámpago
Vakuole *f* / vacuola *f*
Vakuum *n*, Luftleere *f* (Phys) / vacío *m* ‖ ≈... / de o al o en o por vacío, bajo vacío ‖ ≈ **herstellen**, luftleer machen / hacer el vacío ‖ **das** ≈ **halten** / mantener el vacío ‖ **im** ≈ / bajo vacío ‖ **im** ≈ **bedampfen** / depositar por vaporización en vacío
Vakuum•anlage *f* / instalación *f* de vacío ‖ ≈**anschluss** *m* (Destillation) / canal *m* de aspiración ‖ ≈**apparat** *m* / aparato *m* de vacío ‖ ≈**-Begasungsanlage** *f* / instalación *f* de vaporización bajo vacío ‖
≈**-Begasungsanlage** (Parasiten) / instalación *f* de desinfección por vacío ‖ ≈**behälter** *m* / recipiente *m* bajo vacío ‖ ≈**beschichtungsanlage** *f* / instalación *f* de recubrimiento bajo vacío ‖ ≈**beton** *m* (Bau) / hormigón *m* al vacío ‖ ≈**beutel** *m* / bolsa *f* de vacío ‖ ≈**blankglühen** *n* (Hütt) / recocido *m* brillante bajo vacío ‖ ≈**blitzableiter** *m* / pararrayos *m* de gas rarefacto ‖ ≈**blockguss** *m* (Hütt) / colada *f* de lingotes bajo (o en) vacío ‖ ≈**blockguss** (Erzeugnis) / lingote *m* colado en vacío ‖ ≈**bomben** *f pl* (Mil) / fuel-air-explosives ‖ ≈**brecher** *m* / interruptor *m* de vacío ‖ ≈**bremse**, Saugluftbremse *f* (DIN) (Bahn) / freno *m* de vacío ‖ ≈**dämpfer** *m* / vaporizador *m* de vacío ‖ ≈**deckel** *m* (Foto) / tapa *f* de vacío ‖ ≈**destillat** *n* (Chem) / destilado *m* bajo vacío ‖ ≈**destillation** *f* / destilación *f* bajo (o en) vacío ‖ ≈**destillierkolonne** *f* / columna *f* o torre de destilación bajo vacío ‖ ~**dicht**, -fest / a prueba de vacío, estanco al vacío ‖ ≈**-Drehfilter** *n* / filtro *m* rotativo bajo vacío, filtro *m* rotatorio al vacío ‖
≈**-Druckguss** *m* / colada *f* o fundición a presión bajo vacío ‖ ≈**durchführung** *f* / paso *m* a prueba de vacío ‖ ≈**durchlaufentgasung** *f* (Hütt) / desgasificación *f* en vacío en el chorro cuchara a cuchara, desgasificado *m* continuo en (o bajo) vacío ‖ ≈**effekte** *m pl* (Laser) / efectos *m pl* no lineales bajo vacío ‖ ≈**entgasung** *f* (Gieß) / desgasificación *f* bajo ((o en) vacío ‖ ~**erschmolzen** / fundido bajo (o al) vacío ‖ ≈**erzeugung** *f* (Phys) / obtención *f* del vacío ‖ ≈**exsikkator** *m* (Chem) / desecador *m* al vacío ‖ ≈**faktor** *m* / factor *m* de vacío ‖ ≈**faktor** (Röhre) / grado *m* de vacío ‖ ≈**fett**, Ramseyfett *n* / grasa *f* para

vacío ‖ ≈**filter** *m n* / filtro *m* de vacío, tambor *m* de un filtro celular ‖ ≈**filtration** *f* / filtración *f* bajo (o al) vacío ‖ ≈**fluktuation** *f* (Phys) / fluctuación *f* al vacío ‖ ≈**fluoreszenz-Display** *n* (Eltronik) / dispositivo *m* de visualización de fluorescencia bajo vacío ‖ ≈**formen** *n* (Plast) / moldeo *m* por vacío ‖ ≈**formen** (Glas) / soplado *m*, formación *f* del vacío ‖ ≈**formen mit Luftblase**, Air-Slip *n* Verfahren mit Luftkissen (Plast) / termomoldeo *m* bajo vacío con cojín de aire, procedimiento *m* air-slip ‖ ≈**-Fraktionierkolonne** *f* (Chem Verf) / columna *f* de fraccionamiento bajo vacío ‖ ≈**frischen** *n* (Hütt) / afino *m* en vacío ‖ ≈**füllung** *f* (Zuck) / relleno *m* bajo vacío ‖ ≈**fusionsmethode** *f* (Chem) / método *m* de fusión bajo vacío ‖ ≈**-Gasöl** *n* / gasoil *m* obtenido por destilación bajo vacío ‖ ≈**gefäß** *n*, -kolben *m* (Phys) / frasco *m* de vacío ‖
≈**gefriertrocknung** *f*, Lyophilisierung *f* / liofilización *f* ‖ ≈**-Gegenstromdestillation** *f* / rectificación *f* bajo vacío, destilación *f* de contracorriente bajo vacío ‖ ~**getränkt** / impregnado bajo vacío ‖ ≈**gießen** *n* (Gieß) / colada *f* en vacío ‖ ≈**gießstrahlentgasung** *f* / desgasificación *f* en vacío en el chorro de colada ‖ ≈**gleichrichter** *m* (Elektr) / rectificador *m* de vacío ‖ ≈**glocke** *f* / campana *f* de vacío ‖ ≈**glühanlage** *f* (Hütt) / instalación *f* de recocido bajo vacío ‖ ≈**guss** *m* / colada *f* en vacío ‖ ≈**hahn** *m* / llave *f* de vacío ‖ ≈**haltung** *f* / mantenimiento *m* del vacío, retención *f* del vacío ‖ ≈**hebeverfahren** *n*, DH-Verfahren *n* (Hütt) / procedimiento *m* D-H, método *m* de desgasificado en vacío por aspersión ‖ ≈**-Heißextraktion** *f* (Hütt) / extracción *f* en caliente al vacío ‖ ≈**-Heißwandofen** *m* [mit Druckentlastung] (Hütt) / horno *m* de pared caliente bajo vacío ‖ ≈**heizung** *f* / calefacción *f* a baja presión o al vacío ‖ ≈**induktionsschmelzen** *n* / fusión *f* por inducción bajo vacío ‖ ≈**isolation** *f* / aislamiento *m* bajo vacío ‖ ≈**-Kaltwandofen** *m* (Met) / horno *m* de pared fría bajo vacío ‖ ≈**kammer** *f* / cámara *f* de vacío ‖ ≈**kanal** *m* (Phys) / columna *f* de vacío ‖ ≈**kassette** *f* / chasis *m* de vacío ‖ ≈**kessel** *m* / tanque *m* o recipiente de vacío ‖ ≈**kessel** (Chemiefasern) / caldera *f* de vacío ‖ ≈**kissen-Hebezeug** *n* (Förd) / elevador *m* de cojín bajo vacío ‖ ≈**kitt** *m* / cemento *m* o mastic para vacío, masilla *f* para vacío ‖ ≈**kolben** *m*, -gefäß *n* (Chem) / frasco *m* de (o para) vacío ‖ ≈**kopierrahmen** *m* (Foto) / marco *m* para copiar bajo vacío ‖ ≈**körper** *m*, Kochapparat *m* (Zuck) / tacho *m* al vacío para la cocción ‖ ≈**korrektur** *f* / corrección *f* del vacío ‖ ≈**kratzenreiniger** *m* (Spinn) / limpiacardas *m* de vacío ‖ ≈**kristallisation** *f* (Zuck) / cristalización *f* bajo (o al) vacío ‖ ≈**kühlung** *f* (Landw) / refrigeración *f* en vacío ‖ ≈**-Lagerkessel** *m* / caldera-depósito *f* de vacío ‖ ≈**lampe** *f* (Elektr) / lámpara *f* de vacío ‖
≈**-Lastaufnahmemittel** *n*, Lasthaftgerät *n* (Förd) / mecanismo *m* prensor de carga por vacío ‖
≈**-Lichtbogenofen** *m* (Hütt) / horno *m* de arco bajo vacío ‖ ≈**lichtbogenumschmelzen** *n* (Hütt) / refusión *f* bajo vacío en horno de arco ‖
≈**-Lichtgeschwindigkeit** *f* (Phys) / velocidad *f* de la luz en el vacío ‖ ≈**-Messröhre** *f* [nach dem Ionisationsprinzip] / manómetro *m* de ionización ‖ ≈**meter** *n* (DIN), Unterdruckmesser *m* / indicador *m* de vacío, vacuómetro *m*, vacuímetro *m* ‖
≈**mikroelektronik** *f*, VME / microelectrónica *f* al vacío ‖ ≈**-Nichtmetalle** *n pl* (Chem) / metaloides *m pl* obtenidos bajo vacío ‖ ≈**ofen** *m* (Hütt) / horno *m* de vacío ‖ ≈**öl** *n* / aceite *m* para vacío ‖ ≈**packung** *f* / envase *m* al vacío ‖ ≈**pfanne** *f* (Zuck) / tacho *m* de vacío ‖ ≈**-Pfannenbehandlung** *f* (Gieß) / tratamiento *m* en cuchara en (o bajo) vacío ‖
≈**pfannen-Durchlaufentgasung** *f* / desgasificación *f* continua en cuchara en vacío ‖ ≈**pfannen-Entgasung** *f* / desgasificación *f* en cuchara en vacío ‖
≈**-Photozelle**, Photoröhre *f* (Eltronik) / tubo *m* fotoeléctrico ‖ ≈**-Plasmaschmelzen** *n* / fusión *f* con

plasma en vacío ‖ ⁓**presse** f (Keram) / prensa f de vacío ‖ ⁓**pumpe** f (Phys) / bomba f de vacío ‖ ⁓**pumpe**, Wasserstrahlpumpe f (Chem) / bomba f de chorro de agua ‖ ⁓**pumpen[schmier]öl** n / aceite m de bomba de vacío ‖ **[reaktive]** ⁓**raffination**, -reinigung f (Hütt) / afino m o refino en vacío ‖ ⁓**rahmen** m, Kopierrahmen m (Foto) / marco m para copiar al vacío ‖ ⁓**rahmen** (Druck) / chasis m neumático ‖ ⁓**regler** m (Melkmaschine) / regulador m de vacío ‖ ⁓**reiniger** m, Staubsauger m / aspirador m, aspiradora f ‖ ⁓**-Rinnenofen** m (Hütt) / horno m tipo canal de vacío ‖ ⁓**röhre** f (Eltronik) / tubo m de vacío, válvula f termoiónica ‖ ⁓**rückstand** m (Öl) / residuo de la destilación m ‖ ⁓**sack-Formen** n (Plast) / moldeo m con saco elástico bajo vacío ‖ ⁓**sammelleitung** f / colector m de vacío ‖ ⁓**sandstrahlen** n / chorreado m de arena bajo vacío ‖ ⁓**-Saugplatte** f / placa f aspirante por vacío, placa f ventosa ‖ ⁓**schalter** m (Elektr) / interruptor m de vacío, contactor m al vacío ‖ ⁓**schaumtrocknung** f, -schaumtrocknen n / sacado m con espuma bajo vacío ‖ ⁓**schlauch** m / tubo m flexible a prueba de vacío, tubo m de goma de vacío ‖ ⁓**schmelzen** n (Hütt) / fusión f en vacío ‖ ⁓**-Schwebeschmelzen** n / fusión f por levitación en vacío ‖ ⁓**schweißen** n / soldadura f bajo vacío ‖ ⁓**sinterglocke** f (Hütt) / campana f de sinterizar bajo vacío ‖ ⁓**sinterung** f / sinterización f bajo vacío ‖ ⁓**stahl** m / acero m al vacío ‖ ⁓**strangpresse** f (Feuerfest, Plast) / extrusionadora f bajo vacío ‖ ~-**superisoliertes Rohr**, VSI-Rohr n / tubo m superaislado al vacío ‖ ⁓**tank** m (Kfz) / autovac m ‖ ⁓**technik** f / técnica f o tecnología f del vacío ‖ ⁓**thermoformen** n (Plast) / termomoldeo m bajo vacío ‖ ⁓**-Tiefziehen** n (Plast) / embutición f por vacío ‖ ⁓**tränkung** f (Eltronik) / impregnación f bajo (o al) vacío ‖ ⁓**tränkung** (Sintern) / infiltración f bajo vacío ‖ ⁓**trockner** m (Chem) / secador m al vacío ‖ ⁓**trockner**, -trockenapparat, -trockenofen m (Elektr) / aparato m u horno secador bajo vacío, horno-estufa m de vacío, horno m de secado al vacío ‖ ⁓**-Ultraviolett** n (Raumf) / ultravioleta m de vacío ‖ ⁓**umlaufverfahren** n (Hütt) / procedimiento m de circulación en vacío ‖ ⁓**verbesserung** f (durch Getter o. Gasabsorption im Glas) (Lampe) / rectificación f del vacío [por absorción de gas] ‖ ⁓**verdampfer** m (Phys) / evaporador m al vacío ‖ ⁓**verfahren** n / procedimiento m al vacío ‖ ⁓**vergießanlage** f (Plast) / aparato m de colada bajo vacío ‖ ⁓**verpackt** / envasado al vacío ‖ ⁓**verpackungsmaschine** f / máquina f envasadora o empaquetadora bajo vaío ‖ ⁓**vorlage** f (Chem) / recipiente m de vacío ‖ ⁓**zelle** f (Eltronik) / célula f de vacío ‖ ⁓**zusatzpumpe** f (Dampfm) / bomba f para aumentar el vacío ‖ ⁓**zustand** m (Phys) / estado m de vacío
Valentinit m, Antimontrioxid n (Min) / valentinita f, trióxido m de antiminio
Valenz, Wertigkeit f (Chem, Math) / valencia f, adicuidad f ‖ ⁓**band** n (Halbl) / banda f de valencias ‖ ⁓**betätigung** f / efecto m de valencia ‖ ⁓**elektron** n (Chem) / electrón m periférico o de valencia ‖ ⁓**orbital** n / orbital f de valencia ‖ ⁓**richtung** f (Nukl) / dirección f de la valencia ‖ ⁓**schale** f / capa f de valencia ‖ ⁓**schwingungen** f pl (Nukl) / vibraciones f pl de valencia ‖ ⁓**winkel** m (Chem) / ángulo m de enlace ‖ ⁓**zahl** f / número m de valencia
Valeriansäure, Pentansäure f (Chem) / ácido m valer[ián]ico
Validation f, Validierung f, Gültigmachen n (DV) / validación f
Valin n (Chem) / valina f
Valonea, Walone f (Gerb) / valonia f, valeonea f
Van m, Großraum-Pkw m (Kfz) / monovolumen m, granvolumen m, monoespacio m
Vanad[in]at n (Chem) / vanadato m

Vanadinit m (Min) / vanadinita f
Vanadin · säure f (Chem) / ácido m vanádico ‖ ⁓**stahl** m / acero m al vanadio
Vanadiolith m (Min) / vanadiolita f
Vanadit n / vanadito m (sal de un ácido vanadoso)
Vanadium, Vanadin[metall] n, V (Chem) / vanadio m, V ‖ ⁓**(II)-...** / vanadoso, vanadio(II)-... ‖ ⁓**(III)-...** / ...vanádico, vanadio(III)-... ‖ ~**haltig** (Min) / vanadífero m ‖ ⁓**(IV)-oxid**, Vanadiumdioxid n, Vanadindioxid n / dióxido m de vanadio, vanadio(IV)-óxido m ‖ ⁓**(II)-oxid**, Vanadiummonoxid n / monóxido m de vanadio, vanadio(II)-óxido m ‖ ⁓**(V)-oxid**, Vanadiumpentoxid n, -säureanhydrid n / pentóxido m de vanadio, vanadio(V)-óxido m ‖ ⁓**stahl** (Hütt) / acero m al vanadio
Vanadyl... / vanadi[o]...
Van-Allen-Strahlungsgürtel m (Astr) / cinturón m [de radiación] de Van Allen
Van •-Carrier, Torstapler m (Förd) / grúa f automotor de pórtico ‖ ⁓**-Container** m (Container mit ISO-Maßen) / contenedor m tipo "van" (dimensiones ISO)
vandalismussicher / a prueba de vándalos
Van-de-Graaff-Generator m, Bandgenerator m (Phys) / generador m [electrostático] de Van de Graaff, estatitrón m ‖ **in Tandemanordnung** (Nukl) / generador m de Van de Graaff en disposición tándem, swindletrón m
van-der-Waals • sche Bindung f (Chem) / enlace m de Van der Waals ‖ ~**sche Gleichung** f / ecuación f de Van der Waals ‖ ~**sche Kräfte** f pl / fuerzas f pl de Van der Waals
van-Duuren-Code m (7-Schritt) (Fernm) / código m de Van Duuren
Vandyckbraun, -rot n / pardo m de Vandyck
Vanille f (Bot) / vainilla f ‖ ⁓**schote** f / vaina f de vanilla ‖ ⁓**stange** f / bastoncilla f de vainilla
Vanillin n, Vanillekampfer m (Chem) / vainillina f, vanillina f ‖ ⁓**zucker** m / azúcar m vainillado
V-Anordnung f (Reifen) / disposición f en V
V-Antenne f / antena f en V
Vanthoffit m (Min) / vanthoffita f
van't-Hoff • sche Isochore f (Chem) / isocora f de van't Hoff ‖ ~**sche Isotherme** f (Chem) / isoterma f de van't Hoff;.f. ‖ ~**sche Regel** f / ley f de van't Hoff
Vaporimeter n (Phys) / vaporímetro m
Vaporisationsgaschromatographie f (Chem) / cromatografía f de vaporización
Vaporuslinie f (Phys) / curva f de condensación
Vapour-Choc-Verfahren n (Öl) / procedimiento m "vapor-choc"
Var n (Elektr) / var m
Varactor m, Reaktanzdiode f (Halbl) / varactor m, diodo m de reactancia
Varactron n (Eltronik) / varactrón m
Varga-Suspensionsverfahren n (Öl) / procedimiento m Varga
variabel, veränderlich / variable ‖ **variable Adresse** (DV) / dirección f variable ‖ **variable Blocklänge** (DV) / longitud f variable del bloque ‖ **variable Mantissenlänge** (Math) / mantisa f de longitud variable ‖ **variables Programm** (DV) / secuencia f selectiva ‖ **variable Turbinengeometrie**, VTG / geometría f variable de turbina ‖ **variabler Punkt** (DV) / separación f variable ‖ **variables Blockformat** (DV) / formato m de bloque variable ‖ **variables Feld** / campo m variable ‖ **variables Format** / formato m variable, tamaño m variable
Variabilität f / variabilidad f
Variable f (DV, Math) / variable f, cantidad f variable
Variablen • bereich m (Math) / gama f de variables ‖ ⁓**prüfung** f / comprobación f de variables
Variaminblau n (Farbe) / azul m variamina

Variante

Variante f / variante f, alternativa f ‖ ≈, Abänderung f / modificación f
Variantenvielfalt f / pluralidad f de variantes
Varianz f (Math) / variancia f, varianza f, variación f ‖ ≈ **der Probenteilung** (Stat) / variancia f de división de muestra ‖ ≈, **von n Proben** / variancia f de n muestras ‖ ≈**reduktion** f (Nukl) / reducción f de variancias
Variation f (Astr, Math) / variación f
Variations•.., Schwankungs... / de variación, variacional, variable ‖ ≈**angabe** f (COBOL, DV) / opción f de variación ‖ ≈**breite** f / banda f de variación ‖ ≈**koeffizient** m (Qual.Pr.) / coeficiente m de variación ‖ ≈**prinzip** n / principio m de variación ‖ ≈**rechnung** f (Math) / cálculo m de variaciones
Variator m (Masch) / engranaje m de velocidad variable ‖ ≈ (Appretur) / variador m
Varietät f, Abart f / variedad f
variierbar / variable
variieren vt, verändern / variar, modificar, alterar, cambiar ‖ ≈, verändern, diversifizieren / diversificar
Vario•[**fokal**]**objektiv** n (Opt) / objetivo m de foco variable, zoom m ‖ ≈**koppler** m, -meter n (Eltronik) / acoplador m variable, variocoplador m, variocúpler m(col) ‖ ≈**lith** m (Geol) / varilita f ‖ ≈**meter** n, einstellbare Hochfrequenz- o. HF-Spule (Eltronik) / variómetro m ‖ ≈**meter** (Luftf) / indicador m de la rapidez de ascenso o de subida ‖ ≈**meter**, Tuner m (Eltronik) / variómetro m de sintonización ‖ ≈**optik** f / objetivo m de foco variable, zoom m ‖ ≈**-Optik-Bildverstärkerröhre** f (TV) / tubo m intensificador de imágenes con aumento variable ‖ ≈**plexsystem** n (Fernm) / sistema m varioplex
Variscit m (Min) / variscita f
Varistor m (Eltronik) / varistor m
Varitron n (kosm.Strahlg) / varitrón m
Varleyschleife f (Fernm) / bucle m de Varley
Varmeter m (Elektr) / varmetro m
Vasculose f, unreines Lignin (Chem) / vasculosa f
Vaselin n, Vaseline f (Pharm) / vaselina f ‖ ≈**öl** n / aceite m de vaselina
Vasenhorn n (Schm) / bigornia f de calderero
V2A-Stahl (Hütt) / acero m V2A
Vater•**platte** f (Audio) / disco m maestro ‖ ≈**-Sohn-Technik** (DV) / técnica f padre-hijo ‖ ≈**teil** n (Masch) / macho m ‖ ≈**teil für Sauger** (Gasarmatur) / racor m cónico fileteado ‖ ≈**-und-Sohn-Antrieb** m (Schiff) / propulsión f padre-hijo (o maestro-esclavo)
Vaucansonsche Kette (Web) / cadena f [de] Vaucansons
V-Bahn f (Wzm) / vía f en V, plano m [inclinado] en V
V-Band n (Radar, 4,5 - 6 · 10¹⁰ Hz) / banda V f
VbF (Chem) = Verordnung über brennbare Flüssigkeiten ‖ ≈ = Verschiebebahnhof
V-Boden-Boot n / embarcación f con fondo en V
V-Brake f (Fahrrad) / freno m [en] V
VC, Vinylchlorid n / cloruro m de vinilo
VCI = Verband der chemischen Industrie
V-Commerce m (DV) / comercio m electrónico en un sistema guidado por voz
VCR•**-Kassette** f (Audiovision) / videocassette f ‖ ≈**-Kopftrommel** f (Audiovision) / cabezal m o tambor de grabación de video cassettes ‖ ≈**-Spurschema** n (Audiovision) / esquema m de pistas de grabación de video cassettes
VDA = Verband der Automobilindustrie
VDCh = Verein Deutscher Chemiker
VDE = Verband der Elektrotechnik, Elektronik und Informationstechnik (bis 1998: Verband Deutscher Elektrotechniker) ‖ ≈ = Vorschriftenwerk Deutscher Elektrotechniker
VDEH = Verein Deutscher Eisenhüttenleute
VDE•**-Kennfaden** m (Elektr) / hilo m distintivo VDE ‖ ≈**-Normen** f pl / normas f pl VDE ‖ ≈**-Vorschriften** f pl / prescripciones f pl del VDE

VDEW = Vereinigung Deutscher Elektrizitätswerke
VDG = Verein Deutscher Gießereifachleute
VDI = Verein Deutscher Ingenieure ‖ ≈ **Richtlinien** f pl / directivas f pl [del] VDI
VDIn = VDI-Nachrichten
V-Dipol, Spreit-Dipol m (Eltronik) / dipolo m en V
VDI-Z = VDI-Zeitschrift
VDK (Phys) = Viskositäts-Dichte-Konstante
VDMA = Verband Deutscher Maschinen- und Anlagenbau e.V.
VDR-Widerstand, Varistor m / varistor m (voltage dependent resistor)
VDS n, tiefenveränderliches Sonargerät (Schiff) / sonar m de profundidad variable
VDT = Verband Deutscher Techniker
VdTÜV = Vereinigung der Technischen Überwachungsvereine
VDW = Verein Deutscher Werkzeugmaschinenfabriken
V.E. = Verkehrseinheit
VEA = Bundesverband der Energieabnehmer
Vegetabilgerbung f (Leder) / curtido m vegetal
vegetabilisch / vegetal ‖ ≈**e Butter** (Nahr) / mantequilla f vegetal ‖ ≈**es Elfenbein** / marfil m vegetal ‖ ≈**es Öl** / aceite m vegetal ‖ ≈**es Pergament** / papel m pergamino o apergaminado o sulfurizado o vegetal, pergamino m vegetal ‖ ≈**es Wachs** / cera f vegetal
Vegetation, Pflanzenwelt f (Bot) / vegetación f, flora f, reino m vegetal o de las plantas
Vegetations•**analysegebiet** n / zona f de análisis botánica ‖ ≈**kundlich** / fitológico ‖ ≈**-Nullpunkt** m / cero m de vegetación ‖ ≈**wasser** n / agua f de vegetación
vegetativ (Biol) / vegetativo
vehement, heftig / vehemente
Vehikel, Bindemittel n / ligante m, aglomerante m, aglutinante m ‖ ≈ n, Arzneistoffträger m, Excipiens n (Pharm) / vehículo m, excipiente m, soporte del principio activo ‖ ≈ (Lack) / vehículo m ‖ ≈ (desp.) (Kfz) / cacharro m
Veilchenöl n (Pharm) / esencia f de violeta[s]
Veitch-Diagramm n, -Tafel f (Phys) / diagrama m de Veitch
Vektographen•**bild** n (Opt) / vectógrafo m ‖ ≈**verfahren** n (Stereobild) / vectografía f
Vektor m (allg) / vector m ‖ ≈, Tensor 1. Stufe m (Math) / vector m ‖ ≈ m, Fahrstrahl m / rayo m vector ‖ ≈... / vectorial, de vector[es] ‖ ≈ m **der elektrischen Feldstärke** / vector m [del campo] eléctrico ‖ ≈ **der Fluggeschwindigkeit** / vector m de velocidad de aerodino ‖ ≈**addition** f / adición f vectorial o geométrica o de vectores, suma f vectorial ‖ ≈**algebra** f / algebra f vectorial ‖ ≈**analysis** f / análisis m vectorial ‖ ≈**argument** n (Math) / argumento m ‖ ≈**boson** n (Phys) / bosón m vectorial ‖ ≈**diagramm** n (Elektr) / diagrama m vectorial ‖ ≈**größe** f / magnitud f vectorial o geométrica, cantidad f vectorial
vektoriell, Vektor... / vectorial
vektorisieren vt (DV) / vectorizar
Vektor•**koordinaten** f pl (Math) / coordenadas f pl vectoriales ‖ ≈**meson** n (Phys) / mesón m vectorial ‖ ≈**multiplikation** f (Math) / multiplicación f vectorial ‖ ≈**operator** m / operador m vectorial ‖ ≈**potential** n (Elektr) / vector m potencial, potencial m vectorial ‖ ≈**potential der magnetischen Flussdichte**, magnetisches Vektorpotential / potencial m de vector magnético ‖ ≈**produkt** n, vektorielles Produkt (Math) / producto m vectorial ‖ ≈**prozessing** n (DV) / procesamiento m o tratamiento de vectores ‖ ≈**prozessor** m / procesor m vectorial, procesador m vectorial ‖ ≈**raum**, linearer Raum (Math) / espacio m vectorial ‖ ≈**raum m der Dimension 1** / línea f recta ‖ ≈**rechner** m (DV) / ordenador m vectorial ‖ ≈**rechnung** f / cálculo m vectorial ‖ ≈**röhre** f, -feldröhre f (Phys) / tubo m de campo vectorial ‖ ≈**-Sichtanzeige** f (Instr) / presentación f visual

vectorial ‖ ⁓skop n (TV) / vectorscopio m, vectorescopio m
Velinpapier n (vegetabilisch) / papel m [de] vitela, papel m couché o estucado o sin filigrana
Vellon n (Legierung) / billón m
Velocimeter n (Phys) / velocímetro m
Velours m (Tex) / terciopelo m ‖ ~artig / aterciopelado ‖ ⁓ausrüstung, -veredelung f (Tex) / apresto m de terciopelo ‖ ⁓hebemaschine f / máquina f de agamuzar, máquina f levantadora de pelo ‖ ⁓leder n / cuero m aterciopelado o velludo ‖ ⁓papier n (wollbeflocktes Papier) / papel m aterciopelado o de raso ‖ ⁓seite f (Leder) / cara f de gamuza ‖ ⁓teppich m (Tex) / alfombra f de terciopelo
Velour[t]ieren n, Beflocken n / flocadura f
veloutieren vt, samtartig machen / afelpar, aterciopelar ‖ ⁓ n (Tex) / afelpado m, aterciopelado m
Veloutine f / velutina f
Veloxkessel m / caldera f Velox
Velvet m n, [unechter] Schusssamt (Tex) / terciopelo m por trama ‖ baumwollener ⁓ / velludillo m, veludillo m
Velvetin, Velveteen m / velvetón m, imitación f de terciopelo
Venezianischrot n (Farbe) / rojo m veneciano o de Venecia
Venn-Diagramm n (Math) / diagrama m [de] Venn
Ventil... / de válvula
Ventil n (Masch, Mot) / válvula f ‖ ⁓, Klappe f / chapeleta f ‖ ⁓, Schieber m / válvula f de compuerta ‖ ⁓ (mit Schlauch) (Luftschlauch) / válvula f (con tubo) ‖ ⁓ (mit Kugel) / obturador m a presión (con bola) ‖ ⁓ für schlauchlose Reifen / válvula f para neumáticos (E) o llantas (LA) sin cámara ‖ ⁓ mit außen-[innen]liegender Spindel / válvula f con husillo exterior [interior] ‖ ⁓ mit erhöhtem Rand (Mot) / válvula f con borde realzado ‖ ⁓ öffnen (Mot) / abrir válvulas ‖ auf- und abgehendes ⁓, Tellerventil n (Mot) / válvula f de seta o de elevación o de vástago, válvula f tipo hongo o de asiento cónico ‖ hängendes ⁓ (Mot) / válvula f suspendida
Ventilableiter m (Elektr) / pararrayos m de resistencia variable
Ventilation f / ventilación f ‖ ⁓, [Be-, Ent-]Lüftung f, Bewetterung f (Bergb) / ventilación f, aireación f
Ventilations•... / de ventilación, ventilador ‖ ⁓kanal m im Motor (Elektr) / conducto m de ventilación ‖ ⁓öffnung f / orificio m de ventilación ‖ ⁓verluste m pl (Dampfturbine, Elektr) / pérdidas f pl por ventilación
Ventilator, Lüfter m / ventilador m ‖ saugender, saugend wirkender ⁓ / ventilador m aspirante ‖ ⁓flügel m / aleta f del ventilador ‖ ⁓kanal m (Bergb) / canal m de aireación ‖ ⁓-Konvektor m / ventilador-convector m ‖ ⁓kühlung f (Kfz) / refrigeración f por ventilador ‖ ⁓leistung f / potencia f de ventilador ‖ ⁓motor, -antrieb m / motor m de ventilador ‖ ⁓riemen m / correa f del ventilador ‖ ⁓verkleidung f / carcasa f del ventilador
Ventil•beaufschlagung f / precarga f de la válvula ‖ ⁓belastung f / carga f de [la] válvula ‖ ⁓betätigung f / mando m o accionamiento de válvulas ‖ ⁓-Blitzableiter m (Elektr) / pararrayos m de resistencia variable ‖ ⁓block m, Steuer- und Regelaggregat n (Hydr, Pneum) / bloque m de válvulas ‖ ⁓boden m (Chem) / plataforma f de válvulas ‖ ⁓bohrung f (allg) / taladro m de la válvula ‖ ⁓brücke f (Reifen) / arandela f de la válvula ‖ ⁓bügel m / estribo m de válvula ‖ ⁓deckel m mit Spindelführung (Masch) / sombrerete m o casquete de válvula ‖ ⁓deckelflansch m / brida f del sombrerete de válvula ‖ ⁓diagramm n (z.B. von Reuleaux o. Zeuner) / diagrama m de distribución ‖ ⁓durchgang m / obturador m, paso m de válvula ‖ ⁓durchmesser m, -durchgang m / diámetro m interior de la válvula ‖

⁓einsatz m (Reifen) / obús m de válvula ‖ ⁓einschleifen n / refrentado m de válvula[s], rectificación f de válvulas ‖ ⁓einschleifer m (Wz) / refrentador m o rectificador de válvulas ‖ ⁓einstellehre f (Mot) / calibre m de reglaje para válvulas ‖ ⁓einstellung f / ajuste m o reglaje de válvulas ‖ ⁓feder f (Mot) / resorte m o muelle de válvula ‖ ⁓federplatte f, -federteller m / platillo m del resorte de válvula ‖ ⁓federteller m (Kfz) / tapa f de resorte de válvula ‖ ⁓federzange f, -federspanner m / levantador m de resorte de válvula ‖ ⁓führung f / guía f de vástago de válvula ‖ ⁓fuß m, -fußplatte f (Reifen) / plaquita f del pie de válvula, brida f de válvula ‖ ⁓gehäuse n, -kammer f / caja f de válvula ‖ ~gesteuert / accionado o distribuido por válvula[s] ‖ ~hämmern n, -schlagen n (Mot) / martilleo m de las válvulas ‖ ⁓heber m / levantaválvula m, elevaválvula m, alzaválvula m ‖ ⁓hebezange f (Wz) / tenazas f pl levantaválvulas m ‖ ⁓hub m / carrera f de la válvula
ventilieren vt, lüften / ventilar, airear ‖ ⁓ (Daten) / ventilar ⁓, Lüften n / ventilación f, aireación f
ventiliert / ventilado ‖ ~er Container / contenedor m ventilado
Ventil•kammer f / alojamiento m de válvula, caja f de distribución ‖ ⁓kappe f (Reifen) / capuchón m de válvula, casquete m de válvula ‖ ⁓kegel m / cono m de válvula ‖ ⁓kegelschleifmaschine f / rectificadora f o esmeriladora de conos de válvulas ‖ ⁓keil m (Mot) / llave f o chaveta de válvula ‖ ⁓kipphebel m, -schwinghebel m / balancín m [empujaválvulas] ‖ ⁓klappe f / válvula f de mariposa ‖ ⁓klappern n / cliqueteo m de válvulas ‖ ⁓kolben m (Masch) / émbolo m o pistón de válvula ‖ ⁓kopf m / cabeza f de válvula ‖ ⁓korb m (allg, Kfz) / cesta f de válvula ‖ ⁓körper m (Mot) / cuerpo m de válvula ‖ ⁓kugel f / bola f de válvula ‖ ⁓leistung f / rendimiento m de la válvula ‖ ⁓loch n in der Felge, Ventilöffnung f / agujero m para la válvula [en la llanta] ‖ ⁓los / sin válvula[s], avalvo f ‖ ~loser Pulsojet (Luftf) / pulsorreactor m sin válvulas ‖ ⁓öffnung f / abertura f de válvula ‖ ⁓öffnungsdiagramm n / diagrama m de distribución ‖ ⁓plättchen n (Masch) / laminilla f de válvula ‖ ⁓prellen n (Mot) / rebote m de válvula ‖ ⁓ring m / anillo m de la válvula ‖ ⁓sack m (Zement) / saco m de válvula ‖ ⁓sackfüllmaschine f (Zement) / ensacadora f o llenadora para sacos de válvula ‖ ⁓sackfüllwaage f / balanza f ensacadora (o embaladora) de válvula ‖ ⁓schaft m / vástago m de válvula ‖ ⁓scharnier n / charnela f de la chapeleta ‖ ⁓schlauch m (Fahrrad) / tubo m de goma para válvula ‖ ⁓schleifmaschine f / esmeriladora f o rectificadora de válvulas ‖ ⁓schleifpaste f / pasta f para el esmerilado de válvulas ‖ ⁓schlüssel m (Wz) / llave f para el ajuste de válvulas o balancines ‖ ⁓sitz m (am Ventil), Ventildichtungsfläche f (Masch) / superficie f de contacto de la válvula, asiento m de válvula ‖ ⁓sitz (im Zylinderkopf) (Mot) / asiento m de válvula del cilindro ‖ ⁓sitzdichtung f / junta f de asiento de válvula ‖ ⁓sitzring m (Mot) / anillo m [desmontable] de asiento de válvula ‖ ⁓sitzschleifmaschine f (Kfz) / rectificadora f para asientos de válvulas ‖ ⁓spiel n (Mot) / juego m de válvulas, huelgo m del empujaválvulas ‖ ⁓spindel f, -stange f (Mot) / vástago m o husillo m de la válvula ‖ ⁓steuerung f / distribución f por válvulas ‖ ⁓-Stopfbüchse f / prensaestopa m de válvula ‖ ⁓stopfen m (Wasserarmatur) / tapón m de válvula ‖ ⁓stößel m (Mot) / balancín m de válvula, levantaválvulas m, empujaválvulas m ‖ ⁓stoßstange, -anhubstange f / levantaválvula m ‖ ⁓teller m (Mot) / disco m o platillo o plato de válvula, cabeza f de válvula ‖ ⁓träger m / portaválvula[s] m ‖ ⁓überdeckung f / recubrimiento m de válvulas ‖ ⁓verklebung f (Mot) / pegamiento m de válvulas ‖ ⁓verlängerung f (Kfz, Luftschlauch) / tubo m de

1411

Ventilverschraubung

prolongación de válvula ‖ ˜**verschraubung** f, Ventilkappe f (Reifen) / tapa f o tapita de válvula ‖ ˜**wächter** m, -stütze f (bei Klappventilen) / guardaválvula m ‖ ˜**wirkung** f (allg) / efecto m de válvula, acción f de válvula

Venturi n, -düse f, Venturirohr n (Phys) / tubo m de Venturi, tobera f Venturi ‖ ˜ **des Vergasers** (Kfz) / tubo m Venturi, trompa f Venturi ‖ **gekürztes** ˜ / tubo m de Venturi truncado ‖ ˜**kanal** m (Hydr) / canal m de Venturi ‖ ˜**messer** m / medidor m de flujo Venturi ‖ ˜**wascher** m (Hütt) / lavador m Venturi

verallgemeinert (Math) / generalizado ‖ ~**e Funktion**, Distribution f (Math) / distribución f ‖ ~**e Kugelfunktion**, Wigner-Funktion f (Math) / armónica f esférica generalizada

veraltend / obsolescente ‖ **rasch** ~ / de rápida obsolescencia

veraltet / antiguado, caído en desuso ‖ ~**e Ausrüstung** / equipo m antiguado

Veraltung, planmäßige (o. geplante) (Masch) / antiguamiento m programado

verampeln vt (Verkehr) / equipar con o instalar semáforos

Veranda f (Bau) / veranda f, mirador m

veränderbar / cambiable alterable, alterable

veränderlich, variabel / variable ‖ ~**e Adressierung** (DV) / direccionamiento m flotante o simbólico ‖ ~**e Geometrie** / geometría f variable ‖ ~**e Größe** (DV, Math) / variable f ‖ ~**e Information** (DV) / información f de contenido volátil ‖ ~**e Kanaladressierung** (DV) / direccionamiento m flotante de canal ‖ ~**e Sterne**, Veränderliche m pl (Astr) / estrellas f pl variables ‖ **auf** ~ **[stehen]** (Barometer) / [estar] en variable ‖ **mit** ~**en Drehzahlen** (Elektr) / a velocidades [de giro] variables

Veränderliche f, Variable f (Math, Phys) / variable f

Veränderlichkeit f / variabilidad f, alterabilidad f, inconstancia f

verändern vt, variieren / variar ‖ **sich** ~ [**um**] / alterarse, cambiar, experimentar un cambio

verändert, variiert / variado

Veränderung f, Wechsel m / cambio m, alteración f, modificación f, transformación f ‖ ˜, **Verändern** n / variación f, modificación f ‖ ˜ **des Querschnitts** / alteración f de la sección ‖ **stetige** ˜ / variación f continua

Veränderungskoeffizient m / coeficiente m de variación

verankern vt (Bau) / anclar ‖ ~, verstreben / arriostrar, sujetar con tirantes ‖ ~ (Masch) / anclar ‖ **mit Bolzen** ~ / fijar mediante pernos [de anclaje]

verankerte Stange (Fernm) / poste m arriostrado

Verankerung f (Bau) / anclaje m ‖ ˜, Verstrebung f / arriostramiento m ‖ ˜ (Fahrleitung) / atirantado m ‖ ˜ **von Versetzungen** (Hütt) / anclaje m de dislocaciones ‖ **doppelte** ˜ (Seilb) / estación f de anclaje

Verankerungs•block m (Bau) / macizo m o tocho de anclaje ‖ ˜**bolzen** m, Verankerungsstange f / bulón m de anclaje, varilla f, tirante m ‖ ˜**draht** m / alambre m de anclaje, tirante m ‖ ˜**gabelgelenk** n (Bahn, Oberleitung) / tensor m de anclaje ‖ ˜**isolator** m (Fahrleitung) / aislador m de anclaje ‖ ˜**kabel** n, -draht m / cable m de anclaje, tirante m ‖ ˜**klotz** m (Freileitung) / macizo m de anclaje ‖ **stählerner** ˜**mast** (Elektr) / mástil m de anclaje ‖ ˜**pfeiler** m (Brücke) / pilote m ‖ ˜**schraube** f / tornillo m de anclaje ‖ ˜**seil**, Halteseil n / cable m, tensor m, tirante m ‖ ˜**seil** n **senkrecht zur Zugrichtung** / cable m ‖ ˜**stange** f, -bolzen m / varilla f de anclaje, tirante m ‖ ˜**träger** m (Ofenbau) / viga f de anclaje

veranlassen vt, bewirken / causar, motivar, provocar, ocasionar, originar

veranschaulichen vt / ilustrar, demostrar, ejemplificar, hacer inteligible

Veranschaulichung f / ilustración f, demostración f, ejemplificación f

veranschlagen, schätzen / estimar, calcular, tasar ‖ ~, überschlagen / presupuestar

veranschlagter Preis / precio m presupuestado

verantwortlich [**für**] / responsable [de]

Verantwortung f / responsabilidad f

verarbeitbar (allg) / elaborable, maquinable, transformable ‖ **mit Maschinen** ~ / mecanizable

Verarbeitbarkeit f, Verarbeitungseigenschaften f pl (Material) / mecanizabilidad f, maquinabilidad f, propiedades f pl de mecanización o elaboración ‖ ˜ (Gummi) / susceptibilidad f de elaboración ‖ ˜ (DV) / procesabilidad f

verarbeiten vt / elaborar, transformar, procesar, confeccionar, manipular ‖ ~ (Öl) / someter el petróleo a cualquier tratamiento (p.ej. refinar) ‖ ~ (DV) / procesar ‖ ~ [**zu**] / convertir [en], manufacturar [en], transformar [en] ‖ ~, verbrauchen / consumir, gastar ‖ [**maschinell**] ~, verformen / mecanizar, conformar ‖ **nochmals** ~ / reprocesar, reciclar ‖ ~ ˜ **des Rohsteins in Feinstein** (Nickel) / afino m de la mata

verarbeitend•e Industrie, herstellende Industrie / industria f transformadora o manufacturadora ‖ ~**e Industrie** (Ggs: Berg- u. Ackerbau) / industria f elaboradora

Verarbeiter m (Plast) / transformador m

verarbeitet, produziert / manufacturado, elaborado, producido ‖ ~ (Rüben) / transformado ‖ ~ (Film) / procesado

Verarbeitung f, Behandlung f / tratamiento m ‖ ˜, Bearbeitung f (Wzm) / mecanizado m, mecanización f ‖ ˜, Auswertung f (DV) / procesamiento m, proceso m, tratamiento m ‖ ˜ (Öl) / tratamiento m ‖ ˜ / elaboración f ‖ ˜ (Tex) / confección f ‖ ˜ (Plast) / transformación f ‖ ˜, Umgang m [mit] / manipulación f ‖ ˜ (Filmentwicklung) / procesado f ‖ ˜ **des Fanges** (Schiff) / acondicionamiento m de la pesca ‖ ˜ **großer Datenmengen** (DV) / tratamiento m masivo ‖ ˜ **im ungeordneten Zustand** (DV) / tratamiento m directo ‖ ˜ **im Vakuum** / tratamiento n o procesamiento bajo (o en) vacío ‖ ˜ **nach Prioritäten** / tratamiento m o procesamiento por prioridad ‖ ˜ **off-line** / tratamiento m fuera de línea o independiente de la línea ‖ ˜ **von Daten** / procesamiento m o tratamiento de datos

Verarbeitungs•fehler m / defecto m de transformación o de mecanizado o de fabricación ‖ ˜**folge** f / secuencia f de procesamiento ‖ ˜**folge** (DV) / tratamiento m secuencial ‖ ˜**gerät** n **für Wagenmarkierungen** (Bahn) / captador m de vía, decodificador m ‖ ˜**geschwindigkeit** f / velocidad f de tratamiento o de transformación o de proceso ‖ ˜**hilfsmittel** n (Tex) / producto m auxiliar ‖ ˜**kapazität** f (DV) / capacidad f de tratamiento ‖ ˜**leistung** f (DV) / potencia f de cómputo ‖ ˜**limit** n (DV) / límite m de tratamiento ‖ ˜**modul** n / módulo m de fabricación ‖ ˜**option** (DV) / opción f de tratamiento ‖ ˜**programm** n / programa m de tratamiento ‖ ˜**rechner** m / unidad f central de tratamiento de datos ‖ ˜**schicht** f, Schicht 7 (OSI) / capa f de aplicación, capa 7 f ‖ ˜**schiff** n / buque m factoría ‖ ˜**schwindung** f (Plast) / contracción f de moldeo ‖ ˜**streuung** f (allg) / divergencia f de ejecución ‖ ˜**stufe** f / etapa f de elaboración ‖ ˜**technologie** f / tecnología f de [la] transformación [de materias primas] ‖ ˜**überlappung** f, Programmüberlappung f (DV) / simultaneidad f de procesos, superpuesta f de rutinas, solapamiento m de procesos ‖ ˜**verlust** m (allg) / pérdidas f pl durante la elaboración o transformación ‖ ˜**verlust**, Eingehen n (Tex) / encogimiento m, contracción f ‖ ˜**verluste**, Raffinationsverluste m pl / pérdidas f pl de refinado ‖ ˜**zyklus** m (DV) / ciclo m de tratamiento

verarmen (Bad, Nukl) / empobrecer

Verarmung, Abreicherung f (Nukl) / empobrecimiento m
Verarmungs•-Isolierschicht-Feldeffekttransistor, Verarmungs-IG-FET m / transistor m der efecto de campo del tipo de agotamiento o estrechamiento ‖ ⁓**randschicht** f (Halbl) / capa f barrera de transición o de tránsito o de detención, capa f infranqueable ‖ ⁓**schicht** f (Halbl) / región f de rarefacción o de agotamiento ‖ ⁓**zone** f / zona f de agotamiento
veraschen (Chem) / incinerar, reducir a cenizas
Veraschungs•ofen m / horno m de incineración ‖ ⁓**probe** f (Tex) / prueba f de incineración ‖ ⁓**schale** f, -schälchen n (Chem) / cápsula f de incineración
verästeln, [sich] ⁓ / ramificar[se]
verästelnd, sich ⁓ (DV) / bifurcar[se]
verästelte Struktur (Hütt) / estructura f ramificada
Verästelung f / ramificación f
Veratrin n (Chem) / veratrina f
Veratrumsäure f / ácido m verátrico
Verätzung f (Med) / causticación f
Verb n (COBOL) / verbo m
verbacken vt / panificar
Verband m, Verbindung f (Masch, Mech) / unión f, conexión f, enlace m ‖ ⁓, Verbindungsstück n (Mech) / pieza f de unión ‖ ⁓ (Bau, Holz) / ensamble m, estructura f, entramado m ‖ ⁓, Mauerverband m (Bau) / aparejo m (de ladrillos), trabazón m ‖ ⁓, Verbindung f (Masch) / conexión f, unión f, encaje m ‖ ⁓ (Math) / celosía f, retícula f, reticulado m ‖ ⁓ (Stahlbau) / arriostrado m ‖ ⁓ (Luftf, Schiff) / formación f ‖ **im** ⁓ **mauern** / levantar un muro en trabazón ‖ ⁓**kasten** m (Kfz) / botiquín m ‖ ⁓**mull** m (Med) / gasa f hitrófila ‖ ⁓**stein** m (Bau) / ladrillo m de unión
Verbandstheorie f (Math) / teoría f de la celosía espacial
Verband•stoff m (Med) / material m de vendaje o de apósitos, tela f para vendajes o apósitos ‖ ⁓**stoffmaschine** f / máquina f para la fabricación de vendajes o apósitos ‖ ⁓**stück** n (Zimm) / madera f o pieza de ensamble
Verbandszeichen n / marca f colectiva
Verbandswatte f / guata f, algodón m hidrófilo
verbauen vt (Hydr) / obstruir ‖ ⁓, schlecht bauen / construir mal, edificar mal ‖ **die Aussicht** ⁓ / quitar u obstruir la vista (con efificios) ‖ **Material** ⁓ / emplear en construcciones
Verbauung, Zimmerung f (Bergb) / entibación f ‖ ⁓ f (Hydr) / defensa f
Verbenaöl n (Pharm) / esencia f de verbena
Verbesserer m / perfeccionador m
verbessern vt / mejorar, perfeccionar, reformar ‖ ⁓ (Leistung eines Motors) / trucar ‖ ⁓, modernisieren / modernizar ‖ ⁓, berichtigen / corregir, rectificar, enmendar ‖ **Boden** ⁓ (Landw) / enmendar el suelo, mejorar el suelo
verbessernd, berichtigend / corrector
verbessert / mejorado, perfeccionado ‖ ⁓, vergrößert, verstärkt (Masch) / reforzado ‖ **er gasgekühlter Reaktor** / reactor m refrigerado por gas perfeccionado ‖ ⁓**e Konstruktion**, Neukonstruktion f / construcción f avanzada o perfeccionada ‖ ⁓**es Modell** / modelo m mejorado o perfeccionado ‖ ⁓ **werden** / ser mejorado
Verbesserung f / mejora f, perfeccionamiento m, mejoramiento m ‖ ⁓, Korrektur[maßnahme] f / corrección f, medidas f pl correctoras o de corrección ‖ ⁓ **der Verkehrsverhältnisse** f / mejora f de la situación del tráfico ‖ ⁓ **des Wirkungsgrades** / mejora f del rendimiento, aumento m del rendimiento
verbesserungs•fähig / mejorable, reformable, corregible, susceptible de mejora ‖ ⁓**mittel**, Reinigungsmittel n (Chem) / removedor m de impurezas ‖ ⁓**mittel** n **des Bodens** (Landw) / agente m para mejorar el suelo ‖ ⁓**patent** n / patente m de perfeccionamiento ‖ ⁓**vorschlag** m / propuesta f [de mejora], sugestión f

verbeulen vt / abollar ‖ **den Kotflügel** ⁓ / abollar el parafangos
Verbeulung f, Beule f / abolladura f, abollamiento m
verbiegen vt, krümmen / curvar, encorvar, combar, deformar ‖ ⁓ (Fehler) / deformar [erróneamente] ‖ ⁓ (beschädigen) / estropear por deformación ‖ **sich** ⁓, sich werfen / combarse, alabearse
Verbiegung f / curvadura f, deformación f, combeo m
verbilligen vt (F.Org) / reducir los costos ‖ **[sich]** ⁓ / abaratar[se], hacer[se] más barato
verbindbar (Chem) / combinable
verbinden (DV) / linquear (CUB), enlazar ‖ ⁓ vt / conectar, unir, empalmar, reunir ‖ ⁓, aneinander befestigen / acoplar ‖ ⁓ (mit Muffe o. Hülse o. Seilkupplung usw) / enchufar ‖ ⁓, stoßen / encabezar ‖ ⁓ (Chem) / combinar, ligar, enlazar ‖ ⁓ (Elektr) / conectar, establecer una conexión con, embornar ‖ ⁓, zusammenfügen / juntar, ensamblar ‖ ⁓ [mit], ein Gespräch vermitteln, durchschalten (Fernm) / conectar, comunicar, poner [con] ‖ ⁓ (Med) / vendar ‖ **durch ein Band** ⁓ (Zimm) / ensamblar por (o mediante) cinta ‖ **durch eine Sehne** ⁓ (Geom) / subtender ‖ **[Enden]** ⁓, spleißen (Tau) / empalmar, ayustar, trabar ‖ **mit dem Apparat** ⁓, an den Apparat anschließen / conectar con el aparato ‖ **mit dem Netz** ⁓ / conectar a la red ‖ **Punkte miteinander** ⁓ (Math) / juntar o conectar puntos ‖ **sich** ⁓ (Chem, Hütt) / combinarse, ligarse ‖ **Strecken** ⁓ (Bergb) / empalmar, entrelazar ‖ ⁓ n, Herstellung eines Verbandes / enlace m, enlazamiento m ‖ ⁓ **durch Lappen** (Metall) / solapado m
Verbinder m / racor m ‖ ⁓ (Elektr) / empalmador m ‖ ⁓, Steckverbinder m (Elektr) / conector m de enchufe ‖ ⁓ **zweier Punkte** (Elektr) / conectador m acoplador ‖ ⁓**presse** f (Gummi) / prensa f vulcanizadora (para uniones de goma-metal)
verbindlich (Angebot) / en firme, obligatorio, con compromiso ‖ ⁓ (Norm) / obligatorio
Verbindung f, Anschluss m / conexión f ‖ ⁓, Zwischenschaltung, Durchschaltung f / interconexión f ‖ ⁓ f, Zusammenfügung f / juntura f ‖ ⁓ f, Verknüpfung f / combinación f, enlace m, unión f ‖ ⁓ f (Elektr) / empalme m ‖ ⁓ f, Verbindungsstück n / elemento m de unión, pieza f de unión, racor m, enlace m, nexo m, vínculo m ‖ ⁓, Zusammenhang m (Bau) / ensamble m, ensambladura f, ensamblaje m ‖ ⁓, Sitzung f (DV) / sesión f ‖ ⁓ (Fernm) / comunicación f ‖ ⁓ (Vorgang) / combinación f ‖ ⁓ (Chem, Stoff) / compuesto m ‖ ⁓ (DV) / nexo m, vínculo m ‖ ⁓, Anschluss m (Bahn) / enlace m, empalme m ‖ ⁓, Überbrückung f (Elektr) / puente m de conexión ‖ ⁓ **aus selbständigen Molekülen** (Chem) / compuesto m molecular ‖ ⁓ **bekommen** [mit], durchkommen (Fernm) / conseguir la línea o la comunicación ‖ ⁓ **Bodenstation-Satellit-Empfänger** / comunicación f estación terrestre-satélite-receptor ‖ ⁓ **herstellen** (Fernm) / establecer una comunicación ‖ ⁓ f **mit oder über Satelliten** (Radio, TV) / comunicación f por satélite ‖ ⁓ **über zwei Satelliten** (Raumf) / comunicación f por (o a través) dos satélites ‖ ⁓ **zweier Erdstationen über mehrere Satelliten** / comunicación f multisatélite ‖ ⁓ **zwischen Bezirksleitstellen, [innerhalb des Leitbezirks]** (Fernm) / comunicación f interregional ‖ ⁓**en** f pl **zwischen den Bauteilen** (IC) / conexiones f pl entre los componentes ‖ ⁓ f **zwischen 2 Teilnehmern derselben Gemeinschaftsleitung** (Fernm) / comunicación f entre dos abonados de la misma línea ‖ **Chrom und seine** ⁓**en** / cromo m y sus compuestos ‖ **eine** ⁓ **trennen** (Fernm) / cortar o separar o desconectar una comunicación ‖ **feste** f pl **elektrische** ⁓**en** / conexiones f pl eléctricas fijas ‖ **gerade** ⁓ **von Rohren** / empalme m recto de tubos ‖ **geschäftete** ⁓, Schäftung f / solape

Verbindung

m biselado, junta *f* en inglete ‖ **in ~ bringen** [mit] / relacionar [con] ‖ **in ~ stehen** / comunicar [con], estar en comunicación [con] ‖ **rechtwinklige ~ o. Abzweigung von Rohren** / empalme *m* rectangular de tubos ‖ **sich in ~ setzen** [mit] / ponerse en comunicación [con]
Verbindungs• ... / de unión, de enlace, de comunicación, de empalme ‖ **~abbau** *m*, -auflösung (Fernm) / corte *m* de la comunicación ‖ **~-Adressraum** *m*, Interconnect-Space *m* (DV) / espacio *m* de interconexión ‖ **~aufbau** *m*, -bildung *f* (Chem) / combinación *f* ‖ **~aufbau** (Fernm) / esquema *m* de conexión, establecimiento *m* de la comunicación o del enlace ‖ **~-Autobahn** *f* (Straßb) / autopista *f* de empalme o de enlace ‖ **~bahn** *f* (Bahn) / línea *f* de enlace ‖ **~balken** *m* (Landw) / barra *f* de enganche ‖ **~band** *n* (Elektr) / cinta *f* de conexión ‖ **~beschlag** *m* (Tischl) / herraje *m* de unión ‖ **~blech** *n* / chapa *f* de unión o de juntura ‖ **~bohrung** *f* / taladro *m* de conexión ‖ **~bolzen** *m* / perno *m* o pasador de unión o de juntura ‖ **~brücke** *f* / puente *m* de unión ‖ **~brücke** (zwischen 2 Klemmen) (Elektr) / clavija *f* de conexión ‖ **~brücke** (Schiff) / pasarela *f* de comunicación ‖ **~brücke** (Förderband) / puente *m* de entrega ‖ **~brücke** (Raumf) / pasarela *f* de accesso al órbiter ‖ **~bügel** *m* / estribo *m* de unión ‖ **~dose** *f*, -kasten *m* (Elektr) / caja *f* de conexión ‖ **~draht** *m* / alambre *m* o hilo conector ‖ **~element** *n* (Masch) / elemento *m* de unión ‖ **~elemente** *n pl* (allg) / sujetadores *m pl*, aseguradores *m pl* ‖ **~festigkeit** *f* (z.B. Leimung) / adhesividad *f* ‖ **~fläche** *f* (Schw) / superficie *f* de unión ‖ **~flansch** *m* (Rohre) / brida *f* de unión ‖ **~gang** *m* / corredor *m*, pasillo *m* de unión o de comunicación, pasadizo *m* ‖ **~gewicht**, Äquivalentgewicht *n* (Chem) / peso *m* equivalente o de combinación ‖ **~gleis** *n*, -schienen *f pl* (Bahn) / vía *f* de intercambio ‖ **~glied** *n*, -stück *n* / pieza *f* de unión ‖ **~glied**, -element *n* / elemento *m* de unión ‖ **~glied**, -teil *m* (Bau) / componente *m* de juntura ‖ **~glied** (Stahlbau) / elemento *m* de ensamble ‖ **~glied**, Koppelglied *n* / pieza *f* de acoplamiento ‖ **~glied** *n* (DV) / nexo *m*, vínculo *m* ‖ **~herstellung** *f* / junta *f*, juntura *f*, junteo *m* ‖ **~herstellung** (Fernm) / establecimiento *m* de una comunicación ‖ **~hülse** *f* **für Rohre** / manguito *m* de unión para tubos ‖ **~kabel** *n*, -leitung *f* / cable *m* conector o de conexión o de enlace ‖ **~kabel** (im Ortsverkehr) (Fernm) / cable *m* para líneas auxiliares ‖ **~kanal** *m* (Hydr) / canal *m* de enlace o de comunicación ‖ **~kanal im Schwimmbadreaktor** (Atom, Nukl) / canal *m* de transferencia ‖ **~kanal zwischen Regenerator- u. Schlackenkammer**, Trompete *f* (Hütt) / canal *m* de unión ‖ **~kasten** *m*, -dose *f* (Elektr) / caja *f* de conexión ‖ **~klemme** *f* (Elektr) / borne *m* de conexión o de unión, empalme *m* ‖ **~klemme** (Fahrdraht) (Bahn) / grifa *f* de unión (hilo de contacto) ‖ **~klemme für 2 Drähte** (Elektr) / conector *m* bifilar ‖ **kreuzförmige ~klemme für vier Drähte**, Kreuzklemme *f* (Elektr) / conector *m* de cuatro hilos, borna *f* en cruz ‖ **~kupplung** *f*, Schaltkupplung *f* / acoplamiento *m* conexor ‖ **~kurve** *f* (Bahn) / curva *f* de enlace o de transición ‖ **~kurve**, Klothoide *f* (Straßb) / clotoide *m* ‖ **~lasche** *f* / eclisa *f* de unión ‖ **~leitung** *f* (Elektr) / línea *f* de interconexión ‖ **~leitung** (Rohre) / conducto *m* de unión ‖ **~leitung** (Eltronik) / circuito *m* de enlace ‖ **~leitung zwischen Kraftwerken** (Elektr) / línea *f* principal entre centrales ‖ **~leitung [zwischen Vermittlungsstellen]** (Fernm) / línea *f* troncal ‖ **~leitung [zwischen Vermittlungsstellen]** (Fernm) / línea *f* privada ‖ **~leitungen** *f pl* **zwischen Treppenschaltern** (Elektr) / conexiones *f pl* de puente ‖ **~leitungsbündel** *n* (Fernm) / grupo *m* de enlace ‖ **~leitungsfeld** *n* (Fernm) / armario *m* de líneas de conexión ‖ **~linie** *f* (Math) / línea *f* o recta de unión ‖

~los (OSI) / sin conexión ‖ **~maschine** *f* / máquina *f* de unir ‖ **~masse** *f* [zwischen Gewölbesteinen] (Hütt) / argamasa *f* ‖ **~menge** *f* (Math) / producto *m* cartesiano ‖ **~mittel** *n pl* / sujetadores *m pl* ‖ **~möglichkeit** *f*, -weg *m* / vía *f* de comunicación ‖ **~muffe** *f* (DIN) (Elektr) / manguito *m* de conexión o de empalme ‖ **~muffe für Rohrverschraubungen** / manguito *m* de unión con rosca [interior] ‖ **~netz** *n* **zwischen Leitungen** / red *f* de conexión entre líneas ‖ **~orientiert** (OSI) / en modo conexión ‖ **~pfad** *m* (DV) / camino *m* de unión o de enlace ‖ **~platte** *f*, -streifen *m* / placa *f* de unión o de juntura ‖ **~platz** *m* (Fernm) / posición *f* B o de entrada ‖ **~presse** *f* (Gummi) / prensa *f* de unión ‖ **~programmiert** (DV) / cableado *m* ‖ **~programmiertes System**, VPS / sistema *m* de programa cableado ‖ **~programmierung** *f* / lógica *f* cableada ‖ **~querschlag** *m* (Bergb) / galería *f* transversal ‖ **~rampe** *f* **zum Höhenausgleich** (Bahn) / acuerdo *m* de rasantes ‖ **~riegel** *m*, Traverse *f* / travesaño *m* ‖ **~röhre** *f* / tubo *m* de enlace o de comunicación o de unión ‖ **~rollgang** *m* (Walzw) / vía *f* de rodillos de enlace ‖ **~schacht**, Stapel *m* (Bergb) / pozo *m* interior ‖ **~schicht** *f* (aus Nitriden u. Karbonitriden) (Hütt) / capa *f* blanca (de nitruros y carbonitruros) ‖ **~schiene**, Lasche *f* (Elektr) / puente *m* de conexión ‖ **~schiene** (Bau, Masch) / riel *m* de unión, barra *f* de unión ‖ **~schiene** (Bahn) / carril *m* de unión (E), riel *m* de conexión o de combinación (LA) ‖ **~schiene** (Akku) / puente *m* entre elementos ‖ **~schlauch** *m* (Bahn) / tubo *m* flexible de unión ‖ **~schleuse** *f* (Raumf) / túnel *m* de comunicación ‖ **~schnur** *f* (Fernm) / cordón *m* o cordel de llamada ‖ **~schnur** (Elektr) / cordón *m* conector o de enlace ‖ **~schraube** *f* / tornillo *m* de unión ‖ **~schweißen** *n* / soldadura *f* por (o de) unión ‖ **~sechskant** *m* (Schrauber) / hexágono *m* de arrastre ‖ **~stange** *f* (allg) / barra *f* de conexión, tirante *m* de unión ‖ **~stange einer Weiche** (Bahn) / tirante *m* de conexión de las puntas de agujas (E), barra *f* de agujas (LA), tirante *m* de cuchillas (MEJ) ‖ **~stecker** *m*, clavija *f* de conexión o de unión ‖ **~steg** *m* / alma *f* de unión ‖ **~stelle** *f* / punto *m* de unión o sitio ‖ **~stelle**, Stoß *m* (Stahlbau) / juntura *f* ‖ **~stelle**, Treffstelle *f* (Web) / punto *m* o lugar de encuentro ‖ **~stollen** *m* (Bergb) / contramina *f* ‖ **~stöpsel** *m* (Fernm) / clavija *f* de conexión, clavija *f* de llamada ‖ **~straße** *f* (Straßb) / carretera *f* de enlace ‖ **~strecke** *f* (Bergb) / vía *f* de comunicación (E), galería *f* falsa (LA) ‖ **~strecke**, Pfeilerdurchhieb *m* (Bergb) / galería *f* de pozo ‖ **~streifen** *m*, -platte *f* (Blech) / placa *f* de unión ‖ **~strich** *m*, Ligatur *f* (Druck) / ligadura *f* ‖ **~stück** *n* / pieza *f* de conexión ‖ **~stück (o. -balken) von Spundpfählen**, Schloss *n* (Bau, Hydr) / tablestacado *m* ‖ **~stutzen** *m* (Klempner) / tubuladura *f* de unión ‖ **~technik** *f* (DV) / técnica *f* de conexion[es] ‖ **~teil** *n* **für Schraubendrehereinsatz mit Außensechskant** (Wz) / adaptador *m* para destornillador con hexágono exterior ‖ **~teil für Steckschlüsseleinsatz mit Innenvierkant** / adaptador *m* para llave de vaso con cuadrado interior ‖ **~teil mit Innenviertkant u. Innensechskant** (für Schraubwerkzeuge) / adaptador *m* con cuadrado y hexágono interiores (para herramientas de atornillar) ‖ **~tür** *f* (Bau) / puerta *f* de comunicación ‖ **~verhältnis** *n* (Chem) / proporción *f* de combinación o composición ‖ **~vierkant** *m* (für Schraubendreher) (DIN 3122) (Wz) / cuadrado *m* macho (para destornillador) ‖ **~wärme** *f* (Chem) / calor *m* de combinación ‖ **~weg** *m* (Fernm) / vía *f* de comunicación ‖ **~welle** *f* / árbol *m* de transmisión ‖ **~winkel** *m* / angular *m* de unión, escuadra *f* de unión **ver• blasbar** (Hütt) / soplable ‖ **~blasbarkeit** *f* (Hütt) / soplabilidad *f* ‖ **~blasen** *vt* (Hütt) / soplar ‖ **im Konverter** (oxidierend) **~blasen** / tratar o afinar en el convertidor Bessemer ‖ **~blasen** *n* **und Braten**

(Kupfer) / afino *m* y tostación || **⁓blaserost**, Sinterrost *m* (Hütt) / parrilla *f* de sinterizar o de sinterización || **⁓blaserösten** *n* (Hütt) / tostado *m* por soplado || **~blassen** *vi*, blass werden, [ver]schießen (Farbe) / descolorarse, desteñirse, perder el color, pasar || **⁓blassen** *n* (TV) / desvanecimiento *m*, desaparición *f* gradual || **⁓blassen**, Entsättigung *f* (TV) / desaturación *f* || **~blasst** (Farbe) / descolorido, desteñido, debilitado || **~blatten** *vt* / ensamblar a media madera || **~blattung** *f*, gerades, einfaches Blatt, Über-, Aufblatten *n* (Zimm) / ensambladura *f* a media madera || **~blauen** (Holz) / teñirse azul, azularse || **~bleibend**, restlich / restante, residual || **⁓bleibwahrscheinlichkeit** *f* (Nukl) / probabilidad *f* de permanencia || **~bleien** *vt* (galvanisch o. feuerverbleien) / revestir con plomo, emplomar, plomar || **~bleit** / revestido de plomo, plomado, emplomado
Verbleiung, Bleiverglasung *f* (Bau) / vidriera *f* emplomada || **⁓** *f* (Bau) / emplomado *m* || **⁓ im Tauchbad** / emplomadura *f* por inmersión || **elektrolytische ⁓** / emplomado *m* electrolítico
Ver•blendbauweise *f* (Beton, Stahlbau) / construcción *f* con clinkeres de fachada o de paramento || **~blenden** *vt*, verkleiden (Bau) / revestir con clinkeres de fachada o de paramento
Verblend•klinker *m* / clinker *m* de fachada o de paramento || **⁓mauerwerk** *n* / mampostería *f* de paramento || **⁓stein**, Verblender *m* / ladrillo *m* de fachada o de paramento o de revestimiento
Ver•blendung *f* (Bau) / revestimiento *m* || **⁓blendungsträger** *m* (Stahlbau) / viga *f* portante de revestimiento
verblocken *vt*, blockieren / bloquear, enclavar || **~** (gegenseitig) / entrelazar
Verblockung, Blockierung *f* / bloqueo *m*, enclavamiento *m*
Verblockungs•kondensator *m* / capacitor *m* de bloqueo || **⁓schraube** *f* / tornillo *m* de bloqueo
verbogen / deformado, doblado || **~**, verzogen / combado || **~e Ecke** / esquina *f* doblada
verbohren, falsch bohren / taladrar fuera del centro || **~**, verstiften / ensamblar por espigas
verbohrt (Bohrloch) / excéntrico
verbolzen *vt* / fijar o sujetar con bulones, empernar, embulonar
Verbördelung *f* / unión *f* por rebordeado
verborgen / escondido, oculto, cubierto || **~**, verdeckt / cubierto, disimulado
Verbot *n* / prohibición *f*, interdicción *f*
verboten (Funk, Phys) / prohibido, ilegal || **~es Band** (Transistor) / banda *f* prohibida o reservada, banda *f* vedada o excluida || **~es Energieband** / banda *f* de energía prohibida || **~e Fahrtrichtung** (Verkehr) / sentido *m* de marcha prohibido || **~es Gebiet** (Nukl) / área *f* o zona de acceso prohibido || **~e Kombination** (DV) / combinación *f* prohibida || **~er Übergang** (Nukl) / transición *f* prohibida || **~es Zeichen** (DV) / carácter *m* no válido
Verbotenheitsgrad *m* (Nukl) / grado *m* de prohibición
Verbotsschild *n*, -zeichen *n* (Verkehr) / señal *f* de prohibición
verbrannt / quemado || **~** / destruido por incendio || **~er Niederschlag** (Galv) / depósito *m* quemado || **~er Sand**, Altsand *m* (Gieß) / arena *f* quemada
Verbrauch *m* / consumo *m*, gasto *m* || **⁓**, Bedarf *m* / consumo *m*, necesidad *f* || **⁓**, -smaterial *n* / material *m* de consumo o de uso || **⁓**, Verschleiß *m* / desgaste *m* || **⁓** (im Drittelmix) **nach ECE-Norm** (Kfz) / consumo *m* homologado según norma ECE
verbrauchbar, zum Verbrauch / para el consumo, consumible
verbrauchen / consumir, gastar

Verbraucher *m*, Konsument: *m*. / consumidor *m*, receptor *m* || **⁓**, Leistungsverbraucher *m* (Eltronik) / dispositivo *m* consumidor, absorbedor *m* o sumidero de energía || **⁓** *m* (Elektr, Phys) / consumidor *m* de energía || **⁓** *m pl*, Verbraucherschaft *f* / consumidores *m pl* || **⁓anschlüsse** *m pl* (Elektr) / terminales *m pl* de abonados || **⁓anschlusskabel** *n*, -anschlussleitung *f* / cable *m* de conexión para el abonado || **⁓elektronik** *f* / electrónica *f* de gran consumo || **~freundlich** / orientado al consumidor || **⁓höchstpreis** *m* / precio *m* máximo al consumidor || **⁓impedanz** *f* (Elektr) / impedancia *f* de carga || **⁓kreis** *m* / círculo *m* consumidor || **⁓leitung** *f* / línea *f* al consumidor o abonado || **⁓organisation** *f*, -verband *m* / OCU (= Organización de Consumidores y Usuarios) (E) || **⁓preis** *m* / precio *m* al consumidor, P.V.P. (E), precio *m* de venta al público || **⁓preisindex** *m* / IPC *m* (= Indice de precios al consumo) || **⁓prüfung** *f* / ensayo *m* de consumidor || **~relevant** / de interés para el consumidor || **⁓schutz** *m* / protección *f* al consumidor || **⁓seite** *f* (Elektr) / lado *m* [del] consumidor || **⁓stelle** *f* (Elektr) / punto *m* o lugar de consumo || **⁓stromkreis**, Ausgangskreis *m* (Elektr) / circuito *m* de utilización || **⁓verband** *m* / ASGECO, Asociación General de Consumidores (España)
verbrauchs•abhängig / en dependencia del consumo || **⁓anzeiger** *m* (Kfz) / indicador *m* de consumo || **⁓artikel**, -gegenstände *m pl*, -güter *n pl* / artículos *m pl* [gran] consumo || **⁓entwertung** *f* / demérito *m* por uso o desgaste || **⁓güter** *n pl*, Konsumgüter *n pl* / bienes *m pl* de consumo || **⁓güterindustrie** *f*, Konsumgüterindustrie *f* / industria *f* de bienes de consumo || **⁓kennziffer** *n* / índice *m* de consumo || **⁓material** *n* / material *m* de consumo || **⁓material** / material *m* a consumir || **⁓material** (Raumf) / material *m* no recuperable, material *m* de uso único || **⁓mengenzähler** *m* / contador *m* de unidades consumidas || **⁓messer** *m*, -zähler *m* / contador *m* [del gasto] || **⁓minimalisierung** *f* / minimización *f* del consumo || **elektrische ⁓mittel** / material *m* eléctrico de utilización || **⁓optimiert** (Kfz) / de consumo optimizado || **⁓prüfung** *f* / ensayo *m* de consumo || **⁓schmierung** *f* / lubri[fi]cación *f* dosificada || **⁓schwankung** *f* / fluctuación *f* del consumo || **⁓spannung** *f* (Elektr) / tensión *f* de consumo || **⁓sperre** *f*, -begrenzer *m* / limitador *m* del consumo || **⁓spitze** *f* (Elektr) / pico *m* de[l] consumo || **⁓stoffe** *m pl* / materias *f pl* de consumo || **⁓teile** *n pl*, Wegwerfteile *n Pl* / piezas *f pl* gastables o fungibles || **⁓werte** *m pl* (Kfz) / los consumos *m pl* || **⁓zucker** *m* / azúcar *m* de consumo directo
verbraucht, abgenutzt (allg, Ionenaustauscher) / usado, gastado, desgastado || **~**, verschlissen / gastado [por el uso], raído || **~**, erschöpft / agotado || **~** (Leistung) / gastado, consumido, absorbido || **~** (Brennstoff, Nukl) / gastado, agotado, consumido || **~** (Luft) / viciado || **~er Elektrolyt** / electrólito *m* impuro || **~es Gas** / gas *m* quemado
verbreiten *vt* (Licht) / difundir || **[sich] ~** / expansionar[se], expander[se], propagar[se] || **sich ~**, zerfließen / derretirse, esparcir[se], extender[se]
verbreitern, [sich] **~**, sich weiten / ensanchar[se], dilatar[se], ampliar[se]
verbreitertes Spektrum (Fernm) / espectro *m* expandido o de banda ancha
Verbreiterung *f*, Breiterwerden *n* / ensanchamiento *m*, ensanche *m*, dilatación *f* || **⁓**, Vergrößerung *f* / aumento *m*, ampliación *f*, difusión *f*
Verbreitung *f*, Verbreiten *n* / distribución *f* || **⁓** (Phys) / propagación *f* || **⁓**, Ausbreitung *f* / diseminación *f*, difusión *f* || **⁓**, Verteilung *f* / dispersión *f*, distribución *f* || **⁓ *f* durch viele Medien** / multimediatización *f* || **⁓ in ein neues Gebiet** (Biol) / dispersión *f*

Verbreitungs•gebiet *n* (Radio) / área *f* de cobertura, zona *f* útil o servida o de acción ‖ ⁓**gebiet** (Biol) / área *f* de distribución, biótopo *m*
verbrennbar, brennbar / combustible
Verbrennbarkeit, Brennbarkeit *f* / combustibilidad *f*
verbrennen *vt* / quemar, incinerar, chamuscar, chichinar (MEJ, GUAT) ‖ ⁓ (Hütt) / sobrecalentar ‖ ⁓ / *vi* / arder, quemarse ‖ ⁓, abbrennen, aufflackern / deflagrar *vi* ‖ ⁓ (Wicklung) / carbonizarse ‖ ⁓ *n*, Verkohlen *n* / carbonización *f* ‖ ⁓, Vererzen *n* der Form (Gieß) / penetración *f* de metal en el molde
Verbrennung *f*, Verbrennen *n* / combustión *f*, quema *f* ‖ ⁓ (Med) / quemadura *f* ‖ ⁓ **mit Lichterscheinung** / ignición *f* ‖ ⁓ **zu Asche** (Chem) / incineración *f* ‖ **die** ⁓ **bewirkend oder fördernd** / comburente ‖ **schnelle** ⁓, Aufbrennen *n* (Chem) / deflagración *f*, combustión *f* rápida ‖ **unregelmäßige** ⁓ (Mot, Rakete) / combustión *f* inestable o errática ‖ **vollkommene** ⁓ (Ggs.: vollständige Verbrennung) / combustión *f* perfecta ‖ **vollständige** ⁓ (Ggs.: vollkommene Verbrennung) / combustión *f* completa
Verbrennungs•ablauf *m* / proceso *m* de combustión ‖ ⁓**analyse** *f* / análisis *m* por incineración ‖ ⁓**anlage** *f* / incineradora *f* ‖ ⁓**diagnostik** *f* / diagnóstico *m* de la combustión ‖ ⁓**energie** *f* (Phys) / energía *f* de combustión ‖ ⁓**fördernd** / comburente ‖ ⁓**gase** *n pl*, Abgase *n pl* / gases *m pl* de combustión o de escape ‖ ⁓**gase**, Rauchgase *n pl* / gases *m pl* de escape, humos *m pl* ‖ ⁓**geschwindigkeit** *f*, -gang *m* / velocidad *f* de combustión ‖ ⁓**hub** *m* (Mot) / carrera *f* de explosión ‖ ⁓**instabilität** *f* / inestabilidad *f* de la combustión ‖ ⁓**kammer** *f* (Mot) / cámara *f* de combustión o explosión ‖ ⁓**kraftmaschine** *f* / máquina *f* [térmica] de combustión interna ‖ ⁓**lampe** *f* / lámpara *f* de combustión ‖ ⁓**löffel** *m* (Chem) / cuchara *f* de deflagración ‖ ⁓**luft** *f* / aire *m* de combustión ‖ ⁓**motor** *m*, -kraftmaschine *f* / motor *m* de combustión interna ‖ **mit** ⁓**motor** (z.B. Stapler) / equipado con motor de combustión interna ‖ ⁓**ofen** *m* (Müll) / horno *m* de incineración ‖ ⁓**ofen** (Chem) / horno *m* de combustión ‖ ⁓**probe** *f* (Tex) / ensayo *m* de quema ‖ ⁓**produkt** *n* / producto *m* de combustión ‖ ⁓**prozess** *m* / proceso *m* de combustión ‖ ⁓**prüfer** *m* / quemador *m* para ensayos de combustión ‖ ⁓**raum** *m* **der Rakete** / cámara *f* de combustión del misil ‖ ⁓**raum mit wassergekühlter Rohrwand** / cámara *f* de combustión con pared tubular refrigerada por agua ‖ ⁓**raum-Volumen** *n* / volumen *m* del espacio de compresión o de combustión ‖ ⁓**regler** *m* / regulador *m* de combustión ‖ ⁓**rohr** *n* (Chem) / tubo *m* de combustión ‖ ⁓**[rohr]ofen** *m* / horno *m* de tubo de combustión ‖ ⁓**rückstand** *m* / residuo *m* de [la] combustión ‖ ⁓**rückstand**, Trockenmasse *f* / masa *f* residual (después de la incineración o del secado) ‖ ⁓**rückstand**, Asche / cenizas *f pl*, residuos *m pl* de combustión ‖ ⁓**schacht** *m* (Winderhitzer) / cámara *f* de combustión ‖ ⁓**schiffchen** *n* (Chem) / navícula *f* de incineración ‖ ⁓**technik** *f* / técnica *f* de combustión, tecnología *f* o ingeniería *f* de la combustión ‖ ⁓**technisch** / relativo a la técnica de combustión ‖ ⁓**temperatur** *f pl* / temperaturas *f pl* de combustión ‖ ⁓**triebwagen** *m* (Bahn) / automotor *m* con motor de combustión interna ‖ ⁓**turbine** *f* / turbina *f* de combustión ‖ ⁓**-Überwachungsgerät** *n* / monitor *m* de combustión ‖ ⁓**volumen** *n*, Kompressions-Raum-Volumen *n* / volumen *m* del espacio de compresión o de combustión ‖ ⁓**vorgang**, -prozess *m* / proceso *m* de combustión ‖ ⁓**wärme** *f* (Phys) / calor *m* de combustión ‖ ⁓**wärme**, oberer Heizwert, spezifischer Brennwert (DIN) / poder *m* calorífico superior ‖ ⁓**zahl** *f* (Verhältnis CO zu CO_2 im Abgas) / índice *m* de combustión
Ver•bruch *m*, Zubruchgehen *n*, [Gruben]bruch *m* (Bergb) / hundimiento *m* ‖ ⁓**brücken** *vt* (Chem) / puentear, unir por puente ‖ **sich** ⁓**brühen** / escaldarse ‖ ⁓**brühung** *f* / escaldadura *f* ‖ ⁓**buchen** *vt* / contabilizar, hacer un asiento, sentar
Verbund *m* (z.B. zwei Loks) (Bahn) / convoy *m* ‖ ⁓ (Reaktor) / enlace *m* ‖ ⁓... (Elektr, Netze) / de interconexión ‖ ⁓..., zusammengesetzt / compuesto, combinado, de unión, unido ‖ ⁓... (Elektr) / compound, compuesto ‖ ⁓ *m* **zwischen Beton und Armierung** (Bau) / adherencia *f* [íntima] entre hormigón y armadura ‖ **enger** ⁓ / unión *f* íntima ‖ **in** ⁓ **schalten**, kompondieren (Elektr) / conectar en compound ‖ **mit sofortigem** ⁓ (Beton) / pretensado ‖ ⁓**anker**, Schubdübel *m* (Stahlbau) / ancla *f* de unión ‖ ⁓**arbeit** *f* (Hütt) / trabajo *m* combinado, trabajo *m* de operaciones combinados ‖ ⁓**bau** *m*, -bauweise *f*, -konstruktion *f* / construcción *f* mixta ‖ ⁓**bauweise** *f* (Holz) / construcción *f* con material compuesta, construcción *f* combinada o mixta ‖ ⁓**bauweise**, Sandwichkonstruktion *f* / construcción *f* "sandwich" ‖ **in** ⁓**bauweise**, mehrlagig / en sandwich ‖ ⁓**beheizung** *f* (Hütt) / calentamiento *m* combinado ‖ ⁓**betonschwelle** *f* (Bahn, Schweiz) / traviesa *f* mixta (acero y hormigón) (E), durmiente (LA), m. ‖ ⁓**betrieb** *m* (Elektr) / servicio *m* compound o combinado ‖ ⁓**betrieb von Netzen** (Elektr) / servicio *m* de interconexión ‖ ⁓**dampfmaschine** *f*, Verbundmaschine *f* / máquina *f* compound ‖ ⁓**doppelfenster** *n* (Bau) / ventana *f* doble ‖ ⁓**elektrode** *f* (Schw) / electrodo *m* compuesto
verbunden, zusammenhängend / coherente, conectado, unido, combinado ‖ ⁓, verknüpft / ligado, enlazado, entrelazado ‖ ⁓, gekoppelt (Masch) / acoplado, conectado ‖ ⁓, nebeneinander liegend / yuxtapuesto, en yuxtaposición ‖ ⁓, Verbund... (Information) / conjunto ‖ ⁓, angefügt / adosado, añadido, agregado ‖ ⁓**e Absitzung** (Abwasser) / decantación *f* compuesta ‖ ⁓**e o. kommunizierende Gefäße** / vasos *m pl* comunicantes ‖ ⁓ **mittels Schraubmuffe** / unido con manguito roscado ‖ ⁓**e Produktion** (F.Org) / producción *f* acoplada ‖ ⁓**e Programme** *n pl* (DV) / programas *m pl* interrelacionados ‖ **miteinander** ⁓ (Elektr) / conectados entre sí, en interconexión
Verbund•erregung *f* (Elektr) / excitación *f* compound ‖ ⁓**fahrbahn** *f* (Brücke) / tablero *m* de construcción mixta (acero y hormigón) ‖ ⁓**fahrleitung** *f* (Bahn) / catenaria *f* compound ‖ ⁓**fenster** *n* (Scheiben in getrennten Rahmen), Wagnerfenster *n* (Bau) / ventana *f* de contravidriera ‖ ⁓**festigkeit** *f* (Beton/Stahl) / fuerza *f* de adherencia o de adhesión ‖ ⁓**folie** *f* (Plast) / hoja *f* compuesta ‖ ⁓**glas** *n*, VSG = Verbund[scheiben]-Sicherheitsglas *n*, Sicherheitsglas *n*, Schichtglas *n* / vidrio *m* de seguridad [compuesto inastillable] ‖ ⁓**glas in Tafelglasqualität** / vidrio *m* laminado compuesto ‖ ⁓**glas-Windschutzscheibe** *f* / parabrisas *m* de vidrio inastillable ‖ ⁓**gleitlager** *n* / cojinete *m* multicapa ‖ ⁓**guss** *m* (Gussstück) / pieza *f* de fundición combinada ‖ ⁓**guss** (Tätigkeit) (Gieß) / fundición *f* o colada combinada ‖ ⁓**gusswalze** *f* / cilindro *m* de fundición combinada ‖ ⁓**heizung** *f* / caldeo *m* mixto ‖ ⁓**herzstück** *n* (Bahn) / corazón *m* de cruzamiento armado de carriles, sapo de rieles *MEJ m* sapa de rieles (PERU) (CHILE ‖ ⁓**hubschrauber** *m*, Wandelflugzeug *n* (Luftf) / convertíplano *m* ‖ ⁓**keilriemen** *m* / correa *f* trapezoidal combinada ‖ ⁓**kern** *m* / núcleo *m* compuesto o compound ‖ ⁓**kettenfahrleitung** *f* (Elektr) / catenaria *f* compound ‖ ⁓**konstruktion**, -bauweise *f*, -bau *m* / construcción *f* mixta ‖ ⁓**kugelmühle** *f* / molino *m* tubular de bolas ‖ ⁓**-KW** *n* / central *f* eléctrica de cogeneración de ciclo combinado ‖ ⁓**lampe** *f* / lámpara *f* [de luz] combinada ‖ ⁓**leitung** *f* (Elektr) / línea *f* de interconexión ‖ ⁓**lenkerachse** *f* (Kfz) / tren *m* o puente trasero de brazos oscilantes compuestos ‖ ⁓**maschine** *f* (Dampf) / máquina *f* [de vapor] compound o de expansión

múltiple ‖ ⁓**material** n, Composite / material m plástico compuesto ‖ ⁓**metall** n (Hütt) / metal m compuesto ‖ ⁓**motor** m (Elektr) / motor m compound, motor m de excitación compuesta o mixta ‖ ⁓**mühle** f, Schwerkraftmühle f / molino m de gravedad ‖ ⁓**netz** n (Elektr) / red f de interconexión ‖ ⁓**netz** (Fernm) / red f combinada o mixta ‖ ⁓**[panzer]platte** f (Hütt) / plancha f [de blindaje] compuesta ‖ ⁓**platte** f (Bau) / placa f compuesta ‖ ⁓**platte**, Sandwichplatte f / placa f sandwich, panel m sandwich ‖ ⁓**platte**, Leichtbauplatte f / placa f de construcción aligerada o ligera ‖ ⁓**[platten]bauweise**, Sandwichbauweise f / construcción f sandwich ‖ ⁓**plattenbauweise**, Sandwichbauweise mit Wabenkern f / construcción f sandwich con núcleo de panal de abejas ‖ ⁓**pressstoff** m / plástico m moldeado y exprimido compuesto ‖ ⁓**pulver** n (Sintern) / polvo m compuesto ‖ ⁓**-PVC-Metall** n / chapa f de forro de CPV ‖ ⁓**querschnitt** m / sección f compuesta ‖ ⁓**regelung** f / control o reglaje combinado ‖ ⁓**rohr** n / tubo m de unión ‖ ⁓**röhre** f (Eltronik) / tubo m múltiple ‖ ⁓**schaltung** f (Fernm) / circuito m mixto ‖ ⁓**schaltung** (Elektr) / montaje m compound ‖ ⁓**-Schaumstoffteil** n / pieza f sandwich de plástico celular ‖ ⁓**schichtmaschine**, Laminiermaschine f (Plast) / máquina f de estratificar ‖ ⁓**schiene** f (Bahn) / carril m con núcleo de hierro dulce ‖ ⁓**schmälze** f (Tex) / encimaje m combinado o compuesto ‖ ⁓**schnitt** m (Stanz) / útil m combinado ‖ ⁓**schornstein** m (Bau) / chimenea f [sistema] Schofer ‖ ⁓**schweißen** n / soldadura f de acero fundido con material laminado ‖ ⁓**[sicherheits]glas** n, VSG / cristal m de seguridad estratificado ‖ ⁓**-Sicherheitsglas** n (Augenschutz) / lente m de vidrio estratificado para protección de los ojos ‖ ⁓**span** m (Plast) / cartón m [dieléctrico] combinado ‖ ⁓**spule** f (Elektr) / bobina f 'compound' ‖ ⁓**stahl** (Hütt) / acero m compuesto ‖ ⁓**stahl**, Weichkernstahl m / acero m de núcleo blando ‖ ⁓**stein** (Hütt) / ladrillo m aglomerado ‖ ⁓**stich** (Näht) / puntada f de refuerzo ‖ ⁓**stoff** m / material m compuesto ‖ ⁓**stütze** f (Bau) / poste m o puntal compuesto ‖ ⁓**system** n / sistema m combinado o compound ‖ ⁓**teilung** f (Verzahnung) / paso m doble ‖ ⁓**träger** m (Bau) / viga f compuesta o mixta ‖ ⁓**träger**, Dachträger in Gemischtbauweise m / armazón m compuesto ‖ ⁓**träger** m, Beton-Stahl-Träger m / viga f compuesta de acero y hormigón ‖ ⁓**triebwerk** n, Compound-, Mischtriebwerk m (Luftf) / propulsor m compound-, grupo motopropulsor compound ‖ ⁓**trocknung** f (Tex) / secado m combinado ‖ ⁓**turbotriebwerk** n (Luftf) / turbopropulsor m compound ‖ ⁓**überzug** m / revestimiento m compuesto ‖ ⁓**waage** f / balanza f compuesta, balanza f de plataforma articulada ‖ ⁓**walzwerk** n (Hütt) / laminador m tándem ‖ ⁓**ware** f (Tex) / materiales m pl compuestos ‖ ⁓**werk** n (Elektr) / central f o usina [eléctrica] de interconexión ‖ ⁓**werkstoff** m / material m compuesto ‖ ⁓**wicklung** f (Elektr) / devanado m compound, arrollamiento m compound ‖ ⁓**wicklung**, Froschbeinwicklung f (Elektr) / arrollamiento m en pata de rana ‖ ⁓**widerstand** m (Mech) / resistencia f a la adherencia ‖ ⁓**wirkung** f (Beton) / adherencia f ‖ ⁓**wirtschaft** f (allg, Produktion) / sistema m económico de interconexión, economía f combinada o colectiva, concentración f vertical ‖ ⁓**wirtschaft** (Elektr) / sistema m de redes de interconexión, explotación f por interconexión

verchartern vt (Luftf, Schiff) / dejar fletar
verchromen / cromar
Verchromung f / cromado m, cromaje m
Verchromungsanstalt f / taller m de cromado
Vercoder, Verschlüsseler m / codificador m

verdämmen vt / cerrar por un dique ‖ ⁓ n **von Bohrlöchern** (Bergb) / taponamiento m de agujeros de perforación
Verdampfapparat m (Zuck) / evaporador m, vaporizador m
verdampfbar / evaporable, vaporizable
verdampfen vt[**lassen**] / evaporar, vaporizar, volatilizar ‖ ⁓ vi / evaporarse, vaporizarse ‖ **schnell** ⁓ / evaporar o vaporizar rápidamente
Verdampfer m, Verdampfapparat m / vaporizador m, evaporador m, aparato m evaporador ‖ ⁓ (Reaktor) / evaporador m ‖ ⁓ **der Kältemaschine** / evaporador m de la máquina frigorífica ‖ ⁓**apparat** m, -körper m (Zuck) / caldera f de evaporación ‖ ⁓**getterpumpe** f (Vakuum) / bomba f con sublimación del getter ‖ ⁓**konzentrat** n (Chem) / residuos m pl de evaporación ‖ ⁓**pumpe** f (Vakuum) / bomba f de sublimación ‖ ⁓**reaktor** m (Nukl) / reactor m de agua hirviente ‖ ⁓**rohr** n / tubo m vaporizador o de vaporización ‖ ⁓**rohrbündel** n / haz m de tubos vaporizadores ‖ ⁓**schlange** f / serpentín m de evaporación ‖ ⁓**sieb** n / criba f de vaporización ‖ ⁓**zentrifuge** f / centrífuga f de vaporización
Verdampf•körper m (Zuck) / evaporador m ‖ ⁓**schale** f, Abdampfgefäß n (Chem) / cápsula f o cubeta de evaporación o de vaporización ‖ ⁓**station** f (Zuck) / estación f de evaporación
Verdampfung f (Phys) / evaporación f, vaporización f ‖ ⁓ **bei erzwungener Konvektion** / ebullición f convectiva ‖ **zur** ⁓ **bringen** / vaporizar, evaporar
Verdampfungs•... / vaporizador, evaporativo, evaporatorio, evaporante ‖ ⁓**brenner** m / quemador m vaporizador ‖ ⁓**enthalpie** f (Phys) / entalpía f de vaporización ‖ ⁓**entropie** f (Phys) / entropía f de vaporización ‖ ⁓**keimstelle** f (Phys) / nucleación f ‖ ⁓**koeffizient** m (Vakuum) / coeficiente m de evaporación ‖ ⁓**kolonne** f (Chem) / columna f de evaporación ‖ ⁓**kühlung** f / enfriamiento m por evaporación ‖ ⁓**kurve** f (Destillation) / curva f de vaporización ‖ ⁓**leistung** f / poder m vaporizador ‖ ⁓**menge** f (von Flüssiggasladung) (Schiff) / tasa f de evaporación ‖ ⁓**punkt** m (Phys) / punto m de evaporación ‖ ⁓**rohr** n (Turboreaktor) / tubo m de evaporación ‖ ⁓**rückstände** m pl (Chem) / residuos m pl [sólidos] de evaporación ‖ ⁓**verlust** m (Gasverflüss) / pérdida f por evaporación ‖ ⁓**verlust nach Noack** (DIN 51581) / pérdida f por evaporación según Noack ‖ ⁓**verlust von Wasser** / pérdida f de agua por evaporación ‖ ⁓**vermögen** n / poder m evaporativo ‖ ⁓**wärme** f (Phys) / calor m de evaporación
Verdan-Verfahren n (automatische Signalwiederholung) (Fernm) / repetición f automática de señales sistema Verdan
verdauen vt (Biol) / digerir
verdaulich, bekömmlich (Nahrung) / digestible
Verdeck n (Kfz) / capota f ‖ **geschlossenes** ⁓ / capota f desplegada o tendida ‖ **offenes** ⁓ / capota f bajada o plegada o rebatida ‖ **zurückklappbares** ⁓ (Kfz) / capota m replegable
Verdeckelung f, Endstopfen m (Nukl) / tapa f de la vaina
verdecken vt / cubrir, tapar ‖ ⁓ (Geräusch, Geruch) / cubrir ‖ ⁓, abschirmen / apantallar
Verdecksspiegel m (Kfz) / estribo m
verdeckt (allg, Nägel usw, Zeichn) / cubierto ‖ ⁓, nicht sichtbar / enmascarado, invisible ‖ ⁓ (Bahn, Signal) / oculto ‖ ⁓ (Schw) / sumergido ‖ ⁓, geheim (Tischl) / secreto ‖ ⁓ (Fehler) / escondido ‖ ⁓**e Befestigung** / sujeción f invisible ‖ ⁓**e Fuge** / junta f tapada ‖ ⁓**er Kabelanschluss im Boden** / toma f de cable empotrada ‖ ⁓**e Linien** f pl (Grafik) / líneas f pl ocultas ‖ ⁓**e offene Fuge**, Überleimer m (Sperrholz) / junta f abierta enmascarada ‖ ⁓**er Schwalbenschwanz** (Tischl) / cola f de milano cubierta ‖ ⁓**e Seite** (Raumf) / cara f opuesta ‖ ⁓**e Splintverfärbung** (Holz) /

1417

verdeckt

coloración f de la albura no visible ‖ ~**e Stoßfänger** m pl / paragolpes m pl envolventes ‖ **mit ~er Naht nähen** (Tex) / coser invisiblemente
Verdeckung f (Astr) / ocultación f
verderben vt, ruinieren / deteriorar, estropear ‖ ~, fälschen / falsificar, alterar ‖ ~, verfälschen / viciar ‖ ~ vi, faulen / pudrirse, descomponerse ‖ ~, schlecht werden / corromperse, echarse a perder ‖ ~, sauer werden (Milch u.a.) / alterarse ‖ ~ n (Zuckersaft) / contaminación f
verderblich, [leicht] ~ (Nahr) / de fácil deterioro, perecedero, corruptible, viciable
Verdetsche Konstante f (Magnetoopt) / constante f de Verdet
verdichtbar, zusammendrückbar / compactible ‖ ~, zusammendrückbar (Phys) / comprimible, compresible, compactible ‖ ~, kondensierbar / condensable ‖ ~**keit** f / compresibilidad f ‖ ~**keit** (Gieß) / compactibilidad f
verdichten vt / compactar, comprimir, densificar ‖ ~, komprimieren [auf] / comprimir [hasta o a] ‖ ~ (Gas) / comprimir ‖ ~ (Dampf) / condensar ‖ ~ (Straßb) / compactar ‖ **Sand** ~ / compactar arena ‖ **sich** ~, kondensieren (Chem) / condensarse ‖ ~ n (Boden) / compactación f ‖ ~ **durch Pressen** (Gieß) / compactación f por prensado o presión ‖ ~ **durch Rütteln** / compactación f por sacudidas ‖ ~ **durch Vibration** / compactación f por vibración ‖ ~ **mit Druckluft** / compactación f neumática o por aire comprimido
Verdichter, Lüfter m (Verdichtung bis 0,1 kg/cm^{-2}) / ventilador m ‖ ~ m (mit Verhältnis End- zu Ansaugdruck > 2) / compresor m ‖ ~, Gebläse n (Verdichtungsverhältnis bis 3) / soplador m ‖ ~ m, Kondensator m / condensador m ‖ ~, Verflüssiger m / licuefactor m ‖ ~ m (Spinn) / condensador m ‖ ~ (Verseilm) / cabeza f compactadora o de compresión ‖ ~**austrittskanal** m (Turbotriebwerk) / canal m de salida ‖ ~**feld** n (Spinn) / zona f de condensación ‖ ~**[lauf]rad** n / rueda f de álabes del compresor ‖ ~**modul** n (Masch) / módulo m de compresor ‖ ~**pumpen** n, Kompressorpumpen n / pulsación f ‖ ~**turbine** f (Luftf) / turbina f compresora o de compresor ‖ ~**-Verflüssigersatz** m / grupo m compresor-condensador ‖ ~**-Wirkungsgrad** m (Luftf) / coeficiente m de presión
verdichtet, komprimiert / comprimido ‖ ~**es Holz**, Kunstholz n / madera f aglomerada o comprimida ‖ ~**er Müll** / basura f comprimida
Verdichtung, Kompression f (Mot) / compresión f ‖ ~, Verflüssigung f, Kondensation f / condensación f ‖ ~ (Pulv.Met) / densificación f, aglomeración f ‖ ~ f (Landw, Straßb) / compactación f ‖ ~, Einstampfung f / compactación f, apisonamiento m ‖ ~ (Spinn) / compresión f del velo cardado ‖ ~ **losen Materials** / compactación f ‖ **natürliche** ~ (Geol) / compactación f
Verdichtungs•arbeit f / trabajo m de compresión ‖ ~**druck** m / presión f de compresión, compresión f ‖ ~**druck** (Vakuum) / presión f de salida o de escape o de descarga, presión f de impulsión ‖ ~**einlage** f (Hütt) / enfriador m de superficie, densificador m ‖ ~**faktor** m (DV) / factor m de compresión ‖ ~**grad** m (Gieß) / grado m de compresión ‖ ~**hub**, -takt m (Mot) / carrera f de compresión, tiempo m de compresión ‖ ~**kurve** f (Sintern) / curva f de compresibilidad ‖ ~**maß** n (Beton) / grado m de compactación ‖ ~**pfahl** m (Bau) / pilote m de consolidación ‖ ~**programm** n (DV) / rutina f de condensación ‖ ~**pumpenrad** n (Mot) / rueda f de álabes del compresor ‖ ~**raum** m (Mot) / cámara f de compresión ‖ ~**ring** m (Mot) / segmento m de compresión ‖ ~**[stoß]welle** f (Luftf) / onda f de choque de compresión ‖ ~**verhältnis** n (z.B. 1:9), Kompression f (Mot) / relación f de compresión, grado m de compresión ‖ ~**verhältnis** (Gasturbine usw) /

relación f de compresión ‖ **höchstes nutzbares** ~**verhältnis** (Benzin) / la tasa más alta utilizable de compresión ‖ ~**walze** f (Baumwolle) / cilindro m compresor ‖ ~**walze** (Straßb) / rodillo m compactador o de compactación ‖ ~**wärme** f / calor m de compresión ‖ ~**welle** f (Phys) / onda f de compresión ‖ ~**zündung** f (Mot) / encendido m por compresión
verdicken vt, konzentrieren / concentrar ‖ ~, eindicken / espesar ‖ **sich** ~ / espesarse ‖ **sich** ~, gerinnen, zusammenlaufen / coagularse ‖ **sich** ~, gelieren / gelatinizarse ‖ ~ n, Eindicken n (Chem) / inspisación f, inspisamiento m
Verdickung f, Eindicken n (Vorgang) / espesamiento m ‖ ~, Schwellung f / hinchazón f ‖ ~, Wulst m f / abombamiento m ‖ ~ **der Form** / engrosamiento m
Verdickungs•mittel n (allg, Farbe) / espesante m, producto m espesante ‖ ~**mittel**, Eindicke f (Färb) / sustancia f de espesamiento
Verdienst m (F.Org) / ganancia f, beneficio m, sueldo m
Verdieselung f, Ausrüstung f mit Diesellokomotiven / dieselización f
Verdingungsordnung für Bauleistungen f, VOB (Bau) / reglamento m de contratación para la ejecución de obras
Verdit m (wesentlich Fuchsit) (Min) / verdita f
Verdol•maschine f (Tex) / jacquard m Verdol, aparato m Verdol ‖ ~**papier** n / papel m Verdol
ver•doppeln / duplicar, doblar, redoblar ‖ **sich** ~**doppeln** / duplicarse, doblarse ‖ ~**doppelte Tür**, Doppeltür f (Bau) / puerta f doble, contrapuerta f ‖ ~**doppeltes System** (DV) / equipo m doble ‖ ~**dopp[e]lung** f / duplicación f ‖ ~**dopp[e]lung** (Math) / doblamiento m ‖ ~**doppelung** f **der Stromkreise** / duplicación f de circuitos [eléctricos] ‖ ~**doppler** m (Eltronik) / doblador m ‖ ~**dopplerschaltung** f (TV) / circuito m doblador de tensión ‖ ~**dopplerschaltung** (Eltronik) / conexión f dobladora ‖ ~**doppler-Verstärker** m (Eltronik) / amplificador m doblador ‖ ~**dopp[e]lung** f, Verstärkung f / redoblamiento m ‖ ~**dopplung** f / dupli[fi]cación f ‖ ~**dopplungszeit** f (Nukl) / período m de duplicación ‖ ~**dopplungszeitmesser** m / cronómetro m del tiempo de duplicación
verdorben, verfault / descompuesto, podrido ‖ ~, faul (Wasser) / pútrido ‖ ~, ruiniert / estropeado ‖ ~, schlecht / deteriorado
ver•drahten vt / cablear, alambrar ‖ ~**drahtung** f, Verdrahten n, Installation f (Elektr, Eltronik) / cableado m, cableo m, alambrado m
Verdrahtungs•art f / modo m o esquema de cableado ‖ ~**fehler** m / error m de cableado ‖ ~**kanal** m / conducto m de cableado ‖ ~**leitung** f / cable m desnudo para cableado interno ‖ ~**maschine** f, cableadora f, máquina f de cablear ‖ ~**maske** f (Halbl) / máscara f de cableado ‖ ~**schema** n, -plan m / diagrama m o esquema de conexiones o de cableado ‖ ~**tabelle** f / tabla f de conexionado o de cableado ‖ ~**technik** f (Elektr) / técnica f de cableado, circuitería f
verdrallen vt, -drillen (Drähte) / torcer, retorcer, trenzar
verdrängen vt, entfernen / desplazar, desalojar, quitar ‖ ~, ersetzen / su[b]stituir ‖ ~, unterdrücken / suprimir
Verdränger•bauart f (Gebläse) / construcción f de desplazamiento positivo ‖ ~**eingriffslinie** f (Getriebe) / línea f de engrane de penetración ‖ ~**kolben** m (Mot) / émbolo m o pistón desplazador o de desplazamiento ‖ ~**körper** m, Wirbelkeule f (Luftf) / cuerpo m expulsor ‖ ~**presse** f (Nitrozellulose) (Chem Verf) / prensa f de alcoholización ‖ ~**pumpe** f / bomba f volumétrica, bomba f de desplazamiento positivo ‖ ~**vakuumpumpe** f / bomba f de vacío volumétrica, bomba f mecánica de compresión ‖ ~**verdichter** m / compresor m volumétrico, compresor m de desplazamiento positivo ‖ ~**wirkung** f **des Schiffes in**

1418

der Schleuse / desplazamiento *m* del buque en una esclusa
verdrängtes Luftgewicht / peso *m* del aire desplazado
Verdrängung *f*, Déplacement *n* (Schiff) / desplazamiento *m* ‖ ~, Zurückdrängung *f*, Stauung *f* / contención *f* ‖ ~ (Mot, Pumpe) / desplazamiento *m* del émbolo, cilindrada *f*, embolada *f* ‖ ~, Metasomatose *f* (Geol) / metasomatismo *m*, metasomatosis *f*, su[b]stitución *f*
Verdrängungs•boot *n* / bote *m* con menor desplazamiento ‖ ~**chromatographie** *f*, -elution *f*, -analyse *f* (Chem) / cromatografía *f* de desplazamiento ‖ ~**gesetz** *n* (Phys) / ley *f* de desplazamiento ‖ ~**körper** *m*, Wirbelkeule *f* (Luftf) / cuerpo *m* expulsor ‖ ~**lagerstätte** *f*, metasomatische Lagerstätte (Geol) / yacimiento *m* metasomático ‖ ~**pumpen** *f pl* / bombas *f pl* de émbolos ‖ ~**schleuse** *f* (Hydr) / esclusa *f* de desplazamiento ‖ ~**wasser** *n* (Ionenaustauscher) / agua *f* de lavado ‖ ~**zähler** *m* (Gas) / contador *m* de desplazamiento
Verdreh•beanspruchung *f* / esfuerzo *m* de torsión ‖ ~**dauerfestigkeit** *f* / resistencia *f* a la fatiga por torsión ‖ **~empfindlicher Piezokristall** / cristal *m* piezoeléctrico activado por torsión
verdrehen *vt*, verwinden / torcer, retorcer, distorsionar ‖ ~ (Schlüssel) / girar excesivamente ‖ ~, umdrehen (z.B. um 180°) / dar vuelta (p.ej. dar media vuelta) ‖ **sich** ~ / torcerse, retorcerse ‖ ~ *n*, Verwinden *n*, Torsion *f* / retorcimiento *m*, torcido *m*, torsión *f*
verdrehend, verwindend / retorsivo
Verdreh•festigkeit *f* / resistencia *f* a la torsión ‖ ~**modul** *m* / módulo *m* de elasticidad en torsión ‖ ~**moment** *n* / momento *m* de torsión ‖ ~**sicherung** *f* (Roboter) / protección *f* contra torsión ‖ ~**spannung** *f* (Mech) / tensión *f* de torsión
verdreht / torcido ‖ ~, verzerrt / distorsionado ‖ ~, verdrillt / torcido, retorcido ‖ **um 90°** ~ (Raumf) / retrógrado
Verdrehung *f*, Verwindung *f* / torsión *f*, torcimiento *m*, torcedura *f* ‖ ~, Drehung *f*, Wendung *f* / giro *m* ‖ ~, Torsion *f* (Mech) / torsión *f* ‖ **auf** ~ **beanspruchen** / solicitar o someter a torsión
Verdrehungs•... / de torsión, torsional ‖ ~**beanspruchung** *f* / esfuerzo *m* de torsión, solicitación *f* a torsión ‖ ~**dauerfestigkeitsprüfung** *f*, -wechselfestigkeitsprüfung *f* / ensayo *m* de fatiga por torsión alternativa ‖ ~**feder** *f* / resorte *m* de torsión ‖ ~**festigkeit** *f*, Torsionsfestigkeit *f* / resistencia *f* a la torsión ‖ **~frei** (Seil) / antirrotatorio, antigiratorio ‖ ~**kraft** *f* / fuerza *f* de torsión ‖ ~**moment** *n* / par *m* o momento torsor o de torsión ‖ ~**schreiber** *m* (Instr) / torsiómetro *m* registrador ‖ ~**steif**, dreh-, torsionssteif / rígido a la torsión ‖ ~**versuch** *m* / ensayo *m* de torsión ‖ ~**wechselfestigkeit** *f* / resistencia *f* a la torsión alterna[tiva] ‖ ~**winkel** *m* / ángulo *m* de torsión
Verdreh•verformung *f* / deformación *f* por torsión ‖ ~**welle** *f* / árbol *m* de torsión
ver•dreifachen *vt* / triplicar ‖ ~**dreifacher** *m* (Eltronik) / triplicador *m* ‖ **~drillen** *vt*, drillen / torcer ‖ **~drillen** (Drähte) / cablear alambres ‖ **~drillt** (Elektr) / torcido, retorcido ‖ **~drillt Doppelleitung** (Fernm) / par *m* [re]torcido, conductor *m* doble retorcido ‖ **~drillt-nematisch** (DV) / torcido y nemático ‖ ~**drillung** *f* (Elektr) / transposición *f*, cruzamiento *m*, torsión *f*, rotación *f* ‖ **koordinierte** ~**drillung** (Leitung) / transposición *f* coordenada ‖ ~**drillung** *f* **der Feldlinien** (Elektr) / torsión *f* de líneas de campo ‖ ~**drillungsmast** *m* / poste *m* de transposición o de rotación ‖ ~**drillungsschritt** *m* / paso *m* de transposición o de rotación ‖ ~**drillungssteifigkeit** *f* (Seil) / rigidez *f* torsional ‖ **~drucken** *vt* (Druck) / imprimir con errata, hacer maculaje, imprimir defectuosamente ‖ **~drücken** *vt* (Bergb) / adelgazar ‖ **~drückt**, zerdrückt (allg, Pap) / magullado ‖ **~drückt**

(Bergb) / adelgazado ‖ **~drückt** (Tex) / arrugado ‖ ~**drückung**, Vergratung *f* (des Schienenkopfes) (Bahn) / aplastamiento *m* de la cabeza del carril ‖ **~dübeln** *vt* (Bau) / sujetar con tacos, taconear (CHIL) ‖ **~dübelt**, mit Dübeln befestigt / sujetado con tacos o tarugos, espigado ‖ **~dübelter Tragbalken** (Zimm) / viga *f* maestra espigada o empernada ‖ ~**dübelung** *f* (Bau) / espigado *m*, ensamblado *m* por tacos o tarugos
Verdunisation *f*, schwache Chlorung (Wasser) / verdunización *f*
ver•dunkeln *vt*, dunkel machen / oscurecer, hacer oscuro ‖ **~dunkeln**, verfinstern (allg, Mond, Sonne) / eclipsar ‖ **~dunkeln** (Mil) / apagar [todas] las luces, ocultar ‖ **~dunkeln** *vi*, nachdunkeln (Färb) / ponerse oscuro [con el tiempo] ‖ [**sich**] **~dunkeln** / oscurecer[se] ‖ ~**dunkelung** *f* (allg, Mil) / oscurecimiento *m* ‖ ~**dunkelung**, Verfinsterung *f* (allg, Astr) / eclipse *m* ‖ ~**dunkelung**, Dunkelzeit *f* (zwischen Aufleuchten des Leuchtfeuers) / eclipse *m* ‖ **~dunkler** *m*, Dimmer *m* (Licht) / reductor *m* de luz o de alumbrado
verdünnbar (Chem) / diluible ‖ ~ (Phys) / rareficable, susceptible de rarefacción
Verdünnbarkeit *f* / diluibilidad *f*
verdünnen, dünner machen (allg, Masch) / adelgazar, hacer más delgado ‖ ~ (Chem) / diluir, rebajar ‖ ~ (Phys) / rarificar, rarefacer, enrarecer ‖ ~, verwässern / diluir con agua, aguar ‖ ~, fluxen (Öl) / fluidificar ‖ **Getränke** ~ / diluir bebidas ‖ ~ *n*, Vereinzeln *n* (Landw) / aclareado *m*, aclareo
verdünnend (Gas) / rareficativo
Verdünner *m*, Verdünnungsmittel *n* (Chem) / diluyente *m*, diluente *m*, diluidor *m*
verdünnt (Anstrich, Flüssigkeit) / diluido ‖ ~, dünn (Phys) / enrarecido, rareficado ‖ ~, geschwächt / atenuado ‖ **~e Essigsäure** (Chem) / ácido *m* acético aguado ‖ **~e Lösung** / solución *f* diluida ‖ **~e Säure** / ácido *m* diluido
Verdünnung *f*, verdünnte Flüssigkeit / dilución *f*, líquido *m* diluido ‖ ~ (Phys) / rarefacción *f*, enrarecimiento *m*, rarificación *f* ‖ ~, Verkleinerung *f* / reducción *f* ‖ ~, Verdünnungsmittel *n* / diluyente *m*, diluente *m*, diluidor *m* ‖ ~, Stellöl *n* (Raffinerie) / aceite *m* fluidificante ‖ ~, Verschnitt *m* / mezcla *f* ‖ ~ **und Unschädlichmachung von Schlagwettern** (Bergb) / rarefacción *f* y neutralización de grisú
Verdünnungs•gesetz *n* (Phys) / ley *f* de dilución ‖ ~**grad** *m* / grado *m* de dilución ‖ ~**luft** *f* (für schädliche Gase) / aire *m* rarificativo (para gases nocivos) ‖ ~**mittel** *n* (Öl) / fluidificante *m* ‖ ~**pipette** *f* (Chem) / pipeta *f* de dilución ‖ ~**verhältnis** *n* **in der Bypass-Turbine** (Luftf) / tasa *f* de dilución ‖ ~**wärme** *f* (Phys) / calor *m* de dilución
verdunsten *vi*, sich verflüchtigen / evaporarse, volatilizarse ‖ ~ **lassen**, verdampfen *vt* / volatilizar, [hacer] evaporar
Verdunstung *f* / evaporación *f* ‖ ~ **durch eine Membran** / evaporación *f* por una membrana
Verdunstungs•... / de evaporazión, evaporador ‖ ~**Austrocknung** *f* (Boden) / evapotranspiración *f* ‖ **~eis** *n* / hielo *m* de evaporación ‖ ~**kälte** *f* (Phys) / frío *m* por [o debido a la] evaporación ‖ ~**kühlung** *f* / enfriamiento *m* por evaporación ‖ ~**messer** *m*, Evaporímeter *n* / evaporómetro *m*, evaporímetro *m*, vaporímetro *m* ‖ ~**thermometer** *n* / termómetro *m* húmedo ‖ ~**verlust** *m* / pérdida *f* por evaporación ‖ ~**zahl** *f* / índice *m* de evaporación ‖ ~**zahl** (Anstrichstoff) / grado *m* de evaporación
ver•düsen *vt* / atomizar, pulverizar a chorro ‖ **~düstes Pulver**, Verdüsungspulver *n* (Pulv.Met) / polvo *m* atomizado ‖ ~**düsungsdruck** *m* / presión *f* de flujo por la tobera ‖ ~**düsungsverfahren** *n* / procedimiento *m* de atomización, procedimiento *m* de pulverización a chorro

Verecken *n* von Pfannen (Hütt) / colisión *f* [de cucharas]
veredeln *vt* / mejorar, perfeccionar ‖ ~ (Energien) / bonificar (energías) ‖ ~, okulieren (Landw) / injertar ‖ ~ (Erz) / enriquecer ‖ ~ (Chem) / purificar ‖ ~, raffinieren / refinar ‖ ~ (Pap) / afinar, acabar, ennoblecer ‖ ~ (Stahl) / afinar, refinar
Veredlung *f* / mejoramiento *m*, mejora *f* ‖ ≃ (Pap) / afinación *f*, afino *m* ‖ ≃ (Kohle) / refinación *f* ‖ ≃ (Produkte) / perfeccionamiento *m* ‖ ≃ / afino *m*, afinación *f*, refinación *f*
Veredlungs•betriebe *m pl* / convertidores *m pl*, establecimientos *m pl* transformadores de material en bruto, empresas *f pl* de mejoramiento o de refino o de transformación ‖ ≃**industrie**, -wirtschaft *f* / industria *f* de mejoramiento o de refino o de transformación ‖ ≃**industrie** *f* (Pap) / industria *f* de ennoblecimiento o de acabado ‖ ≃**produkt** *n* / producto *m* elaborado o transformado ‖ ≃**weizen** *m* (Landw) / trigo *m* mejorado
Verein Deutscher Ingenieure *m*, VDI *m* / Asociación *f* de Ingenieros Alemanes
vereinbaren *vt*, spezifizieren / estipular, fijar, especificar
vereinbartes Steuerzeichen (DV) / carácter *m* especificado de control
Vereinbarung *f* (DIN) (DV) / declaración *f* ‖ **nach** ≃ / según convenios, según [lo] convenido
Vereinbarungssymbol *n* (DV) / símbolo *m* de declaración
vereinfachen *vt* / simplificar, hacer más sencillo ‖ ~, kürzen (Math) / reducir ‖ **zu** ~**der Bruch** (Math) / fracción *f* reducible
vereinfachend / simplificador *adj*
vereinfacht•e Bremsprobe (Bahn) / ensayo *m* parcial del freno ‖ ~**e Darstellung** (DV) / representación *f* simplificada ‖ ~**e Schnurschaltung** (Fernm) / control *m* por tercer hilo ‖ ~**e Tastatur** / teclado *m* simplificado
Vereinfachung *f* / simplificación *f*
vereinheitlichen *vt* / unificar, uniformar ‖ ~, normen / estandar[d]izar, normalizar
vereinheitlicht / unificado, uniformado, estandar[d]izado ‖ ~**e atomare Masseneinheit** / unidad *f* unificada de masa atómica ‖ ~**es Gewinde** (Masch) / rosca *f* normalizada o estandar[d]izada
Vereinheitlichung *f* / unificación *f* ‖ ≃, Standardisierung *f* / estandar[d]ización *f* ‖ **große** ≃ **der Feldtheorien** / teorías *f pl* del campo unificadas
vereinigen *vt*, zusammenfassen / juntar, combinar, unir ‖ ~, kombinieren (Eigenschaften) / combinar ‖ ~, konzentrieren / concentrar ‖ ~, verbinden / juntar, unir ‖ ~, zusammenbringen / juntar, empalmar ‖ **in einem Punkt** ~ / hacer converger en un punto ‖ **in sich** ~ / reunir en sí ‖ **sich** ~ / unirse, juntarse ‖ **zu einem Punkt** ~ / concentrar en un punto
vereinigt, in einem Punkt ~**e Bedienung** (o. Steuerung) / mando *m* o contol centralizado
Vereinigung *f*, Zusammenführen *n* / unión *f*, reunión *f* ‖ ≃, Gesellschaft *f* / asociación *f* ‖ ≃, Verbindung *f* / conjunción *f* ‖ ≃, Rekombination *f* (Chem) / recombinación *f*, combinación *f* ‖ ≃ *f*, Aggregat *n*, Vereinigungsmenge *f* (Math) / unión *f* de conjuntos ‖ ≃ (Verkehrsströme) / encruzamiento *m* ‖ ≃ **von Flüssen** (Geo) / confluencia *f* de ríos
Vereinigungsmaschine *f* (Tex) / reunidora *f* de telas
Vereinslenkachse *f* (Bahn) / eje *m* estandar[d]izado
vereint (Kräfte) / conjugado, unido
vereinzelbar / individualizable, separable
vereinzeln *vt*, gepaarte Dinge trennen / separar, aislar ‖ ~ (Druck) / separar las hojas ‖ ~ (Roboter) / separar en piezas sueltas ‖ ~, verziehen (Landw) / aclarar, ralear, arralar
vereinzelt, verstreut / disperso, diseminado ‖ ~, isoliert / aislado ‖ ~ (Bau) / aislado, individual ‖ ~ **auftretend** / esporádico (adj), esporádicamente (adv)

Vereinzelung *f*, Verziehen *n* (Landw) / aclareo *m*, raleo *m*
vereisen *vt* / helar, congelar ‖ ~ *vi* / helarse, congelarse ‖ ~ (Luftf) / cubrirse de hielo
vereisenen (Lötspitzen) / recubrir de una capa de hierro
vereist, Glatteis! (Straße) / helado, escarchado
Vereisung *f* (Phys) / congelación *f* ‖ ≃ (Geol) / glaciación *f* ‖ ≃ (Luftf) / congelamiento *m*, engelamiento *f*, enhelamiento *m*, formación *f* de hielo
Vereisungs•anzeiger *m* (Luftf) / detector *m* o indicador de congelamiento ‖ ≃**bremse** *f* (Öl) / aditivo *m* o agente anticongelante ‖ ≃**geschwindigkeit** *f* (Luftf) / velocidad *f* de engelamiento ‖ ≃**index** *m* (Luftf) / índice *m* de engelamiento ‖ ≃**geschlossenes**, [offenes] ≃**netz** (vor der o. in der Ansaugöffnung) (Luftf) / dispositivo *m* descongelador cerrado [abierto] ‖ ≃**schutzmittel** *n* (Luftf) / agente *m* o producto anticongelante
ver•engen *vt*, zusammenziehen / contraer ‖ **sich** ~**engen** / estrecharse, contraerse ‖ ~**enge[r]n** *vt* / estrechar, hacer más estrecho ‖ ~**engt**, schmal / estrecho ‖ ~**engte Fahrbahn** (Straßb) / calzada *f* estrecha ‖ ≃**engung** *f* / estrechamiento *m*, constricción *f* ‖ ≃**engung** (Querschnitt) / estrechamiento *m*, contracción *f* ‖ ≃**engung**, Drosselung *f* (Vorgang) / estrangulamiento *m*, estrangulación *f* ‖ ≃**engung**, Engstelle *f* (allg, Verkehr) / embotellamiento *m* ‖ ≃**engungsinstabilität** *f* (Plasma) / inestabilidad *f* tipo salchicha ‖ ≃**erdung** *f*, Humifizierung *f* (Biol) / humificación *f* ‖ ≃**erzter Kern** (Gieß) / núcleo *m* metalizado ‖ ≃**erzte Scherzone**, Gangader *f* (Geol) / zona *f* de cizallamiento con depósito mineral ‖ ≃**erzung** *f* (Gieß) / penetración *f* de metal ‖ ~**estern** *vt* (Chem) / esterificar ‖ ~**ethern** *vt* / eterificar ‖ ≃**etherung** *f* (Chem) / eterificación *f* ‖ ~**fahrbar** / desplazable, transportable, móvil ‖ ≃**fahrbereich** *m* (NC) / capacidad *f* de posicionamiento
verfahren *vi*, vorgehen / proceder ‖ ~ *vt*, verschieben / desplazar, mover
Verfahren *n* (aus mehreren Operationen bestehend), Vorgehen *n* / proceder *m*, procedimiento *m*, operación *f* ‖ ≃, Methode *f* / procedimiento *m*, método *m* ‖ ≃, Weg *m* / método *m*, modo *m* de obrar, manera *f* de obrar ‖ ≃, Behandlung *f* / tratamiento *m* ‖ ≃, Prozess *m* (Chem) / proceso *m*, procedimiento *m* ‖ ≃, Technik *f* / técnica *f*, tecnología *f* ‖ ≃ **der größten Wahrscheinlichkeit** (Stat) / método *m* de la máxima probabilidad ‖ ≃ **der wiederholten Gleichversuche** (Stat) / método *m* de repetición de ensayos iguales, procedimiento *m* de ensayos repetidos ‖ ≃ **des ruhenden Tropfens** (Hütt) / método *m* de la gota sésil ‖ **saures** ≃ (Hütt) / procedimiento *m* ácido
Verfahrens•abschnitt *m* / sección *f* de procedimiento ‖ ≃**beschreibung** *f* (DV) / descripción *f* de programa ‖ ≃**fehler** *m* / error *m* de procedimiento ‖ ≃**folge** *f*, Arbeitsgänge *m pl* / ciclo *m* de proceso, secuencia *f* de proceso ‖ ≃**grundsätze** *m pl* / fundamentos *m pl* o principios de procedimientos ‖ ≃**ingenieur** *m* / ingeniero *m* de procedimientos ‖ ≃**ingenieur** (Chem) / ingeniero *m* de procesos químicos ‖ ≃**kette** *f* / cadena *f* de procesos ‖ ≃**kreislauf** *m* / ciclo *m* de proceso ‖ ≃**kurve** *f* (Flugsicherheit) / viraje *m* reglementario o de orientación ‖ ~**mäßige Voraussetzung** / prerrequisito *m* del procedimiento ‖ ≃**norm** *f* / estándar *m* de método ‖ ~**orientiert** (DV) / orientado hacia el procedimiento ‖ ≃**regeln** *f pl* / reglas *f pl* de procedimiento ‖ ≃**schritt** *m* / etapa *f* de proceso o de procedimiento ‖ ≃**stammbaum** *m* (Aufb) / hoja *f* de sucesión de operaciones ‖ ≃**steuerung** *f* / control *m* o mando de procesos o de procedimiento ‖ ≃**stufe** *f* / fase *f* de procedimiento o de proceso ‖ ≃**technik** *f* / técnica *f* o tecnología de procedimientos o de procesos, ingeniería *f* de operaciones y procesos ‖ **[chemische]** ≃**technik** / técnica *f* o tecnología de

procesos químicos ‖ ⁓**technik** f (Entwurf, Bau u. Betrieb chemischer Werke) / ingeniería f química ‖ ⁓**technische Überwachung** / control m tecnológico ‖ **betriebliche** ⁓**untersuchung**, Ablauf- und Planungsforschung f / investigación f operacional o operativa ‖ ⁓**variante** f / variante f de procedimiento ‖ ⁓**vorschriften** f pl / reglas f pl de procedimiento
Verfahr•geschwindigkeit f (NC) / velocidad f de avance ‖ ⁓**weg** m (Roboter) / recorrido m o trayecto de desplazamiento
Verfall m, Baufälligkeit f (Bau) / estado m ruinoso ‖ ⁓, Ruin m (Unternehmen) / ruina f, desmoronamiento m ‖ ⁓ m, Niedergang m / degradación f ‖ **in** ⁓ **geraten** [lassen] / [dejar] demoronarse ‖ **in** ⁓ **[geraten]** / desmoronado, en ruinas, ruinoso, arruinado ‖ ⁓**datum** n (allg, DV) / fecha f de expiración
verfallen / desmoronarse ‖ ⁓, ungültig werden / perder la validez, expirar ‖ ⁓ adj (Patent) / expirado ‖ ⁓ (Bau) / desmoronado, en ruinas, ruinoso
verfälschen (Nahrungsmittel) / adulterar ‖ ⁓, fälschen (Dokument) / falsificar
verfälschungs•hemmend, -sicher (Pap) / protegido contra falsificación ‖ ⁓**mittel** n (Chem) / adulterante m ‖ ⁓**sicher** / a prueba de falsificación, infalsificable
Verfalzung (Dachziegel) / encaje m ‖ **doppelte** ⁓ / encaje m doble, recubrimiento m
verfangen vt, verwickeln / enredar ‖ **sich** ⁓ / enredarse ‖ **sich** ⁓ (Wind) / encajonarse ‖ ⁓ **n der Stoßfänger** (Kfz) / entrelazamiento m de parachoques
verfärben vt / descolorar, cambiar el color ‖ **durch Hitze** ⁓ / cambiar de color por calor ‖ **sich** ⁓ / cambiar de color ‖ **sich** ⁓, ausbleichen (Tex) / desteñirse, descolorarse ‖ ⁓ n (TV) / contaminación f o distorsión cromática ‖ ⁓ **durch Abgase** / descoloración f por gases de escape ‖ ⁓ **durch Ozon** (Tex) / descoloración f por ozono
verfärbende Bestandteile / componentes m pl cambiadores de color
verfärbt, im Sonnenlicht ⁓ / destoñido por acción de la luz solar
Verfärbung f / descoloración f
Verfassung, Kondition f / estado m, condición f
verfaulen vi (Biol) / pudrirse, podrirse, entrar en putrefacción ‖ ⁓ n / putrefacción f, descomposición f
verfedern vt, vernuten (Tischl) / unir por (o dotar de) ranura[s] y lengüeta[s]
verfehlt / erróneo
verfeinern, fein ausarbeiten / sutilizar ‖ ⁓, verbessern / mejorar, refinar ‖ ⁓, verfeinen / refinar, afinar ‖ ⁓ (Spinn) / disminuir el grueso ‖ ⁓ (Hanf) / repasar el cáñamo ‖ ⁓ (Vorgespinst) / estirar la mecha
ver•feinerter Laboraufbau (IC) / circuito m experimental elaborado ‖ ⁓**feinerungsbetrieb** m / empresa f de refinación o de afinación, taller m de refinado
verfertigen vt, anfertigen / fabricar, confeccionar, hacer, elaborar
verfestigen / solidificar, estabilizar, endurecer ‖ ⁓ (Straß) / compactar, consolidar
verfestigende Phase (Legierung) / fase f consolidante o endurecida
verfestigtes Vlies (Tex) / tela f no tejida compactada
Verfestigung f (Werkstoffe) / solidificación f, consolidación f, endurecimiento m ‖ ⁓ **des Hülsenabfalls** (Nukl) / inmovilización f de las vainas desgastadas ‖ ⁓ **des Straßenbelags** / compactación f del firme ‖ ⁓ **einer Bindung** (Chem) / estabilización f de un compuesto químico
Verfestigungs•exponent m / índice m de consolidación ‖ ⁓**verfahren** n **für radioaktiven Abfall** (Nukl) / procedimiento m de solidificación de desechos radiactivos
verfeuern vt / quemar, echar al fuego
verfilmen vt / filmar

ver•filzbare Fasern f pl (Tex) / fibras f pl afieltrables ‖ ⁓**filzbarkeit** f / afieltrabilidad f
verfilzen vi / afieltrarse ‖ ⁓ vt / afieltrar, afeltrar, enfeltrar ‖ **im Vakuum** ⁓ / afieltrar al vacío
ver•filzend, filzig / afieltrado ‖ ⁓**filzt** (Haar) / enmarañado, embrollado ‖ ⁓**filzte Wolle** / lana f cerrada
verfinstern vt (Astr) / eclipsar
Verfinsterung f (Astr) / eclipse m, ocultación f
verfitzen vt (Garn) / enredar
verflechten vt / entrelazar, trenzar, entretejer ‖ **[sich]** ⁓ / entrelazarse, entrecruzarse, interpenetrarse
Verflechtung f (Verkehr) / entrecruzamiento m ‖ ⁓, Verschlingung f / entrelazado m, entrelazamiento m
verflüchtigen, sich ⁓, verdunsten, verfliegen / volatilizarse, evaporarse
Verflüchtiger m (für Bleizusatz) (Kfz) / volatilizante m
Verflüchtigung f (Chem) / volatilización f
Verflüchtigungsverfahren n (Reaktorbrennstoff) / proceso m volatilizador
verflüssigbar / licuable, licuefactible
verflüssigen, zum Schmelzen o. Fließen bringen / licuar, licuefacer, fluidificar ‖ ⁓ (Kohle) / hidrogenar ‖ ⁓ vt (Verkehr) / agilizar (al tráfico)
Verflüssiger m / licuador m, licuefactor m
Verflüssigung f, Flüssigmachen n / liquidación f, licuación f, licuefacción f, fluidificación f ‖ ⁓, Verdichtung f / condensación f
Verfolgelenkung f (Radar) / indicación f del rumbo de seguimiento
verfolgen, einen Gang ⁓ (Bergb) / seguir un filón ‖ **mit Abstand** ⁓ / perseguir a distancia ‖ ⁓ n **im fernen Weltraum** / seguimiento m en el espacio lejano o profundo ‖ ⁓ **nach Echo** (Radar) / seguimiento m según eco
Verfolgerscheinwerfer m (Film) / proyector m de acompañamiento, reflector m seguidor
Verfolgung f **mit Festzielunterdrückung** (Radar) / seguimiento m con supresión de blancos fijos ‖ ⁓ **und Datenrückübermittlung** (Raumf) / seguimiento m y retransmisión de datos ‖ ⁓ **von Satelliten** / seguimiento m de satélites
Verfolgungs•kurve, Hundekurve f (Luftf) / curva f de seguimiento ‖ ⁓**radar** m n / radar m de seguimiento automático ‖ ⁓**station** f (Raumf) / estación f seguidora o de seguimiento ‖ ⁓**- und Ausweich-Spiel** n (Regeln) / juego m de persecución y evasión
verformbar / deformable, conformable, dúctil ‖ ⁓, modellierbar (Keram) / plástico, moldeable ‖ ⁓**e Schicht** (Galv) / capa f dúctil ‖ ⁓**er Stoßfänger** (Kfz) / parachoques m deformable
Verformbarkeit f / deformabilidad f, conformabilidad f ‖ ⁓, Plastizität f / plasticidad f ‖ ⁓ **der Karosserie** (Kfz) / deformabilidad f de la carrocería
verformen vt, deformieren / deformar ‖ ⁓, fertig bearbeiten (Wzm) / conformar ‖ **sich** ⁓ / deformarse ‖ **spanabhebend** ⁓ / mecanizar [con desprendimiento de virutas], dar forma con arranque de viruta[s]
Verformmaschine f / máquina f conformadora
verformt / deformado, malformado
Verformung f / deformación f ‖ ⁓, Verformen n, Formgeben n (Wzm) / conformación f, formación f ‖ ⁓ **innerhalb der Tragwerksebene** (Mech) / deformación f dentro del plano de la armazón portante ‖ ⁓ f **unter Belastung** / deformación f bajo carga
Verformungs•arbeit f / trabajo m de deformación ‖ **spezifische** ⁓**arbeit** / trabajo m de deformación específica ‖ **spezifische** ⁓**arbeit bis zur Proportionalitätsgrenze** / trabajo m de deformación específico hasta el límite de proporcionalidad, módulo m de rebote ‖ ⁓**armer Bruch** / rotura f semidúctil ‖ ⁓**betrag** m / valor m de deformación ‖ ⁓**bruch** m (Mech) / rotura f dúctil o plástica ‖ ⁓**festigkeit** f / resistencia f a la deformación ‖

Verformungsgrenzbereich

~**grenzbereich** *m* (Kfz) / zona *f* límite de deformación ‖ ~**martensit** *m* (Hütt) / martensita *f* producida por deformación ‖ ~**messgerät** *n* (im elastischen Bereich) / medidor *m* de la elasticidad de las deformaciones elásticas, elasticímetro *m* ‖ ~**relaxation** *f* / relajación *f* de deformación ‖ ~**rest** *m* / deformación *f* remanente ‖ ~**vermögen** *n* / deformabilidad *f*, capacidad *f* de deformación ‖ ~**walzwerk** *n* (Hütt) / laminador *m* deformador ‖ ~**wert** *m* (Bitumen) / valor *m* de deformación ‖ ~**widerstand** *m* / resistencia *f* a la deformación ‖ ~**zone** *f*, Knautschzone *f* (Kfz) / zona *f* de deformación
verfrachten (Hydr) / llevar canto rodado ‖ ~ (Schiff) / fletar
Verfrachter *m* (Schiff) / fletador *m*, fletante *m*
verfrachtet, Schadstoffe werden ~ / contaminantes son transportados o llevados (a)
verfügbar / disponible ‖ ~**er Auftrieb** (Phys) / fuerza *f* ascensional disponible ‖ ~**e Benutzerzeit** (DV) / tiempo *m* disponible de máquina ‖ ~**e Betriebszeit** (F.Org) / tiempo *m* disponible de funcionamiento ‖ ~**e Last** (Luftf) / carga *f* disponible ‖ ~**e Startlaufstrecke** (Luftf) / recorrido *m* de despegue disponible ‖ ~**er Tonnenkilometer** (Transp) / tonelada-kilómetro *f* disponible ‖ **beliebig** ~ **machen** / poner al alcance de todos
Verfügbarkeit *f* / disponibilidad *f* ‖ ~ (Automation) / buen funcionamiento *m*
Verfügbarkeits•anzeiger *m* (DV) / indicador *m* de disponibilidad ‖ ~**-Vorhersage** *f* / previsión *f* de [características de] disponibilidad
verfugen (Bau) / llenar la llaga, rejuntar, llaguear, almarbatar ‖ ~ *n* / llagueado *m*
verfüllen *vt* / llenar
verfünffachen / quintuplar, quintuplicar
Vergabe *f* (Auftrag) (Bau) / contratación *f* ‖ ~ **von Aufträgen** / adjudicación *f*
ver•gällen *vt*, denaturieren (Chem) / desnaturalizar ‖ ~**gällter Alkohol** / alcohol *m* desnaturalizado ‖ ~**gällung** *f* / desnaturalización *f* ‖ ~**gällungsmittel** *n* (Chem) / desnaturalizante *m*, desnaturante *m*, medio *m* desnaturante o desnaturalizante
vergänglich / pasajero, transitorio ‖ ~, kurzlebig / de corta duración, efímero
vergärbar (Biol) / fermentable, fermentescible, susceptible de fermentar ‖ **zu Alkohol** ~ / alcoholizable
vergären *vt* / fermentar
vergasbar / gasificable
vergasen *vt* (Chem, Hütt) / gasificar ‖ ~ (Mot) / carburar ‖ **Schädlinge** ~ (Landw) / destruir o extirpar parásitos por gases tóxicos ‖ ~ *n* (Mot) / carburación *f*
Vergaser *m* (Kfz) / carburador *m* ‖ ~, Vergasungsapparat *m* (Chem) / aparato *m* gasificador o de gasificación ‖ ~ *m* **mit Beschleunigerpumpe** (Kfz) / carburador *m* con bomba de aceleración ‖ ~ **mit Druckförderung** / carburador *m* alimentado a presión ‖ ~ **mit Heizmantel** / carburador *m* con camisa calentadora o de calentamiento ‖ ~ **mit schallschneller Luftströmung** / carburador *m* con corriente de aire sónica ‖ ~ **mit Schwimmer**, Schwimmervergaser *m* / carburador *m* de nivel constante o con flotador
Vergaser•anschlussstutzen *m* / tubuladura *f* de conexión del carburador ‖ ~**brand** *m* / incendio *m* del carburador ‖ ~**düse** *f* (Kfz) / tobera *f* del carburador, boquilla *f* pulverizadora ‖ ~**flansch** *m* / brida *f* de carburador ‖ ~**gehäuse** *n* / cárter *m* de carburador ‖ ~**gestänge** *n* / varillaje *m* de carburador ‖ ~**knallen** *n*, -knaller *m* (Kfz) / explosión *f* en el carburador ‖ ~**kraftstoff** *m*, VK / combustible *m* para motores de gasolina, carburante *m* ‖ ~**luftanwärmer** *m* (Kfz) / calentador *m* de aire del carburador ‖ ~**luftwärmer** *m*, -mantel *m* / camisa *f* [de calentamiento] de carburador ‖ ~**motor** *m*, Vergaser-Ottomotor *m* (DIN) / motor *m* con carburador [de ciclo Otto] ‖ **mit** ~**motor** / con motor con carburador ‖ ~**nadel** *f*, Schwimmernadel *f* / aguja *f* del flotador ‖ ~**-Schraubendreher** *m* / destornillador *m* para carburador ‖ ~**schwimmer** *m* / flotador *m* del carburador ‖ ~**seite** *f* (Mot) / lado *m* del carburador ‖ ~**ventil** *n*, Schwimmerventil *n* (Kfz) / válvula *f* del flotador [del carburador] ‖ ~**vereisung** *f* / congelamiento *m* del carburador
vergast / gasificado
Vergasung *f*, Vergasen *n* / gasificación *f* ‖ ~ (Mot) / carburación *f*
Vergasungs•brenner *m* (z.B. Spirituskocher) / quemador *m* o mechero vaporizador o de vaporización (p.ej. del infiernillo de alcohol) ‖ ~**raum** *m* / cámara *f* de gasificación
vergeben *vt* (Arbeiten) / adjudicar (trabajos) ‖ **Arbeit an einen Unternehmer** ~ / encomendar o adjudicar obras a un empresario ‖ **einen Auftrag** ~ / pasar una orden, pasar un pedido, hacer un pedido
vergeblicher Anruf / llamada *f* inefectiva o pérdida o en balde
Vergebung *f* **öffentlicher Aufträge** / adjudicación *f* de contratas
vergehen *vi*, ablaufen (Zeit) / pasar, transcurrir ‖ ~ *n* **der Zeit** / paso *m* del tiempo
vergeilen *vi* (Bot) / etiolar, ahilarse ‖ ~, Verspillern *n* (Bot) / etiolación *f*, ahilamiento *m*
Vergenz *f* (Geol, Opt) / vergencia *f*
vergeuden *vt* / prodigar, disipar, desperdiciar
ver•gießbar / colable ‖ ~**gießbarkeit** *f* / colabilidad *f*
vergießen *vt*, verschütten *vt* / verter, derramar ‖ ~ *vi* (Gieß) / colar ‖ ~, verteilen / difundir ‖ ~, einkapseln (Eltronik) / sellar, encajar, encapsular, llenar [con] ‖ **Fugen** ~ / llenar juntas ‖ **mit Asphalt oder Teer** ~ / llenar con asfalto o brea ‖ **mit Zement** ~ (Bau) / encementar ‖ ~ *n* / colada *f* ‖ ~ (Kabelendverschluss) / obturación *f* ‖ ~ **von Drahtseilen** / zunchado *m* en caliente de cables metálicos
Vergieß•masse *f*, Vergussmasse *f* / composición *f* obturadora o obturante, compuesto *m* ocluidor o de cierre o de sellar, mástique *m* de sellar ‖ ~**masse** (Zement) / mortero *m* de llenado, mortero *m* de lechada de cemento ‖ ~**prüfung** *f*, Gießbarkeitsprüfung *f* (Gieß) / ensayo *m* de colabilidad
vergiften *vt* / envenenar, emponzoñar ‖ ~ (Katalysator) / envenenar, empobrecer ‖ ~ (Med) / intoxicar
Vergiftung *f* / envenenamiento *m*, intoxicación *f*
Vergiftungs•erscheinung *f* / síntoma *m* de intoxicación ‖ ~**faktor** *m*, Massenkoeffizient *m* der Reaktivität (Nukl) / coeficiente *m* másico de la reactividad ‖ ~**grenze** *f* (Nukl) / límite *m* de envenenamiento ‖ ~**rechner** *m* (Nukl) / computadora *f* de envenenamiento
vergilben / amarillear
vergilbt / amarillento ‖ ~**e Wolle** (Tex) / lana *f* amarillenta
Vergilbungs•krankheit *f*, Yellows *pl* (Landw) / amarillez *f*, amarilleo *m* ‖ ~**zahl** *f* (Pap) / índice *m* de amarilleo
vergipsen *vt* / enyesar
vergittern *vt* / enrejar ‖ **mit Draht** ~ / alambrar
ver•gitterte Lüftungsöffnung (Bau) / abertura *f* de ventilación enrejada ‖ ~**gitterungsstab** *m* (Stahlbau) / barra *f* de enrejado
verglasbar, verglasend / vitrificable
verglasen *vt*, in Glas verwandeln / vitrificar ‖ **Fenster** ~ / encristalar, poner vidrios o cristales a las ventanas ‖ **sich** ~, zu Glas werden / vitrificarse
verglast, hinter Glas / bajo vidrio ‖ ~ (Fenster) / acristalado, con vidrio [puesto] ‖ ~**er Balkon** / balcón *m* bajo (o entre) vidrios, mirador *m* acristalado ‖ ~**e**

Bodenluke (Bau) / trampa *f* o trampilla acristalada ‖ ~**e Terrasse**, Wintergarten *m* / terraza *f* encristalada
Verglasung *f* (Zustand) / acristalamiento *m*, vidrios *m pl* ‖ ~, Glasdach *n* (Bau) / cubierta *f* acristalada, tejado *m* de vidrio ‖ ~ (Luftf) / cabina *f* cerrada transparente ‖ ~ (Tätigkeit) / acristalado *m*, colocación *f* de vidrios ‖ ~, Glasfluss *m* (Verglasung) / vitrificación *f* ‖ ~ **von Abfällen** (Nukl) / vitrificación *f* de desechos [radiactivos]
Verglasungs•glas *n*, Bauglas *n* / vidrio *m* de construcciones o de obra ‖ ~**punkt** *m* (Gieß) / punto *m* de vitrificación ‖ ~**-T-Stahl** *m* (Walzw) / acero *m* T para ventanas
Vergleich *m* / comparación *f*, apreciación *f* comparativa, cotejo *m* ‖ ~ (Algol, DV) / prueba *f* de relación ‖ **einen** ~ **anstellen** / hacer una comparación, comparar ‖ **im** ~ [mit] / en comparación [con o a], comparado [con]
vergleichbar / comparable ‖ ~, entsprechend / correspondiente ‖ ~, von gleicher Größe o. Dauer usw / conmensurable
vergleiche! / ¡compárese!
vergleichen *vt* [mit] / comparar [con]
vergleichend / comparativo
Vergleicher *m* (Regeln) / elemento *m* correlacionador de señal patrón, elemento *m* comparador ‖ ~ (DV, NC) / comparador *m*
vergleichmäßigen (Werte) / igualar (valores) ‖ ~ (Material) / homogeneizar (materias)
Vergleichmäßigung *f* (Bergb) / mezcla *f* ‖ ~ (des Roheisens im Mischer) (Hütt) / mezcla *f* (del arrabio líquido) ‖ ~ (Aufb) / homogeneización *f*
Vergleichs•... / comparativo, de comparación ‖ ~**...** (Phys) / de referencia ‖ ~**...**, Bezugs... / referencial, de referencia ‖ ~**...** (ALGOL, DV, FORTRAN) / relacional ‖ ~**ausdruck** *m* (DV) / expresión *f* de relación ‖ ~**ausfärbung** *f* (Färb) / tinción *f* comparativa ‖ ~**befehl** *m* (DV) / instrucción *f* de comparación ‖ ~**biegemoment** *n* (Mat.Prüf) / momento *m* de flexión comparativo ‖ ~**brücke** *f* (Opt) / puente *m* de comparación ‖ ~**diagramm** *n* / diagrama *m* de comparación ‖ ~**-Einzelversuch** *m* / ensayo *m* aislado de comparación, ensayo por separado de comparación *m* ‖ ~**elektrode** *f* / electrodo *m* de comparación ‖ ~**feld** *n* (DV) / zona *f* de comparación ‖ ~**formänderung** *f* / deformación *f* equivalente ‖ ~**frequenz** *f* (Eltronik) / frecuencia *f* patrón o normal o contrastada ‖ ~**geräuschmesser** *m* (Akust) / medidor *m* subjetivo de ruido ‖ ~**geschwindigkeit** *f* (Flugkörper) / velocidad *f* relativa ‖ ~**grenze** *f* (Qual.Pr.) / límite *m* de reproducibilidad ‖ ~**kolorimeter** *m* / colorímetro *m* comparativo o de comparación ‖ ~**lampe** *f*, -lichtquelle *f* (Elektr) / patrón *m* secundario luminoso, lámpara *f* de contraste ‖ ~**leitung** *f* (Fernm) / línea *f* de referencia ‖ ~**lösung** *f* (Chem) / solución *f* patrón ‖ ~**maß** *n*, Normalmaß *n*, Vergleichs-, Normallehre *f* / patrón *m* de referencia ‖ ~**maß** (Zeichn) / cota *f* de comparación ‖ ~**messung** *f* / medición *f* comparativa o de comparación ‖ ~**möglichkeit**, Ähnlichkeit *f* / comparabilidad *f* ‖ ~**muster** *n* / muestra *f* de control o de referencia ‖ ~**normal** *n* / patrón *m* de referencia ‖ ~**operation** *f*, Paarigkeitsvergleich *m* (DV) / selección *f* por comparación ‖ ~**operator** *m* (Algol, Fortran) / operador *m* relacional o de relación ‖ ~**organ**, Messglied *n* (Regeln) / dispositivo *m* detector de errores ‖ ~**peilung** *f* (Schiff) / arrumbamiento *m* de comparación ‖ ~**prüfung** *f* / examen *m* comparativo ‖ ~**punkt** *m* (DV) / punto *m* de referencia ‖ ~**schaltung** *f* (Mess) / circuito *m* comparador ‖ ~**schutzeinrichtung** *f*, Differentialschutz *m* (Elektr) / protección *f* diferencial ‖ ~**schutzeinrichtung mit Hilfsader** (Elektr) / protección *f* diferencial con hilo piloto ‖ ~**selektor** *m* (spricht an auf 2 gleiche Impulse) (DV) / selector *m* de recodificación ‖ ~**signal** *n* / señal *f* de comparación ‖ ~**spannung**, reduzierte Spannung (Mech) / tensión *f* de comparación ‖ ~**spannung** *f* (Elektr) / tensión *f* de referencia ‖ ~**spannungsröhre** *f* / tubo *m* de tensión de referencia ‖ ~**spektroskop** *n* (Phys) / espectroscopio *m* de comparación ‖ ~**spektrum** *n* / espectro *m* de comparación ‖ ~**stelle** *f* **des Thermoelements** / extremos *m pl* fríos o libres ‖ ~**strahl** *m*, Referenzstrahl *m* (Laser) / rayo *m* de referencia ‖ ~**strahl** (Opt) / rayo *m* de comparación o de referencia ‖ ~**streubereich** *m* (Versuche) / reproducibilidad *f*, repetibilidad *f* ‖ ~**stromkreis** *m* (Fernm) / circuito *m* normalizado de referencia ‖ ~**substanz** *f* (Chem) / sustancia *f* de comparación o de referencia ‖ ~**symbol**, -zeichen *n* (DV) / operador *m* de relación ‖ ~**tafel** *f*, -tabelle *f* / tabla *f* comparativa, cuadro *m* comparativo ‖ ~**tafel für Maße**, Umrechnungstabelle *f* / tabla *f* de conversión de medidas ‖ ~**versuch** *m* / ensayo *m* comparativo o de comparación ‖ ~**wägemaschine** *f* / balanza *f* de comparación ‖ ~**weise** / comparativamente, a título comparativo o de comparación ‖ ~**-Weißpegel** *m* (TV) / nivel *m* del blanco de referencia ‖ ~**wert** *m* / valor *m* comparativo o de comparación ‖ ~**wert**, -größe *f* (Stat) / valor *m* comparativo o de referencia ‖ ~**widerstand** *m*, Normalwiderstand *m* (Elektr) / resistor *m* comparativo o patrón o standard ‖ ~**zahl** *f* (Stat) / cifra *f* de comparación, número *m* comparativo ‖ ~**zahl**, Richtzahl, -ziffer *f* / índice *m* ‖ ~**zahlen** *f pl* (Mat.Prüf) / valores *m pl* de conversión ‖ ~**zählrohr** *n* (Nukl) / tubo *m* contador de comparación
Vergletscherung *f* (Geol) / formación *f* de glaciares, glaciación *f*
Vergleyung *f* (Boden) / transformación *f* en gley
verglichen [mit] / en comparación [con], compara[n]do [con]
verglimmen / consumirse quemando, extinguirse poco a poco o lentamente, irse extinguiendo
verglühen *vt* (Hütt) / sobrecalentar el acero (por revenido excesivo) ‖ ~ *vi* / apagarse o extinguirse lentamente
Vergnügungsindustrie, Unterhaltungsindustrie *f* / industria *f* de diversión o de entretenimiento
Vergoldeiweiß *n* (Druck) / clara *f* de huevo para dorar
vergolden *vt* / dorar ‖ **unecht** ~ / dorar de imitación
Vergoldepresse *f* (Druck) / pensa *f* doradora
Vergolder *m* / dorador *m*
vergoldetes Silber / plata *f* dorada
Vergoldfirnis, -grund, -leim *m* / cola *f* de dorar, barniz *m* para oro en hojas, mixtura *f* para encolar pan de oro
Vergoldung *f*, Vergolden *n* / dorado *m*, doradura *f* ‖ ~ **mit Blattgold**, trockene Vergoldung / dorado *m* con hoja (o pan) de oro
Vergoldungsbad *n* / baño *m* [galvánico] de dorar
vergossen (Elektr) / sellado, llenado [de] ‖ ~, Becher... (Eltronik) / encapsulado ‖ ~**e Kupplung** (Kabel) / manguito *m* sellado ‖ ~**er Stecker** (Elektr) / clavija *f* [de enchufe] sellada en caucho ‖ **mit Blei** ~ / sellado con plomo
vergrasen / enyerbar (LA)
Vergratung, Verdrückung *f* (des Schienenkopfes) (Bahn) / aplastamiento *m* de la cabeza del carril
vergrauen *vi* (Tex) / volverse gris
vergreifen (Druck) / agotado
vergröbern *vt* / hacer más grosero
vergrößern *vt* / agrandar, engrandecer, aumentar, incrementar, acrecentar ‖ ~, verstärken / reforzar ‖ ~ (allg, Opt) / aumentar [a escala] ‖ ~, verbreitern, erweitern / ensanchar ‖ ~ (Foto, Phys) / amplificar, ampliar, magnificar ‖ ~, vermehren / aumentar, acrecentar, incrementar ‖ **im Maßstab** ~, übertragen (z.B. von Labor- auf Produktionsebene) / ampliar
vergrößert•e Maske (IC) / retículo *m* ‖ ~**es Schirmbild** (Kath.Str) / presentación *f* ensanchada ‖ ~**er Strich** (OCR) / raya *f* aumentada

Vergrößerung

Vergrößerung f (Abzug) (Film) / ampliación f de un impreso, copia f ampliada ‖ ~ / agrandamiento m, engrandecimiento m, incremento m ‖ ~, Erweiterung f / ensanchamiento m, ensanche m ‖ ~, Verlängerung f / alargamiento m ‖ ~ f (Opt) / aumento m ‖ ~, Vergrößerungsgrad m, -zahl, -kraft f (Opt) / grado m o poder o índice aumentativo o de aumento ‖ ~ f (Abzug) (Foto) / ampliación f, fotografía f o copia ampliada ‖ ~ **der Umschlingung** (Druck) / exceso m enrollado ‖ **dreifache** ~ (Opt) / aumento m de tres diámetros, tres aumentos m pl ‖ **100fache** ~ / cien aumentos m pl ‖ **starke** ~ / aumento m excesivo ‖ **stärkste** ~ (Opt) / el aumento más fuerte o elevado
Vergrößerungs•... (Opt) / de aumento ‖ ~**apparat** m, -gerät n (Foto) / ampliadora f [fotográfica] ‖ ~**glas** n, Lupe f (Opt) / cristal m de aumento, lente f de aumento, lupa f ‖ ~**glas mit Ständer** / lupa f con pie ‖ ~**grad** m, Vergrößerung f (Opt) / factor m de ampliación ‖ ~**kraft** f (Opt) / poder m de aumento ‖ ~**lampe** f (Opt) / lámpara f para ampliación ‖ ~**linse** f (Opt) / lente f de aumento ‖ ~**maßstab** m / escala f de aumento m o de ampliación ‖ ~**nutzgrad** m (Opt) / aumento m útil de la lupa ‖ ~**papier** n (Foto) / papel m para ampliaciones ‖ ~**rahmen** m (Foto) / marginador m, bastidor m de ampliación ‖ ~**spiegel** / espejo m cóncavo o de aumento ‖ ~**stück** n (Wz) / reductor m ‖ ~**technik** f (Foto) / macrofotografía f ‖ ~**wechsler** m / cambiador m de aumentos
Vergrünung f, Blattsucht f (Bot) / filomanía f
vergrust (Kohle) / rico en carbonilla
Vergünstigungen f pl / ventajas f pl, privilegios m pl, facilidades f pl
Verguss•harz n (Plast) / resina f para sellar ‖ ~**kapselung** f / encapsulado m ‖ ~**masse** f / masa f de relleno ‖ ~**masse**, -mörtel m (Bau) / mortero m de llenado, mortero m de lechada de cemento
vergütbar (Stahl) / mejorable, bonificable ‖ ~**e Feder** / muelle m o resorte bonificable
Vergütbarkeit f (Stahl) / aptitud f para bonificar, bonificabilidad f
vergüten, bezahlen / remunerar ‖ ~ (Opt) / cubrir de capa antirreflectora, tratar, azular ‖ ~ (Stahl) / bonificar, mejorar, templar y revenir ‖ ~ (natürlich o. künstlich altern) (Leichtmetall) / endurecer por precipitación ‖ ~ (Holz) / mejorar, impregnar y prensar ‖ **bei erhöhter Temperatur** ~, künstlich altern (Leichtmetall) / endurecer por envejecimiento artificial, envejecer artificialmente ‖ **bei normaler Temperatur** ~ (Leichtmetall) / endurecer por envejecimiento [natural] ‖ ~ n (Hütt) / bonificado m, temple m y revenido, mejoramiento m ‖ ~ (Leichtmetall) / endurecimiento m por precipitación ‖ ~ **aus der Warmformungshitze** (Stahl) / bonificado m a partir de la temperatura de conformación en caliente
Vergüteofen, Härteofen m (Alu) / horno m de endurecimiento por precipitación
vergütet (Opt) / tratado, azulado ‖ ~ (Holz) / mejorado, impregnado y prensado ‖ ~**es Glas** / vidrio m recocido ‖ ~**er Stahl**, Vergütungsstahl m / acero m bonificado o mejorado, acero m templado y revenido
Vergütung f / mejora f del acero ‖ ~ (Linse) / tratamiento m antirreflexión ‖ ~, Zulage f, Zuschlag m (F.Org) / suplemento m, plus m, puntos m pl, sobrepaga f, sobresueldo m, remuneración f suplementaria
Vergütungs•... (Stahl) / para temple y revenido, para bonificar ‖ ~**gefüge** n, -struktur f / estructura f del acero bonificado ‖ ~**glühen** n, Lösungsglühen n (Leichtmetall) / recocido m por disolución ‖ ~**öl** n (Hütt) / aceite m para tratamiento térmico ‖ ~**riss** m / fisura f o grieta por tratamiento térmico ‖ ~**schaubild** n / diagrama m de tratamiento térmico ‖ ~**schicht** f (Opt) / capa f antirreflejo, capa f antirreflexión ‖ ~**stahl** m / acero m para temple y revenido, acero m

para bonificar ‖ ~**stahlguss** m / acero m fundido bonificado o para bonificar, acero m fundido para temple y revenido ‖ ~**zähler** m (Elektr) / contador m de reembolsar
verhallen vi, ausklingen (Schall) / extinguirse, irse extinguiendo, acabar de sonar
verhalten, A verhält sich zu B wie C zu D (Math) / A es a B como C[es] a D ‖ **sich** ~ / comportarse ‖ **sich** ~ [zu] / ser [a] ‖ **sich** ~ **wie 1 zu 2** (Math) / ser en la proporción de 1 por 2
Verhalten n, Verhaltensweise f / comportamiento m ‖ ~ (fig) / conducta f ‖ ~ (Verschleiß) / comportamiento m al desgaste ‖ ~ **des Ganges** (Bergb) / calidad f de la veta ‖ ~ **einer Funktion** (Math) / variación f de una función ‖ ~ **eines Flusses** (Hydr) / régimen m de un río ‖ ~ **unter Strahlenbelastung** (Nukl) / comportamiento m bajo radiación
Verhältnis [zu], Beziehung f [zu] / relación f [con] ‖ ~ n, Proportion f / proporción f ‖ ~, Quotient m (Math) / cociente m ‖ ~ **, in dem A zu B steht** / razón f de A a B ‖ ~ n **Anfangs- zu Enddruck** (Raumf) / relación f entre presión inicial y presión final, relación f presión inicial/final ‖ ~ **Auftrieb zu Widerstand**, Gleitzahl f, -verhältnis n (Luftf) / fineza f, rendimiento m aerodinámico ‖ ~ **Betriebsstrom zu Vollaststrom** (Elektr) / coeficiente m de utilización ‖ ~ **Bissbreite zu Werkstückhöhe** / relación f de agarre ‖ ~ **Blind- zu Scheinkomponente** (Elektr) / factor m de inductancia ‖ ~ **der direkten zur indirekten Lautstärke** / relación f acústica, relación f volumen directo/indirecto ‖ ~ **der E-Module von Stahl u. Beton** (Bau) / relación f modular ‖ ~ **der Empfangs- zur Spiegelfrequenz** (TV) / relación f frecuencia señal/frecuencia imagen ‖ ~ **der Entladestromstärke zur Kapazität** (z. B. 60 A aus 30 Ah = 2 C) (Akku) / tasa C f ‖ ~ n **der Glieder einer geometrischen Reihe** / razón f [de los términos de una progresión] geométrica ‖ ~ **der Kerbzugfestigkeit zur 0.2-Grenze**, Kerb-Streckgrenzen-Verhältnis n (Mat.Prüf) / relación f entalla/límite de elasticidad ‖ ~ n **Durchschnitts- zu Spitzenlast** (Fernm) / factor m de concentración ‖ ~ **Eingangs[wechsel]strom zu Ausgangs[gleich]strom** / factor m de transrectificación ‖ ~ **eingeschlossene Luft zu Brennstoff** (Raumf) / relación f aire aprisionado-combustible ‖ ~ **Gesamtluft zu Brennstoff** (Raumf) / relación f aire total-combustible ‖ ~ **Schein- zu Wirkwiderstand** / factor m de impedancia ‖ ~ **Schmelzstrom zu Nennstrom** (Elektr) / factor m de fusión ‖ ~ **Spitze zu quadratischem Mittelwert** (Schwingungen) / cociente m del valor de cresta por el valor eficaz ‖ ~ **Stoß- zu Dauerfestigkeit** (Kabel) / relación f de impulso ‖ ~ **Triebrad-Last zu Zugkraft** / relación f carga sobre la rueda motriz - fuerza de tracción ‖ ~ **zweier Größen** / razón f de dos magnitudes ‖ **[Größen-, Mengen- usw.]** ~ / proporción f ‖ **im** ~ [zu] / en proporción [a], en relación [a], en comparación [con] ‖ **im** ~ [zu], als Funktion [von] / en función [de] ‖ **im** ~ [von], in einer Menge [von] / a razón [de] ‖ **im** ~ **stehen** [zu] / ser proporcional [a] ‖ **im richtigen** ~, angemessen / proporcionado ‖ **im umgekehrten** ~ [zu] / en proporción o razón inversa [a] ‖ **im umgekehrten** ~ / en razón inversa ‖ **in das richtige** ~ **bringen**, anpassen / proporcionar [a], adaptar [a], ajustar [a] ‖ **in das richtige** ~ **bringen** / llevar a la justa proporción ‖ **in direktem** ~ / en razón directa, directamente proporcional [a] ‖ **steht in keinem** ~ [zu] / no guarda relación [con] ‖ **unter sonst gleichen** ~**sen** / en idénticas condiciones
verhältnis•gleich, -mäßig, proportional / proporcional ‖ ~**gleichrichter** m, Ratiodetektor m (Fernm) / detector m de relación ‖ ~**mäßig**, relativ / relativo adj, relativamente adv ‖ ~**mäßigkeits-Grundsatz** m / principio m de relación ‖ ~**operator** m (DV) /

1424

operador *m* relacional ‖ ⁓**regelung**, -steuerung *f* (Regeln) / control *m* de relación ‖ ⁓**telemeter** *n* / aparato *m* de telemedida por relación de magnitudes ‖ ⁓**wert** *m* (Math) / relación *f* [por cociente], razón *f* ‖ ⁓**widerstand** *m* (der Wheatstonebrücke) (Elektr) / brazo *m* de relación (del puente de Wheatstone), rama *f* de relación ‖ ⁓**zahl** *f* (Chem) / equivalente *m* ‖ ⁓**zahl** (Stat) / número *m* proporcional ‖ ⁓**zahl** α *f* (Nukl) / factor *m* alfa
Verhaltungsmaßregel, Anweisung *f* / normas *f pl* de conducta, instrucciones *f pl*, directiva[s], f.,[pl]
verhärten *vi* / endurecer[se] ‖ ⁓ (Leder) / volverse duro
verharzen *vt*, in Harz verwandeln / resinificar ‖ ⁓ *vi*, zu Harz werden / resinificarse ‖ ⁓ (Farbe) / engomarse, espesarse ‖ ⁓ *n* (Öl) / resinificación *f*
ver•**harzt**, dickflüssig (Farbe, Öl) / resinoso, muy viscoso ‖ ⁓**harzungsprobe**, Abdampfprobe *f* / ensayo *m* de goma ‖ ⁓**hauener Raum** (Bergb) / espacio *m* explotado ‖ **eine Zeile ⁓heben** (Druck) / trastrocar una línea ‖ **sich ⁓heddern**, hängen bleiben / enredarse ‖ ⁓**heftestich** *m* (Tex) / puntada *f* de hilván
Verhieb *m*, Bergwerksbetrieb *m* (Bergb) / extracción *f*, explotación *f* minera ‖ ⁓, Vortrieb *m* (Bergb) / avance *m*, perforación *f* ‖ ⁓ **je Mann u. Schicht** / avance *m* por hombre y turno
verhindern *vt*, verhüten / prevenir, evitar ‖ ⁓, verbieten / prohibir ‖ ⁓, unterdrücken / suprimir
ver•**hindernd**, verhütend / preventivo ‖ ⁓**hinderung**, Verhütung *f* / prevención *f*
Verhinderungs•maßnahmen *f pl* **gegen Verkehrsunfälle** / medidas *f pl* para prevenir accidentes de tráfico ‖ ⁓**schaltung** *f* **für Nebenstellen** (Fernm) / circuito *m* de inhibición
Verholeinrichtungen *f pl* (Schiff) / instalaciones *f pl* par halar o atoar o espiar
verholen *vt* (Schiff) / halar, atoar, espiar
Verhol•klüse *f* (Schiff) / guía *f* ‖ ⁓**leine**, Verholtrosse *f* (Schiff) / calabrote *m* para halar, estacha *f*, espia *f* ‖ ⁓**trosse** *f* / cable *m* de arrastre ‖ ⁓**winde** *f*, Konstantzugwinde *f* / cabrestante *m* de atoar
ver•**holzen** *vi* / lignificarse ‖ ⁓**holztes Gewebe** (Bot) / tejido *m* lignificado ‖ ⁓**holzung**, Ligninabscheidung *f* / lignificación *f*
verhüllen *vt*, umhüllen / cubrir, envolver
ver•**hüttbar** (Erze) / beneficiable ‖ ⁓**hütten** *vt* (Hütt) / tratar en planta metalúrgica, fundir, beneficiar ‖ ⁓**hüttung** *f* / tratamiento *m* [sidero]metalúrgico, fundición *f* de minerales, beneficio *m*
Verhütungsmaßregel *f*, -mittel *n* / medida *f* preventiva
Verifikationsmodell *n* / modelo *m* de verificación
verifizieren *vt* / verificar
verjüngen / despezar ‖ ⁓, verkleinern (Zeichn) / disminuir, reducir ‖ ⁓ (Plast) / achaflanar, afilar ‖ **konisch ⁓** / conificar ‖ **organisch ⁓** / regenerar ‖ **perspektivisch ⁓** / representar en perspectiva, escorzar ‖ **sich ⁓**, schmäler werden / disminuir, relejar, estrecharse
verjüngt, konisch zulaufend / cónico, conificado, coniforme ‖ **⁓er Anguss** (Plast) / bebedero *m* puntiforme ‖ **⁓er Angusskanal** (Plast) / canal *m* cónico (de mazarota) ‖ **⁓e Muffe** / manguito *m* reductor o de reducción ‖ **nach einer Exponentialkurve ⁓** / reducido según función exponencial
Verjüngung *f* / disminución *f*, reducción *f* ‖ ⁓, Verschmälerung *f* / releje *m*, estrechamiento *m* ‖ ⁓, **Konizität** *f* (Spritzwerkzeug) (Plast) / conicidad *f* ‖ ⁓ *f* (Rohr) / despezo *m* ‖ ⁓ *f* (Forstw) / renovación *f*, regeneración *f*, remozado *m*
Verjüngungs•maßstab, Tiefenmaßstab *m* / escala *f* de reducción ‖ ⁓**stelle** *f* / lugar *m* de estrechamiento ‖ ⁓**verhältnis** *n*, Schlankheitsverhältnis *n* / relación *f* de conicidad

verkabeln *vt* / cablear ‖ ⁓ (Stadtviertel) (Post, TV) / poner bajo cable
verkabelt (Fernm) / cableado *adj*, con instalación de cables ‖ ⁓**e Leitung** / línea *f* de cable
Verkabelung *f* (Elektr) / cableado *m*
Verkabelungsplan *m* (Elektr) / especificación *f* de montaje del cable ‖ ⁓ (DV) / plano *m* o esquema de cableado
verkadmen *vt*, kadmieren (Hütt) / cadmiar ‖ ⁓ *n*, Kadmieren *n* / cadmiado *m*
verkalken *vt*, in Kalk verwandeln / calcinar, calcificar ‖ ⁓ *vi*, kalzinieren / calcinarse, calcificarse ‖ ⁓ (Rohr) / incrustarse [interiormente], formarse incrustaciones o tártaro
verkämmen *vt* (Zimm) / espigar, ensamblar de espiga, machihembrar
verkanten *vt*, kippen / ladear ‖ ⁓, verklemmen / bloquear ‖ ⁓ *n*, Verkantung *f* / ladeo *m*, atascamiento *m*, inclinación *f*
ver•**kantete Aufnahme** (TV) / toma *f* ladeada ‖ ⁓**kantungsmoment** *n* (Walzw) / momento *m* de inversión
verkapseln *vt* / encapsular, tapar con cápsula, proteger bajo cárter
Verkapselung *f* / encapsulado *m*
ver•**käsen** *vt* (Nahr) / caseificar ‖ ⁓**käsung** *f* / caseificación *f*, caseación *f*
Verkäufer, Lieferant *m* / vendedor *m* ‖ ⁓**markt** *m* / mercado *m* [de signo] favorable al vendedor
Verkaufs•abteilung *f* / departamento *m* de ventas ‖ ⁓**anhänger** *m*, Laden *m* auf Rädern / remolque -tienda *m* ‖ ⁓**automat** *f* / máquina *f* vendedora, expendedor *m* automático, distribuidor *m* automático ‖ **spätestes ⁓datum** *m* (z.B. für Milch) / fecha *f* de vencimiento ‖ **⁓fähig** (Produkt) / comerciable, comercial ‖ ⁓**fahrzeug** *n* / vehículo *m* de venta ‖ ⁓**förderer** *m* / promotor *m* de ventas ‖ ⁓**förderung** *f* / promoción *f* de ventas, fomento *m* de ventas ‖ ⁓**ingenieur** *m* / ingeniero *m* comercial o de ventas ‖ ⁓**kühlmöbel** *n* / mueble *m* frigorífico (para tiendas) ‖ ⁓**leiter** *m* / jefe *m* de ventas ‖ ⁓**möbel** *n* / mueble *m* de venta ‖ ⁓**muster** *n*, -probe *f* / muestra *f* ‖ ⁓**preis** *m* / precio *m* [de] venta, PVP ‖ ⁓**spezialist** *m* / especialista *f* de ventas ‖ ⁓**stelle** *f* / punto *m* de venta ‖ ⁓**stellendrucker** *m* / impresora *f* de punto de venta ‖ ⁓**stützpunkt** *m* / punto *m* de venta ‖ ⁓**-Tiefkühltruhe** *f* / arca *f* congeladora o frigorífica [de baja temperatura] para tiendas ‖ ⁓ **und Kassenterminal** *n* / terminal de venta *m* [con caja registradora] ‖ ⁓**wagen** *m* / vehículo *m* tienda
verkauft (Luftt) / de pago ‖ ⁓**e Auflage** (Druck) / tirada *f* vendida ‖ ⁓**e Verkehrsleistung** (Luftf) / carga [de pasajeros] de pago
Verkehr *m* / tráfico *m*, circulación *f* ‖ ⁓, Handelsverkehr *m* / comercio *m* ‖ ⁓ (allg) / transporte *m* y comunicaciones ‖ ⁓, Transportwesen *n* / transportes *m pl* ‖ ⁓, Straßenverkehr *m* / circulación *f* por carretera, tráfico *m* por carretera ‖ ⁓, Nachrichtenverbindung *f* / comunicación *f*, telecomunicaciones *f pl* ‖ ⁓ *m*, Betrieb *m* (Bahn, Luftf) / servicio *m* ‖ ⁓ **auf eigener Fahrbahn** / circulación *f* en terreno propio, transporte *m* sobre terreno propio ‖ ⁓ **auf öffentlichen Straßen** / tráfico *m* público ‖ ⁓ **mit Wartezeiten** (Fernm) / servicio *m* diferido o con espera o con demora ‖ ⁓ **ohne Wartezeiten** (Fernm) / servicio *m* inmediato o sin demora ‖ **aus dem ⁓ ziehen** / retirar de la circulación ‖ **im ⁓, dem Verkehr übergeben** (Bahn, Straß) / puesto en servicio
verkehren *vi* / circular ‖ ⁓, im Verkehr stehen / estar en relaciones [con], comunicar [con] ‖ ⁓ (Bahn) / circular ‖ ⁓ *vt*, umkehren / invertir
Verkehrs•... / de[l] tráfico, de circulación ‖ ⁓**ablenkung**, -verlagerung *f* (Bahn) / desviación *f* del tráfico ‖ ⁓**abschöpfung** *f*, Abziehen hochwertiger

Verkehrsabwicklung

Verkehre / descremado *m* del tráfico (E), discriminación *f* del tráfico (LA) ‖ ⁓**abwicklung** *f* (Fernm) / despachado *m* del tráfico ‖ ⁓**ader** *f* / arteria *f* de circulación o de tráfico, línea *f* ‖ ⁓**ampel** *f* (Straßn) / semáforo *m* de circulación, disco *m*, luces *fpl* de tráfico ‖ ⁓**andrang** *m* / afluencia *f* de tráfico ‖ ⁓**anlagen**, -einrichtungen, -anstalten *f pl* / instalaciones *f pl* o facilidades de tráfico ‖ ⁓**ansturm** *m* / gran afluencia de tráfico *f* ‖ **~arm**, -schwach, wenig befahren / de débil circulación ‖ ⁓**ausscheidungszahl** *f* (Fernm) / número *m* de prefijo ‖ ⁓**behinderung** *f* / entorpecimiento *m* de la circulación ‖ ⁓**behinderung**, Spurreduzierung *f*, Spurverengerung *f* / estrechamiento *m* de vía o de carril *f* ‖ ⁓**beschränkung** *f*, -beruhigung *f* / limitación *f* de tráfico ‖ ⁓**betriebe** *m pl* / compañía[s] *f[pl]* de transporte, servicios *mpl* de transporte, transportees *mpl* públicos ‖ ⁓**chaos** *n* / caos *m* circulatorio o de circulación ‖ ⁓**daten-Aufstellung** *f* (Fernm) / clasificación *f* de datos de tráfico ‖ ⁓**dichte** *f* / densidad *f* del tráfico, intensidad *f* del tráfico o de la circulación ‖ ⁓**durchsage** *f* (Funk) / aviso *m* de tráfico [por radio] ‖ ⁓**einheit** *f*, Erlang *m*, V.E. (Fernm) / unidad *f* de tráfico, erlang *m* ‖ ⁓**einmündung!** (Straßn) / convergencia *f* de carreteras ‖ ⁓**einrichtungen** *f pl* / instalaciones *f pl* de tráfico ‖ ⁓**einrichtungen**, Verkehrswesen *n* / transportes *m pl* ‖ ⁓**erleichterungen** *f pl* / facilidades *f pl* para el tráfico ‖ ⁓**erträge** *m pl* (Luftf) / productos *m pl* del tráfico ‖ ⁓**fläche** *f* / superficie *f* reservada al tráfico ‖ ⁓**flugwesen** *n* / aviación *f* comercial ‖ ⁓**flugzeug** *n* / avión *m* comercial o de línea, avión *m* de pasajeros ‖ ⁓**fluss** *m* / flujo *m* del tráfico ‖ ⁓**[frequenz]band** *n* (Eltronik) / banda *f* de telecomunicación ‖ ⁓**gang** *m* (Kfz) / pasadizo *m* ‖ ⁓**gewerbe** *n* / industria *f* de transporte, transportes *mpl*, ramo *m* de transportes ‖ ⁓**güte** *f* / calidad *f* de tráfico ‖ ⁓**güte** (Fernm) / equivalente *m* de repetición ‖ ⁓**hindernis** *n* / obstáculo *m* a la circulación ‖ ⁓**hörfunk** *m* / radio[difusión] *f* para el tráfico, mensajes *mpl* radiofónicos para el tráfico ‖ ⁓**ingenieur** *m* / ingeniero *m* de tráfico o de transporte ‖ ⁓**insel** *f* / refugio *m* de peatones, burladero *m* ‖ ⁓**knotenpunkt** *m* / nudo *m* de tráfico, centro *m* o nudo de comunicaciones ‖ ⁓**kontrolle** *f* / control *m* del tráfico o de la circulación ‖ ⁓**kreisel** *m* (Straßn) / plaza *f* redonda con tráfico circular ‖ ⁓**lärm** *m* / ruido *m* de tráfico ‖ ⁓**last** *f* (Brücke) / carga *f* móvil o dinámica ‖ ⁓**leistung** *f* / prestación *f* de transporte o de tráfico ‖ ⁓**leitstelle** *f* / central de [dirección del] tráfico ‖ ⁓**leitsystem** *n* / sistema *m* de dirección del tráfico ‖ ⁓**leitungs-Flexibilität** *f* / flexibilidad *m* de encaminamiento de tráfico ‖ ⁓**lenkung** *f* (Fernm) / control *m* de tráfico, ordenación *f* del tráfico ‖ ⁓**lichter**, -signale *n pl* / luces *f pl* de circulación o de tráfico ‖ ⁓**luftfahrt** *f* / aviación *f* civil ‖ ⁓**messung** *f*, -zählung *f* / cómputo *m* de tráfico ‖ ⁓**mittel** *n* / medio *m* o vehículo de transporte ‖ ⁓**netz** *n* / red *f* de comunicaciones ‖ ⁓**[-Hilfs]polizist** *m* / agente *m* [auxiliar] de tráfico ‖ ⁓**radar** *m n* / radar *m* de tráfico ‖ ⁓**raum** *m* / espacio *m* de circulación, lugar *m* de tránsito ‖ ⁓**rechner** *m* (DV) / ordenador *m* de tráfico ‖ ⁓**regeln** *f pl* / normas de circulación *f pl* ‖ ⁓**regelung** *f* (Kfz) / regulación *f* del tráfico ‖ ⁓**reich**, stark befahren / de mucho tráfico, de intensa circulación, muy frecuentado ‖ ⁓**relation** *f* / relación *f* de tráfico ‖ ⁓**richtung** *f* / dirección *f* del tráfico, sentido *m* del tráfico ‖ ⁓**schild** *n* (Straßn) / señal *f* de tráfico, indicador *m* de ruta ‖ **mit ⁓schildern versehen**, ausschildern / dotar de señalización vertical ‖ **⁓schwach**, -arm (Zeit) / de poco tráfico, de poca circulación ‖ ⁓**schwache Zeit** / horas *f pl* de poco tráfico, horas *fpl* de carga mínima, horas *fpl* descargadas ‖ ⁓**sicherheit** *f* / seguridad *f* del tráfico o de la circulación, seguridad *f* vial ‖ ⁓**signal** *n* / señal *f* de tráfico ‖ ⁓**sperre** *f* / prohibición *f* de tráfico, suspensión *f* de la circulación o del tráfico ‖ ⁓**spiegel** *m* / espejo *m* tráfico ‖ ⁓**spitze** *f* / máxima intensidad de tráfico *f*, densidad *f* máxima de la circulación, pico *m* de tráfico (LA) ‖ **~starke Zeit** / horas *f pl* punta de tráfico, horas *fpl* de tráfico intenso, período *m* pico (LA) ‖ **~starke Zeit** (Fernm) / horas *f pl* [más] cargadas ‖ ⁓**stau** *m* / congestión *f* o retención del tráfico, embotellamiento *m*, atasco *m*, tapón *m* ‖ ⁓**stockung** *f*, -störung *f*, -unterbrechung *f* / congestión *f* del tráfico, interrupción *f* de la circulación o del tráfico ‖ ⁓**störung** *f* (Bahn) / embotellamiento *m* del tráfico, destrucción *f* del tráfico ‖ ⁓**straße** *f* (Ggs: Hauptverkehrsstraße) (Straßn) / carretera *f* secundaria o de segundo orden ‖ ⁓**strom** *m* / corriente *f* del tráfico, flujo *m* de la circulación ‖ ⁓**technik** *f* / técnica *f* de la circulación o de transporte ‖ ⁓**teiler** *m*, -trenner *m* (Straßn) / separador *m* del [flujo de] tráfico ‖ ⁓**teilergebiet** *n*, -trennungsgebiet *n* (Nav) / zona *f* de separación de tráfico ‖ ⁓**teilerpfosten** *m* / poste *m* separador del flujo de tráfico ‖ ⁓**teilnehmer** *m* / usuario *m* de la carretera o de la vía pública ‖ ⁓**träger**, -unternehmer *m* / empresario *m* de transporte, transportista *m*, organismo *m* de transporte ‖ ⁓**tüchtig** (Kfz) / apto para el tráfico rodado, en perfectas condiciones técnicas ‖ ⁓**überwachung** *f* / vigilancia *f* del tráfico o de la circulación ‖ ⁓**umleitung** *f* (Strecke) / desvío *m* ‖ ⁓**umleitung** (Zustand) / desviación *f* ‖ ⁓**unfall** *m* / accidente *m* de tráfico o de circulación ‖ ⁓**unternehmer** *m*, -unternehmen *n* / empresario *m* de transportes, transportista *m* ‖ ⁓**verbund** *m* / sistema *m* integrado de transportes públicos ‖ ⁓**verstoß** *m* / infracción *f* del código de circulación ‖ ⁓**volumen** *n* / volumen *m* de tráfico ‖ ⁓**weg** *m* / vía *f* de comunicación ‖ ⁓**wege** *m pl* / rutas *f pl* o vías o líneas de comunicación o de tráfico ‖ ⁓**wertschreiber** *m* (Fernm) / registrador *m* de unidades de tráfico ‖ ⁓**wesen** *n* / transportes *m pl*, comunicaciones *fpl*, tráfico *m* ‖ ⁓**zähler** *m* (Fernm) / contador *m* de llamadas automáticas, contador *m* de tráfico ‖ ⁓**zählung** *f* / censo *m* o aforo o contaje de tráfico ‖ ⁓**zeichen** *n* / señal *f* de tráfico ‖ ⁓**zeichen** *n pl* / señales *f pl* de tráfico, señalización *f* vertical y horizontal ‖ ⁓**zeichen anbringen** / instalar señales de tráfico, instalar indicadores de ruta ‖ ⁓**zeichenmast** *m* (Straßn) / poste *m* de señal de tráfico

verkehrt, von innen nach außen / inverso ‖ **~**, hängend / invertido ‖ **~** *adv*, umgekehrt / al revés ‖ **~**, falsch / falso, erróneo ‖ **~es Gewölbe** (Bau) / contrabóveda *f* ‖ **~er Kreuzknoten**, falscher Stich (Tex) / nudo *m* llano falso ‖ **~e Seite**, linke Seite (Tex) / revés *m* ‖ **in ~er Richtung** / en sentido falso o contrario

Verkehrt•pressen *n* (Plast) / moldeo *m* invertido ‖ ⁓**spülung** *f* (Öl) / enjuagadura *f* reversa, limpieza *f* por inundación reversa

verkeilen *vt* / acuñar, asegurar con cuñas, chavetear, enchavetar ‖ **~** (Bergb) / fijar o asegurar con chaveta ‖ **~** (mit Unterlegkeilen) / calzar, calar ‖ **sich ~**, sich zwängen / acuñarse ‖ **~** *n* (Bergb) / fijación *f* con chaveta

verkerben *vt* / asegurar con muescas
Verkernung *f* (Biol) / nucleación *f*
verketten, aneinander hängen / encadenar ‖ **~** (DV, Programm) / interconectar
verkettet (Elektr) / de fases unidas ‖ **~e Dreiphasenspannung** (Elektr) / tensión *f* en triángulo o en delta ‖ **~e Kreise** *m pl* (Elektr) / circuitos *m pl* interconectados ‖ **~es Leitungsnetz** (Elektr) / red *f* de conductores interconectada ‖ **~e Sechsphasenspannung** (Elektr) / tensión *f* en hexágono o en sexángulo de fases unidas ‖ **~e Spannung**, Außenleiterspannung *f* (Elektr) / voltaje *f*

entre fases ‖ ~**er Strom** / corriente *f* entre fases ‖ ~**es Zweiphasensystem** / sistema *m* difásico o bifásico
Verkettung *f*, Ineinandergreifen *n* / encadenamiento *m* ‖ ~ (DV) / interconexión *f*, concadenación *f*, concatenación *f* ‖ ~, **Kettenbildung** *f* (Chem) / concatenación *f*, formación *f* de cadenas ‖ ~ (Elektr) / interconexión *f* ‖ ~ **der Entriegelungen** / sistema *m* de seguridad por desenclavamientos sucesivos ‖ ~ **der Phasen** (Elektr) / interconexión *f* de fases
Verkettungs•fluss *m* (magnetische Durchflutung) / flujo *m* de concatenación ‖ ~**prinzip** *n* (Fernm) / principio *m* de encadenación
ver•kieseln, sich in Kieselerde verwandeln / silicificarse ‖ ~**kieselung** *f*, Silizifikation *f* (Geol) / silicificación *f*
Verkippung *f* / inversión *f*, ladeo *m*
verkitten *vt* (Fenster) / masticar, enmasillar ‖ ~, [zusammen]kitten, verkleben / juntar con mástic
verkittet (Linse) / enmasillado
verklammern *vt* / asegurar con grapas
verklappen *vt* (Umw) / verter al mar
Verklappung *f* (Abfälle ins Meer) / vertido *m* de sustancias tóxicas (al mar), descarga *f* de desechos o desperdicios en alta mar
verkleben *vt*, verleimen / pegar con cola, encolar ‖ ~, dichten / impermeabilizar
Verklebung *f* / adhesión *f*, adhesividad *f* ‖ ~, Verkleben *n* / pegamiento *m*, pegadura *f* ‖ ~ **von Fasern** / conglutinación *f* de fibras
verkleiden *vt* / revestir, recubrir ‖ ~, umhüllen / revestir, cubrir, envolver, encamisar ‖ ~ (Bau) / revestir ‖ **mit Blech** ~ / planchear ‖ **mit Holz** ~ (Bau) / enmaderar, entarimar
verkleidet / revestido
Verkleidung *f* (allg) / revestimiento *m*, protección *f* ‖ ~, Verschalung *f* (Bau) / revestimiento *m* de tablas, encofrado *m* ‖ ~, Umhüllung *f*, envoltura *f*, cubierta *f* ‖ ~ (Kfz) / carenado *m* ‖ ~, Außenverkleidung *f* (Bau) / revestimiento *m* de fachada ‖ ~ (Masch) / caja *f* ‖ ~ (z.B. am Kühler) (Kfz) / capó *m*, cubierta *f* ‖ ~ (Luftf) / carena *f*, carenado *m* ‖ ~ (Bergb) / entibación *f* ‖ ~ **mit Holz** / enmaderamiento *m* ‖ ~ **zwischen den Raketenstufen** / falda *f* entre etapas ‖ **innere** ~ / revestimiento *m* interior, forro *m* [interior]
Verkleidungs•blech *n* / chapa *f* de revestimiento ‖ ~**bohlen**, Futterbohlen *f pl* (Tunnel) / tablas *f pl* de revestimiento, tablones *m pl* de entablado ‖ ~**papier** *n* (mit Asphalt-Zwischenschicht) (Bau) / papel *m* asfáltico (con capa intermedia de asfalto) ‖ ~**platte** *f*, Fassadenplatte *f* (Bau) / placa *f* de revestimiento o de fachada ‖ ~**übergang** *m*, Ausrundung *f* (Luftf) / carenado *m* de unión
verkleinerbar / reducible
verkleinern *vt*, kleiner machen / reducir el tamaño o las dimensiones ‖ ~, beschneiden / reducir, disminuir ‖ ~ (Zeichn) / reducir ‖ **sich** ~ / disminuir *intr*, reducirse
verkleinert / reducido, disminuido ‖ ~**es Bild** / imagen *f* reducida ‖ ~**e Bohrung** (Ölf) / perforación *f* de diámetro reducido ‖ ~**er Maßstab** / escala *f* reducida ‖ **in** ~**em Maßstab** / a escala reducida
Verkleinerung *f*, Abnahme *f*, Verminderung *f*, Verringerung / disminución *f*, decrecimiento *m*, reducción *f*, aminoramiento *m*, merma *f* ‖ ~ (Abzug) / copiado *m* a reducción ‖ ~ (Foto) / reducción *f* ‖ ~ (einer Linse) **2,5 : 1** / reducción *f* [de una lente] de 2,5 : 1
Verkleinerungs•fähigkeit *f* (Opt) / reduc[t]ibilidad *f* ‖ ~**faktor** *m*, -verhältnis *n* (Foto) / factor *m* de reducción, relación *f* de reducción ‖ ~**glas** *n* / lupa *f* o lente de reducción ‖ ~**kopie** *f* (Foto) / copia *f* reducida ‖ ~**maßstab** *m* / escala *f* de reducción ‖ ~**spiegel** *m* (Opt) / espejo *m* convexo
verklemmen *vt* / atascar, agarrotar ‖ **sich** ~ / atascarse, agarrotarse ‖ ~ *n* (Mech) / atascado *m*, agarrotado *m*

ver•klemmter Stab (Nukl) / barra *f* bloqueada ‖ ~**klemmung** *f* / atascamiento *m*, agarrotamiento *m*, blocaje *m*
Verklinkung *f* / enganche *m*
verknäuelt (Moleküle) / aovillado
verknoten *vt*, verknüpfen / enlazar, ligar ‖ ~ *vr* (Dübel) / formar un nudo
verknüpfbar, verbindbar / vinculable
verknüpfen *vt*, zusammenknüpfen / atar, anudar ‖ ~ *n* **von Programmen** (DV) / ligado *m* o encadenamiento de programas
verknüpft, verbunden / ligado, juntado, unido, vinculado ‖ ~ (DV) / concadenado, vinculado
Verknüpfung *f*, Verbindung *f* / ligadura *f*, enlace *m*, atadura *f*, trabamiento *m* ‖ ~, Kombination *f* / combinación *f* ‖ ~ *f* (Chem) / reticulación *f* ‖ ~ (DV) / vinculación *f* ‖ ~, logische Schaltung (DV) / circuito *m* lógico ‖ ~ (Math) / composición *f*, combinación *f* ‖ ~ **von Technologie[n]** / concatenación *f* de tecnología[s]
Verknüpfungs•glied *n* (DV) / elemento *m* lógico, unidad *f* lógica ‖ ~**programm** *n* (DV) / programa *m* de vinculación ‖ ~**relation** *f* (Phys) / relación *f* unitaria ‖ ~**schaltung** *f* (Eltronik) / circuito *m* combinatorio ‖ ~**schaltung** *f* **für Reaktorschutz** (Atom, Nukl) / circuitos *m pl* de interconexión para seguridad del reactor ‖ ~**steuerung** *f* (DV) / control *m* o mando lógico ‖ ~**tafel** *f* (DV) / tabla *f* de verdad
verkobalten *vt* / cobaltar
verkochen *vt*, einkochen (Chem) / reducir hirviendo, concentrar ‖ ~ *n* (Zuck) / cocción *f*
Verkocher *m* (Zuck) / caldera *f* de cocción
verkohlen *vi*, in Kohle umwandeln, verkoken / carbonizar, carbonificar ‖ ~ *vt*, schwärzen / ennegrecer ‖ ~ *vi* / carbonizarse ‖ ~ *n* / carbonización *f*
Verkohlung, -kokung *f* / carbonización *f*, coquización *f*
verkokbar / coqueficable, coquizable ‖ ~**keit** *f* / coquizabilidad *f*
verkoken *vt vi* / coqueficar, coquizar
Verkokung *f*, Verkoken *n* (Kohle) / coquización *f*, coquefacción *f*, coqueficación *f* ‖ ~ (Öl) / coquización *f*, carbonización *f* ‖ ~ **in Retorten** (Chem Verf) / carbonización *f* por destilación [en retortas]
Verkokungs•dauer *f* / duración *f* de coquización ‖ ~**gas** *n* / gas *m* de coque o de coquefacción ‖ ~**kammer** *f*, cámara *f* de coquefacción, retorta *f* [de coquefacción] ‖ ~**neigung** *f* / tendencia *f* a la coquización ‖ ~**ofen** *m*, Kammerofen *m* / horno *m* de cámara o de coque ‖ ~**probe** *f* / ensayo *m* de coquización ‖ ~**rückstand** *m* / residuo *m* de coquización ‖ ~**test** (Öl) / ensayo *m* de carbonización ‖ ~**vorgang** *m* / coquefacción *f*, proceso *m* de coquefacción ‖ ~**zahl** *f* (Öl) / índice *m* de carbonización
ver•kommen *vi* / decaer, echarse a perder ‖ ~**koppeln** *vt* / acoplar, engranar ‖ ~**korken** *vt* / taponar con corcho, enchorchar ‖ ~**kork[ungs]maschine** *f* / taponadora *f* ‖ ~**körnen** *n* (z.B. Schraube) / graneteado *m* (por ej. de un tornillo) ‖ ~**körpern** *vt*, darstellen / representar ‖ ~**kracken** *vt* / craquear, desintegrar ‖ ~**kratzen** *vt*, schrammen / rasguñar, arañar ‖ ~**kratzt werden**, Kratzer bekommen / rayarse ‖ ~**krautung** *f* (Hydr, Landw) / abundancia *f* de hierbas, crecimiento *m* excesivo de hierbas ‖ ~**kreuzter Harnisch** (Jacquard) / arcadas *f pl* cruzadas ‖ ~**kröpfen** *vt* / acodar ‖ ~**kröpfung** (z.B. Kurbelwelle) / acodamiento *m* ‖ ~**kröpfung** *f* (Dachfenster) / cruceta *f* ‖ ~**kröpfungsgesenk** *n* / matriz *f* o estampa para acodamiento ‖ ~**krümmen** *vt* / deformar, distorsionar ‖ **sich** ~**krümmen** / deformarse ‖ ~**krumpeln** *vt*, zerknittern / estrujar, arrugar
verkrusten *vt*, mit Kruste beziehen (o. überdecken) / incrustar, encostrar ‖ ~ *vi* / incrustarse, encostrarse, formar costra

verkrustet, mit Kesselsteinansatz / recubierto de tártaro, incrustado ‖ ~, hart geworden / solidificado ‖ ~**e Bettung** (Bahn) / balasto *m* colmatado o apelmazado

Verkrustung *f* / formación *f* de una costra ‖ ≈, Kalkablagerung *f* (in Wasserrohren) / incrustación *f*, deposición *f* de cal (en tubos de agua), encostradura *f* ‖ ≈ (Nukl) / ensuciamiento *m* ‖ ≈ **von Schlamm** / solidificación *f* de cieno

ver•kümmern / debilitarse progresivamente, ir a menos ‖ ~**kümmert** (Bot) / marchitado

Verküpen *n* (Tex) / teñido *m* con colorantes de tina

ver•kupfern *vt* / cobrear, encobrar, cobrizar ‖ ~**kupferter Stahldraht** / alambre *m* de acero cobreado ‖ ≈**kupferung** *f* / cobreado *m*, encobrado *m* ‖ ≈**kupferungsanlage** *f* / instalación *f* de cobreado, equipo *m* de encobramiento ‖ ~**kuppeln** *vt* (Träger) (Stahlbau) / acoplar vigas ‖ ≈**kürzbarkeit** *f*, Einziehbarkeit *f* / retractilidad *f*

verkürzen *vt*, kürzen, kürzer machen / acortar, abreviar, reducir, disminuir ‖ ~, beschneiden (zeitlich) / abreviar ‖ ~, vermindern / disminuir, mermar ‖ ~ (Zeit) / reducir ‖ ~ (DV) / truncar

verkürzend in senkrechter Richtung / reductor verticalmente o en sentido vertical

verkürzt•e Division, [Multiplikation] (Math) / división *f* [multiplicación] truncada ‖ **[perspektivisch]** ~**zeichnen** (Zeichn) / escorzar

Verkürzung *f* (ekliptische) (Astr) / curtación *f* ‖ ≈, Abkürzung *f* / abreviación *f* ‖ ≈ *f*, Verkürzen *n* / acortamiento *m*, reducción *f*, disminución *f* ‖ ≈, Kontraktion *f* / contracción *f*

Verkürzungs•faktor *m* (Antenne) / factor *m* de velocidad, razón *f* de velocidades ‖ ≈**kondensator** *m* (Antenne) / capacitor *m* de acortamiento

Verlackung *f* (Farbherst) / formación *f* de pigmentos

Verlade•anlage, Ladeanlage *f* (Transp) / instalación *f* de carga, cargadero *m* ‖ ≈**anlage** *f* (zum Ausladen) (Schiff) / instalación *f* de descargar ‖ ≈**arm** *m* / brazo *m* de carga ‖ ≈**ausleger** *m* (Bagger) / pescante *m* de cola ‖ ≈**bahnhof** *m* / estación *f* de carga ‖ ≈**bahnhof für Sattelschlepper-Anhänger** / estación *f* de carga para semirremolques ‖ ≈**band** *n* / cinta *f* cargadora o de carga ‖ ≈**brücke** *f*, großer Portalkran (DIN) / puente *m* [grúa] transbordador o de carga ‖ ≈**brücke** (Bahn) / estacada *f* de carga ‖ ≈**brücke mit untenlaufender Drehkatze** / puente *m* transbordador con carro giratorio inferior ‖ ≈**bühne** *f* / plataforma *f* de carga, cargadero *m* ‖ ≈**bunker** *m* / tolva *f* de carga ‖ ≈**einrichtung** *f* / instalación *f* de carga ‖ ≈**halle** *f* / nave *f* de carga ‖ ≈**kai** *m* (Schiff) / muelle *m* de carga ‖ ≈**kran**, Ladekran *m* / grúa *f* de carga

verladen *vt*, [be]laden / cargar ‖ ~, verschiffen / embarcar ‖ ~ (Bahn) / envagonar ‖ **Kohle in Grubenwagen** ~ / envagonar carbón ‖ **mit Torstapler** ~ (Container) / cargar mediante elevador-puente ‖ ≈ *n*, Verladung *f* / carga *f* ‖ ≈, Verschiffen *n* / embarque *m* ‖ ≈ *n* (Bahn) / envagonamiento *m* ‖ ≈ **des Konverterausbruchs** (Hütt) / carga *f* de los materiales expulsados del convertidor

Verladeplatz *m* / cargadero *m*

Verlader *m* / cargador *m*, expedidor *m*

Verlade•rampe *f* (Bahn) / andén *m* de tra[n]sbordo ‖ ≈**rampe**, Laderampe *f*, Loading Rack *n* (Raffinerie) ‖ llenadora *f*, cargadero *m* (URUGUAY) ‖ ≈**rampe** *f* **für Kfz** / muelle *m* de automóviles, rampa *f* o plataforma *f* de carga para automóviles ‖ ≈**spirale** *f* (Bergb) / cargador *m* telescópico helicoidal ‖ ≈**tisch** *m*, -unterlage *f*, Palette *f* / paleta *f* o plataforma *f* de carga

Verlag *m* / editorial *f*, casa *f* editora

verlagern *vt*, verrücken / dislocar, desplaza, tra[n]slocar, cambiar de sitio, transponer ‖ ~ (DV) / relocalizar ‖ ~, evakuieren / evacuar ‖ **einen Betrieb** ~ (Masch) / trasladar una fábrica ‖ **nach auswärts** ~ (Produktion) / subcontratar ‖ **Pumpen** ~ (Bergb) / alojar o sujetar bombas ‖ **sich** ~ (o. verschieben o. bewegen) / desplazarse

verlagert, versetzt / al tresbolillo ‖ ~**e Seigerung** (Hütt) / segregación *f* desplazada

Verlagerung *f* (allg) / desplazamiento *m*, dislocación *f*, transposición *f*

Verlagerungsbereich *m* (Nukl) / zona *f* de desplazamiento

Verlags•druckerei *f* / imprenta *f* industrial ‖ ≈**einband** *m* (Druck) / encuadernación *f* editorial ‖ ≈**kartographie** *f* / cartografía *f* comercial ‖ ≈**rechte** *n pl* / derechos *m pl* editoriales

verlanden (See) / atarquinar

Verlandung *f* (Geol) / encenagamiento *m*, sedimentación *f* de materias en suspensón ‖ ≈ (Hafen, See) / atarquinamiento *m*

Verlandungs•buhne *f* / espigón *m* de aterramiento ‖ ≈**zone** *f* / zona *f* de sedimentación

verlängerbar / prolongable

verlängern (räumlich) / alargar, extender, prolongar ‖ ~ (zeitlich), ausdehnen / prorrogar, prolongar ‖ ~, strecken / alargar, extender ‖ ~ (sich), sich dehnen / extenderse ‖ ~ (Math, Verm) / prolongar ‖ **eine Leitung** ~ / prolongar una línea

verlängert (Antenne) / extendido ‖ ~ (Buchstabe) / alargado ‖ ~**es Spülen** / lavado *m* prorrogado ‖ ~**e Stirnwand des [Hinter]kippers** (Kfz) / salvacabina *f* del volquete ‖ ~**es Umdrehungsellipsoid** (Geom) / elipsoide *m* de rotación prolongado ‖ ~**er Wulst** (Reifen) / talón *m* alargado ‖ ~**er Zementbeton**, Zementkalkbeton *m* (Bau) / hormigón *m* de cemento y cal

Verlängerung, Verlängerungsstück *n* / pieza *f* de prolongación, alargadera *f* ‖ ≈ *f* (Zimm) / prolongación *f* ‖ ≈ (Bau, Tätigkeit) / prolongación *f* ‖ ≈ (Math, Verm) / prolongación *f* ‖ ≈ (zeitlich) / prórroga *f*, prolongación *f*, prorrogación *f* ‖ ≈ (der Betriebszeit), Stretch-out *n* (Nukl) / prorrogación *f* de la duración de la explotación

Verlängerungs•-Bohrfutter *n* (Öl) / portabrocas *m* de prolongación ‖ ≈**faktor der Belichtungszeit** *m*, VF (Foto) / factor *m* de prolongación del tiempo de exposición ‖ ≈**hebel** *m* / palanca *f* de prolongación ‖ ≈**hülse** *f* (Wz) / boquilla *f* de prolongación ‖ ≈**leitung** *f* (Fernm) / línea *f* artificial complementaria o de extensión ‖ ≈**rohr** *n* / tubo *m* de prolongación, alargadera *f* ‖ ≈**schiene** *f* / barra *f* de prolongación ‖ ≈**schnur** *f* (Elektr) / cordón *m* prolongador o de prolongación o de extensión ‖ ≈**spule** *f* (Antenne) / bobina *f* de carga, inductor *m* de carga ‖ ≈**stück** *n*, -rohr usw. *n*, Verlängerung[sstange] *f* / pieza *f* de prolongación, alargadera *f* ‖ ≈**stück**, Adapter *m* / adaptador *m*, prolongador *m* ‖ ≈**stück**, Zirkelverlängerung *f* (Zeichn) / alargadera *f* de compás ‖ ≈**stutzen** *m* / racor *m* de prolongación ‖ ≈**tubus** *m*, Ansatztubus *m* (Foto) / tubo *m* prolongador

verlangsamen / ralentizar, retardar, decelerar ‖ ~, abschwächen / atenuar

verlangsamend, bremsend / retardador

Verlangsamer *m* (Kfz) / retardador *m* ‖ ≈, Bremssubstanz *f* (Nukl) / moderador *m*

Verlangsamung *f* / disminución *f* de la velocidad, ralentización *f*, retardo *m*, prolongación *f* ‖ ≈ (Nukl) / deceleración *f* [de neutrones]

Verlangsamungselektrode *f*, Bremselektrode *f* (TV) / electrodo *m* retardador o de retardo

verlangter Teilnehmer (Fernm) / abonado *m* deseado

verlappen *vt* (Stanz) / solapar

verlärmt werden (Umw) / sufrir una polución sonora

verlaschen *vt* (Stahlbau) / abridar, poner una cubrejunta ‖ ~ (Bahn, Zimm) / eclisar, sujetar con eclisas, embridar ‖ ≈ *n*, Verlaschung *f* / embridamiento *m*

verlaschter Schienenstoß / junta *f* de carriles embridada
verlassen *vt*, aufgeben (Bergb) / abandonar ‖ ~ (z.B. einen Bezirk) (Luftf) / salir (por ej. de una región) ‖ **~e Baue** *m pl* (Bergb) / obras *f pl* abandonadas ‖ **ein Programm ~ bzw. beenden** (quit) / salir de un programa ‖ ~ *n* **einer Bahn** (Raumf) / salida *f* de una órbita, abandono *m* de una órbita
Verlassenheitsgefühl *n* (Raumf) / sentimiento *m* de abandono
verlässlich / fiable
Verlässlichkeit *f* / fiabilidad *f*
verlastbar (Mil) / transportable
verlastet (Mil) / montado sobre camión
Verlauf *m*, Verlaufen *n* / curso *m*, recorrido *m*, transcurso *m* ‖ ~ (Erzader) (Bergb) / corrida *f* ‖ ~ *m* (Grenze, Straße) / traza *f*, trazado *m* ‖ ~, Stetigkeit *f* / continuidad *f* ‖ ~, Entwicklung *f* / evolución, tendencia *f* ‖ ~ **der Bindungspunkte** (Web) / disposición *f* de los puntos de ligamento ‖ ~ **der Fasern im Werkstoff** / contextura *f* de las fibras en la materia ‖ ~ *f* **der Schlacke** (Schw) / avance *m* de la escoria delante del baño de fusión ‖ ~ *m* **einer Kurve** (Math) / desarrollo *m* de una curva ‖ **einen ~ nehmen** / seguir un curso, tomar un rumbo ‖ **1/v-~**, Eins-durch-v-Gesetz *n* (Nukl) / ley 1/v *f* ‖ **weiterer ~** / continuación *f*, desarrollo *m* ulterior
verlaufen *vi* (Säge) / desviarse ‖ ~ (Bohrer) / desviarse, ladearse, descentrarse ‖ ~ (Reaktion) / desarrollarse ‖ ~ (Farbe) / borrarse ‖ ~, vergehen (Zeit) / pasar, transcurrir ‖ **sich ~** (Hydr) / perderse, decrecer
Verlauf•filter *m n* (Opt) / filtro *m* degradado ‖ **~gläser** *n pl*, Gleitsichtgläser *n pl* (Brille) / lentes *f pl* graduadas ‖ **~kurve** *f* / curva *f* de marcha ‖ **~mittel** *n* **für Farben** / agente *m* de nivelar
verlegbar (Leitungen u.ä.) / colocable, instalable ‖ ~ (andernorts) / trasladable, desplazable
Verlegeart *f* / método *m* de instalación
verlegen *vt*, legen / poner, meter, colocar ‖ ~, umlegen / trasladar [a] ‖ ~ (Druck) / editar, publicar ‖ ~, an andere Stelle legen / poner en otro lugar, desplazar ‖ ~ (Kabel, Schienen) / tender, poner, colocar ‖ **in der Erde ~** (Elektr) / enterrar ‖ **Rohre ~** / instalar una tubería ‖ ~ **in Rohren** *n* (Elektr) / colocación *f* en tubería
verlegereif (Estrich) (Bau) / listo para ser recubierto
Verlegerzeichen *n* (Druck) / pie *m* editorial
verlegt, falsch gelegt / extraviado ‖ **~e Breite** (Teppich) / anchura *f* tendida ‖ **~e Länge** / longitud *f* tendida
Verlegung *f*, Versetzung *f* / desplazamiento *m* ‖ ~ (Leitung) / colocación *f*, puesta *f*, tendido *m*, montaje *m*
Verlegungs•lücke *f* **an Schienenstößen** (Bahn) / hueco *m* de colocación en las juntas de rieles, claro *m* de instalación ‖ **~plan**, Bauteileschaltplan *m* (Eltronik) / esquema *m* o diagrama de conexiones ‖ **~tiefe** *f*, Bettungstiefe *f* (Kabel) / profundidad *f* de colocación o de puesta
Verleih *m* (Film etc.) / distribución *f*
verleihen *vt*, übertragen (Eigenschaften) / conferir
Verleihkopie *f* (Film) / copia *f* de distribución
verleimen *vt* / colar, encolar
Verleimmaschine *f* (Holz) / encoladora *f* ‖ ~ **für Breitseiten** / encoladora *f* de caras o planos ‖ ~ **für Eckverbindungen** (Holz) / máquina *f* de encolar y juntar ángulos
Verleimpresse *f* **für Späne** (Holz) / prensa *f* aglomeradora de partículas
Ver•leimung *f* / encolado *m* ‖ **~leimungsart** *f* / modo *m* de encolado
Verleseband *n* (Landw) / cinta *f* clasificadora
verlesen *vt*, klauben / triar, escoger ‖ ~ (Wolle) / limpiar, batir

Ver•lesung *f* (Landw) / escogida *f* (LA) ‖ **~letten** *vt* (Bergb) / obturar con barro ‖ **ein Patent ~letzen** / violar o lesionar una patente
Verletzung *f* **der Laufbahn** (Lager) / pista *f* dañada, roedura *f* de la pista
Verletzungsgefahr *f* / peligro *m* de lastimarse
verliehen, dem Faden ~e Spannung (Spinn) / tensión *f* conferida
verlieren *vi* (Uhr) / atrasar ‖ **die Richtung ~** / perder la dirección ‖ **sich ~** (Flöz) / perderse
verlinken *vt* (DV) / enlazar
Verlitzmaschine *f* (Kabelherst) / máquina *f* para trenzar, trenzadora *f*
verloren / perdido ‖ **~e Form** (Gieß) / molde *m* perdido ‖ **~er Kopf** (Gieß) / mazarota *f* ‖ **~es Modell** (Gieß) / modelo *m* perdido ‖ **~er Schuss** (Web) / trama *f* falsa ‖ **~e Verpackung** / embalaje *m* gastable o desechable o de un solo uso ‖ **~e Verrohrung** (Öl) / tubería *f* de revestimiento perdida ‖ **~er Weg im Ankergang** (Uhr) / camino *m* perdido en un escape de áncora ‖ **~e Zimmerung** (Bergb) / entibación *f* provisional
ver•löschen, ausgehen / apagarse, irse extinguiendo ‖ **~löschspannung** *f* (Eltronik) / tensión *f* interruptora
verlöten *vt* / soldar [con estaño] ‖ **mit Blei ~** (Masch) / soldar con plomo
Verlust *m*, Abgang *m* / merma *f*, disminución *f*, pérdida *f* ‖ ~, Abfall *m* / desperdicios *m pl*, desechos *m pl* ‖ ~ *m* **am Ausgleichkolben** (Dampfturbine) / pérdida *f* por el émbolo compensador ‖ **an Löslichem** (Chem) / pérdida *f* de materia soluble ‖ ~ **durch Auslecken** (o. Auslaufen) / pérdida *f* por fuga ‖ ~ **durch Ausschuss** / pérdida *f* por desechos ‖ ~ **durch Mitgerissenes** / pérdida *f* por materia arrastrada ‖ **~e durch Schattenwirkung von Rahmenteilen** *m pl* (Sonnenkollektor) / efecto *m* de sombra ‖ ~ *m* **elektrischer Energie** / disipación *f* de energía o potencia eléctrica ‖ **~e** *m pl* **in Flussrichtung** (Gleichrichter) / pérdidas *f pl* en sentido directo ‖ **~e in Sperrrichtung** / pérdidas *f pl* en sentido no conductor ‖ **~e niedrig halten** / reducir pérdidas al mínimo ‖ **~ tan δ** s. Verlustfaktor ‖ ~ *m* **von Bits oder Zahlen** (DV) / truncamiento *m* ‖ **mit ~ behaftet** (Eltronik) / con pérdidas ‖ **plötzlicher ~ an Höhe**, Absacken *n* / pérdida *f* brusca de altura
Verlust•arbeit *f* (Stanz) / pérdida *f* de energía por rozamiento ‖ **~arm**, mit geringem Verlustwinkel (Elektr) / de pocas o pequeñas pérdidas ‖ **~aufnahme** *f* (F.Org) / estudio *m* cronológico ‖ **~energie** *f* / energía *f* pérdida ‖ **~faktor** *m* (Elektr) / factor *m* de pérdidas o de disipación ‖ **~faktor**, -zahl *f*, tan δ (Dielektrikum) / factor *m* de pérdida dieléctrica, factor *m pl* de la tangente del ángulo de pérdidas ‖ **~faktormessung** *f* (Elektr) / medida *f* de la tangente del ángulo de pérdidas ‖ **~höhe** *f* (Hydr) / caída *f* en metros ‖ **~kegel** *m* (Nukl) / cono *m* de pérdida ‖ **~kompensiert**, vorverzerrt (Eltronik, Filter) / de distorsión previa ‖ **~konstante** *f*, spezifische Dämpfung [je Längeneinheit] (Fernm) / coeficiente *m* de atenuación ‖ **~leistung** *f* (Eltronik) / energía *f* disipada o gastada ‖ **~leistung** (Elektr) / potencia *f* perdida [en el generador]
verlustlos, -frei / sin pérdidas, exento o libre de pérdidas ‖ **~er Abschwächer** (Fernm) / atenuador *m* reactivo ‖ **~er Isolator** / dieléctrico perfecto o ideal ‖ **~e magnetische Kopplung** (Eltronik) / acoplamiento *m* unitario
Verlust•quelle *f* / fuente *f* de pérdidas ‖ **~rakete** *f* (Raumf) / cohete *m* perdido ‖ **~rate** *f* (Raumf) / velocidad *f* de disminución ‖ **~reich** / con grandes pérdidas ‖ **~satz** *m* / tasa *f* de merma ‖ **~strom** *m* (Dielektrikum) / corriente *f* de fuga o de escape ‖ **~system** *n* (Fernm) / sistema *m* de (o con) pérdida ‖ **~widerstand** *m* (Antenne) / resistencia *f* de pérdidas ‖ **~winkel** *m* (Elektr) / ángulo *m* de pérdidas dieléctricas

Verlustwinkel

|| **mit geringem ⁓winkel**, verlustarm (Elektr) / de pequeñas pérdidas || **⁓zahl** f / factor m de pérdidas || **⁓zahl** (Hydrodyn) / coeficiente f de pérdidas hidráulicas || **⁓zähler** m (Elektr) / contador m de pérdidas || **⁓zeit** f / tiempo m perdido, tiempo m muerto || **⁓zeit** (durch Bedienungsfehler) / retardo m operativo || **⁓zeit durch äußere Umstände** (DV) / demora f debida a factores externas || **⁓zeit durch Fehlbedienung** / demora f debida al personal || **⁓ziffer** f (Elektr) / coeficiente m de pérdidas || **⁓ziffer** (Dielektrikum) s. Verlustfaktor
vermahlen vt / moler || **fein ⁓** / pulverizar
Vermahlung f / molido m, molturación f, molienda f
vermarken vt (Verm) / amojonar
Vermarkung f / amojonamiento m
Vermarkungspunkt m, geodätischer Punkt / punto m geodético || **⁓ der Landesvermessung** (Verm) / punto m geodético de una topografía del país
vermaschen vt (Elektr) / entrelazar, enlazar, interconectar
vermascht•es Netz (Elektr) / red f mallada o poligonal || **⁓er Regelkreis** / circuito m de regulación de anillos múltiples
Vermaschungsleitung, Kuppelleitung f (Elektr) / alimentador m de interconexión
Vermaßung f / inscripcióon f de cotas
vermauern, zumauern, spez.: durch Wand abtrennen / tabicar, tapiar || **⁓** (Tür) / rellenar con fábrica, condenar
vermehren vt / aumentar, acrecentar, incrementar, multiplicar || **[sich] ⁓** / multiplicarse, aumentar, acrecentarse || **sich ⁓** (Bot) / multiplicarse
Vermehrung f / aumento m, acrecentamiento m, incremento m, multiplicación f || **⁓** (Biol, Phys) / propagación f || **⁓** (von Pflanzen), Zucht f / reproducción f || **⁓ durch Ableger** (Landw) / propagación f por acodos || **⁓ von Pilzen** (Biol) / reproducción f de hongos
Vermehrungsfaktor m (Nukl) / constante f de multiplicación
ver•meidbar / evitable || **⁓meiden** vt, umgehen / evitar, eludir, esquivar || **⁓meidung** f, Vermeiden n / evitación f || **zur ⁓meidung** [von] / para evitar
vermengen vt, vermischen / mezclar || **[sich] ⁓**, vermischen / mezclarse
Vermengung, -mischung f / mezcla f
Vermerk m, Notiz f / nota f, advertencia f
vermessen vt, ausmessen (allg) / medir || **⁓**, aufnehmen (Verm) / apear, levantar || **⁓** (Schiff) / arquear || **sich ⁓** / equivocarse al medir || **⁓**, Ausmessen n / medición m
Vermesser m, Landmesser m / agrimensor m, topógrafo m || **⁓** (Bau) / especialista m de hacer mediciones || **⁓** (Schiff) / arqueador m, medidor m
vermessingen vt / latonar || **⁓** n / latonado m
Vermessung f, Ausmessung f (allg) / medición f || **⁓**, Geländeaufnahme f / levantamiento m topográfico, agrimensura f || **⁓** f (Schiff) / arqueo m || **⁓ der Inlands- u. Küstengewässer** / levantamiento m hidrográfico || **eine ⁓ auftragen** / llevar un levantamiento
Vermessungs•... (Schiff) / de arqueo || **⁓amt** n / oficina f topográfica || **⁓arbeiten** f pl (Hydr) / trabajos m pl hidrográficos || **⁓beamter** m / geodesta m || **⁓boot** n, -schiff n / planero m || **⁓breite** f (Schiff) / manga f de arqueo || **⁓deck** n (Schiff) / cubierta f de arqueo, puente m de arqueo || **⁓dienst** m (Nav) / servicio m hidrográfico || **⁓flugzeug** n / avión m de reconocimiento (o levantamiento) aéreo, aeroplano m de fotogrametría || **⁓gehilfe** m / jalonero m || **⁓gerät** n / aparato m de topografía || **⁓heft** n (Verm) / cuaderno m del agrimensor || **⁓höhe** f (Schiff) / puntal m de arqueo || **⁓horizont** m / horizonte m del agrimensor || **⁓ingenieur** m (Verm) / geodesta m, agrimensor m, topógrafo m || **⁓kamera** f,

Stereomesskammer f, Reihenbildkammer f (Foto) / cámara f aerofotográfica o fotocartográfica, cámara f de fotogrametría, cámara f estereométrica || **⁓kreisel** m / giroscopio m de levantamiento || **⁓kunde** f / geodesia f || **⁓länge** f (Schiff) / eslora f de arqueo || **⁓plan** m (Schiff) / plano m de arqueo || **⁓schiff** n / buque m planero o hidrográfico || **⁓tiefe** f (Schiff) / puntal m de bodega || **⁓trupp** f / equipo m topográfico, sección f topográfica || **⁓vorschriften** f pl (Schiff) / reglass f pl de arqueo || **niederes ⁓wesen** / agrimensura f || **höheres ⁓wesen** / topografía f
Vermicid n (Pharm) / vermicida m
Vermicular•... (Graphit) / vermicular || **⁓graphit** m, VGG / grafito m vermicular
Vermiculit m (ein Glimmer) (Min) / vermiculita f || **⁓stein** m (Hütt) / ladrillo m de vermiculita
vermieten vt / alquilar, dar en alquiler
Vermietung f / alquiler m, alquilamiento m
vermindern vt, verringern / disminuir, reducir, aminorar, rebajar, mermar, restringir || **⁓** [auf] / reducir [a] || **⁓** [um] / reducir [en] || **[sich] ⁓** / disminuir, decrecer || **die Geschwindigkeit ⁓** / retardar, reducir la velocidad
vermindert [um] / reducido [en] || **⁓er Druck** / presión f reducida || **⁓er Träger** (Eltronik) / portadora f reducida || **mit ⁓er Kapazität** / con capacidad reducida
Verminderung f / disminución f || **⁓**, Abnahme f / reducción f, merma f
Verminderungs•beiwert m, -koeffizient m (Mech) / coeficiente m de reducción || **⁓faktor** m (Licht) / factor m de degradación
verminen vt, Minen legen (Mil) / minar, colocar minas || **⁓** n / colocación f de minas
vermischen vt / mezclar || **sich ⁓** / mezclarse
vermischt / mezclado || **⁓** (Bergb) / promiscuo
vermitteln vt, den Mittelwert herstellen / hallar el promedio, sacar la media || **ein Gespräch ⁓** (Fernm) / pasar una llamada, establecer una comunicación
vermittelnd / mediador adj
Vermittler, Beschleuniger m (Chem) / mediador m
Vermittlung, Übertragung f / retransmisión f || **⁓** f (DV) / comunicación f
Vermittlungs•adresse f (DV) / dirección f de comunicación || **⁓amt** n, -stelle f, Zentrale f (Fernm) / central f telefónica || **⁓beamter** m, -beamtin f (Fernm) / operador[a] m [f] || **⁓dienst** m (DV) / servicio m en (o de) red || **⁓kraft B** f (Fernm) / operador[a] m [f] de entrada || **⁓platz** m (Fernm) / puesto m de operador[a] || **⁓protokoll** n (DV) / protocolo m de comunicación || **⁓schicht** f, Schicht f 3 (OSI) / nivel m red || **⁓seite** f (Fernm, Schrank) / lado m de bajada || **⁓technik** f / técnica f de conmutación || **⁓technisch** (DV) / orientado a la comunicación
ver•modern vi, faulen / pudrirse, corromperse, descomponerse || **⁓mögen** n, Fähigkeit f / facultad f, poder m, capacidad f || **⁓morschen** n, Trockenfäule f (Holz) / podredumbre f seca || **⁓mullung** f (Moor) / transformación f en polvo || **⁓murboje** f (Schiff) / boya f de amarre
vermutliche Reserve (Bergb) / reserva f probable
vernachlässigen vt / descuidar, desatender || **zu ⁓**, vernachlässigbar / despreciable
vernageln vt, zunageln / clavar
Ver•nähbarkeit f (Tex) / comportamiento m de costura || **⁓nähen** vt, ein-, zunähen / coser
Vernalisation f (Landw) / vernalización f
vernalisieren vt (Landw) / vernalizar
vernebeln vt (Flüssigkeit) / pulverizar, atomizar, vaporizar, nebulizar || **⁓** (Mil) / enmascarar por niebla || **⁓** n (Landw) / fumigación f
Vernebler m, Zerstäuber m / atomizador m, pulverizador m, nebulizador m
vernehmbar / audible, perceptible || **⁓** (Fernm) / inteligible, comprensible

Vernehmbarkeit f / audibilidad f, perceptibilidad f
vernetzbar (Chem) / reticulable, propio de reticulación
vernetzen vt (Chem) / reticular ‖ ~ (DV) / encadenar
vernetzt•es Polyethylen, VPE (Chem) / polietileno m reticulado ‖ **~es Polymer** (Chem) / polímero m degradado o reticulado ‖ **~e Stärke**, modifizierte Stärke / almidón m reticulado ‖ **~e Systeme** / sistemas m pl enlazados
Vernetzung f (Chem) / reticulación f
Vernetzungs•mittel n, Vernetzer m / agente m reticulador ‖ **⁓wasser** n (Chem) / agua f de reticulación
Verneuil-Verfahren n (Kristallzüchtung) / procesamiento m Verneuil
ver-n-fachen (Math) / multiplicar por n
vernichten vt / aniquilar, destruir
Vernichtung f / destrucción f, aniquilación f
Vernichtungs•kraft (Mil) / fuerza f de aniquilación ‖ **⁓strahlung** f (Nukl) / radiación f de aniquilación
vernickeln vt / niquelar ‖ **⁓** n (Galv) / niquelado m
vernickeltes Stereo (Druck) / estereotipo m niquelado, estereoníquel m
Vernickelungsbad n (Galv) / baño m de niquelado
Vernickler m / niquelador m
Vernier m, Nonius m (Instr) / vernier m, nonio m ‖ **⁓triebwerk** n (Raumf) / motor m cohético de ajuste fino
vernieten / remachar, roblonar ‖ **⁓** n / remachado m, roblonado m
vernünftig, angemessen / razonable
vernuten, verfedern (Tischl) / ensamblar por ranura y lengüeta (E), unir por macho y hembra (LA), machihembrar (LA)
ver•öden vi (Landw) / quedar desierto, desertificarse ‖ **⁓ödung** f / desertificación f
veröffentlichen vt / publicar
Veröffentlichung f / publicación f ‖ **⁓**, Bericht m / informe m (p.e. de conferencia)
ver•ölen vi / cubrirse de aceite ‖ **⁓ölt** / aceitado excesivo
Veroneser Grün n (Min) / tierra f verde
Veronesergrün n (Farbe) / verde m de Verona
verpachten vt (Landw) / arrendar, dar en arrendamiento o en arriendo
verpachtete Linie (Bahn) / línea f arrendada o alquilada
Verpachtung f / arrendamiento m, arriendo m
verpacken vt / embalar, envasar, envolver ‖ **~ in Pakete** / empaquetar ‖ **in Kisten ~** / poner en cajas, encajonar (LA) ‖ **in Verschläge ~** / enjaular, embalar en jaulas de madera ‖ **unter Druck ~** / embalar a presión ‖ **⁓**, Packen n / embalaje m, envase m
Verpacker/in m/f / empacador m (ARG), empacadora f
verpackter Brennstoff (Bergb) / combustible m embalado
Verpackung f (allg) / embalaje m, envase m ‖ **⁓**, Hülle f (Pharm) / envoltorio m ‖ **⁓ für Milch o. Säfte, aus Karton o. Plastik** / embalaje m tetraedro de papel o plástico para leche o jugo ‖ **⁓ in Kartons** / embalaje m en cajas de cartón ‖ **⁓ von Bauelementen für die automatische Verarbeitung** / embalaje m de componentes en rollo de cinta
Verpackungs•automat m / embalaje f de embalar automática, máquina f empaquetadora automática ‖ **⁓bandeisen** n / fleje m de embalaje, fleje m de acero para cajas ‖ **⁓blech** n (Hütt) / chapa f de envase o para embalajes ‖ **⁓fehler** m / defecto m de embalaje ‖ **⁓folie** f (Plast) / hoja f de embalaje ‖ **⁓gewicht** n, Tara f / tara f ‖ **⁓industrie** f / industria f de embalajes ‖ **⁓kiste** f / caja f de embalaje ‖ **⁓maschine** f / máquina f embaladora o empaquetadora de embalar, empaquetadora f ‖ **⁓maschine für metallische Verpackungen** / máquina f para la fabricación de embalajes y envases metálicos ‖ **⁓material** n / material m de embalaje ‖ **⁓schachtel** f, -karton m / caja f de cartón [para embalaje] ‖ **⁓schaum** m /

espuma f para embalaje ‖ **⁓schichtstoff** m / material m estratificado para embalaje
ver•pasten vt, anteigen (Teig herstellen) (Anstrich, Tex) / empastar ‖ **~pesten** vt (Luft) / viciar, infestar, apestar
verpfählen vt, verschalen (Bergb) / entibar, apuntalar ‖ **~** (Bau) / zampear ‖ **⁓** n **zur Bodenbefestigung** / consolidación f del terreno por pilotes
verpfänden vt, ausbessern (Bergb) / reparar la entibación
verpflanzbar / trasplantable ‖ **~** (DV) / transferible, traslatable
ver•pflanzen vt, versetzen / tra[n]splantar ‖ **⁓pflanzung** f, Umpflanzung f (Bot) / trasplante m ‖ **~pflöcken** vt, verdübeln (Zimm) / atarugar ‖ **~pflocken** vt (Verm) / marcar con jalones, jalonar ‖ **~pfuschen** vt, verderben, verschleudern / estropear, (coll.) chapucear, frangollar, chafallar ‖ **~plomben** n (Fässer) / pega f ‖ **~plomben** / precintar ‖ **⁓polungsschutz** m (Eltronik) / protección f contra polarización inversa ‖ **⁓pressbarkeitskurve**, Pressdichte-/Pressdruckkurve f (Pulv.Met) / curva f de compresibilidad
verpressen vt (Plast) / comprimir ‖ **~** (Bergb) / inyectar ‖ **⁓** n, Kompaktieren n (Abfälle) / compactación f por presión ‖ **⁓**, Verarbeiten n durch Pressen / prensado m, tratamiento m a presión
Verpressmörtel m (Bau) / mortero m inyectado o para inyectar
verpuffen, verknallen vi / deflagrar, detonar, estallar ‖ **~**, zerknistern (Chem) / decrepitar ‖ **~ lassen** / hacer deflagrar o estallar
ver•puffend (Chem) / fulmínico ‖ **⁓puffung** f / deflagración f
Verpuffungs•röhre f (Chem) / tubo m de deflagración ‖ **⁓[strahl]rohr**, Schmidtrohr n (Luftf) / tubo m de pulsorreacción
verpuppen (sich) (Zool) / transformarse en crisálida o ninfa
Verputz m (Bau) / revoque m, enlucido m, repello m (LA) ‖ **⁓**, Rauputz / enlucido m áspero (E), revoque m grueso (LA) ‖ **⁓arbeit** f (Bau) / trabajo m de enlucimiento
verputzen (Bau) / enlucir, revocar, enfoscar ‖ **⁓** n (Bau) / enlucimiento m, tendido m
ver•quellen (Holz) / hincharse por la humedad ‖ **⁓rastung** f / enganchado m ‖ **~rauchen** vi (Chem) / disiparse en humo ‖ **~rauchung** f [der Umwelt] / emisión f excesiva de humo ‖ **Grubenbaue ~räumen** (Bergb) / quitar rocas ‖ **~rauscht** (Regeln) / ruidoso
Verregnen (Landw) / aplicación f de riego por aspersión ‖ **⁓ von Gülle** / aspersión f de estiércol líquido
verreiben vt, auseinander reiben, ausbreiten / quitar frotando, extender ‖ **⁓**, Zerreiben n (Chem) / trituración f
Verreibwalzen f pl (Druck) / rodillos m pl distribuidores de vaivén
ver•richten vt, leisten / ejecutar, efectuar, hacer, realizar ‖ **⁓richtung** f / ejecución f, cumplimiento m
Verrichtungsprinzip n (Wzm) / disposición f según funcionamiento
Verriefung f / estriación f
verriegeln / cerrar con cerrojo ‖ **~** (Masch) / enclavar, bloquear, atrancar ‖ **~** (Relais) / enganchar, enclavar ‖ **einen Verstärker ~** (Eltronik) / paralizar un amplificador ‖ **⁓**, Einrasten n / enclavamiento m, bloqueo m
verriegelt (gegenseitig) / interbloqueado, [inter]dependiente (LA) ‖ **~es Relais** / relé m enganchador o con enclavamiento ‖ **~es Relais**, Zeittaktrelais n / relé m de impulsos ‖ **~e Taste** (Fernm) / tecla f de bloqueo ‖ **~e Verarbeitung** (DV) / tratamiento m enclavado
Verriegelung f (Masch) / mecanismo m de enclavamiento ‖ **⁓**, Verschluss m / bloqueo m, enclavamiento m, enganche m ‖ **⁓** (Waffe) / acerrojamiento m ‖ **⁓** (gegenseitig) / interbloqueo m ‖ **⁓** (Stecker) /

1431

dispositivo *m* de enganche ‖ ≈ **mit Schubriegel** / cerrojo *m* de corredera
Verriegelungs•anzeiger *m* / indicador *m* de enclavamiento ‖ ≈**automatik** *f* / enclavamiento *m* automático ‖ ≈**bereich** *m*, -spiel *n* / juego *m* de enganche ‖ ≈**knopf** *m* **des Sicherheitsschlosses** / botón *m* interior de enganche de la cerradura de seguridad ‖ ≈**kontakt** *m* / contacto *m* cerrador o enclavador ‖ ≈**kontakt** (zur gegenseitigen Verriegelung) / contacto *m* de interbloqueo ‖ ≈**länge** *f* (Gewehr) / longitud *f* de cierre ‖ ≈**mutter** *f* / tuerca *f* enclavadora ‖ ≈**relais** *n* (Elektr) / relé *m* enganchador o de enclavamiento ‖ **ein** ≈**relais ausschalten** / desexcitar un relé enganchador ‖ ≈**schraube** *f* / tornillo *m* de cierre ‖ ≈**selektor** *m* (DV) / selector *m* de enganche ‖ ≈**sicherung** *f* / dispositivo *m* de seguridad contra [des]enganche ‖ ≈**stecker** *m* (Masch) / pasador *m* inmovilizador ‖ ≈**stich** *m* (Nähen) / puntada *f* de detener ‖ ≈**zapfen** *m* (Container) / bulón *m* que traba al darle vuelta, bulón *m* de enclavamiento
verrieseln *vt* (Abwasser) / regar
verringern *vt*, vermindern / disminuir, amenguar, aminorar, reducir ‖ **die Geschwindigkeit** ~ / reducir la velocidad, retardar, retrasar ‖ **[sich]** ~ / disminuir *vi*, bajar
Verringerung, Abnahme *f* / disminución *f*, reducción *f*, aminoración *f*, descenso *m*, merma *f*
Verrippung *f* (zur Versteifung), Verrippen *n* / nervadura *f pl* de refuerzo, nervado *m* ‖ ≈ (längslaufend) / aletas *f pl* longitudinales ‖ ≈, Riffelung *f* / acanaladura *f*, estriado *m*
verroebeln *vt* (Kabel) / cambiar las posiciones de conductores, efectuar transposiciones
verrohren *vt* (Bergb) / entubar ‖ ~ (Bau) / cubrir de caña, encañizar ‖ **einen Brunnen** ~ / entubar un pozo
verrohrt (Öl) / revestido (E), aislado (LA)
Verrohrung *f* / montaje *m* de tubos ‖ ≈ (Öl) / entubado *m* ‖ ≈, Rohrleitungen *f pl* (Masch) / tubería *f* (E), cañería *f* (LA) ‖ ≈ (als Ganzes) (Öl) / tubería *f* de producción ‖ ≈, Futterrohr *n* (Öl) / tubería *f* de revestimiento (E) o de ademe (MEJ) / cañería *f* aisladora o de entubación (LA) ‖ **[end]gültige** ≈ / tubería *f* final
verrosten / oxidarse, aherrumbrarse, enmohecerse, criar moho ‖ ≈ *n* / enmohecimiento *m*, oxidación *f* [del hierro], herrumbre *m*, corrosión *f*
verrostet / aherrumbrado, enmohecido, oxidado, herrumbroso
verrotten *vi*, verfaulen / pudrirse, descomponerse ‖ ~ (Flachs) / enmohecerse ‖ ~ **lassen** (Holz) / dejar pudrir
ver•rotteter Müll / basura *f* en descomposición ‖ ≈**rottung** *f* (Biol) / descomposición *f*, putrefacción *f*
verrücken *vt* / cambiar de sitio, dislocar, desplazar
verrußen *vi* / ponerse de hollín, tiznarse ‖ ~ (Zündkerze) / criar hollín
verrutscht, exzentrisch / descentrado, desprendido
versagen *vi*, nicht mehr laufen od. gehen / fallar, dejar de funcionar, no funcionar ‖ ~, schlecht arbeiten / funcionar mal ‖ ~ (Gewehr) / fallar, encasquillarse ‖ ≈ *n* / fallo *m*, falla *f*, avería *f* ‖ ≈, Nichtfunktionieren *n* / mal funcionamiento *m*, funcionamiento *m* defectuoso, falla *f* de funcionamiento ‖ ≈ *n* (Halbl) / deterioro *m* por calentamiento
Versagens•analyse *f* / análisis *m* de falla ‖ ≈**kriterium** *n* / criterio *m* de falla
Versager, Fehler *m* / fallo *m*
Versalie *f*, Großbuchstabe *m* (Druck) / versal *f*, mayúscula *f* ‖ ≈**n** *f pl*, Großbuchstaben *m pl* (Druck) / caja *f* alta, caja *f* para mayúsculas ‖ ≈**nschrift** *f* (Druck) / letras *f pl* mayúsculas o versales o capitales
Versalzung *f* / salinización *f*
Versammlungsraum *m* / sala *f* de reunión
Versand *m* (Tätigkeit) / despacho *m*, expedición *f* ‖ ≈**anzeige** *f* / anuncio *m* o aviso de despacho o

expedición, aviso *m* de envío ‖ ≈**bahnhof** *m* / estación *f* expedidora ‖ ≈**behälter** *m*, Frachtbehälter *m* (DIN) / contenedor *m*
versanden *vi* (Hydr) / enarenarse ‖ ≈ *n*, Versandung *f* (Hydr) / enarenamiento *m*, enarenado *m*
versand•fähig, transportabel / transportable ‖ ≈**fass** *n* / barril *m* de transporte ‖ ~**fertig**, -bereit / listo para el envío o para el embarque, listo para ser expedido, pronto para la expdedición ‖ ≈**gefäß** *n* / envase *m* de transporte ‖ ≈**geschäft** *n*, -haus *n* / casa *f* de venta por correspondencia ‖ ≈**kiste** *f* / caja *f*, cajón *m* (LA) [de embalaje] ‖ ≈**packung** *f* / embalaje *m* de envío ‖ ≈**probe** *f*, -muster *n* / muestra *f* de envío ‖ ≈**schachtel** *f* / caja *f* de cartón para envío ‖ ≈**schaden** *m*, Transportschaden *m* / siniestro *m* de transporte ‖ ≈**schein** *m*, Frachtbriefdoppel *n* (Bahn) / boletín *m* de expedición, talón *m* de envío ‖ ≈**schuppen** *m* (Bahn) / muelle *m* o cobertizo de expedición ‖ ≈**stelle** *f*, -abfertigung *f* (Bahn) / factoría *f* de salidas ‖ ≈**gepolsterte** ≈**tasche** / bolsa *f* de envío acolchonada ‖ ≈**tasche** *f* (Pap) / bolsa *f* de envío o de expedición
Versandung *f* **durch Flugsand** / enarenado *m* por arena movediza ‖ ≈ **von Kulturboden** / desertificación *f*
Versand•verpackung *f* / embalaje *m* de expedición ‖ ≈**vorschriften** *f pl* / instrucciones *f pl* para el envío
Versatz *m*, Fehljustierung, -anpassung *f* / dislocamiento *m*, corrimiento *m*, mala colocación ‖ ≈, Bergeversatz *m* (Bergb) / relleno *m* [con zafras], atibación *f*, ativación *f*, terraplén *m* ‖ ≈ *m*, Versetzen *n* / desplazamiento *m* ‖ ≈ (ein Holzverband) (Zimm) / bisel *m* de encaje ‖ ≈ (Email) / mezcla *f* de componentes ‖ ≈ **zweier Achsen** / deslineamiento *m*, mal alineamiento *m*, desalineación *f*, mala alineación *f* ‖ ≈**arbeiter** *m* (Bergb) / rellenador *m*, terraplenador *m* ‖ ≈**bau** *m* (Bergb) / bajada *f* del techo sobre relleno o sobre pilares de terraplén ‖ ≈**beleuchtung** *f* (Elektr) / alumbrado *m* por lámparas móviles ‖ ≈**berge** *m pl*, -gut *n* / material *m* para relleno ‖ ≈**brand** *m* (Bergb) / incendio *m* del tajo de relleno ‖ ~**los** (Flurförderer) / de corrimiento cero ‖ ≈**maschine** *f* (Bergb) / rellenadora *f* ‖ ≈**maß** *n* (DIN 1045) (Beton) / desplazamiento *m* de la armadura ‖ ≈**matte** *f*, -draht *m* (Bergb) / enrejado *m* de alambre para [el] relleno ‖ ≈**mauer** *f* (Bergb) / muro *m* de apoyo de relleno ‖ ≈**nietung** *f*, Zickzacknietung *f* / remachado *m* al tresbolillo o en zigzag ‖ ≈**pfeiler** *m* (Bergb) / pilar *m* de terraplén ‖ ≈**rohr** *n* (Bergb) / tubo *m* para relleno neumático ‖ ≈**schleuder** *f* / máquina *f* para relleno centrífugo, lanzadora *f* para atibar, aparato *m* proyector para atibación ‖ ≈**strecke** *f*, -ort *n* (Bergb) / tajo *m* de relleno
versaufen *vi*, ersaufen (Bergb) / inundarse
verschachteln *vt* (DV) / intercalar, entremezclar, entrelazar
verschachtelt, Time-sharing... (DV) / por repartición de tiempo ‖ ~**e Frequenzabtastung** (Eltronik) / conmutación *f* de frecuencia intercalada ‖ ~**e Parität** (DV) / paridad *f* entrelazada ‖ ~**e Unterbrechungen** *f pl* (DV) / interrupciones *f pl* a niveles múltiples ‖ ~**e Wicklung** (Elektr) / devanado *m* de capas múltiples, arrollamiento *m* en capas superpuestas
Verschachtelung *f* (DV) / entrelace *m*, entrelazamiento *m*
Verschachtelungszuordnung *f* (DV) / asignación *f* entrelazada de memoria
Verschalbrett *n* (Zimm) / plancha *f* de revestimiento ‖ ≈ (Beton) / plancha *f* de encofrado
verschalen *vt* (Bau) / encofrar ‖ ~, verpfählen (Bergb) / entablar
Ver•schaler *m* (Bau) / encofrador *m* ‖ ≈**schaltungstechnik** *f* (Elektr) / técnica *f* de circuitos, técnica *f* de cableado
Verschalung, Verpfählung *f* (Bergb) / entablado *m* ‖ ≈ *f* (Beton) / encofrado *m*

Verschalungselement n (Fertigbau) / elemento m de encofrado
verschandeln, die Landschaft ~ (Bau, Umw) / deteriorar o estropear el paisaje
verschärfen, sich ~ (Frost) (Meteo) / recrudecerse
verschärft (Prüfung) / más severo || **~e Bedingungen** / condiciones f pl más severas
verschäumen vt (Plast) / espumar
Verschaumen n / espumaje m
Verschäumungszahl f (Feuerlöscher) / índice m de expansión
verscheinen vi (Landw) / amarillear
verschertes Feld (Phys) / campo m de cizalleo
verschiebbar / desplazable || ~, einstellbar / ajustable, regulable || ~, ineinander gleitend / resbaladero || ~ (Brücke) / corredizo, móvil || ~ (DV, Programm) / reubicable || **~e Achse** / eje m con juego transversal, eje m desplazable || **~e Baubühne** (o. Montagebühne) / plataforma f móvil de montaje || **~er Keil** (Entfern.mess) / prisma m giratorio || **~er Nocken** / leva f deslizante || **~e Nockenwelle** / árbol m de levas deslizante || **~es Scharnier** / bisagra f móvil || **~ sein** (Geol, Masch) / ser desplazable || **~es System** (Mech) / sistema m móvil
Verschiebbarkeit f / desplazabilidad f, movibilidad f || ~, Beweglichkeit f / movilidad f || ~, Wegstrecke f / carrera f, corrida f || ~ f **von Achsen** (Bahn) / juego m transversal de ejes
Verschiebe•achslager n (Bahn) / caja f [de grasa] para ejes desplazables || **~ankermotor** m (Elektr) / motor m con inducido deslizante || **~bahn** f (Brücke) / vía f de lanzamiento || **~bahnhof** m (Bahn) / estación f de clasificación || **~bereich** m (Opt) / área f de desplazamiento || **~dienst** m (Bahn) / servicio m de maniobra || **~differenz** f (DV) / factor m de relocación || **~einrichtung** f (DV) / equipo m de reubicación (E) o de relocalización (LA) || **~gleis** n (Bahn) / vía f de clasificación || **~hülse** f / manguito m corredizo || **~impuls** m (DV) / impulso m de desplazamiento (E) o de corrimiento (LA) || **~lok[omotive]** f / locomotora f de maniobra
verschieben vt / desplazar, dislocar, cambiar de sitio, decalar || ~, translatieren (Mech) / trasladar || ~, verschießen (Druck) / reubicar || ~ (Elektr) / desfasar || ~ (Wzm) / avanzar || ~, rangieren (Bahn) / hacer maniobras [de formación] || ~, schiften (DV) / desplazar || **das Gleis** ~ (seitlich) / ripar la vía || **den Bildschirminhalt** ~, (abwärts:) zurückrollen, (aufwärts:) vorrollen (DV) / arrollar la imagen de pantalla || **ein Programm** ~ (DV) / reubicar un programa || **sich** ~ (Bergb) / ser interrumpido || **zeitlich** ~ / aplazar, postergar (LA) || **~** n **des Gleises, Wandern** n (Bahn) / desplazamiento m longitudinal del carril || **~ von Kett- und Schussfäden** (Web) / corrimiento m de urdimbres y tramas
Verschiebeoperation f (DV) / operación f de desplazamiento
Verschieber m (Walzw) / manipulador m
Verschiebe•schaltung f, Kulissenschaltung f (Kfz) / cambio m de marcha por corredera || **~stempel** m (Stanz) / punzón m corredizo || **~straße**, Rangierfahrstraße f (Bahn) / itinerario m de maniobra || **~vorrichtung** f / dispositivo m de desplazamiento || **~weg** m (Lager) / camino m de desplazamiento || **~welle** f, verschiebbare Welle f / árbol m deslizante o corredizo || **~welle**, Nutwelle f / árbol m acanalado || **~winde** f, Rangierwinde f / cabrestante m para maniobrar
verschieblich, verschiebbar (DV) / reubicable || ~, beweglich / móvil || **~es Ladeprogramm** (DV) / cargador m reubicable de programa || **~es Programm** (DV) / programa m reubicable
Verschieblichkeit f (DV) / reubicabilidad f

Verschiebung f / remoción f, desplazamiento m, cambio m de sitio || ~ (Geol) / dislocación f || ~, **Schift** m (DV) / desplazamiento m || ~, **Verlagerung** f / dislocación f, transferencia f, traslado m || ~ **der Adresse** (DV) / reubicación f de la dirección || ~ **der Bürsten** (Elektr) / desplazamiento m de las escobillas || ~ **der Phasen** (Elektr) / defasaje m || ~ **des Feldes** (Elektr) / retardación f del campo || ~ **einer Kontinentalscholle** (Geol) / movimiento m epirogénico || ~ **entgegen der Drehrichtung** (Bürsten) (Elektr) / desplazamiento m de las escobillas en sentido inverso || ~ **im Zeitbereich** (Phys) / desplazamiento m en tiempo || ~ **in Kristallgittern** (Halbl, Krist) / dislocación f || ~ **von Erdölmengen** (Öl) / dislocación f, migración f || **waagerechte** ~ **des höchsten Punktes** (Fehler, Stahlbau) / cimbreo m, ladeo m
Verschiebungs•adresse f (DV) / dirección f de reubicación || **~analyse** f (Getriebe) / análisis m de desplazamiento || **~arbeit** f (Mech) / trabajo m de desplazamiento || **~arbeit**, Formänderungsarbeit f / trabajo m de deformación || **elektrische ~dichte** / desplazamiento m dieléctrico || **~ebene** f (Geol) / llanura f de falla || **~faktor** m (Eltronik) / factor m de defasaje || **~fluss** m (Elektr) / flujo m de desplazamiento || **~-Integralkern** m (Nukl) / núcleo m de desplazamiento || **~konstante** f, ε_0 (Phys) / permitividad f absoluta del vacío || **~methode** f (Mech) / método m de desplazamiento || **Williotscher ~plan** (Mech) / diagrama m de Williot || **~satz** m, -gesetz n (Opt) / ley f de desplazamiento || **~spindel**, -schraube f / husillo m fileteado de traslación || **~störzone** f (Nukl) / zona f de átomos desplazados || **~strom** m (Elektr) / corriente f de desplazamiento || **~stromdichte** f / densidad f de la corriente de desplazamiento || **~volumen** n (Akust) / volumen m desplazado || **~winkel** m (Elektr) / ángulo m de desplazamiento
verschieden, ungleich / diferente || ~, unähnlich || **~e**, mehrere / varios || ~ **lang** (zeitlich) / de duración variable || **zu ~en Malen** / repetidas o reiteradas veces, varias veces || ~ **[artig]** / distinto, diferente, variado || **~artig**, heterogen / heterogéneo
Verschiedenartigkeit f / heterogeneidad f, diversidad f, diferencia f, disparidad f || ~ (Geol) / no-conformidad f
Verschiedenes, Diverses n / varios m pl, asuntos m pl diversos
verschiedenfarbig / de varios colores, multicolor
Verschiedenheit, Abweichung f / diversidad f || ~, Ungleichheit f / desigualdad f, disparidad f || ~, Vielfalt f / variedad f, multiplicidad f
Verschiedenheitsfaktor, Diversityfaktor m (Phys) / factor m de diversidad
verschiedenphasig (Elektr) / desfasado
verschießen vi, schießen (Farbe) / perder el color, desteñirse || ~ vt, verschieben (Druck) / reubicar
ver•schiffen vt / embarcar || **~schiffung**, Seeverladung f / embarque m || **~schiffungshafen** m / puerto m de embarque
verschimmeln vi / enmohecerse
verschlacken vt (Probierkunde) / escorificar || ~ vi, zu Schlacke werden, Schlacke bilden (Hütt) / escorificar[se]
verschlackt / obstruido por escorias
Verschlackung f / escorificación f || ~, angeschmolzener Sand (Gieß) / vitrificación f por arena fundida
Verschlackungsbeständigkeit f (Hütt) / resistencia f al ataque de escoria, resistencia f a la escorificación
Verschlag, Abstellplatz m / apartadizo m || ~, Holzwand f (Bau) / tabique m de madera || ~ m, Lattenkiste f, Harass, Lattenerschlag m (Verp) / jaula f de embalaje, cajón m esqueleto, huacal m, enrejado m de listones || ~, Schuppen m / apartadizo m, cobertizo m
verschlagen adj, lau adj / tibio || **Wetter** ~ (Bergb) / ventilar en sentido falso
Verschlagwagen m (Bahn) / vagón-jaula m

verschlammen *vi*, sich verstopfen o. versetzen / encenagarse, embarrarse ‖ ~ (Hydr) / enlodarse, entarquinarse

verschlammt / enlodado, obstruido por [el] fango o lodo ‖ ~ (Bahn, Bettung) / colmatado, apelmazado

Verschlammung *f* / enlodamiento *m*, encenagamiento *m* ‖ ~, Verkrustung *f* des Schotters (Bahn) / colmataje *m*

verschlanken *vt* / hacer más delgado

Verschlauchung *f* (Pneum) / colocación *f* de tubos flexibles

verschlechtern *vt* / deteriorar ‖ **sich** ~ / deteriorarse ‖ **sich** ~, abfallen / desmejorarse, menoscabarse, empeorarse

Verschlechterung *f* / deterioro *m*, deterioramiento *m* ‖ ~, Verschlimmerung *f* / empeoramiento *m*, agravación *f* ‖ ~, Abnahme *f* (allg) / menoscabo *m*, disminución *f* ‖ ~, Wertminderung *f* / desvalorización *f*, depreciación *f* ‖ ~ (Wirksamkeit) / decrecimiento *m* ‖ ~ **der Übertragungsqualität** (Fernm) / reducción *f* de calidad de transmisión ‖ ~ **des Wirkungsgrades** / deterio *m* del rendimiento ‖ ~ **während des Betriebs** / factor *m* de decrecimiento

verschleiern *vt* (allg) / encubrir, disimular ‖ ~ (Foto) / velar[se]

verschleiert, trübe / empañado ‖ ~ (Foto) / velado

Verschleiß *m*, Abnutzung *f* / desgaste *m*, deterioro *m* [por el uso] ‖ ~, Auswaschung *f* (Geol) / erosión *f* ‖ ~, Abrieb *m* / abrasión *f* ‖ ~ *m* (Straß) / desgaste *m* por rozamiento o por abrasión ‖ ~ **an der Freifläche** (Drehmeißel) / desgaste *m* de la superficie de incidencia ‖ ~ **an der Spanfläche** (Drehmeißel) / desgaste *m* de la superficie de ataque o desprendimiento ‖ ~ **durch Eingriffstörungen** (Zahnrad) / desgaste *m* por engrane incorrecto ‖ ~ **durch Reibung** / desgaste *m* abrasivo o superficial

Verschleiß • anzeiger *m* (Reifen) / indicador *m* de desgaste o arrastre ‖ ~**art** *f* / modo *m* de desgaste ‖ ~**ausfall** *m* / fallo *m* por desgaste ‖ ~**beanspruchung** *f* / esfuerzo *m* de desgaste ‖ ~**bedingt** / debido al desgaste ‖ ~**beton** *m* (Bau) / capa *f* de hormigón de desgaste ‖ ~**blech** *n* / chapa *f* de desgaste ‖ ~**bruch** *m* / rotura *f* por desgaste ‖ ~**decke** *f* (Straß) / firme *m* de desgaste

verschleißen *vi*, sich abnutzen / desgastarse [por el uso], usarse ‖ ~ (Reibung) / luir (LA)

verschleiß • fest / resistente al desgaste ‖ ~**festigkeit**, -härte *f*, -widerstand *m* / resistencia *f* al desgaste ‖ ~**festigkeitszahl** *f* / índice *m* de resistencia al desgaste ‖ ~**fördernd** / que fomenta o aumenta el desgaste ‖ ~**fühler** *m* (Bremse) / sensor *m* de desgaste ‖ ~**futter** *n* (Hütt) / revestimiento *m* de desgaste ‖ ~**futter**, -lage *f* / capa *f* de desgaste ‖ ~**gesetzmäßigkeit** *f* / regularidad *f* de desgaste ‖ ~**günstigste Drehzahl** (Dreh) / velocidad *f* de mínimo desgaste ‖ ~**kehle** *f*, Einlauf *m* (Bahn) / garganta *f* del aro de rueda (formada por desgaste) ‖ ~**korrosion** *f* / corrosión *f* debida al desgaste por rozamiento, corrosión *f* debida a la abrasión ‖ ~**laufzeit** *f* / tiempo *m* de funcionamiento al desgaste ‖ ~**linie** *f*, -marke *f* / marca *f* de desgaste ‖ ~**los** / sin desgaste ‖ ~**mildernd** / que reduce o disminuye el desgaste ‖ ~**mulde** *f* / muesca *f* producida por el desgaste ‖ ~**partikel** *n*, -teilchen *n* / partícula *f* de material desgastado ‖ ~**prüfung** *f*, -versuch *m* / ensayo *m* de abrasión ‖ ~**rate** *f* / tasa *f* de desgaste ‖ ~**schicht** *f* / capa *f* de desgaste, capa *f* de resistencia al desgaste ‖ ~**schutz** *m* / protección *f* contra el desgaste ‖ ~**spiel** *n* / juego *m* debido al desgaste ‖ ~**spuren** *f pl* (Kfz, Reifen) / marcas *f pl* de abrasión ‖ ~**stelle** *f* / zona *f* de desgaste ‖ ~**teil** *m n* / pieza *f* de desgaste ‖ ~**teil**, Wegwerfteil *n* / pieza *f* de desgaste perdida ‖ ~**widerstand** *m* / resistencia *f* al desgaste ‖ ~**wirkung** *f* / acción *f* abrasiva o desgastadora ‖ ~**zahl** *f* / índice *m* de abrasión

Verschleppung *f*, Mitreißen *n* (Chem) / arrastre *m*

verschlicken, verschlammen / enlodarse

verschließbar / cerradizo, con cierre o cerradura ‖ ~**e Taste** / tecla *f* con cierre

verschließen *vt*, zu-, einschließen / cerrar con llave ‖ ~, zumachen / cerrar ‖ ~, wegschließen / encerrar, guardar ‖ ~, abdichten / impermeabilizar, obturar ‖ ~ (mit Bleisiegel) / plomar ‖ **eine Flasche** ~ / taponar (una botella) ‖ **luftdicht o. hermetisch** ~ / hermetizar ‖ **mit Deckel** ~ / tapar ‖ **mit Vorhängeschloss** ~ / cerrar con candado ‖ ~ *n* **mit Band** (Verp) / flejado *m* ‖ ~ **von Springern** (Öl) / cierre *m* de pozos brotantes o surgentes

Verschließ • kopf *m* (Dose) / dispositivo *m* de fijar las tapas ‖ ~**maschine** *f*, Falzmaschine *f* / máquina *f* para hacer las costuras ‖ ~**maschine für Flaschen** / máquina *f* para cerrar las botellas, capsuladora *f*

verschlimmern [sich] / empeorar[se], agravar[se]

verschlingen *vt* / enlazar, enredar, entrelazar ‖ **sich** ~, sich kreuzen / cruzarse, enrejarse, entrelazarse

Verschlingung *f* (Seil) / coca *f*

verschlissen (allg) / desgastado, gastado por el uso, usado, raído

verschlossen / cerrado ‖ ~, abhängig (Bahn, Signal) / enclavado ‖ ~, verriegelt / atrancado, bloqueado ‖ ~**es Leiterseil** (Elektr) / cable *m* conductor cerrado ‖ ~**es Seil** / cable *m* cerrado

verschlungen / entrelazado, enlazado ‖ ~**e Buchstaben** *m pl* (Druck) / letras *f pl* ligadas, letra *f* doble

Verschluss *m* / cierre *m*, obturación *f* ‖ ~, Schloss *n* / cerradura *f* ‖ ~ (Bahn) / enclavamiento *m* ‖ ~, Schließe *f* (Schloss) / cerca *f*, cercado *m* ‖ ~, Verriegelung *f* / cerrojo *m*, encerrojamiento *m* ‖ ~ (Bunker) / cierre *m* de tolva ‖ ~ (Foto, Nukl) / obturador *m* ‖ ~ (für Rohre) / tapón *m*, tapa *f* ‖ ~ **am Geschütz** (Mil) / culata *f* de cañón ‖ ~ **am Gewehr** (Waffe) / cerrojo *m* de fusil ‖ ~ **mit regelbarer Öffnung** (Foto) / obturador *m* de abertura variable ‖ ~ **[End-]** (Bleirohre) / tapón *m* de extremo ‖ ~ **vom Gleisstromkreis abhängiger (o. zugbediener)** ~ (Bahn) / enclavamiento *m* por circuito de vía

Verschluss • auslösung *f*, -auslöser *m* (Foto) / disparador *m* del obturador ‖ ~**bauteile** *n pl* (Geschütz) / componentes *m pl* de culata ‖ ~**block** *m* (Waffe) (Mil) / bloque *m* de cierre ‖ ~**bolzen** *m* (Gewehr) / perno *m* del cerrojo ‖ ~**deckel** *m*, -kappe *f* (allg) / tapa *f* de cierre ‖ ~**deckel** (Abwasser) / tapa *f* del separador ‖ ~**deckel** (Kühler, Tank) / tapón *m* ‖ ~**deckel für Dosen** / tapa *f* de lata de conserva ‖ ~**deckel zum Eindrücken** / tapa *f* de cierre para la introducción a presión ‖ ~**deckel zum Einwalzen** / tapa *f* de cierre para mandrinar ‖ ~**dichtung** *f* (Mil) / junta *f* de culata ‖ ~**düse** *f* (Plast) / boquilla *f* con obturador automático ‖ ~**einrichtung** *f* **von Sicherheitsgurten** (Kfz) / hebilla *f* de cinturón de seguridad ‖ ~**einstellung** *f* (Foto) / regulación *f* del obturador ‖ ~**einstellung**, -einstellskala *f* (Foto) / escala *f* del obturador

Verschlüsseler, Vercoder *m* (DV) / codificador *m*, encodificador *m*

verschlüsseln *vt*, chiffrieren / cifrar, criptografiar, encriptar ‖ ~, cod[ifiz]ieren / codificar ‖ ~ (Steckverbindg) / identificar (p.e. por ranuras) ‖ ~ *n* (DV) / codificación *f*

verschlüsselter Funkspruch / mensaje *m* por radio codificado, radiograma *m* cifrado

Verschlüsselung *f*, Chiffrierung *f* / cifrado *m* ‖ ~ (von Botschaften) / encriptamiento *m* (de mensajes)

Verschlüsselungs • gerät *n* / secráfono *m* ‖ ~**verfahren** *n* **mit Inverter u. gewobbeltem Träger** (Fernm) / método *m* de codificación por inversor y portadora vobulada

Verschluss • fang *m* (Waffe) / retenida *f* del cierre ‖ ~**feder** *f* / muelle *m* o resorte de cerrar ‖ ~**flansch** *m* /

brida f tapón ‖ ~**glied** n (Rollenkette) / eslabón m de cierre ‖ ~**hahn** m / grifo m de cierre ‖ ~**hebel** m / palanca f o llave de cierre ‖ ~**kappe** f, -kapsel f / caperuza f de cierre ‖ ~**kappe**, Abdeckkappe f (Fernm) / caperuza f del pozo de cables ‖ ~**kappe**, Schutzkappe f / capuchón m ‖ ~**kegel** m / cono m de cierre ‖ ~**kegel**, Gichtglocke f (Hütt) / campana f del tragante ‖ ~**keil** m (Mil) / cuña f de culata ‖ ~**klappe** f, Deckel m / tapón m ‖ ~**klappe** (Fallschirm) / tapa f de cierre de la mochila ‖ ~**kupplung** f (Schlauch) / cierre m exprés ‖ ~**lamelle** f (Foto) / laminilla f del obturador ‖ ~**maschine** f (Brau) / capsuladora f ‖ ~**masse**, Vergussmasse f (Bau, Kabel) / masa f de cerrar o sellar ‖ ~**mutter** f / tuerca f ciega o tapa o de cierre ‖ ~**naht** f (Tex) / costura f de cierre ‖ ~**organ** n (Ventil) / tapón m, obturador m ‖ ~**pfropfen** m (Gieß) / tapón m de colada ‖ ~**raum** m (Schiff) / cámara f acorazada, caja f fuerte ‖ ~**register** n (Bahn) / registro m de cierre ‖ ~**riegel** m (Bahn) / cerrojo m de enclavamiento ‖ ~**riegel** (Schloss) / pestillo m ‖ ~**ring** m (Felge, Kfz) / aro m de cierre ‖ ~**ring** (Lager) / anillo m de cierre ‖ ~**scheibe** f / arandela f alabeada ‖ ~**scheibe**, Blechverschluss m / disco m obturador ‖ ~**schieber** m (Bahn) / barra f de enclavamiento ‖ ~**schnalle** f / hebilla f ‖ ~**schraube** f / tapón m roscado, tornillo m tapón ‖ ~**schraube** (nicht: -stopfen), Ablassschraube f (Kfz) / tornillo m de salida o de descarga, tornillo m purgador ‖ ~**schraube** f **mit Außensechskant** / tapón m roscado con hexágono exterior ‖ ~**schraube mit Bund** / tapón m roscado con aro ‖ ~**schraube mit Innensechskant** / tapón m roscado con hexágono interior ‖ ~**spriegel** m (Schiebedach) / cercha f de [pabellón de] cierre ‖ ~**stift** m (Fallschirm) / pasador m del cable de desenclavamiento, vástago m del disparador ‖ ~**stopfen** m (Waschbecken) / tapón m ‖ ~**stopfen** (Akku) / tapón m con orificio de ventilación ‖ ~**streifen** m, Klebestreifen m, (spez:) Banderole f / cinta f adhesiva, (esp.:) precinta f ‖ ~**stück** n (Zahn) / taco m de enclavamiento ‖ ~**stück** (Waffe) / obturador m ‖ ~**stutzen** m (Kfz, Kühler) / tubuladura f de cierre ‖ ~**vorrichtung** f, Schloss n / cierre m, cerradura f ‖ ~**zeit** f (Foto) / velocidad m de obturador o de obturación ‖ ~**zeitenknopf** m (Foto) / botón m de regulación de los tiempos de exposición
verschmälernd, sich ~, spitz zulaufend / cónico, afilado
verschmelzen vt, zusammenschmelzen / fundir [junto con] ‖ ~, aufgehen lassen [in] / fusionar ‖ **miteinander** ~ / amalgamarse ‖ ~ n **der Fallschirmteile** / unión f de los componentes de paracaídas por calor de frotamiento
Verschmelzung f, Zusammenfassung f / unión f ‖ ~ (Foto) / fusión f ‖ ~, Vitrifizierung f (Nukl) / vitrificación f ‖ ~ **Glas-Glas** / sello m vidrio-vidrio ‖ ~ **Glas-Metall** / sello m vidrio-metal
Verschmelzungs•frequenz f (Film) / frecuencia f de fusión ‖ ~**winkel** m (Stereobild) / ángulo m de fusión
Verschmiedungsgrad m / grado m de forjadura, grado m de transformación forjada
verschmieren vt, zustreichen / embadurnar ‖ ~, verwischen (Druck) / suciar ‖ ~ (Fugen) / tapar ‖ ~, Retorten zukitten (Chem, Hütt) / tapar con luten o barro ‖ ~ vi (Feile) / cegarse o embotarse (la lima), ensuciarse ‖ ~ (Schleifscheibe) / cegarse, encrasarse ‖ **mit Lehm** ~ (Hütt) / enmasillar o tapar con barro ‖ **mit Ton o. Lehm** ~ / enlodar ‖ ~ n (Magn.Bd) / ensuciamiento m de la cabeza ‖ ~, Zusetzen n (Schleifscheibe) / encrase m ‖ ~ **von Öfen mit Ausbesserungsmasse** (Hütt) / enlodado m de hornos
verschmiert (Elektronenschale) / extendido ‖ ~ (Buchstabe, Druck) / sucio (letra) ‖ ~**er Druck** (Druck) / borrón m, ensuciado m
Verschmiertes n / ensuciamiento m

verschmolzen / fundido ‖ ~, zusammengeschmolzen / verschmolzen ‖ **zwei Benzolringe sind** ~ (Chem) / dos núcleos bencénicos están soldados entre sí
verschmoren vi (Elektr) / chamuscarse ‖ ~ n (Elektr) / chamusquina f
verschmorte Oberfläche (Hütt) / superficie f chamuscada [por agarrotamiento]
verschmutzen vt / ensuciar, contaminar, policionar, poluar, impurificar, contagiar ‖ ~ vi / ensuciarse, contaminarse
ver•schmutzend, (spez:) umweltverschmutzend / contaminador adj, contaminante, poluante ‖ ~**schmutzer** m / contaminador m, autor m de la polución
verschmutzt, verstopft / obstruido ‖ ~ (Baustoffe, Wasser) / contaminado ‖ ~ (Bahn, Bettung) / enlodado ‖ **stärkstens** ~ (Abwasser) / polisaprobio
Verschmutzung f / ensuciamiento m ‖ ~, Verstopfung f, Zusetzen n / obstrucción f ‖ ~, Kontamination f / contaminación f ‖ ~, Beschmutzung f (Umw) / polución f, contaminación f ‖ ~ **beseitigen** / descontaminar ‖ **gegen** ~ **wirkend** / anticontaminante, antipolutivo
Verschmutzungs•grad m / nivel m de contaminación ‖ ~**index** m (Luftf) / índice m de contaminación ‖ ~**stoff**, Schmutzstoff m / agente m de polución, poluante m, impurificante m, contaminante m, materia f contaminante ‖ ~**ursache** f / causa f de la contaminación, contaminante m ‖ ~**verhinderung** f / medidas f pl anticontaminantes
verschneiden vt, fehlschneiden / cortar mal, echar a perder cortando ‖ ~ (Alkohol) / cabezar, mezclar ‖ ~, kupieren (Wein) / cabecear ‖ ~ (Pulv.Met) / homogeneizar
Verschneidung f **von Flächen** (Math) / intersección f, corte m
Verschnitt m / desperdicio[s] m [pl] ‖ ~, Blechabfall m / recortes m pl ‖ ~ m (Getränke) / mezcla f ‖ ~**asphalt** m (Bau) / emulsión f bituminosa ‖ ~**bitumen** n / betún m encabezado o de mezcla
verschnitten, verdünnt (Farb, Flüssigkeit) / diluido
Verschnitt•masse f (Straßb) / emulsión f encabezada ‖ ~**mittel** n **für Lösungsmittel** (Farbe, lt DIN) (Chem) / diluyente m, diluente m ‖ ~**mittel für Pigmente** (Farbe) / carga f para rebajar pigmentos ‖ ~**mittel zur Verfälschung** (Chem) / agente m adulterador
ver•schnüren vt (Verp) / atar con cuerda o cordel ‖ ~**schnürmaschine** f / máquina f atadora o encordeladora ‖ ~**schnürung** f (Paket) / atadura f
verschoben, seitlich / desplazado ‖ ~ (Elektr) / desfasado ‖ **in der Phase um 90°** ~ (Elektr) / en cuadratura
ver•schönern vt / embellecer ‖ ~**schönerung** f (Masch) / embellecimiento m
verschossen (Tex) / descolorido, desteñido
verschrämter Stoß (Bergb) / frente m entallado
verschränken vt / cruzar, entrecruzar ‖ ~, übergreifen (Fernm) / deslizar, multiplicar por deslazamiento ‖ **die Zähne** ~ (Säge) / triscar
verschränkt•e Anordnung (DV) / entrelazamiento m ‖ ~**e Stoßfuge** / junta f de tope en zigzag
Verschränkung f (allg) / entrelace m, entrecruce m ‖ ~ (Zimm) / ensambladura f con diente recto
verschrauben, zuschrauben / atornillar
Verschraubung, Schraubverbindung f / atornilladura f ‖ ~ f, geschraubte Verbindung / junta f o unión atornillada, racordaje m, unión f roscada o a rosca ‖ ~ (mit Durchsteckschrauben) / montaje m por pinzotes ‖ ~ (für Rohre) / acoplador m de unión, racor m
Verschraubungsbügel m / estribo m de atornilladura
Verschriftung f, Umsetzung f in Schriftzeichen (DV) / transformación f en escritura
verschrotten vt / chatarrear, achatarrar, echar al hierro viejo, aprovechar como chatarra ‖ ~ (Kfz) / desguazar

1435

verschrotten

|| ~ (Schiff) / desmantelar una embarcación || ≙ n / puesta f al hierro viejo, desguace m
Verschrottung f / achatarramiento m
Verschrottungsbetrieb m (Hütt) / planta f de desguace
verschrumpft [mit] / zunchado [sobre]
verschütten, vergießen vt / derramar, verter || ~, ausfüllen (Bau) / llenar, terraplenar
Verschüttetensuchgerät n (F'wehr, Mil) / aparato m localizador de personas enterradas
Verschwächungsgrad m (Fernm, Masch) / grado m de atenuación
verschwammen vt, schwämmen (Keram) / esponjar
verschwärzen / ennegrecer, atezar
verschweißbar / soldable
verschweißen vt (Plast) / sellar (hojas), termosoldar || ≙ n (von Folien zwischen geheizten Backen) (Plast) / soldadura f en portapiezas
verschwelen vt (Chem) / carbonizar a baja temperatura || ~ vi / quemarse lentamente o sin llama
verschwenderisch, reich, üppig (Vegetation) / exuberante
Verschwendung f / derroche m || ≙ **von Rohstoffen** / despilfarro m de materias primas
Verschwenkung f (Foto) / barrido m horizontal
Verschwertung f (Zimm) / puntal m de arriostramiento
verschwimmen vi, verlaufen, undeutlich werden / esfumarse
verschwinden lassen / hacer desaparecer, escamotear || ≙ n / desaparición f
verschwindend [klein] / mínimo, ínfimo, diminuto, infinitesimal || ~**es Dämpfungsmoment** (Fernm) / momento m de amortiguamiento disminuyente || ~**e Funktion** (Math) / función f que tiende a cero || ~ **kleine Formänderung** / deformación f infinitesimal
Ver•schwindestoff m (Lebensmittelkonserv.) / materia f desvanecedora || ≙**schwindfahrwerk** n, einziehbares Fahrwerk n (Luftf) / tren m de aterrizaje retráctil o escamotable
verschwommen, trübe / vago, difuso || ~, unklar, undeutlich / indistinto, borroso, nebuloso, impreciso
Verschwommenheit f / vaguedad f, borrosidad f
Versegelung f (Nav) / distancia f recorrida entre dos marcaciones
versehen adj [mit] / provisto [de], equipado [con] || ~ vt [mit] / proveer [de], equipar [con]
Versehen n / equivocación f, error m
ver•seifbar (Chem) / saponificable || ~**seifen** vt / saponificar || ~**seiftes Ethylen-Vinylacetal-Copolymer** n, EVAL / copolímero m etileno-vinilacetal saponificado ||
≙**seifung** f / saponificación f || ≙**seifung der Fette mit Kalk** / saponificación f calcárea || ≙**seifung der Seife** / saponificación f del jabón || ≙**seifung mit Schwefelsäure** / saponificación f sulfúrica ||
≙**seifungszahl** f, VZ / índice m de saponificación
verseilen vt / cablear || ≙ n **von Drähten** / cableado m de alambres || ≙ **von Litzen** / trenzado m
Verseil•faktor m / factor m de cableado || ≙**fehler** m / defecto m de cableado || ≙**kopf** m (Kabelmasch) / cabezal m de cableado || ≙**maschine** f / cableadora f || ≙**maschine für Litzen** / trenzadora f
verseilt•es Kabel / cable m trenzado, cable m formado por conductores cableados || ~**e Schnur** (Elektr) / cordón m trenzado || ~**er Sternvierer** (Elektr) / cuadrete m en estrella
Verseilungs•schritt m / paso m de cableado || ≙**verlust** m / pérdida f por cableado
Verseilwinkel m / ángulo m de cableado || ≙ (Litzen) / ángulo m de trenzado
Versender m, Verlader m / expedidor m, remitente m, cargador m
Versendung f / envío m, expedición f
versengen vt (Tex) / chamuscar, abrasar || ~, anbrennen [lassen] / quemar superficialmente

Versenk n (Gerb) / noque m [para la curtición], sumidero m
versenkbar / sumergible || ~ (Antenne) / retráctil, retractable, escamotable || ~ (Fenster) / descendente y escamotable || ~, hochklappbar (Armlehne) / plegable [hacia arriba] || ~**er Griff** / asidero m escamotable o retractable || ~**es Rollschütz** (Hydr) / compuerta f de rodillos sumergible
versenken vt / sumergir || ~, ausfräsen / avellanar || ~ (Schiff) / echar a pique, hundir || ~, einlassen / encastrar, empotrar **ein Kabel** ~ / inmergir un cable || **Wasser** ~ / infiltrar agua en capas subterráneas
Versenker m (DIN 6446) (Holzbearb, Wz) / broca f (E) o mecha (LA) avellanadora para madera
Versenk•grube f (Gerb) / noques m pl para curtición || ≙**hammer** m (Wz) / martillo m avellanador
versenkt [liegend] / inmergido, immerso || ~, eingelassen / encastrado, empotrado || ~ (gedr.Schaltg, Leiter) / embutido || ~ (Masch) / avellanado adj || ~, bündig eingelassen / encastrado a nivel, enrasado || ~**e Antenne** (Kfz, Luftf) / antena f empotrada o rasante, antena telescópica o retráctil; || ~ **eingebauter Schalter** (Elektr) / interruptor m empotrado || ~**er Nagel** / clavo m avellanado || ~**e Schiebebühne** (Bahn) / carro m transbordador a nivel (E), mesa f transbordadora (o trasladora) a nivel (LA) || ~**er Schraubenkopf** / cabeza f de tornillo avellanada || ~**er Tank** / depósito m enterrado || **ganz** ~**er Nietkopf** / cabeza f de remache embutida a nivel || **halb** ~ / semiembutido
Versenktnietung f / remachado m avellanado
Versenktor n (Hydr) / puerta f sumergible
Versenkung f, Senkung f (für Senkschrauben usw) / avellanado m || ≙, Untertauchen n / inmersión f || ≙ **an Formteilen** / depresión f || ≙ **im Meer** (Umw) / descarga f de desechos o desperdicios en alta mar
Versenkwalze f (Hydr) / cilindro m sumergible
versetzbar, umsetzbar (Adresse, DV) / reubicable || ~**e Sitze od. Multifunktionssitze** / plazas f pl modulables || ~**e Wand** / tabique m móvil
versetzen vt, umsetzen / cambiar de sitio, desplazar || ~, abwechselnd setzen / poner en tresbolillo || ~, abdichten / calafatear, retacar || ~, zukippen (Bergb) / llenar || ~ (Chem) / mezclar || ~, verpflanzen (Bot) / trasplantar, transplantar || **sich** ~ / obstruirse, obturarse, atascarse
Versetz•grube f (Gerb) / noque m para la curtición, sumidero m || ≙**kran** m **für Grubenwagen** (Bergb) / pequeña grúa derrick f
versetzt, verstopft / obstruido, obturado || ~, verlagert (Lager) / desalineado || ~, abgesetzt / desviado, desplazado || ~, in Zickzack / al tresbolillo, en zigzag || ~ (Trägerwellensystem) (TV) / desplazado en frecuencia || ~**es Abtasten** (TV) / exploración f entrelazada, análisis m entrelazado || ~ **angeordnet** / colocado al tresbolillo || ~ **angeordnete Bürsten** (Elektr) / escobillas f pl escalonadas || ~**e Fangware** (Tex) / tejido m cardigán traslado, tejido m de punto inglés traslado || ~**e Fuge** (Bau) / junta f interrumpida || ~**e Kreise** m pl (Geom) / círculos m pl escalonados || ~**e Löcher** n pl / agujeros m pl escalonados || ~**e Nietung** / remachado m al tresbolillo || ~**e Nockenwelle** / árbol m de levas desalineado || ~**e Schienenstöße** m pl, Wechselstöße m pl (Bahn) / juntas f pl alternadas || ~**er Stempel** / estampilla f mal colocada || **gegen Bandmitte** ~ (Eltronik, TV) / de sintonía escalonada || **mit Kohlensäure** ~ **o. angereichert** / cargado de dióxido de carbono || **um ... Grad** ~ **gezeichnet** / desplazado o girado en ... grados
Versetzung f / desplazamiento m, traslado m || ≙, Verlegung f / traslación f || ≙ f (Masch) / desalineación f || ≙, Verstopfung f (Hydr) / atasco m, atascamiento m, obstrucción f || ≙ f, Verstopfung f (Hütt) / suspensión f de la carga || ≙, Gegenströmung f (Nav) /

1436

contracorriente *f* ‖ ≃ (z.B. eines Arbeiters) / traslación *f*, traslado *m* ‖ ≃ **in Kristallgittern** (Halbl, Krist) / dislocación *f*
Versetzungs•dichte *f* / densidad *f* de dislocación ‖ ≃**dosis** *f*, höchstzulässige berufsbedingte Dosis (Nukl) / dosis *f* de traslado, dosis *f* máxima permisible profesional ‖ ≃**energie** *f* (Krist) / energía *f* de dislocación ‖ ≃**linie** *f* (Krist) / línea *f* de dislocación
Versetzzeichen, Markzeichen *n* (Zimm) / referencia *f*
verseuchen *vt*, befallen (Landw) / plagar
verseucht, kontaminiert (Nukl) / contaminado ‖ ~, radioaktiv / radiactivo ‖ ~**e Böden**, Neol./jur.: Altlasten *f pl* / suelos *m pl* contaminados
Verseuchung, Kontamination *f* (Nukl) / contaminación *f*
Verseuchungs•gefahr *f* / riesgo *m* de contaminación ‖ ≃**messgerät** *n*, Strahlenzähler *m* / monitor *m* de contaminación, contador *m* de partículas ‖ ≃**stoff** *m* (Reaktor) / contaminante *m*, materia *f* contaminante
Versicherung und Seetransport eingeschlossen, cif / c.i.f. (coste, seguro y flete)
Versicherungs•mathematik *f* / matemáticas *f pl* actuariales, ciencia *f* o teoría actuarial ‖ ≃**mathematiker**, -statistiker *m* / actuario *m* de seguros ‖ ~**mathematisch**, -statistisch / actuarial ‖ ≃**nehmer**, Versicherter *m* / asegurado *m* ‖ ≃**träger**, Versicherer *m* / asegurador *m*, entidad *f* aseguradora, compañía *f* de seguros
versicken *vt* (Blech) / unir con acanaladura ‖ ≃ *n* / rebordeado *m* ‖ ≃ (Blechverbindung) / unión *f* por acanaladura
versickern *vi* / escurrirse, filtrarse, infiltrarse ‖ **durch Poren** ~ / rezumarse
Versickerung *f* (Hydr) / escurrimiento *m*, infiltración *f* ‖ ≃, Flusssinke *f* / corriente *f* influente
Versickerungs•becken *n*, Sickerbecken *n* (Hydr) / cuenca *f* de infiltración ‖ ≃**schacht**, Sickerschacht *m* (Bau) / pozo *m* perdido o de filtración
versiebenfachen *vt* / septuplicar
versiegeln (Fußboden) / sellar, barnizar ‖ ~ (im Vakuum) / metalizar en vacío ‖ ≃ *n*, Verschweißen *n* (Plast) / sellado *m* ‖ ≃ **der Eloxalschicht** (Galv) / selladura *f* de la capa anodizada ‖ ≃ **von harzenden Aststellen** (Anstrich) / selladura *f* de nudos
ver•siegelter Laser / láser TEA *m* (Transversely Excited Atmospheric pressure) ‖ ≃**siegelung** *f* (Bau) / lacado *m* ‖ ≃**siegelungslack**, Knotenlack *m* / barniz *m* cubrenudos
versiegen *vi* / agotarse ‖ ~ (Quelle) / secarse
ver•silbern *vt* / platear, argentar ‖ ≃**silberung** *f* / plateadura *f*, plateado *m* ‖ ≃**silberungsflüssigkeit** *f* / líquido *m* para platear
versinken *vi* / hundirse, sumergirse ‖ ~ (Schiff) / irse a pique
Versinterung *f* (Feuerfest) / fritaje *m* ‖ ≃ (beim Sintern) / fusión *f* en la sinterización
Version *f*, Ausführung *f*, Variante *f* (Kfz) / acabado *m* ‖ ≃ (Software) / versión *f*
Versitzgrube *f* (Abwasser) / fosa *f* séptica, tanque *m* de decantación
versorgen *vt* [mit] / proveer [de] ‖ **einen Markt** ~ / abastecer un mercado ‖ **mit Strom** ~ / suministrar o alimentar en (o de) corriente
Versorger *m*, Lieferant *m* / abastecedor *m*, suministrador *m* ‖ ≃ (Schiff) / embarcación *f* de aprovisionamiento logístico, buque *m* de apoyo logístico ‖ ≃ **auf dem Flugplatz**, Tankwagen *m* / camión *m* cisterna ‖ ≃ **für Kriegsschiffe** / buque *m* de mantenimiento
Versorgung *f* / abastecimiento *m*, aprovisionamiento *m* ‖ ≃, Verteilung *f* / distribución *f* ‖ ≃, Unterbringung *f* / alojamiento *m*, colocación *f* ‖ ≃ *f* (Eltronik) / suministro *m* ‖ ≃ **durch Seefahrzeuge** / apoyo *m* logístico en alta mar

Versorgungs•anschluss *m* (Bau) / acometida *f* (agua, gas, corriente eléctrica) ‖ ≃**baugruppe** *f* (Raumf) / compartimiento *m* o módulo para abastecimiento ‖ ≃**bereich** *m* (TV) / área *f* o zona de servicio, cobertura *f* efectiva ‖ ≃**betrieb** *m* / empresa *f* de servicios públicos, servicio *m* público ‖ ≃**druck**, Gasdruck *m* / presión *f* de gas ‖ ≃**druck** *m* (Wasser) / presión *f* de agua de servicio público ‖ ≃**flugzeug** *n* / avión *m* nodriza o de abastecimiento ‖ ≃**frequenz** *f*, Anschlussfrequenz *f*, (spez:) Netzfrequenz *f* (Elektr) / frecuencia *f* de alimentación, (esp.:) *f* frecuencia de la red ‖ ≃**gebiet** *n* (Energie) / zona *f* de abastecimiento ‖ ≃**ingenieur** *m* / ingeniero *m* de servicios públicos ‖ ≃**netz** *n* (Elektr) / red *f* de distribución ‖ ≃**sicherheit** *f* / seguridad *f* de abastecimiento ‖ ≃**spannung** *f* / tensión *f* de alimentación o de suministro ‖ ≃**turm** *m* (beweglich) (Raumf) / torre *f* de servicio ‖ ≃**turm** (feststehend) (Raumf) / torre *f* umbilical ‖ ≃**wesen** *n*, Logistik *f* (Mil) / logística *f* ‖ ≃**wirtschaft** *f* / servicios *m pl* públicos
versotten *vi* (Schornstein) / depositarse hollín
Verspachtelung *f* / plastecido *m*
verspanen *vt* (Wzm) / mecanizar con arranque de virutas
verspannen *vt*, abspannen / arriostrar, asegurar con cables tensores ‖ ~ (beim Aufspannen) / deformar
Verspannung, Abspannung *f* / arriostramiento *m*, arriostrado *m* ‖ ≃ *f* (Wzm) / deformación *f* [debida al ajuste desigual o a un mal montaje] ‖ ≃, Verwindung *f* / torsión *f*, retorsión *f* ‖ ≃ / tensión *f* no deseada ‖ ≃ **mit Zugstangen**, Ringverspannung *f* / arriostrado *m* anular ‖ **gegenseitige** ~ / atirantado *m*
Verspannungs•frei / sin deformación, sin torsión ‖ ~**los**, unverspannt / sin tirantes ‖ ≃**prüfung** *f* / ensayo *m* de arriostrado
Verspanungsleistung *f* (Wzm) / capacidad *f* de corte de virutas
ver•späteter Zug (Bahn) / tren *m* fuera de horario, tren *m* que lleva retraso ‖ ≃**spätungsmeldung** *f* / mensaje *m* de retraso
versperren *vt* / bloquear, cortar, cerrar ‖ ~, verstopfen / obstruir
Versperrung, Hinderung *f* (allg) / obstrucción *f*, bloqueo *m*
verspiegeln *vt* (Kfz, Scheinwerfer) / azogar, metalizar por vaporización de aluminio ‖ ≃ *n* (Reflektoren) / vaporización *f* de aluminio
verspiegelte Lampe *f* (Elektr) / lámpara *f* con azogue
verspillern *vt* (Bot) / etiolar
ver•spinnbar *f* / hilable, hiladizo ‖ ≃**spinnbarkeit** *f* / aptitud *f* de ser hilado
verspinnen *vt* / hilar ‖ ≃ *n* / hila *f*, hilado *m*, hilatura *f*
ver•spleißen *vt* (Seile) / empalmar ‖ ≃**spleißung** *f* / empalme *m* ‖ ≃**splinten** *vt* / asegurar con pasador de aletas o con fiador (E), chavetar (LA) ‖ ~**splinteter Bolzen** / perno *m* fijado por pasador (E) o por chaveta (LA) ‖ ≃**splintung** *f* / fijación *f* por pasador (E) o chaveta (LA) ‖ **mit Streben** ~**spreizen** / tornapuntar
verspritzen *vt* / salpicar, esparcir ‖ ~ (Plast) / moldear por inyección
ver•spröden *vi* / volverse frágil, fragilizarse ‖ ≃**sprödung** *f* (Hütt) / acritud *f*, fragilidad *f*
Versprödungs•freiheit *f* / ausencia *f* de fragilidad ‖ ≃**punkt** *m* (Farbe) / punto *m* de fragilidad ‖ ≃**temperatur** *f* (Plast) / temperatura *f* de fragilidad
versprühen *vt* (Flüssigkeit) / espolvorear, pulverizar
verspunden *vt* (Fässer) / taponar ‖ ~ (Tischl) / unir mediante ranura y lengüeta
Verstaatlichung *f* / nacionalización *f*, estatificación *f*
verstädtern, zu sehr ~, (Landschaft:) zersiedeln / urbanizar en exceso, sobreurbanizar
verstädtert, zu sehr ~, (Landschaft:) zersiedelt / sobreurbanizado, urbanizado en exceso
Verstädterungsprozess *m* / proceso *m* de urbanización

verstählen *vt* (Beschicht, Hütt) / acerar ‖ ~ *n von* **Kupferplatten** / acerado *m* de planchas de cobre
Verständigung *f* (allg) / comunicación *f*, entendimiento *m* ‖ ~ (Fernm) / audición *f* ‖ **gute** ~ (Fernm) / buena audibilidad *f*
Verständigungs•bereich *m* (DV) / área *f* o región de comunicación ‖ ~**mittel** *n pl* / medio *m* de comunicación o de entendimiento ‖ ~**norm** *f* / norma *f* terminológica ‖ ~**prüfung** *f* (Fernm) / prueba *f* de audibilidad ‖ ~**verkehr** *m* (Datenübertragung) / comunicación *f* hablada o en fonía, comunicación *f* verbal
verständlich, einleuchtend / comprensible, claro ‖ ~ (Fernm) / inteligible ‖ ~**es Nebensprechen** (Fernm) / diafonía *f* inteligible
Verständlichkeit, prozentuale [Vokal-, Silben- usw.] ~ (Fernm) / inteligibilidad *f*
verstärken *vt*, stärken / reforzar ‖ ~ (Chem) / concentrar ‖ ~, bewehren (Bau) / armar ‖ ~ (Kraft) / intensificar ‖ ~, vergrößern / aumentar, incrementar, acrecentar ‖ ~ (Eltronik) / amplificar ‖ ~ (Foto) / reforzar ‖ **den Strom** ~ (Elektr) / intensificar la corriente ‖ **die Farbe** ~ **od. intensivieren** / subir el color ‖ **eine Säure** ~ (o. konzentrieren) (Chem) / concentrar un ácido ‖ **einen Zug** ~ (Bahn) / reforzar un tren
verstärkend, vergrößernd (allg) / amplificador *adj* ‖ **sich** ~ / acumulativo
Verstärker *m*, Verstärkeranlage *f* (Eltronik) / megafonía *f* ‖ ~ (allg) / reforzador *m* ‖ ~ (Eltronik) / amplificador *m* ‖ ~ (Foto) / reforzador *m* ‖ ~ (Fernm) / repetidor *m* ‖ ~ (Sprengstoff) / detonador *m* auxiliar ‖ ~ (Pneum) / relé *m* amplificador ‖ ~ **einer Beschallungsanlage** (Eltronik) / amplificador *m* de audiodifusión ‖ ~ **mit Dynamikregelung** / amplificador *m* con compresión y expansión de volumen ‖ ~ *m* **zur Pegelhaltung** (TV) / fijador *m* de nivel [de referencia] ‖ **mit** ~**n versehen** (Fernm) / proveer o dotar de repetidores ‖ **parametrischer** ~ (Eltronik) / amplificador *m* paramétrico
Verstärker•abgleich *m* (Fernm) / compensación *f* de repetidores ‖ ~**amt** *n* (Fernm) / estación *f* de repetidores ‖ ~**anlage** *f* (Eltronik) / equipo *m* de amplificación ‖ ~**baugruppe** *f* / módulo *m* del amplificador ‖ ~**faser** *f* (Plast) / fibra *f* reforzadora ‖ ~**feld** *n* (Fernm) / sección *f* repetidora o de repetición ‖ ~**folie** *f* (Plast) / hoja *f* reforzadora ‖ ~**[frequenz]durchlassbereich** *m* (Eltronik) / banda *f* de paso de [un] amplificador ‖ ~**füllstoff** *m* (Plast) / carga *f* de refuerzo ‖ ~**geräusch** *n*, -rauschen *n* / ruido *m* del amplificador ‖ ~**geräusch** (Fernm) / ruido *m* del repetidor ‖ ~**gestell** *n* (Fernm) / bastidor *m* de repetidores ‖ ~**harz** *n* (Gummi) / resina *f* de refuerzo ‖ ~**leistung** *f* (Eltronik) / potencia *f* del amplificador o de amplificación ‖ ~**loser Stromkreis** (Fernm) / circuito *m* pasivo ‖ ~**maschine** *f* (Elektr) / amplificador *m* rotativo ‖ ~**maschine** (Lichtbogenofen) / amplificadora *f* ‖ ~**prüfgestell** *n* (Fernm) / bastidor *m* de prueba de repetidores ‖ ~**regelung** *f*, -regler *m* (Eltronik) / control *m* de ganancia ‖ ~**röhre** *f* (Eltronik) / tubo *m* amplificador, válvula *f* amplificadora o de amplificación ‖ ~**säule** *f* (Chem, Fraktionierturm) / columna *f* de rectificación ‖ ~**schaltung** *f* (Eltronik) / circuito *m* amplificador ‖ ~**schwingen** *n*, Schwingneigung *f* / oscilación *f* parasítica ‖ ~**station** *f* (DV) / repetidor *m* ‖ ~**stufe** *f* (Radio) / paso *m* amplificador ‖ ~**stufe** (Funk) / etapa *f* amplificadora o de amplificación ‖ ~**träger** *m* (Audio) / soporte *m* del amplificador ‖ ~**-Tunerstufe** *f* (Audio) / amplificador *m* y túner combinados
verstärkt / reforzado ‖ ~ (Funk) / amplificado ‖ ~ (Plast) / reforzado (p.e. por fibras de vidrio) ‖ ~, hinterlegt / reforzado, doblado, respaldado ‖ ~**e Ferse** (Strumpf) / talón *m* reforzado ‖ ~**e Förderung** (Bergb) / explotación *f* aumentada o intensificada ‖ ~**es Material** (z.B. durch Fasern) / material *m* reforzado (p. ej por fibras)
Verstärkung *f*, Aussteifung *f* (Masch) / refuerzo *m*, reforzamiento *m* ‖ ~, Verfestigung *f* (Tätigkeit) / refuerzo *m*, acción *f* de reforzar ‖ ~, Verdickung *f* / acrecimiento *m* o acrecentamiento de espesor ‖ ~, Unterlage *f* / placa *f* de base de refuerzo ‖ ~, Befestigung *f* (Bau, Straßb) / refuerzo *m* ‖ ~ *f* (Eltronik) / amplificación *f* ‖ ~ (Radar) / ganancia *f* principal ‖ ~ (Akust) / refuerzo *m* ‖ ~ (Foto) / refuerzo *m*, acción *f* de reforzar ‖ ~, Plattierung *f* (Strumpf) / vanisado *m* ‖ ~ *f* (Nukl) / multiplicación *f* ‖ ~ (Schiff) / cuaderna *f* de refuerzo ‖ ~ **in einer Übertragung** (Fernm) / ganancia *f* de transmisión ‖ ~ **mit Dynamikdehnung** (Eltronik) / amplificación *f* con expansión de volumen
Verstärkungs•... / de refuerzo ‖ ~**abfall** *m* (Eltronik) / pendiente *m* de ganancia, bajada *f* de ganancia ‖ ~**additiv** *n* (Chem) / aditivo *m* de refuerzo ‖ ~**bad** *n* (Foto) / baño *m* de refuerzo ‖ ~**band** *n* (Zimm) / tira *f* o.cinta de refuerzo ‖ ~**band** (Turbine) / refuerzo *m* de álabes ‖ ~**blech** *n*, Versteifungsblech *n* / chapa *f* de refuerzo ‖ ~**faden** *m* (Tex) / hilo *m* de refuerzo ‖ ~**fadenführer** *m* (Strumpf) / guiahílos *m* de refuerzo ‖ ~**faktor**, Stellfaktor *m* (Regeln) / ganancia *f* ‖ ~**faktor** *m* (Röhre) / factor *m* de amplificación ‖ ~**faktor** (Nukl) / factor *m* de multiplicación ‖ ~**faktor des Raumladungsstromes** (Photoröhre) / factor *m* de ganancia ‖ ~**füller** (Plast) / carga *f* de refuerzo ‖ ~**grad** *m*, -faktor *m* (Eltronik) / coeficiente *m* o factor de amplificación ‖ ~**grad** (Fernm) / ganancia *f* o amplificación de un repetidor ‖ ~**gurt** *m*, -rippe *f* (Bau) / nervadura *f* o costilla de refuerzo ‖ ~**karton** (Verp) / cartón *m* interior [de refuerzo] ‖ ~**koeffizient** *m* (Eltronik) / coeficiente *m* de amplificación ‖ ~**kranz** *m*, -band *n* (Masch) / aro *m* de refuerzo, corona *f* ‖ **[die Zahnhöhe voll deckender]** ~**kranz** (Getriebe) / aro *m* de refuerzo de cabeza de diente ‖ ~**leitung** *f*, Speiseleitung *f* (Bahn) / fíder *m* o alimentador de línea, arteria *f* de línea ‖ ~**messer** *m*, -messeinrichtung *f* (Fernm) / gananciómetro *m*, gananciómetro *m*, kerdómetro *m* ‖ ~**mittel** *n* (Gummi) / agente *m* de refuerzo ‖ ~**pfeiler** *m* (Bau) / contrapilastra *f* ‖ ~**platte** *f*, Kopfplatte *f* (Stahlbau) / chapa *f* de recubrimiento o de refuerzo, platabanda *f* ‖ ~**platte**, Gurtplatte *f* (Stahlbau) / palastro *m* del cordón, platabanda *f* ‖ ~**profil** *n* / nervaduras *f pl* [de refuerzo] onduladas ‖ ~**rand**, -kranz *m*, -band *n* (Masch) / aro *m* de refuerzo ‖ ~**regelung**, Verstärkerregelung *f*, -regler *m* (Eltronik) / control *m* de ganancia ‖ **automatische** ~**regelung** (Eltronik) / control *m* automático de ganancia ‖ ~**reifen** *m* (Fass) / cerco *m* de refuerzo ‖ ~**ring** *m* (an Öffnungen) (Behälter) / anillo *m* de refuerzo ‖ ~**rippe** *f*, -gurt *m* (Bau) / nervadura *f* de refuerzo, nervio *m* de refuerzo ‖ ~**rippe** (Masch) / nervadura *f*, nervio *m*, nervado *m* ‖ ~**rohr** *n*, Schrumpfring *m* / anillo *m* o tubo forzado en caliente ‖ ~**säule** *f* (Chem) / columna *f* de concentración ‖ ~**steuerung** *f* (Magn.Bd) / control *m* de nivel de reproducción ‖ ~**überhöhung** *f* (Linearverstärker) / aumento *m* de la reacción ‖ ~**verhältnis** *n* (Chem) / razón *f* de concentración ‖ ~**verlauf** *m* (Eltronik, Röhre) / pendiente *f* o bajada de ganancia ‖ ~**verlust** *m* (TV) / pérdida *f* de amplificación ‖ ~**wagen** *m* (Bahn) / coche *m* de aumento ‖ ~**welligkeit** *f* (Eltronik) / ondulación *f* de amplificación ‖ ~**zug** *m* (Bahn) / tren *m* adicional o extra (CUBA), tren *m* suplementario o de refuerzo (E)
verstauben *vi*, einstauben / cubrirse de polvo, empolvarse ‖ ~ *vt* / empolvar, empolvizar
ver•stäuben *vt*, zerstäuben (Flüssigkeit) / pulverizar ‖ ~**staubung** *f* / cubrimiento *m* de polvo, empolvoramiento *m*, espolvoreo *m*

verstopfen

Verstäubungsapparat, Verstäuber *m*, Zerstäuber *m* / pulverizador *m* de líquidos ‖ ≃ **für pulverförmige Stoffe** / espolvoreador *m*
verstauen *vt* (Schiff) / estibar, arrimar, arrumar ‖ ~ (Ladung) / repartir ‖ ≃ *n* (Schiff) / estiba *f*
Versteckrutsche *f* (Bergb) / resbaladero *m* ajustable
versteckt • e Fuge (Bau) / junta *f* escondida ‖ **~er Mangel** / defecto *m* o vicio latente
versteifen *vi*, steif werden (allg) / volverse rígido ‖ ~ (Flüssigkeit) / espesarse ‖ ~ *vt* (allg) / atiesar, poner tieso, ent[i]esar ‖ ~, verstreben / arriostrar, atirantar ‖ ~, verstärken / reforzar ‖ ~, absteifen / apuntalar, entibar ‖ ~, aussteifen (Graben) / acodalar ‖ ~ (Flüssigkeit) / espesar
versteift • er Rahmen (Fahrzeug, Masch) / bastidor *m* reforzado ‖ **~es Streckmetall** / metal *m* desplegado reforzado ‖ **~er Träger** (Bau) / viga *f* armada
Versteifung *f* / refuerzo *m*, entiesamiento *m* ‖ ≃, Verstrebung *f* / arriostramiento *m* ‖ ≃ *f*, Verstrebung *f* (Graben) / acodalamiento *m* ‖ ≃ **des Rahmens**, Wagensprengwerk *n* (Bahn) / tirante *m* de bastidor ‖ ≃ **durch Knotenbleche** / refuerzo *m* por carteles de nudo
Versteifungs • appretur *f* (Tex) / apresto *m* de cuerpo ‖ ≃**blech** *n* / chapa *f* de refuerzo ‖ ≃**draht** *m* / alambre *m* tensor o de refuerzo ‖ ≃**gewebe** *n* (Gummi) / tejido *m* trenzado para endurecer ‖ ≃**rahmen** *m* / bastidor *m* de refuerzo ‖ ≃**ring** *m* (Elektr, Masch) / anillo *m* o aro de refuerzo ‖ ≃**rippe** *f* (Mot) / nervio *m* de rigidez o de refuerzo ‖ ≃**schrägpfahl** *m* (Bau) / pilote *m* inclinado de refuerzo ‖ ≃**stoff** *m*, Buckram *m* (Tex) / bucarán *m*, bocací (pl.: bocacíes), esterlín *m* ‖ ≃**träger** *m*, Querträger *m* (Bau) / viga *f* transversal [de refuerzo] ‖ ≃**winkel** *m* / angular *m* de refuerzo
Ver • steinen *n* (o. **Zementieren**) **des Bodens** / agregación *f* de cemento al suelo ‖ **~steinern**, petrifizieren (Geol) / petrificar[se]
Versteinerung *f*, Abdruck *m* (Geol) / impresión *f* ‖ ≃, Fossil *m* / fósil *m* ‖ ≃, Petrifikation *f* / petrificación *f*
Versteinung *f*, Versteinerungsverfahren *n* (Bohrloch) / cementación *f* de un taladro
Verstellanschlag *m* (Diesel) / tope *m* de palanca de control [del régimen]
verstellbar, einstellbar / ajustable, regulable, graduable, variable ‖ ~, beweglich / móvil, desplazable ‖ ~ (Antenne) / orientable ‖ **~er Anschlag** / tope *m* regulable ‖ **~er Einmaulschlüssel** (Rolle querliegend) (Wz) / llave *f* de una boca ajustable ‖ **~er Einmaulschlüssel** (Rolle längsliegend), Rollgabelschlüssel *m* / llave *f* de una boca con rollete y cremallera ‖ **~er Flügel**, Verstellflügel *m* (Luftf) / ala *f* ajustable, ala *f* de flecha variable ‖ **~e Gabel** (Stapler) / horquilla *f* ajustable ‖ **~e Kolbenpumpe** / bomba *f* de émbolo ajustable ‖ **~es Lenkrad** (Kfz) / volante *f* inclinable ‖ **~e Rohrzange**, Wasserpumpenzange *f* (Wz) / tenazas *f pl* ajustables para tubos ‖ **~e Rückenlehne** / respaldo *m* reclinable ‖ **~e Schmiege** (Tischl) / saltarregla *f* ajustable, falsa escuadra ajustable *f* ‖ **~er Schraubenschlüssel** (Wz) / llave *f* ajustable ‖ **~er Schraubenschlüssel mit Drehgriff** / llave *f* inglesa ‖ **~e Schubdüse** (Luftf) / tobera *f* de empuje con sección variable ‖ **~er Sitz** (Bahn) / asiento *m* reclinable ‖ **~e Spannunterlage** / dispositivo *m* de sujeción ajustable
Verstell • bereich *m* / margen *m* o alcance de ajuste ‖ ≃**bereich der Zündung** (Kfz) / amplitud *f* de avance de encendido ‖ ≃**block** *m* (Schw) / caballete *m* ajustable
verstellen *vt*, einstellen / ajustar, regular, graduar ‖ ~, falsch einstellen / desajustar ‖ **den Bildstrich ~** (Film) / encuadrar ‖ **Hebel ~** / mover o accionar una palanca ‖ **mittels Zahnstangentrieb ~** / ajustar por cremallera ‖ **nach oben o. unten ~** / regular hacia arriba o hacia abajo

Versteller *m*, Fliehkraftversteller *m* (Kfz) / variador *m* de avance de fuerza centrífuga
Verstell • flügel *m* (Luftf) / ala *f* ajustable, ala *f* de flecha variable ‖ ≃**gelenk** *n* (Hubschrauber) / articulación *f* de variación cíclica del paso ‖ ≃**gestänge** *n* (Mot) / varillaje *m* de mando o de reglaje ‖ ≃**getriebe** *n* (Mech) / mecanismo *m* ajustable ‖ ≃**gewinde** *n* / filete *m* de ajuste ‖ ≃**hebel** *m* / palanca *f* de mando o de reglaje ‖ ≃**hebel** (Einspritzpumpe) / palanca *f* de control (o de mando) del régimen ‖ ≃**hebel** (Zündung) / palanca *f* reguladora ‖ ≃**hebel für Schraube** (Schiff) / alzaprima *f* de activación ‖ ≃**möglichkeit** *f* / posibilidad *f* de ajuste ‖ ≃**motor** *m* / servomotor *m* ‖ ≃**motor** (Hydr) / motor *m* de desplazamiento variable, motor *m* de cilindrada variable ‖ ≃**propeller** *m* (im Lauf verstellbar) (Luftf) / hélice *f* de paso variable ‖ ≃**propeller** (nur im Stillstand verstellbar) (Luftf) / hélice *f* de paso ajustable ‖ ≃**propeller**, -schraube *f* (Schiff) / hélice *f* de paso variable ‖ **automatischer** ≃**propeller** (für konstante Drehzahl) / hélice *f* de velocidad constante ‖ ≃**propellerpumpe** *f* / bomba *f* impelente con hélice de paso variable ‖ ≃**pumpe** *f* / bomba *f* de desplazamiento variable, bomba *f* de cilindrada variable ‖ ≃**pumpen-Motor** *m* / bomba-motor *f* de desplazamiento variable, motobomba *f* de cilindrada variable ‖ ≃**regler** *m* (Einspritz) / regulador *m* de velocidad variable, regulador *m* de todo régimen ‖ ≃**schaufelbläser** *m* / ventilador *m* de aletas regulables ‖ ≃**schraube** *f* / tornillo *m* de ajuste ‖ ≃**-Schraubenschlüssel** *m* **für Schlitz-Sicherungsmuttern**, Verstell-Schlitzmutterndreher *m* (DIN 3115) (Wz) / destornillador *m* para tuercas ranuradas o amortajadas ‖ ≃**schraubenspindel** *f* / husillo *m* fileteado regulador o de avance ‖ ≃**spindel** *f* / husillo *m* de ajuste o de regulación ‖ ≃**spreader** *m* (Container) / travesaño *m* ajustable
Verstellung *f*, Justierung *f* / ajuste *m*, regulación *f* ‖ ≃, Verstellen *n* / desplazamiento *m* ‖ ≃, Regelung *f* / reglaje *m* ‖ ≃ **der Bürsten** (Elektr) / desplazamiento *m* de las escobillas ‖ ≃ **des Okularauszuges** (Opt) / ajuste *m* del tubo telescópico de ocular ‖ **feine** ≃, Feineinstellung *f* / ajuste *m* de precisión ‖ **grobe** ≃, Grobeinstellung *f* / movimiento *m* basto
Ver • stellweg *m* **beim Anstellen** (Walzw) / ajuste *m* del dispositivo de regulación ‖ **~stemmen** *vt* / calafatear, retacar ‖ ≃**stemmen** *n* / retacado *m* ‖ ≃**stempeln** *vt* (Bergb) / apuntalar ‖ ≃**steppung** *f* (Geo, Landw) / transformación *f* en estepa, estepización *f*
verstetigen *vt* / hacer constante y permanente
Verstetigung *f* / intensificación *f*
verstiften *vt*, verbohren / fijar por clavija[s] o con pasador[es], enclavijar
Verstimmbarkeit *f* (Eltronik) / desintonizabilidad *f*
Verstimmeinrichtung *f* / desintonizador *m*
verstimmen *vt* (Eltronik) / desintonizar
verstimmt (Resonanzkreis) / fuera de sintonía ‖ **~e Antenne** / antena *f* no resonante ‖ **gegeneinander ~** (Eltronik, TV) / de sintonía escalonada
Verstimmung *f*, Frequenzwanderung *f* (Eltronik) / desintonización *f*, sintonía *f*, desacuerdo *m* ‖ ≃ **von Kreisen gegeneinander** (Eltronik, TV) / sintonía *f* escalonada, alineamiento *m* escalonado
verstocken *vi* (Holz) / mancharse
verstopfen *vt*, versperren / obstruir, tapar, cegar ‖ ~ (Leitung) / arrancar (LA), atascar, atorar (LA) ‖ ~ (Sieb) / obturar ‖ ~ (Rohre) / atascar, obstruir, entupir; ‖ ~, blockieren (Verkehr) / embotellar ‖ ~, auskitten (Email) / enmasillar ‖ **Bohrlöcher ~** (Bergb) / taponar taladros, tapar con lodo ‖ **ein Leck ~** / cegar una vía de agua ‖ **eine Düse ~** / obstruir una tobera ‖ **mit Stöpsel ~** / taponar, cerrar con tapón ‖ **Ritzen ~** / calafatear, tapar ‖ **sich ~**, sich zusetzen (z.B. Filter) / obstruirse ‖ **sich ~** (Säge) / ensuciarse ‖ **sich ~**,

Verstopfen

verschlammen / enlodarse ‖ ≈ *n* (Öl) / taponamiento *m*

verstopft / obturado, cegado, atorado ‖ ~ (Kühler) (Kfz) / incrustado ‖ ~ (Auspuff) / obstruido ‖ ~, zu (Loch) / tapado

Verstopfung *f* / obstrucción *f* ‖ ≈ (Filter) / obturación *f* ‖ ≈ (Fernm, Verkehr) / congestión *f* ‖ ≈, Hängenbleiben *n* (Hütt) / obstrucción *f* ‖ ≈**en beseitigen** (Verkehr) / descongestionar

Verstopfungsgefahr *f* (Pumpe) / peligro *m* de atascamiento

verstrammen *vt* (Gummi) / reforzar

verstreben *vt*, abstützen (Bau, Bergb) / reforzar con estemples o puntales, apuntalar ‖ ~ / arriostrar ‖ ≈ *n* (Tätigkeit) / arriostramiento *m*

Verstrebung *f* (Bau) / riostra *f*, tornapunta *f*, puntal *m* en diagonal ‖ ≈, **Querstreben** *f pl* / traviesas *f pl* ‖ ≈ (Brücke) / apuntalamiento *m*, arriostramiento *m* ‖ ≈ (Stromabnehmer) / tirante *m* de pantógrafo ‖ ≈ **gegen den Wind**, Windverstrebung *f*, -verband *m* / contraventamiento *m*

Ver•streckbarkeit *f* (Garn) / estirabilidad *f* ‖ ≈**strecken** *n*, Verstreckung *f* (Spinn) / estiraje *m* ‖ ~**streckt** (Plast) / estirado ‖ ≈**streichbarkeit** *f* (Farbe) / extensibilidad *f* por brocha ‖ ≈**streichbürste** *f* / brocha *f* para extender

verstreichen *vi* (Zeit) / pasar, transcurrir ‖ ~ *vt* (Farbe) / extender ‖ ~ (Fugen) / tapar juntas

Verstreich•raumaschine *f* (Web) / máquina *f* aprestadora a rasquete ‖ ≈**- und Egalisiereinrichtung** *f* (Pap) / dispositivo *m* de extender e igualar

verstreuen *vt* / dispersar, disgregar ‖ **[sich]** ~ / disgregarse, dispersarse

Ver•strich *m* (unter Firstziegeln) (Bau) / relleno *m* con mortero ‖ ~**strichene Zeit** / tiempo *m* pasado

verstromen *vt* (Bahn) / electrificar ‖ **Kohle** ~ / transformar carbón en corriente eléctrica

Verstromer *m* / empresa *f* productora de energía eléctrica

verstümmeln *vt* / mutilar ‖ ~ *vi* (Signal) / mutilarse una señal ‖ **ein Programm** ~ (DV) / mutilar un programa ‖ ≈ *n*, Beschneiden von Worten (Fernm) / mutilación *f* de la palabra

verstürzen (Bergb) / verter ‖ ≈, Kippen *n*, Versturz *m* (Bergb) / vertido *m*

Versuch *m*, Anlauf *m* / intento *m* ‖ ≈, Experiment *n* / experimento *m*, ensayo *m*, experiencia *f* ‖ ≈, Probe *f*, Prüfung *f* / prueba *f* ‖ ≈... / experimental ‖ ≈**e** *m* **pl an Maschinen** / prueba *f* de máquinas ‖ ≈**e anstellen** / hacer ensayos ‖ ≈ *m* **außerhalb des Reaktors** / ensayo *m* fuera del reactor ‖ ≈ **im Reaktor** / ensayo *m* [por] dentro del reactor ‖ ≈ **in natürlicher Größe** / ensayo *m* en tamaño natural ‖ ≈ **und Prüfbescheinigung** / ensayo *m* y certificación ‖ **einen** ≈ **anstellen od. durchführen** / realizar un ensayo

Versuchbau *m* (Bergb) / explotación *f* por vía de ensayo

versuchen *vt* / ensayar, probar ‖ ~, experimentieren / experimentar, hacer experimentos, hacer una prueba o un ensayo

versuchend, Versuchs... / tentativo

Versuchs•abschuss *m*, Probeschuss *m* (Raumf) / lanzamiento *m* de ensayo ‖ ≈**anlage** *f*, -betrieb *m* / planta *f* piloto o de experimentación, planta piso, fábrica *f* experimental ‖ ≈**anlage**, Prüffeld *n* / campo *m* de ensayo[s] ‖ ≈**anlage**, Pilot Plant *f* / instalación *f* piloto, planta *f* de ensayo ‖ ≈**anordnung** *f*, Vorgehen *n* / modo *m* de experimentación, modo *m* de procedimiento del ensayo ‖ ≈**anordnung**, -einrichtung *f*, -aufbau *m* / equipo *m* o montaje experimental *f*, ≈**anstalt** *f* / instituto *m* de ensayos, estación *f* experimental ‖ ≈**anstalt**, Forschungszentrum *n* / centro *m* de investigaciones o de pruebas ‖ ≈**atomkraftwerk** *n* (VAKW) / central *f* nuclear experimental ‖ ≈**aufbau** *m* (Eltronik) / modelo *m* o montaje experimental ‖ ≈**ausführung** *f* / prototipo *m* de prueba ‖ ≈**auswertung** *f* / interpretación *f* (o evaluación) de los resultados de ensayos ‖ ≈**bahn** *f*, Versuchsstrecke *f* / vía *f* de ensayos ‖ ≈**ballon** *m* (Meteo) / globo *m* sonda o de ensayo ‖ ≈**bau** *m* (Bergb) / instalación *f* experimental ‖ ≈**bedingung** *f* / condición *f* de ensayo ‖ ≈**bericht** *m* / informe *m* de pruebas ‖ ≈**bericht**, -auswertung *f* / evaluación *f* de ensayos ‖ ≈**betrieb** *m* / explotación *f* piloto ‖ ≈**bohrung** *f* (Bergb, Öl) / perforación *f* de exploración, sondeo *m* de exploración ‖ ≈**dauer** *f* / duración *f* del ensayo ‖ ≈**durchführung** *f* / procedimiento *m* de experimentación, realización *f* de los ensayos ‖ ≈**ergebnis** *n* / resultado *m* del ensayo o del experimento ‖ ≈**fahrt** *f*, Probefahrt *f* (Bahn) / recorrido *m* de prueba, viaje *m* de prueba, ensayo *m* en línea ‖ ≈**fahrzeug** *n* (allg) / vehículo *m* experimental ‖ ≈**fahrzeug** (neuer Unterbau mit altem Aufbau), Erlkönig *m* (coll) (Kfz) / prototipo *m* de ensayo ‖ ≈**fehler** *m* / error *m* de ensayo ‖ ≈**feld** *n*, -strecke *f*, -gelände *n* / campo *m* experimental, terreno *m* de experimentación, polígono *m* de pruebas ‖ ≈**feld** (für neu entwickelte Geräte) / departamento *m* de ensayo de productos nuevos ‖ ≈**flug** *m* / vuelo *m* de prueba ‖ ≈**gut** *n* (Landw) / estación *f* agrícola experimental, granja *f* piloto ‖ ≈**ingenieur** *m* / ingeniero *m* de ensayos ‖ ≈**kanal** *m* (Reaktor) / canal *m* de irradiación ‖ ≈**körper** *m*, -stück *n* / probeta *f* ‖ ≈**kraftwerk** *n* / central *f* experimental ‖ ≈**kreislauf** *n* (Nukl) / circuito *m* experimental o de ensayo ‖ ≈**labor** *n* / laboratorio *m* experimental o de ensayos ‖ ≈**länge** *f*, Prüflänge *f* / largo *m* de probeta ‖ ≈**lauf** *m* / marcha *f* experimental o de prueba ‖ ≈**material** *n* / material *m* de ensayo ‖ ≈**modell** *n* / modelo *m* de ensayo ‖ ≈**objekt** *n* / objeto *m* de la experimentación ‖ ≈**ofen** *m* (Labor) / horno *m* piloto ‖ ≈**person** *f* / probando *m*, sujeto *m* de experimentación ‖ ≈**programm** *n* / programa *m* de ensayo ‖ ≈**rakete** *f* (Raumf) / sonda *f* cósmica o de investigación ‖ ≈**raum** *m* / sala *f* de experimentaciones ‖ ≈**reaktor** *m* / reactor *m* experimental ‖ ≈**reihe** *f* / serie *f* de ensayos, serie *f* experimental ‖ ≈**satellit** *m* (Raumf) / satélite *m* experimental ‖ ≈**schacht**, Schürfschacht *m* (Bergb) / pozo *m* de exploración ‖ ≈**schacht**, Vorschacht *m* (Bergb) / pozo *m* piloto ‖ ≈**schaltung** *f* / montaje *m* experimental ‖ ≈**sendungen** *f pl*, Testsendungen *f pl* / emisiones en pruebas ‖ ≈**stab** *m* (Zerreißversuch) / probeta *f* ‖ ≈**stadium** *n* / fase *f* experimental o de experimentación, período *m* de prueba[s] ‖ ≈**stand** *m* (Masch) / banco *m* de ensayos o de pruebas ‖ ≈**station** *f* / estación *f* experimental ‖ ≈**strecke** *f* (Bergb) / galería *f* de exploración ‖ ≈**strecke** (Kfz) / pista *f* de ensayos, pista *f* de pruebas ‖ ≈**strecke** (Bahn) / línea *f* de ensayos ‖ ~**technisch** / técnico-experimental ‖ ≈**vorschrift** *f* / instrucción *f* de ensayo ‖ ~**weise**, auf o. zur Probe / por vía de ensayo, a título de ensayo o prueba, a modo de prueba ‖ ~**weise**, experimentell / por vía de experimento, experimentalmente, en plan experimental ‖ ≈**zweck** *m* / fin *m* de experimentación

ver•sumpfen *vi* / empantanarse ‖ ≈**sumpfung** *f* / empantanamiento *m* ‖ ~**sunken**, ertrunken / sumergido ‖ ~**süßen** *vt* (Pharm) / edulcorar ‖ ~**täfeln** *vt* (Fußboden) / entarimar ‖ ≈**täfelung** *f* (Wand) (Tischl) / friso *m* de tablas ‖ ~**tauben** *vi* (Bergb) / empobrecerse, esterilizarse, cegar ‖ ≈**täublock** *m* (Schiff) / motón *m* de amarre ‖ ≈**täuboje** *f*, boya *f* de amarre ‖ ~**täuen** (Schiff) / amarrar, afrenillar ‖ ≈**täuen** *n*, Sorren *n* / amarradura *f* ‖ ≈**täupfahl** *m* / poste *m* de amarre

vertauschbar / cambiable, permutable ‖ ~ (Math) / conmutativo, permutable

Vertauschbarkeit *f* (Math) / conmutatividad *f*

Verteilungsleitung

vertauschen vt [gegen] / cambiar [por], sustituir [por], trocar ‖ ~, permutieren (Math) / permutar ‖ ~, transponieren (Math) / transponer, trasponer
vertauschte Verdrillung (Fernm) / par m [re]torcido o trenzado
Vertauschung f / cambio m, intercambio m ‖ ~, Transposition f (Math) / transposición f ‖ **zyklische** ~ (Math) / permutación f cíclica
Verteerungszahl f, VTZ f (Chem) / índice m de alquitranamiento
Verteidigungsanlagen f pl, -bauten m pl (Mil) / defensas f pl
Verteilanlage f (Elektr) / armario m de distribución o de mando ‖ ~ **für Post** / instalación f de encaminamiento [de cartas]
verteilen vt / distribuir, repartir ‖ ~, aufteilen, zumessen, dosieren / proporcionar, dosificar ‖ ~, vergießen / difundir líquidos, verter ‖ ~ n, Drahtführung f (Kabel) / esparcimiento m de alambres
verteilend / distribuyente, distribuidor
Verteiler m (allg, Mot) / distribuidor m ‖ ~ (Bahn, Bergb, Öl) / repartidor m, distribuidor m ‖ ~, Zündverteiler m (Mot) / distribuidor m de encendido, delco m (E) ‖ ~ (Fernm) / divisor m, bifurcador m ‖ ~, Verteilungstafel f (Elektr) / panel m repartidor o de distribución ‖ ~, Tundish m (Guss) / artesa f de colada, distribuidor m ‖ ~ (Dampferz) / distribuidor m, múltiple m ‖ ~, Weiche f (DV) / llave f ‖ ~ **für Einzellasten** (Bahn) / separador m de cargas ‖ ~ **für Verstärkungsämter** (Fernm) / repartidor m de repetidores, entramado m para distribución de repetidores ‖ ~**ausleger** m (Beton, Kran) / pescante m distribuidor de hormigón ‖ ~**bahnhof** m (für leere Güterwagen) (Bahn) / estación f distribuidora (vagones vacíos) ‖ ~**bezeichner** m (DV) / indicador m de llave ‖ ~**block** m (Öl) / múltiple m ‖ ~**deckel** m, -kappe f (Mot) / tapa f del distribuidor o delco ‖ ~**dose** f (Elektr) / sapo m, caja f de distribución ‖ ~**dose** (Elektr) s. Verteilerkasten ‖ ~**draht** m (Fernm) / hilo m o alambre volante o de puente ‖ ~**einspritzpumpe** f (Kfz) / bomba f distribuidora (o rotativa) de inyección ‖ ~**feld** n (Elektr) / panel m o cuadro de distribución ‖ ~**finger** m, -läufer m (Kfz) / rotor m o dedo del distribuidor ‖ ~**gestell** n (Eltronik, Fernm) / bastidor m de distribución ‖ ~**getriebe** n (Kfz) / división f de fuerza ‖ ~**getriebe** (Traktor), Zapfwellengetriebe n (Landw) / transmisión f de toma de fuerza ‖ ~**getriebe** n (für 4-Rad-Antrieb) (Kfz) / cambio m de marchas intermedio ‖ ~**glocke** f (Hütt) / campana f de distribución ‖ ~**kabel** n (Elektr) / cable m de distribución ‖ ~**kanal** m, -schacht m (Sonnenwärmekollektor) / cámara f de distribución ‖ ~**kappe** f (Kfz) / capuchón m de caucho ‖ ~**kasten** m (m. Sicherungen), Verteilerschrank m (Elektr) / armario m de distribución ‖ ~**kasten**, -dose f (Elektr) / caja f de distribución, sapo m ‖ ~**klappe** f **in Rohrleitungen** / chapaleta f de distribución ‖ ~**klemme** f (Kabel) / sujetacables m de distribución ‖ ~**kopf** m, Sammler m (Nukl) / colector m ‖ ~**kopf** (Abwasser, Hydr, Plast) / cabeza f repartidora ‖ ~**kopf der Einspritzpumpe** (Kfz) / cabeza f hidráulica (o distribuidora) de la bomba de inyección ‖ ~**körper der Einspritzpumpe** (Kfz) / cuerpo m distribuidor de la bomba de inyección, cabeza f hidráulica ‖ ~**leitung** f, Verteilungsleitung f / tubería f de distribución ‖ ~**leitung** f (Hauswasserversorgung) / tubería f ascensional ‖ ~**maische** f (Zuck) / mezclador m distribuidor ‖ ~**mantel** m (Hütt) / camisa f de distribución ‖ ~**mast** m (Beton) / poste m de distribución ‖ ~**name** m (DV) / indicador m de llave ‖ ~**netz** n (Elektr) / red f de distribución ‖ ~**nocken** m (Kfz) / leva f del árbol de distribución ‖ ~**rahmen** m **mit waagerechten Ausgängen** (Fernm) / repartidor m horizontal ‖ ~**scheibe** f, -deckel m (Kfz) / tapa f del distribuidor o del delco ‖ ~**scheibe für Füllmasse** (Zuck) / disco m de repartición de masa cocida ‖ ~**schiene** f (Elektr) / barra f ómnibus (o colectora) de distribución ‖ **an** ~**schienen anschließen** (Elektr) / conectar al bus, conectar a la barra colectora ‖ ~**schrank** m (Elektr) / armario m de distribución ‖ ~**schurre** f / vertedor m inclinado de distribución, tolva f de distribución ‖ ~**seite** f **einer Hochspannungsleitung** (Elektr) / extremidad f de distribución ‖ ~**station** f, -werk n / centro m distribuidor, estación f de distribución ‖ ~**stein** m (Feuerfest) / ladrillo m de repartición ‖ ~**streifen** m (Fernm) / regleta f de derivación ‖ ~**stromkreis** m / circuito m de distribución ‖ ~**tafel** f / cuadro m de distribución ‖ ~**transformator** m / transformador m de distribución ‖ ~**-Unterwerk** n (Elektr) / subestación f de distribución ‖ ~**vereinbarung** f (DV) / declaración f de llave ‖ ~**verstärker** m / amplificador m de distribución ‖ ~**wendegetriebe** n / engranaje m distribuidor-inversor ‖ ~**werk** n, Schaltposten m, -stelle f (Bahn) / puesto m de acoplamiento, subestación f de distribución ‖ ~**zapfen** (Gieß) / difusor m ‖ ~**zone** f **bei Ablaufanlagen** (Bahn) / cabeza f del haz de clasificación
Verteil•**faktor** m (Elektr) / factor m de distribución ‖ ~**fernamt** n (Fernm) / centro m de grupo o de distribución ‖ ~**klappe** f (Förderer) / tapa f de cambio ‖ ~**kommunikation** f (Fernm) / comunicación f distribuida ‖ ~**netz** n / red f distribuidora ‖ ~**platine**, Barre f (Strumpf) / platina f divisora o de división ‖ ~**rohr** n (Bunker) / tubo m distribuidor
verteilt / distribuido, repartido ‖ ~**e Datenbasis** / banco m de datos distribuidos ‖ ~**e Datenverarbeitung o. Intelligenz** / tratamiento m de datos distribuidos, informática f distribuida ‖ ~**es Elektron** (Phys) / electrón m compartido ‖ ~**e Kapazität** (Elektr) / capacidad f repartida, capacitancia f distribuida ‖ ~**e Last** / carga f repartida ‖ ~**e numerische Steuerung** (NC) / control m numérico distribuido ‖ ~**e Parameter** m pl (Math, Phys) / parámetros m pl distribuidos o repartidos ‖ ~**e Wicklung** (Elektr) / devanado m distribuido ‖ **gleichmäßig** ~ / repartido uniformemente
Verteilung f, Austeilung f / distribución f, repartición f ‖ ~, Zu-, Aufteilung f / distribución f, reparto m ‖ ~, Anordnung f / disposición f ‖ ~ f, Teilung f / división f ‖ ~, Zerstreuung f / dispersión f ‖ ~ **mit einem Rohr**, Einrohrverteilung f (Heizung) / distribución f monotubular ‖ ~ **o. Sortierung von Daten** (DV) / clasificación f de datos ‖ ~ **von Feststoff in Wasser** (Chem, Phys) / dispersión f de sólidos en el agua ‖ **gleichmäßige** ~ / equidistribución f ‖ **obere** ~ (Heizung) / distribución f vertical superior ‖ **untere** ~ (Heizung) / distribución f vertical inferior
Verteilungs•**charakteristik** f, -kennlinie f (Phys) / característica f de distribución ‖ **spektrale** ~**charakteristik** / característica f espectral ‖ ~**-Chromatographie** f (Chem) / cromatografía f de partición ‖ ~**druck** m (Drucklutt) / presión f de distribución ‖ ~**faktor** m (Strahlenschutz) / factor m de distribución ‖ ~**freier Test** (Qual.Pr.) / prueba f no distribuida ‖ ~**funktion** f (Stat) / curva f de función de distribución ‖ ~**gebundener Test** (Qual.Pr.) / prueba f paramétrica ‖ ~**gesetz** n / ley f de distribución ‖ ~**grad** m (Chem, Phys) / grado m de dispersión ‖ ~**kabel** n / cable m de distribución ‖ ~**kasten** m, -dose f (Elektr) / caja f de distribución, sapo m ‖ ~**koeffizient** m (Chem) / coeficiente m de distribución ‖ ~**kurve** f (Stat) / curva f de distribución o de frecuencia ‖ **flache kompakte** ~**kurve** (Stat) / platicurtosis f ‖ ~**kurve** f **mit scharfer Spitze u. langen Ausläufern** (Stat) / leptocurtosis f ‖ ~**leitung** f (Elektr) / conductor m de acometida o de entrada o de servicio ‖ ~**leitung** (Gas usw.) / conducto m de

1441

distribución, canalización f de distribución, tubería f distribuidora ‖ ⁓**mischer** m (Zuck) / mezclador m
distribuidor o de distribución ‖ ⁓**mittel** n (Farbe) / agente m o medio dispersante, dispersante m ‖ ⁓**netz** n / red f de distribución ‖ ⁓**oktanzahl** f (Öl) / número m de octano de distribución ‖ ⁓**plan** m / plan m de distribución ‖ ⁓**punkt** m, -zentrum n / centro m o punto de distribución ‖ ⁓**rauschen** n (Eltronik) / ruido m de fluctuación, perturbaciones f pl debidas a fluctuaciones aleatorias o estadísticas ‖ ⁓**satellit** m (Fernm) / satélite m de transmisión ‖ ⁓**satz** m (Chem) / ley f de distribución [de la concentración] ‖ ⁓**stück** n, T-Stück n (F'wehr) / pieza f en T ‖ ⁓**teller** m (Masch) / platillo m repartidor ‖ ⁓**tisch** m (Bergb) / mesa f de separación ‖ ⁓**transformator** m / transformador m de distribución ‖ ⁓**zahl[en]kurve** f (Flotation) / curva f de partición ‖ ⁓**zentrale** f (Elektr) / central f de distribución ‖ ⁓**zone** f (Bahn) / abanico m de vías
Verteil•ventil n / válvula f distribuidora, válvula f de tres vías ‖ ⁓**zeit** f (F.Org) / tiempo m perdido ‖ **betrieblich bedingte** ⁓**zeit** / tiempo m perdido condicionado de la empresa **persönliche** ⁓**zeit** / tiempo m permitido para necesidades individuales, tiempo m perdido derivado de la persona ‖ ⁓**zeitaufnahme** f (F.Org) / cronometraje m de tiempo perdido
verteuernd (F.Org) / costoso, encarecedor, que encarece
Vertex m (Sternstrom) / vértice m
vertiefen / profundizar, ahondar ‖ ⁓, Vertiefungen anbringen / ahuecar, ahondar, profundizar ‖ **sich** ⁓ / profundizarse
vertieft, eingebettet / empotrado ‖ ⁓ (Schrift) / en bajorrelieve
Vertiefung f, Prägung f, Eindruck m / impresión f ‖ ⁓, Eindruck m / marca f, huella f ‖ ⁓, Senke f (Geo) / depresión f, hondonada f ‖ ⁓, Aushöhlung f / cavidad f, concavidad f, ahuecamiento m, ahondamiento m ‖ ⁓ f, leichter Eindruck / ligera impresión f ‖ ⁓, Loch n / hueco m, agujero m ‖ ⁓ (Tischl) / hueco m, entalla f, entalladura f, entallamiento m ‖ ⁓, Ritze f / hendidura f, rendija f ‖ ⁓ f, Rille f (Masch) / ranura f, acanaladura f ‖ ⁓ (IC) / indentación f ‖ ⁓**en anbringen** (Holz) / entallar ‖ ⁓ f **des Fahrwassers** (Schiff) / ahondamiento m del canalizo ‖ ⁓ **in der Mauer für Leitungen** (Bau) / ranura f [fresada] en el muro ‖ ⁓ f **in einer Oberfläche** / depresión f
Verti-Form-Papiermaschine f (senkrecht arbeitend) (Pap) / mesa f de fabricación Verti-Form
vertikal, senkrecht / vertical ‖ ⁓**e Antennenseile** / escalonamiento m vertical de cables de antenas ‖ ⁓**e Auslenkung der Kathodenstrahlen** / excursión f vertical de rayos catodicos ‖ ⁓**e Bedeckung, Erfassungsbereich** m (Radar) / cobertura f vertical ‖ ⁓**er Bilddurchlauf** (Fehler, Plotter) / desplazamiento m sucesivo de la imagen, rodamiento m de la imagen, movimiento m continuo de la imagen ‖ ⁓**e Paritätskontrolle** (DV) / verificación f vertical par-impar ‖ ⁓**e Strahlbreite** (Luftf) / abertura f vertical del haz ‖ ⁓**e Zusammenschnürung** (Strömung) / contracción f de la base
Vertikal•ablenkplatte f, Y-Platte f (Radar) / placa f de desviación vertical, electrodo m de desviación vertical ‖ ⁓**-Ablenksystem** n (TV) / unidad f de desviación vertical ‖ ⁓**ablenk-Transformator** m (TV) / transformador m de exploración vertical ‖ ⁓**ablenkung** f (TV) / barrido m vertical, exploración f de campo ‖ ⁓**-Abquetschfoulard** m (Tex) / fular[d] m de escurrido vertical ‖ ⁓**antenne** f / antena f vertical ‖ ⁓**auflösung** f (TV) / definición f vertical, resolución f vertical ‖ ⁓**aufnahme** f (Verm) / fotograma m vertical ‖ ⁓**-Austastimpuls** m (TV) / impulso m de borrado vertical o de supresión vertical ‖ ⁓**austastung** f (TV) / borrado m vertical, supresión f vertical ‖ ⁓**austastzeit** f / intervalo m de supresión del haz ‖ ⁓**beladung** f, Lift-on/lift-off (Schiff) / carga f vertical ‖ ⁓**bö** f (Meteo) / ráfaga f vertical ‖ ⁓**diagramm** n (Antenne) / diagrama m de radiación vertical
Vertikale f, Senkrechte f (Geom) / línea f vertical, perpendicular f ‖ ⁓ (Stahlbau) / barra f vertical, miembro m vertical
Vertikal•einstellung f / ajuste m vertical ‖ ⁓**frequenz** f (TV) / frecuencia f de barrido (o de exploración) vertical ‖ ⁓**gatter** n (Sägewerk) / sierra f alternativa vertical ‖ ⁓**illuminator** m, Opakilluminator m (Opt) / fuente f luminosa opaca o vertical ‖ ⁓**impuls**, V-Impuls m (TV) / señal f de sincronización vertical
Vertikalität f (Geom) / verticalidad f, perpendicularidad f
Vertikal•jalousien f pl (Bau) / persianas f pl verticales ‖ ⁓**komponente** f (Phys) / componente f vertical ‖ ⁓**kontraktion** f (Hydr) / contracción f de la base ‖ ⁓**kreis** m (Astr) / círculo m cuyo plano pasa por el cenit y el nadir ‖ ⁓**kreis** (Verm) / limbo m vertical ‖ ⁓**kreisel** m (Luftf) / giroscopio m vertical ‖ ⁓**lamellenstore** m (Fenster) / estor m de láminas [textiles] verticales ‖ ⁓**öffner** m (Spinn) / abridora f vertical ‖ ⁓**polarisation** f (Opt) / polarización f vertical ‖ ⁓**projektion** f, Aufriss m (Zeichn) / alzado m, elevación f, proyección f vertical ‖ ⁓**prüfung** f (auf Redundanz) (DV) / verificación f de redundancia vertical ‖ ⁓**rücklauf** m (TV) / retorno m vertical ‖ ⁓**sperrschwinger** m (TV) / oscilador m de bloqueo vertical ‖ ⁓**stab**, Pfosten m (Stahlbau) / barra f vertical ‖ ⁓**steuerung** f (TV) / estabilización f vertical ‖ ⁓**stütze** f / apoyo m vertical ‖ ⁓**synchronimpuls** m (TV) / impulso m de sincronización (o de sincronismo) vertical ‖ ⁓**tabulieren** m (Schreibm) / espaciado m de renglones ‖ ⁓**tabulierung** f (Drucker) / tabulación f vertical ‖ ⁓**unterdrückung**, -austastung f (TV) / borrado m vertical, supresión f vertical ‖ ⁓**verband** m (Stahlbau) / refuerzo m vertical ‖ ⁓**verschiebung** f (TV) / descentrado m vertical ‖ ⁓**verstärker** m (Eltronik) / amplificador m de desviación (o de deflexión) vertical ‖ ⁓**verstellung** f / desplazamiento m vertical, movimiento m vertical ‖ ⁓**versuchsstand** m, Elfenbeinturm m (Raumf) / banco m de ensayos vertical ‖ ⁓**winkel-Messeinrichtung** f (Theodolit) / eclímetro m, clinómetro m, indicador m de pendiente
vertilgen vt, ausrotten (Landw) / exterminar, extirpar
vertippen, sich ⁓ / equivocarse al escribir a máquina
ver•tonen vt (Film) / sonorizar ‖ ⁓**tonung** f (Film) / sonorización f
Vertrag m / contrato m, convenio m ‖ **einen** ⁓ **schließen o. eingehen** / hacer un contrato o concertar un contrato, concluir
vertragen vt (z.B. Temperaturen) / sufrir, resistir
vertraglich gebunden / obligado por contrato ‖ **sich** ⁓ **verpflichten**, akkordieren / obligarse contractualmente o por contrato
verträglich, kompatibel (DV, Masch) / compatible
Verträglichkeit f (Elektr, Math) / compatibilidad f ‖ ⁓, Übereinstimmung f (Math) / correspondencia f ‖ **elektromagnetische** ⁓ / compatibilidad f electromagnética
Verträglichkeitsbedingung f, Randbedingung f / condición f de compatibilidad
Vertrags•..., vertragsmäßig, vertraglich / contractual ‖ ⁓**forschung** f / investigación f por contrato ‖ ⁓**-Händler** m / concesionario m, centro m autorizado ‖ ⁓**ingenieur** m / ingeniero m de contrato ‖ ⁓**klausel** f / cláusula f de contrato ‖ ⁓**partner** m, -teil m / parte f contratante, contratante m f ‖ ⁓**werkstatt** f / taller m concesionario
Vertrauen n / confianza f
Vertrauens•bereich m (Qual.Pr.) / margen m de confianza ‖ ⁓**grenze** f (Qual.Pr.) / límite m de confianza ‖ ⁓**koeffizient** m (Qual.Pr.) / nivel m de confianza
Vertraulichkeit f / confidencia f, carácter m confidencial

vertraut [mit], erfahren [in] / versado [en], perito [en]
Vertrieb m, Vertriebsabteilung f / venta f, departamento m de ventas, sección f de ventas
Vertriebs•gesellschaft f / sociedad f distribuidora ‖ ⁓**ingenieur** m / ingeniero m de ventas ‖ ⁓**technik** f / técnica f de venta
verunfallt (Kfz) / accidentado, siniestrado
verunkrautet (Landw) / enmalezado, invadido por las malas hierbas
verunreinigen vt / ensuciar, manchar, impurificar ‖ ~, beschmutzen (Umw) / polucionar ‖ ~ (Luft) / viciar ‖ ~, kontaminieren vt vi (Umw) / contaminar
Verunreinigung f / ensuciamiento m, suciedad f, impurificación f ‖ ⁓, Fremdkörper m / impureza f, cuerpo m extraño ‖ ⁓ (Umw) / contaminación f, polución f ‖ ⁓**en** f pl **im Altpapier** / impurezas f pl en papel viejo
verunstalten vt, beeinträchtigen (Umw) / estropear (el paisaje), desfigurar
Verunstaltung f, Missbildung f / deformidad f, deformación f, desfiguración f ‖ ⁓ **der Landschaft** / desfiguración f, estropeo m de paisaje
verursachen vt / causar, motivar, originar ‖ ~, bewirken / dar lugar [a], provocar
verursachend / originario, causante [de]
Verursacher•prinzip n / principio m del causante o responsable ‖ ⁓**suche** f **von Ölverschmutzungen** / identificación f del causante de una contaminacióon petrolífera
vervielfachen vt, multiplizieren (Math) / multiplicar ‖ (sich) ~ / multiplicarse
vervielfachendes Getriebe, Vervielfältiger m, Übersetzungsgetriebe n (Mech) / mecanismo m multiplicador
Vervielfacher m (Röhre) (Eltronik) / tubo m multiplicador ‖ ⁓ (TV) / multiplicador m ‖ ⁓ **mit gekreuzten Feldern** (Phys) / multiplicador m de campos cruzados
Vervielfacher•-Betriebsspannung f (Eltronik) / tensión f de funcionamiento del tubo fotomultiplicador ‖ ⁓**stufe** f (TV) / multivibrador m
Vervielfachung f (Eltronik, Funk) / multiplicación f
Vervielfachungsfaktor m (Röhre) / factor m de multiplicación
vervielfältigbar / reproducible
vervielfältigen vt, kopieren / reproducir, policopiar, multicopiar, hectografiar, mimeografiar (LA)
Vervielfältigung f / reproducción f, copia f, multiplicación f
Vervielfältigungs•apparat m, -maschine f, Vervielfältiger / multicopista m, autocopista m, mimeógrafo m (LA) ‖ ⁓**automat** m (Druck, Foto) / copiadora f automática ‖ ⁓**gerät** n / ciclostilo m, multicopista f, reproductora f, polígrafo m (LA) ‖ ⁓**kopie** f / positivo m para duplicado ‖ ⁓**maschine** f / máquina f duplicadora o para sacar copias, autocopista m, mimeógrafo m (LA) ‖ ⁓**matrize**, Matriz f / patrón m para estarcir, matriz f para reproducción mimeográfica ‖ ⁓**papier** n (Pap) / papel m de copias ‖ ⁓**technik** f / poligrafia f (LA), técnica f mimeográfica
vervierfachen vt / cuadruplicar
vervollkommnen vt / perfeccionar, mejorar
Vervollkommnung f / perfeccionamiento m
vervollkommnungsfähig / perfectible
vervollständigen vt, ergänzen / completar
Vervollständigung f / completamiento m
verwachsen adj (Erz, Min) / complejo ‖ ~**er Ast o. Knorren** (Holz) / nudo m incluido o embutido ‖ **fein** ~ (Bergb) / diseminado
Verwachsung f (Geol) / entrecrecimiento m ‖ ⁓ (Anstrich) / adherencia f ‖ ⁓ (Erze) / inter[e]stratificación f

Verwachsungs•fläche f (Krist) / superficie f de asociación ‖ ⁓**grad** m (Kohle) / grado m de entrecrecimiento
ver•wackeln vt (Foto) / mover ‖ ~**wackelt** (Foto) / movido, sin nitidez ‖ **mit Blech** ~**wahren** (Bau) / escurrir (con chapa)
Verwahrung f (Nukl) / almacenamiento m ‖ ⁓ (Bau) / placa f escurridiza ‖ ⁓ (an der Wand längs einer Terrasse) / vierteaguas m, boteaguas m (E), botaguas m (LA) ‖ **abgetreppte o. abgestufte** ⁓ (Bau) / escurrimiento m escalonado
verwalten vt (Datei) / actualizar
Verwaltung f, Buchführung f (Nukl) / contabilidad f
Verwaltungs•gebäude n / edificio m de [la] administración ‖ ⁓**maßnahmen für Konformitätsbestätigung** f pl (DV) / medidas f pl administrativas para confirmar o certificar la conformidad ‖ ⁓**programm** n (DV) / operaciones f pl de acondicionamiento, rutina f de preparación ‖ ⁓**zentrum** n / centro m de administración
ver•wandelbar / convertible, transformable, transmutable ‖ ~**wandeln**, umwandeln / convertir, transformar, transmutar ‖ **sich** ~**wandeln** [in] / convertirse [en], transformarse [en]
Verwandlung f / transformación f, cambio m, conversión f, transmutación f ‖ ⁓ **in Asche** / reducción f a cenizas ‖ ⁓ **in Kohle** (Geol) / carbonización f
Verwandlungshubschrauber m, Verwandlungsflugzeug n / helicóptero m convertible, convertíplano m, avión convertible m, convertible m
verwandt (Chem) / afín, derivado ‖ ~, verknüpft / relacionado, unido ‖ ~, artverwandt (Biol) / afín ‖ ~ (Wissenschaft) / relacionado
Verwandtschaft, Sippe f (Geol) / provincia f geológica ‖ ⁓, Affinität f (Chem) / afinidad f
Ver•wärmfaktor m, Schalldisipationsgrad m (Akust) / factor m de disipación de sonido ‖ ~**waschen** vt, zu sehr schwächen (Färb) / deslavar ‖ ~**waschen** adj (Foto) / descolorido ‖ ⁓**waschung**, Bildplastik f (Fehler, TV) / efecto f plástico o de relieve ‖ ⁓**waschungsgebiet** n (Radar) / zona f de indiscriminación o de confusión ‖ ~**wässern** vt, verdünnen / diluir, aguar ‖ ⁓**wässerungszone** f (Geo) / ciénaga f ‖ ~**weben** vt, ineinander weben / entretejer ‖ ~**wechselbar** (Elektr) / intercambiable, sin polaridad fija
verwechseln vt / confundir [con] ‖ ⁓ (Buchstaben) / barajar, empastelar
Verwechslung möglich machen / dar lugar a confusión
verwechslungs•fähig (Warenzeichen) / susceptible a confusión ‖ ⁓**gefahr** f / riesgo m de confusión
ver•wehen vt (mit Sand o. Schnee) / cubrir de arena o nieve ‖ ⁓**wehung** f (Geol) / remolinos m pl, arena f o nieve arremolinada
verweigern vt, zurückweisen / rechazar
Verweil•... (Chem) / de espera ‖ ⁓**dauer** f **im Ofen** (Chem, Hütt) / tiempo m de permanencia (o estancia)) en el horno ‖ ⁓**druck** m / presión f retardada ‖ ⁓**einrichtung** f (Tex) / máquina f de maduración
verweilen vi (Masch) / estar parado [momentáneamente]
Verweil•zeit, Stehzeit f (Chem) / tiempo m de estancia ‖ ⁓**zeit** f (Masch) / tiempo m de parada momentánea ‖ ⁓**zeit** (des Elektrons in der höheren Bahn) (Nukl) / período m de permanencia ‖ ⁓**zeit** (Zeit zwischen Programmabgabe und Auslieferung des Ergebnisses) (DV) / tiempo m de inversión ‖ ⁓**zeit** (verfügbare Zeit innerhalb eines Programmschritts) (DV) / sostenimiento m ‖ ⁓**zeit im Bade** (Löten) / tiempo m de permanencia en el baño
Verweisadresse f (DV) / dirección f de encadenamiento
verweisen vt [auf] / remetir [a], volver [sobre]
Verweißlichung f (TV) / desaturación f
Verweisung f, Querverweis m / remisión f [a] ‖ ⁓ **auf Normen** / referencia f a normas

1443

Verweisungsmarkierung

Ver•weisungsmarkierung f (Radar) / marca f de referencia ‖ ⁓**weiszeichen** n, Verweisungszeichen n (Druck) / señal f de referencia, llamada f (p.e. para nota al pie de la página)
verwelkt / marchito
verwendbar, anwendbar / aplicable [a] ‖ ⁓, brauchbar / utilizable [para] ‖ **vielseitig** ⁓, anpassungsfähig / de aplicación universal, flexible, adaptable
Verwendbarkeit, Brauchbarkeit f / utilidad f práctica, aplicabilidad f
verwenden, benutzen / usar, emplear, utilizar
verwendet, soll nicht mehr ⁓ werden (Begriffe) / caído en desuso, obsoleto, ya no debe usarse
Verwendung, Benutzung f / empleo m, uso m
Verwendungs•bereich m / margen m f de aplicación, campo m de aplicación, sector m de aplicación ‖ ⁓**datei** f / fichero m o archivo de casos de empleo ‖ **an der** ⁓**stelle** / in situ ‖ ⁓**zweck** m / uso m previsto
verwerfen vt, zurückweisen / rechazar ‖ **sich** ⁓ (Holz) / alabearse, abarquitarse ‖ ⁓ n, Verziehen n (Holz) / alabeo m, alabeamiento m, abarquillamiento m, reviro m ‖ ⁓ (Hütt) / alabeo m, distorsión f ‖ ⁓ (Qual.Pr.) / rechazo m ‖ ⁓ (Nachlauf) (Destillation) / eliminación f de la cola ‖ ⁓, Gleisverwerfung f (Bahn) / deformación f de la vía, desplazamiento m
Verwerfung f (Geol) / dislocación f, falla f, paraclasa f ‖ ⁓, Verwölbung f (Stahlbau) / deformación f ‖ ⁓ **aufwärts** (Geol) / falla f conforme ‖ **abnorme o. widersinnige** ⁓ (Geol) / falla f inversa ‖ **mit den Schichten in gleicher Richtung streichende** ⁓ (Geol) / falla f de extensión
Verwerfungs•graben m (Geol) / fosa f de dislocación ‖ ⁓**kluft** f (Geol) / grieta f de dislocación ‖ ⁓**quelle** f (Geol) / fuente f de falla ‖ ⁓**spalte**, Rutschfläche f (Geol) / plano m de falla
verwertbar (Messwert) / aceptable ‖ ⁓ (allg) / utilizable, aprovechable ‖ ⁓ **er Abfall** / desechos m pl o residuos recuperables o reutilizables ‖ ⁓ **es Abfallprodukt** / producto m secundario
verwerten vt, nutzen / utilizar ‖ ⁓ (z.B. Patent) / explotar
Verwertung, Ausnutzung f / utilización f, empleo m ‖ ⁓ f (Patent) / explotación f ‖ ⁓, Wiederverwertung f / recuperación f, reutilización f
Verwertungsindustrie f / industria f de procesamiento
ver•wesen vi, sich zersetzen (Biol) / descomponerse ‖ ⁓**wesung** f / descomposición f, putrefacción f
verwickeln vt, verwirren / enredar, enmarañar, embrollar ‖ **[sich]** ⁓ / enredarse [en], enmarañarse [en]
verwickelt, kompliziert / complicado, complejo ‖ ⁓, verwirrt, verschlungen / desordenado ‖ ⁓ **werden [in]** / enredarse [en], ser implicado [en]
Verwicklung, Verwirrung f / embrollo m, complicación f, confusión f ‖ ⁓ f, Verwirrung f (Spinn) / enredo m
verwiegen vt, abwiegen, auswiegen / pesar ‖ **sich** ⁓ / equivocarse al pesar ‖ ⁓ n, Verwiegung f / pesaje m
Verwiege- und Mischanlage f (Chem) / instalación f pesadora y mezcladora, instalación f de peso y mezcla
verwindbares Flügelende (Luftf) / extremo m flexible de ala
verwinden vt, verdrehen / torcer, retorcer ‖ ⁓, verformen / alabear ‖ **den Flügel** ⁓ (Luftf) / alabear el ala ‖ ⁓ n / torsión f
Verwindeversuch n / ensayo m de torsión
Verwindung f / retorsión f, retorcimiento m ‖ ⁓, Torsion f / torsión f ‖ ⁓ f, Verziehen n / alabeo m ‖ ⁓, Torsion f [einer Raumkurve] (Math) / torsión f ‖ ⁓, Verdrehung f (Holz) / alabeo m, abarquillamiento m, reviro m ‖ ⁓ f (IC) / torsión f, torcedura f ‖ ⁓ **der Flügelspitzen nach oben** (Luftf) / alabeo m negativo ‖ ⁓ **der Flügelspitzen nach unten**, positive Verwindung (Luftf) / alabeo m positivo de los extremos de ala ‖ ⁓ **eines Fahrzeugs** f (Bahn) / torcedura f de un vehículo ‖ ⁓ **um die Achse** / torsión f sobre el eje

Verwindungs•fläche f (Luftf) / flap m de alabeo ‖ ⁓**steif** / a prueba de torsión ‖ ⁓**steife** f / rigidez f torsional
verwinkelt (Bau) / que tiene ángulos o rincones, anguloso
Verwirbeln n, Verwirbelung f (Chem, Phys, Tex) / vortexing m (angl.)
verwirbelt (Chem, Hütt) / arremolinado, fluidizado
Verwirbelung f / remolino m, torbellino m, turbulencia f, fluidización f
verwirklichen vt / llevar a cabo o a efecto, poner a punto, poner en práctica ‖ ⁓, realisieren vt / realizar ‖ ⁓ (Patent) / dar cuerpo
Verwirklichung f, Ausführung f / ejecución f, puesta f en práctica, realización f [concreta]
verwirren, sich ⁓, sich verheddern (Spinn) / enredarse, enmarañarse
Ver•wirrung f (Radar) / embrollo m ‖ ⁓**wirrungszone** f (Luftf) / zona f de confusión
ver•wischen vt, verschmieren (Druck) / borrar, remosquear, sombrear ‖ ⁓**wischt** / borroso, desdibujado
verwittern vi / descomponerse, corroerse [por la intemperie] ‖ ⁓ (Mauerwerk) / desmoronarse, desagregarse ‖ ⁓ **lassen** / descomponer, corroer
verwittert / corroído [por la intemperie] ‖ ⁓ (Bau) / desmoronado
Verwitterung f / descomposición, desmoronamiento m, desagregación f ‖ ⁓, Erosion f (Geol) / erosión f ‖ ⁓, Auskristallisation f (Chem, Min) / eflorescencia f
Ver•witterungsklasse f, Fleckenempfindlichkeit f (Glas) / clase f de empañabilidad ‖ ⁓**wohnen** n **durch Mieter** (Bau) / gastamiento m por inquilinos ‖ ⁓**wohntheit** f (Bau) / estado m gastado [por inquilinos] ‖ ⁓**wölbung** f, Verwerfung f (Stahlbau) / alabeo m ‖ ⁓**worfen** (Geol) / dislocado
verwunden / alabeado ‖ ⁓, verdreht / torcido ‖ ⁓, drehwüchsig (Holz) / torcido, revirado, con reveces ‖ ⁓**e Fahrleitung** (Bahn) / catenaria f alabeada o inclinada
Ver•wundenheit, Windschiefheit f / alabeo m ‖ ⁓**würfeln** vt, Informationen zerhacken (Fernm) / hacer ininteligible por inversión de frecuencia ‖ ⁓**würfler** m (Fernm) / seudoaleatorizador m, mezclador m ‖ ⁓**wurfswinkel** m (Geol) / ángulo m de inclinación de una falla ‖ ⁓**würgen** vt (Drähte) / torcer ‖ **sich** ⁓**zählen** / equivocarse la cuenta, equivocarse al contar
verzahnen vt (Getriebe) / dentar, engranar, tallar dientes ‖ ⁓, mit Zähnen versehen / endentar ‖ ⁓ (Abwälzverfahren) / dentar por rodadura ‖ ⁓ **entrelazar** ‖ ⁓ n / dentado m, tallado m de engranajes
Verzahnfräser m **der Feinmechanik** / fresa f de rodadura de precisión
verzahnt, eng zusammengeschlossen / endentado, interbloqueado, interdependiente ‖ ⁓ **ablaufend** (DV) / concomitante, simultáneo
Verzahnung f, Zahnräder n pl (Masch) / engranaje m ‖ ⁓, Verzahnen n / dentado m, tallado m de engranajes de ruedas dentadas ‖ ⁓ (Bau) / unión f por aparejo escalonado ‖ ⁓ **von Maßnahmen** / encadenamiento m o engranaje de medidas ‖ **HPG-**⁓ (= high power gear) / engranaje m HPG
Verzahnungs•art f (Getriebe) / sistema m de dentado ‖ ⁓**fehler** m / error m de dentado ‖ ⁓**lehre** f / teoría f de los engranajes ‖ ⁓**maschinen** f pl / máquinas f pl talladoras de engranajes ‖ ⁓**-Schneidrad** n / fresa f tipo piñón
verzapfen vt (Zimm) / ensamblar, espigar, machihembrar
Verzapfung f (Zimm) / ensamble m, ensambladura f ‖ **einfache** ⁓ (Zimm) / unión f a caja y espiga
verzehnfachen / decupl[ic]ar, hacer diez veces mayor
Verzehnfachung f / decuplicado m
verzehrbare Elektrode (Schw) / electrodo m consumible o fusible

verzeichnet, verzerrt (Opt, Zeichn) / mal dibujado, desdibujado, deformado
Verzeichnis n / lista f, especificación f, relación f, inventario m ‖ ~ (DV) / diccionario m ‖ **alphabetisches** ~ / índice m alfabético
Verzeichnung, Verzerrung f (Opt) / distorsión f
verzellt (Plast) / celular
verzerren vt / distorsionar ‖ ~ (Math) / deformar
Verzerrer m (Fernm) / generador m de distorsión
Verzerrlinse f (Opt) / lente f deformante
verzerrt, verzeichnet (Zeichn) / desproporcionado, deformado, desdibujado ‖ ~, überhöht (Verm) / con exageración de las ordenadas ‖ ~es Echo (Radar) / indicación f deformada por hiperbrillantez, eco m deformado ‖ ~es **Liniengitter** (Fließpressen) / rejilla f de deformación ‖ ~es **Prüfsignal** (Eltronik) / señal f de prueba deformada ‖ ~e **Prüfung** / prueba f en biés
Verzerrung, Verzeichnung f (Opt) / distorsión f ‖ ~ f (Funk, TV) / distorsión f ‖ ~, einseitige Neigung (Geom) / inclinación f unilateral ‖ ~ **durch Mehrwegübertragung** (Fernm) / distorsión f debida a la propagación por trayectoria múltiple
Verzerrungs•ellipse, Indikatrix f (Verm) / indicatriz f de distorsión ‖ ~**faktor** m (Akust) / distorsión f de (o por) intermodulación ‖ ~**frei** / exento de o sin distorsión ‖ ~**frei**, orthoskopisch (Opt) / ortoscópico ‖ ~**freie Modulation** (Fernm) / modulación f lineal ‖ ~**freiheit** f / ausencia f de distorsión ‖ ~**grad** m / grado m de distorsión ‖ ~**kompensator** m (TV) / compensador m de distorsión ‖ ~**korrektur** f / corrección f de distorsión ‖ ~**messer** m (Akust) / distorsiómetro m, distorsionómetro m, distorsímetro m, medidor m de distorsión ‖ ~-**Messschallplatte** f / disco m para prueba de distorsión ‖ ~**tensor** m (Math) / tensor m de deformación
verzichten [auf] / renunciar [a]
verziehen vt, verschalen (Bergb) / revestir (para protegerse contra rocas) ‖ ~, vereinzeln (Landw) / ralear, aclar[e]ar ‖ **Anhänger** ~ / desplazar remolques ‖ **sich** ~ (Erzeugnis) / deformarse, torcerse ‖ **sich** ~ **beim Kleben** (Pap) / ondularse, undularse (menos usado) ‖ ~, Werfen n (Holz) / alabeo m, alabeamianto m, abarquillamiento m ‖ ~ n (Hütt) / deformación f durante el trabajo ‖ ~ (Magn.Bd) / deformación f ‖ ~ (Spinn) / adelgazamiento m de la masa de fibras ‖ ~ **der Schienen**, Längsziehen n / arrastre m hacia atrás de rieles ‖ ~ **des Gewebes** (Tex) / estiraje m del tejido
ver•zieren vt, dekorieren / adornar, decorar ‖ ~**zieren**, schmücken / ornamentar, ornar ‖ ~**zierschleifen** n / amoladura f decorativa ‖ **zierte Initiale** (Druck) / letra f florida ‖ ~**zierung** f, Ornament n / ornamento m ‖ ~**zierung**, Ausschmückung f / adorno m, decoración f
ver•zimmern vt (Bau) / entibar, revestir de madera ‖ ~**zimmern**, auszimmern (Bergb, Zimm) / entibar, enmaderar ‖ ~**zimmerung** f / entibación f
verzinken vt, [ver]schwalben (Tisch) / ensamblar a cola de milano ‖ ~ (jeder Art)(Oberflächenschutz) / galvanizar, cincar, zincar ‖ **galvanisch** ~ / electrogalvanizar, electrozincar ‖ **im chemischen Bade** ~ / galvanizar por electrólisis ‖ ~ n / cincado m, zincado m ‖ ~ **im Schmelzbad**, Feuerverzinkung f / galvanización f en baño de fusión, galvanización f por inmersión ‖ ~ **mit Zinkstaub** / galvanización f seca
Verzinker m / cinquero m
Verzinkerei f / taller m de galvanización ‖ ~**krätze** f / escorias f pl de galvanización ‖ ~-**Zink** n / cinc m o zinc para galvanización
verzinkt / galvanizado, revestido de cinc ‖ ~**es Blech**, Zinkblech n / chapa f galvanizada ‖ ~ **gezogen** / trefilado galvanizado ‖ ~**e nachgezogene Oberfläche** (Draht) / superficie f galvanizada retrefilada (alambre)

Verzinkung f **nach dem Ziehen** (Draht) / galvanización f después de trefilado ‖ ~ **vor dem Ziehen** (Draht) / trefilado m después de galvanización
Verzinkungs•blech n / chapa f para galvanización ‖ ~**kessel** m / caldero m de galvanización ‖ ~**pfanne** f, -bad n / artesa f de galvanizar ‖ ~**sprödigkeit** f / resquebrajadura f de galvanización ‖ ~**wanne** f / cuba f de galvanización
verzinnen vt / estañar ‖ **dünn** ~ / estañar delgadamente, estañar en capa delgada ‖ [**im Feuer**] ~, weißsieden / estañar al fuego ‖ **mit Zinnamalgam** ~ / estañar con amalgama de estaño ‖ ~ n, Verzinnung f / estañado m, estañadura f
Verzinner m / estañador m
Verzinnerei f / taller m de estañado
verzinn-nickeln vt / revestir de estaño-níquel
verzinnt / estañado ‖ ~**es Band** (Hütt) / cinta f estañada, banda f estañada ‖ ~**es Blech**, Weißblech n / hojalata f, hoja f de lata
Verzinnungs•bad n / baño m de estañado ‖ ~**herd** m / artesa f para estañar ‖ ~**station** f / puesto m de estañado ‖ ~**walze** f / cilindro m para estañar
verzogen, verformt / deformado ‖ ~ (Band) / retorcido, torcido ‖ ~**sein** n, Unebenheit f (Platte) / alabeo m, alabeamiento m
Verzögerer m (Chem, Foto) / retardador m, retrasador m, inhibidor m ‖ ~ (Elektr, Masch) / retardador m
verzögern vt, verlangsamen, die Geschwindigkeit verringern / retardar, retrasar ‖ ~ (Phys) / retardar, decelerar, desacelerar ‖ ~, aufschieben / diferir ‖ ~, hemmen / inhibir ‖ **sich** ~, zurückbleiben / estar en retardo o retraso, retrasarse, atrasarse
verzögernd / retardatorio ‖ ~**es Egalisiermittel** (Tex) / producto m igualador retardante
verzögert, Verzögerungs... / retardado ‖ ~ [abfallend] (Relais) / de (o para) retardo [de tiempo] ‖ ~, langsam / diferido ‖ ~**e Alphastrahlung** (Phys) / emisión f de partículas alfa retardada ‖ ~**e automatische Verstärkungsregelung** / control m automático de ganancia retardado ‖ ~**e Elastizität** / elasticidad f viscosa ‖ ~**e Fischschuppenbildung** (Anstrich, Email) / formación f retardada de uñadas ‖ ~**e Geschwindigkeit**, Verzögerung f / deceleración f, velocidad f retardada ‖ ~**es Neutron** / neutrón m retardado ‖ ~**er Regelverstärker** (Eltronik) / amplificador m de control de ganancia retardado ‖ ~**e Verkokung** (Hütt) / coquefacción f diferida ‖ **nicht** ~ (Relais) / no retardado ‖ ~-**kritisch** (Nukl) / crítico para neutrones retardados
Verzögerung f, Verzug m / retardo m, retraso m, demora f, tardanza f ‖ ~ (Phys) / deceleración f, desaceleración f ‖ ~ (Eltronik) / temporización f ‖ ~, Nachhängen n / efecto m retardado ‖ ~, zeitliche Nacheilung / retardo m de tiempo ‖ ~ **im Countdown** (Raumf) / pausa f de la cuenta atrás (E) o al revés (LA) ‖ ~ **zweiter Ordnung** (Regeln) / factor m de retardo cuadrático ‖ **mit konstanter** (o. unabhängiger) ~ (Phys) / con retardo constante ‖ **zu erwartende** ~ (PERT) / retardo m previsible
Verzögerungs•... (DIN, Halbl) / de recuperación ‖ ~**elektrode** f / electrodo m decelerador o de retardo ‖ ~**erscheinung** f / fenómeno m de retardo ‖ ~**freie Regelung** / regulación f instantánea ‖ ~**generator** m / generador m de retardo ‖ ~**gitter** n (bei der Verstärkerröhre) (Eltronik) / rejilla f deceleradora ‖ ~**glied**, -element m (Relais) / elemento m de retardo ‖ ~**kipp** m (Eltronik) / barrido m de retardo ‖ ~**kraft** f (Phys) / esfuerzo m retardador o decelerador, fuerza f retardadora ‖ ~**kreis** m (Eltronik) / circuito m de retardo ‖ ~**leitung** f (Eltronik) / línea f de retardo ‖ ~**leitung für Mikrowellen** / estructura f de ondas lentas, estructura f de retardo de onda ‖ ~**linse** f (Eltronik) / lente f de retardo ‖ ~**maß** n (Eltronik) / constante f de retardo ‖ ~**messer** m / medidor m de

Verzögerungsmittel

retardo, decelerómetro *m* ‖ ⁓**mittel** *n*, Verzögerer *m* (Chem) / agente *m* retardador ‖ ⁓**moment** *n* (Phys) / par *m* decelerador ‖ ⁓**pille** *f* (Bergb) / retardadora *f* ‖ ⁓**relais** *n* / relé *m* retardado o de retardo, relé *m* de acción lenta ‖ ⁓**satz** *m* (Sprengung) / composición *f* retardatriz o de acción retardada ‖ ⁓**schalter** *m*, -schaltwerk *n* (Elektr) / interruptor *m* de retardo, disyuntor *m* retardado ‖ ⁓**schaltung** *f* (Eltronik) / circuito *m* de retardo ‖ ⁓**[fall]schirm** *m* (Luftf) / paracaídas *m* retardador ‖ ⁓**schirm** *m* (Raumf) / paracaídas *m* de retardo ‖ ⁓**sprung** *m* (Fallschirm) / descenso *m* retardado ‖ ⁓**spur** *f* (Straß) / carril *m* de deceleración (E), vía *f* de retardo (LA) ‖ ⁓**strecke** *f* (Reaktor) / línea *f* de desactivación ‖ ⁓**strecke**, Laufzeit *f*, -strecke *f* (Funk) / línea *f* de retardo ‖ ⁓**strom** *m* (Halbl) / corriente *f* de recuperación ‖ ⁓**system** *n* / sistema *m* de retardo ‖ ⁓**wicklung** *f* / blindaje *m* de núcleo de un relé, anillo *m* de cortocircuito, devanado *m* en cortocircuito ‖ ⁓**zeit** *f* (allg) / tiempo *m* de retardo ‖ ⁓**zeit** (Halbl) / tiempo *m* de recuperación (E) o de respuesta (LA) ‖ ⁓**zeit** (Eltronik) / tiempo *m* de propagación ‖ ⁓**zeitkonstante** *f* (Regeln) / constante *f* de tiempo de retardo ‖ ⁓**zünder** *m* (Sprengstoff) / espoleta *f* de retardo
ver•**zonen** *vt* (Fernm) / dividir en zonas o secciones ‖ ⁓**zonertechnik** *f* (Fernm) / disposición *f* por zonas
verzuckern *vt*, in Zucker verwandeln (Chem) / sacarificar
Verzuckerung *f* (Verwandlung im Zucker) / sacarificación *f*
Verzuckerungsrast, -zuckerungspause *f* (Brau) / pausa *f* de sacarificación
Verzug *m* s. auch Verziehen ‖ ⁓, Verzögerung *f* / retardo *m*, demora *f*, retraso *m* ‖ ⁓, Verstreckung *f* (Tex) / estiraje *m* ‖ ⁓ (Bergb) / revestimiento *m* de protección contra roca
Verzugs•**berechnung** *f* (Spinn) / cálculo *m* de estiraje ‖ ⁓**brett** *n*, Verzugsmatte *f* (Bergb) / plancha *f* de protección, plancha *f* de encofrar ‖ ⁓**feld** *n* (Spinn) / zona *f* de estiraje ‖ ~**frei** (Stahl) / antideformante ‖ ⁓**größe** *f*, -höhe *f* (Spinn) / valor *m* o grado de estiraje ‖ ⁓**holz** *n*, Holzausbau *m* (Bergb) / revestimiento *m* de madera, encofrado *m* ‖ ⁓**matte** *f* (Bergb) / enrejado *m* de acero para revestimiento de protección ‖ ⁓**pfahl** *m* (Bergb) / pilote *m* del revestimiento de protección ‖ ⁓**walze** *f* (Spinn) / cilindro *m* de estiraje
ver•**zundern** *vt* (Hütt) / oxidarse, formarse cascarilla ‖ ⁓**zunderungsverlust**, Abbrand *m* (Hütt) / pérdida *f* por oxidación
verzurren *vt*, festzurren / amarrar
verzweifachen *vt*, verdoppeln / duplicar
verzweigen *vt* / ramificar, bifurcar ‖ ~, ausfächern (DV) / despeinar, desplegar en abanico ‖ ~, springen (DV) / saltar ‖ **[sich]** ~ / ramificarse, bifurcarse
Verzweiger *m* (Elektr) / caja *f* de derivación ‖ ⁓ (Fernm) / punto *m* de unión ‖ ⁓ (DV) / expansor *m*, extensor *m*
verzweigt / ramificado ‖ ~**e Kette** (Kohlenstoffatome) (Chem) / cadena *f* arborescente o ramificada ‖ ~**es Polymer** / polímero *m* ramificado ‖ ~**er Stromkreis** / circuito *m* derivado ‖ ~**er Zerfall** (Nukl) / emisión *f* simultánea, bifurcación *f*, ramificación *f* ‖ **[stark]** ~, sich verzweigend / ramoso ‖ ~**kettig** (Chem) / de cadena ramificada
Verzweigung *f* / ramificación *f* ‖ ⁓ (gabelförmig) / bifurcación *f* ‖ ⁓, Fan-out *n* (DV) / desplegamiento *m* en abanico, ramificación *f* ‖ ⁓ *f* (KI) / decisión *f*
Verzweigungs•**adresse** *f* (DV) / dirección *f* de ramificación ‖ ⁓**anteil** *m* (Nukl) / fracción *f* de ramificación ‖ ⁓**anzeiger** *m* (DV) / indicador *m* de ramificación ‖ ⁓**baustein** *m* (Pneum) / derivador-secuenciador *m* ‖ ⁓**befehl** *m*, -anweisung *f* (DV) / instrucción *f* de ramificación ‖ ⁓**enzym** *n* (Biochem) / enzima *f* de ramificación ‖ ⁓**getriebe** *n* / engranaje *m* con varias salidas de árboles ‖ ⁓**lage** *f* (Mech) / posición *f* indefinida ‖ ⁓**prozess** *m* (Math) /

proceso *m* de ramificación ‖ ⁓**punkt** *m* / nudo *m* ‖ ⁓**punkt** (Verkehr) / empalme *m* ‖ ⁓**regel** *f* (Elektr) / primera ley de Kirchhoff para las redes eléctricas, regla *f* nodal ‖ ⁓**routine** *f* (DV) / rutina *f* de bifurcación ‖ ⁓**verhältnis** *n* (Nukl) / proporción *f* de ramificación
Verzwilligung *f* (Krist) / maclaje *m*
verzwirnen *vt* (Spinn) / retorcer
VESA (DV) = Video Electronics Standards Association
Vesicans *n*, Blasen ziehendes, Vesikantie *f* (Pharm) / vesicante *m*
Vestibül *n*, Wandelhalle *f* (Bau) / vestíbulo *m*, hall *m* (LA)
Vestibularschlitten *m* (Raumf) / trineo *m* espacial
Vesuvian, Idokras *m* (Min) / vesuvian[it]a *f*, idocrasa *f*
veterinär / veterinario
Vetiver-Öl, Ivarancusa-Öl *n* / esencia *f* de vetivar
VEZ (Luftf) = Voreinflugzeichen
VF (Foto) = Verlängerungsfaktor der Belichtungszeit ‖ ⁓ (Phys) = Videofrequenz
VFA-Zahl *f* (Latex) / índice *m* de ácido graso volátil
v.F./d. (Bergb) = verwertbare Förderung je Tag
V-Flügel *m* (Luftf) / ala *f* diedro
V-förmig / en V ‖ ⁓**e Kerbe**, V-Kerbe *f* / entalla *f* en V, muesca *f* en V ‖ ⁓**e Windschutzscheibe** (Luftf) / parabrisas *m* en V ‖ ⁓**es Zapfenlager** / cojinete *m* de pivote en V
V-Form-Winkel *m* (aufwärts gerichtet) (Luftf) / ángulo *m* diedro
VFR•-**Flug** *m* (= visual flight rules) / vuelo *m* VFR ‖ ⁓-**Regeln**, Sichtflug-Regeln *f pl* (Luftf) / reglas *f pl* de vuelo visual, reglas *f pl* para el vuelo a vista
V-Führungsbahn *f*, Prismen *n pl* (Wzm) / guía *f* prismática de la bancada
VF-Verstärker *m* (TV) / videoamplificador *m*, amplificador *m* de video[frecuencia] o de imagen
VGA-Farbbildschirm *m* / pantalla *f* VGA en color, monitor de color VGA
VGB PowerTech (europäischer Fachverband der Strom- und Wärmeerzeuger) / Asociación *f* Europea de los Productores de Calor y Corriente Eléctrica
V-Geschoss *n* (Mil) / proyectil *m* o misil del tipo V
V-Getriebe *n* **mit positiver o. negativer Profilverschiebungssumme** / engranaje *m* con distancia céntrica modificada
VG-Flugzeug *n* (= variable geometry) / avión *m* de geometría variable
Vg-Schreiber *m* (= vertical gust) (Luftf) / registrador *m* V.g.
VHF, Ultrakurzwellen..., Meterwellen... (Eltronik) / VHF *f* (very high frequency), muy alta frecuencia, frecuencia *f* muy alta ‖ ⁓-**Antenne** *f* / antena *f* VHF ‖ ⁓-**Kanalwähler** *m* (TV) / selector *m* [de canal] VHF ‖ ⁓-**Wellen**, Meterwellen *f pl* (Eltronik) / ondas *f pl* VHF, ondas *f pl* métricas, banda *f* 8
VHO-Lampe *f* / lámpara *f* VHO (de potencia máxima)
VHRR (= very-high-resolution radiometer) / hochauflösendes Radiometer (Raumf) / radiómetro *m* de muy elevada resolución
VHR-Sensor *m* / sensor *m* de muy elevada resolución
VHS *n*, Video-Home-System *n* (TV) / sistema *m* de video doméstico, sistema *m* VHS
VH-Schreiber *m* (velocity, height) (Luftf) / registrador *m* VH
VHS-Gerät *n*, Videogerät *n* VHS (TV) / magnetoscopio *m* VHS, videograbadora *f* VHS
VHSIC (= very high speed integrated circuit), höchstintegrierter Schaltkreis / circuito *m* integrado a escala muy grande
VI = Viskositätsindex ‖ ⁓ = Vermessungsingenieur
Viadukt *m*, Talbrücke *f* / viaducto *m*, puente *m* a través de un valle
Vibration, Schwingung *f* (Phys) / vibración *f*

Vibrations• ... / vibratorio, vibrador ‖ ⁓**alarm** m, Vibrationsruf m (Handy) (Fernm) / alarma f vibratoria ‖ ⁓**-Anhängewalze** f (Straßb) / rodillo m apisonador vibratorio remolcado ‖ ⁓**balken** m (Bau) / viga f vibradora ‖ ⁓**bohle** f (Bau) / tablón m vibrador ‖ ⁓**bohren** n (Öl) / sondeo m vibratorio ‖ ⁓**dämpfer** m / dispositivo m antivibratorio ‖ ⁓**drehbohren** n (Öl) / perforación f vibrogiratoria ‖ ⁓**-Eintreiben** n (Bau, Bergb) / hincadura f de pilotes por vibraciones ‖ ⁓**fertiger** m (Straßb) / vibroacabador m ‖ ⁓**förderer** m, Vibroförderer m / transportador m vibratorio ‖ ~**frei** / exento de vibraciones ‖ ⁓**galvanometer** n / galvanómetro m de vibraciones ‖ ⁓**geräusche** n pl (Eltronik) / ruidos m pl de vibración ‖ ⁓**mikrophonie** f / microfonía f por vibraciones ‖ ⁓**mischer** m / mezclador m vibratorio, mezcladora f vibratoria, agitador m vibratorio ‖ ⁓**mühle** f / molino m vibratorio o de vibración ‖ ⁓**prüfstand** m / banco m de pruebas de vibración ‖ ⁓**regler** m / regulador m de contactos vibrantes ‖ ⁓**relais** n / relé m o relevo vibratorio ‖ ⁓/**Rotations-Wechselwirkung** f (Nukl) / interacción f de rotación-vibración ‖ ⁓**schleifer**, Rutscher m (Tischl) / lijador m vibratorio, lijadora f orbital ‖ ⁓**schöpfer**, Vibrator m (Wzm) / alimentador m de tolva vibratorio o vibrante ‖ ⁓**schweißen** n (Plast) / soldeo m por vibración ‖ ⁓**schweißmaschine** f **für Stoßfänger** (Plast) / soldadora f de parachoques por vibración ‖ ⁓**sieb** n s. Vibratorsieb ‖ ⁓**spannung** f / tensión f vibratoria ‖ ⁓**stampfer** m (Bau) / apisonadora f vibradora, pisón m vibrador ‖ ⁓**straßenwalze** f / rodillo m compresor de carretera vibrador, rulo m vibrador de carretera, rodillo m de vibración, apisonadora f de rulo vibratorio ‖ ⁓**tisch** m (Gieß) / mesa f vibratoria ‖ ⁓**verdichten** n (Sintern) / compactación f por vibración ‖ ⁓**wendelförderer** m / transportador m helicoidal vibratorio ‖ ⁓**-Ziehen** n / extracción f por vibración
Vibrator m, Schwingungserzeuger, -erreger m / vibrador m, excitador m o generador de oscilaciones, oscilador m ‖ ⁓**aufgeber** m / cargador m o alimentador vibratorio ‖ ⁓**sieb** n, Vibrosieb m (Aufb) / criba f vibratoria
vibrieren, schlagen (Hebel, Welle) / vibrar ‖ ~, zittern / vibrar, temblar, trepidar ‖ ~ n, Zittern n / vibración f, pulsación f, trepidación f ‖ ~, Rütteln n (Luftf) / oscilación f aeroelástica de hipofrecuencia
vibrierend / vibratorio, vibrante, vibrador
Vibriertisch m (Gieß) / mesa f vibratoria
Vibro•-Bohrmaschine f (Bergb) / perforadora f vibrorrotativa ‖ ⁓**graph**, Erschütterungsschreiber m / vibrógrafo m ‖ ⁓**kleieschleuder** f (Landw) / vibrocentrífuga f de salvado ‖ ⁓**meter** n / vibrómetro m ‖ ⁓**mühle** f (Chem) / vibromolino m
vibronisch (Halbl) / vibrónico
Vibro•-Rotarybohren n, -Drehbohren n (Öl) / perforación f vibrorrotatoria ‖ ⁓**schlammsieb** n (Öl) / colador m trepidante o vibrante para el lodo ‖ ⁓**seisverfahren** n (Öl) / método m sísmico vibratorio ‖ ⁓**sieb** n **mit Doppelwuchtmassenantrieb** / criba f vibratoria con dos masas de desequilibrio ‖ ⁓**skop** n / vibroscopio m
VIC, veränderliche Bestrahlungsbedingungen f pl (Nukl) / condiciones f pl de irradiación variables
Vicat•-Erweichungspunkt m (Phys) / punto m de ablandamiento o de reblandecimiento de Vicat ‖ ⁓**-Formbeständigkeit** f (Plast) / penetrabilidad f en caliente según Vicat ‖ ⁓**nadel** f (Beton) / aguja f de Vicat ‖ ⁓ **test** m, Warmfestigkeitsversuch m nach Vicat / ensayo m de Vicat
Vichyform f (Flaschen) / forma f Vichy
vicinal, benachbart (Chem) / vicinal, vecino, inmediato ‖ ⁓**wirkung** f (Chem) / efecto m vicinal
Vicinismus m (Biol) / vecinismo m

Vickers•härte f (Mat.Prüf) / dureza f Vickers ‖ ⁓**härte** (Betrag) / índice m de dureza Vickers ‖ ⁓**-Härteprüfer** m / durómetro m de Vickers ‖ ⁓**-Härteprüfung** f / ensayo m de dureza Vickers
Video n / vídeo m ‖ ⁓**...**, Bild... (TV) / video..., de vídeo ‖ **per** ⁓ **aufzeichnen od. aufnehmen** / videograbar ‖ ⁓**abgleich** m (TV) / compensación f video ‖ ⁓**aufzeichnung** f (TV) / registro m video, grabación f [en] video, videograbación f ‖ ⁓**band** n, -magnetband n / cinta f [de] video, videocinta f, cinta f grabada en video ‖ ⁓**-Bandaufnahmegerät** n, -recorder m / grabador m de video, videograbadora f, videógrafo m ‖ ⁓**bandkopie** f (TV) / copia f de cinta de video ‖ ⁓**bandmontage** f / montaje m de cinta de video ‖ ⁓**-Bildgleichrichter** m / videodetector m, desmodulador m de video ‖ ⁓**-Cassetten-Recorder** m, VCR m / grabador m videocasette ‖ ⁓**-Digitalisierer** m / videodigitalizador m ‖ ⁓**-Empfang** m / recepción f video, videorrecepción f ‖ ⁓**endstufe** f / etapa f final de video ‖ ⁓**-Filmer** m / videoasta m f, videoaficionado m ‖ ⁓**filmkamera** f, Magnetbandkamera f / videocámara f, cámara f de vídeo, camascopio m ‖ ⁓**foliengerät** n / videograbadora f con disquete flexible ‖ ~**fonieren** / videofonear ‖ ⁓**formate** f pl (AVI, MOV etc.) / formatos m pl [de] vídeo ‖ ~**frequent** / videofrecuente, de frecuencia del video ‖ ⁓**frequenz** f (TV) / videofrecuencia f, frecuencia f de imagen o de visión ‖ ⁓**frequenztechnik** f / técnica f de videofrecuencias ‖ ⁓**graph**, Sichtweitenmesser m (für kurze Entfernungen) (Luftf) / videógrafo m ‖ ⁓**graphie** f / videografía f ‖ ⁓**ingenieur** m (TV) / ingeniero m videotécnico, videísta m, técnico m de control de la imagen ‖ ⁓**kamera** f, Magnetbandkamera f / videocámara f ‖ ⁓**kamera-Recorder** m / camcorder m, videocámara f combinada ‖ ⁓**kassette** f / videocassette f, videocasete f m ‖ ⁓**-Kassetten-Magnetbandgerät** n / magnetoscopio m con videocasete ‖ ⁓**konferenz** f / videoconferencia f, telerreunión f ‖ ⁓**konsole** f / videoconsola f (juegos) ‖ ⁓**kopf** m (Videoband) / cabeza f video, cabezal m [de] vídeo ‖ ⁓**kopfrad** n / rueda f de cabezas magnéticas, bloque m de cabezas giratorias, cabeza f [múltiple] rotativa, cabeza f videomagnética f ‖ ⁓**-Langspielplatte** f / videodisco m de larga duración ‖ ⁓**-Langspielsystem** n, VLP (Philips) / sistema m video de larga duración, sistema m VLP ‖ ⁓**netz-Kanal** m / canal m de red video ‖ ⁓**phon** n, -telefon n (Fernm, TV) / videófono m ‖ ⁓**phon-Konferenz** f, Videokonferenz f / conferencia f por video[teléfono], videoconferencia f ‖ ⁓**platte** f / videodisco m, disco m video, video-disco m ‖ ⁓**plattengerät** n / aparato m grabador de videodiscos ‖ ⁓**-Plattenspieler** m / reproductor m de videodiscos ‖ ⁓**portier** m / videoportero m ‖ ⁓**prüfsignalgeber** m / generador m de señales de verificación video ‖ ⁓**querspur-Aufzeichner** m / grabador m cuadruplex ‖ ⁓**recorder** m / grabador f de video, videograbador m, videocasetera f (ARG) ‖ ⁓**schüssel** f (Antenne) / antena f parabólica de TV ‖ ⁓**signal[gemisch]** n / videoseñal f compuesta ‖ ~**signalgesteuerte Optik** / óptica f mandada por señal video ‖ ⁓**spiele** n pl / juegos m pl video, videojuegos m pl ‖ ⁓**spur** f / pista f video ‖ ⁓**ständer** m, -ablage f / portavídeos m ‖ ⁓**technik** f / videotecnia f ‖ ⁓**telefon** n / videoteléfono m ‖ ⁓**telefonie** f, Bildfernsprechen n, -telefonie f / visiofonía f, información f visual por líneas telefónicas ‖ ⁓**terminal** n / terminal m de video o de visualización ‖ ⁓**tex** m (interne Bezeichnung des Btx-Dienstes) / videotex m ‖ **drahtlos übertragener** ⁓**text** / teletexto m ‖ ⁓**textdienst** m, Bildschirmtextdienst m / servicio m televideo ‖ ⁓**thek** f / videoteca f ‖ ⁓**trägerwelle** f / onda f portadora del video, portadora f de video o de imagen ‖ ⁓**trommelgerät** n (Eltronik) / magnetoscopio

1447

Videoüberwachung

m de tambor ‖ ˜**überwachung** *f*, Überwachung *f* durch TV / videovigilancia *f* ‖ ˜**umschalter**, Hartschnittschalter *m* (TV) / conmutador-mezclador *m* de video, conmutador *m* de distribución de video, conmutador- *m* desvanecedor de video ‖
˜**-Verstärker** *m* / amplificador *m* de video, videoamplificador *m* ‖ ˜**verstärkung** *f* / amplificación *f* de video, videoamplificación *f* ‖ ˜**-Werbestreifen** *m* / videoclip *m*, cuña *f* de publicidad en video ‖
˜**-Werbung** *f* / videopublicidad *f*
Vidicon *n* (TV) / vidicón *m* ‖ ˜**-Filmabtaster** *m* / analizador *m* tipo vidicón
Vidie-Dose *f* (Barometer) / cápsula *f* aneroide o de Vidie
Vieh•... / pecuario *adj* ‖ ˜**dung** *m* (Landw) / estiércol *m* animal o de ganado ‖ ˜**einheit** *f* / unidad *f* animal o ganadera, cabeza *f* de res ‖ ˜**futter** *n* / forraje *m*, pasto *m*, pienso *m* ‖ ˜**haltung** *f* (Landw) / cría *f* de ganado ‖ ˜**laderampe** *f* (Bahn) / rampa *f* para ganado ‖ ˜**salz** *n* / sal *f* desnaturalizada, sal *f* común bruta ‖ ˜**stall** *m* / establo *m* ‖ ˜**[transport]wagen**, -transporter *m* (Kfz) / camión *m* para ganado ‖ ˜**waage** *f* / báscula *f* para ganado ‖ ˜**wagen** *m* (Bahn) / vagón *m* jaula, vagón *m* [para transporte] de ganado ‖ ˜**zucht** *f* / ganadería *f*, cría *f* de ganado, producción *f* animal
Viel•..., Pluri... / pluri... ‖ ˜**...**, Mehrzweck... / universal, de usos múltiples, de varias aplicaciones ‖ ~**achsig** (Kfz) / multiaxial ‖ ˜**adress...** (DV) / de direcciones múltiples ‖ ~**adrig** (Elektr) / multifilar, de múltiples conductores ‖ ˜**arm...**, Mehrarm... (auch: Kfz-Achse) / multibrazo ‖ ~**atomig** / poliatómico ‖ ˜**band...** (Eltronik) / multibanda ‖
˜**bütten-Kartonnagenmaschine** *f* / máquina *f* para fabricar cartonajes de formas múltiples ‖ ˜**decker** *m* (Luftf) / multiplano *m* ‖ ~**deutig** (Math) / de sentido múltiple, multiforme ‖ ~**deutige Funktion** (Math) / función *f* plurívoca o multiforme ‖ ˜**deutigkeit** *f* (Math) / ambigüedad *f* ‖
˜**draht-[Proportional]kammer** *f* (Phys) / cámara *f* [proporcional] multihílo ‖ ˜**eck**, Polygon *n* (Geom) / polígono *m*, superficie *f* poligonal ‖ ˜**eckausbau** *m* (Bergb) / entibación *f* poligonal ‖ ~**eckig**, polygonal / poligonal ‖ ~**eckiger Balken** (Stahlbau) / viga *f* poligonal ‖ ˜**eckverband** *m* (Bau) / aparato *m* poligonal
vielfach *adj*, vielfältig / múltiple, variado ‖ ~, multiplex / multiplex ‖ ~, -fältig / múltiple, variado, polifacético ‖ ~ (Math) / múltiple *adj* ‖ ~ **bewährt** / de probada eficacia, acreditado en muchísimas ocasiones ‖ ~ **geteilt** (o. gespalten) / multipartido ‖ ~**er Punkt** (Math) / punto *m* múltiple ‖ ~ **schalten** (Fernm) / conectar en múltiple ‖ ~ **ungesättigt** (Fett) / poliinsaturado ‖ ~ **ungesättigtes Fett** / grasa *f* poliinsaturada ‖ ~ ˜ *n* (Fernm) / múltiple *m*
Vielfach•-Abfrageeinrichtung *f* (Fernm) / equipo *m* de respuesta múltiple ‖ ˜**abstimmung** *f* (Antenne) / sintonización *f* múltiple ‖ ˜**abtastung** *f* (TV) / exploración *f* múltiple o entrelazada ‖ ˜**aufhängung** *f* der Fahrleitung (Bahn) / suspensión *f* catenaria ‖
˜**betrieb** *m* (Fernm) / servicio *m* múltiple, transmisión *f* múltiple ‖ ˜**bogensperre** *f* (Hydr) / presa *f* de bóvedas múltiples ‖ ˜**-Doppelkabel** *n* / cable *m* de parejas combinables o combinadas ‖ ˜**drehschalter** *m* (Elektr) / conmutador *m* giratorio múltiple ‖ ˜**echo** *n* / eco *m* múltiple ‖ ˜**echoerzeuger** *m* (Radar) / generador *m* de eco múltiple ‖ ˜**Eigenwert** *m* (Regeln) / valor *m* propio múltiple ‖
˜**emitter-Transistor** *m* / transistor *m* de múltiples emisores ‖ ˜**empfang** *m* (Eltronik, Fernm) / recepción *f* múltiple
Vielfaches *n* (Math) / múltiplo *m* ‖ **gemeinsames** ˜ (Math) / común múltiplo *m*

Vielfach•feld *n* (Fernm) / múltiple *m* ‖ **gerades** [o. unverschränktes] ˜**feld** (Fernm) / banco *m* de contactos alineados ‖ ˜**funkenstrecke** *f* / descargador *m* múltiple [de chispas] ‖ ˜**gerät** *n* (Landw) / aparato *m* universal o polivalente ‖ ˜**gerät** (für Kartoffeln usw) (Landw) / binadora *f* múltiple ‖ ˜**geräte u. Werkzeuge** *n pl* (Landw) / aperos *m pl* e ingenios multiuso ‖ ˜**gespräch** *n* (Fernm) / conversación *f* múltiple ‖ ˜**-Job-Steuerung** *f* (DV) / programación *f* de trabajos múltiples ‖ ˜**-Jobverarbeitung** *f* (DV) / procesamiento *m* multitrabajos, tratamiento *m* de trabajos múltiples ‖ ˜**kabel** *n* / cable *m* múltiple o multiconductor ‖ ˜**kanal...** / multicanal, de canales múltiples ‖ ˜**klinke** *f* (Fernm) / conjuntor *m* general, jack *m* múltiple ‖ ˜**-Koinzidenz** *f* (DV) / coincidencia *f* múltiple ‖ ˜**kuppelsperre** *f* (Hydr) / presa *f* de bóvedas de cúpula múltiples ‖ ˜**leitung** *f*, Übertragungsweg *m* (DV) / bus *m*, línea *f* colectiva ‖ ˜**lochmaschine**, -stanze *f* (Wzm) / punzonadora *f* múltiple ‖ ˜**lochung** *f* / multiperforación *f*, perforación *f* múltiple ‖
˜**magnetron** *n* (Eltronik) / magnetrón *m* multicavidad o de múltiples cavidades ‖ ˜**meißelhalter** *m* (Wzm) / portacuchillas *m* múltiple ‖ ˜**messgerät** *n*, -instrument *n* (Elektr) / multímetro *m*, medidor *m* universal, multimedidor *m* ‖ ˜**messgerät**, Mehrbereichsgerät *n* / instrumento *m* con varias escalas de medición, medidor *m* de varias escalas o sensibilidades ‖ ˜**modulation** *f* / modulación *f* múltiple ‖ ˜**prüfgerät** *n* / multiprobador *m* ‖
˜**prüfung** *f* / ensayo *m* múltiple ‖ ˜**punktschweißung** *f* / soldadura *f* por puntos múltiples ‖ ˜**schalten** (Fernm) / acoplar en cantidad o en derivación ‖
˜**schalten** *n* (Fernm) / multiplicación *f* ‖ ˜**schalter** *m* / interruptor *m* múltiple ‖ ˜**schaltschrank** *m* (Fernm) / cuadro *m* múltiple ‖ ˜**schaltung** *f* / conexión *f* múltiple, acoplamiento *m* en cantidad o en derivación ‖ ˜**schreiber** *m* / registrador *m* múltiple o poligráfico, polígrafo *m* ‖ ˜**stanze** *f* (Wzm) / estampa *f* múltiple, punzonadora *f* múltiple ‖ ˜**stecker** *m* (Elektr) / ficha *f* múltiple ‖ ˜**stecker mit Rast** / conector *m* múltiple con retención ‖
˜**steckverbindung** *f* (Radio, TV) / conexión *f* de enchufe múltiple ‖ ˜**steuerleitung** *f* (Bahn) / línea *f* de mando múltiple ‖ ˜**steuerung** *f* (Bahn) / mando *m* múltiple, mando *m* en unidades múltiples ‖ **mit** ˜**steuerung** (Bahn) / con mando múltiple, con mando en unidades múltiples ‖ ˜**steuerung** *f* **von Triebfahrzeugen** (Bahn) / acoplamiento *m* en unidades múltiples de vehículos motores ‖ ˜**telegrafie** *f*, -betrieb *m* / telegrafía *f* múltiplex ‖ ˜**umschalter** *m* (Fernm) / conmutador *m* telefónico múltiple ‖
˜**umschalter** (Elektr) / conmutador *m* múltiple, interruptor *m* múltiple ‖ ˜**verbindung** *f* (Raumf) / unión *f* múltiplex ‖ ˜**verbrennung** *f* (Raumf) / combustión *f* múltiple ‖ ˜**verstärker** *m* / amplificador *m* múltiple ‖ ˜**wiedergabegerät** *n* / difusor *m* múltiple de sonidos ‖ ˜**zerfall** *m*, -zerlegung *f* (Nukl) / ramificación *f*, bifurcación *f* ‖ ˜**zugriff** *m* (DV) / acceso *m* múltiple, múltiple acceso ‖ ˜**zugriff im Zeitmultiplex mit Vermittlung im Satelliten** / sistema *m* de satélite de múltiple acceso por división de tiempo ‖ ˜**zugriff-Rechnen** *n* (DV) / cálculo *m* de acceso múltiple
viel•fältig / múltiple, de diversas maneras ‖ ˜**fältigkeit** *f*, Vielfalt *f* / multiplicidad *f*, variedad *f*, diversidad *f* ‖
˜**farbendruck** *m*, Polychromie *f* (Druck) / impresión *f* polícroma o multicolor, policromía *f* ‖ ˜**farbenfilter** *n* (Foto) / filtro *m* multicolor ‖ ~**farbig** / multicolor, de varios colores ‖ ~**farbig**, polychrom / polícromo ‖
˜**farbigkeit** *f* / policromía *f* ‖ ˜**flach** *n*, Polyeder *n* (Geom) / poliedro *m* ‖ ~**flächig**, -seitig (Geom) / poliédrico ‖ ~**fontourig** (Cottonm) / de varias fonturas ‖ ~**förmig** / multiforme ‖ ˜**funktions...** ‖ multifuncional ‖ ~**gängig** (Gewinde) / múltiple, de

varias entradas ‖ ~**gebäudig**, mit vielen Gebäuden / de o con varios o muchos edificios ‖ ~**geschossig** (Bau) / de múltiples plantas, de varios pisos.. ‖ ~**gestaltig** / multiforme, polimorfo, de formas diversas ‖ ⁓**gestaltigkeit**, Heteromorphie *f* (Chem) / polimorfismo *m*, heteromorfia *f* ‖ ~**gipflig** (Kurve) / multimodal ‖ ⁓**gruppentheorie** *f* (Nukl) / teoría *f* de grupos múltiples ‖ ⁓**härtung** *f* (Hütt) / procesos *m pl* múltiples de temple
Vielheit *f* / multiplicidad *f*, pluralidad *f*, multitud *f*
Viel • herdofen *m* (Hütt) / horno *m* de varias soleras ‖ ⁓**kammermagnetron** *n* (Eltronik) / magnetrón *m* mullticavidad o de múltiples cavidades ‖ ⁓**kanal**... (Eltronik) / de varios canales, pluricanal, policanálico, multicanal, multicanálico ‖ ⁓**kanalanalysator** *m* / analizador *m* multicanal ‖ ⁓**kanalrechner** *m* (DV) / multiprocesador *m*, procesador *m* múltiple ‖ ⁓**kanaltelegrafie** *f* / telegrafía *f* multicanal o pluricanal o multivía ‖ ⁓**kantmischer** *m* / mezclador *m* poliédrico ‖ ⁓**keilwelle** *f* / árbol *m* multienchavetado o con chavetas múltiples, eje *m* [multi]estriado ‖ ~**kernig** (Biol) / polinuclear ‖ ⁓**kontakt-Steckverbindung** *f* (Elektr) / conector *m* multicontacto, clavija *f* [macho y hembra] multicontacto o multipolar ‖ ⁓**kornabrichter** *m* (Schleifm.) / útil *m* rectificador de repasar de grano múltiple ‖ ⁓**körperproblem** *n* (Phys) / problema *m* pluricorpuscular ‖ ⁓**körper-Verdampfer**, -verdampfapparat *m* (Zuck) / evaporador *m* de efecto múltiple ‖ ⁓**kreismagnetron** *n* s. Vielkammermagnetron ‖ ⁓**kristallhalbleiter-Gleichrichterplatte** *f* / placa *f* rectificadora policristalina ‖ ~**kristallin** / multicristalino ‖ ⁓**lagenbeschichtung** *f* (Pap) / recubrimiento *m* multicapa o por varias capas ‖ ~**lagig** / de varias capas, multicapa
Vielling *m* (Krist) / macla *f* (del albita) ‖ ⁓**bildung** *f* / maclaje *m*
Viel • loch... / de varios agujeros ‖ ⁓**lochstein** *m* (Hütt) / ladrillo *m* de agujeros o canales múltiples ‖ ⁓**meißelarbeit** *f* (Wzm) / mecanizado *m* por cuchillas múltiples ‖ ⁓**meißeldrehmaschine** *f* / torno *m* de cuchillas múltiples ‖ ~**motorig** / multimotor, polimotor ‖ ⁓**nutwelle** *f* (Masch) / árbol *m* de chavetas múltiples ‖ ~**paarig** / multipar, de múltiples pares ‖ ⁓**periodensteuerung** *f* (Eltronik) / control *m* o mando multiciclo ‖ ~**phasig**, Vielphasen... (Elektr) / polifásico, multifásico ‖ ⁓**platzsystem** *n* (DV) / sistema *m* multiusuario ‖ ⁓**polanker** *m*, vielpoliger Anker (Elektr) / inducido *m* multipolar ‖ ~**polig**, Vielpol... (Elektr, Stecker) / multipolar, de varios polos ‖ ⁓**probenmaschine** *f* (Mat.Prüf) / máquina *f* de probetas múltiples ‖ ⁓**punktschweißanlage** *f* / instalación *f* de soldadura por puntos múltiples ‖ ⁓**punktsteuerung** *f*, quasikontinuierliche Steuerung, MP-Steuerung *f* / mando *m* multipunto, control *m* por puntos múltiples ‖ ~**rädrig** / de varias ruedas, de ruedas múltiples ‖ ~**reihig** / de varias filas o hileras, de filas múltiples ‖ ~**reihig**, vielschichtig / multicapa, de varias capas, de capas múltiples ‖ ⁓**riemchenflorteiler** *m* (Tex) / divisor *m* de rotafrotadores múltiples, divisor *m* de velo de correhuelas múltiples ‖ ~**säulig** (Bau) / de muchas columnas ‖ ~**scharig** (Pflug) / polisurco ‖ ⁓**scheibenkupplung** *f* (Kfz) / embrague *m* multidisco ‖ ⁓**schicht-Chipkondensator** *m* (Elektr) / capacitor *m* multicapa de pastilla cerámica ‖ ⁓**schichten-Interferenzfilter** *n* (Opt) / filtro *m* de interferencia de capas múltiples ‖ ⁓**schichtspaltkammer** *f* (Nukl) / cámara *f* de fisión multicapa ‖ ⁓**schichtsperrholz** *n*, Multiplexplatte *f* / madera *f* contrachap[e]ada de varias capas ‖ ⁓**schieberpumpe** *f* (Vakuum) / bomba *f* multipaletas o de paletas múltiples ‖ ⁓**schlitz-Magnetron** *f* / magnetrón *m* de (o con) ánodo de segmentos

múltiples, magnetrón *m* plurisectoral, magnetrón *m* de ánodo cilíndrico ranurado ‖ ⁓**seilsystem** *n* (Brücke) / sistema *m* de cables oblícuos
vielseitig (allg) / polifacético, de muchas caras, multilátero ‖ ~, -flächig (Math) / poliédrico, poligonal ‖ ~ **anwenden** / versatilizar ‖ **[verwendbar]** / de aplicación universal, de múltiples aplicaciones, de uso universal, versátil ‖ ~**e Verwendung[smöglichkeit]**, Vielseitigkeit *f* / aplicación *f* universal, versatilidad *f*
Vielspindel • automat (Wzm) / torno *m* automático de varios husillos ‖ ⁓**bohrmaschine** *f* / taladradora *f* de varios husillos o de husillos múltiples ‖ ⁓**kopf** *m* / portabrocas *m* múltiple
Viel • stahlaufspannplatte *f* (Wzm) / plato *m* de sujeción para útil[es] múltiple[s] ‖ ⁓**stahlwerkzeug** *n* / herramienta *f* con cuchillas múltiples ‖ ⁓**ständerwalzwerk** *n* (Walzw) / laminador *m* de cajas o bastidores múltiples ‖ ⁓**stellen**... / multipunto ‖ ~**stellig** (Math) / de muchas cifras o dígitos ‖ ⁓**stempelpresse** *f* (Stanz) / punzonadora *f* múltiple ‖ ~**stöckig** (Bau) / de numerosos pisos o plantas ‖ ⁓**stoffeutektikum** *n* (Hütt) / eutéctico *m* polinario ‖ ⁓**stoffmotor** *m* / motor *m* multicombustible o para varios combustibles ‖ ⁓**stoffsystem** *n* (Hütt) / sistema *m* polinario ‖ ⁓**strahlmodulator** *m* (Fernm) / modulador *m* multihaz ‖ ~**strängig** (Kran) / multicable ‖ ⁓**streifenschere** *f* (Wz) / cizallas *f pl* para tiras múltiples ‖ ~**stufig** / de múltiples etapas, escalonado, multipaso ‖ ~**stufige Entspannung** (Entsalzung) / expansión *f* [rápida] de etapas múltiples ‖ ⁓**teilchensystem** *n* (Phys) / sistema *m* de partículas múltiples ‖ ~**teilig** / múltiple, de o en varias partes, compuesto ‖ ⁓**träger-Frequenzmultiplex** *m* (Fernm) / multiplex *m* por división de frecuencias de múltiples portadoras ‖ ⁓**typen**... (Wellenleiter) / multimodal, de múltiple[s] modo[s] ‖ ⁓**ventiler** *m* (Mot) / motor *m* multiválvula ‖ ⁓**walzengerüst** *m* (Walzw) / caja *f* de rodillos múltiples ‖ ~**wegeventil** *n* / válvula *f* multivía ‖ ⁓**wegpalette** (Förd) / paleta *f* reutilizable ‖ ~**wertig**, mehrwertig (Math) / multivalente ‖ ~**wertig** (Chem) / polivalente, plurivalente ‖ ⁓**wertigkeit** *f* (einer Wurzel) (Math) / multiplicidad *f* ‖ ⁓**zackenschrift** *f* (Film) / registro *m* sobre pista múltiple de área variable, registro *m* sobre pista múltiple de densidad fija ‖ ~**zackig** (Impuls) / de múltiple[s] picos o puntas ‖ ⁓**zahnschraube** *f* / tornillo *m* de cabeza estriada ‖ ⁓**zahn[schrauben]schlüssel** *m* (Wz) / llave *f* poligonal, llave *f* de bocas estrelladas ‖ ⁓**zahn-Sperrrad** *n* / rueda *f* de dentado múltiple [del trinquete] ‖ ⁓**zellen-Lautsprecher** *m* / altavoz *m* o altoparlante multicelular ‖ ⁓**zellenpumpe** *f* / bomba *f* multicelular ‖ ⁓**zellenverdichter** *m* / compresor *m* multicelular ‖ ~**zellig** / multicelular ‖ ⁓**zug-Kessel** *m* / caldera *f* de tiro múltiple
Vielzweck • ... / multiuso[s], polivalente, de múltiples aplicaciones ‖ ⁓**-Anhänger** *m* (Kfz) / remolque *m* universal o para uso múltiple ‖ ⁓**fahrzeug** *n* / vehículo *m* universal o para uso múltiple ‖ ⁓**heckraum** *m* (Kfz) / multimaletero *m* ‖ ⁓**-Kampfflugzeug** *n* (z.B. Tornado, Eurofighter) / avión *m* MRCA ‖ ⁓**-Modul** *n* / módulo *m* multiuso ‖ ⁓**-Prüfgerät** *n* / comprobador *m* multiusos ‖ ⁓**satellit** *m* / satélite *m* de uso general
vier Spezies o. Rechnungsarten *f pl* (Math) / las cuatro reglas u operaciones aritméticas fundamentales
vier • achsig (Fahrzeug) / de cuatro ejes ‖ ⁓**adressbetrieb** *m* (DV) / explotación *f* de 4 direcciones ‖ ~**adrig** (Elektr) / de cuatro filas, de cuatro conductores, tetrafilar, cuadrifilar ‖ ~**atomig** (Chem) / tetraatómico ‖ ⁓**backenbremse** *f* (Kfz) / freno *m* de cuatro mordazas ‖ ⁓**backenfutter** *n* / mandril *m* o plato de cuatro mordazas ‖ ⁓**bahn[en]belt** *n* (Wzm) / bancada *f* de cuatro guías ‖ ⁓**bahnig** (Tuch) / de cuatro anchos o tiros ‖ ~**basisch** (Chem) / tetrabásico

vierbindig

‖ ~**bindig** (Rapport aus 4 Gewebefäden) (Web) / cuyo curso consiste en cuatro hilos ‖ ~**bindig**, -wertig (Chem) / cuadrivalente, tetravalente ‖ ~**bindiger Köper** (Tex) / sarga *f* cuyo curso consiste en 4 hilos ‖ ~**blatt** *n* (Geom) / cuadrifolio *m* ‖ ~**blattluftschraube** *f* (Luftf) / hélice *f* cuadripala o cuatripala, hélice *f* de cuatro palas ‖ ~**dimensional** / de cuatro dimensiones *f* ‖ ~**draht...**, -leiter... / de cuatro hilos o conductores ‖ ~**drahtdurchschaltung** *f* / transconexión *f* de cuatro hilos ‖ ~**drahtendschaltung** *f* / terminal *m* de cuatro hilos, terminación *f* de 4/2 hilos ‖ ~**drahtschaltung**, -drahtleitung *f* (Fernm) / circuito *m* tetrafilar o de cuatro hilos ‖ ~**drahtstammleitung** *f* / circuito *m* real de cuatro hilos ‖ ~**drahtverstärker** *m* (Fernm) / repetidor *m* [para circuito] de cuatro hilos

Viereck *n* (Math) / cuadrángulo *m*, cuadrilátero *m*, tetrágono *m* ‖ ~, Karo *n* (Stoff) / cuadro *m*, jaquel *m* (LA) ‖ ~**fallschirm** *m* / paracaídas *m* cuadrado ‖ ~**-Geflecht** *n*, Quadratmaschengeflecht *n* (Draht) / tela *f* metálica de mallas cuadradas

viereckig (Geom) / cuadrangular, cuadrilátero, tetrágono ‖ ~, quadratisch / cuadrado, cuadro ‖ ~**er Dipolrahmen** / antena *f* de cuadro rectangular ‖ ~**e Form annehmen** / cobrar o tomar forma rectangular o cuadrada ‖ ~ **machen**, viereckig zurichten / escuadrar ‖ ~**er Pflasterstein** (3-4" breit, 6-9" lang, 6" tief) (Straßb) / adoquín *m* rectangular

Viereck•regner *m* (Landw) / regadora *f* fija ‖ ~**schaltung** *f* (Fernm) / red *f* [estructuralmente] simétrica, red *f* de configuración simétrica ‖ **flacher** ~**schirm** (TV) / pantalla *f* plana cuadrangular

Vierendeel•rahmen *m* (Stahlbau) / marco *m* Vierendeel ‖ ~**träger** *m*, Rahmenträger *m* / viga *f* Vierendeel

Vierer, Viererkreis *m*, -leitung, -schaltung *f* (Fernm) / circuito *m* fantasma ‖ ~**...**, vierteilig / cuadripartido, de cuatro partes ‖ ~**betrieb** *m* (Fernm) / funcionamiento *m* en duplex ‖ ~**bündel** *n* (Fernleitung) / haz *m* de cuatro conductores ‖ ~**gruppe** *f* (Fernm) / grupo *m* combinable ‖ ~**gruppe** (Elektr) / quadruplete *m* ‖ ~**kabel**, Sternviererkabel *n* / cable *m* de cuadretes en estrella ‖ ~**leitungs-Übertrager** *m* (Fernm) / bobina *f* repetidora [de circuito] fantasma ‖ ~**pack** *m* / paquete *m* de cuatro unidades ‖ ~**pupinisierung** *f* (Fernm) / carga *f* de circuito fantasma ‖ ~**ringzähler** *m* / contador *m* de anillos con cuatro elementos ‖ ~**satz** *m* [von Bohrrohren], Viererzug *m* (Öl) / juego *m* de cuatro ‖ ~**simultantelegrafie** *f* **mit Erdrückleitung** (Fernm) / circuito *m* superfantasma con vuelta por tierra ‖ ~**verseilen** (Fernm) / toronar ‖ ~**-Verseilmaschine** *f* / máquina *f* de toronar ‖ ~**verseilt**, vierfach (Elektr) / cuádruplex ‖ ~**verseiltes Kabel** (aus Doppelleitern) / cable *m* de pares combinables o combinados ‖ ~**verseiltes Kabel** (aus Einzelleitern) / cable *m* de cuadretes en estrella

vierfach, -fältig / cuádruple, cuádruplo ‖ ~, viererverseilt (Elektr) / cuádruplex ‖ ~ **redundant** / de cuádruple redundancia ‖ ~**e Redundanz** / redundancia *f* cuádruple ‖ ~**es Sperrholz**, Vierlagen-Sperrholz *n* / madera *f* contrachapeada de cuatro capas ‖ ~ **wirkend** / de efecto cuádruple ‖ **das** ~**e** / cuádruplo *m*

vierfach•basisch (Chem) / cuadribásico, tetrabásico ‖ ~**bindung** *f* (Chem) / enlace *m* cuádruple ‖ ~**expansion** *f* (Dampfmaschine) / expansión *f* cuádruple o cuádrupla ‖ ~**meißelhalter** *m* (Dreh) / portacuchillas *m* cuádruple ‖ ~**-Revolverkopf** *m* (Wzm) / cabezal *m* revólver cuádruple ‖ ~**schreiber** *m* / registrador *m* de cuatro puntas ‖ ~**-Startgerät** *n* (Flugkörper) / lanzacohetes *m* cuádruple ‖ ~**steckdose** *f* (Elektr) / caja *f* de cuatro enchufes, adaptador *m* de cuatro enchufes ‖ ~**telegrafie** *f* (Fernm) / telegrafía *f* cuádruple ‖ ~**verteiler** *m* (Antenne) / caja *f* distribuidora de cuatro vías ‖ ~**weiche** *f* (Eltronik) / elemento *m* de unión de cuatro conductores

vier•fädig gezwirnt (Spinn) / de cuatro hilos torcidos ‖ ~**faktorenformel** *f* (Nukl) / fórmula *f* de [los] cuatro factores ‖ ~**familienhaus** *n* (Bau) / casa *f* de cuatro viviendas, casa *f* cuatrifamiliar ‖ ~**farben-Bogenoffsetmaschine** *f* / máquina *f* offset de hojas de cuatro colores, máquina *f* offset de bobinas de cuatro colores ‖ ~**farbendruck** *m* / impresión *f* cuatrícroma o en cuatro colores, cuatricromía *f* ‖ ~**feldertest** *m* / prueba *f* de cuatro casillas ‖ ~**flach**, Tetraeder *n*, Vierflächner *m* (Geom) / tetraedro *m* ‖ ~**flächig** / tetraédrico ‖ ~**flügelig** (Tischl) / de cuatro hojas ‖ ~**flügelig** (Propeller) / de cuatro palas, cuadripala(s) ‖ ~**flügelig**, -armig / de cuatro aletas o brazos ‖ ~**frequenz...** (Fernm) / de cuatro frecuencias ‖ ~**füllungstür**, Kreuztür *f* (Bau) / puerta *f* de cuatro paneles o cuarterones ‖ ~**furchenschlepper** *m* (Landw) / tractor *m* para cuatro surcos ‖ ~**füßiger Mast** (Freileitung) / poste *m* con cuatro zócalos o pies ‖ ~**ganggetriebe** *n* (Kfz) / caja *f* de cuatro velocidades, cambio *m* de cuatro marchas ‖ ~**gängig** (Gewinde) / de cuatro entradas, cuádruple ‖ ~**gang-Synchrongetriebe** *n* (Kfz) / caja *f* de cuatro velocidades sincronizadas ‖ ~**gehäuse...**, viergehäusig (Turbine) / de cuatro cajas o carcasas ‖ ~**gelenkgetriebe** *n* (Masch) / mecanismo *m* de cuatro barras articuladas, cuadrilátero *m* articulado ‖ ~**gelenkkette** *f* (Masch) / mecanismo *m* de cuatro articulaciones ‖ ~**gerüstig** (Walzw) / de o con cuatro cajas ‖ ~**geschossiges Apartment** (Bau) / fourplex *m* ‖ ~**gespann** *n*, -spänner *m* (Bau) / unidad *f* de cuatro casas adosadas ‖ ~**gleisig** (Bahn) / de cuatro vías ‖ ~**gliedrig**, -teilig (Math) / cuadrinomio *adj* ‖ ~**gliedriges Polynom**, Quadrinom *m* (Math) / cuadrinomio *m* ‖ ~**gliedriges Raumgetriebe** / mecanismo *m* tridimensional de cuatro barras articuladas ‖ ~**-in-einem-Auspufftopf** *m* (Kfz) / tubo *m* des escape cuatro en uno ‖ ~**kanal...** (Eltronik) / de cuatro canales ‖ ~**kanal-Balanceregler** *m* (Radio) / balance *m* cuadrofónico ‖ ~**kanalig**, Vierspur... (Magn.Bd) / de cuatro pistas ‖ ~**kanal-Magnettonzusatzgerät** *n* / aparato *m* accesorio del sonido magnético de cuatro canales ‖ ~**kanal-Stereo** *n*, Quadriphonstereo *n* / cuadrofonía *f*, estereofonía *f* de cuatro canales ‖ ~**kanal-Übertragung** *f* / transmisión *f* tetrafónica

Vierkant *m n* / cuadrado *m* ‖ **mit einem** ~ **versehen** / cuadrado *adj* ‖ ~**ansatz** *m* (Fernm) / cuello *m* cuadrado ‖ ~**block** *m* (Hütt) / lingote *m* cuadrado ‖ ~**blockdrehmaschine** *f* (Wzm) / torno *m* para lingotes cuadrados ‖ ~**bund** *m* (Gewindestift) / collar *m* cuadrado ‖ ~**dichtschnur** *f* / empaquetadura *f* trenzada cuadrangular ‖ ~**draht** *m* (Hütt) / alambre *f* cuadrado ‖ ~**einsteckschlüssel** *m* **für Ablassverschraubung** (Wz) / llave *f* macho cuadrado para tornillo purgador, llave *f* de muletilla con cabeza cuadrada para tornillo purgador ‖ ~**eisen** *n* / hierro *m* cuadrado, perfil *m* cuadrado ‖ ~**feile** *f* (Wz) / lima *f* cuadrada ‖ ~**gummifaden** *m* / hilo *m* de caucho cuadrado ‖ ~**holz** *n* / madera *f* cuadrada o escuadrada ‖ ~**holzschraube** *f* / tirafondo *m* cuadrado o de cabeza cuadrada ‖ ~**horn** (Schm) / cuerno *m* cuadrado del yunque

vierkantig / cuadrangular, de cuatro cantos ‖ ~ **machen** (o. zurichten o. behauen o. bearbeiten) (allg) / cuadrar, escuadrar ‖ ~**er Wickeldorn** / mandril *m* arrollador cuadrado

Vierkant•keil *m* / chaveta *f* cuadrada ‖ ~**kopf** *m* / cabeza *f* cuadrada ‖ ~**längsaufnahme** *f* (Wz) / asiento *m* o soporte cuadrado longitudinal ‖ ~**loch** *n* / agujero *m* cuadrado, hembra *f* cuadrada ‖ ~**material** *n* (Hütt) / barras *f pl* de sección cuadrada ‖ ~**meißel** *m* (Dreh) / cuchilla *f* de torno cuadrada ‖ ~**mutter** *f* / tuerca *f* cuadrada ‖ ~**profil** *n* (Hütt) / perfil *m* cuadrado ‖ ~**queraufnahme** *f* (Wz) / asiento *m* o

1450

soporte cuadrado transversal ‖ ~-**Räumwerkzeug** *n* / herramienta *f* de brochar de perfil cuadrado ‖ ~-**Ringschlüssel** *m* (Wz) / llave *f* anular para tornillos de cabeza cuadrada ‖ ~**rohr** *n* / tubo *m* cuadrado o cuadrangular ‖ ~**schaft** *m* (Bolzen) / vástago *m* cuadrado ‖ ~**scheibe** *f* (DIN 436) / arandela *f* cuadrada ‖ ~**scheibe für U- o. I-Träger** / arandela *f* cuadrada para vigas en U o I ‖ ~**schlüssel** *m* [für 12 mm] (Wz) / llave *f* cuadrada o para tornillos cuadrados [de 12 mm] ‖ ~**schraube** *f* / tornillo *m* cuadrado o de cabeza cuadrada ‖ ~**schraube mit Ansatzkuppe** / tornillo *m* cuadrado con talón ‖ ~**schraube mit Bund** / tornillo *m* cuadrado con collar ‖ **schwach ausgebauchte** ~**spitzfeile** (Wz) / lima *f* cuadrada y puntiaguda ‖ ~**stab** *m* (Hütt) / barra *f* cuadrada ‖ ~**stahl** *m* / acero *m* cuadrado, perfil *m* en escuadra ‖ ~**stahl gezogen** / acero *m* cuadrado estirado ‖ ~**stange** *f* / barra *f* cuadrada ‖ ~-**Steckschlüssel** *m* (Wz) / llave *f* de macho cuadrado ‖ ~-**Unterlegscheibe** *f* / arandela *f* cuadrada ‖ ~**walzdraht** *m* (Hütt) / alambre *m* laminado cuadrado ‖ ~**welle** *f* / árbol *m* cuadrado o de sección cuadrada ‖ ~**welle, -rohr** *n*, -stange *f* (Drehbohren) / tubería *f* vástago
Vier•kathoden-Photovervielfacher *m* / fotomultiplicador *m* con cuatro cátodos ‖ ~**klang** *m* / acorde *m* de séptima ‖ ~**klauenplanscheibe** *f* (Dreh) / plato *m* de torno con cuatro garras ‖ ~**komponentenwaage** *f* / balanza *f* de cuatro componentes ‖ ~**krempelsatz** *m* (Spinn) / juego *m* de cuatro cardas ‖ ~**kugelapparat** *m*, VKA (Schmierstoffprüfung) / aparato *m* de cuatro bolas o esferas ‖ ~**kurs[funk]feuer** *n* [mit Schleifenantenne], Vierkursleitstrahlbake *f* (Luftf) / radiofaro *m* direccional de cuatro rumbos, radiofaro *m* tetradireccional, radioguía *m* de cuatro rumbos ‖ ~**kursfunkfeuer** *n* (mit Sicht- und Höranzeige) (Luftf) / radiofaro *m* direccional audiovisual o de indicación visual y acústica ‖ ~**lagiges Papier** (DV) / papel *m* de cuatro capas ‖ ~**lamellen-Rotationsverschluss** *m* (Foto) / obturador *m* de rotación de cuatro láminas ‖ ~**leiter...**, -draht... (Elektr) / a o de cuatro conductores o hilos ‖ ~**leiter-Schnittstelle** *f* / interface *f* de cuatro hilos ‖ ~**leitersystem** *n* (Elektr) / sistema *m* de cuatro hilos ‖ ~**lenkervorderachse** *f* (Kfz) / eje *m* delantero de cuatro brazos ‖ ~**linsig** (Elektronenmikrosk) / de o con cuatro lentes ‖ ~**litziges Seil** / cable *m* o maroma de cuatro cordones ‖ ~**loch[quadrat]flansch** *m* / brida *f* cuadrada de cuatro agujeros ‖ ~**mal im Jahr**, vierteljährlich (Druck) / trimestral[mente], cuatro veces al año ‖ ~**mal wiederholt** (o. bestehend o. ausgefertigt) / cuatro veces repetido, cuadruplicado ‖ ~**mantelkabel** *m* (Drehstrom) / cable *m* de cuatro envolturas, cable *m* con envoltura separada de plomo ‖ ~**molekular** (Chem) / cuadrimolecular ‖ ~**motorig** / cuadrimotor, cuatrimotor, tetramotor ‖ ~**motorige Düsenmaschine** (Luftf) / avión *m* cuatrirreactor, avión *m* cuadrirreactor, tetrarreactor *m* ‖ ~**neunerzink** *n* (99,99%) / cinc *m* al 99,99% ‖ ~**niveau-Laser** *m* / láser *m* de cuatro niveles ‖ ~**pass** *n* (Bau) / rosetón *m* cuadrifolio ‖ ~**phasenmodulation** *f* (Elektr) / modulación *f* tetrafásica ‖ ~**phasensternschaltung** *f* (Elektr) / conexión *f* tetrafásica en estrella ‖ ~**phasen-Vermaschung** *f* / conexión *f* tetrafásica ‖ ~**phasig**, Vierphasen... (Elektr) / tetrafásico ‖ ~**pol** *m*, -polschaltung *f*, Quadrupol *m* (Fernm) / cuadripolo *m* ‖ ~**poldämpfung** *f*, -poldämpfungsmaß *n* (Fernm) / constante *f* de atenuación de imagenes ‖ ~**poldeterminante** *f* / determinante *f* cuadripolar ‖ ~**polig**, Vierpol... / cuadripolar, cuadripolo, tetrapolar, de cuatro polos ‖ ~**poliger magnetischer Lautsprecher** / altavoz *m* o altoparlante de armadura equilibrada o balanceada ‖ ~**polkreuzglied** *n* (Fernm) / red *f* mallada o en celosía ‖ ~**pol-Massenspektrometer** *n* / espectrómetro *m* de

masa cuadripolo ‖ ~**polphasenfaktor** *m* (Fernm) / factor *m* de fase imagen ‖ ~**polröhre** *f*, Tetrode *f* / tetrodo *m*, tubo *m* de cuatro electrodos ‖ ~**polschaltung** *f*, vierpoliges Netz (Elektr) / cuadripolo *m* ‖ ~**poltheorie** *f* / teoría *f* de las redes [eléctricas] ‖ ~**polübertragungsmaß** *n* (Fernm) / constante *f* de transferencia imagen ‖ ~**polwinkelmaß** *n* (Fernm) / desfasaje *m* de imágenes ‖ ~**punktjack** *m* (Eltronik) / jack *m* de cuatro vías o polos ‖ ~**punktkontakt** *m* / contacto *m* cuádruple o en cuatro puntos ‖ ~**punktlagerung** *f* / apoyo *m* sobre cuatro puntos ‖ ~**punktverfahren** *n* (Verm) / rectificación *f* gráfica por cuatro puntos idénticos ‖ ~**quadrant...** (Eltronik) / de cuatro cuadrantes ‖ ~**quadrantenbetrieb** *m* (Elektr) / servicio *m* de cuatro cuadrantes ‖ ~**quartier** *n*, ganzer Ziegel (Bau) / ladrillo *m* entero ‖ ~**rad** *n* / cuadriciclo *m* ‖ ~**radantrieb** *m* (Kfz) / tracción *f* sobre (o a [las]) cuatro ruedas, cuatro *f pl* ruedas motrices ‖ ~**radantriebwagen** *m* (Kfz) / vehículo *m* de cuatro ruedas motrices ‖ ~**radbremse** *f* / freno *m* sobre (o a) las cuatro ruedas ‖ ~**radgestell** *n* (Luftf) / tren *m* de aterrizaje de cuatro ruedas ‖ ~**radlenkung** *f* (Kfz) / dirección *f* sobre las cuatro ruedas ‖ ~**radlenkung** (Flurförderer) / dirección *f* de cuatro ruedas ‖ ~**rädrig** / de cuatro ruedas ‖ ~**ringig** (Chem) / tetracíclico ‖ ~**säulen...** (Wzm) / de cuatro columnas ‖ ~**säurig** (Chem) / tetrácido ‖ ~**scharbeetpflug** *m* (Landw) / arado *m* de cuatro rejas ‖ ~**schicht...** / de cuatro capas o estratos ‖ ~**schichtdiode** *f* (Halbl) / diodo *m* de cuatro capas, diodo *m* de tres uniones ‖ ~**schichtentransistor** *m* / transistor *m* de cuatro capas ‖ ~**schlägige Schranke** (Bahn) / barreras *f pl* de 4 palos ‖ ~**schleifenkapazität**, Viererkapazität *f* (Fernm) / capacidad *f* entre real y real ‖ ~**schlitzmagnetron** *n* / magnetrón *m* con ánodo de cuatro segmentos ‖ ~**schneider** *m* (Wz) / broca *f* de cuatro filos ‖ ~**schraubenflansch** *m* (Kfz) / brida *f* de cuatro tornillos ‖ ~**schraubenfutter** *n* (Dreh) / mandril *m* de cuatro tornillos ‖ ~**schraubenschiff** *n* (Schiff) / buque *m* de cuatro hélices ‖ ~**seilgreifer** *m* / cuchara *f* con (o a) cuatro cables ‖ ~**seit** *n* (Math) / cuadrilátero *m* ‖ ~**seitenbesäumsäge** *f* (Holz) / sierra *f* de recortar y escuadrar los cuatro cantos ‖ ~**seitig** (Geom) / cuadrilátero, de cuatro lados o caras ‖ ~**seitige Pyramide** (Geom) / pirámide *f* cuadrangular ‖ ~**sitzer** *m* (Kfz) / coche *m* de cuatro asientos o plazas ‖ ~**sitzig** / de 4 plazas ‖ ~**spaltig** (Druck) / de cuatro columnas ‖ ~**spezies...** (Math) / de cuatro operaciones, para las cuatro reglas ‖ ~**spindelautomat** *m* (Dreh) / torno *m* automático de cuatro husillos ‖ ~**spurig** (Straßb) / de cuatro carriles ‖ ~**spurlochstreifen** *m* / cinta *f* perforada de cuatro pistas ‖ ~**spurtechnik** *f* (Ton) / registro *m* en cuatro pistas ‖ ~**spur-Tonbandgerät** *n* / magnetófono de cuatro pistas ‖ ~**stellig** (ganze Zahl) (Math) / de cuatro cifras o dígitos ‖ ~**stellig** (Dezimale, Math) / de cuatro partes decimales ‖ ~**stöckig** (Bau) / de cuatro pisos ‖ ~**stöckiges Parkhaus** / parking *m* de 4 plantas ‖ ~**stoffsystem** *n* (Chem) / sistema *m* cuaternario ‖ ~**strahlhochspannungs-Kathodenstrahloszilloskop** *n* / osciloscopio *m* de alta tensión de cuádruple haz ‖ ~**strahlig** (Triebwerk) / tetramotor ‖ ~**strahl-Laserinterferometer** *n* / interferómetro *m* lasérico de cuatro rayos ‖ ~**strang...** (Strangguss) / de cuatro líneas o barras ‖ ~**stromlokomotive** *f*, Viersystemlokomotive *f* / locomotora *f* cuadricorriente ‖ ~**stufig** / de cuatro escalones **viert•e Dimension** (Phys) / cuarta *f* dimensión ‖ ~**en Grades** (Math) / de cuarto grado, bicuadrático, cuártico ‖ ~**e Potenz** (Math) / cuarta potencia ‖ ~**e Umschlagseite** (Druck) / contracubierta *f* ‖ ~**e Wurzel** / 4ᵃ raíz, cuarta raíz
Vier•taktmotor *m* / motor *m* de cuatro tiempos ‖ ~**takt[prozess]** *m*, -verfahren *n* (Mot) / proceso *m* de

1451

Viertaktspiel

cuatro tiempos || ~**taktspiel** n (Mot) / ciclo m de cuatro tiempos || ~**teilen** vt, vierteln / cuartear, dividir en cuatro partes || ~**teilig**, -gliedrig (Math) / de cuatro términos, cuadrinómico || ~**teilig**, Vierer... / cuadripartido, de cuatro partes || ~**teilige Klinke** (Fernm) / jack m de cuatro vías || ~**teilung** f (bei Probenentnahme) / cuadripartición f (toma de muestras) || ~**teilungsmethode** f (bei Probenentnahme) (Aufb) / método m de cuadripartición

Viertel n, vierter Teil / cuarto m, cuarta parte || ~, Häuserblock m, -gruppe f (Bau) / manzana f (E), cuadra f (LA) || ~ (Stadtteil, z.B. Industrieviertel) / barrio m (p.ej. barrio industrial) || **[8-seitiges]** ~ **eines Papierformats** (Druck) / pliego m en cuarto || ~**blatt** n (Pap) / cuarto m de cuartilla || ~**bogen** m (Pap) / cuarto m de pliego || ~**dach** n (Bau) / tejado m peraltado al cuarto || ~**drehung** f / cuarto m de vuelta || ~**drehungsverschluss** m / capuchón m de un cuarto de vuelta || ~**elliptikfeder**, Viertelfeder f (Kfz) / ballesta f cuartoelíptico || ~**gewendelt** (Treppe) / de cuarto de conversión || ~**halbkreis** m (Eltronik) / cuarto m de semicírculo || ~**hart** / con un cuarto de dureza || ~**hohlkehle** f (Bau) / caveto m || ~**holz** n (Bau) / viga f de cuarto, cuartón m || ~**jahr** n, Quartal n, Trimester n / trimestre m || ~**jährlich** (Druck) / trimestral, de tres meses, cada tres meses || ~**konus** m (Geom) / cuarto m de cono || ~**kreis[bogen]** m / cuadrante m, cuarto m de círculo || ~**kreisfläche** f, Quadrant m / cuadrante m, cuarto m de área de círculo, cuadrante m || ~**kreisfräser** m, -rundformfräser m (Wz) / fresa f de cuadrante || ~**kreispunkte** m pl (Geom) / puntos m pl de un cuarto de círculo || ~**kugel** f (Math) / cuarto m de esfera || ~**liter** m / cuarto m de litro || ~**maske** f / cuarto m de máscara || ~**periode** f (Elektr) / cuarto m de período || ~**platte** f (Bau) / cuarto m de baldosa || ~**podest** n (Treppe) / descansillo m al cuarto || ~**pyramide** f (Krist) / tetartopirámide f

Viertelsflächner m, Tetartoeder n (Krist) / tetartoedro m

Viertel • strich (2° 49') (Nautik) / cuarto m (2° 49') || ~**stück** n, Quartierstück n (Bau) / cuarto m de ladrillo || ~**stundenschlagwerk** n (Uhr) / sonería f de cuarto de hora || ~**trieb** m **des Minutenzeigers**, Viertelrohr n (Uhr) / cañón-piñón m || ~**umfang** m (Geom) / cuarto m de perímetro o de circunferencia || ~**welle** f, λ/4... (Phys) / cuarto m de onda || ~**wellenanpassungsglied** n (Wellenleiter) / transformador m en cuarto de onda || ~**wellenantenne** f / antena f (de o en) cuarto de onda || ~**wellenlängenplättchen** n (Opt) / placa f de cuarto de onda || ~**wellen-Leitung** f (Frequenzstabilisierung bei UKW) (Eltronik) / línea f en (o de un) cuarto de onda || ~**wellensperre** f, -abschwächer m (Wellenleiter) / atenuador m en cuarto de onda || ~**wendelung** f (Treppe) / cuarto m de conversión || ~**wert** m, Quartil n (Stat) / cuartil m, cuartila f || ~**ziegel** m, Einquartier m (Maurer) / cuarto m de ladrillo || ~**zoll-Magnetband** n / cinta f magnética de un cuarto de pulgada

Vier • torschaltung f (Eltronik) / circuito m de cuatro compuertas || ~**türige Limousine** (Kfz) / berlina f o limusina f de cuatro puertas, coche m de cuatro puertas || ~**undsechzigstelnote** f (Musik) / semifusa f

Vierundzwanzig • flächner m, Ikositetraeder n (Geom) / icositetraedro m || ~**-Stundenbetrieb** m / explotación f de día y noche, servicio m de 24 horas

Vierung f, Quadratur f (Geom) / cuadratura f || ~ (Bau) / intersección f de la nave

Vier • ventil... (Mot) / de cuatro válvulas || ~**walzengerüst** n (Walzw) / bastidor m de cuatro cilindros, caja f de tren cuarto || ~**walzenglättvorrichtung** f (Spinn) / calandria f alisadora de cuatro cilindros || ~**walzenkalander** m / calandria f de cuatro cilindros || ~**walzenkalander für Folien** (Plast) / calandria f de cuatro cilindros para láminas || ~**walzenmühle** f (Zuck) / trituradora f de cuatro rodillos o cilindros ||

~**walz[en]werk** n (Masch) / laminador m cuádruple o de cuatro cilindros || ~**wegdrehschieber** m / distribuidor m giratorio de cuatro vías || ~**wegestapler** m (Förd) / carretilla f elevadora para cuatro direcciones || ~**wegeventil** n, -wegeschieber m / válvula f de cuatro vías || ~**weghahn**, Kreuzhahn m / llave f de cuatro pasos o vías || ~**wegpalette** f (Förd) / paleta f de cuatro entradas || ~**wertig** (Math) / cuadrivalente || ~**wertig** (Chem) / tetravalente, cuadrivalente || ~**wertig** (Alkohol) / tetravalente, tetratómico || ~**wertiges Element** (Chem) / elemento m tetravalente o cuadrivalente, tetrada f || ~**wertigkeit** f (Chem) / tetravalencia f, cuadrivalencia f || ~**zählig** (Chem) / de coordinación igual a cuatro || ~**zapfenkipper** m (Bergb) / vagoneta f basculante de cuatro pernos o buñones || ~**zehnpoliger Steckverbinder** (Eltronik) / conectador m [de enchufe] de 14 polos || ~**zehntägig** / quincenal || ~**zimmerwohnung** f / piso m de cuatro habitaciones

Vierzylinder • -Boxermotor m / motor m de cuatro cilindros antagónicos || ~**motor** m / motor m de cuatro cilindros || ~**spinnerei** f / hilatura f con cuatro cilindros || ~**streckwerk** n, -walzenstreckwerk m (Spinn) / banco m de estirado de cuatro cilindros

Vigesimal..., Zwanziger... / vigesimal adj

Vignette f (Druck) / viñeta f, marmosete m

Vignettierung f (Fehler, Opt) / viñetado m

Vignolesschiene f, (auch:) Vignolschiene f (Bahn) / carril m o riel Vignol, carril m de patín ancho o de base ancha

Vigognegarn n (Spinn) / hilado m de [desperdicios de] lana y algodón, hilo m de vicuña imitada

Vigoureux • druck, Kammzugdruck m (Tex) / estampación f vigoureux || ~**-Druckmaschine** f / máquina f vigoureux [para estampar mechas de lana peinada] || ~**garn** n (Tex) / hilo m vigoureux

Viktoria • blau n / azul m Victoria || ~**echtviolett** n (Tex) / violeta m Victoria sólido || ~**gelb O**, Metanilgelb m (Färb) / amarillo m Victoria o metánilico || ~**grün** n, Malachitgrün n / verde m Victoria o malaquita

Villard-Effekt m (Foto) / efecto m [de] Villard

Villari-Effekt m (Phys) / efecto m Villari

VIM, Vakuuminduktionsschmelzen n (Hütt) / fusión f por inducción bajo vacío

V-Impuls, Vertikalimpuls m (TV) / señal f de sincronización vertical

Vincentpresse f (Schm) / prensa f de Vincent

Vinyl n (Chem) / vinilo m || ~... / de vinilo, vinílico || ~**acetat** n / acetato m de vinilo || ~**al** n / vinilal m || ~**alkohol** m / alcohol m vinílico || ~**benzol**, Phenylethylen n (Styrol) / vinilbenceno m, feniletileno m || ~**chlorid** n, VC n / cloruro m de vinilo, vinilcloruro m || ~**cyanid** n / vinilcianuro m, acrilonitrilo m, nitrilo m acrílico || ~**cyclohexan** n / vinilciclohexano m || ~**dichlorid**, Ethylendichlorid n, Vinylidenchlorid n / vinilidencloruro m, cloruro m de vinilideno || ~**gruppe** f (Chem) / grupo m vinilo || ~**harz** / resina f vinílica o de vinilo, vinil-resina f || ~**harzmasse** f, -plast n / plástico m vinílico || ~**idenharz** n / resina f vinilidénica || ~**iden-Polyfluorid** n, Polyvinylidenfluorid n, PVDF / polivinilideno m fluoruro, fluoruro m de polivinilideno || ~**ierung** f / vinilización f || ~**it** n / vinilita f, Vinilita f || ~**polymerisat**, -harz n, Vinylit n / resina f vinílica o de vinilo, vinilita f || ~**rostschutzprimer** m (Anstrich) / imprimador m anticorrosivo vinílico || ~**styrol** n / vinilestireno m || ~**toluolharz** n / resina f de viniltolueno

Violamin n (Färb) / violamina f

Violanin n (blauer Farbstoff) / violanina f

Violarit m (Min) / violarita f

violett adj, Vt / violeta, violado, violáceo, de color de la violeta || ~ (Phys) / violeta, violado || ~, lilafarben / lila || ~ n (allg) / color m violado || ~ (Phys) / violeta f (la

1452

radiación y el color) ‖ ⁓**farbband** n (Schreibm) / cinta f violeta ‖ ⁓**holz** n / madera f violeta ‖ ~**rot** / rojo violeta

Violinsaite f / cuerda f de violín

Viren•beseitigung f (DV) / eliminación f de virus ‖ ⁓**detektor** m (DV) / detector m de virus ‖ ⁓**erkennung** f (DV) / detección f de virus ‖ ⁓**killer** m (DV) / programa m antivirus ‖ ⁓**scanner** m (DV) / software m escaneador de virus ‖ ⁓**schutzprogramm** n, Antivirenprogramm n (DV) / programa m antivirus o antiviral, programa m de defensa [contra los virus] ‖ ⁓**sucher** m (DV) / buscador m de virus ‖ ~**verseuchte Software** / programa m contaminado

Virial n (Mech) / virial m

Virialsatz m (nach Clausius) / ecuación f viral

Viricid n, virustötendes Mittel (Pharm) / viricida m

Viroid n / viroide m

Virose, Viruskrankheit f (Med) / virosis f, enfermedad f causada por los virus

Virtualisierungssoftware f (DV) / software m de virtualización

virtuell (Phys) / virtual ‖ ~**e Adresse** (DV) / dirección f virtual ‖ ~**es Bild** (Opt) / imagen f virtual ‖ ~**er Brennpunkt** (Opt) / foco m virtual ‖ ~**er Brutto-Tonnenkilometer** / tonelada-kilómetro f bruta remolcada virtual, T.K.B.R. f virtual ‖ ~**e Daten** pl / datos m pl virtuales ‖ ~**e Entfernung** (Bahn) / distancia f virtual ‖ ~**es Ersatzstirnrad** / rueda f dentada cilíndrica equivalente ‖ ~**es Gerät** (DV) / unidad f virtual ‖ ~**es Getriebe** / engranaje m virtual, par m de ruedas dentadas cilíndricas virtual ‖ ~**e Kathode** (Eltronik) / cátodo m virtual ‖ ~**er Leistungs-Tonnenkilometer** / tonelada-kilómetro f bruta remolcada virtual, T.K.B.R. f virtual ‖ ~**e Primärvalenz** (TV) / estímulo m primario virtual de color ‖ ~**es Quant** (Phys) / cuanto m o quántum virtual ‖ ~**er Speicher** (DV) / memoria f virtual ‖ ~**er Tonnenkilometer** (Bahn) / tonelada-kilómetro f virtual ‖ ~**e Verbindung** (Fernm) / circuito m virtual ‖ ~**e Zähnezahl** / número m de dientes virtual ‖ ~**er Zustand**, Zwischenzustand m (Nukl) / estado m o nivel virtual

virulent, ansteckungsfähig (Med) / virulento

Virulenz f / virulencia f

Virus n m (pl: Viren) (DV, Med) / virus m (pl.: virus) ‖ ⁓... / viral, vírico, de virus ‖ ⁓**partikel** f / partícula f de virus ‖ ⁓**Vektor**, -Träger m / portador m de virus

VIS-Bereich m, Bereich m des Sichtbaren (Phys) / alcance m de visibilidad

Visbreaking n (Herabsetzung der Viskosität durch thermisches Kracken) (Öl) / fraccionamiento m de la viscosidad, viscorreducción f

VISCO-[Lamellen]kupplung f (Kfz) / embrague m VISCO, viscoacoplamiento m

Visetholz m / fustete m

Visier n, Sehloch n (Opt) / orificio m del visor, ventana f del visor ‖ ⁓, Visiervorrichtung f (Opt) / visor m, colimador m ‖ ⁓ (Gewehr) / alza f, puntería f ‖ ⁓**achse** f / eje m de la línea visual ‖ ⁓**bake** f, -latte f (Verm) / mira f, jalón m ‖ ⁓**einrichtung** f (einer Waffe) (Mil) / dispositivo m de mira o de puntería ‖ ⁓**einschnitt** m, Kimme f (Mil) / muesca f de mira ‖ ⁓[**ein**]**stellung** f / ajuste m de la mira

visieren vt [nach] / apuntar [sobre]

Visier•fernrohr n (Waffe) (Mil) / anteojo m de apuntar o de puntería ‖ ⁓**fuß** m (Waffe) / pie m del alza ‖ ⁓**gerüst**, Schnurgerüst n (Bau) / camillas f pl de replanteo, paracuerdas f pl y plomado ‖ ⁓**klappe** f (Gewehr) / chap[it]a f del alza ‖ ⁓[**korn**] n (Gewehr) / punto m de mira ‖ ⁓**kreisel** m (für Antennen) (Luftf) / giroscopio m de ajuste ‖ ⁓**kreuz** n (Waffe) / cruz f de mira ‖ ⁓**lineal** n (Verm) / regla f dióptrica ‖ ⁓**linie**, Standlinie f (Verm) / línea f visual ‖ ⁓**linie** f (Gewehr) / línea f de mira ‖ ⁓**linie**, Nulllinie (Ballistik) / línea f

cero ‖ ⁓**loch**, Sehloch n (Opt) / orificio m de observación ‖ ⁓**lupe** f **mit Strichplatte** / lupa f de mira con retículo ‖ ⁓**schieber** m (Waffe) (Mil) / corredera f de alza ‖ ⁓**tafel** f, Nivellierlatte f (Verm) / regla f de nivelar ‖ ⁓**vorrichtung** f / dispositivo m de mira ‖ ⁓**weite** f / distancia f de la línea visual ‖ ⁓**winkel** m (Mil) / ángulo m de elevación, ángulo m de alza ‖ ⁓**winkel nach unten** (Luftf) / ángulo m de visada

visioauditiv (Physiol) / visioauditivo

Visitronic-Verfahren n / método m Visitronic

visko•elastisch / viscoelástico ‖ ⁓-**Elastizität** f / viscoelasticidad f ‖ ⁓**gramm** n (Öl) / viscograma m ‖ ~**metrisch** (Phys) / viscométrico ‖ ⁓**plastisch** / viscoplástico ‖ ⁓**plastizität** f (Umformen) / viscoplasticidad f

viskos / viscoso, semifluido ‖ ~**es Öl** / aceite m viscoso

Viskose f, Natrium-Zellulose-Xanthogenat n (Tex) / viscosa f ‖ ⁓**becher** m / cazo m para medir la viscosidad ‖ ⁓**fasern** f pl (Tex) / rayón n ‖ ⁓**folie** f / película f de viscosa ‖ ⁓-**Plast** m / plástico m de viscosa ‖ ⁓**reyon** m n, -filamentgarn n / rayón m de viscosa, viscosilla f ‖ ⁓**schwamm** m / esponja f viscosa ‖ ⁓**seide** f / seda f [de] viscosa ‖ ⁓**spinnlösung** f / solución f hilable de viscosa

Viskosimeter n (Phys) / viscosímetro m, medidor m de viscosidad

Viskosimetrie f / viscosimetría m

Viskosität f (Phys) / viscosidad f ‖ ⁓ η, (früher:) dynamische Viskosität o. Zähigkeit (Plast) / viscosidad f dinámica

Viskositäts•-Dichte-Konstante f, VDK / constante f viscosidad-densidad ‖ ⁓-**Dichteverhältnis** n, (früher:) kinematische Zähigkeit, VK (Plast) / viscosidad f cinemática ‖ ⁓**erniedriger** m / agente m reductor de la viscosidad ‖ ⁓**index** m, V.I. / índice m de viscosidad ‖ ⁓**index-Verbesserer** m / agente m que mejora el índice de viscosidad ‖ ⁓**koeffizient** m (Öl) / coeficiente m de viscosidad ‖ ⁓**messer** m, Viskosimeter n (Phys) / viscosímetro m, medidor m de viscosidad ‖ ⁓**polhöhe** f / altura f del polo de viscosidad ‖ ⁓**regler** m / agente m regulador de viscosidad ‖ ⁓-**Temperatur-Koeffizient** m / coeficiente m viscosidad-temperatura ‖ ⁓-**Temperaturverhalten** n, VT-Verhalten n / características f pl viscosidad-temperatura ‖ ⁓**verbesserer** m / agente m para variar la viscosidad ‖ ⁓**verhältnis** n, (früher:) relative Viskosität / viscosidad f relativa ‖ ⁓**verringerung** f (durch Kracken) (Öl) / fraccionamiento m de la viscosidad ‖ ⁓**zahl** f, -beiwert m / número m de viscosidad

viskos-plastisch (Mech) / viscoplástico

VISTOL-Flugzeug n / avión m VISTOL (de despegue vertical)

Visualisierungssoftware f (DV) / software m de visualización

visuell / visual ‖ ~**e Kontrolle** f, Sichtprüfung f / inspección f visual, control m visual ‖ ~ **lesbar** (DV) / legible por el operario ‖ ~**e Prüfung**, augenscheinliche Prüfung / visura f, examen visual ‖ ~**e Reichweite** / alcance m visual ‖ ~**er Störabstand** (TV) / relación f S/R ponderada, relación f señal/ruido ponderada ‖ ~**e Verschmutzung** / polución f visual, contaminación f visual

Visur f (Verm) / visura f

Visus m (Opt) / visus m

Vitaglas, ultraviolettdurchlässiges Glas / vidrio m Vita

vital, lebenswichtig / vital ‖ ⁓**färbung** f (Mikrosk) / coloración f vital

Vitamin n (Biochem) / vitamina f ‖ ⁓ **A1**, Retinol n / vitamina f A1, retinol m ‖ ⁓ **E** / vitamina f E ‖ **mit** ⁓ **anreichern**, vitami[ni]sieren / vitaminar ‖ ⁓**mangel** m, -krankheit f (Med) / carencia f o deficiencia vitamínica, avitaminosis f

Vitellin n (Chem) / vitelina f

Viterbi-Decodierer *m* (Eltronik) / decodificador *m* Viterbi
Vitneit *m* (Min) / vitneita *f*
Vitrain *n*, Vitrit *m* (Streifen in der Kohle), Glanzkohle *f* / vitraína *f*, vitrita *f*
Vitrifizierung *f* (Nukl) / vitrificación *f*
Vitrine *f*, Glaskasten *m*, -schrank *m* / vitrina *f*, urna *f*
Vitrinit *m* (Gefügebestandteil der Steinkohle) / vitrinita *f*
Vitriol *n* (veraltet) (Chem) / vitriolo *m* ‖ ~**artig** / vitriolado ‖ ≙**blei[erz]** *n*, Bleiglas *n*, Anglesit *m* / anglesita *f* ‖ ~ **[halt]ig** / vitriólico ‖ ≙**küpe** *f* (Färb) / cuba *f* o tina de caparrosa azul
Vitrit s. Vitrain
vitro, in ~, im Glas (Chem) / in vitro ‖ ≙**phyr** *m* (Geol) / vitrofiro *m* ‖ ~**phyrisch** (Geol) / vitrofírico
Vivianit *m*, Blaueisenerz *n* (Min) / vivianita *f*
VK (Plast) = Vorkondensation
VKA (Schmierstoff) = Vierkugelapparat
V-Karton *m* (witterungsbeständig) (Pap) / cartón *m* V, cartón *m* resistente a la intemperie
V-Kerbe *f* / muesca *f* en V, entalladura *f* en V
V-Kurven *f pl* (Elektr, Synchronm.) / características *f pl* en V
VLBO, Vakuumlichtbogenumshmelzen *n* (Hütt) / refusión *f* bajo vacío en horno de arco
VLCC *m* (= very large crude carrier) (Schiff) / superpetrolero *m*, petrolero *m* grande o VLCC
V-Leitwerk *n* (kombiniertes Höhen- und Seitenleitwerk) (Luftf) / empenaje *m* en V, alas *f pl* guías en V
VLF *f* (= very low frequency) / frecuencia *f* muy baja
Vlies *n* (zusammenhängende Wolle eines Schafes) / lana *f* esquilada ‖ ≙, Faserflor *m* (Tex) / velo *m* [de fibras], vellón *m* ‖ ≙, Nonwoven *n* (Tex) / material *m* no tejido ‖ ≙**krempel** *f*, Pelzkrempel *f* (Tex) / carda *f* repasadora ‖ ≙**legemaschine** *f* / plegadora *f* de velo ‖ ≙**maschine** *f* (Spinn) / reunidora *f* de napas, napadora *f* ‖ ≙**nadelfilztuch** *n*, BB-Filztuch *n* (= batt-on-base), vliesgemachter Filz / fieltro *m* de velo agujeteado, fieltro *m* BB ‖ ≙**stoff** *m* (Tex) / tela *f* no tejida, non-woven *m* ‖ ≙**trockner** *m* / secador *m* de telas no tejidas ‖ ≙**trommel** *f* (Tex) / tambor *m* formador de la tela, tambor *m* napador ‖ ≙**verbundstoff** *m* / géneros *m pl* no tejidos compuestos
VLP, Video-Langspiel... (TV) / vídeo *m* de larga duración
VLSI = Technik *f* (= very large scale integration) / técnica *f* VLSI
VLT *n* (= very large telescope) / telescopio *m* VLT
VME *f*, Vakuummikroelektronik *f* / microelectrónica *f* al vacío
VME-Bus *m* (= Versa-Module-Europe), Systembus II *m* / bus *m* VME
V-Messblende *f* (Hydr) / orificio *m* de medida con entalladura en V
VME-Subsystem-Bus *m*, VSB / bus *m* del subsistema VME
V-minus-Verzahnung *f* / engranaje *m* de addendum corto
V-Mischer *m* / mezclador *m* en V
V-Motor *m*, Gabelmotor *m* / motor *m* [de cilindros] en V
V-Naht *f* (Schw) / costura *f* en V, unión *f* en V
V-Null *n*, Mündungsgeschwindigkeit *f* (Geschoss) / velocidad *f* inicial o de salida
V-Nut *f des Schneideisens* / ranura *f* en V de la terraja
VOB = Vergabe- und Vertragsordnung für Bauleistungen (bis 2002 Verdingungsordnung für Bauleistungen)
VOC, flüchtige organische Verbindung(en) (Chem) / compuesto *m* orgánico volátil
Vocoder *m* (Sprachverschlüsselungsgerät) (Fernm) / vocoder *m*

Vodas *n* (Vorrichtung zur Verhinderung der Mikrophonie) / vodas *m*, dispositivo *m* supresor de canto accionado por la voz
Voder *m* (Sprachsynthesegerät) (Fernm) / voder *m*, demostrador *m* de sonidos vocales
VOD-Pfanne *f* (Hütt) / cuchara *f* VOD
VOD-Verfahren *n* (Nickel) / procedimiento *m* de decarburación por oxígeno bajo vacío, VOD *m*
Vogad *n* (vom Signal gesteuerter Regelverstärker) (Fernm) / vogad *m*, regulador *m* vocal, dispositivo *m* regulador de ganancia mandado por la voz
Vogel • augenmaser *f* (Holz) / veteado *m* de ojo de perdiz ‖ ≙**beerbaum** *m* (Bot) / serbal *m* de cazadores
Vogel-Ossag-Viskosimeter *n* (Phys) / viscosímetro *m* de Vogel-Ossag
Vogel • schau, -perspektive *f* (Foto) / vista *f* de pájaro o a gaviota ‖ ≙**schau-Aufnahme** *f* / fotografía *f* a vista de pájaro ‖ ≙**scheuche** *f* (Hochsp.Ltg) / espantajo *m*, espantapájaros *m* ‖ ≙**schlag** *m* (Luftf) / choque *m* con aves en vuelo ‖ ≙**zungenfeile** *f* (Wz) / lima *f* almendrada u ovalada
Voglianit *m* (Min, Nukl) / voglianita *f*
Voglit *m* (Min, Nukl) / voglita *f*
Voice Recorder *m* / grabadora *f* de voces
Void-Effekt *m*, Blaseneffekt *m* (Nukl) / efecto *m* de vacío
Voile *m*, Schleierstoff *m* (Tex) / velo *m*, muselina *f* muy fina
voipen *vi*, übers Internet telefonieren (Fernm) / voipear
Voith-Schneider-Propeller *m* (Schiff) / hélice *f* de Voith-Schneider
Vokabular *n* (allg) / vocabulario *m*, glosario *m*, léxico *m* ‖ ≙ (DV) / vocabulario *m*
Vokal • ..., Stimm... / vocal ‖ ≙**verständlichkeit** *f* (Fernm) / inteligibilidad *f* de las vocales
Vol% *n* (Chem) / porcentaje *m* en volumen
VOL = Verdingungsordnung für Leistungen (ausgenommen Bauleistungen)
Volant m der Krempel (Tex) / volante *m* de la carda
volkseigen (veraltet) (Betrieb, DDR) / de propiedad colectiva, nacionalizado, socializado
Volkswirtschaft *f* / economía *f* nacional o política
voll, ganz / entero, íntegro, total ‖ ~, gefüllt / lleno ‖ ~, breit (Schiff) / lleno ‖ ~..., massiv / macizo ‖ ≙ *adv*, völlig / completamente, plenamente, totalmente, enteramente ‖ ~ **aufgedreht** (Radio) / a todo volumen ‖ ~ **ausfahren** (Mot) / ir a todo gas, alcanzar la velocidad máxima ‖ ~ **ausgebaut** (DV) / completado ‖ ~ **ausgenutzt** / utilizado plenamente ‖ ~ **ausgenutztes Gleis** (Bahn) / vía *f* saturada ‖ ~**e Austauschbarkeit** / plena *f* intercambiabilidad ‖ ~ **beaufschlagte Turbine** / turbina *f* de admisión total ‖ ~ **bedruckt** / impreso plenamente ‖ ~**e Drehzahl o. Geschwindigkeit**, volle Touren *f pl* / velocidad *f* máxima ‖ ~ **durchströmt** (Rohr) / con plena circulación ‖ ~**er Erdschluss**, volle Erdkontakt (Elektr) / conexión *f* completa a tierra ‖ ~**e Frühzündung** (Mot) / preencendido *m* pleno ‖ ~**e Fuge**, Vollfuge *f* (Bau) / junta *f* llena ‖ ~ **gegossene Bohrung** (Fehler, Gieß) / agujero *m* bloqueado o cerrado ‖ ~ **gesteuert** (Eltronik) / totalmente controlado ‖ ~ **gestopft** / atestado, abarrotado, repleto [de] ‖ ~ **gießen** (Flüssigkeit) / llenar [de líquido] hasta el borde ‖ ~ **Grassamen** (Wolle) / lleno de simientes de hierba ‖ ~**er Griff** (Tuch) / tacto *m* lleno ‖ ~**e Kehlnaht** (Schw) / costura *f* convexa de garganta, soldadura *f* de ángulo de cordón convexo ‖ ~**e Kraft voraus** (Schiff) / a toda velocidad adelante, iavanta toda! ‖ ~**e Leistung**, Vollleistung (Mot) / plena potencia, potencia *f* a plena carga ‖ ~**e Lesespannung** (DV) / señal *f* de salida no perturbada ‖ ~**e Linien** *f pl* (Zeichn) / líneas *f pl* llenas o continuas ‖ ~ **Pflanzenresten** (Wolle) / lleno de restos de plantas ‖ ~ **pfropfen** / atestar, abarrotar, repletar ‖ ~ **Samenschalen** (Web) / lleno *m* de cáscaras de semillas

‖ ~er Schreibimpuls (DV) / pleno impulso de registro ‖ ~er Schub (Raumf) / pleno empuje ‖ ~e Schweißnaht / costura f [de soldadura] bombeada, cordón m redondeado ‖ ~e Spur (DV, Plattenspeicher) / pista f ocupada ‖ ~er Steuerimpuls (Kernspeicher) / pleno impulso de mando ‖ ~ stopfen / abarrotar, atestar, repletar, forrar ‖ ~ umsteuerbarer Propeller (Schiff) / hélice f en bandera de paso enteramente variable ‖ ~ verstellbares Leitwerk (Luftf) / estabililzadores m pl enteramente móviles, empenaje m enteramente variable ‖ ~ Wasser gesogen / empapado de agua ‖ ~es Wort (DV) / palabra f entera ‖ ~e Zahnflankenberührung / contacto m perfecto con los flancos de los dientes ‖ ~e Zwangsschmierung (einschl. Kolbenbolzen u. Zylinderwänden) (Mot) / engrase m forzado completo ‖ [nutzlos] ~ stopfen (DV) / rellenar ‖ den Motor ~ ausfahren / llevar el motor a la velocidad máxima ‖ in ~em Gange, in Vollbetrieb / en plena marcha, a toda marcha ‖ in ~er Fahrt, Schnell..., Eil... / a toda velocidad, a toda marcha ‖ mit ~em Bug (Schiff) / con proa de bulbo

Voll•..., Ganz... / total, integral, íntegro, todo ‖ ²ablesemikrometer n (Mess) / micrómetro m de lectura total ‖ ²addierer m, Addierglied n (DIN) (DV) / sumador m completo, adicionador m completo ‖ ²ader f (LWL) / conductor m macizo ‖ ~adressiert (DV) / direccionado ‖ ²amt n, -vermittlungsstelle f (Fernm) / central f principal ‖ ²analyse f (Chem) / análisis m completo ‖ ²anode f (Galv) / ánodo m macizo ‖ ²appretur f (Tex) / apresto m completo
Vollast s. Volllast (nS)
Voll•aufarbeitung, Hauptrevision f (Bahn, Wagen) / revisión f general ‖ ²ausbau m (Bau) / completamiento m, instalación f completa ‖ ²ausbruch m (Tunnel) / excavación f de plena sección ‖ ~ausgehärtet (Alu) / envejecido completamente ‖ ~ausgeschnittenes Gewinde / rosca f completamente terrajada, rosca f acabada ‖ ~ausgeschrieben / escrito enteramente, no abreviado ‖ ²aushärtung f (Leichtmetall) / endurecimiento m completo por precipitación y maduración ‖ ²auslastung f / plena utilización ‖ ²ausschlag m (Instr) / desviación f máxima ‖ ²aussteuerung f (Eltronik) / volumen m máximo ‖ ²aussteuerung (Magn.Bd) / nivel m máximo de registro ‖ ²automat m, Ganzautomat m (Masch) / máquina f enteramente o completamente automática ‖ ²automat (Wzm) / torno m enteramente automático, máquina f enteramente automática ‖ ~automatisch / completamente automático, enteramente automático, totalmente automático, todo automático ‖ ²automatische Gitterspannung (Eltronik) / autopolarización f ‖ ~automatische Kartoffellegemaschine (Landw) / sembradora f de patatas enteramente automática ‖ ~automatisches Landesystem (Luftf) / sistema m de aterrizaje enteramente automático ‖ ~automatischer Betrieb (Fernm) / explotación f completamente automática ‖ ²automatisierung f, Automation f / automatización f completa, automación f ‖ ²badappretur f (Tex) / apresto m en baño completo ‖ ~badverzinkt / galvanizado en baño de cinc ‖ ²bahn f / ferrocarril m de ancho normal ‖ ²bauweise f, Massivbauweise f / construcción f maciza ‖ ²beaufschlagung f (Turbine) / admisión f total ‖ ~beladen [mit] / cargado plenamente [de] ‖ ~belastet, unter Volllast / a plena carga ‖ ²belastung f (Luftf) / carga f completa, peso m total ‖ ²belastung f / plena carga, carga f plena ‖ ²beleimung f (Bb) / encolado m a pleno ‖ ²beschäftigte pl / personal m de plena dedicación ‖ ²beschäftigung f (F.Org) / pleno empleo ‖ ~beschichtet / enteramente recubierto o revestido ‖ ~besetzt (Bahn) / completo ‖ ~besetzt (Phys) / lleno, ocupado ‖ ~besetzter Energiebereich (Halbl) / banda f

de energía plenamente ocupada, banda f llena ‖ ²betriebszeit f / tiempo m de funcionamiento no interrumpido ‖ ~bezahlt / pagado plenamente ‖ ²bild n (TV) / imagen f ‖ ²bild darstellen od. anzeigen (DV) / maximizar ‖ ²bildfrequenz f (TV) / frecuencia f de imágenes ‖ ²binder m (Maurer) / tizón m ‖ ~biologisch (Abwasser, Landw) / enteramente biológico ‖ ²blechreflektor m (Antenne) / reflector m de plena chapa ‖ ²block m (Bau) / bloque m macizo ‖ ²bodenentwässerung f (Aufb) / drenaje m por la totalidad del fondo ‖ ²bohrstahl m (Bergb) / barra f perforadora de acero macizo ‖ ²bolzen m (Masch) / perno m macizo ‖ ²bolzen (Kette) / pasador m macizo ‖ ²bremsung f (Kfz) / frenada f total, frenado m a fondo, aprieto del freno a fondo, frenazo m ‖ eine ²bremsung machen (Kfz) / frenar en seco ‖ ~bringen, vollenden / terminar, acabar, concluir, realizar, ejecutar, efectuar, llevar a cabo ‖ ²brücke f (Elektr) / puente m integral ‖ ²containerschiff n / buque m container integral, portacontenedores m integral ‖ ²dampf m / todo vapor, gran velocidad ‖ mit ²dampf / a todo vapor, a toda marcha o máquina ‖ ²decke f, Massivdecke f (Bau) / techo m macizo ‖ ²decker m (Schiff) / buque m con cubierta de abrigo cerrada ‖ ~digital (Eltronik) / enteramente digital ‖ ~digitalisiert / enteramente digitalizado ‖ ²draht m (Hütt) / alambre m macizo ‖ ²dränung f / drenaje m por canalización completa ‖ ²drehpflug m (Landw) / arado m reversible, arado m de doble vertedera o de vertedera giratoria ‖ ²druck... / de o bajo presión máxima ‖ ²druckanzug m (Raumf) / escafandro m, escafandra f ‖ ²druckhöhe f, kritische Höhe (Luftf) / altura f crítica ‖ ²dünger m (Landw) / abono m completo ‖ ²duplex (Fernm) / en dúplex [completo] ‖ ²durchgang m (Hahn) / paso m integral
Volle, aus dem ²n gearbeitet / mecanizado de una pieza o de un bloque
Volleiche f (Schiff) / línea f de flotación en carga
voll•elektrisch, -elektrifiziert (Haushalt) / completamente eléctrico o electrificado, enteramente eléctrico ‖ ²elektronischer Bildabtaster (TV) / cámara f electrónica, explorador m de imágenes enteramente electrónico ‖ ~elektronische Tastung (Fernm) / manipulación f enteramente electrónica ‖ ²elliptikfeder f (Kfz) / ballesta f doble
vollenden vt, vollbringen / realizar, efectuar ‖ ~, beendigen / acabar, ultimar, concluir, terminar ‖ bis aufs Letzte ~ / acabar, ultimar
Vollendung f, Fertigstellung f / acabado m, acabamiento m ‖ ², letzte Hand / la última mano ‖ ², Vollkommenheit f / perfección f ‖ die letzte ² geben / dar el último toque [a]
Vollendwalzwerk n (Hütt) / tren m laminador acabador
voll•entsalztes Wasser, (veraltet, jetzt:) Deionat n / agua f desalinizada completamente, agua f desionizada ‖ ²entsalzung f (Wasser) / desalinización f total o completa ‖ ~entwickelter Brand (Feuerwehr) / fuego m o incendio plenamente desarrollado ‖ ²erntemaschine f / máquina f de recolección ‖ ²erntemaschine, Bunkersammelroder m (Landw) / cosechadora f de patatas o remolachas con tanque ‖ ²farbenanteil m (Opt) / componente m de los colores puros ‖ ~flächig (allg) / de o en o por toda la superficie ‖ ~flächig, holoedrisch (Krist) / holoédrico ‖ ²flächigkeit, Holoedrie f (Krist) / holoedría f ‖ ²flächner m / holoedro m ‖ ²fließpressen n / extrusión f de barras o de sólidos ‖ ²fluss... / de flujo total ‖ ²form f (Kfz, Reifen) / molde m circular entero ‖ ²form (Plast) / molde m positivo ‖ ²form (Gieß) / molde m entero ‖ ²formgießen n (Gieß) / fundición f en molde entero ‖ ²froster m (Schiff) / buque m frigorífico ‖ ²gas n (Mot) / todo gas, pleno gas ‖ mit ²gas / a todo gas, a toda marcha ‖ mit ²gas fahren /

Vollgas

ir a toda velocidad || ⁓**gas geben** / lanzar el motor a toda velocidad, pisar [el acelerador] a fondo || ⁓**gas** *n* **im Leerlauf** / todo gas en ralentí o en marcha en vacío || ⁓**gasfest** (Kat) (Kfz) / apro para v.m. || ⁓**gastauglichkeit** *f* (Kat, Kfz) / aptitud *f* para velocidades máximas || ⁓**gatter** *n* (Sägewerk) / sierra *f* alternativa para láminas (u hojas) múltiples || ⁓**geblasen** (mit Penetrationsindex 3-4) (Bitumen) / soplado a fondo || ⁓**gebleichter Zellstoff** (Pap) / celulosa *f* completamente blanqueada || ⁓**gedämpft** (Schwingung) / amortiguado completamente || ⁓**gekapselt** (Elektr) / blindado || ⁓**geleimt** (Pap) / encolado fuerte || ⁓**gerbstoff** *m* (Leder) / materia *f* curtiente integral || ⁓**geschliffen** (Wzm) / rectificado plano || ⁓**geschoss** *n* (Bau) / planta *f* entera || ⁓**geschoss** (Mil) / proyectil *m* macizo || ⁓**gesogen** (Boden) / empapado || ⁓**glasbaustein** *m* (Bau) / ladrillo *m* de vidrio macizo || ⁓**griffig** (Tex) / de tacto lleno || ⁓**gummiplatte** *f* / placa *f* de caucho macizo || ⁓**gummirad** *n* / rueda *f* de bandaje macizo || ⁓**gummireifen** *m* (Kfz) / neumático *m* macizo, cubierta *f* maciza, goma *f* maciza, llanta *f* maciza || ⁓**hartguss** *m* (Gieß) / fundición *f* maciza y dura || ⁓**hartmetallwerkzeuge** *n pl* / herramientas *f pl* de metal duro y macizo || ⁓**häufler** *m*, Häufelpflug *m* (Landw) / aporcadora *f*, arado *m* aporcador
Vollheit, Prallheit *f* / plenitud *f*
Voll • holz *n* (Zimm) / madera *f* maciza, tronco *m* de sección entera || ⁓**holzigkeit** *f* (Forstw) / fuste *m* cilíndrico || ⁓**holzigkeitszahl**, Form *f* (Forstw) / coeficiente *m* mórfico || ⁓**holz-Verdichtmaschine** *f* / máquina *f* de comprimirir y densificar las maderas macizas
völlig *adj*, voll, Voll... / entero, total, íntegro, completo, absoluto || ⁓ (Schiff) / lleno || ⁓ **abgebaut** (Bergb) / agotado || ⁓**er Ausfall** / fallo *m* total || ⁓ **gar** (Koks) / completamente carbonizado || ⁓ **gekapselt** (Elektr) / estanco || ⁓ **geschlossen** (Elektr) / totalmente cerrado
Völligkeit *f* (Luftf, Rotor) / coeficiente *m* de plenitud
Völligkeitsgrad *m* (Schiff) / coeficiente *m* de finura || ⁓ **der Spantflächenskala** / coeficiente *m* longitudinal o prismático || ⁓ **der Verdrängung** (Schiff) / coeficiente *m* de bloque, grado *m* de finura del casco || ⁓ **der Wasserlinie[nfläche]** / coeficiente *m* de finura del plano de flotación || ⁓ **des Hauptspants** / coeficiente *m* de finura de la cuaderna maestra || ⁓ **des Motors** (Luftf) / rendimiento *m* volumétrico del motor
voll • imprägniertes Textilglas / vidrio *m* textil preimpregnado || ⁓**integriert** / enteramente integrado, completamente integrado || ⁓**isoliert** / enteramente aislado, completamente aislado || ⁓**kantig** (Balken) / enteramente escuadrado, de cuatro cantos || ⁓**kantiges Brett** / tablón *m* de cuatro cantos || ⁓**kantiger Schnitt** (Stanz) / corte *m* pasante || ⁓**kavitierend** (Schiffspropeller) / supercavitante || ⁓**kehlnaht** *f* (Schw) / soldadura *f* de cordón convexo || ⁓**kernisolator** *m* (Elektr) / aislador *m* [de núcleo] macizo || ⁓**kettenfahrzeug** *n* / vehículo *m* oruga o sobre orugas || ⁓**kettenschutz** *m* (Fahrrad) / cubrecadena *m* completo || ⁓**kolben** *m* (Mot) / émbolo *m* buzo o muchón o macizo, chupón *m* (LA), émbolo-buzo *m*
vollkommen (Flüssigkeit, Zahl usw) / perfecto || ⁓ **ausgewuchtet** / perfectamente equilibrado || ⁓ **demontiert** / completamente desmontado, totalmente desmontado || ⁓**e Elastizität** (Phys) / elasticidad *f* ideal o de Hooke || ⁓ **fehlerfrei** / sin defecto alguno, irreprochable || ⁓ **genau** (Achslage) / perfectamente centrado || ⁓**e Interferenz** (Eltronik) / batido *m* o batimiento cero o nulo || ⁓ **mattweiße Fläche** (Opt) / difusor *m* perfecto || ⁓**e Schmierung** / lubrificación *f* perfecta || ⁓**e Tonwiedergabe** / reproducción *f* perfecta del sonido

Voll • konserve *f* (Nahr) / conserva *f* de larga duración || ⁓**kontinuierlich** / completamente continuo || ⁓**kontinuierliches Stranggießen** (Hütt) / colada *f* continua ininterrumpida o secuencial || ⁓**konus** *m* / cono *m* pleno || ⁓**kopfstütze** *f* (Kfz) / reposa *f* cabeza integrado || ⁓**körperrührer** *m* (Hütt) / agitador *m* de elementos macizos || ⁓**kreis** *m* (Geom) / círculo entero || ⁓**kreisregner** *m* (Landw) / aspersor *m* para giro total || ⁓**kugelig** (Lager) / lleno de bolas || ⁓**kugeliges Lager** / rodamiento *m* de bolas sin jaula || ⁓**-kundenspezifischer Entwurf** (IC) / diseño *m* basado plenamente en las exigencias del cliente || ⁓**kurzschluss** *m* / cortocircuito *m* perfecto
Volllast, Vollbelastung *f* / plena carga, carga *f* plena || ⁓**anlauf** *m* / arranque *m* a plena carga || ⁓**anschlag** *m* / tope *m* de plena carga || ⁓**drehzahl** *f* / velocidad *f* con plena carga || ⁓**lebensdauer** *f* / duración *f* bajo plena carga || ⁓**nadel** *f* (Vergaser) / aguja *f* para plena carga || ⁓**wirkungsgrad** *m* (Mot) / rendimiento *m* a plena carga || ⁓**-Zusatzfeder** *f* (Kfz) / resorte *m* adicional de plena carga
voll • laufen *vi* / llenarse [hasta el borde] || ⁓**leistung** *f* s. volle Leistung || ⁓**leiter** *m* (Elektr) / conductor *m* macizo || ⁓**linie** *f* (Zeichn) / línea *f* plena o continua || ⁓**mantel** *m* / camisa *f* sólida o maciza || ⁓**mantelkorb** *m* (Zentrifuge) / jaula *f* o camisa maciza || ⁓**mantel[spitz]geschoss** *n* (Waffe) / bala *f* maciza [puntiaguda], proyectil *m* maciza [puntiagudo] || ⁓**mantelzentrifuge** *f* / centrifugadora *f* de camisa maciza || ⁓**material** *n* / material *m* macizo || ⁓**mattscheibe** *f* (Foto) / cristal *m* esmerilado || ⁓**mechanisierung** *f* / mecanización *f* total o completa || ⁓**milch** *f* (Nahr) / leche *f* entera, leche *f* sin desnatar || ⁓**modell** *n* (Gieß) / modelo *m* pleno o macizo || ⁓**mond** *n* (Astr) / plenilunio *m* || ⁓**motorisiert** / totalmente motorizado || ⁓**nabenbremse** *f* / freno *m* de cubo || ⁓**nadelig** (Lager) / lleno de agujas || ⁓**nadeliges Lager** / rodamiento *m* de agujas sin jaula || ⁓**netzbetrieb** *m* (Eltronik) / servicio *m* completo por la red, alimentación *f* exclusivamente por la red || ⁓**norm** *f* / norma *f* completa || ⁓**numerikmaschine** *f* (Wzm) / máquina *f* [herramienta] con CN integrado || ⁓**operation** *f* (DV) / operación *f* completa || ⁓**pappe** *f* / cartón *m* compacto || ⁓**periode** *f* (Elektr) / período *m* completo || ⁓**pipette** *f* (Chem) / pipeta *f* sin graduación, pipeta *f* ordinaria o volumétrica || ⁓**pipette mit einer Marke** / pipeta *f* con una [sola] marca || ⁓**platinenwerk** *n* (Uhr) / mecanismo *m* de platina entera || ⁓**plattierung** *f* (Strumpf) / vanisado *m* completo || ⁓**pneumatisch** / completamente neumático || ⁓**pol** *m* (Elektr) / polo *m* no saliente || ⁓**polläufer** *m* (Elektr) / inducido *m* o rotor de polos no salientes || ⁓**portalkran** *m* (Förd) / grúa *f* de pleno pórtico, grúa *f* [de] pórtico entero || ⁓**prägen** *n* / acuñación *f* en matriz cerrada, estampado *m* en matriz cerrada || ⁓**profil** *n* (Hütt) / perfil *m* macizo || ⁓**prüfung** *f* / inspección *f* [de] cien por cien || ⁓**-Quer-Fließpressen** *n* / extrusión *f* transversal por impacto || ⁓**rad**, Monoblockrad *n* (Bahn) / rueda *f* maciza o monobloque || ⁓**raffinierung** *f* (Öl) / refinación *f* completa || ⁓**reifen** *m* (Kfz) / neumático *m* macizo, goma *f* maciza, llanta *f* maciza (LA), bandaje *m* macizo (LA) || ⁓**reinigung** *f* (Tex) / lavado *m* [en seco] completo || ⁓**rohr** *n* (Geschütz) / cañón *m* monobloque || ⁓**rolliges Rollenlager** / rodamiento *m* de rodillos sin jaula || ⁓**Rückwärts-Fließpressen** *n* / extrusión *f* indirecta por impacto || ⁓**saat** *f* (Forstw) / siembra *f* en pleno || **sich** ⁓**saugen** / empaparse [completamente], embeberse || ⁓**säule** *f*, Massivsäule *f* (Bau) / columna *f* maciza || ⁓**schaftschraube** *f* / tornillo *m* de vástago sin rebajar || ⁓**schiene** *f* (Bahn) / riel *m* o carril [de longitud] normal, riel *m* de sección llena || ⁓**schlämmen** *n* **von Ritzen** (Bau) / relleno *m* de intersticios por arcilla || ⁓**schlüssel** *m* (Schloss) / llave *f*

de tija (E) o caña (LA) maciza ‖ ⁓schmierung f / lubri[fi]cación f hidrodinámica o completa ‖ ⁓schnittstreckenauffahrung f (Bergb) / avance m de galerías por corte pleno ‖ ⁓schnitt[vortriebs]maschine f (Bergb) / máquina f de avance de sección de corte pleno ‖ ⁓schur f (Wolle) / esquileo m anual ‖ ~schütten vt / llenar vertiendo ‖ ⁓schwingrohrrahmen m / cuadro m tubular con suspensión delantera y trasera, cuadro m tubular con suspensión independiente de las ruedas ‖ ⁓seitenband n (Eltronik) / banda f lateral plena o no atenuada ‖ ~selbsttätiger Stromerzeuger / grupo m electrógeno automático, generador m de corriente todo automático ‖ sich ~setzen / obstruirse, atascarse ‖ ⁓sicht... / de visibilidad panorámica o completa, de visión total ‖ ⁓sichtkanzel f (Luftf) / cabina f de plena vista, cabina f de visión total, cabina f de burbuja, cabina f de vista panorámica ‖ ⁓sichtlimousine f (Kfz) / berlina f de visibilidad completa o panorámica ‖ ⁓sichtmaske f / máscara o careta de visión total ‖ ⁓sichtskala f / escala f panorámica ‖ ⁓spur f (1435 mm) (Bahn) / vía f normal, ancho m normal ‖ ⁓stab m (Dauerversuch) / probeta f maciza o no entallada
vollständig / íntegro, completo, entero ‖ ~ **ausgerüstet** / completamente equipado ‖ **-e Austenitisierung** (Hütt) / austenitización f completa ‖ **-e Chlorierung** (Chem) / cloruración f total o completa ‖ ~ **entgratet** (Hütt) / enteramente desbarbado ‖ **-e Fachwand** (Stahlbau) / pared f de celosía completa ‖ **-e Induktion** (Math) / inducción f completa ‖ ~ **ionisiert** (Phys) / completamente ionizado ‖ **-e Kontrolle** / control m completo ‖ **~e Mischung** / mezcla f perfecta ‖ **~e Reaktion** (Chem) / reacción f completa ‖ **~e Schnellabschaltung** (Nukl) / parada f de emergencia completa ‖ ~ **trocken** (Anstrich) / perfectamente seco ‖ **~er Übertrag**, Vollübertrag m (DV) / acarreo m completo ‖ ~ **vernichten o. zerstören** / destruir completamente
Vollständigkeit f / integridad f, estado m completo ‖ ⁓, Ganzheit f / igualdad f, totalidad f
Voll • stange f (Hütt, Masch) / barra f maciza ‖ ⁓**stau** m (Hydr) / presa f totalmente llena ‖ ⁓**stein** m (Bau) / ladrillo m macizo ‖ ⁓**stopfen** n / abarrotado m, rellenado m ‖ ⁓**stopfen**, Padding m (DV) / padding m, relleno m ‖ ⁓**strahlrohr** n (F'wehr) / lanza f potente apagaincendios o para incendio ‖ ⁓**strich** (Zeichn) / trazo m continuo ‖ ⁓**-Strich** m (Gefäß) / marca f "lleno" ‖ ⁓**synchrongetriebe** m (Kfz) / cambio m completamente sincronizado ‖ ~**synthetisch** (Chem, Tex) / enteramente sintético ‖ ⁓**tarifstunden** f pl (Elektr) / horas f pl de tarifa diurna ‖ ⁓**ton-Oberfläche** f (Pap) / superficie f de tonos llenos ‖ ⁓**torkran**, Torkran m / grúa f [de] pórtico entero, grúa f de pleniportico ‖ ~**transistorisiert** (Eltronik) / completamente o enteramente o totalmente transistorizado ‖ ⁓**transistorregler** m (Kfz) / regulador m transistorizado ‖ ⁓**treffer** m (Mil) / impacto m completo ‖ ⁓**übertrag** m (DV) / acarreo m completo ‖ ⁓**umbruchmaschine** f (Landw) / desfondadora f ‖ ⁓**verarbeitung** f (Öl) / refinación f completa de los residuos de la destilación primaria ‖ ⁓**vermittlungsstelle** f, -amt n (Fernm) / central f principal ‖ ⁓**versatz** m (Bergb) / relleno m total o completo ‖ ~**verschlossen** (Seil) / cerrado ‖ ~**verstellbare Sonnenenergieanlage** / horno m solar íntegramente articulado ‖ ⁓**verzahnung** f / dentado m de profundidad normal ‖ ~**verzinkt** / totalmente galvanizado ‖ ⁓**-Vorwärts-Fließpressen** n / extrusión f directa por impacto ‖ ⁓**-Vorwärts-Strangpressen** n / extrusión f directa de barras ‖ ⁓**wandbalken**, -wandträger m (Stahlbau) / viga f de alma llena ‖ ⁓**wandbrücke** f / puente m de alma llena ‖ ~**wandig** (Bau) / macizo ‖ ~**wandig** (Stahlbau) / de alma llena ‖ ~**wandiges (o. volles) Rad**, Scheibenrad n (Bahn) /

rueda f de centro lleno ‖ ~**wandiger Träger**, Vollwandträger m (Stahlbau) / viga f de alma llena ‖ ⁓**wandmast** m (Elektr) / poste m macizo ‖ ⁓**wärmeschutz** m (Bau) / protección f térmica completa ‖ ⁓**waschmittel** n / detergente m multiusos ‖ ⁓**weg-Gleichrichter** m (Elektr) / rectificador m de onda completa, rectificador m de dos alternancias ‖ ⁓**-Weichglühen** n (Hütt) / recocido m completo de ablandamiento ‖ ⁓**welle** f, volle Schwingung (Phys) / onda f completa ‖ ⁓**welle** (Mech) / árbol m macizo ‖ ~**wertig** / de pleno valor ‖ ⁓**wertkohle** f / carbón m lavado de alta calidad ‖ ⁓**winkel** m (Bau) / ángulo m de 360° ‖ ~**zählig** / completo ‖ ⁓**zahn**, Normalzahn m (Getriebe) / diente m [de largo] normal ‖ ⁓**ziegel** m (Bau) / ladrillo m macizo ‖ ⁓**zug** m (S-Bahn) / tren m entero
Vollzugsmeldung f (Änderungsauftrag) (DV) / aviso m de ejecución
Voloxidation f (Nukl) / voloxidación f
VOLSCAN-System n (Luftf) / sistema m [de aterrizaje] VOLSCAN
Volt n (Elektr) / voltio m ‖ ⁓ **Gleichspannung** / tensión f continua en voltio ‖ ⁓ **Wechselspannung** / tensión f alterna en voltio ‖ **e-**⁓ / electrónvoltio m, eV m
Voltait m (Min) / voltaíta f
Voltameter, Coulo[mb]meter n (Elektr) / voltámetro m, coulombímetro m
Voltametrie f (elektrochem. Analyse) / voltametría f
Volt • ampere n, VA (Elektr) / voltamperio m, voltampere m, volt-ampere m, voltio-amperio m ‖ ⁓**amperemeter** n / voltamperímetro m ‖ ~**amperemetrisch** / voltamperimétrico ‖ ⁓**amperestunde** f / voltamperiohora f, voltamperehora f, voltio-ampere-hora f ‖ ⁓**-Ampere-Tester** m / voltímetro-amperímetro m de control
Voltasche Säule f / pila f voltaica o de Volta
Voltmeter n, Spannungsmesser m (Elektr) / voltímetro m ‖ ⁓**methode** f / método m voltimétrico ‖ ⁓**umformer** m (Elektr) / transformador m piloto ‖ ⁓**umschalter** m (Elektr) / conmutador m del voltímetro
Voltol n (ein Schmieröl) / voltol m
Voltzahl f, Spannung f / voltaje m
Volumen n, Rauminhalt m (Phys) / volumen m, capacidad f [cúbica] ‖ ⁓ (eines Stoffes ohne Porenraum) / volumen m verdadero (de la materia sin su porosidad) ‖ ⁓... / volúmico adj ‖ ⁓ n **des Presslings** (Sintern) / volumen m de la pieza prensada ‖ ⁓ **im gepressten Zustand**, Pressvolumen n / volumen m [del] comprimido ‖ ⁓ **im Normzustand**, Vn (Phys) / volumen m en estado standard ‖ ⁓ **n je Kubikyard** / volumen m en yarda cúbica ‖ ⁓ n **je Gewichteinheit** / volumen m por unidad de peso ‖ **mit gleich bleibendem** ⁓ (Mat.Prüf) / con m volumen constante, de m valor isovolumétrico
Volumen • änderung f / variación f del volumen, cambio m volumétrico o de volumen ‖ ⁓**änderung** (Sintern) / retorno m elástico ‖ ⁓**anteil** m en φ / tanto m por ciento en volumen, porcentaje m volumétrico o en volumen ‖ ⁓**ausdehnung** f (Phys) / dilatación f cúbica ‖ ⁓**-Ausdehnungskoeffizient** m / coeficiente m de dilatación cúbica ‖ ⁓**ausgleich** m, -kompensation f / compensación f de volumen ‖ ⁓**beständigkeit** f / estabilidad f o constancia del volumen ‖ ⁓**bestimmung** f, Messung f / volumetría f ‖ ~**bezogene elektromagnetische Energie**, elektromagnetische Energiedichte (Phys) / densidad f electromagnética de energía ‖ ~**bezogene Masse**, Dichte f / densidad f ‖ ~**bezogene Teilchenanzahl**, Teilchenanzahldichte f / número m de partículas por volumen ‖ ⁓**dosierung** f (Chem) / dosificación f volumétrica o por volumen ‖ ⁓**dosis** f (Atom, Nukl) / dosis f [absorbida] por volumen ‖ ⁓**durchfluss** m / flujo m volumétrico, volumen m de un fluido

desplazado en un sistema o por unidad de tiempo ‖ ⁓einheit f / unidad f de volumen, UV f ‖ ⁓einheit (Akust) / unidad f de volumen (en decibelios) ‖ ⁓-Elastizität f (Phys) / elasticidad f de volumen ‖ ⁓füllung f (Sintern) / relleno m del volumen ‖ ⁓gehalt m / contenido m volumétrico ‖
⁓gehalt-Alkoholometer n / alcoholímetro m del contenido volumétrico ‖ ⁓geschwindigkeit f (Phys) / velocidad f volumétrica o de volumen ‖ ⁓hologramm n / holograma m de volumen ‖ ⁓kompression f (Plasma) / compresión m de volumen ‖ ⁓kontraktion f / contracción f volumétrica o de volumen ‖
⁓leitfähigkeit f (Halbl) / conductibilidad f de volumen, conductividad f de volumen ‖ ⁓messer m / volúmetro m ‖ eingebauter ⁓messer (Flüssigkeit) / contador m de volumen incorporado ‖ ⁓messer m (Fernm) / indicador m de volumen, vúmetro m ‖ ⁓messer, Tonmesser m (Eltronik) / volúmetro m ‖ ⁓minderung f / disminución f de volumen, pérdida f, merma f ‖
⁓minderung, Schrumpfen n / encogimiento m, contracción f ‖ ⁓modelle n pl (CAD) / sólidos m pl
Volumenometer n / volumenómetro m, estereómetro m
Volumen•prozent, Vol% n (veraltet), (jetzt:) m Volumenanteil φ / porcentaje m en volumen, tanto m por ciento en volumen ‖ ⁓schnelle f (Phys) / velocidad f volumétrica o de volumen, flujo m de velocidad ‖ ⁓schwund m / encogimiento m de volumen, contracción f ‖ ⁓stoßrate f / tasa f volúmica de colisión ‖ ⁓strom m (Verdichter) / flujo m volumétrico, caudal m ‖ ⁓teil n (Phys) / parte f en volumen ‖
⁓teilchen n pl je Million / ppmv = partes por millón en volumen ‖ ⁓- und Querschnitteinfluss m (Mat.Prüf) / efecto m de masa ‖ ⁓verhältnis n (Phys) / relación f volumétrica ‖ ⁓viskosität f / viscosidad f volumétrica ‖ ⁓wassermesser, -zähler m / contador m volumétrico de agua, volúmetro m de agua ‖ ⁓welle, Mengenwelle f (Wellenleiter) / onda f de volumen ‖
⁓widerstand m (Elektr) / resistividad f, resistencia f específica ‖ ⁓zunahme f, -vergrößerung f / aumento m de volumen ‖ ⁓zunahme durch Quellung / aumento m de volumen por hinchamiento o por remojo ‖ ⁓zunahme zwischen gewachsenem u. gebrochenem Zustand, Schüttung f (Bergp) / esponjamiento m ‖ ⁓zusammenziehung, -minderung f / contracción f o disminución f de volumen
Volumetrie f (Chem) / volumetría f, análisis m volumétrico
volumetrisch / volumétrico ‖ ⁓e Analyse, volumetrische Titriermethode / análisis m volumétrico, titulación f volumétrica ‖ ⁓e Lösung / solución f volumétrica ‖ ⁓er Wirkungsgrad / rendimiento m volumétrico
voluminös / voluminoso
Volute f (Bau) / voluta f, posta f
Volutengiebel m (Bau) / frontón m rebajado o curvo
Vomhundert, Prozent n / tanto m por ciento, porcentaje m ‖ ⁓satz m / tanto n por ciento, porcentaje m
von a nach b (Math) / entre los límites a y b
VOR n (= very high frequency omnidirectional range) (Luftf, Nav) / radiofaro m omnidireccional de VHF o de onda métrica, VOR m
Vor•abbildungsteil m, Bildwandlerstufe f (TV) / etapa f convertidora de imagen ‖ ⁓abdruck m (Druck) / avance m, impresión f anticipada ‖ ⁓abgestimmt (Eltronik) / presintonizado ‖ ⁓-Abgleicheinrichtung f (Instr) / ajuste m preliminar ‖ ⁓ablenkung f (TV) / predeflexión f ‖ ⁓abscheider m (Chem) / prefraccionador m, separador m previo ‖
⁓abscheider (Hütt) / separador m preliminar ‖ ⁓abserie f (F.Org) / serie f precursora ‖ ⁓absieben vt (Erz) / precribar ‖ ⁓abstimmen vt / presintonizar ‖ ⁓abstimmung f / presintonía f ‖ ⁓addukt n (Plast) / preaducto m, prepolímero m ‖ ⁓adduktverfahren n / proceso m de prepolimerización ‖ ⁓altern (Kath.Str) / envejecimiento m prematuro ‖ ⁓amboss m (Schm) /

tabla f auxiliar del yunque ‖ ⁓amt n (Fernm) / central f subdirectriz, estación f u oficina directora o de control ‖ ⁓anheben vt, hervorheben (Eltronik) / preacentuar ‖ ⁓anhebung f (Eltronik) / preacentuación f, preénfasis m f, resalte m, acentuación f previa ‖ ⁓ankündigung f / preaviso m, aviso m previo ‖ ⁓ankündigung (Verkehr) / preseñalización f ‖ ⁓ankündigungszeichen n (Verkehr) / placa f de preseñalización
VOR-Anlage f (VOR = Visual Omni-Range) (Luftf) / aparato m VOR, instalación f VOR, radiogoniómetro m de aproximación
Vor•anmeldung f (Fernm) / preaviso m (de conferencia), petición f de comunicación de persona a persona ‖ ⁓anmeldungsgespräch n (Fernm) / conversación f con aviso previo, comunicación f o llamada de persona a persona, comunicación f personal ‖ ⁓anode, Sauganode f (Kath.Str) / primer ánodo de aceleración ‖ ⁓anschlag m / cálculo m preliminar o previo, estimación f previa ‖ ⁓anschlag, Kostenanschlag m / presupuesto m [aproximado] ‖ ⁓anschlag (DIN), Hakenanschlag m (Stanz) / tope m escamotable ‖ ⁓anstellen vt / anteponer ‖ ⁓anstrich m, Grundierung f / pintura f de fondo, primera capa ‖ ⁓anzeige f / preindicación f, previo aviso, aviso m previo, indicación f preliminar o previa ‖ ⁓anzeige (Film, TV) / avance m ‖ ⁓appretur f (Tex) / apresto m preparatorio o previo ‖ ⁓arbeit f / trabajo m preliminar o preparatorio, preparativos m pl ‖ ⁓arbeiten vt, rohbearbeiten / desbastar ‖ in der Fabrik ⁓arbeiten / premecanizar, prefabricar ‖ ⁓arbeiter m / capataz m, primer ayudante ‖ ⁓auftragsplanung f (Netzplan) / planeamiento m previo [al pedido]
voraus, nach vorn / hacia adelante, adelante ‖ große Fahrt ⁓ ! (Schiff) / ¡ avante toda ! ‖ im ⁓ festlegen od. -setzen / prefijar
Voraus•anzeige f (Nav) / marcador m o indicador de proa ‖ ⁓berechnen vt / calcular de antemano ‖ ⁓eilen vi (Elektr) / estar adelante en fase, adelantarse en fase ‖ ⁓exemplar n (Druck) / ejemplar m de primera impresión ‖ ⁓fahrt f (Schiff) / movimiento m hacia delante ‖ ⁓gelegene Schiene (Bahn) / riel m siguiente ‖ ⁓geplante Anwendung / aplicación f preplanificada ‖ ⁓gesagte Zuverlässigkeit / fiabilidad f predicha ‖ ⁓gesagter Driftwinkel (Luftf) / ángulo m de deriva predicho ‖ ⁓gesetzt [dass] / con tal [que], a condición [de que] ‖ ⁓gesetzt [dass] (Math) / suponiendo [que], supuesto [que], siempre [que] ‖ ⁓lesen n (DV) / lectura f anticipada ‖ ⁓liegende Blockstelle (Bahn) / puesto m de bloqueo posterior ‖ ⁓liegender Bandabschnitt (DV) / parte f precedente de la cinta ‖ ⁓maße n pl (Bau) / dimensiones f pl provisionales o preliminares ‖ ⁓planung f, Vorplanung f / planificación f preliminar, planeamiento m para el futuro, preplaneamiento m ‖ ⁓raum m (Luftf, Schiff) / área f delantera ‖ ⁓sage, Prädiktion f (Regeln) / predicción f ‖ ⁓sehbarer Unfall (Nukl) / accidente m previsible ‖ ⁓setzen vt / suponer, presuponer ‖ ⁓setzung f / suposición f, condición f previa ‖ nach ⁓setzung / por hipótesis
voraussichtlich•e Abflugzeit / hora f probable de despegue o de partida ‖ ⁓er Anflugzeitpunkt (Luftf) / hora f probable de aproximación ‖ ⁓e Ankunftzeit (Luftf) / hora f probable de llegada
Vorausströmung f (Mot) / escape m previo
vor-auswählen (DV) / preseleccionar
Vorband n (Hütt) / prebanda f, placa f fina intermedia, chapón m
Vorbau m, vorspringender Flügel (Bau) / parte f saliente, saledizo m, voladizo m, ala f avanzada ‖ ⁓, Vorhalle f / vestíbulo m ‖ ⁓ (Bergb) / explotación f directa o progresiva o en avance ‖ ⁓ eines Fahrzeugs / parte f saledizo de un vehículo

vorbauen *vt*, verlängern (Bau) / edificar en saliente
Vorbau•gerüst *n* (Brücke) / andamiaje *m* ‖ ⁓**schnabel** *m* (Brücke) / morro *m* de lanzamiento ‖ ⁓**schneepflug** *m* / pala quitanieves ‖ ⁓**stempel** *m* (Bergb) / Vorbautempel *m*
vor•beansprucht (Mech) / precargado, presolicitado ‖ ⁓**bearbeitet** / desbastado, premecanizado ‖ ⁓**bearbeitung** *f* / mecanización *f* previa o preliminar, preelaboración *f* ‖ ⁓**beben** *n* (Geol) / temblor *m* premonitorio ‖ ⁓**begehung** *f* einer Trasse (Bahn, Straß) / inspección *f* preliminar de una traza o de un tramo
Vorbehalt, unter ⁓ / bajo o con reserva
vor•behandeln *vt* (Flotation) / acondicionar ‖ ⁓**behandelt** / pretratado
Vorbehandlung *f* / pretratamiento *m*, tratamiento *m* preliminar o previo ‖ ⁓, Head-End-Verfahren *n* (Reaktorbrennstoff) / tratamiento *m* inicial ‖ ⁓ (Mat.Prüf) / precondicionamiento *m* ‖ ⁓ **von Proben** / acondicionamiento *m* de muestras
Vorbehandlungs•apparat *m* (Flotation) / aparato *m* de acondicionamiento ‖ ⁓**mittel** *n* (Chem) / agente *m* de tratamiento previo ‖ ⁓**schicht** *f* (Hütt) / capa *f* de conversión
vorbeifahren / pasar [de largo] ‖ ⁓ *vi* [an], überholen (Kfz) / adelantar
vorbei•fliegen (an einem Stern), passieren (einen Stern) (Regeln) / pasar de largo (una estrella) ‖ ⁓**flug**, Vorüberflug *m* (Raumf) / vuelo *m* de paso
vorbeilaufen *vi* [an] (z.B. Walze an Druckhämmern) (Drucker) / pasar [por], desfilar [por delante de] ‖ ⁓ *n* **des Gangzahnrades**, Galopp *m* (Uhr) / galope *m*
vorbeiströmen *vi* (Mot) / escaparse ‖ ⁓ *n* (Mot) / escape *m*
Vor•beize *f* (Färb) / mordiente *m* diluido ‖ ⁓**beizen** *vt* (Färb) / premordentar ‖ ⁓**beizen** (Hütt) / decapado *m* previo, predecapado *m*
vorbeiziehen *vi* (Schiff) / pasar, desfilar
vorbekannt (Patent) / anticipado
vor•belasten *vt*, -spannen (Elektr) / polarizar ‖ ⁓**belasten** (Mech) / pretensar, prefatigar ‖ ⁓**belastet** / con carga previa ‖ ⁓**belastung** *f* / carga *f* previa, precarga *f* ‖ ⁓**belastungswiderstand** *m* (Eltronik) / resistor *m* de drenaje o de sangría, resistencia *f* derivadora o de compensación
vorbelegen *vt* (Fernm) / bloquear la línea ‖ ⁓ (DV) / preasignar localizaciones
Vor•belichtung *f* (Foto) / preexposición *f*, exposición *f* previa o preliminar ‖ ⁓**belichtungsfaktor** *m* (Photowiderstd) / índice *m* de preexposición ‖ ⁓**belüftung** *f* (Abwasser) / aireación *f* previa ‖ ⁓**benutzung** *f* (Patent) / preúso *m* ‖ ⁓**berechnete Entwicklung** (Foto) / revelado *m* factorial
vorbereiten *vt* / preparar ‖ ⁓ *n* **des flüssigen Roheisens** (Hütt) / preparación *f* del arrabio [líquido]
vorbereitend, einleitend / preliminar ‖ ⁓, als o. der Vorbereitung dienend / preparatorio
vorbereitet [für] / preparado [para] ‖ ⁓**es Ende** (Schm) / extremo *m* preparado
Vorbereitung *f* / preparación *f*, trabajos *m pl* preparativos o preparatorios, preparativos *m pl* ‖ ⁓, Aufladen *n* (Eltronik, Röhre) / cebado *m*, sensibilización *f*
Vorbereitungs•phase *f* / fase *f* o etapa de preparación ‖ ⁓**strecke** *f* (Spinn) / manuar *m* de preparación ‖ ⁓- **u. Anlaufzeit** *f* (F.Org) / tiempo *m* de preparación e iniciación ‖ ⁓**zeit** *f* (Halbl) / tiempo *m* de preparación
Vor•berg, Auslieger *m* (Geol) / estribación *f* ‖ ⁓**besäumen** (Holz) / cantear previamente, precantear ‖ ⁓**besäumsäge** *f* (Holz) / sierra *f* de precantear ‖ ⁓**beschichten** (Foto) / presensibilizado ‖ ⁓**beschleunigen** *vt* / preacelerar ‖ ⁓**besetzung** *f* **von Parameterwerten** (DV) / opción *f* de valor supuesto ‖ ⁓**bestellung** *f* / encargo *m* anticipado ‖ ⁓**bestimmt**,

festgelegt / predeterminado, preestablecido, predestinado ‖ ⁓**bestimmter Bestimmungsmodus** (DV) / modalidad *f* prefijada o predefinida ‖ ⁓**bestrahlung** *f* (Nukl) / preirradiación *f* ‖ ⁓**betankt** (Rakete) / dotado de combustible ‖ ⁓**betrieblich** (Nukl) / preoperacional ‖ ⁓**beugen** / preservar, prevenir
vorbeugend, verhütend / preventivo ‖ ⁓, prophylaktisch / profiláctico ‖ ⁓**er Brandschutz** / defensa *f* preventiva contra incendios ‖ ⁓**e Wartung o. Instandsetzung** / entretenimiento *m* preventivo o profiláctico
Vor•beugungsmaßnahme *f*, -mittel *n* / medida *f* de prevención, medida *f* profiláctica o preventiva ‖ ⁓**beulen** *n* **einer Platte** (Bau) / preabollado *m* de una plancha ‖ ⁓**bewitterung** *f* (Bau) / exposición *f* previa a la intemperie ‖ ⁓**biegemaschine** *f* (Bahn) / máquina *f* de doblar carriles ‖ ⁓**biegen** *vt* / doblar previamente
Vorbild, Muster *n* (allg) / modelo *m*, muestra *f*, paragón *m* ‖ ⁓, Musterstück *n* / prototipo *m* ‖ ⁓ *n*, Typ *m* / tipo *m*
Vorbildung *f*, Vorkenntnisse *f pl* / calificación *f*, conocimientos *m pl* previos
vorblasen *vt* (Hütt) / soplar previamente ‖ ⁓ *n* (Glas) / primer soplado
Vorblatt *n* (Druck) / hoja *f* preliminar ‖ ⁓ (Hopfen) / bractéola *f*, bráctea *f*
Vor•blech *n* (Hütt) / llanta *f* para chapa fina ‖ ⁓**blick** *m* (Verm) / vista *f* directa
Vorblock *m* (Walzw) / lingote *m* desbastado, desbaste *m* ‖ ⁓ (Datenübertragung) / bloque *m* avanzado
vorblocken *vt* (Walzw) / desbastar ‖ ⁓ (vor der Zwischenaufheizung) / efectuar el desbastado intermedio ‖ ⁓ *n* / desbastado *m*
Vor•block-Putzerei *f* (Hütt) / taller *m* de escarpar desbastes ‖ ⁓**bogen** *m* (Bau) / arco *m* delantero
vorbohren *vt* (Bergb) / hacer un sondaje preliminar ‖ ⁓ (Loch) / taladrar previamente, preperforar
Vorbohrer *m* (Bergb, Zimm) / taladro *m* para preperforar, broca *f* para taladros previos
Vorbohrloch *n* (beim Abteufen) (Bergb) / barreno *m* de reconocimiento ‖ ⁓ (Öl) / barreno *m* inicial o previo
Vorbramme *f* (Walzw) / desbaste *m* plano
vorbrechen *vt* (Bergb) / triturar previamente ‖ ⁓ *n* / trituración *f* basta o primaria
Vor•brecher *m* / quebrantadora *f* preliminar, triturador *m* previo, trituradora *f* primaria ‖ ⁓**brenne** *f* (Galv) / baño *m* de predecapado ‖ ⁓**brennen** *n* (Keram) / cocción *f* previa, precocción *f* ‖ ⁓**carbidausscheidung beim Abschrecken** / segregación *f* primaria de carburo, carburo *m* precipitado durante el temple ‖ ⁓**codieren** *vt* (DV) / precodificar ‖ ⁓**dach** *n* (über dem Eingang) (Bau) / pabellón *m*, marquesina *f*, visera *f* ‖ ⁓**dach** (überhängender Teil des Daches) / colgadizo *m* ‖ ⁓**damm**, -deich *m* (Hydr) / dique *m* avanzado ‖ ⁓**darre** *f* (Brau) / planta *f* de secado ‖ ⁓**deck** *n*, Back *f* (Schiff) / cubierta *f* de proa ‖ ⁓**deckbad** *n* (Galv) / baño *m* de revestimiento previo ‖ ⁓**decken** *n* **mit Kupfer**, Anschlagverkupferung *f* (Galv) / revestimiento *m* previo con cobre ‖ ⁓**decodiert** (DV) / predecodificado ‖ ⁓**definiert** (DV) / predefinido ‖ ⁓**dehnung** *f* / extensión *f* previa
vorder•er, Vorder... / delantero, de delante, frontal ‖ ⁓**er**, führend / en cabeza, de primera categoría ‖ ⁓**e Achse** (eines Fahrzeugs), Vorderachse *f* / eje *m* delantero ‖ ⁓**er Bremsschuh** (Kfz) / zapata *f* de freno delantera ‖ ⁓**es Drehgestell** (Bahn) / avantrén *m* de locomotora, bogie *m* delantero, carretillo *m* de guía (MEJ) ‖ ⁓**e Laufachse** (Bahn) / eje *m* portante delantero ‖ ⁓**es Lot** (Schiff) / perpendicular *f* delantera ‖ ⁓**e Pol[schuh]kante** (Elektr) / extremidad *f* de entrada de zapata polar ‖ ⁓**e Schwarztreppe**, -schulter *f* (TV) / rellano *m* o pórtico o umbral anterior, meseta *f* anterior ‖ ⁓**er Sitzraum** (Kfz) /

vorder

habitáculo *m* delantero, asientos *m pl* delanteros ‖ ~e **Stufe** (Satellit) / etapa *f* delantera
Vorderachs•antrieb *m*, Frontantrieb *m* (Kfz) / tracción *f* delantera, impulsión *f* por el eje delantero ‖ ~**aufhängung** *f* / suspensión *f* del (por el) eje delantero
Vorderachse, Lenk-, Leitachse *f* (Bahn, Kfz) / eje *m* delantero
Vorderachs•federung *f* (Kfz) / suspensión *f* del eje delantero ‖ ~**lastanteil** *m* / carga *f* parcial sobre el eje de lantero ‖ ~**pendelbolzen** *m* (Traktor) / soporte *m* del eje delantero ‖ ~**schenkel** *m* (Kfz) / mangueta *f* del eje delantero, palier *m* del eje delantero ‖ ~**träger** *m* (Kfz) / travesaño *m* principal ‖ ~**welle** *f* (Antriebswelle der Vorderräder) (Kfz) / árbol del eje delantero *m*, palier *m* (árbol motor para las ruedas delanteras) ‖ ~**zapfen**, Achsschenkelbolzen *m* (Kfz) / pivote *m* del eje delantero, pasador *m* del eje, pivote *m* de dirección
Vorder•ansicht *f*, Aufriss *m* (Zeichn) / vista *f* frontal o de frente o anterior, vista *f* de cara ‖ ~**antrieb** *m* (Kfz) / tracción *f* delantera ‖ ~**bock** *m* (Spinn) / testera *f* pequeña o de delante ‖ ~**drehgestell** *n* (Bahn) / bogie *m* delantero ‖ ~**ende** *n* / extremo *m* delantero ‖ ~**feder** *f* (Bahn) / resorte *m* delantero ‖ ~**federbock** *m* (Kfz) / soporte *m* de ballesta delantero ‖ ~**fläche**, -seite *f* / superficie *f* o cara anterior, cara *f* delantera, frente *m* (anterior) ‖ ~**flächenprojektionsröhre** *f* (Kath.Str) / tubo *m* catódico con proyección frontal ‖ ~**flanke** *f* (Impuls) / flanco *m* anterior, borde *m* frontal o de ataque ‖ ~**flügel** *m* (Luftf) / ala *f* o aleta delantera ‖ ~**front** *f* (Bau) / fachada *f*, fachada *f* anterior o principal ‖ ~**gabel** *f* (Fahrrad) / horquilla *f* delantera ‖ ~**gebäude** *n* / edificio *m* frontal, antecuerpo *m* ‖ ~**glied**, erstes Glied *n* (eines Verhältnisses) (Math) / antecedente *m* (primer término de una proporción)
Vordergrund *m* / primer plano *f* ‖ ~**programm** *m* (DV) / programa *m* de la mayor prioridad, programa *m* "foreground" ‖ ~**signal** *n* (TV) / señal *f* de primer plano ‖ ~**strahlung** *f* (Nukl) / reflexión *f* a corta distancia
Vorderhaus *n* (Bau) / edificio *m* delantero o que da a la calle
Vorderkante *f* / borde *m* o canto delantero, arista *f* delantera ‖ ~, Eintrittskante *f* (des Luftschraubenblattes) / borde *m* de ataque de la pala ‖ ~ *f* **des Flügels** (Luftf) / borde *m* de ataque del ala
Vorder•karre *f* (Landw) / avantrén *m*, antetrén *m* del arado ‖ ~**kipper** *m*, Stirnkipper *m* (Bau) / basculador *m* frontal, volquete *m* de descarga frontal ‖ ~**kipper** (Bahn) / vagón *m* basculante por delante, vagoneta *f* de vuelco frontal, vagoneta *f* de descarga frontal ‖ ~**lader** *m* (Waffe) / arma *f* de avancarga ‖ ~**lastig** (Schiff) / pesado de proa ‖ ~**linse** *f* (Opt) / lente *f* frontal o delantera ‖ ~**linse**, Vorsatzlinse *f* (Foto) / lente *f* adicional o suplementoria ‖ ~**luke** *f* (Schiff) / escotilla *f* delantera ‖ ~**marke** *f* (Druck) / marca *f* anterior, tacón *m* frontal ‖ ~**motor** *m* (Elektr) / motor *m* principal de un montaje en cascada ‖ ~**plattform** *f* (Bahn) / plataforma *f* delantera ‖ ~**profil** *n* (Verm) / perfil *m* delantero
Vorderrad *n* / rueda *f* delantera ‖ ~ (Fahrrad) / rueda *f* directriz ‖ **[beim Parken] die Vorderräder zum Bürgersteig hin einschlagen** (Kfz) / girar las ruedas delanteras hacia la acera ‖ ~**antrieb** *m* (Kfz) / tracción *f* delantera, impulsión *f* del (o por el) eje delantero ‖ ~**-Aufhängung** *f* / suspensión *f* (de la rueda) delantera ‖ ~**bremse** *f* / freno *m* delantero, freno *m* de la[s] rueda[s] delantera[s]
Vorderräder, Vorderrad, [beim Parken] die ~ zum Bürgersteig hin einschlagen (Kfz) / girar las ruedas delanteras hacia la acera

Vorderrad•gabel *f* (Fahrrad) / horquilla *f* de la rueda delantera ‖ ~**lenkung** *f* (Kfz) / dirección *f* por ruedas delanteras
Vorder•raum *m* (Schiff) / bodega *f* de proa ‖ ~**schaft** *m* (Gewehr) / caña *f*, delantera *f* ‖ ~**schaftsabschluss** *m* / nariz *f* de la delantera ‖ ~**schlitten** *m*, -support *m* (Wzm) / carro *m* delantero ‖ ~**schraube** *f*, vor den Tragflächen liegende Schraube (Luftf) / hélice *f* de tracción ‖ ~**seil** *n* / cable *m* de cabeza
Vorderseite *f* (Masch) / faz *f* ‖ ~, Stirn[fläche] *f* (Stein) / cara *f* frontal o anterior ‖ ~ *f*, Fassade *f* (Bau) / fachada *f*, frente *m* anterior, portada *f* ‖ ~, Bildseite *f* (Münzw) / efigie *f*, cara *f*, anverso *m* ‖ ~, Arbeitsseite *f* (Hütt) / lado *m* de trabajo ‖ ~ *f*, rechte Seite (Web) / cara *f*, buen lado *m* ‖ ~ (der Type) (Druck) / frente *m*, cara anterior del tipo ‖ ~ *f*, ungerade Seite (Druck) / página *f* con número impar ‖ ~ **der Essgabel** / cara *f* interior del tenedor ‖ ~ **der Zeitung** / página-portada *f*, portada *f*, página *f* frontal, primera página, plana *f* primera ‖ ~ **des Buches** / portada *f*, frontispicio *m* ‖ ~ **des gedruckten Bogens** (Druck) / anverso *m*, recto *m*, cara *f* ‖ ~ **nach oben** / la parte anterior para (o hacia) arriba ‖ ~ **nach unten** / la parte anterior para (o hacia) abajo
Vorderseitenmontage *f* (Schalttafel) / montaje *m* al frente del panel
vorderseitig, Vorder... / frontal, de la parte anterior ‖ ~**er Anschluss** (Elektr) / conexión *f* frontal ‖ ~**gespeiste Antenne** / antena *f* alimentada frontal
Vordersitz *m* / asiento *m* delantero, testera *f* ‖ ~**-Insasse** *f* (Kfz) / pasajero *m* de delante, pasajero *m* de asiento delantero ‖ ~**kopfstütze** *f* (Kfz) / reposacabezas *m* delantero
Vordersteven *m* (Schiff) / estrave *m*, roda *f* de proa, branque *m*
Vorderteil *m n* / parte *f* delantera ‖ ~ *n* (Luftf) / nariz *f*, proa *f*, (localismo:) morro *m* ‖ ~ *m n* (Schiff) / parte *f* delantera
Vorder•tor *n* **der Schleuse** (Hydr) / puerta *f* de cabeza ‖ ~**tür** *f* (Bau) / puerta *f* de entrada ‖ ~**wagen** *m* (Kfz) / parte *f* delantera del coche ‖ ~**wagenpflug** *m* **für Schlepper** / arado *m* de antetren para tractor ‖ ~**walze** *f* (Spinn) / cilindro *m* delantero o de delante ‖ ~**walzer** *m* (Hütt) / laminador *m* delante del tren
Vorderwand *f* (Bau) / muro *m* de fachada ‖ ~, Brust *f* (Hütt) / pecho *m* de un horno ‖ ~ *f* / panel *m* frontal ‖ ~**photozelle** *f* / célula *f* fotovoltaica de barrera anterior ‖ ~**rahmen** *m* (Kfz) / bastidor *m* del panel frontal
Vorder•würze *f* (Brau) / primer mosto *m* ‖ ~**zange** *f* (Tischl) / torno *m* frontal ‖ ~**zeile** *f*, -front *f* (Bau) / testera *f* ‖ ~**zylinder** *m*, Streckzylinder *m* (Spinn) / cilindro *m* de estiraje
Vordestiller *m*, -blase *f* (Chem) / predestilador *m*, aparato *m* de destilación previa
VOR/DME (hochfrequente Rundsicht-Entfernungsmesseinrichtung) (Luftf) / sistema *m* VOR/DME, sistema *m* de radiofaro omnidireccional y de medida de distancia
Vordock *n*, Vorhafen *m* (Schiff) / antedársena *f*, antedique *m*
Vordraht *m* (Spinn) / pre[rre]torcido *m* ‖ ~ (Hütt) / alambre *m* preestirado
Vordrall *m* (Kreiselpumpe) / prerrotación *f* ‖ ~ (Seil) / pretorsión *f*
vordrehen *vt* (Wzm) / desbastar al torno, tornear de desbaste, tornear previamente, pretornear
Vordreh•flügel *m* (Spinn) / mechera *f* de pretorcido ‖ ~**gestell** *n*, Vorschlagmaschine *f* (Spinn) / retorcedora *f* fija ‖ ~**schleuder** *f* (Zuck) / escurridora *f* centrífuga
Vordrehung *f*, Falschdraht *m* (Spinn) / torsión *f* falsa
vordringlich, Prioritäts... (DV) / preferente, foreground, de [mayor] prioridad ‖ ~**e Arbeit** (DV) / trabajo *m*

1460

urgente ‖ **nicht** ~ (DV) / no preferente, subordinado, background, de menor prioridad
Vordrossel f (Fernm) / bobina f de reactancia de entrada ‖ ⁓ (Mot) / válvula f de mariposa primaria
Vordruck m, Untergrund m (Tex) / primera impresión ‖ ⁓ (Druckregler) / presión f de admisión o de alimentación, presión f inicial o previa ‖ ⁓, Formular n / formulario m, impreso m ‖ **[leerer]** ⁓ / formulario m blanco
Vordrücker, Ausstoßer m / expulsor m
Vordruck•reserve f (Färb) / reserva f de estampación previa ‖ ⁓**verfahren** n (Elektr) / método m de precompresión ‖ ⁓**walze** f (Druck) / cilindro m desgotador, rodillo m filigranado o de afiligranar, rodillo m marcador, hilarín m (ARG)
Vor•drückzylinder m / cilindro m de avance neumático ‖ ⁓**durchhang** m (Seil) / flecha f inicial ‖ ~**editieren** vt (DV) / preeditar
Voreileinrichtung f (Schrumpfrahmen) / dispositivo m de sobrealimentación
voreilen vi / adelantar, avanzar, acelerar, apresurar ‖ **in Phase** ~ (Elektr) / estar en avance de fase, adelantarse en fase ‖ ⁓ n, Voreilung f / adelanto m, avance m ‖ ⁓ **des Walzgutes** (Walzw) / avance m de la pieza a laminar, aceleración f
voreilend•e (o. kapazitive) Belastung (Elektr) / carga f capacitiva ‖ ~**er Hieb** (Feile) / picado m convergente ‖ ~**er Kontakt** (Stecker) / contacto m en avance ‖ ~**er (o. negativer o. kapazitiver) Leistungsfaktor** (Elektr) / factor m de potencia capacitivo ‖ ~**e Phase** (Elektr) / fase f adelantada ‖ ~**e Strecke** (Bergb) / galería f preavanzada ‖ ~**er Strom** / corriente f adelantada ‖ ~**e Wicklung** (Spinn) / bobinado m adelantado
Voreilhebel m (Bremsventil) (Bahn) / palanca f de avance (válvula de freno)
Voreilung f **beim Walzen** (Hütt) / avance m, aceleración f ‖ ⁓ **des Feldes** (Elektr) / avance m o adelanto del campo
Voreil•verzerrung f (Fernm) / distorsión f debida al defasaje ‖ ⁓**winkel** m (Elektr) / ángulo m de avance
Vor•einflugzeichen n (Luftf) / radiobaliza f exterior, radiobaliza f previa de entrada ‖ ~**eingestellt** / prerregulado, preajustado ‖ ⁓**einschneiden** n (Tagebau) (Bergb) / corte m de aproximación (tajo abierto) ‖ ⁓**einspritzung** f (Mot) / preinyección f, inyección f previa ‖ ~**einstellbar** / preajustable, prerregulable ‖ ~**einstellen** vt (z.B. Zähler) / preajustar, prerregular ‖ ~**einstellen**, vorfokussieren (Opt) / preenfocar ‖ ⁓**einstellgerät** n / aparato m de preajuste ‖ ⁓**einstelllänge** f (NC) / distancia f de preajuste ‖ ⁓**einstellrad** n (Zähler) / rueda f de preselección ‖ ⁓**einstellung** f (DV, Masch) / prerregulación f, regulación f previa, ajuste m previo, preajustaje m ‖ ⁓**einstellwerk** n / dispositivo m predeterminador, dispositivo m preselector o de prerregulación, dispositivo m de ajuste previo ‖ ⁓**einstellzähler** m / contador m de preselección ‖ ⁓**einströmung** f (Mot) / preadmisión f, admisión f previa ‖ ⁓**eisen**, Sech n (Landw) / cuchilla f recta ‖ ⁓**ejektor** m, Vorevakuator m (Vakuum) / bomba f de vacío primero ‖ ⁓**entteerer** m (Chem) / predesalquitranadora f, separador m preliminar de alquitrán ‖ ⁓**entwässerung** f / drenaje m previo ‖ ⁓**entwurf** m / anteproyecto m ‖ ⁓**entzerrung** f (Eltronik) / preacentuación f, preénfasis m ‖ ~**erhitzen** vt / precalentar, calentar previamente ‖ ⁓**erhitzung** f / precalentamiento m ‖ ⁓**erregung** f (Elektr) / preexcitación f ‖ ~**eutektisch** / preutéctico ‖ ~**eutektoidisch** / preeutectoide ‖ ⁓**evakuator** m (Hütt, Vakuum) / eyector m de arranque rápido ‖ ⁓**-Evakuierung** f / preevacuación f ‖ ⁓**fabrikation** f, -fertigung f / prefabricación f ‖ ~**fabriziertes Element** (Bau) / elemento m

prefabricado ‖ ~**fabrizierter Hafen** (Mil) / puerto m [militar] flotante ‖ ⁓**fachen** n (Spinn) / predoblado m, doblado m previo
vorfahren vi, überholen (Kfz) / adelantar ‖ ~ vt, anhalten (Kfz) / hacer parar el coche en un lugar determinado
Vorfahrer m (Bergb) / detector m de grisú
Vorfahrt f, -fahrtsrecht n (Verkehr) / prioridad f o preferencia de paso ‖ ⁓ **!** (ein Dreiecksschild) / iceda el paso! ‖ ⁓ **geben o. gewähren** / ceder el paso, dejar pasar ‖ ⁓ **gewähren!** / i ceda el paso ! ‖ ⁓ **missachten** (Kfz) / no respetar la prioridad ‖ **die** ⁓ **beachten** / respetar la prioridad
vorfahrts•berechtigt (Verkehr) / con prioridad de paso ‖ ~**berechtigte Straße** / carretera f con prioridad ‖ **das** ⁓**recht hat ...** / la prioridad la tiene... ‖ ⁓**straße** f, Vorrangstraße f (österr.) / calle f de prioridad ‖ ⁓**zeichen** n, -schild / señal f de prioridad de paso, señal f de "ceda el paso"
Vor•fall m, Ereignis n / acontecimiento m, incidente m, suceso m, evento m (LA) ‖ ⁓**fall**, Einfall m, Anrichtung f (Uhr) / escape m ‖ ⁓**färben** n, -färbung f (Färb) / preparación f del fondo ‖ ⁓**faulbecken** n (Abwasser) / balsa f de prefermentación ‖ ⁓**feinfrotteur**, -feinnitschler m (Tex) / bobinuar m repasador, anterrematador m ‖ ⁓**feld** n (Spinn) / zona f de estirado preliminar ‖ ~**feld** (Luftf) / explanada f ‖ ⁓**fenster** n (Bau) / contraventana f ‖ ⁓**fertigstich** m, Vorschlichtkaliber n (Walzw) / pasada f preparadora
Vorfertigung, -fabrikation f (Bau) / prefabricación f ‖ ⁓ f **für Großbaustellen** (Bau) / prefabricación f para grandes obras ‖ ⁓ **für kleine Baustellen** / prefabricación f para obras menores ‖ ⁓ **für mittlere Baustellen** / prefabricación f para obras de dimensión mediana
Vor•feuer n (Keram) / cochura f previa ‖ ⁓**feuerung** f (Hütt) / hogar m anterior, hogar m previo ‖ ⁓**filter** m n / primer filtro, filtro m previo, antefiltro m, prefiltro m ‖ ~**fixieren** vt (Tex) / prefijar ‖ ⁓**fleier** m (Spinn) / mechera f en grueso ‖ ⁓**flotationszelle** f (Bergb) / celda f de speareación inicial ‖ ⁓**flügel** m (Luftf) / pico m de seguridad [móvil] ‖ ⁓**flut** f (Hydr) / marea f incipiente, repunte m de la marea ‖ ⁓**fluter** m (Abwasser) / cauce m de desagüe, emisario m ‖ ⁓**flutwasser** n / aguas f pl de derrame ‖ ~**fokussieren** vt, voreinstellen (Opt) / preenfocar
Vorform f, Füllform f (Glas) / molde m desbastador ‖ ⁓ (Plast) / preforma f
vorformen vt / preformar, preconformar, conformar previamente ‖ ⁓ ~ (Strumpf) / prefijar, pre[a]hormar ‖ ⁓, [Vor]fixieren n (Strumpf) / prefijación f, prefijado m
Vor•formgebung f / preconformación f, deformación f [plástica] previa ‖ ⁓**formling** m (Plast) / preforma f ‖ **bandartiger** ⁓**formling** (Plast) / preforma f laminada ‖ ⁓**formmaschine** f (Strumpf) / máquina f preformadora o prehormadora ‖ ⁓**formung** f (Sintern) / precompresión f ‖ ⁓**formung** (Strumpf) / prefijación f, prehormado m
Vorfräser m (Wz) / fresa f desbastadora o de desbaste ‖ ⁓ f **für Walzfräsmaschinen** / fresa f desbastadora para fresadora por generación
vorfrischen vt (Hütt) / afinar previamente, preafinar ‖ ⁓ n (Hütt) / preafinación f, afino m previo
Vor•frischmischer m (Hütt) / mezclador m de afino previo ‖ ⁓**fühlregler** m, Vorhalteregler m / regulador m de derivación
Vorführapparat m (Film) / aparato m de proyección, proyector m cinematográfico, aparato m para proyectar imágenes
vorführbar / presentable, demostrable
Vorführ•barkeit f / demostrabilidad f ‖ ⁓**dame** f, Vorführerin f / demostradora f, instructora f
vorführen, [etwas] ~ / demostrar, presentar
Vorführer m (Film) / operador m ‖ ⁓ (DV) / demostrador m

1461

Vorführ•gerät n (Masch) / aparato m para demostración ‖ ~**gerät** (Video) / grabadora f video ‖ ~**kabine** f (Film) / cabina f de proyección o del operador ‖ ~**kopie** f (TV) / copia f de presentación ‖ ~**modell** n / modelo m para demostraciones
Vorführung f / presentación f, demostración f ‖ ~ (Film) / paso m de película
Vorführungsraum m (allg) / sala f de demostraciones ‖ ~ (Film) / sala f de proyecciones
Vorführ•wagen m (Kfz) / coche m de demostración ‖ ~**zeit** f (Film) / duración f de la proyección
Vor•füllung f (Druckguss) / primera inyección ‖ ~**funkenstrecke** f / distancia f explosiva de chispas ‖ ~**funkzeit** f (Spektralanalyse) / tiempo m de chisporroteo previo
Vorgabe f, Spezifikation f (allg, Norm) / especificación f
Vorgabemaske f (PC) / máscara f por defecto
Vorgabezeit f (F.Org) / tiempo m predeterminado o prefijado ‖ ~ **aufgrund von Zeitstudien** / tiempo m prefijado normalizado ‖ **knappe** ~ / tiempo m cerrado ‖ **vorläufige o. geschätzte** ~ / norma f previsional ‖ ~**änderung** f (F.Org) / cambio m del tiempo prefijado ‖ ~**ermittlung** f (F.Org) / determinación f del tiempo prefijado
Vorgalvanisierung f (Galv) / galvanización f previa
Vorgang m, Erscheinung f, Phänomen n / fenómeno m ‖ ~, Ablauf m / transcurso m, desarrollo m, proceso m ‖ ~, Hergang m / curso m, suceso m, marcha f ‖ ~, Prozess m / proceso m, procedimiento m ‖ ~, Reaktion f (Chem) / reacción f ‖ ~, Bedienungsvorgang m / manipulación f ‖ ~ **und Rückgang** (Masch) / movimiento m alternativo o vaivén
Vorgänger, -läufer m / predecesor m, precursor m ‖ ~**modell** n (Kfz) / modelo m predecesor
Vorgangsdauer f (Netzplan) / tiempo m de acción
Vorgarn n, Lunte f (Spinn) / mecha f, cinta f ‖ ~**einführung** f (Spinn) / guía f de la mecha, embudo m guía, entrada f para mecha ‖ ~**-Flanschenspule** f, -Scheibenspule f / carrete m de valonas para mechas ‖ ~**führerleiste** f / regla f guiahílos ‖ ~**krempel** f (Tex) / carda f mechera o para mechas ‖ ~**öffner** m (Spinn) / abridora f para mechas ‖ ~**spule** f, -hülse, Vorwickel m (Tex) / bobina f de mechera o de condensador, carrete m de mechera ‖ ~**spule auf dem Gatter** / bobina f colocada ‖ ~**strecke** f (Tex) / mecha f de lana peinada ‖ ~**waage** f / balanza f para mechas ‖ ~**zähler** m (Tex) / contador m de alimentación
Vor•gautschen n (Pap) / anteprensado m ‖ ~**gautschpresse** f (Pap) / anteprensa f de manchón ‖ ~**gearbeitet** / semiacabado ‖ ~**gebautes Obergeschoss** (Bau) / piso m superior saliente ‖ ~**gebirge** n (Geo) / promontorio m ‖ ~**gebohrt** / preperforado, pretaladrado, preagujereado ‖ ~**gedrehte o. filierte Seide** (Tex) / hilo m sencillo, pelo m ‖ ~**gedruckt** / preimpreso ‖ ~**gefachte Spule** (Spinn) / bobina f cruzada y predoblada ‖ ~**gefällter Niederschlag** (Nukl) / precipitado m preformado ‖ **vorgefertigt** (Bau) / prefabricado ‖ ~ (DV, Programm) / preestablecido ‖ ~ (Masch) / fabricado por elementos ‖ ~ (Baukastensystem) / manufacturado previamente ‖ ~**e Sektion**, Montageabschnitt m (Stahlbau) / sección f prefabricada
vorgeformt / preformado ‖ ~**er Pressling** (Plast) / pieza f prensada preformada ‖ ~**e Tablette** (Pharm) / comprimido m
Vor•gefrier... / precongelado ‖ ~**gefrischt** (Hütt) / preafinado
vorgegeben / predeterminado, precalculado, prefijado, dado, especificado ‖ ~ (DV) / predefinido, condicionado de antemano ‖ ~**er Strom** / corriente f aplicada o nominal ‖ ~**er Wert**, Sollwert m / valor m exigido o prescrito ‖ ~**e Zeit** (F.Org) / tiempo m predeterminado o concedido o fijado

vor•geglüht (Hütt) / recocido previamente ‖ ~**gegossen** (Gieß, Loch) / colado previamente ‖ ~**gehängt** (Dachrinne) / suspendido por ganchos
vorgehen vi, verfahren / proceder, actuar, obrar ‖ ~, -eilen, -rücken vi / avanzar ‖ ~ (Uhr) / adelantar, ir adelantado ‖ ~ n, Verfahren n / procedimiento m, manera f de obrar o actuar
vor•gehend (Uhr) / que adelanta ‖ ~**gekalkt** (Zuck) / precalcificado ‖ ~**gekeimt** (Kartoffel) / pregerminado ‖ ~**gekleistert** / preencolado ‖ ~**gekragt** (Bau) / saliente, voladizo ‖ ~**gelatinisierte Stärke** (Chem) / almidón m pregelatinizado
Vorgelege n, Getriebe n (Masch) / engranaje m, tren m de engranajes, contramarcha f ‖ ~, Zwischenvorgelege n (Masch) / engranaje m intermedio, transmisión f intermedia ‖ ~ **mit Kegelrädern**, Kegelradvorgelege n / engranaje m [intermedio] de ruedas cónicas ‖ ~ **mit Stirnrädern**, Stirnrädervorgelege n / engranaje m [intermedio] de ruedas dentadas rectas ‖ ~ **mit Zahnrädern** (Wzm) / tren m de engranajes ‖ ~**achse** f (Kfz) / árbol m del engranaje intermedio ‖ ~**bremse** f / freno m sobre el árbol de transmisión ‖ ~**haspel** m f (Bergb) / accionamiento m intermediario ‖ ~**motor** m, Getriebemotor m (Elektr) / motor m reductor ‖ ~**rad** n, -triebrad n (Kfz) / piñón m [conductor] del árbol intermediario ‖ ~**riemen** m / correa f de transmisión ‖ ~**welle** f / árbol m o eje de contramarcha, eje m de reductor ‖ ~**welle** (des Getriebes) (Kfz) / árbol m intermedio ‖ ~**welle**, Ritzelwelle f / árbol m del piñón ‖ ~**zahnrad** n / rueda f dentada intermedia ‖ ~**zahnradblock** m / bloque m de ruedas dentadas de transmisión
vor•gelocht (Hütt) / prepunzonado, preperforado ‖ ~**gemisch** n (Plast) / premezcla f ‖ ~**konzentriertes** ~**gemisch**, Muttermischung f (Chem) / mezcla f madre ‖ ~**gemischt** / premezclado ‖ ~**gepfeilter Flügel** (Luftf) / ala f en flecha ‖ ~**gepresst** / preprensado, prensado previamente ‖ ~**gereinigtes Abwasser** / aguas f pl residuales purificadas previamente ‖ ~**gerüst** n (Walzw) / caja f preparadora ‖ ~**geschaltet** / conectado en serie, antepuesto, superpuesto ‖ ~**geschlagen** / propuesto ‖ ~**geschmiedet** / forjado en estampa ‖ ~**geschoben**, nach vorn verlegt / avanzado, situado delante
vorgeschrieben / prescrito, obligatorio ‖ ~, spezifiziert / especificado ‖ ~**e Werte** / valores m pl prescritos
vor•geschrumpft (Tex) / preencogido ‖ ~**geschruppt** / desbastado previamente, trabajado previamente ‖ ~**gesehen** / previsto ‖ ~**gesehene Belastung** / carga f prevista ‖ ~**gesintert** / presinterizado
vorgespannt (Mech) / pretensado ‖ ~ (Elektr) / polarizado ‖ ~**er Beton** (Bau) / hormigón m pretensado o precomprimido ‖ ~**es Glas** (Sekuritglas) / vidrio m templado ‖ ~**es Walzgerüst** (Walzw) / caja f de laminación pretensada
Vor•gespinst n (Spinn) / mecha f ‖ **feines** ~**gespinst**, Vorgarn n / mecha f fina ‖ ~**gestaucht** / recalcado previamente ‖ ~**gestauchter weicher Stahl** / acero m blando precomprimido ‖ ~**gesteuert** (Hydr, Hydraulik) / con mando hidráulico previo ‖ ~**gestreckt** (Plast) / preestirado ‖ ~**gewählt** / preseleccionado ‖ ~**gewählter Kurs** (Luftf) / rumbo m preseleccionado o prefijado o preestablecido ‖ ~**gewalzter Block** (Walzw) / lingote m desbastado, tocho m desbastado ‖ ~**gewalzte Bramme** (Hütt) / desbaste m plano parcialmente laminado ‖ ~**gewärmt** / precalentado, calentado previamente ‖ ~**gezogen**, -gesetzt / avanzado, situado delante ‖ ~**gezogener Draht** (Hütt) / alambre preestirado ‖ ~**glühen** n (Dieselmotor) / calentamiento m previo ‖ ~**glühen** (Hütt) / recocido m previo, precocción f ‖ ~**glühkontrolle** f (Diesel) / control m de precalentamiento ‖ ~**greifer** m (Druck) / dispositivo m de presa previa, pinza f precursora o preliminar ‖ ~**griff** m / anticipación f ‖ ~**griff**,

Abbauhöhe f (Bergb) / altura f explotable ‖
~grundierung f (Anstrich) / pintura f de fondo ‖
~gruppe f (Fernm) / pregrupo m ‖ ~haben, Projekt n / propósito m, proyecto m ‖ ~hafen m (Schiff) / antepuerto m, puerto m exterior ‖ ~hafen [für Supertanker] / terminal m para petroleros ‖ ~halle f (Bau) / portal m ‖ ~halle, Diele f / vestíbulo m, hall m
Vorhalt m, Vorhaltwirkung f (Regeln) / acción f derivada, regulación f compensada o diferencial, reglaje m compensado ‖ ~ (Mil) / predicción f, corrección f de la puntería delante del blanco
vorhalten vi (Mil) / apuntar con predicción, apuntar delante del blanco ‖ ~ n (Wassermenge im Stausee) / mantenimiento m de una reserva de agua en un embalse ‖ ~ **von Baumaschinen** / puesta f a disposición f de maquinaria para la construcción
Vorhalter m (Nieten) / sufridera f, buterola f
Vorhalte•rechnung f (Mil) / cálculo m de predicción ‖ ~regler m, Vorfühlregler m (Regeln) / regulador m de derivación o de acción derivativa ‖ ~winkel m (Luftf, Schiff) / ángulo m de corrección de la deriva ‖ ~winkel (Mil) / ángulo m de predicción ‖ ~zeit bei D-Wirkung f (Regeln) / tiempo m de acción derivada
Vorhalt•netzwerk n (Regeln) / red f amortiguadora de la rapidez de error ‖ ~rechner m (Mil) / predictor m
vorhanden, vorrätig / existente, disponible [en almacén] ‖ ~e **Korngröße** (Hütt) / tamaño m de grano existente ‖ ~e **Maßabweichung** / diferencia f efectiva (de dimensiones)
Vorhang m (Plast, Tex) / cortina f ‖ ~, Schleier m (Glasofen) / pantalla f suspendida ‖ **Vorhänge**, Gardinen f pl, Rollos n pl (Tex) / estores m pl ‖ ~-**antenne** f (Kfz) / airbag m [en] cortina ‖ ~-**antenne** f / antena f en cortina ‖ ~**bildung** f (Farbe) / formación f de arrugas, corrimiento de una caja de pintura
Vorhänger m (Opt) / objetivo m de mordazas o que se fija con presilla
Vorhängeschiene f (Bergb) / viga f de primera entibación
Vorhängeschloss n / candado m ‖ **ein** ~ **anlegen** / poner un candado
Vorhang•macher m (Tex) / telonero m ‖ ~**schiene** f / carril m de cortina ‖ ~**stange** f / barra f de cortina ‖ ~**stoffe** m pl (Tex) / cortinaje m ‖ ~**wand** (nicht tragende Außenhaut) (Bau) / muralla f falsa o de cortina
vor•härten vt (Plast) / precurar ‖ ~**härten** (Hütt) / pretemplar ‖ ~**haupt** n (Brücke) / cuerpo m ‖ ~**heber** m (Sintern) / preelevador m ‖ ~**heber** (Walzw) / barra f elevadora ‖ ~**hecheln** vt (Flachs) / rastrillar en grueso, debastar ‖ ~**heizen** vt, vorwärmen / precalentar ‖ ~**heizzeit** f (Eltronik) / tiempo m de precalentamiento ‖ ~**helling** f (Schiff) / antegrada f
vorher definierbar / predefinible ‖ ~ **zugeordnet** / preadjudicado ‖ ~ **zugerichtetes Sperrholz** / madera f contrachapeada preparada
Vorherd m (Gieß, Hütt, Keram) / antecrisol m
vorhergehend, Vor[aus]... / precedente, previo, que precede, que antecede ‖ ~**es Bild** (TV) / imagen f anterior ‖ ~**es Ereignis** (PERT) / evento m anterior
vorhergesagt (DV) / pronosticado ‖ ~**e Isobarenkarte** (Meteo) / mapa m de isobaras pronosticadas
vorherig•es Laden (DV) / precarga f ‖ ~**es Spalten** (Bau) / rajadura f previa
vorherrschend, dominierend / predominante, dominante, preponderante ‖ ~, maßgeblich / determinante ‖ ~ (Wind) / predominante
Vorhersage f (Meteor) / pronóstico m, predicción f, previsión f
vorhersehbares Problem / riesgo m o problema previsible
Vor•hieb m (Feile) / corte m preparatorio ‖ ~**hobeln** vt, schrupphobeln / desbastar con cepillo ‖ ~**hof** m (Bau) / antepatio m ‖ ~**holer** m, Vorholeinrichtung f, -vorrichtung f (Mil) / recuperador m, mecanismo m recuperador, dispositivo m de recuperación ‖ ~**holfeder** f (Gewehr) / muelle m de recuperación ‖ ~**holvorrichtung** f, Vorholer m (Walzw) / mecanismo m de avance, dispositivo m de alimentación ‖ **hören** n (Radio) / preescucha f, audición f de prueba ‖ ~**hub** m (Schw) / recorrido m previo ‖ ~**hydrolyse** f (Chem) / prehidrólisis f ‖ ~**imprägniert** / preimpregnado ‖ ~**impuls** m (Fernm) / señal f de desenganche ‖ ~**impuls** (Radar) / impulso m preliminar de desparo, preimpulso m ‖ ~**installiert** (DV, Eltronik) / preinstalado ‖ ~**ionisator** m (Eltronik, Röhre) / electrodo m cebador, cebador m ‖ ~**ionisieren** vt / preionizar ‖ ~**ionisierung** f (Röhre) / ionización f primaria, preionización f ‖ ~**kaliber** n (Walzw) / calibre m de desbaste, canal m desbastador ‖ ~**kalken** vt (Saft) (Zuck) / precalcificar el jugo, agregar cal ‖ ~**kalkulation** f (F.Org) / cálculo m preliminar ‖ ~**kalkulator** m / calculador m preliminar ‖ ~**kalkulierter Preis** / precio m precalculado ‖ ~**kalkung** f (Zuck) / adición f previa de cal, precalcificación f ‖ ~**kammer** f (Mot) / cámara f de precombustión, antecámara f de combustión, precámara f ‖ ~**kammermotor** m / motor m con antecámara, motor m con cámara de precombustión ‖ ~**karde** f, -krempel f (Spinn) / carda f abridora ‖ ~**kardieren** vt / tratar en la carda abridora ‖ ~**kehrungen treffen** [gegen] / tomar precauciones, preparase [contra], hacer preparativos, tomar medidas ‖ ~**keimen** (Bot, Landw) / pregerminar, prebrotar ‖ ~**keimkasten** m (Landw) / caja f o jaula de prebrotación ‖ ~**kenntnisse** f pl / conocimientos m pl previos ‖ ~**klärbecken** n, Vorklärgrube f der Hauskanalisation (Abwasser) / fosa f o pileta de decantación ‖ ~**klären** vt / preclarificar ‖ ~**klärung** f / sedimentación f preliminar, defecación f previa, clarificación f previa ‖ ~**klassieren** vt (Bergb) / preclasificar ‖ ~ **[klassier]sieb** n (Bergb) / criba f preclasificadora ‖ ~**klassierung** f / preclasificación f, clasificación f previa ‖ ~**kochen** vt / precocinar
vorkommen [in] / ocurrir [en], figurar [en] ‖ ~ (bei Versuchen) / intervenir, ocurrir, presentarse ‖ ~ (Math) / aparecer ‖ ~ n pl, Lagerstätten f pl (Bergb, Geol) / recursos m pl, yacimientos m pl ‖ ~ n (Bergb) / presencia f o existencia de un mineral ‖ ~, Grad des Auftretens m / incidencia f ‖ ~ (Kies, Sand) / gravera f, cascajar m ‖ ~ (Bot) / existencia f de una especie
Vor•kompilierer m, -übersetzer m (DV) / precompilador m ‖ ~**kondensator** m (Eltronik) / capacitor m en serie ‖ ~**konfiguriert** / preconfigurado ‖ ~**kontakt** m / contacto m auxiliar ‖ ~**kopfkipper** m (Straßb) / volquete m [para descarga] frontal ‖ ~**kragen** vi (Bau) / sobresalir ‖ ~**kragung** f, Auskragung f (Bau) / parte f saliente o voladiza, voladizo m, saledizo m, resalto m ‖ ~**kragung**, Mauervorsprung m (Bau) / resalto m de pared, saledizo m ‖ ~**kreis**, Aufnahmestromkreis m (Eltronik) / circuito m de entrada ‖ ~**krempel** f, -karde f (Spinn) / carda f previa ‖ ~**kritisch** (Nukl) / precrítico ‖ ~**kröpfgesenk** n / estampa f o matriz de preocadar ‖ ~**kühlen** vt / prerrefrigerar, refrigerar previamente, preenfriar ‖ ~**kühlen** n, Vorkühlung f / refrigeración f previa, preenfriamiento m ‖ ~**kühlzone** f (Kessel) / zona f de refrigeración previa ‖ ~**lack** m, Spachtelmasse f / masilla f tapaporos ‖ ~**lackierung** f / primera f capa o mano
Vorlage f, Vorbild n / muestra f, modelo m ‖ ~ (Zeichn) / modelo m de dibujo ‖ ~ (Koksofen) / barrilete m, canalización f principal de gas ‖ ~ (Destillation) / recipiente m, vasija f ‖ ~, Sicherheitsvorlage f (Schw) / interceptor m hidráulico, obturación f de agua ‖ ~ f (Spinn) / alimentación f ‖ ~ **auf Film** (Druck, Offset) / texto m en película ‖ ~ **für IC-Herstellung** / diseño m para circuito impreso ‖ ~ f **zum Reinigen** /

1463

Vorlage

purificador m || **[Stein]** ≈ (Straßb) / base f de adoquinos
Vorlagen•halter, Blatthalter m (Druck) / sujetaoriginal[es] m, portaoriginal[es] m, apoyo m de originales || ≈**projektor** m (Zeichn) / proyector m de diseños || ≈**sperre** f (Repro) / dispositivo m de parada de documentos
Vorlagenummer f, Einnummer f (Spinn) / número m de la alimentación
Vorland, Butenland n (Hydr) / terreno m delante (o fuera) del dique || ≈**bogen** m (Brücke) / arco m de estribo || ≈**gewinnung** f / ganancia f de terreno [al mar]
vorläppen vt / prelapear
Vorlast f, -belastung f / precarga f, carga f previa
Vorlauf m, -bewegung f (Wzm) / avance m, marcha f adelante, movimiento m de avance || ≈ (Magn.Bd) / desfile m en marcha adelante || ≈ (Mat.Prüf) / primera fase || ≈, Lutter m, Phlegma n (Destillation) / cabeza f || ≈ (Öl) / fracciones f pl ligeros (E) o levianas (LA) || ≈ (Film) / cinta f inicial || ≈ (Heizung) / tubo m de alimentación, tubería f de salida || ≈, -bewegung f (Wzm) / avance m || ≈ **des Abtastpunktes** (TV) / barrido m de ida || ≈ **band** n (DV) / cinta f inicial || ≈**behälter**, -Tank m / primer depósito de decantación || ≈**behälter** m (Pap) / depósito m preliminar || ≈**behälter** (Gasreinigung) (Gasreinigung) / depósito m previo
Vorlaufen n **der Spule** (Spinn) / avance m de la bobina
vorlaufende Welle (Elektr) / onda f hacia adelante
Vorläufer m / precursor m
Vorläufesubstanz f (Biol, Chem) / sustancia f precursora
Vorlauf•geschwindigkeit f / velocidad f de avance || ≈**hellsteuerung** f (Kath.Str) / desbloqueo m
vorläufig, vorübergehend / pasajero, transitorio, interino || ~, provisorisch / provisional || ~**e Abmessungen** f pl (Bau) / dimensiones f pl provisionales o preliminares || ~**es Mittel** / medio m provisional || ~**e o. geschätzte Abmessung** / dimensión f estimada || ~**e o. geschätzte Vorgabezeit** (F.Org) / tiempo m predeterminado provisional || ~**e Patentbeschreibung** (Patent) / memoria f descriptiva provisional || ~**es Programm** (DV) / programa m preliminar o provisional || ~**e Spannung** / tensión f preliminar || ~**er Stempel** (Bergb) / estemple m o puntal provisional || ~**e Zeichnung** / dibujo m preliminar
Vorlauf•leitung f (Heizung) / tubería f de alimentación o de salida || ≈**programm** n (DV) / programa m precursor || ≈**schlacke** f (Hütt) / escoria f de lavado || ≈**temperatur** f (Heizung) / temperatura f de salida (en el tubo de alimentación) || ≈**weg** m (Wzm) / recorrido m hasta la posición de trabajo || ≈**zeit** f (F.Org) / plazo m de desarrollo
Vorlegen n **von Hand** (Aufb) / presentación f a mano || ≈ **von Hand** (Spinn) / alimentación f a mano
Vorlege•schalthebel m (Dreh) / palanca f del engranaje reductor, palanca f del engranaje intermedio || ≈**schloss** n / candado m
vor•legiert (Sinterpulver) / prealeado || ≈**legierung** f (Gieß) / aleación f madre o endurecida o previa o primaria || ≈**legierungspulver** n (Sintern) / polvo m de aleación madre || ≈**lesungsassistent** m / ayudante m (de cátedra, de profesor) || ~**letzt** / penúltimo || ≈**licht** n (Photozelle) / iluminación f de cebado, luz f de excitación || ≈**licht** (TV) / luz f [del] ambiente || ~**liegende Erfindung** (Patent) / invención f presente || ≈**listung** f (DV) / prelistado m || ~**lochen** vt / preperforar, perforar previamente || ≈**lochstempel** m (Stanzwerkzeug) / punzón m previo, prepunzonador m || ~**lösen** vt (Tex) / abrir primeramente la materia fibrosa || ≈**luftbehälter** m (Bremse, Kfz) / recipiente m de aire con antecámara || ~**magnetisieren** vt / premagnetizar, preimantar, magnetizar previamente || ~**magnetisieren**, vorerregen / preexcitar || ~**magnetisiert** (Magn.Bd) / polarizado ||
≈**magnetisierung** f (Magn.Bd) / premagnetización f, magnetización f previa, preimantación f ||
≈**magnetisierungsstrom** m (Magn.Bd) / corriente f de polarización || ≈**mahlung** f, -zerkleinerung f (Aufb) / trituración f preliminar o previa || ~**maischen** vt (Brau) / premacerar || ≈**maischer** m (Brau) / premacerador m || ≈**mann** m (Hütt) / contramaestre m, encargado m || ≈**material** n (Walzw) / material m de partida || ≈**mauerstein** m (Bau) / ladrillo m de fachada, piedra f de fachada || ≈**mauerung** f (Dach) / remate m de obra || ≈**mauerziegel**, (früher:) Hartbrandstein m / ladrillo m recocho [de resistencia elevada] || ~**melden** vt / preavisar, anunciar || ~**melden** n **von Zügen** / anuncio m de los trenes || ≈**melkgeschirr** n (Landw) / aparejos m pl de ordeño previo || ≈**merkblatt** n / hoja f do anotaciones || ≈**merkgespräch** n (Fernm) / llamada f diferida || ≈**merkliste** f (Lufft) / lista f de reserva[ción] || ≈**metall** n (Hütt) / caldo m preafinado || ~**mischen** vt / premezclar, mezclar previamente || ≈**mischung** f, vorbereitende Mischung / mezcla f previa || ≈**mischung** (Gummi) / mezcla f básica
Vormontage f, Untergruppe / grupo m preensemblado o premontado, subconjunto m, subgrupo m || ≈ (Tätigkeit) / premontaje m || ≈, Probemontage f / montaje m modelo o de ensayo || ≈ (Film) / montaje m preliminar o de prueba
vor•montieren vt / efectuar el premontaje || ≈**muster** n / muestra f preliminar
vorn, voraus, nach vorn / adelante, hacia adelante || ~ **befindlich** / delante, delantero (adv.), por delante, a (o en) la cabeza || ~ **links** / delante a la izquierda || ~ **rechts** / delante a la derecha || **von** ~ **entriegelbar** (Elektr) / desenclavable por delante || **von** ~ **gesehen** / visto por delante o de frente
Vornahme f / ejecución f, realización f
vornehmen vt, ausführen / ejecutar, realizar, hacer, practicar || ~ (z.B. Versuch) / efectuar (p.e. un ensayo) || ~ (z.B. Umbauten) / efectuar (p.e. modificaciones)
Vornehmwalze f (Sickenmaschine) / moleta f de rebordear
vor•netzen vt (Tex) / mojar previamente || ≈**norm** f (Masch) / norma f provisional || ≈**normalisierung** f (DV) / prenormalización f
Vornschneider m (Wz) / alicate m corte frontal
Vor•öffner m (Spinn) / abridora f preliminar o preparatoria || ≈**öffnung der Ventile** f (Mot) / apertura f avanzada de las válvulas || ~**orientiertes Garn** (Spinn) / hilo m preorientado || ≈**orientierung** f (Fasern) / preorientación f || ≈**-Ort** (Bergb) / en el tajo m || ≈**-Ort...** / in situ || ≈**-Ort-Messen** n (Wzm) / medición f in situ || ≈**ortstrecke**, -ortbahn f / línea f de cercanías || ≈**ortverkehr** m (Bahn) / tráfico m suburbano o de cercanías || ≈**ortzug** m / tren m suburbano o de cercanías || ≈**periode** f (Period. System) (Chem) / primer período (tabla de Mendeleev) || ≈**pfändausbau** m (Bergb) / entibación f avanzada || ≈**pfändeisen** n (Bergb) / hierro m de enlace || ~**pfänden** vt (Bergb) / avanzar la entibación || ≈**pfeilung** f (Lufft) / flecha f invertida o negativa || ≈**[pflug]messer** n (Landw) / cuchilla f [delantera] || ≈**piek** f (Schiff) / pique m o rasel de proa, parapeo m delantero || ≈**piektank** m (Schiff) / tanque m de pique de proa || ~**pilgern** vt (Walzw) / laminar previamente a paso de peregrino, hacer la primera laminación a paso de peregrino || ≈**planung** f (F.Org) / planeamiento m preliminar, planificación f previa || ≈**planungs-, Entwicklungs- u. Bewertungsprogramm** n / programa m de planeamiento preliminar, desarrollo y valoración || ≈**planungsphase** f / fase f de planeamiento preliminar, fase f concepcional || ≈**plastifizierung** f (Plast) / preplastificación f ||

~**plastizieren** vt (Plast) / preplastificar ‖ ~**plastizierend** / preplastificador ‖ ~**plastiziermittel** n / producto m preplastificador ‖ ~**plattieren** vt (Galv) / aplicar un [pre]depósito, pregalvanizar ‖ ~**platz**, -raum, Flur m (Bau) / vestíbulo m, atrio m, hall m, zaguán m ‖ ~**platz**, Treppenabsatz m (Bau) / descansillo m, rellano m ‖ ~**polieren** vt (Galv) / pulir previamente ‖ ~**polieren** n (Galv) / pulido m previo ‖ ~**polymerisat** n (Plast) / prepolímero m ‖ ~**polymerisat-Formung** f (Plast) / moldeo m [a partir] de polímero ‖ ~**presse** f (Spanplatten) / prensa f previa ‖ ~**pressen** vt / prensar previamente ‖ ~**pressen** n / prensado m previo ‖ ~**pressung** f (Dichtung) / prensado m previo, compresión f inicial ‖ ~**probe** f (Vorgang) (Hütt) / toma f de muestra previa, muestreo m previo ‖ ~**probe** (Muster) / muestra f o prueba preliminar o previa ‖ ~**produkt**, Leichtöl n / primera fracción (petróleo) ‖ ~**produkte** n pl / productos m pl básicos, productos m pl de partida o de primera fase ‖ ~**profil** n (Hütt) / sección f inicial o preliminar ‖ ~**profilierung** f (Bau) / preperfilado m ‖ ~**programm** n (allg) / anteprograma m ‖ ~**programm** (DV) / secuencia f de elaboración ‖ ~**programmiert** / programado previamente, preprogramado ‖ ~**projekt** n / anteproyecto m ‖ ~**prozessor** m (DV) / preprocesador m ‖ ~**prüfung** f (Chem) / prueba f preliminar ‖ ~**prüfung** (Patent) / examen m previo ‖ ~**pumpe** f (Vakuum) / bomba f de vacío previa ‖ ~**pumpe** (Brau) / bomba f de mosto ‖ ~**querschnitt** m (Walzw) / sección f inicial ‖ ~**ragen**, -springen / resaltar, resalir ‖ ~**ragend**, -springend / voladizo

Vorrang m, Prioritát (allg, DV) / prioridad f, precedencia f, antelación f, prelación f ‖ ~ [gegenüber] / primacía [sobre] ‖ ~ **geben** / dar prioridad [a], dar preferencia [a], preferir una cosa a otra ‖ **ohne** ~ / sin preferencia ‖ **voller** ~ (DV) / prioridad f avanzada o absoluta ‖ ~**anzeiger** m (DV) / indicador m de prioridad ‖ ~**daten** pl (DV) / datos m pl de prioridad ‖ ~**ebene** f / nivel m de prioridad

vorrangig, überlagert (DV) / prioritario, invalidado ‖ ~ **sein** (DV) / invalidar ‖ ~**keit** f (zeitlich) / prioridad f

Vorrang•steuerung f (DV, NC) / control m de prioridad ‖ ~**unterbrecher** m, -brechung f / interrupción f por prioridad ‖ ~**verarbeitung** f / tratamiento m o procesamiento por prioridad ‖ ~**wahl** f / selección f de prioridad ‖ ~**weiche** f (Fernm) / dispositivo m de enclavamiento o de interbloqueo ‖ ~**zeichen** n (Verkehr) / señal f "ceda el paso"

Vorrat m, Lager n, Bestand m / stock m, mercancías f pl en almacén, existe f pl ‖ ~, Reserve f / reserva f, reservas f pl ‖ ~ **aufnadeln** (Web) / clavar en agujas (materia sobrealimentada) ‖ **solange** ~ **reicht** / hasta que se agoten las existencias

vorrätig / disponible, en existencia, en almacén, en stock

Vorrats•ader f (Fernm) / conductor m vacante o en reserva ‖ ~**becken** n (Hydr) / pila f o piscina de retención o de reserva ‖ ~**behälter** m (allg) / depósito m de almacenamiento o de reserva ‖ ~**behälter**, Bunker m / depósito-tolva m ‖ ~**bunker** m, Füllrumpf m / tolva f de alimentación ‖ ~**bütte** f (Pap) / tina f de alimentación o de mezcla o de pasta ‖ ~**flasche** f **für Flüssigkeiten** (Chem) / botella f de reserva para líquidos ‖ ~**gefäß** n / recipiente m de alimentación o depósito ‖ ~**kammer** f, Speisekammer f (Bau) / despensa f ‖ ~**kathode** f (Eltronik, Röhre) / cátodo m compensado o emisor o de difusión ‖ ~**lösung** f (Repro) / solución f o disolución controlada de reserva ‖ ~**raum** m (Schiff) / pañol m [de víveres] ‖ ~**roder** m (Forstw, Landw) / arrancadora f enfiladora, destroncadora f ‖ ~**schädling** m (Landw) / parásito m de alimentos almacenados ‖ ~**schleuse** f (Hydr) / esclusa f provisional ‖ ~**schrank** m (Nahr) / despensa f ‖ ~**spule** f (Magn.Bd) / carrete m dador ‖ ~**spule**

(Spinn) / bobina f de alimentación ‖ ~**tank** m (Raffinerie) / tanque m o depósito de almacenamiento ‖ ~**trommel** f / tambor m de alimentación ‖ ~**winde** f, -haspel m f / aspa f de reserva

Vor•rauapparat m (Web) / dispositivo m preperchador o preemborrizador ‖ ~**raum** m (Bau) / antecámara f, vestíbulo m ‖ **geschlossener** ~**raum** (Bahn) / vestíbulo m de acceso ‖ ~**räumer** m, -schäler m (Landw) / raedera f, descortezadora f ‖ ~**regeneration** f (Chem) / prerregeneración f ‖ ~**reibahle** f (Wz) / escariador m desbastador, calisuar m previo (LA) ‖ ~**reiben** n / escariado m de desbaste ‖ ~**reiber** (Tür), Drehriegel m / aldabilla f ‖ ~**reife** f (Zellulose) (Chem) / maduración f de la alcalicelulosa ‖ ~**reinigen** vt / purificar previamente ‖ ~**reiniger** m / purificar m previo, limpiador m preliminar ‖ ~**reinigung** f / depuración f previa o primaria, prelimpieza f ‖ ~**reißen** vt, anreißen / marcar, trazar ‖ ~**reißer** m, Kratzenwalze f (Spinn) / cilindro m tomador o abridor o quebrantador ‖ ~**reißer**, Anreißer m (Wz) / aguja f de marcar, trazador m ‖ ~**richten** vt, bereiten / preparar

Vorrichtung f, Anlage f, Apparatur f / dispositivo m, aparato m, ingenio m ‖ ~, Bohrvorrichtung f (Wz) / portapieza m de taladrar ‖ ~, Montagevorrichtung f / dispositivo m de montaje ‖ ~ (Bergb) / labor f preparatoria ‖ ~**en** f pl (Wz) / portapiezas m pl ‖ ~ **für Bremsart-Wechsel** (GPR), Umstellvorrichtung G-P f (Bahn) / dispositivo m de cambio de frenado mercancías-viajeros ‖ ~ **gegen Abtauchen beim Bremsen** (Kfz) / Anti-Dive m ‖ ~ f **zum Zerreißen der Doppelfäden** (Tex) / dispositivo m para romper hilos dobles ‖ **am Werkstück befestigte [Aufspann-]** ~ (Wzm) / dispositivo m de sujeción ‖ **an der Maschine befestigte** ~ / portapieza m

Vorrichtungs•bau m, Apparatebau m / construcción f de aparatos, construcción f de portapiezas ‖ ~**bohrmaschine** f (Wzm) / punteadora f de portapiezas ‖ ~**patent** n / patente f de un dispositivo ‖ ~**-Schutzbegehren** n (Patent) / reivindicación f para un dispositivo

vor•rollen vt (Brücke) / lanzar un puente [por empuje] ‖ ~**rollen** (Bildschirm) / hacer remontar la imagen ‖ ~**rollerhebel** m (Pap) / palanca f del arrollador preliminar ‖ ~**rösten** (Hütt) / calcinación f previa ‖ ~**rotation** f (Luftf) / prerrotación f de las ruedas del tren de aterrizaje ‖ ~**rücken** vi / avanzar, adelantarse ‖ ~**rücken** n / avance m

Vor-Rück-Verhältnis n (Antenne) / eficacia f direccional

Vorsatz m, Anbauteil n (Masch) / aparato m antepuesto, adaptador m, elemento m modular ‖ ~ (Foto) / adaptador m, compendio m ‖ ~ (DV) / rótulo m inicial o de encabezamiento ‖ ~ (z.B. Kilo-, Mega-), Präfix n (Math, Phys) / prefijo m ‖ ~, -papier n (Druck) / guardas f pl [de libro] ‖ ~ ... / adaptable, adaptador ‖ ~ m **von Einheiten im SI-System** / prefijo m SI ‖ ~**-Anamorphot** m (am Objektiv) / aditivo m anamórfico ‖ ~**beton** m (Bau) / hormigón m de blindar o de paramento ‖ ~**blatt** n (Druck) / guarda[s] f [pl] ‖ ~**code**, Präfix n (DV) / prefijo m ‖ ~**filter** m n (Opt) / filtro m [para lente] frontal ‖ ~**geräte** n pl (allg) / adaptadores m pl, aparatos m pl adaptados, equipos m pl adicionales ‖ ~**karton** (Bb) / cartulina f para revestimientos ‖ ~**kreissäge** f / sierra f circular adaptable

vorsätzlich / intencionado, intencional, con intención ‖ ~**e Störung** (Radio) / perturbación f intencional, interferencia f intencionada

Vorsatz•linse f (Foto) / lente f adicional o supletoria ‖ ~**papier** n (Pap) / papel m para guardas o para revestimientos, papel m para cubiertas de libros ‖ ~**prisma** n (Opt) / prisma m adicional o antepuesto ‖ **farbige** ~**scheibe** (Film) / filtro m de gelatina [coloreada], pantalla f difusor de gelatina ‖

Vorsatzscheibe

⁓**schwingschleifer** m (Wzm) / lijadora f orbital adaptable ‖ ⁓**tubus** m (Foto) / tubo m adicional o de prolongación
Vor•schacht, Versuchsschacht m (Bergb) / antepozo m, pozo m piloto ‖ ⁓**schäler**, -schneider m (Landw) / raedera f, descortezadora f, reja f anterior ‖ ⁓**schalldämpfer** m (Kfz) / silenciador m previo ‖ ⁓**schaltbar** / preconectable
Vorschaltdrossel f (Elektr) / reactor m en serie ‖ ⁓ s. Vorschaltgerät
vorschalten vt (Elektr) / preconectar, conectar en serie ‖ ⁓, einfügen / intercalar, insertar, agregar
Vorschalt•funkenstrecke f (Elektr) / distancia f explosiva adicional ‖ ⁓**gerät** n, Drosselspule f (für Leuchtstoffröhren) / reactor m o estabilizador m para lámparas fluorescentes, bobina f de reactancia ‖ ⁓**glas** n (Sextant) / cristal m intercalable ‖ ⁓**trafo** m / transformador m adaptable ‖ ⁓**turbine** f / turbina f de expansión anterior ‖ ⁓**widerstand** m (Elektr) / resistor m reductor o en serie, resistor m en serie
Vor•schar f (Landw) / raedera f, descortezadora f, reja f anterior ‖ ⁓**schau** f (Film) / avance m (de programa), trailer m (GB), sinopsis f (LA) ‖ ⁓**schaumonitor** m (Film) / monitor m de previsión ‖ ~**schieben** vt, rücken / empujar hacia adelante, hacer avanzar ‖ **den Riegel** ~**schieben** / echar o correr el cerrojo ‖ ~**schieben** (Wzm) / avanzar ‖ ⁓**schieben** (Brücke) / lanzamiento m ‖ ⁓**schiebriegel** m (Fenster) / pestillo m ‖ ⁓**schiff** n / proa f, casco m de proa ‖ ⁓**schlag** m / propuesta f, proposición f, sugerencia f ‖ ~**schlagen** vt / proponer, hacer una propuesta ‖ ⁓**schläger** m (Spinn) / abridora f preparatoria o preliminar
Vorschlag•hammer m (Wz) / martillo m a dos manos, martillo m de fragua, macho m de fragua ‖ **schwerer** ⁓**hammer** / macho m extrapesado ‖ ⁓**maschine** f (Spinn) / primer batán, batán m abridor ‖ ⁓**schüsse** m pl (Web) / pasadas f pl a batanar
Vorschlagswesen n, innerbetriebliches [Verbesserungs-]Vorschlagswesen / servicio m del buzón de ideas, propuestas f pl de mejoras fabriles
vor•schleifen vt / desbastar con la muela, rectificar previamente ‖ ⁓**schleifen** n / desbaste m con la muela, rectificación f previa, rectificado m previo ‖ ⁓**schleuder** f (Zuck) / escurridora f centrífuga ‖ ⁓**schleuse** f, Schleusenhaupt n (Hydr) / cabeza f de la esclusa ‖ ⁓**schlichte** f (Web) / primer encolado ‖ ~**schlichten** vt (Wzm), Vorfertigstich m (Walzw) / pasada f semiacabadora ‖ ⁓**schlichtkaliber** n, Vorfertigstich m (Walzw) / pasada f semiacabadora ‖ ⁓**schmelze** f (Gieß) / fusión f previa, primera fusión f ‖ ⁓**schmelzeisen** n (Hütt) / arrabio m prefundido ‖ ⁓**[schmiede]gesenk** n (Schm) / estampa f para forja en bruto ‖ ⁓**schmiedegravur** f (Schm) / pregrabado m
vorschmieden vt, zwischenformen / forjar en bruto, bastar por forja ‖ ⁓ n / forja f en bruto, desbastado m por forja
Vorschneidemeißel m (Wzm) / cuchilla f de desbaste
vorschneiden vt / hacer el primer corte, trinchar ‖ ~ (Wzm) / desbastar
Vorschneider m (Gewinde) / macho m de terrajar cónico, primer macho m [de roscar] ‖ ⁓ (Metall) / pinzas f pl de corte frontal ‖ ⁓ (Pflug) / reja f anterior
Vor[schneide]zahn m (Zentrumbohrer) / punta f cortante ‖ ⁓ (Fräser) / diente m desbastador
vor•schnellen vi / saltar adelante (de golpe) ‖ ⁓**schnitt** m (Bagger) / corte m preparatorio ‖ ~**schreiben** vt, Vorschriften machen / prescribir, ordenar, especificar
Vorschrift f / prescripción f, reglamento m ‖ ⁓ (Normung) / especificación f normalizada ‖ ⁓**en** f pl, Verkehrsbestimmungen f pl (Verkehr) / reglamento m de la circulación [o de tráfico], prescripciones f pl ‖ ⁓**en des Lloyd** (Schiff) / disposición f de [la compañía clasificadora] Lloyd ‖ ⁓ f **für Musternahme** / prescripción f para muestreo ‖ **besondere** ⁓**en** [zu] o. **Forderungen** [an] / exigencias f pl especiales [respecto a] ‖ **durch** ⁓**en regeln** od. **festlegen** / reglamentar ‖ **eine** ⁓ **festlegen** (o. aufstellen) / establecer o fijar una especificación normalizada ‖ **[Einkaufs-, Qualitäts- usw.]** ⁓**en** / especificaciones f pl [de compra, calidad etc.]
vorschrifts•mäßig / según prescripción, según reglamento, reglamentario, conforme a las instrucciones, conforme a las ordenanzas ‖ ⁓**tasten** f pl (Taschenrechner) / teclas f pl de operaciones aritméticas
Vorschriftzeichen n (für Gebote u. Verbote) (Straßb) / señal f de obligación y de prohibición
Vorschub m (Masch, Wzm) / avance m ‖ ⁓ (Flurförderer) / desplazamiento m hacia adelante ‖ ⁓ (NC) / función f de velocidad de avance ‖ ⁓... (Brücke) / de lanzamiento ‖ ⁓ m **des Werkstückes** (Wzm) / avance m de la pieza a mecanizar ‖ ⁓ **je Minute** / avance m por minuto ‖ ⁓**anschlag** m / tope m de avance ‖ ⁓**apparat** m, -einrichtung f (Wzm) / aparato m o dispositivo de avance ‖ ⁓**auslösung** f / desenclavamiento m de avance ‖ ⁓**band** n (DV) / cinta f de control ‖ ⁓**-Beeinflussung** f (NC) / variación f del avance programado ‖ ⁓**bereich** m (Wzm) / alcance m de avance, gama f de avance, margen m de avance ‖ ⁓**bewegung** f (Wzm) / movimiento m de avance ‖ ⁓**bogen** (Brücke) / arco m de lanzamiento ‖ ⁓**gerüst** n (Brücke) / armazón f de lanzamiento ‖ ⁓**geschwindigkeit** f (Wzm) / velocidad f de avance ‖ ⁓**geschwindigkeit** (Instr) / velocidad f de avance del diagrama ‖ ⁓**getriebe** n (Wzm) / engranaje m de avance ‖ ⁓**getriebe mit Schieberädern** (Wzm) / engranaje m de avance con ruedas corredizas ‖ ⁓**härten** (Hütt) / temple m progresivo ‖ ⁓**kasten** m, -getriebe m (Wzm) / caja f de avance ‖ ⁓**kette** f / cadena f de avance o de alimentación ‖ ⁓**klinke** f (Vervielfältiger) / trinquete m de avance, rascador m, impulsor m de papel ‖ ⁓**kupplung** f / embrague m de avance ‖ ⁓**kurve** f, -nocken m (Wzm) / leva f de avance ‖ ⁓**lochreihe** f / pista f perforada para avance ‖ ⁓**mechanismus** m, Schaltwerk n / mecanismo m de avance o de trinquete ‖ ⁓**motor** m / motor m de avance o de par ‖ ⁓**patrone** f (Wzm) / pinza f de avance ‖ ⁓**rad** n / rueda f [dentada] de avance ‖ ⁓**räderkasten** m, Geschwindigkeitswechselkasten m (Wzm) / caja f de engranajes de avance, caja f de cambio de velocidad de avance ‖ ⁓**regelgetriebe** n / engranajes m pl de regulación de avance ‖ ⁓**regler** m (Wzm) / regulador m del avance ‖ ⁓**reihe** f / serie f o gama f de avances ‖ ⁓**richtung** f (Masch) / sentido m del avance ‖ ⁓**rolle** f (allg, Druck) / rodillo m de avance ‖ ⁓**sperre** f **für Papiervorschub** (Drucker) / bloqueo m de avance [del papel] ‖ ⁓**spindel** f (Wzm) / husillo m de avance ‖ ⁓**stange** f (Lichtbogenofen) / vástago m de avance ‖ ⁓**steuerung** f (Wzm) / control m del avance ‖ ⁓**stütze**, -säule f (Bergb) / puntal m neumático ‖ ⁓**träger** m **für Schwerlasten** (Bahn) / soporte m de avance para cargas pesadas ‖ ⁓**trommel** f / tambor m de avance ‖ ⁓**überlagerung** f (Wzm) / avances m pl simultáneos, movimientos m pl simultáneos de avance ‖ ⁓**umschaltung**, -umsteuerung f / cambio m de avance, inversión f de avance ‖ ⁓**wagen**, Sägeschlitten m / carro m de [de transporte] ‖ ⁓**wähler** m (Wzm) / selector m del avance ‖ ⁓**walze** f (Walzw) / cilindro m o rodillo de avance ‖ ⁓**wechselgetriebe** n (Wzm) / engranaje m de cambio de velocidades del avance ‖ ⁓**wechselräder** n pl / ruedas f pl de recambio de avance ‖ ⁓**zahl** f (eine Schlüsselzahl) (NC) / número m de velocidad de avance ‖ ⁓**zylinder** m / cilindro m de avance
vorschuhen vt (Pfähle) / reforzar con virolas ‖ **die Stempel** ~ / reforzar los puntales con hierro
Vorschuss m / anticipo m, adelanto m

Vorschweiß•bund *m* (Rohr) / collarín *m* de soldar ‖ ⁓**flansch** *m* / brida *f* para soldar ‖ ⁓**verbinder** *m* (Ölbohr) / unión *f* de tubería vástago
Vor•schwingen *n* (Impulsfehler) / preoscilación *f* ‖ **~sehen** *vt* / prever, disponer ‖ ⁓**selektion** *f* (Radio) / preselección *f* ‖ ⁓**serie** *f* / preserie *f*, serie *f* adelantada o previa ‖ ⁓**serienanlage** *f* / instalación *f* piloto para fabricación en serie ‖ ⁓**serienmodell** *n* / modelo *m* de preserie ‖ ⁓**serienwagen** *m* (Kfz) / vehículo *m* de preserie ‖ ⁓**setzhebel** *m* (Web) / palanca *f* conmutadora ‖ ⁓**setzmaschine** *f* (Aufb) / tina *f* para el primer lavado
Vorsicht *f* / cuidado *m*, cautela *f*, precaución *f* ‖ ⁓ ! / ¡ atención !, ¡ ojo !, ¡ cuidado ! ‖ ⁓ !, **Gefahr!** / ¡atención, peligro! ‖ ⁓, **Glatteis!** (Verkehr) / ¡atención, firme resbaladizo! ‖ ⁓, **vereist!** / ¡peligro de helada o de escarcha!, hielo *m* resbaladizo ‖ ⁓, **zerbrechlich!**, Vorsicht Glas! / ¡ frágil ! ‖ ⁓ ! **Baustelle!** / ¡atención, obras! ‖ ⁓**befehl** *m* (Bahn) / orden *f* de marcha a velocidad reducida
vorsichtig / cuidadoso, cauto, cauteloso
Vorsichtsmaßnahme *f* / medida *f* precautoria o de precaución
Vor•sichtung *f*, vorläufige Sichtung (Aufb) / clasificación *f* preliminar o previa ‖ ⁓**sieb** *n* (Aufb) / criba *f* previa o antepuesta, tamiz *m* previo ‖ ⁓**sieb** *n* **[für Stückgutscheidung]** (Bergb) / criba *f* para clasificación previa
Vorsignal *n* (Bahn) / señal *f* de precaución o de aviso, señal *f* avanzada o a distancia, tablero *m* de precaución (LA) ‖ ⁓**abstand** *m* (Bahn) / distancia *f* de la señal avanzada ‖ ⁓**ankündigung** *f* (Bahn) / indicación *f* de anuncio de precaución ‖ ⁓**bake** *f* (Bahn) / señal *f* de aviso de baliza ‖ ⁓**wiederholer** *m* / señal *f* de aviso repetida
Vor•silben *f pl* **für Zehnerpotenzen** (Math) / prefijos *m pl* para potencias de diez ‖ ⁓**sintern** *n* (Pulv.Met) / sinterización *f* previa ‖ **~sortieren** *vt* (Aufb) / preclasificar ‖ ⁓**sortieren** *n* (Erz) / clasificación *f* previa, preclasificación *f*, cribado *m* previo ‖ **[in Speicher] ~sortiert** (DV) / preclasificación ‖ ⁓**sortierung** *f* (allg) / preclasificación *f* ‖ ⁓**sortierung** (DV) / secuencia *f* preexistente
Vorspann *m* (weiß) (Film) / cola *f* de comienzo de la película, tira *f* sin imagenes ‖ ⁓ (Titel usw.) (Film) / títulos *m pl* de crédito, genéricos *m pl* ‖ ⁓ (Repro) / cabecera *m* ‖ ⁓... (Mech) / de tensión previa, de precarga ‖ **mit** ⁓ (Bahn) / remolcado en doble tracción ‖ ⁓**band** *m* (Magn.Bd) / cinta *f* de guía
vorspannen *vt* (Bau, Masch, Mech) / pretensar ‖ ~ (Elektr, Eltronik) / polarizar ‖ ⁓ *n* (Glas) / temple *m*
Vorspann•glied *n* **im vorgespannten Balken** (Bau) / elemento *m* de pretensión ‖ ⁓**kraft** *f* / fuerza *f* o tensión previa, precarga *f* ‖ ⁓**stahl** *m* (Bau, Hütt) / acero *m* para hormigón pretensado ‖ ⁓**titel** *m* (Film) s. Vorspann
Vorspannung *f* (Elektr, Eltronik) / tensión *f* de polarización ‖ ⁓ (Beton, Mech) / tensión *f* inicial o previa, precarga *f*, pretensión *f* ‖ ⁓, Einlauf-, Zulaufspannung *f* (Spinn) / tensión *f* de entrada, antetensión *f* ‖ ⁓ (Bias) (Eltronik) / sesgo *m*, bias *m* ‖ ⁓ **geben** (Mech) / someter a pretensión, pretensar ‖ ⁓ **geben** (Elektr) / polarizar ‖ **ohne** ⁓ **o. -belastung** (Eltronik) / impolarizado, no polarizado, sin polarización
Vorspannungsgrad *m* (Speicherröhre) / velocidad *f* de sensibilización o de cebado
vor•speichern *vt*, -ordnen (DV) / prealmacenar ‖ ⁓**spelze** *f* (Bot, Brau) / glumilla inferior ‖ ⁓**sperre** *f* / freno *m* de entrada ‖ ⁓**sperr-Röhre** *f* (Fernm) / tubo *m* pre-TR
vorspinnen *vt* (Spinn) / preparar la mecha ‖ ⁓ *n* (Tex) / preparación *f* de la mecha
Vorspinner *m* / mechera *f*

Vorspinn•karde *f* / carda *f* mechera ‖ ⁓**maschine** *f* (für Wolle) / mechera *f* (para lana) ‖ ⁓**maschine** *f* (für Baumwolle), Flyer *m* / mechera *f* (para algodón) ‖ ⁓**selfaktor** *m* (Tex) / selfactina *f* para hilados gruesos ‖ ⁓**spule** *f* / carrete *m* de mechera
vorspringen, hervorstehen / resaltar, saltar, resalir
vorspringend, vorragend / resaltante, saliente, saledizo, [en] voladizo, prominente, salido ‖ **~es Dach** / techo *m* voladizo ‖ **~e Ecke** / esquina *f* ‖ **~e Fuge** / junta *f* llena ‖ **~er Gebäudeteil** (z.B. Erker) / salidizo *m*
Vorsprung *m*, vorspringender Teil / parte *f* saledizo ‖ ⁓, Mauerabsatz *m* / resalto *m*, resalte *m* ‖ ⁓, Überhang *m* (Bau) / saledizo *m*, voladizo *m*, vuelo *m* ‖ ⁓, Ansatzleiste *f* (Masch) / baqueta *f* ‖ ⁓ *m* [gegenüber], Vorteil *m* [vor] / adelanto *m*, ventaja *f* [a, sobre] ‖ ⁓ **haben** [vor] / tener o llevar ventaja [a, sobre] ‖ ⁓ *m* **mit Eindrehung und Rücksprung** (Flansch) / ranura *f* para aro de guarnición
Vor•spülbad, Sparbad *n* (Galv) / baño *m* de prelavado ‖ ⁓**spülen** *n* (Geschirrspülm.) / prelavado *m* ‖ ⁓**spur** *f* (Kfz) / convergencia *f* (de las ruedas delanteras), rodada *f* delantera ‖ ⁓**stabilisator** *m* / preestabilizador *m* ‖ ⁓**stabilisieren** *n*, -fixieren *n* (Färb) / fijación *f* previa ‖ ⁓**stadium** *n* / estado *m* previo, fase *f* previa ‖ ⁓**stadt...**, Vorort... / suburbano *adj* ‖ ⁓**stadt** *f* / arrabal *m*, suburbio *m*
Vorstands•mitglied *n*, Vorstand *m* / socio *m* directivo, miembro *m* de la junta directiva ‖ ⁓**vorsitz[end]er** *m* / presidente *m* de la junta directiva
Vor•stapeleinrichtung *f* (Druck) / dispositivo *m* de apilamiento previo ‖ ⁓**stapelung** *f* (Sägewerk) / pila *f* ‖ ⁓**stechen** *n* (Spinn) / descenso *m* del peine rectilíneo ‖ ⁓**stecher** *m* (Schuh) / estaquillador *m*, lezna *f* ‖ ⁓**stechkamm** *m* (Spinn) / peine *m* rectilíneo o superior o fijo ‖ ⁓**steckbolzen** *m* **der Anhängerkupplung** (Kfz) / pasador *m* de la boca de enganche del remolque ‖ **einfache [doppelte] automatische ~steckeinrichtung** (Büro) / dispositivo *m* de inserción frontal automática simple [doble] ‖ ⁓**stecker** *m*, Vorsteckstift *m* (Masch) / pasador *m*, clavija *f* ‖ ⁓**steckscheibe** *f* (Masch) / arandela *f* en C (con ranura radial), disco *m* enchufable
vorstehen, -ragen / resaltar, resalir ‖ ⁓ (z.B. aus einer Fläche), Überhängen *n* / sobresaliente *m* ‖ ⁓ *n* **der Polspitze** (Magnetkopf) / resalto *m* de la punta polar
vorstehend (aus einer Fläche) / saliente, prominente ‖ **~e Kollektorlamelle** (Elektr) / delga *f* o lámina de colector saliente
vorstellbarer Unfall (Nukl) / accidente *m* imaginable o concebible
vorstellen *vt*, zeigen / presentar ‖ ⁓, voranstellen / anteponer ‖ ~ *vt* (Uhr) / adelantar
Vorstellung, Idee *f* / idea *f*, concepto *m*, noción *f* ‖ **erstmalige ~** (z.B. eines Produkts) / primera presentación *f* (p.e. de un producto)
Vor•steuerung *f* (Hydr) / regulación *f* previa, mando *m* anticipatorio, control *m* piloto ‖ ⁓**steuerventil** *n*, -schieber *m* / válvula *f* piloto ‖ ⁓**steven** *m* (Schiff) / roda *f* ‖ ⁓**stich** *m* (Walzw) / pasada *f* previa ‖ ⁓**stoß** *m* (Anschlag, Walzw) / tope *m* ‖ ⁓**strahlbereich** *m* (Radiol) / intervalo *m* de transmisión ‖ ⁓**straße** *f* (Walzw) / tren *m* desbastador o de desbaste ‖ ⁓**strecke** *f* (Tex) / manuar *m* preparatorio, estiradora *f* preliminar
vorstrecken *vt* (Walzw) / desbastar ‖ ⁓ (Tex) / preestirar ‖ ⁓ *n* (Tex) / preestiraje *m*, estiraje *m* preparatorio
Vorstreck•gerüst *n* (Walzw) / caja *f* desbastadora ‖ ⁓**kaliber** *n* (Walzw) / paso *m* desbastador
Vorstreckwalze *f* / cilindro *m* desbastador
Vorstreckwalzen *n* (Walzw) / laminación *f* de desbaste, laminado *m* desbastador
Vor•streicher *m* (Pap) / estucador *m* preliminar ‖ ⁓**strom** *m* (Phys) / corriente *f* de Townsend ‖ ⁓**studie** *f* [zu] / estudio *m* preliminar o preparatorio, preestudio *m*

1467

Vorstufe f / fase f previa, etapa f previa o preliminar, grado m anterior ‖ ≈ (Elektr, Rakete) / etapa f preliminar ‖ ≈ (Eltronik) / paso m de preselección
Vorstufen•modulation f / modulación f de baja potencia ‖ ≈ **[schutz]schalter** m, Widerstandsschutzschalter m (Elektr) / disyuntor m o interruptor o conectador de seguridad con resistencia
Vor•sturz m (Walzw) / desbaste m, descascarillador m ‖ ≈ **sturzwalzwerk** n / tren m para desbastar llanta ‖ **~synchronisieren** vt (Film) / presincronizar
VORTAC-System n (= VOR + TACAN) (Luftf, Nav) / sistema m VORTAC (Visual Omni-Range Tactical Air Navigation)
Vortambour m (Tex) / primer tambor m
Vorteil, Nutzen m / ventaja f, provecho m, beneficio m
vorteilhaft / ventajoso, beneficioso ‖ ~ **sein für...** / redundar en beneficio de...
Vor•titel m, Schmutztitel m (Druck) / falsa portada f, anteportada f ‖ ≈ **trabanten** m pl (TV) / impulsos m pl preigualadores
Vortrag m [**über**] / conferencia f [sobre], disertación f
vortragender Nonius (Verm) / nonio m retrógrado
Vortrags•folie f / gráfico m transparente para proyección overhead ‖ ≈ **raum**, Hörsaal m / sala f de conferencias, aula f ‖ ≈ **tafel** f / tablón m de demostración o presentación
vortreiben vt (allg) / avanzar empujando, empujar hacia adelante, hacer avanzar ‖ ~ (Bergb) / avanzar, abrir
Vortreppe f, Außen-, Freitreppe f (Bau) / escalinata f
Vortrieb m (Fahrzeug), Antrieb m / propulsión f ‖ ≈ (Bergb) / perforación f, avance m ‖ ≈ **in der Kohle** / avance m en el carbón ‖ ≈ **in offener Baugrube** (Bau) / avance m en zanja de fundación
Vortriebs•arbeit f (Bergb) / trabajo m de avance ‖ ≈ **hauer** m (Bergb) / picador m de galería ‖ ≈ **kraft** f (Luftf) / fuerza f propulsiva o de propulsión ‖ ≈ **leistung** f (Schiff) / potencia f propulsiva de la hélice ‖ ≈ **leistung** (Bergb) / rendimiento m diario de avance ‖ ≈ **maschine** f (Bergb) / máquina f para abrir galerías, máquina f de avance ‖ ≈ **maschine** (Bahn) / motor m de propulsión ‖ ≈ **maschine für Tunnel** / fresadora f de túnel[es], escudo m ‖ ≈ **messer m für Schiffsschrauben** / helicómetro m ‖ ≈ **mittel** n / propulsor m, agente m o medio propulsor ‖ ≈ **mittelpunkt** m / centro m de propulsión ‖ ≈ **schild** m (Bau) / escudo m o troquel de avance ‖ ≈ **schrämmaschine** f / rozadora f de avance ‖ ≈ **strecke** f (Bergb) / galería f de avance ‖ ≈ **widerstand** m (Schiff) / resistencia f a la propulsión ‖ ≈ **wirkungsgrad** m (Luftf) / rendimiento m del propulsor ‖ ≈ **zimmerung** f (Bergb) / entibación f de galerías, entibamiento m de galerías
vor•trocknen vt / secar previamente, presecar ‖ ≈ **trockner** m (Pap) / presecador m ‖ ≈ **trocknung** f / presecado m, secado m previo, desecación f previa ‖ ≈ **trommel** f (Kammgarnkarde) (Spinn) / pequeño tambor [de carda] ‖ ≈ **tür** f, doppelte Haustür (Bau) / contrapuerta f, antepuerta f
vorübergehend, temporär / temporario, temporal, pasajero ‖ ~, flüchtig / transitorio, fugaz ‖ ~, provisorisch / provisional, temporal ‖ **~e Härte** (Wasser) / dureza f temporaria, dureza f de carbonatos ‖ **~e Regelabweichung** (Regeln) / desviación f transitoria ‖ **~er Zustand** / estado m transitorio
Vor•übertrager m, VÜ (Eltronik) / transformador m de entrada ‖ **~umhüllt** (Splitt, Straßb) / con prerrecubrimiento ‖ ≈ **umwandlung** f (Hütt) / transformación f preliminar ‖ ≈ **- und Rückgang** m / movimiento m de alternativo o vaivén ‖ ≈ **- und Rückwärtsdruck** m (DV) / impresión f bidireccional ‖ ≈ **- und Rückwärtsdrucker** m (DV) / impresora f bidireccional ‖ ≈ **untersuchung** f / investigación f preliminar ‖ ≈ **untersuchung**, -prüfung f / prueba f preliminar, examen m preliminar ‖ ≈ **urteil** n /

prejuicio m ‖ ≈ **vakuum** n / prevacío m, vacío m previo o primario ‖ ≈ **vakuumgrenzdruck** m / presión f límite de vacío previo ‖ ≈ **vakuumpumpe** f / bomba f de vacío previo ‖ ≈ **verarbeitungssystem** n (DV) / sistema m frontal de tratamiento ‖ ≈ **verbrennung** f (Mot) / precombustión f ‖ ≈ **verdampfer** m (Turboreaktor) / preevaporador m ‖ ≈ **verdampfung** f / preevaporación f ‖ **~verdichten**, aufladen (Mot) / sobrecargar, sobrealimentar ‖ **~verdichten** (Bau) / precomprimir, precompactar ‖ ≈ **verdichter** m, [Auf]ladegebläse n (Mot) / sobrealimentador m, soplador m con sobrecarga, precompresor m ‖ ≈ **verdichtung** f / precompresión f, compresión f previa ‖ ≈ **verdichtungsverhältnis** n (Mot) / relación f de sobrealimentación ‖ **~verdicken** vt (Farbe) / preespesar ‖ **~verdrahtet** / precableado, preconectado ‖ ≈ **verdunstungsbecken** n (Meersalz) / estanque m de preevapor[iz]ación ‖ ≈ **verformung** f / preformación f ‖ ≈ **verkupferung** f (Galv) / preencobrado m ‖ ≈ **veröffentlichung** f, in Betracht gezogene Druckschrift (Patent) / publicación f anticipada ‖ **~versilbern** vt / preplatear f ‖ ≈ **versilberung** f, Schwach-, Leichtversilberung f / preplateado m, película f inicial de plata ‖ ≈ **verstärker** m (Eltronik) / amplificador m previo o preliminar, preamplificador m ‖ ≈ **verstärker** (TV) / preamplificador m de cámara ‖ ≈ **verstärkerröhre** f / válvula f preamplificadora, tubo m preamplificador ‖ ≈ **[verstärker]stufe** f (Eltronik) / etapa f de preamplificación ‖ ≈ **versuch** m / ensayo m previo o preliminar ‖ ≈ **vertonung** f (Film) / presonorización f, grabación f previa del sonido ‖ **~verzerrt**, verlustkompensiert (Eltronik, Filter) / con distorsión previa, de corrección previa, preacentuado ‖ ≈ **verzerrung**, Preemphasis f (Radio) / preacentuación f, preénfasis m f, acentuación f previa ‖ ≈ **verzinnen** n / preestañado m ‖ ≈ **verzug** m (Tex) / estirado m o estiraje previo ‖ ≈ **vitamin**, Provitamin n (Biochem) / provitamina f ‖ **~vulkanisiert** / prevulcanizado ‖ **~vulkanisierter Latex** / látex m prevulcanizado ‖ ≈ **vulkanisierung** f / prevulcanización f
Vorwahl f, -wählung f, -wählen n / preselección f, selección f previa o preliminar ‖ ≈, Freisuchen n (Fernm) / búsqueda f automática de una línea ‖ ≈ (Radio) / preselección f, presintonización f ‖ ≈ ..., Vorwähl... / de preselección, preselectivo ‖ ≈ f **nach Ereignissen** / preselección f de recuento de sucesos ‖ ≈ **nach Menge** / preselección f de cantidad ‖ ≈ **blende** f (Foto) / diafragma m de preselección ‖ ≈ **-Drehwähler** m (Fernm) / preselector m rotatorio, uniselector m
vorwählen vt / preseleccionar, seleccionar previamente
Vorwähler m (Fernm) / preselector m, distribuidor m de buscadores ‖ ≈ **u. Verteiler** (Transporte) / preselector m y distribuidor, transportes
Vorwahl•gerät n / dispositivo m de preselección o de selección previa ‖ ≈ **getriebe** (Kfz) / caja f de cambios con preselección ‖ ≈ **getriebe** (Wzm) / engranaje m preselector ‖ ≈ **nummer**, Ortsnetzkennzahl f, ONKz (Fernm) / prefijo m local, código m [territorial], indicativo m ‖ ≈ **schalter**, Vorwählschalter m / conmutador m preselector, preselector m, selector m previo
Vorwählschaltung f (Kfz) / cambio m de velocidad (o de marcha) con selector previo, cambio m preselectivo o preselector
Vorwahl•springblende f (Opt) / diafragma m preselector automático ‖ ≈ **stufe** f / etapa f de preselección ‖ ≈ **stufe (die einzelne)** (Fernm) / paso m de preselección ‖ ≈ **zähler** m / contador m de preselecciones ‖ ≈ **zählgerät** n (für Zeitvorwahl) (Eltronik) / contador m de preselección de tiempo
Vor•walken (Tex) / prebatanado m ‖ ≈ **walzblock** m / desbaste m ‖ ≈ **walze** f (Walzw) / cilindro m

desbastador || ⁓**walze der Vorkarde** *f* (Tex) / pequeño tambor || **~walzen** *vt* (Walzw) / desbastar || ⁓**walzer** *m* (Mann) / obrero *m* laminador desbastador || ⁓**walzgerüst** *n* / caja *f* desbastadora o blooming || ⁓**[walz]straße**, **-strecke** *f* / tren *m* desbastador o de desbaste || ⁓**walzwerk** *n* / laminador *m* desbastador || ⁓**walzwerk** (für anderes als Tafel- o. Bandmaterial) / laminador *m* desbastador para perfiles no planos
vorwärmen / precalentar, calentar previamente || ⁓ *n* / precalentamiento *m*, calentamiento *m* previo, precaldeo *m* || ⁓ (bei Versuchen) / precalentamiento *m* inicial (en experimentos) || ⁓ **des Speisewassers** (Dampfm) / precalentamiento *m* del agua de alimentación
Vorwärmer *m*, Vorwärmgerät *n* / recalentador *m* || ⁓ (SM-Ofen) / cordón *m* || ⁓, Vorwärmeinrichtung *f* / precalentador *m*, instalación *f* de precalentamiento || ⁓, Abhitzeverwerter *m* / recuperador *m* || ⁓ *m* (Klimaanlage) / batería *f* precalentadora
Vorwärm • ofen *m* (Hütt) / horno *m* precalentador o de precalentamiento o para precalentar || ⁓**raum** *m*, **-kammer** *f* / cámara *f* de precalentamiento || ⁓**schrank** *m* / armario-estufa *m* de precalentamiento || ⁓**zone** *f* / zona *f* de precalentamiento
Vorwarn • linie *f* (Straßb) / línea *f* de prevención o de preaviso || ⁓**signal** *n* "Formularende" (DV) / señal *f* de preaviso de la proximidad del fin de soporte
vorwärts betriebener Kanal (Fernm) / canal *m* [de transmisión] de ida || **~ bringen** / avanzar, adelantar || **~ gekrümmt** (Schaufel) / curvado hacia adelante, curvado en el sentido de la marcha || **~ gerichtet** / dirigido hacia adelante, orientado en adelante || **~ wirkend**, Vorwärts... / de progresión directa, de acción progresiva || **~ ziehen** / tirar hacia adelante
Vorwärts • auslösung *f* (Fernm) / liberación *f* del abonado que llama || ⁓**bewegung** *f* / movimiento *m* [hacia] adelante, marcha *f* adelante || ⁓**-Blättern** *n* (Bildschirm) / hojeo *m* en adelante || ⁓**einschneiden** *n* (Verm) / intersección *f* directa || ⁓**-Erdumlaufecho** *n* (Radar) / eco *m* directo de circunvalación terrestre || ⁓**-Erholzeit** *f* (Halbl) / tiempo *m* de recuperación directa || ⁓**fahrt** *f* (Bahn) / marcha *f* adelante || ⁓**fahrt** (Schiff) / marcha *f* avante || ⁓**fließpressen** *n*, Gleichfließpressen *n* (Hütt, Masch, Plast) / extrusión *f* directa || ⁓**gang** *m* (Kfz) / marcha *f* [hacia] adelante || ⁓**gang** (des Schlittens) (Wzm) / movimiento *m* hacia delante del carro, avance *m* || ⁓**gebiet** *n* (Diode) / zona *f* en sentido directo || ⁓**gleichstrom** *m* (Halbl) / corriente *f* continua directa || ⁓**hub** *m* (Masch) / carrera *f* hacia adelante || ⁓**-Infrarotausrüstung** *f* (Luftf) / equipo *m* FLIR (Forward Looking Infrared) || ⁓**-Kaltfließpressen** *n* (Schm) / extrusión *f* directa en frío || ⁓**kanal** *m* (DV) / canal *m* de ida || ⁓**kennlinie** *f* (Halbl) / característica *f* tensión/corriente directa || ⁓**pfeilung** *f* **der Flügel** (Luftf) / flecha *f* negativa de alas || ⁓**pfeilung der Luftschraube** (Luftf) / flecha *f* negativa de las palas de la hélice || ⁓**regelung** *f* / regulación *f* hacia adelante || ⁓**richtung** *f* (DV) / sentido *m* directo o de conducción || **in** ⁓**richtung betreiben** (Halbl) / polarizado en sentido directo || ⁓**-Rückwärts-Zähler** *m* / contador *m* avance-retroceso, contador-descontador *m* || ⁓**ruf** *m* (Fernm) / señal *f* de llamada de la telefonista el abonado llamado || ⁓**scheinleitwert** *m*, Transadmittanz *f* (Elektr) / transadmitancia *f*, admitancia *f* de transferencia || ⁓**-Scheitelsperrspannung** *f* (Halbl) / tensión *f* de cresta en estado bloqueado en sentido directo || ⁓**schnitt** *m* (Verm) / intersección *f* directa || ⁓**schritt** *m* **der Wicklung** (Elektr) / paso *m* progresivo del arrollamiento || ⁓**schubrakete** *f* (Raumf) / cohete *m* de empuje hacia adelante || ⁓**schweißen** *n* / soldadura *f* a la izquierda || ⁓**spannung** *f* (der Emitterdiode) / tensión *f* directa (del diodo emisor) ||

⁓**-Sperrspannung** *f* (Halbl) / tensión *f* en estado bloqueado en sentido directo || ⁓**-Sperrzeit** *f* (Halbl) / intervalo *m* de bloqueo en sentido directo || ⁓**steilheit** *f* (Eltronik, Röhre) / admitancia *f* de transferencia directa en cortocircuito || ⁓**steuerstrom** *m* / corriente *f* directa de compuerta || ⁓**steuerung** *f* (DV) / supervisión *f* hacia adelante || ⁓**-Streuausbreitung** *f* (Eltronik) / propagación *f* por dispersión dirigida o frontal, propagación *f* por difusión hacia adelante || ⁓**streuung** *f* (Nukl) / dispersión *f* de la radiación hacia adelante, difusión *f* hacia adelante || ⁓**strom** *m* (Halbl) / corriente *f* directa o en sentido directo || ⁓**strom-Effektivwert** *m* (Diode) / corriente *f* directa eficaz || ⁓**strom-Mittelwert** *m* (Halbl) / valor *m* medio de corriente directa || ⁓**stromstoß** *m* (Halbl) / sobrecorriente *m* momentánea directa || ⁓**turbine** *f*, Marschturbine *f* (Schiff) / turbina *f* de marcha avante || ⁓**verkettung** *f* (DV) / encadenamiento *m* hacia adelante || ⁓**verlustleistung** *f* (Halbl) / pérdida *f* o disipación *f* de potencia en sentido directo || ⁓**wahl** *f* (Fernm) / selección *f* hacia adelante || ⁓**weg** *m* (Regeln) / camino *m* directo || ⁓**welle** *f* (Eltronik) / onda *f* directa || ⁓**zählen** *n* (Ggs: Count-down) / cuenta *f* adelante || ⁓**zeichen** *n* (Fernm) / señal *f* hacia adelante, señal *f* progresiva || ⁓**zielen** *n* (Verm) / intersección *f* directa
Vor • waschen *n*, **-wäsche** *f* / prelavado *m*, lavado *m* previo || ⁓**wascher** *m* (Aufb) / aparato *m* para el lavado previo || ⁓**waschmaschine** *f* (Tex) / máquina *f* de prelavado || ⁓**wecker** *m* (Bahn) / timbre *m* de llamada
Vorweg • -Änderung *f* (DV) / modificación *f* anterior, premodificación *f* || ⁓**nahme** *f* (Patent) / anticipación *f* || ⁓**nehmen**, voraussehen / anticipar || ⁓**-Parameter** *m* (DV) / parámetro *m* prefijado
Vor • wegweiser *m* (Verkehr) / señal *f* avanzada de dirección, señal *f* de preseñalización || ⁓**weichen** *n* (Waschmaschine) / remojo *m* previo || ⁓**weite** *f* (Bahn) / sobreancho *m* en la curva || ⁓**welksilage** *f* (Landw) / ensilaje *m* premarchito, forraje *m* ensilado anteriormente marchitado || ⁓**werkzeug** *n* / herramienta *f* previa
Vorwickel *m*, Vorgarnspule *f* (Tex) / bobina *f* de preparación || ⁓**rolle** *f* (Film) / tambor *m* dentado superior
Vorwickelrolle *f* (Tex) / bobina *f* de alimentación
Vorwiderstand *m* / resistor *m* intercalado o en serie || ⁓ (Instr) / resistor *m* multiplicador o adicional || ⁓, Schutzwiderstand *m* (Elektr) / resistor *m* protector || ⁓ *m* (TV) / resistor *m* de frecuencia intermedia de salida de vídeo || ⁓ (Heizkreis) / resistor *m* reductor o de caída
vorwiegend direkt, [indirekt] (Licht) / semidirecto, [semiindirecto]
vorwölben *vr* (sich) / abombarse
Vorwölbung *f* / abombamiento *m*
Vorzahn *m*, Vorschneidzahn (Fräser) / diente *m* desbastador
Vorzeichen (Math) / signo *m* || ⁓ *n*, Richtung *f* / sentido *m* || ⁓ (Elektr) / signo *m* de polaridad || ⁓ (DV) / signo *m* algebraico || **das** ⁓ **wechseln** / cambiar el (o de) signo || **gleiches** ⁓ / signo *m* idéntico || **mit** ⁓, vorzeichenbehaftet (Math) / con signo || **mit o. ohne** ⁓ (DV) / de signo opcional
Vorzeichen • bit *n* (DV) / bitio *m* de signo || ⁓**darstellung** *f* / representación *f* de signo || ⁓**los**, ohne Vorzeichen (Math) / sin signo || ⁓**prüfung** *f* (DV) / prueba *f* de signo || ⁓**regel** *f* (DV) / regla *f* de signos || ⁓**stelle** *f* (DV) / posición *f* del signo || ⁓**symbol** *n* / símbolo *m* de signo || ⁓**umkehr** *f* (Math) / cómputo *m* regresivo || ⁓**umkehrer** *m* (DV) / inversor *m* de signo || ⁓**wechsel** *m* (Math) / cambio *m* del signo || ⁓**ziffer** *f* / dígito *m* de signo
vorzeichnen *vt* / trazar, marcar || ⁓ *n*, Anzeichnen *n* / trazado *m*

vorzeitig

vorzeitig, frühzeitig / prematuro, antes de tiempo ‖ ~**abbrechen** / dar por terminado un trabajo antes de completarlo ‖ ~**er Abbruch** (Raumf) / aborto *m* ‖ ~**er Ausfall** / fallo *m* prematuro ‖ ~**er Spulenwechsel** (Magn.Bd) / cambio *m* prematuro de bobinas, cambio *m* de carretes anticipado ‖ ~**e Zündung** (Mot) / ignición *f* prematura
Vor•zentrifuge *f*, Vorschleuder *f* (Zuck) / escurridora *f* centrífuga ‖ ~**zerkleinern** *vt* (Aufb) / pretriturar, desmenuzar previamente ‖ ~**zerkleinerung** *f* / pretrituración *f*, trituración *f* preliminar o previa ‖ ~**zerlegungskolonne** *f* (Chem) / columna *f* de destilación primaria ‖ ~**zeug** *n* (Brau) / levadura *f* de la capa superior ‖ ~**ziehdraht** *m* (Hütt) / alambre *m* para trefilar ‖ ~**ziehen** *vt* / avanzar, tirar hacia adelante ‖ ~**ziehen** (Draht) / preestirar ‖ ~**ziehen** (Tiefziehen) / embutir previamente ‖ ~**zieher** *m* (Bergb) / cilindro *m* avanzador ‖ ~**ziehkette** *f* / cadena *f* avanzadora ‖ ~**ziehwalze** *f*, Speisewalze *f* (Tex) / cilindro *m* alimentador o de arrastre ‖ ~**zimmer...** (Fernm) / secretarial, de secretario, de secretaría ‖ ~**zimmeranlage** *f* (Fernm) / interfono *m* dirección/secretaría
Vorzug *m* (allg) / preferencia *f* ‖ ~, Vorteil *m* / ventaja *f* ‖ ~ *m* (Bahn) / tren *m* adicional precedente ‖ ~ (Tiefziehen) / embutición *f* preparativa ‖ ~ (Drahtziehen) / estiraje *m* inicial ‖ ~, Zug *m* vorn (Drahtziehen) / tracción *f* de frente
Vorzugs•... / preferencial ‖ ~**-AQL-Wert** *m* / valor *m* AQL preferido (nivel de calidad aceptable) ‖ ~**fahrstraße**, Hauptfahrstraße *f* (Bahn) / itinerario *m* de prioridad ‖ ~**maße** *n pl* / dimensiones *f pl* preferidas ‖ ~**orientierung** *f*, Textur *f* (Hütt) / orientación *f* preferencial o preferente o predominante ‖ ~**richtung** *f* / dirección *f* predominante ‖ ~**richtung** (Krist) / dirección *f* privilegiada ‖ ~**wert** *m* / valor *m* preferido ‖ ~**zahlenreihe** *f* / serie *f* de números normalizados
Vor•zündung *f*, (ISO:) Vorentflammung *f* (Mot) / encendido *m* adelantado, inflamación *f* prematura ‖ ~**zündungszeit** *f* (Brenner) / tiempo *m* de avance de encendido ‖ ~**zuziehend**, empfohlen / de preferencia, recomendado ‖ ~**zwirn** *m* (Spinn) / primer retorcido *m* ‖ ~**zwirnen** *n* (Spinn) / retorcido *m* inicial o previo ‖ ~**zwirnen** (Seide) / primera torsión *f*
Votator *n* (Chem) / votador *m*
Voute *f*, Deckenkehle *f* (Bau) / moldura *f* de techo ‖ ~, Aufstelzung *f* (Bau) / cartela *f* (de hormigón)
Vouten•beleuchtung *f* / iluminación *f* en moldura de techo ‖ ~**decke** *f*, Kehldecke *f* (Bau) / techo *m* de moldura ‖ ~**strahler** *m*, Infrarot-Raumheizung *f* / radiador *m* infrarrojo de moldura
VÖV (= Verband öffentlicher Verkehrsbetriebe) / Asociación *f* de Transportes Públicos
Voxel *n* (3D-Bildpunkt) / vóxel *m*, tríxel *m*
VPE (Plast) = vernetztes Polyethylen
V-Plus-Verzahnung *f* / dentado *m* de addendum largo
VPS, Video-Programmsystem *n* / sistema *m* de programa vídeo
VR (= Virtuelle Realität)
V-Radpaar *n* / par *m* de engranajes con distancia entre centros modificada ‖ ~ **mit vergrößertem [,verkleinertem] Achsenwinkel** / par *m* de engranajes con ángulo de ejes aumentado [disminuido]
V2-Rakete *f* / cohete *m* alemán V2
VRAM (= Video Random Access Memory) (DV)
V-Ring *m* (Art Seegerring) / anillo *m* Truarc invertido
V-Ringdichtung *f* / junta *f* trapezoidal o en V
V-Rost *m* / emparrillado *m* en V
VR-Reifen (bis 240 km/h) (Kfz) / neumático *m* VR
VSC-Fahrstabilitätsregelung *f* (Kfz) / control *m* de estabilidad (durante la marcha)
V-Schaltung *f* (Elektr) / conexión *f* en V
V-Schweißnaht *f* / chaflán *m* en V

VSG = Verbundsicherheitsglas
VSI-Rohr *n*, vakuumsuperisoliertes Rohr / tubo *m* superaislado por vacío
VSM = [Normen des] Verein[s] schweizerischer Maschinen-Industrieller
V-Stellung *f* (aufwärts gerichtet), V-Winkel *m* (Luftf) / ángulo *m* diedro
V-Stiel *m* (Luftf) / montante *m* en [forma de] V
VSTOL-Flugzeug *n* (= vertical short take-off and landing) / avión *m* de despegue y aterrizaje verticales cortes
V-Stoß *m* (Schw) / unión *f* a tope en V
V-Strahl-Radarsystem *n*, Radar *m* mit zwei Richtkeulen (Radar) / radar *m* de haz en V
VT (Bahn) = Triebwagen mit Verbrennungsmotor
VTE-Anlage *f* (Meerwasserverdampfung) / instalación *f* VTE (evaporación en tubos verticales)
V-Tec Steuerung *f*, VTEC-Ventilsteuerung *f* (Kfz, Mot) / distribución *f* V-Tec, principio *m* VTEC
V-Teilchen *n* (Nukl) / partícula *f* V, hiperón *m*
VTG = Verfahrenstechnische Gesellschaft
VTOC (= Volume Table of Contents) (DV) / tabla *f* de contenido del volumen
VTOL•-Flugzeug *n*, Flugzeug für Senkrechtstart u. -landung (Luftf) / avión *m* VTOL, avión *m* de despegue y aterrizaje verticales ‖ ~**-Flugzeug mit festen Flügeln** (Luftf) / convertiplano *m*
VTOL-Landeplatz *m* / campo *m* de aterrizaje para aviones VTOL
V-Trieb, Winkel-Trieb *m* / engranaje *m* angular
Vtx, Videotext *m* / videotexto *m*
VT-Zahl *f*, Verteerungszahl *f*, VTZ *f* (Öl) / índice *m* de alquitranamiento, índice *m* VT
VÜ = Vorübertrager
Vulkameter *n* (Gummi) / vulcámetro *m*
Vulkametrie, Bestimmung *f* des Vulkanisationsverlaufs (Gummi) / vulcametría *f*, determinación *f* del proceso de vulcanización
Vulkanfiber *f* / fibra *f* vulcanizada
Vulkanisat *n* / vulcanisato *m*
Vulkanisation *f* (Gummi) / vulcanización *f* ‖ ~ **in der Bleimantelpresse** (Kabel) / vulcanización *f* bajo envoltura de plomo
Vulkanisations•-Beschleuniger *m* / acelerante *m* de vulcanización ‖ ~**grad** *m* / grado *m* de vulcanización ‖ ~**haut** *f* / piel *f* de vulcanización ‖ ~**verzögerer** *m* / retardante *m* de vulcanización
Vulkanisator *m*, Heizgerät *n* / vulcanizador *m*
vulkanisch (Geol) / volcánico, eruptivo ‖ ~**e Beben** / seismo *m* volcánico ‖ ~**e Dämpfe** *m pl* (Geol) / vapores *m pl* volcánicos ‖ ~**e Schlacke** / escoria *f* volcánica ‖ ~**er Tuff** / toba *f* volcánica
Vulkaniseur *m*, jetzt: Reifenmechaniker *m* / vulcanizador *m*
Vulkanisieranstalt *f* (Gummi) / taller *m* de vulcanización
vulkanisierbar / vulcanizable
vulkanisieren *vt* (Gummi) / vulcanizar, recauchutar
Vulkanisier•kessel *m* / caldera *f* vulcanizadora ‖ ~**presse** *f* / prensa *f* de vulcanizar o para vulcanizar ‖ ~**schlauch** *m* / cámara *f* de vulcanización, saco *m* de vulcanización, bolsa *f* de aire para vulcanización
vulkanisiert•er Gummi / caucho *m* vulcanizado ‖ ~**er Latex** / látex *m* vulcanizado ‖ ~**es o. angespritztes Schuhwerk** / calzado *m* vulcanizado
Vulkanisierung *f* / vulcanización *f*, recauchutaje *m* ‖ ~ **in geschmolzenem Schwefel** / vulcanización *f* en baño de sulfuro
Vulkanismus *m* (Geol) / volcanismo *m*, vulcanicidad *f*
Vulkanit *m*, Lavagestein *n* / vulcanita *f*, roca *f* volcánica, lavas *f pl*, lapilli *m pl* ‖ ~ *n* (Sprengstoff) / vulcanita *f*
Vulkanologie *f* (Geol) / vulcanología *f*
Vulpinit *m* (Min) / vulpinita *f*
Vulpinsäure *f* (Chem) / ácido *m* vulpínico

VU-Meter *n* (Eltronik) / vúmetro *m*, medidor *m* de unidades de volumen
V-Verzahnung *f* (Fräser) / dentado a doble hélice alternada
VWS Versuchsanstalt für Wasserbau und Schifffahrt || ≙ = Versuchsanstalt für Wasserbau und Schifffahrt (nS)
VZ (Chem) = Verseifungszahl || ≙ = Verseifungszahl / índice *m* de saponificación || ≙ (Bau) = Erstarrungsverzögerer / retardador *m* de la solidificación
V-Zylinder *m* (Zahnrad) / cilindro *m* V

W

W (= West[en]) / O (= Oeste)
W, Watt *n* (Phys) / W, vatio *m*
W, Wolfram *n* (Chem) / W, wolframio *m*, tungsteno *m*
WA, Wasseraufbereitung *f* / tratamiento *m* de agua[s]
WAA, Wiederaufbereitungsanlage *f* (Nukl) / planta *f* de reprocesamiento [de combustible] nuclear
Waage *f* / balanza *f*, báscula *f* ‖ ≈ (Bergb, Verm) / nivel *m* ‖ ≈, Federwaage *f* / pesón *m* ‖ ≈ **für gleiche Packungen** / balanza *f* de comparación ‖ ≈ **mit Hebelübersetzung** (z.B. Dezimalwaage) / báscula *f* [decimal] ‖ ≈ **mit Neigungsgewichteinrichtung** / balanza *f* de inclinación ‖ ≈ **mit optischer Ablesung** / balanza *f* con proyección óptica ‖ ≈ **mit 2 Waagschalen**, Tafelneigungswaage *f* / balanza *f* de Roberval ‖ ≈ **zum Prüfen des Garns**, Garnprüfer *m* (Spinn) / balanza *f* de hilados ‖ **die** ≈ **halten** / compensar, mantener el equilibrio, equilibrar, igualar
Waagebalken *m* / cruz *f* de báscula, brazo *m* de báscula o de la balanza, ástil *m*
Waagen • gehäuse *n* (Labor) / caja *f* de la balanza [analítica] ‖ ≈ **paar** *n* / puente-bascula *m* doble
waagerecht, horizontal / horizontal ‖ ~, söhlig (Bergb) / de nivel ‖ ~**e Aufzeichnung** (Repro) / registro *m* horizontal ‖ ~ **ausgerichtet** / nivelado, a nivel ‖ ~**e Förderung** (Bergb) / transporte *m* horizontal ‖ ~**er Gegenschlaghammer** (Wz) / martillo *m* horizontal de contragolpe[s] ‖ ~ **gießen** / colar o fundir horizontalmente ‖ ~**e Lagerung** (Geol) / estratificación *f* horizontal ‖ ~**e Linie** (o. Fläche) / nivel *m* ‖ ~ **machen** / nivelar, igualar ‖ ~ (**o. eben**) **machen** (Straßb) / nivelar ‖ ~ **schwingend** / montado sobre pivote, pivoteante ‖ ~ **sein** [mit] / estar de nivel [con] ‖ ~ **sein mit** ... / estar de nivel con ... ‖ ~**e Seitenkraft** / componente *m* horizontal ‖ ~**er Seitenschub**, Bogenschub *m* (z.B. eines Gewölbes) (Bau) / empuje *m* horizontal o tangencial ‖ ~**e Spitzenverschiebung** (unerwünscht) (Stahlbau) / oscilación *f* horizontal ‖ ~**es Zeilenabtasten** (TV) / barrido *m* horizontal ‖ ~**es Zonenschmelzen** (Hütt) / fusión *f* en zonas horizontales
Waagerecht • aufnahme *f* (Film) / toma *f* horizontal ‖ ≈**-Außenräummaschine** *f* (Wzm) / máquina *f* brochadora horizontal de exteriores ‖ ≈**biege-** *f* [**und Form**]**presse** / prensa *f* curvadora [y conformadora] horizontal ‖ ≈**bohrmaschine** *f* / perforadora *f* o taladradora horizontal (E), agujereadora *f* (LA) ‖ ≈**bohr- u. Fräswerk** *n* / taladradora-fresadora *f* horizonotal ‖ ≈**bohrwerk** *n* / mandrinadora *f* horizontal ‖ ≈**-Drehautomat** *m* / torno *m* horizontal automático
Waagerechte *f* / horizontal *f*, línea *f* horizontal ‖ ≈, Horizontalebene *f* / plano *m* horizontal ‖ ≈ *f* **beim Start** (Raumf) / horizontal *f* en el momento del lanzamiento
Waagerecht • einstellschraube, Horizontierschraube *f* (Verm) / tornillo *m* nivelador ‖ ≈**-Einstellung** *f* / nivelación *f* ‖ ≈**förderung** *f* / transporte *m* horizontal ‖ ≈**fräsmaschine** *f* (Wzm) / fresadora *f* horizontal ‖ ≈**gatter** *n* (Säge) / marco *m* de sierra alternativa horizontal, marco *m* portasierra horizontal ‖ ≈**-Innenräummaschine** *f* (Wzm) / máquina *f* brochadora horizontal de interiores ‖ ≈**-Innen-Rundschleifmaschine** *f* / rectificadora *f* cilíndrica horizontal de interiores ‖ ≈**konsolfräsmaschine** *f* / fresadora *f* horizontal de consola ‖ ≈**räumen** *n* / brochado *m* horizontal ‖ ≈**schmiedemaschine** *f* / máquina *f* forjadora horizontal ‖ ≈**spindel** *f* (Wzm) / broca *f* horizontal ‖ ≈**stauchmaschine** *f* / recalcadora *f* horizontal ‖ ≈**stoßen** *n* / mortajado *m* horizontal ‖ ≈**stoßmaschine** *f*, Schnellhobler *m* / mortajadora *f* horizontal ‖ ≈**verstellung** *f* (Wzm) / ajuste *m* horizontal, posicionamiento *m* horizontal
Waage • schneide *f* / cuchilla *f* de balanza ‖ ≈**speiser** *m* (Spinn) / cargadora-pesadora *f* [automática]
Waagrechtfrässpindel *f* (Wzm) / husillo *m* horizontal de fresar
Waagschale *f*, Gewichtsschale *f* / platillo *m* del peso ‖ ≈ **der Neigungswaage** / platillo *m* de balanza [de Roberval], balanzón *m* (MEJ) ‖ **flache** ≈ / platillo *m*
Wabbelscheibe *f*, Schwabbelscheibe *f* / disco *m* de paño o de trapo para pulir
Wabe *f* (Masch, Zool) / alvéolo *m*, panal *m*, nido *m* de abejas
Waben • bauweise, Kernbauweise *f* / construcción *f* en (o de) panal, estructura *f* de nido de abejas ‖ ≈**beton** *m* (Bau) / hormigón *m* [armado] de estructura celular o alveolar ‖ ≈**boden** *m* / fondo *m* de panal ‖ ≈**bruch** *m* / fractura *f* alveolar ‖ ≈**element** *n* / elemento *m* de panal ‖ ~**förmig** (Bot, Zool) / alveolar ‖ ~**förmig** (Masch) / en forma de panal ‖ ≈**fundament** *n* (Druck) / base *f* de nido de abejas ‖ ≈**gleichrichter** *m* (Windkanal) / reja *f* de enderezar tipo nido de abejas ‖ ≈**kern** *m* (für Leichtbauteile) / núcleo *m* tipo nido de abejas ‖ ≈**kernverbund** *m* / estructura *f* sandwich alveolar ‖ ≈**kühler** *m* (Kfz) / radiador *m* de o en panal o en nido de abejas ‖ ≈**spule** *f* / bobina *f* de nido de abejas o de panal ‖ ≈**träger** *m* / viga *f* doble T con el alma oxicortada longitudinalmente en forma almenada (y luego soldada) ‖ ≈**verwitterung** *f* (Geol) / erosión *f* alveolar ‖ ≈**wicklung** *f* (Elektr) / arrollamiento *m* de nido de abejas
Wache *f* (Schiff) / guardia *f* ‖ **auf** ≈ **gehen** / hacer la guardia
Wachflamme *f* / llama *f* piloto del mechero de gas
Wachmann *m*, -habender *m* / guardia *m*, vigilante *m*, vigía *m*
Wacholder *m* (Bot) / enebro *m* ‖ ≈**harz** *n* / resina *f* sandáraca ‖ ≈**öl** *n* (Pharm) / esencia *f* sandáraca o de enebro, miera *f* ‖ ≈**teeröl**, Cadeöl *n* / aceite *m* sandáracq
Wachs *n* / cera *f* ‖ ≈ ... (Zool) / ceráceo ‖ **mit** ≈ **überzogen** / encerado ‖ ≈**abdruck** *m* / estampa *f* o impresión en cera, molde *m* en cera
Wachsamkeitstaste *f*, Sicherheitsfahrschalter *m*, SiFa (Bahn) / pulsador *m* de vigilancia, dispositivo *m* de hombre muerto
Wachs • anschmelzung *f* / fusión *f* de la cera ‖ ≈**appretur** *f* (Tex) / apresto *m* de cera ‖ ~**artig**, -ähnlich, -weich / ceráceo, ceroso ‖ ≈**ausschmelzguss** *m* / fusión *f* en cera perdida ‖ ≈**ausschmelzguss**[**teil**] / pieza *f* moldeada en cera perdida ‖ ≈**ausschmelzverfahren** *n*, Wachsguss *m* (Gieß) / fundición *f* a la cera perdida, procedimiento *m* de (o a la) cera perdida, fundición *f* en molde de cera perdida, vaciado *m* con cera perdida ‖ ≈**beschichtet** / recubierto de cera, encerado ‖ ≈**draht**, Klingeldraht *m* / alambre *m* encerado o parafinado ‖ ≈**emulsion** *f* / emulsión *f* de cera
wachsen *vi* (Bot) / crecer ‖ ~ (Landw) / crecer, criarse ‖ ~, anschwellen / crecer, engordarse, hincharse, aumentar ‖ ~ (Gusseisen) / hinchar ‖ ~ (Kalk) / inflar ‖ ~ (Sintern) / crecer
wachsen *vt*, mit Wachs einreiben o. überziehen / encerar ‖ ~ (Garn) / encerar
Wachsen *n* (allg) / crecimiento *m*, crecida *f* ‖ ≈ (Gusseisen) / hinchamiento *m* ‖ ≈ (Keram) / dilatación *f*

wachsend • e Belastung (Elektr) / carga f creciente ‖ [gleichmäßig] ~e Belastung (Mech) / carga f [uniformemente] creciente
wächsern, aus Wachs, Wachs... / de cera, ceroso, ceráceo, cerero
Wachs • farbe f / pintura f trementina o al encausto ‖ ~**glanz** m / brillo m ceroso
wachsig, amylopektinreich (Stärke) / glutinoso
Wachs • kohle f, Pyropissit m (Min) / piropisita f ‖ ~**kracken** n (Zeichn) / craqueo m de cera ‖ ~**leim** m (Pap) / cola f de cera ‖ ~**leinwand** f s. Wachstuch ‖ ~**leinwandeffekt** m (Tex) / efecto f de hule ‖ ~**maschine** f (Tex) / máquina f enceradora o para encerar ‖ ~**platte** f (Zool) / tiña f ‖ **Große** ~**motte**, Galleria mellonella / polilla f de la cera ‖ ~**palme** f (Bot) / palmera f de cera ‖ ~**papier** n / papel m encerado o parafinado ‖ ~**platte** f (Druck) / clisé m de cera ‖ ~**reserve** f (Färb) / reserva f a la cera ‖ ~**reservedruck** m / impresión f a la reserva ‖ ~**schmelzguss** m / microfusión f a cera perdida ‖ ~**traube** f (Präzisionsguss) / racimo m ‖ ~**Trennmittel** n (Plast) / agente m separador de la cera ‖ ~**tuch** n, -leinwand f (Tex) / tela f encerada o engomada, hule m
Wachstum n / crecimiento m ‖ ~, Zunahme f (Astr, Meteo) / aumento m, acrecentimiento m ‖ ~, Entfaltung f / desarrollo m ‖ ~ **aus der Dampfphase** (IC) / cultivo m de la fase vapor ‖ **im** ~ **schädigen** (Landw) / perjudicar el crecimiento
wachstums • fördernd / que favorece o estimula el crecimiento ‖ ~**geschwindigkeit** f / velocidad f de crecimiento ‖ ~**hemmend** / inhibitorio de crecimiento ‖ ~**hemmung** f / inhibición f del crecimiento ‖ ~**industrie** f / industria f de crecimiento ‖ **beste** ~**periode** (Landw) / período m de crecimiento rápido ‖ ~**reaktion** f (Chem) / reacción f de crecimiento ‖ ~**regler** m (Biol) / regulador m de crecimiento ‖ ~**ring** m (Ggs: Jahresring) (Holz) / anillo m de crecimiento ‖ ~**stoff** m (Biol) / sustancia f de crecimiento ‖ ~**zyklus** m / ciclo m de crecimiento
Wachsziegherei f / cerería f
Wächter m, Wachmann m / vigilante m, guardia m ‖ ~ (z.B. Temperatur-) / aparato m controlador, controlador m (por ej. termostato, presóstato), monitor m ‖ **[Faden-]** ~ (Web) / guardahílo m ‖ ~**[kontroll]uhr**, Kontrolluhr f / reloj m de ronda o de vigilante ‖ ~**steuerung** f (Elektr) / mando o control automático por contactor
Wacke f, Grauwacke f (Geol) / vaca f, grauvaca f
Wackelkontakt m (Elektr) / contacto m intermitente o flojo
wackeln vi, lose o. wackelig sein / bailar f ‖ ~, wanken / tambalearse, oscilar ‖ ~ n / tambaleo m, bamboleo m
wacklig / tambaleante, flojo, bamboleante, desvencijado ‖ ~, baufällig / ruinoso
Wad m, Waderz n (Min) / asbolana f, asbolita f, wad m
Wade f, Wadenetz n (Schiff) / red f barredera, jábega f
Waden • fischerei f (Schiff) / pesca f con red barredera ‖ ~**teil** n (Strumpf) / tercio m
Wafer m (Siliziumscheibe des Chip) (Halbl) / rodaja f, plaquita f ‖ ~**-Scale-Integration** f / integración f en escala de rodajas o plaquitas ‖ ~**-Schneidemaschine** f (Eltronik) / máquina f para cortar en rodajas o plaquitas
Waffe f / arma f
Waffel • ... (Struktur) / en forma de barquillo[s] ‖ ~**bindung** (Web) / ligamento m de barquillo, ligamento m de nido de abeja, ligamento m de punto de tripa ‖ ~**blech** n (Walzw) / chapa f gofrada ‖ ~**gewebe** n (Tex) / tejido m gofrado ‖ ~**presse** f **für Heu** (Landw) / prensa f gofradora de heno ‖ ~**schichtstoff** m / laminado m de nido de abejas ‖ ~**struktur** f / estructura f de barquillo

Waffen • fabrik f / fábrica f de armas, armería f ‖ ~**leitanlage** f (Mil) / sistema m de control de armas [teledirigidas] ‖ ~**technik** f / técnica f de armas
wägbar, ponderabel / ponderable, que se puede pesar
Wägbarkeit f / ponderabilidad f
Wäge • ... s. auch Wiege... ‖ ~**anlage** f / instalación f de pesaje ‖ ~**bürette** f (Chem) / bureta f de pesar ‖ ~**computer** m / ordenador m pesador ‖ ~**fehler** m / error m de pesada ‖ ~**glas** n, -gläschen n (Chem) / frasco m o bote de pesar ‖ ~**gut** n / material m a pesar ‖ ~**karte** f / ficha f o tarjeta f de pesada ‖ ~**kompensator** m / compensador m pesador ‖ ~**maschine** f / máquina f pesadora o de pesar, báscula f ‖ ~**methode** f / método m de pesar o de pesada
Wagen m, Fuhrwerk n / carruaje m, carro m, vehículo m, carretón m ‖ ~, Karren m / carro m (E), carrillo m ‖ ~, Personenwagen m (Bahn) / coche m ‖ ~ m pl (Sammelbegriff) (Bahn) / material m móvil ‖ ~ m (PKW) / coche m (E);, automóvil m, turismo m (E), carro m (LA), auto M ‖ ~ (Masch, Schreibm, Spinn) / carro m ‖ ~ (Bergb) / vagoneta f ‖ ~ (Seilb) / vagoneta f ‖ ~ **anhängen** (o. ankuppeln) (Bahn) / acoplar un vagón, enganchar, agregar ‖ ~ m **mit beweglichem Dach** (Bahn) / vagón m de techo móvil ‖ ~ **mit Gehlenkung** / camión m tipo peatón ‖ ~ **für Auftragszusammenstellung** / carretilla f recogepedidos
wägen, wiegen / pesar, hacer o efectuar una pesada ‖ ~, [Ab]wiegen n, Wägung f / pesada f, pesaje m ‖ ~, Abwägen n / ponderación f
Wagen • abstandsregler m (Seilb) / regulador m de distancia [entre vagonetas] ‖ ~**achse** f / eje m ‖ ~**anlage**, Schaltanlage in Einschubtechnik f (Elektr) / cuadro m de elementos amovibles ‖ ~**aufbau** m, Karosserie f (Kfz) / carrocería f, superestructura f (de vehículo) ‖ ~**aufstoßer** m (Bergb) / dispositivo m enjaulador de vagonetas ‖ ~**aufzug** m (Bahn) / montacargas m de vagones, elevador m de vagones ‖ ~**aufzug** (Kfz) / ascensor m de coches ‖ ~**ausbesserungsstelle** f (Bahn) / puesto m de recorrido de vagones ‖ ~**ausbesserungswerkstatt** f (Bahn) / taller m de reparación de vagones ‖ ~**ausfahrt** f, -auszug m (Tex) / salida f del carro ‖ ~**auslösehebel** m (Schreibm) / liberacarro m ‖ ~**bahn** f (Spinn) / riel o carril del carro, pista f del carro ‖ ~**bau** m / construcción f de vagones o de vehículos (etc) ‖ ~**bauschraube** f, rohe Senkschraube mit Vierkantansatz / bulón m de cabezamiento y cuello cuadrado ‖ ~**baustahl** m (Hütt) / acero m para construcción de vagones ‖ ~**beladeanlage** f (Bahn) / instalación f cargadora de vagones ‖ **offener** ~**bremsberg** (Bergb) / plano m inclinado ‖ ~**bremse** f (Spinn) / freno m del carro ‖ ~**dach** n (Bahn) / techo m de vagón ‖ ~**deck** n (Fähre) / cubierta f de vehículos, puente m de coches ‖ ~**dolly** m (Film) / carretilla f de [la] cámara, carro m portacámara ‖ ~**drehkran** m (Bahn) / grúa f giratoria sobre vagón ‖ ~**einfahrt** f, -einzug m (Tex) / entrada f de carro ‖ ~**etiquette** f (CH) (Bahn) / etiqueta f de vagón o de itinerario ‖ ~**fahrt** f (Kfz) / viaje m en automóvil o en coche ‖ ~**falle** f (Tex) / cerradura f del carro ‖ ~**fenster** n / ventanilla f, ventana f del coche ‖ ~**feststeller** m (Schreibm) / sujetacarro m ‖ ~**förderung** f (Bergb) / extracción f por vagonetas ‖ ~**führer** m (Straßenbahn) / conductor m ‖ ~**führer**, Fahrer m (Kfz) / chófer m ‖ ~**geleise** n, Radspur f / rodada f, carrillada f, huella f de un carro (en el suelo) ‖ ~**gestellung** f / suministro m de vagones o coches ‖ ~**gruppe** f, -zug m (Bahn) / rama f, composición f [de vagones] ‖ ~**guss** m (Hütt) / colada f sobre carro ‖ ~**halle** f (Straßenbahn) / depósito m ‖ ~**halle**, Garage f (Kfz) / garaje m (E), garage m (LA), cochera f, cochería f (ARG) ‖ ~**haupt** n (Tex) / cabeza f de chasis del carro ‖ ~**hebebühne** f (Kfz) / plataforma f alzacoches ‖ ~**heber** m (Kfz) / cric m,

1473

Wagenheber

gato *m*, alzacoches *m*, levantacoches *m*, gata *f* (CHIL) ∥ ⁓**heber**, Rangierheber *m* (Kfz) / cric *m* sobre rodillos ∥ ⁓**hebe- und Kippanlage** *f* (Bahn) / instalación *f* elevadora y basculadora de vagones ∥ ⁓**hebewerk** *n* (Bahn) / montacargas *m* para vagones ∥ ⁓**heizung** *f* (Kfz) / calefactor *m* de vehículo[s], calentador *m* de coche ∥ ⁓**herd** *m* (Hütt) / solera *f* móvil o sobre ruedas ∥ ⁓**herdofen** *m* (Hütt) / horno *m* de solera sobre ruedas ∥ ⁓**kasten** *m*, Aufbau *m* (Kfz) / carrocería *f* ∥ ⁓**kasten** (Seilb) / caja *f* ∥ ⁓**kasten** (Bahn) / superestructura *f*, caja *f* de vagón o de coche ∥ ⁓**kasten in Schalenbauweise** (Bahn) / caja *f* tubular autorresistente ∥ ⁓**kasten in Trägerbauweise** (Bahn) / caja *f* de estructura resistente de viga armada ∥ ⁓**kasten mit Seitenklappen** (Bahn) / caja *f* [de vagón] con laterales abatibles ∥ ⁓**kilometer** *m* (Bahn) / kilómetro-coche *m* ∥ ⁓**kipper** *m* (Bergb) / volcador *m* o basculador de vagonetas ∥ ⁓**kipper** (Bahn) / volteador *m* o basculador de vagones ∥ ⁓**kipperbrücke** *f* / plataforma *f* basculante para coches ∥ ⁓**köpfer** *m* (Rüben) (Landw) / descoronadora *f* de remolachas ∥ ⁓**köpfroder** *m* (Landw) / arrancadora-descoronadora *f*, cosechadora *f* de remolachas con cargador ∥ ⁓**kuppler** *m* (Bergb) / enganchador *m* ∥ ⁓**kupplung** *f* (Bahn) / acoplamiento *m* de vagones ∥ ⁓**lader** *m* (Bergb) / cargadora *f* de vagonetas ∥ ⁓**ladung** *f* (Bahn) / vagonada *f*, vagón *m* completo, furgonada *f* ∥ ⁓**lauf** *m* (Strecke) (Bahn) / recorrido *m* de coche o del vagón ∥ ⁓**laufschiene** *f* (Masch, Schreibm) / carril *m* del carro ∥ ⁓**laufschild** *n* (Reisezugwagen) (Bahn) / chapa *f* indicadora de dirección ∥ ⁓**lautsprecher** *m* / altavoz *m* (E) de coche, altoparlante *m* (LA) de carro ∥ ⁓**löserhebel** *m* (Schreibm) / palanca *f* liberadora del carro ∥ ⁓**markierung** *f* (elektronisch lesbare), Zettel *m* (am Güterwagen) (Bahn) / etiqueta *f* de vagón o de itinerario ∥ ⁓**material** *n*, rollendes Material / material *m* móvil ∥ ⁓**mittelstück** *n* (Tex) / chasis *m* del carro ∥ ⁓**nummernlesegerät** *n* (Bahn) / aparato *m* de lectura de los números de vagones ∥ ⁓**ofen** *m* (Hütt) / horno *m* sobre ruedas ∥ ⁓**park** *m* (Kfz) / parque *m* móvil ∥ ⁓**park** (Bahn) / parque *m* de vagones y de coches ∥ ⁓**pflege** *f*, Autokosmetik *f* (Kfz) / entretenimiento *m* de automóviles, conservación *f* de automóviles, cuidado *m* del coche ∥ ⁓**pflegemittel** *n* / productos *m pl* o agentes para la conservación de automóviles ∥ ⁓**pfleger** *m* (Kfz) / limpiacoches *m* ∥ ⁓**plane** *f*, -decke *f* / toldo *m* para vehículos o vagones ∥ ⁓**plane** (Kfz) / funda *f* para coche ∥ ⁓**polierbürste** *f* (Kfz) / cepillo *m* pulidor de coches ∥ ⁓**prüfziffer** *f* (Bahn) / cifra *f* de autocontrol de la numeración del vagón ∥ ⁓**rad** *n* / rueda *f* de vehículo de coche (etc) ∥ ⁓**radio** *n* (Kfz) / autorradio *m*, radiorreceptor *m* para automóvil ∥ ⁓**reiniger** *m*, -reinigungsmaschine *f* / limpiacoches *m* ∥ ⁓**roder** *m* (Forstw, Landw) / arrancadora-cargadora-transportadora *f* ∥ ⁓**rückführung** *f* (Büro) / dispositivo *m* para retorno o retroceso del carro ∥ ⁓**rückgang** *m* (Tex) / [movimiento *m* de] retroceso del carro ∥ ⁓**rücklauf** *m* (Schreibm) / retroceso *m* o retorno del carro ∥ ⁓**rücklauftaste** *f* (Schreibm) / tecla *f* de retorno del carro ∥ ⁓**rücklaufzeichen** *n* (DV) / signo *m* o carácter de retroceso del carro ∥ ⁓**runge**, Runge *f* (Bahn, Kfz) / telero *m*, estaca *f* (MEJ) ∥ ⁓**schiebebühne** *f* (Bahn) / plataforma *f* corrediza o transbordadora para vagones ∥ ⁓**schiene**, -bahn, -straße *f*, -lauf *m* (Tex) / riel *m* o carril del carro, pista *f* ∥ ⁓**schmiere** *f* / unto *m* de carro ∥ ⁓**schuppen** *m* / cochera *f*, cochería *f* (ARG) ∥ ⁓**sperre** *f* (Bergb) / bloqueo *m* de vagonetas ∥ ⁓**spinner** *m*, Selfaktor *m* (Tex) / selfactina *f* ∥ ⁓**spur** *f*, Geleise *n* / carrilada *f*, rodada *f*, huella *f* de un carro (en el suelo) ∥ ⁓**standgeld** *n* (Bahn) / derechos *m pl* de paralización o de estacionamiento ∥ ⁓**standsanzeiger** *m* (Seilb) / indicador *m* de carrera ∥ ⁓**stellung** *f* (Bahn) / suministro *m* de vagones ∥ ⁓**stößer**, Schlepper *m* (Bergb) / empujador *m* de vagonetas ∥ ⁓**stößer** (maschinell) (Bergb) / empujador *m* mecánico de vagonetas ∥ ⁓**technische Untersuchung** (Bahn) / revisión *f* técnica del material móvil ∥ ⁓**tritt** *m* / estribo *m* ∥ ⁓**tür** *f* / puerta *f* de automóvil, portezuela *f* de coche de ferrocarril ∥ ⁓**umlauf** *m* (Bergb) / circulación *f* de vagonetas ∥ ⁓**umlauf** (Bahn) / rotación *f* de vagones ∥ ⁓**untergestell** *n*, Rahmen *m* / chasis *m*, bastidor *m* ∥ ⁓**verdeck** *n* / capacete *m* (LA) ∥ ⁓**verkehr** *m*, Fahrverkehr *m*, rollender Verkehr / tráfico rodado ∥ ⁓**verzug** *m* (Tex) / estiraje *m* por el carro ∥ ⁓**vorlauf** *m* (Schreibm) / movimiento *m* espaciador del carro ∥ ⁓**vorzieher** *m* (Bergb) / dispositivo *m* de arrastre para vagonetas ∥ ⁓**waschanlage**, -wäsche *f* (Kfz) / estación *f* o instalación lavacoches (E), autobaño *m* (MEJ) ∥ ⁓**waschbürste** *f* / brocha *f* para lavar coches ∥ ⁓**waschen** *n* / lavado *m* de coches ∥ ⁓**wechsel** *m* (Bergb) / cambio *m* de vagonetas ∥ ⁓**winde** *f* / gato *m* o cric para coches ∥ ⁓**wipper**, -kipper *m* (Bergb) / basculador *m* de vagonetas ∥ ⁓**zähler** *m* (Kfz) / contador *m* de vehículos ∥ ⁓**zettel**, -rapport *m* (Schweiz) (Bahn) / hoja *f* de material móvil ∥ ⁓**zug** *m* (Bergb) / tren *m* de vagonetas ∥ ⁓**zug**, Auszug *m* (Tex) / estiraje *m* ∥ ⁓**zug** *m* (Bahn) / rama *f*, composición *f* ∥ ⁓**zuggewicht** *n* (Bahn) / carga *f* remolcada ∥ ⁓**zwischenstück** *n* (Tex) / soporte *m* intermedio del carro

Wäge•raum *m* (Labor) / sala *f* de balanzas ∥ ⁓**schein** *m* / certificado *m* de pesada ∥ ⁓**schiffchen** *n* (Chem) / navícula *f* de pesar ∥ ⁓**schrank** *m* (Brückenwaage) / carcasa *f* de pesaje ∥ ⁓**stück** *n*, Gewicht *n* / pesa *f* ∥ ⁓**substanz** *f*, -gut *n* / sustancia *f* pesada o a pesar ∥ ⁓**vorrichtung** *f* / dispositivo *m* pesador ∥ ⁓**wert** *m*, Gewicht *n* / valor *m* obtenido de una pesada

Waggon *m*, gedeckter Güterwagen (Bahn) / vagón *m* [de mercancías] ∥ ⁓**bau** *m* / construcción *f* de vagones ∥ ⁓**fabrik**, -bauanstalt *f* (Bahn) / taller *m* de construcción de vagones, fábrica *f* de vagones, constructora *f* de vagones ∥ ⁓**waage** *f* / báscula *f* de vagones

Wagner *m*, Stellmacher *m* (jetzt: Karosserie- und Fahrzeugbauer) / carrocero *m* ∥ ⁓**erde** *f* (Fernm) / tierra *f* de Wagner ∥ ⁓**fenster** *n* (Bau) / ventana *f* doble con marcos separados ∥ ⁓**it** *m* (Min) / wagnerita *f* ∥ ⁓**scher Hammer** *m* (Elektr) / interruptor *m* de Wagner

Wägung *f*, Wägen *n* / pesada *f*, pesaje *m*

Wahl *f* (zwischen zwei Möglichkeiten) / alternativa *f* ∥ ⁓ (zwischen versch. Dingen) / elección *f*, opción *f* ∥ ⁓ **des Pfades** (DV) / selección *f* de la vía ∥ ⁓ **in einer Ebene** (Fernm) / selección *f* rotatoria sobre un solo nivel ∥ ⁓ **über verschiedene Höhenschritte** (Fernm) / selección *f* rotatoria sobre varios niveles ∥ **erste** ⁓ / primera calidad *f* ∥ **nach** ⁓ / a elección, opcionalmente

Wahlamt *n* (Fernm) / central *f* automática, autoconmutador *m*

Wahlanruf *m* (Fernm) / llamada *f* selectiva

Wähl•aufforderung *f* (Fernm) / señal *f* de invitación a marcar ∥ ⁓**automat** *f* / selector *m* automático

wählbar, einstellbar (DV) / seleccionable ∥ ⁓**e Leiterbahnverbindungen** *f pl* (Eltronik) / selección *f* discrecional de vías de conducción

Wählbetrieb *m* (Fernm) / conmutación *f* circuital o de circuitos automática

Wahldatei *f* (DV) / fichero *m* optativo u opcional

Wähldekade *f* (Fernm) / década *f* de conmutación

wählen / elegir, seleccionar ∥ ⁓ (Fernm) / marcar [el número], discar ∥ ⁓ (bei Tastenwahl) / marcar [en el teclado], pulsar las teclas ∥ **9** ⁓ (Fernm) / marcar el 9 ∥ **eine Leitung** ⁓ (DV, Fernm) / conmutar una línea, establecer la conexión ∥ ⁓ *n* (Fernm) / discado *m*,

Wahrscheinlichkeitsrechnung

marcación *f* ‖ ≃, **Auswahl** *f* / selección *f*, seleccionado *m*
Wahl•ende *n* (Fernm) / fin *m* de selección ‖ ≃**endezeichen** *n* (Fernm) / señal *f* de fin de selección
Wähler *m*, **Wählapparat** *m* / aparato *m* selector ‖ ≃ (Fernm) / selector *m* ‖ ≃ **zur Kennzahlausscheidung**, Umsteuerwähler *m* (Fernm) / selector *m* o conmutador discriminador ‖ ≃**amt** *n* s. **Wählamt** ‖ ≃**antrieb** *m* (Fernm) / accionamiento *m* del selector ‖ ≃**fernamt** *n*, WFA (Fernm) / central *f* interurbana de selección automática ‖ ≃**fernsteuerung** *f* (Fernm) / servicio *m* interurbano automático ‖ ≃**geräusch** *n* (Fernm) / ruido *m* de discado ‖ ≃**gestell** *n* (Fernm) / bastidor *m* de selectores ‖ ≃**kontaktbank** *f* (Fernm) / banco *m* de selección, arco *m* de selectores ‖ ≃**netz** *n* (DV, Fernm) / red *f* telefónica [automática] de conmutación ‖ ≃**rahmen** *m* (Fernm) / montura *f* de selectores ‖ ≃**raum** *m* (Fernm) / sala *f* de selectores o buscadores, sala *f* de aparatos de central automática ‖ ≃**ruhekontakt** *m* (Fernm) / contacto *m* de (o en) reposo de un selector ‖ **ohne Unterbrechung arbeitender** ≃**-Schaltarm** (Fernm) / escobilla *f* ancha ‖ ≃**schiene** *f* (Fernm) / barra *f* de selector[es] ‖ ≃**stecker** *m* (Fernm) / clavija *f* de selector ‖ ≃**stufe** *f* (Fernm) / rango *m* de selectores ‖ ≃**sucher** *m* (Fernm) / distribuidor *m* de llamadas ‖ ≃**taste** *f* / tecla *f* selectora ‖ ≃**verbindungsleitung** *f* (innerhalb eines Amtes) (Fernm) / línea *f* de unión [entre selectores] ‖ ≃**vielfachfeld** *n* (Fernm) / selector *m* múltiple ‖ ≃**[zu]ordner** *m* (Fernm) / selector *m* de asignación
wahlfrei (NC) / opcional, optativo ‖ **~er Programmierteil** (DV) / barrido *m* aleatorio ‖ **~er Programmierteil** (DV) / material *m* de programación optativo ‖ **~e Verarbeitung** (DV) / procesamiento *m* o tratamiento (LA) aleatorio ‖ **~e Wiederholung** (DV) / repetición *f* opcional o facultativa ‖ **~er Zugriff** (DV) / acceso *m* aleatorio o arbitrario o directo o libre o fortuito
Wähl•-Freigabezeichen *n* (Fernm) / señal *f* de invitación a marcar ‖ ≃**hebel** *m* / palanca *f* selectora ‖ ≃**impuls** *m* (Fernm) / impulso *m* de disco o de marcar ‖ ≃**impulse** *m pl* (Fernm) / impulsos *m pl* selectores ‖ ≃**leitung** *f* (DV) / línea *f* conmutada
wahllos, Zufalls... / aleatorio, fortuito
Wähl•-Nebenstellenanlage *f* / central *f* privada automática, centralita *f* automática ‖ ≃**netz** *n* (Fernm) / red *f* telefónica automática
Wahl•satz *m* (Fernm) / señalador *m* ‖ ≃**schalter** *m* (automatisches Getriebe) (Kfz) / selección *f* previa ‖ ≃**schalter** (Wzm) / conmutador-selector *m*
Wähl•schalter *m* (Elektr) / conmutador *m* selector o de selección ‖ ≃**schalter**, Kontrollschalter *m* (Eltronik) / conmutador *m* de control ‖ ≃**scheibe**, Nummernscheibe *f* (Fernm) / dial *m*, disco *m* o cuadrante selector o dactilar o marcador o combinador o llamador ‖ **die** ≃**scheibe drehen** (Fernm) / discar, marcar, girar el disco ‖ ≃**schiene** *f* (Fernm) / regleta *f* de selección ‖ ≃**sternschalter** *m* (Fernm) / concentrador *m* de líneas ‖ ≃**stufe** *f* (Fernm) / etapa *f* de selección
Wahltastatur *f* / teclado *m* marcador
Wähl•taste *f* / selector *m* de tecla ‖ ≃**ton** *m*, Wählaufforderung / señal *f* de invitación a marcar, señal *f* de o para marcar ‖ ≃**tonverzug** *m* (Fernm) / retraso *m* de la señal de invitación a marcar
Wahl•umsetzer *m* (Fernm) / convertidor *m* de selección ‖ ≃**- und Verteilgerät** *n* / aparato *m* selector y distribuidor ‖ ≃**ventil** *n*, Mehrwegehahn *m* (Luftf) / válvula *f* selectora
Wähl•verbindung *f* (Fernm) / conmutación *f* por comunicación, comunicación *f* automática ‖ ≃**verfahren** *n* **mit Umrechnung** (Fernm) / método *m* de traslación ‖ ≃**vermittlungsstelle** *f* (Fernm) / central *f* automática ‖ ≃**verzug** *m* (Fernm) / intervalo *m* después de la

selección ‖ ≃**vorgang** *m* (Fernm) / proceso *m* de selección
Wahl•vorschlag *m* / alternativa *f* ‖ ≃**weg** *m* (Bahn) / itinerario *m* facultativo, vía *f* facultativa
wahlweise *adj* / opcional, optativo ‖ **~** *adv* / a discreción, discrecionalmente, opcionalmente ‖ **~ leiten**, leiten (Fernm) / guiar una llamada ‖ **~s [Serien-]Zubehör**, Extras *n pl* (Kfz) / accesorios *m pl* de serie opcionales ‖ **~ Sondereinrichtung** / accesorio *m* suplementario opcional
Wählwerk *n* (Fernm) / mecanismo *m* de selección
Wahl•wiederholung *f* / repetición *f* de la [última] llamada ‖ ≃**wort** *n* (DV) / palabra *f* optativa u opcional
Wählzeichen *n* (Fernm) / señal *f* para marcar, tono *m* de marcar ‖ ≃ **in Vorwärtsrichtung** (Fernm) / señal *f* de selección
Wahnholz *n* (Bot) / plancha *f* costera, costero *m*
Wahnkante *f* (Bau) / chaflán *m*, trampal *m*, mondador *m*
wahr / verdadero, auténtico, real, efectivo ‖ **~e Dichte** (Phys) / densidad *f* absoluta ‖ **~e Eigenbewegung** (Radar) / movimiento *m* propio ‖ **~e Fluggeschwindigkeit**, TAS (Luftf) / velocidad *f* [anemométrica] verdadera o efectiva ‖ **~er Frühlingspunkt** (Meteo) / punto *m* vernal verdadero ‖ **~e Größe** / tamaño *m* verdadero ‖ **~er Horizont**, Normalhorizont *m* (Verm) / horizonte *m* normal ‖ **~er Horizont o. Gesichtskreis** (Opt) / horizonte *m* real o racional ‖ **~er Kurs** / rumbo *m* corregido ‖ **~e Leistung** / potencia *f* verdadera ‖ **~es Lot** / perpendicular *f* verdadera ‖ **~er Ortsmittag** (Astr) / mediodía *m* local verdadero ‖ **~e Siedekurve** (Phys) / curva *f* de ebullición verdadera ‖ **~e Sonnenzeit** (Astr) / tiempo *m* solar ‖ **~e Spannung** / tensión *f* real ‖ **~e spezifische Wärme** (Phys) / calor *m* específico instantáneo ‖ **~e Teilchendichte** (Sintern) / densidad *f* efectiva de partícula[s] ‖ **~er Wert** / valor *m* verdadero
Wahrheits•funktion *f* (Math) / función *f* de verdad ‖ ≃**tabelle** *f* (DV) / tabla *f* de verdad ‖ ≃**wert** *m* (DV) / valor *m* lógico
wahrnehmbar / perceptible ‖ **~**, hörbar / audible ‖ **~**, sichtbar / visible ‖ **kleinstes ~es Signal** / señal *f* mínima perceptible
Wahrnehmbarkeit *f* / perceptibilidad *f*
wahrnehmen / percibir, ver, oir, distinguir, observar
Wahrnehmung *f* / percepción *f* ‖ ≃, Beobachtung *f* / observación *f*
Wahrnehmungs•... / perceptivo, de percepción, de observación ‖ ≃**schwelle** *f* (Physiol) / umbral *m* de percepción ‖ ≃**schwelle**, Reizschwelle *f* (Aroma) / umbral *m* de percepción o de detección (aroma) ‖ ≃**vermögen** *n* / facultad *f* perceptiva
Wahrschau *f*, Landmerke *f* (Schiff) / referencia *f*, marca *f* en tierra
wahrscheinlich•es Erz / mineral *m* probable ‖ **~er Fehler** / error *m* probable ‖ **~e Schwankung** (Akust) / amplitud *f* intercuartil
Wahrscheinlichkeit *f* / probabilidad *f* ‖ ≃ **des Versagens** / probabilidad *f* de fallar ‖ ≃ **Eins** (Stat) / probabilidad *f* de unidad ‖ ≃ **Null** / probabilidad *f* cero ‖ **[die größere]** ≃ / probabilidad *f* mayor
Wahrscheinlichkeits•begriff *m* / concepto *m* de probabilidad ‖ ≃**begriff der Sicherheit** / concepto *m* de probabilidad de la seguridad ‖ ≃**dichte** *f* (Nukl) / densidad *f* de probabilidad ‖ ≃**-Dichtefunktion** *f* / función *f* de densidad de probabilidad ‖ ≃**gesetz** *n*, -satz *m* (Stat) / ley *f* de probabilidad[es] ‖ ≃**gesetz für mehrere Merkmalsvariablen** / ley *f* de probabilidad de variables múltiples ‖ ≃**grenze** *f* / límite *m* de probabilidad ‖ ≃**kurve** *f* / curva *f* de probabilidad[es] ‖ ≃**-Netzpapier** *n* / papel *m* gráfico para el cálculo de probabilidades ‖ ≃**rechnung**, -theorie *f* (Math) / cálculo *m* de probabilidades, teoría *f* de probabilidades ‖ **Auswertung mit** ≃**rechnung** /

1475

Wahrscheinlichkeitsstichprobe

evaluación *f* probabilística ‖ ≈**stichprobe** *f* (Stat) / muestra *f* de probabilidad predeterminada ‖ ≈**verfahren** *n* / aproximación *f* probabilística ‖ ≈**verhältnisprobe** *f* / prueba *f* de relación de probabilidad ‖ ≈**-Verteilung** *f* (Stat) / distribución *f* de probabilidad
wahrscheinlichst / el, [la, lo] más probable ‖ ~**e Geschwindigkeit** (Nukl) / la velocidad más probable
Währungszeichen *n* (DV) / símbolo *m* monetario
Waid *m* (Bot) / glasto *m*, hierba *f* pastel
Wald *m*, Waldgebiet *n* / bosque *m*, monte *m* ‖ ≈, Forst *m*, Waldung *f* / bosque *m* de cultivo ‖ ≈... / forestal, de bosque, silvi..., selvático, selvoso, boscoso ‖ **kleinerer** ≈, Wäldchen *n* / bosquecillo *m* ‖ ≈**arbeiter** *m*, (jetzt:) Forstwirt / trabajador *m* u obrero forestal ‖ ≈**arbeiteraxt** *f* (Wz) / hacha *f* para trabajos forestales ‖ ≈**bau** *m* (Forstw) / silvicultura *f* ‖ ≈**bestände** *m pl* / masas *f pl* forestales ‖ ≈**brand** *m* / incendio *m* forestal ‖ ≈**bügelsäge** *f* (Wz) / sierra *f* de arco para la silvicultura
Waldensche Umkehrung *f* (Chem) / inversión *f* de Walden
Wälder•formation, Deisterformation *f* (Geol) / formación *f* de Wealden ‖ ≈**ton** *m*, Wealdenton *m* (Geol) / arcilla *f* de Wealden
Wald•gebiet *m* / zona *f* o región selvática ‖ ≈**gemeinschaft** *f* (Bot) / clímax *m* forestal ‖ ≈**gestellsäge** *f* (Wz) / sierra *f* de bastidor para la silvicultura ‖ ≈**grenze** *f* (Geo) / límite *m* de la zona forestal, línea *f* de bosques ‖ ≈**gürtel** *m* / cinturón *m* boscoso o selvático ‖ ≈**hammer** *m*, Markierhammer *m* (Wz) / martillo *m* marcador ‖ ≈**kante**, Baumkante *f* (Holz) / chaflán *m*, trampal *m*, mondador *m* ‖ ~**kantiges Holz**, Schwarten *f pl* / planchas *f pl* costeras, costeros *m pl* ‖ ≈**land** *n* (Geo) / terreno *m* selvático o poblado o selvoso o boscoso ‖ ≈**nutzung** *f* / explotación *f* forestal o de bosques ‖ ≈**reich**, Wald... / silvoso ‖ ≈**riss** *m*, Sonnen-, Luftriss *m* (Holz) / raja *f* natural ‖ ≈**schutzstreifen** *m* (Erosion) / cinturón *m* de protección ‖ ≈**steifsäge** *f* (Wz) / sierra *f* para apeo [o voteo] y tronzado ‖ ≈**sterben** *n* (Umw) / muerte *f* de los bosques ‖ ≈**weg** *m* / camino *m* forestal, pista *f* forestal ‖ ≈**wirtschaft** *f* / economía *f* forestal ‖ ≈**zugsäge** *f* (nicht: Waldsäge) / sierra *f* para apeo, sierra *f* a dos manos
Wal•fabrik *f*, Walfabrikschiff *n* / buque *m* fábrica, fábrica *f* flotante ‖ ≈**fang** *m* / pesca *f* de ballenas ‖ ≈**fänger** *m* (Beruf) / pescador *m* de ballenas ‖ ≈**fangschiff** *n*, Walfänger *m* / ballenero *m*
Walk•arbeit *f* (Gummi, Reifen) / trabajo *m* de flexión ‖ ≈**baum** *n* (Web) / plegador *m* móvil
Walke *f*, Walken *n* (Tex) / batanado *m*, batanadura *f*, enfurtido *m* ‖ ≈, Walkmaschine *f* (Tuch) / batán *m*, abatanadora *f*, máquina *f* de [a]batanar
Walkechtheit *f* (Tex) / solidez *f* al batanado
walken *vt* (Gerb) / batanar ‖ ~ (Tex) / batanar, abatanar, sobar, enfurtir ‖ ~ (Blech) / desnervar ‖ ≈ *n* (Blechumformen) / nivelación *f* flexible, aplanado *m* flexible ‖ ≈ (Walzw) / laminado *m* quebrantador ‖ ≈ (Gerb, Tex) / sobado *m*
Walker *m* (Arbeiter) / batanero *m*
Walkerde *f*, -ton *m*, Walkermergel *m* (Geol, Tex) / tierra *f* o greda de batán
Walkerei *f* (Tex) / sala *f* de batanes
walk•fähig / que puede ser abatanado ‖ ≈**falte** *f* / pliegue *m* del batán o de batanado ‖ ≈**farbstoff** *m* / colorante *m* al batán ‖ ≈**fass** *n* (Gerb) / tambor *m* para batanar, batán *m* ‖ ≈**festigkeit** *f* / resistencia *f* al amasamiento o al abatanado ‖ ≈**fett**, Extraktöl *n* / grasa *f* de batanar o de amollecer ‖ ≈**filz** *m* / fieltro *m* de (o para) batanado ‖ ≈**filz**, Woll- und Haarfilz *m* / fieltro *m* abatanado ‖ ≈**hilfsmittel** *n* (Tex) / medios *m pl* auxiliares de (o para el) batanado

Walkie-Talkie *n*, tragbares *n* [Funk-]Sprechgerät (Eltronik) / radioteléfono *m* portátil o ambulante
Walking-Code *m* (DV) / código *m* binario reflectado
Walkman *m* / walkman *m*, reproductor *m* de casetes portátil, egoístas *m* (col.)
Walk•maschine *f* (Tex) / batanadora *f*, batán *m* ‖ ≈**maschine** (Blech) / desnervadora *f* ‖ ≈**rippe**, -strieme *f* (Tex) / rotura *f* de batanado ‖ ≈**seife** *f* / jabón *m* de batando
Walk-through *n* (DV) / revista *f*
Walkthrough (TV) / ensayo *m* sin las cámaras
Walk•wolle *f* (Tex) / borra *f* de batanado ‖ ≈**zahl** *f* / coeficiente *m* de penetración ‖ ≈**zone** *f* (Reifen) / zona *f* de flexión
Wall *m*, Erdwall *m* (Bau) / terraplén *m*, dique *m* de tierra ‖ ≈ (Bau) / terraza *f* ‖ ≈**anker** *m* (Schiff) / ancla *f* de tierra
wallen *vi* / hervir, bullir ‖ ~, kochen (Hütt, Metall) / barbot[e]ar ‖ ≈ *n* / ebullición *f* [tumultosa]
Wallschiene *f*, Scheuerleiste *f* (Schiff) / cintón *m* reforzado, guirnalda *f*
Walm *m* (Bau) / copete *m* ‖ **halber** ≈, Krüppelwalm *m* / semicopete *m* ‖ ≈**dach**, Zeltdach *n* / tejado *m* de copete o a cuatro aguas, cubierta *f* con faldones ‖ ≈**gaube** *f* / buhardilla *f* del tejado de copete ‖ ≈**sparren** *m*, Gratschifter *m* (Zimm) / cabio *m* de copete ‖ ≈**ziegel** *m* / teja *f* de copete
Wal•nussholz *n* (Bot) / madera *m* de nogal ‖ ≈**öl** *n*, Waltran *m* / aceite *m* de ballena
Walpurgit *m* / walpurgita *f*
Walrat *m n*, Spermazet *n* (Biochem, Zool) / blanco *m* o esperma de ballena, espermaceti *m pl* ‖ **reines** ≈**fett**, Cetin *n* / cetina *f* ‖ ≈**öl**, Spermöl *n* / aceite *m* de espermaceti
Walrossleder *n* / cuero *m* de morsa
Walter•-Antrieb *m* (U-Boot) / mecanismo *m* motor [de] Walter, grupo *m* propulsor de Walter ‖ ≈**-Sender** (Schiff) / emisor *m* Walter
Wälzachse, Schraubachse *f* (Getriebe) / eje *m* instantáneo, eje *m* de rodadura o de rodamiento
Walz•ader *f* **an Rundeisen** (Walzw) / costura *f* de laminación ‖ ≈**arbeit** *f* / trabajo *m* de laminación ‖ ≈**asphaltmischanlage**, Heißmischanlage *f* (Straßb) / instalación *f* mezcladora de asfalto en caliente ‖ ≈**ausbrüche** *m pl* **an der Oberfläche** (Hütt) / exfoliado *m* superficial ‖ ≈**austrittsgeschwindigkeit** *f* (Walzw) / velocidad *f* de salida ‖ ≈**bahn** *f* (Walzw) / línea *f* de laminación
Wälz•bahn *f* (Lager) / trayectoria *f* de rodamiento, guía *f* de rodadura ‖ ≈**bahn**, Teillinie *f* (Zahnstange) / línea *f* primitiva
Walzbalken *m* (Walzw) / barrón *m*
walzbar (Hütt) / laminable ‖ ~ (Plast) / calandrable
Walzbarkeit *f* (Hütt) / laminabilidad *f*
Walz•bart (Hütt) / rebaba *f* de laminación ‖ ≈**belag** *m*, -decke *f* (Straßb) / revestimiento *m* bituminoso apisonado ‖ ≈**beschichten** *n* (Walzw) / recubrimiento *m* de rodillo[s], manguito *m*
Wälzbewegung *f* / movimiento *m* combinado de rodadura y de deslizamiento
walz•biegen *vt* / flexionar cilindros ‖ ~**blank**, blankgewalzt / laminado al blanco ‖ ≈**blei**, Bleiblech *n* / plomo *m* laminado ‖ ≈**block** *m*, Barren *m* (Hütt) / lingote *m* para laminación ‖ ≈**bördeln** *n* / rebordeado *m* de rodillos o cilindros ‖ ≈**breite** *f* / ancho *m* o anchura *f* de laminación ‖ ≈**dorn** *m* / mandril *m* de laminación ‖ ≈**draht** *m* / alambre *m* laminado ‖ ≈**drahtring** *m* / rollo *m* de alambre laminado ‖ ≈**drahtstraße** *f* / tren *m* laminador de alambre ‖ ≈**druck** *m* / presión *f* de laminación o del rodillo
Walze *f*, Trommel *f* / cilindro *m*, tambor *m* ‖ ≈ (Faxgerät) / rodillo *m* (E), platina *f* (LA) ‖ ≈, Ackerwalze *f* (Landw) / rodillo *m* [de campo], rulo *m* agrícola ‖ ≈ *f*, Form *f* (Glas) / cilindro *m* ‖ ≈,

Walzenschleifmaschine

Druckwalze *f* (Druck) / rodillo *m* impresor ‖ ~ (Walzw) / cilindro *m* de laminación ‖ ~, Rolle *f* (Straßb) / rodillo *m* ‖ ~**n** *f pl* (Sammelbegriff) (Straßb) / rulos *m pl*, rodillos *m pl* apisonadores ‖ ~ *f* **aus glatten u. gezahnten Ringen**, Crosskill- o. Cambridge-Walze *f*, Schollenbrecher *m* (Landw) / rodillo *m* desterronador o Crosskill ‖ ~ **des Stalldungstreuers** / cilindro *m* de la repartidora de abonos ‖ ~ **für Scheibenräder** (Hütt) / cilindro *m* para la fabricación de ruedas de disco ‖ ~ **mit gehärteten Kalibern** / cilindro *m* de laminación con canales templados o endurecidos ‖ ~ **mit glattem Ballen**, Glattwalze *f* (Walzw) / cilindro *m* liso ‖ **glatte** ~ / cilindro *m* compresor o liso ‖ **um die** ~ **gehen** (Walzw) / enrollarse entorno del cilindro
Wälzebene *f* (Zahnrad) / plano *m* primitivo
walzen *vt* (Walzw) / laminar ‖ ~, mit der Walze überfahren (Landw, Straßb) / apisonar, allanar, aplanar ‖ ~ (Plast) / calandrar ‖ ~ (Gewinde) / laminar (rosca) ‖ ~ *n* (Straßb) / apisonado *m*, aplanamiento *m* ‖ ~, Walzung *f*, Walzvorgang *m* (Walzw) / laminación *f* ‖ ~ (Landw) / rulado *m* ‖ ~ (Gummi) / amasado *m* ‖ ~ **mit geringem Druck** (Walzw) / laminación *f* a presión reducida ‖ ~ **von Rohren über Stange** / laminación *f* de tubos sobre mandril
wälzen *vt*, wälzfräsen / fresar por generación (E), fresar por el procedimiento creador (LA) ‖ ~, rollen *vt* / [hacer] rodar ‖ ~, abrunden (Zahnrad) / redondear ‖ **[sich]** ~ / rodar[se] ‖ ~, Rollen *n* / rodadura *f* ‖ ~ *n*, Wälzbewegung *f* / rodadura *f*, rodaje *m*
Walzen • abfall *m* (Tex) / descarga *f* de cilindro, borra *f* ‖ ~**abplattung** *f* / aplanamiento *m* del cilindro ‖ ~**angriff** *m* (Walzw) / ataque *m* de rodillos o cilindros ‖ ~**anlasser** *m* (Elektr) / arrancador *m* de cilindro o de tambor, controler *m* ‖ ~**anlasser mit Unterbrecher** / arrancador *m* de tambor con interruptor ‖ ~**anpressung** *f* / presión *f* de rodillos o cilindros ‖ ~**anstellung** *f* / cierre *m* de cilindros ‖ ~**antrieb** *m* (Tex) / accionamiento *m* del rodillo ‖ ~**apparat** *m*, -gestell *n* (Färb) / bastidor *m* de rodillos ‖ ~**aufgeber**, -speiser *m* / alimentador *m* de tambor ‖ ~**aufspindelmaschine** *f* (Tex) / prensa *f* de mandrinar cilindros ‖ ~**auftrag** *m* (Plast) / recubrimiento *m* por rodillos ‖ ~**ausfahren** *n* (Walzw) / desmontaje *m* de cilindros ‖ ~**auslösung** *f* / liberación *f* del rodillo portapapel ‖ ~**backe** *f* (Brecher) / mandíbula *f* laminadora ‖ ~**ballen** *m*, -körper *m* (Walzw) / tabla *f* del cilindro ‖ ~**balligkeit** *f* / bombeo *m* de cilindro[s], bombeado *m* de cilindro[s] ‖ ~**bandage** *f* / bandaje *m* de cilindro[s] ‖ ~**bank** *f*, Walzen-, Zylindertisch *m*, -baum *m* (Spinn) / portacilindros *m* ‖ ~**beschicker** *m* / cargador *m* cilíndrico ‖ ~**beschlag** *m*, -garnitur *f* (Tex) / guarnición *f* de cilindro ‖ ~**bezug** *m* (Masch) / revestimiento *m* del cilindro ‖ ~**bezug** *m* (Faxgerät) / revestimiento *m* de caucho del rodillo ‖ ~**bezug**, -bewicklung *f* (Bügelmasch) / envoltura *f* [de muletón] del rodillo ‖ ~**blasverfahren** *n* (Glas) / soplado *m* de cilindro ‖ ~**blechrundmaschine** *f* (Wzm) / máquina *f* para curvar chapas cilíndricas ‖ ~**blende** *f* (Opt) / diafragma *m* cilíndrico ‖ ~**brecher** *m* (Aufb) / trituradora *f* o machacadora de cilindros o rodillos ‖ ~**brecher** (Tex) / rompedora *f* de aprestos a cilindros ‖ ~**brechmaschine** *f* (Flachs) / agramadora *f* de cilindros ‖ ~**breithalter** *m* (Web) / templazo *m* de rodillos ‖ ~**bürste**, Bürstenwalze *f* / cepillo *m* cilíndrico, cilindro *m* cepillador ‖ ~**bürste** *f*, Kehrwalze *f* (Straßb) / cepillo *m* giratorio
Walzende *n* (Profile) / culote *m*
Walzen • drehknopf *m* (Schreibm) / perilla *f* del rodillo, botón *m* giratorio del rodillo ‖ ~**drehmaschine** *f* (Wzm) / torno *m* para [mecanizar] cilindros laminadores ‖ ~**druck** *m*, Druck *m* der Walze / presión *f* de cilindro o rodillo ‖ ~**druck**, Zylinderdruck *m* (Tex) / estampación *f* con cilindro ‖ ~**druck** *m* **mittels Reliefzylinder** (Tex) / estampación *f* por cilindro ranurado [o estriado] ‖ ~**druckmaschine** *f* (Tex) / máquina *f* de estampar por cilindro[s] o rodillos ‖ ~**durchbiegung** *f* (Walzw) / flexión *f* o flecha de cilindros ‖ ~**entkörner** *m*, -egreniermaschine *f* (Tex) / desgranadora *f* de cilindros ‖ ~**entwicklung** *f* (Foto) / revelado *m* de rodillos ‖ ~**entwicklung** (Druck) / revelado *m* del rodillo ‖ ~**fahrschalter** *m* (Bahn) / combinador *m* cilíndrico o de tambor ‖ ~**fett** *n*, -schmiere (Walzw) / grasa *f* o lubricante ‖ ~**finiermaschine** *f* (Tex) / acabadora *f* de cilindros ‖ ~**fixiermaschine** *f* (Tex) / máquina *f* fijadora por cilindro[s] ‖ ~**förmig**, zylinderförmig / cilíndrico *m*, rollizo ‖ ~**förmigkeit**, -form *f*, zylindrische Form / cilindricidad *f*, forma *f* cilíndrica ‖ ~**fräser** *m* (Wz) / fresa *f* cilíndrica ‖ ~**fräser, gekluppelt zweiteilig** / fresa *f* cilíndrica acoplada ‖ ~**garnitur** *f*, -beschlag *m* (Tex) / guarnición *f* de cilindro ‖ ~**gatter** *n* (Säge) / sierra *f* alternativa con avance por cilindros ‖ ~**gießerei** *f* / taller *m* de fundición de cilindros o rodillos ‖ ~**glatte Pappe** / cartón *m* laminado ‖ ~**gravieren** *n*, -gravur *f* / grabado *m* de cilindros, grabadura *f* de cilindros ‖ ~**graviermaschine**, Molettiermaschine *f* / grabadora *f* de cilindros ‖ ~**guss** *m* / fundición *f* de cilindros o rodillos ‖ ~**guss** (Druck) / fundición *f* de rodillos ‖ ~**hals**, -zapfen *m* (Hütt) / cuello *m* o gorrón del cilindro ‖ ~**halter** *m* (Offset) / sujetarrodillos *m* ‖ ~**herdofen** *m* (Hütt) / horno *m* con solera de cilindros ‖ ~**hobelmaschine** *f*, Dicktenhobelmaschine *f* (Holz) / acepilladora *f* tangencial o de poner a grueso ‖ ~**höhlung** *f* / hueco *m* del cilindro ‖ ~**integrierer** *m* (DV) / integrador *m* de bola y disco y cilindro ‖ ~**kaliber** *n*, Stich *m* (Walzw) / calibre *m* de los cilindros, espacio *m* entre rodillos ‖ ~**kalibrieren** *n* / calibrado *m* de cilindro[s] ‖ ~**kern** *m* / núcleo *m* de cilindro ‖ ~**knopf** *m* (Schreibm) / perilla *f* del rodillo ‖ ~**körper** *m*, -ballen *m* (Walzw) / tabla *f* del cilindro ‖ ~**korrektur** *f* (Tiefdruck) / retoque *m* del rodillo ‖ ~**krempel** *f* (Spinn) / carda *f* de cilindros ‖ ~**krone** *f* (Hydr) / coronamiento *m* del cilindro ‖ ~**krümelegge** *f* (Landw) / rastra *f* desterronadora ‖ ~**lackieranlage für Bänder** (Hütt) / instalación *f* de esmaltar bandas por cilindros ‖ ~**lader** *m* (Bergb) / cargadora *f* de rodillos ‖ ~**lager** *n*, Rollenlager *n* (Brücke) / apoyo *m* de rodillos ‖ ~**lager** (Walzw) / cojinete *m* del cilindro laminador ‖ ~**lieferung** *f* (Spinn) / entrega *f* por rodillos ‖ ~**löser** *m* (Schreibm) / palanca *f* libradora del rodillo ‖ ~**mangel** *f* (Tex) / mangle *m* de cilindros ‖ ~**mantel** *m* / camisa *f* de cilindro ‖ ~**masse** *f* (Druck) / pasta *f* para rodillos tipográficos ‖ ~**mühle** *f* (fürGetreide) / molino *m* de cilindros ‖ ~**mühle** (Aufb) / trituradora *f* de cilindros ‖ ~**narbe** *f* (Hütt) / marca *f* de cilindro ‖ ~**öffnung** *f* (Walzw) / luz *f* entre cilindros ‖ ~**papier** *n* / papel *m* para rodillos de calandra ‖ ~**quetsche** *f*, Florquetsche *f* (Tex) / prensa *f* de cilindros, escurridor *m* de cilindros ‖ ~**rad** *n* / rueda *f* [en forma] de tambor ‖ ~**rakel** *f* (Tex) / racle *m* con cilindros ‖ ~**rakelstreichmaschine** *f* (Pap) / máquina *f* estucadora de raspador ‖ ~**raumaschine** *f* (Tex) / máquina *f* perchadora o frisadora (LA) ‖ ~**reiniger**, -wischer *m* (Textildruck) / limpiacilindros *m*, doctor *m* (E), rascador *m* limpiacilindros (LA) ‖ ~**rheostat** *m* (Elektr) / reóstato *m* cilíndrico ‖ ~**richtmaschine** *f* (für Stangen) (Hütt) / enderezadora *f* de rodillos (para barras) ‖ ~**ring** *m* (Walzw) / bandaje *m* de cilindros ‖ ~**ringmühle** *f* / trituradora *f* de anillo cilíndrico ‖ ~**rost** *m* / emparrillado *m* cilíndrico ‖ ~**rundfrässtift** *m* (Wz) / fresa *f* rotativa esferocilíndrica ‖ ~**satz** *m* (Walzw) / juego *m* de cilindros o rodillos ‖ ~**schalter** *m*, Trommelschalter *m*, Schaltwalze *f* (Elektr) / controler *m*, conmutador *m* cilíndrico o de tambor ‖ ~**scheider**, Trommelmagnetscheider *m* (Aufb) / separador *m* de tambor ‖ ~**schlag** *m* (Walzw) / excentricidad *f* del cilindro ‖ ~**schleifmaschine** *f* (Wzm) / rectificadora *f*

1477

Walzenschloss

de cilindros || ⁓**schloss** n / cerradura f de rodillos || ⁓**schrämlader** m (Bergb) / rozadora-cargadora f de rodillos || ⁓**schüsselmühle**, Wälzmühle f (Aufb) / trituradora f de rodillos || ⁓**schütze** f, -wehr n (Hydr) / compuerta f cilíndrica || ⁓**sicken** n / acanalado m de cilindros || ⁓**spalt** m (Walzw) / entrecilindros m, luz f o abertura entre cilindros || **oberer** ⁓**spalt** (Walzw) / entrecilindros m superior || ⁓**speiser**, -aufgeber m / alimentador m de tambor || ⁓**spurlager** n / quicionera f de rodillos || ⁓**ständer** m, -gerüst n (Walzw) / castillete m de laminación || ⁓**stirnfräser** m (Wz) / fresa f cilíndrica de dos superficies de corte || ⁓**strang** m, -strecke f (Hütt) / caja f intermedia de laminación || ⁓**straße** f, Walzwerk n / tren m de laminación || ⁓**streckwerk** n (Spinn) / cilindros m pl estiradores || ⁓**streichverfahren** n (Pap) / recubrimiento m por rodillo || ⁓**stromwender** m (Elektr) / conmutador m cilíndrico de inversión || ⁓**stuhl** m (Mühle) / molino m de cilindros || ⁓**stuhl** (Druck) / carro m de rodillo || ⁓**tempel** m (Web) / templazo m de rodillo || ⁓**träger** m / portarrodillos m || ⁓**treffer** m (Walzw) / junta f de manguito, acoplamiento de manguito || ⁓**trockner** m (Nahr) / secador m de cilindros || ⁓**trocknung** f, secado m de tambor || ⁓**tuch** n (Tex) / tela f para cilindros || ⁓**tuch** / paño m para recubrir cilindros || ⁓**vergüteofen** m / horno m para bonificar cilindros, horno m de tratamiento térmico de cilindros || ⁓**vorschub** m (Presse) / avance m por rodillos || ⁓**waschmaschine** f (Tex) / lavadora f de rodillos o cilindros || ⁓**waschvorrichtung** f / lavador m de rodillos || ⁓**wechsel** m, -austausch m / cambio m de cilindros || ⁓**wehr** n (Hydr) / presa f cilíndrica o de cilindro o de tambor, dique m de cilindros || ⁓**wickel** m, -abfall m (Spinn) / dedales m pl || ⁓**wringmaschine** f (Tex) / máquina f de torcer o de escurrir por cilindros (E) || ⁓**zahnkranz** m (Masch, Schreibm) / corona f dentada del rodillo || ⁓**zapfen** m (Hütt) / gorrón m de cilindro || ⁓**zapfen** (Spinn) / gorrón m de cilindro || ⁓**zapfenlager** m (Walzw) / cojinete m del cilindro || ⁓**zerkleinerer** m / desintegrador m de cilindros [acanalados] || ⁓**zuführer** m / alimentador m de rodillo[s] || ⁓**zug**, Walzwerksantrieb m / accionamiento m del laminador || ⁓**zugmaschine** f (Dampfm, Elektr) / motor m del tren de laminación

Walzer, Walzwerksarbeiter m / laminador m (operario)

Walz•erzeugnis m / producto m laminado || ⁓**faser**, Sehne f (Hütt) / fibra f de laminación || ⁓**fehler** m, defecto m de laminación || ⁓**fell** n (Gummi) / hoja f de caucho homogeneizado || ⁓**fellbrecher** m / trituradora f de hoja de caucho

Wälz•festigkeit f (Lager) / resistencia f a la rodadura || ⁓**fläche** f (Lager) / superficie f de rodadura || ⁓**fläche** (Zahnrad) / superficie f primitiva o de paso

Walz•flansch m / brida f laminada || ⁓**folge** f (Walzw) / secuencia f de laminación || ⁓**folie** f (Plast) / hoja f laminada

wälz•fräsen vt, abwälzfräsen (Wzm) / fresar por generación (E), fresar por el procedimiento creador (LA) || ⁓**fräser** m / fresa f madre, fresa f de generación (E), fresa f creadora (LA) || ⁓**fräsmaschine** f / fresadora f por generación || ⁓**führung** f (Wzm) / guía f de rodillos

Walzgang m (Walzw) / ciclo m de laminación

Wälzgelenk n / articulación f de rodadura

walzgerade (Walzw) / laminado derecho

Wälzgerade f (Zahnstange) / línea f primitiva de referencia

Walz•gerüst n (Hütt) / caja f de laminación || ⁓**gerüste hintereinander** / cajas f pl de laminación colocadas enfila || ⁓**gerüste in Tandem** m pl / cajas f de laminación en tándem || ⁓**gerüste nebeneinander** n pl (Walzw) / cajas f pl de laminación colocadas en línea || ⁓**golddoublé** n (Uhr) / plaqué m de oro laminado || ⁓**gut** m (Walzw) / material m laminado o a laminar ||

⁓**hart** / con temple de laminado || ⁓**haut** f, Walzfell n (Walzw) / película f de laminación

Wälz•hebel m / palanca f de rodamiento o de rodadura || ⁓**hebelsteuerung** f / mando m por palanca de rodadura || ⁓**hobelmaschine** f (Wzm) / acepilladora f por generación || ~**hobeln** vt / acepillar por generación (E) o por el procedimiento creador (LA)

Walz•kalander m / calandr[i]a f || ⁓**kaliber** n (Hütt) / calibre m || ⁓**kante**, Naturkante f (Hütt) / canto m de laminación

Wälzkegel m (Zahnrad) / cono m primitivo

Walz•keil m (Walzw) / material m a laminar con sección de entrada en cuña || ⁓**knüppel** m / palanquilla f

Wälz•kolbenpumpe, Rootspumpe f / bomba f Roots || ⁓**kolbenvakuumpumpe** f / bomba f de vacío Roots || ⁓**kontakt** m / contacto m rodante || ⁓**körper** m (Lager) / cuerpo m rodante

Walzkörper, -[en]ballen m (Walzw) / tabla f

Wälz•körperführung f (Lager) / guía f del cuerpo rodante || ~**körpergeführter Käfig** / jaula f guiada en los cuerpos rodantes

Walzkraft f / fuerza f de laminación

Wälz•kreis m, Evolventenkreis m (Geom) / círculo m evolvente || ⁓**kreis**, Roll-, Teilkreis m (Zahnrad) / círculo m primitivo o de paso

Walz•kruste f (Hütt) / costra f de laminación || ⁓**kupfer** n / cobre m laminado || ⁓**lackieren** n (Walzw) / barnizado m por rodillo

Wälz•lager n (allg) / rodamiento m (E), rulemán m (LA) || ⁓**lager** (Brücke) / apoyo m de cilindros || ⁓**lagerfett** n / grasa f para rodamientos || ⁓**lagerkopf** m (im Lagerschild) (Elektr) / rodamiento m tipo cartucho || ⁓**lagerring** n / anillo m de rodamiento || ⁓**lagerung** f / montaje m con rodamiento

Walzlänge f / longitud f estándar de laminación

Wälzlinie f / línea f primitiva

Walzmannschaft f / equipo m de laminación

Wälzmaschine f (Hütt, Uhr) / laminador m

Walz•mitte f (Hütt) / línea f central || ⁓**moment** n / torsión f del cilindro || ⁓**motor** m / motor m de laminación

Wälzmühle f (Aufb) / molino m triturador de rodillos

Walz•naht f (Hütt) / costura f de laminación, batiduras f pl || ⁓**narbe** f (Hütt) / huella f de laminación || ⁓**oberfläche** f, -haut f (Walzw) / película f de laminación || ⁓**öl** n (Hütt) / aceite m de laminación

Wälzplatte f (Feder) / placa f de rodadura

Walz•platte f (Hütt) / hoja f de caucho homogeneizado || ~**plattieren** vt / plaquear por laminación || ⁓**plattierung** f / plaqueado m o recubrimiento por laminación || ⁓**prägen** n (Tex) / gofrado m

Wälzpressung f (Lager) / presión f de rodadura

Walz•profil n / perfil m laminado || ⁓**profilieren** n (Walzw) / laminado m en frio de perfiles || **verstärkte o. versteifte** ⁓**profilsäule** / columna f de perfiles laminados reforzada || ⁓**programm** n, -plan m / programa m de laminación

Wälz•prüfgerät n (Getriebe) / comprobador m de contactos de rodadura || ⁓**punkt** m (Getriebe) / punto m primitivo || ⁓**regler** m (Elektr) / regulador m de contacto rodante || ⁓**reibung** f (Phys) / rozamiento m de rodadura

Walzrichten n / enderezado m con rodillos o cilindros || **Mehrrollen-**⁓ / enderezado m con rodillos múltiples

Walz•richtung f (Walzw) / sentido m de laminación o del laminado || **in** ⁓**richtung** / en sentido del laminado || **quer zur** ⁓**richtung** / en sentido transversal al laminado || ⁓**riefe** f / estría f del cilindro, arañado m

Wälzring m / aro m de rodadura

Walz•runden n / curvado m por cilindros || ⁓**runden von Walzen** / redondeado m de cilindros || ⁓**rundmaschine** f **für Blech** / máquina f para curvar chapas (cilíndricas)

Wanderdeckelkarde

wälz•schälen vt (Getriebe) / descortezar por generación ‖ ⁓schälen n (Zahnrad) / generación f por descortezado ‖ ⁓schleifen n / rectificación f por generación (E), rectificación f por el procedimiento creador (LA)
Walz•schmieden n, Reckwalzen n / forjado m por laminación ‖ ⁓schweißen n / plaqueado m por laminación, soldadura f con roldana ‖ ⁓segment n / segmento m de laminación ‖ ⁓sicke f, Rollsicke f (Blech) / ranura f acanalado por rodillo ‖ ~sicken vt / ranurar o acanalar por rodillo ‖ ⁓sinter m, -zunder m / cascarilla f de laminación, escamas f pl de laminación ‖ ⁓spalt m, Walzenspalt m (Hütt) / entrecilindros m, luz f o abertura entre cilindros ‖ ⁓spalt, Flachbahnkaliber n / último paso acabador m ‖ ⁓spaltanzeiger m / teleindicador m de la abertura entre cilindros ‖ ⁓spaltaustritt m / salida f de entrecilindros, lado m de salida de la abertura ‖ ⁓späne, -splitter m pl / astillas f pl o virutas de laminación ‖ ⁓spannung f / esfuerzo m causado por laminación ‖ ⁓splitter m **auf dem Blech**, Schale f (Oberflächenfehler) / astillas f pl de laminación en la superficie de la chapa ‖ ⁓stab m / barra f laminada ‖ ⁓stahl m / acero m laminado ‖ ⁓stich m (Walzw) / pasada f de laminación ‖ ⁓stichplan m / programa m de laminación ‖ ⁓stopfen m (Walzw) / mandril m de laminación
wälz•stoßen vt (Wzm) / mortajar o tallar por generación (E), mortajar por el procedimiento creador (LA) ‖ ⁓stoßmaschine f / mortajadora f por generación
Walz•strang m / material m que sale del laminador ‖ ⁓straße f / tren m de laminación o de laminadores ‖ ⁓strieme f / raya f o estría de laminación ‖ ⁓tafel f (Blech) / chapa f rectangular laminada ‖ ⁓**technisch glatte Oberfläche** / superficie f lisa calidad comercial del producto laminado ‖ ⁓textur f (Blech) / textura f de laminación ‖ ⁓tisch m (Walzw) / cilindros m pl alimentadores, mesa f de alimentación ‖ **enge** ⁓**toleranz** / tolerancia f estrecha de laminación ‖ ⁓träger m / viga f laminada ‖ ⁓- f **und Planiermaschine für Sägeblätter** / máquina f de laminar y aplanar las hojas de sierra
Wälz•- und Stoßverformung f (Zahnrad) / deformación f por laminación y por mortajado ‖ ⁓**- und Teilflächen** f pl (Getriebe) / superficies f pl primitivas de funcionamiento y de referencias
Walz- und Wickelmaschine f (Appr) (Tex) / máquina f de calandrar y de enrollar
Wälz•verfahren n (Hütt) / procedimiento m de laminación, tratamiento m en el horno tubular rotativo ‖ ⁓verschleiß m (Lager) / desgaste m por rodamiento ‖ ⁓vorgang m / proceso m de rodadura
Walzwerk n (Metall) / laminador m, tren m de laminación ‖ ⁓ (Gummi, Ziegl) / laminadora f ‖ ⁓ **erster Hitze** / laminador m primario o de primer calor ‖ ⁓ **mit mechanischen Führungen** / laminador m con rieles de guía
Walzwerker, -werksingenieur m / ingeniero m laminador, especialista m laminador
Walzwerk•erzeugnisse n pl / productos m pl laminados ‖ ⁓hilfsmaschinen f pl / maquinaria f auxiliar para laminador ‖ ⁓maschine f (Elektr) / máquina f motriz del laminador, motor m del laminador
Walzwerks•anlage f / planta f de laminación, instalación f laminadora ‖ ⁓antrieb, Walzenzug m / accionamiento m del laminador ‖ ⁓bescheinigung f / certificado m de laminador ‖ ⁓fertigerzeugnis f / producto m acabado de laminación ‖ ⁓halle f / sala f de laminación ‖ ⁓rollgang, Rollgang m / camino m de rodillos ‖ ⁓straße f / tren m de laminadores ‖ ⁓umlaufschrott m / chatarra f reciclada de laminador ‖ ⁓wesen n / tecnología f de laminación

Wälzwerkzeuge n pl (Verzahnung) / herramientas f pl de mortajar por generación
Walz•zeichen n (z.B. auf Schienen) / marca f de laminación ‖ ⁓ziehbiegen n / doblado m durante el estirado para dirigirlo a una unidad multicanal ‖ ⁓ziehen n **über festen** [losen] **Stopfen** / estirado m por laminación sobre mandril estacionario [flotante] ‖ ⁓ziehen **über mitlaufende Stange** / estirado m por laminación sobre mandril móvil ‖ ⁓zinn n, gewalztes Zinn / estaño m laminado ‖ ⁓zunder m (Walzw) / cascarilla f de laminación, batiduras f pl de laminación ‖ ⁓zustand m / estado m bruto de laminación ‖ **im** ⁓**zustand** / en estado bruto de laminación
Wälz•zylinder m (Zahnrad) / cilindro m primitivo ‖ ⁓zylinder-Flankenlinie f / hélice f primitiva
Wamoskop n (TV) / wamoscopio m
WAN n (Wide Area Network), weiträumiges Fernmeldenetz / red f extendida de telecomunicaciones
Wand f / pared f ‖ ⁓, Seitenwand f (Gefäß), Wandung f / pared f lateral (recipiente) ‖ ⁓ f, Zwischen-, Trennwand f / tabique m [de separación] ‖ ⁓, Erzwand f (Bergb) / bloque m de mineral ‖ ⁓, Felswand f (Geol) / roca f ‖ ⁓, Mauer f / muro m ‖ ⁓... / de pared, mural ‖ ⁓... s.a. Mauer... ‖ ⁓ **an Wand** paredaño adj ‖ ⁓ f **kleiner als Stockwerkshöhe**, Teilerwand f / pared f enana ‖ **[tragende]** ⁓ **bzw. Mauer** / traviesa f
Wand•absteifung f (Tunnel) / entibación f de pared ‖ ⁓anschluss m (Elektro) / tomacorriente m mural ‖ ⁓anschluss (Elektr, Gas, Wasser) / terminación f cierre pared (CUB) ‖ ⁓anschlussdose f (Elektr) / caja f de tomacorriente o de enchufe mural ‖ ⁓anschlussprofil n (Bau) / perfil m de unión para paredes ‖ **[anstrich]farbe** f / pintura f para paredes ‖ ⁓apparat m, -telefon n / teléfono m mural o de pared ‖ ⁓arm m, -auflager n / consola f mural, soporte m mural ‖ ⁓arm (Leuchte) / brazo m o candelabro mural, aplique m ‖ ⁓ausführung f (Telefon) / modelo m mural, versión f mural ‖ ⁓auskleidung f (Bau) / revestimiento m de pared ‖ ⁓auskleidung, Futter n / forro m ‖ ⁓auslaufventil n (Bad) / llave f de agua mural ‖ ⁓batterie f (Bau) / grifo m mezclador mural ‖ ⁓bauplatte f / placa f mural prefabricada ‖ ⁓baustoff m / material m constructivo para paredes ‖ ⁓befestigung f / sujeción f en la pared ‖ **für** ⁓**befestigung** / de tipo mural ‖ ⁓befestigung f (von Geräten) / fijación f mural, montaje m mural ‖ ⁓behang m, -bekleidung f / revestimiento m mural o de pared[es], tapiz m ‖ ⁓belastung f (Container) / carga f o presión sobre la pared lateral ‖ ⁓bild n, Wandfoto n (Foto) / foto f mural ‖ ⁓bogen m (Bau) / arco m der refuerzo ‖ ⁓bögen m pl / arcos m pl murales ‖ ⁓bohrmaschine f (Wz) / taladradora f mural ‖ **dicke** f / espesor m de pared ‖ ⁓dickenempfindlichkeit f (Hütt) / sensibilidad f para espesores [de paredes] ‖ ⁓dickenmesser m / medidor m de espesores de pared ‖ ⁓dose f (für Schalter usw.) (Elektr) / caja f mural o de pared ‖ ⁓**[dreh]kran** m / grúa f mural giratoria ‖ ⁓durchbruch m **für Installationen** / perforación f mural ‖ ⁓durchführung f (Elektr) / pasamuro[s] m ‖ ⁓effekt m (Nukl) / efecto m de pared
Wandel m / cambio m, transformación f
wandelbar / variable, convertible, transformable
Wandelement n (Bau) / panel m prefabricado
Wandel•flugzeug n, Verbundhubschrauber m / convertiplano m, avión m convertible ‖ ⁓halle f, Vestibul n (Bau) / vestíbulo m
wandeln vt, umwandeln / convertir, transformar, cambiar
Wander•arbeiter m (Landw) / peón m de temporada, trabajador m migrante ‖ ⁓baustelle f (Autobahn) / obra f movediza ‖ ⁓deckelkarde f (Spinn) / carda f de

1479

chapones giratorios ‖ ≈**düne** f (Geol) / duna f movediza (E), médano m (LA)
Wanderfeld n, -wellen f pl (Phys) / campo m de ondas progresivas ‖ ≈**magnetron** n (Eltronik) / magnetrón m de onda progresiva ‖ ≈**-Maser** m / máser m de ondas progresivas ‖ ≈**motor** m (Elektr) / motor m de campo de ondas progresivas, motor m lineal ‖ ≈**röhre** f, -wellenröhre f / tubo m de ondas progresivas o de campo migratorio ‖ ≈**röhre vom O-Typ** / tubo m de ondas progresivas tipo U ‖ ≈**scheider** m (Bergb) / separador m de campo progresivo ‖ ≈**verstärker** m (Eltronik) / amplificador m de ondas progresivas
Wander•fenster n (Radar) / ventana f móvil ‖ ≈**fläche** f (Nukl) / área f de migración ‖ ≈**gebläse** n (Web) / soplador m móvil ‖ ≈**herdofen** m (Hütt) / horno m de solera móvil ‖ ≈**heuschrecke** f (Landw) / langosta f migratoria o del desierto ‖ ≈**kasten** m, Wanderpfeiler m (Bergb) / puntal m desplazable ‖ ≈**länge** f (Nukl) / longitud f de migración ‖ ≈**maskenbild** n, Travelling-Matte-Bild n / imagen f animada
wandern vi, sich verschieben o. verstellen / desplazarse, desviarse ‖ ~ (Ionen) / migrar ‖ ~ (Wellen) / moverse ‖ ≈ n, Wanderung f der Ionen / migración f de iones ‖ ≈ (z.B. des Innenrings auf der Welle) (Lager) / movimiento m relativo de giro (por ej. del aro interior sobre el árbol) ‖ ≈ **der Schienen** (Bahn) / desplazamiento m longitudinal de los carriles ‖ ≈ **des Lichtbogens** (Elektr) / migración f del arco [voltaico]
wandernd, migrierend / migratorio, migrante ‖ ~**e Belastung o. Last** (Brücke) / carga f móvil ‖ ~**es Plasma** (Phys) / plasma m migratorio ‖ ~**e Versetzung** (Hütt) / dislocación f móvil
Wander•pfeiler m, -kasten m (Bergb) / puntal m desplazable ‖ ≈**prüfung** f / inspección f volante ‖ ≈**rolle** f (Schw) / rodillo m corredizo ‖ ≈**rost** m / parrilla f móvil o mecánica [de cadena sinfín] ‖ ≈**schalung** f (Bau, Tunnel) / encofrado m deslizante ‖ ≈**schrift** f / escritura f móvil ‖ ≈**schutzmittel** n, -schutzklemme f (Bahn) / anclaje m de carril, amarra f de carril ‖ ≈**sieb** n **für Abwasser** / tamiz m de vaivén ‖ ≈**stempel** m (Bergb) / estemple m desplazable ‖ ≈**tisch** m / mesa f transportadora, transportador m de mesas móviles ‖ ≈**tische** m pl **für Montage** / mesas f pl móviles de montaje o de trabajo
Wanderung, Migration f (Phys) / migración f
wanderungs•beständig / resistente a la migración ‖ ≈**geschwindigkeit** f (Phys) / velocidad f de migración
Wander•verlust m (Nukl) / pérdida f por migración ‖ ≈**welle** f (Elektr, Eltronik) / onda f progresiva ‖ [leitungsgebundene] ≈**welle** (Elektr) / onda f transitoria ‖ ≈**wellenleitung** f (Elektr) / conductor m para ondas progresivas ‖ ≈**wellenröhre** f / tubo m de ondas progresivas ‖ ≈**wellenschutz** m / protección f contra ondas progresivas ‖ ≈**wellenverstärker** m / amplificador m de ondas progresivas
Wand•farbe f / pintura f mural ‖ **schräge** ≈**fassung** (Elektr) / portalámparas m mural oblicuo ‖ ≈**feuermelder** m / avisador m de incendios mural ‖ ≈**fliese** f (Bau) / azulejo m [de pared], baldosa f mural ‖ ≈**garderobe** f (Bau) / recibidor m mural ‖ ≈**gipsplatte** f / tabla f de yeso ‖ ≈**glasplatte** f, Glasfliese f / azulejo m de vidrio ‖ ≈**grenzschicht** f / capa f límite de pared ‖ ≈**hahn** m (Klempner) / grifo m de agua mural ‖ ≈**hahn**, Feuer-, Zapfhahn m / toma f de agua mural, boca f de riego o de incendio mural ‖ ≈**haken** m / escarpia f, alcayata f, colgadero m ‖ ≈**haken ringförmig** / armella f ‖ ≈**halter** m **für Geräte** / colgadero m mural ‖ ≈**halterung** f (Rohr) / soporte m mural de tubo ‖ ~**hängend** (z.B. Waschtisch) / suspendido [en la pared] ‖ ≈**heizkörper** m / radiador m mural ‖ ≈**heizung** f / calefacción f por radiadores murales ‖ ≈**hohe Holzverkleidung** / recubrimiento m mural de madera [a ras o a flor de la pared] ‖ ≈**höhe** f / altura f de pared[es] ‖ ≈**hydrant** m / boca f de riego mural ‖ ≈**kachel** f, -fliese f / azulejo m [de pared] ‖ ≈**karte** f / mapa m mural ‖ ≈**katalyse** f (Phys) / catálisis f de pared ‖ ≈**klappe** f, Luftklappe f (Bau) / registro m de ventilación mural o en la pared ‖ ≈**konsole** f / consola f mural o ménsula de pared ‖ ≈**kran** f / grúa f de pared, grúa f mural ‖ ≈**kühler** m / serpentín m de pared ‖ ≈**kühlschrank** m / frigorífico m mural ‖ ≈**lager** n / soporte m mural ‖ ≈**laufkran** (DIN), Laufkran m / grúa f corredera [de pared] ‖ ≈**lautsprecher** m / altavoz m de pared (E), altoparlante m mural o de pared (LA)
Wandler m, Konverter m (Rakete) / convertidor m ‖ ≈ (DIN), Umspanner m (Elektr) / transformador m ‖ ≈ m, Mikrophonsystem n / sistema m microfónico ‖ ≈, Schwinger m (Ultraschall) / transductor m ‖ ≈, Aufnehmer m (DIN 2600) (Mess) / transductor m ‖ ≈ m (in andere Stromart) / convertidor m de corriente ‖ ≈ (Regeln) / transmisor m ‖ ≈, Messwandler m (Elektr) / transformador m de medida ‖ ≈ **mit Sperrcharakteristik** (Eltronik) / transductor m unilateral ‖ ≈**bremse** f (Kfz) / freno m convertidor ‖ ≈**öl** n / aceite m de medida para transformador
Wand•leuchte f, -lampe f / lámpara f mural o de pared, aplique m ‖ ≈**lose Ionisationskammer** (Phys) / cámara f de ionización sin pared ‖ ≈**lüfter** m (Bau) / ventilador m mural
Wandlung, Ab-, Um-, Verwandlung f / cambio m, modificación f, transformación m, conversión f
Wand•modell n / modelo m [tipo] mural, versión f mural ‖ ≈**nische** f / nicho m [mural] ‖ ≈**öse** f / pitón m mural, armella f de pared ‖ ≈**pfeiler**, Halbpfeiler m (Bau) / pilastra f ‖ ≈**pfeiler** m (Stahlbau) / pilar m de pared, estantal m ‖ ≈**photo** n / foto f mural ‖ ≈**platte** f (Bau) / placa f mural ‖ ≈**platte**, -fliese f / baldosa f mural, azulejo m [de pared] ‖ ≈**projektion** f / proyección f en (o sobre) [la] pared ‖ **glatter** ≈**putz** (Bau) / enlucido m o revoque mural liso ‖ **glatter innerer** ≈**putz aus zwei Lagen** / enlucido m o revoque mural liso de dos capas ‖ ≈**reaktion** f / reacción f de pared ‖ ≈**regal** n / estantería f mural o de pared ‖ ≈**reibung** f / rozamiento m superficial ‖ ≈**säule** f (ohne Kopf und Fuß), Klebepfosten m / pie m derecho oculto ‖ ≈**säule mit Kopf u. Fuß** (Bau) / pilastra f ‖ ≈**scheibe** f (Rohrleitung) / disco m de pared ‖ ≈**schirm** m / biombo m, pantalla f ‖ ≈**schrank** m, Einbauschrank m / armario m empotrado o mural, armario m de pared, alacena f (E), placard m (LA) ‖ ≈**schwächung** f (Tiefziehen) / disminución f de espesor de la pared ‖ ≈**schwenkkran** m / grúa f mural pivotante o giratoria ‖ ≈**sockel** m / zócalo m mural ‖ ≈**stabilisiert** (Plasma) (Phys) / de pared estabilizada ‖ ≈**stärke** f, Fleisch n / espesor m de pared ‖ ≈**steckdose** f (Elektr) / caja f de enchufe mural ‖ ≈**stecker** m / clavija f o ficha de pared ‖ ≈**strahler** m / radiador m mural ‖ ≈**systeme** n pl / sistemas m pl murales ‖ ≈**tafel** f / pizarra f, encerado m (E), pizarrón m (LA), tablero m, tablón m, tabla f mural ‖ ≈**telefon** n / teléfono m mural o de pared ‖ ≈**tisch** m / consola f, mesa f [de pared] abatible ‖ ≈**träger** m (Bau) / viga f de pared ‖ ≈**uhr** f / reloj m de pared
Wandung f / pared f ‖ ≈, Seitenwand f (Gefäß) / pared f [lateral] ‖ **an der** ≈, am Umfang (Strömung) / periférico
Wandungsverlust m (Wärme) / pérdidas f pl térmicas de pared
Wand•urinal n / urinal m de pared ‖ ≈**verkleidung** f **durch [senkrecht hängende] Dachziegel** (Bau) / revestimiento m mural por tejas [verticales] ‖ ≈**verkleidung mit Holz** (über die ganze Höhe) / revestimiento m de pared ‖ ≈**verkleidung mit vertieften Feldern** (Bau) / revestimiento m de paneles embutidos ‖ ≈**verluste** m pl / pérdidas f pl a través de las paredes ‖ ≈**versteifung** f / refuerzo m de pared ‖ ≈**vertiefung** f, Nische f / nicho m [mural o de pared] ‖

⁓vorsprung, -rücksprung m / saliente m mural o de muro ‖ ⁓waage f / balanza f de pared ‖ ⁓wange f (Treppe) / alma f o zanca de pared
Wange f (allg) / parte f lateral, costado m ‖ ⁓ (Masch) / reglón m ‖ ⁓, Innenwange f (Treppe) / zanca f libre ‖ ⁓, Bahn f (Hobel) / superficie f plana o activa, asiento m ‖ ⁓ f, Drehmaschinenwange f (Wzm) / cara f lateral del torno ‖ ⁓ (der Leiter) / montante m ‖ ⁓ der Kurbelwelle / gualdera f del cigüeñal
Wangenmauer f, Treppen[haus]mauer f (Bau) / muro m de caja de escalera
Wank•ausgleich m (Kfz) / compensación f de balanceo ‖ ⁓bewegung f, Rollbewegung f (Kfz) / balanceo m, movimiento m vacilante
Wankelmotor m / motor m Wankel
wanken vi, wackeln / vacilar, tambalearse ‖ ins ⁓ bringen / hacer vacilar o tambalear
Wanknutsäge, Taumelsäge f / sierra f oscilante para labrar ranuras, sierra f [circular] con hojas oscilantes
Wankstabilisierung f (Kfz) / estabilización f de balanceo
Wanne f / tina f, cuba f ‖ ⁓, Ölwanne f (Kfz) / cárter m ‖ ⁓, Badewanne f / bañera f (E), bañadera f (LA) ‖ ⁓, Mulde f / artesa f ‖ ⁓ (als Grundwasserschutz), Betonwanne f (Bau) / cimentación f impermeabilizada ‖ ⁓, Entwicklungstank m (Foto) / depósito m (E) o tanque m (LA) de revelado ‖ **flache** ⁓ / bandeja f ‖ **hölzerne** ⁓, Bottich m / tina f de madera
Wannen•boden m (Glas) / fondo m de cuba ‖ ⁓form f (Chem) / forma f navicular ‖ ⁓lage f (Schw) / posición f plana u horizontal ‖ ⁓ofen m (Glas) / horno m de cubeta ‖ ⁓sieb n, -ablaufsieb n / tamiz m de la bañera ‖ ⁓stein m (Glasofen) / ladrillo m de chamota
Want n, -tau n (Schiff) / obenque m ‖ ⁓knoten m / engañadura f
Wanze f (ein verborgenes Mikrofon) / micrófono m clandestino, micrófono m oculto, micro-espía f
Wappenseite f (Münzw) / reverso m, cruz f
WAP-Technologie f (DV) / WAP (Wireless Application Protocol = Protocolo de Aplicaciones Inalámbricas)
Ward-Léonard-Satz (Elektr) / grupo m Ward-Léonard
Ware / mercancía f (E), mercadería f (LA) ‖ ⁓, Artikel m, Erzeugnis n / artículo m, producto m ‖ ⁓, Textilerzeugnis n (jeder Art) (Tex) / géneros m pl textiles, tejidos m pl ‖ ⁓, Verbrauchsartikel m / artículos m pl de consumo ‖ ⁓ **gemäß Muster vorbehaltlich etwaiger Beschädigung während der Seereise** (Schiff) / tal cual m ‖ **leichte** ⁓ (Tex) / tejidos m pl ligeros
Waren•abzug m (Wirkm) / arrollamiento m del tejido ‖ ⁓abzugsbaum m, -aufwickelbaum m (Web) / plegador m del tejido ‖ ⁓angebot n / oferta f de mercancías ‖ ⁓annahme f / recepción f de mercancías ‖ ⁓aufzug m, Lastenaufzug m / montacargas m ‖ ⁓auslauf m (Färb) / salida f del tejido ‖ ⁓automat m / distribuidor m automático, distribuidora f, vendedor m automático ‖ ⁓automat / tragaperras m (E) (col.) ‖ ⁓bahn f, Stoffbahn f (Web) / banda f de tejido ‖ ⁓bahn, Endlosfolie f (Plast) / material m continuo, hoja f continua ‖ ⁓bahnführer m, Warenleiteinrichtung f (Web) / guía m tela[s] ‖ ⁓bahnstapel m (Web) / pila f de tejido ‖ ⁓bank f (Appretur) / mesa f de inspección ‖ ⁓baum m (Tex) / plegador m del tejido ‖ ⁓bild n (Tex) / aspecto m del tejido ‖ ⁓breite f (Wirkm) / ancho m del tejido, anchura f del tejido ‖ ⁓dichte f (Web) / densidad f del tejido ‖ ⁓doppler m (Web) / doblador m de tejido ‖ ⁓durchgang m, -lauf m (Tex) / pasaje m del tejido ‖ ⁓eingang m, -annahmestelle f (als Abteilung) / oficina f de entrega, departamento m de entrega ‖ ⁓eingang, Lagerzugang m / entrada f de mercancías ‖ ⁓eingänge m pl / entradas f pl, mercancías f pl recibidas ‖ ⁓eingangskontrolle f / control m de recepción [de mercancías] ‖ ⁓eingangs-Prüfung f / control m de calidad [al recibir las mercancías] ‖

⁓einlauf m, Gewebeeinführung f (Färb) / entrada f de tejido, introducción f del tejido ‖ ⁓fall m, Fall m, Faltenwurf m / caída f del tejido ‖ ⁓führer m, Einführapparat m (Färb) / guía-tejido m ‖ ⁓kaule f, -docke f (Färb) / rollo m de tejido ‖ ⁓korb m (Wirkm) / cesto m de tejido ‖ ⁓kunde f / mercología f ‖ ⁓lager n / almacén m ‖ ⁓lauf, -durchgang m (Tex) / pasaje m o paso del tejido ‖ ⁓präparation f (Färb) / preparación f de los géneros ‖ ⁓rand, -schluss m (Web) / borde m del tejido ‖ ⁓schau f (Web) / inspección f del tejido ‖ ⁓schaumaschine f (Tex) / máquina f de inspección del tejido ‖ ⁓schlauch m (Trikot) / tricot n tubular ‖ ⁓speicher m **auf Rollen** (Web) / acumulador m de tejido sobre rodillos ‖ ⁓speicherung f / acumulación f del material textil ‖ ⁓stange f (Galv) / vástago m para suspender los objetos ‖ ⁓stillstand-Anzeiger m / avisador m o indicador de parada del tejido ‖ ⁓strang m (Tex) / géneros m pl en forma de madeja ‖ ⁓test m (allg) / ensayo m comparativo o de comparación de productos ‖ ⁓untersuchung f / análisis m o examen de mercancías ‖ ⁓verzeichnis n / lista f de mercancías, desglose m ‖ ⁓zeichen n / marca f registrada o de fábrica ‖ ⁓zeichengesetz n, WZG (BRD) / ley f de Marcas ‖ ⁓zeicheninhaber m / titular m de una marca
warm / caliente, cálido ‖ ~ (Klima) / cálido ‖ ~ **abbindend** (Klebstoff) / que fragua en caliente ‖ ~ **aufgepresst** / zunchado en caliente, enzunchado en caliente ‖ ~ **aufgezogen** (z.B. Reifen) / montado en caliente (por ej.: neumático) ‖ ~ **biegen** (Masch) / curvar en caliente ‖ ~ **biegen** (voll umbiegen) / doblar en caliente ‖ ~ **bildsam** / forjable [en caliente] ‖ ~ **erblasen** adj / soplado en caliente ‖ ~ **fertiggewalzt** (Walzw) / laminado de acabado en caliente ‖ ~ **gefertigt o. geformt** / conformado o moldeado en caliente ‖ ~ **gefüttert** (Extruder) / alimentado en caliente ‖ ~ **gezogen** / estirado en caliente ‖ ~ **laufen**, **heißlaufen** / sobrecalentarse, recalentarse, calentarse excesivamente (durante la marcha) ‖ ~ **laufen lassen** (Mot) / dejar calentarse el motor ‖ ~ **werden** / calentarse
Warm•abbinden n (Kleber) / endurecimiento m en caliente ‖ ~**abgraten** vt / desbarbar en caliente ‖ ⁓**abtrennen** n (Hütt) / tronzado m en caliente ‖ ⁓**arbeitsstahl** m / acero m de herramientas para trabajos en caliente ‖ ⁓**aufsetzen** n / montaje m en caliente ‖ ⁓**auftrag** m, -auftragsschicht f (Bau) / capa f de aplicación en caliente ‖ ⁓**aufziehen** vt, aufschrumpfen / zunchar o meter en caliente ‖ ~**ausgehärteter Kunststoff**, Duroplast m / materia f plástica endurecida en caliente ‖ ~**aushärten** vt (Leichtmetall) / termoendurecer m ‖ ⁓**aushärtend** (Plast) / termoendurecible ‖ ⁓**auslagern** n (Stahl) / envejecimiento m artificial ‖ ⁓**badhärten** n, -vergüten / temple m isotérmico ‖ ⁓**badsalz** n / sal f para transferencia de calor ‖ ⁓**band** n (Hütt) / fleje m laminado en caliente, banda f laminada en caliente ‖ ⁓**bandkratzer** m / rascador m (fleje o banda) en caliente ‖ ⁓**bandstraße** f, -bandwalzwerk m (Walzw) / tren m laminador de fleje[s] (o bandas) en caliente ‖ ~**bearbeiten** vt, -formen / trabajar en caliente, conformar en caliente ‖ ⁓**bearbeitung** f, -verformung f / conformación f en caliente ‖ ⁓**beet** n (Landw) / cama f caliente, almajara f ‖ ~**behandeln** / tratar en caliente ‖ ⁓**behandlung** f [von] / tratamiento m térmico o en caliente [de] ‖ ⁓**bett** n (Hütt) / enfriador m de laminación ‖ ⁓**biegen** n / doblado m en caliente ‖ ⁓**biegeversuch** m (Mat.Prüf) / ensayo m de doblado en caliente ‖ ⁓**bildsamkeit** f (Hütt) / ductilidad f en caliente ‖ ⁓**bildsamkeit**, Thermoplastizität f (Plast) / termoplasticidad f, plasticidad f térmica o en caliente ‖ ~**blasen** vt (Hütt) / soplar en caliente ‖ ⁓**blechrichtmaschine** f / enderezadora f de chapas en caliente ‖ ⁓**blechstraße** f (Hütt) / tren m laminador de

1481

chapa en caliente ‖ ≈**blockschere** f / cizalla f para corte de lingotes en caliente ‖ ≈**blütler** m (Zool) / animal m de sangre caliente, animal m homeotermo ‖ ≈**breitband** n (Hütt) / banda f ancha laminada en caliente ‖ ≈**breitbandstraße** f / tren m laminador de banda ancha en caliente ‖ ~**brüchig** (Hütt) / quebradizo o frágil en caliente ‖ ≈**brüchigkeit** f / fragilidad f en [estado] caliente ‖ ≈**dach** n (Bau) / tejado m [plano] no aislado
Wärmdauer f (Hütt) / duración f de calentamiento, tiempo m de calentamiento
Warmdehnung f, Kriechen n / fluencia f térmica
Wärme f (Phys) / calor m ‖ ≈..., Heiß..., (auch:) wärmeerzeugend / calorífico ‖ ≈..., Thermo... / termo..., térmico, termal ‖ ≈..., kalorisch (Kraftwerk) / térmico, calórico ‖ ≈ **abführen o. ableiten** / eliminar o disipar el calor ‖ ≈ **abgeben** / ceder calor ‖ ≈ **ableiten**, kühlen (Eltronik) / disipar el calor ‖ ≈ **aufnehmen** / absorber calor ‖ ≈ **durchlassend** / diatérmico ‖ **5 Grad** ≈ / 5 grados sobre cero ‖ **die** ≈ **binden** (o. halten o. aufspeichern) / retener o conservar el calor ‖ **in** ≈ **ausgehärtet** / termoendurecido ‖ **in** ≈ **umgesetzt** (Leistung) / transformado en calor ‖ **vor** ≈ **schützen** ! / ¡conservar en lugar fresco!, ¡consérvese en lugar fresco o frío!
Wärme•abfall m / caída f del potencial térmico ‖ ≈**abfluss** m / escape m de calor ‖ ≈**abfuhr** f (Entsalzung) / rechazo m de calor ‖ ≈**abfuhr**, Wärmeableitung f / disipación f o evacuación del calor ‖ ≈**abgabe** f / cesión f o emisión de calor ‖ ≈**abgabe**, -verlust m / pérdida f de calor, desprendimiento m de calor ‖ ~**abgebend**, exotherm / exotérmico m ‖ ≈**ableitung**, -abführung f / evacuación f del calor, disipación f del calor ‖ ≈**abschirmung** f (Vorrichtung) / pantalla f térmica o calorífuga, blindaje m antitérmico ‖ ~**absorbierend**, ablativ (Raumf) / ablativo ‖ ≈**absorption** f, -entzug m / absorción f o sustracción f de calor ‖ ≈**abstrahlung** f **durch Widerstände** / disipación f térmica por efecto Joule, radiación f térmica ‖ ~**abweisend** / calorífugo ‖ ≈**angebot** n, -zufuhr f / suministro m de calor, aporte m de calor, acarreo m de calor ‖ **[mechanisches]** ≈**äquivalent** / equivalente m mecánico del calor, equivalente m térmico ‖ ≈**aufnahme** f, -bindung, -absorption f / absorción f de calor ‖ ≈**aufnahme von Stahl in den kritischen Punkten** (Hütt) / decalescencia f ‖ ~**aufnehmend**, endotherm / endotérmico f ‖ ≈**aufwand** m / calor m necesario, consumo m de calor ‖ ≈**aufwind** m, thermischer Aufwind (Luftf, Meteo) / viento m ascensional térmico ‖ ≈**[aus-,-ab]strahlung** f / radiación f térmica o de calor ‖ ≈**ausbeute** f / rendimiento m térmico ‖ ≈**ausdehnung** f (Phys) / dilatación f térmica ‖ ≈**ausdehnungskoeffizient** m / coeficiente m de dilatación [térmica] ‖ ≈**ausdehnungsmessung** f, Dilatometrie f / medición f de la dilatación térmica, dilatometría f ‖ ≈**ausgleich** m, Temperaturausgleich m / compensación f de la temperatura o de temperaturas, equilibrio m térmico ‖ ≈**ausgleichsgrube** f (Hütt) / fosa f de compensación [térmica] ‖ ≈**ausgleichzeit** f (Schw) / tiempo m de igualación de temperatura ‖ ~**aushärtend**, duroplastisch (Plast) / duroplástico ‖ ≈**aushärter** m, Duroplast m / duroplástico m ‖ ≈**auslöser** m (Elektr) / relé m o relevador electrotérmico ‖ ≈**ausnutzung** f / utilización f del calor, aprovechamiento m de calor ‖ ≈**außenwiderstand** m / resistencia f térmica externa ‖ ≈**ausstrahlung** f, -abstrahlung f / radiación f térmica o de calor ‖ ≈**austausch** m / cambio m o intercambio de calor ‖ ≈**austausch durch Leitung** / intercambio m de calor por conducción ‖ ≈**austauscher** m, Wärmetauscher m / cambiador m o intercambiador térmico o de calor, termocambiador m ‖ ≈**austauscher**, Rekuperator m / recuperador m

térmico ‖ ≈**austauschmedium** n / medio m caloportador ‖ ≈**beanspruchung** f / termoesfuerzo m, esfuerzo m térmico ‖ ≈**bedarf** m / calor m necesario, necesidades f pl térmicas ‖ ≈**bedarf**, -verbrauch m / consumo m de calor ‖ ~**beeinflusst** / afectado por el calor ‖ ~**behandeln** / tratar por (o bajo) calor, tratar térmicamente ‖ ~**behandelt nach dem Verzinken** / sometido a tratamiento térmico después del cincado ‖ ~**behandeltes Sicherheitsglas**, Hartglas n / vidrio m duro ‖ ~**behandelter Draht** / alambre m recocido ‖ ≈**behandlung** f, Warmbehandlung f / tratamiento m térmico, termotratamiento m ‖ ≈**behandlungsanweisung** f, WBA (DIN 17023) / orden f de tratamiento térmico, instrucciones f pl para el tratamiento térmico ‖ ≈**behandlungsstrecke** f (Tex) / zona f de tratamiento térmico ‖ ≈**beiwert**, Temperaturkoeffizient m / coeficiente m de temperatura ‖ ≈**belästigung** f / incomodidad f térmica ‖ ≈**belastung** f, Wärmebeanspruchung f / carga f térmica ‖ ≈**belastung** (Fluss) / polución f térmica ‖ ≈**beständig** / resistente al calor ‖ ~**beständig**, thermostabil / termorresistente, termoestable, indeformable bajo calor ‖ ≈**beständigkeit** f, Hitzebeständigkeit f / termorresistencia f, resistencia f al calor, termoestabilidad f ‖ ≈**beständigkeit der Abmessungen** / estabilidad f dimensional bajo calor o al calor ‖ ≈**beständigkeitsziffer** f (in ° C.cm/W) / resistividad f térmica ‖ ≈**bewegung** f, Brownsche Wärmebewegung (Phys) / movimiento m de Brown ‖ ≈**bewegung der Elektronen** (Eltronik) / agitación f térmica ‖ ≈**bilanz** f / balance m térmico o calorífico ‖ ≈**bilanz-Messkammer** (Raumf) / cámara f de medición del balance térmico ‖ ≈**bild** n, -aufnahme f (Foto) / imagen f de radiación térmica ‖ ≈**bildkamera** f / cámara f termográfica, cámara f de radiación térmica ‖ ≈**brücke** f (Bau) / puente m conductor (o transmisor) del calor ‖ ≈**charakteristik** f, Wärmesignatur f (Flugkörper) / característica f térmica ‖ ~**dämmend** (Bau) / calorífugo, termoaislante, aislante del calor ‖ ≈**dämmendeer Feuerfeststoff** / material m refractario aislante ‖ ~**dämmend-feuerfest** / aislante y refractario ‖ ≈**dämmfähigkeit** f / poder m calorífugo, capacidad f calorífuga ‖ ≈**dämmpappe** f / cartón m calorífugo ‖ ≈**dämmplatte** f / placa f calorífuga, panel m calorífugo ‖ ≈**dämmstoff** m / material m calorífugo, material m aislante de calor ‖ ≈**dämmung** f (gegen Wärmeverluste) / aislamiento m térmico, termoaislamiento m ‖ ≈**dämmungsmatte** f / estera f aislante ‖ ≈**dämmzahl** f, -dämmungsbeiwert / coeficiente m calorífugo ‖ ≈**dehnung** f / expansión f o dilatación térmica, alargamiento m por efecto del calor ‖ ≈**dehnungsfuge** f / junta f de dilatación [térmica] ‖ ≈**dehnzahl** f, -dehnungskoeffizient m / coeficiente m de dilatación [térmica] ‖ ≈**diagramm** n, Sankeydiagramm n / diagrama m de balance térmico ‖ ≈**dichte** f / densidad f de calor ‖ ≈**diffusion** f / termodifusión f ‖ ≈**druck** m (Tex) / estampación f en caliente ‖ ≈**durchgang** m (Phys) / transición f térmica o del calor, paso m o penetración del calor ‖ ≈**durchgangszahl** f / coeficiente m [global] de transición térmica o del calor, coeficiente m de paso del calor [α] ‖ ≈**durchgangszahl** k (zwischen der beiderseits angrenzenden Luft) / coeficiente m de transmisión del calor ‖ ≈**durchlass** m, -leitfähigkeit f / conductibilidad f térmica ‖ ~**durchlässig** / diatérmano, permeable al calor ‖ ≈**durchlässigkeit** f / diatermancia f, permeabilidad f térmica o al calor ‖ ≈**durchlässigkeitzahl** f / factor m de transmisión térmica ‖ ≈**durchlasswiderstand** m / resistencia f térmica ‖ ≈**durchlasszahl** λ (zwischen den beiden Oberflächen eines Körpers) / coeficiente m λ de transmisión del calor ‖ ≈**durchsatz** m / cantidad f de

calor transmitida ‖ ~**effekt** *m*, -**wirkung** *f* / efecto *m* térmico ‖ ~**einflusszone** *f*, WEZ (Schw) / zona *f* afectada por el calor, ZAC *f* ‖ ~**einheit** *f* / unidad *f* térmica ‖ ~**empfindlich** / termosensible, sensible al calor ‖ ~**empfindlichkeit** *f* / termosensibilidad *f*, sensibilidad *f* al calor ‖ ~**energie** *f* / energía *f* calorífica o térmica, termoenergía *f* ‖ ~**energie**... / termoenergético ‖ ~**entwicklung** *f* / desarrollo *m* de calor, generación *f* o producción de calor ‖ ~**entwicklung**, Rekaleszenz *f* (Hütt) / recalescencia *f* ‖ ~**entwicklung** (Foto) / revelado *m* al (o bajo) calor ‖ ~**entzug** *m*, -absorption *f* / absorción *f* de calor, sustracción *f* de calor ‖ ~**ermüdung** *f* / fatiga *f* térmica ‖ ~**ersparnis** *f* / economía *f* de calor ‖ ~**erzeugend** (Phys) / calorífico, termógeno, generador o productor de calor ‖ ~**erzeugung** *f*, -bildung *f* / generación *f* o producción de calor, termogénesis *f* ‖ ~**erzeugungsreaktor** *m* / reactor *m* suministrador de calor ‖ ~**falle** *f* (Nukl) / trampa *f* térmica ‖ ~**fest** / termoestable, termorresistente ‖ ~**festigkeit** *f* / resistencia *f* al calor, estabilidad *f* térmica, termorresistencia *f* ‖ ~**filter** *n* (Foto) / filtro *m* infrarrojo ‖ ~**fluss** Φ *m* / flujo *m* Φ térmico o calórico o de calor, corriente *f* térmica ‖ ~**flussdiagramm** *n* (Chem) / diagrama *m* [de flujo] térmico, diagrama *m* de Sankey ‖ ~**flussdichte** *f* / densidad *f* térmica, densidad *f* del flujo térmico, densidad *f* de la corriente térmica ‖ ~**flussverfahren** *n* (Werkstoffprüfung) / método *m* de ensayo térmico no destructivo ‖ ~**formen** *n* (Plast) / termomoldeo *m* ‖ ~**fühler** *m* / detector *m* de calor, sonda *f* térmica ‖ ~**funktion** *f*, Enthalpie *f* (Phys) / entalpía *f* ‖ ~**gebend**, exotherm / exotérmico ‖ ~**gedämmtes Haus** (Bau) / casa *f* con aislamiento calorífugo ‖ ~**gefälle** *n* / caída *f* del potencial térmico, diferencia *f* de temperaturas, gradiente *m* térmico ‖ ~**gehalt** *m*, -inhalt *m* (Phys) / termicidad *f* ‖ ~**generator** *m* / generador *m* de calor, termogenerador *m* ‖ ~**gewicht** *n* (Phys) / peso *m* térmico ‖ ~**gewinnung** / recuperación *f* del calor ‖ ~**gewitter** *n* (Meteo) / tormenta *f* de calor ‖ ~**gleichgewicht** *n* (Phys) / equilibrio *m* térmico ‖ ~**gleichung** *f* / ecuación *f* térmica ‖ ~**grad** *m* / grado *m* de calor, grado *m* de temperatura ‖ ~**gradient** *m*, -gefälle *n* / gradiente *m* térmico ‖ ~**gradschreiber** *m* / termómetro *m* registrador, termorregistrador *m* ‖ ~**großverbraucher** *m* / gran comsumidor de energía térmica ‖ ~**grube** *f* / foso *m* térmico ‖ ~**haltung** *f* / conservación *f* del calor, retención *f* térmica, régimen *m* de temperatura ‖ ~**härtend** (Kunststoff) / termoendurecible ‖ ~**haushalt** *m* / balance *m* térmico, economía *f* térmica ‖ ~**impulsschweißen** *n* (Plast) / soldeo *m* por impulsos térmicos
Warmeindringprüfung *f* (Schmiermittel) / ensayo *m* de penetración a temperatura elevada
Wärme • ingenieur *m* / ingeniero *m* de calentamiento ‖ ~**ingenieurwesen** *n* / ingeniería *f* térmica ‖ ~**inhalt** *m*, -kapazität *f* / capacidad *f* calórica o calorífica o de calor ‖ ~**inhalt im metrischen System**, Wasserwert *m* (Phys) / equivalente *m* térmico de agua ‖ ~**inhalt** *n* **je Masseneinheit**, Enthalpie *f* / entalpía *f* ‖ ~**isolation** *f*, -dämmung *f*, -schutz *m* / aislamiento *m* térmico o calorífugo ‖ ~**isolierend** / calorífugo, termoaislante ‖ ~**isoliert**, mit Wärmeschutz versehen / aislado contra pérdidas de calor, calorífugo ‖ ~**- und Schallisolierung** *f* / aislamiento *m* termoacústico ‖ ~**isolierung** *f* **des Strahlrohrs** (Luftf) / aislamiento *m* térmico de la tobera ‖ ~**jalousie** (Raumf) / persiana *f* de protección térmica ‖ ~**kammer** *f* (Hütt) / cámara *f* térmica ‖ ~**kapazität** *f* / capacidad *f* térmica o calórica, capacidad *f* de absorción de calor ‖ ~**kapazität C** (J/grd) / capacidad *f* térmica C (J/grados centígrados) ‖ ~**kasten** *m* / caja *f* térmica ‖ ~**klasse** *f* (Isolierstoff) / clase *f* de aislamiento térmico ‖ ~**koeffizient** *m* (k-Wert) s. Wärmedurchgangszahl ‖

~**kollektor** *m* / colector *m* térmico ‖ ~**konvektion**, -strömung, -mitführung *f* / convección *f* del calor, transporte *m* del calor ‖ ~**kopie** *f* (Repro) / termocopia *f* ‖ ~**krafterzeugung** *f* / generación *f* [de energía] termoeléctrica ‖ ~**kraftgenerator** *m* / generador *m* termoeléctrico ‖ ~**-Kraft-Kopplung** *f* / generación *f* combinada de calor y de electricidad ‖ ~**kraftmaschine** *f*, -motor *m* / máquina *f* térmica, motor *m* térmico ‖ ~**kraft-Stromerzeuger** *m*, -Aggregat *n* / grupo *m* termoeléctrico o térmico ‖ ~**kraftwerk** *n* (Elektr) / central *f* térmica o termoeléctrica (E), usina *f* electrotérmica (LA) ‖ ~**krümelnd** (Boden) / termofrágil ‖ ~**laser** *m* / láser *m* térmico ‖ ~**lehre** *f*, Thermodynamik *f* (Phys) / termodinámica *f*, termología *f* ‖ ~**leistung** *f* / rendimiento *m* térmico o calorífico, potencia *f* calorífica o térmica ‖ ~**leitend** (Phys) / conductor del calor, termoconductor ‖ ~**leitende Form** (Gieß) / molde *m* conductor del calor ‖ ~**leitende Legierung** / aleación *f* que conduce el calor, aleación *f* térmica ‖ ~**leiter** *m* / conductor *m* térmico o del calor ‖ ~**leitfähigkeit** *f*, -leitungsvermögen *n* / conductibilidad *f* térmica o del calor, conductividad *f* calórica o calorífica, conductividad *f* térmica, termoconductibilidad *f* ‖ **spezifische** ~**leitfähigkeit**, Wärmeleitzahl *f* / coeficiente *m* de la conductibilidad específica del calor ‖ ~**leitkleber** *m* / pegamento *m* termoconductor ‖ ~**leitplatte** *f*, -scheibe *f* / placa *f* conductora del calor, disco *m* conductor del calor ‖ ~**leitplatte**, Konvektor *m* / convector *m*, placa *f* de transmisión de calor ‖ ~**leitung** *f* (innerhalb eines Mediums) / conducción *f* o propagación del calor ‖ ~**leit[ungs]koeffizient** *m* / coeficiente *m* de la conductibilidad del calor ‖ ~**leitungsmesser** *m* / medidor *m* de la termoconductibilidad ‖ ~**leitwiderstand** *m* / inercia *f* térmica ‖ ~**leitzahl**, -leitfähigkeit *f* (Leitfähigkeit dividiert durch das Produkt von spez. Wärme mal Dichte) / difusividad *f* térmica ‖ ~**leitzahl** λ (Phys) / coeficiente *m* de conductividad térmica ‖ ~**lücke** *f* (Bahn) / junta *f* de dilatación ‖ ~**mauer**, -barriere *f* (Luftf) / barrera *f* térmica ‖ ~**mechanik** *f*, mechanische Wärmemetheorie, Thermodynamik *f* / termodinámica *f* ‖ ~**melder** *m* / detector *m* de calor ‖ ~**menge** *f*, -quantum *m* / cantidad *f* de calor ‖ **absorbierte o. aufgenommene o. zugeführte** ~**menge** / cantidad *f* de calor absorbida, calor *m* absorbido ‖ ~**mengen-Einheit** *f*, Joule / unidad *f* de [cantidad de] calor, julio *m*, joule *m* ‖ ~**mengenmesser** *m*, Kalorimeter *m n* (Phys) / calorímetro *m* ‖ ~**[mengen]messung** *f*, Kalorimetrie *f* / medición *f* calorimétrica, calorimetría *f* ‖ ~**messer** *m*, Thermometer *n* / medidor *m* del calor, termómetro *m* ‖ ~**messfarbstift** *m* / lápiz *m* termocolor ‖ ~**messung** *f*, Temperaturmessung *f* / medición *f* del calor, termometría *f*

wärmen, an-, erwärmen / calentar ‖ ~ *n*, An-, Erwärmung *f* / calentamiento *m*, caldeo *m*
wärmend, Wärm... / calefactor, calentador, que calienta
Wärme • ofen *m* / horno *m* calentador o para [pre-]calentar ‖ ~**ofen für satzweise Beschickung** / horno *m* para calentar de (o para) carga por lotes ‖ ~**ohm** *n*, kalorisches Ohm (Phys) / ohmio *m* térmico o calórico ‖ ~**platte** *f* (Elektr) / placa *f* calefactora ‖ ~**prüflampe** *f*, HTS-Lampe *f* / lámpara *f* HTS ‖ ~**pumpe** *f* (Bau, Phys) / bomba *f* térmica o calorífica de calor, termobomba *f* ‖ ~**quantum** *n* / cantidad *f* de calor, foco *m* térmico, foco *m* de calor ‖ ~**rauschen** *n* (Eltronik) / ruido *m* de agitación térmica ‖ ~**regelung** *f* / regulación *f* de calor, termorregulación *f* ‖ ~**regelung** (Temperatur) / regulación *f* de la temperatura, control *m* térmico ‖ ~**regler** *m*, Thermostat *m* / termorregulador *m*, regulador *m* de

wärmeresistent

temperatura, termóstato *m* ‖ **~resistent** (Biol) / resistente al calor, termorresistente ‖ **~riss** *m* (Hütt, Keram) / grieta *f* al calor, grieta *f* térmica, rotura *f* por efectos térmicos ‖ **~rohr** *n* (Rakete) / tubo *m* de calor (un calentador) ‖ **~rohr** (ein Wärmeaustauscher) (Halbl) / tubo *m* térmico o de calor (un sumidero de calor) ‖ **~rückgewinnung** *f* / recuperación *f* del calor ‖ **~sammler**, -akkumulator, -speicher *m* / acumulador *m* térmico o de calor ‖ **~schaltbild** *n* (Kraftwerk) / esquema *m* general del flujo de calor (central) ‖ **~schalter** *m* (Elektr) / conmutador *m* termo[e]stático ‖ **~schild** *m* (Raumf) / pantalla *f* térmica ‖ **~schluckvermögen** *n* (Hochofen) / poder *m* absorbente de calor, capacidad *f* absorbente de calor ‖ **~schock** *m* / choque *m* térmico, termochoque *m* ‖ **~schockabschirmung** *f* (Nukl) / pantalla *f* protectora contra termochoque ‖ **~schockprüfung** *f* / ensayo *m* de choque térmico ‖ **~schrank** *m* / armario *m* térmico, armario-estufa *m* ‖ **~schrumpf** *m* / contracción *f* térmica ‖ **~schub** *m* / empuje *m* debido al calor ‖ **~schutz** *m* (Sammelbegriff) / protección *f* térmica, aislamiento *m* térmico, revestimiento *m* calorífugo ‖ **~schutz**, -dämmung *f* (Tätigkeit) / aislamiento *m* calorífugo, termoaislamiento *m* ‖ **~schutz**, -dämmung *f* (Material) / material *m* termoprotector o calorífugo o termoaislante, aislante *m* térmico ‖ **~schutz für Baugruppen** (Raumf) / pantalla *f* térmica ‖ **~schutz um den Treibstoffsatz** (Raumf) / escudo *m* antitérmico ‖ **~schutzanzug** *m* (Feuerwehr, Hütt) / traje *m* térmico ‖ **~schutzfenster** *n* / acristalamiento *m* térmico ‖ **~schutzfilter** *n* (Foto) / filtro *m* protector antitérmico ‖ **~schutzglas** *n* (Bau) / vidrio *m* calorífugo, cristal *m* protector contra el calor ‖ **~schutzkleber** *m* / adhesivo *m* o pegamento calorífugo ‖ **~schutzkleidung** *f* (F'wehr) / vestidos *m pl* ignífugos ‖ **~schutzschild** *m* / pantalla *f* térmica ‖ **~schutzstoff** *m* / material *m* calorífugo ‖ **~schutztechnische Prüfung** / ensayo *m* de la termorresistencia de materiales ‖ **~schutzverglasung** *f* (Bau, Kfz) / cristales termoaislantes *m pl* ‖ **~schutzwagen** *m* (Bahn) / vagón *m* isoterm[ic]o ‖ **heizbarer ~schutzwagen** / vagón *m* con instalación de calefacción ‖ **~schutzwert** *m* / índice *m* de aislamiento térmico ‖ **~schwankung** *f* / fluctuación *f* térmica ‖ **~schwund** *m*, -schwindung *f* / contracción *f* térmica ‖ **~senke** *f* (Eltronik) / sumidero *m* de calor, disipador *m* térmico ‖ **~sensibilisator** *m* (Plast) / termosensibilizador *m* ‖ **~sicher**, -fest / termorresistente, resistente al calor ‖ **~sonde** *f* / sonda *f* termométrica o pirométrica ‖ **~spannung** *f* / tensión *f* térmica ‖ **~spannungsriss** *m* / fisura *f* producida por tensiones térmicas, grieta *f* térmica ‖ **~speicher**, -akkumulator, -sammler *m* / acumulador *m* térmico o de calor, termoacumulador *m* ‖ **~speicherfähigkeit** *f* / capacidad *f* de acumulación térmica ‖ **~speicherheizgerät** *n* (Elektr) / calentador *m* por acumulación electrotérmica ‖ **~speichernd** / termoacumulador *adj* ‖ **~spektrum** *n* / espectro *m* térmico ‖ **~sperre** *f* (Reaktor) / barrera *f* térmica ‖ **~sperre**, Thermosperre *f* (Fenster) / barrera *f* térmica ‖ **~spritzen** *n* (Plast) / proyección *f* a la llama ‖ **~stabilisiert** / termoestabilizado, térmicamente estabilizado, termoestable ‖ **~stabilisierung** *f* / termoestabilización *f* ‖ **~stabilisierungsmittel** *n* / producto *m* o agente estabilizador de calor ‖ **~stabilität**, -beständigkeit *f* / estabilidad *f* térmica, termoestabilidad *f* ‖ **~stauung** *f*, -stau *m* / acumulación *f* térmica o de calor, estancamiento *m* térmico ‖ **~stelle** *f* (Hütt) / control *m* o servicio térmico ‖ **~stoß** *m* (Masch) / choque *m* térmico ‖ **~strahl** *m* / rayo *m* de calor ‖ **~strahlenisolierend**, atherman / atérmano ‖ **~strahler** *m* / radiador *m* térmico ‖ **~strahlung** *f* / radiación *f* térmica o calorífica o infrarroja ‖ **~strahlung einer nuklearen**

Bombe (Nukl) / relumbrón *m* térmico, relámpago *m* de calor ‖ **durch ~strahlung geheizt** / calentado o recalentado por radiación ‖ **~strahlungs-Undurchlässigkeit** *f* / atermancia *f*, atermancidad *f*, atermeidad *f* ‖ **~streuung** *f* / difusión *f* térmica ‖ **~strom** Φ *m* / flujo *m* térmico o calorífico, corriente *f* térmica ‖ **~stromdichte**, Heizflächenbelastung *f* (Nukl) / densidad *f* del flujo térmico, densidad *f* de la corriente térmica ‖ **~stromdichtefaktor** *m* (Nukl) / factor *m* térmico de seguridad ‖ **~stromlinie** *f* / línea *f* de corriente térmica ‖ **~suchend** (Mil) / buscador de infrarrojo ‖ **~tauscher** *m* / intercambiador *m* de calor, cambiador *m* de calor ‖ **~technik** *f* / técnica *f* de[l] calor, termotécnica *f*, termotecnia *f* ‖ **~techniker** *m* / técnico *m* de calor ‖ **~technisch**, thermisch / térmico[técnico], termotécnico ‖ **~theorem** *n* / teorema *m* del calor ‖ **~tod** *m* (Thermodynamik) / muerte *f* térmica ‖ **~tönung** *f*, Reaktionswärme *f* (Chem) / tono *m* térmico, calor *m* de reacción ‖ **~tönung**, -zunahme *f* (Hütt) / recalescencia *f* ‖ **~träger** *m* / portador *m* del calor, caloportador *m* ‖ **~trägerflüssigkeit** *f* / líquido *m* caloportador ‖ **~trägeröl** *n* / aceite *m* portador del calor ‖ **~trägheit** *f* / inercia *f* térmica ‖ **~transport** *m* (Phys) / transporte *m* térmico o de calor ‖ **~u. Mikrometeoriten-Schutz** *m* (Raumf) / protección *f* contra el calor y micrometeoritos ‖ **~übergang** *m*, -übertragung *f* / transferencia *f* de calor ‖ **~übergang** (zwischen 2 Körpern) / transmisión *f* térmica o de calor ‖ **~übergangswiderstand** *m* / resistencia *f* a la transmisión (o transferencia) de calor ‖ **~übergangszahl** *f* / coeficiente *m* de transmisión térmica ‖ **~übertragend** / caloportador ‖ **~übertragend durch strömende Medien** / caloportador por fluidos ‖ **~übertrager** *m* / medio *m* transmisor térmico, transferidor *m* de calor, caloportador *m* ‖ **~übertrager** s. auch Wärmeaustauscher ‖ **körnige ~übertrager** (Chem) / caloportadores *m pl* granulosos ‖ **~übertrager durch sprudelnde Wasserschicht** / cambiador *m* de calor por agua ‖ **~übertragung** *f* (Oberbegriff) / transmisión *f* de calor, transferencia *f* térmica o calorífica, termotransmisión *f*, termotransferencia *f* ‖ **~übertragungsfläche** *f* / superficie *f* de transmisión térmica ‖ **~übertragungskoeffizient** *m* / coeficiente *m* de transmisión de calor ‖ **~übertragungsmittel** *n* / agente *m* transmisor de calor ‖ **[übertragungs]rohr** *n* (Nukl, Raumf) / tubo *m* de calor ‖ **~umlaufkühlung** *f*, (früher): Thermosyphonkühlung / refrigeración *f* por termosifón ‖ **~umsatz** *m* (Phys) / cambio *m* de calor ‖ **~umwälzung** *f* / circulación *f* de calor ‖ **~unbeständig**, thermolabil (Chem) / termolábil ‖ **~unbeständig** / inestable al calor, térmicamente inestable ‖ **~u. und Kältetechnik** *f* / técnica *f* del calor y del frío ‖ **~undurchlässig** / atérmano ‖ **~undurchlässige Scheibe** (Bau, Kfz) / cristal *m* atérmico o atérmano ‖ **~unempfindlich** / termorresistente, no sensible al calor ‖ **~unwucht** *f* (Masch) / desequilibrio *m* por causas térmicas ‖ **~verbrauch** *m* / consumo *m* de calor ‖ **~verbrauchend**, endotherm[isch] / endotérmico ‖ **~verflüchtigung** *f* (Phys) / disipación *f* o difusión del calor ‖ **~verhalten** *n*, Wärmeeigenschaften *f pl* / comportamiento *m* térmico, propiedades *f pl* térmicas ‖ **~verlust** *m* (allg) / pérdida *f* térmica o calorífica ‖ **~verlust**, -abgabe *f* / pérdida *f* de calor ‖ **~verlust des Rußes** (Gieß) / pérdida *f* de calor del negro de humo *m* ‖ **~verlust** *m* **nach Abstellen des Motors** (Mot) / pérdida *f* o desprendimiento de calor del motor parado ‖ **~verschiebung** *f* (Phys) / desplazamiento *m* térmico ‖ **~verteiler** *m* (Halbl) / disipador *m* o difusor del calor ‖ **~verzug** *m* / deformación *f* térmica o por el calor ‖ **~vorgang** *m* /

proceso m térmico ‖ ~**wächter** m / relé m avisador térmico, termostato m, termóstato m ‖ ~**warte** f / puesto m de control térmico ‖ ~**wert** m (Phys) / valor m térmico ‖ ~**widerstand** m (Halbl) / resistencia f térmica ‖ **spezifischer** ~**widerstand** / resistividad f térmica ‖ ~**wirkung** f / efecto m calorífico o térmico ‖ ~**wirkungsgrad** m, -ausnutzung f / rendimiento m térmico ‖ ~**wirtschaft** f / economía f térmica o del calor ‖ ~**wirtschaftlich** / termoeconómico ‖ ~**wissenschaft** f (Sammelbegriff) / térmica f ‖ ~**zahl** f (Astr) / índice m de calor ‖ ~**zähler**, -**messer** m / contador m de calor ‖ ~**zufuhr** f / suministro m de calor, aportación f o afluencia o aporte de calor ‖ ~**zunahme** f, -tönung f (Hütt) / recalescencia f

Warm•färbung (durch infrarote Strahlen), Thermochrose f / termocrosis f ‖ ~**fertigerzeugnis** n / producto m acabado en caliente ‖ ~**fertiggewalzt** / acabado por laminación en caliente ‖ ~**fest** / resistente m al calor ‖ ~**fest** (Stahl) / resistente a la deformación a temperaturas elevadas, termorresistente ‖ ~**festigkeit** f / resistencia f al calor o en caliente, termorresistencia f ‖ **Langzeit-**~**festigkeit** / termorresistencia f a largo plazo o para períodos largos ‖ ~**fließen** n (Metall) / fluencia f en caliente ‖ ~**fließgrenze** f / límite m de fluencia en caliente ‖ ~**formänderungsvermögen** n / deformabilidad f en caliente, capacidad f de conformación en caliente ‖ ~**formbarkeit** f / conformabilidad f en caliente ‖ ~**formen** vt / conformar en caliente ‖ ~**formgebung** f / conformación f en caliente ‖ ~**formgebungshitze** f (Schm) / calor m de conformación en caliente ‖ ~**fräse** f (Wzm) / fresadora f en caliente ‖ ~**front** f (Meteo) / frente m caliente ‖ ~**gehende Leitung** (Bau) / tubería f de fluido caloportador ‖ ~ **[gelaufen]** (Lager) / sobrecalentado, calentado excesivamente ‖ ~**geschlagen** (Niet) / roblanado en caliente ‖ ~**gesenk** n, -matriz f (Schm) / estampa f para matrizar en caliente ‖ ~**gestaucht** / recalcado en caliente ‖ ~**gewalzt** / laminado en caliente ‖ ~**gezogen** / estirado en caliente (gen), trefilado en caliente (alambre) ‖ ~**glas** n, hochdämmendes Isolierglas (Bau) / vidrio m superaislante ‖ ~**gut** n / material m caliente ‖ ~**halteofen** m (Hütt) / horno m de conservación del calor ‖ ~**halteplatte** f / calientaplatos m, placa f calentadora ‖ ~**halteverbrauch** m (Hütt) / consumo m de energía para mantener la temperatura ‖ ~**härtbar** (Plast) / termoendurecible, duroplástico ‖ ~**härte** f / dureza f a temperaturas elevadas, dureza f en caliente ‖ ~**härten** n / endurecimiento m en caliente ‖ ~**härtend** (Plast) / duroplástico adj ‖ ~**härter** m, in der Wärme aushärtendes Material (Plast) / duroplástico m ‖ ~**haube** f (Hütt) / mazarota f caliente ‖ ~**hauer** m (Schm) / tajadera f para trabajos en caliente ‖ ~**-Kaltverfestigen** n / endurecimiento m por trabajo en caliente ‖ ~**kammermaschine** f (Plast) / máquina f de cámara caliente ‖ ~**kammerverfahren** n (Gieß) / fundición f en cámara caliente ‖ ~**kapazität** f (Eltronik, Funk) / capacidad f (o capacitancia) en caliente ‖ ~**kleber** m / pegamento m en caliente ‖ ~**klebung** f, Quellschweißen n (Plast) / soldadura f con disolvente en caliente ‖ ~**kreissäge** f / sierra f circular en caliente

Wärmkurve f (Hütt) / curva f de temperatura de calentamiento

Warm•lack m, Einbrennlack m / esmalte de secado al horno f ‖ ~**lager** m, -bett n (Walzw) / baño m caliente o de enfriamiento ‖ ~**laufanreicherung** f (bei Kaltstart) (Mot) / enriquecimiento m durante el calentamiento (arranque en frío) ‖ ~**laufen** n / recalentamiento m, calentamiento m ‖ ~**laufphase** f (Mot) / período m de calentamiento ‖ ~**lochen** vt

(Schm) / punzonar en caliente ‖ ~**lochen** n / punzonado m en caliente

Warmluft f / aire m caliente, aire m [re]calentado ‖ ~**austritt** m / salida f de aire caliente ‖ ~**eintritt** m / entrada f de aire caliente ‖ ~**enteiser** m / descongelador m de aire caliente ‖ ~**erzeuger** m / generador m de aire caliente, calorífero m ‖ ~**gebläse** n / ventilador m de aire caliente ‖ ~**heizung** f / calefacción f por aire caliente ‖ ~**kanal** m / canal m de aire caliente ‖ ~**öffnung** f / boca f o salida de aire caliente ‖ ~**strahl** m / chorro m de aire caliente ‖ ~**strom** m / corriente f de aire caliente ‖ ~**vorhang** m / cortina f de aire caliente

Warm•massivumformung f, Schmieden n / forja f, forjado m ‖ ~**matrize** f / matriz f [en] caliente ‖ ~**meißel** m (Schm, Wz) / cincel m en caliente, tajadera f para trabajos en caliente ‖ ~**nachpressen** n / recompresión f en caliente, reprensado m en caliente ‖ ~**nassspinnerei** f / hilatura f con agua caliente ‖ ~**nieten** vt / remachar en caliente ‖ ~**nieten** n / remachado m en caliente

Wärmofen m / horno m de recalentamiento o de recalentar

Warm•prägen n (Schm) / matrizado m en caliente ‖ ~**prägen** [von Folien] / estampado m en caliente [de hojas] ‖ ~**prägewerkzeug** n / útil m para matrizado en caliente ‖ ~**pressen** n (Sintern) / prensado m en caliente ‖ ~**pressen** (Schm) / estampación f en caliente ‖ ~**pressform** f (Sintern) / molde m de prensado en caliente ‖ ~**pressschweißen** n / soldadura f en caliente a presión ‖ ~**pressstahl** m / acero m para matrizado o estampado en caliente ‖ ~**pressstück** n, -pressteil m (Schm) / pieza f prensada o matrizada en caliente ‖ ~**probe** f / ensayo m en caliente ‖ ~**recken** n / alargado m o estirado m en caliente ‖ ~**richten** vt / enderezar en caliente ‖ ~**riss** m (Hütt) / grieta f o fisura f en [estado] caliente, grieta f térmica o de fuego ‖ ~**rissanfällig** (Hütt) / sensible a grietas térmicas, propenso al agrietamiento en [estado] caliente ‖ ~**rissbildung** f, Form-, Brandriss m (Gieß) / grieta f de fuego en el molde ‖ ~**rissempfindlichkeit**, -neigung f, Warmrissigkeit f / propensión f al agrietamiento en [estado] caliente, agrietabilidad f en caliente ‖ ~**rundlaufversuch** m (Hütt) / ensayo m de estabilidad térmica ‖ ~**säge** f (Hütt, Wz) / sierra f [para hierro] en caliente ‖ ~**schere** f (Wz) / cizalla f [para cortar] en caliente ‖ ~**scheren** vt (Hütt) / cortar o tronzar en caliente ‖ ~**schleifen** n (Holz) / desfibrado m en caliente ‖ ~**schmiedegesenk** n / estampa f para forjar en caliente ‖ ~**schmieden** vt / forjar en caliente ‖ ~**schmiegemaschine** f (Schiff) / plegadora f en caliente ‖ ~**schrotmeißel** m s. Warmmeißel ‖ ~**schweißen** vt (Schw) / soldar con calentamiento previo y posterior ‖ ~**sprödigkeit** f (Hütt) / fragilidad f en caliente ‖ ~**start** m (Mot) / arranque m en caliente ‖ ~**startlampe** f (Entladungslampe) / lámpara f de precalentamiento ‖ ~**stauchen** n (Schm) / recalcado m en caliente ‖ ~**strangpressen** n / extrusión f en caliente ‖ ~**straße** f (Hütt) / tren m de laminación en caliente ‖ ~**streckgrenze** f / límite m de estiraje o fluencia en caliente ‖ ~**tonlampe** f / lámpara f [fluorescente] de luz suave ‖ ~**umformen** n, Halbwarmumformung f (Hütt) / conformación f en caliente ‖ ~**umformen** / conformación f en caliente ‖ ~**- und Frischluft** f / aire m caliente y fresco ‖ ~**- und Kaltwasser** n / agua f caliente y fría ‖ ~**verarbeitkeit** f, -verformbarkeit f / conformabilidad f en caliente ‖ ~**verarbeitung** f / elaboración f en caliente ‖ ~**verformt** / conformado en caliente, forjado en caliente ‖ ~**verformung** f, -bearbeitung f / conformación f en caliente, conformado m en caliente ‖ ~**verformung** (Schm) / forja f en caliente ‖ ~**verformung**, Deformierung f in Wärme / deformación f en caliente ‖ ~**vergärung** f (Nahr) / fermentación f en caliente ‖ ~**vergüten** n

(Hütt) / bonificación f en caliente || ~**verleimung** f / encolado m a temperatura moderada || ~**verschweißend** (Plast) / termosoldador || ~**versprödung** f / fragilidad f en caliente || ~**versuch** m / ensayo m en caliente || ~**walzband** n (Hütt) / fleje m laminado en caliente || ~**walzen** vt (Hütt) / laminar en caliente || ~**walzwerk** n / tren m laminador en caliente
Warmwasser n / agua f caliente || ~**bereiter** m / calentador m de agua, termo m, calientaaguas m, calefón m (ARG) || ~**bereiter**, Durchlauferhitzer m (Elektr, Gas) / calentador m continuo de agua || ~**bereitung** f / preparación f de agua caliente || ~**hahn** m (Bau) / grifo m de agua caliente || ~**heizung** f / calefacción f con o por agua caliente || ~**speicher** m / acumulador m de agua caliente || ~**speicher**, Entleerungs-, Ablaufspeicher m / calentador m de acumulación || ~**speicher**, Boiler m (Heizung) / depósito m de agua caliente || ~**versorgung** f (Bau) / suministro m de agua caliente, abastecimiento m o aprovisionamiento de agua caliente || ~**versorgung für Wohnungen** / instalación f de agua caliente para pisos
warm•weiß (Licht) / blanco-cálido || ~**zähigkeit** f (Schm) / ductilidad f o tenacidad en caliente
Wärm•zeit f / tiempo m de calentamiento o de caldeo || ~**zerreißversuch** m (Mat.Prüf) / ensayo m de rotura en caliente
Warm•ziehbank f **für Hohlkörper** (Hütt) / banco m de estirar cuerpos huecos en caliente || ~**ziehen** n / estirado m o estiraje en caliente
Warn•anlage f / dispositivo m de alarma, instalación f avisadora, monitor m || ~**-Anzeige** f, Monitor m (allg) / avisador m, monitor m || ~**apparat** m, Warngerät n / aparato m avisador o de aviso, avisador m || ~**begriff** m (Bahn) / posición f o indicación f de precaución || ~**blinkanlage** f (Kfz) / intermitentes f pl de emergencia, sistema m de [luces] intermitentes, sistema m de alarma intermitente || ~**blinklampe** f **für Baustellen** / avisador m intermitente para obras || **tragbare** ~**blinkleuchte** (Kfz) / linterna f de emergencia portátil [con luz intermitente] || ~**blinklicht** n (Luftf) / luz f intermitente || ~**boje** f (Schiff) / boya f avisadora o de aviso || ~**dienst** m (Mil) / servicio m de alerta [aérea] || ~**dreieck** n (Kfz) / triángulo m de peligro, triángulo m avisador o de seguridad, triángulo m de emergencia || ~**druckzeiger** m (Bremse) / indicador m o avisador m de presión baja
warnen vt / avisar [de], poner sobre aviso, prevenir [contra] || ~ n, Warnung f / aviso m, advertencia f, alarma f
Warn•fackel f **mit flüssigem Brennstoff** (Kfz) / atorcha f avisadora con combustible líquido || ~**farbe** f / color m avisador o de prevención || ~**farbe gegen Wärme** / termocolor m || ~**feuer** n (Schiff) / fuego m avisador o de aviso, luz f de aviso, contracaudela f (CUB) || ~**glocke** f / campana f de aviso o de alarma || ~**grenzen** f pl / sonería f de aviso, límites m pl de aviso || ~**kleidung** f / vestidos m pl de aviso, vestimenta f de aviso || ~**kreuz** n (Bahn) / señal f en forma de cruz, señal f de paso a nivel de carretera || ~**lampe** f, Anzeigelampe f / lámpara f testigo o piloto, chivato m (col) || ~**lampe für Baustellen** / lámpara f de señalización de obras || ~**leitkegel** m (Straßb) / cono m avisador en carretera || ~**leuchte** f / luz f de aviso o de advertencia, luz f avisadora o indicadora [de peligro] || ~**linie** f (Straßb) / línea f de aviso || ~**marke** f (DV) / banderita f avisadora || ~**radar** m n / radar m de aviso o de alarma || ~**relais** n / relé m de aviso || ~**schild** n, Gefahrenschild n / rótulo m o letrero avisador de peligro || ~**schlag** m, Schlagzeichen n (Uhr) / campanada f de aviso || ~**signal** n / señal f de aviso o de alarma, señal f avisadora de peligro || ~**signal** (DV)

/ alerta f || ~**stellung** f, -begriff m (Bahn, Signal) / posición f o indicación de precaución || ~**streifen aus Plastik** (Straßb) / cinta f plástica de señalización || ~**streik** m (F.Org) / huelga f de aviso o de advertencia || ~**summer** m / zumbador m avisador || ~**taste** f / tecla f de aviso
Warnungs•tafel f / cuadro m o rótulo avisador o de aviso, letrero m de peligro (LA) || ~**zeichen** n (auf Seekarten) / avisos m pl
Warn•weste f (Kfz) / chaleco m reflectante || ~**zeichen** n / señal f de aviso o de peligro, señal f avisadora del peligro || ~**zeichen**, -flagge f (Luftf) / bandera f o banderita de aviso || ~**zone** f / zona f de precaución
Warpanker, Wurfanker m (Schiff) / anclote m
Warp•druck m, Kettendruck m (Tex) / impresión f sobre urdimbre || ~**kötzer** m, Kettkötzer m (Spinn) / canuta f || ~**leine** f, Festmacheleine f (Schiff) / estacha f, amarra f || ~**trosse** f (Schiff) / calabrote m
Warrenträger m, Träger m im Dreiecksverband (Bau) / viga m Warren
Warrington-Seil n [gedeckt] / cable m Warrington
Wartbarkeit f, Unterhaltbarkeit f / mantenibilidad f, propiedad f de ser mantenido
Warte f (Elektr, Masch) / puesto m de control, puesto m de observación || ~**...** / de espera || ~**bahn** f (Raumf) / órbita f de aparcamiento || ~**belastung** f (Fernm) / tráfico m de espera || ~**betrieb** m (DV) / modo m desconectado || ~**dauer** f (Fernm) / tiempo m de espera, demora f de espera o del tráfico en espera || ~**gleis** n (Bahn) / vía f de espera || ~**gruppe** f (Bahn) / haz m de vías de espera || ~**halle** f / sala f de espera || ~**häuschen** n / refugio m de tranvía || ~**häuschen** (Straßb) / garita f de espera || ~**höhe** f (Luftf) / altura f de espera || ~**lampe** f (Fernm) / lámpara f de [señal de] espera || ~**liste** f (Luftf) / lista f de espera
warten vt, bedienen / atender, manipular || ~, unterhalten / mantener, entretener || ~, pflegen / conservar, cuidar || ~ vi, leer laufen (DV) / funcionar en vacío o desocupado || ~ n (DV) / espera f, estado m de espera
wartend (Fernm) / en o de espera || ~**er Anruf** (Fernm) / llamada f diferida
Warte•pflicht f (Verkehr) / obligación f de ceder el paso || ~**punkt** m (im Luftraum) (Luftf) / punto m de espera
Wärter m, Wächter m / vigilante m, guarda m f, guard[a]almacén m, guardián m
Warteraum m **im Flughafengebäude** / sala f de espera || ~ **in der Luft** / área f de espera
Wärterhäuschen n (Bahn) / garita f del guardavía, garita f del guardabarreras
Warte•saal m (Flughafen) / sala f de embarque || ~**saal** (Bahn) / sala f de espera || ~**schaltung** f (Fernm) / circuito m de espero || ~**schlange** f (allg) / cola f (o fila) de espera || ~**schlange** (DV) / cola f || ~**schlange** (Kfz) / cola f de vehículos || **in** [der] ~**schlange** / en cola || **die** ~**schlange auflösen** / deshacer la cola || **eine** ~**schlange bilden** (DV) / formar cola || **in eine** ~**schlange einreihen** (DV) / integrar en cola || **aus der** ~**schlange entfernen o. entnehmen** (DV) / salir de cola || ~**schlangen-Steuerblock** m (DV) / bloc m QCB, bloque m de control en cola || ~**schlangentheorie** f (DV) / teoría f de las colas || ~**schlangen-Überprüfung** f (DV) / encuesta f [entre los usarios] en la cola || ~**schleife** f (Luftf) / circuito m de espera || ~**schleife** (DV) / bucle m de espera o de iteración || ~**schleifenbetrieb** m (Luftf) / escalonamiento m de aviones en torno para aterrizar || ~**station** f (DV) / estación f de espera || ~**status** m (DV) / estado m de espera || ~**system** n (Fernm) / sistema m de espera || ~**verfahren** n (Luftf) / procedimiento m de espera || ~**zeit** f (allg, F.Org) / tiempo m de espera || ~**zeit** (Insektizid) / período m de carencia || ~**zeit** (ohne Arbeitsleistung) (F.Org) / tiempo m de presencia || ~**zeit** (Taxameter) / tiempo m de parada || ~**zeitlos**

Wäschetinte

(Fernm) / sin tiempo de espera ‖ ~**zeitloser Verkehr** (Fernm) / servicio *m* interurbano rápido ‖ ⁻**zeitproblem** *n* (Fernm) / problema *m* de congestión ‖ ⁻**zustand** *m* / estado *m* de espera, espera *f* ‖ **im** ⁻**zustand** (Eltronik) / en estado de espera
Wartung *f*, Bedienung *f* / manejo *m*, servicio *m* ‖ ⁻, Pflege, Instandhaltung *f* / mantenimiento *m*, entretenimiento *m*, conservación *f*, cuidado *m* ‖ ⁻, Kundendienst *m* / servicio *m* pos[t]venta o pos[t]compra o técnico
Wartungs•anleitung *f* / instrucciones *f pl* para el entretenimiento, manual *m* de servicio o de revisión técnica ‖ ⁻**arbeiten** *f pl* / trabajos *m pl* de entretenimiento o de mantenimiento ‖ ~**arm** / que requiere poco entretenimiento ‖ ⁻**bedarf** *m* / accesorios *m pl* de entretenimiento ‖ ~**bedürftig** / que necesita entretenimiento ‖ ⁻**daten** *pl* (Raumf) / datos *m pl* de entretenimiento, datos *m pl* logísticos ‖ ⁻**dienst** *m* / servicio *m* de mantenimiento ‖ ⁻**feld** *n* (DV) / panel *m* de operador ‖ ~**frei** / exento de o sin entretenimiento, sin mantenimiento, libre de mantenimiento ‖ ~**freie Batterie**, Blei-Antimon-Batterie *f* / pilas *f pl* de plomo y antimonio sin entretenimiento ‖ **absolut** ~**freie Batterie**, Blei-Calcium-Batterie *f* / pilas *f pl* de plomo y calcio sin entretenimiento ‖ ⁻**freiheit** *f* / ausencia *f* de entretenimiento ‖ ~**freundlich** / de mantenimiento fácil ‖ ⁻**fristen** *f pl* (allg) / plazos *m pl* o intervalos de revisión ‖ ⁻**gang** *m* / proceso de mantenimiento ‖ ~**gerecht** / de entretenimiento fácil ‖ ⁻**halle** *f* (Luftf) / nave *f* de entretenimiento ‖ ⁻-**Handbuch** *n* / manual *m* de entretenimiento ‖ ⁻**heft** *n* (Kfz) / cuaderno *m* de entretenimiento ‖ ⁻**hinweise** *m pl* / notas *f pl* para el entretenimiento ‖ ⁻**intervall** *n* (DV) / intervalo *m* de revisión ‖ ⁻**kosten** *pl* / costos *m pl* o gastos de entretenimiento o de mantenimiento ‖ ⁻**mannschaft** *f*, -personal *n* / equipo *m* de entretenimiento, personal *m* de mantenimiento ‖ ⁻**plan** *m* (Kfz, Wzm) / plan *m* o esquema de entretenimiento ‖ ⁻**programm** *n* (DV) / programa *m* de entretenimiento ‖ ⁻**roboter** *m* / robot *m* de entretenimiento ‖ ⁻**schild** *n* / placa *f* de entretenimiento ‖ ⁻**schleuse** *f* (Nukl) / esclusa *f* de entretenimiento ‖ ⁻**stunden** *f pl* / horas-hombre *f pl* de entretenimiento ‖ ⁻**techniker** *m* / operario *m* de entretenimiento, ingeniero *m* de entretenimiento ‖ ⁻**turm** *m* (Raumf) / torre *f* de servicio ‖ ⁻- **und Ersatzteildienst** *m* / servicio *m* de entretenimiento y recambios ‖ ⁻**vertrag** *m* / contrato *m* de entretenimiento ‖ ⁻**vorschriften** *f pl* / instrucciones *f pl* o prescripciones de entretenimiento o para el mantenimiento ‖ ⁻**zeit** *f* (DV) / tiempo *m* de entretenimiento ‖ ⁻**zeitraum** *m* (DV) / intervalo *m* de entretenimiento
Warventon *m*, Bänderton *m* (Geol) / arcilla *f* listada
Warze *f* (Masch) / tetón *m*, saliente *m*, botón *m*, protuberancia *f* ‖ ⁻ (Fehler, Walzw) / botón *m*, verruga *f* ‖ ⁻, Knospe *f* (Fehler, Galv) / nódulo *m* ‖ ⁻ (Jacquardm.) / pezón *m*, bañón *m* ‖ ⁻ **des Federblattes** / botón *m* de la hoja de ballesta
Warzen•**blech** *n* (Hütt) / chapa *f* apezonada o de botones, chapa *f* con verrugas ‖ ⁻**einsenkung** *f* (als Passhilfe zusammengehöriger Teile) / punto *m* saliente ‖ ~**förmig** / en forma de verruga, verruciforme ‖ ⁻**scheibe** *f* (Verdolmasch) / disco *m* de pezón o de bañón ‖ ⁻**schweißung** *f*, -schweißen *n* / soldadura *f* por puntos en relieve o realzados, soldadura *f* por protuberancías
WAS (Chem) = waschaktive Substanzen
Wasch•abgänge *m pl*, -verlust *m* (Bergb) / pérdidas *f pl* de lavado ‖ ⁻**abwässer** *n pl* (Tex) / aguas *f pl* residuales, lavazas *f pl* ‖ ~**aktiv** / detergente, de elevada actividad de lavado ‖ ~**aktives Öl** / aceite *m*

detergente ‖ ⁻**anlage** *f* (Kfz) / instalación *f* lavacoches, lavacoches *m*, tren *m* de lavado ‖ ⁻**anlage**, Reihenwaschbecken *n* (Bau) / lavabos *m pl* colectivos ‖ ⁻**anlage** (Bahn) / instalación *f* lavavagones ‖ ⁻**anleitung** *f* (Tex) / instrucciones *f pl* para el lavado ‖ ⁻**anstalt**, Wäscherei *f* / lavandería *f*, lavadero *m* ‖ ⁻**automat** *m* / lavadora *f* automática ‖ ⁻**bahn** *f* (Kfz) / pista *f* de lavado
waschbar (Tex) / lavable
Waschbarkeit *f* (Bergb) / lavabilidad *f*
Wasch•becken *n*, -tisch *m* / lavabo *m*, jofaina *f*, palangana *f*, lavamanos *m* ‖ ⁻**becken** *f* **für Wandbefestigung** / lavabo *m* de consola ‖ ⁻**beckenablauf** *m*, -beckenverschluss *m* mit Stopfen, [mit Ventil] / desagüe *m* del lavabo con tapón, [con válvula] ‖ ⁻**beckenrückwand** *f* / pared *f* posterior del lavabo ‖ ⁻**benzin** *n*, Leichtbenzin *n* (DIN 51630) (Chem) / nafta *f* o gasolina de lavado o de motores, bencina *f*, éter *m* de petróleo ‖ ⁻**berge**, -abgänge *m pl*, -verlust *m* (Bergb) / estéril *m* de lavado ‖ ⁻**berge** *m pl* (Kohle) / zafra *f* y ganga ‖ ⁻**beton** *m* (Bau) / hormigón *m* lavado ‖ ⁻**betontafel** *f* (Bau) / panel *m* de hormigón lavado ‖ ⁻**blau** (veraltet), Permanentblau *n* / azul *m* para blanquear o al agua, azulete *m*, pasta *f* de añil ‖ ⁻**boden** *m* (Chem) / plataforma *f* de lavado ‖ ⁻**bord** *n* (Schiff) / batideros *m pl* ‖ ⁻**bottich** *m*, -bütte *f* / tina *f* o cuba de lavado ‖ ⁻**brett** *n* / tabla *f* de lavar ‖ ⁻**brunnen** *m* (Bau) / lavabo *m* circular colectivo
Waschburn-Kern *m* (Gieß) / núcleo *m* Waschburn
Waschdüse *f* / tobera *f* regadora
Wäsche *f* (Tex) / ropa *f* ‖ ⁻, Wäschewaschen *n* / lavado *m* [de la ropa etc.] ‖ ⁻, Kohlenwäsche *f* (*Anlage*) (Bergb) / lavadero *m* [de carbón] ‖ ⁻ (Anlage) (Erz) / lavadero *m* (de minerales) ‖ ⁻ (Bergb, Tätigkeit) / lavado *m*, lavadura *f* ‖ ⁻, Erzwäsche *f* / lava *f* ‖ ⁻ (Raum) (Bergb) / departamento *m* de lavado ‖ ⁻ (Brennstoffaufbereitung) (Nukl) / depuración *f* ‖ ⁻ **brühen** / colar la ropa ‖ ⁻ **waschen** / lavar [la] ropa ‖ ⁻ *f* **zum Waschen**, während des Waschens / colada *f* ‖ **grobe** ⁻, Haushaltwäsche *f* / ropa *f* doméstica ‖ **saubere** ⁻ / ropa *f* limpia ‖ ⁻-**Abwasser** *n* (Aufb) / aguas *f pl* residuales del lavado, lavazas *f pl*
waschecht, farbecht / sólido [de color] ‖ ~, kochfest / resistente al lavado, sólido al lavado, lavable ‖ ~**es Blau** (Tex) / azul *m* sólido ‖ ~ **sein** (Tex) / presentar solidez al lavado
Wascheinrichtung *f* / instalación *f* lavadora
Wäschemangel *f*, Mangel *f* (Tex) / calandria *f* para ropa, mangle *m*
waschen, ab-, auswaschen / lavar ‖ ~, wässern (Chem) / depurar lavando ‖ ~, klären (Bergb) / clarificar ‖ ~, setzen (Aufb) ‖ **Erz** ~ / lavar minerales ‖ **Gas** ~ / lavar gas ‖ **Wäsche** ~ / lavar [la] ropa ‖ ⁻ *n*, Wäsche *f*, Waschvorgang *m* / lavado *m*, lavadura *f*, colada *f* ‖ ⁻ (Pap) / lavado *m* ‖ ⁻ (Wolle) / lavaje *m* ‖ ⁻ **im Wasser** / lavado *m* en agua ‖ ⁻ **nach Programm** / lavado *m* programado o según programa ‖ ⁻ *n* **unter Wasser** (Aufb) / lavado *m* bajo agua ‖ ⁻ **von Wäsche** / lavado *m* de la ropa
Wäschepresse *f* / escurridora *f*, exprimidora *f* de ropa
Wascher *m* (Chem) / aparato *m* lavador, lavador *m*, depurador *m*
Wäscher *m* (Person) / lavador *m*
Wäscherei *f* / lavandería *f* ‖ ⁻ (Wolle) / planta *f* de lavaje ‖ ⁻ (Industrie) / lavadero *m*
Wascherz *n* / mineral *m* aluvial ‖ ⁻ (aus Flüssen) / mineral *m* fluvial
Wäsche•schleuder *f* / centrifugadora *f* de ropa, secadora *f* o escurridora centrífuga de ropa ‖ ⁻**stärke** *f* (Tex) / almidón *m* para ropa ‖ ⁻**steiger** *m* (Kohle) / capataz *m* o ingeniero del departamento de lavado y flotación ‖ ⁻**stoff** *m* / tela *f* para ropa ‖ ⁻**tinte** *f*,

1487

Wäschetrockner

Wäschemarkierungsfarbe f / tinta f de marcar [la ropa] ‖ ²trockner m / secadora f de ropa
Wasch•feinkohle f (Bergb) / menudos m pl lavados ‖ ~fest s. waschecht ‖ ²flasche f, Gaswaschflasche f (Chem) / botella f lavadora [de gases], frasco m lavador ‖ ²flotte f (Tex) / baño m detergente, lejía f ‖ ²flotte (Menge) / cantidad f de líquido lavador ‖ ²flottenverstärker m / intensificador m de baño lavador ‖ ²flüssigkeit f (Tex) / líquido m lavador ‖ ²gelegenheit f, -einrichtung f / lavabo m ‖ ²gold n (Min) / oro m aluvial o de aluviones, oro m lavado ‖ ²grieß m (Kohle) / menudos m pl ‖ ²gut n, Spülgut n (Bergb) / producto m lavado ‖ ²halle f (Kfz) / cabina f lavacoches ‖ ²herd m (Aufb) / mesa f de lavado ‖ ²hilfsmittel n (Chem) / detergente m, medio m auxiliar de lavado ‖ ²holländer m, Bleich-, m Mischholländer (Pap) / pila f lavadora ‖ ²kasten m (Färb) / caja f neutralizadora ‖ ²kasten (Masch) / cuba f o tina de lavar, tanque m de lavado ‖ ²kaue f (Bergb) / baño-ducha m ‖ ²kessel m, -maschine f / coladora f ‖ ²kolonne f (Chem) / columna f de lavado ‖ ²konservierer m (Kfz) / lavaencera f ‖ ²kraft f / detergencia f ‖ ²küche f (Bau) / lavadero m, tumbaito m (E) ‖ ²küche (coll) (Nebel) / puré m de guisantes ‖ ²kurve f (Bergb) / curva f de lavabilidad ‖ ²kurve nach Mayer / curva f de lavabilidad según Mayer ‖ ²lauge f / jabonaduras f pl, colada f ‖ ²lauge (Chem) / lejía f ‖ ²leder n / gamuza f ‖ ²maschine f / lavadora f (E), máquina f lavadora, lavarropa f (LA), máquina f de lavar (ARG) ‖ ²maschine, Spülmaschine f (Tuch) / máquina f enjuagadora ‖ ~maschinenfest / lavable en lavadora
Waschmittel n / agente m o producto limpiador o para lavar, detergente m ‖ ²behälter m (Waschmaschine) / recipiente m para detergente ‖ ²echtheit f / estabilidad f contra detergentes, solidez f o resistencia a los detergentes ‖ ²füller m / carga f para detergente ‖ ²slurry m / residuos m pl de detergente[s] ‖ ²verlust m / pérdida f de detergente ‖ ²zusatz m / aditivo m de detergente
Wasch•öl n / aceite m de lavado ‖ ²öl für Absorptionskolonnen / aceite m de absorción ‖ ²petroleum n / petróleo m neutro ‖ ²phosphat n (Chem) / fosfato m de lavar ‖ ²probe f (Hütt) / prueba f del mineral lavado ‖ ²produkte n pl (Bergb) / carbón m lavado ‖ ²pulver n / detergente m, jabón en polvo ‖ ²putz m (Bau) / revoque m lavado ‖ ²raum m, -einrichtung, -gelegenheit f / cuarto m de aseo, servicios m pl, lavabo m ‖ ²rinne f (Goldgewinnung) / canal m de lavado ‖ ²rinne mit beweglichem Boden für Zinnbagger / concentrador m de fondo movil para draga de estaño ‖ ²rohstoffe m pl (Chem) / materias f pl primas para detergentes ‖ ²salon m / lavandería f de autoservicio ‖ ²samt m / terciopelo m lavable ‖ ²schlamm m / lodo m de lavado ‖ ²schleudermaschine f / hidroextractor m centrífugo ‖ ²schrumpf m (Tex) / encogimiento m por lavado ‖ ²seide f / seda f lavable ‖ ²sieb n (Aufb) / tamiz m fino ‖ ²soda f (Chem) / sosa f de lavar ‖ ²straße f (Kfz) / tren m o túnel de lavado ‖ ²teich f (Erz) / cocha f ‖ ²terrazo f (Bau) / terrazo m lavado ‖ ²tisch m, Waschbecken n mit Ablagefläche / lavabo m de consola ‖ ²tisch auf Einzelfüßen / lavabo m con piernas o sobre pies, palanganero m ‖ ²tisch auf Säule o. Standfuß / lavabo m de pie central ‖ ²trog m (Tex) / leviatán m ‖ ²trog im Feuchtwerk m (Druck) / artesa f del mecanismo mojador ‖ ²trommel f / tambor m lavador o de la lavadora ‖ ²trommel (Bergb) / tambor m lavador ‖ ²trommel (Pap) / tambor m o cilindro lavador, lavador m cilíndrico ‖ ²turm m (Chem) / torre f o columna depuradora o de lavado ‖ ²turm, Turmwäscher m / torre f de desbenzolaje ‖ ~- und bügelecht (Tex) / sólido al lavado y al planchado ‖ ²- und Plättmaschine f (Tex) / máquina f lavadora y planchadora ‖ ²- und Reinigungsmittel n pl / agentes m pl para lavar y limpiar ‖ ²- und Pflegeanleitung f / instrucciones f pl para el lavado y la conservación ‖ ²- und Schleudermaschine f, Wasch-Vollautomat m, Wasch-Trockner m / lavadora-secadora f automática, máquina f de lavar y secar totalmente automática ‖ ²verfahren n (Tex) / procedimiento m de lavado ‖ ²vergrauung f, Schmutzwiederaufziehvermögen n (Tex) / redeposición f de inmundicias ‖ ²verlust m (Bergb) / pérdidas f pl de carbón por lavado ‖ ²vermögen n (Waschmittel) / poder m detergente, detergencia f ‖ ²versuch m (Bergb) / ensayo m de lavabilidad ‖ ²vorgang m (Tex) / operación f de lavado ‖ ²walze f / rodillo m lavador ‖ ²wanne f / tina f de lavado ‖ ²wasser n / agua f de lavar ‖ ²wasser (Zuck) / aguas f pl de jarabe ‖ ²wasser (Abwasser) / lavazas f pl ‖ ²wassererklärung f (Aufb) / clarificación f de aguas de lavado ‖ ²werk n, Erzwäsche f (Bergb) / planta f lavadora [de minerales] ‖ ²-Wichte-Kurve f, Trennwichte-, W$_c$-Kurve f (Bergb) / curva f de lavado en función de la densidad ‖ ²wirkung f / efecto m lavador o limpiador ‖ ²-Wischanlage f (Kfz) / limpiam y lava-parabrisas ‖ ²wolle f (Tex) / lana f lavada ‖ ²zettel m (Druck) / solapa f de presentación, texto m de aleta ‖ ²zinn n (Bergb) / estaño m aluvial o de aluviones ‖ ²zug m, Leviathan m (Wolle) / leviatán m ‖ ²zyklon m, Hydrozyklon m (Bergb) / hidrociclón m ‖ ²zylinder m, Drehsieb n / cilindro m lavador
Washcoat m (Chem) / washcoat
Wash'n-Wear-Ausrüstung f (Tex) / acabado m lavar y usar, acabado m wash and wear
Washout n (Nukl) / depósito m arrastrado por la lluvia
Washprimer m (Anstrich) / washprimer m, imprimación f fosfatante o de reacción
WASS, Wasserabrasiv-Suspensionsstrahlverfahren n (Zerschneiden mit Wasser und Granatsand bei 2000 Bar) / procedimiento m cortante de chorro hidroabrasivo
Wasser n / agua f, aguas f pl ‖ ² abhaltender Anstrich / pintura f hidrófuga ‖ ² abspaltend (Chem) / deshidratante ‖ ² abstoßend imprägnieren (Tex) / hidrofugar ‖ ² abstoßende Eigenschaft (Tex) / propiedad f hidrófuga ‖ ² abweisend, -abstoßend / hidrófugo, repelente el agua, hidrófobo ‖ ² abweisende Salze, Wasser abstoßende / sales f pl hidrófugas ‖ ² abweisender Anstrich / pintura f hidrófuga, recubrimiento m hidrófugo ‖ ² [ein]nehmen (o. fassen) (Bahn, Schiff) / tomar agua, repostar, aprovisionarse de agua ‖ ² fassen (Bergb) / poner cerramientos ‖ ² hemmend, Wasser abstoßend / hidrorrepelente ‖ ² machen (Schiff) / entrar agua ‖ ² auf o. im ² lebend (o. wachsend) (Biol) / acuático ‖ faules o. trübes o. schmutziges o. verdorbenes ² / agua f sucia o contaminada ‖ hartes ² / agua f dura o gorda ‖ im ² lebend / acuícola ‖ normales ², freies Wasser (Bodenmechanik) / agua f libre ‖ trübes o. schmutziges ² / agua f turbia ‖ unter ² setzen / inundar, anegar de agua ‖ vom Umlauf nicht erfasstes ² (Kessel) / agua f muerta o no circulante ‖ weiches ² / agua blanda f ‖ zu ² / por mar, por vía marítima ‖ zu ² lassen, (ein Boot) aussetzen (Schiff) / botar o echar al agua
Wasser•abdichtung f / estanqueidad f hidraúlica ‖ ²abfluss m, -abzug[skanal] m / alcantarilla f, albañal m ‖ ²abfluss, -ablaufen n / salida f de agua, desagüe m ‖ ²abflussleiste f (Bau) / gotera f ‖ ²abflussrohr n / tubo m de salida de agua, tubo m de desagüe, caño m de desagüe (LA) ‖ ~abgeschirmter Tank (Nukl) / depósito m blindado ‖ ²ablasshahn, Zylinderhahn m (Dampfm) / llave f de desagüe (E), canilla f (LA) ‖ ²ablauf m (Bau) / salida f de agua ‖ den ²ablauf sichern (o. verstärken) (Hydr) / asegurar o garantizar el flujo de agua ‖ ²ablaufgraben m / zanja f de desagüe ‖ ²ablaufkörper m, Wasserschräge f

Wasserenthärtung

(Flachdach) / vierteaguas m ‖ ⁓**ablaufloch** n **in Stützmauern** / agujero m de salida de agua ‖ ⁓**ablaufrinne**, -ablaufnase, Hohlkehle f (Bau) / gotera f ‖ ⁓**ableitung** f / bajada f de agua ‖ **unterirdische** ⁓**ableitung** / evacuación f subterránea de agua ‖ ⁓**ableitung** f **zum Kraftwerk**, Entnahmebauwerk n (Talsperre) / depósito m de distribución, cámara f de carga ‖ ⁓**abscheider** m, -fänger m / separador m de agua ‖ ⁓**abscheider** (Zuck) / separador m de agua dulce ‖ ⁓**abscheider** (Druckluft) / separador m de agua ‖ ⁓**abscheidungsfilter** n / filtro m separador de agua ‖ ⁓**abscheidungsvermögen** n (Öl) / poder m separador de agua, capacidad f de separación de agua ‖ ⁓**absorption**, -aufnahme f / absorción f de agua ‖ ⁓**abspaltung**, Dehydratisierung f (Chem) / deshidratación f ‖ **unter** ⁓**abspaltung** (Chem) / perdiendo agua ‖ ⁓**abstoßung** f / repulsión f del agua ‖ ~**abweisend** (Tex) / hidrófugo ‖ ⁓**abziehstein** m / piedra f de afilar al agua ‖ ⁓**ader** f (Geol) / vena f de agua ‖ ⁓**adern** f pl (Geol, Hydr) / venaje m ‖ ~**ähnlich**, -artig / semejante al agua, hidroide ‖ ⁓**aktivität** f (Lebensmittel) / actividad f de agua ‖ ⁓**andrang** m (Bergb) / acumulación f de agua ‖ ⁓**anlagernd** (Chem) / hidratrante ‖ ⁓**anlagerung** f, Hygroskopizität f / higroscopicidad f ‖ ⁓**[anlass]widerstand** m (Elektr) / reóstato m hidráulico de arranque ‖ ⁓**anschluss** m (Bau) / acometida f o toma de agua ‖ ⁓**-Anschluss** m, -versorgung, -belieferung f / suministro m de agua ‖ ⁓**anteil**, -gehalt m (Chem) / contenido m en agua ‖ ~**anziehend** / hidrófilo ‖ ~**anziehend**, hygroskopisch / higroscópico ‖ ⁓**appretur** f (Tex) / apresto m con agua ‖ ~**arm** / pobre en agua, falto de agua ‖ ~**arm** (Landw) / árido ‖ ~**arm** (Beton) / seco ‖ ⁓**armaturen** f pl (Klempner) / robinetería f o grifería o valvulería de agua, accesorios mpl para tubería[s] de agua ‖ ⁓**aufbereitung** f / tratamiento m de aguas, preparación f del agua ‖ ⁓**aufnahme**, -absorption f / absorción f de agua ‖ ⁓**aufnahmefähigkeit** f / capacidad f absorbente o de absorción de agua, propiedad f higroscópica ‖ ⁓**austritt** m / salida f de agua ‖ ⁓**bad** n (Chem) / baño m María, baño m de agua ‖ ⁓**badring** m / anillo m concéntrico para baño María ‖ ⁓**ballast** m (Schiff) / lastre m de agua ‖ ⁓**ballast im Reifen** (Landw) / lastre m líquido de los neumáticos ‖ ⁓**bau** m / arquitectura f u ingeniería hidráulica ‖ ⁓**bau**, -bauten pl / construcciones f pl o obras hidráulicas ‖ ⁓**bäumchen** n (Dielektrikum) / árbol m de agua ‖ ⁓**bautechnik** f / ingeniería f hidráulica o hidrotécnica ‖ ⁓**bautechniker** m, -bauingenieur m / ingeniero m hidráulico o de obras hidráulicas ‖ ⁓**becken**, Bassin n / pila f, pileta f, alberca f ‖ ⁓**bedarf** m / agua f necesaria, necesidades f pl de agua, demanda f de agua, exigencias f pl hídricas ‖ ⁓**bedarf einer Schleuse** / agua f necesaria para la esclusa ‖ ⁓**behälter** m / depósito m o tanque de agua, aljibe m, cisterna f ‖ ⁓**beize** f (Färb) / mordiente m a base de agua ‖ ⁓**[be]lieferung** f / suministro m de agua ‖ ⁓**berieselung** f (Landw) / irrigación f con agua, rociado m con agua, riego m ‖ ⁓**beschaffenheit** f, Wasserqualität f / calidad f de agua ‖ ~**beständig** / resistente al agua, a prueba de agua ‖ ⁓**beständigkeit** f / resistencia f o solidez al agua ‖ ⁓**beständigkeit** (Glas) / resistencia f hidrolítica ‖ ⁓**bestimmung** f (Öl) / determinación f del contenido en agua ‖ ⁓**bilanz** f / balance m hidrológico ‖ ⁓**bilanz**, -haushalt m (Geo) / hidraulicidad f ‖ ⁓**bildung** f (Öl) / formación f de un cono de agua ‖ ⁓**blau** n (Färb) / azul m de agua ‖ ⁓**bohrung** f / sondeo m exploratorio de agua ‖ ⁓**bremse** f, -wirbelbremse f / freno m hidráulico ‖ ⁓**brücke** f, hohle o. wassergekühlte Feuerbrücke (Hütt) / puente m o altar del horno refrigerado por agua

Wasserdampf m / vapor m de agua ‖ ⁓**abgabe** f, -durchlässigkeit f / transmisión f de vapor de agua ‖ ⁓**behandlung** f (Sintern) / tratamiento m con vapor de agua ‖ ⁓**destillation** f / destilación f en vapor de agua o por arrastre de vapor ‖ ⁓**dichtigkeit** f, Wasserdampfundurchlässigkeit f (Tex) / impermeabilidad f al vapor de agua ‖ ⁓**dichtigkeitszahl** f / índice m de transmisión del vapor de agua ‖ ⁓**durchgang** m (Bau) / transmisión f del vapor de agua, paso m del vapor de agua ‖ ⁓**durchgangszahl** f / coeficiente m de transmisión del vapor de agua ‖ ⁓**durchlässigkeit** f / permeabilidad f al vapor de agua ‖ ⁓**-Fassungsvermögen** n / poder m o capacidad f de retención de vapor de agua, tasa f de retención de vapor de agua ‖ ~**flüchtig** (Chem) / volátil en [el] vapor de agua ‖ ⁓**spaltung** f (Phys) / descomposición f o disociación del vapor de agua ‖ ⁓**taupunkt** m / punto m de rocío del vapor de agua ‖ ⁓**-Überschuss** m / exceso m o excedente de vapor de agua ‖ ⁓**verträglichkeit** f (Vakuum) / presión f máxima admisible (o tolerable) de vapor de agua

Wasser·dargebot n / cantidad f de agua disponible, suministro m de agua ‖ ⁓**decke** f (Zuck) / clarificación f de agua ‖ ⁓**deckeinrichtung** f (Zuck) / instalación f de clarificación ‖ ⁓**destillationsanlage** f / aparato m destilador de agua

wasserdicht, -fest, [wasser]undurchlässig / a prueba de agua, impermeable o estanco al agua ‖ ~**es Abteil** (z.B. U-Boot) / cámara f estanqueizada, compartimento m estanqueizado ‖ ~ **gekapselter Elektromotor** / motor m eléctrico encapsulado a prueba de agua ‖ ~ **e Isolierung** / aislamiento m impermeable ‖ ~ **machen** (Tex) / impregnar, impermeabilizar ‖ ~ **machen** (Bau) / impermeabilizar ‖ ~**er Melton** (Tex) / meltón m impermeabilizado ‖ ~**e Schicht** (Bau, Straßb) / capa impermeable [al agua] ‖ ~**er Stoff** (Tex) / tejido m o tela impermeable ‖ ~**e Verbindung** (Elektr) / unión f estanca al agua

Wasser·dichtigkeit f, -dichtheit f / estanqueidad f al agua ‖ ⁓**dichtmachen** n (Elektr) / impermeabilización f contra los chorros de agua ‖ ⁓**dichtmachen**, Imprägnieren n / impermeabilización f, impregnación f ‖ ⁓**draht** m (Hütt) / alambre m templado al agua ‖ ⁓**druck** m (Phys) / presión f hidráulica o de agua ‖ ⁓**druckprobe** f, -versuch m (Masch) / prueba f de presión de agua, prueba f hidráulica, ensayo m de presión hidráulica ‖ ⁓**druckprobe**, -druckversuch m (Tex) / ensayo f de estanqueidad [al agua] ‖ ⁓**druckregler** m / válvula f reductora de presión de agua, válvula f reguladora ‖ ⁓**dunst** m / niebla f de agua ‖ ⁓**durchbruchshieb** m (Bergb) / galería f de desagüe ‖ ~**durchflossen o. durchströmt** / con circulación de agua ‖ ⁓**durchflussgeschwindigkeit** f / velocidad f de paso del agua ‖ ⁓**durchflussmenge** f / caudal m de agua ‖ ⁓**durchlass** m (Hydr, Straßb) / alcantarilla f ‖ ~**durchlässig** / permeable [al agua] ‖ ⁓**durchlässigkeit** f / permeabilidad f [al agua] ‖ ⁓**durchsatz** m / caudal m de agua [por unidad de tiempo] ‖ ~**durchtränkt** / impregnado de agua, embebido de agua ‖ ⁓**ebene** f (Schiff) / plano m horizontal de flotación ‖ ~**echt**, -fest (Tex) / sólido al agua ‖ ⁓**echtheit** f / solidez f al agua ‖ ⁓**einbruch** m (Bergb) / irrupción f o entrada de agua[s] ‖ ⁓**eindringen** n (Bau) / penetración f o entrada o infiltración de agua ‖ ⁓**einheiten** f pl / unidades f pl [volumétricas] de agua ‖ ⁓**einnahme**, -entnahme f (Tätigkeit) / toma f de agua ‖ ⁓**einpressen** n (Öl) / anegación f o inyección de agua ‖ ⁓**einschluss** m / inclusión f de agua ‖ ⁓**einspritzung** f / inyección f de agua ‖ ⁓**eintritt** m / entrada f de agua ‖ ⁓**einzugsgebiet** n (Geo) / cuenca f hidrográfica ‖ ⁓**elektrolyse** f (Chem) / electrólisis f de agua ‖ ~**empfindlich** / sensible al agua ‖ ⁓**empfindlichkeit** f, -wert m (Treibstoff) / sensibilidad f al agua ‖ ⁓**enteisenung** f (Chem) / de[s]ferrización f del agua, extracción f de hierro del agua ‖ ⁓**enthärtung** f /

Wasserenthärtungsmittel

desendurecimiento *m* del agua, endulzamiento *m* o ablandamiento del agua ‖ ⁓**enthärtungsmittel** *n*, -**enthärter** *m* / agente *m* desendurecedor del agua, reblandecedor *m* de agua ‖ ⁓**entkalkung** *f* / descalcificación *f* del agua ‖ ⁓**entkeimung** *f* / esterilización *f* del agua ‖ ⁓**entmanganung** *f* / desmanganización *f* del agua ‖ ⁓**entnahme** *f* / toma *f* o extracción de agua ‖ ⁓**entnahmeflasche** *f* (Ozean) / botella *f* tomamuestras ‖ ⁓**entsalzung** *f* (Chem) / desalación *f* del agua ‖ ⁓**entsäuerung** *f* / desacidificación *f* del agua, desoxidación *f* del agua ‖ ⁓**entziehend** / deshidratante ‖ ⁓**entziehung** *f*, -entzug *m* / eliminación *f* de agua, extracción *f* de agua ‖ ⁓**entziehung**, Dehydratisierung *f* (Chem) / deshidratación *f* ‖ ⁓**entziehung** *f*, Austrocknung *f* / desecación *f* ‖ ⁓**erhitzer** *m* / calentador *m* de agua ‖ ⁓**extraktor** *m* / extractor *m* de agua ‖ ⁓**fachmann** *m* / experto *m* en hidrología ‖ ⁓**fahrzeug** *n* / vehículo *m* acuático, embarcación *f*, lancha *f*, nave *f* ‖ ⁓**fahrzeug**, -schiff *n* / buquetanque *m* de agua, buque *m* cisterna ‖ ⁓**fall** *m* (Geo) / caída *f* de agua, salto *m* de agua ‖ **kleiner o. künstlicher o. mehrstufiger** ⁓**fall** / cascada *f* ‖ **großer** ⁓**fall** / catarata *f* ‖ ⁓**fallelektrizität** *f* / baloelectricidad *f* ‖ ⁓**fangkasten** *m* (Kfz) / caja *f* colectora de agua ‖ ⁓**farbe** *f*, Aquarellfarbe *f* / color *m* para acuarela ‖ **deckende** ⁓**farbe** (Zeichn) / aguada *f* ‖ ⁓**fassung** *f* (Vorgang) (Hydr) / captación *f* del agua ‖ ⁓**fassung** (Bauwerk, Hydr) / toma *f* de agua ‖ ⁓**fest** / higroestable, sólido al agua ‖ ⁓**fester Anstrich** / pintura *f* a prueba de agua ‖ ⁓**fester Leim** (Tischl) / cola *f* hidráulica ‖ ⁓**festigkeit** *f* / higroestabilidad *f*, solidez *f* al agua ‖ ⁓**film** *m* [auf der Straße] / capa *f* de agua [sobre el firme] ‖ ⁓**filmbildender Schaum** (F'wehr) / espuma *f* que forma una delgada capa de agua ‖ ⁓**filter** *n m* / filtro *m* para agua ‖ ⁓**fläche** *f* (z.B. Meer) / masa *f* de agua ‖ ⁓**fläche**, -oberfläche *f* / superficie *f* de agua ‖ **[große ruhige]** ⁓**fläche** / extensión *f* de agua ‖ ⁓**fleck** *m* (Pap) / mancha *f* de agua ‖ ⁓**flugzeug** *n* / hidroavión *m*, hidro *m* (col) ‖ ⁓**flugzeug-Aufschleppwagen** *m* / remolcador *m* para hidroaviones ‖ ⁓**flugzeugbasis** *f* / base *f* de hidros ‖ ⁓**fluss** *m*, Laufen *n* des Wassers / flujo *m* o corriente de[l] agua, movimiento *m* de aguas ‖ ⁓**fluten** *n* (Öl) / anegación *f* de agua, empuje *m* por agua ‖ ⁓**förderung** *f* (Bergb) / elevación *f* de agua[s] ‖ ⁓**frei** (allg) / sin agua, desprovisto de agua ‖ ⁓**frei** (Kohle) / sin agua ‖ ⁓**frei** (Aufb) / seco ‖ ⁓**frei**, entwässert (Öl) / deshidratado ‖ ⁓**frei** (Chem) / anhidro, anhídrico, anhídrido ‖ ⁓**frei**, absolut (Chem) / absoluto ‖ ⁓**freier Alkohol** / alcohol *m* anhidro o absoluto ‖ ⁓**freies Ammoniak**, Ammoniakanhydrid *n* / amoníaco *m* anhidro ‖ ⁓**freier Gips**, Anhydrit *m* (Bau) / anhidrita *f* ‖ ‖ ⁓**führend** (Geol) / acuífero ‖ ⁓**führende Kluft** (Bergb) / grieta *f* acuífera ‖ ⁓**führende Schicht**, Wasserschicht *f* (Bergb) / capa *f* acuífera, estrato *m* acuífero ‖ ⁓**führung**, -masse *f* (Hydr) / caudal *m*, flujo *m* de agua ‖ ⁓**führung** *f* (Bergb) / presencia *f* de agua ‖ ⁓**führung**, -menge *f* (Hydr) / régimen *m* de agua[s] ‖ ⁓**furche**, Runse *f* (Geol) / grieta *f* acuífera ‖ ⁓**gang** *m* (Schiff) / gotera *f* ‖ ⁓**garbe** *f* / ráfaga *f* de agua ‖ ⁓**gas** *n* / gas *m* pobre o de agua ‖ **angereichertes** ⁓**gas** / gas *m* de agua carburado ‖ ⁓**gasschweißung** *f* / soldadura *f* con gas de agua ‖ ⁓**gebunden** (Straßb) / hidráulico, ligado con agua ‖ ⁓**gefüllte Reifen** (Landw) / neumáticos *m pl* llenos de agua ‖ ⁓**gehalt** *m* / contenido *m* de (o en) agua ‖ ⁓**gehalt des Dampfes** (Dampfm) / contenido *m* en agua [del vapor] ‖ ⁓**gehalt in %** *m* / contenido *m* en agua en %, porcentaje *m* de agua ‖ ⁓**gehaltsprüfer für Öl** *m* / aparato *m* de Dean y Stark ‖ ⁓**gehärtet** (Stahl) / templado al agua ‖ ⁓**gekühlt** / enfriado o refrigerado por o con agua ‖ ⁓**gekühlt** (mit Kühlmantel) / con camisa de agua ‖ **mit** ⁓**gekühlter Luft gekühlt** (Elektr) / refrigerado por aire enfriado con agua ‖ ⁓**gekühlter u. -moderierter**

Reaktor, Leichtwasser-Reaktor *m*, LWR (Nukl) / reactor *m* de agua ligera ‖ ⁓**gemischt** (Schneidöl) / mezclado de agua ‖ ⁓**geschmiert** / lubri[fi]cado por agua ‖ ⁓**gewinnung** *f* / captación *f* u obtención de agua ‖ ⁓**glas** *n*, Trinkglas *n* / vaso *m* para agua ‖ ⁓**glas**, Wasserstandszeiger *m* (Masch) / indicador *m* del nivel de agua, mirilla *f* ‖ ⁓**glas** (Chem) / vidrio *m* soluble ‖ ⁓**glas**, Natronwasserglas *n*, Natriumsilikat *n* / silicato *m* sódico o de sodio ‖ ⁓**glas**, Kaliwasserglas *n*, Kaliumsilikat *n* / silicato *m* potásico o de potasio ‖ ⁓**glasfarbe** *f* / pintura *f* al vidrio soluble, pintura *f* al silicato sódico o potásico ‖ ⁓**glaskitt** *m* (Bau) / cemento *m* de silicato de sodio, mastic *m* o masilla de vidrio soluble ‖ ⁓**glätte** *f*, Aquaplaning *n* (Kfz) / acuaplaning *m* ‖ ⁓**graben** *m* (Landw) / zanja *f* o fosa de agua, acequia *f* ‖ ⁓**graben**, Bewässerungsgraben *m* / zanja *f* de irrigación o de riego ‖ ⁓**granuliert** (Hütt) / granulado con agua ‖ ⁓**gussform** *f* (Strangguss) / molde *m* refrigerado por agua ‖ ⁓**güte** *f* / calidad *f* del agua ‖ ⁓**hahn** *m* / grifo *m* de agua (E), canilla *f* (LA), caño *m* (ARG+PER), llave *f* de agua o pluma (COL), bitoque *m* (MEJ) ‖ ⁓**haltevermögen** *n* (Landw) / capacidad *f* de retención de agua ‖ ⁓**haltig**, wässerig, Wasser... / acuoso ‖ ⁓**haltig** (Chem) / hidratado ‖ ⁓**haltig**, -speichernd (Hydr) / que retiene el agua ‖ ⁓**haltung** *f*, -wältigung *f*, -hebung *f* (Bergb) / drenaje *m* de minas, agotamiento *m*, achicamiento *m*, desagüe *m* ‖ ⁓**haltung**, Pumpensatz *m* (Bergb) / bombas *f pl* de agotamiento de agua, grupo *m* de bombas para agotamiento ‖ ⁓**haltungsarbeiten** *f pl* (Bau) / trabajos *m pl* de agotamiento de agua ‖ ⁓**haltungsmaschine** *f* (Bergb) / máquina *f* elevadora de aguas ‖ ⁓**haltungsschacht** *m* (Bergb) / pozo *m* de agotamiento o de desagüe ‖ ⁓**haltungsstollen**, -losungsstollen *m* (Bergb) / galería *f* de drenaje ‖ ⁓**härte** *f* / dureza *f* del agua ‖ ⁓**härtegrad** *m* / grado *m* hidrotimétrico del agua ‖ ⁓**härteprüfer** *m*, -messer *m* / hidrotímetro *m* ‖ ⁓**härteprüfung** *f* / hidrotimetría *f* ‖ ⁓**härter** *m* (Stahl) / acero *m* de temple al agua, acero *m* templado en agua ‖ ⁓**härtung** *f* (Masch) / temple *m* al agua ‖ ⁓**haushalt** *m* / economía *f* hídrica, equilibrio *m* hidrológico, balance *m* de agua, régimen *m* hidráulico ‖ ⁓**haushaltswert** *m* / coeficiente *m* del balance de agua ‖ ⁓**hebemaschine** *f* / máquina *f* elevadora de agua ‖ ⁓**heber** *m*, Pulsometer *m* / pulsómetro *m* ‖ ⁓**heberad**, Paternosterwerk *n* / elevador *m* de cangilones o de rosario ‖ ⁓**hebewerk** *n* / instalación *f* elevadora de agua, estación *f* de bombeo, elevador *m* de agua ‖ ⁓**heizer** *m* (Elektr, Gas) / calentador *m* de agua, aparato *m* [productor] de agua caliente ‖ ⁓**heizschlauch** *m* (Gummi) / cámara *f* vulcanizadora a agua ‖ ⁓**hell** / claro [como el agua], transparente ‖ ⁓**hochbehälter** *m*, -hochreservoir *n* / depósito *m* de agua elevado ‖ ⁓**höhe** *f* / nivel *m* de agua ‖ ⁓**horizont** *m* (Bergb) / nivel *m* de aguas ‖ ⁓**hose** *f* (Meteo) / tromba *f* o manga de agua, manga *f* marina ‖ ⁓**hydraulisch** / aguahidráulico

wässerig (Lösung) / acuoso ‖ ⁓, blass (Farbe) / diluido ‖ ⁓**e Anschlemmung** / suspensión *f* acuosa ‖ ⁓**er Auszug** (Chem) / extracto *m* acuoso ‖ ⁓**es Holz** / madera *f* de armadía o balseo ‖ ⁓**es Medium** / medio *m* acuoso ‖ ⁓**e Mischung** [von ...] / mezcla *f* acuosa [de ...] ‖ ⁓**e Phase** (Phys) / fase *f* acuosa ‖ ⁓**-homogener Reaktor** / reactor *m* acuoso [homogéneo]

Wässerigkeit *f* / acuosidad *f*

Wasser•inhalt *m*, -menge *f* / cubaje *m* de agua, cabida *f* de agua ‖ ⁓**inhalt** (Kühler) / capacidad *f* de agua ‖ ⁓**injektions-Plasmaschneiden** *n* (Wzm) / corte *m* al chorro de plasma con inyección de agua ‖ ⁓**-in-Öl-Emulsion** *f* / emulsión *f* agua-aceite o de agua en aceite ‖ ⁓**installation** *f* (Bau) / instalación *f* de [distribución de] agua ‖ ⁓**kalander** *m* (Tex) / calandr[i]a *f* de agua (E) o húmeda (LA) ‖ ⁓**kalk** *m*,

Wasserrotte

hydraulischer Kalk (Bau) / cal f hidráulica ‖ ⁓kammer f (Masch) / cámara f de agua ‖ ⁓kammer, -raum m (Dampfm) / cámara f o colector de agua ‖ ⁓kammerkessel m / caldera f acuotubular con colector, caldera f de cámara de agua ‖ ⁓kanal m (Schiff) / canal m de agua, vía f acuática ‖ ⁓kanone f / cañón m de agua ‖ ⁓kapazität f (Boden, Landw) / capacidad f de agua ‖ ⁓kasten m, -kammer f (Masch) / caja f o cámara de agua ‖ ⁓kasten, -behälter m / depósito m o recipiente o tanque de agua ‖ ⁓kasten m (Druck) / caja f de remojo ‖ ⁓kasten des Kühlers (Kfz) / caja f de agua del radiador ‖ ⁓kegel m (Öl) / cono m de agua ‖ ⁓kessel m / caldera f de agua, hervidor m ‖ großer ⁓kessel / calderón m ‖ ⁓kesselreaktor m, -kocherreaktor m / reactor m hervidor de agua, reactor m de ebullición ‖ ⁓kissen n (Geol) / bolsa f de agua ‖ ⁓kitt n (Bau) / cemento m hidráulico ‖ ⁓klar / claro como el agua, transparente ‖ ⁓klosett n / wáter m, inodoro m ‖ ⁓kraft f (Phys) / fuerza f o energía hidráulica ‖ ⁓kraft / "hulla blanca" f ‖ ⁓kraftanlage f / instalación f de fuerza hidráulica, instalación f hidroeléctrica ‖ ⁓kraftmaschine f, Hydromotor m / máquina f hidráulica, motor m hidráulico ‖ ⁓kraftwerk n / central f hidráulica o hidroeléctrica ‖ ⁓kreislauf m (in der Natur) / ciclo m de agua, ciclo m hidrológico ‖ ⁓-Kreislauf m (Aufb) / circuito m de agua, circulación f del agua ‖ ⁓krumpe f (Tuch) / deslustre m o decatisado por agua ‖ ⁓kühler m (Kfz) / radiador m de agua ‖ ⁓kühlmantel m / camisa f de agua, enfriamiento m por agua ‖ ⁓kühlung f / refrigeración f por agua ‖ ⁓kultur, Hydroponik f / cultivo m hidropónico, hidropónica f, hidrocultivo m ‖ ⁓kunde f, -wesen n / hidrología f ‖ ⁓kundlich / hidrológico f ‖ ⁓lack m, Aqualack m / laca f de agua, laca f al agua ‖ ⁓lamelle f (Hydr) / napa f, capa f de agua, lámina f vertiente ‖ ⁓-Land... / anfibio ‖ ⁓-Land-Flugzeug m, Amphibienflugzeug n / avión m anfibio ‖ ⁓landung, Wasserung f, Wassern n (Luftf) / amaraje m, acuatizaje m, amerizaje m, amarada f ‖ ⁓lauf m (Geo) / curso m de agua, corriente f de agua ‖ ⁓lauf, Bach m / riachuelo m, arroyo m (LA) ‖ ⁓lauf, Fluss m / río m ‖ ⁓lauf, Strom m / corriente f, vía f acuática ‖ ⁓leitung f (Klempner) / acueducto m, tubería f de agua (E), cañería f de agua (LA) ‖ ⁓leitungsinstallateur m / fontanero m (E), plomero m (LA) ‖ ⁓leitungsinstallation f / fontanería f (E), plomería f (LA) ‖ ⁓[leitungs]rohr n / tubo m de agua (E), caño m de agua (LA) ‖ ⁓linie f (Schiff) / línea f de flotación, línea f de agua, lengua f del agua ‖ ⁓linie, Egoutteurrippe f (Pap) / puntizón m ‖ ⁓linie f, -marke f (Hydr) / nivel m de agua ‖ über der ⁓linie (Schiff) / encima de la línea de flotación ‖ ⁓linienpapier n / papel m acantillado o estriado o verguetado o vergé ‖ ⁓linienriss m (Schiff) / plano m horizontal de flotación, proyección f horizontal de flotación ‖ ⁓linienschwerpunkt m (Schiff) / centro m de flotación ‖ ⁓loser Gasbehälter / gasómetro m seco ‖ ⁓löslich (Chem) / soluble en [el] agua, hidrosoluble ‖ ⁓lösliches Gold / oro m coloidal ‖ ⁓lösliches Kunstharz / resina f [sintética] soluble en el agua ‖ ⁓lösliches Öl / aceite m soluble en agua ‖ ⁓lösliche Vitamine n pl (C-B₁₂) / vitaminas hidrosolubles f pl ‖ ⁓lösliches Schneidöl (Wzm) / aceite m de corte soluble en el agua ‖ ⁓löslichkeit f / solubilidad f en agua, hidrosolubilidad f ‖ ⁓lösung f, -haltung f (Bergb) / drenaje m de minas ‖ ⁓[lösungs]stollen m (Bergb) / galería f profunda o de desaguado, socavón m de desagüe ‖ ⁓lösungsvermögen, Sättigungslöslichkeit f (Chem) / límite m de solubilidad en agua, saturación f en agua ‖ ⁓mangel m, -knappheit f / escasez f o falta de agua (E), merma f acuífera (LA) ‖ ⁓mangelmelder m / avisador m de bajo nivel de agua ‖ ⁓mangelsicherung f / interruptor m de seguridad ‖ ⁓mantel m (Kühlung) / camisa f o chaqueta de agua,

manguito m de agua ‖ ⁓marke f, -linie f (Hydr) / nivel m de agua ‖ ⁓masse f / masa f de agua, aguas f pl ‖ ⁓mauer, Ufereinfassung f (Brücke) / muro m de orilla ‖ ⁓menge f (Hydr) / cantidad f de agua, caudal m ‖ ⁓menge bei Trockenwetter / estiaje m ‖ ⁓mengenmessung f / hidrometría f ‖ ⁓mengenwirtschaft f, Wasserhaushalt m / balance m hidrológico ‖ ⁓mess... / hidrométrico ‖ ⁓messer, -zähler m / contador m de agua, hidrómetro m ‖ ⁓messung, Hydrometrie f / hidrometría f ‖ ⁓mischbatterie f (Klempner) / grifo m mezclador [de agua] ‖ ⁓monitor m (Nukl) / monitor m de la radiactividad del agua ‖ ⁓mörtel m (Bau) / mortero m hidráulico ‖ ⁓motor m / motor m hidráulico ‖ ⁓mühle f / molino m de agua, aceña f
wassern vi, auf dem Wasser niedergehen o. landen (Luftf) / amarar, amerizar, acuatizar
wässern vt, feuchten / mojar, remojar, poner en remojo ‖ ~, eintauchen / sumergir, bañar ‖ ~, bewässern (Landw) / regar, rociar ‖ ~, [aus]waschen (Chem, Foto) / lavar ‖ ~, verdünnen / aguar, diluir ‖ ~, einweichen / remojar ‖ ~, netzen (Tuch) / humedecer, humectar ‖ ~, flammen, kräuseln (Web) / ratinar ‖ ~, moirieren (Tex) / muarar, moirer ‖ den Film ~ / lavar la película ‖ ⁓ n (Hanf) / remojo m ‖ ⁓ (Foto) / lavado m
Wasser•nase, Unterschneidung f (Bau) / goterón m ‖ ⁓nebel m / niebla f de agua, nebulizada f ‖ ⁓nehmen n (Bahn, Schiff) / toma f de agua ‖ ⁓[not]landung f, Notwasserung f (Luftf) / amerizaje m o acuatizaje forzoso ‖ ⁓nutzung f / utilización f de agua[s] ‖ ⁓[ober]fläche f / superficie f de agua ‖ ⁓-Öl-Kühler m / refrigerador m de aceite por agua ‖ ⁓organismentest m (Abwasser) / ensayo m biológico ‖ ⁓papier n / papel m hidrófilo ‖ ⁓pflanzen f pl, Hydrophyten pl, -philen pl (Bot) / plantas f pl acuáticas, hidrofitos m pl ‖ ⁓pforte (Schiff) / portal m de descarga ‖ ⁓[schutz]polizei f / policía f fluvial, brigada f fluvial ‖ ⁓polster n, -kissen n (Hydr) / cojín m de agua (E), colchón m de agua (LA) ‖ ⁓probe f / muestra f de agua ‖ ⁓prüfung f auf Kalkgehalt / análisis m hidrotimétrico de cal f ‖ ⁓pumpe f (Kfz) / bomba f de agua ‖ ⁓pumpenzange f mit Gleitgelenk (Wz) / llave f corrediza, cocodrilo m, sargento m ‖ ⁓pumpstation f (Hydr) / estación f de bombeo de agua, estación f elevadora de agua ‖ ⁓putzanlage f (Gieß) / instalación f de límpieza por chorro de agua ‖ ⁓querschnitt m (Hydr) / sección f de caudal m ‖ ⁓rad n / rueda f hidráulica ‖ ⁓rad, Löffelrad n / rueda f horizontal ‖ ⁓raum (Kessel) / espacio m de agua ‖ ⁓raum (Kühler) / depósito m o recipiente de agua ‖ ⁓rechte n pl der Anlieger / derechos m pl de los ribereños, foros m pl de regadío ‖ ~reich (Beton) / acuífero ‖ ~reich (Fluss) / caudaloso ‖ ⁓reiniger m (Filter) / filtro m depurador de agua ‖ ⁓reinigung f / depuración f o purificación de[l] agua ‖ ⁓reinigung im Ionenaustauscher / permutación f ‖ ⁓reinigungskohle f / carbón m depurador de agua ‖ ⁓reserven f pl / reservas f pl hidráulicas o de agua ‖ ⁓reservoir n / depósito m o pileta de agua ‖ ⁓reservoir, Hochzonenbehälter m / reservorio m (PER) ‖ ⁓ressourcen f pl / recursos m pl hidráulicos o de agua ‖ ⁓ring m (Pumpendichtung) / anillo m de agua ‖ ⁓ringpumpe f / bomba f de anillo hidráulico o de agua ‖ ⁓rinne f (Bau) / canal m de agua (E), canaleta f de agua (LA) ‖ ⁓rinne, Dachrinne f (Bau) / gotera f, reguero m ‖ ⁓rinne, Stromrinne f / badón m [de río] ‖ ⁓rinne (Autodach) / escupeaguas m ‖ ⁓rohr n / tubo m de agua (E), caño m de agua (LA) ‖ ⁓rohrbruch m / rotura f de un tubo o cañería de agua ‖ ⁓rohrkessel m / caldera f acuotubular o de tubos de agua ‖ ⁓rösche f (Graben), -seige f (Bergb) / fosa f de desagüe ‖ ⁓rost m, Körn-, Granulierrost m (Hütt) / parrilla f o rejilla de granular ‖ ⁓rost (Feuerung) / emparrillado m refrigerado por agua ‖ ⁓rotte, -röste f (Flachs) /

enriado m en agua ‖ ~rückhaltevermögen n, WRV / capacidad f de retención de agua ‖
~rückhaltevermögen (Tex) / higroscopicidad f ‖
~rückkühler m / refrigerador m de agua de retorno ‖
~rücklauf m / retorno m de agua ‖ ~rücknahme f / reciclaje m de agua, recuperación f de agua ‖ ~sack m (Bau, Stahlbau) / bolsa f de agua (E), bolsón m de agua (LA) ‖ ~sack, -abscheider m / separador m de agua ‖ toter ~sack einer Leitung / bolsa f de agua [en una tubería] ‖ ~sackrohr n / sifón m, tubo m sifón ‖
~säule f / columna f de agua ‖ ~säule (bei Unterwasser-Atomexplosion) / columna f de agua (levantada por la explosión nuclear submarina) ‖
~schacht m (Bau) / pozo m de drenaje ‖ ~schaden (im Brandfall) / daño m causado por el agua de extinción ‖ ~schaden (Überschwemmung) / daño m por inundación ‖ ~schall m / sonido m submarino ‖
~schallsender m / transductor m electroacústico sumergido ‖ ~scheide f (Brücke, Geol, Tunnel) / divisoria f hidrográfica o de agua ‖ ~schenkel m, Wetternase f (Bau) / bateaguas m (para impedir la entrada de agua) ‖ ~schenkelstahl n / acero m para vierteaguas [de ventanas] ‖ ~schicht f (Bergb) / estrato m de agua, lámina f acuífera, napa f freática ‖
~schichtung f / estratificación f de agua ‖ ~schirm m (Feuerung) / pantalla f de refrigeración por agua ‖
~schlag m, Schlagen n des bewegten Wassers (im Tank) (Schiff) / golpe m de agua (en el depósito de compensación) ‖ ~schlag (in Rohrleitungen) (Hydr) / choque m de agua o de ariete ‖ ~schlag, -stoß m (Wasserturbine) / choque m de agua ‖ ~schlauch m / manguera f, manga f, tubo m flexible de agua ‖
~schleier m / cortina f de agua ‖ ~schloss n (Hydr) / cámara f o chimenea de equilibrio, pozo m de oscilación ‖ ~schmierung f / lubricación f por agua ‖
~schnecke f (Schädling) / caracol m acuático, gasterópodo m acuático ‖ ~schöpfer m / sacamuestras m de agua ‖ ~schräge f (Bau) / vierteaguas m ‖ archimedische ~schraube, -schnecke f (Hydr) / tornillo m de Arquímedes, rosca f transportadora de agua ‖ ~schutz m / protección f contra las aguas ‖ ~schutzgebiet n / zona f de captación de agua potable, reserva f de agua [potable] ‖ ~schutzpolizei f / brigada f fluvial ‖ ~seige f s. Wasserrösche ‖ ~seite f / lado m río arriba ‖ ~ski m / esquí m acuático ‖ ~einziehbarer ~ski (LA) / hidroesquí m ‖ ~spaltung f (Chem) / disociación f acuosa ‖ ~sparer m (Dusche) / reductor m de caudal ‖ ~speicher m / acumulador m de agua, cisterna f de agua ‖ [Heiß] ~speicher / depósito m de agua caliente ‖ ~speier m (Bau) / gárgola f ‖ ~spiegel m / superficie f de agua ‖ ~spiegel, Wasserstandshöhe f / nivel m del agua ‖ ~sport m / deporte m acuático o náutico ‖ ~sprung m, Wechselsprung m (Rohrleitung) / choque m de agua o de ariete ‖ ~sprung, -schwelle f (Hydr) / salto m hidráulico ‖ ~spülapparat m (W.C.) / bombillo m, aparato m de sifón ‖ ~spülkasten m / depósito m de agua ‖ ~spülrohr n / tubo m de expulsión por agua ‖ ~spülung (Tex) / enjuague m ‖
~spülung (Bau) / expulsión f de agua ‖ ~spülung (System) (Bau) / sistema m de expulsión por agua ‖
~spülung (Öl) / lodo m de circulación [de perforación] ‖ ~spülung beim Pfahltreiben (Bau) / hincado m por chorro de agua ‖ ~spülung des Bohrers (Bergb) / limpieza f con agua (E), lavado m con agua (LA) ‖ ~stammbaum m (Aufb) / hoja f de sucesión f de las operaciones de circulación, esquema m de circulación de aguas

Wasserstand, Pegel[stand] m, -höhe f (Hydr) / nivel m de agua ‖ ~ m, -linie f (Hydr) / altura f de agua ‖ höchster ~, Hochwasserstand m / nivel m máximo de agua ‖ höchster schiffbarer ~, H. Sch. Wst. / nivel m máximo navegable ‖ niedrigster ~, Niedrigwasser n (Messgröße) / nivel m de aguas bajas ‖ niedrigster ~, Tiefwasserstand m / estiaje m

Wasser•ständer m (Bewässerung) / boca f de riego ‖
~standrohr n / tubo m de nivel de agua

Wasserstands•anzeiger m / indicador m del nivel de agua ‖ ~begrenzer m / limitador m del nivel de agua ‖
~glas n, -messer m (Kessel) / tubo m de nivel de agua ‖
~hahn, Probierhahn m / grifo m de nivel de agua ‖
~höhe, -linie f (Hydr) / altura f de agua ‖ ~melder m / teleindicador m del nivel de agua ‖ ~messer m in kanalisierten Flüssen / fluviómetro m ‖ ~messung f mit Schwimmer / medición f del nivel de agua con flotador ‖ ~regler m / regulador m del nivel de agua ‖
~verhältnisse n pl / régimen m de las aguas

Wasser•stau m / embalse m, remanso m ‖ ~staub m, Gischt m / espuma f de olas ‖ ~staub, Nebel m / niebla f ‖ ~stein m / incrustaciones f pl

Wasserstoff m, H (Chem) / hidrógeno m ‖ flüssiger ~ / hidrógeno m líquido ‖ in ~ verwandeln, mit Wasserstoff verbinden o. zusammensetzen / hidrogenar ‖ ~abscheider m / depósito m separador de hidrógeno ‖ ~angereichert / hidrogenado ‖ ~arm / pobre en hidrógeno ‖ ~atom n / átomo m de hidrógeno ‖ ~endständiges, [mittelständiges] ~atom / átomo m de hidrógeno final, [en medio] ‖
~aufnahme f / absorción f o captación de hidrógeno ‖
~bakterien pl (Biol) / hidrogenobacteriales pl ‖
~bindung f (Chem) / enlace m de hidrógeno ‖ ~blase f (Hütt) / burbuja f de hidrógeno ‖ ~bombe f (Mil) / bómba f de hidrógeno ‖ ~brücke f (Chem) / puente m de hidrógeno ‖ ~[brücken]bindung f (Chem) / enlace m hidrogénico o de hidrógeno ‖ ~elektrode f (pH-Wert-Messung) / electrodo m de hidrógeno ‖
~entschwefelung f (Öl) / hidrodesulfurización f ‖
~entwicklung f, -erzeugung f / generación f de hidrógeno ‖ ~erzeuger m / generador m de hidrógeno ‖ ~exponent m / exponente m del ion de hidrógeno ‖ ~flasche f / cilindro m de hidrógeno ‖
~-Form f (Ionenaustauscher) / forma f hidrógeno ‖
~gas n / gas m hidrógeno ‖ ~gehalt m / contenido m de hidrógeno ‖ ~gekühlt / refrigerado por hidrógeno ‖ ~haltig, -reich / hidrogenado, abundante en hidrógeno ‖ ~induziert / inducido de hidrógeno ‖
~ion n / ion m hidrógeno, hidrogenión m ‖
~ionenkonzentration f / concentración f de iones de hidrógeno ‖ ~kontinuum n (Spektrum) / continuo m de hidrógeno ‖ ~kühlung f (Nukl) / enfriamiento m por hidrógeno, refrigeración f por hidrógeno ‖
~-Lichtbogen-Pyrolyse f (Chem) / pirólisis f por arco de hidrógeno ‖ ~peroxid, -superoxid n / peróxido m de hidrógeno ‖ ~natürliches ~peroxid / agua f oxigenada ‖ ~-Pipeline f / hidrogenoducto m ‖
~raffination f, Hydrofinieren n (Öl) / tratamiento m por hidrógeno, hidrofina f ‖ ~reduzierbar (Sintern) / reducible o reductible por hidrógeno ‖
~-Sauerstoffschweißung f / soldeo m oxihídrico ‖
~-Sauerstoffzelle f / pila f hidrógeno-oxígeno ‖
~säure f / hidrácido m ‖ ~sprödigkeit, -brüchigkeit f, -versprödung f (Hütt) / fragilidad f por el hidrógeno ‖
~tank m (Raumf) / tanque m de hidrógeno ‖ ~trioxid n (Chem) / trióxido m de hidrógeno ‖ ~verbindung f / compuesto m de hidrógeno ‖ ~versprödung f von Kupfer (Hütt) / fragilidad f de cobre por hidrógeno ‖
~zelle f (Elektr) / pila f de hidrógeno ‖
~-Zulieferkompressor m (Öl) / compresor m alimentador de hidrógeno

Wasser•stollen m, -strecke f (Bergb) / galería f de desagüe ‖ ~stoß f / golpe m o choque de agua o de ariete ‖ ~strahl m / chorro m de agua ‖
~strahlantrieb m (Schiff) / propulsión f por chorro de agua ‖ ~strahlkondensator m / condensador m de chorro de agua ‖ ~strahlpumpe f, -gebläse n (Masch) / bomba f de chorro de agua ‖ ~strahlpumpe, Vakuumpumpe f (Chem) / inyector m de agua, trompa

f o tromba [de chorro] de agua, bomba *f* eyectora de agua ‖ ⁓**strahlregler** *m* / regulador *m* del chorro de agua ‖ ⁓**strahlsaugpumpe**, -strahlluftpumpe *f* (Masch) / bomba *f* de succión a chorro de agua ‖ ⁓**strahlschneiden** *n* / corte *m* por chorro de agua ‖ ⁓**strahl-Schneidgerät** *n* / cortador *m* por chorro de agua ‖ ⁓**strahlschneidtisch** *m* / mesa *f* de corte por chorro de agua ‖ ⁓**straße** *f* (Schiff) / vía *f* fluvial o de navegación, hidrovía *f* ‖ ⁓**straßennetz** *n* / red *f* de vías navegables ‖ ⁓**streifen** *m* (Geol) / lámina *f* acuífera ‖ ⁓**streifen** (Pap) s. Wasserlinie ‖ ⁓**stube** *f*, Brunnenstube *f* (Wasserversorgg) / arqueta *f* de pozo ‖ ⁓**tasse** *f* (Gas) / interceptor *m* hidráulico ‖ ⁓**technik** *f* / hidrotecnia *f*, hidrotécnica *f* ‖ ⁓**thermostat** *m* / termóstato *m* húmedo ‖ ⁓**tiefe** *f* / profundidad *f* de agua ‖ **an der Oberfläche lebende** ⁓**tiere** (Zool) / neustón *m* ‖ ⁓**transformator** *m*, wassergekühlter Trafo (Elektr) / transformador *m* refrigerado por agua ‖ ⁓**transport** *m* / transporte *m* por agua ‖ ⁓**trecker** *m* (Schiff) / remolcador *m* de puerto ‖ ⁓**trogsperre** *f* (Bergb) / barrera *f* de explosión por tanque de agua ‖ ⁓**tropfen** *m* / gota *f* de agua ‖ ⁓**tropfenechtheit** *f* (Färb) / solidez *f* a gotas de agua ‖ ⁓**tropfenprobe** *f* (Korrosion) / prueba *f* de gotas de agua ‖ ⁓**turbine** *f* / turbina *f* hidráulica *f* ‖ ⁓**turm** *m*, -hochbehälter *m* / torre *f* o arca de agua, depósito *m* elevado de agua ‖ ⁓**übernahme** *f* (Schiff) / provisión *f* de agua ‖ ⁓**übernahme** (Trinkwasser) (Schiff) / aguada *f* (de agua potable) ‖ ⁓**umlauf** *m* / circulación *f* de agua ‖ ⁓**[umlauf]kühlung** *f* / refrigeración *f* por circulación de agua ‖ ⁓**- und aschefrei**, waf (Bergb) / seco a cenizas ‖ ⁓ *n* **und Sedimente** (Öl) / agua *f* y sedimentos ‖ ⁓**undurchlässig** / impermeable o inpenetrable al agua, a prueba de agua, a prueba de inmersión ‖ ⁓**undurchlässig** (Boden) / impermeable **Wasserung** *f* (Luftf, Raumf) / amaraje *m*, acuatizaje *m* **Wässerung** *f*, Wässern *n* (z.B. Holz) / inmersión *f*, remojado *m*
Wässerungs•becken *n* (Foto) / bañera *f* o cubeta de lavado ‖ ⁓**schleier** *m* (Foto) / velo *m* de lavado
wasser•unlöslich, in Wasser nicht löslich (Chem) / insoluble en agua ‖ ⁓**untersuchung** *f* / análisis *m* de agua ‖ ⁓**verbrauch** *m* / consumo *m* de agua ‖ ⁓**verdrängung** *f*, Déplacement *m* (Schiff) / desplazamiento *m* ‖ ⁓**verdrängung aus dem Reifenprofil** / eliminación *f* de agua ‖ ⁓**verdrängungs-Entwickler** *m* (Schw) / generador *m* de nivel de agua variable ‖ ⁓**verdrängungs-Flüssigkeit** *f* / líquido *m* que desplaza el agua ‖ ~**verdünnbar** / diluible en agua ‖ ~**verdünnt** / obtenido por pulverización de agua ‖ ⁓**vergoldung** *f* (Druck) / dorado *m* por vía húmeda ‖ ⁓**vergüten** *n* (Hütt) / mejoramiento *m* al agua, bonificado *m* con agua ‖ ⁓**verhältnisse** *m pl* (Hydr) / régimen *m* de agua ‖ ⁓**verkehr** *m* / tráfico *m* por agua ‖ ⁓**verlust** *m* / pérdida *f* de agua ‖ ⁓**verschluss** *m* (Schw) / cierre *m* hidráulico ‖ ⁓**verschluss**, Geruchverschluss *m*, Knie *n* (Sanitär) / sifón *m* ‖ ⁓**verseuchung**, -verschmutzung *f* / contaminación *f* o polución del agua ‖ ⁓**versorgung** *f* / abastecimiento *m* de agua, traída *f* de aguas ‖ **öffentliche** ⁓**versorgung** / servicio *m* de aguas corrientes ‖ ⁓**versorgungsanlage** *f* s. Wasserwerke ‖ ⁓**verteilung** *f* (Landw) / repartición *f* de agua ‖ ⁓**vorabzug** *m* (Flotation) / eliminación *f* preliminar de agua por criba fija ‖ ⁓**vorhang** *m* (Feuerwehr) / cortina *f* de agua ‖ ⁓**vorlage** *f* (Schw) / interceptor *m* hidráulico ‖ ⁓**vorrat** *m* / reserva *f* de agua ‖ ⁓**vorwärmer** *m* / precalentador *m* de agua ‖ ⁓**waage**, Setzwaage *f* (Bau) / nivel *m* de burbuja de aire, nivel *m* de albañil ‖ ⁓**waage**, Libelle *f* (Verm) / nivel *m* de aire o de burbuja ‖ ⁓**wagen** *m* / vagón *m* cisterna para agua ‖ ⁓**wältigung** *f* (Bergb) / drenaje *m* de las aguas, evacuación *f* de las aguas ‖ ⁓**wand** *f*, Wasserbrücke *f*, hohle Feuerbrücke *f* (Hütt) / puente *m*

(E) o altar (LA) de agua ‖ **pneumatische** ⁓**wanne** (Chem) / cubeta *f* hidroneumática ‖ ~**wärts**, -seitig (Hydr) / rio arriba ‖ ⁓**weg** *m* / vía *f* fluvial o marítima, hidrovía *f* (LA) ‖ **auf dem** ⁓**wege** / por buque ‖ ⁓**wegigkeit** *f* (Geol) / conductibilidad *f* de agua ‖ ⁓**welle** *f* / ola *f* ‖ ⁓**werfer** *m* (F'wehr) / proyector *m* de agua, eyector *m* de agua ‖ ⁓**werke** *n pl*, -versorgungsanlage *f* / central *f* abastecedora de agua, instalación *f* de agua corriente ‖ ⁓**wert** *m*, Wärmeinhalt *m* im metrischen System (Phys) / equivalente *m* de (o en) agua ‖ ⁓**wesen** *n* / hidrometría *f* ‖ ⁓**widerstand** *m* (Elektr) / resistor *m* hidráulico ‖ ⁓**wirbel** *m* (Hydr) / remolino *m*, torbellino *m*, vórtice *m*, vorágine *m* ‖ ⁓**[wirbel]bremse** *f* / freno *m* hidráulico ‖ ⁓**wirkung** *f* / efecto *m* de agua ‖ ⁓**wirtschaft** *f* / economía *f* de agua, hidroeconomía *f* ‖ ⁓**wirtschaftsamt** *n* / oficina *f* de hidroeconomía ‖ ⁓**wirtschaftsplan** *m* / plan *m* hidrológico ‖ ⁓**zähler**, -messer *m* / contador *m* de agua ‖ ⁓**zapfstelle** *f* / puesto *m* de toma de agua
Wasserzeichen *n*, -marke *f* (Pap) / marca *f* de agua, filigrana *f* ‖ ⁓ **in Durchsicht** / filigrana *f* transparente ‖ **echtes** ⁓ / filigrana *f* obtenida con el desgotador ‖ **hochgeprägtes o. helles** ⁓ / filigrana *f* clara ‖ **mit** ⁓ **versehen** / filigranar ‖ **tiefgeprägtes o. dunkles** ⁓ / filigrana *f* sombreada ‖ **unechtes** ⁓, Molettewasserzeichen *n* (Pap) / filigrana *f* impresa
Wasser•zeichen[präge]maschine *f* / filigranadora *f* ‖ ⁓**zementwert** *m*, -verhältnis *n*, WZV (Bau) / relación *f* agua/cemento ‖ ⁓**zerstäubung** *f* / pulverización *f* de agua ‖ ⁓**zufluss** *m* / aflujo *m* de agua, afluencia *f* de agua ‖ ⁓**zuflussentwickler** *m* (Schw) / generador *m* de caída de agua ‖ ⁓**zuflussrohr** *n* / tubo *m* de alimentación de agua ‖ ⁓**zugabe** *f* (Zement) / adición *f* de agua ‖ ⁓**zügigkeit** *f* (Leder) / absorción *f* de agua ‖ ⁓**zulauf**, -zufluss *m* (Bergb) / entrada *f* de agua ‖ ⁓**zyklon** (Bergb) / hidrociclón *m*
wässrig s. wässerig
watbar / vadeable
Wate *f*, Schneide *f* (Wz) / filo *m* cortante
waten *vi* / vadear [un río]
Water Cone *m* (Öl) / cono de agua *f* ‖ ⁓**boiler-Reaktor** *m*, Kochendwasser-Reaktor *m* (Nukl) / reactor *m* de agua hirviente ‖ ⁓**garn** *m* (als Kettgarn) (Web) / hilado *m* de urdimbre ‖ ⁓**garn**, Ringspinngarn *n*, Watertwist *m* / urdimbre *m* de continuo, water *m* ‖ ⁓**lift** *m* (Öl) / empuje *m* hidrostático, inyección *f* de anegación de agua
Waterman-Ringanalyse, Ringanalyse *f* (Öl) / análisis *m* Waterman
waterproof (Tex) / a prueba de agua, impermeable o impenetrable al agua, estanco ‖ ⁓**leder** *n* / cuero *m* impermeable
Water•spindel *f*, Flügelspindel *f* (Spinn) / croca *f* de aleta, huso *m* de aleta ‖ ⁓**[spinn]maschine** *f* / hiladora *f* continua, telar *m* continuo para hilandería
Water-Treeing *n*, WT (Dielektrikum) / water *m* treeing
water-tree-retardierend / retardante *m* de water treeing
Waterzwirnmaschine *f* (Tex) / telar *m* continuo para retorcer, continua *f* de retorcer
Watfähigkeit *f* (Kfz) / vadeabilidad *f*, esguazabilidad *f*
Watt *n*, Watte *f* (Geo) / restingar *m*
Watt *n* (= 1 Js^{-1}) (Elektr) / vatio *m*, watt *m* ‖ ⁓**anteil** *m*, -komponente *f* (Elektr) / componente *f* activa
Watte *f* / algodón *m* [hidrófilo], guata *f* (gall.) ‖ ⁓, Füllung *f* / relleno *m* ‖ ⁓**bausch** *m* / tapón *m* de guata o de algodón ‖ ⁓**bildung** *f* (Tex) / formación *f* de la tela
Wattengrenze *f* (Geo) / límite *m* de los bajos
Wattenmaschine *f* (Tex) / napadora *f*
Watte•scheibe *f*, -filter *n* / disco *m* filtrante de guata ‖ ⁓**schlichtmaschine** *f* (Tex) / engomadora *f* de guata ‖ ⁓**wickel**, Wickel *m* (Tex) / rodillo *m* de tela ‖ ⁓**wickel**, Schlagmaschinenwickel *m* (Tex) / tela *f* de batán

wattieren *vt*, mit Watte auslegen / forrar con algodón, guatar, enguatar
Wattier•fuß *m* (Nähm) / pie *m* para guatar ‖ ⁓**leinen** *n* (Web) / entretela *f* ‖ ⁓**lineal** *n* (Nähm) / guiadera *f* para acolchar
Wattierung, Füllung *f* / acolchado *m*
Watt•komponente *f*, -anteil *m* (Elektr) / componente *f* activa ‖ ⁓**leistung** *f* (Elektr) / potencia *f* real ‖ ⁓**leistungs...**, Wirkleistungs... / de potencia real, vatado, vatiado ‖ ⁓**los**, Blindstrom... / desvat[i]ado, deswatado, reactivo, sin energía ‖ ⁓**lose Belastung** (Elektr) / carga *f* reactiva ‖ ⁓**lose Komponente**, Blindwert *m* / componente *f* desva[i]ada o reactiva ‖ ⁓**loser Strom**, Blindstrom *m* / corriente *f* desvat[i]ada o reactiva ‖ ⁓**meter** *n* / vatímetro *m*, vatiómetro *m*, watímetro *m*, wattímetro *m* ‖ ⁓**metermethode** *f* (Dynamoblech) / método *m* de vatímetro ‖ ⁓**seide** *f* (Tex) / seda *f* ocal, adúcar *m* ‖ ⁓**sekunde** *f*, Joule *n* (Phys) / vatiosegundo *m*, watt-segundo *m* ‖ ⁓**spannung** *f* (Elektr) / tensión *f* activa ‖ ⁓**stunde** *f* (= 3.6 x 10³ J) / vatihora *f*, vatio-hora *f*, watthora *f* ‖ ⁓**stundenzähler** *m* (Elektr) / contador *m* de vatihoras ‖ ⁓**verbrauch** *m* / vataje *m*, vatiaje *m*, wattaje *m* ‖ ⁓**verlust**, Leistungsverlust *m* / pérdida *f* de potencia en vatios ‖ ⁓**verluste** *m pl* **durch Wirbelstrom** / pérdidas *f pl* por corriente de Foucault
WA-Uran *n* (WA = Wiederaufbereitung) / uranio *m* reciclado o reprocesado
Waveguide-Laser *m* / láser *m* de guía de ondas
Wavellit *m* (Min) / wavelita *f*
Wavikel *n* (Quantenmech) / wavicle *m*
Wawa *m* (Baumart) / obeche *m* (Nigeria), wawa *m* (Ghana), samba *m* (Costa Marfil)
Wb, Weber *n* (= 1 Vs) (Phys) / Wb, weber *m*
WBA = Wärmebehandlungsanweisung
WBE = Weißbroteinheit
W-Boson *n* (Phys) / bosón *m* W
WBS (Raumf) = Wetterbeobachtungssatellit
WBz = Walzbronze
WC, Wasserklosett *n* / wáter *m*, inodoro *m* ‖ ⁓ *n* **mit Wascheinrichtung** / lavabo *m*
WC-Reiniger *m* / limpiaodoros *m*
4WD (= Four Wheel Drive), Allradantrieb *m* / propulsión *f* por las cuatro ruedas
WD = Wirkungsdosis
WE = Wärmeeinheit
WEA, Windenergieanlage *f* / planta *f* [de energía] eólica
Weakon *n* (Nukl) / weakon *m*
Wealdon-Formation *f* (Geol) / formación *f* de Wealdon
Weatherometer *n* (Kfz, Plast) / aparato *m* o armario para envejecimiento artificial
Web *n* / www (= world wide web), web *f* ‖ ⁓ **Site** *f* (DV) / siito *m* web ‖ ⁓**adresse** *f* (Internet) / dirección *f* web
Web•art *f* / tejedura *f*, textura *f* ‖ ⁓**automat** *m* (Tex) / telar *m* automático ‖ ⁓**band** *n* / cinta *f* tejida
Webe•blatt *n* (Tex) / peine *m* para telares ‖ ⁓**blattbims- und -bürstmaschine** *f* (Web) / limpiadora *f* y cepilladora para peines ‖ ⁓**blatt-Bindemaschine** *f* (Web) / máquina *f* de hacer peines ‖ ⁓**blattnut** *f* (Web) / ranura *f* del peine ‖ ⁓**draht** *m*, Draht *m* für Drahtnetze / alambre *m* para telas metálicas ‖ ⁓**garn** *n* (Spinn) / hilo *m* para tejer
Webeleinstek *m* (ein Knoten) / dos cotes de ballestrinque, vuelta *f* de ballestrinque
Webelitze *f* / malla *f* de lizo
weben *vt* / tejer ‖ ⁓ (von kompakten Stoffen) / retejer ‖ ⁓ *n* / tejedura *f*, textura *f*
Webenden *n pl* / fines *m pl* de urdimbre
Weber *n*, Wb (= 1 Vs) (Einheit des magnetischen Flusses) (Phys) / weber *m*, Wb
Weber *m* / tejedor *m*
Weberei *f* (Fabrik) / fábrica *m* de tejidos, tejeduría *f* ‖ ⁓**abgang** *m* / desechos *m pl* de tejido ‖ ⁓**maschinen** *f pl* / telares *m pl*

Webereinschlag *m*, Schuss *m* / trama *f*
Weberei•-Vorbereitung *f* / preparación *f* del tejido ‖ ⁓**vorwerk** *n* / taller *m* de preparación del tejido
Weber-Fechnersches Gesetz (Akust) / ley *f* de Weber y Fechner
Weber•glas *n*, Fadenzähler *m* (Opt) / cuentahilos *m* ‖ ⁓**handwerk** *n* / oficio *m* de tejedor(a) ‖ ⁓**kamm** *m*, Webgeschirr *n* / peine *m* de telar ‖ ⁓**knoten** *m*, Kreuzknoten *m* (Schiff) / nudo *m* de tejedor ‖ ⁓**schiffspule** *f* (Web) / carrete *m* del telar, bobina *f* del telar, carrete *m* para tejer (LA) ‖ ⁓**vogel** *m*, Picker *m*, Treiber *m* (Tex) / taco *m* ‖ ⁓**zange** *f*, Noppzange *f* (Wz) / pinzas *f pl* para motas o botones
Webeschappe *f* (Tex) / schappe *f* para tejeduría
Web•fach *n* / calada *f*, paso *m* ‖ ⁓**fehler** *m* / falla *f* en el tejido, divergencia *f* ‖ ⁓**filz** *m* (Tex) / fieltro *m* [de] tejido ‖ ⁓**garn** *n* / hilo *m* para tejer ‖ ⁓**geschirr** *n*, Kamm *m* (Web) / remesa *f* de tejer, accesorios *m pl* de tejeduría, arnés *m* de tejeduría ‖ ⁓**industrie** *f* / industria *f* de tejeduría ‖ ⁓**kante** *f* / orilla *f* del tejido ‖ ⁓**kanten-Abtaster** *m* / sonda *f* de palpar la orilla del tejido ‖ ⁓**kanten-Anbringung** *f* / refuerzo *m* del borde de tejido ‖ ⁓**kette** *f* / urdimbre *m* ‖ **gezettelte** ⁓**ketten** / cabos *m pr pl* de lizos anudados ‖ ⁓**kettenanknüpfmaschine** *f* / anudadora *f* de cabos de urdimbre ‖ ⁓**lade** *f* / batán *m* ‖ ⁓**litze** *f* / malla *f* de lizo ‖ ⁓**maschine** *f* / telar *m* [automático], máquina *f* de tejer ‖ ⁓**maschine mit Außen-, [Innen]tritt** / telar *m* con paso externo, [interno] ‖ ⁓**maschine mit beidseitigem Greifer** / telar *m* de lanzas bilaterales ‖ ⁓**maschine mit glatter Lade** *f* (Tex) / telar *m* sencillo ‖ ⁓**maschine** *f* **mit Greifer[stangenschuss]eintrag, mit Lanzenantrieb** / telar *m* con lanzas ‖ ⁓**maschine mit selbsttätigem Spulen-, Schlauchkops- oder Schützenwechsel** / telar *m* con cambio automático de canillas o de cops tubulares o de lanzaderas
Webmaster *m* (DV) / administrador *m* de web, webmáster *m*
Web•meister *m* / maestro *m* tejedor ‖ ⁓**muster** *n*, Bindungsmuster *n* / dibujo *m* de tejedura ‖ ⁓**nest** *n* (Fehler, Tex) / escarabajo *m*, nido *m* en el tejido ‖ ⁓**radio** *n* (DV) / radiorrecepción *f* con el ordenador ‖ ⁓**rahmen** *m* / marco *m* de tejer ‖ ⁓**rand** *m* / orilla *f* del tejido ‖ ⁓**rietzahl** *f*, Fadendichte *f* (Web) / cuenta *f* de hilos ‖ ⁓**saal** *m*, Webstuhlsaal *m* (Tex) / nave *f* de telares ‖ ⁓**schaft** *m* / remesa *f* de tejer, lizo *m*, marco *m* o cuadro para lizos ‖ ⁓**schützen** *m* / lanzadera *f* para telares ‖ ⁓**schützen mit Mittelauge** (Web) / lanzadera *f* con ojete en medio ‖ ⁓**schützenabrichtmaschine** *f* / enderezadora *f* de telares ‖ ⁓**schützenspule, selbststeuernd** / carrete *m* de lanzadera automático
Web-Seite (im Internet) / página *f* web
Websterit *m* (Min) / websterita *f*
Webstersche Lösung / solución *f* de Webster
Web•stoff *m* (Tex) / tejido *m*, material *m* tejido ‖ ⁓**streifen** *m* / canilla *f* ‖ ⁓**stuhl** *m* / telar *m*
Webstuhl•motor *m* / motor *m* de telar ‖ ⁓**öl** *n* / aceite *m* para telares
web•technisch / en materia de técnica de tejido ‖ ⁓**teppich** *m* / alfombra *f* tejida ‖ ⁓**vogel**, Treiber *m*, Picker *m* (Web) / taco *m* ‖ ⁓**waren**, Wirkwaren *pl* (Sammelbegriff) / géneros *m pl* tejidos y de punto
Wechsel *m*, Veränderung *f* / cambio *m* ‖ ⁓, Überleitung *f* / transición *f* ‖ ⁓ (Kfz, Öl) / cambio *m* de aceite ‖ ⁓, Auswechslung *f* / intercambio *m* ‖ ⁓, Veränderung *f* / alteración *f* ‖ ⁓, Schifter *m* (Dach) / cabrio *m* de unión o de copete ‖ ⁓ *m*, Weiche *f* (Bergb) / cambio *m* de vía ‖ ⁓, Halbperiode *f* (Elektr) / alternancia *f* ‖ ⁓
Buchstaben-Zahlen (DV) / cambio *m* a cifras ‖ **doppelter** ⁓ (Elektr) / alternancia *f* completa
Wechsel•abfrage *f* (Eltronik) / entrelace *m* de modo ‖ ⁓**aufbau** *m* (Kfz, Lkw) / carrocería *f* intercambiable ‖

Wechselstromanlage

⁓[balken] *m* (Zimm) / brochal *m*, viga *f* transitoria ‖
⁓bandeinheit *f* (DV) / arrastre *m* alternativo de cinta
wechselbar / cambiable, intercambiable
Wechsel • beanspruchung *f* / esfuerzo *m* alternativo ‖
⁓beanspruchung, (jetzt:) Schock *m* (Ionenaustauscher)
/ choque *m* ‖ ⁓begriff *m*, Korrelat *n* / término *m*
correlativo, correlativo *m* ‖ ⁓behälter *m* (Kfz) /
contenedor *m* intercambiable ‖ ⁓belastung *f* / carga *f*
alternativa ‖ ⁓bereich *m* (Mat.Prüf) / zona *f* de fuerzas
alternativas ‖ [Temperatur-] ⁓beständigkeit /
estabilidad *f* térmica de temperaturas alternantes ‖
⁓betrieb *m* (DV) / operación *f* semiduplex o en
alternativa, operación *f* en doble símplex ‖
⁓beziehung *f* / correlación *f* ‖ ⁓beziehung,
Zusammenhang *m* / interdependencia *f* ‖
⁓beziehung, -verhältnis *n* / relación *f* o proporción
recíproca, correlación *f* ‖ ⁓[biege]festigkeit *f* /
resistencia *f* a la flexión alternativa ‖ ⁓biegen *n*
(Prüfung) / flexión *f* alternativa ‖ ⁓biegeprüfmaschine
f für Federn / máquina *f* de ensayos de flexión
alternativa para muelles ‖ ⁓brenner *m* (Schw) /
soplete *m* de toberas intercambiables ‖ ⁓brücke *f* /
plataforma *f* [inter]cambiable ‖ ⁓dauerfestigkeit *f* /
resistencia *f* a la fatiga ‖ ⁓drehwuchs *m* (Holz) /
crecimiento *m* espiral alternante ‖ ⁓duogerüst *n*
(Walzw) / caja *f* intercambiable dúo ‖ ⁓faden *m* (Web) /
hilo *m* de cambio ‖ ⁓faden-Abschneidemaschine *f*
(Web) / cortadora *f* de hilos de cambio ‖ ⁓farbe *f* (Web)
/ color *m* de dibujo ‖ ⁓feld *n* (Elektr) / campo *m*
altern[ativ]o ‖ ⁓feldfokussierung *f* / focalización *f*
periódica, enfoque *m* periódico ‖ ~fest / resistente a
solicitación pulsatoria ‖ ⁓festigkeit *f* unter
pulsierender Belastung / límite *m* de fatiga bajo
cargas alternativas ‖ ⁓festigkeits[grenze] / límite *m*
de resistencia alternativa, resistencia *f* alternativa o a
esfuerzos alternativos ‖ ⁓feuer *n* (Nav) / luz *f* de
destellos ‖ ⁓filter *n* / filtro *m* fácilmente
intercambiable ‖ ⁓folge *f* / alternación *f*, turno *m*,
secuencia *f* de cambio ‖ ⁓gerät *m* (allg) / dispositivo *m*
[inter]cambiable ‖ ⁓gerüst *n* (Walzw) / caja *f*
intercambiable ‖ ⁓getriebe *n* / engranaje *m* de
cambio de marcha ‖ ⁓getriebe (Kfz) / engranaje *m* de
cambio de velocidades ‖ ⁓größe *f* (Elektr) / magnitud *f*
alterna ‖ ⁓hammer *m* (Web) / martillo *m*
cambiacanillas ‖ ⁓kanal *m* (Hütt) / conducto *m* de
inversión ‖ ⁓karte *f* (Jacquard) / cartón *m* o dibujo *m*
de cambio ‖ ⁓kassette *f*, -magazin *n* (Foto) / chasis *m*
intercambiable ‖ ⁓kasten, -koffer *m* [für Umschlag
per Greifzange] (Kfz, Lkw) / caja *f* móvil ‖ ⁓kasten *m*
(Web) / caja *f* de cambio ‖ ⁓klappe *f* (Lüftung) / válvula
f de cambio de dirección ‖ ⁓klima *n* (Meteo) / clima *m*
alternante ‖ ⁓kolbenpumpe *f* / bomba *f* alternativa de
émbolo[s] ‖ ⁓kondensor *m* (Opt) / condensador *m*
alternativo ‖ ⁓kontakt *m* (Relais) / contacto *m*
inversor o de conmutación ‖ ⁓kopfplattensystem *n*
(DV) / sistema *m* de discos removibles o
intercambiables ‖ ⁓kopplung *f* (Eltronik) / conexión *f*
en oposición ‖ ⁓kraftfluss *m* / flujo *m* [de fuerza]
alternativo ‖ ⁓laderaufbau *m*, Wechselbehälter *m*
(Kfz) / carrocería *f* intercambiable ‖ ⁓lager *n* /
rodamiento *m* de empuje de efecto doble ‖ ⁓last *f*
(abwechselnd) / carga *f* alternante o alternativa ‖
⁓last (wechselnd) / carga *f* variable ‖ ⁓lautsprecher
m / sistema *m* altoparlante (o de altavoces) de dos
vías ‖ ⁓lichtzeichen *n pl* (z.B. Ampeln) / señales *f pl*
de luz intermitente ‖ ⁓motor *m* / motor *m* para varios
combustibles
wechseln *vt* / cambiar ‖ ~, austauschen / intercambiar ‖
~ *vi* / alternar ‖ ~ *n* (allg) / muda[da] *f*, cambio *M*
wechselnd / variable, alternante, variante ‖ ~,
abwechselnd / alterno, alternativo, alternante ‖ ~e
Belastung / carga *f* alternante ‖ ~ bewölkt (Meteo) /
cubierto con intervalos de sol ‖ ~e
Biegungsbelastung / esfuerzo *m* de flexión alternativa

‖ ~e Drehzahl / velocidad *f* variable ‖ ~e Spannung
(Mech) / esfuerzo *m* alternativo ‖ ~e Zeitdauer /
duración *f* variable
Wechsel • objektiv *n* (Foto) / objetivo *m* intercambiable ‖
⁓optik *f* / lentes *f pl* intercambiables ‖ ⁓pflug *m*
(Landw) / arado *m* alternativo ‖ ⁓plattenspeicher *m*
(DV) / memoria *f* de discos amovibles ‖ ⁓pol... (Elektr)
/ heteropolar ‖ ⁓polgenerator *m* / alternador *m*
heteropolar ‖ ⁓polmagnet *m* / inductor *m*
heteropolar ‖ ⁓potential *n* (Elektr) / potencial *m*
alternante ‖ ⁓pritsche *f* (Kfz, Lkw) / plataforma *f*
intercambiable, carrocería *f* de plataforma
intercambiable ‖ ⁓pritsche, Containerplatte *f* (Lkw) /
caja *f* fija ‖ ⁓punkt *m* (Math) / límite *m* de clase ‖ ⁓rad
n (Kfz) / rueda *f* de cambio ‖ ⁓rad (Uhr) / minutero *m* ‖
⁓rad zwischen metrischem und Zollgewinde,
Übersetzungsrad *n* (Dreh) / rueda *f* de translación ‖
⁓räder *n pl* (Wzm) / ruedas *f pl* de cambio ‖
⁓rädergetriebe *n* / engranaje *m* de cambio de ruedas
‖ ⁓räderschaltkasten *m*, -magazin *n* (Wzm) / caja *f* de
engranajes de cambio ‖ ⁓radschere *f* (Spinn) / piñón
m de cambio [para la variación del número de finura]
‖ ⁓rahmen *m* / marco *m* o cuadro de cambio ‖
⁓rapport *m* (Web) / reporte *m* o curso de cambio de
cajas ‖ ⁓richten *n* (Eltronik) / rectificación *f* inversa,
inversión *f* ‖ ⁓richter *m*, WR (Elektr) / invertor *m*,
convertidor *m*, ondulador *m* ‖ ⁓schaftmaschine *f*
(Web) / maquinita *f* de cambio ‖ ⁓schalter *m*,
Wendeschalter *m* / interruptor *m* de cambio ‖
⁓schalter, Wählschalter *m* (Elektr) / conmutador *m*
selector ‖ ⁓schalter (Licht) / conmutador *m* de tres
direcciones ‖ ⁓schalter, Wendeschalter *m* (Elektr) /
conmutador *m* inversor ‖ ⁓schaltgetriebe *n* (Kfz) /
cambio *m* de velocidades a mano ‖ ⁓schlag *m*
(Verseilung) / torsión *f* de capas alternativas ‖ ⁓schrift
f (Eltronik) / registro *m* sin retorno a cero ‖
⁓schublager *n* / rodamiento *m* de empuje de efecto
doble
wechselseitig / recíproco, mutuo ‖ ~ betrieben (Fernm) /
explotado en alternativa, símplex ‖ ~e Beziehung /
relación *f* mutua ‖ ~ biegen / curvar en direcciones
alternas ‖ ~er Informationsfluss / comunicación *f*
bidireccional alternativa ‖ ~e Multiplextelegrafie /
telegrafía *f* selectiva multiplex ‖ ~er
Richtungsverkehr, Simplexverkehr *m* (Fernm) /
comunicación *f* símplex o unidireccional ‖ ~er
Verkehr (Fernm) / tráfico *m* bilateral
Wechselseitigkeit *f* / reciprocidad *f*, mutualidad *f*
Wechsel • spannung *f* (Mech) / tensión *f* alternativa,
esfuerzo[s] alternativo[s] *m[pl]* ‖ ⁓spannung (Elektr)
/ tensión *f* alterna, voltaje *m* alterno ‖ ⁓spannung
(Mat.Prüf) / amplitud *f* de esfuerzo alternativo ‖
⁓spannungsanteil *m*, -spannungskomponente *f* /
componente *f* alternativa ‖ ⁓speicher (DV) / memoria
f intercambiable ‖ ⁓sperre *f* / enclavamiento *m*
mutuo ‖ ⁓sperrspannung *f* (Diode) / tensión *f* inversa
alternativa ‖ ⁓spiel *n*, (jetzt:) Austauschzyklus *m*
(Ionenaustauscher) / ciclo *m* de intercambio de iones ‖
⁓sprechanlage *f* / intercomunicación *f* con botón de
oprimir para hablar ‖ ~sprechen / ponerse en
comunicación símplex, establecer comunicación
recíproca, efectuar un intercomunicado ‖ ⁓sprechen,
-schreiben *n*, wechselweises Schreiben o. Sprechen
(Fernm) / comunicación *f* símplex ‖ ⁓sprechsystem *n* /
interfonía *f* ‖ ⁓sprung *m* (Hydr) / salto *m* de agua ‖
⁓sprung, Wassersprung *m* (Rohrleitung) / choque *m* de
agua o de ariete ‖ ⁓spuleninstrument *n* (Elektr) /
instrumento *m* de bobinas intercambiables ‖ ⁓stab
m, Gegendiagonale *f* / contradiagonal *f*, diagonal *f*
opuesta ‖ ⁓stecker *m* (Elektr) / ficha *f* variable o de
conmutación ‖ ⁓stöße *m pl*, versetzte Schienenstöße
m pl (Bahn) / juntas *f pl* alternadas, contrapeadas *f pl*
Wechselstrom *m* (Elektr) / corriente *f* alterna, C.A.,
corriente *f* alternada o alternativa (LA) ‖ ⁓anlage *f* /

1495

Wechselstromanschluss

instalación f de corriente alterna ‖ ⁓**anschluss** m / alimentación f por corriente alterna ‖ ⁓**anteil** m, -komponente f / componente f alterna ‖ ⁓**betrieb** m / explotación f de corriente alterna ‖ ⁓**bordanlage** f / instalación f de a bordo de corriente alterna ‖ ⁓**empfänger** m / receptor m para corriente alterna ‖ ⁓**fahrbetrieb** m (Bahn) / tracción f de corriente alterna ‖ ⁓ **[fern]wahl** f (Fernm) / explotación f automática interurbana de corriente alterna ‖ ⁓**generator**, -erzeuger m / generador m de corriente alterna, alternador m ‖ ⁓-**Gleichstrom**... / para corriente alterna/continua, de toda corriente ‖ ⁓/**Gleichstrom Umformer-Lok** f / locomotora f con grupo monocontinua ‖ ⁓-**Gleichstrom-Einankerumformer** m / convertidor m de corriente alterna en corriente continua ‖ ⁓**größe** f / magnitud f alterna ‖ ⁓**hauptstrommotor** m / motor m de corriente alterna excitado en serie ‖ ⁓**kommutatormotor** m / motor m de corriente alterna de colector ‖ ⁓**kommutatormotor mit Bürstenverstellung** / motor m Déri ‖ ⁓**lichtmaschine** f (Kfz) / alternador m ‖ ⁓**maschine** f / generador m de corriente alterna, alternador m ‖ ⁓**motor** m (Elektr) / motor m de corriente alterna ‖ ⁓-**Nebenschlusskommutatormotor** m / motor m de corriente alterna de colector en derivación ‖ ⁓**nebenschlussmotor** m / motor m de corriente alterna en derivación o en shunt ‖ ⁓**netz** n / red f de corriente alterna ‖ ⁓**quelle** f / fuente f de alimentación de corriente alterna ‖ ⁓**reihenschluss-Kommutatormotor** m / motor m de corriente alterna de colector excitado en serie ‖ ⁓-**Reihenschlussmotor** m / motor m de corriente alterna excitado en serie ‖ ⁓**seite** f / lado m de corriente alterna ‖ ⁓**speisung** f / alimentación f de corriente alterna ‖ ⁓**steller** m (Regeln) / actuador m de corriente alterna ‖ ⁓**steuerspannung** f / tensión f de mando de corriente alterna ‖ ⁓**telegrafie** f, WT / telegrafía f por frecuencia acústica ‖ ⁓-**Übertragung** f **mit Gleichstromkomponente** / transmisión f con componente continua útil ‖ ⁓-**Übertragung ohne Gleichstromkomponente** / transmisión f de corriente alterna, transmisión f sin componente continua útil ‖ ⁓-**Vormagnetisierung** f / polarización f alterna o de corriente alterna ‖ ⁓**wecker** m (Fernm) / timbre m polarizado ‖ ⁓**widerstand** m / resistencia f de corriente alterna ‖ ⁓**widerstand** (absoluter Betrag), Scheinwiderstand m / impedancia f ‖ ⁓**zähler** m (Elektr) / instrumento m de medición de corriente alterna
Wechsel•taktschrift f (DIN) (Magn.Bd) / grabado m por duración de impulsos ‖ ⁓**tank** m / depósito intercambiable f ‖ ⁓**tauchversuch** m (Korros.Prüfg) / ensayo m de inmersión alternante ‖ ⁓**trieb** m (Uhr) / piñón m de minutería ‖ ⁓**umrichter**, Frequenzwandler m (Elektr) / cambiador m o convertidor de frecuencia ‖ ⁓**ventil** n (Bremse, Hydr, Pap) / válvula f de múltiples vías ‖ ⁓**verhältnis** n, -beziehung f / proporción f o relación f recíproca ‖ ⁓**verkehr** m, Halbduplexverkehr m (Übertragung jeweils nur in einer Richtung) (Fernm) / operación f semidúplex o en doble símplex, dúplex m en alternativa ‖ ⁓**verkehr** (Eltronik) / intercomunicación f ‖ ⁓**verkehr** (Kfz) / circulación f alternante ‖ ⁓**verkehr** (Pendelverkehr) / vaivén m, servicio m de vaivén ‖ ⁓**verkehr zwischen Verwaltungen** (Bahn) / tráfico m combinado ‖ ⁓**verkehrszeichen** n (Straß) / señal f de tráfico variable ‖ ⁓**versuch** m / ensayo m de cambio (por cargas alternativas) ‖ ⁓**warm**, poikilotherm (Zool) / poiquilotermo ‖ ⁓**wegpaar** n (Eltronik) / par m de brazos antiparalelos ‖ ⁓**weise** / alternativo, alternante ‖ ⁓**weise** adv / alternativamente, alternando, por turno ‖ ⁓**weises Schreiben o. Sprechen**, Wechselschreiben n, -sprechen n (Fernm) /

comunicación f símplex ‖ ⁓**weise Schussfolge** (Web) / pasada f alterna ‖ ⁓**windeversuch** m / ensayo m por torsión alternante ‖ ⁓**winkel** m (Geom) / ángulo m alterno ‖ ⁓**wirkung** f / efecto m recíproco, acción f recíproca, interacción f ‖ ⁓**wirkung** (Regeln) / diálogo m ‖ **mit** ⁓**wirkung**, wechselseitig wirkend / interdependiente ‖ ⁓**wirkungparameter** m / parámetro m de interacción ‖ ⁓**wirkungsdämpfung** f (Fernm) / atenuación f de interacción ‖ ⁓**wirkungsfaktor** m (Eltronik) / factor m o coeficiente de interacción ‖ ⁓**wirkungsraum** m (Röhre) / espacio m de interacción ‖ ⁓**wirtschaft** f (Landw) / cultivo m alternativo ‖ ⁓**zahl**, Schwingungszahl f (Elektr) / frecuencia f ‖ ⁓**zahl** f (Ferment) / número m de conversiones/min.
Wechsler m, Umschaltkontakt m (Elektr) / contacto m inversor o de conmutación ‖ ⁓, Umschaltkontakt m mit Unterbrechung (Relais) / contacto m inversor escalonado en el orden de abrir-cerrar ‖ ⁓, Umschaltkontakt m ohne Unterbrechung / relé m conmutador ‖ ⁓ (Masch) / cambiador m ‖ ⁓-**Schließer** m / relé m escalonado en el orden cerrar-abrir-cerrar
Weck•amin (Pharm) / amina f analéptica o despertadora ‖ ⁓**anlage** f (Hotel) / instalación f de despertar ‖ ⁓**befehl** m (DV) / instrucción f de llamada
Wecker m, Weck[er]uhr f / despertador m ‖ ⁓ (Fernm) / campanilla f de alarma ‖ ⁓, Läutewerk n (Fernm) / timbre m, llamador m ‖ ⁓ (DV) / programa m de llamada ‖ ⁓**auslösung** f / disparo m de alarma ‖ ⁓**batterie** f (Fernm) / batería f de llamada ‖ ⁓**induktor** m (Fernm) / magneto m ‖ ⁓**kreis** m (Fernm) / circuito m de llamada ‖ ⁓**leitung** f / línea f de llamada ‖ ⁓**strom** m / corriente f de llamada ‖ ⁓**werk** n / mecanismo m despertador
Weck•mittel n (Pharm) / analéptico m ‖ ⁓**ruf** m (Fernm) / servicio m despertador ‖ ⁓**taste** f (Fernm) / tecla f de alarma ‖ ⁓**zeitpunkt** m (DV) / momento m de llamada
WEDER-NOCH-Schaltung f (DV) / circuito m NI
weg von der Erde, nach außen (Raumf) / de salida
Weg m, Bahn, Straße f (allg) / camino m ‖ ⁓, Strecke f (Astr, Phys) / espacio m ‖ ⁓, Bahn f (Mech) / vía f ‖ ⁓, Verfahren n / método m ‖ ⁓, Arbeitsablauf m / proceso m ‖ ⁓, Zugang m / medio m ‖ ⁓, Möglichkeit f (Versuch) / acceso m, manera f ‖ ⁓ m (Kinematik) / distancia f ‖ ⁓, Bahn f (NC) / trayectoria f ‖ ⁓, Bahn f (Astr) / órbita f ‖ ⁓, Wegstrecke f (Masch) / recorrido m, trayecto m ‖ ⁓, Route f / ruta f ‖ ⁓ **des Kolbens**, Hub m (Mot) / carrera f ‖ ⁓ **in der Schrecksekunde** (Kfz) / distancia f de reacción ‖ ⁓ **vom u. zum Dienst** (Bahn) / camino m de servicio ‖ ⁓ **während der Reaktionszeit** (Kfz) / distancia f de reacción, recorrido m de reacción ‖ ⁓ m **zur Arbeitsstätte** / recorrido m o camino al [puesto de] trabajo ‖ **im** ⁓**e stehen** / obstaculizar ‖ **öffentlicher** ⁓ / camino m público ‖ **sich den** ⁓ **bahnen**, kriechen (Chem) / arrastrarse ‖ **über mehrere** ⁓**e** / de paso múltiple, de vía múltiple
wegabhängig / dependiente del camino ‖ ⁓**er Schaltpunkt** (NC) / punto m de retardo
Weg•amplitude f (Akust) / desplazamiento m ‖ ⁓**antrieb** m (Taxameter) / accionamiento m de distancia, impulsos m pl de recorrido
wegätzen vt / quitar con un corrosivo
Weg•aufnehmer m (Regeln) / transductor m de desplazamiento ‖ ⁓**bedingung** f (NC) / función f preparatoria
wegbleiben vi (Strom) / fallar (corriente)
Weg•brücke f / paso m superior o por encima ‖ ⁓**drehzahl** f, (jetzt:) -impulszahl f (Kfz) / número m de impulsos en relación del recorrido
Wege•arbeiter m (Straß) / caminero m ‖ ⁓**bau** m / construcción f de caminos
Wegeinheit f / unidad f de distancia recorrida
Wegemagnetventil, 3/2-⁓ / válvula f de solenoide o de electroimán

Wegenersche Verschiebungstheorie f (Geol) / teoría f de desplazamiento de continentes de Wegener
Wege•netz n / red f de carreteras ‖ ⁔**reißfeder** f (Zeichn) / pluma f de dibujo doble
Wegerung f (Schiff) / forro m interior
Wege•schieber m / compuerta f de mando de dirección ‖ ⁔**steuerung** f (NC) / mando m por recorridos, mando m lineal ‖ ⁔**suchabschnitt** m (Fernm) / sección f de búsqueda de línea ‖ ⁔**suche** f (Fernm) / busca f de línea ‖ ⁔**ventil** n (DIN) / válvula f de mando de dirección, válvula f distribuidora ‖ ⁔**ventil** [mit festgelegten Schaltstellungen] / válvula f distribuidora de posiciones prefijadas ‖ **5/2-**⁔**ventil, impulsbetätigt** (Pneum) / válvula f distribuidora 5/2
Weg•fahrsperre f (Kfz) / inmovilizador m antirrobo (electrónico) ‖ ⁔**fall** m, Aufhören n / supresión f ‖ ~**fallen** vi, abfallen / desprender[se] ‖ ~**fallen,** aufhören / ser suprimido ‖ ~**fallen,** nicht stattfinden / suprimir ‖ ~**fressen** (Chem) / atacar, corroer
Wegfühler m (Regeln) / sensor m de posición
Wegfüllarbeit f (Bergf) / trabajo m de descombrar
weggehen vi (Flecken), herausgehen / salir
weggehend f / salida
weg•-gesteuert (NC, Regeln) / mandado por desplazamiento ‖ ⁔**impuls** m (Taxi) / impulso m de recorrido ‖ ⁔**information** f (NC) / información f de desplazamiento
Weglänge f / longitud f de trayectoria, recorrido m ‖ ⁔, Lichtweg m (Laser) / camino m óptico ‖ ⁔ (Nukl) / trayectoria f ‖ ⁔, Flugstrecke f, Fahrstrecke f / distancia f recorrida ‖ **freie** ⁔ (Elektr, Mech) / trayectoria f libre
Weglängenmesser m (Verm) / rueda f de medición, curvímetro m, opisómetro m
weg•lassen vt / oprimir, suprimir ‖ ⁔**lassung** f / omisión f ‖ ⁔**lassung** (Druck) / bordón m, omisión f, olvidado m, manchago m ‖ ~**laufen** vi, auswandern (Nullpunkt) / huirse ‖ ~**legen** vt (F.Org) / apartar, poner aparte
Weg•messer m (Regeln) / odómetro m, odógrafo m, pedógrafo m ‖ ⁔**messsystem** n, -messeinrichtung f (NC) / sistema m de medición de desplazamiento ‖ ⁔**messung** f, Schrittzählung f / odometría f
wegnehmen vt, -schaffen / remover, quitar ‖ **Gas** ~ (Kfz) / desacelerar
Wegpunkt m (Nav) / punta m de ruta o de verificación o de referencia
weg•radieren vt, -kratzen / borrar ‖ ~**räumen** vt, -schaffen / descombrar ‖ ⁔**räumen** n, Ausräumen n (Bau) / escombra f, descombro m ‖ ~**schieben** vt / empujar (a un lado) ‖ ⁔**schlagen n der Farbe** (Druck) / absorción f de tinta, secado m ‖ ~**schneiden** vt / cortar
Wegschranke f, Barriere f / barrera f
weg•schütten vt / derramar ‖ **den Grund** ~**spülen** (Hydr) / arrastrar
Wegstrecke f (Länge) / distancia f recorrida, recorrido m
Wegstrecken•messer m, Schrittzähler m, Wegstreckenzähler m / odómetro m, pedógrafo m ‖ **[eichfähiger]** ⁔**messer,** EKZ, Wegmesser m / contador m de recorrido o de distancia recorrida ‖ ⁔**tabelle** f (Taxameter) / tabla f de tarifas de distancia ‖ ⁔**zähler** m (Taxameter) / contador m de precios de recorrido ‖ ⁔**zählerstand m bei Ankunft,** [bei Abfahrt] / kilometraje m de llegada, [de partida]
wegstreichen vt, ausstreichen / borrar
Weg•suche f (Fernm) / busca f de línea ‖ ⁔**überführung** f, -brücke f (Bahn) / paso m superior o por encima ‖ ⁔**übergang** m (schienengleich), Niveaukreuzung f (Bahn) / paso m a nivel ‖ ⁔**unterführung** f (Bahn) / paso m inferior o por debajo (E), puente m a bajo nivel (LA) ‖ ⁔**vergleich** m (Regeln) / análisis m de desplazamiento ‖ ⁔**vielfach-Schaltkreis** m (Fernm) / multiplex m por división de espacio ‖ ⁔**vorschrift** f (Bahn) / prescripción f de itinerario ‖ ⁔**weiser** m, Richtungsschild n (Autobahn) / señal f de dirección

Wegwerf•... / desechable, descartable ‖ ⁔**...,** Einmal... / de uso único ‖ ⁔**artikel** m / cosa f desechable ‖ ⁔**brennstoff** m (Nukl) / combustible m agotado desechable
wegwerfen vt / desechar ‖ ~, verschrotten / echar al hierro viejo
Wegwerf•flasche f / botella f de uso único o no retornable ‖ ⁔**gesellschaft** f / sociedad f de despilfarro ‖ ⁔**-Option** f (Nukl) / puesta f al desecho ‖ ⁔**packung** f / embalaje m de uso único ‖ ⁔**[schneid]platte** f (Wzm) / plaquita f de corte desechable
Weg•winkel m (Luftf) / ángulo m de ruta ‖ ⁔**zapfwelle** f (Landw) / toma f de fuerza dependiente del camino ‖ ⁔**-Zeit-Diagramm** n (Regeln) / representación f de recorrido y tiempo ‖ ⁔**-Zeit-Kurve** f (Phys) / curva f espacio/tiempo, línea f de espacio y tiempo
wehen vi (Wind), blasen / soplar
Wehnelt•-Elektrode f, -Zylinder m, Steuer-Elektrode f (Kath.Str) / electrodo m de modulación ‖ ⁔**kathode** f / cátodo m con depósito de óxidos, cátodo m de Wehnelt ‖ ⁔**unterbrecher** m / interruptor m de Wehnelt ‖ ⁔**zylinder** m (Kath.Str) / cilindro m de Wehnelt
Wehr n, Wehranlage f (Hydr) / presa f [de embalse], dique m vertedor ‖ ⁔**brücke** f, -steg m / plataforma f de trabajo de una presa ‖ ⁔**krone** f / coronamiento m de presa ‖ ⁔**löten** n / soldadura f con estaño sobre plano inclinado ‖ ⁔**nadel** f (Hydr) / aguja f de presa ‖ ⁔**rechen** m (Hydr) / rejilla f de presa ‖ ⁔**schütz** n / compuerta f de presa ‖ ⁔**sohle** f / solera f de presa ‖ ⁔**technik** f (Mil) / técnica f militar ‖ ⁔**verschluss** m (Hydr) / cierre m de presa ‖ ⁔**walze** f (Hydr) / cilindro m o cuerpo de contención ‖ ⁔**wange** f / muro m de la parte lateral de presa ‖ ⁔**wärter** m, Schleusenwärter m / presero m
Weibull-Funktion f (Math) / función f de Weibull
Weibull-Verteilung f (Stat) / modelo m de Weibull, fórmula f de [distribución de] Weibull
weich, nicht starr (allg, Plast) / no rígido ‖ ~ (allg, Strahlen, Werkstoff) / blando ‖ ~, nachgebend / flexible, elástico, suave ‖ ~ (Wasser) / delgado (E), blando (LA) ‖ ~ (Metall) / dulce, suave ‖ ~, schlaff / flojo ‖ ~ (Kupfer, Messing) / recocido ‖ ~, ungehärtet / no enderecido, no templado ‖ ~ (Kfz-Motor) / suave, de fácil cambio de velocidades ‖ **anzufühlen** / blando al tacto ‖ ~**er Beton** (Konsistenz k 3) (Bau) / hormigón m muy plástico ‖ ~**es Bild** (Foto) / imágen m débil ‖ ~ **dichtend** (Schieber) / con obturador revestido de elastómero ‖ ~**er Draht** (Hütt) / alambre m recocido ‖ ~**es Erz** / mineral m blando ‖ ~**e Feder** / muelle m flojo ‖ ~**es Ferrochrom** (Chem) / ferrocromio m de bajo carbono ‖ ~ **gemacht** / ablandado, suavizado ‖ ~**gesponnen** / hilado flojo adj ‖ ~**er Grauguss** (Hütt) / fundición f gris suave ‖ ~**er Gummi o. Kautschuk** / caucho m blando ‖ ~**e Hartfaserplatte** / tablero m aglomerado de fibras suaves ‖ ~**e Lagerung** (Masch) / apoyo m suave ‖ ~ **landen** (Raumf) / aterrizar suave[mente] ‖ ~**e Landung** (Raumf) / aterrizaje m suave, descenso m suave ‖ ~**er Laser** (Eltronik) / láser m frío ‖ ~ **machen** / ablandecer ‖ ~ **machend** / ablandador, ablandativo, reblandecedor, suavizador ‖ ~**e Masse** (Pap) / pulpa f ‖ ~**er Stahl** (Hütt) / acero m suave o dulce ‖ ~**e Strahlung** (Phys) / radiación f blanda de poca penetración ‖ ~ **werden** / ablandarse, ponerse blando ‖ ~ **werden,** erweichen (Feuerfest) / remojarse ‖ ~ **werden,** erweichen (feuerfest) / remojarse ‖ ~ **werdend u. schmelzend** (Metall) / en pasta ‖ ~**e Wissenschaft** / ciencia f blanda
Weich•appretur f (Tex) / acabado m flojo ‖ ⁔**arbeit** f (Brau) / trabajo m de remojo ‖ ⁔**arbeitend** (Getriebe) (Kfz) / de función suave ‖ ⁔**bild** n (Stadt) / recinto m de la ciudad, núcleo m urbao ‖ ⁔**bildscheibe** f (Foto) / disco m difusor ‖ ~**blank geglüht** (Hütt) / recocido

Weichblei

blando y brillante ‖ ⁓**blei** *n*, Frischblei *n* / plomo *m* refinado ‖ ⁓**brand...** (Keram) / de cochura blanda (E), de cocción blanda (LA) ‖ ⁓**bütte** *f*, -kufe *f*, -bottich *m*, -stock *m* (Brau) / cuba *f* de remojo ‖ ⁓**dichtung** *f*, -packung *f* / guarnición *f* o empaquetadura blanda, obturación *f* blanda

Weiche *f* (Bahn) / aguja *f* de cambio, desviación *f*, cambio *m* de vía, desviador *m* (LA) ‖ ⁓, Ausweichgleis *n*, -stelle *f* (Bahn) / vía *f* apartadera ‖ ⁓ (Walzw) / dispositivo *m* de separación ‖ ⁓ **o. Kreuzung** (Bahn) / aparato *m* de vía ‖ ⁓ (Eltronik) / filtro *m* de banda ‖ ⁓ (Gerb) / colada *f*, pileta *f*, noque *m* ‖ ⁓, Weichen *n* (Gerb) / reblandecimiento *m* ‖ ⁓ (Brau) s. Weichbütte ‖ ⁓ **auf Ablenkung** (Bahn) / cambio *m* hecho a vía desviada ‖ ⁓ **in Halblage** (Bahn) / cambio *m* entreabierto, aguja *f* entreabierta ‖ ⁓ **mit federnder Zunge** (Bahn) / cambio *m* de vía con aguja elástica ‖ ⁓**n stellen** (Bahn) / agujar las vías, poner o cambiar las agujas ‖ **die** ⁓ **aufschneiden** (o. -fahren) (Bahn) / talonar la aguja ‖ **die** ⁓ **ist gestellt** / la aguja esta puesta ‖ **die** ⁓ **spitz, [stumpf] befahren** (Bahn) / tomar o abordar la aguja de punta, [de talón] ‖ **die** ⁓ **umlegen** / invertir la aguja o el cambio

Weich•eisen *n* (Hütt) / hierro *m* dulce ‖ ⁓**eiseninstrument** *n* (Elektr) / instrumento *m* con núcleo (o imán) [de hierro] móvil ‖ ⁓**eiseninstrument mit Dauermagnet** / instrumento *m* de cuadro fijo ‖ ⁓**eisenkern** *m* / núcleo *m* de hierro dulce ‖ ⁓**eisenmembran** *f* (Fernm) / diafragma *f* de hierro dulce ‖ ⁓**eisenmesswerk** *n* (Instr) / mecanismo *m* de medición de hierro dulce ‖ ~**elastisch** / flexible ‖ ~**-elastischer Schaumstoff** / plástico *m* celular suave y flexible

weichen *vt*, durch-, auf-, einweichen, [ein]wässern / remojar ‖ ~, einweichen (Brau) / remojar ‖ ~ *vi*, ausweichen / dejar pasar, dar paso

Weichen•antrieb *m* (Bahn) / aparato *m* de maniobra o de accionamiento [de aguja], leva *f* (LA), pilastra *f* de cambio (CHILE) ‖ ⁓**anzeiger** *m*, -signal *n* (Bahn) / indicador *m* mecánico de posición de aguja ‖ ⁓**bogen** *m* (Bahn) / curva *f* de cambio de vía ‖ ⁓**drehzapfen** *m* / talón *m* de aguja ‖ ⁓**hebel** *m* / palanca *f* de aguja ‖ ⁓**heizgerät** *f* (Bahn) / calentador *m* de agujas ‖ ⁓**herzstück** *n*, -herzspitze *f* (Bahn) / corazón *m* de cambio ‖ ⁓**kopf**, Bahnhofskopf *m* (Bahn) / diagonales *m pl*, breteles *m pl* ‖ ⁓**kreuz** *n*, symmetrische doppelte Gleisverbindung (Bahn) / diagonal *m* doble, comunicación *f* doble, traviesa *f* de unión doble ‖ ⁓**laterne** *f* (Bahn) / farol *m* de aguja ‖ ⁓**motor** *m* (Bahn) / motor *m* de la aguja ‖ ⁓**riegel** *m*, -verriegelung *f* (Bahn) / cerrojo *m* de aguja ‖ ⁓**riegel-Kontakt**, -Schalter *m* / conmutador *m* de cerrojo de aguja ‖ ⁓**riegelüberwachung** *f* / comprobación *f* de cerrojo de aguja ‖ ⁓**rost** *m* (Bahn) / traviesas *f pl* de aguja ‖ ⁓**sicherung**, Blockierung *f* (Bahn) / bloqueo *m* de aguja ‖ ⁓**signal** *n*, -anzeiger *m* (Bahn) / indicador *m* de posición de aguja o de cambio, señal *f* de aguja ‖ ⁓**spitze**, -zunge *f* / punta *f* de aguja ‖ ⁓**stellen** *n* / maniobra *f* de agujas ‖ ⁓**steller** (Bahn, Bergb) / guard[a]agujas *m*, cambiavía *m*, cambista *m* (LA) ‖ ⁓ **[stell]hebel** *m*, Umlegehebel *m* am Weichenbock / palanca *f* de aguja ‖ ⁓ **[stell]stange** *f* / tirante *m* de maniobra de aguja ‖ ⁓ **[stellungs]signal** *n* / señal *f* de aguja ‖ ⁓**stellwerk** *n* (Bahn) / puesto *m* de maniobra o de enclavamiento ‖ ⁓**stoß**, Zungenstoß *m* (Bahn) / junta *f* de aguja o de punta ‖ ~**straße**, Fahrstraße *f* (Bahn) / vías *f pl* de enlace diagonal, enlace *m*, bretel *m* ‖ ⁓**überspannung** *f* **mit kreuzender Fahrleitung** (Bahn) / cambio *m* aéreo cruzado ‖ ⁓**verbindung** *f* (Bahn, Schweiz) / escape *m*, diagonal *m* ‖ ⁓**verriegelung** *f*, -riegel *m* (Bahn) / cerrojo *m* de aguja ‖ ⁓**wärter** *m*, Betriebsaufseher *m* St / guard[a]agujas *m*, cambista *m* (LA) ‖ ⁓**winkel**, Neigungswinkel *m* (Bahn) / ángulo *m* de desvío, tangente *f* en una aguja ‖ ⁓**zunge** *f* (Bahn) /

aguja *f*, lengüeta *f* espadín, cuchilla *f* de aguja ‖ ⁓**zungenwurzel** *f* / talón *m* de aguja, talonera *f*

Weich•fasern *f pl* (Tex) / fibras *f* blandas ‖ ⁓**fäule** *f* (Nadelholz) / podredumbre *m* del corazón ‖ ⁓**fleckigkeit** *f* (Hütt) / formación *f* de puntos blandos ‖ ~**gegerbt** (Gerb) / tierno ‖ ~**geglüht** (Hütt) / con recocido blando ‖ ~**geglüht und nicht entzundert** / con recocido blando sin escarpar ‖ ~**gelötet** / soldado con estaño y plomo, soldado blando o blanco ‖ **[extra]** ~**gewalzt** / laminado [extra] blando ‖ ⁓**gewicht** *n* (Leder) / peso *m* de cuero remojado ‖ ~**gezogen** (Draht) / estirado recocido ‖ ⁓**glasur** *f* / vidriado *m* a bajo punto de fusión ‖ ~**glühen** *vt* (Hütt) / recocer blando ‖ ⁓**glühen** *n* (Hütt) / recocido blando ‖ ⁓**glühen**, Enthärten *n* / reblandecimiento *m* ‖ ~**glühen**, Kugeligglühen *n* (Hütt) / recocido *m* globular ‖ ⁓**gummi** *m* / caucho *m* blando ‖ ⁓**guss** *m*, Temperguss *m* (Hütt) / fundición *f* maleable ‖ ⁓**harz** *f* (Plast) / resina *f* blanda ‖ ⁓**haut** *f* (Walzw) / piel *f* blanda ‖ ⁓**heit** *f* / blandura *f* ‖ ⁓**heitszahl** *f* (Plast) / índice *m* de plasticidad ‖ ⁓**holz** *n* (Forstw) / madera *f* blanda ‖ ⁓**käse** *m* (Nahr) / queso *m* de pasta blanda ‖ ⁓**keimetage** *f* (Brau) / planta *f* de remojo y de germinación ‖ ⁓**kernstahl**, Verbundstahl *m* (Hütt) / acero *m* de macho (o de núcleo) blando, acero *m* compuesto ‖ ⁓**kohle** *f* / carbón *m* dulce ‖ ⁓**küpe** *f*, Netzkessel *m* (Färb) / cuba *f* remojadora ‖ ⁓**kupferdraht** *m* / alambre *m* de cobre dulce ‖ ⁓**leder** *n* (Gerb) / cuero *m* flexible ‖ ⁓**lot** (unter 450 ° C schmelzend), Lötzinn *n* (mit 50 % Blei) / soldadura *f* blanda, soldante *m* blando, soldadura *f* de estaño y plomo ‖ ⁓**lot** *n* **mit 80% Blei u. 20% Zinn**, Bleilot *n* / soldadura *f* de plomo [y estaño] ‖ ~**löten** *vt* / soldar con estaño ‖ ⁓**löten** *n* / soldadura *f* con estaño, soldadura *f* blanda o blanca ‖ ⁓**lotpaste** *f* / pasta *f* para soldadura blanda ‖ ⁓**machen** *n* (Gerb) / reverdecido *m* del cuero ‖ ⁓**machen** / ablandamiento *m*, reblandecimiento *m*, suavización *f* ‖ ⁓**machen** (Wasser) / ablandamiento *m* de aguas duras ‖ ⁓**machen**, Avivieren *n* (Tex) / acabado *m* para dar blancura y ductilidad ‖ ⁓**machen der Seide** (Färb) / avivado *m*, avivamiento *m* ‖ ⁓**machen des Stahls**, Enthärten *n* (Hütt) / recocido *m* de acero ‖ ⁓**macher** *m* (Chem, Gummi) / ablandante *m*, plastificante *m* ‖ ⁓**macher** (Plast) / plastificante *m*, ablandador *m* ‖ ⁓**macheraufnahme** *f* / absorción *f* de plastificante ‖ ⁓**macherfrei** (Plast) / no plastificado, sin plastificante ‖ ~**macherfreies PVC**, PVC-U *n* / polivinilcloruro *m* no plastificado ‖ ⁓**macherhaltig** / plastificado ‖ ⁓**macherhaltiges PVC**, PVC-P *n* / polivinilcloruro *m* plastificado ‖ ⁓**macheröl** *n* (Chem) / aceite *m* ablandador ‖ ⁓**macherwanderung** *f* / migración *f* del plastificante ‖ ⁓**machungsgrad** *m* (Plast) / eficacia *f* plastificante ‖ ~**magnetisch** / magnético suave, magneticamente blando, de poca energía magnética ‖ ~**magnetischer Ferrit** (Eltronik) / ferrita *f* suave ‖ ~**magnetischer Stahl** (Hütt) / acero *m* magnético suave ‖ ~**magnetische Sinterlegierung** / aleación *f* sinterizada magnética suave ‖ ⁓**mais** *m* (Bot) / maíz *m* amarillo ‖ ⁓**manganerz** *n*, Pyrolusit *m* (Min) / pirolusita *f* ‖ ⁓**metall** *n* / metal *m* suave o dulce ‖ ⁓**metallfeile** *f* (Wz) / lima *f* para metal suave ‖ ⁓**nitrieren** *n*, Teniferbehandlung *f* (Hütt) / nitruración *f* en baño de sales ‖ ⁓**packung**, Beutelpackung *f* / embalaje *m* en sacos de papel o plástico ‖ ⁓**paraffin** *n* (Chem) / parafina *f* dulce ‖ ⁓**polyethylen** *n*, LD-PE / polietileno *m* plastificado ‖ ⁓-**PVC** *n* (= Polyvinylchlorid), Weichplastik *n* / polivinilcloruro *m* plastificado, PVC blando ‖ ⁓**schaum** *m* / plástico *m* celular plastificado ‖ ~**spülen** *vt* (Wäsche) / enjuagar con agente suavizante ‖ ⁓**spülmittel** *n*, Gewebeweichmacher *m*, Weichspüler *m* (Tex) / suavizante *m* ‖ ⁓**stahl** *m* (Hütt) / acero *m* dulce ‖ ⁓**stock** *m* (Brau) / planta *f* de remojo y de germinación

‖ ⁓**stoffdichtung** f / junta f de material blando ‖
⁓**stoffmaterial** n / material m blando ‖
⁓**stoffpackung** f / guarnición f no metálica blanda, empaquetadura f de material blando ‖
⁓**strahlkammer** f (Phys) / cámara f de radiación blanda o de poca penetración ‖
⁓**strahl-Röntgen-Spektroskopie** f / espectroscopía f de rayos X blandos ‖ ⁓**teile** n pl (Seidenwürmer, Zool) / vísceras f pl ‖ ⁓**tiere** n pl / moluscos m pl ‖ ⁓**wasser** n (Brau) / agua f de remojo ‖ ⁓**weizen** m, Triticum vulgare (Bot, Landw) / trigo m candeal o tierno o blando, trigo m de pan (ARG) ‖ ⁓**zeichnen** n (Foto) / efecto m suavizador ‖ ⁓**zeichner** m (Foto) / pantalla f difusora ‖ ⁓**zeichnerbild** n / imagen f suavizada ‖ ⁓**zeichnerlinse** f (Foto) / lente f suavizadora o de ablandamiento

Weide f, Salix (Bot) / sauce m ‖ ⁓ (Landw) / pasto m, pastizal m ‖ ⁓**flächen** f pl, Grasflächen f pl / campos m pl ‖ ⁓**land** n / pastos m pl, campos m pl de pastorea, tierra f de pasto

Weiden n, Weidegang m / pastoreo m

Weide•wirtschaft f / pasticultura f, explotación f extensiva ‖ **[elektrischer]** ⁓**zaun** / cerca f eléctrica para pastos

Weierstraßscher Approximisationssatz m (Math) / teorema m de aproximación de Weierstrass

Weife f (Spinn) / devanadera f

weifen vt, haspeln (Spinn) / devanar, aspear ‖ ⁓ n (Spinn) / devanado m

Weifverfahren n (Prüf, Tex) / método m de devanadera

Weillersches Spiegelrad n (TV) / tambor m de espejos

Wein•anbaugebiet n / zona f o región vinífera ‖ ⁓**artig**, Wein... / vínico ‖ ⁓**bau...** / vitivinícola adj ‖ ⁓**bau** m / vinicultura f, viticultura f ‖ ⁓**bauer** m / vinicultor m ‖ ⁓**[bau]kunde**, Önologie f / enología f ‖ ⁓**baupflug** m / arado m viñero ‖ ⁓**bauschlepper** m / tractor m de viña, tractor m de vía estrecha ‖ ⁓**beere** f / pepita f de uva ‖ ⁓**beerenkern** m / grano m de uva ‖ ⁓**beeröl** n, Önanthether m (Pharm) / éter m enántico ‖ ⁓**bereitung** f, -erzeugung f / vinificación f ‖ ⁓**berg**, -garten m / viña f, viñedo m ‖ ⁓**bergdraht** m / alambre m ondulado para viñas ‖ ⁓**bergnägel** m pl / clavos m pl para viñas ‖ ⁓**bergspritze** f / pulverizador m de viñas ‖ ⁓**chemie** f / química f enológica ‖ ⁓**gegend** f / región f vinícola ‖ ⁓**geist** m, Weingeistalkohol m, Äthanol m (Chem) / alcohol m vínico ‖ ⁓**geist**, Ethylalkohol m / alcohol m etílico ‖ ⁓**geistmesser** m, Alkoholwaage f / pesa f espíritu, capilarímetro m ‖ ⁓**geistthermometer** n / termómetro m de alcohol ‖ ⁓**heber** m / sifón m, catavino m ‖ ⁓**hefe** f, -niederschlag m / heces f pl de vino, poso m de vino, zupia f ‖ ⁓**hefeöl**, -beeröl, -brandöl m (Chem) / éter m enántico

Weinholdsches Gefäß n (Phys) / frasco m Dewar

Wein•kernöl n, Traubenkernöl n (Nahr) / esencia f de pepitas de uvas ‖ ⁓**lese** f / vendimia f ‖ ⁓**most** m, Traubenmost m / mosto m de uvas ‖ ⁓**presse** f, Kelter f / prensa f de uvas, lagar m ‖ ⁓**ranke** (Bot) / sarmiento m o pámpano de la vid, zarcillo m ‖ ⁓**rebe** f, -stock m, Vitis vinifera / vid f ‖ ⁓**rot** (RAL 3005) / rojo vino (E), borra vino (LA) ‖ ⁓**rot** n (Farbe) / rubí m ‖ ⁓**säure** f, Säure f von Wein (Chem) / acidez f de vino ‖ **D-**⁓**säure**, Traubensäure f / ácido m dextrotartárico ‖ **mit** ⁓**säure behandeln** / tartarizar ‖ ⁓**stein** m, Granulit m (Geol) / granulita f ‖ ⁓**stein** (Chem) / tártaro m, rasura f ‖ **gereinigter** ⁓**stein** / cremor m de tártaro ‖ **roher** ⁓**stein**, Argal m / tártaro m crudo ‖ ⁓**steinartig**, Weinstein... / tartárico ‖ ⁓**steinersatz** m (Färb) / substituto m de tártaro ‖ ⁓**treber** m pl, -trester m pl / orujo m de la uva ‖ ⁓**waage** f, Oenometer n / enómetro m

weisen vt, [an]zeigen / indicar

Weiser, Zeiger m (Messinstr, Uhr) / aguja f, indicador m

weiß, Wh / blanco adj ‖ ⁓**e Bronze** / bronce m blanco ‖ ⁓ **glühend** (über 1570 K = 1038 °C) / calentado al blanco, incandescente ‖ ⁓ **glühend machen** (Schm) / encandecer ‖ ⁓**es Gusseisen**, Hartguss m (Hütt) / fundición f blanca ‖ ⁓**e Kreide**, weißer Kreidestift / lapiz m blanco ‖ ⁓**e Küchengeräte** n pl, weiße Ware / electrodomésticos m pl (E), línea f blanca (LA) ‖ ⁓**es Licht** (Opt) / luz f blanca ‖ ⁓**es Mineralöl** / aceite m blanco, aceite m altamente refinado o de clara transparencia ‖ ⁓**es Phasensignal** (Faksimile) / señal f de ajuste de fase sobre blanco, señal f de puesta en fase para blanco ‖ ⁓**er Phosphor** (Chem) / fósforo m blanco ‖ ⁓**es Rauschen**, statistisches Rauschen (Eltronik) / ruido m blanco ‖ ⁓**es Roheisen** (Hütt) / arrabio m blanco ‖ ⁓**er Rost** (Zink) / eflorescencia f o herrumbre blanca ‖ ⁓**er Schellack** / goma f laca blanca ‖ ⁓**e Strahlung** (Phys) / radiación f blanca ‖ ⁓**er Strich** (Mittellinie) (Straß) / línea f divisora ‖ ⁓**er Temperguss** (Hütt) / fundición f maleable blanca ‖ ⁓**e Wanne** (Keller aus undurchlässigem Beton) (Bau) / sótano m de hormigón impermeable ‖ ⁓**e Wickelpappe** / cartón m blanco a la enrolladora ‖ ⁓ n, weiße Farbe, weißer Stoff / blanco m ‖ ⁓ f (Pap) / blancura f de la pasta ‖ ⁓ **erzeugende Komplementärfarbe** (Phys) / color m complementario que produce blanco ‖ ⁓**er Zwerg** (Astr) / enano m blanco

Weiß•abgleich m (TV) / equilibrado m de los blancos ‖ ⁓**ablauf** m, Grünablauf m (Zuck) / melaza f verde ‖ ⁓**aluminium** n (RAL 9006) (Farbe) / aluminio m blanco ‖ ⁓**anlaufen** (Farbe) / empañamiento m ‖ ⁓**anstrich** m (Bau) / blanqueo m ‖ ⁓**anteil** m (Farbe) / composante f blanca ‖ ⁓**ätzbarkeit** f (Tex) / corrosividad f en blanco ‖ ⁓**ätze** f (Tex) / corrosión f en blanco, blanco m de estampación ‖ ⁓**automatik** f (TV) / nivelación f automática del blanco ‖ ⁓**balken** m (TV) / barra f blanca ‖ ⁓**band [blech]** n (Hütt) / banda f de hojalata ‖ ⁓**beize** f (Blech) / agente m para decapar en blanco ‖ ⁓**blech** n (Hütt) / hojalata f ‖ **dünn verzinntes** ⁓**blech** / hojalata f con revestimiento muy fino ‖ **mattes** ⁓**blech** / hojalata f mate ‖ **stark verzinntes** ⁓**blech** (Walzw) / hojalata f con revestimiento fuerte ‖ ⁓**blechtafel** f / lámina f de hojalata ‖ ⁓**blechwalzwerk** n / tren m de laminar hojalata ‖ ⁓**blechwaren** f pl / hojalatería f, latería f ‖ ⁓**broteinheit** f, WBE (Physiol) / unidad f de pan blanco, UPB ‖ ⁓**buche**, Hain-, Hagebuche f, Carpinus betulus (Bot) / haya f blanca, ojaranzo m ‖ **amerikanische** ⁓**buche**, Carpinus caroliniana / carpe m americano ‖ ⁓**dehnung** f (TV) / prolongación f irregular de los elementos blancos [de la imagen]

Weiße f, Weiß n / blancura f

Weiß•einstrahlung f (Gieß) / tendencia f a fundición blanca ‖ ⁓**eisen** n, weißes Gusseisen, Weißguss m (Hütt) / fundición f blanca

weiße[l] n vt, kalken / encalar

Weiß•email n / vidriado m blanco ‖ ⁓**entzerrung** f (TV) / corrección f del blanco ‖ ⁓**erle** f, Roterle, Alnus glutinosa (Bot) / aliso m blanco o común ‖ ⁓**fäule** f (Holz) / putrefacción f blanca ‖ ⁓**fichte** f, Schimmelfichte f, Picea alba (Bot) / pino m blanco o albar ‖ ⁓**film** m (TV) / película f blanca ‖ ⁓**floß** m, lückiges, löcheriges Eisen (Hütt) / hierro m poroso ‖ ⁓**füller** m (Pap) / carga f blanca ‖ ⁓**gar** (Gerb) / curtido en blanco o al alumbre ‖ ⁓**geglüht** (Hütt) / recocido blanco adj ‖ ⁓**gehalt** m (Email) / reflectancia f ‖ ⁓**gehalt** (Pap) / blancura f, contenido m de blancura ‖ ⁓**gelb** / amarillo blanco ‖ ⁓**gerben** vt / curtir o adobar en blanco ‖ ⁓**gerben** n / curtido m en blanco, megisería f ‖ ⁓**gerber** m / curtidor m de fino o al alumbre ‖ ⁓**gipfel** m (TV) / pico m del blanco, cresta f del blanco ‖ ⁓**glas** n (Flaschen) / vidrio m blanco [transparente] ‖ ⁓**glühen** n (Hütt) / recocido m blanco

1499

Weißglut, -glühhitze f, -glühen n / candencia f blanca, incondescencia f ‖ ≃ f (1570 K) / blanco m ‖ **helle** ≃ **von 1675 K** (= 1104 °C) / calor m blanco ‖ ≃**hitze** f, -temperatur f / temperatura f al blanco
Weiß•gold n / oro m blanco ‖ ≃**golddoublé...** / de oro blanco [en]chapado ‖ ≃**grad** m (Pap) / grado m de blancura ‖ ~**grau** / gris blanco ‖ ~**grün** (RAL 6019) / blanco verdoso ‖ **dunkles** ≃**güldigerz** (Min) / freibergita f ‖ ≃**guss** m (Hütt) / fundición f blanca ‖ ≃**guss**, Bahnmetall n / metal m blanco ‖ ≃**guss** (Zink) / fundición f de cinc ‖ ≃**kalk** m / cal f blanca ‖ ≃**kalkhydrat** n (Wasser) / hidróxido m de calcio ‖ ≃**[kern]guss** m (Hütt) / fundición f maleable de núcleo blanco ‖ ≃**krümmung** f (TV) / no-linearidad f de los blancos ‖ ≃**kupfer** n, weißer Tombak / cobre m blanco ‖ ≃**leder** n / cuero m blanco, cuero m curtido al alumbre ‖ ≃**leim** m, Kaseinleim m / cola f de caseína
weißlich, ins Weiße gehend / blanquecino, blancuzco
Weiß•lichthologramm n (Opt) / holograma m de luz blanca ‖ ≃**lichtinterferenz** f (Opt) / franja f de luz blanca ‖ ~**machen** (Tex) / abrillantar ‖ ≃-**Maximum**, Spitzenweiß n (TV) / pico m del blanco, cresta f del blanco ‖ ≃**mehl** n (Nahr) / harina f blanca o de flor ‖ ≃**messing** n / latón m blanco ‖ ≃**metall**, Lagermetall n / metal m blanco o antifricción ‖ ≃**metallausguss** m (Lager) / guarnición f de metal blanco ‖ ≃**nickelkies** m (Min) / cloantita f ‖ ≃**öl** n (Chem) / aceite m blanco, aceite m de clara transparencia ‖ ≃**pappel** f, Populus alba (Bot) / alamo m blanco ‖ ≃**pause** f / fotocalco m blanco, copia f heliográfica blanca ‖ ≃**pegel**, -wert m (TV) / nivel m del blanco ‖ ≃**pegelfrequenz** f / frecuencia f del nivel de blanco ‖ ≃**pegelkompression** f (TV) / compresión f [del nivel] del blanco ‖ ≃**pegel-Sättigung** f (TV) / saturación f del blanco ‖ ≃**pigment** n / pigmento m blanco ‖ ≃**pigmentpulver** n (Pap) / pigmento m blanco pulverizado o en polvo ‖ ≃**punkt**, Illuminant m (TV) / iluminante m, fuente f luminosa ‖ ≃**rauschen** n (Eltronik) / ruido m blanco ‖ ≃**rost** m, Cystopus candidus (Bot, Landw) / roya f blanca ‖ ≃**rost** (Zink) / herrumbre f blanca, eflorescencia f blanca
Weissscher Bezirk m (Phys) / dominio m de Weiss
Weiß•-Schwarz-Amplitudengebiet n (TV) / gama f de amplitudes del blanco al negro, margen m f de amplitudes del blanco al negro, razón f de amplitudes blanco/negro ‖ ≃-**Schwarz-Empfindlichkeit** f (Eltronik) / respuesta f blanco/negro ‖ ≃**schweißen** n / soldadura f al rojo blanco ‖ ~**sieden** vt (Silber) / blanquear ‖ ≃**spießglanz** m (Min) / valentinita f ‖ ≃**spitze** f (TV) / pico m de blanco, cresta f de blanco ‖ ≃**standard** m (Farbmessung) / patrón m blanco ‖ ≃**stauchung** f (TV) / compresión f del blanco ‖ ≃**strahl** m (Hütt) / fundición f blanca con estructura rayada ‖ ~**streifig** / a rayas blancas ‖ ≃**tanne** f, Edel-, Silbertanne f, Abies alba Miller (Bot) / abeto m blanco, pinabete m ‖ ≃**tannen-Hexenbesen** m, Melamporella caryophylla / escoba f de bruja ‖ ≃**tellur** n, Gelberz n (Min) / telurio m blanco o amarillo ‖ ≃**töner** m, optischer Aufheller (Chem, Pap, Tex) / abrillantador m de fluorescencia, blanqueador m óptico, agente m de blanqueo óptico ‖ ≃**torf** m / turba f blanca ‖ ≃**trübungsmittel** n (Email) / opacificante m blanco ‖ ≃**tüncher** m (Anstrich, Bau) / pintor m [de brocha gorda] ‖ ≃**vorläufer** m (TV) / precursor m blanco ‖ ≃**waren** f pl (Tex) / artículos m pl de lencería, lencería f, géneros m pl blancos ‖ ≃**weberei** f / tejeduría f en crudo ‖ ≃**wert** m (TV) / nivel m de blanco, blanco m ‖ ≃**wertautomatik** f / control m automático del nivel de blanco ‖ ≃**wertbegrenzung** f / limitación f del nivel de blanco ‖ ≃**zeug** n, Wäsche f (Tex) / ropa f blanca ‖ ≃**zone** f (Drucker) / zona f sin imprimir ‖ ≃**zucker**, Raffinade f / azúcar m blanco o refinado ‖ ≃**zucker 1** / azúcar de primera ‖ ≃**zucker 2** / azúcar m de segunda ‖ ≃**zuckerfabrik** f / refinería f de azúcar ‖ ≃**zuckerfüllmasse** f / masa f cocida para azúcar refinado ‖ ≃**zuckersud** m / cocción f para azúcar refinado
weit, geräumig / amplio, espacioso ‖ ~, ausgedehnt / ancho, espacioso, amplio ‖ ~, entfernt / lejano, distante, remoto ‖ ~, in gehörigem Abstand / largo ‖ ~ **entfernt**, in genügendem Abstand / muy distante[s] entre sí ‖ ~**e Entfernung** / gran o larga distancia f ‖ ~**gesetzter Satz** (Druck) / composición f de ancho interlineado ‖ ~**es Paar** (Astr) / par m distante [entre sí] ‖ ~ **tragend** (Ton) / de gran o largo alcance ‖ ~ **verzweigte Anwendbarkeit** / capacidad f de aplicaciones múltiples
Weit•abstandsaufnahme f (Radiol) / telerradiografía f ‖ ≃**bereichsradar** m n / radar m de largo alcance
Weite f, Größe f / amplitud f ‖ ≃, Öffnung f / apertura f ‖ ≃, Breite f / ancho m, anchura f ‖ ≃, Geräumigkeit f / vastedad f, espaciosidad f, vasta extensión f ‖ ≃ f, Umfang m, Größe f / volumen m, tamaño m ‖ ≃, Weitung f (Bergb) / cavidad f ‖ ≃ f (Handschuh) / tamaño m ‖ **lichte** ≃ (Bau) / anchura f de luz, luz f libre, claro m, vano m ‖ **lichte** ≃ (Rohre u. ä.) / diámetro m interior
Weiteinstellung f (Foto) / enfoque m a gran distancia
weiten vt, weiter machen / ensanchar, dilatar, extender ‖ ≃ n (Rohr) / expansión f ‖ ≃ (DIN 8585) (Wzm) / calibración f ‖ ≃ **durch Drücken** / expansión f por presión
weitentferntes Einfahr[t]signal (Bahn) / señal f cuadrada avanzada
weiter abteufen (Bergb) / profundizar el pozo ‖ ~**e Aussichten** f pl (Meteo) / tiempo m probable, evolución f ulterior probable ‖ ~**e Hinzufügung**, Zusatz m / adición f ulterior, añadidura f ulterior ‖ ~ **tragend** (Phys) / tra[n]slacional ‖ **[nach außen]** ~ **werden** / dilatarse
weiter•befördern vt (Material) / reexpedir ‖ ≃**beförderung** f, -versand m / reenvío m ‖ ≃**behandlung**, -bearbeitung f / mecanizado m o tratamiento ulterior ‖ **sich** [in gleichem Maße] ~**bewegen** / marchar por inercia ‖ ≃**bildungsprogramm** n / programa m de formación y de perfeccionamiento ‖ ~**entwickelt**, verbessert o perfeccionado ‖ ≃**entwicklung** f / perfeccionamiento, desarrollo ulterior, evolución f ‖ ≃**färben** (Tex) / continuación f del teñido ‖ ~**führen** vt, fortsetzen / continuar ‖ ≃**gabe** f (Elektr) / transmisión f, retransmisión f ‖ ≃**gabe ohne Zwischenkontrole** (Transferstraße, Wzm) / transferencia f sin control intermedio, avance m sin control intermedio ‖ **vollautomatische** ≃**gabeeinrichtung** (Fernschreiber) / dispositivo m de retransmisión enteramente automático ‖ ~**geben** vt, mitteilen / comunicar, divulgar ‖ ~**gehen** vi, fortschreiten / proseguir, continuar, progresar ‖ ~**leiten** vt / transmitir, hacer pasar ‖ ≃**leitung** f (Elektr) / transmisión f ‖ ≃**leitung** (Bahn) / encaminamiento m ulterior ‖ ~**machen** vi, fortfahren / continuar, seguir ‖ ≃**machen!** (Raumf) / ¡continúen!
Weitern, Aufdecken n (Strumpf) / aumento m
weiter•reißen vi (Tex) / seguir rasgándose ‖ ≃**reißen** n / propagación f del rasgón ‖ ≃**reißfestigkeit** f, -reißwiderstand m / resistencia f al desgarre progresivo ‖ ≃**reißversuch** m (DIN 53575) (Gummi, Plast) / ensayo m de resistencia al desgarre progresivo ‖ ≃**rufrelais** n (Fernm) / relé m de transmisión de llamada ‖ ~**schalten** vt / conectar progresivamente, transferir ‖ ≃**schalten** n (Wzm) / transferencia f ‖ ≃**schaltleitung** f (Fernm) / circuito m de transferencia ‖ ≃**schaltung** f / transferencia f ‖ ≃**schlag** m (Tiefziehen) / estirado m secundario, impacto m ulterior ‖ ≃**übertragung** f **von Nachrichten** / retransmisión f de informaciones o mensajes ‖

~verarbeitend (Industrie) / transformador adj ‖
⁓verarbeiter m, Converter m / transformador m ‖
⁓verarbeitung, -bearbeitung, Weiterbehandlung f / tratamiento m subsiguiente, mecanizado m o procesamiento subsiguiente ‖ ⁓verarbeitungsbetrieb m / fábrica f transformadora, taller m transformador ‖
~verbinden vt (Fernm) / transferir, pasar la llamada [a] ‖ ⁓verbinden n (Fernm) / transferencia f ‖
⁓verbindungsknopf m (Fernm) / botón m de transferencia ‖ ~vergebene Arbeiten f pl / trabajos m pl de subcontratación, trabajos mpl encomendados [a] ‖ ~ziehen vt (Draht) / seguir trefilando ‖ ⁓zug m (Stanz) / estirado m secundario
weitgehend•e Drehzahlregelbarkeit / amplio régimen de velocidad[es] m ‖ ~ reibungsfrei / apenas hay fricción, casi sin rozamiento ‖ ~ unempfindlich [gegen] / apenas sensible [a]
weit•gespannt (Brücke) / de gran luz ‖ ⁓hals m (Flasche) / gollete m o cuello ancho ‖ ⁓halsflasche f / botella f de cuello ancho, frasco m de gollete ancho ‖
⁓hals-Pyknometer n (Phys) / picnómetro m de cuello ancho ‖ ⁓hals-Standflasche f / frasco m de laboratorio de cuello ancho ‖ ⁓leuchte f (Elektr) / proyector m de largo alcance ‖ ~maschig / de malla ancha, de gran malla ‖ ~maschiges Sieb, Grobsieb n (Aufb) / criba f de mallas anchas, cedazo m de mallas anchas ‖ ~räumiges Fernmeldenetz / amplia red de telecomunicaciones f ‖ ~reichend, -tragend, Langstrecken... / de gran alcance ‖ ~reichender ballistischer Flugkörper / misil m balístico de gran alcance, artefacto m de gran alcance ‖ ~sichtig, fernsichtig (Opt) / présbite, présbita ‖ ⁓sichtigkeit f (Opt) / presbicia f ‖ ⁓spannträger m (Bau, Brücke) / viga f de gran luz ‖ ⁓sprühkanone f (Landw) / atomizador m de gran alcance ‖ ~spurig (Bahn) / de vía ancha ‖ ~stehende Sägenzahnung (Wz) / dentado m de paso grande ‖ ⁓strahler m (Kfz) / faro m de gran alcance (o largo) ‖ ⁓strahlregner m (Landw) / aspersor m de gran alcande, regador m gran alcance ‖
⁓streckenradar m n (20-80 MHz), Gee-Gerät n (Radar) / radar m de GEE ‖ ⁓streckenradar (1750-1950 Megahertz), Loransystem n / sistema m de radionavegación loran (de gran alcance) ‖
⁓übertragung f (Fernm) / transmisión f a gran o larga distancia
Weitung f, Weite f (Bergb) / cavidad f, espacios mpl huecos
Weitungsbau m (Bergb) / labor f en anchurón
Weitverkehr m (Fernm) / servicio m a larga o gran distancia
Weitverkehrs•frequenz f / alta f frecuencia para telefonía a gran distancia ‖ niedrigste brauchbare ⁓frequenz / alta f frecuencia de valor mínimo utilizable ‖ ⁓[nachrichten]technik f / técnica f de telecomunicaciones a gran distancia ‖ ⁓röhre f (Fernm) / tubo m repetidor
Weitwinkel m (Opt) / gran ángulo m ‖ ⁓empfänger, Panoramaempfänger m (Radar) / receptor m panorámico ‖ ⁓-Holographie f / holografía f de gran ángulo ‖ ⁓instrument n / instrumento m granangular ‖ ⁓objektiv n (Foto) / objetivo m granangular, granangular m ‖ ⁓radar m n / radar m panorámico
Weitwurfdüse f (Landw) / boquilla f de gran ángulo
Weizen m (Bot) / trigo m ‖ ⁓bier n, Weißbier n / cerveza f de trigo ‖ ⁓gallmücke f, Contarinia tritici (Zool) / mosquito m del trigo ‖ ⁓gries m / sémola f de trigo ‖
⁓keimöl n / aceite m de germen de trigo ‖ ⁓kleie f / salvado m de trigo ‖ ⁓mehl n / harina f de trigo ‖
⁓schrot m n / trigo m triturado ‖ grober o. grobes ⁓schrot / trigos m pl triturados de granos ‖
⁓schwarzrost m, Puccinia graminis (Bot) / roya f negra ‖ ⁓stärke f / almidón m de trigo ‖ ⁓steinbrand m, Stinkbrand m, Tilletia tritici (Bot) / tizón m del trigo

WEK (Raumf) = Wiedereintrittskörper ‖ ⁓ = Windenergiekonverter
Weldon•schlamm m (Chem) / lodo m Weldon ‖
⁓-Verfahren n (zur Chlorherstellung) / procedimiento m Weldon
Welke[krankheit] f, Verticillium alboatrum (Kartoffel) / traqueoverticiliosis f (de la patata)
welken (Bot) / marchitarse
Welk•heutrocknung f (Landw) / secado m de heno premarchito ‖ ⁓malz n / malta f amarilla
Well•..., gewellt (U'Scheibe) / ondulado ‖ ⁓... (Blech) / ondulado ‖ ⁓asbest m (Bau) / fibrocemento m ondulado ‖ ⁓bank f (Keram) / banca f de alfarero ‖
~biegen vt / corrugar, arrugar
Wellblech n (Hütt) / chapa f ondulada ‖ ⁓dach n / tejado m de chapa ondulada ‖ ⁓haut, -bekleidung f / recubrimiento m de chapa ondulada ‖ ⁓nagel m / clavo m para chapa ondulada ‖ ⁓strecke zur zwangsweisen Geschwindigkeitsverringerung (Straß) / pista f ondulada [para reducir la velocidad] ‖
⁓walzwerk n / tren m de laminación de chapa ondulada
Well•deck n (Schiff) / cubierta f de pozo ‖ ⁓deckschiff n / buque m de [cubierta de] pozo ‖ ⁓dichtung f / guarnición f ondulada
Welle f (Masch) / árbol m, eje m ‖ ⁓, Spindel f (Masch) / husillo m, huso m ‖ ⁓ f (Elektr, Hydr, Phys) / onda f ‖ ⁓, Woge f / ola f ‖ ⁓ f, Längsüberwalzungs-Fehler m (Walzw) / defecto m por pliegue longitudinal ‖ ⁓, Flute f (der Wellpappe) / acanaladura f de cartón ondulado ‖ ⁓ f (Straß) / ondulación f ‖ ⁓ der Ringzwirnmaschine (Spinn) / árbol m de continua de retorcer de anillos ‖ ⁓ in der Mitte (Walzfehler von Band) / pliego m central longitudinal ‖ ⁓ u. Lager (Masch, Schiff) / árbol m y soporte, árbol m y cojinete ‖ auf ⁓ ... (Radio) / sintonizado [a] ‖ kleine ⁓ (Math, Phys) / wavelets m pl
wellen vt / ondular ‖ sich ~ / ondularse
Wellen•abdichtung f / sellado m para árbol[es] o ejes, obturación f para árboles o ejes ‖ ⁓absatz m / escalón m o rebajo del árbol, cambio m de sección del árbol ‖
⁓abschnitt m (Phys) / sección f de onda ‖ ⁓achse f (Masch) / eje m [geométrico] del árbol ‖ ⁓antenne f, Beveridge-Antenne f / antena f Beveridge ‖
⁓anzeiger m, -detector m (Eltronik) / detector m de ondas ‖ ⁓art f (Eltronik) / modo m de ondas ‖ Umspringen der ⁓art / salto m de modo ‖ ~artige Riffelung / acanaladura f ondulada ‖
⁓[ausbreit]geschwindigkeit f (Phys) / velocidad f de propagación de ondas ‖ ⁓ausbreitung, -fortpflanzung f (Phys) / propagación f de las ondas ‖
⁓austritt m (Schiff) / salida f del árbol, paso m del árbol ‖
⁓austrittsrohr n (Schiff) / tubo m de salida de la hélice ‖ ⁓austrittsstutzen m (Schiff) / tubuladura f de salida de la hélice ‖ ⁓band n (Phys) / banda f o gama de ondas ‖ ⁓band (eine Holzbefestigg) / fleje m ondulado ‖ ⁓bauch m (Phys) / vientre m de ondas ‖
⁓bereich m (Eltronik) / gama f de ondas, banda f de frecuencia ‖ ⁓[bereichs]schalter m (Eltronik) / selector m o conmutador de gamas de ondas ‖
⁓bereichsumschaltung f / conmutación f de la gama de ondas ‖ ⁓berg m (Schiff) / cresta f de la ola ‖ ⁓berg (Phys) / cresta f de onda ‖ ⁓beruhigungsöl n / aceite m calmante de olas ‖ ~betätigt / accionado o gobernado por árbol o husillo ‖ ⁓bewegung, -linie, -form f / movimiento m ondulatorio, ondulación f ‖ in ⁓bewegung versetzen / hacer ondular ‖ ⁓bild n (Phys) / representación f ondulatoria ‖ ⁓bildung f auf Schienen (Bahn) / formación f de huellas ondulatorias en railes ‖ ⁓bock m, Lagerbock m / caballete m ‖
⁓bock (Schiff) / soporte m del árbol, apoyo m de portarbole ‖ ⁓brecher m / rompeolas m, escollera f ‖
⁓brecher (natürlicher), Riff n (Geo) / rompiente m ‖
⁓brecher (Brücke) / tajamar m ‖ ⁓bremsscheibe f

1501

Wellenbund

(Bahn) / disco *m* de freno solidario al árbol ‖ ~**bund** *m* (Masch) / collar *m* del árbol, resalte *m* del eje ‖ ~**bündel** *n* (Phys) / haz *m* de ondas ‖ ~**dämpfung** *f* (Fernm) / atenuación *f* o amortiguación de ondas ‖ ~**detektor** *m* (Eltronik) / detector *m* de ondas ‖ ~**dichtring** *m* **radial** (DIN 3750) / anillo-retén *m*, aro-retén *m*, retén *m* ‖ ~**dichtung** *f* **axial** / junta *f* de eje, obturación *f* para árboles ‖ ~**dichtungsdampf** *m*, Sperrdampf *m* / vapor *m* de bloqueo ‖ ~**dreh- und Schälmaschine** *f* (Wzm) / máquina *f* torneadora y desconchadora de árboles ‖ ~**durchtritt** *m* (durch ein Gehäuse), -durchgang *m* (durch ein Gehäuse) (Masch) / salida *f* del árbol, paso *m* del eje o árbol ‖ ~**einstellknopf** *m* (Eltronik) / botón *m* regulador de ondas ‖ ~**ende** *n* (Masch) / extremo *m* del árbol o del eje ‖ ~**energie** *f* (Phys) / energía *f* de las olas (del mar) ‖ ~**energie** / energía *f* de [las] ondas ‖ ~**fachwebmaschine** *f* (Tex) / telar *m* de calada ondulante ‖ ~**falle** *f* (Wellenleiter) / trampa *f* de ondas, atrapaondas *m* ‖ ~**feder** *f* (aus Draht) / resorte *m* en zigzag ‖ ~**filter** *n* (Eltronik) / filtro *m* de ondas ‖ ~**fläche** *f* / superficie *f* ondulada ‖ ~**flansch** *m* / brida *f* de árbol, plato *m* de acoplamiento [del árbol] ‖ ~**form** *f* (Phys) / forma *f* de onda ‖ **sich in** ~**form legend** / ondulante ‖ ~**former** *m*, Undulator *m* (Nukl) / circuito *m* formador de ondas, ondulador *m* ‖ ~**formgestaltung** *f* / conformación *f* de ondas ‖ ~**förmig**, wellig, Wellen... / ondulatorio, undulante, ondulante ‖ ~**förmige Bewegung** / undulación *f* ‖ ~**fortpflanzung** *f* (Phys) / propagación *f* de las ondas ‖ ~**fortpflanzungsgeschwindigkeit** *f* / velocidad *f* de propagación de la onda ‖ ~**frei** (Straß) / sin ondulaciones, exento de ondulaciones ‖ ~**frequenz** *f* / frecuencia *f* de onda ‖ ~**front** *f* (Elektr) / frente *m* de onda ‖ ~**frontnormale** *f* / normal *f* de frente de onda, normal *f* a la onda ‖ ~**frontwinkel** *m* / inclinación *f* de la onda de tierra ‖ ~**führung** *f* (Eltronik) / guía *f* de ondas, guiaondas *f* ‖ ~**funktion** *f* (Math) / función *f* de onda ‖ ~**gelenk** *n* (DIN 808) / articulación *f* [de] Cardán, junta *f* de Cardán ‖ ~**generator** *m* (Schiff) / generador *m* accionado por el árbol del buque ‖ ~**gerader Drehko** (Eltronik) / capacitor *m* de variación lineal de longitud de ondas ‖ ~**geschwindigkeit** *f*, Phasenlaufzeit *f* / velocidad *f* de fase de una onda, velocidad *f* de una onda periódica ‖ ~**gitterdraht** *m* (Hütt) / alambre *m* ondulado para enrejados ‖ ~**gleichung** *f* (Opt) / ecuación *f* de ondas ‖ ~**hals** *m*, Hals *m* einer Welle / garganta *f* de un árbol, gollete *m* o cuello del árbol ‖ ~**höhe-Messgerät** *n* (Schiff) / trazaolas *m* ‖ ~**hohlleiter** *m* (Fernm) / guía *f* de ondas, guiaondas *m* ‖ ~**hose** *f* (Schiff) / chumacera *f* del árbol de la hélice ‖ ~**käfig** *m* (Lager) / jaula *f* ondulada, portabolas *m* ondulado ‖ ~**kamm** *n* (Ozean) / cresta *f* de la ola ‖ ~**kamm** (Eltronik) / cresta *f* de la onda ‖ ~**kanal** *m* (Eltronik) / canal *m*, banda *f* de frecuencias ‖ ~**kante** *f* / canto *m* o bisel del árbol ‖ ~**knoten** *m* (Phys) / nodo *m* de onda ‖ ~**konferenz** *f*, Kopenhagener ... / conferencia *f* internacional sobre la distribución de frecuencias de radiodifusión ‖ ~**köper** *m* (Web) / sarga *f* ondulada ‖ ~**kopf** *m* (Elektr) / frente *m* de onda ‖ ~**kraftwerk** *n* / central *f* movida por las olas del mar ‖ ~**kupplung** *f* (Masch) / acoplamiento *m* de árboles ‖ ~**lager** *n* (Schiff) / chumacera *f* de árbol ‖ ~**lager** (Masch) / apoyo *m* para árboles ‖ ~**länge** *f* (Phys) / longitud *f* de onda ‖ ~**längenbereich** *m* (Opt) / zona *f* espectral ‖ ~**längenbereich** (Eltronik) / gama *f* [de longitudes] de ondas ‖ ~**längendispersiv** (Radiol) / dispersivo de longitud de onda ‖ ~**längenmultiplex** *n* / multiplex *m* de longitud de onda ‖ ~**leistung** *f* **effektiv** (Masch) / potencia *f* efectiva en el árbol

Wellenleiter *m*, Hohlleiter *m* (Eltronik) / guiaondas *m*, guía *f* de ondas ‖ ~ **mit herabgesetzter kritischer Frequenz** / guía *f* de ondas desvaneciente o atenuante

‖ ~**fenster** *n* / ventana *f* de guía de ondas ‖ ~**modus** *m* / modo *m* de guía de ondas ‖ ~**siegel** *n* / ventana *f* estanca de guiaondas

Wellen•leitung, Transmission *f* (Masch) / transmisión *f* ‖ ~**leitwert** *m* (Eltronik) / valor *m* recíproco de la impedancia característica ‖ ~**linie** *f* (Phys) / línea *f* ondulada ‖ ~**linie** (Druck) / línea *f* ondulada ‖ ~**linie** (Bau) / curva *f* ondulada ‖ **sinusförmige** ~**linie** / sinusoide *f*, curva *f* senoidal ‖ ~**linie** *f* (Email, Fehler) / ondulación *f* ‖ ~**linienschreiber** *m*, Ondograph *m* (Eltronik) / ondógrafo *m* ‖ ~**löten** *n*, Schwalllöten *n* / soldadura *f* por ola ‖ ~**maschine** *f*, Wellpappenmaschine *f* (Pap) / máquina *f* de ondular cartón, máquina *f* productora de cartón ondulado ‖ ~**mechanik** *f* (Phys) / mecánica *f* ondulatoria o de las ondas ‖ ~**messer** *m* (Elektr) / medidor *m* de ondas, ondámetro *m*, ondímetro *m*, cimómetro *m* ‖ ~**messer für stehende Wellen** / ondámetro *m* para ondas estacionarias ‖ ~**mischer** *m* (Brikett) / mezcladora *f* de árbol doble ‖ ~**natur** *f* (Phys) / carácter *m* ondulatorio, naturaleza *f* ondulatoria ‖ ~**normal** *n* / estándar *m* de longitud de onda ‖ ~**nut** *f* / ranura *f* [circular] del árbol ‖ ~**optik** (Ggs.: Strahlenoptik), Lichtwellenlehre *f* / óptica *f* ondulatoria o física ‖ ~**paket** *n* (Phys) / paquete *m* de ondas ‖ ~**papier** *n* / papel *m* ondeado ‖ ~**parameter-Filter** *n* (Fernm) / filtro *m* compuesto ‖ ~**pferdestärke** *f*, WPS *f* (veraltet) / caballos *m pl* eje ‖ ~**plan** *m* (Radio) / plan *m* de adjudicación de frecuencias ‖ ~**reflektor** *m* / reflector *m* de ondas ‖ ~**reflexion** *f*, Seegang *m* (Radar) / reflexión *f* de olas ‖ ~**reiterprinzip** *n* (Nukl) / principio *m* de surf ‖ ~**richter** *m*, Direktor *m* (Antenne) / director *m* ‖ ~**rücken** *m* (Phys) / dorso *m* de onda ‖ ~**salat** *m* (coll), Störung *f* von einem anderen Sender (Eltronik) / ensalada *f* de ondas (col) ‖ ~**sauger** *m* (Eltronik) / supresor *m* de armónicas ‖ ~**schälen** *n* (Hütt) / descortezado *m* de barras, desconchado *m* de ejes ‖ ~**schälmaschine** *f* (Wzm) / descortezadora *f* de ejes ‖ ~**schalter** (Radio) / selector *m* de gamas, conmutador *m* de banda ‖ ~**schaubild** *f* (Phys) / periodograma *m* ‖ ~**scheibe** *f* (Lager) / arandela *f* ajustada al eje ‖ ~**scheibe** / arandela *f* ondulada ‖ ~**schlag** *m* (Schiff) / oleaje *m*, choque *m* de olas ‖ ~**schleifen** *n*, -schliff *m* (Wzm) / rectificado *m* de árboles, rectificación *f* de árboles ‖ ~**schliff** *m* (Messer) / afilado *m* ondulado ‖ ~**schluckend** (Elektr) / que absorbe las ondas ‖ ~**schlucker**, Überspannungsableiter, -schutz *m* (Elektr) / absorbedor *m* de ondas, descargador *m* de sobretensión ‖ ~**schnelligkeit** *f* (Hydr) / velocidad *f* de propagación de las olas ‖ ~**schreiber** *m* (Elektr) / registrador *m* de ondas de sobretensión, ondógrafo *m* ‖ ~**schulter** *f* (Masch) / resalte *m* del árbol ‖ ~**schwanz** *m* (Phys) / cola *f* de onda ‖ ~**sieb** *n* (Eltronik) / filtro *m* de ondas ‖ ~**stahl** *m* (Hütt) / acero *m* para árboles ‖ ~**steinschraube** *f* / tornillo *m* de empotramiento con extremo ondulado ‖ ~**stern** *m* **einer Turbine** / estrella *f* de árbol de turbina ‖ ~**stirn** *f*, -front *f* (Phys) / frente *m* de onda ‖ ~**stoß** *m* (Hydr) / choque *m* de ola[s] ‖ ~**strahl** *m*, Wellenbündel *n* (Phys) / haz *m* de ondas ‖ ~**strang** (Masch) / ramal *m* de árboles ‖ ~**strang** (Turbine) / línea *f* de árboles ‖ ~**strecker** *m* (Wellenleiter) / prolongador *m* de longitud eléctrica de línea ‖ ~**strom** *m* (Elektr) / corriente *f* ondulada o ondulatoria ‖ ~**strommotor** *m*, Fahrmotor für welligen Gleichstrom (Bahn) / motor *m* de corriente ondulada ‖ ~**stulpdichtung** *f* / anillo *m* obturador de falda ‖ ~**stumpf** *m* (Masch) / muñón *m* del árbol ‖ ~**tal** *n* (Phys) / valle *m* o seno de la onda ‖ ~**tal** (Hydr) / seno de la ola ‖ ~**theorie**, Undulationstheorie *f* / teoría *f* ondulatoria ‖ ~**transformationsschaltung**, Superheterodynschaltung *f* (Radio) / conexión *f* superheterodina ‖ ~**tübbing** *m* (Bergb) / tubbing *m* ondulado ‖ ~**tube** *f* (Fernm) / tubo *m* guiaondas ‖

⁓**tunnel** *m* (Kfz) / túnel *m* del árbol de transmisión ‖
⁓**tunnel** (Schiff) / túnel *m* de la hélice ‖ ⁓**turbine** *f*
(Luftf) / turbina *f* de árbol ‖ ⁓**typ** *m* (Hohlleiter) / modo
m de onda ‖ ⁓**typ-Anzahl** *f* / número *m* de modos ‖
⁓**typfilter**, Modusfilter *n* (Wellenleiter) / filtro *m* de
modo ‖ ⁓**typ-Frequenzunterschied** *m* / separación *f*
de (o entre) modos ‖ ⁓**typkoppler** *m*, Modenkoppler
m (Laser) / acoplador *m* de modos de ondas ‖
⁓**typ-Wandler** *m* / conversor *m* de modos ‖
⁓**umschalter** *m* (Eltronik) / conmutador *m* de modo ‖
⁓**umwandlung** *f* / transformación *f* de modo ‖
⁓**verkürzung** *f* (Eltronik) / disminución *f* de la longitud
de onda[s] ‖ ⁓**verlängerung** *f* (Eltronik) / prolongación
f de la longitud de onda[s] ‖ ⁓**verteilungsplan** *m*
(Radio) / plan *m* de adjudicación de ondas ‖
⁓**wasserwaage** *f* (Masch) / nivel *m* de burbuja para
árboles/ejes ‖ ⁓**wickelmaschine** *f* (Elektr) / máquina *f*
para bobinado ondulado ‖ ⁓**wicklung** *f* (Elektr) /
devanado *m* o arrollamiento ondulado ‖
⁓**widerstand** *m* (Fernm, Kabel) / impedancia *f*
característica o propia ‖ ⁓**widerstand** (des freien
Raums) / impedancia *f* intrínseco o del espacio libre ‖
⁓**widerstand** (gegen Stoßwellen) (Luftf) / resistencia *f*
aerodinámica a los choques ‖ ⁓**widerstandsrichtig**
abschließen (Wellenleiter) / terminar con carga
adaptada ‖ ⁓**winkelmaß** *n* (Fernm) / desfasaje *m* de
imágenes ‖ ⁓**zahl** *f* (Phys) / número *m* de onda ‖
⁓**zapfen** *m* (Masch) / gorrón *m* o tronco o pivote del
árbol ‖ ⁓**zug** *m* (Phys) / tren *m* de ondas ‖
⁓**zugfrequenz** *f* / frecuencia *f* de tren de ondas ‖
⁓**zuteilung** *f* (Radio) / adjudicación *f* [de longitudes]
de onda[s] ‖ ⁓**zwirn** *m* (Spinn) / hilo *m* ondulado
Wellerbau, Lehmstampfbau *m* / obra *f* de construcción
con arcilla apisonada
wellern *vt*, mit Lehm und Stroh mauern (Bau) / hacer
obras de albañilería con arcilla y paja
Wellerwand, Lehmwand *f* / pared *f* de tapia, pared *f* de
arcilla pisada
Welle-Teilchen-Dualismus *m* (Phys) / dualismo *m*
onda-partícula
Welle-Teilchen-Wechselwirkung *f* / interacción *f*
onda-partícula
Well•feder *f*, -federring *m* / arandela *f* ondulada ‖
⁓**flammrohr** *n* / tubo *m* de llama ondulado ‖
⁓**getriebe** *n* (Roboter) / engranaje *m* armónico ‖ ⁓**glas**
n / vidrio *m* ondulado ‖ ⁓**holm** *m* (Luftf) / larguero *m*
ondulado
wellig, Wellen... (Phys) / undulatorio, ondulatorio ‖ ~,
gewellt / ondulado, onduloso, ondeante, ondulante ‖
~ (Gelände) / ondulado, ondulante ‖ ~ (Straße) /
ondulado ‖ ~, pulsierend (Elektr) / pulsatorio,
sinusoidal ‖ ~**e Faser** (Holz, Tex) / fibra *f* ondulada ‖ ~
gemasert (Holz) / de vetas onduladas ‖ ~ **geschnitten** /
de corte ondulado ‖ ~**e Leiste** (Fehler, Web) / orillo *m*
arqueado ‖ ~**e Oberfläche** / superficie *f* ondulada
Welligkeit *f*, Gestaltabweichung *f* 2. Ordnung /
ondulación *f* ‖ ⁓ (Trasse) / ondulación *f* ‖ ⁓ , Brummen
n (TV) / zumbido *m* ‖ ⁓ (Elektr, Eltronik) / ondulación *f*
[residual], rizado *m* ‖ ⁓ (Glas) / ondulación *f* ‖ ⁓,
Welligkeitsfaktor *m* (Hochfrequ.) / factor *m* de ondas
estacionarias ‖ ⁓ **am Umfang** / error *m* [de forma] en
dirección circunferencial ‖ ⁓ **der Verstärkung**
(Eltronik) / ondulación *f* de [la] ganancia ‖ ⁓ **des**
Geländes / ondulación *f* del terreno ‖ ⁓ **im**
Durchlassbereich (Eltronik) / ondulación *f* de banda
pasante ‖ ⁓ *f* **von Papierrollen** / ondulación *f* de rollos
de papel, o de papel en rollos
Welligkeits•anteil *m* (Eltronik) / componente *f*
ondulatoria o alterna [residual] ‖ ⁓**faktor** *m*,
Stehwellen-Verhältnis *n* (Antenne) / relación *f* de
onda[s] estacionaria[s] ‖ ⁓**faktor** (Elektr) / factor *m* de
ondulación o de rizado ‖ ⁓**frequenz** *f* / frecuencia *f* de
ondulación o de rizado ‖ ⁓**messer** *m* / medidor *m* o

indicador de ondas estacionarias ‖ ⁓**prüfung** *f*
(Stahlblech) / ensayo *m* de ondulación
Well•mantel *m* / cnvoltura *f* ondulada ‖ ⁓**papier** *n* /
papel *m* ondulado o corrugado ‖ ⁓**pappe** *f* / cartón *m*
ondulado o corrugado ‖ **kaschierte o. doppelseitige**
⁓**pappe** / cartón *m* ondulado de revestimiento doble
‖ **feste** ⁓**pappe mit 0,6 mm dicker Außenlage** / cartón
m ondulado tipo V3c ‖ ⁓**pappenmaschine**,
Wellenmaschine *f* / máquina *f* confeccionadora de
cartón ondulado ‖ ⁓**platte** *f* (Bau) / placa *f* ondulada ‖
durchscheinende ⁓**platte** / placa *f* ondulada
translúcida ‖ ⁓**plattendach** *n* / cubierta *f* de placas
onduladas, tejado *m* de placas onduladas ‖
⁓**ringfeder** *f* / resorte *m* ondulado ‖ ⁓**rohr** *n* / tubo *m*
ondulado, caña *f* ondulada (LA) ‖ ⁓**rohrfeder** *f* /
muelle *m* tubular ‖ ⁓**rohrkessel** *m* / caldera *f* con
hogar ondulado, caldera *f* de tubos ondulados ‖
⁓**scheibe** *f* / arandela *f* ondulada ‖ ⁓**schlauch** *m* /
tubo *m* flexible ondulado ‖ ⁓**schrenz** *m*,
-schrenzpapier *n* / papel *m* de estraza ondulado ‖
⁓**siebboden** *m* (Chem) / plataforma *f* ondulada y
perforada ‖ ⁓**stein** *m* (Bau) / ladrillo *m* ondulado ‖
⁓**tafel** *f* (Dach) / placa *f* o plancha o chapa ondulada
Wellung *f* / ondulación *f*, estado *m* ondulado
Welt•..., global (Raumf) / mundial, global, terráqueo ‖ ⁓
f **der Ingenieure o. Techniker** / mundo *m* de la
Técnica ‖ ⁓**datenwahlnetz** *n* (DV) / red *f* de datos a
escala mundial ‖ ⁓**energiebilanz** *f* / balance *m*
energético mundial ‖ ⁓**-Energiekonferenz** *f* /
Conferencia *f* Mundial de la Energía ‖ ⁓**ernte** *f*
(Landw) / cosecha *f* mundial ‖ ⁓**förderung** *f* (Öl) /
producción *f* mundial ‖ ⁓**gesundheitsorganisation** *f*,
WHO / Organización Mundial de la Salud, O.M.S. ‖
⁓**-Herstellernummer** *f*, WMI / código *m* de
identificación mundial de fabricante[s] ‖ ⁓**karte** *f* **der**
Deklination (Geo) / mapa *m* mundial de la declinación
[magnética] ‖ ⁓**koordinate** *f*, WK (DV) / coordenada *f*
universal ‖ ⁓**körper** *m*, Himmelskörper *m* (Astr) /
cuerpo *m* celeste ‖ ⁓**kraftkonferenz** *f* / Conferencia *f*
Mundial de la Energía ‖ ⁓**markt** *m* / mercado *m*
internacional ‖ ⁓**organisation** *f* **für geistiges**
Eigentum / WIPO *f*
Weltraum *m* / espacio *m*, espacio *m* cósmico o
extraterrestre o extraatmosférico ‖ ⁓... s. a. Raum... ‖
⁓ *m* **in Mondentfernung und außerhalb**, ferner
Weltraum / espacio *m* interplanetario e interestelar,
espacio *m* sideral ‖ ⁓**anzug** *m* / escafandra *f* espacial o
cósmica, escafandro *m* ‖ ⁓**bedingungen** *f pl* /
condiciones *f pl* de espacio ‖ ⁓**fahrer** *m* / cosmonauta
m, astronauta *m* ‖ ⁓**fahrt** *f* / navegación *f* espacial,
astronáutica *f*, cosmonáutica *f* ‖ ⁓**fahrzeug** *n* /
vehículo *m* espacial o cósmico ‖ ⁓**fernmessung** *f* /
telemetría *f* espacial ‖ **auf** ⁓**flug** / en vuelo espacial
cósmico o interplanetario ‖ ⁓**flugbahnverfolgung** *f* /
seguimiento *m* de la trayectoria del vehículo espacial
‖ ⁓**forschung** *f* / exploración *f* extraterrestre o del
espacio ‖ ⁓**forschungsfunkdienst** *m* / servicio *m* de
radioexploración del espacio ‖ ⁓**funkdienst** *m* /
servicio *m* de radiocomunicación espacial ‖
⁓**funkstelle für Weltraumforschung** / estación *f*
emisora espacial para la exploración del espacio ‖
⁓**gegenstand** *m* / objeto *m* espacial ‖ ⁓**kamera** *f* /
cámara *f* fotográfica espacial ‖ ~**kompatibel**, für
Raumfahrt geeignet / de compatibilidad espacial,
adaptado al espacio ‖ ⁓**labor** *n* / laboratorio *m*
espacial ‖ ⁓**leere** *f*, -vakuum *n* / vacío *m* espacial o
interplanetario ‖ ⁓**nutzung** *f* **für industrielle Zwecke**
/ aprovechamiento *m* del espacio cósmico para fines
industriales ‖ ⁓**observatorium** / observatorio *m*
espacial ‖ ⁓**schiff** *n*, Raumschiff *n* / astronave *f*, nave *f*
espacial o cósmica, vehículo *m* espacial o cósmico ‖
⁓**schrott** *m*, -müll *m* / chatarra *f* espacial, basura *f* del
espacio ‖ ⁓**simulationsanlage** *f* / simulador *m* de
ambiente espacial ‖ ⁓**-Simulationskammer** *f* /

1503

cámara f de simulación espacial ‖ ~**sonde** f / sonda f espacial, astrosonda f ‖ ~**spaziergang** m / excursión f extravehicular ‖ ~**station** f / estación f espacial o cósmica o interplanetaria ‖ ~**station**, -werkstatt f / taller m espacial o cósmico ‖ ~**strahlen** m pl / rayos m pl cósmicos ‖ ~**-Überwachungssystem** n / sistema n de vigilancia del espacio ‖ ~**-Vakuum** n / vacío m espacial o interplanetario ‖ ~**wärmequelle** f / manantial m de calor espacial
Welt•telexnetz n / red f télex mundial ‖ ~**-Telexnetzplan** m / organigrama m reticular de télex mundial ‖ ~**tonnage** f (Schiff) / tonelaje m mundial ‖ ~**umspannend**, weltweit / mundial, universal ‖ ~**weite Datenübertragung** f / transmisión f de datos internacional ‖ ~**-Wetter-Beobachtung** f / observación f meteorológica mundial ‖ ~**zeit** f (um Mitternacht beginnende Ortszeit von Greenwich) / hora f universal, tiempo m universal ‖ ~**zeituhr** f / reloj m de hora universal
WEMA = Wirtschaftsverband Eisen-, Maschinen- und Apparatebau
Wende f, Biegung f / curva f, revuelta f, vuelta f ‖ ~ / cambio m ‖ ~... / reversible, de inversión, de inflexión, giratorio ‖ ~**achse** f (Schleuse) / pivote m de giro [de una esclusa] ‖ ~**anzeiger** m (Luftf) / indicador m de viraje ‖ ~**bahnhof** m / estación f de retroceso ‖ ~**becken** n (Hydr) / dársena f de maniobra ‖ ~**betrieb** m (Fernm) / servicio m de vaivén ‖ ~**betrieb** (Rohrpost) / explotación f monotubular ‖ ~**boje** f (Schiff) / boya f de virada ‖ ~**einrichtung** f (Masch) / dispositivo m volteador o inversor o de inversión, mecanismo m de vuelta ‖ ~**eisen** n, Windeisen n (Wz) / volvedor m, giramachos m, bandeador m ‖ ~**fähigkeit** f (Schiff) / capacidad f de virar o de maniobrar ‖ ~**feld** n, -polfeld n (Elektr) / campo m de conmutación ‖ ~**felddrossel** f / shunt m inductivo ‖ ~**feldwicklung** f (Elektr) / arrollamiento m de conmutación ‖ ~**feldwiderstand** m / shunt m óhmico ‖ ~**filz** m (Pap) / fieltro m de la prensa invertida ‖ ~**flügel** m (Fenster) / batiente m ‖ ~**formen** n (Gieß) / moldeo m por inversión ‖ ~**formmaschine** f (Gieß) / máquina f para moldear por inversión, moldeadora f de inversión ‖ ~**gestell** n / bastidor m inversor ‖ ~**getriebe** n, Umkehrgetriebe n / engranaje m inversor o de inversión ‖ ~**getriebe der Leitspindel** (Dreh) / mecanismo m inversor del eje de roscar ‖ ~**haken**, Stammwender m (Forstw) / gancho m para volver los troncos ‖ ~**haken** n (Tex) / gancho m de maniobra ‖ ~**hammer** m (Sackgasse) (Straßb) / plataforma f de giro (callejón sin salida) ‖ ~**haspel** m f (Hütt) / bobinador m reversible ‖ ~**herz** n (Dreh) / corazón m de inversión ‖ ~**herzgetriebe** n (Dreh) / mecanismo m inversor ‖ ~**horizont** m (Luftf) / indicador m de viraje y de inclinación, giroinclinómetro m ‖ ~**kreis** m (Kfz) / círculo m de viraje o de giro o de volteo ‖ ~**kreis** (Geo) / trópico m ‖ ~**kreis** (Mech) / círculo m de inflexión ‖ ~**kreisdurchmesser** m (Kfz) / diámetro m del círculo de viraje ‖ ~**kreisel** m (Satellit) / giroscopio m para la medida de velocidades angulares o de viraje ‖ **zwischen den** ~**kreisen** (Geo) / intertropical ‖ ~**[kreis]halbmesser**, Wenderadius m / radio m de giro o de viraje ‖ ~**kühlbett** n (Hütt) / baño m de enfriamiento reversible ‖ ~**kurve** f (Luftf) / viraje m de base
Wendel f, Schraubenlinie f (Math) / hélice f, línea f helicoidal ‖ ~ (Bau, Masch) / caracol m, hélice f ‖ ~ (Widerstandsform) (Elektr) / alambre m espiral ‖ ~ **der Glühlampe** / espiral f de bombilla, filamento m espiral ‖ ~**abtastung** f (NC) / exploración f helicoidal o en espiral, barrido m helicoidal ‖ ~**antenne** f, Schraubenantenne f / antena f helicoidal o bobinada ‖ ~**bohrer** m (DIN), Spiralbohrer m (Wz) / broca f espiral ‖ ~**drehwiderstand** m (Elektr) / potenciómetro m helicoidal o con resistencia en espiral ‖ ~**feder** f

(Uhr) / resorte m en espiral ‖ ~**förderer** m / transportador m helicoidal o de espiral ‖ ~**gekoppelt** (Eltronik) / de acoplamiento helicoidal ‖ ~**genutet** / con ranuras helicoidales ‖ ~**-Hohlleiter** m (Eltronik) / guiaondas m helicoidal
Wendelibelle f (Bau) / nivel m de burbuja reversible
Wendel•kabel n / cable m espiraliforme ‖ ~**koppler** m (Wellenleiter) / acoplador m helicoidal
wendeln vt (Glühfaden) / enroscar, hacer filamento[s] en espiral
Wendel•potentiometer n / potenciómetro m helicoidal, potenciómetro m con resistencia en espiral ‖ ~**rampe** f (Bau) / rampa f helicoidal ‖ ~**rohr** n / tubo m helicoidal ‖ ~**rohr-Wärmetauscher** m (Nukl) / cambiador m de calor de tubos helicoidales ‖ ~**rollenbahn** f (Förd) / vía f de rodillos en espiral, descensor m helicoidal de rodillos, tobogán m helicoidal ‖ ~**rührer** m / agitador m helicoidal ‖ ~**rutsche** f, -schurre f (Förd) / resbaladero m en espiral, tolva f helicoidal, tobogán m ‖ ~**rutschenmagazin** n (Teilezuführung) / almacén m de alimentación tipo tobogán ‖ ~**schwingrinne** f / canal m vibrotransportador helicoidal, canal m oscilante helicoidal, descensor m helicoidal de vibración ‖ ~**span** m (Bohren) / viruta f revuelta ‖ ~**span** (Dreh) / viruta f helicoidal ‖ ~**stufe** f (Treppe) / peldaño m de escalera de caracol ‖ ~**treppe** f / escalera f de caracol ‖ ~**treppe mit Spindel** / escalera f de caracol de eje o árbol cerrado ‖ ~**treppe mit Treppenauge** / escalera f de caracol de centro abierto ‖ ~**treppenhaus** n (Bau) / caja f de la escalera de caracol
Wendelung (Treppe) / construcción f en forma de caracol
Wende•manöver, Transpositionsmanöver n (Raumf) / maniobra f de transposición ‖ ~**marke** f (Kfz, Luftf) / marca f de viraje ‖ ~**marke** (Schiff) / boya f de virada, baliza f de vuelta ‖ ~**möglichkeit** f (Straße) / cambio m de sentido (autopista) ‖ ~**motor** m, Umkehrmotor m / motor m inversible
wenden vt, umdrehen, umkehren / volver, poner al revés, voltear, revolver, invertir ‖ ~, umwälzen / volver, revolver, dar vuelta ‖ ~ vi, umdrehen vi (Kfz) / virar, dar la vuelta ‖ ~ (Schiff) / virar ‖ ~ vi, zurückkehren / volver, regresar, retornar ‖ [**Strom**] ~, umpolen (Elektr) / conmutar, cambiar de polaridad ‖ ~ n (Kfz) / viraje m ‖ ~ (Schiff) / virada f, cambiada f del rumbo ‖ ~ (Gieß) / inversión f ‖ ~ **eines Stammes** (Forstw) / vuelta f de un tronco
Wende•nähmaschine f (Schuh) / máquina f de coser escarpín girado ‖ ~**pflug** m (Landw) / arado m reversible ‖ ~**platte**, Spitzkehre f (Straßb) / curva f cerrada aguda ‖ ~**platte** f, Schneidplättchen n (Dreh) / plaquita f o placa ajustable o giratoria ‖ ~**platte** (Gieß) / placa f de inversión, placa f reversible ‖ ~**platte**, zweiseitige Modellplatte (Gieß) / placa f de modelo de cara doble ‖ ~**plattenformmaschine** f / moldeadora f reversible (con placa de inversión) ‖ ~**plattenfräser** m (Wzm) / fresa f con plaquitas giratorias ‖ ~**platten-Schaftfräser** m / fresa f de mango con plaquitas giratorias ‖ ~**plattieren** n (Tex) / vanisado m invertido ‖ ~**platz** m, -stelle f (Straßb) / lugar m de viraje, plataforma f de giro ‖ ~**pol** m (Elektr) / polo m auxiliar o de conmutación ‖ ~**pol** (Mech) / polo m de inflexión o centro ‖ ~**polfeld** n, -feld m (Elektr) / campo m de conmutación ‖ ~**polwicklung** f (Elektr) / arrollamiento m de conmutación o del polo auxiliar ‖ ~**presse** f (Pap) / tempestad m de polvo, remolino m de polvo, polvareda f ‖ ~**punkt** m (Math) / punto m de inflexión ‖ ~**punkt** (Flugroute, Luftf) / punto m de viraje ‖ ~**punkt**, Umkehrpunkt m / punto m de retroceso ‖ ~**punkt** (Astr) / ápside m ‖ ~**punkt der Sonne** (Astr) / punto m solsticial

Wender *m* (Elektr) / inversor *m* ‖ ⁓ **der Karde**, Wendewalze *f* (Tex) / cilindro *m* descargador ‖ ⁓ **für Heu** (Landw) / tornadera *f* de heno, henificadora *f*
Wende•radius *m* (Kfz) / radio *m* de viraje o de giro ‖ ⁓**-Radsatzgetriebe** *n* (Bahn) / engranaje *m* inversor, tren *m* de engranaje inversor ‖ ⁓**rechen**, Heuwender und Schwadrechen *m* (Landw) / rastrillo *m* henificador ‖ ⁓**rollmoment** *n* (Luftf) / momento *m* de guiñada ‖ ⁓**schalter**, Wechselschalter *m* (Elektr) / cambiapolos *m* ‖ ⁓**schalter**, Umkehrschalter *m* (Elektr) / inversor *m* [de corriente] ‖ ⁓**schaufel** *f* **im Rührwerk** / pala *f* inversora ‖ ⁓**schiene** *f* (Tex) / raíl *m* de viraje ‖ ⁓**schleife** *f* (Bahn) / lazo *m* ‖ ⁓**schneidplatte** *f* (Dreh) s. Wendeplatte ‖ ⁓**schnitt** *m* (Stanz, Wz) / herramienta *f* de corte inversor, cortador *m* de inversión ‖ ⁓**schraube** *f*, -propeller *m*, Umkehrschraube *f* (Schiff) / hélice *f* reversible ‖ ⁓**sitz** *m* (Masch) / asiento *m* reversible ‖ ⁓**spannvorrichtung** *f* / dispositivo *m* sujetador reversible ‖ ⁓**stange** *f* (Druck) / barra *f* loca o de inversión ‖ ⁓**tangente** *f* (Geom) / tangente *f* [al punto] de inflexión ‖ ⁓**tisch** *m*, Drehtisch *m* / mesa *f* giratoria ‖ ⁓**tisch**, umkehrbarer Tisch / mesa *f* reversible ‖ ⁓**trommel** *f* / tambor *m* volteador ‖ ⁓**trommel des Mähdreschers** (Landw) / tambor *m* de conducción de la paja de la cosechadora ‖ ⁓**- und Abhebemaschine** *f* (Gieß) / máquina *f* de voltear y desmoldear ‖ ⁓**- und Querneigungs[an]zeiger** *m* (Luftf) / giroclinómetro *m*, indicador *m* de viraje y de la inclinación transversal ‖ ⁓**- und Schiebefluganzeiger** *m* (Luftf) / indicador *m* de viraje y de empuje atmosférico ‖ ⁓**vorrichtung** *f*, Wender *m* (Schm) / dispositivo *m* de giro o de volteo o de vuelta, volteador *m*, volvedor *m* ‖ ⁓**vorrichtung des Mischers** / dispositivo *m* mezclador ‖ ⁓**vorrichtung für Bleche**, Blechwender *m* (Hütt) / volvedor *m* de chapas ‖ ⁓**vorrichtung für Malz**, Malzwender *m* (Brau) / volteador *m* de malta ‖ ⁓**walze** *f* (Spinn) / cilindro *m* desborrador o descargador [en carda de lana] ‖ ⁓**zange** *f* (Wzm) / pinzas *f pl* pivotantes ‖ ⁓**zapfen**, Kippzapfen *m* / gorrón *m* de inversión, muñón *m* giratorio ‖ ⁓**zeiger** *m* (Luftf) / indicador *m* de viraje[s] ‖ ⁓**zeit** *f* (Liegezeit im Hafen) (Schiff) / estadía *f*, tiempo *m* de estadía ‖ ⁓**zug** *m* (Bahn) / tren *m* reversible, rama *f* reversible ‖ ⁓**zugbetrieb** *m* (Bahn) / marcha *f* en reversible o en reversibilidad
wendig (Kfz, Schiff) / maniobrable, manejable, de mando fácil
Wendigkeit, Manövrierbarkeit *f* / maniobrabilidad *f*, manejabilidad *f* ‖ ⁓ *f*, Richtungsänderung *f* (Schiff) / cambio *m* de rumbo
Wendigkeitsprüfung *f* (Kfz) / prueba *f* de maniobrabilidad
Wendung, Richtungsänderung *f* / cambio *m* de dirección ‖ ⁓ *f*, Drehung *f* / giro *m* ‖ ⁓, Drehung *f* (Schiff) / virada *f* ‖ **scharfe** ⁓ (Luftf) / viraje *m* abrupto, curva *f* [muy] cerrada
Wendungswechsel *m*, Schaltrad *n* (Spinn) / rueda *f* de estrella
wenig befahren, verkehrsarm, -schwach / de tráfico reducido ‖ ~ **ergiebig**, schlecht / poco productivo, de poco rendimiento ‖ ~ **gedämpft** (Eltronik) / de amortiguamiento débil
weniger als ... / menos [que o de], inferior [a]
WENN-Klausel *f* (FORTRAN) / instrucción *f* SI
Werbe• ..., Werbungs... / publicitario, propagandístico, de propaganda, de relaciones públicas ‖ ⁓**abteilung** *f* / departamento *m* de publicidad, sección *f* de propaganda ‖ ⁓**aufdruck** *m* / impresión *f* publicitaria, inscripción *f* de publicidad ‖ ⁓**aufnahme** *f* / foto[grafía] *f* publicitaria ‖ ⁓**beleuchtung** *f*, publicidad *f* luminosa ‖ ⁓**blatt** *n* / folleto *m* de propaganda ‖ ⁓**druck** *m* / impresión *f* de propaganda ‖ ⁓**drucksache** *f* / impreso *m* de propaganda o de publicidad ‖ ⁓**etat** *m* / presupuesto *m* de publicidad ‖ ⁓**feldzug** *m* / campaña *f* de publicidad ‖ ⁓**fernsehen** *n* / publicidad *f* televisiva, televisión *f* comercial ‖ ⁓**film** *m* / película *f* publicitaria o de publicidad, película *f* de propaganda [comercial] ‖ ⁓**funk** *m* / publicidad *f* radiofónica o radiada, guía *f* comercial, emisiones *fpl* publicitarias ‖ ⁓**geschenk** *n* / regalo *m* publicitario ‖ ⁓**graphiker** *m* / diseñador *m* o dibujante publicitario ‖ ⁓**inserat** *n*, -anzeige *f* / anuncio *m* publicitario, anuncio *m* de publicidad ‖ ⁓**kurzfilm** *m*, Werbespot / cortometraje *m* de publicidad ‖ ⁓**leiter** *m* / jefe *m* de publicidad ‖ ⁓**material** *n* / material *m* de publicidad o de propaganda ‖ ⁓**schrift** *f*, [ausführlicher] Prospekt *m* / folleto *m* de propaganda o de publicidad, prospecto *m* de tallado ‖ ⁓**schrift**, Druckschrift *f* / prospecto *m* de propaganda ‖ ⁓**schrott** *m* (E-Mail) (DV) / SPAM ‖ ⁓**spot** *m*, Commercial *m* (TV) / cuña *f* de publicidad, anuncio *m* publicitario ‖ ⁓**tafel** *f*, Reklametafel *f*, Bandenwerbung *f* / valla *f* publicitaria ‖ ⁓**tätigkeit** *f* / actividad *f* publicitaria, propaganda *f* ‖ ⁓**wirksamkeit** *f* / eficacia *f* publicitaria
Werbung[1] *f*, Reklame *f* / publicidad *f*, propaganda *f*
Werbung[2] *f* (Heu, Landw) / henificación *f*
Wer-da-Zeichen *n* (DV) / ¡Quien es usted?
Werdegang *m* (eines Erzeugnisses) / proceso *m* de fabricación o de elaboración (de un producto) ‖ ⁓, Herstellungsweise *f* / modo *m* de fabricación, modo *m* de manufacturación, modo *m* de elaboración
werfen *vt*, schleudern / tirar, lanzar, arrojar, echar ‖ ~ (Schatten) / echar o proyectar sombra ‖ **sich ~** (Holz, Metall) / combarse, deformarse ‖ **sich ~** (Holz) / alabearse, abarquillarse ‖ **über Bord ~** (o. schleudern) (Luftf, Schiff) / arrojar por la borda ‖ ~ *n*, Verziehen *n* / distorsión *f*, alabeo *m*
Werfer *m* (Transportband) / lanzador *m* ‖ ⁓, Bildwerfer *m* (Opt) / proyector *m*
Werft *m*, Werfer *m*, Kette *f* (Web) / urdimbre *f*
Werft *f* (Schiff) / astillero *m*, planta *f* de construcción naval ‖ ⁓**arbeiter** *m*, obrero *m* de la construcción naval, trabajador *m* de astillero ‖ ⁓**hafen** *m* / dársena *f* de astillero, puerto *m* de astillero ‖ ⁓**halle** *f* / nave *f* de construcción naval ‖ ⁓**industrie** *f*, Schiffbau *m* / industria *f* [de construcción] naval ‖ ⁓**kran** *f* de astillero, grúa *f* para construcción naval ‖ ⁓**probefahrt** *f* (Schiff) / viaje *m* de prueba desde el astillero
Werg *n* / estopa *f* ‖ ⁓, Flachsabfall *m* / estopa *f* de lino o de cáñamo, desechos *mpl* de cáñamo ‖ ⁓**garn** *n* / hilo *m* de estopa, estopa *f* hilada ‖ ⁓**wolf** *m* / abridor *m* de estopa o de maromas
Werk *n*, Mechanismus *m* / mecanismo *m*, órgano *m* ‖ ⁓, Triebwerk *n* / motor *m*, propulsor *m*, mecanismo *m* de accionamiento ‖ ⁓, Erzeugnis *n* / producto *m*, obra *f* ‖ ⁓ *n* (Druck) / obra *f* ‖ ⁓, Fabrik *f* / establecimiento *m*, empresa *f*, fábrica *f* ‖ ⁓ (Uhr) / mecanismo *m* de relojería ‖ **ab ~ verladen** / cargado es fábrica
Werk•abnahme *f* / recepción *f* o entrega en la fábrica ‖ ⁓**arzt** *m* / médico *m* de empresa ‖ **oberste** ⁓**aufsicht** *f* / supervisión *f* suprema de fábrica ‖ ⁓**bahn** *f* / ferrocarril *m* industrial ‖ ⁓**bank** *f*, -tisch *m* / banco *m* de trabajo o de taller ‖ ⁓**bank-Bohrmaschine** *f* (Wzm) / taladradora *f* de banco ‖ ⁓**bankofen** *m* / horno *m* de banco, mufla *f* de banco ‖ ⁓**bankplatte** *f*, -blatt *n* / plancha *f* del banco de trabajo ‖ ⁓**bankschleifmaschine** *f* (Wzm) / amoladora *f* o rectificadora de banco ‖ ⁓**befestigung** *f* (Uhr) / sujeción *f* del mecanismo ‖ ⁓**blei** *n* (Hütt) / plomo *m* de obra ‖ ⁓**blei**, silberhaltiges Blei / plomo *m* argentífero ‖ **silber- o. goldhaltiges** ⁓**blei in Barren** / lingote *m* de plomo argentífero o aurífero ‖ ⁓**druckfarbe** *f* (Druck) / tinta *f* para obras
Werker *m*, Chemiewerker *m* (Chem) / obrero;m.
Werk•feuerwehr *f* / cuerpo *m* de bomberos de la fábrica ‖ ⁓**foto** *n* / foto *f* cedida por la empresa, gentileza *f* o cortesía *f* de la empresa ‖ ~**frisch** / recién fabricado ‖

1505

Werkführer

⁓**führer**, -meister *m* (Bahn) / capataz *m*, jefe *m* de brigada ‖ ⁓**führer** (Bau) (Bahn) / capataz *m* de vía ‖ ⁓**gestell** *n* (Uhr) / chasis *m* del mecanismo ‖ ⁓**kanal**, Triebwasserkanal *m* (DIN) (Hydr) / canal *m* del agua de impulsión ‖ ⁓**kontrolle** *f*, -prüfung *f* / control *m* en fábrica ‖ ⁓**lokomotive** *f* / locomotora *f* industrial
werkmäßig hergestellt (Bau) / fabricado o producido en fábrica
Werk•meister *m* / contramaestre *m*, jefe *m* de taller ‖ ⁓**mörtel** *m* (Bau) / mortero *m* preparado en fábrica ‖ ⁓**norm** *f* / norma *f* de fabricación, standard *m* de fabricación ‖ ⁓**nummer** *f* / número *m* de construcción o de fabricación ‖ ⁓**platte**, Platine *f* (Uhr) / platina *f* ‖ ⁓**raum** *m* / taller *m*
Werks•abnahme *f* / recepción *f* en la fábrica ‖ ⁓**angehöriger** *m* / empleado *m* de la empresa ‖ ⁓**-Anlage**, -Abteilung *f* / sección *f*, sector *m*
Werksatz *m* (Druck) / composición *f* de libros u obras
Werks•belegschaft *f* / plantilla *f* [de empleados], personal *m* de fábrica ‖ ⁓**bescheinigung** *f*, -attest *n* / certificado *m* de conformidad ‖ ⁓**besichtigung** *f* / visita *f* guiada de la fábrica
Werk•schrift *f* (Druck) / tipos *m pl* comunes, letras *f pl* corrientes ‖ ⁓**schutz** *m* / protección *f* de la fábrica, guardia *f* de protección de la fábrica, servicio *m* de seguridad
Werks•computer *m* (DV) / ordenador *m* de la empresa ‖ ~**eigen** / en o de la fábrica ‖ ~**eingestellt** / ajustado en la fábrica
werkseitig / por parte de la fábrica
Werks•elektriker *m* / electricista *m* de fábrica ‖ ⁓**flieger** *m*, -pilot *m* / piloto *m* de pruebas o de fábrica ‖ ⁓**flug** *m* / vuelo *m* no comercial ‖ ⁓**gießerei** *f* (für Eigenbedarf) / taller *m* de fundición integrado ‖ ⁓**halle** *f* / nave *f* de fabricación
Werksilber *n* (Hütt) / plata *f* obtenida por licuación
Werks•inspektor *m* / inspector *m* de fábrica ‖ ~**intern**, innerbetrieblich / interempresarial ‖ ⁓**kantine** *f* / comedor *m* colectivo, restaurante *m* de la fábrica ‖ ⁓**kontrolle** *f* [beim Hersteller] / control *m* de calidad por parte del fabricante ‖ ⁓**leiter** *m* / jefe *m* o director de fábrica ‖ ⁓**marke** *f* / marca *f* de fábrica ‖ ⁓**nummer** *f* (Nummernschild) / número *m* de serie o de fabricación
Werk•speicher *m*, Nahspeicher *m* (Hydr) / embalse *m* de fábrica ‖ ⁓**spionage** *f* / espionaje *m* industrial
Werks•planung *f* / planificación *f* de fábrica ‖ ⁓**prüfung** *f* [beim Hersteller] / control *m* por el fabricante o en fábrica ‖ ⁓**prüfzeugnis** *n* / certificado *m* de control del fabricante ‖ ⁓**rufanlage**, -signalanlage *f* / instalación *f* de llamada de personal ‖ ⁓**ruf-Sprechsystem** *n* / sistema *m* de intercomunicación en la empresa, interfono *m* de fábrica
Werkstatt *f* / taller *m* ‖ ⁓, Arbeitsraum *m* / obrador *m* ‖ ⁓**abnahmelehre** *f* / calibre *m* de verificación de taller ‖ ⁓**anstrich** *m* / pintura *f* de taller ‖ ⁓**arbeit**, -ausführung *f* / trabajo *m* de taller, mano *m* de obra ‖ ⁓**arbeiter** *m pl*, Fertigungspersonal *n* / obreros *m pl* de taller, personal *m* de fabricación ‖ ⁓**auftrag** *m* (Ggs: Produktionsauftrag) (F.Org) / orden *m* de taller ‖ ⁓**ausrüstung** *f* / equipo *m* o utillaje de taller ‖ ⁓**betrieb** *m* / actividades *f pl* de taller, práctica *f* de taller ‖ ⁓**einrichtung** *f* / equipo *m* de taller
Werkstättenteil *m* eines Gleislagers (Bahn) / taller *m* de Vía y Obras
Werkstatt•entwickler *m* (Schw) / generador *m* de taller ‖ ⁓**feile** *f* (Wz) / lima *f* de taller ‖ ⁓**gefertigt** / fabricado o elaborado en el taller ‖ ⁓**gleis** *n* (Bahn) / vía *f* de reparaciones ‖ ⁓**grundierung** *f* (Anstrich) / imprimado *m* de taller ‖ ⁓**heber** *m* (Kfz) / gato *m* para coches ‖ ⁓**laufkran** *m* / grúa *f* corredora de taller ‖ ⁓**leiter** *m* / jefe *m* de taller ‖ ⁓**leuchte** *f* / lámpara *f* de taller ‖ ⁓**lineal** *n*, Werkstattnormalmaßstab *m* (Mess) / regla *f* de taller ‖ ⁓**-Meister** *m* / maestro *m* de taller ‖

⁓**mikroskop** *n* / microscopio *m* de taller ‖ ⁓**montage** *f* / montaje *m* de taller ‖ ⁓**niet** *m* / remache *m* de taller ‖ ~**orientiert** (Programm) / orientado al taller ‖ ⁓**prüfgerät** *n* / aparato *m* comprobador de taller ‖ ⁓**prüfung** *f* / prueba *f* de taller, ensayo *m* de taller ‖ ⁓**schiebelehre** *f* (Mess) / pie *m* de rey de taller ‖ ⁓**[schnur]leitung** *f* (Elektr) / cordón *m* eléctrico de taller ‖ ⁓**schraubendreher** *m* (Wz) / destornillador *m* de mecánico ‖ ⁓**schweißung** *f* / soldadura *f* de taller ‖ ⁓**stoß** *m* (Stahlbau) / junta *f* de taller ‖ ⁓**-Tisch** *m* (rollend) / meseta *f* de taller [sobre rodillos] ‖ ~**verdrahtet** (Elektr) / cableado en el taller ‖ ⁓**wagen** *m* (Bahn) / vagón-taller *m* ‖ ⁓**wagen**, Abschleppwagen *m* (Kfz) / vehículo-taller *m*, camión-taller *m*, coche-grúa *m* ‖ ⁓**zeichnung** *f* / dibujo *m* de taller ‖ ⁓**zug** *m* (Bahn) / tren-taller *m* ‖ ⁓**zusammenbau** *m* / ensamblaje *m* en el taller
Werksteil *m* / parte *f* de la fábrica
Werkstein *m* (Bau) / sillar *m* ‖ ⁓ **aus Beton** / piedra *f* tallada de hormigón ‖ ⁓**mauerwerk** *n* / mampostería *f* de piedras talladas ‖ ⁓**verblendung** *f* / revestimiento *m* de piedras talladas
Werkstoff *m*, Material *n* / material *m*, materia *f* prima ‖ ⁓, Stangen *f pl*, Stangenmaterial *n* (Hütt) / barras *f pl* ‖ ⁓**anhäufung** *f* / acumulación *f* de material ‖ ⁓**bedarf**, -verbrauch *m* / gasto *m* de material ‖ ~**bedingt** / debido al material ‖ ⁓**beschaffenheit** *f* / estado *m* del material, naturaleza *f* del material ‖ ⁓**dämpfung** *f* (Phys) / amortiguación *f* en el material, poder *m* amortiguador interno ‖ ⁓**durchlass** *m* (Wzm) / diámetro *m* admisible [de material] ‖ ⁓**ermüdung** *f* / fatiga *f* del material ‖ ⁓**ersparnis** *f* / economía *f* de material[es] ‖ ⁓**-Festigkeit** *f* / resistencia *f* de materiales o del material ‖ ⁓**fluss** *m* (Fließpressen) / flujo *m* de metal ‖ **freier ⁓fluss** / flujo *m* libre del material ‖ **gesteuerter ⁓fluss** / flujo *m* regulado del material ‖ ⁓**-Führungsrohr** *n* / tubo-guía *m* de barras ‖ ⁓**-Führungsschieber** *m* (Dreh) / alimentador *m* de barras ‖ ⁓**-Führungsständer** *m* (Dreh) / soporte-guía *m* para barras ‖ ~**gerecht** / adaptado al material utilizado ‖ ⁓**kartei** *f* (F.Org) / fichero *m* de materiales ‖ ⁓**kunde** *f* / conocimiento *m* de los materiales ‖ ⁓**nummer** *f* / número *m* de material ‖ ⁓**nummern** *f pl* / lista *f* de números de material ‖ ⁓**paarung** *f* / emparejamiento *m* o apareo de materiales ‖ ⁓**prüfer** *m* (Arbeiter) / verificador *m* de materiales ‖ ⁓**prüfgerät** *n*, -apparat *m*, Materialprüfer *m* / defectoscopio *m*, aparato *m* para ensayo de materiales ‖ ⁓**prüfung** *f* / ensayo *m* de materiales ‖ ⁓**schaden** *m* / daño *m* del material ‖ ⁓**übergang** *m* (Lichtbogen) / transferencia *f* del material ‖ ⁓**verbrauch**, -bedarf *m* / gasto *m* de material[es], material *m* necesario ‖ ⁓**verlust** *m* **durch Verzundern** (Hütt) / pérdida *f* de material por cascarillamiento ‖ ⁓**verteilung** *f* (Schm) / distribución *f* del material [antes del troquelado final] ‖ ⁓**vertreter** *m*, -beispiel *n* / ejemplo *m* de materiales ‖ ⁓**zuführung** *f* / alimentación *f* de material
Werkstoleranz *f* / tolerancia *f* de fábrica
Werkstück *n* / pieza *f* de labor ‖ ⁓, Arbeitsstück *n* / pieza *f* de trabajo o a trabajar, pieza *f* de labor ‖ ⁓ **[s]** / de la pieza, para pieza[s] ‖ ⁓**bearbeitetes** ⁓ / pieza *f* mecanizada ‖ **unbearbeitetes, vorgeschmiedetes o. ausgestanztes** ⁓ / pieza *f* bruta o sin trabajar ‖ ⁓**antrieb** *m* (Wzm) / cabezal *m* para accionamiento de la pieza a mecanizar ‖ ⁓**antriebswelle**, Mitnehmerspindel *f* (Wzm) / árbol *m* del cabezal fijo ‖ ⁓**auflage** *f* / soporte *m* de la pieza ‖ ⁓**auflagefläche** *f* (Wzm) / superficie *f* de sujeción de la pieza ‖ ⁓**aufnahme** *f* / asiento *m* de la pieza ‖ ⁓**[aufnahme]brett**, Teilebrett *n* (F.Org) / tabla *f* para piezas ‖ ⁓**durchmesser** *m* / diámetro *m* de la pieza ‖ ⁓**einspannung** *f*, -aufspannung *f* / sujeción *f* de la pieza ‖ ⁓**geometrie** *f* / geometría *f* de la pieza ‖

Werkzeugträger

⁓**halter** m / sujetapieza[s] m ‖ ⁓**-Handling** n / manejo m de las piezas ‖ ⁓**kasten** m, Teilekasten m (F.Org) / caja f para piezas ‖ ⁓**klemme** f (Schw) / pinza f de masa ‖ ⁓**-Koordinatensystem** n (NC) / sistema m de coordenadas de la pieza ‖ ⁓**mitnahme** f (Wzm) / arrastre m de la pieza ‖ ⁓**-Oberfläche** f / superficie f de la pieza ‖ ⁓**prüftisch** m / mesa f de verificación de las piezas ‖ ⁓**schlitten** m / carro m portapiezas ‖ ⁓**spannvorrichtung** f / sujetador m para piezas a trabajar ‖ ⁓**spindel** f / husillo m portapieza ‖ ⁓**spindelstock** m / cabezal m fijo [portapieza] ‖ ⁓**tisch** m / mesa f portapieza ‖ ⁓**Wechseleinrichtung** f / dispositivo m para cambio automático de piezas ‖ ⁓**wender** f / volteador m de piezas ‖ ⁓**zentrierung** f (Wzm) / centrado m de la pieza a mecanizar
Werks•vorschriften, -normen f pl / especificaciones f pl del constructor o fabricante ‖ ⁓**wohnung** f / piso m perteneciente a la fábrica, vivienda f para personal ‖ ⁓**zeitung** f / periódico m de la empresa ‖ ⁓**zeugnis** n / certificado m de prueba
Werktag, an ⁓en / en fechas hábiles, en días laborables
Werk•teil n, Einzelteil n / elemento m a labrar ‖ ⁓**tisch** m, Arbeitstisch m / mesa f de trabajo ‖ ⁓**tisch**, Zuschneidetisch m (Schneid) / mesa f de sastre, tablero m ‖ ⁓**verkehr** m / transporte m interior de la empresa (o entre las fábricas) ‖ ⁓**vertrag** m / contrato m de obra ‖ ⁓**zeichen** n, Bezeichnung f / marca f de fábrica o del constructor, logotipo m ‖ ⁓**zeichnung** f, Fertigungszeichnung f / dibujo m de taller
Werkzeug n / herramienta f, útil m ‖ ⁓, Meißel m (Wzm) / cuchilla f de torno ‖ ⁓, Mittel m / medio m ‖ ⁓, Spritzform f (Plast) / molde m de inyección ‖ ⁓ n **für spangebende Formung** (Wzm) / herramienta f para el desprendimiento o arranque de virutas, útil m cortante ‖ ⁓ **für spanlose Formung** / útil m para mecanizado sin arranque de viruta[s] ‖ ⁓ **mit Kanälen** (Plast) / molde m con canales de calefacción ‖ ⁓ **zum Einbauen von [Schrauben]sicherungen** / herramienta f para colocar dispositivos de seguridad de tornillos ‖ **bestücktes** ⁓ (Dreh) / herramienta f dotada de plaquita[s]
Werkzeug•anordnung f, Einstellplan m, -zeichnung f / diagrama m de utillaje ‖ ⁓**anzeige** f (NC) / indicación f del número de la herramienta ‖ ⁓**auflage** f (Drechsler) / soporte m de la herramienta de mano ‖ ⁓**aufnahme** f / asiento m de herramienta ‖ ⁓**aufnahme** (Fräsmaschine) / portaútil m ‖ ⁓**ausgabe** f / taquilla f para la distribución de herramientas ‖ ⁓**ausgeber** m / distribuidor m de herramientas ‖ ⁓**ausrüstung**, -ausstattung f (Kfz) / equipamiento m con herramientas ‖ ⁓**ausrüstung**, -ausstattung f (Wzm) / utillaje m, herramental m ‖ ⁓**bau** m (als Abteilung) / taller m de herramientas ‖ ⁓**bau**, -herstellung, -macherei f / fabricación f de herramientas ‖ ⁓**bereitstellung** f / preparación f de herramientas ‖ ⁓**besteck** n / estuche m con herramientas ‖ ⁓**bestückung** f / dotación f de herramientas, herramental m ‖ ⁓**bezugsebene** f (Wzm) / plano m de referencia de trabajo o de herramienta[s] ‖ ⁓**bezugspunkt** m (NC) / punto m de referencia de la herramienta ‖ ⁓**-Bruchsensor** m / sensor m de rotura de la herramienta ‖ ⁓**code** m (NC) / código m de herramienta ‖ ⁓**datei** f (NC) / fichero m de herramientas ‖ ⁓**dreher** m (Arbeiter) / torneador m de herramientas ‖ ⁓**drehmaschine** f / torno m para herramientas ‖ ⁓**durchmesser-Korrektur** f, corrección f del diámetro del útil ‖ ⁓**einführung** f **unter See** (Öl) / reentrada f submarina de herramientas ‖ ⁓**-Eingriffswinkel** m (Zahnrad) / ángulo m de engrane de la herramienta ‖ **richtiger** ⁓**einsatz** / gestión f de herramientas ‖ ⁓**einstellgerät** n (NC) / aparato m para ajustar la herramienta ‖ ⁓**einstellung** f / ajuste m de herramienta[s] ‖ ⁓**fräser** m (Arbeiter) / fresador m de herramientas ‖

⁓**fräsmaschine** f / fresadora f de herramientas ‖ ⁓**futter** n (Wzm) / mandril m [de sujeción] ‖ ⁓**garnitur** f, -satz m / juego m de herramientas ‖ ~**gebunden** (Plast) / dependiente [de las dimensiones] del molde ‖ ⁓**halter** m, Stahlhalter m (Dreh) / portaherramientas m, portaútil m ‖ ⁓**halterspindel** f / husillo m del portaútil ‖ ⁓**heft** n / mango m de [la] herramienta ‖ ⁓**-Hohlstahl** m (Hütt) / acero m hueco para herramientas ‖ ⁓**-Identifikationssystem** n / sistema m de identificación de herramienta[s] ‖ ⁓**-Identnummer** f (NC) / número m de herramienta ‖ ⁓**kartei** f (Wzm) / fichero m de herramientas ‖ ⁓**kasten** m / caja f de herramientas ‖ ⁓**keilebene** f, Schneidennormalebene f / plano m normal de corte de la herramienta ‖ ⁓**klappe** f (Stoßmasch) / portaútil m batiente ‖ ⁓**koffer**, -kasten m / caja f de herramientas, maletín m de herramientas ‖ ⁓**-Kombinationssatz** m / juego m de construcción de herramientas ‖ ⁓**kostenanteil** m / prorrateo m de costos de herramientas ‖ ⁓**lader** m / cargador m de herramientas ‖ ⁓**lagenkorrektur** f (NC) / corrección f axial de herramienta ‖ ⁓**längenkorrektur** f (NC) / corrección f de longitud de la herramienta ‖ ⁓**macher** m, -mechaniker m / herramentista m ‖ ⁓**macher und Formenbauer** m / matricero m, mecánico m matricero ‖ ⁓**[macher]drehmaschine** f / torno m de herramientas ‖ ⁓**macherei** f / taller m de utillaje o de herramientas ‖ ⁓**-Magazin** n, Lager n / almacén m o depósito de herramientas ‖ ⁓**maschine** f / máquina-herramienta f, MH ‖ ⁓**maschine in Ständerbauart** / máquina-herramienta f de columna móvil ‖ ⁓**maschine mit Tisch** / máquina-herramienta f con mesa ‖ ⁓**maschinenbau** m / construcción f de máquinas-herramientas ‖ ⁓**maschinen-Bediener** m / operador m de máquina-herramienta ‖ ⁓**maschinenguss** m / fundición f de piezas para máquinas-herramientas ‖ ⁓**maschinenhalle** f / nave f de máquinas-herramientas ‖ ⁓**maschinenindustrie** f / industria f de [las] máquinas-herramientas ‖ ⁓**maschinen-Konstruktion** f / construcción f de máquinas-herramientas ‖ ⁓**maschinen-Reparaturwerkstatt** f / taller m de reparación de máquinas-herramientas ‖ ⁓**maschinen-Technik** f / técnica f de máquinas-herramientas ‖ ⁓**mechaniker** m / mecánico m matricero ‖ ⁓**messmikroskop** n / microscopio m de medición de herramientas ‖ ⁓**modul** m (Zahnrad) / módulo m de útil ‖ ⁓**radiuskorrektur** f (NC) / corrección f de radio de herramienta ‖ ⁓**regal**, -gestell n / estante m de herramientas, estantería f para útiles ‖ ⁓**rückebene** f, Werkzeugbezugsebene f / plano m de referencia de la herramienta ‖ ⁓**satz** m, Satz Werkzeuge / juego m de herramientas ‖ ⁓**satz für Außengewindeschneiden** / juego m de herramientas para roscas exteriores ‖ ⁓**schaft** m / vástago m de la herramienta ‖ ⁓**schleifer** m / afilador m de herramientas ‖ ⁓**schleifmaschine** f / afiladora f de herramientas ‖ ⁓**schlitten** (Wzm) / carro m portaútiles ‖ **mittlerer** ⁓**schlitten** (Wzm) / carro m central ‖ ⁓**schneide** f / filo m cortante del útil ‖ ⁓**schneidenradius** m / radio m del filo cortante del útil ‖ ⁓**schrank** m / armario m de herramientas ‖ ⁓**spitze** f / punta f de la herramienta ‖ ⁓**stahl** m / acero m para herramientas o de útiles ‖ ⁓**stahl für Kaltarbeit** / acero m de herramientas para trabajos en frío ‖ ⁓**stahl für Warmarbeit** / acero m de herramientas para trabajos en caliente ‖ ⁓**ständer** m / estante m de herramientas ‖ ⁓**tafel** f / tablero m de herramientas ‖ ⁓**tasche** f / bolsa f de herramientas ‖ ⁓**tasche** (Fahrrad) / cartera f de herramientas, herramental m ‖ ⁓**teilung** f (Zahnrad) / paso m nominal del útil ‖ ⁓**träger** m (Bohrwerk) / travesaño m portaútil de la mandrinadora ‖ ⁓**träger am**

Werkzeugverlängerung

[Seiten]ständer, Seitenschlitten *m* (Wzm) / portaútil *m* lateral ‖ ⁓verlängerung *f* / alargadera *f* de herramienta ‖ ⁓versatz *m* (NC) / decalaje *m* de herramienta ‖ ⁓-Vierkant *m* / cuadrado *m* para herramientas ‖ ⁓vorschub *m* / avance *m* de [la] herramienta ‖ ⁓wagen *m* / carretilla *f* de herramientas ‖ ⁓wechsel *m* / cambio *m* de herramienta ‖ ⁓wechselstellung *f* (NC) / posición *f* de cambio de herramienta ‖ ⁓wechselzeit *f* (F.Org) / tiempo *m* de cambio de herramienta ‖ ⁓weg *m* (Wzm) / carrera *f* de herramienta, recorrido *m* de la herramienta ‖ ⁓zeichnung *f* / diseño *m* de herramienta ‖ ⁓-Zentrierbohrung *f* / punto *m* de centrado de herramienta
Werkzink *n* (Hütt) / cinc *m* de obra o de trabajo
Wermutöl *n* (Pharm) / aceite *f* de ajenjo
Wernerit *m* (Min) / wernerita *f*
Wernersche Theorie *f* (Bindungen) (Chem) / teoría *f* de Werner
Wert *m* / valor *m* ‖ ⁓, Wertigkeit *f* (Chem) / valencia *f* ‖ ⁓, der von Hundert minus n % erreicht wird (Stat) / enésima *f* percentila ‖ ⁓ etc. festlegen (o. bestimmen) / fijar (establecer) ‖ ⁓ *m* größter statistischer Häufigkeit (DV, Stat) / moda *f*, valor *m* modal o dominante ‖ ⁓ Spitze-Spitze, S.-S.-Wert *m* (Eltronik, TV) / valor *m* de cresta a cresta, valor *m* entre crestas ‖ 25%- oder 75%-⁓, Quartil *n* / cuartila *f*, cuartil *m* ‖ dem ⁓ nach / cualitativo ‖ von nur einem ⁓ (Math) / uniforme
Wert•analyse *f* / análisis *m* del valor ‖ ⁓bereich *m* / gama *f* de valores ‖ ~diskret (DV) / de valores discretos
wertediskretes Signal / señal *f* de valor discreto
Wertefluss *m* (COBOL) / cadencia *f* de valores
Werteinheit, Wertstelle *f* (Math) / unidad *f* de valor, u.v.
werte•kontinuierliches Signal / señal *f* de valores continuos ‖ ⁓paar *n* / par *m* de variables aleatorios ‖ ⁓tabelle *f* / tabla *f* de valores ‖ ⁓tabelle, Wahrheitswertetafel *f* (DV) / tabla *f* de verdad
Wert•funktion *f* (Nukl) / función *f* de valor ‖ ~hohes Bit (DV) / bit *m* de orden superior
wertig / de valor, valoroso
Wertigkeit *f*, Valenz *f* (Chem) / valencia *f* ‖ ⁓, Stellenwert *m* (DV) / peso *m* ‖ ⁓ beim Sortieren (DV) / prioridad *f* ‖ ⁓ einer Bitstelle (DV) / significancia *f* de una posición bit ‖ mit mehreren ⁓en (Chem) / polivalente, de valencia múltiple
Wertigkeits•stufe *f* / grado *m* de valencia ‖ ⁓zahl *f* / índice *m* de valencia
Wert•kartentelefon *n* / teléfono *m* [público] de tarjeta [de cheque] ‖ ⁓kartenzähler *m* (Frankiern) / contador *m* de fichas [de correos] ‖ ~kontinuierlich, -stetig (DV) / de valores continuos ‖ ⁓management *n* (F.Org) / manejo *m* de valor ‖ ⁓markenautomat *m* / distribuidor *m* automático de timbres, sellos etc. ‖ ⁓messer, -maßstab *m* / criterio *m*, pauta *f* ‖ ⁓minderung *f*, -verlust *m* / disminución *f* de valor, depreciación *f* ‖ ⁓minderung, Verschlechterung *f* / empeoramiento *m* ‖ ⁓müll (Umw) / basura *f* aprovechable ‖ ⁓münze *f* / ficha *f* ‖ ~niedriges Bit (DV) / bit *m* de orden inferior ‖ ⁓stelle *f* (Math) / cifra *f* significativa ‖ ⁓stoff *m* / materia *f* o sustancia de valor ‖ ⁓stoffe *m pl* (Umw) / desechos *m pl* reciclables ‖ ⁓stoffhof *m*, -sammelstelle *f* / centro *m* de recolección (de materias reciclables), ecoparque *m* ‖ ⁓übertragung *f* / transmisión *f* de valores
Wertung *f*, Bewertung *f* / valor[iz]ación *f* ‖ ⁓, Auswertung *f* / evaluación *f* ‖ ⁓, Gewichtung *f* / ponderación *f* ‖ ⁓, Klassifizierung *f* / clasificación *f*
Wert•zeichenausgeber *m* / distribuidor *m* de sellos (E) o de estampillas (LA) ‖ ⁓zeichenpapier *n* / papel *m* para timbres o sellos ‖ ⁓ziffer *f* / cifra *f* significativa ‖ ⁓zoll *m* / derecho *m* ad valorem ‖ ⁓zuwachs *m*, Mehrwert *m* / aumento *m* de valor, plusvalía *f*

Wesensmerkmal *n* / carácter *m*, característica *f*, rasgo *m* característico
wesentlich / esencial, su[b]stancial ‖ ~, beträchtlich / considerable ‖ ~, wichtig, lebenswichtig / fundamental, importante, vital ‖ ~e Bedingung / condición *f* esencial ‖ ~er Bestandteil / elemento *m* esencial ‖ ~e Eigenschaft / propiedad *f* esencial ‖ ~e Konstante (DV) / constante *f* esencial ‖ ~e Oberfläche, wichtige Oberfläche (Furnier) / superficie *f* significativa ‖ ~e Typen, Hauptarten *f pl* / tipos *m pl* principales
Westcott•-Faktor *m* (Nukl) / factor *m* [de] Westcott ‖ ⁓-Modell *n* (Nukl) / modelo *m* [de] Westcott
Westentaschenformat *n* / tamaño *m* de bolsillo
Westinghouse-Luftbremse *f* / freno *m* [neumático] Westinghouse
westlich, aus ~er Richtung (Meteo) / de componente oeste
Weston•element *n*, -zelle *f* (Elektr) / pila *f* patrón de Weston ‖ ⁓grade *m pl*, Empfindlichkeit *f* nach Weston (Film) / sensibilidad *f* Weston de la película
Wet-Laboratory-Arbeiten *f pl* (Biol, Chem) / trabajos *m pl* de laboratorio húmedo
Wettable Powder *n*, benetzbares Pulver / polvo *m* mojable
Wettbewerb *m* / competencia *f*
Wettbewerber *m* / competidor *m*
Wetter *n* / tiempo *m*, situación *f* meteorológica ‖ ⁓, Wetter *n pl* (Bergb) / aire *m* [de mina] ‖ ⁓ fassen (Bergb) / establecer la ventilación ‖ ⁓ halten (Bergb) / ventilar, airear ‖ ⁓ umsetzen (Bergb) / cambiar la ventilación ‖ böse (o. giftige) ⁓, Kohlen[mon]oxid *n* (Bergb) / aire *m* nocivo o tóxico ‖ schlagende ⁓ (Bergb) / grisú *m*
Wetter•abteilung *f* (Bergb) / sección *f* de aeramiento ‖ ⁓abzug *m* (Bergb) / salida *f* de aire ‖ ⁓abzugstrecke *f* (Bergb) / vía *f* de salida de aire ‖ ⁓anzeiger *m* (Bergb) / indicador *m* de grisú ‖ ⁓aussichten *f pl* (Luftf) / previsiones *f pl* meteorológicas o del tiempo ‖ ⁓bauwerk *n* (Bergb) / compuerta *f* de ventilación ‖ ⁓beobachtung, -vorhersage *f* (Luftf, Raumf) / observación *f* meteorológica o del tiempo ‖ ⁓bericht *m* / boletín *m* meteorológico, parte *m* meteorológico ‖ ⁓besserung *f* / mejoría *f* del tiempo ‖ ~beständig s. wetterfest ‖ ⁓beständigkeit *f* (Farbe) / resistencia *f* a la intemperie o a los agentes atmosféricos ‖ ⁓blende s. Wettertür ‖ ⁓blende (Bergb) / cortina *f* de aeramiento ‖ ⁓[bohr]loch *n* (Bergb) / agujero *m* de ventilación ‖ ⁓brücke *f*, -kreuzung *f* (Bergb) / cruce *m* de ventilación ‖ ⁓dach, Schutzdach *n* (Bau) / sobradillo *m*, abrigo *m* ‖ ⁓damm (Bergb) / barrera *f* antigrisú ‖ ~dicht (Bergb) / estanco al aire ‖ ⁓dienst *m* / servicio *m* meteorológico ‖ ⁓dienstbehörde *f* / servicio *m* meteorológico oficial ‖ ⁓drosseltür *f* (Bergb) / compuerta *f* reguladora del aire ‖ ⁓düse *f* (Bergb) / boquilla *f* de ventilación ‖ ⁓dynamit *f* (Bergb) / dinamita *f* de seguridad ‖ ⁓echtheit *f* (Tex) / solidez *f* a la intemperie ‖ ⁓einzustrecke *f* (Bergb) / vía *f* de entrada de aire ‖ ⁓fehlstrom *f* (Bergb) / pérdida *f* de ventilación ‖ ~fest, -beständig / resistente a la intemperie, resistente a los agentes atmosféricos ‖ ~fest machen / intemperizar ‖ ~fest sein / resistir a la intemperie, resistir a los agentes atmosféricos ‖ ~fester Stahl / acero *m* resistente a la intemperie ‖ ⁓festigkeit *f* / resistencia *f* a la intemperie, resistencia *f* a los agentes atmosféricos ‖ ⁓festigkeitsversuch *f* (Mat.Prüf) / ensayo *m* de resistencia a la intemperie ‖ ⁓führung, -versorgung *f* (Bergb) / aeración *f*, aeramiento *m*, ventilación *f* ‖ ⁓gardine *f* (Bergb) / cortina *f* de aeramiento ‖ ⁓gebläse *n*, Grubengebläse *n* (Bergb) / ventilador *m* de mina[s], máquina *f* soplante de mina ‖ ~geschützt (Elektr) / al abrigo de la intemperie ‖ ⁓haube *f* (auf Schornstein) / sombrerete *m* ‖ ~hut, Windfang *m* (Bergb) / ventilador *m* ‖

⁓**kanal** *m* (Bergb) / canal *m* de tiro de ventilador ‖ ⁓**karte** *f* (Meteo) / mapa *m* meteorológico ‖ ⁓**kreuz** *n*, **-brücke** *f* (Bergb) / cruce *m* de ventilación ‖ ⁓**kunde** *f* / meteorología *f* ‖ ⁓**lage** *f* / situación *f* meteorológica, estado *m* del tiempo ‖ ⁓**lampe** *f* (Bergb) / lámpara *f* de minero o de seguridad ‖ ⁓**loch** *n* (Bergb) / hueco *m* de ventilación ‖ ⁓**lösung** *f* (Bergb) / ventilación *f* ‖ ⁓**lutte**, **-leitung** *f*, **-fang**, **-kanal** *m* (Bergb) / tubo *m* de ventilación, conducto *m* de aire forzado ‖ ⁓**mann** *m* (Bergb) / controlador-regulador *m* de la ventilación ‖ ⁓**meldung** *f*, -bericht *m* / boletín *m* o parte meteorológico ‖ ⁓**messtelle** *f* (Meteo) / plataforma *f* para la recopilación automática de datos meteorológicos ‖ ⁓**messtelle** (Bergb) / puesto *m* de medición del aire ‖ ⁓**minimum** *n* (Luftf) / mínimo *m* meteorológico ‖ ⁓**nachrichten** *f pl*, -vorhersage *f* (Radio) / previsión *f* meteorológica, informaciones *f pl* meteorológicas ‖ ⁓**nase** *f*, Wasserschenkel *m* (Bau) / bateaguas *m*, vierteaguas *m* ‖ ⁓**phase** *f*, WPH / fase *f* del tiempo ‖ ⁓**querschlag** *m* (Bergb) / aeramiento *m* transversal ‖ ⁓**radar** *m n* / radar *m* meteorológico ‖ ⁓**rakete** *f* / cohete *m* meteorológico ‖ ⁓**riss** *m* (Bergb) / plano *m* de aeramiento ‖ ⁓**rückstau** *m* (Bergb) / remanso *m* de aire ‖ ⁓**satellit** *m* / satélite *m* meteorológico ‖ ⁓**saugend** (Bergb) / que aspira aire ‖ ⁓**schacht** *m* (Bergb) / chimenea *f* de aire, pozo *m* de ventilación ‖ ⁓**schacht** (einziehend) / pozo *m* de ventilación descendente ‖ ⁓**schacht** (ausziehend) (Bergb) / pozo *m* de ventilación ascendente ‖ ⁓**schacht und Förderschacht** *m* (Bergb) / pozo *m* de ventilación y de extracción ‖ ⁓**scheide** *f* (Geo) / divisoria *f* meteorológica ‖ ⁓**scheidetür** *f*, -scheider *m* (Bergb) / tabique *m* de ventilación ‖ ⁓**schenkel** *m* (Fenster) / vierteaguas *m*, bateaguas *m* ‖ ⁓**schleuse** *f* (Bergb) / esclusa *f* de aire ‖ ⁓**schutz** *m* / protección *f* contra los agentes meteorológicos ‖ ⁓**seite** *f* (Bau) / lado *m* expuesto a la[s] lluvia[s] ‖ ~**sicher** / a prueba de intemperie ‖ ⁓**sohle** *f* (Bergb) / nivel *m* de retorno de aire ‖ ⁓**sonde** *f* / sonda *f* meteorológica ‖ ⁓**sprengstoff** *m* (Bergb) / explosivo *m* de seguridad ‖ ⁓**sprengstoff für Gesteinsbetriebe** / explosivo *m* de seguridad para canteras ‖ ⁓**station** *f* / estación *f* meteorológica ‖ ⁓**steiger** (Bergb) / capataz *m* de ventilación ‖ ⁓**strecke** *f* (Bergb) / galería *f* de ventilación o de aeramiento, galería *f* de aireación ‖ ⁓**strom** *m* (Bergb) / corriente *f* de aire de ventilación ‖ ⁓**sturz** *m*, -umschlag *m* (Meteo) / cambio *m* brusco del tiempo ‖ ⁓**tafel** *f* (Bergb) / cuadro *m* avisador de aeración ‖ ⁓**trum** *n* (Bergb) / compartimiento *m* de ventilación ‖ ⁓**tuch** *n*, -gardine *f* (Bergb) / lona *f* de ventilación ‖ ⁓**tür** *f* (Bergb) / puerta *f* de ventilación, compuerta *f* de aeramiento ‖ ⁓**umschlag** *m* (Meteo) / cambio *m* brusco de tiempo

Wetterung *f*, Wetterversorgung *f*, -losung *f*, -wechsel *m* (Bergb) / aeramiento *m*, aeración *f*, ventilación *f*
Wetter • vorhersage *f* / pronóstico *m* del tiempo, previsión *f* meteorológica, tiempo *m* probable ‖ ⁓**vorhersage**, -beobachtung *f* (Luftf, Raumf) / observación *f* meteorológica ‖ ⁓**vorhersagekarte** *f* / mapa *m* de previsión meteorológica ‖ ⁓**warnung** *f*, -warnmeldung *f* (Luftf) / aviso *m* meteorológico ‖ ⁓**warte** *f* / estación *f* meteorológica, observatorio *m* meteorológico ‖ ⁓**wechsel** *m* (Meteo) / cambio *m* de[l] tiempo ‖ ⁓**wechsel** (Bergb) / circulación *f* de aire ‖ ⁓**wechselschacht** *m* (Bergb) / pozo *m* de circulación de aire ‖ ⁓**wirtschaft** *f* (Bergb) / control *m* de ventilación ‖ ⁓**zeiger**, Schwadenzeiger *m* (Bergb) / indicador *m* de grisú, gasoscopio *m* ‖ ⁓**zug** *m* (Bergb) / corriente *f* de aire ‖ ⁓**zünder** *m* (Bergb) / mecha *f* antigrisú, fulminante *m* antigrisú
wetzen *vt*, schärfen / afilar, aguzar
Wetz • stahl *m* / afilón *m*, afilador *m*, chaira *f* ‖ ⁓**stein** *m* / piedra *f* de afilar o de amolar, afiladera *f*

Weymouthskiefer *f*, Pinus strobus (Bot) / pino *m* Weymouth, pino *m* estrobo, pino *m* blanco o canadiense ‖ ⁓**-Blasenrost** *m*, Permidermium strobi / añublo del pino estrobo
WFA = Wählerfernamt
W-förmig / en [forma de] W ‖ ⁓**e Doppelstütze** / soporte *m* doble en [forma de] W
WFR (Eltronik) = Wanderfeldröhre
WGLR = Wissenschaftliche Gesellschaft für Luft- und Raumfahrt
Whatmanpapier *n* (Chem) / papel Whatman
Wheatstonebrücke *f* (Elektr) / puente *m* de Wheatstone ‖ ⁓ **mit Brückendraht und Schleifkontakt** (Elektr) / puente *m* [de] Wheatstone con cursor
Whipcord *m* (Web) / whipcord *m*, tela *f* con bordones diagonales
Whipstock *m*, Ablenkkeil *m* (Bergb) / chaveta *f* deflectora ‖ ⁓ (Öl) / desviador *m* de sonda
Whirlpool *m* / jacuzzi *m* ‖ ⁓ / jacuz[z]i *m*
Whisker • [kristall], Haarkristall *m* (Krist) / triquita *f* ‖ ~**verstärkter Kunststoff**, WK / materia *f* plástica reforzada por triquitas
Whistler *m* (Radio) / silbido *m* atmosférico, perturbación *f* silbante
White Spirit *m*, Testbenzin *n* (Chem) / espíritu *m* petróleo
Whiteboard *n* (elektronische berührungsempfindliche Wandtafel) / encerado *m* electrónico sensible al tacto
Whiterit *m* (Min) / whiterita *f*
Whitworth • -Feingewinde *n* [für Automobilbau] / rosca *f* Whitworth fina ‖ ⁓**gewinde** *n* / rosca *f* Whitworth (B.S.) ‖ **feines** ⁓**-Rohrgewinde** (26 Gänge/Zoll) / rosca *f* Whitworth fina para tubos de latón ‖ ⁓**-Standard-Gasgewinde** *n* / rosca *f* Whitworth standard de gas
Wichte *f*, spezifisches Gewicht (Phys) / peso *m* específico [absoluto] ‖ ⁓**analyse**, Schwimm- und Sinkanalyse *f* / análisis *m* por sumersión y flotación ‖ ⁓**-Asche-Analyse** *f* (Bergb) / análisis *m* densimétrico con determinación del contenido en ceniza ‖ ⁓**regler** *m* (Aufb) / regulador *m* de la densidad ‖ ⁓**-Siebanalyse** *f* / análisis *m* densimétrico por categoría granulométrica ‖ ⁓**stufe** *f* (Aufb) / intervalo *m* de densidad ‖ ⁓**zahl** *f*, relative Wichte / peso *m* específico relativo ‖ ⁓**zahl** (Bergb) / grado *m* densimétrico
wichtig, bedeutend / importante ‖ ~**e Anlagen** *f pl* / instalaciones *f pl* esenciales
Wichtigkeit, Bedeutung *f* / importancia *f* ‖ **der** ⁓ **nach einreihen** (DV) / clasificar según importancia, ordenar según prioridad, hacer el ranking
Wichtung *f*, Gewichtung *f* / ponderación *f*
Wicke *f*, Ackerwicke *f* (Bot, Landw) / arveja *f* (E), veza *f*
Wickel *m*, Pelz *m* (Spinn) / napa *f*, rótulo *m* a falda tela, rodillo *m* de tela ‖ ⁓ (Elektr) / arrollamiento *m*, bobina *f*, devanado *m* ‖ ⁓, Knäuel *n* (Garn) / ovillo *m* ‖ ⁓**anlage** *f* **für Draht und Band** / instalación *f* para bobinar alambre y banda
wickelbar (z.B. Rohr) / arrollable
Wickel • behälter *m* (Reaktor) / recipiente *m* enrollado ‖ ⁓**bildung** *f* (Tex) / formación *f* de la tela ‖ ⁓**block**, -kondensator *m* / capacitor *m* arrollado ‖ ⁓**bund** *n* (Elektr) / empalme *m* retorcido ‖ ⁓**dorn** *m* (Hütt) / mandril *m* ‖ ⁓**dorn**, -kern *m* (Tonband) / núcleo *m* de la cinta magnética ‖ ⁓**dorn** (Potentiometer) / mandril *m* del potenciómetro, soporte *m* de arrollamiento ‖ ⁓**dose** *f* **aus Blech** / caja *f* o lata enrollada ‖ ⁓**draht** *m*, Bindedraht *m* / alambre *m* para atar ‖ ⁓**draht**, verdrillter Draht / alambre *m* torcido ‖ ⁓**durchmesser** *m* (Kabel) / diámetro *m* de arrollamiento
Wickelei, Spulerei *f* (Spinn) / sala *f* de arrollado, taller *m* de arrollado ‖ ⁓ *f* (Elektr) / taller *m* de bobinado o bobinaje o de devando

Wickel•einrichtung f (Tex) / devanadera f de cinta ‖ ⁓**einrichtung** (DV) / bobinadora f [de cinta] ‖ ⁓**faktor** m (Elektr) / factor m de bobinado ‖ ⁓**falzung** f (Druck) / plegado m leporelli o enrollado ‖ **[kegelige]** ⁓**feder**, Evolutfeder f / resorte m cónico en espiral, resorte m de espira[l] cónica ‖ ⁓**form** f (Wz) / macho m de devanar, herramienta f de devanar ‖ ⁓**gewicht** n (Spinn) / peso m de la tela ‖ ⁓**gut** n / material m a bobinar, material m bobinado o devanado ‖ ⁓**halter** m (Schlagm.) / soporte m de la tela ‖ ⁓**haspel** m n / carrete m de bobinar ‖ ⁓**hohlkörper** m / cuerpo m hueco enrollado ‖ ⁓**hülse** f (Hütt) / manguito m ‖ ⁓**karte** f (Garn) / cartón m arrollador ‖ ⁓**kern** m (Magn.Bd) / cubo m del carrete ‖ ⁓**kern** (Eltronik) / núcleo m bobinado ‖ ⁓**keule** f (Kabel) / cono m de esfuerzo ‖ ⁓**kondensator** m / capacitor m arrollado ‖ ⁓**kontakt** m (Eltronik) / conexión f arrollada ‖ ⁓**kopf** m (Elektr) / conexiones f pl frontales ‖ ⁓**kopfhaube** f, -kappe f (Elektr) / cofia f ‖ ⁓**körper** m (Tex) / husada f ‖ ⁓**körper** n (Elektr) / carrete m ‖ **ausgenutzte** ⁓**länge** (Elektr) / longitud f útil del arrollamiento ‖ ⁓**lötstelle** f / empalme m soldado sin manguito ‖ ⁓**mantel** m (Hütt) / capas f pl superpuestas arrolladas ‖ ⁓**maschine** f, Wickler m (Elektr, Hütt) / bobinadora f ‖ ⁓**maschine**, Aufbreit-, Wattenmaschine f (Spinn) / máquina f napadora, napadora f ‖ ⁓**maschine** f, Spulmaschine f (Spinn) / encanilladora f ‖ ⁓**maschine**, Banddoppler m (Spinn) / reunidora f de cintas ‖ ⁓**maschine**, Wickler m / bobinadora f ‖ ⁓**maschine** (Web) / enrolladora f, bobinador m ‖ ⁓**maschine**, Knäuel[wickel]maschine f (Spinn) / ovilladora f ‖ ⁓**maschine**, Kettenspulmaschine f (Spinn) / enrolladora f ‖ ⁓**maschine** f, Ablaufhaspel m n (Hütt) / bobinadora f de salida ‖ ⁓**motor** m, Bandzugmotor m (Magn.Bd) / motor m de tracción de cinta **wickeln** vt, aufwickeln / bobinar, arrollar, enrollar ‖ ⁓, einwickeln / envolver ‖ ⁓, umwickeln, bewickeln (allg, Elektr) / arrollar, enrollar, devanar, bobinar ‖ ⁓, sich be- o. vollwickeln / cargarse ‖ ⁓ (Garn) / devanar ‖ ⁓ (Zigarren) / liar ‖ ⁓ **von oben**, [unten] / bobinar desde arriba, [abajo] ‖ **auf Spulen** ⁓ / bobinar ‖ **zu Knäueln** ⁓ (Spinn) / hacer ovillos, ovillar ‖ ⁓ n, Wickelei f (Elektr) / bobinaje m, bobinado m ‖ ⁓ (Garn) / ovillado m

Wickel•pappe f / cartón m sacado a mano, cartón m de varias capas o de la enrolladora ‖ ⁓**pappenmaschine** f / máquina f de cartón a la enrolladora ‖ ⁓**pistole** f (Eltronik, Fernm) / herramienta f para conexión arrollada ‖ ⁓**platte** f (Druck) / plancha f arrollable ‖ ⁓**platte** (Hütt) / placa f lateral de bobinas ‖ ⁓**raum** m (Elektr) / espacio m para arrollamiento ‖ ⁓**rohr** n / tubo m enrollado ‖ ⁓**rohr-Herstellung** f (Plast) / fabricación f de tubos enrollados ‖ ⁓**rumpf** m (Luftf) / fuselaje m monocasco ‖ ⁓**schablone** f (Elektr) / plantilla f de arrollamiento ‖ ⁓**schritt** m (Elektr) / paso m de bobinado o devanado ‖ ⁓**sinn** m, -richtung f / sentido m de bobinado ‖ ⁓**spule** f, -stab m (Kammgarn, Tex) / varilla f para los rodillos de telas ‖ ⁓**spule** (Baumwolle) / carrete m devanador ‖ ⁓**stern** m (Tex) / estrella f lionesa ‖ ⁓**stift** m (IC) / alfiler m o terminal de conexión arrollada ‖ ⁓**strecke** f / máquina f de reunir, reunidora f ‖ **in** ⁓**technik hergestellt** (Raumf) / enrollado ‖ ⁓**teller** m (Band) / disco m o plato arrollador ‖ ⁓**test** m, Wickelprüfung f / prueba f de arrollamiento ‖ ⁓**träger** m (Spinn) / soporte m de la tela ‖ ⁓**tragkörpergestell** n (Tex) / portabobinas m ‖ ⁓**transportwagen** m (Tex) / carro m portarrollos ‖ ⁓**trommel** f (Walzw) / tambor m de la bobina o del carrete ‖ ⁓**trommel** (Spinn) / tambor m bobinador ‖ ⁓**umschlagbrett** n (Spinn) / tabla f móvil de la tela de batán ‖ ⁓**verbindung** f (Fernm) / empalme m retorcido o por torsión o por torcedura ‖ ⁓**verbindung**, lötlose Verbindung (Eltronik, Fernm) / conexión f arrollada ‖ ⁓**verhältnis** n (Feder) / relación f de espiras, índice m

de muelle ‖ ⁓**versuch** m (Draht) / ensayo m de enrollamiento ‖ ⁓**volumen** n (Kabel) / volumen m de enrollamiento, capacidad f de enrollamiento ‖ ⁓**walze** f (Web) / cilindro m enrollador ‖ ⁓**walze** (Druck) / rodillo m bobinador ‖ ⁓**watte** f (Baumwolle) / tela f, napa f ‖ ⁓**werk** n (Trafo) / plantilla f de devanado ‖ ⁓**widerstand** m (Elektr) / resistor m bobinado o devanado, resistor m de hilo arrollado ‖ ⁓**zuschlag** m (Draht) / exceso m de devanado, sobremedida f de devanado

Wickenlaus f (Landw) / pulgón m de las arvejas o vezas **Wickler** m (Kabelmasch) / bastidor m de rebobinado ‖ ⁓ (Arbeiter) / bobinador m, operario m bobinador ‖ ⁓ (Arbeiter) (Spinn) / aspeador m ‖ ⁓ (Hütt) / dispositivo m arrollador ‖ ⁓ (Draht) / bobinadora f de alambre ‖ ⁓, Tortricida (Schädling) / arrollador m (de tejido), tortrícido m ‖ ⁓ m, Bandwickelmaschine f (Spinn) / reunidora f de cintas

Wicklung f (Elektr) / arrollamiento m, arrollado m, devanado m, enrollado m, enrollamiento m, bobinado m ‖ ⁓, Wickel m, Spule f (Elektr) / bobina f, carrete m ‖ ⁓ **mit einer Spule je Pol** (Elektr) / arrollamiento m con una bobina por polo ‖ ⁓ f **für Formspulen** / arrollamiento m preformado ‖ ⁓ **mit großen Schritten** (Elektr) / arrollamiento m de paso largo ‖ **[einzelne]** ⁓ (o. Umwicklung o. Lage) / vuelta f, capa f

Wicklungs•anfang m / origen m de arrollamiento ‖ ⁓**diagramm**, -schema m (Elektr) / diagrama m de bobinado ‖ ⁓**draht** m / alambre m o hilo para devanado ‖ ⁓**element** n, Einzelspule f / bobina f ‖ ⁓**faktor** m (Elektr) / factor m de bobinado, factor m de arrollamiento ‖ ⁓**formel** f (Elektr) / fórmula f de arrollamiento ‖ ⁓**isolation** f (Elektr) / aislamiento m del arrollamiento o devanado ‖ ⁓**kapazität** f (Elektr) / capacidad f interna (de la bobina) ‖ ⁓**kopf** m (Elektr) / conexiones f pl frontales (de la bobina) ‖ ⁓**nut** f, -schlitz m (Elektr) / ranura f de arrollamiento ‖ ⁓**prüfung** f / ensayo m dieléctrico del arrollamiento ‖ ⁓**raum** m / espacio m para arrollamiento[s] ‖ ⁓**schablone** f (Elektr) / plantilla f de arrollamiento o de bobinado ‖ ⁓**schema** n / esquema m del arrollamiento o devanado ‖ ⁓**schritt** m (Elektr) / paso m del arrollamiento ‖ ⁓**schritt**, Spulenweite f (Elektr) / paso m del bobinado ‖ **relativer** ⁓**schritt** / paso m relativo de arrollamiento ‖ ⁓**schritt** m **antriebsseitig auf der Gegenschaltseite** / paso m de lado opuesto ‖ ⁓**schritt auf der Schaltseite** / paso m de lado delantero ‖ ⁓**träger** m / soporte m del bobinado ‖ ⁓**verhältnis** n (Trafo) / relación f de transformación ‖ ⁓**zweig** m (Anker) (Elektr) / bobina f del inducido

Wickroggen m (Landw) / arvejo m en cultivo mixto con centeno

Widder, hydraulischer ⁓, Stoßheber m (Hydr) / ariete m hidráulico ‖ ⁓**stoß** m / golpe m o choque de ariete **Wide Area Network** n, WAN, Weitverkehrsnetzwerk n / red f de gran alcance

Wide-Gap-Funkenkammer f (Phys) / cámara f "wide gap" de chispas

Wide-Oval-Breitreifen m (Kfz) / neumático m de sección ovalada ancha (E), llanta f de sección ovalada ancha (LA)

wider•... / contra... ‖ ⁓**druck** m (Druck) / retiración f, impresión f en retiración, impresión f de la segunda cara ‖ ~**drucken** (Druck) / imprimir en retiración ‖ ⁓**druckform** f (Druck) / forma f impresora de la segunda cara ‖ ⁓**druckseite**, Rückseite f (Druck) / página f par, envés m ‖ ⁓**druckwerk** n (Druck) / mecanismo m impresor de retiración, mecanismo m para la impresión de la segunda cara ‖ ⁓**haken** m / garfio m, púa f ‖ **mit** ⁓**haken** / con púa ‖ ⁓**hall** m (Ton) / resonancia f ‖ ⁓**hall**, Echo n / eco m ‖ ~**hallen** / resonar, retumbar ‖ ⁓**hallend** / sonoro ‖ ~**hallend**, nachklingend / resonante ‖ ⁓**lager**, Druckfundament n (Bau) / contrafuerte m ‖ ⁓**lager** n (Gewölb) / machón m ‖ ⁓**lager** (Brücke) / estribo m, espolón m, arranque m del arco, apoyos m pl extremos ‖ ⁓**lager**, Gegenlager n / contrasoporte m ‖ ⁓**lager[mauer]** f / muralla f de contrafuerte ‖ ⁓**lagerpfeiler** m (Brücke) / pila f de estribo, machón m de puente ‖ ⁓**lagerstein** m (Gewölbe) / sálmer m ‖ ⁓**lagerstütze** f / sálmer m de cabeza ‖ ⁓**ristwolle** f (Tex) / lana f de la cruz ‖ ⁓**ruf** m / revocación f ‖ **bis auf** ⁓**ruf** / hasta nueva orden ‖ ~**rufen** adj / revocado ‖ ⁓**schein**, Reflex m / reflejo m, reverberación f ‖ ⁓**sinnig** (Math) / absurdo ‖ ~**sinnige Verwerfung** (Geol) / falla f inversa ‖ ~**spiegeln** vt, spiegeln / reflejar ‖ ~**sprechend**, entgegengesetzt / contradictorio, contrario ‖ ⁓**spruch** m / contradicción f ‖ **im** ~**spruch** [zu] / en contradicción [a] ‖ ~**spruchsfrei** (Math) / sin contradicción ‖ **in sich** ~**spruchsfrei**, selbständig / autoconsistente, autocoherente, autónomo ‖ **in sich** ~**spruchsfreie Annäherung** (Math) / aproximación f autocoherente ‖ ⁓**spruchsfreiheit** f (Math) / coherencia f

Widerstand m (Mech, Phys) / resistencia f ‖ ⁓ [gegen] (Mech) / resistencia f [a] ‖ ⁓, Luft-, Fahrtwiderstand / resistencia f aerodinámica o del aire ‖ ⁓ (als Bauteil) (Elektr) / resistor m ‖ ⁓, spezifischer Widerstand (Elektr, Materialeigenschaft) / resistividad f, resistencia f específica ‖ ⁓, Rheostat m (Elektr) / reóstato m ‖ ⁓ (Fernm) / impedancia f ‖ ⁓ **durch die [notwendige] Kühlluft** (Luftf) / resistencia f del aire de refrigeración ‖ ⁓ **einer Flüssigkeitssäule**, Flüssigkeitswiderstand (Phys) / resistencia f [de una columna] líquida ‖ ⁓ **entgegensetzen**, trotzen / resistir ‖ ⁓ **m gegen plastisches Fließen** / resistencia f plástica ‖ ⁓ **in Durchlassrichtung** (Eltronik) / resistencia f directa ‖ ⁓ **mit Kühlmantel** / resistor m con sumidero térmico ‖ ⁓ **mit Sektorenwicklung** / resistor m con arrollamientos sectoriales ‖ **[elektrischer]** ⁓ (eine physik. Größe) / resistencia f [eléctrica] (magnitud física) ‖ **mit** ⁓ **behaftet** (Elektr) / resistivo, resistente ‖ **unbelasteter** ⁓ (Halbl) / junción f abierta ‖ **Widerstände u. Induktivitäten u. Kapazitäten** (Eltronik) / componentes m pl f pl R-L-C

Widerstands•..., Kraft... / resistente, de fuerza ‖ ⁓**abbremsung** f (Raumf) / frenado m atmosférico ‖ ⁓**abgriff** m / toma f de corriente (en un reóstato) ‖ ⁓**abschmelzschweißung**, -abbrennschweißung f / soldadura f a tope por resistencia o por chispas ‖ ⁓**achse** f (Luftf) / eje m de resistencia (del aire) ‖ ⁓**anlasser** m (Bahn) / arrancador m de impedancia ‖ ⁓**bahn** f, Schleiferbahn f (Elektr) / pista f resistiva ‖ ⁓**behebung** f (Raumf) / anulación f o eliminación de la resistencia [del aire] ‖ ⁓**beiwert**, Luftwiderstandsbeiwert m, -zahl f, c_w, cw-Wert m (Phys) / coeficiente m de penetración aerodinámica ‖ ⁓**belag** m (Elektr) / resistencia f lineica ‖ ⁓**-Bolzenschweißen** n / soldadura f de bulones por resistencia ‖ ⁓**bremse**, Strombremse f (Bahn, Elektr) / freno m reostático o eléctrico ‖ ⁓**bremsung** f / frenado m reostático o eléctrico ‖ ⁓**brücke**, Messbrücke f (Elektr) / puente m de resistencia[s] ‖ ⁓**buckelschweißverbindung** f / junta f soldada [por resistencia] por protuberancias ‖ ⁓**dämpfung** f (Fernm) / pérdida f por resistencia o por efecto Joule ‖ ⁓**draht** m / alambre m de resistencia, hilo m para resistencia[s] ‖ ⁓**element** n / elemento m de un resistor ‖ ⁓**element** (z.B. eines Gusseisenwiderstandes) (Elektr) / rejilla f de resistencia ‖ ~**fähig**, Widerstands... / resistente, resistivo ‖ ~**fähig**, feuerfest (Chem, Keram) / refractario ‖ ~**fähig gegen Witterungseinflüsse** / resistente a la intemperie ‖ ⁓**fähigkeit**, -kraft f / resistencia f, capacidad f de resistir, estabilidad f ‖ ⁓**fähigkeit** [gegen] / resistencia f [a] ‖ ⁓**farbcode** m

(Elektr) / código m de colores de resistores ‖ ⁓**ferngeber** m / teletransmisor m con resistencia variable, potenciómetro m de control remoto, potenciómetro m teletransmisor ‖ ~**frei**, -los / sin resistencia ‖ ~**geschweißtes Rohr** / tubo m soldado por resistencia eléctrica ‖ ⁓**heizung** f / calefacción f óhmica o por resistencia [eléctrica], calentamiento m por resistencia ‖ ⁓**kabel** n (Luftf) / diagonal m del ala, tirante m de tracción ‖ ⁓**kapazität** f (Chem, Leitfähigkeitsgefäß) / capacidad f de resistencia ‖ ⁓**-Kapazitäts...**, RC... (Funk) / RC..., de resistencia-capacidad, resistencia y capacidad ‖ ⁓**kasten** m (Elektr) / caja f de resistencias ‖ ⁓**kennlinie** f / característica f de resistencia ‖ ⁓**koeffizient** m / coeficiente m de resistencia ‖ ~**kompensierter Satellit** / satélite m de resistencia [aerodinámica] compensada ‖ ⁓**komponente** f **der Anodenimpedanz** / componente m resistivo de la impedancia de ánodo ‖ ⁓**kopplung** f / acoplamiento m resistivo o por resistencia ‖ ⁓**körper** m, Widerstand m / cuerpo m de resistencia, resistor m ‖ ⁓**kraft** f / fuerza f de resistencia, consistencia f ‖ ⁓**kraft** (Luftf) / resistencia f aerodinámica o frontal o al avance, arrastre m ‖ ⁓**lampe** f (Elektr) / lámpara f de resistencia ‖ ⁓**läufer** m (Elektr) / rotor m o inducido de resistencia elevada ‖ ⁓**legierung** f / aleación f para resistencias eléctricas ‖ ⁓**legierung mit niedrigem** ρ / aleación f SB (de bajo valor r_o) ‖ ⁓**leiter** m (Funk) / conductor m resistivo ‖ ⁓**leiter**, Heizleiter m / resistor m de caldeo o de calefacción o calentamiento ‖ ⁓**linie** f (Mech) / línea f de resistencia ‖ ~**los**, -frei / sin resistencia ‖ ⁓**manometer** n (Vakuum) / vacuómetro m de Pirani ‖ ⁓**material** n / material m resistivo o de alta resistencia ‖ ⁓**messbrücke** f / puente m de resistencias ‖ ⁓**messer** m, Ohmmeter n / ohmímetro m, óhmetro m, ohmiómetro m ‖ ⁓**messer** (in Megohm) / megaohmiómetro m ‖ ⁓**messung** f (Elektr) / medición f de la resistencia ‖ ⁓**metall** n (Hütt) / metal m de resistencia elevada ‖ ⁓**moment** m (Mech) / momento m de resistencia ‖ ⁓**nahtschweißung** f / soldadura f por resistencia a tope por costura ‖ ⁓**normal** n / patrón m de resistencia ‖ ⁓**ofen** m (Elektr) / horno m de resistencia ‖ ⁓**parameter** m, z-Vierpolparameter m (Halbl) / parámetro m z o tetrapolar ‖ ⁓**paste** f (Eltronik) / pasta f de resistencia ‖ ⁓**patentieren** n (Hütt) / patentado m por resistencia [eléctrica] ‖ ⁓**photozelle** f / célula f fotoconductiva o fotoconductora ‖ ⁓**pressschweißen** n / soldadura f por resistencia [empleando presión] ‖ ⁓**punktschweißung** f / soldadura f por puntos por resistencia ‖ ⁓**punktschweißverbindung** f / unión f soldada por puntos ‖ ⁓**rauschen** n (Eltronik) / efecto m térmico, ruido m de (o en) resistencia ‖ ⁓**regelung** f / control m reostático, regulación f reostática ‖ ⁓**röhre** f (Eltronik) / tubo m regulador (o de estabilización) de tensión o de intensidad ‖ ⁓**rollennahtschweißung** f / soldadura f de costura con rodillo ‖ ⁓**schicht** f / capa f resistente o resistiva ‖ ⁓**schlagschweißung** f, Perkussionsschweißung f / soldadura f por percusión ‖ ⁓**schmelzschweißen** n / soldadura f por resistencia sin empleo de presión ‖ ⁓**schutzschalter** m (Elektr) / interruptor m de protección con resistencia ‖ ⁓**schweißmaschine** f / máquina f de soldar por resistencia [eléctrica] ‖ ⁓**-Schweißtransformator** m / transformador m para soldadura por resistencia ‖ ⁓**schweißung** / soldadura f [eléctrica] por o a resistencia ‖ ⁓**spule**, -spirale f (Elektr) / bobina f de resistencia ‖ ⁓**stoßschweißung** f / soldadura f por pulsaciones [a tope] ‖ ⁓**stoßschweißung für Nichteisenmetalle**, Elektrostoßschweißung f / soldadura f eléctrica por percusión (para metales no férricos) ‖ ⁓**stufe** f (Elektr) / escalón m o paso de resistencia ‖ ⁓**stumpfschweißung** f / soldadura f a

Widerstandstabelle

tope por resistencia ‖ ⁓**tabelle** f / tabla f de resistencias ‖ ⁓**thermometer** n (für hohe Temp) / pirómetro m de resistencia eléctrica ‖ ⁓**tinte** f / tinta f de resistencia eléctrica ‖ ⁓**träger** m, Heizspiralenträger m (Elektr) / soporte m de elementos calefactores ‖ ⁓**transformator** m / transformador m de adaptación de impedancias ‖ ⁓**verbinder** m (Bahn) / conexión f resistente ‖ ⁓**verstärker** m (Eltronik) / amplificador m acoplado por resistencia ‖ ⁓**verteilerläufer** m (Kfz) / rotor m de distribuidor antiparásito ‖ ⁓**Verteilerschleifkohle** f (Kfz) / escobilla f resistiva del distribuidor ‖ ⁓**werkstoff** m / material m para resistencia eléctrica o para resistor de caldeo ‖ ⁓**wert** m (Phys) / valor m de la resistencia ‖ ⁓**zahl** f (Strömung) / coeficiente m o índice de resistencia ‖ ⁓**zelle** f, Photowiderstand m / célula f fotoconductora o fotoconductiva ‖ ⁓**-Zündleitung** f (Kfz) / cable m de encendido antiparásito
widerstehen vi / resistir ‖ ~, aushalten / contrarrestar
Widerwasser n (Hydr) / agua f de remolino
Widia n (Wzm) / Widia m
Widmannstättensche Figuren f pl (Hütt) / estructuras f pl de Widmannstätten
widrig, ungünstig (Wetter) / contrario ‖ ~**er Wind** / viento m desfavorable
Wiedemann-Effekt m / efecto m Wiedemann, magnetostricción f torsional
wieder anblasen (Hütt) / soplar de nuevo ‖ ~ **anlassen** (Mot) / arrancar de nuevo, rearrancar, volver a arrancar ‖ ~ **anlaufen** / arrancar[se] de nuevo ‖ ~ **anzünden** / reencender ‖ ~ **aufarbeiten** / reacondicionar, regenerar ‖ ~ **aufbauen** (Chem) / reprocesar ‖ ~ **aufbauen** / reconstruir, reedificar ‖ ~ **aufbereiten** / reprocesar, reciclar ‖ ~ **auffinden** / reencontrar, recuperar ‖ ~ **auffüllen** / rellenar, realimentar ‖ ~ **aufnehmen** / reanudar ‖ ~ **aufrichten** / levantar ‖ ~ **ausbrechen** (Geol) / estallar de nuevo ‖ ~ **ausstrahlen** / reemitir ‖ ~ **einrücken** (Getriebe) / reengranar ‖ ~ **einschalten** (allg) / arrancar de nuevo, poner en marcha otra vez ‖ ~ **einschalten** (Elektr) / conectar de nuevo, reconectar la corriente ‖ ~ **einschalten** (Licht) / encender de nuevo ‖ ~ **einschalten** (Masch) / reenganchar ‖ ~ **einschmelzen** / refundir ‖ ~ **einschnappen lassen**, wieder einklinken / engatillar de nuevo, reenganchar ‖ ~ **einschreiben** (DV) / regenerar ‖ ~ **einsetzen** / insertar de nuevo, reponer ‖ ~ **einspeichern** (DV) / realmacenar ‖ ~ **einspeisen** / realimentar ‖ ~ **einspritzen** / reinyectar ‖ ~ **einstellen**, wieder einrichten (Masch) / reajustar ‖ ~ **eintippen** (DV) / hacer una reentrada (en un teclado) ‖ ~ **erstarren** / reconogelar[se] ‖ ~ **erwärmen**, -erhitzen / recalentar, calentar nuevamente ‖ ~ **flottmachen** (allg) / movilizar nuevamente ‖ ~ **flottmachen** (Schiff) / poner o sacar a flote [de nuevo], reflotar ‖ ~ **formen** / remodelar, remoldear ‖ ~ **gerade biegen** / reenderezar ‖ ~ **gutmachen**, indemnizar, subsanar ‖ ~ **herrichten**, wiederinstandsetzen, überholen / reacondicionar, rearreglar, repasar ‖ ~ **in Betrieb nehmen** / poner en marcha de nuevo ‖ ~ **in Eingriff bringen** / reengranar ‖ ~ **nutzbar machen** / reutilizabilizar ‖ ~ **speichern** (DV) / realmacenar ‖ ~ **trockenwerden** (nach Überschwemmung) / secarse (después de la inundación) ‖ ~ **umgraben** (Gartenbau) / recavar ‖ ~ **versiegeln** / resellar ‖ ~ **verwenden**, aufarbeiten / reutilizar, utilizar de nuevo, reprocesar, reciclar ‖ ~ **verwerten** / reciclar, recuperar ‖ ~ **verzinnen** / restañar ‖ ~ **zünden** (Raumf) / reencender ‖ ~ **zusammenbauen** / reensamblar, volver a montar ‖ ~ **zusammenfügen** / juntar de nuevo, reensamblar ‖ ~ **zusammensetzen**, -bauen / recomponer, reensamblar ‖ ~ **zusammensetzen** / recomponer ‖ **den Motor [im Flug]** ~ **anstellen** (Luftf) / reencender el motor

wieder•... / re..., de nuevo, otra vez, volver [a] ‖ ⁓**abdruck** m / reimpresión f ‖ ⁓**ablagerungen verhindernd** / que evita un nuevo depósito ‖ ⁓**anfahren** n **eines Reaktors** (Nukl) / nueva puesta en marcha de un reactor f ‖ ⁓**anlassen** n (Hütt) / segundo revenido m ‖ ⁓**anlauf** m / rearranque m, reanudación f ‖ ⁓**anlauf nach Stromausfall** (DV) / recuperación f del sistema ‖ ⁓**anlauf nach Zusammenbruch** (DV) / rearranque m de emergencia ‖ ⁓**anlaufadresse** f, -anlaufpunkt m (DV) / punto m de rearranque ‖ ⁓**anlaufbedingung** f, -anlaufzustand m (DV) / condición f de rearranque ‖ ⁓**anlaufbefehl** m (DV) / instrucción f de rearranque ‖ ⁓**anlaufroutine** f (DV) / rutina f de reanudación ‖ ⁓**anlaufverfahren** n (DV) / proceso m de rearranque ‖ ⁓**anlaufzeit** f (DV) / tiempo m de rearranque, tiempo m de recuperación del sistema ‖ ⁓**anlegen** n (der Schwenkflügel) (Luftf) / replegado m (de las alas orientables) ‖ ⁓**ansprechzeit** f (Instr) / tiempo m de recuperación ‖ ⁓**aufarbeitung** f / reacondicionamiento m ‖ ⁓**aufarbeitung**, Wiederaufbereitung f (Nukl) / reprocesamiento m del combustible ‖ ⁓**aufarbeitungsraum** m (Nukl) / sala f de reprocesamiento ‖ ⁓**aufbau...**, Umbau..., Rekonstruktions... / reconstructivo ‖ ⁓**aufbau** m / reedificación f ‖ ⁓**aufbau**, Rekonstruktion f / reconstrucción f ‖ ⁓**aufbauen** vt / reconstruir, reedificar ‖ ⁓**aufbereitung** f, Recycling n / reciclaje m ‖ ⁓**aufbereitung**, Aufarbeitung f (DIN) (Reaktor) / reprocesamiento m ‖ ⁓**aufbereitungsanlage** f, WAA f / planta f de reprocesamiento ‖ ⁓**auffindung** f (DV) / recuperación f ‖ ⁓**aufforsten** vt / repoblar (E), reforestar (LA) ‖ ⁓**aufforstung** f / repoblación f forestal (E), reforestación f (LA) ‖ ⁓**auffüllen** n / rellenado m ‖ ⁓**aufgabe** f **des Groben** (Sieb) / realimentación f de pedazos [demasiado grandes] ‖ ⁓**aufglühen** vi (beim Abkühlen) (Hütt) / recalescer[se], recocer de nuevo ‖ ⁓**aufglühen** n **im kritischen Bereich** (Hütt) / recalescencia f en gama crítica ‖ ⁓**aufheizzeit** f / tiempo m de recalentamiento ‖ ⁓**aufkohlen** vt / recarburar ‖ ⁓**aufkohlung** f (Hütt) / recarburación f ‖ ⁓**aufladbar** / recargable ‖ ⁓**aufladbare Taschenlampe** / linterna f recargable ‖ ⁓**aufladen** vt, nachladen (Elektr) / recargar ‖ ⁓**auflösen** vt / redisolver ‖ ⁓**aufnahme** f / reanudación f ‖ ⁓**aufnahmepunkt** m (DV) / punto m de rearranque ‖ ⁓**aufrollen** vt, -spulen, -wickeln (Magn.Bd) / rebobinar ‖ ⁓**aufsetzpunkt** m (Teletex) / punto m de resincronización ‖ ⁓**aufstieg** m (Wirtschaft) / recuperación f [económica], auge m ‖ ⁓**aufstieg** (Luftf) / nueva ascensión f ‖ ⁓**-auf-Touren-Kommen** n (Mot) / reaceleración f, vuelta f a un régimen ‖ ⁓**auftreten** n / reaparición f ‖ ⁓**aufwältigung** f (Öl) / rehabilitación f de un pozo ‖ ⁓**aufwältigung** (Bergb) / reabertura f de una galería ‖ ⁓**aufwickelvorrichtung** f (Hütt) / dispositivo m rebobinador ‖ ⁓**ausbohren** vt / remandrinar, remandrilar ‖ ⁓**ausfällen** vt (Chem) / precipitar de nuevo ‖ ⁓**ausflockung** f / refloculación f ‖ ⁓**ausfugen** n (Bau) / rejuntado m [con mortero] ‖ ⁓**ausrichten** vt, nachrichten / realinear, reajustar, reordenar ‖ ⁓**ausrichtung** f / realineación f, realineamiento m, reorientación f ‖ ⁓**befestigen** vt / refijar ‖ ⁓**befestigung** f / resujeción f, refijación f, nueva sujeción f ‖ ⁓**beginn** m / reiniciación f, reinicio m ‖ ⁓**beginnen** / comenzar de nuevo ‖ ⁓**beleben**, wieder aufleben lassen / reactivar, revivir, reavivar ‖ ⁓**belebung** f (Wirtschaft) / resurgimiento f, reactivación f ‖ ⁓**belebung**, Reaktivierung f (Chem) / reactivación f ‖ ⁓**belebungsapparat** m (Med) / aparato m de reanimación ‖ ⁓**benutzung** f / reutilización f ‖ ⁓**bepflanzung** f (Bot) / revegetación f ‖ ⁓**bereitschaftszeit** f (Relais) / tiempo m de recuperación ‖ ⁓**beschaffen** / recuperar, readquirir ‖

⁓beschaffung, -gewinnung f / readquisición f, recuperación f ‖ ⁓beschaffungskosten pl / costes m pl de readquisición ‖ ⁓beschichtung / re-recubrimiento m ‖ ~beschleunigen vt (Kfz) / reacelerar ‖ ~diazotieren vt (Chem) / rediazotar ‖ ⁓einbau m / remontaje m, reincoporación f ‖ ~einbauen vt / remontar, reincorporar ‖ ⁓einfuhr f / reimportación f ‖ ~einführen, -setzen vt / reimplantar ‖ ⁓einführung f (Trägerfrequenz) / reinserción f ‖ ⁓einführung einer Methode / reintroducción f ‖ ~einkuppeln vt (Masch) / reacoplar, reembragar, reenganchar ‖ ⁓einkuppeln n (Masch) / reacoplamiento m ‖ ~einrichten vt (Wzm) / reajustar ‖ ⁓einrichten n / reajuste m ‖ ⁓einschaltautomatik f (Elektr) / reconectador m automático, dispositivo m automático de reconexión ‖ ⁓einschalten n / reconexión f ‖ ⁓einschalten (Relais) / nuevo cierre m ‖ ⁓einschaltschütz n / contactor m de reenganche ‖ ⁓einschaltsperre f (Elektr) / bloqueo m de conexión ulterior, protección f contra reconexión imprevista, protección f contra rearranques imprevistos ‖ ⁓einsetzung f (DV) / restauración f ‖ ⁓einstellgenauigkeit f (Instr) / precisión f de reajuste ‖ ⁓einstellung f / reinstalación f ‖ ⁓eintauchen n, Wiedereintritt m (Rakete) / reentrada f en la atmósfera ‖ ⁓eintauch-Flugkörper m (Raumf) / vehículo m espacial de reentrada ‖ ⁓eintauchkapsel f (Raumf) / cápsula f de reentrada ‖ ⁓eintritt m unter flachem Winkel (Raumf) / reentrada f bajo pequeño ángulo de incidencia ‖ ⁓eintrittsbahn f / trayectoria f de reentrada ‖ ⁓eintritts-Fahrzeug n im Gleitflug / vehículo m de reentrada en vuelo planeado ‖ ~eintrittsfestes Unterprogramm (DV) / subprograma m reentrante ‖ ⁓eintrittsschneise f / corredor m de reentrada ‖ ~erlangen vt / recobrar, recuperar ‖ ⁓erscheinen n, Auftauchen n, Sichtbarwerden n / emersión f, reaparición f ‖ ⁓erstarren n / recongelación f, resolidificación f ‖ ⁓erwärmen n / recalentamiento m ‖ ⁓fluten n (Nukl) / reinundación f
Wiedergabe f, Reproduktion f / reproducción f ‖ ⁓ (Magn.Bd) / reproducción f, lectura f ‖ ⁓ (Fernm) / restitución f ‖ ⁓, Darstellung f (Info) / información f ‖ ⁓ f der Fernmessergebnisse / transmisión f diferida de telemedidas ‖ [Inhalt der] ⁓ (DV) / reproducción f de información ‖ auf ⁓ stellen / poner en reproducción ‖ die ⁓ abbrechen (Audio) / dejar de escuchar el disco ‖ die ⁓ beginnen (Audio) / empezar a escuchar el disco ‖ während der ⁓ (Audio) / mientras se escucha
Wiedergabe • -Bildgröße f (Film) / tamaño m de la imagen proyectada ‖ ⁓genauigkeit f (Roboter) / precisión f de reproducción ‖ ⁓gerät n (TV) / equipo m de reproducción ‖ ~kennlinie f (TV) / característica f de reproducción de imágenes ‖ ⁓kopf m (Eltronik) / cabeza f de reproducción ‖ ⁓kopf, Lesekopf m (Magn.Bd) / cabeza f lectora o reproductora o de reproducción ‖ ⁓maßstab m / escala f de reproducción ‖ ⁓schärfe, Bildauflösung f (TV) / definición f de la imagen, resolución f de imagen ‖ ⁓[schärfe] f (Foto) / nitidez f de reproducción ‖ ⁓schärfe f, Auflösungsvermögen n (Funk, Opt) / poder m resolutivo o de resolución ‖ ⁓spule f (Film) / carrete m de proyección ‖ ⁓taste f / tecla f de reproducción ‖ ⁓treue, -qualität f / fidelidad f ‖ hohe ⁓treue / alta fidelidad f ‖ ⁓verfahren n, -technik f / técnica f de reproducción, método m de reproducción ‖ ⁓verstärker m (Magn.Bd) / amplificador m de lectura ‖ ⁓verstärkung f (Diktiergerät) / control m de ganancia ‖ ⁓wandler m (Schall) / transductor m acústico
wieder • geben (Ton) / reproducir ‖ ~gemahlene Masse (Plast) / masa f o materia remolturada ‖ ~gewinnen vt / recuperar, recobrar ‖ ~gewinnen (aus Altmaterial) / reciclar, salvar, recuperar ‖ ~gewinnen (Information) (DV) / rebuscar, buscar selectivamente

‖ ⁓gewinnung f / recuperación f ‖ ⁓gewinnung (DV) / rebuscada f, extracción f selectiva [de datos almacenados] ‖ ⁓gewinnung (Wärme) / recuperación f, regeneración f ‖ ⁓gewinnung von brauchbaren Materialen / recuperación f ‖ ⁓gewinnungsanlage f (Lösungsmittel) / instalación f de recuperación ‖ ⁓gewinnungsgrad m / grado m de recuperación ‖ ~gewonnener Rohstoff / materia f prima recuperada ‖ ~herstellbar (DV) / recuperable, restituible ‖ ⁓herstellbarkeits-Verhältnis n / coeficiente m de restituibilidad ‖ ~herstellen, rekonstruieren, ausbessern / reconstruir, restituir, restaurar, reparar ‖ ~herstellen / regenerar ‖ ~herstellen, -einsetzen / rehabilitar ‖ eine Nachricht ~herstellen / reconstituir un mensaje ‖ das Gleichgewicht ~herstellen / restablecer o reconstituir el equilibrio ‖ ⁓herstellung f, Rekonstruktion f / reconstrucción f ‖ ⁓herstellung (Zustand) / restablecimiento m, restitución f, restauración f, reacondicionamiento m ‖ ⁓herstellung, Reparatur f / reparación f ‖ ⁓herstellung, Restauration f / restauración f, restablecimiento m ‖ ⁓herstellung (DV) / recuperación f ‖ ⁓herstellung des Bildes (Video) / restitución f de la imagen ‖ ⁓herstellung des Schwarzpegels (TV) / restauración f (o restablecimiento o reinserción) de la componente continua ‖ ⁓herstellung einer Verbindung (Fernm) / restablecimiento m ‖ ⁓herstellungsroutine f (DV) / rutina f de recuperación
Wiederhol • angabe f (DV) / instrucción f de repetición ‖ ⁓bake f (Radar) / baliza f repetidora ‖ ~bar, rekursiv / repetible ‖ ⁓barkeit, Reproduzierbarkeit f / reproducibilidad f ‖ ⁓barkeit f, Möglichkeit f des Wiederholens / repetibilidad f ‖ ⁓barkeit von Messungen / repetibilidad f de mediciones ‖ ⁓baustein m (Eltronik) / módulo m unificado ‖ ⁓befehl m (DV) / instrucción f de repetición ‖ ⁓dauer f / tiempo m de reproducción ‖ ⁓einrichtung f / dispositivo m repetidor
wiederholen (allg, DV) / repetir, reiterar ‖ ~, nochmals [ab]laufen lassen (Audio) / repetir un disco ‖ Arbeitsgänge ~ (F.Org) / repetir operaciones ‖ bitte ~ (Fernm) / ¡sírvase colacionar! ‖ eine Sendung ~ (Eltronik, Funk) / repetir una transmisión o emisión ‖ einen Auftrag ~ / repetir una orden ‖ sich ~ (Vorgang) / repetirse, reproducirse ‖ sich ~, wiederkehren (Math) / recurrir ‖ ⁓ n, -holung f / repetición f
wiederholend, iterativ / iterativo, repetidor, reiterativo
Wiederholer, Rückmelder m (Bahn) / repetidor m
Wiederhol • genauigkeit f (NC) / precisión f de repetición ‖ ⁓genauigkeit o. -streubereich nach langen zeitlichen Zwischenräumen (NC) / reproducibidd f ‖ ⁓grenze f (Qual.Pr.) / límite m de reproducibilid ‖ ⁓muster n / muestra f de duplicación ‖ ⁓-Positioniergenauigkeit f (Roboter) / reproducibilidad f del posicionamiento ‖ ⁓programm n (DV) / programa m de repetición ‖ ⁓programm, Iterationsschleife f (DV) / lazo m de iteración, bucle m iterativo ‖ ⁓prozedur f (DV) / operación f de repetición, procedimiento m de repetición ‖ ⁓punkt m (DV) / punto m de repetición ‖ ⁓sender m, Nebensender m (Radar) / estación f esclava o satélite ‖ ⁓sperre f / dispositivo m antirrepetición ‖ ⁓streubereich m (Versuche) / reproducibilidad f
wiederholt adj, mehrmalig / reiterado, repetido ‖ ~ adv / reiteradamente, repetidas o reiteradas veces ‖ ~, mehrmalig, in neuen Anläufen / repetidamente ‖ ~ auftretender Fehler / error m repetido o frecuente ‖ ~e Destillation (Chem) / redestilación f ‖ ~ drücken (Taste) / oprimir o pulsar o tocar repetidamente un botón ‖ ~e Gleichversuche m pl / ensayos m pl idénticos reproducibles ‖ ~e Handbewegung (F.Org) /

wiederholt

movimiento *m* repetido con la mano ‖ **~ kopieren** / recopiar, copiar repetidamente ‖ **~es Wählen** / tentativa *f* repetida de selección ‖ **[stetig] ~**, sich wiederholend / repetido, repetidamente
Wiederhol•taste *f* (Schreibm) / tecla *f* repetidora o de repetición ‖ **~teil** *n* / componente *m* o pieza de repetición
Wiederholung *f* / repetición *f*, reiteración *f* ‖ **~**, wiederholtes Auftreten / repetición *f* ‖ **~** [von] (zur Erinnerung [an]) / recordatorio *m*, memorización *f* ‖ **~** (Fernm) / retransmisión *f*, repetición *f* ‖ **~** (Informatik) / iteración *f*, retransmisión *f*, cotejo *m* ‖ **~ der Wiedergabe** (Ton) / autorrepetición *f* ‖ **~ gleicher Versuche** (unter gleichen Bedingungen) / repetición *f* de ensayos comparativos ‖ **~ zwecks Überprüfung** (Fernm) / colación *f*
Wiederholungs•befehl *m* (DV) / instrucción *f* iterativa ‖ **~-Bestimmung** *f* (Aufb) / determinación *f* por duplicado ‖ **~faktor** *m* (DV) / factor *m* de iteración ‖ **~folge** *f* (Math) / tasa *f* de recurrencia ‖ **~frequenz** *f* / cadencia *f* o frecuencia de recurrencia, ritmo *m* de recurrencia ‖ **~kreis** *m* (Verm) / círculo *m* repetidor o de repetición ‖ **~lauf** *m*, Wiederholung *f* / marcha *f* de repetición, repetición *f* ‖ **~programm** *n* / rutina *f* de relanzamiento ‖ **~programm** (DV) / programa *m* de repetición ‖ **~schaltung** *f* (Plattenspieler) / palanca *f* o tecla de repetición ‖ **~signal** *n* (Bahn) / señal *f* repetidora ‖ **~sperre** *f* (Bahn) / cierre *m* de repetición ‖ **~spezifikation** *f* (DV) / especificación *f* de repetición ‖ **~versuch** *m* / ensayo *m* repetido o de repetición, prueba *f* de repetición ‖ **~versuch**, Gegenprobe *f*, -versuch *m*, Vergleichsversuch *m* / contraprueba *f*, contraensayo *m*, ensayo *m* comparativo ‖ **~vorgang** *m* / proceso *m* de repetición
Wiederhol•zahl *f* (DV) / número *m* de repeticiones ‖ **~zeichen** *n* (DV) / carácter *m* de repetición
Wieder•hydrierung *f* (Chem) / rehidrogenación *f* ‖ **~inbetriebnahme** *f* / vuelta *f* al servicio, nueva *f* puesta en servicio ‖ **~ingangsetzung** *f* / nueva puesta en marcha *f* ‖ **~instandsetzen** *vt*, überholen / reparar, repasar, reacondicionar, restaurar, componer ‖ **~instandsetzen**, wieder in Ordnung bringen / [re]arreglar ‖ **~instandsetzen**, auffrischen, -arbeiten / renovar ‖ **~instandsetzung** *f*, reacondicionamiento *m* ‖ **~käuend** (Landw, Zool) / rumiante *adj* ‖ **~käuer** *m* / rumiante *m* ‖ **~kehr** *f* (Web) / extremo *m*, vuelta *f* ‖ **~kehr** (in den alten Zustand) / recuperación *f*, retorno *m* ‖ **~kehr**, Rückkehr *f* / vuelta *f*, regreso *m* ‖ **regelmäßige ~kehr** / periodicidad *f* ‖ **~kehrdach** *n* (Bau) / tejado *m* de retorno ‖ **~kehren** *vi*, sich wiederholen (Math) / repetirse, recurrirse, reproducirse ‖ **~kehren** (Web) / volver ‖ **~kehrend**, sich wiederholend / recurrente ‖ **~kehrend Neue Sterne** *m pl* (Astr) / novae *f pl* recurrentes ‖ **~nutzbarmachung**, -verwendung *f* / reutilización *f* ‖ **~programmierbar** (DV) / reprogramable ‖ **~startfähigkeit** *f* (Magnetron) / capacidad *f* de rearranque o de reanudación ‖ **~trennung** *f* / resegregación *f*, nueva separación *f* ‖ **~umlauf** *m* / recirculación *f* ‖ **~verarbeitung** *f* / reelaboración *f* ‖ **[sich] ~verbinden** (Gene) / recombinar[se] ‖ **~vereinigung** *f* **von Elektronen und Löchern** (Halbl) / recombinación *f* de un electrón y un agujero ‖ **~vereinigungsleuchten** *n* (Nukl) / luminiscencia *f* de recombinación ‖ **~verkäuferpreis** *m*, Großhandelspreis *m* / precio *m* al por mayor ‖ **~verkaufspreis** *m*, Brutto-, Einzel-, Ladenpreis *m* / precio *m* al por menor ‖ **~vermahlen**, aufgearbeitet / remolturado ‖ **~verschiffen** *vt* / reembarcar ‖ **~verschließen** / reprecintar ‖ **~verwendbar** / reutilizable, utilizable de nuevo, reaplicable, reprocesable ‖ **~verwendbar** (Raumf) / reutilizable, recuperable ‖ **~verwendbar**, nichtlöschbar (DV) / imborrable, no borrable ‖ **~verwendbares**

Pendelfahrzeug, Space Shuttle *n* / lanzadera *f* [espacial], transbordador *m* [espacial] ‖ **~verwendbare Routine** (DV) / rutina *f* reusable ‖ **~verwendbare Schiene** (Bahn) / riel *m* reutilizable ‖ **~verwendbare Verpackung** / embalaje *m* o envase reutilizable ‖ **~verwendbarkeit** *f* / reutilizabilidad *f*, recuperabilidad *f*, reprocesabilidad *f* ‖ **~verwendung** *f* / reempleo *m* ‖ **~verwendung**, -nutzbarmachung *f* / reutilización *f* ‖ **~verwendung** *f* **von Abfällen** / reciclaje *m*, reciclado *m* ‖ **~verwertbar** (Material) / reciclable ‖ **~verwertbar**, -verwendbar / reutilizable, recuperable ‖ **~verwertbarkeit** *f* / reciclabilidad *f* ‖ **~verwertung** *f* **von Brauchwasser** / reciclaje *m* de aguas residuales o industriales ‖ **~vorstellen** *n* **eines Loses** (Qual.Pr.) / presentación *f* repetida de un lote ‖ **~zünden** *n* / reencendido *m*, reignición *f* ‖ **~zündspannung** *f* (Elektr) / tensión *f* de reencendido ‖ **~zündung** *f* (Rakete) / reencendido *m* ‖ **~zusammenfügen** *n* / recomposición *f*, reensamblaje *m*
Wiegand-Effekt *m* / efecto *m* Wiegand
Wiege *f* (Masch) / cuna *f* ‖ **~** *f* (Mat.Zuführung) / balancín *m* ‖ **~... s. auch Wäge...** ‖ **~** *f* **des Drehgestells** (Bahn) / viga *f* oscilante del bogie ‖ **~anlage** *f* / instalación *f* pesadora ‖ **~balken** *m*, -träger / viga *f* oscilante ‖ **~bescheinigung** *f* (Bahn) / boletín *m* de repeso ‖ **mit ~bett** de contacto rodante ‖ **~bewegung**, Querschwingung *f* (Bahn) / balanceo *m* transversal ‖ **~brücke** *f* / puente *m* báscula ‖ **~bunker** *m* / depósito *m* para pesar, tolva *f* de pesar ‖ **~eisen** *n*, Granierstahl *m* (Kupferstich) / graneador *m* [para grabar al humo] ‖ **~gelenk** *n* / articulación *f* de báscula ‖ **~haken** *m* / gancho *m* pesador [autónomo] ‖ **~haus** *n*, -häuschen *n* / caseta *f* o garita para pesar ‖ **~karte** *f*, -schein / tarjeta *f* o nota de pesada o pesaje, talón *m* de pesar ‖ **~maschine** *f*, Waage *f* / máquina *f* de pesar, báscula *f*, balanza *f* ‖ **~meister** *m* (Bergb) / factor *m* de báscula, contremaestro *m* pesador ‖ **~messer** *n*, Hackemesser *n* / tajadera *f*, cuchillo *m* para picar
wiegen *vt*, ver-, aus-, abwiegen / pesar, determinar el peso ‖ **~** *vi*, Gewicht haben / pesar, tener peso ‖ **~**, Abwiegen *n* / pesada *m*, pesada *m*, pesaje *m* ‖ **~federung**, -aufhängung *f* (Bahn) / suspensión *f* secundaria [de la viga oscilante] ‖ **~form** *f* (Chem) / forma *f* navicular ‖ **~kipper** *m* (Bergb) / basculante *m* o volquete tipo cuna
Wiege•schale *f*, Waagschale *f* / platillo *m* ‖ **~schein** *m*, -karte *f* / tarjeta *f* o nota de pesaje, talón *m* de pesaje ‖ **~schrank** *m* (Chem) / armario *m* de pesaje ‖ **~träger**, -balken *m* / viga *f* oscilante ‖ **~tragrolle** *f* (Bandförderer) / polea *f* loca de pesa ‖ **~trichter** *m* (Pap) / tolva *f* de pesar, tolva-báscula *f*
Wiegmannträger *m*, Polonceauträger *m* / viga *f* Polonceau
Wien•-Brücke *f* (Elektr) / puente *m* de Wien ‖ **-Effekt** *m* (Elektr) / efecto *m* Wien ‖ **~sche Formel** *f*, Wiensches Verschiebungsgesetz *n* (Phys) / ley *f* de desplazamiento [de Wien] ‖ **~sche Strahlungsformel** *f* / ley *f* de radiación de Wien
Wiese *f* (Landw) / prado *m*, pradera *f*, pradería *f*, pastizal *m* ‖ **~**, Rasen *m* / césped *m* ‖ **auf der grünen ~** (Bau) / en plena naturaleza
Wiesen•boden *m* (Landw) / terreno *m* de prado ‖ **~egge** *f* / rastrillo *m* de prados ‖ **~egge** (mit Messern) (Landw) / grada *f* de pradera ‖ **~erz** *n* / mineral *m* a la flor, hierro *m* pantanoso o de los prados, limonita *f* ‖ **~kultur** *f*, -bau *m*, Grünlandwirtschaft *f* (Landw) / praticultura *f*, cultivo *m* de hierba, pasticultura *f*, herbicultura *f* ‖ **~ritzer** *m* (Landw) / regenerador *m* de prados ‖ **~walze** *f* (Landw) / rodillo *m* de prados
WIG-Aufschmelzen *n* (Schw) / repaso *m* de cordones de soldadura TIG
Wiggler *m*, Schüttler *m* (Nukl) / ondulador *m*

Wigner•effekt *m* (Nukl) / efecto *m* Wigner ‖ ~**-Energie** *f* (Nukl) / energía *f* de Wigner ‖ ~**-Entspannung** *f* / liberación *f* de la energía de Wigner ‖ ~**-Kern** *m* / núcleo *m* de Wigner ‖ ~**-Kraft** *f* (Nukl) / fuerza *f* de Wigner ‖ ~**-Nuklid** *n* / núclido *m* de Wigner ‖ ~**-Wilkins-Modell** *n* / modelo *m* de Wigner-Wilkins
WIG-Schweißen, Wolfram-Inertgas-Schweißen *n* / soldadura *f* tig o TIG, soldadura *f* con electrodo de tungsteno bajo gas inerte
Wig-Wag *n*, Pendelsignal *n* (Bahn) / señal *m* oscilante o de péndulo
wild (Strömung) / tumultuoso, turbulento ‖ ~ (Landw) / inculto, no cultivado ‖ ~ (Bot) / silvestre ‖ ~**e Deponie** (Umw) / vertedero *m* ilegal, depósito *m* incontrolado de basuras y desechos ‖ ~**e Deponierung** / descarga *f* incontrolada de desechos ‖ ~ **eruptierende Sonde** (Öl) / reventón *m*, erupción *f* (LA), surgencia *f* a pozo abierto (LA) ‖ ~**e Hefe** (Brau) / levadura *f* salvaje ‖ ~**e Kopplung** (Eltronik) / acoplamiento *m* parásito ‖ ~**e Kreuzwicklung** (Spinn) / arrollado *m* cruzado de ángulo constante ‖ ~**es Parken** (Verkehr) / aparcamiento *m* o estacionamiento indisciplinado o incontrolado ‖ ~**e Rückkopplung** (Eltronik) / reacción *f* parásita ‖ ~**e Schwingungen** *f pl* / oscilaciones *f pl* parásitas ‖ ~**e Seide**, Wildseide *f* (Tex) / seda *f* silvestre o salvaje ‖ ~**er Streik** / huelga *f* espontánea ‖ ~ **wachsend** (Bot) / silvestre ‖ ~**e Wicklung** (Elektr) / arrollamiento *m* desordenado o al azar
Wildbachverbauung *f* (Hydr) / obras *f pl* de regulación o contención *f* de torrente[s]
Wildcat-Bohrung, Bohrung auf unerforschtem Gelände *f* (Öl) / pozo *m* exploratorio o de cateo, perforación *f* de ensayo
wild•gewickelt (Elektr) / arrollado al azar ‖ ~**graminee** *f* (Bot) / gramínea *f* silvestre ‖ ~**leder** *n* / ante *m*, gamuza *f*, piel *f* de gamuza ‖ ~**ledergewebe** *n* (Tex) / imitación *f* de ante, piel *f* artificial de gamuza ‖ ~**lederimitat** *n* / similicuero *m* de ante ‖ ~**maßlänge** *f* (Hütt) / longitud *f* aleatoria ‖ ~ **Ping** *n* (Mot) / ruido *m* de autoencendido ‖ ~**schaden** *m* (Landw, Verkehr) / daños *m pl* causados por animales salvajes ‖ ~**wasser** *n* / aguas *f pl* bravas
Wilkinit *m* (ein Bentonit für die Papierindustrie) / wilkinita *f*
Willemit *m* (Min) / willemeíta *f*, willemita *f*
Williamsspeicher *m* (DV) / tubo *m* [de] Williams, almacenamiento *m* de información con tubo Williams
Williams-Speiser (Gieß) / bebedor *m* de Williams
Williotscher Verschiebungsplan *m* (Mech) / diagrama *m* [de desplazamiento] de Williot
willkürlich *adj* / arbitrario, aleatorio ‖ ~, willensmäßig / a voluntad ‖ ~ **anordnen o. verteilen** / aleatorizar, randomizar, hacer aleatorio ‖ ~**e Konstante** (Math) / constante *f* arbitraria ‖ ~**e Veränderliche** / variable *f* aleatoria
Wilnit *n* (Min) / vesubianita *f*
Wilsonsche Nebelkammer *f* (Nukl) / cámara *f* de Wilson, cámara *f* de niebla
Wilton-Teppich *m* (Tex) / moqueta *f* Wilton
WIMA-Schweißung *f* (Drahtquetschnahtschweißung) (Fa. Soudronic, Dietikon, Schweiz) / soldadura *f* WIMA
wimmern / fluctuar, tremolar ‖ ~ (Schwebung von 6-30 Hz) (Eltronik) / fluctuación *f*, centelleo *m*, trémolo *m*, tremolación *f*
Wimmler *m* (Hütt) / vibrador *m*
Wimpertierchen *n pl* (Zool) / radiolario *m*
Winceyetteflanell *m* (Tex) / franela *f* winceyette
Winchester•-Laufwerk *n* (DV) / unidad *f* Winchester, mecanismo *m* propulsor Winchester ‖ ~**-Platte** *f* (DV) / disco *m* Winchester
Wind *m* / viento *m*, aire *m* ‖ ~, Gebläseluft *f* (Hütt) / viento *m* [de aire], tiro *m* ‖ ~... (Meteo) / eólico, de viento, relativo al viento, eoliano ‖ ~ *m* **von achtern**,

Wind *m* **von hinten**, Rücken-, Schiebewind *m* (Luftf) / viento *m* en (o de) popa ‖ ~ **von der Seite**, Seitenwind *m* (Luftf) / viento *m* lateral o de través ‖ ~ **von vorn**, Gegenwind *m* (Luftf) / viento *m* contrario o de proa o de frente ‖ **in den** ~ **drehen** (Luftf) / orientar hacia el viento ‖ **vom** ~ **verursacht**, Wind... / eoliano, eolio
Wind•absperrschieber *m* (Hütt) / registro *m* de cierre de ventilación ‖ ~**abtragung**, Deflation *f* (Geol) / erosión *f* eólica, deflación *f* ‖ ~**abweiser** *m* (Kfz) / derivabrisas *m* ‖ ~**angriffsfläche** *f* / superficie *f* expuesta al viento, lado *m* expuesto al viento ‖ ~**anker** *m* (Fernm) / anclaje *m* contra vientos ‖ ~**antrieb** *m* (Luftf) / impulsión *f* por viento ‖ ~**aufbereitung** (Bergb) / clasificación *f* neumática o por aire ‖ ~**belastet** / bajo carga[s] de viento ‖ ~**belastung** *f* **bei Kranen** / ataque *m* aerodinámico en grúas ‖ ~**berichtigt** / después de corrección de deriva ‖ ~**bremse** *f* / freno *m* de viento ‖ ~**bruch**, -fall *m* (Forstw) / calvero *m* causado por el viento, árboles *m pl* derribados por el viento ‖ ~**diagramm** *f*, -rose *f* (Meteo) / rosa *f* de los vientos ‖ ~**druck** *m* / presión *f* de[l] viento, empuje *m* del viento ‖ ~**druck** (Hütt) / presión *f* de soplado ‖ ~**druckschreiber** *m* (Luftf) / registrador *m* de la presión del viento ‖ ~**durchgang** *m* (Hütt) / pasaje *m* del viento o aire ‖ ~**düse**, -form *f* (Hütt) / tobera *f* para viento
Winde *f* / torno *m*, cabria *f* ‖ ~, Wagen-, Zahnstangenwinde *f* / cric *m* [de cremallera] (E), crique *m* (ARG) ‖ ~, Heißwinde (Schiff) / güinche *m* o guinche de levantamiento ‖ ~, Hebebock *m* (Kfz, Masch) / gato *m*, alzacoches *m*, gata *f* (CHIL) ‖ ~ (Schiff) / güinche *m*, guinche *m*, chigre *m*, trucha *f* ‖ ~, Spill *n* (stehend) / cabrestante *m*, cabestante *m*, argüe *m*, güinche *m* (LA) ‖ ~, Ankerwinde *f* (liegend) / molinete *m* ‖ ~, Bootswinde *f* / güinche *m* de botes ‖ ~, Haspel *m f* (Spinn) / aspa *f*, aspadera *f*, devanadera *f* (E), devanadora *f* (LA) ‖ ~ **mit Schraubenspindel** / torno *m* con husillo roscado ‖ ~ **mit senkrechter Welle**, Spill *n* / cabrestante *m*, molinete *m* [giratorio], maquinilla *f*
Windeisen *n* (Wz) / volvedor *m* giramachos (E), portaterraja *m* (LA) ‖ ~ **für Draht** / tenazas *f pl* de torsión
Windekraft *f* (Bagger) / potencia *f* de elevación, esfuerzo *m* de elevación
winden *vt*, drehen / torcer, retorcer, girar ‖ ~ (z.B. Garn) / bobinar, enrollar, ovillar, aspar ‖ ~, aufwinden, winschen / elevar, guindar, izar, halar, levantar ‖ ~, haspeln, aufwinden (Web) / devanar ‖ **sich** ~ (o. schlängeln) / meandrar ‖ **sich schraubenförmig** ~ [**um**] / enroscarse [en o alrededor de] ‖ ~ *n* (Web) / devanado *m*
Windenergie *f*, -kraft *f* / energía *f* o fuerza eólica o de viento ‖ ~**park** *m*, Windfarm *f* (Elektro) / parque *m* eólico, parque *m* de energía eólica
Winden•fahrzeug *n*, -wagen *m* / vehículo *m* con torno ‖ ~**haus** *n* / caseta *f* o cabina o sala de chigre[s] o de cabrestante[s] ‖ ~**haus** (Schiff) / caseta *f* o garita de güinche o cabrestante ‖ ~**läufer** *m* (Seil) (Schiff) / amante *m* ‖ ~**start** *m* (Luftf) / despegue *m* por torno o por güinche ‖ ~**trommel** *f* / tambor *m* del güinche
Winder *m*, Dyname *f* (Mech) / torsionador *m* ‖ ~ (Tex) / plegador *m* ‖ ~ (Wolle) / varilla *f*
Wind•erhitzer, Cowper[apparat] *m* (Hütt) / estufa *f* Cowper, recuperador *m* [de viento], calentador *m* del viento ‖ ~**erhitzer** *m* **auf Gas**, [auf Wind] / estufa *f* Cowper con gas, [con viento] ‖ ~**erhitzerbesatz** *m* (Hütt) / ladrillos *m pl* para estufas Cowper, forro *m* para estufas Cowper ‖ ~**fahne** (Bau) / veleta *f*, giraldilla *f* ‖ ~**fahne** (Schiff) / cataviento *m* ‖ ~**fahne der Windkraftanlage** / paleta *f*, aleta *f* ‖ ~**fahnen-Instabilität** *f* (Luftf) / inestabilidad *f* de veleta ‖ ~**fang** *f* (Uhr) / volante *m* ‖ ~**fang an Türen** (Bau) / paraviento *m*, cancel *m* ‖

Windfangtür

⁓**fangtür** f / puerta f del cancel ‖ ⁓**fest**, sturmfest / resistente a los vientos ‖ ⁓**festigkeit**, Sturmsicherheit f / resistencia f aerodinámica o al viento ‖ ⁓**flügel** m (Ventilator) / paleta f del ventilador ‖ ⁓**flügel** (Masch) / regulador m de paletas o aspas anemométricas ‖ ⁓**flügel** (Uhr) / aleta f de volante ‖ ⁓**form**, Ofenform f (Hütt) / tobera f de viento ‖ ⁓**frischen** n (Hütt) / soplado m [con viento] ‖ ⁓**frisch-Stahl** m / acero m soplado ‖ ⁓**fühler** m, Böensichter m (Meteo) / indicador m o detector de ráfagas ‖ ⁓**führung** f (Hütt) / conducción f de soplado ‖ ⁓**generator** m (Elektr) / generador m de fuerza eólica ‖ ⁓**generator**, Windkraftgenerator m / aerogenerador m ‖ ~**geschützt** / al abrigo del viento, protegido del viento ‖ ~**geschützt** (Bau) / resolano adj ‖ ⁓**geschwindigkeit** f (Meteo) / velocidad f del viento ‖ ⁓**geschwindigkeits-Komponente** f / componente f de la velocidad de viento ‖ ⁓**geschwindigkeitsmesser** m / medidor m de la velocidad del viento, anemómetro m ‖ ~**gesichteter Ton** / arcilla f tamizada al aire ‖ ⁓**gewölbe** n, Blasgewölbe n / bóveda f de toberas ‖ ⁓**haube**, -hutze f (Schiff) / orificio m de aspiración ‖ ⁓**haube** (Kamin) / capuchón m, caperuza f de chimenea ‖ ⁓**haube einer Wetterlutte** (Bergb) / capuchón m ‖ ⁓**hose** f, Wasserhose f / manga f de viento o de aire, tromba f [de agua], trompa f, tifón m, tornado m

windig / ventoso
Windkammer f (Orgel) / cámara f de aire
Windkanal m (Luftf) / túnel m aerodinámico o de viento, túnel m para pruebas aerodinámicas ‖ ~ **mit Ausblasung u. Normaldruck** / túnel m aerodinámico de circuito abierto unidireccional ‖ ~ **mit Ausblasung u. Überdruck** / túnel m aerodinámico de circuito cerrado unidireccional ‖ ~ **mit geschlossener Messstrecke** / túnel m aerodinámico de circuito cerrado ‖ ~ **mit Umlaufwind u. Normaldruck** / túnel m aerodinámico de circuito abierto de retorno a presión normal ‖ ~ **mit Umlaufwind u. Überdruck** / túnel m aerodinámico de circuito cerrado (de retorno) ‖ ⁓**-Gehäuse** n / caja f de túnel aerodinámico ‖ ⁓**versuch** m / ensayo m en (o de) túnel aerodinámico ‖ ⁓**waage** f / balanza f de túnel aerodinámico
Wind • kappe f (Mikrofon) / pantalla f contra el viento ‖ ⁓**kasten** m **der Bessemerbirne** (Hütt) / caja f de aire o de viento ‖ ⁓**kessel** m (Masch) / cámara f de aire, depósito m o recipiente de aire ‖ ⁓**kluft** f, -riss m (Holz) / desgarro m debido al viento ‖ ⁓**[kraft]konverter** m / aeroconvertidor m ‖ ⁓**kraft** f, -energie / energía f eólica, fuerza f eólica o del viento ‖ ⁓**kraftanlage** f, WKA / planta f eólica ‖ ⁓**kraftgenerator** m / aerogenerador m ‖ ⁓**kraftmaschine** f / motor m eólico, generador m de fuerza eólica, aeromotor m, aerogenerador m ‖ ⁓**kraftwerk** n / central f eólica ‖ ⁓**lade** f (Orgel) / secreto m ‖ ⁓**last** f, -belastung f (Bau) / carga f debida al (o por el) viento, empuje m del viento ‖ ⁓**last auf der Leeseite** (Bau, Schiff) / efecto m de succión ‖ ⁓**latte**, -strebe f (Bau) / riostra f de contraviento ‖ ⁓**lauf** m (Kfz) / faldón m ‖ ⁓**lege** f (Landw) / aventadora f ‖ ⁓**leitblech** n (Bahn) / chapa f o pantalla deflectora de humos ‖ ⁓**leitung** f (Hütt) / conducto m de aire, tubería f de viento ‖ ⁓**[leitungs]rohr** n, -leitung f / tubo m de aire o de viento ‖ ⁓**loch** n (Bergb) / orificio m de admisión ‖ ⁓**loch** (Hütt) / tobera f ‖ ⁓**menge** f (Hütt) / volumen m de aire ‖ ⁓**messer** m (Meteo) / anemómetro m ‖ ⁓**messer**, -zähler m (Hütt) / contador m [de volumen] de viento ‖ ⁓**messer**, handgehalten / anemómetro m manual ‖ ⁓**messung** f / anemometría f ‖ ⁓**motor** m, -rad n, -turbine f / motor m eólico, aeromotor m, molino m de viento ‖ ⁓**motorpumpe** f / motobomba f eólica ‖ ⁓**mühle** f / molino m de viento ‖ ⁓**mühlenflügel** m / aspa f de

molino de viento ‖ ⁓**mühlenflugzeug** n / autogiro m ‖ ⁓**mühlenrad** n (für Antrieb von Geräten durch Luftströmung) (Luftf) / molinete m ‖ ⁓**mulde** f (Geol) / hondonada f formada por el viento ‖ ⁓**müller** m / propietario m de una planta eólica
Windomantenne f / antena f Windom
Window-Filter n / filtro m de ventana
Wind • park m / parque m eólico ‖ ⁓**pfeife** f (Gieß) / tubo m de salida de gases, respiradero m, albricia f ‖ ⁓**portal** n, Endportal n (Brücke) / pórtico m del extremo ‖ ⁓**rad** n (Masch) / rueda f eólica o de viento, molinete m ‖ ⁓**radanemograph** m, Kreuzflügelanemometer n (Meteo) / anemógrafo m de molinete, anemógrafo m de rotación, anemómetro m registrador de rueda ‖ ⁓**radanemometer** n, Flügelradanemometer n / anemómetro m de molinete ‖ ⁓**radpumpe** f / bomba f de fuerza eólica ‖ ⁓**regulator** m, Gebläseregulator m / regulador m de viento o de soplado ‖ ⁓**richtung** f / dirección f del viento ‖ ⁓**richtungsanzeiger** m (Luftf) / indicador m de la dirección del viento, anemoscopio m ‖ ⁓**richtungsanzeiger**, Windfahne f (Bau) / veleta f, giralda f, giraldilla f ‖ ⁓**ring** m (Hütt) / cámara f de aire ‖ ⁓**-Ringleitung** f (Hütt) / conducto m circular (o anular) de aire ‖ ⁓**riss** f, -kluft f, Trockenriss m (Holz) / desgarro m debido al viento ‖ ⁓**rose** f, Kompassrose f / rosa f de los vientos, rosa f náutica ‖ ⁓**rose**, -diagramm n (Meteo) / rosa f de los vientos, diagrama m de los vientos reinantes ‖ ⁓**sack** m (Luftf, Straßb) / manga-veleta f, manga f de aire, manga indicadora del viento m, cono m de viento ‖ ⁓**schatten** m / abrigo m del viento ‖ ⁓**schattenseite** f / lado m de sotavento ‖ ⁓**scheibe** f (Bau) / muro m de contraviento ‖ ⁓**scherung** f (Meteo) / cizallamiento m de viento ‖ ⁓**schichtung** f (Spanplatten) / distribución f por la corriente de aire ‖ ⁓**schieber** m (Hütt) / compuerta f o válvula de viento
windschief / de soslayo, torcido, inclinado, ladeado ‖ ~, krumm (Masch) / combado, curvado, encorvado ‖ ~**e Fahrleitung** (Bahn) / catenaria f inclinada o alabeada ‖ ~**e Fläche** / superficie f alabeada ‖ ~**e** (**o. nicht schneidende**) **Linien** (Math) / rectas f pl o líneas alabeadas ‖ ~ **werden** (Holz) / alabearse, torcerse en todas direcciones
Windschiefheit f / alabeo m
Wind • schild n (Kfz) / parabrisas m de moto ‖ ⁓**schirm**, -schutz m (Bau) / parabrisa[s] m, biombo m, paraviento m, paraván m (LA), pantalla f protectora ‖ ⁓**schirm** m (Mikrofon) / pantalla f contra el viento ‖ ⁓**schliff** m (Geol) / corrasión f eólica ‖ ~**schlüpfig**, stromlinienförmig, windschnittig / de forma aerodinámica, aerodinámico, fuselado, fusiforme ‖ ~**schlüpfig machen** (Meteo) / dar o conferir forma aerodinámica [a], fuselar ‖ ⁓**schlüpfigkeit** f / carácter m aerodinámico ‖ ⁓**schott** n (Kabrio) (Kfz) / paraviento m trasero ‖ ⁓**schreiber** m / anemógrafo m, registrador m de vientos ‖ ⁓**schürze** f (Bau) / parabrisas m ‖ ⁓**schutz** m (Landw) / cortavientos m ‖ ⁓**schutz** (Bau) / abrigo m contra el viento, paraviento m, paraván m (LA) ‖ ⁓**schutzscheibe** f (Motorboot) / paravientos m ‖ ⁓**schutzscheibe** (Kfz) / parabrisas m, (localismo:) guardaviento m, cortaviento m, brisera f, brisero m ‖ **[oben blau- o. grün]farbige** ⁓**schutzscheibe**, getönte Windschutzscheibe (Kfz) / parabrisas m coloreado o tintado ‖ **seitliche** ⁓**schutzscheibe** (Kfz) / parabrisas m lateral ‖ ⁓**schutzscheiben-Aussteller** m / palanca f de inclinación para parabrisas ‖ ⁓**schutztür** f (Bau) / puerta f cortavientos ‖ ⁓**seite** f, -angriffsfläche f / lado m expuesto al viento, lado m del viento ‖ ⁓**seite**, Luv[seite] f (Schiff) / barlovento m, costado m de barlovento ‖ ⁓**seite** f (Hochofen) / lado m de contraviento ‖ ⁓**sichten** n (Pulv.Met) / separación f por aire ‖ ⁓**sichter** m (Aufber, Pulv.Met) / separador m o

clasificador neumático o de aire, separador m por aire, elutriador m ‖ ⁓sichter, Wirbler m (Hütt) / colector m de polvo[s], ciclón m ‖ ⁓sichter m (Kohle) / despolvoreador m neumático ‖ ⁓sichtung f (Bergb) / separación f o clasificación por aire ‖ ⁓sichtung (Spanplatten) / cribado m neumático ‖ ⁓standort n / ubicación f para una central eólica
Windstärke f (Meteo) / fuerza f o velocidad o intensidad del viento ‖ ⁓ **0**, Windstille f / calma f [chicha], grado m Beaufort O ‖ ⁓ **1**, leichter Zug / brisa f ‖ ⁓ **2**, leichte Brise / brisa f flojita o ligera (LA) ‖ ⁓ **3**, schwache Brise / brisa f floja ‖ ⁓ **4**, mäßige Brise / brisa f moderada o bonancible ‖ ⁓ **5**, frische Brise / brisa f fresquita ‖ ⁓ **6**, starker Wind / viento m fuerte o fresco ‖ ⁓ **7**, steifer Wind / viento m muy fresco ‖ ⁓ **8**, stürmischer Wind / frescachón m ‖ ⁓ **9**, Sturm m / viento m duro ‖ ⁓ **10**, schwerer Sturm / tempestad f, viento m muy duro ‖ ⁓ **11**, orkanartiger Sturm / tempestad f violenta o huracanada ‖ ⁓ **12**, Orkan m / huracán m
Windstärkenskala f **nach Beaufort** / escala f [de] Beaufort
Wind•stau m (Hydr) / aumento m del nivel de agua debido al viento ‖ ⁓**stille** f, Kalme f / calma f ‖ ⁓**stock** m (Hütt) / portavientos m ‖ ⁓**stoß** m, Bö f (Meteo) / ráfaga f de viento, racha f [de viento] ‖ ⁓**stoßfaktor** m (Stahlbau) / factor m de ráfagas ‖ ⁓**stoßlast** f (Bau) / carga f de ráfaga ‖ ⁓**strebe** f / contraviento m ‖ ⁓**streichholz** n / cerilla f ‖ ⁓**strich**, Kompassstrich m (Nav) / rumbo m del viento ‖ ⁓**strom** m / corriente f eólica o por energía eólica, energía f electroeólica ‖ ⁓**surfer** m (Sport) / surfista m a vela, veliplanchista m ‖ ⁓**träger** m (Bau) / viga f de contraviento ‖ ⁓**tüchtigkeit** f / capacidad f de resistir al viento ‖ ⁓**tunnel** m / túnel m aerodinámico ‖ ⁓**turbine** f / turbina f eólica o de viento, aeroturbina f ‖ ⁓**turbinenpumpe** f / turbobomba f eólica
Windung f (allg) / vuelta f, giro m ‖ ⁓ (Spulerei, Tau) / torcido m ‖ ⁓ (Elektr) / espira f, vuelta f ‖ ⁓, [Ver]drehung f / torsión f ‖ ⁓ (beim Aufwickeln) / devanado m ‖ ⁓ (Straßb) / sinuosidad f, curva f ‖ ⁓ (Fluss) / meandro m, sinuosidad f ‖ ⁓ (spiralförmig) / enroscadura f, enroscamiento m ‖ ⁓ **einer Fläche**, Schraubengang m (Geom) / convolución f, enrollamiento m (sobre sí mismo) ‖ ⁓ f **einer Spirale** (Masch) / espira f, vuelta f
Windungs•durchschlag m (Elektr) / cortocircuito m entre espiras ‖ ⁓**fluss** m / flujo m a través de una espira ‖ ⁓**isolation** f / aislamiento m entre espiras ‖ ⁓**leger** m (Walzw) / capa f de espiras ‖ ⁓**prüfung** f (Elektr) / ensayo m entre espiras ‖ ⁓**sammler** m (Drahtwalzen) / estación f de almacenamiento de bobinas ‖ ⁓**schluss** m (Elektr) / cortocircuito m entre espiras o en el devanado ‖ ⁓**schlussprüfer** m (Elektr) / detector m de cortocircuitos entre espiras ‖ ⁓**sinn** m / sentido m de arrollamiento ‖ ⁓**spannung** f / tensión f por espira, diferencia f potencial ‖ ⁓**transportgerüst** n (Hütt) / transportador m vibrante ‖ ⁓**unterbrechung** f (Elektr) / espira f cortada, interrupción f de espira ‖ ⁓**verhältnis** n (Trafo) / relación f de espiras ‖ ⁓**zahl** f (Elektr) / número m de espiras ‖ ⁓**zahl-Verhältnis** n (Trafo) / razón f o relación de transformación
Wind•verband m, -verstrebung, -versteifung f (Bau, Stahlbau) / contraventeamiento m, arriostramiento m contra viento[s], paravientos m ‖ **waagerechter** ⁓**verband** (Stahlbau) / contraventeamiento m horizontal ‖ ⁓**verbandsstab** m (Stahlbau) / barra f de contraventeamiento, riostra f de contraviento ‖ ⁓**verbreitung** f (Bot) / propagación f por el viento ‖ ⁓**verhältnisse** n pl (Meteo) / condiciones f pl de vientos ‖ ⁓**versteifungen anbringen** (Zimm) / arriostrar [contra el viento] ‖ ⁓**verteilungsregler** m (Hütt) / regulador m de la distribución del viento ‖ ⁓**werk** n / mecanismo m elevador ‖ ⁓**werksbrücke** f /

puente m del mecanismo de elevación ‖ ⁓**werkskatze** f (Kran) / carro m con mecanismo elevador ‖ ⁓**zacken[stein]** m, Gichtstein m (Hütt) / contraviento m ‖ ⁓**zapfen** m (Konverter) / muñón m del canal de viento ‖ ⁓**zeiger** m, Anemoskop n (Meteo) / anemoscopio m, veleta f ‖ ⁓**zug** m, Luftströmung f / corriente f de aire, tiro m
Winglet n (Luftf) / winglet m
Wingtank m (Luftf) / depósito m del (o en el) ala
Wink n (= 1/2000 min) (F.Org) / wink m
Winkel m (Geom) / ángulo m ‖ ⁓, Fensterwinkel m, Scheinecke f (Tischl) / ecuadra f falsa, herraje m angular ‖ ⁓, Walzw / acero m angular, angular m ‖ ⁓, Dreieck n (Zeichn) / escuadra f, cartabón m ‖ ⁓, Kniestück n (Masch) / codo m ‖ ⁓ (Bau) / rinconada f ‖ ⁓..., winkelförmig / angular, anguloso ‖ ⁓ m **der Windrichtung** / acimut m del vector de viento ‖ ⁓ **1 im Bogenmaß**, Radian[t] m, rad (= 57,29578° (Altgrad), = 63,66197ᵍ (Gon)) (Math) / radián m, radiante m (poco usado) ‖ ⁓ **mit Innen- und Außengewinde reduziert**, Winkel A4 DIN 2950 (Rohr) / codo m con rosca interior y exterior reducido ‖ ⁓ **von 22 1/2°** (Rohr) / codo m de 22 1/2° ‖ ⁓ m **zur Achse**, Vektorargument n (Math) / argumento m ‖ ⁓ **zwischen Wellen** (Masch) / ángulo m entre árboles ‖ **den** ⁓ **einstellen** / ajustar el ángulo ‖ **einen** ⁓ **bilden** / formar un ángulo ‖ **einen** ⁓ **einschließend** (Math) / incluyendo un ángulo ‖ **einen** ⁓ **messen** (o. aufnehmen o. beobachten) / medir o determinar un ángulo ‖ **in den** ⁓ **bringen** / escuadr[e]ar
Winkel•abgleich m / ajuste del ángulo, calibración f, calibraje m ‖ ⁓**abgriff** m (Masch) / toma m de desplazamiento angular ‖ ⁓**ablenkung** f (Opt) / desviación f angular ‖ ⁓**abtastung** f / exploración f angular ‖ ⁓**abweichung** f (Masch) / desviación f angular, defecto m de alineación ‖ ⁓**abzweigdose** f (Elektr) / caja f de derivación ‖ ⁓**ähnlich** ‖ ⁓**[an-, -ab]trieb** m / engranaje m angular ‖ ⁓**anpassung** f, Winkeleinstellung f / adaptación f angular ‖ ⁓**anzeiger**, -messer m (Geom, Verm) / goniómetro m ‖ ⁓**anzeiger** m (Auswuchten) / indicador m de ángulo ‖ ⁓**arbeitsplatz od. -tisch** (Büro) / mesa f de trabajo con ala ‖ ⁓**auflösung** f / resolución f angular ‖ ⁓**[aufspann]tisch** m (Dreh) / mesa f de sujeción inclinable ‖ ⁓**ausschlag** m **des Drehgestells** (Bahn) / desplazamiento m angular del bogie ‖ ⁓**band** n, -beschlag m / herraje m angular ‖ ⁓**berührung** f / contacto m angular ‖ ⁓**beschleunigung** f (Phys) / aceleración f angular ‖ ⁓**bewegung** f (Mech) / movimiento m angular ‖ ⁓**bezugsgenerator** m (Auswuchten) / generador m de referencia de ángulo ‖ ⁓**biegewerkzeug** n (Stanz) / herramienta f para doblado en ángulo ‖ **zwischen 2 Flächen** ⁓**bildend** (Geom) / diedro ‖ ⁓**bock** m / soporte m en escuadra ‖ ⁓**bogen** (Geom) / arco m de un angulo ‖ ⁓**bogensegment** n / segmento m del arco de un ángulo ‖ ⁓**bohrer** m / barrena f o broca angular, taladrador m de codo ‖ ⁓**bohrmaschine** f / taladradora f de codo ‖ ⁓**büchse** f / casquillo m [con saliente] angular ‖ ⁓**codierer** m (NC) / codificador m angular ‖ ⁓**dach** f (Firstwinkel = 90°) (Bau) / tejado m de sección cuadrada ‖ ⁓**dichtring** m (Masch) / retén m angular ‖ ⁓**diversity** f (Mobilfunk) / diversity f angular ‖ ⁓**dose** f (Elektr) / caja f de derivación en ángulo ‖ ⁓**drehpflug** m (Landw) / arado m giratorio 1/4 de vuelta ‖ ⁓**einheit** f / unidad f angular, unidad f de medida de ángulos ‖ ⁓**einschraubstutzen** m / racor m angular ‖ ⁓**einstellbarkeit** f (Lager) / autoalineación f, autoadaptación f ‖ ⁓**einstellgerät** n (Wzm) / instrumento m de ajuste angular ‖ ⁓**einstellung**, -verstellung f / ajuste m angular ‖ ⁓**eisen** n s. Winkelstahl ‖ ⁓**eisen für Ecken** / cantonera f (E), esquinero m (LA) ‖ ⁓**endmaß** n (Masch) /

bloque *m* calibrador de ángulo ‖ ⁓fehler *m* / error *m* angular ‖ ⁓fehler, Schielen *n* (Antenne) / estrabismo *m*, ángulo *m* de desviación ‖ ⁓fernrohr *n* / telescopio *m* acodado ‖ ⁓flachzange *f* (Wz) / alicate *m* con curva (lateral o frontal) ‖ ⁓flansch *m* / brida *f* angular ‖ ⁓förmig, wink[e]lig / angular, en angulo, anguliforme, anguloso ‖ ⁓förmig biegen, aufstellen (Stanz) / plegar o doblar en ángulo ‖ ⁓fräser, Lückenfräser *m* (Wz) / fresa *f* angular ‖ ⁓fräser *m* für Schwalbenschwänze, Schwalbenschwanznutfräser *m* / fresa *f* angular para [ranuras en] cola de milano ‖ ⁓fräser mit Zylinderschaft DIN 1833 Form A / fresa *f* cónica de cono invertido ‖ ⁓fräser mit Zylinderschaft DIN 1833 Form B / fresa *f* cónica de cono derecho ‖ ⁓-Fräskopf *m* / cabezal *m* fresador vertical ‖ ⁓fräskopf *m* 90° / cabezal *m* fresador vertical en ángulo de 90° ‖ ⁓frässtift *m* (Wz) / fresa-lima *f* de cono invertido ‖ ⁓frequenz, Kreisfrequenz *f* (Elektr) / frecuencia *f* angular o pulsatoria, pulsación *f* ‖ ⁓führung *f* / guía *f* angular ‖ ⁓funktion *f*, goniometrische Funktion (Geom) / función *f* trigonométrica ‖ ⁓geber *m* (Regeln) / transductor *m* angular ‖ ⁓gelenk *n* / junta *f* angular, articulación *f* angular o de ángulo, codo *m* articulado ‖ ⁓geschwindigkeit *f* (Phys) / velocidad *f* angular ‖ elektrische ⁓geschwindigkeit / frecuencia *f* angular o pulsatoria, pulsación *f* ‖ ⁓geschwindigkeitskomponente *f* / componente *f* de velocidad angular ‖ ⁓getreu, konform (Geom, Verm) / conforme ‖ ⁓getriebe *n* / engranaje *m* angular o cónico ‖ ⁓getriebe, -trieb *m* (Wzm) / reenvío *m* angular o de ángulo ‖ ⁓grad *m* / grado *m* [de ángulo] ‖ ⁓gradierung *f* / graduación *f* angular ‖ ⁓griff *m* (für Schraubwz) (DIN 3122) / mango *m* acodado ‖ ⁓hahn *m* / grifo *m* [de paso] angular ‖ ⁓haken *m*, Löffel *m* (coll) (Druck) / componedor *m* de cazuelas, cazuela *f* ‖ ⁓halbierende *f* (Geom) / bisectriz *f* ‖ zweite ⁓halbierende / simediana *f* ‖ ⁓halbiergerät *n* (Verm) / escuadra *f* bisectriz ‖ ⁓haltigkeit, Rechtwinkligkeit *f* / ortogonalidad *f*, rectangularidad *f* ‖ ⁓hebel *m*, Kniehebel *m* (Phys) / palanca *f* acodada ‖ ⁓hebel (rechtwinklig) / palanca *f* angular o acodada en 90° ‖ ⁓hebelbewegung *f* (Steinbrecher) / movimiento *m* de palanca acodada ‖ ⁓hobel *m* (Wz) / cepillo *m* para [trabajar] ángulos
winkelig, winklig, mit Winkeln [versehen] / anguloso, que tiene ángulos, angular ‖ ⁓ **umbiegen** / doblar en ángulo, acodar
Wink[e]ligkeit *f* / inclinación *f*, angulosidad *f*
Winkel• indikator *m* (Eltronik) / indicador *m* de ángulo ‖ ⁓**instrument** *n* (Verm) / goniómetro *m*, instrumento *m* goniométrico ‖ ⁓**kabelschuh** *m* / terminal *m* [de cable] angular ‖ ⁓**käfig** *m* (Lager) / jaula *f* angular o en ángulo ‖ ⁓**kantenabrichthobelmaschine** *f* **zum Abrichten u. Fügen in einem Arbeitsgang** / máquina *f* de planear y cantear en una sola pasada ‖ ⁓**klammer** *f* (Druck) / corchete *m* angular ‖ ⁓**knie** *n* / codo *m* ‖ ⁓**knie**, rechtwinkliges Knie / codo *m* rectangular ‖ ⁓**konsole** *f* / consola *f* o ménsula en escuadra, soporte *m* en escuadra, escuadra *f* ‖ ⁓**konstante** *f* (Fernm) / constante *f* de longitud de onda, desfas[aj]e *m* lineal o característica *f* ‖ ⁓**kopf** *m* (Mat.Prüf) / cabeza *f* angular ‖ ⁓**kopf**, -trommel *f* (Verm) / escuadra *f* de agrimensor, tambor *m* goniométrico, cabezal *m* del pantómetro ‖ ⁓**korrektur** *f* (Verm) / corrección *f* de ángulos ‖ ⁓**korrelation** *f* (Nukl) / correlación *f* angular ‖ ⁓**lage** *f* / posición *f* angular o en ángulo, posición *f* inclinada ‖ ⁓**lage-Anzeiger** *f*, VSD (Lufft) / indicador *m* VSD ‖ ⁓**lasche** *f* (Bahn) / eclisa *f* angular ‖ ⁓**lasche** (Stahlbau) / brida *f* angular o en ángulo ‖ ⁓**lasche** (Rollenkette) / brida *f* angular ‖ gebogene ⁓**lasche** (Stahlbau) / cubrejunta *f* curva[da] ‖ ⁓**lineal** *n* (Zeichn) / regla *f* de escuadra ‖ ⁓**lineal** (Tischl) / regla *f* de ángulo ‖ ⁓**linie** *f*, Diagonale *f* (Geom) / diagonal *f* ‖ ⁓**markierung** *f*

(Auswuchten) / marca *f* de angulo ‖ mit Setzwaage vereinigtes ⁓**maß** (Zimm) / escuadra *f* de nivel ‖ ⁓**maß** *n* (Zeichn) / cota *f* de ángulo[s] ‖ ⁓**maß**, -messung *f* (Geom) / medida *f* o medición angular ‖ ⁓**maß** (Fernm) / constante *f* de fase o de desfasaje, desfasaje *m* lineico o lineal o característico, constante *f* de longitud de onda ‖ ⁓**maß mit Anschlag**, Anschlagwinkel *m* (Masch, Zimm) / escuadra *f* con espaldón ‖ ⁓**mast** *m* (Elektr) / poste *m* de cambio de dirección ‖ ⁓**messeinheit** *f* (Gerät) / unidad *f* de medición angular ‖ ⁓**messen** *n*, Goniometrie *f* (Geom) / goniometría *f*, medición *f* de ángulos ‖ ⁓**messer**, -spiegel *m*, Goniometer *n* (Krist) / goniómetro *m* ‖ ⁓**messer** *n* (Verm) / grafómetro *m* ‖ ⁓**messer** (Math) / transportador *m* ‖ ⁓**messer** *n*, -schar *f* (Landw) / cuchilla *f* angular ‖ ⁓**messgerät** *n* / instrumento *m* para medir ángulos, cartabón *m* ‖ ⁓**messgerät**, Theodolit *m* (Verm) / teodolito *m*, grafómetro *m* ‖ ⁓**messokular** *n* (Mikrosk) / ocular *m* goniométrico ‖ ⁓**messsystem** *n* (NC) / sistema *m* de medición angular ‖ ⁓**minute** *f* / minuto *m* de ángulo ‖ ⁓**modulation** *f* (Eltronik) / modulación *f* angular ‖ ⁓ *m* 2π **im Bogenmaß** / 2π radianes *m pl* ‖ ⁓**pfosten** *m* (Bau) / columna *f* angular ‖ ⁓**platte** *f* (Wzm) / placa *f* angular ‖ ⁓**presse** *f* (Plast) / prensa *f* angular ‖ ⁓**prisma** *n*, rechtwinkliges Prisma (Opt) / prisma *m* [rect]angular, escuadra *f* prismática u óptica ‖ ⁓**probe** *f* (Schw) / ensayo *m* de compresión de la soldadura por abatido de un lado, ensayo *m* de agrietamiento en pletinas soldadas ‖ ⁓**profil** *m* (Walzw) / perfil *m* angular, angular *m* ‖ ⁓**prüfgerät** *n*, Winkelprüfzeug *n* / comprobador *m* de ángulos ‖ ⁓**punkt** *m* (Leitung) / punto *m* de inflexión ‖ ⁓**querschnitt** *m*, raumwinkelbezogener Wirkungsquerschnitt (Nukl) / sección *f* angular ‖ ⁓**rad** *n*, Zahnrad *n* mit Pfeilverzahnung / engranaje *m* con dientes en flecha o en V ‖ ⁓**räumer** *m* (Straßb) / angledozer *m* ‖ ⁓**recht**, im Winkel / en ángulo recto, en rectángulo ‖ ⁓**recht**, einen rechten Winkel bildend / rectangular ‖ ⁓**rechter Schnitt** (Wzm) / corte *m* ortogonal ‖ ⁓**reflektor** *m* (Antenne) / reflector *m* diedro o angular ‖ ⁓**reflektor**, Tripelspiegel *m* (Opt) / reflector *m* o espejo triple ‖ ⁓**reflektorantenne** *f* / antena *f* de reflector diedro ‖ ⁓**reibahle** *f* (Wz) / escariador *m* acodado o de ángulo (E), calisuar de ángulo *m* (LA) ‖ ⁓**ring** *m* (Rollenlager) / anillo *m* [de perfil] angular, aro *m* o reborde angular ‖ ⁓**ring**, -stahlring *m* / aro *m* [de acero] de perfil angular ‖ ⁓**rohr**, -stück *n* (Rohr) / codo *m* ‖ ⁓**rotor** *m* (Mikrosk) / rotor *m* de ángulo ‖ ⁓**rutsche** *f* (Förd) / plano *m* inclinado angular ‖ ⁓**säge** *f*, Zink[en]säge *f* / sierra *f* para cortar empalmes de cola de milano ‖ ⁓**schäler** *m*, Trassenschäler *m* (Planierraupe mit Winkelschild) (Straßb) / angledozer *m* ‖ ⁓**schälversuch** *m* (Klebung) / ensayo *m* de pelado con probeta angular ‖ ⁓**schar** *f* (Landw) / cuchilla *f* o reja angular ‖ ⁓**schere** *f* (Wz) / tijeras *f pl* angulares ‖ ⁓**schleifer** *f* / amoladora *f* angular, afiladora *f* angular ‖ ⁓**schlüssel** *m* **für Schrauben** s. Winkelschraubendreher ‖ ⁓**schmierbüchse** *f* / caja *f* de engrase angular, lubricador *m* o engrasador angular ‖ ⁓**schnitt** *m* / corte *m* angular o biselado ‖ ⁓**schnitt** (Stahlbau) / corte *m* angular ‖ ⁓**schnitt** (Pap) / corte *m* angular o en ángulo ‖ ⁓**schnittanalyse** *f* (DV) / análisis *m* de sección angular ‖ ⁓**schraubendreher** *m* (Wz) / destornillador *m* acodado ‖ ⁓**schraubendreher für Innensechskantschrauben** (DIN) / llave *f* acodada para tornillos de exágono interior, llave *f* Van Allen acodada ‖ ⁓**schraubendreher für Kreuzschlitzschrauben** / destornillador *m* acodado para tornillos de cabeza ranurada en cruz ‖ ⁓**schraubendreher für Schlitzschrauben** / destornillador *m* acodado para tornillos de cabeza ranurada ‖ ⁓**schrittgeber** *m* (Wzm) / transductor *m* codificador de ángulos ‖ ⁓**schweißen** *n* (Plast) /

soldadura f por fricción de movimiento angular ‖ ⁓sekunde f (Math) / segundo m de ángulo ‖ ⁓sensor m / sensor m angular ‖ ⁓separator, Elbowseparator m (Hütt) / separador m de ángulo ‖ ⁓spant n (Schiff) / cuaderna f angular ‖ ⁓spiegel m (Opt, Verm) / goniómetro m de espejo, espejo m goniométrico, espejo m de ángulo ‖ ⁓spiegel, Spiegelkreuz n (Verm) / escuadra f óptica ‖ ⁓stahl m, Winkelprofil n (Hütt) / perfil m angular [de acero], angular m ‖ ⁓stahl, Verstrebung f (Hütt) / riostra f ‖ [un]gleichschenkliger ⁓stahl / angular m de alas (o lados) [des]iguales ‖ ⁓stahl m mit Leichtprofil / angular m con lados finos ‖ ⁓stanzmaschine f / muescadora f de ángulo ‖ ⁓station f (Seilb) / estación f de ángulo ‖ ⁓-Steckdose f (Elektr) / caja f de enchufe angular ‖ ⁓stecker m (Elektr) / clavija f con salida lateral del cable ‖ ⁓steifigkeit f / rigidez f angular ‖ nach oben gerichtete ⁓stellung der Rotorblätter (Hubschrauber) / ángulo m de conicidad ‖ ⁓stellungsgeber m, -stellungssensor m (NC) / detector m de posición angular ‖ ⁓stirnfräser m / fresa f frontal cónica para guijos angulares ‖ ⁓stirnfräser für Schwalbenschwanzschnitte / fresa f para ranuras de cola de milano ‖ ⁓stoß m (Gurt, Stahlbau) / junta f angular ‖ ⁓stoß (Schw) / unión f de ángulo ‖ ⁓streichmaß n (Holz) / gramil m de escuadra ‖ ⁓stück n, Knie n / codo m, pieza f acodada o angular ‖ ⁓stütze f, -konsole f / soporte m en escuadra ‖ ⁓stutzen m / tubuladura f acodada, codo m tubular ‖ ⁓sucher m (Foto) / visor m angular ‖ ⁓summe f (Geom) / suma f de ángulos ‖ ⁓-Szintillation f (Radar) / reflexión f fluctuante angular ‖ ⁓teilung f (Geom) / división f angular, subdivisión f de ángulo ‖ ⁓teilung (NC) / paso m angular ‖ ⁓thermometer n / termómetro m acodado ‖ ⁓tisch m (Wzm) / mesa f [rect]angular ‖ ⁓träger m (Bau) / viga f [de perfil] angular ‖ ⁓treppe f / escalera f a escuadra ‖ ~treu / isogonal / isogonal, isógono ‖ ~treu, konform / conforme ‖ ~treue Abbildung / representación f conforme ‖ ~treue f (Geom, Masch) / isogonalidad f ‖ ⁓-Trieb, V-Trieb m / accionamiento m angular, transmisión f angular ‖ ⁓trieb m, -riementrieb m / transmisión f por correa en ángulo de 90° ‖ ⁓trommel f (Verm) s. Winkelkopf ‖ ⁓tülle f (Elektr) / oliveta f o boquilla acodada ‖ ⁓umrechnung f / conversión f de ángulos ‖ ⁓ventil n, Eckventil n / válvula f angular o acodada ‖ ⁓ventil (Kfz) / válvula f acodada ‖ ⁓verbindung f (mit abgebogenem Blech) (Stahlbau) / unión f en ángulo mediante chapa acodada ‖ ⁓verbindung (mittels Winkeleisen) (Stahlbau) / unión f mediante angulares, junta f esquinada ‖ ⁓-Verbindungsstutzen m (Rohr) / codo m tubular de unión, tubuladura f acodada de unión ‖ ⁓verhältnis n (Opt) / relación f angular ‖ ⁓versatz f 6° / descentramiento m angular de 6° ‖ ⁓versatzfehler m / error m de simetría angular, desalineación f convergente angular ‖ ⁓verschiebung f / desplazamiento m angular (p.ej. de un eje rotativo) ‖ ⁓verschraubung f / atornilladura f de ángulo ‖ ⁓versteifung f (Stahlbau) / escuadra f, riostra f angular o acodada ‖ ⁓verstellung f / ajuste m angular ‖ ⁓voreilung f (Elektr) / ángulo m de avance ‖ ⁓wert-Übertrager m / resolutor m de ángulos ‖ ⁓wulststahl m (Hütt) / hierro m angular con cordón ‖ ⁓zahn m / diente m en V o en flecha, chevrón m ‖ ⁓zahnrad n, Pfeilrad n / rueda f con dientes en flecha, rueda f con dentadura en V o de chevrones
Winker m (obsol.) (Kfz) / flecha f de dirección, indicador m de dirección
Winkerkelle f (Verkehr) / disco m señalizador (con mango)
winkern (Schiff) / hacer señales a brazo
Winklerverfahren, Wirbelschichtverfahren, Wirbelfließverfahren n (Vergasung) / procedimiento m Winkler de lecho fluidizado
winklig, winkelig / angular, anguloso, esquinado
Winsch f (Schiff) / chigre m
winschen (Schiff) / izar, guindar
Winter•anomalie f / anomalía f invernal ‖ ⁓ausrüstung f (Kfz) / equipamiento m de invierno ‖ ⁓bau m (Bau) / construcción f durante el invierno o bajo condiciones invernales ‖ ⁓-Betonieren n / trabajos m pl de hormigonado durante el invierno ‖ ⁓deich m (Hydr) / dique m insumergible o de invierno ‖ ⁓dienst m (auf Straßen) / Sevicio m de Mantenimiento Invernal (E) ‖ ⁓dienstfahrzeug n (Kfz) / vehículo m para servicio de invierno ‖ ⁓diesel[treibstoff] m / gas-oil m de invierno ‖ ⁓eiche f, Quercus petraea sessiliflora, Steineiche f (Bot) / roble m albar o de invierno, encina f ‖ ⁓fahrplan m / horario m de invierno ‖ ⁓fenster n (Bau) / contraventana f ‖ ~fest / resistente al frío invernal ‖ ~fest machen (Kfz) / equipar para el invierno ‖ ⁓garten m (Bau) / terraza f de vidrieras ‖ ⁓gerste f (Landw) / cebada f de invierno ‖ ⁓getreide n, -frucht f / cereales m pl de invierno o de otoño ‖ ⁓gras n (Landw) / hierba f o yerba de invierno ‖ ⁓grünöl n (Pharm) / esencia f de Wintergreen ‖ ~hafen m (Fluss) / puerto m de invernada ‖ ~hydrant m / boca f de riego de invierno
winterlichen Bedingungen aussetzen / exponer a condiciones invernales
wintern vt (Ziegl) / sazonar
Winter•öl n (Mot) / aceite m de invierno, aceite m incongelable ‖ ~rau (Klima) / duro en invierno ‖ ~reifen m (Kfz) / neumático m de invierno, neumático m para [la] nieve ‖ ⁓saat f (Landw) / siembra f de otoño, sembrado m de otoño ‖ ⁓schäden m pl (Straß) / daños causados por el invierno, firme m dañado por las heladas ‖ ⁓sonnenwende f (Astr) / solsticio m hiemal o de invierno ‖ ⁓speicher m (Elektr) / depósito m de invierno ‖ ⁓spritzung f (Landw) / pulverización f de invierno ‖ ~tauglich / apto para condiciones invernales ‖ ~weizen n / trigo m de otoñal o de invierno ‖ ~wolle f (Tex) / lana f de primavera
winzig / diminuto ‖ ⁓ [klein], sehr klein / muy pequeño, diminuto, minúsculo
Wipfelende n (Bot) / cima f del tronco
WIPO, Weltorganisation f für geistiges Eigentum / Organización f Mundial de la Propiedad Intelectual
Wipp•ausleger m (Kran) / pluma f basculante o articulada, pescante m replegable o inclinable ‖ ⁓brücke f, Klappbrücke f mit Gegengewicht / puente m basculante con contrapeso ‖ ⁓drehkran m / grúa f giratoria de pluma basculante
Wippe f, Schwinge f / balancín m, balanceador ‖ ⁓ (Elektr) / tecla f basculante ‖ ⁓ (Walzw) / rampa f basculante ‖ ⁓ des Stromabnehmerbügels (Bahn) / arco m del pantógrafo
wippen vi, schaukeln / bascular, balancear ‖ ⁓feder f (Stromabn.) / resorte m del pantógrafo ‖ ⁓federung f (Bahn) / suspensión f de báscula ‖ ⁓schalter m (Elektr, Kfz) / conmutador m de tecla basculante ‖ ⁓schaltung f (TV) / inversor m de polaridad por contrarreacción
Wipper, Kipper m (Bergb) / basculador m ‖ ⁓beschickung f (Bergb) / carga f del basculador ‖ ⁓bühne f, -boden m / plataforma f de basculador o de volqueo
Wipp•kran m / grúa f de pluma basculante o articulada ‖ ⁓säge f (Wz) / sierra f de vaivén ‖ ⁓taste f (Audio) / tecla f basculante ‖ ⁓tisch m (Walzw) / mesa f oscilante o basculante
Wirbel m (allg, Phys) / torbellino m, remolino m, vórtice m ‖ ⁓, Turbulenz f / turbulencia f ‖ ⁓ (Hydr) / remolino m ‖ ⁓ (Math, Vektor) / curl m, rotación f, vector m rotacional, rot m ‖ ⁓ (Zool) / vértebra f ‖ ⁓ (Fenster) / tarabilla f ‖ ⁓ (Mus.Instr) / clavija f ‖ ⁓

1519

Wirbel

(Druckguss) / torbellino m ‖ ⁓ m pl (Holz) / alabeo m, ondulación f de la fibra ‖ ⁓..., Strudel... / turbulento ‖ ⁓ **bilden** / formar remolinos ‖ ⁓ m **der Spinnmaschine** / nuez f de huso ‖ ⁓ **in einer Kette** / grillete m, unión f giratoria ‖ ⁓**ablösung** f / apartamiento m del remolino, separación f del remolino ‖ ⁓**anschnitttrichter** m (Gieß) / bebedor m de ataque tangencial ‖ ⁓**beschleunigung** f (Phys) / aceleración f circular ‖ ⁓**bett** n (Chem, Hütt) / lecho m fluidizado ‖ ⁓**bettmethode** f / fluidización f ‖ ⁓**bettofen** m / horno m de lecho fluidizado ‖ ⁓**bewegung** f, Wirbeln n / movimiento m de torbellinos o en remolino, vórtice m ‖ ⁓**bewegung** (Meteo) / vorticidad f ‖ ⁓**bildung** f / turbulencia f ‖ ⁓**blech** n (Verbr.kammer) / chapa f de torbellino ‖ ⁓**brecher** m / deflector m antitorbellino ‖ ⁓**brenner** m / quemador m de turbulencia o de remolinos ‖ ⁓**diffusion** f, turbulente Diffusion (Phys) / difusión f turbulenta ‖ ⁓**düse** f / tobera f de turbulencia ‖ ⁓**energie** f / energía f de turbulencia ‖ ⁓**erzeuger** m (Luftf) / generador m de torbellinos ‖ ⁓**faden** m (Luftf) / línea f de vórtice o de turbonada ‖ ⁓**faden** m (Hydr) / filete m de remolino ‖ ⁓**fehler** m (Kompass) / error m debido a torbellinos ‖ ⁓**feld** n (Elektr) / campo m rotacional ‖ ⁓**flutentfettung** f, -reinigung f (Galv) / desengrasado m por movimiento turbulento ‖ ~**frei** (Elektr) / irrotacional, sin o libre de torbellinos, sin torbellinos ‖ ~**freies Feld** / campo m irrotacional ‖ ~**freie Strömung** / flujo m irrotacional ‖ ⁓**gerät** n, Zyklon m / ciclón m ‖ ⁓**haken** m, drehbarer Haken / gancho m giratorio
wirbelig / remolinante, turbulento
Wirbel• isolator m (Elektr) / aislador m vértebra ‖ ⁓**kammer** f (Mot) / cámara f de turbulencia ‖ ⁓**kammermotor** m / motor m de cámara de turbulencia ‖ ⁓**kern** m (Chem) / núcleo m de remolino ‖ ⁓**keule** f (Luftf) / cuerpo m expulsor ‖ ⁓**linie** f / línea f de vórtice o de turbonada
wirbeln vt, umherwirbeln / remolinar ‖ ~ (z.B. Wasser zu Schaum) / agitar ‖ ~ (Chem) / tratar en o por lecho fluidizado ‖ ~ vi, sich drehen / remolinar[se], girarse, tornarse, arremolinarse ‖ Gewinde ~ / remolinar rosca, roscar por remolinado ‖ ⁓ n / turbulencia f, movimiento m turbulento
wirbelnd, sich drehend / giratorio ‖ ~, turbulent / turbulento, remolinante
Wirbel• pumpe f / bomba f de torbellino ‖ ⁓**punkt** m (Chem, Phys) / punto m de fluidización ‖ ⁓**reduktionsverfahren** n (Sintern) / procedimiento m de reducción en lecho fluidizado, metodo m de reducción por turbulencia ‖ ⁓**ring** m (Elektr) / vórtice m anular ‖ ⁓**rohr** n (Zyklon) / tubo m [de] ciclón ‖ ⁓**rohr** (Kälteerzeug) / vórtice m tubular ‖ ⁓**schicht** f (Chem) / lecho m fluidizado ‖ **flüssigkeits- o. gasdurchströmte** ⁓**schicht** / lecho fluidizado con líquido o con gas ‖ ⁓**schicht** f (in Säulenform) / columna f fluidizada ‖ ⁓**schichtreaktor** m, Reaktor mit fluidisiertem Brennstoff m / reactor m de combustible fluidizado ‖ ⁓**schichtreaktor mit festem Brennstoff** / reactor m con combustible sólido fluidificado ‖ ⁓**schichtreduktion** f (Sintern) / reducción f en lecho fluidizado ‖ ⁓**schichtröstverfahren** n (Hütt) / método m de tostación en lecho fluidizado ‖ ⁓**schicht-Sprühgranulator** m / granulador m en lecho fluidizado ‖ ⁓**schichttechnik** f, -schichtverfahren n (Chem) / técnica f de sólidos fluidizados, técnica f de lecho fluidizado ‖ ⁓**schichttrockner** m / secador m en lecho fluidizado ‖ ⁓**schichtverfahren**, Winklerverfahren, Wirbelfließverfahren n (Vergasung) / procedimiento m Winkler de lecho fluidizado ‖ ⁓**schichtverfahren** n, -fließverfahren n, Fluidisation f (Chem) / procedimiento m de capa fluidizada, fluidización f ‖ ⁓**schlagmühle** f (Sintern) / molino m triturador por turbulencia ‖ ⁓**schlagpulver** n / polvo m Hametag, polvo m de molino triturador por turbulencia ‖ ⁓**schleppe** f (Luftf) / estela f de turbulencia ‖ ⁓**sichter**, Spiralwindsichter m / separador m por turbulencia ‖ ⁓**sichter** m (Pap) / depurador m centrífugo o por turbulencia ‖ ⁓**sieb** n / ciclón m tamizador ‖ ⁓**sintergerät** n **für Kunststoffe** / aparato m para revestimiento plástico en lecho fluidizado ‖ ⁓**sintern** n / sinterizado m en lecho fluidizado ‖ ⁓**sintern** (Plast) / revestimiento plástico en lecho fluidizado ‖ ⁓**stoßtrockner** m / secador m por sacudidas turbulentas ‖ ⁓**straße** f (Meteo) / trayectoria f de torbellinos
Wirbelstrom, Foucaultscher Strom m (Elektr) / corriente f parásita o de Foucault o en remolino ‖ ⁓ m (Gasbrenner) / corriente f turbulenta ‖ ⁓, Nachlauf m (Hydr, Raumf) / estela f ‖ ⁓**auslaufbremse** f, Telmabremse f (Elektr) / freno m TELMA ‖ ⁓**bremse** f / freno m de corrientes parásitas ‖ ⁓**bremsmagnet** m (Bahn) / electroimán m de corriente de Foucault ‖ ⁓**brenner** m / quemador m de ciclón o de turbulencia ‖ ⁓**-Brennkammer** f (Mot) / cámara f de combustión de alta turbulencia ‖ ⁓**erwärmung** f, Hochfrequenzerwärmung f / calentamiento m por corriente de Foucault (a alta frecuencia) ‖ ⁓ **[läufer]motor** m, Stromverdrängungsmotor m / motor m con rotor de corriente parásita, motor de corriente de Foucault ‖ ⁓**prüfung** f (Mat.Prüf) / ensayo m por corriente de Foucault ‖ ⁓**sintern** m (Plast) / sinterizado en lecho fluidizado, fluidización f ‖ ⁓**-Staubabscheider** m / separador m de polvo por ciclón ‖ ⁓**tachograph** m / taquígrafo m de corriente de Foucault ‖ ⁓**tacho[meter]** n / tacómetro m de corriente de Foucault
Wirbel• strömung f (Phys) / corriente f turbulenta o arremolinada, turbulencia f ‖ ⁓**stromventil** n (Rakete) / válvula f de corriente turbulenta ‖ ⁓**stromverlust**, Eisenverlust m / pérdida f por corrientes parásitas ‖ ⁓**sturm**, Zyklon m (Meteo) / ciclón m ‖ ⁓**trockner** m / secador m de torbellino
Wirbelung f / torbellino m, remolino m, turbulencia
wirbel• verhindernd / antiturbulento ‖ ⁓**wand**, -rippe f (Mot) / nervadura f de turbulencia ‖ ⁓**wind** m (Meteo) / remolino m, torbellino m ‖ ⁓**wuchtkühler** m / refrigerador m oscilante de lecho fluidizado ‖ ⁓**zylindersiebmaschine** f / máquina f cribadora con cilindro m de turbulencia
Wirbler, Windsichter m (Hütt) / ciclón m clasificador de aire seco, separador m de polvo
Wirblichkeit f, Drehungsgeschwindigkeit f des Flüssigkeitsteilchens / velocidad f de rotación de la partícula líquida
Wirebar, Drahtbarren m (Kupfer) / lingote m para alambre
Wireless LAN s. WLAN ‖ ⁓ **Local Loop** (drahtloser Teilnehmeranschluss) (Fernm) / enlace m telefónico inalámbrico
Wire-Wrap n (Eltronik) / conexión f arrollada ‖ ⁓**-Anschluss** m (Halbl) / conexión f exterior arrollada
Wirk• anteil m, Energiekomponente f (Elektr) / componente m activo o de energía ‖ ⁓**artikel** m pl (Tex) / géneros de mallas ‖ ⁓**-Bezugs...** (Wz) / de referencia de trabajo ‖ ⁓**-Bezugsebene** f (Wzm) / plano m de referencia de trabajo o mecanizado ‖ ⁓**bild** n, Fließschema n / esquema m de trabajo ‖ ⁓**breite** f (Keilriemen) / ancho m efectivo ‖ ⁓**dämpfung** f (Fernm) / atenuación f o pérdida f efectiva o de transducción ‖ ⁓**druck** m (Phys) / presión f efectiva o eficaz ‖ ⁓**druck**, Differentialdruck m / presión f diferencial ‖ ⁓**druck** (Regeln) / caída f de presión [efectiva] ‖ ⁓**druckgeber** m (Gaszähler) / generador m de presión diferencial ‖ ⁓**druckgeber**, -druckaufnehmer m / transductor m o captador de

presión diferencial ‖ ⁓**druckmessgerät** *n* / medidor *m* de presión diferencial ‖ ⁓**druckverfahren** *n* / método *m* de la presión diferencial o activa ‖ ⁓**druckwandler** *m* / convertidor *m* de presión efectiva
wirken *vi* (Masch) / trabajar, actuar, tener efecto, reaccionar, accionar, obrar ‖ ⁓, Wirkung haben / ser eficaz, surtir efecto ‖ ⁓ [auf] (Säure) / atacar ‖ ⁓ *vt* (Tex) / tricotar ‖ ⁓, kneten / amasar, heñir ‖ ⁓ *n*, Wirksamkeit *f* / acción *f*, efectividad *f* ‖ ⁓, Funktionieren *n* / funcionamiento *m* ‖ ⁓ *n* (Tex) / tricotado *m*
wirkend, aktiv / activo, eficaz, operante ‖ ⁓, treibend / operativo, operacional ‖ **physikalisch** ⁓ / ser eficaz físicamente
Wirkenergie *f* / energía *f* activa
Wirker *m* (Tex) / tejedor *m* de géneros de mallas
Wirkerei *f* (Fabrik) / fábrica *f* de géneros de mallas o de tejido de punto ‖ ⁓, Wirken *n* (Tex) / tricotado *m* mecánico
Wirk•faktor *m* (Regeln) / factor *m* de acción ‖ ⁓**fläche** *f*, wirksame Fläche (Nukl) / superficie *f* o área activa ‖ ⁓**fläche** (Antenne) / área *f* de captación ‖ ⁓**garn** *n*, Trikotgarn *m* (Tex) / hilo *m* de tricot o para tricotar ‖ ⁓**glied** *n* (Regeln) / elemento *m* activo ‖ ⁓**glied**, Übertragungsglied *n* (Regeln) / elemento *m* de transfer[encia] ‖ ⁓**höhe** *f* (Antenne) / altura *f* de radiación ‖ ⁓**kanal** *m* (Regeln) / sendero *m* o camino de transfer[encia] ‖ ⁓**kette** *f* (Regeln) / cadena *f* de acción ‖ ⁓**komponente** *f* (Elektr) / componente *f* activa ‖ ⁓**komponente des Scheinwiderstandes** (Elektr) / componente *f* real de impedancia ‖ ⁓**länge** *f* (Keilriemen) / longitud *f* activa ‖ ⁓**last** *f* / carga *f* activa ‖ ⁓**leistung** *f* (Elektr) / potencia *f* activa o real o efectiva ‖ ⁓**leistung in VA** / potencia *f* activa en voltamperios ‖ ⁓**leistungsabgabe** *f* / potencia *f* útil ‖ ⁓**leistungsmesser** *m* (Elektr) / vatiómetro *m* ‖ ⁓**leitwert** *m*, Konduktanz *f* / conductancia *f*
wirklich *adj* / real, efectivo ‖ ⁓, wahr / sustancial, verdadero, auténtico ‖ ⁓**e Antenne** / antena *f* real ‖ ⁓**er Extraktgehalt** (Chem) / contenido *m* auténtico en extracto ‖ ⁓**e Größe** / tamaño *m* real o natural ‖ ⁓**e Länge (o. Baulänge) eines Kabels** / longitud *f* desarrollada de un cable ‖ ⁓**e Leistung** / potencia *f* real ‖ ⁓**er Modulationsgrad** (Eltronik) / percentaje *m* de modulación efectivo ‖ ⁓**e Strahlungsleistung** (Antenne) / potencia *f* efectiva radiada ‖ ⁓**er Wert** / valor *m* real
Wirk•maschine *f* (Tex) / tricotosa *f*, tricotadora *f* ‖ ⁓**medium** *n*, Wirkmittel *n*, Agens *n* (Chem, Pharm) / medio *m* activo, agente *m* ‖ ⁓**nadel** *f* (Tex) / aguja *f* de tricotar ‖ ⁓**richtung** *f* (Regeln) / sentido *m* del flujo ‖ ⁓**richtung** (Bohrer) / sentido *m* efectivo de corte ‖ ⁓**-Richtungswinkel** *m* (Bohrer) / ángulo *m* del sentido efectivo de corte
wirksam, aktiv / activo, operante ‖ ⁓, effektiv / efectivo ‖ ⁓, wirkungsvoll / eficiente, eficaz, con efecto, de buen rendimiento ‖ ⁓ (Foto) / actínico ‖ ⁓ **sein** / tener eficacia, ser eficaz, producir o surtir efecto ‖ ⁓**e Angleichung** (Fernm) / equilibrio *m* activo ‖ ⁓**e Ausströmgeschwindigkeit** (Raumf) / velocidad *f* efectiva de eyección ‖ ⁓**e Bandbreite**, Halbwertsbreite *f* (Filter, Opt) / ancho *m* de banda efectivo ‖ ⁓**e Blattfläche** (Lufft, Propeller) / factor *m* efectivo de pala ‖ ⁓**e Bremsfläche** (Kfz) / superficie *f* o área efectiva de frenado ‖ ⁓**er Durchmesser** (Keilriemen) / diámetro *m* activo ‖ ⁓**e elektromotorische Kraft** / fuerza *f* electromotriz efectiva ‖ ⁓**er Erdradius** (ca. 4/3 des wahren Radius) (Geo) / radio *m* terrestre efectivo ‖ ⁓**e Fläche**, Wirkfläche *f* (Nukl) / zona *f* o superficie activa ‖ ⁓**e Grenzfrequenz** (Eltronik) / frecuencia *f* de corte efectiva ‖ ⁓**e Höhe** (Antenne) / altura *f* efectiva ‖ ⁓**es Ion** / ion *m* efectivo ‖ ⁓**e Länge** (Antenne) / longitud *f* efectiva ‖ ⁓**e Lichtintensität** / intensidad *f* luminosa efectiva ‖ ⁓**e Masse** (Akku) / materia *f* activa ‖ ⁓**e Masse** (Phys) / material *m* activo, sustancia *f* activa ‖ ⁓**e Oberfläche**, Nutzfläche *f* / superficie *f* o área útil ‖ ⁓**e Oberfläche** (Chem) / superficie *f* efectiva ‖ ⁓**e Oberfläche**, Angriffsfläche *f* / superficie *f* activa de ataque ‖ ⁓**e Porosität** (Sintern) / porosidad *f* efectiva ‖ ⁓**er Querschnitt** / sección *f* [transversal] efectiva ‖ ⁓**er Reifenhalbmesser** (Kfz) / radio *m* efectivo del neumático ‖ ⁓**e Selektion** (Eltronik) / selectividad *f* efectiva ‖ ⁓**e Sieböffnung** (Sintern) / superficie *f* efectiva del tamiz ‖ ⁓**e Spannweite** (Mech) / abertura *f* efectiva ‖ ⁓**e Strahlbreite** (Antenne) / ancho *m* de haz efectivo ‖ ⁓**es Werkzeug** (NC) / útil *m* activo ‖ ⁓**e Windungen je Phase o. Strang** (Elektr) / espiras *f pl* efectivas por fase ‖ ⁓**e Zeit [einer Spurenkammer]** (Nukl) / tiempo *m* de sensibilidad [de una cámara de expansión]
Wirksamkeit *f*, Tätigkeit *f* / actividad *f* ‖ ⁓, Leistungsfähigkeit *f* / eficacia *f*, eficiencia *f* ‖ ⁓, Kraft *f* / potencia *f* ‖ ⁓, Kraft *f* (Chem) / fuerza *f*, eficacia *f* ‖ ⁓ **von Bodenkolonnen** *f* (Chem) / eficacia *f* de plataformas ‖ ⁓ **von Lösemitteln** / eficiencia *f* de disolventes
Wirksamkeitsgrad *m* (PERT) / grado *m* de eficacia
Wirk•schaltplan *m* (Elektr) / esquema *m* [de conexiones] detallado, diagrama *m* de conexiones ‖ ⁓**-[Schnitt]kraft** *f* (Wzm) / fuerza *f* de corte efectiva ‖ ⁓**-Seitenfreiwinkel** *m* / despullado *m* lateral efectivo ‖ ⁓**-Seitenspanwinkel** *m* / ángulo *m* de corte lateral efectivo ‖ ⁓**spannung** *f* (Elektr) / tensión *f* activa ‖ ⁓**stoff** (Chem) / principio *m* activo, agente *m*, sustancia *f* activa ‖ ⁓**stoff**, Additiv *n* (Chem) / aditivo *m* ‖ ⁓**stoff** (Biol, Pharm) / biocatalizador *m*, principio *m* activo ‖ ⁓**stoffhaltig** (Öl) / que contiene aditivos ‖ ⁓**stoffklasse** (Chem) / clase *f* sistémica ‖ ⁓**strom** *m* (Elektr) / corriente *f* activa ‖ ⁓**stuhl** *m*, Wirkmaschine *f* (Tex) / tricotosa *f*, tricotadora *f* ‖ ⁓**teil** *m n* (Wz) / parte *f* activa ‖ ⁓**temperaturbereich** *m* (Hütt) / gama *f* de temperaturas efectivas ‖ ⁓**tiefe** *f* **des elektrischen Stroms** / profundidad *f* eficaz de la corriente eléctrica ‖ ⁓**- und Blindleistungsschreiber** *m* / registrador *m* de potencia activa y reactiva ‖ ⁓**- und Strickmaschine** *f* (Tex) / calcetadora *f* ‖ ⁓**- und Strickwarenindustrie** *f* / industria *f* calcetera
Wirkung *f* (Energie x Zeit) (Phys) / acción *f* ‖ ⁓, Einwirkung *f* / efecto *m* ‖ ⁓, Wirken *n* / operación *f* ‖ ⁓ *f*, Tätigkeit *f*, Einwirkung *f* / actividad *f*, acción *f* ‖ ⁓, Erfolg *m* / efecto *m*, resultado *m*, éxito *m* ‖ ⁓, Wirksamkeit *f* (Chem) / función *f* ‖ ⁓ *f* **der Hydroxylgruppe** / función *f* del grupo hidroxilo
Wirkungs•art *f* / modo *m* de acción ‖ ⁓**bereich** *m*, -breite *f* / zona *m* o esfera activa o de acción, radio *m* o campo de acción, alcance *m* ‖ ⁓**dauer** *f* / duración *f* de [la] acción ‖ ⁓**dauer** (Nachwirkung) / efecto *m* residual o ulterior ‖ ⁓**feld** *n* / campo *m* de acción ‖ ⁓**funktion** *f* (Phys) / función *f* hamiltonia ‖ ⁓**gebiet** *n* (Funk, TV) / área *f* de cobertura, zona *f* servida o útil o de recepción
Wirkungsgrad *m* (Elektr, Masch, Phys) / rendimiento *m*, eficiencia *f* ‖ ⁓, effektiver Betriebsfaktor (DV) / disponibilidad *f*, factor *m* de buen funcionamiento, relación *f* de operación ‖ ⁓ **bezogen auf Bremsleistung** / rendimiento *m* térmico al freno ‖ ⁓ **der Trennung** (Nukl) / factor *m* de separación ‖ ⁓ **der Verbrennung** / rendimiento *m* de combustión ‖ ⁓ **einer Energieumwandlung;m.** / rendimiento *m* energético de conversión ‖ ⁓ **in Wattstunden** (Akku) / rendimiento *m* en vatios-horas ‖ ⁓**bestimmung** *f* / determinación *f* del rendimiento ‖ ⁓**ermittlung** *f* **aus den Verlusten** (Elektr) / determinación *f* del rendimiento a partir de las pérdidas ‖ ⁓**kurve** *f* / curva *f* de rendimiento ‖ ⁓**messung** *f* / medición *f* del rendimiento ‖ ⁓**verhältnis** *n* / razón *f* de rendimiento

Wirkungs•größe f / magnitud f o cantidad de acción ‖ ⁓**höhe** f (Destillation) / altura f eficaz ‖ ⁓**integral** n (Phys) / integral f de acción ‖ ⁓**kette** f / cadena f de acción ‖ ⁓**kreis** m / esfera f de acción, ámbito m de acción ‖ ⁓**linie** f, Drucklinie f (Mech) / línea f de acción ‖ ⁓**linie**, Einflusslinie f (Mech) / línea f de acción o de influencia ‖ ~**los** / sin efecto, ineficaz, inoperante ‖ ~**los**, inert (Chem, Phys) / inerte ‖ ⁓**mechanismus** m / mecanismo m de acción ‖ ⁓**quant[um]** n (Phys) / quántum m o cuanto de acción
Wirkungsquerschnitt m (Nukl) / sección f eficaz [de activación] ‖ ⁓, Dopplerquerschnitt m (Nukl) / sección f eficaz media Doppler ‖ ⁓ m (Eltronik) / sección f eficaz de choque o de colisión ‖ ⁓ **der elastischen Streuung** (Nukl) / sección f eficaz de dispersión elástica ‖ ⁓ **des Kerns** (Nukl) / sección f eficaz del núcleo, sección f nuclear eficaz ‖ ⁓ **für Kernspaltung** / sección f eficaz de fisión ‖ ⁓ **für Streuung** / sección f eficaz de dispersión ‖ ⁓ **für thermische Neutronen** (Nukl) / sección f eficaz térmica ‖ ⁓ **für unelastische Streuung mit Strahlungsemission** / sección f eficaz de dispersión inelástica radiativa ‖ ⁓ **für unelastische Streuung thermischer Neutronen** (Nukl) / sección f eficaz de dispersión térmica inelástica ‖ ⁓ **für [in]kohärente Streuung** (Nukl) / sección f eficaz de dispersión [in]coherente ‖ **freier, [gebundener]** ⁓ (Nukl) / sección f eficaz de átomo libre, [ligado] ‖ **mikroskopischer** ⁓ / sección f eficaz microscópica ‖ **totaler** ⁓ / sección f eficaz total
Wirkungs•richtung f (Phys) / dirección f de acción, sentido m de acción ‖ ⁓**spektrum** n / espectro m de actividad o de acción ‖ **breites** ⁓**spektrum** / ancho espectro de actividad m ‖ ⁓**- und Stoffkenngrößen** f pl (Abwasser) / parámetros f pl de su[b]stancias características ‖ ⁓**unterschied** m / diferencia f de eficacia o efectividad ‖ ⁓**variable** f (Nukl) / variable f de acción ‖ ⁓**vermögen** n / potencial m ‖ ~**voll** / eficaz, efectivo ‖ ⁓**weg** m (NC, Regeln) / bucle m, lazo m, trayectoria f de acción ‖ ⁓**weise**, Funktion f / modo m de acción o de funcionar
Wirkung und Gegenwirkung f / acción f y reacción
Wirk•verbrauch m (Elektr) / consumo m en vatio-horas o de energía activa ‖ ⁓**verbrauchszähler** m (Elektr) / contador m de energía activa, vatímetro m ‖ ⁓**verlust** m / pérdida f eficaz ‖ ⁓**verstärkung** f (Fernm) / ganancia f transductiva o de transducción o de transferencia ‖ ⁓**waren** f pl, Maschenwaren f pl (Tex) / géneros m pl de punto, tejido m de mallas, productos m pl de tricotosa ‖ ⁓**weg** m (Wzm) / recorrido m de corte ‖ ⁓**wert** m (Elektr) / componente f real o efectiva ‖ ⁓**widerstand** m (Elektr) / resistencia f efectiva ‖ ⁓**winkel** m (Wzm) / ángulo m de corte o de mecanizado o de trabajo ‖ ⁓**zeit** f (von Rechner o. Maschine) (DV) / tiempo m utilizable de máquina ‖ ⁓**zeit** (Bremse) / tiempo m de actuación
Wirr•faserlaminat n (Material) / estratificado m de fibras irregulares o embrolladas ‖ ⁓**garn** n (Fehler) / hilo m irregular o embrollado ‖ ⁓**lage** f (Fasern) / orientación f aleatoria ‖ ⁓**ordnung** f / estructura f aleatoria o randomizada ‖ ⁓**seide** f (Tex) / seda f embrollada ‖ ⁓**span** m (Wzm) / viruta f embrollada ‖ ⁓**stroh** n (Landw) / paja f embrollada
Wirt m (Biol, Bot) / huésped m, hospedante m ‖ **den** ⁓ **in einem Frühstadium verlassend** (Parasit) / lipoxénico ‖ **in o. an verschiedenen** ⁓**en lebend** / pléofago ‖ ⁓**atom** n (Halbl) / átomo m huésped
Wirtel m, Handwirtel m / recortera f ‖ ⁓ (Baumwollspinnerei) / piñón m de accionamiento, poleíta f de accionamiento ‖ ⁓ **der Spinnmaschine** / nuez f de huso ‖ ⁓ **des Spinnrades** / nuez f
Wirt•-Fremdatom n (Halbl) / átomo m huésped de impureza ‖ ⁓**gitter** n (Krist) / retícula f matriz ‖ ⁓**gitter** (Laser) / rejilla f huésped ‖ ⁓**[s]kristall** m, Grundkristall m / base f, cristal m de base
Wirtschaft f / economía f ‖ **gewerbliche** ⁓ / economía f industrial
wirtschaften vi / explotar, manejar, llevar los negocios
wirtschaftlich, sparsam / económico, ahorrativo, economizador ‖ ~, rentabel / rentable, productivo ‖ ~ (Verbrauch) / de poco consumo ‖ ~**e Geschwindigkeit** (Luftf) / velocidad f de crucero ‖ ~**e Losgröße** / lote m económico ‖ ~**e Menge** / cantidad f económica ‖ ~**e Nutzungszeit** (Masch) / tiempo m de utilización económica ‖ ~**e Qualität** / calidad f económica ‖ ~**e Speichernutzung** (DV) / economía f de almacenamiento ‖ ~**stes Verhältnis Stahl/Beton** (Bau) / relación f económica [entre] acero/hormigón
Wirtschaftlichkeit f / rentabilidad f
Wirtschaftlichkeitsberechnung f / cálculo m de rentabilidad
wirtschaftlichste Reichweite (Luftf) / autonomía f [de vuelo] más económica
Wirtschafts•dünger m (o. Stalldünger) (Landw) / estiércol m, abono m de la propia explotación ‖ **[flüssiger]** ⁓**dünger** / estiércol m líquido ‖ ⁓**gebäude** n (Landw) / edificio m de explotación ‖ ⁓**geographie** f / geografía f económica ‖ ⁓**glas** n / vidrio m para usos domésticos ‖ ⁓**ingenieur** m / ingeniero m industrial (E) ‖ ⁓**raum** m (Bau) / local m de explotación ‖ ⁓**raum** (Volkswirtschaft) / espacio m económico, área f económica ‖ ⁓**vereinigung** f / asociación f económica ‖ ⁓**waage** f, Küchenwaage f / balanza f de cocina ‖ ⁓**wald**, Nutzholzwald m (Forstw) / bosque m maderable ‖ ⁓**weg** m / camino m rural
Wirtspflanze f (Bot) / planta f huésped
wirtstet, in einem Wirt gedeihend (Parasit) / monoxéneo
wirtswechselnd (Parasit) / heteroxéneo
Wirt-Wirt-Atom n (Halbl) / átomo m huésped-huésped
Wisch•arm m (Kfz) / brazo m del limpiaparabrisas ‖ ⁓**blatt** n (Kfz) / escobilla f [del limpiaparabrisas]
wischen vt, abwischen / limpiar [con un trapo] ‖ ~, reiben / frotar, estregar, fregar ‖ **die Scheibe** ~, (Kfz) / limpiar el parabrisas ‖ **Zinn** ~ / frotar el estaño
Wischer m (Elektr) / onda f transitoria ‖ ⁓, Scheibenwischer m (Kfz) / limpiaparabrisas m, limpiacristales m
Wisch•feld n, -fläche f (Kfz) / área barrida f ‖ ⁓**fest** (Druck, Farbe) / permanente ‖ ⁓**festigkeit** f, -beständigkeit f / resistencia f de limpiar [con trapo] ‖ ⁓**funktion** f (Relais) / función f de pasaje ‖ ⁓**gummi** n (Kfz) / barredera f de caucho del limpiaparabrisas ‖ ⁓**gummihalter** m / sujetaescobilla m, portagoma m (LA) ‖ ⁓**kontakt** m / contacto m frotante o de frotamiento ‖ ⁓**kontaktrelais** n (Kfz) / relé m de contacto frotante ‖ ⁓**leder** n / piel f de gamuza, bayeta f de gamuza ‖ ⁓**lot** n / metal m de aporte para soldadura frotante ‖ ⁓**motor** m **mit Intervallschaltung** (Kfz) / motor m de limpiacristales con acción intermitente ‖ ⁓**papier** n (Druck) / papel m de limpieza o para limpiar ‖ ⁓**test** m, Reibeprüfung f (Nukl) / prueba f de frotamiento ‖ ⁓**tuch** n, -lappen m (Tex) / trapo m de limpiar, bayeta f, rodilla f ‖ ~**verzinnt** / estañado por frotamiento ‖ ⁓**walze** f, Feuchtwalze f (Druck) / rodillo m humectador ‖ ⁓**waschanlage** f (Kfz) / instalación f limpia y lavaparabrisas ‖ ⁓**wasser** n (Offset) / solución f mojadora o de mojador, solución f humectadora
Wismut n (Österreich auch: m), Bi (Chem) / bismuto m, Bi ‖ **aus** ⁓ **gewonnen**, Wismut... / bismútico ‖ ⁓**chlorid** n, -butter f / cloruro m de bismuto ‖ ⁓**glanz** m (Min) / bismutina f, bismuto m brillante ‖ ⁓**kupfererz** n, -fahlerz n, Kupferwismutglanz m, Wittich[en]it m / bismuto m cuprífero sulfurado ‖ ⁓**lot** n / soldadura f de bismuto ‖ ⁓**nitrat** n / nitrato n de bismuto ‖ ⁓**ocker** m, -oxid n / ocre m de bismuto,

bismita f ǁ ≈(III)-oxid, Wismuttrioxid n / trióxido m de bismuto, bismuto(III)-óxido m ǁ ≈oxychlorid n, Bismutylchlorid n / oxicloruro m de bismuto ǁ ≈säure f / ácido m bismútico ǁ ≈weiß n, Schmink-, Perlweiß n / blanco m de España
Wissen n, Kenntnis f / saber m, conocimientos m pl, ciencia f
wissens•basiert / fundado en conocimientos ǁ ≈basis f, -bank (DV) / base f de conocimientos
Wissenschaft, Lehre f / ciencia f, teoría [de] ǁ ≈ menschlicher Tätigkeiten (Ökonomie, Soziologie usw.), weiche Wissenschaft / ciencia f blanda, seudociencia f (col) ǁ **theoretische (o. reine o. abstrakte)** ≈ / ciencia f pura o abstracta
Wissenschaftler m / científico m, hombre m de ciencia, investigador m
wissenschaftlich / científico ǁ ~e Betriebsführung / administración f o gestión científica ǁ ~er Experte / experto m científico ǁ ~e Forschung / investigación f científica ǁ ~ [gebildet] / erudito ǁ ~e Glaswaren f pl, Laborglas n / cristalería f para fines científicos ǁ ~er Hilfsarbeiter / supernumerario científico ǁ ~e Literatur (od. Schriften) / literatura f científica ǁ ~er Mitarbeiter / colaborador m científico ǁ ~er Rechner (DV) / computadora f científica ǁ ~er Satellit / satélite m científico ǁ ~e Schreibweise / notación f científica
Wissenschaftlichkeit f / carácter m científico
wissenschaftlich-technisch / científico y técnico
Wissenschaftsgebiet n / campo m científico
Wissens•erfassung, -akquisition f (DV) / adquisición f de conocimientos ǁ ≈gebiet n / disciplina f científica, ramo m del saber ǁ ≈verarbeitung f / procesamiento m de conocimientos ǁ ≈zweig m / ramo m del saber, disciplina f de ciencia
Withamit m (Min) / withamita f
Witherit m (Min) / witherita f, viterita f, carbonato m bárico natural, baradita f
Witterung f, Großwetterlage f (Meteo) / condiciones meteorológicas ǁ ≈, Wetter n / tiempo m ǁ **bei jeder** ≈ / con todo tiempo
Witterungs•... s. auch Wetter... ǁ ≈aussetzung f, Bewittern n (Mat.Prüf) / ensayo de corrosión a la intemperie ǁ ~beständig, wetterfest / resistente o sólido a la intemperie ǁ ~beständiger Stahl (Hütt) / acero m resistente a la corrosión atmosférica ǁ ≈beständigkeit f / resistencia f o estabilidad o sólidez a la intemperie o a la corrosión atmosférica ǁ ≈einfluss m / influencia f meteorológica o atmosférica o climática ǁ **dem** ≈**einfluss standhalten** / resistir a la intemperie, resistir a la corrosión atmosférica ǁ ~geführt (Heizung) / regulado o mandado por condiciones atmosféricas ǁ ~gemäß, witterungsgerecht / según exigencias meteorológicas ǁ ≈kunde f, Meteorologie f / meteorología f ǁ ≈schwankung f / variaciones f pl meteorológicas ǁ ≈spiegel m / datos m pl meteorológicos ǁ ~stabilisiert / estabilizado a la intemperie ǁ ≈verhältnisse n pl / condiciones f pl meteorológicas o atmosféricas
WK = whiskerverstärkter Kunststoff
WKA = Windkraftanlage
W-Kurve, Wichtekurve f (Aufb) / curva f de gravedad específica
WLAN, Wireless LAN n (DV) / WLAN f, red f WLAN, red f LAN inalámbrica
WLL, Wireless Local Loop (drahtloser Teilnehmeranschluss) (Fernm) / enlace m telefónico inalámbrico
WM = Wattmeter ǁ ≈ = Wechselstrommotor ǁ ≈ = Weißmetall ǁ ≈ = Wirtschaftsministerium
WMI = Welt-Herstellernummer
W-Motor, Fächermotor m / motor m en abanico o en W
Wobbel•einrichtung f (Eltronik) / dispositivo m wobulador o de modulación ǁ ≈frequenz f (Mess) / frecuencia f de barrido ǁ ≈frequenz zur Prüfung von Lautsprechern und Sprachverschlüsselung (Fernm) / sonido m ululado, tono m ululante ǁ ≈generator m (Eltronik) / vobulador m, generador m de barrido ǁ ≈generator (Fernm) / generador m de sonido ululado ǁ ≈geschwindigkeit, Sweeprate f / velocidad f de barrido ǁ ≈messsender m / generador m de [señales con] barrido ǁ ≈modulation f / vobulación f, wobulación f
wobbeln vt vi (Mess) / wobular, desplazar[se] con oscilaciones de barrido ǁ ~ (zur Prüfung und Sprachverschlüsselung) (Fernm) / ulular ǁ ≈ n (Funk, Mess) / barrido m
Wobbel•störsender m / emisora f de interferencia vobuladora ǁ ≈störung f / perturbación f por vobulación
Wobbezahl f (Gas) / índice m [de] Wobbe
Wobbler m (Eltronik) s. Wobbelgenerator ǁ ≈ (Fernm) / ululador m
Wochen•durchschnitt m (F.Org) / promedio m semanal, término medio por semana ǁ ≈endhaus n / casa f para [el] fin de semana ǁ ≈lohn m / semanal m, salario m semanal ǁ ≈schau f (Film) / actualidad[es] de la semana f[pl], noticiario m semanal (LA) ǁ ≈schau (Radio, TV) / crónica f de la semana, noticiero m semanal ǁ ≈speicher m (Elektr, Hydr) / depósito m [acumulador] semanal ǁ ≈speicherung f / acumulación f semanal
wöchentlich / semanal, de cada semana
WO•-Dispersion f (Klebstoff) / dispersión f soluble agua en aceite ǁ ≈-Emulsion f (Chem) / emulsión f de agua en aceite
Woge, Welle f / ola f, onda f ǁ ≈ f, Sturzsee f / golpe m de mar, marejada f ǁ **starke** ≈ / oleada f
wogen / ondear, flotar
wohl geordnete Menge (Math) / conjunto m bien ordenado ǁ ~**definiert** (Math) / bien definido
Wöhler•funktion f / función f de Wöhler ǁ ≈kurve, Dauerfestigkeitskurve f, -schaubild n (Hütt, Mat.Prüf) / curva [de] Wöhler, diagrama m de resistencia a la fatiga ǁ ≈sche Biegeschwingungs- Prüfmaschine, Dauerbiege-Prüfmaschine / máquina m de ensayos de fatiga ǁ ≈versuch m / ensayo m de fatiga según Wöhler
Wohl•geruch m / fragancia f ǁ ~**geruch**, Duft m / olor m agradable, aroma m ǁ ~**riechend**, Duft... / odorífero, fragante, aromático
Wohlstandsmüll m / desechos m pl de la sociedad de prosperidad
Wohn•... (Bau) / residencial adj ǁ ≈anhänger m (Kfz) / casa f remolque o rodante, caravana f, caravana-remolque m ǁ ≈anlage f / polígono m o complejo residencial, residencial m (E) ǁ ≈aufbauanhänger m für Camping (Kfz) / remolque-chalet m ǁ ≈baracke f / barraca f habitable, casilla f (LA) ǁ ≈bauten m pl / edificios m pl residenciales ǁ ≈bereich m (Haus) / área f residencial o habitable ǁ ≈block m (Bau) / manzana f, bloque m de viviendas ǁ ≈dichte f / densidad f residencial ǁ ≈einheit f (Skylab) / módulo m habitable ≈einheit (Bau) / unidad f habitable
wohnen / habitar, vivir ǁ ≈ n, Bewohnen n / habitación f
Wohn•fläche f / superficie f habitable ǁ ≈gebäude n / edificio m habitable o para vivienda, casa f de pisos, finca f urbana (E) ǁ ≈gebiet n, Wohnviertel n / zona f residencial, barrio m residencial ǁ **gemischtes** ≈**gebiet** / zona f mixta ǁ ≈gifte n pl (Bau) / sustancias f pl tóxicas en la vivienda ǁ ~**haus** n **mit Einzelwohnungen** / casa f de apartamentos ǁ ≈hausbau m / construcción f de edificios habitables ǁ ≈hochhaus n / edificio m alto de viviendas, casa f alta de pisos ǁ ≈hügel m (Bau) / colina f de habitación ǁ ≈hütte f / cabaña f habitable ǁ ≈komfort m [de un piso] ǁ ≈komplex m (Plan) / esquema m de vivienda[s] ǁ ≈komplex (nach Bebauung) / conjunto

m [de unidades habitables] || ⁓**küche** *f* / cocina-comedor *f*
wohnlich / confortable, habitable, cómodo || ⁓**keit** *f* / habitabilidad *f*, confort *m*
Wohn•mobil *n* (Kfz) / vehículo-vivienda *m*, autocaravana *f*, campingmobil *m* || ⁓**raum**, bewohnter Raum / local *m* habitable o habitado, habitación *f*, cuarto *m* || ⁓**raum** s. auch Wohnzimmer || ⁓**raumklima** *n*, "Hemdärmelatmosphäre" *f* (Raumf) / ambiente "mangas de camisa" || ⁓**siedlung** *f* (von einem Unternehmen gebaut) / conjunto *m* residencial, colonia *f* de viviendas || **[supermoderne]** ⁓**siedlung** / urbe *f* || ⁓**[- und Spiel]straße** *f* / calle *f* residencial || ⁓**turm** *m*, Wohnsilo *n* (Bau) / torre-viviendas *f*, silo-viviendas *m*
Wohnung *f* / vivienda *f* || ⁓, Appartement *n* / apartamento *m*, piso *m* || ⁓ **innerhalb eines Stockwerks**, Etagenwohnung *f* / piso *m* || ⁓ **mit Zimmern in zwei Stockwerken**, Maisonettewohnung (Bau) / apartamento *m* dúplex
Wohnungs•anschluss *m* (Fernm) / puesto *m* del abonado en la habitación || ⁓**anschluss**, Haus-, Privatanschluss *m* (Elektr, Fernm) / conexión *f* privada o particular o del abonado || ⁓**bau** *m* / construcción *f* de viviendas || **sozialer** ⁓**bau** / construcción *f* de viviendas protegidas [de renta limitada] o de protección oficial || ⁓**bauten** *pl* / casas *f pl* de vecinos, edificios viviendas || ⁓**bau-Unternehmen** *n*, Wohnbaugesellschaft *f* / compañia *f* constructora de viviendas || ⁓**bestand** *m* / parque *m* de vivienda || ⁓**eigentum** *n* / propiedad *f* horizontal (E) || ⁓**geld** *n*, Wohngeld *n* / subsidio *m* de vivienda
Wohn•viertel *n* / barrio *m* redidencial || ⁓**wagen** (Kfz) / caravana *f*, remolque *m* o coche vivienda, casa *f* rodante || ⁓**wagen im Bauzug** (Bahn) / vagón *m* [de] alojamiento || ⁓**wagen[an]hänger**, Campinganhänger *m* / caravana *f*, remolque *m* [de] camping, rulot[a] *f* (E) || ⁓**wand** *f*, Wandschrank *m* / librería *f* de 3 cuerpos || ⁓**zimmer** *n* / sala *f* de estar, living *m*
Woilach *m* (Tex) / manta *f* para caballerías
Wölb•brücke *f* / puente *m* abovedado || ⁓**dach** *n* (Bau) / cubierta *f* en arco
Wölbedeckel *m* / tapa *f* convexa
wölben *vt*, Bogen einbauen, auswölben (Bau) / abovedar, montear, construir en arco || **bauchig** ⁓ / abombar, bombear || **bogenförmig** ~ / arquear || **sich** ~ (bauchig) / abovedarse, abomb[e]arse || **sich** ~ (bogenförmig) / arquearse || ⁓ *n* (Fehler, Pappe) / efecto *m* ondulatorio
Wölb•höhe, Stichhöhe *f* / flecha *f* de una bóveda || ⁓**höhe** *f* (Berstversuch) / altura *f* de abombado || ⁓**kehlnaht** *n* (Schw) / soldadura *f* de cordón convexo || ⁓**linie** *f* (Bau) / cintra *f*, línea *f* de bóveda || ⁓**moment** *n* / momento *m* de bombeo || ⁓**stärke** *f* / espesor *m* de [la] bóveda || ⁓**stein**, Keilstein *m*, Wölber / dovela *f* || ⁓**stütze** *f*, Wölbgerüst *f* / cimbra *f*
Wölbung, konvexe Form / forma *f* convexa, convexidad *f* || ⁓, Überhöhung *f* / exceso *m* de altura || ⁓, Ausbauchung *f* / convexidad *f*, abombado *m* || ⁓ *f*, Rundung zw. Decke u. Wand (Bau) / caveto *m* || ⁓, Gewölbe *n* / bóveda *f* || ⁓ (Stat) / curtosis *f* || ⁓ **einer Oberfläche** / curvatura *f* de una superficie || ⁓ **eines Trägers** (Bau) / curvatura *f* de una viga || ⁓ **von gedruckten Schaltungen** / alabeo *m* de circuitos impresos || **konische** ⁓ (Luftf) / curvatura *f* cónica
Wölbungs•klappe *f* (Luftf) / alerón *m* o flap de curvatura || ⁓**radius** *m* **des Linsenkopfes** (Schraube) / radio *m* de la cabeza de gota de sebo || ⁓**schluss** *m* (Bau) / sección *f* final (o clausura) de [la] bóveda || ⁓**system** *n* / sistema *m* de bóveda
Wölbversuch *m* (Web) / ensayo *m* de bombeo
Wolf *m* (Baumwolle) / abridora *f* || ⁓, Reißwolf *m* (Wolle) / willow *m*, diablo *m* || ⁓ (Krempel) / batán *m* cardador, carda *f* fabridora o emborradora || ⁓, Schlag-, Klopfwolf *m* / batidora *f* || ⁓, Fleischwolf *m* / picadora *f* de carne || ⁓ (Pap) / desintegrador *m*
wolfen *vt*, krempeln (Tex) / cardar || ⁓ (Spinn) / batir, pasar por el batuar, abrir || ⁓, reißen (Lumpen) / batir, desintegrar || ⁓ *n* (Tex) / batido *m*
Wolfer, Reißwolfarbeiter *m* (Tex) / encargado *m* de la batidora
Wolfram *n*, W (Chem) / wolframio *m*, tungsteno *m*, volframio *m* || ⁓**(VI)- o.** (V)**-...** / wolfrámico || ⁓**at**, Tungstat, Wolframsalz *n* / wolframato *m*, tungstato *m* || ⁓**blau** *n*, -bronze *f* (Chem) / azul *m* de wolframio || ⁓**bronze** *f* (Masch) / bronce *m* de wolframio || ⁓**dioxid** *n* / dióxido *m* de wolframio || ⁓**elektrode** *f* / electrodo *m* de wolframio || ⁓**faser-verstärker Stahl** / acero *m* reforzado por fibras de wolframio || ⁓**frei** / exento de wolframio || ⁓**gelb**, Mineralgelb *n* / amarillo *m* de wolframio || ⁓**glühdraht**, -faden *m* (Elektr) / filamento *m* de wolframio || ⁓**glühfaden** *m* **mit Thorzusatz** / filamento *m* de wolframio toriado || ⁓**haltig** / tungstenífero || ⁓**hexacarbonyl** *n* / hexacarbonilo *m* de tungsteno, tungstenohexacarbonilo *m* || ⁓**-Inertgas-Schweißen**, WIG-Schweißen *n*, TIG-Schweißen *n* / soldadura *f* por arco en atmósfera gaseosa con electrodo de wolframio
Wolframit *m* (Min) / wolframita *f*, volframita *f*, tungstita *f*
Wolfram•karbid *n* / carburo *m* de wolframio || ⁓**kathode** *f* / cátodo *m* de wolframio || ⁓**lampe** *f* / lámpara *f* de wolframio || ⁓**legierung** *f* (Nukl) / aleación *f* de wolframio || ⁓**-Nickel-Stahl** *m* / acero *m* al tungsteno-níquel || ⁓**oxid** *n* / óxido *m* de wolframio o tungsteno || ⁓**(VI)-oxid** *n* / óxido *m* túngstico o wolfrámico, wolframio(VI)-óxido *m* || ⁓**-Plasmaschweißen** *n* / soldadura *f* por arco de plasma con electrodo de wolframio || ⁓**punktlampe** *f* / lámpara *f* puntual de wolframio || ⁓**rohrofen** (Hütt) / horno *m* tubular de wolframio || ⁓**säure** *f* (Chem) / ácido *m* wolfrámico o túngstico || ⁓**säureanhydrid** *n*, Wolframtrioxid *n* / anhídrido wolfrámico, trióxido *m* de wolframio || ⁓**-Schutzgasschweißen** s. Wolfram-Inertgasschweißen || ⁓**stahl** *m* / acero *m* al wolframio o al tungsteno || ⁓**-Wasserstoff-Schweißen** *n* / soldadura *f* por arco con hidrógeno atómico || ⁓**weiß** *n* (Farb) / blanco *m* de wolframio
Wolfsbergit *m* (Min) / wolfsbergita *f*
Wolfsche Nummer (Astr) / número *m* de Wolf o de Zurich
Wolfsmaulzange *f* (Schm, Wz) / tenazas *f pl* de boca de lobo
Wolfstift *m* (Tex) / diente *m* del batuar
Wolfszahn, Hakenzahn *m* (Säge) / diente *m* de lobo
Wolke *f* (Meteo) / nube *f* || **tiefe** ⁓**n** (< 2000m) / nubes *f pl* bajas
Wolken•analyse aus Satellitenbildern / análisis *m* nefoscópico || ⁓**bedeckungskarte** *f* / mapa *m* nefanalítico || ⁓**bildung** *f* / formación *f* de nubes || ⁓**bildung** (Farbe) / velado *m*, película *f* nubosa || ⁓**bruch** *m*, Starkregenereignis *n* (Meteo) / aguacero *m*, chaparrón *m* || ⁓**decke** *f* / capa *f* de nubes, techo *m* de nubes || **oberhalb der** ⁓**decke** (Luftf) / encima de la capa de nubes || ⁓**echo** *n* / eco *m* de nubes || ⁓**fetzen** *m* / jirones *m pl* de nubes || ⁓**gipfelhöhe** *f* / techo *m* de nubes || ⁓**höhenmesser** *m* / telémetro *m* nefoscópico o de nubes, nefotelémetro *m*, indicador *m* de altura de nubes || ⁓**kratzer** *m* (Bau) / rascacielos *m* || ⁓**los** / despejado, sin nubes || ⁓**photopolarimeter** *n* / fotopolarímetro *m* de nubes || ⁓**schicht** *f* / capa *f* de nubes || ⁓**schleier** *m* / velo *m* de nubes || ⁓**spiegel** (Meteo) / nefoscopio *m* || ⁓**- und Zusammenstoß-Warnanlage** *f* (Luftf) / sistema *m* de aviso contra nubes y colisión, avisador *m* meteorológico y antichoque || ⁓**untergrenze** *f* / límite *m* inferior de las nubes

wolkig / nuboso ‖ ~, wolkenbedeckt / nublado, cubierto [de nubes] ‖ ~, trübe (Pap) / nublado ‖ ~, unrein (Glas) / impuro, turbio ‖ ~ (Foto) / velado
Wolkigkeit f (Farbe) / nubosidad f ‖ ~ (Foto) / velo m ‖ ~ f (Pap) / transparente m nublado o lanoso
Woll•abfälle m pl (Tex) / desperdicios m pl o desechos de lana, tondiz m, tamo m ‖ **~artig** / lanoso, parecido a la lana
Wollastondraht m (Phys) / hilo m de Wollaston
Wollastonit m (Min) / wollastonita f, volastonita f
Wollastonprisma n (Opt) / prisma m [de] Wollaston
Woll•atlas m (Tex) / satén m de lana, raso m [de lana] ‖ **~aufbereitungsmaschine** f / máquina f para la preparación de la lana ‖ **~aufleger** m (Krempel) / alimentador m o cargador de lana ‖ **~auflockerungsmaschine** f / máquina f vareadora de lana ‖ **~auswurf** m (Krempel) / salida f de lana ‖ **~ballen** m / bala f de lana, fardo m de lana (LA) ‖ **~bart** m (Spinn) / mecha f saliente de lana ‖ **~baum** m, Kapokbaum m, Ceiba bombax o. pentandra (Bot) / capoquero m, ceiba m ‖ **~brecher** m (Tex) / diablo m de lana ‖ **~chlorierung** f / cloruración f de la lana ‖ **~decke** f / manta f de lana, frazada ‖ **~druckerei** f / estampación f de tejidos de lana
Wolle f, Schafwolle f / lana f [de oveja] ‖ ~ **entfernen** / deslanar (la piel) ‖ ~ f **im Schweiß**, Schweißwolle f / lana f grasa o de churre ‖ ~ **in der Lisseuse gewaschen** / lana f lavada ‖ ~ **von der zweiten Schur** / lana f del segundo esquilado, lana f secundaria ‖ **beste** ~ **einer Schur** / lana f fina o prima ‖ **in der** ~ **gefärbt** / teñido en [la] lana
wollen, aus Wolle, Woll[en]... / de lana, lanoso, lanar ‖ **ganz** ~ / de lana pura, de pura lana
Woll•entschweißmaschine f / desengrasadora f o desuardado de lana ‖ **~entschweißung**, Wollwäsche f / desengrase m o desuardado de [la] lana, lavado m de la lana, extracción f de suarda o de churre ‖ **~ertrag** m **einer Schur** / rendimiento m de esquilado ‖ **~färber** m / tintorero m de lana ‖ **~faser** f / fibra f o hebra de lana ‖ **~feinstrecker** m / mechero m acabador de lana ‖ **~fett** n, -schweiß m / grasa f de lana, suarda f, juarda f, churre m ‖ **~fettsäure** f (Chem) / ácido m lanolínico ‖ **~filz** m / fieltro m de lana ‖ **~filzpappe** f / cartón de fieltro de lana, cartón m fieltrado con lana ‖ **~flocke** f / borra f de lana, mechón m de lana ‖ **~garn**, gesponnene Wolle / hilo m de lana, lana f hilada ‖ **~garn**, Kammwolle f, Zettel m / estambre m ‖ **~gestricke** n / géneros m pl de punto de lana ‖ **~glättmaschine** f / alisadora f de lana ‖ **~haar** m, -faser f (Tex, Zool) / fibra f de lana, hebra f de lana ‖ **~hadernsortierung**, -lumpensortierung f (Pap) / clasificación f de trapos de lana ‖ **~handkrabbe** f (Zool) / cangrejo m felpudo o faquín de mar, dromia f velluda
wollig / lanoso, de lana, lanudo ‖ ~, kraus, flockig / rizado, crespo ‖ ~, mollig, weich (Stoff) / mullido, muelle adj ‖ ~, flaumig / plumoso, velloso ‖ ~, mit Wollhaaren / con fibras de lana ‖ ~ **machen** / mullir ‖ **~e Masse** / pelusa f, masa f lanosa
Wolligkeit f / carácter m o aspecto lanoso
Woll•industrie f / industria f lanera ‖ **~kamm** m / peine m para lana, carda f ‖ **~kämmen** n / cardado m de lana ‖ **~kämmerei** f / cardería f de lana ‖ **~kämmling** m / borra f de lana, entrepeine[s] m[pl] de lana ‖ **~kammzug** m (Tex) / peinado m de lana, cinta f peinada de lana ‖ **~klassierung** f / clasificación f de lana ‖ **~kratze** f, -karde f, -krempel f / carda f de (o para) lana, cardador m ‖ **~-Krempelband** n / cinta f de carda [de lana] ‖ **~mischer** m / mezclador m de lana ‖ **~mischung** f / mezcla f de lana ‖ **~musselin** m (Tex) / muselina f de lana ‖ **~musselingarn** n / hilo m muselina de lana ‖ **~noppe** f / mota f [de lana] ‖ **~öffner** m (Spinn) / abridora f de [bala de] lana ‖ **~plüsch** m (Spinn) / felpa f de lana ‖ **~putzer**, -zupfer,

-entkletter m / desmotadora f de lana ‖ **~reißer** m / diablo m de lana ‖ **~reißkrempel**, -vorkrempel f / carda f previa ‖ **~reserve** f (Färb) / producto m de reserva de la lana ‖ **~rips** m (Tex) / reps m ‖ **~samt** m / terciopelo m de lana ‖ **~satin**, Prunell, Lasting m (Web) / prunela f ‖ **~schafe** n pl (Zool) / ovinos m pl de aptitud lanera, rebaños m pl laneros ‖ **~schur** f / esquileo m (E), trasquila f, esquila f (LA) ‖ **~schutzmittel** n / agente m protector para lana ‖ **~schweiß** m s. Wollfett ‖ **internationales ~siegel**, IWS, "Reine Schurwolle" / certificado m lana internacional, pura lana virgen ‖ **~sortierung**, -sichtung f / clasificación de [la] lana ‖ **~spinnen** n / hilatura f de lana ‖ **~spinnerei** f / hilandería f de lana ‖ **~staub** m / borra f, pelusa f de lana ‖ **~stoff** m / tejido m de lana o de estambre, tela f de lana ‖ **~stoff** (grob) / sempiterna f ‖ **glatter ~stoff**, Kammwollstoff m / tejido m de estambre ‖ **~strecker** m / estirador m de lana ‖ **~tiere** n pl, Wollvieh n (Zool) / animales m pl laníferos, ganado lanar m ‖ **~tuch** n / paño m de lana ‖ **~waren** f pl / géneros m pl de lana, artículos m pl de lana, lanas fpl ‖ **~wäsche**, Wollentschweißung f / desuardado m de [la] lana, desengrase m o lavado de lana ‖ **~wäsche[rei]** f / lavandería f de lanas ‖ **~waschmaschine** f / desengrasadora o lavadora de lana ‖ **~waschmaschine**, Leviathan m / leviatán m ‖ **~weber** m / tejedor m de lana
WOL-Probestab m (= wedge opening load) (Mat.Prüf) / probeta f WOL
Woltmann-Zähler m, Woltmannsches Flügelrad (Hydr) / contador m o molinete o molino de Woltmann
Woodruffkeil m, Scheibenfeder f / chaveta f Woodruff o de disco, lengüeta f redonda
Woodsches Metall n (Hütt) / metal m [de] Wood, aleación f de Wood
Woofer m, Tieftöner m / altavoz m de (o para) graves
Wootzstahl m (echter Damaszenerstahl) / acero m Wootz
WOP n, werkstattorientiertes Programmieren (DV) / programación f orientada hacia el taller
worfeln vt (Landw) / aventar, garbillar, apalear, bieldar
Workfaktor m, Arbeitsmerkmal n (F.Org) / work-factor m
Workshop m, Seminar n / workshop m, seminario m
Workstation f / puesto m de trabajo, estación f de trabajo
WORM-Speicher m (ein optischer Speicher) (= write once read multiple) (DV) / memoria f WORM
Worst-case-Bedingungen f pl (Umw) / condiciones f pl del caso más desfavorable
Worstedgarn n (Spinn) / hilo m peinado
Wort n (allg, DV) / palabra f ‖ ~, Codon n (genetische Information) / codón m ‖ ~ **fester Länge** (z.B. 4 Bytes) (DV) / palabra f de longitud fija ‖ **~adressenformat** n / formato m de dirección de palabra ‖ **~angabe**, Beschriftung f (Zeichn) / leyenda f, anotación f, inscripción f ‖ **~begrenzer** m (DV) / limitador m de palabra ‖ **~begrenzungszeichen** n (DV) / separador m de palabras ‖ **~endezeichen** n (DV) / carácter m de fin de palabra
Wörterbuch n [für] / diccionario m [de], léxico m
Wort•generator m / generador m de palabras ‖ **~getreu**, -wörtlich / literal o textual[mente] ‖ **~grenze** f (DV) / bandera f, marca f de palabra ‖ **~gruppe** f (DV) / grupo m de palabras ‖ **Teil einer zusammenhängenden ~gruppe** (o. Informationsgruppe) / subgrupo m de palabras ‖ **~kombination** f, komplexer Ausdruck / combinación f de morfemas, término m complejo ‖ **~länge** f, Wortbreite f (DV) / longitud f de palabra, tamaño m de palabra ‖ **~länge**, Genauigkeit f (DV) / precisión f ‖ **mehrfache ~länge** (DV) / precisión f múltiple ‖ **~[lauf]zeit** f (DV) / tiempo m de palabra

1525

wörtlich, buchstäblich / literal ‖ ~**e Bedeutung** / sentido *m* literal
Wort•marke *f*, Kürzel *n* (allg) / logotipo *m* ‖ ⁻**marke** (DV) / marca *f* de palabra, bandera *f* ‖ ~**organisiert** / organizado o estructurado por palabras ‖ ~**orientiert** (DV) / orientado hacia palabras ‖ ⁻**schrift** *f* / estructura *f* pictográfica ‖ **die Bedeutung gebender** ⁻**stamm**, Lexem *n* (DV) / lexema *m* ‖ ⁻**stelle** *f* (Wörterbuch) / entrada *f* ‖ ⁻**symbol** *n* / símbolo *m* de palabra ‖ ⁻**taktzeit** *f*, Wortzeit *f* (DV) / tiempo *m* de palabra ‖ ⁻**trennzeichen** *n* / separador *m* de palabras, carácter *m* separador de palabras ‖ ⁻**umfang** *m* / dimensión *f* de palabra ‖ ~**verarbeitend** (DV) / procesador de palabras ‖ ⁻**verständlichkeit** *f* (Fernm) / nitidez *f* o inteligibilidad de palabras ‖ ⁻**verstümmelung** *f* / mutilación *f* de palabras ‖ ⁻**zählung** *f* / cómputo *m* de palabras ‖ ⁻**-Zugriff** *m* (DV) / acceso *m* a la palabra
Woulfesche Flasche *f* (Chem) / botella *f* de Woulfe ‖ ⁻**Flasche mit Bodentubus** / botella *f* de Woulfe con tubuladura de fondo
Wow *m*, Jaulen *n* (Schwebung o. Frequenzschwankung bis 6 Hz) (Eltronik) / gimoteo *m*, lloriqueo *m*, lloro *m*, efecto *m* de lloro
WPC = World Power Conference
WPH, Wetterphase *f* (Meteo) / fase *f* del tiempo
WPS = Wellenpferdestärke (veraltet)
WR = Wechselrichter
Wrack *n* (Schiff) / buque *m* naufragado, naufragio *m* ‖ ⁻, Autowrack *n* (Kfz) / coche *m* viejo abandonado ‖ ⁻**bergung** *f* (Schiff) / salvamento *m* de un buque naufragado ‖ ⁻**block** *m* (Hütt) / lingote *m* para chatarra ‖ ~**gewalztes Stück** (Walzw) / barra *f* enrollada ‖ ⁻**guss** *m* (Gieß) / fundición perdida ‖ ⁻**teil** *n* (Schiff) / pecio *m* ‖ ⁻**tonne** *f* (Schiff) / boya *f* de naufragio ‖ ~**walzen** *vt* / laminar con formación de cordón
Wrange *f*, Bodenwrange *f* (Schiff) / varenga *f* [del fondo]
Wrangen *f pl* / varengaje *m*
Wrap-Kontakt *m* (Eltronik) / contacto *m* para conexión arrollada
Wrappen *n* (eine Drahtbefestigung) / enrollamiento *m*, envoltura *f*
Wrapstift *m* (Elektr) / alfiler *m* de conexión arrollada, terminal *m* de conexión por vuelta de alambre
Wrasen *m pl*, Brüden *pl* (Chem) / vapores *m pl* [desprendidos], vahos *m pl* ‖ ⁻**abzug** *m* (Öffnung) / escape *m* de vahos o vapores, campana *f* extractora de vahos ‖ ⁻**abzug** (Vorgang) / desvahización *f*, extracción *f* de vahos ‖ ⁻**klappe** *f* / chapaleta *f* del ventilador
wringen *vt*, auswringen / escurrir, exprimir, torcer, retorcer
Wringmaschine *f* / escurridora *f*, torcedera *f*
Write•-back-Verfahren *n* (DV) / técnica *f* de escritura diferida ‖ ⁻**-through-Verfahren** *n* (DV) / técnica *f* de escritura inmediata
Wronski-Determinante *f* (Math) / determinante *f* de Wronski
WRV, Wasserrückhaltevermögen *n* / tasa *f* de retención de agua
ws (Fernm, Kabel) = weiß
WS, Ws = Wassersäule ‖ ⁻ = Wechselstrom
Ws (Elektr) = Wattsekunde
WSI, Wafer-Scale-Integration *f* (DV) / integración *f* en escala de rodajas
W.-Sp = Wasserspiegel
WT = Wechselstromtelegrafie
WT-Fernschreibanschluss *m* (Fernm) / terminal *m* WT (telex mundial)
WTK = Wechselstrom-Telegrafie-System auf Kurzwelle
WTO *f* / OMC (= Organización Mundial de Comercio)
WTZ = Wechselstrom-Zweitontelegrafie
wuchern (Bot) / proliferar
Wucherung *f* (Bot) / proliferación *f*

Wuchs *m*, Form *f* / forma *f*, figura *f*, talla *f* ‖ ⁻, Wachstum, Wachsen *n* (Biol) / crecimiento *m* ‖ ⁻**stoff** *m*, Auxin *n* (Bot, Landw) / sustancia *f* de crecimiento, auxina *f* ‖ ⁻**stoff**, Wuchs-, Phytohormon *n* (Bot) / fitohormona *f* ‖ ⁻**stoff-Unkrautmittel** *n* / herbicida *m* (E) o matamalezas (LA) a base de hormonas, herbicida *m* hormonal
Wucht *f*, lebendige Kraft (Phys) / fuerza *f* viva ‖ ⁻, Bewegungsenergie / energía *f* cinética ‖ ⁻ *f*, Stoß *m* (Mech) / cantidad *f* de movimiento, momentum *m* ‖ ⁻, Last *f* / peso *m*, carga *f*
wuchten *vt*, heben / levantar con palanca o con [gran] esfuerzo ‖ ~, auswuchten (Kfz, Masch) / equilibrar, balancear (LA) ‖ **einen Hebel** ~ / mover [con fuerza] una palanca ‖ ⁻ *n*, Auswuchten *n* / equilibrado *m*, balanceo *m* (LA)
Wucht•förderer *m* / transportador *m* oscilante, vibrotransportador *m* ‖ ⁻**genauigkeit** *f* / precisión *f* de equilibración ‖ ⁻**geschoss** *n*, KE-Geschoss *n* / proyectil *m* de gran energía cinética ‖ ⁻**gewicht** *n* (Kfz) / contrapeso *m* ‖ ⁻**körper** *m* (Masch) / cuerpo *m* de equilibrado o de equilibrar ‖ ⁻**maschine** *f*, Auswuchtmaschine *f* (Kfz, Masch) / equilibradora *f*, máquina *f* de equilibrar ‖ ⁻**munition** *f* (Mil) / munición *f* de gran fuerza penetrante ‖ ⁻**rinne** *f* (Förd) / canal *m* vibrotransportador, cargador *m* oscilante ‖ ⁻**sieb** *n* (Aufb) / criba *f* oscilante
Wühlen *n* / excavación *f*
Wühlgrubber *m*, Krümler *m* (Landw) / cultivador *m* de dientes rígidos
Wühlmaus, große ⁻, Schermaus *f*, Arvicola terrestris (Zool) / campañol *m*
Wulfenit *n*, Gelbbleierz *n* (Min) / wulfenita *f*, molibdato *m* de plomo
Wulst *m f*, Verdickung *f* / borde *m* reforzado, refuerzo *m*, engrosamiento *m*, abultamiento *m*, bordón *m*, reborde *m* ‖ ⁻ (Formstahl) / bulb[o] *m* ‖ ⁻ (Bau) / toro *m*, bocel *m*, moldura *f* gruesa ‖ ⁻ (Schiff) / bulbo *m*, rodete *m* ‖ ⁻ (Schw) / cordón *m* ‖ ⁻ (Reifen) / talón *m* ‖ **vorspringender** ⁻ / pestaña *f* ‖ ~**artig** / abultado, abotagado ‖ ~**artig aufgetrieben** / abombado ‖ ⁻**band** (Kfz, Reifen) / cinta *f* de talón ‖ ⁻**bug** *m*, Wulststeven *m* (Schiff) / proa *f* o roda bulbosa o de bulbo ‖ **stark ausgeprägter** ⁻**bug**, Rammbug (Schiff) / proa *f* de espolón ‖ ⁻**draht** *m* (Reifen) / armadura *f* [descubierta] del talón, núcleo *m* del talón ‖ ⁻**fahne** *f* (Kfz, Reifen) / banda *f* soporte del talón ‖ ⁻**felge** *f* (Kfz) / llanta *f* [para neumático] de talón ‖ ⁻**ferse** *f* (Kfz, Reifen) / punta *f* exterior del talón ‖ ⁻**flachstahl** *m* mit doppelseitigem Wulst (Hütt) / acero *m* "bulb" plano con dos filetes ‖ ~**förmig**, torisch (Geom) / tórico ‖ ⁻**füller** *m* (Kfz, Reifen) / relleno *m* de talón ‖ ⁻**fuß** *m* (Kfz, Reifen) / pie *m* de talón, base *f* de talón ‖ ⁻**gewebe** *n* (für Reifen) / tela *f* de talón ‖ ⁻**haftfähigkeit**, -haftung *f* (Kfz, Reifen) / adhesividad *f* del talón
wulstig / en forma de bordón, abombado, abultado
Wulst•kante *f* (Kfz, Reifen) / base *f* de talón ‖ ⁻**kern** *m* (Reifen) / núcleo *m* del talón ‖ ⁻**kiel** *m* (Schiff) / quilla *f* de bulbo ‖ ~**los** (Schw) / sin cordón, sin reborde ‖ ~**los** (Reifen) / sin talón ‖ ~**los**, gratfrei (Gieß) / sin rebabas ‖ ⁻**[form]maschine** *f* / bordonadora *f* ‖ ⁻**naht** *f* (Schw) / soldadura *f* de cordón convexo ‖ ⁻**rahmen-Schlitzmaschine** *f* (Schuh) / máquina *f* para hacer incisiones en cercos bombados ‖ ⁻**rand** *m* / bordón *m* ‖ ⁻**randkondensator** *m* (Hochspannung) / capacitor *m* con reborde ‖ ⁻**reifen** *m* (Kfz) / neumático *m* con talón ‖ ⁻**reifen**, -decke *f* (Fahrrad) / cubierta *f* de talón ‖ ⁻**schiene** *f*, Doppelkopfschiene *f* (Bahn) / carril *m* de dos cabezas ‖ ⁻**sitz** *m* (Reifen) / base *f* del talón ‖ ⁻**sitzradius** *m* (Reifen) / radio *m* de la base del talón ‖ ⁻**spitze**, -zehe *f* (Reifen) / punta *f* interior del talón ‖ ⁻**spreizer** *m* (Reifen) / extensor *m* de talón ‖ ⁻**stahl** *m* (Hütt) / perfil *m* con nervio, acero *m* bulb ‖ ⁻**umschlag** *m*, hohler Wulst / bordón *m*

hueco ‖ ⁓**winkel** *m*, -**winkelstahl** *m* / ángulo *m* con nervio
Wund•benzin *n* / bencina *f* medicinal ‖ ⁓**hang** *m* (Hydr) / ribera *f* escarpada erosionada
Wunsch, auf ⁓ [lieferbar, erhältlich] / opcional, a petición del cliente ‖ **nach** ⁓ / sobre demanda
Wünschel•rute *f* / varilla *f* de zahorí, varilla *f* adivinatoria (LA) ‖ ⁓**rutengänger** *m* / zahorí *m* ‖ ⁓**rutengehen** *n* / prospección *f* con la varilla de zahorí
Wurbon *n*, Borns/Borni / wurbón *m*
Wurf *m*, Werfen *n* / lanzamiento *m*, tiro *m* ‖ ⁓, Wurfbewegung *f* (Masch, Phys) / proyección *f* ‖ ⁓**anker** *m* (Schiff) / anclote *m* ‖ ⁓**bahn** *f*, -linie *f* / trayectoria *f* balística ‖ ⁓**beschicker** *m* (Hütt) / alimentador *m* lanzador o por proyección ‖ ⁓**bewegung** *f* (Mech) / movimiento *m* lanzador o de proyección
Würfel *m*, Kubus *m*, Hexaeder *n* (Geom) / cubo *m*, hexaedro *m* ‖ ⁓, Spielwürfel *m* / dado *m* ‖ ⁓..., kubisch / cúbico, en forma de cubo ‖ ⁓ *m* **von 6 cm Kantenlänge** / cubo *m* de aristas de 6 centímetros de largo ‖ **in** ⁓ **schneiden** / cortar en cubos o cubitos ‖ ⁓**antenne** *f* / antena *f* cúbica ‖ ⁓**bindung** *f*, Panamabindung *f* (Tex) / ligamento *m* panameño o recto o inglés ‖ ⁓**blitz** *m* (Foto) / lámpara *f* del cuboflash ‖ ⁓**Druckfestigkeit** *f* (Bau) / resistencia *f* de un cubo a la compresión ‖ ⁓**erz** *n*, Pharmakosiderit *m* (Min) / farmacosiderita *f* ‖ ⁓**erz**, Bleiglanz *m* / galena *f* ‖ ⁓**festigkeit** *f* / resistencia *f* de un cubo ‖ ⁓**festigkeit** (Beton) / resistencia *f* en probeta cúbica ‖ ⁓**form** *f* (Geom) / forma *f* cúbica ‖ ⁓**förmig**, kubisch / cúbico, en forma de cubo ‖ **[annähernd]** ~**förmig** / cuboide[o] ‖ ⁓**fries** *m*, Schachbrettverzierung *f* (Bau) / moldura *f* escaqueada, ajedrezado *m*
würfelige Struktur / estructura *f* cúbica
Würfel•kante *f* (Geom) / arista *f* de un cubo, canto *m* de un cubo ‖ ⁓**kohle** *f* / galleta *f*, carbón de galleta[s] ‖ ⁓**leinwand** *f* (Tex) / tela *f* con ligamento panameño ‖ ⁓**mischer** *m* (Pulv.Met) / mezcladora *f* de cubo ‖ ⁓**muster** *n* (Tex) / dibujo *m* a (o de) cuadros ‖ ⁓**muster**, Schachbrettmuster *n* (Bau) / ornamento *m* ajedrezado ‖ **mit** ⁓**muster** (Web) / con dibujo a cuadros ‖ **mit** ⁓**muster versehen**, gekästelt (Tex) / cuadriculado, ajedrezado, estampado a cuadros ‖ ⁓**spat** *m*, Anhydritspat *m* (Min) / espato *m* cúbico, boracita *f* ‖ ⁓**stein** *m* (Straßb) / adoquín *m* cúbico ‖ **mit** ⁓**steinen pflastern** (Straßb) / empedrar o pavimentar con adoquines cúbicos ‖ ⁓**zucker** *m* / azúcar *m* en terrones, azúcar *m* cortadillo, azúcar *m* de cuadrillos, azúcar *m* en pancitos (LA)
Wurf•feuerung *f* (Hütt) / hogar *m* de lanzamiento ‖ ⁓**gabel-Kartoffelroder** *m* (Landw) / arrancadora *f* de horquillas de patatas ‖ ⁓**gebläse** *n* (Landw) / ventilador *m* expulsador o de paletas ‖ ⁓**geschoss** *n* / proyectil *m* ‖ ⁓**häcksler** *m* (Landw) / cortaforrajes *m* expulsador, picador-impulsor *m* ‖ ⁓**[hebel]bremse** *f* (Bahn) / freno *m* de contrapeso ‖ ⁓**leine** *f* (Schiff) / trapa *f* de retenida, gula *f* ‖ ⁓**linie**, -bahn *f* (Ballistik) / trayectoria *f* ‖ ⁓**probe** *f*, Fallprobe *f* (Phys) / ensayo *m* de caída ‖ ⁓**-Rübenbröckler**, -Rübenschneider *m* (Landw) / cortarraíces *m* con expulsor ‖ ⁓**schaufellader** *m* (Straßb) / cargadora *f* con (o de) pala lanzadera, cargador *m* por paladas ‖ ⁓**schichtung** *f* (Spanplatte) / distribución *f* por proyección ‖ ⁓**sieb** *n* (Bau) / criba *f*, cedazo *m*, chayo *m* (CHILE) ‖ ⁓**Wanderrost** *m* / parrilla *f* móvil, emparrillado *m* ‖ ⁓**weite** *f* (Ballistik) / distancia *f* de lanzamiento o de proyección ‖ ⁓**weite** (Regner) / alcance *m* de chorro ‖ ⁓**weite**, Schussweite *f* (Mil) / distancia *f* alcanzada por un proyectil, alcance *m* de un proyectil ‖ ⁓**winkel** *m* (Ballistik) / ángulo *m* de proyección
Würge•drahtverbindung *f* (Elektr) / empalme *m* retorcido ‖ ⁓**hülse** *f* / manguito *m* de torsión,

casquillo *m* de torsión ‖ ⁓**kette** *f* (Forst) / cadena *f* de retorcimiento
Würgelhub, Nitschelhub *m* (Spinn) / recorrido *m* de los rotafrotores
Würgelitze *f* (Elektr) / conductor *m* múltiple [con extremo] retorcido
Würgelmaschine *f*, Nitschelapparat *m* (Spinn) / rotafrotador *m*
würgeln *vt*, frottieren (Tex) / rotafrotar
Würgel•pumpe *f* / bomba *f* de aletas ‖ ⁓**werk**, Nitschelwerk *n* (Tex) / rotafrotador *m*
Würge•verbindung, -[löt]stelle *f*, -drahtverschluss *m* (Fernm) / empalme *m* retorcido [y soldado] ‖ ⁓**verbindung** *f* **von Drähten** (Elektr) / empalme *m* [de hilos] retorcido por torsión ‖ ⁓**zange**, -klemme *f* (Wz) / pinzas *f pl* de retorcimiento, alicates *m pl*
Wurm *m* (DV) / gusano *m* ‖ ⁓**bewegung** *f* / movimiento *m* vermicular ‖ ~**förmig**, -artig / vermiforme, vermicular ‖ ⁓**fraß** *m* (Holz) / daños *m pl* causados por gusanos, picadura *f* de gusano[s], carcoma *f* ‖ ⁓**gang** *m* / galería *f* de gusano o coco ‖ ⁓**graphit** *m*, GGV (Hütt) / grafito vermicular ‖ ⁓**linie** *f* / vermiculación *f* ‖ ⁓**loch** *n* (Holz) / agujero *m* de gusano o de carcoma ‖ ⁓**perspektive** *f*, Froschperspektive *f* (Zeichn) / perspectiva *f* desde abajo ‖ ⁓**schraube** *f* (jetzt:) Gewindestift *m* / pasador roscado, tornillo *m* sin cabeza ‖ ⁓**stichig** (Früchte) / picado de gusanos, agusanado, gusaniento ‖ ~**stichig** (Holz) / carcomido
Wurst *f*, Faschinenwurst *f* (Hydr) / salchichón *m* de fajinas
Würste *f pl*, Würstebildung *f* (Drahtziehen) / asalchichado *m*
wurstförmig / en forma de embutido, botuliforme
Wurtzit *m* (Min) / wurtzita *f*, vurzita *f*
Wurtzsche Synthese *f* (Chem) / síntesis *f* de Wurtz
Würze, Bierwürze *f* (Brau) / mosto *m* de cerveza ‖ ⁓**grand** *m* / colector *m* de mosto ‖ ⁓**kondensator** *m* / condensador *m* de mosto
Wurzel *f* (allg, Math) / raíz *f* ‖ ⁓, Rübe *f* (Bot, Landw) / raíz *f*, nabo *m*, remolacha *f* ‖ ⁓..., wurzelartig (Bot) / radicular, radicoso ‖ ⁓... (Math) / radical *adj* ‖ ⁓ *f* **der Schweißnaht** (Schw) / raíz *f* de la soldadura ‖ **[dritte]** ⁓, Kubikwurzel *f* / raíz *f* cúbica, tercera raíz *f* ‖ **n**^{te} ⁓ / la enésima raíz [de] ‖ **starke, kräftige** ⁓ (Bot) / raigón *m* ‖ **[zweite]** ⁓, Quadratwurzel *f* (Math) / raíz *f* cuadrada, segunda raíz [de]
Wurzel•älchen *n*, Heterodera radicicola (Landw) / anguílula *f* de las raíces ‖ ⁓**ausdruck** *m*, Radikand *m* (Math) / radicando *m*, expresión *f* subradical ‖ **rein irrationaler** ⁓**ausdruck** (Math) / radicando *m* enteramente irracional ‖ ⁓**ausreißer** *m* (Landw) / arrancarraíces *m* ‖ ⁓**ballen** *m* (Landw) / cepellón *m*, raigambre *f* ‖ ⁓**bewässerung** *f* (Forstw) / irrigación *f* de raíces ‖ ⁓**brand** *m* **der Rübe**, Phythium debaryanum, Phoma betae / podredumbre *f* del pie de la remolacha, podredumbre *f* de la remolacha ‖ ⁓**druck** *m* (Bot) / presión *f* de raíz ‖ ~**echt**, ungepfropft (Baum) / franco de pie, no injertado ‖ ⁓**ende** *n*, unteres Stammende (Baum) / pie *m* del tronco, extremidad *f* más gruesa de un tronco ‖ ⁓**exponent** *m*, Wurzelgrad *m* (Math) / valor *m* de la raíz ‖ ⁓**fehler** *m* (Schw) / defecto *m* en la raíz, penetración *f* incompleta ‖ ~**fest** (Bau) / resistente a las raíces ‖ ~**fressend** (Schädling) / radicívoro ‖ ⁓**häcksler** *m* (Landw) / desmenuzadora *f* de raíces ‖ ⁓**hede** *f* (Tex) / estopa *f* de raíz ‖ ⁓**holz** *n* / madera *f* de [la] raíz ‖ ⁓**kegel** *m* (Bot) / cono *m* de la raíz ‖ ⁓**keim** *m* (Bot) / radícula *f* ‖ ⁓**knolle** *f* / tubérculo *m* radicular, bulbo *m*, raíz tuberosa *f* ‖ ⁓**kropf** *m*, Krongalle *f*, Agrobacterium tumefaciens (Landw) / hernia *f* de la raíz, agalla *f* del cuello ‖ ⁓**lasche** *f* (an der Weichenzunge) (Bahn) / brida *f* de talón ‖ ⁓**linie** *f* (Nietung) / línea *f* de centros [de remaches] ‖ ⁓**maß** *n* (Stahlbau) / distancia *f* entre borde y centro de remache ‖ ⁓**ort** *m*, -hodograph *m*

1527

Wurzelrechen

(Math) / lugar m de raíces ‖ ⁓**rechen** m (Straßb) / arranca-raíces m ‖ ⁓**reißen** n (Straßb) / arranque m de tocones ‖ ⁓**reißer** m (Bau) / arranca-raíces m ‖ ⁓**reißer-Ansatz** m (Schlepper) / arranca-tocones m ‖ ⁓**roder** m (Landw) / arrancador m de raíces ‖ ⁓**segment** n, Rumpfsegment n, Hauptsegment n (DV) / segmento m radical ‖ ⁓**stock** m (Forstw) / tocón m de raíz ‖ ⁓**stoß** m (an der Weiche) (Bahn) / junta f de talón (cambio de agujas) ‖ ⁓**töterkrankheit** f (verursacht durch Rhizoctonia solani o. medicaginis) (Pflanzenkrankheit) / viruela f, hipocnosis f ‖ ⁓**werk** n (Bot) / raíces f pl, raigambre f ‖ ⁓**zeichen** n (Math) / radical m, signo m radical ‖ ~**zerstörend**, radizikol (Parasit) / radicícola ‖ ~**ziehen**, radizieren / sacar o extraer la raíz ‖ ⁓**ziehen** n, Radizieren n / extracción f de la raíz, cálculo de raíces,.m., radicación f
Würzemesser m, Enometer m n (Brau) / enómetro m
würzen vt / condimentar, aromatizar ‖ **Speisen** ~ / aliñar, aderezar
Würze•pfanne f (Brau) / caldera f para cocción de mosto, tina f de mosto ‖ ⁓**prober** m (Brau) / sacarímetro m
Würzmittel n, Würzstoff m / condimento m, aromatizante m
Wüsten•... / desértico ‖ ⁓**bildung** (Geo) / desertificación f, formación f de desiertos ‖ ⁓**sand** m, Treibsand m / arena f movediza
Wüstit m (Hütt) / wustita f
WWV = Stationszeichen des Senders des National Institute of Standards and Technology in Fort Collins, Colorado
WWW, World Wide Web / red f de redes, Gran Red Mundial, W3
Wyomingit m (Min) / wyomingita f
WZ, Wz = Warenzeichen ‖ ⁓, Wz (Pap) = Wasserzeichen
Wz (Fernm) = Wählzeichen ‖ ⁓ (Post) = Wertzeichen ‖ ⁓ = Werkzeug
W/Z-Faktor, -Wert m, -Verhältnis n, Wasserzementverhältnis n, WZV (Bau) / relación f agua/cemento

X

X *n* (1. Unbekannte; in Formeln: x) (Math) / x *f* (incógnita)
1X... (= Maßstab 1:1) (IC) / escala *m* [de] 1:1 tamaño natural
X-Ablenkplatte *f* (Eltronik) / placa *f* de desviación horizontal
X-Ablenkung *f* (Kath.Str) / desviación *f* horizontal
X-Achse *f*, Abszissenachse *f* (Math) / eje *m* X o x o de las x, eje de abscisas
Xanth... (gelb) / xant... (prefijo)
Xanthalin *n* / xantalina *f*
Xanthan (ein Heteropolysaccharid) / xantano *m*
Xanthat *n*, Xanthogenat *n* / xantato *m*, xantogenato ‖ ⁓**kneter** *m* (Tex) / amasadora *f* de xantato
Xanthen *n* (Chem) / xanteno *m*
Xanthenfarben *f pl* / colorantes *m pl* [a base] de xanteno
xanthieren *vt* (Viskose) / transformar en xantato, xantar
Xanthierung *f*, Xanthieren *n* / xantación *f*
Xanthin *n*, Dihydroxy-2,6-Purin *n* (Biochem) / xantina *f* ‖ ⁓... / xantínico
xanthisch / xántico
Xantho•gen *n* (Chem) / xantógeno *m* ‖ ⁓**genat** *n* / xantogenato *m*, xantato *m* ‖ ⁓**genieren** *vt* / convertir en éster xantogénico, xantogen[iz]ar ‖ ⁓**genierung** *f*, Xanthogenieren *n* / xantogenización *f* ‖ ⁓**gensäure**, Hydroxanthinsäure *f* / ácido *m* xantogénico
Xanthon / xantona *f*
Xantho•phyll, Lutein, Dihydroxy-α-carotin *n* / xantofila *f* ‖ ⁓**protein** *n* / xantoproteína *f* ‖ ⁓**proteinreaktion** *f* / reacción *f* xantoproteica
Xanthopterin *n* / xantopterina *f*
Xanthorrhoeaharz *n*, Akaroidharz *n* / resina *f* de xantorrea
Xanthosiderit *m*, gelber Limonit, Gelbeisenerz *n* (Min) / xantosiderita *f*
Xanthosin *n*, Xao *n* (Nucleosid) / X *f* (= xantosina)
X-Band *n* (5,2 - 11 GHz, 5,77 - 2.73 cm) (Radar) / banda *f* X
X-Blitzlicht-Synchronisierung *f* (Foto) / sincronización *f* X
X-by-wire-Technik *f* / técnica *f* x-by-wire
X-Einheit *f*, XE (= 1.00202 · 10⁻¹³ m) (Nukl) / unidad *f* X
Xeno•biotika *n pl* (Pharm) / xenobióticos *m pl* ‖ ⁓**lith** *m*, exogener Einschluss (Geol) / xenolita *f* ‖ ⁓**logie** *f* (Frühgeschichtsforschung mittels Xenon) / xenología *f* ‖ ⁓**morph**, granitoid (Min) / xenomorfo
Xenon *n*, Xe (Chem) / xenón *m*, X ‖ ⁓**berg** *m*, -spitze *f* (Nukl) / pico *m* de xenón ‖ ⁓**bogenlicht** *n*, -lichtlampe *f* / lámpara *f* de arco xenón ‖ ⁓**gleichgewicht** *n* (Nukl) / equilibrio *m* xenón ‖ ⁓**instabilität** *f* / inestabilidad *f* xenón ‖ ⁓**lampe** *f*, -blitzlampe *f* / lámpara *f* de destellos xenón ‖ ⁓**-Licht** *n* (Kfz) / luz *f* xenón ‖ ⁓**-Plasmalichtbogen** *m* / arco *m* de plasma xenón ‖ ⁓**-Predictor** *m* (Nukl) / predictor *m* de envenenamiento por xenón ‖ ⁓**-Reaktivitätsreserve** *f* / neutralización *f* del xenón, compensación *f* del efecto xenón ‖ ⁓**-Scheinwerfer** *m* (Kfz) / faro *m* de luz xenón ‖ ⁓**-Transiente** *f* / transitoria *f* xenón ‖ ⁓**vergiftung** *f* (Nukl) / efecto *m* xenón, envenenamiento *m* por xenón ‖ ⁓**-[Vergiftungs]effekt** *m* / efecto [de envenenamiento por] xenón
Xenotim, Ytterspat *m*, Wiserin *n* (Min) / xenótima *f*, espato *m* ytrico, wiserina *f*

Xero•druck *m* (Druck) / impresión *f* xero[gráfica], xeroimpresión *f* ‖ mit ⁓**druck drucken** / xerografiar ‖ ⁓**drucker** *m* / impresor *m* xcrográfico ‖ ⁓**graphie** *f* / xerografía *f* ‖ ⁓**kopie** *f* / xerocopia *f* ‖ ⁓**phil** (Trockenheit liebend) (Bot) / xerófilo *adj* ‖ ⁓**phyt** *m*, Trockenpflanze *f* / xerófito *m*, planta *f* xerófita ‖ ⁓**radiografie** *f*, Elektroradiografie *f* / xerorradiografía *f* ‖ ⁓**radiogramm** *n* / xerorradiograma *m* ‖ ⁓**therm**, trockenwarm / xerotermo
X-Erregung, Selektorerregung X *f* (DV) / energización *f* por X, excitación *f* X
X-förmig / en [forma de] X
X-Glied *n* (Fernm) / red *f* en puente ‖ ⁓ **des Vierpols**, Vierpolkreuzglied *n* (Fernm) / célula *f* o sección en celosía
Xi-Hyperon, Kaskadenteilchen *n* (Nukl) / partícula *f* Xi o en cascada, hiperón *m* Xi
X-Kontakt *m* (Foto) / toma *f* de flash para X
X-Koordinate *f* (NC) / coordenada *f* X, abscisa *f*
X-Kristall *m*, -Quarz *m* / cristal *m* de corte X o de talladas X, cuarzo *m* X
X-Lageregelung *f* (Kath.Str) / control *m* de posición horizontal
X-Motor *m* (Luftf) / motor *m* en X
X-Naht *f* (Schw) / chaflán *m* en X
X-Naht-geschweißt / soldado con chaflán en X
XP-Gespräch *n* (Fernm) / comunicación *f* con aviso de llamada
X-Platten *f pl* (TV) / placas *f pl* de desviación horizontal
X-Prozentpunkt *m* (Benzol) / punto *m* de porcentaje X
XPS, Expertensystem *n* (DV) / sistema *m* de peritos
X-Rahmen *m* (Kfz) / bastidor *m* en X
X-Richtung *f* / orientación *f* X
X-Riegel *m* / barra *f* X
X-Schaltung *f*, Brückenschaltung *f* (Fernm) / red *f* en puente
X-Schnitt *m*, Orientierung I *f* (Krist) / corte *m* X, tallado *m* X
X-Schweißnaht *f* / chaflán *m* en X
X-Spule *f*, Kreuzspule *f* (Tex) / bobina *f* de arrollado cruzado
X-Ständer *m*, X-förmige Stütze (Bau) / puntal *m* o poste en forma de X
X-Stoß, Doppel-V-Stoß *m* (Schw) / junta *f* en X
X-Strahlen *m pl*, Röntgenstrahlen *m pl* / rayos *m pl* X
X-Strahlung, Röntgen-Strahlung *f* / radiación *f* X
X-Stück *n*, Blindflansch *m* (DIN 28546) / brida *f* ciega
X-Synchronisation *f* (Foto) / sincronización *f* X
X-Transformation *f* (Math) / transformación *f* X
X-Überblendung *f* (TV) / mezcla progresiva de señales síncronas
X-Verstärkung *f* (Kath.Str) / amplificación *f* horizontal
Xylan *n* (Chem) / xilano *m*
Xylem *n* (Bot) / xilema *m* ‖ ⁓**parenchym**, Holzparenchym *n* (Bot) / parénquima *m* de xilema ‖ ⁓**strahl** *m* (Bot) / rayo *m* de xilema
Xylen *n* (Chem) / xileno *m*
Xylenol, Monooxyxylol, Dimethylphenol *n* (Chem) / xilenol *m*, dimentilfenol *m* ‖ ⁓**blau** ‖ / azul *m* de xilenol ‖ ⁓**harz** *n* / resina *f* xilenólica o de xilenol
Xylidin *n* / xilidina *f* ‖ ⁓**rot** *n* / rojo *m* de xilidina
Xylit *n* (Sprengstoff) / xilita *f* (un explosivo) ‖ ⁓ *m* (eine Pentose) / xilitol *m* (una pentosa)
Xylochinon *n* / xiloquinona *f*
Xyloidin *n* / xiloidina *f*
Xylol *n* (Lösungsmittel) / xileno *m* ‖ ⁓ (des Handels) / xilol *m* ‖ ⁓**formaldehyd-Harz**, XF-Harz *n* / resina *f* XF, resina *f* de formaldehído de xileno, resina *f* xiloformaldehída
Xylolin *n* (Spinn) / hilo *m* de xilolina
Xylolith, Steinholz *n* / xilolita *f* ‖ ⁓**fußboden** *m*, Steinholzfußboden *m* (Bau) / pavimento *m* de xilolita,

Xylolithplatte

pavimento *m* magnesiano ‖ ≈**platte** *f*, Steinholzplatte *f* / plancha *f* o losa de xilolita
Xylose *f*, Holzzucker *m* / xilosa *f*, azúcar *m* de madera
Xylothek *f*, Holzmustersammlung / xiloteca *f*
Xylotil *m*, Serpentinstein *m* (Min) / xilotil[o] *m*
Xylulose *f* / xilulosa *f*
Xylyl *n* (Chem) / xililo *m* ‖ ≈**säure** *f* / ácido *m* xilílico
XY•-Schreiber *m* / registrador *m* de XY ‖ ≈**-Wähler** *m* (Fernm) / selector *m* XY

Y

Y, Yttrium n (Chem) / Y, itrio m, ytrio m
Y n (2. Unbekannte; in Formeln: y) (Math) / y (= 2^a incógnita)
Y-Ablenksystem n (TV) / sistema m de desviación vertical
Y-Ablenkung f / desviación f vertical
Y-Abzweigung f, Hosenrohr n / bifurcación m o ramal o tubo en Y, tubo m bifurcado o pantalón, injerto m oblicuo
Y-Achse f, Ordinatenachse f (Math) / eje m [de] Y o y, eje m de las yes, eje m de las ordenadas
Yacht f (Schiff) / yate m
YAG, Yttrium-Aluminium-Granat m (Eltronik, Min) / GYA m, granate m de ytrio y aluminio
Yagiantenne f / antena f Yagi
YAG-Laser m (Yttrium-Aluminium-Granat) / láser m YAG
Yamamaiseide f (Tex) / seda yamamai, seda f de yama-mai
Yam[s]wurzel f (Bot) / raíz f de ñame, ñame m, raíz de las plantas dioscóreas
Yankee•-Maschine f (Pap) / máquina m yanqui o monocilíndrica ‖ ≈-**Zylinder** m (Pap) / cilindro de la máquina yanqui
Yaquillafaser f / fibra f de yaquilla
Yard n (= 0,9144 m = 36 in.) (allg) / yarda f, y (= yarda) ‖ ≈**maß** n / medida f de yarda
YBCO (= Yttrium, Barium, Kupferoxid) / ytrio, bario, óxido de cobre (superconductores)
Yellow cake m (Nukl) / concentrado m de uranio
Yellowmetall n (60% Cu, 40% Sn) (Schiff) / metal m Muntz
Yellowpine f, Pinus strobus (Bot) / pino m Weymouth, pino m amarillo, pinotea f, pino m colorado (localismo)
Yellows pl, Vergilbungskrankheit f (Landw) / amarillez f de la remolacha
Yerkes-System, MK-System (= Morgan u. Keenan) (Astr) / sistema m [de clasificación] de Yerkes
Yig m, Yttrium-Eisen-Granat m (Mikrowellen) / GHI m, granate m de hierro e itrio ‖ ≈**filter** n (Eltronik) / filtro m GHI
Y-Koordinate f (NC) / coordenada f y, ordenada f
Y-Kristall m, -Quarz m / cristal m de corte Y o de tallado Y
Y-Lageregelung f (TV) / control m de centrado (o encuadro) vertical
Ylang-Ylangöl n (Pharm) / esencia f de alanguilán o de cananga, esencia f de ylang-ylan
Y-Legierung f (Art Duraluminlegierung der Gattung Al-Cu-Ni nach DIN 1713) / aleación f Y
Ylem, Urplasma n (Phys) / ylem m, plasma m primordial
Yoyo-Spinbremse f (Raumf) / freno m yo-yo del espín
Yperit n (Senfgas) (Chem) / cruz f amarilla, gas m mostaza, iperita f, yperita f
Y-Platten f pl (TV) / placas f de desviación vertical
Y-Quarz m, -Kristall m / cuarzo m o cristal m de corte Y o de tallado Y
Y-Richtung f / orientación f Y
Y-Riegel m / barra f Y
Y-Rohr n s. Y-Abzweigung
Y-Schaltung, Sternschaltung f (Elektr) / conexión f en estrella o en Y, montaje m estrella o en Y

Y-Schnitt m, Orientierung II f (Krist) / corte m en Y, tallado m en Y
Y-Signal n (TV) / señal f Y o de luminancia
Ysopöl n (Pharm) / esencia f de hisopo
Y-Stiel m, Y-Strebe f, Gabelstiel m, -strebe f / riostra f en Y, puntal m en Y, mango m bifurcado
Ytterbinerde f, Ytterbin n, Ytterbiumoxid n (Chem) / óxido m de iterbio, itria f, ytria f
Ytterbit m (Min) / gadolinita f
Ytterbium n, Yb (Chem) / iterbio m, yterbio m, Yb ‖ ≈**(III)-...** / itérbico ‖ ≈**(II)-...** / iterboso
Ytter•erde f, Yttriumoxid n, Ytterit m / itria f, ytria f, óxido m de itrio ‖ ≈**erden** f pl / tierras f pl ítricas, tierras f pl raras de itrio ‖ ~**haltig**, yttriumhaltig / itrífero
Ytterium(III)-... / itroso
Ytterspat m, Xenotim m (Min) / xenótima f, espato ítrico m
Yttrialith m (Min) / itrialita f
Yttrium n, Y (Chem) / itrio m, ytrio m, Y ‖ ≈**gadolinium-Aluminium-Eisengranat** m (Eltronik) / granato de itrio e hierro y aluminio ‖ ≈**haloidsalz** n, -oxidsalz n (Chem) / sal f ítrica ‖ ≈**oxid** n / óxido m de itrio, itria f, ytria f ‖ ≈**silikat** n, Yttrit m / silicato m de itrio, itrita f, itrialita f
Yttro•cerit f, Ytterflussspat m, Ceriterde f (Min) / itrocerita f ‖ ≈**ersit** m / itroersita f ‖ ≈**gummit** m (Nukl) / itrogumita f ‖ ≈**tantalit** m (Min) / itrotantalita f, tantalito m de itrio
Ytttrocrasit m / itrocrasita f
Y-Überblendung f (TV) / mezcla f progresiva de señales asíncronas
Yucca•faser f (Bot, Tex) / fibra f de yuca ‖ ≈**pflanzung** f (Landw) / yucal m
Yukatanfaser f, Sisalhanf m (Bot) / cáñamo m de sisal o de pita
Yukawateilchen n, -meson n, Yukon n (Nukl) / partícula f de Yukawa, mesón m de Yukawa
Y-Verstärker m (TV) / amplificador vertical o Y m
Y-Verstärkung f (Kath.Str.Röhre) / amplificación f vertical o en Y
y-Vierpolparameter m (Halbl) / parámetro m y (tetrapolar)

1531

Z

z (= 3. Unbekannte) (Math) / z (= 3ᵉʳᵃ incógnita)
Z (Tex) = Drehungsrichtung rechts
Z = Ziffer
Z (= Atom-, Kernladungs-, Ordnungszahl) (Chem) / número m atómico
Z = Zeile
Z = Zahl
Z-Achse f (Math) / eje m Z o z, eje vertical o de altura, eje de las zedas Z
Z-Achsen-Modulation f / modulación f de intensidad [de haz]
Zäckchen n (Tex) / lengüeta f
Zacke f, Zacken m / diente m ‖ ~, Auszackung f / endentación f ‖ ~, Zinke f / diente m, púa f ‖ ~, Impulsspitze f (Funk) / punta f, pico m, impulso m en escarpia ‖ ~, Felszacken m (Geol) / diente m ‖ ~, Blip m (Radar) / indicación f o señal del eco [sobre la pantalla]
zacken, Zacken schneiden / dentar, dentellar ‖ ~, verzahnen / endentar, dentar, dentellar ‖ ~, Zahn m (Kath.Str) / punta f ‖ ~**messer** n / cuchillo m dentado ‖ ~**muster-Schneidemaschine** f (Tex) / cortadora f en zigzag para muestras [de tejido] ‖ ~**ornament** n / ornamento m dentado ‖ ~**ornament im Putz** (Bau) / adorno m dentado o en zigzag ‖ ~**rad** n / rueda f erizo ‖ ~**rad-Dekadenschalter** m (Eltronik) / interruptor m de accionamiento con el pulgar ‖ ~**schere** f (Wz) / tijeras f pl de dentellar ‖ ~**schneidemaschine** f (Tex) / máquina f de cortar en zigzag ‖ ~**schnitt** m / entalladura f ‖ ~**schnitt**, -werk n (kleine Zacken) / denticulación f ‖ ~**schrift** f (Lichtton) (Film) / pista f de amplitud variable
zackig, gezackt / dentellado, agudo ‖ ~ (Bruch) (Krist) / dentado, dentellado ‖ ~**er Bruch** / fractura f dentada
zäh / tenaz ‖ ~, zähflüssig / viscoso ‖ ~, lederartig / correoso ‖ ~, sehnig / tendinoso ‖ ~, fadenziehend (Mängel) / ahilado, filamentoso ‖ ~ **o. fest machen** / endurecer ‖ ~**er Verkehr[sfluss]** / circulación f lenta (tráfico)
Zäh•bruch m / fractura f dúctil o tenaz ‖ ~**elastisch** (Mech) / viscoplástico ‖ ~**flüssig**, halbflüssig / semilíquido ‖ ~**flüssig**, viskos / viscoso, espeso ‖ ~**hart** / duroviscoso
Zähigkeit, Festigkeit f / tenacidad f ‖ ~ f (Nukl) / intensidad f ‖ ~, Zähheit f, Zähflüssigkeit f / viscosidad f ‖ ~, Klebrigkeit f / pegajosidad f, glutinosidad f ‖ ~, Ausdauer f / persistencia f, resistencia f
Zähigkeitsfunktion f (Nukl) / función f densidad
Zähkupfer n (Hütt) / cobre m tenaz
Zahl f, Zahlenzeichen n (Math) / numeral m ‖ ~, Nummer f / número m ‖ ~, Ziffernstelle f / dígito m, cifra f, guarismo m, carácter m numérico ‖ ~, Anzahl f / número m, cantidad f ‖ ~ f, Indexziffer f / índice m ‖ ~ (= Verhältnis zweier Größen) / coeficiente m ‖ ~**en als Unterlagen der Statistik** f pl / valores m pl numéricos para la estadística, datos m pl para fines estadísticos ‖ ~ f **aus gleichen Ganzzahlen** (z.B. 999) / número m de cifras iguales o idénticas ‖ ~ **1 bedeutet...** / la cifra 1 significa... ‖ ~**en 1 bis 9** / números m pl de 1 a 9 ‖ ~ f **der Biegungen** (Seil) / número de pliegues ‖ ~ **der Drehschwingungen je Umdrehung** / número m de vibraciones torsionales por revolución ‖ ~ f **der ertragenen Lastwechsel** /

ciclos m pl de esfuerzo ‖ ~ **der Gewindegänge** (Masch) / número m de filetes ‖ **allgemeine** ~ (Math) / número m literal ‖ **beliebige** ~ / número m cualquiera ‖ **fünfstellige** ~ / número m de cinco dígitos ‖ **ganze** ~ / número m entero ‖ **[un]gerade** ~ / número m [im]par ‖ **Gesetz der großen** ~**en** / ley f de largos números ‖ **große** ~, Menge f / multitud f [de], gran cantidad [de], gran número [de] ‖ **reine od. unbekannte od. abstrakte** ~ / número m abstracto
Zähl•... / contador adj ‖ ~... / numerativo ‖ ~**ader** f (Fernm) / hilo m de computo o de contador ‖ ~**apparat** m, Zählmaschine f / contador m automático, máquina f contadora
zählbar, diskret (Stat) / contable, numerable, discreto
Zähl•baugruppe f (DV) / tarjeta f de contadores ‖ ~**blatt** n (F.Org) / hoja f de recuento ‖ ~**block** m (Bahn) / puesto m de bloqueo con contador de ejes ‖ ~**byte** n (DV) / byte m de conteo ‖ ~**dekade** f (Eltronik) / década f de recuento ‖ ~**drossel** f / bobina f de choque contadora ‖ ~**einrichtung** f / contador m, dispositivo m contador
zahlen / pagar
zählen, auszählen / contar, numerar ‖ ~ [zu] / figurar [entre] ‖ ~ n, Zählung f / cuenta f, contaje m, conteo m ‖ ~ (Fernm) / registro m de llamadas ‖ ~ (Nukl) / cuenta f, conteo m
Zahlen•... / numérico, numeral ‖ ~**abstand** m (Fernm) / espacio m entre cifras ‖ ~**angaben** f pl / datos m pl numéricos ‖ ~**aufstellung**, Statistik f / estadística f ‖ ~**ausscheidung** f / eliminación f de cifras ‖ ~**beispiel** n / ejemplo m numérico ‖ ~**bericht** m (DV) / diario m ‖ ~**blanktaste** f, Zahlenblank n (Fernm) / tecla m de blanco de cifras ‖ ~**block** m (DV) / teclado m numérico ‖ ~**bruch** m, Bruchzahl, gebrochene Zahl (Math) / quebrado m, número m quebrado o fraccionario
zahlend•er Fluggast (Luftf) / pasajero m de pago ‖ ~**e Nutzlast** (Luftf) / carga f útil comercial o de pago ‖ ~**e Nutzlast** (Container) / carga f útil de pago
zählend, integrierend / contador, de conteo, de cómputo ‖ ~**er Leistungsmesser** (Elektr) / vatiómetro m totalizador
Zahlen•darstellung f (Math) / representación f numérica ‖ ~**darstellung** (z.B. binär) / notación (p. ej. binaria) ‖ ~**darstellung mit fester Basis** (DV) / notación f o representación de base fija ‖ ~**darstellung mit wechselnder Basis** / notación f a base mixta ‖ ~**eingabe** f (DV) / entrada f numérica ‖ ~**fenster** n (Foto) / ventanilla f del mecanismo contador ‖ ~**filter** n (DV) / selector m de cifras ‖ ~**folge** f (Math) / secuencia f numérica o de números ‖ ~**geber** m (Fernm) / generador m de impulsos ‖ ~**größe** f / cantidad f numérica ‖ ~**gruppe** f / grupo m de cifras ‖ ~**index** m / índice m numérico ‖ ~**körper** m (Math) / campo m o cuerpo de números ‖ ~**kugel** f (Math) / esfera f de Riemann ‖ ~**kunde** f / pericia f de números ‖ ~**lesend** (DV) / capaz de leer cifras ‖ ~**mäßig** / numérico ‖ ~**mäßig**, statistisch / estadístico ‖ ~**mäßig erfassbar** / evaluable numéricamente ‖ ~**material** n / datos m pl numéricos, cifras f pl ‖ ~**material aufgliedern** / tratar o procesar datos ‖ ~**modul** m (Math) / módulo m de números ‖ ~**paar** n / par m de cifras ‖ ~**prüfung** f (DV) / verificación f numérica ‖ ~**rad** n (Masch) / rueda f de cifras ‖ ~**rechnen** n (Eltronik) / recuento m numérico ‖ ~**rechnung** f / cálculo m numérico ‖ ~**reif** m (Großuhr) / anillo m de esfera ‖ ~**reihe** f / serie f de números ‖ ~**richtreihe** f / serie f normalizada de numeros ‖ ~**rolle** f (Masch) / tambor m de cifras ‖ ~**schloss** n / cerradura f de combinación, candado m de combinación numérica ‖ ~**selektor** m / analizador m digital ‖ ~**stempel** m, -schlagstempel m / punzón m de cifras ‖ ~**symbol** n / carácter m o símbolo numérico ‖ ~**synthese** f / síntesis f numérica ‖ ~**system** n (Math) / sistema m numérico o aritmético ‖

≃**tafel** f / tabla f numérica ‖ ≃**tafel**, Tabelle f (Druck) / cuadro m [numérico] ‖ ≃**taste** f (DV, Rechner) / tecla f numérica o de números ‖ ≃**theorie** f (Math) / teoría f de los números ‖ ≃**trommel** f (Fernm) / tambor m de cifras ‖ ≃**verhältnis** n / relación f o proporción numérica ‖ ≃**verteiler**, Direktorwähler m (Fernm) / selector m de cifras ‖ ≃**weiß** n (Fernm) / blanco m de cifras ‖ ≃**wert** m, numerischer Wert / valor m numérico ‖ ≃**wert-Gleichung** f, Einheiten-Gleichung f / ecuación f de valores numéricos ‖ ≃**zeichen** n / numeral m, carácter m numérico
Zähler m, Messer m (Instr) / contador m, medidor m (LA) ‖ ≃, zählendes Messgerät / totalizador m ‖ ≃ (Elektr) / contador m eléctrico ‖ ≃ (Math) / numerador m ‖ ≃ (COBOL) / contador m ‖ ≃ m **für Durchdreher** (Fernm) / contador m de ocupación total ‖ ≃ **für Vorwärts- u. Rückwärtszählung** (DV) / contador m para cuenta hacia adelante y atrás
Zähler•ableser m, -prüfer m, -kontrolleur m (Elektr, Gas, Wasser) / verificador m de contadores, lector m de contadores ‖ ≃**ablesung** f / lectura f de un contador ‖ ≃**ausbeute** f (Nukl) / rendimiento m de contaje ‖ ≃**bereich** m / capacidad f de conteo o de contaje ‖ ≃**bereich** (Reaktor) / gama f de contador ‖ ≃**feld** n (Elektr) / panel m de contaje o de contadores ‖ ≃**fortschaltung** f / progresión f del contador, avance m del contador ‖ ≃**gehäuse** n (Elektr) / caja f del contador ‖ ≃**gestell** n / bastidor m de contadores ‖ ≃**kästchen** n / caj[it]a f del contador ‖ ≃**kasten** n (Elektr, Gas) / caja f mural para contador ‖ ≃**konstante** f (Elektr) / constante f del contador, coeficiente m de proporcionalidad ‖ ≃**kontroll-Lampe** f / lámpara f piloto del contador ‖ ≃**lebensdauer** f (Nukl) / duración f o vida de un contador ‖ ≃**-Nebenschluss-Widerstand** m / shunt m de contador ‖ ≃**nische** f (Bau) / nicho para contadores ‖ ≃**platz** m / tablero m para contadores ‖ ≃**rad** n / rueda f de contador ‖ ≃**relais** n (Fernm) / relé m contador ‖ ≃**rückstellung** f, -nullstellung f / puesta f a cero de un contador ‖ ≃**rückübertragung** f / retransferencia f de un contador ‖ ≃ **[schalt]magnet** m / electroimán de contador ‖ ≃**schaltuhr** f / reloj m de contacto para contador ‖ ≃**scheibe** f (Elektr) / disco m [móvil] del contador ‖ ≃**schrank** m (Elektr) / cajetín m de contadores ‖ ≃**schutzschaltung** f / circuito m protector del contador ‖ ≃**stand** m / indicación f del contador, valor m indicado por el contador ‖ ≃**stein** m (Instr) / rubí m de contador ‖ ≃**stellung** f / posición f del contador ‖ ≃**steuerung** f (NC) / control m o mando por contador digital ‖ **mit** ≃**steuerung** / controlado por contador ‖ ≃**tafel** f (Elektr) / tablero m o cuadro de contadores ‖ ≃**totzeit** f (Nukl) / tiempo m de recuperación del contador ‖ ≃**umschaltelement**, -umschaltwerk n (Elektr) / discriminador m de contadores
Zählfrequenz f / frecuencia f de contado
Zahlgast m (Luftf) / pasajero m de pago
Zählglas n, Lupe f (Phys) / lupa f
Zahlgrenze f (Bahn) / límite m de zona
Zähl•impuls m / impulso m contador o de contado ‖ ≃**kammer** f (Nukl) / cámara f de conteo ‖ ≃**karte** f (Stat) / tarjeta f de contaje
Zahlkasse f, Regist[ri]erkasse f / caja f registradora
Zählkette f (DV) / cadena f contadora o de contaje
Zahlknopf m (Fernm) / botón m de [previo] pago, tecla f de pago
Zählkreis m (Funk) / circuito m contador de impulsos
zahllos / sin número, inúmerable
Zähl•rad n, -scheibe f / rueda f contadora ‖ ≃**ratenmeter** n, -ratenmesser m (Nukl) / medidor m de velocidad de cómputo ‖ ≃**register** n (DV) / registro m de contaje
zahlreich, häufig / numeroso, frecuente ‖ ~, umfangreich / importante, amplio

Zähl•relais n / relé m contador ‖ ≃**rohr** n (Nukl) / tubo m contador ‖ ≃**rohr mit Probenkanal** (Nukl) / contador m de pozo, contador m de blindaje cilíndrico ‖ ≃**rohrgerät** n, Geigerzähler m / contador m Geiger ‖ ≃**strich** m / raya f de contaje
Zahlsynthese f / síntesis f numérica
Zahl•taste f (Fernm) / tecla f de contado ‖ ≃**technik** f / métodos m pl contadores, técnica f del contado
Zahl•teller m / platillo de dinero ‖ ≃**tisch** m / taquilla f
Zähl•uhr f / reloj m contador, contador m ‖ ≃**- und Rechentechnik** f (Math) / métodos m pl contadores y calculadores
Zählung f / cuenta f, proceso m contador ‖ ≃, Zählen n / cómputo m, contaje m, numeración f, recuento m, conteo m (LA)
Zähl•volumen n (Nukl) / volumen m útil ‖ ≃**waage** f / balanza f cuentapiezas ‖ ≃**weife** f (Tex) / devanadera f contadora
Zahlwelle f / árbol m o eje dentado o estriado o acanalado
Zähl•werk n, Messwerk, -gerät n, -uhr f / mecanismo m contador o de contar, contador m, aparato m contador, totalizador m, reloj m de contaje ‖ ≃**werk**, Addierwerk n, AW / sumador m ‖ ≃**werk** (Masch) / tren m contador ‖ ≃**werk** (addierend), -uhr f (Masch) / totalizador m ‖ ≃**werk** (nummerierend) (Masch) / numerador m ‖ ≃**werk** (3-Spezies-Masch) / contador m de revoluciones ‖ ≃**werk mit schleichenden Zahlen** / mecanismo m contador con dígitos flotantes ‖ ≃**werk mit springenden Zahlen** / mecanismo m contador con dígitos saltantes
Zahlzeichen n / cifra f
Zähl•zeit f / intervalo m de contaje ‖ ≃**zettel** m / hoja f de recuento ‖ ≃**ziffer** f (Fernm) / dígito m de contaje
Zahn m (Feile, Karde, Säge, Zahnrad usw) / diente m ‖ ≃, Nocken m, Nocke f (Masch) / leva f ‖ ≃ **, der das Übersetzungsverhältnis irrational macht** / diente m adicional ‖ ≃ **des Walzenbrechers** (Bergb) / diente m de la machacadora ‖ ≃ **eines Kettenrads** (Masch) / diente m de la meda para cadena ‖ ≃ **im Gesims** (Bau) / dentículo m ‖ ≃ m **im Reißverschluss** / diente m del cierre de cremallera ‖ **Zähne**, Verzahnung f / dientes m pl, dentado m
Zahn•abkant-Wälzfräser m (Wz) / fresa f madre achaflanadora ‖ ≃**abrund[fräs]maschine** f (Wzm) / redondeadora f de engranajes ‖ ≃**abrundung** f (Masch) / chaflán m o bisel del diente ‖ ≃**abstand** m / vano m entre dientes, espacio m entre dientes ‖ ≃**anker** m (Elektr) / inducido m de dientes ‖ ≃**anlage** f (Masch) / contacto m de diente[s] ‖ ≃**anlagefläche** f / superficie f de contacto del diente ‖ ≃**antrieb** m / mando m por engranaje ‖ ~**ärztlich**, Zahn..., Dental..., dental / dental, odontológico ‖ ≃**balken** m (Zimm) / viga f dentada ‖ ≃**belastung** f / carga f sobre el diente ‖ ≃**bogen** m, -segment m (Masch) / arco m o sector dentado ‖ ≃**bohrer** m (Bergb) / trépano m dentado ‖ ≃**breite** f / anchura f del diente, ancho m del diente ‖ ≃**bremse** f (Bahn) / freno m de rueda dentada ‖ ≃**brust** f (Wz) / cara f de ataque ‖ ≃**brustwinkel** m / ángulo m de la cara de ataque ‖ ≃**dicke** f [im Rollkreis], -stärke f / espesor m o grueso del diente en el círculo primitivo ‖ ≃**dicke als Bogen** (z.B. am Teilkreis) / espesor m circular (p.ej. en el círculo primitivo) ‖ ≃**dicke am Grundzylinder im Sternschnitt** / espesor m de base aparente ‖ ≃**dicke im Normalschnitt** (Getriebe) / espesor m normal del diente ‖ ≃**dicke im Stirnschnitt** / espesor m aparente del diente ‖ ≃**dickenhalbwinkel** m / semiángulo m de espesor del diente ‖ ≃**dickensehne** f / cuerda f del círculo primitivo entre flancos del diente ‖ ≃**druck** m (Masch) / presión f sobre el diente en la línea primitiva ‖ ≃**eingriff**, Radeingriff m (Getriebe) / engrane m ‖ ≃**eingriff** m, -eingriffstelle f / punto m de engrane ‖ ≃**eingriffswinkel** m / ángulo m de engrane (del

Zahneinschnitt

diente) ‖ ~einschnitt *m* / entalladura *f* de cremallera ‖ ~eisen *n*, -meißel *m* (Wz) / cincel *m* o buril [en]dentado
zähneln *vt*, mit dem Zahnhammer bearbeiten (Steinmetz) / adentellar
zahnen *vt*, mit Zähnen versehen / dentar, endentar ‖ ~ s. auch zacken
Zähne•zahl *f* / número *m* de dientes ‖ **ideelle ~zahl** (Schrägverzahnung) / número *m* de dientes ficticio ‖ ~**zahl** *f* **je Zoll Teilkreisdurchmesser**, Diametral Pitch *m* / número *m* de dientes por pulgada del círculo, paso *m* diametral ‖ ~**zahlverhältnis** *n* / relación *f* de número de dientes
Zahn•film *m* (Med) / película *f* para radiografías dentales ‖ ~**flachriemen** *f* (Kfz) / correa *f* dentada plana ‖ ~**flanke** *f* (Masch) / flanco *m* de diente ‖ **obere Hälfte der** ~**flanke**, Flanke *f* zwischen Teilkreis und Kopf / mitad *f* superior del flanco, flanco de addéndum ‖ **untere Hälfte der** ~**flanke**, Flanke *f* zwischen Teilkreis und Fuß / mitad *f* inferior del flanco, flanco *m* de dedéndum ‖ **volle** ~**flankenberührung** / contacto *m* total entre flancos de dientes ‖ ~**flankenberührung** *f* **nur am Zahnkopf** / contacto [parcial] en la cabeza de dientes ‖ ~**flankenberührung nur im Grunde** / contacto *m* entre flancos en el fondo ‖ ~**flankenberührung nur seitlich** / contacto *m* lateral entre flancos ‖ ~**flankenschabmaschine** *f* (Wzm) / rascadora *f* de dientes, máquina *f* para rasquetear los flancos de dientes ‖ ~**flankenschliff** *m* / rectificación *f* de flancos de dientes ‖ ~**form** *f*, Profilform *f* / forma *f* de perfil del diente, perfil *m* del diente ‖ ~**form**, -gestaltung *f* nach dem Abwälzverfahren / conformación *f* del perfil del diente por generación (E) o por proceso creador (LA) ‖ ~**formfräser** *m* (Wz) / fresa *f* de diente ‖ ~**förmig** / dentiforme, en forma de diente, dentado ‖ ~**fräser** *m*, Zahnradfräser *m* (Wz) / fresa *f* de engranajes ‖ ~**fräser**, Abwälzfräser *m* / fresa *f* espiral o helicoidal o de rodadura (E), fresa *f* creadora ‖ ~**fuß** *m* (Masch) / pie *m* de[l] diente, base *f* o raíz (LA) del diente ‖ ~**fuß** (Sägezahn) / pie *m* del diente [de sierra] ‖ **Abstand** *f* ~**fuß** / distancia *f* entre dientes a nivel del pie ‖ ~**fußdicke** *f* / espesor *m* del diente en la base, espesor *m* del pie de diente ‖ ~**fußfestigkeit** *f* / resistencia *f* del pie del diente ‖ ~**fußhöhe** *f*, -fußtiefe *f* / profundidad *f* del pie de diente ‖ ~**fußhöhe bezogen auf Teilkreis** (Schneckenrad) / dedéndum *m* ‖ ~**fuß-Vergleichsspannung** *f* / tensión *f* comparativa del pie de diente ‖ ~**fuß-Zeitschwellfestigkeit** *f* / resistencia *f* temporal a la compresión periódica del pie de diente ‖ ~**gesims** *m* (Bau) / dentículo *m* ‖ ~**gesperre**, Gesperre *n* / trinquete *m* dentado ‖ ~**hammer** *m* (Maurer) / martillo *m* de dientes ‖ ~**herstellung**, -gestaltung *f* nach dem Abwälzverfahren / procedimiento *m* de rodadura o de envolvimiento (E), procedimiento *m* creador ‖ ~**hobel** *m* (Holz) (Wz) / cepillo *m* de diente ‖ ~**höhe** *f*, -tiefe *f* (Masch) / altura *f* del diente ‖ ~**höhe über der Sehne** / altura *f* cordal del diente, addéndum *m* cordal ‖ ~**kante** *f* / arista *f* del diente ‖ ~**kantenfräsmaschine** *f* (Wzm) / fresadora *f* achaflanadora de dientes, fresadora para redondear aristas (de dientes) ‖ ~**keilriemen** *m* / correa *f* trapezoidal dentada ‖ ~**kern-Prozessor** *m* (DV) / procesador *m* de diez núcleos ‖ ~**kette** *f* / cadena *f* de dientes ‖ ~**knarre** *f*, Ratsche *f* (Wz) / carraca *f* ‖ ~**kopf** *m* (Zahnrad) / cabeza *f* del diente ‖ ~**kopfform** *f* / forma *f* de la cabeza del diente ‖ ~**kopfhöhe** *f* / altura *f* de la cabeza de diente ‖ ~**kopfhöhe bezogen auf Teilkreis, [auf Wälzkreis]** (Schneckengetriebe) / addéndum *m* ‖ ~**kranz** *f* / corona *f* dentada, aro *m* dentado ‖ ~**kranz** (Fahrrad) / coronas paralelas *f pl* ‖ ~**kranz** (einfach) (Fahrrad) / piñon *m* grande ‖ ~**kranz der Planscheibe** (Dreh) / corona *f* dentada del plato ‖ ~**kranz der Schwungscheibe** (Kfz) / corona *f* dentada del volante ‖ ~**krone** *f* (Bohrkrone) (Bergb) / corona *f* dentada ‖ ~**kupplung** *f* / acoplamiento dentado o de dientes ‖ ~**lehre** *f* (Mess) / calibre *m* de dientes ‖ ~**leiste** *f* (Zimm) / listón *m* dentado ‖ ~**lücke** *f* (Masch) / hueco *m* entre dientes o del dentado ‖ ~**lücke**, Zahnzwischenraum *m* (Zahnrad) / entredientes *m*, vano *m* ‖ ~**lücke** (Krempel) / interrupción *f* ‖ ~**lückenfläche** *f*, -lückengrund *m* (Zahnrad) / fondo *m* del vano ‖ ~**lückenfräser** *m* **für Kettenräder** (Wz) / fresa *f* de entredientes para ruedas de cadena ‖ ~**lückenhalbwinkel** *n* / semiángulo *m* del hueco ‖ ~**lückenprofil** *n* / perfil *m* del entredientes ‖ ~**meißel** *m* (Wz) / cincel *m* dentado ‖ ~**modul** *m* / módulo *m* de dientes ‖ ~**nabenprofil** *n* / perfil *m* de cubos dentados ‖ ~**nabenprofil mit Evolventenflanken** / perfil *m* de cubos dentados con flancos de evolvente ‖ ~**oberkante** *f* / arista *m* superior del diente ‖ ~**platte** *f* / placa-cremallera *f* ‖ ~**profil** *n* / perfil *m* de[l] diente, contorno *m* del diente
Zahnrad *n* / rueda *f* dentada o de engranaje, engranaje *m*, piñón *m* ~, (spez): Kronen-, Kammrad *n* / rueda *f* de dientes planos ‖ ~ *n* (Uhr) / rueda *f* dentada ‖ ~ **mit Innenverzahnung**, Hohlrad *n* / rueda *f* con dentado interior, rueda *f* dentada interior ‖ ~ *n* **mit Kurvenverzahnung** / rueda *f* con dentado en espiral ‖ ~ **mit Primzahl-Zähnezahl** / rueda *f* con dientes de número primo ‖ **kleines** ~, Ritzel *n* / piñón *m* ‖ ~ **[ab]wälzfräsmaschine** *f* (Wzm) / fresadora *f* de engranajes por generación (E) o el procedimiento creador (LA) ‖ ~**anode** *f* (Galv) / ánodo *m* dentellado ‖ ~**antrieb** *m* / accionamiento *m* por ruedas dentadas ‖ ~**bahn** *f*, -bergbahn / ferrocarril *m* [de montaña] de cremallera ‖ ~**[bahn]lokomotive** *f* / locomotora *f* de cremallera ‖ ~**block**, -pilz *m* / bloque *m* de ruedas dentadas
Zahnräder•abrollmaschine *f* / máquina *f* conformadora de engranajes por presión ‖ ~**berechnung** *f* / cálculo *m* de engranajes ‖ ~**-Teilkopf** *m* / cabeza *f* divisora de engranajes ‖ ~**werk** *n* / engranaje *m*, tren *m* o sistema de engranajes
Zahnrad•formmaschine *f* (Gieß) / moldeadora *f* de ruedas dentadas ‖ ~**fräser** *f* / fresa *f* para tallar engranajes ‖ ~**fräsmaschine** *f* (Wzm) / fresadora *f* de engranajes ‖ ~**getriebe** *n* / engranaje *m*, mecanismo *m* de ruedas dentadas, tren *m* o juego de engranjes ‖ ~**hobelmaschine** *f* (Wzm) / acepilladora *o* cepilladora de engranajes ‖ ~**knarre** *f* (Wz) / chicharra *f* [de engranaje], carraca *f*, matraca *f* ‖ ~**läppmaschine** *f* (Wzm) / lapeadora *f* de engranajes ‖ ~**motor** *m* [mit geraden o. schrägen o. Pfeilzähnen] (Bergb) / motor *m* neumático de rueda dentada [cilíndrica, o de dientes oblicuos en flecha] ‖ ~**paar** *n* / par *m* de ruedas dentadas, engranaje *m* ‖ ~**prüfmaschine** *f* / máquina *f* verificadora o comprobadora de engranajes, máquina *f* para el ensayo de engranajes ‖ ~**pumpe** *f* / bomba *f* de engranajes o ruedas dentadas ‖ ~**rohling**, -körper *m* / rueda *f* en bruto para dentar ‖ ~**-Schabmaschine** *f* (Wzm) / rascadora de dientes [de engranajes], máquina *f* de rascar o afeitar engranajes ‖ ~**schabverfahren** *n* / afeitado *m* de ruedas dentadas ‖ ~**schleifmaschine** *f* (Wzm) / rectificadora *f* de engranajes ‖ ~**schleifmaschine mit Profil-Schleifscheibe** / rectificadora *f* de engranajes con muela de forma ‖ ~**schleifmaschine nach dem Abwälzverfahren** / rectificadora *f* de engranajes por generación ‖ ~**schutzkasten** *m* / cárter *m* de engranajes ‖ ~**spachtel** *f* (Bau) / espátula *f* dentada (del embaldosador) ‖ ~**stellung** *f* (Uhr) / rueda *f* de bloqueo ‖ ~**stoßmaschine** *f* / mortajadora *f* de engranajes [por generación] ‖ ~**teilkopf** *m* / aparato *m* divisor para engranajes, cabeza *f* divisora para engranajes ‖ ~**trieb** *m* / transmisión *f* por ruedas

1534

dentadas ‖ ⁓**übersetzung** f / multiplicación f o transmisión por engranaje[s] ‖ ⁓**vorgelege** n / contramarcha f de engranaje ‖ ⁓**vorgelege**, Rädersatz m / juego m o tren de ruedas dentadas ‖ ⁓**walzen** n / laminado m de engranajes ‖ ⁓**wälzfräsmaschine** s. Zahnradabwälzfräsmaschine ‖ ⁓**welle** f / piñón m alargado ‖ ⁓**wendegetriebe** n / engranaje m inversor [de marcha]
Zahn•riemen m / correa f dentada ‖ **doppelseitiger** ⁓**riemen** / correa f dentada en ambas caras ‖ ⁓**riementrieb** m / transmisión f por correa dentada ‖ ⁓**riffelung** f / estriado m dentado ‖ ⁓**ritzel** n, Ritzel n / piñón m ‖ ⁓**rollmaschine** f / máquina f de laminar ruedas dentadas ‖ ⁓**rücken** m / dorso m del diente ‖ ⁓**sättigung** f (Elektr) / saturación f de dientes ‖ ⁓**scheibe** f (Masch) / disco m dentado ‖ ⁓**scheibe**, Planrad m (Kegelwinkel 90°) / rueda f plana dentada ‖ ⁓**scheibe** (Photozellen-Unterbrecher) / disco m [interruptor] perforado ‖ [**innen- o. außengezahnte**] ⁓**scheibe** (eine U-Scheibe) / arandela f con dentado interior o exterior, arandela f dentada ‖ ⁓**scheibenmühle** f / molino m de (o con) disco[s] dentado[s] ‖ ⁓**schiene** f / cremallera f, riel m dentado ‖ ⁓**schrägung**, -schräge f (Schrägverzahnung) / inclinación f de dientes o del dentado oblicuo ‖ ⁓**segment** n (Masch) / sector m dentado ‖ ⁓**segment** (Formerei) / segmento m del diente ‖ ⁓**sehne** f (Getriebe) / cuerda f del diente ‖ ⁓**spindel** f / husillo m dentado ‖ ⁓**spitze** f (Karde) / punta f del alambre de carda ‖ ⁓**spitzenlinie** f (Säge) / línea f de puntas ‖ ⁓**stange** f / cremallera f ‖ ⁓**stange** (Kfz) / cremallera f de dirección
Zahnstangen•fräsmaschine f (Wzm) / fresadora f de cremalleras ‖ ⁓**getriebe**, -triebwerk n (Bahn) / engranaje m de cremallera ‖ ⁓**heber** m, -winde f / cric m o gato m de cremallera ‖ ⁓**-Hydrolenkung** f / dirección f hidráulica de cremallera ‖ ⁓**lenkung** f (Kfz) / dirección f de (o por) cremallera ‖ ⁓**presse** f / prensa f de cremallera ‖ ⁓**schlitten** m (Wzm) / carro m de cremallera ‖ ⁓**teilvorrichtung** f (Wzm) / divisor m para cremalleras ‖ ⁓**-Zahnradprinzip** n (Linearmotor) / principio m [de] cremallera-engranaje
Zahn•stärke s. Zahndicke ‖ ⁓**steigung** f (Schrägrad) / paso m de hélice ‖ ⁓**stein**, Verzahnungsstein m (Maurer) / diente m saliente de sillares, adaraja f ‖ ⁓**streifen** m pl (Druck) / marcas f pl de dientes ‖ ⁓**technik** f (Med) / técnica f dental ‖ ⁓**techniker** m / protésico m dental, mecánico m dentista ‖ ⁓**technisches Labor**, Dentallabor n / laboratorio m dental ‖ ⁓**teilung** f, Teilung der Zahnspitzen (Säge) / paso m de dientes, espacio m entre los dientes ‖ ⁓**teilung** (Elektr, Masch) / paso m de los dientes ‖ ⁓**teilung entlang der Sehne im Rollkreis gemessen** / paso m rectilíneo ‖ ⁓**teilung im Teilkreis gemessen**, Circular pitch m (Masch) / paso m circular o circunferencial del engranaje ‖ ⁓**teilung senkrecht zum Zahn** (Schraubenrad) / paso m real ‖ ⁓**teilung senkrecht zur Achse** (Schraubenrad) / paso m circular real ‖ ⁓**trieb**, Trieb m (Masch) / piñón m, rueda f motriz ‖ ⁓**triebwerk** n (Opt) / mecanismo de piñón y cremallera;.m. ‖ ⁓**trommel** f, Igeltrommel f (Spinn) / tambor m o cilindro [de] porcupina ‖ ⁓**trommel** (Masch) / rodillo m o tambor dentado
Zahnung f / dentado m, dentadura f ‖ ⁓, Zahneinschnitt m / espacio m entre dientes, entrante m, vano m, hueco m
Zähnung f (Briefmarke) / dentado m del sello
Zahn•walze f (Asphalt) / rodillo m erizado ‖ ⁓**walze**, Krauswalze f (Landw) / rodillo m dentado o de dientes ‖ ⁓**walze zum Entkletten** (Wolle) / rodillo m de cuchillas ‖ ⁓**weite** f (Zahnrad) / espacio m entre dientes, vano m, hueco m ‖ ⁓**welle** f / árbol m o eje dentado o estriado o acanalado ‖ ⁓**wellenprofil** n / perfil m de eje estriado ‖ ⁓**wellen-Verbindung** f mit **Evolventenflanken** / estriado m de flancos fresados

por el sistema envolvente ‖ ⁓**werk** n (Teleskop) / mecanismo m de cremallera ‖ ⁓**winkel von 90°** m (Säge) / ángulo m recto ‖ ⁓**zwischenraum** m (Zahnrad) / entredientes m, hueco m entre dientes, vano m
zähpolen, Kupfer ⁓ / afinar el cobre
Zamak n (Zinklegierung) (Hütt) / zamak m (aleación de cinc)
Zanella m (Futter-, Schürzenstoff) (Tex) / zanella f, tela italiana f
Zange f (allg, Wz) / tenazas f pl, pinza f, pinzas f pl, alicates m pl ‖ ⁓, Beißzange f / tenazas f pl de corte ‖ ⁓, Flachzange f / alicates m pl ‖ ⁓ (bes. Schmiedezange) / tenazas f de forja ‖ ⁓ (klein) / tenacillas f pl, tenazuela f ‖ ⁓ f (Schw) / pinzas f pl de contacto ‖ ⁓, Ziehzange f (Draht) / tenazas f pl de trefilar, rana f de mordazas ‖ ⁓, Koppelbalken m des Dachbinders (Zimm) / viga f acopladora ‖ ⁓, Kluppe f (Tex) / pinza f ‖ ⁓ f (Med, Uhr) / forceps m ‖ ⁓, Nagelzange f (Med) / cortauñas m ‖ ⁓, Wasserpumpenzange f / alicates m pl de abertura múltiple ‖ ⁓ **der Scheibenbremse**, Bremssattel m (Kfz) / pinzas f pl de freno ‖ ⁓ **des Zangenmanipulators** / pinzas f pl del manipulador ‖ ⁓ **für Sicherungsringe für Wellen, [für Bohrungen]** (DIN 5254, [5256]) / pinza f para circlips ‖ ⁓ **für Steckverbindungen** / pinzas f pl para uniones de quita y pon ‖ ⁓ **zum Drahtschneiden**, Drahtzange f / cortaalambres m ‖ **flache** ⁓, Flachzange f / alicates m pl de boca plana ‖ **mit** ⁓**n halten** / sujetar o tener con tenazas
Zangen•-Amperemeter n (Elektr) / amperímetro m de pinza f ‖ ⁓**apparat** m, -zuführung f (Presse) / aparato m alimentador de pinzas ‖ ⁓**backe** f / mandíbula f, boca f ‖ **untere** ⁓**backe** (Spinn) / mordaza f inferior ‖ ⁓**bremse** f (Bahn) / freno m de mandíbulas o de mordazas ‖ ⁓**brett** n (Tischl) / mandíbula f del torno ‖ ⁓**ende** n (Schm) / cola f de agarre ‖ ⁓**förmig** / en forma de tenazas ‖ ⁓**gelenk** n / unión f o articulación de tenazas ‖ ⁓**greifer** m / manipulador m de tenazas ‖ ⁓**griff** m / tenazada f ‖ ⁓**griffpaar** n / mangos m pl de tenazas ‖ ⁓**griffweite** f / abertura f de mangos ‖ ⁓**hebel**, Gabelhebel m / palanca f de horquilla ‖ ⁓**hülse** f / casquillo m de pinza ‖ ⁓**instrument** n, -messgerät n (Elektr) / instrumento m de pinza ‖ ⁓**kanter** m (Hütt) / manipulador m tipo tenaza ‖ ⁓**kopf** m / cabeza f de tenazas ‖ ⁓**kran** (Hütt) / grúa f de (o con) tenazas ‖ ⁓**kran**, Stripper[kran] m (Hütt) / grúa para deslingotar ‖ ⁓**manipulator** m (Nukl) / manipulador m de pinza[s] ‖ ⁓**mann** m (Walzw) / tenazador m ‖ ⁓**maul** f / mandíbula f o boca de tenazas ‖ ⁓**niet** m / remache m de alicates ‖ ⁓**ring** m, -klemme f / anillo m de tenazas ‖ ⁓**schraubstock** m (Schm) / tornillo m de mordaza ‖ ⁓**sitz** m (Wzm) / asiento m de la pinza ‖ ⁓**spannfutter** n, Spannzange f (Dreh) / pinza f portapieza, mandril m de pinza ‖ ⁓**spindel** f (Hobelbank) / husillo m para mordazas ‖ ⁓**strommesser** m, Anlegestrommesser m (Elektr) / amperímetro m de pinza ‖ ⁓**stromwandler** m / transformador m de pinza ‖ ⁓**vorschub** m, -zuführung f, Greifervorschub m / alimentación f por pinzas, avance m por pinzas ‖ ⁓**wagen** m (Glaswerk) / tenazas f pl largas sobre ruedas
Z-Antrieb m (Schiff) / accionamiento m por (o con) hélice tipo Z, transmisión en Z
Zapf•... / distribuidor de toma ‖ ⁓**anlage** f (Kfz) / surtidora f de combustible, surtidor m de combustible
Zäpfchen n (Netzhaut) (Physiol) / cono m (retina) ‖ ⁓ pl (feuerfeste Stoffe) / estalactitas f pl de materia refractaria
zapfen vt, an-, abzapfen / espitar, picar ‖ ⁓ (Brau) / sacar [del tonel o del barril], abrir la espita o el grifo ‖ ⁓ (Zimm) / machihembrar ‖ ⁓, ins das Gewinde einbringen (Öl) / encentrar dos tubos para conectarlos a rosca ‖ ⁓ (Latex) / extraer el caucho, cauchar

1535

(COL) ‖ **Wasser** ~ **o. ablassen** (Hahn) / tomar agua ‖ ⁓ *n*, Abzapfen *n* / extracción *f*, vaciado *m*
Zapfen *m*, Dübel *m* (Zimm) / taco *m*, clavija *f*, tarugo *m* ‖ ⁓ (Bot) / cono *m*, piña *f*, estróbilo *m* ‖ ⁓ (Masch) / pivote *m*, espiga *f*, muñón *m*, gorrón *m* ‖ ⁓, Drehzapfen *m* / pivote *m*, quicio *m* ‖ ⁓, Stopfen *m*, Stöpsel *m* / tapón *m* ‖ ⁓ (Zimm) / mecha *f* [sencilla] ‖ ⁓, Daumen *m* (Masch) / uña *f*, leva *f* ‖ ⁓ *m*, Bolzen *m* / perno *m*, bulón *m* ‖ ⁓ (Gewindestift) / pivote *m* de la varilla roscada ‖ ⁓, Fasshahn *m* / espita *f*, canilla *f*, espiche *m* (LA) ‖ ⁓ *m*, Achszapfen (Kfz) / gorrón *m*, mangueta *f*, espiga *f* ‖ ⁓, Achszapfen *m* (Bahn) / muñequilla *f*, mangueta *f* ‖ ⁓, Schaft *m* / vástago *m* ‖ ⁓, Schildzapfen / gorrón *m* de patín ‖ ⁓ **der Achse** (Uhr) / pivote *m* ‖ ⁓ **der Kurbel[welle]**, Kurbelzapfen *m* / muñón *m* del cigüeñal, muñequilla *f* de la manivela ‖ ⁓ **der Walze** (Walzw) / gorrón *m* del cilindro o del rodillo ‖ ⁓ **des Konverters** / muñón *m* (o soporte giratorio) del convertidor ‖ **[langer]** ⁓ (Schraubenende) / tetón *m*
Zapfen•aufhängung, -lagerung *f* (senkrecht) (Masch) / suspensión *f* sobre pivote[s] ‖ ⁓**bohrer** *m* (Tischl) / broca *f* de punto, taladrador *m* de vástago o para tacos ‖ ⁓**bohrer**, Dübelbohrer *m* / broca *f* o barrena para tarugos ‖ ⁓**bohrer** (Fass) / barrena *f* de tonelero ‖ ⁓**buchse** *f* / casquillo *m* para pivotes ‖ ⁓**durchmesser** *m* (Gewindestift) / diámetro *m* de la varilla roscada ‖ ⁓**düse** *f* (Diesel) / inyector *m* de tetón, tobera *f* de tetón ‖ ⁓**feder** *f* (Masch) / lengüeta *f* de talón ‖ ~**förmig** / en forma de cono, coniforme ‖ ⁓**fräser** *m* (Wz) / fresa *f* de vástago ‖ ⁓**gelenk** *n* (Brücke) / articulación *f* de pivote ‖ ⁓**kipper** *m* (Bergb) / vagoneta *f* basculante con muñones ‖ ⁓**lager** *n* (Masch) / apoyo *m*, chumacera *f*, soporte de espigas o de muñones, cojinete *m* de pivote[s] ‖ **unteres** ⁓**lager**, Lagerpfanne *f* (Masch) / semicojinete *m* inferior ‖ **oberes** ⁓**lager**, Halslager *n* (Masch) / semicojinete *m* superior ‖ **V-förmiges oder wiegenartiges** ⁓**lager** / apoyo *m* en V ‖ ⁓**lager** *n* (Uhr) / alojamiento *m* de pivote ‖ ⁓**lagerung** *f* / montaje *m* en pivote ‖ ⁓**loch** *n* (Zimm) / mortaja *f* ‖ ⁓**lochmaschine** *f*, Stemmaschine *f* (Zimm) / mortajadora *f*, amortajadora *f* ‖ ⁓**reibung** *f* / rozamiento *m* del pivote o de gorrones o pivotes ‖ ⁓**rolle** *f* / rodillo *m* con muñones ‖ ⁓**-Rolliermaschine**, Kuppenrundmaschine *f* (Wzm) / máquina *f* para redondear y pulir pivotes ‖ ⁓**rollierstuhl** *m* (Uhr) / torno *m* para pulir pivotes ‖ ⁓**säge**, Zinkensäge *f* (Wz) / sierra *f* para colas de milano ‖ ⁓**schlüssel** *m* **für Zweilochmuttern** / llave *f* de pernos para tuercas de dos agujeros ‖ ⁓**schneid- und Schlitzmaschine** *f* / máquina *f* de fresar y hendir espigas ‖ ⁓**schneidemaschine** *f* / máquina *f* espigadora, máquina *f* cortadora de tarugos, cortatarugos *m*, cortaespigas *m* ‖ ⁓**schraube** *f* / tornillo *m* sin cabeza con pivote ‖ ⁓**schraube mit Schlitz** / tornillo *m* sin cabeza ranurado ‖ ⁓**senker** *m* / avellanador *m*, penetrador *m* ‖ ⁓**stern** *m* (Kfz) / eje *m* de satélites del diferencial ‖ ⁓**verbindung**, Zapfung *f* (Tischl, Zimm) / unión *f* machihembrada
Zapf•gerät *n* (für Kraftstoff) / distribuidor *m* de gasolina ‖ ⁓**hahn** *m* / grifo *m*, espita *f* ‖ ⁓**hahn**, Feuerhahn *m* / boca *f* de riego, boca *f* hidrante ‖ ⁓**hahn** *m* (Benzinpumpe), Zapfpistole *f* / pistola *f* de gasolina, grifo *m* surtidor o de toma ‖ ⁓**hahn** (Fass) / espita *f* ‖ ⁓**hahnaufnahme** *f* (Tanksäule) / apoyo *m* para pistola de gasolina ‖ ⁓**loch** *n* (Brau) / agujero *m* de toma, piquera *f* ‖ ⁓**pumpe** *f* (Kfz) / bomba *f* de gasolina, bomba *f* de nafta (LA) ‖ ⁓**säule** *f*, Tanksäule *f* / gasolinera *f*, distribuidor *m* o surtidor ‖ ⁓**säule** (Elektr) / columna *f* de toma ‖ ⁓**schienenverteiler** *m* (Elektr) / sistema *m* distribuidor prefabricado de barras protegidas ‖ ⁓**schlauch** *m* / tubo *m* flexible de la gasolinera, manguera *f* del surtidor ‖ ⁓**schnitt** *m*

(Kautschuk) / corte *m* de toma o de sangre ‖ ⁓**stelle** *f*, -punkt *m* (Dampf) / punto *m* de toma de vapor ‖ ⁓**stelle** (Wasser) / toma *f* de agua, puesto *m* de toma de agua ‖ ⁓**stelle**, Hydrant *m* (F'wehr) / boca *f* de riego, boca *f* hidrante ‖ ⁓**stelle**, Tankstelle *f* (Kfz) / gasolinera *f*, surtidor *m* de gasolina y/o de gasoil, estación *f* de servicio ‖ ⁓**welle** (Landw) / árbol *m* de toma [de] fuerza ‖ ⁓**welle mit Dauerantrieb**, direkt angetriebene o. motorabhängige o. Motor-Zapfwelle (Landw) / toma *f* de fuerza del motor continua ‖ ⁓**wellenanschluss** *m* / conexión *f* de toma de fuerza, toma *f* de fuerza ‖ ⁓**wellenantrieb**, Abtrieb *m* (Landw) / toma *f* de fuerza ‖ ⁓**wellengetriebe** (eines Traktors), Verteilergetriebe *n* / transmisión *f* de toma de fuerza, engranaje *m* de toma de fuerza ‖ ⁓**wellenkraftheber** *m* / elevador *m* [accionado] por toma de fuerza ‖ ⁓**wellenkupplung** *f* / embrague *m* de toma de fuerza
Zap-Klappe *f* (Luftf) / alerón *m* Zap
Zaponlack *m* / barniz *m* zapón, laca *f* zapón
zappen, Zapping machen / zapear, zapinear, hacer zapping
Zapping *n*, Zappen *n* / zapeo *m*, zapping *m*
Zaratit *m* (Min) / zaratita *f*
Zarge *f*, Nut[e] *f*, Falz *m* (Masch, Tischl) / ranura *f*, muesca *f* ‖ ⁓, Tür-, Fensterzarge *f* (Zimm) / bastidor *m* de la puerta o ventana, cerco *m* de ventana, marco *m* de puerta ‖ ⁓ (Plattenspieler) / bastidor *m* de tocadiscos ‖ ⁓ *f*, Kimme *f* (Fass) / jable *m*, gargol *m* ‖ ⁓ (Zimm) / borde *m* ‖ ⁓ (Edelstein) / engaste *m* ‖ ⁓ (Konservendose) / cuerpo *m* de lata o de bote ‖ ⁓ **aus Falzblech** (Bau) / cerco *m* de ventana de chapa plegada ‖ ⁓ **des senkrechten Schiebefensters** / cerco *m* de la ventana de guillotina ‖ ⁓ **einer Feuertür**, Feuergeschränk *m* (Bahn, Bau) / paramento *m* de caldera ‖ ⁓ *f* **eines Wellpappkartons** / cuerpo *m* de caja de cartón ondulado
zargen *vt*, verzargen (Tischl) / essamblar en cola de milano ‖ ⁓**fenster** *f* (Bau) / ventana *f* de bastidor ‖ ⁓**reißer** *m* (Hütt) / fractura *f* en forma de copa ‖ ⁓**rundmaschine** *f* (Dosen) / máquina *f* para centrar los cuerpos de latas
zart, zerbrechlich / frágil, tenue ‖ ~ (Farbton) / delicado, sutil ‖ ~ (Gewebe) / ligero ‖ ~, dünn, schwach / delgado ‖ ~, weich / tierno, suave ‖ ⁓**heit** *f* / sutileza *f*
Zäsium, Cäsium *n*, Cs (Chem) / cesio *m*, Cs ‖ ⁓**atomuhr** *f* / reloj *m* de cesio 133 ‖ ⁓**dampf-Atomfrequenznormal** *n* / patrón *m* de frecuencia de vapor de cesio ‖ ⁓**element** *n* (Eltronik) / célula *f* de cesio ‖ ⁓**frequenznormal** *n* / patrón *m* de frecuencia de cesio ‖ ⁓**strahl** *m* (Atomuhr) / rayo *m* de cesio ‖ ⁓**strahler** *m* / radiador *m* de cesio
Zauberwürfel *m* / cubo *m* mágico o de Rubic
Zaum *m* (Sattl) / brida *f*
Zaun *m* / seto *m* ‖ ⁓, Einzäunung *f*, Einfriedung *f* / cerca *f*, valla *f*, vallado *m*, cercado *m* ‖ ⁓, Drahtzaun *m* / alambrada ‖ ⁓**elektrischer** ⁓, Elektrozaun (Landw) / cerca *f* eléctrica ‖ ⁓**draht** *m* / alambre *m* para vallas ‖ ⁓**einfriedigung** *f* / vallado *m*, cercado *m* ‖ ⁓**latte** *f*, Stakete *f* (halbrund) / ripia *f* ‖ ⁓**pfahl** *m* / estaca *f* (E), poste *m* (LA), jan *m* (CUB) ‖ ⁓**rübe** *f* (Bot) / nueza *f*
Zausler *m*, Ballenöffner *m* (Tex) / abridora *f* de balas
z.B. (= zum Beispiel) / p.ej. = por ejemplo, v.g. (= verbigracia)
ZB, Zentralbatterie *f* (Fernm) / batería *f* central
Z-Bake *f* (Luftf) / radiobaliza *f* Z
ZB-Betrieb *m* (ZB = Zentralbatterie) (Fernm) / servicio *m* con batería central
Z-Diode *f* (DIN) (Halbl) / diodo *m* de Zener ‖ ⁓ **als Referenzdiode** / diodo *m* [de referencia] de Zener
Z-Draht *m* (Eltronik) / hilo *m* inhibidor
Z-Drehung *f* (Spinn) / torsión *f* Z ‖ ⁓ (Math) / transformación *f* Z
ZE (= Zeiteinheit) / unidad *f* de tiempo

Zeichengeber

Zeagonit m (Min) / zeagonita f
Zeaxanthin n / zeaxantina f, ceaxantina f
Zebrastreifen m (Straßb) / paso m de peatones, paso [de] cebra para peatones
Zeche, Grube f (Bergb) / mina f, pozo m minero ‖ ⁓, Bergwerksgesellschaft f / compañía f o sociedad minera
Zechen•bahn f (Bahn) / ferrocarril m minero ‖ ⁓**bahnhof** m (Bahn) / estación f de mina ‖ ⁓**betrieb** m (Bergb) / explotación f minera, minería f ‖ ⁓**halde** f / escombrera f de mina ‖ ⁓**koks** m / coque m siderurgico o de mina ‖ ⁓**platz** m (Bergb) / plaza f de mina ‖ ⁓**saal** n (Bergb) / sala f de mina
Zechstein m (Geol) / formación f rocosa pérmica, zechstein m ‖ ⁓**dolomit** m / dolomía f compacta ‖ ⁓**[kalk]** m / piedra f calcárea ‖ ⁓**letten** m / arcilla f de piedra calcára
Zecke f (Zool) / garrapata f
Zeder f / cedro m, pino m del Líbano ‖ ⁓ **für Bleistiftherstellung**, Florida- o. Bermudazeder f / cedro m de Virginia ‖ ⁓**harz** m / resina f de cedro
Zedernholzöl n / esencia f de madera de cedro
Zedren n (Chem) / zedreno m
Zeeman-Effekt m (Spektrum) / efecto m Zeeman
Zefir, Zephir m (Tex) / céfiro m
Zehenderkammer f (Mikrosk) / cámara f de Zehender
Zehenkappe f, Kappe (Schuh) / puntera f
zehn Jahre n pl, Decennium n (Zeit) / decenio m, década f ‖ ⁓ f, Zehner m, Zehnerstelle f / decena f ‖ **nach** ⁓ **gerechnet** (Math) / decimal ‖ ⁓**bindig** (Web) / de diez hilos por raporte ‖ ⁓**eck**, -seit n (Geom) / decágono m ‖ ⁓**eckig**, -seitig (ebene Figur) / decagonal
Zehner m, -stelle f (Math) / decena f ‖ ⁓..., Dezimal... / decimal ‖ ⁓**blocktastatur** f (DV) / teclado m de diez cifras en bloque ‖ ⁓**bruch** m (Math) / fracción f decimal propia ‖ ⁓**gruppe** f (DV) / década f ‖ ⁓**komplement** n (Math) / complemento m de diez ‖ ⁓**logarithmus** m / logaritmo m decimal o de Briggs ‖ ⁓**nonius** m (Mess) / nonio decimal f (lectura en décimas de milímetro) ‖ ⁓**potenz** f (Math) / potencia f de diez, número m elevado a la décima potencia ‖ ⁓**potenzschreibweise** f (DV) / modalidad f de potencia de diez ‖ ⁓**prozentpunkt** m (Math) / punto m de diez por ciento ‖ **durchgehende** ⁓**schaltung** (DV) / circuito m de traspaso (E) decimal, circuito m de acarreo decimal (LA) ‖ ⁓**schreibweise** f (Math) / notación f decimal ‖ ⁓**stelle** f / lugar m de las decenas, decena f ‖ ⁓**system** n, Dezimalsystem n / sistema m decimal ‖ ⁓**tastatur** f (DV) / teclado m de diez cifras o dígitos ‖ ⁓**übertrag** m, -übertragung, -schaltung f (DV) / traspaso m decimal (E), acarreo m decimal o de decenas (LA) ‖ ⁓**wert** m, -stelle f (Math) / decena f ‖ **nächsthöherer** ⁓**wert** / decena f superior
zehn•fach / décuplo, diez veces más o tanto ‖ ~**fache Vergrößerung** (Opt) / diez aumentos m pl ‖ ~**fache Verkleinerung** / diez reducciones ‖ ⁓**fache** / décuplo m, diez veces tanto ‖ ⁓**farbendruckmaschine** f (Tex) / máquina f de rodillos para estampar diez colores ‖ ⁓**fingerschreiben** n / mecanografía f o dactilografía con todos los dedos ‖ ~**flächig** (Geom) / decaédrico ‖ ⁓**flächner** m, -flach n / decaedro m ‖ ⁓**gradteilung** f / graduación f de diez en diez grados ‖ ⁓**jährig** / decenal, de diez años ‖ ~**jährige Garantie** / garantía f de diez años ‖ ⁓**liter-Abfüllanlage** f (Milch) / instalación f de envase en botellas de diez litros ‖ ⁓**pointsmaschine** f (Tex) / telar m de diez agujas por pulgada ‖ ~**prozentig** / del [o de un] diez por ciento, al diez por ciento ‖ ~**seitig**, -flächig (Körper) (Geom) / decaédrico ‖ ~**stellig** / de diez cifras o dígitos ‖ ~**stündig** / de diez horas ‖ ~**stündige Entladezeit** (Akku) / tiempo m de descarga de diez horas ‖ ~**stündige Kapazität** (Akku) / capacidad f da descarga de diez horas ‖ ⁓**tastenfeld** n, Zehnertastatur f (DV) / teclado m de diez dígitos o cifras

zehnte adj / décimo adj
zehnteilig / decenario
Zehntel n, Dezi... / dcci... ‖ ⁓ / décimo m, décima parte f, décima f ‖ ⁓**grad** n (Thermometer) / décima f ‖ ⁓**liter** m n / decilitro m ‖ ~**normal** / decinormal ‖ ⁓**normallösung** f (Chem) / solución f decinormal ‖ ⁓**prozent** n / décima f de [un] por ciento ‖ ⁓**sekunde** f / décima f de segundo ‖ ⁓**wert-Dicke** f (Nukl) / espesor m [de un material] que reduce una radiación gamma a un décimo ‖ ⁓**zoll** m (= 2,54 mm) / décima f de pulgada
Zeichen n, Merkmal n / índice m ‖ ⁓, Symbol n / símbolo m, signo m ‖ ⁓ n, Marke f / marca f ‖ ⁓, Anzeichen n / indicio m, signo m, seña f ‖ ⁓, Briefzeichen n / referencia f ‖ ⁓, Zahl f / carácter m ‖ ⁓, Symptom n / síntoma m ‖ ⁓ (Math) / signo m ‖ ⁓, Ton m (Fernm) / tono m ‖ ⁓, Steuerzeichen n (DV) / carácter m ‖ ⁓ (Programmspr) / símbolo m ‖ ⁓, Signal n (allg, Eltronik, Fernm) / señal f ‖ ⁓ (je nach System: Trennschritt o. Stromschritt) (Fernm) / impulso m de trabajo ‖ ⁓/s n pl (DV) / caracteres m pl por segundo, car/s m pl ‖ ⁓ **abfühlen**, Zeichen abtasten (DV) / leer marcas, explorar caracteres ‖ ⁓ **des VDE f. Leuchten, die den europäische Normen entsprechen** (Licht) / ENEC ‖ ⁓ **erkennen** (DV) / reconocer o leer marcas o caracteres ‖ ⁓ n pl **für Halten u. Parken** / señales f pl de parada y estacionamiento m pl ‖ ⁓ **größer als** (>) (Math) / signo m mayor [que] ‖ ⁓ **im Morsesystem** / señal f telegráfica, impulso m de trabajo ‖ ⁓ n pl **je Zeile** [je Zoll] (Druck, DV) / caracteres m pl por línea [por pulgada] ‖ ⁓ **kleiner als** (<) (Math) / signo m menor [que] ‖ ⁓ **pro Sekunde** (DV) / cps (caracteres por segundo) ‖ ⁓ n pl **und Abkürzungen** / signoss m pl y abreviaturas ‖ **im normalen Schriftsystem nicht enthaltene** ⁓ (Druck) / caracteres m pl especiales
Zeichen•abfühlung f, Marksensing m (DV) / lectura f de marcas ‖ ⁓**abstand** m (zwischen den Mittelsenkrechten zweier Zeichen), Typenabstand m / distancia f entre caracteres, espacio m entre caracteres ‖ ⁓**anlage** f / dispositivo m de delinear ‖ ⁓**anzeige** f (DV) / representación f de caracteres ‖ ⁓**aufsatz** m (Radar) / reflectoscopio m ‖ ⁓**ausrichtung** f (Drucker) / alineación f de caracteres ‖ ⁓**begrenzer** m (DV) / limitador m de señal ‖ ⁓**begrenzung** f / límite m de carácter ‖ ⁓**belegung**, -zuordnung f / asignación f de caracteres ‖ ⁓**-Bildschirmeinheit** f / pantalla f de caracteres ‖ ⁓**bogen** m (Pap) / hoja f de dibujar ‖ ⁓**brett** n, Reißbrett n / tablero m de dibujar o de dibujo, tabla f de dibujo ‖ ⁓**büro** n, -saal / oficina f de dibujo o de delineacion, oficina f de proyectos ‖ ⁓**code** m (Fernm) / código m de caracteres ‖ ⁓**darstellung** f (DV) / representación f de caracteres ‖ ⁓**datei** f / fichero m de caracteres ‖ ⁓**dichte** f (Drucker) / densidad f de impresión ‖ ⁓**dichte** (DV) / densidad f de bits ‖ ⁓**dreieck** n / escuadra f de dibujo (30/60°), cartabón m (45°) ‖ ⁓**druck** m, Symboldruck m (DV) / impresión f de símbolos ‖ ⁓**drucker** m (DV) / impresora f de un solo carácter ‖ ⁓**druckmaschine** f (Web) / máquina f de marcar ‖ ⁓**ebene**, Ansichtsebene f / plano m de proyección ‖ ⁓**einrichtung** f, Speichersichtgerät n (Radar) / trazador m ‖ ⁓**element** n (Fernm) / elemento m de señal, componente m de señal ‖ ⁓**empfänger** m / receptor m de señales ‖ ⁓**erkennung** f (allg) / reconocimiento m de marcas o signos ‖ ⁓**erkennung** (DV) / lectura f de marcas ‖ ⁓**erklärung** f, -schlüssel m / leyenda f, explicación f de los símbolos ‖ ⁓**feder** f / pluma f de dibujar o de dibujo, tiralíneas m ‖ ⁓**fehlerquote** f (DV) / tasa f de errores ‖ ⁓**folge** f, Zeichenkette f / cadena f o secuencia de caracteres, cordón m de caracteres ‖ ⁓**gabe** f, -gebung f / señalización f, señalamiento m ‖ ⁓**gabe**, -gebung f (Radar) / trazado m ‖ ⁓**geber**, Fernmelder m (Fernm) / emisor m de señales ‖

1537

Zeichengebung

⁓**gebung**, Signalgebung ƒ / señalización ƒ ‖
⁓**generator** m (DV) / generador m de caracteres, máquina ƒ de dibujar ‖ ⁓**gerät** n, Plotter m (DV) / trazador m, plotter m, trazadora ƒ de gráficos ‖ ⁓**hammer** m (Masch) / martillo m marcador o de marcar ‖ ⁓**höhe** ƒ, Schrifthöhe ƒ (Display) / altura ƒ de caracteres ‖ ⁓**kette** ƒ (mit Länge Eins) (DV) / secuencia ƒ unitaria ‖ ⁓**konstante** ƒ / constante ƒ de carácter ‖ ⁓**kontur** ƒ / contorno m del carácter ‖ ⁓**konzentrator** m (Magn.Bd) / concentrador m de datos ‖ ⁓**kopf** m (Zeichenmasch) / cabeza ƒ de dibujar ‖ ⁓**kreide** ƒ / tiza ƒ, creta ƒ de dibujo ‖ ⁓**leinwand** ƒ, Pausleinwand ƒ / tela ƒ de calcar, papel-tela m ‖ ⁓**lesen** n (DV) / lectura ƒ de caracteres ‖ ⁓**leser** m / lectora ƒ de caracteres ‖ ⁓**lineal** n / regla ƒ ‖ ⁓**maschine** ƒ, -gerät n / máquina ƒ de dibujar, aparato m de dibujar ‖ ⁓**messstab** m / regla ƒ plana graduada ‖ ⁓**-Mittellinie** ƒ / eje m vertical de un carácter ‖ ⁓**mittenabstand** m, Pitch m (It. Bundespost) (Drucker) / paso m horizontal de caracteres, pitch m ‖ ⁓**papier** n / papel m de dibujo ‖ **kartonstarkes** ⁓**papier** / papel m Bristol, cartulina ƒ de dibujo ‖ ~**parallel** (DV) / paralelo por carácter ‖ ⁓**/Pauseverhältnis**, Tastverhältnis n (Fernm) / relación ƒ duración-período ‖ ⁓**platte** ƒ (Radar) / plano m de trazado ‖ ⁓**platte** (DIN 3100), Reißbrett n / tablero m de dibujo ‖ ⁓**programm** n (DV) / programa m de graficación o de trazado ‖ ⁓**prüfung** ƒ / control m por caracteres ‖ ⁓**punkt** m (Morse) / punto m ‖ ⁓**reihe** ƒ (DV) / cadena ƒ o secuencia de caracteres, cordón m de caracteres ‖ ⁓**rohr** n **für Tuschzeichengeräte** / punta ƒ tubular para aparatos de dibujo con tinta china ‖ ⁓**saal** m / oficina ƒ de dibujo o de proyectos ‖ ⁓**satz** m, -vorrat m (DV) / juego m de caracteres, dotación ƒ de caracteres ‖ ⁓**satz-Änderungszeichen** n (DV) / carácter m de cambio de juego de caracteres ‖ ⁓**schiene** ƒ, Reißschiene ƒ (Zeichn) / regla ƒ de T de dibujo, escuadra ƒ en T ‖ ⁓**schlüssel** m (DV) / código m de señales ‖ ⁓**schlüssel**, Legende ƒ (Zeichn) / leyenda ƒ ‖ ⁓**schritt** m (Fernm) / impulso m de codificación ‖ ⁓**segment** n (DV) / segmento m de carácter ‖ ~**seriell** (Eltronik) / en serie por carácter ‖ ~**seriell angeordnet** / serial por carácter, en serie por carácter ‖ ⁓**stärke** ƒ (Funk) / intensidad ƒ de señal ‖ ⁓**stelle** ƒ (Sichtanzeige) / posición ƒ de carácter ‖ ⁓**stift** m / lápiz m de dibujo, lapicero m ‖ ⁓**stift** (NC) / estilo m [trazador] ‖ ⁓**strich** m (Morse) / raya ƒ ‖ ⁓**strom-Überhang** m (Fernm) / exceso m de corriente de reposo ‖ ⁓**stromwelle** ƒ / onda ƒ de trabajo o de marcación ‖ ⁓**system** n, Code m (allg, DV) / código m ‖ ⁓**taktscheibe** ƒ (Drucker) / disco m estroboscópico de caracteres ‖ ⁓**teilmenge** ƒ, -teilvorrat m / subjuego m de caracteres, subconjunto m de caracteres ‖ ⁓**teilung** ƒ, -mittelabstand m / distancia ƒ de centro a centro de caracteres ‖ ⁓**tisch** m, -pult n / pupitre m de dibujar, mesa ƒ de dibujar ‖ ⁓**transferrate** ƒ (DV) / tasa ƒ de transferencia de caracteres ‖ ⁓**trickfilm** m / dibujos m pl animados, película ƒ de dibujos animados ‖ ⁓**tusche** ƒ / tinta ƒ china ‖ ⁓**versatz** m (Drucker) / alineación de caracters ‖ ⁓**verzerrung** ƒ (IEC) (Fernm) / distorsión ƒ telegráfica ‖ ⁓**vorlage** ƒ / modelo m de dibujo ‖ ⁓**vorrat** m, -satz m (Drucker, DV) / conjunto m de caracteres, juego m de caracteres, dotación ƒ de caracteres ‖ ⁓**vorrichtung**, Markiervorrichtung ƒ / dispositivo m de marcar ‖ ⁓**wechsel** m (Fernm) / cambio m del juego ‖ ~**weise Darstellung** / representación ƒ orientada al carácter ‖ ⁓**welle** ƒ, Tastwelle ƒ (Eltronik, Fernm) / onda ƒ de trabajo o de marcación ‖ ⁓**welle** (für Zeichen geeignete Welle) (Fernm) / onda ƒ de señales ‖ ⁓**winkel** m / escuadra ƒ de dibujar ‖ ⁓**zuordnung**, -belegung ƒ (DV) / asignación ƒ de caracteres ‖ ⁓**zwischenraum** m (zwischen den vertikalen Seiten zweier Zeichen) (Drucker) / espacio m vacío entre caracteres

zeichnen vt, eine Zeichnung anfertigen / dibujar, delinear ‖ ~, mit einem Zeichen versehen, anzeichnen, markieren / marcar ‖ ~, mit einer Ziffer versehen / marcar con una cifra ‖ ~, Bäume zeichnen (Forstw) / marcar árboles [con el hacha] ‖ **eine Linie** ~ / trazar una línea ‖ **eine Silhouette** ~ / siluetar ‖ **maßstäblich** ~ / dibujar a escala ‖ [See]**karten** ~ / dibujar un mapa hidrográfico ‖ **zusammengehörende Teile** ~ (Tischl) / marcar ‖ ⁓ n / dibujo m, delineación ƒ, delineamiento m, diseño m ‖ ⁓ **aus freier Hand**, Freihandzeichnen n / dibujo m a pulso ‖ ⁓ **einer Linie** / trazado m ‖ ⁓ **nach Vorlagen** / dibujo m según modelo ‖ **technisches** ⁓ / dibujo m industrial
Zeichner m / delineante m, dibujante m ‖ ⁓, Entwerfer m (Tex) / diseñador m
zeichnerisch, grafisch / gráfico, por el método gráfico ‖ ~**e Statik** / estática ƒ gráfica ‖ ~ **summieren** (Math) / sumar gráficamente
Zeichnung ƒ / dibujo m, plano m, croquis m ‖ ⁓, Kennzeichnung ƒ / marca ƒ ‖ ⁓, zeichnerische o. genaue Darstellung / delineación ƒ, dibujo m a escala ‖ ⁓ ƒ, Effekt m (Web) / dibujo m ‖ ⁓, Maserung ƒ (Holz) / veteado m ‖ ⁓ ƒ **für Objektplanung** (Bau) / dibujo m arquitectónico ‖ **nach Ihrer** ⁓ / según su dibujo, bajo diseño ‖ **technische** ⁓ / dibujo m o plano m industrial
Zeichnungs•änderung ƒ / modificación ƒ del diseño o dibujo ‖ ⁓**angaben** ƒ pl / inscripciones ƒ pl o indicaciones en el dibujo ‖ ⁓**ausschnitt** m (vergrößert) (Plotter) / ventana ƒ ‖ ⁓**ausschnitte darstellen** (Zeichenplotter) / presentar ventanas ‖ ⁓**eintragung** ƒ / inscripción ƒ en un dibujo o plano ‖ ⁓**format** n (DIN 823) / formato m de dibujo ‖ ⁓**kopie**, Pause ƒ / calco m ‖ ⁓**leser** ƒ (Eltronik) / lectora ƒ de dibujos ‖ ⁓**leser mit Laufschienen** / lectora de dibujos sobre carriles ‖ ⁓**maß** ƒ / dimensión ƒ, cota ƒ ‖ ⁓**maßstab** m / escala ƒ de dibujo ‖ ⁓**rolle** ƒ / rollo m de plano ‖ ⁓**satz** m / juego m de dibujos ‖ ⁓**schrank** m / armario m o archivo para dibujos ‖ ⁓**schriftfeld** n (DIN), -kopf m (Zeichn) / casilla ƒ de leyenda ‖ ⁓**überlagerung** ƒ (NC) / superposición de gráficos ‖ ⁓**verfilmung** ƒ / realización ƒ de micropelículas de dibujos ‖ ⁓[**versand**]**rolle** ƒ (Verp) / tubo m de cartón para [el envío de] dibujos (E), cucurucho m para dibujos (LA)
zeigen vt, demonstrieren / mostrar, enseñar ‖ ~, darstellen / presentar, visualizar ‖ ~ (Thermometer) / indicar, marcar ‖ [**sich**] ~, sich erweisen / mostrarse, resultar
Zeiger m (Instr) / aguja ƒ, manecilla ƒ, manilla ƒ, indicador m, fiel ƒ ‖ ⁓ (Uhr) / saeta ƒ, índice m ‖ ⁓ (Sonnenuhr) / estilo m del gnomon ‖ ⁓ (Adressen) (DV) / puntero m ‖ ⁓, Index m (Math) / índice m ‖ ⁓, Hinweisadresse ƒ (DV) / indicador m ‖ ⁓ ... (Instr) / de lectura directa ‖ ⁓ **für Stunden** [Minuten, Sekunden] / horario m [minutero, segundero] ‖ **der** ⁓ **schlägt aus** / la aguja oscila o se desvía ‖ **oberer** ⁓ (Math) / exponente m ‖ **unterer** ⁓ (Math) / subíndice m
Zeiger•ablesung ƒ (Instr) / lectura ƒ de [la posición de] la aguja ‖ ⁓**amboss** m (Uhr) / yunque m para las agujas ‖ ⁓**anschlag** m / tope m para la aguja ‖ ⁓**apparat** m, Anzeigegerät n / aparato m indicador ‖ ⁓**ausschlag** m (Instr) / desviación ƒ de la aguja ‖ **maximaler** ⁓**ausschlag** / elongación ƒ ‖ ⁓**barometer** n / barómetro m de aguja ‖ ⁓**befestigung** ƒ (Uhr) / casquillo m de la aguja ‖ ⁓**darstellung** ƒ (Math) / representación ƒ en vectores ‖ ⁓**diagramm** n, Vektordiagramm n, -darstellung ƒ / diagrama m vectorial, representación ƒ en vectores ‖ ⁓[**ein**]**stellung** ƒ / ajuste m de la aguja ‖ ⁓**frequenzmesser** m (Eltronik) / frecuencímetro m de aguja ‖ ⁓**galvanoskop** n / galvanoscopio m de aguja ‖ ~**gesteuerte Programmunterbrechung** ƒ / interrupción ƒ mandada por vector ‖ ⁓**instrument**, -gerät n, -apparat m / instrumento m de aguja ‖

≈**kennzeichnung** f (DV) / calificación f del indicador ‖ ≈**kopfwaage** f / balanza f automática ‖ ≈**kreis** m, Alhidade f (Verm) / alidada f ‖ ≈**messgerät** n / aparato m o instrumento de aguja ‖ ≈**nadel** f / aguja f (de instrumento), aguja f indicadora, puntero m ‖ ≈**rückführung** f (Stoppuhr) / puesta f a cero ‖ ≈**spitze** f / punta f de aguja ‖ ≈**stand** m, -ablesung f / lectura f de la posición de la aguja ‖ ≈**stellrad** n (Uhr) / rueda f para poner la hora ‖ ≈**stellwelle** f (Uhr) / árbol m para poner la hora ‖ ≈**struktur** f (DV) / estructura f del indicador ‖ ≈**thermometer** n (Phys) / termómetro m cuadrante o indicador o de aguja ‖ ≈**variable** f (DV) / variable f de indicador ‖ ≈**[ver]stellung** f / ajuste m de la aguja, puesta f de la aguja ‖ ≈**waage** f / balanza f automática ‖ ≈**welle** f (Uhr) / árbol m portaíndice ‖ ≈**werk** n (Uhr) / minutería f, mecanismo m de [las] agujas ‖ ≈**werkshöhe** f (Uhr) / altura f de la minutería ‖ ≈**zählwerk** n / contador de agujas (p.ej. de tiempo)
Zeile f (Druck, TV) / línea f ‖ ≈, Reihe / hilera f, renglón m ‖ ≈ f, Häuserzeile f (Bau) / hilera f de casas ‖ ≈ **einer Determinante** (Math) / fila f ‖ ≈ **im Zeilensatz** (Druck) / línea f de linotipia ‖ **eine** ≈ **einziehen** (Druck) / hacer entrar una línea ‖ **weniger als 200** ≈**n je Bild** (TV) / [de] baja definición ‖ ≈**-für-Zeile-Abtastung** f, Zeilenfolgeverfahren n (TV) / exploración f secuencial o consecutiva o progresiva o continua, exploración f por líneas consecutivas
Zeilen •..., Horizontal... (TV) / horizontal ‖ ≈**ablenkeinheit**, -ablenkstufe f (TV) / unidad f de exploración de líneas ‖ ≈**ablenkspule** f (Eltronik) / bobina f desviadora o de barrido de líneas ‖ ≈**ablenktrafo** m, -ablenktransformator m (TV) / transformador m de salida de línea, transformador m de base de tiempo de línea ‖ ≈**ablenkung** f (TV) / barrido m horizontal ‖ ≈**abstand** m (Druck, Drucker) / interlínea f, espacio m interlineal, interlineaje m ‖ ≈**abstand** (TV) / interlínea f, avance m por línea ‖ ≈**abstands-Einstellung** f / espaciado m de renglones ‖ ≈**abstandsregler** m / palanca f [reguladora] de interlineación ‖ ≈**abtastdauer** f (TV) / intervalo m de barrido (o de exploración) de líneas ‖ ≈**abtasten** n (TV) / barrido m de líneas, exploración f por líneas ‖ ≈**abtasten in stets entgegengesetzter Richtung** (TV) / barrido m oscilatorio ‖ ≈**abtaster** m (Video) / ecxitador m de líneas ‖ ≈**adressierung** f (DV) / direccionamiento m de líneas ‖ ≈**amplitude**, -breite f / amplitud f de línea ‖ ≈**anfang** m / principio m de línea ‖ ≈**anfang** (TV) / sincronización f horizontal, enganche o sostén horizontal ‖ ≈**anzeige** f, Zeilendisplay (DV) / representación f o visualización de línea ‖ ≈**ausdruck** m / salida f de líneas impresas ‖ ≈**ausfransen** n, -ausreißen n (TV) / estirado m de líneas ‖ ≈**ausrichter** m (Setzmasch.) (Druck) / sangrador m ‖ ≈**austastimpuls** m (TV) / impulso m de supresión de línea[s] ‖ ≈**austastlücke** f / intervalo m de supresión de línea[s] ‖ ≈**austastung** f, -unterdrückung f (TV) / supresión f de línea[s], borrado m de línea[s] ‖ ≈**bau** m (Bau) / disposición f de las casas en hileras paralelas, construcción f lineal ‖ ≈**bild** n / imagen f de línea ‖ ≈**bildung** f, -struktur f (Hütt) / formación f de bandas ‖ ≈**breitenregler** m (TV) / control m del ancho de imagen ‖ ≈**dauer** f (TV) / duración f de la línea ‖ ≈**dichte** f (DV) / densidad f de líneas ‖ ≈**diode** f (TV) / diodo m de amortiguamiento ‖ ≈**display**, Zeilenanzeige f (DV) / representación f o vizualización de línea ‖ ≈**draht** m (TV) / alambre m o hilo de línea ‖ ≈**druck** m, Parallel[aus]drucken n (DV) / impresión f línea por línea ‖ ≈**drucker** m / impresora f ultrarápida, impresora f por líneas o renglones ‖ ≈**drucker-Typenwalze**, Typenwalze f (DV) / tambor m portatipos de una impresora por líneas ‖ ≈**eingabe** f (DV) / entrada f de línea ‖ ≈**einstellung** f / regulación f de renglones o líneas ‖ ≈**ende** n / fin m de línea ‖ ≈**endröhre** f (TV) / tubo m de salida [para base de

tiempo] de línea, tubo m final de línea ‖ ≈**-Endstufentransistor** m (TV) / transistor m de salida de línea ‖ ≈**endtrafo** m (TV) / transformador m de salida horizontal, transformador m de líneas ‖ ≈**entzerrung** f (TV) / compensación f de línea[s] ‖ ≈**fang**, -fangregler m (TV) / mando m de estabilización horizontal, control m de enganche (o de retención) horizontal ‖ ≈**finder** m (DV) / localizador m de renglón o de línea ‖ ≈**flimmern** n (TV) / centelleo m de [las] líneas ‖ ≈**folgeverfahren** s. Zeile-für-Zeile-Abtastung ‖ ~**förmige Anordnung** / disposición f en líneas, sistema m lineal ‖ ≈**fräsen** n (Wzm) / fresado m transversal o en cortes paralelos, fresado m rectilíneo o alineado, fresado m de rectas ‖ ~**frei** (TV) / sin líneas ‖ ≈**frequenz** f (TV) / frecuencia f de líneas ‖ [**manuelle**] ≈**frequenz-Einstellung** (TV) / control m [manual] de frecuencia de líneas ‖ ≈**gefüge** n, -struktur f (Hütt) / estructura f en bandas ‖ ≈**generator** m s. Zeilenkippgenerator ‖ ≈**gießmaschine** f (Druck) / máquina f de componer líneas-bloque ‖ ≈**gleichlaufsignal** n (TV) / señal f de sincronización horizontal ‖ ≈**impuls** m, -synchronimpuls m (TV) / impulso m de sincronismo o de sincronización de línea[s] ‖ ≈**impulsverfahren** n / método m de sincronización de líneas por impulsos ‖ ≈**inhalt** m (TV) / contenido m de una línea ‖ ≈**intervall** n (TV) / intervalo m de líneas, período m de línea ‖ ≈**kapazität** f (DV) / capacidad f de líneas ‖ ≈**kippgenerator** m / generador m de base horizontal de tiempo ‖ ≈**kippschaltung** f (TV) / circuito m de exploración (o de barrido) de líneas ‖ ≈**kippspannung** f / tensión f de exploración de líneas ‖ ≈**kipptransformator** m (TV) / transformador m de exploración de líneas ‖ ≈**länge** f (DV) / longitud f de línea ‖ ≈**länge**, Satzbreite f (Druck) / justificación f ‖ ≈**leser** m (DV) / lectora f de líneas ‖ ≈**löschung** f (DV) / anulación f o supresión f de líneas ‖ ≈**maß** n (Druck) / tipómetro m ‖ ≈**-Matrixdrucker** m / impresora f de matriz línea por línea ‖ ≈**norm** f (TV) / norma f de línea[s] ‖ ≈**nummer** f (DV) / número m de línea ‖ ≈**offset** n (TV) / offset m de línea ‖ ≈**oszillator** m / oscilador m de barrido de líneas ‖ ≈**paarigkeit** f (TV) / paridad f de líneas ‖ ≈**raster** n (TV) / trama f de líneas ‖ ≈**raster-Frequenz-Verhältnis** n (TV) / relación f de la frecuencia de líneas a la frecuencia de cuadro ‖ ≈**rauschen** n (TV) / ruido m baja frecuencia ‖ ≈**reißen** n (TV) / desgarre m horizontal ‖ ≈**rücklauf** m (TV) / retorno m horizontal o de línea ‖ ≈**rücksprung** m, -rücklauf m / fly-back m ‖ ≈**rückstelltaste** f / tecla f de retorno ‖ ≈**satz** (Druck) / composición f monobloque ‖ ≈**schalter** (Schreibm) s. Zeilensteller ‖ ≈**schaltung** f (DV) / espaciado m vertical, interlineado f ‖ ≈**schlupf** m (TV) / resbalamiento m horizontal de líneas ‖ ≈**schritt** m, Seitenvorschub m (DV) / salto m de línea ‖ ≈**schritt** (Wzm) / avance m interlineal ‖ ≈**sequentialverfahren** m, -sequentialsystem n (TV) / sistema m de secuencia (o sucesión) de líneas ‖ ≈**setzmaschine** f, Linotype f (Druck) / linotipia f, componedora f de líneas en bloque ‖ ≈**sprung** m (TV) / entrelazado m o entrelazamiento de líneas ‖ ≈**sprungabtastung** f (TV) / exploración f entrelazada ‖ ≈**sprungfaktor** m (TV) / factor m de entrelazado ‖ ≈**sprung-Halbbild** n (TV) / trama m de entrelazado ‖ ≈**sprungverfahren** n (TV) / exploración f entrelazada o de líneas alternadas, representación f entrelazada ‖ ≈**steuerung** f (TV) / control m o mando de líneas ‖ ≈**struktur** f (TV) / estructura f de líneas ‖ ≈**struktur**, -gefüge n (Hütt) / estructura f en bandas ‖ [**störende**] ≈**struktur** (TV) f pl parásitas ‖ ≈**synchronisation** f / sincronización f de línea[s] ‖ ≈[**synchronisier**]**impuls** m, H-Impuls m / impulso m de sincronización de líneas ‖ ≈**transformator** m (TV) / transformador m de salida de línea, transformador m de base de tiempo de línea

Zeilentransport

‖ ⁓transport *m* / mecanismo *m* de interlineado o de espaciado de líneas ‖ ⁓**überlappung** *f* / superposición *f* de líneas ‖ ⁓**umsetzer** *m* (TV) / convertidor *m* de número de líneas o de normas de televisión ‖ ⁓ **[un]gebundenes Verfahren** (Videotext) / codificación *f* con [sin] corrección de línea ‖ ⁓**unterdrückung** *f*, -austastung *f* (TV) / supresión *f* de línea[s], borrado *m* de líneas ‖ ⁓**versatz** *m*, Bildexpansion *f* (TV) / expansión *f* de imagen ‖ ⁓**verschiebung** *f* / desplazamiento *m* de línea[s] ‖ ⁓**verzerrungskompensator** *m* (TV) / compensador *m* de distorsión de líneas ‖ ⁓**vorschub** *m* (Drucker) / avance *m* o espaciado de líneas ‖ ⁓**vorschubzeichen** *n* / carácter *m* de avance o de cambio de línea ‖ ⁓**vorwahleinrichtung** *f* / preselector *m* de línea, dispositivo *m* de preselección de línea ‖ ⁓**wahl** *f* (DV) / selección *f* de la línea [de impresión] ‖ ⁓**wahl** (Drucker) / impresión *f* en líneas seleccionadas ‖ ⁓**wähler** *m* / selector *m* de línea ‖ ⁓**wandern** *n* (TV) / desplazamiento *m* de líneas ‖ ⁓**[wechsel]frequenz** *f* (TV) / frecuencia *f* de líneas ‖ ⁓**weise** / línea por línea ‖ ⁓**weises Abtasten**, Zeilenabtasten *n*, -abtastung, -ablenkung *f* (TV) / exploración *f* de líneas, barrido *m* de líneas ‖ ⁓**wobbelung** *f* (TV) / vobulación *f* del punto, oscilación *f* del punto explorador ‖ ⁓**zahl** *f* (TV) / definición *f* ‖ ⁓**zähler** *m* (DV) / contador *m* de líneas ‖ ⁓**-Zeitbasis** *f* (TV) / base *f* de tiempo de línea[s] ‖ ⁓**zusteller** *m* (Wzm) / dispositivo *m* aproximador por líneas ‖ ⁓**zwischenraum** *m* (Faksimile) / espaciado *m* entre líneas ‖ ⁓**zwischenraum** (Drucker) / espacio *m* entre líneas, interlínea *f*

Zeiligkeit *f* (Hütt) / estructura *f* en bandas ‖ ⁓ (Opt) / repartición *f* lineal

Zein, Maiseiweiß *n* (Biochem) / zeína *f*, ceína *f* ‖ ⁓**faser** *f* (Tex) / fibra *f* de zeína

Zeit *f* / tiempo *m* ‖ ⁓, Uhrzeit *f* / hora *f* ‖ ⁓, Zeitpunkt *m* / fecha *f*, momento *m* ‖ ⁓, Dauer *f* / duración *f* ‖ ⁓ *f*, -raum *m* / espacio *m* de tiempo, lapso *m* ‖ ⁓ , **in der Aufmerksamkeit erforderlich ist** (F.Org) / tiempo *m* de vigilancia ‖ ⁓ *f* **am Steuer** (Kfz) / tiempo *m* de conducción ‖ ⁓ **aufholen** (Bahn) / recuperar el tiempo perdido ‖ ⁓ *f* **bis Brennschluss** (Raumf) / tiempo *m* hasta la terminación de combustión ‖ ⁓ **der abnutzungsbedingten Ausfälle** / período *m* de paradas debidas al desgaste ‖ ⁓ **der Anfangsausfälle** (DV) / tiempo *m* de fallas iniciales ‖ ⁓ **der Anwesenheit am Arbeitsplatz** (F.Org) / duración *f* de la presencia en el puesto de trabajo, duración *f* de la asistencia al trabajo ‖ ⁓ **der Frühausfälle** / período *m* de fallas prematuras ‖ ⁓ **der Nichtbetriebsfähigkeit** / tiempo *m* de inoperatividad ‖ ⁓ **der Nichtverfügbarkeit** / tiempo *m* de indisponibilidad ‖ ⁓ **für Arbeitsplatz- o. Maschinenputzen** (F.Org) / tiempo *m* de limpieza ‖ ⁓ **für geplante technische Arbeiten** (DV) / tiempo *m* para trabajos técnicos proyectados ‖ ⁓ **für Materialbewegungen** (F.Org) / tiempo *m* de manipulación ‖ ⁓ **für planmäßige Wartung** / tiempo *m* de mantenimiento de rutina ‖ ⁓ **für Wiederherstellung des Vakuums** / tiempo *m* de reconstitución del vacío ‖ ⁓ **je Einheit** (F.Org) / tiempo *m* por unidad ‖ ⁓ **seit Überholung**, TSO-Zeit *f* (Luftf) / tiempo *m* TSO (= time since overhaul) ‖ ⁓ **von Aufspannen bis nach Ausspannen eines Werkstückes** (Wzm) / tiempo *m* de ciclo de máquina ‖ ⁓ *f* **zwischen Überholungen**, TBO-Zeit *f* (Luftf) / tiempo *m* TBO (= time between overhauls) ‖ **die** ⁓ **nehmen**, stoppen / registrar el tiempo, cronometrar ‖ **die** ⁓ **wählen o. einrichten** / temporizar ‖ **Faktor** ⁓ / factor *m* tiempo

Zeit • -Abbau-Randkoordinaten *f pl* / coordenadas *f pl* marginales tiempo-reducción ‖ ⁓**abhängig** / en función del tiempo ‖ ⁓**abhängiger Kippgenerator** (TV) / generador *m* de base de tiempo ‖ ⁓**abhängige Stärkeregelung** (Radar, Seegangstörung) / control *m* de supresión ‖ ⁓**abhängige Verstärkungsregelung** (Regeln) / control *m* en tiempo de sensibilidad, control *m* de sensibilidad en el tiempo, sistema *m* STC ‖ ⁓**abhängige Verstärkungsregelung** (Radar) / control *m* de ganancia en el tiempo, control *m* de sensibilidad en el tiempo ‖ ⁓**abhängiger Wert** (Phys) / valor *m* en función del tiempo ‖ ⁓**ablauf** *m* / transcurso *m* o curso o decurso del tiempo ‖ ⁓**ablaufdiagramm** *n* / diagrama *m* de secuencia-tiempo ‖ ⁓**ablenkgenerator** *m* (TV) / generador *m* de base de tiempo, generador *m* desviador de tiempo ‖ ⁓**ablenkschaltung** *f* (TV) / circuito *m* de base de tiempo ‖ ⁓**ablenkspannung** *f* (TV) / tensión *f* de barrido ‖ ⁓**ablenkung** *f* (Eltronik) / barrido *m*, exploración *f* ‖ ⁓**abschnitt** *m* / período *m*, intervalo *m* de tiempo ‖ ⁓**abstand** *m* / intervalo *m* ‖ **[mittlerer]** ⁓**abstand**, Trägheit *f* (Phys) / retardo *m* de tiempo ‖ ⁓**abstand** *m* **zwischen Schreib- und Lesekopf** (Magn.Bd) / retardo *m* magnético ‖ **in** ⁓**abständen** / a intervalos, periódicamente ‖ ⁓**achse** *f* (Oszilloskop) / eje *m* de tiempo, base *f* de tiempo, eje *m* X ‖ ⁓**achsendrehung** *f* (Radar) / sistema *m* de rotación de la base ‖ ⁓**achsen-Kippgenerator** *m* (Eltronik) / generador *m* de base (o de eje) de tiempo ‖ ⁓**alter** *n*, Periode *f* (Geol) / período *m*, época *f*, era *f* ‖ ⁓**angabe** *f*, Datum *n* / fecha *f* ‖ ⁓**angabe**, Datierung *f* / datación *f*, fechado *m* ‖ ⁓**angaben** *f pl* / datos *m pl* relativos al tiempo ‖ ⁓**ansage** *f* (Fernm) / información *f* horaria, indicación *f* de la hora ‖ ⁓**ansage** (Radio) / anuncio *m* de la hora exacta ‖ ⁓**antrieb** *m* (Taxameter) / accionamiento *m* cronometrador ‖ ⁓**arbeit** *f*, Teilzeitarbeit *f* / trabajo *m* a tiempo parcial ‖ ⁓**arbeitsunternehmen** *n*, Zeitarbeitsfirma *f* (Personal-Leasing) / ETT (= empresa de trabajo [o de contratación] temporal) ‖ ⁓**arten** *f pl* (F.Org) / clases *f pl* de tiempo ‖ ⁓**auflösung** *f* (Raumf) / resolución *f* de tiempo ‖ ⁓**aufnahme** *f*, Arbeits[zeit]studie *f* / cronometraje *m* ‖ ⁓**aufnahme** (Foto) / exposición *f* de tiempo, pose *m* (galicismo) ‖ **die** ⁓**aufnahme durchführen**, [die Zeit] aufnehmen, zeitnehmen / cronometrar ‖ ⁓**aufnahme machen** (Foto) / tomar una pose ‖ ⁓**aufwand** *m* [für] / tiempo *m* invertido, tiempo necesario [para], consumo *m* de tiempo ‖ ⁓**aufwendig**, zeitraubend / que requiere mucho tiempo ‖ ⁓**auslöser** *m*, Selbstauslöser *m* (Foto) / autodisparador *m* ‖ ⁓**auslösung** *f* (Elektro) / escape *m* de acción diferida, desconexión *f* temporizada o de retraso ‖ ⁓**automat** *m* s. Zeitschalter ‖ ⁓**automatik** *f* (Foto) / modalidad *f* de prioridad de abertura, exposición *f* automática con preferencia en la abertura ‖ ⁓**ball** *m* (Schiff) / bola *f* indicadora [de la hora exacta] ‖ ⁓**basis** *f*, -ablenkung *f* (TV) / base *f* de tiempo ‖ **[lineare]** ⁓**basis** / base *f* de tiempo [lineal] ‖ ⁓**basisgenerator** *m* (TV) / generador *m* de base de tiempo lineal ‖ ⁓**begrenzer** *m* (Elektr) / limitador *m* de tiempo ‖ ⁓**begrenzung** *f* / limitación *f* del tiempo ‖ ⁓**begrenzung** (Fernm) / mutilación *f* en función de tiempo ‖ ⁓**begrenzungsrelais** *n* / relé *m* de acción diferida, relé *m* temporizado ‖ ⁓**berechnung** *f*, zeitlich richtige Einteilung (F.Org) / cronización *f* ‖ ⁓**bereich** *m* (Regeln) / dominio *m* temporal o de tiempo ‖ ⁓**bereichverfahren** *n* (Regeln) / método *m* de dominio de tiempo ‖ ⁓**bestimmung** *f* / cronología *f*, determinación *f* de la hora ‖ ⁓**betrag** *m* (DV) / cuanto *m* de tiempo ‖ ⁓**-Bezirk-Reflexmessung** *f* / reflectometría *f* de dominio temporal ‖ ⁓**bezogen** (Luftf) / haz *m* de barrido en referencia de tiempo ‖ ⁓**bezogener Schwenkstrahl** / utilización *f* del tiempo ‖ ⁓**bruch** *m* (Hütt, Masch) / rotura *f* por fluencia, rotura *f* por duración de fatiga ‖ ⁓**bruch...** s. auch Zeitstand... ‖ ⁓**bruchdehnung** *f* / alargamiento *m* de rotura por fluencia ‖ ⁓**bruchfestigkeit** *f* (Hütt) / resistencia *f* a la rotura por fluencia ‖ ⁓bruchlinie f / curva f de rotura por fluencia ‖ ⁓charakteristik f (Elektr) / característica f de tiempo ‖ ⁓code m (auf Bildfilm) / código m horario o de tiempo ‖ ⁓codegenerator m (DV) / generador m de código de tiempo ‖ ⁓datendrucker m / impresora f de cronodatos ‖ ⁓dauer f / período m ‖ ⁓dauer, Dauer f / duración f ‖ ⁓dauer der Betriebsstockung (für Werkzeug-Wechsel, Reparatur usw) (F.Org) / tiempo m inactivo o de parada ‖ ⁓dehner m, Kipplupe f (Kath.Str) / dilatador m o ampliador de barrido ‖ ⁓dehner, -lupe f (Film) / cámara f lenta ‖ ⁓dehneraufnahme f s. Zeitlupenaufnahme ‖ ⁓dehngrenze f (Mat.Prüf) / límite m de alargamiento en función de tiempo ‖ ⁓dehnung f (Foto) / movimiento m lento ‖ ⁓dehnung (Hütt, Masch) / alargamiento m por fluencia, flujo m, fluencia f ‖ ⁓-Dehnungskurve f (Hütt) / curva f de fluencia, curva f de alargamiento/tiempo ‖ ⁓dehnverhalten n (Hütt) / comportamiento m respecto a la fluencia [lenta] ‖ ⁓dehnwerte m pl / características f pl de fluencia ‖ ⁓diagramm n / diagrama m en función del tiempo ‖ ⁓dilatation f (Phys) / dilatación f del tiempo ‖ ⁓diskret (DV) / de valores discretos de tiempo ‖ ⁓diskretes Signal / señal f discreta en el tiempo, señal f de tiempos discretos ‖ ⁓diskriminator m (Fernm) / discriminador m de tiempo ‖ ⁓diversity f / diversidad f temporal o en el tiempo ‖ ⁓drucker m, -stempler m / impresor m de horario ‖ ⁓-Durchschlags-Spannungs-Charakteristik f (Kabel) / característica f tiempo-perforación-tensión ‖ ⁓durchschnittsmethode f (Holographie) / método m de promedio temporal ‖ ⁓einheit f / unidad f de tiempo ‖ ⁓einheit f (COBOL) (DV) / unidad f de reloj ‖ ⁓einsparungsprämie f (F.Org) / prima f de ahorro (o de economía) de tiempo ‖ ⁓einstellung f (Relais) / reglaje m de la acción diferida ‖ ⁓einstellung (Instr, Uhr) / puesta f en hora ‖ ⁓einstellung (Foto) / regulación f del tiempo (de exposición) ‖ ⁓erfassung f / cronometraje m ‖ ⁓erfassungsgerät n / aparato m cronometrador o cronoregistrador ‖ ⁓ersparnis f, -gewinn m / ahorro m de tiempo, economía f de tiempo ‖ ⁓faktor m / factor m [de] tiempo ‖ ⁓fehler m (Magn.Bd) / error m de base de tiempo ‖ ⁓fehlerausgleich m (TV) / compensación f de error de tiempo ‖ ⁓fehlerausgleicher m / compensador m de errores de tiempo ‖ ⁓fehlerkorrektur f (TV) / corrección f de errores de tiempo ‖ ⁓festigkeit f (Material) / resistencia f para tiempo limitado ‖ ⁓festigkeit, Zeitschwing-, -standfestigkeit f / resistencia f a la fatiga para el número de ciclos de rotura, resistencia f temporal o para [un] tiempo limitado ‖ ⁓fließgrenze f (Mech) / límite m de fluencia lenta ‖ ⁓folge f / orden m cronológico ‖ ⁓folge der Auslösungen (Foto) / intervalo m entre exposiciones o disparos, cadencia f de las tomas ‖ ⁓folgeverfahren n (Farbe, TV) / sistema m de sucesión de colores, sistema m de secuencia de campos monocromos ‖ ⁓formateinstellung f (DV) / selección f del formato de hora ‖ ~freie Tätigkeit (PERT) / actividad f que no necesita ningún tiempo ‖ ⁓funk m / radiodifusión f de actualidades con reportajes, crónica f de actualidad ‖ ⁓funktion f, Funktion f der Zeit (Phys) / función f de tiempo ‖ ⁓geber m / dispositivo m [sin]cronizador o temporizador, dispositivo m cronométrico o de cronometraje, dispositivo m horario o de tiempo ‖ ⁓geber, Taktgeber m (Eltronik) / generador m de impulsos cronizadores ‖ ⁓geber, Taktgeber m (DV) / reloj m maestro ‖ ⁓geber m der Zentraleinheit für Befehle / contador m de tiempo activo ‖ ⁓geberbetrieb m (DV) / operación f de ciclo fijo ‖ ⁓geberfrequenz f (DV) / frecuencia f de reloj ‖ ⁓geberregister n / registro m del temporizador ‖ ~gebunden / dependiente del tiempo, en función del

tiempo ‖ ⁓gebung f, -gabe f / cronización f ‖ ~geführt (Regeln) / orientado al tiempo ‖ ~geführte Ablaufsteuerung / mando m secuencial orientado al tiempo ‖ ~gemäß / actual, moderno ‖ ⁓gestaltung f / planificación f de horarios ‖ ⁓gewinn m / ganancia f de tiempo ‖ ~gleich / isocrónico ‖ ⁓gleichung f (Astr) / ecuación f de tiempo ‖ ⁓glied n (Regeln) / elemento m de tiempo ‖ ⁓grad m (F.Org) / eficiencia f de labor ‖ ⁓grenze f / límite m cronológico ‖ ⁓haftstelle f (Halbl) / trampa f ‖ ⁓impuls m / impulso m de tiempo ‖ ⁓[impuls]geber m (DV) / medidor m o cronomedidor de intervales ‖ ⁓impulszählung f (Fernm) / cuenta f o medición durante la conversación ‖ ⁓integral n (Phys) / integral f de (o en el) tiempo, integral f respecto del tiempo ‖ ⁓intervall n, Periode f / período m [de tiempo] ‖ ⁓intervall, -abstand m / intervalo m de tiempo ‖ ~-invariant (Regeln) / invariante respecto al tiempo, invariable en el tiempo ‖ ⁓kanal m, -schlitz m (Fernm) / segmento m de tiempo ‖ ⁓karte f (Bahn) / tarjeta f de abono, ticket m de temporada, abono m, billete m de abono ‖ ⁓kennbild n / gráfico m de tiempo ‖ ⁓koeffizient, -maßstab m (Kath.Str) / coeficiente m de tiempo ‖ ⁓konstante f (Regeln) / constante f de tiempo ‖ mit kleiner ⁓konstante / de baja constante de tiempo ‖ ⁓konstante f des Neutronenflusses (Phys) / período m de flujo neutrónico ‖ ⁓konstante des RC-Gliedes / constante f RC ‖ ⁓konstante eines Reaktors, Reaktorperiode f / constante f de tiempo de un reactor, período m de reactor ‖ ⁓konstantenbereich, Periodenbereich m (Nukl) / regimen m de medida con medidores de período, margen m f de los medidores de período ‖ ⁓konstantenmesser m, Periodenmessgerät n (Nukl) / medidor m de período ‖ ⁓kontinuierlich, -stetig (DV) / constante respecto al tiempo ‖ ⁓kontinuierliches Signal / señal f continua en el tiempo ‖ ⁓kontrolle f, -aufnahme f (F.Org) / cronometraje m ‖ ⁓koordinate f / coordenada f de tiempo ‖ ⁓kreis m (DV) / circuito m de sincronización ‖ ⁓kriechgrenze f (Hütt, Material) / límite m de fluencia ‖ ⁓kunde f, Chronologie f / cronología f ‖ ⁓leistung f / servicio m intermitente zeitlich, temporär / temporal ‖ ~, chronologisch / cronológico ‖ ~ abgestimmt, synchronisiert / cronometrado, sincronizado ‖ ~ abhängig, zeitabhängig / en función del tiempo ‖ ~e Abhängigkeit (Netzplan) / dependencia f temporal ‖ ~ abpassen / cronometrar ‖ ~er Abstand / intervalo m [de tiempo] ‖ ~en Abstand lassen / espaciar ‖ ~e Amplitudenänderung / variación f de amplitud en función del tiempo ‖ ~e Änderung / variación f en función o en el curso del tiempo ‖ ~e Anordnung / orden m cronológico ‖ ~ ausgedehnt / prolongado ‖ ~ begrenzt / limitado temporalmente ‖ ~ begrenzter Akkord (F.Org) / destajo m temporalmente limitado ‖ ~ bestimmt o. definiert / en un tiempo definido ‖ ~ dem Plan voraus sein (F.Org) / estar adelantado al plan ‖ ~ dosieren (o. festlegen o. in Einklang bringen) / regular en el tiempo, poner a punto, cronometrar ‖ ~ einstellen / ajustar según tiempo ‖ ~e Folge / orden m cronológico ‖ ~ geordnet / cronológico ‖ ~ gleich bleibend / invariable o constante en el curso del tiempo ‖ ~ kohärent / coherente en el [curso del] tiempo ‖ ~e Kohärenz / coherencia f temporal ‖ ~ lohnend / ventajoso [con] respecto al tiempo ‖ ~e Nacheilung, Verzögerung f (Phys) / retardo m [de tiempo], tiempo m de retardo, retraso m ‖ ~ richtig liegen / estar conforme al horario, coincidir con el horario, no diferir del horario ‖ ~ richtige Einteilung (o. Abstimmung) / timing m, cronometraje m, cronización f ‖ ~ sich ändernd (Regeln) / variable en el curso del tiempo ‖ ~ überbrücken / cubrir un lapso de tiempo ‖ ~ unbeständig, sich im Verlauf der Zeit ändernd (Chem) / cronolabil, labil en el curso del tiempo ‖ ~

1541

zeitlich

unveränderlich (Regeln) / invariable en el curso del tiempo || ~e Verlängerung (einer Frist) / prorrogación f, aplazamiento m || ~er Verlauf / transcurso m, evolución f cronológica || ~er Verlauf von elektrischen Größen / variaciones f pl temporales || ~ verlegen (o. verschieben) / aplazar, postergar (LA) || ~ zurück sein / estar o ir atrasado || ~ zusammenfallen, kollidieren / coincidir [con]

Zeit• linie f, Spur f (Radar) / traza f [radial] || ⁻linie (Nukl) / línea f de retraso || ⁻linien f pl (Instr) / graduaciones f pl horarias || ⁻lohn m, Stundenlohn m (F.Org) / salario m por [unidad de] tiempo, salario m por hora || ⁻lohnarbeit f / trabajo m remunerado por unidad de tiempo || ⁻löhner m / trabajador m asalariado por unidad de tiempo || ⁻lohnstunden f pl, Zeitlohnstundenanteil m / horas f pl remuneradas por unidad de tiempo || ⁻lohntarif m / tarifa f de salario hora, tarifa f de salarios según tiempo || ~los / intemporal || ⁻lupe f, -dehner m (Film) / cámara f lenta, cronolupa f, retardador m || ⁻lupenanalyse f / análisis m de micromovimientos || ⁻lupenaufnahme f (Vorgang) / toma f de vistas con cámara lenta o al ralentí, secuencia f a cámara lenta, instantánea f de cronolupa, ralentí m || ⁻lupenkamera f (F.Org) / fotocronógrafo m || im ⁻lupentempo / al ralentí, a paso de tortuga || ⁻marke f (Film) / marca f de tiempo, trazo m de tiempo || ⁻markengenerator m (Funk) / generador m de señales de tiempo || ⁻markierung f (Messinstr) / marcación f de tiempo || ⁻maß n, Tempo n / tiempo m, medida f de tiempo || ⁻maß (Musik) / cadencia f || ⁻maßstab m / escala f de tiempo || ⁻maßstabänderung, Zeitdehnung o. -raffung f (DV) / cambio m de escala temporal || ⁻-Mengenschreiber m / registrador m de cantidades y de tiempos || ⁻messer m, Chronometer n m (Instr) / cronómetro m, reloj m || ⁻messgeräte n pl / instrumentos m pl cronométricos || ~messtechnisch / de técnica cronométrica || ⁻messung f / cronometría f, control m cronométrico, cronometraje m, medición f de[l] tiempo || ⁻messungslehre f / teoría f cronométrica

Zeitmultiplex n, T.D.M. (Fernm) / múltiplex m por división (o por reparto) de tiempo || ⁻-Durchschaltnetz n / red f múltiplex por división de tiempo o por reparto de tiempo || ⁻kanal m / canal m derivado en el tiempo, vía f derivada en el tiempo, subcanal m de multiplicación en el tiempo || ⁻-Kreispolarisierung f / polarización f circular de división de tiempo || ⁻-Puls-Code-Modulation f / modulación f TDM-PCM || ⁻-Rechner m (DV) / multiplexor m temporal || ⁻-Schalten n, -Vermittlung f / conmutación f por multiplexión en el tiempo || ⁻-Signale m pl / señales f pl de multiplexión en el tiempo || ⁻-Verfahren n / método m múltiplex en el tiempo || ⁻-Vielfachzugriff m / acceso m múltiple en división de tiempo

Zeit• nahme f / cronometraje m || ~nehmen (F.Org) / cronometrar || ⁻nehmer, Zeitstudienfachmann m (F.Org) / cronometrador m, tomador m de tiempo, especialista m cronometrador || ~optimal / óptimo con relación al tiempo || ⁻phase f / fase f de tiempo || ⁻plan m, Terminkalender m / agenda f || ~plan, Programm n / programa m, horario m, calendario m || ⁻plan (F.Org) / esquema m de tiempos, cronograma m, gama f de temporización || ⁻planregelung f (Regeln) / regulación de itinerarios f, regulación f con tiempo programado || ⁻planung f (Raumf) / previsión f de datos || ~proportionale Frequenzmodulation (Eltronik) / modulación f de frecuencia de barrido || ~proportionaler Stromanstieg (Eltronik) / amplitud f de variación de corriente en función de tiempo || ⁻punkt m, Frist f / fecha f || zum richtigen ⁻punkt / JIT (= just in time) || ⁻punkt m des Erscheinens und Verschwindens (Satellit) / momento m de aparición y desaparición || ⁻quantifizierung f / cuantificación f

de tiempo || ~raffend (Qual.Pr.) / acelerador adj || ⁻raffer m (Film) / acelerador m, cámara f rápida || ⁻raffer... (Foto) / acelerado, rápido || ⁻rafferaufnahme f (F.Org) / estudio m con (o a base de) cámara rápida || ⁻rafferaufnahme (Film) / toma f con cámara rápida, cinematografía f acelerada || ⁻raffer-Kamera f / cámara f rápida || im ⁻raffertempo / a ritmo acelerado || ⁻raffung f (Film) / efecto m de ritmo acelerado || ⁻raffung (Foto) / aceleración f, aceleramiento m || ⁻raffungsfaktor m / factor m de aceleración || ⁻raster m (Drucker) / retículo m de (o en función de) tiempo || ~raubend / que requiere o exige mucho tiempo, engorroso, largo || ⁻raum m / período m, espacio m o lapso de tiempo || ⁻reaktion f (Chem) / reacción f en el tiempo || ⁻rechner m (F.Org) / calculador m de tiempo || ⁻rechnung f / cronología f, sistema m cronológico || ⁻rechnungsfehler m, Parachronismus m / paracronismo m || ⁻registrierinstrument n / registrador m de tiempo || ⁻relais n / relé m retardado o de temporización || ⁻schachtelung f (DV) / segmentación f de tiempo || ⁻schalter m, -schaltwerk n (Elektr) / interruptor m temporizado[r] u horario, conmutador m horario o intermitente || ⁻schalter, Treppenautomat m / interruptor m automático [para caja] de escalera || ⁻schalter, Verzögerungsschalter m / interruptor m retardador || ⁻schaltrelais n / relé m temporizador de todo o nada || ⁻schaltuhr f / reloj m programador, minutero m || ⁻schaltung f, -schaltkreis m (Elektr) / circuito m de tiempo || ⁻schaltwerk n (Waschmaschine) / mecanismo m temporizador || ⁻schlitz m (DV) / segmento m de tiempo || ⁻schloss n / cerradura f de relojería || ⁻schmierung f (Bahn) / engrase m periódico || ⁻schreiber m / cronógrafo m, registrador m cronométrico o del tiempo || ⁻schreiber (o. Mitschreiber) für physikalische Vorgänge / dispositivo m registrador cronológico || ⁻schriftenabteilung f, -dienst m / servicio m de revistas y periódicos || ⁻schriftenpapier n / papel m para periódicos || ⁻schwellfestigkeit f (Zahnfuß) / resistencia f del pie del diente || ⁻schwingfestigkeit f (ISO/R 194), Dauerhaltbarkeit f (Mech) / resistencia f a la fatiga || ⁻[schwing]festigkeitsbereich m (Mech) / gama f de la resistencia a la fatiga || ⁻selektion f / selección f en [función del] tiempo || ⁻-Setzungskurve f (Bergb) / curva f tiempo-sedimentación || ⁻sicherung f (Elektr) / fusible m con retardo, fusible m de acción retardada || ⁻signal n (Funk) / señal f horaria || ⁻-Simultanverfahren n (Farbe, TV) / sistema m de campos policromos || ⁻skala f für atomare Altersbestimmung (Phys) / escala f de tiempo atómico || ⁻spanne f / lapso m de tiempo, período m || ⁻-Spannungs-Durchschschlagcharakteristik f [bei Kurzzeitbelastung] (Kabel) / curva f tiempo-tensión de perforación || ⁻spanvolumen n (Wzm) / tasa f de desprendimiento de virutas por unidad de tiempo || ~sparend / que ahorra tiempo || ⁻spektrum n / espectro m de tiempo || ⁻sperrbasis f (Eltronik) / exploración f con onda en diente de sierra || ⁻sperre f (DV, Fernm) / intervalo m de retardo || ⁻standard m / estándar[d] m de tiempo

Zeitstand • bruch m (Hütt, Masch) / rotura f o fractura de fluencia || ⁻bruchdehnung f / estiramiento m continuo de rotura por fluencia || ⁻brucheinschnürung ψ f / estricción f después de la rotura en el ensayo de fluencia || ⁻eigenschaften f pl / características f pl de fluencia || ⁻festigkeit f / resistencia f a la fluencia durante un período determinado || ⁻festigkeit bei erhöhter Temperatur / resistencia f a la rotura por fluencia a temperatura elevada || ⁻festigkeit 1000 h / resistencia f a la fluencia durante 1000 horas || ⁻-Innendruckversuch

m / ensayo *m* de fluencia bajo compresión interna ‖
⁓**kriechgrenze** *f* / límite *m* de arrastre estacionario en función del tiempo ‖ ⁓**kurzversuch** *m*, DVM-Versuch *m* / ensayo *m* DVM ‖ ⁓**prüfmaschine** *f* / máquina *f* de ensayos estacionarios de fluencia por tiempo largo ‖
⁓**schaubild** *n* / diagrama *m* tiempo/alargamiento de fluencia ‖ ⁓-**Stapelversuch** *m* (Plast) / ensayo *m* de fluencia por apilado ‖ ⁓**verhalten** *n* (DIN 50 119) / comportamiento *m* estacionario de fluencia en función del tiempo ‖ ⁓**versuch** *m* / ensayo *m* de rotura por fluencia ‖ ⁓**versuch** (DIN) (Schw) / ensayo *m* de rotura en función de tiempo, ensayo *m* de fluencia lenta ‖ ⁓**versuch bei erhöhter Temperatur** / ensayo *m* de fluencia a temperatura elevada ‖
⁓**versuch** *m* **unter Zugspannung** / ensayo *m* de fluencia bajo tensión por tracción ‖ ⁓**werte** *m pl* / propiedades *f pl* de fluencia
Zeit•stauchgrenze σ_d *f* / límite *m* de recalcadura en función del tiempo ‖ ⁓**steckstift** *m* / clavija *f* temporizadora ‖ ⁓**stempel** *m*, Datumstempel *m* / cronofechador *m*, cronosellador *m* ‖ ⁓**stempel**, Stundenstempel *m* / horofechador *m* ‖ ⁓**stempler** *m* / impresor *m* de horario ‖ ⁓**[steuer]impuls** *m* (Elektr) / impulso *m* de sincronización ‖ ⁓**steuerung** *f* / sistema *m* de mando temporizador ‖ ⁓**streckgrenze** *f* (Mech) / límite *m* de estricción de fluencia ‖ ⁓**studie** *f* (F.Org) / estudio *m* de tiempos, cronometrado *m* ‖
⁓**studienabteilung** *f*, Akkordbüro *n* / departamento *m* de estudios de tiempo, oficina *f* de destajo ‖
⁓**studien[fach]mann** *m*, Zeitnehmer *m* / especialista *m* cronometrador ‖ ⁓**tafel** *f* / tabla *f* cronológica, cuadro *m* cronológico ‖ ⁓**takt** *m* (Eltronik, Fernm) / paso *m* de contador ‖ ⁓**taktrelais** *n* / relé *m* de impulsos ‖ ⁓**taktsteuerung** *f* (DV) / generador *m* [de secuencia] de sincronización ‖ ⁓**tarif** *m* (Fernm) / tarifa *f* por unidad de tiempo ‖ ⁓**teiler** *m* (Großuhr) / distribuidor *m* y regulador ‖
⁓-**Temperatur-Anlaßdiagramm** *n* (Hütt) / diagrama *m* tiempo-temperatura-revenido ‖
⁓-**Temperatur-Austenitisierungsdiagramm o. -schaubild** *n*, ZTU-Diagramm *n* / diagrama *m* TTA, diagrama *m* tiempo-temperatura-austenitización ‖
⁓-**Temperatur-Umwandlungsschaubild** *n*, ZTU-Kurve (Hütt) / diagrama *m* T.T.T. (transformación, tiempo, temperatura) ‖ ⁓**toleranz** *f*, Pufferzeit *f* / tolerancia *f* de tiempo, margen *m f* de tiempo ‖ ⁓**überschreitung** *f* / exceso *m* del tiempo [previsto] ‖ ⁓**uhr** *f s*. Zeitmesser ‖ ⁓**umkehr** *f* (Phys) / inversión *f* de tiempo ‖ ⁓**unabhängig** / sin depender del tiempo ‖ **gleichzeitige Anwendung von** ⁓-**und Frequenz-Multiplex** (Eltronik) / multiplexión *f* doble ‖
⁓- **und Steuercode** *m* / código *m* de tiempo y de control
Zeitung, eine ⁓ **abonnieren** / suscribirse a un periódico
Zeitungs•archiv *n* / hemeroteca *f* ‖ ⁓**ausschnitt** *m* / recorte *m* de periódico ‖ ⁓**bündelpresse** *f* / embaladora *f* o enfardeladora de periódicos [viejos] ‖
⁓**format** *n* / tamaño *m* o formato de diario ‖
⁓**gewerbe** *n* / industria *f* periodística ‖ ⁓**mater** *f* / matriz *f* de periódico ‖ ⁓**papier** *n* / papel *m* prensa o para periódicos ‖ **altes** ⁓**papier** / papel *m* viejo [de periódicos], maculatura *f* ‖ ⁓**rotationsdruck** *m* / impresión *f* rotativa de periódicos ‖
⁓-**Rotationsdruckmaschine** *f* / rotativa *f* [de periódicos]
Zeit•unterschied *m* / diferencia *f* de [la] hora ‖
~**variant**, -variabel, -veränderlich (Regeln) / variable en función del tiempo ‖ ⁓**vektor** *m*, -linie *f* / vector *m* de tiempo ‖
~**veränderlich** / variable en (o con) el tiempo ‖
⁓**verhalten** *n* (Regeln) / respuesta *f* en función de tiempo, rapidez *f* de respuesta ‖ ⁓**verhalten** (Mat.Prüf) / comportamiento *m* en función del tiempo ‖
⁓**verlauf** *m* / transcurso *m* [del tiempo], curso *m* temporal ‖ ⁓**verlust** *m* / pérdida *f* de tiempo, rémora *f* (coll) ‖ **ohne** ⁓**verlust** / sin retraso, sin perder tiempo ‖ ⁓**verlust** *m* **durch äußere Umstände** (DV) / retraso *m* debido a causas externas ‖
⁓**[ver]schachtelungs-System** *n* (DV) / sistema *m* de tiempo compartido ‖ ⁓**verschiebung** *f* / desfase *m* entre dos operaciones ‖ ⁓**verschluss** *m* (Bahn) / encerrojamiento *m* o enclavamiento temporal ‖
⁓**verschluss** (Foto) / obturador *m* de pose ‖ ⁓**versetzt** (TV, Übertragung) / con diferencia de hora ‖ **ohne**
⁓**verzögerung** / sin retraso de tiempo ‖ ⁓**verzug** *m* / retardo *m* de tiempo ‖ ⁓**vielfach** *n* (Fernm) / múltiple *m* en el tiempo ‖ ⁓**vielfachkanäle** *m pl* **mit Periodenverteilung nach einfachen Zeitverhältnissen** / canales *m pl* múltiples de participación de tiempo en proporciones simples ‖ ⁓**vorgabe** *f*, Vorgabezeit *f* (F.Org) / tiempo concedido o prefijado ‖ ⁓**vorwahl** *f* (Eltronik) / medición *f* de tiempo por eventos unitarios ‖ ⁓**vorwähler** *m* / preselector *m* de tiempo ‖ ⁓**waage** *f* (für Uhren) / cronocomparador *m*, cronógrafo *m* electrónico ‖ ⁓-**Weg-Diagramm** *n* (Phys) / diagrama *m* espacio-tiempo ‖ ⁓-**Weg-Kurve** *f* / curva *f* de tiempo[s] y espacio[s], curva *f* en función de tiempos y espacios ‖ ⁓-**Weg-Schreiber** *m* / registrador *m* tiempo/recorrido
zeitweilig, vorübergehend / temporal, provisional, interino, transitorio ‖ ~**er Besucher** (Luftf) / visitante *m* temporal ‖ ~**er Erdschluss durch schwingende Drähte** (Elektr) / contacto *m* intermitente con tierra ‖
~**e Hemmung** / inhibición *f* temporal ‖ ~**er Rostschutz** (beim Versand) / protección *f* transitoria anticorrosiva
zeitweise *adv*, zeitweilig *adv* / temporalmente, periódicamente ‖ ~ **Abschaltung** (Elektr) / desconexión *f* temporal ‖ ~ **auftretender Fehler** / error *m* intermitente en el tiempo ‖ ~ **eingleisiger Betrieb** (Bahn) / circulación *f* temporal en vía única ‖ ~**r Erdschluss** (Elektr) / contacto *m* a tierra pasajero ‖ ~
Leitungsberührung (Freileitung) / contacto *m* intermitente entre hilos
Zeit•wert *m*, Verkehrswert *m* (Bau) / valor *m* actual ‖
⁓**werte** *m pl* / características *f pl* cronológicas o de tiempo ‖ ⁓**wertmethode** *f* / método *m* de actualización ‖ ⁓**wirtschaft** *f* / economía *f* de tiempo, estudio *m* de tiempo ‖ ⁓**wort** *n* (DV) / palabra *f* de control ‖ ⁓**zähler** *m* (allg) / mecanismo *m* cronométrico ‖ ⁓**zähler** (Elektr) / contador *m* de horas, cuentahoras ‖ ⁓**zähler**, Betriebsstundenzähler *m* / contador *m* de horas de servicio ‖ ⁓**zähler** (Radio) / señal *f* horaria ‖ ⁓**zählung** *f* (Fernm) / cronometraje *m*, cronometría *f*, cuenta *f* de pasos ‖ ⁓**zeichen** *n* / señal *f* de tiempo ‖ ⁓**zeichengeber** *m* (Eltronik) / transmisor *m* o emisor de señales horarias ‖
⁓**zeichengeber**, -übertrager *m* im Observatorium *m* (Eltronik) / transmisor *m* o transductor o donador de la señal cronométrica ‖ ⁓**zentrale** *f* / central *f* horario ‖
⁓**zone** *f* (Geo) / huso *m* horario ‖ ⁓**zonenzähler** *m*, Z.Z.Z. *f* (Fernm) / contador *m* de zonas y de duración ‖
⁓**zünder** *m* (Mil) / espoleta *f* graduada con tiempo, temporizador *m* ‖ ⁓**zünder** (Bergb) / detonador *m* de tiempo o de mecha lenta ‖ ⁓**zündschnur** *f* (Bergb) / mecha *f* lenta ‖ ⁓**zündung** *f* (Bergb) / explosión *f* retardada o con detonador de tiempo, tiro *m* sucesivo o con retardación ‖ ⁓**zuschlag** *m* (F.Org) / tiempo *m* adicional concedido ‖ ⁓**zuwachs** *m*, -zunahme *f* / incremento *m* de tiempo
Zellase *f* (Biochem) / celasa *f*
Zell•atmung *f* (Biol) / respiración *f* celular ‖
⁓**[en]beschriftung** *f* (DV) / rótulo *m* de celda ‖
~**bildend** (Biol) / citógeno ‖ ⁓**bildung** *f* / citogénesis *f*
Zelle *f* (Biol) / célula *f* ‖ ⁓, Wabe *f* (Biene) / alvéolo *m*, celdilla *f* ‖ ⁓, kleiner Raum / célula *f*, cubículo *m* ‖ ⁓ (Akku) / elemento *m* ‖ ⁓, Kabine *f* (Fernm) / cabina *f* ‖ ⁓ *f* (Kfz) / habitáculo *m* ‖ ⁓ (Flugzeug ohne

Zelle

Triebwerk) (Luftf) / célula *f* o estructura del avión, fuselaje *m* ‖ ⁓, Element *n* (Elektr) / elemento *m*, pila *f* galvánica ‖ ⁓ (Trafo) / celda *f* ‖ ⁓ (Schaumstoff) / alvéolo *m* ‖ ⁓ **des Wasserrades** / cajón *m* o cangilón de la rueda hidráulica ‖ ⁓ **mit poröser Scheidewand** (Galv) / célula *f* dividida por diafragma poroso ‖ **heiße** ⁓ (Nukl) / célula *f* caliente ‖ **heiße** ⁓ (Labor für hochaktives Material) / laboratorio *m* para material altamente [radi]activo ‖ **offene** ⁓ (Schaumstoff) / alvéolo *m* abierto
Zellen•ausleser *m*, Trieur *m* (Landw) / aventador *m*, triarvejonero *m* (E), aventador *f* ‖ ⁓**bauweise** *f* / construcción *f* alveolar o celular ‖ ⁓**beton** *m* / hormigón *m* celular ‖ ⁓**beton im Autoklaven hergestellt** / hormigón *m* celular de autoclave ‖ ⁓**deckel** *m* (Akku) / tapa *f* del elemento ‖ ⁓**dolomit** *m* (Min) / dolomía *f* celular ‖ ⁓**doppelboden** (Schiff) / fondo *m* celular doble ‖ ⁓**empfindlichkeit** *f* **der Photozelle** / sensibilidad *f* de la fotocélula ‖ ⁓**fang[e]damm** *m* (Hydr) / ataguía *f* celular ‖ ⁓**filter** *m n*, Trommelfilter *m n* (Chem) / filtro *m* rotativo o de tambor ‖ ⁓**filter** (Zuck) / filtro *m* celular ‖ ⁓**filter-Saugtrockner** *m* / secador *m* de filtro celular ‖ ~**förmig** (Elektr) / celular, celulado ‖ ~**förmig**, zellig, wabenförmig / alveolar ‖ ~**förmig** (Bau) / celular, reticular ‖ ~**förmig Wärmeströmung** / convección *f* celular ‖ ⁓**förmigkeit** *f* / celularidad *f*, forma *f* celular ‖ ⁓**gefäß** *n* (Akku) / vaso -elemento *m*, recipiente *m* de elemento ‖ ⁓**gewebe** *n* (Bot, Holz) / tejido *m* celular ‖ ⁓**isolator** *m* (Akku) / aislador *m* ‖ ⁓**käfig** *m* (Lager) / jaula *f* de alvéolos o de celdas ‖ ⁓**kühler** *m* (Mot) / radiador *m* de panal ‖ ⁓**metall** *n* (Hütt) / metal *m* celular ‖ ⁓**plan** *m* (DV) / plan *m* de atribución ‖ ⁓**prüfer** *m* (Kfz) / verificador *m* o comprobador de elementos de batería ‖ ⁓**pumpe** *f* / bomba *f* multicelular ‖ ⁓**querschnitt** *m* (Stahlbau) / sección *f* celular ‖ ⁓**rad** *n* (Bagger) / rueda *f* de cajones o cangilones ‖ ⁓**rad** (Materialzufuhr) (Hütt, Masch) / alimentador *m* de rueda celular ‖ ⁓**rad** (Blasversatz) / rueda *f* celular o de celdas ‖ ⁓**rad für Rüben** (Zuck) / rueda *f* alimentadora de remolachas ‖ ⁓**radaufgeber** *m* / alimentador *m* de alvéolos ‖ ⁓**rad-Blasversatzmaschine** *f* (Bergb) / rellenadora *f* o atibadora neumática con rueda celular ‖ ⁓**radkompressor** *m* / compresor *m* de [émbolo rotativo de] paletas ‖ ⁓**radschleuse** *f* (Feuerfest, Zement) / esclusa *f* de rueda celular ‖ ⁓**schalter** *m* (Akku) / reductor *m* de tensión, reductor-adjuntor *m* ‖ ⁓**schiff** *n* / buque *m* o barco celular ‖ ⁓**schmelz** *m* (Email) / esmalte *m* de celdillas, esmalte *m* "cloisonné" ‖ ⁓**spannung** *f* (Akku) / tensión *f* de elemento ‖ ⁓**speicher**, Schachtspeicher *m* (Landw) / silo *m* elevado ‖ ⁓**stopfen** (Akku) / tapón *m* de elemento ‖ ⁓**system** *n* (Schiff) / sistema *m* celular ‖ ⁓**tiefofen** *m* (Hütt) / horno *m* de fosa de células ‖ ⁓**verbinder** *m* (Akku) / conector *m* de elementos, barra *f* de conexión ‖ ⁓**verdichter** *m* / compresor *m* multicelular, compresor *m* de aletas ‖ ⁓**ziegel** *m* (Bau) / ladrillo *m* celular
Zell•faser *f* (Biol) / celulosa *f* ‖ ~**förmig**, zellenförmig, Zellen... / celular, alveolar ‖ ⁓**gefüge** *n* / estructura *f* celular o alveolar ‖ ⁓**gewebe** *n* (Bot) / tejido *m* celular ‖ ⁓**glas** *n*, Klarsichtfolie *f* (Plast) / hoja *f* o película celulósica transparente ‖ ⁓**gummi** *m* / goma *f* celular, caucho *m* celular ‖ ⁓**gummi**, Moosgummi *m* / goma *f* esponjosa ‖ ⁓**horn** *n*, Zelluloid *n* (Chem) / celuloide *m*
zellig / celular, de células ‖ ~, bienenzellenförmig, -wabenförmig / alveolar, alveolado, en forma de panal [de abejas]
Zell•kern *m* (Biol) / núcleo *m* ‖ ⁓**kernteilung** *f* / mitosis *f* ‖ ⁓**körper** *m* / cuerpo *m* celular ‖ ⁓**korrekturfaktor** *m* (Nukl) / factor *m* de corrección ‖ ⁓**membran** *f* (Biol) / membrana *f* celular ‖ ⁓**neubildung** *f* / formación *f* de células

Zellobiase, Zellubiase, Cellulase *f* / celulasa *f*
Zellobiose *f* / celobiosa *f*, celosa *f*
Zelloidinpapier *n* (Foto) / papel *m* de celoidina
Zellon *n* (Chem) / celón *m*, celona *f*
Zell•pech *n* (Pap) / pez *f* de celulosa ‖ ⁓**plasma** *n*, Zytoplasma *n* (Biol) / citoplasma *m* ‖ ⁓**-Polyurethan** *n* (Chem) / poliuretano *m* celular ‖ ⁓**saft** *m* (Bot) / savia *f* celular, jugo *m* celular
Zellstoff *m* (Pap) / pasta *f* [química] de madera, celulosa *f* ‖ ⁓ **aus Lederabfällen** / pasta *f* de [desechos de] cuero ‖ ⁓ **nach dem Chlorverfahren** / pasta *f* al cloro ‖ **eingedickter** ⁓ / pasta *f* espesa ‖ ⁓**ablauge** *f* / lejía *f* [residual de pasta] celulósica ‖ ⁓**aufbereitung** *f* / preparación *f* de la pasta ‖ ⁓**auflöser** *m* / disociador *m* de pasta ‖ ⁓**brei** *m* / pasta *f* de celulosa ‖ ⁓**chemie** *f* / química *f* de la celulosa ‖ ⁓**eindicker** *m* / espesador *m* de pasta ‖ ⁓**extrakt** *m* (Badzusatz) (Galv) / extracto *m* de pasta ‖ ⁓**-Fabrik** *f* / fábrica *f* de celulosa ‖ ⁓**-Faser** *f* / fibra *f* de pasta ‖ ⁓**-Filter** *n* / filtro *m* de pasta ‖ ⁓**-Forschung** *f* / investigación *f* de la pasta ‖ ~**freies Papier** (Plast) / papel *m* exento de celulosa ‖ ⁓**guss-Erzeugnis** *n*, Formkörper *m* / producto *m* de pasta moldeada ‖ ~**haltig** / que tiene celulosa ‖ ⁓**holz**, Faserholz *n* (Pap) / madera *f* para pasta ‖ ⁓**industrie** *f* / industria *f* de la celulosa ‖ ⁓**papier** *n* / papel *m* de pasta ‖ **einlagige** ⁓**pappe** (Pap) / cartón *m* de pasta ‖ ⁓**technologie** *f* / tecnología *f* de la pasta ‖ ⁓**watte** *f* / guata *f* celulósica o de celulosa, algodón *m* de celulosa ‖ ⁓**zerreißmaschine** *f* / deshilachadora *f* de celulosa
Zell•struktur *f* (Biol) / estructura *f* celular ‖ ⁓**teilung** *f*, -spaltung *f* / división *f* celular
zellular / celular
Zellulase *f* / celulasa *f*
Zelluloid *n*, Zellhorn *n* (Chem) / celuloide *m* ‖ ⁓..., auf Zelluloidbasis / a base de celuloide
Zellulose *f* / celulosa *f* ‖ ⁓ **aus** ⁓ / celulósico, de celulosa ‖ **technische** ⁓, [Zell]stoff *m* (Pap) / pasta *f* química de madera ‖ ⁓**acetat** *n* / acetato *m* de celulosa, acetilcelulosa *f*, tetraacetato *m* de celulosa ‖ ⁓**acetatdraht** *m* / hilo *m* de [tetra]acetato de celulosa ‖ ⁓**acetatseide** *f* (Tex) / seda *f* de acetato de celulosa ‖ ⁓**acetobutyrat** *n* / acetobutirato *m* de celulosa ‖ ⁓**acetopropionat** *n* / acetopropionato *m* de celulosa, cap *m* ‖ ⁓**bakterien** *pl* (Biol) / bacterias *f pl* de celulosa ‖ ⁓**chemie** *f* / química *f* de la celulosa ‖ ⁓**derivat** *n*, -kunststoff *m* / derivado *m* de celulosa ‖ ⁓**dinitrat** *n* / dinitrato *m* de celulosa ‖ ⁓**ester** *m* / éster *m* de celulosa ‖ ⁓**ethanol** *n* (Kfz) / etanol *m* celulósico ‖ ⁓**ether** *m* / éter *m* celulósico o de celulosa ‖ ⁓**faser** *f*, -fiber *f* / fibra *f* celulósica ‖ ⁓**firnis** *m* / barniz *m* celulósico ‖ ⁓**füller** *m* / carga *f* celulósica ‖ ⁓**garn** *n* (Tex) / hilo *m* de celulosa ‖ ⁓**klebband** *n* / cinta *f* adhesiva de celulosa, cinta *f* de adhesivo celulósico ‖ ⁓**-Kunstseide** *f* / rayon *m*, seda *f* artificial de celulosa ‖ ⁓**kunststoff** *m* / materia plástica [a base] de celulosa ‖ ⁓**lack** *m* / laca *f* celulósica o de celulosa ‖ ⁓**nitrat** *n* / nitrato *m* de celulosa, nitrocelulosa *f* ‖ ⁓**nitrat in 10 - 12%iger Lösung** / nitrato *m* de celulosa en solución al 10-12% ‖ ⁓**papier** *n* / papel *m* de celulosa ‖ ⁓**pulver** *n* / celulosa *f* en polvo ‖ ⁓**schnitzel** *pl* (Pap) / recortes *m pl* de celulosa ‖ ⁓**spachtel** *m* / aparejo *m* celulósico ‖ ⁓**trinitrat** *n* / trinitrato *m* de celulosa ‖ ⁓**vlies** *n* / laminado *m* de celulosa ‖ ⁓**-Xanthogenat** *n* / xant[ogen]ato *m* de celulosa
zellulosisch / celulósico, de celulosa
Zell•verlust *m*, Zellverlustrate *f*, Zellverlustwahrscheinlichkeit *f* (Fernm) / pérdida *f* de celda, probabilidad *f* de pérdidas de celda ‖ ⁓**verzögerungsschwankungen** *f pl*, Zellenlaufzeitschwankungen *f pl* (Fernm) / variaciones *f pl* retardadoras de celda ‖ ⁓**wand** *f* (Bot) / membrana *f* celular, tabique *m* ‖ ⁓**wirkstoff** *m*, Ergon *n* (Biol) /

1544

Zentimeter-Gramm-Sekunde-System

ergona f, biocatalizador m ‖ ~**wolle** f (Tex) / viscosilla f, fibra f celulósica cortida, fibra f de viscosa, fiocco m (ARG) ‖ ~**woll-Mischgewebe** n / tejido m mezclado de [lana] celulosa
Zelt n / tienda f de campaña, entoldado m, carpa f (LA) ‖ ~**bahn** f, -leinwand f, -plane f (Tex) / lona f [para tiendas o carpas], hoja f de tienda ‖ ~**dach** n / techo m de pabellón, toldo m [de tienda] ‖ ~**dach** (Höhe größer als Breite) (Bau) / tejado m de gran inclinación ‖ ~**gestänge** n / varillaje m de tienda, estacas f pl ‖ ~**grau** (RAL 7010) / gris m lona ‖ ~**pflock**, Hering m / piquete m, estaquilla f ‖ ~**stange** f / espárrago m, palo m de tienda
Zement m (Bau) / cemento m ‖ ~ 500 / cemento m 500 ‖ ~ (Lösung von Kautschuk in Kohlenwasserstoffen) (Chem) / cola f para pegar cámaras de aire ‖ ~... / de cemento, cementado, cementero ‖ ~ m **für Bauzwecke** / cemento m para la construcción ‖ **dünn angemachter** ~ / cemento m líquido ‖ **loser** ~ / cemento m a granel ‖ **mit** ~ **ausgießen** / llenar de cemento ‖ **schnell abbindender** ~ / cemento m muerto, cemento m [de fraguado] rápido ‖ ~**absackmaschine** f, -packmaschine f / ensacadora f de cemento ‖ ~**anteil** m (Beton) / tasa f o proporción de cemento ‖ ~**artig** / cementoso ‖ ~**asbest** m / amianto m cemento
Zementation f, sekundäre Anreicherung (Geol) / cementación f, enriquecimiento m secundario
Zementations•kupfer n (Hütt) / cobre m de cementación ‖ ~**mittel**, -pulver n / polvo m de cementación ‖ ~**stahl** m / acero m de cementación ‖ ~**zone** f (Geol) / zona f de cementación
Zement•beton m (Bau) / hormigón m de cemento ‖ **verlängerter** ~**beton**, Zementkalkbeton m / hormigón m de cemento y de cal ‖ ~**-Beton-Tragschicht** f (Straßb) / base f de hormigón de cemento ‖ ~**brei**, dünnflüssiger Zement m, Zementbrühe f (Bau) / lechada f de mortero de cemento ‖ ~**Deckschicht** f / capa f superior de cemento ‖ ~**diele** f / tablón m de cemento (E), piso m de cemento (LA) ‖ ~**drehofen** m / horno m rotatorio para cemento ‖ ~**echt** / sólido al cemento ‖ ~**einspritzung** f, -einpressung f / inyección f de cemento ‖ ~**estrich** m, -gussboden m / suelo m o solado de cemento ‖ ~**fabrik** f / fábrica f de cemento, cementera f ‖ ~**farbe** f (für Edelputz- und Betonanstrich) / pintura f para cemento ‖ ~**faserplatte** f / placa f de fibrocemento o de fibra de cemento ‖ ~**fein** / fino como cemento ‖ ~**fertigteilwerk** n / planta f de prefabricadas ‖ ~**förderschlauch** m / tubo m flexible alimentador de cemento, manguera f de cementación ‖ ~**formstück** n (Elektr, Fernm) / ducto m de cemento ‖ ~**fußboden** m (Bau) / pavimento m de cemento, suelo m cementado ‖ ~**gehalt** m (Bau) / contenido m en o porcentaje de cemento ‖ ~**glattstrich** m / capa f lisa de cemento ‖ ~**gold** n (Hütt) / oro m refinado
Zementierbaden n (Härten) (Hütt) / baño m de cementación
zementieren vt (Bau) / cementar, construir con cemento, recubrir o revocar con cemento ‖ ~, aufkohlen (Hütt, Masch) / cementar ‖ ~ n, Zementierung f (Bau) / obras f pl de cementado ‖ ~, Aufkohlen n (Hütt) / cementación f ‖ ~ n (o. **Versteinen**) **des Bodens** / estabilización f del suelo por cemento
Zementier•kasten m (Hütt) / caja f de cementación ‖ ~**kopf** m (Öl) / cabeza f de cementación ‖ ~**ofen** m (Hütt) / horno m de cementación ‖ ~**pulver** n, Einsatz m (Hütt, Masch) / polvo m de cementación
zementiert•er Kupferdraht / hilo m de cobre cementado ‖ ~**er Widerstand** (Eltronik) / resistencia f con revestimiento de cemento
Zementierung f s. Zementieren

Zement•industrie f / industria f del cemento ‖ ~**injektion** f (Bau) / inyección f de cemento ‖ ~**it** m, Eisenkarbid n (Hütt) / cementita f ‖ ~**kabelkanal** m, -formstück n (Elektr, Fernm) / tubo m o ducto de cemento ‖ ~**kalk** m / mezcla f de cemento y de cal ‖ ~**kalkbeton** m, verlängerter Zementbeton / hormigón m de cemento y de cal ‖ ~**kalkmörtel** m / mortero m de cemento y de cal ‖ ~**klinker** m / clínker m de cemento ‖ ~**kuchen** m / torta f de cemento ‖ ~**[kunst]stein** m / ladrillo m de cemento ‖ ~**kupfer** n, Niederschlagkupfer n, Kupferzement m (Hütt) / cobre m de cementación, cobre m precipitado ‖ ~**leim** m / pasta f de cemento, aglutinante m de cemento ‖ ~**mahlanlage** f / instalación f para molido de cemento ‖ ~**milch** f / lechada f de cemento ‖ ~**mörtel** m / mortero m de cemento ‖ **verlängerter** ~**mörtel**, Zementkalkmörtel m / mortero m de cemento y cal ‖ ~**mörtelspritzmaschine** f / cañón m de cemento ‖ ~**mühle** f / molino m de cemento ‖ ~**-Nassdrehofen** m / horno m rotativo para cemento por el método húmedo ‖ ~**ofen** m / horno m para cemento ‖ ~**packmaschine** f, -absackmaschine f / ensacadora f de cemento ‖ ~**pappe** f (Bau) / cartón m cementado ‖ ~**platte** f **für Gehwege** / baldosa f o loseta de cemento ‖ ~**pulver** n / cemento m en polvo o pulverizado ‖ ~**putz**, -verputz m / revoque m o revoco o enlucido de cemento ‖ ~**rohmehl** n / harina f cruda de cemento ‖ ~**rohr** n / tubo m de cemento, caña f de cemento (LA) ‖ ~**rohr für Kabelverlegung** (Elektr, Fernm) / tubo m o ducto de cemento ‖ ~**schicht** f / capa f de cemento, lecho m de cemento ‖ ~**schlamm** m, Schlempe f / pasta f [cruda] de cemento ‖ ~**schwarz** n / negro m de manganeso ‖ ~**silber** n (Hütt) / plata f precipitada ‖ ~**silo** m (Bau) / silo m de cemento ‖ ~**spritze** f / cañón m o eyector o proyector de cemento líquido ‖ ~**stabilisierter Boden** / suelo m estabilizado por cemento ‖ ~**stahl** m (Hütt) / acero m cementado o de cementación ‖ ~**staub** m, -pulver n / cemento m pulverizado o en polvo ‖ ~**stein** m / pasta f de cemento endurecida ‖ ~**ton** m / arcilla f de cemento ‖ ~**Traßmörtel** m / mortero m de trass y cemento ‖ ~**verfestigter Kiessand** / grava y arena solidificadas por cemento f ‖ ~**wagen** m (Bahn) / vagón m de cemento ‖ ~**Wasser-Verhältnis** n (Bau) / relación f entre cemento y agua
Zener•diode f (Eltronik) / diodo m Zener o de avalancha ‖ ~**durchbruch** m (Eltronik) / disrupción f de Zener ‖ ~**effekt** m (Halbl) / efecto m Zener ‖ ~**knie** n / codo m de Zener ‖ ~**spannung** f (Eltronik) / tensión f disruptiva o de Zener ‖ ~**strom** m / corriente f de Zener ‖ ~**widerstand** m / impedancia f [de] Zener
Zenit, Scheitelpunkt m (allg, Astr) / cenit m, zenit m
Zenit[al]... / cenital, zenital
Zenitabstand m, -distanz f (Astr) / distancia f cenital
Zenitpunkt, Projektionspunkt m (Astr) / punto m cenital
Zenit•reduktion f (Astr) / reducción f cenital ‖ ~**teleskop**, -fernrohr n / telescopio m cenital
zentesimal, Zentesimal... (Math) / centesimal ‖ ~**-Alkoholometer** m (Chem) / alcoholímetro m o alcohólometro centesimal ‖ ~**grad** m, Neugrad m, g, gr (Math) / grado m centesimal, gonio m ‖ ~**teilung** f (Thermometer) / división f centígrada o en grados centígrados, graduación f centesimal ‖ ~**waage** f / báscula f o balanza centesimal
Zenti... / centi...
Zentiar m n (= 1 m²) / centiárea f
Zenti•bel n (= 1/10 dB), cB (Akust) / centibelio m, cB ‖ ~**grad** m (Temperatur) / centígrado m ‖ ~**gramm** n / centigramo m ‖ ~**liter** n m, cl / centilitro m
Zentimeter n m, cm / centímetro m ‖ ~... / centímétrico ‖ ~**band** n (Eltronik) / banda f centimétrica, banda f 10 ‖ ~**-Gramm-Sekunde-System**, CGS-System n (Phys) / sistema m CGS o cegesimal

Zentimetermaß

(centímetro-gramo-segundo) ‖ ≃**maß** n / regla f con división centimétrica ‖ ≃**maß**, -band n / cinta f [centi]métrica ‖ ≃**welle** f (Eltronik) / onda f centimétrica
Zenti•poise n, cP n (dynamische Viskosität) (veraltet, jetzt: m Pa s) (Phys) / centipoise m ‖ ≃**stokes** n, cSt (kinematische Viskosität) (veraltet, jetzt: mm²s⁻¹) / centistokes m
Zentner m (= 50 kg) (veraltet) / medio quintal métrico m, cincuenta m pl kilos
zentral / central, céntrico ‖ ~**e Abfragestelle** (Fernm) / central f de consulta ‖ ~**es absolutes Moment** (Math) / momento m absoluto centrado ‖ ~**e Anreicherung beim Rösten** (Hütt) / enriquecimiento m central durante la tostación ‖ ~**e Ansaugung** (Gebläse) / aspiración f central ‖ ~**e Datenverarbeitungsanlage** (o. Rechenanlage), Zentralrechner m für Terminalbetrieb (DV) / unidad f central de procesamiento de datos ‖ ~**e Fachbildung** (Web) / formación f de calada en el centro ‖ ~**e Hauptachse** (Masch) / eje m principal central ‖ ~**e Haupträgheitsachse** / eje m principal central de inercia ‖ ~**es Haupträgheitsmoment** / momento m central principal de inercia ‖ ~**e Lagerstätte**, Zentrallager n / almacén m central, instalación f centralizada de almacenamiento ‖ ~**e Lebensdauer** / duración f media [de vida] ‖ ~**e Recheneinheit** (DV) / procesador m central ‖ ~**es Ritzel** / piñón m central ‖ ~**e Steuereinheit** (DV) / unidad f central de mandos ‖ ~**es Wählnetz** (Fernm) / red f de conmutación central ‖ ~**er Zeichenkanal** (Fernm) / vía f común para la transmisión de señales ‖ ~**e Zugbeleuchtung** (Bahn) / alumbrado m centralizado ‖ ~**e Zuglaufüberwachung** (Bahn) / mando m centralizado de la circulación de trenes
Zentral•achsanhänger m / remolque m con eje central ‖ ~**amerikanische Kiefer** (Bot) / pino m de América central, pino m de las Antillas o del Caribe ‖ ≃**antenne** f / antena f de base ‖ ≃**antenne**, Gemeinschaftsantenne f / antena f colectiva ‖ ≃**archiv** n / archivo m central ‖ ≃**atom** n (Chem) / átomo m central ‖ ≃**aufbereitung[sanlage]** f (Bergb) / planta f central de preparación ‖ ≃**batterie** f (Fernm) / batería f central ‖ ≃**befestigung** f von **wellenbetätigten Bauelementen** / sujeción f central de componentes accionados por árboles o husillos ‖ ≃**bewegung** f (Phys) / movimiento m centrípeto ‖ ≃**datei** f (DV) / fichero m central ‖ ≃**differntial** n (Allradantrieb) (Kfz) / diferencial m central ‖ ≃**druckschmierung** f (Kfz, Masch) / lubri[fi]cación f centralizada a (o bajo) presión
Zentrale f (allg) / central f, oficina f central ‖ ≃ (Ggs: Peripherie) (DV) / unidad f procesador central ‖ ≃, [Vermittlungs]amt n (Fernm) / central f telefónica ‖ ≃, Hauszentrale f (Fernm) / centralita f ‖ ≃, **Kraftwerk** n (Elektr) / central f eléctrica ‖ ≃, **Mittellinie** f (Geom) / línea f media o central ‖ ≃ f **mit Gebührenzählern** (Fernm) / central f con imputación de tasas mediante contador, central f de servicio medido
Zentral•einheit f (DV) / unidad f procesador central ‖ ≃**einheits-Aktivzeit**, Zentraleinheitszeit f (DV) / tiempo m de tratamiento por la unidad central ‖ ≃**einspritzung** f (Kfz) / inyección f central ‖ ≃**elektronik** f **für Versuche** (Raumf) / electrónica f central para experimentos
Zentralen•leistung f (Elektr) / capacidad f o potencia de la central ‖ ≃**spannung** f / tensión f de la central
Zentral•fach n (Web) / calada f central o en el centro ‖ ≃**federrohr od. -bein** n (Kfz) / tubo m telescópico central ‖ ~**gespeiste Antenne** / antena f alimentada o excitada por el centro ‖ ≃**heizung** f, Sammelheizung f / calefacción f central ‖ ≃**heizungskessel** m / caldera f de calefacción central ‖ ≃**ion** n (Chem) / ion m central
zentralisieren vt, zusammenfassen / centralizar

Zentralisierung f / centralización f
Zentral•kartei f / fichero m central ‖ ≃**kraft** f (Mech) / fuerza f central ‖ ≃**linie** f (Radar) / línea f equidistante ‖ ≃**öler** m / engrasador m central ‖ ≃**perspektive** f (Zeichn) / perspectiva f central ‖ ~**perspektivisch** / de perspectiva central ‖ ≃**potentialberg** m (Nukl) / barrera f central ‖ ≃**projektion** f (Geom) / proyección f central ‖ ≃**pult** n (TV) / pupitre m central ‖ ≃**rad** n / rueda f planetaria ‖ ≃**rad** (Uhr) / rueda f central o de centro ‖ ≃**rechner** m, Verarbeitungs-, Gastprozessor m, Number Cruncher m / CP = procesador central, ordenador m central, computadora f central, host m ‖ ≃**rechner für Terminalbetrieb** (DV) / procesador central ‖ ≃**rohr**, Steigrohr n (Vakuumbehälter) / tubo m de vapor ascendente ‖ ≃**rohrrahmen** m (Kfz) / bastidor m de tubo central ‖ ≃**schaltpult** n (Elektr) / pupitre m de mando central[izado] ‖ ≃**schlachthof** m / matadero m central ‖ ≃**schmierung** f / lubri[fi]cación f central ‖ ≃**schmierung** (als System) / sistema m lubrificador central[izado] ‖ ≃**schrank**, Konzentrator m (Fernm) / concentrador m, centro m de conmutación ‖ ≃**-Sekundenzeiger** m, Sekunde f aus der Mitte, Zentralsekunde f (Uhr) / aguja f de segundero central ‖ ≃**speicher** m, interner Speicher (DV) / memoria f interna o central ‖ ≃**spinnmaschine** f (Plast) / hiladora f axial ‖ ≃**spulengreifer** m, CB-Greifer m (Nähm) / lanzadera f oscilante de bobina central ‖ ≃**spulung** f (Tex) / bobinado m central ‖ ≃**station** f (Fernwirk) / estación f central de telemando ‖ ≃**stellwerk** n (Bahn) / puesto m de mando centralizado ‖ ≃**steuerung** f / mando m o control central[izado] ‖ ≃**steuerung**, Tonfrequenzrundsteuerung f (Elektr) / telemando m centralizado por audiofrecuencia ‖ ≃**synchronisierung** f / sincronización f [por piloto] central ‖ ≃**tropfschmierung** f / engrase m central por goteo ‖ ≃**überwachung** f (F.Org) / vigilancia f central[izada] a distancia, control m remoto centralizado ‖ ≃**uhr** f / reloj m central o maestro ‖ ≃**uhrenanlage** f / instalación f con reloj central ‖ ≃**umschalter** m (Fernm) / conmutador m de intercomunicación ‖ ≃**vermittlungsstelle** f, ZVSt (Fernm) / central f [telefónica], centro m primario (ARG) ‖ ≃**verriegelung** f, ZV f (Kfz) / cierre m [eléctrico] centralizado, bloqueo m centralizado de puertas y maletero m ‖ ≃**verschluss** m (Fallschirm) / harnés m de desenganche rápido ‖ ≃**verschluss** (Foto) / obturador m central ‖ ≃**werkstatt** f, Hauptwerkstatt f / taller[es] m[pl] principal[es] o central[es] ‖ ≃**wert** m (Stat) / valor m mediano ‖ ≃**wertkarte**, Mediankarte f (Stat) / carta f mediana ‖ ≃**zündung** f (Gewehr) / percusión f central
Zentrier•... / de centraje ‖ ≃**achse** f / eje m de centrar ‖ ≃**ansatz**, -rand m, -wulst m f / resalte m o reborde de centraje, saliente m de centrado ‖ ≃**arm**, Flipper m (Schiff, Spreader) / brazo m de centraje ‖ ≃**aufnahme** f (Wzm) / alojamiento m centrador ‖ ≃**auge** n / agujero m de centrado ‖ ≃**blende** f (Foto) / diafragma m de centraje ‖ ≃**bohrer** m (Wz) / broca f de centrar ‖ ≃**bohrung** f, -bohrungsloch n (Wzm) / punto m de centrado, agujero m de centraje o centrado ‖ ≃**bohrung für Werkzeuge** (Wzm) / taladro m para centraje de herramientas ‖ ≃**bolzen** m, -zapfen m / perno m o bulón m de centrar, espiga f de centraje ‖ ≃**buchse** f / casquillo m de centraje ‖ ≃**bund** m / collar m de centraje ‖ ≃**dorn** m / mandril m de centraje, espiga f de centraje ‖ ≃**einsatzstück** n / pieza f intercalada de centraje, suplemento m de centraje
zentrieren vt, mittig einstellen / centrar ‖ ~, in einem Punkt vereinigen / centralizar ‖ ≃ n, Zentrierung f / centraje m, centrado m
Zentrier•fehler m / error m de centraje ‖ ≃**flansch** m / brida f de centraje ‖ ≃**futter** n (Wzm) / plato m de

centraje o de centrar ‖ ~glocke f (Opt) / campana f de centrar ‖ ~hülse f / manguito m o casquillo de centraje ‖ ~körner m (Wzm) / granete m de centrar o de centraje o de centrado ‖ ~lehre f / calibre m de centraje ‖ ~lünette f (Wzm) / luneta f de centraje ‖ ~magnet m (TV) / imán m de centrado ‖ ~punkt m / punto m de centrar ‖ ~rand m, -wulst m f / reborde m de centraje ‖ ~ring m / anillo m centrador o de centraje ‖ ~sauger m (Opt) / ventosa f de centrado ‖ ~scheibe f (Zeichn) / disco m de centrar ‖ ~scheibe (Opt) / muela f de centrar ‖ ~scheibe (Masch) / arandela f centradora o de centrar ‖ ~schneide f, Schneidenlager n (Waage) / cojinete m o apoyo de cuchillo ‖ ~schraube f / tornillo m para centrar o de centraje ‖ ~schulter f / collar m o bordón de centrar ‖ ~sitz m / asiento m de centraje ‖ ~spitze f / punta f de centrado o de centraje ‖ ~spitze, Körnerspitze f (Dreh) / contrapunta f, punto m de contrapunta ‖ ~spitze f (Bohrer) / punta f de centrar (broca) ‖ ~stern m (Lautsprecher) / araña f interior ‖ ~stift, -zapfen m / pasador m de centrado, espiga f de centrar ‖ ~stock m, -fuß m (Theodolit) / pie m de centrar ‖ ~stück n als Hilfsmittel bei der Bearbeitung / pieza f de centraje ‖ ~stutzen m / tubuladura f de centraje
zentriert, zentrisch / centrado ‖ ~e Zufallsgröße (Stat) / variable f aleatoria centrada ‖ kubisch ~ (Krist) / centrado cúbicamente
Zentrier- und Plandrehmaschine f (Wzm) / máquina f de centrar y refrentar
Zentrierung f (Masch) / centraje m, centrado m ‖ ~ (TV) / alineamiento m de la cámara
Zentrier•vorrichtung f, -gerät n / centrador m ‖ ~werkzeug n / útil m de centrar ‖ ~winkel m (zum Auffinden und Anzeichnen von Mittelpunkten) (Masch) / escuadra f de centraje o de centrar ‖ ~wulst m f / bordón m de centrar ‖ ~zapfen s. Zentrierstift
zentrifugal / centrífugo ‖ ~beschleunigung f (Phys) / aceleración f antrífuga ‖ ~bremse f / freno m centrífugo o de fuerza centrífuga ‖ ~exhaustor m / aspirador m centrífugo (E), exhaustor m centrífugo (LA) ‖ ~extraktor, RDC m (Öl) / columna f de discos rotativos ‖ ~gebläse n, -lüfter m / soplador m centrífugo, máquina f soplante centrífuga (E), soplete m centrífugo (LA) ‖ ~gefrieren n / congelación f con centrifugación ‖ ~gewicht n / peso m centrífugo ‖ ~knotenfänger m (Pap) / desmotador m centrífugo ‖ ~kompressor m / compresor m centrífugo ‖ ~kraft f, Fliehkraft f (Phys) / fuerza f centrífuga ‖ ~kupplung f (Kfz) / embrague m centrífugo ‖ ~maschine f (Phys) / máquina f centrífuga ‖ ~moment n / momento m centrífugo ‖ ~ölreiniger m, Ölschleuder f / depurador m centrífugo de aceite ‖ ~pendel m, Kegelpendel m, konisches Pendel / péndulo m centrífugo ‖ ~pumpe f / bomba f centrífuga ‖ ~regulator, -regler m / regulador m centrífugo ‖ ~regulator, Pendelzähler m (Elektr) / contador m pendular o de balancín ‖ ~schmierung f / engrase m centrífugo, lubri[fi]cación f centrífuga ‖ ~sichter m (Mühle) / aventador m o cedazo centrífugo, separador m de fuerza centrífuga ‖ ~sortierer m / clasificador m centrífugo ‖ ~spinnen (Tex) / hilatura f centrífuga ‖ ~-Staubabscheider m / separador m centrífugo de polvos, ciclón m ‖ ~turbine f / turbina f centrífuga
Zentrifugat n (Aufb, Labor) / líquido m que sale de la centrifugadora
Zentrifuge f / máquina f centrifugadora, centrífuga f ‖ ~, Milchschleuder f (Landw) / desnatadora f ‖ ~, Zentrifugaltrockenmaschine f, Schleuder[maschine] f / hidroextractor m ‖ ~ (Zuck) / escurridora f centrífuga, separador m centrífugo
Zentrifugen•kaskade f (Nukl) / cascada f de centrifugadoras ‖ ~rückstand m / residuo m de hidroextracción o de centrifugación ‖

~spinnmaschine f / hiladora f de centrífugas ‖ ~station f (Zuck) / estación f de centrifugación ‖ ~trommel f, -korb m / tambor m de centrifugadora ‖ ~verfahren n (Nukl) / proceso m o método de centrifugación ‖ ~wasser n, schmutziges Filtrat / agua f [sucia] que sale de una centrifugadora
zentrifugieren vt, mittels Zentrifuge ausscheiden / centrifugar, separar o eliminar mediante centrifugadora ‖ ~, trocknen / centrifugar, secar, escurrir ‖ ~, trennen (Zuck) / turbinar ‖ ~ n, Schleudern n / centrifugación f, centrifugado m
Zentrifugiersirup m (Zuck) / jarabe m verde
zentrifugierter Latex / látex m centrifugado
zentripetal / centrípeto ‖ ~beschleunigung f (Phys) / aceleración f centrípeta ‖ ~kraft f, Anstrebekraft f / fuerza f centrípeta ‖ ~turbine f / turbina f centrípeta
zentrisch / central, céntrico ‖ ~, zentriert / centrado ‖ ~ spannend (Wzm) / autocentrador ‖ auf ~en Sitz prüfen / verificar o comprobar el centraje ‖ ~-symmetrisch / centrosimétrico
Zentriwinkel m (Geom) / ángulo m central
Zentrum n / centro m ‖ ~, Ballungsraum m / centro m de aglomeración ‖ ~ für bemannte Weltraumflüge / centro m para vuelos cósmicos tripulados ‖ aus dem ~ bringen / descentrar, excentrar ‖ ~bohrer m, Forstnerbohrer m (Wz) / broca f con punta de centraje ‖ ~bohrer (Zimm) / broca f de centrar o de tres puntas ‖ ~bohrer mit verstellbarem Messer (DIN 6447) (Holz) / broca f de centrar con cuchilla extensible
Zentrumslehre f, Zentrierlehre f / calibre m de centraje
Zentrumspitze f des Bohrers / punta f de centraje de la broca
Zentrums•rad n, Großbodenrad n (Uhr) / rueda f grande de arrastre ‖ ~sekundenrad n (Uhr) / piñon m de segundero central, aguja f de segundos central, segundero m central
Zentrumstein m (Instr) / piedra f de centro
Zentrums•winkel m, Zentriwinkel m (Geom) / ángulo m central o en el centro ‖ ~zentrierung f (Wzm) / posicionamiento m entre contrapuntas
Zeolith m, Siedestein m (Min) / zeolita f ‖ ~ (Waschmittel) / zeolita f sintética ‖ ~gruppe f (Silikatmineralien;n.,pl.) (Min) / zeolitas f pl ‖ ~-Katalysator m (Chem) / catalizador m de zeolita
Zephir m, Zefir m (Tex) / céfiro m ‖ ~krepp m / crespón m de céfiro ‖ ~wolle f / lana f de céfiro
Zeppelinantenne f / antena f ze[p]pelín
Zer n, Cer n, Ce (Chem) / cerio m
Zerat n / cerato m
zerbersten vi / estallar, reventar
zerbeulen vt / abollar
zerbrechen vt [vi] / romper, triturar, machacar, quebrantar, hacer añicos o pedazos ‖ ~ n, Bruch m / rotura f, fractura f
zerbrechlich, spröde / quebradizo, rompible, rompedero ‖ ~, fein / delicado ‖ ~, brüchig / frágil ‖ ~ ! / ¡ frágil !
Zerbrechlichkeit, Brüchigkeit f / fragilidad f
zerbröckeln vt / desmenuzar ‖ ~ vi / agrietarse ‖ ~, zerfallen / desintegrarse ‖ ~ (Mauer) / desmoronarse ‖ ~ n / desintegración f ‖ ~, Abplatzen n (Gummi) / desconchamiento m ‖ ~ der Oberfläche (Straß) / rotura f [paulatina] de la superficie
zerbröckelnd, bröcklig / friable
zerbröseln vi (Material) / desagregarse, deshacerse
zerdrücken / aplastar, machacar, magullar ‖ ~, zerknittern / arrugar
zerdrückte Masse, Matsch m / masa f machacada o chafada
Zerealien pl (Bot, Landw) / cereales m pl
Zerfall m / descomposición f ‖ ~ (Chem) / descomposición f, disgregación f ‖ ~ (Nukl) / desintegración f nuclear ‖ ~, Dissoziation f / disociación f ‖ ~, Verfall m / decadencia f ‖ ~ (Bau) /

1547

Zerfall

ruina f, desmoronamiento m ‖ ≈ **durch Feuchtigkeit** (Chem) / delitescencia f ‖ **Zerfälle pro Sekunde** (Nukl) / desintegraciones f pl por segundo
zerfallen vi, bersten (Mauerwerk) / resentirse ‖ ~, verfallen, baufällig werden (Bau) / desmoronarse, arruinarse ‖ ~, auseinander gehen / deshacerse, disgregarse ‖ ~ (in Bestandteile) (Chem) / descomponerse ‖ ~, zerbröckeln / desintegrarse, deshacerse, desagregarse ‖ ~, dissoziieren (Chem) / disociarse ‖ ~ [in] / dividirse [en] ‖ ~, schmelzen vi (Feuerfest) / fundirse ‖ ~ (Nukl) / desintegrarse ‖ ~ [spontan] (Atom) / desintegrarse espontáneamente ‖ **in mehrere Teile** ~ / fragmentarse en varias partes, deshacerse ‖ ~**es Elektron** / electrón m desintegrado
Zerfallsanteil m (Nukl) / fracción f de descomposición, porcentaje m de descomposición
Zerfallschlacke f / escoria f de descomposición
Zerfalls•elektron n / electrón m de desintegración ‖ ≈**energie** f (Nukl) / energía f de desintegración ‖ ≈**folge** f / cadena f radiactiva ‖ ≈**förderer** m (Gieß) / acelerador m de desintegración ‖ ≈**gesetz** n (Nukl) / ley f de la desintegración radiactiva ‖ ≈**konstante** f (Nukl) / constante f de desintegración ‖ ≈**produkt** n / producto m de desintegración o de descomposición ‖ ≈**produkt** (Nukl) / producto m de desintegración ‖ ≈**prüfung** f / ensayo m de desintegración o de colapsabilidad ‖ ≈**rate** f (Nukl) / tasa f de desintegración, actividad f ‖ ≈**reihe** f (Nukl) / serie f o cadena de desintegración ‖ ≈**zeit** f (Nukl) / tiempo m o período de desintegración
Zer•faserer m, Stofflöser m (Pap) / desintegrador m ‖ ≈**faserer**, Holzschleifmaschine f (Pap) / desfibradora f, máquina f desfibradora ‖ ≈**faserer** (Tex) / deshilachadora f ‖ ~**fasern** vt, mahlen (Pap) / triturar, desintegrar, desfibrar, separar en fibras ‖ ~**fasern**, trennen vt (Tex) / deshilachar ‖ ~**fasern** (Zuckerrohr) / desintegrar ‖ ~**fasern** vi (Tex) / deshilacharse ‖ ≈**fasern** n (Holz) / desfibrado m, desfibración f ‖ ≈**fasern** (Tex) / deshilachado m, deshilachamiento m ‖ ≈**faserung** f, Stoffaufbereitung f (Pap) / desintegración f, desfibrado m, trituración f ‖ ≈**faserungsscheibe**, Schleuderscheibe f (Glasfasern) / disco m de Hager ‖ ~**fetzen** vt, in Stücke zerreißen / desgarrar, dilacerar, despedazar, hacer jirones o trizas, destrizar ‖ ~**fließen** vi (Chem) / delicuescer ‖ ~**fließen** (Farbe) / correrse ‖ ~**fließen**, zergehen / derretirse, fundirse, deshacerse ‖ ≈**fließen**, Zergehen n (Chem) / delicuescencia f ‖ ≈**fließen**, Flüssigwerden n / derretimiento m, entrada f en fusión ‖ ~**fließend** (Chem) / delicuescente ‖ ~**fressen**, korrodieren vt / corroer ‖ ~**fressen**, mit Narben bedecken (Chem, Masch) / picar ‖ ~**fressend**, angreifend / corrosivo ‖ ~**furcht**, holprig (Straß) / fragoso, lleno de baches ‖ ~**gehen** vi, schmelzen / derretirse, deshacerse ‖ ~**gliedern** vt, zerlegen / disecar, desmembrar, descomponer ‖ ~**gliedern**, analysieren / analizar, desglosar ‖ ≈**gliederung** f / disección f, desmembración f, análisis m, desglose m ‖ ~**hacken** vt / despedazar, hacer pedazos, cortar en trozos, desmenuzar, picar ‖ ~**hacken**, verwürfeln (Fernm) / codificar una señal para hacer secreta la comunicación, mezclar [casi] al azar ‖ ≈**hacker** m (Funk) / cortador m o interruptor periódico ‖ ≈**hacker**, Sampler m (Regeln) / muestreador m ‖ ≈**hacker** (Gleichstrom) / pulsador m, cortador m vibratorio, vibrador m ‖ ≈**hackereinheit** f, Wechselrichter m / unidad f vibradora-rectificadora ‖ ≈**hacker-Verstärker** m (Eltronik) / amplificador m de interrupción periódica, amplificador m de relé modulador ‖ ~**hackter Gleichstrom** / corriente f continua interrumpida
Zeriden pl, Ceriden pl, zerhaltige Mineralien n pl, zerhaltige Mineralien n pl / ceridas f pl

Zerit•erde f (Chem) / tierra f cérica ‖ ≈**metalle** n pl (Hütt) / metales m pl céricos
Zerkleinerer m, Zerkleinerungsgerät n (Masch) / desintegrador m, rompedora f
zerkleinern, zerquetschen / machacar, triturar, chancar (LA) ‖ ~, brechen (Aufb, Bau) / quebrantar, machacar ‖ ~, zerstückeln / desmenuzar, fragmentar, reducir a trozos o trocitos, fraccionar, desarticular, micronizar ‖ ~ (Gummi) / moler ‖ ~, zermahlen / triturar, moler, pulverizar ‖ **[Grob]**~ / trituración f gruesa ‖ **[Fein]**~ / reducción f a partículas finas, molienda f, molido m, micronización f ‖ ≈ n, Zerkleinerung f / desmenuzamiento m, trituración f
Zerkleinerung f / desintegración f, chanca f (LA) ‖ ≈ **von Granulat** / fragmentación f de granulado
Zerkleinerungs•arbeit f / trabajo m triturador o desmenuzador ‖ ≈**grad** m (Bergb) / grado m de reducción [del tamaño] ‖ ≈**grad**, Reduktionsgrad m (Sintern) / grado m de reducción ‖ ≈**gut** n / material m triturado o machacado ‖ ≈**maschine** f / máquina f desintegradora o trituradora o quebrantadora o machacadora o fragmentadora; chancadora (LA);f. ‖ ≈**maschine** (Holz) / máquina f desmenuzadora ‖ ≈**technik** f / técnica f de trituración ‖ ≈**verhältnis** n / relación f entre tamaños antes y después de la trituración ‖ ≈**vorgang** m / proceso m triturador ‖ ≈**walzwerk** n (Hütt) / laminador m triturador ‖ ≈**zyklus** m (Aufb) / ciclo m de trituración
zer•klopfen vt / picar, quebrantar, machacar ‖ ~**klüftet** / fisurado, resquebrajado, hendido ‖ ≈**klüftung** f **von Schichten** (Geol) / fracturación f ‖ ≈**klüftungszone** f (Geol) / zona f fracturada ‖ ~**knallen** vi / estallar, hacer explosión, explotar, detonar, reventar ‖ ≈**knallen** n, Explosion f (Chem) / explosión f ‖ ~**knicken** vt / someter a pandeo, quebrar, romper por medio de compresión axial ‖ ~**knicken** vi / doblarse, romperse, quebrarse [por pandeo] ‖ ~**knistern** vi, verpuffen (Chem) / decrepitar ‖ ~**knittern** vt, verkrumpeln / arrugar ‖ ~**knittert**, -knüllt (Tex) / arrugado, chafado, apurruñado (LA) ‖ ~**knüllen** vt / chafar, arrugar, estrujar ‖ ~**kochen** vt / cocer demasiado, desintegrar por cocción ‖ ~**kratzen** vt / rascar, arañar, hacer rayas ‖ ~**kratzt**, verkratzt / rayado ‖ ≈**krümeler** m (Landw) / desterronadora f ‖ ~**krümeln** vt, zerstückeln / desmenuzar, reducir a migas, desmigajar ‖ ~**lappte Abbildung** (Kartographie) / proyección f interrumpida ‖ ~**lassen** (Fett) / derretir ‖ ~**laufen** / derretirse
zerlegbar (Element, Form, Math, Matrix) / descomponible, divisible ‖ ~ (Masch) / desmontable, desarmable, despiezable ‖ ~, zusammenlegbar / plegable ‖ ~, teilbar / divisible ‖ ~, spaltbar (Phys) / fisil, fisible, desintegrable, fraccionable ‖ ~, zersetzbar (Chem) / descomponible, disgregable, fraccionable ‖ ~**e Kette** / cadena f desmontable ‖ ~**e Maschine** / máquina f desmontable ‖ **in zwei Teile** ~ / desmontable en dos partes
Zerlegbarkeit f / separabilidad f, despiece m
zerlegen vt, auseinander nehmen / desmontar, separar, desarmar, despiezar, desarticular ‖ ~, trennen / separar, segregar, deshacer ‖ ~, abbauen (Chem) / descomponer ‖ ~, analysieren (Chem) / analizar ‖ ~, zergliedern / disecar ‖ **in die Bestandteile** ~ / disgregar ‖ **in Dreiecke** ~ (Geom) / reducir a triángulos, descomponer en triángulos ‖ **in Faktoren** ~ (Math) / descomponer en factores ‖ **Kräfte** ~ (Phys) / descomponer fuerzas
zerlegt•es Netzwerk (Math) / red f primitiva ‖ ~**es Polynom** / polinomio m reduc[t]ible ‖ **in Teile** ~, auseinander / separado, separado
Zerlegung f, Demontage f / desmontaje m, despiece m ‖ ≈, Trennung f / separación f ‖ ≈, Analyse f (Chem) / análisis m ‖ ≈, Zersetzung f (Chem) / descomposición f ‖ ≈, Auflösung f (TV) / resolución f ‖ ≈ f (Spektrum) /

descomposición f ‖ ≃ in Abschnitte / seccionamiento m ‖ ≃ in Einzelteile z. Untersuchung / FEA (= Finite Element Analysis) ‖ ≃ f in Faktoren (Math) / factorización f
Zerlegungs•anlage f (Koksgas) / instalación f fraccionadora o de fraccionamiento de gas ‖ ≃gleis n (Bahn) / vía f de descomposición
zer•mahlen vt, pulverisieren / pulverizar, aciberar, moler, triturar ‖ ~malmen vt / aplastar, reducir a polvo, quebrantar
Zeroreader m (Luftf) / zero-reader m
zer•platzen vi / reventar, estallar ‖ ~platzen, explodieren / explosionar, hacer explosión ‖ ≃platzfestigkeit f / resistencia f al estallido ‖ ~quetschen vt, flachdrücken / aplastar ‖ ~quetschen, zerkleinern / machacar, achuñuscar (CHIL) ‖ ~quetschen, mahlen (Chem) / triturar, moler ‖ zu Brei ~quetschen / reducir a pasta ‖ ~quetscher Satz (Druck) / caracteres m pl dañados ‖ ≃quetschungsbeanspruchung f (der Schienen) (Bahn) / esfuerzo m de aplastamiento [de carriles] ‖ ~reibbar / friable ‖ ≃reibbarkeit f / friabilidad f ‖ ~reiben vt, reiben / triturar, machacar ‖ ~reiben, zerstoßen (Chem) / triturar ‖ ≃reiben n / trituración f ‖ ≃reiben, Fein[st]mahlung f / moledura fina f, reducción f a polvo fin[ísim]o, pulverización f
Zerreiche f, Quercus cerris L. (Bot) / encina cabelluda f, roble m cerris, rebollo m
Zerreißarbeit, spezifische ≃ / trabajo m específico de desgarre
zerreißbar / desgarrable, rompible, triturable, fácil de rasgar
Zerreiß•beanspruchung f / solicitación f al desgarre ‖ ≃dehnung f / elongación f de rotura ‖ ≃diagramm n / diagrama m de rotura
zerreißen, zersprengen vt / hacer reventar ‖ ~, zerfetzen vt / dilacerar ‖ ~, in Stücke o. entzwei reißen / desgarrar, rasgar, dilacerar, romper o despedazar en pedazos, hacer pedazos ‖ ~ vi / desgarrarse, rasgarse, romperse, dilacerarse ‖ ~ (zu Lumpen) / reducir a trapos ‖ Lumpen ~, zu Halbzeug zerkleinern (Pap) / deshilachar trapos ‖ ≃ n des Bildes (TV) / desgarro m de la imagen ‖ ≃ des Protektors (Reifen) / desgarro m de la banda de rodadura
Zerreiß•festigkeit f / resistencia f a la rotura ‖ ≃festigkeit (Plast) / resistencia f al desgarro ‖ ≃grenze f (Mech) / límite m de rotura, límite m de ruptura, límite m de desgarre ‖ ≃maschine f, Zugprüfmaschine f / máquina f para ensayo de tracción ‖ ≃maschine (Tex) / diablo m, deshilachadora f, cortadora f [mecánica] ‖ ≃probe f / ensayo m de rotura, prueba f de rotura o de desgarramiento ‖ ≃prüfung f (Tex) / ensayo m de desgarre ‖ ≃spannung f / tensión f de rotura o ruptura ‖ ≃stab m, Zugstab m (Mat.Prüf) / probeta f de tracción, barreta f para ensayo de rotura ‖ ≃stab / barra f [para ensayo] de rotura, barra f de rotura o de desgarre, barra f de ensayo ‖ ≃versuch m, -probe f (Mat.Prüf) / ensayo m de rotura o de tracción
zerren vi [an] / tirar [violentamente] [de] ‖ ~ vt, schleifen / arrastrar
Zerrieseln n (von Calciumorthosilikat) (Keram) / pulverización f de ortosilicato de calcio
zerrinnen vi / derretirse
zerrissen•e Faser / fibra f arrancada o desgarrada ‖ ~ werden, in Streifen zerreißen / deshilacharse [en tiras] ‖ ≃er Wulstrand (Reifen) / borde m de talón desgarrado
Zerrkluft f, Tracht f (Geol) / diaclasa f [de tensión]
Zerrlinse f, -optik f / lente f de distorsión
Zerrungen f pl, Stöße m pl (Bahn) / reacciones f pl en un tren
zer•rütten vt / desordenar, destruir ‖ ≃rüttung f von Gesteinen (durch Strahlung) / demolición f de rocas (por radiación) ‖ ~sägen vt / cortar con la sierra, aserrar ‖ ~sägen, trennen, [zu]schneiden / partir o tronzar o separar con sierra ‖ ~schellen vi (Schiff) / fracasar ‖ ~schellen (Luftf) / estrellarse [contra] ‖ ~schießen vt (Bergb) / fragmentar, volar, dinamitar ‖ ~schlagen vt / romper a golpes, romper a martillazos ‖ die Erdschollen ~schlagen (Landw) / desterronar glebas ‖ sich ~schlagen (Geol) / ramificarse ‖ ~schlagen vt, zerbrechen / romper, destrozar, quebrantar, triturar ‖ ~schleifen vt, -mahlen / reducir a polvo [con muela] ‖ ~schlissen / desgastado ‖ ~schmelzen vi / fundirse, derretirse ‖ ~schmettern vt, -quetschen / contundir ‖ ~schmieden vt / estropear forjando ‖ ~schneiden vt / cortar, recortar ‖ ~schneiden, -stückeln / cortar en trozos o en pedazos, destrozar, disecar ‖ ~schneiden, fehlschneiden / cortar erróneamente ‖ ≃schneiden n (ohne Abfall) (Stanz) / punzonado m o estampado (sin recortes) ‖ ≃schneiden (mit Abfall o. Verschnitt) (Stanz) / punzonado m o estampado (con recortes) ‖ ≃schneiden u. Auslaugen n (Nukl) / tronzado m y disolución o lixiviación ‖ ~schnitten (Walzenoberfläche) / ranurado ‖ ~schnitzeln vt / reducir a recortes o cosetas
zersetzbar / descomponible
zersetzen vt (Chem) / descomponer ‖ ~, auflösen vt / disolver, desagregar, desintegrar, disociar ‖ durch Elektrolyse ~, elektrolysieren / descomponer por electrólisis, electrolizar ‖ sich ~ / descomponerse, entrar en descomposición ‖ sich ~, verwesen (Biol) / pudrirse, entrar en putrefacción ‖ sich ~, sich auflösen / disolverse, entrar en disolución ‖ sich ~ / desagregarse
zersetzend / descomponedor, disolvente, disgregante
Zersetzung f, Zerfall m, Auflösung f / desagregación f ‖ ≃ [Auf]lösung f (Chem) / disolución f ‖ ≃ f, Auflösung f, Zerfall m / descomposición f, desagregación f, disgregación f, disociación f ‖ ≃, Humifizierung f (Landw) / humificación f ‖ ≃ (Biol) / putrefacción f ‖ elektrolytische ≃ / descomposición f electrólitica, electrólisis f
zersetzungs•fähig, zersetzlich, zersetzbar / descomponible ‖ ≃grad m (Mol s⁻¹ cm⁻³) / tasa f de descomposición, grado m de descomposición ‖ ≃produkt n, -erzeugnis n / producto m de descomposición o de desintegración ‖ ≃prozess m / proceso m de descomposición o de desintegración ‖ ≃punkt m (Chem) / punto m de descomposición ‖ ≃spannung f (Galv) / tensión f de descomposición o de disociación ‖ ≃verzögerer m / retardador m de la descomposición ‖ ≃widerstand m / resistencia f de descomposición
Zersiedelung f / urbanización f desordenada o no controlada
Zerspan•arbeit f (Wzm) / mecanizado m o trabajo con (o por) desprendimiento o arranque de viruta[s] ‖ ~bar / mecanizable (o por) desprendimiento o arranque de viruta[s], maquinable ‖ ≃barkeit f, Zerspanungseigenschaft f / mecanizabilidad f con (o por) desprendimiento o arranque, propiedad f de virutaje, maquinabilidad f de viruta[s]
zerspanen (Wzm) / mecanizar por (o con) desprendimiento o arranque de viruta, arrancar viruta[s], desprender viruta[s] ‖ ~ (Holz) / recortar
zerspanend o por desprendimiento
Zerspan•kraft f, [Ab]drängkraft f (Wzm) / fuerza f de cizallamiento o de corte o de cisión ‖ ≃technik f / técnica f de desprendimiento o arranque de viruta, técnica f de virutaje
Zerspanung f (Wzm) / desprendimiento m de viruta, arranque m de viruta[s], corte m de viruta[s]
Zerspanungs•arbeit f / trabajo m de mecanizado con (o por) desprendimiento de viruta ‖ zulässige o. vorhandene ≃leistung f / capacidad f de corte o de

Zerspanungsmechaniker

arranque de viruta ‖ ≈**mechaniker** m, Dreher m / mecánico m para máquinas con arranque de viruta, tornero m ‖ ≈**mechaniker**, Automateneinrichter m / ajustador m de tornos automáticos ‖ ≈**mechaniker**, Fräser m / fresador m ‖ ≈**mechaniker**, Schleifer m / afilador m, amolador m ‖ ≈**vorgang** m / proceso m de virutaje, virutaje m ‖ ≈**werkzeug** n, spangebendes o. -abhebendes Werkzeug / herramienta f o útil para desprender o arrancar virutas
zer•**splittern** vi / fragmentarse, volar en astillas, hacer trizas, trizar ‖ ~**splittern** vt / hacer saltar en astillas, hacer añicos ‖ ~**splittern** vi (Glas) / romperse ‖ **Kräfte** ~**splittern** / desparramar ‖ ≈**splitterung** f / fragmentación f ‖ ~**sprengen** vt / hacer estallar, reventar, volar ‖ ≈**sprengen** / **von Wracks** (Schiff) / voladura f de barcos naufragados ‖ ~**springen** vi, bersten / reventar ‖ ~**springen**, explodieren (Masch) / hacer explosión, estallar ‖ ~**springen** (Gläser) / romperse ‖ ≈**springen** n / rotura f, estallido m ‖ ~**sprühen** vt / atomizar, pulverizar, dispersar ‖ ~**stampfen** vt, -malmen / machacar, triturar, quebrantar ‖ ~**stäubbar** vt / pulverizable, espolvoreable ‖ ~**stäuben** vt (feste Stoffe) / reducir a polvo ‖ ~**stäuben**, sputtern / metalizar por bombardeo iónico, chisporrotear
Zerstäuber m (Flüssigkeit) / pulverizador m, atomizador m, vaporizador m ‖ ≈ (Spektrum) / nebulizador m ‖ ≈, Dufterstäuber m / perfumador m ‖ ≈**anlage** f (Vakuum) / instalación f para pulverización catódica de metales ‖ ≈**brenner** n / quemador-atomizador m ‖ ≈**düse** f (Öl) / tobera f o boquilla pulverizadora o de inyección ‖ ≈**kegel** m / cono m del pulverizador ‖ ≈**luftdüse** f (Kfz) / tobera f [de pulverización] ‖ ≈**pistole** f / pistola f pulverizadora o de pulverizar
Zerstäubung f (Flüssigkeit) / pulverización f, atomización f, vaporización f, vaporizado m ‖ ≈ **des Glühfadens** (Lampe) / atomización f del filamento ‖ ≈ **fester Stoffe** / pulverización f de sólidos, espolvoreo m de sólidos
Zerstäubungs•-**Luftbefeuchter** m / humectador-nebulizador m del aire ‖ ≈**mittel** n, Spray m n / agente m de dispersión, spray m, aerosol m ‖ ≈**pulver** n (Sintern) / polvo m atomizado, polvo m de aportación ‖ ≈**trockner** m / secador m o secadero por pulverización ‖ ≈-**Verbrennungsofen** m (Schwefelverbrennung) / horno m de combustión por pulverización
zerstieben vi / deshacerse en polvo
zerstörbar / destructible, destruible
zerstören / destruir, demoler, destrozar ‖ ~, ruinieren (Straßb) / desgastar ‖ ~, kaputtmachen / destruir, estropear ‖ ~, vernichten / aniquilar, devastar, asolar ‖ ~ (durch Korrosion) / corroer ‖ ~, verzehren / consumir ‖ ~, ruinieren / arruinar ‖ ~ (z.B.) Landschaft) / destruir (por.ej. el paisaje), degradar ‖ ~ (Rakete) / destruir, matar, derribar
zerstörend, vernichtend / destructor, destructivo ‖ ~ **destillieren** (Holz) / pirolénoso, pirolignoso ‖ ~**es Lesen** (DV) / lectura f destructiva
Zerstörer m (Mil, Schiff) / destructor m
Zerstörfestigkeit f (Signal) / resistencia f contra onda irruptiva
Zerstörung f / destrucción f, demolición f, destrozo m, derribo m ‖ ≈, Vernichtung f / aniquilación f, aniquilamiento m, devastación f ‖ ≈ f **der Emulsion** (Foto) / niebla f química ‖ ≈ **der Umwelt** / degradación f del medio ambiente ‖ ≈ **durch Brand** / destrucción f por incendio
zerstörungs•**frei** / no destructivo, exento de destrucción ‖ ~**freies Lesen** (DV) / lectura f no destructiva ‖ ~**freie Prüfung** / ensayo m no destructivo ‖ ~**freie** (Werkstoff) **Prüfung** / END (= ensayo no destructivo) ‖ ≈**ladung** f (Raumf) / carga f de destrucción ‖ ≈**mechanismus** f / mecanismo m destructor ‖ ≈**prüfung** f / ensayo m destructivo ‖

~**sicher**, unzerstörbar / antivandálico, a prueba de vandalismo
zerstoßen vt, zerstampfen / machacar ‖ ~, zerreiben (zu Pulver) / reducir a polvo, pulverizar ‖ ~ (zu Brei) / masticar (goma) ‖ ~, triturieren (Chem) / triturar, desmenuzar, desintegrar ‖ ~, [zer]mahlen / moler, triturar ‖ ~**es Glas** / vidrio m machacado
zer•**strahlen** vt (Nukl) / desmaterializar, desintegrar por radiación ‖ ≈**strahlung** f (Phys) / radiación f desintegradora o de aniquilamiento ‖ ≈**strahlungsphoton** n / fotón m de desmaterialización
zerstreuen vt / difundir ‖ ~, zerlegen (Opt) / dispersar, divergir ‖ ~, verstreuen / dispersar, esparcir, diseminar, desparramar ‖ [sich] ~ / dispersarse, disiparse ‖ **sich** ~ (Opt) / divergir[se]
zerstreuend, streuend / dispersor, dispersante ‖ ~, Zerstreuungs..., Streu... (Opt) / dispersor ‖ ~**er Meniskus** / menisco m dispersor
zerstreut, diffus / difuso
Zerstreuung f (Opt, Phys) / dispersión f, difusión f, divergencia f ‖ ≈, Auflösung f von Nebel (Luftf) / desnebulización f ‖ ≈ **von Wolken** / disipación f de nubes
Zerstreuungs•**gitter** n (Opt, Phys) / rejilla f de dispersión ‖ ≈**kreis** m (Opt, Phys) / círculo m de divergencia ‖ ≈**kreis**, Unschärfekreis m (Foto) / círculo m de dispersión ‖ ≈**linse** f (Opt) / lente f cóncava o divergente ‖ ≈**photometer** n / fotómetro m de dispersión ‖ ≈**punkt** m, gedachter o. virtueller Brennpunkt (Opt) / punto m de divergencia, foco m imaginario o virtual ‖ ≈**vermögen** n / difusibilidad f, poder m de difusión
zerstückeln vt, zerkleinern / desmenuzar, despedazar, hacer pedazos, repicar ‖ ~, [in] Stücke schneiden / cortar en trozos, partir en trozos o pedazos, trozar ‖ ~, parzellieren (Landw) / parcelar
Zerstückelung f / despedazamiento m, desmembramiento m
Zerteilanlage f (Walzw) / línea f de corte y separación
zerteilen vt, zertrennen / separar, partir, desmembrar, dividir, seccionar, deshacer ‖ ~ [sich], [sich] teilen / dividirse m ‖ ~ vt, [zer]trennen vt / dividir, partir, descomponer ‖ ≈ n (DIN 8588) (Wzm) / separación f, tronzado m
Zerteilung f, Zerteilen n / división f, sección f
Zertifikat n, Bescheinigung f / certificado m, certificación f ‖ ≈**schrauber** m (Wz) / destornillador m certificado
zertifizieren (z.B. ein Unternehmen) / certificar [una empresa]
Zertifizierungs•**behörde** f, -stelle f / autoridad f certificadora o de certificación ‖ ≈**unternehmen** n / prestador m de servicios de certificación
zer•**tropfen** vt / descomponer o separar en gotas ‖ ~**trümmern** vt / destruir, demoler, destrozar, reducir a escombros ‖ ~**trümmern** (Nukl) / desintegrar ‖ ≈**trümmerung** f / destrucción f, destrozo m, demolición f ‖ ≈**trümmerung** (Nukl) / desintegración f ‖ ≈**trümmerungsventil** v (Vakuum) / válvula f de paso rompemembrana ‖ ≈**walzen** (Hütt) / triturado m por laminación
ZETA n (= zero energy thermonuclear apparatus) (Nukl) / ZETA m
Zeta•**funktion** f (Math) / función f zeta ‖ ≈**gerät** n (Plasma) / aparato m de plasma zeta ‖ ≈**potential** n (Chem) / potencial m zeta o electrocinético
Zettel m / hoja f de papel, papeleta f, volante m ‖ ≈, Abriss, Abschnitt m / resguardo m, papelito m, ficha f, boleta f ‖ ≈ (am Güterwagen), Wagenmarkierung f (elektronisch lesbare) (Bahn) / etiqueta f, rótulo m ‖ ≈ m, Kette f (Web) / urdimbre f ‖ ≈, Kammwolle f / lana f peinada ‖ ≈**baum** m, Schärbaum m / enjulio m,

plegador *m* de urdimbre || ⁓**baumgestell** *n* / soporte *m* de enjulio
Zettelei *f* (Web) / sala *f* de urdir
Zettel • einleger *m* **beim Bogenstapel** (Pap) / insertadora *f* de etiquetas || ⁓**ende** *n* (Tex) / pestaña *f* || ⁓**fahrausweis** *m* (Bahn) / billete *m* en hojas || ⁓**förderer** *m*, -förderanlage *f*, -rohrpost *f* / transportador *m* neumático de hojas || ⁓**garn** *n*, Kettgarn *n* (Web) / hilo *m* de urdimbre || ⁓**geschwindigkeit** *f*, Schärgeschwindigkeit *f* / veolcidad *f* de urdir || ⁓**gestell** *n*, -rahmen *m* (Tex) / bastidor *m* [para bobinas] de urdimbre, fileta *f* de bobinas || ⁓**halter** *m* (am Güterwagen) (Bahn) / portaetiquetas *m* || ⁓**kasten** *m* (Kartei) / fichero *m* [de hojas] || ⁓**kötzer** *m* (Spinn) / husada *f* de urdimbre || ⁓**länge** *f* (Spinn) / longitud *f* de la urdimbre || ⁓**maschine** *f* (für lange Ketten), Schärmaschine *f* / urdidora *f*, máquina *f* de urdir
zetteln *vt* (Web) / urdir, montar la urdimbre en el enjulio || ⁓ *n* (Web) / urdido *m*, enjuliado *m*, enjullado *m*
zetten *vt*, anstreuen (Landw) / revolver, extender, orear la hierba, esparcir [el heno]
Zetter, Zettwender *m* / volteadora *f* o tornadera de heno, revolvedor-henificador *m*
Zettler *m* (Arbeiter) (Tex) / urdidor *m*
Zeug *n*, Material *n*, Materie *f* / material *m*, materia *f* || ⁓, Stoff *m* (Tex) / tela *f*, tejido *m*, paño *m* || ⁓, Ganz-Papierzeug *n*, [Ganz]stoff *m* (Pap) / pasta *f* || ⁓ **geben** (Hefe zusetzen) (Brau) / agregar levadura || ⁓**baum** *m* (Web) / plegador *m* del tejido || ⁓**druck** *m*, Textildruck *m* (Tex) / estampación *f* textil, estampado *m* de telas o sobre algodón || ⁓**kasten** *m* (Druck) / cajetín *m* del pastelo del diablo o de ánimas, zapato *m* || ⁓**kasten** (Pap) / caja *f* de pasta || ⁓**regler** *m* (Pap) / distribuidor *m* de pasta, regulador *m* de pasta || ⁓**sichter**, Knotenfänger *m* (Pap) / separador *m* de nudos, escogenudos *m*
Zeuner • diagramm *n* / diagrama *m* de Zeuner || ⁓**it** *m* (Min) / zeunerita *f* || ⁓**sches Schieber-Diagramm** *n* (Dampfm) / diagrama *m* de distribuidor de Zeuner
ZF, Zwischenfrequenz *f* (Eltronik) / frecuencia *f* intermedia, F.I.
Z-Faktor *m*, Ungleichförmigkeit des Wellenwiderstandes *f* / irregularidad de impedancia *f*
Z-Faltung *f* (DV) / plegado *m* en acordeón
ZF-Anschlussimpedanz *f* (Halbl) / impedancia *f* de F.I.
Z-förmig • e Bauklammer (DIN 7961) / grapa *f* [de obra] en forma de Z || ⁓**e Bohrerschneide** / filo *m* de broca en forma de Z
ZF • -Stufe *f* / etapa *f* de frecuencia intermedia ||
⁓**-Übertrager** *m* / transformador *m* de F.I. ||
⁓**-Verstärker** *m* / amplificador *m* de frecuencia intermedia || ⁓**-Verstärker-Chassis** / platina *f* de F.I., sobrechasis *m* de F.I.
Z-Gratköper *m* (Tex) / sarga *f* [de] izquierda [a] derecha o en Z
Zian *n* (Chem, Foto) / cian *m*
Zibeline *f*, Himalaya *m* (Web) / cibelina *f*
Zibet *m* (Chem) / civeto *m*, algalia *f*
Zibeton *n* (Chem) / civetona *f*, cibetona *f*
Zichorie *f* (Bot) / achicoria *f*, chicoria *f*
Zichoriendarre *f* (Landw) / secador *m* de achicorias
Zickzack *m* / zigzag *m* || ⁓, Zickzackführung *f* (Fahrdraht) / trazado *m* en zigzag || **im** ⁓ **schneiden** (o. formen) / cortar en zigzag || **im** ⁓ **setzen**, abwechselnd setzen / poner al tresbolillo || **im** ⁓ **verlaufen** (o. sich bewegen) / zigzaguear || **in** ⁓ / en zigzag
Zickzack • anordnung *f* / disposición *f* en zigzag || ⁓**antenne** *f* / antena *f* [en] zigzag
Zickzackbewegung *f* / zigzagueo *m*
Zickzack • blitz *m* (Meteo) / relámpago *m* zigzag || ⁓**-Doppelsteppstich** *m* (Nähmaschine) (Tex) / puntada *f* doble en zigzag, pespunte *m* doble en zigzag || ⁓**duo** *f*, gestaffelte Straße (Walzw) / tren *m*

dúo [en) zigzag || ⁓**egge** *f* (Landw) / rastrillo *m* zigzag, grada *f* o rastra en zig-zag || ⁓**falzung** *f*, -faltung *f* / plegado *m* en acordeón || ⁓**feder** *f*, Wellenfeder *f* / resorte *m* en zigzag || ⁓**förmig** / en zigzag || ⁓**geführter Glühfaden** (Elektr) / filamento *m* en zigzag || ⁓**-Köper** *m* (Tex) / sarga *f* en zig-zag || ⁓**leiste** *f* (Bau) / moldura *f* en [forma de] zigzag o de cheurón || ⁓**linie** *f* / línea *f* [en] zigzag || ⁓**lochung** *f* / perforación *f* en zigzag || ⁓**nähmaschine** *f* / máquina *f* de coser o para costuras [en] zig-zag || ⁓**nietung** *f*, Versatznietung *f* / remachado *m* a[l] tresbolillo o en zigzag || ⁓**ofen** *m* / horno *m* zigzag || ⁓**presse** *f* / prensa *f* zigzag || ⁓**punktschweißung** *f* / soldadura *f* por puntos en zigzag || ⁓**richtung** *f* / dirección *f* en zigzag || ⁓**rippen** *f pl*, -verrippung *f* / nervadura *f* en zigzag || ⁓**schaltung** *f* (Elektr) / conexión *f* en zigzag || ⁓**schlitz** *m* (Näh) / ranura *f* en zigzag || ⁓**stich** *m* (Nähm) / puntada *f* [en] zigzag || ⁓**streuverluste** *m pl* (Elektr) / pérdidas *f pl* por dispersión en zigzag || ⁓**trio** *n* (Walzw) / tren *m* trío [en] zigzag ||
⁓**überlappungsnietung** *f* / remachado *m* de recubrimiento en zigzag o a[l] tresbolillo ||
⁓**verbinder** *m* (Förderband) / grapa *f* de empalme en zigzag || ⁓**verrippung** *f*, -rippen *f pl* / nervadura *f* en zigzag || ⁓**-Versatznietung** *f* / remachado *m* alternante en zigzag || ⁓**verspannung** *f* (Bahn) / catenaria *f* poligonal || ⁓**wendel** *f* (Glühlampe) / filamento *m* en zigzag
Ziegel *m*, Mauerziegel *m* (Bau) / ladrillo *m*, galleta *f* || ⁓, Dachplatte *f* / teja *f* || ⁓ **aufsetzen** (o. stapeln) / apilar ladrillos || **aufrecht stehender** ⁓ (Bau) / ladrillo *m* recto || **[bunte]** ⁓ **mit rauer Oberfläche** / ladrillos *m pl* rústicos || **halber** ⁓ (Bau) / ladrillo *m* partido || **mit** ⁓**n auslegen o. pflastern** / enladrillar || **ungebrannter** ⁓ / ladrillo *m* crudo, adobe *m*, adobón *m* (MEJ) || **zu scharf gebrannte** ⁓ / ladrillo *m* sobrecocido o quemado
Ziegel • abdeckung *f* / cubierta *f* de ladrillos ||
⁓**architektur** *f*, -bau *m* / arquitectura *f* o construcción de ladrillos || **in** ⁓**architektur**, im Ziegelbau / construido en ladrillos || ⁓**ausfachung** *f* / mampostería *f* con ladrillos || ⁓**bau** *m* (Bauart) / construcción *f* en ladrillo[s] || ⁓**bau** (Gebäude) / edificio *m* de ladrillos, construcción *f* en ladrillos || **im** ⁓**bau**, mit Ziegeln erbaut / edificado en ladrillos ||
⁓**bedachung** *f*, -dach *n* / cubierta *f* de tejas, tejado *m*, ladrillería *f* || ⁓**brenner** *m*, -arbeiter *m* / tejero *m* ||
⁓**[brenn]ofen** *m* / horno *m* para cocer ladrillos, horno *m* para pachura de ladrillos || ⁓**bruch** *m*, -brocken *m pl*, -stücke *n pl* / ladrillos *m pl* rotos, añicos *m pl* o cascotes de ladrillo, ripio *m* || ⁓**bruch aus Dachplatten** / añicos *m pl* de tejas || ⁓**draht** *m* / alambre *m* para cortar arcilla
Ziegelei *f* / fábrica *f* de ladrillos [o de tejas], tejería *f*, ladrillar *m*, tejar *m*, ladrillería *f* (MEJ, ARG), galpón *m* (COL)
Ziegel • erde *f* / tierra *f* para ladrillos || ⁓**erz** *n* (Kupfer) / ziguelina *f* || ⁓**farbe** *f*, -rot *n* / rojo *m* o color ladrillo || ⁓**form** *f* / molde *m* para ladrillos, ladrillera *f*, gradilla *f* || ⁓**fußboden** *m* / enladrillado *m* || ⁓**hammer** *m*, Spalthammer *m* (Wz) / martillo *m* del abañil o de tejador || ⁓**industrie** *f* / industria *f* ladrillera o de ladrillos y de tejas || **zusammengesinterte** ⁓**klumpen** *m* / aglomerado *m* sinterizado de ladrillos || ⁓**lage**, -schicht *f* / capa *f* de ladrillos || **horizontale** ⁓**lage** (Bau) / capa *f* horizontal de ladrillos || ⁓**lehm** *m* / arcilla *f* para ladrillos o tejas || ⁓**maschine** *f*, Ziegelausformmaschine *f* / máquina *f* para moldear (o fabricar) tejas y ladrillos || ⁓**mauer** *f* / muro *m* de ladrillos || ⁓**mauerung** *f*, -mauerwerk *n* / mampostería *f* o en ladrillos, enladrillado *m* ||
⁓**mauerung mit Stahleinlage** / mampostería *f* de ladrillos reforzada por fleje || **imitiertes** ⁓**mauerwerk**, -limitation *f* / muro *m* falso || ⁓**mehl** *n*,

Ziegelmehlmörtel

-staub *m* / polvo *m* de ladrillo[s], ladrillos *m pl* en polvo ‖ ⁓**mehlmörtel** *m* / mortero *m* de polvo de ladrillo ‖ ⁓**ofen** *m* / horno *m* par [cocer] ladrillos ‖ ⁓**ofen für Dachplatten** / horno *m* para [cocer] tejas ‖ ⁓**pflaster** *n* / pavimento *m* de ladrillos ‖ ⁓**platte** *f* (unter 52 mm Dicke) / ladrillo *m* plano ‖ ⁓**platte**, -**fliese** *f* / baldosa *f* de ladrillo ‖ ⁓**presse** *f* / prensa *f* moldeadora de ladrillos ‖ ⁓**presse**, Strangpresse *f* / galletera *f* ‖ ⁓**rohbau** *m* / construcción *f* de (o en) ladrillos sin revoque ‖ ⁓**rohbau** (Gebäude) / obra *f* de ladrillos en bruto ‖ ⁓**rohling** *m* / ladrillo *m* sin cocer ‖ ⁓**rohwichte** *f*, -raumgewicht *n* / peso *m* específico de ladrillo ‖ ⁓**rollschicht** *f* / hilada *f* de ladrillos puestos de canto ‖ ⁓**rot** / color o rojo ladrillo ‖ ⁓**rot** *n* / color *m* o rojo ladrillo ‖ ⁓**schicht**, -lage *f* / capa *f* de ladrillos ‖ ⁓**schneider** *m* (Ziegelei) / cortadora *f* de ladrillos, aparato *m* cortaladrillos ‖ ⁓**schutt** *m* (Bau) / cascotes *m pl* de ladrillos, ripio *m* ‖ ⁓**splitt** *m* / ladrillos *m pl* triturados, cascajo *m* de ladrillo[s] ‖ ⁓**stein** *m* / ladrillo *m*, galleta *f* ‖ ⁓**steinlage** *f* / verdugo *m* ‖ ⁓**steinverblendung** *f* / paramento *m* de ladrillos, fachada *f* de ladrillos ‖ ⁓**streichen**, -formen *n* / moldeado *m* de ladrillos o tejas ‖ ⁓**ton** *m* / arcilla *f* para ladrillos ‖ ⁓**verband** *m* / trabazón *m* de ladrillos ‖ ⁓**wand** *f* / tabique *m* de panderete

Ziegen • haar *n* (Tex) / pelo *m* de cabra ‖ ⁓**leder** *n* / cuero *m* de cabra, piel *f* caprina o de cabra, cabritilla *f*

Ziegler • alkohol *m* (Chem) / alcohol *m* de Ziegler ‖ ⁓**katalysator** *m* / catalizador *m* de Ziegler ‖ ⁓**-Niederdruckverfahren** *n* (Plast) / procedimiento *m* de Ziegler de baja presión

Zieh • ..., Zug... / de tracción, tractor ‖ ⁓**angel** *f* (Hütt) / punto *m* de estiraje o de estirado ‖ ⁓**apparat** *m* (Hütt) / aparato *m* de estirar o de estiraje (E), trafila *f* (LA) ‖ ⁓**apparat** (z.B. für Kristalle) / aparato *m* para la cristalización progresiva ‖ ⁓**balken**, Leitkörper *m* (Glas) / barra *f* de estiraje ‖ ⁓**band** *n* (Install) / cinta *f* de tirar, culebra *f* ‖ ⁓**bank**, Schleppzangenbank *f* (Hütt) / banco *m* de estiraje o de estirar ‖ ⁓**bank** (Gewehr) / banco *m* de rayar cañones ‖ **[Draht-]** ⁓**bank** / banco *m* de trefilar ‖ **~bar** / dúctil, trefilable, estirable, extensible ‖ **~bar** (Draht) / trefilable, estirable ‖ ⁓**barkeit** *f*, Streckbarkeit *f* / ductilidad *f* ‖ ⁓**barkeit** (Draht) / trefilabilidad *f*, estirabilidad *f* ‖ **~blank** *adj* / pulido de estirado calibrado ‖ ⁓**blech** *n* (Hütt) / chapa *f* embutible o de embutición o para embutir ‖ ⁓**bonderflüssigkeit** *f* (Hütt) / lubricante *m* para bonderizar ‖ ⁓**dorn** *m* (Rohre) / mandril *m* de estirar o de estiraje ‖ ⁓**düse** *f*, -eisen *n*, -stein *m* (Draht) / hilera *f* (E) de estirar, trafila *f* (LA) ‖ ⁓**düsenabrundung** *f* / despullado *m* de la hilera ‖ ⁓**düsen-Aufpolieren** *n* (Draht) / pulido *m* de hileras ‖ ⁓**düsenhalter** *m* / portahilera[s] *m* ‖ ⁓**düsenkopf** *m* / cabezal *m* de hilera ‖ ⁓**effekt** *m* (Kath.Str) / coleo *m* ‖ ⁓**eisen** *n* (Hütt) / hilera *f* de estirar ‖ ⁓**eisen an der Krempel** (Spinn) / hierro *m* tensor de la carda, tensor *m* de la carda

ziehen *vt* (allg) / tirar ‖ ⁓, schleppen / arrastrar, remolcar ‖ ⁓, recken / estirar ‖ ⁓, ausziehen / extender ‖ ⁓ (Mech) / tender ‖ ⁓ (Ofeninhalt) / des[en]hornar el contenido de horno ‖ ⁓, [zu Tage] fördern (Bergb) / extraer ‖ ⁓ [an] / tirar [de] ‖ ⁓ (Linie, Strich) / trazar ‖ ⁓, treideln (Schiff) / sirgar ‖ ⁓, abziehen (Schlacke) / desescoriar ‖ ⁓, tiefziehen (Stanz) / embutir ‖ ⁓ (Draht) / trefilar, estirar ‖ ⁓ (Kabel) / tirar ‖ ⁓ *vi* (allg, Ofen) / tirar ‖ ⁓, durchweichen / remojar ‖ ⁓ (Störungen) (Meteo) / circular ‖ ⁓ *vi* (Aufgustee) / estar en infusión ‖ ⁓ **lassen** (Tee) / dejar en infusión ‖ ⁓ **u. dehnen** / estirar y extender ‖ **an sich** ⁓ / atraer ‖ **auf Draht** ⁓ / armar de un hilo metálico ‖ **auf Fässer** ⁓ (Flüssigkeiten) / embarrilar, entonelar, llenar en barriles ‖ **auf Flaschen** ⁓ / embotellar ‖ **Blasen** ⁓ / formar burbujas, levantar vejigas ‖ **den Stapel** ⁓ (Spinn) / determinar la seda ‖ **den Stecker** ⁓ (Elektr) / sacar la ficha o clavija [de enchufe], desenchufar ‖ **der Motor zieht nicht** / el motor no tira ‖ **die Wurzel** [einer Zahl] ⁓ (Math) / extraer o sacar la raíz [de un número] ‖ **durch ein Loch** ⁓ **o. fädeln** (Tex) / enhebrar ‖ **ein Rohr [ohne Stopfen]** ⁓ (Hütt) / estirar un tubo sin mandril ‖ **ein Seil** ⁓ / tirar un cable ‖ **ein Seil** ⁓, auslegen / tender un cable ‖ **eine Linie** ⁓ (Zeichn) / trazar una línea, tirar ‖ **eine Linie um etwas** ⁓ / contornear o circunscribir por una línea ‖ **eine Mauer** ⁓ / construir o establecer un muro ‖ **eine Probe** ⁓ / sacar una muestra ‖ **einen Graben** ⁓ / abrir una zanja, cavar foso[s], zanjar ‖ **einen Kristall** ⁓ / hacer cristalizar progresivamente ‖ **einen Lauf** ⁓ (Gewehr) / rayar un cañón ‖ **einen Lichtbogen** ⁓ / tirar un arco voltaico ‖ **einen Vergleich** ⁓ / comparar [con], hacer una comparación ‖ **Fäden** ⁓ / hacer madejas ‖ **[hinter sich her]** ⁓, zerren / arrastrar ‖ **Kreise** ⁓ / describir círculos ‖ **mit sich** ⁓, in Bewegung bringen / arrastrar ‖ **Nieten** ⁓ / colocar remaches ‖ **Pflanzen** ⁓ / cultivar plantas ‖ **sich** ⁓, sich dehnen / extenderse, alargarse ‖ **sich** ⁓, sich werfen (Holz, Metall) / alabearse, torcerse ‖ **sich** ⁓, arbeiten (Holz) / torsionarse ‖ **sich** ⁓, sich verziehen / deformarse, torcerse ‖ **sich** ⁓ (Web) / extenderse ‖ **Stabstahl** ⁓ / estirar barras de acero ‖ **Wasser** ⁓, einsaugen / absorber agua

Ziehen, Schleppen *n* / arrastre *m* ‖ ⁓ *n*, Zug *m* (Mech, Phys) / tensión *f* ‖ ⁓, Dehnen *n* (Mech, Phys) / tracción *f*, extensión *f* ‖ ⁓ *n*, Recken *n* / estiraje *m*, estirado *m* ‖ ⁓ (Draht) / trefilado *m* ‖ ⁓ (Plast) / estirado *m* ‖ ⁓ (z.B. Golddraht) / tirado *m* ‖ ⁓, Zug *m* (Ofen) / tiro *m* ‖ ⁓, Tiefziehen *n* / embutición *f*, embutido *m*, embutizaje *m* (galicismo) ‖ ⁓ **einer Linie** (Zeichn) / trazado *m* de una línea ‖ ⁓ **im Anschlag** (Stanz) / primer embutido *m* ‖ ⁓ **im Weiterschlag o. im Nachzug** / embutido *m* final ‖ ⁓ **über kurzen Stopfen** (Hütt) / estirado *m* con mandril corto ‖ ⁓ **von Fasern** / tirado *m* de fibras

ziehend, Zieh..., Zug... / tractor, de tracción ‖ ⁓ **arbeitender Löffelbagger** (Straßb) / excavador *m* con cuchara retrógrada ‖ ⁓**er Schnitt** (Wzm) / corte *m* efectuado por presión progresiva, corte *m* oblicuo ‖ ⁓**es Seiltrum** / ramal *m* tractor o conductor ‖ ⁓**es Trum** / ramal *m* conductor

Ziehende *n* (Rohr) / extremo *m* de estirado (tubo)

Zieher *m*, Snag *m* (Wirkware) / snag *m*, esnag *m* ‖ ⁓**beständige Ausrüstung** / apresto *m* exento de snag

Zieherei *f* (Drahtziehen) / trefilería *f* (E), taller *m* para estirar o trefilar alambre, trafilería *f* (LA)

Zieh • erscheinung *f* (Radio) / arrastre *m* de frecuencia ‖ ⁓**fähigkeit** *f* (Metall) s. Ziehbarkeit ‖ ⁓**fähigkeit von Walzen** (Druck) / amor *m* o mordiente de rodillos ‖ ⁓**falte** *f* (Blech, Papier) / pliegue *m* de embutición ‖ ⁓**feder**, Reißfeder *f* (Zeichn) / tiralíneas *m* ‖ ⁓**feld** *n* (Nukl) / campo *m* clarificador ‖ ⁓**fest** (Farbe) / pegajoso ‖ ⁓**fett** *n* (Draht) / grasa *f* para hileras o para trefilar ‖ ⁓**flüssigkeit** *f*, -öl *n* (Stanz) / lubri[fi]cante *m* para embutición ‖ ⁓**folie** *f* (Plast) / hoja *f* moldeada por extrusión ‖ ⁓**form** *f*, -werkzeug *n* (Blech) / herramienta *f* de embutido ‖ ⁓**güte** *f* (Blech) / calidad *f* de embutición profunda ‖ ⁓**güte** (Draht) / calidad *f* de trefilado (alambre) ‖ ⁓**hacke** *f* (Landw) / azada *f* de arrastre (E), lampa *f*, palendra *f* (LA) ‖ ⁓**herd** *m* (Walzw) / solera *f* para deshornar ‖ ⁓**herd** (Glas) / horno *m* de estiraje ‖ ⁓**hol**, -loch *n* (DIN 1847) (Drahtziehen) / agujero *m* de [la] hilera ‖ ⁓**holdurchmesser** *m* (Drahtziehen) / diámetro del agujero de estirar ‖ ⁓**hol-Neigungs[/Öffnungs]winkel** *m* / ángulo *m* de inclinación [/de apertura] del agujero de estirar ‖ ⁓**holplatte**, -steinplatte *f* / placa *f* de hilera ‖ ⁓**holrechtteckmaß** *n* **des Ziehrings** / dimensión *f* hexagonal de estirar ‖ ⁓**kalander** *m* / calandria *f* para hojas plásticas ‖ ⁓**kaliber** *n* (Walzw) / calibre *m* de estiraje ‖ ⁓**kammer** *f* (Glas) / cámara *f* de estiraje ‖ ⁓**kegel** *m*, -konus *m* (Drahtziehen) / cono *m* de reducción ‖ ⁓**keil** *m* / chaveta *f* móvil o deslizante ‖

⁓keilgetriebe *n* / mecanismo *m* de chaveta móvil ‖ ⁓kissen *n* (Wzm) / almohadilla-sufridera *f*, estampa *f* de goma ‖ ⁓klinge *f*, Schabhobel *m* (Tischl) / cepillo *m* rascador, rasqueta *f*, cuchilla *f* de rascar o de suavizar, racle *m* ‖ ~klingen *vt*, mit der Ziehklinge bearbeiten / rasquetear, rascar, raspar, suavizar ‖ ⁓klingenmaschine *f* / rasqueteadora *f* ‖ ⁓kopf *m* (Drahtziehen) / cabezal *m* de estirado o trefilado ‖ ⁓kopf, -werk *n* (Wzm) / cabeza *f* de embutir ‖ ⁓kraft *f* (Stecker) / fuerza *f* de desenchufar ‖ ⁓länge *f* (Wzm) / carrera *f* de estirado, recorrido *m* de estirado ‖ ⁓latte *f* (Maurer) / reglón *m* (E), regla *f* de guía (LA) ‖ ⁓loch s. Ziehhol ‖ ⁓maschine *f* (Wzm) / máquina *f* de estirar, estiradora *f* ‖ ⁓maschine (Draht) / trefiladora *f* ‖ ⁓matrize *f* / matriz *f* de embutir ‖ ⁓messer *n* / rascador *m*, cuchilla *f* de suavizar ‖ ⁓nadel *f*, auf Zug arbeitende Räumnadel / brocha *f* de tracción o de tirar ‖ ⁓öl *n* (Draht) / aceite *m* para trefilar ‖ ⁓öl, -flüssigkeit *f* (Stanz) / lubri[fi]cante *m* para embutición ‖ ⁓palette *f* (Förd) / paleta *f* [de] vaivén ‖ ⁓pappe *f* / cartón *m* para estirar o para embutición ‖ ⁓presse *f* (Stanz) / prensa *f* de embutir o de embutición ‖ ⁓pulver *n* (Drahtziehen) / polvo *m* de trefilar ‖ ⁓punze *f* (Wz) / trazador *m* ‖ ⁓radius *m* (Stanz) / radio *m* de curvatura ‖ ⁓räummaschine *f* / máquina *f* brochadora por tracción ‖ ⁓reif (Hütt) / disponible para estirar ‖ ⁓riefe *f* / estría *f* de estirado ‖ **[innere]** ⁓riefe (Rohrziehen) / estría *f* interior ‖ ⁓riefe *f* (Draht) / estría *f* de trefilado, marca *f* de hilera ‖ ⁓riefenbildung *f* / formación *f* de estrías de trefilado ‖ ⁓ring *m* (Stanz) / matriz *f* de embutición, anillo *m* de embutición ‖ ⁓ring für Draht / hilera *f* [anular] para trefilar, anillo *m* estirador, trafila *f* (LA) ‖ ⁓rohmaß *n* / dimensión *f* bruta de estirado, medida *f* en bruto de estirado ‖ ⁓schacht *m* (Bergb) / pozo *m* de extracción ‖ ⁓schlacke *f* (Hütt) / escoria *f* con alto contenido de hierro ‖ ⁓schleifen *vt*, honen (Wzm) / rectificar con movimiento planetario, bruñir, efectuar el honing ‖ ⁓schleifen *n*, Honen *n* / honing *m*, rectificado *m* con movimiento planetario, bruñido *m* ‖ ⁓schleifmaschine *f*, Honmaschine *f* (Wzm) / rectificadora *f* "honing" o planetaria ‖ ⁓schnitt *m* / corte *m* por presión progresiva ‖ ⁓schnur *f* (Web) / cordel *m* ‖ ⁓schütze *f*, -schütz *m* (Hydr) / compuerta *f* de colisa ‖ ⁓spalt *m* (Stanz) / rendija *f* de embutido ‖ ⁓spannung *f* (Stanz) / tensión *f* de embutido ‖ ⁓stein (Draht) s. Ziehdüse ‖ ⁓steine u. -ringe *m pl*, Ziehwerkzeuge *n pl* / herramientas *f pl* de embutir ‖ ⁓steinhalter *m* (Drahtziehen) / portahilera[s] *m* ‖ ⁓stempel *m* (Stanz) / punzón *m* de embutir o de embutición, macho *m* embutidor o de embutir ‖ ⁓stock *m*, -zange *f* (Drahtziehen) / rana *f* de mordazas, tenezas *f pl* para trefilar ‖ loser ⁓stopfen (Rohrziehen) / tapón *m* flotante ‖ ⁓-Strangpressen *n*, Pultrusion *f* / pultrusión *f* ‖ ⁓stufe *f*, Zug *m* (beim Tiefziehen von Blech) / etapa *f* de embutido ‖ ⁓teil *n* / pieza *f* embutida (hueca), pieza *f* estirada (maciza) ‖ ⁓trichter *m* (Draht-, Rohrziehen) / campana *f* de estirar, embudo *m* de estirar ‖ ⁓trommel *f* (Draht) / tambor *m* de estirado o de trefilado ‖ ⁓- u. Wölbpresse *f* / prensa *f* estiradora y arqueadora ‖ ⁓verfestigung *f*, acritud *f* de estirado ‖ ⁓verhältnis *f* (Stanz) / relación *f* de embutición ‖ ⁓vermögen *n* von Farbstoffen (Tex) / poder *m* de absorción de colorantes, poder *m* de fijación ‖ ⁓walzen *n* (Hütt) / laminado *m* y estirado entre cilindros ‖ ⁓walzwerk *n* / tren *m* [laminador] Steckel ‖ ⁓werk *n*, -kopf *m* (Wzm) / cabeza *f* de brochar ‖ ⁓werk (Hydr) / sistema *m* de tiro ‖ ⁓werk (Wzm) / taller *m* de embutición ‖ ⁓werkzeug *n*, -form *f* (Tiefziehen) / herramienta *f* de embutición ‖ ⁓wulst *m f* (Blech) / bordón *m* de estirado ‖ ⁓zange *f*, -stock *m* (Drahtziehen) / tenazas *f pl* para trefilar, rana *f* de mordazas

Ziel *n* (allg) / objetivo *m*, objeto *m*, fin *m* ‖ ⁓ (Radar) / blanco *m*, objeto *m*, objetivo *m* ‖ ⁓ (Mil) / blanco *m*, meta *f* ‖ ⁓, Bestimmungsort *m* / lugar *m* de destino ‖ ⁓, Bestimmung *f* / destino *m* ‖ ⁓, Zweck *m* / fin *m*, propósito *m*, meta *f* ‖ ⁓abtaster *m* (Rohrpost) / lector *m* de destinación ‖ ⁓achse *f* (Opt) / eje *m* de colimación ‖ ⁓achse (Theodolit) / eje *m* visual ‖ ⁓amt *n* (Fernm) / oficina *f* o estación de destino ‖ ⁓anflugfunkfeuer *n* (Luftf) / radiofaro *m* de recalada ‖ ~ansteuernd / de busca del blanco, buscador, de recalada ‖ ⁓anzeige *f* (bewegter Ziele) (Radar) / indicación *f* de blancos móviles ‖ ⁓aufnahmekamera *f* (Sport) / cámara *f* de fotofinish ‖ ⁓ausdruck *m* (DV) / expresión *f* de designación ‖ ⁓bereich *m* (Mil) / área *f* del blanco ‖ ⁓bohrmeißel *m* (Bergb, Öl) / trépano *m* para perforación dirigida ‖ ⁓compiler *m* (DV) / compilador *m* de blanco ‖ ⁓einrichtung, -vorrichtung *f* (Mil) / dispositivo *m* de puntería zielen [nach, auf] (allg) / visar [a] ‖ ~ [auf], anvisieren (Mil) / apuntar [a] ‖ ⁓ *n* (Mil) / puntería *f* ‖ ⁓, Zielung *f* (Radar) / apuntamiento *m* Ziel • entfernung *f* / distancia *f* al (o del) blanco ‖ ⁓entfernung und -peilung *f* / distancia *f* y marcación del blanco ‖ ⁓erfassung *f* (Mil) / adquisición *f* del blanco ‖ ⁓erfassungsradar *m n* / radar *m* de adquisición ‖ ⁓fahrt *f*, Rallye *f*, Sternfahrt *f* (Kfz) / rallye *m* ‖ ⁓fernrohr *n* (Mil) / visor *m* telescópico, mira *f* telescópica, anteojo *m* de puntería o de mira ‖ ⁓fernrohrträger *m* (eines Gewehrs) / soporte *m* para mira telescópica ‖ ⁓findung *f* (durch Sprachführung) / localización *f* del destino ‖ ⁓findung, Eigenpeilung *f* (Radar) / radiogoniometría *f* propia ‖ ⁓flug *m*, -flugverfahren *n* (Luftf) / recalada *f*, regreso *m* a la base ‖ ⁓flugempfänger *m* (Luftf) / receptor *m* de recalada ‖ ⁓flugfunk *m*, Ziellenkung *f* / guía *f* al blanco ‖ ⁓flug-Funkstelle *f* (Luftf) / estación *f* de recalada ‖ ⁓fluggerät *n* / radiogoniómetro *m* de recalada ‖ ⁓flughilfsmittel *n* / ayuda *f* de recalada, ayuda *f* de guía al punto de aterrizaje ‖ ⁓flugzeug *n* (Mil) / avión *m* objetivo ‖ ⁓folge *f*, -verfolgung *f* / seguimiento *m* ‖ ⁓folge-Schaltung *f* (Radar) / circuito *m* de seguimiento ‖ ⁓funktion *f* (Prozessrechn) / función *f* de rendimiento ‖ ~genau / coincidente con el blanco ‖ ⁓genauigkeit *f* / precisión *f* de apuntar ‖ ⁓gerät (Mil) / aparato *m* de puntería, teleapuntador *m* ‖ ⁓gerät, Bombenzielgerät *n* (Luftf, Mil) / visor *m* [de bombardeo] ‖ ⁓geschwindigkeit *f* / velocidad *f* objetivo ‖ ⁓gruppe *f* / grupo *m* de destinatarios ‖ ⁓höhenwinkel *m* (Mil) / ángulo *m* de altura del blanco ‖ ⁓kern *m* (Nukl) / núcleo-blanco *m* ‖ ⁓körnung *f* (Aufb) / categoría *f* granulométrica teórica ‖ ⁓lenkung *f*, Zielflugfunk *m* (Mil) / guía *f* al blanco ‖ ⁓linie *f*, Kollimationslinie *f* (Opt) / línea *f* de colimación ‖ ⁓linie, Visierlinie *f* (Mil) / línea *f* de mira ‖ ⁓linie *f* (Sport) / línea *f* de llegada o de meta ‖ ⁓marke *f* (Mil, Opt) / marca *f* de puntería, punto *m* de mira ‖ ⁓mittenmarkierung *f* (Radar) / marcación *f* central ‖ ⁓objekt *n* (Radar) / blanco *m*, objetivo *m*, objeto *m* ‖ ⁓photographie *f*, Zielphoto *n* (Sport) / foto *f* finish o de llegada ‖ ⁓planet (Raumf) / planeta *m* apuntado ‖ ⁓programm *n* (DV) / programa *m* objeto ‖ ⁓punkt, Bestimmungsort *m* / lugar *m* de destinación, destino *m* ‖ ⁓punkt, Haltepunkt (Mil) / punto *m* apuntado o de mira ‖ ⁓rauschen *n* (Radar) / ruido *m* del blanco ‖ ⁓scheibe *f* / blanco *m* ‖ ⁓scheibenzentrum *n* / diana *f* ‖ ⁓schiff *n* (Mil) / buque-blanco *m* ‖ ⁓speicherplatz *m* (Travelpilot) (Kfz) / posición *f* de memoria destino ‖ ⁓sprache *f* (eine natürliche Sprache) / lenguaje *m* absoluto ‖ ⁓sprache (in die übersetzt wird) (Übersetzen) / lengua *f* a la que se traduce, idioma *m* al que se traduce, lengua *f* meta ‖ ⁓sprache (Ggs.: Ausgangssprache = lenguaje de partida) (DV) / lenguaje *m* de llegada ‖ ⁓sprache (Lexikon) / idioma *m* receptor o meta ‖ ⁓stange *f* (Verm) / jalón *m* ‖

Zielstartdatum

⁓**startdatum** n (Raumf) / fecha f de lanzamiento ‖ ⁓**steuerung** f / radionavegación f dirigida ‖ ⁓**suchen** n (Mil) / búsqueda f o localización del blanco ‖ ⁓**suchkopf** m (Rakete) / cabeza f autobuscador del blanco u objetivo ‖ ⁓**suchlenkung** f, -suche f (Luftf, Mil) / autoguía f, guía f al blanco ‖ ⁓**tafel** f (Verm) / tablilla f de mira ‖ ⁓**verfolgen**, Folgen n (Radar) / seguimiento m del blanco ‖ ⁓**verfolger** m / seguidor m del blanco ‖ **automatische** ⁓**verfolgung** (Radar) / seguimiento m automático [del blanco] ‖ ⁓**verfolgungs-Radar** m n / radar m de seguimiento, radar m de guiaje de misiles ‖ ⁓**verfolgungsrechner** m (DV) / ordenador m de seguimiento ‖ ⁓**verfolgungsstation** f (Radar) / estación f de seguimiento de blanco ‖ ⁓**verkehr** m / tráfico m terminal o para el destino ‖ ⁓**vermittlungsstelle** f (Fernm) / central f de destino ‖ ⁓**verweildauer** f (Mil) / tiempo m de permanencia sobre el blanco ‖ ⁓**vorrichtung** f (Mil) / dispositivo m de puntería ‖ ⁓**weite** f (Verm) / distancia f de tablilla o de mira ‖ ⁓**werte** m pl / datos m pl relativos al blanco ‖ ⁓**wertermittlung** f (Flugkörper) / obtención f de datos sobre el blanco ‖ ⁓**winkel** m (Mil) / ángulo m de puntería ‖ ⁓**zeichen** n (Radar) / señal f de eco del blanco
Zier•..., Schmuck... / decorativo, ornamental, de adorno ‖ ⁓**band** n (Schloss) / hoja f de bisagra de adorno ‖ ⁓**band** (Tex) / cinta f ornamental ‖ ⁓**blech** n / chapa f decorativa u ornamental ‖ ⁓**blende** f, (DIN:) Zierdeckel m, Radkappe f (Kfz) / embellecedor m, tapacubo m ‖ ⁓**blendenring** m (Kfz) / anillo m embellecedor ‖ ⁓**buchstabe** m / letra f adornada o de adorno
zieren vt, verzieren / decorar ‖ ⁓, schmücken / adornar, ornar, guarnecer ‖ ⁓, verschönen / embellecer
Zier•**faden** m (Tex) / hilo m de fantasía ‖ ⁓**giebel** m (Bau) / frontispicio m decorativo o de adorno ‖ ⁓**gitter** n (Bau) / reja f de adorno ‖ ⁓**gitter am Lufteinlass**, Kühlergrill m (Kfz) / rejilla f de adorno ‖ ⁓**kapsel** f (DIN 5066) / cápsula f de fantasía ‖ ⁓**knopf** m / botón m decorativo ‖ ⁓**leiste** f (Tischl) / listón m embellecedor o de adorno, moldura f de adorno ‖ ⁓**leiste**, -rahmen m / junquillo m, bordón m ‖ ⁓**leiste** (Kfz) / moldura f saliente ‖ ⁓**leiste** (Druck) / viñeta f, filete m de adorno ‖ ⁓**linie** f / línea f de fantasía ‖ ⁓**nagel** m (Möbel) / clavo m de roseta, tachuela f decorativa, tachón m[de tapicería] ‖ ⁓**nagelbeschlag** m / tachonería f ‖ ⁓**naht** f (Nähm) / costura f ornamental, pespunte m ‖ ⁓**nahtfuß** m (Nähm) / pie m de pespunte
Zierrat m, Schmuck m, Verzierung f, Ausschmückung f / adorno m, decoración f, ornamento m, guarnición f
Zier•**ring** m (Kfz) / anillo m embellecedor ‖ ⁓**schrift** f (Druck) / escritura f adornada o de adorno, letra[s] f pl de adorno ‖ ⁓**[schrift]druck** m (Druck) / impresión f de letras de adorno ‖ ⁓**stich** m (Nähm) / punto m de adorno o de fantasía ‖ ⁓**zwirn** m, -garn n (Spinn) / retorcido m de fantasía
Ziffer f (Math) / cifra f, guarismo m, dígito m, signo m numeral m ‖ ⁓, Grundzahl f / número m cardinal ‖ ⁓ **innerhalb einer Zahl** (Math) / cifra f ‖ ⁓ f **mit Zahlenwert** / dígito m significativo ‖ ⁓**-Blanktaste** f (Fernm) / tecla f de blanco de cifras ‖ ⁓**blatt** n (Uhr) / esfera f(E), carátula f(GUAT, MEJ), cuadrante m (del reloj) ‖ ⁓**blatt**, Scheibe f (Verm) / limbo m ‖ ⁓**blattausschnitt** m (Uhr) / sector m del cuadrante (del reloj) ‖ ⁓**blattfuß** m (Uhr) / pie m de esfera ‖ ⁓**impuls** m (Eltronik) / impulso m de cifra
Ziffern•... (Math) / numeral, numerical m, numérico ‖ ⁓**anzeige** f / indicación f digital o por cifras, visualización f digital ‖ ⁓**anzeigeröhre** f (z.B. Nixie, Nodistron usw) (Eltronik) / tubo m de representación [de cifras] (p.ej. tubo Nixie) ‖ ⁓**auswahl** f / selección f de cifras o de dígitos, selección f de numérica ‖ ⁓**code** m / código m

numérico ‖ ⁓**folgefrequenz** f / frecuencia f de repetición de dígitos ‖ ⁓**impuls** m / impulso m digital ‖ ⁓**maske** f (Zählrohr) / máscara f de cifras ‖ ~**mäßig bewerten** / evaluar o valorar en cifras, cifrar ‖ ⁓**rechner** m, Digitalrechner m (DV) / calculadora f numérica o digital ‖ ⁓**rechnung** f (Math) / cálculo m numérico ‖ ⁓**reihe** f, -serie f / serie f de dígitos ‖ ⁓**scheibe** f (Fernm) / disco m de números ‖ ⁓**skale** f, Skz (Instr) / escala f numérica ‖ ⁓**stelle** f (DV) / posición f decimal ‖ ⁓**stelle** / posición f de un dígito ‖ ⁓**taste** f / tecla f numérica ‖ ⁓**umschaltung** f (DV) / cambio m a cifras ‖ ⁓**umschaltzeichen** n / carácter m de cambio a cifras ‖ ⁓**werk** n / mecanismo m numerador, numerador m automático
Zigaretten•**maschine**, -füll-, -rollmaschine f / máquina f para fabricar cigarrillos ‖ ⁓**papier** n / papel m para cigarillos, papel m de fumar (E), mortaja f(LA)
Zigarrenanzünder m / encendedor m[de cigarros]
Zigarr[ett]enkäfer m, Kleiner Tabakkäfer (Zool) / escarabajo m del tabaco
Zimmer n / habitación f, pieza f, cuarto m, gabinete m ‖ **größeres** ⁓ / sala f ‖ ⁓**antenne** f / antena f interior ‖ ⁓**arbeiten** f pl, Zimmermannsarbeiten f pl / trabajos m pl de carpintería ‖ ⁓**decke** f (Bau) / plafón m, cielo m [raso], techo m [de cielo raso]
Zimmerei f / carpintería f
Zimmer•**flucht**, -reihe f / serie f de habitaciones ‖ ⁓**geselle** m / oficial m [de] carpintero ‖ ⁓**handwerk** n / oficio m de carpintero, carpintería f ‖ ⁓**hauer** m (Bergb) / entibador m ‖ ⁓**hof** m, Bauplatz m / solar m de carpintero ‖ ⁓**holz** n, Bauholz n / madera f de construcción ‖ ⁓**lautstärke** f (Akust) / nivel m acústico de casera ‖ **auf** ⁓**lautstärke stellen** / reducir el volumen, bajar la radio [al nivel acústico de casera] ‖ ⁓**leitung** f (Fernm) / línea f interior ‖ ⁓**mann** m, Zimmerer m / carpintero m, fustero m, tablajero m, viruta m (col.) ‖ ⁓ **[manns]arbeiten** f pl / carpintería f, trabajos m pl de carpintería ‖ ⁓**[manns]axt** f (Wz) / hacha f de carpintero ‖ ⁓**mannsbohrer** m / barrena f de carpintero ‖ ⁓**manns[breit]beil** n / hacha f o azuela de carpintero ‖ ⁓**manns-Nageleisen** n / sacaclavos m de carpintero ‖ ⁓**mannsstift** m / lápiz m de carpintero ‖ ⁓**mannswinkel** m / escuadra f de carpintero ‖ ⁓**meister** m / maestro m carpintero
zimmern vt / ejecutar trabajos de carpintería o de carpintero, carpintear ‖ ⁓, aus-, verzimmern (Bergb) / entibar, apuntalar
Zimmer•**platz** m / solar m de carpintero ‖ ⁓**polier** m / contramaestre m carpintero ‖ ⁓**späne** m pl / virutas f pl de madera ‖ ⁓**temperatur** f / temperatura f ambiente o de la habitación ‖ ⁓**thermometer** n / termómetro m interior ‖ ⁓**tür** f / puerta f de habitación
Zimmerung, Verbauung f (Bergb) / entibación f ‖ ⁓, Gebälk n (Bau) / maderamen m, vigas f pl, armazón f
Zimmerwerkstatt f / taller m de carpintero o de carpintería
Zimt m / canela f ‖ ⁓... (Chem) / cinámico adj ‖ ⁓**aldehyd** m / aldehido m cinámico ‖ ⁓**blätteröl** n (Pharm) / esencia f de hojas de canela ‖ ⁓**braun** / de color de canela, canelado, acanelado, vesubino ‖ ⁓**öl** n, -rindenöl n / esencia f de canela, aceite m de canela ‖ ⁓**säure** f / ácido m cinámico
Zinckenit m (Min) / zinckenita f, zinquenita f
Zink n, Zn (Chem) / cinc m, zinc m ‖ ⁓..., aus Zink / de cinc ‖ ⁓**amalgam** n / amalgama f de cinc ‖ ⁓**asche** f / ceniza[s] f pl de cinc
Zinkat n, zinksaures Salz / zincato m, cincato m
Zink•**ätzung** f, -druckerei f, Zinkographie f (Druck) / cincografía f, cincograbado m, zincograbado m ‖ ⁓**auflage** f / depósito m de cinc, capa f de cinc ‖ ⁓**bad** n / baño m de cinc ‖ ~**beschlagen** / recubierto m de [chapa de] cinc, revestido m de cinc ‖ ⁓**blech** n / chapa f galvanizada o de cinc ‖ ⁓**blechdachplatten** f

pl / tejas *f pl* de chapa galvanizada ‖ ˜**blende** *f*, Sphalerit *m* (Min) / blenda *f* de cinc, esfalerita *f* ‖
˜**blumen** *f pl* (Oberfläche) (Hütt) / flores *f pl* de cinc, estructura *f* en escarchas, aspecto *m* floreado ‖
˜**blüte** *f*, Hydrozinkit *m* (Min) / hidrocincita *f*, flores *f pl* de cinc ‖ ˜**blüte**, -asche *f* (Hütt) / hidrocincita *f* ‖
˜**carbonat** *n* (Chem) / carbonato *m* de cinc ‖ ˜**chlorid** *n*, Zinkbutter *f* / cloruro *m* de cinc, manteca *f* de cinc ‖
˜**chlorid-Imprägnierung** *f* (Holz) / solución *f* de cloruro de cinc para impregnar ‖
˜**chlorid-Imprägnierung** (Tätigkeit) / impregnación *f* con cloruro de cinc ‖ ˜**chromat**, Zinkgelb *n* / cromato *m* de cinc ‖ ˜**chromatpigment** *n* (Färb) / pigmento *m* de cromato de cinc ‖ ˜**dach** *n*, -bedachung *f* (Bau) / cubierta *f* de chapa galvanizada, techo *m* de cinc ‖
˜**destillation** *f* (Chem) / destilación *f* de[l] cinc ‖
˜**-Dialkyldithiophosphat** *n* (Schmiermittel) / dialquil *m* ditiosulfato de cinc ‖ ˜**druck** *m*, -druckerei *f*, -ätzung *f* (Verfahren) / cincografía *f*, zincografía *f*, cincotipia *f* ‖
˜**druck**, Zinkographie *f* (Druck, Erzeugnis) / cincografía *f*, zincografía *f* ‖ ˜**druckguss** *m* / fundición *f* inyectada de cinc, cinc *m* colado a (o bajo) presión ‖ ˜**druckgusslegierung** *f* / aleación *f* de cinc de colada a presión ‖ ˜**druckplatte** *f* (Druck) / placa *f* o plancha (LA) de cinc para la impresión
Zinke *f* (Gabel) / diente *m*, púa *f* ‖ ˜ *f* (Gabelstapler) / horquilla *f* ‖ ˜ *f*, Schwalbenschwanz *m* (Tischl) / cola *f* de milano ‖ ˜ (Kamm) / diente *m* de peine, púa *f*
Zink•einbrennen *n* (Hütt) / cementación *f* al cinc ‖
˜**einbrennen im Drehofen**, Sherardisieren *n* / sherardización *f* ‖ ˜**einbrennen im festen Ofen** / termonización *f* ‖ ˜**einlage** *f* / capa *f* [intermedia] de cinc, forro *m* de cinc, dobladura *f* de cinc, revestimiento *m* (interior) de cinc ‖ ˜**elektrode** *f* / electrodo *m* de cinc
zinken *vt* (Tischl) / ensamblar a diente o a cola de milano ‖ ˜ *n* (Zimm) / ensambladura *f* de diente, ensambladura *f* en cola de milano ‖ ˜**abstand** *m* / distancia *f* entre dientes ‖ äußerer ˜**abstand**, Gesamtbreite *f* der Gabeln (Gabelstapler) / anchura *f* a través de las horquillas ‖ ˜**breite** *f* (Gabelstapler) / anchura *f* de horquillas ‖ ˜**fräsmaschine** *f* (Holz) / fresadora *f* de dientes o de empalme
Zinkenit *m* (Min) / zinquenita *f*
Zinken•säge, Zapfensäge *f* (Wz) / sierra *f* para cola de milano ‖ ˜**teilung** *f* (Tischl) / distancia *f* entre colas de milano
Zinkentsilberung *f* / desplatación *f* del cinc
Zinkenzwischenraum *m* (Gabel) / entredientes *m*
Zink•erz *n* / mineral *m* de cinc ‖ ˜**fällkästen** *m pl* (Cyanlaugerei) / cajas *f pl* de cinc ‖ ˜**farbe** *f* / pintura *f* de cinc (protección anticorrosica) ‖ ˜**gelb** *n* s.
Zinkchromat ‖ ˜**gießer** *m* / fundidor *m* de cinc ‖
˜**gießerei** *f* / cinquería *f* ‖ ˜**grundierung** *f* (Anstrich) / imprimación *f* de cinc ‖ ˜**guss** *m* / fundición *f* de cinc ‖ ~**haltig** / cincífero, zincífero ‖ ˜**hochätzung**, Zinkotypie *f* (Druck) / cincotipia *f* ‖ ˜**hütte** *f*,
Zinkgießerei *f* / fundería *f* de cinc ‖ ˜**it** *m*, Rotzinkerz *n* (Min) / cincita *f* ‖ ˜**kalk**, -ocker *m* / calamina *f* común ‖ ˜**kopie** *f* / cincotipia *f* ‖ ˜**legierung** *f* / aleación *f* de cinc ‖ ˜**-Luft-Batterie** *f* / pila *f* de cinc-aire ‖ ˜**met[a]arsenit** *n* (Chem) / metaarsenita *f* de cinc ‖ ˜**ofen** *m* / horno *m* [para la fundición] de cinc ‖ ˜ **[ofen]staub** *m*, Poussière *f* (Hütt) / polvo *m* de cinc
Zinkographie, Zinkotypie, (veraltet für:) Chemigraphie *f* (Druck) / cincografía *f*, cincotipia *f*
Zinkotypie *f*, Zinkätzung *f* / zincotipia *f*
Zink•oxid *n* (Chem) / óxido *m* de cinc ‖ ˜**oxidpapier** *n* / papel *m* de óxido de cinc ‖ ˜**-Oxygen-Batterie** *f* / pila zoxy ‖ ˜**-Phosphat-Zement** *m* (Bau) / cemento *m* de fosfato de cinc ‖ ˜**pumpe** *f* / bomba *f* de cinc ‖ ˜**rauch** *m* (zinkoxidhaltiger Hüttenrauch) / vapores *m pl* de cinc solidificados ‖ ˜**[röst]ofen** *m* / horno *m*

[tostador] de cinc ‖ ˜**salz** *n* (Chem) / sal *f* de cinc ‖
˜**schaum** *m*, Parkesschaum *m* (Hütt) / espuma *f* de Parkes ‖ ˜**schutzplatte** *f* (Schiff) / placa *f* protectora de cinc ‖ ˜**schwamm** *m*, -staubansatz *m* / cadmia[s] *f* *[pl]*, hollín *m* verdoso ‖ ˜**spat**, Galmei, Smithsonit *m* (Min) / calamina *f*, espato *m* de cinc ‖ ˜**spinell**, Gahnit *m* / espinela *f* de cinc, gahnita *f* ‖ ˜**staub** *m*,
Zinkofenstaub *m* / polvo *m* [fino] de cinc ‖
˜**staubpaste** *f*, -staubkompound *n* / pasta *f* de polvo de cinc ‖ ˜**staub-Pigment** *n* / pigmento *m* de polvo de cinc ‖ ˜**stearat** *n* / estearato *m* de cinc ‖ ˜**sulfat** *n* / sulfato *m* de cinc ‖ ˜**sulfat** (aus der Sierra Almagrera, Spanien) (Min) / zinkosita *f* ‖
˜**sulfidschirm** *m* (Eltronik) / pantalla *f* de sulfuro de cinc ‖ ˜ **[sulfid]weiß** *n*, Lithopone *f* / litopona *f* ‖
˜**tannat** *n* / tanato *m* de cinc ‖ ˜**tellurid** *n* (Halbl) / telururo *m* de cinc ‖ ˜**trichlorphenat** *n* / triclorofenato *m* de cinc ‖ ˜**überzug** *m* / revestimiento *m* de cinc
Zinkung *f* (Tischl) / ensambladura *f* a diente[s], ensambladura *f* a cola de milano, junta *f* machihembrada
Zink•vitriol *n m*, -sulfat *n* (Färb) / caparrosa *f* blanca, vitriolo *m* blanco, sulfato *m* de cinc ‖ ˜**wanne** *f* / baño *m* de cinc ‖ ˜**weiß**, -oxid *n* (Hütt) / flores *f pl* de cinc ‖
˜**weiß**, -oxid *n* (Farbe) / blanco *m* de cinc
˜**wolframat** *n* / volframato *m* de cinc
Zinn *n*, Sn (Chem) / estaño *m* ‖ ˜**(II)-**..., Stanno... / estañoso, estannoso ‖ ˜**(IV)-**..., Stanni... / están[n]ico ‖ ˜ *n* **für Hausgerät** / peltre *m* ‖ ˜**reiches** ˜ / estaño *m* macizo ‖ ˜**abbau** *m* **nach dem Palong-Verfahren** / explotación *f* de estaño según el método palong ‖
˜**ader**, -stufe *f*, -anbruch *m* / vena *f* de estaño ‖
˜**amalgam** *n* / amalgama *f* de estaño ‖ ˜**asche** *f*, Zinn[di]oxid *n*, Polierpulver *n* / cenizas *f pl* de estaño, bióxido *m* de estaño ‖ ˜**asche**, -krätze *f*, -gekrätz *n* / escorias *f pl* de estaño ‖ ˜**aufschmelzen** *n* **auf gedruckte Schaltungen** / fusión *f* de estaño sobre circuitos impresos ‖ ˜**bad** *n* **für gedruckte Schaltungen** (Galv) / baño *m* de estañado para circuitos impresos ‖ ˜**barren** *m* / lingote *m* o lingotillo de estaño, galápago *m* ‖ ˜**beize** *f* (Färb) / mordiente *m* [a base] de estaño ‖ ˜**beizendruck** *m* (Tex) / impresión *f* con mordiente[s] de estaño ‖
˜**belag** *m* / revestimiento *m* de estaño ‖ ˜**bergwerk** *n*, -grube *f* / mina *f* de estaño ‖ ˜**blech** *n* / estaño *m* en chapas, chapa *f* de estaño ‖ ˜**-Blei-Bronze** *f* / bronce *m* de estaño *y* plomo ‖ ˜**-Blei-Lot** *n* (Klempner) / soldadura de estaño y plomo ‖ ˜**-Blei-Niederschlag** *m* **60/40** / depósito *m* de Sn-Pb (60:40) ‖
˜**-Blei-Überzug** *m* (Galv) / revestimiento *m* de depósito de estaño y plomo ‖ ˜**-Blei-Weißmetall** *n* / aleación *f* blanca a base de estaño y plomo ‖ ˜**blende** *f* (Min) / pirita *f* hepática ‖ ˜**block** *n* / bloque *m* de estaño ‖
˜**bronze** *f* (Legierung) / bronce *m* estañado o al estaño ‖ ˜**butter** *f* (Chem) / cloruro *m* estánnico ‖
˜**(II)-chlorid** *n* / cloruro *m* estannoso ‖
˜**(IV)-chlorid**, -tetrachlorid *n* / cloruro *m* estánnico, tetracloruro *m* de estaño ‖ ˜**chlorwasserstoffsäure** *f* / ácido *m* cloroestánnico ‖ ˜**dioxid** *n* (Chem) / óxido *m* estánnico ‖ ˜**[di]oxid** *n*, Zinnasche *f* / anhídrido *m* o bióxido de estaño, cenizas *f pl* de estaño ‖
˜**druckgusslegierung** *f* (DIN 1742) / aleación *f* de estaño de colada a presión
Zinne *f*, Mauerzacke *f* (Bau) / almena *f* ‖ **mit** ˜**n versehen** (Bau) / almenado, coronado de almenas
zinnern / de estaño
Zinn•erschwerung *f* (Tex) / carga *f* de estaño ‖ ˜**erz** *n*, Zwitter *m* / mineral *m* de estaño, mena *f* de estaño ‖
˜**erz**, Zinnstein *m*, Kassiterit *m* / casiterita *f*, estaño *m* de madera ‖ **reines** ˜**erz** / mineral *m* de estaño puro ‖
˜**(II)-ethylhexoat**, Zinn(II)-octoat *n* (Chem) / octoato *m* estannoso ‖ ˜**feile** *f* (Wz) / lima *f* para metales blandos ‖ ˜**(II)-fluorid** *n* (Chem) / fluoruro *m*

1555

estannoso ‖ ⁓-Flutwerk, -Seifenwerk *n* (Bergb) / planta *f* de explotación de minerales aluviales de estaño ‖ ⁓folie *f*, Stanniol *n* / hoja *f* de estaño, estaño *m* en hojas, papel *m* de estaño ‖ ~führend, -haltig / estannífero, estañífero ‖ ⁓gerät *n*, -geschirr *n* / vajilla *f* de peltre ‖ ⁓geschrei *n*, -schrei *m* / grito *m* o crujido de estaño ‖ ⁓gießer *m* / estañero *m* ‖ ⁓glasur *f* (Keram) / esmalte *m* de [óxido de] estaño ‖ ⁓graupe *f*, -kristall *m* / cristal *m* de estaño ‖ ⁓grube *f* / mina *f* de estaño ‖ ⁓(IV)-Halogen *n* / halogenuro *m* estánnico ‖ ⁓hütte *f*, -werk *n* / fundería *f* de estaño ‖
⁓-Kadmium-Legierung *f* / aleación *f* de estaño y cadmio ‖ ⁓kies *m*, Stannin *n* (Min) / estannita *f* ‖ ⁓komposition, -solution *f* (Färb) / solución *f* de cloruro estánnico ‖ ⁓-Kupferoxid-Gel *n* / gel *m* de óxido de Cu-Sn ‖ ~legiertes Gusseisen / fundición *f* de hierro aleada con estaño ‖ ⁓legierung *f* / aleación *f* de estaño ‖ ⁓lösung *f* (Färb) / solución *f* de estaño ‖ ⁓lot *n*, Lötzinn *m* / estaño *m* para soldar ‖ ⁓lot mit 15-20% Bleigehalt / estaño *m* para soldar con un contenido de plomo del 15-20 % ‖ ⁓lot mit 50% Bleigehalt, Weichlot *n* / soldadura *f* blanda o blanca, estaño *m* para soldar con 50 % de Pb ‖
⁓-Nickelauftrag *m* (Galv) / capa *f* de estaño y níquel
Zinnober *m* / cinabrio *m* ‖ ⁓, Cinnabarit *m* (Min) / cinabarita *f* ‖ ⁓erde *f* / tierra *f* cinabrina ‖ ⁓grün, Chromgrün *n* / verde *m* de cromo ‖ ⁓grün *n* (Zeichn) / verde *m* de cinabrio ‖ ~haltig / cinabrífero ‖ ~rot, leuchtend rot / bermellón ‖ ⁓rot *n* / bermellón *m*, rúbrica *f* sinópica ‖ ⁓spat *m* / cinabrio *m* cristalizado
Zinn•-Oktoat *n* (Chem) / octoato *m* estannoso ‖
⁓(IV)oxid, Zinndioxid *n* / óxido *m* estánnico ‖
⁓(II)oxid *n* / óxido *m* estannoso ‖ ⁓pest *f* / peste *f* del estaño ‖ ⁓pulver *n* (Galv) / arena *f* estannífera ‖
⁓rauch *m* (Zinnoxidstaub) / polvo *m* de óxido de estaño ‖ ⁓salz *n* / sal *f* estannosa o de estaño, cloruro *m* estannoso ‖ ⁓(II)-Salz *n* / sal *f* bivalente de estaño ‖ ⁓salz-Spray *n* (Keram) / aerosol *m* de sales de estaño ‖ ⁓säure *f* / ácido *m* estánnico ‖
⁓schmelzverbindung *f* / unión *f* por fusión de estaño, unión *f* por estaño fundido ‖ ⁓schrei *m* s. Zinngeschrei ‖ ⁓seife *f* (Schmierfett) / jabón *m* de estaño ‖ ⁓seifen *pl*, Seifenzinn *n* (Bergb) / estaño *m* de aluvión ‖
⁓seifenwerk *n* s. Zinnflutwerk ‖ ⁓-Silber-Lot *n* / soldadura *f* de estaño y plata, liga *f* de estaño y plata ‖ ⁓späne *m pl*, Zinn in Spänen *n* / virutas *f pl* de estaño ‖ ⁓stein *m*, Kassiterit *m* (Min) / casiterita *f* ‖
⁓(II)sulfat, Stannosulfat *n* (Chem) / sulfato *m* estannoso ‖ ⁓sulfid *n*, Zinnblende *f* (Min) / pirita *f* hepática ‖ ⁓(II)-sulfid *n*, Stannosulfid *n* / sulfuro *m* estannoso ‖ ⁓(IV)sulfid, Musivgold *n*, (jetzt:) Bronzepigment *n* / sulfuro *m* estánnico, oro *m* musivo, disulfuro *m* de estaño ‖ ⁓überzug *m* / revestimiento *m* de estaño ‖ ⁓vanadat *n* / vanadato *m* de estaño ‖ ⁓verspiegelung *f*, -belag *m* / azogamiento *m* de estaño ‖ ⁓waldit *m* (Min) / zinnwaldita *f* ‖
⁓wäscherei *f* s. Zinnflutwerk ‖ ⁓wasserstoff *m*, Stannan *n* (Chem) / hidruro *m* de estaño, estannano *m* ‖ ⁓-Zinkauftrag *m* (Galv) / revestimiento *m* de estaño y cinc ‖ ⁓-Zinkelektrolyt *m* / baño *m* de estaño-cinc
Zinsstaffelung *f* (DV) / cálculo *m* compuesto de interés
Zipfel *m* / punta *f*, cabo *m*, extremo *m* ‖ ⁓, Ende *n*, lose hängendes Stück / extremo *m* colgante ‖ ⁓ (in Feinblech) (Hütt, Walzw) / punta *f*, cuña *f* ‖ ⁓, Lappen *m* (Antenne) / lóbulo *m*, lobulillo *m* ‖ ⁓bildung *f* (Walzw) / formación *f* de puntas o cuñas ‖ ⁓prüfung *f*, -zugprobe *f* / ensayo *m* de estirar cuñas
Zippeit, Dauberit *m* (Min) / zipeíta *f*
Zirbelkiefer *f*, Arve *f*, Zirbe *f*, Pinus cembra (Bot) / cembro *m*, pino *m* cembro
zirka / ca (= circa)
Zirkaloy *n* (Hütt) / zirkaloy *m*
Zirkel *m* (Zeichn) / compás *m* ‖ ⁓ mit auswärts gekrümmten Schenkeln (Zeichn) / compás *m* de

brazos o patas curvados hacia afuera ‖ ⁓ mit auswechselbaren Spitzen / compás *m* de puntas intercambiables ‖ ⁓ mit Bleieinsatz / compás *m* con portalápiz o portaminas ‖ ⁓ mit gezahntem Führungsbogen / compás *m* de cremallera ‖ den ⁓ ansetzen / aplicar el compás ‖ federnder ⁓ / compás *m* de resorte ‖ feststellbarer ⁓ / compás *m* inmovilizable
Zirkel•ansatz *m* / adaptador *m* de compás ‖ ⁓bogen *m* (Bau) / arco *m* de bóveda ‖ ⁓einsatz *m*, -spitze *f* (Zeichn) / punta *f* de compás ‖ ⁓gelenk, Flachgelenk *n* / articulación *f* plana ‖ ⁓öffnung *f*, -schlag *m* / abertura *f* del compás ‖ ⁓schenkel *m* / brazo *m* de compás ‖ ⁓verlängerung *f*, Verlängerungsstück *n* (Zeichn) / alargadera *f* de compás
Zirkon *m* (Min) / circón *m*, zirconio *m* ‖ ⁓... (Chem) / circónico, de circonio ‖ ⁓at *n* / circonato *m* ‖ ⁓erde *f*, -[di]oxid *n* / dióxido *m* de circonio, circon[i]a *f*, zirconia *f* ‖ ~haltig / circonífero, circónico ‖ ⁓[ium] *n*, Zr (Chem) / circonio *m*, zirconio *m* ‖ ⁓iumhydrid *n*, Zirkonwasserstoff *m* / hidruro *m* de circonio ‖
⁓iumsilikat *n* / silicato *m* de circonio ‖
⁓-Kupfer-Vorlegierung *f* / aleación *f* madre de circonio y cobre ‖ ⁓licht *n* / luz *f* de circonio ‖ ⁓mehl *n* / polvo *m* de circonio ‖ ⁓sand *m* / arena *f* de circonio ‖ ⁓stein *m* (Hütt) / ladrillo *m* de circonia ‖
⁓trübungsmittel *n* / opacificante *m* de circonio ‖
⁓weiß *n* (Farbe) / blanco *m* de circonio
Zirkular•beschleuniger *m* (Nukl) / acelerador *m* circular ‖ ⁓-Gewindefräsen *n* (Wzm) / fresado *m* circular de roscas ‖ ⁓krempel *f* (Tex) / carda *f* circular ‖ ⁓polarisation *f* (Phys) / polarización *f* circular ‖
⁓polarisations-Duplex *m* (Radar) / duplexor *m* de polarización circular ‖ ⁓schere *f* (Wz) / tijeras *f pl* o cizallas circulares
Zirkulation *f*, Umlauf *m* / circulación *f* ‖ ⁓, Kreisströmung *f* / corriente *f* circular
Zirkulations•pumpe *f*, Umlauf-, Umwälzpumpe *f* / bomba *f* de circulación ‖ ⁓zeit *f* (Parasiten) / tiempo *m* de circulación
Zirkulator *m*, Richtungsgabel *f* (Hohlleiter) / circulador *m*
Zirkulierapparat *m*, -gefäß *n* (Chem) / aparato *m* [de destilación] circulatorio
zirkulieren lassen / hacer circular
zirkulierend•e Flotte (Web) / baño *m* circulante ‖ ~er Rücklauf / reflujo *m* circulante o de bombeo ‖ ~e Wirbelschicht *f* / lecho *m* fluidizado circulante
Zirkumflex *m*, -zeichen *n* (Druck) / circunflejo *m*, acento *m* circunflex
zirkum•lunar (Astr) / circunlunar ‖ ~planetar / circumplanetario ‖ ~polar / circumpolar ‖ ~stellar / circunsolar ‖ ~terrestrisch / circunterrestre
Zirpen (beim Tasten) (Fernm) / chirrido *m*, gorjeo *m*
Zirro•kumulus *m*, -wolke *f* (Meteo) / cirrocúmulo *m* ‖
⁓kumulus-Bewölkung *f* / nubes *m pl* cirrocúmuli ‖
⁓stratus *m*, -stratuswolke *f* / cirroestrato *m*
Zirruswolke *f*, Federwolke *f* / cirro *m*
zischen / silbar ‖ ⁓, brutzeln / crepitar, chisporrotear ‖
⁓ *n* (Mikrofon) / silbido *m*
zischender Lichtbogen / arco *m* crepitante
Zischhahn *m* / grifo *m* de compresión
Ziseleur *m* / cincelador *m* (E), cincelista *f* [LA)
Ziselierarbeit *f* / cinceladura *f*, trabajo *m* de cincelado
ziselieren *vt*, gravieren, stechen / cincelar ‖ ~, treiben / repujar ‖ ⁓ *n* / cincelado *m*, repujado *m*
Ziselierpunze *f* (Wz) / punzón *m* de cincelar
Ziselierung *f* / cincelado *m*, repujado *m*
Zissoide *f* (Math) / cisoide *m*, curva *f* cisoidal
Zisterne *f* (Hydr) / cisterna *f*, aljibe *m* ‖ ⁓, Speicher *m* (Nukl) / depósito *m*, pileta *f*
Zitrakonsäure *f*, Methyl-Maleinsäure *f* (Chem) / ácido *m* citracónico
Zitrat *n* / citrato *m*

Zitronellöl n (Pharm) / esencia f de citronela
Zitronen•baum m (Bot) / limonero m ‖ ⁓**farbe** f, -gelb n / color m limón ‖ ~**förmig** / citriforme ‖ ⁓**gelb**, Zinkgelb n / amarillo m limón, citrino m, cromato m o amarillo de cinc ‖ ⁓**holz** n, Gelbholz n, Farbholz n (Bot) / satino m de Ceilan, satén m ‖ ⁓**pilz** m (Bot, Landw) / morfa f ‖ ⁓**säure** f (Chem) / ácido m cítrico ‖ ⁓**säurelöslichkeit** f / solubilidad f en ácido cítrico ‖ ⁓**säurezyklus** m (Biol) / ciclo m de ácido cítrico
Zitrus•fruchtanbau m (Landw) / citricultura f ‖ ⁓**früchte** f pl / agrios m pl, cítricos m pl
Zitterbewegung f (des Ladungsschwerpunkts eines Elektrons) (Phys) / movimiento m vibratorio o vibrátil
zittern vi, beben / temblar, vibrar, trepidar ‖ ⁓, zitternde Bewegung (Masch) / vibración f, trepidación f ‖ ⁓ n, Flackern n (TV) / fluctuación f ‖ ⁓, Instabilität f (Kath.Str) / inestabilidad f horizontal ‖ ⁓, "Mäusezähnchen" n pl (Radar, TV) / variaciones f pl rápidas ‖ ⁓ n, pulsierende Bewegung f / agitación f pulsatoria f
zitternd, bebend / temblador
Zitter•pappel, Aspe, Espe f, AS, Populus tremula (Bot) / álamo m temblón ‖ ⁓**signal** n (Regeln) / vibración f acondicionadora
Zitzenbecher m (Landw, Melkmaschine) / copa f de tetas
Zivil•ingenieur m, beratender Ingenieur / ingeniero m consultor ‖ ⁓**ingenieur**, Inhaber m eines Ingenieurbüros / ingeniero m civil ‖ ⁓**luftfahrt** f / aviación f o aeronavegación civil ‖ **allgemeiner** ⁓**luftverkehr** / aviación f general ‖ ⁓**schutz**, (früher:) Luftschutz m / protección f civil
Z-Koordinate f (NC) / coordenada Z f
Z-Lamelle f (Lager) / lámina f o platina laberíntica
ZM = Zeitmultiplex ‖ ⁓, Zweitmodulation f (Eltronik) / intermodulación f, IM
Z-Markierungsfunkfeuer n (Luftf) / radiobaliza Z f, radiofaro Z m
ZMC n (Spritzgießverfahren für glasfaserverstärktes Harz) / moldeo m por inyección de resina reforzada por fibra de vidrio
ZMD = Zentralstelle für maschinelle Dokumentation
ZnS-Leuchtstoff m (Chem) / fósforo m o luminófero de sulfuro de zinc
Zobelfilter n (Fernm) / filtro m Zobel
Zodiakalicht n (Astr) / luz f zodiacal
Zoelly•Laufrad n (Turbine) / rodete m Zoelly ‖ ⁓**-Turbine** f / turbina f de Zoelly
Zoisit m (Min) / zoisita f
Zölestin m (Min) / celestina f
Zoll m (= 25,40 mm seit 1.7.59), (jetzt:) Inch m (Mess) / pulgada f ‖ **ein Millionstel** ⁓ / micropulgada f ‖ ⁓**gewinde** n / rosca f no métrica, rosca f Whitworth, rosca f inglesa ‖ ⁓**kreuzer** m, Grenzzollschiff n / lancha f aduanera o de aduana[s] ‖ ⁓**maß** n (Mess) / medida f en pulgadas, medida f inglesa de pulgada ‖ ⁓**nonius** n (Mess) / nonio m de pulgada ‖ ⁓**schein** m / certificado m de aduana ‖ **19-⁓-Standardrahmen** (= 482,6 mm) / chasis m de montaje de 19 pulgadas ‖ ⁓**stock** m, Gliedermaßstab m / metro m plegable ‖ ⁓**teilung** f (Skala) / división f o graduación en pulgadas ‖ ⁓**teilung** (Zahnrad) / paso m inglés ‖ ~**weise** / por pulgadas ‖ **[sich]** ~**weise bewegen** / mover[se] pulgada por pulgada
Zölostat m (Astr) / celostato m
zonale harmonische Funktion (Math) / polinomio m de Legendre
Zonar•bau m, -struktur f (Krist) / estructura f por zonas ‖ ⁓**kristall** m / cristal m zonar
Zone n, Distrikt m / zona f, distrito m ‖ ⁓, Teilgebiet n (Transistor) / región f ‖ ⁓ (Verkehr) / sección f, zona f ‖ ⁓ **der Hörbarkeit** (Radio) / zona f de audibilidad ‖ ⁓ **des Schweigens** (Eltronik) / zona f de silencio ‖ ⁓, **dringender Industrialisierung** / ZUR (= Zona de Urgente Industrialización) (E) ‖ ⁓ f mit

Beschränkungen (Atom, Nukl) / zona f restringida ‖ ⁓ **mit Hupverbot** (Verkehr) / zona f de silencio ‖ ⁓ **um den Kern** (Reaktor) / zona f perinuclear ‖ ⁓ **zwischen Meeresoberfläche und Abyssal** (Ozean) / zona f entre la superficie y la región abisal ‖ **[waagerechte]** ⁓, Horizont m (Geol) / horizonte m
Zonen•achse f (Krist) / eje m zonal ‖ ⁓**ausgleich** m (Transistor) / nivelación f por zonas, homogenización f por fusión de zonas, Schichtbildung f (Hütt, Min) / formación f de zonas ‖ ⁓**bildung** f (Sintern) / segregación f ‖ ⁓**bit** n (DV) / bit m de zona ‖ ⁓**bunker** m (Bergb) / tolva f con compartimentos ‖ ⁓**einteilung** f (Lufft, Urbanisation) / subdivisión f en zonas, zonificación f, (localismo:) zonación f, zonización f ‖ ⁓**einteilung** (Elektr) / clasificación f de (o en) zonas ‖ ⁓**elektrophorese** f, Trägerelektrophorese f (Chem) / electroferografía f, electroforesis f de zona ‖ ⁓**faktor** m (des Wicklungsfaktors) (Elektr) / factor m de distribución ‖ ⁓**fällen** n (Chem) / precipitación f en zonas ‖ ⁓**fehler** m, Flächen-Aberration f (Opt) / aberración f zonal ‖ ⁓**folge** f (Halbl) / sucesión f de regiones o zonas ‖ ⁓**gefrierverfahren** n (Halbl) / procedimiento m de refrigeración por zonas ‖ ⁓**gitterkamera** f (Film) / cámara f de placas zonales [de Fresnel] ‖ ⁓**gitterung** f (Hütt) / colmenas f pl construidas por zonas ‖ ⁓**heizung** f / calefacción f por zonas, calentamiento m por zonas ‖ ⁓**kristall** m, Schicht-, Mischkristall m / cristal m mixto ‖ ⁓**linse** f (Opt) / lente f escalonada o de Fresnel ‖ ⁓**nivellierung** f s. Zonenausgleich ‖ ⁓**parkverbot** n, blaue Zone / zona f azul ‖ ⁓**platte**, -linse f (Opt) / lente f zonal o escalonada ‖ ⁓**reflektor** m (Astr) / reflector m escalonado ‖ ⁓**reinigung** f (Halbl) / purificación f por zonas ‖ ⁓**rost** m / emparrillado m de casillas ‖ ⁓**schmelzverfahren** n (Halbl) / fusión f por zonas, refinamiento m por zonas ‖ ⁓**schmelzverfahren** n (Halbl) **tiegelfreies** ⁓**schmelzverfahren** / refinamiento m por zona flotante, refino m mediante fusión por zona flotante ‖ ⁓**schrägbunker** m (Bergb) / tolva f inclinada con compartimentos ‖ ⁓**schraube** f (Druck) / tornillo m alimentador, perno m de ajuste del tintero ‖ ⁓**sintern** n / sinterizado m por zonas ‖ ⁓**tarif** m (Bahn, Fernm) / tarifa f por zonas ‖ ⁓**übergang** m (Halbl) / unión f (región) de transición ‖ ⁓**ventil** n / válvula f de zonas ‖ ⁓**wanderrost** m / parrilla f móvil seccionada o de zonas ‖ ~**weise Erwärmung** (Indukt.Härten) / calentamiento m progresivo ‖ ⁓**zeit**, Einheitszeit f / hora f de huso
Zonierung f (Biogeografie) / zonación f
Zooglöen pl (Abwasser) / zoogleas f pl
Zoom n, Gummilinse f (Foto) / lente f de foco variable, transfocador m ‖ ⁓ n m (DV) / lupa f ‖ ⁓**-Effekt** m, dynamisches Skalieren (DV) / efecto m [de] zoom
zoomen vi / variar la distancia focal ‖ ⁓ n (TV) / cambio m rápido de plano, ampliación f rápida de una parte de imagen ‖ **normales** ⁓ (Foto) / toma f con disminución de la distancia focal ‖ **umgekehrtes** ⁓ / toma f con aumento de la distancia focal
Zoomlinse, Gummilinse f, Zoom-Objektiv n / lente f para cambio rápido de plano, objetivo m de distancia focal variable o regulable o ajustable
Zoo•plankton n, tierisches Plankton / zooplancton m ‖ ~**trop** / zootropo
Zopf, Flechte f / trenza f, trenzado m ‖ ⁓, **Zopfende** n, -block m (Holz) / cima f de árbol, raberón m ‖ ⁓, Faserbart m des Flachses (Spinn) / manojo m de lino ‖ ⁓**hede** f, -werg n (Tex) / estopa f trenzada o retorcida ‖ ⁓**stärke** f (Forstw) / diámetro m de un árbol en su cima ‖ ⁓**stich** m (Tex) / punto m de espiga ‖ ⁓**ware** f (Holz) / material m proveniente del raberón
zottige Wolle / lana f velluda
zpm = Zeilen pro Minute) / lpm (= líneas por minuto)
ZP-Papier n, Sulfit-Zellstoff-Packpapier n / papel m de embalaje de celulosa al sulfito

zps (= Zeilen pro Sekunde) / lps (= líneas por segundo)
Zr, Zirkonium *n* (Chem) / circonio *m*
Z-Richtung *f* / orientación *f* Z
Z-Riegel *m* / barra *f* Z
Z-Ring *m* (Lager) / anillo *m* con platinas laberínticas
ZR-Reifen *m* (Kfz) / neumático ZR *m*
Z-Scheibe, Zwischenscheibe *f* / arandela *f* intermedia calibrada
Z-Schnitt *m* (Krist) / corte *m* o tallado Z
Z-Stahl *m*, Z-Profil *n* (Hütt) / perfil *m* en Z, acero *m* zeta
Z-Teilchen *n* (Nukl) / partícula *f* Z
ZTL (Luftf) = Zweikreis-TL-Triebwerk
Z-Transformierte *f* (Regeln) / transformada *f* en Z
ZTU-Schaubild *n* (= Zeit-Temperatur-Umwandlung) (Hütt) / diagrama *m* T.T.T. (transformación-tiempo-temperatura)
zu, gesperrt, geschlossen (Hahn) / cerrado, no abierto
ZU *f* s. Zwischenuntersuchung
"Zu" (Schließstellung) / cerrado, NO
zubauen / cerrar con construcciones o muros ‖ ~, hinzubauen / adosar, añadir un edificio ‖ ~ (Hydr) / obstruir ‖ die Aussicht ~ / obstruir por un edificio, quitar la vista [a]
Zubehör *n*, Ausrüstung *f* / accesorios *m pl* (E), componentes *m pl*, implementos *m pl* (LA), arrebiates *m pl* (VEN) ‖ ~, Ausstattung *f* / equipamiento *m* ‖ ~, Ausrüstung *f*, Beschlagteile *m pl* / guarniciones *f pl*, herrajes *m pl* ‖ ~, Zugehör *n*, Außenliegendes *n* (Bau) / dependencias *f pl* ‖ mit ~ ausstatten / equipar con accesorios ‖ mit allem ~ (Bau) / con todos [los] accesorios ‖ ~industrie *f* (Kfz) Kfz, allg / industria *f* de accesorios (E), industria *f* auxiliar (LA) ‖ ~lieferant *m* / fabricante *m* de componentes ‖ ~teile *n pl* / accesorios *m pl*, piezas *f pl* auxiliares
zubereiten *vt*, zurechtmachen / preparar, aderezar
Zubereiter *m* (Druck) / prensador *m*
Zubereitung *f* / preparación *f*, aderezo *m*
zubessern *vt* (Bad) / reforzar, mejorar
zubetonieren *vt* (Bau) / recubrir con hormigón
zubinden *vt*, -schnüren / atar, ligar
Zubrand *m* (Hütt) / aumento *m* de la carga metálica, ganga *f* ‖ ~ (Schw) / fundente *m* que se adhiere al extremo caliente de la varilla de aportación
zubringen *vt* / alimentar, suministrar, aportar, llevar
Zubringer *m*, -linie *f* (Bahn) / línea *f* de aportación de tráfico, línea *f* afluente ‖ ~, Zuführschlauch *m* / tubo *m* [flexible] alimentador ‖ ~, Zuführvorrichtung *f* / dispositivo *m* alimentador o de acarreo ‖ ~ (Walzw) / alimentador *m* ‖ ~, Speisekanal *m* (Hydr) / canal *m* de alimentación ‖ ~ *m* zu einem Erschließungsgebiet (Straßb) / vía *f* de acceso ‖ ~ zu einem Urbanisierungszentrum (Straßb) / carretera *f* de acceso a una urbanización ‖ ~ zur Autobahn / carretera *f* de acceso a la autopista ‖ ~band *n* / cinta *f* de alimentación ‖ ~dienst *m* (Bahn) / servicio *m* afluente o de enlace o de aporte (E), combinación *f* (LA) ‖ ~feder *f* (Waffe) / elevador *m* ‖ ~leitung *f* (Radio) / línea *f* de programa ‖ ~leitung (Fernm) / línea *f* tributaria ‖ ~linie *f* (Verkehr) / línea *f* de acarreo ‖ ~linie (Luftf) / línea *f* intermedia ‖ ~pumpe *f* / bomba *f* de alimentación ‖ ~speicher *m* (DV) / memoria *f* externa ‖ ~Teilgruppe *f* (Fernm) / grupo *m* de líneas en un múltiple parcial ‖ ~tisch *m* (Walzw) / mesa *f* de alimentación ‖ ~verkehr *m* (Luftf) / servicio *m* de autobuses al aeropuerto ‖ ~wagen *m* (Hütt) / vagoneta *f* de acarreo, carro *m* alimentador o de carga
Zubruchbauen *n* des Hangenden (Bergb) / derrumbamiento *m* de techo
Zubruchgehen *n* (allg) / rotura *f* ‖ ~, Verbruch *m* (Bergb) / derrumbamiento *m*, hundimiento *m*, desmoronamiento *m*

Zucht, Rasse *f* (Landw, Zool) / cría *f*, raza *f* ‖ ~, Kultur *f* / cría *f* de animales, cultivo *m* de plantas
züchten *vt* (Landw) / criar (animales), cultivar (plantas)
züchten(Kristalle) *vt* / cultivar, sintetizar
Züchter, Produzent *m* (Landw) / criador *m* de animales, cultivador *m* de plantas
Zucht•keim *m* / semilla *f* seleccionada o de cultivo ‖ ~perle *f* / perla *f* compacta o de cultivo
Züchtung *f* (Bot, Zool) / cría *f*, selección *f*
zucken *vi* (allg) / oscilar, vacilar, titilar ‖ ~ (Faden) (Tex) / saltar
Zucker *m* / azúcar *m* ‖ ~ *m pl*, Kohlehydrate *n pl* (Biochem) / azúcares *m pl*, hidratos *m pl* de carbono ‖ ~... / azucarero *adj* ‖ brauner (o. roher o. ungeläuterter) ~ / azúcar *m* moreno, piloncillo *m* (MEJ) ‖ den ~ holen / sacar el azúcar ‖ ~ahorn *m*, Acer saccharum (Bot) / arce *m* sacarino ‖ ~ahornplantage *f* / plantación *f* de arce sacarino ‖ ~ahornsirup *m* / jarabe *m* de arce sacarino ‖ ~artig, -ähnlich / sacarino, azucarado ‖ ~ausbeute *f*, Rendement *n* (Zuckerfabrik) / rendimiento *m* de azúcar ‖ ~bestimmung *f* (Chem) / determinación *f* del azúcar ‖ ~bildung *f*, Verwandlung in Zucker / sacarificación *f* ‖ ~bildung, -erzeugung *f* / sacarogénesis *f* ‖ ~chemie *f* / química *f* del azúcar ‖ ~dicksaft *m*, -sirup *m*, Dicksaft *m* / jarabe *m* de azúcar, jugo *m* espeso de azúcar ‖ ~dünnsaft *m* / jugo *m* fluido de azúcar ‖ ~einheit *f* / equivalente *m* de azúcar ‖ ~fabrik *f*, fábrica *f* de azúcar (E), azucarera *f* (E), trapiche *m* (LA), ingenio *m* (LA), azucarería *f* (CUB) ‖ ~farbe, -couleur *f* / caramelo *m*, azúcar *m* quemado ‖ ~gehaltswaage *f*, -spindel *f* / sacarómetro *m*, sacarímetro *m* (un areómetro) ‖ ~gewichtsprozent *n* / proporción *f* de azúcar en % ‖ ~gewinnung *f* / extracción *f* del azúcar ‖ ~haltig / sacarífero, que contiene azúcar ‖ ~haus *n* / sala *f* de cristalización ‖ ~hausarbeit *f* / sobresaturación *f* y cristalización del azúcar ‖ ~hut *m* / pan *m* o pilón de azúcar
zuck[e]rig, gezuckert / azucarado
Zucker•industrie *f* / industria *f* azucarera ‖ ~kalk *m*, Kalziumsaccharat *n* (Chem) / sacarato *m* de calcio ‖ ~kalkkarbonat *n* / sucrocarbonato *m* de cal ‖ ~kand *m*, Kandiszucker *m* / azúcar *m* cande ‖ ~knoten, -klumpen *m pl* (Zuck) / grumos *m pl* de azúcar ‖ ~kochapparat *m* (Zuck) / caldera *f* de azúcar, difusor *m* ‖ ~kocher *m*, -meister *m* / azucarero *m* ‖ ~kohle *f* (Chem) / carbón *m* de azúcar ‖ ~korn / grano *m* de azúcar ‖ ~korn, -kristall *n* / cristal *m* de azúcar ‖ ~küpe *f* (Wolle) / tina *f* de azúcar ‖ ~lauge *f* / agua *f* de cal para refinar el azúcar ‖ ~mühle *f* / molino *m* de azúcar, trapiche *m* (LA)
zuckern *vt* / azucarar
Zucker•palme *f* (Bot) / palm[er]a *f* azucarera ‖ ~polarimeter *n* (Chem) / sacarímetro *m*, polarímetro *m* de azúcar ‖ ~probe *f* / prueba *f* o muestra de azúcar ‖ ~prozente *n pl* / porcentaje *m* de azúcar ‖ ~raffinerie *f* / refinería *f* de azúcar ‖ ~refraktometer *n* / refractómetro *m* azucarero
Zuckerrohr *n* / caña *f* de azúcar, caña *f* dulce, cañamiel *f* ‖ ausgepresstes ~ / bagazo *m* ‖ ~mühle *f*, -walzwerk *n* / molino *m* [triturador] de caña de azúcar ‖ ~pflanzung *f* (Landw) / plantación *f* de caña de azúcar ‖ ~Pressrückstand *m*, Bagasse *f* / bagazo *m* ‖ ~saft *m*, Rohrzuckersaft *m* / guarapo *m*, jugo *m* de la caña de azúcar, templa *f*, almíbar *m* ‖ aufgekochter ~saft / almíbar *m* ‖ ~sprit *m* (Chem, Kfz) / espíritu *m* de cañas, guarapo *m*
Zuckerrübe *f* (Bot) / remolacha *f* azucarera
Zuckerrüben•[an]bau *m* (Landw) / cultivo *m* de remolachas azucareras ‖ ~erntemaschine *f* / cosechadora *f* de remolachas ‖ ~schnitzel *n pl* / cosetas *f pl* de remolacha ‖ ~sirup *m*, Melasse *f*, Rübenkraut *n* (Rheinland) / melaza *f* de remolachas ‖

⁓**vergilbungsvirus** *n* / virus *m* de amarillez de la remolacha
Zucker•saft *m* / jugo *m* de [la caña de] azúcar, jugo azucarado ‖ **hartgebackener** ⁓**satz** / melaza *f* cocida dura ‖ ⁓**säure** *f* (Chem) / ácido *m* sacárico ‖ ⁓**schaum** *m* / espuma *f* de azúcar ‖ ⁓**schleuder** *f*, -zentrifuge *f* / centrífuga *f* de azúcar, escurridora *f* centrífuga de azúcar, turbina *f*, separador *m* centrífugo de azúcar ‖ ⁓**sirup** *m* / jarabe *m* [de azúcar] ‖ ⁓**sirup**, Melasse *f* / melaza *f* ‖ ⁓**speicher** *m* / silo *m* para azúcar refinado ‖ ⁓**spindel** *f* (Chem) / sacarómetro *m*, sacarímetro *m* (un areómetro) ‖ ⁓**strontian** *m* / sucrato *m* de estroncio ‖ ⁓**technik** *f*, -technologie *f* / tecnología *f* azucarera ‖ ⁓**transportrinne** *f* (Zuck) / canal *m* transportador [vibrante] de azúcar ‖ ⁓**trockner** *m* (Zuck) / granulador *m*, granuladora *f* ‖ ⁓**waren** *f pl*, Süßwaren *f pl* / productos *m pl* de azúcar, dulces *m pl* ‖ ⁓**würfelpresse** *f* / prensa *f* para terrones [de azúcar]
zudecken *vt* (allg) / cubrir, tapar, obturar ‖ ~, ersticken / apagar ‖ ⁓ *n* (Schall) / ahogamiento *m*, enmascaramiento *m*
Zudosierung *f* (Chem) / adición *f* dosificada
zudrehen *vt* (Hahn) / cerrar [girando]
zudrücken *vt* / cerrar apretando o por presión
zueinander passen *vi* / encajar, hacer juego [con]
Zuendegehen *n* / terminación *f*, expiración *f*, declinación *f*
zuerkennen *vt*, zubilligen / atribuir, conceder, adjudicar
zufahren *vt* (Presse) / cerrar
Zufahrt *f*, Auffahrt *f* (Bau) / acceso *m*, rampa *f* [de acceso]
Zufahrts•gleis *n* (Bahn) / vía *f* de acceso ‖ ⁓**kanal** *m* / canal *m* de acceso ‖ ⁓**rampe** *f* (Brücke) / rampa *f* de acceso
Zufahrtstraße *f* (Straßb) / carretera *f* de acceso
Zufall *m* / casualidad *f*, aleatoreidad *f*, carácter *m* aleatorio
zufallen *vi*, zugehen (Tür) / cerrarse [de golpe]
zufallend, von selbst ~, Pendel... (Tür) / pendular
zufällig *adj [adv]* / accidental[mente], casual[mente], ocasional, fortuito ‖ ~, auf Zufall beruhend, ungewiss (Phys) / aleatorio ‖ ~, stochastisch (DV, Stat) / estocástico ‖ ~**e Auswahl o. Stichprobe** (Stat) / prueba *f* al azar, selección *f* aleatoria ‖ ~ **auswählen** / randomizar ‖ ~**e Strahlenbelastung** (Med) / irradiación *f* accidental
Zufälligkeit *f* / contingencia *f*, aleatoriedad *f*
Zufalls•abweichung *f* (Math) / desviación *f* aleatoria ‖ ⁓**anordnung** *f* (Stat) / disposición *f* accidental o casual o randomizada, ordenación *f* aleatoria ‖ ⁓**ausfall** *m* / fallo *m* aleatorio, falla *f* aleatoria ‖ ⁓**auswanderung** *f* (Kompass) / deriva *f* aleatoria ‖ ~**bedingt** / aleatorio, fortuito ‖ ⁓**belastung** *f* / carga *f* accidental, esfuerzo *m* accidental ‖ ⁓**bewegung** *f* / movimiento *m* aleatorio ‖ ⁓**daten** *plt* (Stat) / datos aleatorios ‖ ⁓**einheit** *f* (Stat) / elemento *m* aleatorio ‖ ⁓**erscheinung** *f* / fenómeno *m* errático ‖ ⁓**fehler** *m pl* / error *m* casual o aleatorio ‖ ⁓**fehler** *m*, statistischer Fehler / error *m* estadístico ‖ ⁓**fehler** / defecto *m* aleatorio ‖ ⁓**fehler** *m pl*, -versagen *n* / fallos *m pl* aleatorios ‖ ⁓**fehlerbereich** *m* (Qual.Pr.) / margen *m* de confianza, banda *f* de errores casuales ‖ ⁓**folge** *f* (Math) / secuencia *f* o sucesión aleatoria ‖ ⁓**funktion** *f* / función *f* aleatoria ‖ ⁓**geschehen** *n*, -ereignis *n* / fenómeno *m* errático, evento *m* o suceso de ocurrencia aleatoria ‖ ⁓**größe** *f* / variable *f* aleatoria ‖ ⁓**komponente** *f* (Prüf) / componente *m* aleatorio ‖ ⁓**kurve**, Galtonsche Kurve *f* (Math) / curva *f* [de probabilidad] de Galton ‖ ⁓**orientierung** *f* / orientación *f* aleatoria o desordenada o ocasional ‖ ⁓**probe** *f* (Qual.Pr.) / prueba *f* aleatoria, muestra *f* aleatoria o al azar ‖ ⁓**signale** *n pl* (Stat) / señales *f pl* aleatorias o estadísticas o casuales, señales *f pl* estocásticas ‖

⁓**stichproben machen** / sacar muestras al azar ‖ ⁓**streubereich** *m* (Stat) / banda de dispersión de errores ‖ ⁓**streuung** *f* / dispersión *f* aleatoria o casual o accidental ‖ ⁓**treffer** *m* / golpe *m* accidental o aleatorio ‖ ⁓**variable** *f* (Math) / variable *f* aleatoria o estocástica ‖ ⁓**versager** *m*, -erscheinung *f* / efecto *m* aleatorio ‖ ⁓**vorrichtung** *f* / dispositivo *m* aleatorio ‖ ⁓**zahl** *f*, beliebige Zahl (Math) / número *m* aleatorio ‖ ⁓**zahlenfolge** *f* (Math) / secuencia *f* de números aleatorios ‖ ⁓**zahlengenerator** *m* / generador *m* de números aleatorios ‖ ⁓**zeit** *f* (während der Zeitaufnahme) (F.Org) / tiempo *m* aleatorio
zufassen, zugreifen / agarrar
zufließen (Flüssigkeit) / afluir, fluir [hacia]
Zufluchtshafen *m* (Schiff) / puerto *m* de refugio o de salvación
Zufluss *m*, Zustrom *m* / afluencia *f*, aflujo *m* ‖ ⁓, Einströmen, Zuströmen *n* / admisión *f*, entrada *f*, penetración *f* ‖ ⁓ *m*, Source *f* (Halbl) / fuente *f*, cátodo *m*, surtidor *m* ‖ ⁓, Nebenfluss *m* (Geo) / afluente *m*, tributario *m* ‖ ⁓**graben** *m*, -rinne *f* / zanja *f* de afluencia ‖ ⁓**messer** *m* (Hydr) / fluviómetro *m* ‖ ⁓**rohr** *n* (Bau) / tubo *m* de acometida o de alimentación o de admisión
zufördern *vt* (Bergb) / transportar hacia la estación de cargadero
zufrieren *vi* / helarse completamente
zufügen *vt*, -geben / añadir, agregar ‖ ~ (Chem) / adicionar, agregar ‖ ⁓, Zusetzen *n* / añadidura *f*
Zufügung *f*, Zugabe *f* / adición *f*
Zufuhr *f* / aportación *f*, aporte *m*, transporte *m*, entrada *f* ‖ ⁓, Materialzufuhr *f* / acarreo *m* de material, alimentación *f*, suministro *m* ‖ ⁓, Advektion *f* (Raumf) / advección *f*
Zuführ•apparat *m*, -einrichtung *f* (Masch) / aparato *m* o mecanismo alimentador o de alimentación ‖ ⁓**apparat** (Wzm) / aparato *m* de alimentación ‖ ⁓**band** *n* / cinta *f* de alimentación ‖ ⁓**einrichtung** *f* (Stanz) / dispositivo *m* de alimentación o de avance
zuführen *vt*, zubringen / suministrar, acarrear, conducir [a] ‖ ~, liefern (Strom, Teile usw., Wasser) / suministrar, abastecer [de], alimentar ‖ ~, einlassen / admitir, dejar entrar ‖ ~ (Material) / alimentar ‖ ~, hinführen, hinbringen / llevar, aportar ‖ **Luft** ~ / suministrar aire, ventilar
Zuführer *m* / alimentador *m* ‖ ⁓, Speise-, Einführ-Vorrichtung *f* (Spinn) / dispositivo *m* alimentador, alimentador *m* ‖ **unterer** ⁓ (Nähm) / gancho *m* alimentador inferior
Zufuhrgleis *n* (Bahn) / vía *f* de acceso
Zuführ•greifer *m* (Nähm) / gancho *m* alimentador ‖ ⁓**lattentuch** *n* s. Zuführtisch ‖ ⁓**leitung** *f* / línea *f* de alimentación, tubería *f* de admisión
Zufuhrpumpe *f* s. Speisepumpe
Zuführrinne *f* / resbaladera *f* de alimentación
Zufuhrrollgang *m* (Walzw) / camino *m* de rodillos de entrada
Zuführ•scheibe *f* / disco *m* de alimentación ‖ ⁓**schnecke** *f* / tornillo *m* [sin fin] de alimentación, rosca *f* de alimentación
Zufuhr•straße *f* / carretera *f* de acceso ‖ ⁓**strecke** *f* (Bergb) / galería *f* de aportación
Zuführ•system *n* [für Treibstoff] (Raumf) / sistema *m* de alimentación ‖ ⁓**tisch** *m*, Lattentuch *n*, Zuführtuch *n* (Spinn) / tablero *m* sin fin de alimentación ‖ ⁓**trichter** *m* / tolva *f* de alimentación
Zuführung *f*, Einlass *m* / admisión *f*, entrada *f* ‖ ⁓, Vorschub *m* (Wzm) / avance *m* ‖ ⁓, Speisung *f* (Elektr, Masch) / suministro *m*, alimentación *f* ‖ ⁓, Zuleitung *f* / acometida *f* ‖ ⁓, Speisung *f* (Hydr) / conducción *f* ‖ ⁓ **an Pressen** / alimentación *f* ‖ ⁓ **durch Abhaspeln** (Spinn) / alimentación por desdevanado ‖ ⁓ **von Hand** / alimentación *f* a mano ‖ ⁓ **von Reaktivität** (Nukl) / inserción *f* de reactividad ‖ **[oberirdische]** ⁓,

Zuführungsbewegung

[Zu]leitung f (Elektr) / acometida f aérea o de superficie, línea f de acometida o alimentación de superficie
Zuführungs•bewegung f / movimiento m de alimentación || ⁓draht m (Elektr) / hilo m o alambre alimentador || ⁓fehler m / error m de alimentación, alimentación f defectuosa || ⁓kabel n / cable m de alimentación o de unión o de conexión || ⁓kanal m / canal m de admisión o de alimentación o de conducción || ⁓leitung f / conducto m o tubo de alimentación o de acometida || ⁓magazin n (Wzm) / depósito m de alimentación || ⁓messer n (Drucker) / cuchilla f de alimentación || ⁓mulde f (Tex) / tolva f alimentadora de la tela || ⁓nut f (Repro) / ranura f de inserción || ⁓rohr n / tubo m o caño (LA) alimentador || ⁓rohr (Nukl) / tubo m de alimentación || ⁓schiene f (Elektr) / barra m conductora || ⁓schnecke f (am Becherwerk) / rosca f alimentadora || ⁓tisch m (Walzw) / mesa f alimentadora o de alimentación || ⁓walze f / rodillo m o cilindro alimentador o introductor
Zuführ•walze, Vorreißer m (Spinn) / cilindro m abridor o quebrantador o tomador || ⁓zylinder m, Einwalze f (Tex) / cilindro m introductor o de alimentación
zufüllen vt, auffüllen (Bau) / rellenar, llenar
Zug m, Ziehen n (Mech, Phys) / tracción f || ⁓, Zugkraft f (Mech, Phys) / fuerza f de tracción || ⁓, Spannung f (Mech) / tensión f || ⁓, Drahtzug m (Zieh) / estirado m, estireje m || ⁓, Ziehform f (Stanz) / matriz f de embutición || ⁓, Ziehvorgang m (Stanz) / embutido m, embutición f || ⁓, Luftzug m / corriente f de aire || ⁓, Schornsteinzug m (Bau) / tiro m || ⁓, Markscheiderzug m (Bergb) / trazado m || ⁓, Kettenlänge f (Verm) / longitud f de [una] cadena || ⁓, Kammzug m (Spinn) / peinado m, estambre m || ⁓, Wagenzug m (Mulenmaschine) / tiraje m del carro || ⁓, Register n (Orgel) / registro m || ⁓ (Gieß) / respiradero m || ⁓, Rauchkanal m (Kessel) / canal m de tiro || ⁓ (z.B. Dreizug...) (Kessel) / paso m (p.ej. paso triple) || ⁓, Griff m / tirador m || ⁓, Betätigungszug m, z.B.
Bowdenzug / cable m de accionamiento, tracción f Bowden || ⁓, Förderzug m (Bergb) / ciclo m de extracción || ⁓, Flaschenzug m / poli[s]pasto m, aparejo m || ⁓, Auszug m (Tisch) / cajón m, gaveta f || ⁓ m (Gewehrlauf) / raya f, estría f || ⁓ (Bahn) / tren m || ⁓, Triebwagenzug m (Bahn) / automotor m || ⁓, Lastzug m (Kfz) / camión m con remolque, conjunto m de vehículos || ⁓, Zügigkeit f (Lack) / adhesividad f || ⁓, Federstrich m / rasgo m de pluma || ⁓ (Baumwolle) / cinta f || ⁓ (Webstuhl) / mecanismo m de levantamiento de los hilos de urdimbre || ⁓ am Zughaken (Bahn, Kfz) / tracción f al gancho || ⁓ im Durchlauf (Bahn) / tren m de paso || ⁓ mit beschränkter Platzzahl (Bahn) / tren m de plazas limitadas || ⁓ mit Druckluftbremse (Bahn) / tren m con freno neumático || ⁓ mit gerader [,ungerader] Zugnummer / tren m ascendente, [descendente] || ⁓ mit gleisbogenabhängiger Wagenkastensteuerung (Neigungstechnik), ICT / tren basculante o pendular m, pendolino m (It), [tren] Alaris (E) || ⁓ mit Namen (Bahn) / tren m bandera || ⁓ und Harnisch (Web) / cuerpo m de lizos || auf ⁓ beansprucht / solicitado a tracción || auf ⁓ beanspruchte Schräge (Stahlbau) / diagonal f o riostra solicitada a tracción || auf ⁓ und Druck / [solicitado] a tracción y compresión || erster ⁓ (Draht-Kaltziehen) / primera pasada || künstlicher ⁓ (Feuerung) / tiro m artificial, tiro m forzado || leiser ⁓, Windstärke f 1 (Meteo) / brisilla f || mechanischer ⁓ / tracción f [mecánica] || ruckartiger ⁓ / tirón m || seitlicher ⁓, Seitenzug m (Mech, Phys) / tracción f lateral || tierischer ⁓ / tracción f animal
Zugabe f / extra m, plus m || ⁓, Ergänzung f / suplemento m || ⁓, Zufügung f / adición f, añadidura f, aditamento m || ⁓ an Gewicht / sobrepeso m, peso m excesivo [tolerable], yapa f (LA), llapa f (LA) || ⁓ bei der Bearbeitung (Masch) / demasía f para mecanización, creces f pl || ⁓ im Maß / sobreespesor m, sobremedida f || unter ⁓ [von] / añadiendo[se]
Zugabezeit f / tiempo m de suplemento
Zug•abfahrtstafel f (Bahn) / placa f indicadora de recorrido || ⁓abstand m (Bahn) / distancia f entre trenes sucecivos, espaciamiento m de los trenes
Zugang m, Eingang m (Bau) / acceso m, entrada f, paso m || ⁓ (z.B. zu abgesonderten Räumen) (Bau) / acceso m || ⁓, Zuwachs m / aumento m, incremento m || ⁓, Bestandszunahme f / entrada[s] f [pl]
zugänglich / accesible || ⁓ (DV) / dirigible || leicht (o. gut) ⁓ / de fácil acceso || leicht ⁓ von vorn / de fácil accesibilidad frontal
Zugänglichkeit f / accesibilidad f || ⁓, Empfänglichkeit f / susceptibilidad f || gute ⁓ für Prüfzwecke / buena f o fácil accesibilidad para fines de control
Zugangs•- und Fahrberechtigungssystem n (Kfz) / sistema m (electrónico) de acceso y de tránsito || ⁓bereich m (DV) / área f de acceso || ⁓blockierung f (Laptop) (DV) / bloqueo m del acceso || ⁓code m (DV) / código de acceso || ⁓kontrolle f / control m de acceso || ⁓loch m (IC) / agujero m de acceso || ⁓methoden-Wahlmöglichkeit f (DV) / opción f de métodos de acceso || ⁓straße f, Zufahrtstraße f / carretera f o calle o vía de acceso || ⁓tunnel m (Bahn) / túnel m de acceso || ⁓zahl f (Fernm) / código m de acceso
Zugang-Überwachungssystem n (für Räumlichkeiten) (IBM) / sistema m CAS o de acceso controlado
Zug•anker m, Stangenanker m, -band n (Bau) / ancla f con tirante || ⁓anker (Fernm) / riostra f flexible, tensor m || ⁓ankunftstafel f (Bahn) / cuadro m indicador de llegadas de trenes || ⁓anzeiger m / indicador m de trenes || fernbedienter ⁓anzeiger / indicador m de trenes telemandado || ⁓bahnfunk m / radiotelefonía f en trenes || ⁓balken m, Binderbalken m, Bindebalken m (Zimm) / parhilera f, cumbrera f, madero m de lomo, viga f de tirante || ⁓band n (Karde) / cinta f peinada || ⁓band, -anker m (Bau) / tirante m || ⁓baum m (Web) / cilindro m guía o auxiliar o de contacto ||
⁓beanspruchung f, Beanspruchung f auf Zug / solicitación f a tracción, esfuerzo m de tracción || ⁓beeinflussung f (Bahn) / mando m automático de [la marcha de] los trenes, repetición f de señales || ⁓beförderung f / transporte m por vía férrea || ⁓begleiter m (Bahn) / conductor m o agente de tren (E), guarda[trén] m (LA) || ⁓begrenzer m (Bau) / limitador m de tiro || ⁓belastung f / carga f de tracción || ⁓beleuchtung f (Bahn) / alumbrado m de tren[es] || durchgehende ⁓beleuchtung (Bahn) / alumbrado m continuo de tren || ~betätigt, Zug... / accionado por tracción || ~betätigt, Zug... (Bahn) / accionado por el tren || ⁓betätigung f durch Drähte (z.B. für Schalter) / telemando m por alambres ||
⁓bewehrung f (Bau) / refuerzo m de tracción, armadura f de tracción || ⁓bildung f (Bahn) / formación f de trenes || ⁓bildungsbahnhof m (Bahn) / estación f de formación || ⁓bildungsgruppe f (Bahn) / haz m de formación || ⁓bolzen m (Masch) / perno m o bulón de tracción || ⁓bremse f (Bahn) / freno m [automático] de[l] tren || ⁓brett n, Brille f (Tex) / tabla f de tracción, seleccionador m || ⁓bruchlast f / carga f de rotura por tracción || ⁓bündel n (Bahn) / grupo m de trenes, batería f de trenes || ⁓chef m (Bahn) / jefe m de tren || ⁓deckung f, -sicherung f (Bahn) / protección f de trenes || ⁓deformationsrest m (Gummi) / deformación f residual de tracción || ⁓diagonale f (auf Zug beanspruchte Schräge) (Stahlbau) / diagonal f solicitada a tracción || ⁓dichte f, -folge f / densidad f o frecuencia de trenes o del tráfico ferroviario || ⁓draht m (Masch) / alambre m transmisor o de tracción || ⁓-Druck-Dauerfestigkeit f,

-schwingungsfestigkeit f, -wechselfestigkeit f / resistencia f a la fatiga de tracción-compresión ‖ **wechselnde ~-Druckkraft** / esfuerzo m alternativo de tracción-compresión ‖ **~-Druck-Pulser** m (Mat.Prüf) / máquina f para ensayos de fatiga por tracción y compresión ‖ **~-Druck-Schwingfestigkeit** f / resistencia f a la fatiga por tracción y compresión oscilante ‖ **~druckumformen** n (DIN 8584) / conformación f plástica por tracción y compresión ‖ **~dynamometer** n, **-kraftmesser** m (Phys) / dinamómetro m de tracción
zugeben vt, **-fügen** / añadir, agregar, adicionar ‖ ~, **ausdecken** (Tex) / aumentar
zugefügt (Teil) / agregado
zugeführt • e Arbeit in einem System / trabajo m [realizado] en un sistema ‖ ~e **Energie** (Strahlung) / energía f invertida ‖ ~**er Indikator** (Chem) / indicador m externo ‖ ~e **Leistung** / potencia f aplicada o invertida
zugehen, zufallen (Tür) / cerrarse
zugehörig [zu] / perteneciente [a], pertinente [a], correspondiente [a], intrínseco, inherente [a] ‖ ~, ergänzend / suplementario ‖ ~, zugeordnet / asociado [a], conjugado ‖ ~e **Daten** pl / datos m pl vinculados ‖ ~e **Norm** / norma f apropiada ‖ ~e **Technik** [zu], einschlägige Technik / técnica f pertinente ‖ **nicht** ~ / extrínseco
Zug • einführungswalzen f pl (Druck) / rodillos m pl introductores ‖ **~einheit** f, ganzer Zug (Bahn) / tren m completo ‖ **~einheit des Schürfzuges** (Straßb) / tractor m de la unidad niveladora ‖ **~einrichtung** f (Masch) / dispositivo m tractor o de tracción
zugekehrt / vuelto [hacia], mirando [hacia]
zugelassen / autorizado, aprobado, admitido ‖ ~, zulässig / admisible ‖ ~ (Kfz) / matriculado, registrado, estrenado ‖ ~**es Anhängergewicht** (Kfz) / peso m de tracción admisible ‖ ~**es Prüfsieb** (Aufb) / tamiz m de prueba homologado ‖ [**eich - usw.**] **amtlich** ~ / homologado
Zug • elastizität f (Mech) / elasticidad f de tracción ‖ **~elastizitätsmodul** m / módulo m de elasticidad de tracción
Zügel • gurtbrücke f, Schrägseilbrücke f / puente m de cables oblicuos ‖ **~leder** n (Landw) / cuero m para bridas
Zug • ende n / cola f del tren ‖ ~**entlastet** / no solicitado a tracción, sin carga de tracción, descargado de tracción ‖ **~entlastung** f (Elektr) / descarga f de tracción, tracción f compensada ‖ **~entlastungsklemme** f / pinza f de descarga de tracción
zugeordnet, konjugiert / adjudicado, conjugado ‖ ~, korrespondierend (Math) / correspondiente ‖ ~e **Bodenstation** (Raumf) / estación f terrestre destinada a un satélite ‖ ~e **Verbindung** (Fernm) / interconexión f especializada
zugerichtetes Kalbleder (Gerb) / cuero m de becerro adobado, vitela f preparada
Zug-Ermüdungsversuch m (Mat.Prüf) / ensayo m de fatiga por tracción
zugeschärft, mit scharfer Kante / afilado
zugeschmolzen (Glühlampe) / sellado [por fusión]
zugeschnitten / cortado apropiadamente, cortado a medida ‖ ~ **auf**, angepasst an / adaptado a ‖ **genau o. richtig** ~ / cortado sobre medida
zugesetzt, verschmiert (Schleifscheibe) / engrasado
zugespitzt, scharf / apuntado ‖ ~, spitz zulaufend / que termina en punta, acuminado
zugeteilt • e Arbeit / trabajo m asignado ‖ ~**e Frequenz** (Eltronik) / frecuencia f asignada ‖ ~**e Frequenz** (eines FM-Senders) (Eltronik) / frecuencia f de reposo o de portadora ‖ ~**es Frequenzband** (Eltronik) / banda f de servicio ‖ ~**e [Mitten]frequenz eines FM-Senders** /

frecuencia f central ‖ **nicht** ~, nicht vermietet (Fernm) / no especializado
zugewiesene Höhe (Luftf) / altitud f asignada
Zug • faser f, gedehnte, gezogene Faser (Mech) / fibra f bajo tensión, fibra [ex]tendida o alargada, f., fibra f sometida a tracción ‖ **~feder** f / resorte m de tracción ‖ **~feder** (Bahn) / muelle m de tracción ‖ **~feder** (Uhr) / muelle m real o motor ‖ **~feder und Stoßfeder** (Bahn) / resorte m de tracción y de choque ‖ **~federhaupt** n (Bahn) / cabeza f de muelle de tracción ‖ **~federlasche** f (Bahn) / biela f de muelle de tracción ‖ **~federplatte** f (Bahn) / placa f de apoyo del muelle de tracción ‖ **~festigkeit** f, Festigkeit gegen Zugbeanspruchung / resistencia f a la tracción ‖ **~festigkeit**, Widerstand m gegen Ausdehnung / resistencia f a la extensión ‖ **~festigkeit** (Raumf) / tenacidad f ‖ **~festigkeit im geglühten Zustand** f (Hütt) / resistencia f a la tracción en estado recocido ‖ **~festigkeitsklasse** f / clase f de resistencia a la tracción ‖ **~[festigkeits]prüfmaschine** f / máquina f para ensayar la resistencia a la tracción ‖ **~feuerung** f / hogar m de tiro natural ‖ **~flansch** m (Stahlbau) / ala f solicitada a tracción ‖ **~fließspannung** f (Mech) / límite m elástico de tracción bajo carga ‖ **~folge** f, **-pause** f, **-abstand** m (Bahn) / intervalo m entre dos trenes consecutivos, sucesión f de los trenes ‖ **~folgestelle** f (Bahn) / puesto m de bloqueo, estación f de bloqueo (LA) ‖ **~förderung** f (Bergb) / extracción f por tracción ‖ **~frei** / sin corriente [de aire], exento de corriente [de aire] ‖ **~frei** (Pap) / exento m de tracción ‖ **~führer** m, (jetzt:) Zugchef m (Bahn) / jefe m de tren ‖ **~funk** m / radiotelefonía f ferroviaria ‖ **~funkverbindung** f / enlace m radiofónico con los trenes ‖ **~futter** n (Dreh) / pinza f portapieza de retraer ‖ **~gabel** f (Kfz) / barra f ahorquillada de tracción (para remolque) ‖ **~garnitur** f (Bahn) / rama f, composición f ‖ **~geschirr** n, -einrichtung f / dispositivo m de tracción ‖ **~geschirr** (Web) / lizos m pl de bajada ‖ **~gewicht** n (Bahn) / tonelaje m del tren ‖ **~glied** n (Masch, Stahlbau) / elemento m sometido a tracción ‖ **~graben** m, Haupt-, Vorflutgraben m (Hydr) / zanja f principal de desagüe ‖ **~griff** m (Masch) / empuñadura f de tirar, tirador m ‖ **~gurt[ung]** m (Stahlbau) / cordón m extendido o sometido a tracción ‖ **~haken** m (Schlepper) / gancho m de tracción o para remolque ‖ **~haken** (DIN) (Kfz) / gancho m de tiro ‖ **~haken** (Bahn) / gancho m de tracción (Öl) / gancho m de tracción ‖ **~hakenbolzen** m / clavija f del gancho de tracción ‖ **~hakenkette** f (Landw) / cadena f de suspensión ‖ **~hakenkopf** m (Bahn) / cabeza f del gancho de tracción ‖ **~hakenstange** f (Bahn) / vástago m del gancho de tracción ‖ **~haspel** m f (Hütt) / bobinadora f de tensión ‖ **~holz** n (Wuchsfehler) (Forstw) / madera f de tensión (defecto)
zugießen vt / añadir (líquido), echar más líquido
zügig, in einem Zug, ohne Unterbrechung / continuo, rápido, sin interrupción, ininterrumpido, fluido ‖ ~**e Eingabe** (DV) / entrada f continua ‖ ~**e Einstellbarkeit** (z.B. Mikrometerschraube) / ajustabilidad f continua (por ej. del pálmer) ‖ ~**e Farbe** (Druck) / tinta f dura o espesa o viscosa ‖ ~**e Walzen** (Druck) / rodillos m pl con mordiente
Zügigkeit f, Zug m (Lack) / adhesividad f ‖ ~ **der Druckfarbe** / pegajosidad f de la tinta de imprenta
Zug • isolator m (Elektr) / aislador m tensor o de tracción ‖ **~jalousie**, Jalousie f (mit Holzstäben) (Bau) / persiana f, celosía f de tiro ‖ **~[kanal]** m (Schornstein) / canal m de tiro ‖ **~keil** m, Gegenkeil m / contrachaveta f ‖ **~kette** f (Masch) / cadena f de tracción ‖ **~kette** (zugübertragend) / cadena f tractor o rastrera ‖ **~kette** (Bahn) / cadena f de acoplamiento ‖ **~kette** (WC) / cadena f del wáter ‖ **~kilometer** m / kilometraje m recorrido por el tren ‖ **~klappe** f, -register m (Schornstein) / registro m de tiro

1561

Zugknopf

⁓**knopf** m / botón m de tirar ‖ ⁓**kontakt** m (Elektr) / contacto m de tirar ‖ ⁓**kontakt** (Bahn) / contacto m [de riel] accionado por el tren ‖ **automatische** ⁓**kontrolle** / mando m automático [de parada] de los trenes
Zugkraft f (Mech) / fuerza f tractora o de tracción ‖ ⁓ (Bahn, Kfz) / esfuerzo m de tracción, trabajo m a tracción, fuerza f tractiva (MEJ) ‖ ⁓, **-stärke** f (Ventilator) / potencia f de aspiración ‖ ⁓ f **am Radumfang** / esfuerzo m de tracción en llanta ‖ ⁓ **am Zughaken** (Bahn) / esfuerzo m en el gancho de tracción ‖ **größte zulässige** ⁓ / límite m de tracción, fuerza f de tracción máxima admisible ‖ ⁓**-Geschwindigkeitskurve** f / curva f de fuerza de tracción/velocidad ‖ ⁓**kurve** f / curva f de la fuerza de tracción ‖ ⁓**messer** m / dinamómetro m de tracción ‖ **registrierender** ⁓**messer** / dinamógrafo m, dinamómetro m registrador [de tracción] ‖ ⁓**organ** n (Mech) / correa f, cadena f ‖ ⁓**vermögen** n, Motorzugkraft f (Bahn) / capacidad f de tracción [de un motor] ‖ ⁓**winkel** m / ángulo m de tracción
Zug•kühlofen m (Glas) / horno m de refrigeración por tiro ‖ ⁓**lampe** f (Elektr) / lámpara f con contrapeso ‖ ⁓**lasche** f / cubrejunta f de tracción ‖ ⁓**laufanzeiger** m **am Bahnsteig** (Bahn) / placa f indicadora de recorrido en el andén ‖ ⁓**laufschreiber** m / registrador m de la marcha de los trenes ‖ ⁓**laufüberwachung** f, Zugleitung f / mando m centralizado de la circulación de los trenes ‖ ⁓**leistung** f / potencia f de tracción ‖ ⁓**leiter** m, -überwacher m (Bahn) / agente m encargado de la regulación del tráfico ‖ ⁓**leitung** f / regulación f de la circulación de los trenes ‖ ⁓**leitungstafel**, Leitungstafel f (Bahn) / cuadro m de anunciamiento de trenes ‖ ⁓**lenker** m (Kran) / tirante m trasero ‖ ⁓**leuchte** f, -**lampe** f (Elektr) / lámpara f con contrapeso ‖ ⁓**loch** n (Bau) / lumbrera f, respiradero m ‖ ⁓**loch**, Wetterloch n (Bergb) / hueco m de aeración ‖ ⁓**loch** n, Zug m (Gieß) / respiradero m ‖ ⁓**luft**, Luftströmung f (Bau) / corriente f de aire, tiro m de aire ‖ **der** ⁓**luft aussetzen** (Glas) / exponer a la corriente de aire o al aire ‖ ⁓**luftöffnung** f (Klimatechnik) / boca f de entrada ‖ ⁓**luft-Verhinderer** m (an Türritzen) / cortaviento m ‖ ⁓**magnet** m / electroimán m atractor ‖ ⁓**maschine** f / tractor m, vehículo m tractor ‖ ⁓**maschinenzug** m (Kfz) / tractocamión m ‖ ⁓**maul** n, Schleppermaul n (Landw) / boca f de enganche ‖ ⁓**maulkupplung** f (Lkw) / boca f de enganche ‖ ⁓**meldebuch** n (Bahn) / registro m de anuncio de trenes, registro m de cantonamiento ‖ ⁓**meldestelle** f (Bahn) / puesto m anunciador ‖ ⁓**messer** m, Dynamometer n (Mech) / dinamómetro m de tracción ‖ ⁓**messer für Feuerungen** / manómetro m de tiro, deprimómetro m para hogares ‖ ⁓**mittel** n (Masch) / mecanismo m u órgano de tracción, medio m tractor ‖ **mit umlaufendem** ⁓**mittel** / de tracción continua ‖ ⁓**muffel** f (Keram) / mufla f continua ‖ ⁓**nadel**, Ritznadel f (Samt) / aguja f de terciopelo redonda ‖ ⁓**netz** n (Schiff) / chinchorro m, jábega f ‖ ⁓**nummernmelder** m (Bahn) / identificador m de trenes ‖ ⁓**nummernmelder** m, Zugnummern[lauf]schreiber, -zeitdrucker m (speichernd) (Bahn) / registrador m del anuncio de trenes ‖ ⁓**öse** f, Zugstangenöse f (Kfz) / armella f, argolla f [de la barra de tracción] ‖ ⁓**pendel** n s. Zugleuchte ‖ ⁓**personal** n (Bahn) / personal m del tren, agentes m pl de trenes ‖ ⁓**probenstück** n (Mat.Prüf) / probeta f para ensayo de tracción ‖ ⁓**propeller** m (Luftf) / hélice f tractora ‖ ⁓**prüfmaschine** f / máquina f para ensayar la resistencia a la tracción ‖ ⁓**querschnitt** m / sección f solicitada o sometida a tracción
zugraben vt / echar tierra [a]

Zug•raupe f (Schw) / pasada f estrecha ‖ ⁓**register**, Heizregister n (Bau) / registro m de tiro ‖ ⁓**register** n, -**klappe** f (Schornstein) / registro m de humos ‖ ⁓**registriereinrichtung** f (Bahn) / dispositivo m identificador de tren[es] ‖ ⁓**regler** m, Schieber m (Bau) / registro m ‖ **drehbarer** ⁓**regler**, Klappe f / válvula f de mariposa ‖ ⁓**regler** m **für Feuerungen** / regulador m del tiro
zugreifen vi [auf] (Daten) (DV) / acceder [a] (datos, una web)
Zug•richtung f / sentido m de tracción ‖ ⁓**richtungswinkel** m / ángulo m de tracción ‖ ⁓**riegel** m, -band n (Bau) / tirante m ‖ ⁓**riemen** m / correa f de tracción
Zugriff m (DV) / acceso m ‖ ⁓ **haben** (o. finden) (DV) / tener acceso [a] ‖ ⁓ m **in Reihenfolge der Speicherung** (DV) / secuencia f de acceso ‖ ⁓ **ohne Wartezeit** (DV) / acceso m inmediato, acceso m con tiempo nulo ‖ ⁓ **über Datenendstationen** / acceso m por terminales ‖ **kein** ⁓ (DV) / sin acceso, acceso m imposible
Zugriffs•arm m (Magn.Platte) / brazo m de acceso ‖ ⁓**häufigkeit** f (DV) / frecuencia f de acceso ‖ ⁓**kamm** m (Plattenspeicher) / brazo m de acceso erweiterte ⁓**methode** (DV) / método m de acceso de colas ‖ ⁓**modus** m / modalidad f de acceso ‖ ⁓**pfad** m / camino m [de acceso] ‖ ⁓**zahl** f (Dauerhaftigkeit der ein mehrfach gelesenes Bit umgebenden Bits) (DV) / cifra f de independencia ‖ ⁓**zeit** f (DV) / tiempo m de acceso ‖ **geringste** ⁓**zeit** (DV) / latencia f mínima ‖ **auf kürzeste** ⁓**zeit auslegen** (DV) / optimizar ‖ ⁓**zeitfrei**, Schnell... (DV) / de acceso inmediato, de tiempo nulo de acceso
Zug•ring m (Masch) / anillo m de tirar ‖ ⁓**ringschlüssel** m (Wz) / llave f de boca estrellada de gran potencia ‖ ⁓**rolle** f (Masch) / rodillo m tractor ‖ ⁓**rollengerüst** n (Hütt) / cilindro m tensor, brida f tensora
Zugrundelegung, unter ⁓ [von] / a base de, a partir de, tomando como base
Zug•säge (DIN), Zweimannblattsäge f / sierra f de tracción, sierra f de leñador ‖ ⁓**säge**, (früher:) Streck-, Quersäge f / sierra f de serrucho o de serrote (MEJ) (con sólo una maneja) ‖ ⁓**sammelschiene** f (Bahn) / barra f omnibus del tren ‖ ⁓**sattelzapfen** m (Kfz) / pivote m de acoplamiento del semirremolque ‖ ⁓**schalter** m (Elektr) / interruptor m de tirador o de tiro o de cordón ‖ ⁓**schalter**, Deckenschalter m / interruptor m de plafón ‖ ⁓**schalter für Badezimmer** / interruptor m de tiro para cuarto de baño ‖ ⁓**scherfestigkeit** f / resistencia f a la tracción y al cizallamiento ‖ ⁓**scherversuch** m (Kleber, Mat.Prüf) / ensayo m de tracción al cizallamiento ‖ ⁓**schlüssel** m / llave f de boca única con mango alargado ‖ ⁓**schlusssignal** n, Oberwagenscheibe f (Bahn) / disco m de cola de tren, luz f trasera o de cola de tren ‖ ⁓**schnur** f / cuerda f de tracción, tiradera f ‖ ⁓**schnur**, Pese f (Web) / cordón m de tracción ‖ ⁓**schraube** f, Bewegungsschraube / tornillo m de avance ‖ ⁓**schraube** (Masch) / tornillo m tensor, tornillo m sometido a tracción ‖ ⁓**schraube**, -propeller m (Luftf) / hélice f tractora ‖ ⁓**schraubenmotor** m (Luftf) / motor m de hélice tractora ‖ ⁓**schütz** n, -schütze f (Hydr) / compuerta f deslizante ‖ ⁓**schwellbeanspruchung** f / esfuerzo m a bajas frecuencias hasta el límite de tracción ‖ ⁓**schwellfestigkeit** f / resistencia f a la fatiga por esfuerzos de tracción pulsatorios ‖ ⁓**seil** n (Seilb) / cable m tractor o de tracción ‖ ⁓**seil** (Schrämmasch.) / cable m tractor de rozadora ‖ ⁓**seilantriebscheibe** f / polea f de accionamiento del cable tractor ‖ **mit** ⁓**seilbetrieb** / con cable de tracción ‖ ⁓**seilgurtförderer** m / transportador m de cinta accionado por cable ‖ ⁓**seilrolle** f (Seilb) / roldana f del cable tractor, rodillo m del cable tractor ‖ ⁓**seite** f

(Riemen) / cara f de tracción ‖ ⁓sicherung, -deckung f (Bahn) / protección f de trenes ‖ ⁓sonde f (Bodenprüfg) / muestra f de tracción ‖ ⁓spannung f, innere Zugbeanspruchung / esfuerzo m debido a tracción ‖ ⁓spannungsmesser m / indicador m del esfuerzo de tracción ‖ ⁓spannungsriss m, Härteriss m (Hütt) / fisura f o grieta de temple ‖ ⁓-Spannzange f (Dreh) / pinza f portapieza de retraer ‖ ⁓spindel f (Dreh) / barra f de cilindrar ‖ ⁓spindeldrehbank, -spindeldrehmaschine f (Wzm) / torno m para cilindrar ‖ ⁓spitze f (Bahn) / cabeza f del tren ‖ ⁓spitzensignal n (Bahn) / luces f pl de cabeza ‖ ⁓spule f (Elektr) / bobina f de atracción, carrete m de atracción ‖ ⁓stab m, -stange f (Stahlbau) / barra f sometida a tracción ‖ ⁓stab, Zerreißstab m (Mat.Prüf) / probeta f o barra para ensayos de tracción ‖ ⁓stab [zur Streckensicherung] (Bahn) / bastón-piloto m ‖ ⁓stabstrecke f (Tex) / banco m de estirar con barra de tracción, manuar m ‖ ⁓stange f (allg) / barra f de tracción, barra f de unión o conexión ‖ ⁓stange, Kuppelstange f (Bahn) / barra f de acoplamiento o de tracción ‖ ⁓stange (Hütt) / tirante m de la campana del horno alto ‖ ⁓stange des Anhängers (Kfz) / barra f de remolque ‖ ⁓stange für Flugzeuge f (Luftf) / barra f de remolque ‖ ⁓stangenauge n / armella f o argolla de la barra de tracción ‖ ⁓stangenfeder f / resorte m de la barra de acoplamiento ‖ ⁓stangenkopf m / cabeza f de la barra de acoplamiento ‖ ⁓stangenlager n / apoyo m de la barra de acoplamiento ‖ ⁓stärke f (Mech) / fuerza f de tracción ‖ ⁓stärke f, Gesamtachsenzahl f (Bahn) / número m total de ejes [de un tren] ‖ ⁓stärke (Schornstein) / intensidad f de tiro ‖ ⁓start, Seilstart m (Luftf) / despegue m con cable ‖ ⁓stauchung f (Bahn) / apretado m o repretado de la composición ‖ ⁓stelle f, Schlinge (Web) / enganche m de hilo, recogida f del hilo ‖ ⁓steuerung f (Bahn) / mando m del tren ‖ ⁓strebe, -diagonale f (Stahlbau) / diagonal f solicitada a la tracción ‖ ⁓stromkreis m (Bahn) / circuito m principal o de tracción ‖ ⁓telefon n (Bahn) / teléfono m ferroviario o de tren, teléfono m tren-tierra ‖ ⁓texturieren vt (Tex) / texturar o estructurar bajo tracción ‖ ⁓-Texturieren n (Tex) / texturación f bajo tracción ‖ ⁓tiefe f / profundidad f del rayado ‖ ⁓tier n (Landw) / animal m de tiro o de tracción ‖ ⁓träger, Bindebalken m (Bau) / tirante m, jácena f ‖ ⁓traktor m (Drucker) / tractor m tirador ‖ ⁓trennung f (Unfall) (Bahn) / corte m de un tren, rotura f de enganche ‖ ⁓überwacher m, -leiter m (Bahn) / agente m encargado de la regulación del tráfico ferroviario ‖ ⁓umformen n (DIN 8585) (Wzm) / conformación f [plástica] por tracción ‖ ⁓- und Druckprüfmaschine f / máquina f para ensayos de tracción y de compresión

Zuguss m, Nachfüllung f (Chem) / adición f de líquido
Zug•verbindung f, auf Zug beanspruchte Verbindung (Bau) / unión f solicitada a tracción ‖ ⁓verbindung (Bahn) / comunicación f ferroviaria, enlace m ferroviario o de trenes ‖ ⁓verformung f (Mech) / deformación f por tracción ‖ ⁓verkehr m / circulación f de trenes, tráfico m ferroviario o de trenes, servicio m de trenes ‖ ⁓verlust m (Feuerung) / pérdida f o reducción f de tiro ‖ ⁓verspätung f / retraso m del tren ‖ ⁓versuch m, Zerreißversuch m (Mat.Prüf) / ensayo m de tracción o de tirar ‖ ⁓vorrichtung f / dispositivo m de tracción ‖ ⁓vorrichtung s. auch Zughaken u.
Zugstange ‖ ⁓wagen m, -maschine f (Kfz) / vehículo m tractor ‖ ⁓wagenbremskraftregler m (Kfz) / regulador m de frenado para vehículo tractor ‖ ⁓wagenbremsventil n (Kfz) / válvula f de freno del [vehículo] tractor ‖ ⁓walze f (Web) / cilindro m de arrastre ‖ ⁓walzen f pl (Rotationsdruck) / rodillos m pl tiradores o de tiro, rodillos m pl llamadores ‖ ⁓widerstand m / resistencia f a la tracción ‖ ⁓widerstand (Bahn) / resistencia f del tren ‖ ⁓wind m

/ tiro m, corriente f de aire ‖ ⁓winde f / torno m de tracción o de arrastre, güinche m, cabrestante m de arrastre ‖ ⁓winde, Holzabschleppwinde f / cabrestante m ‖ ⁓winkel m / ángulo m de tracción ‖ ⁓winkel (Uhr) / ángulo m de tiro ‖ ⁓wirkung f (allg) / efecto m tractor ‖ ⁓wirkung (Ventilator) / efecto m de tiro ‖ ⁓zeitdrucker m (Bahn) / registrador m del anuncio de los trenes ‖ ⁓zerlegung f (Bahn) / clasificación f de trenes ‖ ⁓zerlegung durch Ablaufen / clasificación f por gravedad ‖ ⁓zerlegung durch Abstoß (Bahn) / clasificación f por lanzamiento ‖ ⁓zerlegung durch Umsetzen (Bahn) / clasificación f en horizontal ‖ ⁓zielanzeiger m (Bahn) / indicador m del lugar de destino del tren ‖ ⁓zone f (Mech) / zona f sometida a [fuerzas de] tracción ‖ ⁓zusammensetzung f (Bahn) / composición f de un tren ‖ ⁓zwirn m, Jaspégarn n (Spinn) / hilo m jaspeado
zuhaken vt / cerrar con gancho, abrochar
Zuhaltekraft f (Plast, Wz) / presión f de cierre
zuhalten vt / mantener cerrado, tener cerrado o tapado, cubrir, tapar
Zuhaltung f, Aufhalter m (Schloss) / gacheta f, fiador m
Zuhaltungs•feder f / muelle m de gacheta o de fiador ‖ ⁓schloss n (Schloss) / cerradura f de gacheta
zuhauen vt (Stein) / tallar, dar forma [a], labrar
zuheften vt / cerrar cosiendo o hilvanando
Zuhilfenahme, unter ⁓ [von] / con [la] ayuda [de]
Zuhörer m pl / oyentes m pl, auditorio m ‖ ⁓raum m (Bau) / auditorio m
Zukauf•..., Fremd... / comprado, adquirido ‖ ⁓gerät n / aparato m comprado [adicionalmente] ‖ ⁓schrott m (Hütt) / chatarra f ajena
zukippen vt, versetzen (Bergb) / rellenar
zukitten vt, Retorten ~, verschmieren (Chem, Hütt) / tapar con luten
zuklappen vt / cerrar de golpe
zukleben vt, -leimen / cerrar con cola, pegar
zuklinken vt, einklinken / engatillar, conectar
zuknöpfen vt / abotonar, abrochar
zukorken vt, stöpseln / taponar, tapar con corcho, encorchar
Zukunfts•forschung f / futurología f ‖ ~sicher adj / prometedor ‖ ~weisende Technologie / tecnología f orientada al futuro
Zukurzkommen n (Aufsetzen vor der Landebahn) (Luftf) / aterrizaje m [demasiado] corto, entrada f corta
Zuladung, bezahlte ⁓ (Luftf) / carga f útil ‖ zusätzliche ⁓ / carga f adicional
Zuladungsfaktor m (Luftf) / factor m de ocupación
Zulage f, Holzverband m, -verbindung f (Zimm) / ensamble m de madera ‖ ⁓, Werkbank f (Bau, Stahlbau) / banco m de trabajo ‖ ⁓ (Bau) / tablaje m [para dibujo] en escala natural ‖ [Gefahren-, Schmutz- usw] ⁓ (Bergb) / plus m [de peligrosidad, etc.], indemnización f
zulassen, gestatten / permitir, tolerar, admitir ‖ ~ (Kfz) / matricular, autorizar la circulación ‖ amtlich ~ / homologar
zulässig / admisible, tolerable, permisible ‖ ~, zugelassen / permitido ‖ ~, noch annehmbar, akzeptabel / aceptable ‖ ~, gestattet / autorizado ‖ ~, erträglich / tolerable ‖ ~, gültig / válido, valedero ‖ ~es Abmaß (Masch) / discrepancias f pl admisibles ‖ ~es Abmaß, Grenzr., Größtr., Passmaß n / dimensión f límite ‖ ~e Abnutzung / desgaste m admisible ‖ ~e Abweichung / desviación f o tolerancia admisible de dimensiones, error m admisible ‖ ~e Arbeitsbelastung / carga f de trabajo admisible ‖ ~e Beanspruchung o. Spannung / esfuerzo m admisible ‖ ~e Bearbeitungsabweichung / tolerancia f de mecanizado ‖ ~e Beimischung / aditivo m admisible ‖ ~e Belastung (o. Beanspruchung) / carga f admisible ‖ ~e Belastung, Tragfähigkeit f / capacidad f de carga

zulässig

‖ ~e Bezeichnung / denominación f tolerada ‖ ~e
Dehnung / límite m de alargamiento ‖ ~e Dosis
(Pharm) / dosis f admisible o tolerable ‖ ~e
Durchbiegung / flecha f admisible ‖ ~e
Geschwindigkeit (Kfz) / velocidad f admisible ‖ ~e
Höchstgeschwindigkeit / peso m máximo admisible,
pma ‖ ~e Höchstspannung (Generator) / tensión f
máxima tolerable ‖ ~er Kesseldruck / presión f
máxima admisible, timbre m (caldera) ‖ ~e
Kontaktbelastung f / carga f admisible de contactos ‖
~e Nutzlast / carga f útil admisible ‖ ~e Prozentwerte
m pl / porcentaje m admisible ‖ ~e Reifenbelastung
(Kfz) / carga f [máxima] admisible sobre los
neumáticos ‖ ~e Stromstärke, Belastbarkeit f (Kabel)
/ capacidad f de corriente ‖ ~e Stromstärke in
Ampere / carga f [máxima] admisible en amperios ‖
~e Verzerrung (Eltronik) / tolerancia f de distorsión ‖
~es Zeichen (DV) / carácter m autorizado ‖ ~es
Zeichen (OCR) / carácter m admisible ‖ ~es
Zuggesamtgewicht (Kfz) / peso m total admisible de
tracción
Zulässigkeit f / tolerabilidad f, admisibilidad f
Zulässigkeitsgrenze f / límite m de tolerancia, límite m
admisible
Zulassung f, Erlaubnis f / permiso m ‖ ~, Genehmigung
f / autorización f, admisión f ‖ ~, Billigung f /
aprobación f, visto m bueno ‖ ~ [einer Lokomotive] /
autorización f de circulación (locomotora) ‖ ~ (Kfz) /
registro m del vehículo, matriculación f, permiso m de
circulación ‖ ~ zur Berufsausübung / acceso m a la
actividad profesional ‖ [eich- usw.] amtliche ~ /
homologación f
Zulassungs•bedingungen f pl / condiciones f pl de
admisión ‖ ~behörde f / autoridad f competente,
organismo m competente ‖ ~gewicht n (Kfz) / peso m
autorizado ‖ ~nummer f (Kfz) / número m de chapa o
de matrícula o de patente (LA) ‖ ~nummer (Elektr) /
número m de homologación ‖ ~prüfung f,
Typprüfung f / prueba f de homologación
Zulauf m (allg) / afluencia f ‖ ~, Zuführung f / admisión
f, alimentación f ‖ ~ (Gieß) / bebedero m ‖ ~, Eintritt
m (Turbine etc.) / entrada f ‖ ~ des Getreides (Mühl) /
alimentación f con grano ‖ ~ von oben (Bidet) /
alimentación f superior (bidet) ‖ freier ~ (Wasser) /
suministro m de agua independiente
zulaufender Faden (Spinn) / hilo m que corre a la bobina
Zulauf•höhe f (Hydr) / nivel m de entrada ‖ ~leitung f /
tubería f de admisión o de entrada ‖ ~schacht m
einer Kolonne (Chem) / pozo m de entrada de una
columna ‖ ~separator m (Mühle) / separador m por
gravedad ‖ ~spannung f, Einlauf-, Vorspannung f
(Tex) / tensión f del hilo que corre a la bobina ‖
~stollen m (Hydr) / galería f de admisión, túnel m de
admisión ‖ ~system n, Schubladensystem n (Schw) /
sistema m de caída de agua en el carburo
zulegen vt, hinzufügen / añadir, agregar ‖ ~ (Bergb) /
trazar un plano de mina
zulegieren vt / adicionar por aleación
Zulegwalze f (Sickenmaschine) / rodillo m de cerrar
zuleiten vt / alimentar, suministrar, conducir [a]
Zuleitung f, Zuleitungsrohr n (Rohr) / tubo m de
alimentación, tubería f de admisión, caño m de
admisión (LA) ‖ ~ (Bau) / tubo m de acometida ‖ ~,
Zuleitungsdraht m (Elektr) / alambre m o hilo m de
alimentación, línea f de alimentación o de conexión ‖
~ (Halbl) / tetón m
Zuleitungs•... s. auch Zuführungs... ‖ ~draht m, -Kabel n
(Elektr) / hilo m conductor o de admisión o de unión,
cable m conductor o de alimentación ‖ ~hahn m /
grifo m de admisión ‖ ~kapazität f (Eltronik) /
capacitancia f externa ‖ ~rohr n (Gasherd) / tubo m
conductor de gas (E), caño m conductor de gas (LA)
‖ ~schnur f, biegsames Kabel (Elektr) / cable m
flexible, cordón m

Zulieferant m, Zubehörlieferant m / suministrador m,
abastecedor m, proveedor m ‖ ~, Großlieferant m
(allg) / subcontractor m (E), subproveedor m (E),
subcontratista m (LA) ‖ ~, -lieferer m (Kfz) /
suministrador m de accesorios
Zuliefer•betriebe m pl / empresas f pl suministradoras ‖
~industrie f / industria f suministradora o auxiliar o
de accesorios ‖ ~teile n pl / piezas f pl suministradas
(por otra empresa)
Zulieferung f, Ausrüstung f / equipo m, equipamiento m
‖ ~ (Vorgang der Belieferung) / abastecimiento m
zulöten vt / cerrar soldando o con soldadura
Zuluft f / aire m adicional ‖ ~stutzen m / tubuladura f
para entrada de aire adicional ‖ ~ventilator m /
ventilador m de aire entrante, ventilador m impelente
zumachen vt, schließen / cerrar, tapar ‖ ~, abdrehen
(Hahn) / cerrar ‖ ~ (Flasche) / cerrar, taponar
zumauern vt, vermauern / rellenar con fábrica, tapiar,
condenar (ventana, puerta)
zumessen vt, dosieren / dosificar ‖ ~, zuteilen / medir,
repartir ‖ ~ n, Zumessung f / dosificación f, dosaje m
Zumess•gefäß n (Bau) / recipiente m dosificador ‖
~pumpe f / bomba f dosificadora ‖ ~schlitz m (Kfz) /
lumbrera f de reparto
zumischen vt / adicionar mezclando, mezclar [con]
zunageln vt / cerrar con clavos, clavar
Zunahme f, Zuwachs m / incremento m, aumento m,
crecimiento m, acreción f, acrecentamiento m ‖ ~,
Erhöhung f / subida f ‖ ~ f, Fortschritt m / progreso m,
progresión f ‖ ~, Intensivierung f / intensificación f ‖
~, Verlängerung f / alargamiento m ‖ ~ (Astr, Meteo) /
acreción f ‖ ~ der Ausfallhäufigkeit (Nukl) / factor m
de aceleración del percentaje de fallas ‖ ~ nach
einem Exponentialgesetz / acrecencia f exponencial ‖
~maschine f (Wirkm) / máquina f ensanchadora
Zünd•-und Lenkradschloss n (Kfz) / cerradura f
antirrobo y de contacto ‖ ~anlage f (Kfz) / instalación
f de encendido o de ignición ‖ ~anode f (Eltronik) /
ánodo m de encendido ‖ ~apparat m (Bergb) /
aparato m detonador ‖ ~apparat (Kfz) / aparato m de
encendido ‖ ~ausfall m (Gleichrichter) / falla f de
encendido ‖ ~aussetzer m (Kfz) / fallo m de
encendido, falla f de encendido ‖ ~band n (Bergb) /
mecha f para lámparas de minero ‖ ~bereich m
(Chem, Öl) / rango m de explosividad ‖
~beschleuniger m, Klopfpeitsche f (Chem, Kfz) /
acelerador m de encendido ‖ ~blättchen n /
fulminante m [de papel], pistón m ‖ ~brenner m
(Gasherd) / mechero m piloto ‖ ~draht m,
Zünderkabel n (Bergb) / cable m de detonador ‖
~drehmoment n (Mot) / par m de encendido ‖
~einrichtung f (Mot) / dispositivo m de encendido ‖
~einsatzsteuerung f (Gleichrichter) / control m de fase,
regulación f de fase ‖ ~einstellung f (Kfz) / ajuste m o
reglaje del encendido ‖ ~elektrode f, Initialelektrode
f (Eltronik) / electrodo m de iniciación ‖
~empfindlichkeit f, Entflammbarkeit f /
inflamabilidad f
zünden vt (Elektr) / encender ‖ ~ (Bergb, Schuss) / tirar ‖ ~
(Mine) / hacer detonar una mina, hacer explosión ‖ ~
(Rakete) / efectuar la ignición [de un cohete] ‖ ~,
aktivieren (Eltronik, Röhre) / activar, encender, cebar ‖
~ (Lichtbogen, Schw) / encender ‖ ~ vi, zu brennen
beginnen, anbrennen, sich entzünden / encenderse,
inflamarse ‖ ~ (Mot) / encender, inflamar ‖ zum ~
bringen (Mil) / provocar o efectuar la detonación
Zündenergie f (Eltronik, Röhre) / energía f de ignición
Zunder m, Feuerschwamm m / yesca f ‖ ~,
Hammerschlag m (Schm) / cascarilla f, batiduras f pl de
hierro, escamas f pl [de óxido] ‖ ~ (Hütt) / cascarilla f,
escoria f de laminación, calamina f
Zünder m, Zündapparat m (Bergb) / explosor m,
deflagrador m ‖ ~, Geschosszünder m (Mil) / espoleta
f ‖ ~, Zündgerät n (Leuchtstofflampe) / encendedor m,

Zündung

cebador m ‖ ≈, Zündvorrichtung f (Elektr) / aparato m de encendido ‖ ≈ **einer Sprengkapsel** (Bergb) / fulminante m, cebo m ‖ ≈ **für Sprengstoff** / detonador m
Zunder•abspritzen n (Hütt) / descascarillado m por rociado o a chorro ‖ ≈**armglühen** n / recocido m brillante ‖ ≈**ausblühungen** f pl / eflorescencia f de óxidos ‖ ~**beständig**, -fest / resistente a la formación de cascarilla ‖ ≈**beständigkeit** f / resistencia f al cascarillado ‖ ≈**brecher** m, -brechgerüst n (Walzw) / descascarillador m, caja f descascarilladora ‖ ≈**brech-u.-abrollvorrichtung** f (Hütt) / bobinadora f cascarilladora, bobinador m descascarillador ‖ ≈**einpressung** f (Hütt) / incrustación f de cascarilla ‖ ≈**einsprenkelung** f **vom Beizbad** (Hütt) / manchas f pl de cascarilla por decapado deficiente ‖ ≈**fleck** m (Hütt) / mancha f de cascarilla, incrustación f de cascarilla ‖ ~**frei** (Hütt) / sin cascarilla, libre o exento de cascarilla ‖ ≈**freiglühen** n, Blankglühen n / recocido m brillante
Zünder•kabel n, Zünddraht m (Bergb) / hilo m de cebo ‖ ≈**kopf** m / pastilla f fulminante, cabeza f de la espoleta
zundern (Hütt) / oxidar[se] ‖ ≈ n / cascarillado m, cascarillamiento m
Zündersatz m / juego m de cebos
Zunder•schicht (Hütt) / capa f de cascarilla ‖ ≈**spülrinne** f / canal m de arrastre (o de limpieza) de cascarilla
Zünderstellmaschine f (Bergb) / regulador m de cebos, máquina f graduadora de cebos
Zunder•streifen m pl (Hütt) / banda f de cascarilla ‖ ≈**wäsche** f / depuración f de cascarilla ‖ ≈**wäscher** m / ducha f par descascarillar, chorro m a presión para descascarillar
zünd•fähig (Gas) / inflamable, incendible ‖ ~**fähiges Gemisch** (Mot) / mezcla f detonante ‖ ≈**flamme** f (Gasherd) / llama f piloto, llama f de encendido, espita f ‖ ≈**folge** (Mot) / secuencia f de encendido, orden m de encendido ‖ ≈**funke** m / chispa f de encendido ‖ ≈**geschwindigkeit** f / velocidad f de propagación de una llama ‖ ≈**gewölbe** n (Hütt) / bóveda f de encendido ‖ ≈**grenzen** f pl / límites m pl de inflamabilidad ‖ ≈**gruppe** f (Elektr) / grupo m de inflamación ‖ ≈**haube** f (Sintern) / campana f de ignición ‖ ≈**holz** n / cerilla f, fósforo m ‖ ≈**holzparaffin** n / parafina f para cerillas ‖ ≈**holzschachtel** f / cajita f de fósforos, caja f de cerillas ‖ ≈**holzschachtelpapier** n / papel m para forrar cajas de cerillas ‖ ≈**hütchen** n, -käppchen m (Bergb) / cápsula f fulminante, cebo m fulminante ‖ ≈**hütchensatz** m / carga f fulminante de cebos ‖ ≈**impulstrafo** m (Thyratron) / transformador m de núcleo saturable ‖ ≈**kabel** n (Kfz) / cable m de encendido ‖ ≈**kabel-Gummikappe** f / pipa f ‖ ≈**kanal** m (Feuerwaffe) / orificio m de cápsula fulminante ‖ ≈**kapazität** f (Kapazitätsangabe einer reinen Zündbatterie) (Akku) / capacidad f de encendido ‖ ≈**kapsel** f (Bergb) / cápsula f detonante ‖ ≈**kennfeld** n (Kfz) / diagrama m característico de encendido ‖ ≈**kennlinie** f (Thyratron) / característica f de encendido ‖ ≈**kerze**, Kerze f (Kfz) / bujía f de encendido ‖ ≈**kerze** f **hohen**, [**niederen**] **Wärmewerts** (Kfz) / bujía f fría, [caliente] ‖ ≈**kerzenentstörstecker** m / capuchón m antiparasitario para bujía ‖ ≈**kerzengehäuse** n / cuerpo m [metálico] de la bujía ‖ ≈**kerzengesicht** n / aspecto m de la bujía ‖ ≈[**kerzen**]**kabel** n / cable m de encendido ‖ ≈**kerzenkappe** f / protector m de bujía[s] ‖ ≈**kerzenprüfer** m / comprobador m de bujías ‖ ≈**kerzenschlüssel** m (Wz) / llave f de bujías ‖ ≈**kerzensockel** m / zócalo m de [la] bujía ‖ ≈**kerzenstörschutz** m / protección f antiparasitaria para bujía ‖ ≈**kirsche**, -ladung f (Bergb) / bola f de ignición, carga f detonante ‖ ≈**klasse** f (Chem) / categoría f de inflamabilidad ‖ ≈**kondensator** m (Kfz)

/ capacitor m de ignición ‖ ≈**kontrolle** f / control m del encendido, regulación f del encendido ‖ ≈**ladung** f (Bergb) / carga f detonante o detonadora ‖ ≈**legierung** f, -metall n, -stein m / aleación f pirofórica, metal m pirofórico ‖ ≈**leitung** f, -stromkreis m / circuito m de encendido ‖ ≈**litze** f (Bergb) / cordón m del detonador ‖ ≈**loch** n (Bergb) / agujero m de tiro ‖ ≈**lunte** f (Bergb) / mecha f de encendido ‖ ≈**magnet**, -apparat m (Kfz) / magneto f [de encendido] ‖ ≈**maschine** f (Bergb) / explosor m ‖ ≈**masse** f (Zündhölzchen) / composición f fulminante ‖ **mit** ≈**masse versehen** / cebar ‖ ≈**mittel** n (Chem) / agente m detonante, fulminante m ‖ ≈**mittel** (Ballistik) / sustancia f iniciadora ‖ ≈**nadel** f, -stift m (Mil) / percutor m ‖ ≈**öl** n / aceite m de encendido ‖ ≈**papier** n (Mot) / papel m nitrado o de encendido ‖ ≈**patrone** f (Bergb) / cartucho m fulminante ‖ ≈**pille** f (Bergb) / cartucho m fulminante, cebo m ‖ ≈**plättchen** n / cápsula f fulminante ‖ ≈**platte**, Bodenplatte f (Lichtbogenofen) / placa f de ignición ‖ ≈**pulver** n / polvo m fulminante, cebo m ‖ ≈**punkt** m (Chem) / punto m de inflamación o de encendido ‖ ≈**punkteinsteller** m (Mot) / regulador m del [punto de] encendido ‖ ≈**punkteinstellung** f / ajuste m del punto de encendido ‖ ≈**punktprüfer** m (Mot) / comprobador m del punto de inflamación o de encendido ‖ ≈**quelle** / fuente f de encendido ‖ ≈**rad** n (Feuerzeug) / ruedecita f de encendido ‖ ≈**röhre** f (Eltronik) / tubo m de disparo ‖ ≈**satz** m / composición f fulminante, compuesto m fulminante, cebo m, mezcla f cebadora o encendedora ‖ ≈**satz** (Rakete) / composición f iniciadora ‖ ≈**schalter** m (Kfz) / interruptor m de encendido ‖ ≈**schloss** n (Kfz) / cerradura f de encendido ‖ ≈**schlüssel** m (Kfz) / llave f de contacto, llave f del encendido ‖ **detonierende** ≈**schnur** / mecha f de explosión ‖ ≈**schnur** f (Bergb) / mecha f detonante, cordón m detonante ‖ ≈**schnur, Sicherheitsschnur** f (Bergb) / mecha f detonante de seguridad ‖ ≈**schutzart** f "e" (Elektr) / tipo m de protección "e" ‖ ≈**sicherung** f (Gasgeräte) / piloto m de seguridad, guardallamas m ‖ ≈**spannung** f (Kfz) / tensión f de encendido ‖ ≈**spannung** [**des Schweißaggregates**] / tensión f de cebado ‖ ≈**spannung** (Funkenstrecke) / tensión f de cebado ‖ ≈**spannung** (Glühentlad) / tensión f inicial o ionizante ‖ ≈**spannung** (Thyristor) / tensión f de gatillado o de disparo ‖ ≈**sperre** f (**bei nicht angelegtem Sicherheitsgurt**) (Kfz) / bloqueo m de encendido ‖ ≈**spule** f (Kfz) / bobina f de encendido ‖ ≈**startschalter** m (Kfz) / interruptor m de encendido y de arranque ‖ ≈**stein** m, -metall m (Feuerzeug) / metal m pirofórico ‖ ≈**stift** m (Kath.Str) / ignitor m ‖ ≈**stift**, -**nadel** f (Feuerwaffe) (Mil) / percutor m ‖ ≈**stiftsteuerung** f / mando m o control por ignitor[es] ‖ ≈**stoff** m / materia f inflamable ‖ ≈**stoff**, Initialsprengstoff m (Chem) / detonador m, detonante m, explosivo m inicial, iniciador m ‖ ≈**strecke** f (Glühentlad) / intervalo m de encendido ‖ ≈**strom** (Thyristor) / corriente f de gatillado ‖ ≈**stromkreis** m, -leitung f / circuito m de encendido ‖ ≈**system** n / sistema m de encendido o de ignición ‖ ≈**temperatur** f (Chem) / temperatura f de inflamación ‖ ≈**temperatur** (Mot) / temperatura f de encendido o de ignición
Zündung f (gasgef.Röhre) / ionización f, encendido m, cebado m ‖ ≈, Entflammung f (ISO) (Kfz) / ignición f, encendido m, alumaje m (MEX) ‖ ≈ (Bergb) / inflamación f, pega f ‖ ≈ (Lichtbogen) / formación f del arco voltaico, cebado m ‖ ≈, Kennfeldzündung f / encendido m por campo característico ‖ ≈ **der Trägerrakete** (Raumf) / ignición f del cohete portador ‖ ≈ **in mehreren Stufen** (Raumf) / ignición f multietapa o en varias etapas ‖ **die** ≈ **einschalten** (Kfz) / dar el contacto

1565

Zündungsaussetzer

Zündungs•aussetzer m (Kfz) / fallo m de encendido ‖ ~**einstellung** f (Kfz) / reglaje m o ajuste del encendido ‖ ~**klopfen** n (Mot) / petardeo m de encendido ‖ ~**-Prüfgerät** n (Mot) / aparato m verificador del encendido ‖ ~**tester** m / comprobador m de encendido
Zünd•versager m (Eltronik) / fallo m de encendido ‖ ~**versatz** m (Kfz) / irregularidades f pl angulares de encendido ‖ ~**verstellbereich** m (Kfz) / gama f de reglaje del [punto de] encendido ‖ ~**verstellung** f s. Zündzeitpunktverstellung ‖ ~**verstellverteiler** m / distribuidor m de reglaje de encendido ‖ ~**verteiler** m (Mot) / distribuidor m de encendido, delco m (E) ‖ ~**verteilerdeckel** m, -verteilerscheibe f (Kfz) / capa f del distribuidor ‖ ~**verteilerfinger** m, Rotor m (Kfz) / rotor m del distribuidor ‖ ~**verzug** m / retraso m o retardo de encendido ‖ ~**verzug** (Chem) / retraso m de inflamación ‖ ~**verzug** (Thyristor) / tiempo m de retardo controlado por compuerta ‖ ~**vorgang** m / proceso m de encendido o de ignición ‖ ~**vorrichtung** f (Elektr) / encendedor m [eléctrico] ‖ ~**vorrichtung** (Mot) / dispositivo m de encendido ‖ ~**vorverstellung** f (Kfz) / avance m al encendido ‖ ~**waren** f pl / productos m pl inflamables ‖ ~**willigkeit** f (Diesel) / buenas propiedades de encendido, facilidad f de encendido ‖ ~**winkel** m, positive Sperrzeit (Eltronik, Röhre) / período m de bloqueo ‖ ~**winkel** (Thyristor) / ángulo m de disparo ‖ ~**winkel** (Mot) / ángulo m de avance ‖ ~**winkeleinschub** m (Kfz-Werkstatt) / distribuidor m de secuencia de encendido ‖ ~**winkelverschiebung** f (Mot) / desplazamiento m del ángulo de avance ‖ ~**zange** f (Wz) / pinzas f pl de gasista ‖ ~**zeit** f (Thyristor) / tiempo m de activación controlado por gatillo ‖ ~**zeit** (Eltronik, Röhre) / tiempo m de cebado ‖ ~**zeitfolge** f, Zündfolge f (Mot) / secuencia f de encendido, orden m de encendido ‖ ~**zeitpunkt** m / punto m de encendido ‖ ~**[zeitpunkt]verstellung** f / reglaje f [del punto] de encendido ‖ ~**[zeitpunkt]verstellung** (Vorrichtung) / dispositivo m de avance ‖ **selbsttätige** ~**[zeitpunkt]verstellung** (Kfz) / avance m automático al encendido
zunehmen vi, anwachsen / crecer, aumentar, ir en aumento, acrecentarse, incrementarse ‖ ~ vt (Maschen) (Wirkm) / aumentar mallas ‖ ~ n (Wirkm) / aumento m o incremento de mallas
zunehmend (allg) / creciente ‖ ~, progressiv / progresivo, progrediente ‖ ~ (Geschwindigkeit) / creciente, acelerado[r] ‖ ~ (Lautstärke) / creciente (volumen de sonido) ‖ ~**e Steigung** (Schraube) / paso m creciente ‖ **in ~em Maße** / de modo o manera creciente, a medida que avanza u/c
Zunge f / lengua f, lengüeta f ‖ ~ (Flamme) / dardo m ‖ ~ (Hafen) / dique m entre dos dársenas ‖ ~ (Kontakt) / lámina f [de contacto] ‖ ~, Lasche f (Schuh) / lengüeta f ‖ ~ f (Bandfehler) (Hütt) / soja f (defecto de banda) ‖ ~ **am Waagebalken** / fiel m de la balanza, lengüeta f ‖ ~ **der Schnalle** / aguja f de la hebilla, pasador m de la hebilla ‖ ~ **der Weiche** (Bahn) / espadín m, punta f de aguja ‖ ~ **der Zungennadel** (Tex) / lengüeta f de la aguja de lengüeta ‖ ~ **des Musikinstruments** / lengüeta f ‖ ~ **des Schornsteins** / tabique m divisorio de la chimenea
Zungen•angriffsstange, -verbindungsstange f (Bahn) / tirante m de conexión de las puntas de aguja, barra f de agujas ‖ ~**dichtung** f / empaquetadura f de ranura anular ‖ ~**feile** f, Vogelzungenfeile f (Wz) / lima almandra u ovalada ^. ‖ ~**förmig** / en forma de lengüeta ‖ ~**frequenzmesser** m (Phys) / frecuencímetro m de lengüetas ‖ ~**kloben** m (Bahn) / pata f de unión de la aguja, apéndice m ‖ ~**kontakt** m (Elektr) / contacto m de lengüeta o de lámina ‖ ~**nadel** f (Strickmasch) / aguja f de lengüeta ‖ ~**platte** f (Bahn) / placa f de resbalamiento ‖ ~**probe** f, Sinnenprüfung f (Physiol) / prueba f organoléptica o lingual ‖ ~**prüfer** m (Bahn) / comprobador m de cuchillas de aguja conducido ‖ ~**prüfer** (mit der Zunge starr verbunden) (Bahn) / verificador m de cuchillas de aguja conducido ‖ ~**relais** n (Elektr) / relé m de lengüetas [flexibles] ‖ ~**riegel** m, -verriegelung f (Bahn) / cerrojo m de la aguja ‖ ~**spitze** f (Weiche) / punta f real [del cambio] de aguja ‖ ~**stoß**, Weichenstoß m (Bahn) / junta f punta ‖ ~**verbiegung** f (Bahn) / flexión f de punta de aguja ‖ ~**verbindungsstange**, -angriffsstange f (Bahn) / var[ill]a f de conexión de la aguja ‖ ~**verschluss** m (Bahn) / cerradura f de aguja, cerrojo m de cambio (LA) ‖ ~**vorrichtung** f, (auch:) Weiche f (Bahn) / cambio m de vía en un aparato de vía ‖ ~**weiche** f (Bahn) / cambio m de vía con aguja ‖ ~**wurzel** f (Bahn) / talón m de aguja, talonera f (CHIL)
Zünsler m, Pyralidina, -lidea (Schädling) (Zool) / piral[a] f, barrenador m
zuoberst / en lo más alto [de]
zuordnen vt (Math) / asignar ‖ ~, zuweisen / asignar, adjudicar, destinar ‖ ~, einordnen / coordinar, ordenar, clasificar, interpretar ‖ **einander** ~ / conjugar
Zuordner, Größenwandler m (DV) / cuantificador m ‖ ~, Sortierer m (DV) / ordenador m de secuencia ‖ ~, Umwerter m (Eltronik, Fernm) / traductor m ‖ ~ m (DV) / programa m de asignación
Zuordnung f, Zuweisung f / asignación f, adjudicación f, reparto m ‖ ~, Einordnung f / coordinación f, clasificación f ‖ ~ f / conjugación f ‖ ~ (Math) / correspondencia f
Zuordnungs•liste f (DV) / lista f de referencia ‖ ~**problem** n / problema m de coordenación ‖ ~**programm** n, Zuordner m (DV) / programa f de organización de asignaciones ‖ ~**tabelle** f (DV) / tabla f o lista de correspondencias ‖ ~**tabelle für Symbole** / tabla f de referencias simbólicas ‖ ~**zähler**, Adressenzähler m (DV) / registro m o contador de locales
zupfen vt, verlesen (Wolle) / deshil[ach]ar, carmenar ‖ ~ **[an]** / tirar [de]
Zupfmaschine f (Tex) / máquina f de deshil[ach]ar, carmenadora f
zupfropfen vt, zustöpseln / taponar
Zupfwolle f (Tex) / hilachas f pl de lana
zurechnen vt, hinzurechnen / sumar, incluir en o añadir a la cuenta
zurecht•machen vt / arreglar, preparar, aprestar ‖ ~**schneiden** vt (Holz) / cortar a medida ‖ ~**schneiden** n, Schnittholzherstellung f / corte m [de madera] a medida, producción f de madera cortada o aserrada
Zurichtaxt f (Holz) / hacha f para labrar la madera
Zurichtebogen m (Druck) / pliego m de arreglo
zurichten / preparar, ajustar, acomodar ‖ ~ (glatt hobeln, behauen, befeilen, beschneiden) / labrar ‖ ~, glätten (Masch) / acabar, alisar, suavizar ‖ ~ (Holz) / cortar o labrar la madera ‖ ~ (Tex) / aprestar ‖ ~ (Gerb) / adobar ‖ ~, druckfertig machen (Druck) / arreglar, ajustar ‖ ~, zusammenschießen (Druck) / arreglar, hacer el arreglo, calzar, nivelar ‖ **Felle** ~ / aprestar pieles ‖ ~ n (Gerb) / adobo m, acabado m ‖ ~ (Druck) / arreglo m
Zurichter m / preparador m (de piezas)
Zurichterei f (Leder, Tex) / taller m de acabado o apresto ‖ ~ (Hütt) / taller m de acabado
Zurichtmaschine f (Leder) / máquina f de acabar, acabadora f
Zurichtung f / preparación f ‖ ~ (Leder) / acabado m, adobado m ‖ ~ (Druck) / arreglo m de la forma (por recortes) ‖ ~, Appretur[masse] f (Web) / apresto m ‖ ~, Appreturverfahren n / apresto m de los tejidos ‖ ~ **der Samen** (Landw) / desinfección f, tratamiento m de curar

Zurichtungs•maschine f, Zwirnmaschine f (Spinn) / aprestadora f ‖ ⁓**papier** n (Druck) / alza f, calzo m, recorte m
zurosten vi / cubrirse [totalmente] de orín ‖ ⁓ (Leitung) / taparse u obstruirse por orín
zurren vt / trincar
Zurr•gurt m (Container, Schiff) / correa f de trincar ‖ ⁓**leiste** f (Kfz) / riel m de anclaje ‖ ⁓**öse** f / ojete m de anclaje ‖ ⁓**punkt** m (Lkw) / punto m de anclaje ‖ ⁓**-Ring** m (Schiff) / anillo m de trincar, marroma f
Zurrung f (Schiff) / trincadura f
zurück ! (Schiff) / ¡atrás! ‖ ⁓**biegen** vt / doblar hacia (o por) atrás ‖ ⁓**biegen**, ab-, umbiegen / encorvar, curvar ‖ ⁓**bleiben** vi / quedar[se] atrás ‖ ⁓**bleiben** [hinter], nachhinken / quedar rezagado, rezagarse, ir a la zaga ‖ ⁓**bleiben**, sich verzögern / atrasarse, retrasarse ‖ ⁓**bleiben** n, Schlupf m (Masch) / reculada f (E), reculón m (LA) ‖ ⁓**bleiben der Spule** (Tex) / retraso m de la bobina ‖ ⁓**bleiben des Schiebers** (Dampfm) / retraso m de la corredera ‖ ⁓**bleibend**, verzögert / atrasado, retrasado ‖ ⁓**bleibend**, restlich / residual ‖ ⁓**bleibend**, remanent (Phys) / remanente ‖ ⁓**bürsten** vt / cepillar hacia atrás ‖ ⁓**datieren** vt / retrodatar ‖ ⁓**drängen** vt, -drücken / empujar hacia atrás ‖ ⁓**drehen** vt / girar [hacia] atrás ‖ ⁓**drücken** vt, -stoßen (Bahn) / maniobrar por retroceso ‖ ⁓**fahren** vt / dar o hacer marcha atrás, volver, retroceder ‖ ⁓**fahren** n, -ziehen n (Wzm) / retroceso m ‖ ⁓**federn** vi / hacer resorte hacia atrás, retornar elásticamente ‖ ⁓**federn** n / retorno m elástico ‖ ⁓**fließen** vi, -fluten / refluir ‖ ⁓**fließen** n, -fluten n / reflujo ‖ ⁓**führbar** [auf] / atribuible [a] ‖ ⁓**führen** vt, -bringen, -leiten / volver a traer o a llevar, reconducir ‖ ⁓**führen**, reduzieren / reducir ‖ **in die Ausgangslage** ⁓**führen**, zurückstellen (DV, Instr) / restaurar ‖ ⁓**führung** f **auf die Bahn** (Raumf) / reinserción f en la órbita ‖ ⁓**füllen** vt, -schütten / retrasegar ‖ ⁓**geben** vi, retournieren / retornar vt ‖ ⁓**geben**, erstatten / devolver ‖ **einen Ruf an die Zentrale** ⁓**geben** (Fernm) / devolver una llamada a la central ‖ ⁓**gehalten**, -behalten / retenido ‖ ⁓**gehen** vi, -fallen / disminuir[se], bajar, retroceder, retornar ‖ ⁓**gehen** (Brau; Kräusen) / retroceder ‖ ⁓**gehen**, -fallen [auf] / descender [a] ‖ ⁓**gehen** n **der Triebwerksleistung** (Luftf) / disminución f de la potencia [del propulsor] ‖ ⁓**gehend** (Flut) / descendente ‖ ⁓**gelegte Strecke** / distancia f recorrida ‖ ⁓**gesandt** (Packmittel) / devuelto (embalaje) ‖ ⁓**gesetzte Wand, Fassade o. Ä.** (Bau) / entrante m ‖ ⁓**gestellt** (Anmeldung, Fernm) / diferido, aplazado ‖ ⁓**gewiesenes Zeichen** (DV) / carácter m inválido o inaceptable ‖ ⁓**gewinnen** / recuperar, recobrar ‖ ⁓**geworfen**, reflektiert / reflejado, reflectado ‖ ⁓**kippen** (Elektr, Eltronik) / bascular hacia atrás ‖ ⁓**klappbar** / replegable, rebatible ‖ ⁓**klappen** n, -schlagen n / rebatimiento m ‖ ⁓**kommen** vi / volver, regresar ‖ ⁓**kommen** [auf] / volver [sobre], reincidir [en] ‖ ⁓**kurbeln** vt, -drehen / girar o tornear [hacia] atrás, girar la manivela en contrasentido ‖ ⁓**laden** vt (DV) / recuperar ‖ ⁓**laufen** vi (Masch) / correr hacia atrás, retrogradar, retroceder ‖ ⁓**laufen** (Wählscheibe) / volver a su posición inicial (disco selector) ‖ ⁓**laufen** (Wasser) / refluir ‖ ⁓**legen** vt / colocar atrás ‖ ⁓**legen** / volver a poner o colocar en su sitio ‖ **die Verbindung** ⁓**legen** (Fernm) / retornar la llamada ‖ **eine Strecke** ⁓**legen** / recorrer o cubrir una distancia ‖ ⁓**liegender Bandabschnitt** (DV) / parte f de la cinta ya desfilada ‖ ⁓**liegende Blockstelle** (Bahn) / puesto m de bloqueo anterior ‖ ⁓**liegende Düse** (Raumf) / tobera f empotrada ‖ ⁓**mischen** n (Öl) / remezclado m ‖ ⁓**nehmen** (z.B. Beleuchtung) / reducir ‖ **Priorität** ⁓**nehmen** / anular la prioridad ‖ ⁓**nehmen** n, Recycling n / reciclaje m ‖ ⁓**prallen** vi / rebotar ‖ ⁓**prallen** n / rebote m ‖ ⁓**prellen lassen** / hacer rebotar ‖ ⁓**richten** vt / reenderezar ‖ ⁓**rufen** vt

(Fernm) / devolver la llamada ‖ **in die Werkstatt** ⁓**rufen** (Kfz) / llamar a revisión ‖ ⁓**schalten** vt (Bahn) / reducir la velocidad ‖ ⁓**schalten** (Kfz) / cambiar o pasar a velocidad (o a una marcha) inferior, cambiar a menor ‖ ⁓**schalten** n, Abwärtsschalten n (Elektr) / reducción f ‖ ⁓**schiebbar** / decalable, rectráctil ‖ ⁓**schieben** vt / empujar [hacia] atrás, decalar ‖ ⁓**schlagen** vi (Flamme) / volver ‖ ⁓**schnappen** vi, auffedern / volver o saltar bruscamente a su posición inicial ‖ ⁓**schnappen** [lassen] / [dejar] saltar atrás ‖ ⁓**schnellen** vi / rebotar, retornar elásticamente ‖ ⁓**schnellen** n / rebote m, retorno m elástico, resiliencia f ‖ ⁓**senden** vt / reexpedir, reenviar ‖ ⁓**setzen** vt (an die alte Stelle) / volver a colocar o a meter ‖ ⁓**setzen um 50 cm** / posponer en 50 cms ‖ ⁓**setzender Zähler** / contador m de reposición ‖ ⁓**spiegeln** vi (Opt) / reflejar ‖ ⁓**spielen** vt (Tonaufzeichn) / regresar al comienzo ‖ ⁓**springen** vi, abprallen / resaltar, rebotar ‖ ⁓**springend** (Bau) / entrante ‖ ⁓**spulen** vt / rebobinar ‖ ⁓**spulen** n **im Schnellgang** (Magn.Bd) / rebobinado m a alta velocidad ‖ ⁓**stellen** vt / colocar detrás, poner detrás ‖ ⁓**stellen** (Hebel) / volver [la palanca] a la posición inicial ‖ **auf später** ⁓**stellen** / reservar, dejar en reserva ‖ ⁓**stellen** (zeitlich) / aplazar, diferir ‖ ⁓**stellen** (Uhr) / atrasar ‖ ⁓**stellen**, in die Ausgangslage zurückführen (DV, Instr) / reajustar en la posición inicial ‖ ⁓**stoßen** vt, -werfen, -schlagen / rebotar vt ‖ ⁓**stoßen** / rechazar ‖ ⁓**stoßen**, abstoßen (Bahn) / maniobrar por retroceso ‖ ⁓**stoßen**, -treiben, -schlagen / repeler ‖ ⁓**stoßen**, -setzen (Kfz) / recular, echar para atrás, dar marcha atrás ‖ ⁓**strahlen** vi / reverberar, reflejar, rerradiar ‖ **in den Weltraum** ⁓**strahlen** / difundir[se] en el espacio ‖ ⁓**strahlen**, Zurückwerfen n / reflexión f, reverberación f, rerradiación f ‖ ⁓**strahlen**, Reflex m, Widerschein m (Opt) / reflejo m ‖ ⁓**strahlend**, reflektierend / reflector ‖ **parallel** [zur Einfallsrichtung] ⁓**strahlend** (Opt) / retrodirectivo ‖ ⁓**strahlungsebene** f / plano m de reflexión ‖ ⁓**strömen** vi / refluir ‖ ⁓**titrieren** n, -titrierung f / titulación f atrás, retitulación f ‖ ⁓**treten** vi, -gehen / volver atrás, retirarse, retroceder ‖ ⁓**verbinden** vt (Fernm) / reestablecer la comunicación ‖ ⁓**verlangen** vt / reclamar la devolución ‖ ⁓**verweisen** vt [auf] / remitir [a] ‖ ⁓**wägen** vt, -wiegen / determinar el peso original ‖ ⁓**weichen** vi / retroceder, recular ‖ ⁓**weichen** (Bau) / hacer retirada, retroceder m de la fachada ‖ ⁓**weisen** vt / rechazar ‖ ⁓**weisen**, beanstanden / rehusar [la aceptación] ‖ ⁓**weisungswahrscheinlichkeit** f (Stat) / probabilidad f de ser rechazado ‖ ⁓**werfen** vt, -schleudern, -stoßen / relanzar ‖ ⁓**werfen** / echar [hacia] atrás ‖ ⁓**werfen**, reflektieren (Hitze, Schall usw.) / reflejar, reflectar, reverberar ‖ ⁓**werfen** n / repercusión f ‖ ⁓**werfen** (Schall) / reverberación f ‖ ⁓**werfen**, Zurückstrahlen n / reflexión f, reverberación f ‖ ⁓**werfend** (Schall) / reverberante ‖ ⁓**wirken** / reaccionar ‖ ⁓**ziehbar** / retráctil ‖ ⁓**ziehen** vt (allg, Wzm) / retraer, retirar ‖ [sich] ⁓**ziehen** / retirar[se] ‖ ⁓**ziehen**, einziehen (Bau) / retroceder ‖ [sich] ⁓**ziehen** [von, aus] / retirarse [de] ‖ ⁓**ziehen** n, -fahren n (Wzm) / retroceso m, retirada f ‖ ⁓**zuführen** [auf] / atribuible [a], debido [a]
zusammen adv [mit] / conjuntamente [con], junto [con], en unión [con] ‖ ⁓ [mit], vollständig / completo [con] ‖ ⁓**arbeit** f / colaboración f, cooperación f ‖ ⁓**arbeit**, Teamarbeit f / trabajo m en equipo ‖ ⁓**arbeiten** / colaborar, cooperar ‖ ⁓**arbeitend**, gekuppelt (Masch) / acoplado ‖ ⁓**backen** vi / aglutinarse, aglomerarse, conglomerarse ‖ ⁓**backen**, -kleben vi / pegar ‖ ⁓**backen**, -sintern n / aglutinación f, concreción f ‖ ⁓**backen** n **der Kohle** / aglutinación f del carbón ‖ ⁓**ballen** vt / aglomerar ‖ ⁓**ballen**, in Klumpen formen

zusammenballen

/ apelotonar ‖ **sich ~ballen** (Chem, Phys) / aglomerarse, conglomerarse, concrecionarse ‖ **sich ~ballen** (o. klumpen) / apelotonarse ‖ **≈ballung** f (Vorgang) / conglomeración f, agregación f, concrecionamiento m ‖ **≈ballung, Klumpen** m (Produkt) / concreción f, conglomerado m ‖ **≈bau** m, -bauen n, Montage f (allg) / montaje f, ensamblaje m, ensamblado m, ensambladura f ‖ **≈bau** (das Ergebnis der Montagen) / ensamble m, ensambladura f ‖ **für ≈bau an Ort und Stelle** / dispuesto m para ensamblaje en la obra ‖ **~bauen** vt, -setzen / montar, ensamblar, armar ‖ **~bauen** [erneut] / rehacer ‖ **~bauen**, montieren / montar ‖ **≈bauhalle** f / taller m de montaje, nave f de montaje ‖ **≈bäumen** n, Assemblieren n (Tex) / plegado m de unión ‖ **≈bauzeichnung**, Montagezeichnung f / dibujo m de montaje ‖ **~biegen** vt / reunir curvando ‖ **~binden** vt / atar ‖ **~blatten** vt, überblatten (Zimm) / ensamblar a media madera ‖ **~brechen** vi (Masch) / fallar totalmente, sufrir un fallo ‖ **~brechen**, -fallen / derrumbarse, hundirse, desmoronarse ‖ **~brechen** (Spannung) / decaer completamente ‖ **[heftig] ~brechen** / derrumbarse ‖ **~brechen** (Verkehr) / quedar colapsado o paralizado, colapsar ‖ **≈brechen** n, Einsturz m / derrumbamiento m ‖ **≈brechen** (Schaum) / colapso m ‖ **~bringen** vt, -fügen, -stellen / unir, reunir, juntar ‖ **≈bruch** m (Elastomer, Verkehr) / colapso m ‖ **≈bruch der Produktion** / parada f total de la producción ‖ **≈bruch des Hangenden** (Bergb) / hundimiento m del techo ‖ **~drängen** vt / apretar ‖ **~drehen** vt (Drähte) / torcer alambres, formar un cable, cablear ‖ **~drehen**, zwirnen (Tex) / retorcer, torcer ‖ **~drückbar** / compresible, comprimible ‖ **nicht ~drückbar** / incompresible, incomprimible ‖ **≈drückbarkeit** f / compresibilidad f, comprimibilidad f ‖ **~drücken** vt, komprimieren / comprimir ‖ **~drücken**, drücken / apretar ‖ **~drücken**, -quetschen, -pressen / prensar ‖ **≈drücken** n, Druck m (Masch) / compresión f, presión f, aplastamiento m ‖ **≈drücken** (Vakuumbehälter) / implosión f ‖ **~drückend**, -pressend / compresor, compresivo ‖ **≈drückung** f (der Betrag) (Mech) / tasa f de compresión ‖ **≈drückung der Synchronisierung** (TV) / compresión f de la sincronización ‖ **≈drückungsversuch** m, Kompressionsversuch m (Landw) / ensayo m de compresión del suelo ‖ **~dübeln** vt / unir mediante tarugos o tacos ‖ **~fahren** vi [mit], anfahren / chocar [contra], colisionar, estrellarse ‖ **~fallen** vi, sich decken / coincidir ‖ **~fallen** / derrumbarse, derribarse ‖ **~fallen** (Spannung) / caer totalmente ‖ **~fallen** (z.B. Ballon) / desinflarse ‖ **≈fallen**, -treffen n / coincidencia f ‖ **≈fallen** n, Kollaps m (Schaumstoff) / colapso m ‖ **~fallend**, -treffend / coincidente ‖ **~falten** vt / plegar, replegar, doblar ‖ **~fassen** vt, vereinigen / reunir, unir, juntar ‖ **~fassen**, enthalten / contener ‖ **~fassen**, kurz darstellen / resumir ‖ **~fassen**, koordinieren / coordinar ‖ **~fassen**, rekapitulieren / compendiar, recapitular ‖ **≈fassung** f / sumario m, compendio m ‖ **≈fassung**, Verschmelzung f / amalgamación f ‖ **≈fassung**, Konzentration f / concentración f ‖ **kurze ≈fassung** / sumario m, resumen m ‖ **≈fassung** f **von Attributen** (DV, PL/1) / reunión f de atributos ‖ **≈fassung von Daten** / totalización f de datos ‖ **≈fassung von Leitungen** / concentración f de conductos o líneas ‖ **~flicken** vt / remendar ‖ **~fließen** vi, -strömen / confluir, reunirse ‖ **≈fluss** m, Einmündung f (Geo) / confluencia f, punto m de confluencia, desembocadura f ‖ **≈frieren** n / unión f por congelación ‖ **≈frieren von Taueis** / recongelación f ‖ **~fügen**, verbinden / acoplar, unir, encajar, empatar (LA) ‖ **~fügen**, vereinigen (Daten, DV) / unir[se], fundir[se] ‖ **~fügen** (Zimm) / ensamblar ‖ **~fügen**, -stoßen / juntar, armar ‖ **≈fügen** n [paarweises] / pareo m ‖ **≈fügung** f, Zusammenfügen n / unión f, reunión f, ensambladura f, ensamblaje m ‖ **≈fügung** / juntura f, acoplamiento m, empalme m ‖ **~führen** vt, konzentrieren / concentrar ‖ **~führen**, vereinigen / reunir ‖ **≈führung** f (DV) / coalescencia f ‖ **≈führung[smöglichkeit]**, Fan-In n (DV, Eltronik) / fan-in m, convergencia f de entrada ‖ **~geballt**, kugelig / conglobado ‖ **~geballt**, geknäuelt / apelmazado, conglomerado, aglomerado, hecho un ovillo ‖ **~gebaute Einheiten** f pl (Skylab) / configuración f en racimo ‖ **der Länge nach ~gebogenes Rohr** / tubo m unido (y no soldado) en sentido longitudinal ‖ **[räumlich] ~gedrängt** / apretado ‖ **~gedrückt**, gedrückt / comprimido ‖ **~gedrückt werden** (Unterdruckbehälter) / ser aplastado ‖ **≈gefasste Datei** (DV) / fichero m concadenado, conjunto m concadenado de datos ‖ **~gefrorenes** n, gefrorene Masse / materia f congelada ‖ **~geklebt** (Pap) / pegado ‖ **~geklebte Pappe** (Pap) / cartón m pegado ‖ **~gelagert** (Chem) / condensado ‖ **gut ~gepasst** / bien ajustado ‖ **~gepresst**, gepresst / comprimido ‖ **~gerollt**, -gewickelt / enrollado ‖ **~geschaltet** / interconectado ‖ **~geschmolzen** (Benzolringe) / confundido ‖ **~geschraubt** (aus Einzelteilen) / juntado con tornillos ‖ **~geschustert** (coll) / hecho una chapuza ‖ **zusammengesetzt** [aus] / compuesto [de] ‖ **~, Verbund...** (DV) / compound ‖ **~** (aus Einzelteilen) / integrado [por] ‖ **~**, mehrteilig / compuesto ‖ **~**, aus vielen Komponenten bestehend / multicomponente, de componentes múltiples ‖ **~**, montiert / ensamblado ‖ **~er Ausdruck** (DV) / término m complexo o complejo ‖ **~er Balken** (Bau) / viga f compuesta ‖ **~e Beanspruchung** / esfuerzo m combinado, solicitación f combinada ‖ **~e Belastung** / carga f combinada ‖ **~es Bild** (Fernm, Radar) / presentación f visual compleja, sistema m de representación de varios datos ‖ **~e Datentyp** (DV) / tipo m estructurado de datos ‖ **~e Farbe** / color m secundario ‖ **~e Festigkeit** / resistencia f compuesta ‖ **~e Funktion** (Math) / función f compuesta ‖ **~er Kern** (Nukl) / núcleo m compuesto ‖ **~e Krümmung** (Verm) / curva[tura] f compuesta ‖ **~e Kurbelwelle** (Mot) / cigüeñal m compuesto ‖ **~er Leiter** (z.B. Stahl-Alu) (Elektr) / conductor m compuesto ‖ **~e Mikroschaltung** (Eltronik) / microcircuito m ‖ **~es Mikroskop** (Opt) / microscopio m compuesto ‖ **~er Multichip** (DV) / multichip m compuesto ‖ **~es Objektiv** / objetivo m compuesto ‖ **~es Pendel** (DV) / péndulo m compuesto o físico ‖ **~er Querschnitt** (Akust) / sección compuesta f ‖ **~er Ton** (Akust) / tono m complexo o complejo ‖ **~e Welle** (Phys) / onda f complexa o compleja ‖ **~es Wort** (DV) / palabra f compuesta ‖ **aus Brett- und Blechlagen ~er Träger** (Bau) / viga f tipo sandwich

zusammengestoßen, stumpf ~ / a tope

zusammen•haken / enganchar ‖ **≈halt** m / cohesión f (p.ej. partículas) ‖ **≈halt von Plasma**, Einschluss m / confinamiento m de plasma

Zusammenhang m [mit], Einfluss m [auf] / relación f [con] ‖ **≈**, -halt m / coherencia f ‖ **≈** m, Wechselbeziehung f / correlación f

zusammenhängen vi, [fest] aneinander hängen / tener coherencia, ser coherente, estar unidos, estar adheridos ‖ **≈** n (Chem, Phys) / cohesión f

zusammenhängend, verbunden / coherente, unido, juntado ‖ **~**, ununterbrochen / continuo, seguido ‖ **~** (z.B. Hohlräume) / comunicante ‖ **~**, angrenzend / contiguo, anexo ‖ **~**, -klebend / coherente, adherente ‖ **~es Binärzahlenwort** (DV) / grupo m de bytes contiguos, gulp m (LA) ‖ **~e Drehung** / rotación f coherente ‖ **~e Poren** f pl (Pulv.Met) / poros m pl comunicantes ‖ **~e Porosität** (Sintern) / porosidad f

esponjosa ‖ ~e **Speicherbereiche** *m pl* (DV) / áreas *m pl* de memoria contiguas
zusammen•heften *vt* (Tex) / hilvanar ‖ **~kitten** *vt* / unir con cemento, unir con masilla, pegar ‖ ⁔**klammern**, Heften *n* mit Klammern / grapado *m* (E), grampado *m* (LA) ‖ ⁔**klang** *m* (Prim o. Oktave) (Akust) / unisonancia *f* ‖ ⁔**klang**, Akkord *m* / armonía *f*, acorde *m* ‖ **~klappbar** / plegable ‖ **~klappbarer Behälter** / contenedor *m* o container plegable ‖ **~klappbare Messlatte** (Verm) / jalón *m* plegable, vara *f* plegable ‖ **~klappbare Scheibenegge** (Landw) / grada *f* de discos plegable ‖ **~klappen** *vt* / plegar ‖ **~kleben** *vt*, -leimen / pegar con cola, encolar, aglutinar ‖ **~kleben** *vi* / pegarse, aglutinarse ‖ **~klebend**, verklebt / aglutinado, conglutinado, pegado [entre sí] ‖ ⁔**kleber** *m* **für Schläuche** / cola *f* para tubos flexibles ‖ **~knüpfen** *vt*, verknüpfen (fig) / unir, vincular ‖ **~koppeln** *vt* / acoplar ‖ ⁔**lagerung** *f*, Kondensation *f* (Chem) / condensación *f* ‖ ⁔**lauf** *m* **der Papierstränge** (Druck) / reunión *f* ‖ **~laufen** *vi*, konvergieren / converger, convergir ‖ **~laufen**, eingehen / encogerse ‖ **~laufen** (Farben) / confundirse ‖ **~laufen** (Zahnräder) / girar acopladas ‖ **~laufen** (Papiersträge) (Druck) / encajarse ‖ ⁔**laufen** *n*, Konvergenz *f* / convergencia *f* ‖ ⁔**laufen**, -fluss *m* / confluencia *f* ‖ ⁔**laufen der Feldlinien** / fusión *f* de las líneas de campo ‖ **~laufen von Schienenwegen** / confluencia *f* de itinerarios ‖ **~laufen von Zahnrädern** / casamiento *m* de ruedas dentadas ‖ **~laufend**, konvergierend / convergente ‖ **~legbar**, -klappbar / plegable ‖ **~legbares Flugzeug** / avión *m* plegable ‖ **~legen** *vt*, falten / plegar, doblar ‖ ⁔**legen**, Falten *n* / plegado *m*, doblado ‖ ⁔**legung** *f* (Netzplan) / superposición *f*, sobreposición *f* ‖ ⁔**legung** (Landw, Städtebau) / concentración *f* parcelaria ‖ **~leimen** *vt* / pegar con cola, encolar ‖ **~nageln** *vt* / unir clavando, unir con clavos, clavar, ensamblar por clavado ‖ ⁔**nähen** *vt* / coser, unir cosiendo ‖ ⁔**nähen** *n* (Riemen, Tex) / cosido *f* ‖ **~nieten** *vt* / juntar con remaches, remachar, unir remachando ‖ **~passen** *vt* / ajustar, adaptar ‖ **~passen**, paaren / aparear, parear ‖ **mit Passstiften ~passen** / ajustar con pasadores o pitones ‖ **genau o. streng ~passen** / ajustar sin juego ‖ **~passen** *vi* / hacer pareja o juego, adaptarse [uno a otro], ir bien, cuadrar ‖ ⁔**prall** *m*, Aufprall *m* (Phys) / colisión *f*, impacto *m*, rebote *m* ‖ ⁔**prall**, Frontalzusammenstoß *m* (Bahn, Kfz) / telescopado *m*, choque *m* frontal, colisión *f* frontal, atropello *m* ‖ **~prallen** *vi* / chocar ‖ **~pressen** *vt* / tupir ‖ **~pressen**, -ziehen / contraer, apretar, estrechar ‖ **~pressen**, -quetschen / comprimir, apretar, prensar ‖ **sich ~pressen** (o. ballen) / aglomerarse, apiñarse, apelotonarse ‖ **~rollen** *vt*, -wickeln / enrollar, arrollar ‖ [sich] **~rollen** / enrollarse, arrollarse ‖ ⁔**schaltbarkeit** *f* **verschiedener Geräte** / conectividad *f* ‖ **~schalten** *vt* / interconectar, conectar ‖ ⁔**schalter** *m* (TV) / técnico *m* interconector ‖ ⁔**schaltung** *f* / interconexión *f* ‖ **~schiebbar** / telescópico ‖ **~schiebbares Stativ** / trípode *m* con patas telescópicas ‖ **~schieben** *vt* / juntar empujando, aproximar empujando ‖ **ineinander ~schieben** / enchufar, encajar ‖ **teleskopartig ~schieben** / encajar [uno con otro] a modo de telescopio ‖ **~schlagen** *vt*, zerschlagen / romper a golper, demoler, destrozar, hacer pedazos ‖ **~schlagen** *vi*, aneinander schlagen / entrechocar ‖ **gegeneinander ~** / golpear [contra], chocar con ‖ **~schließen** *vt*, zurichten (Druck) / arreglar la forma ‖ **Maschinen ~schließen** (DV) / acoplar equipos [entre sí] ‖ **~schmelzen** *vt* / fundir [juntos], confundir ‖ **~schmelzen** *vi* / fundirse, unirse fundiendo ‖ ⁔**schmelzen** *n* **des Kerns** (Nukl) / fusión *f* del núcleo ‖ **~schnüren** *vt* / atar con bramante ‖ **~schnüren**, einengen / estrechar, estrangular ‖ **~schrauben** *vt* / juntar con tornillos, unir a tornillos ‖ **~schrumpfen** *vt* / encoger, contraer ‖ **~schrumpfen**

vi / encogerse, contraerse ‖ **~schütten** *vt*, mischen / verter en el mismo vaso, juntar, mezclar ‖ **~schweißen** *vt*, aufschweißen / unir soldando, juntar por soldadura ‖ **~setzbar** / desmontable ‖ **~setzbarer Antennenmast** / poste *m* o mástil de antena compuesto o desmontable ‖ **~setzen** *vt* / componer ‖ **~setzen**, -fügen, -bauen (Masch) / montar, machihembrar, ensamblar, armar ‖ **~setzen** (Chem) / componer, combinar ‖ **sich ~setzen** [aus] / estar compuesto [de], componerse [de] ‖ ⁔**setzen** *n* **des Formkastens** (Gieß) / ensamblaje *m* de la caja de moldeo ‖ ⁔**setzung**, Verbindung *f* / combinación *f*, compuesto *m*, compostura *f* ‖ ⁔**setzung** *f*, Gefüge *n*, Struktur *f* / estructura *f* ‖ ⁔**setzung**, das Zusammengesetzte / compuesto *m* ‖ **chemische ~setzung** / composición *f* o constitución química ‖ ⁔**setzung** *f* **der Kräfte o. Bewegungen** (Mech) / composición *f* de las fuerzas y de los movimientos ‖ **~setzung einer Anlage** (DV) / configuración *f* ‖ **~sintern** *vi* / sinterizar[se], aglutinar ‖ **~spleißen** *vt* (Schiff) / ayustar ‖ **~stellen** *vt* (allg) / colocar juntos, agrupar, juntar, reunir ‖ **Systeme ~stellen** (o. gruppieren) (DV) / componer sistemas ‖ **die Wagenreihen o. Züge ~stellen** (Bahn) / agrupar composiciones ‖ **schlecht ~stellen** / componer mal ‖ **Statistiken ~stellen** / hacer estadísticas ‖ **~stellen** / componer ‖ **~stellen**, ordnen / compilar ‖ ⁔**stellung** *f*, -setzung *f* / combinación *f*, composición *f*, compilación *f*, recopilación *f* ‖ ⁔**stellung**, -fassung *f* / resumen *m*, recapitulación *f* ‖ ⁔**stellung** *f* **des Handschalters** (als Beispiel eines Zeichnungstitels) / conjunto *m* ‖ ⁔**stellung von Aufträgen** / recogida *f* de pedidos ‖ ⁔**stellung[szeichnung]** / dibujo *m* o plano de conjunto ‖ ⁔**stoß** *m*, -stoßen *n* (allg, Bahn) / colisión *f* ‖ ⁔**stoß** (frontal) (Bahn, Kfz) / telescopado *m*, colisión *f* frontal ‖ ⁔**stoß**, Stoß *m*, Aneinanderprallen *n* (Phys) / colisión *f*, choque *m* ‖ ⁔**stoß** (Schiff) / colisión *f*, abordaje *m* ‖ **~stoßen** *vt vi* / chocar ‖ **~stoßen** (Bahn, Kfz) / entrechocar, chocar, colisionar ‖ **~stoßen** (Schiff) / entrar en colisión, abordar ‖ **frontal ~stoßen** / entrar en colisión frontal ‖ **seitlich ~stoßen** / chocarse lateralmente, entrar en colisión lateral ‖ **~stoßen** [mit] / chocar [contra] ‖ **~stoßende Enden** / extremos *m pl* que se tocan ‖ **~strebend** / convergente ‖ ⁔**sturz** (Bau, Bergb) / derrumbamiento *m*, hundimiento *m* ‖ **~stürzen** *vi*, -fallen, -brechen / derrumbarse, hundirse ‖ **~tragen** *vt* (Daten) / compilar, recopilar ‖ **~tragen** (Druck) / alzar, reunir ‖ ⁔**tragen** *n* (Druck) / alzado *m* ‖ ⁔**tragmaschine** *f* (Druck) / máquina *f* de alzar, alzadora *f*, reunidora *f* ‖ ⁔**trag- u. Heftmaschine** *f* (Druck) / alzadora-cosedora *f* ‖ **~treffen** *vi*, -fallen / coincidir ‖ ⁔**treffen** *n*, Treffen *n* / encuentro *m* ‖ ⁔**treffen** (von Ereignissen), Gleichzeitigkeit *f* / simultaneidad *f*, concurrencia *f* ‖ ⁔**treffen**, -fallen *n* / coincidencia *f* ‖ ⁔**treffen**, Vereinigung *f* / conjunción *f* ‖ ⁔**treffen von engster Bohrung u. stärkster Welle** / coincidencia *f* de tolerancias máximas y mínimas ‖ ⁔**treffen** *n* **von Umständen** / concurrencia *f* de circunstancias, concurso *m* de circunstancias ‖ ⁔**treffen zweier Schienenwege**, Schnittpunkt *m* (Bahn) / intersección *f* ‖ **~wachsen** *vi* / adherirse creciendo ‖ **~wachsen** (Bot) / juntarse al crecer, coalescer ‖ ⁔**wachsen** *n*, Vorwachsen *n* / concreción *f*, concrescencia *f* ‖ **~werfen** *vi* / echar en un montón, amontonar [sin orden] ‖ **~werfen**, vermengen / mezclar ‖ **~werfen** (Baue) (Bergb) / dejar hundirse ‖ **~winden** *vt*, -drehen, zwirnen (Spinn) / retorcer, torcer ‖ ⁔**wirken** *n* / concurso *m*, conjunción *f*, acción *f* combinada o de conjunto, sinergismo *m* ‖ **~wirkend** (Mech) / cooperante, cooperador, cooperativo, concurrente ‖ **~wirkend**, in gleicher Richtung wirkend (Mech) / sinérgico ‖ **~wirkend**, begleitend (Pharm) / concomitante ‖ **~wirkende Kräfte** *f pl* / fuerzas *f pl*

zusammenzählen

concurrentes ‖ ~zählen *vt*, addieren / sumar, adicionar, totalizar ‖ ~**zählung** *f*, Addition *f* (Math) / adición *f*, suma *f* ‖ ~**ziehbar** / contráctil ‖ ~**ziehbare Schlaufe** / nudo *m* corredizo ‖ ~**ziehbarkeit** *f*, Kontraktilität *f* / contracti[bi]lidad *f*
zusammenziehen *vt* / contraer ‖ ~, -pressen / prensar, constreñir ‖ ~, verengen, verengern / estrechar, hacer más estrecho, encoger ‖ ~, kürzen / reducir, acortar ‖ ~, raffen (Näh) / arregazar ‖ ~ (Filmrolle) / cinchar, apretar, ceñir ‖ [**sich**] ~ / contraer[se], encoger[se]
zusammen•ziehend, adstringierend (Med) / a[d]stringente ‖ ~**ziehung, Kontraktion** *f* / contracción *f* ‖ ~**ziehung** *f*, Verdichtung *f* / condensación *f* ‖ ~**ziehungskoeffizient** *m* **an einer Düse** / coeficiente *m* de contracción (tobera) ‖ ~**zinken** *vt* (Tischl) / ensamblar en colas de milano ‖ ~**zwirnen** *vt* (Spinn) / retorcer
Zusatz *m*, Beimengung, -mischung *f* / adición *f*, aditamento *m*, mezcla *f* ‖ ~, Nachtrag *m* / anexo *m*, suplemento *m* ‖ ~ *m* (Chem, Gieß) / adición *f* ‖ ~, Additiv *n* / aditivo *m* ‖ ~, Ergänzung *f* / suplemento *m* ‖ ~, Anhang *m*, Ergänzung *f* / suplemento *m*, anexo *m*, apéndice *m* ‖ ~, Erweiterung *f* / amplificación *f*, ampliación *f* ‖ ~, Milderung *f* (Färb) / aditivo *m* de atenuación *f* ‖ ~, Folgesatz *m* (Math) / corolario *m* ‖ ~ (DV) / opción *f* ‖ ~ (Einrichtung) s. Zusatzgerät ‖ ~ **zum Fertigmachen** (Hütt) / adición *f* final de colada ‖ ~ **zur Erzeugung von sphärolitischem Gusseisen** / adición *f* para producir fundición de grafito nodular ‖ **unter** ~ [**von**] / añadiendo, con adición [de]
Zusatz•agenzien *n pl*, Badzusätze *m pl* (Galv) / agentes *m pl* de adición ‖ ~**aggregat** *n* (Elektr) / grupo *m* adicional o auxiliar ‖ ~**aggregat**, Booster *m* (Elektr) / cargador *m* de refuerzo ‖ ~**anmeldung** *f* (Patent) / solicitud *f* adicional ‖ ~**antrieb** *m* / propulsión *f* adicional ‖ ~-**Ausgleichsaggregat** *n* (Elektr) / grupo *m* adicional de compensación ‖ ~**ausstattung** *f*, Sonderausstattung *f* / equipamiento *m* opcional, equipo *m* adicional u opcional ‖ ~**batterie** *f* (Elektr) / batería *f* de refuerzo o sobretensión, batería *f* elevadora de tensión ‖ ~**beanspruchung** *f*, -belastung *f* / carga *o* solicitación adicional ‖ ~**bit** *n* (DV) / bit *m* adicional ‖ ~**bremse** *f*, Regulierbremse *f* (Bahn) / freno *m* directo ‖ ~**bremse** (Kfz) / freno *m* auxiliar o suplementario ‖ ~**bremsleuchte** *f* / luz *f* de freno adicional ‖ ~**draht** *m* (Fahrleitung) / cable *m* (o hilo) portador auxiliar ‖ ~**düse** *f* (nicht: Hochleistungsdüse) (Vergaser) / tobera *f* auxiliar ‖ ~**dynamo** *m*, Spannungserhöher *m*, Boostermaschine *f* / amplificador *m* elevador de tensión ‖ ~**einrichtung** *f* (DV) / equipo *m* adicional, dispositivo *m* especial o adicional o suplementario ‖ ~**elektrolyt** *m* (Galv) / electrolito *m* suplementario ‖ ~**element**, -metall *n* (Legierung) / metal *m* o elemento constituyente ‖ ~**fallschirm** *m* (Luftf) / paracaídas *m* piloto o auxiliar ‖ ~**feder**, Progressivfeder *f* / resorte *m* progresivo ‖ ~**feder** *f* (Kfz) / resorte *m* auxiliar ‖ ~**flügel** *m* (Bahn, Signal) / brazo *m* adicional. ‖ ~**funktion** *f* (NC) / función *f* auxiliar ‖ ~**gas** *n* / gas *m* agregado ‖ ~**gerät** *n*, -instrument *n*, -einrichtung *f* / aparato *m* o instrumento adicional o auxiliar o suplementario ‖ ~**gerät** (Funk) / accesorio[s] *m* [*pl*], equipo *m* adicional ‖ ~**gerät** (Foto) / accesorio[s] *m* [*pl*] ‖ ~**kraftstoffbehälter** *m* (Kfz) / depósito *m* de combustible adicional ‖ ~**kühler** *m*, -gerät *n* (Klimaanlage) / refrigerador *m* adicional ‖ ~**last** *f* / carga *f* adicional
zusätzlich, hinzukommend / adicional ‖ ~, zugefügt / añadido, agregado ‖ ~, sich addierend / aditivo ‖ ~, unterstützend / auxiliar, de apoyo, de refuerzo, reforzador ‖ ~, Extra..., zusätzlich, Hilfs... / extra, auxiliar ‖ ~ (z.B. Funktion) / adicional, suplementario ‖ ~, Hilfs... / auxiliar ‖ ~, ergänzend / complementario ‖ ~**e Einrichtung** (o. Vorrichtung) / dispositivo *m* o equipo o equipamiento adicional ‖ ~**e Eisenverluste** *m pl* (durch höhere Harmonische) (Elektr) / pérdidas *f pl* en el hierro debidas a armónicas superiores ‖ ~**e Gebühr** (Fernm) / tasa *f* [telefónica] adicional o suplementaria, sobretasa *f* ‖ ~**e Teile** *n pl* / piezas *f pl* adicionales ‖ ~**e Wirkung** / efecto *m* adicional
Zusatz•linse *f* / lente *f* adicional o suplementaria ‖ ~**luft** *f* (Vergaser) / aire *m* adicional ‖ ~**luft**, Zweitluft *f* / aire *m* suplementario ‖ ~**luftbehälter** *m* / depósito *m* de aire suplementario ‖ ~**luftregler** *m* (Vergaser) / válvula *f* de aire adicional ‖ ~**maschine** *f*, Hilfsmaschine *f* / máquina *f* auxiliar ‖ ~**maschine** (für Zuschaltung) (Elektr) / sobretensor *m*, reforzador *m* de voltaje ‖ ~**maschine in Gegenschaltung**, negative Boostermaschine (Elektr) / rebajador *m* o reductor de voltaje ‖ ~**metall** *n* (Schw) / metal *m* de aporte o de aportación ‖ ~**metall** (Legierung) / metal *m* agregado (aleación) ‖ ~**metall** (Gieß) / metal *m* adicional ‖ ~**mittel** *n* (Chem, Hütt) / aditivo *m*, adición *f*, agente *m* de adición ‖ ~**nachbildung** *f* (Fernm, Kabel) / compensador *m* o equilibrador complementario ‖ ~**patent** *n* / patente *f* complementaria, certificado *m* de adición ‖ ~**pumpe** *f* (für Kraftstoff) (Luftf) / bomba *f* auxiliar de combustible ‖ ~**pumpe** / bomba *f* suplementaria o adicional ‖ ~**rakete** *f* / cohete *m* de refuerzo ‖ ~**raketentriebwerk** *n* / motor *m* cohético auxiliar o de refuerzo ‖ ~**schaft** *m* (Web) / lizo *m* adicional ‖ ~**scheinwerfer** *m* (Kfz) / faro *m* suplementario o adicional ‖ ~**schild** *n* (Verkehr) / señal *f* adicional ‖ ~**schneide** *f* (Zange) / corte *m* lateral ‖ ~**schub** *m*, Nachverbrennung *f* (Luftf) / postcombustión *f* ‖ ~**signal** *n* (Bahn) / señal *f* suplementaria ‖ ~**spannung** *f* (Elektr) / tensión *f* adicional ‖ ~**speicher** *m* (DV) / memoria *f* auxiliar o adicional ‖ ~**speiseleitung** *f* (Elektr) / línea *f* de alimentación secundaria ‖ ~**stoff** *m* (allg) / sustancia *f* accesoria o adicional ‖ ~**stoff**, Additiv *n* (Bau, Chem, Waschmittel) / aditivo *m* ‖ ~**stoff**, Wirkstoff *m* (Pharm) / principio *m* activo ‖ ~**stromerzeuger**, Booster *m* / grupo *m* electrógeno elevador de tensión ‖ ~**tafel** *f* (Bahn) / panel *m* adicional ‖ ~**tank** *m*, -behälter *m* / superbidón *m* ‖ ~**tank** *m* (Luftf) / depósito *m* auxiliar ‖ ~**trafo** *m* **in Gegenschaltung** / transformador *m* rebajador de tensión, transformador *m* de drenaje ‖ ~**transformator** *m* / transformador *m* elevador de tensión ‖ ~**triebwerk** *n* (Rakete) / motor *m* cohético o auxiliar ‖ ~**trübe** (Aufb) / líquido *m* denso adicional ‖ ~**verluste** *m pl* / pérdidas *f pl* adicionales ‖ ~**wagen** *m* (Bahn) / vehículo *m* de aumento ‖ ~**wasser**, Frischwasser *n* (Bergb) / agua *f* auxiliar ‖ ~**wasser** *n* (zum Ausgleich von Verlusten) / agua *f* de relleno o de reemplazo ‖ ~**werkstoff** *m* (Schw) / material *m* de aporte o de aportación ‖ ~**wicklung** *f* (Elektr) / arrollamiento *m* auxiliar ‖ ~**widerstand** *m* / resistencia *f* adicional ‖ ~**zeichen** *n* (DV) / carácter *m* adicional ‖ ~**zelle** *f* (Akku) / reductor *m* de tensión
zuschalten *vt* (Elektr) / conectar [adicionalmente]
Zuschaltung *f* (Elektr) / conexión *f* [adicional]
Zuschaltventil *n* (Pneum) / válvula *f* de emergencia
zuschärfen *vt*, abschrägen / achaflanar
Zuschärfmaschine *f* (Leder) / achaflanadora *f*
Zuschärfung *f* **des Vorschiffes** / adelgazamiento *m* del casco de [la] proa
Zuschärfungs•fläche *f*, Abschrägungsfläche *f* / superficie *f* achaflanada o biselada, bisel *m* ‖ ~**verhältnis** *n* (Luftf) / alargamiento *m* de un cuerpo fuselado ‖ ~**winkel** *m*, Seitenkeilwinkel *m* (Dreh) / ángulo *m* de achaflanado
Zuschauer *m pl* / espectadores *m pl* ‖ ~**plätze** *m pl* / localidades *f pl*, butacas *f pl* ‖ ~**raum** *m*, Auditorium *n* / sala *f* de espectáculos
Zuschlag *m*, Zuschlagsgebühr *f*, Aufpreis *m* / recargo *m*, suplemento *m*, sobretasa *f* ‖ ~ (Beton) / áridas *m* [*pl*]

zuteilen

∥ ≃, Flussmittel *n* (Hütt) / fundente *m* ∥ ≃, Vermehrung *f* / aumento *m* ∥ ≃ (Taxameter) / suplemento *m* ∥ ≃ **bei Auftragserteilung** / adjudicación *f*, remate *m* ∥ ≃ **für rotierende Massen**, Massenfaktor *m* / coeficiente *m* de masas en giro, coeficiente *m* de aumento de la masa movida ∥ ≃ **zum Lohn**, Lohnzuschlag *m* / suplemento *m* de salario, extra *m*, prima *f*, sobresueldo *m*, plus *m* ∥ **den** ≃ **erteilen** / adjudicar ∥ **einen** ≃ **erheben o. verlangen** (Bahn) / cobrar o percibir un suplemento
zuschlagen *vt* (Hütt) / añadir un fundente ∥ ~, mit dem Hammer bearbeiten / asestar golpes (con el martillo), dar martillazos, martillear ∥ ~ (Tür) / cerrar de golpe, dar un portazo ∥ **kurz** ~ (Schm) / dar un corto martillazo
Zuschläger *m* (beim Handschmieden) / ayudante *m* mallador, batidor *m*, majador *m*
Zuschlag• hammer *m* (Wz) / martillo *m* de (o a) dos manos, porra *f* ∥ ≃ **kalkstein** *m* (Hütt) / castina *f*, fundente *m* calcáreo ∥ ~**pflichtig** (Bahn) / sujeto *m* a sobretasa o a suplemento
Zuschlags• frist *f* (Bau) / plazo *m* de adjudicación ∥ ≃**gebühr** *f* / recargo *m*, suplemento *m*, sobretasa *f* ∥ ≃**kosten** *pl* / gastos *m pl* adicionales
Zuschlagstoffe *m pl*, Aggregat *n* (Bau) / áridos *m pl*
zuschließen *vt*, einschließen / cerrar con llave, encerrar
zuschmelzen *vt* (Glas) / cerrar herméticamente [por fusión]
zuschnappen *vi* / cerrar[se] de golpe
zuschneiden *vt* / cortar a [la] medida, recortar ∥ ~ (Holz) / escuadrar
Zuschneider *m* (Tex) / cortador *m*
Zuschneiderei *f* (Stanz) / taller *m* recortador
Zuschneide• schablone *f* / plantilla *f* de recortado ∥ ≃**tisch**, Werktisch *m* (Schneid) / mesa *f* de corte o para cortar telas
Zuschnitt *m* (Stanz) / recorte *m* [a medida] ∥ **runder** ≃ (Stanz) / recorte *m* circular
zuschrauben *vt* / atornillar, fijar o asegurar con tornillos ∥ ~, die Schraube anziehen / apretar el tornillo ∥ **den** ≃ **Schraubverschluss** ~ / cerrar la tapa roscada
Zuschreibung *f*, Zurechnung *f* / atribución *f*
Zuschuss *m* / subvención *f* ∥ ≃**betrieb** *m* / empresa *f* subvencionada ∥ ≃**[bogen]** *m*, Druckzuschuss *m* (Druck) / perdido *m*, mano *f* perdida, aumento *m*, pliego *m* sobrante, hoja *f* de falto o de más
zuschütten *vt* (Bau) / cegar, llenar con tierra ∥ ~, verfüllen / atibar
zuschweißen *vt* / cerrar o tapar con (o por) soldadura
zusetzen *vt*, -fügen / añadir, adicionar, agregar ∥ ~ *vi*, zusitzen (Bergb, Wasser) / entrar, penetrar ∥ **sich** ~, sich schließen / embotarse, obturarse ∥ ≃, Verschmieren *n* (Schleifscheibe) / embotamiento *m*, atascamiento *m*
Zuspannweg *m* (Bremse) / recorrido *m* de las zapatas de freno
Zuspielegerät *n* (Film) / fuente *f* sonora
zuspitzen *vt*, schärfen / afilar ∥ **einen Pfahl** ~ / sacar [a] punta, aguzar ∥ **[kegelförmig]** ~ (Masch) / sacar punta cónica, aguzar cónicamente
Zuspitzungsverhältnis *n* (Luftf) / afilado *m*
zusprechen, ein Telegramm ~ / comunicar o transmitir telefónicamente (o por teléfono)
Zustand *m* (Phys) / estado *m* ∥ ≃, **Status** *m* (DV) / estado *m*, condición *f* ∥ ≃ *m* **der Betriebsfähigkeit** / estado *m* de funcionamiento ∥ **fester** ≃ (Eisen-Kohlenstoff-Diagramm) / estado *m* sólido, solidez *f* ∥ **flüssiger** ≃ (Eisen-Kohlenstoffdiagramm) / estado *m* líquido, fluidez *f* ∥ **in schlechtem, [gutem]** ≃ (Bau) / en mal [buen] estado ∥ **in richtiger** ≃ / buen *m* estado
zustande • bringen *vt* / llevar a cabo, realizar, lograr ∥ ~**gekommen** (Gespräch, Verbindung) (Fernm) / eficaz
zuständig, kompetent / competente ∥ **nicht** ~ / incompetente
Zuständigkeit *f* / competencia *f*

Zuständigkeitsbereich *m* (allg) / área *f* de competencia, atribuciones *f pl*
Zustands •... / de estado ∥ ≃**änderung** *f* (Phys) / cambio *m* de estado ∥ ≃**änderung** (Magn.-Aufzeichnung) / inversión *f* de la polaridad ∥ ≃**anzeiger** *m* (DV) / indicador *m* de estado ∥ ≃**aufzeichnung** *f* / registro *m* de estado, registración *f* de estado ∥ ≃**begrenzung** *f* / limitación *f* de estado, estado *m* limitado ∥ ≃**byte** *n* (DV) / byte *m* de estado ∥ ≃**diagramm**, -schaubild *n* (Hütt) / diagrama *m* de fase o de equilibrio ∥ ≃**diagramm** *n* (Eisen-Kohlenstoff) / diagrama *m* del equilibrio [térmico] hierro-carbón ∥ ≃**diagramm** (Astr) / diagrama *m* de Hertzsprung-Russel ∥ ≃**diagramm des Verzinkens** / diagrama *m* de fases del cincado ∥ ≃**feld** *n* / campo *m* de fase ∥ ≃**gleichung** *f* (Hütt) / ecuación *f* de estado ∥ ≃**größe** *f* / magnitud *f* de estado ∥ ≃**größe**, -variable *f* / variable *f* [interna] de estado ∥ ≃**größe** (Astr) / parámetro *m* de estado ∥ ≃**kennzeichen** *n* (Fernm) / señal *f* continua ∥ ≃**meldung** *f* / información *f* sobre el estado ∥ ≃**meldung** (Fernwirken) / estado *m* avisado por monitor[es] ∥ ≃**modell** *n* (Regeln) / modelo *m* de estado ∥ ≃**prüfung** *f* (DV) / verificación *f* del estado ∥ ≃**raum** *m* (Regeln) / espacio *m* de estado ∥ ≃**register** *n*, Statusregister *n* / registro *m* de estado ∥ ≃**schätzung** *f* / estimación *f* de[l] estado ∥ ≃**schaubild** *s*. Zustandsdiagramm ∥ ≃**überwachung** *f* / control *m* del estado, supervisión *f* ∥ ≃**vektor** *m* (Math) / vector *m* de estado ∥ ≃**verhältnis** *n*, Zustand *m* / condición *f* de[l] estado ∥ ≃**wort** *n*, Statuswort *n* (DV) / palabra *f* de estado
Zustell • bereich *m* (Wzm) / campo *m* de aproximación, área *f* de aproximación ∥ ≃**betrag** *m* (Wzm) / valor *m* de aproximación ∥ ≃**bewegung** *f* (Wzm) / movimiento *m* de aproximación, movimiento *m* de alimentación
zustellen *vt*, anliefern / entregar, hacer entrega [de], remitir, suministrar ∥ ~, vorschieben (Wzm) / aproximar ∥ ~ (Hütt) / revestir [un convertidor]
Zustell • handrad *m* (Wzm) / volante *m* de aproximación ∥ ≃**mechanik** *f* (Magn.Bd) / mecanismo *m* de posicionamiento
Zustellung *f*, Lieferung *f* / entrega *f*, suministro *m* ∥ ≃, Vorschub *m* (Wzm) / aproximación *f* ∥ ≃ (Post) / entrega *f*, reparto *m* ∥ ≃, Ausmauerung *f*, Futter *n* (Ofen) / revestimiento *m* interior con mampostería (ladrillos refractarios) ∥ ≃ **der Schleifscheibe** / avance *m* de la muela, aproximación *f* de la muela
Zustellweg *m* (Wzm) / recorrido *m* de aproximación
Zustimmungs• block *m* (Bahn) / bloqueo *m* condicional ∥ ≃**block mit Gleisstromkreisen** (Bahn) / bloqueo *m* condicional con circuito de vía ∥ ≃**hebel**, Befehlshebel *m* (Bahn) / palanca *f* de autorización
zustopfen *vt* / taponar, tapar, obstruir, cegar ∥ **ein Loch** ~ / tapar, obturar ∥ ≃ *n*, Abdichten *n* / taponamiento *m*
zustöpseln *vt* / taponar, tapar con corcho o tapón
zustreichen *vt*, verschmieren / embadurnar
Zustrom *m*, -strömen *n* / afluencia *f*, aflujo *m*, invasión, concurrencia *f* ∥ ≃ (Chem) / corriente *f* afluente ∥ ≃**düse** *f* / tobera *f* de afluencia ∥ ≃**düse**, Regeldüse *f* / tobera *f* reguladora [del flujo]
Zuströmen *n* **der Luft in den Ofen** / afluencia *f* de viento
zuströmend (Gas) / afluente
zutage ausgehende Schicht (Geol) / capa *f* superficial, capa *f* de afloramiento ∥ ≃**liegen**, -streichen *n* (Bergb) / afloramiento *m* ∥ ~**treten** *vi* (Bergb) / estar a flor de tierra, aflorar
Zutat *f* / ingrediente *m* ∥ ≃, Zugabe *f*, Zufügung *f* / adición *f*
Zuteil • anlage *f* (Bau, Straßb) / instalación *f* dosificadora ∥ ≃**apparat** *n* (Labor) / aparato *m* dosificador
zuteilen *vt*, -messen / dosificar, repartir ∥ ~, zuweisen / atribuir, asignar, destinar

1571

Zuteiler

Zuteiler *m*, Dosiergerät *n* / dosificador *m* ‖ ≃,
Dispatcher *m* (DV) / repartidor *m*, distribuidor *m*
Zuteil•gefäß *n* (Bau) / recipiente *m* dosificador [de la
hormigonera], tolva *f* dosificadora ‖ ≃**pumpe** *f* /
bomba *f* dosificadora ‖ ≃**schnecke** *f* / tornillo *m* [sin
fin] de dosificación
Zuteilung, Verteilung *f* / distribución *f*, asignación *f*,
reparto *m* ‖ ≃ *f*, Dosierung *f* / dosaje *m*, dosificación *f*
‖ ≃, Ver-, Aufteilung *f* / repartición *f*, reparto *m* ‖ ≃
(Frequenzen) / asignación *f*, distribución *f*, reparto *m* ‖
≃ s. auch Zuweisung ‖ ≃ **an Stationen** (Eltronik) /
asignación *f* de emisoras ‖ ≃ **nach Bedarf** (Kanäle,
Radio) / asignación *f* sobre demanda ‖ ≃ *f* **von
Speicherzellen** (DV) / asignación *f* de células de
memoria
Zuteilungsvorrang *m* (DV) / prioridad *f* de repartición
Zutritt, Zugang *m* / acceso *m* ‖ ≃ **verboten!**, kein
Zutritt! / ¡prohibida la entrada!, ¡se prohíbe la
entrada! ‖ ‖ ≃**- und Identifizierungskontrolle** *f* /
control *m* de acceso y de identidad
zu- und abführen (mit Lkw) / camionar, transportar con
(o en) camión ‖ ~ **und gegenschalten** (Elektr) /
conectar y contraconectar ‖ ≃ **und
Gegenschaltungs-Boostermaschine** *f* /
elevador-reductor *m* ‖ ≃ **und Gegenschaltung** (Elektr)
/ montaje *m* elevador-reductor
zuverlässig, sicher / seguro ‖ ~, betriebssicher / fiable,
confiable ‖ ~**es Halten** (Schraube) / sujeción *f* fiable
Zuverlässigkeit *f*, Betriebssicherheit *f* / confiabilidad *f* o
fiabilidad operacional, seguridad *f* efectiva de
funcionamiento ‖ ≃ (DV) / fiabilidad *f* ‖ ≃ (Rakete) /
funcionamiento *m* protegido contra falla
Zuverlässigkeits•angaben *f pl* / datos *m pl* de fiabilidad
‖ ≃**aufteilung** *f* / asignación *f* de fiabilidad, balance *m*
de fiabilidad ‖ ≃**beauftragter** *m* / encargado *m* o
técnico *m* de [la] fiabilidad ‖ ≃**kenngrößen** *f pl* /
características *f pl* de fiabilidad, parámetros *m pl* de
fiabilidad ‖ ≃**maßstab** *m* / criterio *m* de fiabilidad ‖
≃**prüfung** *f* / prueba *f* de la fiabilidad ‖ ≃**schätzung** *f* /
estimación *f* de la fiabilidad ‖ ≃**technik** *f* / técnica *f* o
ingeniería *f* de fiabilidad o de seguridad (funcional) ‖
≃**-Vorhersage** *f* / predicción *f* de fiabilidad
Zuvollgehen *n* **eines Kanals** (Hydr) / sobrellenado *m* de
un canal
Zuwachs *m*, Zunahme *f* / aumento *m*, incremento *m*,
acumulación *f* ‖ ≃ (Forstw) / incremento *m*, desarrollo
m, crecimiento *m* ‖ ≃ **einer Funktion** (Math) /
incremento *m* de una función ‖ ≃**bohrer** *m*,
Mastsonde *f* (Fernm) / sonda *f* para la madera, sonda *f*
para ensayar o probar postes
zuwachsen (allg, Math) / incrementar, aumentar,
acrecentar[se]
Zuwachs•faktor *m* (Nukl) / factor *m* de acumulación ‖
≃**rate** *f* / tasa *f* de incremento, tasa *f* de crecimiento
Zuwassergehen *n* (Öl) / formación *f* de emulsión
Zuwasserlassen *n* / botadura *f*
zuweisen *vt*, zuteilen / asignar
Zuweisung *f* (DV) / asignación *f* ‖ ≃ s. auch Zuteilung
Zuweisungs•routine *f* (DV) / rutina *f* de asignación ‖
≃**zeichen** *n* (DV) / símbolo *m* de asignación
zuwiderhandeln *vi*, verletzen *vt* / contravenir, infringir,
violar una ley
Zu-Zeichen, [kommerzielles] ≃, zu je, (Druck, DV) /
signo *m*
zuziehbare Schleife (o. Schlinge) / lazo *m* corredizo
zuziehen *vt* (Knoten) / apretar un nudo ‖ ~, schließen ‖
cerrar ‖ ~, einhalsen (Ziehtechnik) / acopar hacia
dentro
ZV (= Zentralverriegelung) (Kfz) / cierre *m*
centralizado
ZVEI (Elektr) = Zentralverband der Elektrotechnischen und
Elektronischen Industrie
Z-Verzeichnung *f* (TV) / distorsión *f* en Z

z-Vierpolparameter, Widerstandsparameter *m* (Halbl) /
parámetro *m* z
ZVSt (Fernm) = Zentralvermittlungsstelle
ZVt (Fernm) = Zweigverteiler
Zwackeisen *n* (Glas) / tenazas *f pl* cortantes o del
soplador
Zwang *m* / fuerza *f* ‖ ≃, Anstrengung *f* (Mech) / esfuerzo
m ‖ ≃... s. auch Zwangs...
zwängen *vt*, mit Zwang zusammenfügen / unir por
fuerza, comprimir, apretar ‖ ~ [in], hineinzwängen /
hacer entrar por fuerza [en], meter por fuerza [en]
Zwanglauf *m* / movimiento *m* controlado o forzado o
mandado o dirigido
Zwangs•..., obligatorisch / obligatorio, reglementario ‖
≃..., erzwungen / forzoso, forzado, coercitivo ‖
≃**bewirtschaftung** *f* / administración *f* [de una
empresa] bajo control del Estado ‖ ≃**bremsung** *f*
(Bahn) / frenado *m* automático, parada *f* automática
de los trenes ‖ ≃**durchlauf** *m* / circulación *f* forzada,
flujo *m* forzado ‖ ≃**durchlaufkessel** *m* / caldera *f* de
circulación forzada o de flujo forzado ‖
≃**durchlaufkessel**, Bensonkessel *m* / caldera *f* tipo
Benson ‖ ≃**entgasung** *f* / desgasificación *f* forzosa ‖
≃**führung** *f* / conducción *f* forzada, guiado *m* forzado
‖ ~**geführte Fortpflanzung** (Phys) / propagación *f*
guiada ‖ ≃**geführtes Verkehrsmittel** / transporte *m*
terrestre guiado ‖ ≃**haltestelle** *f* / parada *f* obligatoria
‖ ≃**kommutierung** *f* (Elektr) / conmutación *f* forzada ‖
≃**konvektionstrockner** *m* / secador *m* de convección
forzada ‖ ≃**kraft** *f* / fuerza *f* de ligadura, fuerza *f* de
reacción ‖ ≃**kühlung** *f* (Luftf) / refrigeración *f* forzada
‖ ≃**lage** *f* / aprieto *m*, posición *f* tensada o forzada
zwangsläufig, unumgänglich / inevitable, necesario,
indispensable ‖ ~, -schlüssig (Bewegung) / de
movimiento forzado ‖ ~, Zwangs... / forzado, forzoso,
dirigido, mandado ‖ ~ **angelenkt** (z. B. Hilfsruder)
(Luftf) / de acoplamiento rígido ‖ ~**er Antrieb** /
accionamiento *m* de engranaje, propulsión *f* por
ruedas dentadas ‖ ~ **betätigt** / de accionamiento
forzado ‖ ~**e Führung** / guía *f* forzada ‖ ~**e
Gaszufuhr** / alimentación *f* de gas forzada ‖ ~**e
Radialstellung** / posición *f* radial forzada ‖ ~**e
Strömungsführung** / flujo *m* dirigido ‖ ~**e
Überwachung der Weichen** (Bahn) / comprobación *f*
imperativa de las agujas de cambio ‖ ~ **verbunden** /
en unión forzada
Zwangs•lizenz *f* / licencia *f* obligatoria ‖ ≃**lüftung** *f* /
ventilación *f* forzada ‖ ≃**mischer** *m* (Keram) /
mezclador *m* de circulación forzada ‖ ≃**schlüssig**
(Bewegung) / de movimiento forzado ‖ ≃**schmierung** *f*
/ lubri[fi]cación *f* forzada, engrase *m* a presión ‖
≃**schnitt** *m* / corte *m* forzado u obligado ‖
≃**schnittgröße** *f* / valor *m* de corte forzado ‖
≃**spreizanker** *m* (Schiff) / ancla *f* de expansión forzada
‖ ≃**umlauf** *m* / circulación *f* forzosa o forzada ‖
≃**umlaufkessel** *m*, Velox-, La Mont-Kessel *m* /
caldera *f* de circulación forzada o forzosa, caldera *f*
Velox ‖ ≃**umlaufreaktor** *m* / reactor *m* de circulación
forzada ‖ ≃**weg** *m* (Schiff) / vía *f* marítima obligatoria o
establecida ‖ ≃**zentrierung** *f* / centraje *m* forzado,
centrado *m* forzoso
zwängungsfrei, ohne Druck bzw. Zwang / sin presión o
sin fuerza
Zwanzigernonius *m* (Mess) / nonio *m* con lectura en
vigésimas de milímetro
Zwanzig•flächner *m*, Ikosaeder *n* (Geom) / icosaedro *m*
‖ ≃**walzengerüst** *n* (Walzw) / bastidor *m* con veinte
rodillos de laminación
Zweck *m*, Aufgabe *f* / fin *m*, finalidad *f*, objeto *m* ‖ ≃,
Ziel *n* / fin *m*, objetivo *m* ‖ **für ....-≃ e o. Anwendung** *f*
/ para fines [de], para usos..., para finalidades...
Zweckbau *m* / edificio *m* funcional
zweckbestimmt / funcional

Zwecke, Reißzwecke f / chinche f, chincheta f ‖ ⁓ f, Stift m / tachuela f ‖ ⁓, Breitkopfnagel m / tabaque m
zweck•entfremdet / usado para fines extraños ‖ **~entsprechend**, -dienlich, -mäßig / apropiado, adecuado, oportuno, conveniente ‖ **~entsprechend**, erfolgreich / eficaz ‖ **⁓feuer** n / incendio m a propósito ‖ **⁓forschung** f / investigación f aplicada ‖ **~gebunden** / destinado a un fin especial ‖ **⁓holz** n (Bau-, Nutzholz) (geschnitten) / madera f útil o labrada ‖ **⁓kennzeichen** n / carácter m de destinación, característica f de finalidad ‖ **⁓leuchte** f (Elektr) / lámpara f funcional ‖ **~los** / inútil
zweckmäßig [für], tauglich / apropiado [para], conveniente ‖ **~**, funktionell / funcional ‖ **~**, praktisch / práctico ‖ **~erweise** / oportunamente, convenientemente ‖ **⁓keit** f / utilidad f, conveniencia f, funcionalidad f
zweckorientiert (Konstruktion) / orientado a un fin determinado
zwei ähnliche Stücke / dos piezas semejantes ‖ **~ Drittel** n pl, Zweidrittel n / [las] dos terceras partes, dos tercios
Zwei•achser m (Kfz) / vehículo m o camión de dos ejes ‖ **~achsig** (Krist, Math) / biaxial ‖ **~achsig** (Fahrzeug) / de dos ejes, de cuatro ruedas ‖ **~achsig biegen** / curvar en dos ejes o planos ‖ **~achsiges Drehgestell** (Bahn) / bogie m de dos ejes ‖ **~achsiger Sattelauflieger** (Kfz) / semirremolque m de dos ejes ‖ **~achsiger Spannungszustand** m (Mech) / estado m de tensiones biaxial ‖ **⁓adress...** (DV) / de dos direcciones ‖ **~adrig**, -drähtig (Elektr) / bifilar, de dos conductores, de dos hilos ‖ **~adriges Kabel** / cable m bifilar o de dos conductores ‖ **~adriges Koaxialkabel** / cable m coaxial bifilar ‖ **~adriger Verkehr** (Fernm) / comunicación f bifilar ‖ **~armig** (Hebel) / de dos brazos ‖ **⁓armschwinge** f (Motorrad) / brazo m doble oscilante (de la rueda trasera) ‖ **~atomig** (Chem) / biatómico, diatómico ‖ **~äugige Spiegelreflexkamera** / cámara f reflex de dos objetivos o de doble lente ‖ **⁓-aus-Eins-Code** m (DV) / código m dos-de-uno ‖ **⁓-aus-Fünf-Code** m (DV) / código m dos-de-cinco ‖ **⁓backenfutter** n (Wzm) / mandril m o plato de dos mordazas ‖ **⁓badverfahren** n (Druck) / procedimiento m de dos baños ‖ **⁓bahnenbett** n (Dreh) / banco m de dos planos ‖ **~bahnig** (Tuch) / de dos anchos o tiros ‖ **~bahniger Drucker** (DV) / impresora f de dos tiras [de papel], impresora f de vía doble ‖ **⁓band...** (Fernm, Funk) / de dos bandas ‖ **⁓bandtelefonie** f / telefonía f a dos bandas ‖ **⁓band-Telefonkabel** f / cable m para telefonía a dos bandas ‖ **⁓bandverfahren** n (Film) / procedimiento m a doble pista ‖ **~basig** (Säure), (besser:) zweiwertig (Chem) / bibásico, dibásico, bivalente ‖ **~basische Säure** f / diácido m, biácido m ‖ **⁓bein** n / bípode m ‖ **~beinig** (Gestell) / bípode, de dos pies ‖ **⁓beinmast** m (Schiff) / mástil m bípode ‖ **⁓bereichs...** / bizona[l] ‖ **⁓bitfehler** m (DV) / error m de dos bits ‖ **⁓blatt** n (Math) / bifolio m ‖ **⁓blatt...** (Propeller) / de dos palas ‖ **⁓blattfeder** f / ballesta f de dos hojas ‖ **⁓blockschwelle** f (Bahn) / traviesa f mixta de acero y hormigón (E), durmiente m mixto (LA) ‖ **~bödig** (Förderkorb) / de dos pisos ‖ **~bogig**, -lappig / bilobular ‖ **⁓decker** m (Luftf) / biplano m ‖ **~deckig** (Schiff) / de dos cubiertas ‖ **~deckig** (Schiff) / de dos cubiertas ‖ **~deutig**, unbestimmt / ambiguo ‖ **~deutig** (Math) / ambiguo ‖ **⁓deutigkeit** f (Math) / ambigüedad f ‖ **~dimensional** / bidimensional, de dos dimensiones ‖ **~dimensionales Filter** / filtro m bidimensional ‖ **~dimensionaler Wirbel** (Luftf) / torbellino m bidimensional ‖ **⁓draht...** (Fernm) / de dos hilos, bifilar ‖ **⁓drahtantenne** f / antena f bifilar ‖ **⁓drahtendleitung** f / terminación f bifilar o con cuatro hilos ‖ **~draht-Getrenntlage-System** n (Trägerfrequenz) / sistema m equivalente de cuatro hilos ‖ **~drähtig**, -fädig (Spinn) / de dos hilos ‖

~drähtig (Elektr) / bifilar, de dos hilos o conductores ‖ **⁓drahtleitung** f / circuito m bifilar a (o de) dos hilos ‖ **⁓drahtoberleitung** f (Bahn) / línea f bifilar de contacto ‖ **⁓drahtverstärker** m (Fernm) / repetidor m para circuito bifilar o de dos hilos ‖ **⁓drahtzwischenverstärker** m (Fernm) / repetidor m bidireccional de dos hilos ‖ **⁓-Drei-Nullentaste** f / tecla f de dos/tres ceros ‖ **⁓druck[dampf]turbine** f / turbina f [de vapor] mixta ‖ **⁓düsen-Flugzeug** n / birreactor m ‖ **⁓ebenenradiografie** f / radiografía f de dos planos ‖ **⁓elektrodenröhre** f, Diode f / tubo m de dos electrodos, diodo m ‖ **⁓elementen...** / de dos elementos ‖ **⁓elementkristall** m (Mikrophon) / cristal m bimorfo o bimórfico (micrófono) ‖ **⁓-Energierichtung-Stromrichter** m / convertidor m reversible
Zweier•..., Binär... / binario ‖ **⁓anschluss** m (Fernm) / línea f dúplex ‖ **⁓bündel** n (Freileitung) / conductor m dúplex ‖ **⁓gruppe** f, Paar n (Math) / díada f ‖ **⁓komplement** n (Math) / complemento m a dos ‖ **⁓leitung** f (Fernm) / línea f compartida por dos abonados, línea f para dos abonados ‖ **⁓logarithmus** m (Math) / logaritmo m de la base dos ‖ **⁓pack** m / paquete m de dos unidades m ‖ **⁓potenz** f / segunda potencia f, cuadrado m, cantidad f elevada al cuadrado ‖ **⁓schale** f (Nukl) / capa f doblete ‖ **⁓schnitt** m (DV) / dígito m binario ‖ **⁓stoß** m (Nukl) / colisión f de dos cuerpos ‖ **⁓system** n (Math) / sistema m binario
Zweietagen•-Förderkorb m (Bergb) / jaula f de extracción de dos pisos o plataformas ‖ **⁓ofen** m (Hütt) / horno m de dos pisos ‖ **⁓-Zwirnmaschine** f (Tex) / retorcedora f de dos pisos, molino m de torcer de dos pisos
zweifach adj, doppelt / doble, duplicado, bi... ‖ **~** adv, doppelt / doblemente, por duplicado ‖ **~** (Zwirn) / de doble retorcido ‖ **~e Ausfertigung** / por duplicado ‖ **~e Bindung**, Zweifachbindung f (Chem) / enlace m doble ‖ **~ brechend** (Phys) / birrefringente ‖ **~ gekoppelt** / gemelado, gemelo ‖ **~ geladen** (Atom, Phys) / de carga doble ‖ **~e Nickelschicht** (Galv) / capa f doble de níquel ‖ **~es Programm** (DV) / programa m de nivel doble ‖ **~e Schleifenwicklung** (Elektr) / arrollamiento m imbricado paralelo doble ‖ **~er Schutz** m (Galv) / doble protección f ‖ **~e Wellenwicklung** (Elektr) / arrollamiento m ondulado paralelo doble ‖ **mit ~er Abstimmung** (Eltronik) / de sintonización doble ‖ **das ~e** / doble m
Zweifach•betrieb m, Duplexbetrieb m (Fernm) / servicio m dúplex ‖ **⁓-Diversity** f (Eltronik) / diversidad f dual, doble diversidad f ‖ **⁓-Doppelkegelantenne** f / antena f bicónica doble ‖ **⁓-Drehkondensator** m / doble condensador variable o giratorio en tándem m ‖ **⁓garn** n, zweifädiges o. -drähtiges Garn (Spinn) / hilo m bifilar ‖ **⁓-Hindernisleuchte** f (Luftf) / doble balizaje de obstáculo[s] m ‖ **⁓hülsenkette** f (Masch) / cadena f remachada doble ‖ **⁓kondensator** m / doble condensador en tándem m ‖ **⁓operator** m (DV) / operador m diádico ‖ **⁓regelung** f / control m doble, reglaje m doble ‖ **⁓reihenbildkammer** f / cámara f doble de aerofotografía para tomas en serie ‖ **⁓röhre** f / tubo m doble, válvula f doble ‖ **⁓-[Rollen]kette** f (Masch) / cadena f doble de rodillos ‖ **⁓sintern** n / sinterizado m doble, sinterización f doble ‖ **⁓treibstoff** m (Luftf) / diergol m ‖ **⁓untersetzer** m, bistabiler Kreis (Eltronik) / circuito m de escala binaria o de escala de dos ‖ **⁓verstärker** m (Eltronik) / amplificador m de dos etapas ‖ **⁓werkzeug** n (Druckguss) / molde m de dos cavidades
Zwei•fadenlampe f (Kfz) / lámpara f de dos filamentos ‖ **⁓fadennaht** f (Tex) / costura f de dos hilos ‖ **~fädig** (Spinn) / de dos hilos, de dos cabos ‖ **~fädiger geschleifter Zwirn**, -drähtiger geschleifter Zwirn m (Spinn) / hilo m ligeramente retorcido ‖ **~fädiger**

Zwirn, zweidrähtiger Zwirn (Spinn) / hilo *m* [re]torcido bifilar || **~fädiges o. -drähtiges Garn**, Zweifachgarn *n* / hilo *m* bifilar || **˜familienhaus** *n* / casa *f* de dos familias || **˜farbendruck** *m* / impresión *f* bicolor o en dos colores o a dos tintas, bicromía *f* || **˜farbendruckmaschine** *f* / máquina *f* o prensa de imprimir en dos colores || **˜farbenspritzmaschine** *f* (Plast) / máquina *f* de inyectar plástico bicolor || **˜farben-Spritzverfahren** *n* (Plast) / moldeo *m* bicolor **zweifarbig**, Zweifarben... / bicolor, de o en dos colores || ~ (Plast) / bicolor || ~ [schillernd] (Opt, Phys) / dicroico || ~ (Druck) / a dos tintas || **~es Farbband** (Schreibm) / cinta *f* bicolor || **~er Kristall** / merocromo *m*
Zweifederspindel *f* (Spinn) / husillo *m* de doble muelle
zweifelhafte Markierung (DV) / marca *f* dudosa
Zwei•flach, Dieder *n* (Geom) / diedro *m* || **˜flach** *m* (Masch) / cuerpo *m* cilíndrico con dos caras opuestos planos || **˜flächenstall** *m* (Landw) / establo *m* a dos niveles || **˜flächig** / diedro || **˜flammenbrenner** *m* (Schw) / soplete *m* de dos llamas || **˜flammrohrkessel** *m* / caldera *f* de dos tubos de llama || **˜flanken**... / de dos flancos, de flanco doble ||
˜flankenwälzabweichung *f* (Getriebe) / error *m* radial de engrane || **˜flankenwälzsprung** *m* (Getriebe) / salto *m* radial de engrane || **˜flanschnabe** *f* (Kfz) / cubo *m* de brida doble || **˜flügelblende** *f* (Foto) / obturador *m* de dos laminillas o palas o aspas || **~flügelig** (Propeller) / de dos palas, bipala || **~flügeliger Lüfter** (Kfz) / ventilador *m* de dos palas || **~flügelige Tür**, Flügeltür *f* (Bau) / puerta *f* de dos batientes o hojas ||
˜flügelmeißel *m* (Wz) / trépano *m* de dos aletas || **˜flüssigkeitstheorie** *f* (Nukl) / teoría *f* de dos líquidos || **~flutig** (Turbine) / de doble flujo || **~flutiger Boden** (Chem) / plataforma *f* de doble flujo || **~flutiges Turbogebläse** / turbocompresor *m* de doble flujo || **~fontourige Strickmaschine** (Tex) / tricotosa *f* de doble fontura, tricotosa *f* de dos barras de agujas || **˜frequenz**... (Bahn) / bifrecuencial, de dos frecuencias || **˜frequenzabstimmung** *f* / sintonización *f* frecuencia-imagen || **˜frequenzlokomotive** *f* / locomotora *f* bifrecuencia || **˜füllungstür** *f* (Bau) / puerta *f* de dos paneles || **˜funkenzündung** *f* (Mot) / encendido *m* de dos chispas || **˜furchenpflug** *m* (Landw) / arado *m* bisurco
Zweig *m* (Bot) / ramo *m* || ˜, Ast *m* (Bot) / rama *f* || ˜, Abzweigung *f* / derivación *f* || ˜ (Eltronik) / derivación *f* (E), ramal *m* (LA) || ˜, Ausläufer *m* (Bergb) / ramificación *f* || ˜ (Wissenschaft) / disciplina *f*, ramo *m*, rama *f* || ˜, Branche *f* (Handel, Industrie) / ramo *m* || ˜, Zerfallsanteil *m* (Nukl) / bifurcación *f* (el producto resultante) || ˜ *m* (Informatik) / ramo *m* || **˜ eines Stromkreises** / rama *f* de circuito, brazo *m* de un circuito || **˜ader** *f* (Bergb) / filón *m* secundario || **˜amt** *n* (Fernm) / central *f* secundaria, centro *m* telefónico secundario
Zweigang... / de dos velocidades
zweigängig (Schraubengewinde) / de dos entradas, de filete doble || **~er Abwälzfräser** (Wzm) / fresa *f* madre de paso doble || **~e Schnecke** / tornillo *m* sin fin o visinfín de dos filetes || **~e Wicklung** s. zweifache Schleifenwicklung oder Wellenwicklung
Zweigang•schaltung *f* (Fahrrad) / palanca *f* de embrague de dos velocidades || **˜wischer** *m* (Kfz) / limpiaparabrisas *m* de dos velocidades
Zweig•betrieb *m* / sucursal *f* || **˜draht** *m* (Elektr) / hilo *m* en derivación
Zweigebündel *n*, Faschine *f* (Wassb) / haz *m* de ramas, fajina *f*
zweigehäusig (Turbine) / de dos cajas
Zweigelement *n* (Eltronik) / válvula *f* en un circuito
Zwei•gelenk... / de articulación doble, de dos articulaciones, biarticulado || **˜gelenkbogen** *m* (Bau) / arco *m* de dos articulaciones || **˜geschossig** (Bau, Brücke) / de dos pisos || **~gespalten**, -spaltig (Druck) /

de o en dos columnas || **˜gestaltigkeit**, Dimorphie *f* (Krist) / dimorfismo *m* || **~geteilt** / bipartido, partido en dos
Zweig•gleis *n* (Bahn) / ramal *m* de vía, empalme *m* || **˜hahn** *m* / grifo *m* de derivación
zwei•gipflig (Stat) / bimodal || **˜gitterröhre** *f* (Eltronik) / tubo *m* de dos rejillas
Zweig•kabel *n* (Elektr) / cable *m* en derivación || **˜kreis** *m* (Elektr) / circuito *m* en derivación, simétrico
zweigleisig (Bahn) / de vía doble (E), de doble vía, de trocha doble (LA) || **~er Ausbau** (Bahn) / tendido *m* de una segunda vía, construcción *f* de doble vía || **~ ausbauen** / tender una segunda vía || **~e Strecke**, -spurige Strecke (Bahn) / línea *f* en doble vía
Zweigleitung *f* (Rohr) / tubería *f* ramificada, ramal *m* de tubería || ˜ / línea *f* en derivación, ramal *m*
zweigliedrig (Math) / binomial, de dos términos o miembros || **~e Größe** (Math) / binomio *m*
zweiglockiges Läutewerk / timbre *m* [de llamada] de doble sonido
Zweig•paar *n* (Eltronik) / par *m* de ramales || **˜polymerisation** *f* (Chem) / polimerización *f* por injectos || **˜programm** *n* (DV) / programa *m* de bifurcación
Zweigriffarmatur *f* / grifo *m* [mezclador] de dos válvulas
Zweigrohr *n*, -röhre *f* / tubo *m* de bifurcación
Zweigruppentheorie *f* (Nukl) / teoría *f* de dos grupos
Zweig•schalter *m* (Elektr) / conmutador *m* de derivación || **˜station** *f* (Bahn) / estación *f* de empalme, empalme *m* || **˜stelle** *f* (Mech) / punto *m* de ramificación || **˜stellensystem** *n* (DV) / sistema *m* de ramificación || **˜strecke** (Bergb) / vía *f* secundaria, ramal *m* || **˜strecke** (Bahn) / línea secundaria;.f. || **˜strom** *m* (Eltronik) / corriente *f* derivada o de (o en) derivación || **˜turbine** *f*, parallel geschaltete Turbine / turbina *f* paralela || **˜turbine** / turbina *f* de derivación
Zweigutscheidung *f* (Aufb) / separación *f* en dos productos
Zweig•widerstand *m* (Elektr) / resistencia *f* derivada o derivante o de derivación || **˜widerstand**, Nebenschlusswiderstand *m* / shunt *m*
zwei•halsige Flasche, Zweihalsflasche *f* (Chem) / botella *f* bitubular o de cuello doble || **˜handarbeiten** *n* (F.Org) / trabajos *m* *pl* a dos manos || **˜handbetätigung** *f* (Presse), -sicherung *f* (Stanz) / protegemanos *m*, guardamanos *m* || **˜handeinrückung** *f* (Gieß, Masch) / accionamiento *m* a dos manos, embrague *m* bimanual || **~händig** / a dos manos || **˜handschlüssel** *m* / llave *f* de dos manos || **˜hand-Steuergerät** *n* / unidad *f* de control bimanual || **~hängiges Dach**, Satteldach *n* (Bau) / tejado *m* de dos vertientes o aguas ||
˜herdofen *m* / horno *m* tándem o de dos crisoles || **~hiebig**, doppelhiebig (Feile) / de picado doble || **˜hordendarre** *f* / secadero *m* de dos pisos || **˜kammerbremse** *f* (Bahn) / freno *m* de dos cámaras || **˜kammerhauptzylinder** *m* (Bremse) / cilindro *m* principal de dos cámaras || **˜kammer-Klystron** *n* (Eltronik) / clistrón *m* o klistrón de dos cavidades || **˜kammerleuchte** *f* (Kfz) / lámpara *f* de dos unidades || **˜kammerofen** *m* (Hütt) / horno *m* de dos cámaras || **˜kammerschleuse** *f*, Kuppelschleuse *f* (Schiff) / esclusa *f* de dos cámaras acopladas ||
˜kammerwasserrohrkessel *m* / caldera *f* acuotubular de dos colectores || **˜kanal-Frequenzumtastung** *f* (Eltronik) / manipulación *f* [por desplazamiento] de frecuencia en dos canales || **˜kanalschalter** *m* (Eltronik) / conmutador *m* de dos canales || **˜kanal-Simplexverkehr** *m* (Fernm) / símplex *m* de doble canal || **˜kanalton-Betrieb** *m* **bei Mehrkanalton-Übertragungsverfahren** (TV) / servicio *m* de dos canales en la transmisión multicanal del sonido || **˜kanalton-Empfänger** *m* (TV) / receptor *m* bicanal o de dos canales || **˜kanalverstärker** *m* / amplificador *m* de doble canal || **˜klanghorn** *n* (aus

zwei Einzelhörnern) (Kfz) / bocina f de dos tonos ‖ ⁓knüppelsteuerung f (Luftf) / mando m por dos palancas o palos ‖ ⁓komponentenfarbe f (Anstrich) / pintura f de dos componentes ‖ ⁓komponentenfaser f (Tex) / fibra f de dos componentes ‖ ⁓komponenten-Flüssigtreibstoffsystem n (Raumf) / sistema m de líquido propulsivo de dos componentes, propulsor m bilíquido ‖ ⁓komponentenharz n (Chem) / resina f de dos componentes ‖ ⁓komponentenkleber m / pegamento m de dos componentes ‖ ⁓komponenten-Reaktionshaftgrund m (Anstrich) / imprimación f reactiva de dos componentes ‖ ⁓komponenten-Spritzgerät n / pistola f pulverizadora a dos componentes ‖ ⁓komponententarif, Tarif m basierend auf Grund- u. Arbeitspreis (Elektr) / tarifa f binaria ‖ ⁓kontakt[spannungs]regler m (Kfz) / regulador m de voltaje de dos contactos ‖ ⁓koordinaten-Navigation f (Luftf) / navegación f de dos coordenadas ‖ ⁓korn n, Emmer m (Bot, Landw) / trigo m almidonero ‖ ⁓körperkräfte f pl (Phys) / fuerzas f pl entre dos cuerpos ‖ ⁓körperproblem n (Phys) / problema m de los dos cuerpos, problema m de Kepler ‖ ⁓kraft... (Bahn) / de doble fuente de energía ‖ ⁓kränzig (Turbine) / de dos coronas ‖ ⁓kreis... (Eltronik) / de dos circuitos independientes ‖ ⁓kreisbremse f (Kfz) / freno m de dos circuitos independientes ‖ ⁓kreis-Bremssystem n / sistema m de freno bicircuito ‖ ⁓kreisdiagramm n, Peilacht f (Ortung) / diagrama m en forma de ocho ‖ ⁓kreisdiskriminator m (Eltronik) / discriminador m de dos circuitos ‖ ⁓kreisel... (Luftf) / de dos giroscopios ‖ ⁓kreisempfänger m, Sekundärempfänger m (Funk) / receptor m de dos circuitos ‖ ⁓kreislaufsystem n (Nukl) / sistema m de ciclo doble ‖ ⁓kreisreaktor m / reactor m de ciclo doble o de doble ciclo ‖ ⁓kreis-TL-Triebwerk n (Luftf) / turborreactor m con soplante, turbofan m ‖ ⁓kreistriebwerk n / turborreactor m de doble flujo ‖ ⁓kreisverstärker m (Eltronik) / circuito m de sintonía doble ‖ ⁓krempelsatz m (Spinn) / surtido m de dos cardas ‖ ⁓kurvenregler m / regulador m registrador de dos puntos ‖ ⁓lagen..., -schicht... / de dos capas ‖ ⁓lagenblech n / chapa f revestida o recubierta ‖ ⁓lagenregler m / regulador m de (o a) dos niveles ‖ ⁓lagenwicklung f (Elektr) / arrollamiento m de dos capas ‖ ⁓lagerbuchse f / caja f [de grasa] con dos rodamientos ‖ ⁓lagig / de dos capas, de doble capa ‖ ⁓lamellig / bilamelar ‖ ⁓läufiger Steigeisengang (Bau) / peldaños m pl de bajada [dispuestos en zigzag] para pozos ‖ ⁓läufige Treppe / escalera f de dos tramos ‖ ⁓leiterkabel n (Elektr) / cable m de dos conductores, cable m bifilar ‖ ⁓leiternetz, -leitersystem n (Elektr) / red f de dos conductores, red f de dos líneas ‖ ⁓leitertechnik f (Fernm) / técnica f N+N ‖ ⁓leiterzähler m (Elektr) / contador m de dos conductores ‖ ⁓leitungsbremse f (Kfz) / freno m de tubería doble ‖ ⁓leitungskolbenverteiler m / distribuidor m de émbolo[s] con tubería doble ‖ ⁓lichtfenster n (Bau) / ventana f gemela ‖ ⁓linsen-Spiegelreflex-Kamera f / cámara f reflex de doble lente o de dos objetivos ‖ ⁓linser m, Doppelobjektiv n (Foto) / objetivo m de dos lentes ‖ ⁓lochflansch m (Masch) / brida f de dos agujeros ‖ ⁓lochmutter f / tuerca f de dos agujeros ‖ ⁓lochmutterndreher m (Wz) / llave f para tuercas f de dos agujeros ‖ ⁓lochwicklung f (Elektr) / arrollamiento m de dos ranuras

zweimalig • e [Frequenz]überlagerung / cambio m doble de frecuencia ‖ **~es Verkupfern** / cobreado m doble o en dos capas

Zweimalspinnen n / hilatura f doble, torcido m doble

Zwei • mannbedienung f / maniobra f de dos operadores ‖ ⁓**mannblattsäge**, Zugsäge f (DIN) (Forstw, Wz) / sierra f tronzadora ‖ ⁓**mantelisolator** m (Elektr) /

aislador m de doble campana ‖ ⁓**maschinenbedienung** f / mando m de dos máquinas ‖ ⁓**maschinensystem** n (Elektr, Kfz) / sistema m de generador y de arrancador separados ‖ ⁓**massenschwungrad** n / volante m de dos masas ‖ ⁓**meißeldrehmaschine** f (Wzm) / torno m de dos cuchillas ‖ **~metallische Unruh** (Uhr) / volante m bimetálico ‖ **~motorig** / bimotor ‖ **~motoriger Jet** / birreactor m, avión m birreactor ‖ **~motoriger Turboprop** / turbopropulsor m doble o gemelo ‖ ⁓**nadel...** / de dos agujas ‖ ⁓**normen...** (TV) / de dos estándares, aplicable a dos sistemas ‖ ⁓**nullen...** f / ... de dos zeros ‖ **~ohrig**, binaural (Akust) / binaural

Zweiphasen • ... (Chem) / bifásico, difásico ‖ ⁓**-Dreileitersystem** n (Elektr) / sistema m bifásico de tres hilos ‖ ⁓**-Dreiphasen-Transformator** m / transformador m bifásico-trifásico ‖ ⁓**druckverfahren** n **für Küpenfarbstoffe** (Tex) / procedimiento m de impresión de dos fases ‖ ⁓**generator** m (Elektr) / generador m bifásico ‖ ⁓**-Speicherauszug** m (DV) / vuelco m e impresión del contenido de la memoria ‖ ⁓**strömung** f (Phys) / flujo m bifásico ‖ ⁓**system**, -netz n (Elektr) / red f bifásica, sistema m bifásico ‖ **um 90° versetztes ⁓system** (Elektr) / red f bifásica en cuadratura ‖ **unverkettetes ⁓system**, Zweiphasen-Vierleitersystem n (Elektr) / red f bifásica de cuatro hilos ‖ **verkettetes ⁓system**, Zweiphasen-Dreileitersystem n / red f bifásica de tres hilos ‖ ⁓**wandler** m (Hydrodynamik) / convertidor m de par de dos fases ‖ ⁓**[wechsel]strom** f (Elektr) / corriente f [alterna] bifásica ‖ ⁓**wechselstromgenerator** m / alternador m bifásico

zweiphasig, Zweiphasen... / bifásico, difásico ‖ ~, in zwei Phasen [erfolgend] (Vorgang) / bifásico, de (o a) dos fases ‖ **~er Erdschluss** / conexión f a tierra sobre dos fases ‖ **~e Widerstandsvorschaltung** (Motor) (Elektr, Motor) / control m por resistencias estatóricas sobre dos fases

Zwei • -Photonenabsorption f / absorción f de dos fotones ‖ ⁓**-plus-Eins-Adressbefehl** m (DV) / instrucción f de dos más una direcciones ‖ ⁓**pol** m (Elektr) / bípolo m, red f de dos terminales

zweipolig, mit zwei Polen (Elektr) / bipolar ‖ ~ (Stecker) / bipolar, de dos espigas ‖ **~er Ausschalter** (Elektr) / interruptor m bipolar ‖ **~er Kippschalter** / conmutador m de resorte bipolar, conmutador m de acción [super]rápida bipolar ‖ **~er Messerschalter** [mit Rückseitenanschluss] / interruptor m [conectado por detrás] bipolar de dos direcciones ‖ **~er Stecker** / ficha f bipolar, clavija f bipolar ‖ **~er Umschalter** / conmutador m bipolar de dos direcciones

Zwei • pol-Rauschtemperatur f / temperatura f de ruido bipolar ‖ ⁓**polröhre** f, Diode f / diodo m, diodo m ‖ ⁓**poltheorie** f (Phys) / teoría f de bipolos ‖ ⁓**prismenmaschine** f, -zylinder-Jacquardmaschine f (Tex) / máquina f Jacquard de dos cilindros ‖ ⁓**produktscheidung** f (Chem) / separación f en dos productos

Zweipunkt • ... / en o entre dos puntos ‖ ⁓**abstimmung**, Spiegelfrequenzabstimmung f (Eltronik) / sintonía f repetida ‖ ⁓**betrieb** m (Regeln) / control m de cierre-apertura, control m de todo o nada ‖ ⁓**glied** n (Regeln) / elemento m de control a dos posiciones ‖ ⁓**lagerung** f (Masch) / apoyo m de dos puntos ‖ ⁓**maß** n / distancia f entre dos puntos ‖ ⁓**regelung** f (Regeln) / regulación f por todo o nada, regulación f a dos posiciones ‖ ⁓**regler** m (Regeln) / regulador m de dos posiciones ‖ ⁓**regelungssystem** n / sistema m de regulación de dos posiciones ‖ ⁓**regler** m (Regeln) / regulador m de dos posiciones ‖ ⁓**signal** n (DV) / señal f binaria

Zwei • punktverhalten n (Eltronik) / salida f binaria ‖ ⁓**quadrant...** (Eltronik) / de dos cuadrantes, bicuadrante ‖ ⁓**quanten...** / bicuántico ‖ ⁓**quartier** n, halber Stein (Bau) / semiladrillo m, medio ladrillo m ‖ ⁓**rad** n / bicicleta f, bici f (coloq) ‖ ⁓**rad...** / de dos

Zweiradfahrgestell

ruedas || ≈**radfahrgestell** n (Luftf) / tren m de aterrizaje de dos ruedas || ≈**radfahrzeug** n / vehículo m de dos ruedas || ≈**radkarren** m / carro m [de dos ruedas o de una solo eje] || ≈**radmechaniker** m / mecánico m de bicicletas y motos || ~**rädrig**, einachsig / de dos ruedas, de un solo eje || ~**rädriger Wagen** / carreta f (E) || ≈**radwiege** f (Seilb) / cuna f de dos ruedas || ≈**raumkamera**, Dunkelraum-Reproduktionskamera f (Foto) / cámara f laboratorio || ~**reihig** (Kugellager) / de dos hileras || ~**reihig** (Nietung) / de dos hileras o filas || ~**reihige parallele Doppellaschennietung** / roblonado m por doble cubrejunta con dos filas paralelas [de remaches] || ≈**richtungs...** / bidireccional, de dos direcciones, de sentido doble || ≈**richtungsdruck** m **mit Wegoptimierung** (DV) / impresión f bidireccional optimizada || ≈**richtungsschrift** f (Magn.Bd) / grabación f bidireccional || ≈**richtungsthyristordiode** f, Diac n (Halbl) / tiristor m diódico bidireccional, diac m || ≈**richtungs-Thyristor-Triode** f, Triac n / tiristor m triódico bidireccional, triac m || ≈**richtungsventil** n (Eltronik) / válvula f bidireccional || ≈**richtungszähler** m (DV) / contador m reversible || ≈**röhrenverstärker** m (Eltronik) / amplificador m de dos válvulas o tubos || ~**rohrig**, binokular (Opt) / binocular || ≈**rohrsystem** n (für Heizen und Kühlen) / sistema m de dos tuberías (calefacción y refrigeración) || ≈**rollenrotationsdruckmaschine** f / rotativa f de dos bobinas || ≈**rumpfflugzeug** n / avión m de fuselaje doble || ≈**säulen...** (Wzm) / de dos montantes o columnas || ≈**säulenpresse** f / prensa f de dos columnas || ≈**säulentransformator** m / transformador m de dos núcleos || ~**säurig** (Chem) / biácido, de dos ácidos || ≈**schachtdrucker** m (DV) / impresora f con dos buzones de introducción || ~**schäftig** (Bindfaden) / de dos hilos (cordel; bramante) || ≈**schalendach** n, Kaltdach n (Bau) / tejado m doble aislado || ≈**schalenfehler** m, Astigmatismus m (Opt) / astigmatismo m || ≈**schalengreifer** m (Kran, Bagger) / cuchara f bivalva o de dos mandíbulas || ~**schalig** (Greifer) / de dos mandíbulas || ~**schaliges Hyperboloid** (Geom) / hiperboloide m de dos hojas || ~**schaliges Mauerwerk** / mampostería f de pared doble || ~**scharig** (Landw) / de dos rejas, bisurco || ~**schariger Pflug**, Zweischarpflug m / arado m bisurco o de reja doble || ~**schariger Schneepflug** (Bahn) / quitanieves m en cuña o de arado (CH) || ≈**scheibenkupplung** f (Kfz) / embrague m bidisco o de disco doble || ≈**scheiben-Schleuderstreuer** m (Landw) / esparcidora f de fertilizantes centrífuga de disco doble || ≈**scheiben-Wankelmotor** m / motor m rotativo de dos rotores || ≈**scheibenwicklung** f (Elektr) / arrollamiento m o devanado en doble disco || ~**schenkelig** / de dos brazos o ramos || ≈**schenkeltransformator** m / transformador m de dos núcleos o columnas, transformador m de dobles columnas || ≈**schicht...**, -lagen... / de dos capas, de capa doble || ≈**schichtband** m (Magn.Bd) / cinta f magnética de dos capas || ≈**schichtbetrieb** m, Zweischichtarbeit f (F.Org) / trabajo m en dos turnos, explotación f en dos turnos || ≈**schichten-Bildschirm** m (TV) / pantalla f de dos capas || ≈**schichten-Filmverfahren** n (Druck) / procedimiento m con película de dos capas || ≈**schichtenglas** n / vidrio m dúplex o de seguridad || ≈**schichtenpressling** m (Sintern) / comprimido m de dos capas || ≈**schichtenputz** m (Bau) / revoque m de dos capas || ~**schichtig**, Zweischicht... (F.Org) / de dos turnos || ~**schichtig**, mit zwei verschiedenen Zusammensetzungen (Straßendecke) / de dos capas || ≈**schichtpapier** n (Papier mit Geber- und/oder Nehmerschicht) / papel m autocopiador de dos capas || ≈**schichtwicklung** f (Elektr) / devanado m en dos capas || ~**schieber...** / de dos correderas ||

≈**schienen...**, auf zwei isolierten Schienen (Bahn) / de dos rieles aislados || ≈**schienen-Gleisstromkreis** m (Bahn) / circuito m de vía con aislamiento de las dos filas de carriles || ≈**schienenhängebahn** f / ferrocarril m suspendido en dos rieles || ≈**schienenkatze** f / carro m de (o sobre) dos rieles || ~**schienig** / sobre o de dos rieles || ~**schiffig** (Bau) / de dos naves || ≈**schlackenverfahren** n (Hütt) / procedimiento m de dos escorias || ≈**schlag** m (Kinematik) / combinación f binaria || ≈**schlauchbrenner** m (Schw) / soplete m de oxicorte || ≈**schlitz-Magnetron** n / magnetrón m de ánodo dividido o hendido || ≈**schneide-Astsäge** f (Wz) / sierra f de jardinero doble, sierra f de poda de hoja giratoria || ~**schneidig** / de dos filos o dientes || ~**schneidig** (Säge) / de dos cantos cortantes (hoja) || ~**schneidiger Bohrer** / broca f o barrena con dos filos cortantes || ~**schneidige Furniersäge** / sierra f con dentado doble para chapas de madera || ~**schnittig** (Mech) / de dos cortes || ~**schnittiges Gelenk** / articulación f de sección doble || ≈**schnittige [Überlappungs-]Nietung** / remachado m doble rectangular || ≈**schraubenflansch** m / brida f de dos bulones || ≈**schraubenschiff** n / buque m de dos hélices, buque m de hélices gemelas || ~**schürige Wolle**, Zweischurwolle f (Tex) / lana f de dos esquileos, lana f del segundo esquileo || ~**schürige Wiese** (Landw) / prado m de dos cortes || ≈**schussbindung** f (Web) / ligamento m por trama doble || ~**schwänzig**, doppelschwänzig (Zuck) / con dos colas || ≈**schwimmerflugzeug** n / hidroavión m de dos flotadores || ≈**seilbahn** f / funicular m aéreo bicable, teleférico m de dos cables || ≈**seilgreifer** m (Bagger) / cuchara f de dos cables o de doble cable || ≈**seitenband** n (Eltronik) / doble banda lateral f || ≈**seitenbandmodulation** f / modulación f de doble banda lateral || ≈**seitenentlader** m / vagón m que descarga hacia dos lados, vagón m de descarga bilateral || ≈**seitenkipper** m (Bau) / volquete m de descarga bilateral o hacia dos lados || ≈**seitenkipper** (Bahn) / vagón m con caja basculante bilateral zweiseitig / de dos caras || ~, auf beiden Seiten / a ambos lados || ~, bilateral / bilateral || ~ (Web) / reversible, de doble faz || ~ (z.B. Anzeige) (Druck) / de dos páginas || ~**e Abbildung** (über 2 Seiten gehend) (Druck) / de dos páginas || ~**er Ablaufberg** (Bahn) / albardilla f doble, doble lomo de descomposición m || ~**e Abzweigung** f / bifurcación f bilateral || ~**e Appretur** (Tex) / apresto m por las dos caras || ~ **ausgespart** / escotado a ambos lados || ~ **beschichteter Film** / película f sandwich || ~ **fahrbarer Querstapler** / cargador m lateral de cuatro direcciones || ~ **[gerichtet]** / bidireccional || ~ **konisch** / bicónico || ~**e Laschennietung** / roblonado m de doble cubrejunta || ~**er Maulschlüssel** (Wz) / llave f de dos bocas (E), llave f española (o de boca) doble || ~**es Mikrophon** / micrófono m bidireccional || ~**e Richtcharakteristik** (Eltronik) / característica f bidireccional || ~**es Schloss** / cerradura f de enclavamiento doble || ~ **symmetrisch** / bilateralmente simétrico || ~**er Test** / test m de dos colas || ~**er Umschalthebel** (Bahn) / palanca f de movimiento bilateral || ~ **wirkend** (Kugellager) / de doble empuje || ~ **wirkende Presse** / prensa f de acción doble

Zweiseitigkeit f (Geom) / bilateralidad f || ≈ (Fehler) (Pap) / desigualdad f de caras

Zwei·silowagen m (Bahn) / vagón m de dos silos || ≈**sitzer** (Kfz) / coche m de dos asientos, biplaza m || ~**sitzig** / de dos asientos o plazas, biplaza || ≈**sonden-Gleichstromverfahren** n (Mat.Prüf) / método m de corriente continua con dos electrodos de detección || ~**spaltig**, -gespalten (Druck) / de (o en) dos columnas || ≈**speichenkrad** n (Kfz) / volante m de dos brazos || ≈**spindelbohrmaschine** f (Wzm) / taladradora f de dos husillos || ≈**spindelheber** m (Kfz)

Zweithörer

/ gato *m* o cric de dos husillos ‖ ⁓**spitz** *m* (Hammer) (Wz) / bujarda *f*, escoda *f*, alciche *m* ‖ ⁓**spitzamboss**, Hornamboss *m* (Schm) / bigornia *f* ‖ ⁓**spitzhacke** *f* / dolobre *m* ‖ ⁓**spitzniet** *m* / remache *m* de punta partida o de dos puntas ‖ ⁓**spulengerät** *n* (Band) / magnetófono *m* de dos carretes, grabadora *f* magnetofónica de dos carretes ‖ ⁓**spulige Wellenanordnung**, Zweiwellenanordnung *f* (Luftf) / disposición *f* de dos cuerpos ‖ ⁓**spurig** (Film) / de dos pistas [sonoras] ‖ ⁓**spurig**, für zwei Spurweiten (Bahn) / de doble ancho de vía, para dos anchos de vía (E), de trocha doble ‖ ⁓**spurig** (Straßb) / de dos carriles ‖ ⁓**spuriges Fahren** (Bahn) / doble cambio *m* ‖ ⁓**spurtechnik** *f* (Magn.Bd) / grabación *f* en dos pistas ‖ ⁓**stand-Entfernungsmesser** *m* (Verm) / telémetro *m* de base extendido ‖ ⁓**ständer**... (Wzm) / de dos montantes ‖ ⁓**ständerexzenterpresse** *f* / prensa *f* excéntrica de dos montantes ‖ ⁓**ständerhobelmaschine** *f* / cepilladora *f* (E) o acepilladora (LA) de dos montantes ‖ ⁓**ständerschere** *f* (Blech) / cizalla *f* cerrada o de dos montantes ‖ ⁓**stärkenglas** *n* (Opt) / lente *f* bifocal, cristal *m* de doble foco ‖ ⁓**stegig**, doppelstegig (Stahlbau) / de alma doble (viga) ‖ ⁓**stegplatte** *f* (Raupenfahrz) / placa *f* de dos nervios ‖ ⁓**stellig** (ganze Zahl) (Math) / de dos dígitos o cifras ‖ ⁓**stellig** (Dezimale) / de dos partes decimales ‖ ⁓**stellungsventil** *n* (Pneum) / botón *m* de dos posiciones ‖ ⁓**stellungswahlschalter** *m* (Pneum) / conmutador *m* de dos posiciones ‖ ⁓**sternmotor** *m* / motor *m* en dos estrellas ‖ ⁓**stöckig** (Bau) / de dos plantas o pisos ‖ ⁓**stöckig** (Bus) / con imperial ‖ ⁓**stöckiger Förderkorb** (Bergb) / jaula *f* de extracción de dos pisos ‖ ⁓**stockwagen** *m*, Doppelstockwagen *m* (Bahn) / coche *m* de dos pisos ‖ ⁓**stoff**... / binario ‖ ⁓**stoffgemisch** *n* (Chem) / mezcla *f* binaria ‖ ⁓**stofflegierung** *f* (Hütt) / aleación *f* binaria ‖ ⁓**stoffmotor** *m* / motor *m* bicombustible o para dos combustibles ‖ ⁓**stoffsystem** *n* (Hütt) / sistema *m* binario ‖ ⁓**strahl**... (Opt) / de haz doble, de dos haces ‖ ⁓**strahl-Flächen-Speicherröhre** *f* (Kath.Str) / tubo *m* de memoria plana de dos haces ‖ ⁓**strahlig** (Luftf) / birreactor ‖ ⁓**strahliges Flugzeug** / birreactor *m*, avión *m* de doble chorro ‖ ⁓**strahl-Interferenz** *f* (Laser) / interferencia *f* de dos haces ‖ ⁓**strahl-Interferometer** *n* / interferómetro *m* de haz doble ‖ ⁓**strahl-Laserinterferometer** *n* / interferómetro *m* lasérico de dos haces ‖ ⁓**strahl-Linien-Speicherröhre** *f* (Kath.Str) / tubo *m* de memoria en línea de dos haces ‖ ⁓**strahl-Oszilloshop** *n* / osciloscopio *m* catódico de dos haces ‖ ⁓**strahlphotometer** *n* / fotómetro *m* de haz doble ‖ ⁓**strahlspektrometer** *n* / espectrómetro *m* de haz doble ‖ ⁓**strahltriebwerk** *n* / motor *m* biturbo ‖ ⁓**stranggießen** *n* (Hütt) / colada *f* continua de (o en) dos lentes ‖ ⁓**strängig** (Kette) / de dos ramales ‖ ⁓**strängig** (Tex) / de dos madejas ‖ ⁓**straßige Fahrweise** (Fernm) / funcionamiento *m* gemelar de dos vías o canales de señalización

Zweistrom... (Turbine) / de flujo doble, de doble flujo ‖ ⁓**einspritzdüse** *f* / inyector *m* de corriente doble, tobera *f* de inyección de corriente doble ‖ ⁓**lokomotive** *f* / locomotora *f* bicorriente ‖ ⁓**system** *n*, doppelflutiges System (Turbine) / sistema *m* de flujo doble ‖ ⁓**-Triebwerk** s. Zweikreis-TL-Triebwerk

Zweistufen•-Auslagern *n* (Hütt) / envejecimiento *m* en dos etapas ‖ ⁓**brenner**, Combustor *m* / quemador *m* de dos etapas [de gasificación] ‖ ⁓**modulation** *f* (Eltronik) / doble modulación *f* ‖ ⁓**pumpe** *f* / bomba *f* dúplex ‖ ⁓**rakete** *f* / cohete *m* de dos etapas ‖ ⁓**relais** *n* / relé *m* de dos posiciones ‖ ⁓**Schären** *n*, -Zetteln *n* (Web) / urdido *m* de dos etapas ‖ ⁓**verstärker** *m* (Eltronik) / amplificador *m* de dos etapas

zweistufig, in 2 Stufen (allg) / bietapa, bietápico, de dos etapas, de dos pasos, bigradual, de dos grados, biescalonado, de dos escalones ‖ ⁓ (Kompressor, Rakete) / de dos etapas ‖ ⁓ (Treppe) / de dos peldaños ‖ ⁓**e Abschaltung** (Elektr) / desconexión *f* en dos etapas ‖ ⁓**er Druckgasbrenner** / quemador *m* de gas comprimido en dos etapas o escalones ‖ ⁓**e Einspritzung** / inyección *f* de (o en) dos etapas o fases ‖ ⁓**e Expansion** / expansión *f* compuesta o de dos etapas ‖ ⁓**e Gasturbine** / turbina *f* de gas de dos etapas [de presión] ‖ ⁓**e Riemenscheibe** / polea *f* de dos escalones

zwei•stündig / de dos horas ‖ ⁓**stündlich** / cada dos horas ‖ ⁓**systemlokomotive** *f* (hinsichtlich Frequenz o. Strom) / locomotora *f* bicorriente

zweit•e Ableitung, zweiter Differentialquotient (Math) / segunda derivada *f*, segundo cociente diferencial *m* ‖ ⁓**er Anrufsucher** (Fernm) / conmutador *m* secundario de línea, buscador *m* secundario ‖ ⁓**er Endschalter**, Sicherheitsendschalter *m* (Elektr) / disyuntor *m* de límite final ‖ ⁓**e Form** (Druck) / segunda *f* ‖ ⁓**e[r] Klasse** / segunda *f*[clase] ‖ ⁓**er Kreislauf** (Nukl) / circuito *m* secundario ‖ ⁓**e o. innere Form**, Widerdruckform *f* (Druck) / retiro *m* ‖ ⁓**er Ordnung**, 2. Grades (Math) / de segundo orden ‖ ⁓**e Potenz**, Quadrat *n* (Math) / segunda potencia *f*, cuadrado *m* ‖ ⁓**e Putzschicht** (Bau) / segunda capa de revoque *f* ‖ ⁓**er Stock** / primer piso *m*(E), tercer *m*[o] piso (LA) ‖ ⁓**e Wahl** (Ware) / 2ª calidad *f* ‖ ⁓**in** ⁓**er Reihe parken** (Kfz) / aparcar en segunda fila

Zwei•tafelverfahren *n* (Zeichn) / proyección *f* en (o sobre) dos planos ‖ ⁓**takt** *m* (Kfz) / ciclo *m* de dos tiempos ‖ ⁓**taktgemisch** *n* (Kfz) / mezcla *m* para [motor de] dos tiempos ‖ ⁓**taktmotor** *m* / motor *m* de dos tiempos

Zweitanzeigegerät *n* / indicador *m* adicional

Zweitarif... / de tarifa doble

Zweit•ausfertigung *f* / duplicado *m*, copia *f*, doble ejemplar *m* ‖ ⁓**auslenkecho** *n* (Fernm) / eco *m* secundario, eco *m* de traza secundaria ‖ ⁓**band** *n* (DV) / cinta *f* adicional de reserva, cinta *f* alternativa ‖ ⁓**besitzer** *m* (Kfz) / propietario *m* de segunda mano ‖ ⁓**drucker** *m* (DV) / segunda impresora *f*

zweiteilen *vt* / partir en dos

zweiteilig / en dos piezas, de dos partes o elementos, partido en dos, bipartido ‖ ⁓**e Dose** (Brau) / lata *f* de dos piezas ‖ ⁓**es Fenster** (Bau) / ventana *f* gemela ‖ ⁓**e Form** (Gieß) / molde *m* compuesto ‖ ⁓**er Fräser** (Wz) / fresa *f* gemela ‖ ⁓**es Gesenk** (Schm) / estampa *f* bipartida ‖ ⁓**e Kastenform** (Gieß) / molde *m* de caja de dos partes ‖ ⁓**e Klinke** (Fernm) / jack *m* [basculante] de dos vías ‖ ⁓**er Kollektor** (Elektr) / colector *m* de dos partes ‖ ⁓**es Objektiv** / objetivo *m* de dos lentes ‖ ⁓**er Satz** (Wz) / juego *m* en dos partes ‖ ⁓**e Scheibenegge** (Landw) / grada *f* o rastra de discos bipartida ‖ ⁓**es Tor**, Falltor *n* (Bau) / puerta *f* plegable o plegadiza, puerta *f* de dos batientes

Zwei•teilnehmerbetrieb *m* (Fernm) / explotación *f* por dos utilizadores ‖ ⁓**teilung** *f* / bipartición *f*, bisección *f*, bifurcación *f* ‖ ⁓**temperatur**... (Phys) / de dos temperaturas; de dos zonas térmicas ‖ ⁓**temperatur-Austausch-Trennverfahren** *n* (Nukl) / procedimiento *m* bitérmico de separación ‖ ⁓**temperatur-Kühlschrank** *m* / refrigerador *m* de dos temperaturas

Zweit•empfänger *m* / segundo receptor *m* ‖ ⁓**entwicklung** *f* / desarrollo *m* secundario

Zweiter, zweiter Gang (Kfz) / segunda *f*[marcha]

Zweit•exemplar *n* / duplicado *m*, segundo ejemplar *m* ‖ ⁓**extrakt** *m* (Schmiermittel) / extracto *m* tratado dos veces con un solvente ‖ ⁓**fernsprecher** *m*, -telefon *m* / teléfono *m* secundario ‖ ⁓**gerät** *n* (Eltronik) / segundo aparato *m* ‖ ⁓**hörer** *m* (Fernm) / auricular *m* de

1577

Zweitkanal

segunda escucha ‖ ⁓**kanal** m (Fernm) / canal m alternativo o auxiliar ‖ ⁓**lautsprecher** m / altavoz m secundario, segundo altavoz m ‖ ~**letzt** / penúltimo ‖ ⁓**lieferant** m / segundo suministrador m ‖ ⁓**luft** f, Zusatzluft / aire m secundario o adicional ‖ ⁓**luft**, Nebenluft f / aire m secundario o complementario ‖ ⁓**muster** n / muestra f duplicada
Zwei•ton... (Farbe) / bicolor ‖ ⁓**tonmethode** f (Eltronik) / método m de intermodulación ‖ ⁓**tor** n (DV) / transductor m de dos puertas ‖ ⁓**tor**, Vierpol m (Eltronik) / red f de dos puertas o de dos entradas, cuadripolo m ‖ ⁓**tor in Kreuzschaltung** / red f mallada o en celosía
Zweit-Original n, Transparentpause f / contracalco m
Zwei•tourengreifer m (Nähm) / gancho m rotativo ‖ ⁓**tourenpresse** f (Druck) / prensa f [tipográfica] de dos revoluciones o vueltas, prensa f de doble juego o revolución ‖ ~**tourig** (Schloss) / de dos vueltas ‖ ~**tourig** (Geschwindigkeit) / de dos velocidades ‖ ~**touriger Elektromotor** / motor m eléctrico con cambio de número de polos
Zweit•-Probenahme f (Stat) / segundo muestreo m ‖ ⁓**produkt** n, B-Produkt n (Zuck) / azucar m de segunda categoría
Zweiträgersystem n (TV) / sistema m de dos portadoras **zweitrangig** / de segundo orden o rango, de segunda categoría, secundario
Zweitrommel•-Schleppwinde f (Schiff) / chigre m de remolque de dos tambores ‖ ⁓**winde** f (Kran) / torno m de dos tambores separados para elevación y vaciado
Zweit•schlacke f (Hütt) / escoria f secundaria ‖ ⁓**speicherung** f (DV) / almacenamiento m auxiliar
zweitürig (Kfz) / de dos puertas ‖ ~**e Limousine** / dospuertas m, berlina f de dos puertas
Zweit•wagen m (Kfz) / segundo coche m ‖ ⁓**wohnsitz** m, -wohnung f / segunda vivienda f, segundo domicilio m
Zwei- u. Zwei-Twill m (Tex) / batavia f "2 and 2"
Zwei•ventil-Heizschlauch m (Gummi) / cámara f de vulcanización para aire y vapor de agua ‖ ⁓**-von-Drei-System** n (Regeln) / sistema m de dos entre tres ‖ ⁓**walzenbrecher** m (Bergb) / trituradora f o machacadora de dos cilindros ‖ ⁓**walzenfoulard** m (Tex) / fular m de dos cilindros o bicilíndrico ‖ ⁓**walzengerüst** m (Walzw) / caja f de dúo ‖ ⁓**walzenkrümler** m (Landw) / desterronador m de dos rodillos ‖ ⁓**walzenquetsche** f (Tex) / exprimidora f de dos cilindros ‖ ⁓**walzenreiniger** m (Spinn) / abridora f de dos tambores gemelos ‖ ⁓**walzenrichtmaschine** f / máquina f enderezadora de dos cilindros ‖ ⁓**walzenstraße** f (Walzw) / tren m laminador dúo ‖ ⁓**walzenstreckwerk** n / tren m de estiraje de dos cilindros ‖ ⁓**walzenstuhl** m (Mühle) / molino m de dos cilindros ‖ ~**wandig** / de pared doble, de dos paredes ‖ ~**wandig** (Stahlbau) / de alma doble ‖ ⁓**wattmeter-Schaltung** f (Elektr) / conexión f de dos vatiómetros ‖ ⁓**weg-Antenne** f, Simultan-Antenne f (Antenne) / antena f con duplexor ‖ ⁓**wegdüse** f / tobera f de dos pasos ‖ ⁓**wege-[Box]palette** f (Transp) / paleta f [caja] de dos vías o entradas ‖ ⁓**wege-Einbauventil** n / válvula f de dos vías incorporable ‖ ⁓**wegefahrzeug** n / vehículo m ferrocarril-carretera ‖ ⁓**wegehahn** m / llave f de dos vías ‖ ⁓**wegeschurre** f, -wegerutsche f (Förd) / tolva f gemela o de dos vías ‖ ⁓**wegeumschalter**, Umschalter m (Elektr) / conmutador m de dos vías o direcciones ‖ ⁓**weggleichrichter** m / rectificador m de onda completa, rectificador m de dos alternancias ‖ ⁓**wegkontakt** m / contacto m bifurcado ‖ ⁓**wegleitung** f / conducto m de dos vías ‖ ⁓**weg-Schaltdiode** f, Diac m (Eltronik) / diac m ‖ ⁓**wegschalter** m (Elektr) / conmutador m de dos vías ‖ ⁓**wegschaltung** f (Stromrichter) / conexión f de dos vías ‖ ⁓**wegschließer** (Relais), -wegschließkontakt m (mittenstabil) / contacto m inversor estable en la

posición central ‖ ⁓**weg-Thyristor**, Zweirichtungs-Thyristor m (bidirektionaler Wechselstrom-Thyristor), Triac n (Halbl) / triac m ‖ ⁓**weg-Tiefofen** m (Hütt) / horno m de calentar (o de foso) con dos quemadores ‖ ⁓**wegumschalter**, Umschalter m (Elektr) / conmutador m de dos direcciones, conmutador m de doble tiro ‖ ⁓**wegverstärker** m / amplificador m dúplex o de ida y vuelta ‖ ⁓**wellenanordnung** f (Turbine) / disposición f de dos árboles, disposición f de eje doble ‖ ⁓**wellenanordnung**, zweispulige Wellenanordnung (Luftf) / disposición f de dos cuerpos ‖ ⁓**wellenkneter** m, Zweiwalzkneter m (Bau) / amasadora f de dos cilindros ‖ ⁓**wellen-Mantelstrom**... (Turboreaktor) / chorro m a cuerpo doble ‖ ⁓**wellenturbine** f (Luftf) / turbina f de dos árboles ‖ ⁓**wellige Wellpappe** / cartón m ondulado doble ‖ ~**wertig** (Chem) / bivalente ‖ ~**wertiger Alkohol** / dialcool m, diol m ‖ ~**wertiges Atom** o. **Radikal** / radical m bivalente ‖ ~**wertige Base** / base f bivalente ‖ ⁓**wertigkeit** f / bivalencia f ‖ ⁓**wertigkeit** (Math) / bivalencia f, duplicidad f ‖ ⁓**wicklungsmaschine** f, -generator m (Elektr) / generador m de arrollamiento doble ‖ ⁓**wochenbericht** n (Bau) / informe m bisemanal ‖ ⁓**zahl**, Dyade f (Math) / díada f ‖ ⁓**zeichenglied** n (Regeln) / elemento m de dos estados ‖ ~**zeilig** (Druck, Schreibm) / de línea doble, de dos líneas ‖ ⁓**zimmerwohnung** f (Bau) / piso m o apartamento de dos habitaciones ‖ ~**zinkig**, -zackig / de dos dientes o púas ‖ ⁓**zonen**... / bizonal, de dos zonas ‖ ⁓**zonenofen** m (Hütt) / horno m de dos hogares ‖ ⁓**zonenreaktor** m (Nukl) / reactor m de dos zonas ‖ ~**zügig** / de dos tiros, bitubular ‖ ~**zügiger Kamin** (Bau) / chiminea f de dos tubos ‖ ⁓**zugkessel** m / caldera f de dos tiros [de humos] ‖ ⁓**zugware**, Doppelstretchware f (Tex) / tejido m elástico en todos los sentidos ‖ ⁓**zylinder**... (Mot) / de dos cilindros ‖ ⁓**zylinderblock** m / monobloque m de cilindros gemelos ‖ ⁓**zylinder-Boxermotor** m / motor m de dos cilindros antagónicos o opuestos ‖ ⁓**zylindermotor** m (Mot) / motor m bicilíndrico o de dos cilindros
Zwerg... / enano adj ‖ ⁓**fassung** f (Elektr) / portalámparas m miniatura ‖ ⁓**kiefer** f (Bot) / pino m enano alpestre ‖ ⁓**relais** n / relé m miniatura ‖ ⁓**röhre** f (Eltronik) / tubo m o válvula [en] miniatura ‖ ⁓**signal** n (Bahn) / señal f enana o baja ‖ ⁓**sockel**, Mignonsockel m (Lampensockel E 10 DIN) (Elektr) / portalámparas m miniatura ‖ ⁓**stern** m (Astr) / enano m ‖ ⁓**tube** f (Wellenleiter) / tubo m miniatura ‖ ⁓**tubenkabel** n / cable m coaxial con tubo miniatura ‖ ⁓**wuchs** m, Nanaismus m (Biol) / enanismo m, nanismo m ‖ ⁓**zündkerze** f (Mot) / bujía f enana o en miniatura
Zwickel m, Glasdreieck n / cuña f de vidrio ‖ ~, Bogenzwickel m (Bau) / albanega f, embecadura f ‖ ~, Keil m / cuña f ‖ ~ (Strumpf) / cuadradillo m ‖ ~ (Strumpfhose) / rombo m ‖ ~ (Hose) / entrepierna f ‖ ~ zwischen Quadrat und einbeschriebenem Kreis (Geom) / enjuta f ‖ ⁓**fingerdecker** m (Tex) / peine m de punzón de calados ‖ ⁓**kuppel** f (Bau) / cúpula f bizantina ‖ ⁓**maschine** f (Strumpf) / máquina f para hacer cuadradillos ‖ ⁓**naht** f (Tex) / costura f de cuadradillos ‖ ⁓**spitze** f (Strumpf) / punta f con cuadradillos
zwicken vt (Zange) / atenazar, atenacear ‖ ~ (Schuh) / montar ‖ ~ n (Schuh) / montaje m
Zwick•maschine f (Schuh) / máquina f de montar o para montaje ‖ ⁓**zange** f, Beißzange f (Wz) / tenazas f pl de corte, pinzas f pl cortantes ‖ ⁓**zange** (Schuh) / tenaza f para montar
Zwiebel•dach n (Bau) / tejado m de perfil imperial ‖ ⁓**fisch**, Ablegefehler m (Druck) / diablo m, mano f perdida ‖ ⁓**fische** m pl (Druck) / pastel m, empastelado m, encaballado m ‖ ⁓**fliege** f, Hylemya

antiqua Meig (Zool) / mosca f de la cebolla ‖ ~**förmig** / bulbiforme ‖ ~**hautpapier**, -schalenpapier n / papel m cebolla ‖ ~**kuppel** f (Bau) / tejado m imperial, cúpula f en forma de bulbo ‖ ~**marmor** m / mármol m cipolino ‖ ~**turm** m (Bau) / torre f bulbiforme o en forma de cebolla
zwiegenäht (Schuh) / de doble costura
Zwilch m, derbes Baumwollzeug (Tex) / retor m
Zwillich m (Tex) / cotí m, cutí m, dril m (E), brin m (LA)
Zwilling m (Biol) / gemelo m ‖ ~, **Doppelflinte** f / escopeta f de dos cañones ‖ ~ (Krist) s. Zwillingskristall ‖ ~, zugehöriger Partner (Masch) / máquina f gemela
Zwillings•..., Doppel... / gemelo, gemelar, doble ‖ ~**achsbüchse** f (Masch) / caja f gemela de grasa ‖ ~**achse** f (Krist) / eje m de hemitropía ‖ ~**achse** (Kfz) / eje m gemelado ‖ ~**antenne** f / antena f bifilar ‖ ~**antrieb** m / accionamiento m doble ‖ ~**arbeitskontakt**, -schließer m (Elektr) / contactos m pl en el orden trabajo-trabajo ‖ ~**artig verwachsen** (Krist) / maclado ‖ ~**bereifung** f, -reifen m pl (Kfz) / neumáticos m pl o bandajes gemelos ‖ ~**bildung** f (Krist) / maclaje m, formación f de maclas ‖ ~**bogen** m (Bau) / arco m geminado ‖ ~**drossel** f (Elektr) / bobina f gemela, self m simétrico ‖ ~**drucker** m (DV) / impresora f auxiliar ‖ ~**fahrleitung** f, Zweidrahtoberleitung f (Bahn) / línea f de contacto doble o gemela ‖ ~**fenster**, Zweilichtenfenster n (Bau) / ventana f gemela ‖ ~**flug** m (Raumf) / vuelo m gemelo ‖ ~**futterdrehmaschine** f (Wzm) / torno m frontal de dos mandriles ‖ ~**klemme** f (Elektr) / borne m doble, terminal m doble ‖ ~**klinke** f (Fernm) / jacks m pl gemelos ‖ ~**kolbenmotor** m / motor m de émbolos gemelos ‖ ~**kontakt** m / contacto m doble ‖ ~**kontrolle** f, Duplikatvergleich m (DV) / control m por duplicación ‖ ~**kristall** m / macla f ‖ ~**lager** m (Masch) / rodamiento m gemelo ‖ ~**leiter** m, -leitung f (Elektr) / conductor m dúplex ‖ ~**mast** m / poste m gemelo o doble ‖ ~**öffner** m (Relais) / contacto m de orden reposo-reposo ‖ ~**öffner-Schließer** m (Relais) / contacto m de orden reposo-reposo-trabajo ‖ ~**öffner-Zwillingsschließer** m (Relais) / contacto m doble inversor ‖ ~**paar** n / gemelos m pl ‖ ~**pumpe** f / bomba f gemela ‖ ~**rad** n (Kfz) / rueda f gemela ‖ ~**räummaschine** f (Wzm) / brochadora f gemela ‖ ~**reifen** m pl (Kfz) / neumáticos m pl gemelos ‖ ~**rohr** n / tubo m gemelo ‖ ~**salz** n (Chem) / sal f doble ‖ ~**schacht** m (Bergb) / pozo m doble o de dos compartimientos ‖ ~**schiene** f / carril m doble ‖ ~**schleuse** f (Hydr) / esclusa f doble ‖ ~**schließer**, -arbeitskontakt m (Elektr) / contacto m doble de trabajo ‖ ~**schließer** m **mit Brückenkontakt** / contacto m doble puente de trabajo ‖ ~**schwelle** f (Bahn) / traviesa f gemela (E), durmiente m gemelo o doble (LA) ‖ ~**streifung** f (Hütt) / bandas f pl gemelas, estrías f pl gemelas ‖ ~**träger** m, Zwillingstunnel m, Doppelröhrentunnel m (Bau) / viga f doble o gemela, túnel m gemelo ‖ ~**vollgummireifen** m pl / ruedas f pl dobles de goma maciza ‖ ~**walzen**, Duowalzen f pl (Walzw) / cilindros m pl dúo ‖ ~**walzwerk** n, Duowalzwerk n / laminador m dúo ‖ ~**zug-Verbundkoksofen** m / horno m de coque compuesto con conductos de caldeo gemelos ‖ ~**zündung** f (Mot) / doble encendido ‖ ~**zylinder-Trommelmischer** m / mezclador m de tambores gemelos
Zwinge f, Parallel-, Schraubzwinge f (Tischl, Zimm) / prensatornillo m, cárcel m, sargento m, perro m, torno m ‖ ~, Krampe f (Bau) / grapa f, grampa f, cuento m ‖ ~, Schrumpfring m / zuncho m ‖ ~, Ring m, Schelle f / abrazadera f ‖ ~, Hülse f / virola f, casquillo m
zwingen vt / oprimir, forzar
zwingend / coercitivo
Zwingenknebel m (Werkbank) / manivela f de sujeción

Zwirl m, Dreizack m (Drechsler) / broca f de [centrar de] tres puntas
Zwirn m, Zwirnfaden m (Spinn) / hilo m [re]torcido, torcido m ‖ ~, Seidenzwirn m / torzal m ‖ ~ **mit linker Schussdrehung**, Linkszwirn m (Tex) / hilo m retorcido o torzal a la izquierda ‖ **dreifädiger**, **-drähtiger** ~ / hilo m o retorcido triple ‖ **[eindrähtiger o. einfacher]** ~ / hilo m o retorcido sencillo ‖ **mehrfacher (o. dublierter)** ~ / hilo m cableado
Zwirn•drehung f (Tex) / torsión f del hilo ‖ ~**effekt** m, Auswirkung f des Zwirnens / efecto m de torsión
zwirnen vt, zusammendrehen (Tex) / retorcer, torcer ‖ ~ n / retorcido m, torcido m ‖ ~ **der Kettfäden** / retorcido m de los hilos de urdimbre ‖ **aufdrehendes** ~ (Tex) / retorcido m en sentido opuesto ‖ **zudrehendes** ~ (Tex) / retorcido m en la misma dirección que la torsión del hilado
Zwirner m, Zwirnmaschinen-Arbeiter m / retorcedor m
Zwirnerei f (Spinn) / fábrica f de torcidos
Zwirn•faden m, Zwirn m (Spinn) / hilo m [re]torcido ‖ ~**fixieren** n (Spinn) / fijación f de torcido ‖ ~**flügel** m, -flyer m (Spinn) / aleta f de retorcer ‖ ~**kette** f (Web) / urdimbre f de hilo torcido ‖ ~**kette von Merinowolle** (Tex) / urdimbre f de hilo torcido de lana [de] merino ‖ ~**koeffizient** m (Spinn) / coeficiente m de torsión ‖ ~**kops** m / husada f de hilo retorcido ‖ ~**maschine** f, Zwirner m (Spinn) / retorcedora f, máquina f de [re]torcer ‖ ~**ring** m / anillo m de retorcido ‖ ~**selfaktor** m / selfactina f de retorcer ‖ ~**spinnmaschine** f / máquina f combinada para hilar y retorcer ‖ ~**umspinnung** f / recubrimiento m de hilo retorcido
Zwirnung f (Spinn) / retorcido m, retorcedura f, efecto m de retorcer
Zwirnungsgrad m / grado m de retorcido
Zwirnwickel, papierner ~ / papel m para devanar el hilo retorcido
zwischen Ämtern (Fernm) / entre [las] centrales ‖ ~ **den Polen liegend** / interpolar ‖ ~ **Flugzeugen** / entre aviones, aire-aire
Zwischen•... / intermedio, intermediario, inter... ‖ ~**abbildend** (Opt) / que forma una imagen intermedia ‖ ~**abbildende Optik** / sistema m óptico con formación de imagen intermedia ‖ ~**abbildung** f, -bild n / imagen f intermedia ‖ ~**abklinglager** n (Nukl) / almacén m intermedio o transitorio de desactivación ‖ ~**ablesung** f (Verm) / lectura f intermedia ‖ ~**abzweigung** f / derivación f intermedia ‖ ~**achsanbau** (Landw) / montaje m entre ejes ‖ ~**achse** f (eines Fahrzeugs) / eje m intermedio ‖ ~**amt** n (Fernm) / central f intermedia ‖ ~**anflug** m (ILS) / aproximación f intermedia ‖ ~**angriff** m (Berg, -tunnelbau) / ataque m intermediario ‖ ~**anschlag** m (Bergb) / tolva f intermedia ‖ ~**anschlag** (Wzm) / tope m intermedio ‖ ~**anstrich** m / capa f intermedia de pintura ‖ ~**anzapfturbine** f / turbina f con toma o extracción intermedia ‖ ~**atomar** (zwischen Atomen wirkend) / interatómico ‖ ~**atomare Kraft** / fuerza f interatómica ‖ ~**ausmauerung** f (Bau) / mampostería f intermedia ‖ ~**ausschnitt** m / recorte m intermedio ‖ ~**bahnhof** m, Unterwegsbahnhof m / estación f intermedia ‖ ~**bahnsteig** m, Mittelbahnsteig m / andén m intermedio ‖ ~**balken** m (Bau) / travesaño m, viga f del techo ‖ ~**basisschaltung** f (Eltronik) / circuito m de base a tierra, montaje m con la base a masa ‖ ~**bau** n / edificio m intermedio o intercalado ‖ ~**bau** (Reifen) / absorbedor m, forro m ‖ ~**behälter** m, -gefäß n (Strangguss) / artesa f de colada, distribuidor ‖ ~**beizen** n (Hütt) / decapado m intermedio ‖ ~**bereich** m **für Bestand** (DV) / área f de retención ‖ ~**bericht** m / informe m provisional ‖ ~**beschleuniger** m (Eltronik, Phys) / acelerador m intermedio ‖ ~**betrieblich** (Fernm) / entre los

Zwischenbild

departamentos de la empresa ‖ ˜**bild** *n* (Mikrosk) / imagen *f* intermedia ‖ ˜**bild-Ikonoscop** *n* (TV) / supericonoscopio *m*, supericonotrón *m* ‖ ˜**blatt** *n* (Furnier) / placa *f* intermedia ‖ ˜**blende** *f* (Opt) / diafragma *m* intermedio ‖ ˜**block** *m* (Hütt) / separador *m* ‖ ˜**block[stelle]** (Bahn) / puesto *m* de bloqueo intermedio ‖ ˜**boden** *m* (Bau) / fondo *m* intermedio ‖ ˜**boden** (Turbine) / diafragma *m* ‖ ˜**boden**, Einschubdecke *f* (Bau) / entrevigado *m* ‖ ˜**bodenauffüllung** *f* (Bau) / relleno *m* del suelo intermedio ‖ ˜**brett** *n* **der Palette** (Förd) / travesaño *m* de la paleta ‖ ˜**buchse** *f* / casquillo *m* intermedio, anillo *m* distanciador ‖ ˜**bühne** *f* (Öl) / plataforma *f* intermedia ‖ ˜**bühne** (Fabrik) / plataforma *f* intermedia ‖ ˜**bunker** *m*, Zwischenbunkerung *f* / silo *m* intermedio, tolva *f* intermedia, ensilado *m* intermedio ‖ ˜**bunker** (Hütt) / depósito *m* intermedio ‖ ˜**bunkerung** *f* / ensilado *m* intermedio ‖ ˜**dampfentnahme** *f* / toma *f* o extracción intermedia de vapor ‖ ˜**datei** *f* (DV) / fichero *m* intermedio ‖ ˜**deck** *n* (Schiff) / entrepuente *m* ‖ ˜**decke** *f*, Fehlboden *m* (Bau) / cielo *m* raso (E), techo *m* intermedio, falso entarimado *m*, contrapiso *m* (LA) ‖ ˜**decke** (Email) / capa *f* intermedia ‖ ˜**decke im Laderaum** (Schiff) / techo *m* intermedio de bodega ‖ ˜**echo** *n* (Akust) / eco *m* intermedio ‖ ˜**empfang** *m* (Funk) / recepción *f* intermedia ‖ ˜**entspannen** *n* (Hütt) / eliminación *f* intermedia de tensiones ‖ ˜**ergebnis** *n* (allg) / resultado *m* provisional ‖ ˜**ergebnis** (Math) / resultado *m* intermedio ‖ ˜**[ergebnis]speicher** *m* (DV) / memoria *f* intermedia o temporal ‖ ˜**ergebnisspeicherung** *f* (DV) / almacenamiento *m* temporal ‖ ˜**erhitzer** *m* (Gas Turb) / recalentador *m* intermedio ‖ ˜**erzeugnis** *n* (allg) / producto *m* intermedio ‖ ˜**erzeugnis**, Halbzeug *n* (Hütt) / semiproducto *m* ‖ ˜**fall** *m*, Vorfall *m* / incidente *m* ‖ ˜**farbe** *f* / color *m* intermedio ‖ ˜**farbe**, -ton *m* / tono *m* intermedio ‖ ˜**fläche** *f*, Grenzfläche *f* / superficie *f* límite ‖ ˜**flächen...** / interfacial ‖ ˜**flüssigkeit** *f* (Galv) / líquido *m* intermedio ‖ ˜**form** *f* / forma *f* intermedia ‖ ˜**form** (Schm) / pieza *f* preforjada ‖ ~**formen** *vt*, vorschmieden (Schm) / preforjar ‖ ˜**formgebung** *f* (Walzw) / conformado *m* intermedio ‖ ˜**formung** *f*, Vorschmieden *n* / preforjado *m*, conformación *f* intermedia
Zwischenfrequenz *f*, ZF (Eltronik) / frecuencia *f* intermedia, F.I. *f* ‖ ˜... s. auch ZF... ‖ ˜**bandfilter** *n* / banda *f* pasante de F.I. ‖ ˜**empfindlichkeit** *f* / respuesta *f* en F.I. ‖ ˜**festigkeit** *f* (TV) / factor *m* de rechazo de interferencia en F.I. ‖ ˜**filter** *n* / filtro *m* de F.I. ‖ ˜**generator** *m* / generador *m* oscilador de F.I. ‖ ˜**kreis** *m* / circuito *m* de F.I. ‖ ˜**pfeifen** *n* / silbido *m* heterodino ‖ ˜-**Sperrkreis** *m* (Eltronik) / circuito *m* de F I. con bobina de trampa ‖ ˜**stufe** *f* / etapa *f* de F.I. ‖ ˜**trafo** *m* / transformador *m* de F.I. ‖ ˜**umsetzer** *m* / convertidor *m* de F.I. ‖ ˜**verstärker** *m* (Funk) / amplificador *m* de F.I.
Zwischen•frotteur *m* (Tex) / bobinar *m* intermedio ‖ ˜**frucht**, Fangpflanze *f* (Landw) / planta-trampa *f*, planta *f* intermedia ‖ ˜**fruchtbau** *m* (Landw) / cultivo *m* intermedio ‖ ˜**funktion** *f* / función *f* intermedia ‖ ˜**futter** *n* (Tex) / entretela *f* ‖ ˜**futter** ("Katzenkopf") (Wzm) / mandril *m* intermedio ‖ ˜**galvanisierung** *f* (Galv) / galvanoplastia *f* previa ‖ ˜**gang** *m* (Bau) / pasaje *m*, pasillo *m* ‖ ˜**gärung** *f* / fermentación *f* intermedia ‖ ˜**gas geben** (Kfz) / cambiar la marcha con doble embrague ‖ ˜**gebinde**, -gespärre, Leergebinde *n* (Zimm) / cabio *m* intermedido ‖ ˜**gefäß** *n* (zwischen kontinuierlichen Prozessen) (Chem) / recipiente *m* intermedio ‖ ˜**gefäß** (Strangguss) s. Zwischenbehälter ‖ ~**geglüht** (Hütt) / sometido al recocido intermedio, con recocido intermedio ‖ ~**gelagert**, -geschichtet (Bergb) / interestratificado ‖ ~**gelegt** / intercalado, interpuesto, insertado ‖

~**gelegt**, in Sandwichbauart / estratificado, de construcción sandwich ‖ ˜**gerade** *f* (zwischen Krümmungen) (Verm) / recta *f* entre dos curvas ‖ ~**geschaltet** (Elektr, Masch) / intercalado, insertado ‖ ˜**geschirr** *n* (Bergb) / suspensión *f* intermedia de la jaula ‖ ~**geschobene Aufnahme** (TV) / escena *f* de unión ‖ ˜**geschoss**, Hochparterre *n* (Bau) / entresuelo *m* (E), entreplanta *f*, altillo *m*, entrepiso *m* (LA), barbacuá *f* (CUBA) ‖ ~**gespeichert**, nicht-live (Radio) / pregrabado ‖ ˜**gestell** *n* (Masch) / bastidor *m* o chasis o cuadro auxiliar ‖ ˜**getriebe** *n* / engranaje *m* intermedio ‖ **mit** ˜**getriebe** / con engranaje [intermedio], engranado ‖ ˜**gewebe** *n* (Gummi) / tela *f* intermedia o intercalada ‖ ˜**gitteratom** *n* (Phys) / átomo *m* intersticial ‖ ˜**gitter-Mischkristall** *m* / solución *f* sólida intersticial ‖ ˜**gitterplatz** *m* / ion *m* en posición intersticial ‖ ˜**glied**, -stück *n* (allg) / miembro *m* o elemento intermedio, pieza *f* intermedia ‖ ˜**glied** *n* (Math) / término *m* intermedio ‖ ˜**glied der Bewegung** (Mech) / biela *f* de acoplamiento ‖ ~**glühen** *vt* / someter al recocido intermedio ‖ ˜**glühung**, -glühe *f* (Hütt) / recocido *m* intermedio ‖ ˜**größe** *f* / tamaño *m* intermedio ‖ ˜**grundplatte** *f* (Instr) / placa *f* o platina intermedia de montaje ‖ ˜**gut** *n* / producto *m* intermedio ‖ ˜**gut** (Erz-Bergb) / mixtos *m pl* ‖ ˜**hafen** *m* / puerto *m* de escala, escala *f* ‖ **einen** ˜**hafen anlaufen** / hacer escala [en] ‖ ˜**halt** *m* (Bahn) / parada *f* ‖ ~**haltlos** (Bahn) / sin parada intermedia, non-stop ‖ **im** ˜**handel verkaufen** / revender ‖ ˜**händler** *m* / intermediario *m*, revendedor *m* ‖ ˜**hilfsträger** *m* (Eltronik) / subportadora *f* intermedia ‖ ˜**hören** *n* (Fernm) / escucha *f* parásita ‖ ˜**hülse** *f* / manguito *m* intermedio o de reducción o de separación ‖ ˜**kasten** *m* (unbekannten Aufbaus) / caja *f* negra ‖ ˜**kehle** *f* (Bau) / entrecalle *m* ‖ ˜**kern** *m* (Nukl) / núcleo *m* compuesto o intermedio ‖ ˜**kolben** *m* (Mot) / émbolo *m* intermedio ‖ ˜**kondensator** *m*, -kühler *m* (Masch) / condensador *m* intermedio o entre etapas ‖ ˜**kontakt** *m* (Elektr) / contacto *m* de paso ‖ ˜**kopie** *f* / copia *f* intermedia ‖ ˜**korngrößen** *f pl* (Bergb) / tamaños *m pl* de grano intermedios ‖ ˜**kornvolumen** *n* (Aufb) / volumen *m* intersticial ‖ ˜**kreis** *m* (Eltronik) / circuito *m* intermedio ‖ ˜**kreisgleichrichter** *m* / rectificador *m* indirecto ‖ ˜**kreisumrichter** *m* (Elektr) / convertidor *m* indirecto ‖ ˜**kühler** *m* / refrigerador *m* intermedio ‖ ˜**kühlung** *f* / refrigeración *f* intermedia ‖ ˜**kupferung** *f* (Galv) / cobreado *m* previo ‖ ˜**kupplung** *f* (Seilb) / acoplamiento *m* de dos cables carriles
Zwischenlage *f*, -schicht, Einlage *f* / capa *f* intermedia ‖ ˜, Abstandsstück *n* / pieza *f* distanciadora, pieza *f* intercalada ‖ ˜, Futterblech *n* (Stahlbau) / chapa *f* de refuerzo, chapa *f* de revestimiento o de forro ‖ ˜, Ausfütterung *f* (Masch) / forro *m*, guarnición *f*, acolchado *m* ‖ ˜, Schonschicht *f* von Pappe / antecapa *f* ‖ ˜, mittlere Lage / posición *f* intermedia *f* ‖ ˜, (Reifen) / capa *f* interpuesta, embutido *m*, inserción *f* ‖ ˜, -schicht *f* (Schichtglas) / capa *f* intermedia
Zwischen•lagenpapier *n* (Druck) / papel *m* para intercalar ‖ ˜**lager** *n*, Lager für die Fertigmontage / almacén *m* de productos intermedios ‖ ˜**lager**, -lagerung *f* (Masch) / cojinete *m* o rodamiento o apoyo intermedio ‖ ˜**lager** (Nukl) / almacén *m* temporal de residuos radiactivos ‖ ˜**lagerung** *f* (allg, Nukl) / almacenaje *m* intermedio o transitorio ‖ ˜**lagerung**, Einlagerung *f* (Geol) / interestratificación *f* ‖ ˜**lagerung** *f* **in Kühlanlagen** / almacenaje *m* intermedio frigorífico ‖ ~**landen** *vi* (Luftf) / hacer escala ‖ ˜**landung** *f* (Luftf) / escala *f* ‖ **ohne** ˜**landung** / sin [hacer] escala, non-stop ‖ ˜**längsträger** *m* (Luftf) / larguero *m* intermedio ‖ ˜**latte** *f* (Bau) / baranda *f* ‖ ˜**läufer**, Druckmitläufer *m* (Färb) / tela *f* acompañante ‖ ˜**laufpapier** *n* / papel *m* protector ‖

Zwischenstufenverbindung

≈**legierung** f (Hütt) / aleación f intermedia ‖ ≈**leiste** f / listón m intermedio ‖ ≈**leitung** f (Fernm) / línea f intermedia de unión, conectador m acoplador ‖ ~**liegend** / intermedio, intercalado, interpuesto ‖ ≈**linsenverschluss** m (Foto) / obturador m entre lentes ‖ ≈**lösung** f / solución f provisional ‖ ≈**mantel** m (Kabel) / capa f conductora en el aislante ‖ ≈**maß** n / tamaño m intermedio, dimensión f o medida intermedia ‖ ≈-**Massenspeicher** m (DV) / memoria f masiva intermedia, almacenamiento m masivo intermedio ‖ ≈**mauer** f, Trennmauer f (Bau) / pared f divisoria o medianera, medianería f ‖ ≈**mittel** n (Chem) / intermedio m ‖ ≈**mittel** n (Bergb) / banco m intercalado, entredós m ‖ ≈**modenwelle** f (Eltronik) / onda f intermodulada ‖ ≈**modulation** f, ZM / intermodulación f ‖ ~**molekular**, intermolekular (Chem) / intermolecular ‖ ~**molekulare Bindung** (o. Kraft) (Flüssigkeit) / interacción f molecular ‖ ≈**negativ** n (Video) / negativo m duplicado, dope m ‖ ≈**nitschler**, -frotteur m (Tex) / bobinar m intermedio ‖ ≈**original** n (Audio) / negativo m, galvano m ‖ ≈**pfanne** f, -behälter m (Strangguss) / artesa f de colada ‖ ≈**pfanne** (Gieß) / cuchara f intermedia ‖ ≈**pfannenwagen** m (Strangguss) / carro m porta-artesa ‖ ≈**pfeiler** m (Brücke) / pilar m intermedio ‖ ≈**pfeiler zwischen Fenstern** / jamba f central ‖ ≈**pfette**, Mittelpfette f (Bau) / correa f intermedia ‖ ≈**phase** f, intermediäre Phase (Chem) / fase f intermedia ‖ ≈**platte**, -scheibe f (Masch) / placa f distanciadora o intermedia ‖ ≈**platte** f (Schiff) / chapa f intercostal ‖ ≈**podest** m n, Treppenabsatz m innerhalb des Laufes (Bau) / rellano m o descansillo intermedio ‖ ≈**pol** m / polo m intermedio ‖ ~**polig** adj / interpolar ‖ ≈**produkt** n / producto m intermedio ‖ ≈**produkt**, -gut n (Bergb) / mixtos m pl ‖ ≈**produkt**, -mittel n (Chem) / intermedio m ‖ ≈**produkt** n (Math) / producto m intermedio ‖ ≈**puffer** m (DV) / memoria-tampón f de apuntes ‖ ≈**punktabtastung** f, Punktverflechtung f (TV) / entrelazado m de puntos ‖ ≈**punktflimmern** n (TV) / parpadeo m múltiple entre puntos ‖ ≈**querträger** m (Stahlbau) / travesaño m intermedio ‖ ≈**rad** n (Kfz) / piñón m intermedio de distribución o de encendido ‖ ≈**räder** n pl (Dreh) / ruedas f pl parásitas ‖ ≈**rahmen** m (Kfz) / falso chasis m
Zwischenraum m (zeitlich), Intervall n / intervalo m ‖ ≈, Abstand m / espacio m [intermedio], distancia f ‖ ≈ m, Lücke f / hueco m, laguna f, vacío m, brecha f ‖ ≈, Öffnung f / abertura f, orificio m, agujero m ‖ ≈, Spiel m (Masch) / juego m ‖ ≈, Spalt m / intersticio m, rendija f, ranura f ‖ ≈ (Krist) / espacio m intersticial ‖ ≈, Stoßfuge f / junta f ‖ ≈ (Wand zwischen 2 Fenstern) (Bau) / entreventana f, Leerspalten f (DV) / espacio m ‖ ≈... / intersticial ‖ ≈ **von Pfeiler zu Pfeiler** (o. zwischen den Pfeilern o. Trägern) (Bau) / entrepilastra f ‖ ≈ m **zwischen Brennelementhülle und Brennstoff** (Nukl) / intersticio m [entre combustible y vaina] ‖ ≈ **zwischen den Gleisen** / entrevía f ‖ ≈ **zwischen den Mauerschalen** (Bau) / cavidad f entre paredes dobles ‖ ≈ **zwischen den Trägern eines Gebäudes** / entrepuntal m ‖ ≈ **zwischen Säulen** / entrepaño m ‖ ≈ **zwischen Wänden** (Bau) / entrepared[es] m [pl] ‖ ≈ **kleiner** ≈ / ≈ intersticio m, juego m ‖ **mit** ≈ **anordnen**, Abstand einführen / espaciar ‖ ≈**kontakt** m (Fernm) / contacto m de espaci[ad]o ‖ ≈**taste**, Leertaste f (DV, Schreibm) / barra f o tecla espaciadora, espaciador m ‖ ≈**tastung** f (DV, Schreibm) / espaciado m horizontal ‖ ≈**zeichen** n, ZWR (OCR) / carácter m de espacio ‖ ≈**zeichen** (Fernm) / señal f de separación
Zwischen•reaktion f (Chem) / reacción f intermedia ‖ ≈**reflux** m (Öl) / reflujo f interno o intermedio ‖ ≈**revision** f (Bahn) / revisión f intermedia ‖ ≈**riegel** m (Bau) / travesaño f ‖ ≈**ring** m (Foto, Masch) / anillo m o aro intermedio ‖ ≈**rippe** f / nervio m intermedio ‖ ≈**rolle** f (Seilb) / polea f intermedia ‖ ≈**ruf** m, Unterbrechung f (Fernm) / interrupción f, corte m ‖ ≈**säule** f **in einer Wand** (Bau) / columna f intermedia ‖ ≈**schacht**, Stapel m, Verbindungsschacht m (Bergb) / pozo m intermedio o entre galerías ‖ ~**schalten** vt (allg) / intercalar ‖ ~**schalten** (Elektr) / interconectar, conectar en serie[s] ‖ ≈**schalten**, -schaltung f, -setzen n / interposición f, intercalación f, inserción f, interpolación f ‖ ≈**schalter**, Kreuzschalter m (Elektr) / conmutador m de direcciones múltiples, interruptor m intermedio ‖ ≈**schalttafel** f (Fernm) / tablero m de interconexión ‖ ≈**scheibe** f, Beilagscheibe f / volandera f ‖ ≈**scheibe**, Z-Scheibe f / arandela f [intermedia] mecanizada ‖ ≈**schicht** f / capa f intermedia ‖ ≈**schicht** (Schlauch) / capa f aislante ‖ ≈**schicht** (Geol) / estrato m ‖ [**dämpfende**] ≈**schicht** (Straßb) / capa f intermedia de amortiguación ‖ ≈**schicht**, Unterlage f (Galv) / revestimiento m previo ‖ ≈**schicht** f (Bergb) / entrepiso m ‖ ≈**schicht**, Zwischenmittel n im Flöz (Bergb) / intercalación f ‖ ≈**schicht** (Oxidkathode) / superficie f de separación ‖ ≈**schlag** m **zw. Spalten** (Druck) / espacio m entre columnas ‖ ≈**schwelle** f (Bahn) / traviesa f intermedia (E), durmiente m intermedio (LA) ‖ ≈[**schwing**]**kreis** m (Eltronik) / circuito m intermedio ‖ ≈**sender** m (Fernm) / transmisor m de radioenlace ‖ ≈**sender** (Radio) / estación f repetidora, emisora f intermedia ‖ ≈**sender** (TV) / transmisor m de relleno ‖ ≈**sockel** m (Elektr) / zócalo m adaptador, adaptador m ‖ ≈**sohle** f (Bergb) / nivel m intermedio, entrepiso m ‖ ≈**sohle** (Schuh) / suela f entremedia, entresuela f ‖ ≈**spant** (Schiff) / cuaderna f intermedia ‖ ≈**sparren** m (Bau) / cabrio m central ‖ ≈**speicher** m (DV) / memoria f intermedia, memoria f tampón ‖ ≈**speicher** (Trinkwasser) / depósito m de [retención de] agua ‖ ≈**speicher**, -silo m (Bergb) / silo m intermedio para producción excesiva ‖ ≈**speicher-Bibliothek** f (DV) / biblioteca f intermedia ‖ ≈**speicherung** f / almacenamiento m temporal ‖ ≈**spindel** f (Masch) / husillo m intermedio ‖ ≈**spur** f (DV) / pista f de trabajo ‖ ≈**staatlicher Beratender Ausschuss für den Fernsprech- u. Telegrafendienst** m / Comité m Consultativo Internacional de Telegrafía y Telefonía, CCITT m ‖ ≈**stadium** n / estad[i]o m intermedio, fase f o etapa intermedia ‖ ≈**station** f, -bahnhof m (Bahn) / estación f intermedia ‖ ≈**stecker** m (Elektr) / adaptador m, enchufe m intermedio o intercalado ‖ ≈**stelle** f (Fernm) / estación f secundaria, estación f repetidora intermedia ‖ ≈**stellenumschalter** m (Fernm) / conmutador m de estación secundaria ‖ ≈**stellung** f / posición f intermedia, interposición f ‖ ≈**stiel** m (Fenster) / jamba f de la ventana ‖ ≈**stock** m (Bau) / entresuelo m, planta f intermedia, entreplanta f ‖ ≈**stoff** m (Chem) / precursor m ‖ ≈**stopp** m (DV) / punto m de interrupción o de parada o de pausa ‖ ≈**stopp**[-**Befehl**] m (NC) / instrucción f de interrupción o de parada ‖ ≈**stück** n (Bau) / pieza f intermedia o intercalada, Abstandsstück n, Steg m / intercalar m ‖ ≈**stück**, Adapter m / adaptador m ‖ ≈**stück**, Trennstück n (Bau, Masch) / pieza f de separación, separador m ‖ ≈**stück**, Übergangsstück n / pieza f de empalme ‖ ≈**stück** n **des Hammersattels** (Schm) / portamatriz f ‖ ≈**stückkäfig** m (Lager) / jaula f ondulada, portabolas m ondulado ‖ ≈**stufe** f, -stadium n / etapa f o fase intermedia, estad[i]o m intermedio, grado m intermedio ‖ ≈**stufe** (Funk) / paso intermedio (E), etapa f intermedia (LA) ‖ ≈**stufe**, Bainitstufe f (Hütt) / bainita f ‖ ≈**stufe**, -form f (Chem) / intermedio m ‖ ≈**stufe f am Kontroller** (Elektr) / punto m intermedio del combinador ‖ ≈**stufengefüge** n (Hütt) / estructura f bainítica ‖ ≈**stufen-Umwandeln** n, -härtung f (Hütt) / temple m bainítico ‖ ≈**stufenverbindung** f (Raumf) / unión f

1581

entre etapas || ~**stufenvergütung** f (Hütt) / temple m austenítico || ~**stuflich**, intermediär (Chem) / intermedio || ~**stütze** f, -unterstützung f (Seilb) / soporte m o apoyo intermedio || ~**summe** f (Math) / subtotal m, suma f parcial || ~**summentaste** f (Addiermaschine) / tecla f [de] subtotal || ~**symbolstörung** f / interferencia f entre símbolos || ~**titel** m (Film) / intertítulo m, subtítulo m || ~**trafo** m (bes. zum Einschrauben in Lampenfassungen) (Elektr) / transformador m de adaptación || ~**träger** m (Bau) / viga f intermedia || ~**träger** (Eltronik) / subportadora f || ~**träger**, Differenzträger m (TV) / interportadora f || ~**träger-Amplitudenmodulation** (Eltronik) / modulación f de amplitud de la subportadora || ~**träger-Frequenzmodulation** / modulación f de frecuencia de la ssubportadora || ~**trägerschwingung** f (Eltronik) / onda f subportadora || ~**trägerverfahren**, -trägersystem n (TV) / sistema m de [sonido por] interportadora || ~**transformator** m (Eltronik) / transformador m de acoplamiento de tubos || ~**transparent** n / copia f transparente || ~**trocknung** f / secado m intermedio || ~**tubus** m (Foto) / tubo m intermedio o alargador || ~**überhitzer** m / recalentador m [intermedio], sobrecalentador m [intermedio] || ~**überhitzung** f (Turbine) / recalentamiento m intermedio, sobrecalentamiento m intermedio || **mehrfache** ~**überhitzung** / recalentamiento m múltiple, sobrecalentamiento m múltiple || **mit** ~**überhitzung** / recalentado, con recalentamiento || ~**überhitzungsturbine** f / turbina f de recalentamiento || ~**überholung** f (Masch) / repaso m interperiódico, revisión f interperiódica || ~**überschrift** f (Druck) / subtítulo m || ~**-Übertrager** m (Eltronik) / transformador m de acoplamiento de etapas, transformador m interetapa || ~**umhüllung** f / envoltura f intermedia || ~**untersuchung** f (Kfz) / inspección f intermedia || ~**vakuum** n / zona f de presión entre 100 y 1 Torr (1 Torr = 1,333224 mbar) || ~**verkehr** m (Fernm) / intercomunicación f telegráfica || ~**verkehrs...**, Dialog... (DV) / interactivo || ~**verstärker** m (Fernm) / repetidor m intermedio || ~**verstärker** (Eltronik) / amplificador m intermedio || ~**verstärkung** f / amplificación f intermedia || ~**verteiler** m (Fernm) / repartidor m intermedio || ~**verteilerkasten** f (Elektr) / caja f distribuidora intermedia || ~**verzug** m (Tex) / estiraje m intermedio || ~**vorgelege** n, -welle f (Masch) / árbol m intermedio || ~**vorgelege**, -getriebe n (Masch) / contramarcha f intermedia || ~**wahl** f (Fernm) / discado m intermedio || ~**wälzkörper** m / cuerpo m rodante intermedio || ~**wand**, Trennwand f (Bau) / pared f divisoria, tabique m [de separación], mampara f || ~**wand** f (nicht tragend) / tabique m colgado || ~**wand** (tragend) / tabique m bajo carga || ~**wand** (im Ballon) / diafragma m || ~**wand** (im Reisezugwagen) / tabique m de separación || ~**wand** (Hütt) / muro m intermedio || ~**wand zwischen Häusern** / medianería f || ~**wärmeofen** m (Hütt) / horno m de recalentamiento intermedio || ~**weichglühen** n (Hütt) / recocido m blando intermedio || ~**weite** f / intervalo m, espacio m || ~**weite**, -größe f (Tex) / tamaño m intermedio || ~**welle** f (Masch) / árbol m intermedio || ~**welle**, Blindwelle f (Bahn, Lok) / árbol m secundario de reenvío || ~**wert** m / valor m intermedio || ~**wirkung** f / efecto m intermedio, acción f intermedia || ~**wirt** m (Bakt) / huésped m intermedi[ari]o, hospedante m intermedio || ~**zähler** m (Gas) / contador m divisionario o secundario || ~**zeichenstrom** f (Fernm) / corriente f de reposo o de espacio || ~**zeichenwelle** f (Fernm) / onda f de reposo o de contramanipulación || ~**zeile** f (TV) / interlínea f || ~**zeile** (Druck) / línea f perdida || ~**zeilenabtastung** f (TV) / exploración f entrelazada || ~**zeilenflimmern** f (TV) / parpadeo m interlineal || ~**zeilen-Gesamtbild** n (TV) / imagen f

entrelazada || ~**zeilig**, -gedruckt (Druck) / interlineal || ~**zeit** f / intervalo m [de tiempo], tiempo m intermedio || ~**zeitmesser** m (Radio) / medidor m o cronomedidor de intervalos || ~**zelle** f (Raumf) / compartimiento m intermedio || ~**ziehprodukte** n pl (Hütt) / productos m pl de embutido intermedio || ~**zink** n (99,5 % Zn) / zinc m al 99,5 % || ~**zustand** m (allg) / estado m intermedio || ~**zustand**, virtueller Zustand (Nukl) / estado m virtual || **sich** ~**zwängen** / meterse por fuerza [en]

Zwitschern n, zwitschernder Ton (Eltronik) / chirrido m, gorjeo m, canto m

Zwitter m (Zinnerz) / mineral m de estaño negro || ~ (Elektr) / hermafrodita m || ~**blüte** f (Bot) / flor f hermafrodita || ~**ion** n (Ion mit positiver und negativer Ladung) / ion m bipolar || ~**spule** f (Kfz) / bobina f híbrida || ~**stecker** m (Elektr) / conector m reversible o hermafrodita

Zwölf•eck, Dodekagon n (Geom) / dodecágono m || ~**eckig** / dodecagonal

Zwölfersystem n (Math) / sistema m duodecimal

Zwölf•fachschreiber m / registrador m de doce pistas || ~**flach** n, Dodekaeder m (Geom) / dodecaedro m || ~**flächig** / dodecaédrico, de doce caras || ~**kanalgruppe** f (Fernm) / grupo m primario o de doce canales || ~**kant-Antriebsform** f (Schraube) / ejecución f bihexagonal || ~**kant-Einsatz** m / inserción f bihexagonal || ~**kantkopf** m / cabeza f bihexagonal || ~**kantmutter** f / tuerca f bihexagonal || ~**kantschraube** f / tornillo m de cabeza bihexagonal || ~**kant-Schraubendreher** m / destornillador m para tornillos de cabeza con bihexágono interior || ~**kant-Winkelschraubendreher** m / destornillador m acodado para tornillos de cabeza con bihexágono interior || ~**phasig** / de doce fases || ~**stiftsockel** m (Eltronik) / zócalo m de doce clavijas

Zwölftel n (der Linie) (= 0,188 mm) (Uhr) / dozavo m de línea

ZWR (DV) = Zwischenraumzeichen

Zyan... s. Cyan...

Zyklante f (Math) / determinante f cíclica

zyklisch adj / cíclico, periódico || ~ adv / cíclicamente, periódicamente || **~e Adressfolge im Kernspeicher** (DV) / reiniciación f automática del ciclo || **~e Blockprüfung** (DV) / verificación f cíclica por redundancia || **~er Dezimalcode** / código m decimal cíclico || **~ durchlaufen o. wiederholen** / pasar por un ciclo, experimentar un ciclo, someter a un ciclo de operaciones || **~e Gruppe**, Untergruppe f (Math) / grupo m cíclico, subgrupo m || **~e Programmierung** (DV) / programación f en bucles || **~es Prüfbit** / bit m de verificación cíclico || **~e Verschiebung** (o. Vertauschung) (DV) / corrimiento m cíclico || **~ vertauschen** (DV) / efectuar un corrimiento cíclico || **~ vertauschen** (Chem, DV, Math) / hacer una permutación cíclica || **~ vertauschter Binärcode**, Gray-Code m / código m binario reflejado o cíclico || **~e Vertauschung** (Math) / permutación f cíclica o circular

zyklisch•-absolutes Messverfahren (NC) / sistema m de medida cíclico absoluto || **~-binär** (Math) / cíclico binario, binario-cíclico || **~-plastische Verformung** / deformación f cíclico-plástica, fatiga f oligocíclica

zyklisieren (Chem) / ciclar

Zyklisierung f (Chem) / ciclización f, ciclado m

Zyklo... / ciclo...

zykloid, Zykloiden... (Geom, Masch) / cicloidal, cicloideo

Zykloide, Radlinie f / cicloide f

Zykloiden•getriebe n, -radpaar n / engranaje m cicloidal || ~**-Massenspektrometer** n (Nukl) / espectrómetro m de masa cicloidal || ~**pendel** f (Phys) / péndulo m cicloidal || ~**verzahnung** f (Masch) / dentado m cicloidal || ~**walzwerk** n / laminador m cicloidal || ~**-Zahnrad** n / rueda f [dentada] cicloidal

Zykloidotron m (Eltronik) / cicloidotrón m
Zyklo • kautschuk m / caucho m ciclizado, ciclocaucho m ‖ ⁓**metrie** f, Kreismessung f (Math) / ciclometría f ‖ ~**metrisch** (Math) / ciclométrico
Zyklon, Wirbelsturm m (Meteo) / ciclón m ‖ ⁓ m, Staubabscheider m (Hütt) / ciclón m, separador m de polvo ‖ ⁓ ... / ciclónico, ciclonal ‖ ⁓**brenner** m / quemador m de ciclón o de turbulencia
Zyklone f, Tiefdruckgebiet n (Meteo) / depresión f [barométrica]
Zyklon • eindicker m (Aufb) / espesador m de ciclón ‖ ⁓**entstaubung** f / captación f de polvo por ciclones ‖ ⁓**feuerung** f / hogar m tipo ciclón
Zyklonieren n, Zyklonaufbereitung f (Aufb) / ciclonaje m
Zyklon • klassierer m / clasificador m de ciclón ‖ ⁓**ofen** m (NE-Metall) (Hütt) / horno m [de] ciclón ‖ ⁓**überlauf** m (Aufb) / salida f superior de ciclón ‖ ⁓**unterlauf** m (Aufb) / salida f inferior de ciclón ‖ ⁓**verbrennung** f (Nukl) / incineración f por ciclón ‖ ⁓**wärmetauscher** m / intercambiador m de calor de ciclón ‖ ⁓**warnung** f (Meteo) / aviso m de ciclón ‖ ⁓**wascher**, Hydrozyklon m (Bergb) / hidrociclón m
Zyklo-Palloid-Spiralkegelrad n (Masch) / engranaje m espirocónico con dentado ciclopaloideo
zyklopisch, Zyklopen... (Bau) / ciclópeo, ciclópico
Zyklostahlverfahren n (Hütt) / procedimiento m cicloacero
Zyklotron n (Teilchenbeschleuniger) (Nukl) / ciclotrón m ‖ **frequenzmoduliertes** ⁓, Synchro-Zyklotron n / sincrociclotrón m ‖ ~**erzeugt** / producido en el ciclotrón ‖ ⁓**frequenz** f / frecuencia f ciclotrónica o [del] ciclotrón ‖ ⁓**resonanz** f / resonancia f ciclotrónica ‖ ⁓**resonanzerhitzung** f / calentamiento m por resonancia ciclotrónica
Zyklus m, Kreislauf m, Folge f / ciclo m, circuito m ‖ ⁓ (DIN), Schleife f (DV) / bucle m, loop m ‖ ⁓ (Ionenaustauscher) / ciclo m [de intercambio de iones] ‖ ⁓, Umlauf m, Zeitkreis m (Astr) / ciclo m ‖ ⁓**impuls** m (DV) / impulso m de información ‖ ⁓**zeit** f, Taktzeit f (DV) / tiempo m de ciclo
Zylinder m (Masch, Uhr) / cilindro m ‖ ⁓ (Chem) / probeta f ‖ ⁓, Walze f, Trommel f (Masch) / cilindro m, tambor m ‖ ⁓ (für geradlinige Bewegung) (Druckluft) / cilindro m de empuje neumático ‖ ⁓, Lampenzylinder m / tubo m de vidrio [para lámpara] ‖ ⁓ **des Zylinderschlosses** / cilindro m de la cerradura cilíndrica ‖ **mit Gummidrucktuch** (Druck) / cilindro m de caucho ‖ ⁓ **mit halbkugeliger Vorkammer** (Mot) / cilindro m con cámara convexa de compresión ‖ ⁓ **ohne Zylinderdeckel** (Mot) / cuerpo m de cilindro **mit einem** ⁓ / monocilíndrico ‖ **mit zwei** ⁓**n** / bicilíndrico, de dos cilindros
Zylinder • ablasshahn m (Dampfm) / grifo m de purga [del cilindro] ‖ ⁓**abstellung** f, -abschaltung f (Mot) / parada f del cilindro ‖ ⁓**antenne** f / antena f cilíndrica ‖ ⁓**aufzug** m (Druck) / cama f fija [para lámpara] ‖ ⁓**ausleger** m (Repro) / brazo m de cilindro ‖ ⁓**bank** f, -baum m (Tex) / portacilindros m ‖ ⁓**blechschraube** f / tornillo m cilíndrico m de cabeza cilíndrica para chapa ‖ ⁓**blende** f, Walzenblende f (Opt) / diafragma m cilíndrico ‖ ⁓**block** m (Mot) / bloque m de cilindro[s], monobloque m de cilindro[s] ‖ ⁓**boden** m / fondo m del cilindro ‖ ⁓**bohrer** m (Wz) / broca f cilíndrica (E), mecha f cilíndrica (LA) ‖ ⁓**bohrmaschine** f (Mot) / taladradora f para cilindros (E), alesadora f para cilindros (LA) ‖ ⁓**bohrung** f / taladro m o barreno m de cilindro ‖ ⁓**bohrung** (als Maß) / calibre m del cilindro ‖ ⁓**büchse** f (Mot) / camisa f de cilindro ‖ ⁓**bug** m (Schiff) / proa f cilíndrica ‖ ⁓**bügelmaschine** f (Tex) / máquina f de plancha giratoria ‖ ⁓**bürste** f, Walzenbürste f (Straßenrein.) / cepillo m cilíndrico ‖ ⁓**dämpfer** m (Tex) / vaporizador m de cilindro ‖ ⁓**deckel** m (Mot) / cubierta f de cilindro, tapa f de culata ‖ ⁓**deckelverkleidung** f / envoltura f de la

cubierta de cilindro ‖ ⁓**dichtungsfläche** f / superficie f de unión (para la junta) ‖ ⁓**druck**, Walzendruck m (Tex) / impresión f por cilindros, estampaci°n f con cilindros ‖ ⁓**einlass** m (Mot) / admisión f de cilindro ‖ ⁓**einspritzpumpe** f (Mot) / bomba f de inyección directa ‖ ⁓**endmaß** n (Mess) / bloque m calibrador con extremos cilíndricos ‖ ⁓**falz** m, Querfalz m (Druck) / pliegue m cruzado ‖ ⁓**farbwerk** n (Druck) / mecanismo m entintador cilíndrico ‖ ⁓**fläche** f (Math) / superficie f cilíndrica ‖ ⁓**fläche des Kolbens**, Kolbenmantel m / superficie f lateral o cilíndrica del émbolo, falda f del émbolo, camisa f del pistón (coll) ‖ ~**förmig**, -artig, rund / cilíndrico ‖ ⁓**funktion** f (Math) / función f cilíndrica ‖ ⁓**fuß** m / pie m cilíndrico ‖ ⁓**granulat** n (Plast) / gránulos m pl cilíndricos ‖ ⁓**greifer** m (Druck) / pinza f del cilindro ‖ ⁓**hahn** m (Bauart) / grifo m de cierre cilíndrico ‖ ⁓**hahn**, Wasserablasshahn m (Dampfm) / grifo m de salida de agua o de desagüe ‖ ⁓**haube** f (Mot) / cubierta f de válvulas en cabeza, tapa f de culata ‖ ⁓**hemmung** f, -gang m (Uhr) / escape m de cilindro ‖ ⁓**huf** m (Druck) / inglete m u onglete del cilindro ‖ ⁓**index** m (DV) / índice m de cilindros ‖ ⁓**inhalt** m (Mot) / contenido m o volumen del cilindro ‖ ⁓**inhalt des Motors**, Hubraum m, -volumen n / cilindrada f ‖ ⁓**karde** f (Tex) / carda f de cilindros ‖ ⁓**kerbstift** m (DIN 1473) (Masch) / pasador m cilíndrico estriado ‖ ⁓**kerbstift mit Einführende** / pasador m cilíndrico estriado con extremo de interducción ‖ ⁓**koordinaten** f pl (Math) / coordenadas f pl cilíndricas
Zylinderkopf m (Mot) / culata f ‖ ⁓, (jetzt:) zylindrischer Schraubenkopf (Schraube) / cabeza f cilíndrica de tornillo ‖ ⁓**dichtung** f (Mot) / junta f de culata, empaquetadura f ‖ ⁓**haube** f (nicht: Zylinderkopfdeckel) / tapa f de culata o m de balancines, cubierta f de válvulas en cabeza ‖ ⁓**niet** m (Masch) / remache m con cabeza cilíndrica ‖ ⁓**packung** f, -dichtung f / junta f de culata ‖ ⁓**schraube** f (Mot) / tornillo m de culata ‖ ⁓**schraube**, Schraube f mit Zylinderkopf s. Zylinderschraube
Zylinder • körper m (Math) / cilindro m sólido ‖ ⁓**kurbelgehäuse** n (Mot) / bloque m del motor ‖ ⁓**kurve** f (Wzm) / leva f cilíndrica ‖ ⁓**kurvenfräsapparat** m / aparato m para fresar levas cilíndricas ‖ ⁓**läppmaschine** f / lapeadora f de cilindros ‖ ⁓**laufbahn** f, -gleitfläche f (Mot) / superficie f de deslizamiento del cilindro ‖ ⁓**[lauf]büchse** f / camisa f del cilindro ‖ ⁓**laufring**, Schmitzring m (Druck) / corona f del cilindro, rebordes m pl (o caminos) laterales del cilindro, chumaceras f pl ‖ ⁓**leder** n (Gerb) / cuero m para formar cilindros ‖ ⁓**linse** f (OS) / lente f cilíndrica ‖ ⁓**linse**, Verzerrlinse f / lente f cilíndrica distorsionante ‖ ⁓**lötgeblase** n (Goldschmied) / soplete m de cilindro ‖ ⁓**mantel** m (Mot) / superficie f [lateral] exterior del cilindro, camisa f del cilindro ‖ ⁓**öffnung** f / orificio m de cilindro, lumbrera f de cilindro ‖ ⁓**öffnung**, Ausström[ungs]öffnung f (Dampfm) / orificio m de salida de vapor, lumbrera f [de escape del vapor] ‖ ⁓**öffnung**, Einströmöffnung f / orificio f de admisión [al cilindro], lumbrera f [de admisión] f de cilindro ‖ ⁓**öl** n / aceite m [lubricante] para cilindros ‖ ⁓**ölemulsion** f / emulsión f lubrificante para cilindros ‖ ⁓**paar** n (Getriebe) / par m cilíndrico ‖ ⁓**parabolantenne** f / antena f cilindroparabólica ‖ ⁓**plüsch** m (Tex) / terciopelo m pana ‖ ⁓**presse** f (für Korrekturabzüge) (Druck) / prensa f plano cilíndrica para pruebas ‖ ⁓**presse** (Druck) / prensa f [plano]cilíndrica, prensa f de cilindro [y platina] ‖ ⁓**projektion** f (Karte) / proyección f cilíndrica ‖ ⁓**putzwalze** f (Spinn) / rodillo m limpiador de cilindros ‖ ⁓**rad** n, Stirnrad n (Masch) / rueda f [dentada] cilíndrica ‖ ⁓**reaktor** m (Nukl) / reactor m cilíndrico ‖ ⁓**reflektor** m (Antenne) / reflector m cilíndrico ‖ ⁓**reihe** f (Mot) / línea f de

1583

cilindros ‖ ⁓rohr *n* / tubo *m* cilíndrico ‖ ⁓rollenlager *n* (Masch) / rodamiento *m* de rodillos cilíndricos ‖ ⁓-Rotationsviskosimeter *n* (Phys) / viscosímetro *m* cilíndrico de rotación ‖ ⁓säge *f* (Wz) / sierra *f* cilíndrica ‖ ⁓schaft *m* (Wzm) / mango *m* o vástago cilíndrico ‖ ⁓schaftfräser *m* (Wzm) / fresa *f* de mango cilíndrico ‖ ⁓schermaschine *f* (Tex) / tundidora *f* cilíndrica ‖ ⁓schleifmaschine *f* (Mot) / rectificadora *f* de cilindros ‖ ⁓schleifmaschine (Holz) / lijadora *f* de tambor ‖ ⁓schliff *m* (Opt) / esmerilado *m* cilíndrico ‖ ⁓schloss *n* / cerradura *f* de cilindro ‖ ⁓schloss (Gewehr) / culata *f* móvil ‖ ⁓schnecke *f* (Masch) / sinfín *m* cilíndrico, tornillo *m* sin fin cilíndrico ‖ ⁓schneckengetriebe *n* / engranaje *m* de tornillo sin fin cilíndrico, engranaje *m* helicoidal cilíndrico ‖ ⁓schneckenrad *n* / rueda *f* cilíndrica helicoidal ‖ ⁓schraube *f* / tornillo *m* de cabeza cilíndrica, tornillo *m* cilíndrico ‖ ⁓schraube mit Innensechskant / tornillo *m* de cabeza cilíndrica con [h]exágono interior ‖ ⁓schraube mit Schlitz / tornillo *m* de cabeza cilíndrica con ranura ‖ ⁓schraubenlinie *f*, Helix *f* (Geom) / hélice *f* ‖ ⁓schraubradpaar *n* (Masch) / par *m* de ruedas helicoidales ‖ ⁓schütz *n*, -schütze *f* (Hydr) / compuerta *f* cilíndrica ‖ ⁓seite *f* (Bremsbacke) / lado *m* del cilindro ‖ ⁓senkschraube *f* mit Nase (Masch) / tornillo *m* cilíndrico avellanado con prisionero ‖ ⁓-Spalt-Magnetron *n* (Eltronik) / magnetrón *m* de ranuras [y cavidades] ‖ ⁓spule *f* (Elektr) / bobina *f* cilíndrica ‖ ⁓stift *m* (Masch) / pasador *m* cilíndrico ‖ ⁓stopfbüchse *f* / prensaestopas *m* del cilindro ‖ ⁓streckwerk *n* (Tex) / estirador *m* cilíndrico ‖ ⁓stumpf *m* (Geom) / cilindro *m* truncado ‖ ⁓symmetrisch / cilindrosimétrico ‖ ⁓symmetrische Transversalwelle (Mikrowellen) (Phys) / onda *f* magnética circular ‖ ⁓träger *m* (Spinn) / soporte *m* de ranuras de los cilindros de presión ‖ ⁓trieur *m* (Landw) / desarvejador *m* de tambor giratorio, separador *m* de granos cilíndrico ‖ ⁓trockner *m* (Tex) / secador *m* de (o a) cilindros ‖ ⁓umdrehung *f* / revolución *f* de cilindro ‖ ⁓ventil *n* (Dampfm) / válvula *f* de[l] cilindro ‖ ⁓verkleidung *f*, -mantel *m* (Dampfm) / revestimiento *m* del cilindro ‖ ⁓verkokung, -verkohlung *f* / carbonización *f* por destilación en cilindros ‖ ⁓verschluss *m* (Waffe) (Mil) / cierre *m* cilíndrico ‖ ⁓völligkeitsgrad, Längenschärfegrad *m* (Schiffsform) / coeficiente *m* prismático ‖ ⁓walke *f* (Tex) / batán *m* de cilindros ‖ ⁓wand[ung] *f* / pared *f* de[l] cilindro ‖ ⁓welle *f* (Phys) / onda *f* cilíndrica ‖ ⁓wicklung *f* (Elektr) / bobinado *m* cilíndrico ‖ ⁓zahl *f* (Mot) / número *m* de cilindros ‖ ⁓zapfenkipplager *n* (Stahlbau) / apoyo *m* oscilante cilíndrico

zylindrisch, zylinder-, walzenförmig, -artig / cilíndrico ‖ ⁓ biegen / curvar cilíndrico ‖ ⁓e **Brennkammer** (Luftf) / cámara *f* de combustión cilíndrica ‖ ⁓e **Drahtschraubenfeder** (Masch) / resorte *m* helicoidal de alambre ‖ ⁓e **Einscheibenspule** (Spinn) / bobina *f* cilíndrica de una valona ‖ ⁓e **Feile** (Wz) / lima *f* cilíndrica ‖ ⁓e **Form** / forma *f* cilíndrica, cilindricidad *f* ‖ ⁓es **Gewinde** / rosca *f* cilíndrica ‖ ⁓ **gewölbt** (Fläche) / curvado o arqueado cilíndricamente ‖ ⁓ **gewölbt** (Bau) / cintrado ‖ ⁓e **Hülse** (Spinn) / canilla *f* cilíndrica ‖ ⁓er **Kern** (Kabeltrommel) / tambor *m* cilíndrico (para el transporte de cables) ‖ ⁓er **Kohlensack** (Hütt) / parte *f* cilíndrica del vientre del alto horno ‖ ⁓er **Körper**, Walze *f* (Geom, Masch) / rollo *m* ‖ ⁓e **Kreuzspule** (Spinn) / bobina *f* cruzada cilíndrica ‖ ⁓e **Reibahle** (Wz) / escariador *m* cilíndrico ‖ ⁓es **Rohrgewinde** / rosca *f* cilíndrica para tubos ‖ ⁓e **Scheibenspule** (Spinn) / bobina *f* cilíndrica o derecha ‖ ⁓er **Schleiftopf** / muela *f* hueca cilíndrica, muela *f* [de copa] cilíndrica ‖ ⁓e **Schnecke** / tornillo *m* sin fin cilíndrico, sinfín *m* cilíndrico ‖ ⁓e **Schraubendruckfeder** (DIN) / resorte *m* cilíndrico de compresión ‖ ⁓e **Schraubenfeder** / resorte *m* helicoidal ‖ ⁓e **Spule aus nur einem Leitungsdraht** (Elektr) / bobina *f* helicoidal monofilar ‖ ⁓e **Steuerkurve** / leva *f* cilíndrica ‖ ⁓es **Zahnrad**, Stirnrad *n* / rueda *f* dentada cilíndrica ‖ ⁓e **Zugfeder** / resorte *m* cilíndrico de tracción

Zylindrischschleifen *n* (Wzm) / rectificación *f* cilíndrica
Zylindrizität *f* / cilindricidad *f* ‖ ⁓ (Wzm) / redondez *m* y paralelismo
Zylpeps *n* (Zementmühle) (= cylindrical pebbles) / cilpeps *m*, cylpeps *m*
Zymase *f* (Gärungsenzyme) (Biochem) / cymasa *f*, zimasa *f*
Zytase *f* (Biochem) / citasa *f*
Zytoplasma *n* (Biol) / citoplasma *m*
Z-Zentrum *n* (Strahlung) / centro Z *m*
Z.Z.Z. = Zeitzonenzähler
Zymol *n*, Cymol *n* (Chem) / cimeno *m*, cimol *m*
Zymo•logie, Gärungschemie *f* / cimología *f* ‖ ⁓skop *n*, Heferprüfer *m* / cimoscopio *m* ‖ ⁓technik, Gärungstechnik *f* / cimotecnia *f*
Zypressen•holz *n* (Forstw) / madera *f* de ciprés ‖ ⁓kampfer *m* (Pharm) / cedrol *m*, alcanfor *m* de cedra

In diesem Wörterbuch verwendete Abkürzungen
Abreviaturas usadas en este tomo

adj	Adjektiv	adjetivo
adv	Adverb	adverbio
Akku	Akkumulatoren	acumuladores
Akust	Akustik	acústica
allg	allgemein	general
Alu	Aluminium	aluminio
ARG	in Argentinien gebräuchlich	usual en la Argentina
Astr	Astronomie	astronomía
Atom	Atomphysik	física nuclear
Audio	Audioanlagen	equipo audio
Aufb	Aufbereitung	preparación
Bahn	Eisenbahn	ferrocarriles
Bakt	Bakteriologie	bacteriología
Bau	Bauwesen	construcción
Bb	Buchbinderei	encuadernación
Bergb	Bergbau	minería
Biochem	Biochemie	bioquímica
Biol	Biologie	biología
BOL	in Bolivien gebräuchlich	usual en Bolivia
Bot	Botanik	botánica
Brau	Brauerei	cervecería
Brücke	Brückenbau	puentes
Büro	Bürowesen und -technik	oficina, burótica
Chem	Chemie	química
Chem Verf	Chemische Verfahrenstechnik	ingeniería química
CHIL	in Chile gebräuchlich	usual en Chile
COL	in Kolumbien gebräuchlich	usual en Colombia
coll	umgangssprachlich	coloquial
CUB	in Kuba gebräuchlich	usual en Cuba
Dampfm	Dampfmaschinen	máquinas de vapor
Dreh	Dreherei	tornería
Druck	Druckindustrie	industria gráfica
DV	Datenverarbeitung	tratamiento de datos
E	in Spanien gebräuchlich	usual en España
Elektr	Elektrizität	electricidad
Eltronik	Elektronik	electrónica
Färb	Färberei	tintorería
Fernm	Fernmeldewesen	telecomunicación
fig	figürlich	figurativo
Förd	Fördertechnik	movimiento de materiales
F. Org	Fabrikorganisation	organización de la fabricación
Forstw	Forstwesen	silvicultura
Foto	Fotografie	fotografía
Funk	Radio	radio
F'wehr	Feuerwehr	bomberos
Galv	Galvanotechnik	galvanotécnica
gedr. Schaltungen	gedruckte Schaltungen	circuitos impresos
Geo	Geografie	geografía
Geol	Geologie	geología
Geom	Geometrie	geometría
Geoph	Geophysik	geofísica
Gerb	Gerberei	curtiduría
Ggs	Gegensatz	contrario
Gieß	Gießerei	fundería
Glas	Glasindustrie	industria del vidrio
Halbl	Halbleiter	semiconductores
Hütt	Hüttenwesen	metalurgia
Hydr	Hydraulik, Wasserbau	hidráulica, obras hidráulicas
IC	integrierte Schaltungen	circuitos integrados
Install	Installationen	instalaciones
Instr	Instrumente	instrumentos
intr	intransitiv	intransitivo
invar	unveränderlich	invariable
Kath.Str	Kathodenstrahlen	rayos catódicos
Keram	Keramik	cerámica
Kfz	Kraftfahrzeuge	automóviles
Krist	Kristalle	cristales
LA	in Lateinamerika gebräuchlich	usual en la América Hispana
Landw	Landwirtschaft	agricultura
Licht	Lichttechnik	luminotecnia
Lin	Linguistik	lingüística
Luftf	Luftfahrt	aeronáutica

LWL	Lichtwellenleiter	guía de ondas de luz
Magn.Bd	Magnetband	cinta magnética
Masch	Technik allgemein	técnica general
Material	Werkstoffkunde	materiales
Math	Mathematik	matemáticas
Mat.Prüf	Materialprüfung	ensayo de materiales
Mech	Mechanik	mecánica
Med	Medizin	medicina
MEJ	in Mexiko gebräuchlich	usual en Méjico
Mess	Messtechnik	metrología
Met	Metalle, Metallurgie	metales, metalurgia
Meteo	Meteorologie	meteorología
Mikrosk	Mikroskop	microscopio
Mil	Militärwesen	milicia
Min	Mineralien	minerales
Mot	Motoren	motores
Nähm	Nähmaschinen	máquinas de coser
Nahr	Nahrungsmittel(industrie)	productos alimenticios
Nav	Navigation	navegación
NC	numerische Steuerung	control numérico
NIC	in Nicaragua gebräuchlich	usual en Nicaragua
Nukl	Nukleartechnik	técnica nuclear
o	oder [auch]	o, también
Opt	Optik	óptica
Ozean	Ozeanologie	oceanología
Pap	Papier	papel
PAR	in Paraguay gebräuchlich	usual en Paraguay
PER	in Peru gebräuchlich	usual en Perú
Pharm	Pharmazie	farmacía
Phys	Physik	física
Physiol	Physiologie	fisiología
Plast	Kunststoffe	plásticos
Pneum	pneumatische Steuerungen	fluídica
Pulv.Met	Pulvermetallurgie	pulvimetalurgia
Qual.Pr	Qualitätsprüfung	control de la calidad
Radiol	Radiologie	radiología
Raumf	Raumfahrt	técnica astronáutica
Regeln	Regelungs- und Steuerungstechnik	técnica de control
Repro	Reproduktionstechnik	reproducción
Sanitär	Sanitärtechnik	técnica sanitaria
Schiff	Schiffe, Schiffbau	buques, construcción naval
Schloss	Schlosserei	cerrajería
Schm	Schmieden	forjado
Schreibm	Schreibmaschine	máquina de escribir
Schw	Schweißen	soldeo
Seilb	Seilbahn	funicular aéreo
Spinn	Spinnerei	hilatura
Stanz	Stanzerei	estampación
Stat	Statistik	estadística
Straßb	Straßenbau	carreteras
Strumpf	Strumpfwirkerei	calceta
Südd	in Süddeutschland gebräuchlich	usual en la Alemania del Sur
Tex	Textilien	tejidos
Tischl	Tischlerei	ebanistería
tr	transitiv	transitivo
Trafo	Transformator	transformador
Transp	Transport	transporte
TV	Fernsehen	televisión
Uhr	Uhren	reloj
Umw	Umweltschutz und -technik	protección del medio ambiente, técnica ecológica
URUG	in Uruguay gebräuchlich	usual en Uruguay
VEN	in Venezuela gebräuchlich	usual en Venezuela
Verm	Vermessungswesen	topografía
Verp	Verpackung	embalaje
Walzw	Walzwerke	laminadores
Wassb	Wasserbau	obras hidráulicas
Web	Weberei	tejeduría
Wirkm	Wirkmaschinen	máquinas para géneros de punto
Wz	Werkzeug	herramienta
Wzm	Werkzeugmaschine	máquina-herramienta
Zeichn	Zeichnen	diseño
Zimm	Zimmerei	carpintería
Zool	Zoologie	zoología
Zuck	Zucker	azúcar
°	Großbuchstabe	letra mayúscula